Hinweise zur Einsortierung der Ergänzungslieferungen

1. Prüfen Sie bitte vor dem Einordnen einer Lieferung anhand des Titelblatts Ihres Grundwerks, ob die vorangehende Lieferung einsortiert wurde. Nur bei lückenlosem Einordnen aller Lieferungen haben die Blätter den jeweils richtigen Anschluss. Jede Lieferung enthält zur weiteren Kontrolle auf dem Deckblatt und dem neuen Titelblatt zudem einen Hinweis, an welche frühere sie anschließt.

2. Nehmen Sie den oberen Teil der Steckmechanik heraus und stellen Sie diesen nebenan auf.

3. Ordnen Sie danach die oberen Blätter des sich im Ordner befindlichen Buchblocks (im Folgenden Buchblock alt) bis zu dem Blatt, das nach der Einordnungsanweisung herauszunehmen ist, in die Steckmechanik ein (im Folgenden Buchblock neu).

4. Sortieren Sie dann die herauszunehmenden Blätter des Buchblocks alt zum späteren Entsorgen aus.

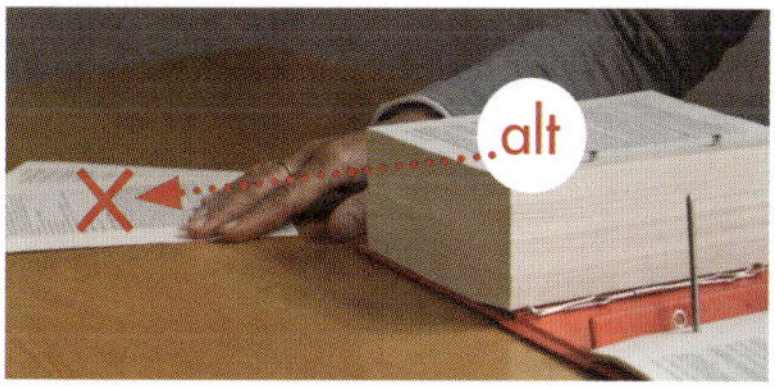

5. Ordnen Sie die stattdessen neu einzufügenden Blätter der Ergänzungslieferung auf die Blätter, die sich bereits in der Steckmechanik befinden (Buchblock neu).

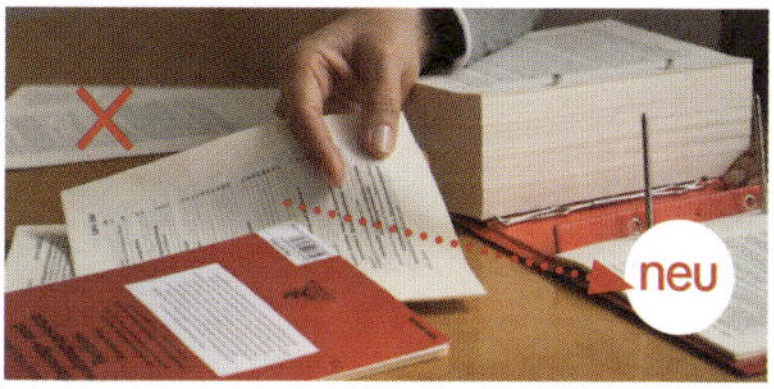

6. Sortieren Sie die weiteren Blätter des Buchblocks alt in den Buchblock neu, wiederum bis zu dem Blatt, das nach der Einordnungsanweisung als nächstes herauszunehmen ist.

7. Das weitere Einsortieren gestaltet sich so, wie dies oben unter 3. bis 5. beschrieben ist.

8. Sind alle Blätter ein- bzw. aussortiert, nehmen Sie den gesamten Buchblock neu mit der Steckmechanik und stecken Sie diesen in die Röhren des Ordners zurück.

9. Zur Sicherheit vergewissern Sie sich bitte, dass keines der aussortierten Blätter unten in der Fußzeile das Kennzeichen der neuen Lieferung trägt.

10. Zur späteren Kontrolle tragen Sie auf der vorne eingehefteten Tabelle die soeben eingeordnete Lieferung ein.

11. Für den seltenen Fall des Fehlens einzelner Blätter wenden Sie sich bitte an unsere Loseblatt-Reklamation im Internet unter http://www.becksche.de/de/Loseblatt_Service.html.

Ihre Verlage C.H.BECK und Vahlen

Habersack
Deutsche Gesetze

Ergänzungsband

Habersack
Deutsche Gesetze
Ergänzungsband

Herausgegeben von
Prof. Dr. Mathias Habersack
Ludwig-Maximilians-Universität München

Stand: 9. September 2024
(80. Ergänzungslieferung)

C.H.BECK

Dieses Titelblatt stammt aus der 80. Ergänzungslieferung September 2024
Die Ergänzungslieferung September 2024 schließt an die
Ergänzungslieferung Juli 2024 an
ISBN 978 3 406 81833 2

Redaktioneller Hinweis: Paragraphenüberschriften in eckigen Klammern sind nichtamtlich. Sie sind ebenso wie die Fußnoten urheber- und wettbewerbsrechtlich geschützt.

www.beck.de

ISBN 978 3 406 48859 7 (Grundwerk zur Fortsetzung für 12 Monate)
ISBN 978 3 406 61800 0 (Grundwerk ohne Fortsetzung)

Wilhelmstraße 9, 80801 München
Druck: Druckerei C.H.Beck Nördlingen
(Adresse wie Verlag)

myclimate
shape our future

chbeck.de/nachhaltig

Gedruckt auf säurefreiem, alterungsbeständigem Papier
(hergestellt aus chlorfrei gebleichtem Zellstoff)

Habersack
Deutsche Gesetze

Ergänzungsband

Geleitwort
zur 80. Ergänzungslieferung September 2024

Die 80. Ergänzungslieferung bringt Ihre Textsammlung „Habersack, Deutsche Gesetze Ergänzungsband" auf den Stand der Gesetzgebung vom 9. September 2024.

Das Sechste Gesetz zur Änderung des Straßenverkehrsgesetzes und weiterer straßenverkehrsrechtlicher Vorschriften vom 16.8.2024 (BGBl. 2024 I Nr. 266) änderte die FeV (Nr. **35d**) und die BKatV (Nr. **94a**).

Das PatG (Nr. **70**), das GebrMG (Nr. **71**) und das BerHG (Nr. **98b**) wurden geändert durch das **Gesetz zur Förderung des Einsatzes von Videokonferenztechnik in der Zivilgerichtsbarkeit und den Fachgerichtsbarkeiten** vom 15.7.2024 (BGBl. 2024 I Nr. 237).

Das Zweite Gesetz zur Änderung des Betriebsverfassungsgesetzes vom 19.7.2024 (BGBl. 2024 I Nr. 248) brachte Änderungen im BetrVG (Nr. **82**). Das VStGB (Nr. **85g**) wurde geändert durch das Gesetz zur Fortentwicklung des Völkerstrafrechts vom 30.7.2024 (BGBl. 2024 I Nr. 255).

Das **Gesetz zur weiteren Digitalisierung der Justiz** vom 12.7.2024 (BGBl. 2024 I Nr. 234) brachte Änderungen der StrafAktÜbV (Nr. **90g**), des IRG (Nr. **90h**), des StVollzG (Nr. **91**) und des StaRUG (Nr. **110e**).

Unter der Nr. **105d** wurde das Gesetz über Musterverfahren in kapitalmarktrechtlichen Streitigkeiten **(Kapitalanleger-Musterverfahrensgesetz – KapMuG)** vom 16.7.2024 (BGBl. 2024 I Nr. 240) eingestellt.

Weitere Änderungen betrafen den Auszug aus der AO (Nr. **88b**) und die StVollstrO (Nr. **90d**).

Bestandteil dieser Lieferung ist auch ein vollständig überarbeitetes Sachverzeichnis.

München, im September 2024

Vorwort

Dem Ergänzungsband zu der Textsammlung „Habersack, Deutsche Gesetze" kommt unverändert die Funktion zu, in der täglichen Praxis vor allem von Rechtsanwaltschaft, Notariaten, Gerichten, Staatsanwaltschaft und in der Wirtschaft unverzichtbare Gesetze, untergesetzliche Regelungen und praktische Arbeitshilfen in einem handlichen Ordner zusammenzufassen, die im Grundwerk nicht berücksichtigt werden können. Er enthält Texte aus unterschiedlichen Rechtsmaterien, namentlich aus dem Baurecht, dem Mietrecht, dem Verkehrsrecht, dem Familienrecht, dem Handels- und Gesellschaftsrecht, dem Versicherungsrecht, dem Arbeitsrecht, dem Strafrecht, dem Recht der juristischen Berufe und dem Zivilverfahrensrecht; insbesondere zum Familien- und zum Zivilverfahrensrecht sind auch die für die tägliche Praxis unverzichtbaren europäischen Verordnungen und internationalen Übereinkommen aufgenommen worden.

Die Zuordnung der einzelnen Rechtsquellen folgt grundsätzlich dem systematischen Aufbau der Textsammlung „Habersack, Deutsche Gesetze".

Herausgeber und Verlag freuen sich über Anregungen, Vorschläge und Wünsche zur weiteren Ausgestaltung des Ergänzungsbandes und werden bestrebt sein, ihnen nach Möglichkeit nachzukommen.

München, im November 2022 — Herausgeber und Verlag

Inhaltsverzeichnis I

(Systematisch geordnet)[1]

[1] Ein alphabetisch geordnetes Inhaltsverzeichnis siehe unter **Inhalt II**.

Gerichtsverfassung

Recht der juristischen Berufe

Zivilverfahrensrecht

Inhaltsverzeichnis II

(Alphabetisch geordnet)

Inhalt II

Alphabetisch geordnet

Abkürzungen

AAG	Gesetz über den Ausgleich der Arbeitgeberaufwendungen für Entgeltfortzahlung (Aufwendungsausgleichsgesetz)
aaO	am angegebenen Ort
Abl.	Amtsblatt
Abs.	Absatz
Abschn.	Abschnitt
AdVermiG	Adoptionsvermittlungsgesetz
AdWirkG	Adoptionswirkungsgesetz
a. F.	alte Fassung
AKB	Allgemeine Bedingungen für die Kfz-Versicherung
ALB	Allgemeine Bedingungen für die kapitalbildende Lebensversicherung
Amtl. Anz.	Amtlicher Anzeiger
angef.	angefügt
Anm.	Anmerkung
AO	Abgabenordnung; Anordnung
ARB	Allgemeine Bedingungen für die Rechtsschutzversicherung
ArbNErfG	Gesetz über Arbeitnehmererfindungen
ArbSchG	Arbeitsschutzgesetz
ArbZG	Arbeitszeitgesetz
Art.	Artikel
aufgeh.	aufgehoben
AUB	Allgemeine Unfallversicherungsbedingungen
AUG	Auslandsunterhaltsgesetz
AÜG	Arbeitnehmerüberlassungsgesetz
AVB	Allgemeine Versicherungsbedingungen
AVAG	Anerkennungs- und Vollstreckungsausführungsgesetz
BAföG	Bundesausbildungsförderungsgesetz
BAnz.	Bundesanzeiger
BauFordSiG	Gesetz über die Sicherung der Bauforderungen
Bay.	Bayern
Bbg.	Brandenburg
BEEG	Bundeselterngeld- und Elternzeitgesetz
Bek.	Bekanntmachung
ber.	berichtigt
BerHG	Gesetz über Rechtsberatung und Vertretung für Bürger mit geringem Einkommen (Beratungshilfegesetz)
BErzGG	Bundeserziehungsgeldgesetz
Beschl.	Beschluss
BetrKV	Betriebskostenverordnung
BetrVG	Betriebsverfassungsgesetz
BGB	Bürgerliches Gesetzbuch

Abkürzungen

BGBl. I bzw. II .... Bundesgesetzblatt Teil I bzw. II (ab 1951)
BGBl. III .... Bereinigte Sammlung des Bundesrechts, abgeschlossen am 31. 12. 1968 (in Nachweisform fortgeführt durch FNA)
BGH .... Bundesgerichtshof
bish. .... bisheriger
BKatV .... Bußgeldkatalog-Verordnung
BKGG .... Bundeskindergeldgesetz
BNotO .... Bundesnotarordnung
BORA .... Berufsordnung für Rechtsanwälte
BRAO .... Bundesrechtsanwaltsordnung
BtMG .... Gesetz über den Verkehr mit Betäubungsmitteln (Betäubungsmittelgesetz)
BuchPrG .... Buchpreisbindungsgesetz
BUrlG .... Mindesturlaubsgesetz für Arbeitnehmer (Bundesurlaubsgesetz)
BVerfG .... Bundesverfassungsgericht
BW .... Baden-Württemberg

CISG .... Convention on Contracts for the International Sale of Goods (Übereinkommen der Vereinten Nationen über Verträge über den internationalen Warenkauf)
COV19FKG .... Covid-19-Gesetz zur Funktionsfähigkeit der Kammern

DesignG .... Gesetz über den rechtlichen Schutz von Design
DRiG .... Deutsches Richtergesetz
DrittelbG .... Drittelbeteiligungsgesetz
DVO .... Durchführungsverordnung

EG .... Europäische Gemeinschaften; Einführungsgesetz (iVm anderen Gesetzesabkürzungen)
eingef. .... eingefügt
EMRK .... Europäische Menschenrechtskonvention
EntgeltfortzG .... Gesetz über die Zahlung des Arbeitsentgelts an Feiertagen und im Krankheitsfall (Entgeltfortzahlungsgesetz)
Entsch. .... Entscheidung
Erl. .... Erlass
EStG .... Einkommenssteuergesetz
ESÜ .... Europäisches Sorgerechtsübereinkommen
EU .... Europäische Union
EuBVO .... Verordnung (EG) Nr. 1206/2001 des Rates über die Zusammenarbeit zwischen den Gerichten der Mitgliedstaaten auf dem Gebiet der Beweisaufnahme in Zivil- oder Handelssachen
EuEheVO .... Verordnung (EG) Nr. 2201/2003 des Rates über die Zuständigkeit und die Anerkennung und Vollstreckung von Entscheidungen in Ehesachen und in Verfahren betreffend die elterliche Verantwortung und zur Aufhebung der Verordnung (EG) Nr. 1347/2000

EuErbVO .... Verordnung (EU) Nr. 650/2012 des Europäischen Parlaments und des Rates über die Zuständigkeit, das anzuwendende Recht, die Anerkennung und Vollstreckung von Entscheidungen und die Annahme und Vollstreckung öffentlicher Urkunden in Erbsachen sowie zur Einführung eines Europäischen Nachlasszeugnisses
EuGüVO .... Verordnung (EU) 2016/1103 des Rates zur Durchführung einer verstärkten Zusammenarbeit im Bereich der Zuständigkeit, des anzuwendenden Rechts und der Anerkennung und Vollstreckung von Entscheidungen in Fragen des ehelichen Güterstands
EuGVO .... Verordnung (EG) Nr. 44/2001 des Rates über die gerichtliche Zuständigkeit und die Anerkennung und Vollstreckung von Entscheidungen in Zivil- und Handelssachen
EuPartVO .... Verordnung (EU) 2016/1104 des Rates zur Durchführung der verstärkten Zusammenarbeit im Bereich der Zuständigkeit, des anzuwendenden Rechts und der Anerkennung und Vollstreckung von Entscheidungen in Fragen güterrechtlicher Wirkungen eingetragener Partnerschaften
EuUnterhVO .... Verordnung (EG) Nr. 4/2009 des Rates über die Zuständigkeit, das anwendbare Recht, die Anerkennung und Vollstreckung von Entscheidungen und die Zusammenarbeit in Unterhaltssachen
EUR .... Euro
EVertr. .... Einigungsvertrag
eWpG .... Gesetz über elektronische Wertpapiere

FamRZ .... Ehe und Familie im privaten und öffentlichen Recht, Zeitschrift für das gesamte Familienrecht
FAO .... Fachanwaltsordnung
FeV .... Verordnung über die Zulassung von Personen zum Straßenverkehr (Fahrerlaubnis-Verordnung)
ff. .... folgende
FMStBG .... Wirtschaftsstabilisierungsbeschleunigungsgesetz
FNA .... Bundesgesetzblatt Teil I, Fundstellennachweis A (Bundesrecht ohne völkerrechtliche Vereinbarungen)

G .... Gesetz
G 10 .... Artikel 10-Gesetz, Gesetz zur Beschränkung des Brief-, Post- und Fernmeldegeheimnisses
GBl. .... Gesetzblatt
GDolmG .... Gerichtsdolmetschergesetz
geänd. .... geändert
GebrMG .... Gebrauchsmustergesetz
GeschGehG .... Geschäftsgeheimnisgesetz, Gesetz zum Schutz von Geschäftsgeheimnissen
GeschmMG .... Geschmacksmustergesetz

Abkürzungen

GewSchG	Gesetz zum zivilrechtlichen Schutz vor Gewalttaten und Nachstellungen (Gewaltschutzgesetz)
GKG	Gerichtskostengesetz
GrdstVG	Grundstücksverkehrsgesetz
GVBl. (bzw. GVOBl.)	Gesetz- und Verordnungsblatt
GVGA	Geschäftsanweisung für Gerichtsvollzieher
GVO	Gerichtsvollzieherordnung
GwG	Geldwäschegesetz
Habersack II	Zivil-, Wirtschafts-und Justizgesetze für die neuen Bundesländer
HaustürWG	Gesetz über den Widerruf von Haustürgeschäften und ähnlichen Geschäften
Hess.	Hessen
HGB	Handelsgesetzbuch
HKÜ	Haager Kindesentführungsübereinkommen
HRV	Handelsregisterverordnung
HRegGebV	Handelsregistergebührenverordnung
idF	in der Fassung
InsO	Insolvenzordnung
InsVV	Insolvenzrechtliche Vergütungsverordnung
IntErbRVG	Internationales Erbrechtsverfahrensgesetz
IntFamRVG	Internationales Familienrechtsverfahrensgesetz
IntGüRVG	Internationales Güterrechtsverfahrensgesetz
IRG	Gesetz über die internationale Rechtshilfe in Strafsachen
iSd	im Sinne des
JAktAG	Justizaktenaufbewahrungsgesetz
JAktAV	Justizaktenaufbewahrungsverordnung
JAVollzO	Jugendarrestvollzugsordnung
JBl.	Justizblatt
JMBl.	Justizministerialblatt
JVBl.	Justizverwaltungsblatt
KG	Kammergericht
KapMuG	Kapitalanlagemusterverfahrensgesetz
KKG	Gesetz zur Kooperation und Information im Kinderschutz
KSÜ	Kinderschutzübereinkommen
LFZG	Gesetz über die Fortzahlung des Arbeitsentgelts im Krankheitsfalle (Lohnfortzahlungsgesetz)
LkSG	Lieferkettensorgfaltspflichtengesetz
LPachtVG	Landespachtverkehrsgesetz
LSA	Land Sachsen-Anhalt
LuftVG	Luftverkehrsgesetz
LwVG	Gesetz über das gerichtliche Verfahren in Landwirtschaftssachen

MaBV	Makler- und Bauträgerverordnung
MietR	Mietrecht
MiLoG	Mindestlohngesetz
MiStra	Anordnung über Mitteilungen in Strafsachen
MitbestG	Mitbestimmungsgesetz
MiZi	Anordnung über Mitteilungen in Zivilsachen
MuSchG	Gesetz zum Schutze der erwerbstätigen Mutter (Mutterschutzgesetz)
mWv	mit Wirkung vom
NachwG	Gesetz über den Nachweis der für ein Arbeitsverhältnis geltenden wesentlichen Bedingungen (Nachweisgesetz)
NdsRpfl.	Niedersächsische Rechtspflege
neugef.	neugefasst
n. F.	neue Fassung
NJW	Neue Juristische Wochenschrift
NJW-RR	NJW-Rechtsprechungs-Report Zivilrecht
Nov.	Novelle
NRW	Nordrhein-Westfalen
OASG	Opferanspruchssicherungsgesetz
OLG	Oberlandesgericht
PachtkredG	Pachtkreditgesetz
PAngV	Preisangabenverordnung
PatG	Patentgesetz
PatKostG	Patentkostengesetz
PatV	Patentverordnung
ProstG	Gesetz zur Regelung der Rechtsverhältnisse der Prostituierten (Prostitutionsgesetz)
PStG	Personenstandsgesetz
RAVPV	Rechtsanwaltsverzeichnis- und -postfachverordnung
RBerG	Rechtsberatungsgesetz
RdErl.	Runderlass
RDG	Rechtsdienstleistungsgesetz
REITG	Gesetz über deutsche Immobilien-Aktiengesellschaften mit börsennotierten Anteilen (REIT-Gesetz)
RelKErzG	Gesetz über die religiöse Kindererziehung
RGBl. I bzw. II	Reichsgesetzblatt Teil I bzw. II (ab 1922)
RiStBV	Richtlinien für das Strafverfahren und das Bußgeldverfahren
Saarl.	Saarland
SaBremR	Sammlung des bremischen Rechts
Sartorius I	Sartorius, Verfassungs- und Verwaltungsgesetze der Bundesrepublik
Sartorius II	Internationale Verträge, Europarecht
SchKG	Schwangerschaftskonfliktgesetz
SchlG	Schlichtungsgesetz

Abkürzungen

SchlHAnz.	Schleswig-Holsteinische Anzeigen
SchwarbG	Gesetz zur Bekämpfung der Schwarzarbeit
SGB	Sozialgesetzbuch
SH	Schleswig-Holstein
SpruchG	Spruchverfahrensgesetz
StrafAktÜbV	Strafaktenübermittlungsverordnung
StVZO	Straßenverkehrs-Zulassungs-Ordnung
Tab	Tabelle
TVG	Tarifvertragsgesetz
TzBfG	Gesetz über Teilzeitarbeit und befristete Arbeitsverträge (Teilzeit- und Befristungsgesetz)
Überschr.	Überschrift
UnterhG	Unterhaltsrechtliche Grundsätze
UnterhL	Unterhaltsrechtliche Leitlinien
UnterhVG	Unterhaltsvorschussgesetz
UrhWG	Urheberrechtswahrnehmungsgesetz
URV	Unternehmensregisterverordnung
v.	von, vom
VBVG	Vormünder- und Betreuungsvergütungsgesetz
VerlG	Gesetz über das Verlagsrecht
VerschG	Verschollenheitsgesetz
VertrGebErstG	Vertretergebühren-Erstattungsgesetz
vgl.	vergleiche
VGB	Allgemeine Wohngebäude Versicherungsbedingungen
VHB	Allgemeine Hausrat Versicherungsbedingungen
VO	Verordnung
VOB	Vergabe- und Vertragsordnung für Bauleistungen
VOBl.	Verordnungsblatt
VSBG	Verbraucherstreitbeilegungsgesetz
VStGB	Völkerstrafgesetzbuch
VVG	Gesetz über den Versicherungsvertrag
VwV	Verwaltungsvorschrift
WBVG	Wohn- und Betreuungsvertragsgesetz
WoFlV	Wohnflächenverordnung
WoVermittG	Gesetz zur Regelung der Wohnungsvermittlung
WpHG	Wertpapierhandelsgesetz
WpÜG	Wertpapiererwerbs- und Übernahmegesetz
ZahlVGJG	Gesetz über den Zahlungsverkehr mit Gerichten und Justizbehörden
ZPO	Zivilprozessordnung
ZSHG	Gesetz zur Harmonisierung des Schutzes gefährdeter Zeugen (Zeugenschutz-Harmonisierungsgesetz)
ZwVwV	Zwangsverwalterverordnung

2. Konvention zum Schutz der Menschenrechte und Grundfreiheiten

In der Fassung der Bekanntmachung vom 22. Oktober 2010[1) 2)]
(BGBl. II S. 1198)[3)]

geänd. durch 15. EMRK-Protokoll v. 24.6.2013[4)] (BGBl. 2014 II S. 1034, 1035)

– Auszug –

(vom Abdruck der Präambel wurde abgesehen)

Art. 1 Verpflichtung zur Achtung der Menschenrechte. Die Hohen Vertragsparteien sichern allen ihrer Hoheitsgewalt unterstehenden Personen die in Abschnitt I bestimmten Rechte und Freiheiten zu.

Abschnitt I. Rechte und Freiheiten

Art. 2 Recht auf Leben. (1) [1]Das Recht jedes Menschen auf Leben wird gesetzlich geschützt. [2]Niemand darf absichtlich getötet werden, außer durch Vollstreckung eines Todesurteils, das ein Gericht wegen eines Verbrechens verhängt hat, für das die Todesstrafe gesetzlich vorgesehen ist.

(2) Eine Tötung wird nicht als Verletzung dieses Artikels betrachtet, wenn sie durch eine Gewaltanwendung verursacht wird, die unbedingt erforderlich ist, um

a) jemanden gegen rechtswidrige Gewalt zu verteidigen;

b) jemanden rechtmäßig festzunehmen oder jemanden, dem die Freiheit rechtmäßig entzogen ist, an der Flucht zu hindern;

c) einen Aufruhr oder Aufstand rechtmäßig niederzuschlagen.

Art. 3 Verbot der Folter. Niemand darf der Folter oder unmenschlicher oder erniedrigender Behandlung oder Strafe unterworfen werden.

Art. 4 Verbot der Sklaverei und der Zwangsarbeit. (1) Niemand darf in Sklaverei oder Leibeigenschaft gehalten werden.

(2) Niemand darf gezwungen werden, Zwangs- oder Pflichtarbeit zu verrichten.

(3) Nicht als Zwangs- oder Pflichtarbeit im Sinne dieses Artikels gilt:

a) eine Arbeit, die üblicherweise von einer Person verlangt wird, der unter den Voraussetzungen des Artikels 5 die Freiheit entzogen oder die bedingt entlassen worden ist;

---

1) Neubekanntmachung der Europäischen Menschenrechtskonvention v. 4.11.1950 (BGBl. 1952 II S. 685, ber. S. 953) nach Art. 2 G v. 21.2.2006 (BGBl. II S. 138) in einer sprachlich überarbeiteten deutschen Übersetzung in der ab 1.6.2010 geltenden Fassung.

2) Vorbehalte und Erklärungen zu dieser Konvention sind in englischer und französischer Sprache auf der Webseite des Europarats unter www.conventions.coe.int einsehbar. Gleiches gilt für die ggf. gemäß Konvention zu benennenden Zentralen Behörden oder Kontaktstellen.

3) Internationale Quelle: UNTS Bd. 213 S. 221.

4) Das Protokoll Nr. 15 wurde für die Bundesrepublik Deutschland durch G v. 2.12.2014 (BGBl. II S. 1034) ratifiziert und trat gem. Bek. v. 3.5.2021 (BGBl. II S. 522) für die Bundesrepublik Deutschland am **1.8.2021** in Kraft.

b) eine Dienstleistung militärischer Art oder eine Dienstleistung, die an die Stelle des im Rahmen der Wehrpflicht zu leistenden Dienstes tritt, in Ländern, wo die Dienstverweigerung aus Gewissensgründen anerkannt ist;
c) eine Dienstleistung, die verlangt wird, wenn Notstände oder Katastrophen das Leben oder das Wohl der Gemeinschaft bedrohen;
d) eine Arbeit oder Dienstleistung, die zu den üblichen Bürgerpflichten gehört.

Art. 5 Recht auf Freiheit und Sicherheit. (1) [1] Jede Person hat das Recht auf Freiheit und Sicherheit. [2] Die Freiheit darf nur in den folgenden Fällen und nur auf die gesetzlich vorgeschriebene Weise entzogen werden:
a) rechtmäßige Freiheitsentziehung[1)] nach Verurteilung durch ein zuständiges Gericht;
b) rechtmäßige Festnahme oder Freiheitsentziehung[1)] wegen Nichtbefolgung einer rechtmäßigen gerichtlichen Anordnung oder zur Erzwingung der Erfüllung einer gesetzlichen Verpflichtung;
c) rechtmäßige Festnahme oder Freiheitsentziehung[1)] zur Vorführung vor die zuständige Gerichtsbehörde, wenn hinreichender Verdacht besteht, dass die betreffende Person eine Straftat begangen hat, oder wenn begründeter Anlass zu der Annahme besteht, dass es notwendig ist, sie an der Begehung einer Straftat oder an der Flucht nach Begehung einer solchen zu hindern;
d) rechtmäßige Freiheitsentziehung[1)] bei Minderjährigen zum Zweck überwachter Erziehung oder zur Vorführung vor die zuständige Behörde;
e) rechtmäßige Freiheitsentziehung[1)] mit dem Ziel, eine Verbreitung ansteckender Krankheiten zu verhindern, sowie bei psychisch Kranken, Alkohol- oder Rauschgiftsüchtigen und Landstreichern;
f) rechtmäßige Festnahme oder Freiheitsentziehung[1)] zur Verhinderung der unerlaubten Einreise sowie bei Personen, gegen die ein Ausweisungs- oder Auslieferungsverfahren im Gange ist.

(2) Jeder festgenommenen Person muss innerhalb möglichst kurzer Frist in einer ihr verständlichen Sprache mitgeteilt werden, welches die Gründe für ihre Festnahme sind und welche Beschuldigungen gegen sie erhoben werden.

(3) [1] Jede Person, die nach Absatz 1 Buchstabe c von Festnahme oder Freiheitsentziehung[2)] betroffen ist, muss unverzüglich einem Richter oder einer anderen gesetzlich zur Wahrnehmung richterlicher Aufgaben ermächtigten Person vorgeführt werden; sie hat Anspruch auf ein Urteil innerhalb angemessener Frist oder auf Entlassung während des Verfahrens. [2] Die Entlassung kann von der Leistung einer Sicherheit für das Erscheinen vor Gericht abhängig gemacht werden.

(4) Jede Person, die festgenommen oder der die Freiheit entzogen ist, hat das Recht zu beantragen, dass ein Gericht innerhalb kurzer Frist über die Rechtmäßigkeit der Freiheitsentziehung[3)] entscheidet und ihre Entlassung anordnet, wenn die Freiheitsentziehung[4)] nicht rechtmäßig ist.

(5) Jede Person, die unter Verletzung dieses Artikels von Festnahme oder Freiheitsentziehung[2)] betroffen ist, hat Anspruch auf Schadensersatz.

---

1) Österreich und Schweiz: rechtmäßiger Freiheitsentzug.
2) Österreich und Schweiz: Freiheitsentzug.
3) Österreich und Schweiz: des Freiheitsentzuges.
4) Österreich und Schweiz: der Freiheitsentzug.

Art. 6 Recht auf ein faires Verfahren. (1) [1]Jede Person hat ein Recht darauf, dass über Streitigkeiten in Bezug auf ihre zivilrechtlichen Ansprüche und Verpflichtungen oder über eine gegen sie erhobene strafrechtliche Anklage von einem unabhängigen und unparteiischen, auf Gesetz beruhenden Gericht in einem fairen Verfahren, öffentlich und innerhalb angemessener Frist verhandelt wird. [2]Das Urteil muss öffentlich verkündet werden; Presse und Öffentlichkeit können jedoch während des ganzen oder eines Teiles des Verfahrens ausgeschlossen werden, wenn dies im Interesse der Moral, der öffentlichen Ordnung oder der nationalen Sicherheit in einer demokratischen Gesellschaft liegt, wenn die Interessen von Jugendlichen oder der Schutz des Privatlebens der Prozessparteien es verlangen oder – soweit das Gericht es für unbedingt erforderlich hält – wenn unter besonderen Umständen eine öffentliche Verhandlung die Interessen der Rechtspflege beeinträchtigen würde.

(2) Jede Person, die einer Straftat angeklagt ist, gilt bis zum gesetzlichen Beweis ihrer Schuld als unschuldig.

(3) Jede angeklagte Person hat mindestens[1)] folgende Rechte:

a) innerhalb möglichst kurzer Frist in einer ihr verständlichen Sprache in allen Einzelheiten über Art und Grund der gegen sie erhobenen Beschuldigung unterrichtet zu werden;

b) ausreichende Zeit und Gelegenheit zur Vorbereitung ihrer Verteidigung zu haben;

c) sich selbst zu verteidigen, sich durch einen Verteidiger ihrer Wahl verteidigen zu lassen oder, falls ihr die Mittel zur Bezahlung fehlen, unentgeltlich den Beistand eines Verteidigers zu erhalten, wenn dies im Interesse der Rechtspflege erforderlich ist;

d) Fragen an Belastungszeugen zu stellen oder stellen zu lassen und die Ladung und Vernehmung von Entlastungszeugen unter denselben Bedingungen zu erwirken, wie sie für Belastungszeugen gelten;

e) unentgeltliche Unterstützung durch einen Dolmetscher zu erhalten, wenn sie die Verhandlungssprache des Gerichts nicht versteht oder spricht.

Art. 7 Keine Strafe ohne Gesetz. (1) [1]Niemand darf wegen einer Handlung oder Unterlassung verurteilt werden, die zur Zeit ihrer Begehung nach innerstaatlichem oder internationalem Recht nicht strafbar war. [2]Es darf auch keine schwerere als die zur Zeit der Begehung angedrohte Strafe verhängt werden.

(2)[2)] Dieser Artikel schließt nicht aus, dass jemand wegen einer Handlung oder Unterlassung verurteilt oder bestraft wird, die zur Zeit ihrer Begehung nach den von den zivilisierten Völkern anerkannten allgemeinen Rechtsgrundsätzen strafbar war.

Art. 8 Recht auf Achtung des Privat- und Familienlebens. (1) Jede Person hat das Recht auf Achtung ihres Privat- und Familienlebens, ihrer Wohnung und ihrer Korrespondenz.

[1)] Der Wortlaut der englischen Fassung ist: „minimum rights"; in der franz. Sprachfassung heißt es: „notamment".

[2)] Bezüglich Art. 7 Abs. 2 hat die Bundesregierung mit Zustimmung des Bundestages und des Bundesrates den nach Art. 57 der Konvention zulässigen Vorbehalt gemacht, dass auf jeden Fall die Grenzen von Art. 103 Abs. 2 GG gewahrt werden, siehe hierzu die Bek. v. 15.12.1953 (BGBl. 1954 II S. 14).

(2) Eine Behörde darf in die Ausübung dieses Rechts nur eingreifen, soweit der Eingriff gesetzlich vorgesehen und in einer demokratischen Gesellschaft notwendig ist für die nationale oder öffentliche Sicherheit, für das wirtschaftliche Wohl des Landes, zur Aufrechterhaltung der Ordnung, zur Verhütung von Straftaten, zum Schutz der Gesundheit oder der Moral oder zum Schutz der Rechte und Freiheiten anderer.

Art. 9 Gedanken-, Gewissens- und Religionsfreiheit. (1) Jede Person hat das Recht auf Gedanken-, Gewissens- und Religionsfreiheit; dieses Recht umfasst die Freiheit, seine Religion oder Weltanschauung zu wechseln, und die Freiheit, seine Religion oder Weltanschauung einzeln oder gemeinsam mit anderen öffentlich oder privat durch Gottesdienst, Unterricht oder Praktizieren von Bräuchen und Riten zu bekennen.

(2) Die Freiheit, seine Religion oder Weltanschauung zu bekennen, darf nur Einschränkungen unterworfen werden, die gesetzlich vorgesehen und in einer demokratischen Gesellschaft notwendig sind für die öffentliche Sicherheit, zum Schutz der öffentlichen Ordnung, Gesundheit oder Moral oder zum Schutz der Rechte und Freiheiten anderer.

Art. 10 Freiheit der Meinungsäußerung. (1) [1] Jede Person hat das Recht auf freie Meinungsäußerung. [2] Dieses Recht schließt die Meinungsfreiheit und die Freiheit ein, Informationen und Ideen ohne behördliche Eingriffe und ohne Rücksicht auf Staatsgrenzen zu empfangen und weiterzugeben. [3] Dieser Artikel hindert die Staaten nicht, für Hörfunk-[1)], Fernseh- oder Kinounternehmen eine Genehmigung vorzuschreiben.

(2) Die Ausübung dieser Freiheiten ist mit Pflichten und Verantwortung verbunden; sie kann daher Formvorschriften, Bedingungen, Einschränkungen oder Strafdrohungen unterworfen werden, die gesetzlich vorgesehen und in einer demokratischen Gesellschaft notwendig sind für die nationale Sicherheit, die territoriale Unversehrtheit oder die öffentliche Sicherheit, zur Aufrechterhaltung der Ordnung oder zur Verhütung von Straftaten, zum Schutz der Gesundheit oder der Moral, zum Schutz des guten Rufes oder der Rechte anderer, zur Verhinderung der Verbreitung vertraulicher Informationen oder zur Wahrung der Autorität und der Unparteilichkeit der Rechtsprechung.

Art. 11 Versammlungs- und Vereinigungsfreiheit. (1) Jede Person hat das Recht, sich frei und friedlich mit anderen zu versammeln und sich frei mit anderen zusammenzuschließen; dazu gehört auch das Recht, zum Schutz seiner Interessen Gewerkschaften zu gründen und Gewerkschaften beizutreten.

(2) [1] Die Ausübung dieser Rechte darf nur Einschränkungen unterworfen werden, die gesetzlich vorgesehen und in einer demokratischen Gesellschaft notwendig sind für die nationale oder öffentliche Sicherheit, zur Aufrechterhaltung der Ordnung oder zur Verhütung von Straftaten, zum Schutz der Gesundheit oder der Moral oder zum Schutz der Rechte und Freiheiten anderer. [2] Dieser Artikel steht rechtmäßigen Einschränkungen der Ausübung dieser Rechte für Angehörige der Streitkräfte, der Polizei oder der Staatsverwaltung nicht entgegen.

---

1) Schweiz und Liechtenstein: Radio.

Art. 12 Recht auf Eheschließung. Männer und Frauen im heiratsfähigen Alter haben das Recht, nach den innerstaatlichen Gesetzen, welche die Ausübung dieses Rechts regeln, eine Ehe einzugehen und eine Familie zu gründen.

Art. 13 Recht auf wirksame Beschwerde. Jede Person, die in ihren in dieser Konvention anerkannten Rechten oder Freiheiten verletzt worden ist, hat das Recht, bei einer innerstaatlichen Instanz eine wirksame Beschwerde zu erheben, auch wenn die Verletzung von Personen begangen worden ist, die in amtlicher Eigenschaft gehandelt haben.

Art. 14 Diskriminierungsverbot. Der Genuss der in dieser Konvention anerkannten Rechte und Freiheiten ist ohne Diskriminierung insbesondere wegen des Geschlechts, der Rasse, der Hautfarbe, der Sprache, der Religion, der politischen oder sonstigen Anschauung, der nationalen oder sozialen Herkunft, der Zugehörigkeit zu einer nationalen Minderheit, des Vermögens, der Geburt oder eines sonstigen Status zu gewährleisten.

Art. 15 Abweichen im Notstandsfall. (1) Wird das Leben der Nation durch Krieg oder einen anderen öffentlichen Notstand bedroht, so kann jede Hohe Vertragspartei Maßnahmen treffen, die von den in dieser Konvention vorgesehenen Verpflichtungen abweichen, jedoch nur, soweit es die Lage unbedingt erfordert und wenn die Maßnahmen nicht in Widerspruch zu den sonstigen völkerrechtlichen Verpflichtungen der Vertragspartei stehen.

(2) Aufgrund des Absatzes 1 darf von Artikel 2 nur bei Todesfällen infolge rechtmäßiger Kriegshandlungen und von Artikel 3, Artikel 4 Absatz 1 und Artikel 7 in keinem Fall abgewichen werden.

(3) [1] Jede Hohe Vertragspartei, die dieses Recht auf Abweichung ausübt, unterrichtet den Generalsekretär des Europarats umfassend über die getroffenen Maßnahmen und deren Gründe. [2] Sie unterrichtet den Generalsekretär des Europarats auch über den Zeitpunkt, zu dem diese Maßnahmen außer Kraft getreten sind und die Konvention wieder volle Anwendung findet.

Art. 16 Beschränkungen der politischen Tätigkeit ausländischer Personen. Die Artikel 10, 11 und 14 sind nicht so auszulegen, als untersagten sie den Hohen Vertragsparteien, die politische Tätigkeit ausländischer Personen zu beschränken.

Art. 17 Verbot des Missbrauchs der Rechte. Diese Konvention ist nicht so auszulegen, als begründe sie für einen Staat, eine Gruppe oder eine Person das Recht, eine Tätigkeit auszuüben oder eine Handlung vorzunehmen, die darauf abzielt, die in der Konvention festgelegten Rechte und Freiheiten abzuschaffen oder sie stärker einzuschränken, als es in der Konvention vorgesehen ist.

Art. 18 Begrenzung der Rechtseinschränkungen. Die nach dieser Konvention zulässigen Einschränkungen der genannten Rechte und Freiheiten dürfen nur zu den vorgesehenen Zwecken erfolgen.

Abschnitt II. Europäischer Gerichtshof für Menschenrechte

Art. 19 Errichtung des Gerichtshofs. [1] Um die Einhaltung der Verpflichtungen sicherzustellen, welche die Hohen Vertragsparteien in dieser Konvention und den Protokollen dazu übernommen haben, wird ein Europäischer Gerichtshof für Menschenrechte, im Folgenden als „Gerichtshof" bezeichnet, errichtet. [2] Er nimmt seine Aufgaben als ständiger Gerichtshof wahr.

Art. 20–33 *(vom Abdruck wurde abgesehen)*

Art. 34 Individualbeschwerden. [1] Der Gerichtshof kann von jeder natürlichen Person, nichtstaatlichen Organisation oder Personengruppe, die behauptet, durch eine der Hohen Vertragsparteien in einem der in dieser Konvention oder den Protokollen dazu anerkannten Rechte verletzt zu sein, mit einer Beschwerde befasst werden. [2] Die Hohen Vertragsparteien verpflichten sich, die wirksame Ausübung dieses Rechts nicht zu behindern.

Art. 35[1)] Zulässigkeitsvoraussetzungen. (1)[2)] Der Gerichtshof kann sich mit einer Angelegenheit erst nach Erschöpfung aller innerstaatlichen Rechtsbehelfe[3)] in Übereinstimmung mit den allgemein anerkannten Grundsätzen des Völkerrechts und nur innerhalb einer Frist von vier Monaten nach der endgültigen innerstaatlichen Entscheidung befassen.

(2) Der Gerichtshof befasst sich nicht mit einer nach Artikel 34 erhobenen Individualbeschwerde, die

a) anonym ist oder

b) im Wesentlichen mit einer schon vorher vom Gerichtshof geprüften Beschwerde übereinstimmt oder schon einer anderen internationalen Untersuchungs- oder Vergleichsinstanz unterbreitet worden ist und keine neuen Tatsachen enthält.

(3) Der Gerichtshof erklärt eine nach Artikel 34 erhobene Individualbeschwerde für unzulässig,

a) wenn er sie für unvereinbar mit dieser Konvention oder den Protokollen dazu, für offensichtlich unbegründet oder für missbräuchlich hält oder

b)[2)] wenn er der Ansicht ist, dass dem Beschwerdeführer kein erheblicher Nachteil entstanden ist, es sei denn, die Achtung der Menschenrechte, wie sie in dieser Konvention und den Protokollen dazu anerkannt sind, erfordert eine Prüfung der Begründetheit der Beschwerde.

(4) [1] Der Gerichtshof weist eine Beschwerde zurück, die er nach diesem Artikel für unzulässig hält. [2] Er kann dies in jedem Stadium des Verfahrens tun.

Art. 36–51 *(vom Abdruck wurde abgesehen)*

Abschnitt III. Verschiedene Bestimmungen

Art. 52–59 *(vom Abdruck wurde abgesehen)*

---

1) Art. 35 Abs. 1 und Abs. 3 Buchst. b geänd. mWv 1.8.2021 durch Prot. v. 24.6.2013 (BGBl. 2014 II S. 1034, 1035).

2) Gem. Art. 8 Abs. 3 des 15. EMRK-Protokolls v. 24.6.2013 (BGBl. 2014 II S. 1034, 1035) tritt diese Änderung nach Ablauf eines Zeitabschnitts von sechs Monaten nach dem Inkrafttreten dieses Protokolls in Kraft. Die Änderung gilt nicht für Beschwerden, bei denen die endgültige Entscheidung im Sinne des Art. 35 Abs. 1 der Konvention vor dem Inkrafttreten des Art. 4 dieses Protokolls ergangen ist.

3) Vorbehalt Österreichs, „Rechtsmittel" zu setzen.

21d. Verordnung (EG) Nr. 4/2009 des Rates vom 18. Dezember 2008 über die Zuständigkeit, das anwendbare Recht, die Anerkennung und Vollstreckung von Entscheidungen und die Zusammenarbeit in Unterhaltssachen[1)]

(ABl. 2009 Nr. L 7 S. 1, ber. 2011 Nr. L 131 S. 26, 2013 Nr. L 8 S. 19 und Nr. L 281 S. 29)

Celex-Nr. 3 2009 R 0004

zuletzt geänd. durch Art. 1 ÄndVO (EU) 2018/1937 v. 10.12.2018 (ABl. Nr. L 314 S. 36)

– Auszug –

DER RAT DER EUROPÄISCHEN UNION –

gestützt auf den Vertrag zur Gründung der Europäischen Gemeinschaft[2)], insbesondere auf Artikel 61[3)] Buchstabe c und Artikel 67[4)] Absatz 2,

auf Vorschlag der Kommission,

nach Stellungnahme des Europäischen Parlaments[5)],

nach Stellungnahme des Europäischen Wirtschafts- und Sozialausschusses[6)],

in Erwägung nachstehender Gründe:

(1) Die Gemeinschaft hat sich zum Ziel gesetzt, einen Raum der Freiheit, der Sicherheit und des Rechts, in dem der freie Personenverkehr gewährleistet ist, zu erhalten und weiterzuentwickeln. Zur schrittweisen Schaffung eines solchen Raums erlässt die Gemeinschaft unter anderem Maßnahmen im Bereich der justiziellen Zusammenarbeit in Zivilsachen mit grenzüberschreitenden Bezügen, soweit dies für das reibungslose Funktionieren des Binnenmarkts erforderlich ist.

(2) Nach Artikel 65 Buchstabe b des Vertrags[7)] betreffen solche Maßnahmen unter anderem die Förderung der Vereinbarkeit der in den Mitgliedstaaten geltenden Kollisionsnormen und der Vorschriften zur Vermeidung von Kompetenzkonflikten.

---

1) Für das Vereinigte Königreich tritt diese Verordnung ab dem 1.7.2009 in Kraft. Art. 2 Abs. 2, Art. 47 Abs. 3, Art. 71, 72 und 73 gelten ab dem 18.9.2010, vgl. Art. 76 dieser VO.

2) Nunmehr Vertrag über die Arbeitsweise der Europäischen Union durch Vertrag von Lissabon v. 13.12.2007 (ABl. Nr. C 306 S. 1).

3) Nunmehr Art. 67 AEUV durch Vertrag von Lissabon v. 13.12.2007 (ABl. Nr. C 306 S. 1).

4) Aufgehoben durch Vertrag von Lissabon v. 13.12.2007 (ABl. Nr. C 306 S. 1).

5) **Amtl. Anm.:** Stellungnahme des Europäischen Parlaments vom 13. Dezember 2007 (noch nicht im Amtsblatt veröffentlicht) und Stellungnahme des Europäischen Parlaments vom 4. Dezember 2008 infolge erneuter Anhörung (noch nicht im Amtsblatt veröffentlicht).

6) **Amtl. Anm.:** Stellungnahme des Europäischen Wirtschafts- und Sozialausschusses nach nicht obligatorischer Anhörung (ABl. C 185 vom 8.8.2006, S. 35).

7) Nunmehr Art. 81 AEUV durch Vertrag von Lissabon v. 13.12.2007 (ABl. Nr. C 306 S. 1).

(3) Die Gemeinschaft hat hierzu unter anderem bereits folgende Maßnahmen erlassen: die Verordnung (EG) Nr. 44/2001 des Rates vom 22. Dezember 2000 über die gerichtliche Zuständigkeit und die Anerkennung und Vollstreckung von Entscheidungen in Zivil- und Handelssachen[1], die Entscheidung 2001/470/EG des Rates vom 28. Mai 2001 über die Einrichtung eines Europäischen Justiziellen Netzes für Zivil- und Handelssachen[2], die Verordnung (EG) Nr. 1206/2001[3] des Rates vom 28. Mai 2001 über die Zusammenarbeit zwischen den Gerichten der Mitgliedstaaten auf dem Gebiet der Beweisaufnahme in Zivil- oder Handelssachen[4], die Richtlinie 2003/8/EG des Rates vom 27. Januar 2003 zur Verbesserung des Zugangs zum Recht bei Streitsachen mit grenzüberschreitendem Bezug durch Festlegung gemeinsamer Mindestvorschriften für die Prozesskostenhilfe in derartigen Streitsachen[5], die Verordnung (EG) Nr. 2201/2003 des Rates vom 27. November 2003 über die Zuständigkeit und die Anerkennung und Vollstreckung von Entscheidungen in Ehesachen und in Verfahren betreffend die elterliche Verantwortung[6], die Verordnung (EG) Nr. 805/2004[7] des Europäischen Parlaments und des Rates vom 21. April 2004 zur Einführung eines europäischen Vollstreckungstitels für unbestrittene Forderungen[8] sowie die Verordnung (EG) Nr. 1393/2007[9] des Europäischen Parlaments und des Rates vom 13. November 2007 über die Zustellung gerichtlicher und außergerichtlicher Schriftstücke in Zivil- oder Handelssachen in den Mitgliedstaaten (Zustellung von Schriftstücken)[10].

(4) Der Europäische Rat hat auf seiner Tagung vom 15. und 16. Oktober 1999 in Tampere den Rat und die Kommission aufgefordert, besondere gemeinsame Verfahrensregeln für die Vereinfachung und Beschleunigung der Beilegung grenzüberschreitender Rechtsstreitigkeiten unter anderem bei Unterhaltsansprüchen festzulegen. Er hat ferner die Abschaffung der Zwischenmaßnahmen gefordert, die notwendig sind, um die Anerkennung und Vollstreckung einer in einem anderen Mitgliedstaat ergangenen Entscheidung, insbesondere einer Entscheidung über einen Unterhaltsanspruch, im ersuchten Staat zu ermöglichen.

(5) Am 30. November 2000 wurde ein gemeinsames Maßnahmenprogramm der Kommission und des Rates zur Umsetzung des Grundsatzes der gegenseitigen Anerkennung gerichtlicher Entscheidungen in Zivil- und Handelssachen[11] verabschiedet. Dieses Programm sieht die Abschaffung des Exequaturverfahrens bei Unterhaltsansprüchen vor, um die Wirksamkeit der Mittel, die den Anspruchsberechtigten zur Durchsetzung ihrer Ansprüche zur Verfügung stehen, zu erhöhen.

---

[1] **Amtl. Anm.:** ABl. L 12 vom 16.1.2001, S. 1.
[2] **Amtl. Anm.:** ABl. L 174 vom 27.6.2001, S. 25.
[3] Nr. **103d**.
[4] **Amtl. Anm.:** ABl. L 174 vom 27.6.2001, S. 1.
[5] **Amtl. Anm.:** ABl. L 26 vom 31.1.2003, S. 41.
[6] **Amtl. Anm.:** ABl. L 338 vom 23.12.2003, S. 1.
[7] Nr. **103f**.
[8] **Amtl. Anm.:** ABl. L 143 vom 30.4.2004, S. 15.
[9] Nr. **103c**.
[10] **Amtl. Anm.:** ABl. L 324 vom 10.12.2007, S. 79.
[11] **Amtl. Anm.:** ABl. C 12 vom 15.1.2001, S. 1.

(6) Am 4. und 5. November 2004 hat der Europäische Rat auf seiner Tagung in Brüssel ein neues Programm mit dem Titel „Haager Programm zur Stärkung von Freiheit, Sicherheit und Recht in der Europäischen Union" (nachstehend das „Haager Programm" genannt)[1] angenommen.

(7) Der Rat hat auf seiner Tagung vom 2. und 3. Juni 2005 einen Aktionsplan des Rates und der Kommission[2] angenommen, mit dem das Haager Programm in konkrete Maßnahmen umgesetzt wird und in dem die Annahme von Vorschlägen zur Unterhaltspflicht als notwendig erachtet wird.

(8) Im Rahmen der Haager Konferenz für Internationales Privatrecht haben die Gemeinschaft und ihre Mitgliedstaaten an Verhandlungen teilgenommen, die am 23. November 2007 mit der Annahme des Übereinkommens über die internationale Geltendmachung der Unterhaltsansprüche von Kindern und anderen Familienangehörigen (nachstehend das „Haager Übereinkommen von 2007" genannt) und des Protokolls über das auf Unterhaltspflichten anzuwendende Recht (nachstehend das „Haager Protokoll von 2007" genannt) abgeschlossen wurden. Daher ist diesen beiden Instrumenten im Rahmen der vorliegenden Verordnung Rechnung zu tragen.

(9) Es sollte einem Unterhaltsberechtigten ohne Umstände möglich sein, in einem Mitgliedstaat eine Entscheidung zu erwirken, die automatisch in einem anderen Mitgliedstaat ohne weitere Formalitäten vollstreckbar ist.

(10) Um dieses Ziel zu erreichen, sollte ein gemeinschaftliches Rechtsinstrument betreffend Unterhaltssachen geschaffen werden, in dem die Bestimmungen über Kompetenzkonflikte, Kollisionsnormen, die Anerkennung, Vollstreckbarkeit und die Vollstreckung von Entscheidungen sowie über Prozesskostenhilfe und die Zusammenarbeit zwischen den Zentralen Behörden zusammengeführt werden.

(11) Der Anwendungsbereich dieser Verordnung sollte sich auf sämtliche Unterhaltspflichten erstrecken, die auf einem Familien-, Verwandtschafts-, oder eherechtlichen Verhältnis oder auf Schwägerschaft beruhen; hierdurch soll die Gleichbehandlung aller Unterhaltsberechtigten gewährleistet werden. Für die Zwecke dieser Verordnung sollte der Begriff „Unterhaltspflicht" autonom ausgelegt werden.

(12) Um den verschiedenen Verfahrensweisen zur Regelung von Unterhaltsfragen in den Mitgliedstaaten Rechnung zu tragen, sollte diese Verordnung sowohl für gerichtliche Entscheidungen als auch für von Verwaltungsbehörden ergangene Entscheidungen gelten, sofern jene Behörden Garantien insbesondere hinsichtlich ihrer Unparteilichkeit und des Anspruchs der Parteien auf rechtliches Gehör bieten. Diese Behörden sollten daher sämtliche Vorschriften dieser Verordnung anwenden.

(13) Aus den genannten Gründen sollte in dieser Verordnung auch die Anerkennung und Vollstreckung gerichtlicher Vergleiche und öffentlicher Urkunden sichergestellt werden, ohne dass dies das Recht einer der Parteien eines solchen Vergleichs oder einer solchen Urkunde berührt,

[1] **Amtl. Anm.:** ABl. C 53 vom 3. 3. 2005, S. 1.
[2] **Amtl. Anm.:** ABl. C 198 vom 12. 8. 2005, S. 1.

solche Instrumente vor einem Gericht des Ursprungsmitgliedstaats anzufechten.

(14) In dieser Verordnung sollte vorgesehen werden, dass der Begriff „berechtigte Person" für die Zwecke eines Antrags auf Anerkennung und Vollstreckung einer Unterhaltsentscheidung auch öffentliche Aufgaben wahrnehmende Einrichtungen umfasst, die das Recht haben, für eine unterhaltsberechtigte Person zu handeln oder die Erstattung von Leistungen zu fordern, die der berechtigten Person anstelle von Unterhalt erbracht wurden. Handelt eine öffentliche Aufgaben wahrnehmende Einrichtung in dieser Eigenschaft, so sollte sie Anspruch auf die gleichen Dienste und die gleiche Prozesskostenhilfe wie eine berechtigte Person haben.

(15) Um die Interessen der Unterhaltsberechtigten zu wahren und eine ordnungsgemäße Rechtspflege innerhalb der Europäischen Union zu fördern, sollten die Vorschriften über die Zuständigkeit, die sich aus der Verordnung (EG) Nr. 44/2001 ergeben, angepasst werden. So sollte der Umstand, dass ein Antragsgegner seinen gewöhnlichen Aufenthalt in einem Drittstaat hat, nicht mehr die Anwendung der gemeinschaftlichen Vorschriften über die Zuständigkeit ausschließen, und auch eine Rückverweisung auf die innerstaatlichen Vorschriften über die Zuständigkeit sollte nicht mehr möglich sein. Daher sollte in dieser Verordnung festgelegt werden, in welchen Fällen ein Gericht eines Mitgliedstaats eine subsidiäre Zuständigkeit ausüben kann.

(16) Um insbesondere Fällen von Rechtsverweigerung begegnen zu können, sollte in dieser Verordnung auch eine Notzuständigkeit (*forum necessitatis*) vorgesehen werden, wonach ein Gericht eines Mitgliedstaats in Ausnahmefällen über einen Rechtsstreit entscheiden kann, der einen engen Bezug zu einem Drittstaat aufweist. Ein solcher Ausnahmefall könnte gegeben sein, wenn ein Verfahren sich in dem betreffenden Drittstaat als unmöglich erweist, beispielsweise aufgrund eines Bürgerkriegs, oder wenn vom Kläger vernünftigerweise nicht erwartet werden kann, dass er ein Verfahren in diesem Staat einleitet oder führt. Die Notzuständigkeit kann jedoch nur ausgeübt werden, wenn der Rechtsstreit einen ausreichenden Bezug zu dem Mitgliedstaat des angerufenen Gerichts aufweist, wie beispielsweise die Staatsangehörigkeit einer der Parteien.

(17) In einer zusätzlichen Zuständigkeitsvorschrift sollte vorgesehen werden, dass - außer unter besonderen Umständen – ein Verfahren zur Änderung einer bestehenden Unterhaltsentscheidung oder zur Herbeiführung einer neuen Entscheidung von der verpflichteten Person nur in dem Staat eingeleitet werden kann, in dem die berechtigte Person zu dem Zeitpunkt, zu dem die Entscheidung ergangen ist, ihren gewöhnlichen Aufenthalt hatte und in dem sie weiterhin ihren gewöhnlichen Aufenthalt hat. Um eine gute Verknüpfung zwischen dem Haager Übereinkommen von 2007 und dieser Verordnung zu gewährleisten, sollte diese Bestimmung auch für Entscheidungen eines Drittstaats, der Vertragspartei jenes Übereinkommens ist, gelten, sofern das Übereinkommen zwischen dem betreffenden Staat und der Gemeinschaft in Kraft ist, und in dem betreffenden Staat und in der Gemeinschaft die gleichen Unterhaltspflichten abdeckt.

(18) Für die Zwecke der Anwendung dieser Verordnung sollte vorgesehen werden, dass der Begriff „Staatsangehörigkeit" in Irland durch den Begriff „Wohnsitz" ersetzt wird; gleiches gilt für das Vereinigte Königreich, sofern diese Verordnung in diesem Mitgliedstaat nach Artikel 4 des Protokolls über die Position des Vereinigten Königreichs und Irlands, das dem Vertrag über die Europäische Union[1] und dem Vertrag zur Gründung der Europäischen Gemeinschaft[2] beigefügt ist, anwendbar ist.

(19) Im Hinblick auf eine größere Rechtssicherheit, Vorhersehbarkeit und Eigenständigkeit der Vertragsparteien sollte diese Verordnung es den Parteien ermöglichen, den Gerichtsstand anhand bestimmter Anknüpfungspunkte einvernehmlich zu bestimmen. Um den Schutz der schwächeren Partei zu gewährleisten, sollte eine solche Wahl des Gerichtsstands bei Unterhaltspflichten gegenüber einem Kind, das das 18. Lebensjahr noch nicht vollendet hat, ausgeschlossen sein.

(20) In dieser Verordnung sollte vorgesehen werden, dass für die Mitgliedstaaten, die durch das Haager Protokoll von 2007 gebunden sind, die in jenem Protokoll enthaltenen Bestimmungen über Kollisionsnormen gelten. Hierzu sollte eine Bestimmung aufgenommen werden, die auf das genannte Protokoll verweist. Die Gemeinschaft wird das Haager Protokoll von 2007 rechtzeitig abschließen, um die Anwendung dieser Verordnung zu ermöglichen. Um der Möglichkeit Rechnung zu tragen, dass das Haager Protokoll von 2007 nicht für alle Mitgliedstaaten gilt, sollte hinsichtlich der Anerkennung, der Vollstreckbarkeit und der Vollstreckung von Entscheidungen zwischen den Mitgliedstaaten, die durch das Haager Protokoll von 2007 gebunden sind und jenen, die es nicht sind, unterschieden werden.

(21) Es sollte im Rahmen dieser Verordnung präzisiert werden, dass diese Kollisionsnormen nur das auf die Unterhaltspflichten anzuwendende Recht bestimmen; sie bestimmen nicht, nach welchem Recht festgestellt wird, ob ein Familienverhältnis besteht, das Unterhaltspflichten begründet. Die Feststellung eines Familienverhältnisses unterliegt weiterhin dem einzelstaatlichen Recht der Mitgliedstaaten, einschließlich ihrer Vorschriften des internationalen Privatrechts.

(22) Um die rasche und wirksame Durchsetzung einer Unterhaltsforderung zu gewährleisten und missbräuchlichen Rechtsmitteln vorzubeugen, sollten in einem Mitgliedstaat ergangene Unterhaltsentscheidungen grundsätzlich vorläufig vollstreckbar sein. Daher sollte in dieser Verordnung vorgesehen werden, dass das Ursprungsgericht die Entscheidung für vorläufig vollstreckbar erklären können sollte, und zwar auch dann, wenn das einzelstaatliche Recht die Vollstreckbarkeit von Rechts wegen nicht vorsieht und auch wenn nach einzelstaatlichem Recht ein Rechtsbehelf gegen die Entscheidung eingelegt wurde oder noch eingelegt werden könnte.

(23) Um die mit den Verfahren gemäß dieser Verordnung verbundenen Kosten zu begrenzen, wäre es zweckdienlich, so umfassend wie möglich auf

[1] **Sartorius Nr. 1000.**

[2] Nunmehr Vertrag über die Arbeitsweise der Europäischen Union durch Vertrag von Lissabon v. 13. 12. 2007 (ABl. Nr. C 306 S. 1).

die modernen Kommunikationstechnologien zurückzugreifen, insbesondere bei der Anhörung der Parteien.

(24) Die durch die Anwendung der Kollisionsnormen gebotenen Garantien sollten es rechtfertigen, dass Entscheidungen in Unterhaltssachen, die in einem durch das Haager Protokoll von 2007 gebundenen Mitgliedstaat ergangen sind, ohne weiteres Verfahren und ohne jegliche inhaltliche Prüfung im Vollstreckungsmitgliedstaat in den anderen Mitgliedstaaten anerkannt werden und vollstreckbar sind.

(25) Alleiniger Zweck der Anerkennung einer Unterhaltsentscheidung in einem Mitgliedstaat ist es, die Durchsetzung der in der Entscheidung festgelegten Unterhaltsforderung zu ermöglichen. Sie bewirkt nicht, dass dieser Mitgliedstaat das Familien-, Verwandtschafts-, eherechtliche oder auf Schwägerschaft beruhende Verhältnis anerkennt, auf der die Unterhaltspflichten, die Anlass zu der Entscheidung gegeben haben, gründen.

(26) Für Entscheidungen, die in einem nicht durch das Haager Protokoll von 2007 gebundenen Mitgliedstaat ergangen sind, sollte in dieser Verordnung ein Verfahren zur Anerkennung und Vollstreckbarerklärung vorgesehen werden. Dieses Verfahren sollte sich an das Verfahren und die Gründe für die Verweigerung der Anerkennung anlehnen, die in der Verordnung (EG) Nr. 44/2001 vorgesehen sind. Zur Beschleunigung des Verfahrens und damit die berechtigte Person ihre Forderung rasch durchsetzen kann, sollte vorgesehen werden, dass die Entscheidung des angerufenen Gerichts außer unter außergewöhnlichen Umständen innerhalb bestimmter Fristen ergehen muss.

(27) Ferner sollten die Formalitäten für die Vollstreckung, die Kosten zulasten des Unterhaltsberechtigten verursachen, so weit wie möglich reduziert werden. Hierzu sollte in dieser Verordnung vorgesehen werden, dass der Unterhaltsberechtigte nicht verpflichtet ist, über eine Postanschrift oder einen bevollmächtigten Vertreter im Vollstreckungsmitgliedstaat zu verfügen, ohne damit im Übrigen die interne Organisation der Mitgliedstaaten im Bereich der Vollstreckungsverfahren zu beeinträchtigen.

(28) Zur Begrenzung der mit den Vollstreckungsverfahren verbundenen Kosten sollte keine Übersetzung verlangt werden, außer wenn die Vollstreckung angefochten wird, und unbeschadet der Vorschriften für die Zustellung der Schriftstücke.

(29) Um die Achtung der Grundsätze eines fairen Verfahrens zu gewährleisten, sollte in dieser Verordnung vorgesehen werden, dass ein Antragsgegner, der nicht vor dem Ursprungsgericht eines durch das Haager Protokoll von 2007 gebundenen Mitgliedstaats erschienen ist, in der Phase der Vollstreckung der gegen ihn ergangenen Entscheidung die erneute Prüfung dieser Entscheidung beantragen kann. Der Antragsgegner sollte diese erneute Prüfung allerdings innerhalb einer bestimmten Frist beantragen, die spätestens ab dem Tag laufen sollte, an dem in der Phase des Vollstreckungsverfahrens seine Vermögensgegenstände zum ersten Mal ganz oder teilweise seiner Verfügung entzogen wurden. Dieses Recht auf erneute Prüfung sollte ein außerordentliches Rechtsbehelf darstellen, das dem Antragsgegner, der sich in dem Verfahren nicht eingelassen hat, gewährt wird, und das nicht die Anwendung anderer außerordentlicher Rechtsbehelfe berührt, die nach dem Recht des Ursprungsmitgliedstaats

bestehen, sofern diese Rechtsbehelfe nicht mit dem Recht auf erneute Prüfung nach dieser Verordnung unvereinbar sind.

(30) Um die Vollstreckung einer Entscheidung eines durch das Haager Protokoll von 2007 gebundenen Mitgliedstaats in einem anderen Mitgliedstaat zu beschleunigen, sollten die Gründe für eine Verweigerung oder Aussetzung der Vollstreckung, die die verpflichtete Person aufgrund des grenzüberschreitenden Charakters der Unterhaltspflicht geltend machen könnte, begrenzt werden. Diese Begrenzung sollte nicht die nach einzelstaatlichem Recht vorgesehenen Gründe für die Verweigerung oder Aussetzung beeinträchtigen, die mit den in dieser Verordnung angeführten Gründen nicht unvereinbar sind, wie beispielsweise die Begleichung der Forderung durch die verpflichtete Person zum Zeitpunkt der Vollstreckung oder die Unpfändbarkeit bestimmter Güter.

(31) Um die grenzüberschreitende Durchsetzung von Unterhaltsforderungen zu erleichtern, sollte ein System der Zusammenarbeit zwischen den von den Mitgliedstaaten benannten Zentralen Behörden eingerichtet werden. Diese Behörden sollten die berechtigten und die verpflichteten Personen darin unterstützen, ihre Rechte in einem anderen Mitgliedstaat geltend zu machen, indem sie die Anerkennung, Vollstreckbarerklärung und Vollstreckung bestehender Entscheidungen, die Änderung solcher Entscheidungen oder die Herbeiführung einer Entscheidung beantragen. Sie sollten ferner erforderlichenfalls Informationen austauschen, um die verpflichteten und die berechtigten Personen ausfindig zu machen und soweit erforderlich deren Einkünfte und Vermögen festzustellen. Sie sollten schließlich zusammenarbeiten und allgemeine Informationen auszutauschen sowie die Zusammenarbeit zwischen den zuständigen Behörden ihres Mitgliedstaats fördern.

(32) Eine nach dieser Verordnung benannte Zentrale Behörde sollte ihre eigenen Kosten tragen, abgesehen von speziell festgelegten Ausnahmen, und jeden Antragsteller unterstützen, der seinen Aufenthalt in ihrem Mitgliedstaat hat. Das Kriterium für das Recht einer Person auf Unterstützung durch eine Zentrale Behörde sollte weniger streng sein als das Anknüpfungskriterium des „gewöhnlichen Aufenthalts", das sonst in dieser Verordnung verwendet wird. Das Kriterium des „Aufenthalts" sollte jedoch die bloße Anwesenheit ausschließen.

(33) Damit sie die unterhaltsberechtigten und -verpflichteten Personen umfassend unterstützen und die grenzüberschreitende Durchsetzung von Unterhaltsforderungen optimal fördern können, sollten die Zentralen Behörden gewisse personenbezogene Daten einholen können. Diese Verordnung sollte daher die Mitgliedstaaten verpflichten sicherzustellen, dass ihre Zentralen Behörden Zugang zu solchen Angaben bei den öffentlichen Behörden oder Stellen, die im Rahmen ihrer üblichen Tätigkeiten über die betreffenden Angaben verfügen, erhalten. Es sollte jedoch jedem Mitgliedstaat überlassen bleiben, die Modalitäten für diesen Zugang festzulegen. So sollte ein Mitgliedstaat befugt sein, die öffentlichen Behörden oder Verwaltungen zu bezeichnen, die gehalten sind, der Zentralen Behörde die Angaben im Einklang mit dieser Verordnung zur Verfügung zu stellen, gegebenenfalls einschließlich der bereits im Rahmen anderer Regelungen über den Zugang zu Informationen benannten öffentlichen Behörden oder Verwaltungen. Bezeichnet ein Mitgliedstaat öffentliche

Behörden oder Verwaltungen, sollte er sicherstellen, dass seine Zentrale Behörde in der Lage ist, Zugang zu den gemäß dieser Verordnung erforderlichen Angaben, die im Besitz jener Behörden oder Verwaltungen sind, zu erhalten. Die Mitgliedstaaten sollten ferner befugt sein, ihrer Zentralen Behörde den Zugang zu den erforderlichen Angaben bei jeder anderen juristischen Person zu ermöglichen, die diese besitzt und für deren Verarbeitung verantwortlich ist.

(34) Im Rahmen des Zugangs zu personenbezogenen Daten sowie deren Verwendung und Weiterleitung ist es angebracht, die Anforderungen der Richtlinie 95/46/EG des Europäischen Parlaments und des Rates vom 24. Oktober 1995 zum Schutz natürlicher Personen bei der Verarbeitung personenbezogener Daten und zum freien Datenverkehr[1], wie sie in das einzelstaatliche Recht der Mitgliedstaaten umgesetzt ist, zu beachten.

(35) Es ist angebracht, die spezifischen Bedingungen für den Zugang zu personenbezogenen Daten, deren Verwendung und Weiterleitung für die Anwendung dieser Verordnung festzulegen. In diesem Zusammenhang wurde die Stellungnahme des Europäischen Datenschutzbeauftragten[2] berücksichtigt. Die Benachrichtigung der von der Datenerhebung betroffenen Person sollte im Einklang mit dem einzelstaatlichen Recht erfolgen. Es sollte jedoch die Möglichkeit vorgesehen werden, diese Benachrichtigung zu verzögern, um zu verhindern, dass die verpflichtete Person ihre Vermögensgegenstände transferiert und so die Durchsetzung der Unterhaltsforderung gefährdet.

(36) Angesichts der Verfahrenskosten sollte eine sehr günstige Regelung der Prozesskostenhilfe vorgesehen werden, nämlich die uneingeschränkte Übernahme der Kosten in Verbindung mit Verfahren betreffend Unterhaltspflichten gegenüber Kindern, die das 21. Lebensjahr noch nicht vollendet haben, die über die Zentralen Behörden eingeleitet wurden. Folglich sollten die aufgrund der Richtlinie 2003/8/EG bestehenden Vorschriften über die Prozesskostenhilfe in der Europäischen Union durch spezifische Vorschriften ergänzt werden, mit denen ein besonderes System der Prozesskostenhilfe in Unterhaltssachen geschaffen wird. Dabei sollte die zuständige Behörde des ersuchten Mitgliedstaats befugt sein, in Ausnahmefällen die Kosten bei einem unterlegenen Antragsteller, der eine unentgeltliche Prozesskostenhilfe bezieht, beizutreiben, sofern seine finanziellen Verhältnisse dies zulassen. Dies wäre insbesondere bei einer vermögenden Person, die wider Treu und Glauben gehandelt hat, der Fall.

(37) Darüber hinaus sollte für andere als die im vorstehenden Erwägungsgrund genannten Unterhaltspflichten allen Parteien die gleiche Behandlung hinsichtlich der Prozesskostenhilfe bei der Vollstreckung einer Entscheidung in einem anderen Mitgliedstaat garantiert werden. So sollten die Bestimmungen dieser Verordnung über die Weitergewährung der Prozesskostenhilfe so ausgelegt werden, dass sie eine solche Hilfe auch einer Partei gewähren, die beim Verfahren zur Herbeiführung oder Änderung einer Entscheidung im Ursprungsmitgliedstaat keine Prozesskostenhilfe erhalten hat, die aber später im selben Mitgliedstaat im Rahmen eines

[1] **Amtl. Anm.:** ABl. L 281 vom 23. 11. 1995, S. 31.
[2] **Amtl. Anm.:** ABl. C 242 vom 7. 10. 2006, S. 20.

Antrags auf Vollstreckung der Entscheidung in den Genuss der Prozesskostenhilfe gekommen ist. Gleichermaßen sollte eine Partei, die berechtigterweise ein unentgeltliches Verfahren vor einer der in Anhang X aufgeführten Verwaltungsbehörden in Anspruch genommen hat, im Vollstreckungsmitgliedstaat in den Genuss der günstigsten Prozesskostenhilfe oder umfassendsten Kosten- und Gebührenbefreiung kommen, sofern sie nachweisen kann, dass sie diese Vergünstigungen auch im Ursprungsmitgliedstaat erhalten hätte.

(38) Um die Kosten für die Übersetzung von Beweisunterlagen zu reduzieren, sollte das angerufene Gericht unbeschadet der Verteidigungsrechte und der für die Zustellung der Schriftstücke geltenden Vorschriften die Übersetzung dieser Unterlagen nur verlangen, wenn sie tatsächlich notwendig ist.

(39) Um die Anwendung dieser Verordnung zu erleichtern, sollte eine Verpflichtung für die Mitgliedstaaten vorgesehen werden, der Kommission die Namen und Kontaktdaten ihrer Zentralen Behörden sowie sonstige Informationen mitzuteilen. Diese Informationen sollten Praktikern und der Öffentlichkeit durch eine Veröffentlichung im *Amtsblatt der Europäischen Union* oder durch Ermöglichung des elektronischen Zugangs über das mit der Entscheidung 2001/470/EG eingerichtete Europäische Justizielle Netz für Zivil- und Handelssachen bereitgestellt werden. Darüber hinaus sollte die Verwendung der in dieser Verordnung vorgesehenen Formblätter die Kommunikation zwischen den Zentralen Behörden erleichtern und beschleunigen und die elektronische Vorlage von Ersuchen ermöglichen.

(40) Die Beziehung zwischen dieser Verordnung und den bilateralen Abkommen oder multilateralen Übereinkünften in Unterhaltssachen, denen die Mitgliedstaaten angehören, sollte geregelt werden. Dabei sollte vorgesehen werden, dass die Mitgliedstaaten, die Vertragspartei des Übereinkommens vom 23. März 1962 zwischen Schweden, Dänemark, Finnland, Island und Norwegen über die Geltendmachung von Unterhaltsansprüchen sind, dieses Übereinkommen weiterhin anwenden können, da es günstigere Bestimmungen über die Anerkennung und die Vollstreckung enthält als diese Verordnung. Was künftige bilaterale Abkommen in Unterhaltssachen mit Drittstaaten betrifft, sollten die Verfahren und Bedingungen, unter denen die Mitgliedstaaten ermächtigt wären, in ihrem eigenen Namen solche Abkommen auszuhandeln und zu schließen, im Rahmen der Erörterung eines von der Kommission vorzulegenden Vorschlags zu diesem Thema festgelegt werden.

(41) Die Berechnung der in dieser Verordnung vorgesehenen Fristen und Termine sollte nach Maßgabe der Verordnung (EWG, Euratom) Nr. 1182/71 des Rates vom 3. Juni 1971 zur Festlegung der Regeln für die Fristen, Daten und Termine[1] erfolgen.

(42) Die zur Durchführung dieser Verordnung erforderlichen Maßnahmen sollten nach Maßgabe des Beschlusses 1999/468/EG des Rates vom 28. Juni 1999 zur Festlegung der Modalitäten für die Ausübung der der Kommission übertragenen Durchführungsbefugnisse erlassen[2] werden.

[1] **Amtl. Anm.:** ABl. L 124 vom 8. 6. 1971, S. 1.
[2] **Amtl. Anm.:** ABl. L 184 vom 17. 7. 1999, S. 23.

(43) Insbesondere sollte die Kommission die Befugnis erhalten, alle Änderungen der in dieser Verordnung vorgesehenen Formblätter nach dem in Artikels 3 des Beschlusses 1999/468/EG genannten Beratungsverfahren des zu erlassen. Für die Erstellung der Liste der Verwaltungsbehörden, die in den Anwendungsbereich dieser Verordnung fallen, sowie der Liste der zuständigen Behörden für die Bescheinigung von Prozesskostenhilfe sollte die Kommission die Befugnis erhalten, das Verwaltungsverfahren nach Artikel 4 jenes Beschlusses anzuwenden.

(44) Diese Verordnung sollte die Verordnung (EG) Nr. 44/2001 ändern, indem sie deren auf Unterhaltssachen anwendbare Bestimmungen ersetzt. Vorbehaltlich der Übergangsbestimmungen dieser Verordnung sollten die Mitgliedstaaten bei Unterhaltssachen, ab dem Zeitpunkt der Anwendbarkeit dieser Verordnung die Bestimmungen dieser Verordnung über die Zuständigkeit, die Anerkennung, die Vollstreckbarkeit und die Vollstreckung von Entscheidungen und über die Prozesskostenhilfe anstelle der entsprechenden Bestimmungen der Verordnung (EG) Nr. 44/2001 anwenden.

(45) Da die Ziele dieser Verordnung, nämlich die Schaffung eines Instrumentariums zur effektiven Durchsetzung von Unterhaltsforderungen in grenzüberschreitenden Situationen und somit zur Erleichterung der Freizügigkeit der Personen innerhalb der Europäischen Union, auf Ebene der Mitgliedstaaten nicht hinreichend verwirklicht und daher aufgrund des Umfangs und der Wirkungen dieser Verordnung besser auf Gemeinschaftsebene erreicht werden können, kann die Gemeinschaft im Einklang mit dem in Artikel 5 des Vertrags[1] niedergelegten Subsidiaritätsprinzip tätig werden. Entsprechend dem in demselben Artikel genannten Grundsatz der Verhältnismäßigkeit geht diese Verordnung nicht über das für die Erreichung dieser Ziele erforderliche Maß hinaus.

(46) Gemäß Artikel 3 des dem Vertrag über die Europäische Union und dem Vertrag zur Gründung der Europäischen Gemeinschaft beigefügten Protokolls über die Position des Vereinigten Königreichs und Irlands hat Irland mitgeteilt, dass es sich an der Annahme und Anwendung dieser Verordnung beteiligen möchte.

(47) Gemäß den Artikeln 1 und 2 des dem Vertrag über die Europäische Union und dem Vertrag zur Gründung der Europäischen Gemeinschaft beigefügten Protokolls über die Position des Vereinigten Königreichs und Irlands beteiligt sich das Vereinigte Königreich nicht an der Annahme dieser Verordnung, und ist weder durch diese gebunden noch zu ihrer Anwendung verpflichtet. Dies berührt jedoch nicht die Möglichkeit für das Vereinigte Königreich, gemäß Artikel 4 des genannten Protokolls nach der Annahme dieser Verordnung mitzuteilen, dass es die Verordnung anzunehmen wünscht.

(48) Gemäß den Artikeln 1 und 2 des dem Vertrag über die Europäische Union und dem Vertrag zur Gründung der Europäischen Gemeinschaft beigefügten Protokolls über die Position Dänemarks beteiligt sich Dänemark nicht an der Annahme dieser Verordnung und ist weder durch diese gebunden noch zu ihrer Anwendung verpflichtet, unbeschadet der Mög-

[1] Nunmehr Art. 5 EUV durch Vertrag von Lissabon v. 13. 12. 2007 (ABl. Nr. C 306 S. 1).

lichkeit für Dänemark, den Inhalt der an der Verordnung (EG) Nr. 44/2001 vorgenommenen Änderungen gemäß Artikel 3 des Abkommens vom 19. Oktober 2005 zwischen der Europäischen Gemeinschaft und dem Königreich Dänemark über die gerichtliche Zuständigkeit und die Anerkennung und Vollstreckung von Entscheidungen in Zivil- und Handelssachen[1] anzuwenden.

HAT FOLGENDE VERORDNUNG ERLASSEN:

Kapitel I. Anwendungsbereich und Begriffsbestimmungen

Art. 1 Anwendungsbereich. (1) Diese Verordnung findet Anwendung auf Unterhaltspflichten, die auf einem Familien-, Verwandtschafts-, oder eherechtlichen Verhältnis oder auf Schwägerschaft beruhen.

(2) In dieser Verordnung bezeichnet der Begriff „Mitgliedstaat" alle Mitgliedstaaten, auf die diese Verordnung anwendbar ist.

Art. 2 Begriffsbestimmungen. (1) Im Sinne dieser Verordnung bezeichnet der Begriff

1. „Entscheidung" eine von einem Gericht eines Mitgliedstaats in Unterhaltssachen erlassene Entscheidung ungeachtet ihrer Bezeichnung wie Urteil, Beschluss, Zahlungsbefehl oder Vollstreckungsbescheid, einschließlich des Kostenfestsetzungsbeschlusses eines Gerichtsbediensteten. Für die Zwecke der Kapitel VII und VIII bezeichnet der Begriff „Entscheidung" auch eine in einem Drittstaat erlassene Entscheidung in Unterhaltssachen;
2. „gerichtlicher Vergleich" einen von einem Gericht gebilligten oder vor einem Gericht im Laufe eines Verfahrens geschlossenen Vergleich in Unterhaltssachen;
3. „öffentliche Urkunde"
   a) ein Schriftstück in Unterhaltssachen, das als öffentliche Urkunde im Ursprungsmitgliedstaat förmlich errichtet oder eingetragen worden ist und dessen Beweiskraft
      i) sich auf die Unterschrift und den Inhalt der öffentlichen Urkunde bezieht und
      ii) durch eine Behörde oder eine andere hierzu ermächtigte Stelle festgestellt worden ist; oder
   b) eine mit einer Verwaltungsbehörde des Ursprungsmitgliedstaats geschlossene oder von ihr beglaubigte Unterhaltsvereinbarung;
4. „Ursprungsmitgliedstaat" den Mitgliedstaat, in dem die Entscheidung ergangen, der gerichtliche Vergleich gebilligt oder geschlossen oder die öffentliche Urkunde ausgestellt worden ist;
5. „Vollstreckungsmitgliedstaat" den Mitgliedstaat, in dem die Vollstreckung der Entscheidung, des gerichtlichen Vergleichs oder der öffentlichen Urkunde betrieben wird;

---

[1] **Amtl. Anm.:** ABl. L 299 vom 16. 11. 2005, S. 62.

6. „ersuchender Mitgliedstaat" den Mitgliedstaat, dessen Zentrale Behörde einen Antrag nach Kapitel VII übermittelt;
7. „ersuchter Mitgliedstaat" den Mitgliedstaat, dessen Zentrale Behörde einen Antrag nach Kapitel VII erhält;
8. „Vertragsstaat des Haager Übereinkommens von 2007" einen Vertragsstaat des Haager Übereinkommens vom 23. November 2007 über die internationale Geltendmachung der Unterhaltsansprüche von Kindern und anderen Familienangehörigen (nachstehend „Haager Übereinkommen von 2007" genannt), soweit dieses Übereinkommen zwischen der Gemeinschaft und dem betreffenden Staat anwendbar ist;
9. „Ursprungsgericht" das Gericht, das die zu vollstreckende Entscheidung erlassen hat;
10. „berechtigte Person" jede natürliche Person, der Unterhalt zusteht oder angeblich zusteht;
11. „verpflichtete Person" jede natürliche Person, die Unterhalt leisten muss oder angeblich leisten muss.

(2)[1] Im Sinne dieser Verordnung schließt der Begriff „Gericht" auch die Verwaltungsbehörden der Mitgliedstaaten mit Zuständigkeit in Unterhaltssachen ein, sofern diese Behörden ihre Unparteilichkeit und das Recht der Parteien auf rechtliches Gehör garantieren und ihre Entscheidungen nach dem Recht des Mitgliedstaats, in dem sie ihren Sitz hat,

i) vor Gericht angefochten oder von einem Gericht nachgeprüft werden können und
ii) eine mit einer Entscheidung eines Gerichts zu der gleichen Angelegenheit vergleichbare Rechtskraft und Wirksamkeit haben.

[1] Die betreffenden Verwaltungsbehörden sind in Anhang X aufgelistet. [2] Dieser Anhang wird auf Antrag des Mitgliedstaats, in dem die betreffende Verwaltungsbehörde ihren Sitz hat, nach dem Verwaltungsverfahren des Artikels 73 Absatz 2 erstellt und geändert.

(3) Im Sinne der Artikel 3, 4 und 6 tritt der Begriff „Wohnsitz" in den Mitgliedstaaten, die diesen Begriff als Anknüpfungspunkt in Familiensachen verwenden, an die Stelle des Begriffs „Staatsangehörigkeit".

Im Sinne des Artikels 6 gilt, dass Parteien, die ihren „Wohnsitz" in verschiedenen Gebietseinheiten desselben Mitgliedstaats haben, ihren gemeinsamen „Wohnsitz" in diesem Mitgliedstaat haben.

Kapitel II. Zuständigkeit

Art. 3 Allgemeine Bestimmungen. Zuständig für Entscheidungen in Unterhaltssachen in den Mitgliedstaaten ist

a) das Gericht des Ortes, an dem der Beklagte seinen gewöhnlichen Aufenthalt hat, oder
b) das Gericht des Ortes, an dem die berechtigte Person ihren gewöhnlichen Aufenthalt hat, oder

[1] Beachte zum Inkrafttreten Art. 76 UAbs. 2.

c) das Gericht, das nach seinem Recht für ein Verfahren in Bezug auf den Personenstand zuständig ist, wenn in der Nebensache zu diesem Verfahren über eine Unterhaltssache zu entscheiden ist, es sei denn, diese Zuständigkeit begründet sich einzig auf der Staatsangehörigkeit einer der Parteien, oder

d) das Gericht, das nach seinem Recht für ein Verfahren in Bezug auf die elterliche Verantwortung zuständig ist, wenn in der Nebensache zu diesem Verfahren über eine Unterhaltssache zu entscheiden ist, es sei denn, diese Zuständigkeit beruht einzig auf der Staatsangehörigkeit einer der Parteien.

Art. 4 Gerichtsstandsvereinbarungen. (1) Die Parteien können vereinbaren, dass das folgende Gericht oder die folgenden Gerichte eines Mitgliedstaats zur Beilegung von zwischen ihnen bereits entstandenen oder künftig entstehenden Streitigkeiten betreffend Unterhaltspflichten zuständig ist bzw. sind:

a) ein Gericht oder die Gerichte eines Mitgliedstaats, in dem eine der Parteien ihren gewöhnlichen Aufenthalt hat;

b) ein Gericht oder die Gerichte des Mitgliedstaats, dessen Staatsangehörigkeit eine der Parteien besitzt;

c) hinsichtlich Unterhaltspflichten zwischen Ehegatten oder früheren Ehegatten

i) das Gericht, das für Streitigkeiten zwischen den Ehegatten oder früheren Ehegatten in Ehesachen zuständig ist, oder

ii) ein Gericht oder die Gerichte des Mitgliedstaats, in dem die Ehegatten mindestens ein Jahr lang ihren letzten gemeinsamen gewöhnlichen Aufenthalt hatten.

Die in den Buchstaben a, b oder c genannten Voraussetzungen müssen zum Zeitpunkt des Abschlusses der Gerichtsstandsvereinbarung oder zum Zeitpunkt der Anrufung des Gerichts erfüllt sein.
Die durch Vereinbarung festgelegte Zuständigkeit ist ausschließlich, sofern die Parteien nichts anderes vereinbaren.

(2) [1] Eine Gerichtsstandsvereinbarung bedarf der Schriftform. [2] Elektronische Übermittlungen, die eine dauerhafte Aufzeichnung der Vereinbarung ermöglichen, erfüllen die Schriftform.

(3) Dieser Artikel gilt nicht bei einer Streitigkeit über eine Unterhaltspflicht gegenüber einem Kind, das noch nicht das 18. Lebensjahr vollendet hat.

(4) Haben die Parteien vereinbart, dass ein Gericht oder die Gerichte eines Staates, der dem am 30. Oktober 2007 in Lugano unterzeichneten Übereinkommen über die gerichtliche Zuständigkeit und die Anerkennung und Vollstreckung von Entscheidungen in Zivil- und Handelssachen[1)] (nachstehend „Übereinkommen von Lugano" genannt) angehört und bei dem es sich nicht um einen Mitgliedstaat handelt, ausschließlich zuständig sein soll bzw. sollen, so ist dieses Übereinkommen anwendbar, außer für Streitigkeiten nach Absatz 3.

[1)] **Amtl. Anm.:** ABl. L 339 vom 21. 12. 2007, S. 3.

Art. 5 Durch rügelose Einlassung begründete Zuständigkeit. [1] Sofern das Gericht eines Mitgliedstaats nicht bereits nach anderen Vorschriften dieser Verordnung zuständig ist, wird es zuständig, wenn sich der Beklagte auf das Verfahren einlässt. [2] Dies gilt nicht, wenn der Beklagte sich einlässt, um den Mangel der Zuständigkeit geltend zu machen.

Art. 6 Auffangzuständigkeit. Ergibt sich weder eine Zuständigkeit eines Gerichts eines Mitgliedstaats gemäß der Artikel 3, 4 und 5 noch eine Zuständigkeit eines Gerichts eines Staates, der dem Übereinkommen von Lugano angehört und der kein Mitgliedstaat ist, gemäß der Bestimmungen dieses Übereinkommens, so sind die Gerichte des Mitgliedstaats der gemeinsamen Staatsangehörigkeit der Parteien zuständig.

Art. 7 Notzuständigkeit (forum necessitatis). Ergibt sich keine Zuständigkeit eines Gerichts eines Mitgliedstaats gemäß der Artikel 3, 4, 5 und 6, so können die Gerichte eines Mitgliedstaats in Ausnahmefällen über den Rechtsstreit entscheiden, wenn es nicht zumutbar ist oder es sich als unmöglich erweist, ein Verfahren in einem Drittstaat, zu dem der Rechtsstreit einen engen Bezug aufweist, einzuleiten oder zu führen.

Der Rechtsstreit muss einen ausreichenden Bezug zu dem Mitgliedstaat des angerufenen Gerichts aufweisen.

Art. 8 Verfahrensbegrenzung. (1) Ist eine Entscheidung in einem Mitgliedstaat oder einem Vertragsstaat des Haager Übereinkommens von 2007 ergangen, in dem die berechtigte Person ihren gewöhnlichen Aufenthalt hat, so kann die verpflichtete Person kein Verfahren in einem anderen Mitgliedstaat einleiten, um eine Änderung der Entscheidung oder eine neue Entscheidung herbeizuführen, solange die berechtigte Person ihren gewöhnlichen Aufenthalt weiterhin in dem Staat hat, in dem die Entscheidung ergangen ist.

(2) Absatz 1 gilt nicht,

a) wenn die gerichtliche Zuständigkeit jenes anderen Mitgliedstaats auf der Grundlage einer Vereinbarung nach Artikel 4 zwischen den Parteien festgelegt wurde;

b) wenn die berechtigte Person sich aufgrund von Artikel 5 der gerichtlichen Zuständigkeit jenes anderen Mitgliedstaats unterworfen hat;

c) wenn die zuständige Behörde des Ursprungsstaats, der dem Haager Übereinkommen von 2007 angehört, ihre Zuständigkeit für die Änderung der Entscheidung oder für das Erlassen einer neuen Entscheidung nicht ausüben kann oder die Ausübung ablehnt; oder

d) wenn die im Ursprungsstaat, der dem Haager Übereinkommen von 2007 angehört, ergangene Entscheidung in dem Mitgliedstaat, in dem ein Verfahren zur Änderung der Entscheidung oder Herbeiführung einer neuen Entscheidung beabsichtigt ist, nicht anerkannt oder für vollstreckbar erklärt werden kann.

Art. 9 Anrufung eines Gerichts. Für die Zwecke dieses Kapitels gilt ein Gericht als angerufen

a) zu dem Zeitpunkt, zu dem das verfahrenseinleitende Schriftstück oder ein gleichwertiges Schriftstück bei Gericht eingereicht worden ist, vorausgesetzt, dass der Kläger es in der Folge nicht versäumt hat, die ihm obliegenden Maßnahmen zu treffen, um die Zustellung des Schriftstücks an den Beklagten zu bewirken, oder

b) falls die Zustellung an den Beklagten vor Einreichung des Schriftstücks bei Gericht zu bewirken ist, zu dem Zeitpunkt, zu dem die für die Zustellung verantwortliche Stelle das Schriftstück erhalten hat, vorausgesetzt, dass der Kläger es in der Folge nicht versäumt hat, die ihm obliegenden Maßnahmen zu treffen, um das Schriftstück bei Gericht einzureichen.

Art. 10 Prüfung der Zuständigkeit. Das Gericht eines Mitgliedstaats, das in einer Sache angerufen wird, für die es nach dieser Verordnung nicht zuständig ist, erklärt sich von Amts wegen für unzuständig.

Art. 11 Prüfung der Zulässigkeit. (1) Lässt sich ein Beklagter, der seinen gewöhnlichen Aufenthalt im Hoheitsgebiet eines anderen Staates als des Mitgliedstaats hat, in dem das Verfahren eingeleitet wurde, auf das Verfahren nicht ein, so setzt das zuständige Gericht das Verfahren so lange aus, bis festgestellt ist, dass es dem Beklagten möglich war, das verfahrenseinleitende Schriftstück oder ein gleichwertiges Schriftstück so rechtzeitig zu empfangen, dass er sich verteidigen konnte oder dass alle hierzu erforderlichen Maßnahmen getroffen wurden.

(2) Anstelle des Absatzes 1 dieses Artikels findet Artikel 19 der Verordnung (EG) Nr. 1393/2007[1] Anwendung, wenn das verfahrenseinleitende Schriftstück oder ein gleichwertiges Schriftstück nach Maßgabe jener Verordnung von einem Mitgliedstaat in einen anderen zuzustellen war.

(3) Sind die Bestimmungen der Verordnung (EG) Nr. 1393/2007 nicht anwendbar, so gilt Artikel 15 des Haager Übereinkommens vom 15. November 1965 über die Zustellung gerichtlicher und außergerichtlicher Schriftstücke im Ausland in Zivil- und Handelssachen, wenn das verfahrenseinleitende Schriftstück oder ein gleichwertiges Schriftstück nach Maßgabe dieses Übereinkommens ins Ausland zu übermitteln war.

Art. 12 Rechtshängigkeit. (1) Werden bei Gerichten verschiedener Mitgliedstaaten Verfahren wegen desselben Anspruchs zwischen denselben Parteien anhängig gemacht, so setzt das später angerufene Gericht das Verfahren von Amts wegen aus, bis die Zuständigkeit des zuerst angerufenen Gerichts feststeht.

(2) Sobald die Zuständigkeit des zuerst angerufenen Gerichts feststeht, erklärt sich das später angerufene Gericht zugunsten dieses Gerichts für unzuständig.

Art. 13 Aussetzung wegen Sachzusammenhang. (1) Sind bei Gerichten verschiedener Mitgliedstaaten Verfahren, die im Zusammenhang stehen, anhängig, so kann jedes später angerufene Gericht das Verfahren aussetzen.

(2) Sind diese Verfahren in erster Instanz anhängig, so kann sich jedes später angerufene Gericht auf Antrag einer Partei auch für unzuständig erklären,

---

[1] Nr. **103 c**.

wenn das zuerst angerufene Gericht für die betreffenden Verfahren zuständig ist und die Verbindung der Verfahren nach seinem Recht zulässig ist.

(3) Verfahren stehen im Sinne dieses Artikels im Zusammenhang, wenn zwischen ihnen eine so enge Beziehung gegeben ist, dass eine gemeinsame Verhandlung und Entscheidung geboten erscheint, um zu vermeiden, dass in getrennten Verfahren widersprechende Entscheidungen ergehen könnten.

Art. 14 Einstweilige Maßnahmen einschließlich Sicherungsmaßnahmen. Die im Recht eines Mitgliedstaats vorgesehenen einstweiligen Maßnahmen einschließlich solcher, die auf eine Sicherung gerichtet sind, können bei den Gerichten dieses Staates auch dann beantragt werden, wenn für die Entscheidung in der Hauptsache das Gericht eines anderen Mitgliedstaats aufgrund dieser Verordnung zuständig ist.

Kapitel III. Anwendbares Recht

Art. 15 Bestimmung des anwendbaren Rechts. Das auf Unterhaltspflichten anwendbare Recht bestimmt sich für die Mitgliedstaaten, die durch das Haager Protokoll vom 23. November 2007 über das auf Unterhaltspflichten anzuwendende Recht (nachstehend „Haager Protokoll von 2007" genannt) gebunden sind, nach jenem Protokoll.

Kapitel IV. Anerkennung, Vollstreckbarkeit und Vollstreckung von Entscheidungen

Art. 16 Geltungsbereich dieses Kapitels. (1) Dieses Kapitel regelt die Anerkennung, die Vollstreckbarkeit und die Vollstreckung der unter diese Verordnung fallenden Entscheidungen.

(2) Abschnitt 1 gilt für Entscheidungen, die in einem Mitgliedstaat, der durch das Haager Protokoll von 2007 gebunden ist, ergangen sind.

(3) Abschnitt 2 gilt für Entscheidungen, die in einem Mitgliedstaat, der nicht durch das Haager Protokoll von 2007 gebunden ist, ergangen sind.

(4) Abschnitt 3 gilt für alle Entscheidungen.

Abschnitt 1. In einem Mitgliedstaat, der durch das Haager Protokoll von 2007 gebunden ist, ergangene Entscheidungen

Art. 17 Abschaffung des Exequaturverfahrens. (1) Eine in einem Mitgliedstaat, der durch das Haager Protokoll von 2007 gebunden ist, ergangene Entscheidung wird in einem anderen Mitgliedstaat anerkannt, ohne dass es hierfür eines besonderen Verfahrens bedarf und ohne dass die Anerkennung angefochten werden kann.

(2) Eine in einem Mitgliedstaat, der durch das Haager Protokoll von 2007 gebunden ist, ergangene Entscheidung, die in diesem Staat vollstreckbar ist, ist in einem anderen Mitgliedstaat vollstreckbar, ohne dass es einer Vollstreckbarerklärung bedarf.

Art. 18 Sicherungsmaßnahmen. Eine vollstreckbare Entscheidung umfasst von Rechts wegen die Befugnis, alle auf eine Sicherung gerichteten Maßnahmen zu veranlassen, die im Recht des Vollstreckungsmitgliedstaats vorgesehen sind.

Art. 19 Recht auf Nachprüfung. (1) Ein Antragsgegner, der sich im Ursprungsmitgliedstaat nicht auf das Verfahren eingelassen hat, hat das Recht, eine Nachprüfung der Entscheidung durch das zuständige Gericht dieses Mitgliedstaats zu beantragen, wenn

a) ihm das verfahrenseinleitende Schriftstück oder ein gleichwertiges Schriftstück nicht so rechtzeitig und in einer Weise zugestellt worden ist, dass er sich verteidigen konnte, oder

b) er aufgrund höherer Gewalt oder aufgrund außergewöhnlicher Umstände ohne eigenes Verschulden nicht in der Lage gewesen ist, Einspruch gegen die Unterhaltsforderung zu erheben,

es sei denn, er hat gegen die Entscheidung keinen Rechtsbehelf eingelegt, obwohl er die Möglichkeit dazu hatte.

(2) [1] Die Frist für den Antrag auf Nachprüfung der Entscheidung beginnt mit dem Tag, an dem der Antragsgegner vom Inhalt der Entscheidung tatsächlich Kenntnis genommen hat und in der Lage war, entsprechend tätig zu werden, spätestens aber mit dem Tag der ersten Vollstreckungsmaßnahme, die zur Folge hatte, dass die Vermögensgegenstände des Antragsgegners ganz oder teilweise dessen Verfügung entzogen wurden. [2] Der Antragsgegner wird unverzüglich tätig, in jedem Fall aber innerhalb einer Frist von 45 Tagen. [3] Eine Verlängerung dieser Frist wegen weiter Entfernung ist ausgeschlossen.

(3) Weist das Gericht den Antrag auf Nachprüfung nach Absatz 1 mit der Begründung zurück, dass keine der Voraussetzungen für eine Nachprüfung nach jenem Absatz erfüllt ist, bleibt die Entscheidung in Kraft.

[1] Entscheidet das Gericht, dass eine Nachprüfung aus einem der in Absatz 1 genannten Gründe gerechtfertigt ist, so wird die Entscheidung für nichtig erklärt. [2] Die berechtigte Person verliert jedoch nicht die Vorteile, die sich aus der Unterbrechung der Verjährungs- oder Ausschlussfristen ergeben, noch das Recht, im ursprünglichen Verfahren möglicherweise zuerkannte Unterhaltsansprüche rückwirkend geltend zu machen.

Art. 20 Schriftstücke zum Zwecke der Vollstreckung. (1) Für die Vollstreckung einer Entscheidung in einem anderen Mitgliedstaat legt der Antragsteller den zuständigen Vollstreckungsbehörden folgende Schriftstücke vor:

a) eine Ausfertigung der Entscheidung, die die für ihre Beweiskraft erforderlichen Voraussetzungen erfüllt,

b) einen Auszug aus der Entscheidung, den die zuständige Behörde des Ursprungsmitgliedstaats unter Verwendung des in Anhang I vorgesehenen Formblatts erstellt hat;

c) gegebenenfalls ein Schriftstück, aus dem die Höhe der Zahlungsrückstände und das Datum der Berechnung hervorgehen;

d) gegebenenfalls eine Transskript oder eine Übersetzung des Inhalts des in Buchstabe b genannten Formblatts in die Amtssprache des Vollstreckungsmitgliedstaats oder – falls es in diesem Mitgliedstaat mehrere Amtssprachen gibt – nach Maßgabe des Rechts dieses Mitgliedstaats in die Verfahrenssprache oder eine der Verfahrenssprachen des Ortes, an dem die Vollstreckung betrieben wird, oder in eine sonstige Sprache, für die der Vollstreckungsmitgliedstaat erklärt hat, dass er sie zulässt. Jeder Mitgliedstaat kann angeben, welche Amtssprache oder Amtssprachen der Organe der Europäischen Union er neben seiner oder seinen eigenen für das Ausfüllen des Formblatts zulässt.

(2) [1] Die zuständigen Behörden des Vollstreckungsmitgliedstaats können vom Antragsteller nicht verlangen, dass dieser eine Übersetzung der Entscheidung vorlegt. [2] Eine Übersetzung kann jedoch verlangt werden, wenn die Vollstreckung der Entscheidung angefochten wird.

(3) Eine Übersetzung aufgrund dieses Artikels ist von einer Person zu erstellen, die zur Anfertigung von Übersetzungen in einem der Mitgliedstaaten befugt ist.

Art. 21 Verweigerung oder Aussetzung der Vollstreckung. (1) Die im Recht des Vollstreckungsmitgliedstaats vorgesehenen Gründe für die Verweigerung oder Aussetzung der Vollstreckung gelten, sofern sie nicht mit der Anwendung der Absätze 2 und 3 unvereinbar sind.

(2) Die zuständige Behörde des Vollstreckungsmitgliedstaats verweigert auf Antrag der verpflichteten Person die Vollstreckung der Entscheidung des Ursprungsgerichts insgesamt oder teilweise, wenn das Recht auf Vollstreckung der Entscheidung des Ursprungsgerichts entweder nach dem Recht des Ursprungsmitgliedstaats oder nach dem Recht des Vollstreckungsmitgliedstaats verjährt ist, wobei die längere Verjährungsfrist gilt.

Darüber hinaus kann die zuständige Behörde des Vollstreckungsmitgliedstaats auf Antrag der verpflichteten Person die Vollstreckung der Entscheidung des Ursprungsgerichts insgesamt oder teilweise verweigern, wenn die Entscheidung mit einer im Vollstreckungsmitgliedstaat ergangenen Entscheidung oder einer in einem anderen Mitgliedstaat oder einem Drittstaat ergangenen Entscheidung, die die notwendigen Voraussetzungen für ihre Anerkennung im Vollstreckungsmitgliedstaat erfüllt, unvereinbar ist.

Eine Entscheidung, die bewirkt, dass eine frühere Unterhaltsentscheidung aufgrund geänderter Umstände geändert wird, gilt nicht als unvereinbare Entscheidung im Sinne des Unterabsatzes 2.

(3) Die zuständige Behörde des Vollstreckungsmitgliedstaats kann auf Antrag der verpflichteten Person die Vollstreckung der Entscheidung des Ursprungsgerichts insgesamt oder teilweise aussetzen, wenn das zuständige Gericht des Ursprungsmitgliedstaats mit einem Antrag auf Nachprüfung der Entscheidung des Ursprungsgerichts nach Artikel 19 befasst wurde.

Darüber hinaus setzt die zuständige Behörde des Vollstreckungsmitgliedstaats auf Antrag der verpflichteten Person die Vollstreckung der Entscheidung des Ursprungsgerichts aus, wenn die Vollstreckbarkeit im Ursprungsmitgliedstaat ausgesetzt ist.

Art. 22 Keine Auswirkung auf das Bestehen eines Familienverhältnisses. Die Anerkennung und Vollstreckung einer Unterhaltsentscheidung aufgrund dieser Verordnung bewirkt in keiner Weise die Anerkennung von Familien-, Verwandtschafts-, oder eherechtlichen Verhältnissen oder Schwägerschaft, die der Unterhaltspflicht zugrunde liegen, die zu der Entscheidung geführt hat.

Abschnitt 2. In einem Mitgliedstaat, der nicht durch das Haager Protokoll von 2007 gebunden ist, ergangene Entscheidungen

Art. 23 Anerkennung. (1) Die in einem Mitgliedstaat, der nicht durch das Haager Protokoll von 2007 gebunden ist, ergangenen Entscheidungen werden in den anderen Mitgliedstaaten anerkannt, ohne dass es hierfür eines besonderen Verfahrens bedarf.

(2) Bildet die Frage, ob eine Entscheidung anzuerkennen ist, als solche den Gegenstand eines Streites, so kann jede Partei, welche die Anerkennung geltend macht, in dem Verfahren nach diesem Abschnitt die Feststellung beantragen, dass die Entscheidung anzuerkennen ist.

(3) Wird die Anerkennung in einem Rechtsstreit vor dem Gericht eines Mitgliedstaats, dessen Entscheidung von der Anerkennung abhängt, verlangt, so kann dieses Gericht über die Anerkennung entscheiden.

Art. 24 Gründe für die Versagung der Anerkennung. Eine Entscheidung wird nicht anerkannt,

a) wenn die Anerkennung der öffentlichen Ordnung (*ordre public*) des Mitgliedstaats, in dem sie geltend gemacht wird, offensichtlich widersprechen würde. Die Vorschriften über die Zuständigkeit gehören nicht zur öffentlichen Ordnung (*ordre public*);

b) wenn dem Antragsgegner, der sich in dem Verfahren nicht eingelassen hat, das verfahrenseinleitende Schriftstück oder ein gleichwertiges Schriftstück nicht so rechtzeitig und in einer Weise zugestellt worden ist, dass er sich verteidigen konnte, es sei denn, der Antragsgegner hat gegen die Entscheidung keinen Rechtsbehelf eingelegt, obwohl er die Möglichkeit dazu hatte;

c) wenn sie mit einer Entscheidung unvereinbar ist, die zwischen denselben Parteien in dem Mitgliedstaat, in dem die Anerkennung geltend gemacht wird, ergangen ist;

d) wenn sie mit einer früheren Entscheidung unvereinbar ist, die in einem anderen Mitgliedstaat oder in einem Drittstaat zwischen denselben Parteien in einem Rechtsstreit wegen desselben Anspruchs ergangen ist, sofern die frühere Entscheidung die notwendigen Voraussetzungen für ihre Anerkennung in dem Mitgliedstaat erfüllt, in dem die Anerkennung geltend gemacht wird.

Eine Entscheidung, die bewirkt, dass eine frühere Unterhaltsentscheidung aufgrund geänderter Umstände geändert wird, gilt nicht als unvereinbare Entscheidung im Sinne der Buchstaben c oder d.

Art. 25 Aussetzung des Anerkennungsverfahrens. Das Gericht eines Mitgliedstaats, vor dem die Anerkennung einer Entscheidung geltend gemacht wird, die in einem Mitgliedstaat ergangenen ist, der nicht durch das Haager Protokoll von 2007 gebunden ist, setzt das Verfahren aus, wenn die Vollstreckung der Entscheidung im Ursprungsmitgliedstaat wegen der Einlegung eines Rechtsbehelfs einstweilen eingestellt ist.

Art. 26 Vollstreckbarkeit. Eine Entscheidung, die in einem Mitgliedstaat ergangen ist, der nicht durch das Haager Protokoll von 2007 gebunden ist, die in diesem Staat vollstreckbar ist, wird in einem anderen Mitgliedstaat vollstreckt, wenn sie dort auf Antrag eines Berechtigten für vollstreckbar erklärt worden ist.

Art. 27 Örtlich zuständiges Gericht. (1) Der Antrag auf Vollstreckbarerklärung ist an das Gericht oder an die zuständige Behörde des Vollstreckungsmitgliedstaats zu richten, das beziehungsweise die der Kommission von diesem Mitgliedstaat gemäß Artikel 71 notifiziert wurde.

(2) Die örtliche Zuständigkeit wird durch den Ort des gewöhnlichen Aufenthalts der Partei, gegen die die Vollstreckung erwirkt werden soll, oder durch den Ort, an dem die Vollstreckung durchgeführt werden soll, bestimmt.

Art. 28 Verfahren. (1) Dem Antrag auf Vollstreckbarerklärung sind folgende Schriftstücke beizufügen:

a) eine Ausfertigung der Entscheidung, die die für ihre Beweiskraft erforderlichen Voraussetzungen erfüllt,

b) einen durch das Ursprungsgericht unter Verwendung des Formblatts in Anhang II erstellten Auszug aus der Entscheidung, unbeschadet des Artikels 29;

c) gegebenenfalls eine Transskript oder eine Übersetzung des Inhalts des in Buchstabe b genannten Formblatts in die Amtssprache des Vollstreckungsmitgliedstaats oder – falls es in diesem Mitgliedstaat mehrere Amtssprachen gibt – nach Maßgabe des Rechts dieses Mitgliedstaats – in die oder eine der Verfahrenssprachen des Ortes, an dem der Antrag gestellt wird, oder in eine sonstige Sprache, die der Vollstreckungsmitgliedstaat für zulässig erklärt hat. Jeder Mitgliedstaat kann angeben, welche Amtssprache oder Amtssprachen der Organe der Europäischen Union er neben seiner oder seinen eigenen für das Ausfüllen des Formblatts zulässt.

(2) [1] Das Gericht oder die zuständige Behörde, bei dem beziehungsweise bei der der Antrag gestellt wird, kann vom Antragsteller nicht verlangen, dass dieser eine Übersetzung der Entscheidung vorlegt. [2] Eine Übersetzung kann jedoch im Rahmen des Rechtsbehelfs nach Artikel 32 oder Artikel 33 verlangt werden.

(3) Eine Übersetzung aufgrund dieses Artikels ist von einer Person zu erstellen, die zur Anfertigung von Übersetzungen in einem der Mitgliedstaaten befugt ist.

Art. 29 Nichtvorlage des Auszugs. (1) Wird der Auszug nach Artikel 28 Absatz 1 Buchstabe b nicht vorgelegt, so kann das Gericht oder die zuständige Behörde eine Frist bestimmen, innerhalb deren er vorzulegen ist, oder sich mit einem gleichwertigen Schriftstück begnügen oder von der Vorlage des Auszugs befreien, wenn es eine weitere Klärung nicht für erforderlich hält.

(2) [1] In dem Fall nach Absatz 1 ist auf Verlangen des Gerichts oder der zuständigen Behörde eine Übersetzung der Schriftstücke vorzulegen. [2] Die Übersetzung ist von einer Person zu erstellen, die zur Anfertigung von Übersetzungen in einem der Mitgliedstaaten befugt ist.

Art. 30 Vollstreckbarerklärung. [1]Sobald die in Artikel 28 vorgesehenen Förmlichkeiten erfüllt sind, spätestens aber 30 Tage nachdem diese Förmlichkeiten erfüllt sind, es sei denn, dies erweist sich aufgrund außergewöhnlicher Umstände als nicht möglich, wird die Entscheidung für vollstreckbar erklärt, ohne dass eine Prüfung gemäß Artikel 24 erfolgt. [2]Die Partei, gegen die die Vollstreckung erwirkt werden soll, erhält in diesem Abschnitt des Verfahrens keine Gelegenheit, eine Erklärung abzugeben.

Art. 31 Mitteilung der Entscheidung über den Antrag auf Vollstreckbarerklärung. (1) Die Entscheidung über den Antrag auf Vollstreckbarerklärung wird dem Antragsteller unverzüglich in der Form mitgeteilt, die das Recht des Vollstreckungsmitgliedstaats vorsieht.

(2) Die Vollstreckbarerklärung und, soweit dies noch nicht geschehen ist, die Entscheidung werden der Partei, gegen die die Vollstreckung erwirkt werden soll, zugestellt.

Art. 32 Rechtsbehelf gegen die Entscheidung über den Antrag.

(1) Gegen die Entscheidung über den Antrag auf Vollstreckbarerklärung kann jede Partei einen Rechtsbehelf einlegen.

(2) Der Rechtsbehelf wird bei dem Gericht eingelegt, das der betreffende Mitgliedstaat der Kommission nach Artikel 71 notifiziert hat.

(3) Über den Rechtsbehelf wird nach den Vorschriften entschieden, die für Verfahren mit beiderseitigem rechtlichen Gehör maßgebend sind.

(4) Lässt sich die Partei, gegen die die Vollstreckung erwirkt werden soll, in dem Verfahren vor dem mit dem Rechtsbehelf des Antragstellers befassten Gericht nicht ein, so ist Artikel 11 auch dann anzuwenden, wenn die Partei, gegen die die Vollstreckung erwirkt werden soll, ihren gewöhnlichen Aufenthalt nicht im Hoheitsgebiet eines Mitgliedstaats hat.

(5) [1]Der Rechtsbehelf gegen die Vollstreckbarerklärung ist innerhalb von 30 Tagen nach ihrer Zustellung einzulegen. [2]Hat die Partei, gegen die die Vollstreckung erwirkt werden soll, ihren gewöhnlichen Aufenthalt im Hoheitsgebiet eines anderen Mitgliedstaats als dem, in dem die Vollstreckbarerklärung ergangen ist, so beträgt die Frist für den Rechtsbehelf 45 Tage und beginnt von dem Tage an zu laufen, an dem die Vollstreckbarerklärung ihr entweder in Person oder in ihrer Wohnung zugestellt worden ist. [3]Eine Verlängerung dieser Frist wegen weiter Entfernung ist ausgeschlossen.

Art. 33 Rechtsmittel gegen die Entscheidung über den Rechtsbehelf. Die über den Rechtsbehelf ergangene Entscheidung kann nur im Wege des Verfahrens angefochten werden, das der betreffende Mitgliedstaat der Kommission nach Artikel 71 notifiziert hat.

Art. 34 Versagung oder Aufhebung einer Vollstreckbarerklärung.

(1) Die Vollstreckbarerklärung darf von dem mit einem Rechtsbehelf nach Artikel 32 oder Artikel 33 befassten Gericht nur aus einem der in Artikel 24 aufgeführten Gründe versagt oder aufgehoben werden.

(2) Vorbehaltlich des Artikels 32 Absatz 4 erlässt das mit einem Rechtsbehelf nach Artikel 32 befasste Gericht seine Entscheidung innerhalb von 90

Tagen nach seiner Befassung, es sei denn, dies erweist sich aufgrund außergewöhnlicher Umstände als nicht möglich.

(3) Das mit einem Rechtsbehelf nach Artikel 33 befasste Gericht erlässt seine Entscheidung unverzüglich.

Art. 35 Aussetzung des Verfahrens. Das mit einem Rechtsbehelf nach Artikel 32 oder Artikel 33 befasste Gericht setzt auf Antrag der Partei, gegen die die Vollstreckung erwirkt werden soll, das Verfahren aus, wenn die Vollstreckung der Entscheidung im Ursprungsmitgliedstaat wegen der Einlegung eines Rechtsbehelfs einstweilen eingestellt ist.

Art. 36 Einstweilige Maßnahmen einschließlich Sicherungsmaßnahmen. (1) Ist eine Entscheidung nach diesem Abschnitt anzuerkennen, so ist der Antragsteller nicht daran gehindert, einstweilige Maßnahmen einschließlich solcher, die auf eine Sicherung gerichtet sind, nach dem Recht des Vollstreckungsmitgliedstaats in Anspruch zu nehmen, ohne dass es einer Vollstreckbarerklärung nach Artikel 30 bedarf.

(2) Die Vollstreckbarerklärung umfasst von Rechts wegen die Befugnis, solche Maßnahmen zu veranlassen.

(3) Solange die in Artikel 32 Absatz 5 vorgesehene Frist für den Rechtsbehelf gegen die Vollstreckbarerklärung läuft und solange über den Rechtsbehelf nicht entschieden ist, darf die Zwangsvollstreckung in das Vermögen der Partei, gegen die die Vollstreckung erwirkt werden soll, nicht über Maßnahmen zur Sicherung hinausgehen.

Art. 37 Teilvollstreckbarkeit. (1) Ist durch die Entscheidung über mehrere mit dem Antrag geltend gemachte Ansprüche erkannt worden und kann die Vollstreckbarerklärung nicht für alle Ansprüche erteilt werden, so erteilt das Gericht oder die zuständige Behörde sie für einen oder mehrere dieser Ansprüche.

(2) Der Antragsteller kann beantragen, dass die Vollstreckbarerklärung nur für einen Teil des Gegenstands der Entscheidung erteilt wird.

Art. 38 Keine Stempelabgaben oder Gebühren. Im Vollstreckungsmitgliedstaat dürfen im Vollstreckbarerklärungsverfahren keine nach dem Streitwert abgestuften Stempelabgaben oder Gebühren erhoben werden.

Abschnitt 3. Gemeinsame Bestimmungen

Art. 39 Vorläufige Vollstreckbarkeit. Das Ursprungsgericht kann die Entscheidung ungeachtet eines etwaigen Rechtsbehelfs für vorläufig vollstreckbar erklären, auch wenn das innerstaatliche Recht keine Vollstreckbarkeit von Rechts wegen vorsieht.

Art. 40 Durchsetzung einer anerkannten Entscheidung. (1) Eine Partei, die in einem anderen Mitgliedstaat eine im Sinne des Artikel 17 Absatz 1 oder des Abschnitt 2 anerkannte Entscheidung geltend machen will, hat eine Ausfertigung der Entscheidung vorzulegen, die die für ihre Beweiskraft erforderlichen Voraussetzungen erfüllt.

(2) Das Gericht, bei dem die anerkannte Entscheidung geltend gemacht wird, kann die Partei, die die anerkannte Entscheidung geltend macht, gegebenenfalls auffordern, einen vom Ursprungsgericht erstellten Auszug unter Verwendung des Formblatts in Anhang I beziehungsweise in Anhang II vorzulegen.

Das Ursprungsgericht erstellt diesen Auszug auch auf Antrag jeder betroffenen Partei.

(3) [1] Gegebenenfalls übermittelt die Partei, die die anerkannte Entscheidung geltend macht, eine Transskript oder eine Übersetzung des Inhalts des in Absatz 2 genannten Formblatts in die Amtssprache des betreffenden Mitgliedstaats oder – falls es in diesem Mitgliedstaat mehrere Amtssprachen gibt – nach Maßgabe der Rechtsvorschriften dieses Mitgliedstaats – in die oder eine der Verfahrenssprachen des Ortes, an dem die anerkannte Entscheidung geltend gemacht wird, oder in eine sonstige Sprache, die der betreffende Mitgliedstaat für zulässig erklärt hat. [2] Jeder Mitgliedstaat kann angeben, welche Amtssprache oder Amtssprachen der Organe der Europäischen Union er neben seiner oder seinen eigenen für das Ausfüllen des Formblatts zulässt.

(4) Eine Übersetzung aufgrund dieses Artikels ist von einer Person zu erstellen, die zur Anfertigung von Übersetzungen in einem der Mitgliedstaaten befugt ist.

Art. 41 Vollstreckungsverfahren und Bedingungen für die Vollstreckung. (1) [1] Vorbehaltlich der Bestimmungen dieser Verordnung gilt für das Verfahren zur Vollstreckung der in einem anderen Mitgliedstaat ergangenen Entscheidungen das Recht des Vollstreckungsmitgliedstaats. [2] Eine in einem Mitgliedstaat ergangene Entscheidung, die im Vollstreckungsmitgliedstaat vollstreckbar ist, wird dort unter den gleichen Bedingungen vollstreckt wie eine im Vollstreckungsmitgliedstaat ergangene Entscheidung.

(2) Von der Partei, die die Vollstreckung einer Entscheidung beantragt, die in einem anderen Mitgliedstaat ergangen ist, kann nicht verlangt werden, dass sie im Vollstreckungsmitgliedstaat über eine Postanschrift oder einen bevollmächtigten Vertreter verfügt, außer bei den Personen, die im Bereich der Vollstreckungsverfahren zuständig sind.

Art. 42 Verbot der sachlichen Nachprüfung. Eine in einem Mitgliedstaat ergangene Entscheidung darf in dem Mitgliedstaat, in dem die Anerkennung, die Vollstreckbarkeit oder die Vollstreckung beantragt wird, in der Sache selbst nicht nachgeprüft werden.

Art. 43 Kein Vorrang der Eintreibung von Kosten. Die Eintreibung von Kosten, die bei der Anwendung dieser Verordnung entstehen, hat keinen Vorrang vor der Geltendmachung von Unterhaltsansprüchen.

Kapitel V. Zugang zum Recht

Art. 44 Anspruch auf Prozesskostenhilfe. (1) Die an einem Rechtsstreit im Sinne dieser Verordnung beteiligten Parteien genießen nach Maßgabe der in diesem Kapitel niedergelegten Bedingungen effektiven Zugang zum Recht in einem anderen Mitgliedstaat, einschließlich im Rahmen von Vollstreckungsverfahren und Rechtsbehelfen.

In den Fällen gemäß Kapitel VII wird der effektive Zugang zum Recht durch den ersuchten Mitgliedstaat gegenüber jedem Antragsteller gewährleistet, der seinen Aufenthalt im ersuchenden Mitgliedstaat hat.

(2) Um einen solchen effektiven Zugang zu gewährleisten, leisten die Mitgliedstaaten Prozesskostenhilfe im Einklang mit diesem Kapitel, sofern nicht Absatz 3 gilt.

(3) In den Fällen gemäß Kapitel VII ist ein Mitgliedstaat nicht verpflichtet, Prozesskostenhilfe zu leisten, wenn und soweit die Verfahren in diesem Mitgliedstaat es den Parteien gestatten, die Sache ohne Prozesskostenhilfe zu betreiben, und die Zentrale Behörde die nötigen Dienstleistungen unentgeltlich erbringt.

(4) Die Voraussetzungen für den Zugang zu Prozesskostenhilfe dürfen nicht enger als diejenigen, die für vergleichbare innerstaatliche Fälle gelten, sein.

(5) In Verfahren, die Unterhaltspflichten betreffen, wird für die Zahlung von Verfahrenskosten keine Sicherheitsleistung oder Hinterlegung gleich welcher Bezeichnung auferlegt.

Art. 45 Gegenstand der Prozesskostenhilfe. [1] Nach diesem Kapitel gewährte Prozesskostenhilfe ist die Unterstützung, die erforderlich ist, damit die Parteien ihre Rechte in Erfahrung bringen und geltend machen können und damit sichergestellt werden kann, dass ihre Anträge, die über die Zentralen Behörden oder direkt an die zuständigen Behörden übermittelt werden, in umfassender und wirksamer Weise bearbeitet werden. [2] Sie umfasst soweit erforderlich Folgendes:

a) eine vorprozessuale Rechtsberatung im Hinblick auf eine außergerichtliche Streitbeilegung;

b) den Rechtsbeistand bei Anrufung einer Behörde oder eines Gerichts und die rechtliche Vertretung vor Gericht;

c) eine Befreiung von den Gerichtskosten und den Kosten für Personen, die mit der Wahrnehmung von Aufgaben während des Prozesses beauftragt werden, oder eine Unterstützung bei solchen Kosten;

d) in Mitgliedstaaten, in denen die unterliegende Partei die Kosten der Gegenpartei übernehmen muss, im Falle einer Prozessniederlage des Empfängers der Prozesskostenhilfe auch die Kosten der Gegenpartei, sofern die Prozesskostenhilfe diese Kosten umfasst hätte, wenn der Empfänger seinen gewöhnlichen Aufenthalt im Mitgliedstaat des angerufenen Gerichts gehabt hätte;

e) Dolmetschleistungen;

f) Übersetzung der vom Gericht oder von der zuständigen Behörde verlangten und vom Empfänger der Prozesskostenhilfe vorgelegten Schriftstücke, die für die Entscheidung des Rechtsstreits erforderlich sind;

g) Reisekosten, die vom Empfänger der Prozesskostenhilfe zu tragen sind, wenn das Recht oder das Gericht des betreffenden Mitgliedstaats die Anwesenheit der mit der Darlegung des Falles des Empfängers befassten Personen bei Gericht verlangen und das Gericht entscheidet, dass die betreffenden

Personen nicht auf andere Weise zur Zufriedenheit des Gerichts gehört werden können.

Art. 46 Unentgeltliche Prozesskostenhilfe bei Anträgen auf Unterhaltsleistungen für Kinder, die über die Zentralen Behörden gestellt werden. (1) Der ersuchte Mitgliedstaat leistet unentgeltliche Prozesskostenhilfe für alle von einer berechtigten Person nach Artikel 56 gestellten Anträge in Bezug auf Unterhaltspflichten aus einer Eltern-Kind-Beziehung gegenüber einer Person, die das 21. Lebensjahr noch nicht vollendet hat.

(2) Ungeachtet des Absatzes 1 kann die zuständige Behörde des ersuchten Mitgliedstaats in Bezug auf andere Anträge als solche nach Artikel 56 Absatz 1 Buchstaben a und b die Gewährung unentgeltlicher Prozesskostenhilfe ablehnen, wenn sie den Antrag oder einen Rechtsbehelf für offensichtlich unbegründet erachtet.

Art. 47 Fälle, die nicht unter Artikel 46 fallen. (1) In Fällen, die nicht unter Artikel 46 fallen, kann vorbehaltlich der Artikel 44 und 45 die Gewährung der Prozesskostenhilfe gemäß dem innerstaatlichen Recht insbesondere von den Voraussetzungen der Prüfung der Mittel des Antragstellers oder der Begründetheit des Antrags abhängig gemacht werden.

(2) Ist einer Partei im Ursprungsmitgliedstaat ganz oder teilweise Prozesskostenhilfe oder Kosten- und Gebührenbefreiung gewährt worden, so genießt sie ungeachtet des Absatzes 1 in jedem Anerkennungs-, Vollstreckbarerklärungs- oder Vollstreckungsverfahren hinsichtlich der Prozesskostenhilfe oder der Kosten- und Gebührenbefreiung die günstigste oder umfassendste Behandlung, die das Recht des Vollstreckungsmitgliedstaats vorsieht.

(3)[1] [1] Hat eine Partei im Ursprungsmitgliedstaat ein unentgeltliches Verfahren vor einer in Anhang X aufgeführten Verwaltungsbehörde in Anspruch nehmen können, so hat sie ungeachtet des Absatzes 1 in jedem Anerkennungs-, Vollstreckbarerklärungs- oder Vollstreckungsverfahren Anspruch auf Prozesskostenhilfe nach Absatz 2. [2] Zu diesem Zweck muss sie ein von der zuständigen Behörde des Ursprungsmitgliedstaats erstelltes Schriftstück vorgelegen, mit dem bescheinigt wird, dass sie die wirtschaftlichen Voraussetzungen erfüllt, um ganz oder teilweise Prozesskostenhilfe oder Kosten- und Gebührenbefreiung in Anspruch nehmen zu können.

[1] Die für die Zwecke dieses Absatzes zuständigen Behörden sind in Anhang XI aufgelistet. [2] Dieser Anhang wird nach dem Verwaltungsverfahren des Artikels 73 Absatz 2 erstellt und geändert.

Kapitel VI. Gerichtliche Vergleiche und öffentliche Urkunden

Art. 48 Anwendung dieser Verordnung auf gerichtliche Vergleiche und öffentliche Urkunden. (1) Die im Ursprungsmitgliedstaat vollstreckbaren gerichtlichen Vergleiche und öffentlichen Urkunden sind in einem anderen Mitgliedstaat ebenso wie Entscheidungen gemäß Kapitel IV anzuerkennen und in der gleichen Weise vollstreckbar.

[1] Beachte zum Inkrafttreten Art. 76 UAbs. 2.

(2) Die Bestimmungen dieser Verordnung gelten, soweit erforderlich, auch für gerichtliche Vergleiche und öffentliche Urkunden.

(3) Die zuständige Behörde des Ursprungsmitgliedstaats erstellt auf Antrag jeder betroffenen Partei einen Auszug des gerichtlichen Vergleichs oder der öffentlichen Urkunde unter Verwendung, je nach Fall, der in den Anhängen I und II oder in den Anhängen III und IV vorgesehenen Formblätter.

Kapitel VII. Zusammenarbeit der Zentralen Behörden

Art. 49 Bestimmung der Zentralen Behörden. (1) Jeder Mitgliedstaat bestimmt eine Zentrale Behörde, welche die ihr durch diese Verordnung übertragenen Aufgaben wahrnimmt.

(2) [1] Einem Mitgliedstaat, der ein Bundesstaat ist, einem Mitgliedstaat mit mehreren Rechtssystemen oder einem Mitgliedstaat, der aus autonomen Gebietseinheiten besteht, steht es frei, mehrere Zentrale Behörden zu bestimmen, deren räumliche und persönliche Zuständigkeit er festlegt. [2] Macht ein Mitgliedstaat von dieser Möglichkeit Gebrauch, so bestimmt er die Zentrale Behörde, an die Mitteilungen zur Übermittlung an die zuständige Zentrale Behörde in diesem Staat gerichtet werden können. [3] Wurde eine Mitteilung an eine nicht zuständige Zentrale Behörde gerichtet, so hat diese die Mitteilung an die zuständige Zentrale Behörde weiterzuleiten und den Absender davon in Kenntnis zu setzen.

(3) Jeder Mitgliedstaat unterrichtet die Kommission im Einklang mit Artikel 71 über die Bestimmung der Zentralen Behörde oder der Zentralen Behörden sowie über deren Kontaktdaten und gegebenenfalls deren Zuständigkeit nach Absatz 2.

Art. 50 Allgemeine Aufgaben der Zentralen Behörden. (1) Die Zentralen Behörden

a) arbeiten zusammen, insbesondere durch den Austausch von Informationen, und fördern die Zusammenarbeit der zuständigen Behörden ihrer Mitgliedstaaten, um die Ziele dieser Verordnung zu verwirklichen;

b) suchen, soweit möglich, nach Lösungen für Schwierigkeiten, die bei der Anwendung dieser Verordnung auftreten.

(2) [1] Die Zentralen Behörden ergreifen Maßnahmen, um die Anwendung dieser Verordnung zu erleichtern und die Zusammenarbeit untereinander zu stärken. [2] Hierzu wird das mit der Entscheidung 2001/470/EG eingerichtete Europäische Justizielle Netz für Zivil- und Handelssachen genutzt.

Art. 51 Besondere Aufgaben der Zentralen Behörden. (1) Die Zentralen Behörden leisten bei Anträgen nach Artikel 56 Hilfe, indem sie insbesondere

a) diese Anträge übermitteln und entgegennehmen;

b) Verfahren bezüglich dieser Anträge einleiten oder die Einleitung solcher Verfahren erleichtern.

(2) In Bezug auf diese Anträge treffen die Zentralen Behörden alle angemessenen Maßnahmen, um

a) Prozesskostenhilfe zu gewähren oder die Gewährung von Prozesskostenhilfe zu erleichtern, wenn die Umstände es erfordern;

b) dabei behilflich zu sein, den Aufenthaltsort der verpflichteten oder der berechtigten Person ausfindig zu machen, insbesondere in Anwendung der Artikel 61, 62 und 63;

c) die Erlangung einschlägiger Informationen über das Einkommen und, wenn nötig, das Vermögen der verpflichteten oder der berechtigten Person einschließlich der Belegenheit von Vermögensgegenständen zu erleichtern, insbesondere in Anwendung der Artikel 61, 62 und 63;

d) gütliche Regelungen zu fördern, um die freiwillige Zahlung von Unterhalt zu erreichen, wenn angebracht durch Mediation, Schlichtung oder ähnliche Mittel;

e) die fortlaufende Vollstreckung von Unterhaltsentscheidungen einschließlich der Zahlungsrückstände zu erleichtern;

f) die Eintreibung und zügige Überweisung von Unterhalt zu erleichtern;

g) unbeschadet der Verordnung (EG) Nr. 1206/2001[1] die Beweiserhebung, sei es durch Urkunden oder durch andere Beweismittel, zu erleichtern;

h) bei der Feststellung der Abstammung Hilfe zu leisten, wenn dies zur Geltendmachung von Unterhaltsansprüchen notwendig ist;

i) Verfahren zur Erwirkung notwendiger vorläufiger Maßnahmen, die auf das betreffende Hoheitsgebiet beschränkt sind und auf die Absicherung des Erfolgs eines anhängigen Unterhaltsantrags abzielen, einzuleiten oder die Einleitung solcher Verfahren zu erleichtern;

j) unbeschadet der Verordnung (EG) Nr. 1393/2007[2] die Zustellung von Schriftstücken zu erleichtern.

(3) [1] Die Aufgaben, die nach diesem Artikel der Zentralen Behörde übertragen sind, können in dem vom Recht des betroffenen Mitgliedstaats vorgesehenen Umfang von öffentliche Aufgaben wahrnehmenden Einrichtungen oder anderen der Aufsicht der zuständigen Behörden dieses Mitgliedstaats unterliegenden Stellen wahrgenommen werden. [2] Der Mitgliedstaat teilt der Kommission gemäß Artikel 71 die Bestimmung solcher Einrichtungen oder anderen Stellen sowie deren Kontaktdaten und Zuständigkeit mit.

(4) Dieser Artikel und Artikel 53 verpflichten eine Zentrale Behörde nicht zur Ausübung von Befugnissen, die nach dem Recht des ersuchten Mitgliedstaats ausschließlich den Gerichten zustehen.

Art. 52 Vollmacht. Die Zentrale Behörde des ersuchten Mitgliedstaats kann vom Antragsteller eine Vollmacht nur verlangen, wenn sie in seinem Namen in Gerichtsverfahren oder in Verfahren vor anderen Behörden tätig wird, oder um einen Vertreter für diese Zwecke zu bestimmen.

Art. 53 Ersuchen um Durchführung besonderer Maßnahmen. (1) [1] Eine Zentrale Behörde kann unter Angabe der Gründe eine andere Zentrale

[1] Nr. **103 d**.
[2] Nr. **103 c**.

Behörde auch dann ersuchen, angemessene besondere Maßnahmen nach Artikel 51 Absatz 2 Buchstaben b, c, g, h, i und j zu treffen, wenn kein Antrag nach Artikel 56 anhängig ist. [2] Die ersuchte Zentrale Behörde trifft, wenn sie es für notwendig erachtet, angemessene Maßnahmen, um einem potenziellen Antragsteller bei der Einreichung eines Antrags nach Artikel 56 oder bei der Feststellung behilflich zu sein, ob ein solcher Antrag gestellt werden soll.

(2) [1] Im Falle eines Ersuchens hinsichtlich besonderer Maßnahmen im Sinne des Artikels 51 Absatz 2 Buchstaben b und c holt die ersuchte Zentrale Behörde die erbetenen Informationen ein, erforderlichenfalls in Anwendung von Artikel 61. [2] Informationen nach Artikel 61 Absatz 2 Buchstaben b, c und d dürfen jedoch erst eingeholt werden, wenn die berechtigte Person eine Ausfertigung einer zu vollstreckenden Entscheidung, eines zu vollstreckenden gerichtlichen Vergleichs oder einer zu vollstreckenden öffentlichen Urkunde, gegebenenfalls zusammen mit dem Auszug nach den Artikeln 20, 28 oder 48, vorlegt.

[1] Die ersuchte Zentrale Behörde übermittelt die eingeholten Informationen an die ersuchende Zentrale Behörde. [2] Wurden diese Informationen in Anwendung von Artikel 61 eingeholt, wird dabei nur die Anschrift des potenziellen Antragsgegners im ersuchten Mitgliedstaat übermittelt. [3] Im Rahmen eines Ersuchens im Hinblick auf die Anerkennung, die Vollstreckbarkeitserklärung oder die Vollstreckung wird dabei im Übrigen nur angegeben, ob überhaupt Einkommen oder Vermögen der verpflichteten Person in diesem Staat bestehen.

Ist die ersuchte Zentrale Behörde nicht in der Lage, die erbetenen Informationen zur Verfügung zu stellen, so teilt sie dies der ersuchenden Zentralen Behörde unverzüglich unter Angabe der Gründe mit.

(3) Eine Zentrale Behörde kann auf Ersuchen einer anderen Zentralen Behörde auch besondere Maßnahmen in einem Fall mit Auslandsbezug treffen, der die Geltendmachung von Unterhaltsansprüchen betrifft und im ersuchenden Mitgliedstaat anhängig ist.

(4) Die Zentralen Behörden verwenden für Ersuchen nach diesem Artikel das in Anhang V vorgesehene Formblatt.

Art. 54 Kosten der Zentralen Behörde. (1) Jede Zentrale Behörde trägt die Kosten, die ihr durch die Anwendung dieser Verordnung entstehen.

(2) Die Zentralen Behörden dürfen vom Antragsteller für ihre nach dieser Verordnung erbrachten Dienstleistungen keine Gebühren erheben, außer für außergewöhnliche Kosten, die sich aus einem Ersuchen um besondere Maßnahmen nach Artikel 53 ergeben.

Für die Zwecke dieses Absatzes gelten die Kosten im Zusammenhang mit der Feststellung des Aufenthaltsorts der verpflichteten Person nicht als außergewöhnlich.

(3) Die ersuchte Zentrale Behörde kann sich die außergewöhnlichen Kosten nach Absatz 2 nur erstatten lassen, wenn der Antragsteller im Voraus zugestimmt hat, dass die Dienstleistungen mit einem Kostenaufwand in der betreffenden Höhe erbracht werden.

Art. 55 Übermittlung von Anträgen über die Zentralen Behörden. Anträge nach diesem Kapitel sind über die Zentrale Behörde des Mitgliedstaats, in dem der Antragsteller seinen Aufenthalt hat, bei der Zentralen Behörde des ersuchten Mitgliedstaats zu stellen.

Art. 56 Zur Verfügung stehende Anträge. (1) Eine berechtigte Person, die Unterhaltsansprüche nach dieser Verordnung geltend machen will, kann Folgendes beantragen:

a) Anerkennung oder Anerkennung und Vollstreckbarerklärung einer Entscheidung;

b) Vollstreckung einer im ersuchten Mitgliedstaat ergangenen oder anerkannten Entscheidung;

c) Herbeiführen einer Entscheidung im ersuchten Mitgliedstaat, wenn keine Entscheidung vorliegt, einschließlich, soweit erforderlich, der Feststellung der Abstammung;

d) Herbeiführen einer Entscheidung im ersuchten Mitgliedstaat, wenn die Anerkennung und Vollstreckbarerklärung einer Entscheidung, die in einem anderen Staat als dem ersuchten Mitgliedstaat ergangen ist, nicht möglich ist;

e) Änderung einer im ersuchten Mitgliedstaat ergangenen Entscheidung;

f) Änderung einer Entscheidung, die in einem anderen Staat als dem ersuchten Mitgliedstaat ergangen ist.

(2) Eine verpflichtete Person, gegen die eine Unterhaltsentscheidung vorliegt, kann Folgendes beantragen:

a) Anerkennung einer Entscheidung, die die Aussetzung oder Einschränkung der Vollstreckung einer früheren Entscheidung im ersuchten Mitgliedstaat bewirkt;

b) Änderung einer im ersuchten Mitgliedstaat ergangenen Entscheidung;

c) Änderung einer Entscheidung, die in einem anderen Staat als dem ersuchten Mitgliedstaat ergangen ist.

(3) Bei Anträgen nach diesem Artikel werden der Beistand und die Vertretung nach Artikel 45 Buchstabe b durch die Zentrale Behörde des ersuchten Mitgliedstaats entweder unmittelbar oder über öffentliche Aufgaben wahrnehmende Einrichtungen oder andere Stellen oder Personen geleistet.

(4) Sofern in dieser Verordnung nichts anderes bestimmt ist, werden Anträge gemäß den Absätzen 1 und 2 nach dem Recht des ersuchten Mitgliedstaats behandelt und unterliegen den in diesem Mitgliedstaat geltenden Zuständigkeitsvorschriften.

Art. 57 Inhalt des Antrags. (1) Für Anträge nach Artikel 56 ist das in Anhang VI oder in Anhang VII vorgesehene Formblatt zu verwenden.

(2) Anträge nach Artikel 56 müssen mindestens folgende Angaben enthalten:

a) eine Erklärung in Bezug auf die Art des Antrags oder der Anträge;

b) den Namen und die Kontaktdaten des Antragstellers, einschließlich seiner Anschrift und seines Geburtsdatums;

c) den Namen und, sofern bekannt, die Anschrift sowie das Geburtsdatum des Antragsgegners;

d) den Namen und das Geburtsdatum jeder Person, für die Unterhalt verlangt wird;

e) die Gründe, auf die sich der Antrag stützt;

f) wenn die berechtigte Person den Antrag stellt, Angaben zu dem Ort, an dem die Unterhaltszahlungen geleistet oder an den sie elektronisch überwiesen werden sollen;

g) den Namen und die Kontaktdaten der Person oder Stelle in der Zentralen Behörde des ersuchenden Mitgliedstaats, die für die Bearbeitung des Antrags zuständig ist.

(3) Für die Zwecke des Absatzes 2 Buchstabe b kann die persönliche Anschrift des Antragstellers im Falle familiärer Gewalt durch eine andere Anschrift ersetzt werden, sofern das innerstaatliche Recht des ersuchten Mitgliedstaats nicht vorschreibt, dass der Antragsteller für die Zwecke des Verfahrens seine persönliche Anschrift angibt.

(4) Wenn angebracht und soweit bekannt, muss der Antrag außerdem Folgendes enthalten:

a) Angaben über die finanziellen Verhältnisse der berechtigten Person;

b) Angaben über die finanziellen Verhältnisse der verpflichteten Person, einschließlich des Namens und der Anschrift des Arbeitgebers der verpflichteten Person, sowie Art und Belegenheit der Vermögensgegenstände der verpflichteten Person;

c) alle anderen Angaben, die es gestatten, den Aufenthaltsort des Antragsgegners ausfindig zu machen.

(5) [1] Dem Antrag sind alle erforderlichen Angaben oder schriftlichen Belege einschließlich gegebenenfalls Unterlagen zum Nachweis des Anspruchs des Antragstellers auf Prozesskostenhilfe beizufügen. [2] Anträgen nach Artikel 56 Absatz 1 Buchstaben a und b und Absatz 2 Buchstabe a sind je nach Fall nur die in den Artikeln 20, 28 oder 48 oder die in Artikel 25 des Haager Übereinkommens von 2007 aufgeführten Schriftstücke beizufügen.

Art. 58 Übermittlung, Entgegennahme und Bearbeitung der Anträge und Fälle durch die Zentralen Behörden. (1) Die Zentrale Behörde des ersuchenden Mitgliedstaats ist dem Antragsteller behilflich, sicherzustellen, dass der Antrag alle Schriftstücke und Angaben umfasst, die nach Kenntnis dieser Behörde für seine Prüfung notwendig sind.

(2) Nachdem sich die Zentrale Behörde des ersuchenden Mitgliedstaats davon überzeugt hat, dass der Antrag den Erfordernissen dieser Verordnung entspricht, übermittelt sie ihn der Zentralen Behörde des ersuchten Mitgliedstaats.

(3) [1] Innerhalb von 30 Tagen ab dem Tag des Eingangs des Antrags bestätigt die ersuchte Zentrale Behörde den Eingang des Antrags unter Verwendung des in Anhang VIII vorgesehenen Formblatts, benachrichtigt die Zentrale Behörde des ersuchenden Mitgliedstaats über die ersten Maßnahmen, die zur Bearbeitung des Antrags getroffen wurden oder werden, und fordert gegebenenfalls die von ihr für notwendig erachteten zusätzlichen Schriftstücke oder Angaben an. [2] Innerhalb derselben Frist von 30 Tagen teilt die ersuchte Zen-

trale Behörde der ersuchenden Zentralen Behörde den Namen und die Kontaktdaten der Person oder Dienststelle mit, die damit beauftragt ist, Fragen im Hinblick auf den Stand des Antrags zu beantworten.

(4) Innerhalb von 60 Tagen nach der Empfangsbestätigung unterrichtet die ersuchte Zentrale Behörde die ersuchende Zentrale Behörde über den Stand des Antrags.

(5) Die ersuchende und die ersuchte Zentrale Behörde unterrichten einander

a) über die Person oder Dienststelle, die für einen bestimmten Fall zuständig ist;

b) über den Stand des Verfahrens

und beantworten Auskunftsersuchen rechtzeitig.

(6) Die Zentralen Behörden behandeln einen Fall so zügig, wie es eine sachgemäße Prüfung seines Gegenstands zulässt.

(7) Die Zentralen Behörden benutzen untereinander die schnellsten und effizientesten Kommunikationsmittel, die ihnen zur Verfügung stehen.

(8) [1] Eine ersuchte Zentrale Behörde kann die Bearbeitung eines Antrags nur ablehnen, wenn offensichtlich ist, dass die Voraussetzungen dieser Verordnung nicht erfüllt sind. [2] In diesem Fall unterrichtet die betreffende Zentrale Behörde die ersuchende Zentrale Behörde umgehend unter Verwendung des in Anhang IX vorgesehenen Formblatts über die Gründe für ihre Ablehnung.

(9) [1] Die ersuchte Zentrale Behörde kann einen Antrag nicht allein deshalb ablehnen, weil zusätzliche Schriftstücke oder Angaben erforderlich sind. [2] Die ersuchte Zentrale Behörde kann die ersuchende Zentrale Behörde jedoch auffordern, solche zusätzlichen Schriftstücke oder Angaben zu übermitteln. [3] Geschieht dies nicht innerhalb von 90 Tagen oder einer von der ersuchten Zentralen Behörde gesetzten längeren Frist, so kann diese Behörde beschließen, die Bearbeitung des Antrags zu beenden. [4] In diesem Fall unterrichtet sie die ersuchende Zentrale Behörde unter Verwendung des in Anhang IX vorgesehenen Formblatts.

Art. 59 Sprachenregelung. (1) Das Formblatt für das Ersuchen oder den Antrag ist in der Amtssprache des ersuchten Mitgliedstaats oder, wenn es in diesem Mitgliedstaat mehrere Amtssprachen gibt, der Amtssprache oder einer der Amtssprachen des Ortes, an dem sich die betreffende Zentrale Behörde befindet, oder in einer sonstigen Amtssprache der Organe der Europäischen Union, die der ersuchte Mitgliedstaat für zulässig erklärt hat, auszufüllen, es sei denn, die Zentrale Behörde dieses Mitgliedstaats verzichtet auf eine Übersetzung.

(2) Unbeschadet der Artikel 20, 28, 40 und 66 werden die dem Formblatt für das Ersuchen oder den Antrag beigefügten Schriftstücke nur dann in die gemäß Absatz 1 bestimmte Sprache übersetzt, wenn eine Übersetzung für die Gewährung der beantragten Hilfe erforderlich ist.

(3) Die sonstige Kommunikation zwischen den Zentralen Behörden erfolgt in der nach Absatz 1 bestimmten Sprache, sofern die Zentralen Behörden nichts anderes vereinbaren.

Art. 60 Zusammenkünfte. (1) Zur leichteren Anwendung dieser Verordnung finden regelmäßig Zusammenkünfte der Zentralen Behörden statt.

(2) Die Einberufung dieser Zusammenkünfte erfolgt im Einklang mit der Entscheidung 2001/470/EG.

Art. 61 Zugang der Zentralen Behörden zu Informationen. (1) Nach Maßgabe dieses Kapitels und abweichend von Artikel 51 Absatz 4 setzt die ersuchte Zentrale Behörde alle geeigneten und angemessenen Mittel ein, um die Informationen gemäß Absatz 2 einzuholen, die erforderlich sind, um in einem bestimmten Fall den Erlass, die Änderung, die Anerkennung, die Vollstreckbarerklärung oder die Vollstreckung einer Entscheidung zu erleichtern.

Die Behörden oder Verwaltungen, die im Rahmen ihrer gewöhnlichen Tätigkeit im ersuchten Mitgliedstaat über die Informationen nach Absatz 2 verfügen und für ihre Verarbeitung im Sinne der Richtlinie 95/46/EG verantwortlich sind, stellen diese Informationen vorbehaltlich der Beschränkungen, die aus Gründen der nationalen oder öffentlichen Sicherheit gerechtfertigt sind, der ersuchten Zentralen Behörde auf Anfrage in den Fällen, in denen die ersuchte Zentrale Behörde keinen direkten Zugang zu diesen Informationen hat, zur Verfügung.

[1] Die Mitgliedstaaten können die Behörden oder Verwaltungen bestimmen, die geeignet sind, der ersuchten Zentralen Behörde die Informationen nach Absatz 2 zur Verfügung zu stellen. [2] Nimmt ein Mitgliedstaat eine solche Bestimmung vor, so achtet er darauf, dass er die Behörden und Verwaltungen so auswählt, dass seine Zentrale Behörde Zugang zu den erforderlichen Informationen gemäß diesem Artikel erhält.

Andere juristische Personen, die im ersuchten Mitgliedstaat über die Informationen nach Absatz 2 verfügen und für ihre Verarbeitung im Sinne der Richtlinie 95/46/EG verantwortlich sind, stellen diese Informationen der ersuchten Zentralen Behörde auf Anfrage zur Verfügung, wenn sie nach dem Recht des ersuchten Mitgliedstaats dazu befugt sind.

Die ersuchte Zentrale Behörde leitet die so erlangten Informationen erforderlichenfalls an die ersuchende Zentrale Behörde weiter.

(2) [1] Bei den Informationen im Sinne dieses Artikels muss es sich um solche handeln, über die die Behörden, Verwaltungen oder Personen nach Absatz 1 bereits verfügen. [2] Diese Informationen sind angemessen und erheblich und gehen nicht über das Erforderliche hinaus; sie betreffen Folgendes:

a) Anschrift der verpflichteten oder der berechtigten Person,

b) Einkommen der verpflichteten Person,

c) Nennung des Arbeitgebers der verpflichteten Person und/oder der Bankverbindung(en) der verpflichteten Person und

d) Vermögen der verpflichteten Person.

Zur Herbeiführung oder Änderung einer Entscheidung kann die ersuchte Zentrale Behörde nur die Angaben nach Buchstabe a anfordern.

[1] Für die Anerkennung, Vollstreckbarerklärung oder Vollstreckung einer Entscheidung kann die ersuchte Zentrale Behörde alle Angaben nach Unterabsatz 1 anfordern. [2] Die Angaben nach Buchstabe d können jedoch nur dann angefordert werden, wenn die Angaben nach den Buchstaben b und c nicht ausreichen, um die Vollstreckung der Entscheidung zu ermöglichen.

Art. 62 Weiterleitung und Verwendung der Informationen. (1) Die Zentralen Behörden leiten die in Artikel 61 Absatz 2 genannten Informationen innerhalb ihres Mitgliedstaats je nach Fall an die zuständigen Gerichte, die für die Zustellung von Schriftstücken zuständigen Behörden und die mit der Vollstreckung einer Entscheidung betrauten zuständigen Behörden weiter.

(2) Jede Behörde oder jedes Gericht, der/dem Informationen aufgrund von Artikel 61 übermittelt wurden, darf diese nur zur Erleichterung der Durchsetzung von Unterhaltsforderungen verwenden.

Mit Ausnahme der Informationen, die sich einzig darauf beziehen, ob eine Anschrift, Einkommen oder Vermögen im ersuchten Mitgliedstaat bestehen, dürfen, vorbehaltlich der Anwendung von Verfahrensregeln vor einem Gericht, die Informationen nach Artikel 61 Absatz 2 nicht der Person gegenüber offen gelegt werden, die die ersuchende Zentrale Behörde angerufen hat.

(3) Jede Behörde, die eine ihr aufgrund von Artikel 61 übermittelte Information bearbeitet, bewahrt diese nur so lange auf, wie es für die Zwecke, für die die Information übermittelt wurde, erforderlich ist.

(4) Jede Behörde, die ihr aufgrund von Artikel 61 übermittelte Informationen bearbeitet, gewährleistet die Vertraulichkeit dieser Informationen nach Maßgabe des innerstaatlichen Rechts.

Art. 63 Benachrichtigung der von der Erhebung der Informationen betroffenen Person. (1) Die Benachrichtigung der von der Erhebung der Informationen betroffenen Person über die Übermittlung dieser Informationen in Teilen oder ihrer Gesamtheit erfolgt gemäß dem innerstaatlichen Recht des ersuchten Mitgliedstaats.

(2) Falls diese Benachrichtigung die Gefahr birgt, die wirksame Geltendmachung des Unterhaltsanspruchs zu beeinträchtigen, kann sie um höchstens 90 Tage ab dem Tag, an dem die Informationen der ersuchten Zentralen Behörde übermittelt wurden, aufgeschoben werden.

Kapitel VIII. Öffentliche Aufgaben wahrnehmende Einrichtungen

Art. 64 Öffentliche Aufgaben wahrnehmende Einrichtungen als Antragsteller. (1) Für die Zwecke eines Antrags auf Anerkennung und Vollstreckbarerklärung von Entscheidungen oder für die Zwecke der Vollstreckung von Entscheidungen schließt der Begriff „berechtigte Person" eine öffentliche Aufgaben wahrnehmende Einrichtung, die für eine unterhaltsberechtigte Person handelt, oder eine Einrichtung, der anstelle von Unterhalt erbrachte Leistungen zu erstatten sind, ein.

(2) Für das Recht einer öffentliche Aufgaben wahrnehmenden Einrichtung, für eine unterhaltsberechtigte Person zu handeln oder die Erstattung der der berechtigten Person anstelle von Unterhalt erbrachten Leistung zu fordern, ist das Recht maßgebend, dem die Einrichtung untersteht.

(3) Eine öffentliche Aufgaben wahrnehmende Einrichtung kann die Anerkennung und Vollstreckbarerklärung oder Vollstreckung folgender Entscheidungen beantragen:

a) einer Entscheidung, die gegen eine verpflichtete Person auf Antrag einer öffentliche Aufgaben wahrnehmenden Einrichtung ergangen ist, welche die Bezahlung von Leistungen verlangt, die anstelle von Unterhalt erbracht wurden;

b) einer zwischen einer berechtigten und einer verpflichteten Person ergangenen Entscheidung, soweit der der berechtigten Person Leistungen anstelle von Unterhalt erbracht wurden.

(4) Die öffentliche Aufgaben wahrnehmende Einrichtung, welche die Anerkennung und Vollstreckbarerklärung einer Entscheidung geltend macht oder deren Vollstreckung beantragt, legt auf Verlangen alle Schriftstücke vor, aus denen sich ihr Recht nach Absatz 2 und die Erbringung von Leistungen an die berechtigte Person ergeben.

Kapitel IX. Allgemeine Bestimmungen und Schlussbestimmungen

Art. 65 Legalisation oder ähnliche Förmlichkeiten. Im Rahmen dieser Verordnung bedarf es weder der Legalisation noch einer ähnlichen Förmlichkeit.

Art. 66 Übersetzung der Beweisunterlagen. Unbeschadet der Artikel 20, 28 und 40 kann das angerufene Gericht für Beweisunterlagen, die in einer anderen Sprache als der Verfahrenssprache vorliegen, nur dann eine Übersetzung von den Parteien verlangen, wenn es der Ansicht ist, dass dies für die von ihm zu erlassende Entscheidung oder für die Wahrung der Verteidigungsrechte notwendig ist.

Art. 67 Kostenerstattung. Unbeschadet des Artikels 54 kann die zuständige Behörde des ersuchten Mitgliedstaats von der unterliegenden Partei, die unentgeltliche Prozesskostenhilfe aufgrund von Artikel 46 erhält, in Ausnahmefällen und wenn deren finanzielle Verhältnisse es zulassen, die Erstattung der Kosten verlangen.

Art. 68 Verhältnis zu anderen Rechtsinstrumenten der Gemeinschaft. (1) Vorbehaltlich des Artikels 75 Absatz 2 wird mit dieser Verordnung die Verordnung (EG) Nr. 44/2001 dahin gehend geändert, dass deren für Unterhaltssachen geltende Bestimmungen ersetzt werden.

(2) Diese Verordnung tritt hinsichtlich Unterhaltssachen an die Stelle der Verordnung (EG) Nr. 805/2004[1], außer in Bezug auf Europäische Vollstreckungstitel über Unterhaltspflichten, die in einem Mitgliedstaat, der nicht durch das Haager Protokoll von 2007 gebunden ist, ausgestellt wurden.

(3) Im Hinblick auf Unterhaltssachen bleibt die Anwendung der Richtlinie 2003/8/EG vorbehaltlich des Kapitels V von dieser Verordnung unberührt.

(4) Die Anwendung der Richtlinie 95/46/EG bleibt von dieser Verordnung unberührt.

[1] Nr. **103 f.**

Art. 69 Verhältnis zu bestehenden internationalen Übereinkommen und Vereinbarungen. (1) Diese Verordnung berührt nicht die Anwendung der Übereinkommen und bilateralen oder multilateralen Vereinbarungen, denen ein oder mehrere Mitgliedstaaten zum Zeitpunkt der Annahme dieser Verordnung angehören und die die in dieser Verordnung geregelten Bereiche betreffen, unbeschadet der Verpflichtungen der Mitgliedstaaten gemäß Artikels 307 des Vertrags[1].

(2) Ungeachtet des Absatzes 1 und unbeschadet des Absatzes 3 hat diese Verordnung im Verhältnis der Mitgliedstaaten untereinander jedoch Vorrang vor Übereinkommen und Vereinbarungen, die sich auf Bereiche, die in dieser Verordnung geregelt sind, erstrecken und denen Mitgliedstaaten angehören.

(3) Diese Verordnung steht der Anwendung des Übereinkommens vom 23. März 1962 zwischen Schweden, Dänemark, Finnland, Island und Norwegen über die Geltendmachung von Unterhaltsforderungen durch die ihm angehörenden Mitgliedstaaten nicht entgegen, da dieses Übereinkommen in Bezug auf die Anerkennung, die Vollstreckbarkeit und die Vollstreckung von Entscheidungen Folgendes vorsieht:

a) vereinfachte und beschleunigte Verfahren für die Vollstreckung von Entscheidungen in Unterhaltssachen und

b) eine Prozesskostenhilfe, die günstiger ist als die Prozesskostenhilfe nach Kapitel V dieser Verordnung.

Die Anwendung des genannten Übereinkommens darf jedoch nicht bewirken, dass dem Antragsgegner der Schutz nach den Artikeln 19 und 21 dieser Verordnung entzogen wird.

Art. 70 Der Öffentlichkeit zur Verfügung gestellte Informationen. Die Mitgliedstaaten übermitteln im Rahmen des durch die Entscheidung 2001/470/EG eingerichteten Europäischen Justiziellen Netzes für Zivil- und Handelssachen die folgenden Informationen im Hinblick auf ihre Bereitstellung für die Öffentlichkeit:

a) eine Beschreibung der nationalen Rechtsvorschriften und Verfahren, die Unterhaltspflichten betreffen,

b) eine Beschreibung der zur Erfüllung der Verpflichtungen aus Artikel 51 getroffenen Maßnahmen,

c) eine Beschreibung darüber, wie ein effektiver Zugang zum Recht gemäß Artikel 44 gewährleistet wird, und

d) eine Beschreibung der nationalen Vollstreckungsvorschriften und -verfahren, einschließlich Informationen über alle Vollstreckungsbeschränkungen, insbesondere über Vorschriften zum Schutz von verpflichteten Personen und zu Verjährungsfristen.

Die Mitgliedstaaten halten diese Informationen stets auf dem neuesten Stand.

---

[1] Nunmehr Art. 351 AEUV durch Vertrag von Lissabon v. 13. 12. 2007 (ABl. Nr. C 306 S. 1).

Art. 71[1)] Informationen zu Kontaktdaten und Sprachen. (1) Die Mitgliedstaaten teilen der Kommission spätestens bis zum 18. September 2010 Folgendes mit:

a) die Namen und Kontaktdaten der für Anträge auf Vollstreckbarerklärung gemäß Artikel 27 Absatz 1 und für Rechtsbehelfe gegen Entscheidungen über derartige Anträge gemäß Artikel 32 Absatz 2 zuständigen Gerichte oder Behörden;

b) die in Artikel 33 genannten Rechtsbehelfe;

c) das Nachprüfungsverfahren zum Zweck der Anwendung von Artikel 19 sowie die Namen und Kontaktdaten der zuständigen Gerichte;

d) die Namen und Kontaktdaten ihrer Zentralen Behörden sowie gegebenenfalls deren Zuständigkeitsbereiche gemäß Artikel 49 Absatz 3;

e) die Namen und Kontaktdaten der öffentlichen oder sonstigen Stellen sowie gegebenenfalls deren Zuständigkeitsbereiche gemäß Artikel 51 Absatz 3;

f) die Namen und Kontaktdaten der Behörden, die für Vollstreckungssachen im Sinne des Artikel 21 zuständig sind;

g) die Sprachen, die für Übersetzungen der in den Artikeln 20, 28 und 40 genannten Schriftstücke zugelassen sind;

h) die Sprache oder Sprachen, die von ihren Zentralen Behörden für die Kommunikation mit den anderen Zentralen Behörden gemäß Artikel 59 zugelassen sind.

Die Mitgliedstaaten unterrichten die Kommission über spätere Änderungen dieser Angaben.

(2) Die Kommission veröffentlicht die gemäß Absatz 1 mitgeteilten Angaben im *Amtsblatt der Europäischen Union*, mit Ausnahme der in den Buchstaben a, c und f genannten Anschriften und anderen Kontaktdaten der Gerichte und Behörden.

(3) Die Kommission hält alle gemäß Absatz 1 mitgeteilten Angaben auf andere geeignete Weise, insbesondere über das mit der Entscheidung 2001/470/EG eingerichtete Europäische Justizielle Netz für Zivil- und Handelssachen, für die Öffentlichkeit zugänglich.

Art. 72[1)] Änderung der Formblätter. Änderungen der in dieser Verordnung vorgesehenen Formblätter werden nach dem Beratungsverfahren gemäß Artikel 73 Absatz 3 beschlossen.

Art. 73[1)] Ausschuss. (1) Die Kommission wird von dem durch Artikel 70 der Verordnung (EG) Nr. 2201/2003[2)] eingesetzten Ausschuss unterstützt.

(2) Wird auf diesen Absatz Bezug genommen, so gelten die Artikel 4 und 7 des Beschlusses 1999/468/EG.

Der Zeitraum nach Artikel 4 Absatz 3 des Beschlusses 1999/468/EG wird auf drei Monate festgesetzt.

(3) Wird auf diesen Absatz Bezug genommen, so gelten die Artikel 3 und 7 des Beschlusses 1999/468/EG.

[1)] Beachte zum Inkrafttreten Art. 76 UAbs. 2.

[2)] Nr. **103 b**.

Art. 74 Überprüfungsklausel. [1]Die Kommission legt dem Europäischen Parlament, dem Rat und dem Europäischen Wirtschafts- und Sozialausschuss bis spätestens fünf Jahre nach dem Beginn der Anwendbarkeit gemäß Artikel 76, dritter Unterabsatz einen Bericht über die Anwendung dieser Verordnung vor; dazu gehört auch eine Bewertung der praktischen Erfahrungen im Bereich der Zusammenarbeit zwischen den Zentralen Behörden, insbesondere hinsichtlich ihres Zugangs zu den Informationen, über die Behörden und Verwaltungen verfügen, und eine Bewertung der Funktionsweise des Anerkennungs-, Vollstreckbarerklärungs- und Vollstreckungsverfahrens, das auf Entscheidungen anwendbar ist, die in einem Mitgliedstaat, der nicht durch das Haager Protokoll von 2007 gebunden ist, ergangen sind. [2]Dem Bericht werden erforderlichenfalls Vorschläge zur Anpassung dieser Verordnung beigefügt.

Art. 75[1)] Übergangsbestimmungen. (1) Diese Verordnung findet vorbehaltlich der Absätze 2 und 3 nur auf ab dem Datum ihrer Anwendbarkeit eingeleitete Verfahren, gebilligte oder geschlossene gerichtliche Vergleiche und ausgestellte öffentliche Urkunden Anwendung.

(2) Kapitel IV Abschnitte 2 und 3 findet Anwendung auf

a) Entscheidungen, die in den Mitgliedstaaten vor dem Tag des Beginns der Anwendbarkeit dieser Verordnung ergangen sind und deren Anerkennung und Vollstreckbarerklärung ab diesem Zeitpunkt beantragt wird;

b) Entscheidungen, die ab dem Tag des Beginns der Anwendbarkeit dieser Verordnung in Verfahren, die vor diesem Zeitpunkt eingeleitet wurden, ergangen sind,

soweit diese Entscheidungen für die Zwecke der Anerkennung und Vollstreckung in den Anwendungsbereich der Verordnung (EG) Nr. 44/2001 fallen.

Die Verordnung (EG) Nr. 44/2001 gilt weiterhin für die am Tag des Beginns der Anwendbarkeit dieser Verordnung laufenden Anerkennungs- und Vollstreckungsverfahren.

Die Unterabsätze 1 und 2 geltend sinngemäß auch für in den Mitgliedstaaten gebilligte oder geschlossene gerichtliche Vergleiche und ausgestellte öffentliche Urkunden.

(3) Kapitel VII über die Zusammenarbeit zwischen Zentralen Behörden findet auf Ersuchen und Anträge Anwendung, die ab dem Tag des Beginns der Anwendung dieser Verordnung bei der Zentralen Behörde eingehen.

Art. 76 Inkrafttreten. Diese Verordnung tritt am zwanzigsten Tag nach ihrer Veröffentlichung[2)] im *Amtsblatt der Europäischen Union* in Kraft.

Artikel 2 Absatz 2, Artikel 47 Absatz 3, Artikel 71, 72 und 73 gelten ab dem 18. September 2010.

[1]Diese Verordnung findet, mit Ausnahme der in Unterabsatz 2 genannten Vorschriften, ab dem 18. Juni 2011 Anwendung, sofern das Haager Protokoll von 2007 zu diesem Zeitpunkt in der Gemeinschaft anwendbar ist. [2]Anderen-

[1)] Art. 75 Abs. 1 und 2 UAbs. 1 Buchst. a und b ber. ABl. 2011 Nr. L 131 S. 26; Abs. 2 UAbs. 1 Buchst. a und b ber. ABl. 2013 Nr. L 8 S. 19.

[2)] Veröffentlicht am 10. 1. 2009.

falls findet diese Verordnung ab dem Tag des Beginns der Anwendbarkeit jenes Protokolls in der Gemeinschaft Anwendung.

Diese Verordnung ist in allen ihren Teilen verbindlich und gilt gemäß dem Vertrag zur Gründung der Europäischen Gemeinschaft unmittelbar in den Mitgliedstaaten.

Anhang I–XI. *(hier nicht wiedergegeben)*

21 e. Verordnung (EU) Nr. 650/2012 des Europäischen Parlaments und des Rates über die Zuständigkeit, das anzuwendende Recht, die Anerkennung und Vollstreckung von Entscheidungen und die Annahme und Vollstreckung öffentlicher Urkunden in Erbsachen sowie zur Einführung eines Europäischen Nachlasszeugnisses

Vom 4. Juli 2012

(ABl. Nr. L 201 S. 107, ber. Nr. L 344 S. 3, 2013 Nr. L 41 S. 16, Nr. L 60 S. 140, 2014 Nr. L 363 S. 186)

Celex-Nr. 3 2012 R 0650

DAS EUROPÄISCHE PARLAMENT UND DER RAT DER EUROPÄISCHEN UNION –

gestützt auf den Vertrag über die Arbeitsweise der Europäischen Union[1)], insbesondere auf Artikel 81 Absatz 2,

auf Vorschlag der Europäischen Kommission,

nach Stellungnahme des Europäischen Wirtschafts- und Sozialausschusses[2)],

gemäß dem ordentlichen Gesetzgebungsverfahren[3)],

in Erwägung nachstehender Gründe:

(1) Die Union hat sich zum Ziel gesetzt, einen Raum der Freiheit, der Sicherheit und des Rechts, in dem der freie Personenverkehr gewährleistet ist, zu erhalten und weiterzuentwickeln. Zum schrittweisen Aufbau eines solchen Raums hat die Union im Bereich der justiziellen Zusammenarbeit in Zivilsachen, die einen grenzüberschreitenden Bezug aufweisen, Maßnahmen zu erlassen, insbesondere wenn dies für das reibungslose Funktionieren des Binnenmarkts erforderlich ist.

(2) Nach Artikel 81 Absatz 2 Buchstabe c des Vertrags über die Arbeitsweise der Europäischen Union[1)] können zu solchen Maßnahmen unter anderem Maßnahmen gehören, die die Vereinbarkeit der in den Mitgliedstaaten geltenden Kollisionsnormen und der Vorschriften zur Vermeidung von Kompetenzkonflikten sicherstellen sollen.

(3) Auf seiner Tagung vom 15. und 16. Oktober 1999 in Tampere hat der Europäische Rat den Grundsatz der gegenseitigen Anerkennung von Urteilen und anderen Entscheidungen von Justizbehörden als Eckstein der justiziellen Zusammenarbeit in Zivilsachen unterstützt und den Rat und die Kommission ersucht, ein Maßnahmenprogramm zur Umsetzung dieses Grundsatzes anzunehmen.

[1)] **Sartorius Nr. 1001.**

[2)] **Amtl. Anm.:** ABl. C 44 vom 11. 2. 2011, S. 148.

[3)] **Amtl. Anm.:** Standpunkt des Europäischen Parlaments vom 13. März 2012 (noch nicht im Amtsblatt veröffentlicht) und Beschluss des Rates vom 7. Juni 2012.

(4) Am 30. November 2000 wurde ein gemeinsames Maßnahmenprogramm der Kommission und des Rates zur Umsetzung des Grundsatzes der gegenseitigen Anerkennung gerichtlicher Entscheidungen in Zivil- und Handelssachen[1] verabschiedet. In diesem Programm sind Maßnahmen zur Harmonisierung der Kollisionsnormen aufgeführt, die die gegenseitige Anerkennung gerichtlicher Entscheidungen vereinfachen sollen; ferner ist darin die Ausarbeitung eines Rechtsinstruments zum Testaments- und Erbrecht vorgesehen.

(5) Am 4. und 5. November 2004 hat der Europäische Rat auf seiner Tagung in Brüssel ein neues Programm mit dem Titel „Haager Programm zur Stärkung von Freiheit, Sicherheit und Recht in der Europäischen Union"[2] angenommen. Danach soll ein Rechtsinstrument zu Erbsachen erlassen werden, das insbesondere Fragen des Kollisionsrechts, der Zuständigkeit, der gegenseitigen Anerkennung und Vollstreckung von Entscheidungen in Erbsachen sowie die Einführung eines Europäischen Nachlasszeugnisses betrifft.

(6) Der Europäische Rat hat auf seiner Tagung vom 10. und 11. Dezember 2009 in Brüssel ein neues mehrjähriges Programm mit dem Titel „Das Stockholmer Programm – Ein offenes und sicheres Europa im Dienste und zum Schutz der Bürger"[3] angenommen. Darin hat der Europäische Rat festgehalten, dass der Grundsatz der gegenseitigen Anerkennung auf Bereiche ausgeweitet werden sollte, die bisher noch nicht abgedeckt sind, aber den Alltag der Bürger wesentlich prägen, z.B. Erb- und Testamentsrecht, wobei gleichzeitig die Rechtssysteme einschließlich der öffentlichen Ordnung (ordre public) und die nationalen Traditionen der Mitgliedstaaten in diesem Bereich zu berücksichtigen sind.

(7) Die Hindernisse für den freien Verkehr von Personen, denen die Durchsetzung ihrer Rechte im Zusammenhang mit einem Erbfall mit grenzüberschreitendem Bezug derzeit noch Schwierigkeiten bereitet, sollten ausgeräumt werden, um das reibungslose Funktionieren des Binnenmarkts zu erleichtern. In einem europäischen Rechtsraum muss es den Bürgern möglich sein, ihren Nachlass im Voraus zu regeln. Die Rechte der Erben und Vermächtnisnehmer sowie der anderen Personen, die dem Erblasser nahestehen, und der Nachlassgläubiger müssen effektiv gewahrt werden.

(8) Um diese Ziele zu erreichen, bedarf es einer Verordnung, in der die Bestimmungen über die Zuständigkeit, das anzuwendende Recht, die Anerkennung – oder gegebenenfalls die Annahme –, Vollstreckbarkeit und Vollstreckung von Entscheidungen, öffentlichen Urkunden und gerichtlichen Vergleichen sowie zur Einführung eines Europäischen Nachlasszeugnisses zusammengefasst sind.

(9) Der Anwendungsbereich dieser Verordnung sollte sich auf alle zivilrechtlichen Aspekte der Rechtsnachfolge von Todes wegen erstrecken, und zwar auf jede Form des Übergangs von Vermögenswerten, Rechten und Pflichten von Todes wegen, sei es im Wege der gewillkürten Erbfolge

[1] **Amtl. Anm.:** ABl. C 12 vom 15. 1. 2001, S. 1.
[2] **Amtl. Anm.:** ABl. C 53 vom 3. 3. 2005, S. 1.
[3] **Amtl. Anm.:** ABl. C 115 vom 4. 5. 2010, S. 1.

durch eine Verfügung von Todes wegen oder im Wege der gesetzlichen Erbfolge.

(10) Diese Verordnung sollte weder für Steuersachen noch für verwaltungsrechtliche Angelegenheiten öffentlich-rechtlicher Art gelten. Daher sollte das innerstaatliche Recht bestimmen, wie beispielsweise Steuern oder sonstige Verbindlichkeiten öffentlich-rechtlicher Art berechnet und entrichtet werden, seien es vom Erblasser im Zeitpunkt seines Todes geschuldete Steuern oder Erbschaftssteuern jeglicher Art, die aus dem Nachlass oder von den Berechtigten zu entrichten sind. Das innerstaatliche Recht sollte auch bestimmen, ob die Freigabe des Nachlassvermögens an die Berechtigten nach dieser Verordnung oder die Eintragung des Nachlassvermögens in ein Register nur erfolgt, wenn Steuern gezahlt werden.

(11) Diese Verordnung sollte nicht für Bereiche des Zivilrechts gelten, die nicht die Rechtsnachfolge von Todes wegen betreffen. Aus Gründen der Klarheit sollte eine Reihe von Fragen, die als mit Erbsachen zusammenhängend betrachtet werden könnten, ausdrücklich vom Anwendungsbereich dieser Verordnung ausgenommen werden.

(12) Dementsprechend sollte diese Verordnung nicht für Fragen des ehelichen Güterrechts, einschließlich der in einigen Rechtsordnungen vorkommenden Eheverträge, soweit diese keine erbrechtlichen Fragen regeln, und des Güterrechts aufgrund von Verhältnissen, die mit der Ehe vergleichbare Wirkungen entfalten, gelten. Die Behörden, die mit einer bestimmten Erbsache nach dieser Verordnung befasst sind, sollten allerdings je nach den Umständen des Einzelfalls die Beendigung des ehelichen oder sonstigen Güterstands des Erblassers bei der Bestimmung des Nachlasses und der jeweiligen Anteile der Berechtigten berücksichtigen.

(13) Fragen im Zusammenhang mit der Errichtung, Funktionsweise oder Auflösung von Trusts sollten auch vom Anwendungsbereich dieser Verordnung ausgenommen werden. Dies sollte nicht als genereller Ausschluss von Trusts verstanden werden. Wird ein Trust testamentarisch oder aber kraft Gesetzes im Rahmen der gesetzlichen Erbfolge errichtet, so sollte im Hinblick auf den Übergang der Vermögenswerte und die Bestimmung der Berechtigten das nach dieser Verordnung auf die Rechtsnachfolge von Todes wegen anzuwendende Recht gelten.

(14) Rechte und Vermögenswerte, die auf andere Weise als durch Rechtsnachfolge von Todes wegen entstehen oder übertragen werden, wie zum Beispiel durch unentgeltliche Zuwendungen, sollten ebenfalls vom Anwendungsbereich dieser Verordnung ausgenommen werden. Ob unentgeltliche Zuwendungen oder sonstige Verfügungen unter Lebenden mit dinglicher Wirkung vor dem Tod für die Zwecke der Bestimmung der Anteile der Berechtigten im Einklang mit dem auf die Rechtsnachfolge von Todes wegen anzuwendenden Recht ausgeglichen oder angerechnet werden sollten, sollte sich jedoch nach dem Recht entscheiden, das nach dieser Verordnung auf die Rechtsnachfolge von Todes wegen anzuwenden ist.

(15) Diese Verordnung sollte die Begründung oder den Übergang eines Rechts an beweglichen oder unbeweglichen Vermögensgegenständen im Wege der Rechtsnachfolge von Todes wegen nach Maßgabe des auf die Rechtsnachfolge von Todes wegen anzuwendenden Rechts ermöglichen.

Sie sollte jedoch nicht die abschließende Anzahl (Numerus Clausus) der dinglichen Rechte berühren, die das innerstaatliche Recht einiger Mitgliedstaaten kennt. Ein Mitgliedstaat sollte nicht verpflichtet sein, ein dingliches Recht an einer in diesem Mitgliedstaat belegenen Sache anzuerkennen, wenn sein Recht dieses dingliche Recht nicht kennt.

(16) Damit die Berechtigten jedoch die Rechte, die durch Rechtsnachfolge von Todes wegen begründet worden oder auf sie übergegangen sind, in einem anderen Mitgliedstaat geltend machen können, sollte diese Verordnung die Anpassung eines unbekannten dinglichen Rechts an das in der Rechtsordnung dieses anderen Mitgliedstaats am ehesten vergleichbare dingliche Recht vorsehen. Bei dieser Anpassung sollten die mit dem besagten dinglichen Recht verfolgten Ziele und Interessen und die mit ihm verbundenen Wirkungen berücksichtigt werden. Für die Zwecke der Bestimmung des am ehesten vergleichbaren innerstaatlichen dinglichen Rechts können die Behörden oder zuständigen Personen des Staates, dessen Recht auf die Rechtsnachfolge von Todes wegen anzuwenden war, kontaktiert werden, um weitere Auskünfte zu der Art und den Wirkungen des betreffenden dinglichen Rechts einzuholen. In diesem Zusammenhang könnten die bestehenden Netze im Bereich der justiziellen Zusammenarbeit in Zivil- und Handelssachen sowie die anderen verfügbaren Mittel, die die Erkenntnis ausländischen Rechts erleichtern, genutzt werden.

(17) Die in dieser Verordnung ausdrücklich vorgesehene Anpassung unbekannter dinglicher Rechte sollte andere Formen der Anpassung im Zusammenhang mit der Anwendung dieser Verordnung nicht ausschließen.

(18) Die Voraussetzungen für die Eintragung von Rechten an beweglichen oder unbeweglichen Vermögensgegenständen in einem Register sollten aus dem Anwendungsbereich dieser Verordnung ausgenommen werden. Somit sollte das Recht des Mitgliedstaats, in dem das Register (für unbewegliches Vermögen das Recht der belegenen Sache (lex rei sitae)) geführt wird, bestimmen, unter welchen gesetzlichen Voraussetzungen und wie die Eintragung vorzunehmen ist und welche Behörden wie etwa Grundbuchämter oder Notare dafür zuständig sind zu prüfen, dass alle Eintragungsvoraussetzungen erfüllt sind und die vorgelegten oder erstellten Unterlagen vollständig sind bzw. die erforderlichen Angaben enthalten. Insbesondere können die Behörden prüfen, ob es sich bei dem Recht des Erblassers an dem Nachlassvermögen, das in dem für die Eintragung vorgelegten Schriftstück erwähnt ist, um ein Recht handelt, das als solches in dem Register eingetragen ist oder nach dem Recht des Mitgliedstaats, in dem das Register geführt wird, anderweitig nachgewiesen wird. Um eine doppelte Erstellung von Schriftstücken zu vermeiden, sollten die Eintragungsbehörden diejenigen von den zuständigen Behörden in einem anderen Mitgliedstaat erstellten Schriftstücke annehmen, deren Verkehr nach dieser Verordnung vorgesehen ist. Insbesondere sollte das nach dieser Verordnung ausgestellte Europäische Nachlasszeugnis im Hinblick auf die Eintragung des Nachlassvermögens in ein Register eines Mitgliedstaats ein gültiges Schriftstück darstellen. Dies sollte die an der Eintragung beteiligten Behörden nicht daran hindern, von der Person, die die Eintragung beantragt, diejenigen zusätzlichen Angaben oder die Vorlage derjenigen zusätzlichen Schriftstücke zu verlangen, die nach dem Recht des Mitglied-

staats, in dem das Register geführt wird, erforderlich sind, wie beispielsweise Angaben oder Schriftstücke betreffend die Zahlung von Steuern. Die zuständige Behörde kann die Person, die die Eintragung beantragt, darauf hinweisen, wie die fehlenden Angaben oder Schriftstücke beigebracht werden können.

(19) Die Wirkungen der Eintragung eines Rechts in einem Register sollten ebenfalls vom Anwendungsbereich dieser Verordnung ausgenommen werden. Daher sollte das Recht des Mitgliedstaats, in dem das Register geführt wird, dafür maßgebend sein, ob beispielsweise die Eintragung deklaratorische oder konstitutive Wirkung hat. Wenn also zum Beispiel der Erwerb eines Rechts an einer unbeweglichen Sache nach dem Recht des Mitgliedstaats, in dem das Register geführt wird, die Eintragung in einem Register erfordert, damit die Wirkung erga omnes von Registern sichergestellt wird oder Rechtsgeschäfte geschützt werden, sollte der Zeitpunkt des Erwerbs dem Recht dieses Mitgliedstaats unterliegen.

(20) Diese Verordnung sollte den verschiedenen Systemen zur Regelung von Erbsachen Rechnung tragen, die in den Mitgliedstaaten angewandt werden. Für die Zwecke dieser Verordnung sollte der Begriff „Gericht" daher breit gefasst werden, so dass nicht nur Gerichte im eigentlichen Sinne, die gerichtliche Funktionen ausüben, erfasst werden, sondern auch Notare oder Registerbehörden in einigen Mitgliedstaaten, die in bestimmten Erbsachen gerichtliche Funktionen wie Gerichte ausüben, sowie Notare und Angehörige von Rechtsberufen, die in einigen Mitgliedstaaten in einer bestimmten Erbsache aufgrund einer Befugnisübertragung durch ein Gericht gerichtliche Funktionen ausüben. Alle Gerichte im Sinne dieser Verordnung sollten durch die in dieser Verordnung festgelegten Zuständigkeitsregeln gebunden sein. Der Begriff "Gericht" sollte hingegen nicht die nichtgerichtlichen Behörden eines Mitgliedstaats erfassen, die nach innerstaatlichem Recht befugt sind, sich mit Erbsachen zu befassen, wie in den meisten Mitgliedstaaten die Notare, wenn sie, wie dies üblicherweise der Fall ist, keine gerichtlichen Funktionen ausüben.

(21) Diese Verordnung sollte es allen Notaren, die für Erbsachen in den Mitgliedstaaten zuständig sind, ermöglichen, diese Zuständigkeit auszuüben. Ob die Notare in einem Mitgliedstaat durch die Zuständigkeitsregeln dieser Verordnung gebunden sind, sollte davon abhängen, ob sie von der Bestimmung des Begriffs „Gericht" im Sinne dieser Verordnung erfasst werden.

(22) Die in den Mitgliedstaaten von Notaren in Erbsachen errichteten Urkunden sollten nach dieser Verordnung verkehren. Üben Notare gerichtliche Funktionen aus, so sind sie durch die Zuständigkeitsregeln gebunden, und die von ihnen erlassenen Entscheidungen sollten nach den Bestimmungen über die Anerkennung, Vollstreckbarkeit und Vollstreckung von Entscheidungen verkehren. Üben Notare keine gerichtliche Zuständigkeit aus, so sind sie nicht durch die Zuständigkeitsregeln gebunden, und die öffentlichen Urkunden, die von ihnen errichtet werden, sollten nach den Bestimmungen über öffentliche Urkunden verkehren.

(23) In Anbetracht der zunehmenden Mobilität der Bürger sollte die Verordnung zur Gewährleistung einer ordnungsgemäßen Rechtspflege in der Union und einer wirklichen Verbindung zwischen dem Nachlass und dem

Mitgliedstaat, in dem die Erbsache abgewickelt wird, als allgemeinen Anknüpfungspunkt zum Zwecke der Bestimmung der Zuständigkeit und des anzuwendenden Rechts den gewöhnlichen Aufenthalt des Erblassers im Zeitpunkt des Todes vorsehen. Bei der Bestimmung des gewöhnlichen Aufenthalts sollte die mit der Erbsache befasste Behörde eine Gesamtbeurteilung der Lebensumstände des Erblassers in den Jahren vor seinem Tod und im Zeitpunkt seines Todes vornehmen und dabei alle relevanten Tatsachen berücksichtigen, insbesondere die Dauer und die Regelmäßigkeit des Aufenthalts des Erblassers in dem betreffenden Staat sowie die damit zusammenhängenden Umstände und Gründe. Der so bestimmte gewöhnliche Aufenthalt sollte unter Berücksichtigung der spezifischen Ziele dieser Verordnung eine besonders enge und feste Bindung zu dem betreffenden Staat erkennen lassen.

(24) In einigen Fällen kann es sich als komplex erweisen, den Ort zu bestimmen, an dem der Erblasser seinen gewöhnlichen Aufenthalt hatte. Dies kann insbesondere der Fall sein, wenn sich der Erblasser aus beruflichen oder wirtschaftlichen Gründen – unter Umständen auch für längere Zeit – in einen anderen Staat begeben hat, um dort zu arbeiten, aber eine enge und feste Bindung zu seinem Herkunftsstaat aufrechterhalten hat. In diesem Fall könnte – entsprechend den jeweiligen Umständen – davon ausgegangen werden, dass der Erblasser seinen gewöhnlichen Aufenthalt weiterhin in seinem Herkunftsstaat hat, in dem sich in familiärer und sozialer Hinsicht sein Lebensmittelpunkt befand. Weitere komplexe Fälle können sich ergeben, wenn der Erblasser abwechselnd in mehreren Staaten gelebt hat oder auch von Staat zu Staat gereist ist, ohne sich in einem Staat für längere Zeit niederzulassen. War der Erblasser ein Staatsangehöriger eines dieser Staaten oder hatte er alle seine wesentlichen Vermögensgegenstände in einem dieser Staaten, so könnte seine Staatsangehörigkeit oder der Ort, an dem diese Vermögensgegenstände sich befinden, ein besonderer Faktor bei der Gesamtbeurteilung aller tatsächlichen Umstände sein.

(25) In Bezug auf die Bestimmung des auf die Rechtsnachfolge von Todes wegen anzuwendenden Rechts kann die mit der Erbsache befasste Behörde in Ausnahmefällen – in denen der Erblasser beispielsweise erst kurz vor seinem Tod in den Staat seines gewöhnlichen Aufenthalts umgezogen ist und sich aus der Gesamtheit der Umstände ergibt, dass er eine offensichtlich engere Verbindung zu einem anderen Staat hatte – zu dem Schluss gelangen, dass die Rechtsnachfolge von Todes wegen nicht dem Recht des gewöhnlichen Aufenthalts des Erblassers unterliegt, sondern dem Recht des Staates, zu dem der Erblasser offensichtlich eine engere Verbindung hatte. Die offensichtlich engste Verbindung sollte jedoch nicht als subsidiärer Anknüpfungspunkt gebraucht werden, wenn sich die Feststellung des gewöhnlichen Aufenthaltsorts des Erblassers im Zeitpunkt seines Todes als schwierig erweist.

(26) Diese Verordnung sollte ein Gericht nicht daran hindern, Mechanismen gegen die Gesetzesumgehung wie beispielsweise gegen die fraude à la loi im Bereich des Internationalen Privatrechts anzuwenden.

(27) Die Vorschriften dieser Verordnung sind so angelegt, dass sichergestellt wird, dass die mit der Erbsache befasste Behörde in den meisten Situationen ihr eigenes Recht anwendet. Diese Verordnung sieht daher eine

Reihe von Mechanismen vor, die dann greifen, wenn der Erblasser für die Regelung seines Nachlasses das Recht eines Mitgliedstaats gewählt hat, dessen Staatsangehöriger er war.

(28) Einer dieser Mechanismen sollte darin bestehen, dass die betroffenen Parteien eine Gerichtsstandsvereinbarung zugunsten der Gerichte des Mitgliedstaats, dessen Recht gewählt wurde, schließen können. Abhängig insbesondere vom Gegenstand der Gerichtsstandsvereinbarung müsste von Fall zu Fall bestimmt werden, ob die Vereinbarung zwischen sämtlichen von dem Nachlass betroffenen Parteien geschlossen werden müsste oder ob einige von ihnen sich darauf einigen könnten, eine spezifische Frage bei dem gewählten Gericht anhängig zu machen, sofern die diesbezügliche Entscheidung dieses Gerichts die Rechte der anderen Parteien am Nachlass nicht berühren würde.

(29) Wird ein Verfahren in einer Erbsache von einem Gericht von Amts wegen eingeleitet, was in einigen Mitgliedstaaten der Fall ist, sollte dieses Gericht das Verfahren beenden, wenn die Parteien vereinbaren, die Erbsache außergerichtlich in dem Mitgliedstaat des gewählten Rechts einvernehmlich zu regeln. Wird ein Verfahren in einer Erbsache nicht von einem Gericht von Amts wegen eröffnet, so sollte diese Verordnung die Parteien nicht daran hindern, die Erbsache außergerichtlich, beispielsweise vor einem Notar, in einem Mitgliedstaat ihrer Wahl einvernehmlich zu regeln, wenn dies nach dem Recht dieses Mitgliedstaats möglich ist. Dies sollte auch dann der Fall sein, wenn das auf die Rechtsnachfolge von Todes wegen anzuwendende Recht nicht das Recht dieses Mitgliedstaats ist.

(30) Um zu gewährleisten, dass die Gerichte aller Mitgliedstaaten ihre Zuständigkeit in Bezug auf den Nachlass von Personen, die ihren gewöhnlichen Aufenthalt im Zeitpunkt ihres Todes nicht in einem Mitgliedstaat hatten, auf derselben Grundlage ausüben können, sollte diese Verordnung die Gründe, aus denen diese subsidiäre Zuständigkeit ausgeübt werden kann, abschließend und in einer zwingenden Rangfolge aufführen.

(31) Um insbesondere Fällen von Rechtsverweigerung begegnen zu können, sollte in dieser Verordnung auch eine Notzuständigkeit (forum necessitatis) vorgesehen werden, wonach ein Gericht eines Mitgliedstaats in Ausnahmefällen über eine Erbsache entscheiden kann, die einen engen Bezug zu einem Drittstaat aufweist. Ein solcher Ausnahmefall könnte gegeben sein, wenn ein Verfahren sich in dem betreffenden Drittstaat als unmöglich erweist, beispielsweise aufgrund eines Bürgerkriegs, oder wenn von einem Berechtigten vernünftigerweise nicht erwartet werden kann, dass er ein Verfahren in diesem Staat einleitet oder führt. Die Notzuständigkeit sollte jedoch nur ausgeübt werden, wenn die Erbsache einen ausreichenden Bezug zu dem Mitgliedstaat des angerufenen Gerichts aufweist.

(32) Im Interesse der Erben und Vermächtnisnehmer, die ihren gewöhnlichen Aufenthalt in einem anderen als dem Mitgliedstaat haben, in dem der Nachlass abgewickelt wird oder werden soll, sollte diese Verordnung es jeder Person, die nach dem auf die Rechtsnachfolge von Todes wegen anzuwendenden Recht dazu berechtigt ist, ermöglichen, Erklärungen über die Annahme oder Ausschlagung einer Erbschaft, eines Vermächtnisses oder eines Pflichtteils oder zur Begrenzung ihrer Haftung für Nach-

lassverbindlichkeiten vor den Gerichten des Mitgliedstaats ihres gewöhnlichen Aufenthalts in der Form abzugeben, die nach dem Recht dieses Mitgliedstaats vorgesehen ist. Dies sollte nicht ausschließen, dass derartige Erklärungen vor anderen Behörden dieses Mitgliedstaats, die nach nationalem Recht für die Entgegennahme von Erklärungen zuständig sind, abgegeben werden. Die Personen, die von der Möglichkeit Gebrauch machen möchten, Erklärungen im Mitgliedstaat ihres gewöhnlichen Aufenthalts abzugeben, sollten das Gericht oder die Behörde, die mit der Erbsache befasst ist oder sein wird, innerhalb einer Frist, die in dem auf die Rechtsnachfolge von Todes wegen anzuwendenden Recht vorgesehen ist, selbst davon in Kenntnis setzen, dass derartige Erklärungen abgegeben wurden.

(33) Eine Person, die ihre Haftung für die Nachlassverbindlichkeiten begrenzen möchte, sollte dies nicht durch eine entsprechende einfache Erklärung vor den Gerichten oder anderen zuständigen Behörden des Mitgliedstaats ihres gewöhnlichen Aufenthalts tun können, wenn das auf die Rechtsnachfolge von Todes wegen anzuwendende Recht von ihr verlangt, vor dem zuständigen Gericht ein besonderes Verfahren, beispielsweise ein Verfahren zur Inventarerrichtung, zu veranlassen. Eine Erklärung, die unter derartigen Umständen von einer Person im Mitgliedstaat ihres gewöhnlichen Aufenthalts in der nach dem Recht dieses Mitgliedstaats vorgeschriebenen Form abgegeben wurde, sollte daher für die Zwecke dieser Verordnung nicht formell gültig sein. Auch sollten die verfahrenseinleitenden Schriftstücke für die Zwecke dieser Verordnung nicht als Erklärung angesehen werden.

(34) Im Interesse einer geordneten Rechtspflege sollten in verschiedenen Mitgliedstaaten keine Entscheidungen ergehen, die miteinander unvereinbar sind. Hierzu sollte die Verordnung allgemeine Verfahrensvorschriften nach dem Vorbild anderer Rechtsinstrumente der Union im Bereich der justiziellen Zusammenarbeit in Zivilsachen vorsehen.

(35) Eine dieser Verfahrensvorschriften ist die Regel zur Rechtshängigkeit, die zum Tragen kommt, wenn dieselbe Erbsache bei verschiedenen Gerichten in verschiedenen Mitgliedstaaten anhängig gemacht wird. Diese Regel bestimmt, welches Gericht sich weiterhin mit der Erbsache zu befassen hat.

(36) Da Erbsachen in einigen Mitgliedstaaten von nichtgerichtlichen Behörden wie z.B. Notaren geregelt werden können, die nicht an die Zuständigkeitsregeln dieser Verordnung gebunden sind, kann nicht ausgeschlossen werden, dass in derselben Erbsache eine außergerichtliche einvernehmliche Regelung und ein Gerichtsverfahren beziehungsweise zwei außergerichtliche einvernehmliche Regelungen in Bezug auf dieselbe Erbsache jeweils in verschiedenen Mitgliedstaaten parallel eingeleitet werden. In solchen Fällen sollte es den beteiligten Parteien obliegen, sich, sobald sie Kenntnis von den parallelen Verfahren erhalten, untereinander über das weitere Vorgehen zu einigen. Können sie sich nicht einigen, so müsste das nach dieser Verordnung zuständige Gericht sich mit der Erbsache befassen und darüber befinden.

(37) Damit die Bürger die Vorteile des Binnenmarkts ohne Einbußen bei der Rechtssicherheit nutzen können, sollte die Verordnung ihnen im Voraus

Klarheit über das in ihrem Fall anwendbare Erbstatut verschaffen. Es sollten harmonisierte Kollisionsnormen eingeführt werden, um einander widersprechende Ergebnisse zu vermeiden. Die allgemeine Kollisionsnorm sollte sicherstellen, dass der Erbfall einem im Voraus bestimmbaren Erbrecht unterliegt, zu dem eine enge Verbindung besteht. Aus Gründen der Rechtssicherheit und um eine Nachlassspaltung zu vermeiden, sollte der gesamte Nachlass, d.h. das gesamte zum Nachlass gehörende Vermögen diesem Recht unterliegen, unabhängig von der Art der Vermögenswerte und unabhängig davon, ob diese in einem anderen Mitgliedstaat oder in einem Drittstaat belegen sind.

(38) Diese Verordnung sollte es den Bürgern ermöglichen, durch die Wahl des auf die Rechtsnachfolge von Todes wegen anwendbaren Rechts ihren Nachlass vorab zu regeln. Diese Rechtswahl sollte auf das Recht eines Staates, dem sie angehören, beschränkt sein, damit sichergestellt wird, dass eine Verbindung zwischen dem Erblasser und dem gewählten Recht besteht, und damit vermieden wird, dass ein Recht mit der Absicht gewählt wird, die berechtigten Erwartungen der Pflichtteilsberechtigten zu vereiteln.

(39) Eine Rechtswahl sollte ausdrücklich in einer Erklärung in Form einer Verfügung von Todes wegen erfolgen oder sich aus den Bestimmungen einer solchen Verfügung ergeben. Eine Rechtswahl könnte als sich durch eine Verfügung von Todes wegen ergebend angesehen werden, wenn z.B. der Erblasser in seiner Verfügung Bezug auf spezifische Bestimmungen des Rechts des Staates, dem er angehört, genommen hat oder das Recht dieses Staates in anderer Weise erwähnt hat.

(40) Eine Rechtswahl nach dieser Verordnung sollte auch dann wirksam sein, wenn das gewählte Recht keine Rechtswahl in Erbsachen vorsieht. Die materielle Wirksamkeit der Rechtshandlung, mit der die Rechtswahl getroffen wird, sollte sich jedoch nach dem gewählten Recht bestimmen, d.h. ob davon auszugehen ist, dass die Person, die die Rechtswahl trifft, verstanden hat, was dies bedeutet, und dem zustimmt. Das Gleiche sollte für die Rechtshandlung gelten, mit der die Rechtswahl geändert oder widerrufen wird.

(41) Für die Zwecke der Anwendung dieser Verordnung sollte die Bestimmung der Staatsangehörigkeit oder der Mehrfachstaatsangehörigkeit einer Person vorab geklärt werden. Die Frage, ob jemand als Angehöriger eines Staates gilt, fällt nicht in den Anwendungsbereich dieser Verordnung und unterliegt dem innerstaatlichen Recht, gegebenenfalls auch internationalen Übereinkommen, wobei die allgemeinen Grundsätze der Europäischen Union uneingeschränkt zu achten sind.

(42) Das zur Anwendung berufene Erbrecht sollte für die Rechtsnachfolge von Todes wegen vom Eintritt des Erbfalls bis zum Übergang des Eigentums an den zum Nachlass gehörenden Vermögenswerten auf die nach diesem Recht bestimmten Berechtigten gelten. Es sollte Fragen im Zusammenhang mit der Nachlassverwaltung und der Haftung für die Nachlassverbindlichkeiten umfassen. Bei der Begleichung der Nachlassverbindlichkeiten kann abhängig insbesondere von dem auf die Rechtsnachfolge von Todes wegen anzuwendenden Recht eine spezifische Rangfolge der Gläubiger berücksichtigt werden.

(43) Die Zuständigkeitsregeln dieser Verordnung können in einigen Fällen zu einer Situation führen, in der das für Entscheidungen in Erbsachen zuständige Gericht nicht sein eigenes Recht anwendet. Tritt diese Situation in einem Mitgliedstaat ein, nach dessen Recht die Bestellung eines Nachlassverwalters verpflichtend ist, sollte diese Verordnung es den Gerichten dieses Mitgliedstaats, wenn sie angerufen werden, ermöglichen, nach einzelstaatlichem Recht einen oder mehrere solcher Nachlassverwalter zu bestellen. Davon sollte eine Entscheidung der Parteien, die Rechtsnachfolge von Todes wegen außergerichtlich in einem anderen Mitgliedstaat gütlich zu regeln, in dem dies nach dem Recht dieses Mitgliedstaates möglich ist, unberührt bleiben. Zur Gewährleistung einer reibungslosen Abstimmung zwischen dem auf die Rechtsnachfolge von Todes wegen anwendbaren Recht und dem Recht des Mitgliedstaats, das für das bestellende Gericht gilt, sollte das Gericht die Person(en) bestellen, die berechtigt wäre(n), den Nachlass nach dem auf die Rechtsnachfolge von Todes wegen anwendbaren Recht zu verwalten, wie beispielsweise den Testamentsvollstrecker des Erblassers oder die Erben selbst oder, wenn das auf die Rechtsnachfolge von Todes wegen anwendbare Recht es so vorsieht, einen Fremdverwalter. Die Gerichte können jedoch in besonderen Fällen, wenn ihr Recht es erfordert, einen Dritten als Verwalter bestellen, auch wenn dies nicht in dem auf die Rechtsnachfolge von Todes wegen anzuwendenden Recht vorgesehen ist. Hat der Erblasser einen Testamentsvollstrecker bestellt, können dieser Person ihre Befugnisse nicht entzogen werden, es sei denn, das auf die Rechtsnachfolge von Todes wegen anwendbare Recht ermöglicht das Erlöschen seines Amtes.

(44) Die Befugnisse, die von den in dem Mitgliedstaat des angerufenen Gerichts bestellten Verwaltern ausgeübt werden, sollten diejenigen Verwaltungsbefugnisse sein, die sie nach dem auf die Rechtsnachfolge von Todes wegen anwendbaren Recht ausüben dürfen. Wenn also beispielsweise der Erbe als Verwalter bestellt wird, sollte er diejenigen Befugnisse zur Verwaltung des Nachlasses haben, die ein Erbe nach diesem Recht hätte. Reichen die Verwaltungsbefugnisse, die nach dem auf die Rechtsfolge von Todes wegen anwendbaren Recht ausgeübt werden dürfen, nicht aus, um das Nachlassvermögen zu erhalten oder die Rechte der Nachlassgläubiger oder anderer Personen zu schützen, die für die Verbindlichkeiten des Erblassers gebürgt haben, kann bzw. können der bzw. die in dem Mitgliedstaat des angerufenen Gerichts bestellte bzw. bestellten Nachlassverwalter ergänzend diejenigen Verwaltungsbefugnisse ausüben, die hierfür in dem Recht dieses Mitgliedstaates vorgesehen sind. Zu diesen ergänzenden Befugnissen könnte beispielsweise gehören, die Liste des Nachlassvermögens und der Nachlassverbindlichkeiten zu erstellen, die Nachlassgläubiger vom Eintritt des Erbfalls zu unterrichten und sie aufzufordern, ihre Ansprüche geltend zu machen, sowie einstweilige Maßnahmen, auch Sicherungsmaßnahmen, zum Erhalt des Nachlassvermögens zu ergreifen. Die von einem Verwalter aufgrund der ergänzenden Befugnisse durchgeführten Handlungen sollten im Einklang mit dem für die Rechtsnachfolge von Todes wegen anwendbaren Recht in Bezug auf den Übergang des Eigentums an dem Nachlassvermögen, einschließlich aller Rechtsgeschäfte, die die Berechtigten vor der Bestellung des Verwalters eingingen, die Haftung für die Nachlassverbindlichkeiten und die Rechte der

Berechtigten, gegebenenfalls einschließlich des Rechts, die Erbschaft anzunehmen oder auszuschlagen, stehen. Solche Handlungen könnten beispielsweise nur dann die Veräußerung von Vermögenswerten oder die Begleichung von Verbindlichkeiten nach sich ziehen, wenn dies nach dem auf die Rechtsnachfolge von Todes wegen anwendbaren Recht zulässig wäre. Wenn die Bestellung eines Fremdverwalters nach dem auf die Rechtsnachfolge von Todes wegen anwendbaren Recht die Haftung der Erben ändert, sollte eine solche Änderung der Haftung respektiert werden.

(45) Diese Verordnung sollte nicht ausschließen, dass Nachlassgläubiger, beispielsweise durch einen Vertreter, gegebenenfalls weitere nach dem innerstaatlichen Recht zur Verfügung stehende Maßnahmen im Einklang mit den einschlägigen Rechtsinstrumenten der Union treffen, um ihre Rechte zu sichern.

(46) Diese Verordnung sollte die Unterrichtung potenzieller Nachlassgläubiger in anderen Mitgliedstaaten, in denen Vermögenswerte belegen sind, über den Eintritt des Erbfalls ermöglichen. Im Rahmen der Anwendung dieser Verordnung sollte daher die Möglichkeit in Erwägung gezogen werden, einen Mechanismus einzurichten, gegebenenfalls über das Europäische Justizportal, um es potenziellen Nachlassgläubigern in anderen Mitgliedstaaten zu ermöglichen, Zugang zu den einschlägigen Informationen zu erhalten, damit sie ihre Ansprüche anmelden können.

(47) Wer in einer Erbsache Berechtigter ist, sollte sich jeweils nach dem auf die Rechtsnachfolge von Todes wegen anzuwendenden Erbrecht bestimmen. Der Begriff „Berechtigte“ würde in den meisten Rechtsordnungen Erben und Vermächtnisnehmer sowie Pflichtteilsberechtigte erfassen; allerdings ist beispielsweise die Rechtsstellung der Vermächtnisnehmer nicht in allen Rechtsordnungen die gleiche. In einigen Rechtsordnungen kann der Vermächtnisnehmer einen unmittelbaren Anteil am Nachlass erhalten, während nach anderen Rechtsordnungen der Vermächtnisnehmer lediglich einen Anspruch gegen die Erben erwerben kann.

(48) Im Interesse der Rechtssicherheit für Personen, die ihren Nachlass im Voraus regeln möchten, sollte diese Verordnung eine spezifische Kollisionsvorschrift bezüglich der Zulässigkeit und der materiellen Wirksamkeit einer Verfügung von Todes wegen festlegen. Um eine einheitliche Anwendung dieser Vorschrift zu gewährleisten, sollte diese Verordnung die Elemente auflisten, die zur materiellen Wirksamkeit zu rechnen sind. Die Prüfung der materiellen Wirksamkeit einer Verfügung von Todes wegen kann zu dem Schluss führen, dass diese Verfügung rechtlich nicht besteht.

(49) Ein Erbvertrag ist eine Art der Verfügung von Todes wegen, dessen Zulässigkeit und Anerkennung in den Mitgliedstaaten unterschiedlich ist. Um die Anerkennung von auf der Grundlage eines Erbvertrags erworbenen Nachlassansprüchen in den Mitgliedstaaten zu erleichtern, sollte diese Verordnung festlegen, welches Recht die Zulässigkeit solcher Verträge, ihre materielle Wirksamkeit und ihre Bindungswirkungen, einschließlich der Voraussetzungen für ihre Auflösung, regeln soll.

(50) Das Recht, dem die Zulässigkeit und die materielle Wirksamkeit einer Verfügung von Todes wegen und bei Erbverträgen die Bindungswirkungen nach dieser Verordnung unterliegen, sollte nicht die Rechte einer

Person berühren, die nach dem auf die Rechtsnachfolge von Todes wegen anzuwendenden Recht pflichtteilsberechtigt ist oder ein anderes Recht hat, das ihr von der Person, deren Nachlass betroffen ist, nicht entzogen werden kann.

(51) Wird in dieser Verordnung auf das Recht Bezug genommen, das auf die Rechtsnachfolge der Person, die eine Verfügung von Todes wegen errichtet hat, anwendbar gewesen wäre, wenn sie an dem Tag verstorben wäre, an dem die Verfügung errichtet, geändert oder widerrufen worden ist, so ist diese Bezugnahme zu verstehen als Bezugnahme entweder auf das Recht des Staates des gewöhnlichen Aufenthalts der betroffenen Person an diesem Tag oder, wenn sie eine Rechtswahl nach dieser Verordnung getroffen hat, auf das Recht des Staates, dessen Staatsangehörigkeit sie an diesem Tag besaß.

(52) Diese Verordnung sollte die Formgültigkeit aller schriftlichen Verfügungen von Todes wegen durch Vorschriften regeln, die mit denen des Haager Übereinkommens vom 5. Oktober 1961 über das auf die Form letztwilliger Verfügungen anzuwendende Recht in Einklang stehen. Bei der Bestimmung der Formgültigkeit einer Verfügung von Todes wegen nach dieser Verordnung sollte die zuständige Behörde ein betrügerisch geschaffenes grenzüberschreitendes Element, mit dem die Vorschriften über die Formgültigkeit umgangen werden sollen, nicht berücksichtigen.

(53) Für die Zwecke dieser Verordnung sollten Rechtsvorschriften, welche die für Verfügungen von Todes wegen zugelassenen Formen mit Beziehung auf bestimmte persönliche Eigenschaften der Person, die eine Verfügung von Todes wegen errichtet, wie beispielsweise ihr Alter, beschränken, als zur Form gehörend angesehen werden. Dies sollte nicht dahin gehend ausgelegt werden, dass das nach dieser Verordnung auf die Formgültigkeit einer Verfügung von Todes wegen anzuwendende Recht bestimmten sollte, ob ein Minderjähriger fähig ist, eine Verfügung von Todes wegen zu errichten. Dieses Recht sollte lediglich bestimmen, ob eine Person aufgrund einer persönlichen Eigenschaft, wie beispielsweise der Minderjährigkeit, von der Errichtung einer Verfügung von Todes wegen in einer bestimmten Form ausgeschlossen werden sollte.

(54) Bestimmte unbewegliche Sachen, bestimmte Unternehmen und andere besondere Arten von Vermögenswerten unterliegen im Belegenheitsmitgliedstaat aufgrund wirtschaftlicher, familiärer oder sozialer Erwägungen besonderen Regelungen mit Beschränkungen, die die Rechtsnachfolge von Todes wegen in Bezug auf diese Vermögenswerte betreffen oder Auswirkungen auf sie haben. Diese Verordnung sollte die Anwendung dieser besonderen Regelungen sicherstellen. Diese Ausnahme von der Anwendung des auf die Rechtsnachfolge von Todes wegen anzuwendenden Rechts ist jedoch eng auszulegen, damit sie der allgemeinen Zielsetzung dieser Verordnung nicht zuwiderläuft. Daher dürfen weder Kollisionsnormen, die unbewegliche Sachen einem anderen als dem auf bewegliche Sachen anzuwendenden Recht unterwerfen, noch Bestimmungen, die einen größeren Pflichtteil als den vorsehen, der in dem nach dieser Verordnung auf die Rechtsnachfolge von Todes wegen anzuwendenden Recht festgelegt ist, als besondere Regelungen mit Beschränkungen angesehen werden, die die Rechtsnachfolge von Todes wegen in Bezug auf bestimmte Vermögenswerte betreffen oder Auswirkungen auf sie haben.

(55) Um eine einheitliche Vorgehensweise in Fällen sicherzustellen, in denen es ungewiss ist, in welcher Reihenfolge zwei oder mehr Personen, deren Rechtsnachfolge von Todes wegen verschiedenen Rechtsordnungen unterliegen würde, gestorben sind, sollte diese Verordnung eine Vorschrift vorsehen, nach der keine der verstorbenen Personen Anspruch auf den Nachlass der anderen hat.

(56) In einigen Fällen kann es einen erbenlosen Nachlass geben. Diese Fälle werden in den verschiedenen Rechtsordnungen unterschiedlich geregelt. So kann nach einigen Rechtsordnungen der Staat – unabhängig davon, wo die Vermögenswerte belegen sind – einen Erbanspruch geltend machen. Nach anderen Rechtsordnungen kann der Staat sich nur die Vermögenswerte aneignen, die in seinem Hoheitsgebiet belegen sind. Diese Verordnung sollte daher eine Vorschrift enthalten, nach der die Anwendung des auf die Rechtsnachfolge von Todes wegen anzuwendenden Rechts nicht verhindern sollte, dass ein Mitgliedstaat sich das in seinem Hoheitsgebiet belegene Nachlassvermögen nach seinem eigenen Recht aneignet. Um sicherzustellen, dass diese Vorschrift nicht nachteilig für die Nachlassgläubiger ist, sollte jedoch eine Bestimmung hinzugefügt werden, nach der die Nachlassgläubiger berechtigt sein sollten, aus dem gesamten Nachlassvermögen, ungeachtet seiner Belegenheit, Befriedigung ihrer Forderungen zu suchen.

(57) Die in dieser Verordnung festgelegten Kollisionsnormen können dazu führen, dass das Recht eines Drittstaats zur Anwendung gelangt. In derartigen Fällen sollte den Vorschriften des Internationalen Privatrechts dieses Staates Rechnung getragen werden. Falls diese Vorschriften die Rück- und Weiterverweisung entweder auf das Recht eines Mitgliedstaats oder aber auf das Recht eines Drittstaats, der sein eigenes Recht auf die Erbsache anwenden würde, vorsehen, so sollte dieser Rück- und Weiterverweisung gefolgt werden, um den internationalen Entscheidungseinklang zu gewährleisten. Die Rück- und Weiterverweisung sollte jedoch in den Fällen ausgeschlossen werden, in denen der Erblasser eine Rechtswahl zugunsten des Rechts eines Drittstaats getroffen hatte.

(58) Aus Gründen des öffentlichen Interesses sollte den Gerichten und anderen mit Erbsachen befassten zuständigen Behörden in den Mitgliedstaaten in Ausnahmefällen die Möglichkeit gegeben werden, Bestimmungen eines ausländischen Rechts nicht zu berücksichtigen, wenn deren Anwendung in einem bestimmten Fall mit der öffentlichen Ordnung (ordre public) des betreffenden Mitgliedstaats offensichtlich unvereinbar wäre. Die Gerichte oder andere zuständige Behörden sollten allerdings die Anwendung des Rechts eines anderen Mitgliedstaats nicht ausschließen oder die Anerkennung – oder gegebenenfalls die Annahme – oder die Vollstreckung einer Entscheidung, einer öffentlichen Urkunde oder eines gerichtlichen Vergleichs aus einem anderen Mitgliedstaat aus Gründen der öffentlichen Ordnung (ordre public) nicht versagen dürfen, wenn dies gegen die Charta der Grundrechte der Europäischen Union[1)], insbesondere gegen das Diskriminierungsverbot in Artikel 21, verstoßen würde.

[1)] **Sartorius Nr. 1002.**

(59) Diese Verordnung sollte in Anbetracht ihrer allgemeinen Zielsetzung, nämlich der gegenseitigen Anerkennung der in den Mitgliedstaaten ergangenen Entscheidungen in Erbsachen, unabhängig davon, ob solche Entscheidungen in streitigen oder nichtstreitigen Verfahren ergangen sind, Vorschriften für die Anerkennung, Vollstreckbarkeit und Vollstreckung von Entscheidungen nach dem Vorbild anderer Rechtsinstrumente der Union im Bereich der justiziellen Zusammenarbeit in Zivilsachen vorsehen.

(60) Um den verschiedenen Systemen zur Regelung von Erbsachen in den Mitgliedstaaten Rechnung zu tragen, sollte diese Verordnung die Annahme und Vollstreckbarkeit öffentlicher Urkunden in einer Erbsache in sämtlichen Mitgliedstaaten gewährleisten.

(61) Öffentliche Urkunden sollten in einem anderen Mitgliedstaat die gleiche formelle Beweiskraft wie im Ursprungsmitgliedstaat oder die damit am ehesten vergleichbare Wirkung entfalten. Die formelle Beweiskraft einer öffentlichen Urkunde in einem anderen Mitgliedstaat oder die damit am ehesten vergleichbare Wirkung sollte durch Bezugnahme auf Art und Umfang der formellen Beweiskraft der öffentlichen Urkunde im Ursprungsmitgliedstaat bestimmt werden. Somit richtet sich die formelle Beweiskraft einer öffentlichen Urkunde in einem anderen Mitgliedstaat nach dem Recht des Ursprungsmitgliedstaats.

(62) Die „Authentizität" einer öffentlichen Urkunde sollte ein autonomer Begriff sein, der Aspekte wie die Echtheit der Urkunde, die Formerfordernisse für die Urkunde, die Befugnisse der Behörde, die die Urkunde errichtet, und das Verfahren, nach dem die Urkunde errichtet wird, erfassen sollte. Der Begriff sollte ferner die von der betreffenden Behörde in der öffentlichen Urkunde beurkundeten Vorgänge erfassen, wie z.B. die Tatsache, dass die genannten Parteien an dem genannten Tag vor dieser Behörde erschienen sind und die genannten Erklärungen abgegeben haben. Eine Partei, die Einwände mit Bezug auf die Authentizität einer öffentlichen Urkunde erheben möchte, sollte dies bei dem zuständigen Gericht im Ursprungsmitgliedstaat der öffentlichen Urkunde nach dem Recht dieses Mitgliedstaats tun.

(63) Die Formulierung „die in einer öffentlichen Urkunde beurkundeten Rechtsgeschäfte oder Rechtsverhältnisse" sollte als Bezugnahme auf den in der öffentlichen Urkunde niedergelegten materiellen Inhalt verstanden werden. Bei dem in einer öffentlichen Urkunde beurkundeten Rechtsgeschäft kann es sich etwa um eine Vereinbarung zwischen den Parteien über die Verteilung des Nachlasses, um ein Testament oder einen Erbvertrag oder um eine sonstige Willenserklärung handeln. Bei dem Rechtsverhältnis kann es sich etwa um die Bestimmung der Erben und sonstiger Berechtigter nach dem auf die Rechtsnachfolge von Todes wegen anzuwendenden Recht, ihre jeweiligen Anteile und das Bestehen eines Pflichtteils oder um jedes andere Element, das nach dem auf die Rechtsnachfolge von Todes wegen anzuwendenden Recht bestimmt wurde, handeln. Eine Partei, die Einwände mit Bezug auf die in einer öffentlichen Urkunde beurkundeten Rechtsgeschäfte oder Rechtsverhältnisse erheben möchte, sollte dies bei den nach dieser Verordnung zuständigen Gerichten tun, die nach dem auf die Rechtsnachfolge von Todes wegen anzuwendenden Recht über die Einwände entscheiden sollten.

(64) Wird eine Frage mit Bezug auf die in einer öffentlichen Urkunde beurkundeten Rechtsgeschäfte oder Rechtsverhältnisse als Vorfrage in einem Verfahren bei einem Gericht eines Mitgliedstaats vorgebracht, so sollte dieses Gericht für die Entscheidung über diese Vorfrage zuständig sein.

(65) Eine öffentliche Urkunde, gegen die Einwände erhoben wurden, sollte in einem anderen Mitgliedstaat als dem Ursprungsmitgliedstaat keine formelle Beweiskraft entfalten, solange die Einwände anhängig sind. Betreffen die Einwände nur einen spezifischen Umstand mit Bezug auf die in einer öffentlichen Urkunde beurkundeten Rechtsgeschäfte oder Rechtsverhältnisse, so sollte die öffentliche Urkunde in Bezug auf den angefochtenen Umstand keine Beweiskraft in einem anderen Mitgliedstaat als dem Ursprungsmitgliedstaat entfalten, solange die Einwände anhängig sind. Eine öffentliche Urkunde, die aufgrund eines Einwands für ungültig erklärt wird, sollte keine Beweiskraft mehr entfalten.

(66) Wenn einer Behörde im Rahmen der Anwendung dieser Verordnung zwei nicht miteinander zu vereinbarende öffentliche Urkunden vorgelegt werden, so sollte sie die Frage, welcher Urkunde, wenn überhaupt, Vorrang einzuräumen ist, unter Berücksichtigung der Umstände des jeweiligen Falls beurteilen. Geht aus diesen Umständen nicht eindeutig hervor, welche Urkunde, wenn überhaupt, Vorrang haben sollte, so sollte diese Frage von den gemäß dieser Verordnung zuständigen Gerichten oder, wenn die Frage als Vorfrage im Laufe eines Verfahrens vorgebracht wird, von dem mit diesem Verfahren befassten Gericht geklärt werden. Im Falle einer Unvereinbarkeit zwischen einer öffentlichen Urkunde und einer Entscheidung sollten die Gründe für die Nichtanerkennung von Entscheidungen nach dieser Verordnung berücksichtigt werden.

(67) Eine zügige, unkomplizierte und effiziente Abwicklung einer Erbsache mit grenzüberschreitendem Bezug innerhalb der Union setzt voraus, dass die Erben, Vermächtnisnehmer, Testamentsvollstrecker oder Nachlassverwalter in der Lage sein sollten, ihren Status und/oder ihre Rechte und Befugnisse in einem anderen Mitgliedstaat, beispielsweise in einem Mitgliedstaat, in dem Nachlassvermögen belegen ist, einfach nachzuweisen. Zu diesem Zweck sollte diese Verordnung die Einführung eines einheitlichen Zeugnisses, des Europäischen Nachlasszeugnisses (im Folgenden „das Zeugnis"), vorsehen, das zur Verwendung in einem anderen Mitgliedstaat ausgestellt wird. Das Zeugnis sollte entsprechend dem Subsidiaritätsprinzip nicht die innerstaatlichen Schriftstücke ersetzen, die gegebenenfalls in den Mitgliedstaaten für ähnliche Zwecke verwendet werden.

(68) Die das Zeugnis ausstellende Behörde sollte die Formalitäten beachten, die für die Eintragung von unbeweglichen Sachen in dem Mitgliedstaat, in dem das Register geführt wird, vorgeschrieben sind. Diese Verordnung sollte hierfür einen Informationsaustausch zwischen den Mitgliedstaaten über diese Formalitäten vorsehen.

(69) Die Verwendung des Zeugnisses sollte nicht verpflichtend sein. Das bedeutet, dass die Personen, die berechtigt sind, das Zeugnis zu beantragen, nicht dazu verpflichtet sein sollten, dies zu tun, sondern dass es ihnen freistehen sollte, die anderen nach dieser Verordnung zur Verfügung stehenden Instrumente (Entscheidung, öffentliche Urkunde und gerichtlicher Vergleich) zu verwenden. Eine Behörde oder Person, der ein in

einem anderen Mitgliedstaat ausgestelltes Zeugnis vorgelegt wird, sollte jedoch nicht verlangen können, dass statt des Zeugnisses eine Entscheidung, eine öffentliche Urkunde oder ein gerichtlicher Vergleich vorgelegt wird.

(70) Das Zeugnis sollte in dem Mitgliedstaat ausgestellt werden, dessen Gerichte nach dieser Verordnung zuständig sind. Es sollte Sache jedes Mitgliedstaats sein, in seinen innerstaatlichen Rechtsvorschriften festzulegen, welche Behörden – Gerichte im Sinne dieser Verordnung oder andere für Erbsachen zuständige Behörden wie beispielsweise Notare – für die Ausstellung des Zeugnisses zuständig sind. Es sollte außerdem Sache jedes Mitgliedstaats sein, in seinen innerstaatlichen Rechtsvorschriften festzulegen, ob die Ausstellungsbehörde andere zuständige Stellen an der Ausstellung beteiligen kann, beispielsweise Stellen, vor denen eidesstattliche Versicherungen abgegeben werden können. Die Mitgliedstaaten sollten der Kommission die einschlägigen Angaben zu ihren Ausstellungsbehörden mitteilen, damit diese Angaben der Öffentlichkeit zugänglich gemacht werden.

(71) Das Zeugnis sollte in sämtlichen Mitgliedstaaten dieselbe Wirkung entfalten. Es sollte zwar als solches keinen vollstreckbaren Titel darstellen, aber Beweiskraft besitzen, und es sollte die Vermutung gelten, dass es die Sachverhalte zutreffend ausweist, die nach dem auf die Rechtsnachfolge von Todes wegen anzuwendenden Recht oder einem anderen auf spezifische Sachverhalte anzuwendenden Recht festgestellt wurden, wie beispielsweise die materielle Wirksamkeit einer Verfügung von Todes wegen. Die Beweiskraft des Zeugnisses sollte sich nicht auf Elemente beziehen, die nicht durch diese Verordnung geregelt werden, wie etwa die Frage des Status oder die Frage, ob ein bestimmter Vermögenswert dem Erblasser gehörte oder nicht. Einer Person, die Zahlungen an eine Person leistet oder Nachlassvermögen an eine Person übergibt, die in dem Zeugnis als zur Entgegennahme dieser Zahlungen oder dieses Vermögens als Erbe oder Vermächtnisnehmer berechtigt bezeichnet ist, sollte ein angemessener Schutz gewährt werden, wenn sie im Vertrauen auf die Richtigkeit der in dem Zeugnis enthaltenen Angaben gutgläubig gehandelt hat. Der gleiche Schutz sollte einer Person gewährt werden, die im Vertrauen auf die Richtigkeit der in dem Zeugnis enthaltenen Angaben Nachlassvermögen von einer Person erwirbt oder erhält, die in dem Zeugnis als zur Verfügung über das Vermögen berechtigt bezeichnet ist. Der Schutz sollte gewährleistet werden, wenn noch gültige beglaubigte Abschriften vorgelegt werden. Durch diese Verordnung sollte nicht geregelt werden, ob der Erwerb von Vermögen durch eine dritte Person wirksam ist oder nicht.

(72) Die zuständige Behörde sollte das Zeugnis auf Antrag ausstellen. Die Ausstellungsbehörde sollte die Urschrift des Zeugnisses aufbewahren und dem Antragsteller und jeder anderen Person, die ein berechtigtes Interesse nachweist, eine oder mehrere beglaubigte Abschriften ausstellen. Dies sollte einen Mitgliedstaat nicht daran hindern, es im Einklang mit seinen innerstaatlichen Regelungen über den Zugang der Öffentlichkeit zu Dokumenten zu gestatten, dass Abschriften des Zeugnisses der Öffentlichkeit zugängig gemacht werden. Diese Verordnung sollte Rechtsbehelfe gegen Entscheidungen der ausstellenden Behörde, einschließlich der Entschei-

dungen, die Ausstellung eines Zeugnisses zu versagen, vorsehen. Wird ein Zeugnis berichtigt, geändert oder widerrufen, sollte die ausstellende Behörde die Personen unterrichten, denen beglaubigte Abschriften ausgestellt wurden, um eine missbräuchliche Verwendung dieser Abschriften zu vermeiden.

(73) Um die internationalen Verpflichtungen, die die Mitgliedstaaten eingegangen sind, zu wahren, sollte sich diese Verordnung nicht auf die Anwendung internationaler Übereinkommen auswirken, denen ein oder mehrere Mitgliedstaaten zum Zeitpunkt der Annahme dieser Verordnung angehören. Insbesondere sollten die Mitgliedstaaten, die Vertragsparteien des Haager Übereinkommens vom 5. Oktober 1961 über das auf die Form letztwilliger Verfügungen anzuwendende Recht sind, in Bezug auf die Formgültigkeit von Testamenten und gemeinschaftlichen Testamenten anstelle der Bestimmungen dieser Verordnung weiterhin die Bestimmungen jenes Übereinkommens anwenden können. Um die allgemeinen Ziele dieser Verordnung zu wahren, muss die Verordnung jedoch im Verhältnis zwischen den Mitgliedstaaten Vorrang vor ausschließlich zwischen zwei oder mehreren Mitgliedstaaten geschlossenen Übereinkommen haben, soweit diese Bereiche betreffen, die in dieser Verordnung geregelt sind.

(74) Diese Verordnung sollte nicht verhindern, dass die Mitgliedstaaten, die Vertragsparteien des Übereinkommens vom 19. November 1934 zwischen Dänemark, Finnland, Island, Norwegen und Schweden mit Bestimmungen des Internationalen Privatrechts über Rechtsnachfolge von Todes wegen, Testamente und Nachlassverwaltung sind, weiterhin spezifische Bestimmungen jenes Übereinkommens in der geänderten Fassung der zwischenstaatlichen Vereinbarung zwischen den Staaten, die Vertragsparteien des Übereinkommens sind, anwenden können.

(75) Um die Anwendung dieser Verordnung zu erleichtern, sollten die Mitgliedstaaten verpflichtet werden, über das mit der Entscheidung 2001/470/EG des Rates[1] eingerichtete Europäische Justizielle Netz für Zivil- und Handelssachen bestimmte Angaben zu ihren erbrechtlichen Vorschriften und Verfahren zu machen. Damit sämtliche Informationen, die für die praktische Anwendung dieser Verordnung von Bedeutung sind, rechtzeitig im Amtsblatt der Europäischen Union veröffentlicht werden können, sollten die Mitgliedstaaten der Kommission auch diese Informationen vor dem Beginn der Anwendung der Verordnung mitteilen.

(76) Um die Anwendung dieser Verordnung zu erleichtern und um die Nutzung moderner Kommunikationstechnologien zu ermöglichen, sollten Standardformblätter für die Bescheinigungen, die im Zusammenhang mit einem Antrag auf Vollstreckbarerklärung einer Entscheidung, einer öffentlichen Urkunde oder eines gerichtlichen Vergleichs und mit einem Antrag auf Ausstellung eines Europäischen Nachlasszeugnisses vorzulegen sind, sowie für das Zeugnis selbst vorgesehen werden.

(77) Die Berechnung der in dieser Verordnung vorgesehenen Fristen und Termine sollte nach Maßgabe der Verordnung (EWG, Euratom)

---

[1] **Amtl. Anm.:** ABl. L 174 vom 27. 6. 2001, S. 25.

Nr. 1182/71 des Rates vom 3. Juni 1971 zur Festlegung der Regeln für die Fristen, Daten und Termine[1] erfolgen.

(78) Um einheitliche Bedingungen für die Durchführung dieser Verordnung gewährleisten zu können, sollten der Kommission in Bezug auf die Erstellung und spätere Änderung der Bescheinigungen und Formblätter, die die Vollstreckbarerklärung von Entscheidungen, gerichtlichen Vergleichen und öffentlichen Urkunden und das Europäische Nachlasszeugnis betreffen, Durchführungsbefugnisse übertragen werden. Diese Befugnisse sollten im Einklang mit der Verordnung (EU) Nr. 182/2011 des Europäischen Parlaments und des Rates vom 16. Februar 2011 zur Festlegung der allgemeinen Regeln und Grundsätze, nach denen die Mitgliedstaaten die Wahrnehmung der Durchführungsbefugnisse durch die Kommission kontrollieren[2], ausgeübt werden.

(79) Für den Erlass von Durchführungsrechtsakten zur Erstellung und anschließenden Änderung der in dieser Verordnung vorgesehenen Bescheinigungen und Formblätter sollte das Beratungsverfahren nach Artikel 4 der Verordnung (EU) Nr. 182/2011 herangezogen werden.

(80) Da die Ziele dieser Verordnung, nämlich die Sicherstellung der Freizügigkeit und der Möglichkeit für europäische Bürger, ihren Nachlass in einem Unions-Kontext im Voraus zu regeln, sowie der Schutz der Rechte der Erben und Vermächtnisnehmer, der Personen, die dem Erblasser nahestehen, und der Nachlassgläubiger auf Ebene der Mitgliedstaaten nicht ausreichend verwirklicht werden können und daher wegen des Umfangs und der Wirkungen dieser Verordnung besser auf Unionsebene zu verwirklichen sind, kann die Union im Einklang mit dem in Artikel 5 des Vertrags über die Europäische Union[3] niedergelegten Subsidiaritätsprinzip tätig werden. Entsprechend dem in demselben Artikel genannten Grundsatz der Verhältnismäßigkeit geht diese Verordnung nicht über das für die Erreichung dieser Ziele erforderliche Maß hinaus.

(81) Diese Verordnung steht im Einklang mit den Grundrechten und Grundsätzen, die mit der Charta der Grundrechte der Europäischen Union anerkannt wurden. Bei der Anwendung dieser Verordnung müssen die Gerichte und anderen zuständigen Behörden der Mitgliedstaaten diese Rechte und Grundsätze achten.

(82) Gemäß den Artikeln 1 und 2 des dem Vertrag über die Europäische Union[3] und dem Vertrag über die Arbeitsweise der Europäischen Union[4] beigefügten Protokolls Nr. 21 über die Position des Vereinigten Königreichs und Irlands hinsichtlich des Raums der Freiheit, der Sicherheit und des Rechts beteiligen sich diese Mitgliedstaaten nicht an der Annahme dieser Verordnung und sind weder durch diese gebunden noch zu ihrer Anwendung verpflichtet. Dies berührt jedoch nicht die Möglichkeit für das Vereinigte Königreich und Irland, gemäß Artikel 4 des genannten Protokolls nach der Annahme dieser Verordnung mitzuteilen, dass sie die Verordnung anzunehmen wünschen.

---

[1] **Amtl. Anm.:** ABl. L 124 vom 8. 6. 1971, S. 1.
[2] **Amtl. Anm.:** ABl. L 55 vom 28. 2. 2011, S. 13.
[3] **Sartorius Nr. 1000.**
[4] **Sartorius Nr. 1001.**

(83) Gemäß den Artikeln 1 und 2 des dem Vertrag über die Europäische Union[1] und dem Vertrag über die Arbeitsweise der Europäischen Union[2] beigefügten Protokolls Nr. 22 über die Position Dänemarks beteiligt sich Dänemark nicht an der Annahme dieser Verordnung und ist weder durch diese Verordnung gebunden noch zu ihrer Anwendung verpflichtet –

HABEN FOLGENDE VERORDNUNG ERLASSEN:

Kapitel I. Anwendungsbereich und Begriffsbestimmungen

Art. 1 Anwendungsbereich. (1) [1]Diese Verordnung ist auf die Rechtsnachfolge von Todes wegen anzuwenden. [2]Sie gilt nicht für Steuer- und Zollsachen sowie verwaltungsrechtliche Angelegenheiten.

(2) Vom Anwendungsbereich dieser Verordnung ausgenommen sind:

a) der Personenstand sowie Familienverhältnisse und Verhältnisse, die nach dem auf diese Verhältnisse anzuwendenden Recht vergleichbare Wirkungen entfalten;

b) die Rechts-, Geschäfts- und Handlungsfähigkeit von natürlichen Personen, unbeschadet des Artikels 23 Absatz 2 Buchstabe c und des Artikels 26;

c) Fragen betreffend die Verschollenheit oder die Abwesenheit einer natürlichen Person oder die Todesvermutung;

d) Fragen des ehelichen Güterrechts sowie des Güterrechts aufgrund von Verhältnissen, die nach dem auf diese Verhältnisse anzuwendenden Recht mit der Ehe vergleichbare Wirkungen entfalten;

e) Unterhaltspflichten außer derjenigen, die mit dem Tod entstehen;

f) die Formgültigkeit mündlicher Verfügungen von Todes wegen;

g) Rechte und Vermögenswerte, die auf andere Weise als durch Rechtsnachfolge von Todes wegen begründet oder übertragen werden, wie unentgeltliche Zuwendungen, Miteigentum mit Anwachsungsrecht des Überlebenden (joint tenancy), Rentenpläne, Versicherungsverträge und ähnliche Vereinbarungen, unbeschadet des Artikels 23 Absatz 2 Buchstabe i;

h) Fragen des Gesellschaftsrechts, des Vereinsrechts und des Rechts der juristischen Personen, wie Klauseln im Errichtungsakt oder in der Satzung einer Gesellschaft, eines Vereins oder einer juristischen Person, die das Schicksal der Anteile verstorbener Gesellschafter beziehungsweise Mitglieder regeln;

i) die Auflösung, das Erlöschen und die Verschmelzung von Gesellschaften, Vereinen oder juristischen Personen;

j) die Errichtung, Funktionsweise und Auflösung eines Trusts;

k) die Art der dinglichen Rechte und

l) jede Eintragung von Rechten an beweglichen oder unbeweglichen Vermögensgegenständen in einem Register, einschließlich der gesetzlichen Voraussetzungen für eine solche Eintragung, sowie die Wirkungen der Eintragung oder der fehlenden Eintragung solcher Rechte in einem Register.

---

[1] **Sartorius Nr. 1000.**
[2] **Sartorius Nr. 1001.**

Art. 2 Zuständigkeit in Erbsachen innerhalb der Mitgliedstaaten. Diese Verordnung berührt nicht die innerstaatlichen Zuständigkeiten der Behörden der Mitgliedstaaten in Erbsachen.

Art. 3 Begriffsbestimmungen. (1) Für die Zwecke dieser Verordnung bezeichnet der Ausdruck

a) „Rechtsnachfolge von Todes wegen" jede Form des Übergangs von Vermögenswerten, Rechten und Pflichten von Todes wegen, sei es im Wege der gewillkürten Erbfolge durch eine Verfügung von Todes wegen oder im Wege der gesetzlichen Erbfolge;

b) „Erbvertrag" eine Vereinbarung, einschließlich einer Vereinbarung aufgrund gegenseitiger Testamente, die mit oder ohne Gegenleistung Rechte am künftigen Nachlass oder künftigen Nachlässen einer oder mehrerer an dieser Vereinbarung beteiligter Personen begründet, ändert oder entzieht;

c) „gemeinschaftliches Testament" ein von zwei oder mehr Personen in einer einzigen Urkunde errichtetes Testament;

d) „Verfügung von Todes wegen" ein Testament, ein gemeinschaftliches Testament oder einen Erbvertrag;

e) „Ursprungsmitgliedstaat" den Mitgliedstaat, in dem die Entscheidung ergangen, der gerichtliche Vergleich gebilligt oder geschlossen, die öffentliche Urkunde errichtet oder das Europäische Nachlasszeugnis ausgestellt worden ist;

f) „Vollstreckungsmitgliedstaat" den Mitgliedstaat, in dem die Vollstreckbarerklärung oder Vollstreckung der Entscheidung, des gerichtlichen Vergleichs oder der öffentlichen Urkunde betrieben wird;

g) „Entscheidung" jede von einem Gericht eines Mitgliedstaats in einer Erbsache erlassene Entscheidung ungeachtet ihrer Bezeichnung einschließlich des Kostenfestsetzungsbeschlusses eines Gerichtsbediensteten;

h) „gerichtlicher Vergleich" einen von einem Gericht gebilligten oder vor einem Gericht im Laufe eines Verfahrens geschlossenen Vergleich in einer Erbsache;

i) „öffentliche Urkunde" ein Schriftstück in Erbsachen, das als öffentliche Urkunde in einem Mitgliedstaat förmlich errichtet oder eingetragen worden ist und dessen Beweiskraft

 i) sich auf die Unterschrift und den Inhalt der öffentlichen Urkunde bezieht und

 ii) durch eine Behörde oder eine andere vom Ursprungsmitgliedstaat hierzu ermächtigte Stelle festgestellt worden ist.

(2) Im Sinne dieser Verordnung bezeichnet der Begriff „Gericht" jedes Gericht und alle sonstigen Behörden und Angehörigen von Rechtsberufen mit Zuständigkeiten in Erbsachen, die gerichtliche Funktionen ausüben oder in Ausübung einer Befugnisübertragung durch ein Gericht oder unter der Aufsicht eines Gerichts handeln, sofern diese anderen Behörden und Angehörigen von Rechtsberufen ihre Unparteilichkeit und das Recht der Parteien auf rechtliches Gehör gewährleisten und ihre Entscheidungen nach dem Recht des Mitgliedstaats, in dem sie tätig sind,

a) vor einem Gericht angefochten oder von einem Gericht nachgeprüft werden können und

b) vergleichbare Rechtskraft und Rechtswirkung haben wie eine Entscheidung eines Gerichts in der gleichen Sache.

Die Mitgliedstaaten teilen der Kommission nach Artikel 79 die in Unterabsatz 1 genannten sonstigen Behörden und Angehörigen von Rechtsberufen mit.

Kapitel II. Zuständigkeit

Art. 4 Allgemeine Zuständigkeit. Für Entscheidungen in Erbsachen sind für den gesamten Nachlass die Gerichte des Mitgliedstaats zuständig, in dessen Hoheitsgebiet der Erblasser im Zeitpunkt seines Todes seinen gewöhnlichen Aufenthalt hatte.

Art. 5 Gerichtsstandsvereinbarung. (1) Ist das vom Erblasser nach Artikel 22 zur Anwendung auf die Rechtsnachfolge von Todes wegen gewählte Recht das Recht eines Mitgliedstaats, so können die betroffenen Parteien vereinbaren, dass für Entscheidungen in Erbsachen ausschließlich ein Gericht oder die Gerichte dieses Mitgliedstaats zuständig sein sollen.

(2) [1] Eine solche Gerichtsstandsvereinbarung bedarf der Schriftform und ist zu datieren und von den betroffenen Parteien zu unterzeichnen. [2] Elektronische Übermittlungen, die eine dauerhafte Aufzeichnung der Vereinbarung ermöglichen, sind der Schriftform gleichgestellt.

Art. 6 Unzuständigerklärung bei Rechtswahl. Ist das Recht, das der Erblasser nach Artikel 22 zur Anwendung auf die Rechtsnachfolge von Todes wegen gewählt hat, das Recht eines Mitgliedstaats, so verfährt das nach Artikel 4 oder Artikel 10 angerufene Gericht wie folgt:

a) Es kann sich auf Antrag einer der Verfahrensparteien für unzuständig erklären, wenn seines Erachtens die Gerichte des Mitgliedstaats des gewählten Rechts in der Erbsache besser entscheiden können, wobei es die konkreten Umstände der Erbsache berücksichtigt, wie etwa den gewöhnlichen Aufenthalt der Parteien und den Ort, an dem die Vermögenswerte belegen sind, oder

b) es erklärt sich für unzuständig, wenn die Verfahrensparteien nach Artikel 5 die Zuständigkeit eines Gerichts oder der Gerichte des Mitgliedstaats des gewählten Rechts vereinbart haben.

Art. 7 Zuständigkeit bei Rechtswahl. Die Gerichte eines Mitgliedstaats, dessen Recht der Erblasser nach Artikel 22 gewählt hat, sind für die Entscheidungen in einer Erbsache zuständig, wenn

a) sich ein zuvor angerufenes Gericht nach Artikel 6 in derselben Sache für unzuständig erklärt hat,

b) die Verfahrensparteien nach Artikel 5 die Zuständigkeit eines Gerichts oder der Gerichte dieses Mitgliedstaats vereinbart haben oder

c) die Verfahrensparteien die Zuständigkeit des angerufenen Gerichts ausdrücklich anerkannt haben.

Art. 8 Beendigung des Verfahrens von Amts wegen bei Rechtswahl. Ein Gericht, das ein Verfahren in einer Erbsache von Amts wegen nach Artikel 4 oder nach Artikel 10 eingeleitet hat, beendet das Verfahren, wenn die Verfahrensparteien vereinbart haben, die Erbsache außergerichtlich in dem Mitgliedstaat, dessen Recht der Erblasser nach Artikel 22 gewählt hat, einvernehmlich zu regeln.

Art. 9 Zuständigkeit aufgrund rügeloser Einlassung. (1) Stellt sich in einem Verfahren vor dem Gericht eines Mitgliedstaats, das seine Zuständigkeit nach Artikel 7 ausübt, heraus, dass nicht alle Parteien dieses Verfahrens der Gerichtstandsvereinbarung angehören, so ist das Gericht weiterhin zuständig, wenn sich die Verfahrensparteien, die der Vereinbarung nicht angehören, auf das Verfahren einlassen, ohne den Mangel der Zuständigkeit des Gerichts zu rügen.

(2) Wird der Mangel der Zuständigkeit des in Absatz 1 genannten Gerichts von Verfahrensparteien gerügt, die der Vereinbarung nicht angehören, so erklärt sich das Gericht für unzuständig.

In diesem Fall sind die nach Artikel 4 oder Artikel 10 zuständigen Gerichte für die Entscheidung in der Erbsache zuständig.

Art. 10 Subsidiäre Zuständigkeit. (1) Hatte der Erblasser seinen gewöhnlichen Aufenthalt im Zeitpunkt seines Todes nicht in einem Mitgliedstaat, so sind die Gerichte eines Mitgliedstaats, in dem sich Nachlassvermögen befindet, für Entscheidungen in Erbsachen für den gesamten Nachlass zuständig, wenn

a) der Erblasser die Staatsangehörigkeit dieses Mitgliedstaats im Zeitpunkt seines Todes besaß, oder, wenn dies nicht der Fall ist,

b) der Erblasser seinen vorhergehenden gewöhnlichen Aufenthalt in dem betreffenden Mitgliedstaat hatte, sofern die Änderung dieses gewöhnlichen Aufenthalts zum Zeitpunkt der Anrufung des Gerichts nicht länger als fünf Jahre zurückliegt.

(2) Ist kein Gericht in einem Mitgliedstaat nach Absatz 1 zuständig, so sind dennoch die Gerichte des Mitgliedstaats, in dem sich Nachlassvermögen befindet, für Entscheidungen über dieses Nachlassvermögen zuständig.

Art. 11 Notzuständigkeit (forum necessitatis). Ist kein Gericht eines Mitgliedstaats aufgrund anderer Vorschriften dieser Verordnung zuständig, so können die Gerichte eines Mitgliedstaats in Ausnahmefällen in einer Erbsache entscheiden, wenn es nicht zumutbar ist oder es sich als unmöglich erweist, ein Verfahren in einem Drittstaat, zu dem die Sache einen engen Bezug aufweist, einzuleiten oder zu führen.

Die Sache muss einen ausreichenden Bezug zu dem Mitgliedstaat des angerufenen Gerichts aufweisen.

Art. 12 Beschränkung des Verfahrens. (1) Umfasst der Nachlass des Erblassers Vermögenswerte, die in einem Drittstatt belegen sind, so kann das in der Erbsache angerufene Gericht auf Antrag einer der Parteien beschließen, über einen oder mehrere dieser Vermögenswerte nicht zu befinden, wenn zu erwarten ist, dass seine Entscheidung in Bezug auf diese Vermögenswerte in dem betreffenden Drittstatt nicht anerkannt oder gegebenenfalls nicht für vollstreckbar erklärt wird.

(2) Absatz 1 berührt nicht das Recht der Parteien, den Gegenstand des Verfahrens nach dem Recht des Mitgliedstaats des angerufenen Gerichts zu beschränken.

Art. 13 Annahme oder Ausschlagung der Erbschaft, eines Vermächtnisses oder eines Pflichtteils. Außer dem gemäß dieser Verordnung für die Rechtsnachfolge von Todes wegen zuständigen Gericht sind die Gerichte des Mitgliedstaats, in dem eine Person ihren gewöhnlichen Aufenthalt hat, die nach dem auf die Rechtsnachfolge von Todes wegen anzuwendenden Recht vor einem Gericht eine Erklärung über die Annahme oder Ausschlagung der Erbschaft, eines Vermächtnisses oder eines Pflichtteils oder eine Erklärung zur Begrenzung der Haftung der betreffenden Person für die Nachlassverbindlichkeiten abgeben kann, für die Entgegennahme solcher Erklärungen zuständig, wenn diese Erklärungen nach dem Recht dieses Mitgliedstaats vor einem Gericht abgegeben werden können.

Art. 14 Anrufung eines Gerichts. Für die Zwecke dieses Kapitels gilt ein Gericht als angerufen

a) zu dem Zeitpunkt, zu dem das verfahrenseinleitende Schriftstück oder ein gleichwertiges Schriftstück bei Gericht eingereicht worden ist, vorausgesetzt, dass der Kläger es in der Folge nicht versäumt hat, die ihm obliegenden Maßnahmen zu treffen, um die Zustellung des Schriftstücks an den Beklagten zu bewirken,

b) falls die Zustellung vor Einreichung des Schriftstücks bei Gericht zu bewirken ist, zu dem Zeitpunkt, zu dem die für die Zustellung verantwortliche Stelle das Schriftstück erhalten hat, vorausgesetzt, dass der Kläger es in der Folge nicht versäumt hat, die ihm obliegenden Maßnahmen zu treffen, um das Schriftstück bei Gericht einzureichen, oder

c) falls das Gericht das Verfahren von Amts wegen einleitet, zu dem Zeitpunkt, zu dem der Beschluss über die Einleitung des Verfahrens vom Gericht gefasst oder, wenn ein solcher Beschluss nicht erforderlich ist, zu dem Zeitpunkt, zu dem die Sache beim Gericht eingetragen wird.

Art. 15 Prüfung der Zuständigkeit. Das Gericht eines Mitgliedstaats, das in einer Erbsache angerufen wird, für die es nach dieser Verordnung nicht zuständig ist, erklärt sich von Amts wegen für unzuständig.

Art. 16 Prüfung der Zulässigkeit. (1) Lässt sich der Beklagte, der seinen gewöhnlichen Aufenthalt im Hoheitsgebiet eines anderen Staates als des Mitgliedstaats hat, in dem das Verfahren eingeleitet wurde, auf das Verfahren nicht ein, so setzt das zuständige Gericht das Verfahren so lange aus, bis festgestellt ist, dass es dem Beklagten möglich war, das verfahrenseinleitende Schriftstück oder ein gleichwertiges Schriftstück so rechtzeitig zu empfangen, dass er sich verteidigen konnte oder dass alle hierzu erforderlichen Maßnahmen getroffen wurden.

(2) Anstelle des Absatzes 1 des vorliegenden Artikels findet Artikel 19 der Verordnung (EG) Nr. 1393/2007[1] des Europäischen Parlaments und des Rates vom 13. November 2007 über die Zustellung gerichtlicher und außergerichtlicher Schriftstücke in Zivil- oder Handelssachen in den Mitgliedstaaten (Zustellung von Schriftstücken)[2] Anwendung, wenn das verfahrenseinleitende Schriftstück oder ein gleichwertiges Schriftstück nach der genannten Verordnung von einem Mitgliedstaat in einen anderen zu übermitteln war.

(3) Ist die Verordnung (EG) Nr. 1393/2007 nicht anwendbar, so gilt Artikel 15 des Haager Übereinkommens vom 15. November 1965 über die Zustellung gerichtlicher und außergerichtlicher Schriftstücke im Ausland in Zivil- und Handelssachen, wenn das verfahrenseinleitende Schriftstück oder ein gleichwertiges Schriftstück nach Maßgabe dieses Übereinkommens ins Ausland zu übermitteln war.

Art. 17 Rechtshängigkeit. (1) Werden bei Gerichten verschiedener Mitgliedstaaten Verfahren wegen desselben Anspruchs zwischen denselben Parteien anhängig gemacht, so setzt das später angerufene Gericht das Verfahren von Amts wegen aus, bis die Zuständigkeit des zuerst angerufenen Gerichts feststeht.

(2) Sobald die Zuständigkeit des zuerst angerufenen Gerichts feststeht, erklärt sich das später angerufene Gericht zugunsten dieses Gerichts für unzuständig.

Art. 18 Im Zusammenhang stehende Verfahren. (1) Sind bei Gerichten verschiedener Mitgliedstaaten Verfahren, die im Zusammenhang stehen, anhängig, so kann jedes später angerufene Gericht das Verfahren aussetzen.

(2) Sind diese Verfahren in erster Instanz anhängig, so kann sich jedes später angerufene Gericht auf Antrag einer Partei auch für unzuständig erklären, wenn das zuerst angerufene Gericht für die betreffenden Verfahren zuständig ist und die Verbindung der Verfahren nach seinem Recht zulässig ist.

(3) Verfahren stehen im Sinne dieses Artikels im Zusammenhang, wenn zwischen ihnen eine so enge Beziehung gegeben ist, dass eine gemeinsame Verhandlung und Entscheidung geboten erscheint, um zu vermeiden, dass in getrennten Verfahren widersprechende Entscheidungen ergehen.

Art. 19 Einstweilige Maßnahmen einschließlich Sicherungsmaßnahmen. Die im Recht eines Mitgliedstaats vorgesehenen einstweiligen Maßnahmen einschließlich Sicherungsmaßnahmen können bei den Gerichten dieses Staates auch dann beantragt werden, wenn für die Entscheidung in der Hauptsache nach dieser Verordnung die Gerichte eines anderen Mitgliedstaats zuständig sind.

---

[1] Nr. **103 c**.
[2] **Amtl. Anm.:** ABl. L 324 vom 10. 12. 2007, S. 79.

Kapitel III. Anzuwendendes Recht

Art. 20 Universelle Anwendung. Das nach dieser Verordnung bezeichnete Recht ist auch dann anzuwenden, wenn es nicht das Recht eines Mitgliedstaats ist.

Art. 21 Allgemeine Kollisionsnorm. (1) Sofern in dieser Verordnung nichts anderes vorgesehen ist, unterliegt die gesamte Rechtsnachfolge von Todes wegen dem Recht des Staates, in dem der Erblasser im Zeitpunkt seines Todes seinen gewöhnlichen Aufenthalt hatte.

(2) Ergibt sich ausnahmsweise aus der Gesamtheit der Umstände, dass der Erblasser im Zeitpunkt seines Todes eine offensichtlich engere Verbindung zu einem anderen als dem Staat hatte, dessen Recht nach Absatz 1 anzuwenden wäre, so ist auf die Rechtsnachfolge von Todes wegen das Recht dieses anderen Staates anzuwenden.

Art. 22 Rechtswahl. (1) Eine Person kann für die Rechtsnachfolge von Todes wegen das Recht des Staates wählen, dem sie im Zeitpunkt der Rechtswahl oder im Zeitpunkt ihres Todes angehört.

Eine Person, die mehrere Staatsangehörigkeiten besitzt, kann das Recht eines der Staaten wählen, denen sie im Zeitpunkt der Rechtswahl oder im Zeitpunkt ihres Todes angehört.

(2) Die Rechtswahl muss ausdrücklich in einer Erklärung in Form einer Verfügung von Todes wegen erfolgen oder sich aus den Bestimmungen einer solchen Verfügung ergeben.

(3) Die materielle Wirksamkeit der Rechtshandlung, durch die die Rechtswahl vorgenommen wird, unterliegt dem gewählten Recht.

(4) Die Änderung oder der Widerruf der Rechtswahl muss den Formvorschriften für die Änderung oder den Widerruf einer Verfügung von Todes wegen entsprechen.

Art. 23 Reichweite des anzuwendenden Rechts. (1) Dem nach Artikel 21 oder Artikel 22 bezeichneten Recht unterliegt die gesamte Rechtsnachfolge von Todes wegen.

(2) Diesem Recht unterliegen insbesondere:

a) die Gründe für den Eintritt des Erbfalls sowie dessen Zeitpunkt und Ort;

b) die Berufung der Berechtigten, die Bestimmung ihrer jeweiligen Anteile und etwaiger ihnen vom Erblasser auferlegter Pflichten sowie die Bestimmung sonstiger Rechte an dem Nachlass, einschließlich der Nachlassansprüche des überlebenden Ehegatten oder Lebenspartners;

c) die Erbfähigkeit;

d) die Enterbung und die Erbunwürdigkeit;

e) der Übergang der zum Nachlass gehörenden Vermögenswerte, Rechte und Pflichten auf die Erben und gegebenenfalls die Vermächtnisnehmer, einschließlich der Bedingungen für die Annahme oder die Ausschlagung der Erbschaft oder eines Vermächtnisses und deren Wirkungen;

f) die Rechte der Erben, Testamentsvollstrecker und anderer Nachlassverwalter, insbesondere im Hinblick auf die Veräußerung von Vermögen und die Befriedigung der Gläubiger, unbeschadet der Befugnisse nach Artikel 29 Absätze 2 und 3;

g) die Haftung für die Nachlassverbindlichkeiten;

h) der verfügbare Teil des Nachlasses, die Pflichtteile und andere Beschränkungen der Testierfreiheit sowie etwaige Ansprüche von Personen, die dem Erblasser nahe stehen, gegen den Nachlass oder gegen den Erben;

i) die Ausgleichung und Anrechnung unentgeltlicher Zuwendungen bei der Bestimmung der Anteile der einzelnen Berechtigten und

j) die Teilung des Nachlasses.

Art. 24 Verfügungen von Todes wegen außer Erbverträgen. (1) Die Zulässigkeit und die materielle Wirksamkeit einer Verfügung von Todes wegen mit Ausnahme eines Erbvertrags unterliegen dem Recht, das nach dieser Verordnung auf die Rechtsnachfolge von Todes wegen anzuwenden wäre, wenn die Person, die die Verfügung errichtet hat, zu diesem Zeitpunkt verstorben wäre.

(2) Ungeachtet des Absatzes 1 kann eine Person für die Zulässigkeit und die materielle Wirksamkeit ihrer Verfügung von Todes wegen das Recht wählen, das sie nach Artikel 22 unter den darin genannten Bedingungen hätte wählen können.

(3) [1] Absatz 1 gilt für die Änderung oder den Widerruf einer Verfügung von Todes wegen mit Ausnahme eines Erbvertrags entsprechend. [2] Bei Rechtswahl nach Absatz 2 unterliegt die Änderung oder der Widerruf dem gewählten Recht.

Art. 25 Erbverträge. (1) Die Zulässigkeit, die materielle Wirksamkeit und die Bindungswirkungen eines Erbvertrags, der den Nachlass einer einzigen Person betrifft, einschließlich der Voraussetzungen für seine Auflösung, unterliegen dem Recht, das nach dieser Verordnung auf die Rechtsnachfolge von Todes wegen anzuwenden wäre, wenn diese Person zu dem Zeitpunkt verstorben wäre, in dem der Erbvertrag geschlossen wurde.

(2) Ein Erbvertrag, der den Nachlass mehrerer Personen betrifft, ist nur zulässig, wenn er nach jedem der Rechte zulässig ist, die nach dieser Verordnung auf die Rechtsnachfolge der einzelnen beteiligten Personen anzuwenden wären, wenn sie zu dem Zeitpunkt verstorben wären, in dem der Erbvertrag geschlossen wurde.

Die materielle Wirksamkeit und die Bindungswirkungen eines Erbvertrags, der nach Unterabsatz 1 zulässig ist, einschließlich der Voraussetzungen für seine Auflösung, unterliegen demjenigen unter den in Unterabsatz 1 genannten Rechten, zu dem er die engste Verbindung hat.

(3) Ungeachtet der Absätze 1 und 2 können die Parteien für die Zulässigkeit, die materielle Wirksamkeit und die Bindungswirkungen ihres Erbvertrags, einschließlich der Voraussetzungen für seine Auflösung, das Recht wählen, das die Person oder eine der Personen, deren Nachlass betroffen ist, nach Artikel 22 unter den darin genannten Bedingungen hätte wählen können.

Art. 26 Materielle Wirksamkeit einer Verfügung von Todes wegen. (1) Zur materiellen Wirksamkeit im Sinne der Artikel 24 und 25 gehören:

a) die Testierfähigkeit der Person, die die Verfügung von Todes wegen errichtet;

b) die besonderen Gründe, aufgrund deren die Person, die die Verfügung errichtet, nicht zugunsten bestimmter Personen verfügen darf oder aufgrund deren eine Person kein Nachlassvermögen vom Erblasser erhalten darf;

c) die Zulässigkeit der Stellvertretung bei der Errichtung einer Verfügung von Todes wegen;

d) die Auslegung der Verfügung;

e) Täuschung, Nötigung, Irrtum und alle sonstigen Fragen in Bezug auf Willensmängel oder Testierwillen der Person, die die Verfügung errichtet.

(2) Hat eine Person nach dem nach Artikel 24 oder 25 anzuwendenden Recht die Testierfähigkeit erlangt, so beeinträchtigt ein späterer Wechsel des anzuwendenden Rechts nicht ihre Fähigkeit zur Änderung oder zum Widerruf der Verfügung.

Art. 27[1] Formgültigkeit einer schriftlichen Verfügung von Todes wegen. (1) Eine schriftliche Verfügung von Todes wegen ist hinsichtlich ihrer Form wirksam, wenn diese:

a) dem Recht des Staates entspricht, in dem die Verfügung errichtet oder der Erbvertrag geschlossen wurde,

b) dem Recht eines Staates entspricht, dem der Erblasser oder mindestens eine der Personen, deren Rechtsnachfolge von Todes wegen durch einen Erbvertrag betroffen ist, entweder im Zeitpunkt der Errichtung der Verfügung bzw. des Abschlusses des Erbvertrags oder im Zeitpunkt des Todes angehörte,

c) dem Recht eines Staates entspricht, in dem der Erblasser oder mindestens eine der Personen, deren Rechtsnachfolge von Todes wegen durch einen Erbvertrag betroffen ist, entweder im Zeitpunkt der Errichtung der Verfügung oder des Abschlusses des Erbvertrags oder im Zeitpunkt des Todes den Wohnsitz hatte,

d) dem Recht des Staates entspricht, in dem der Erblasser oder mindestens eine der Personen, deren Rechtsnachfolge von Todes wegen durch einen Erbvertrag betroffen ist, entweder im Zeitpunkt der Errichtung der Verfügung oder des Abschlusses des Erbvertrags oder im Zeitpunkt des Todes seinen/ihren gewöhnlichen Aufenthalt hatte, oder

e) dem Recht des Staates entspricht, in dem sich unbewegliches Vermögen befindet, soweit es sich um dieses handelt.

Ob der Erblasser oder eine der Personen, deren Rechtsnachfolge von Todes wegen durch einen Erbvertrag betroffen ist, in einem bestimmten Staat ihren Wohnsitz hatte, regelt das in diesem Staat geltende Recht.

(2) [1] Absatz 1 ist auch auf Verfügungen von Todes wegen anzuwenden, durch die eine frühere Verfügung geändert oder widerrufen wird. [2] Die Änderung oder der Widerruf ist hinsichtlich ihrer Form auch dann gültig, wenn sie den Formerfordernissen einer der Rechtsordnungen entsprechen,

[1] Art. 27 Abs. 1 Buchst. d ber. ABl. 2014 Nr. L 363 S. 186.

nach denen die geänderte oder widerrufene Verfügung von Todes wegen nach Absatz 1 gültig war.

(3) [1] Für die Zwecke dieses Artikels werden Rechtsvorschriften, welche die für Verfügungen von Todes wegen zugelassenen Formen mit Beziehung auf das Alter, die Staatsangehörigkeit oder andere persönliche Eigenschaften des Erblassers oder der Personen, deren Rechtsnachfolge von Todes wegen durch einen Erbvertrag betroffen ist, beschränken, als zur Form gehörend angesehen. [2] Das Gleiche gilt für Eigenschaften, welche die für die Gültigkeit einer Verfügung von Todes wegen erforderlichen Zeugen besitzen müssen.

Art. 28 Formgültigkeit einer Annahme- oder Ausschlagungserklärung. Eine Erklärung über die Annahme oder die Ausschlagung der Erbschaft, eines Vermächtnisses oder eines Pflichtteils oder eine Erklärung zur Begrenzung der Haftung des Erklärenden ist hinsichtlich ihrer Form wirksam, wenn diese den Formerfordernissen entspricht

a) des nach den Artikeln 21 oder 22 auf die Rechtsnachfolge von Todes wegen anzuwendenden Rechts oder

b) des Rechts des Staates, in dem der Erklärende seinen gewöhnlichen Aufenthalt hat.

Art. 29 Besondere Regelungen für die Bestellung und die Befugnisse eines Nachlassverwalters in bestimmten Situationen. (1) Ist die Bestellung eines Verwalters nach dem Recht des Mitgliedstaats, dessen Gerichte nach dieser Verordnung für die Entscheidungen in der Erbsache zuständig sind, verpflichtend oder auf Antrag verpflichtend und ist das auf die Rechtsnachfolge von Todes wegen anzuwendende Recht ausländisches Recht, können die Gerichte dieses Mitgliedstaats, wenn sie angerufen werden, einen oder mehrere Nachlassverwalter nach ihrem eigenen Recht unter den in diesem Artikel festgelegten Bedingungen bestellen.

[1] Der/die nach diesem Absatz bestellte(n) Verwalter ist/sind berechtigt, das Testament des Erblassers zu vollstrecken und/oder den Nachlass nach dem auf die Rechtsnachfolge von Todes wegen anzuwendenden Recht zu verwalten. [2] Sieht dieses Recht nicht vor, dass eine Person Nachlassverwalter ist, die kein Berechtigter ist, können die Gerichte des Mitgliedstaats, in dem der Verwalter bestellt werden muss, einen Fremdverwalter nach ihrem eigenen Recht bestellen, wenn dieses Recht dies so vorsieht und es einen schwerwiegenden Interessenskonflikt zwischen den Berechtigten oder zwischen den Berechtigten und den Nachlassgläubigern oder anderen Personen, die für die Verbindlichkeiten des Erblassers gebürgt haben, oder Uneinigkeit zwischen den Berechtigten über die Verwaltung des Nachlasses gibt oder wenn es sich um einen aufgrund der Art der Vermögenswerte schwer zu verwaltenden Nachlasses handelt.

Der/die nach diesem Absatz bestellte(n) Verwalter ist/sind die einzige(n) Person(en), die befugt ist/sind, die in den Absätzen 2 oder 3 genannten Befugnisse auszuüben.

(2) [1] Die nach Absatz 1 bestellte(n) Person(en) üben die Befugnisse zur Verwaltung des Nachlasses aus, die sie nach dem auf die Rechtsnachfolge von Todes wegen anzuwendenden Recht ausüben dürfen. [2] Das bestellende Gericht kann in seiner Entscheidung besondere Bedingungen für die Ausübung

dieser Befugnisse im Einklang mit dem auf die Rechtsnachfolge von Todes wegen anzuwendenden Recht festlegen.

Sieht das auf die Rechtsnachfolge von Todes wegen anzuwendende Recht keine hinreichenden Befugnisse vor, um das Nachlassvermögen zu erhalten oder die Rechte der Nachlassgläubiger oder anderer Personen zu schützen, die für die Verbindlichkeiten des Erblassers gebürgt haben, so kann das bestellende Gericht beschließen, es dem/den Nachlassverwalter(n) zu gestatten, ergänzend diejenigen Befugnisse, die hierfür in seinem eigenen Recht vorgesehen sind, auszuüben und in seiner Entscheidung besondere Bedingungen für die Ausübung dieser Befugnisse im Einklang mit diesem Recht festlegen.

Bei der Ausübung solcher ergänzenden Befugnisse hält/halten der/die Verwalter das auf die Rechtsnachfolge von Todes wegen anzuwendende Recht in Bezug auf den Übergang des Eigentums an dem Nachlassvermögen, die Haftung für die Nachlassverbindlichkeiten, die Rechte der Berechtigten, gegebenenfalls einschließlich des Rechts, die Erbschaft anzunehmen oder auszuschlagen, und gegebenenfalls die Befugnisse des Vollstreckers des Testaments des Erblassers ein.

(3) Ungeachtet des Absatzes 2 kann das nach Absatz 1 einen oder mehrere Verwalter bestellende Gericht ausnahmsweise, wenn das auf die Rechtsnachfolge von Todes wegen anzuwendende Recht das Recht eines Drittstaats ist, beschließen, diesen Verwaltern alle Verwaltungsbefugnisse zu übertragen, die in dem Recht des Mitgliedstaats vorgesehen sind, in dem sie bestellt werden.

Bei der Ausübung dieser Befugnisse respektieren die Nachlassverwalter jedoch insbesondere die Bestimmung der Berechtigten und ihrer Nachlassansprüche, einschließlich ihres Anspruchs auf einen Pflichtteil oder ihres Anspruchs gegen den Nachlass oder gegenüber den Erben nach dem auf die Rechtsnachfolge von Todes wegen anzuwendenden Recht.

Art. 30 Besondere Regelungen mit Beschränkungen, die die Rechtsnachfolge von Todes wegen in Bezug auf bestimmte Vermögenswerte betreffen oder Auswirkungen auf sie haben. Besondere Regelungen im Recht eines Staates, in dem sich bestimmte unbewegliche Sachen, Unternehmen oder andere besondere Arten von Vermögenswerten befinden, die die Rechtsnachfolge von Todes wegen in Bezug auf jene Vermögenswerte aus wirtschaftlichen, familiären oder sozialen Erwägungen beschränken oder berühren, finden auf die Rechtsnachfolge von Todes wegen Anwendung, soweit sie nach dem Recht dieses Staates unabhängig von dem auf die Rechtsnachfolge von Todes wegen anzuwendenden Recht anzuwenden sind.

Art. 31 Anpassung dinglicher Rechte. Macht eine Person ein dingliches Recht geltend, das ihr nach dem auf die Rechtsnachfolge von Todes wegen anzuwendenden Recht zusteht, und kennt das Recht des Mitgliedstaats, in dem das Recht geltend gemacht wird, das betreffende dingliche Recht nicht, so ist dieses Recht soweit erforderlich und möglich an das in der Rechtsordnung dieses Mitgliedstaats am ehesten vergleichbare Recht anzupassen, wobei die mit dem besagten dinglichen Recht verfolgten Ziele und Interessen und die mit ihm verbundenen Wirkungen zu berücksichtigen sind.

Art. 32 Kommorienten. Sterben zwei oder mehr Personen, deren jeweilige Rechtsnachfolge von Todes wegen verschiedenen Rechten unterliegt, unter Umständen, unter denen die Reihenfolge ihres Todes ungewiss ist, und regeln diese Rechte diesen Sachverhalt unterschiedlich oder gar nicht, so hat keine der verstorbenen Personen Anspruch auf den Nachlass des oder der anderen.

Art. 33 Erbenloser Nachlass. Ist nach dem nach dieser Verordnung auf die Rechtsnachfolge von Todes wegen anzuwendenden Recht weder ein durch Verfügung von Todes wegen eingesetzter Erbe oder Vermächtnisnehmer für die Nachlassgegenstände noch eine natürliche Person als gesetzlicher Erbe vorhanden, so berührt die Anwendung dieses Rechts nicht das Recht eines Mitgliedstaates oder einer von diesem Mitgliedstaat für diesen Zweck bestimmten Einrichtung, sich das im Hoheitsgebiet dieses Mitgliedstaates belegene Nachlassvermögen anzueignen, vorausgesetzt, die Gläubiger sind berechtigt, aus dem gesamten Nachlass Befriedigung ihrer Forderungen zu suchen.

Art. 34 Rück- und Weiterverweisung. (1) Unter dem nach dieser Verordnung anzuwendenden Recht eines Drittstaats sind die in diesem Staat geltenden Rechtsvorschriften einschließlich derjenigen seines Internationalen Privatrechts zu verstehen, soweit diese zurück- oder weiterverweisen auf:

a) das Recht eines Mitgliedstaats oder

b) das Recht eines anderen Drittstaats, der sein eigenes Recht anwenden würde.

(2) Rück- und Weiterverweisungen durch die in Artikel 21 Absatz 2, Artikel 22, Artikel 27, Artikel 28 Buchstabe b und Artikel 30 genannten Rechtsordnungen sind nicht zu beachten.

Art. 35 Öffentliche Ordnung (ordre public). Die Anwendung einer Vorschrift des nach dieser Verordnung bezeichneten Rechts eines Staates darf nur versagt werden, wenn ihre Anwendung mit der öffentlichen Ordnung (ordre public) des Staates des angerufenen Gerichts offensichtlich unvereinbar ist.

Art. 36 Staaten mit mehr als einem Rechtssystem – Interlokale Kollisionsvorschriften. (1) Verweist diese Verordnung auf das Recht eines Staates, der mehrere Gebietseinheiten umfasst, von denen jede eigene Rechtsvorschriften für die Rechtsnachfolge von Todes wegen hat, so bestimmen die internen Kollisionsvorschriften dieses Staates die Gebietseinheit, deren Rechtsvorschriften anzuwenden sind.

(2) In Ermangelung solcher internen Kollisionsvorschriften gilt:

a) jede Bezugnahme auf das Recht des in Absatz 1 genannten Staates ist für die Bestimmung des anzuwendenden Rechts aufgrund von Vorschriften, die sich auf den gewöhnlichen Aufenthalt des Erblassers beziehen, als Bezugnahme auf das Recht der Gebietseinheit zu verstehen, in der der Erblasser im Zeitpunkt seines Todes seinen gewöhnlichen Aufenthalt hatte;

b) jede Bezugnahme auf das Recht des in Absatz 1 genannten Staates ist für die Bestimmung des anzuwendenden Rechts aufgrund von Bestimmungen, die sich auf die Staatsangehörigkeit des Erblassers beziehen, als Bezugnahme auf das Recht der Gebietseinheit zu verstehen, zu der der Erblasser die engste Verbindung hatte;

c) jede Bezugnahme auf das Recht des in Absatz 1 genannten Staates ist für die Bestimmung des anzuwendenden Rechts aufgrund sonstiger Bestimmungen, die sich auf andere Anknüpfungspunkte beziehen, als Bezugnahme auf das Recht der Gebietseinheit zu verstehen, in der sich der einschlägige Anknüpfungspunkt befindet.

(3) Ungeachtet des Absatzes 2 ist jede Bezugnahme auf das Recht des in Absatz 1 genannten Staates für die Bestimmung des anzuwendenden Rechts nach Artikel 27 in Ermangelung interner Kollisionsvorschriften dieses Staates als Bezugnahme auf das Recht der Gebietseinheit zu verstehen, zu der der Erblasser oder die Personen, deren Rechtsnachfolge von Todes wegen durch den Erbvertrag betroffen ist, die engste Verbindung hatte.

Art. 37 Staaten mit mehr als einem Rechtssystem – Interpersonale Kollisionsvorschriften. [1] Gelten in einem Staat für die Rechtsnachfolge von Todes wegen zwei oder mehr Rechtssysteme oder Regelwerke für verschiedene Personengruppen, so ist jede Bezugnahme auf das Recht dieses Staates als Bezugnahme auf das Rechtssystem oder das Regelwerk zu verstehen, das die in diesem Staat geltenden Vorschriften zur Anwendung berufen. [2] In Ermangelung solcher Vorschriften ist das Rechtssystem oder das Regelwerk anzuwenden, zu dem der Erblasser die engste Verbindung hatte.

Art. 38 Nichtanwendung dieser Verordnung auf innerstaatliche Kollisionen. Ein Mitgliedstaat, der mehrere Gebietseinheiten umfasst, von denen jede ihre eigenen Rechtsvorschriften für die Rechtsnachfolge von Todes wegen hat, ist nicht verpflichtet, diese Verordnung auf Kollisionen zwischen den Rechtsordnungen dieser Gebietseinheiten anzuwenden.

Kapitel IV. Anerkennung, Vollstreckbarkeit und Vollstreckung von Entscheidungen

Art. 39 Anerkennung. (1) Die in einem Mitgliedstaat ergangenen Entscheidungen werden in den anderen Mitgliedstaaten anerkannt, ohne dass es hierfür eines besonderen Verfahrens bedarf.

(2) Bildet die Frage, ob eine Entscheidung anzuerkennen ist, als solche den Gegenstand eines Streites, so kann jede Partei, welche die Anerkennung geltend macht, in dem Verfahren nach den Artikeln 45 bis 58 die Feststellung beantragen, dass die Entscheidung anzuerkennen ist.

(3) Wird die Anerkennung in einem Rechtsstreit vor dem Gericht eines Mitgliedstaats, dessen Entscheidung von der Anerkennung abhängt, verlangt, so kann dieses Gericht über die Anerkennung entscheiden.

Art. 40 Gründe für die Nichtanerkennung einer Entscheidung. Eine Entscheidung wird nicht anerkannt, wenn

a) die Anerkennung der öffentlichen Ordnung (ordre public) des Mitgliedstaats, in dem sie geltend gemacht wird, offensichtlich widersprechen würde;

b) dem Beklagten, der sich auf das Verfahren nicht eingelassen hat, das verfahrenseinleitende Schriftstück oder ein gleichwertiges Schriftstück nicht so rechtzeitig und in einer Weise zugestellt worden ist, dass er sich verteidigen konnte, es sei denn, der Beklagte hat die Entscheidung nicht angefochten, obwohl er die Möglichkeit dazu hatte;

c) sie mit einer Entscheidung unvereinbar ist, die in einem Verfahren zwischen denselben Parteien in dem Mitgliedstaat, in dem die Anerkennung geltend gemacht wird, ergangen ist;

d) sie mit einer früheren Entscheidung unvereinbar ist, die in einem anderen Mitgliedstaat oder in einem Drittstaat in einem Verfahren zwischen denselben Parteien wegen desselben Anspruchs ergangen ist, sofern die frühere Entscheidung die notwendigen Voraussetzungen für ihre Anerkennung in dem Mitgliedstaat, in dem die Anerkennung geltend gemacht wird, erfüllt.

Art. 41 Ausschluss einer Nachprüfung in der Sache. Die in einem Mitgliedstaat ergangene Entscheidung darf keinesfalls in der Sache selbst nachgeprüft werden.

Art. 42 Aussetzung des Anerkennungsverfahrens. Das Gericht eines Mitgliedstaats, vor dem die Anerkennung einer in einem anderen Mitgliedstaat ergangenen Entscheidung geltend gemacht wird, kann das Verfahren aussetzen, wenn im Ursprungsmitgliedstaat gegen die Entscheidung ein ordentlicher Rechtsbehelf eingelegt worden ist.

Art. 43 Vollstreckbarkeit. Die in einem Mitgliedstaat ergangenen und in diesem Staat vollstreckbaren Entscheidungen sind in einem anderen Mitgliedstaat vollstreckbar, wenn sie auf Antrag eines Berechtigten dort nach dem Verfahren der Artikel 45 bis 58 für vollstreckbar erklärt worden sind.

Art. 44 Bestimmung des Wohnsitzes. Ist zu entscheiden, ob eine Partei für die Zwecke des Verfahrens nach den Artikeln 45 bis 58 im Hoheitsgebiet des Vollstreckungsmitgliedstaats einen Wohnsitz hat, so wendet das befasste Gericht sein eigenes Recht an.

Art. 45 Örtlich zuständiges Gericht. (1) Der Antrag auf Vollstreckbarerklärung ist an das Gericht oder die zuständige Behörde des Vollstreckungsmitgliedstaats zu richten, die der Kommission von diesem Mitgliedstaat nach Artikel 78 mitgeteilt wurden.

(2) Die örtliche Zuständigkeit wird durch den Ort des Wohnsitzes der Partei, gegen die die Vollstreckung erwirkt werden soll, oder durch den Ort, an dem die Vollstreckung durchgeführt werden soll, bestimmt.

Art. 46 Verfahren. (1) Für das Verfahren der Antragstellung ist das Recht des Vollstreckungsmitgliedstaats maßgebend.

(2) Von dem Antragsteller kann nicht verlangt werden, dass er im Vollstreckungsmitgliedstaat über eine Postanschrift oder einen bevollmächtigten Vertreter verfügt.

(3) Dem Antrag sind die folgenden Schriftstücke beizufügen:

a) eine Ausfertigung der Entscheidung, die die für ihre Beweiskraft erforderlichen Voraussetzungen erfüllt;

b) die Bescheinigung, die von dem Gericht oder der zuständigen Behörde des Ursprungsmitgliedstaats unter Verwendung des nach dem Beratungsverfahren nach Artikel 81 Absatz 2 erstellten Formblatts ausgestellt wurde, unbeschadet des Artikels 47.

Art. 47 Nichtvorlage der Bescheinigung. (1) Wird die Bescheinigung nach Artikel 46 Absatz 3 Buchstabe b nicht vorgelegt, so kann das Gericht oder die sonst befugte Stelle eine Frist bestimmen, innerhalb deren die Bescheinigung vorzulegen ist, oder sich mit einer gleichwertigen Urkunde begnügen oder von der Vorlage der Bescheinigung absehen, wenn kein weiterer Klärungsbedarf besteht.

(2) [1] Auf Verlangen des Gerichts oder der zuständigen Behörde ist eine Übersetzung der Schriftstücke vorzulegen. [2] Die Übersetzung ist von einer Person zu erstellen, die zur Anfertigung von Übersetzungen in einem der Mitgliedstaaten befugt ist.

Art. 48 Vollstreckbarerklärung. [1] Sobald die in Artikel 46 vorgesehenen Förmlichkeiten erfüllt sind, wird die Entscheidung unverzüglich für vollstreckbar erklärt, ohne dass eine Prüfung nach Artikel 40 erfolgt. [2] Die Partei, gegen die die Vollstreckung erwirkt werden soll, erhält in diesem Abschnitt des Verfahrens keine Gelegenheit, eine Erklärung abzugeben.

Art. 49 Mitteilung der Entscheidung über den Antrag auf Vollstreckbarerklärung. (1) Die Entscheidung über den Antrag auf Vollstreckbarerklärung wird dem Antragsteller unverzüglich in der Form mitgeteilt, die das Recht des Vollstreckungsmitgliedstaats vorsieht.

(2) Die Vollstreckbarerklärung und, soweit dies noch nicht geschehen ist, die Entscheidung werden der Partei, gegen die die Vollstreckung erwirkt werden soll, zugestellt.

Art. 50 Rechtsbehelf gegen die Entscheidung über den Antrag auf Vollstreckbarerklärung. (1) Gegen die Entscheidung über den Antrag auf Vollstreckbarerklärung kann jede Partei einen Rechtsbehelf einlegen.

(2) Der Rechtsbehelf wird bei dem Gericht eingelegt, das der betreffende Mitgliedstaat der Kommission nach Artikel 78 mitgeteilt hat.

(3) Über den Rechtsbehelf wird nach den Vorschriften entschieden, die für Verfahren mit beiderseitigem rechtlichem Gehör maßgebend sind.

(4) Lässt sich die Partei, gegen die die Vollstreckung erwirkt werden soll, auf das Verfahren vor dem mit dem Rechtsbehelf des Antragstellers befassten Gericht nicht ein, so ist Artikel 16 auch dann anzuwenden, wenn die Partei, gegen die die Vollstreckung erwirkt werden soll, ihren Wohnsitz nicht im Hoheitsgebiet eines Mitgliedstaats hat.

(5) [1] Der Rechtsbehelf gegen die Vollstreckbarerklärung ist innerhalb von 30 Tagen nach ihrer Zustellung einzulegen. [2] Hat die Partei, gegen die die Vollstreckung erwirkt werden soll, ihren Wohnsitz im Hoheitsgebiet eines anderen Mitgliedstaats als dem, in dem die Vollstreckbarerklärung ergangen ist, so beträgt die Frist für den Rechtsbehelf 60 Tage und beginnt mit dem Tag, an dem die Vollstreckbarerklärung ihr entweder in Person oder in ihrer

Wohnung zugestellt worden ist. [3] Eine Verlängerung dieser Frist wegen weiter Entfernung ist ausgeschlossen.

Art. 51 Rechtsbehelf gegen die Entscheidung über den Rechtsbehelf. Gegen die über den Rechtsbehelf ergangene Entscheidung kann nur der Rechtsbehelf eingelegt werden, den der betreffende Mitgliedstaat der Kommission nach Artikel 78 mitgeteilt hat.

Art. 52 Versagung oder Aufhebung einer Vollstreckbarerklärung. [1] Die Vollstreckbarerklärung darf von dem mit einem Rechtsbehelf nach Artikel 50 oder Artikel 51 befassten Gericht nur aus einem der in Artikel 40 aufgeführten Gründe versagt oder aufgehoben werden. [2] Das Gericht erlässt seine Entscheidung unverzüglich.

Art. 53 Aussetzung des Verfahrens. Das nach Artikel 50 oder Artikel 51 mit dem Rechtsbehelf befasste Gericht setzt das Verfahren auf Antrag des Schuldners aus, wenn die Entscheidung im Ursprungsmitgliedstaat wegen der Einlegung eines Rechtsbehelfs vorläufig nicht vollstreckbar ist.

Art. 54 Einstweilige Maßnahmen einschließlich Sicherungsmaßnahmen. (1) Ist eine Entscheidung nach diesem Abschnitt anzuerkennen, so ist der Antragsteller nicht daran gehindert, einstweilige Maßnahmen einschließlich Sicherungsmaßnahmen nach dem Recht des Vollstreckungsmitgliedstaats in Anspruch zu nehmen, ohne dass es einer Vollstreckbarerklärung nach Artikel 48 bedarf.

(2) Die Vollstreckbarerklärung umfasst von Rechts wegen die Befugnis, Maßnahmen zur Sicherung zu veranlassen.

(3) Solange die in Artikel 50 Absatz 5 vorgesehene Frist für den Rechtsbehelf gegen die Vollstreckbarerklärung läuft und solange über den Rechtsbehelf nicht entschieden ist, darf die Zwangsvollstreckung in das Vermögen des Schuldners nicht über Maßnahmen zur Sicherung hinausgehen.

Art. 55 Teilvollstreckbarkeit. (1) Ist durch die Entscheidung über mehrere Ansprüche erkannt worden und kann die Vollstreckbarerklärung nicht für alle Ansprüche erteilt werden, so erteilt das Gericht oder die zuständige Behörde sie für einen oder mehrere dieser Ansprüche.

(2) Der Antragsteller kann beantragen, dass die Vollstreckbarerklärung nur für einen Teil des Gegenstands der Entscheidung erteilt wird.

Art. 56 Prozesskostenhilfe. Ist dem Antragsteller im Ursprungsmitgliedstaat ganz oder teilweise Prozesskostenhilfe oder Kosten- und Gebührenbefreiung gewährt worden, so genießt er im Vollstreckbarerklärungsverfahren hinsichtlich der Prozesskostenhilfe oder der Kosten- und Gebührenbefreiung die günstigste Behandlung, die das Recht des Vollstreckungsmitgliedstaats vorsieht.

Art. 57 Keine Sicherheitsleistung oder Hinterlegung. Der Partei, die in einem Mitgliedstaat die Anerkennung, Vollstreckbarerklärung oder Vollstreckung einer in einem anderen Mitgliedstaat ergangenen Entscheidung beantragt, darf wegen ihrer Eigenschaft als Ausländer oder wegen Fehlens eines inländischen Wohnsitzes oder Aufenthalts im Vollstreckungsmitgliedstaat eine Sicherheitsleistung oder Hinterlegung, unter welcher Bezeichnung es auch sei, nicht auferlegt werden.

Art. 58 Keine Stempelabgaben oder Gebühren. Im Vollstreckungsmitgliedstaat dürfen in Vollstreckbarerklärungsverfahren keine nach dem Streitwert abgestuften Stempelabgaben oder Gebühren erhoben werden.

Kapitel V. Öffentliche Urkunden und gerichtliche Vergleiche

Art. 59 Annahme öffentlicher Urkunden. (1) Eine in einem Mitgliedstaat errichtete öffentliche Urkunde hat in einem anderen Mitgliedstaat die gleiche formelle Beweiskraft wie im Ursprungsmitgliedstaat oder die damit am ehesten vergleichbare Wirkung, sofern dies der öffentlichen Ordnung (ordre public) des betreffenden Mitgliedstaats nicht offensichtlich widersprechen würde.

Eine Person, die eine öffentliche Urkunde in einem anderen Mitgliedstaat verwenden möchte, kann die Behörde, die die öffentliche Urkunde im Ursprungsmitgliedstaat errichtet, ersuchen, das nach dem Beratungsverfahren nach Artikel 81 Absatz 2 erstellte Formblatt auszufüllen, das die formelle Beweiskraft der öffentlichen Urkunde in ihrem Ursprungsmitgliedstaat beschreibt.

(2) [1] Einwände mit Bezug auf die Authentizität einer öffentlichen Urkunde sind bei den Gerichten des Ursprungsmitgliedstaats zu erheben; über diese Einwände wird nach dem Recht dieses Staates entschieden. [2] Eine öffentliche Urkunde, gegen die solche Einwände erhoben wurden, entfaltet in einem anderen Mitgliedstaat keine Beweiskraft, solange die Sache bei dem zuständigen Gericht anhängig ist.

(3) [1] Einwände mit Bezug auf die in einer öffentlichen Urkunde beurkundeten Rechtsgeschäfte oder Rechtsverhältnisse sind bei den nach dieser Verordnung zuständigen Gerichten zu erheben; über diese Einwände wird nach dem nach Kapitel III anzuwendenden Recht entschieden. [2] Eine öffentliche Urkunde, gegen die solche Einwände erhoben wurden, entfaltet in einem anderen als dem Ursprungsmitgliedstaat hinsichtlich des bestrittenen Umstands keine Beweiskraft, solange die Sache bei dem zuständigen Gericht anhängig ist.

(4) Hängt die Entscheidung des Gerichts eines Mitgliedstaats von der Klärung einer Vorfrage mit Bezug auf die in einer öffentlichen Urkunde beurkundeten Rechtsgeschäfte oder Rechtsverhältnisse in Erbsachen ab, so ist dieses Gericht zur Entscheidung über diese Vorfrage zuständig.

Art. 60 Vollstreckbarkeit öffentlicher Urkunden. (1) Öffentliche Urkunden, die im Ursprungsmitgliedstaat vollstreckbar sind, werden in einem anderen Mitgliedstaat auf Antrag eines Berechtigten nach dem Verfahren der Artikel 45 bis 58 für vollstreckbar erklärt.

(2) Für die Zwecke des Artikels 46 Absatz 3 Buchstabe b stellt die Behörde, die die öffentliche Urkunde errichtet hat, auf Antrag eines Berechtigten eine

Bescheinigung unter Verwendung des nach dem Beratungsverfahren nach Artikel 81 Absatz 2 erstellten Formblatts aus.

(3) Die Vollstreckbarerklärung wird von dem mit einem Rechtsbehelf nach Artikel 50 oder Artikel 51 befassten Gericht nur versagt oder aufgehoben, wenn die Vollstreckung der öffentlichen Urkunde der öffentlichen Ordnung (ordre public) des Vollstreckungsmitgliedstaats offensichtlich widersprechen würde.

Art. 61 Vollstreckbarkeit gerichtlicher Vergleiche. (1) Gerichtliche Vergleiche, die im Ursprungsmitgliedstaat vollstreckbar sind, werden in einem anderen Mitgliedstaat auf Antrag eines Berechtigten nach dem Verfahren der Artikel 45 bis 58 für vollstreckbar erklärt.

(2) Für die Zwecke des Artikels 46 Absatz 3 Buchstabe b stellt das Gericht, das den Vergleich gebilligt hat oder vor dem der Vergleich geschlossen wurde, auf Antrag eines Berechtigten eine Bescheinigung unter Verwendung des nach dem Beratungsverfahren nach Artikel 81 Absatz 2 erstellten Formblatts aus.

(3) Die Vollstreckbarerklärung wird von dem mit einem Rechtsbehelf nach Artikel 50 oder Artikel 51 befassten Gericht nur versagt oder aufgehoben, wenn die Vollstreckung des gerichtlichen Vergleichs der öffentlichen Ordnung (ordre public) des Vollstreckungsmitgliedstaats offensichtlich widersprechen würde.

Kapitel VI. Europäisches Nachlasszeugnis

Art. 62 Einführung eines Europäischen Nachlasszeugnisses. (1) Mit dieser Verordnung wird ein Europäisches Nachlasszeugnis (im Folgenden „Zeugnis“) eingeführt, das zur Verwendung in einem anderen Mitgliedstaat ausgestellt wird und die in Artikel 69 aufgeführten Wirkungen entfaltet.

(2) Die Verwendung des Zeugnisses ist nicht verpflichtend.

(3) [1] Das Zeugnis tritt nicht an die Stelle der innerstaatlichen Schriftstücke, die in den Mitgliedstaaten zu ähnlichen Zwecken verwendet werden. [2] Nach seiner Ausstellung zur Verwendung in einem anderen Mitgliedstaat entfaltet das Zeugnis die in Artikel 69 aufgeführten Wirkungen jedoch auch in dem Mitgliedstaat, dessen Behörden es nach diesem Kapitel ausgestellt haben.

Art. 63 Zweck des Zeugnisses. (1) Das Zeugnis ist zur Verwendung durch Erben, durch Vermächtnisnehmer mit unmittelbarer Berechtigung am Nachlass und durch Testamentsvollstrecker oder Nachlassverwalter bestimmt, die sich in einem anderen Mitgliedstaat auf ihre Rechtsstellung berufen oder ihre Rechte als Erben oder Vermächtnisnehmer oder ihre Befugnisse als Testamentsvollstrecker oder Nachlassverwalter ausüben müssen.

(2) Das Zeugnis kann insbesondere als Nachweis für einen oder mehrere der folgenden speziellen Aspekte verwendet werden:

a) die Rechtsstellung und/oder die Rechte jedes Erben oder gegebenenfalls Vermächtnisnehmers, der im Zeugnis genannt wird, und seinen jeweiligen Anteil am Nachlass;

b) die Zuweisung eines bestimmten Vermögenswerts oder bestimmter Vermögenswerte des Nachlasses an die in dem Zeugnis als Erbe(n) oder gegebenenfalls als Vermächtnisnehmer genannte(n) Person(en);

c) die Befugnisse der in dem Zeugnis genannten Person zur Vollstreckung des Testaments oder Verwaltung des Nachlasses.

Art. 64 Zuständigkeit für die Erteilung des Zeugnisses. [1] Das Zeugnis wird in dem Mitgliedstaat ausgestellt, dessen Gerichte nach den Artikeln 4, 7, 10 oder 11 zuständig sind. [2] Ausstellungsbehörde ist

a) ein Gericht im Sinne des Artikels 3 Absatz 2 oder

b) eine andere Behörde, die nach innerstaatlichem Recht für Erbsachen zuständig ist.

Art. 65 Antrag auf Ausstellung eines Zeugnisses. (1) Das Zeugnis wird auf Antrag jeder in Artikel 63 Absatz 1 genannten Person (im Folgenden „Antragsteller") ausgestellt.

(2) Für die Vorlage eines Antrags kann der Antragsteller das nach dem Beratungsverfahren nach Artikel 81 Absatz 2 erstellte Formblatt verwenden.

(3) Der Antrag muss die nachstehend aufgeführten Angaben enthalten, soweit sie dem Antragsteller bekannt sind und von der Ausstellungsbehörde zur Beschreibung des Sachverhalts, dessen Bestätigung der Antragsteller begehrt, benötigt werden; dem Antrag sind alle einschlägigen Schriftstücke beizufügen, und zwar entweder in Urschrift oder in Form einer Abschrift, die die erforderlichen Voraussetzungen für ihre Beweiskraft erfüllt, unbeschadet des Artikels 66 Absatz 2:

a) Angaben zum Erblasser: Name (gegebenenfalls Geburtsname), Vorname (n), Geschlecht, Geburtsdatum und -ort, Personenstand, Staatsangehörigkeit, Identifikationsnummer (sofern vorhanden), Anschrift im Zeitpunkt seines Todes, Todesdatum und -ort;

b) Angaben zum Antragsteller: Name (gegebenenfalls Geburtsname), Vorname(n), Geschlecht, Geburtsdatum und -ort, Personenstand, Staatsangehörigkeit, Identifikationsnummer (sofern vorhanden), Anschrift und etwaiges Verwandtschafts- oder Schwägerschaftsverhältnis zum Erblasser;

c) Angaben zum etwaigen Vertreter des Antragstellers: Name (gegebenenfalls Geburtsname), Vorname(n), Anschrift und Nachweis der Vertretungsmacht;

d) Angaben zum Ehegatten oder Partner des Erblassers und gegebenenfalls zu(m) ehemaligen Ehegatten oder Partner(n): Name (gegebenenfalls Geburtsname), Vorname(n), Geschlecht, Geburtsdatum und -ort, Personenstand, Staatsangehörigkeit, Identifikationsnummer (sofern vorhanden) und Anschrift;

e) Angaben zu sonstigen möglichen Berechtigten aufgrund einer Verfügung von Todes wegen und/oder nach gesetzlicher Erbfolge: Name und Vorname(n) oder Name der Körperschaft, Identifikationsnummer (sofern vorhanden) und Anschrift;

f) den beabsichtigten Zweck des Zeugnisses nach Artikel 63;

g) Kontaktangaben des Gerichts oder der sonstigen zuständigen Behörde, das oder die mit der Erbsache als solcher befasst ist oder war, sofern zutreffend;

h) den Sachverhalt, auf den der Antragsteller gegebenenfalls die von ihm geltend gemachte Berechtigung am Nachlass und/ oder sein Recht zur Vollstreckung des Testaments des Erblassers und/oder das Recht zur Verwaltung von dessen Nachlass gründet;

i) eine Angabe darüber, ob der Erblasser eine Verfügung von Todes wegen errichtet hatte; falls weder die Urschrift noch eine Abschrift beigefügt ist, eine Angabe darüber, wo sich die Urschrift befindet;

j) eine Angabe darüber, ob der Erblasser einen Ehevertrag oder einen Vertrag in Bezug auf ein Verhältnis, das mit der Ehe vergleichbare Wirkungen entfaltet, geschlossen hatte; falls weder die Urschrift noch eine Abschrift des Vertrags beigefügt ist, eine Angabe darüber, wo sich die Urschrift befindet;

k) eine Angabe darüber, ob einer der Berechtigten eine Erklärung über die Annahme oder die Ausschlagung der Erbschaft abgegeben hat;

l) eine Erklärung des Inhalts, dass nach bestem Wissen des Antragstellers kein Rechtsstreit in Bezug auf den zu bescheinigenden Sachverhalt anhängig ist;

m) sonstige vom Antragsteller für die Ausstellung des Zeugnisses für nützlich erachtete Angaben.

Art. 66 Prüfung des Antrags. (1) [1] Nach Eingang des Antrags überprüft die Ausstellungsbehörde die vom Antragsteller übermittelten Angaben, Erklärungen, Schriftstücke und sonstigen Nachweise. [2] Sie führt von Amts wegen die für diese Überprüfung erforderlichen Nachforschungen durch, soweit ihr eigenes Recht dies vorsieht oder zulässt, oder fordert den Antragsteller auf, weitere Nachweise vorzulegen, die sie für erforderlich erachtet.

(2) Konnte der Antragsteller keine Abschriften der einschlägigen Schriftstücke vorlegen, die die für ihre Beweiskraft erforderlichen Voraussetzungen erfüllen, so kann die Ausstellungsbehörde entscheiden, dass sie Nachweise in anderer Form akzeptiert.

(3) Die Ausstellungsbehörde kann – soweit ihr eigenes Recht dies vorsieht und unter den dort festgelegten Bedingungen – verlangen, dass Erklärungen unter Eid oder durch eidesstattliche Versicherung abgegeben werden.

(4) [1] Die Ausstellungsbehörde unternimmt alle erforderlichen Schritte, um die Berechtigten von der Beantragung eines Zeugnisses zu unterrichten. [2] Sie hört, falls dies für die Feststellung des zu bescheinigenden Sachverhalts erforderlich ist, jeden Beteiligten, Testamentsvollstrecker oder Nachlassverwalter und gibt durch öffentliche Bekanntmachung anderen möglichen Berechtigten Gelegenheit, ihre Rechte geltend zu machen.

(5) Für die Zwecke dieses Artikels stellt die zuständige Behörde eines Mitgliedstaats der Ausstellungsbehörde eines anderen Mitgliedstaats auf Ersuchen die Angaben zur Verfügung, die insbesondere im Grundbuch, in Personenstandsregistern und in Registern enthalten sind, in denen Urkunden oder Tatsachen erfasst werden, die für die Rechtsnachfolge von Todes wegen oder den ehelichen Güterstand oder einen vergleichbaren Güterstand des Erblassers erheblich sind, sofern die zuständige Behörde nach innerstaatlichem Recht befugt wäre, diese Angaben einer anderen inländischen Behörde zur Verfügung zu stellen.

Art. 67 Ausstellung des Zeugnisses. (1) [1]Die Ausstellungsbehörde stellt das Zeugnis unverzüglich nach dem in diesem Kapitel festgelegten Verfahren aus, wenn der zu bescheinigende Sachverhalt nach dem auf die Rechtsnachfolge von Todes wegen anzuwendenden Recht oder jedem anderen auf einen spezifischen Sachverhalt anzuwendenden Recht feststeht. [2]Sie verwendet das nach dem Beratungsverfahren nach Artikel 81 Absatz 2 erstellte Formblatt.

Die Ausstellungsbehörde stellt das Zeugnis insbesondere nicht aus,

a) wenn Einwände gegen den zu bescheinigenden Sachverhalt anhängig sind oder

b) wenn das Zeugnis mit einer Entscheidung zum selben Sachverhalt nicht vereinbar wäre.

(2) Die Ausstellungsbehörde unternimmt alle erforderlichen Schritte, um die Berechtigten von der Ausstellung des Zeugnisses zu unterrichten.

Art. 68 Inhalt des Nachlasszeugnisses. Das Zeugnis enthält folgende Angaben, soweit dies für die Zwecke, zu denen es ausgestellt wird, erforderlich ist:

a) die Bezeichnung und die Anschrift der Ausstellungsbehörde;

b) das Aktenzeichen;

c) die Umstände, aus denen die Ausstellungsbehörde ihre Zuständigkeit für die Ausstellung des Zeugnisses herleitet;

d) das Ausstellungsdatum;

e) Angaben zum Antragsteller: Name (gegebenenfalls Geburtsname), Vorname(n), Geschlecht, Geburtsdatum und -ort, Personenstand, Staatsangehörigkeit, Identifikationsnummer (sofern vorhanden), Anschrift und etwaiges Verwandtschafts- oder Schwägerschaftsverhältnis zum Erblasser;

f) Angaben zum Erblasser: Name (gegebenenfalls Geburtsname), Vorname (n), Geschlecht, Geburtsdatum und -ort, Personenstand, Staatsangehörigkeit, Identifikationsnummer (sofern vorhanden), Anschrift im Zeitpunkt seines Todes, Todesdatum und -ort;

g) Angaben zu den Berechtigten: Name (gegebenenfalls Geburtsname), Vorname(n) und Identifikationsnummer (sofern vorhanden);

h) Angaben zu einem vom Erblasser geschlossenen Ehevertrag oder, sofern zutreffend, einem vom Erblasser geschlossenen Vertrag im Zusammenhang mit einem Verhältnis, das nach dem auf dieses Verhältnis anwendbaren Recht mit der Ehe vergleichbare Wirkungen entfaltet, und Angaben zum ehelichen Güterstand oder einem vergleichbaren Güterstand;

i) das auf die Rechtsnachfolge von Todes wegen anzuwendende Recht sowie die Umstände, auf deren Grundlage das anzuwendende Recht bestimmt wurde;

j) Angaben darüber, ob für die Rechtsnachfolge von Todes wegen die gewillkürte oder die gesetzliche Erbfolge gilt, einschließlich Angaben zu den Umständen, aus denen sich die Rechte und/oder Befugnisse der Erben, Vermächtnisnehmer, Testamentsvollstrecker oder Nachlassverwalter herleiten;

k) sofern zutreffend, in Bezug auf jeden Berechtigten Angaben über die Art der Annahme oder der Ausschlagung der Erbschaft;

l) den Erbteil jedes Erben und gegebenenfalls das Verzeichnis der Rechte und/oder Vermögenswerte, die einem bestimmten Erben zustehen;

m) das Verzeichnis der Rechte und/oder Vermögenswerte, die einem bestimmten Vermächtnisnehmer zustehen;

n) die Beschränkungen ihrer Rechte, denen die Erben und gegebenenfalls die Vermächtnisnehmer nach dem auf die Rechtsnachfolge von Todes wegen anzuwendenden Recht und/oder nach Maßgabe der Verfügung von Todes wegen unterliegen;

o) die Befugnisse des Testamentsvollstreckers und/oder des Nachlassverwalters und die Beschränkungen dieser Befugnisse nach dem auf die Rechtsnachfolge von Todes wegen anzuwendenden Recht und/oder nach Maßgabe der Verfügung von Todes wegen.

Art. 69 Wirkungen des Zeugnisses. (1) Das Zeugnis entfaltet seine Wirkungen in allen Mitgliedstaaten, ohne dass es eines besonderen Verfahrens bedarf.

(2) [1] Es wird vermutet, dass das Zeugnis die Sachverhalte, die nach dem auf die Rechtsnachfolge von Todes wegen anzuwendenden Recht oder einem anderen auf spezifische Sachverhalte anzuwendenden Recht festgestellt wurden, zutreffend ausweist. [2] Es wird vermutet, dass die Person, die im Zeugnis als Erbe, Vermächtnisnehmer, Testamentsvollstrecker oder Nachlassverwalter genannt ist, die in dem Zeugnis genannte Rechtsstellung und/oder die in dem Zeugnis aufgeführten Rechte oder Befugnisse hat und dass diese Rechte oder Befugnisse keinen anderen als den im Zeugnis aufgeführten Bedingungen und/oder Beschränkungen unterliegen.

(3) Wer auf der Grundlage der in dem Zeugnis enthaltenen Angaben einer Person Zahlungen leistet oder Vermögenswerte übergibt, die in dem Zeugnis als zur Entgegennahme derselben berechtigt bezeichnet wird, gilt als Person, die an einen zur Entgegennahme der Zahlungen oder Vermögenswerte Berechtigten geleistet hat, es sei denn, er wusste, dass das Zeugnis inhaltlich unrichtig ist, oder ihm war dies infolge grober Fahrlässigkeit nicht bekannt.

(4) Verfügt eine Person, die in dem Zeugnis als zur Verfügung über Nachlassvermögen berechtigt bezeichnet wird, über Nachlassvermögen zugunsten eines anderen, so gilt dieser andere, falls er auf der Grundlage der in dem Zeugnis enthaltenen Angaben handelt, als Person, die von einem zur Verfügung über das betreffende Vermögen Berechtigten erworben hat, es sei denn, er wusste, dass das Zeugnis inhaltlich unrichtig ist, oder ihm war dies infolge grober Fahrlässigkeit nicht bekannt.

(5) Das Zeugnis stellt ein wirksames Schriftstück für die Eintragung des Nachlassvermögens in das einschlägige Register eines Mitgliedstaats dar, unbeschadet des Artikels 1 Absatz 2 Buchstaben k und l.

Art. 70 Beglaubigte Abschriften des Zeugnisses. (1) Die Ausstellungsbehörde bewahrt die Urschrift des Zeugnisses auf und stellt dem Antragsteller und jeder anderen Person, die ein berechtigtes Interesse nachweist, eine oder mehrere beglaubigte Abschriften aus.

(2) Die Ausstellungsbehörde führt für die Zwecke des Artikels 71 Absatz 3 und des Artikels 73 Absatz 2 ein Verzeichnis der Personen, denen beglaubigte Abschriften nach Absatz 1 ausgestellt wurden.

(3) [1] Die beglaubigten Abschriften sind für einen begrenzten Zeitraum von sechs Monaten gültig, der in der beglaubigten Abschrift jeweils durch ein Ablaufdatum angegeben wird. [2] In ordnungsgemäß begründeten Ausnahmefällen kann die Ausstellungsbehörde abweichend davon eine längere Gültigkeitsfrist beschließen. [3] Nach Ablauf dieses Zeitraums muss jede Person, die sich im Besitz einer beglaubigten Abschrift befindet, bei der Ausstellungsbehörde eine Verlängerung der Gültigkeitsfrist der beglaubigten Abschrift oder eine neue beglaubigte Abschrift beantragen, um das Zeugnis zu den in Artikel 63 angegebenen Zwecken verwenden zu können.

Art. 71 Berichtigung, Änderung oder Widerruf des Zeugnisses.

(1) Die Ausstellungsbehörde berichtigt das Zeugnis im Falle eines Schreibfehlers auf Verlangen jedweder Person, die ein berechtigtes Interesse nachweist, oder von Amts wegen.

(2) Die Ausstellungsbehörde ändert oder widerruft das Zeugnis auf Verlangen jedweder Person, die ein berechtigtes Interesse nachweist, oder, soweit dies nach innerstaatlichem Recht möglich ist, von Amts wegen, wenn feststeht, dass das Zeugnis oder einzelne Teile des Zeugnisses inhaltlich unrichtig sind.

(3) Die Ausstellungsbehörde unterrichtet unverzüglich alle Personen, denen beglaubigte Abschriften des Zeugnisses gemäß Artikel 70 Absatz 1 ausgestellt wurden, über eine Berichtigung, eine Änderung oder einen Widerruf des Zeugnisses.

Art. 72 Rechtsbehelfe. (1) Entscheidungen, die die Ausstellungsbehörde nach Artikel 67 getroffen hat, können von einer Person, die berechtigt ist, ein Zeugnis zu beantragen, angefochten werden.

Entscheidungen, die die Ausstellungsbehörde nach Artikel 71 und Artikel 73 Absatz 1 Buchstabe a getroffen hat, können von einer Person, die ein berechtigtes Interesse nachweist, angefochten werden.

Der Rechtsbehelf ist bei einem Gericht des Mitgliedstaats der Ausstellungsbehörde nach dem Recht dieses Staates einzulegen.

(2) Führt eine Anfechtungsklage nach Absatz 1 zu der Feststellung, dass das ausgestellte Zeugnis nicht den Tatsachen entspricht, so ändert die zuständige Behörde das Zeugnis oder widerruft es oder sorgt dafür, dass die Ausstellungsbehörde das Zeugnis berichtigt, ändert oder widerruft.

Führt eine Anfechtungsklage nach Absatz 1 zu der Feststellung, dass die Versagung der Ausstellung nicht gerechtfertigt war, so stellen die zuständigen Justizbehören das Zeugnis aus oder stellen sicher, dass die Ausstellungsbehörde den Fall erneut prüft und eine neue Entscheidung trifft.

Art. 73 Aussetzung der Wirkungen des Zeugnisses. (1) Die Wirkungen des Zeugnisses können ausgesetzt werden

a) von der Ausstellungsbehörde auf Verlangen einer Person, die ein berechtigtes Interesse nachweist, bis zur Änderung oder zum Widerruf des Zeugnisses nach Artikel 71 oder

b) von dem Rechtsmittelgericht auf Antrag einer Person, die berechtigt ist, eine von der Ausstellungsbehörde nach Artikel 72 getroffene Entscheidung anzufechten, während der Anhängigkeit des Rechtsbehelfs.

(2) Die Ausstellungsbehörde oder gegebenenfalls das Rechtsmittelgericht unterrichtet unverzüglich alle Personen, denen beglaubigte Abschriften des Zeugnisses nach Artikel 70 Absatz 1 ausgestellt worden sind, über eine Aussetzung der Wirkungen des Zeugnisses.

Während der Aussetzung der Wirkungen des Zeugnisses dürfen keine weiteren beglaubigten Abschriften des Zeugnisses ausgestellt werden.

Kapitel VII. Allgemeine und Schlussbestimmungen

Art. 74 Legalisation oder ähnliche Förmlichkeiten. Im Rahmen dieser Verordnung bedarf es hinsichtlich Urkunden, die in einem Mitgliedstaat ausgestellt werden, weder der Legalisation noch einer ähnlichen Förmlichkeit.

Art. 75 Verhältnis zu bestehenden internationalen Übereinkommen. (1) Diese Verordnung lässt die Anwendung internationaler Übereinkommen unberührt, denen ein oder mehrere Mitgliedstaaten zum Zeitpunkt der Annahme dieser Verordnung angehören und die Bereiche betreffen, die in dieser Verordnung geregelt sind.

Insbesondere wenden die Mitgliedstaaten, die Vertragsparteien des Haager Übereinkommens vom 5. Oktober 1961 über das auf die Form letztwilliger Verfügungen anzuwendende Recht sind, in Bezug auf die Formgültigkeit von Testamenten und gemeinschaftlichen Testamenten anstelle des Artikels 27 dieser Verordnung weiterhin die Bestimmungen dieses Übereinkommens an.

(2) Ungeachtet des Absatzes 1 hat diese Verordnung jedoch im Verhältnis zwischen den Mitgliedstaaten Vorrang vor ausschließlich zwischen zwei oder mehreren von ihnen geschlossenen Übereinkünften, soweit diese Bereiche betreffen, die in dieser Verordnung geregelt sind.

(3) Diese Verordnung steht der Anwendung des Übereinkommens vom 19. November 1934 zwischen Dänemark, Finnland, Island, Norwegen und Schweden mit Bestimmungen des Internationalen Privatrechts über Rechtsnachfolge von Todes wegen, Testamente und Nachlassverwaltung in der geänderten Fassung der zwischenstaatlichen Vereinbarung zwischen diesen Staaten vom 1. Juni 2012 durch die ihm angehörenden Mitgliedstaaten nicht entgegen, soweit dieses Übereinkommen Folgendes vorsieht:

a) Vorschriften über die verfahrensrechtlichen Aspekte der Nachlassverwaltung im Sinne der in dem Übereinkommen enthaltenen Begriffsbestimmung und die diesbezügliche Unterstützung durch die Behörden der dem Übereinkommen angehörenden Staaten und

b) vereinfachte und beschleunigte Verfahren für die Anerkennung und Vollstreckung von Entscheidungen in Erbsachen.

Art. 76 Verhältnis zur Verordnung (EG) Nr. 1346/2000[1]) des Rates. Diese Verordnung lässt die Anwendung der Verordnung (EG) Nr. 1346/2000[1]) des Rates vom 29. Mai 2000 über Insolvenzverfahren[2]) unberührt.

Art. 77[3]) Informationen für die Öffentlichkeit. Die Mitgliedstaaten übermitteln der Kommission eine kurze Zusammenfassung ihrer innerstaatlichen erbrechtlichen Vorschriften und Verfahren, einschließlich Informationen zu der Art von Behörde, die für Erbsachen zuständig ist, sowie zu der Art von Behörde, die für die Entgegennahme von Erklärungen über die Annahme oder die Ausschlagung der Erbschaft, eines Vermächtnisses oder eines Pflichtteils zuständig ist, damit die betreffenden Informationen der Öffentlichkeit im Rahmen des Europäischen Justiziellen Netzes für Zivil- und Handelssachen zur Verfügung gestellt werden können.

Die Mitgliedstaaten stellen auch Merkblätter bereit, in denen alle Urkunden und/oder Angaben aufgeführt sind, die für die Eintragung einer in ihrem Hoheitsgebiet belegenen unbeweglichen Sache im Regelfall erforderlich sind.

Die Mitgliedstaaten halten die Informationen stets auf dem neuesten Stand.

Art. 78[3]) [4]) Informationen zu Kontaktdaten und Verfahren. (1) Die Mitgliedstaaten teilen der Kommission bis zum 16. November 2014 mit:

a) die Namen und Kontaktdaten der für Anträge auf Vollstreckbarerklärung gemäß Artikel 45 Absatz 1 und für Rechtsbehelfe gegen Entscheidungen über derartige Anträge gemäß Artikel 50 Absatz 2 zuständigen Gerichte oder Behörden;

b) die in Artikel 51 genannten Rechtsbehelfe gegen die Entscheidung über den Rechtsbehelf;

c) die einschlägigen Informationen zu den Behörden, die für die Ausstellung des Zeugnisses nach Artikel 64 zuständig sind, und

d) die in Artikel 72 genannten Rechtsbehelfe.

Die Mitgliedstaaten unterrichten die Kommission über spätere Änderungen dieser Informationen.

(2) Die Kommission veröffentlicht die nach Absatz 1 übermittelten Informationen im *Amtsblatt der Europäischen Union*, mit Ausnahme der Anschriften und sonstigen Kontaktdaten der unter Absatz 1 Buchstabe a genannten Gerichte und Behörden.

(3) Die Kommission stellt der Öffentlichkeit alle nach Absatz 1 übermittelten Informationen auf andere geeignete Weise, insbesondere über das Europäische Justizielle Netz für Zivil- und Handelssachen, zur Verfügung.

Art. 79[3]) Erstellung und spätere Änderung der Liste der in Artikel 3 Absatz 2 vorgesehenen Informationen. (1) Die Kommission erstellt anhand der Mitteilungen der Mitgliedstaaten die Liste der in Artikel 3 Absatz 2 genannten sonstigen Behörden und Angehörigen von Rechtsberufen.

---

1) Auszugsweise abgedruckt unter Nr. **110 b**.

2) **Amtl. Anm.:** ABl. L 160 vom 30. 6. 2000, S. 1.

3) Beachte zum Inkrafttreten Art. 84 UAbs. 2.

4) Art. 78 Abs. 1 UAbs. 1 einl. Satzteil ber. ABl. 2013 Nr. L 60 S. 140.

(2) [1] Die Mitgliedstaaten teilen der Kommission spätere Änderungen der in dieser Liste enthaltenen Angaben mit. [2] Die Kommission ändert die Liste entsprechend.

(3) Die Kommission veröffentlicht die Liste und etwaige spätere Änderungen im *Amtsblatt der Europäischen Union*.

(4) Die Kommission stellt der Öffentlichkeit alle nach den Absätzen 1 und 2 mitgeteilten Informationen auf andere geeignete Weise, insbesondere über das Europäische Justizielle Netz für Zivil- und Handelssachen, zur Verfügung.

Art. 80[1)] **Erstellung und spätere Änderung der Bescheinigungen und der Formblätter nach den Artikeln 46, 59, 60, 61, 65 und 67.** [1] Die Kommission erlässt Durchführungsrechtsakte zur Erstellung und späteren Änderung der Bescheinigungen und der Formblätter nach den Artikeln 46, 59, 60, 61, 65 und 67. [2] Diese Durchführungsrechtsakte werden nach dem in Artikel 81 Absatz 2 genannten Beratungsverfahren angenommen.

Art. 81[1)] **Ausschussverfahren.** (1) [1] Die Kommission wird von einem Ausschuss unterstützt. [2] Dieser Ausschuss ist ein Ausschuss im Sinne der Verordnung (EU) Nr. 182/2011.

(2) Wird auf diesen Absatz Bezug genommen, so gilt Artikel 4 der Verordnung (EU) Nr. 182/2011.

Art. 82 Überprüfung. [1] Die Kommission legt dem Europäischen Parlament, dem Rat und dem Europäischen Wirtschafts- und Sozialausschuss bis 18. August 2025 einen Bericht über die Anwendung dieser Verordnung vor, der auch eine Evaluierung der etwaigen praktischen Probleme enthält, die in Bezug auf die parallele außergerichtliche Beilegung von Erbstreitigkeiten in verschiedenen Mitgliedstaaten oder eine außergerichtliche Beilegung in einem Mitgliedstaat parallel zu einem gerichtlichen Vergleich in einem anderen Mitgliedstaat aufgetreten sind. [2] Dem Bericht werden gegebenenfalls Änderungsvorschläge beigefügt.

Art. 83[2)] **Übergangsbestimmungen.** (1) Diese Verordnung findet auf die Rechtsnachfolge von Personen Anwendung, die am 17. August 2015 oder danach verstorben sind.

(2) Hatte der Erblasser das auf seine Rechtsnachfolge von Todes wegen anzuwendende Recht vor dem 17. August 2015 gewählt, so ist diese Rechtswahl wirksam, wenn sie die Voraussetzungen des Kapitels III erfüllt oder wenn sie nach den zum Zeitpunkt der Rechtswahl geltenden Vorschriften des Internationalen Privatrechts in dem Staat, in dem der Erblasser seinen gewöhnlichen Aufenthalt hatte, oder in einem Staat, dessen Staatsangehörigkeit er besaß, wirksam ist.

(3) Eine vor dem 17. August 2015 errichtete Verfügung von Todes wegen ist zulässig sowie materiell und formell wirksam, wenn sie die Voraussetzungen des Kapitels III erfüllt oder wenn sie nach den zum Zeitpunkt der Errichtung der Verfügung geltenden Vorschriften des Internationalen Privatrechts in dem

---

1) Beachte zum Inkrafttreten Art. 84 UAbs. 2.

2) Art. 83 Abs. 3 ber. ABl. 2013 Nr. L 41 S. 16.

Staat, in dem der Erblasser seinen gewöhnlichen Aufenthalt hatte, oder in einem Staat, dessen Staatsangehörigkeit er besaß, oder in dem Mitgliedstaat, dessen Behörde mit der Erbsache befasst ist, zulässig sowie materiell und formell wirksam ist.

(4) Wurde eine Verfügung von Todes wegen vor dem 17. August 2015 nach dem Recht errichtet, welches der Erblasser gemäß dieser Verordnung hätte wählen können, so gilt dieses Recht als das auf die Rechtsfolge von Todes wegen anzuwendende gewählte Recht.

Art. 84[1] Inkrafttreten. Diese Verordnung tritt am zwanzigsten Tag nach ihrer Veröffentlichung[2] im *Amtsblatt der Europäischen Union* in Kraft.

Sie gilt ab dem 17. August 2015, mit Ausnahme der Artikel 77 und 78, die ab dem 16. November 2014 gelten, und der Artikel 79, 80 und 81, die ab dem 5. Juli 2012 gelten.

Diese Verordnung ist in allen ihren Teilen verbindlich und gilt gemäß den Verträgen unmittelbar in den Mitgliedstaaten.

---

[1] Art. 84 Abs. 2 ber. ABl. Nr. L 344 S. 3.
[2] Veröffentlicht am 27. 7. 2012.

29a. Gesetz zur Regelung der Rechtsverhältnisse der Prostituierten (Prostitutionsgesetz – ProstG)[1)]

Vom 20. Dezember 2001
(BGBl. I S. 3983)

FNA 402-39

Lfd. Nr.	Änderndes Gesetz	Datum	Fundstelle	Betroffen	Hinweis
1.	Art. 2 G zur Regulierung des Prostitutionsgewerbes	21.10. 2016	BGBl. I S. 2372	§ 3	neu gef. mWv 1.7.2017

§ 1 [Rechtswirksame Forderung] [1] Sind sexuelle Handlungen gegen ein vorher vereinbartes Entgelt vorgenommen worden, so begründet diese Vereinbarung eine rechtswirksame Forderung. [2] Das Gleiche gilt, wenn sich eine Person, insbesondere im Rahmen eines Beschäftigungsverhältnisses, für die Erbringung derartiger Handlungen gegen ein vorher vereinbartes Entgelt für eine bestimmte Zeitdauer bereithält.

§ 2 [Abtretung der Forderung; Geltendmachung] [1] Die Forderung kann nicht abgetreten und nur im eigenen Namen geltend gemacht werden. [2] Gegen eine Forderung gemäß § 1 Satz 1 kann nur die vollständige, gegen eine Forderung nach § 1 Satz 2 auch die teilweise Nichterfüllung, soweit sie die vereinbarte Zeitdauer betrifft, eingewendet werden. [3] Mit Ausnahme des Erfüllungseinwandes gemäß des § 362 des Bürgerlichen Gesetzbuchs[2)] und der Einrede der Verjährung sind weitere Einwendungen und Einreden ausgeschlossen.

§ 3[3)] [Beschäftigung im Sinne des Sozialversicherungsrechts] (1) Weisungen, die das Ob, die Art oder das Ausmaß der Erbringung sexueller Dienstleistungen vorschreiben, sind unzulässig.

(2) Bei Prostituierten steht das eingeschränkte Weisungsrecht im Rahmen einer abhängigen Tätigkeit nicht der Annahme einer Beschäftigung im Sinne des Sozialversicherungsrechts entgegen.

[1)] Verkündet als Art. 1 G v. 20.12.2001 (BGBl. I S. 3983); Inkrafttreten gem. Art. 3 dieses G am 1.1. 2002.

[2)] **Habersack, Deutsche Gesetze Nr. 20.**

[3)] § 3 neu gef. mWv 1.7.2017 durch G v. 21.10.2016 (BGBl. I S. 2372).

30a. Gesetz zur Regelung von Verträgen über Wohnraum mit Pflege- oder Betreuungsleistungen (Wohn- und Betreuungsvertragsgesetz – WBVG)[1]

Vom 29. Juli 2009
(BGBl. I S. 2319)

FNA 2170-6

Lfd. Nr.	Änderndes Gesetz	Datum	Fundstelle	Betroffen	Hinweis
1.	Art. 2 G zur Umsetzung der RL über alternative Streitbeilegung in Verbraucherangelegenheiten und zur Durchführung der VO über Online-Streitbeilegung in Verbraucherangelegenheiten[2]	19.2.2016	BGBl. I S. 254	Inhaltsübersicht, §§ 6, 17	geänd. mWv 1.4.2016
2.	Art. 20 Abs. 5 BundesteilhabeG	23.12.2016	BGBl. I S. 3234	§ 15	geänd. mWv 1.1.2020
3.	Art. 12 G zur Änd. des Neunten und des Zwölften Buches Sozialgesetzbuch und anderer Rechtsvorschriften	30.11.2019	BGBl.I S. 1948	§§ 7, 8, 9, 10, 14	geänd. mWv 1.1.2020

Inhaltsübersicht[3]

[1] Verkündet als Art. 1 G zur Neuregelung der zivilrechtlichen Vorschriften des HeimG nach der Föderalismusreform v. 29.7.2009 (BGBl. I S. 2319); Inkrafttreten gem. Art. 3 Satz 1 dieses G am 1.10. 2009.

[2] **Amtl. Anm.:** Dieses Gesetz dient der Umsetzung der Richtlinie 2013/11/EU des Europäischen Parlaments und des Rates vom 21. Mai 2013 über die alternative Beilegung verbraucherrechtlicher Streitigkeiten und zur Änderung der Verordnung (EG) Nr. 2006/2004 und der Richtlinie 2009/22/EG (Richtlinie über alternative Streitbeilegung in Verbraucherangelegenheiten) (ABl. L 165 vom 18.6.2013, S. 63).

[3] Inhaltsübersicht geänd. mWv 1.4.2016 durch G v. 19.2.2016 (BGBl. I S. 254).

§ 1 Anwendungsbereich. (1) [1] Dieses Gesetz ist anzuwenden auf einen Vertrag zwischen einem Unternehmer und einem volljährigen Verbraucher, in dem sich der Unternehmer zur Überlassung von Wohnraum und zur Erbringung von Pflege- oder Betreuungsleistungen verpflichtet, die der Bewältigung eines durch Alter, Pflegebedürftigkeit oder Behinderung bedingten Hilfebedarfs dienen. [2] Unerheblich ist, ob die Pflege- oder Betreuungsleistungen nach den vertraglichen Vereinbarungen vom Unternehmer zur Verfügung gestellt oder vorgehalten werden. [3] Das Gesetz ist nicht anzuwenden, wenn der Vertrag neben der Überlassung von Wohnraum ausschließlich die Erbringung von allgemeinen Unterstützungsleistungen wie die Vermittlung von Pflege- oder Betreuungsleistungen, Leistungen der hauswirtschaftlichen Versorgung oder Notrufdienste zum Gegenstand hat.

(2) [1] Dieses Gesetz ist entsprechend anzuwenden, wenn die vom Unternehmer geschuldeten Leistungen Gegenstand verschiedener Verträge sind und

1. der Bestand des Vertrags über die Überlassung von Wohnraum von dem Bestand des Vertrags über die Erbringung von Pflege- oder Betreuungsleistungen abhängig ist,
2. der Verbraucher an dem Vertrag über die Überlassung von Wohnraum nach den vertraglichen Vereinbarungen nicht unabhängig von dem Vertrag über die Erbringung von Pflege- oder Betreuungsleistungen festhalten kann oder
3. der Unternehmer den Abschluss des Vertrags über die Überlassung von Wohnraum von dem Abschluss des Vertrags über die Erbringung von Pflege- oder Betreuungsleistungen tatsächlich abhängig macht.

[2] Dies gilt auch, wenn in den Fällen des Satzes 1 die Leistungen von verschiedenen Unternehmern geschuldet werden, es sei denn, diese sind nicht rechtlich oder wirtschaftlich miteinander verbunden.

§ 2 Ausnahmen vom Anwendungsbereich. Dieses Gesetz ist nicht anzuwenden auf Verträge über

1. Leistungen der Krankenhäuser, Vorsorge- oder Rehabilitationseinrichtungen im Sinne des § 107 des Fünften Buches Sozialgesetzbuch,
2. Leistungen der Internate der Berufsbildungs- und Berufsförderungswerke,
3. Leistungen im Sinne des § 41 des Achten Buches Sozialgesetzbuch[1)],
4. Leistungen, die im Rahmen von Kur- oder Erholungsaufenthalten erbracht werden.

§ 3 Informationspflichten vor Vertragsschluss. (1) Der Unternehmer hat den Verbraucher rechtzeitig vor Abgabe von dessen Vertragserklärung in Textform und in leicht verständlicher Sprache über sein allgemeines Leistungsangebot und über den wesentlichen Inhalt seiner für den Verbraucher in Betracht kommenden Leistungen zu informieren.

(2) Zur Information des Unternehmers über sein allgemeines Leistungsangebot gehört die Darstellung

1. der Ausstattung und Lage des Gebäudes, in dem sich der Wohnraum befindet, sowie der dem gemeinschaftlichen Gebrauch dienenden Anlagen und

[1)] Nr. **46**.

Einrichtungen, zu denen der Verbraucher Zugang hat, und gegebenenfalls ihrer Nutzungsbedingungen,
2. der darin enthaltenen Leistungen nach Art, Inhalt und Umfang,
3. der Ergebnisse der Qualitätsprüfungen, soweit sie nach § 115 Absatz 1a Satz 1 des Elften Buches Sozialgesetzbuch oder nach landesrechtlichen Vorschriften zu veröffentlichen sind.

(3) [1] Zur Information über die für den Verbraucher in Betracht kommenden Leistungen gehört die Darstellung
1. des Wohnraums, der Pflege- oder Betreuungsleistungen, gegebenenfalls der Verpflegung als Teil der Betreuungsleistungen sowie der einzelnen weiteren Leistungen nach Art, Inhalt und Umfang,
2. des den Pflege- oder Betreuungsleistungen zugrunde liegenden Leistungskonzepts,
3. der für die in Nummer 1 benannten Leistungen jeweils zu zahlenden Entgelte, der nach § 82 Absatz 3 und 4 des Elften Buches Sozialgesetzbuch gesondert berechenbaren Investitionskosten sowie des Gesamtentgelts,
4. der Voraussetzungen für mögliche Leistungs- und Entgeltveränderungen,
5. des Umfangs und der Folgen eines Ausschlusses der Angebotspflicht nach § 8 Absatz 4, wenn ein solcher Ausschluss vereinbart werden soll.

[2] Die Darstellung nach Satz 1 Nummer 5 muss in hervorgehobener Form erfolgen.

(4) [1] Erfüllt der Unternehmer seine Informationspflichten nach den Absätzen 1 bis 3 nicht, ist § 6 Absatz 2 Satz 2 und 3 entsprechend anzuwenden. [2] Weitergehende zivilrechtliche Ansprüche des Verbrauchers bleiben unberührt.

(5) Die sich aus anderen Gesetzen ergebenden Informationspflichten bleiben unberührt.

§ 4 Vertragsschluss und Vertragsdauer. (1) [1] Der Vertrag wird auf unbestimmte Zeit geschlossen. [2] Die Vereinbarung einer Befristung ist zulässig, wenn die Befristung den Interessen des Verbrauchers nicht widerspricht. [3] Ist die vereinbarte Befristung nach Satz 2 unzulässig, gilt der Vertrag für unbestimmte Zeit, sofern nicht der Verbraucher seinen entgegenstehenden Willen innerhalb von zwei Wochen nach Ende der vereinbarten Vertragsdauer dem Unternehmer erklärt.

(2) [1] War der Verbraucher bei Abschluss des Vertrags geschäftsunfähig, so hängt die Wirksamkeit des Vertrags von der Genehmigung eines Bevollmächtigten oder Betreuers ab. [2] § 108 Absatz 2 des Bürgerlichen Gesetzbuchs[1)] ist entsprechend anzuwenden. [3] In Ansehung einer bereits bewirkten Leistung und deren Gegenleistung gilt der Vertrag als wirksam geschlossen. [4] Solange der Vertrag nicht wirksam geschlossen worden ist, kann der Unternehmer das Vertragsverhältnis nur aus wichtigem Grund für gelöst erklären; die §§ 12 und 13 Absatz 2 und 4 sind entsprechend anzuwenden.

(3) [1] Mit dem Tod des Verbrauchers endet das Vertragsverhältnis zwischen ihm und dem Unternehmer. [2] Die vertraglichen Bestimmungen hinsichtlich der Behandlung des in den Räumen oder in Verwahrung des Unternehmers

---

[1)] **Schönfelder Nr. 20.**

befindlichen Nachlasses des Verbrauchers bleiben wirksam. [3] Eine Fortgeltung des Vertrags kann für die Überlassung des Wohnraums gegen Fortzahlung der darauf entfallenden Entgeltbestandteile vereinbart werden, soweit ein Zeitraum von zwei Wochen nach dem Sterbetag des Verbrauchers nicht überschritten wird. [4] In diesen Fällen ermäßigt sich das geschuldete Entgelt um den Wert der ersparten Aufwendungen des Unternehmers.

§ 5 Wechsel der Vertragsparteien. (1) [1] Mit Personen, die mit dem Verbraucher einen auf Dauer angelegten gemeinsamen Haushalt führen und nicht Vertragspartner des Unternehmers hinsichtlich der Überlassung des Wohnraums sind, wird das Vertragsverhältnis beim Tod des Verbrauchers hinsichtlich der Überlassung des Wohnraums gegen Zahlung der darauf entfallenden Entgeltbestandteile bis zum Ablauf des dritten Kalendermonats nach dem Sterbetag des Verbrauchers fortgesetzt. [2] Erklären Personen, mit denen das Vertragsverhältnis fortgesetzt wurde, innerhalb von vier Wochen nach dem Sterbetag des Verbrauchers dem Unternehmer, dass sie das Vertragsverhältnis nicht fortsetzen wollen, gilt die Fortsetzung des Vertragsverhältnisses als nicht erfolgt. [3] Ist das Vertragsverhältnis mit mehreren Personen fortgesetzt worden, so kann jeder die Erklärung für sich abgeben.

(2) Wird der überlassene Wohnraum nach Beginn des Vertragsverhältnisses von dem Unternehmer an einen Dritten veräußert, gelten für die Rechte und Pflichten des Erwerbers hinsichtlich der Überlassung des Wohnraums die §§ 566 bis 567b des Bürgerlichen Gesetzbuchs[1)] entsprechend.

§ 6[2)] Schriftform und Vertragsinhalt. (1) [1] Der Vertrag ist schriftlich abzuschließen. [2] Der Abschluss des Vertrags in elektronischer Form ist ausgeschlossen. [3] Der Unternehmer hat dem Verbraucher eine Ausfertigung des Vertrags auszuhändigen.

(2) [1] Wird der Vertrag nicht in schriftlicher Form geschlossen, sind zu Lasten des Verbrauchers von den gesetzlichen Regelungen abweichende Vereinbarungen unwirksam, auch wenn sie durch andere Vorschriften dieses Gesetzes zugelassen werden; im Übrigen bleibt der Vertrag wirksam. [2] Der Verbraucher kann den Vertrag jederzeit ohne Einhaltung einer Frist kündigen. [3] Ist der schriftliche Vertragsschluss im Interesse des Verbrauchers unterblieben, insbesondere weil zum Zeitpunkt des Vertragsschlusses beim Verbraucher Gründe vorlagen, die ihn an der schriftlichen Abgabe seiner Vertragserklärung hinderten, muss der schriftliche Vertragsschluss unverzüglich nachgeholt werden.

(3) Der Vertrag muss mindestens

1. die Leistungen des Unternehmers nach Art, Inhalt und Umfang einzeln beschreiben,
2. die für diese Leistungen jeweils zu zahlenden Entgelte, getrennt nach Überlassung des Wohnraums, Pflege- oder Betreuungsleistungen, gegebenenfalls Verpflegung als Teil der Betreuungsleistungen sowie den einzelnen weiteren Leistungen, die nach § 82 Absatz 3 und 4 des Elften Buches Sozialgesetzbuch gesondert berechenbaren Investitionskosten und das Gesamtentgelt angeben,

---

[1)] **Schönfelder Nr. 20.**

[2)] § 6 Abs. 3 Nr. 3 geänd., Nr. 4 angef. mWv 1.4.2016 durch G v. 19.2.2016 (BGBl. I S. 254).

3. die Informationen des Unternehmers nach § 3 als Vertragsgrundlage benennen und mögliche Abweichungen von den vorvertraglichen Informationen gesondert kenntlich machen,
4. die Informationen nach § 36 Absatz 1 des Verbraucherstreitbeilegungsgesetzes[1] vom 19. Februar 2016 (BGBl. I S. 254) geben; dies gilt auch, wenn der Unternehmer keine Webseite unterhält oder keine Allgemeinen Geschäftsbedingungen verwendet.

§ 7[2] Leistungspflichten. (1) Der Unternehmer ist verpflichtet, dem Verbraucher den Wohnraum in einem zum vertragsgemäßen Gebrauch geeigneten Zustand zu überlassen und während der vereinbarten Vertragsdauer in diesem Zustand zu erhalten sowie die vertraglich vereinbarten Pflege- oder Betreuungsleistungen nach dem allgemein anerkannten Stand fachlicher Erkenntnisse zu erbringen.

(2) [1] Der Verbraucher hat das vereinbarte Entgelt zu zahlen, soweit dieses insgesamt und nach seinen Bestandteilen im Verhältnis zu den Leistungen angemessen ist. [2] In Verträgen mit Verbrauchern, die Leistungen nach dem Elften Buch Sozialgesetzbuch in Anspruch nehmen, gilt die aufgrund der Bestimmungen des Siebten und Achten Kapitels des Elften Buches Sozialgesetzbuch festgelegte Höhe des Entgelts als vereinbart und angemessen. [3] In Verträgen mit Verbrauchern, denen Hilfe in Einrichtungen nach dem Zwölften Buch Sozialgesetzbuch gewährt wird, gilt die aufgrund des Zehnten Kapitels des Zwölften Buches Sozialgesetzbuch festgelegte Höhe des Entgelts als vereinbart und angemessen. [4] In Verträgen mit Verbrauchern, die Leistungen nach Teil 2 des Neunten Buches Sozialgesetzbuch in Anspruch nehmen, gilt die aufgrund der Bestimmungen des Teils 2 Kapitel 8 des Neunten Buches Sozialgesetzbuch festgelegte Höhe des Entgelts für diese Leistungen als vereinbart und angemessen.

(3) [1] Der Unternehmer hat das Entgelt sowie die Entgeltbestandteile für die Verbraucher nach einheitlichen Grundsätzen zu bemessen. [2] Eine Differenzierung ist zulässig, soweit eine öffentliche Förderung von betriebsnotwendigen Investitionsaufwendungen nur für einen Teil der Einrichtung erfolgt ist. [3] Sie ist auch insofern zulässig, als Vergütungsvereinbarungen nach dem Zehnten Kapitel des Zwölften Buches Sozialgesetzbuch über Investitionsbeträge oder gesondert berechenbare Investitionskosten getroffen worden sind.

(4) Werden Leistungen unmittelbar zu Lasten eines Sozialleistungsträgers erbracht, ist der Unternehmer verpflichtet, den Verbraucher unverzüglich schriftlich unter Mitteilung des Kostenanteils hierauf hinzuweisen.

(5) [1] Soweit der Verbraucher länger als drei Tage abwesend ist, muss sich der Unternehmer den Wert der dadurch ersparten Aufwendungen auf seinen Entgeltanspruch anrechnen lassen. [2] Im Vertrag kann eine Pauschalierung des Anrechnungsbetrags vereinbart werden. [3] In Verträgen mit Verbrauchern, die Leistungen nach dem Elften Buch Sozialgesetzbuch in Anspruch nehmen, ergibt sich die Höhe des Anrechnungsbetrags aus den in § 87a Absatz 1 Satz 7 des Elften Buches Sozialgesetzbuch genannten Vereinbarungen.

---

[1] Nr. **107**.
[2] § 7 Abs. 2 Satz 4 angef. mWv 1.1.2020 durch G v. 30.11.2019 (BGBl. I S. 1948).

§ 8[1] Vertragsanpassung bei Änderung des Pflege- oder Betreuungsbedarfs. (1) [1]Ändert sich der Pflege- oder Betreuungsbedarf des Verbrauchers, muss der Unternehmer eine entsprechende Anpassung der Leistungen anbieten. [2]Der Verbraucher kann das Angebot auch teilweise annehmen. [3]Die Leistungspflicht des Unternehmers und das vom Verbraucher zu zahlende angemessene Entgelt erhöhen oder verringern sich in dem Umfang, in dem der Verbraucher das Angebot angenommen hat.

(2) [1]In Verträgen mit Verbrauchern, die Leistungen nach dem Elften Buch Sozialgesetzbuch in Anspruch nehmen oder denen Hilfe in Einrichtungen nach dem Zwölften Buch Sozialgesetzbuch gewährt wird, ist der Unternehmer berechtigt, bei einer Änderung des Pflege- oder Betreuungsbedarfs des Verbrauchers den Vertrag nach Maßgabe des Absatzes 1 Satz 3 durch einseitige Erklärung anzupassen. [2]Absatz 3 ist entsprechend anzuwenden.

(3) Der Unternehmer hat das Angebot zur Anpassung des Vertrags dem Verbraucher durch Gegenüberstellung der bisherigen und der angebotenen Leistungen sowie der dafür jeweils zu entrichtenden Entgelte schriftlich darzustellen und zu begründen.

(4) [1]Der Unternehmer kann die Pflicht, eine Anpassung anzubieten, durch gesonderte Vereinbarung mit dem Verbraucher bei Vertragsschluss ganz oder teilweise ausschließen. [2]Der Ausschluss ist nur wirksam, soweit der Unternehmer unter Berücksichtigung des dem Vertrag zugrunde gelegten Leistungskonzepts daran ein berechtigtes Interesse hat und dieses in der Vereinbarung begründet. [3]Die Belange von Menschen mit Behinderungen sind besonders zu berücksichtigen. [4]Die Vereinbarung bedarf zu ihrer Wirksamkeit der Schriftform; die elektronische Form ist ausgeschlossen.

§ 9[2] Entgelterhöhung bei Änderung der Berechnungsgrundlage.

(1) [1]Der Unternehmer kann eine Erhöhung des Entgelts verlangen, wenn sich die bisherige Berechnungsgrundlage verändert. [2]Neben dem erhöhten Entgelt muss auch die Erhöhung selbst angemessen sein. [3]Satz 2 gilt nicht für die in § 7 Absatz 2 Satz 2 bis 4 genannten Fälle. [4]Entgelterhöhungen aufgrund von Investitionsaufwendungen sind nur zulässig, soweit sie nach der Art des Betriebs notwendig sind und nicht durch öffentliche Förderung gedeckt werden.

(2) [1]Der Unternehmer hat dem Verbraucher die beabsichtigte Erhöhung des Entgelts schriftlich mitzuteilen und zu begründen. [2]Aus der Mitteilung muss der Zeitpunkt hervorgehen, zu dem der Unternehmer die Erhöhung des Entgelts verlangt. [3]In der Begründung muss er unter Angabe des Umlagemaßstabs die Positionen benennen, für die sich durch die veränderte Berechnungsgrundlage Kostensteigerungen ergeben, und die bisherigen Entgeltbestandteile den vorgesehenen neuen Entgeltbestandteilen gegenüberstellen. [4]Der Verbraucher schuldet das erhöhte Entgelt frühestens vier Wochen nach Zugang des hinreichend begründeten Erhöhungsverlangens. [5]Der Verbraucher muss rechtzeitig Gelegenheit erhalten, die Angaben des Unternehmers durch Einsichtnahme in die Kalkulationsunterlagen zu überprüfen.

[1] § 8 Abs. 4 Satz 3 neu gef. mWv 1.1.2020 durch G v. 30.11.2019 (BGBl. I S. 1948).
[2] § 9Abs. 1 Satz 3 neu gef. mWv 1.1.2020 durch G v. 30.11.2019 (BGBl. I S. 1948).

§ 10[1] Nichtleistung oder Schlechtleistung. (1) Erbringt der Unternehmer die vertraglichen Leistungen ganz oder teilweise nicht oder weisen sie nicht unerhebliche Mängel auf, kann der Verbraucher unbeschadet weitergehender zivilrechtlicher Ansprüche bis zu sechs Monate rückwirkend eine angemessene Kürzung des vereinbarten Entgelts verlangen.

(2) Zeigt sich während der Vertragsdauer ein Mangel des Wohnraums oder wird eine Maßnahme zum Schutz des Wohnraums gegen eine nicht vorhergesehene Gefahr erforderlich, so hat der Verbraucher dies dem Unternehmer unverzüglich anzuzeigen.

(3) Soweit der Unternehmer infolge einer schuldhaften Unterlassung der Anzeige nach Absatz 2 nicht Abhilfe schaffen konnte, ist der Verbraucher nicht berechtigt, sein Kürzungsrecht nach Absatz 1 geltend zu machen.

(4) Absatz 1 ist nicht anzuwenden, soweit nach § 115 Absatz 3 des Elften Buches Sozialgesetzbuch wegen desselben Sachverhalts ein Kürzungsbetrag vereinbart oder festgesetzt worden ist.

(5) [1] Bei Verbrauchern, denen Hilfe in Einrichtungen nach dem Zwölften Buch Sozialgesetzbuch gewährt wird, steht der Kürzungsbetrag nach Absatz 1 bis zur Höhe der erbrachten Leistungen vorrangig dem Träger der Sozialhilfe zu. [2] Verbrauchern, die Leistungen nach dem Elften Buch Sozialgesetzbuch in Anspruch nehmen, steht der Kürzungsbetrag bis zur Höhe ihres Eigenanteils selbst zu; ein überschießender Betrag ist an die Pflegekasse auszuzahlen. [3] Bei Verbrauchern, die Leistungen nach Teil 2 des Neunten Buches Sozialgesetzbuch in Anspruch nehmen, steht der Kürzungsbetrag nach Absatz 1 bis zur Höhe der erbrachten Leistungen vorrangig dem Träger der Eingliederungshilfe zu.

§ 11 Kündigung durch den Verbraucher. (1) [1] Der Verbraucher kann den Vertrag spätestens am dritten Werktag eines Kalendermonats zum Ablauf desselben Monats schriftlich kündigen. [2] Bei einer Erhöhung des Entgelts ist eine Kündigung jederzeit zu dem Zeitpunkt möglich, zu dem der Unternehmer die Erhöhung des Entgelts verlangt. [3] In den Fällen des § 1 Absatz 2 Satz 1 Nummer 1 und 2 kann der Verbraucher nur alle Verträge einheitlich kündigen. [4] Bei Verträgen im Sinne des § 1 Absatz 2 Satz 2 hat der Verbraucher die Kündigung dann gegenüber allen Unternehmern zu erklären.

(2) [1] Innerhalb von zwei Wochen nach Beginn des Vertragsverhältnisses kann der Verbraucher jederzeit ohne Einhaltung einer Frist kündigen. [2] Wird dem Verbraucher erst nach Beginn des Vertragsverhältnisses eine Ausfertigung des Vertrags ausgehändigt, kann der Verbraucher auch noch bis zum Ablauf von zwei Wochen nach der Aushändigung kündigen.

(3) Der Verbraucher kann den Vertrag aus wichtigem Grund jederzeit ohne Einhaltung einer Kündigungsfrist kündigen, wenn ihm die Fortsetzung des Vertrags bis zum Ablauf der Kündigungsfrist nicht zuzumuten ist.

(4) [1] Die Absätze 2 und 3 sind in den Fällen des § 1 Absatz 2 auf jeden der Verträge gesondert anzuwenden. [2] Kann der Verbraucher hiernach einen Vertrag kündigen, ist er auch zur Kündigung der anderen Verträge berechtigt. [3] Er hat dann die Kündigung einheitlich für alle Verträge und zu demselben Zeit-

---

[1] § 10 Abs. 5 Satz 3 angef. mWv 1.1.2020 durch G v. 30.11.2019 (BGBl. I S. 1948).

punkt zu erklären. [4]Bei Verträgen im Sinne des § 1 Absatz 2 Satz 2 hat der Verbraucher die Kündigung gegenüber allen Unternehmern zu erklären.

(5) [1]Kündigt der Unternehmer in den Fällen des § 1 Absatz 2 einen Vertrag, kann der Verbraucher zu demselben Zeitpunkt alle anderen Verträge kündigen. [2]Die Kündigung muss unverzüglich nach Zugang der Kündigungserklärung des Unternehmers erfolgen. [3]Absatz 4 Satz 3 und 4 ist entsprechend anzuwenden.

§ 12 Kündigung durch den Unternehmer. (1) [1]Der Unternehmer kann den Vertrag nur aus wichtigem Grund kündigen. [2]Die Kündigung bedarf der Schriftform und ist zu begründen. [3]Ein wichtiger Grund liegt insbesondere vor, wenn

1. der Unternehmer den Betrieb einstellt, wesentlich einschränkt oder in seiner Art verändert und die Fortsetzung des Vertrags für den Unternehmer eine unzumutbare Härte bedeuten würde,
2. der Unternehmer eine fachgerechte Pflege- oder Betreuungsleistung nicht erbringen kann, weil
   a) der Verbraucher eine vom Unternehmer angebotene Anpassung der Leistungen nach § 8 Absatz 1 nicht annimmt oder
   b) der Unternehmer eine Anpassung der Leistungen aufgrund eines Ausschlusses nach § 8 Absatz 4 nicht anbietet

   und dem Unternehmer deshalb ein Festhalten an dem Vertrag nicht zumutbar ist,
3. der Verbraucher seine vertraglichen Pflichten schuldhaft so gröblich verletzt, dass dem Unternehmer die Fortsetzung des Vertrags nicht mehr zugemutet werden kann, oder
4. der Verbraucher
   a) für zwei aufeinander folgende Termine mit der Entrichtung des Entgelts oder eines Teils des Entgelts, der das Entgelt für einen Monat übersteigt, im Verzug ist oder
   b) in einem Zeitraum, der sich über mehr als zwei Termine erstreckt, mit der Entrichtung des Entgelts in Höhe eines Betrags in Verzug gekommen ist, der das Entgelt für zwei Monate erreicht.

[4]Eine Kündigung des Vertrags zum Zwecke der Erhöhung des Entgelts ist ausgeschlossen.

(2) Der Unternehmer kann aus dem Grund des Absatzes 1 Satz 3 Nummer 2 Buchstabe a nur kündigen, wenn er zuvor dem Verbraucher gegenüber sein Angebot nach § 8 Absatz 1 Satz 1 unter Bestimmung einer angemessenen Annahmefrist und unter Hinweis auf die beabsichtigte Kündigung erneuert hat und der Kündigungsgrund durch eine Annahme des Verbrauchers im Sinne des § 8 Absatz 1 Satz 2 nicht entfallen ist.

(3) [1]Der Unternehmer kann aus dem Grund des Absatzes 1 Satz 3 Nummer 4 nur kündigen, wenn er zuvor dem Verbraucher unter Hinweis auf die beabsichtigte Kündigung erfolglos eine angemessene Zahlungsfrist gesetzt hat. [2]Ist der Verbraucher in den Fällen des Absatzes 1 Satz 3 Nummer 4 mit der Entrichtung des Entgelts für die Überlassung von Wohnraum in Rückstand geraten, ist die Kündigung ausgeschlossen, wenn der Unternehmer vorher

befriedigt wird. [3]Die Kündigung wird unwirksam, wenn der Unternehmer bis zum Ablauf von zwei Monaten nach Eintritt der Rechtshängigkeit des Räumungsanspruchs hinsichtlich des fälligen Entgelts befriedigt wird oder eine öffentliche Stelle sich zur Befriedigung verpflichtet.

(4) [1]In den Fällen des Absatzes 1 Satz 3 Nummer 2 bis 4 kann der Unternehmer den Vertrag ohne Einhaltung einer Frist kündigen. [2]Im Übrigen ist eine Kündigung bis zum dritten Werktag eines Kalendermonats zum Ablauf des nächsten Monats zulässig.

(5) [1]Die Absätze 1 bis 4 sind in den Fällen des § 1 Absatz 2 auf jeden der Verträge gesondert anzuwenden. [2]Der Unternehmer kann in den Fällen des § 1 Absatz 2 einen Vertrag auch dann kündigen, wenn ein anderer Vertrag gekündigt wird und ihm deshalb ein Festhalten an dem Vertrag unter Berücksichtigung der berechtigten Interessen des Verbrauchers nicht zumutbar ist. [3]Er kann sein Kündigungsrecht nur unverzüglich nach Kenntnis von der Kündigung des anderen Vertrags ausüben. [4]Dies gilt unabhängig davon, ob die Kündigung des anderen Vertrags durch ihn, einen anderen Unternehmer oder durch den Verbraucher erfolgt ist.

§ 13 Nachweis von Leistungsersatz und Übernahme von Umzugskosten. (1) [1]Hat der Verbraucher nach § 11 Absatz 3 Satz 1 aufgrund eines vom Unternehmer zu vertretenden Kündigungsgrundes gekündigt, ist der Unternehmer dem Verbraucher auf dessen Verlangen zum Nachweis eines angemessenen Leistungsersatzes zu zumutbaren Bedingungen und zur Übernahme der Umzugskosten in angemessenem Umfang verpflichtet. [2]§ 115 Absatz 4 des Elften Buches Sozialgesetzbuch bleibt unberührt.

(2) [1]Hat der Unternehmer nach § 12 Absatz 1 Satz 1 aus den Gründen des § 12 Absatz 1 Satz 3 Nummer 1 oder nach § 12 Absatz 5 gekündigt, so hat er dem Verbraucher auf dessen Verlangen einen angemessenen Leistungsersatz zu zumutbaren Bedingungen nachzuweisen. [2]In den Fällen des § 12 Absatz 1 Satz 3 Nummer 1 hat der Unternehmer auch die Kosten des Umzugs in angemessenem Umfang zu tragen.

(3) Der Verbraucher kann den Nachweis eines angemessenen Leistungsersatzes zu zumutbaren Bedingungen nach Absatz 1 auch dann verlangen, wenn er noch nicht gekündigt hat.

(4) [1]Wird in den Fällen des § 1 Absatz 2 ein Vertrag gekündigt, gelten die Absätze 1 bis 3 entsprechend. [2]Der Unternehmer hat die Kosten des Umzugs in angemessenem Umfang nur zu tragen, wenn ein Vertrag über die Überlassung von Wohnraum gekündigt wird. [3]Werden mehrere Verträge gekündigt, kann der Verbraucher den Nachweis eines angemessenen Leistungsersatzes zu zumutbaren Bedingungen und unter der Voraussetzung des Satzes 2 auch die Übernahme der Umzugskosten von jedem Unternehmer fordern, dessen Vertrag gekündigt ist. [4]Die Unternehmer haften als Gesamtschuldner.

§ 14[1)] Sicherheitsleistungen. (1) [1]Der Unternehmer kann von dem Verbraucher Sicherheiten für die Erfüllung seiner Pflichten aus dem Vertrag verlangen, wenn dies im Vertrag vereinbart ist. [2]Die Sicherheiten dürfen das

[1)] § 14 Abs. 4 Satz 2 eingef., bish. Satz 2 wird Satz 3 mWv 1.1.2020 durch G v. 30.11.2019 (BGBl. I S. 1948).

Doppelte des auf einen Monat entfallenden Entgelts nicht übersteigen. [3]Auf Verlangen des Verbrauchers können die Sicherheiten auch durch eine Garantie oder ein sonstiges Zahlungsversprechen eines im Geltungsbereich dieses Gesetzes zum Geschäftsbetrieb befugten Kreditinstituts oder Kreditversicherers oder einer öffentlich-rechtlichen Körperschaft geleistet werden.

(2) In den Fällen des § 1 Absatz 2 gilt Absatz 1 mit der Maßgabe, dass der Unternehmer von dem Verbraucher für die Erfüllung seiner Pflichten aus dem Vertrag nur Sicherheiten verlangen kann, soweit der Vertrag die Überlassung von Wohnraum betrifft.

(3) [1]Ist als Sicherheit eine Geldsumme bereitzustellen, so kann diese in drei gleichen monatlichen Teilleistungen erbracht werden. [2]Die erste Teilleistung ist zu Beginn des Vertragsverhältnisses fällig. [3]Der Unternehmer hat die Geldsumme von seinem Vermögen getrennt für jeden Verbraucher einzeln bei einem Kreditinstitut zu dem für Spareinlagen mit dreimonatiger Kündigungsfrist marktüblichen Zinssatz anzulegen. [4]Die Zinsen stehen, auch soweit ein höherer Zinssatz erzielt wird, dem Verbraucher zu und erhöhen die Sicherheit.

(4) [1]Von Verbrauchern, die Leistungen nach den §§ 42 und 43 des Elften Buches Sozialgesetzbuch in Anspruch nehmen, oder Verbrauchern, denen Hilfe in Einrichtungen nach dem Zwölften Buch Sozialgesetzbuch gewährt wird, kann der Unternehmer keine Sicherheiten nach Absatz 1 verlangen. [2]Von Verbrauchern, die Leistungen nach dem Dritten oder Vierten Kapitel des Zwölften Buches Sozialgesetzbuch erhalten und in einer besonderen Wohnform nach § 42a Absatz 2 Satz 1 Nummer 2 und Satz 3 des Zwölften Buches Sozialgesetzbuch leben, kann der Unternehmer keine Sicherheiten nach Absatz 1 verlangen, wenn das für die Überlassung von Wohnraum geschuldete Entgelt durch Direktzahlung des Sozialhilfeträgers an den Unternehmer geleistet wird. [3]Von Verbrauchern, die Leistungen im Sinne des § 36 Absatz 1 Satz 1 des Elften Buches Sozialgesetzbuch in Anspruch nehmen, kann der Unternehmer nur für die Erfüllung der die Überlassung von Wohnraum betreffenden Pflichten aus dem Vertrag Sicherheiten verlangen.

§ 15[1)] Besondere Bestimmungen bei Bezug von Sozialleistungen.

(1) [1]In Verträgen mit Verbrauchern, die Leistungen nach dem Elften Buch Sozialgesetzbuch in Anspruch nehmen, müssen die Vereinbarungen den Regelungen des Siebten und Achten Kapitels des Elften Buches Sozialgesetzbuch sowie den aufgrund des Siebten und Achten Kapitels des Elften Buches Sozialgesetzbuch getroffenen Regelungen entsprechen. [2]Vereinbarungen, die diesen Regelungen nicht entsprechen, sind unwirksam.

(2) [1]In Verträgen mit Verbrauchern, die Leistungen nach dem Zwölften Buch Sozialgesetzbuch in Anspruch nehmen, müssen die Vereinbarungen den aufgrund des Zehnten Kapitels des Zwölften Buches Sozialgesetzbuch getroffenen Regelungen entsprechen. [2]Absatz 1 Satz 2 ist entsprechend anzuwenden.

(3) [1]In Verträgen mit Verbrauchern, die Leistungen nach Teil 2 des Neunten Buches Sozialgesetzbuch in Anspruch nehmen, müssen die Vereinbarungen den aufgrund des Teils 2 Kapitel 8 des Neunten Buches Sozialgesetzbuch getroffenen Regelungen entsprechen. [2]Absatz 1 Satz 2 ist entsprechend anzuwenden.

---

1) § 15 Abs. 3 angef. mWv 1.1.2020 durch G v. 23.12.2016 (BGBl. I S. 3234).

§ 16 Unwirksamkeit abweichender Vereinbarungen. Von den Vorschriften dieses Gesetzes zum Nachteil des Verbrauchers abweichende Vereinbarungen sind unwirksam.

§ 17[1)] Übergangsvorschriften. (1) [1] Auf Heimverträge im Sinne des § 5 Absatz 1 Satz 1 des Heimgesetzes, die vor dem 1. Oktober 2009 geschlossenen worden sind, sind bis zum 30. April 2010 die §§ 5 bis 9 und 14 Absatz 2 Nummer 4, Absatz 4, 7 und 8 des Heimgesetzes in ihrer bis zum 30. September 2009 geltenden Fassung anzuwenden. [2] Ab dem 1. Mai 2010 richten sich die Rechte und Pflichten aus den in Satz 1 genannten Verträgen nach diesem Gesetz. [3] Der Unternehmer hat den Verbraucher vor der erforderlichen schriftlichen Anpassung eines Vertrags in entsprechender Anwendung des § 3 zu informieren.

(2) Auf die bis zum 30. September 2009 geschlossenen Verträge, die keine Heimverträge im Sinne des § 5 Absatz 1 Satz 1 des Heimgesetzes sind, ist dieses Gesetz nicht anzuwenden.

(3) § 6 Absatz 3 Nummer 4 gilt nur für nach dem 31. März 2016 geschlossene Verträge.

---

1) § 17 Überschrift geänd., Abs. 3 angef. mWv 1.4.2016 durch G v. 19.2.2016 (BGBl. I S. 254).

30b. Verordnung über wohnungswirtschaftliche Berechnungen (Zweite Berechnungsverordnung – II. BV)

In der Fassung der Bekanntmachung vom 12. Oktober 1990 (BGBl. I S. 2178)[1)·2)]

FNA 2330-2-2

Änderungen des Gesetzes

Lfd. Nr.	Änderndes Gesetz	Datum	Fundstelle	Geänderte Paragraphen	Art der Änderg.
1.	Vierte Verordnung zur Änderung wohnungsrechtlicher Vorschriften	13. 7. 1992	BGBl. I 1250	11 Abs. 6 Satz 1, 26 Abs. 2 und 3, 28 Abs. 2, Abs. 4 Sätze 2 bis 4, Abs. 5, 41 Abs. 2, Anlage 3 Nr. 2	geänd.
2.	Fünfte Verordnung zur Änderung wohnungsrechtlicher Vorschriften	23. 7. 1996	BGBl. I 1167	28 Abs. 2, Abs. 4 Sätze 2 und 3, Abs. 5 28 Abs. 4 Satz 4	geänd. aufgeh.
3.	Gesetz zur Neugliederung, Vereinfachung und Reform des Mietrechts (Mietrechtsreformgesetz)	19. 6. 2001	BGBl. I 1149	31 Abs. 1 Satz 1, Abs. 2, 40c Abs. 5 Satz 1	geänd.
4.	Gesetz zur Reform des Wohnungsbaurechts	13. 9. 2001	BGBl. I 2376	8 Abs. 3 Nrn. 1 bis 9, 26 Abs. 2 und 3, 28 Abs. 2 Sätze 1 bis 3, Abs. 3 Satz 1, Abs. 4 Satz 2, Abs. 5, 41 Abs. 2, Anlage 3 Nr. 2 26 Abs. 4, 28 Abs. 5a, 41 Abs. 2 Satz 2 28 Abs. 4 Satz 3 Bish. § 28 Abs. 4 Satz 4 wird Satz 3	geänd. eingef. aufgeh.
5.	Verordnung zur Berechnung der Wohnfläche, über die Aufstellung von Betriebskosten und zur Änderung anderer Verordnungen	25. 11. 2003	BGBl. I 2346	Inhaltsübersicht, 11 Abs. 6, 26 Abs. 4, 27 Abs. 1 Satz 2, 41 Abs. 3 Satz 1 Nrn. 1 und 3, Satz 2 Nr. 2, 42 43, 44, Anlage 3	geänd. aufgeh.
6.	Zweites Gesetz über die Bereinigung von Bundesrecht im Zuständigkeitsbereich des Bundesministeriums der Justiz	23. 11. 2007	BGBl. I 2614	23 Abs. 2 Satz 3	geänd.

1) Die VO gilt gemäß § 49 nicht im Saarland.

2) Neubekanntmachung d. II. BV v. 5. 4. 1984 (BGBl. I S. 553) in der seit 29. 8. 1990 geltenden Fassung.

Inhaltsübersicht[1]

Teil I. Allgemeine Vorschriften

Teil II. Wirtschaftlichkeitsberechnung

Erster Abschnitt. Gegenstand, Gliederung und Aufstellung der Berechnung

Zweiter Abschnitt. Berechnung der Gesamtkosten

Dritter Abschnitt. Finanzierungsplan

Vierter Abschnitt. Laufende Aufwendungen und Erträge

Fünfter Abschnitt. Besondere Arten der Wirtschaftlichkeitsberechnung

---

[1] Inhaltsübersicht geänd. mWv 1. 1. 2004 durch Art. 3 VO v. 25. 11. 2003 (BGBl. I S. 2346).

Teil III. Lastenberechnung

Teil IV. Wohnflächenberechnung

(Fortsetzung nächstes Blatt)

Teil V. Schluß- und Überleitungsvorschriften §§

Anlagen

Teil I. Allgemeine Vorschriften

§ 1. Anwendungsbereich der Verordnung. (1) Diese Verordnung ist anzuwenden, wenn

1. die Wirtschaftlichkeit, Belastung, Wohnfläche oder der angemessene Kaufpreis für öffentlich geförderten Wohnraum
bei Anwendung des Zweiten Wohnungsbaugesetzes oder des Wohnungsbindungsgesetzes,
2. die Wirtschaftlichkeit, Belastung oder Wohnfläche für steuerbegünstigten oder freifinanzierten Wohnraum
bei Anwendung des Zweiten Wohnungsbaugesetzes,
3. die Wirtschaftlichkeit, Wohnfläche oder der angemessene Kaufpreis
bei Anwendung der Verordnung zur Durchführung des Wohnungsgemeinnützigkeitsgesetzes

zu berechnen ist.

(2) [1]Diese Verordnung ist ferner anzuwenden, wenn in anderen Rechtsvorschriften die Anwendung vorgeschrieben oder vorausgesetzt ist. [2]Das gleiche gilt, wenn in anderen Rechtsvorschriften die Anwendung der Ersten Berechnungsverordnung vorgeschrieben oder vorausgesetzt ist.

§§ 1 a bis 1 d. (weggefallen)

Teil II. Wirtschaftlichkeitsberechnung

Erster Abschnitt. Gegenstand, Gliederung und Aufstellung der Berechnung

§ 2. Gegenstand der Berechnung. (1) [1]Die Wirtschaftlichkeit von Wohnraum wird durch eine Berechnung (Wirtschaftlichkeitsberechnung) ermittelt. [2]In ihr sind die laufenden Aufwendungen zu ermitteln und den Erträgen gegenüberzustellen.

(2) [1]Die Wirtschaftlichkeitsberechnung ist für das Gebäude, das den Wohnraum enthält, aufzustellen. [2]Sie ist für eine Mehrheit solcher Gebäude aufzustellen, wenn sie eine Wirtschaftseinheit bilden. [3]Eine Wirtschaftseinheit ist

eine Mehrheit von Gebäuden, die demselben Eigentümer gehören, in örtlichem Zusammenhang stehen und deren Errichtung ein einheitlicher Finanzierungsplan zugrunde gelegt worden ist oder zugrunde gelegt werden soll. [4] Ob der Errichtung einer Mehrheit von Gebäuden ein einheitlicher Finanzierungsplan zugrunde gelegt werden soll, bestimmt der Bauherr. [5] Im öffentlich geförderten sozialen Wohnungsbau kann die Bewilligungsstelle die Bewilligung öffentlicher Mittel davon abhängig machen, daß der Bauherr eine andere Bestimmung über den Gegenstand der Berechnung trifft. [6] Wird eine Wirtschaftseinheit in der Weise aufgeteilt, daß eine Mehrheit von Gebäuden bleibt, die demselben Eigentümer gehören und in örtlichem Zusammenhang stehen, so entsteht insoweit eine neue Wirtschaftseinheit.

(3) [1] In die Wirtschaftlichkeitsberechnung sind außer dem Gebäude oder der Wirtschaftseinheit auch zugehörige Nebengebäude, Anlagen und Einrichtungen sowie das Baugrundstück einzubeziehen. [2] Das Baugrundstück besteht aus den überbauten und den dazugehörigen Flächen, soweit sie einen angemessenen Umfang nicht überschreiten; bei einer Kleinsiedlung gehört auch die Landzulage dazu.

(4) Enthält das Gebäude oder die Wirtschaftseinheit neben dem Wohnraum, für den die Wirtschaftlichkeitsberechnung aufzustellen ist, noch anderen Raum, so ist die Wirtschaftlichkeitsberechnung unter den Voraussetzungen und nach Maßgabe des Fünften Abschnittes als Teilwirtschaftlichkeitsberechnung oder als Gesamtwirtschaftlichkeitsberechnung oder mit Teilberechnungen der laufenden Aufwendungen aufzustellen.

(5) [1] Ist die Wirtschaftseinheit aufgeteilt worden, so sind Wirtschaftlichkeitsberechnungen, die nach der Aufteilung aufzustellen sind, für die einzelnen Gebäude oder, wenn neue Wirtschaftseinheiten entstanden sind, für die neuen Wirtschaftseinheiten aufzustellen; Entsprechendes gilt, wenn die Wirtschaftseinheit aufgeteilt werden soll und im Hinblick hierauf Wirtschaftlichkeitsberechnungen aufgestellt werden. [2] Auf die Aufstellung der Wirtschaftlichkeitsberechnungen sind die Vorschriften über die Teilwirtschaftlichkeitsberechnung sinngemäß anzuwenden, soweit nicht eine andere Aufteilung aus besonderen Gründen angemessen ist; im öffentlich geförderten sozialen Wohnungsbau bedarf die Wahl einer anderen Aufteilung der Zustimmung der Bewilligungsstelle. [3] Ist Wohnungseigentum an den Wohnungen einer Wirtschaftseinheit oder eines Gebäudes begründet, ist die Wirtschaftlichkeitsberechnung entsprechend Satz 2 für die einzelnen Wohnungen aufzustellen.

(6) [1] Im öffentlich geförderten sozialen Wohnungsbau dürfen mehrere Gebäude, mehrere Wirtschaftseinheiten oder mehrere Gebäude und Wirtschaftseinheiten nachträglich zu einer Wirtschaftseinheit zusammengefaßt werden, sofern sie demselben Eigentümer gehören, in örtlichem Zusammenhang stehen und die Wohnungen keine wesentlichen Unterschiede in ihrem Wohnwert aufweisen. [2] Die Zusammenfassung bedarf der Zustimmung der Bewilligungsstelle. [3] Sie darf nur erteilt werden, wenn öffentlich geförderte Wohnungen in sämtlichen Gebäuden vorhanden sind. [4] In die Wirtschaftlichkeitsberechnungen, die nach der Zusammenfassung aufgestellt werden, sind die bisherigen Gesamtkosten, Finanzierungsmittel und laufenden Aufwendungen zu übernehmen. [5] Die öffentlichen Mittel gelten als für sämtliche öffentlich geförderten Wohnungen der zusammengefaßten Wirtschaftseinheit bewilligt.

(7) Absatz 6 gilt entsprechend im steuerbegünstigten oder freifinanzierten Wohnungsbau, der mit Wohnungsfürsorgemitteln gefördert worden ist. Anstelle der Zustimmung der Bewilligungsstelle ist die Zustimmung des Darlehns- oder Zuschußgebers erforderlich.

(8) Gelten nach § 15 Abs. 2 Satz 2 oder § 16 Abs. 2 oder 7 des Wohnungsbindungsgesetzes eine oder mehrere Wohnungen eines Gebäudes oder einer Wirtschaftseinheit nicht mehr als öffentlich gefördert, so bleibt für die übrigen Wohnungen die bisherige Wirtschaftlichkeitsberechnung mit den zulässigen Ansätzen für Gesamtkosten, Finanzierungsmittel und laufende Aufwendungen in der Weise maßgebend, wie sie für alle bisherigen öffentlich geförderten Wohnungen des Gebäudes oder der Wirtschaftseinheit maßgebend gewesen wäre.

§ 3. Gliederung der Berechnung. Die Wirtschaftlichkeitsberechnung muß enthalten

1. die Grundstücks- und Gebäudebeschreibung,
2. die Berechnung der Gesamtkosten,
3. den Finanzierungsplan,
4. die laufenden Aufwendungen und die Erträge.

§ 4. Maßgebende Verhältnisse für die Aufstellung der Berechnung.

(1) [1] Ist im öffentlich geförderten sozialen Wohnungsbau der Bewilligung der öffentlichen Mittel eine Wirtschaftlichkeitsberechnung zugrunde zu legen, so ist die Wirtschaftlichkeitsberechnung nach den Verhältnissen aufzustellen, die beim Antrag auf Bewilligung öffentlicher Mittel bestehen. [2] Haben sich die Verhältnisse bis zur Bewilligung der öffentlichen Mittel geändert, so kann die Bewilligungsstelle der Bewilligung die geänderten Verhältnisse zugrunde legen; sie hat sie zugrunde zu legen, wenn der Bauherr es beantragt.

(2) Ist im öffentlich geförderten sozialen Wohnungsbau der Bewilligung der öffentlichen Mittel eine Wirtschaftlichkeitsberechnung nicht zugrunde gelegt worden, wohl aber eine ähnliche Berechnung oder eine Berechnung der Gesamtkosten und Finanzierungsmittel, so ist die Wirtschaftlichkeitsberechnung nach den Verhältnissen aufzustellen, die der Bewilligung auf Grund dieser Berechnung zugrunde gelegt worden sind; soweit dies nicht geschehen ist, ist die Wirtschaftlichkeitsberechnung nach den Verhältnissen aufzustellen, die bei der Bewilligung der öffentlichen Mittel bestanden haben.

(3) Ist im öffentlich geförderten sozialen Wohnungsbau der Bewilligung der öffentlichen Mittel eine Wirtschaftlichkeitsberechnung oder eine Berechnung der in Absatz 2 bezeichneten Art nicht zugrunde gelegt worden, so ist die Wirtschaftlichkeitsberechnung nach den Verhältnissen aufzustellen, die bei der Bewilligung der öffentlichen Mittel bestanden haben.

(4) Im steuerbegünstigten Wohnungsbau ist die Wirtschaftlichkeitsberechnung nach den Verhältnissen bei Bezugsfertigkeit aufzustellen.

§ 4a. Berücksichtigung von Änderungen bei Aufstellung der Berechnung. (1) [1] Ist im öffentlich geförderten sozialen Wohnungsbau der Bewilligung der öffentlichen Mittel eine Wirtschaftlichkeitsberechnung zugrunde gelegt worden, so sind die Gesamtkosten, Finanzierungsmittel oder laufenden Aufwendungen, die bei der Bewilligung auf Grund dieser Berechnung zugrunde gelegt worden sind, in eine spätere Wirtschaftlichkeitsberechnung zu übernehmen, es sei denn, daß

1. sie sich nach der Bewilligung der öffentlichen Mittel geändert haben und ein anderer Ansatz in dieser Verordnung vorgeschrieben ist oder
2. nach der Bewilligung der öffentlichen Mittel bauliche Änderungen vorgenommen worden sind und ein anderer Ansatz in dieser Verordnung vorgeschrieben oder zugelassen ist oder
3. laufende Aufwendungen nicht oder nur in geringerer Höhe, als in dieser Verordnung vorgeschrieben oder zugelassen ist, in Anspruch genommen oder anerkannt worden sind oder auf ihren Ansatz ganz oder teilweise verzichtet worden ist oder
4. der Ansatz von laufenden Aufwendungen nach dieser Verordnung nicht mehr oder nur in geringerer Höhe zulässig ist.

2 In den Fällen der Nummern 3 und 4 bleiben die Gesamtkosten und die Finanzierungsmittel unverändert. 3 Nummer 3 ist erst nach dem Ablauf von 6 Jahren seit der Bezugsfertigkeit der Wohnungen anzuwenden, es sei denn, daß eine andere Frist bei der Bewilligung der öffentlichen Mittel vereinbart worden ist.

(2) Ist im öffentlich geförderten sozialen Wohnungsbau der Bewilligung der öffentlichen Mittel eine Wirtschaftlichkeitsberechnung nicht zugrunde gelegt worden, wohl aber eine ähnliche Berechnung oder eine Berechnung der Gesamtkosten und Finanzierungsmittel, so gilt Absatz 1 entsprechend, soweit bei der Bewilligung auf Grund dieser Berechnung Gesamtkosten, Finanzierungsmittel oder laufende Aufwendungen zugrunde gelegt worden sind; im übrigen gilt Absatz 3 entsprechend.

(3) Ist im öffentlich geförderten sozialen Wohnungsbau der Bewilligung der öffentlichen Mittel eine Wirtschaftlichkeitsberechnung oder eine Berechnung der in Absatz 2 bezeichneten Art nicht zugrunde gelegt worden und haben sich die Gesamtkosten, Finanzierungsmittel oder laufenden Aufwendungen nach der Bewilligung der öffentlichen Mittel geändert oder sind danach bauliche Änderungen vorgenommen worden, so dürfen diese Änderungen nur berücksichtigt werden, soweit es sich bei entsprechender Anwendung der Vorschriften dieser Verordnung, die die Änderung von Gesamtkosten, Finanzierungsmitteln oder laufenden Aufwendungen oder die bauliche Änderungen zum Gegenstand haben, ergibt.

(4) Haben sich im steuerbegünstigten Wohnungsbau die Gesamtkosten, Finanzierungsmittel oder laufenden Aufwendungen nach der Bezugsfertigkeit geändert oder sind bauliche Änderungen vorgenommen worden, so dürfen diese Änderungen nur berücksichtigt werden, soweit es in dieser Verordnung vorgeschrieben oder zugelassen ist.

(5) Soweit eine Berücksichtigung geänderter Verhältnisse nach dieser Verordnung nicht zulässig ist, bleiben die Verhältnisse im Zeitpunkt nach § 4 maßgebend.

§ 4b. Berechnung für steuerbegünstigten Wohnraum, der mit Aufwendungszuschüssen oder Aufwendungsdarlehen gefördert ist. (1) 1 Ist die Wirtschaftlichkeit für steuerbegünstigte Wohnungen, die mit Aufwendungszuschüssen oder Aufwendungsdarlehen nach § 88 des Zweiten Wohnungsbaugesetzes gefördert worden sind, zu berechnen, so sind die Vorschriften für öffentlich geförderte Wohnungen entsprechend anzuwenden. [2]Bei der entsprechenden Anwendung von § 4 Abs. 1 sind die Verhältnisse im Zeitpunkt der Bewilligung der Aufwendungszuschüsse oder Aufwendungsdarlehen zugrunde zu legen.

(2) Sind die in Absatz 1 bezeichneten Wohnungen auch mit einem Darlehen oder einem Zuschuß aus Wohnungsfürsorgemitteln gefördert worden, so sind die Vorschriften für steuerbegünstigte Wohnungen mit den Maßgaben aus § 6 Abs. 1 Satz 4 und § 20 Abs. 3 anzuwenden.

§ 4c. Berechnung des angemessenen Kaufpreises aus den Gesamtkosten. [1]Ist in Fällen des § 1 Abs. 1 Nr. 1 oder Nr. 3 der angemessene Kaufpreis zu berechnen, so sind die Vorschriften der §§ 4 und 4a bei der Ermittlung der Gesamtkosten, der Kosten des Baugrundstücks oder der Baukosten entsprechend anzuwenden, soweit sich aus § 54a Abs. 2 Satz 2 letzter Halbsatz des Zweiten Wohnungsbaugesetzes oder aus § 14 Abs. 2 Satz 3 der Durchführungsverordnung zum Wohnungsgemeinnützigkeitsgesetz nichts anderes ergibt. [2]Im übrigen sind die Gesamtkosten, die Kosten des Baugrundstücks und die Baukosten nach den §§ 5 bis 11a zu ermitteln.

Zweiter Abschnitt. Berechnung der Gesamtkosten

§ 5. Gliederung der Gesamtkosten. (1) Gesamtkosten sind die Kosten des Baugrundstücks und die Baukosten.

(2) [1]Kosten des Baugrundstücks sind der Wert des Baugrundstücks, die Erwerbskosten und die Erschließungskosten. [2]Kosten, die im Zusammenhang mit einer das Baugrundstück betreffenden freiwilligen oder gesetzlich geregelten Umlegung, Zusammenlegung oder Grenzregelung (Bodenordnung) entstehen, gehören zu den Erwerbskosten, außer den Kosten der dem Bauherrn dabei obliegenden Verwaltungsleistungen. [3]Bei einem Erbbaugrundstück sind Kosten des Baugrundstücks nur die dem Erbbauberechtigten entstehenden Erwerbs- und Erschließungskosten; zu den Erwerbskosten des Erbbaurechts gehört auch ein Entgelt, das der Erbbauberechtigte einmalig für die Bestellung oder Übertragung des Erbbaurechts zu entrichten hat, soweit es angemessen ist.

(3) [1]Baukosten sind die Kosten der Gebäude, die Kosten der Außenanlagen, die Baunebenkosten, die Kosten besonderer Betriebseinrichtungen sowie die Kosten des Gerätes und sonstiger Wirtschaftsausstattungen. [2]Wird der Wert verwendeter Gebäudeteile angesetzt, so ist er unter den Baukosten gesondert auszuweisen.

(4) Baunebenkosten sind

1. die Kosten der Architekten- und Ingenieurleistungen,
2. die Kosten der dem Bauherrn obliegenden Verwaltungsleistungen bei Vorbereitung und Durchführung des Bauvorhabens,
3. die Kosten der Behördenleistungen bei Vorbereitung und Durchführung des Bauvorhabens, soweit sie nicht Erwerbskosten sind,
4. die Kosten der Beschaffung der Finanzierungsmittel, die Kosten der Zwischenfinanzierung und, soweit sie auf die Bauzeit fallen, die Kapitalkosten und die Steuerbelastungen des Baugrundstücks,

5. die Kosten der Beschaffung von Darlehen und Zuschüssen zur Deckung von laufenden Aufwendungen, Fremdkapitalkosten, Annuitäten und Bewirtschaftungskosten,
6. sonstige Nebenkosten bei Vorbereitung und Durchführung des Bauvorhabens.

(5) Der Ermittlung der Gesamtkosten ist die dieser Verordnung beigefügte Anlage 1 „Aufstellung der Gesamtkosten" zugrunde zu legen.

§ 6. Kosten des Baugrundstücks. (1) 1 Als Wert des Baugrundstücks darf höchstens angesetzt werden,

1. wenn das Baugrundstück dem Bauherrn zur Förderung des Wohnungsbaues unter dem Verkehrswert überlassen worden ist, der Kaufpreis,
2. wenn das Baugrundstück durch Enteignung zur Durchführung des Bauvorhabens vom Bauherrn erworben worden ist, die Entschädigung,
3. in anderen Fällen der Verkehrswert in dem nach § 4 maßgebenden Zeitpunkt oder der Kaufpreis, es sei denn, daß er unangemessen hoch gewesen ist.

2 Für den Begriff des Verkehrswertes gilt § 194 des Baugesetzbuchs. Im steuerbegünstigten Wohnungsbau dürfen neben dem Verkehrswert Kosten der Zwischenfinanzierung, Kapitalkosten und Steuerbelastungen des Baugrundstücks, die auf die Bauzeit fallen, nicht angesetzt werden. 3 Ist die Wirtschaftlichkeitsberechnung nach § 87a des Zweiten Wohnungsbaugesetzes aufzustellen, so darf der Bauherr den Wert des Baugrundstücks nach Satz 1 ansetzen, soweit nicht mit dem Darlehns- oder Zuschußgeber vertraglich ein anderer Ansatz vereinbart ist.

(2) 1 Bei Ausbau durch Umwandlung oder Umbau darf als Wert des Baugrundstücks höchstens der Verkehrswert vergleichbarer unbebauter Grundstücke für Wohngebäude in dem nach § 4 maßgebenden Zeitpunkt angesetzt werden. 2 Der Wert des Baugrundstücks darf nicht angesetzt werden beim Ausbau durch Umbau einer Wohnung, deren Bau bereits mit öffentlichen Mitteln oder mit Wohnungsfürsorgemitteln gefördert worden ist.

(3) Soweit Preisvorschriften in dem nach § 4 maßgebenden Zeitpunkt bestanden haben, dürfen höchstens die danach zulässigen Preise zugrunde gelegt werden.

(4) Erwerbskosten und Erschließungskosten dürfen, vorbehaltlich der §§ 9 und 10, nur angesetzt werden, soweit sie tatsächlich entstehen oder mit ihrem Entstehen sicher gerechnet werden kann.

(5) 1 Wird die Erschließung im Zusammenhang mit dem Bauvorhaben durchgeführt, so darf außer den Erschließungskosten nur der Wert des nicht erschlossenen Baugrundstücks nach Absatz 1 angesetzt werden. 2 Ist die Erschließung bereits vorher ganz oder teilweise durchgeführt worden, so kann der Wert des ganz oder teilweise erschlossenen Baugrundstücks nach Absatz 1 angesetzt werden, wenn ein Ansatz von Erschließungskosten insoweit unterbleibt.

(6) Liegt das Baugrundstück in dem nach § 4 maßgebenden Zeitpunkt in einem nach dem Städtebauförderungsgesetz oder dem Baugesetzbuch förmlich festgelegten Sanierungsgebiet, Ersatzgebiet, Ergänzungsgebiet oder Entwicklungsbereich und wird die Maßnahme nicht im vereinfachten Verfahren

durchgeführt, dürfen abweichend von Absatz 1 Satz 1 und den Absätzen 2, 4 und 5 als Wert des Baugrundstücks und an Stelle der Erschließungskosten höchstens angesetzt werden

1. der Wert, der sich für das unbebaute Grundstück ergeben würde, wenn eine Sanierung oder Entwicklung weder beabsichtigt noch durchgeführt worden wäre, der Kaufpreis für ein nach der förmlichen Festlegung erworbenes Grundstück, soweit er zulässig gewesen ist, oder, wenn eine Umlegung nach Maßgabe des § 16 des Städtebauförderungsgesetzes oder des § 153 Abs. 5 des Baugesetzbuches durchgeführt worden ist, der Verkehrswert, der der Zuteilung des Grundstücks zugrunde gelegt worden ist,
2. der Ausgleichsbetrag, der für das Grundstück zu entrichten ist,
3. der Betrag, der auf den Ausgleichsbetrag angerechnet wird, soweit die Anrechnung nicht auf Umständen beruht, die in dem nach Nummer 1 angesetzten Wert des Grundstücks berücksichtigt sind.

§ 7. Baukosten. (1) [1]Baukosten dürfen nur angesetzt werden, soweit sie tatsächlich entstehen oder mit ihrem Entstehen sicher gerechnet werden kann und soweit sie bei gewissenhafter Abwägung aller Umstände, bei wirtschaftlicher Bauausführung und bei ordentlicher Geschäftsführung gerechtfertigt sind. [2]Kosten entstehen tatsächlich in der Höhe, in der der Bauherr eine Vergütung für Bauleistungen zu entrichten hat; ein Barzahlungsnachlaß (Skonto) braucht nicht abgesetzt zu werden, soweit er handelsüblich ist. [3]Die Vorschriften der §§ 9 und 10 bleiben unberührt.

(2) [1]Bei Wiederaufbau und bei Ausbau durch Umwandlung oder Umbau eines Gebäudes gehört zu den Baukosten auch der Wert der verwendeten Gebäudeteile. [2]Der Wert der verwendeten Gebäudeteile ist mit dem Betrage anzusetzen, der einem Unternehmer für die Bauleistungen im Rahmen der Kosten des Gebäudes zu entrichten wäre, wenn an Stelle des Wiederaufbaues oder des Ausbaues ein Neubau durchgeführt würde, abzüglich der Kosten des Gebäudes, die für den Wiederaufbau oder den Ausbau tatsächlich entstehen oder mit deren Entstehen sicher gerechnet werden kann. [3]Bei der Ermittlung der Kosten eines vergleichbaren Neubaues dürfen verwendete Gebäudeteile, die für einen Neubau nicht erforderlich gewesen wären, nicht berücksichtigt werden. [4]Bei Wiederaufbau ist der Restbetrag der auf dem Grundstück ruhenden Hypothekengewinnabgabe von dem nach den Sätzen 2 und 3 ermittelten Wert der verwendeten Gebäudeteile mit dem Betrage abzuziehen, der sich vor Herabsetzung der Abgabeschulden nach § 104 des Lastenausgleichsgesetzes für den Herabsetzungsstichtag ergibt. [5]§ 6 Abs. 2 Satz 2 ist auf den Wert der verwendeten Gebäudeteile entsprechend anzuwenden.

(3) Bei Wiederherstellung, Ausbau eines Gebäudeteils und Erweiterung darf der Wert der verwendeten Gebäudeteile nur nach dem Fünften Abschnitt angesetzt werden.

§ 8.[1] Baunebenkosten. (1) [1]Auf die Ansätze für die Kosten der Architekten, Ingenieure und anderer Sonderfachleute, die Kosten der Verwaltungsleistungen bei Vorbereitung und Durchführung des Bauvorhabens und die damit zusammenhängenden Nebenkosten ist § 7 Abs. 1 anzuwenden. [2]Als Kosten der Ar-

[1] § 8 Abs. 3 Satz 1 geänd. durch Art. 8 G v. 13. 9. 2001 (BGBl. I S. 2376).

chitekten- und Ingenieurleistungen dürfen höchstens die Beträge angesetzt werden, die sich nach Absatz 2 ergeben. [3]Als Kosten der Verwaltungsleistungen dürfen höchstens die Beträge angesetzt werden, die sich nach den Absätzen 3 bis 5 ergeben.

(2) [1]Der Berechnung des Höchstbetrages für die Kosten der Architekten- und Ingenieurleistungen sind die Teile I bis III und VII bis XII der Honorarordnung für Architekten und Ingenieure vom 17. September 1976 (BGBl. I S. 2805, 3616) in der jeweils geltenden Fassung zugrunde zu legen. [2]Dabei dürfen

1. das Entgelt für Grundleistungen nach den Mindestsätzen der Honorartafeln in den Honorarzonen der Teile II, VIII, X und XII bis einschließlich Honorarzone III und der Teile IX und XI bis einschließlich Honorarzone II,
2. die nachgewiesenen Nebenkosten und
3. die auf das ansetzbare Entgelt und die nachgewiesenen Nebenkosten fallende Umsatzsteuer

angesetzt werden. [3]Höhere Entgelte und Entgelte für andere Leistungen dürfen nur angesetzt werden, soweit die nach Satz 2 Nr. 1 zulässigen Ansätze den erforderlichen Leistungen nicht gerecht werden. [4]Die in Satz 3 bezeichneten Entgelte dürfen nur angesetzt werden, soweit

1. im öffentlich geförderten sozialen Wohnungsbau die Bewilligungsstelle,
2. im steuerbegünstigten oder freifinanzierten Wohnungsbau, der mit Wohnungsfürsorgemitteln gefördert worden ist, der Darlehns- oder Zuschußgeber

ihnen zugestimmt hat.

(3) [1]Der Berechnung des Höchstbetrages für die Kosten der Verwaltungsleistungen ist ein Vomhundertsatz der Baukosten ohne Baunebenkosten und, soweit der Bauherr die Erschließung auf eigene Rechnung durchführt, auch der Erschließungskosten zugrunde zu legen, und zwar bei Kosten in der Stufe

1. bis	127 822,97	Euro einschließlich	3,40 vom Hundert,
2. bis	255 645,94	Euro einschließlich	3,10 vom Hundert,
3. bis	511 291,88	Euro einschließlich	2,80 vom Hundert,
4. bis	818 067,01	Euro einschließlich	2,50 vom Hundert,
5. bis	1 278 229,70	Euro einschließlich	2,20 vom Hundert,
6. bis	1 789 521,58	Euro einschließlich	1,90 vom Hundert,
7. bis	2 556 459,41	Euro einschließlich	1,60 vom Hundert,
8. bis	3 579 043,17	Euro einschließlich	1,30 vom Hundert,
9. über	3 579 043,17	Euro einschließlich	1,00 vom Hundert.

[2]Die Vomhundertsätze erhöhen sich

1. um 0,5 im Falle der Betreuung des Baues von Eigenheimen, Eigensiedlungen und Eigentumswohnungen sowie im Falle des Baues von Kaufeigenheimen, Trägerkleinsiedlungen und Kaufeigentumswohnungen,
2. um 0,5, wenn besondere Maßnahmen zur Bodenordnung (§ 5 Abs. 2 Satz 2) notwendig sind,
3. um 0,5, wenn die Vorbereitung oder Durchführung des Bauvorhabens mit sonstigen besonderen Verwaltungsschwierigkeiten verbunden ist,
4. um 1,5, wenn für den Bau eines Familienheims oder einer eigengenutzten Eigentumswohnung Selbsthilfe in Höhe von mehr als 10 vom Hundert der Baukosten geleistet wird.

[3]Erhöhungen nach den Nummern 1, 2 und 3 sowie nach den Nummern 2 und 4 dürfen nebeneinander angesetzt werden. [4]Bei der Berechnung des Höchstbetrages für die Kosten von Verwaltungsleistungen, die bei baulichen Änderungen nach § 11 Abs. 4 bis 6 erbracht werden, sind Satz 1 und Satz 2 Nr. 3 entsprechend anzuwenden. [5]Neben dem Höchstbetrag darf die Umsatzsteuer angesetzt werden.

(4) [1]Statt des Höchstbetrages, der sich aus den nach Absatz 3 Satz 1 oder 4 maßgebenden Kosten und dem Vomhundertsatz der entsprechenden Kostenstufe ergibt, darf der Höchstbetrag der vorangehenden Kostenstufe gewählt werden. [2]Die aus Absatz 3 Satz 2 und 3 folgenden Erhöhungen werden in den Fällen des Absatzes 3 Satz 1 hinzugerechnet. [3]Absatz 3 Satz 5 gilt entsprechend.

(5) [1]Wird der angemessene Kaufpreis nach § 4c für Teile einer Wirtschaftseinheit aus den Gesamtkosten ermittelt, so sind für die Berechnung des Höchstbetrages nach den Absätzen 3 und 4 die Kosten für das einzelne Gebäude zugrunde zu legen; der Kostenansatz dient auch zur Deckung der Kosten der dem Bauherrn im Zusammenhang mit der Eigentumsübertragung obliegenden Verwaltungsleistungen. [2]Bei Eigentumswohnungen und Kaufeigentumswohnungen sind für die Berechnung der Kosten der Verwaltungsleistungen die Kosten für die einzelnen Wohnungen zugrunde zu legen.

(6) Der Kostenansatz nach den Absätzen 3 bis 5 dient auch zur Deckung der Kosten der Verwaltungsleistungen, die der Bauherr oder der Betreuer zur Beschaffung von Finanzierungsmitteln erbringt.

(7) Kosten der Beschaffung der Finanzierungsmittel dürfen nicht für den Nachweis oder die Vermittlung von Mitteln aus öffentlichen Haushalten angesetzt werden.

(8) [1]Als Kosten der Zwischenfinanzierung dürfen nur Kosten für Darlehen oder für eigene Mittel des Bauherrn angesetzt werden, deren Ersetzung durch zugesagte oder sicher in Aussicht stehende endgültige Finanzierungsmittel bereits bei dem Einsatz der Zwischenfinanzierungsmittel gewährleistet ist. [2]Eine Verzinsung der vom Bauherrn zur Zwischenfinanzierung eingesetzten eigenen Mittel darf höchstens mit dem marktüblichen Zinssatz für erste Hypotheken angesetzt werden. [3]Kosten der Zwischenfinanzierung dürfen, vorbehaltlich des § 11, nur angesetzt werden, soweit sie auf die Bauzeit bis zur Bezugsfertigkeit entfallen.

(9) [1]Auf die Eigenkapitalkosten in der Bauzeit ist § 20 entsprechend anzuwenden. [2]§ 6 Abs. 1 Satz 3 bleibt unberührt.

§ 9. Sach- und Arbeitsleistungen. (1) [1]Der Wert der Sach- und Arbeitsleistungen des Bauherrn, vor allem der Wert der Selbsthilfe, darf bei den Gesamtkosten mit dem Betrage angesetzt werden, der für eine gleichwertige Unternehmerleistung angesetzt werden könnte. [2]Der Wert der Architekten-, Ingenieur- und Verwaltungsleistungen des Bauherrn darf mit den nach § 8 Abs. 2 Satz 2 Nr. 1 und Abs. 3 bis 5 zulässigen Höchstbeträgen angesetzt werden. [3]Erbringt der Bauherr die Leistungen nur zu einem Teil, so darf nur der den Leistungen entsprechende Teil der Höchstbeträge als Eigenleistungen angesetzt werden.

(2) Absatz 1 gilt entsprechend für den Wert der Sach- und Arbeitsleistungen des Bewerbers um ein Kaufeigenheim, eine Trägerkleinsiedlung, eine Kaufei-

gentumswohnung und eine Genossenschaftswohnung sowie für den Wert der Sach- und Arbeitsleistungen des Mieters.

(3) Die Absätze 1 und 2 gelten entsprechend, wenn der Bauherr, der Bewerber oder der Mieter Sach- und Arbeitsleistungen mit eigenen Arbeitnehmern im Rahmen seiner gewerblichen oder unternehmerischen Tätigkeit oder auf Grund seines Berufes erbringt.

§ 10. Leistungen gegen Renten. (1) Sind als Entgelt für eine der Vorbereitung oder Durchführung des Bauvorhabens dienende Leistung eines Dritten wiederkehrende Leistungen zu entrichten, so darf der Wert der Leistung des Dritten bei den Gesamtkosten angesetzt werden,

1. wenn es sich um die Übereignung des Baugrundstücks handelt, mit dem Verkehrswert,
2. wenn es sich um eine andere Leistung handelt, mit dem Betrage, der für eine gleichwertige Unternehmerleistung angesetzt werden könnte.

(2) Absatz 1 gilt nicht für die Bestellung eines Erbbaurechts.

§ 11.[1] Änderung der Gesamtkosten, bauliche Änderungen. (1) [1]Haben sich die Gesamtkosten geändert

1. im öffentlich geförderten sozialen Wohnungsbau nach der Bewilligung der öffentlichen Mittel gegenüber dem bei der Bewilligung auf Grund der Wirtschaftlichkeitsberechnung zugrunde gelegten Betrag,
2. im steuerbegünstigten Wohnungsbau nach der Bezugsfertigkeit,

so sind in Wirtschaftlichkeitsberechnungen, die nach diesen Zeitpunkten aufgestellt werden, die geänderten Gesamtkosten anzusetzen. [2]Dies gilt bei einer Erhöhung der Gesamtkosten nur, wenn sie auf Umständen beruht, die der Bauherr nicht zu vertreten hat. [3]Bei öffentlich gefördertem Wohnraum, auf den das Zweite Wohnungsbaugesetz nicht anwendbar ist, dürfen erhöhte Gesamtkosten nur angesetzt werden, wenn sie in der Schlußabrechnung oder sonst von der Bewilligungsstelle anerkannt worden sind.

(2) Wertänderungen sind nicht als Änderungen der Gesamtkosten anzusehen.

(3) Die Gesamtkosten können sich dadurch erhöhen,

1. daß sich innerhalb von zwei Jahren nach der Bezugsfertigkeit Kosten der Zwischenfinanzierung ergeben, welche die für die endgültigen Finanzierungsmittel nach den §§ 19 bis 23a angesetzten Kapitalkosten übersteigen oder
2. daß bei einer Ersetzung von Finanzierungsmitteln durch andere Mittel nach § 12 Abs. 4 einmalige Kosten entstehen oder
3. daß durch die Verlängerung der vereinbarten Laufzeit oder durch die Anpassung der Bedingungen nach der vereinbarten Festzinsperiode eines im Finanzierungsplan ausgewiesenen Darlehens einmalige Kosten entstehen, soweit sie auch bei einer Ersetzung nach § 12 Abs. 4 entstehen würden.

---

[1] § 11 Abs. 6 neugef. mWv 1. 1. 2004 durch Art. 3 VO v. 25. 11. 2003 (BGBl. I S. 2346).

(4) [1]Sind

1. im öffentlich geförderten sozialen Wohnungsbau nach der Bewilligung der öffentlichen Mittel,
2. im steuerbegünstigten Wohnungsbau nach der Bezugsfertigkeit

bauliche Änderungen vorgenommen worden, so dürfen die durch die Änderungen entstehenden Kosten nach den Absätzen 5 und 6 den Gesamtkosten hinzugerechnet werden. [2]Erneuerungen, Instandhaltungen und Instandsetzungen sind keine baulichen Änderungen; jedoch fallen Instandsetzungen, die durch Maßnahmen der Modernisierung (Absatz 6) verursacht werden, unter die Modernisierung.

(5) Die Kosten von baulichen Änderungen dürfen den Gesamtkosten nur hinzugerechnet werden, soweit die Änderungen

1. auf Umständen beruhen, die der Bauherr nicht zu vertreten hat, oder eine Modernisierung (Absatz 6) bewirken und dem gesamten Wohnraum zugute kommen, für den eine Wirtschaftlichkeitsberechnung aufzustellen ist, oder
2. dem Ausbau eines Gebäudeteils oder der Erweiterung dienen und nicht Modernisierung sind, es sei denn, daß es sich nur um die Vergrößerung eines Teils der Wohnungen handelt, für die eine Wirtschaftlichkeitsberechnung aufzustellen ist.

(6) Modernisierung sind bauliche Maßnahmen, die den Gebrauchswert des Wohnraums nachhaltig erhöhen, die allgemeinen Wohnverhältnisse auf Dauer verbessern oder nachhaltig Einsparungen von Energie oder Wasser bewirken.

(7) [1]Eine Modernisierung darf im öffentlich geförderten sozialen Wohnungsbau nur berücksichtigt werden, wenn die Bewilligungsstelle ihr zugestimmt hat. [2]Die Zustimmung gilt als erteilt, wenn Mittel aus öffentlichen Haushalten für die Modernisierung bewilligt worden sind.

§ 11 a. Nicht feststellbare Gesamtkosten. [1]Sind die Bau-, Erwerbs- oder Erschließungskosten nach § 6 Abs. 4 und 5, den §§ 7 bis 11 ganz oder teilweise nicht oder nur mit verhältnismäßig großen Schwierigkeiten festzustellen, so dürfen insoweit die Kosten angesetzt werden, die zu der Zeit, als die Leistungen erbracht worden sind, marktüblich waren. [2]Die marktüblichen Kosten der Gebäude (§ 5 Abs. 3) können nach Erfahrungssätzen über die Kosten des umbauten Raumes bei Hochbauten berechnet werden. [3]Bei der Berechnung des umbauten Raumes ist die Anlage 2 dieser Verordnung zugrunde zu legen.

Dritter Abschnitt. Finanzierungsplan

§ 12. Inhalt des Finanzierungsplanes. (1) [1]Im Finanzierungsplan sind die Mittel auszuweisen, die zur Deckung der in der Wirtschaftlichkeitsberechnung angesetzten Gesamtkosten dienen (Finanzierungsmittel), und zwar

1. die Fremdmittel mit dem Nennbetrag und mit den vereinbarten oder vorgesehenen Auszahlungs-, Zins- und Tilgungsbedingungen, auch wenn sie planmäßig getilgt sind,

2. die verlorenen Baukostenzuschüsse,

3. die Eigenleistungen.

[2]Vor- und Zwischenfinanzierungsmittel sind nicht als Finanzierungsmittel auszuweisen.

(2) Werden nach § 11 Abs. 1 bis 3 geänderte Gesamtkosten angesetzt, so sind die Finanzierungsmittel auszuweisen, die zur Deckung der geänderten Gesamtkosten dienen.

(3) [1]Werden nach § 11 Abs. 4 bis 6 die Kosten von baulichen Änderungen den Gesamtkosten hinzugerechnet, so sind die Mittel, die zur Deckung dieser Kosten dienen, im Finanzierungsplan auszuweisen. [2]Für diese Mittel gelten die Vorschriften über Finanzierungsmittel.

(4) [1]Sind

1. im öffentlich geförderten sozialen Wohnungsbau nach der Bewilligung der öffentlichen Mittel oder

2. im steuerbegünstigten Wohnungsbau nach der Bezugsfertigkeit

Finanzierungsmittel durch andere Mittel ersetzt worden, so sind die neuen Mittel an der Stelle der bisherigen Finanzierungsmittel auszuweisen. [2]Sind die Kapitalkosten der neuen Mittel zusammen mit den Kapitalkosten der Mittel, die der Deckung der einmaligen Kosten der Ersetzung dienen, höher als die Kapitalkosten der bisherigen Finanzierungsmittel, so sind die neuen Mittel nur auszuweisen, wenn die Ersetzung auf Umständen beruht, die der Bauherr nicht zu vertreten hat. [3]Bei einem Tilgungsdarlehen ist der Betrag, der planmäßig getilgt ist, unter Hinweis hierauf in der bisherigen Weise auszuweisen; die Sätze 1 und 2 finden auf diesen Betrag keine Anwendung.

(5) [1]Sind die als Darlehen gewährten öffentlichen Mittel gemäß § 16 des Wohnungsbindungsgesetzes vorzeitig zurückgezahlt oder abgelöst worden, so sind die zur Rückzahlung oder Ablösung aufgewandten Finanzierungsmittel an der Stelle der öffentlichen Mittel auszuweisen. [2]Der Betrag des Darlehens, der planmäßig getilgt oder bei der Ablösung erlassen ist, ist unter Hinweis hierauf in der bisherigen Weise auszuweisen.

(6) [1]Ist die Verbindlichkeit aus einem Aufbaudarlehen, das dem Bauherrn gewährt worden ist, nach Zuerkennung des Anspruchs auf Hauptentschädigung gemäß § 258 Abs. 1 Nr. 2 des Lastenausgleichsgesetzes ganz oder teilweise als nicht entstanden anzusehen, so gilt das Aufbaudarlehen insoweit als durch eigene Mittel des Bauherrn ersetzt. [2]Die Ersetzung gilt als auf Umständen beruhend, die der Bauherr nicht zu vertreten hat, und von dem Zeitpunkt an als eingetreten, zu dem der Bescheid über die Zuerkennung des Anspruchs auf Hauptentschädigung unanfechtbar geworden ist.

§ 13. Fremdmittel. (1) Fremdmittel sind

1. Darlehen,

2. gestundete Restkaufgelder,

3. gestundete öffentliche Lasten des Baugrundstücks außer der Hypothekengewinnabgabe,

4. kapitalisierte Beträge wiederkehrender Leistungen, namentlich von Rentenschulden,
5. Mietvorauszahlungen,

die zur Deckung der Gesamtkosten dienen.

(2) Vor der Bebauung vorhandene Verbindlichkeiten, die auf dem Baugrundstück dinglich gesichert sind, gelten als Fremdmittel, soweit sie den Wert des Baugrundstücks und der verwendeten Gebäudeteile nicht übersteigen.

(3) Kapitalisierte Beträge wiederkehrender Leistungen, namentlich von Rentenschulden, dürfen höchstens mit dem Betrage ausgewiesen werden, der bei den Gesamtkosten für die Gegenleistung nach § 10 angesetzt ist.

§ 14. Verlorene Baukostenzuschüsse. [1]Verlorene Baukostenzuschüsse sind Geld-, Sach- und Arbeitsleistungen an den Bauherrn, die zur Deckung der Gesamtkosten dienen und erbracht werden, um den Gebrauch von Wohn- oder Geschäftsraum zu erlangen oder Kapitalkosten zu ersparen, ohne daß vereinbart ist, den Wert der Leistung zurückzuerstatten oder mit der Miete oder einem ähnlichen Entgelt zu verrechnen oder als Vorauszahlung hierauf zu behandeln. [2]Verlorene Baukostenzuschüsse sind auch Geldleistungen, mit denen die Gemeinde dem Eigentümer Kosten der Modernisierung erstattet oder die ihm vom Land oder von der Gemeinde als Modernisierungszuschüsse gewährt werden.

§ 15. Eigenleistungen. (1) Eigenleistungen sind die Leistungen des Bauherrn, die zur Deckung der Gesamtkosten dienen, namentlich

1. Geldmittel,
2. der Wert der Sach- und Arbeitsleistungen, vor allem der Wert der eingebrachten Baustoffe und der Selbsthilfe,
3. der Wert des eigenen Baugrundstücks und der Wert verwendeter Gebäudeteile.

(2) Als Eigenleistung kann auch ganz oder teilweise ausgewiesen werden

1. ein Barzahlungsnachlaß (Skonto), wenn bei den Gesamtkosten die vom Bauherrn zu entrichtende Vergütung in voller Höhe angesetzt ist,
2. der Wert von Sach- und Arbeitsleistungen, die der Bauherr mit eigenen Arbeitnehmern im Rahmen seiner gewerblichen oder unternehmerischen Tätigkeit oder auf Grund seines Berufes erbringt.

(3) Die in Absatz 1 Nr. 2 und 3 bezeichneten Werte sind, vorbehaltlich der Absätze 2 und 4, mit dem Betrage auszuweisen, der bei den Gesamtkosten angesetzt ist.

(4) Bei Ermittlung der Eigenleistung sind gestundete Restkaufgelder und die in § 13 Abs. 2 bezeichneten Verbindlichkeiten mit dem Betrage abzuziehen, mit dem sie im Finanzierungsplan als Fremdmittel ausgewiesen sind.

§ 16. Ersatz der Eigenleistung. (1) Im öffentlich geförderten sozialen Wohnungsbau sind von der Bewilligungsstelle, soweit der Bauherr nichts anderes beantragt, als Ersatz der Eigenleistung anzuerkennen

1. ein der Restfinanzierung dienendes Familienzusatzdarlehen nach § 45 des Zweiten Wohnungsbaugesetzes,

2. ein Aufbaudarlehen an den Bauherrn nach § 254 des Lastenausgleichsgesetzes oder ein ähnliches Darlehen aus Mitteln eines öffentlichen Haushalts,
3. ein Darlehen an den Bauherrn zur Beschaffung von Wohnraum nach § 30 des Kriegsgefangenenentschädigungsgesetzes.

(2) Im öffentlich geförderten sozialen Wohnungsbau kann die Bewilligungsstelle auf Antrag des Bauherrn ganz oder teilweise als Ersatz der Eigenleistung anerkennen

1. der Restfinanzierung dienende verlorene Baukostenzuschüsse, soweit ihre Annahme nach § 50 Abs. 1 des Zweiten Wohnungsbaugesetzes zulässig ist,
2. auf dem Baugrundstück nicht dinglich gesicherte Fremdmittel,
3. im Range nach dem der nachstelligen Finanzierung dienenden öffentlichen Baudarlehen auf dem Baugrundstück dinglich gesicherte Fremdmittel,
4. der Restfinanzierung dienende öffentliche Baudarlehen.

(3) Für die als Ersatz der Eigenleistung anerkannten Finanzierungsmittel gelten im übrigen die Vorschriften für Fremdmittel oder verlorene Baukostenzuschüsse.

§ 17. (weggefallen)

Vierter Abschnitt. Laufende Aufwendungen und Erträge

§ 18. Laufende Aufwendungen. (1) Laufende Aufwendungen sind die Kapitalkosten und die Bewirtschaftungskosten. Zu den laufenden Aufwendungen gehören nicht die Leistungen aus der Hypothekengewinnabgabe.

(2) [1]Werden dem Bauherrn Darlehen oder Zuschüsse zur Deckung von laufenden Aufwendungen, Fremdkapitalkosten, Annuitäten oder Bewirtschaftungskosten für den gesamten Wohnraum gewährt, für den eine Wirtschaftlichkeitsberechnung aufzustellen ist, so verringert sich der Gesamtbetrag der laufenden Aufwendungen entsprechend. [2]Der verringerte Gesamtbetrag ist auch für die Zeit anzusetzen, in der diese Darlehen oder Zuschüsse für einen Teil des Wohnraums entfallen oder in der sie aus solchen Gründen nicht mehr gewährt werden, die der Bauherr zu vertreten hat. [3]Entfallen die Darlehen oder Zuschüsse für den gesamten Wohnraum aus Gründen, die der Bauherr nicht zu vertreten hat, so erhöht sich der Gesamtbetrag der laufenden Aufwendungen entsprechend; dies gilt nicht, soweit Darlehen oder Zuschüsse nach vollständiger Tilgung anderer Finanzierungsmittel verringert werden.

(3) Zinsen und Tilgungen, die planmäßig für Aufwendungsdarlehen im Sinne des § 42 Abs. 1 Satz 2 oder § 88 Abs. 1 Satz 1 des Zweiten Wohnungsbaugesetzes oder im Sinne des § 2a Abs. 9 des Gesetzes zur Förderung des Bergarbeiterwohnungsbaues im Kohlenbergbau zu entrichten sind, erhöhen den Gesamtbetrag der laufenden Aufwendungen. Zinsen und Tilgungen, die planmäßig für Annuitätsdarlehen im Sinne des § 42 Abs. 1 Satz 2 des Zweiten Wohnungsbaugesetzes zu entrichten sind, erhöhen den Gesamtbetrag der laufenden Aufwenden; dies gilt jedoch nicht für Tilgungsbeträge für Annuitätsdarlehen, soweit diese zur Deckung der für Finanzierungsmittel zu entrichteten Tilgung bewilligt worden sind.

(4) Sind Aufwendungs- oder Annuitätsdarlehen gemäß § 16 des Wohnungsbindungsgesetzes vorzeitig zurückgezahlt oder abgelöst worden, dürfen

für den zur Rückzahlung oder Ablösung aufgewendeten Betrag vorbehaltlich des § 46 Abs. 2 keine höheren Zinsen und Tilgungen dem Gesamtbetrag der laufenden Aufwendungen hinzugerechnet werden, als im Zeitpunkt der Rückzahlung oder Ablösung für das Aufwendungs- oder Annuitätsdarlehen zu entrichten waren; soweit Annuitätsdarlehen zur Deckung der für Finanzierungsmittel zu entrichteten Tilgungen bewilligt worden sind, können für das Ersatzfinanzierungsmittel Tilgungsbeträge nicht angesetzt werden.

§ 19. Kapitalkosten. (1) Kapitalkosten sind die Kosten, die sich aus der Inanspruchnahme der im Finanzierungsplan ausgewiesenen Finanzierungsmittel ergeben, namentlich die Zinsen. Zu den Kapitalkosten gehören die Eigenkapitalkosten und die Fremdkapitalkosten.

(2) Leistungen aus Nebenverträgen, namentlich aus dem Abschluß von Personenversicherungen, dürfen als Kapitalkosten auch dann nicht angesetzt werden, wenn der Nebenvertrag der Beschaffung von Finanzierungsmitteln oder sonst dem Bauvorhaben gedient hat.

(3) Für verlorene Baukostenzuschüsse ist der Ansatz von Kapitalkosten unzulässig.

(4) Tilgungen dürfen als Kapitalkosten nur nach §22 angesetzt werden.

(5) Dienen Finanzierungsmittel zur Deckung von Gesamtkosten, mit deren Entstehen sicher gerechnet werden kann, die aber bis zur Bezugsfertigkeit nicht entstanden sind, dürfen Kapitalkosten hierfür nicht vor dem Entstehen dieser Gesamtkosten angesetzt werden.

§ 20. Eigenkapitalkosten. (1) Eigenkapitalkosten sind die Zinsen für die Eigenleistungen.

(2) [1] Für Eigenleistungen darf eine Verzinsung in Höhe des im Zeitpunkt nach § 4 marktüblichen Zinssatzes für erste Hypotheken angesetzt werden. [2] Im öffentlich geförderten sozialen Wohnungsbau darf für den Teil der Eigenleistungen, der 15 vom Hundert der Gesamtkosten des Bauvorhabens nicht übersteigt, eine Verzinsung von 4 vom Hundert angesetzt werden; für den darüber hinausgehenden Teil der Eigenleistungen darf angesetzt werden

a) eine Verzinsung in Höhe des marktüblichen Zinssatzes für erste Hypotheken, sofern die öffentlichen Mittel vor dem 1. Januar 1974 bewilligt worden sind,

b) in den übrigen Fällen eine Verzinsung in Höhe von 6,5 vom Hundert.

(3) Ist die Wirtschaftlichkeitsberechnung nach § 87a des Zweiten Wohnungsbaugesetzes aufzustellen, so dürfen die Zinsen für die Eigenleistungen nach dem Zinssatz angesetzt werden, der mit dem Darlehns- oder Zuschußgeber vereinbart ist, mindestens jedoch entsprechend Absatz 2 Satz 2.

§ 21. Fremdkapitalkosten. (1) [1] Fremdkapitalkosten sind die Kapitalkosten, die sich aus der Inanspruchnahme der Fremdmittel ergeben, namentlich

1. Zinsen für Fremdmittel,
2. laufende Kosten, die aus Bürgschaften für Fremdmittel entstehen,
3. sonstige wiederkehrende Leistungen aus Fremdmitteln, namentlich aus Rentenschulden.

[2]Als Fremdkapitalkosten gelten auch die Erbbauzinsen. [3]Laufende Nebenleistungen, namentlich Verwaltungskostenbeiträge, sind wie Zinsen zu behandeln.

(2) Zinsen für Fremdmittel, namentlich für Tilgungsdarlehen, sind mit dem Betrage anzusetzen, der sich aus dem im Finanzierungsplan ausgewiesenen Fremdmittel mit dem maßgebenden Zinssatz errechnet.

(3) [1]Maßgebend ist, soweit nichts anderes vorgeschrieben ist, der vereinbarte Zinssatz oder, wenn die Zinsen tatsächlich nach einem niedrigeren Zinssatz zu entrichten sind, dieser, höchstens jedoch der für erste Hypotheken im Zeitpunkt nach § 4 marktübliche Zinssatz. [2]Der niedrigere Zinssatz bleibt maßgebend

1. nach der planmäßigen Tilgung des Fremdmittels,
2. nach der Ersetzung des Fremdmittels durch andere Mittel, deren Kapitalkosten höher sind, wenn die Ersetzung auf Umständen beruht, die der Bauherr zu vertreten hat; § 23 Abs. 5 bleibt unberührt.

(4) Fremdkapitalkosten nach Absatz 1 Nr. 3 und Erbbauzinsen sind, soweit nichts anderes vorgeschrieben ist, in der vereinbarten Höhe oder, wenn der tatsächlich zu entrichtende Betrag niedriger ist, in dieser Höhe anzusetzen, höchstens jedoch mit dem Betrag, der einer Verzinsung zu dem im Zeitpunkt nach § 4 marktüblichen Zinssatz für erste Hypotheken entspricht; für die Berechnung dieser Verzinsung ist bei einem Erbbaurecht höchstens der im Zeitpunkt nach § 4 maßgebende Verkehrswert des Baugrundstücks, abzüglich eines einmaligen Entgeltes nach § 5 Abs. 2 Satz 3, zugrunde zu legen.

§ 22. Zinsersatz bei erhöhten Tilgungen. (1) Bei unverzinslichen Fremdmitteln, deren Tilgungssatz 1 vom Hundert übersteigt, dürfen Tilgungen als Kapitalkosten angesetzt werden (Zinsersatz); das gleiche gilt, wenn der Zinssatz niedriger als 4 vom Hundert ist.

(2) [1]Der Ansatz für Zinsersatz darf bei den einzelnen Fremdmitteln deren Tilgung nicht überschreiten und zusammen mit dem Ansatz der Zinsen nicht höher sein als der Betrag, der sich aus einer Verzinsung des Fremdmittels mit 4 vom Hundert ergibt. [2]Die Summe aller Ansätze für Zinsersatz darf auch nicht die Summe der Tilgungen übersteigen, die aus der gesamten Abschreibung nicht gedeckt werden können (erhöhte Tilgungen).

(3) Im öffentlich geförderten sozialen Wohnungsbau sind Ansätze für Zinsersatz nur insoweit zulässig, als die Bewilligungsstelle zustimmt.

(4) Auf Mietvorauszahlungen und Mieterdarlehen sind die Vorschriften über den Zinsersatz nicht anzuwenden.

(5) [1]Ist vor dem 1. Januar 1971 ein höherer Ansatz für Zinsersatz zugelassen worden oder zulässig gewesen, als er nach den Absätzen 1 bis 4 zulässig ist, darf der höhere Ansatz in Härtefällen für die Dauer der erhöhten Tilgungen in eine nach dem 30. Juni 1972 aufgestellte Wirtschaftlichkeitsberechnung aufgenommen werden, soweit

1. im öffentlich geförderten sozialen Wohnungsbau die Bewilligungsstelle,
2. im steuerbegünstigten oder freifinanzierten Wohnungsbau, der mit Wohnungsfürsorgemitteln gefördert worden ist, der Darlehns- oder Zuschußgeber,

3. im sonstigen Wohnungsbau von gemeinnützigen Wohnungsunternehmen die Anerkennungsbehörde

zustimmt. [2]Dem höheren Ansatz soll zugestimmt werden, soweit der seit dem 1. Januar 1971 zulässige Ansatz unter Berücksichtigung aller Umstände des Einzelfalles für den Vermieter zu einer unbilligen Härte führen würde. [3]Dem Ansatz von Zinsersatz für Mietvorauszahlungen oder Mieterdarlehen darf nicht zugestimmt werden.

§ 23.[1] **Änderung der Kapitalkosten.** (1) [1]Hat sich der Zins- oder Tilgungssatz für ein Fremdmittel geändert

1. im öffentlich geförderten sozialen Wohnungsbau nach der Bewilligung der öffentlichen Mittel gegenüber dem bei der Bewilligung auf Grund der Wirtschaftlichkeitsberechnung zugrunde gelegten Satz,
2. im steuerbegünstigten Wohnungsbau nach der Bezugsfertigkeit,

so sind in Wirtschaftlichkeitsberechnungen, die nach diesen Zeitpunkten aufgestellt werden, die Kapitalkosten anzusetzen, die sich auf Grund der Änderung nach Maßgabe des § 21 oder des § 22 ergeben. [2]Dies gilt bei einer Erhöhung der Kapitalkosten nur, wenn sie auf Umständen beruht, die der Bauherr nicht zu vertreten hat, und nur insoweit, als der Kapitalkostenbetrag im Rahmen des § 21 oder des § 22 den Betrag nicht übersteigt, der sich aus der Verzinsung des Fremdmittels zu dem bei der Kapitalkostenerhöhung marktüblichen Zinssatz für erste Hypotheken ergibt.

(2) [1]Bei einer Änderung der in § 21 Abs. 4 bezeichneten Fremdkapitalkosten gilt Absatz 1 entsprechend. [2]Übersteigt der erhöhte Erbbauzins den nach Absatz 1 ermittelten Betrag, so darf der übersteigende Betrag im öffentlich geförderten sozialen Wohnungsbau nur mit Zustimmung der Bewilligungsstelle in der Wirtschaftlichkeitsberechnung angesetzt werden. [3]Die Zustimmung ist zu erteilen, soweit die Erhöhung auf Umständen beruht, die der Bauherr nicht zu vertreten hat, und unter Berücksichtigung aller Umstände nach § 9a des Erbbaurechtsgesetzes nicht unbillig ist. [4]Im steuerbegünstigten Wohnungsbau darf der übersteigende Betrag angesetzt werden, soweit die Voraussetzungen der Zustimmung nach Satz 3 gegeben sind.

(3) [1]Absatz 1 gilt nicht bei einer Erhöhung der Zinsen oder Tilgungen für das der nachstelligen Finanzierung dienende öffentliche Baudarlehen nach Tilgung anderer Finanzierungsmittel. [2]Auf eine Erhöhung der Zinsen und Tilgungen nach den §§ 18a bis 18e des Wohnungsbindungsgesetzes oder nach § 44 Abs. 2 und 3 des Zweiten Wohnungsbaugesetzes ist Absatz 1 jedoch anzuwenden.

(4) [1]Werden an der Stelle der bisherigen Finanzierungsmittel nach § 12 Abs. 4 oder Abs. 6 andere Mittel ausgewiesen, so treten die Kapitalkosten der neuen Mittel insoweit an die Stelle der Kapitalkosten der bisherigen Finanzierungsmittel, als sie im Rahmen des § 20, des § 21 oder des § 22 den Betrag nicht übersteigen, der sich aus der Verzinsung zu dem bei der Ersetzung marktüblichen Zinssatz für erste Hypotheken ergibt. [2]Bei einem Tilgungsdarlehen bleibt es für den Betrag, der planmäßig getilgt ist (§12 Abs. 4 Satz 3), bei der bisherigen Verzinsung. [3]Sind Finanzierungsmittel durch eigene Mittel des Bauherrn ersetzt worden, so dürfen im öffentlich geförderten sozialen

[1] § 23 Abs. 2 Satz 3 geänd. durch Art. 78 Abs. 2 G v. 23. 11. 2007 (BGBl. I S. 2614).

Wohnungsbau Zinsen nur unter entsprechender Anwendung des § 20 Abs. 2 Satz 2 angesetzt werden.

(5) [1]Werden an der Stelle der als Darlehen gewährten öffentlichen Mittel nach § 12 Abs. 5 andere Mittel ausgewiesen, so dürfen als Kapitalkosten der neuen Mittel Zinsen nach Absatz 4 Satz 1 angesetzt werden. [2]Vorbehaltlich des § 46 Abs. 2 darf jedoch keine höhere Verzinsung angesetzt werden, als im Zeitpunkt der Rückzahlung für das öffentliche Baudarlehen zu entrichten war. [3]Ist ein Schuldnachlaß gewährt worden, dürfen Kapitalkosten für den erlassenen Darlehnsbetrag nicht angesetzt werden.

(6) [1]Werden nach § 11 Abs. 4 bis 6 die Kosten von baulichen Änderungen den Gesamtkosten hinzugerechnet, so dürfen für die Mittel, die zur Deckung dieser Kosten dienen, Kapitalkosten insoweit angesetzt werden, als sie im Rahmen des § 20, des § 21 oder des § 22 den Betrag nicht übersteigen, der sich aus der Verzinsung zu dem bei Fertigstellung marktüblichen Zinssatz für erste Hypotheken ergibt. [2]Sind die Kosten durch eigene Mittel des Bauherrn gedeckt worden, so dürfen im öffentlich geförderten sozialen Wohnungsbau Zinsen nur unter entsprechender Anwendung des § 20 Abs. 2 Satz 2 und im steuerbegünstigten und freifinanzierten Wohnungsbau, der mit Wohnungsfürsorgemitteln gefördert worden ist, nur unter entsprechender Anwendung des § 20 Abs. 3 angesetzt werden.

§ 23a. Marktüblicher Zinssatz für erste Hypotheken. (1) Der marktübliche Zinssatz für erste Hypotheken im Zeitpunkt nach § 4 kann ermittelt werden

1. aus dem durchschnittlichen Zinssatz der durch erste Hypotheken gesicherten Darlehen, die zu dieser Zeit von Kreditinstituten oder privatrechtlichen Unternehmen, zu deren Geschäften üblicherweise die Hergabe derartiger Darlehen gehört, zu geschäftsüblichen Bedingungen für Bauvorhaben an demselben Ort gewährt worden sind oder
2. in Anlehnung an den Zinssatz der zu dieser Zeit zahlenmäßig am meisten abgesetzten Pfandbriefe unter Berücksichtigung der üblichen Zinsspanne.

(2) Absatz 1 gilt sinngemäß, wenn der marktübliche Zinssatz für einen anderen Zeitpunkt als den nach § 4 festzustellen ist.

§ 24. Bewirtschaftungskosten. (1) [1]Bewirtschaftungskosten sind die Kosten, die zur Bewirtschaftung des Gebäudes oder der Wirtschaftseinheit laufend erforderlich sind. [2]Bewirtschaftungskosten sind im einzelnen

1. Abschreibung,
2. Verwaltungskosten,
3. Betriebskosten,
4. Instandhaltungskosten,
5. Mietausfallwagnis.

(2) [1]Der Ansatz der Bewirtschaftungskosten hat den Grundsätzen einer ordentlichen Bewirtschaftung zu entsprechen. [2]Bewirtschaftungskosten dürfen nur angesetzt werden, wenn sie ihrer Höhe nach feststehen oder wenn mit ihrem Entstehen sicher gerechnet werden kann und soweit sie bei gewissenhafter Abwägung aller Umstände und bei ordentlicher Geschäftsführung gerechtfertigt sind. [3]Erfahrungswerte vergleichbarer Bauten sind heranzuziehen.

4 Soweit nach den §§ 26 und 28 Ansätze bis zu einer bestimmten Höhe zugelassen sind, dürfen Bewirtschaftungskosten bis zu dieser Höhe angesetzt werden, es sei denn, daß der Ansatz im Einzelfall unter Berücksichtigung der jeweiligen Verhältnisse nicht angemessen ist.

§ 25. Abschreibung. (1) 1 Abschreibung ist der auf jedes Jahr der Nutzung fallende Anteil der verbrauchsbedingten Wertminderung der Gebäude, Anlagen und Einrichtungen. 2 Die Abschreibung ist nach der mutmaßlichen Nutzungsdauer zu errechnen.

(2) Die Abschreibung soll bei Gebäuden 1 vom Hundert der Baukosten, bei Erbbaurechten 1 vom Hundert der Gesamtkosten nicht übersteigen, sofern nicht besondere Umstände eine Überschreitung rechtfertigen.

(3) Als besondere Abschreibung für Anlagen und Einrichtungen dürfen zusätzlich angesetzt werden von den in der Wirtschaftlichkeitsberechnung enthaltenden Kosten

1. der Öfen und Herde	3 vom Hundert,
2. der Einbaumöbel	3 vom Hundert,
3. der Anlagen und der Geräte zur Versorgung mit Warmwasser, sofern sie nicht mit einer Sammelheizung verbunden sind	4 vom Hundert,
4. der Sammelheizung einschließlich einer damit verbundenen Anlage zur Versorgung mit Warmwasser	3 vom Hundert,
5. der Hausanlage bei eigenständig gewerblicher Lieferung von Wärme	0,5 vom Hundert,
und einer damit verbundenen Anlage zur Versorgung mit Warmwasser	4 vom Hundert,
6. des Aufzugs	2 vom Hundert,
7. der Gemeinschaftsantenne	9 vom Hundert,
8. der maschinellen Wascheinrichtung	9 vom Hundert.

§ 26.[1] Verwaltungskosten. (1) 1 Verwaltungskosten sind die Kosten der zur Verwaltung des Gebäudes oder der Wirtschaftseinheit erforderlichen Arbeitskräfte und Einrichtungen, die Kosten der Aufsicht sowie der Wert der vom Vermieter persönlich geleisteten Verwaltungsarbeit. 2 Zu den Verwaltungskosten gehören auch die Kosten für die gesetzlichen oder freiwilligen Prüfungen des Jahresabschlusses und der Geschäftsführung.

(2) Die Verwaltungskosten dürfen höchstens mit 230 Euro jährlich je Wohnung, bei Eigenheimen, Kaufeigenheimen und Kleinsiedlungen je Wohngebäude angesetzt werden.

(3) Für Garagen oder ähnliche Einstellplätze dürfen Verwaltungskosten höchstens mit 30 Euro jährlich je Garagen- oder Einstellplatz angesetzt werden.

(4) 1 Die in den Absätzen 2 und 3 genannten Beträge verändern sich am 1. Januar 2005 und am 1. Januar eines jeden darauf folgenden dritten Jahres um den Prozentsatz, um den sich der vom Statistischen Bundesamt festgestellte Verbraucherpreisindex für Deutschland für den der Veränderung vorausgehenden Monat Oktober gegenüber dem Verbraucherpreisindex für

[1] § 26 Abs. 2 u. 3 geänd. durch VO v. 13. 7. 1992 (BGBl. I S. 1250), Abs. 2 u. 3 geänd. u. Abs. 4 angef. durch Art. 8 G v. 13. 9. 2001 (BGBl. I S. 2376), Abs. 4 neugef. mWv 1. 1. 2004 durch Art. 3 VO v. 25. 11. 2003 (BGBl. I S. 2346).

Deutschland für den der letzten Veränderung vorausgehenden Monat Oktober erhöht oder verringert hat. 2 Für die Veränderung am 1. Januar 2005 ist die Erhöhung oder Verringerung des Verbraucherpreisindexes für Deutschland maßgeblich, die im Oktober 2004 gegenüber dem Oktober 2001 eingetreten ist.

§ 27.[1] **Betriebskosten.** (1) 1 Betriebskosten sind die Kosten, die dem Eigentümer (Erbbauberechtigten) durch das Eigentum am Grundstück (Erbbaurecht) oder durch den bestimmungsgemäßen Gebrauch des Gebäudes oder der Wirtschaftseinheit, der Nebengebäude, Anlagen, Einrichtungen und des Grundstücks laufend entstehen. 2 Der Ermittlung der Betriebskosten ist die Betriebskostenverordnung vom 25. November 2003 (BGBl. I S. 2346, 2347)[2] zugrunde zu legen.

(2) 1 Sach- und Arbeitsleistungen des Eigentümers (Erbbauberechtigten), durch die Betriebskosten erspart werden, dürfen mit dem Betrage angesetzt werden, der für eine gleichwertige Leistung eines Dritten, insbesondere eines Unternehmers, angesetzt werden könnte. 2 Die Umsatzsteuer des Dritten darf nicht angesetzt werden.

(3) Im öffentlich geförderten sozialen Wohnungsbau und im steuerbegünstigten oder freifinanzierten Wohnungsbau, der mit Wohnungsfürsorgemitteln gefördert worden ist, dürfen die Betriebskosten nicht in der Wirtschaftlichkeitsberechnung angesetzt werden.

(4) (weggefallen)

§ 28.[3] **Instandhaltungskosten.** (1) 1 Instandhaltungskosten sind die Kosten, die während der Nutzungsdauer zur Erhaltung des bestimmungsmäßigen Gebrauchs aufgewendet werden müssen, um die durch Abnutzung, Alterung und Witterungseinwirkung entstehenden baulichen oder sonstigen Mängel ordnungsgemäß zu beseitigen. 2 Der Ansatz der Instandhaltungskosten dient auch zur Deckung der Kosten von Instandsetzungen, nicht jedoch der Kosten von Baumaßnahmen, soweit durch sie eine Modernisierung vorgenommen wird oder Wohnraum oder anderer auf die Dauer benutzbarer Raum neu geschaffen wird. 3 Der Ansatz dient nicht zur Deckung der Kosten einer Erneuerung von Anlagen und Einrichtungen, für die eine besondere Abschreibung nach § 25 Abs. 3 zulässig ist.

(2) 1 Als Instandhaltungskosten dürfen je Quadratmeter Wohnfläche im Jahr angesetzt werden:

1. für Wohnungen, deren Bezugsfertigkeit am Ende des Kalenderjahres weniger als 22 Jahre zurückliegt, höchstens 7,10 Euro,
2. für Wohnungen, deren Bezugsfertigkeit am Ende des Kalenderjahres mindestens 22 Jahre zurückliegt, höchstens 9 Euro,
3. für Wohnungen, deren Bezugsfertigkeit am Ende des Kalenderjahres mindestens 32 Jahre zurückliegt, höchstens 11,50 Euro.

[1] § 27 Abs. 1 Satz 2 geänd. mWv 1. 1. 2004 durch Art. 3 VO v. 25. 11. 2003 (BGBl. I S. 2346).

[2] Nr. **30 b/1**.

[3] § 28 Abs. 4 Satz 2 neugef. u. Abs. 5 geänd. durch VO v. 13. 7. 1992 (BGBl. I S. 1250), Abs. 2 neugef., Abs. 4 Satz 2 geänd., Satz 3 neugef., Satz 4 aufgeh. u. Abs. 5 geänd. durch VO v. 23. 7. 1996 (BGBl. I S. 1167), Abs. 2 Satz 1 u. 2 neugef., Satz 3, Abs. 3 Satz 1 u. Abs. 4 Satz 2 geänd., Satz 3 aufgeh., bish. Satz 4 wird Satz 3, Abs. 5 geänd. u. Abs. 5a eingef. durch Art. 8 G v. 13. 9. 2001 (BGBl. I S. 2376).

2 Diese Sätze verringern sich bei eigenständig gewerblicher Leistung von Wärme im Sinne des § 1 Abs. 2 Nr. 2 der Verordnung über Heizkostenabrechnung in der Fassung der Bekanntmachung vom 20. Januar 1989 (BGBl. I S. 115) um 0,20 Euro. 3 Diese Sätze erhöhen sich für Wohnungen, für die ein maschinell betriebener Aufzug vorhanden ist, um 1 Euro.

(3) 1 Trägt der Mieter die Kosten für kleine Instandhaltungen in der Wohnung, so verringern sich die Sätze nach Absatz 2 um 1,05 Euro. 2 Die kleinen Instandhaltungen umfassen nur das Beheben kleiner Schäden an den Installationsgegenständen für Elektrizität, Wasser und Gas, den Heiz- und Kocheinrichtungen, den Fenster- und Türverschlüssen sowie den Verschlußvorrichtungen von Fensterläden.

(4) 1 Die Kosten der Schönheitsreparaturen in Wohnungen sind in den Sätzen nach Absatz 2 nicht enthalten. 2 Trägt der Vermieter die Kosten dieser Schönheitsreparaturen, so dürfen sie höchstens mit 8,50 Euro je Quadratmeter Wohnfläche im Jahr angesetzt werden. 3 Schönheitsreparaturen umfassen nur das Tapezieren, Anstreichen oder Kalken der Wände und Decken, das Streichen der Fußböden, Heizkörper einschließlich Heizrohre, der Innentüren sowie der Fenster und Außentüren von innen.

(5) Für Garagen oder ähnliche Einstellplätze dürfen als Instandhaltungskosten einschließlich Kosten für Schönheitsreparaturen höchstens 68 Euro jährlich je Garagen- oder Einstellplatz angesetzt werden.

(5a) Die in den Absätzen 2 bis 5 genannten Beträge verändern sich entsprechend § 26 Abs. 4.

(6) Für Kosten der Unterhaltung von Privatstraßen und Privatwegen, die dem öffentlichen Verkehr dienen, darf ein Erfahrungswert als Pauschbetrag neben den vorstehenden Sätzen angesetzt werden.

(7) Kosten eigener Instandhaltungswerkstätten sind mit den vorstehenden Sätzen abgegolten.

§ 29. Mietausfallwagnis. 1 Mietausfallwagnis ist das Wagnis einer Ertragsminderung, die durch uneinbringliche Rückstände von Mieten, Pachten, Vergütungen und Zuschlägen oder durch Leerstehen von Raum, der zur Vermietung bestimmt ist, entsteht. 2 Es umfaßt auch die uneinbringlichen Kosten einer Rechtsverfolgung auf Zahlung oder Räumung. 3 Das Mietausfallwagnis darf höchstens mit 2 vom Hundert der Erträge im Sinne des § 31 Abs. 1 Satz 1 angesetzt werden. 4 Soweit die Deckung von Ausfällen anders, namentlich durch einen Anspruch auf Erstattung gegenüber einem Dritten, gesichert ist, darf kein Mietausfallwagnis angesetzt werden.

§ 30. Änderung der Bewirtschaftungskosten. (1) 1 Haben sich die Verwaltungskosten oder die Instandhaltungskosten geändert

1. im öffentlich geförderten sozialen Wohnungsbau nach der Bewilligung der öffentlichen Mittel gegenüber dem bei der Bewilligung auf Grund der Wirtschaftlichkeitsberechnung zugrunde gelegten Betrag,
2. im steuerbegünstigten Wohnungsbau nach der Bezugsfertigkeit,

so sind in Wirtschaftlichkeitsberechnungen, die nach diesen Zeitpunkten aufgestellt werden, die geänderten Kosten anzusetzen. 2 Dies gilt bei einer Erhöhung dieser Kosten nur, wenn sie auf Umständen beruht, die der Bauherr nicht zu vertreten hat. 3 Die Verwaltungskosten dürfen bis zu der in § 26 zugelassenen Höhe, die Instandhaltungskosten bis zu der in § 28 zugelassenen Höhe ohne Nachweis einer Kostenerhöhung angesetzt werden, es sei denn, daß der Ansatz im Einzelfall unter Berücksichtigung der jeweiligen Verhältnisse nicht angemessen ist. 4 Eine Überschreitung der für die Verwaltungskosten und die Instandhaltungskosten zugelassenen Sätze ist nicht zulässig.

(2) Der Ansatz für die Abschreibung ist in Wirtschaftlichkeitsberechnungen, die nach den in Absatz 1 bezeichneten Zeitpunkten aufgestellt werden, zu ändern, wenn nach § 11 Abs. 1 bis 3 geänderte Gesamtkosten angesetzt werden; eine Änderung des für die Abschreibung angesetzten Vomhundertsatzes ist unzulässig.

(3) Der Ansatz für das Mietausfallwagnis ist in Wirtschaftlichkeitsberechnungen, die nach den in Absatz 1 bezeichneten Zeitpunkten aufgestellt werden, zu ändern, wenn sich die Jahresmiete ändert; eine Änderung des Vomhundertsatzes für das Mietausfallwagnis ist zulässig, wenn sich die Voraussetzungen für seine Bemessung nachhaltig geändert haben.

(4) 1 Werden nach § 11 Abs. 4 bis 6 die Kosten von baulichen Änderungen den Gesamtkosten hinzugerechnet, so dürfen die infolge der Änderungen entstehenden Bewirtschaftungskosten den anderen Bewirtschaftungskosten hinzugerechnet werden. 2 Für die entstehenden Abschreibungen und Instandhaltungskosten gelten die §§ 25 und 28 Abs. 2 bis 6 entsprechend.

§ 31.[1] **Erträge.** (1) 1 Erträge sind die Einnahmen aus Miet- und Pachtverträgen sowie Vergütungen, die bei ordentlicher Bewirtschaftung des Gebäudes oder der Wirtschaftseinheit nachhaltig erzielt werden können. 2 Umlagen und Zuschläge, die zulässigerweise neben der Einzelmiete erhoben werden, bleiben als Ertrag unberücksichtigt.

(2) Als Ertrag gilt auch der Miet- oder Nutzungswert von Räumen oder Flächen, die vom Eigentümer (Erbbauberechtigten) selbst benutzt werden oder auf Grund eines anderen Rechtsverhältnisses als einem Miet- oder Pachtvertrag überlassen sind.

(3) 1 Wird die Wirtschaftlichkeitsberechnung aufgestellt, um für Wohnraum die zur Deckung der laufenden Aufwendungen erforderliche Miete (Kostenmiete) zu ermitteln, so ist der Gesamtbetrag der Erträge in derselben Höhe wie der Gesamtbetrag der laufenden Aufwendungen auszuweisen. Aus dem nach Abzug der Vergütungen verbleibenden Betrag ist die Miete nach den für ihre Ermittlung maßgebenden Vorschriften zu berechnen.

Fünfter Abschnitt. Besondere Arten der Wirtschaftlichkeitsberechnung

§ 32. Voraussetzungen für besondere Arten der Wirtschaftlichkeitsberechnung. (1) Die Wirtschaftlichkeitsberechnung ist, vorbehaltlich des Absatzes 3, als Teilwirtschaftlichkeitsberechnung aufzustellen, wenn das Gebäude oder die Wirtschaftseinheit neben dem Wohnraum, für den die Berechnung aufzustellen ist, auch anderen Wohnraum oder Geschäftsraum enthält.

[1] § 31 Abs. 1 Satz 1 u. Abs. 2 geänd. durch Art. 8 Abs. 2 G v. 19. 6. 2001 (BGBl. I S. 1149).

(2) Enthält das Gebäude oder die Wirtschaftseinheit steuerbegünstigten oder freifinanzierten Wohnraum, für den eine Wirtschaftlichkeitsberechnung nach § 87 a des Zweiten Wohnungsbaugesetzes aufzustellen ist, und anderen steuerbegünstigten oder freifinanzierten Wohnraum, so ist die Wirtschaftlichkeitsberechnung als Teilwirtschaftlichkeitsberechnung aufzustellen.

(3) Die Wirtschaftlichkeitsberechnung für öffentlich geförderten Wohnraum ist als Teilwirtschaftlichkeitsberechnung oder mit Zustimmung der Bewilligungsstelle als Gesamtwirtschaftlichkeitsberechnung aufzustellen, wenn das Gebäude oder die Wirtschaftseinheit auch freifinanzierten Wohnraum oder Geschäftsraum enthält.

(4) Die Wirtschaftlichkeitsberechnung für öffentlich geförderten Wohnraum ist in der Form von Teilwirtschaftlichkeitsberechnungen oder als Wirtschaftlichkeitsberechnung mit Teilberechnungen der laufenden Aufwendungen aufzustellen, wenn für einen Teil dieses Wohnraums (begünstigter Wohnraum) gegenüber dem anderen Teil des Wohnraums eine stärkere oder länger dauernde Senkung der laufenden Aufwendungen erzielt werden soll

1. durch Gewährung öffentlicher Mittel als Darlehen oder Zuschüsse zur Deckung von laufenden Aufwendungen, Fremdkapitalkosten, Annuitäten oder Bewirtschaftungskosten (§ 18 Abs. 2) oder
2. durch Gewährung von höheren, der nachstelligen Finanzierung dienenden öffentlichen Baudarlehen.

Anstelle einer besonderen Form der Wirtschaftlichkeitsberechnung nach Satz 1 darf eine Wirtschaftlichkeitsberechnung nach den Vorschriften des ersten bis vierten Abschnittes aufgestellt werden, wenn eine Senkung der laufenden Aufwendungen für den begünstigten Wohnraum auf Grund von Umständen, die vom Bauherrn nicht zu vertreten sind, nicht mehr erzielt werden kann oder die besondere Zweckbestimmung für diesen Teil des Wohnraums entfallen ist.

(4 a) [1] Ist eine Wirtschaftlichkeitsberechnung nach den Vorschriften des Ersten bis Vierten Abschnitts oder nach den Absätzen 1 bis 4 aufgestellt worden, bleibt diese als Teilwirtschaftlichkeitsberechnung für den Wohnraum, der Gegenstand ihrer Berechnung ist, weiterhin maßgebend, wenn neuer Wohnraum durch Ausbau oder Erweiterung des Gebäudes oder der zur Wirtschaftseinheit gehörenden Gebäude geschaffen worden ist. [2] Ist für den neu geschaffenen Wohnraum eine Wirtschaftlichkeitsberechnung erforderlich, ist sie als Teilwirtschaftlichkeitsberechnung aufzustellen.

(5) [1] Wird eine Wirtschaftlichkeitsberechnung für öffentlich geförderten Wohnraum erstmalig nach dieser Verordnung aufgestellt, so bleibt die der Bewilligung der öffentlichen Mittel zugrunde gelegte Art der Wirtschaftlichkeitsberechnung maßgebend, wenn diese Art auch nach Absatz 1, 3 oder 4 zulässig wäre; ist der Bewilligung der öffentlichen Mittel eine ähnliche Berechnung oder eine Berechnung der Gesamtkosten und Finanzierungsmittel zugrunde gelegt worden, so gilt dies sinngemäß. [2] Wäre die der Bewilligung zugrunde gelegte Art der Berechnung nicht nach Absatz 1, 3 oder 4 zulässig oder ist der Bewilligung eine Berechnung nicht zugrunde gelegt worden, so ist die Wirtschaftlichkeitsberechnung, die erstmalig nach dieser Verordnung aufgestellt wird, unter Anwendung des Absatzes 1, 3 oder 4 und unter Ausübung der dabei zulässigen Wahl aufzustellen.

(6) Die nach den Absätzen 3, 4 oder 5 getroffene Wahl bleibt für alle späteren Wirtschaftlichkeitsberechnungen maßgebend.

(7) Für die Aufstellung der Wirtschaftlichkeitsberechnung gelten

1. bei der Teilwirtschaftlichkeitsberechnung die sich aus den §§ 33 bis 36 ergebenden Besonderheiten,
2. bei der Gesamtwirtschaftlichkeitsberechnung die sich aus § 37 ergebenden Besonderheiten,
3. bei den Teilberechnungen der laufenden Aufwendungen die sich aus § 38 ergebenden Besonderheiten.

§ 33. Teilwirtschaftlichkeitsberechnung. In der Teilwirtschaftlichkeitsberechnung ist die Gegenüberstellung der laufenden Aufwendungen und der Erträge auf den Teil des Gebäudes oder der Wirtschaftseinheit zu beschränken, der den Wohnraum enthält, für den die Berechnung aufzustellen ist.

§ 34. Gesamtkosten in der Teilwirtschaftlichkeitsberechnung. (1) 1 In der Teilwirtschaftlichkeitsberechnung sind nur die Gesamtkosten anzusetzen, die auf den Teil des Gebäudes oder der Wirtschaftseinheit fallen, der Gegenstand der Berechnung ist. 2 Soweit bei Gesamtkosten nicht festgestellt werden kann, auf welchen Teil des Gebäudes oder der Wirtschaftseinheit sie fallen, sind sie bei Wohnraum nach dem Verhältnis der Wohnflächen aufzuteilen; enthält das Gebäude oder die Wirtschaftseinheit auch Geschäftsraum, so sind sie für den Wohnteil und den Geschäftsteil im Verhältnis des umbauten Raumes aufzuteilen. 3 Kosten oder Mehrkosten, die nur durch den Wohn- oder Geschäftsraum entstehen, der nicht Gegenstand der Berechnung ist, dürfen nur diesem zugerechnet werden. 4 Bei der Berechnung des umbauten Raumes ist die Anlage 2 dieser Verordnung zugrunde zu legen.

(2) 1 Enthält das Gebäude oder die Wirtschaftseinheit außer Wohnraum auch Geschäftsraum von nicht nur unbedeutendem Ausmaß, so dürfen die Kosten des Baugrundstücks, die dem Wohnraum zugerechnet werden, 15 vom Hundert seiner Baukosten nicht übersteigen; in besonderen Fällen, namentlich bei Grundstücken in günstiger Wohnlage, kann der Vomhundertsatz überschritten werden. 2 Erhöhte Kosten des Baugrundstücks, die durch die Geschäftslage veranlaßt sind, dürfen nicht dem Wohnraum zugerechnet werden.

(3) 1 Bei Wiederherstellung eines Gebäudes gehört zu den Baukosten auch der Wert der beim Bau des Wohnraums, für den die Berechnung aufzustellen ist, verwendeten Gebäudeteile; er ist entsprechend § 7 Abs. 2 Satz 2 bis 4 zu ermitteln. 2 Kommt eine Wiederherstellung auch dem noch vorhandenen, auf die Dauer benutzbaren Raum zugute, so dürfen Baukosten nur insoweit angesetzt werden, als die Wiederherstellung dem neu geschaffenen Wohnraum zugute kommt; Absatz 1 gilt entsprechend.

(4) 1 Ist Wohnraum durch Ausbau oder Erweiterung neu geschaffen worden, gehören zu den Gesamtkosten, die diesem Wohnraum in der Teilwirtschaftlichkeitsberechnung zuzurechnen sind, nur diejenigen Kosten, die durch den Ausbau oder die Erweiterung entstanden sind; dies gilt auch, wenn Zubehörräume von öffentlich geförderten Wohnungen zu neuen Wohnungen ausgebaut werden. 2 Kosten des Baugrundstücks dürfen bei Ausbau nicht, bei Erweiterung nur dann angesetzt werden, wenn das Grundstück für einen Anbau neu erworben worden ist.

§ 35. Finanzierungsmittel in der Teilwirtschaftlichkeitsberechnung. [1]In der Teilwirtschaftlichkeitsberechnung sind zur Deckung der angesetzten anteiligen Gesamtkosten die Finanzierungsmittel, die nur für den Teil des Gebäudes oder der Wirtschaftseinheit bestimmt sind, der Gegenstand der Berechnung ist, in voller Höhe im Finanzierungsplan auszuweisen. [2]Die anderen Finanzierungsmittel sind angemessen zu verteilen.

§ 36. Laufende Aufwendungen und Erträge in der Teilwirtschaftlichkeitsberechnung. (1) In der Teilwirtschaftlichkeitsberechnung sind die laufenden Aufwendungen anzusetzen, die für den Teil des Gebäudes oder der Wirtschaftseinheit, der Gegenstand der Berechnung ist, entstehen.

(2) [1]Bewirtschaftungskosten, die für das ganze Gebäude oder die ganze Wirtschaftseinheit entstehen, sind nur mit dem Teil anzusetzen, der sich nach dem Verhältnis der Teilung der Gesamtkosten nach § 34 ergibt. [2]Bewirtschaftungskosten oder Mehrbeträge von Bewirtschaftungskosten, die allein durch den Wohn- oder Geschäftsraum, der nicht Gegenstand der Berechnung ist, entstehen, dürfen nur diesem zugerechnet werden. [3]Bei Wiederherstellung, Ausbau und Erweiterung dürfen Bewirtschaftungskosten nur insoweit angesetzt werden, als sie für den Teil des Gebäudes oder der Wirtschaftseinheit, der Gegenstand der Berechnung ist, zusätzlich entstehen; ist auch für den vorhanden gewesenen Wohnraum eine Teilwirtschaftlichkeitsberechnung aufzustellen, so dürfen Bewirtschaftungskosten nur nach den Sätzen 1 und 2 angesetzt werden.

(3) In der Teilwirtschaftlichkeitsberechnung sind die Erträge auszuweisen, die sich für den Teil des Gebäudes oder der Wirtschaftseinheit, der Gegenstand der Berechnung ist, nach § 31 ergeben.

§ 37. Gesamtwirtschaftlichkeitsberechnung. (1) In der Gesamtwirtschaftlichkeitsberechnung ist die Gegenüberstellung der laufenden Aufwendungen und der Erträge für das gesamte Gebäude oder die gesamte Wirtschaftseinheit vorzunehmen und sodann der Teil der laufenden Aufwendungen und der Erträge auszugliedern, der auf öffentlich geförderten Wohnraum entfällt.

(2) Bewirtschaftungskosten für Geschäftsraum sind mit den Beträgen anzusetzen, die zur ordentlichen Bewirtschaftung des Geschäftsraums laufend erforderlich sind.

(3) [1]Zur Ausgliederung des Teils der laufenden Aufwendungen, der auf den öffentlich geförderten Wohnraum fällt, ist der Gesamtbetrag der laufenden Aufwendungen auf diesen Wohnraum und auf den anderen Wohnraum sowie den Geschäftsraum angemessen zu verteilen. [2]Laufende Aufwendungen oder Mehrbeträge laufender Aufwendungen, die allein durch den öffentlich geförderten Wohnraum oder durch den anderen Wohnraum oder den Geschäftsraum entstehen, dürfen jeweils nur dem in Betracht kommenden Raum zugerechnet werden.

(4) Wird für öffentlich geförderten Wohnraum eine Gesamtwirtschaftlichkeitsberechnung aufgestellt, so finden die Absätze 1 bis 3 auch dann Anwendung, wenn in der Berechnung, die der Bewilligung der öffentlichen Mittel zugrunde gelegt worden ist, eine Ausgliederung des auf den öffentlich geförderten Wohnraum fallenden Teiles der laufenden Aufwendungen nicht oder nach einem anderen Verteilungsmaßstab vorgenommen worden ist oder wenn Bewirtschaftungskosten für Geschäftsraum nicht oder nur in geringerer Höhe

in Anspruch genommen oder anerkannt worden sind oder wenn auf Ansätze ganz oder teilweise verzichtet worden ist.

§ 38. Teilberechnungen der laufenden Aufwendungen. (1) [1]Für die Teilberechnungen der laufenden Aufwendungen ist der in der Wirtschaftlichkeitsberechnung für den öffentlich geförderten Wohnraum errechnete Gesamtbetrag der laufenden Aufwendungen nach dem Verhältnis der Wohnfläche auf den begünstigten Wohnraum und den anderen Wohnraum aufzuteilen. [2]Laufende Aufwendungen oder Mehrbeträge laufender Aufwendungen, die allein durch den begünstigten Wohnraum oder den anderen Wohnraum entstehen, dürfen nur dem jeweils in Betracht kommenden Wohnraum zugerechnet werden.

(2) Im Falle des § 32 Abs. 4 Nr. 1 ist nach Aufteilung des Gesamtbetrages der laufenden Aufwendungen auf den begünstigten Wohnraum und den anderen Wohnraum die Verminderung der laufenden Aufwendungen nach § 18 Abs. 2 jeweils bei dem Teil der laufenden Aufwendungen vorzunehmen, der auf den Wohnraum fällt, für den die Darlehen oder Zuschüsse zur Deckung von laufenden Aufwendungen, Fremdkapitalkosten, Annuitäten oder Bewirtschaftungskosten gewährt werden.

(3) [1]Im Falle des § 32 Abs. 4 Nr. 2 sind bei Berechnungen des Gesamtbetrages der laufenden Aufwendungen für die der nachstelligen Finanzierung dienenden öffentlichen Baudarlehen Rechnungszinsen in Höhe des im Zeitpunkt nach § 4 marktüblichen Zinssatzes für erste Hypotheken anzusetzen. [2]Nach Aufteilung des Gesamtbetrages der laufenden Aufwendungen auf den begünstigten Wohnraum und den anderen Wohnraum sind wieder abzuziehen

1. von dem Teil der laufenden Aufwendungen, der auf den begünstigten Wohnraum fällt, die für die höheren öffentlichen Baudarlehen angesetzten Rechnungszinsen,
2. von dem Teil der laufenden Aufwendungen, der auf den anderen Wohnraum fällt, die für die anderen öffentlichen Baudarlehen angesetzten Rechnungszinsen.

[3]Die Zinsen, die sich nach § 21 Abs. 2 und 3 für die öffentlichen Baudarlehen ergeben, sind sodann jeweils hinzuzurechnen.

(4) Absatz 3 gilt sinngemäß, wenn Darlehen oder Zuschüsse zur Senkung der Kapitalkosten von Fremdmitteln unmittelbar dem Gläubiger gewährt werden und für den begünstigten Wohnraum höhere Fremdmittel dieser Art ausgewiesen sind als für den anderen Wohnraum; Absatz 2 ist in diesem Falle nicht anzuwenden.

§ 39. Vereinfachte Wirtschaftlichkeitsberechnung. (1) [1]In der vereinfachten Wirtschaftlichkeitsberechnung ist die Ermittlung der laufenden Aufwendungen sowie die Gegenüberstellung der laufenden Aufwendungen und der Erträge in vereinfachter Form zulässig. [2]Die vereinfachte Wirtschaftlichkeitsberechnung kann auch als Auszug aus einer Wirtschaftlichkeitsberechnung aufgestellt werden. [3]Der Auszug aus einer Wirtschaftlichkeitsberechnung muß enthalten

1. die Bezeichnung des Gebäudes,
2. die Höhe der einzelnen laufenden Aufwendungen,

3. die Darlehen und Zuschüsse zur Deckung von laufenden Aufwendungen für den gesamten Wohnraum,
4. die Mieten und Pachten, den entsprechenden Miet- oder Nutzwert und die Vergütungen.

(2) [1]Absatz 1 Satz 3 ist sinngemäß anzuwenden, wenn der Auszug zur Berechnung einer Mieterhöhung nach § 10 Abs. 1 des Wohnungsbindungsgesetzes aufgestellt wird. [2]Aus dem Auszug muß auch die Erhöhung der einzelnen laufenden Aufwendungen erkennbar werden.

§ 39a. Zusatzberechnung. (1) [1]Ist bereits eine Wirtschaftlichkeitsberechnung aufgestellt worden und haben sich nach diesem Zeitpunkt laufende Aufwendungen geändert, so kann eine neue Wirtschaftlichkeitsberechnung in der Weise aufgestellt werden, daß die bisherige Wirtschaftlichkeitsberechnung um eine Zusatzberechnung ergänzt wird, in der die Erhöhung oder Verringerung der einzelnen laufenden Aufwendungen ermittelt und der Erhöhung oder Verringerung der Erträge gegenübergestellt wird. [2]Eine Zusatzberechnung kann auch aufgestellt werden, wenn die in § 18 Abs. 2 Satz 1 bezeichneten Darlehen oder Zuschüsse nicht mehr oder nur in verminderter Höhe gewährt werden und der Vermieter den Wegfall oder die Verminderung nicht zu vertreten hat.

(2) [1]Hat der Vermieter den Änderungsbetrag zur Vergleichsmiete nach § 12 oder nach § 14 Abs. 6 der Neubaumietenverordnung 1970 zu ermitteln, sind die einzelnen laufenden Aufwendungen nach den Verhältnissen zum Zeitpunkt der Bewilligung der öffentlichen Mittel zusammenzustellen und eine Zusatzberechnung nach Absatz 1 aufzustellen. [2]Dabei bleiben Änderungen der laufenden Aufwendungen, die sich nicht auf den Wohnraum beziehen, dessen Vergleichsmiete zu ermitteln ist, unberücksichtigt. [3]Enthält das Gebäude neben dem öffentlich geförderten Wohnraum auch anderen Wohnraum oder Geschäftsraum, sind die laufenden Aufwendungen und die Zusatzberechnung entsprechend § 37 aufzustellen.

(3) [1]Ist bereits eine Wirtschaftlichkeitsberechnung aufgestellt und sind nach diesem Zeitpunkt bauliche Änderungen vorgenommen worden, so kann eine neue Wirtschaftlichkeitsberechnung in der Weise aufgestellt werden, daß die bisherige Wirtschaftlichkeitsberechnung um eine Zusatzberechnung ergänzt wird. [2]In der Zusatzberechnung sind die Kosten der baulichen Änderungen anzusetzen, die zu ihrer Deckung dienenden Finanzierungsmittel auszuweisen und die sich danach für die baulichen Änderungen ergebenden Aufwendungen den Ertragserhöhungen gegenüberzustellen.

(4) Hat der Vermieter den Erhöhungsbetrag zur Vergleichsmiete nach § 13 der Neubaumietenverordnung 1970 für sämtliche öffentlich geförderten Wohnungen zu ermitteln, so ist eine Zusatzberechnung nach Absatz 3 Satz 2 aufzustellen.

Teil III. Lastenberechnung

§ 40. Lastenberechnung. (1) [1]Die Belastung des Eigentümers eines Eigenheims, einer Kleinsiedlung oder einer eigengenutzten Eigentumswohnung oder des Inhabers eines eigengenutzten eigentumsähnlichen Dauerwohnrechts wird durch eine Berechnung (Lastenberechnung) ermittelt. [2]Das gleiche gilt für die Belastung des Bewerbers um ein Kaufeigenheim, eine Trägerkleinsiedlung, eine Kaufeigentumswohnung oder eine Wohnung in der Rechtsform des eigentumsähnlichen Dauerwohnrechts.

(2) [1]Wird durch Ausbau oder Erweiterung neuer, fremden Wohnzwecken dienender Wohnraum unter Einsatz öffentlicher Mittel geschaffen, ist hierfür eine Teilwirtschaftlichkeitsberechnung aufzustellen. [2]Die Regelungen des § 32 Abs. 4a und des § 34 Abs. 4 sind entsprechend anzuwenden.

§ 40a. Aufstellung der Lastenberechnung durch den Bauherrn. (1) [1]Ist der Eigentümer der Bauherr, so kann er die Lastenberechnung auf Grund einer Wirtschaftlichkeitsberechnung aufstellen. [2]In diesem Fall beschränkt sich die Lastenberechnung auf die Ermittlung der Belastung nach den §§ 40c bis 41.

(2) Wird die Lastenberechnung vom Bauherrn nicht auf Grund einer Wirtschaftlichkeitsberechnung aufgestellt, so muß sie enthalten

1. die Grundstücks- und Gebäudebeschreibung,
2. die Berechnung der Gesamtkosten,
3. den Finanzierungsplan,
4. die Ermittlung der Belastung nach den §§ 40c bis 41.

(3) Die Lastenberechnung ist aufzustellen

1. bei einem Eigenheim, einer Kleinsiedlung oder einem Kaufeigenheim für das Gebäude,
2. bei einer eigengenutzten Eigentumswohnung oder einer Kaufeigentumswohnung
   a) für die im Sondereigentum stehende Wohnung und den damit verbundenen Miteigentumsanteil an dem gemeinschaftlichen Eigentum oder
   b) in der Weise, daß die Berechnung für die Eigentumswohnungen oder Kaufeigentumswohnungen des Gebäudes oder der Wirtschaftseinheit (§ 2 Abs. 2) zusammengefaßt und die Gesamtkosten nach dem Verhältnis der Miteigentumsanteile aufgeteilt werden,
3. bei einer Wohnung in der Rechtsform des eigentumsähnlichen Dauerwohnrechts für die Wohnung und den Teil des Grundstücks, auf den sich das Dauerwohnrecht erstreckt.

(4) [1]Für die Aufstellung der Lastenberechnung gelten im übrigen § 2 Abs. 3 und 5, § 4 Abs. 1 bis 3, § 4a Abs. 1 bis 3, 5 sowie die §§ 5 bis 15 entsprechend. [2]§ 12 Abs. 4 Satz 2 gilt dabei mit der Maßgabe, daß anstelle der Erhöhung der Kapitalkosten die Erhöhung der Kapitalkosten und Tilgungen zu berücksichtigen ist.

§ 40b. Aufstellung der Lastenberechnung durch den Erwerber. (1)Hat der Eigentümer das Gebäude oder die Wohnung auf Grund eines Veräußerungsvertrages gegen Entgelt erworben, so ist die Lastenberechnung nach § 40a Abs. 2 und 3 mit folgenden Maßgaben aufzustellen:

1. An die Stelle der Gesamtkosten treten der angemessene Erwerbspreis, die auf ihn fallenden Erwerbskosten und die nach dem Erwerb entstandenen Kosten nach § 11;

2. im Finanzierungsplan sind die Mittel auszuweisen, die zur Deckung des Erwerbspreises und der in Nummer 1 bezeichneten Kosten dienen.

(2) [1] Für die Aufstellung der Lastenberechnung gelten im übrigen § 2 Abs. 3 und 5 und die §§ 12 bis 15 entsprechend. [2] § 12 Abs. 4 Satz 2 gilt dabei mit der Maßgabe, daß an Stelle der Erhöhung der Kapitalkosten die Erhöhung der Kapitalkosten und Tilgungen zu berücksichtigen ist.

(3) Die Absätze 1 und 2 gelten entsprechend für die Aufstellung der Lastenberechnung durch einen Bewerber nach § 40 Satz 2.

§ 40 c.[1] Ermittlung der Belastung. (1) Die Belastung wird ermittelt
1. aus der Belastung aus dem Kapitaldienst und
2. aus der Belastung aus der Bewirtschaftung.

(2) Hat derjenige, dessen Belastung zu ermitteln ist, einem Dritten ein Nutzungsentgelt oder einen ähnlichen Beitrag zum Kapitaldienst oder zur Bewirtschaftung zu leisten, so ist dieses Entgelt in die Lastenberechnung an Stelle der sonst ansetzbaren Beträge aufzunehmen, soweit es zur Deckung der Belastung bestimmt ist.

(3) Bei einer Kleinsiedlung vermehrt sich die Belastung um die Pacht einer gepachteten Landzulage.

(4) Werden von einem Dritten Aufwendungsbeihilfen, Zinszuschüsse oder Annuitätsdarlehen gewährt, so vermindert sich die Belastung entsprechend.

(5) [1] Erträge aus einem Miet- oder Pachtvertrag, die für den Gegenstand der Berechnung (§ 40 a Abs. 3) erzielt werden, vermindern die Belastung. [2] Dies gilt nicht für Ertragsteile, die zur Deckung von Betriebskosten dienen, die bei der Berechnung der Belastung aus der Bewirtschaftung nicht angesetzt werden dürfen. [3] Als Ertrag gilt auch der Miet- oder Nutzungswert der Räume, die von demjenigen, dessen Belastung zu ermitteln ist, ausschließlich zu anderen als Wohnzwecken oder als Garagen benutzt werden, sowie der von ihm gewerblich benutzten Flächen.

§ 40 d. Belastung aus dem Kapitaldienst. (1) Zu der Belastung aus dem Kapitaldienst gehören

1. die Fremdkapitalkosten,

2. die Tilgungen für Fremdmittel.

(2) [1] Die Fremdkapitalkosten sind entsprechend den §§ 19, 21 und 23 a zu berechnen. [2] Die Tilgungen für Fremdmittel sind aus dem im Finanzierungsplan ausgewiesenen Fremdmittel mit dem maßgebenden Tilgungssatz zu berechnen. [3] Maßgebend ist der vereinbarte Tilgungssatz oder, wenn die Tilgungen tatsächlich nach einem niedrigeren Tilgungssatz zu entrichten sind, dieser.

(3) Ist im Falle des § 40 b im Finanzierungsplan eine Verbindlichkeit ausgewiesen, die ohne Änderung der Vereinbarung über die Verzinsung und Tilgung vom Erwerber übernommen worden ist, so gilt Absatz 2 mit der Maßgabe, daß die Zinsen und Tilgungen aus dem Ursprungsbetrag der Verbindlichkeit mit dem maßgebenden Zins- und Tilgungssatz zu berechnen sind.

---

[1] § 40 c Abs. 5 Satz 1 geänd. durch Art. 8 Abs. 2 G v. 19. 6. 2001 (BGBl. I S. 1149).

(4) Hat sich der Zins- oder Tilgungssatz für ein Fremdmittel geändert, so sind die Zinsen und Tilgungen anzusetzen, die sich auf Grund der Änderung bei entsprechender Anwendung der Absätze 2 und 3 ergeben; dies gilt bei einer Erhöhung des Zins- oder Tilgungssatzes nur, wenn sie auf Umständen beruht, die derjenige, dessen Belastung zu ermitteln ist, nicht zu vertreten hat, und für die Zinsen nur insoweit, als sie im Rahmen der Absätze 2 und 3 den Betrag nicht übersteigen, der sich aus der Verzinsung zu dem bei der Erhöhung marktüblichen Zinssatz für erste Hypotheken ergibt.

(5) Bei einer Änderung der in § 21 Abs. 4 bezeichneten Fremdkapitalkosten gilt Absatz 4 entsprechend.

(6) [1]Werden an der Stelle der bisherigen Finanzierungsmittel nach § 12 Abs. 4 andere Mittel ausgewiesen, so treten die Kapitalkosten und Tilgungen der neuen Mittel an die Stelle der Kapitalkosten und Tilgungen der bisherigen Finanzierungsmittel; dies gilt für die Kapitalkosten nur insoweit, als sie im Rahmen der Absätze 2 und 3 den Betrag nicht übersteigen, der sich aus der Verzinsung zu dem bei der Ersetzung marktüblichen Zinssatz für erste Hypotheken ergibt. [2]Sind Finanzierungsmittel durch eigene Mittel ersetzt worden, so dürfen Zinsen oder Tilgungen nicht angesetzt werden.

(7) Werden nach § 11 Abs. 4 bis 6 den Gesamtkosten die Kosten von baulichen Änderungen hinzugerechnet, so dürfen für die Fremdmittel, die zur Deckung dieser Kosten dienen, bei Anwendung des Absatzes 2 Kapitalkosten insoweit angesetzt werden, als sie den Betrag nicht überschreiten, der sich aus der Verzinsung zu dem bei Fertigstellung der baulichen Änderungen marktüblichen Zinssatz für erste Hypotheken ergibt.

(8) Soweit für Fremdmittel, die ganz oder teilweise im Finanzierungsplan ausgewiesen sind, Kapitalkosten oder Tilgungen nicht mehr zu entrichten sind, dürfen diese nicht angesetzt werden.

§ 41.[1)] **Belastung aus der Bewirtschaftung.** (1) [1]Zu der Belastung aus der Bewirtschaftung gehören

1. die Ausgaben für die Verwaltung, die an einen Dritten laufend zu entrichten sind,
2. die Betriebskosten,
3. die Ausgaben für die Instandhaltung.

[2]Die Vorschriften der §§ 24, 28 und 30 sind entsprechend anzuwenden.

(2) [1]§ 26 ist entsprechend anzuwenden mit der Maßgabe, daß bei Eigentumswohnungen, Kaufeigentumswohnungen oder Wohnungen in der Rechtsform des eigentumsähnlichen Dauerwohnrechts als Ausgaben für die Verwaltung höchstens 275 Euro angesetzt werden dürfen. [2]Der in Satz 1 bezeichnete Betrag verändert sich entsprechend § 26 Abs. 4.

(3) [1]§ 27 ist entsprechend anzuwenden mit der Maßgabe, daß als Betriebskosten angesetzt werden dürfen

1. laufende öffentliche Lasten des Grundstücks, namentlich die Grundsteuer,
2. Kosten der Wasserversorgung,

[1)] § 41 Abs. 2 geänd. durch VO v. 13. 7. 1992 (BGBl. I S. 1250), Abs. 2 Satz 1 geänd. u. Satz 2 angef. durch Art. 8 G v. 13. 9. 2001 (BGBl. I S. 2376), Abs. 3 Satz 1 Nrn. 1 und 3, Satz 2 Nr. 2 geänd. mWv 1. 1. 2004 durch Art. 3 VO v. 25. 11. 2003 (BGBl. I S. 2346).

3. Kosten der Straßenreinigung und Müllbeseitigung,
4. Kosten der Entwässerung,
5. Kosten der Schornsteinreinigung,
6. Kosten der Sach- und Haftpflichtversicherung.

2 Bei einer Eigentumswohnung, einer Kaufeigentumswohnung und einer Wohnung in der Rechtsform des eigentumsähnlichen Dauerwohnrechts dürfen als Betriebskosten außerdem angesetzt werden

1. Kosten des Betriebes des Fahrstuhls,
2. Kosten der Gebäudereinigung und Ungezieferbekämpfung,
3. Kosten für den Hauswart.

Teil IV. Wohnflächenberechnung

§ 42.[1] **Wohnfläche.** 1 Ist die Wohnfläche bis zum 31. Dezember 2003 nach dieser Verordnung berechnet worden, bleibt es bei dieser Berechnung. 2 Soweit in den in Satz 1 genannten Fällen nach dem 31. Dezember 2003 bauliche Änderungen an dem Wohnraum vorgenommen werden, die eine Neuberechnung der Wohnfläche erforderlich machen, sind die Vorschriften der Wohnflächenverordnung vom 25. November 2003 (BGBl. I S. 2346) anzuwenden.

§§ 43, 44.[1] *(aufgehoben)*

Teil V. Schluß- und Überleitungsvorschriften

§ 45. Befugnisse des Bauherrn und seines Rechtsnachfolgers. (1) Läßt diese Verordnung eine Wahl zwischen zwei oder mehreren Möglichkeiten zu oder setzt sie bei einer Berechnung einen Rahmen, so ist der Bauherr, soweit sich aus dieser Verordnung nichts anderes ergibt, befugt, die Wahl vorzunehmen oder den Rahmen auszufüllen.

(2) Die Befugnisse des Bauherrn nach dieser Verordnung stehen auch seinem Rechtsnachfolger zu. Soweit der Bauherr nach dieser Verordnung Umstände zu vertreten hat, hat sie auch der Rechtsnachfolger zu vertreten.

§ 46. Überleitungsvorschriften. (1) Soweit bis zum 31. Oktober 1957 für den in § 1 Abs. 1 und § 1a Abs. 2 Nr. 2 und 3 bezeichneten Wohnraum Wirtschaftlichkeit oder Wohnfläche nach der Verordnung über Wirtschaftlichkeits- und Wohnflächenberechnung für neugeschaffenen Wohnraum (Berechnungsverordnung) vom 20. November 1950 (BGBl. S. 753) berechnet worden ist, bleibt es für diese Berechnungen dabei.

(2) § 2 Abs. 8, § 18 Abs. 4 und § 23 Abs. 5 sind in der mit Inkrafttreten dieser Verordnung geltenden Fassung anzuwenden, wenn die Darlehen nach dem 31. Dezember 1989 vorzeitig zurückgezahlt oder abgelöst wurden oder

---

[1] § 42 neugef., §§ 43 und 44 aufgeh. mWv 1. 1. 2004 durch Art. 3 VO v. 25. 11. 2003 (BGBl. I S. 2346).

nach diesem Zeitpunkt auf die weitere Auszahlung von Zuschüssen zur Deckung der laufenden Aufwendungen oder von Zinszuschüssen verzichtet wurde.

(3) Sind für ein Gebäude oder eine Wirtschaftseinheit auf Grund von Ausbau oder Erweiterung Wirtschaftlichkeitsberechnungen oder Teilwirtschaftlichkeitsberechnungen vor dem 29. August 1990 aufgestellt worden, sind die Regelungen der §§ 32, 34 und 40 in der bis zum 29. August 1990 geltenden Fassung anzuwenden.

§ 47. (weggefallen)

§ 48. (weggefallen)

§ 48a. Berlin-Klausel. *(gegenstandslos)*

§ 49. Geltung im Saarland. Diese Verordnung gilt nicht im Saarland.

§ 50. (Inkrafttreten)

Anlage 1
(zu § 5 Abs. 5)

Aufstellung der Gesamtkosten

Die Gesamtkosten bestehen aus:

I. Kosten des Baugrundstücks

Zu den Kosten des Baugrundstücks gehören:

1. Der Wert des Baugrundstücks
2. Die Erwerbskosten
   Hierzu gehören alle durch den Erwerb des Baugrundstücks verursachten Nebenkosten, z. B. Gerichts- und Notarkosten, Maklerprovisionen, Grunderwerbsteuern, Vermessungskosten, Gebühren für Wertberechnungen und amtliche Genehmigungen, Kosten der Bodenuntersuchung zur Beurteilung des Grundstückswertes.
   Zu den Erwerbskosten gehören auch Kosten, die im Zusammenhang mit einer das Baugrundstück betreffenden freiwilligen oder gesetzlich geregelten Umlegung, Zusammenlegung oder Grenzregelung (Bodenordnung) entstehen, außer den Kosten der dem Bauherrn dabei obliegenden Verwaltungsleistungen.
3. Die Erschließungskosten
   Hierzu gehören:
   a) Abfindungen und Entschädigungen an Mieter, Pächter und sonstige Dritte zur Erlangung der freien Verfügung über das Baugrundstück,
   b) Kosten für das Herrichten des Baugrundstücks, z. B. Abräumen, Abholzen, Roden, Bodenbewegung, Enttrümmern, Gesamtabbruch,
   c) Kosten der öffentlichen Entwässerungs- und Versorgungsanlagen, die nicht Kosten der Gebäude oder der Außenanlagen sind, und Kosten öf-

fentlicher Flächen für Straßen, Freiflächen und dgl., soweit diese Kosten vom Grundstückseigentümer auf Grund gesetzlicher Bestimmungen (z.B. Anliegerleistungen) oder vertraglicher Vereinbarungen (z.B. Unternehmerstraßen) zu tragen und vom Bauherrn zu übernehmen sind,

d) Kosten der nichtöffentlichen Entwässerungs- und Versorgungsanlagen, die nicht Kosten der Gebäude oder der Außenanlagen sind, und Kosten nichtöffentlicher Flächen für Straßen, Freiflächen und dgl., wie Privatstraßen, Abstellflächen für Kraftfahrzeuge, wenn es sich um Daueranlagen handelt, d.h. um Anlagen, die auch nach etwaigem Abgang der Bauten im Rahmen der allgemeinen Ortsplanung bestehen bleiben müssen,

e) andere einmalige Abgaben, die vom Bauherrn nach gesetzlichen Bestimmungen verlangt werden (z.B. Bauabgaben, Ansiedlungsleistungen, Ausgleichsbeträge).

II. Baukosten

Zu den Baukosten gehören:

1. Die Kosten der Gebäude

Das sind die Kosten (getrennt nach der Art der Gebäude oder Gebäudeteile) sämtlicher Bauleistungen, die für die Errichtung der Gebäude erforderlich sind.

Zu den Kosten der Gebäude gehören auch

die Kosten aller eingebauten oder mit den Gebäuden fest verbundenen Sachen, z.B. Anlagen zur Beleuchtung, Erwärmung, Kühlung und Lüftung von Räumen und zur Versorgung mit Elektrizität, Gas, Kalt- und Warmwasser (bauliche Betriebseinrichtungen), bis zum Hausanschluß an die Außenanlagen, Öfen, Koch- und Waschherde, Bade- und Wascheinrichtungen, eingebaute Rundfunkanlagen, Gemeinschaftsantennen, Blitzschutzanlagen, Luftschutzanlagen, Luftschutzvorsorgeanlagen, bildnerischer und malerischer Schmuck an und in Gebäuden, eingebaute Möbel, die Kosten aller vom Bauherrn erstmalig zu beschaffenden, nicht eingebauten oder nicht fest verbundenen Sachen an und in den Gebäuden, die zur Benutzung und zum Betrieb der baulichen Anlagen erforderlich sind oder zum Schutz der Gebäude dienen, z.B. Öfen, Koch- und Waschherde, Bade- und Wascheinrichtungen, soweit sie nicht unter den vorstehenden Absatz fallen, Aufsteckschlüssel für innere Leitungshähne und -ventile, Bedienungseinrichtungen für Sammelheizkessel (Schaufeln, Schürstangen usw.), Dachaussteige- und Schornsteinleitern, Feuerlöschanlagen (Schläuche, Stand- und Strahlrohre für eingebaute Feuerlöschanlagen), Schlüssel für Fenster- und Türverschlüsse usw.

Zu den Kosten der Gebäude gehören auch die Kosten von Teilabbrüchen innerhalb der Gebäude sowie der etwa angesetzte Wert verwendeter Gebäudeteile.

2. Die Kosten der Außenanlagen

Das sind die Kosten sämtlicher Bauleistungen, die für die Herstellung der Außenanlagen erforderlich sind.

Hierzu gehören

a) die Kosten der Entwässerungs- und Versorgungsanlagen vom Hausanschluß ab bis an das öffentliche Netz oder an nichtöffentliche Anlagen, die Daueranlagen sind (I 3d), außerdem alle anderen Entwässerungs- und Versorgungsanlagen außerhalb der Gebäude, Kleinkläranlagen, Sammelgruben, Brunnen, Zapfstellen usw.,

b) die Kosten für das Anlegen von Höfen, Wegen und Einfriedungen, nichtöffentlichen Spielplätzen usw.,

c) die Kosten der Gartenanlagen und Pflanzungen, die nicht zu den besonderen Betriebseinrichtungen gehören, der nicht mit einem Gebäude verbundenen Freitreppen, Stützmauern, fest eingebauten Flaggenmaste, Teppichklopfstangen, Wäschepfähle usw.,

d) die Kosten sonstiger Außenanlagen, z.B. Luftschutzaußenanlagen, Kosten für Teilabbrüche außerhalb der Gebäude, soweit sie nicht zu den Kosten für das Herrichten des Baugrundstücks gehören.

Zu den Kosten der Außenanlagen gehören auch

die Kosten aller eingebauten oder mit den Außenanlagen fest verbundenen Sachen,

die Kosten aller vom Bauherrn erstmalig zu beschaffenden, nicht eingebauten oder nicht fest verbundenen Sachen an und in den Außenanlagen, z.B. Aufsteckschlüssel für äußere Leitungshähne und -ventile, Feuerlöschanlagen (Schläuche, Stand- und Strahlrohre für äußere Feuerlöschanlagen).

3. Die Baunebenkosten

Das sind

a) Kosten der Architekten- und Ingenieurleistungen; diese Leistungen umfassen namentlich Planungen, Ausschreibungen, Bauleitung, Bauführung und Bauabrechnung,

b) Kosten der dem Bauherrn obliegenden Verwaltungsleistungen bei Vorbereitung und Durchführung des Bauvorhabens,

c) Kosten der Behördenleistungen; hierzu gehören die Kosten der Prüfungen und Genehmigungen der Behörden oder Beauftragten der Behörden,

d) folgende Kosten:

aa) Kosten der Beschaffung der Finanzierungsmittel, z.B. Maklerprovisionen, Gerichts- und Notarkosten, einmalige Geldbeschaffungskosten (Hypothekendisagio, Kreditprovisionen und Spesen, Wertberechnungs- und Bearbeitungsgebühren, Bereitstellungskosten usw.),

bb) Kapitalkosten und Erbbauzinsen, die auf die Bauzeit entfallen,

cc) Kosten der Beschaffung und Verzinsung der Zwischenfinanzierungsmittel einschließlich der gestundeten Geldbeschaffungskosten (Disagiodarlehen),

dd) Steuerbelastungen des Baugrundstücks, die auf die Bauzeit entfallen,

ee) Kosten der Beschaffung von Darlehen und Zuschüssen zur Deckung von laufenden Aufwendungen, Fremdkapitalkosten, Annuitäten und Bewirtschaftungskosten,

e) sonstige Nebenkosten, z.B. die Kosten der Bauversicherungen während der Bauzeit, der Bauwache, der Baustoffprüfungen des Bauherrn, der Grundsteinslegungs- und Richtfeier.

4. Die Kosten der besonderen Betriebseinrichtungen

Das sind z.B. die Kosten für Personen- und Lastenaufzüge, Müllbeseitigungsanlagen, Hausfernsprecher, Uhrenanlagen, gemeinschaftliche Wasch- und Badeeinrichtungen usw.

5. Die Kosten des Gerätes und sonstiger Wirtschaftsausstattungen

Das sind

die Kosten für alle vom Bauherrn erstmalig zu beschaffenden beweglichen Sachen, die nicht unter die Kosten der Gebäude oder der Außenanlagen fallen, z.B. Asche- und Müllkästen, abnehmbare Fahnen, Fenster- und Türbehänge, Feuerlösch- und Luftschutzgerät, Haus- und Stallgerät usw.,

die Kosten für Wirtschaftsausstattungen bei Kleinsiedlungen usw., z.B. Akkergerät, Dünger, Kleinvieh, Obstbäume, Saatgut.

Anlage 2
(zu den §§ 11a und 34 Abs. 1)

Berechnung des umbauten Raumes

Der umbaute Raum ist in m^3 anzugeben.

1.1 Voll anzurechnen ist der umbaute Raum eines Gebäudes, der umschlossen wird:

1.11 seitlich von den Außenflächen der Umfassungen,

1.12 unten

1.121 bei unterkellerten Gebäuden von den Oberflächen der untersten Geschoßfußböden

1.122 bei nichtunterkellerten Gebäuden von der Oberfläche des Geländes. Liegt der Fußboden des untersten Geschosses tiefer als das Gelände, gilt Abschnitt 1.121,

1.13 oben

1.131 bei nicht ausgebautem Dachgeschoß von den Oberflächen der Fußböden über den obersten Vollgeschossen,

1.132 bei ausgebautem Dachgeschoß, bei Treppenhausköpfen und Fahrstuhlschächten von den Außenflächen der umschließenden Wände und Decken. (Bei Ausbau mit Leichtbauplatten sind die begrenzenden Außenflächen durch die Außen- oder Oberkante der Teile zu legen, welche diese Platten unmittelbar tragen),

1.133 bei Dachdecken, die gleichzeitig die Decke des obersten Vollgeschosses bilden, von den Oberflächen der Tragdecke oder Balkenlage,

1.134 bei Gebäuden oder Bauteilen ohne Geschoßdecken von den Außenflächen des Daches, vgl. Abschnitt 1.35.

1.2 Mit einem Drittel anzurechnen ist der umbaute Raum des nichtausgebauten Dachraumes, der umschlossen wird von den Flächen nach Abschnitt 1.131 oder 1.132 und den Außenflächen des Daches.

1.3 Bei den Berechnungen nach Abschnitt 1.1 und 1.2 ist:

1.31 die Gebäudegrundfläche nach den Rohbaumaßen des Erdgeschosses zu berechnen,

1.32 bei wesentlich verschiedenen Geschoßgrundflächen der umbaute Raum geschoßweise zu berechnen,
1.33 nicht abzuziehen der umbaute Raum, der gebildet wird von:
1.331 äußeren Leibungen von Fenstern und Türen und äußeren Nischen in den Umfassungen
1.332 Hauslauben (Loggien), d.h. an höchstens zwei Seitenflächen offenen, im übrigen umbauten Räumen,
1.34 nicht hinzuzurechnen der umbaute Raum, den folgende Bauteile bilden:
1.341 stehende Dachfenster und Dachaufbauten mit einer vorderen Ansichtsfläche bis zu je 2 m^2 (Dachaufbauten mit größerer Ansichtsfläche siehe Abschnitt 1.42),
1.342 Balkonplatten und Vordächer bis zu 0,5 m Ausladung (weiter ausladende Balkonplatten und Vordächer siehe Abschnitt 1.44),
1.343 Dachüberstände, Gesimse, ein bis drei nichtunterkellerte, vorgelagerte Stufen, Wandpfeiler, Halbsäulen und Pilaster,
1.344 Gründungen gewöhnlicher Art, deren Unterfläche bei unterkellerten Bauten nicht tiefer als 0,5 m unter der Oberfläche des Kellergeschoßfußbodens, bei nichtunterkellerten Bauten nicht tiefer als 1 m unter der Oberfläche des umgebenden Geländes liegt (Gründungen außergewöhnlicher Art und Tiefe siehe Abschnitt 1.48),
1.345 Kellerlichtschächte und Lichtgräben,
1.35 für Teile eines Baues, deren Innenraum ohne Zwischendecken bis zur Dachfläche durchgeht, der umbaute Raum getrennt zu berechnen, vgl. Abschnitt 1.134,
1.36 für zusammenhängende Teile eines Baues, die sich nach dem Zweck und deshalb in der Art des Ausbaues wesentlich von den übrigen Teilen unterscheiden, der umbaute Raum getrennt zu berechnen.
1.4 Von der Berechnung des umbauten Raumes nicht erfaßt werden folgende (besonders zu veranschlagende) Bauausführungen und Bauteile:
1.41 geschlossene Anbauten in leichter Bauart und mit geringwertigem Ausbau und offene Anbauten, wie Hallen, Überdachungen (mit oder ohne Stützen) von Lichthöfen, Unterfahrten auf Stützen, Veranden,
1.42 Dachaufbauten mit vorderen Ansichtsflächen von mehr als 2 m^2 und Dachreiter,
1.43 Brüstungen von Balkonen und begehbaren Dachflächen,
1.44 Balkonplatten und Vordächer mit mehr als 0,5 m Ausladung,
1.45 Freitreppen mit mehr als 3 Stufen und Terrassen (und ihre Brüstungen),
1.46 Füchse, Gründungen für Kessel und Maschinen,
1.47 freistehende Schornsteine und der Teil von Hausschornsteinen, der mehr als 1 m über den Dachfirst hinausragt,
1.48 Gründungen außergewöhnlicher Art, wie Pfahlgründungen und Gründungen außergewöhnlicher Tiefe, deren Unterfläche tiefer liegt als im Abschnitt 1.344 angegeben,
1.49 wasserdruckhaltende Dichtungen.

Anlage 3.[1] *(aufgehoben)*

[1] Anl. 3 aufgeh. mWv 1. 1. 2004 durch Art. 3 VO v. 25. 11. 2003 (BGBl. I S. 2346).

30b/1. Verordnung über die Aufstellung von Betriebskosten (Betriebskostenverordnung – BetrKV)[1)]

Vom 25. November 2003

(BGBl. I S. 2346)

FNA 2330-32-2

Lfd. Nr.	Änderndes Gesetz	Datum	Fundstelle	Betroffen	Hinweis
1.	Art. 4 G zur Änd. telekommunikationsrechtl. Regelungen	3.5.2012	BGBl. I S. 958	§ 2	geänd. mWv 10.5.2012
2.	Art. 15 TelekommunikationsmodernisierungsG[2)]	23.6.2021	BGBl. I S. 1858	§ 2	geänd. mWv 1.12.2021
3.	Art. 4 G zur Änd. des GebäudeenergieG, zur Änd. des Bürgerlichen Gesetzbuches, zur Änd. der VO über Heizkostenabrechnung, zur Änd. der BetriebskostenVO und zur Änd. der Kehr- und ÜberprüfungsO	16.10. 2023	BGBl. 2023 I Nr. 280	§ 2	geänd. mWv 1.1.2024

§ 1 Betriebskosten. (1) [1] Betriebskosten sind die Kosten, die dem Eigentümer oder Erbbauberechtigten durch das Eigentum oder Erbbaurecht am Grundstück oder durch den bestimmungsmäßigen Gebrauch des Gebäudes, der Nebengebäude, Anlagen, Einrichtungen und des Grundstücks laufend entstehen. [2] Sach- und Arbeitsleistungen des Eigentümers oder Erbbauberechtigten dürfen mit dem Betrag angesetzt werden, der für eine gleichwertige Leistung eines Dritten, insbesondere eines Unternehmers, angesetzt werden könnte; die Umsatzsteuer des Dritten darf nicht angesetzt werden.

(2) Zu den Betriebskosten gehören nicht:

1. die Kosten der zur Verwaltung des Gebäudes erforderlichen Arbeitskräfte und Einrichtungen, die Kosten der Aufsicht, der Wert der vom Vermieter persönlich geleisteten Verwaltungsarbeit, die Kosten für die gesetzlichen oder freiwilligen Prüfungen des Jahresabschlusses und die Kosten für die Geschäftsführung (Verwaltungskosten),
2. die Kosten, die während der Nutzungsdauer zur Erhaltung des bestimmungsmäßigen Gebrauchs aufgewendet werden müssen, um die durch Abnutzung, *Alterung und Witterungs*einwirkung entstehenden baulichen oder sonstigen Mängel ordnungsgemäß zu beseitigen (Instandhaltungs- und Instandsetzungskosten).

[1)] Verkündet als Art. 2 VO zur Berechnung der Wohnfläche, über die Aufstellung von Betriebskosten und zur Änd. anderer VOen v. 25.11.2003 (BGBl. I S. 2346); Inkrafttreten gem. Art. 6 dieser VO am 1.1. 2004. Diese VO wurde mit Zustimmung des Bundesrates erlassen auf Grund von § 19 Abs. 1 Satz 2 und Abs. 2 Satz 2 WoFG, § 28 Abs. 1 und 2 WoBindG und § 36 Abs. 1 Nr. 1 Satz 1 Buchst. a WoGG.

[2)] **Amtl. Anm.:** Dieses Gesetz dient der Umsetzung der Richtlinie (EU) 2018/1972 des Europäischen Parlaments und des Rates vom 11. Dezember 2018 über den europäischen Kodex für die elektronische Kommunikation (Neufassung) (ABl. L 321 vom 17.12.2018, S. 36).

§ 2[1)] Aufstellung der Betriebskosten. [1]Betriebskosten im Sinne von § 1 sind:

1. die laufenden öffentlichen Lasten des Grundstücks,
   hierzu gehört namentlich die Grundsteuer;
2. die Kosten der Wasserversorgung,
   hierzu gehören die Kosten des Wasserverbrauchs, die Grundgebühren, die Kosten der Anmietung oder anderer Arten der Gebrauchsüberlassung von Wasserzählern sowie die Kosten ihrer Verwendung einschließlich der Kosten der Eichung sowie der Kosten der Berechnung und Aufteilung, die Kosten der Wartung von Wassermengenreglern, die Kosten des Betriebs einer hauseigenen Wasserversorgungsanlage und einer Wasseraufbereitungsanlage einschließlich der Aufbereitungsstoffe;
3. die Kosten der Entwässerung,
   hierzu gehören die Gebühren für die Haus- und Grundstücksentwässerung, die Kosten des Betriebs einer entsprechenden nicht öffentlichen Anlage und die Kosten des Betriebs einer Entwässerungspumpe;
4. die Kosten
   a) des Betriebs der zentralen Heizungsanlage einschließlich der Abgasanlage,
   hierzu gehören die Kosten des zur Wärmeerzeugung verbrauchten Stroms und der verbrauchten Brennstoffe und ihrer Lieferung, die Kosten des Betriebsstroms, die Kosten der Bedienung, Überwachung und Pflege der Anlage, der regelmäßigen Prüfung ihrer Betriebsbereitschaft und Betriebssicherheit einschließlich der Einstellung durch eine Fachkraft, der Reinigung der Anlage und des Betriebsraums, die Kosten der Messungen nach dem Bundes-Immissionsschutzgesetz[2)], die Kosten der Anmietung oder anderer Arten der Gebrauchsüberlassung einer Ausstattung zur Verbrauchserfassung sowie die Kosten der Verwendung einer Ausstattung zur Verbrauchserfassung einschließlich der Kosten der Eichung sowie der Kosten der Berechnung und Aufteilung
   oder
   b) des Betriebs der zentralen Brennstoffversorgungsanlage,
   hierzu gehören die Kosten der verbrauchten Brennstoffe und ihrer Lieferung, die Kosten des Betriebsstroms und die Kosten der Überwachung sowie die Kosten der Reinigung der Anlage und des Betriebsraums
   oder
   c) der eigenständig gewerblichen Lieferung von Wärme, auch aus Anlagen im Sinne des Buchstabens a,
   hierzu gehören das Entgelt für die Wärmelieferung und die Kosten des Betriebs der zugehörigen Hausanlagen entsprechend Buchstabe a
   oder
   d) der Reinigung und Wartung von Etagenheizungen und Gaseinzelfeuerstätten,
   hierzu gehören die Kosten der Beseitigung von Wasserablagerungen und Verbrennungsrückständen in der Anlage, die Kosten der regelmäßigen Prüfung der Betriebsbereitschaft und Betriebssicherheit und der damit zusammenhängenden Einstellung durch eine Fachkraft sowie die Kosten *der Messungen nach* dem Bundes-Immissionsschutzgesetz;

[1)] § 2 Nr. 15 neu gef., Satz 2 angef. mWv 1.12.2021 durch G v. 23.6.2021 (BGBl. I S. 1858); Satz 1 Nr. 4 Buchst. a geänd. mWv 1.1.2024 durch G v. 16.10.2023 (BGBl. 2023 I Nr. 280).

[2)] **Sartorius Nr. 296.**

5. die Kosten
   a) des Betriebs der zentralen Warmwasserversorgungsanlage,
   hierzu gehören die Kosten der Wasserversorgung entsprechend Nummer 2, soweit sie nicht dort bereits berücksichtigt sind, und die Kosten der Wassererwärmung entsprechend Nummer 4 Buchstabe a

   oder

   b) der eigenständig gewerblichen Lieferung von Warmwasser, auch aus Anlagen im Sinne des Buchstabens a,
   hierzu gehören das Entgelt für die Lieferung des Warmwassers und die Kosten des Betriebs der zugehörigen Hausanlagen entsprechend Nummer 4 Buchstabe a

   oder

   c) der Reinigung und Wartung von Warmwassergeräten,
   hierzu gehören die Kosten der Beseitigung von Wasserablagerungen und Verbrennungsrückständen im Innern der Geräte sowie die Kosten der regelmäßigen Prüfung der Betriebsbereitschaft und Betriebssicherheit und der damit zusammenhängenden Einstellung durch eine Fachkraft;
6. die Kosten verbundener Heizungs- und Warmwasserversorgungsanlagen
   a) bei zentralen Heizungsanlagen entsprechend Nummer 4 Buchstabe a und entsprechend Nummer 2, soweit sie nicht dort bereits berücksichtigt sind,

   oder

   b) bei der eigenständig gewerblichen Lieferung von Wärme entsprechend Nummer 4 Buchstabe c und entsprechend Nummer 2, soweit sie nicht dort bereits berücksichtigt sind,

   oder

   c) bei verbundenen Etagenheizungen und Warmwasserversorgungsanlagen entsprechend Nummer 4 Buchstabe d und entsprechend Nummer 2, soweit sie nicht dort bereits berücksichtigt sind;
7. die Kosten des Betriebs des Personen- oder Lastenaufzugs,
   hierzu gehören die Kosten des Betriebsstroms, die Kosten der Beaufsichtigung, der Bedienung, Überwachung und Pflege der Anlage, der regelmäßigen Prüfung ihrer Betriebsbereitschaft und Betriebssicherheit einschließlich der Einstellung durch eine Fachkraft sowie die Kosten der Reinigung der Anlage;
8. die Kosten der Straßenreinigung und Müllbeseitigung,
   zu den Kosten der Straßenreinigung gehören die für die öffentliche Straßenreinigung zu entrichtenden Gebühren und die Kosten entsprechender nicht öffentlicher Maßnahmen; zu den Kosten der Müllbeseitigung gehören namentlich die für die Müllabfuhr zu entrichtenden Gebühren, die Kosten entsprechender nicht öffentlicher Maßnahmen, die Kosten des Betriebs von Müllkompressoren, Müllschluckern, Müllabsauganlagen sowie des Betriebs von Müllmengenerfassungsanlagen einschließlich der Kosten der Berechnung und Aufteilung;
9. die Kosten der Gebäudereinigung und Ungezieferbekämpfung,
   zu den Kosten der Gebäudereinigung gehören die Kosten für die Säuberung der von den Bewohnern gemeinsam genutzten Gebäudeteile, wie Zugänge, Flure, Treppen, Keller, Bodenräume, Waschküchen, Fahrkorb des Aufzugs;

10. die Kosten der Gartenpflege,
hierzu gehören die Kosten der Pflege gärtnerisch angelegter Flächen einschließlich der Erneuerung von Pflanzen und Gehölzen, der Pflege von Spielplätzen einschließlich der Erneuerung von Sand und der Pflege von Plätzen, Zugängen und Zufahrten, die dem nicht öffentlichen Verkehr dienen;
11. die Kosten der Beleuchtung,
hierzu gehören die Kosten des Stroms für die Außenbeleuchtung und die Beleuchtung der von den Bewohnern gemeinsam genutzten Gebäudeteile, wie Zugänge, Flure, Treppen, Keller, Bodenräume, Waschküchen;
12. die Kosten der Schornsteinreinigung,
hierzu gehören die Kehrgebühren nach der maßgebenden Gebührenordnung, soweit sie nicht bereits als Kosten nach Nummer 4 Buchstabe a berücksichtigt sind;
13. die Kosten der Sach- und Haftpflichtversicherung,
hierzu gehören namentlich die Kosten der Versicherung des Gebäudes gegen Feuer-, Sturm-, Wasser sowie sonstige Elementarschäden, der Glasversicherung, der Haftpflichtversicherung für das Gebäude, den Öltank und den Aufzug;
14. die Kosten für den Hauswart,
hierzu gehören die Vergütung, die Sozialbeiträge und alle geldwerten Leistungen, die der Eigentümer oder Erbbauberechtigte dem Hauswart für seine Arbeit gewährt, soweit diese nicht die Instandhaltung, Instandsetzung, Erneuerung, Schönheitsreparaturen oder die Hausverwaltung betrifft; soweit Arbeiten vom Hauswart ausgeführt werden, dürfen Kosten für Arbeitsleistungen nach den Nummern 2 bis 10 und 16 nicht angesetzt werden;
15.[1] die Kosten
   a) des Betriebs der Gemeinschafts-Antennenanlage,
   hierzu gehören die Kosten des Betriebsstroms und die Kosten der regelmäßigen Prüfung ihrer Betriebsbereitschaft einschließlich ihrer Einstellung durch eine Fachkraft,
   bis zum 30. Juni 2024 außerdem das Nutzungsentgelt für eine nicht zu dem Gebäude gehörende Antennenanlage sowie die Gebühren, die nach dem Urheberrechtsgesetz[2] für die Kabelweitersendung entstehen,

   oder
   b) des Betriebs der mit einem Breitbandnetz verbundenen privaten Verteilanlage,
   hierzu gehören die Kosten des Betriebsstroms,
   bis zum 30. Juni 2024 außerdem die weiteren Kosten entsprechend Buchstabe a, sowie die laufenden monatlichen Grundgebühren für Breitbandanschlüsse,

   oder
   c) des Betriebs einer gebäudeinternen Verteilanlage, die vollständig mittels Glasfaser mit einem öffentlichen Netz mit sehr hoher Kapazität im Sinne *des* § 3 Nummer 33 des Telekommunikationsgesetzes verbunden ist, wenn

---

[1] Siehe hierzu ua das TelekommunikationsmodernisierungsG v. 23.6.2021 (BGBl. I S. 1858, ber. 2022 S. 1045).
[2] **Habersack, Deutsche Gesetze Nr. 65.**

der Mieter seinen Anbieter von öffentlich zugänglichen Telekommunikationsdiensten über seinen Anschluss frei wählen kann,
hierzu gehören die Kosten des Betriebsstroms sowie ein Bereitstellungsentgelt gemäß § 72 Absatz 1 des Telekommunikationsgesetzes;

16. die Kosten des Betriebs der Einrichtungen für die Wäschepflege,
hierzu gehören die Kosten des Betriebsstroms, die Kosten der Überwachung, Pflege und Reinigung der Einrichtungen, der regelmäßigen Prüfung ihrer Betriebsbereitschaft und Betriebssicherheit sowie die Kosten der Wasserversorgung entsprechend Nummer 2, soweit sie nicht dort bereits berücksichtigt sind;

17. sonstige Betriebskosten,
hierzu gehören Betriebskosten im Sinne des § 1, die von den Nummern 1 bis 16 nicht erfasst sind.

[2] Für Anlagen, die ab dem 1. Dezember 2021 errichtet worden sind, ist Satz 1 Nummer 15 Buchstabe a und b nicht anzuwenden.

30c. Verordnung über die verbrauchsabhängige Abrechnung der Heiz- und Warmwasserkosten (Verordnung über Heizkostenabrechnung – HeizkostenV)[1]

In der Fassung der Bekanntmachung vom 5. Oktober 2009[2]
(BGBl. I S. 3250)

FNA 754-4-4

Lfd. Nr.	Änderndes Gesetz	Datum	Fundstelle	Betroffen	Hinweis
1.	Art. 1 ÄndVO[3]	24.11. 2021	BGBl. I S. 4964	§§ 5, 6, 7, 9, 12	geänd. mWv 1.12.2021
				§§ 6a, 6b	eingef. mWv 1.12.2021
2.	Art. 3 G zur Änd. des GebäudeenergieG, zur Änd. des Bürgerlichen Gesetzbuches, zur Änd. der VO über Heizkostenabrechnung, zur Änd. der BetriebskostenVO und zur Änd. der Kehr- und ÜberprüfungsO	16.10. 2023	BGBl. 2023 I Nr. 280	§§ 7, 9, 11, 12	geänd. mWv 1.10.2024

§ 1 Anwendungsbereich. (1) Diese Verordnung gilt für die Verteilung der Kosten

1. des Betriebs zentraler Heizungsanlagen und zentraler Warmwasserversorgungsanlagen,
2. der eigenständig gewerblichen Lieferung von Wärme und Warmwasser, auch aus Anlagen nach Nummer 1 (Wärmelieferung, Warmwasserlieferung),

durch den Gebäudeeigentümer auf die Nutzer der mit Wärme oder Warmwasser versorgten Räume.

(2) Dem Gebäudeeigentümer stehen gleich

1. der zur Nutzungsüberlassung in eigenem Namen und für eigene Rechnung Berechtigte,
2. derjenige, dem der Betrieb von Anlagen im Sinne des § 1 Absatz 1 Nummer 1 in der Weise übertragen worden ist, dass er dafür ein Entgelt vom Nutzer zu fordern berechtigt ist,

---

[1] **Amtl. Anm.:** Diese Verordnung dient der Umsetzung der Richtlinie 2006/32/EG des Europäischen Parlaments und des Rates vom 5. April 2006 über Endenergieeffizienz und Energiedienstleistungen und zur Aufhebung der Richtlinie 93/76/EWG des Rates (ABl. L 114 vom 27.4.1996, S. 64).

[2] Neubekanntmachung der HeizkostenV idF der Bek. v. 20.1.1989 (BGBl. I S. 115) in der ab 1.1.2009 geltenden Fassung.

[3] **Amtl. Anm.:** Diese Verordnung dient der Umsetzung der Richtlinie (EU) 2018/2002 des Europäischen Parlaments und des Rates vom 11. Dezember 2018 zur Änderung der Richtlinie 2012/27/EU zur Energieeffizienz (ABl. L 328 vom 21.12.2018, S. 210).

Notifiziert gemäß der Richtlinie (EU) 2015/1535 des Europäischen Parlaments und des Rates vom 9. September 2015 über ein Informationsverfahren auf dem Gebiet der technischen Vorschriften und der Vorschriften für die Dienste der Informationsgesellschaft (ABl. L 241 vom 17.9.2015, S. 1).

3. beim Wohnungseigentum die Gemeinschaft der Wohnungseigentümer im Verhältnis zum Wohnungseigentümer, bei Vermietung einer oder mehrerer Eigentumswohnungen der Wohnungseigentümer im Verhältnis zum Mieter.

(3) Diese Verordnung gilt auch für die Verteilung der Kosten der Wärmelieferung und Warmwasserlieferung auf die Nutzer der mit Wärme oder Warmwasser versorgten Räume, soweit der Lieferer unmittelbar mit den Nutzern abrechnet und dabei nicht den für den einzelnen Nutzer gemessenen Verbrauch, sondern die Anteile der Nutzer am Gesamtverbrauch zu Grunde legt; in diesen Fällen gelten die Rechte und Pflichten des Gebäudeeigentümers aus dieser Verordnung für den Lieferer.

(4) Diese Verordnung gilt auch für Mietverhältnisse über preisgebundenen Wohnraum, soweit für diesen nichts anderes bestimmt ist.

§ 2 Vorrang vor rechtsgeschäftlichen Bestimmungen. Außer bei Gebäuden mit nicht mehr als zwei Wohnungen, von denen eine der Vermieter selbst bewohnt, gehen die Vorschriften dieser Verordnung rechtsgeschäftlichen Bestimmungen vor.

§ 3 Anwendung auf das Wohnungseigentum. [1] Die Vorschriften dieser Verordnung sind auf Wohnungseigentum anzuwenden unabhängig davon, ob durch Vereinbarung oder Beschluss der Wohnungseigentümer abweichende Bestimmungen über die Verteilung der Kosten der Versorgung mit Wärme und Warmwasser getroffen worden sind. [2] Auf die Anbringung und Auswahl der Ausstattung nach den §§ 4 und 5 sowie auf die Verteilung der Kosten und die sonstigen Entscheidungen des Gebäudeeigentümers nach den §§ 6 bis 9b und 11 sind die Regelungen entsprechend anzuwenden, die für die Verwaltung des gemeinschaftlichen Eigentums im Wohnungseigentumsgesetz[1)] enthalten oder durch Vereinbarung der Wohnungseigentümer getroffen worden sind. [3] Die Kosten für die Anbringung der Ausstattung sind entsprechend den dort vorgesehenen Regelungen über die Tragung der Verwaltungskosten zu verteilen.

§ 4 Pflicht zur Verbrauchserfassung. (1) Der Gebäudeeigentümer hat den anteiligen Verbrauch der Nutzer an Wärme und Warmwasser zu erfassen.

(2) [1] Er hat dazu die Räume mit Ausstattungen zur Verbrauchserfassung zu versehen; die Nutzer haben dies zu dulden. [2] Will der Gebäudeeigentümer die Ausstattung zur Verbrauchserfassung mieten oder durch eine andere Art der Gebrauchsüberlassung beschaffen, so hat er dies den Nutzern vorher unter Angabe der dadurch entstehenden Kosten mitzuteilen; die Maßnahme ist unzulässig, wenn die Mehrheit der Nutzer innerhalb eines Monats nach Zugang der Mitteilung widerspricht. [3] Die Wahl der Ausstattung bleibt im Rahmen des § 5 dem Gebäudeeigentümer überlassen.

(3) [1] Gemeinschaftlich genutzte Räume sind von der Pflicht zur Verbrauchserfassung ausgenommen. [2] Dies gilt nicht für Gemeinschaftsräume mit nutzungsbedingt hohem Wärme- oder Warmwasserverbrauch, wie Schwimmbäder oder Saunen.

(4) Der Nutzer ist berechtigt, vom Gebäudeeigentümer die Erfüllung dieser Verpflichtungen zu verlangen.

[1)] **Habersack, Deutsche Gesetze Nr. 37.**

§ 5[1)] Ausstattung zur Verbrauchserfassung. (1) [1] Zur Erfassung des anteiligen Wärmeverbrauchs sind Wärmezähler oder Heizkostenverteiler, zur Erfassung des anteiligen Warmwasserverbrauchs Warmwasserzähler zu verwenden. [2] Soweit nicht eichrechtliche Bestimmungen zur Anwendung kommen, dürfen nur solche Ausstattungen zur Verbrauchserfassung verwendet werden, hinsichtlich derer sachverständige Stellen bestätigt haben, dass sie den anerkannten Regeln der Technik entsprechen oder dass ihre Eignung auf andere Weise nachgewiesen wurde. [3] Als sachverständige Stellen gelten nur solche Stellen, deren Eignung die nach Landesrecht zuständige Behörde im Benehmen mit der Physikalisch-Technischen Bundesanstalt bestätigt hat. [4] Die Ausstattungen müssen für das jeweilige Heizsystem geeignet sein und so angebracht werden, dass ihre technisch einwandfreie Funktion gewährleistet ist.

(2) [1] Ausstattungen zur Verbrauchserfassung nach Absatz 1 Satz 1 und nach § 9 Absatz 2 Satz 1, die nach dem 1. Dezember 2021 installiert werden, müssen fernablesbar sein und dabei den Datenschutz und die Datensicherheit nach dem Stand der Technik gewährleisten. [2] Fernablesbar ist eine Ausstattung zur Verbrauchserfassung, wenn sie ohne Zugang zu einzelnen Nutzeinheiten abgelesen werden kann. [3] Ab dem 1. Dezember 2022 dürfen nur noch solche fernablesbaren Ausstattungen installiert werden, die sicher an ein Smart-Meter-Gateway nach § 2 Satz 1 Nummer 19 des Messstellenbetriebsgesetzes vom 29. August 2016 (BGBl. I S. 2034), das zuletzt durch Artikel 10 des Gesetzes vom 16. Juli 2021 (BGBl. I S. 3026) geändert worden ist, unter Beachtung des in Schutzprofilen und Technischen Richtlinien des Bundesamtes für Sicherheit in der Informationstechnik niedergelegten Stands der Technik nach dem Messstellenbetriebsgesetz angebunden werden können. [4] Die Sätze 1 bis 3 sind nicht anzuwenden, wenn ein einzelner Zähler oder Heizkostenverteiler ersetzt oder ergänzt wird, der Teil eines Gesamtsystems ist und die anderen Zähler oder Heizkostenverteiler dieses Gesamtsystems zum Zeitpunkt des Ersatzes oder der Ergänzung nicht fernablesbar sind.

(3) [1] Nicht fernablesbare Ausstattungen zur Verbrauchserfassung, die bis zum 1. Dezember 2021 oder nach Maßgabe des Absatzes 2 Satz 4 nach dem 1. Dezember 2021 installiert wurden, müssen bis zum 31. Dezember 2026 die Anforderungen nach den Absätzen 2 und 5 durch Nachrüstung oder Austausch erfüllen. [2] Satz 1 ist nicht anzuwenden, wenn dies im Einzelfall wegen besonderer Umstände technisch nicht möglich ist oder durch einen unangemessenen Aufwand oder in sonstiger Weise zu einer unbilligen Härte führen würde.

(4) Fernablesbare Ausstattungen zur Verbrauchserfassung, die bis zum 1. Dezember 2022 installiert wurden, müssen nach dem 31. Dezember 2031 die Anforderungen nach Absatz 2 Satz 3 und Absatz 5 durch Nachrüstung oder Austausch erfüllen.

(5) [1] Ab dem 1. Dezember 2022 dürfen nur noch solche fernauslesbaren Ausstattungen zur Verbrauchserfassung installiert werden, die einschließlich ihrer Schnittstellen mit den Ausstattungen gleicher Art anderer Hersteller interoperabel sind und dabei den Stand der Technik einhalten. [2] Die Interoperabilität ist in der Weise zu gewährleisten, dass im Fall der Übernahme der Ablesung durch eine andere Person diese die Ausstattungen zur Verbrauchserfassung selbst fernablesen kann. [3] Das Schlüsselmaterial der fernablesbaren Ausstattungen zur Verbrauchserfassung ist dem Gebäudeeigentümer kostenfrei zur Verfügung zu stellen.

[1)] § 5 Abs. 1 Satz 1 geänd., Abs. 2–6 eingef., bish. Abs. 2 wird Abs. 7, Abs. 8 angef. mWv 1.12.2021 durch VO v. 24.11.2021 (BGBl. I S. 4964).

(6) [1] Die Einhaltung des Stands der Technik nach den Absätzen 2 und 5 wird vermutet, soweit Schutzprofile und technische Richtlinien eingehalten werden, die vom Bundesamt für Sicherheit in der Informationstechnik bekannt gemacht worden sind, oder wenn die Ausstattung zur Verbrauchserfassung mit einem Smart-Meter-Gateway nach § 2 Satz 1 Nummer 19 des Messstellenbetriebsgesetzes verbunden ist und die nach dem Messstellenbetriebsgesetz geltenden Schutzprofile und technischen Richtlinien eingehalten werden. [2] Wenn der Gebäudeeigentümer von der Möglichkeit des § 6 Absatz 1 des Messstellenbetriebsgesetzes für die Sparte Heizwärme Gebrauch gemacht hat, sind fernablesbare Ausstattungen zur Verbrauchserfassung nach den Absätzen 2 und 3 an vorhandene Smart- Meter-Gateways nach § 2 Satz 1 Nummer 19 des Messstellenbetriebsgesetzes anzubinden.

(7) [1] Wird der Verbrauch der von einer Anlage im Sinne des § 1 Absatz 1 versorgten Nutzer nicht mit gleichen Ausstattungen erfasst, so sind zunächst durch Vorerfassung vom Gesamtverbrauch die Anteile der Gruppen von Nutzern zu erfassen, deren Verbrauch mit gleichen Ausstattungen erfasst wird. [2] Der Gebäudeeigentümer kann auch bei unterschiedlichen Nutzungs- oder Gebäudearten oder aus anderen sachgerechten Gründen eine Vorerfassung nach Nutzergruppen durchführen.

(8) [1] Die Bundesregierung evaluiert die Auswirkungen der Regelungen auf Mieter in den Absätzen 2, 5 und 6 drei Jahre nach dem 1. Dezember 2021, insbesondere im Hinblick auf zusätzliche Betriebskosten durch fernablesbare Ausstattungen und den Nutzen dieser Ausstattungen für Mieter. [2] Der Evaluationsbericht wird spätestens am 31. August 2025 veröffentlicht.

§ 6[1)] Pflicht zur verbrauchsabhängigen Kostenverteilung. (1) [1] Der Gebäudeeigentümer hat die Kosten der Versorgung mit Wärme und Warmwasser auf der Grundlage der Verbrauchserfassung nach Maßgabe der §§ 7 bis 9 auf die einzelnen Nutzer zu verteilen. [2] Das Ergebnis der Ablesung bei nicht fernablesbaren Ausstattungen soll dem Nutzer in der Regel innerhalb eines Monats mitgeteilt werden. [3] Eine gesonderte Mitteilung ist nicht erforderlich, wenn das Ableseergebnis über einen längeren Zeitraum in den Räumen des Nutzers gespeichert ist und von diesem selbst abgerufen werden kann. [4] Einer gesonderten Mitteilung des Warmwasserverbrauchs bedarf es auch dann nicht, wenn in der Nutzeinheit ein Warmwasserzähler eingebaut ist.

(2) [1] In den Fällen des § 5 Absatz 2 sind die Kosten zunächst mindestens zu 50 vom Hundert nach dem Verhältnis der erfassten Anteile am Gesamtverbrauch auf die Nutzergruppen aufzuteilen. [2] Werden die Kosten nicht vollständig nach dem Verhältnis der erfassten Anteile am Gesamtverbrauch aufgeteilt, sind

1. die übrigen Kosten der Versorgung mit Wärme nach der Wohn- oder Nutzfläche oder nach dem umbauten Raum auf die einzelnen Nutzergruppen zu verteilen; es kann auch die Wohn- oder Nutzfläche oder der umbaute Raum der beheizten Räume zu Grunde gelegt werden,
2. die übrigen Kosten der Versorgung mit Warmwasser nach der Wohn- oder Nutzfläche auf die einzelnen Nutzergruppen zu verteilen.

[3] Die Kostenanteile der Nutzergruppen sind dann nach Absatz 1 auf die einzelnen Nutzer zu verteilen.

(3) [1] In den Fällen des § 4 Absatz 3 Satz 2 sind die Kosten nach dem Verhältnis der erfassten Anteile am Gesamtverbrauch auf die Gemeinschaftsräume und die

---

[1)] § 6 Abs. 1 Satz 2 geänd. mWv 1.12.2021 durch VO v. 24.11.2021 (BGBl. I S. 4964).

übrigen Räume aufzuteilen. [2]Die Verteilung der auf die Gemeinschaftsräume entfallenden anteiligen Kosten richtet sich nach rechtsgeschäftlichen Bestimmungen.

(4) [1]Die Wahl der Abrechnungsmaßstäbe nach Absatz 2 sowie nach § 7 Absatz 1 Satz 1, §§ 8 und 9 bleibt dem Gebäudeeigentümer überlassen. [2]Er kann diese für künftige Abrechnungszeiträume durch Erklärung gegenüber den Nutzern ändern

1. bei der Einführung einer Vorerfassung nach Nutzergruppen,
2. nach Durchführung von baulichen Maßnahmen, die nachhaltig Einsparungen von Heizenergie bewirken oder
3. aus anderen sachgerechten Gründen nach deren erstmaliger Bestimmung.

[3]Die Festlegung und die Änderung der Abrechnungsmaßstäbe sind nur mit Wirkung zum Beginn eines Abrechnungszeitraumes zulässig.

§ 6a[1)] Abrechnungs- und Verbrauchsinformationen; Informationen in der Abrechnung. (1) Wenn fernablesbare Ausstattungen zur Verbrauchserfassung installiert wurden, hat der Gebäudeeigentümer den Nutzern Abrechnungs- oder Verbrauchsinformationen für Heizung und Warmwasser auf der Grundlage des tatsächlichen Verbrauchs oder der Ablesewerte von Heizkostenverteilern in folgenden Zeitabständen mitzuteilen:

1. für alle Abrechnungszeiträume, die ab dem 1. Dezember 2021 beginnen
   a) auf Verlangen des Nutzers oder wenn der Gebäudeeigentümer sich gegenüber dem Versorgungsunternehmen für die Zustellung der Abrechnung auf elektronischem Wege entschieden hat, mindestens vierteljährlich und
   b) ansonsten mindestens zweimal im Jahr,
2. ab dem 1. Januar 2022 monatlich.

(2) Verbrauchsinformationen nach Absatz 1 Nummer 2 müssen mindestens folgende Informationen enthalten:

1. Verbrauch des Nutzers im letzten Monat in Kilowattstunden,
2. einen Vergleich dieses Verbrauchs mit dem Verbrauch des Vormonats desselben Nutzers sowie mit dem entsprechenden Monat des Vorjahres desselben Nutzers, soweit diese Daten erhoben worden sind, und
3. einen Vergleich mit dem Verbrauch eines normierten oder durch Vergleichstests ermittelten Durchschnittsnutzers derselben Nutzerkategorie.

(3) [1]Wenn die Abrechnungen auf dem tatsächlichen Verbrauch oder auf den Ablesewerten von Heizkostenverteilern beruhen, muss der Gebäudeeigentümer den Nutzern für Abrechnungszeiträume, die ab dem 1. Dezember 2021 beginnen, zusammen mit den Abrechnungen folgende Informationen zugänglich machen:

1. Informationen über
   a) den Anteil der eingesetzten Energieträger und bei Nutzern, die mit Fernwärme aus Fernwärmesystemen versorgt werden, auch über die damit verbundenen jährlichen Treibhausgasemissionen und den Primärenergiefaktor des Fernwärmenetzes, bei Fernwärmesystemen mit einer thermischen Gesamtleistung unter 20 Megawatt jedoch erst ab dem 1. Januar 2022,
   b) die erhobenen Steuern, Abgaben und Zölle,

[1)] § 6a eingef. mWv 1.12.2021 durch VO v. 24.11.2021 (BGBl. I S. 4964).

c) die Entgelte für die Gebrauchsüberlassung und Verwendung der Ausstattungen zur Verbrauchserfassung, einschließlich der Eichung, sowie für die Ablesung und Abrechnung,

2. Kontaktinformationen, darunter Internetadressen von Verbraucherorganisationen, Energieagenturen oder ähnlichen Einrichtungen, bei denen Informationen über angebotene Maßnahmen zur Energieeffizienzverbesserung, Endnutzer-Vergleichsprofile und objektive technische Spezifikationen für energiebetriebene Geräte eingeholt werden können,
3. im Falle eines Verbrauchervertrags nach § 310 Absatz 3 des Bürgerlichen Gesetzbuches[1)] die Information über die Möglichkeit der Durchführung von Streitbeilegungsverfahren nach dem Verbraucherstreitbeilegungsgesetz[2)], wobei die §§ 36 und 37 des Verbraucherstreitbeilegungsgesetzes unberührt bleiben,
4. Vergleiche mit dem Verbrauch eines normierten oder durch Vergleichstests ermittelten Durchschnittsnutzers derselben Nutzerkategorie, wobei im Fall elektronischer Abrechnungen ein solcher Vergleich online bereitgestellt und in der Abrechnung darauf verwiesen werden kann,
5. einen Vergleich des witterungsbereinigten Energieverbrauchs des jüngsten Abrechnungszeitraums des Nutzers mit seinem witterungsbereinigten Energieverbrauch im vorhergehenden Abrechnungszeitraum in grafischer Form.

[2] Der Energieverbrauch nach Satz 1 Nummer 5 umfasst den Wärmeverbrauch und den Warmwasserverbrauch. [3] Dabei ist der Wärmeverbrauch einer Witterungsbereinigung unter Anwendung eines den anerkannten Regeln der Technik entsprechenden Verfahrens zu unterziehen. [4] Die Einhaltung der anerkannten Regeln der Technik wird vermutet, soweit für den Vergleich der witterungsbereinigten Energieverbräuche Vereinfachungen verwendet werden, die vom Bundesministerium für Wirtschaft und Energie und vom Bundesministerium des Innern, für Bau und Heimat gemeinsam im Bundesanzeiger bekannt gemacht worden sind.

(4) Die Pflichten gemäß § 556 Absatz 3 des Bürgerlichen Gesetzbuches bleiben unberührt.

(5) Abrechnungen, die nicht auf dem tatsächlichen Verbrauch oder auf den Ablesewerten von Heizkostenverteilern beruhen, müssen mindestens die Informationen gemäß Absatz 3 Satz 1 Nummer 2 und 3 enthalten.

§ 6b[3)] Zulässigkeit und Umfang der Verarbeitung von Daten. Die Erhebung, Speicherung und Verwendung von Daten aus einer fernablesbaren Ausstattung zur Verbrauchserfassung darf nur durch den Gebäudeeigentümer oder einen von ihm beauftragten Dritten erfolgen und soweit dies erforderlich ist:
1. zur Erfüllung der verbrauchsabhängigen Kostenverteilung und zur Abrechnung mit dem Nutzer nach § 6 oder
2. zur Erfüllung der Informationspflichten nach § 6a.

§ 7[4)] Verteilung der Kosten der Versorgung mit Wärme. (1) [1] Von den Kosten des Betriebs der zentralen Heizungsanlage sind mindestens 50 vom Hundert, höchstens 70 vom Hundert nach dem erfassten Wärmeverbrauch der Nutzer

---

[1)] ***Habersack**, Deutsche Gesetze Nr. 20.*
[2)] Nr. **107**.
[3)] § 6b eingef. mWv 1.12.2021 durch VO v. 24.11.2021 (BGBl. I S. 4964).
[4)] § 7 Abs. 2 bish. Satz 1 geänd., Satz 2 aufgeh., Abs. 3 geänd. mWv 1.12.2021 durch VO v. 24.11.2021 (BGBl. I S. 4964); Abs. 2 geänd. mWv 1.10.2024 durch G v. 16.10.2023 (BGBl. 2023 I Nr. 280).

zu verteilen. [2] In Gebäuden, die das Anforderungsniveau der Wärmeschutzverordnung vom 16. August 1994 (BGBl. I S. 2121) nicht erfüllen, die mit einer Öl- oder Gasheizung versorgt werden und in denen die freiliegenden Leitungen der Wärmeverteilung überwiegend gedämmt sind, sind von den Kosten des Betriebs der zentralen Heizungsanlage 70 vom Hundert nach dem erfassten Wärmeverbrauch der Nutzer zu verteilen. [3] In Gebäuden, in denen die freiliegenden Leitungen der Wärmeverteilung überwiegend ungedämmt sind und deswegen ein wesentlicher Anteil des Wärmeverbrauchs nicht erfasst wird, kann der Wärmeverbrauch der Nutzer nach anerkannten Regeln der Technik bestimmt werden. [4] Der so bestimmte Verbrauch der einzelnen Nutzer wird als erfasster Wärmeverbrauch nach Satz 1 berücksichtigt. [5] Die übrigen Kosten sind nach der Wohn- oder Nutzfläche oder nach dem umbauten Raum zu verteilen; es kann auch die Wohn- oder Nutzfläche oder der umbaute Raum der beheizten Räume zu Grunde gelegt werden.

(2) Zu den Kosten des Betriebs der zentralen Heizungsanlage einschließlich der Abgasanlage gehören die Kosten ***[ab 1.10.2024:** des zur Wärmeerzeugung verbrauchten Stroms und**]*** der verbrauchten Brennstoffe und ihrer Lieferung, die Kosten des Betriebsstromes, die Kosten der Bedienung, Überwachung und Pflege der Anlage, der regelmäßigen Prüfung ihrer Betriebsbereitschaft und Betriebssicherheit einschließlich der Einstellung durch eine Fachkraft, der Reinigung der Anlage und des Betriebsraumes, die Kosten der Messungen nach dem Bundes-Immissionsschutzgesetz[1)], die Kosten der Anmietung oder anderer Arten der Gebrauchsüberlassung einer Ausstattung zur Verbrauchserfassung sowie die Kosten der Verwendung einer Ausstattung zur Verbrauchserfassung einschließlich der Kosten der Eichung sowie der Kosten der Berechnung, Aufteilung und Abrechnungs- und Verbrauchsinformationen gemäß § 6a.

(3) Für die Verteilung der Kosten der Wärmelieferung gilt Absatz 1 Satz 1 und 3 bis 5 entsprechend.

(4) Zu den Kosten der Wärmelieferung gehören das Entgelt für die Wärmelieferung und die Kosten des Betriebs der zugehörigen Hausanlagen entsprechend Absatz 2.

§ 8 Verteilung der Kosten der Versorgung mit Warmwasser. (1) Von den Kosten des Betriebs der zentralen Warmwasserversorgungsanlage sind mindestens 50 vom Hundert, höchstens 70 vom Hundert nach dem erfassten Warmwasserverbrauch, die übrigen Kosten nach der Wohn- oder Nutzfläche zu verteilen.

(2) [1] Zu den Kosten des Betriebs der zentralen Warmwasserversorgungsanlage gehören die Kosten der Wasserversorgung, soweit sie nicht gesondert abgerechnet werden, und die Kosten der Wassererwärmung entsprechend § 7 Absatz 2. [2] Zu den Kosten der Wasserversorgung gehören die Kosten des Wasserverbrauchs, die Grundgebühren und die Zählermiete, die Kosten der Verwendung von Zwischenzählern, die Kosten des Betriebs einer hauseigenen Wasserversorgungsanlage und einer Wasseraufbereitungsanlage einschließlich der Aufbereitungsstoffe.

(3) Für die Verteilung der Kosten der Warmwasserlieferung gilt Absatz 1 entsprechend.

(4) Zu den Kosten der Warmwasserlieferung gehören das Entgelt für die Lieferung des Warmwassers und die Kosten des Betriebs der zugehörigen Hausanlagen entsprechend § 7 Absatz 2.

[1)] **Sartorius Nr. 296.**

§ 9[1] Verteilung der Kosten der Versorgung mit Wärme und Warmwasser bei verbundenen Anlagen. (1) [1]Ist die zentrale Anlage zur Versorgung mit Wärme mit der zentralen Warmwasserversorgungsanlage verbunden, so sind die einheitlich entstandenen Kosten des Betriebs aufzuteilen. [2]Die Anteile an den einheitlich entstandenen Kosten sind bei Anlagen mit Heizkesseln nach den Anteilen am Brennstoffverbrauch oder am Energieverbrauch, ***[ab 1.10.2024:** bei Wärmepumpen oder]* bei eigenständiger gewerblicher Wärmelieferung nach den Anteilen am Wärmeverbrauch zu bestimmen. [3]Kosten, die nicht einheitlich entstanden sind, sind dem Anteil an den einheitlich entstandenen Kosten hinzuzurechnen. [4]Der Anteil der zentralen Anlage zur Versorgung mit Wärme ergibt sich aus dem gesamten Verbrauch nach Abzug des Verbrauchs der zentralen Warmwasserversorgungsanlage. [5]Bei Anlagen, die nicht ausschließlich durch Heizkessel ***[ab 1.10.2024:** , durch Wärmepumpen]* oder durch eigenständige gewerbliche Wärmelieferung mit Wärme versorgt werden, können anerkannte Regeln der Technik zur Aufteilung der Kosten verwendet werden. [6]Der Anteil der zentralen Warmwasserversorgungsanlage am Wärmeverbrauch ist nach Absatz 2, der Anteil am Brennstoffverbrauch nach Absatz 3 zu ermitteln.

(2) [1]Die auf die zentrale Warmwasserversorgungsanlage entfallende Wärmemenge (Q) ist mit einem Wärmezähler zu messen. [2]Kann die Wärmemenge nur mit einem unzumutbar hohen Aufwand gemessen werden, kann sie nach folgender Zahlenwertgleichung als Ergebnis in Kilowattstunden pro Jahr bestimmt werden:

$$Q = 2{,}5 \times V \times (tw - 10).$$

[3]Dabei sind zu Grunde zu legen:

1. der Wert 2,5 für die Erzeugeraufwandszahl des Wärmeerzeugers, die mittlere spezifische Wärmekapazität des Wassers, die Wärmeverluste für Warmwasserspeicher, Verteilung einschließlich Zirkulation, Messdatenerhebungen zum Warmwasserverbrauch,
2. das gemessene Volumen des verbrauchten Warmwassers (V) in Kubikmetern,
3. die gemessene oder geschätzte mittlere Temperatur des Warmwassers (tw) in Grad Celsius und
4. der Wert 10 für die übliche Kaltwassereintrittstemperatur in die Warmwasserversorgungsanlage in Grad Celsius.

[4]Wenn in Ausnahmefällen weder die Wärmemenge noch das Volumen des verbrauchten Warmwassers gemessen werden können, kann die Wärmemenge, die auf die zentrale Warmwasserversorgungsanlage entfällt, nach folgender Zahlenwertgleichung als Ergebnis in Kilowattstunden pro Jahr bestimmt werden:

$$Q = 32 \times A_{Wohn}.$$

[5]Dabei sind zu Grunde zu legen:

1. der Wert 32 für den Nutzwärmebedarf für Warmwasser, die Erzeugeraufwandszahl des Wärmeerzeugers, Messdatenerhebungen zum Warmwasserverbrauch und
2. die durch die zentrale Anlage mit Warmwasser versorgte Wohn- oder Nutzfläche (A_{Wohn}) in Quadratmeter.

---

[1] § 9 Abs. 1 Satz 5 geänd., Abs. 2 Sätze 1–5 neu gef., Satz 6 einl. Satzteil geänd., Abs. 3 Satz 1, Satz 2 Nr. 2 neu gef., Sätze 3–5 eingef., bish. Sätze 3 und 4 werden Sätze 6 und 7 mWv 1.12.2021 durch VO v. 24.11.2021 (BGBl. I S. 4964); Abs. 1 Sätze 2 und 5, Abs. 2 Satz 6 Nr. 1 und 2 geänd., Nr. 3 angef. mWv 1.10.2024 durch G v. 16.10.2023 (BGBl. 2023 I Nr. 280).

[6] Die nach den Zahlenwertgleichungen in Satz 2 oder 4 bestimmte Wärmemenge (Q) ist

1. bei brennwertbezogener Abrechnung von Erdgas mit 1,11 zu multiplizieren ***[bis 30.9.2024:*** und***][ab 1.10.2024: ,]***
2. bei eigenständiger gewerblicher Wärmelieferung durch 1,15 zu dividieren ***[bis 30.9.2024: .][ab 1.10.2024: und]***

[Nr. 3 ab 1.10.2024:]

3. bei dem Betrieb einer monovalenten Wärmepumpe mit 0,30 zu multiplizieren.

(3) [1] Bei Anlagen mit Heizkesseln ist der Brennstoffverbrauch der zentralen Warmwasserversorgungsanlage (B) in Litern, Kubikmetern oder Kilogramm nach folgender Gleichung zu bestimmen:

$$B = \frac{Q}{H_i}.$$

[2] Dabei sind zu Grunde zu legen

1. die auf die zentrale Warmwasserversorgungsanlage entfallende Wärmemenge (Q) nach Absatz 2 in kWh;
2. der Heizwert des verbrauchten Brennstoffes (H_i) in Kilowattstunden je Liter, Kubikmeter oder Kilogramm.

[3] Als Heizwerte nach Satz 2 Nummer 2 sind die in den Abrechnungsunterlagen des Energieversorgungsunternehmens oder Brennstofflieferanten angegebenen Heizwerte zu verwenden. [4] Wenn diese vom Energieversorgungsunternehmen oder Brennstofflieferanten nicht angegeben werden, können hilfsweise folgende Werte verwendet werden:

	Heizwert H_i	Einheit
Leichtes Heizöl extra leichtflüssig	10	Kilowattstunden je Liter
Schweres Heizöl	10,9	Kilowattstunden je Liter
Erdgas H	10	Kilowattstunden je Kubikmeter
Erdgas L	9	Kilowattstunden je Kubikmeter
Flüssiggas	13	Kilowattstunden je Kilogramm
Koks	8	Kilowattstunden je Kilogramm
Braunkohle	5,5	Kilowattstunden je Kilogramm
Steinkohle	8	Kilowattstunden je Kilogramm
Brennholz *(lufttrocken)*	4,1	Kilowattstunden je Kilogramm
Holzpellets	5	Kilowattstunden je Kilogramm
Holzhackschnitzel (lufttrocken)	4	Kilowattstunden je Kilogramm

[5] Soweit die Abrechnung über Kilowattstunden-Werte erfolgt, ist eine Umrechnung in Brennstoffverbrauch nicht erforderlich. [6] Enthalten die Abrechnungsunterlagen des Energieversorgungsunternehmens oder Brennstofflieferanten H_i-Werte, sind diese zu verwenden. [7] Soweit die Abrechnung über kWh-Werte erfolgt, ist eine Umrechnung in Brennstoffverbrauch nicht erforderlich.

(4) Der Anteil an den Kosten der Versorgung mit Wärme ist nach § 7 Absatz 1, der Anteil an den Kosten der Versorgung mit Warmwasser nach § 8 Absatz 1 zu verteilen, soweit diese Verordnung nichts anderes bestimmt oder zulässt.

§ 9a Kostenverteilung in Sonderfällen. (1) [1] Kann der anteilige Wärme- oder Warmwasserverbrauch von Nutzern für einen Abrechnungszeitraum wegen Geräteausfalls oder aus anderen zwingenden Gründen nicht ordnungsgemäß erfasst werden, ist er vom Gebäudeeigentümer auf der Grundlage des Verbrauchs der betroffenen Räume in vergleichbaren Zeiträumen oder des Verbrauchs vergleichbarer anderer Räume im jeweiligen Abrechnungszeitraum oder des Durchschnittsverbrauchs des Gebäudes oder der Nutzergruppe zu ermitteln. [2] Der so ermittelte anteilige Verbrauch ist bei der Kostenverteilung anstelle des erfassten Verbrauchs zu Grunde zu legen.

(2) Überschreitet die von der Verbrauchsermittlung nach Absatz 1 betroffene Wohn- oder Nutzfläche oder der umbaute Raum 25 vom Hundert der für die Kostenverteilung maßgeblichen gesamten Wohn- oder Nutzfläche oder des maßgeblichen gesamten umbauten Raumes, sind die Kosten ausschließlich nach den nach § 7 Absatz 1 Satz 5 und § 8 Absatz 1 für die Verteilung der übrigen Kosten zu Grunde zu legenden Maßstäben zu verteilen.

§ 9b Kostenaufteilung bei Nutzerwechsel. (1) Bei Nutzerwechsel innerhalb eines Abrechnungszeitraumes hat der Gebäudeeigentümer eine Ablesung der Ausstattung zur Verbrauchserfassung der vom Wechsel betroffenen Räume (Zwischenablesung) vorzunehmen.

(2) Die nach dem erfassten Verbrauch zu verteilenden Kosten sind auf der Grundlage der Zwischenablesung, die übrigen Kosten des Wärmeverbrauchs auf der Grundlage der sich aus anerkannten Regeln der Technik ergebenden Gradtagszahlen oder zeitanteilig und die übrigen Kosten des Warmwasserverbrauchs zeitanteilig auf Vor- und Nachnutzer aufzuteilen.

(3) Ist eine Zwischenablesung nicht möglich oder lässt sie wegen des Zeitpunktes des Nutzerwechsels aus technischen Gründen keine hinreichend genaue Ermittlung der Verbrauchsanteile zu, sind die gesamten Kosten nach den nach Absatz 2 für die übrigen Kosten geltenden Maßstäben aufzuteilen.

(4) Von den Absätzen 1 bis 3 abweichende rechtsgeschäftliche Bestimmungen bleiben unberührt.

§ 10 Überschreitung der Höchstsätze. Rechtsgeschäftliche Bestimmungen, die höhere als die in § 7 Absatz 1 und § 8 Absatz 1 genannten Höchstsätze von 70 vom Hundert vorsehen, bleiben unberührt.

§ 11[1)] Ausnahmen. (1) Soweit sich die §§ 3 bis 7 auf die Versorgung mit Wärme beziehen, sind sie nicht anzuwenden

1. auf Räume,
   a) in Gebäuden, die einen Heizwärmebedarf von weniger als 15 $kWh/(m^2 \cdot a)$ aufweisen,
   b) bei denen das Anbringen der Ausstattung zur Verbrauchserfassung, die Erfassung des Wärmeverbrauchs oder die Verteilung der Kosten des Wärmeverbrauchs nicht oder nur mit unverhältnismäßig hohen Kosten *möglich ist;* unverhältnismäßig hohe Kosten liegen vor, wenn diese nicht durch die Ein-

---

[1)] § 11 Abs. 1 Nr. 3 Buchst. a geänd. mWv 1.10.2024 durch G v. 16.10.2023 (BGBl. 2023 I Nr. 280).

sparungen, die in der Regel innerhalb von zehn Jahren erzielt werden können, erwirtschaftet werden können; oder

c) die vor dem 1. Juli 1981 bezugsfertig geworden sind und in denen der Nutzer den Wärmeverbrauch nicht beeinflussen kann;

2. a) auf Alters- und Pflegeheime, Studenten- und Lehrlingsheime,

b) auf vergleichbare Gebäude oder Gebäudeteile, deren Nutzung Personengruppen vorbehalten ist, mit denen wegen ihrer besonderen persönlichen Verhältnisse regelmäßig keine üblichen Mietverträge abgeschlossen werden;

3. auf Räume in Gebäuden, die überwiegend versorgt werden

a) mit Wärme aus Anlagen zur Rückgewinnung von Wärme oder aus ***[bis 30.9. 2024:*** Wärmepumpen- oder***]*** Solaranlagen oder

b) mit Wärme aus Anlagen der Kraft-Wärme-Kopplung oder aus Anlagen zur Verwertung von Abwärme, sofern der Wärmeverbrauch des Gebäudes nicht erfasst wird;

4. auf die Kosten des Betriebs der zugehörigen Hausanlagen, soweit diese Kosten in den Fällen des § 1 Absatz 3 nicht in den Kosten der Wärmelieferung enthalten sind, sondern vom Gebäudeeigentümer gesondert abgerechnet werden;

5. in sonstigen Einzelfällen, in denen die nach Landesrecht zuständige Stelle wegen besonderer Umstände von den Anforderungen dieser Verordnung befreit hat, um einen unangemessenen Aufwand oder sonstige unbillige Härten zu vermeiden.

(2) Soweit sich die §§ 3 bis 6 und § 8 auf die Versorgung mit Warmwasser beziehen, gilt Absatz 1 entsprechend.

§ 12[1)] Kürzungsrecht, Übergangsregelungen. (1) [1] Soweit die Kosten der Versorgung mit Wärme oder Warmwasser entgegen den Vorschriften dieser Verordnung nicht verbrauchsabhängig abgerechnet werden, hat der Nutzer das Recht, bei der nicht verbrauchsabhängigen Abrechnung der Kosten den auf ihn entfallenden Anteil um 15 vom Hundert zu kürzen. [2] Wenn der Gebäudeeigentümer entgegen § 5 Absatz 2 oder Absatz 3 keine fernablesbare Ausstattung zur Verbrauchserfassung installiert hat, hat der Nutzer das Recht, bei der Abrechnung der Kosten den auf ihn entfallenden Anteil um 3 vom Hundert zu kürzen. [3] Dasselbe ist anzuwenden, wenn der Gebäudeeigentümer die Informationen nach § 6a nicht oder nicht vollständig mitteilt. [4] Die Sätze 1 bis 3 sind nicht anzuwenden beim Wohnungseigentum im Verhältnis des einzelnen Wohnungseigentümers zur Gemeinschaft der Wohnungseigentümer; insoweit verbleibt es bei den allgemeinen Vorschriften.

(2) Wird in den Fällen des § 1 Absatz 3 der Wärmeverbrauch der einzelnen Nutzer am 30. September 1989 mit Einrichtungen zur Messung der Wassermenge ermittelt, gilt die Anforderung des § 5 Absatz 1 Satz 1 als erfüllt.

[Abs. 3 ab 1.10.2024:]

(3) [1] Wenn der anteilige Verbrauch der Nutzer an Wärme oder Warmwasser aus Wärmepumpen am 1. Oktober 2024 noch nicht erfasst wird, hat der Gebäudeeigentümer bis zum Ablauf des 30. September 2025 eine Ausstattung zur Verbrauchserfassung zu installieren. [2] In den Fällen des Satzes 1 sind die Vorschriften dieser Verordnung für den

---

1) § 12 Abs. 1 Sätze 2 und 3 eingef., bish. Satz 2 wird Satz 4 und geänd., Abs. 2–4 und 6 aufgeh., bish. Abs. 5 wird Abs. 2 mWv 1.12.2021 durch VO v. 24.11.2021 (BGBl. I S. 4964); Abs. 3 angef. mWv 1.10. 2024 durch G v. 16.10.2023 (BGBl. 2023 I Nr. 280).

Abrechnungszeitraum, der nach der Installation beginnt, erstmalig anzuwenden. [3] Der Eigentümer eines vermieteten Gebäudes, in dem mindestens ein Mieter eine Bruttowarmmiete entrichtet, hat vor Beginn des ersten Abrechnungszeitraums nach dem 30. September 2025 Folgendes zu bestimmen:

1. *den Durchschnittswert der in den Jahren 2022, 2023 und 2024 jährlich angefallenen Kosten der Versorgung mit Wärme und Warmwasser sowie*
2. *den Anteil der einzelnen Nutzeinheiten an dem ermittelten Durchschnittswert entsprechend ihrer Wohn- oder Nutzfläche.*

§ 13 (Berlin-Klausel)

§ 14 (Inkrafttreten)

30 d. Verordnung zur Berechnung der Wohnfläche (Wohnflächenverordnung – WoFlV)

Vom 25. November 2003 (BGBl. I S. 2346)[1)]

FNA 2330-32-1

§ 1. Anwendungsbereich, Berechnung der Wohnfläche. (1) Wird nach dem Wohnraumförderungsgesetz die Wohnfläche berechnet, sind die Vorschriften dieser Verordnung anzuwenden.

(2) Zur Berechnung der Wohnfläche sind die nach § 2 zur Wohnfläche gehörenden Grundflächen nach § 3 zu ermitteln und nach § 4 auf die Wohnfläche anzurechnen.

§ 2. Zur Wohnfläche gehörende Grundflächen. (1) [1]Die Wohnfläche einer Wohnung umfasst die Grundflächen der Räume, die ausschließlich zu dieser Wohnung gehören. [2]Die Wohnfläche eines Wohnheims umfasst die Grundflächen der Räume, die zur alleinigen und gemeinschaftlichen Nutzung durch die Bewohner bestimmt sind.

(2) Zur Wohnfläche gehören auch die Grundflächen von

1. Wintergärten, Schwimmbädern und ähnlichen nach allen Seiten geschlossenen Räumen sowie
2. Balkonen, Loggien, Dachgärten und Terrassen,

wenn sie ausschließlich zu der Wohnung oder dem Wohnheim gehören.

(3) Zur Wohnfläche gehören nicht die Grundflächen folgender Räume:

1. Zubehörräume, insbesondere:
   a) Kellerräume,
   b) Abstellräume und Kellerersatzräume außerhalb der Wohnung,
   c) Waschküchen,
   d) Bodenräume,
   e) Trockenräume,
   f) Heizungsräume und
   g) Garagen,
2. Räume, die nicht den an ihre Nutzung zu stellenden Anforderungen des Bauordnungsrechts der Länder genügen, sowie
3. Geschäftsräume.

§ 3. Ermittlung der Grundfläche. (1) [1]Die Grundfläche ist nach den lichten Maßen zwischen den Bauteilen zu ermitteln; dabei ist von der Vorderkante der Bekleidung der Bauteile auszugehen. [2]Bei fehlenden begrenzenden Bauteilen ist der bauliche Abschluss zu Grunde zu legen.

[1)] Verkündet als Art. 1 der VO zur Berechnung der Wohnfläche, über die Aufstellung von Betriebskosten und zur Änderung anderer Verordnungen vom 25. November 2003 (BGBl. I S. 2346).

(2) Bei der Ermittlung der Grundfläche sind namentlich einzubeziehen die Grundflächen von

1. Tür- und Fensterbekleidungen sowie Tür- und Fensterumrahmungen,
2. Fuß-, Sockel- und Schrammleisten,
3. fest eingebauten Gegenständen, wie z. B. Öfen, Heiz- und Klimageräten, Herden, Bade- oder Duschwannen,
4. freiliegenden Installationen,
5. Einbaumöbeln und
6. nicht ortsgebundenen,versetzbaren Raumteilern.

(3) Bei der Ermittlung der Grundflächen bleiben außer Betracht die Grundflächen von

1. Schornsteinen, Vormauerungen, Bekleidungen, freistehenden Pfeilern und Säulen, wenn sie eine Höhe von mehr als 1,50 Meter aufweisen und ihre Grundfläche mehr als 0,1 Quadratmeter beträgt,
2. Treppen mit über drei Steigungen und deren Treppenabsätze,
3. Türnischen und
4. Fenster- und offenen Wandnischen, die nicht bis zum Fußboden herunterreichen oder bis zum Fußboden herunterreichen und 0,13 Meter oder weniger tief sind.

(4) [1] Die Grundfläche ist durch Ausmessung im fertig gestellten Wohnraum oder auf Grund einer Bauzeichnung zu ermitteln. [2] Wird die Grundfläche auf Grund einer Bauzeichnung ermittelt, muss diese

1. für ein Genehmigungs-, Anzeige-, Genehmigungsfreistellungs- oder ähnliches Verfahren nach dem Bauordnungsrecht der Länder gefertigt oder, wenn ein bauordnungsrechtliches Verfahren nicht erforderlich ist, für ein solches geeignet sein und
2. die Ermittlung der lichten Maße zwischen den Bauteilen im Sinne des Absatzes 1 ermöglichen.

[3] Ist die Grundfläche nach einer Bauzeichnung ermittelt worden und ist abweichend von dieser Bauzeichnung gebaut worden, ist die Grundfläche durch Ausmessung im fertig gestellten Wohnraum oder auf Grund einer berichtigten Bauzeichnung neu zu ermitteln.

§ 4. Anrechnung der Grundflächen. Die Grundflächen

1. von Räumen und Raumteilen mit einer lichten Höhe von mindestens zwei Metern sind vollständig,
2. von Räumen und Raumteilen mit einer lichten Höhe von mindestens einem Meter und weniger als zwei Metern sind zur Hälfte,
3. von unbeheizbaren Wintergärten, Schwimmbädern und ähnlichen nach allen Seiten geschlossenen Räumen sind zur Hälfte,
4. von Balkonen, Loggien, Dachgärten und Terrassen sind in der Regel zu einem Viertel, höchstens jedoch zur Hälfte

anzurechnen.

§ 5. Überleitungsvorschrift. [1] Ist die Wohnfläche bis zum 31. Dezember 2003 nach der Zweiten Berechnungsverordnung in der Fassung der Bekanntmachung vom 12. Oktober 1990 (BGBl. I S. 2178), zuletzt geändert durch Artikel 3 der Verordnung vom 25. November 2003 (BGBl. I S. 2346), in der jeweils geltenden Fassung berechnet worden, bleibt es bei dieser Berechnung. [2]Soweit in den in Satz 1 genannten Fällen nach dem 31. Dezember 2003 bauliche Änderungen an dem Wohnraum vorgenommen werden, die eine Neuberechnung der Wohnfläche erforderlich machen, sind die Vorschriften dieser Verordnung anzuwenden.

30 e. Verordnung über die Umstellung auf gewerbliche Wärmelieferung für Mietwohnraum (Wärmelieferverordnung – WärmeLV)

Vom 7. Juni 2013
(BGBl. I S. 1509)
FNA 754-26

Auf Grund des § 556 c Absatz 3 des Bürgerlichen Gesetzbuchs[1)], der durch Artikel 1 des Gesetzes vom 11. März 2013 (BGBl. I S. 434) eingefügt worden ist, verordnet die Bundesregierung:

Inhaltsübersicht

Abschnitt 1. Allgemeine Vorschriften

§ 1 ***Gegenstand der Verordnung.*** Gegenstand der Verordnung sind

1. Vorschriften für Wärmelieferverträge, die bei einer Umstellung auf Wärmelieferung nach § 556 c des Bürgerlichen Gesetzbuchs[1)] geschlossen werden, und
2. mietrechtliche Vorschriften für den Kostenvergleich und die Umstellungsankündigung nach § 556 c Absatz 1 und 2 des Bürgerlichen Gesetzbuchs.

[1)] **Schönfelder Nr. 20.**

Abschnitt 2. Wärmeliefervertrag

§ 2 Inhalt des Wärmeliefervertrages. (1) Der Wärmeliefervertrag soll enthalten:

1. eine genaue Beschreibung der durch den Wärmelieferanten zu erbringenden Leistungen, insbesondere hinsichtlich der Art der Wärmelieferung sowie der Zeiten der Belieferung,
2. die Aufschlüsselung des Wärmelieferpreises in den Grundpreis in Euro pro Monat und in Euro pro Jahr und den Arbeitspreis in Cent pro Kilowattstunde, jeweils als Netto- und Bruttobeträge, sowie etwaige Preisänderungsklauseln,
3. die Festlegung des Übergabepunkts,
4. Angaben zur Dimensionierung der Heizungs- oder Warmwasseranlage unter Berücksichtigung der üblichen mietrechtlichen Versorgungspflichten,
5. Regelungen zum Umstellungszeitpunkt sowie zur Laufzeit des Vertrages,
6. falls der Kunde Leistungen vorhalten oder Leistungen des Wärmelieferanten vergüten soll, die vom Grund- und Arbeitspreis nicht abgegolten sind, auch eine Beschreibung dieser Leistungen oder Vergütungen,
7. Regelungen zu den Rechten und Pflichten der Parteien bei Vertragsbeendigung, insbesondere wenn für Zwecke des Wärmeliefervertrages eine Heizungs- oder Warmwasseranlage neu errichtet wurde.

(2) Der Wärmelieferant ist verpflichtet, in seiner Vertragserklärung

1. die voraussichtliche energetische Effizienzverbesserung nach § 556 c Absatz 1 Satz 1 Nummer 1 des Bürgerlichen Gesetzbuchs[1] oder die energetisch verbesserte Betriebsführung nach § 556 c Absatz 1 Satz 2 des Bürgerlichen Gesetzbuchs anzugeben sowie
2. den Kostenvergleich nach § 556 c Absatz 1 Satz 1 Nummer 2 des Bürgerlichen Gesetzbuchs und nach den §§ 8 bis 10 durchzuführen sowie die ihm zugrunde liegenden Annahmen und Berechnungen mitzuteilen.

(3) Die Vereinbarung von Mindestabnahmemengen oder von Modernisierungsbeschränkungen ist unwirksam.

§ 3 Preisänderungsklauseln. Preisänderungsklauseln in Wärmelieferverträgen sind nur wirksam, wenn sie den Anforderungen des § 24 Absatz 4 Satz 1 und 2 der Verordnung über Allgemeine Bedingungen für die Versorgung mit Fernwärme in der jeweils geltenden Fassung entsprechen.

§ 4 Form des Wärmeliefervertrages. Der Wärmeliefervertrag bedarf der Textform.

§ 5 Auskunftsanspruch. Hat der Mieter nach einer Umstellung auf Wärmelieferung die Wärmelieferkosten nicht als Betriebskosten zu tragen, weil die Voraussetzungen des § 556 c Absatz 1 des Bürgerlichen Gesetzbuchs[1] nicht erfüllt sind, so kann der Kunde vom Wärmelieferanten verlangen, *diejenigen* Bestandteile des Wärmelieferpreises als jeweils gesonderte Kosten

---

[1] **Schönfelder Nr. 20.**

auszuweisen, die den umlegbaren Betriebskosten nach § 7 Absatz 2 und § 8 Absatz 2 der Verordnung über Heizkostenabrechnung[1] entsprechen.

§ 6 Verhältnis zur Verordnung über Allgemeine Bedingungen für die Versorgung mit Fernwärme. Soweit diese Verordnung keine abweichenden Regelungen enthält, bleiben die Regelungen der Verordnung über Allgemeine Bedingungen für die Versorgung mit Fernwärme unberührt.

§ 7 Abweichende Vereinbarungen. Eine von den Vorschriften dieses Abschnitts abweichende Vereinbarung ist unwirksam.

Abschnitt 3. Umstellung der Wärmeversorgung für Mietwohnraum

§ 8 Kostenvergleich vor Umstellung auf Wärmelieferung. Beim Kostenvergleich nach § 556 c Absatz 1 Satz 1 Nummer 2 des Bürgerlichen Gesetzbuchs[2] sind für das Mietwohngebäude gegenüberzustellen

1. die Kosten der Eigenversorgung durch den Vermieter mit Wärme oder Warmwasser, die der Mieter bislang als Betriebskosten zu tragen hatte, und
2. die Kosten, die der Mieter zu tragen gehabt hätte, wenn er die den bisherigen Betriebskosten zugrunde liegende Wärmemenge im Wege der Wärmelieferung bezogen hätte.

§ 9 Ermittlung der Betriebskosten der Eigenversorgung. (1) Die bisherigen Betriebskosten nach § 8 Nummer 1 sind wie folgt zu ermitteln:

1. Auf der Grundlage des Endenergieverbrauchs der letzten drei Abrechnungszeiträume, die vor der Umstellungsankündigung gegenüber dem Mieter abgerechnet worden sind, ist der bisherige durchschnittliche Endenergieverbrauch für einen Abrechnungszeitraum zu ermitteln; liegt der Endenergieverbrauch nicht vor, ist er aufgrund des Energiegehalts der eingesetzten Brennstoffmengen zu bestimmen.
2. Der nach Nummer 1 ermittelte Endenergieverbrauch ist mit den Brennstoffkosten auf Grundlage der durchschnittlich vom Vermieter entrichteten Preise des letzten Abrechnungszeitraums zu multiplizieren.
3. Den nach Nummer 2 ermittelten Kosten sind die sonstigen abgerechneten Betriebskosten des letzten Abrechnungszeitraums, die der Versorgung mit Wärme oder Warmwasser dienen, hinzuzurechnen.

(2) Hat der Vermieter die Heizungs- oder Warmwasseranlage vor dem Übergabepunkt während der letzten drei Abrechnungszeiträume modernisiert, so sind die Betriebskosten der bisherigen Versorgung auf Grundlage des Endenergieverbrauchs der modernisierten Anlage zu berechnen.

§ 10 Ermittlung der Kosten der Wärmelieferung. (1) Die Kosten der Wärmelieferung nach § 8 Nummer 2 sind wie folgt zu ermitteln: Aus dem durchschnittlichen Endenergieverbrauch in einem Abrechnungszeitraum

---

[1] Nr. **30 c**.
[2] **Schönfelder Nr. 20.**

nach § 9 Absatz 1 Nummer 1 ist durch Multiplikation mit dem Jahresnutzungsgrad der bisherigen Heizungs- oder Warmwasseranlage, bestimmt am Übergabepunkt, die bislang durchschnittlich erzielte Wärmemenge zu ermitteln.

(2) Sofern der Jahresnutzungsgrad nicht anhand der im letzten Abrechnungszeitraum fortlaufend gemessenen Wärmemenge bestimmbar ist, ist er durch Kurzzeitmessung oder, sofern eine Kurzzeitmessung nicht durchgeführt wird, mit anerkannten Pauschalwerten zu ermitteln.

(3) Für die nach Absatz 1 ermittelte bisherige durchschnittliche Wärmemenge in einem Abrechnungszeitraum sind die Wärmelieferkosten zu ermitteln, indem der aktuelle Wärmelieferpreis nach § 2 Absatz 1 Nummer 2 unter Anwendung einer nach Maßgabe von § 3 vereinbarten Preisänderungsklausel auf den letzten Abrechnungszeitraum indexiert wird.

§ 11 Umstellungsankündigung des Vermieters. (1) Die Umstellungsankündigung nach § 556 c Absatz 2 des Bürgerlichen Gesetzbuchs[1] muss dem Mieter spätestens drei Monate vor der Umstellung in Textform zugehen.

(2) Sie muss Angaben enthalten

1. zur Art der künftigen Wärmelieferung,
2. zur voraussichtlichen energetischen Effizienzverbesserung nach § 556 c Absatz 1 Satz 1 Nummer 1 des Bürgerlichen Gesetzbuchs oder zur energetisch verbesserten Betriebsführung nach § 556 c Absatz 1 Satz 2 des Bürgerlichen Gesetzbuchs; § 555 c Absatz 3 des Bürgerlichen Gesetzbuchs gilt entsprechend,
3. zum Kostenvergleich nach § 556 c Absatz 1 Satz 1 Nummer 2 des Bürgerlichen Gesetzbuchs und nach den §§ 8 bis 10 einschließlich der ihm zugrunde liegenden Annahmen und Berechnungen,
4. zum geplanten Umstellungszeitpunkt,
5. zu den im Wärmeliefervertrag vorgesehenen Preisen und den gegebenenfalls vorgesehenen Preisänderungsklauseln.

(3) Rechnet der Vermieter Wärmelieferkosten als Betriebskosten ab und hat er dem Mieter die Umstellung nicht nach den Absätzen 1 und 2 angekündigt, so beginnt die Frist für Einwendungen gegen die Abrechnung der Wärmelieferkosten (§ 556 Absatz 3 Satz 5 des Bürgerlichen Gesetzbuchs) frühestens, wenn der Mieter eine Mitteilung erhalten hat, die den Anforderungen nach den Absätzen 1 und 2 entspricht.

§ 12 Abweichende Vereinbarungen. Eine zum Nachteil des Mieters von den Vorschriften dieses Abschnitts abweichende Vereinbarung ist unwirksam.

Abschnitt 4. Schlussvorschriften

§ 13 Inkrafttreten. Diese Verordnung tritt am 1. Juli 2013 in Kraft.

---

[1] **Schönfelder Nr. 20.**

31. Gesetz zur Regelung der Wohnungsvermittlung[1)]

Vom 4. November 1971
(BGBl. I S. 1745)

FNA 402-24-8-1

Lfd. Nr.	Änderndes Gesetz	Datum	Fundstelle	Betroffen	Hinweis
1.	Art. 7 G über Verbraucherkredite, zur Änd. der ZPO und anderer Gesetze	17. 12. 1990	BGBl. I S. 2840	§ 5	geänd. mWv 1. 1. 1991
2.	Art. 3 Viertes Mietrechtsänderungs G	21. 7. 1993	BGBl. I S. 1257	§§ 2, 3, 5, 8, 9 § 4 a	geänd. mWv 1. 9. 1993 eingef. mWv 1. 9. 1993
3.	Art. 6 WohnungsbauförderungsG	6. 6. 1994	BGBl. I S. 1184	§ 2	geänd. mWv 1. 10. 1994
4.	Art. 7 Abs. 11 G über Fernabsatzverträge und andere Fragen des Verbraucherrechts sowie zur Umstellung von Vorschriften auf Euro[2)]	27. 6. 2000	BGBl. I S. 897	§ 4 § 8	geänd. mWv 30. 6. 2000 geänd. mWv 1. 1. 2002
5.	Art. 16 Wohnungsbaurechts-ReformG	13. 9. 2001	BGBl. I S. 2376	§ 2	geänd. mWv 1. 1. 2002
6.	Art. 8 G zur Anpassung von Verjährungsvorschriften an das SchuldrechtsmodernisierungsG	9. 12. 2004	BGBl. I S. 3214	§ 5	geänd. mWv 15. 12. 2004
7.	Art. 4 G zur Umsetzung der VerbraucherrechteRL und zur Änd. des G zur Regelung der Wohnungsvermittlung[3)]	20. 9. 2013	BGBl. I S. 3642	§ 2	geänd. mWv 13. 6. 2014
8.	Art. 3 MietrechtsnovellierungsG	21. 4. 2015	BGBl. I S. 610	§§ 2, 3, 4, 5, 8	geänd. mWv 1. 6. 2015

[1)] Verkündet als Art. 9 G zur Verbesserung des Mietrechts und zur Begrenzung des Mietanstiegs sowie zur Regelung von Ingenieur- und Architektenleistungen v. 4. 11. 1971 (BGBl. I S. 1745, 1747); Inkrafttreten gem. Art. 11 § 2 Abs. 1 dieses G am 10. 11. 1971.

[2)] **Amtl. Anm.:** Dieses Gesetz dient der Umsetzung der Richtlinie 97/7/EG des Europäischen Parlaments und des Rates vom 20. Mai 1997 über den Verbraucherschutz bei Vertragsabschlüssen im Fernabsatz (ABl. EG Nr. L 144 S. 19) und der Umsetzung der Richtlinie 98/27/EG des Europäischen Parlaments und des Rates vom 19. Mai 1998 über Unterlassungsklagen zum Schutz der Verbraucherinteressen (ABl. EG Nr. L 166 S. 51).

[3)] **Amtl. Anm.:** Dieses Gesetz dient der Umsetzung der Richtlinie 2011/83/EU des Europäischen Parlaments und des Rates vom 25. Oktober 2011 über die Rechte der Verbraucher, zur Abänderung der Richtlinie 93/13/EWG des Rates und der Richtlinie 1999/44/EG des Europäischen Parlaments und des Rates sowie zur Aufhebung der Richtlinie 85/577/EWG des Rates und der Richtlinie 97/7/EG des Europäischen Parlaments und des Rates (ABl. L 304 vom 22. 11. 2011, S. 64).

§ 1 [Begriff des Wohnungsvermittlers] (1) Wohnungsvermittler im Sinne dieses Gesetzes ist, wer den Abschluß von Mietverträgen über Wohnräume vermittelt oder die Gelegenheit zum Abschluß von Mietverträgen über Wohnräume nachweist.

(2) Zu den Wohnräumen im Sinne dieses Gesetzes gehören auch solche Geschäftsräume, die wegen ihres räumlichen oder wirtschaftlichen Zusammenhangs mit Wohnräumen mit diesen zusammen vermietet werden.

(3) Die Vorschriften dieses Gesetzes gelten nicht für die Vermittlung oder den Nachweis der Gelegenheit zum Abschluß von Mietverträgen über Wohnräume im Fremdenverkehr.

§ 2[1)] [Anspruch auf Entgelt] (1) [1] Ein Anspruch auf Entgelt für die Vermittlung oder den Nachweis der Gelegenheit zum Abschluß von Mietverträgen über Wohnräume steht dem Wohnungsvermittler nur zu, wenn infolge seiner Vermittlung oder infolge seines Nachweises ein Mietvertrag zustande kommt. [2] Der Vermittlungsvertrag bedarf der Textform.

(1 a) Der Wohnungsvermittler darf vom Wohnungssuchenden für die Vermittlung oder den Nachweis der Gelegenheit zum Abschluss von Mietverträgen über Wohnräume kein Entgelt fordern, sich versprechen lassen oder annehmen, es sei denn, der Wohnungsvermittler holt ausschließlich wegen des Vermittlungsvertrags mit dem Wohnungssuchenden vom Vermieter oder von einem anderen Berechtigten den Auftrag ein, die Wohnung anzubieten (§ 6 Absatz 1).

(2) [1] Ein Anspruch nach Absatz 1 Satz 1 steht dem Wohnungsvermittler nicht zu, wenn

1. durch den Mietvertrag ein Mietverhältnis über dieselben Wohnräume fortgesetzt, verlängert oder erneuert wird,
2. der Mietvertrag über Wohnräume abgeschlossen wird, deren Eigentümer, Verwalter, Mieter oder Vermieter der Wohnungsvermittler ist, oder
3. der Mietvertrag über Wohnräume abgeschlossen wird, deren Eigentümer, Verwalter oder Vermieter eine juristische Person ist, an der der Wohnungsvermittler rechtlich oder wirtschaftlich beteiligt ist.

[2] Das gleiche gilt, wenn eine natürliche oder juristische Person Eigentümer, Verwalter oder Vermieter von Wohnräumen ist und ihrerseits an einer juristischen Person, die sich als Wohnungsvermittler betätigt, rechtlich oder wirtschaftlich beteiligt ist.

(3) [1] Ein Anspruch nach Absatz 1 Satz 1 steht dem Wohnungsvermittler gegenüber dem Wohnungssuchenden nicht zu, wenn der Mietvertrag über öffentlich geförderte Wohnungen oder über sonstige preisgebundene Wohnungen abgeschlossen wird, die nach dem 20. Juni 1948 bezugsfertig geworden sind oder bezugsfertig werden. [2] Satz 1 gilt auch für die Wohnungen, die nach den §§ 88 d und 88 e des Zweiten Wohnungsbaugesetzes, nach dem

---

[1)] § 2 Abs. 2 Nr. 2 geänd. durch G v. 21. 7. 1993 (BGBl. I S. 1257), Abs. 3 Satz 2 eingef., bish. Satz 2 wird Satz 3 und geänd. durch G v. 6. 6. 1994 (BGBl. I S. 1184); Abs. 3 Satz 2 geänd. mWv 1. 1. 2002 durch G v. 13. 9. 2001 (BGBl. I S. 2376); Abs. 3 Satz 2 neu gef. mWv 13. 6. 2014 durch G v. 20. 9. 2013 (BGBl. I S. 3642); Abs. 1 Satz 2 angef., Abs. 1 a eingef., Abs. 2 einl. Satzteil und Abs. 3 Satz 1 geänd., Abs. 5 neu gef. mWv 1. 6. 2015 durch G v. 21. 4. 2015 (BGBl. I S. 610).

Wohnraumförderungsgesetz[1] oder nach entsprechenden landesrechtlichen Vorschriften gefördert werden, solange das Belegungsrecht besteht. [3] Das gleiche gilt für die Vermittlung einzelner Wohnräume der in den Sätzen 1 und 2 genannten Wohnungen.

(4) Vorschüsse dürfen nicht gefordert, vereinbart oder angenommen werden.

(5) Eine Vereinbarung ist unwirksam, wenn

1. sie von den Absätzen 1 bis 4 abweicht oder
2. durch sie der Wohnungssuchende verpflichtet wird, ein vom Vermieter oder einem Dritten geschuldetes Vermittlungsentgelt zu zahlen.

§ 3[2] [Entgelt; Auslagen] (1) Das Entgelt nach § 2 Abs. 1 Satz 1 ist in einem Bruchteil oder Vielfachen der Monatsmiete anzugeben.

(2) [1] Der Wohnungsvermittler darf vom Wohnungssuchenden für die Vermittlung oder den Nachweis der Gelegenheit zum Abschluß von Mietverträgen über Wohnräume kein Entgelt fordern, sich versprechen lassen oder annehmen, das zwei Monatsmieten zuzüglich der gesetzlichen Umsatzsteuer übersteigt. [2] Nebenkosten, über die gesondert abzurechnen ist, bleiben bei der Berechnung der Monatsmiete unberücksichtigt.

(3) [1] Außer dem Entgelt nach § 2 Abs. 1 Satz 1 dürfen für Tätigkeiten, die mit der Vermittlung oder dem Nachweis der Gelegenheit zum Abschluß von Mietverträgen über Wohnräume zusammenhängen, sowie für etwaige Nebenleistungen keine Vergütungen irgendwelcher Art, insbesondere keine Einschreibgebühren, Schreibgebühren oder Auslagenerstattungen, vereinbart oder angenommen werden. [2] Dies gilt nicht, soweit die nachgewiesenen Auslagen eine Monatsmiete übersteigen. [3] Es kann jedoch vereinbart werden, daß bei Nichtzustandekommen eines Mietvertrages die in Erfüllung des Auftrages nachweisbar entstandenen Auslagen zu erstatten sind.

(4) [1] Eine Vereinbarung, durch die der Auftraggeber sich im Zusammenhang mit dem Auftrag verpflichtet, Waren zu beziehen oder Dienst- oder Werkleistungen in Anspruch zu nehmen, ist unwirksam. [2] Die Wirksamkeit des Vermittlungsvertrags bleibt unberührt. [3] Satz 1 gilt nicht, wenn die Verpflichtung die Übernahme von Einrichtungs- oder Ausstattungsgegenständen des bisherigen Inhabers der Wohnräume zum Gegenstand hat.

§ 4[3] [Vertragsstrafe] [1] Der Wohnungsvermittler und der Auftraggeber können vereinbaren, daß bei Nichterfüllung von vertraglichen Verpflichtungen eine Vertragsstrafe zu zahlen ist. [2] Die Vertragsstrafe darf 10 Prozent des gemäß *§ 2 Abs. 1 Satz 1* vereinbarten Entgelts, höchstens jedoch 25 Euro nicht übersteigen.

---

[1] **Sartorius Nr. 355.**

[2] § 3 Abs. 2 eingef., bish. Abs. 2 und 3 werden Abs. 3 und 4 durch G v. 21. 7. 1993 (BGBl. I S. 1257); Abs. 1 und Abs. 3 Satz 1 geänd., Abs. 2 Satz 2 aufgeh., bish. Satz 3 wird Satz 2 mWv 1. 6. 2015 durch G v. 21. 4. 2015 (BGBl. I S. 610).

[3] § 4 Satz 2 neu gef. mWv 30. 6. 2000 durch G v. 27. 6. 2000 (BGBl. I S. 897); Satz 2 geänd. mWv 1. 6. 2015 durch G v. 21. 4. 2015 (BGBl. I S. 610).

§ 4 a[1)] **[Unwirksame Vereinbarungen]** (1) [1]Eine Vereinbarung, die den Wohnungssuchenden oder für ihn einen Dritten verpflichtet, ein Entgelt dafür zu leisten, daß der bisherige Mieter die gemieteten Wohnräume räumt, ist unwirksam. [2]Die Erstattung von Kosten, die dem bisherigen Mieter nachweislich für den Umzug entstehen, ist davon ausgenommen.

(2) [1]Ein Vertrag, durch den der Wohnungssuchende sich im Zusammenhang mit dem Abschluß eines Mietvertrages über Wohnräume verpflichtet, von dem Vermieter oder dem bisherigen Mieter eine Einrichtung oder ein Inventarstück zu erwerben, ist im Zweifel unter der aufschiebenden Bedingung geschlossen, daß der Mietvertrag zustande kommt. [2]Die Vereinbarung über das Entgelt ist unwirksam, soweit dieses in einem auffälligen Mißverhältnis zum Wert der Einrichtung oder des Inventarstücks steht.

§ 5[2)] **[Rückforderung von Leistungen]** (1) Soweit an den Wohnungsvermittler ein ihm nach diesem Gesetz nicht zustehendes Entgelt, eine Vergütung anderer Art, eine Auslagenerstattung, ein Vorschuß oder eine Vertragsstrafe, die den in § 4 genannten Satz übersteigt, geleistet worden ist, kann die Leistung nach den allgemeinen Vorschriften des bürgerlichen Rechts zurückgefordert werden; die Vorschrift des § 817 Satz 2 des Bürgerlichen Gesetzbuchs[3)] ist nicht anzuwenden.

(2) Soweit Leistungen auf Grund von Vereinbarungen erbracht worden sind, die nach § 2 Absatz 5 Nummer 2 oder § 4 a unwirksam oder nicht wirksam geworden sind, ist Absatz 1 entsprechend anzuwenden.

§ 6 [Angebote; Anforderungen an Anzeigen] (1) Der Wohnungsvermittler darf Wohnräume nur anbieten, wenn er dazu einen Auftrag von dem Vermieter oder einem anderen Berechtigten hat.

(2) Der Wohnungsvermittler darf öffentlich, insbesondere in Zeitungsanzeigen, auf Aushängetafeln und dergleichen, nur unter Angabe seines Namens und der Bezeichnung als Wohnungsvermittler Wohnräume anbieten oder suchen; bietet er Wohnräume an, so hat er auch den Mietpreis der Wohnräume anzugeben und darauf hinzuweisen, ob Nebenleistungen besonders zu vergüten sind.

§ 7 [Ausnahmen von § 3 Abs. 1 und § 6] Die Vorschriften des § 3 Abs. 1 und des § 6 gelten nur, soweit der Wohnungsvermittler die in § 1 Abs. 1 bezeichnete Tätigkeit gewerbsmäßig ausübt.

§ 8[4)] **[Ordnungswidrigkeiten]** (1) Ordnungswidrig handelt, wer als Wohnungsvermittler vorsätzlich oder fahrlässig

1. entgegen § 2 Absatz 1 a vom Wohnungssuchenden ein Entgelt fordert, sich versprechen lässt oder annimmt,

---

1) § 4 a eingef. durch G v. 21. 7. 1993 (BGBl. I S. 1257).

2) § 5 Satz 1 geänd., Satz 2 neu gef. durch G v. 17. 12. 1990 (BGBl. I S. 2840); Abs. 2 angef. durch G v. 21. 7. 1993 (BGBl. I S. 1257); Abs. 1 Satz 2 aufgeh. mWv 15. 12. 2004 durch G v. 9. 12. 2004 (BGBl. I S. 3214); Abs. 2 geänd. mWv 1. 6. 2015 durch G v. 21. 4. 2015 (BGBl. I S. 610).

3) **Schönfelder Nr. 20.**

4) § 8 Abs. 1 Nr. 2 eingef., bish. Nr. 2 und 3 werden Nr. 3 und 4, Abs. 2 neu gef. durch G v. 21. 7. 1993 (BGBl. I S. 1257); Abs. 2 neu gef. mWv 1. 1. 2002 durch G v. 27. 6. 2000 (BGBl. I S. 897); Abs. 1 Nr. 1 eingef., bish. Nr. 1 wird Nr. 1 a, Abs. 2 geänd. mWv 1. 6. 2015 durch G v. 21. 4. 2015 (BGBl. I S. 610).

1 a. entgegen § 3 Abs. 1 das Entgelt nicht in einem Bruchteil oder Vielfachen der Monatsmiete angibt,
2. entgegen § 3 Abs. 2 ein Entgelt fordert, sich versprechen läßt oder annimmt, das den dort genannten Betrag übersteigt,
3. entgegen § 6 Abs. 1 ohne Auftrag Wohnräume anbietet oder
4. entgegen § 6 Abs. 2 seinen Namen, die Bezeichnung als Wohnungsvermittler oder den Mietpreis nicht angibt oder auf Nebenkosten nicht hinweist.

(2) Die Ordnungswidrigkeit nach Absatz 1 Nummer 1 und 2 kann mit einer Geldbuße bis zu 25 000 Euro, die Ordnungswidrigkeit nach Absatz 1 Nummer 1 a, 3 und 4 mit einer Geldbuße bis zu 2 500 Euro geahndet werden.

§ 9[1] **[Inkrafttreten]** (1) Mit dem Inkrafttreten[2] dieses Gesetzes tritt die Verordnung zur Regelung der Entgelte der Wohnungsvermittler vom 19. Oktober 1942 (Reichsgesetzbl. I S. 625) außer Kraft.

(2) *(aufgehoben)*

(3) § 2 gilt für das Land Berlin und für das Saarland mit der Maßgabe, daß das Datum „20. Juni 1948" für das Land Berlin durch das Datum „24. Juni 1948", für das Saarland durch das Datum „1. April 1948" zu ersetzen ist.

---

[1] § 9 Abs. 2 aufgeh. durch G v. 21. 7. 1993 (BGBl. I S. 1257).
[2] Siehe die Anm. zum Titel des Gesetzes.

32. Gesetz über die Sicherung der Bauforderungen (Bauforderungssicherungsgesetz – BauFordSiG)[1]

Vom 1. Juni 1909 (RGBl. S. 449)

BGBl. III/FNA 213-2

Änderungen des Gesetzes

Lfd. Nr.	Änderndes Gesetz	Datum	Fundstelle	Geänderte Paragraphen	Art der Änderg.
1.	Erstes Gesetz zur Reform des Strafrechts (1. StrRG)	25. 6. 1969	BGBl. I 645	5 Satz 1, 7 5 Satz 2	geänd. aufgeh.
2.	Einführungsgesetz zum Strafgesetzbuch (EGStGB)	2. 3. 1974	BGBl. I 469	5 6 Abs. 2 4, 7	geänd. eingef. aufgeh.
3.	Einführungsgesetz zur Insolvenzordnung (EGInsO)	5. 10. 1994	BGBl. I 2911	5, 6 Abs. 1	geänd.
4.	Gesetz zur Sicherung von Werkunternehmeransprüchen und zur verbesserten Durchsetzung von Forderungen (Forderungssicherungsgesetz – FoSiG)	23. 10. 2008	BGBl. I 2022	Gesetzesüberschr., 1 Abs. 1 Satz 1, Abs. 3 1 Abs. 1 Satz 3, Abs. 4 2, 3, 6 Bish. § 5 wird § 2	 geänd. eingef. aufgeh.
5.	Gesetz zur Änderung des Gesetzes über die Sicherung der Bauforderungen	29. 7. 2009	BGBl. I 2436	1 Abs. 2 und 3 Nr. 1	geänd.

Erster Abschnitt. Allgemeine Sicherungsmaßregeln

§ 1.[1] [Verwendung von Baugeld; Begriff des Baugeldes] (1) [1]Der Empfänger von Baugeld ist verpflichtet, das Baugeld zur Befriedigung solcher Personen, die an der Herstellung oder dem Umbau des Baues auf Grund eines Werk-, Dienst- oder Kaufvertrags beteiligt sind, zu verwenden. [2]Eine anderweitige Verwendung des Baugeldes ist bis zu dem Betrag statthaft, in welchem der Empfänger aus anderen Mitteln Gläubiger der bezeichneten Art bereits befriedigt hat. [3]Die Verpflichtung nach Satz 1 hat auch zu erfüllen, wer als Baubetreuer bei der Betreuung des Bauvorhabens zur Verfügung über die Finanzierungsmittel des Bestellers ermächtigt ist.

(2) Ist der Empfänger selbst an der Herstellung oder dem Umbau beteiligt, so darf er das Baugeld in Höhe des angemessenen Wertes der von ihm erbrachten Leistungen für sich behalten.

(3) [1]Baugeld sind Geldbeträge,

[1] Gesetzesüberschr. neugef., § 1 Abs. 1 Satz 1 geänd., Satz 3 angef., Abs. 3 neugef., Abs. 4 angef. mWv 1. 1. 2009 durch Art. 3 FoSiG v. 23. 10. 2008 (BGBl. I S. 2022), Abs. 2 neugef., Abs. 3 Nr. 1 geänd. durch G v. 29. 7. 2009 (BGBl. I S. 2436).

1. die zum Zweck der Bestreitung der Kosten eines Baues oder Umbaues in der Weise gewährt werden, dass zur Sicherung der Ansprüche des Geldgebers eine Hypothek oder Grundschuld an dem zu bebauenden Grundstück dient oder die Übertragung eines Eigentums an dem Grundstück erst nach gänzlicher oder teilweiser Herstellung des Baues oder Umbaues erfolgen soll, oder
2. die der Empfänger von einem Dritten für eine im Zusammenhang mit der Herstellung des Baues oder Umbaues stehende Leistung, die der Empfänger dem Dritten versprochen hat, erhalten hat, wenn an dieser Leistung andere Unternehmer (§ 14 des Bürgerlichen Gesetzbuchs) auf Grund eines Werk-, Dienst- oder Kaufvertrags beteiligt waren.

[2] Beträge, die zum Zweck der Bestreitung der Kosten eines Baues oder Umbaues gewährt werden, sind insbesondere Abschlagszahlungen und solche, deren Auszahlung ohne nähere Bestimmung des Zweckes der Verwendung nach Maßgabe des Fortschrittes des Baues oder Umbaues erfolgen soll.

(4) Ist die Baugeldeigenschaft oder die Verwendung des Baugeldes streitig, so trifft die Beweislast den Empfänger.

§ 2.[1] **[Strafvorschriften]** Baugeldempfänger, welche ihre Zahlungen eingestellt haben oder über deren Vermögen das Insolvenzverfahren eröffnet worden ist und deren in § 1 Abs. 1 bezeichnete Gläubiger zur Zeit der Zahlungseinstellung oder der Eröffnung des Insolvenzverfahrens benachteiligt sind, werden mit Freiheitsstrafe bis zu fünf Jahren oder Geldstrafe bestraft, wenn sie zum Nachteil der bezeichneten Gläubiger den Vorschriften des § 1 zuwidergehandelt haben.

§§ 3–7.[2] *(aufgehoben)*

§ 8. *(überholt)*

Zweiter Abschnitt.[3]
Dingliche Sicherung der Bauforderungen

Erster bis Siebenter Titel

§§ 9–67.[3] *(nicht anwendbar)*

---

[1] Ehem. § 5 Satz 1 geänd., Satz 2 aufgeh. durch Art. 33 1. StrRG v. 25. 6. 1969 (BGBl. I S. 645), geänd. durch Art. 74 EGStGB v. 2. 3. 1974 (BGBl. I S. 469) und durch Art. 6 EGInsO v. 5. 10. 1994 (BGBl. I S. 2911), bish. § 5 wird § 2 mWv 1. 1. 2009 durch Art. 3 FoSiG v. 23. 10. 2008 (BGBl. I S. 2022).

[2] §§ 4 und 7 aufgeh. durch Art. 74 EGStGB v. 2. 3. 1974 (BGBl. I S. 469), ehem. § 2 und §§ 3 und 6 aufgeh. mWv 1. 1. 2009 durch Art. 3 FoSiG v. 23. 10. 2008 (BGBl. I S. 2022).

[3] **Amtl. Anm.:** Zweiter Abschnitt: Nicht anwendbar, da die in § 9 vorgesehenen landesrechtlichen Bestimmungen über den Geltungsbereich des Zweiten Abschnitts nicht erlassen worden sind.

32a. Verordnung über die Pflichten der Immobilienmakler, Darlehensvermittler, Bauträger, Baubetreuer und Wohnimmobilienverwalter (Makler- und Bauträgerverordnung – MaBV)[1)]

In der Fassung der Bekanntmachung vom 7. November 1990[2)]

(BGBl. I S. 2479)

FNA 7104-6

Lfd. Nr.	Änderndes Gesetz	Datum	Fundstelle	Betroffen	Hinweis
1.	Art. 1 Zweite ÄndVO	6.9.1995	BGBl. I S. 1134	§§ 3, 10	geänd. mWv 16.9.1995
2.	Art. 1 Dritte ÄndVO	14.2.1997	BGBl. I S. 272	§§ 2, 3, 10, 11, 16, 18	geänd. mWv 1.6.1997
3.	Art. 3 Abs. 4 Zweites G zur Änd. der GewerbeO und sonstiger gewerberechtlicher Vorschriften	16.6.1998	BGBl. I S. 1291	§ 18	geänd. mWv 1.10.1998
				§ 15	aufgeh. mWv 1.10.1998
4.	Art. 8 Abs. 6 MietrechtsreformG	19.6.2001	BGBl. I S. 1149	§ 10	geänd. mWv 1.9.2001
5.	Art. 2 VO zur Neuregelung des Versteigerungsrechts und zur Änd. weiterer gewerberechtlicher Verordnungen	24.4.2003	BGBl. I S. 547	§§ 1, 2, 6, 10, 16, 18	geänd. mWv 1.5.2003
6.	Art. 10 G zur Umsetzung von Vorschlägen zu Bürokratieabbau und Deregulierung aus den Regionen	21.6.2005	BGBl. I S. 1666	§§ 13, 16, 18	geänd. mWv 1.7.2005
7.	Art. 10 InvestmentänderungsG[3)]	21.12.2007	BGBl. I S. 3089	Überschrift, §§ 2, 3, 4, 7, 10, 11, 13, 16, 18	geänd. mWv 28.12.2007
8.	Art. 4 Nr. 2 ForderungssicherungsG	23.10.2008	BGBl. I S. 2022	§ 10	geänd. mWv 1.1.2009

[1)] Überschrift neu gef. mWv 1.8.2018 durch VO v. 9.5.2018 (BGBl. I S. 550).

[2)] Neubekanntmachung der Makler- und Bauträgerverordnung v. 11.6.1975 (BGBl. I S. 1351) in der ab 1.3.1991 geltenden Fassung.

[3)] **Amtl. Anm.:** Dieses Gesetz dient auch der Umsetzung der Richtlinie 2007/16/EG der Kommission vom 19. März 2007 zur Durchführung der Richtlinie 85/611/EWG des Rates zur Koordinierung der Rechts- und Verwaltungsvorschriften betreffend bestimmte Organismen für gemeinsame Anlagen in Wertpapieren (OGAW) im Hinblick auf die Erläuterung gewisser Definitionen (ABl. EU Nr. L 79 S. 11) und der Umsetzung der Artikel 6, 9 und 10 der Richtlinie 2007/14/EG der Kommission vom 8. März 2007 mit Durchführungsbestimmungen zu bestimmten Vorschriften der Richtlinie 2004/109/EG zur Harmonisierung der Transparenzanforderungen in Bezug auf Informationen über Emittenten, deren Wertpapiere zum Handel an einem geregelten Markt zugelassen sind (ABl. EU Nr. L 69 S. 27). Es dient in den Artikeln 2 und 2a auch der Umsetzung der Richtlinie 2007/18/EG der Kommission vom 27. März 2007 zur Änderung der Richtlinie 2006/48/EG des Europäischen Parlaments und des Rates hinsichtlich des Ausschlusses bzw. der Aufnahme bestimmter Institute aus ihrem bzw. in ihren Anwendungsbereich und hinsichtlich der Behandlung der Forderungen an multilaterale Entwicklungsbanken (ABl. EU Nr. L 87 S. 9).

Lfd. Nr.	Änderndes Gesetz	Datum	Fundstelle	Betroffen	Hinweis
9.	Art. 11 Drittes MittelstandsentlastungsG	17.3.2009	BGBl. I S. 550	§§ 14, 16, 18	geänd. mWv 25.3.2009
				§ 13	aufgeh. mWv 25.3.2009
10.	Art. 2 VO zur Anpassung gewerberechtlicher Verordnungen an die DienstleistungsRL	9.3.2010	BGBl. I S. 264	§§ 1, 2, 4, 10, 11, 16	geänd. mWv 18.3.2010
				§ 19	neu gef. mWv 18.3.2010
11.	Art. 13 OGAW-IV-UmsetzungsG[1]	22.6.2011	BGBl. I S. 1126	§ 11	geänd. mWv 1.7.2011
12.	Art. 2 VO zur Einführung einer FinanzanlagenvermittlungsVO	2.5.2012	BGBl. I S. 1006	Überschrift, §§ 2, 3, 4, 7, 10, 16, 18, 19, 20	geänd. mWv 1.1.2013
				§ 11	neu gef. mWv 1.1.2013
13.	Art. 1 Vierte ÄndVO	9.5.2018	BGBl. I S. 550	Überschrift, §§ 11, 16, 18	geänd. mWv 1.8.2018
				§§ 1, 15, 19	neu gef. mWv 1.8.2018
				§§ 15a, 15b, Anl. 1, 2, 3	eingef. mWv 1.8.2018
14.	Art. 28 G zur Durchführung der VO (EU) 2022/2065 sowie zur Durchführung der VO (EU) 2019/1150 und zur Änd. weiterer Gesetze	6.5.2024	BGBl. 2024 I Nr. 149	Anl. 1	geänd. mWv 14.5.2024

§ 1[2] Anwendungsbereich. (1) Diese Verordnung gilt für Gewerbetreibende, die Tätigkeiten nach § 34c Absatz 1 der Gewerbeordnung[3] ausüben, unabhängig vom Bestehen einer Erlaubnispflicht.

(2) [1] Diese Verordnung gilt nicht, soweit § 34c Absatz 5 der Gewerbeordnung anzuwenden ist. [2] Sie gilt zudem nicht für Gewerbetreibende, die

1. als Versicherungs- oder Bausparkassenvertreter im Rahmen ihrer Tätigkeit für ein der Aufsicht der Bundesanstalt für Finanzdienstleistungsaufsicht unterliegendes Versicherungs- oder Bausparunternehmen den Abschluss von Verträgen über Darlehen vermitteln oder die Gelegenheit zum Abschluss solcher Verträge nachweisen oder

[1] **Amtl. Anm.:** Dieses Gesetz dient der Umsetzung
– der Richtlinie 2009/65/EG des Europäischen Parlaments und des Rates vom 13. Juli 2009 zur Koordinierung der Rechts- und Verwaltungsvorschriften betreffend bestimmte Organismen für gemeinsame Anlagen in Wertpapieren (OGAW) (ABl. L 302 vom 17.11.2009, S. 32),
– der Richtlinie 2010/43/EU der Kommission vom 1. Juli 2010 zur Durchführung der Richtlinie 2009/65/EG des Europäischen Parlaments und des Rates im Hinblick auf organisatorische Anforderungen, Interessenkonflikte, Wohlverhalten, Risikomanagement und den Inhalt der Vereinbarung zwischen Verwahrstelle und Verwaltungsgesellschaft (ABl. L 176 vom 10.7.2010, S. 42) und
– der Richtlinie 2010/44/EU der Kommission vom 1. Juli 2010 zur Durchführung der Richtlinie 2009/65/EG des Europäischen Parlaments und des Rates in Bezug auf Bestimmungen über Fondsverschmelzungen, Master-Feeder-Strukturen und das Anzeigeverfahren (ABl. L 176 vom 10.7.2010, S. 28, L 179 vom 14.7.2010, S. 16).

[2] § 1 neu gef. mWv 1.8.2018 durch VO v. 9.5.2018 (BGBl. I S. 550).

[3] **Sartorius Nr. 800.**

2. als Wohnimmobilienverwalter nach § 34c Absatz 1 Satz 1 Nummer 4 der Gewerbeordnung tätig sind, mit Ausnahme der §§ 9, 11, 15 bis 15b, 18 Absatz 1 Nummer 6, 8, 11, 11a, Absatz 2 und 3 und § 19,

§ 2[1)] Sicherheitsleistung, Versicherung. (1) [1] Bevor der Gewerbetreibende zur Ausführung des Auftrages Vermögenswerte des Auftraggebers erhält oder zu deren Verwendung ermächtigt wird, hat er dem Auftraggeber in Höhe dieser Vermögenswerte Sicherheit zu leisten oder eine zu diesem Zweck geeignete Versicherung abzuschließen; dies gilt nicht in den Fällen des § 34c Absatz 1 Satz 1 Nummer 3 Buchstabe a der Gewerbeordnung[2)], sofern dem Auftraggeber Eigentum an einem Grundstück übertragen oder ein Erbbaurecht bestellt oder übertragen werden soll. [2] Zu sichern sind Schadensersatzansprüche des Auftraggebers wegen etwaiger von dem Gewerbetreibenden und den Personen, die er zur Verwendung der Vermögenswerte ermächtigt hat, vorsätzlich begangener unerlaubter Handlungen, die sich gegen die in Satz 1 bezeichneten Vermögenswerte richten.

(2) [1] Die Sicherheit kann nur durch die Stellung eines Bürgen geleistet werden. [2] Als Bürge können nur Körperschaften des öffentlichen Rechts mit Sitz im Geltungsbereich dieser Verordnung, Kreditinstitute, die im Inland zum Geschäftsbetrieb befugt sind, sowie Versicherungsunternehmen bestellt werden, die zum Betrieb der Bürgschaftsversicherung im Inland befugt sind. [3] Die Bürgschaftserklärung muß den Verzicht auf die Einrede der Vorausklage enthalten. [4] Die Bürgschaft darf nicht vor dem Zeitpunkt ablaufen, der sich aus Absatz 5 ergibt.

(3) Versicherungen sind nur dann im Sinne des Absatzes 1 geeignet, wenn

1. das Versicherungsunternehmen zum Betrieb der Vertrauensschadensversicherung im Inland befugt ist und
2. die allgemeinen Versicherungsbedingungen dem Zweck dieser Verordnung gerecht werden, insbesondere den Auftraggeber aus dem Versicherungsvertrag auch in den Fällen des Insolvenzverfahrens des Gewerbetreibenden unmittelbar berechtigen.

(4) [1] Sicherheiten und Versicherungen können nebeneinander geleistet und abgeschlossen werden. [2] Sie können für jeden einzelnen Auftrag oder für mehrere gemeinsam geleistet oder abgeschlossen werden. [3] Der Gewerbetreibende hat dem Auftraggeber die zur unmittelbaren Inanspruchnahme von Sicherheiten und Versicherungen erforderlichen Urkunden auszuhändigen, bevor er Vermögenswerte des Auftraggebers erhält oder zu deren Verwendung ermächtigt wird.

(5) [1] Die Sicherheiten und Versicherungen sind aufrechtzuerhalten

1. in den Fällen des § 34c Absatz 1 Satz 1 Nummer 1 und 2 der Gewerbeordnung, bis der Gewerbetreibende die Vermögenswerte an den in dem Auftrag bestimmten Empfänger übermittelt hat,

(Fortsetzung nächstes Blatt)

[1)] § 2 Abs. 2 Satz 2, Abs. 3 Nr. 1 neu gef. durch VO v. 14.2.1997 (BGBl. I S. 272); Abs. 3 Nr. 2 geänd. mWv 1.5.2003 durch VO v. 24.4.2003 (BGBl. I S. 547); Abs. 1 Satz 1, Abs. 5 Satz 1 Nr. 1–3 geänd. mWv 28.12.2007 durch G v. 21.12.2007 (BGBl. I S. 3089); Abs. 5 Satz 1 Nr. 1 geänd., Abs. 6 angef. mWv 18.3.2010 durch VO v. 9.3.2010 (BGBl. I S. 264); Abs. 1 Satz 1, Abs. 5 Satz 1 Nr. 1 bis 3 geänd. mWv 1.1.2013 durch VO v. 2.5.2012 (BGBl. I S. 1006).

[2)] **Sartorius Nr. 800.**

2. in den Fällen des § 34c Absatz 1 Satz 1 Nummer 3 Buchstabe a der Gewerbeordnung, sofern ein Nutzungsverhältnis begründet werden soll, bis zur Einräumung des Besitzes und Begründung des Nutzungsverhältnisses,
3. in den Fällen des § 34c Absatz 1 Satz 1 Nummer 3 Buchstabe b der Gewerbeordnung bis zur Rechnungslegung; sofern die Rechnungslegungspflicht gemäß § 8 Abs. 2 entfällt, endet die Sicherungspflicht mit der vollständigen Fertigstellung des Bauvorhabens.

[2] Erhält der Gewerbetreibende Vermögenswerte des Auftraggebers in Teilbeträgen, oder wird er ermächtigt, hierüber in Teilbeträgen zu verfügen, endet die Verpflichtung aus Absatz 1 Satz 1, erster Halbsatz, in bezug auf die Teilbeträge, sobald er dem Auftraggeber die ordnungsgemäße Verwendung dieser Vermögenswerte nachgewiesen hat, die Sicherheiten und Versicherungen für den letzten Teilbetrag sind bis zu dem in Satz 1 bestimmten Zeitpunkt aufrechtzuerhalten.

(6) [1] Soweit nach den Absätzen 2 und 3 eine Bürgschaft oder Versicherung verlangt wird, ist von Gewerbetreibenden aus einem anderen Mitgliedstaat der Europäischen Union oder einem anderen Vertragsstaat des Abkommens über den Europäischen Wirtschaftsraum als Nachweis eine Bescheinigung über den Abschluss einer Bürgschaft oder Versicherung als hinreichend anzuerkennen, die von einem Kreditinstitut oder einem Versicherungsunternehmen in einem anderen Mitgliedstaat oder Vertragsstaat ausgestellt wurde, sofern die in diesem Staat abgeschlossene Versicherung im Wesentlichen vergleichbar ist zu der, die von in Deutschland niedergelassenen Gewerbetreibenden verlangt wird, und zwar hinsichtlich der Zweckbestimmung, der vorgesehenen Deckung bezüglich des versicherten Risikos, der Versicherungssumme und möglicher Ausnahmen von der Deckung. [2] Bei nur teilweiser Gleichwertigkeit kann eine zusätzliche Sicherheit verlangt werden, die die nicht gedeckten Risiken absichert.

§ 3.[1)] Besondere Sicherungspflichten für Bauträger. (1) [1] Der Gewerbetreibende darf in den Fällen des § 34c Absatz 1 Satz 1 Nummer 3 Buchstabe a der Gewerbeordnung, sofern dem Auftraggeber Eigentum an einem Grundstück übertragen oder ein Erbbaurecht bestellt oder übertragen werden soll, Vermögenswerte des Auftraggebers zur Ausführung des Auftrages erst entgegennehmen oder sich zu deren Verwendung ermächtigen lassen, wenn

1. der Vertrag zwischen dem Gewerbetreibenden und dem Auftraggeber rechtswirksam ist und die für seinen Vollzug erforderlichen Genehmigungen vorliegen, diese Voraussetzungen durch eine schriftliche Mitteilung des Notars bestätigt und dem Gewerbetreibenden keine vertraglichen Rücktrittsrechte eingeräumt sind,
2. zur Sicherung des Anspruchs des Auftraggebers auf Eigentumsübertragung oder Bestellung oder Übertragung eines Erbbaurechts an dem Vertragsobjekt eine Vormerkung an der vereinbarten Rangstelle im Grundbuch eingetragen ist; bezieht sich der Anspruch auf Wohnungs- oder Teileigentum oder ein Wohnungs- oder Teilerbbaurecht, so muß außerdem die Begründung dieses Rechts im Grundbuch vollzogen sein,

---

1) § 3 Abs. 1 Satz 1 Nr. 4 geänd. durch G v. 6. 9. 1995 (BGBl. I S. 1134), Abs. 2 und 3 neugef. durch G v. 14. 2. 1997 (BGBl. I S. 272), Abs. 1 Satz 1, Abs. 3 geänd. durch Art. 10 G v. 21. 12. 2007 (BGBl. I S. 3089), Abs. 1 Satz 1 und Abs. 3 geänd. mWv 1. 1. 2013 durch Art. 2 v. 2. 5. 2012 (BGBl. I S. 1006).

3. die Freistellung des Vertragsobjekts von allen Grundpfandrechten, die der Vormerkung im Range vorgehen oder gleichstehen und nicht übernommen werden sollen, gesichert ist, und zwar auch für den Fall, daß das Bauvorhaben nicht vollendet wird,
4. die Baugenehmigung erteilt worden ist oder, wenn eine Baugenehmigung nicht oder nicht zwingend vorgesehen ist,
   a) von der zuständigen Behörde bestätigt worden ist, daß
      aa) die Baugenehmigung als erteilt gilt oder
      bb) nach den baurechtlichen Vorschriften mit dem Vorhaben begonnen werden darf, oder
   b) wenn eine derartige Bestätigung nicht vorgesehen ist, von dem Gewerbetreibenden bestätigt worden ist, daß
      aa) die Baugenehmigung als erteilt gilt oder
      bb) nach den baurechtlichen Vorschriften mit dem Bauvorhaben begonnen werden darf,

   und nach Eingang dieser Bestätigung beim Auftraggeber mindestens ein Monat vergangen ist.

[2]Die Freistellung nach Satz 1 Nr. 3 ist gesichert, wenn gewährleistet ist, daß die nicht zu übernehmenden Grundpfandrechte im Grundbuch gelöscht werden, und zwar, wenn das Bauvorhaben vollendet wird, unverzüglich nach Zahlung der geschuldeten Vertragssumme, andernfalls unverzüglich nach Zahlung des dem erreichten Bautenstand entsprechenden Teils der geschuldeten Vertragssumme durch den Auftraggeber. [3]Für den Fall, daß das Bauvorhaben nicht vollendet wird, kann sich der Kreditgeber vorbehalten, an Stelle der Freistellung alle vom Auftraggeber vertragsgemäß im Rahmen des Absatzes 2 bereits geleisteten Zahlungen bis zum anteiligen Wert des Vertragsobjekts zurückzuzahlen. [4]Die zur Sicherung der Freistellung erforderlichen Erklärungen einschließlich etwaiger Erklärungen nach Satz 3 müssen dem Auftraggeber ausgehändigt worden sein. [5]Liegen sie bei Abschluß des notariellen Vertrages bereits vor, muß auf sie in dem Vertrag Bezug genommen sein; andernfalls muß der Vertrag einen ausdrücklichen Hinweis auf die Verpflichtung des Gewerbetreibenden zur Aushändigung der Erklärungen und deren notwendigen Inhalt enthalten.

(2) [1]Der Gewerbetreibende darf in den Fällen des Absatzes 1 die Vermögenswerte ferner in bis zu sieben Teilbeträgen entsprechend dem Bauablauf entgegennehmen oder sich zu deren Verwendung ermächtigen lassen. [2]Die Teilbeträge können aus den nachfolgenden Vomhundertsätzen zusammengesetzt werden:

1. 30 vom Hundert der Vertragssumme in den Fällen, in denen Eigentum an einem Grundstück übertragen werden soll, oder 20 vom Hundert der Vertragssumme in den Fällen, in denen ein Erbbaurecht bestellt oder übertragen werden soll, nach Beginn der Erdarbeiten,
2. von der restlichen Vertragssumme

   40 vom Hundert nach Rohbaufertigstellung, einschließlich Zimmererarbeiten,
   8 vom Hundert für die Herstellung der Dachflächen und Dachrinnen,
   3 vom Hundert für die Rohinstallation der Heizungsanlagen,
   3 vom Hundert für die Rohinstallation der Sanitäranlagen,

3 vom Hundert für die Rohinstallation der Elektroanlagen,
10 vom Hundert für den Fenstereinbau, einschließlich der Verglasung,
6 vom Hundert für den Innenputz, ausgenommen Beiputzarbeiten,
3 vom Hundert für den Estrich,
4 vom Hundert für die Fliesenarbeiten im Sanitärbereich,
12 vom Hundert nach Bezugsfertigkeit und Zug um Zug gegen Besitzübergabe,
3 vom Hundert für die Fassadenarbeiten,
5 vom Hundert nach vollständiger Fertigstellung.

[3] Sofern einzelne der in Satz 2 Nr. 2 genannten Leistungen nicht anfallen, wird der jeweilige Vomhundertsatz anteilig auf die übrigen Raten verteilt. [4] Betrifft das Bauvorhaben einen Altbau, so gelten die Sätze 1 und 2 mit der Maßgabe entsprechend, daß der hiernach zu errechnende Teilbetrag für schon erbrachte Leistungen mit Vorliegen der Voraussetzungen des Absatzes 1 entgegengenommen werden kann.

(3) Der Gewerbetreibende darf in den Fällen des § 34c Absatz 1 Satz 1 Nummer 3 Buchstabe a der Gewerbeordnung, sofern ein Nutzungsverhältnis begründet werden soll, Vermögenswerte des Auftraggebers zur Ausführung des Auftrages in Höhe von 20 vom Hundert der Vertragssumme nach Vertragsabschluß entgegennehmen oder sich zu deren Verwendung ermächtigen lassen; im übrigen gelten Absatz 1 Satz 1 Nr. 1 und 4 und Absatz 2 entsprechend.

§ 4.[1)] Verwendung von Vermögenswerten des Auftraggebers.

(1) Der Gewerbetreibende darf Vermögenswerte des Auftraggebers, die er erhalten hat oder zu deren Verwendung er ermächtigt worden ist, nur verwenden

1. in den Fällen des § 34c Absatz 1 Satz 1 Nummer 1 und 2 der Gewerbeordnung zur Erfüllung des Vertrages, der durch die Vermittlung oder die Nachweistätigkeit des Gewerbetreibenden zustande gekommen ist,
2. in den Fällen des § 34c Absatz 1 Satz 1 Nummer 3 der Gewerbeordnung zur Vorbereitung und Durchführung des Bauvorhabens auf das sich der Auftrag bezieht; als Bauvorhaben gilt das einzelne Gebäude, bei Einfamilienreihenhäusern die einzelne Reihe.

(2) Der Gewerbetreibende darf in den Fällen des § 34c Absatz 1 Satz 1 Nummer 3 Buchstabe b der Gewerbeordnung, in denen er das Bauvorhaben für mehrere Auftraggeber vorbereitet und durchführt, die Vermögenswerte der Auftraggeber nur im Verhältnis der Kosten der einzelnen Einheiten zu den Gesamtkosten des Bauvorhabens verwenden.

§ 5. Hilfspersonal. Ermächtigt der Gewerbetreibende andere Personen, Vermögenswerte des Auftraggebers zur Ausführung des Auftrages entgegenzunehmen oder zu verwenden, so hat er sicherzustellen, daß dies nur nach Maßgabe der §§ 3 und 4 geschieht.

[1)] § 4 Abs. 1 Nrn. 1 und 2, Abs. 2 geänd. durch Art. 10 G v. 21. 12. 2007 (BGBl. I S. 3089), Abs. 1 Nr. 1 geänd. durch Art. 2 VO v. 9. 3. 2010 (BGBl. I S. 264), Abs. 1 Nr. 1, 2 und Abs. 2 geänd. mWv 1. 1. 2013 durch Art. 2 G v. 2. 5. 2012 (BGBl. I S. 1006).

§ 6.[1] **Getrennte Vermögensverwaltung.** (1) [1]Erhält der Gewerbetreibende zur Ausführung des Auftrages Vermögenswerte des Auftraggebers, so hat er sie von seinem Vermögen und dem seiner sonstigen Auftraggeber getrennt zu verwalten. [2]Dies gilt nicht für vertragsgemäß im Rahmen des § 3 Abs. 2 oder 3 geleistete Zahlungen.

(2) [1]Der Gewerbetreibende hat Gelder, die er vom Auftraggeber erhält, unverzüglich für Rechnung des Auftraggebers auf ein Sonderkonto bei einem Kreditinstitut im Sinne des § 2 Abs. 2 Satz 2 einzuzahlen und auf diesem Konto bis zur Verwendung im Sinne des § 4 zu belassen. [2]Er hat dem Kreditinstitut offenzulegen, daß die Gelder für fremde Rechnung eingelegt werden und hierbei den Namen, Vornamen und die Anschrift des Auftraggebers anzugeben. [3]Er hat das Kreditinstitut zu verpflichten, den Auftraggeber unverzüglich zu benachrichtigen, wenn die Einlage von dritter Seite gepfändet oder das Insolvenzverfahren über das Vermögen des Gewerbetreibenden eröffnet wird, und dem Auftraggeber jederzeit Auskunft über den Stand des Kontos zu erteilen. [4]Er hat das Kreditinstitut ferner zu verpflichten, bei diesem Konto weder das Recht der Aufrechnung noch ein Pfand- oder Zurückbehaltungsrecht geltend zu machen, es sei denn wegen Forderungen, die in bezug auf das Konto selbst entstanden sind.

(3) [1]Wertpapiere im Sinne des § 1 Abs. 1 des Gesetzes über die Verwahrung und Anschaffung von Wertpapieren, die der Gewerbetreibende vom Auftraggeber erhält, hat er unverzüglich für Rechnung des Auftraggebers einem Kreditinstitut im Sinne des § 2 Abs. 2 Satz 2 zur Verwahrung anzuvertrauen. [2]Absatz 2 Satz 2 bis 4 ist anzuwenden.

§ 7.[2] **Ausnahmevorschrift.** (1) [1]Gewerbetreibende im Sinne des § 34 c Absatz 1 Satz 1 Nummer 3 Buchstabe a der Gewerbeordnung, die dem Auftraggeber Eigentum an einem Grundstück zu übertragen oder ein Erbbaurecht zu bestellen oder zu übertragen haben, sind von den Verpflichtungen des § 3 Abs. 1 und 2, des § 4 Abs. 1 und der §§ 5 und 6, die übrigen Gewerbetreibenden im Sinne des § 34 c Abs. 1 der Gewerbeordnung sind von den Verpflichtungen des § 2, des § 3 Abs. 3 und der §§ 4 bis 6 freigestellt, sofern sie Sicherheit für alle etwaigen Ansprüche des Auftraggebers auf Rückgewähr oder Auszahlung seiner Vermögenswerte im Sinne des § 2 Abs. 1 Satz 1 geleistet haben. [2]§ 2 Abs. 2, Abs. 4 Satz 2 und 3 und Abs. 5 Satz 1 gilt entsprechend. [3]In den Fällen des § 34 c Absatz 1 Satz 1 Nummer 3 Buchstabe a der Gewerbeordnung, in denen dem Auftraggeber Eigentum an einem Grundstück übertragen oder ein Erbbaurecht bestellt oder übertragen werden soll, ist die Sicherheit aufrechtzuerhalten, bis die Voraussetzungen des § 3 Abs. 1 erfüllt sind und das Vertragsobjekt vollständig fertiggestellt ist. [4]Ein Austausch der Sicherungen der §§ 2 bis 6 und derjenigen des § 7 ist zulässig.

(2) [1]Der Gewerbetreibende ist von den in Absatz 1 Satz 1 erwähnten Verpflichtungen auch dann freigestellt, wenn es sich bei dem Auftraggeber um

1. eine juristische Person des öffentlichen Rechts oder ein öffentlich-rechtliches Sondervermögen oder

---

[1] *§ 6* Abs. 1 Satz 2 und Abs. 2 Satz 3 geänd. durch Art. 2 VO v. 24. 4. 2003 (BGBl. I S. 547).

[2] § 7 Abs. 1 Sätze 1 und 3 geänd. durch Art. 10 G v. 21. 12. 2007 (BGBl. I S. 3089), Abs. 1 Sätze 1 und 3 geänd. mWv 1. 1. 2013 durch Art. 2 G v. 2. 5. 2012 (BGBl. I S. 1006).

2. einen in das Handelsregister oder das Genossenschaftsregister eingetragenen Kaufmann

handelt und der Auftraggeber in gesonderter Urkunde auf die Anwendung dieser Bestimmungen verzichtet. [2]Im Falle des Satzes 1 Nr. 2 hat sich der Gewerbetreibende vom Auftraggeber dessen Eigenschaft als Kaufmann durch einen Auszug aus dem Handelsregister oder dem Genossenschaftsregister nachweisen zu lassen.

§ 8. Rechnungslegung. (1) [1]Hat der Gewerbetreibende zur Ausführung des Auftrages Vermögenswerte des Auftraggebers erhalten oder verwendet, so hat er dem Auftraggeber nach Beendigung des Auftrages über die Verwendung dieser Vermögenswerte Rechnung zu legen. [2]§ 259 des Bürgerlichen Gesetzbuches ist anzuwenden.

(2) Die Verpflichtung, Rechnung zu legen, entfällt, soweit der Auftraggeber nach Beendigung des Auftrages dem Gewerbetreibenden gegenüber schriftlich darauf verzichtet oder der Gewerbetreibende mit den Vermögenswerten des Auftraggebers eine Leistung zu einem Festpreis zu erbringen hat.

§ 9. Anzeigepflicht. [1]Der Gewerbetreibende hat der zuständigen Behörde die jeweils mit der Leitung des Betriebes oder einer Zweigniederlassung beauftragten Personen unverzüglich anzuzeigen. [2]Dies gilt bei juristischen Personen auch für die nach Gesetz, Satzung oder Gesellschaftsvertrag jeweils zur Vertretung berufenen Personen. [3]In der Anzeige sind Name, Geburtsname, sofern er vom Namen abweicht, Vornamen, Staatsangehörigkeit, Geburtstag, Geburtsort und Anschrift der betreffenden Personen anzugeben.

§ 10.[1)] **Buchführungspflicht.** (1) [1]Der Gewerbetreibende hat von der Annahme des Auftrages an nach Maßgabe der folgenden Vorschriften Aufzeichnungen zu machen sowie Unterlagen und Belege übersichtlich zu sammeln. [2]Die Aufzeichnungen sind unverzüglich und in deutscher Sprache vorzunehmen.

(2) Aus den Aufzeichnungen und Unterlagen sämtlicher Gewerbetreibender müssen ersichtlich sein

1. der Name und Vorname oder die Firma sowie die Anschrift des Auftraggebers,

2. folgende Angaben, soweit sie im Einzelfall in Betracht kommen,
   a) das für die Vermittler- oder Nachweistätigkeit oder für die Tätigkeit als Baubetreuer vom Auftraggeber zu entrichtende Entgelt; Wohnungsver-

---

1) § 10 Abs. 4 Nrn. 1 und 2 geänd. durch G v. 6. 9. 1995 (BGBl. I S. 1134), Abs. 3 Nrn. 4 und 6c aufgeh., Nr. 5 geänd. durch G v. 14. 2. 1997 (BGBl. I S. 272), Abs. 3 Nrn. 2 und 3, Abs. 4 Nr. 2 geänd. durch Art. 8 Abs. 6 MietRRG v. 19. 6. 2001 (BGBl. I S. 1149), Abs. 3 Nr. 5 geänd. durch Art. 2 VO v. 24. 4. 2003 (BGBl. I S. 547), Abs. 3 Einleitungss. geänd., Nr. 5 neugef., Nrn. 6 und 7, Abs. 4 geänd. durch Art. 10 G v. 21. 12. 2007 (BGBl. I S. 3089), Abs. 6 geänd. mWv 1. 1. 2009 durch Art. 4 Nr. 2 FoSiG v. 23. 10. 2008 (BGBl. I S. 2022), Abs. 3 Einleitungss. geänd. durch Art. 2 VO v. 9. 3. 2010 (BGBl. I S. 264), Abs. 3 einl. Satzteil, Nr. 3 geänd., Nrn. 5 bis 7 aufgeh., Abs. 4 einl. Satzteil geänd. mWv 1. 1. 2013 durch Art. 2 G v. 2. 5. 2012 (BGBl. I S. 1006).

mittler haben das Entgelt in einem Bruchteil oder Vielfachen der Monatsmiete anzugeben;

b) ob der Gewerbetreibende zur Entgegennahme von Zahlungen oder sonstigen Leistungen ermächtigt ist;

c) Art und Höhe der Vermögenswerte des Auftraggebers, die der Gewerbetreibende zur Ausführung des Auftrages erhalten oder zu deren Verwendung er ermächtigt werden soll;

d) daß der Gewerbetreibende den Auftraggeber davon unterrichtet hat, daß er von ihm nur im Rahmen des § 3 Vermögenswerte entgegennehmen oder sich zu deren Verwendung ermächtigen lassen und diese Vermögenswerte nur im Rahmen des § 4 verwenden darf, es sei denn, daß nach § 7 verfahren wird;

e) Art, Höhe und Umfang der vom Gewerbetreibenden für die Vermögenswerte zu leistenden Sicherheit und abzuschließenden Versicherung, Name oder Firma und Anschrift des Bürgen und der Versicherung;

f) Vertragsdauer.

(3) Aus den Aufzeichnungen und Unterlagen von Gewerbetreibenden im Sinne des § 34 c Absatz 1 Satz 1 Nummer 1 der Gewerbeordnung müssen ferner folgende Angaben ersichtlich sein, soweit sie im Einzelfall in Betracht kommen

1. bei der Vermittlung oder dem Nachweis der Gelegenheit zum Abschluß von Verträgen über den Erwerb von Grundstücken oder grundstücksgleichen Rechten: Lage, Größe und Nutzungsmöglichkeit des Grundstücks, Art, Alter und Zustand des Gebäudes, Ausstattung, Wohn- und Nutzfläche, Zahl der Zimmer, Höhe der Kaufpreisforderung einschließlich zu übernehmender Belastungen, Name, Vorname und Anschrift des Veräußerers;
2. bei der Vermittlung oder dem Nachweis der Gelegenheit zum Abschluß von Verträgen über die Nutzung von Grundstücken oder grundstücksgleichen Rechten: Lage, Größe und Nutzungsmöglichkeit des Grundstücks, Art, Alter und Zustand des Gebäudes, Ausstattung, Wohn- und Nutzfläche, Zahl der Zimmer, Höhe der Mietforderung sowie gegebenenfalls Höhe eines Baukostenzuschusses, einer Kaution, einer Mietvorauszahlung, eines Mieterdarlehens oder einer Abstandssumme, Name, Vorname und Anschrift des Vermieters;
3. bei der Vermittlung oder dem Nachweis der Gelegenheit zum Abschluß von Verträgen über die Nutzung von gewerblichen Räumen oder Wohnräumen: Lage des Grundstücks und der Räume, Ausstattung, Nutz- und Wohnfläche, Zahl der Räume, Höhe der Mietforderung sowie gegebenenfalls Höhe eines Baukostenzuschusses, einer Kaution, einer Mietvorauszahlung, eines Mieterdarlehens oder einer Abstandssumme, Name, Vorname und Anschrift des Vermieters.

(4) Aus den Aufzeichnungen und Unterlagen von Gewerbetreibenden im *Sinne des § 34 c Absatz 1* Satz 1 Nummer 3 der Gewerbeordnung müssen zusätzlich zu den Angaben nach Abs. 2 folgende Angaben ersichtlich sein, soweit sie im Einzelfall in Betracht kommen,

1. bei Bauvorhaben, die ganz oder teilweise zur Veräußerung bestimmt sind: Lage und Größe des Baugrundstücks, das Bauvorhaben mit den von der Bauaufsicht genehmigten Plänen nebst Baubeschreibung, sofern das Bauvorhaben nicht genehmigungspflichtig ist, neben den vorerwähnten Plänen und der Baubeschreibung die Bestätigung der Behörde oder des Gewerbetreibenden gemäß § 3 Abs. 1 Satz 1 Nr. 4 Buchstabe a oder b, der Zeitpunkt der Fertigstellung, die Kaufsache, die Kaufpreisforderung, die Belastungen, die Finanzierung, soweit sie nicht vom Erwerber erbracht werden soll;
2. bei Bauvorhaben, die ganz oder teilweise vermietet, verpachtet oder in anderer Weise zur Nutzung überlassen werden sollen: Lage und Größe des Baugrundstücks, das Bauvorhaben mit den von der Bauaufsicht genehmigten Plänen nebst Baubeschreibung, sofern das Bauvorhaben nicht genehmigungspflichtig ist, neben den vorerwähnten Plänen und der Baubeschreibung die Bestätigung der Behörde oder des Gewerbetreibenden gemäß § 3 Abs. 1 Satz 1 Nr. 4 Buchstabe a oder b, der Zeitpunkt der Fertigstellung, der Vertragsgegenstand, die Miet-, Pacht- oder sonstige Forderung, die darüber hinaus zu erbringenden laufenden Leistungen und die etwaigen einmaligen Leistungen, die nicht zur Vorbereitung oder Durchführung des Bauvorhabens verwendet werden sollen;
3. bei Bauvorhaben, die der Gewerbetreibende als Baubetreuer wirtschaftlich vorbereiten oder durchführen soll: Lage und Größe des Baugrundstücks, das Bauvorhaben mit Plänen und Baubeschreibung, der Zeitpunkt der Fertigstellung, die veranschlagten Kosten, die Kostenobergrenze und die von dem Gewerbetreibenden bei Dritten zu beschaffende Finanzierung.

(5) Aus den Aufzeichnungen, Unterlagen und Belegen sämtlicher Gewerbetreibender müssen ferner ersichtlich sein, soweit dies im Einzelfall in Betracht kommt,

1. Art und Höhe der Vermögenswerte des Auftraggebers, die der Gewerbetreibende zur Ausführung des Auftrages erhalten hat oder zu deren Verwendung er ermächtigt wurde,
2. das für die Vermittler- oder Nachweistätigkeit oder für die Tätigkeit als Baubetreuer vom Auftraggeber entrichtete Entgelt,
3. eine Bestätigung des Auftraggebers über die Aushändigung der in § 2 Abs. 4 Satz 3 bezeichneten Unterlagen,
4. Kopie der Bürgschaftsurkunde und des Versicherungsscheins,
5. Verwendungen von Vermögenswerten des Auftraggebers durch den Gewerbetreibenden nach Tag und Höhe, in den Fällen des § 2 Abs. 5 Satz 2 auch eine Bestätigung des Auftraggebers darüber, daß ihm die ordnungsgemäße Verwendung der Teilbeträge nachgewiesen worden ist,
6. Tag und Grund der Auftragsbeendigung,
7. Tag der Beendigung des Bürgschaftsvertrages und der Versicherung,
8. die in § 7 Abs. 2 erwähnten Unterlagen,
9. Nachweis, daß dem Auftraggeber die in § 11 bezeichneten Angaben rechtzeitig und vollständig mitgeteilt worden sind.

(6) Sonstige Vorschriften über Aufzeichnungs- und Buchführungspflichten des Gewerbetreibenden bleiben unberührt.

§ 11[1)] Informationspflicht und Werbung. [1] Der Gewerbetreibende hat dem Auftraggeber in Textform und in deutscher Sprache folgende Angaben mitzuteilen, soweit sie im Einzelfall in Betracht kommen:

1. in den Fällen des § 34c Absatz 1 Satz 1 Nummer 1 der Gewerbeordnung[2)]
   a) unmittelbar nach der Annahme des Auftrags die in § 10 Absatz 2 Nummer 2 Buchstabe a und f genannten Angaben und
   b) spätestens bei Aufnahme der Vertragsverhandlungen über den vermittelten oder nachgewiesenen Vertragsgegenstand die in § 10 Absatz 2 Nummer 2 Buchstabe b bis e und Absatz 3 Nummer 1 bis 3 genannten Angaben,
2. in den Fällen des § 34c Absatz 1 Satz 1 Nummer 3 der Gewerbeordnung spätestens bis zur Annahme des Auftrags die in § 10 Absatz 2 Nummer 2 und Absatz 4 genannten Angaben; vor diesem Zeitpunkt hat der Gewerbetreibende dem Auftraggeber die Angaben zu machen, die zur Beurteilung des Auftrags nach dem jeweiligen Verhandlungsstand erforderlich sind; im Fall des § 10 Absatz 4 Nummer 3 entfällt die Verpflichtung, soweit die Angaben vom Auftraggeber stammen,
3. in den Fällen des § 34c Absatz 1 Satz 1 Nummer 4 der Gewerbeordnung auf Anfrage des Auftraggebers unverzüglich Angaben über die berufsspezifischen Qualifikationen und die in den letzten drei Kalenderjahren absolvierten Weiterbildungsmaßnahmenm des Gewerbetreibenden und der unmittelbar bei der erlaubnispflichtigen Tätigkeit mitwirkenden Beschäftigten.

[2] Die Angaben nach Satz 1 Nummer 3 können durch Verweis auf die Internetseite des Gewerbetreibenden erfolgen. [3] Ist der Auftraggeber eine natürliche Person, kann er die Übermittlung der Angaben in der Amtssprache eines Mitgliedstaates der Europäischen Union oder eines Vertragsstaates des Abkommens über den Europäischen Wirtschaftsraum verlangen, wenn er in diesem Mitgliedstaat oder Vertragsstaat seinen Wohnsitz hat.

§ 12 Unzulässigkeit abweichender Vereinbarungen. Der Gewerbetreibende darf seine Verpflichtungen nach den §§ 2 bis 8 sowie die nach § 2 Abs. 1 zu sichernden Schadensersatzansprüche des Auftraggebers durch vertragliche Vereinbarung weder ausschließen noch beschränken.

§ 13[3)] *(aufgehoben)*

§ 14[4)] Aufbewahrung. (1) [1] Die in den § 10 bezeichneten Geschäftsunterlagen sind 5 Jahre in den Geschäftsräumen aufzubewahren. [2] Die Aufbewahrungsfrist beginnt mit dem Schluss des Kalenderjahres, in dem der letzte aufzeichnungspflichtige Vorgang für den jeweiligen Auftrag angefallen ist. [3] Vorschriften, die eine längere Frist bestimmen, bleiben unberührt.

[1)] § 11 neu gef. mWv 1.1.2013 durch VO v. 2.5.2012 (BGBl. I S. 1006); Satz 1 einl. Satzteil und Nr. 2 geänd., Nr. 3 angef., Satz 2 eingef., bish. Satz 2 wird Satz 3 mWv 1.8.2018 durch VO v. 9.5. 2018 (BGBl. I S. 550).

[2)] **Sartorius Nr. 800.**

[3)] *§ 13 aufgeh. mWv 25.3.2009 durch G v. 17.3.2009* (BGBl. I S. 550).

[4)] § 14 Abs. 1 Satz 1 geänd, Satz 2 neu gef. mWv 25.3.2009 durch G v. 17.3.2009 (BGBl. I S. 550).

(2) [1] Die nach Absatz 1 aufzubewahrenden Unterlagen können auch in Form einer verkleinerten Wiedergabe aufbewahrt werden, wenn gesichert ist, daß die Wiedergabe mit der Urschrift übereinstimmt. [2] Der Gewerbetreibende hat auf Verlangen der zuständigen Behörde auf seine Kosten die erforderliche Anzahl ohne Hilfsmittel lesbarer Reproduktionen vorzulegen; bei Ermittlungen oder Prüfungen in den Geschäftsräumen sind für verkleinerte Wiedergaben die erforderlichen Lesegeräte bereitzuhalten.

§ 15[1)] Umfang der Versicherung. (1) Die nach § 34c Absatz 2 Nummer 3 der Gewerbeordnung[2)] für einen Wohnimmobilienverwalter vorgesehene Versicherung muss bei einem im Inland zum Geschäftsbetrieb zugelassenen Versicherungsunternehmen abgeschlossen werden.

(2) Die Mindestversicherungssumme beträgt 500 000 Euro für jeden Versicherungsfall und 1 000 000 Euro für alle Versicherungsfälle eines Jahres.

(3) [1] Der Versicherungsvertrag muss Deckung für die sich aus der gewerblichen Tätigkeit als Wohnimmobilienverwalter ergebenden Haftpflichtgefahren für Vermögensschäden gewähren. [2] Der Versicherungsvertrag muss sich auch auf solche Vermögensschäden erstrecken, für die der Versicherungspflichtige nach § 278 oder § 831 des Bürgerlichen Gesetzbuchs[3)] einzustehen hat, soweit die Erfüllungsgehilfen oder Verrichtungsgehilfen nicht selbst zum Abschluss einer solchen Berufshaftpflichtversicherung verpflichtet sind. [3] Ist der Gewerbetreibende in einer oder mehreren Personenhandelsgesellschaften als geschäftsführender Gesellschafter tätig, so muss für die jeweilige Personenhandelsgesellschaft jeweils ein Versicherungsvertrag abgeschlossen werden; der Versicherungsvertrag kann auch die Tätigkeit des Gewerbetreibenden nach Satz 1 abdecken.

(4) [1] Der Versicherungsvertrag hat Versicherungsschutz für jede einzelne Pflichtverletzung zu gewähren, die gesetzliche Haftpflichtansprüche privatrechtlichen Inhalts gegen den Versicherungspflichtigen zur Folge haben könnte. [2] Dabei kann vereinbart werden, dass sämtliche Pflichtverletzungen bei Erledigung einer einheitlichen Verwaltung von Wohnimmobilien als ein Versicherungsfall gelten, sofern die betreffenden Angelegenheiten in einem rechtlichen oder wirtschaftlichen Zusammenhang stehen.

(5) [1] Von der Versicherung kann die Haftung für Ersatzansprüche wegen wissentlicher Pflichtverletzung ausgeschlossen werden. [2] Weitere Ausschlüsse sind nur insoweit zulässig, als sie marktüblich sind und dem Zweck der Berufshaftpflichtversicherung nicht zuwiderlaufen.

§ 15a[4)] Versicherungsbestätigung; Anzeigepflicht des Versicherungsunternehmens. (1) Die vom Versicherungsunternehmen erteilte Versicherungsbestätigung nach § 113 Absatz 2 des Versicherungsvertragsgesetzes[5)] darf zum Zeitpunkt der Antragstellung bei der für die Erlaubniserteilung zuständigen Behörde nicht älter als drei Monate sein.

---

1) § 15 neu gef. mWv 1.8.2018 durch VO v. 9.5.2018 (BGBl. I S. 550).
2) **Sartorius Nr. 800.**
3) **Schönfelder Nr. 20.**
4) § 15a eingef. mWv 1.8.2018 durch VO v. 9.5.2018 (BGBl. I S. 550).
5) **Schönfelder Nr. 62.**

(2) [1] Das Versicherungsunternehmen ist verpflichtet, der für die Erlaubniserteilung zuständigen Behörde unverzüglich Folgendes anzuzeigen:

1. die Beendigung des Versicherungsvertrags, insbesondere infolge einer wirksamen Kündigung,
2. das Ausscheiden eines Versicherungsnehmers aus einem Gruppenversicherungsvertrag sowie
3. jede Änderung des Versicherungsvertrags, die den vorgeschriebenen Versicherungsschutz im Verhältnis zu Dritten beeinträchtigen kann.

[2] Die für die Erlaubniserteilung zuständige Behörde hat dem Versicherungsunternehmen das Datum des Eingangs der Anzeige mitzuteilen.

(3) Die zuständige Stelle im Sinne des § 117 Absatz 2 des Versicherungsvertragsgesetzes ist die für die Erlaubniserteilung nach § 34c Absatz 1 Satz 1 Nummer 4 der Gewerbeordnung[1)] zuständige Behörde.

§ 15b[2)] Weiterbildung. (1) [1] Wer nach § 34c Absatz 2a der Gewerbeordnung[1)] zur Weiterbildung verpflichtet ist, muss sich fachlich entsprechend seiner ausgeübten Tätigkeit weiterbilden. [2] Die inhaltlichen Anforderungen an die Weiterbildung sind an den Vorgaben der Anlage 1 auszurichten. [3] Die Weiterbildung kann in Präsenzform, in einem begleiteten Selbststudium, durch betriebsinterne Maßnahmen des Gewerbetreibenden oder in einer anderen geeigneten Form erfolgen. [4] Bei Weiterbildungsmaßnahmen in einem begleiteten Selbststudium ist eine nachweisbare Lernerfolgskontrolle durch den Anbieter der Weiterbildung erforderlich. [5] Der Anbieter der Weiterbildung muss sicherstellen, dass die in Anlage 2 aufgeführten Anforderungen an die Qualität der Weiterbildungsmaßnahme eingehalten werden. [6] Der Erwerb eines Ausbildungsabschlusses als Immobilienkaufmann oder Immobilienkauffrau oder eines Weiterbildungsabschlusses als Geprüfter Immobilienfachwirt oder Geprüfte Immobilienfachwirtin gilt als Weiterbildung.

(2) [1] Die zur Weiterbildung verpflichteten Gewerbetreibenden sind verpflichtet, nach Maßgabe des Satzes 2 Nachweise und Unterlagen zu sammeln über Weiterbildungsmaßnahmen, an denen sie und ihre zur Weiterbildung verpflichteten Beschäftigten teilgenommen haben. [2] Aus den Nachweisen und Unterlagen müssen mindestens ersichtlich sein:

1. Name und Vorname des Gewerbetreibenden oder der Beschäftigten,
2. Datum, Umfang, Inhalt und Bezeichnung der Weiterbildungsmaßnahme sowie
3. Name und Vorname oder Firma sowie Adresse und Kontaktdaten des in Anspruch genommenen Weiterbildungsanbieters.

[3] Die in Satz 1 genannten Nachweise und Unterlagen sind fünf Jahre auf einem dauerhaften Datenträger vorzuhalten und in den Geschäftsräumen aufzubewahren. [4] Die Aufbewahrungsfrist beginnt mit dem Ende des Kalenderjahres, in dem die Weiterbildungsmaßnahme durchgeführt wurde.

[1)] **Sartorius Nr. 800.**
[2)] § 15b eingef. mWv 1.8.2018 durch VO v. 9.5.2018 (BGBl. I S. 550).

(3) [1]Die für die Erlaubniserteilung zuständige Behörde kann anordnen, dass der Gewerbetreibende ihr gegenüber eine unentgeltliche Erklärung mit dem Inhalt nach dem Muster der Anlage 3 über die Erfüllung der Weiterbildungspflicht in den vorangegangenen drei Kalenderjahren durch ihn und seine zur Weiterbildung verpflichteten Beschäftigten abgibt. [2]Die Erklärung kann elektronisch erfolgen.

(4) Für zur Weiterbildung verpflichtete Gewerbetreibende und ihre zur Weiterbildung verpflichteten Beschäftigten, die im Besitz eines Ausbildungsabschlusses als Immobilienkaufmann oder Immobilienkauffrau oder eines Weiterbildungsabschlusses als Geprüfter Immobilienfachwirt oder Geprüfte Immobilienfachwirtin sind, beginnt die Pflicht zur Weiterbildung drei Jahre nach Erwerb des Ausbildungs- oder Weiterbildungsabschlusses.

§ 16[1)] Prüfungen. (1) [1]Gewerbetreibende im Sinne des § 34c Absatz 1 Satz 1 Nummer 3 der Gewerbeordnung[2)] haben auf ihre Kosten die Einhaltung der sich aus den §§ 2 bis 14 ergebenden Verpflichtungen für jedes Kalenderjahr durch einen geeigneten Prüfer prüfen zu lassen und der zuständigen Behörde den Prüfungsbericht bis spätestens zum 31. Dezember des darauffolgenden Jahres zu übermitteln. [2]Sofern der Gewerbetreibende im Berichtszeitraum keine nach § 34c Abs. 1 Satz 1 der Gewerbeordnung erlaubnispflichtige Tätigkeit ausgeübt hat, hat er spätestens bis zu dem in Satz 1 genannten Termin anstelle des Prüfungsberichts eine entsprechende Erklärung zu übermitteln. [3]Der Prüfungsbericht muß einen Vermerk darüber enthalten, ob Verstöße des Gewerbetreibenden festgestellt worden sind. [4]Verstöße sind in dem Vermerk aufzuzeigen. [5]Der Prüfer hat den Vermerk mit Angabe von Ort und Datum zu unterzeichnen, wobei die elektronische Namenswiedergabe genügt.

(2) [1]Die zuständige Behörde ist befugt, Gewerbetreibende im Sinne des § 34c Abs. 1 der Gewerbeordnung auf deren Kosten aus besonderem Anlaß im Rahmen einer außerordentlichen Prüfung durch einen geeigneten Prüfer überprüfen zu lassen. [2]Der Prüfer wird von der zuständigen Behörde bestimmt. [3]Absatz 1 Satz 3 bis 5 gilt entsprechend.

(3) [1]Geeignete Prüfer sind

1. Wirtschaftsprüfer, vereidigte Buchprüfer, Wirtschaftsprüfungs- und Buchprüfungsgesellschaften,
2. Prüfungsverbände, zu deren gesetzlichem oder satzungsmäßigem Zweck die regelmäßige und außerordentliche Prüfung ihrer Mitglieder gehört, sofern
   a) von ihren gesetzlichen Vertretern mindestens einer Wirtschaftsprüfer ist,

---

[1)] § 16 Abs. 1 Satz 2 eingef., bish. Sätze 2 bis 4 werden Sätze 3 bis 5 durch VO v. 14.2.1997 (BGBl. I S. 272); Abs. 2 Satz 3 geänd. mWv 1.5.2003 durch VO v. 24.4.2003 (BGBl. I S. 547); Abs. 1 Satz 1 und Abs. 3 Satz 2 geänd. mWv 1.7.2005 durch G v. 21.6.2005 (BGBl. I S. 1666); Abs. 1 Satz 1, Abs. 3 Satz 2 geänd. mWv 28.12.2007 durch G v. 21.12.2007 (BGBl. I 2007 S. 3089); Abs. 1 Satz 1 geänd. mWv 25.3.2009 durch G v. 17.3.2009 (BGBl. I S. 550); Abs. 3 Satz 2 geänd., Satz 3 eingef., bish. Satz 3 wird Satz 4 mWv 18.3.2010 durch VO v. 9.3.2010 (BGBl. I S. 264); Abs. 1 Satz 1 und Abs. 3 Satz 2 geänd. mWv 1.1.2013 durch VO v. 2.5.2012 (BGBl. I S. 1006); Abs. 1 Satz 5 geänd. mWv 1.8.2018 durch VO v. 9.5.2018 (BGBl. I S. 550).

[2)] **Sartorius Nr. 800.**

b) sie die Voraussetzungen des § 63b Abs. 5 des Gesetzes betreffend die Erwerbs- und Wirtschaftsgenossenschaften[1] erfüllen oder

c) sie sich für ihre Prüfungstätigkeit selbständiger Wirtschaftsprüfer oder vereidigter Buchprüfer oder einer Wirtschaftsprüfungs- oder Buchprüfungsgesellschaft bedienen.

[2] Bei Gewerbetreibenden im Sinne des § 34c Absatz 1 Satz 1 Nummer 1 und 2 der Gewerbeordnung können mit der Prüfung nach Absatz 2 auch andere Personen, die öffentlich bestellt oder zugelassen worden sind und die auf Grund ihrer Vorbildung und Erfahrung in der Lage sind, eine ordnungsgemäße Prüfung in dem jeweiligen Gewerbebetrieb durchzuführen, sowie deren Zusammenschlüsse betraut werden. [3] § 13a Absatz 1 und 2 Satz 1 und 2, Absatz 5 bis 7 der Gewerbeordnung gilt für die in Satz 2 genannten Personen, die mit der Prüfung betraut werden können, entsprechend. [4] Ungeeignet für eine Prüfung sind Personen, bei denen die Besorgnis der Befangenheit besteht.

§ 17 Rechte und Pflichten der an der Prüfung Beteiligten. (1) [1] Der Gewerbetreibende hat dem Prüfer die Einsicht in die Bücher, Aufzeichnungen und Unterlagen zu gestatten. [2] Er hat ihm alle Aufklärungen und Nachweise zu geben, die der Prüfer für eine sorgfältige Prüfung benötigt.

(2) [1] Der Prüfer ist zur gewissenhaften und unparteiischen Prüfung und zur Verschwiegenheit verpflichtet. [2] Er darf nicht unbefugt Geschäfts- und Betriebsgeheimnisse verwerten, die er bei seiner Tätigkeit erfahren hat. [3] Ein Prüfer, der vorsätzlich oder fahrlässig seine Pflichten verletzt, ist dem Gewerbetreibenden zum Ersatz des daraus entstehenden Schadens verpflichtet. [4] Mehrere Personen haften als Gesamtschuldner.

§ 18[2] Ordnungswidrigkeiten. (1) Ordnungswidrig im Sinne des § 144 Abs. 2 Nr. 6 der Gewerbeordnung[3] handelt, wer

1. Vermögenswerte des Auftraggebers annimmt oder sich zu deren Verwendung ermächtigen läßt, bevor er
   a) nach § 2 Abs. 1 Sicherheit geleistet oder eine Versicherung abgeschlossen oder
   b) die in § 2 Abs. 4 Satz 3 bezeichneten Urkunden ausgehändigt hat,
2. entgegen § 2 Abs. 5, auch in Verbindung mit § 7 Abs. 1 Satz 2, oder § 7 Abs. 1 Satz 3 die Sicherheit oder Versicherung nicht aufrechterhält,
3. einer Vorschrift des § 3 über die Entgegennahme oder die Ermächtigung zur Verwendung von Vermögenswerten des Auftraggebers zuwiderhandelt,

---

[1] **Schönfelder Nr. 53.**

[2] § 18 Nr. 12 neu gef. durch VO v. 14.2.1997 (BGBl. I S. 272); Nr. 11 aufgeh. durch G v. 16.6. 1998 (BGBl. I S. 1291); bish. Wortlaut wird Abs. 1, Abs. 2 und 3 angef. mWv 1.5.2003 durch VO v. 24.4.2003 (BGBl. I S. 547); Abs. 1 einl. Satzteil, Abs. 2 und 3 geänd. mWv 1.7.2005 durch G v. 21.6.2005 (BGBl. I S. 1666); Abs. 1 Nr. 8 geänd. mWv 28.12.2007 durch G v. 21.12.2007 (BGBl. I S. 3089); Abs. 1 Nr. 9 aufgeh. mWv 25.3.2009 durch G v. 17.3.2009 (BGBl. I S. 550); *Abs. 1 Nr. 8 geänd. mWv 1.1.2013 durch* VO v. 2.5.2012 (BGBl. I S. 1006); Abs. 1 Nr. 8 geänd., Nr. 11 neu gef., Nr. 11a eingef. mWv 1.8.2018 durch VO v. 9.5.2018 (BGBl. I S. 550).

[3] **Sartorius Nr. 800.**

4. einer Vorschrift des § 4 über die Verwendung von Vermögenswerten des Auftraggebers zuwiderhandelt,
5. einer Vorschrift des § 6 Abs. 1, Abs. 2 Satz 1 oder 2, Abs. 3 Satz 1 oder Abs. 3 Satz 2 in Verbindung mit Abs. 2 Satz 2 über die getrennte Vermögensverwaltung zuwiderhandelt,
6. entgegen § 9 die Anzeige nicht, nicht richtig, nicht vollständig oder nicht rechtzeitig erstattet,
7. entgegen § 10 Abs. 1 bis 5 erforderliche Aufzeichnungen nicht, nicht richtig, nicht vollständig, nicht ordnungsgemäß oder nicht rechtzeitig macht oder Unterlagen oder Belege nicht oder nicht übersichtlich sammelt,
8. entgegen § 11 Satz 1 Nummer 1, 2 oder 3 dem Auftraggeber die dort bezeichneten Angaben nicht, nicht richtig, nicht vollständig oder nicht rechtzeitig mitteilt,
9. *(aufgehoben)*
10. entgegen § 14 Abs. 1 Satz 1 Geschäftsunterlagen nicht während der vorgeschriebenen Frist aufbewahrt,
11. entgegen § 15b Absatz 2 Satz 3 einen Nachweis oder eine Unterlage nicht oder nicht mindestens fünf Jahre aufbewahrt,

11a. einer vollziehbaren Anordnung nach § 15b Absatz 3 Satz 1 zuwiderhandelt,

12. entgegen § 16 Abs. 1 Satz 1 oder 2 einen Prüfungsbericht nicht, nicht richtig, nicht vollständig oder nicht rechtzeitig oder eine dort genannte Erklärung nicht, nicht richtig oder nicht rechtzeitig vorlegt oder
13. den Duldungs- oder Mitwirkungspflichten des § 17 Abs. 1 nicht, nicht ausreichend oder nicht rechtzeitig nachkommt.

(2) Ordnungswidrig im Sinne des § 145 Abs. 2 Nr. 9 der Gewerbeordnung handelt, wer vorsätzlich oder fahrlässig eine in Absatz 1 bezeichnete Handlung in Ausübung eines Reisegewerbes begeht.

(3) Ordnungswidrig im Sinne des § 146 Abs. 2 Nr. 11a der Gewerbeordnung handelt, wer vorsätzlich oder fahrlässig eine in Absatz 1 bezeichnete Handlung in Ausübung eines Messe-, Ausstellungs- oder Marktgewerbes begeht.

§ 19[1)] Anwendung bei grenzüberschreitender Dienstleistungserbringung. (1) [1] Üben Gewerbetreibende von einer Niederlassung in einem anderen Mitgliedstaat der Europäischen Union oder einem anderen Vertragsstaat des Abkommens über den Europäischen Wirtschaftsraum aus im Geltungsbereich der Gewerbeordnung vorübergehend selbständig eine Tätigkeit

1. nach § 34c Absatz 1 Satz 1 Nummer 1 oder Nummer 3 der Gewerbeordnung[2)] aus, sind die §§ 8 bis 11, 14 bis 17, 18 Absatz 1 Nummer 6 bis 13, jeweils auch in Verbindung mit § 18 Absatz 2 und 3,

---

[1)] § 19 neu gef. mWv 1.8.2018 durch VO v. 9.5.2018 (BGBl. I S. 550).
[2)] **Sartorius Nr. 800.**

2. nach § 34c Absatz 1 Satz 1 Nummer 4 der Gewerbeordnung aus, sind die §§ 9, 11, 15 bis 15b, 18 Absatz 1 Nummer 6, 8, 11, 11a, jeweils auch in Verbindung mit § 18 Absatz 2 und 3

insoweit nicht anwendbar. [2] § 4 Absatz 2 der Gewerbeordnung gilt entsprechend.

(2) In den Fällen

1. des § 34c Absatz 1 Satz 1 Nummer 1 oder Nummer 3 der Gewerbeordnung sind die §§ 2, 4 bis 8, 10 bis 18 Absatz 1 Nummer 1, 2, 4, 5 und 7 bis 13, jeweils auch in Verbindung mit § 18 Absatz 2 und 3,
2. des § 34c Absatz 1 Satz 1 Nummer 4 der Gewerbeordnung sind die §§ 9, 11, 15 bis 15b, 18 Absatz 1 Nummer 6, 8, 11, 11a, jeweils auch in Verbindung mit § 18 Absatz 2 und 3

auch anzuwenden, wenn der im Inland niedergelassene Gewerbetreibende die Dienstleistungsfreiheit in einem anderen Mitgliedstaat der Europäischen Union oder einem anderen Vertragsstaat des Abkommens über den Europäischen Wirtschaftsraum in Anspruch nimmt und dort vorübergehend selbständig tätig wird.

§ 20[1)] Übergangsvorschriften. Gewerbetreibende, die Vermögenswerte des Auftraggebers nach den §§ 3 oder 7 Abs. 1 in der bis zum 28. Februar 1991 geltenden Fassung abzusichern haben, können die Verträge weiterhin nach diesen Vorschriften abwickeln.

§ 21 Berlin-Klausel. (gegenstandslos)

§ 22 (Inkrafttreten)

[1)] § 20 Abs. 2 aufgeh., bish. Abs. 1 wird alleiniger Wortlaut mWv 1.1.2013 durch VO v. 2.5.2012 (BGBl. I S. 1006).

Anlage 1[1)]
(zu § 15b Absatz 1)

A. Inhaltliche Anforderungen an die Weiterbildung für Immobilienmakler

1.	**Kundenberatung**
1.1	Serviceerwartungen des Kunden
1.2	Besuchsvorbereitung/Kundengespräch/Kundensituation
1.3	Kundenbetreuung
2.	**Grundlagen des Maklergeschäfts**
2.1	Teilmärkte des Immobilienmarktes
2.2	Preisbildung am Immobilienmarkt
2.3	Objektangebot und Objektanalyse
2.4	Die Wertermittlung
2.5	Gebäudepläne, Bauzeichnungen und Baubeschreibungen
2.6	Relevante Versicherungsarten im Immobilienbereich
2.7	Umwelt- und Energiethemen im Immobilienbereich
3.	**Rechtliche Grundlagen**
3.1	Bürgerliches Gesetzbuch[2)]
3.1.1	Allgemeines Vertragsrecht
3.1.2	Maklervertragsrecht
3.1.3	Mietrecht
3.1.4	Grundstückskaufvertragsrecht
3.1.5	Bauträgervertragsrecht
3.2	Grundbuchrecht
3.3	Wohnungseigentumsgesetz[3)]
3.4	Wohnungsvermittlungsgesetz[4)]
3.5	Zweckentfremdungsrecht
3.6	Geldwäschegesetz[5)]
3.7	Makler- und Bauträgerverordnung
3.8	Informationspflichten des Maklers
3.8.1	Dienstleistungs-Informationspflichten-Verordnung
3.8.2	Digitale-Dienste-Gesetz
3.8.3	Preisangabenverordnung[6)]
3.8.4	Energieeinsparverordnung
4.	**Wettbewerbsrecht**
4.1.1	*All*gemeine Wettbewerbsgrundsätze
4.1.2	Unzulässige Werbung

[1)] Anl. 1 angef. mWv 1.8.2018 durch VO v. 9.5.2018 (BGBl. I S. 550); geänd. mWv 14.5.2024 durch G v. 6.5.2024 (BGBl. 2024 I Nr. 149).
[2)] **Habersack, Deutsche Gesetze Nr. 20.**
[3)] **Habersack, Deutsche Gesetze Nr. 37.**
[4)] Nr. **31**.
[5)] Nr. **88a**.
[6)] Nr. **73a**.

5.	**Verbraucherschutz**
5.1.1	Grundlagen des Verbraucherschutzes
5.1.2	Schlichtungsstellen
5.1.3	Datenschutz
6.	**Grundlagen Immobilien und Steuern**
6.1	Einkommensteuern
6.2	Körperschaftsteuern
6.3	Gewerbesteuer
6.4	Umsatzsteuer
6.5	Bewertungsgesetzabhängige Steuern
6.6	Spezielle Verkehrssteuern (Grunderwerb- und Grundsteuern)
7.	**Grundlagen der Finanzierung**
7.1	Allgemeine Investitionsgrundlage und Finanzierungsrechnung
7.2	Kostenerfassung
7.3	Eigenkapital und Kapitaldienstfähigkeit
7.4	Kosten einer Finanzierung
7.5	Kreditsicherung und Beleihungsprüfung
7.6	Förderprogramme, Wohnriester
7.7	Absicherung des Kreditrisikos im Todesfall
7.8	Steuerliche Aspekte der Finanzierung

B. Inhaltliche Anforderungen an die Weiterbildung für Wohnimmobilienverwalter

1.	**Grundlagen der Immobilienwirtschaft**
1.1	Lebenszyklus der Immobilie
1.2	Abgrenzung Facility Management – Gebäudemanagement
1.3	Gebäudepläne, Bauzeichnungen und Baubeschreibungen
1.4	Relevante Versicherungsarten im Immobilienbereich
1.5	Umwelt- und Energiethemen im Immobilienbereich
2.	**Rechtliche Grundlagen**
2.1	Bürgerliches Gesetzbuch[1]
2.1.1	Allgemeines Vertragsrecht
2.1.2	Mietrecht
2.1.3	Werkvertragsrecht
2.1.4	Grundstücksrecht
2.2	Grundbuchrecht
2.3	Wohnungseigentumsgesetz[2]
2.4	Rechtsdienstleistungsgesetz[3]
2.5	Zweckentfremdungsrecht
2.6	Makler- und Bauträgerverordnung

[1] **Habersack, Deutsche Gesetze Nr. 20.**
[2] **Habersack, Deutsche Gesetze Nr. 37.**
[3] Nr. **99**.

2.7	Betriebskostenverordnung[1]
2.8	Heizkostenverordnung[2]
2.9	Trinkwasserverordnung
2.10	Wohnflächenverordnung[3]
2.11	Grundzüge des Mietprozess- und Zwangsvollstreckungsrechts
2.12	Informationspflichten des Verwalters
2.12.1	Dienstleistungs-Informationspflichten-Verordnung
2.12.2	Digitale-Dienste-Gesetz
2.12.3	Preisangabenverordnung[4]
2.12.4	Energieeinsparverordnung
3.	**Kaufmännische Grundlagen**
3.1	Allgemeine kaufmännische Grundlagen
3.1.1	Grundzüge ordnungsgemäßer Buchführung
3.1.2	Externes und internes Rechnungswesen
3.2	Spezielle kaufmännische Grundlagen des WEG-Verwalters
3.2.1	Sonderumlagen/Instandhaltungsrücklage
3.2.2	Erstellung der Jahresabrechnung und des Wirtschaftsplans
3.2.3	Hausgeld, Mahnwesen
3.3	Spezielle kaufmännische Grundlagen des Mietverwalters
3.3.1	Rechnungswesen
3.3.2	Verwaltung von Konten
3.3.3	Bewirtschaftung
4.	**Verwaltung von Wohnungseigentumsobjekten**
4.1	Begründung von Wohnungs- und Teileigentum
4.2	Teilungserklärung und Gemeinschaftsordnung
4.3	Rechte und Pflichten der Wohnungseigentümer
4.4	Pflichten des WEG-Verwalters
4.4.1	Durchführung von Eigentümerversammlungen
4.4.2	Beschlussfassung
4.4.3	Umsetzung von Beschlüssen der Eigentümerversammlung
4.5	Sonstige Aufgaben des WEG-Verwalters
4.5.1	Verwalterbestellung, Verwaltervertrag
4.5.2	Verwaltungsbeirat
4.5.3	Konflikt-, Beschwerde- und Sozialmanagement
4.6	Objektmanagement
5.	**Verwaltung von Mietobjekten**
5.1	Bewirtschaftung von Mietobjekten
5.2	Objektmanagement

[1] Nr. **30b/1**.
[2] Nr. **30c**.
[3] Nr. **30d**.
[4] Nr. **73a**.

5.3 Konflikt-, Beschwerde- und Sozialmanagement
5.4 Sonstige Aufgaben des Mietverwalters
5.4.1 Vermietung
5.4.1.1 Mieterauswahl
5.4.1.2 Ausgestaltung des Mietvertrages
5.4.1.3 Mieterhöhungen und Mietsicherheiten
5.4.2 Allgemeine Verwaltung der Mietwohnung
5.4.2.1 Bearbeitung von Mängelanzeigen
5.4.2.2 Erstellung von Betriebskostenabrechnungen
5.4.2.3 Beendigung und Abwicklung von Mietverhältnissen
6. Technische Grundlagen der Immobilienverwaltung
6.1 Baustoffe und Baustofftechnologie
6.2 Haustechnik
6.3 Erkennen von Mängeln
6.4 Verkehrssicherungspflichten
6.5 Instandhaltungs- und Instandsetzungsplanung; modernisierende Instandhaltung
6.6 Energetische Gebäudesanierung und Modernisierung
6.7 Altersgerechte und barrierefreie Umbauten
6.8 Fördermitteleinsatz; Beantragung von Fördermitteln
6.9 Dokumentation
7. Wettbewerbsrecht
7.1.1 Allgemeine Wettbewerbsgrundsätze
7.1.2 Unzulässige Werbung
8. Verbraucherschutz
8.1.1 Grundlagen des Verbraucherschutzes
8.1.2 Schlichtungsstellen
8.1.3 Datenschutz

Anlage 2[1)]
(zu § 15b Absatz 1)

Anforderungen an die Qualität der Weiterbildungsmaßnahme

Einer Weiterbildungsmaßnahme muss eine Planung zugrunde liegen, sie muss systematisch organisiert und die Qualität derjenigen, die die Weiterbildung durchführen, muss sichergestellt sein.

1. Planung

1.1 Die Weiterbildungsmaßnahme ist mit zeitlichem Vorlauf zu ihrer Durchführung konzipiert.

1.2 Die Weiterbildungsmaßnahme ist in nachvollziehbarer Form für die Teilnehmer beschrieben.

1.3 Der Weiterbildungsmaßnahme liegt eine Ablaufplanung zugrunde, auf die sich die Durchführung stützt.

2. Systematische Organisation

2.1 Teilnehmer erhalten im Vorfeld der Weiterbildungsmaßnahme eine Information bzw. eine Einladung in Textform.

2.2 Die Information bzw. die Einladung enthält eine Beschreibung der Weiterbildungsmaßnahme, aus der die Teilnehmer die erwerbbaren Kompetenzen sowie den Umfang der Weiterbildungsmaßnahme in Zeitstunden entnehmen können.

2.3 Die Anwesenheit des Teilnehmers wird vom Durchführenden der Weiterbildungsmaßnahme verbindlich dokumentiert und nachvollziehbar archiviert. Dies gilt auch für Lernformen wie dem selbstgesteuerten Lernen, dem blended-Learning und dem e-Learning. Bei Weiterbildungsmaßnahmen im Selbststudium ist eine nachweisbare Lernerfolgskontrolle durch den Anbieter der Weiterbildung sicherzustellen.

3. Sicherstellung der Qualität der Durchführenden der Weiterbildung

3.1 Für diejenigen, die die Weiterbildungsmaßnahme durchführen, liegen Anforderungsprofile vor.

3.2 Systematische Prozesse stellen die Einhaltung dieser Anforderungen sicher.

---

1) Anl. 2 angef. mWv 1.8.2018 durch VO v. 9.5.2018 (BGBl. I S. 550).

Anlage 3[1)]
(zu § 15b Absatz 3)

Erklärung über die Erfüllung der Weiterbildungsverpflichtung nach § 34c Absatz 2a GewO i. V. m. § 15b Absatz 1 MaBV für den Zeitraum . . .

Name, Vorname, ggf. Unternehmensbezeichnung des Gewerbetreibenden Bei juristischen Personen: Name, Vorname des gesetzlichen Vertreters		
Straße, Hausnummer		
PLZ	Ort	
Telefon*	Fax*	E-Mail*
Bezeichnung der Weiterbildungsmaßnahme, Datum, Inhalt, Umfang (Stunden), in Anspruch genommener Weiterbildungsanbieter		

* (Angaben sind freiwillig)

Ich bestätige, dass die nach § 34c Absatz 2a GewO[2)] bestehende Verpflichtung zur Weiterbildung eingehalten worden ist.

Ort, Datum, Unterschrift des Gewerbetreibenden

1) Anl. 3 angef. mWv 1.8.2018 durch VO v. 9.5.2018 (BGBl. I S. 550).
2) **Sartorius Nr. 800.**

32 c. Vergabe- und Vertragsordnung für Bauleistungen (VOB) Teil B: Allgemeine Vertragsbedingungen für die Ausführung von Bauleistungen – Ausgabe 2016 –[1) 2) 3)]

Vom 31. Juli 2009
(BAnz. Nr. 155 a)

Lfd. Nr.	Änderndes Gesetz	Datum	Fundstelle	Betroffen	Hinweis
1.	Nr. II Bek.	26. 6. 2012	BAnz AT 13. 07. 2012 B3	Titel	geänd. mWv 26. 6. 2012
				§ 16	neu gef. mWv 26. 6. 2012
2.	Bek.[4)]	7. 1. 2016	BAnz AT 19. 01. 2016 B3, ber. BAnz AT 01. 04. 2016 B1 iVm Erl. v. 7. 4. 2016, GMBl S. 400	Titel, §§ 4, 5, 8	geänd. mWv 18. 4. 2016

§ 1 Art und Umfang der Leistung. (1) [1] Die auszuführende Leistung wird nach Art und Umfang durch den Vertrag bestimmt. [2] Als Bestandteil des Vertrags gelten auch die Allgemeinen Technischen Vertragsbedingungen für Bauleistungen (VOB/C).

(2) Bei Widersprüchen im Vertrag gelten nacheinander:
1. die Leistungsbeschreibung,
2. die Besonderen Vertragsbedingungen,
3. etwaige Zusätzliche Vertragsbedingungen,
4. etwaige Zusätzliche Technische Vertragsbedingungen,
5. die Allgemeinen Technischen Vertragsbedingungen für Bauleistungen,
6. die Allgemeinen Vertragsbedingungen für die Ausführung von Bauleistungen.

---

1) **Amtl. Anm.:** Diese Allgemeinen Geschäftsbedingungen werden durch den DVA ausschließlich zur Anwendung gegenüber Unternehmen, juristischen Personen des öffentlichen Rechts und öffentlich-rechtlichen Sondervermögens empfohlen (§ 310 BGB).

2) *Die VOB Teil B Ausgabe 2009* ersetzt den Teil B der Vergabe- und Vertragsordnung für Bauleistungen v. 4. 9. 2006 (BAnz. Nr. 196 a S. 1). Einzelheiten der Änderungen ergeben sich aus den Hinweisen zur VOB Teile A und B Ausgabe 2009 v. 31. 7. 2009 (BAnz. Nr. 155 a S. 1). Die VOB Teil B Ausgabe 2009 ist gemeinsam mit der Änderung der Vergabeverordnung (VgV) v. 12. 4. 2016 (BGBl. I S. 624) mWv 11. 6. 2010 in Kraft getreten.

3) Titel geänd. mWv 26. 6. 2012 durch Bek. v. 26. 6. 2012 (BAnz AT 13. 07. 2012 B3); geänd. mWv 18. 4. 2016 durch Bek. v. 7. 1. 2016 (BAnz AT 19. 01. 2016 B3 S. 71 iVm Erl. v. 7. 4. 2016, GMBl S. 400).

4) In Kraft getreten am 18. 4. 2016; vgl. hierzu den Einführungserlass zur Vergabe- und Vertragsordnung für Bauleistungen (VOB) 2016 v. 7. 4. 2016 (GMBl S. 400) v. 7. 4. 2016 (GMBl S. 400).

(3) Änderungen des Bauentwurfs anzuordnen, bleibt dem Auftraggeber vorbehalten.

(4) [1] Nicht vereinbarte Leistungen, die zur Ausführung der vertraglichen Leistung erforderlich werden, hat der Auftragnehmer auf Verlangen des Auftraggebers mit auszuführen, außer wenn sein Betrieb auf derartige Leistungen nicht eingerichtet ist. [2] Andere Leistungen können dem Auftragnehmer nur mit seiner Zustimmung übertragen werden.

§ 2 Vergütung. (1) Durch die vereinbarten Preise werden alle Leistungen abgegolten, die nach der Leistungsbeschreibung, den Besonderen Vertragsbedingungen, den Zusätzlichen Vertragsbedingungen, den Zusätzlichen Technischen Vertragsbedingungen, den Allgemeinen Technischen Vertragsbedingungen für Bauleistungen und der gewerblichen Verkehrssitte zur vertraglichen Leistung gehören.

(2) Die Vergütung wird nach den vertraglichen Einheitspreisen und den tatsächlich ausgeführten Leistungen berechnet, wenn keine andere Berechnungsart (z.B. durch Pauschalsumme, nach Stundenlohnsätzen, nach Selbstkosten) vereinbart ist.

(3)

1. Weicht die ausgeführte Menge der unter einem Einheitspreis erfassten Leistung oder Teilleistung um nicht mehr als 10 v.H. von dem im Vertrag vorgesehenen Umfang ab, so gilt der vertragliche Einheitspreis.
2. Für die über 10 v.H. hinausgehende Überschreitung des Mengenansatzes ist auf Verlangen ein neuer Preis unter Berücksichtigung der Mehr- oder Minderkosten zu vereinbaren.
3. Bei einer über 10 v.H. hinausgehenden Unterschreitung des Mengenansatzes ist auf Verlangen der Einheitspreis für die tatsächlich ausgeführte Menge der Leistung oder Teilleistung zu erhöhen, soweit der Auftragnehmer nicht durch Erhöhung der Mengen bei anderen Ordnungszahlen (Positionen) oder in anderer Weise einen Ausgleich erhält. Die Erhöhung des Einheitspreises soll im Wesentlichen dem Mehrbetrag entsprechen, der sich durch Verteilung der Baustelleneinrichtungs- und Baustellengemeinkosten und der Allgemeinen Geschäftskosten auf die verringerte Menge ergibt. Die Umsatzsteuer wird entsprechend dem neuen Preis vergütet.
4. Sind von der unter einem Einheitspreis erfassten Leistung oder Teilleistung andere Leistungen abhängig, für die eine Pauschalsumme vereinbart ist, so kann mit der Änderung des Einheitspreises auch eine angemessene Änderung der Pauschalsumme gefordert werden.

(4) Werden im Vertrag ausbedungene Leistungen des Auftragnehmers vom Auftraggeber selbst übernommen (z.B. Lieferung von Bau-, Bauhilfs- und Betriebsstoffen), so gilt, wenn nichts anderes vereinbart wird, § 8 Absatz 1 Nummer 2 entsprechend.

(5) [1] Werden durch Änderung des Bauentwurfs oder andere Anordnungen des Auftraggebers die Grundlagen des Preises für eine im Vertrag vorgesehene *Leistung* geändert, so ist ein neuer Preis unter Berücksichtigung der Mehr- oder Minderkosten zu vereinbaren. [2] Die Vereinbarung soll vor der Ausführung getroffen werden.

(6)

1. Wird eine im Vertrag nicht vorgesehene Leistung gefordert, so hat der Auftragnehmer Anspruch auf besondere Vergütung. Er muss jedoch den Anspruch dem Auftraggeber ankündigen, bevor er mit der Ausführung der Leistung beginnt.
2. Die Vergütung bestimmt sich nach den Grundlagen der Preisermittlung für die vertragliche Leistung und den besonderen Kosten der geforderten Leistung. Sie ist möglichst vor Beginn der Ausführung zu vereinbaren.

(7)

1. Ist als Vergütung der Leistung eine Pauschalsumme vereinbart, so bleibt die Vergütung unverändert. Weicht jedoch die ausgeführte Leistung von der vertraglich vorgesehenen Leistung so erheblich ab, dass ein Festhalten an der Pauschalsumme nicht zumutbar ist (§ 313 BGB[1]), so ist auf Verlangen ein Ausgleich unter Berücksichtigung der Mehr- oder Minderkosten zu gewähren. Für die Bemessung des Ausgleichs ist von den Grundlagen der Preisermittlung auszugehen.
2. Die Regelungen der Absatz 4, 5 und 6 gelten auch bei Vereinbarung einer Pauschalsumme.
3. Wenn nichts anderes vereinbart ist, gelten die Nummern 1 und 2 auch für Pauschalsummen, die für Teile der Leistung vereinbart sind; Absatz 3 Nummer 4 bleibt unberührt.

(8)

1. Leistungen, die der Auftragnehmer ohne Auftrag oder unter eigenmächtiger Abweichung vom Auftrag ausführt, werden nicht vergütet. Der Auftragnehmer hat sie auf Verlangen innerhalb einer angemessenen Frist zu beseitigen; sonst kann es auf seine Kosten geschehen. Er haftet außerdem für andere Schäden, die dem Auftraggeber hieraus entstehen.
2. Eine Vergütung steht dem Auftragnehmer jedoch zu, wenn der Auftraggeber solche Leistungen nachträglich anerkennt. Eine Vergütung steht ihm auch zu, wenn die Leistungen für die Erfüllung des Vertrags notwendig waren, dem mutmaßlichen Willen des Auftraggebers entsprachen und ihm unverzüglich angezeigt wurden. Soweit dem Auftragnehmer eine Vergütung zusteht, gelten die Berechnungsgrundlagen für geänderte oder zusätzliche Leistungen der Absätze 5 oder 6 entsprechend.
3. Die Vorschriften des BGB über die Geschäftsführung ohne Auftrag (§§ 677 ff. BGB) bleiben unberührt.

(9)

1. Verlangt der Auftraggeber Zeichnungen, Berechnungen oder andere Unterlagen, die der Auftragnehmer nach dem Vertrag, besonders den Technischen Vertragsbedingungen oder der gewerblichen Verkehrssitte, nicht zu beschaffen hat, so hat er sie zu vergüten.
2. Lässt er vom Auftragnehmer nicht aufgestellte technische Berechnungen durch den Auftragnehmer nachprüfen, so hat er die Kosten zu tragen.

(10) Stundenlohnarbeiten werden nur vergütet, wenn sie als solche vor ihrem Beginn ausdrücklich vereinbart worden sind (§ 15).

---

[1] **Schönfelder Nr. 20.**

§ 3 Ausführungsunterlagen. (1) Die für die Ausführung nötigen Unterlagen sind dem Auftragnehmer unentgeltlich und rechtzeitig zu übergeben.

(2) Das Abstecken der Hauptachsen der baulichen Anlagen, ebenso der Grenzen des Geländes, das dem Auftragnehmer zur Verfügung gestellt wird, und das Schaffen der notwendigen Höhenfestpunkte in unmittelbarer Nähe der baulichen Anlagen sind Sache des Auftraggebers.

(3) [1] Die vom Auftraggeber zur Verfügung gestellten Geländeaufnahmen und Absteckungen und die übrigen für die Ausführung übergebenen Unterlagen sind für den Auftragnehmer maßgebend. [2] Jedoch hat er sie, soweit es zur ordnungsgemäßen Vertragserfüllung gehört, auf etwaige Unstimmigkeiten zu überprüfen und den Auftraggeber auf entdeckte oder vermutete Mängel hinzuweisen.

(4) Vor Beginn der Arbeiten ist, soweit notwendig, der Zustand der Straßen und Geländeoberfläche, der Vorfluter und Vorflutleitungen, ferner der baulichen Anlagen im Baubereich in einer Niederschrift festzuhalten, die vom Auftraggeber und Auftragnehmer anzuerkennen ist.

(5) Zeichnungen, Berechnungen, Nachprüfungen von Berechnungen oder andere Unterlagen, die der Auftragnehmer nach dem Vertrag, besonders den Technischen Vertragsbedingungen, oder der gewerblichen Verkehrssitte oder auf besonderes Verlangen des Auftraggebers (§ 2 Absatz 9) zu beschaffen hat, sind dem Auftraggeber nach Aufforderung rechtzeitig vorzulegen.

(6)

1. Die in Absatz 5 genannten Unterlagen dürfen ohne Genehmigung ihres Urhebers nicht veröffentlicht, vervielfältigt, geändert oder für einen anderen als den vereinbarten Zweck benutzt werden.
2. An DV-Programmen hat der Auftraggeber das Recht zur Nutzung mit den vereinbarten Leistungsmerkmalen in unveränderter Form auf den festgelegten Geräten. Der Auftraggeber darf zum Zwecke der Datensicherung zwei Kopien herstellen. Diese müssen alle Identifikationsmerkmale enthalten. Der Verbleib der Kopien ist auf Verlangen nachzuweisen.
3. Der Auftragnehmer bleibt unbeschadet des Nutzungsrechts des Auftraggebers zur Nutzung der Unterlagen und der DV-Programme berechtigt.

§ 4[1)] Ausführung. (1)

1. Der Auftraggeber hat für die Aufrechterhaltung der allgemeinen Ordnung auf der Baustelle zu sorgen und das Zusammenwirken der verschiedenen Unternehmer zu regeln. Er hat die erforderlichen öffentlich-rechtlichen Genehmigungen und Erlaubnisse – z.B. nach dem Baurecht, dem Straßenverkehrsrecht, dem Wasserrecht, dem Gewerberecht – herbeizuführen.
2. Der Auftraggeber hat das Recht, die vertragsgemäße Ausführung der Leistung zu überwachen. Hierzu hat er Zutritt zu den Arbeitsplätzen, Werkstätten und Lagerräumen, wo die vertragliche Leistung oder Teile von ihr hergestellt oder die hierfür bestimmten Stoffe und Bauteile gelagert wer-

[1)] § 4 Abs. 7 Satz 3 geänd., Abs. 8 Nr. 1 geänd. und Nr. 3 neu gef. mWv 18. 4. 2016 durch Bek. v. 7. 1. 2016 (BAnz AT 19. 01. 2016 B3 S. 71 iVm Erl. v. 7. 4. 2016, GMBl S. 400).

den. Auf Verlangen sind ihm die Werkzeichnungen oder andere Ausführungsunterlagen sowie die Ergebnisse von Güteprüfungen zur Einsicht vorzulegen und die erforderlichen Auskünfte zu erteilen, wenn hierdurch keine Geschäftsgeheimnisse preisgegeben werden. Als Geschäftsgeheimnis bezeichnete Auskünfte und Unterlagen hat er vertraulich zu behandeln.

3. Der Auftraggeber ist befugt, unter Wahrung der dem Auftragnehmer zustehenden Leitung (Absatz 2) Anordnungen zu treffen, die zur vertragsgemäßen Ausführung der Leistung notwendig sind. Die Anordnungen sind grundsätzlich nur dem Auftragnehmer oder seinem für die Leitung der Ausführung bestellten Vertreter zu erteilen, außer wenn Gefahr im Verzug ist. Dem Auftraggeber ist mitzuteilen, wer jeweils als Vertreter des Auftragnehmers für die Leitung der Ausführung bestellt ist.

4. Hält der Auftragnehmer die Anordnungen des Auftraggebers für unberechtigt oder unzweckmäßig, so hat er seine Bedenken geltend zu machen, die Anordnungen jedoch auf Verlangen auszuführen, wenn nicht gesetzliche oder behördliche Bestimmungen entgegenstehen. Wenn dadurch eine ungerechtfertigte Erschwerung verursacht wird, hat der Auftraggeber die Mehrkosten zu tragen.

(2)

1. Der Auftragnehmer hat die Leistung unter eigener Verantwortung nach dem Vertrag auszuführen. Dabei hat er die anerkannten Regeln der Technik und die gesetzlichen und behördlichen Bestimmungen zu beachten. Es ist seine Sache, die Ausführung seiner vertraglichen Leistung zu leiten und für Ordnung auf seiner Arbeitsstelle zu sorgen.

2. Er ist für die Erfüllung der gesetzlichen, behördlichen und berufsgenossenschaftlichen Verpflichtungen gegenüber seinen Arbeitnehmern allein verantwortlich. Es ist ausschließlich seine Aufgabe, die Vereinbarungen und Maßnahmen zu treffen, die sein Verhältnis zu den Arbeitnehmern regeln.

(3) Hat der Auftragnehmer Bedenken gegen die vorgesehene Art der Ausführung (auch wegen der Sicherung gegen Unfallgefahren), gegen die Güte der vom Auftraggeber gelieferten Stoffe oder Bauteile oder gegen die Leistungen anderer Unternehmer, so hat er sie dem Auftraggeber unverzüglich – möglichst schon vor Beginn der Arbeiten – schriftlich mitzuteilen; der Auftraggeber bleibt jedoch für seine Angaben, Anordnungen oder Lieferungen verantwortlich.

(4) [1] Der Auftraggeber hat, wenn nichts anderes vereinbart ist, dem Auftragnehmer unentgeltlich zur Benutzung oder Mitbenutzung zu überlassen:

1. die notwendigen Lager- und Arbeitsplätze auf der Baustelle,

2. vorhandene Zufahrtswege und Anschlussgleise,

3. vorhandene Anschlüsse für Wasser und Energie. Die Kosten für den Verbrauch und den Messer oder Zähler trägt der Auftragnehmer, mehrere Auftragnehmer tragen sie anteilig.

(5) [1] Der Auftragnehmer hat die von ihm ausgeführten Leistungen und die ihm für die Ausführung übergebenen Gegenstände bis zur Abnahme vor Beschädigung und Diebstahl zu schützen. [2] Auf Verlangen des Auftraggebers hat er sie vor Winterschäden und Grundwasser zu schützen, ferner Schnee

und Eis zu beseitigen. [3] Obliegt ihm die Verpflichtung nach Satz 2 nicht schon nach dem Vertrag, so regelt sich die Vergütung nach § 2 Absatz 6.

(6) [1] Stoffe oder Bauteile, die dem Vertrag oder den Proben nicht entsprechen, sind auf Anordnung des Auftraggebers innerhalb einer von ihm bestimmten Frist von der Baustelle zu entfernen. [2] Geschieht es nicht, so können sie auf Kosten des Auftragnehmers entfernt oder für seine Rechnung veräußert werden.

(7) [1] Leistungen, die schon während der Ausführung als mangelhaft oder vertragswidrig erkannt werden, hat der Auftragnehmer auf eigene Kosten durch mangelfreie zu ersetzen. [2] Hat der Auftragnehmer den Mangel oder die Vertragswidrigkeit zu vertreten, so hat er auch den daraus entstehenden Schaden zu ersetzen. [3] Kommt der Auftragnehmer der Pflicht zur Beseitigung des Mangels nicht nach, so kann ihm der Auftraggeber eine angemessene Frist zur Beseitigung des Mangels setzen und erklären, dass er nach fruchtlosem Ablauf der Frist den Vertrag kündigen werde (§ 8 Absatz 3).

(8)

1. Der Auftragnehmer hat die Leistung im eigenen Betrieb auszuführen. Mit schriftlicher Zustimmung des Auftraggebers darf er sie an Nachunternehmer übertragen. Die Zustimmung ist nicht notwendig bei Leistungen, auf die der Betrieb des Auftragnehmers nicht eingerichtet ist. Erbringt der Auftragnehmer ohne schriftliche Zustimmung des Auftraggebers Leistungen nicht im eigenen Betrieb, obwohl sein Betrieb darauf eingerichtet ist, kann der Auftraggeber ihm eine angemessene Frist zur Aufnahme der Leistung im eigenen Betrieb setzen und erklären, dass er nach fruchtlosem Ablauf der Frist den Vertrag kündigen werde (§ 8 Absatz 3).

2. Der Auftragnehmer hat bei der Weitervergabe von Bauleistungen an Nachunternehmer die Vergabe- und Vertragsordnung für Bauleistungen Teile B und C zugrunde zu legen.

3. Der Auftragnehmer hat dem Auftraggeber die Nachunternehmer und deren Nachunternehmer ohne Aufforderung spätestens bis zum Leistungsbeginn des Nachunternehmers mit Namen, gesetzlichen Vertretern und Kontaktdaten bekannt zu geben. Auf Verlangen des Auftraggebers hat der Auftragnehmer für seine Nachunternehmer Erklärungen und Nachweise zur Eignung vorzulegen.

(9) [1] Werden bei Ausführung der Leistung auf einem Grundstück Gegenstände von Altertums, Kunst- oder wissenschaftlichem Wert entdeckt, so hat der Auftragnehmer vor jedem weiteren Aufdecken oder Ändern dem Auftraggeber den Fund anzuzeigen und ihm die Gegenstände nach näherer Weisung abzuliefern. [2] Die Vergütung etwaiger Mehrkosten regelt sich nach § 2 Absatz 6. [3] Die Rechte des Entdeckers (§ 984 BGB[1]) hat der Auftraggeber.

(10) [1] Der Zustand von Teilen der Leistung ist auf Verlangen gemeinsam von Auftraggeber und Auftragnehmer festzustellen, wenn diese Teile der Leistung durch die weitere Ausführung der Prüfung und Feststellung entzogen werden. [2] Das Ergebnis ist schriftlich niederzulegen.

---

[1] **Schönfelder Nr. 20.**

§ 5[1)] Ausführungsfristen. (1) [1] Die Ausführung ist nach den verbindlichen Fristen (Vertragsfristen) zu beginnen, angemessen zu fördern und zu vollenden. [2] In einem Bauzeitenplan enthaltene Einzelfristen gelten nur dann als Vertragsfristen, wenn dies im Vertrag ausdrücklich vereinbart ist.

(2) [1] Ist für den Beginn der Ausführung keine Frist vereinbart, so hat der Auftraggeber dem Auftragnehmer auf Verlangen Auskunft über den voraussichtlichen Beginn zu erteilen. [2] Der Auftragnehmer hat innerhalb von 12 Werktagen nach Aufforderung zu beginnen. [3] Der Beginn der Ausführung ist dem Auftraggeber anzuzeigen.

(3) Wenn Arbeitskräfte, Geräte, Gerüste, Stoffe oder Bauteile so unzureichend sind, dass die Ausführungsfristen offenbar nicht eingehalten werden können, muss der Auftragnehmer auf Verlangen unverzüglich Abhilfe schaffen.

(4) Verzögert der Auftragnehmer den Beginn der Ausführung, gerät er mit der Vollendung in Verzug, oder kommt er der in Absatz 3 erwähnten Verpflichtung nicht nach, so kann der Auftraggeber bei Aufrechterhaltung des Vertrages Schadensersatz nach § 6 Absatz 6 verlangen oder dem Auftragnehmer eine angemessene Frist zur Vertragserfüllung setzen und erklären, dass er nach fruchtlosem Ablauf der Frist den Vertrag kündigen werde (§ 8 Absatz 3).

§ 6 Behinderung und Unterbrechung der Ausführung. (1) [1] Glaubt sich der Auftragnehmer in der ordnungsgemäßen Ausführung der Leistung behindert, so hat er es dem Auftraggeber unverzüglich schriftlich anzuzeigen. [2] Unterlässt er die Anzeige, so hat er nur dann Anspruch auf Berücksichtigung der hindernden Umstände, wenn dem Auftraggeber offenkundig die Tatsache und deren hindernde Wirkung bekannt waren.

(2)

1. Ausführungsfristen werden verlängert, soweit die Behinderung verursacht ist:
   a) durch einen Umstand aus dem Risikobereich des Auftraggebers,
   b) durch Streik oder eine von der Berufsvertretung der Arbeitgeber angeordnete Aussperrung im Betrieb des Auftragnehmers oder in einem unmittelbar für ihn arbeitenden Betrieb,
   c) durch höhere Gewalt oder andere für den Auftragnehmer unabwendbare Umstände.
2. Witterungseinflüsse während der Ausführungszeit, mit denen bei Abgabe des Angebots normalerweise gerechnet werden musste, gelten nicht als Behinderung.

(3) [1] Der Auftragnehmer hat alles zu tun, was ihm billigerweise zugemutet werden kann, um die Weiterführung der Arbeiten zu ermöglichen. [2] Sobald die hindernden Umstände wegfallen, hat er ohne weiteres und unverzüglich die Arbeiten wieder aufzunehmen und den Auftraggeber davon zu benachrichtigen.

[1)] § 5 Abs. 4 geänd. mWv 18. 4. 2016 durch Bek. v. 7. 1. 2016 (BAnz AT 19. 01. 2016 B3 S. 71 iVm Erl. v. 7. 4. 2016, GMBl S. 400).

(4) Die Fristverlängerung wird berechnet nach der Dauer der Behinderung mit einem Zuschlag für die Wiederaufnahme der Arbeiten und die etwaige Verschiebung in eine ungünstigere Jahreszeit.

(5) Wird die Ausführung für voraussichtlich längere Dauer unterbrochen, ohne dass die Leistung dauernd unmöglich wird, so sind die ausgeführten Leistungen nach den Vertragspreisen abzurechnen und außerdem die Kosten zu vergüten, die dem Auftragnehmer bereits entstanden und in den Vertragspreisen des nicht ausgeführten Teils der Leistung enthalten sind.

(6) [1] Sind die hindernden Umstände von einem Vertragsteil zu vertreten, so hat der andere Teil Anspruch auf Ersatz des nachweislich entstandenen Schadens, des entgangenen Gewinns aber nur bei Vorsatz oder grober Fahrlässigkeit. [2] Im Übrigen bleibt der Anspruch des Auftragnehmers auf angemessene Entschädigung nach § 642 BGB[1)] unberührt, sofern die Anzeige nach Absatz 1 Satz 1 erfolgt oder wenn Offenkundigkeit nach Absatz 1 Satz 2 gegeben ist.

(7) [1] Dauert eine Unterbrechung länger als 3 Monate, so kann jeder Teil nach Ablauf dieser Zeit den Vertrag schriftlich kündigen. [2] Die Abrechnung regelt sich nach den Absätzen 5 und 6; wenn der Auftragnehmer die Unterbrechung nicht zu vertreten hat, sind auch die Kosten der Baustellenräumung zu vergüten, soweit sie nicht in der Vergütung für die bereits ausgeführten Leistungen enthalten sind.

§ 7 Verteilung der Gefahr. (1) Wird die ganz oder teilweise ausgeführte Leistung vor der Abnahme durch höhere Gewalt, Krieg, Aufruhr oder andere objektiv unabwendbare vom Auftragnehmer nicht zu vertretende Umstände beschädigt oder zerstört, so hat dieser für die ausgeführten Teile der Leistung die Ansprüche nach § 6 Absatz 5; für andere Schäden besteht keine gegenseitige Ersatzpflicht.

(2) Zu der ganz oder teilweise ausgeführten Leistung gehören alle mit der baulichen Anlage unmittelbar verbundenen, in ihre Substanz eingegangenen Leistungen, unabhängig von deren Fertigstellungsgrad.

(3) [1] Zu der ganz oder teilweise ausgeführten Leistung gehören nicht die noch nicht eingebauten Stoffe und Bauteile sowie die Baustelleneinrichtung und Absteckungen. [2] Zu der ganz oder teilweise ausgeführten Leistung gehören ebenfalls nicht Hilfskonstruktionen und Gerüste, auch wenn diese als Besondere Leistung oder selbständig vergeben sind.

§ 8[2)] Kündigung durch den Auftraggeber. (1)

1. Der Auftraggeber kann bis zur Vollendung der Leistung jederzeit den Vertrag kündigen.
2. Dem Auftragnehmer steht die vereinbarte Vergütung zu. Er muss sich jedoch anrechnen lassen, was er infolge der Aufhebung des Vertrags an Kosten erspart oder durch anderweitige Verwendung seiner Arbeitskraft und seines Betriebs erwirbt oder zu erwerben böswillig unterlässt (§ 649 BGB[1)]).

[1)] **Schönfelder Nr. 20.**

[2)] § 8 Abs. 3 Nr. 1 und 2 geänd., Abs. 4 neu gef., Abs. 5 eingef., bish. Abs. 5–7 werden Abs. 6–8 mWv 18. 4. 2016 durch Bek. v. 7. 1. 2016 (BAnz AT 19. 01. 2016 B3 S. 71, ber. BAnz AT 01. 04. 2016 B1 iVm Erl. v. 7. 4. 2016, GMBl S. 400).

(2)

1. Der Auftraggeber kann den Vertrag kündigen, wenn der Auftragnehmer seine Zahlungen einstellt, von ihm oder zulässigerweise vom Auftraggeber oder einem anderen Gläubiger das Insolvenzverfahren (§§ 14 und 15 InsO[1]) beziehungsweise ein vergleichbares gesetzliches Verfahren beantragt ist, ein solches Verfahren eröffnet wird oder dessen Eröffnung mangels Masse abgelehnt wird.
2. Die ausgeführten Leistungen sind nach § 6 Absatz 5 abzurechnen. Der Auftraggeber kann Schadensersatz wegen Nichterfüllung des Restes verlangen.

(3)

1. Der Auftraggeber kann den Vertrag kündigen, wenn in den Fällen des § 4 Absätze 7 und 8 Nummer 1 und des § 5 Absatz 4 die gesetzte Frist fruchtlos abgelaufen ist. Die Kündigung kann auf einen in sich abgeschlossenen Teil der vertraglichen Leistung beschränkt werden.
2. Nach der Kündigung ist der Auftraggeber berechtigt, den noch nicht vollendeten Teil der Leistung zu Lasten des Auftragnehmers durch einen Dritten ausführen zu lassen, doch bleiben seine Ansprüche auf Ersatz des etwa entstehenden weiteren Schadens bestehen. Er ist auch berechtigt, auf die weitere Ausführung zu verzichten und Schadensersatz wegen Nichterfüllung zu verlangen, wenn die Ausführung aus den Gründen, die zur Kündigung geführt haben, für ihn kein Interesse mehr hat.
3. Für die Weiterführung der Arbeiten kann der Auftraggeber Geräte, Gerüste, auf der Baustelle vorhandene andere Einrichtungen und angelieferte Stoffe und Bauteile gegen angemessene Vergütung in Anspruch nehmen.
4. Der Auftraggeber hat dem Auftragnehmer eine Aufstellung über die entstandenen Mehrkosten und über seine anderen Ansprüche spätestens binnen 12 Werktagen nach Abrechnung mit dem Dritten zuzusenden.

(4) [1] Der Auftraggeber kann den Vertrag kündigen,

1. wenn der Auftragnehmer aus Anlass der Vergabe eine Abrede getroffen hatte, die eine unzulässige Wettbewerbsbeschränkung darstellt. Absatz 3 Nummer 1 Satz 2 und Nummer 2 bis 4 gilt entsprechend.
2. sofern dieser im Anwendungsbereich des 4. Teils des GWB[2] geschlossen wurde,
   a) wenn der Auftragnehmer wegen eines zwingenden Ausschlussgrundes zum Zeitpunkt des Zuschlags nicht hätte beauftragt werden dürfen. Absatz 3 Nummer 1 Satz 2 und Nummer 2 bis 4 gilt entsprechend.
   b) bei wesentlicher Änderung des Vertrages oder bei Feststellung einer schweren Verletzung der Verträge über die Europäische Union und die *Arbeitsweise der Europäischen* Union durch den Europäischen Gerichtshof. Die ausgeführten Leistungen sind nach § 6 Absatz 5 abzurechnen. Etwaige Schadensersatzansprüche der Parteien bleiben unberührt.

[2] Die Kündigung ist innerhalb von 12 Werktagen nach Bekanntwerden des Kündigungsgrundes auszusprechen.

---

[1] **Schönfelder Nr. 110.**
[2] **Schönfelder Nr. 74.**

(5) [1] Sofern der Auftragnehmer die Leistung, ungeachtet des Anwendungsbereichs des 4. Teils des GWB, ganz oder teilweise an Nachunternehmer weitervergeben hat, steht auch ihm das Kündigungsrecht gemäß Absatz 4 Nummer 2 Buchstabe b zu, wenn der ihn als Auftragnehmer verpflichtende Vertrag (Hauptauftrag) gemäß Absatz 4 Nummer 2 Buchstabe b gekündigt wurde. [2] Entsprechendes gilt für jeden Auftraggeber der Nachunternehmerkette, sofern sein jeweiliger Auftraggeber den Vertrag gemäß Satz 1 gekündigt hat.

(6) Die Kündigung ist schriftlich zu erklären.

(7) Der Auftragnehmer kann Aufmaß und Abnahme der von ihm ausgeführten Leistungen alsbald nach der Kündigung verlangen; er hat unverzüglich eine prüfbare Rechnung über die ausgeführten Leistungen vorzulegen.

(8) Eine wegen Verzugs verwirkte, nach Zeit bemessene Vertragsstrafe kann nur für die Zeit bis zum Tag der Kündigung des Vertrags gefordert werden.

§ 9 Kündigung durch den Auftragnehmer. (1) Der Auftragnehmer kann den Vertrag kündigen:

1. wenn der Auftraggeber eine ihm obliegende Handlung unterlässt und dadurch den Auftragnehmer außerstande setzt, die Leistung auszuführen (Annahmeverzug nach §§ 293 ff. BGB[1)]),
2. wenn der Auftraggeber eine fällige Zahlung nicht leistet oder sonst in Schuldnerverzug gerät.

(2) [1] Die Kündigung ist schriftlich zu erklären. [2] Sie ist erst zulässig, wenn der Auftragnehmer dem Auftraggeber ohne Erfolg eine angemessene Frist zur Vertragserfüllung gesetzt und erklärt hat, dass er nach fruchtlosem Ablauf der Frist den Vertrag kündigen werde.

(3) [1] Die bisherigen Leistungen sind nach den Vertragspreisen abzurechnen. [2] Außerdem hat der Auftragnehmer Anspruch auf angemessene Entschädigung nach § 642 BGB; etwaige weitergehende Ansprüche des Auftragnehmers bleiben unberührt.

(Fortsetzung nächstes Blatt)

[1)] **Schönfelder Nr. 20.**

§ 10. Haftung der Vertragsparteien. (1) Die Vertragsparteien haften einander für eigenes Verschulden sowie für das Verschulden ihrer gesetzlichen Vertreter und der Personen, deren sie sich zur Erfüllung ihrer Verbindlichkeiten bedienen (§§ 276, 278 BGB).

(2) 1. [1] Entsteht einem Dritten im Zusammenhang mit der Leistung ein Schaden, für den auf Grund gesetzlicher Haftpflichtbestimmungen beide Vertragsparteien haften, so gelten für den Ausgleich zwischen den Vertragsparteien die allgemeinen gesetzlichen Bestimmungen, soweit im Einzelfall nichts anderes vereinbart ist. [2] Soweit der Schaden des Dritten nur die Folge einer Maßnahme ist, die der Auftraggeber in dieser Form angeordnet hat, trägt er den Schaden allein, wenn ihn der Auftragnehmer auf die mit der angeordneten Ausführung verbundene Gefahr nach § 4 Absatz 3 hingewiesen hat.

2. Der Auftragnehmer trägt den Schaden allein, soweit er ihn durch Versicherung seiner gesetzlichen Haftpflicht gedeckt hat oder durch eine solche zu tarifmäßigen, nicht auf außergewöhnliche Verhältnisse abgestellten Prämien und Prämienzuschlägen bei einem im Inland zum Geschäftsbetrieb zugelassenen Versicherer hätte decken können.

(3) Ist der Auftragnehmer einem Dritten nach den §§ 823 ff. BGB zu Schadensersatz verpflichtet wegen unbefugten Betretens oder Beschädigung angrenzender Grundstücke, wegen Entnahme oder Auflagerung von Boden oder anderen Gegenständen außerhalb der vom Auftraggeber dazu angewiesenen Flächen oder wegen der Folgen eigenmächtiger Versperrung von Wegen oder Wasserläufen, so trägt er im Verhältnis zum Auftraggeber den Schaden allein.

(4) Für die Verletzung gewerblicher Schutzrechte haftet im Verhältnis der Vertragsparteien zueinander der Auftragnehmer allein, wenn er selbst das geschützte Verfahren oder die Verwendung geschützter Gegenstände angeboten oder wenn der Auftraggeber die Verwendung vorgeschrieben und auf das Schutzrecht hingewiesen hat.

(5) Ist eine Vertragspartei gegenüber der anderen nach den Absätzen 2, 3 oder 4 von der Ausgleichspflicht befreit, so gilt diese Befreiung auch zugunsten ihrer gesetzlichen Vertreter und Erfüllungsgehilfen, wenn sie nicht vorsätzlich oder grob fahrlässig gehandelt haben.

(6) [1] Soweit eine Vertragspartei von dem Dritten für einen Schaden in Anspruch genommen wird, den nach den Absätzen 2, 3 oder 4 die andere Vertragspartei zu tragen hat, kann sie verlangen, dass ihre Vertragspartei sie von der Verbindlichkeit gegenüber dem Dritten befreit. [2] Sie darf den Anspruch des Dritten nicht anerkennen oder befriedigen, ohne der anderen Vertragspartei vorher Gelegenheit zur Äußerung gegeben zu haben.

§ 11. Vertragsstrafe. (1) Wenn Vertragsstrafen vereinbart sind, gelten die §§ 339 bis 345 BGB.

(2) Ist die Vertragsstrafe für den Fall vereinbart, dass der Auftragnehmer nicht in der vorgesehenen Frist erfüllt, so wird sie fällig, wenn der Auftragnehmer in Verzug gerät.

(3) Ist die Vertragsstrafe nach Tagen bemessen, so zählen nur Werktage; ist sie nach Wochen bemessen, so wird jeder Werktag angefangener Wochen als $^1/_6$ Woche gerechnet.

(4) Hat der Auftraggeber die Leistung abgenommen, so kann er die Strafe nur verlangen, wenn er dies bei der Abnahme vorbehalten hat.

§ 12. Abnahme. (1) Verlangt der Auftragnehmer nach der Fertigstellung – gegebenenfalls auch vor Ablauf der vereinbarten Ausführungsfrist – die Abnahme der Leistung, so hat sie der Auftraggeber binnen 12 Werktagen durchzuführen; eine andere Frist kann vereinbart werden.

(2) Auf Verlangen sind in sich abgeschlossene Teile der Leistung besonders abzunehmen.

(3) Wegen wesentlicher Mängel kann die Abnahme bis zur Beseitigung verweigert werden.

(4) 1. [1]Eine förmliche Abnahme hat stattzufinden, wenn eine Vertragspartei es verlangt. [2]Jede Partei kann auf ihre Kosten einen Sachverständigen zuziehen. [3]Der Befund ist in gemeinsamer Verhandlung schriftlich niederzulegen. [4]In die Niederschrift sind etwaige Vorbehalte wegen bekannter Mängel und wegen Vertragsstrafen aufzunehmen, ebenso etwaige Einwendungen des Auftragnehmers. [5]Jede Partei erhält eine Ausfertigung.

2. [1]Die förmliche Abnahme kann in Abwesenheit des Auftragnehmers stattfinden, wenn der Termin vereinbart war oder der Auftraggeber mit genügender Frist dazu eingeladen hatte. [2]Das Ergebnis der Abnahme ist dem Auftragnehmer alsbald mitzuteilen.

(5) 1. Wird keine Abnahme verlangt, so gilt die Leistung als abgenommen mit Ablauf von 12 Werktagen nach schriftlicher Mitteilung über die Fertigstellung der Leistung.

2. [1]Wird keine Abnahme verlangt und hat der Auftraggeber die Leistung oder einen Teil der Leistung in Benutzung genommen, so gilt die Abnahme nach Ablauf von 6 Werktagen nach Beginn der Benutzung als erfolgt, wenn nichts anderes vereinbart ist. [2]Die Benutzung von Teilen einer baulichen Anlage zur Weiterführung der Arbeiten gilt nicht als Abnahme.

3. Vorbehalte wegen bekannter Mängel oder wegen Vertragsstrafen hat der Auftraggeber spätestens zu den in den Nummern 1 und 2 bezeichneten Zeitpunkten geltend zu machen.

(6) Mit der Abnahme geht die Gefahr auf den Auftraggeber über, soweit er sie nicht schon nach § 7 trägt.

§ 13. Mängelansprüche. (1) [1]Der Auftragnehmer hat dem Auftraggeber seine Leistung zum Zeitpunkt der Abnahme frei von Sachmängeln zu verschaffen. [2]Die Leistung ist zur Zeit der Abnahme frei von Sachmängeln, wenn sie die vereinbarte Beschaffenheit hat und den anerkannten Regeln der Technik entspricht. [3]Ist die Beschaffenheit nicht vereinbart, so ist die Leistung zur Zeit der Abnahme frei von Sachmängeln,

1. wenn sie sich für die nach dem Vertrag vorausgesetzte,

sonst

2. für die gewöhnliche Verwendung eignet und eine Beschaffenheit aufweist, die bei Werken der gleichen Art üblich ist und die der Auftraggeber nach *der Art der Leistung* erwarten kann.

(2) [1]Bei Leistungen nach Probe gelten die Eigenschaften der Probe als vereinbarte Beschaffenheit, soweit nicht Abweichungen nach der Verkehrssitte als

bedeutungslos anzusehen sind. [2]Dies gilt auch für Proben, die erst nach Vertragsabschluss als solche anerkannt sind.

(3) Ist ein Mangel zurückzuführen auf die Leistungsbeschreibung oder auf Anordnungen des Auftraggebers, auf die von diesem gelieferten oder vorgeschriebenen Stoffe oder Bauteile oder die Beschaffenheit der Vorleistung eines anderen Unternehmers, haftet der Auftragnehmer, es sei denn, er hat die ihm nach § 4 Absatz 3 obliegende Mitteilung gemacht.

(4) 1. [1]Ist für Mängelansprüche keine Verjährungsfrist im Vertrag vereinbart, so beträgt sie für Bauwerke 4 Jahre, für andere Werke, deren Erfolg in der Herstellung, Wartung oder Veränderung einer Sache besteht, und für die vom Feuer berührten Teile von Feuerungsanlagen 2 Jahre. [2]Abweichend von Satz 1 beträgt die Verjährungsfrist für feuerberührte und abgasdämmende Teile von industriellen Feuerungsanlagen 1 Jahr.

2. Ist für Teile von maschinellen und elektrotechnischen/elektronischen Anlagen, bei denen die Wartung Einfluss auf Sicherheit und Funktionsfähigkeit hat, nichts anderes vereinbart, beträgt für diese Anlagenteile die Verjährungsfrist für Mängelansprüche abweichend von Nummer 1 zwei Jahre, wenn der Auftraggeber sich dafür entschieden hat, dem Auftragnehmer die Wartung für die Dauer der Verjährungsfrist nicht zu übertragen; dies gilt auch, wenn für weitere Leistungen eine andere Verjährungsfrist vereinbart ist.

3. Die Frist beginnt mit der Abnahme der gesamten Leistung; nur für in sich abgeschlossene Teile der Leistung beginnt sie mit der Teilabnahme (§ 12 Absatz 2).

(5) 1. [1]Der Auftragnehmer ist verpflichtet, alle während der Verjährungsfrist hervortretenden Mängel, die auf vertragswidrige Leistung zurückzuführen sind, auf seine Kosten zu beseitigen, wenn es der Auftraggeber vor Ablauf der Frist schriftlich verlangt. [2]Der Anspruch auf Beseitigung der gerügten Mängel verjährt in 2 Jahren, gerechnet vom Zugang des schriftlichen Verlangens an, jedoch nicht vor Ablauf der Regelfristen nach Absatz 4 oder der an ihrer Stelle vereinbarten Frist. [3]Nach Abnahme der Mängelbeseitigungsleistung beginnt für diese Leistung eine Verjährungsfrist von 2 Jahren neu, die jedoch nicht vor Ablauf der Regelfristen nach Absatz 4 oder der an ihrer Stelle vereinbarten Frist endet.

2. Kommt der Auftragnehmer der Aufforderung zur Mängelbeseitigung in einer vom Auftraggeber gesetzten angemessenen Frist nicht nach, so kann der Auftraggeber die Mängel auf Kosten des Auftragnehmers beseitigen lassen.

(6) Ist die Beseitigung des Mangels für den Auftraggeber unzumutbar oder ist sie unmöglich oder würde sie einen unverhältnismäßig hohen Aufwand erfordern und wird sie deshalb vom Auftragnehmer verweigert, so kann der Auftraggeber durch Erklärung gegenüber dem Auftragnehmer die Vergütung mindern (§ 638 BGB).

(7) 1. Der Auftragnehmer haftet bei schuldhaft verursachten Mängeln für Schäden aus der Verletzung des Lebens, des Körpers oder der Gesundheit.

2. Bei vorsätzlich oder grob fahrlässig verursachten Mängeln haftet er für alle Schäden.

3. [1]Im Übrigen ist dem Auftraggeber der Schaden an der baulichen Anlage zu ersetzen, zu deren Herstellung, Instandhaltung oder Änderung die Leistung

dient, wenn ein wesentlicher Mangel vorliegt, der die Gebrauchsfähigkeit erheblich beeinträchtigt und auf ein Verschulden des Auftragnehmers zurückzuführen ist. [2]Einen darüber hinausgehenden Schaden hat der Auftragnehmer nur dann zu ersetzen,

a) wenn der Mangel auf einem Verstoß gegen die anerkannten Regeln der Technik beruht,

b) wenn der Mangel in dem Fehlen einer vertraglich vereinbarten Beschaffenheit besteht

oder

c) soweit der Auftragnehmer den Schaden durch Versicherung seiner gesetzlichen Haftpflicht gedeckt hat oder durch eine solche zu tarifmäßigen, nicht auf außergewöhnliche Verhältnisse abgestellten Prämien und Prämienzuschlägen bei einem im Inland zum Geschäftsbetrieb zugelassenen Versicherer hätte decken können.

4. Abweichend von Absatz 4 gelten die gesetzlichen Verjährungsfristen, soweit sich der Auftragnehmer nach Nummer 3 durch Versicherung geschützt hat oder hätte schützen können oder soweit ein besonderer Versicherungsschutz vereinbart ist.

5. Eine Einschränkung oder Erweiterung der Haftung kann in begründeten Sonderfällen vereinbart werden.

§ 14. Abrechnung. (1) [1]Der Auftragnehmer hat seine Leistungen prüfbar abzurechnen. [2]Er hat die Rechnungen übersichtlich aufzustellen und dabei die Reihenfolge der Posten einzuhalten und die in den Vertragsbestandteilen enthaltenen Bezeichnungen zu verwenden. [3]Die zum Nachweis von Art und Umfang der Leistung erforderlichen Mengenberechnungen, Zeichnungen und andere Belege sind beizufügen. [4]Änderungen und Ergänzungen des Vertrags sind in der Rechnung besonders kenntlich zu machen; sie sind auf Verlangen getrennt abzurechnen.

(2) [1]Die für die Abrechnung notwendigen Feststellungen sind dem Fortgang der Leistung entsprechend möglichst gemeinsam vorzunehmen. [2]Die Abrechnungsbestimmungen in den Technischen Vertragsbedingungen und den anderen Vertragsunterlagen sind zu beachten. [3]Für Leistungen, die bei Weiterführung der Arbeiten nur schwer feststellbar sind, hat der Auftragnehmer rechtzeitig gemeinsame Feststellungen zu beantragen.

(3) Die Schlussrechnung muss bei Leistungen mit einer vertraglichen Ausführungsfrist von höchstens 3 Monaten spätestens 12 Werktage nach Fertigstellung eingereicht werden, wenn nichts anderes vereinbart ist; diese Frist wird um je 6 Werktage für je weitere 3 Monate Ausführungsfrist verlängert.

(4) Reicht der Auftragnehmer eine prüfbare Rechnung nicht ein, obwohl ihm der Auftraggeber dafür eine angemessene Frist gesetzt hat, so kann sie der Auftraggeber selbst auf Kosten des Auftragnehmers aufstellen.

§ 15. Stundenlohnarbeiten. (1) 1. Stundenlohnarbeiten werden nach den vertraglichen Vereinbarungen abgerechnet.

2. [1]Soweit für die Vergütung keine Vereinbarungen getroffen worden sind, *gilt die ortsübliche* Vergütung. [2]Ist diese nicht zu ermitteln, so werden die Aufwendungen des Auftragnehmers für Lohn- und Gehaltskosten der Baustelle, Lohn- und Gehaltsnebenkosten der Baustelle, Stoffkosten der Bau-

stelle, Kosten der Einrichtungen, Geräte, Maschinen und maschinellen Anlagen der Baustelle, Fracht-, Fuhr- und Ladekosten, Sozialkassenbeiträge und Sonderkosten, die bei wirtschaftlicher Betriebsführung entstehen, mit angemessenen Zuschlägen für Gemeinkosten und Gewinn (einschließlich allgemeinem Unternehmerwagnis) zuzüglich Umsatzsteuer vergütet.

(2) Verlangt der Auftraggeber, dass die Stundenlohnarbeiten durch einen Polier oder eine andere Aufsichtsperson beaufsichtigt werden, oder ist die Aufsicht nach den einschlägigen Unfallverhütungsvorschriften notwendig, so gilt Absatz 1 entsprechend.

(3) [1]Dem Auftraggeber ist die Ausführung von Stundenlohnarbeiten vor Beginn anzuzeigen. [2]Über die geleisteten Arbeitsstunden und den dabei erforderlichen, besonders zu vergütenden Aufwand für den Verbrauch von Stoffen, für Vorhaltung von Einrichtungen, Geräten, Maschinen und maschinellen Anlagen, für Frachten, Fuhr- und Ladeleistungen sowie etwaige Sonderkosten sind, wenn nichts anderes vereinbart ist, je nach der Verkehrssitte werktäglich oder wöchentlich Listen (Stundenlohnzettel) einzureichen. [3]Der Auftraggeber hat die von ihm bescheinigten Stundenlohnzettel unverzüglich, spätestens jedoch innerhalb von 6 Werktagen nach Zugang, zurückzugeben. [4]Dabei kann er Einwendungen auf den Stundenlohnzetteln oder gesondert schriftlich erheben. [5]Nicht fristgemäß zurückgegebene Stundenlohnzettel gelten als anerkannt.

(4) [1]Stundenlohnrechnungen sind alsbald nach Abschluss der Stundenlohnarbeiten, längstens jedoch in Abständen von 4 Wochen, einzureichen. [2]Für die Zahlung gilt § 16.

(5) Wenn Stundenlohnarbeiten zwar vereinbart waren, über den Umfang der Stundenlohnleistungen aber mangels rechtzeitiger Vorlage der Stundenlohnzettel Zweifel bestehen, so kann der Auftraggeber verlangen, dass für die nachweisbar ausgeführten Leistungen eine Vergütung vereinbart wird, die nach Maßgabe von Absatz 1 Nummer 2 für einen wirtschaftlich vertretbaren Aufwand an Arbeitszeit und Verbrauch von Stoffen, für Vorhaltung von Einrichtungen, Geräten, Maschinen und maschinellen Anlagen, für Frachten, Fuhr- und Ladeleistungen sowie etwaige Sonderkosten ermittelt wird.

§ 16[1) 2)] Zahlung. (1)

1. [1]Abschlagszahlungen sind auf Antrag in möglichst kurzen Zeitabständen oder zu den vereinbarten Zeitpunkten zu gewähren, und zwar in Höhe des Wertes der jeweils nachgewiesenen vertragsgemäßen Leistungen einschließlich des ausgewiesenen, darauf entfallenden Umsatzsteuerbetrages. [2]Die Leistungen sind durch eine prüfbare Aufstellung nachzuweisen, die eine rasche und sichere Beurteilung der Leistungen ermöglichen muss. [3]Als Leistungen gelten hierbei auch die für die geforderte Leistung eigens angefertigten und bereitgestellten Bauteile sowie die auf der Baustelle angelieferten Stoffe und Bauteile, wenn dem Auftraggeber nach seiner Wahl das Eigentum an ihnen übertragen ist oder entsprechende Sicherheit gegeben wird.
2. [1]Gegenforderungen können einbehalten werden. [2]Andere Einbehalte sind nur in den im Vertrag und in den gesetzlichen Bestimmungen vorgesehenen Fällen zulässig.

---

1) § 16 neu gef. mWv 26.6.2012 durch Bek. v. 26.6.2012 (BAnz AT 13.07.2012 B3).

2) Siehe hierzu auch die Hinweise zu § 16 VOB/B v. 26.6.2012 (BAnz AT 13.07.2012 B3 S. 3), verkündet als Anl. zur Bek. v. 26.6.2012 (BAnz AT 13.07.2012 B3).

3. Ansprüche auf Abschlagszahlungen werden binnen 21 Tagen nach Zugang der Aufstellung fällig.

4. Die Abschlagszahlungen sind ohne Einfluss auf die Haftung des Auftragnehmers; sie gelten nicht als Abnahme von Teilen der Leistung.

(2)

1. [1] Vorauszahlungen können auch nach Vertragsabschluss vereinbart werden; hierfür ist auf Verlangen des Auftraggebers ausreichende Sicherheit zu leisten. [2] Diese Vorauszahlungen sind, sofern nichts anderes vereinbart wird, mit 3 v.H. über dem Basiszinssatz[1)] des § 247 BGB zu verzinsen.

2. Vorauszahlungen sind auf die nächstfälligen Zahlungen anzurechnen, soweit damit Leistungen abzugelten sind, für welche die Vorauszahlungen gewährt worden sind.

(3)

1. [1] Der Anspruch auf Schlusszahlung wird alsbald nach Prüfung und Feststellung fällig, spätestens innerhalb von 30 Tagen nach Zugang der Schlussrechnung. [2] Die Frist verlängert sich auf höchstens 60 Tage, wenn sie aufgrund der besonderen Natur oder Merkmale der Vereinbarung sachlich gerechtfertigt ist und ausdrücklich vereinbart wurde. [3] Werden Einwendungen gegen die Prüfbarkeit unter Angabe der Gründe nicht bis zum Ablauf der jeweiligen Frist erhoben, kann der Auftraggeber sich nicht mehr auf die fehlende Prüfbarkeit berufen. [4] Die Prüfung der Schlussrechnung ist nach Möglichkeit zu beschleunigen. [5] Verzögert sie sich, so ist das unbestrittene Guthaben als Abschlagszahlung sofort zu zahlen.

2. Die vorbehaltlose Annahme der Schlusszahlung schließt Nachforderungen aus, wenn der Auftragnehmer über die Schlusszahlung schriftlich unterrichtet und auf die Ausschlusswirkung hingewiesen wurde.

3. Einer Schlusszahlung steht es gleich, wenn der Auftraggeber unter Hinweis auf geleistete Zahlungen weitere Zahlungen endgültig und schriftlich ablehnt.

4. Auch früher gestellte, aber unerledigte Forderungen werden ausgeschlossen, wenn sie nicht nochmals vorbehalten werden.

5. [1] Ein Vorbehalt ist innerhalb von 28 Tagen nach Zugang der Mitteilung nach den Nummern 2 und 3 über die Schlusszahlung zu erklären. [2] Er wird hinfällig, wenn nicht innerhalb von weiteren 28 Tagen – beginnend am Tag nach Ablauf der in Satz 1 genannten 28 Tage – eine prüfbare Rechnung über die vorbehaltenen Forderungen eingereicht oder, wenn das nicht möglich ist, der Vorbehalt eingehend begründet wird.

6. Die Ausschlussfristen gelten nicht für ein Verlangen nach Richtigstellung der Schlussrechnung und -zahlung wegen Aufmaß-, Rechen- und Übertragungsfehlern.

(4) In sich abgeschlossene Teile der Leistung können nach Teilabnahme ohne Rücksicht auf die Vollendung der übrigen Leistungen endgültig festgestellt und bezahlt werden.

[1)] Gem. Bek. der Dt. Bundesbank v. 25.6.2024 (BAnz AT 26.06.2024 B6) beträgt der Basiszinssatz ab 1.7.2024 **3,37 %**. Basiszinssatz seit 1.1.2002 abgedruckt in Anm. zu § 247 BGB **(Habersack, Deutsche Gesetze Nr. 20)**.

(5)

1. Alle Zahlungen sind aufs Äußerste zu beschleunigen.
2. Nicht vereinbarte Skontoabzüge sind unzulässig.
3. [1] Zahlt der Auftraggeber bei Fälligkeit nicht, so kann ihm der Auftragnehmer eine angemessene Nachfrist setzen. [2] Zahlt er auch innerhalb der Nachfrist nicht, so hat der Auftragnehmer vom Ende der Nachfrist an Anspruch auf Zinsen in Höhe der in § 288 Absatz 2 BGB[1)] angegebenen Zinssätze, wenn er nicht einen höheren Verzugsschaden nachweist. [3] Der Auftraggeber kommt jedoch, ohne dass es einer Nachfristsetzung bedarf, spätestens 30 Tage nach Zugang der Rechnung oder der Aufstellung bei Abschlagszahlungen in Zahlungsverzug, wenn der Auftragnehmer seine vertraglichen und gesetzlichen Verpflichtungen erfüllt und den fälligen Entgeltbetrag nicht rechtzeitig erhalten hat, es sei denn, der Auftraggeber ist für den Zahlungsverzug nicht verantwortlich. [4] Die Frist verlängert sich auf höchstens 60 Tage, wenn sie aufgrund der besonderen Natur oder Merkmale der Vereinbarung sachlich gerechtfertigt ist und ausdrücklich vereinbart wurde.
4. Der Auftragnehmer darf die Arbeiten bei Zahlungsverzug bis zur Zahlung einstellen, sofern eine dem Auftraggeber zuvor gesetzte angemessene Frist erfolglos verstrichen ist.

(6) [1] Der Auftraggeber ist berechtigt, zur Erfüllung seiner Verpflichtungen aus den Absätzen 1 bis 5 Zahlungen an Gläubiger des Auftragnehmers zu leisten, soweit sie an der Ausführung der vertraglichen Leistung des Auftragnehmers aufgrund eines mit diesem abgeschlossenen Dienst- oder Werkvertrags beteiligt sind, wegen Zahlungsverzugs des Auftragnehmers die Fortsetzung ihrer Leistung zu Recht verweigern und die Direktzahlung die Fortsetzung der Leistung sicherstellen soll. [2] Der Auftragnehmer ist verpflichtet, sich auf Verlangen des Auftraggebers innerhalb einer von diesem gesetzten Frist darüber zu erklären, ob und inwieweit er die Forderungen seiner Gläubiger anerkennt; wird diese Erklärung nicht rechtzeitig abgegeben, so gelten die Voraussetzungen für die Direktzahlung als anerkannt.

§ 17 Sicherheitsleistung. (1)

1. Wenn Sicherheitsleistung vereinbart ist, gelten die §§ 232 bis 240 BGB[1)], soweit sich aus den nachstehenden Bestimmungen nichts anderes ergibt.
2. Die Sicherheit dient dazu, die vertragsgemäße Ausführung der Leistung und die Mängelansprüche sicherzustellen.

(2) Wenn im Vertrag nichts anderes vereinbart ist, kann Sicherheit durch Einbehalt oder Hinterlegung von Geld oder durch Bürgschaft eines Kreditinstituts oder Kreditversicherers geleistet werden, sofern das Kreditinstitut oder der Kreditversicherer

1. in der Europäischen Gemeinschaft oder
2. in einem Staat der Vertragsparteien des Abkommens über den Europäischen Wirtschaftsraum oder
3. in einem Staat der Vertragsparteien des WTO-Übereinkommens über das öffentliche Beschaffungswesen

zugelassen ist.

[1)] **Habersack, Deutsche Gesetze Nr. 20.**

(3) Der Auftragnehmer hat die Wahl unter den verschiedenen Arten der Sicherheit; er kann eine Sicherheit durch eine andere ersetzen.

(4) [1] Bei Sicherheitsleistung durch Bürgschaft ist Voraussetzung, dass der Auftraggeber den Bürgen als tauglich anerkannt hat. [2] Die Bürgschaftserklärung ist schriftlich unter Verzicht auf die Einrede der Vorausklage abzugeben (§ 771 BGB); sie darf nicht auf bestimmte Zeit begrenzt und muss nach Vorschrift des Auftraggebers ausgestellt sein. [3] Der Auftraggeber kann als Sicherheit keine Bürgschaft fordern, die den Bürgen zur Zahlung auf erstes Anfordern verpflichtet.

(5) [1] Wird Sicherheit durch Hinterlegung von Geld geleistet, so hat der Auftragnehmer den Betrag bei einem zu vereinbarenden Geldinstitut auf ein Sperrkonto einzuzahlen, über das beide nur gemeinsam verfügen können („Und-Konto"). [2] Etwaige Zinsen stehen dem Auftragnehmer zu.

(6)

1. [1] Soll der Auftraggeber vereinbarungsgemäß die Sicherheit in Teilbeträgen von seinen Zahlungen einbehalten, so darf er jeweils die Zahlung um höchstens 10 v.H. kürzen, bis die vereinbarte Sicherheitssumme erreicht ist. [2] Sofern Rechnungen ohne Umsatzsteuer gemäß § 13b UStG gestellt werden, bleibt die Umsatzsteuer bei der Berechnung des Sicherheitseinbehalts unberücksichtigt. [3] Den jeweils einbehaltenen Betrag hat er dem Auftragnehmer mitzuteilen und binnen 18 Werktagen nach dieser Mitteilung auf ein Sperrkonto bei dem vereinbarten Geldinstitut einzuzahlen. [4] Gleichzeitig muss er veranlassen, dass dieses Geldinstitut den Auftragnehmer von der Einzahlung des Sicherheitsbetrags benachrichtigt. [5] Absatz 5 gilt entsprechend.
2. Bei kleineren oder kurzfristigen Aufträgen ist es zulässig, dass der Auftraggeber den einbehaltenen Sicherheitsbetrag erst bei der Schlusszahlung auf ein Sperrkonto einzahlt.
3. [1] Zahlt der Auftraggeber den einbehaltenen Betrag nicht rechtzeitig ein, so kann ihm der Auftragnehmer hierfür eine angemessene Nachfrist setzen. [2] Lässt der Auftraggeber auch diese verstreichen, so kann der Auftragnehmer die sofortige Auszahlung des einbehaltenen Betrags verlangen und braucht dann keine Sicherheit mehr zu leisten.
4. Öffentliche Auftraggeber sind berechtigt, den als Sicherheit einbehaltenen Betrag auf eigenes Verwahrgeldkonto zu nehmen; der Betrag wird nicht verzinst.

(7) [1] Der Auftragnehmer hat die Sicherheit binnen 18 Werktagen nach Vertragsabschluss zu leisten, wenn nichts anderes vereinbart ist. [2] Soweit er diese Verpflichtung nicht erfüllt hat, ist der Auftraggeber berechtigt, vom Guthaben des Auftragnehmers einen Betrag in Höhe der vereinbarten Sicherheit einzubehalten. [3] Im Übrigen gelten die Absätze 5 und 6 außer Nummer 1 Satz 1 entsprechend.

(8)

1. [1] Der Auftraggeber hat eine nicht verwertete Sicherheit für die Vertragserfüllung zum vereinbarten Zeitpunkt, spätestens nach Abnahme und Stellung der Sicherheit für Mängelansprüche zurückzugeben, es sei denn, dass Ansprüche des Auftraggebers, die nicht von der gestellten Sicherheit für Mängelansprüche umfasst sind, noch nicht erfüllt sind. [2] Dann darf er für diese Vertragserfüllungs*ansprüche* einen entsprechenden Teil der Sicherheit zurückhalten.
2. [1] Der Auftraggeber hat eine nicht verwertete Sicherheit für Mängelansprüche nach Ablauf von 2 Jahren zurückzugeben, sofern kein anderer Rückgabezeitpunkt vereinbart worden ist. [2] Soweit jedoch zu diesem Zeitpunkt seine geltend

gemachten Ansprüche noch nicht erfüllt sind, darf er einen entsprechenden Teil der Sicherheit zurückhalten.

§ 18 Streitigkeiten. (1) [1] Liegen die Voraussetzungen für eine Gerichtsstandvereinbarung nach § 38 der Zivilprozessordnung[1)] vor, richtet sich der Gerichtsstand für Streitigkeiten aus dem Vertrag nach dem Sitz der für die Prozessvertretung des Auftraggebers zuständigen Stelle, wenn nichts anderes vereinbart ist. [2] Sie ist dem Auftragnehmer auf Verlangen mitzuteilen.

(2)

1. [1] Entstehen bei Verträgen mit Behörden Meinungsverschiedenheiten, so soll der Auftragnehmer zunächst die der auftraggebenden Stelle unmittelbar vorgesetzte Stelle anrufen. [2] Diese soll dem Auftragnehmer Gelegenheit zur mündlichen Aussprache geben und ihn möglichst innerhalb von 2 Monaten nach der Anrufung schriftlich bescheiden und dabei auf die Rechtsfolgen des Satzes 3 hinweisen. [3] Die Entscheidung gilt als anerkannt, wenn der Auftragnehmer nicht innerhalb von 3 Monaten nach Eingang des Bescheides schriftlich Einspruch beim Auftraggeber erhebt und dieser ihn auf die Ausschlussfrist hingewiesen hat.
2. [1] Mit dem Eingang des schriftlichen Antrages auf Durchführung eines Verfahrens nach Nummer 1 wird die Verjährung des in diesem Antrag geltend gemachten Anspruchs gehemmt. [2] Wollen Auftraggeber oder Auftragnehmer das Verfahren nicht weiter betreiben, teilen sie dies dem jeweils anderen Teil schriftlich mit. [3] Die Hemmung endet 3 Monate nach Zugang des schriftlichen Bescheides oder der Mitteilung nach Satz 2.

(3) [1] Daneben kann ein Verfahren zur Streitbeilegung vereinbart werden. [2] Die Vereinbarung sollte mit Vertragsabschluss erfolgen.

(4) [1] Bei Meinungsverschiedenheiten über die Eigenschaft von Stoffen und Bauteilen, für die allgemein gültige Prüfungsverfahren bestehen, und über die Zulässigkeit oder Zuverlässigkeit der bei der Prüfung verwendeten Maschinen oder angewendeten Prüfungsverfahren kann jede Vertragspartei nach vorheriger Benachrichtigung der anderen Vertragspartei die materialtechnische Untersuchung durch eine staatliche oder staatlich anerkannte Materialprüfungsstelle vornehmen lassen; deren Feststellungen sind verbindlich. [2] Die Kosten trägt der unterliegende Teil.

(5) Streitfälle berechtigen den Auftragnehmer nicht, die Arbeiten einzustellen.

[1)] **Habersack, Deutsche Gesetze Nr. 100.**

35b. Straßenverkehrs-Zulassungs-Ordnung (StVZO)[1]

Vom 26. April 2012
(BGBl. I S. 679)

FNA 9232-16

zuletzt geänd. durch Art. 1 56. VO zur Änd. straßenverkehrsrechtlicher Vorschriften v. 10.6.2024 (BGBl. 2024 I Nr. 191)

– Auszug –

Nichtamtliche Gliederungsübersicht

A. Personen
(weggefallen)

§§ 1 bis 15l (weggefallen)

B. Fahrzeuge

I. Zulassung von Fahrzeugen im Allgemeinen

§ 16[3] **Grundregel der Zulassung.** (1) Zum Verkehr auf öffentlichen Straßen sind alle Fahrzeuge zugelassen, die den Vorschriften dieser Verordnung und der Straßenverkehrs-Ordnung[4] entsprechen, soweit nicht für die Zulassung einzelner Fahrzeugarten ein Erlaubnisverfahren vorgeschrieben ist.

(2) Schiebe- und Greifreifenrollstühle, Rodelschlitten, Kinderwagen, Roller, Kinderfahrräder und ähnliche nicht motorbetriebene oder mit einem Hilfsantrieb ausgerüstete ähnliche Fortbewegungsmittel mit einer bauartbedingten Höchstgeschwindigkeit von nicht mehr als 6 km/h sind nicht Fahrzeuge im Sinne dieser Verordnung.

§ 17 Einschränkung und Entziehung der Zulassung. (1) Erweist sich ein Fahrzeug, das nicht in den Anwendungsbereich der Fahrzeug-Zulassungsverord-

---

[1] Verkündet als Art. 1 VO v. 26.4.2012 (BGBl. I S. 679); Inkrafttreten gem. Art. 2 Satz 1 dieser VO am 5.5.2012.

[2] Vollständig abgedruckt in **Straßenverkehrsrecht Nr. 2**.

[3] § 16 Abs. 2 geänd. mWv 1.8.2013 durch VO v. 26.7.2013 (BGBl. I S. 2803).

[4] **Habersack, Deutsche Gesetze Nr. 35a.**

nung fällt, als nicht vorschriftsmäßig, so kann die Verwaltungsbehörde dem Eigentümer oder Halter eine angemessene Frist zur Behebung der Mängel setzen und nötigenfalls den Betrieb des Fahrzeugs im öffentlichen Verkehr untersagen oder beschränken; der Betroffene hat das Verbot oder die Beschränkung zu beachten.

(2) (weggefallen)

(3) Besteht Anlass zur Annahme, dass das Fahrzeug den Vorschriften dieser Verordnung nicht entspricht, so kann die Verwaltungsbehörde zur Vorbereitung einer Entscheidung nach Absatz 1 je nach den Umständen

1. die Beibringung eines Sachverständigengutachtens darüber, ob das Fahrzeug den Vorschriften dieser Verordnung entspricht, oder
2. die Vorführung des Fahrzeugs

anordnen und wenn nötig mehrere solcher Anordnungen treffen.

II. Betriebserlaubnis und Bauartgenehmigung

§ 18 (weggefallen)

§ 19[1] **Erteilung und Wirksamkeit der Betriebserlaubnis.** (1) [1] Die Betriebserlaubnis ist zu erteilen, wenn das Fahrzeug den Vorschriften der Verordnung (EU) Nr. 165/2014 des Europäischen Parlaments und des Rates vom 4. Februar 2014 über Fahrtenschreiber im Straßenverkehr, zur Aufhebung der Verordnung (EWG) Nr. 3821/85 des Rates über das Kontrollgerät im Straßenverkehr und zur Änderung der Verordnung (EG) Nr. 561/2006 des Europäischen Parlaments und des Rates zur Harmonisierung bestimmter Sozialvorschriften im Straßenverkehr (ABl. L 60 vom 28.2.2014, S. 1; L 93 vom 9.4.2015, S. 103; L 246 vom 23.9.2015, S. 11), die durch die Verordnung (EU) 2020/1054 (ABl. L 249 vom 31.7.2020, S. 1) geändert worden ist, entspricht und das Fahrzeug die Anforderungen der Einzelrechtsakte und Einzelregelungen erfüllt, die in

1. Anhang II der Verordnung (EU) 2018/858 des Europäischen Parlaments und des Rates vom 30. Mai 2018 über die Genehmigung und die Marktüberwachung von Kraftfahrzeugen und Kraftfahrzeuganhängern sowie von Systemen, Bauteilen und selbstständigen technischen Einheiten für diese Fahrzeuge, zur Änderung der Verordnungen (EG) Nr. 715/2007 und (EG) Nr. 595/2009 und zur Aufhebung der Richtlinie 2007/46/EG (ABl. L 151 vom 14.6.2018, S. 1; L 210 vom 11.8.2022, S. 19), die zuletzt durch die Delegierte Verordnung (EU) 2022/2236 (ABl. L 296 vom 16.11.2022, S. 1) geändert worden ist,
2. Anhang I der Verordnung (EU) Nr. 167/2013 des Europäischen Parlaments und des Rates vom 5. Februar 2013 über die Genehmigung und Marktüberwachung von land- und forstwirtschaftlichen Fahrzeugen (ABl. L 60 vom 2.3.2013, S. 1), die zuletzt durch die Verordnung (EU) 2019/519 (ABl. L 91 vom 29.3.2019, S. 42) geändert worden ist, oder

---

[1] § 19 Abs. 1 Satz 6 angef., Abs. 5 Sätze 1 und 2 eingef., bish. Sätze 1–3 werden Sätze 3–5, neuer Satz 5 geänd. mWv 1.6.2012 durch VO v. 10.5.2012 (BGBl. I S. 1086); Abs. 1 Satz 1 geänd. mWv 30.10.2014 durch VO v. 22.10.2014 (BGBl. I S. 1635); Abs. 5 Sätze 2 und 4 geänd., Satz 6 angef. mWv 1.10.2017 durch VO v. 23.3.2017 (BGBl. I S. 522); Abs. 2 Satz 3, Abs. 5 Satz 5 geänd. mWv 22.3.2019 durch VO v. 13.3.2019 (BGBl. I S. 332); Abs. 1 Satz 1 geänd., Satz 3 neu gef., Satz 4 aufgeh., bish. Sätze 5 und 6 *werden Sätze 4 und 5,* Abs. 2 Sätze 3 und 4 eingef., bish. Sätze 3–5 werden Sätze 5–7 mWv 3.7.2021 durch VO v. 25.6.2021 (BGBl. I S. 2204); Abs. 5 Satz 6 geänd. mWv *1.9.2023 durch VO v. 20.7.2023* (BGBl. 2023 I Nr. 199); Abs. 1 Sätze 1, 3, 4 und 5 geänd., Satz 2 neu gef., Abs. 2 Sätze 8 und 9 angef., Abs. 2a neu gef., Abs. 3 Satz 1 Nr. 4 aufgeh., Abs. 4 neu gef., Abs. 6 Satz 1 geänd., Sätze 3 und 4 angef., Abs. 7 geänd. mWv 20.6.2024 durch VO v. 10.6.2024 (BGBl. 2024 I Nr. 191).

3. Anhang II der Verordnung (EU) Nr. 168/2013 des Europäischen Parlaments und des Rates vom 15. Januar 2013 über die Genehmigung und Marktüberwachung von zwei- oder dreirädrigen und vierrädrigen Fahrzeugen (ABl. L 60 vom 2.3.2013, S. 52; L 77 vom 23.3.2016, S. 65; L 64 vom 10.3.2017, S. 116; L 398 vom 11.11.2021, S. 54), die zuletzt durch die Verordnung (EU) 2020/1694 (ABl. L 381 vom 13.11.2020, S. 4) geändert worden ist,

genannt sind. [2] Die Betriebserlaubnis nach den Vorschriften dieser Verordnung ist nur zu erteilen, wenn die Einzelrechtsakte und Einzelregelungen, die in den in Satz 1 Nummer 1, 2 oder 3 genannten Vorschriften angegeben sind, nicht anwendbar sind. [3] Die Einzelrechtsakte und Einzelregelungen, die in den in Satz 1 Nummer 1 bis 3 genannten Vorschriften angegeben sind, sind jeweils ab dem Zeitpunkt anzuwenden, zu dem sie in Kraft treten. [4] Soweit in einem Einzelrechtsakt die verbindliche Anwendung vorgeschrieben ist, ist nur dieser Einzelrechtsakt maßgeblich. [5] Gehört ein solches Fahrzeug zu einem genehmigten Typ oder liegt eine Einzelbetriebserlaubnis nach dieser Verordnung oder eine Einzelgenehmigung nach § 13 der EG-Fahrzeuggenehmigungsverordnung vor, ist die Erteilung einer neuen Betriebserlaubnis nur zulässig, wenn die Betriebserlaubnis nach Absatz 2 Satz 2 erloschen ist.

(2) [1] Die Betriebserlaubnis des Fahrzeugs bleibt, wenn sie nicht ausdrücklich entzogen wird, bis zu seiner endgültigen Außerbetriebsetzung wirksam. [2] Sie erlischt, wenn Änderungen vorgenommen werden, durch die

1. die in der Betriebserlaubnis genehmigte Fahrzeugart geändert wird,
2. eine Gefährdung von Verkehrsteilnehmern zu erwarten ist oder
3. das Abgas- oder Geräuschverhalten verschlechtert wird.

[3] Fahrzeughersteller, Importeure oder Gewerbetreibende dürfen keine Änderungen vornehmen oder vornehmen lassen, die nach Satz 2 zum Erlöschen der Betriebserlaubnis führen. [4] Satz 3 gilt nicht, wenn unverzüglich eine Betriebserlaubnis nach § 21 für das Gesamtfahrzeug eingeholt wird. [5] Sie erlischt ferner für Fahrzeuge der Bundeswehr, für die § 20 Absatz 3b oder § 21 Absatz 6 angewendet worden ist, sobald die Fahrzeuge nicht mehr für die Bundeswehr zugelassen sind. [6] Für die Erteilung einer neuen Betriebserlaubnis gilt § 21 entsprechend. [7] Besteht Anlass zur Annahme, dass die Betriebserlaubnis erloschen ist, kann die Verwaltungsbehörde zur Vorbereitung einer Entscheidung

1. die Beibringung eines Gutachtens eines amtlich anerkannten Sachverständigen, Prüfers für den Kraftfahrzeugverkehr oder eines Prüfingenieurs darüber, ob das Fahrzeug den Vorschriften dieser Verordnung entspricht, oder
2. die Vorführung des Fahrzeugs

anordnen und wenn nötig mehrere solcher Anordnungen treffen; auch darf eine Prüfplakette nach Anlage IX nicht zugeteilt werden. [8] Für Softwareänderungen von im Verkehr befindlichen Fahrzeugen sind zusätzlich die hierzu amtlich bekannt gemachten Vorschriften zur Durchführung sowie der Stand der Technik zu beachten. [9] Softwareänderungen nicht genehmigungspflichtiger Erweiterungen sind hiervon nicht betroffen.

(2a) [1] Die Betriebserlaubnis für Fahrzeuge, die nach ihrer Bauart speziell für militärische oder polizeiliche Zwecke sowie für Zwecke des Brandschutzes, des Katastrophenschutzes oder des Rettungsdienstes bestimmt sind, bleibt nur so lange wirksam, wie die Fahrzeuge für die Bundeswehr, die Bundespolizei, die Polizeien der Länder, die Feuerwehr oder Einrichtungen des Katastrophenschutzes oder des Rettungsdienstes zugelassen oder eingesetzt werden. [2] Für Fahrzeuge nach Satz 1 darf eine Betriebserlaubnis nach § 21 nur der Bundeswehr, der Bundespolizei, den Polizeien der Länder, der Feuerwehr oder Einrichtungen des Katastrophenschutzes oder des Rettungsdienstes erteilt werden; dies gilt auch, wenn die für die militärischen oder die polizeilichen Zwecke sowie die Zwecke des Brandschutzes, des Katastrophenschutzes und des Rettungsdienstes vorhandene Ausstattung oder Ausrüstung entfernt, verändert oder unwirksam gemacht worden ist. [3] Ausnahmen von Satz 2 für bestimmte Einsatzzwecke können nach § 70 genehmigt werden.

(3) [1] Abweichend von Absatz 2 Satz 2 erlischt die Betriebserlaubnis des Fahrzeugs jedoch nicht, wenn bei Änderungen durch Ein- oder Anbau von Teilen

1. für diese Teile
   a) eine Betriebserlaubnis nach § 22 oder eine Bauartgenehmigung nach § 22a erteilt worden ist oder
   b) der nachträgliche Ein- oder Anbau im Rahmen einer Betriebserlaubnis oder eines Nachtrags dazu für das Fahrzeug nach § 20 oder § 21 genehmigt worden ist

   und die Wirksamkeit der Betriebserlaubnis, der Bauartgenehmigung oder der Genehmigung nicht von der Abnahme des Ein- oder Anbaus abhängig gemacht worden ist oder
2. für diese Teile
   a) eine EWG-Betriebserlaubnis, eine EWG-Bauartgenehmigung oder eine EG-Typgenehmigung nach Europäischem Gemeinschaftsrecht oder
   b) eine Genehmigung nach Regelungen in der jeweiligen Fassung entsprechend dem Übereinkommen vom 20. März 1958 über die Annahme einheitlicher Bedingungen für die Genehmigung der Ausrüstungsgegenstände und Teile von Kraftfahrzeugen und über die gegenseitige Anerkennung der Genehmigung (BGBl. 1965 II S. 857, 858), soweit diese von der Bundesrepublik Deutschland angewendet werden,

   erteilt worden ist und eventuelle Einschränkungen oder Einbauanweisungen beachtet sind oder
3. die Wirksamkeit der Betriebserlaubnis, der Bauartgenehmigung oder der Genehmigung dieser Teile nach Nummer 1 Buchstabe a oder b von einer Abnahme des Ein- oder Anbaus abhängig gemacht ist und die Abnahme unverzüglich durchgeführt und nach § 22 Absatz 1 Satz 5, auch in Verbindung mit § 22a Absatz 1a, bestätigt worden ist *oder*[1)]

[2] Werden bei Teilen nach Nummer 1 oder 2 in der Betriebserlaubnis, der Bauartgenehmigung oder der Genehmigung aufgeführte Einschränkungen oder Einbauanweisungen nicht eingehalten, erlischt die Betriebserlaubnis des Fahrzeugs.

(4) [1] Der Führer des Fahrzeugs hat in den Fällen

1. des Absatzes 3 Satz 1 Nummer 1 den Abdruck oder die Ablichtung der betreffenden Betriebserlaubnis, Bauartgenehmigung, Genehmigung im Rahmen der Betriebserlaubnis oder eines Auszugs dieser Erlaubnis oder Genehmigung, der die für die Verwendung wesentlichen Angaben enthält,
2. des Absatzes 3 Satz 1 Nummer 3 einen Nachweis nach einem vom Bundesministerium für Digitales und Verkehr im Verkehrsblatt bekannt gemachten Muster über die Erlaubnis oder die Genehmigung mit der Bestätigung des ordnungsgemäßen Ein- oder Anbaus sowie den zu beachtenden Beschränkungen oder Auflagen,

---

1) Wortlaut amtlich.

mitzuführen und zuständigen Personen auf Verlangen vorzulegen. [2]Satz 1 gilt nicht, wenn die Zulassungsbescheinigung Teil I, das Anhängerverzeichnis nach § 13 Absatz 2 Satz 1 der Fahrzeug-Zulassungsverordnung oder ein nach § 4 Absatz 5 der Fahrzeug-Zulassungsverordnung mitzuführender oder aufzubewahrender Nachweis einen entsprechenden Eintrag einschließlich zu beachtender Beschränkungen oder Auflagen enthält; anstelle der zu beachtenden Beschränkungen oder Auflagen kann auch ein Vermerk enthalten sein, dass diese in einer mitzuführenden Erlaubnis, Genehmigung oder einem mitzuführenden Nachweis aufgeführt sind. [3]Die Pflicht zur Mitteilung von Änderungen nach § 15 der Fahrzeug-Zulassungsverordnung bleibt unberührt.

(5) [1]Ist die Betriebserlaubnis nach Absatz 2 Satz 2 oder Absatz 3 Satz 2 erloschen, so darf das Fahrzeug nicht auf öffentlichen Straßen in Betrieb genommen werden oder dessen Inbetriebnahme durch den Halter angeordnet oder zugelassen werden. [2]Ausnahmen von Satz 1 sind nur nach Maßgabe der Sätze 3 bis 6 zulässig. [3]Ist die Betriebserlaubnis nach Absatz 2 Satz 2 erloschen, dürfen nur solche Fahrten durchgeführt werden, die in unmittelbarem Zusammenhang mit der Erlangung einer neuen Betriebserlaubnis stehen. [4]Am Fahrzeug sind die bisherigen Kennzeichen oder rote Kennzeichen zu führen. [5]Die Sätze 3 und 4 gelten auch für Fahrten, die der amtlich anerkannte Sachverständige für den Kraftfahrzeugverkehr oder der Ersteller des Gutachtens des nach § 30 der EG-Fahrzeuggenehmigungsverordnung zur Prüfung von Gesamtfahrzeugen benannten Technischen Dienstes im Rahmen der Erstellung des Gutachtens durchführt. [6]Kurzzeitkennzeichen dürfen nur nach Maßgabe des § 42 Absatz 6 der Fahrzeug-Zulassungsverordnung verwendet werden.

(6) [1]Werden an Fahrzeugen von Fahrzeugherstellern, die Inhaber einer Betriebserlaubnis oder einer EU-Genehmigung für Typen sind, im Sinne des Absatzes 2 Teile verändert, so bleibt die Betriebserlaubnis wirksam, solange die Fahrzeuge ausschließlich zur Erprobung verwendet werden; insoweit ist auch keine Mitteilung an die Zulassungsbehörde erforderlich. [2]Satz 1 gilt nur, wenn die Zulassungsbehörde im Fahrzeugschein bestätigt hat, dass ihr das Fahrzeug als Erprobungsfahrzeug gemeldet worden ist. [3]Sofern für die Verwendung als Erprobungsfahrzeug die Genehmigung einer Ausnahme nach § 70 von den Bau- und Betriebsvorschriften der §§ 30 bis 62 erforderlich ist, ist diese einzuholen und der Hinweis hierauf in die Zulassungsbescheinigung einzutragen.
[4]Die Sätze 1 bis 3 gelten auch für Fahrzeuge, die von Herstellern von Fahrzeugteilen oder Fahrzeugsystemen zur Erprobung verwendet werden, sofern diese selbst Genehmigungsinhaber für Fahrzeugteile oder Fahrzeugsysteme sind oder sie die Anfangsbewertung nach Anhang IV Nummer 2 der in Absatz 1 Satz 1 Nummer 1 genannten Verordnung zur Zufriedenheit der Genehmigungsbehörde abgeschlossen haben.

(7) Die Absätze 2 bis 6 gelten entsprechend für die EG-Typgenehmigung, die EG-Genehmigung oder die EU- Einzelgenehmigung.

§ 20[1)] Allgemeine Betriebserlaubnis für Typen. (1) [1]Für reihenweise zu fertigende oder gefertigte Fahrzeuge kann die Betriebserlaubnis dem Hersteller nach einer auf seine Kosten vorgenommenen Prüfung allgemein erteilt werden (Allgemeine Betriebserlaubnis), wenn er die Gewähr für zuverlässige Ausübung der dadurch verliehenen Befugnisse bietet. [2]Bei Herstellung eines Fahrzeugtyps durch mehrere Beteiligte kann die Allgemeine Betriebserlaubnis diesen gemeinsam erteilt

1) § 20 Abs. 4 geänd. mWv 5.4.2017 durch G v. 29.3.2017 (BGBl. I S. 626).

werden. [3] Für die Fahrzeuge, die außerhalb des Geltungsbereichs dieser Verordnung hergestellt worden sind, kann die Allgemeine Betriebserlaubnis erteilt werden

1. dem Hersteller oder seinem Beauftragten, wenn die Fahrzeuge in einem Staat hergestellt worden sind, in dem der Vertrag zur Gründung der Europäischen Wirtschaftsgemeinschaft oder das Abkommen über den Europäischen Wirtschaftsraum gilt,
2. dem Beauftragten des Herstellers, wenn die Fahrzeuge zwar in einem Staat hergestellt worden sind, in dem der Vertrag zur Gründung der Europäischen Wirtschaftsgemeinschaft oder das Abkommen über den Europäischen Wirtschaftsraum nicht gilt, sie aber in den Geltungsbereich dieser Verordnung aus einem Staat eingeführt worden sind, in dem der Vertrag zur Gründung der Europäischen Wirtschaftsgemeinschaft oder das Abkommen über den Europäischen Wirtschaftsraum gilt,
3. in den anderen Fällen dem Händler, der seine Berechtigung zum alleinigen Vertrieb der Fahrzeuge im Geltungsbereich dieser Verordnung nachweist.

[4] In den Fällen des Satzes 3 Nummer 2 muss der Beauftragte des Herstellers in einem Staat ansässig sein, in dem der Vertrag zur Gründung der Europäischen Wirtschaftsgemeinschaft oder das Abkommen über den Europäischen Wirtschaftsraum gilt. [5] In den Fällen des Satzes 3 Nummer 3 muss der Händler im Geltungsbereich dieser Verordnung ansässig sein.

(2) [1] Über den Antrag auf Erteilung der Allgemeinen Betriebserlaubnis entscheidet das Kraftfahrt-Bundesamt. [2] Das Kraftfahrt-Bundesamt kann einen amtlich anerkannten Sachverständigen für den Kraftfahrzeugverkehr oder eine andere Stelle mit der Begutachtung beauftragen. [3] Es bestimmt, welche Unterlagen für den Antrag beizubringen sind.

(2a) Umfasst der Antrag auf Erteilung einer Allgemeinen Betriebserlaubnis auch die Genehmigung für eine wahlweise Ausrüstung, so kann das Kraftfahrt-Bundesamt auf Antrag in die Allgemeine Betriebserlaubnis aufnehmen, welche Teile auch nachträglich an- oder eingebaut werden dürfen (§ 19 Absatz 3 Nummer 1 Buchstabe b und Nummer 3); § 22 Absatz 3 ist anzuwenden.

(3) [1] Der Inhaber einer Allgemeinen Betriebserlaubnis für Fahrzeuge hat für jedes dem Typ entsprechende, zulassungspflichtige Fahrzeug einen Fahrzeugbrief auszufüllen. [2] Die Vordrucke für die Briefe werden vom Kraftfahrt-Bundesamt ausgegeben. [3] In dem Brief sind die Angaben über das Fahrzeug von dem Inhaber der Allgemeinen Betriebserlaubnis für das Fahrzeug einzutragen oder, wenn mehrere Hersteller beteiligt sind, von jedem Beteiligten für die von ihm hergestellten Teile, sofern nicht ein Beteiligter die Ausfüllung des Briefs übernimmt; war die Erteilung der Betriebserlaubnis von der Genehmigung einer Ausnahme abhängig, so müssen die Ausnahme und die genehmigende Behörde im Brief bezeichnet werden. [4] Der Brief ist von dem Inhaber der Allgemeinen Betriebserlaubnis unter Angabe der Firmenbezeichnung und des Datums mit seiner Unterschrift zu versehen; eine Nachbildung der eigenhändigen Unterschrift durch Druck oder Stempel ist zulässig.

(3a) [1] Der Inhaber einer Allgemeinen Betriebserlaubnis für Fahrzeuge ist verpflichtet, für jedes dem Typ entsprechende zulassungspflichtige Fahrzeug eine *Datenbestätigung nach* Muster 2d auszufüllen. [2] In die Datenbestätigung sind vom Inhaber der Allgemeinen Betriebserlaubnis die Angaben über die Beschaffenheit des Fahrzeugs einzutragen oder, wenn mehrere Hersteller beteiligt sind, von jedem Beteiligten die Angaben für die von ihm hergestellten Teile, sofern nicht ein

Beteiligter die Ausfüllung der Datenbestätigung übernimmt. [3]Die Richtigkeit der Angaben über die Beschaffenheit des Fahrzeugs und über dessen Übereinstimmung mit dem genehmigten Typ hat der für die Ausfüllung der Datenbestätigung jeweils Verantwortliche unter Angabe des Datums zu bescheinigen. [4]Gehört das Fahrzeug zu einer in Anlage XXIX benannten EG-Fahrzeugklasse, kann zusätzlich die Bezeichnung der Fahrzeugklasse eingetragen werden. [5]Die Datenbestätigung ist für die Zulassung dem Fahrzeug mitzugeben. [6]Hat der Inhaber einer Allgemeinen Betriebserlaubnis auch einen Fahrzeugbrief nach Absatz 3 Satz 1 ausgefüllt, ist dieser der Datenbestätigung beizufügen. [7]Die Datenbestätigung nach Satz 1 ist entbehrlich, wenn

1. das Kraftfahrt-Bundesamt für den Fahrzeugtyp Typdaten zur Verfügung gestellt hat und
2. der Inhaber einer Allgemeinen Betriebserlaubnis durch Eintragung der vom Kraftfahrt-Bundesamt für den Abruf der Typdaten zugeteilten Typ- sowie Varianten-/Versionsschlüsselnummer im Fahrzeugbrief bestätigt hat, dass das im Fahrzeugbrief genannte Fahrzeug mit den Typdaten, die dieser Schlüsselnummer entsprechen, übereinstimmt.

(3b) Für Fahrzeuge, die für die Bundeswehr zugelassen werden sollen, braucht die Datenbestätigung abweichend von Absatz 3a Satz 1 nur für eine Fahrzeugserie ausgestellt zu werden, wenn der Inhaber der Allgemeinen Betriebserlaubnis die Fahrzeug-Identifizierungsnummer jedes einzelnen Fahrzeugs der Fahrzeugserie der Zentralen Militärkraftfahrtstelle mitteilt.

(4) Abweichungen von den technischen Angaben, die das Kraftfahrt-Bundesamt bei Erteilung der Allgemeinen Betriebserlaubnis durch schriftlichen oder elektronischen Bescheid für den genehmigten Typ festgelegt hat, sind dem Inhaber der Allgemeinen Betriebserlaubnis nur gestattet, wenn diese durch einen entsprechenden Nachtrag ergänzt worden ist oder wenn das Kraftfahrt-Bundesamt auf Anfrage erklärt hat, dass für die vorgesehene Änderung eine Nachtragserlaubnis nicht erforderlich ist.

(5) [1]Die Allgemeine Betriebserlaubnis erlischt nach Ablauf einer etwa festgesetzten Frist, bei Widerruf durch das Kraftfahrt-Bundesamt und wenn der genehmigte Typ den Rechtsvorschriften nicht mehr entspricht. [2]Der Widerruf kann ausgesprochen werden, wenn der Inhaber der Allgemeinen Betriebserlaubnis gegen die mit dieser verbundenen Pflichten verstößt oder sich als unzuverlässig erweist oder wenn sich herausstellt, dass der genehmigte Fahrzeugtyp den Erfordernissen der Verkehrssicherheit nicht entspricht.

(6) [1]Das Kraftfahrt-Bundesamt kann jederzeit bei Herstellern oder deren Beauftragten oder bei Händlern die Erfüllung der mit der Allgemeinen Betriebserlaubnis verbundenen Pflichten nachprüfen oder nachprüfen lassen. [2]In den Fällen des Absatzes 1 Satz 3 Nummer 1 und 2 kann das Kraftfahrt-Bundesamt die Erteilung der Allgemeinen Betriebserlaubnis davon abhängig machen, dass der Hersteller oder sein Beauftragter sich verpflichtet, die zur Nachprüfung nach Satz 1 notwendigen Maßnahmen zu ermöglichen. [3]Die Kosten der Nachprüfung trägt der Inhaber der Allgemeinen Betriebserlaubnis, wenn ihm ein Verstoß gegen die mit der Erlaubnis verbundenen Pflichten nachgewiesen wird.

§ 21[1)] Betriebserlaubnis für Einzelfahrzeuge. (1) [1]Gehört ein Fahrzeug nicht zu einem genehmigten Typ, so hat der Verfügungsberechtigte die Betriebserlaubnis bei der nach Landesrecht zuständigen Behörde zu beantragen. [2]Mit dem Antrag auf Erteilung der Betriebserlaubnis ist der nach Landesrecht zuständigen Behörde das Gutachten eines amtlich anerkannten Sachverständigen für den Kraftfahrzeugverkehr oder eines nach § 30 der EG-Fahrzeuggenehmigungsverordnung zur Prüfung von Gesamtfahrzeugen der jeweiligen Fahrzeugklasse benannten Technischen Dienstes vorzulegen. [3]Das Gutachten muss die technische Beschreibung des Fahrzeugs in dem Umfang enthalten, der für die Ausfertigung der Zulassungsbescheinigung Teil I und Teil II erforderlich ist. [4]Dem Gutachten ist eine Anlage beizufügen, in der die technischen Vorschriften angegeben sind, auf deren Grundlage dem Fahrzeug eine Betriebserlaubnis erteilt werden kann. [5]In den Fällen des § 19 Absatz 2 sind in dieser Anlage zusätzlich die Änderungen darzustellen, die zum Erlöschen der früheren Betriebserlaubnis geführt haben. [6]In dem Gutachten bescheinigt die oder der amtlich anerkannte Sachverständige für den Kraftfahrzeugverkehr oder der nach § 30 der EG-Fahrzeuggenehmigungsverordnung zur Prüfung von Gesamtfahrzeugen der jeweiligen Fahrzeugklasse benannte Technische Dienst, dass sie oder er das Fahrzeug im Gutachten richtig beschrieben hat und dass das Fahrzeug gemäß § 19 Absatz 1 vorschriftsmäßig ist; die Angaben aus dem Gutachten überträgt die Genehmigungsbehörde in die Zulassungsbescheinigung Teil I und, soweit vorgesehen, in die Zulassungsbescheinigung Teil II.

(1a) Gehört ein Fahrzeug zu einem genehmigten Typ oder liegt eine Einzelbetriebserlaubnis nach dieser Verordnung oder eine Einzelgenehmigung nach § 13 der EG-Fahrzeuggenehmigungsverordnung vor, ist eine Begutachtung nur zulässig, wenn die Betriebserlaubnis nach § 19 Absatz 2 erloschen ist.

(2) [1]Für die im Gutachten zusammengefassten Ergebnisse müssen Prüfprotokolle vorliegen, aus denen hervorgeht, dass die notwendigen Prüfungen durchgeführt und die geforderten Ergebnisse erreicht wurden. [2]Auf Anforderung sind die Prüfprotokolle der Genehmigungs- oder der zuständigen Aufsichtsbehörde vorzulegen. [3]Die Aufbewahrungsfrist für die Gutachten und Prüfprotokolle beträgt zehn Jahre.

(3) [1]Der Leiter der Technischen Prüfstelle ist für die Sicherstellung der gleichmäßigen Qualität aller Tätigkeiten des befugten Personenkreises verantwortlich. [2]Er hat der zuständigen Aufsichtsbehörde jährlich sowie zusätzlich auf konkrete Anforderung hin einen Qualitätssicherungsbericht vorzulegen. [3]Der Bericht muss in transparenter Form Aufschluss über die durchgeführten Qualitätskontrollen und die eingeleiteten Qualitätsmaßnahmen geben, sofern diese aufgrund eines Verstoßes erforderlich waren. [4]Der Leiter der Technischen Prüfstelle hat sicherzustellen, dass fehlerhafte Begutachtungen aufgrund derer ein Fahrzeug in Verkehr gebracht wurde oder werden soll, von dem ein erhebliches Risiko für die Verkehrssicherheit, die öffentliche Gesundheit oder die Umwelt ausgeht, nach Feststellung unverzüglich der zuständigen Genehmigungsbehörde und der zuständigen Aufsichtsbehörde gemeldet werden.

(4) [1]Bei zulassungspflichtigen Fahrzeugen ist der Behörde mit dem Antrag eine Zulassungsbescheinigung Teil II vorzulegen. [2]Wenn diese noch nicht vorhanden

---

[1)] § 21 Abs. 1 Sätze 4 und 5 eingef., bish. Satz 4 wird Satz 6, Abs. 1a eingef. mWv 1.6.2012 durch VO v. 10.5.2012 (BGBl. I S. 1086); Abs. 1 Sätze 2 und 6, Abs. 6 geänd. mWv 22.3.2019 durch VO v. 13.3. 2019 (BGBl. I S. 332); Abs. 4 Satz 2 geänd. mWv 1.9.2023 durch VO v. 20.7.2023 (BGBl. 2023 I Nr. 199).

ist, ist nach § 14 der Fahrzeug-Zulassungsverordnung zu beantragen, dass diese ausgefertigt wird.

(5) Ist für die Erteilung einer Genehmigung für Fahrzeuge zusätzlich die Erteilung einer Ausnahmegenehmigung nach § 70 erforderlich, hat die begutachtende Stelle diese im Gutachten zu benennen und stichhaltig zu begründen.

(6) Abweichend von Absatz 4 Satz 1 bedarf es für Fahrzeuge, die für die Bundeswehr zugelassen werden, nicht der Vorlage einer Zulassungsbescheinigung Teil II, wenn ein amtlich anerkannter Sachverständiger für den Kraftfahrzeugverkehr oder ein nach § 30 der EG-Fahrzeuggenehmigungsverordnung zur Prüfung von Gesamtfahrzeugen der jeweiligen Fahrzeugklasse benannter Technischer Dienst eine Datenbestätigung entsprechend Muster 2d ausgestellt hat.

§ 21a Anerkennung von Genehmigungen und Prüfzeichen auf Grund internationaler Vereinbarungen und von Rechtsakten der Europäischen Gemeinschaften. (1) [1] Im Verfahren auf Erteilung der Betriebserlaubnis werden Genehmigungen und Prüfzeichen anerkannt, die ein ausländischer Staat für Ausrüstungsgegenstände oder Fahrzeugteile oder in Bezug auf solche Gegenstände oder Teile für bestimmte Fahrzeugtypen unter Beachtung der mit der Bundesrepublik Deutschland vereinbarten Bedingungen erteilt hat. [2] Dasselbe gilt für Genehmigungen und Prüfzeichen, die das Kraftfahrt-Bundesamt für solche Gegenstände oder Teile oder in Bezug auf diese für bestimmte Fahrzeugtypen erteilt, wenn das Genehmigungsverfahren unter Beachtung der von der Bundesrepublik Deutschland mit ausländischen Staaten vereinbarten Bedingungen durchgeführt worden ist. [3] § 22a bleibt unberührt.

(1a) Absatz 1 gilt entsprechend für Genehmigungen und Prüfzeichen, die auf Grund von Rechtsakten der Europäischen Gemeinschaften erteilt werden oder anzuerkennen sind.

(2) [1] Das Prüfzeichen nach Absatz 1 besteht aus einem Kreis, in dessen Innerem sich der Buchstabe „E" und die Kennzahl des Staates befinden, der die Genehmigung erteilt hat, sowie aus der Genehmigungsnummer in der Nähe dieses Kreises, gegebenenfalls aus der Nummer der internationalen Vereinbarung mit dem Buchstaben „R" und gegebenenfalls aus zusätzlichen Zeichen. [2] Das Prüfzeichen nach Absatz 1a besteht aus einem Rechteck, in dessen Innerem sich der Buchstabe „e" und die Kennzahl oder die Kennbuchstaben des Staates befinden, der die Genehmigung erteilt hat, aus der Bauartgenehmigungsnummer in der Nähe dieses Rechtecks sowie gegebenenfalls aus zusätzlichen Zeichen. [3] Die Kennzahl für die Bundesrepublik Deutschland ist in allen Fällen „1".

(3) [1] Mit einem Prüfzeichen der in den Absätzen 1 bis 2 erwähnten Art darf ein Ausrüstungsgegenstand oder ein Fahrzeugteil nur gekennzeichnet sein, wenn er der Genehmigung in jeder Hinsicht entspricht. [2] Zeichen, die zu Verwechslungen mit einem solchen Prüfzeichen Anlass geben können, dürfen an Ausrüstungsgegenständen oder Fahrzeugteilen nicht angebracht sein.

§ 21b Anerkennung von Prüfungen auf Grund von Rechtsakten der Europäischen Gemeinschaften. Im Verfahren auf Erteilung der Betriebserlaubnis werden Prüfungen anerkannt, die auf Grund harmonisierter Vorschriften nach § 19 Absatz 1 Satz 2 durchgeführt und bescheinigt worden sind.

§ 21c (weggefallen)

§ 22[1)] Betriebserlaubnis für Fahrzeugteile. (1) [1] Die Betriebserlaubnis kann – auch als nationale Teiletypgenehmigung – gesondert für Teile von Fahrzeugen erteilt werden, wenn der Teil eine technische Einheit bildet, die im Erlaubnisverfahren selbstständig behandelt werden kann. [2] Dürfen die Teile nur an Fahrzeugen bestimmter Art, eines bestimmten Typs oder nur bei einer bestimmten Art des Ein- oder Anbaus verwendet werden, ist die Betriebserlaubnis dahingehend zu beschränken. [3] Die Wirksamkeit der Betriebserlaubnis kann davon abhängig gemacht werden, dass der Ein- oder Anbau abgenommen worden ist. [4] Die Abnahme ist von einem amtlich anerkannten Sachverständigen oder Prüfer für den Kraftfahrzeugverkehr oder von einem Kraftfahrzeugsachverständigen oder Angestellten nach Nummer 4 der Anlage VIIIb durchführen zu lassen. [5] In den Fällen des Satzes 3 ist durch die abnehmende Stelle nach Satz 4 auf dem Nachweis (§ 19 Absatz 4 Satz 1) darüber der ordnungsgemäße Ein- oder Anbau unter Angabe des Fahrzeugherstellers und -typs sowie der Fahrzeug-Identifizierungsnummer zu bestätigen.

(2) [1] Für das Verfahren gelten die Vorschriften über die Erteilung der Betriebserlaubnis für Fahrzeuge entsprechend. [2] Bei reihenweise zu fertigenden oder gefertigten Teilen ist sinngemäß nach § 20 zu verfahren; der Inhaber einer Allgemeinen Betriebserlaubnis für Fahrzeugteile hat durch Anbringung des ihm vorgeschriebenen Typzeichens auf jedem dem Typ entsprechenden Teil dessen Übereinstimmung mit dem genehmigten Typ zu bestätigen. [3] Außerdem hat er jedem gefertigten Teil einen Abdruck oder eine Ablichtung der Betriebserlaubnis oder den Auszug davon und gegebenenfalls den Nachweis darüber (§ 19 Absatz 4 Satz 1) beizufügen. [4] Bei Fahrzeugteilen, die nicht zu einem genehmigten Typ gehören, ist nach § 21 zu verfahren; das Gutachten des amtlich anerkannten Sachverständigen für den Kraftfahrzeugverkehr ist, falls es sich nicht gegen die Erteilung der Betriebserlaubnis ausspricht, in den Fahrzeugschein einzutragen, wenn der Teil an einem bestimmten zulassungspflichtigen Fahrzeug an- oder eingebaut werden soll. [5] Unter dem Gutachten hat die Zulassungsbehörde gegebenenfalls einzutragen:

„Betriebserlaubnis erteilt".

[6] Der gleiche Vermerk ist unter kurzer Bezeichnung des genehmigten Teils in dem nach § 4 Absatz 5 der Fahrzeug-Zulassungsverordnung mitzuführenden oder aufzubewahrenden Nachweis und in dem Anhängerverzeichnis, sofern ein solches ausgestellt worden ist, einzutragen.

(3) [1] Anstelle einer Betriebserlaubnis nach Absatz 1 können auch Teile zum nachträglichen An- oder Einbau (§ 19 Absatz 3 Nummer 1 Buchstabe b oder Nummer 3) im Rahmen einer Allgemeinen Betriebserlaubnis für ein Fahrzeug oder eines Nachtrags dazu (§ 20) genehmigt werden; die Absätze 1, 2 Satz 2 und 3 gelten entsprechend. [2] Der Nachtrag kann sich insoweit auch auf Fahrzeuge erstrecken, die vor Genehmigung des Nachtrags hergestellt worden sind.

§ 22a[2)] Bauartgenehmigung für Fahrzeugteile. (1) Die nachstehend aufgeführten Einrichtungen, gleichgültig ob sie an zulassungspflichtigen oder an

[1)] § 22 Abs. 1 Satz 1 neu gef. mWv 20.6.2024 durch VO v. 10.6.2024 (BGBl. 2024 I Nr. 191).

[2)] § 22a Abs. 1 Nr. 1 und 27 geänd., Nr. 11a, 19a und 21a eingef. mWv 1.8.2013 durch VO v. 26.7. 2013 (BGBl. I S. 2803); Abs. 2 Satz 2 geänd. mWv 30.10.2014 durch VO v. 22.10.2014 (BGBl. I S. 1635); Abs. 1 Nr. 1a und 22 neu gef., Nr. 18 geänd. mWv 1.6.2017 durch VO v. 18.5.2017 (BGBl. I S. 1282); Abs. 1 Nr. 11, 11a und 12 neu gef., Abs. 3 Nr. 3 geänd. mWv 3.7.2021 durch VO v. 25.6.2021 (BGBl. I S. 2204); Abs. 1 Nr. 21 und 21a geänd. mWv 1.9.2023 durch VO v. 20.7.2023 (BGBl. 2023 I Nr. 199); Abs. 1 Nr. 22 neu gef. mWv 20.6.2024 durch VO v. 10.6.2024 (BGBl. 2024 I Nr. 191).

zulassungsfreien Fahrzeugen verwendet werden, müssen in einer amtlich genehmigten Bauart ausgeführt sein:

1. Heizungen in Kraftfahrzeugen, ausgenommen elektrische Heizungen sowie Warmwasserheizungen, bei denen als Wärmequelle das Kühlwasser des Motors verwendet wird (§ 35c Absatz 1);

1a. Luftreifen (§ 36 Absatz 2);

2. Gleitschutzeinrichtungen (§ 37 Absatz 1 Satz 2);

3. Scheiben aus Sicherheitsglas (§ 40) und Folien für Scheiben aus Sicherheitsglas;

4. Frontschutzsysteme (§ 30c Absatz 4);

5. Auflaufbremsen (§ 41 Absatz 10), ausgenommen ihre Übertragungseinrichtungen und Auflaufbremsen, die nach den im Anhang zu § 41 Absatz 18 genannten Bestimmungen über Bremsanlagen geprüft sind und deren Übereinstimmung in der vorgesehenen Form bescheinigt ist;

6. Einrichtungen zur Verbindung von Fahrzeugen (§ 43 Absatz 1), mit Ausnahme von
   a) Einrichtungen, die aus technischen Gründen nicht selbstständig im Genehmigungsverfahren behandelt werden können (zum Beispiel Deichseln an einachsigen Anhängern, wenn sie Teil des Rahmens und nicht verstellbar sind),
   b) Ackerschienen (Anhängeschienen), ihrer Befestigungseinrichtung und dem Dreipunktanbau an land- oder forstwirtschaftlichen Zug- oder Arbeitsmaschinen,
   c) Zugeinrichtungen an land- oder forstwirtschaftlichen Arbeitsgeräten, die hinter Kraftfahrzeugen mitgeführt werden und nur im Fahren eine ihrem Zweck entsprechende Arbeit leisten können, wenn sie zur Verbindung mit den unter Buchstabe b genannten Einrichtungen bestimmt sind,
   d) Abschlepp- und Rangiereinrichtungen einschließlich Abschleppstangen und Abschleppseilen,
   e) Langbäumen,
   f) Verbindungseinrichtungen an Anbaugeräten, die an land- oder forstwirtschaftlichen Zugmaschinen angebracht werden;

7. Scheinwerfer für Fernlicht und für Abblendlicht sowie für Fern- und Abblendlicht (§ 50);

8. Begrenzungsleuchten (§ 51 Absatz 1 und 2, § 53b Absatz 1);

8a. Spurhalteleuchten (§ 51 Absatz 4);

8b. Seitenmarkierungsleuchten (§ 51a Absatz 6);

9. Parkleuchten, Park-Warntafeln (§ 51c);

9a. Umrissleuchten (§ 51b);

10. Nebelscheinwerfer (§ 52 Absatz 1);

11. Warnleuchten für blaues Blinklicht (§ 52 Absatz 3);

11a. nach vorn wirkende Warnleuchten für rotes Blinklicht mit nur einer Hauptausstrahlrichtung (Anhaltesignal) (§ 52 Absatz 3a);

12. Warnleuchten für gelbes Blinklicht (§ 52 Absatz 4);

12a. Rückfahrscheinwerfer (§ 52a);

13. Schlussleuchten (§ 53 Absatz 1 und 6, § 53b);

14. Bremsleuchten (§ 53 Absatz 2);

15. Rückstrahler (§ 51 Absatz 2, § 51a Absatz 1, § 53 Absatz 4, 6 und 7, § 53b, § 66a Absatz 4 dieser Verordnung, § 22 Absatz 4 der Straßenverkehrs-Ordnung[1]);
16. Warndreiecke und Warnleuchten (§ 53a Absatz 1 und 3);
16a. Nebelschlussleuchten (§ 53d);
17. Fahrtrichtungsanzeiger (Blinkleuchten) (§ 53b Absatz 5, § 54);
17a. Tragbare Blinkleuchten und rot-weiße Warnmarkierungen für Hubladebühnen (§ 53b Absatz 5);
18. Lichtquellen für bauartgenehmigungspflichtige lichttechnische Einrichtungen, soweit die Lichtquellen nicht fester Bestandteil der Einrichtungen sind (§ 49a Absatz 6, § 67 Absatz 6 dieser Verordnung, § 22 Absatz 4 und 5 der Straßenverkehrs-Ordnung);
19. Warneinrichtungen mit einer Folge von Klängen verschiedener Grundfrequenz – Einsatzhorn – (§ 55 Absatz 3);
19a. Warneinrichtungen mit einer Folge von Klängen verschiedener Grundfrequenz (Anhaltehorn) (§ 55 Absatz 3a);
20. Fahrtschreiber (§ 57a);
21. Beleuchtungseinrichtungen für Kennzeichen (§ 12 der Fahrzeug-Zulassungsverordnung);
21a. Beleuchtungseinrichtungen für transparente amtliche Kennzeichen (§ 12 Fahrzeug-Zulassungsverordnung);
22. Lichtmaschinen, Systeme zur automatischen Scheinwerferausrichtung, Scheinwerfer für Abblendlicht, auch mit Fernlichtfunktion oder auch mit Tagfahrlichtfunktion oder auch mit Standlichtfunktion, Schlussleuchten, auch mit Bremslichtfunktion oder auch mit Standlichtfunktion, Leuchten für weißes Licht, Leuchten für rotes Licht, Fahrtrichtungsanzeiger, rote, gelbe und weiße Rückstrahler, Pedalrückstrahler und retroreflektierende Streifen an Reifen, Felgen oder in den Speichen, weiß retroreflektierende Speichen oder Speichenhülsen für Fahrräder und Fahrradanhänger (§ 67 Absatz 1 bis 6, § 67a Absatz 1 bis 4);
23. (weggefallen)
24. (weggefallen)
25. Sicherheitsgurte und andere Rückhaltesysteme in Kraftfahrzeugen;
26. Leuchten zur Sicherung hinausragender Ladung (§ 22 Absatz 4 und 5 der Straßenverkehrs-Ordnung);
27. Rückhalteeinrichtungen für Kinder in Kraftfahrzeugen (§ 35a Absatz 12 dieser Verordnung sowie § 21 Absatz 1a der Straßenverkehrs-Ordnung).

(1a) § 22 Absatz 1 Satz 2 bis 5 ist entsprechend anzuwenden.

(2) [1] Fahrzeugteile, die in einer amtlich genehmigten Bauart ausgeführt sein müssen, dürfen zur Verwendung im Geltungsbereich dieser Verordnung nur feilgeboten, veräußert, erworben oder verwendet werden, wenn sie mit einem amtlich vorgeschriebenen und zugeteilten Prüfzeichen gekennzeichnet sind. [2] Die Ausgestaltung der Prüfzeichen und das Verfahren bestimmt das Bundesministerium *für Verkehr und digitale Infrastruktur*; insoweit gilt die Fahrzeugteileverordnung vom 12. August 1998 (BGBl. I S. 2142).

---

[1] **Habersack, Deutsche Gesetze Nr. 35a.**

(3) Die Absätze 1 und 2 sind nicht anzuwenden auf

1. Einrichtungen, die zur Erprobung im Straßenverkehr verwendet werden, wenn der Führer des Fahrzeugs eine entsprechende amtliche Bescheinigung mit sich führt und zuständigen Personen auf Verlangen zur Prüfung aushändigt,
2. Einrichtungen – ausgenommen lichttechnische Einrichtungen für Fahrräder und Lichtquellen für Scheinwerfer –, die in den Geltungsbereich dieser Verordnung verbracht worden sind, an Fahrzeugen verwendet werden, die außerhalb des Geltungsbereichs dieser Verordnung gebaut worden sind, und in ihrer Wirkung etwa den nach Absatz 1 geprüften Einrichtungen gleicher Art entsprechen und als solche erkennbar sind,
3. Einrichtungen, die an Fahrzeugen verwendet werden, deren Zulassung auf Grund eines Verwaltungsverfahrens erfolgt, in welchem ein Mitgliedstaat der Europäischen Union bestätigt, dass der Typ eines Fahrzeugs, eines Systems, eines Bauteils oder einer selbstständigen technischen Einheit die einschlägigen technischen Anforderungen der Richtlinie 70/156/EWG des Rates vom 6. Februar 1970 zur Angleichung der Rechtsvorschriften der Mitgliedstaaten über die Betriebserlaubnis für Kraftfahrzeuge und Kraftfahrzeuganhänger (ABl. L 42 vom 23.2.1970, S. 1), die zuletzt durch die Richtlinie 2004/104/EG (ABl. L 337 vom 13.11.2004, S. 13) geändert worden ist, der Richtlinie 92/61/EWG des Rates vom 30. Juni 1992 über die Betriebserlaubnis für zweirädrige oder dreirädrige Kraftfahrzeuge (ABl. L 225 vom 10.8.1992, S. 72), die durch die Richtlinie 2000/7/EG (ABl. L 106 vom 3.5.2000, S. 1) geändert worden ist, oder der Richtlinie 2007/46/EG oder der Richtlinie 2002/24/EG oder der Richtlinie 2003/37/EG oder der Verordnung (EU) Nr. 167/2013 oder der Verordnung (EU) Nr. 168/2013 oder der Verordnung (EU) 2018/858 in ihrer jeweils geltenden Fassung oder eines Einzelrechtsaktes oder einer Einzelregelung erfüllt.

(4) [1] Absatz 2 ist nicht anzuwenden auf Einrichtungen, für die eine Einzelgenehmigung im Sinne der Fahrzeugteileverordnung erteilt worden ist. [2] Werden solche Einrichtungen im Verkehr verwendet, so ist die Urkunde über die Genehmigung mitzuführen und zuständigen Personen auf Verlangen zur Prüfung auszuhändigen; dies gilt nicht, wenn die Genehmigung aus dem Fahrzeugschein, aus dem Nachweis nach § 4 Absatz 5 der Fahrzeug-Zulassungsverordnung oder aus dem statt der Zulassungsbescheinigung Teil II mitgeführten Anhängerverzeichnis hervorgeht.

(5) [1] Mit einem amtlich zugeteilten Prüfzeichen der in Absatz 2 erwähnten Art darf ein Fahrzeugteil nur gekennzeichnet sein, wenn es der Bauartgenehmigung in jeder Hinsicht entspricht. [2] Zeichen, die zu Verwechslungen mit einem amtlich zugeteilten Prüfzeichen Anlass geben können, dürfen an den Fahrzeugteilen nicht angebracht sein.

(6) Die Absätze 2 und 5 gelten entsprechend für Einrichtungen, die einer EWG-Bauartgenehmigung bedürfen.

§ 23[1)] Gutachten für die Einstufung eines Fahrzeugs als Oldtimer. [1] Zur Einstufung eines Fahrzeugs als Oldtimer im Sinne des § 2 Nummer 22 der Fahrzeug-Zulassungsverordnung ist ein Gutachten eines amtlich anerkannten Sachverständigen oder Prüfers oder Prüfingenieurs erforderlich. [2] Die Begutachtung ist nach einer im Verkehrsblatt nach Zustimmung der zuständigen obersten

[1)] § 23 Satz 4 angef. mWv 1.8.2013 durch VO v. 26.7.2013 (BGBl. I S. 2803).

Landesbehörden bekannt gemachten Richtlinie durchzuführen und das Gutachten nach einem in der Richtlinie festgelegten Muster auszufertigen. [3] Im Rahmen der Begutachtung ist auch eine Untersuchung im Umfang einer Hauptuntersuchung nach § 29 durchzuführen, es sei denn, dass mit der Begutachtung gleichzeitig ein Gutachten nach § 21 erstellt wird. [4] Für das Erteilen der Prüfplakette gilt § 29 Absatz 3.

§§ 24 bis 28 (weggefallen)

§ 29[1)] Untersuchung der Kraftfahrzeuge und Anhänger. (1) [1] Die Halter von zulassungspflichtigen Fahrzeugen im Sinne des § 3 Absatz 1 der Fahrzeug-Zulassungsverordnung und kennzeichenpflichtigen Fahrzeugen nach § 4 Absatz 2 und 3 Satz 2 der Fahrzeug-Zulassungsverordnung haben ihre Fahrzeuge auf ihre Kosten nach Maßgabe der Anlage VIII in Verbindung mit Anlage VIIIa in regelmäßigen Zeitabständen untersuchen zu lassen. [2] Ausgenommen sind

1. Fahrzeuge mit rotem Kennzeichen nach den §§ 41 und 43 der Fahrzeug-Zulassungsverordnung,
2. Fahrzeuge der Bundeswehr und der Bundespolizei.

[3] Über die Untersuchung der Fahrzeuge der Feuerwehren und des Katastrophenschutzes entscheiden die zuständigen obersten Landesbehörden im Einzelfall oder allgemein.

(2) [1] Der Halter hat den Monat, in dem das Fahrzeug spätestens zur

1. Hauptuntersuchung vorgeführt werden muss, durch eine Prüfplakette nach Anlage IX auf dem Kennzeichen nachzuweisen, es sei denn, es handelt sich um ein Kurzzeitkennzeichen oder Ausfuhrkennzeichen,
2. Sicherheitsprüfung vorgeführt werden muss, durch eine Prüfmarke in Verbindung mit einem SP-Schild nach Anlage IXb nachzuweisen.

[2] Prüfplaketten sind von der nach Landesrecht zuständigen Behörde oder den zur Durchführung von Hauptuntersuchungen berechtigten Personen zuzuteilen und auf dem hinteren amtlichen Kennzeichen dauerhaft und gegen Missbrauch gesichert anzubringen. [3] Prüfplaketten in Verbindung mit Plakettenträgern sind von der nach Landesrecht zuständigen Behörde zuzuteilen und von dem Halter oder seinem Beauftragten auf dem hinteren amtlichen Kennzeichen dauerhaft und gegen Missbrauch gesichert anzubringen. [4] Abgelaufene Prüfplaketten sowie gegebenenfalls vorhandene Plakettenträger sind vor Anbringung neuer Prüfplaketten oder neuer Prüfplaketten in Verbindung mit Plakettenträgern zu entfernen. [5] Prüfmarken sind von der nach Landesrecht zuständigen Behörde zuzuteilen und von dem Halter oder seinem Beauftragten auf dem SP-Schild nach den Vorschriften der Anlage IXb anzubringen oder von den zur Durchführung von Hauptuntersuchungen oder Sicherheitsprüfungen berechtigten Personen zuzuteilen und von diesen nach den Vorschriften der Anlage IXb auf dem SP-Schild anzubringen. [6] SP-Schilder dürfen von der nach Landesrecht zuständigen Behörde, von den zur Durchführung von Hauptuntersuchungen berechtigten Personen, dem Fahrzeug-

---

[1)] § 29 Abs. 3 Satz 1, Abs. 6 Nr. 1 Buchst. b, Abs. 12 neu gef., Abs. 7 Satz 3 geänd. mWv 1.6.2012 *durch VO v. 10.5.2012* (BGBl. I S. 1086); Abs. 1 Satz 2 Nr. 1, Abs. 2 Satz 1 Nr. 1 geänd. mWv 1.4.2015 durch VO v. 30.10.2014 (BGBl. I S. 1666); Abs. 1 Satz 2 Nr. 1, Abs. 2 Satz 1 Nr. 1 geänd., Abs. 2 Sätze 3 und 4 eingef., bish. Sätze 3 und 4 werden Sätze 5 und 6 mWv 1.10.2017 durch VO v. 23.3.2017 (BGBl. I S. 522); Abs. 10 Satz 2 neu gef., Abs. 11–13 aufgeh. mWv 3.7.2021 durch VO v. 25.6.2021 (BGBl. I S. 2204); Abs. 1 Satz 2 Nr. 1 geänd. mWv 1.9.2023 durch VO v. 20.7.2023 (BGBl. 2023 I Nr. 199).

hersteller, dem Halter oder seinem Beauftragten nach den Vorschriften der Anlage IXb angebracht werden.

(3) [1] Eine Prüfplakette darf nur dann zugeteilt und angebracht werden, wenn die Vorschriften der Anlage VIII eingehalten sind. [2] Durch die nach durchgeführter Hauptuntersuchung zugeteilte und angebrachte Prüfplakette wird bescheinigt, dass das Fahrzeug zum Zeitpunkt dieser Untersuchung vorschriftsmäßig nach Nummer 1.2 der Anlage VIII ist. [3] Weist das Fahrzeug lediglich geringe Mängel auf, so kann abweichend von Satz 1 die Prüfplakette zugeteilt und angebracht werden, wenn die unverzügliche Beseitigung der Mängel zu erwarten ist.

(4) [1] Eine Prüfmarke darf zugeteilt und angebracht werden, wenn das Fahrzeug nach Abschluss der Sicherheitsprüfung nach Maßgabe der Nummer 1.3 der Anlage VIII keine Mängel aufweist. [2] Die Vorschriften von Nummer 2.6 der Anlage VIII bleiben unberührt.

(5) Der Halter hat dafür zu sorgen, dass sich die nach Absatz 3 angebrachte Prüfplakette und die nach Absatz 4 angebrachte Prüfmarke und das SP-Schild in ordnungsgemäßem Zustand befinden; sie dürfen weder verdeckt noch verschmutzt sein.

(6) Monat und Jahr des Ablaufs der Frist für die nächste

1. Hauptuntersuchung müssen von demjenigen, der die Prüfplakette zugeteilt und angebracht hat,
   a) bei den im üblichen Zulassungsverfahren behandelten Fahrzeugen in der Zulassungsbescheinigung Teil I oder
   b) bei anderen Fahrzeugen auf dem nach § 4 Absatz 5 der Fahrzeug-Zulassungsverordnung mitzuführenden oder aufzubewahrenden Nachweis in Verbindung mit dem Prüfstempel der untersuchenden Stelle oder dem HU-Code und der Kennnummer der untersuchenden Person oder Stelle,
2. Sicherheitsprüfung müssen von demjenigen, der die Prüfmarke zugeteilt hat, im Prüfprotokoll

vermerkt werden.

(7) [1] Die Prüfplakette und die Prüfmarke werden mit Ablauf des jeweils angegebenen Monats ungültig. [2] Ihre Gültigkeit verlängert sich um einen Monat, wenn bei der Durchführung der Hauptuntersuchung oder Sicherheitsprüfung Mängel festgestellt werden, die vor der Zuteilung einer neuen Prüfplakette oder Prüfmarke zu beheben sind. [3] Satz 2 gilt auch, wenn bei geringen Mängeln keine Prüfplakette nach Absatz 3 Satz 3 zugeteilt wird, und für Prüfmarken in den Fällen der Anlage VIII Nummer 2.4 Satz 6. [4] Befindet sich an einem Fahrzeug, das mit einer Prüfplakette oder einer Prüfmarke in Verbindung mit einem SP-Schild versehen sein muss, keine gültige Prüfplakette oder keine gültige Prüfmarke, so kann die nach Landesrecht zuständige Behörde für die Zeit bis zur Anbringung der vorgenannten Nachweise den Betrieb des Fahrzeugs im öffentlichen Verkehr untersagen oder beschränken. [5] Die betroffene Person hat das Verbot oder die Beschränkung zu beachten.

(8) Einrichtungen aller Art, die zu Verwechslungen mit der in Anlage IX beschriebenen Prüfplakette oder der in Anlage IXb beschriebenen Prüfmarke in Verbindung mit dem SP-Schild Anlass geben können, dürfen an Kraftfahrzeugen und ihren Anhängern nicht angebracht sein.

(9) Der für die Durchführung von Hauptuntersuchungen oder Sicherheitsprüfungen Verantwortliche hat für Hauptuntersuchungen einen Untersuchungsbericht und für Sicherheitsprüfungen ein Prüfprotokoll nach Maßgabe der Anla-

ge VIII zu erstellen und dem Fahrzeughalter oder seinem Beauftragten auszuhändigen.

(10) [1]Der Halter hat den Untersuchungsbericht mindestens bis zur nächsten Hauptuntersuchung und das Prüfprotokoll mindestens bis zur nächsten Sicherheitsprüfung aufzubewahren. [2]Der Halter oder sein Beauftragter hat den Untersuchungsbericht, bei Fahrzeugen, bei denen nach Nummer 2.1 Anlage VIII eine Sicherheitsprüfung durchzuführen ist, zusammen mit dem Prüfprotokoll, zuständigen Personen und der nach Landesrecht zuständigen Behörde auf deren Anforderung hin, auszuhändigen. [3]Kann der letzte Untersuchungsbericht oder das letzte Prüfprotokoll nicht ausgehändigt werden, hat der Halter auf seine Kosten Zweitschriften von den prüfenden Stellen zu beschaffen oder eine Hauptuntersuchung oder eine Sicherheitsprüfung durchführen zu lassen. [4]Die Sätze 2 und 3 gelten nicht für den Hauptuntersuchungsbericht bei der Fahrzeugzulassung, wenn die Fälligkeit der nächsten Hauptuntersuchung für die Zulassungsbehörde aus einem anderen amtlichen Dokument ersichtlich ist.

§ 29a[1)] Datenübermittlung. [1]Die zur Durchführung von Hauptuntersuchungen oder Sicherheitsprüfungen nach § 29 berechtigten Personen sind verpflichtet, nach Abschluss einer Hauptuntersuchung oder einer Sicherheitsprüfung die in § 61 Absatz 1 der Fahrzeug-Zulassungsverordnung genannten Daten an das Kraftfahrt-Bundesamt zur Speicherung im Zentralen Fahrzeugregister zu übermitteln. [2]Darüber hinaus müssen die zur Durchführung von Hauptuntersuchungen nach § 29 berechtigten Personen nach Abschluss einer Hauptuntersuchung die in § 61 Absatz 2 der Fahrzeug-Zulassungsverordnung genannten Daten an das Kraftfahrt-Bundesamt zur Speicherung im Zentralen Fahrzeugregister übermitteln. [3]Die jeweilige Übermittlung hat

1. bei verkehrsunsicheren Fahrzeugen nach Anlage VIII Nummer 3.1.4.4 oder 3.2.3.3 am selben Tag,
2. sonst unverzüglich, spätestens aber innerhalb von zwei Wochen nach Abschluss der Hauptuntersuchung oder Sicherheitsprüfung

zu erfolgen.

IIa. Pflichtversicherung
(weggefallen)

§§ 29a[2)] bis 29h (weggefallen)

III. Bau- und Betriebsvorschriften

1. Allgemeine Vorschriften

§ 30[3)] Beschaffenheit der Fahrzeuge. (1) Fahrzeuge müssen so gebaut und ausgerüstet sein, dass

1. ihr verkehrsüblicher Betrieb niemanden schädigt oder mehr als unvermeidbar gefährdet, behindert oder belästigt,

---

1) § 29a eingef. mWv 1.10.2017, Satz 2 geänd. mWv 20.5.2018 durch VO v. 23.3.2017 (BGBl. I S. 522); *Sätze 1 und 2 geänd. mWv 1.9.2023* durch VO v. 20.7.2023 (BGBl. 2023 I Nr. 199).

2) Paragraphenzählung amtlich.

3) § 30 Abs. 4 Satz 2 geänd. mWv 30.10.2014 durch VO v. 22.10.2014 (BGBl. I S. 1635); Abs. 4 einl. und abschl. Satzteil geänd., Nr. 1–3 sowie Satz 2 neu gef., Sätze 3 und 4 aufgeh. mWv 3.7.2021 durch VO v. 25.6.2021 (BGBl. I S. 2204).

2. die Insassen insbesondere bei Unfällen vor Verletzungen möglichst geschützt sind und das Ausmaß und die Folgen von Verletzungen möglichst gering bleiben.

(2) Fahrzeuge müssen in straßenschonender Bauweise hergestellt sein und in dieser erhalten werden.

(3) Für die Verkehrs- oder Betriebssicherheit wichtige Fahrzeugteile, die besonders leicht abgenutzt oder beschädigt werden können, müssen einfach zu überprüfen und leicht auswechselbar sein.

(4) [1] Anstelle der Vorschriften dieser Verordnung können die Einzelrechtsakte und Einzelregelungen in ihrer jeweils geltenden Fassung angewendet werden, die
1. in Anhang IV der Richtlinie 2007/46/EG oder in Anhang II der Verordnung (EU) 2018/858 oder
2. in Anhang I der Verordnung (EU) Nr. 167/2013 oder
3. in Anhang II der Verordnung (EU) Nr. 168/2013

in ihrer jeweils geltenden Fassung genannt sind. [2] Die in Satz 1 genannten Einzelrechtsakte und Einzelregelungen sind jeweils ab dem Zeitpunkt anzuwenden, zu dem sie in Kraft treten.

§ 30a[1)] Durch die Bauart bestimmte Höchstgeschwindigkeit sowie maximales Drehmoment und maximale Nutzleistung des Motors. (1) [1] Kraftfahrzeuge müssen entsprechend dem Stand der Technik so gebaut und ausgerüstet sein, dass technische Veränderungen, die zu einer Änderung der durch die Bauart bestimmten Höchstgeschwindigkeit (Geschwindigkeit, die von einem Kraftfahrzeug nach seiner vom Hersteller konstruktiv vorgegebenen Bauart oder infolge der Wirksamkeit zusätzlicher technischer Maßnahmen auf ebener Bahn bei bestimmungsgemäßer Benutzung nicht überschritten werden kann) führen, wesentlich erschwert sind. [2] Sofern dies nicht möglich ist, müssen Veränderungen leicht erkennbar gemacht werden.

(1a) Zweirädrige Kleinkrafträder und Krafträder müssen hinsichtlich der Maßnahmen gegen unbefugte Eingriffe den Vorschriften von Kapitel 7 der Richtlinie 97/24/EG des Europäischen Parlaments und des Rates vom 17. Juni 1997 über bestimmte Bauteile und Merkmale von zweirädrigen oder dreirädrigen Kraftfahrzeugen (ABl. L 226 vom 18.8.1997, S. 1), die zuletzt durch die Richtlinie 2009/108/EG (ABl. L 213 vom 18.8.2009, S. 10) geändert worden ist, jeweils in der aus dem Anhang zu dieser Vorschrift ersichtlichen Fassung, entsprechen.

(2) [1] Anhänger müssen für eine Geschwindigkeit von mindestens 100 km/h gebaut und ausgerüstet sein. [2] Sind sie für eine niedrigere Geschwindigkeit gebaut oder ausgerüstet, müssen sie entsprechend § 58 für diese Geschwindigkeit gekennzeichnet sein.

(3) Bei Kraftfahrzeugen nach Artikel 1 der Richtlinie 2002/24/EG sind zur Ermittlung der durch die Bauart bestimmten Höchstgeschwindigkeit sowie zur Ermittlung des maximalen Drehmoments und der maximalen Nutzleistung des Motors die im Anhang zu dieser Vorschrift genannten Bestimmungen anzuwenden.

§ 30b Berechnung des Hubraums. Der Hubraum ist wie folgt zu berechnen:
1. Für pi wird der Wert von 3,1416 eingesetzt.

---

1) § 30a Abs. 1 Satz 1 geänd. mWv 1.8.2013 durch VO v. 26.7.2013 (BGBl. I S. 2803).

2. Die Werte für Bohrung und Hub werden in Millimeter eingesetzt, wobei auf die erste Dezimalstelle hinter dem Komma auf- oder abzurunden ist.
3. Der Hubraum ist auf volle Kubikzentimeter auf- oder abzurunden.
4. Folgt der zu rundenden Stelle eine der Ziffern 0 bis 4, so ist abzurunden, folgt eine der Ziffern 5 bis 9, so ist aufzurunden.

§ 30c Vorstehende Außenkanten, Frontschutzsysteme. (1) Am Umriss der Fahrzeuge dürfen keine Teile so hervorragen, dass sie den Verkehr mehr als unvermeidbar gefährden.

(2) Vorstehende Außenkanten von Personenkraftwagen müssen den im Anhang zu dieser Vorschrift genannten Bestimmungen entsprechen.

(3) Vorstehende Außenkanten von zweirädrigen oder dreirädrigen Kraftfahrzeugen nach § 30a Absatz 3 müssen den im Anhang zu dieser Vorschrift genannten Bestimmungen entsprechen.

(4) An Personenkraftwagen, Lastkraftwagen, Zugmaschinen und Sattelzugmaschinen mit mindestens vier Rädern, einer durch die Bauart bestimmten Höchstgeschwindigkeit von mehr als 25 km/h und einer zulässigen Gesamtmasse von nicht mehr als 3,5 t angebrachte Frontschutzsysteme müssen den im Anhang zu dieser Vorschrift genannten Bestimmungen entsprechen.

§ 30d Kraftomnibusse. (1) Kraftomnibusse sind Kraftfahrzeuge zur Personenbeförderung mit mehr als acht Sitzplätzen außer dem Fahrersitz.

(2) Kraftomnibusaufbauten, die als selbstständige technische Einheiten die gesamte innere und äußere Spezialausrüstung dieser Kraftfahrzeugart umfassen, gelten als Kraftomnibusse nach Absatz 1.

(3) Kraftomnibusse müssen den im Anhang zu dieser Vorschrift genannten Bestimmungen entsprechen.

(4) [1] Kraftomnibusse mit Stehplätzen, die die Beförderung von Fahrgästen auf Strecken mit zahlreichen Haltestellen ermöglichen und mehr als 22 Fahrgastplätze haben, müssen zusätzlich den Vorschriften über technische Einrichtungen für die Beförderung von Personen mit eingeschränkter Mobilität nach den im Anhang zu dieser Vorschrift genannten Bestimmungen entsprechen. [2] Dies gilt für andere Kraftomnibusse, die mit technischen Einrichtungen für die Beförderung von Personen mit eingeschränkter Mobilität ausgestattet sind, entsprechend.

§ 31 Verantwortung für den Betrieb der Fahrzeuge. (1) Wer ein Fahrzeug oder einen Zug miteinander verbundener Fahrzeuge führt, muss zur selbstständigen Leitung geeignet sein.

(2) Der Halter darf die Inbetriebnahme nicht anordnen oder zulassen, wenn ihm bekannt ist oder bekannt sein muss, dass der Führer nicht zur selbstständigen Leitung geeignet oder das Fahrzeug, der Zug, das Gespann, die Ladung oder die Besetzung nicht vorschriftsmäßig ist oder dass die Verkehrssicherheit des Fahrzeugs durch die Ladung oder die Besetzung leidet.

§ 31a Fahrtenbuch. (1) [1] Die nach Landesrecht zuständige Behörde kann gegenüber einem Fahrzeughalter für ein oder mehrere auf ihn zugelassene oder künftig zuzulassende Fahrzeuge die Führung eines Fahrtenbuchs anordnen, wenn die Feststellung eines Fahrzeugführers nach einer Zuwiderhandlung gegen Verkehrsvorschriften nicht möglich war. [2] Die Verwaltungsbehörde kann ein oder mehrere Ersatzfahrzeuge bestimmen.

(2) Der Fahrzeughalter oder sein Beauftragter hat in dem Fahrtenbuch für ein bestimmtes Fahrzeug und für jede einzelne Fahrt

1. vor deren Beginn
   a) Name, Vorname und Anschrift des Fahrzeugführers,
   b) amtliches Kennzeichen des Fahrzeugs,
   c) Datum und Uhrzeit des Beginns der Fahrt und
2. nach deren Beendigung unverzüglich Datum und Uhrzeit mit Unterschrift einzutragen.

(3) Der Fahrzeughalter hat

a) der das Fahrtenbuch anordnenden oder der von ihr bestimmten Stelle oder
b) sonst zuständigen Personen

das Fahrtenbuch auf Verlangen jederzeit an dem von der anordnenden Stelle festgelegten Ort zur Prüfung auszuhändigen und es sechs Monate nach Ablauf der Zeit, für die es geführt werden muss, aufzubewahren.

§ 31b[1)] Überprüfung mitzuführender Gegenstände. Führer von Fahrzeugen sind verpflichtet, zuständigen Personen auf Verlangen folgende mitzuführende Gegenstände vorzuzeigen und zur Prüfung des vorschriftsmäßigen Zustands auszuhändigen:

1. Feuerlöscher (§ 35g Absatz 1),
2. Erste-Hilfe-Material (§ 35h Absatz 1, 3 und 4),
3. Unterlegkeile (§ 41 Absatz 14),
4. Warndreiecke und Warnleuchten (§ 53a Absatz 2),
4a. Warnweste (§ 53a Absatz 2),
5. tragbare Blinkleuchten (§ 53b Absatz 5) und windsichere Handlampen (§ 54b),
6. Leuchten und Rückstrahler (§ 53b Absatz 1 Satz 4 Halbsatz 2 und Absatz 2 Satz 4 Halbsatz 2).

§ 31c Überprüfung von Fahrzeuggewichten. [1]Kann der Führer eines Fahrzeugs auf Verlangen einer zuständigen Person die Einhaltung der für das Fahrzeug zugelassenen Achslasten und Gesamtgewichte nicht glaubhaft machen, so ist er verpflichtet, sie nach Weisung dieser Person auf einer Waage oder einem Achslastmesser (Radlastmesser) feststellen zu lassen. [2]Nach der Wägung ist dem Führer eine Bescheinigung über das Ergebnis der Wägung zu erteilen. [3]Die Kosten der Wägung fallen dem Halter des Fahrzeugs zur Last, wenn ein zu beanstandendes Übergewicht festgestellt wird. [4]Die prüfende Person kann von dem Führer des Fahrzeugs eine der Überlastung entsprechende Um- oder Entladung fordern; dieser Auflage hat der Fahrzeugführer nachzukommen; die Kosten hierfür hat der Halter zu tragen.

§ 31d Gewichte, Abmessungen und Beschaffenheit ausländischer Fahrzeuge. (1) Ausländische Kraftfahrzeuge und ihre Anhänger müssen in Gewicht und Abmessungen den §§ 32 und 34 entsprechen.

(2) Ausländische Kraftfahrzeuge müssen an Sitzen, für die das Recht des Zulassungsstaates Sicherheitsgurte vorschreibt, über diese Sicherheitsgurte verfügen.

[1)] § 31b Nr. 4a eingef. mWv 1.8.2013 durch VO v. 26.7.2013 (BGBl. I S. 2803); Nr. 6 geänd., Nr. 7 aufgeh. mWv 1.6.2017 durch VO v. 18.5.2017 (BGBl. I S. 1282).

(3) [1] Ausländische Kraftfahrzeuge, deren Zulassungsbescheinigung oder Internationaler Zulassungsschein von einem Mitgliedstaat der Europäischen Union oder von einem anderen Vertragsstaat des Abkommens über den Europäischen Wirtschaftsraum ausgestellt worden ist und die in der Richtlinie 92/6/EWG des Rates vom 10. Februar 1992 über Einbau und Benutzung von Geschwindigkeitsbegrenzern für bestimmte Kraftfahrzeugklassen in der Gemeinschaft (ABl. L 57 vom 2.3. 1992, S. 27), die durch die Richtlinie 2002/85/EG (ABl. L 327 vom 4.12.2002, S. 8) geändert worden ist, genannt sind, müssen mit Geschwindigkeitsbegrenzern nach Maßgabe des Rechts des Zulassungsstaates ausgestattet sein. [2] Die Geschwindigkeitsbegrenzer müssen benutzt werden.

(4) Die Luftreifen ausländischer Kraftfahrzeuge und Anhänger, deren Zulassungsbescheinigung oder Internationaler Zulassungsschein von einem Mitgliedstaat der Europäischen Union oder von einem anderen Vertragsstaat des Abkommens über den Europäischen Wirtschaftsraum ausgestellt worden ist und die in der Richtlinie 89/459/EWG des Rates vom 18. Juli 1989 zur Angleichung der Rechtsvorschriften der Mitgliedstaaten über die Profiltiefe der Reifen an bestimmten Klassen von Kraftfahrzeugen und deren Anhängern (ABl. L 226 vom 3.8.1989, S. 4) genannt sind, müssen beim Hauptprofil der Lauffläche eine Profiltiefe von mindestens 1,6 Millimeter aufweisen; als Hauptprofil gelten dabei die breiten Profilrillen im mittleren Bereich der Lauffläche, der etwa drei Viertel der Laufflächenbreite einnimmt.

§ 31e Geräuscharme ausländische Kraftfahrzeuge. [1] Ausländische Kraftfahrzeuge, die zur Geräuschklasse G 1 im Sinne der Nummer 3.2.1 der Anlage XIV gehören, gelten als geräuscharm; sie dürfen mit dem Zeichen „Geräuscharmes Kraftfahrzeug" gemäß Anlage XV gekennzeichnet sein. [2] Für andere ausländische Fahrzeuge gilt § 49 Absatz 3 Satz 2 und 3 entsprechend.

2. Kraftfahrzeuge und ihre Anhänger

§§ 32–62 *(vom Abdruck wurde abgesehen)*

3. Andere Straßenfahrzeuge

§§ 63–67a *(vom Abdruck wurde abgesehen)*

C. Durchführungs-, Bußgeld- und Schlussvorschriften

§ 68 Zuständigkeiten. (1) Diese Verordnung wird von den nach Landesrecht zuständigen Behörden ausgeführt.

(2) [1] Örtlich zuständig ist, soweit nichts anderes vorgeschrieben ist, die Behörde des Wohnorts, mangels eines solchen des Aufenthaltsorts des Antragstellers oder Betroffenen, bei juristischen Personen, Handelsunternehmen oder Behörden die Behörde des Sitzes oder des Orts der beteiligten Niederlassung oder Dienststelle. [2] Anträge können mit Zustimmung der örtlich zuständigen Behörde von einer gleichgeordneten auswärtigen Behörde behandelt und erledigt werden. [3] Die Verfügungen der Behörde (Sätze 1 und 2) sind im Inland wirksam. [4] Verlangt die Verkehrssicherheit ein sofortiges Eingreifen, so kann anstelle der örtlich zuständigen Behörde jede ihr gleichgeordnete Behörde mit derselben Wirkung Maßnahmen auf Grund dieser Verordnung vorläufig treffen.

(3) [1] Die Zuständigkeiten der Verwaltungsbehörden und höheren Verwaltungsbehörden auf Grund dieser Verordnung werden für die Dienstbereiche der Bundeswehr, der Bundespolizei, der Bundesanstalt Technisches Hilfswerk und der

Polizei durch deren Dienststellen nach Bestimmung der Fachminister wahrgenommen. [2] Für den Dienstbereich der Polizei kann die Zulassung von Kraftfahrzeugen und ihrer Anhänger nach Bestimmung der Fachminister durch die nach Absatz 1 zuständigen Behörden vorgenommen werden.

§ 69 (weggefallen)

§ 69a[1)] Ordnungswidrigkeiten. (1) Ordnungswidrig im Sinne des § 62 Absatz 1 Nummer 7 des Bundes-Immissionsschutzgesetzes[2)] handelt, wer vorsätzlich oder fahrlässig entgegen § 47f Absatz 1, auch in Verbindung mit Absatz 2 Satz 1, oder entgegen § 47f Absatz 2 Satz 2 ein Kraftfahrzeug betreibt.

(2) Ordnungswidrig im Sinne des § 24 Absatz 1 des Straßenverkehrsgesetzes[3)] handelt, wer vorsätzlich oder fahrlässig

1. entgegen § 17 Absatz 1 einem Verbot, ein Fahrzeug in Betrieb zu setzen, zuwiderhandelt oder Beschränkungen nicht beachtet,

1a. entgegen § 19 Absatz 2 Satz 3 eine Änderung vornimmt oder vornehmen lässt,

1b. entgegen § 19 Absatz 5 Satz 1 ein Fahrzeug in Betrieb nimmt oder als Halter dessen Inbetriebnahme anordnet oder zulässt,

2. einer vollziehbaren Anordnung oder Auflage nach § 29 Absatz 7 Satz 5 in Verbindung mit Satz 4 zuwiderhandelt,

3. bis 6. (weggefallen)

7. entgegen § 22a Absatz 2 Satz 1 oder Absatz 6 ein Fahrzeugteil ohne amtlich vorgeschriebenes und zugeteiltes Prüfzeichen zur Verwendung feilbietet, veräußert, erwirbt oder verwendet,

8. gegen eine Vorschrift des § 21a Absatz 3 Satz 1 oder § 22a Absatz 5 Satz 1 oder Absatz 6 über die Kennzeichnung von Ausrüstungsgegenständen oder Fahrzeugteilen mit Prüfzeichen oder gegen ein Verbot nach § 21a Absatz 3 Satz 2 oder § 22a Absatz 5 Satz 2 oder Absatz 6 über die Anbringung von verwechslungsfähigen Zeichen verstößt,

9. gegen eine Vorschrift über Mitführung und Aushändigung
   a) bis f) (weggefallen)
   g) eines Abdrucks oder einer Ablichtung einer Erlaubnis, Genehmigung, eines Auszugs einer Erlaubnis oder Genehmigung, eines Teilegutachtens oder eines Nachweises nach § 19 Absatz 4 Satz 1,
   h) (weggefallen)
   i) der Urkunde über die Einzelgenehmigung nach § 22a Absatz 4 Satz 2

   verstößt,

10. bis 13b. (weggefallen)

---

1) *§ 69a Abs. 2 Nr. 1a eingef., Abs. 5 Nr. 5b* aufgeh. mWv 1.6.2012 durch VO v. 10.5.2012 (BGBl. I S. 1086); Abs. 3 Nr. 3 und 19, Abs. 5 Nr. 5a geänd. mWv 1.8.2013 durch VO v. 26.7.2013 (BGBl. I S. 2803); Abs. 3 Nr. 7 geänd. mWv 30.10.2014 durch VO v. 22.10.2014 (BGBl. I S. 1635); Abs. 3 Nr. 7 geänd. mWv 30.6.2016 durch VO v. 17.6.2016 (BGBl. I S. 1463); Abs. 3 Nr. 8, Abs. 4 Nr. 7a geänd., Abs. 4 Nr. 8 neu gef., Nr. 9 angef., Abs. 5 Nr. 5 neu gef. mWv 1.6.2017 durch VO v. 18.5.2017 (BGBl. I S. 1282); Abs. 1 neu gef. mWv 1.12.2017 durch VO v. 20.10.2017 (BGBl. I S. 3723); Abs. 2 Nr. 1a eingef., bish. Nr. 1a wird Nr. 1b, Nr. 17 aufgeh., Abs. 3 Nr. 8 geänd. mWv 3.7.2021 durch VO v. 25.6. 2021 (BGBl. I S. 2204); Abs. 2–5 einl. Satzteile und Abs. 2 Nr. 7 geänd. mWv 28.7.2021 durch G v. 12.7. 2021 (BGBl. I S. 3091); Abs. 2 Nr. 19 geänd., Nr. 20 angef. mWv 20.6.2024 durch VO v. 10.6.2024 (BGBl. 2024 I Nr. 191).

2) **Sartorius Nr. 296.**

3) **Habersack, Deutsche Gesetze Nr. 35.**

14. einer Vorschrift des § 29 Absatz 1 Satz 1 in Verbindung mit den Nummern 2.1, 2.2, 2.6, 2.7 Satz 2 oder 3, den Nummern 3.1.1, 3.1.2 oder 3.2.2 der Anlage VIII über Hauptuntersuchungen oder Sicherheitsprüfungen zuwiderhandelt,
15. einer Vorschrift des § 29 Absatz 2 Satz 1 über Prüfplaketten oder Prüfmarken in Verbindung mit einem SP-Schild, des § 29 Absatz 5 über den ordnungsgemäßen Zustand der Prüfplaketten oder der Prüfmarken in Verbindung mit einem SP-Schild, des § 29 Absatz 7 Satz 5 über das Betriebsverbot oder die Betriebsbeschränkung oder des § 29 Absatz 8 über das Verbot des Anbringens verwechslungsfähiger Zeichen zuwiderhandelt,
16. einer Vorschrift des § 29 Absatz 10 Satz 1 oder 2 über die Aufbewahrungs- und Aushändigungspflicht für Untersuchungsberichte oder Prüfprotokolle zuwiderhandelt,
17. *(aufgehoben)*
18. einer Vorschrift des § 29 Absatz 1 Satz 1 in Verbindung mit Nummer 3.1.4.2 Satz 2 Halbsatz 2 der Anlage VIII über die Behebung der geringen Mängel oder Nummer 3.1.4.3 Satz 2 Halbsatz 2 über die Behebung der erheblichen Mängel oder die Wiedervorführung zur Nachprüfung der Mängelbeseitigung zuwiderhandelt,
19. entgegen § 29 Absatz 1 Satz 1 in Verbindung mit Nummer 4.3 Satz 5 der Anlage VIII, Nummer 8.1.1 Satz 2 oder Nummer 8.2.1 Satz 2 der Anlage VIIIc die Maßnahmen nicht duldet oder die vorgeschriebenen Aufzeichnungen nicht vorlegt oder
20. entgegen § 60 Absatz 1 Satz 1, Absatz 2 Satz 1 oder Absatz 3 Satz 1 eine Flüssiggasanlage nicht, nicht richtig, nicht in der vorgeschriebenen Weise oder nicht rechtzeitig prüfen lässt.

(3) Ordnungswidrig im Sinne des § 24 Absatz 1 des Straßenverkehrsgesetzes handelt ferner, wer vorsätzlich oder fahrlässig ein Kraftfahrzeug oder ein Kraftfahrzeug mit Anhänger (Fahrzeugkombination) unter Verstoß gegen eine der folgenden Vorschriften in Betrieb nimmt:

1. des § 30 über allgemeine Beschaffenheit von Fahrzeugen;

1a. des § 30c Absatz 1 und 4 über vorstehende Außenkanten, Frontschutzsysteme;

1b. des § 30d Absatz 3 über die Bestimmungen für Kraftomnibusse oder des § 30d Absatz 4 über die technischen Einrichtungen für die Beförderung von Personen mit eingeschränkter Mobilität in Kraftomnibussen;

1c. des § 31d Absatz 2 über die Ausrüstung ausländischer Kraftfahrzeuge mit Sicherheitsgurten, des § 31d Absatz 3 über die Ausrüstung ausländischer Kraftfahrzeuge mit Geschwindigkeitsbegrenzern oder deren Benutzung oder des § 31d Absatz 4 Satz 1 über die Profiltiefe der Reifen ausländischer Kraftfahrzeuge;

2.–28.[1] *(vom Abdruck wurde abgesehen)*

(4) Ordnungswidrig im Sinne des § 24 Absatz 1 des Straßenverkehrsgesetzes handelt ferner, wer vorsätzlich oder fahrlässig ein anderes Straßenfahrzeug als ein Kraftfahrzeug oder einen Kraftfahrzeuganhänger oder wer vorsätzlich oder fahrlässig eine Kombination solcher Fahrzeuge unter Verstoß gegen eine der folgenden *Vorschriften in* Betrieb nimmt:

1. des § 30 über allgemeine Beschaffenheit von Fahrzeugen;

---

[1] § 69a Abs. 3 Nr. 2–28 betreffen die §§ 32–67a StVZO; abgedruckt in **Straßenverkehrsrecht Nr. 2**.

2.–9.[1] *(vom Abdruck wurde abgesehen)*

(5) Ordnungswidrig im Sinne des § 24 Absatz 1 des Straßenverkehrsgesetzes handelt schließlich, wer vorsätzlich oder fahrlässig

1. als Inhaber einer Allgemeinen Betriebserlaubnis für Fahrzeuge gegen eine Vorschrift des § 20 Absatz 3 Satz 3 über die Ausfüllung von Fahrzeugbriefen verstößt,
2. entgegen § 31 Absatz 1 ein Fahrzeug oder einen Zug miteinander verbundener Fahrzeuge führt, ohne zur selbstständigen Leitung geeignet zu sein,
3. entgegen § 31 Absatz 2 als Halter eines Fahrzeugs die Inbetriebnahme anordnet oder zulässt, obwohl ihm bekannt ist oder bekannt sein muss, dass der Führer nicht zur selbstständigen Leitung geeignet oder das Fahrzeug, der Zug, das Gespann, die Ladung oder die Besetzung nicht vorschriftsmäßig ist oder dass die Verkehrssicherheit des Fahrzeugs durch die Ladung oder die Besetzung leidet,
4. entgegen § 31a Absatz 2 als Halter oder dessen Beauftragter im Fahrtenbuch nicht vor Beginn der betreffenden Fahrt die erforderlichen Angaben einträgt oder nicht unverzüglich nach Beendigung der betreffenden Fahrt Datum und Uhrzeit der Beendigung mit seiner Unterschrift einträgt,

4a. entgegen § 31a Absatz 3 ein Fahrtenbuch nicht aushändigt oder nicht aufbewahrt,

4b. entgegen § 31b mitzuführende Gegenstände nicht vorzeigt oder zur Prüfung nicht aushändigt,

4c. gegen eine Vorschrift des § 31c Satz 1 oder 4 Halbsatz 2 über Pflichten zur Feststellung der zugelassenen Achslasten oder über das Um- oder Entladen bei Überlastung verstößt,

4d.–6e.[1] *(vom Abdruck wurde abgesehen)*

7. gegen die Vorschrift des § 70 Absatz 3a über die Mitführung oder Aufbewahrung sowie die Aushändigung von Urkunden über Ausnahmegenehmigungen verstößt oder
8. entgegen § 71 vollziehbaren Auflagen nicht nachkommt, unter denen eine Ausnahmegenehmigung erteilt worden ist.

§ 69b (weggefallen)

§ 70[2] **Ausnahmen.** (1) Ausnahmen können genehmigen

1. die höheren Verwaltungsbehörden in bestimmten Einzelfällen oder allgemein für bestimmte einzelne Antragsteller von den Vorschriften der §§ 32, 32d, 33, 34 und 36, auch in Verbindung mit § 63, ferner der §§ 52 und 65, bei Elektrokarren und ihren Anhängern auch von den Vorschriften des § 41 Absatz 9 und der §§ 53, 58 und 59,
2. die zuständigen obersten Landesbehörden oder die von ihnen bestimmten oder nach Landesrecht zuständigen Stellen von allen Vorschriften dieser Verordnung in bestimmten Einzelfällen oder allgemein für bestimmte einzelne Antragsteller; sofern die Ausnahmen erhebliche Auswirkungen auf das Gebiet anderer Länder

[1] § 69a Abs. 4 Nr. 2–9 und Abs. 5 Nr. 4d–6e betreffen die §§ 32–67a StVZO; abgedruckt in **Straßenverkehrsrecht Nr. 2**.

[2] § 70 Abs. 1 Nr. 1 geänd. mWv 1.8.2013 durch VO v. 26.7.2013 (BGBl. I S. 2803); Abs. 1 Nr. 3 und 4, Abs. 1a geänd. mWv 30.10.2014 durch VO v. 22.10.2014 (BGBl. I S. 1635); Abs. 2 neu gef., Abs. 4 Satz 1 geänd. mWv 3.7.2021 durch VO v. 25.6.2021 (BGBl. I S. 2204).

haben, ergeht die Entscheidung im Einvernehmen mit den zuständigen Behörden dieser Länder,

3. das Bundesministerium für Verkehr und digitale Infrastruktur von allen Vorschriften dieser Verordnung, sofern nicht die Landesbehörden nach den Nummern 1 und 2 zuständig sind – allgemeine Ausnahmen ordnet es durch Rechtsverordnung ohne Zustimmung des Bundesrates nach Anhören der zuständigen obersten Landesbehörden an –,
4. das Kraftfahrt-Bundesamt mit Ermächtigung des Bundesministeriums für Verkehr und digitale Infrastruktur bei Erteilung oder in Ergänzung einer Allgemeinen Betriebserlaubnis oder Bauartgenehmigung,
5. das Kraftfahrt-Bundesamt für solche Lagerfahrzeuge, für die durch Inkrafttreten neuer oder geänderter Vorschriften die Allgemeine Betriebserlaubnis nicht mehr gilt. In diesem Fall hat der Inhaber der Allgemeinen Betriebserlaubnis beim Kraftfahrt-Bundesamt einen Antrag unter Beifügung folgender Angaben zu stellen:
   a) Nummer der Allgemeinen Betriebserlaubnis mit Angabe des Typs und der betroffenen Ausführung(en),
   b) genaue Beschreibung der Abweichungen von den neuen oder geänderten Vorschriften,
   c) Gründe, aus denen ersichtlich ist, warum die Lagerfahrzeuge die neuen oder geänderten Vorschriften nicht erfüllen können,
   d) Anzahl der betroffenen Fahrzeuge mit Angabe der Fahrzeugidentifizierungs-Nummern oder -Bereiche, gegebenenfalls mit Nennung der Typ- und/oder Ausführungs-Schlüsselnummern,
   e) Bestätigung, dass die Lagerfahrzeuge die bis zum Inkrafttreten der neuen oder geänderten Vorschriften geltenden Vorschriften vollständig erfüllen,
   f) Bestätigung, dass die unter Buchstabe d aufgeführten Fahrzeuge sich in Deutschland oder in einem dem Kraftfahrt-Bundesamt im Rahmen des Typgenehmigungsverfahrens benannten Lager befinden.

(1a) Genehmigen die zuständigen obersten Landesbehörden oder die von ihnen bestimmten Stellen Ausnahmen von den Vorschriften der §§ 32, 32d Absatz 1 oder § 34 für Fahrzeuge oder Fahrzeugkombinationen, die auf neuen Technologien oder Konzepten beruhen und während eines Versuchszeitraums in bestimmten örtlichen Bereichen eingesetzt werden, so unterrichten diese Stellen das Bundesministerium für Verkehr und digitale Infrastruktur im Hinblick auf Artikel 4 Absatz 5 Satz 2 der Richtlinie 96/53/EG mit einer Abschrift der Ausnahmegenehmigung.

(2) Vor der Genehmigung einer Ausnahme von den §§ 32, 32d, 33, 34, 34b und 36 und einer allgemeinen Ausnahme von § 65 sind die obersten Straßenbaubehörden der Länder und, wo noch nötig, die Träger der Straßenbaulast zu hören.

(3) Der örtliche Geltungsbereich jeder Ausnahme ist festzulegen.

(3a) [1] Durch Verwaltungsakt für ein Fahrzeug genehmigte Ausnahmen von den Bau- oder Betriebsvorschriften sind vom Fahrzeugführer durch eine Urkunde nachzuweisen, die bei Fahrten mitzuführen und zuständigen Personen auf Verlangen zur Prüfung auszuhändigen ist. [2] Bei einachsigen Zugmaschinen und Anhängern in land- oder forstwirtschaftlichen Betrieben sowie land- oder forstwirtschaftlichen Arbeitsgeräten und hinter land- oder forstwirtschaftlichen einachsigen Zug- oder Arbeitsmaschinen mitgeführten Sitzkarren, wenn sie nur für land- oder forstwirtschaftliche Zwecke verwendet werden, und von der Zulassungspflicht befreiten Elektrokarren genügt es, dass der Halter eine solche Urkunde aufbewahrt; er hat sie zuständigen Personen auf Verlangen zur Prüfung auszuhändigen.

(4) [1]Die Bundeswehr, die Polizei, die Bundespolizei, die Feuerwehr und die anderen Einheiten und Einrichtungen des Katastrophenschutzes sowie der Zolldienst sind von den Vorschriften dieser Verordnung befreit, soweit dies zur Erfüllung hoheitlicher Aufgaben unter gebührender Berücksichtigung der öffentlichen Sicherheit und Ordnung dringend geboten ist. [2]Abweichungen von den Vorschriften über die Ausrüstung mit Warnleuchten, über Warneinrichtungen mit einer Folge von Klängen verschiedener Grundfrequenz (Einsatzhorn) und über Sirenen sind nicht zulässig.

(5) [1]Die Landesregierungen werden ermächtigt, durch Rechtsverordnung zu bestimmen, dass abweichend von Absatz 1 Nummer 1 anstelle der höheren Verwaltungsbehörden und abweichend von Absatz 2 anstelle der obersten Straßenbaubehörden andere Behörden zuständig sind. [2]Sie können diese Ermächtigung auf oberste Landesbehörden übertragen.

§ 71 Auflagen bei Ausnahmegenehmigungen. Die Genehmigung von Ausnahmen von den Vorschriften dieser Verordnung kann mit Auflagen verbunden werden; der Betroffene hat den Auflagen nachzukommen.

§ 72[1)] Übergangsbestimmungen. (1) Für Fahrzeuge sowie für Systeme, Bauteile und selbstständige technische Einheiten für diese Fahrzeuge, die vor dem 20. Juni 2024 erstmals in den Verkehr gebracht worden sind, sind die zum Zeitpunkt des jeweiligen Inverkehrbringens geltenden Vorschriften über den Bau der Fahrzeuge, der Systeme, der Bauteile und der selbstständigen technischen Einheiten für diese Fahrzeuge einschließlich der für solche Fahrzeuge erlassenen Nachrüstvorschriften anzuwenden, soweit sich aus den nachfolgenden Absätzen nicht etwas anderes ergibt.

(1a) § 19 Absatz 1 kann bis zum 31. Oktober 2024 auch in der bis zum 19. Juni 2024 geltenden Fassung angewendet werden.

(2) Teilegutachten im Sinne des § 19 Absatz 3 Satz 1 Nummer 4 Buchstabe a in Verbindung mit Anlage XIX in der am 19. Juni 2024 geltenden Fassung dürfen

1. bis einschließlich 19. Juni 2025 erweitert oder neu erstellt werden;
2. nur bis einschließlich 19. Juni 2028 für die Zwecke des Einbaus oder des Anbaus von Teilen verwendet werden.

(3) [1]§ 22a Absatz 1 Nummer 22 ist für Fahrradanhänger anzuwenden, die ab dem 19. Juni 2025 erstmals in den Verkehr gebracht werden. [2]Für Fahrradanhänger, die vor dem 19. Juni 2025 erstmals in den Verkehr gebracht werden, ist § 22a Absatz 1 Nummer 22 in der am 19. Juni 2024 geltenden Fassung anzuwenden.

(4)–(11)[2)] *(vom Abdruck wurde abgesehen)*

(12) Abweichend von § 22a, § 50 Absatz 2 und § 53 Absatz 1 dürfen an Krafträdern mit einer Erstzulassung vor dem 1. Januar 1933 alternativ oder zusätzlich zu den vorgeschriebenen lichttechnischen Einrichtungen, abnehmbare bauartgenehmigte LED-Fahrradscheinwerfer mit einer Mindestlichtstärke von 50 Lux und einer Mindestreichweite von 50 Metern, bei Bedarf auch in Verbindung

---

[1)] § 72 neu gef. mWv 20.6.2024 durch VO v. 10.6.2024 (BGBl. 2024 I Nr. 191).
[2)] Abgedruckt in **Straßenverkehrsrecht Nr. 2**.

mit festen oder abnehmbaren bauartgenehmigten LED-Fahrradschlussleuchten mit Fahrradrückstrahlern, verwendet werden.

(13)–(16)[1] *(vom Abdruck wurde abgesehen)*

§ 73[2] Technische Festlegungen. [1] Soweit in dieser Verordnung auf DIN- oder ISO-Normen Bezug genommen wird, sind diese im Beuth Verlag GmbH, Saatwinkler Damm 42/43, 13627 Berlin, VDE-Bestimmungen auch im VDE-Verlag GmbH, Bismarckstraße 33, 10625 Berlin, erschienen. [2] Sie sind beim Deutschen Patent- und Markenamt, Zweibrückenstraße 12, 80331 München archivmäßig gesichert niedergelegt.

Anlagen, Anhang, Muster

(vom Abdruck wurde abgesehen)

---

[1] Abgedruckt in **Straßenverkehrsrecht Nr. 2.**

[2] § 73 Sätze 1 und 2 geänd. mWv 20.6.2024 durch VO v. 10.6.2024 (BGBl. 2024 I Nr. 191).

35c. Verordnung über eine allgemeine Richtgeschwindigkeit auf Autobahnen und ähnlichen Straßen (Autobahn-Richtgeschwindigkeits-V)

Vom 21. November 1978 (BGBl. I S. 1824)

FNA 9231–1–3

Änderungen der Verordnung

Lfd. Nr.	Änderndes Gesetz	Datum	Fundstelle	Geänderte Paragraphen	Art der Änderg.
1.	Vierundzwanzigste Verordnung zur Änderung straßenverkehrsrechtlicher Vorschriften	7. 8. 1997	BGBl. I 2028	1 Abs. 1 Satz 1	geänd.
2.	Sechsundvierzigste Verordnung zur Änderung straßenverkehrsrechtlicher Vorschriften	5. 8. 2009	BGBl. I 2631	1 Satz 1 Nr. 1, Satz 2	geänd.

Auf Grund des § 6 Abs. 1 Nr. 3 des Straßenverkehrsgesetzes in der im Bundesgesetzblatt Teil III, Gliederungsnummer 9231–1, veröffentlichten bereinigten Fassung, der zuletzt durch das Gesetz vom 3. August 1978 (BGBl. I S. 1177) geändert wurde, wird mit Zustimmung des Bundesrates verordnet:

§ 1.[1] **[Autobahn-Richtgeschwindigkeit]** [1]Den Führern von Personenkraftwagen sowie von anderen Kraftfahrzeugen mit einem zulässigen Gesamtgewicht bis zu 3,5 t wird empfohlen, auch bei günstigen Straßen-, Verkehrs-, Sicht- und Wetterverhältnissen

1. auf Autobahnen (Zeichen 330.1),
2. außerhalb geschlossener Ortschaften auf anderen Straßen mit Fahrbahnen für eine Richtung, die durch Mittelstreifen oder sonstige bauliche Einrichtungen getrennt sind, und
3. außerhalb geschlossener Ortschaften auf Straßen, die mindestens zwei durch Fahrstreifenbegrenzung (Zeichen 295) oder durch Leitlinien (Zeichen 340) markierte Fahrstreifen für jede Richtung haben,

nicht schneller als 130 km/h zu fahren (Autobahn-Richtgeschwindigkeit). [2]Das gilt nicht, soweit nach der StVO oder nach deren Zeichen Höchstgeschwindigkeiten (Zeichen 274) bestehen.

§ 2. [Geltung der StVO] [1]Im übrigen bleiben die Vorschriften der Straßenverkehrs-Ordnung unberührt und gelten entsprechend für diese Verordnung. [2]Die in § 1 genannten Zeichen sind die der Straßenverkehrs-Ordnung.[2]

---

[1] § 1 Abs. 1 Satz 1 geänd. durch Art. 3 VO v. 7. 8. 1997 (BGBl. I S. 2028), Satz 1 Nr. 1, Satz 2 geänd. mWv 1. 9. 2009 durch Art. 5 VO v. 5. 8. 2009 (BGBl. I S. 2631).

[2] Abgedruckt in **Schönfelder, Deutsche Gesetze; Nr. 35a.**

§ 3. [Geltung im Land Berlin] *(gegenstandslos)*

§ 4. [Inkrafttreten] Diese Verordnung tritt am Tag nach der Verkündung[1]) in Kraft.

---

[1]) Verkündet am 30. 11. 1978.

35 d. Verordnung über die Zulassung von Personen zum Straßenverkehr (Fahrerlaubnis-Verordnung – FeV)

Vom 13. Dezember 2010
(BGBl. I S. 1980)

FNA 9231-1-19

Lfd. Nr.	Änderndes Gesetz	Datum	Fundstelle	Betroffen	Hinweis
1.	Art. 1 Fünfte VO zur Änd. der FeV und anderer straßenverkehrsrechtlicher Vorschriften	17. 12. 2010	BGBl. I S. 2279	§§ 10, 11, 20, 22, 25 a, 25 b, 28, 29, 47, 48 a, 59, 61, 70, 75, 76, Anl. 7, 8 a, 8 c, 9, 11, 12	geänd. mWv 1. 1. 2011
				§§ 48 b	neu gef. mWv 1. 1. 2011
				§§ 29, 31, Anl. 4, 6	geänd. mWv 1. 7. 2011
2.	Art. 1 Sechste VO zur Änd. der FeV und anderer straßenverkehrsrechtlicher Vorschriften[1]	7. 1. 2011	BGBl. I S. 3, geänd. durch VO v. 10. 1. 2013, BGBl. I S. 35	§§ 4, 6, 12, 17, 19, 21, 23, 25, 25 b, 28, 29, 30, 31, 32, 48 a, 76, Anl. 4, 6, 8 a, 8 b, 8 c, 9	geänd. mWv 19. 1. 2013
				§§ 6 a, 24 a, Anl. 7 a	eingef. mWv 19. 1. 2013
				§§ 9, 10, 15, Anl. 7	neu gef. mWv 19. 1. 2013
3.	Art. 1, 2 Siebte VO zur Änd. der FeV und anderer straßenverkehrsrechtlicher Vorschriften[2]	26. 6. 2012	BGBl. I S. 1394, geänd. durch VO v. 10. 1. 2013, BGBl. I S. 35	Inhaltsübers., §§ 6, 11, 14, 16, 18, 21, 26, 28, 29, 30, 47, 48, 52, 59, 76, Anl. 3, 4, 6,	geänd. mWv 30. 6. 2012
				Inhaltsübers., §§ 5, 10, 15, 17, 24, 25, 39, 48 a, 49, 50, 51, 52, 56, 75, 76, Anl. 1, 7, 7 a, 8, 8 b, 9, 10, 11	geänd. mWv 19. 1. 2013
				§ 30 a	eingef. mWv 30. 6. 2012
				Muster	neu gef. mWv 30. 6. 2012
4.	Art. 1, 2 Achte VO zur Änd. der FeV und anderer straßenverkehrsrechtlicher Vorschriften[3]	10. 1. 2013	BGBl. I S. 35	Inhaltsübers., §§ 17, 18, 28, 29, 30, Anl. 3, 6, 7	geänd. mWv 15. 1. 2013
				Inhaltsübers., §§ 6, 10, 15, 17, 30, 48 a, 76, Anl. 8, 11	geänd. mWv 19. 1. 2013
				§ 24 a, Anl. 3, 7, 9	neu gef. mWv 19. 1. 2013

[1] **Amtl. Anm.:** Diese Verordnung dient der Umsetzung der Richtlinie 2006/126/EG des Europäischen Parlaments und des Rates vom 20. Dezember 2006 über den Führerschein (Neufassung) (ABl. L 403 vom 30. 12. 2006, S. 18) in der Fassung der Richtlinie 2009/113/EG der Kommission vom 25. August 2009 (ABl. L 223 vom 26. 8. 2009, S. 31).

[2] ***Amtl. Anm.:*** *Diese Verordnung dient* der Umsetzung der Richtlinie 2006/126/EG des Europäischen Parlaments und des Rates vom 20. Dezember 2006 über den Führerschein (ABl. L 403 vom 30. 12. 2006, S. 18) und der Richtlinie 2011/94/EU der Kommission vom 28. November 2011 zur Änderung der Richtlinie 2006/126/EG des Europäischen Parlaments und des Rates über den Führerschein (ABl. L 314 vom 29. 11. 2011, S. 31).

[3] **Amtl. Anm.:** Diese Verordnung dient der Umsetzung der Richtlinie 2006/126/EG des Europäischen Parlaments und des Rates vom 20. Dezember 2006 über den Führerschein (ABl. L 403 vom 30. 12. 2006, S. 18) und der Richtlinie 2012/36/EU der Kommission vom 19. November 2012 zur Änderung der Richtlinie 2006/126/EG des Europäischen Parlaments und des Rates über den Führerschein (ABl. L 321 vom 20. 11. 2012, S. 54).

Lfd. Nr.	Änderndes Gesetz	Datum	Fundstelle	Betroffen	Hinweis
5.	Art. 2 Abs. 14 G zur Fortentwicklung des Meldewesens	3. 5. 2013	BGBl. I S. 1084, geänd. durch G v. 20. 11. 2014, BGBl. I S. 1738	§ 73	geänd. mWv 1. 11. 2015
6.	Art. 1, Art. 2 Neunte VO zur Änd. der FeV und anderer straßenverkehrsrechtlicher Vorschriften	5. 11. 2013	BGBl. I S. 3920, geänd. durch ÄndVO v. 16. 4. 2014, BGBl. I S. 348	§ 76	geänd. mWv 12. 11. 2013
				Inhaltsübers., §§ 11, 22, 25, 28, 29, 41, 48 a, 49, 50, 57, 59, 60, 61, 62, 64, 71, Anlagen 12, 15	geänd. mWv 1. 5. 2014
				Anlage 16	angef. mWv 1. 5. 2014
				Überschrift Abschnitt II Unterabschnitt 7, §§ 40, 42, 43, 44, Anlage 13	neu gef. mWv 1. 5. 2014
				§ 45	aufgeh. mWv 1. 5. 2014
7.	Art. 1 Zehnte VO zur Änd. der FeV und anderer straßenverkehrsrechtlicher Vorschriften[1]	16. 4. 2014	BGBl. I S. 348	Inhaltsübers., §§ 4, 4, 5, 6, 10, 11, 15, 17, 18, 24 a, 25 a, 25 b, 28, 29, 44, 48, 48 a, 59, 74, 76, Anlagen 3, 4, 5, 6, 7, 8, 8 a, 8 b, 8 c, 9,	geänd. mWv 1. 5. 2014
				§§ 68, 76	geänd. mWv 1. 1. 2015
				§ 43 a, Anlagen 4 a, 17, 18	eingef. mWv 1. 5. 2014
				Überschr. von Abschn. IV, §§ 66, 70, 72, Anlagen 13, 14, 15	neu gef. mWv 1. 5. 2014
8.	Art. 1 Erste ÄndVO	16. 12. 2014	BGBl. I S. 2213	§§ 5, 10, 28, 36, 49, 51, 52, 75, 76, Anlagen 2, 9, 18	geänd. mWv 1. 1. 2015
9.	Art. 1 Zweite ÄndVO[2]	2. 10. 2015	BGBl. I S. 1674	Inhaltsübersicht, §§ 4, 6, 10, 17, 21, 22, 25 b, 27, 30, 31, 48, 48 a, 49, 51, 52, 68, 74, 76, Anlagen 8 a, 8 b, 8 c, 9, 11	geänd. mWv 21. 10. 2015
				§§ 22 a, 29 a, Anlage 8 a	eingef. mWv 21. 10. 2015
				§ 19, Anlage 8 b	neu gef. mWv 21. 10. 2015

[1] **Amtl. Anm.:** Diese Verordnung dient der Umsetzung der Richtlinie 2006/126/EG des Europäischen Parlaments und des Rates vom 20. Dezember 2006 über den Führerschein (ABl. L 403 vom 30. 12. 2006, S. 18) und der Richtlinie 2013/47/EG der Kommission vom 2. Oktober 2013 zur Änderung der Richtlinie 2006/126/EG des Europäischen Parlaments und des Rates über den Führerschein (ABl. L 261 vom 3. 10. 2013, S. 29).

[2] **Amtl. Anm.:** Diese Verordnung dient der Umsetzung der Richtlinie 2006/126/EG des Europäischen Parlaments und des Rates vom 20. Dezember 2006 über den Führerschein (ABl. L 403 vom 30. 12. 2006, S. 18), der Richtlinie 2014/85/EU der Kommission vom 1. Juli 2014 zur Änderung der Richtlinie 2006/126/EG des Europäischen Parlaments und des Rates über den Führerschein (ABl. L 194 vom 2. 7. 2014, S. 10) sowie der Richtlinie 2003/59/EG des Europäischen Parlaments und des Rates vom 15. Juli 2003 über die Grundqualifikation und Weiterbildung der Fahrer bestimmter Kraftfahrzeuge für den Güter- oder Personenkraftverkehr und zur Änderung der Verordnung (EWG) Nr. 3820/85 des Rates und der Richtlinie 91/439/EWG des Rates sowie zur Aufhebung der Richtlinie 76/914/EWG des Rates (ABl. L 226 vom 10. 9. 2003, S. 4).

Lfd. Nr.	Änderndes Gesetz	Datum	Fundstelle	Betroffen	Hinweis
10.	Art. 2 Erste VO zur Änd. der Berufskraftfahrer-Qualifikations-VO und anderer straßenverkehrsrechtlicher Vorschriften	19.12.2016	BGBl. I S. 2920	§ 10, Anl. 9	geänd. mWv 22.12.2016
11.	Art. 1, 2 Elfte VO zur Änd. der Fahrerlaubnis-VO und anderer straßenverkehrsrechtlicher Vorschriften[1]	21.12.2016	BGBl. I S. 3083	Anl. 7	geänd. mWv 1.10.2016
				Inhaltsübersicht, §§ 3, 4, 5, 6, 10, 11, 20, 21, 22a, 23, 24, 24a, 25, 28, 48, 57, 66, 74, 75, 76, Anl. 3, 4, 4a, 7, 8a, 9, 11, 12	geänd. mWv 28.12.2016
				§§ 52, 59, 76, Anl. 1, 2, 9	geänd. mWv 1.1.2017
12.	Art. 4 52. VO zur Änd. straßenverkehrsrechtlicher Vorschriften	18.5.2017	BGBl. I S. 1282	Anl. 13	geänd. mWv 1.6.2017
13.	Art. 2 VO zur Änd. fahrpersonalrechtlicher und straßenverkehrsrechtlicher Vorschriften	8.8.2017	BGBl. I S. 3158	Anl. 7	geänd. mWv 18.8.2017
14.	Art. 1 Zwölfte VO zur Änderung der Fahrerlaubnis-VO und anderer straßenverkehrsrechtlicher Vorschriften[2]	14.8.2017	BGBl. I S. 3232	Inhaltsübersicht, §§ 6, 11, 12, 16, 17, 21, 25, 28, 48, 67, 72, 75, 76, Anl. 2, 3, 4, 4a, 5, 7, 8, 9, 11, 13, 14, 15	geänd. mWv 24.8.2017
				Anl. 7	geänd. mWv 1.11.2017
				§§ 71a, 71b, Anl. 14a, 15a	eingef. mWv 24.8.2017
15.	Art. 2 56. Strafrechtsänderungs G	30.9.2017	BGBl. I S. 3532	Anl. 12, 13	geänd. mWv 13.10.2017
16.	Art. 4 53. VO zur Änd. straßenverkehrsrechtlicher Vorschriften	6.10.2017	BGBl. I S. 3549	Anl. 12, 13	geänd. mWv 19.10.2017
17.	Art. 4 VO zur Neuf. fahrlehrerrechtlicher Vorschriften und zur Änd. anderer straßenverkehrsrechtlicher Vorschriften[3]	2.1.2018	BGBl. I S. 2	Inhaltsübersicht, §§ 16, 17, 43, 43a, 59, Anl. 7a, 17	geänd. mWv 4.1.2018

[1] **Amtl. Anm.:** Diese Verordnung dient der Umsetzung der Richtlinie 2006/126/EG des Europäischen Parlaments und des Rates vom 20. Dezember 2006 über den Führerschein (Neufassung) (ABl. L 403 vom 30.12.2006, S. 18), der Richtlinie 2014/85/EU der Kommission vom 1. Juli 2014 zur Änderung der Richtlinie 2006/126/EG des Europäischen Parlaments und des Rates über den Führerschein (ABl. L 194 vom 2.7.2014, S.10) und der Richtlinie (EU) 2015/653 der Kommission vom 24. April 2015 zur Änderung der Richtlinie 2006/126/EG des Europäischen Parlaments und des Rates über den Führerschein (ABl. L 107 vom 25.04.2015, S. 68) und der Verordnung (EU) Nr. 165/2014 des Europäischen Parlaments und des Rates vom 4. Februar 2014 über Fahrtenschreiber im Straßenverkehr, zur Aufhebung der Verordnung (EWG) Nr. 3821/85 des Rates über das Kontrollgerät im Straßenverkehr und zur Änderung der Verordnung (EG) Nr. 561/2006 des Europäischen Parlaments und des Rates zur Harmonisierung bestimmter Sozialvorschriften im Straßenverkehr (ABl. L *60 vom 28.2.2014, S. 1).*

[2] **Amtl. Anm.:** Diese Verordnung dient der Anpassung der Fahrerlaubnis-Verordnung durch die Verordnung (EU) Nr. 168/2013 des Europäischen Parlaments und des Rates vom 15. Januar 2013 über die Genehmigung und Marktüberwachung von zwei- oder dreirädrigen und vierrädrigen Fahrzeugen (ABl. L 60 vom 2.3.2013, S. 52) und der Richtlinie 2006/126/EG des Europäischen Parlaments und des Rates vom 20. Dezember 2006 über den Führerschein (ABl. L 403 vom 30.12.2006, S. 18).

[3] **Amtl. Anm.:** Diese Verordnung dient der Umsetzung der Richtlinie 2006/126/EG des Europäischen Parlaments und des Rates vom 20. Dezember 2006 über den Führerschein (Neufassung)

(Fortsetzung der Anm. nächste Seite)

Lfd. Nr.	Änderndes Gesetz	Datum	Fundstelle	Betroffen	Hinweis
18.	Art. 1 Dritte ÄndVO[1]	3.5.2018	BGBl. I S. 566	§§ 6, 75, 76, Anl. 4, 4a, 5	geänd. mWv 24.5.2018
19.	Art. 1, 2 13. VO zur Änd. der Fahrerlaubnis-VO und anderer straßenverkehrsrechtlicher Vorschriften[2]	11.3.2019	BGBl. I S. 218	Inhaltsübersicht, §§ 4, 7, 16, 17, 21, 22, 24a, 26, 27, 30, 30a, 31, 48, 48a, 49, 76, Anl. 3, 7, 9, 11	geänd. mWv 19.3.2019
				Anl. 8e	eingef. mWv 19.3.2019
				Anl. 10	neu gef. mWv 19.3. 2019
				§ 12, Anl. 6	geänd. mWv 18.9.2019
				Anl. 7	geänd. mWv 1.1.2021
20.	Art. 2 VO über die Teilnahme von Elektrokleinstfahrzeugen am Straßenverkehr und zur Änd. weiterer straßenverkehrsrechtlicher Vorschriften	6.6.2019	BGBl. I S. 756	§§ 4, 10	geänd. mWv 15.6.2019
21.	Art. 5 Abs. 7 G zur Einführung einer Karte für Unionsbürger und Angehörige des Europäischen Wirtschaftsraums mit Funktion zum elektronischen Identitätsnachweis sowie zur Änd. des PersonalausweisG und weiterer Vorschriften[3][4]	21.6.2019	BGBl.I S. 846	§ 64	geänd. mWv 1.11.2019
22.	Art. 1 Vierte VO zur Änd. der Fahrerlaubnis-VO[5]	4.7.2019	BGBl.I S. 1056	§ 6, Anl. 8e, 9	geänd. mWv 16.7.2019

(Fortsetzung der Anm. von voriger Seite:)
(ABl. L 403 vom 30.12.2006, S. 18), der Richtlinie 2005/36/EG des Europäischen Parlaments und des Rates vom 7. September 2005 über die Anerkennung von Berufsqualifikationen (ABl. L 255 vom 30.9.2005, S. 22) sowie der Umsetzung der Richtlinie 2013/55/EU des Europäischen Parlaments und des Rates vom 20. November 2013 zur Änderung der Richtlinie 2005/36/EG über die Anerkennung von Berufsqualifikationen und der Verordnung (EU) Nr. 1024/2012 über die Verwaltungszusammenarbeit mit Hilfe des Binnenmarkt-Informationssystems („IMI-Verordnung") (ABl. L 354 vom 28.12. 2013, S. 132) und der Verordnung (EU) Nr. 165/2014 des Europäischen Parlaments und des Rates vom 4. Februar 2014 über Fahrtenschreiber im Straßenverkehr, zur Aufhebung der Verordnung (EWG) Nr. 3821/85 des Rates über das Kontrollgerät im Straßenverkehr und zur Änderung der Verordnung (EG) Nr. 561/2006 des Europäischen Parlaments und des Rates zur Harmonisierung bestimmter Sozialvorschriften im Straßenverkehr (ABl. L 60 vom 28.2.2014, S. 1; L 246 vom 23.9. 2015, S. 11).

[1] **Amtl. Anm.:** Diese Verordnung dient der Umsetzung der Richtlinie (EU) 2016/1106 der Kommission vom 7. Juli 2016 zur Änderung der Richtlinie 2006/126/EG des Europäischen Parlaments und des Rates über den Führerschein (ABl. L 183 vom 8.7.2016, S. 59).

[2] **Amtl. Anm.:** Diese Verordnung dient der Umsetzung der Richtlinie (EU) 2015/653 der Kommission vom 24. April 2015 zur Änderung der Richtlinie 2006/126/EG des Europäischen Parlaments und des Rates über den Führerschein (ABl. L 107 vom 25.4.2015, S. 68).

[3] **Amtl. Anm.:** Notifiziert gemäß der Richtlinie (EU) 2015/1535 des Europäischen Parlaments und des Rates vom 9. September 2015 über ein Informationsverfahren auf dem Gebiet der technischen Vorschriften und der Vorschriften für die Dienste der Informationsgesellschaft (ABl. L 241 vom 17.9.2015, S. 1).

[4] Die Änd. des Inkrafttretens dieses G durch Art. 154a G v. 20.11.2019 (BGBl. I S. 1626) ist unbeachtlich, da das G bei Erlass des ÄndG bereits in Kraft getreten war.

[5] **Amtl. Anm.:** Diese Verordnung dient der Umsetzung der Richtlinie (EU) 2018/645 des Europäischen Parlaments und des Rates vom 18. April 2018 zur Änderung der Richtlinie 2003/59/ EG über die Grundqualifikation und Weiterbildung der Fahrer bestimmter Kraftfahrzeuge für den Güter- oder Personenverkehr und der Richtlinie 2006/126/EG über den Führerschein (ABl. L 112 vom 2.5.2018, S. 29).

Lfd. Nr.	Änderndes Gesetz	Datum	Fundstelle	Betroffen	Hinweis
23.	Art. 4 VO zur Änd. fahrlehrerrechtl. und anderer straßenverkehrsrechtl. VOen	2.10.2019	BGBl. I S. 1416	§§ 16, 17, 22	geänd. mWv 1.1.2020
24.	Art. 3 G zur Änd. des StraßenverkehrsG und weiterer straßenverkehrsrechtlicher Vorschriften	5.12.2019	BGBl. I S. 2008	§§ 10, 76, Anl. 9 §§ 22a, 57	geänd. mWv 12.12.2019 geänd. mWv 1.6.2020
25.	Art. 1 Vierzehnte VO zur Änd. der Fahrerlaubnis-VO und anderer straßenverkehrsrechtlicher Vorschriften[1]	23.12. 2019	BGBl. I S. 2937	Inhaltsverzeichnis, §§ 71a, 76, Anl. 4a, 7, 9, 11 § 6b, Anl. 7b	geänd. mWv 31.12.2019 eingef. mWv 31.12.2019
26.	Art. 4 G zur Stärkung der Entscheidungsbereitschaft bei der Organspende	16.3.2020	BGBl. I S. 497	§ 19	geänd. mWv 1.3.2022
27.	Art. 4 54. VO zur Änd. straßenverkehrsrechtlicher Vorschriften	20.4.2020	BGBl. I S. 814	Anl. 12, 13	geänd. mWv 28.4.2020
28.	Art. 1 und 2 VO über die Ausbildung und Prüfung auf Kraftfahrzeugen mit Automatikgetriebe und zur Änd. weiterer Vorschriften der Fahrerlaubnis-VO[2]	16.11. 2020	BGBl. I S. 2704	§§ 66, 70, 71a, 72, Anl. 4, 4a, 7 Inhaltsübersicht §§ 17, 30, 31, 76, Anl. 7, 9 § 17a	geänd. mWv 10.12.2020 geänd. mWv 1.4.2021 eingef. mWv 1.4.2021
29.	Art. 3 VO zur Ablösung der Berufskraftfahrer-Qualifikations-VO und zur Änd. anderer straßenverkehrsrechtlicher Vorschriften	9.12.2020	BGBl. I S. 2905	§ 10, Anl. 9	geänd. mWv 17.12.2020
30.	Art. 4 G zur Modernisierung des Personenbeförderungsrechts	16.4.2021	BGBl. I S. 822	§§ 10, 48, 49, 51, 52, 76, Anl. 8, 9	geänd. mWv 2.8.2021
31.	Art. 12 Viertes G zur Änd. des StraßenverkehrsG und anderer straßenverkehrsrechtlicher Vorschriften	12.7.2021	BGBl. I S. 3091	Inhaltsübersicht, §§ 10, 75, 76, Anl. 9, 12 § 6c	geänd. mWv 28.7.2021 eingef. mWv 28.7.2021
32.	Art. 1 15. VO zur Änd. der Fahrerlaubnis-VO und anderer straßenverkehrsrechtlicher Vorschriften	18.3.2022	BGBl. I S. 498	Anl. 8e §§ 16, 17, 17a, 18, 21, 48, 75, 76, Anl. 4a 5, 6, 7, 11, 12	geänd. mWv 19.1.2022 geänd. mWv 1.6.2022
33.	Art. 18 G zur Anpassung von Gesetzen und Verordnungen an die neue Behördenbezeichnung des Bundesamtes für Güterverkehr	2.3.2023	BGBl. 2023 I Nr. 56	§ 52	geänd. mWv 9.3.2023

[1] **Amtl. Anm.:** Diese Verordnung dient der Umsetzung der Richtlinie 2006/126/EG des Europäischen Parlaments und des Rates vom 20. Dezember 2006 über den Führerschein (Neufassung) (ABl. L 403 vom 30.12.2006, S. 18).

[2] **Amtl. Anm.:** Diese Verordnung dient der Umsetzung der Richtlinie 2006/126/EG des Europäischen Parlaments und des Rates vom 20. Dezember 2006 über den Führerschein (Neufassung) (ABl. L 403 vom 30.12.2006, S. 18) und der Richtlinie (EU) 2020/612 der Kommission vom 4. Mai 2020 zur Änderung der Richtlinie 2006/126/EG des Europäischen Parlaments und des Rates über den Führerschein (ABl. L 141 vom 5.5.2020, S. 9).

Lfd. Nr.	Änderndes Gesetz	Datum	Fundstelle	Betroffen	Hinweis
34.	Art. 4 VO zum Neuerlass der Fahrzeug-ZulassungsVO und zur Änd. weiterer Vorschriften[1]	20.7.2023	BGBl. 2023 I Nr. 199	§ 60	geänd. mWv 1.9.2023
35.	Art. 14 CannabisG	27.3.2024	BGBl. 2024 I Nr. 109	§ 14, Anl. 4, 4a § 13a	geänd. mWv 1.4.2024 eingef. mWv 1.4.2024
36.	Art. 2 Sechstes G zur Änd. des StraßenverkehrsG und weiterer straßenverkehrsrechtlicher Vorschriften	16.8.2024	BGBl. 2024 I Nr. 266	§§ 13a, 14, 48a, Anl. 4, 4a, 12, 13	geänd. mWv 22.8.2024

[1] **Amtl. Anm.:** Diese Verordnung dient der Umsetzung der Richtlinie 1999/37/EG des Rates vom 29. April 1999 über Zulassungsdokumente für Fahrzeuge (ABl. L 138 vom 1.6.1999, S. 57).

Das Bundesministerium für Verkehr, Bau und Stadtentwicklung verordnet auf Grund des

– § 6 Absatz 1 Nummer 1, Nummer 3 Buchstabe c und Nummer 7, § 6e Absatz 1, § 30c Absatz 1 sowie § 63 des Straßenverkehrsgesetzes[1] in der Fassung der Bekanntmachung vom 5. März 2003 (BGBl. I S. 310, 919), von denen § 6 Absatz 1 Nummer 1 zuletzt durch Artikel 1 Nummer 2 des Gesetzes vom 17. Juli 2009 (BGBl. I S. 2021), § 6e und § 30c durch Artikel 2 Nummer 4 des Gesetzes vom 14. August 2006 (BGBl. I S. 1958) und § 63 durch Artikel 2 Nummer 3 des Gesetzes vom 14. August 2006 (BGBl. I S. 1958) geändert worden ist,

– § 6 Absatz 1 Nummer 1 Buchstabe f in Verbindung mit Absatz 2a des Straßenverkehrsgesetzes in der Fassung der Bekanntmachung vom 5. März 2003 (BGBl. I S. 310, 919), von denen § 6 Absatz 2a durch Artikel 2 Nummer 4 des Gesetzes vom 14. August 2006 (BGBl. I S. 1958) geändert worden ist, gemeinsam mit dem Bundesministerium für Umwelt, Naturschutz und Reaktorsicherheit:

Inhaltsübersicht[2]

---

[1] **Habersack, Deutsche Gesetze Nr. 35.**

[2] Inhaltsübersicht geänd. mWv 19.1.2013 durch VO v. 7.1.2011 (BGBl. I S. 3); nichtamtlich geänd. mWv 30.6.2012 und amtlich geänd. mWv 19.1.2013 durch VO v. 26.6.2012 (BGBl. I S. 1394); geänd. mWv 15.1.2013 und mWv 19.1.2013 durch VO v. 10.1.2013 (BGBl. I S. 35); mWv 1.5.2014 durch VO v. 5.11.2013 (BGBl. I S. 3920); mWv 1.5.2014 durch VO v. 16.4.2014 (BGBl. I S. 348); mWv 21.10.2015 durch VO v. 2.10.2015 (BGBl. I S. 1674); geänd. mWv 28.12.2016 und nichtamtlich geänd. mWv 1.1.2017 durch VO v. 21.12.2016 (BGBl. I S. 3083); geänd. mWv 24.8.2017 durch VO v. 14.8.2017 (BGBl. I S. 3232); mWv 4.1.2018 durch VO v. 2.1.2018 (BGBl. I S. 2); mWv 19.3.2019 durch VO v. 11.3.2019 (BGBl. I S. 218); mWv 31.12.2019 durch VO v. 23.12.2019 (BGBl. I S. 2937); nichtamtlich geänd. mWv 31.12.2019 durch VO v. 23.12.2019 (BGBl. I S. 2937); geänd. mWv 1.4.2021 durch VO v. 16.11.2020 (BGBl. I S. 2704); mWv 28.7.2021 durch G v. 12.7.2021 (BGBl. I S. 3091); nichtamtlich geänd. mWv 1.4.2024 durch G v. 27.3.2024 (BGBl. 2024 I Nr. 109).

III. Register

1. Zentrales Fahrerlaubnisregister und örtliche Fahrerlaubnisregister

2. Fahreignungsregister

IV. Anerkennung und Begutachtung für bestimmte Aufgaben

V. Durchführungs-, Bußgeld-, Übergangs- und Schlussvorschriften

Anlagen zur Fahrerlaubnis-Verordnung

I. Allgemeine Regelungen für die Teilnahme am Straßenverkehr

§ 1 Grundregel der Zulassung. Zum Verkehr auf öffentlichen Straßen ist jeder zugelassen, soweit nicht für die Zulassung zu einzelnen Verkehrsarten eine Erlaubnis vorgeschrieben ist.

§ 2 Eingeschränkte Zulassung. (1) [1] Wer sich infolge körperlicher oder geistiger Beeinträchtigungen nicht sicher im Verkehr bewegen kann, darf am Verkehr nur teilnehmen, wenn Vorsorge getroffen ist, dass er andere nicht gefährdet. [2] Die Pflicht zur Vorsorge, namentlich durch das Anbringen geeigneter Einrichtungen an Fahrzeugen, durch den Ersatz fehlender Gliedmaßen mittels künstlicher Glieder, durch Begleitung oder durch das Tragen von Abzeichen oder Kennzeichen, obliegt dem Verkehrsteilnehmer selbst oder einem für ihn Verantwortlichen.

(2) [1] Körperlich Behinderte können ihre Behinderung durch gelbe Armbinden an beiden Armen oder andere geeignete, deutlich sichtbare, gelbe Abzeichen mit drei schwarzen Punkten kenntlich machen. [2] Die Abzeichen dürfen nicht an Fahrzeugen angebracht werden. [3] Wesentlich sehbehinderte Fußgänger können ihre Behinderung durch einen weißen Blindenstock, die Begleitung durch einen Blindenhund im weißen Führgeschirr und gelbe Abzeichen nach Satz 1 kenntlich machen.

(3) Andere Verkehrsteilnehmer dürfen die in Absatz 2 genannten Kennzeichen im Straßenverkehr nicht verwenden.

§ 3[1] Einschränkung und Entziehung der Zulassung. (1) [1]Erweist sich jemand als ungeeignet oder nur noch bedingt geeignet zum Führen von Fahrzeugen oder Tieren, hat die Fahrerlaubnisbehörde ihm das Führen zu untersagen, zu beschränken oder die erforderlichen Auflagen anzuordnen. [2]Nach der Untersagung, auf öffentlichen Straßen ein Mofa nach § 4 Absatz 1 Satz 2 Nummer 1 oder ein Kraftfahrzeug nach § 4 Absatz 1 Satz 2 Nummer 1b zu führen, ist die Prüfbescheinigung nach § 5 Absatz 4 Satz 1 unverzüglich der entscheidenden Behörde abzuliefern oder bei Beschränkungen oder Auflagen zur Eintragung vorzulegen. [3]Die Verpflichtung zur Ablieferung oder Vorlage der Prüfbescheinigung besteht auch, wenn die Entscheidung angefochten worden ist, die zuständige Behörde jedoch die sofortige Vollziehung ihrer Verfügung angeordnet hat.

(2) Rechtfertigen Tatsachen die Annahme, dass der Führer eines Fahrzeugs oder Tieres zum Führen ungeeignet oder nur noch bedingt geeignet ist, finden die Vorschriften der §§ 11 bis 14 entsprechend Anwendung.

II. Führen von Kraftfahrzeugen

1. Allgemeine Regelungen

§ 4[2] Erlaubnispflicht und Ausweispflicht für das Führen von Kraftfahrzeugen. (1) [1]Wer auf öffentlichen Straßen ein Kraftfahrzeug führt, bedarf der Fahrerlaubnis. [2]Ausgenommen sind

1. einspurige Fahrräder mit Hilfsmotor – auch ohne Tretkurbeln –, wenn ihre Bauart Gewähr dafür bietet, dass die Höchstgeschwindigkeit auf ebener Bahn nicht mehr als 25 km/h beträgt (Mofas); besondere Sitze für die Mitnahme von Kindern unter sieben Jahren dürfen jedoch angebracht sein,

1a. Elektrokleinstfahrzeuge nach § 1 Absatz 1 der Elektrokleinstfahrzeuge-Verordnung,

1b. zweirädrige Kraftfahrzeuge der Klasse L1e-B und dreirädrige Kraftfahrzeuge der Klassen L2e-P und L2e-U nach Artikel 4 Absatz 2 Buchstabe a und b der Verordnung (EU) Nr. 168/2013 des Europäischen Parlaments und des Rates vom 15. Januar 2013 über die Genehmigung und Marktüberwachung von zwei- oder dreirädrigen und vierrädrigen Fahrzeugen (ABl. L 60 vom 2.3. 2013, S. 52) oder nicht EU-typgenehmigte Fahrzeuge mit den jeweils gleichen technischen Eigenschaften, wenn ihre Bauart Gewähr dafür bietet, dass die Höchstgeschwindigkeit auf ebener Bahn auf höchstens 25 km/h beschränkt ist,

2. motorisierte Krankenfahrstühle (einsitzige, nach der Bauart zum Gebrauch durch körperlich behinderte Personen bestimmte Kraftfahrzeuge mit Elektroantrieb, einer Leermasse von nicht mehr als 300 kg einschließlich Batterien jedoch ohne Fahrer, einer zulässigen Gesamtmasse von nicht mehr als 500 kg,

---

[1] § 3 Abs. 1 Satz 2 geänd. mWv 28.12.2016 durch VO v. 21.12.2016 (BGBl. I S. 3083).

[2] § 4 Abs. 2 Satz 1 geänd. mWv 19.1.2013 durch VO v. 7.1.2011 (BGBl. I S. 3); Abs. 1 Satz 2 Nr. 1b eingef. mWv 1.5.2014 durch VO v. 16.4.2014 (BGBl. I S. 348); Abs. 3 angef. mWv 21 10.2015 durch VO v. 2.10.2015 (BGBl. I S. 1674); Abs. 1 Satz 2 Nr. 1 geänd., Nr. 1b neu gef. mWv 28.12.2016 durch VO v. 21.12.2016 (BGBl. I S. 3083); Abs. 1 Satz 2 Nr. 1b geänd., Abs. 2 Satz 2 neu gef. mWv 19.3.2019 durch VO v. 11.3.2019 (BGBl. I S. 218); Abs. 1 Satz 2 Nr. 1a neu gef. mWv 15.6.2019 durch VO v. 6.6. 2019 (BGBl. I S. 756).

einer bauartbedingten Höchstgeschwindigkeit von nicht mehr als 15 km/h und einer Breite über alles von maximal 110 cm),

3. Zugmaschinen, die nach ihrer Bauart für die Verwendung land- oder forstwirtschaftlicher Zwecke bestimmt sind, selbstfahrende Arbeitsmaschinen, Stapler und andere Flurförderzeuge jeweils mit einer durch die Bauart bestimmten Höchstgeschwindigkeit von nicht mehr als 6 km/h sowie einachsige Zug- und Arbeitsmaschinen, die von Fußgängern an Holmen geführt werden.

(2) [1]Die Fahrerlaubnis ist durch eine gültige amtliche Bescheinigung (Führerschein) nachzuweisen. [2]Beim Führen eines Kraftfahrzeuges ist ein dafür gültiger Führerschein mitzuführen und zuständigen Personen auf Verlangen zur Prüfung auszuhändigen. [3]Der Internationale Führerschein oder der nationale ausländische Führerschein und eine mit diesem nach § 29 Absatz 2 Satz 2 verbundene Übersetzung ist mitzuführen und zuständigen Personen auf Verlangen zur Prüfung auszuhändigen.

(3) [1]Abweichend von Absatz 2 Satz 1 kann die Fahrerlaubnis auch durch eine andere Bescheinigung als den Führerschein nachgewiesen werden, soweit dies ausdrücklich bestimmt oder zugelassen ist. [2]Absatz 2 Satz 2 gilt für eine Bescheinigung im Sinne des Satzes 1 entsprechend.

§ 5[1)] Sonderbestimmungen für das Führen von Mofas und geschwindigkeitsbeschränkten Kraftfahrzeugen. (1) [1]Wer auf öffentlichen Straßen ein Mofa (§ 4 Absatz 1 Satz 2 Nummer 1) oder ein Kraftfahrzeug, das den Bestimmungen des § 4 Absatz 1 Satz 2 Nummer 1b entspricht, führt, muss in einer Prüfung nachgewiesen haben, dass er

1. ausreichende Kenntnisse der für das Führen eines Kraftfahrzeugs maßgebenden gesetzlichen Vorschriften hat und
2. mit den Gefahren des Straßenverkehrs und den zu ihrer Abwehr erforderlichen Verhaltensweisen vertraut ist.

[2]Die Prüfung muss nicht ablegen, wer eine Fahrerlaubnis nach § 4 oder eine zum Führen von Kraftfahrzeugen im Inland berechtigende ausländische Erlaubnis besitzt. [3]Die zuständige oberste Landesbehörde oder die von ihr bestimmte oder nach Landesrecht zuständige Stelle bestimmt die prüfende Stelle.

(2) [1]Der Bewerber wird zur Prüfung zugelassen, wenn er von einem zur Ausbildung berechtigten Fahrlehrer entsprechend den Mindestanforderungen der Anlage 1 ausgebildet worden ist und hierüber der prüfenden Stelle eine Bescheinigung nach dem Muster in Anlage 2 vorlegt. [2]Ein Fahrlehrer ist zu der Ausbildung berechtigt, wenn er die Fahrlehrerlaubnis der Klasse A besitzt. [3]§ 1 Absatz 4 Satz 1 des Fahrlehrergesetzes gilt entsprechend. [4]Der Fahrlehrer darf die Ausbildungsbescheinigung nur ausstellen, wenn er eine Ausbildung durchgeführt hat, die den Mindestanforderungen der Anlage 1 entspricht.

(3) [1]Die zuständige oberste Landesbehörde oder die von ihr bestimmte oder nach Landesrecht zuständige Stelle kann als Träger der Ausbildung im Sinne des Absatzes 2 Satz 1 öffentliche Schulen oder private Ersatzschulen anerkennen. [2]In diesem Fall hat der Bewerber der prüfenden Stelle eine Ausbildungsbescheini-

[1)] § 5 Überschrift neu gef., Abs. 1 Satz 1 einl. Satzteil geänd. mWv 1.5.2014 durch VO v. 16.4.2014 (BGBl. I S. 348); Abs. 4 Satz 1 geänd. mWv 1.1.2015 durch VO v. 16.12.2014 (BGBl. I S. 2213); Überschr., Abs. 1 Satz 1 einl. Satzteil, Abs. 2 Satz 2, Abs. 3 Sätze 1 und 2 sowie Abs. 4 Sätze 1 und 2 geänd., Abs. 5 neu gef. mWv 28.12.2016 durch VO v. 21.12.2016 (BGBl. I S. 3083).

gung einer nach Satz 1 anerkannten Schule vorzulegen, aus der hervorgeht, dass er an einem anerkannten Ausbildungskurs in der Schule teilgenommen hat.

(4) [1] Die prüfende Stelle hat über die bestandene Prüfung eine Prüfbescheinigung zum Führen von Mofas und zwei- und dreirädriger Kraftfahrzeuge bis 25 km/h nach Anlage 2 auszufertigen. [2] Die Bescheinigung ist beim Führen eines Mofas nach § 4 Absatz 1 Satz 2 Nummer 1 oder eines Kraftfahrzeugs nach § 4 Absatz 1 Satz 2 Nummer 1b mitzuführen und zuständigen Personen auf Verlangen zur Prüfung auszuhändigen. [3] Für die Inhaber einer Fahrerlaubnis gilt § 4 Absatz 2 Satz 2 entsprechend.

(5) Wer die Prüfung noch nicht abgelegt hat, darf ein Mofa nach § 4 Absatz 1 Satz 2 Nummer 1 oder ein Kraftfahrzeug nach § 4 Absatz 1 Satz 2 Nummer 1b auf öffentlichen Straßen führen, wenn er von einem zur Ausbildung berechtigten Fahrlehrer beaufsichtigt wird; der Fahrlehrer gilt als Führer des Fahrzeugs.

§ 6[1)] Einteilung der Fahrerlaubnisklassen. (1) [1] Die Fahrerlaubnis wird in folgenden Klassen erteilt:

Klasse AM:
- leichte zweirädrige Kraftfahrzeuge der Klasse L1e-B nach Artikel 4 Absatz 2 Buchstabe a der Verordnung (EU) Nr. 168/2013 des Europäischen Parlaments und des Rates vom 15. Januar 2013 über die Genehmigung und Marktüberwachung von zwei- oder dreirädrigen und vierrädrigen Fahrzeugen (ABl. L 60 vom 2.3. 2013, S. 52),
- dreirädrige Kleinkrafträder der Klasse L2e nach Artikel 4 Absatz 2 Buchstabe b der Verordnung (EU) Nr. 168/2013 des Europäischen Parlaments und des Rates vom 15. Januar 2013 über die Genehmigung und Marktüberwachung von zwei- oder dreirädrigen und vierrädrigen Fahrzeugen (ABl. L 60 vom 2.3.2013, S. 52),
- leichte vierrädrige Kraftfahrzeuge der Klasse L6e nach Artikel 4 Absatz 2 Buchstabe f der Verordnung (EU) Nr. 168/2013 des Europäischen Parlaments und des Rates vom 15. Januar 2013 über die Genehmigung und Marktüberwachung von zwei- oder dreirädrigen und vierrädrigen Fahrzeugen (ABl. L 60 vom 2.3. 2013, S. 52).

Klasse A1:
- Krafträder (auch mit Beiwagen) mit einem Hubraum von bis zu 125 cm^3, einer Motorleistung von nicht mehr als 11 kW, bei denen das Verhältnis der Leistung zum Gewicht 0,1 kW/kg nicht übersteigt,
- dreirädrige Kraftfahrzeuge mit symmetrisch angeordneten Rädern und einem Hubraum von mehr als 50 cm^3 bei Verbrennungsmotoren oder einer bauartbedingten Höchstgeschwindig-

[1)] § 6 Abs. 1–3 neu gef. mWv 19.1.2013 durch VO v. 7.1.2011 (BGBl. I S. 3, geänd. durch VO v. 10.1. 2013, BGBl. I S. 35); Abs. 1 und Abs. 5 Nr. 1 geänd. mWv 30.6.2012, Abs. 1 und Abs. 3 Nr. 6 geänd. mWv 19.1.2013 durch VO v. 26.6.2012 (BGBl. I S. 1394); Abs. 3 Nr. 11 geänd., Abs. 6 neu gef., Abs. 7 aufgeh. mWv 19.1.2013 durch VO v. 10.1.2013 (BGBl. I S. 35); Abs. 3 Satz 2 angef. mWv 1.5.2014 durch VO v. 16.4.2014 (BGBl. I S. 348); Abs. 1 Satz 1 geänd. mWv 21.10.2015 durch VO v. 2.10.2015 (BGBl. I S. 1674); Abs. 1 Satz 1, Abs. 3 Satz 1 Nr. 6, 9 und 10 geänd., Abs. 3a, 4a und Abs. 6 Satz 2 eingef., bish. Satz 2 wird Satz 3 mWv 28.12.2016 durch VO v. 21.12.2016 (BGBl. I S. 3083); Abs. 1 Satz 1, Abs. 3 Satz 1 Nr. 9 geänd., Abs. 6 Satz 1 neu gef. mWv 24.8.2017 durch VO v. 14.8.2017 (BGBl. I S. 3232); Abs. 6 Satz 2 geänd. mWv 24.5.2018 durch VO v. 3.5.2018 (BGBl. I S. 566); Abs. 3a geänd., Abs. 3b eingef., Abs. 6 neu gef. mWv 16.7.2019 durch VO v. 4.7.2019 (BGBl. I S. 1056).

keit von mehr als 45 km/h und mit einer Leistung von bis zu 15 kW.

Klasse A2: Krafträder (auch mit Beiwagen) mit
a) einer Motorleistung von nicht mehr als 35 kW und
b) einem Verhältnis der Leistung zum Gewicht von nicht mehr als 0,2 kW/kg,

die nicht von einem Kraftrad mit einer Leistung von über 70 kW Motorleistung abgeleitet sind.

Klasse A:
- Krafträder (auch mit Beiwagen) mit einem Hubraum von mehr als 50 cm^3 oder mit einer durch die Bauart bestimmten Höchstgeschwindigkeit von mehr als 45 km/h und
- dreirädrige Kraftfahrzeuge mit einer Leistung von mehr als 15 kW und dreirädrige Kraftfahrzeuge mit symmetrisch angeordneten Rädern und einem Hubraum von mehr als 50 cm^3 bei Verbrennungsmotoren oder einer bauartbedingten Höchstgeschwindigkeit von mehr als 45 km/h und mit einer Leistung von mehr als 15 kW.

Klasse B:[1] Kraftfahrzeuge – ausgenommen Kraftfahrzeuge der Klassen AM, A1, A2 und A – mit einer zulässigen Gesamtmasse von nicht mehr als 3 500 kg, die zur Beförderung von nicht mehr als acht

(Fortsetzung nächstes Blatt)

[1] Siehe zu Abweichungen die Zweite VO über Ausnahmen von den Vorschriften der FeV v. 16.12. 2011 (BGBl. I S. 3113), zuletzt geänd. durch G v. 1.6.2017 (BGBl. I S. 1354).

Personen außer dem Fahrzeugführer ausgelegt und gebaut sind (auch mit Anhänger mit einer zulässigen Gesamtmasse von nicht mehr als 750 kg oder mit Anhänger über 750 kg zulässiger Gesamtmasse, sofern 3 500 kg zulässige Gesamtmasse der Kombination nicht überschritten wird).

Klasse BE: Fahrzeugkombinationen, die aus einem Zugfahrzeug der Klasse B und einem Anhänger oder Sattelanhänger bestehen, sofern die zulässige Gesamtmasse des Anhängers oder Sattelanhängers 3 500 kg nicht übersteigt.

Klasse C1: Kraftfahrzeuge, ausgenommen Kraftfahrzeuge der Klassen AM, A1, A2, A, D1 und D, mit einer zulässigen Gesamtmasse von mehr als 3 500 kg, aber nicht mehr als 7 500 kg, und die zur Beförderung von nicht mehr als acht Personen außer dem Fahrzeugführer ausgelegt und gebaut sind (auch mit Anhänger mit einer zulässigen Gesamtmasse von nicht mehr als 750 kg).

Klasse C1E: Fahrzeugkombinationen, die aus einem Zugfahrzeug
- der Klasse C1 und einem Anhänger oder Sattelanhänger mit einer zulässigen Gesamtmasse von mehr als 750 kg bestehen, sofern die zulässige Gesamtmasse der Fahrzeugkombination 12 000 kg nicht übersteigt,
- der Klasse B und einem Anhänger oder Sattelanhänger mit einer zulässigen Masse von mehr als 3 500 kg bestehen, sofern die zulässige Masse der Fahrzeugkombination 12 000 kg nicht übersteigt.

Klasse C: Kraftfahrzeuge, ausgenommen Kraftfahrzeuge der Klassen AM, A1, A2, A, D1 und D, mit einer zulässigen Gesamtmasse von mehr als 3 500 kg, die zur Beförderung von nicht mehr als acht Personen außer dem Fahrzeugführer ausgelegt und gebaut sind (auch mit Anhänger mit einer zulässigen Gesamtmasse von nicht mehr als 750 kg).

Klasse CE: Fahrzeugkombinationen, die aus einem Zugfahrzeug der Klasse C und Anhängern oder einem Sattelanhänger mit einer zulässigen Gesamtmasse von mehr als 750 kg bestehen.

Klasse D1: Kraftfahrzeuge, ausgenommen Kraftfahrzeuge der Klassen AM, A1, A2, A, die zur Beförderung von nicht mehr als 16 Personen außer dem Fahrzeugführer ausgelegt und gebaut sind und deren Länge nicht mehr als 8 m beträgt (auch mit Anhänger mit einer zulässigen Gesamtmasse von nicht mehr als 750 kg).

Klasse D1E: Fahrzeugkombinationen, die aus einem Zugfahrzeug der Klasse D1 und einem Anhänger mit einer zulässigen Gesamtmasse von mehr als 750 kg bestehen.

Klasse D: Kraftfahrzeuge, ausgenommen Kraftfahrzeuge der Klassen AM, A1, A2, A, die zur Beförderung von mehr als acht Personen außer dem Fahrzeugführer ausgelegt und gebaut sind (auch mit Anhänger mit einer zulässigen Gesamtmasse von nicht mehr als 750 kg).

Klasse DE: Fahrzeugkombinationen, die aus einem Zugfahrzeug der Klasse D und einem Anhänger mit einer zulässigen Gesamtmasse von mehr als 750 kg bestehen.

Klasse T: Zugmaschinen mit einer durch die Bauart bestimmten Höchstgeschwindigkeit von nicht mehr als 60 km/h und selbstfahrende Arbeitsmaschinen oder selbstfahrende Futtermischwagen mit einer durch die Bauart bestimmten Höchstgeschwindigkeit von nicht mehr als 40 km/h, die jeweils nach ihrer Bauart zur Verwendung für land- oder forstwirtschaftliche Zwecke bestimmt sind und für solche Zwecke eingesetzt werden (jeweils auch mit Anhängern).

Klasse L: Zugmaschinen, die nach ihrer Bauart zur Verwendung für land- oder forstwirtschaftliche Zwecke bestimmt sind und für solche Zwecke eingesetzt werden, mit einer durch die Bauart bestimmten Höchstgeschwindigkeit von nicht mehr als 40 km/h und Kombinationen aus diesen Fahrzeugen und Anhängern, wenn sie mit einer Geschwindigkeit von nicht mehr als 25 km/h geführt werden, sowie selbstfahrende Arbeitsmaschinen, selbstfahrende Futtermischwagen, Stapler und andere Flurförderzeuge jeweils mit einer durch die Bauart bestimmten Höchstgeschwindigkeit von nicht mehr als 25 km/h und Kombinationen aus diesen Fahrzeugen und Anhängern.

[2] Die zulässige Gesamtmasse einer Fahrzeugkombination errechnet sich aus der Summe der zulässigen Gesamtmasse der Einzelfahrzeuge ohne Berücksichtigung von Stütz- und Aufliegelasten. [3] Die Erlaubnis kann auf einzelne Fahrzeugarten dieser Klassen beschränkt werden. [4] Beim Abschleppen eines Kraftfahrzeugs genügt die Fahrerlaubnis für die Klasse des abschleppenden Fahrzeugs.

(2) Zugmaschinen der Klasse T mit einer durch die Bauart bestimmten Höchstgeschwindigkeit von mehr als 40 km/h dürfen nur von Inhabern einer Fahrerlaubnis der Klasse T geführt werden, die das 18. Lebensjahr vollendet haben; dies gilt nicht bei der Rückfahrt von der praktischen Befähigungsprüfung, sofern der Inhaber der Fahrerlaubnis dabei von einem Fahrlehrer begleitet wird, sowie bei Fahrproben nach § 42 im Rahmen von Aufbauseminaren und auf Grund von Anordnungen nach § 46.

(3) [1] Außerdem berechtigt

1. die Fahrerlaubnis der Klasse A zum Führen von Fahrzeugen der Klassen AM, A1 und A2,
2. die Fahrerlaubnis der Klasse A2 zum Führen von Fahrzeugen der Klassen A1 und AM,
3. die Fahrerlaubnis der Klasse A1 zum Führen von Fahrzeugen der Klasse AM,[1)]
4. die Fahrerlaubnis der Klasse B zum Führen von Fahrzeugen der Klassen AM und L,
5. die Fahrerlaubnis der Klasse C zum Führen von Fahrzeugen der Klasse C1,

---

[1)] Zeichensetzung nichtamtlich ergänzt.

6. die Fahrerlaubnis der Klasse CE zum Führen von Fahrzeugen der Klassen C1E, BE und T sowie DE, sofern er zum Führen von Fahrzeugen der Klasse D berechtigt ist,
7. die Fahrerlaubnis der Klasse C1E zum Führen von Fahrzeugen der Klassen BE sowie D1E, sofern der Inhaber zum Führen von Fahrzeugen der Klasse D1 berechtigt ist,
8. die Fahrerlaubnis der Klasse D zum Führen von Fahrzeugen der Klasse D1,
9. die Fahrerlaubnis der Klasse D1E zum Führen von Fahrzeugen der Klasse BE,
10. die Fahrerlaubnis der Klasse DE zum Führen von Fahrzeugen der Klassen D1E und BE,
11. die Fahrerlaubnis der Klasse T zum Führen von Fahrzeugen der Klassen AM und L.

[2] Satz 1 Nummer 1 gilt nicht für eine Fahrerlaubnis der Klasse A, die unter Verwendung der Schlüsselzahl 79.03 oder 79.04 erteilt worden ist.

(3a) Die Fahrerlaubnis der Klasse B berechtigt auch zum Führen von dreirädrigen Kraftfahrzeugen im Inland, im Falle eines Kraftfahrzeugs mit einer Motorleistung von mehr als 15 kW jedoch nur, soweit der Inhaber der Fahrerlaubnis mindestens 21 Jahre alt ist.

(3b) Die Fahrerlaubnis der Klasse B berechtigt im Inland, sofern der Inhaber diese seit mindestens zwei Jahren besitzt, auch zum Führen von Fahrzeugen

– die ganz oder teilweise mit
  a) Strom,
  b) Wasserstoff,
  c) Erdgas, einschließlich Biomethan, gasförmig (komprimiertes Erdgas – CNG) und flüssig (Flüssigerdgas – LNG),
  d) Flüssiggas (LPG),
  e) mechanischer Energie aus bordeigenen Speichern/bordeigenen Quellen, einschließlich Abwärme,

alternativ angetrieben werden,

– mit einer Gesamtmasse von mehr als 3 500 kg, jedoch nicht mehr als 4 250 kg,
– für die Güterbeförderung und
– ohne Anhänger,

sofern

– die 3 500 kg überschreitende Masse ausschließlich dem zusätzlichen Gewicht des Antriebssystems gegenüber dem Antriebssystem eines Fahrzeugs mit denselben Abmessungen, das mit einem herkömmlichen Verbrennungsmotor mit Fremd- oder Selbstzündung ausgestattet ist, geschuldet ist und
– die Ladekapazität gegenüber diesem Fahrzeug nicht erhöht ist.

(4) Fahrerlaubnisse der Klassen C, C1, CE oder C1E berechtigen im Inland auch zum Führen von Kraftomnibussen – gegebenenfalls mit Anhänger – mit einer entsprechenden zulässigen Gesamtmasse und ohne Fahrgäste, wenn die Fahrten lediglich zur Überprüfung des technischen Zustands des Fahrzeugs dienen.

(4a) [1] Eine Fahrerlaubnis der Klasse C1 berechtigt auch zum Führen von Fahrzeugen mit einer zulässigen Gesamtmasse von mehr als 3 500 kg, aber nicht mehr als 7 500 kg, und die zur Beförderung von nicht mehr als acht Personen außer dem Fahrzeugführer ausgelegt und gebaut sind mit insbesondere folgender, für die Genehmigung der Fahrzeugtypen maßgeblicher, besonderer Zweckbestimmung:

1. Einsatzfahrzeuge der Feuerwehr,
2. Einsatzfahrzeuge der Polizei,
3. Einsatzfahrzeuge der nach Landesrecht anerkannten Rettungsdienste,
4. Einsatzfahrzeuge des Technischen Hilfswerks,
5. Einsatzfahrzeuge sonstiger Einheiten des Katastrophenschutzes,
6. Krankenkraftwagen,
7. Notarzteinsatz- und Sanitätsfahrzeuge,
8. Beschussgeschützte Fahrzeuge,
9. Post-, Funk- und Fernmeldefahrzeuge,
10. Spezialisierte Verkaufswagen,
11. Rollstuhlgerechte Fahrzeuge,
12. Leichenwagen und
13. Wohnmobile.

[2] Satz 1 gilt für die Fahrerlaubnis der Klassen C1E, C und CE entsprechend.

(5) Unter land- oder forstwirtschaftliche Zwecke im Rahmen der Fahrerlaubnis der Klassen T und L fallen

1. Betrieb von Landwirtschaft, Forstwirtschaft, Weinbau, Gartenbau, Obstbau, Gemüsebau, Baumschulen, Tierzucht, Tierhaltung, Fischzucht, Teichwirtschaft, Fischerei, Imkerei, Jagd sowie den Zielen des Natur- und Umweltschutzes dienende Landschaftspflege,
2. Park-, Garten-, Böschungs- und Friedhofspflege,
3. landwirtschaftliche Nebenerwerbstätigkeit und Nachbarschaftshilfe von Landwirten,
4. Betrieb von land- und forstwirtschaftlichen Lohnunternehmen und andere überbetriebliche Maschinenverwendung,
5. Betrieb von Unternehmen, die unmittelbar der Sicherung, Überwachung und Förderung der Landwirtschaft überwiegend dienen,
6. Betrieb von Werkstätten zur Reparatur, Wartung und Prüfung von Fahrzeugen sowie Probefahrten der Hersteller von Fahrzeugen, die jeweils im Rahmen der Nummern 1 bis 5 eingesetzt werden, und
7. Winterdienst.

(6) [1] Fahrerlaubnisse, die bis zum Ablauf des 15. Juli 2019 erteilt worden sind (Fahrerlaubnisse alten Rechts) bleiben im Umfang der bisherigen Berechtigungen, wie er sich aus der Anlage 3 ergibt, bestehen und erstrecken sich vorbehaltlich der Bestimmungen in § 76 auf den Umfang der ab dem 16. Juli 2019 geltenden Fahrerlaubnisse nach Absatz 1. [2] Auf Antrag wird Inhabern von Fahrerlaubnissen alten Rechts ein neuer Führerschein mit Umstellung auf die neuen Fahrerlaubnisklassen entsprechend Satz 1 ausgefertigt.

§ 6a[1] Fahrerlaubnis der Klasse B mit der Schlüsselzahl 96. (1) [1] Die Fahrerlaubnis der Klasse B kann mit der Schlüsselzahl 96 erteilt werden für Fahrzeugkombinationen bestehend aus einem Kraftfahrzeug der Klasse B und einem Anhänger mit einer zulässigen Gesamtmasse von mehr als 750 kg, sofern die zulässige Gesamtmasse der Fahrzeugkombination 3 500 kg überschreitet, aber 4 250 kg nicht übersteigt. [2] Die Schlüsselzahl 96 darf nur zugeteilt werden, wenn der Bewerber bereits die Fahrerlaubnis der Klasse B besitzt oder die Voraussetzungen für deren Erteilung erfüllt hat; in diesem Fall darf die Schlüsselzahl 96 frühestens mit der Fahrerlaubnis für die Klasse B zugeteilt werden.

(2) Das Mindestalter für die Erteilung der Fahrerlaubnis der Klasse B mit der Schlüsselzahl 96 beträgt 18 Jahre, im Fall des Begleiteten Fahrens ab 17 Jahre nach § 48a 17 Jahre.

(3) [1] Für die Eintragung der Schlüsselzahl 96 in die Fahrerlaubnis der Klasse B bedarf es einer Fahrerschulung. [2] Die Inhalte der Fahrerschulung ergeben sich aus Anlage 7a.

(4) Beim Antrag auf Eintragung der Schlüsselzahl 96 in die Klasse B ist vor deren Eintragung der Nachweis einer Fahrerschulung nach dem Muster nach Anlage 7a beizubringen.

§ 6b[2] Fahrerlaubnis der Klasse B mit der Schlüsselzahl 196. (1) [1] Die Fahrerlaubnis der Klasse B kann mit der Schlüsselzahl 196 erteilt werden für Krafträder (auch mit Beiwagen) mit einem Hubraum von bis zu 125 cm^3, einer Motorleistung von nicht mehr als 11 kW, bei denen das Verhältnis der Leistung zum Gewicht 0,1 kW/kg nicht übersteigt. [2] Die Schlüsselzahl 196 darf nur zugeteilt werden, wenn der Teilnehmer bereits seit mindestens fünf Jahren die Fahrerlaubnis der Klasse B besitzt. [3] Die Regelungen der Anlage 3 bleiben unberührt. [4] Die Berechtigung nach Satz 1 gilt nur im Inland.

(2) Das Mindestalter für die Erteilung der Fahrerlaubnis der Klasse B mit der Schlüsselzahl 196 beträgt 25 Jahre.

(3) [1] Für die Eintragung der Schlüsselzahl 196 in die Fahrerlaubnis der Klasse B bedarf es einer Fahrerschulung. [2] Die Inhalte der Fahrerschulung ergeben sich aus der Anlage 7b.

(4) Beim Antrag auf Eintragung der Schlüsselzahl 196 in die Klasse B ist vor deren Eintragung der Nachweis einer Fahrerschulung nach dem Muster nach Anlage 7b beizubringen.

(5) Der Zeitraum zwischen dem Abschluss der Fahrerschulung und der Eintragung der Schlüsselzahl 196 darf ein Jahr nicht überschreiten.

(6) [1] Die Auswirkungen der Absätze 1 bis 5 werden von der Bundesanstalt für Straßenwesen evaluiert. [2] Mit der Evaluierung wird insbesondere die Wirkung im Hinblick auf die Verkehrssicherheit untersucht. [3] Die Bundesanstalt für Straßenwesen legt das Ergebnis der Evaluierung bis zum 1. Juli 2022 dem Bundesministerium für Verkehr und digitale Infrastruktur vor. [4] Für Zwecke der Evaluation dürfen personenbezogene Daten der Teilnehmer nach Maßgabe des Bundesdatenschutzgesetzes[3] erhoben und verwendet werden. [5] Die Daten sind spätestens am 31. Dezember 2023 zu löschen oder so zu anonymisieren

---

[1] § 6a eingef. mWv 19.1.2013 durch VO v. 7.1.2011 (BGBl. I S. 3).
[2] § 6b eingef. mWv 31.12.2019 durch VO v. 23.12.2019 (BGBl. I S. 2937).
[3] **Sartorius Nr. 245.**

oder zu pseudonymisieren, dass ein Personenbezug nicht mehr hergestellt werden kann.

§ 6c[1)] Sonderbestimmungen für das Führen von Einsatzfahrzeugen der Freiwilligen Feuerwehren, der nach Landesrecht anerkannten Rettungsdienste, des Technischen Hilfswerks und des Katastrophenschutzes. [1]Die Landesregierungen werden ermächtigt, durch Rechtsverordnung besondere Bestimmungen zu erlassen über

1. die Erteilung der Berechtigung zum Führen von Einsatzfahrzeugen der Freiwilligen Feuerwehren, der nach Landesrecht anerkannten Rettungsdienste, des Technischen Hilfswerks oder des Katastrophenschutzes auf öffentlichen Straßen nach § 2 Absatz 10a des Straßenverkehrsgesetzes[2)],
2. die Prüfung zur Erlangung dieser Berechtigung und
3. die Einweisung in das Führen solcher Einsatzfahrzeuge.

[2]Bei der näheren Ausgestaltung sind die Besonderheiten der unterschiedlichen Gewichtsklassen der Fahrberechtigung nach § 2 Absatz 10a Satz 1 und 4 des Straßenverkehrsgesetzes zu berücksichtigen.

2. Voraussetzungen für die Erteilung einer Fahrerlaubnis

§ 7[3)] Ordentlicher Wohnsitz im Inland. (1) [1]Eine Fahrerlaubnis darf nur erteilt werden, wenn der Bewerber seinen ordentlichen Wohnsitz in der Bundesrepublik Deutschland hat. [2]Dies wird angenommen, wenn der Bewerber wegen persönlicher und beruflicher Bindungen oder – bei fehlenden beruflichen Bindungen – wegen persönlicher Bindungen, die enge Beziehungen zwischen ihm und dem Wohnort erkennen lassen, gewöhnlich, das heißt während mindestens 185 Tagen im Jahr, im Inland wohnt. [3]Ein Bewerber, dessen persönliche Bindungen im Inland liegen, der sich aber aus beruflichen Gründen in einem oder mehreren anderen Staaten aufhält, hat seinen ordentlichen Wohnsitz im Sinne dieser Vorschrift im Inland, sofern er regelmäßig hierhin zurückkehrt. [4]Die Voraussetzung entfällt, wenn sich der Bewerber zur Ausführung eines Auftrags von bestimmter Dauer in einem solchen Staat aufhält.

(2) Bewerber, die bislang ihren ordentlichen Wohnsitz im Inland hatten und die sich ausschließlich zum Zwecke des Besuchs einer Hochschule oder Schule in einem anderen Mitgliedstaat der Europäischen Union oder einem anderen Vertragsstaat des Abkommens über den Europäischen Wirtschaftsraum aufhalten, behalten ihren ordentlichen Wohnsitz im Inland.

(3) [1]Bewerber, die bislang ihren ordentlichen Wohnsitz in einem anderen Mitgliedstaat der Europäischen Union oder einem anderen Vertragsstaat des Abkommens über den Europäischen Wirtschaftsraum hatten und die sich ausschließlich wegen des Besuchs einer Hochschule oder Schule im Inland aufhalten, begründen keinen ordentlichen Wohnsitz im Inland. [2]Ihnen wird die Fahrerlaubnis erteilt, wenn die Dauer des Aufenthalts mindestens sechs Monate beträgt.

[1)] § 6c eingef.. mWv *28.7.2021 durch* G v. 12.7.2021 (BGBl. I S. 3091).
[2)] **Habersack, Deutsche Gesetze Nr. 35.**
[3)] § 7 Abs. 1 Satz 3 geänd. mWv 19.3.2019 durch VO v. 11.3.2019 (BGBl. I S. 218).

§ 8 Ausschluss des Vorbesitzes einer Fahrerlaubnis der beantragten Klasse. Eine Fahrerlaubnis der beantragten Klasse darf nur erteilt werden, wenn der Bewerber keine in einem Mitgliedstaat der Europäischen Union oder einem anderen Vertragsstaat des Abkommens über den Europäischen Wirtschaftsraum erteilte Fahrerlaubnis (EU- oder EWR-Fahrerlaubnis) dieser Klasse besitzt.

§ 9[1)] Voraussetzung des Vorbesitzes einer Fahrerlaubnis anderer Klassen. (1) Eine Fahrerlaubnis der Klassen C1, C, D1 oder D darf nur erteilt werden, wenn der Bewerber bereits die Fahrerlaubnis der Klasse B besitzt oder die Voraussetzungen für deren Erteilung erfüllt hat; in diesem Fall darf die Fahrerlaubnis für die höhere Klasse frühestens mit der Fahrerlaubnis der Klasse B erteilt werden.

(2) Eine Fahrerlaubnis der Klasse BE, C1E, CE, D1E oder DE darf nur erteilt werden, wenn der Bewerber bereits die Fahrerlaubnis für das ziehende Fahrzeug besitzt oder die Voraussetzungen für deren Erteilung erfüllt hat; in diesem Fall darf die Fahrerlaubnis der Klasse BE, C1E, CE, D1E oder DE frühestens mit der Fahrerlaubnis für das ziehende Fahrzeug erteilt werden.

(3) Absatz 1 gilt auch im Fall des § 69a Absatz 2 des Strafgesetzbuches[2)].

§ 10[3)] Mindestalter. (1) [1] Das für die Erteilung einer Fahrerlaubnis maßgebliche Mindestalter bestimmt sich nach der folgenden Tabelle:

lfd. Nr.	Klasse	Mindestalter	Auflagen
1	AM	15 Jahre	Bis zur Vollendung des 16. Lebensjahres ist die Fahrerlaubnis mit der Auflage zu versehen, dass von ihr nur bei Fahrten im Inland Gebrauch gemacht werden darf. Die Auflage entfällt, wenn der Fahrerlaubnisinhaber das 16. Lebensjahr vollendet hat.
2	A1	16 Jahre	
3	A2	18 Jahre	
4	A	a) 24 Jahre für Krafträder bei direktem Zugang, b) 21 Jahre für dreirädrige Kraftfahrzeuge mit einer Leistung von mehr als 15 kW oder	

---

1) § 9 neu gef. mWv 19.1.2013 durch VO v. 7.1.2011 (BGBl. I S. 3).

2) **Habersack, Deutsche Gesetze Nr. 85.**

3) § 10 neu gef. mWv 19.1.2013 durch VO v. 7.1.2011 (BGBl. I S. 3); Abs. 1 geänd., Abs. 2 neu gef. mWv 19.1.2013 durch VO v. 26.6.2012 (BGBl. I S. 1394); Abs. 1 Tabelle Nr. 8 und 9 neu gef. mWv 19.1.2013 durch VO v. 10.1.2013 (BGBl. I S. 35); Abs. 1 Tabelle Nr. 9 Buchst. b Spalte 3 geänd., Satz 2 angef. mWv 1.5.2014 durch VO v. 16.4.2014 (BGBl. I S. 348); Abs. 2 und 4 geänd. mWv 1.1.2015 durch VO v. 16.12.2014 (BGBl. I S. 2213); Abs. 1 Satz 1 Nr. 7 und 9 geänd. mWv 21.10.2015 durch VO v. 2.10.2015 (BGBl. I S. 1674); Abs. 1 Nr. 9 Spalte 3 Buchst. e geänd., Buchst. f angef., Spalte 4 Nr. 2 neu gef., Abs. 2 geänd. mWv 22.12.2016 durch VO v. 19.12.2016 (BGBl. I S. 2920); Abs. 1 Satz 1 und Abs. 2 geänd. mWv 28.12.2016 durch VO v. 21.12.2016 (BGBl. I S. 3083); Abs. 3 Satz 2 neu gef. mWv 15.6.2019 durch VO v. 6.6.2019 (BGBl. I S. 756); Abs. 1 Satz 1 Tabelle Nr. 1 neu gef. mWv 12.12.2019 durch G v. 5.12.2019 (BGBl. I S. 2008); Abs. 1 Satz 1 Nr. 7 Buchst. b Doppelbuchst. aa, Nr. 9 Buchst. b, Buchst. c Doppelbuchst. aa und bb geänd. mWv 17.12.2020 durch VO v. 9.12.2020 (BGBl. I S. 2905); Abs. 1 Satz 1 Nr. 9 geänd. mWv 2.8.2021 durch G v. 16.4.2021 (BGBl. I S. 822); Abs. 1 Nr. 1 neu gef. mWv 28.7.2021 durch G v. 12.7.2021 (BGBl. I S. 3091).

lfd. Nr.	Klasse	Mindestalter	Auflagen
		c) 20 Jahre für Krafträder bei einem Vorbesitz der Klasse A2 von mindestens zwei Jahren.	
5	B, BE	a) 18 Jahre b) 17 Jahre aa) bei der Teilnahme am Begleiteten Fahren ab 17 nach § 48a, bb) bei Erteilung der Fahrerlaubnis während oder nach Abschluss einer Berufsausbildung in aaa) dem staatlich anerkannten Ausbildungsberuf „Berufskraftfahrer / Berufskraftfahrerin“, bbb) dem staatlich anerkannten Ausbildungsberuf „Fachkraft im Fahrbetrieb“ oder ccc) einem staatlich anerkannten Ausbildungsberuf, in dem vergleichbare Fertigkeiten und Kenntnisse zum Führen von Kraftfahrzeugen auf öffentlichen Straßen vermittelt werden.	Bis zum Erreichen des nach Buchstabe a vorgeschriebenen Mindestalters ist die Fahrerlaubnis mit den Auflagen zu versehen, dass von ihr nur bei Fahrten im Inland und im Fall des Buchstaben b Doppelbuchstabe bb darüber hinaus nur im Rahmen des Ausbildungsverhältnisses Gebrauch gemacht werden darf. Die Auflagen entfallen, wenn der Fahrerlaubnisinhaber das Mindestalter nach Buchstabe a erreicht hat.
6	C1, C1E	18 Jahre	
7	C, CE	a) 21 Jahre, b) 18 Jahre nach aa) erfolgter Grundqualifikation nach § 2 Absatz 1 Nummer 1 des Berufskraftfahrerqualifikationsgesetzes vom 26. November 2020 (BGBl. I S. 2575) in der jeweils geltenden Fassung, bb) für Personen während oder nach Abschluss einer Berufsausbildung nach aaa) dem staatlich anerkannten Ausbildungsberuf „Berufskraftfahrer / Berufskraftfahrerin“, bbb) dem staatlich anerkannten Ausbildungsberuf „Fachkraft im Fahrbetrieb“ oder ccc) einem staatlich anerkannten Ausbildungsberuf, in dem vergleichbare Fertigkeiten und Kenntnisse zum Führen von Kraftfahrzeugen auf öffentlichen Straßen vermittelt werden.	Im Falle des Buchstaben b Doppelbuchstabe bb ist die Fahrerlaubnis mit den Auflagen zu versehen, dass von ihr nur bei Fahrten im Inland und im Rahmen des Ausbildungsverhältnisses Gebrauch gemacht werden darf. Die Auflagen entfallen, wenn der Inhaber der Fahrerlaubnis das 21. Lebensjahr vollendet oder die Berufsausbildung nach Buchstabe b Doppelbuchstabe bb vor Vollendung des 21. Lebensjahres erfolgreich abgeschlossen hat.
8	D1, D1E	a) 21 Jahre, b) 18 Jahre für Personen während oder nach Abschluss einer Berufsausbildung nach aa) dem staatlich anerkannten Ausbildungsberuf „Berufskraftfahrer/Berufskraftfahrerin“, bb) dem staatlich anerkannten Ausbildungsberuf „Fachkraft im Fahrbetrieb“ oder *cc) einem* staatlich anerkannten Ausbildungsberuf, in dem vergleichbare Fertigkeiten und Kenntnisse zur	Bis zum Erreichen des nach Buchstabe a vorgeschriebenen Mindestalters ist die Fahrerlaubnis mit den Auflagen zu versehen, dass von ihr nur 1. bei Fahrten im Inland und 2. im Rahmen des Ausbildungsverhältnisses Gebrauch gemacht werden darf. Die Auflage nach Nummer 1 entfällt, wenn der Fahrerlaubnisinhaber das Mindestalter nach Buchstabe a erreicht hat. Die Auflage nach Nummer 2 entfällt, wenn

lfd. Nr.	Klasse	Mindestalter	Auflagen
		Durchführung von Fahrten mit Kraftfahrzeugen auf öffentlichen Straßen vermittelt werden.	der Fahrerlaubnisinhaber das Mindestalter nach Buchstabe a erreicht oder die Ausbildung nach Buchstabe b abgeschlossen hat.
9	D, DE	a) 24 Jahre, b) 23 Jahre nach beschleunigter Grundqualifikation durch Ausbildung und Prüfung nach § 2 Absatz 2 des Berufskraftfahrerqualifikationsgesetzes, c) 21 Jahre aa) nach erfolgter Grundqualifikation nach § 2 Absatz 1 Nummer 1 des Berufskraftfahrerqualifikationsgesetzes oder bb) nach beschleunigter Grundqualifikation durch Ausbildung und Prüfung nach § 2 Absatz 2 des Berufskraftfahrerqualifikationsgesetzes im Linienverkehr bis 50 km, d) 20 Jahre für Personen während oder nach Abschluss einer Berufsausbildung nach aa) dem staatlich anerkannten Ausbildungsberuf „Berufskraftfahrer/Berufskraftfahrerin“, bb) dem staatlich anerkannten Ausbildungsberuf „Fachkraft im Fahrbetrieb“ oder cc) einem staatlich anerkannten Ausbildungsberuf, in dem vergleichbare Fertigkeiten und Kenntnisse zur Durchführung von Fahrten mit Kraftfahrzeugen auf öffentlichen Straßen vermittelt werden, e) 18 Jahre für Personen während oder nach Abschluss einer Berufsausbildung nach Buchstabe d im Linienverkehr bis 50 km, f) 18 Jahre für Personen während oder nach Abschluss einer Berufsausbildung nach Buchstabe d bei Fahrten ohne Fahrgäste.	1. Im Falle des Buchstaben c Doppelbuchstabe bb ist die Fahrerlaubnis mit der Auflage zu versehen, dass von ihr nur bei Fahrten zur Personenbeförderung im Linienverkehr im Sinne der §§ 42, 43 und 44 des Personenbeförderungsgesetzes[1] Gebrauch gemacht werden darf, sofern die Länge der jeweiligen Linie nicht mehr als 50 Kilometer beträgt. Die Auflage entfällt, wenn der Inhaber der Fahrerlaubnis das 23. Lebensjahr vollendet hat. 2. In den Fällen der Buchstaben d bis f ist die Fahrerlaubnis mit den Auflagen zu versehen, dass von ihr nur 2.1 bei Fahrten im Inland, 2.2 im Rahmen des Ausbildungsverhältnisses und 2.3 bei Fahrten zur Personenbeförderung im Sinne der §§ 42, 43 und § 44 des Personenbeförderungsgesetzes, soweit die Länge der jeweiligen Linie nicht mehr als 50 Kilometer beträgt oder bei Fahrten ohne Fahrgäste, Gebrauch gemacht werden darf. Die Auflage nach Nummer 2.1 entfällt, wenn der Fahrerlaubnisinhaber entweder das 24. Lebensjahr vollendet oder die Berufsausbildung abgeschlossen und das 21. Lebensjahr vollendet hat. Die Auflage nach Nummer 2.2 entfällt, wenn der Fahrerlaubnisinhaber entweder das 24. Lebensjahr vollendet oder die Berufsausbildung abgeschlossen hat. Die Auflage nach Nummer 2.3 entfällt, wenn der Fahrerlaubnisinhaber das 20. Lebensjahr vollendet hat.
10	T	16 Jahre	
11	L	16 Jahre	

[2] Abweichend von den Nummern 7 und 9 der Tabelle in Satz 1 beträgt im Inland das Mindestalter für das Führen von Fahrzeugen der Klasse C 18 Jahre und der Klasse D 21 Jahre im Falle

1. von Einsatzfahrzeugen der Feuerwehr, der Polizei, der nach Landesrecht anerkannten Rettungsdienste, des Technischen Hilfswerks und sonstiger Einheiten des Katastrophenschutzes, sofern diese Fahrzeuge für Einsatzfahrten

[1] **Sartorius Nr. 950.**

oder vom Vorgesetzten angeordnete Übungsfahrten sowie Schulungsfahrten eingesetzt werden, und

2. von Fahrzeugen, die zu Reparatur- oder Wartungszwecken in gewerbliche Fahrzeugwerkstätten verbracht und dort auf Anweisung eines Vorgesetzten Prüfungen auf der Straße unterzogen werden.

(2) Die erforderliche körperliche und geistige Eignung ist vor erstmaliger Erteilung einer Fahrerlaubnis, die nach Absatz 1 Nummer 5 Buchstabe b Doppelbuchstabe bb, Nummer 7 Buchstabe b, Nummer 8 Buchstabe b, Nummer 9 Buchstabe b, c, d, e oder f, auch in Verbindung mit Absatz 1 Satz 2 Nummer 2 erworben wird, durch Vorlage eines medizinisch-psychologischen Gutachtens nachzuweisen.

(3) [1]Das Mindestalter für das Führen eines Kraftfahrzeugs, für das eine Fahrerlaubnis nicht erforderlich ist, beträgt 15 Jahre. [2]Dies gilt nicht für das Führen

a) eines Elektrokleinstfahrzeugs nach § 4 Absatz 1 Satz 2 Nummer 1a,

b) eines motorisierten Krankenfahrstuhls nach § 4 Absatz 1 Satz 2 Nummer 2 mit einer durch die Bauart bestimmten Höchstgeschwindigkeit von nicht mehr als 10 km/h durch behinderte Menschen.

(4) Wird ein Kind unter sieben Jahren auf einem Mofa nach § 4 Absatz 1 Satz 2 Nummer 1 oder auf einem Kleinkraftrad nach § 4 Absatz 1 Satz 2 Nummer 1b mitgenommen, muss der Fahrzeugführer mindestens 16 Jahre alt sein.

§ 11[1)] Eignung. (1) [1]Bewerber um eine Fahrerlaubnis müssen die hierfür notwendigen körperlichen und geistigen Anforderungen erfüllen. [2]Die Anforderungen sind insbesondere nicht erfüllt, wenn eine Erkrankung oder ein Mangel nach Anlage 4 oder 5 vorliegt, wodurch die Eignung oder die bedingte Eignung zum Führen von Kraftfahrzeugen ausgeschlossen wird. [3]Außerdem dürfen die Bewerber nicht erheblich oder nicht wiederholt gegen verkehrsrechtliche Vorschriften oder Strafgesetze verstoßen haben, sodass dadurch die Eignung ausgeschlossen wird. [4]Bewerber um die Fahrerlaubnis der Klasse D oder D1 und der Fahrerlaubnis zur Fahrgastbeförderung gemäß § 48 müssen auch die Gewähr dafür bieten, dass sie der besonderen Verantwortung bei der Beförderung von Fahrgästen gerecht werden. [5]Der Bewerber hat diese durch die Vorlage eines Führungszeugnisses nach § 30 Absatz 5 Satz 1 des Bundeszentralregistergesetzes[2)] nachzuweisen.

(2) [1]Werden Tatsachen bekannt, die Bedenken gegen die körperliche oder geistige Eignung des Fahrerlaubnisbewerbers begründen, kann die Fahrerlaubnisbehörde zur Vorbereitung von Entscheidungen über die Erteilung oder Verlängerung der Fahrerlaubnis oder über die Anordnung von Beschränkungen oder Auflagen die Beibringung eines ärztlichen Gutachtens durch den Bewerber anordnen. [2]Bedenken gegen die körperliche oder geistige Eignung bestehen insbesondere, wenn Tatsachen bekannt werden, die auf eine Erkrankung

[1)] § 11 Abs. 10 Satz 2 angef. mWv 1.1.2011 durch VO v. 17.12.2010 (BGBl. I S. 2279); Abs. 1 Satz 5 angef., Abs. 3 Satz 1 Nr. 5 neu gef. mWv 30.6.2012 durch VO v. 26.6.2012 (BGBl. I S. 1394); Abs. 3 Satz 2 und Abs. 10 Satz 2 geänd. mWv 1.5.2014 durch VO v. 5.11.2013 (BGBl. I S. 3920); Abs. 5 geänd. mWv 1.5.2014 durch VO v. 16.4.2014 (BGBl. I S. 348); Abs. 10 Satz 1 Nr. 2 geänd., Nr. 3 eingef., bish. Nr. 3 wird Nr. 4 mWv 28.12.2016 durch VO v. 21.12.2016 (BGBl. I S. 3083); Abs. 10 Nr. 4 geänd. mWv 24.8.2017 durch VO v. 14.8.2017 (BGBl. I S. 3232).

[2)] **Habersack, Deutsche Gesetze Nr. 92.**

oder einen Mangel nach Anlage 4 oder 5 hinweisen. [3] Die Behörde bestimmt in der Anordnung auch, ob das Gutachten von einem

1. für die Fragestellung (Absatz 6 Satz 1) zuständigen Facharzt mit verkehrsmedizinischer Qualifikation,
2. Arzt des Gesundheitsamtes oder einem anderen Arzt der öffentlichen Verwaltung,
3. Arzt mit der Gebietsbezeichnung „Arbeitsmedizin" oder der Zusatzbezeichnung „Betriebsmedizin",
4. Arzt mit der Gebietsbezeichnung „Facharzt für Rechtsmedizin" oder
5. Arzt in einer Begutachtungsstelle für Fahreignung, der die Anforderungen nach Anlage 14 erfüllt,

erstellt werden soll. [4] Die Behörde kann auch mehrere solcher Anordnungen treffen. [5] Der Facharzt nach Satz 3 Nummer 1 soll nicht zugleich der den Betroffenen behandelnde Arzt sein.

(3) [1] Die Beibringung eines Gutachtens einer amtlich anerkannten Begutachtungsstelle für Fahreignung (medizinisch-psychologisches Gutachten) kann zur Klärung von Eignungszweifeln für die Zwecke nach Absatz 1 und 2 angeordnet werden,

1. wenn nach Würdigung der Gutachten gemäß Absatz 2 oder Absatz 4 ein medizinisch-psychologisches Gutachten zusätzlich erforderlich ist,
2. zur Vorbereitung einer Entscheidung über die Befreiung von den Vorschriften über das Mindestalter,
3. bei erheblichen Auffälligkeiten, die im Rahmen einer Fahrerlaubnisprüfung nach § 18 Absatz 3 mitgeteilt worden sind,
4. bei einem erheblichen Verstoß oder wiederholten Verstößen gegen verkehrsrechtliche Vorschriften,
5. bei einer erheblichen Straftat, die im Zusammenhang mit dem Straßenverkehr steht, oder bei Straftaten, die im Zusammenhang mit dem Straßenverkehr stehen,
6. bei einer erheblichen Straftat, die im Zusammenhang mit der Kraftfahreignung steht, insbesondere wenn Anhaltspunkte für ein hohes Aggressionspotenzial bestehen oder die erhebliche Straftat unter Nutzung eines Fahrzeugs begangen wurde,
7. bei Straftaten, die im Zusammenhang mit der Kraftfahreignung stehen, insbesondere wenn Anhaltspunkte für ein hohes Aggressionspotenzial bestehen,
8. wenn die besondere Verantwortung bei der Beförderung von Fahrgästen nach Absatz 1 zu überprüfen ist oder
9. bei der Neuerteilung der Fahrerlaubnis, wenn
   a) die Fahrerlaubnis wiederholt entzogen war oder
   b) der Entzug der Fahrerlaubnis auf einem Grund nach den Nummern 4 bis 7 beruhte.

[2] Unberührt bleiben medizinisch-psychologische Begutachtungen nach § 2a Absatz 4 und 5 und § 4 Absatz 10 Satz 4 des Straßenverkehrsgesetzes[1)] sowie § 10 Absatz 2 und den §§ 13 und 14 in Verbindung mit den Anlagen 4 und 5 dieser Verordnung.

[1)] **Habersack, Deutsche Gesetze Nr. 35.**

(4) Die Beibringung eines Gutachtens eines amtlich anerkannten Sachverständigen oder Prüfers für den Kraftfahrzeugverkehr kann zur Klärung von Eignungszweifeln für die Zwecke nach Absatz 2 angeordnet werden,

1. wenn nach Würdigung der Gutachten gemäß Absatz 2 oder Absatz 3 ein Gutachten eines amtlich anerkannten Sachverständigen oder Prüfers zusätzlich erforderlich ist oder
2. bei Behinderungen des Bewegungsapparates, um festzustellen, ob der Behinderte das Fahrzeug mit den erforderlichen besonderen technischen Hilfsmitteln sicher führen kann.

(5) Für die Durchführung der ärztlichen und der medizinisch-psychologischen Untersuchung sowie für die Erstellung der entsprechenden Gutachten gelten die in der Anlage 4a genannten Grundsätze.

(6) [1] Die Fahrerlaubnisbehörde legt unter Berücksichtigung der Besonderheiten des Einzelfalls und unter Beachtung der Anlagen 4 und 5 in der Anordnung zur Beibringung des Gutachtens fest, welche Fragen im Hinblick auf die Eignung des Betroffenen zum Führen von Kraftfahrzeugen zu klären sind. [2] Die Behörde teilt dem Betroffenen unter Darlegung der Gründe für die Zweifel an seiner Eignung und unter Angabe der für die Untersuchung in Betracht kommenden Stelle oder Stellen mit, dass er sich innerhalb einer von ihr festgelegten Frist auf seine Kosten der Untersuchung zu unterziehen und das Gutachten beizubringen hat; sie teilt ihm außerdem mit, dass er die zu übersendenden Unterlagen einsehen kann. [3] Der Betroffene hat die Fahrerlaubnisbehörde darüber zu unterrichten, welche Stelle er mit der Untersuchung beauftragt hat. [4] Die Fahrerlaubnisbehörde teilt der untersuchenden Stelle mit, welche Fragen im Hinblick auf die Eignung des Betroffenen zum Führen von Kraftfahrzeugen zu klären sind und übersendet ihr die vollständigen Unterlagen, soweit sie unter Beachtung der gesetzlichen Verwertungsverbote verwendet werden dürfen. [5] Die Untersuchung erfolgt auf Grund eines Auftrags durch den Betroffenen.

(7) Steht die Nichteignung des Betroffenen zur Überzeugung der Fahrerlaubnisbehörde fest, unterbleibt die Anordnung zur Beibringung des Gutachtens.

(8) [1] Weigert sich der Betroffene, sich untersuchen zu lassen, oder bringt er der Fahrerlaubnisbehörde das von ihr geforderte Gutachten nicht fristgerecht bei, darf sie bei ihrer Entscheidung auf die Nichteignung des Betroffenen schließen. [2] Der Betroffene ist hierauf bei der Anordnung nach Absatz 6 hinzuweisen.

(9) Unbeschadet der Absätze 1 bis 8 haben die Bewerber um die Erteilung oder Verlängerung einer Fahrerlaubnis der Klassen C, C1, CE, C1E, D, D1, DE oder D1E zur Feststellung ihrer Eignung der Fahrerlaubnisbehörde einen Nachweis nach Maßgabe der Anlage 5 vorzulegen.

(10) [1] Hat der Betroffene an einem Kurs teilgenommen, um festgestellte Eignungsmängel zu beheben, genügt in der Regel zum Nachweis der Wiederherstellung der Eignung statt eines erneuten medizinisch-psychologischen Gutachtens eine Teilnahmebescheinigung, wenn

1. der betreffende Kurs nach § 70 anerkannt ist,
2. auf Grund eines medizinisch-psychologischen Gutachtens einer Begutachtungsstelle für Fahreignung die Teilnahme des Betroffenen an dieser Art von Kursen als geeignete Maßnahme angesehen wird, seine Eignungsmängel zu beheben,
3. der Betroffene nicht Inhaber einer Fahrerlaubnis ist und
4. die Fahrerlaubnisbehörde der Kursteilnahme nach Nummer 2 vor Kursbeginn zugestimmt hat.

[2] Wurde die Beibringung eines Gutachtens einer amtlich anerkannten Begutachtungsstelle für Fahreignung nach § 4 Absatz 10 Satz 4 des Straßenverkehrsgesetzes oder nach § 11 Absatz 3 Nummer 4 bis 7 angeordnet, findet Satz 1 keine Anwendung.

(11) [1] Die Teilnahmebescheinigung muss

1. den Familiennamen und Vornamen, den Tag und Ort der Geburt und die Anschrift des Seminarteilnehmers,
2. die Bezeichnung des Seminarmodells und
3. Angaben über Umfang und Dauer des Seminars

enthalten. [2] Sie ist vom Seminarleiter und vom Seminarteilnehmer unter Angabe des Ausstellungsdatums zu unterschreiben. [3] Die Ausstellung der Teilnahmebescheinigung ist vom Kursleiter zu verweigern, wenn der Teilnehmer nicht an allen Sitzungen des Kurses teilgenommen oder die Anfertigung von Kursaufgaben verweigert hat.

§ 12[1)] Sehvermögen. (1) Zum Führen von Kraftfahrzeugen sind die in der Anlage 6 genannten Anforderungen an das Sehvermögen zu erfüllen.

(2) [1] Bewerber um eine Fahrerlaubnis der Klassen AM, A1, A2, A, B, BE, L oder T haben sich einem Sehtest zu unterziehen. [2] Der Sehtest wird von einer amtlich anerkannten Sehteststelle unter Einhaltung der DIN 58220 Teil 6, Ausgabe September 2013, durchgeführt. [3] Die Sehteststelle hat sich vor der Durchführung des Sehtests von der Identität des Antragstellers durch Einsicht in den Personalausweis oder Reisepass oder in ein sonstiges Ausweisdokument zu überzeugen. [4] Der Sehtest ist bestanden, wenn die zentrale Tagessehschärfe mit oder ohne Sehhilfe mindestens den in Anlage 6 Nummer 1.1 genannten Wert erreicht. [5] Ergibt der Sehtest eine geringere Sehleistung, darf der Antragsteller den Sehtest mit Sehhilfen oder mit verbesserten Sehhilfen wiederholen.

(3) [1] Die Sehteststelle stellt dem Antragsteller eine Sehtestbescheinigung nach Anlage 6 Nummer 1.1 aus. [2] In ihr ist anzugeben, ob der Sehtest bestanden und ob er mit Sehhilfen durchgeführt worden ist. [3] Sind bei der Durchführung des Sehtests sonst Zweifel an ausreichendem Sehvermögen für das Führen von Kraftfahrzeugen aufgetreten, hat die Sehteststelle sie auf der Sehtestbescheinigung zu vermerken.

(4) Ein Sehtest ist nicht erforderlich, wenn ein Zeugnis oder ein Gutachten eines Augenarztes vorgelegt wird und sich daraus ergibt, dass der Antragsteller die Anforderungen nach Anlage 6 Nummer 1.1 erfüllt.

(5) Besteht der Bewerber den Sehtest nicht, hat er sich einer augenärztlichen Untersuchung des Sehvermögens nach Anlage 6 Nummer 1.2 zu unterziehen und hierüber der Fahrerlaubnisbehörde ein Zeugnis des Augenarztes einzureichen.

(6) Bewerber um die Erteilung oder Verlängerung einer Fahrerlaubnis der Klassen C, C1, CE, C1E, D, D1, DE oder D1E haben sich einer Untersuchung des Sehvermögens nach Anlage 6 Nummer 2 zu unterziehen und hierüber der Fahrerlaubnisbehörde eine Bescheinigung des Arztes nach Anlage 6 Nummer 2.1 oder ein Zeugnis des Augenarztes nach Anlage 6 Nummer 2.2 einzureichen.

(7) Sehtestbescheinigung, Zeugnis oder Gutachten dürfen bei Antragstellung nicht älter als zwei Jahre sein.

[1)] § 12 Abs. 2 Satz 1 geänd. mWv 19.1.2013 durch VO v. 7.1.2011 (BGBl. I S. 3); Abs. 2 Satz 2 geänd. mWv 24.8.2017 durch VO v. 14.8.2017 (BGBl. I S. 3232); Abs. 2 Satz 3 und Abs. 3 Satz 1 geänd. mWv 18.9.2019 durch VO v. 11.3.2019 (BGBl. I S. 218).

(8) [1] Werden Tatsachen bekannt, die Bedenken begründen, dass der Fahrerlaubnisbewerber die Anforderungen an das Sehvermögen nach Anlage 6 nicht erfüllt oder dass andere Beeinträchtigungen des Sehvermögens bestehen, die die Eignung zum Führen von Kraftfahrzeugen beeinträchtigen, kann die Fahrerlaubnisbehörde zur Vorbereitung der Entscheidung über die Erteilung oder Verlängerung der Fahrerlaubnis oder über die Anordnung von Beschränkungen oder Auflagen die Beibringung eines augenärztlichen Gutachtens anordnen. [2] § 11 Absatz 5 bis 8 gilt entsprechend, § 11 Absatz 6 Satz 4 jedoch mit der Maßgabe, dass nur solche Unterlagen übersandt werden dürfen, die für die Beurteilung, ob Beeinträchtigungen des Sehvermögens bestehen, die die Eignung zum Führen von Kraftfahrzeugen beeinträchtigen, erforderlich sind.

§ 13 Klärung von Eignungszweifeln bei Alkoholproblematik. [1] Zur Vorbereitung von Entscheidungen über die Erteilung oder Verlängerung der Fahrerlaubnis oder über die Anordnung von Beschränkungen oder Auflagen ordnet die Fahrerlaubnisbehörde an, dass

1. ein ärztliches Gutachten (§ 11 Absatz 2 Satz 3) beizubringen ist, wenn Tatsachen die Annahme von Alkoholabhängigkeit begründen, oder
2. ein medizinisch-psychologisches Gutachten beizubringen ist, wenn
   a) nach dem ärztlichen Gutachten zwar keine Alkoholabhängigkeit, jedoch Anzeichen für Alkoholmissbrauch vorliegen oder sonst Tatsachen die Annahme von Alkoholmissbrauch begründen,
   b) wiederholt Zuwiderhandlungen im Straßenverkehr unter Alkoholeinfluss begangen wurden,
   c) ein Fahrzeug im Straßenverkehr bei einer Blutalkoholkonzentration von 1,6 Promille oder mehr oder einer Atemalkoholkonzentration von 0,8 mg/l oder mehr geführt wurde,
   d) die Fahrerlaubnis aus einem der unter den Buchstaben a bis c genannten Gründe entzogen war oder
   e) sonst zu klären ist, ob Alkoholmissbrauch oder Alkoholabhängigkeit nicht mehr besteht.

[2] Im Falle des Satzes 1 Nummer 2 Buchstabe b sind Zuwiderhandlungen, die ausschließlich gegen § 24c des Straßenverkehrsgesetzes[1)] begangen worden sind, nicht zu berücksichtigen.

§ 13a[2)] Klärung von Eignungszweifeln bei Cannabisproblematik. [1] Zur Vorbereitung von Entscheidungen über die Erteilung oder Verlängerung der Fahrerlaubnis oder über die Anordnung von Beschränkungen oder Auflagen ordnet die Fahrerlaubnisbehörde an, dass

1. ein ärztliches Gutachten (§ 11 Absatz 2 Satz 3) beizubringen ist, wenn Tatsachen die Annahme von Cannabisabhängigkeit begründen, oder
2. ein medizinisch-psychologisches Gutachten beizubringen ist, wenn
   a) nach dem ärztlichen Gutachten zwar keine Cannabisabhängigkeit, jedoch Anzeichen für Cannabismissbrauch vorliegen oder sonst Tatsachen die Annahme von Cannabismissbrauch begründen,

---

[1)] **Habersack, Deutsche Gesetze Nr. 35.**

[2)] § 13a eingef. mWv 1.4.2024 durch G v. 27.3.2024 (BGBl. 2024 I Nr. 109); Satz 2 angef. mWv 22.8.2024 durch G v. 16.8.2024 (BGBl. 2024 I Nr. 266).

b) wiederholt Zuwiderhandlungen im Straßenverkehr unter Cannabiseinfluss begangen wurden,

c) die Fahrerlaubnis aus einem der unter den Buchstaben a und b genannten Gründen entzogen war oder

d) sonst zu klären ist, ob Cannabismissbrauch oder Cannabisabhängigkeit nicht mehr besteht.

[2] Im Falle des Satzes 1 Nummer 2 Buchstabe b sind Zuwiderhandlungen, die ausschließlich gegen § 24c des Straßenverkehrsgesetzes begangen worden sind, nicht zu berücksichtigen.

§ 14[1)] Klärung von Eignungszweifeln im Hinblick auf Betäubungsmittel und Arzneimittel. (1) [1] Zur Vorbereitung von Entscheidungen über die Erteilung oder die Verlängerung der Fahrerlaubnis oder über die Anordnung von Beschränkungen oder Auflagen ordnet die Fahrerlaubnisbehörde an, dass ein ärztliches Gutachten (§ 11 Absatz 2 Satz 3) beizubringen ist, wenn Tatsachen die Annahme begründen, dass

1. Abhängigkeit von Betäubungsmitteln im Sinne des Betäubungsmittelgesetzes in der Fassung der Bekanntmachung vom 1. März 1994 (BGBl. I S. 358), das zuletzt durch Artikel 1 der Verordnung vom 11. Mai 2011 (BGBl. I S. 821) geändert worden ist, in der jeweils geltenden Fassung oder von anderen psychoaktiv wirkenden Stoffen,
2. Einnahme von Betäubungsmitteln im Sinne des Betäubungsmittelgesetzes oder
3. missbräuchliche Einnahme von psychoaktiv wirkenden Arzneimitteln oder anderen psychoaktiv wirkenden Stoffen

vorliegt. [2] Die Beibringung eines ärztlichen Gutachtens kann angeordnet werden, wenn der Betroffene Betäubungsmittel im Sinne des Betäubungsmittelgesetzes widerrechtlich besitzt oder besessen hat.

(2) [1] Die Beibringung eines medizinisch-psychologischen Gutachtens ist für die Zwecke nach Absatz 1 anzuordnen, wenn

1. die Fahrerlaubnis aus einem der in Absatz 1 genannten Gründe durch die Fahrerlaubnisbehörde oder ein Gericht entzogen war,
2. zu klären ist, ob der Betroffene noch abhängig ist oder – ohne abhängig zu sein – weiterhin die in Absatz 1 genannten Mittel oder Stoffe einnimmt, oder
3. wiederholt Zuwiderhandlungen im Straßenverkehr nach § 24a des Straßenverkehrsgesetzes begangen wurden.

[2] Im Falle des Satzes 1 Nummer 3 bleiben § 13 Satz 1 Nummer 2 Buchstabe b und § 13a Satz 1 Nummer 2 Buchstabe b unberührt.

§ 15[2)] Fahrerlaubnisprüfung. (1) Der Bewerber um eine Fahrerlaubnis hat seine Befähigung in einer theoretischen und einer praktischen Prüfung nachzuweisen.

[1)] § 14 Abs. 1 Satz 1 Nr. 1 geänd. mWv 30.6.2012 durch VO v. 26.6.2012 (BGBl. I S. 1394); Abs. 1 Satz 3 aufgeh. mWv 1.4.2024 durch G v. 27.3.2024 (BGBl. 2024 I Nr. 109); Abs. 2 Satz 1 Nr. 3 geänd., Satz 2 angef. mWv 22.8.2024 durch G v. 16.8.2024 (BGBl. 2024 I Nr. 266)

[2)] § 15 neu gef. mWv 19.1.2013 durch VO v. 7.1.2011 (BGBl. I S. 3); Abs. 3 geänd. mWv 19.1.2013 durch VO v. 26.6.2012 (BGBl. I S. 1394); Abs. 3 Satz 2 angef. mWv 19.1.2013 durch VO v. 10.1.2013 (BGBl. I S. 35); Abs. 3 Satz 3 angef., Abs. 4 neu gef. mWv 1.5.2014 durch VO v. 16.4 2014 (BGBl. I S. 348).

(2) Beim Erwerb einer Fahrerlaubnis der Klasse L bedarf es nur einer theoretischen, bei der Erweiterung der Klasse B auf die Klasse BE, der Klasse C1 auf die Klasse C1E, der Klasse D auf die Klasse DE und der Klasse D1 auf die Klasse D1E bedarf es jeweils nur einer praktischen Prüfung.

(3) [1] Bei der Erweiterung der Klasse A1 auf Klasse A2 oder der Klasse A2 auf Klasse A bedarf es jeweils nur einer praktischen Prüfung, soweit der Bewerber zum Zeitpunkt der Erteilung der jeweiligen Fahrerlaubnis für

1. die Fahrerlaubnis der Klasse A2 seit mindestens zwei Jahren Inhaber der Fahrerlaubnis der Klasse A1 und
2. die Fahrerlaubnis der Klasse A seit mindestens zwei Jahren Inhaber einer Fahrerlaubnis der Klasse A2

ist (Aufstieg). [2] Die Vorschriften über die Ausbildung sind nicht anzuwenden. [3] Satz 1 gilt nicht für eine Fahrerlaubnis der Klasse A1, die unter Verwendung der Schlüsselzahl 79.03 oder 79.04 erteilt worden ist.

(4) [1] Bewerber um eine Fahrerlaubnis der Klasse A2, die nach Maßgabe des § 6 Absatz 6 in Verbindung mit Anlage 3 Inhaber einer Fahrerlaubnis der Klasse A1 sind, wird die Fahrerlaubnis der Klasse A2 unter der Voraussetzung erteilt, dass sie ihre Befähigung in einer praktischen Prüfung nachgewiesen haben (Aufstieg). [2] Die Vorschriften über die Ausbildung sind nicht anzuwenden. [3] Satz 1 gilt nicht für eine Fahrerlaubnis der Klasse A1, die unter Verwendung der Schlüsselzahl 79.03 oder 79.04 erteilt worden ist.

(5) Die Prüfungen werden von einem amtlich anerkannten Sachverständigen oder Prüfer für den Kraftfahrzeugverkehr abgenommen.

§ 16[1)] Theoretische Prüfung. (1) In der theoretischen Prüfung hat der Bewerber nachzuweisen, dass er

1. ausreichende Kenntnisse der für das Führen von Kraftfahrzeugen maßgebenden gesetzlichen Vorschriften sowie der umweltbewussten und energiesparenden Fahrweise hat und
2. mit den Gefahren des Straßenverkehrs und den zu ihrer Abwehr erforderlichen Verhaltensweisen vertraut ist und
3. grundlegende mechanische und technische Zusammenhänge, die für die Straßenverkehrssicherheit von Bedeutung sind, kennt.

(2) [1] Die Prüfung erfolgt anhand von Fragen, die in unterschiedlicher Form und mit Hilfe unterschiedlicher Medien gestellt werden können. [2] Der Prüfungsstoff, die Form der Prüfung, der Umfang der Prüfung, die Zusammenstellung der Fragen, die Durchführung und die Bewertung der Prüfung ergeben sich aus Anlage 7 Teil 1. [3] Bei Änderung eines bereits erteilten Prüfauftrages für die Klassen A1, A2 oder A durch die nach Landesrecht zuständige Behörde wird eine bereits fristgerecht abgelegte und bestandene theoretische Prüfung in einer der genannten Klassen anerkannt.

(3) [1] Der Sachverständige oder Prüfer bestimmt die Zeit und den Ort der theoretischen Prüfung. [2] Sie darf frühestens drei Monate vor Erreichen des Mindestalters abgenommen werden. [3] Der Sachverständige oder Prüfer hat sich vor der Prüfung durch Einsicht in den Personalausweis oder Reisepass oder in ein sonstiges

---

[1)] § 16 Abs. 3 Satz 3 geänd. mWv 24.8.2017 durch VO v. 14.8.2017 (BGBl. I S. 3232); Abs. 3 Satz 8 aufgeh., bish. Satz 9 wird Satz 8 mWv 4.1.2018 durch VO v. 2.1.2018 (BGBl. I S. 2); Abs. 1 Nr. 2 geänd., Nr. 3 angef., Abs. 2 Satz 2 geänd., Satz 3 angef. mWv 19.3.2019 durch VO v. 11.3.2019 (BGBl. I S. 218); Abs. 3 Sätze 6 und 8 neu gef. mWv 1.6.2022 durch VO v. 18.3.2022 (BGBl. I S. 498).

Ausweisdokument von der Identität des Bewerbers zu überzeugen. [4] Bestehen Zweifel an der Identität, darf die Prüfung nicht durchgeführt werden. [5] Der Fahrerlaubnisbehörde ist davon Mitteilung zu machen. [6] Der Bewerber hat dem amtlich anerkannten Sachverständigen oder Prüfer für den Kraftfahrzeugverkehr vor der Prüfung in geeigneter Form eine Bestätigung des Inhabers der Fahrschule oder der zur Leitung des Ausbildungsbetriebes bestellten Person zu erbringen, aus der ersichtlich ist, dass die nach § 4 Absatz 1a Satz 1 in Verbindung mit § 3 Absatz 1 Satz 1 bis 3 der Fahrschüler-Ausbildungsordnung erforderlichen Ausbildungsinhalte der zu prüfenden Klassen absolviert wurden und der Abschluss der theoretischen Ausbildung gemäß § 6 Absatz 2 Satz 1 der Fahrschüler- Ausbildungsordnung festgestellt ist. [7] Der Abschluss der Ausbildung darf nicht länger als zwei Jahre zurückliegen. [8] Liegt die Bestätigung nicht vor oder ergibt sich aus der Bestätigung nicht, dass der Abschluss der Ausbildung nicht länger als zwei Jahre zurückliegt, darf die Prüfung nicht durchgeführt werden.

§ 17[1)] Praktische Prüfung. (1) [1] In der praktischen Prüfung hat der Bewerber nachzuweisen, dass er über die zur sicheren Führung eines Kraftfahrzeugs, gegebenenfalls mit Anhänger, im Verkehr erforderlichen technischen Kenntnisse und über ausreichende Kenntnisse einer umweltbewussten und energiesparenden Fahrweise verfügt sowie zu ihrer praktischen Anwendung fähig ist. [2] Bewerber um eine Fahrerlaubnis der Klassen D, D1, DE oder D1E müssen darüber hinaus ausreichende Fahrfertigkeiten nachweisen. [3] Der Bewerber hat ein der Anlage 7 entsprechendes Prüfungsfahrzeug für die Klasse bereitzustellen, für die er seine Befähigung nachweisen will. [4] Darüber hinaus hat er die für die Durchführung der Prüfung notwendigen Materialien bereitzustellen. [5] Die praktische Prüfung darf erst nach Bestehen der theoretischen Prüfung und frühestens einen Monat vor Erreichen des Mindestalters abgenommen werden. [6] Die praktische Prüfung für die Erweiterung der Klasse A1 auf die Klasse A2 oder der Klasse A2 auf die Klasse A darf frühestens einen Monat vor Ablauf der Frist von zwei Jahren nach Erteilung der Fahrerlaubnis der Klasse A1 oder A2 oder bei Erreichen des in § 10 Absatz 1 genannten Mindestalters abgenommen werden.

(2) Der Prüfungsstoff, die Prüfungsfahrzeuge, die Prüfungsdauer, die Durchführung der Prüfung und ihre Bewertung richten sich nach Anlage 7 Teil 2.

(3) [1] Der Bewerber hat die praktische Prüfung am Ort seiner Hauptwohnung oder am Ort seiner schulischen oder beruflichen Ausbildung, seines Studiums oder seiner Arbeitsstelle abzulegen. [2] Sind diese Orte nicht Prüforte, ist die Prüfung nach Bestimmung durch die Fahrerlaubnisbehörde an einem nahe gelegenen Prüfort abzulegen. [3] Die Fahrerlaubnisbehörde kann auch zulassen, dass der Bewerber die Prüfung an einem anderen Prüfort ablegt.

(4) [1] Die Prüfung findet grundsätzlich innerhalb und außerhalb geschlossener Ortschaften statt. [2] Das Nähere regelt Anlage 7. [3] Der innerörtliche Teil der praktischen Prüfung ist in geschlossenen Ortschaften (Zeichen 310 der Straßenverkehrs-Ordnung[2)]) durchzuführen, die auf Grund des Straßennetzes, der vorhandenen Verkehrszeichen und -einrichtungen sowie der Verkehrsdichte und

---

[1)] § 17 Abs. 1 Satz 5 angef. mWv 19.1.2013 durch VO v. 26.6.2012 (BGBl. I S. 1394); Abs. 5 Satz 2 geänd. mWv 24.8.2017 durch VO v. 14.8.2017 (BGBl. I S. 3232); Abs. 5 Satz 6 geänd. mWv 4.1.2018 durch VO v. 2.1.2018 (BGBl. I S. 2); Abs. 1 Satz 4 eingef., bish. Sätze 4 und 5 werden Sätze 5 und 6 mWv 19.3.2019 durch VO v. 11.3.2019 (BGBl. I S. 218); Abs. 6 aufgeh. mWv 1.4.2021 durch VO v. 16.11.2020 (BGBl. I S. 2704); Abs. 5 Satz 5 neu gef. mWv 1.6.2022 durch VO v. 18.3.2022 (BGBl. I S. 498).

[2)] **Habersack, Deutsche Gesetze Nr. 35a.**

-struktur die Prüfung der wesentlichen Verkehrsvorgänge ermöglichen (Prüfort). [4] Die Prüforte werden von der zuständigen obersten Landesbehörde, der von ihr bestimmten oder der nach Landesrecht zuständigen Stelle festgelegt. [5] Der außerörtliche Teil der praktischen Prüfung ist außerhalb geschlossener Ortschaften in der Umgebung des Prüfortes möglichst unter Einschluss von Autobahnen durchzuführen und muss die Prüfung aller wesentlichen Verkehrsvorgänge auch bei höheren Geschwindigkeiten ermöglichen.

(5) [1] Der Sachverständige oder Prüfer bestimmt die Zeit, den Ausgangspunkt und den Verlauf der praktischen Prüfung im Prüfort und seiner Umgebung. [2] Der Sachverständige oder Prüfer hat sich vor der Prüfung durch Einsicht in den Personalausweis oder Reisepass oder in ein sonstiges Ausweisdokument von der Identität des Bewerbers zu überzeugen. [3] Bestehen Zweifel an der Identität, darf die Prüfung nicht durchgeführt werden. [4] Der Fahrerlaubnisbehörde ist davon Mitteilung zu machen. [5] Der Bewerber hat dem amtlich anerkannten Sachverständigen oder Prüfer für den Kraftfahrzeugverkehr vor der Prüfung in geeigneter Form eine Bestätigung des Inhabers der Fahrschule oder der zur Leitung des Ausbildungsbetriebes bestellten Person zu erbringen aus der ersichtlich ist, dass alle vorgeschriebenen Ausbildungsinhalte der zu prüfenden Klasse gemäß § 5 Absatz 1 der Fahrschüler-Ausbildungsordnung absolviert wurden und der Abschluss der praktischen Ausbildung gemäß § 6 Absatz 2 Satz 1 der Fahrschüler-Ausbildungsordnung festgestellt ist. [6] § 16 Absatz 3 Satz 7 und 8 findet entsprechende Anwendung.

§ 17a[1)] Beschränkung auf Fahrzeuge mit Automatikgetriebe. (1) [1] Wird die Prüfungsfahrt auf einem Kraftfahrzeug mit Automatikgetriebe durchgeführt, ist die Fahrerlaubnis auf das Führen von Kraftfahrzeugen mit Automatikgetriebe zu beschränken. [2] Satz 1 gilt nicht für den Erwerb einer Fahrerlaubnis der Klassen BE, C1, C1E, C, CE, D1, D1E, D oder DE, wenn der Bewerber bereits Inhaber einer auf einem Kraftfahrzeug mit Schaltgetriebe erworbenen Fahrerlaubnis der Klasse B, BE, C1, C1E, C, CE, D1, D1E, D oder DE ist. [3] Satz 1 ist nicht anzuwenden auf den Erwerb einer Fahrerlaubnis der Klassen AM oder T.

(2) [1] Die Beschränkung im Sinne des Absatzes 1 Satz 1 ist auf Antrag aufzuheben, wenn der Inhaber der Fahrerlaubnis dem amtlich anerkannten Sachverständigen oder Prüfer für den Kraftfahrzeugverkehr in einer praktischen Prüfung nachweist, dass er zur sicheren, verantwortungsvollen, umweltbewussten und energiesparenden Führung eines Kraftfahrzeuges mit Schaltgetriebe der Fahrerlaubnisklasse befähigt ist. [2] Die Beschränkung auf das Führen von Kraftfahrzeugen mit Automatikgetriebe der Fahrerlaubnis der Klassen B, BE, C1, C1E, C, CE, D1, D1E, D oder DE ist auch aufzuheben, wenn der Inhaber der Fahrerlaubnis dem amtlich anerkannten Sachverständigen oder Prüfer für den Kraftfahrzeugverkehr in einer praktischen Prüfung nachweist, dass er zur sicheren, verantwortungsvollen, umweltbewussten und energiesparenden Führung eines Kraftfahrzeuges mit Schaltgetriebe der Fahrerlaubnis der Klassen BE, C1, C1E, C, CE, D1, D1E, D oder DE befähigt ist. [3] Die Vorschriften über die Ausbildung nach der Fahrschüler- Ausbildungsordnung sind in diesem Fall nicht anzuwenden. [4] Die Beschränkung auf das Führen von Kraftfahrzeugen mit Automatikgetriebe der Fahrerlaubnis der Klasse B ist auf Antrag auch aufzuheben, wenn der Inhaber einer Fahrerlaubnis der Klasse B der nach Landesrecht zuständigen Behörde durch Vor-

---

[1)] § 17a eingef. mWv 1.4.2021 durch VO v. 16.11.2020 (BGBl. I S. 2704); Abs. 1 Satz 2 neu gef., Satz 3 angef., Abs. 2 neu gef., Abs. 3 Satz 1 geänd., Abs. 4 Sätze 2 und 3 angef. mWv 1.6.2022 durch VO v. 18.3.2022 (BGBl. I S. 498).

lage einer Bescheinigung nach Anlage 7 der Fahrschüler-Ausbildungsordnung nachweist, dass er zur sicheren, verantwortungsvollen, umweltbewussten und energiesparenden Führung eines Kraftfahrzeuges der Klasse B mit Schaltgetriebe befähigt ist. [5] Satz 4 findet keine Anwendung, wenn die Beschränkung im Sinne des Absatzes 1 Satz 1 aufgrund von Eignungsmängeln für das Führen von Kraftfahrzeugen mit Schaltgetriebe erfolgt ist.

(3) [1] Abweichend von Absatz 1 Satz 1 entfällt die Beschränkung auf das Führen von Kraftfahrzeugen mit Automatikgetriebe der Fahrerlaubnis der Klasse B, wenn der Bewerber durch Vorlage einer Bescheinigung nach Anlage 7 der Fahrschüler-Ausbildungsordnung dem amtlich anerkannten Sachverständigen oder Prüfer für den Kraftfahrzeugverkehr oder der nach Landesrecht zuständigen Behörde nachweist, dass er zur sicheren, verantwortungsvollen und umweltbewussten Führung eines Kraftfahrzeuges mit Schaltgetriebe der Klasse B befähigt ist. [2] Gegenüber der Technischen Prüfstelle kann der Nachweis ersatzweise auch elektronisch unter Angabe des Datums der Aushändigung des in Satz 1 genannten Nachweises über die praktische Ausbildung zum Führen von Fahrzeugen mit Schaltgetriebe der Klasse B durch den Inhaber der Fahrschule oder die zur Leitung des Ausbildungsbetriebes bestellte Person erfolgen.

(4) [1] Der Nachweis über die Befähigung zur sicheren, verantwortungsvollen und umweltbewussten Führung eines Kraftfahrzeuges mit Schaltgetriebe der Klasse B erfolgt durch die Schlüsselzahl 197 in Spalte 12 der die Klasse B betreffenden Zeile des Führerscheins. [2] Der Eintrag der Schlüsselzahl 197 muss binnen eines Jahres nach dem Abschluss der Ausbildung erfolgt sein. [3] Die Schlüsselzahl 197 ist auf Antrag auszutragen, wenn der Inhaber der Fahrerlaubnis dem amtlich anerkannten Sachverständigen oder Prüfer für den Kraftfahrzeugverkehr in einer praktischen Prüfung nachweist, dass er zur sicheren, verantwortungsvollen und umweltbewussten Führung eines Kraftfahrzeuges mit Schaltgetriebe der Fahrerlaubnis der Klassen B, BE, C1, C1E, C, CE, D1, D1E, D oder DE befähigt ist.

(5) [1] Als Kraftfahrzeug mit Automatikgetriebe gilt ein Kraftfahrzeug, das ohne Schaltgetriebe ausgestattet ist. [2] Als Kraftfahrzeug mit Schaltgetriebe gilt ein Kraftfahrzeug, das

1. über ein Kupplungspedal verfügt, das der Fahrer jeweils beim Anfahren oder beim Anhalten des Fahrzeuges sowie beim Gangwechsel bedienen muss, oder
2. im Fall der Klassen A1, A2 und A über einen von Hand zu bedienenden Kupplungshebel verfügt, den der Fahrer jeweils beim Anfahren oder beim Anhalten des Fahrzeuges sowie beim Gangwechsel bedienen muss.

§ 18[1)] Gemeinsame Vorschriften für die theoretische und die praktische Prüfung. (1) [1] Bei Täuschungshandlungen gilt die Prüfung als nicht bestanden. [2] Eine nicht bestandene Prüfung darf nicht vor Ablauf eines angemessenen Zeitraums, in der Regel mindestens zwei Wochen, wiederholt werden. [3] In den Fällen *des Satzes 1* kann die Frist für die Wiederholung der Prüfung auf bis zu neun Monate festgelegt werden.

(2) [1] Die praktische Prüfung muss innerhalb von zwölf Monaten nach Bestehen der theoretischen Prüfung abgelegt werden. [2] Andernfalls verliert die theoretische Prüfung ihre Gültigkeit. [3] Der Zeitraum zwischen Abschluss der praktischen Prüfung oder – wenn keine praktische Prüfung erforderlich ist – zwischen Abschluss der theoretischen Prüfung und der Aushändigung des Führerscheins darf zwei

[1)] § 18 Abs. 1 neu gef. mWv 1.6.2022 durch VO v. 18.3.2022 (BGBl. I S. 498).

Jahre nicht überschreiten. [4]Andernfalls verliert die gesamte Prüfung ihre Gültigkeit.

(3) Stellt der Sachverständige oder Prüfer Tatsachen fest, die bei ihm Zweifel über die körperliche oder geistige Eignung des Bewerbers begründen, hat er der Fahrerlaubnisbehörde Mitteilung zu machen und den Bewerber hierüber zu unterrichten.

§ 19[1)] Schulung in Erster Hilfe. (1) [1]Bewerber um eine Fahrerlaubnis müssen an einer Schulung in Erster Hilfe teilnehmen, die mindestens neun Unterrichtseinheiten zu je 45 Minuten umfasst. [2]Die Schulung soll dem Antragsteller durch theoretischen Unterricht und durch praktische Übungen gründliches Wissen und praktisches Können in der Ersten Hilfe vermitteln. [3]Gegenstand der Schulung ist auch die Vermittlung von Grundwissen zur Organ- und Gewebespende einschließlich der Möglichkeiten, die Entscheidung über die persönliche Spendenbereitschaft zu dokumentieren.

(2) [1]Der Nachweis über die Teilnahme an einer Schulung in Erster Hilfe wird durch die Bescheinigung einer für solche Schulungen amtlich anerkannten Stelle oder eines Trägers der öffentlichen Verwaltung, insbesondere der Bundeswehr, der Polizei oder der Bundespolizei, geführt. [2]Im Falle der Erweiterung oder der Neuerteilung einer Fahrerlaubnis ist auf einen Nachweis zu verzichten, wenn der Bewerber zuvor bereits an einer Schulung in Erster Hilfe im Sinne des Absatzes 1 teilgenommen hat.

(3) Des Nachweises über die Teilnahme an einer Schulung in Erster Hilfe im Sinne des Absatzes 1 bedarf insbesondere nicht, wer

1. ein Zeugnis über die bestandene ärztliche oder zahnärztliche Staatsprüfung oder den Nachweis über eine im Ausland erworbene abgeschlossene ärztliche oder zahnärztliche Ausbildung,
2. ein Zeugnis über eine abgeschlossene Ausbildung in einem bundesrechtlich geregelten Gesundheitsfachberuf im Sinne des Artikels 74 Absatz 1 Nummer 19 des Grundgesetzes[2)], in einem der auf Grund des Berufsbildungsgesetzes staatlich anerkannten Ausbildungsberufe Medizinischer, Zahnmedizinischer, Tiermedizinischer oder Pharmazeutisch-kaufmännischer Fachangestellter/Medizinische, Zahnmedizinische, Tiermedizinische oder Pharmazeutisch-kaufmännische[3)] Fachangestellte oder in einem landesrechtlich geregelten Helferberuf des Gesundheits- und Sozialwesens oder
3. eine Bescheinigung über die Ausbildung als Schwesternhelferin, Pflegediensthelfer, über eine Sanitätsausbildung oder rettungsdienstliche Ausbildung oder die Ausbildung als Rettungsschwimmer mit der Befähigung für das Deutsche Rettungsschwimmer-Abzeichen in Silber oder Gold

vorlegt.

§ 20[4)] Neuerteilung einer Fahrerlaubnis. (1) [1]Für die Neuerteilung einer Fahrerlaubnis nach vorangegangener Entziehung oder nach vorangegangenem

---

[1)] § 19 neu gef. mWv 21.10.2015 durch VO v. 2.10.2015 (BGBl. I S. 1674); Abs. 1 Satz 3 angef. mWv *1.3.2022 durch G v. 16.3.2020* (BGBl. I S. 497).

[2)] **Habersack, Deutsche Gesetze Nr. 1.**

[3)] Zeichensetzung nichtamtlich ergänzt.

[4)] § 20 Abs. 3 und 4 aufgeh., bish. Abs. 5 wird Abs. 3 mWv 1.1.2011 durch VO v. 17.12.2010 (BGBl. I S. 2279); Abs. 4 angef. mWv 28.12.2016 durch VO v. 21.12.2016 (BGBl. I S. 3083).

Verzicht gelten die Vorschriften für die Ersterteilung. [2] § 15 findet vorbehaltlich des Absatzes 2 keine Anwendung.

(2) Die Fahrerlaubnisbehörde ordnet eine Fahrerlaubnisprüfung an, wenn Tatsachen vorliegen, die die Annahme rechtfertigen, dass der Bewerber die nach § 16 Absatz 1 und § 17 Absatz 1 erforderlichen Kenntnisse und Fähigkeiten nicht mehr besitzt.

(3) Unberührt bleibt die Anordnung einer medizinisch-psychologischen Untersuchung nach § 11 Absatz 3 Satz 1 Nummer 9.

(4) Die Neuerteilung einer Fahrerlaubnis nach vorangegangener Entziehung kann frühestens sechs Monate vor Ablauf einer Sperre

1. nach § 2a Absatz 5 Satz 3 oder § 4 Absatz 10 Satz 1 des Straßenverkehrsgesetzes[1)] oder
2. nach § 69 Absatz 1 Satz 1 in Verbindung mit § 69a Absatz 1 Satz 1 oder § 69a Absatz 1 Satz 3 in Verbindung mit Satz 1 des Strafgesetzbuches[2)]

bei der nach Landesrecht zuständigen Behörde beantragt werden.

3. Verfahren bei der Erteilung einer Fahrerlaubnis

§ 21[3)] Antrag auf Erteilung einer Fahrerlaubnis. (1) [1] Der Antrag auf Erteilung einer Fahrerlaubnis ist bei der nach Landesrecht zuständigen Behörde oder Stelle oder der Fahrerlaubnisbehörde schriftlich oder in elektronischer Form zu stellen. [2] Der Bewerber hat auf Verlangen dieser Behörden oder Stellen persönlich zu erscheinen. [3] Der Bewerber hat folgende Daten mitzuteilen und auf Verlangen nachzuweisen:

1. die in § 2 Absatz 6 des Straßenverkehrsgesetzes[1)] bezeichneten Personendaten sowie die Daten über den ordentlichen Wohnsitz im Inland einschließlich der Anschrift, Staatsangehörigkeit und Art des Ausweisdokumentes und
2. die ausbildende Fahrschule.

(2) [1] Der Bewerber hat weiter anzugeben, ob er bereits eine Fahrerlaubnis aus einem anderen Staat besitzt oder besessen hat oder ob er sie bei einer anderen Behörde eines solchen Staates beantragt hat. [2] Beantragt der Inhaber einer Fahrerlaubnis aus einem solchen Staat eine Erweiterung der Fahrerlaubnis auf eine andere Klasse, ist dieser Antrag hinsichtlich der vorhandenen Klassen als Antrag auf Erteilung der deutschen Fahrerlaubnis gemäß den §§ 30 und 31 zu werten. [3] Der Bewerber hat in jedem Fall eine Erklärung abzugeben, dass er mit der Erteilung der beantragten Fahrerlaubnis auf eine möglicherweise bereits vorhandene Fahrerlaubnis dieser Klasse aus einem solchen Staat verzichtet.

(3) [1] Dem Antrag sind folgende Unterlagen beizufügen:

1. *ein amtlicher Nachweis über Ort und Tag* der Geburt,

---

1) **Habersack, Deutsche Gesetze Nr. 35.**

2) **Habersack, Deutsche Gesetze Nr. 85.**

3) § 21 Abs. 3 Satz 1 Nr. 3 geänd. mWv 19.1.2013 durch VO v. 7.1.2011 (BGBl. I S. 3); Abs. 3 Satz 1 Nr. 6 angef. mWv 30.6.2012 durch VO v. 26.6.2012 (BGBl. I S. 1394); Abs. 3 Satz 1 Nr. 5 neu gef. mWv 21.10.2015 durch VO v. 2.10.2015 (BGBl. I S. 1674); Abs. 1 Satz 3 Nr. 1 geänd., Abs. 4 angef. mWv 28.12.2016 durch VO v. 21.12.2016 (BGBl. I S. 3083); Abs. 3 Satz 1 Nr. 2 geänd. mWv 24.8.2017 durch VO v. 14.8.2017 (BGBl. I S. 3232); Abs. 1 Satz 1, Abs. 2 Sätze 1 und 2 geänd. mWv 19.3.2019 durch VO v. 11.3.2019 (BGBl. I S. 218); Abs. 3 Satz 1 Nr. 2 geänd. mWv 1.6.2022 durch VO v. 18.3.2022 (BGBl. I S. 498).

2. ein Lichtbild, das den Bestimmungen der Passverordnung[1] vom 19. Oktober 2007 (BGBl. I S. 2386), die zuletzt durch Artikel 2 der Verordnung vom 20. August 2021 (BGBl. I S. 3682) geändert worden ist, entspricht,
3. bei einem Antrag auf Erteilung einer Fahrerlaubnis der Klassen AM, A1, A2, A, B, BE,,[2] L oder T eine Sehtestbescheinigung nach § 12 Absatz 3 oder ein Zeugnis oder ein Gutachten nach § 12 Absatz 4 oder ein Zeugnis nach § 12 Absatz 5,
4. bei einem Antrag auf Erteilung einer Fahrerlaubnis der Klassen C, C1, CE, C1E, D, D1, DE oder D1E ein Zeugnis oder Gutachten über die körperliche und geistige Eignung nach § 11 Absatz 9 und eine Bescheinigung oder ein Zeugnis über das Sehvermögen nach § 12 Absatz 6,
5. ein Nachweis über die Schulung in Erster Hilfe,
6. bei einem Antrag auf Erteilung einer Fahrerlaubnis der Klassen D, D1, DE und D1E ein Führungszeugnis nach § 30 Absatz 5 Satz 1 des Bundeszentralregistergesetzes[3].

2 Die Fahrerlaubnisbehörde kann Ausnahmen von der in Satz 1 Nummer 2 vorgeschriebenen Gestaltung des Lichtbildes zulassen.

(4) Die Erteilung einer Fahrerlaubnis kann frühestens sechs Monate vor Erreichen des für die jeweilige Fahrerlaubnisklasse nach § 10 vorgeschriebenen Mindestalters bei der nach Landesrecht zuständigen Behörde beantragt werden.

§ 22[4] Verfahren bei der Behörde und der Technischen Prüfstelle.

(1) Die nach Landesrecht zuständige Behörde oder Stelle und die Fahrerlaubnisbehörde können durch Einholung von Auskünften aus dem Melderegister die Richtigkeit und Vollständigkeit der vom Bewerber mitgeteilten Daten überprüfen.

(2) 1 Die Fahrerlaubnisbehörde hat zu ermitteln, ob Bedenken gegen die Eignung des Bewerbers zum Führen von Kraftfahrzeugen bestehen und er bereits im Besitz einer Fahrerlaubnis ist oder war. 2 Sie hat dazu auf seine Kosten

(Fortsetzung nächstes Blatt)

[1] **Sartorius Nr. 251.**
[2] Zeichensetzung amtlich.
[3] **Habersack, Deutsche Gesetze Nr. 92.**
[4] *§ 22 Abs. 2a und* 2b eingef. mWv 1.1.2011 durch VO v. 17.12.2010 (BGBl. I S. 2279); Abs. 2 Satz 2 geänd. mWv 1.5.2014 durch VO v. 5.11.2013 (BGBl. I S. 3920); Abs. 4 Satz 7 geänd. mWv 21.10.2015 durch VO v. 2.10.2015 (BGBl. I S. 1674); Abs. 2a Satz 1, Abs. 2b Satz 1 geänd. mWv 19.3.2019 durch VO v. 11.3.2019 (BGBl. I S. 218); Abs. 4 Satz 6 aufgeh., bish. Satz 7 wird Satz 6 mWv 1.1.2020 durch VO v. 2.10.2019 (BGBl. I S. 1416).

[2] Wurde die Beibringung eines Gutachtens einer amtlich anerkannten Begutachtungsstelle für Fahreignung nach § 4 Absatz 10 Satz 4 des Straßenverkehrsgesetzes oder nach § 11 Absatz 3 Nummer 4 bis 7 angeordnet, findet Satz 1 keine Anwendung.

(11) [1] Die Teilnahmebescheinigung muss

1. den Familiennamen und Vornamen, den Tag und Ort der Geburt und die Anschrift des Seminarteilnehmers,
2. die Bezeichnung des Seminarmodells und
3. Angaben über Umfang und Dauer des Seminars

enthalten. [2] Sie ist vom Seminarleiter und vom Seminarteilnehmer unter Angabe des Ausstellungsdatums zu unterschreiben. [3] Die Ausstellung der Teilnahmebescheinigung ist vom Kursleiter zu verweigern, wenn der Teilnehmer nicht an allen Sitzungen des Kurses teilgenommen oder die Anfertigung von Kursaufgaben verweigert hat.

§ 12[1)] Sehvermögen. (1) Zum Führen von Kraftfahrzeugen sind die in der Anlage 6 genannten Anforderungen an das Sehvermögen zu erfüllen.

(2) [1] Bewerber um eine Fahrerlaubnis der Klassen AM, A1, A2, A, B, BE, L oder T haben sich einem Sehtest zu unterziehen. [2] Der Sehtest wird von einer amtlich anerkannten Sehteststelle unter Einhaltung der DIN 58220 Teil 6, Ausgabe September 2013, durchgeführt. [3] Die Sehteststelle hat sich vor der Durchführung des Sehtests von der Identität des Antragstellers durch Einsicht in den Personalausweis oder Reisepass oder in ein sonstiges Ausweisdokument zu überzeugen. [4] Der Sehtest ist bestanden, wenn die zentrale Tagessehschärfe mit oder ohne Sehhilfe mindestens den in Anlage 6 Nummer 1.1 genannten Wert erreicht. [5] Ergibt der Sehtest eine geringere Sehleistung, darf der Antragsteller den Sehtest mit Sehhilfen oder mit verbesserten Sehhilfen wiederholen.

(3) [1] Die Sehteststelle stellt dem Antragsteller eine Sehtestbescheinigung nach Anlage 6 Nummer 1.1 aus. [2] In ihr ist anzugeben, ob der Sehtest bestanden und ob er mit Sehhilfen durchgeführt worden ist. [3] Sind bei der Durchführung des Sehtests sonst Zweifel an ausreichendem Sehvermögen für das Führen von Kraftfahrzeugen aufgetreten, hat die Sehteststelle sie auf der Sehtestbescheinigung zu vermerken.

(4) Ein Sehtest ist nicht erforderlich, wenn ein Zeugnis oder ein Gutachten eines Augenarztes vorgelegt wird und sich daraus ergibt, dass der Antragsteller die Anforderungen nach Anlage 6 Nummer 1.1 erfüllt.

(5) Besteht der Bewerber den Sehtest nicht, hat er sich einer augenärztlichen Untersuchung des Sehvermögens nach Anlage 6 Nummer 1.2 zu unterziehen und hierüber der Fahrerlaubnisbehörde ein Zeugnis des Augenarztes einzureichen.

(6) Bewerber um die Erteilung oder Verlängerung einer Fahrerlaubnis der Klassen C, C1, CE, C1E, D, D1, DE oder D1E haben sich einer Untersuchung des Sehvermögens nach Anlage 6 Nummer 2 zu unterziehen und hierüber der Fahrerlaubnisbehörde eine Bescheinigung des Arztes nach Anlage 6 Nummer 2.1 oder ein Zeugnis des Augenarztes nach Anlage 6 Nummer 2.2 einzureichen.

(7) Sehtestbescheinigung, Zeugnis oder Gutachten dürfen bei Antragstellung nicht älter als zwei Jahre sein.

---

1) § 12 Abs. 2 Satz 1 geänd. mWv 19.1.2013 durch VO v. 7.1.2011 (BGBl. I S. 3); Abs. 2 Satz 2 geänd. mWv 24.8.2017 durch VO v. 14.8.2017 (BGBl. I S. 3232); Abs. 2 Satz 3 und Abs. 3 Satz 1 geänd. mWv 18.9.2019 durch VO v. 11.3.2019 (BGBl. I S. 218).

(8) [1] Werden Tatsachen bekannt, die Bedenken begründen, dass der Fahrerlaubnisbewerber die Anforderungen an das Sehvermögen nach Anlage 6 nicht erfüllt oder dass andere Beeinträchtigungen des Sehvermögens bestehen, die die Eignung zum Führen von Kraftfahrzeugen beeinträchtigen, kann die Fahrerlaubnisbehörde zur Vorbereitung der Entscheidung über die Erteilung oder Verlängerung der Fahrerlaubnis oder über die Anordnung von Beschränkungen oder Auflagen die Beibringung eines augenärztlichen Gutachtens anordnen. [2] § 11 Absatz 5 bis 8 gilt entsprechend, § 11 Absatz 6 Satz 4 jedoch mit der Maßgabe, dass nur solche Unterlagen übersandt werden dürfen, die für die Beurteilung, ob Beeinträchtigungen des Sehvermögens bestehen, die die Eignung zum Führen von Kraftfahrzeugen beeinträchtigen, erforderlich sind.

§ 13 Klärung von Eignungszweifeln bei Alkoholproblematik. [1] Zur Vorbereitung von Entscheidungen über die Erteilung oder Verlängerung der Fahrerlaubnis oder über die Anordnung von Beschränkungen oder Auflagen ordnet die Fahrerlaubnisbehörde an, dass

1. ein ärztliches Gutachten (§ 11 Absatz 2 Satz 3) beizubringen ist, wenn Tatsachen die Annahme von Alkoholabhängigkeit begründen, oder
2. ein medizinisch-psychologisches Gutachten beizubringen ist, wenn
   a) nach dem ärztlichen Gutachten zwar keine Alkoholabhängigkeit, jedoch Anzeichen für Alkoholmissbrauch vorliegen oder sonst Tatsachen die Annahme von Alkoholmissbrauch begründen,
   b) wiederholt Zuwiderhandlungen im Straßenverkehr unter Alkoholeinfluss begangen wurden,
   c) ein Fahrzeug im Straßenverkehr bei einer Blutalkoholkonzentration von 1,6 Promille oder mehr oder einer Atemalkoholkonzentration von 0,8 mg/l oder mehr geführt wurde,
   d) die Fahrerlaubnis aus einem der unter den Buchstaben a bis c genannten Gründe entzogen war oder
   e) sonst zu klären ist, ob Alkoholmissbrauch oder Alkoholabhängigkeit nicht mehr besteht.

[2] Im Falle des Satzes 1 Nummer 2 Buchstabe b sind Zuwiderhandlungen, die ausschließlich gegen § 24c des Straßenverkehrsgesetzes[1)] begangen worden sind, nicht zu berücksichtigen.

§ 14[2)] Klärung von Eignungszweifeln im Hinblick auf Betäubungsmittel und Arzneimittel. (1) [1] Zur Vorbereitung von Entscheidungen über die Erteilung oder die Verlängerung der Fahrerlaubnis oder über die Anordnung von Beschränkungen oder Auflagen ordnet die Fahrerlaubnisbehörde an, dass ein ärztliches Gutachten (§ 11 Absatz 2 Satz 3) beizubringen ist, wenn Tatsachen die Annahme begründen, dass

1. Abhängigkeit von Betäubungsmitteln im Sinne des Betäubungsmittelgesetzes[3)] in der Fassung der Bekanntmachung vom 1. März 1994 (BGBl. I S. 358), das zuletzt durch Artikel 1 der Verordnung vom 11. Mai 2011 (BGBl. I S. 821) geändert worden ist, in der jeweils geltenden Fassung oder von anderen psychoaktiv wirkenden Stoffen,

---

[1)] **Habersack, Deutsche Gesetze Nr. 35.**
[2)] § 14 Abs. 1 Satz 1 Nr. 1 geänd. mWv 30.6.2012 durch VO v. 26.6.2012 (BGBl. I S. 1394).
[3)] Nr. **86**.

2. Einnahme von Betäubungsmitteln im Sinne des Betäubungsmittelgesetzes oder
3. missbräuchliche Einnahme von psychoaktiv wirkenden Arzneimitteln oder anderen psychoaktiv wirkenden Stoffen

vorliegt. [2] Die Beibringung eines ärztlichen Gutachtens kann angeordnet werden, wenn der Betroffene Betäubungsmittel im Sinne des Betäubungsmittelgesetzes widerrechtlich besitzt oder besessen hat. [3] Die Beibringung eines medizinisch-psychologischen Gutachtens kann angeordnet werden, wenn gelegentliche Einnahme von Cannabis vorliegt und weitere Tatsachen Zweifel an der Eignung begründen.

(2) Die Beibringung eines medizinisch-psychologischen Gutachtens ist für die Zwecke nach Absatz 1 anzuordnen, wenn

1. die Fahrerlaubnis aus einem der in Absatz 1 genannten Gründe durch die Fahrerlaubnisbehörde oder ein Gericht entzogen war,
2. zu klären ist, ob der Betroffene noch abhängig ist oder – ohne abhängig zu sein – weiterhin die in Absatz 1 genannten Mittel oder Stoffe einnimmt, oder
3. wiederholt Zuwiderhandlungen im Straßenverkehr nach § 24a des Straßenverkehrsgesetzes[1] begangen wurden. § 13 Nummer 2 Buchstabe b bleibt unberührt.

§ 15[2] Fahrerlaubnisprüfung. (1) Der Bewerber um eine Fahrerlaubnis hat seine Befähigung in einer theoretischen und einer praktischen Prüfung nachzuweisen.

(2) Beim Erwerb einer Fahrerlaubnis der Klasse L bedarf es nur einer theoretischen, bei der Erweiterung der Klasse B auf die Klasse BE, der Klasse C1 auf die Klasse C1E, der Klasse D auf die Klasse DE und der Klasse D1 auf die Klasse D1E bedarf es jeweils nur einer praktischen Prüfung.

(3) [1] Bei der Erweiterung der Klasse A1 auf Klasse A2 oder der Klasse A2 auf Klasse A bedarf es jeweils nur einer praktischen Prüfung, soweit der Bewerber zum Zeitpunkt der Erteilung der jeweiligen Fahrerlaubnis für

1. die Fahrerlaubnis der Klasse A2 seit mindestens zwei Jahren Inhaber der Fahrerlaubnis der Klasse A1 und
2. die Fahrerlaubnis der Klasse A seit mindestens zwei Jahren Inhaber einer Fahrerlaubnis der Klasse A2

ist (Aufstieg). [2] Die Vorschriften über die Ausbildung sind nicht anzuwenden. [3] Satz 1 gilt nicht für eine Fahrerlaubnis der Klasse A1, die unter Verwendung der Schlüsselzahl 79.03 oder 79.04 erteilt worden ist.

(4) [1] Bewerber um eine Fahrerlaubnis der Klasse A2, die nach Maßgabe des § 6 Absatz 6 in Verbindung mit Anlage 3 Inhaber einer Fahrerlaubnis der Klasse A1 sind, wird die Fahrerlaubnis der Klasse A2 unter der Voraussetzung erteilt, dass sie ihre *Befähigung in* einer praktischen Prüfung nachgewiesen haben (Aufstieg). [2] Die Vorschriften über die Ausbildung sind nicht anzuwenden. [3] Satz 1 gilt nicht für eine Fahrerlaubnis der Klasse A1, die unter Verwendung der Schlüsselzahl 79.03 oder 79.04 erteilt worden ist.

---

[1] **Habersack, Deutsche Gesetze Nr. 35.**

[2] § 15 neu gef. mWv 19.1.2013 durch VO v. 7.1.2011 (BGBl. I S. 3); Abs. 3 geänd. mWv 19.1.2013 durch VO v. 26.6.2012 (BGBl. I S. 1394); Abs. 3 Satz 2 angef., bish. Wortlaut wird Satz 1 mWv 19.1.2013 durch VO v. 10.1.2013 (BGBl. I S. 35); Abs. 3 Satz 3 angef., Abs. 4 neu gef. mWv 1.5.2014 durch VO v. 16.4.2014 (BGBl. I S. 348).

(5) Die Prüfungen werden von einem amtlich anerkannten Sachverständigen oder Prüfer für den Kraftfahrzeugverkehr abgenommen.

§ 16[1)] Theoretische Prüfung. (1) In der theoretischen Prüfung hat der Bewerber nachzuweisen, dass er

1. ausreichende Kenntnisse der für das Führen von Kraftfahrzeugen maßgebenden gesetzlichen Vorschriften sowie der umweltbewussten und energiesparenden Fahrweise hat und
2. mit den Gefahren des Straßenverkehrs und den zu ihrer Abwehr erforderlichen Verhaltensweisen vertraut ist und
3. grundlegende mechanische und technische Zusammenhänge, die für die Straßenverkehrssicherheit von Bedeutung sind, kennt.

(2) [1] Die Prüfung erfolgt anhand von Fragen, die in unterschiedlicher Form und mit Hilfe unterschiedlicher Medien gestellt werden können. [2] Der Prüfungsstoff, die Form der Prüfung, der Umfang der Prüfung, die Zusammenstellung der Fragen, die Durchführung und die Bewertung der Prüfung ergeben sich aus Anlage 7 Teil 1. [3] Bei Änderung eines bereits erteilten Prüfauftrages für die Klassen A1, A2 oder A durch die nach Landesrecht zuständige Behörde wird eine bereits fristgerecht abgelegte und bestandene theoretische Prüfung in einer der genannten Klassen anerkannt.

(3) [1] Der Sachverständige oder Prüfer bestimmt die Zeit und den Ort der theoretischen Prüfung. [2] Sie darf frühestens drei Monate vor Erreichen des Mindestalters abgenommen werden. [3] Der Sachverständige oder Prüfer hat sich vor der Prüfung durch Einsicht in den Personalausweis oder Reisepass oder in ein sonstiges Ausweisdokument von der Identität des Bewerbers zu überzeugen. [4] Bestehen Zweifel an der Identität, darf die Prüfung nicht durchgeführt werden. [5] Der Fahrerlaubnisbehörde ist davon Mitteilung zu machen. [6] Der Bewerber hat dem amtlich anerkannten Sachverständigen oder Prüfer für den Kraftfahrzeugverkehr vor der Prüfung in geeigneter Form eine Bestätigung des Inhabers der Fahrschule oder der zur Leitung des Ausbildungsbetriebes bestellten Person zu erbringen, aus der ersichtlich ist, dass die nach § 4 Absatz 1a Satz 1 in Verbindung mit § 3 Absatz 1 Satz 1 bis 3 der Fahrschüler-Ausbildungsordnung erforderlichen Ausbildungsinhalte der zu prüfenden Klassen absolviert wurden und der Abschluss der theoretischen Ausbildung gemäß § 6 Absatz 2 Satz 1 der Fahrschüler- Ausbildungsordnung festgestellt ist. [7] Der Abschluss der Ausbildung darf nicht länger als zwei Jahre zurückliegen. [8] Liegt die Bestätigung nicht vor oder ergibt sich aus der Bestätigung nicht, dass der Abschluss der Ausbildung nicht länger als zwei Jahre zurückliegt, darf die Prüfung nicht durchgeführt werden.

§ 17[2)] Praktische Prüfung. (1) [1] In der praktischen Prüfung hat der Bewerber nachzuweisen, dass er über die zur sicheren Führung eines Kraftfahrzeugs, gegebe-

---

[1)] § 16 Abs. 3 Satz 3 geänd. mWv 24.8.2017 durch VO v. 14.8.2017 (BGBl. I S. 3232); Abs. 3 Satz 8 aufgeh., bish. Satz 9 wird Satz 8 mWv 4.1.2018 durch VO v. 2.1.2018 (BGBl. I S. 2); Abs. 1 Nr. 2 geänd., Nr. 3 angef., Abs. 2 Satz 2 geänd., Satz 3 angef. mWv 19.3.2019 durch VO v. 11.3.2019 (BGBl. I S. 218); Abs. 3 Sätze 6 und 8 neu gef. mWv 1.6.2022 durch VO v. 18.3.2022 (BGBl. I S. 498).

[2)] § 17 Abs. 1 Satz 5 angef. mWv 19.1.2013 durch VO v. 26.6.2012 (BGBl. I S. 1394); Abs. 5 Satz 2 geänd. mWv 24.8.2017 durch VO v. 14.8.2017 (BGBl. I S. 3232); Abs. 5 Satz 6 geänd. mWv 4.1.2018 durch VO v. 2.1.2018 (BGBl. I S. 2); Abs. 1 Satz 4 eingef., bish. Sätze 4 und 5 werden Sätze 5 und 6 mWv 19.3.2019 durch VO v. 11.3.2019 (BGBl. I S. 218); Abs. 6 aufgeh. mWv 1.4.2021 durch VO v. 16.11.2020 (BGBl. I S. 2704); Abs. 5 Satz 5 neu gef. mWv 1.6.2022 durch VO v. 18.3.2022 (BGBl. I S. 498).

nenfalls mit Anhänger, im Verkehr erforderlichen technischen Kenntnisse und über ausreichende Kenntnisse einer umweltbewussten und energiesparenden Fahrweise verfügt sowie zu ihrer praktischen Anwendung fähig ist. [2] Bewerber um eine Fahrerlaubnis der Klassen D, D1, DE oder D1E müssen darüber hinaus ausreichende Fahrfertigkeiten nachweisen. [3] Der Bewerber hat ein der Anlage 7 entsprechendes Prüfungsfahrzeug für die Klasse bereitzustellen, für die er seine Befähigung nachweisen will. [4] Darüber hinaus hat er die für die Durchführung der Prüfung notwendigen Materialien bereitzustellen. [5] Die praktische Prüfung darf erst nach Bestehen der theoretischen Prüfung und frühestens einen Monat vor Erreichen des Mindestalters abgenommen werden. [6] Die praktische Prüfung für die Erweiterung der Klasse A1 auf die Klasse A2 oder der Klasse A2 auf die Klasse A darf frühestens einen Monat vor Ablauf der Frist von zwei Jahren nach Erteilung der Fahrerlaubnis der Klasse A1 oder A2 oder bei Erreichen des in § 10 Absatz 1 genannten Mindestalters abgenommen werden.

(2) Der Prüfungsstoff, die Prüfungsfahrzeuge, die Prüfungsdauer, die Durchführung der Prüfung und ihre Bewertung richten sich nach Anlage 7 Teil 2.

(3) [1] Der Bewerber hat die praktische Prüfung am Ort seiner Hauptwohnung oder am Ort seiner schulischen oder beruflichen Ausbildung, seines Studiums oder seiner Arbeitsstelle abzulegen. [2] Sind diese Orte nicht Prüforte, ist die Prüfung nach Bestimmung durch die Fahrerlaubnisbehörde an einem nahe gelegenen Prüfort abzulegen. [3] Die Fahrerlaubnisbehörde kann auch zulassen, dass der Bewerber die Prüfung an einem anderen Prüfort ablegt.

(4) [1] Die Prüfung findet grundsätzlich innerhalb und außerhalb geschlossener Ortschaften statt. [2] Das Nähere regelt Anlage 7. [3] Der innerörtliche Teil der praktischen Prüfung ist in geschlossenen Ortschaften (Zeichen 310 der Straßenverkehrs-Ordnung[1]) durchzuführen, die auf Grund des Straßennetzes, der vorhandenen Verkehrszeichen und -einrichtungen sowie der Verkehrsdichte und -struktur die Prüfung der wesentlichen Verkehrsvorgänge ermöglichen (Prüfort). [4] Die Prüforte werden von der zuständigen obersten Landesbehörde, der von ihr bestimmten oder der nach Landesrecht zuständigen Stelle festgelegt. [5] Der außerörtliche Teil der praktischen Prüfung ist außerhalb geschlossener Ortschaften in der Umgebung des Prüfortes möglichst unter Einschluss von Autobahnen durchzuführen und muss die Prüfung aller wesentlichen Verkehrsvorgänge auch bei höheren Geschwindigkeiten ermöglichen.

(5) [1] Der Sachverständige oder Prüfer bestimmt die Zeit, den Ausgangspunkt und den Verlauf der praktischen Prüfung im Prüfort und seiner Umgebung. [2] Der Sachverständige oder Prüfer hat sich vor der Prüfung durch Einsicht in den Personalausweis oder Reisepass oder in ein sonstiges Ausweisdokument von der Identität des Bewerbers zu überzeugen. [3] Bestehen Zweifel an der Identität, darf die Prüfung nicht durchgeführt werden. [4] Der Fahrerlaubnisbehörde ist davon Mitteilung zu machen. [5] Der Bewerber hat dem amtlich anerkannten Sachverständigen oder Prüfer für den Kraftfahrzeugverkehr vor der Prüfung in geeigneter Form eine Bestätigung des Inhabers der Fahrschule oder der zur Leitung des Ausbildungsbetriebes bestellten Person zu erbringen aus der ersichtlich ist, dass alle vorgeschriebenen Ausbildungsinhalte der zu prüfenden Klasse gemäß § 5 Absatz 1 der Fahrschüler-Ausbildungsordnung absolviert wurden und der Abschluss der praktischen Ausbildung gemäß § 6 Absatz 2 Satz 1 der Fahrschüler-Ausbildungsordnung festgestellt ist. [6] § 16 Absatz 3 Satz 7 und 8 findet entsprechende Anwendung.

---

[1] **Habersack, Deutsche Gesetze Nr. 35a.**

§ 17a[1] Beschränkung auf Fahrzeuge mit Automatikgetriebe. (1) [1] Wird die Prüfungsfahrt auf einem Kraftfahrzeug mit Automatikgetriebe durchgeführt, ist die Fahrerlaubnis auf das Führen von Kraftfahrzeugen mit Automatikgetriebe zu beschränken. [2] Satz 1 gilt nicht für den Erwerb einer Fahrerlaubnis der Klassen BE, C1, C1E, C, CE, D1, D1E, D oder DE, wenn der Bewerber bereits Inhaber einer auf einem Kraftfahrzeug mit Schaltgetriebe erworbenen Fahrerlaubnis der Klasse B, BE, C1, C1E, C, CE, D1, D1E, D oder DE ist. [3] Satz 1 ist nicht anzuwenden auf den Erwerb einer Fahrerlaubnis der Klassen AM oder T.

(2) [1] Die Beschränkung im Sinne des Absatzes 1 Satz 1 ist auf Antrag aufzuheben, wenn der Inhaber der Fahrerlaubnis dem amtlich anerkannten Sachverständigen oder Prüfer für den Kraftfahrzeugverkehr in einer praktischen Prüfung nachweist, dass er zur sicheren, verantwortungsvollen, umweltbewussten und energiesparenden Führung eines Kraftfahrzeuges mit Schaltgetriebe der Fahrerlaubnisklasse befähigt ist. [2] Die Beschränkung auf das Führen von Kraftfahrzeugen mit Automatikgetriebe der Fahrerlaubnis der Klassen B, BE, C1, C1E, C, CE, D1, D1E, D oder DE ist auch aufzuheben, wenn der Inhaber der Fahrerlaubnis dem amtlich anerkannten Sachverständigen oder Prüfer für den Kraftfahrzeugverkehr in einer praktischen Prüfung nachweist, dass er zur sicheren, verantwortungsvollen, umweltbewussten und energiesparenden Führung eines Kraftfahrzeuges mit Schaltgetriebe der Fahrerlaubnis der Klassen BE, C1, C1E, C, CE, D1, D1E, D oder DE befähigt ist. [3] Die Vorschriften über die Ausbildung nach der Fahrschüler- Ausbildungsordnung sind in diesem Fall nicht anzuwenden. [4] Die Beschränkung auf das Führen von Kraftfahrzeugen mit Automatikgetriebe der Fahrerlaubnis der Klasse B ist auf Antrag auch aufzuheben, wenn der Inhaber einer Fahrerlaubnis der Klasse B der nach Landesrecht zuständigen Behörde durch Vorlage einer Bescheinigung nach Anlage 7 der Fahrschüler-Ausbildungsordnung nachweist, dass er zur sicheren, verantwortungsvollen, umweltbewussten und energiesparenden Führung eines Kraftfahrzeuges der Klasse B mit Schaltgetriebe befähigt ist. [5] Satz 4 findet keine Anwendung, wenn die Beschränkung im Sinne des Absatzes 1 Satz 1 aufgrund von Eignungsmängeln für das Führen von Kraftfahrzeugen mit Schaltgetriebe erfolgt ist.

(3) [1] Abweichend von Absatz 1 Satz 1 entfällt die Beschränkung auf das Führen von Kraftfahrzeugen mit Automatikgetriebe der Fahrerlaubnis der Klasse B, wenn der Bewerber durch Vorlage einer Bescheinigung nach Anlage 7 der Fahrschüler-Ausbildungsordnung dem amtlich anerkannten Sachverständigen oder Prüfer für den Kraftfahrzeugverkehr oder der nach Landesrecht zuständigen Behörde nachweist, dass er zur sicheren, verantwortungsvollen und umweltbewussten Führung eines Kraftfahrzeuges mit Schaltgetriebe der Klasse B befähigt ist. [2] Gegenüber der Technischen Prüfstelle kann der Nachweis ersatzweise auch elektronisch unter Angabe des Datums der Aushändigung des in Satz 1 genannten Nachweises über die praktische Ausbildung zum Führen von Fahrzeugen mit Schaltgetriebe der Klasse B durch den Inhaber der Fahrschule oder die zur Leitung des Ausbildungsbetriebes bestellte Person erfolgen.

(4) [1] Der Nachweis über die Befähigung zur sicheren, verantwortungsvollen und umweltbewussten Führung eines Kraftfahrzeuges mit Schaltgetriebe der Klasse B erfolgt durch die Schlüsselzahl 197 in Spalte 12 der die Klasse B betreffenden Zeile des Führerscheins. [2] Der Eintrag der Schlüsselzahl 197 muss binnen eines

---

[1] *§ 17a eingef.* mWv 1.4.2021 durch VO v. 16.11.2020 (BGBl. I S. 2704); Abs. 1 Satz 2 neu gef., Satz 3 angef., Abs. 2 neu gef., Abs. 3 Satz 1 geänd., Abs. 4 Sätze 2 und 3 angef. mWv 1.6.2022 durch VO v. 18.3.2022 (BGBl. I S. 498).

Jahres nach dem Abschluss der Ausbildung erfolgt sein. [3] Die Schlüsselzahl 197 ist auf Antrag auszutragen, wenn der Inhaber der Fahrerlaubnis dem amtlich anerkannten Sachverständigen oder Prüfer für den Kraftfahrzeugverkehr in einer praktischen Prüfung nachweist, dass er zur sicheren, verantwortungsvollen und umweltbewussten Führung eines Kraftfahrzeuges mit Schaltgetriebe der Fahrerlaubnis der Klassen B, BE, C1, C1E, C, CE, D1, D1E. D oder DE befähigt ist.

(5) [1] Als Kraftfahrzeug mit Automatikgetriebe gilt ein Kraftfahrzeug, das ohne Schaltgetriebe ausgestattet ist. [2] Als Kraftfahrzeug mit Schaltgetriebe gilt ein Kraftfahrzeug, das

1. über ein Kupplungspedal verfügt, das der Fahrer jeweils beim Anfahren oder beim Anhalten des Fahrzeuges sowie beim Gangwechsel bedienen muss, oder
2. im Fall der Klassen A1, A2 und A über einen von Hand zu bedienenden Kupplungshebel verfügt, den der Fahrer jeweils beim Anfahren oder beim Anhalten des Fahrzeuges sowie beim Gangwechsel bedienen muss.

§ 18[1)] Gemeinsame Vorschriften für die theoretische und die praktische Prüfung. (1) [1] Bei Täuschungshandlungen gilt die Prüfung als nicht bestanden. [2] Eine nicht bestandene Prüfung darf nicht vor Ablauf eines angemessenen Zeitraums, in der Regel mindestens zwei Wochen, wiederholt werden. [3] In den Fällen des Satzes 1 kann die Frist für die Wiederholung der Prüfung auf bis zu neun Monate festgelegt werden.

(2) [1] Die praktische Prüfung muss innerhalb von zwölf Monaten nach Bestehen der theoretischen Prüfung abgelegt werden. [2] Andernfalls verliert die theoretische Prüfung ihre Gültigkeit. [3] Der Zeitraum zwischen Abschluss der praktischen Prüfung oder – wenn keine praktische Prüfung erforderlich ist – zwischen Abschluss der theoretischen Prüfung und der Aushändigung des Führerscheins darf zwei Jahre nicht überschreiten. [4] Andernfalls verliert die gesamte Prüfung ihre Gültigkeit.

(3) Stellt der Sachverständige oder Prüfer Tatsachen fest, die bei ihm Zweifel über die körperliche oder geistige Eignung des Bewerbers begründen, hat er der Fahrerlaubnisbehörde Mitteilung zu machen und den Bewerber hierüber zu unterrichten.

§ 19[2)] Schulung in Erster Hilfe. (1) [1] Bewerber um eine Fahrerlaubnis müssen an einer Schulung in Erster Hilfe teilnehmen, die mindestens neun Unterrichtseinheiten zu je 45 Minuten umfasst. [2] Die Schulung soll dem Antragsteller durch theoretischen Unterricht und durch praktische Übungen gründliches Wissen und praktisches Können in der Ersten Hilfe vermitteln. [3] Gegenstand der Schulung ist auch die Vermittlung von Grundwissen zur Organ- und Gewebespende einschließlich der Möglichkeiten, die Entscheidung über die persönliche Spendenbereitschaft zu dokumentieren.

(2) [1] Der Nachweis über die Teilnahme an einer Schulung in Erster Hilfe wird durch die Bescheinigung einer für solche Schulungen amtlich anerkannten Stelle oder eines Trägers der öffentlichen Verwaltung, insbesondere der Bundeswehr, der

---

[1)] § 18 Abs. 1 Satz 1 eingef., bish. Wortlaut wird Satz 2 mWv 30.6.2012 durch VO v. 26.6.2012 (BGBl. I S. 1394); Abs. 1 Satz 1 geänd. mWv 15.1.2013 durch VO v. 10.1.2013 (BGBl. I S. 35); Abs. 1 Satz 2 geänd. mWv 1.5.2014 durch VO v. 16.4.2014 (BGBl. I S. 348); Abs. 1 neu gef. mWv 1.6.2022 durch VO v. 18.3.2022 (BGBl. I S. 498).

[2)] § 19 neu gef. mWv 21.10.2015 durch VO v. 2.10.2015 (BGBl. I S. 1674); Abs. 1 Satz 3 angef. mWv 1.3.2022 durch G v. 16.3.2020 (BGBl. I S. 497).

Polizei oder der Bundespolizei, geführt. [2]Im Falle der Erweiterung oder der Neuerteilung einer Fahrerlaubnis ist auf einen Nachweis zu verzichten, wenn der Bewerber zuvor bereits an einer Schulung in Erster Hilfe im Sinne des Absatzes 1 teilgenommen hat.

(3) Des Nachweises über die Teilnahme an einer Schulung in Erster Hilfe im Sinne des Absatzes 1 bedarf insbesondere nicht, wer

1. ein Zeugnis über die bestandene ärztliche oder zahnärztliche Staatsprüfung oder den Nachweis über eine im Ausland erworbene abgeschlossene ärztliche oder zahnärztliche Ausbildung,
2. ein Zeugnis über eine abgeschlossene Ausbildung in einem bundesrechtlich geregelten Gesundheitsfachberuf im Sinne des Artikels 74 Absatz 1 Nummer 19 des Grundgesetzes[1)], in einem der auf Grund des Berufsbildungsgesetzes staatlich anerkannten Ausbildungsberufe Medizinischer, Zahnmedizinischer, Tiermedizinischer oder Pharmazeutisch-kaufmännischer Fachangestellter/Medizinische, Zahnmedizinische, Tiermedizinische oder Pharmazeutisch-kaufmännische[2)] Fachangestellte oder in einem landesrechtlich geregelten Helferberuf des Gesundheits- und Sozialwesens oder
3. eine Bescheinigung über die Ausbildung als Schwesternhelferin, Pflegediensthelfer, über eine Sanitätsausbildung oder rettungsdienstliche Ausbildung oder die Ausbildung als Rettungsschwimmer mit der Befähigung für das Deutsche Rettungsschwimmer-Abzeichen in Silber oder Gold

vorlegt.

§ 20[3)] Neuerteilung einer Fahrerlaubnis. (1) [1]Für die Neuerteilung einer Fahrerlaubnis nach vorangegangener Entziehung oder nach vorangegangenem Verzicht gelten die Vorschriften für die Ersterteilung. [2]§ 15 findet vorbehaltlich des Absatzes 2 keine Anwendung.

(2) Die Fahrerlaubnisbehörde ordnet eine Fahrerlaubnisprüfung an, wenn Tatsachen vorliegen, die die Annahme rechtfertigen, dass der Bewerber die nach § 16 Absatz 1 und § 17 Absatz 1 erforderlichen Kenntnisse und Fähigkeiten nicht mehr besitzt.

(3) Unberührt bleibt die Anordnung einer medizinisch-psychologischen Untersuchung nach § 11 Absatz 3 Satz 1 Nummer 9.

(4) Die Neuerteilung einer Fahrerlaubnis nach vorangegangener Entziehung kann frühestens sechs Monate vor Ablauf einer Sperre

1. nach § 2a Absatz 5 Satz 3 oder § 4 Absatz 10 Satz 1 des Straßenverkehrsgesetzes[4)] oder
2. nach § 69 Absatz 1 Satz 1 in Verbindung mit § 69a Absatz 1 Satz 1 oder § 69a Absatz 1 Satz 3 in Verbindung mit Satz 1 des Strafgesetzbuches[5)]

bei der nach Landesrecht zuständigen Behörde beantragt werden.

[1)] Nr. **1**.

[2)] Zeichensetzung nichtamtlich ergänzt.

[3)] *§ 20 Abs. 3 und 4 aufgeh.*, bish. Abs. 5 wird Abs. 3 mWv 1.1.2011 durch VO v. 17.12.2010 (BGBl. I *S. 2279*); Abs. 4 angef. mWv 28.12.2016 durch VO v. 21.12.2016 (BGBl. I S. 3083).

[4)] **Habersack, Deutsche Gesetze Nr. 35.**

[5)] **Habersack, Deutsche Gesetze Nr. 85.**

3. Verfahren bei der Erteilung einer Fahrerlaubnis

§ 21[1] Antrag auf Erteilung einer Fahrerlaubnis. (1) [1]Der Antrag auf Erteilung einer Fahrerlaubnis ist bei der nach Landesrecht zuständigen Behörde oder Stelle oder der Fahrerlaubnisbehörde schriftlich oder in elektronischer Form zu stellen. [2]Der Bewerber hat auf Verlangen dieser Behörden oder Stellen persönlich zu erscheinen. [3]Der Bewerber hat folgende Daten mitzuteilen und auf Verlangen nachzuweisen:

1. die in § 2 Absatz 6 des Straßenverkehrsgesetzes[2] bezeichneten Personendaten sowie die Daten über den ordentlichen Wohnsitz im Inland einschließlich der Anschrift, Staatsangehörigkeit und Art des Ausweisdokumentes und
2. die ausbildende Fahrschule.

(2) [1]Der Bewerber hat weiter anzugeben, ob er bereits eine Fahrerlaubnis aus einem anderen Staat besitzt oder besessen hat oder ob er sie bei einer anderen Behörde eines solchen Staates beantragt hat. [2]Beantragt der Inhaber einer Fahrerlaubnis aus einem solchen Staat eine Erweiterung der Fahrerlaubnis auf eine andere Klasse, ist dieser Antrag hinsichtlich der vorhandenen Klassen als Antrag auf Erteilung der deutschen Fahrerlaubnis gemäß den §§ 30 und 31 zu werten. [3]Der Bewerber hat in jedem Fall eine Erklärung abzugeben, dass er mit der Erteilung der beantragten Fahrerlaubnis auf eine möglicherweise bereits vorhandene Fahrerlaubnis dieser Klasse aus einem solchen Staat verzichtet.

(3) [1]Dem Antrag sind folgende Unterlagen beizufügen:

1. ein amtlicher Nachweis über Ort und Tag der Geburt,
2. ein Lichtbild, das den Bestimmungen der Passverordnung[3] vom 19. Oktober 2007 (BGBl. I S. 2386), die zuletzt durch Artikel 2 der Verordnung vom 20. August 2021 (BGBl. I S. 3682) geändert worden ist, entspricht,
3. bei einem Antrag auf Erteilung einer Fahrerlaubnis der Klassen AM, A1, A2, A, B, BE,,[4] L oder T eine Sehtestbescheinigung nach § 12 Absatz 3 oder ein Zeugnis oder ein Gutachten nach § 12 Absatz 4 oder ein Zeugnis nach § 12 Absatz 5,
4. bei einem Antrag auf Erteilung einer Fahrerlaubnis der Klassen C, C1, CE, C1E, D, D1, DE oder D1E ein Zeugnis oder Gutachten über die körperliche und geistige Eignung nach § 11 Absatz 9 und eine Bescheinigung oder ein Zeugnis über das Sehvermögen nach § 12 Absatz 6,
5. ein Nachweis über die Schulung in Erster Hilfe,
6. bei einem Antrag auf Erteilung einer Fahrerlaubnis der Klassen D, D1, DE und D1E ein Führungszeugnis nach § 30 Absatz 5 Satz 1 des Bundeszentralregistergesetzes[5].

---

[1] § 21 Abs. 3 Satz 1 Nr. 3 und 5 geänd. mWv 19.1.2013 durch VO v. 7.1.2011 (BGBl. I S. 3); Abs. 3 Satz 1 Nr. 5 geänd., Nr. 6 angef. mWv 30.6.2012 durch VO v. 26.6.2012 (BGBl. I S. 1394); Abs. 3 Satz 1 Nr. 5 neu gef. mWv 21.10.2015 durch VO v. 2.10.2015 (BGBl. I S. 1674); Abs. 1 Satz 3 Nr. 1 geänd., Abs. 4 angef. mWv 28.12.2016 durch VO v. 21.12.2016 (BGBl. I S. 3083); Abs. 3 Satz 1 Nr. 2 geänd. mWv 24.8.2017 durch VO v. 14.8.2017 (BGBl. I S. 3232); Abs. 1 Satz 1 und Abs. 2 Sätze 1 und 2 geänd. mWv 19.3.2019 durch VO v. 11.3.2019 (BGBl. I S. 218); Abs. 3 Satz 1 Nr. 2 geänd. mWv 1.6.2022 durch VO v. 18.3.2022 (BGBl. I S. 498).

[2] **Habersack, Deutsche Gesetze Nr. 35.**

[3] **Sartorius Nr. 251.**

[4] Zeichensetzung amtlich.

[5] **Habersack, Deutsche Gesetze Nr. 92.**

[2] Die Fahrerlaubnisbehörde kann Ausnahmen von der in Satz 1 Nummer 2 vorgeschriebenen Gestaltung des Lichtbildes zulassen.

(4) Die Erteilung einer Fahrerlaubnis kann frühestens sechs Monate vor Erreichen des für die jeweilige Fahrerlaubnisklasse nach § 10 vorgeschriebenen Mindestalters bei der nach Landesrecht zuständigen Behörde beantragt werden.

§ 22[1)] Verfahren bei der Behörde und der Technischen Prüfstelle.

(1) Die nach Landesrecht zuständige Behörde oder Stelle und die Fahrerlaubnisbehörde können durch Einholung von Auskünften aus dem Melderegister die Richtigkeit und Vollständigkeit der vom Bewerber mitgeteilten Daten überprüfen.

(2) [1] Die Fahrerlaubnisbehörde hat zu ermitteln, ob Bedenken gegen die Eignung des Bewerbers zum Führen von Kraftfahrzeugen bestehen und er bereits im Besitz einer Fahrerlaubnis ist oder war. [2] Sie hat dazu auf seine Kosten

(Fortsetzung nächstes Blatt)

[1)] § 22 Abs. 2a und 2b *eingef. mWv 1.1.2011 durch VO v. 17.12.2010* (BGBl. I S. 2279); Abs. 2 Satz 2 *geänd. mWv 1.5.2014 durch VO v. 5.11.2013* (BGBl. I S. 3920); Abs. 4 Satz 7 geänd. mWv 21.10.2015 durch VO v. 2.10.2015 (BGBl. I S. 1674); Abs. 2a Satz 1 und Abs. 2b Satz 1 geänd. mWv 19.3.2019 durch VO v. 11.3.2019 (BGBl. I S. 218); Abs. 4 Satz 6 aufgeh., bish. Satz 7 wird Satz 6 mWv 1.1.2020 durch VO v. 2.10.2019 (BGBl. I S. 1416).

eine Auskunft aus dem Fahreignungsregister und dem Zentralen Fahrerlaubnisregister einzuholen. [3]Sie kann außerdem auf seine Kosten – in der Regel über das Kraftfahrt-Bundesamt – eine Auskunft aus den entsprechenden ausländischen Registern einholen und verlangen, dass der Bewerber die Erteilung eines Führungszeugnisses zur Vorlage bei der Fahrerlaubnisbehörde nach den Vorschriften des Bundeszentralregistergesetzes[1)] beantragt. [4]Bestehen Anhaltspunkte, dass die Angaben über den Vorbesitz einer ausländischen Fahrerlaubnis nicht zutreffen, kann die Behörde abweichend von Satz 3 einen ausländischen Registerauszug durch den Bewerber auf dessen Kosten beibringen lassen. [5]Werden Tatsachen bekannt, die Bedenken gegen die Eignung des Bewerbers begründen, verfährt die Fahrerlaubnisbehörde nach den §§ 11 bis 14.

(2a) [1]Eine Fahrerlaubnis ist nicht zu erteilen, wenn dem Bewerber zuvor in einem anderen Staat eine Fahrerlaubnis vorläufig oder rechtskräftig von einem Gericht oder sofort vollziehbar oder bestandskräftig von einer Verwaltungsbehörde entzogen worden ist. [2]Satz 1 gilt nicht, soweit die Gründe für die Entziehung nicht mehr bestehen.

(2b) [1]Zum Nachweis, dass die Gründe für die Entziehung nach Absatz 2a nicht mehr bestehen, hat der Bewerber eine Bescheinigung der Stelle, welche die frühere Fahrerlaubnis im betreffenden Staat erteilt hatte, bei der nach Landesrecht zuständigen Behörde vorzulegen. [2]Absatz 2 bleibt unberührt.

(3) Liegen alle Voraussetzungen für die Erteilung der Fahrerlaubnis vor, hat die Fahrerlaubnisbehörde den Führerschein ausfertigen zu lassen und auszuhändigen.

(4) [1]Muss der Bewerber noch die nach § 15 erforderliche Prüfung ablegen, hat die Fahrerlaubnisbehörde die zuständige Technische Prüfstelle für den Kraftfahrzeugverkehr mit der Prüfung zu beauftragen und ihr den vorbereiteten Führerschein (§ 25) ohne Angabe des Datums der Erteilung der beantragten Klasse unmittelbar zu übersenden. [2]Der Sachverständige oder Prüfer prüft, ob der Bewerber zum Führen von Kraftfahrzeugen, gegebenenfalls mit Anhänger, der beantragten Klasse befähigt ist. [3]Der Sachverständige oder Prüfer oder sonst die Fahrerlaubnisbehörde händigt, wenn die Prüfung bestanden ist, den Führerschein nach dem Einsetzen des Aushändigungsdatums aus. [4]Er darf nur ausgehändigt werden, wenn die Identität des Bewerbers zweifelsfrei feststeht. [5]Hat der Sachverständige oder Prüfer den Führerschein ausgehändigt, teilt er dies der Fahrerlaubnisbehörde unter Angabe des Aushändigungsdatums mit. [6]Die Fahrerlaubnis wird durch die Aushändigung des Führerscheins oder, wenn der Führerschein nicht vorliegt, ersatzweise durch eine nur im Inland als Nachweis der Fahrerlaubnis geltende befristete Prüfungsbescheinigung nach Anlage 8a erteilt.

(5) Die Technische Prüfstelle soll den Prüfauftrag an die Fahrerlaubnisbehörde zurückgeben, wenn

1. die theoretische Prüfung nicht innerhalb von zwölf Monaten nach Eingang des Prüfauftrags bestanden ist,
2. die praktische Prüfung nicht innerhalb von zwölf Monaten nach Bestehen der theoretischen Prüfung bestanden ist oder
3. in den Fällen, in denen keine theoretische Prüfung erforderlich ist, die praktische Prüfung nicht innerhalb von zwölf Monaten nach Eingang des Prüfauftrags bestanden ist.

[1)] **Habersack, Deutsche Gesetze Nr. 92.**

§ 22a[1] Abweichendes Verfahren bei Elektronischem Prüfauftrag und Vorläufigem Nachweis der Fahrerlaubnis. (1) [1] Abweichend von § 22 Absatz 4 Satz 1 kann die Fahrerlaubnisbehörde mit Zustimmung der zuständigen obersten Landesbehörde von dem Übersenden eines vorbereiteten Führerscheines an die zuständige Technische Prüfstelle für den Kraftfahrzeugverkehr nach Maßgabe der folgenden Vorschriften absehen. [2] Soweit nachstehend nichts anderes bestimmt ist, bleiben die allgemeinen Vorschriften unberührt.

(2) Die Fahrerlaubnisbehörde übermittelt der zuständigen Technischen Prüfstelle für den Kraftfahrzeugverkehr zur Durchführung der Prüfung folgende Daten in Bezug auf den Bewerber:

1. Prüfauftragsnummer,
2. Ausstellungsdatum des Prüfauftrages,
3. Name, Vorname, Geburtsdatum, Anschrift, Geburtsort, Geschlecht, Staatsangehörigkeit, Art des Ausweisdokumentes sowie, soweit angegeben, die E-Mail-Adresse,
4. eine digitale Kopie des Lichtbildes für den Führerschein,
5. Angaben zum Vorbesitz von Fahrerlaubnisklassen,
6. Prüfauftragsart (Ersterteilung, Erweiterung, Umschreibung, Neuerteilung),
7. beantragte Fahrerlaubnisklassen,
8. Auflagen und Beschränkungen zu den beantragten Fahrerlaubnisklassen,
9. Mindestalter,
10. Angaben zur theoretischen Prüfung,
11. Angaben zur praktischen Prüfung,
12. Angabe, ob der Bewerber auf das Ausstellen eines Vorläufigen Nachweises der Fahrerlaubnis verzichtet hat.

(3) [1] Der Sachverständige oder Prüfer hat im Falle einer bestandenen Prüfung abweichend von § 22 Absatz 4 Satz 3 dem Bewerber einen Vorläufigen Nachweis der Fahrerlaubnis nach Anlage 8a unter Einsetzen des Aushändigungsdatums auszuhändigen. [2] § 22 Absatz 4 Satz 4 und 5 ist mit der Maßgabe anzuwenden, dass das Ergebnis der Prüfung, die jeweils erteilte Fahrerlaubnisklasse und das Ausgabedatum des Vorläufigen Nachweises der Fahrerlaubnis der Fahrerlaubnisbehörde unter Angabe der Daten nach Absatz 2 Nummer 1 und 3 elektronisch übermittelt wird.

(4) [1] Ist der Bewerber bereits im Besitz eines Führerscheines oder eines Vorläufigen Nachweises der Fahrerlaubnis und soll die Fahrerlaubnis auf weitere Klassen erweitert werden, darf nach bestandener Prüfung der Vorläufige Nachweis der Fahrerlaubnis nur ausgehändigt werden, wenn der Bewerber dem Sachverständigen oder Prüfer seinen bisherigen Führerschein oder den ihm zuvor erteilten Vorläufigen Nachweis der Fahrerlaubnis zur Weiterleitung an die Fahrerlaubnisbehörde übergibt. [2] Die Fahrerlaubnisbehörde hat den neuen Führerschein mit den erteilten Klassen dem Bewerber alsbald auszuhändigen, zu übersenden oder übersenden zu lassen.

---

[1] *§ 22a eingef.* mWv 21.10.2015 durch VO v. 2.10.2015 (BGBl. I S. 1674); Abs. 2 Nr. 3 geänd. mWv 28.12.2016 durch VO v. 21.12.2016 (BGBl. I S. 3083); Abs. 2 Nr. 3 geänd. mWv 1.6.2020 durch G v. 5.12.2019 (BGBl. I S. 2008).

(5) [1] Der Bewerber kann in seinem Antrag nach § 21 erklären, dass er für alle beantragten Fahrerlaubnisklassen auf das Ausstellen eines Vorläufigen Nachweises der Fahrerlaubnis verzichtet. [2] Im Falle eines Verzichtes hat der Sachverständige oder Prüfer lediglich das Ergebnis der Prüfung der Fahrerlaubnisbehörde zu übermitteln und dem Bewerber eine Bestätigung darüber auszuhändigen. [3] Ist der Bewerber bereits im Besitz eines Führerscheines oder eines Vorläufigen Nachweises der Fahrerlaubnis, erhält er den Führerschein mit den zusätzlich erteilten Fahrerlaubnisklassen nur gegen Rückgabe des bisherigen Führerscheines oder des Vorläufigen Nachweises der Fahrerlaubnis durch die Fahrerlaubnisbehörde ausgehändigt.

(6) [1] Der Bewerber kann in seinem Antrag nach § 21 erklären, dass er den Führerschein unmittelbar nach der bestandenen Prüfung benötigt. [2] Die Fahrerlaubnisbehörde hat im Falle einer Erklärung nach Satz 1 den Führerschein bereits mit der Erteilung des Prüfauftrages an die Technische Prüfstelle herstellen zu lassen und diesen dem Bewerber, soweit alle übrigen Voraussetzungen für die Erteilung der Fahrerlaubnis vorliegen, auszuhändigen, zu übersenden oder übersenden zu lassen. [3] Absatz 5 Satz 2 und 3 gilt entsprechend.

(7) Der Vorläufige Nachweis der Fahrerlaubnis gilt als Nachweis im Sinne des § 4 Absatz 3 Satz 1 und nur im Inland; er ist bis zur Aushändigung des Führerscheines, längstens für drei Monate ab dem Tag seiner Aushändigung, gültig.

§ 23[1)] Geltungsdauer der Fahrerlaubnis, Beschränkungen und Auflagen. (1) [1] Die Fahrerlaubnis der Klassen AM, A1, A2, A, B, BE,[2)], L und T wird unbefristet erteilt. [2] Die Fahrerlaubnis der Klassen C1, C1E, C, CE, D1, D1E, D und DE wird längstens für fünf Jahre erteilt. [3] Grundlage für die Bemessung der Geltungsdauer ist das Datum des Tages, an dem die Fahrerlaubnisbehörde den Auftrag zur Herstellung des Führerscheins erteilt.

(2) [1] Ist der Bewerber nur bedingt zum Führen von Kraftfahrzeugen geeignet, kann die Fahrerlaubnisbehörde die Fahrerlaubnis soweit wie notwendig beschränken oder unter den erforderlichen Auflagen erteilen. [2] Die Beschränkung kann sich insbesondere auf eine bestimmte Fahrzeugart oder ein bestimmtes Fahrzeug mit besonderen Einrichtungen erstrecken.

§ 24[3)] Verlängerung von Fahrerlaubnissen. (1) [1] Die Geltungsdauer der Fahrerlaubnis der Klassen C, C1, CE, C1E, D, D1, DE und D1E wird auf Antrag des Inhabers jeweils um die in § 23 Absatz 1 Satz 2 angegebenen Zeiträume verlängert, wenn

1. der Inhaber seine Eignung nach Maßgabe der Anlage 5 und die Erfüllung der Anforderungen an das Sehvermögen nach Anlage 6 nachweist und
2. keine Tatsachen vorliegen, die die Annahme rechtfertigen, dass eine der sonstigen aus den §§ 7 bis 19 ersichtlichen Voraussetzungen für die Erteilung der Fahrerlaubnis fehlt.

[1)] § 23 Abs. 1 Satz 1 geänd. mWv 19.1.2013 durch VO v. 7.1.2011 (BGBl. I S. 3); Abs. 1 Satz 2 neu gef. mWv 28.12.2016 durch VO v. 21.12.2016 (BGBl. I S. 3083).

[2)] Zeichensetzung amtlich.

[3)] § 24 Abs. 4 angef. mWv 28.12.2016 durch VO v. 21.12.2016 (BGBl. I S. 3083).

[2] Grundlage der Bemessung der Geltungsdauer der verlängerten Fahrerlaubnis ist das Datum des Tages, an dem die zu verlängernde Fahrerlaubnis endet. [3] Die Verlängerung der Klassen D, D1, DE und D1E kann nur dann über die Vollendung des 50. Lebensjahres hinaus erfolgen, wenn der Antragsteller zusätzlich seine Eignung nach Maßgabe der Anlage 5 Nummer 2 nachweist.

(2) Absatz 1 Satz 1 und 3 und § 23 Absatz 1 Satz 3 sind auch bei der Erteilung einer Fahrerlaubnis der entsprechenden Klasse anzuwenden, wenn die Geltungsdauer der vorherigen Fahrerlaubnis dieser Klasse bei Antragstellung abgelaufen ist.

(3) Die Absätze 1 und 2 sind auch anzuwenden, wenn der Inhaber der Fahrerlaubnis seinen ordentlichen Wohnsitz in einen nicht zur Europäischen Union oder zum Abkommen über den Europäischen Wirtschaftsraum gehörenden Staat verlegt hat.

(4) Die Verlängerung einer Fahrerlaubnis kann frühestens sechs Monate vor Ablauf ihrer Geltungsdauer bei der nach Landesrecht zuständigen Behörde beantragt werden.

§ 24a[1)] Gültigkeit von Führerscheinen. (1) [1] Die Gültigkeit der ab dem 19. Januar 2013 ausgestellten Führerscheine ist auf 15 Jahre befristet. [2] Die Vorschriften des § 23 Absatz 1 bleiben unberührt.

(2) [1] Ein Führerschein, der vor dem 19. Januar 2013 ausgestellt worden ist, ist bis zu dem Zeitpunkt umzutauschen, der sich aus der Anlage 8e ergibt. [2] Nach Ablauf der sich aus Satz 1 in Verbindung mit der Anlage 8e ergebenden Frist verliert der Führerschein seine Gültigkeit.

(3) [1] Bei der erstmaligen Befristung eines Führerscheins ist Grundlage für die Bemessung der Gültigkeit das Datum des Tages, an dem die Fahrerlaubnisbehörde den Auftrag zur Herstellung des Führerscheins erteilt. [2] Grundlage der Bemessung der Gültigkeit eines bereits verlängerten Führerscheins ist das Datum des Tages, an dem die vorangegangene Befristung endet. [3] Satz 2 gilt auch, wenn die Gültigkeit des Führerscheins bei Antragstellung noch gegeben oder bereits abgelaufen ist. [4] Abweichend von den Sätzen 2 und 3 ist bei der Ausstellung eines Ersatzdokuments und bei der Ausfertigung eines neuen Führerscheins wegen Erweiterung oder Verlängerung der Fahrerlaubnis oder wegen Änderung der Angaben auf dem Führerschein Satz 1 anzuwenden.

(4) [1] Die Gültigkeit eines Führerscheins, der ab dem 1. Januar 1999 als Kartenführerschein ausgestellt worden ist, kann durch die nach Landesrecht zuständige Behörde durch die Anbringung eines mit einer bestimmten Frist versehenen Gültigkeitsaufklebers mit Sicherheitsdesign der Bundesdruckerei nachträglich befristet werden, soweit der Antragsteller dies zusammen mit der Erteilung eines neuen Führerscheins beantragt und zum Zeitpunkt der Antragstellung keine Gründe gegen die sofortige Ausstellung eines neuen Führerscheins bestehen. [2] Ein nach Satz 1 befristeter Führerschein dient nur im Inland als Nachweis der Fahrberechtigung. [3] Er verliert seine Gültigkeit mit Zustellung des neuen Führerscheins, Ablauf der Frist oder wenn der Gültigkeitsaufkleber entfernt oder beschädigt wurde.

---

1) § 24a eingef. mWv 19.1.2013 durch VO v. 10.1.2013 (BGBl. I S. 35); Abs. 3 Sätze 2 und 3 angef. mWv 1.5.2014 durch VO v. 16.4.2014 (BGBl. I S. 348); Abs. 3 Satz 2 geänd., Satz 4 sowie Abs. 4 angef. mWv 28.12.2016 durch VO v. 21.12.2016 (BGBl. I S. 3083); Abs. 2 neu gef. mWv 19.3.2019 durch VO v. 11.3.2019 (BGBl. I S. 218).

§ 25[1)] Ausfertigung des Führerscheins. (1) [1] Der Führerschein wird nach Muster 1 der Anlage 8 ausgefertigt. [2] Er darf nur ausgestellt werden, wenn der Antragsteller

1. seinen ordentlichen Wohnsitz im Sinne des § 7 Absatz 1 oder 2 in der Bundesrepublik Deutschland hat,
2. zu dem in § 7 Absatz 3 genannten Personenkreis gehört oder
3. seinen ordentlichen Wohnsitz in einem Staat hat, der nicht Mitgliedstaat der Europäischen Union oder Vertragsstaat des Abkommens über den Europäischen Wirtschaftsraum ist und im Besitz einer deutschen Fahrerlaubnis ist.

(2) [1] Bei einer Erweiterung oder Verlängerung der Fahrerlaubnis oder Änderungen der Angaben auf dem Führerschein ist ein neuer Führerschein auszufertigen. [2] Bei einer Erweiterung der Fahrerlaubnis auf eine andere Klasse ist auf dem Führerschein der Tag zu vermerken, an dem die EU- oder EWR-Fahrerlaubnis für die bisher vorhandenen Klassen erteilt worden ist.

(3) Bei Eintragungen auf dem Führerschein, die nicht bereits im Muster vorgesehen sind, insbesondere auf Grund von Beschränkungen und Auflagen, sind die in Anlage 9 festgelegten Schlüsselzahlen zu verwenden.

(3a) [1] Ist die Gültigkeit des Führerscheins abgelaufen, hat der Inhaber einen neuen Führerschein zu beantragen, es sei denn, er verzichtet auf die Fahrerlaubnis. [2] Absatz 4 Satz 2 gilt entsprechend.

(4) [1] Ist ein Führerschein abhandengekommen oder vernichtet worden, hat der bisherige Inhaber den Verlust unverzüglich anzuzeigen und sich ein Ersatzdokument ausstellen zu lassen, sofern er nicht auf die Fahrerlaubnis verzichtet. [2] Wird ein Ersatzführerschein für einen abhandengekommenen ausgestellt, hat sich die Fahrerlaubnisbehörde auf Kosten des Antragstellers durch die Einholung einer Auskunft aus dem Zentralen Fahrerlaubnisregister und aus dem Fahreignungsregister zu vergewissern, dass der Antragsteller die entsprechende Fahrerlaubnis besitzt. [3] Sie kann außerdem – in der Regel über das Kraftfahrt-Bundesamt – auf seine Kosten eine Auskunft aus den entsprechenden ausländischen Registern einholen.

(5) [1] Bei der Aushändigung eines neuen Führerscheins ist der bisherige Führerschein einzuziehen oder ungültig zu machen. [2] Auf Wunsch des Inhabers der Fahrerlaubnis kann dieser den bisherigen Führerschein behalten. [3] Hierzu ist der Führerschein durch die nach Landesrecht zuständige Behörde sichtbar und dauerhaft zu entwerten. [4] Im Falle der Vorlage eines nach dem 1. Januar 1999 als Kartenführerschein ausgestellten Führerscheins ist der Führerschein durch eine Lochung in der unteren rechten Ecke der Vorderseite zu entwerten. [5] Er verliert mit Aushändigung des neuen Führerscheins seine Gültigkeit. [6] Wird der bisherige Führerschein nach Aushändigung des neuen wieder aufgefunden, ist er unverzüglich der zuständigen Fahrerlaubnisbehörde abzuliefern.

[1)] § 25 Abs. 3a eingef. mWv 19.1.2013 durch VO v. 7.1.2011 (BGBl. I S. 3); Abs. 2 Satz 2 neu gef. mWv 19.1.2013 durch VO v. 26.6.2012 (BGBl. I S. 1394); Abs. 4 Satz 2 geänd. mWv 1.5. 2014 durch VO v. 5.11.2013 (BGBl. I S. 3920); Abs. 5 Sätze 2–4 eingef., bish. Sätze 2 und 3 werden Sätze 5 und 6 mWv 28.12.2016 durch VO v. 21.12.2016 (BGBl. I S. 3083); Abs. 5 Satz 4 geänd. mWv 24.8.2017 durch VO v. 14.8.2017 (BGBl. I S. 3232).

§ 25a[1)] Antrag auf Ausstellung eines Internationalen Führerscheins.

(1) [1] Kraftfahrzeugführer erhalten auf Antrag den Internationalen Führerschein, wenn sie das 18. Lebensjahr vollendet haben und die nach § 6 Absatz 1 für das Führen des Fahrzeugs erforderliche EU- oder EWR-Fahrerlaubnis nach einem ab dem 1. Januar 1999 zu verwendenden Muster oder eine ausländische Erlaubnis zum Führen von Kraftfahrzeugen gemäß § 29 nachweisen. [2] § 29 Absatz 2 Satz 2 ist entsprechend anzuwenden. [3] Ein internationaler Führerschein nach § 25b Absatz 3 darf nur ausgestellt werden, wenn der Inhaber seinen ordentlichen Wohnsitz im Inland oder in einem Staat hat, der keine Vertragspartei des Übereinkommens über den Straßenverkehr vom 8. November 1968 ist.

(2) Dem Antrag sind ein Lichtbild, das den Bestimmungen der Passverordnung[2)] entspricht, und der Führerschein beizufügen.

§ 25b[3)] Ausstellung des Internationalen Führerscheins. (1) Internationale Führerscheine müssen nach den Anlagen 8c und 8d in deutscher Sprache mit lateinischen Druck- oder Schriftzeichen ausgestellt werden.

(2) Beim Internationalen Führerschein nach Artikel 7 und Anlage E des Internationalen Abkommens über Kraftfahrzeugverkehr vom 24. April 1926 (RGBl. 1930 II S. 1233) ergeben sich die entsprechenden Fahrerlaubnisklassen und deren Beschränkungen aus Nummer 5 der Vorbemerkungen zu Anlage 8c.

(2a) [1] Erfolgt die Ausstellung des Internationalen Führerscheins nach Anlage 8b auf Grund eines Führerscheins, der zwischen dem 1. Januar 1999 und dem 18. Januar 2013 ausgefertigt wurde, ergeben sich die entsprechenden Fahrerlaubnisklassen und deren Beschränkungen aus Nummer 6 der Vorbemerkungen zu Anlage 8c. [2] Weitere Beschränkungen der Fahrerlaubnis sind zu übernehmen.

(3) [1] Beim Internationalen Führerschein nach Artikel 41 und Anhang 7 des Übereinkommens über den Straßenverkehr vom 8. November 1968 (BGBl. 1977 II S. 809) ergeben sich die entsprechenden Fahrerlaubnisklassen und deren Beschränkungen aus Nummer 5 der Vorbemerkungen zu Anlage 8d. [2] Weitere Beschränkungen der Fahrerlaubnis sind zu übernehmen.

(3a) [1] Erfolgt die Ausstellung des Internationalen Führerscheins nach Anlage 8d auf Grund eines Führerscheins, der zwischen dem 1. Januar 1999 und dem 18. Januar 2013 ausgefertigt wurde, ergeben sich die entsprechenden Fahrerlaubnisklassen und deren Beschränkungen aus Nummer 6 der Vorbemerkungen zu Anlage 8d. [2] Weitere Beschränkungen der Fahrerlaubnis sind zu übernehmen.

---

1) § 25a Abs. 1 Satz 3 angef. mWv 1.1.2011 durch VO v. 17.12.2010 (BGBl. I S. 2279); Abs. 1 Satz 1 geänd. mWv 1.5.2014 durch VO v. 16.4.2014 (BGBl. I S. 348).

2) **Sartorius Nr. 251.**

3) § 25b Abs. 3 und Abs. 4 Satz 2 neu gef. mWv 1.1.2011 durch VO v. 17.12.2010 (BGBl. I S. 2279); Abs. 2 und 3 neu gef., Abs. 2a und 3a eingef. mWv 19.1.2013 durch VO v. 7.1.2011 (BGBl. I S. 3); Abs. 2a Satz 2 angef., Abs. 3 Satz 1 geänd. und Satz 2 angef., Abs. 3a Satz 1 geänd. mWv 1.5.2014 durch VO v. 16.4.2014 (BGBl. I S. 348); Abs. 1 und 2 sowie Abs. 2a–4 jeweils Satz 1 geänd. mWv 21.10.2015 durch VO v. 2.10.2015 (BGBl. I S. 1674).

(4) [1] Die Gültigkeitsdauer Internationaler Führerscheine nach Anlage 8c beträgt ein Jahr, solcher nach Anlage 8d drei Jahre, jeweils vom Zeitpunkt ihrer Ausstellung. [2] Die Gültigkeitsdauer darf nicht über die Gültigkeitsdauer des nationalen Führerscheins hinausgehen; dessen Nummer muss auf dem Internationalen Führerschein vermerkt sein.

4. Sonderbestimmungen für das Führen von Dienstfahrzeugen

§ 26[1)] Dienstfahrerlaubnis. (1) [1] Die von den Dienststellen der Bundeswehr, der Bundespolizei und der Polizei (§ 73 Absatz 4) erteilten Fahrerlaubnisse berechtigen nur zum Führen von Dienstfahrzeugen (Dienstfahrerlaubnisse). [2] Bei Erteilung der Dienstfahrerlaubnis darf auf die Vorlage des Führungszeugnisses nach § 11 Absatz 1 Satz 5 verzichtet werden. [3] Über die Dienstfahrerlaubnis der Bundeswehr wird ein Führerschein nach Muster 2 der Anlage 8, über die der Bundespolizei und der Polizei ein Führerschein nach Muster 3 der Anlage 8 ausgefertigt (Dienstführerschein). [4] Die Dienstfahrerlaubnis der Bundeswehr wird in den aus Muster 2 der Anlage 8 ersichtlichen Klassen erteilt. [5] Der Umfang der Berechtigung zum Führen von Dienstfahrzeugen der Bundeswehr ergibt sich aus Anlage 10, wenn die Dienstfahrerlaubnis der Bundeswehr bis zum Ablauf des 18. Januar 2013 erteilt worden ist. [6] Wenn die Dienstfahrerlaubnis der Bundeswehr ab dem 19. Januar 2013 erteilt worden ist, ergibt sich der Umfang der Berechtigung zum Führen von Dienstfahrzeugen der Bundeswehr aus § 6. [7] Der Dienstführerschein der Bundeswehr ist nur in Verbindung mit dem Dienstausweis gültig.

(2) [1] Der Inhaber der Dienstfahrerlaubnis darf von ihr nur während der Dauer des Dienstverhältnisses Gebrauch machen. [2] Bei Beendigung des Dienstverhältnisses ist der Dienstführerschein einzuziehen. [3] Wird das Dienstverhältnis wieder begründet, darf ein Dienstführerschein ausgehändigt werden, sofern die Dienstfahrerlaubnis noch gültig ist. [4] Ist sie nicht mehr gültig, kann die Dienstfahrerlaubnis unter den Voraussetzungen des § 24 Absatz 1 neu erteilt werden.

(3) Bei der erstmaligen Beendigung des Dienstverhältnisses nach der Erteilung oder Neuerteilung der betreffenden Klasse der Dienstfahrerlaubnis ist dem Inhaber auf Antrag zu bescheinigen, für welche Klasse von Kraftfahrzeugen ihm die Erlaubnis erteilt war.

§ 27[2)] Verhältnis von allgemeiner Fahrerlaubnis und Dienstfahrerlaubnis. (1) [1] Beantragt der Inhaber einer Dienstfahrerlaubnis während der Dauer des Dienstverhältnisses die Erteilung einer allgemeinen Fahrerlaubnis, sind folgende Vorschriften nicht anzuwenden:

[1)] § 26 Abs. 1 neuer Satz 2 eingef. bish. Sätze 2 bis 4 werden Sätze 3 bis 5, Satz 6 angef., Abs. 2 Satz 3 geänd. mWv 30.6.2012 durch VO v. 26.6.2012 (BGBl. I S. 1394); Abs. 1 Satz 5 geänd., Satz 6 eingef., bish. Satz 6 wird Satz 7 mWv 19.3.2019 durch VO v. 11.3.2019 (BGBl. I S. 218).

[2)] § 27 Abs. 1 Satz 1 Nr. 4 neu gef. mWv 21.10.2015 durch VO v. 2.10.2015 (BGBl. I S. 1674); Abs. 1 Satz 3 geänd., Sätze 4–6 angef., Abs. 1a eingef. mWv 19.3.2019 durch VO v. 11.3.2019 (BGBl. I S. 218).

1. § 11 Absatz 9 über die ärztliche Untersuchung und § 12 Absatz 6 über die Untersuchung des Sehvermögens, es sei denn, dass in entsprechender Anwendung der Regelungen in den §§ 23 und 24 eine Untersuchung erforderlich ist,
2. § 12 Absatz 2 über den Sehtest,
3. § 15 über die Befähigungsprüfung,
4. § 19 über die Schulung in Erster Hilfe,
5. die Vorschriften über die Ausbildung.

[2] Dasselbe gilt bei Vorlage einer Bescheinigung nach § 26 Absatz 3. [3] Die Klasse der auf Grund einer bis zum Ablauf des 18. Januar 2013 erteilten Dienstfahrerlaubnis der Bundeswehr zu erteilenden allgemeinen Fahrerlaubnis ergibt sich aus Anlage 10. [4] Die Klasse der aufgrund einer ab dem 19. Januar 2013 erteilten Dienstfahrerlaubnis der Bundeswehr zu erteilenden allgemeinen Fahrerlaubnis ergibt sich aus § 6. [5] Auf dem Führerschein ist in Feld 10 der Tag zu vermerken, an dem die Dienstfahrerlaubnis für die betreffende Klasse erteilt worden ist. [6] Wenn die Geltungsdauer der betreffenden Klasse der Dienstfahrerlaubnis befristet ist, wird die im Dienstführerschein vermerkte Geltungsdauer in Feld 11 der betreffenden Klassen eingetragen.

(1a) Abweichend von Absatz 1 Satz 1 Nummer 3 ordnet die Fahrerlaubnisbehörde in dem Fall des § 26 Absatz 3 eine Fahrerlaubnisprüfung an, wenn Tatsachen vorliegen, die die Annahme rechtfertigen, dass der Bewerber die nach § 16 Absatz 1 und § 17 Absatz 1 erforderlichen Kenntnisse und Fähigkeiten nicht mehr besitzt.

(2) [1] Wird dem Inhaber einer allgemeinen Fahrerlaubnis eine Dienstfahrerlaubnis derselben oder einer entsprechenden Klasse erteilt, kann die Dienstfahrerlaubnisbehörde Absatz 1 Satz 1 entsprechend anwenden. [2] Dies gilt auch bei der Erteilung einer Dienstfahrerlaubnis der Bundeswehr in einer von § 6 Absatz 1 abweichenden Klasse, soweit die in Absatz 1 Satz 1 genannten Voraussetzungen auch Voraussetzungen für die Erteilung der Dienstfahrerlaubnis sind.

(3) [1] Die Fahrerlaubnisbehörde teilt der Dienststelle, die die Dienstfahrerlaubnis erteilt hat, die unanfechtbare Versagung der allgemeinen Fahrerlaubnis sowie deren unanfechtbare oder vorläufig wirksame Entziehung einschließlich der Gründe der Entscheidung unverzüglich mit. [2] Die Dienststelle teilt der zuständigen Fahrerlaubnisbehörde die unanfechtbare Versagung der Dienstfahrerlaubnis sowie deren unanfechtbare oder vorläufig wirksame Entziehung einschließlich der Gründe der Entscheidung unverzüglich mit, sofern die Versagung oder die Entziehung auf den Vorschriften des Straßenverkehrsgesetzes[1)] beruhen. [3] Für die Wahrnehmung der Aufgaben nach diesem Absatz können an Stelle der genannten Dienststellen auch andere Stellen bestimmt werden. [4] Für den Bereich der Bundeswehr nimmt die Zentrale Militärkraftfahrtstelle die Aufgaben wahr.

(4) Die Dienstfahrerlaubnis erlischt mit der Entziehung der allgemeinen Fahrerlaubnis.

[1)] **Schönfelder Nr. 35.**

5. Sonderbestimmungen für Inhaber ausländischer Fahrerlaubnisse

§ 28[1] Anerkennung von Fahrerlaubnissen aus Mitgliedstaaten der Europäischen Union oder einem anderen Vertragsstaat des Abkommens über den Europäischen Wirtschaftsraum. (1) [1] Inhaber einer gültigen EU- oder EWR-Fahrerlaubnis, die ihren ordentlichen Wohnsitz im Sinne des § 7 Absatz 1 oder 2 in der Bundesrepublik Deutschland haben, dürfen – vorbehaltlich der Einschränkungen nach den Absätzen 2 bis 4 – im Umfang ihrer Berechtigung Kraftfahrzeuge im Inland führen. [2] Auflagen zur ausländischen Fahrerlaubnis sind auch im Inland zu beachten. [3] Auf die Fahrerlaubnisse findet die Vorschriften dieser Verordnung Anwendung, soweit nichts anderes bestimmt ist.

(2) [1] Der Umfang der Berechtigung der jeweiligen Fahrerlaubnisklassen ergibt sich aus dem Beschluss (EU) 2016/1945 der Kommission vom 14. Oktober 2016 über Äquivalenzen zwischen Führerscheinklassen (ABl. L 302 vom 9.11.2016, S. 62). [2] Die Berechtigung nach Absatz 1 gilt nicht für Fahrerlaubnisklassen, für die die Entscheidung der Kommission keine entsprechenden Klassen ausweist. [3] Für die Berechtigung zum Führen von Fahrzeugen der Klassen L und T gilt § 6 Absatz 3 entsprechend.

(3) [1] Die Vorschriften über die Geltungsdauer von Fahrerlaubnissen der Klassen C, C1, CE, C1E, D, D1, DE und D1E in § 23 Absatz 1 gelten auch für die entsprechenden EU- und EWR-Fahrerlaubnisse. [2] Grundlage für die Berechnung der Geltungsdauer ist das Datum der Erteilung der ausländischen Fahrerlaubnis. [3] Wäre danach eine solche Fahrerlaubnis ab dem Zeitpunkt der Verlegung des ordentlichen Wohnsitzes in die Bundesrepublik Deutschland nicht mehr gültig, weil seit der Erteilung mehr als fünf Jahre verstrichen sind, besteht die Berechtigung nach Absatz 1 Satz 1 noch sechs Monate, gerechnet von der Begründung des ordentlichen Wohnsitzes im Inland an. [4] Für die Erteilung einer deutschen Fahrerlaubnis ist § 30 in Verbindung mit § 24 Absatz 1 entsprechend anzuwenden.

(4) [1] Die Berechtigung nach Absatz 1 gilt nicht für Inhaber einer EU- oder EWR-Fahrerlaubnis,

1. die lediglich im Besitz eines Lernführerscheins oder eines anderen vorläufig ausgestellten Führerscheins sind,
2. die ausweislich des Führerscheins oder vom Ausstellungsmitgliedstaat herrührender unbestreitbarer Informationen zum Zeitpunkt der Erteilung ihren ordentlichen Wohnsitz im Inland hatten, es sei denn, dass sie als Studierende oder Schüler im Sinne des § 7 Absatz 2 die Fahrerlaubnis während eines mindestens sechsmonatigen Aufenthalts erworben haben,

---

[1] § 28 Abs. 4 Satz 1 Nr. 4 und 5 geänd., Nr. 6 angef. und Abs. 5 Satz 2 geänd. mWv 1.1.2011 durch VO v. 17.12.2010 (BGBl. I S. 2279); Abs. 2 Satz 3 geänd., Satz 4 aufgeh. mWv 19.1.2013 durch VO v. 7.1.2011 (BGBl. I S. 3); Abs 4 Satz 1 Nr. 5 und 6 geänd., Nr. 7 und 8 angef. mWv 30.6.2012 durch VO v. 26.6.2012 (BGBl. I S. 1394); Abs. 4 Satz 1 Nr. 7 neu gef. mWv 15.1.2013 durch VO v. 10.1.2013 (BGBl. I S. 35): Abs. 4 Satz 3 geänd. mWv 1.5.2014 durch VO v. 5.11. 2013 (BGBl. I S. 3920): Abs. 2 Sätze 1 und 3, Abs. 4 Satz 1 Nr. 7 und 8 geänd., Nr. 9 angef., Satz 2 geänd., Satz 4 angef. mWv 1.5.2014 durch VO v. 16.4.2014 (BGBl. I S. 348); Abs. 2 Satz 1 geänd. mWv 1.1.2015 durch VO v. 16.12.2014 (BGBl. I S. 2213); Abs. 3 Satz 3 geänd. mWv 28.12.2016 durch VO v. 21.12.2016 (BGBl. I S. 3083); Abs. 2 Satz 1 geänd. mWv 24.8.2017 durch VO v. 14.8.2017 (BGBl. I S. 3232).

3. denen die Fahrerlaubnis im Inland vorläufig oder rechtskräftig von einem Gericht oder sofort vollziehbar oder bestandskräftig von einer Verwaltungsbehörde entzogen worden ist, denen die Fahrerlaubnis bestandskräftig versagt worden ist oder denen die Fahrerlaubnis nur deshalb nicht entzogen worden ist, weil sie zwischenzeitlich auf die Fahrerlaubnis verzichtet haben,
4. denen auf Grund einer rechtskräftigen gerichtlichen Entscheidung keine Fahrerlaubnis erteilt werden darf,
5. solange sie im Inland, in dem Staat, der die Fahrerlaubnis erteilt hatte, oder in dem Staat, in dem sie ihren ordentlichen Wohnsitz haben, einem Fahrverbot unterliegen oder der Führerschein nach § 94 der Strafprozessordnung[1] beschlagnahmt, sichergestellt oder in Verwahrung genommen ist,
6. die zum Zeitpunkt des Erwerbs der ausländischen EU- oder EWR-Fahrerlaubnis Inhaber einer deutschen Fahrerlaubnis waren,
7. deren Fahrerlaubnis aufgrund einer Fahrerlaubnis eines Drittstaates, der nicht in der Anlage 11 aufgeführt ist, prüfungsfrei umgetauscht worden ist, oder deren Fahrerlaubnis aufgrund eines gefälschten Führerscheins eines Drittstaates erteilt wurde,
8. die zum Zeitpunkt der Erteilung einer Fahrerlaubnis eines Drittstaates, die in eine ausländische EU- oder EWR-Fahrerlaubnis umgetauscht worden ist, oder zum Zeitpunkt der Erteilung der EU- oder EWR-Fahrerlaubnis auf Grund einer Fahrerlaubnis eines Drittstaates ihren Wohnsitz im Inland hatten, es sei denn, dass sie die ausländische Erlaubnis zum Führen eines Kraftfahrzeuges als Studierende oder Schüler im Sinne des § 7 Absatz 2 in eine ausländische EU- oder EWR-Fahrerlaubnis während eines mindestens sechsmonatigen Aufenthalts umgetauscht haben, oder
9. die den Vorbesitz einer anderen Klasse voraussetzt, wenn die Fahrerlaubnis dieser Klasse nach den Nummern 1 bis 8 im Inland nicht zum Führen von Kraftfahrzeugen berechtigt.

[2] In den Fällen des Satzes 1 kann die Behörde einen feststellenden Verwaltungsakt über die fehlende Berechtigung erlassen. [3] Satz 1 Nummer 3 und 4 ist nur anzuwenden, wenn die dort genannten Maßnahmen im Fahreignungsregister eingetragen und nicht nach § 29 des Straßenverkehrsgesetzes[2] getilgt sind. [4] Satz 1 Nummer 9 gilt auch, wenn sich das Fehlen der Berechtigung nicht unmittelbar aus dem Führerschein ergibt.

(5) [1] Das Recht, von einer EU- oder EWR-Fahrerlaubnis nach einer der in Absatz 4 Nummer 3 und 4 genannten Entscheidungen im Inland Gebrauch zu machen, wird auf Antrag erteilt, wenn die Gründe für die Entziehung oder die Sperre nicht mehr bestehen. [2] Absatz 4 Satz 3 sowie § 20 Absatz 1 und 3 gelten entsprechend.

---

[1] **Schönfelder Nr. 90.**
[2] **Schönfelder Nr. 35.**

§ 29[1)] Ausländische Fahrerlaubnisse. (1) [1] Inhaber einer ausländischen Fahrerlaubnis dürfen im Umfang ihrer Berechtigung im Inland Kraftfahrzeuge führen, wenn sie hier keinen ordentlichen Wohnsitz nach § 7 haben. [2] Für die Berechtigung zum Führen von Fahrzeugen der Klassen AM, L und T gilt § 6 Absatz 3 entsprechend. [3] Begründet der Inhaber einer in einem anderen Mitgliedstaat der Europäischen Union oder einem anderen Vertragsstaat des Abkommens über den Europäischen Wirtschaftsraum erteilten Fahrerlaubnis einen ordentlichen Wohnsitz im Inland, richtet sich seine weitere Berechtigung zum Führen von Kraftfahrzeugen nach § 28. [4] Begründet der Inhaber einer in einem anderen Staat erteilten Fahrerlaubnis einen ordentlichen Wohnsitz im Inland, besteht die Berechtigung noch sechs Monate. [5] Die Fahrerlaubnisbehörde kann die Frist auf Antrag bis zu sechs Monate verlängern, wenn der Antragsteller glaubhaft macht, dass er seinen ordentlichen Wohnsitz nicht länger als zwölf Monate im Inland haben wird. [6] Auflagen zur ausländischen Fahrerlaubnis sind auch im Inland zu beachten.

(2) [1] Die Fahrerlaubnis ist durch einen gültigen nationalen oder Internationalen Führerschein nach Artikel 7 und Anlage E des Internationalen Abkommens über Kraftfahrzeugverkehr vom 24. April 1926, Artikel 24 und Anlage 10 des Übereinkommens über den Straßenverkehr vom 19. September 1949 (Vertragstexte der Vereinten Nationen 1552 S. 22) oder nach Artikel 41 und Anhang 7 des Übereinkommens über den Straßenverkehr vom 8. November 1968 in Verbindung mit dem zugrunde liegenden nationalen Führerschein nachzuweisen. [2] Ausländische nationale Führerscheine, die nicht in deutscher Sprache abgefasst sind, die nicht in einem anderen Mitgliedstaat der Europäischen Union oder einem anderen Vertragsstaat des Abkommens über den Europäischen Wirtschaftsraum oder der Schweiz ausgestellt worden sind oder die nicht dem Anhang 6 des Übereinkommens über den Straßenverkehr vom 8. November 1968 entsprechen, müssen mit einer Übersetzung verbunden sein, es sei denn, die Bundesrepublik Deutschland hat auf das Mitführen der Übersetzung verzichtet. [3] Die Übersetzung muss von einem international anerkannten Automobilklub des Ausstellungsstaates oder einer vom Bundesministerium für Verkehr und digitale Infrastruktur bestimmten Stelle gefertigt sein.

(3) [1] Die Berechtigung nach Absatz 1 gilt nicht für Inhaber ausländischer Fahrerlaubnisse,

1. die lediglich im Besitz eines Lernführerscheins oder eines anderen vorläufig ausgestellten Führerscheins sind,

1a. die das nach § 10 Absatz 1 für die Erteilung einer Fahrerlaubnis vorgeschriebene Mindestalter noch nicht erreicht haben und deren Fahrerlaubnis nicht von einem anderen Mitgliedstaat der Europäischen Union oder einem anderen Vertragsstaat des Abkommens über den Europäischen *Wirtschafts*raum erteilt worden ist,

---

[1)] § 29 Abs. 2 Sätze 1 und 3 neu gef. mWv 1.1.2011, Abs. 3 Nr. 1a eingef. mWv 1.7.2011 durch VO v. 17.12.2010 (BGBl. I S. 2279); Abs. 3 Nr. 1a geänd [mit fehlerhafter Änderungsanweisung] mWv 19.1.2013 durch VO v. 7.1.2011 (BGBl. I S. 3, geänd. BGBl. I 2013 S. 66); Abs. 3 Satz 1 Nr. 1a neu gef. mWv 30.6.2012 durch VO v. 26.6.2012 (BGBl. I S. 1394); Abs. 2 Satz 3 geänd. mWv 15.1.2013 durch VO v. 10.1.2013 (BGBl. I S. 35); Abs. 3 Satz 3 geänd. mWv 1.5.2014 durch VO v. 5.11.2013 (BGBl. I S. 3920); Abs. 1 Satz 2 eingef., bish. Sätze 2–5 werden Sätze 3–6, Abs. 2 Satz 3 und Abs. 3 Satz 2 geänd. mWv 1.5.2014 durch VO v. 16.4.2014 (BGBl. I S. 348).

2. die zum Zeitpunkt der Erteilung der ausländischen Erlaubnis zum Führen von Kraftfahrzeugen eines Staates, der nicht ein Mitgliedstaat der Europäischen Union oder ein anderer Vertragsstaat des Abkommens über den Europäischen Wirtschaftsraum ist, ihren ordentlichen Wohnsitz im Inland hatten,

2a. die ausweislich des EU- oder EWR-Führerscheins oder vom Ausstellungsmitgliedstaat der Europäischen Union oder des Vertragsstaates des Europäischen Wirtschaftsraums herrührender unbestreitbarer Informationen zum Zeitpunkt der Erteilung ihren ordentlichen Wohnsitz im Inland hatten, es sei denn, dass sie als Studierende oder Schüler im Sinne des § 7 Absatz 2 die Fahrerlaubnis während eines mindestens sechsmonatigen Aufenthalts erworben haben,

3. denen die Fahrerlaubnis im Inland vorläufig oder rechtskräftig von einem Gericht oder sofort vollziehbar oder bestandskräftig von einer Verwaltungsbehörde entzogen worden ist, denen die Fahrerlaubnis bestandskräftig versagt worden ist oder denen die Fahrerlaubnis nur deshalb nicht entzogen worden ist, weil sie zwischenzeitlich auf die Fahrerlaubnis verzichtet haben,

4. denen auf Grund einer rechtskräftigen gerichtlichen Entscheidung keine Fahrerlaubnis erteilt werden darf oder

5. solange sie im Inland, in dem Staat, der die Fahrerlaubnis erteilt hatte oder in dem Staat, in dem sie ihren ordentlichen Wohnsitz haben, einem Fahrverbot unterliegen oder der Führerschein nach § 94 der Strafprozessordnung[1] beschlagnahmt, sichergestellt oder in Verwahrung genommen worden ist.

[2] In den Fällen des Satzes 1 kann die Behörde einen feststellenden Verwaltungsakt über die fehlende Berechtigung erlassen. [3] Satz 1 Nummer 3 und 4 ist auf eine EU- oder EWR-Fahrerlaubnis nur anzuwenden, wenn die dort genannten Maßnahmen im Fahreignungsregister eingetragen und nicht nach § 29 des Straßenverkehrsgesetzes[2] getilgt sind.

(4) Das Recht, von einer ausländischen Fahrerlaubnis nach einer der in Absatz 3 Nummer 3 und 4 genannten Entscheidungen im Inland Gebrauch zu machen, wird auf Antrag erteilt, wenn die Gründe für die Entziehung nicht mehr bestehen.

§ 29a[3] Fahrerlaubnisse von in Deutschland stationierten Angehörigen der Streitkräfte der Vereinigten Staaten von Amerika und Kanadas. [1] In Deutschland stationierte Mitglieder der Streitkräfte der Vereinigten Staaten von Amerika oder Kanadas oder des zivilen Gefolges dieser Streitkräfte und deren jeweilige Angehörige sind berechtigt, mit einem im Entsendestaat ausgestellten Führerschein zum Führen privater Kraftfahrzeuge in dem Entsendestaat solche Fahrzeuge im Bundesgebiet zu führen, wenn sie

1. eine gültige Bescheinigung nach Artikel 9 Absatz 2 des Zusatzabkommens zu dem Abkommen zwischen den Parteien des Nordatlantikvertrages über

---

[1] **Schönfelder Nr. 90.**
[2] ***Schönfelder Nr. 35.***
[3] § 29a eingef. mWv 21.10.2015 durch VO v. 2.10.2015 (BGBl. I S. 1674).

die Rechtsstellung ihrer Truppen hinsichtlich der in der Bundesrepublik Deutschland stationierten ausländischen Truppen innehaben und
2. zum Zeitpunkt der Erteilung der Bescheinigung nach Nummer 1 berechtigt waren, im Entsendestaat private Kraftfahrzeuge zu führen.

[2] Die Bescheinigung ist beim Führen von Kraftfahrzeugen mitzuführen und zuständigen Personen auf Verlangen zur Prüfung auszuhändigen. [3] Eine Verlängerung der Bescheinigung durch die Truppenbehörden bleibt unberührt.

§ 30[1)] Erteilung einer Fahrerlaubnis an Inhaber einer Fahrerlaubnis aus einem Mitgliedstaat der Europäischen Union oder einem anderen Vertragsstaat des Abkommens über den Europäischen Wirtschaftsraum. (1) [1] Beantragt der Inhaber einer EU- oder EWR-Fahrerlaubnis, die zum Führen von Kraftfahrzeugen im Inland berechtigt oder berechtigt hat, die Erteilung einer Fahrerlaubnis für die entsprechende Klasse von Kraftfahrzeugen, sind folgende Vorschriften nicht anzuwenden:

1. § 11 Absatz 9 über die ärztliche Untersuchung und § 12 Absatz 6 über die Untersuchung des Sehvermögens, es sei denn, dass in entsprechender Anwendung der Regelungen in den §§ 23 und 24 eine Untersuchung erforderlich ist,
2. § 12 Absatz 2 über den Sehtest,
3. § 15 über die Befähigungsprüfung,
4. § 19 über die Schulung in Erster Hilfe,
5. die Vorschriften über die Ausbildung.

[2] Für die Berechtigung zum Führen von Fahrzeugen der Klassen AM, L und T gilt § 6 Absatz 3 entsprechend. [3] Ist die ausländische Fahrerlaubnis auf das Führen von Kraftfahrzeugen ohne Kupplungspedal oder im Falle von Fahrzeugen der Klassen A, A1 oder A2 ohne Schalthebel beschränkt, ist die Fahrerlaubnis auf das Führen derartiger Fahrzeuge zu beschränken. [4] § 17a Absatz 1 und 2 ist entsprechend anzuwenden.

(2) [1] Läuft die Geltungsdauer einer EU- oder EWR-Fahrerlaubnis der Klassen AM, A1, A2, A, B, BE oder B1, die zum Führen von Kraftfahrzeugen im Inland berechtigt hat, nach Begründung des ordentlichen Wohnsitzes in der Bundesrepublik Deutschland ab, findet Absatz 1 entsprechend Anwendung; handelt es sich um eine Fahrerlaubnis der Klassen C oder D oder einer Unter- oder Anhängerklasse, wird die deutsche Fahrerlaubnis in entsprechender Anwendung von § 24 Absatz 2 erteilt. [2] Satz 1 findet auch Anwendung, wenn die Geltungsdauer bereits vor Begründung des ordentlichen Wohnsitzes abgelaufen ist. [3] In diesem Fall hat die Fahrerlaubnisbehörde jedoch eine Auskunft nach § 22 Absatz 2 Satz 3 einzuholen, die sich auch darauf erstreckt, warum die Fahrerlaubnis nicht vor der Verlegung des ordentlichen Wohnsitzes in die Bundesrepublik Deutschland verlängert worden ist.

[1)] § 30 Abs. 2 Satz 1 geänd. mWv 19.1.2013 durch VO v. 7.1.2011 (BGBl. I S. 3); Abs. 1 Sätze 2 und 3 angef. mWv 30.6.2012 durch VO v. 26.6.2012 (BGBl. I S. 1394); Abs. 4 Satz 2 angef. mWv 15.1.2013, Abs. 1 Satz 2 geänd. mWv 19.1.2013 durch VO v. 10.1.2013 (BGBl. I S. 35); Abs. 1 Satz 1 Nr. 4 neu gef. mWv 21.10.2015 durch VO v. 2.10.2015 (BGBl. I S. 1674); Abs. 1 Satz 2 eingef., bish. Sätze 2 und 3 werden Sätze 3 und 4 mWv 19.3.2019 durch VO v. 11.3.2019 (BGBl. I S. 218); Abs. 1 Satz 4 geänd. mWv 1.4.2021 durch VO v. 16.11.2020 (BGBl. I S. 2704).

(3) [1] Der Führerschein ist nur gegen Abgabe des ausländischen Führerscheins auszuhändigen. [2] Außerdem hat der Antragsteller sämtliche weitere Führerscheine abzuliefern, soweit sie sich auf die EU- oder EWR-Fahrerlaubnis beziehen, die Grundlage der Erteilung der entsprechenden deutschen Fahrerlaubnis ist. [3] Die Fahrerlaubnisbehörde sendet die Führerscheine unter Angabe der Gründe über das Kraftfahrt-Bundesamt an die Behörde zurück, die sie jeweils ausgestellt hatte.

(4) [1] Auf dem Führerschein ist in Feld 10 der Tag zu vermerken, an dem die ausländische Fahrerlaubnis für die betreffende Klasse erteilt worden war. [2] Auf dem Führerschein ist zu vermerken, dass der Erteilung der Fahrerlaubnis eine Fahrerlaubnis zugrunde gelegen hat, die in einem Mitgliedstaat der Europäischen Union oder einem anderen Vertragsstaat des Abkommens über den Europäischen Wirtschaftsraum ausgestellt worden war.

(5) Absatz 3 gilt nicht für entsandte Mitglieder fremder diplomatischer Missionen im Sinne des Artikels 1 Buchstabe b des Wiener Übereinkommens vom 18. April 1961 über diplomatische Beziehungen (BGBl. 1964 II S. 957) in der jeweils geltenden Fassung und entsandte Mitglieder berufskonsularischer Vertretungen im Sinne des Artikels 1 Absatz 1 Buchstabe g des Wiener Übereinkommens vom 24. April 1963 über konsularische Beziehungen (BGBl. 1969 II S. 1585) in der jeweils geltenden Fassung sowie die zu ihrem Haushalt gehörenden Familienmitglieder.

§ 30a[1)] Weitergeltung einer deutschen Fahrerlaubnis und Rücktausch von Führerscheinen. (1) [1] Wird ein auf Grund einer deutschen Fahrerlaubnis ausgestellter Führerschein in einen Führerschein eines anderen Staates umgetauscht, bleibt die Fahrerlaubnis unverändert bestehen. [2] Bei einem Rücktausch in einen deutschen Führerschein sind in diesem die noch gültigen Fahrerlaubnisklassen unverändert zu dokumentieren.

(2) [1] Der Führerschein ist nur gegen Abgabe des ausländischen Führerscheins auszuhändigen. [2] Die nach Landesrecht zuständige Behörde (Fahrerlaubnisbehörde) sendet den Führerschein unter Angabe der Gründe über das Kraftfahrt-Bundesamt an die Behörde zurück, die sie jeweils ausgestellt hatte, sofern es sich um einen EU- oder EWR-Führerschein handelt oder wenn mit dem betreffenden Staat eine entsprechende Vereinbarung besteht. [3] In den anderen Fällen nimmt sie den Führerschein in Verwahrung. [4] Er darf nur gegen Abgabe des auf seiner Grundlage ausgestellten inländischen Führerscheins wieder ausgehändigt werden. [5] In begründeten Fällen kann die Fahrerlaubnisbehörde davon absehen, den ausländischen Führerschein in Verwahrung zu nehmen oder ihn an die ausländische Stelle zurückzuschicken. [6] Verwahrte Führerscheine können nach drei Jahren vernichtet werden.

§ 31[2)] Erteilung einer Fahrerlaubnis an Inhaber einer Fahrerlaubnis aus einem Staat außerhalb des Abkommens über den Europäischen Wirtschaftsraum. (1) [1] Beantragt der Inhaber einer Fahrerlaubnis, die in

[1)] § 30a eingef. mWv 30.6.2012 durch VO v. 26.6.2012 (BGBl. I S. 1394); Überschrift, Abs. 1 Satz 1, Abs. 2 Satz 2 geänd., Sätze 3–6 angef. mWv 19.3.2019 durch VO v. 11.3.2019 (BGBl. I S. 218).

[2)] § 31 Abs. 1 Satz 2 eingef., bish. Sätze 2–4 werden Sätze *3–5, Abs. 2* geänd. mWv 1.7.2011 durch VO v. 17.12.2010 (BGBl. I S. 2279)*; Abs. 1 Satz 3 geänd.* mWv 19.1.2013 durch VO v. 7.1.2011 (BGBl. I S. 3); Abs. *1 Satz 1 Nr. 4 neu* gef. mWv 21.10.2015 durch VO v. 2.10.2015 (BGBl. I S. *1674); Abs. 1 Satz 2* eingef., bish. Sätze 2–5 werden Sätze 3–6, Abs. 1a eingef. mWv 19.3.2019 →

einem in Anlage 11 aufgeführten Staat und in einer in der Anlage 11 aufgeführten Klasse erteilt worden ist und die zum Führen von Kraftfahrzeugen im Inland berechtigt oder dazu berechtigt hat, die Erteilung einer Fahrerlaubnis für die entsprechende Klasse von Kraftfahrzeugen, sind folgende Vorschriften nicht anzuwenden:

1. § 11 Absatz 9 über die ärztliche Untersuchung und § 12 Absatz 6 über die Untersuchung des Sehvermögens, es sei denn, dass in entsprechender Anwendung der Regelungen in den §§ 23 und 24 eine Untersuchung erforderlich ist,
2. § 12 Absatz 2 über den Sehtest,
3. § 15 über die Befähigungsprüfung nach Maßgabe der Anlage 11,
4. § 19 über die Schulung in Erster Hilfe,
5. die Vorschriften über die Ausbildung.

[2] Für die Berechtigung zum Führen von Fahrzeugen der Klassen AM, L und T gilt § 6 Absatz 3 entsprechend. [3] Dies gilt auch, wenn die Berechtigung nur auf Grund von § 29 Absatz 3 Nummer 1a nicht bestanden hat. [4] Ist die ausländische Fahrerlaubnis auf das Führen von Kraftfahrzeugen ohne Kupplungspedal (oder Schalthebel bei Fahrzeugen der Klassen A, A1 oder A2) beschränkt, ist die Fahrerlaubnis auf das Führen von Kraftfahrzeugen ohne Kupplungspedal (oder Schalthebel bei Fahrzeugen der Klassen A, A1 oder A2) zu beschränken. [5] § 17a Absatz 1 und 2 ist entsprechend anzuwenden. [6] Beantragt der Inhaber einer Fahrerlaubnis, die in einem in Anlage 11 aufgeführten Staat, aber in einer in Anlage 11 nicht aufgeführten Klasse erteilt worden ist und die zum Führen von Kraftfahrzeugen im Inland berechtigt oder dazu berechtigt hat, die Erteilung einer Fahrerlaubnis für die entsprechende Klasse von Kraftfahrzeugen, ist Absatz 2 entsprechend anzuwenden.

(1a) Abweichend von Absatz 1 Satz 1 Nummer 3 ordnet die Fahrerlaubnisbehörde eine Fahrerlaubnisprüfung an, wenn Tatsachen vorliegen, die die Annahme rechtfertigen, dass der Bewerber die nach § 16 Absatz 1 und § 17 Absatz 1 erforderlichen Kenntnisse und Fähigkeiten nicht mehr besitzt.

(2) Beantragt der Inhaber einer Fahrerlaubnis aus einem nicht in Anlage 11 aufgeführten Staat unter den Voraussetzungen des Absatzes 1 Satz 1 und 2 die Erteilung einer Fahrerlaubnis für die entsprechende Klasse von Kraftfahrzeugen, sind die Vorschriften über die Ausbildung nicht anzuwenden.

(3) [1] Der Antragsteller hat den Besitz der ausländischen Fahrerlaubnis durch den nationalen Führerschein nachzuweisen. [2] Außerdem hat er seinem Antrag auf Erteilung einer inländischen Fahrerlaubnis eine Erklärung des Inhalts beizugeben, dass seine ausländische Fahrerlaubnis noch gültig ist. [3] Die Fahrerlaubnisbehörde ist berechtigt, die Richtigkeit der Erklärung zu überprüfen.

(4) [1] Auf einem auf Grund des Absatzes 1 Satz 1 ausgestellten Führerschein ist zu vermerken, dass der Erteilung der Fahrerlaubnis eine Fahrerlaubnis zugrunde gelegen hat, die nicht in einem Mitgliedstaat der Europäischen Union oder einem anderen Vertragsstaat des Abkommens über den Europäischen Wirtschaftsraum ausgestellt worden war. [2] Der auf Grund des Absatzes 1 oder 2 ausgestellte Führerschein ist nur gegen Abgabe des ausländischen Führerscheins

---

(Fortsetzung der Anm. von voriger Seite)
durch VO v. 11.3.2019 (BGBl. I S. 218); Abs. 1 Satz 5 geänd. mWv 1.4.2021 durch VO v. 16.11.2020 (BGBl. I S. 2704).

auszuhändigen. [3] Die Fahrerlaubnisbehörde sendet ihn über das Kraftfahrt-Bundesamt an die Stelle zurück, die ihn ausgestellt hat, wenn mit dem betreffenden Staat eine entsprechende Vereinbarung besteht. [4] In den anderen Fällen nimmt sie den Führerschein in Verwahrung. [5] Er darf nur gegen Abgabe des auf seiner Grundlage ausgestellten inländischen Führerscheins wieder ausgehändigt werden. [6] In begründeten Fällen kann die Fahrerlaubnisbehörde davon absehen, den ausländischen Führerschein in Verwahrung zu nehmen oder ihn an die ausländische Stelle zurückzuschicken. [7] Verwahrte Führerscheine können nach drei Jahren vernichtet werden.

(5) [1] Absatz 1 gilt auch für den in § 30 Absatz 5 genannten Personenkreis, sofern Gegenseitigkeit besteht. [2] Der Vermerk nach Absatz 4 Satz 1 ist einzutragen. [3] Absatz 4 Satz 2 bis 7 findet keine Anwendung.

6. Fahrerlaubnis auf Probe

§ 32[1)] Ausnahmen von der Probezeit. [1] Ausgenommen von den Regelungen über die Probezeit nach § 2a des Straßenverkehrsgesetzes[2)] sind Fahrerlaubnisse der Klassen AM, L und T. [2] Bei erstmaliger Erweiterung einer Fahrerlaubnis der Klassen AM, L oder T auf eine der anderen Klassen ist die Fahrerlaubnis der Klasse, auf die erweitert wird, auf Probe zu erteilen.

§ 33 Berechnung der Probezeit bei Inhabern von Dienstfahrerlaubnissen und Fahrerlaubnissen aus Staaten außerhalb des Abkommens über den Europäischen Wirtschaftsraum. (1) [1] Bei erstmaliger Erteilung einer allgemeinen Fahrerlaubnis an den Inhaber einer Dienstfahrerlaubnis ist die Zeit seit deren Erwerb auf die Probezeit anzurechnen. [2] Hatte die Dienststelle vor Ablauf der Probezeit den Dienstführerschein nach § 26 Absatz 2 eingezogen, beginnt mit der Erteilung einer allgemeinen Fahrerlaubnis eine neue Probezeit, jedoch nur im Umfang der Restdauer der vorherigen Probezeit.

(2) Begründet der Inhaber einer Fahrerlaubnis aus einem Staat außerhalb des Europäischen Wirtschaftsraums seinen ordentlichen Wohnsitz im Inland und wird ihm die deutsche Fahrerlaubnis nach § 31 erteilt, wird bei der Berechnung der Probezeit der Zeitraum nicht berücksichtigt, in welchem er im Inland zum Führen von Kraftfahrzeugen nicht berechtigt war.

§ 34 Bewertung der Straftaten und Ordnungswidrigkeiten im Rahmen der Fahrerlaubnis auf Probe und Anordnung des Aufbauseminars.

(1) Die Bewertung der Straftaten und Ordnungswidrigkeiten im Rahmen der Fahrerlaubnis auf Probe erfolgt nach Anlage 12.

(Fortsetzung nächstes Blatt)

---

1) *§ 32* Sätze 1 und 2 geänd. mWv 19.1.2013 durch VO v. 7.1.2011 (BGBl. I S. 3).
2) **Schönfelder Nr. 35.**

(2) [1] Die Anordnung der Teilnahme an einem Aufbauseminar nach § 2a Absatz 2 des Straßenverkehrsgesetzes[1)] erfolgt schriftlich unter Angabe der Verkehrszuwiderhandlungen, die zu der Anordnung geführt haben; dabei ist eine angemessene Frist zu setzen. [2] Die schriftliche Anordnung ist bei der Anmeldung zu einem Aufbauseminar dem Kursleiter vorzulegen.

§ 35 Aufbauseminare. (1) [1] Das Aufbauseminar ist in Gruppen mit mindestens sechs und höchstens zwölf Teilnehmern durchzuführen. [2] Es besteht aus einem Kurs mit vier Sitzungen von jeweils 135 Minuten Dauer in einem Zeitraum von zwei bis vier Wochen; jedoch darf an einem Tag nicht mehr als eine Sitzung stattfinden. [3] Zusätzlich ist zwischen der ersten und der zweiten Sitzung eine Fahrprobe durchzuführen, die der Beobachtung des Fahrverhaltens des Seminarteilnehmers dient. [4] Die Fahrprobe soll in Gruppen mit drei Teilnehmern durchgeführt werden, wobei die reine Fahrzeit jedes Teilnehmers 30 Minuten nicht unterschreiten darf. [5] Dabei ist ein Fahrzeug zu verwenden, das – mit Ausnahme der Anzahl der Türen – den Anforderungen des Abschnitts 2.2 der Anlage 7 entspricht. [6] Jeder Teilnehmer an der Fahrprobe soll möglichst ein Fahrzeug der Klasse führen, mit dem vor allem die zur Anordnung der Teilnahme an dem Aufbauseminar führenden Verkehrszuwiderhandlungen begangen worden sind.

(Fortsetzung nächstes Blatt)

[1)] **Schönfelder Nr. 35.**

(2) [1] In den Kursen sind die Verkehrszuwiderhandlungen, die bei den Teilnehmern zur Anordnung der Teilnahme an dem Aufbauseminar geführt haben, und die Ursachen dafür zu diskutieren und daraus ableitend allgemein die Probleme und Schwierigkeiten von Fahranfängern zu erörtern. [2] Durch Gruppengespräche, Verhaltensbeobachtung in der Fahrprobe, Analyse problematischer Verkehrssituationen und durch weitere Informationsvermittlung soll ein sicheres und rücksichtsvolles Fahrverhalten erreicht werden. [3] Dabei soll insbesondere die Einstellung zum Verhalten im Straßenverkehr geändert, das Risikobewusstsein gefördert und die Gefahrenerkennung verbessert werden.

(3) Für die Durchführung von Einzelseminaren nach § 2 b Absatz 1 des Straßenverkehrsgesetzes[1)] gelten die Absätze 1 und 2 mit der Maßgabe, dass die Gespräche in vier Sitzungen von jeweils 60 Minuten Dauer durchzuführen sind.

§ 36[2)] Besondere Aufbauseminare nach § 2 b Absatz 2 Satz 2 des Straßenverkehrsgesetzes. (1) Inhaber von Fahrerlaubnissen auf Probe, die wegen Zuwiderhandlungen nach § 315 c Absatz 1 Nummer 1 Buchstabe a, den §§ 316, 323 a des Strafgesetzbuches[3)] oder den §§ 24 a, 24 c des Straßenverkehrsgesetzes[1)] an einem Aufbauseminar teilzunehmen haben, sind, auch wenn sie noch andere Verkehrszuwiderhandlungen begangen haben, einem besonderen Aufbauseminar zuzuweisen.

(2) Ist die Fahrerlaubnis wegen einer innerhalb der Probezeit begangenen Zuwiderhandlung nach § 315 c Absatz 1 Nummer 1 Buchstabe a, den §§ 316, 323 a des Strafgesetzbuches oder den §§ 24 a, 24 c des Straßenverkehrsgesetzes entzogen worden, darf eine neue Fahrerlaubnis unbeschadet der übrigen Voraussetzungen nur erteilt werden, wenn der Antragsteller nachweist, dass er an einem besonderen Aufbauseminar teilgenommen hat.

(3) [1] Das besondere Aufbauseminar ist in Gruppen mit mindestens zwei und höchstens zwölf Teilnehmern durchzuführen. [2] Es besteht aus einem Kurs mit einem Vorgespräch und drei Sitzungen von jeweils 180 Minuten Dauer in einem Zeitraum von zwei bis vier Wochen sowie der Anfertigung von Kursaufgaben zwischen den Sitzungen. [3] An einem Tag darf nicht mehr als eine Sitzung stattfinden.

(4) [1] In den Kursen sind die Ursachen, die bei den Teilnehmern zur Anordnung der Teilnahme an einem Aufbauseminar geführt haben, zu diskutieren und Möglichkeiten für ihre Beseitigung zu erörtern. [2] Wissenslücken der Kursteilnehmer über die Wirkung des Alkohols und anderer berauschender Mittel auf die Verkehrsteilnehmer sollen geschlossen und individuell angepasste Verhaltensweisen entwickelt und erprobt werden, um insbesondere Trinkgewohnheiten zu ändern sowie Trinken und Fahren künftig zuverlässig zu trennen. [3] Durch die Entwicklung geeigneter Verhaltensmuster sollen die Kursteilnehmer in die Lage versetzt werden, einen Rückfall und weitere Verkehrszuwiderhandlungen unter Alkoholeinfluss oder dem Einfluss anderer berauschender Mittel zu vermeiden. [4] Zusätzlich ist auf die Problematik der wiederholten Verkehrszuwiderhandlungen einzugehen.

---

1) **Schönfelder Nr. 35.**
2) § 36 Abs. 3 Satz 1 geänd. mWv 1. 1. 2015 durch VO v. 16. 12. 2014 (BGBl. I S. 2213).
3) **Schönfelder Nr. 85.**

(5) Für die Durchführung von Einzelseminaren nach § 2 b Absatz 1 des Straßenverkehrsgesetzes gelten die Absätze 3 und 4 mit der Maßgabe, dass die Gespräche in drei Sitzungen von jeweils 90 Minuten Dauer durchzuführen sind.

(6) [1] Die besonderen Aufbauseminare dürfen nur von Kursleitern durchgeführt werden, die von der zuständigen obersten Landesbehörde oder der von ihr bestimmten oder der nach Landesrecht zuständigen Stelle oder von dem für die in § 26 genannten Dienstbereiche jeweils zuständigen Fachminister oder von ihm bestimmten Stellen anerkannt worden sind. [2] Die amtliche Anerkennung als Kursleiter darf nur erteilt werden, wenn der Bewerber folgende Voraussetzungen erfüllt:

1. Abschluss eines Hochschulstudiums als Diplom-Psychologe oder eines gleichwertigen Master-Abschlusses in Psychologie,
2. Nachweis einer verkehrspsychologischen Ausbildung an einer Universität oder gleichgestellten Hochschule oder bei einer Stelle, die sich mit der Begutachtung oder Wiederherstellung der Kraftfahreignung befasst,
3. Kenntnisse und Erfahrungen in der Untersuchung und Begutachtung der Eignung von Kraftfahrern, die Zuwiderhandlungen gegen Vorschriften über das Führen von Kraftfahrzeugen unter Einfluss von Alkohol oder anderen berauschenden Mitteln begangen haben,
4. Ausbildung und Erfahrung als Kursleiter in Kursen für Kraftfahrer, die Zuwiderhandlungen gegen Vorschriften über das Führen von Kraftfahrzeugen unter Einfluss von Alkohol oder anderen berauschenden Mitteln begangen haben,
5. Vorlage eines sachgerechten, auf wissenschaftlicher Grundlage entwickelten Seminarkonzepts und
6. Nachweis geeigneter Räumlichkeiten sowie einer sachgerechten Ausstattung.

[3] Außerdem dürfen keine Tatsachen vorliegen, die Bedenken gegen die Zuverlässigkeit des Kursleiters begründen. [4] Die Anerkennung kann mit Auflagen, insbesondere hinsichtlich der Aufsicht über die Durchführung der Aufbauseminare sowie der Teilnahme an Fortbildungsmaßnahmen, verbunden werden.

(7) Die Aufsicht obliegt den nach Absatz 6 Satz 1 für die Anerkennung zuständigen Behörden oder Stellen; diese können sich hierbei geeigneter Personen oder Stellen bedienen.

§ 37 Teilnahmebescheinigung. (1) [1] Über die Teilnahme an einem Aufbauseminar nach § 35 oder § 36 ist vom Seminarleiter eine Bescheinigung zur Vorlage bei der Fahrerlaubnisbehörde auszustellen. [2] Die Bescheinigung muss

1. den Familiennamen und Vornamen, den Tag der Geburt und die Anschrift des Seminarteilnehmers,
2. die Bezeichnung des Seminarmodells und
3. Angaben über Umfang und Dauer des Seminars

enthalten. [3] Sie ist vom Seminarleiter und vom Seminarteilnehmer unter Angabe des Ausstellungsdatums zu unterschreiben.

(2) Die Ausstellung einer Teilnahmebescheinigung ist vom Kursleiter zu verweigern, wenn der Seminarteilnehmer nicht an allen Sitzungen des Kurses und an der Fahrprobe teilgenommen oder bei einem besonderen Aufbauseminar nach § 36 die Anfertigung von Kursaufgaben verweigert hat.

(3) [1] Die für die Durchführung von Aufbauseminaren erhobenen personenbezogenen Daten dürfen nur für diesen Zweck verarbeitet und genutzt werden und sind sechs Monate nach Abschluss der jeweiligen Seminare mit Ausnahme der Daten zu löschen, die für Maßnahmen der Qualitätssicherung oder Aufsicht erforderlich sind. [2] Diese Daten sind zu sperren und spätestens bis zum Ablauf des fünften des auf den Abschluss der jeweiligen Seminare folgenden Jahres zu löschen.

§ 38 Verkehrspsychologische Beratung. [1] In der verkehrspsychologischen Beratung soll der Inhaber der Fahrerlaubnis veranlasst werden, Mängel in seiner Einstellung zum Straßenverkehr und im verkehrssicheren Verhalten zu erkennen und die Bereitschaft zu entwickeln, diese Mängel abzubauen. [2] Die Beratung findet in Form eines Einzelgesprächs statt; sie kann durch eine Fahrprobe ergänzt werden, wenn der Berater dies für erforderlich hält. [3] Der Berater soll die Ursachen der Mängel aufklären und Wege zu ihrer Beseitigung aufzeigen. [4] Das Ergebnis der Beratung ist nur für den Betroffenen bestimmt und nur diesem mitzuteilen. [5] Der Betroffene erhält jedoch eine Bescheinigung über die Teilnahme zur Vorlage bei der Fahrerlaubnisbehörde; diese Bescheinigung muss eine Bezugnahme auf die Bestätigung nach § 71 Absatz 2 enthalten.

§ 39[1)] Anordnung der Teilnahme an einem Aufbauseminar und weiterer Maßnahmen bei Inhabern einer Dienstfahrerlaubnis. [1] Bei Inhabern von Dienstfahrerlaubnissen, die keine allgemeine Fahrerlaubnis besitzen, sind für die Anordnung von Maßnahmen nach § 2 a Absatz 2, 3 bis 5 des Straßenverkehrsgesetzes[2)] innerhalb der Probezeit die in § 26 Absatz 1 genannten Dienststellen zuständig. [2] Die Zuständigkeit bestimmt der zuständige Fachminister, soweit sie nicht landesrechtlich geregelt wird. [3] Besitzen die Betroffenen daneben eine allgemeine Fahrerlaubnis, ausgenommen die Klassen AM, L und T, treffen die Anordnungen ausschließlich die nach Landesrecht zuständigen Verwaltungsbehörden.

7.[3)] Fahreignungs-Bewertungssystem

§ 40[4)] Bezeichnung und Bewertung nach dem Fahreignungs-Bewertungssystem. Dem Fahreignungs-Bewertungssystem sind die in Anlage 13 bezeichneten Zuwiderhandlungen mit der dort jeweils festgelegten Bewertung zu Grunde zu legen.

[1)] § 39 Satz 3 geänd. mWv 19. 1. 2013 durch VO v. 26. 6. 2012 (BGBl. I S. 1394).

[2)] **Schönfelder Nr. 35.**

[3)] Überschrift von Abschnitt II Unterabschnitt 7 neu gef. mWv 1. 5. 2014 durch VO v. 5. 11. 2013 (BGBl. I S. 3920).

[4)] § 40 neu gef. mWv 1. 5. 2014 durch VO v. 5. 11. 2013 (BGBl. I S. 3920).

§ 41[1] Maßnahmen der nach Landesrecht zuständigen Behörde.

(1) Die Ermahnung des Inhabers einer Fahrerlaubnis nach § 4 Absatz 5 Satz 1 Nummer 1 des Straßenverkehrsgesetzes[2], seine Verwarnung nach § 4 Absatz 5 Satz 1 Nummer 2 des Straßenverkehrsgesetzes und der jeweils gleichzeitige Hinweis auf die freiwillige Teilnahme an einem Fahreignungsseminar erfolgen schriftlich unter Angabe der begangenen Verkehrszuwiderhandlungen.

(2) Die Anordnung eines Verkehrsunterrichts nach § 48 der Straßenverkehrs-Ordnung[3] bleibt unberührt.

§ 42[4] Fahreignungsseminar. (1) [1] Das Fahreignungsseminar besteht aus einer verkehrspädagogischen und aus einer verkehrspsychologischen Teilmaßnahme. [2] Die Teilmaßnahmen sind durch gegenseitige Information der jeweiligen Seminarleiter aufeinander abzustimmen.

(2) [1] Die verkehrspädagogische Teilmaßnahme zielt auf die Vermittlung von Kenntnissen zum Risikoverhalten, die Verbesserung der Gefahrenkognition, die Anregung zur Selbstreflexion und die Entwicklung von Verhaltensvarianten ab. [2] Sie umfasst zwei Module zu je 90 Minuten entsprechend der Anlage 16. [3] Neben den dort genannten Lehr- und Lernmethoden und Medien dürfen auch Methoden und Medien eingesetzt werden, die den gleichen Lernerfolg gewährleisten. [4] Über die Geeignetheit der Methoden und Medien entscheidet die nach Landesrecht zuständige Behörde, die zur Bewertung ein unabhängiges wissenschaftliches Gutachten einer für die Bewertung geeigneten Stelle einholen kann. [5] Die verkehrspädagogische Teilmaßnahme kann als Einzelmaßnahme oder in Gruppen mit bis zu sechs Teilnehmern durchgeführt werden.

(3) Modul 1 der verkehrspädagogischen Teilmaßnahme umfasst folgende Bausteine:

1. Einzelbaustein „Seminarüberblick“,
2. teilnehmerbezogene Darstellung der individuellen Fahrerkarriere und Sicherheitsverantwortung,
3. teilnehmerbezogene Darstellung der individuellen Mobilitätsbedeutung,
4. Darstellung der individuellen Mobilitätsbedeutung als Hausaufgabe,
5. Einzelbaustein „Erläuterung des Fahreignungs-Bewertungssystems“,
6. tatbezogene Bausteine zu Verkehrsregeln und Rechtsfolgen bei Zuwiderhandlungen mit folgenden Varianten:
   a) Geschwindigkeit,
   b) Abstand,
   c) Vorfahrt und Abbiegen,
   d) Überholen,
   e) Ladung,

---

[1] § 41 Überschrift geänd., Abs. 1 neu gef., Abs. 2 und 3 aufgeh., bish. Abs. 4 wird Abs. 2 mWv 1. 5. 2014 durch VO v. 5. 11. 2013 (BGBl. I S. 3920).

[2] **Schönfelder Nr. 35.**

[3] ***Schönfelder Nr. 35 a.***

[4] § 42 *neu gef. mWv 1. 5. 2014 durch VO v. 5. 11. 2013* (BGBl. I S. 3920).

f) Telefonieren im Fahrzeug,

g) Alkohol und andere berauschende Mittel,

h) Straftaten,

7. Festigungsbaustein „Übung zur Klärung der individuellen Mobilitätssituation" und
8. Hausaufgabenbaustein „Übung zur Selbstbeobachtung".

(4) Modul 2 der verkehrspädagogischen Teilmaßnahme umfasst folgende Bausteine:

1. Auswertung der Hausaufgaben,
2. tatbezogene Bausteine zu Risikoverhalten und Unfallfolgen und
3. Festigungsbaustein „individuelle Sicherheitsverantwortung".

(5) [1] Die Auswahl der tatbezogenen Bausteine nach den Absätzen 3 und 4 wird vom Seminarleiter in Abhängigkeit von den in den individuellen Fahrerkarrieren dargestellten Verkehrszuwiderhandlungen vorgenommen. [2] Modul 2 der verkehrspädagogischen Teilmaßnahme darf frühestens nach Ablauf von einer Woche nach Abschluss des Moduls 1 begonnen werden.

(6) [1] Die verkehrspsychologische Teilmaßnahme zielt darauf ab, dem Teilnehmer Zusammenhänge zwischen auslösenden und aufrechterhaltenden Bedingungen des regelwidrigen Verkehrsverhaltens aufzuzeigen. [2] Sie soll beim Teilnehmer Reflexionsbereitschaft erzeugen und Veränderungsbereitschaft schaffen. [3] Sie umfasst zwei Sitzungen zu je 75 Minuten und ist als Einzelmaßnahme durchzuführen.

(7) [1] Sitzung 1 der verkehrspsychologischen Teilmaßnahme dient der Verhaltensanalyse, der Entwicklung eines funktionalen Bedingungsmodells und der Erarbeitung von Lösungsstrategien. [2] Sie umfasst

1. die Erarbeitung der auslösenden und aufrechterhaltenden inneren und äußeren Bedingungen der Verkehrszuwiderhandlungen als Verhaltensanalyse,
2. die Erarbeitung der Funktionalität des Fehlverhaltens in Form einer Mittel-Zweck-Relation,
3. die Aktivierung persönlicher Stärken und Unterstützungsmöglichkeiten sowie Motivationsarbeit,
4. die Ausarbeitung schriftlicher Zielvereinbarungen, diese umfassen

   a) die Spezifikation des Zielverhaltens in Form von Lösungsstrategien,

   b) die Festlegung der Verstärker, Belohnungen und positiven Konsequenzen und

   c) die Festlegung der zu erreichenden Schritte und
5. die Hausaufgaben „Selbstbeobachtung des Verhaltens in kritischen Situationen" und „Erprobung des neuen Zielverhaltens".

(8) [1] Sitzung 2 der verkehrspsychologischen Teilmaßnahme dient der Festigung der Lösungsstrategien. [2] Sie umfasst

1. die Besprechung der Erfahrungen aus der Selbstbeobachtung,
2. die Besprechung der Einhaltung der Zielvereinbarungen,
3. die Erarbeitung und Weiterentwicklung von Verhaltensstrategien und
4. die Aktivierung persönlicher Stärken und Unterstützungsmöglichkeiten sowie Motivationsarbeit.

(9) Mit Sitzung 2 der verkehrspsychologischen Teilmaßnahme darf frühestens nach Ablauf von drei Wochen nach Abschluss von Sitzung 1 begonnen werden.

§ 43[1)] Überwachung der Fahreignungsseminare nach § 42 und der Einweisungslehrgänge nach § 46 Absatz 2 Satz 1 Nummer 4 des Fahrlehrergesetzes. (1) [1] Die nach Landesrecht zuständige Behörde hat die Durchführung der Fahreignungsseminare auf die Einhaltung von folgenden Kriterien zu prüfen:

1. das Vorliegen der Voraussetzungen für die Seminarerlaubnis
   a) Verkehrspädagogik nach § 46 Absatz 2 des Fahrlehrergesetzes oder
   b) Verkehrspsychologie nach § 4a Absatz 4 des Straßenverkehrsgesetzes[2)],
2. das Vorliegen des Nachweises der Fortbildung nach § 4a Absatz 7 des Straßenverkehrsgesetzes oder § 53 Absatz 2 des Fahrlehrergesetzes,
3. die räumliche und sachliche Ausstattung,
4. die Aufzeichnungen über die Seminarteilnehmer in Gestalt von Name, Vorname, Geburtsdatum und Anschrift sowie deren Unterschriften auf der Teilnehmerliste je Modul oder Sitzung und
5. die anonymisierte Dokumentation der durchgeführten Seminare, die Folgendes umfasst:
   a) für die verkehrspädagogische Teilmaßnahme
      aa) das Datum, die Dauer und den Ort der durchgeführten Module,
      bb) die Anzahl der Teilnehmer,
      cc) die Kurzdarstellungen der Fahrerkarrieren,
      dd) die eingesetzten Bausteine und Medien,
      ee) die Hausaufgaben und
      ff) die Seminarverträge,
   b) für die verkehrspsychologische Teilmaßnahme
      aa) das Datum, die Dauer und den Ort der durchgeführten Sitzungen,
      bb) die auslösenden und aufrechterhaltenden Bedingungen der Verkehrszuwiderhandlungen,
      cc) die Funktionalität des Problemverhaltens,
      dd) die erarbeiteten Lösungsstrategien,
      ee) die persönlichen Stärken des Teilnehmers,
      ff) die Zielvereinbarungen und
      gg) den Seminarvertrag.

[2] Die nach Landesrecht zuständige Behörde kann die Einhaltung weiterer gesetzlicher Bestimmungen in die Überwachung einbeziehen.

[1)] § 43 neu gef. mWv 1.5.2014 durch VO v. 5.11.2013 (BGBl. I S. 3920); Überschrift neu gef., *Abs. 1 Satz 1 Nr. 1 Buchst. a geänd.*, Nummer 2 neu gef., Abs. 2 Satz 1 einl. Satzteil, Nr. 1 und 2 geänd. mWv 4.1.2018 durch VO v. 2.1.2018 (BGBl. I S. 2).

[2)] **Schönfelder Nr. 35.**

(2) [1] Die nach Landesrecht zuständige Behörde hat die Durchführung der Einweisungslehrgänge nach § 46 Absatz 2 Satz 1 Nummer 4 des Fahrlehrergesetzes auf die Einhaltung von folgenden Kriterien zu prüfen:

1. das Vorliegen der Voraussetzungen für die Anerkennung von Einweisungslehrgängen nach § 47 Absatz 1 des Fahrlehrergesetzes,
2. die Einhaltung des Ausbildungsprogramms nach § 47b Absatz 1 Satz 2 Nummer 1 des Fahrlehrergesetzes,
3. die Dokumentation der durchgeführten Einweisungslehrgänge, die Folgendes umfasst:
   a) die Vornamen und Familiennamen des Lehrgangsleiters und der eingesetzten Lehrkräfte,
   b) die Vornamen und Familiennamen und die Geburtsdaten der Teilnehmer,
   c) die Kurzdarstellung des Verlaufs des Lehrgangs einschließlich der Inhalte und eingesetzten Methoden,
   d) das Datum, die Dauer und den Ort der durchgeführten Kurse und
   e) die Anwesenheit der Teilnehmer bei allen Kursen.

[2] Die nach Landesrecht zuständige Behörde kann die Einhaltung weiterer gesetzlicher Bestimmungen in die Überwachung einbeziehen.

§ 43a[1)] Anforderungen an Qualitätssicherungssysteme für das Fahreignungsseminar. Macht die nach Landesrecht zuständige Behörde von der Möglichkeit der Qualitätssicherungssysteme nach § 4a Absatz 8 Satz 6 des Straßenverkehrsgesetzes[2)] oder § 51 Absatz 6 des Fahrlehrergesetzes Gebrauch, hat sie ein Qualitätssicherungssystem für die verkehrspsychologische Teilmaßnahme anzuerkennen oder ein Qualitätssicherungssystem für die verkehrspädagogische Teilmaßnahme zu genehmigen, wenn

1. der Antragsteller oder bei juristischen Personen die vertretungsberechtigten Personen über die für den Betrieb des Qualitätssicherungssystems erforderliche Zuverlässigkeit verfügen,
2. die finanzielle und organisatorische Leistungsfähigkeitdes Trägers des Qualitätssicherungssystems gewährleistet ist,
3. Verfahren zur Qualitätssicherung vorgesehen und dokumentiert sind, die sicherstellen, dass
   a) wenigstens alle zwei Jahre eine Prüfung der Erfüllung der Anforderungen nach Anlage 17 bei dem Anbieter von Fahreignungsseminaren oder von Einweisungslehrgängen vor Ort durchgeführt wird,
   b) das zur Prüfung nach Buchstabe a eingesetzte Personal über die erforderliche Fachkunde, Unabhängigkeit und Zuverlässigkeit verfügt, um sachgerecht beurteilen zu können, ob die Anforderungen nach Anlage 17 erfüllt werden,
   c) der Anbieter von Fahreignungsseminaren oder von Einweisungslehrgängen aus dem Qualitätssicherungssystem ausgeschlossen wird, wenn er die

---

1) § 43a eingef. mWv 1.5.2014 durch VO v. 16.4.2014 (BGBl. I S. 348); einl. Satzteil geänd. mWv 4.1.2018 durch VO v. 2.1.2018 (BGBl. I S. 2).

2) **Schönfelder Nr. 35.**

gesetzlichen Anforderungen für die Durchführung von Fahreignungsseminaren oder Einweisungslehrgängen nicht mehr erfüllt und der Mangel nicht unverzüglich beseitigt wird,

d) der Antragsteller der nach Landesrecht zuständigen Behörde die Aufnahme eines Anbieters von Fahreignungsseminaren oder von Einweisungslehrgängen in das Qualitätssicherungssystem und dessen Ausschluss oder Ausscheiden aus dem Qualitätssicherungssystem nebst der dafür wesentlichen Gründe unverzüglich mitteilt,

e) bei der Durchführung der Qualitätssicherung die geltenden Datenschutzbestimmungen nach den Landesdatenschutzgesetzen sowie landesrechtliche, bereichsspezifische Datenschutzvorschriften und, soweit der Datenschutz nicht durch Landesrecht geregelt ist, nach dem Bundesdatenschutzgesetz[1] sowie bundesrechtliche, bereichsspezifische Datenschutzvorschriften eingehalten werden,

f) eine Dokumentation der Durchführung der Qualitätssicherung erfolgt und

g) die nach Landesrecht zuständige Behörde jederzeit Einsicht in die Dokumentation über die Durchführung der Qualitätssicherung nehmen kann,

und

4. mindestens eine der folgenden Maßnahmen vorgesehen und dokumentiert ist, die der Erhaltung des Qualitätsniveaus des Fahreignungsseminars dienen:

a) ergänzende Fortbildungen,

b) Auswertungen der Seminardurchführungen,

c) institutionalisierter fachlicher Austausch oder

d) eine der den vorgenannten Maßnahmen gleichwertige Maßnahme.

§ 44[2] Teilnahmebescheinigung. (1) [1] Nach Abschluss des Fahreignungsseminars ist vom Seminarleiter der abschließenden Teilmaßnahme eine Bescheinigung nach dem Muster der Anlage 18 zur Vorlage bei der nach Landesrecht zuständigen Behörde auszustellen. [2] Die Bescheinigung ist von den Seminarleitern beider Teilmaßnahmen und vom Seminarteilnehmer unter Angabe des Ausstellungsdatums zu unterschreiben.

(2) Die Ausstellung einer Teilnahmebescheinigung ist vom Seminarleiter zu verweigern, wenn der Seminarteilnehmer

1. nicht an allen Sitzungen des Seminars teilgenommen hat,
2. eine offene Ablehnung gegenüber den Zielen der Maßnahme zeigt oder
3. den Lehrstoff und Lernstoff nicht aktiv mitgestaltet.

§ 45[3] *(aufgehoben)*

---

[1] **Sartorius Nr. 245.**

[2] § 44 neu gef. mWv 1.5.2014 durch VO v. 5.11.2013 (BGBl. I S. 3920; geänd. durch VO v. *16.4.2014 (BGBl. I S. 348); Abs. 1 neu* gef. mWv 1.5.2014 durch VO v. 16.4.2014 (BGBl. I S. 348).

[3] § 45 aufgeh. mWv 1.5.2014 durch VO v. 5.11.2013 (BGBl. I S. 3920).

8. Entziehung oder Beschränkung der Fahrerlaubnis, Anordnung von Auflagen

§ 46 Entziehung, Beschränkung, Auflagen. (1) [1] Erweist sich der Inhaber einer Fahrerlaubnis als ungeeignet zum Führen von Kraftfahrzeugen, hat ihm die Fahrerlaubnisbehörde die Fahrerlaubnis zu entziehen. [2] Dies gilt insbesondere, wenn Erkrankungen oder Mängel nach den Anlagen 4, 5 oder 6 vorliegen oder erheblich oder wiederholt gegen verkehrsrechtliche Vorschriften oder Strafgesetze verstoßen wurde und dadurch die Eignung zum Führen von Kraftfahrzeugen ausgeschlossen ist.

(2) [1] Erweist sich der Inhaber einer Fahrerlaubnis noch als bedingt geeignet zum Führen von Kraftfahrzeugen, schränkt die Fahrerlaubnisbehörde die Fahrerlaubnis so weit wie notwendig ein oder ordnet die erforderlichen Auflagen an. [2] Bei Inhabern ausländischer Fahrerlaubnisse schränkt die Fahrerlaubnisbehörde das Recht, von der ausländischen Fahrerlaubnis im Inland Gebrauch zu machen, so weit wie notwendig ein oder ordnet die erforderlichen Auflagen an. [3] Die Anlagen 4, 5 und 6 sind zu berücksichtigen.

(3) Werden Tatsachen bekannt, die Bedenken begründen, dass der Inhaber einer Fahrerlaubnis zum Führen eines Kraftfahrzeugs ungeeignet oder bedingt geeignet ist, finden die §§ 11 bis 14 entsprechend Anwendung.

(4) [1] Die Fahrerlaubnis ist auch zu entziehen, wenn der Inhaber sich als nicht befähigt zum Führen von Kraftfahrzeugen erweist. [2] Rechtfertigen Tatsachen eine solche Annahme, kann die Fahrerlaubnisbehörde zur Vorbereitung der Entscheidung über die Entziehung die Beibringung eines Gutachtens eines amtlich anerkannten Sachverständigen oder Prüfers für den Kraftfahrzeugverkehr anordnen. [3] § 11 Absatz 6 bis 8 ist entsprechend anzuwenden.

(5) Bei einer ausländischen Fahrerlaubnis hat die Entziehung die Wirkung einer Aberkennung des Rechts, von der Fahrerlaubnis im Inland Gebrauch zu machen.

(6) [1] Mit der Entziehung erlischt die Fahrerlaubnis. [2] Bei einer ausländischen Fahrerlaubnis erlischt das Recht zum Führen von Kraftfahrzeugen im Inland.

§ 47[1] Verfahrensregelungen. (1) [1] Nach der Entziehung sind von einer deutschen Behörde ausgestellte nationale und internationale Führerscheine unverzüglich der entscheidenden Behörde abzuliefern oder bei Beschränkungen oder Auflagen zur Eintragung vorzulegen. [2] Die Verpflichtung zur Ablieferung oder Vorlage des Führerscheins besteht auch, wenn die Entscheidung angefochten worden ist, die zuständige Behörde jedoch die sofortige Vollziehung ihrer Verfügung angeordnet hat.

(2) [1] Nach der Entziehung oder der Feststellung der fehlenden Fahrberechtigung oder bei Beschränkungen oder Auflagen sind ausländische und im Ausland ausgestellte internationale Führerscheine unverzüglich der entscheidenden Behörde vorzulegen; *Absatz 1 Satz 2 gilt entsprechend.* [2] Nach einer Entziehung oder der Feststellung der fehlenden Fahrberechtigung wird auf dem Führerschein vermerkt, dass von der Fahrerlaubnis im Inland kein Gebrauch gemacht werden darf. [3] Dies soll in der Regel durch die Anbringung eines roten, schräg durchgestrichenen „D" auf einem dafür geeigneten Feld des Führerscheins, im Falle eines EU-Kartenführerscheins im Feld 13, und bei internationalen Führerscheinen durch

[1] § 47 Abs. 2 Sätze 1 und 5, Abs. 3 Satz 1 geänd. mWv 1.1.2011 durch VO v. 17.12.2010 (BGBl. I S. 2279); Abs. 2 Satz 2 neu gef., Sätze 6 und 7 angef. mWv 30.6.2012 durch VO v. 26.6.2012 (BGBl. I S. 1394).

Ausfüllung des dafür vorgesehenen Vordrucks erfolgen. [4] Im Falle von Beschränkungen oder Auflagen werden diese in den Führerschein eingetragen. [5] Die entscheidende Behörde teilt die Aberkennung der Fahrberechtigung oder der Feststellung der fehlenden Fahrberechtigung in Deutschland der Behörde, die den Führerschein ausgestellt hat, über das Kraftfahrt-Bundesamt mit. [6] Erfolgt die Entziehung durch die erteilende oder eine sonstige zuständige ausländische Behörde, sind ausländische und im Ausland ausgestellte internationale Führerscheine unverzüglich der Fahrerlaubnisbehörde vorzulegen und dort in Verwahrung zu nehmen. [7] Die Fahrerlaubnisbehörde sendet die Führerscheine über das Kraftfahrt-Bundesamt an die entziehende Stelle zurück.

(3) [1] Ist dem Betroffenen nach § 31 eine deutsche Fahrerlaubnis erteilt worden, ist er aber noch im Besitz des ausländischen Führerscheins, ist auf diesem die Entziehung oder die Feststellung der fehlenden Fahrberechtigung zu vermerken. [2] Der Betroffene ist verpflichtet, der Fahrerlaubnisbehörde den Führerschein zur Eintragung vorzulegen.

9. Sonderbestimmungen für das Führen von Taxen, Mietwagen und Krankenkraftwagen sowie von Personenkraftwagen im Linienverkehr und bei gewerbsmäßigen Ausflugsfahrten und Ferienziel-Reisen

§ 48[1)] Fahrerlaubnis zur Fahrgastbeförderung. (1) Einer zusätzlichen Erlaubnis (Fahrerlaubnis zur Fahrgastbeförderung) bedarf, wer einen Krankenkraftwagen führt, wenn in dem Fahrzeug entgeltlich oder geschäftsmäßig Fahrgäste befördert werden, oder wer ein Kraftfahrzeug führt, wenn in dem Fahrzeug Fahrgäste befördert werden und für diese Beförderung eine Genehmigung nach dem Personenbeförderungsgesetz[2)] erforderlich ist.

(2) Der Fahrerlaubnis zur Fahrgastbeförderung bedarf es nicht für

1. Krankenkraftwagen der Bundeswehr, der Bundespolizei, der Polizei sowie der Truppe und des zivilen Gefolges der anderen Vertragsstaaten des Nordatlantikpaktes,
2. Krankenkraftwagen des Katastrophenschutzes, wenn sie für dessen Zweck verwendet werden,
3. Krankenkraftwagen der Feuerwehren und der nach Landesrecht anerkannten Rettungsdienste,
4. Kraftfahrzeuge, mit Ausnahme von Taxen, Mietwagen und für den gebündelten Bedarfsverkehr im Sinne des § 50 Absatz 1 Satz 1 des Personenbeförderungsgesetzes, wenn der Kraftfahrzeugführer im Besitz der Klasse D oder D1 ist.

(3) [1] Die Erlaubnis ist durch einen Führerschein nach Muster 4 der Anlage 8 nachzuweisen (Führerschein zur Fahrgastbeförderung). [2] Er ist bei der Fahrgastbeförderung neben der nach einem ab dem 1. Januar 1999 aufgrund der Fahr-

---

[1)] § 48 Abs. 4 Nr. 2 neu gef., Nr. 2a eingef. mWv 30.6.2012 durch VO v. 26.6.2012 (BGBl. I S. 1394); Abs. 2 Nr. 4 geänd., Nr. 5 angef., Abs. 3 Satz 2 geänd. mWv 1.5.2014 durch VO v. 16.4.2014 (BGBl. I S. 348); Abs. 4 Nr. 6 geänd. mWv 21.10.2015 durch VO v. 2.10.2015 (BGBl. I S. 1674); Abs. 4 Nr. 2a, Abs. 5 Nr. 3 neu gef. mWv 28.12.2016 durch VO v. 21.12.2016 (BGBl. I S. 3083); Abs. 6 Satz 2 aufgeh. mWv 24.8.2017 durch VO v. 14.8.2017 (BGBl. I S. 3232); Abs. 2 Nr. 4 geänd., Nr. 5 aufgeh., Abs. 3 *Satz 2 geänd.* mWv 19.3.2019 durch VO v. 11.3.2019 (BGBl. I S. 218); Abs. 4 Nr. 7 neu gef., Abs. 6 aufgeh., bish. Abs. 7–10 werden Abs. 6–9, neuer Abs. 7 und neuer Abs. 8 Satz 2 geänd. mWv 2.8.2021 durch G v. 16.4.2021 (BGBl. I S. 822); Abs. 2 Nr. 4 geänd. mWv 1.6.2022 durch VO v. 18.3.2022 (BGBl. I S. 498).

[2)] **Sartorius Nr. 950.**

erlaubnis-Verordnung in der jeweils geltenden Fassung zu verwendenden Muster ausgestellten EU- oder EWR-Fahrerlaubnis mitzuführen und zuständigen Personen auf Verlangen zur Prüfung auszuhändigen.

(4) Die Fahrerlaubnis zur Fahrgastbeförderung ist zu erteilen, wenn der Bewerber

1. die nach § 6 für das Führen des Fahrzeugs erforderliche EU- oder EWR-Fahrerlaubnis besitzt,
2. das 21. Lebensjahr – bei Beschränkung der Fahrerlaubnis auf Krankenkraftwagen das 19. Lebensjahr – vollendet hat,

2a. durch Vorlage eines nach Maßgabe des § 30 Absatz 5 Satz 1 des Bundeszentralregistergesetzes[1] ausgestellten Führungszeugnisses und durch eine auf Kosten des Antragstellers eingeholte aktuelle Auskunft aus dem Fahreignungsregister nachweist, dass er die Gewähr dafür bietet, dass er der besonderen Verantwortung bei der Beförderung von Fahrgästen gerecht wird,

3. seine geistige und körperliche Eignung gemäß § 11 Absatz 9 in Verbindung mit Anlage 5 nachweist,
4. nachweist, dass er die Anforderungen an das Sehvermögen gemäß § 12 Absatz 6 in Verbindung mit Anlage 6 Nummer 2 erfüllt,
5. nachweist, dass er eine EU- oder EWR-Fahrerlaubnis der Klasse B oder eine entsprechende Fahrerlaubnis aus einem in Anlage 11 aufgeführten Staat seit mindestens zwei Jahren – bei Beschränkung der Fahrerlaubnis auf Krankenkraftwagen seit mindestens einem Jahr – besitzt oder innerhalb der letzten fünf Jahre besessen hat,
6. – falls die Erlaubnis für Krankenkraftwagen gelten soll – einen Nachweis über die Teilnahme an einer Schulung in Erster Hilfe nach § 19 beibringt und
7. – falls die Erlaubnis für Taxen, Mietwagen und den gebündelten Bedarfsverkehr gelten soll – einen Nachweis der Fachkunde vorlegt. Der Nachweis kann durch eine Bescheinigung einer geeigneten Stelle geführt werden. Die geeignete Stelle wird durch die für das Personenbeförderungsgesetz zuständige oberste Landesbehörde oder die nach Landesrecht bestimmten Stellen bestimmt.

(5) [1]Die Fahrerlaubnis zur Fahrgastbeförderung wird für eine Dauer von nicht mehr als fünf Jahren erteilt. [2]Sie wird auf Antrag des Inhabers jeweils bis zu fünf Jahren verlängert, wenn

1. er seine geistige und körperliche Eignung gemäß § 11 Absatz 9 in Verbindung mit Anlage 5 nachweist,
2. er nachweist, dass er die Anforderungen an das Sehvermögen gemäß § 12 Absatz 6 in Verbindung mit Anlage 6 Nummer 2 erfüllt und
3. er durch Vorlage der Unterlagen nach Absatz 4 Nummer 2a nachweist, dass er die Gewähr dafür bietet, dass er der besonderen Verantwortung bei der Beförderung von Fahrgästen gerecht wird.

(6) [1]Die §§ 21, 22 und 24 Absatz 1 Satz 1, Absatz 2 und 3 sind entsprechend anzuwenden. [2]Die Verlängerung der Fahrerlaubnis zur Fahrgastbeförderung kann nur dann über die Vollendung des 60. Lebensjahres hinaus erfolgen, wenn der Antragsteller zusätzlich seine Eignung nach Maßgabe der Anlage 5 Nummer 2 nachweist.

---

[1] **Habersack, Deutsche Gesetze Nr. 92.**

(7) Der Halter eines Fahrzeugs darf die Fahrgastbeförderung nicht anordnen oder zulassen, wenn der Führer des Fahrzeugs die erforderliche Erlaubnis zur Fahrgastbeförderung nicht besitzt oder die erforderliche Fachkunde nicht nachgewiesen hat.

(8) [1] Begründen Tatsachen Zweifel an der körperlichen und geistigen Eignung des Fahrerlaubnisinhabers oder an der Gewähr der besonderen Verantwortung bei der Beförderung von Fahrgästen des Inhabers einer Fahrerlaubnis zur Fahrgastbeförderung, finden die §§ 11 bis 14 entsprechende Anwendung. [2] Auf Verlangen der Fahrerlaubnisbehörde hat der Inhaber der Erlaubnis seine Fachkunde erneut nachzuweisen, wenn Tatsachen Zweifel begründen, ob er diese Kenntnisse noch besitzt. [3] Bestehen Bedenken an der Gewähr für die besondere Verantwortung bei der Beförderung von Fahrgästen, kann von der Fahrerlaubnisbehörde ein medizinisch-psychologisches Gutachten einer amtlich anerkannten Begutachtungsstelle für Fahreignung angeordnet werden.

(9) [1] Die Erlaubnis ist von der Fahrerlaubnisbehörde zu entziehen, wenn eine der aus Absatz 4 ersichtlichen Voraussetzungen fehlt. [2] Die Erlaubnis erlischt mit der Entziehung sowie mit der Entziehung der in Absatz 4 Nummer 1 genannten Fahrerlaubnis. [3] § 47 Absatz 1 ist entsprechend anzuwenden.

10. Begleitetes Fahren ab 17 Jahre

§ 48a[1)] Voraussetzungen. (1) [1] Im Falle des § 10 Absatz 1 laufende Nummer 5 Buchstabe b Doppelbuchstabe aa findet § 11 Absatz 3 Satz 1 Nummer 2 keine Anwendung. [2] § 74 Absatz 2 findet entsprechend Anwendung.

(2) [1] Die Fahrerlaubnis ist für die Fahrerlaubnisklassen B und BE mit der Auflage zu versehen, dass von ihr nur dann Gebrauch gemacht werden darf, wenn der Fahrerlaubnisinhaber während des Führens des Kraftfahrzeugs von mindestens einer namentlich benannten Person, die den Anforderungen der Absätze 5 und 6 genügt, begleitet wird (begleitende Person). [2] Die Auflage entfällt, wenn der Fahrerlaubnisinhaber das Mindestalter nach § 10 Absatz 1 Nummer 5 Buchst. a erreicht hat.

(3) [1] Für das Verfahren bei der Erteilung einer Fahrerlaubnis für das Führen von Kraftfahrzeugen in Begleitung gelten die §§ 22 und 22a mit folgenden Maßgaben:

1. Über die Fahrerlaubnis ist eine Prüfungsbescheinigung nach dem Muster der Anlage 8b auszustellen, die bis drei Monate nach Vollendung des 18. Lebensjahres im Inland zum Nachweis im Sinne des § 4 Absatz 3 Satz 1 dient.
2. Die Prüfungsbescheinigung tritt an die Stelle des Führerscheines oder des Vorläufigen Nachweises der Fahrerlaubnis.
3. In der Prüfungsbescheinigung sind die zur Begleitung vorgesehenen Personen namentlich aufzuführen. Auf Antrag können weitere begleitende Personen namentlich auf der Prüfungsbescheinigung nachträglich durch die Fahrerlaubnisbehörde eingetragen werden.

---

1) § 48a Abs. 5 Satz 1 Nr. 3 und Satz 2 geänd. mWv 1.1.2011 durch VO v. 17.12.2010 (BGBl. I S. 2279); Abs. 7 geänd. mWv 19.1.2013 durch VO v. 7.1.2011 (BGBl. I S. 3); Abs. 1 neu gef., Abs. 7 geänd. mWv 19.1.2013 durch VO v. 26.6.2012 (BGBl. I S. 1394, geänd. durch VO v. 10.1.2013, BGBl. I S. 35); Abs. 2 Satz 2 geänd. mWv 19.1.2013 durch VO v. 10.1.2013 (BGBl. I S. 35); Abs. 5 Satz 1 Nr. 3 und Satz 2 geänd. mWv 1.5.2014 durch VO v. 5.11.2013 (BGBl. I S. 3920); Abs. 5 Satz 1 Nr. 3 geänd. mWv 1.5.2014 durch VO v. 16.4.2014 (BGBl. I S. 348); Abs. 3 neu gef. mWv 21.10.2015 durch VO v. 2.10.2015 (BGBl. I S. 1674); Abs. 2 Satz 1 geänd. mWv 19.3.2019 durch VO v. 11.3.2019 (BGBl. I S. 218); Abs. 6 Satz 1 Nr. 1a eingef. mWv 22.8.2024 durch G v. 16.8.2024 (BGBl. 2024 I Nr. 266).

4. Im Falle des § 22a Absatz 1 Satz 1 ist auf das Übersenden einer vorbereiteten Prüfungsbescheinigung zu verzichten.
5. Zusätzlich zu den nach § 22a Absatz 2 zu übermittelnden Daten übermittelt die Fahrerlaubnisbehörde die in die Prüfungsbescheinigung aufzunehmenden Angaben zu den Begleitpersonen.
6. Ist der Bewerber bereits im Besitz einer Fahrerlaubnis der Klasse AM, der Klasse A1, der Klasse L oder der Klasse T, ist abweichend von § 22a Absatz 4 der Führerschein nicht bei Aushändigung der Prüfungsbescheinigung zurückzugeben. In die Prüfungsbescheinigung sind die Klasse AM und die Klasse L nicht aufzunehmen.
7. Ist der Bewerber noch nicht im Besitz einer Fahrerlaubnis der Klasse AM oder der Klasse L, kann er in seinem Antrag nach § 21 erklären, dass er für die genannten Fahrerlaubnisklassen einen Führerschein erhalten möchte. In der Prüfungsbescheinigung sind diese Klassen nicht aufzunehmen.

[2] Die Prüfungsbescheinigung ist im Fahrzeug mitzuführen und zur Überwachung des Straßenverkehrs berechtigten Personen auf Verlangen auszuhändigen.

(4) [1] Die begleitende Person soll dem Fahrerlaubnisinhaber
1. vor Antritt einer Fahrt und
2. während des Führens des Fahrzeugs, soweit die Umstände der jeweiligen Fahrsituation es zulassen,

ausschließlich als Ansprechpartner zur Verfügung stehen, um ihm Sicherheit beim Führen des Kraftfahrzeugs zu vermitteln. [2] Zur Erfüllung ihrer Aufgabe soll die begleitende Person Rat erteilen oder kurze Hinweise geben.

(5) [1] Die begleitende Person
1. muss das 30. Lebensjahr vollendet haben,
2. muss mindestens seit fünf Jahren Inhaber einer gültigen Fahrerlaubnis der Klasse B oder einer entsprechenden deutschen, einer EU/EWR- oder schweizerischen Fahrerlaubnis sein; die Fahrerlaubnis ist durch einen gültigen Führerschein nachzuweisen, der während des Begleitens mitzuführen und zur Überwachung des Straßenverkehrs berechtigten Personen auf Verlangen auszuhändigen ist,
3. darf zum Zeitpunkt der Beantragung der Fahrerlaubnis im Fahreignungsregister mit nicht mehr als einem Punkt belastet sein.

[2] Die Fahrerlaubnisbehörde hat bei Beantragung der Fahrerlaubnis oder bei Beantragung der Eintragung weiterer zur Begleitung vorgesehener Personen zu prüfen, ob diese Voraussetzungen vorliegen; sie hat die Auskunft nach Nummer 3 beim Fahreignungsregister einzuholen.

(6) [1] Die begleitende Person darf den Inhaber einer Prüfungsbescheinigung nach Absatz 3 nicht begleiten, wenn sie
1. *0,25 mg/l* oder mehr Alkohol in der Atemluft oder 0,5 Promille oder mehr Alkohol im Blut oder eine Alkoholmenge im Körper hat, die zu einer solchen Atem- oder Blutalkoholkonzentration führt,

1a. 3,5 ng/ml oder mehr Tetrahydrocannabinol im Blutserum hat,

2. unter der Wirkung eines in der Anlage zu § 24a des Straßenverkehrsgesetzes[1)] genannten berauschenden Mittels steht.

[1)] **Habersack, Deutsche Gesetze Nr. 35.**

[2]Eine Wirkung im Sinne des Satzes 1 Nummer 2 liegt vor, wenn eine in der Anlage zu § 24a des Straßenverkehrsgesetzes genannte Substanz im Blut nachgewiesen wird. [3]Satz 1 Nummer 2 gilt nicht, wenn die Substanz aus der bestimmungsgemäßen Einnahme eines für einen konkreten Krankheitsfall verschriebenen Arzneimittels herrührt.

(7) Mit Erreichen des Mindestalters nach § 10 Absatz 1 Nummer 5 Buchstabe a händigt die Fahrerlaubnisbehörde dem Fahrerlaubnisinhaber auf Antrag einen Führerschein nach Muster 1 der Anlage 8 aus.

§ 48b[1)] Evaluation. Die für Zwecke der Evaluation erhobenen personenbezogenen Daten der teilnehmenden Fahranfänger und Begleiter sind spätestens am 31. Dezember 2015 zu löschen oder so zu anonymisieren oder zu pseudonymisieren, dass ein Personenbezug nicht mehr hergestellt werden kann.

III. Register

1. Zentrales Fahrerlaubnisregister und örtliche Fahrerlaubnisregister

§ 49[2)] Speicherung der Daten im Zentralen Fahrerlaubnisregister.

(1) Im Zentralen Fahrerlaubnisregister sind nach § 50 Absatz 1 des Straßenverkehrsgesetzes[3)] folgende Daten zu speichern:

1. Familiennamen, Geburtsnamen, sonstige frühere Namen, soweit dazu eine Eintragung vorliegt, Vornamen, Ordens- oder Künstlernamen, Doktorgrad, Geschlecht, Tag und Ort der Geburt und Hinweise auf Zweifel an der Identität nach § 59 Absatz 1 Satz 5 des Straßenverkehrsgesetzes,
2. die erteilten Fahrerlaubnisklassen,
3. der Tag der Erteilung und des Erlöschens der jeweiligen Fahrerlaubnisklasse und die zuständige Behörde,
4. der Grund des Erlöschens einer Fahrerlaubnis oder Fahrerlaubnisklasse,
5. der Tag des Beginns und des Ablaufs der Probezeit nach § 2a des Straßenverkehrsgesetzes,
6. die Dauer der Probezeit einschließlich der Restdauer nach vorzeitiger Beendigung der Probezeit und den Beginn und das Ende einer Hemmung der Probezeit,
7. der Tag des Ablaufs der Gültigkeit befristet erteilter Fahrerlaubnisse, der Tag der Verlängerung einer Fahrerlaubnis und die Behörde, die die Fahrerlaubnis verlängert hat,
8. Auflagen, Beschränkungen und Zusatzangaben zur Fahrerlaubnis oder einzelnen Klassen nach Anlage 9,

---

1) § 48b neu gef. mWv 1.1.2011 durch VO v. 17.12.2010 (BGBl. I S. 2279).

2) § 49 Abs. 1 neu gef. mWv 1.1.2015 durch VO v. 16.12.2014 (BGBl. I S. 2213); Abs. 1 Nr. 10, 11 und 12 geänd. mWv 21.10.2015 durch VO v. 2.10.2015 (BGBl. I S. 1674); Abs. 1 Nr. 14 geänd. mWv 19.3.2019 durch VO v. 11.3.2019 (BGBl. I S. 218); Abs. 1 Nr. 16 geänd. mWv 2.8.2021 durch G v. 16.4. 2021 (BGBl. I S. 822).

3) **Habersack, Deutsche Gesetze Nr. 35.**

9. die Nummer der Fahrerlaubnis, bestehend aus dem vom Kraftfahrt-Bundesamt zugeteilten Behördenschlüssel der Fahrerlaubnisbehörde und einer fortlaufenden Nummer für die Erteilung einer Fahrerlaubnis durch diese Behörde und einer Prüfnummer (Fahrerlaubnisnummer),
10. die Nummer des Führerscheins, bestehend aus der Fahrerlaubnisnummer und der fortlaufenden Nummer des über die Fahrerlaubnis ausgestellten Führerscheins (Führerscheinnummer), oder die Nummer des Vorläufigen Nachweises der Fahrerlaubnis oder der befristeten Prüfungsbescheinigung, bestehend aus der Fahrerlaubnisnummer und einer angefügten Null,
11. die Behörde, die den Führerschein, den Ersatzführerschein,[1] den Vorläufigen Nachweis der Fahrerlaubnis oder die befristete Prüfungsbescheinigung ausgestellt hat,
12. die Führerscheinnummer oder die Nummer des Vorläufigen Nachweises der Fahrerlaubnis oder der befristeten Prüfungsbescheinigung, der Verbleib bisheriger Führerscheine, sofern die Führerscheine nicht amtlich eingezogen oder vernichtet wurden, und ein Hinweis, ob der Führerschein zur Einziehung, Beschlagnahme oder Sicherstellung ausgeschrieben ist,
13. der Tag des Beginns und des Ablaufs der Gültigkeit des Führerscheins,
14. die Bezeichnung des Staates, in dem der Inhaber einer deutschen Fahrerlaubnis seinen Wohnsitz genommen hat und in dem diese Fahrerlaubnis umgetauscht wurde unter Angabe des Tages des Umtausches,
15. die Nummer und der Tag der Ausstellung eines internationalen Führerscheins, die Geltungsdauer und die Behörde, die diesen Führerschein ausgestellt hat,
16. der Tag der Erteilung einer Fahrerlaubnis zur Fahrgastbeförderung, die Art der Berechtigung, der Tag des Ablaufs der Geltungsdauer, die Nummer des Führerscheins zur Fahrgastbeförderung, die Behörde, die diese Fahrerlaubnis erteilt hat, und der Tag der Verlängerung,
17. der Hinweis auf eine Eintragung im Fahreignungsregister über eine bestehende Einschränkung des Rechts, von der Fahrerlaubnis Gebrauch zu machen, sowie
18. die Behörde, die die Fahrerlaubnisakte führt.

(2) Bei Dienstfahrerlaubnissen der Bundeswehr werden nur die in Absatz 1 Nummer 1 genannten Daten, die Klasse der erteilten Fahrerlaubnis, der Tag des Beginns und Ablaufs der Probezeit und die Fahrerlaubnisnummer gespeichert.

§ 50[2] Übermittlung der Daten vom Kraftfahrt-Bundesamt an die Fahrerlaubnisbehörden nach § 2c des Straßenverkehrsgesetzes. [1]Das Kraftfahrt-Bundesamt unterrichtet die zuständige Fahrerlaubnisbehörde von Amts wegen, wenn über den Inhaber einer Fahrerlaubnis auf Probe Entscheidungen in das Fahreignungsregister eingetragen werden, die zu Anordnungen nach § 2a Absatz 2, 4 und 5 des Straßenverkehrsgesetzes[3] führen können.

---

[1] Zeichensetzung nichtamtlich ergänzt.

[2] § 50 Satz 2 Nr. 1 Buchst. f angef. mWv 19.1.2013 durch VO v. 26.6.2012 (BGBl. I S. 1394); Satz 1 und Satz 2 Nr. 2 geänd. mWv 1.5.2014 durch VO v. 5.11.2013 (BGBl. I S. 3920).

[3] **Schönfelder Nr. 35.**

[2] Hierzu übermittelt es folgende Daten:

1. aus dem Zentralen Fahrerlaubnisregister
   a) die in § 49 Absatz 1 Nummer 1 bezeichneten Personendaten,
   b) den Tag des Beginns und des Ablaufs der Probezeit,
   c) die erteilende Fahrerlaubnisbehörde,
   d) die Fahrerlaubnisnummer,
   e) den Hinweis, dass es sich bei der Probezeit um die Restdauer einer vorherigen Probezeit handelt unter Angabe der Gründe,
   f) die Gültigkeit des Führerscheins,
2. aus dem Fahreignungsregister den Inhalt der Eintragungen über die innerhalb der Probezeit begangenen Straftaten und Ordnungswidrigkeiten.

§ 51[1)] Übermittlung von Daten aus dem Zentralen Fahrerlaubnisregister nach den §§ 52 und 55 des Straßenverkehrsgesetzes. (1) Übermittelt werden dürfen

1. im Rahmen des § 52 Absatz 1 Nummer 1 bis 2 des Straßenverkehrsgesetzes[2)] für Maßnahmen wegen Straftaten oder Ordnungswidrigkeiten nur
   a) Familiennamen, Geburtsnamen, sonstige frühere Namen, soweit dazu eine Eintragung vorliegt, Vornamen, Ordens- oder Künstlernamen, Doktorgrad, Geschlecht, Tag und Ort der Geburt und Hinweise auf Zweifel an der Identität nach § 59 Absatz 1 Satz 5 des Straßenverkehrsgesetzes,
   b) die erteilten Fahrerlaubnisklassen,
   c) der Tag der Erteilung und des Erlöschens der jeweiligen Fahrerlaubnisklasse und die zuständige Behörde,
   d) der Tag des Beginns und des Ablaufs der Probezeit nach § 2a des Straßenverkehrsgesetzes,
   e) der Tag des Ablaufs der Gültigkeit befristet erteilter Fahrerlaubnisse, der Tag der Verlängerung der Fahrerlaubnis und die Behörde, die die Fahrerlaubnis verlängert hat,
   f) Auflagen, Beschränkungen und Zusatzangaben zur Fahrerlaubnis oder einzelnen Fahrerlaubnisklassen nach Anlage 9,
   g) die Nummer der Fahrerlaubnis, bestehend aus dem vom Kraftfahrt-Bundesamt zugeteilten Behördenschlüssel der Fahrerlaubnisbehörde und einer fortlaufenden Nummer für die Erteilung einer Fahrerlaubnis durch diese Behörde und einer Prüfnummer (Fahrerlaubnisnummer),
   h) die Nummer des Führerscheins oder die Nummer des Vorläufigen Nachweises der Fahrerlaubnis oder der befristeten Prüfungsbescheinigung, bestehend aus der Fahrerlaubnisnummer und der fortlaufenden Nummer des über die Fahrerlaubnis ausgestellten Führerscheins (Führerscheinnummer), oder die Nummer der befristeten Prüfungsbescheinigung, bestehend aus der Fahrerlaubnisnummer und einer angefügten Null,

---

[1)] § 51 Abs. 1 Nr. 2 geänd. mWv 19.1.2013 durch VO v. 26.6.2012 (BGBl. I S. 1394); Abs. 1 neu gef., Abs. 2 geänd. mWv 1.1.2015 durch VO v. 16.12.2014 (BGBl. I S. 2213); Abs. 1 Nr. 1 Buchst. h, i und j geänd. mWv 21.10.2015 durch VO v. 2.10.2015 (BGBl. I S. 1674); Abs. 1 Nr. 1 Buchst. n geänd. mWv 2.8.2021 durch G v. 16.4.2021 (BGBl. I S. 822).

[2)] **Schönfelder Nr. 35.**

i) die Behörde, die den Führerschein, den Ersatzführerschein,[1] den Vorläufigen Nachweis der Fahrerlaubnis oder die befristete Prüfungsbescheinigung ausgestellt hat,

j) die Führerscheinnummer oder die Nummer des Vorläufigen Nachweises der Fahrerlaubnis oder der befristeten Prüfungsbescheinigung, der Verbleib bisheriger Führerscheine, sofern die Führerscheine nicht amtlich eingezogen oder vernichtet wurden, und ein Hinweis, ob der Führerschein zur Einziehung, Beschlagnahme oder Sicherstellung ausgeschrieben ist,

k) Tag des Beginns und des Ablaufs der Gültigkeit des Führerscheins,

l) die Bezeichnung des Staates, in dem der Inhaber einer deutschen Fahrerlaubnis seinen Wohnsitz genommen hat und in dem diese Fahrerlaubnis registriert oder umgetauscht wurde unter Angabe des Tages der Registrierung oder des Umtausches,

m) die Nummer und der Tag der Ausstellung eines internationalen Führerscheins, die Geltungsdauer und die Behörde, die diesen Führerschein ausgestellt hat,

n) der Tag der Erteilung einer Fahrerlaubnis zur Fahrgastbeförderung, die Art der Berechtigung, der Tag des Ablaufs der Geltungsdauer, die Nummer des Führerscheins zur Fahrgastbeförderung, die Behörde, die diese Fahrerlaubnis erteilt hat, und der Tag der Verlängerung,

o) der Hinweis auf eine Eintragung im Fahreignungsregister über eine bestehende Einschränkung des Rechts, von der Fahrerlaubnis Gebrauch zu machen,

p) bei Dienstfahrerlaubnissen der Bundeswehr nur

   aa) Familiennamen, Geburtsnamen, sonstige frühere Namen, soweit dazu eine Eintragung vorliegt, Vornamen, Ordens- oder Künstlernamen, Doktorgrad, Geschlecht, Tag und Ort der Geburt und Hinweise auf Zweifel an der Identität nach § 59 Absatz 1 Satz 5 des Straßenverkehrsgesetzes,

   bb) die erteilten Fahrerlaubnisklassen,

   cc) der Tag des Beginns und Ablaufs der Probezeit,

   dd) die Fahrerlaubnisnummer,

2. im Rahmen des § 52 Absatz 1 Nummer 3 des Straßenverkehrsgesetzes für Verwaltungsmaßnahmen die nach Nummer 1 zu übermittelnden Daten sowie

   a) der Grund des Erlöschens einer Fahrerlaubnis oder Fahrerlaubnisklasse,

   b) die Dauer der Probezeit einschließlich der Restdauer nach vorzeitiger Beendigung der Probezeit und den Beginn und das Ende einer Hemmung der Probezeit,

   c) die Behörde, die die Fahrerlaubnisakte im Sinne des § 61 Absatz 1 Satz 3 des Straßenverkehrsgesetzes führt,

3. im Rahmen des § 52 Absatz 2 des Straßenverkehrsgesetzes für Verkehrs- und Grenzkontrollen und für Straßenkontrollen nur die nach Nummer 1 Buchstabe a, b, c, e, f, g, h, i, j, k, m, n und o zu übermittelnden Daten,

4. im Rahmen des § 55 Absatz 1 Nummer 1 bis 3 des Straßenverkehrsgesetzes für Maßnahmen ausländischer Behörden nur die nach Nummer 1 Buchstabe a bis o zu übermittelnden Daten.

---

[1] Zeichensetzung nichtamtlich ergänzt.

(2) Die Daten dürfen gemäß Absatz 1 Nummer 4 in das Ausland für Verwaltungsmaßnahmen auf dem Gebiet des Straßenverkehrs den Straßenverkehrsbehörden, für die Verfolgung von Zuwiderhandlungen gegen Rechtsvorschriften auf dem Gebiet des Straßenverkehrs oder für die Verfolgung von Straftaten den Polizei- und Justizbehörden unmittelbar übermittelt werden, wenn nicht der Empfängerstaat mitgeteilt hat, dass andere Behörden zuständig sind.

§ 52[1] Abruf im automatisierten Verfahren aus dem Zentralen Fahrerlaubnisregister durch Stellen im Inland nach § 53 des Straßenverkehrsgesetzes. (1) Zur Übermittlung aus dem Zentralen Fahrerlaubnisregister dürfen durch Abruf im automatisierten Verfahren

1. im Rahmen des § 52 Absatz 1 Nummer 1 bis 2 des Straßenverkehrsgesetzes[2] für Maßnahmen wegen Straftaten oder Ordnungswidrigkeiten nur
   a) Familiennamen, Geburtsnamen, sonstige frühere Namen, soweit dazu eine Eintragung vorliegt, Vornamen, Ordens- oder Künstlernamen, Doktorgrad, Geschlecht, Tag und Ort der Geburt und Hinweise auf Zweifel an der Identität nach § 59 Absatz 1 Satz 5 des Straßenverkehrsgesetzes,
   b) die erteilten Fahrerlaubnisklassen,
   c) der Tag der Erteilung und des Erlöschens der jeweiligen Fahrerlaubnisklasse und die zuständige Behörde,
   d) der Tag des Beginns und des Ablaufs der Probezeit nach § 2a des Straßenverkehrsgesetzes,
   e) der Tag des Ablaufs der Gültigkeit befristet erteilter Fahrerlaubnisse, der Tag der Verlängerung und die Behörde, die die Fahrerlaubnis verlängert hat,
   f) Auflagen, Beschränkungen und Zusatzangaben zur Fahrerlaubnis oder einzelnen Klassen nach Anlage 9,
   g) die Nummer der Fahrerlaubnis, bestehend aus dem vom Kraftfahrt-Bundesamt zugeteilten Behördenschlüssel der Fahrerlaubnisbehörde und einer fortlaufenden Nummer für die Erteilung einer Fahrerlaubnis durch diese Behörde und einer Prüfnummer (Fahrerlaubnisnummer),
   h) die Nummer des Führerscheins, bestehend aus der Fahrerlaubnisnummer und der fortlaufenden Nummer des über die Fahrerlaubnis ausgestellten Führerscheins (Führerscheinnummer), oder die Nummer des Vorläufigen Nachweises der Fahrerlaubnis oder der befristeten Prüfungsbescheinigung, bestehend aus der Fahrerlaubnisnummer und einer angefügten Null,
   i) die Behörde, die den Führerschein, den Ersatzführerschein,[3] den Vorläufigen Nachweis der Fahrerlaubnis oder die befristete Prüfungsbescheinigung ausgestellt hat,
   j) die Führerscheinnummer oder die Nummer des Vorläufigen Nachweises der Fahrerlaubnis oder der befristeten Prüfungsbescheinigung, der Verbleib bisheriger Führerscheine, sofern die Führerscheine nicht amtlich eingezogen oder vernichtet wurden, und ein Hinweis, ob der Führerschein zur Einziehung, Beschlagnahme oder Sicherstellung ausgeschrieben ist,

---

[1] § 52 Abs. 1 neu gef. mWv 1.1.2015 durch VO v. 16.12.2014 (BGBl. I S. 2213); Abs. 1 Nr. 1 Buchst. h, i und j geänd. mWv 21.10.2015 durch VO v. 2.10.2015 (BGBl. I S. 1674); Abs. 3 Nr. 4 geänd., Nr. 5 angef. mWv 1.1.2017 durch VO v. 21.12.2016 (BGBl. I S. 3083); Abs. 1 Nr. 1 Buchst. m geänd. mWv 2.8.2021 durch G v. 16.4.2021 (BGBl. I S. 822); Abs. 5 Nr. 3 geänd. mWv 9.3.2023 durch G v. 2.3.2023 (BGBl. 2023 I Nr. 56).

[2] **Habersack, Deutsche Gesetze Nr. 35.**

[3] Zeichensetzung nichtamtlich ergänzt.

k) Tag des Beginns und des Ablaufs der Gültigkeit des Führerscheins,
l) die Nummer und der Tag der Ausstellung eines internationalen Führerscheins, die Geltungsdauer und die Behörde, die diesen Führerschein ausgestellt hat,
m) der Tag der Erteilung einer Fahrerlaubnis zur Fahrgastbeförderung, die Art der Berechtigung, der Tag des Ablaufs der Geltungsdauer, die Nummer des Führerscheins zur Fahrgastbeförderung, die Behörde, die diese Fahrerlaubnis erteilt hat, und der Tag der Verlängerung,
n) der Hinweis auf eine Eintragung im Fahreignungsregister über eine bestehende Einschränkung des Rechts, von der Fahrerlaubnis Gebrauch zu machen,

2. im Rahmen des § 52 Absatz 1 Nummer 3 des Straßenverkehrsgesetzes für Verwaltungsmaßnahmen nur die nach Nummer 1 zu übermittelnden Daten sowie
   a) der Grund des Erlöschens einer Fahrerlaubnis oder Fahrerlaubnisklasse,
   b) die Dauer der Probezeit einschließlich der Restdauer nach vorzeitiger Beendigung der Probezeit und den Beginn und das Ende einer Hemmung der Probezeit,
   c) die Bezeichnung des Staates, in dem der Inhaber einer deutschen Fahrerlaubnis seinen Wohnsitz genommen hat und in dem diese Fahrerlaubnis registriert oder umgetauscht wurde unter Angabe des Tages der Registrierung oder des Umtausches,
   d) die Behörde, die die Fahrerlaubnisakte im Sinne des § 50 Absatz 3 des Straßenverkehrsgesetzes führt,
   e) bei Dienstfahrerlaubnissen der Bundeswehr nur
      aa) Familiennamen, Geburtsnamen, sonstige frühere Namen, soweit dazu eine Eintragung vorliegt, Vornamen, Ordens- oder Künstlernamen, Doktorgrad, Geschlecht, Tag und Ort der Geburt und Hinweise auf Zweifel an der Identität nach § 59 Absatz 1 Satz 5 des Straßenverkehrsgesetzes,
      bb) die Klasse der erteilten Fahrerlaubnis,
      cc) der Tag des Beginns und Ablaufs der Probezeit,
      dd) die Fahrerlaubnisnummer,
3. im Rahmen des § 52 Absatz 2 des Straßenverkehrsgesetzes für Verkehrs- und Grenzkontrollen und für Straßenkontrollen nur die nach Nummer 1 bereit zu haltenden Daten bereit gehalten werden.

(2) Der Abruf darf nur unter Verwendung der Angaben zur Person, der Fahrerlaubnisnummer oder der Führerscheinnummer erfolgen.

(3) Die Daten nach Absatz 1 Nummer 1 werden zum Abruf bereitgehalten für
1. die Bußgeldbehörden, die für die Verfolgung von Verkehrsordnungswidrigkeiten zuständig sind,
2. das Bundeskriminalamt und die Bundespolizei,
3. die mit den Aufgaben nach § 2 des Bundespolizeigesetzes[1] betrauten Stellen der Zollverwaltung und die Zollfahndungsdienststellen,
4. die Polizeibehörden der Länder,
5. Gerichte und Staatsanwaltschaften.

---

[1] **Sartorius Nr. 90.**

(4) Die Daten nach Absatz 1 Nummer 2 werden zum Abruf für die Fahrerlaubnisbehörden bereitgehalten.

(5) Die Daten nach Absatz 1 Nummer 3 werden zum Abruf bereitgehalten für

1. die Bundespolizei,
2. die mit den Aufgaben nach § 2 des Bundespolizeigesetzes betrauten Stellen der Zollverwaltung und die Zollfahndungsdienststellen,
3. das Bundesamt für Logistik und Mobilität,
4. die Polizeibehörden der Länder.

§ 53 Automatisiertes Anfrage- und Auskunftsverfahren beim Zentralen Fahrerlaubnisregister nach § 54 des Straßenverkehrsgesetzes. (1) Übermittelt werden dürfen nur die Daten nach § 51 unter den dort genannten Voraussetzungen.

(2) [1] Die übermittelnde Stelle darf die Übermittlung nur zulassen, wenn deren Durchführung unter Verwendung einer Kennung der zum Empfang

(Fortsetzung nächstes Blatt)

der übermittelten Daten berechtigten Behörde erfolgt. [2] Der Empfänger hat sicherzustellen, dass die übermittelten Daten nur bei den zum Empfang bestimmten Endgeräten empfangen werden.

(3) [1] Die übermittelnde Stelle hat durch ein selbsttätiges Verfahren zu gewährleisten, dass eine Übermittlung nicht erfolgt, wenn die Kennung nicht oder unrichtig angegeben wurde. [2] Sie hat versuchte Anfragen ohne Angabe der richtigen Kennung sowie die Angabe einer fehlerhaften Kennung zu protokollieren. [3] Sie hat ferner im Zusammenwirken mit der anfragenden Stelle jedem Fehlversuch nachzugehen und die Maßnahmen zu ergreifen, die zur Sicherung des ordnungsgemäßen Verfahrens notwendig sind.

(4) Die übermittelnde Stelle hat sicherzustellen, dass die Aufzeichnungen nach § 54 Satz 2 des Straßenverkehrsgesetzes[1)] selbsttätig vorgenommen werden und die Übermittlung bei nicht ordnungsgemäßer Aufzeichnung unterbrochen wird.

§ 54 Sicherung gegen Missbrauch. (1) [1] Die übermittelnde Stelle darf den Abruf im automatisierten Verfahren aus dem Zentralen Fahrerlaubnisregister nach § 53 des Straßenverkehrsgesetzes[1)] nur zulassen, wenn dessen Durchführung unter Verwendung

1. einer Kennung des zum Abruf berechtigten Nutzers und

2. eines Passwortes

erfolgt. [2] Nutzer im Sinne des Satzes 1 Nummer 1 kann eine natürliche Person oder eine Dienststelle sein. [3] Bei Abruf über ein sicheres, geschlossenes Netz kann die Kennung nach Satz 1 Nummer 1 auf Antrag des Netzbetreibers als einheitliche Kennung für die an dieses Netz angeschlossenen Nutzer erteilt werden, sofern der Netzbetreiber selbst abrufberechtigt ist. [4] Die Verantwortung für die Sicherheit des Netzes und die Zulassung ausschließlich berechtigter Nutzer trägt bei Anwendung des Satzes 3 der Netzbetreiber. [5] Ist der Nutzer im Sinne des Satzes 1 Nummer 1 keine natürliche Person, so hat er sicherzustellen, dass zu jedem Abruf die jeweils abrufende natürliche Person festgestellt werden kann. [6] Der Nutzer oder die abrufende Person haben vor dem ersten Abruf ein eigenes Passwort zu wählen und dieses jeweils spätestens nach einem von der übermittelnden Stelle vorgegebenen Zeitraum zu ändern.

(2) [1] Die übermittelnde Stelle hat durch ein selbsttätiges Verfahren zu gewährleisten, dass keine Abrufe erfolgen können, sobald die Kennung nach Absatz 1 Satz 1 Nummer 1 oder das Passwort mehr als zweimal hintereinander unrichtig übermittelt wurde. [2] Die abrufende Stelle hat Maßnahmen zum Schutz gegen unberechtigte Nutzungen des Abrufsystems zu treffen.

(3) [1] Die übermittelnde Stelle hat sicherzustellen, dass die Aufzeichnungen nach § 53 *Absatz 3 des Straßen*verkehrsgesetzes über die Abrufe selbsttätig vorgenommen werden und dass der Abruf bei nicht ordnungsgemäßer Aufzeichnung unterbrochen wird. [2] Der Aufzeichnung unterliegen auch versuchte Abrufe, die unter Verwendung von fehlerhaften Kennungen mehr als einmal vorgenommen wurden. [3] Satz 1 gilt entsprechend für die weiteren Aufzeichnungen nach § 53 Absatz 4 des Straßenverkehrsgesetzes.

[1)] **Schönfelder Nr. 35.**

§ 55 Aufzeichnung der Abrufe. (1) [1] Der Anlass des Abrufs ist unter Verwendung folgender Schlüsselzeichen zu übermitteln:

A. Überwachung des Straßenverkehrs

B. Grenzkontrollen

C. Verwaltungsmaßnahmen auf dem Gebiet des Straßenverkehrs, soweit sie die Berechtigung zum Führen von Kraftfahrzeugen betreffen

D. Ermittlungsverfahren wegen Straftaten

E. Ermittlungsverfahren wegen Verkehrsordnungswidrigkeiten

F. Sonstige Anlässe.

[2] Bei Verwendung der Schlüsselzeichen D, E und F ist ein auf den bestimmten Anlass bezogenes Aktenzeichen oder eine Tagebuchnummer zusätzlich zu übermitteln, falls dies beim Abruf angegeben werden kann. [3] Ansonsten ist jeweils in Kurzform bei der Verwendung des Schlüsselzeichens D oder E die Art der Straftat oder der Verkehrsordnungswidrigkeit oder bei Verwendung des Schlüsselzeichens F die Art der Maßnahme oder des Ereignisses zu bezeichnen.

(2) [1] Zur Feststellung der für den Abruf verantwortlichen Person sind der übermittelnden Stelle die Dienstnummer, die Nummer des Dienstausweises, ein Namenskurzzeichen unter Angabe der Organisationseinheit oder andere Hinweise mitzuteilen, die unter Hinzuziehung von Unterlagen bei der abrufenden Stelle diese Feststellung ermöglichen. [2] Als Hinweise im Sinne von Satz 1 gelten insbesondere:

1. das nach Absatz 1 übermittelte Aktenzeichen oder die Tagebuchnummer, sofern die Tatsache des Abrufs unter Bezeichnung der hierfür verantwortlichen Person aktenkundig gemacht wird,
2. der Funkrufname, sofern dieser zur nachträglichen Feststellung der für den Abruf verantwortlichen Person geeignet ist.

(3) Für die nach § 53 Absatz 4 des Straßenverkehrsgesetzes[1)] vorgeschriebenen weiteren Aufzeichnungen ist § 53 Absatz 3 Satz 2 und 3 des Straßenverkehrsgesetzes entsprechend anzuwenden.

§ 56[2)] Abruf im automatisierten Verfahren aus dem Zentralen Fahrerlaubnisregister durch Stellen im Ausland nach § 56 des Straßenverkehrsgesetzes. (1) Zur Übermittlung aus dem Zentralen Fahrerlaubnisregister dürfen durch Abruf im automatisierten Verfahren

1. im Rahmen des § 55 Absatz 1 Nummer 1 des Straßenverkehrsgesetzes[1)] für Verwaltungsmaßnahmen nur die nach § 49 Absatz 1 Nummer 1 bis 3, 5 bis 11 und 12 bis 15 gespeicherten Daten,
2. im Rahmen des § 55 Absatz 1 Nummer 2 und 3 des Straßenverkehrsgesetzes für Maßnahmen wegen Straftaten oder Zuwiderhandlungen nur die nach § 49 Absatz 1 Nummer 1 bis 3, 5 bis 11 und 13 und 15 gespeicherten Daten

bereitgehalten werden.

[1)] **Schönfelder Nr. 35.**

[2)] § 56 Abs. 1 Nr. 1 und 2 geänd. mWv 19. 1. 2013 durch *VO v. 26. 6.* 2012 (BGBl. I S. 1394).

(2) § 51 Absatz 2 (Empfänger der Daten), § 52 Absatz 2 (für den Abruf zu verwendende Daten), § 54 (Sicherung gegen Missbrauch) und § 55 (Aufzeichnung der Abrufe) sind entsprechend anzuwenden.

§ 57[1)] Speicherung der Daten in den örtlichen Fahrerlaubnisregistern.

Über Fahrerlaubnisinhaber sowie über Personen, denen ein Verbot erteilt wurde, ein Fahrzeug zu führen, sind im örtlichen Fahrerlaubnisregister nach § 50 des Straßenverkehrsgesetzes[2)] folgende Daten zu speichern:

1. Familiennamen, Geburtsnamen, sonstige frühere Namen, Vornamen, Ordens- oder Künstlernamen, Doktorgrad, Tag und Ort der Geburt, Anschrift, Geschlecht, Staatsangehörigkeit und Art des Ausweisdokumentes sowie, soweit angegeben, die E-Mail-Adresse,
2. die Klassen der erteilten Fahrerlaubnis,
3. der Tag der Erteilung der jeweiligen Fahrerlaubnisklasse sowie die erteilende Behörde,
4. der Tag des Beginns und des Ablaufs der Probezeit gemäß § 2a des Straßenverkehrsgesetzes,
5. der Tag des Ablaufs der Gültigkeit befristet erteilter Fahrerlaubnisse sowie der Tag der Verlängerung,
6. Auflagen, Beschränkungen und Zusatzangaben zur Fahrerlaubnis oder einzelnen Klassen gemäß Anlage 9,
7. die Fahrerlaubnisnummer oder bei nach bisherigem Recht erteilten Fahrerlaubnissen die Listennummer,
8. die Führerscheinnummer,
9. der Tag der Ausstellung des Führerscheins oder eines Ersatzführerscheins sowie die Behörde, die den Führerschein oder den Ersatzführerschein ausgestellt hat,
10. die Führerscheinnummer, der Tag der Ausstellung und der Verbleib bisheriger Führerscheine, sofern die Führerscheine nicht amtlich eingezogen oder vernichtet wurden, sowie ein Hinweis, ob der Führerschein zur Einziehung, Beschlagnahme oder Sicherstellung ausgeschrieben ist,
11. (weggefallen)
12. die Bezeichnung des Staates, in dem der Inhaber einer deutschen Fahrerlaubnis seinen Wohnsitz genommen hat und in dem diese Fahrerlaubnis registriert oder umgetauscht wurde unter Angabe des Tages der Registrierung oder des Umtausches,
13. die Nummer und der Tag der Ausstellung eines internationalen Führerscheins, die Geltungsdauer sowie die Behörde, die diesen Führerschein ausgestellt hat,
14. der Tag der Erteilung einer Fahrerlaubnis zur Fahrgastbeförderung, die Art der Berechtigung, der Tag des Ablaufs der Geltungsdauer, die Nummer des Führerscheins zur Fahrgastbeförderung sowie der Tag der Verlängerung,
15. Hinweise zum Verbleib ausländischer Führerscheine, auf Grund derer die deutsche Fahrerlaubnis erteilt wurde,

---

1) § 57 Nr. 25 neu gef. mWv 1.5.2014 durch VO v. 5.11.2013 (BGBl. I S. 3920); Nr. 1 neu gef. mWv 28.12.2016 durch VO v. 21.12.2016 (BGBl. I S. 3083); Nr. 1 geänd. mWv 1.6.2020 durch G v. 5.12.2019 (BGBl. I S. 2008).

2) **Habersack, Deutsche Gesetze Nr. 35.**

16. der Tag der unanfechtbaren Versagung der Fahrerlaubnis, der Tag der Bestandskraft der Entscheidung, die entscheidende Stelle, der Grund der Entscheidung und das Aktenzeichen,
17. der Tag der vorläufigen, sofort vollziehbaren sowie der rechts- oder bestandskräftigen Entziehung der Fahrerlaubnis, der Tag der Rechts- oder Bestandskraft der Entscheidung, die entscheidende Stelle, der Grund der Entscheidung und der Tag des Ablaufs einer etwaigen Sperre,
18. der Tag der vorläufigen, sofort vollziehbaren sowie der rechts- und bestandskräftigen Aberkennung des Rechts, von einer ausländischen Fahrerlaubnis Gebrauch zu machen, der Tag der Rechts- oder Bestandskraft, die entscheidende Stelle, der Grund der Entscheidung und der Tag des Ablaufs einer etwaigen Sperre,
19. der Tag des Zugangs der Erklärung über den Verzicht auf die Fahrerlaubnis bei der Fahrerlaubnisbehörde und dem Erklärungsempfänger,
20. der Tag der Neuerteilung einer Fahrerlaubnis oder der Erteilung des Rechts, von einer ausländischen Fahrerlaubnis wieder Gebrauch zu machen, nach vorangegangener Entziehung oder Aberkennung oder vorangegangenem Verzicht, sowie die erteilende Behörde,
21. der Tag der Rechtskraft der Anordnung einer Sperre nach § 69a Absatz 1 Satz 3 des Strafgesetzbuches[1], die anordnende Stelle und der Tag des Ablaufs,
22. der Tag des Verbots, ein Fahrzeug zu führen, die entscheidende Stelle, der Tag der Rechts- oder Bestandskraft der Entscheidung sowie der Tag der Wiederzulassung,
23. der Tag des Widerrufs oder der Rücknahme der Fahrerlaubnis, die entscheidende Stelle sowie der Tag der Rechts- oder Bestandskraft der Entscheidung,
24. der Tag der Beschlagnahme, Sicherstellung und Verwahrung des Führerscheins nach § 94 der Strafprozessordnung[2], die anordnende Stelle sowie der Tag der Aufhebung dieser Maßnahmen und der Rückgabe des Führerscheins,
25. der Tag und die Art von Maßnahmen nach dem Fahreignungs-Bewertungssystem, die Teilnahme an einem Fahreignungsseminar und der Tag der Beendigung des Fahreignungsseminars sowie der Tag der Ausstellung der Teilnahmebescheinigung,
26. der Tag und die Art von Maßnahmen bei Inhabern einer Fahrerlaubnis auf Probe, die gesetzte Frist, die Teilnahme an einem Aufbauseminar, die Art des Seminars, der Tag seiner Beendigung, der Tag der Ausstellung der Teilnahmebescheinigung sowie die Teilnahme an einer verkehrspsychologischen Beratung und der Tag der Ausstellung der Teilnahmebescheinigung.

(Fortsetzung nächstes Blatt)

---

[1] **Habersack, Deutsche Gesetze Nr. 85.**
[2] **Habersack, Deutsche Gesetze Nr. 90.**

§ 58 Übermittlung von Daten aus den örtlichen Fahrerlaubnisregistern. (1) Für die Verfolgung von Straftaten, zur Vollstreckung und zum Vollzug von Strafen dürfen im Rahmen des § 52 Absatz 1 Nummer 1 des Straßenverkehrsgesetzes[1)] nur die nach § 57 Nummer 1 bis 10 und 12 bis 15 gespeicherten Daten übermittelt werden.

(2) Für die Verfolgung von Ordnungswidrigkeiten und die Vollstreckung von Bußgeldbescheiden und ihren Nebenfolgen dürfen im Rahmen des § 52 Absatz 1 Nummer 2 des Straßenverkehrsgesetzes nur die nach § 57 Nummer 1 bis 10 und 12 bis 15 gespeicherten Daten übermittelt werden.

(3) Für

1. die Erteilung, Verlängerung, Entziehung oder Beschränkung einer Fahrerlaubnis,
2. die Aberkennung oder Einschränkung des Rechts, von einer ausländischen Fahrerlaubnis Gebrauch zu machen,
3. das Verbot, ein Fahrzeug zu führen,
4. die Anordnung von Auflagen zu einer Fahrerlaubnis

dürfen die Fahrerlaubnisbehörden einander im Rahmen des § 52 Absatz 1 Nummer 3 des Straßenverkehrsgesetzes nur die nach § 57 Nummer 1 bis 10 und 12 bis 15 gespeicherten Daten übermitteln.

(4) Für Verkehrs- und Grenzkontrollen dürfen im Rahmen des § 52 Absatz 2 des Straßenverkehrsgesetzes nur die nach § 57 Nummer 1, 2, 4 bis 10 und 12 gespeicherten Daten übermittelt werden.

(5) [1] Die Daten nach den Absätzen 1, 2 und 4 dürfen für die dort genannten Zwecke aus dem örtlichen Fahrerlaubnisregister im automatisierten Verfahren abgerufen werden. [2] § 52 Absatz 2, 3 und 5, §§ 53, 54 und 55 Absatz 1 bis 3 sind entsprechend anzuwenden.

2.[2)] Fahreignungsregister

§ 59[3)] Speicherung von Daten im Fahreignungsregister. (1) Im Fahreignungsregister sind im Rahmen von § 28 Absatz 3 des Straßenverkehrsgesetzes[1)] folgende Daten zu speichern:

1. Familiennamen, Geburtsnamen, sonstige frühere Namen, soweit hierzu Eintragungen vorliegen, Vornamen, Ordens- oder Künstlernamen, Doktorgrad, Geschlecht, Tag und Ort der Geburt, Anschrift des Betroffenen, Staatsangehörigkeit sowie Hinweise auf Zweifel an der Identität gemäß § 28 Absatz 5 des Straßenverkehrsgesetzes,
2. die entscheidende Stelle, der Tag der Entscheidung, die Geschäftsnummer oder das Aktenzeichen, die mitteilende Stelle und der Tag der Mitteilung,

---

1) **Schönfelder Nr. 35.**

2) Überschrift zu Abschnitt III Unterabschnitt 2 geänd. mWv 1.5.2014 durch VO v. 5 11.2013 (BGBl. I S. 3920).

3) § 59 Abs. 1 Nr. 9 neu gef. mWv 1.1.2011 durch VO v. 17.12.2010 (BGBl. I S. 2279); Abs. 1 Nr. 9 geänd. mWv 30.6.2012 durch VO v. 26.6.2012 (BGBl. I S. 1394); Überschrift neu gef., Abs. 1 einl. Satzteil, Nr. 5, 8 und 14 geänd., Nr. 7, 12 und 13 neu gef. mWv 1.5.2014 durch VO v. 5.11.2013 (BGBl. I S. 3920); Abs. 4 Satz 1 geänd. mWv 1.5.2014 durch VO v. 16.4.2014 (BGBl. I S. 348); Abs. 1 Nr. 10 geänd. mWv 1.1.2017 durch VO v. 21.12.2016 (BGBl. I S. 3083); Abs. 2 einl. Satzteil geänd. mWv 4.1.2018 durch VO v. 2.1.2018 (BGBl. I S. 2).

3. Ort, Tag und Zeit der Tat, die Angabe, ob die Tat in Zusammenhang mit einem Verkehrsunfall steht, die Art der Verkehrsteilnahme sowie die Fahrzeugart,
4. der Tag des ersten Urteils oder bei einem Strafbefehl der Tag der Unterzeichnung durch den Richter sowie der Tag der Rechtskraft oder Unanfechtbarkeit, der Tag der Maßnahme nach den §§ 94 und 111a der Strafprozessordnung[1)],
5. bei Entscheidungen wegen einer Straftat oder einer Ordnungswidrigkeit die rechtliche Bezeichnung der Tat unter Angabe der angewendeten Vorschriften, bei sonstigen Entscheidungen die Art, die Rechtsgrundlagen sowie bei verwaltungsbehördlichen Entscheidungen nach § 28 Absatz 3 Nummer 4, 5, 6, und 8 des Straßenverkehrsgesetzes der Grund der Entscheidung,
6. die Haupt- und Nebenstrafen, die nach § 59 des Strafgesetzbuches[2)] vorbehaltene Strafe, das Absehen von Strafe, die Maßregeln der Besserung und Sicherung, die Erziehungsmaßregeln, die Zuchtmittel oder die Jugendstrafe, die Geldbuße und das Fahrverbot, auch bei Gesamtstrafenbildung für die einbezogene Entscheidung,
7. die vorgeschriebene Einstufung als
   a) Straftat mit Entziehung der Fahrerlaubnis oder mit isolierter Sperre mit drei Punkten,
   b) Straftat ohne Entziehung der Fahrerlaubnis und ohne isolierte Sperre oder als besonders verkehrssicherheitsbeeinträchtigende Ordnungswidrigkeit mit zwei Punkten oder
   c) verkehrssicherheitsbeeinträchtigende Ordnungswidrigkeit mit einem Punkt

   und die entsprechende Kennziffer,
8. die Fahrerlaubnisdaten unter Angabe der Fahrerlaubnisnummer, der Art der Fahrerlaubnis, der Fahrerlaubnisklassen, der erteilenden Behörde und des Tages der Erteilung, soweit sie im Rahmen von Entscheidungen wegen Straftaten oder Ordnungswidrigkeiten dem Fahreignungsregister mitgeteilt sind,
9. bei einer Versagung, Entziehung oder Aberkennung des Rechts, von der Fahrerlaubnis im Inland Gebrauch zu machen, oder einer Feststellung über die fehlende Fahrberechtigung durch eine Fahrerlaubnisbehörde der Grund der Entscheidung und die entsprechende Kennziffer sowie den Tag des Ablaufs der Sperrfrist,
10. bei einem Verzicht auf die Fahrerlaubnis der Tag des Zugangs der Verzichtserklärung bei der zuständigen Behörde sowie der Tag des Ablaufs der Sperrfrist,
11. bei einem Fahrverbot der Hinweis auf § 25 Absatz 2a Satz 1 des Straßenverkehrsgesetzes und der Tag des Fristablaufs sowie bei einem Verbot oder einer Beschränkung, ein fahrerlaubnisfreies Fahrzeug zu führen, der Tag des Ablaufs oder der Aufhebung der Maßnahme,

---

[1)] **Schönfelder Nr. 90.**
[2)] **Schönfelder Nr. 85.**

12. bei der Teilnahme an einem Fahreignungsseminar, einem Aufbauseminar, einem besonderen Aufbauseminar oder einer verkehrspsychologischen Beratung die rechtliche Grundlage, der Tag der Beendigung des Seminars, der Tag der Ausstellung der Teilnahmebescheinigung und der Tag, an dem die Bescheinigung der zuständigen Behörde vorgelegt wurde,
13. der Punktabzug auf Grund der freiwilligen Teilnahme an einem Fahreignungsseminar,
14. bei Maßnahmen nach § 2a Absatz 2 Satz 1 Nummer 1 und 2 und § 4 Absatz 5 Satz 1 Nummer 1 und 2 des Straßenverkehrsgesetzes die Behörde, der Tag und die Art der Maßnahme sowie die gesetzte Frist, die Geschäftsnummer oder das Aktenzeichen.

(2) Über Entscheidungen und Erklärungen im Rahmen des § 59 Absatz 2 des Fahrlehrergesetzes werden gespeichert:

1. die Angaben zur Person nach Absatz 1 Nummer 1 mit Ausnahme des Hinweises auf Zweifel an der Identität,
2. die Angaben zur Entscheidung nach Absatz 1 Nummer 2,
3. Ort und Tag der Tat,
4. der Tag der Unanfechtbarkeit, sofortigen Vollziehbarkeit oder Rechtskraft der Entscheidung, des Ruhens oder des Erlöschens der Fahrlehrerlaubnis oder der Tag der Abgabe der Erklärung,
5. die Angaben zur Entscheidung nach Absatz 1 Nummer 5,
6. die Höhe der Geldbuße,
7. die Angaben zur Fahrlehrerlaubnis in entsprechender Anwendung des Absatzes 1 Nummer 8,
8. bei einer Versagung der Fahrlehrerlaubnis der Grund der Entscheidung,
9. der Hinweis aus dem Zentralen Fahrerlaubnisregister bei Erteilung einer Fahrlehrerlaubnis nach vorangegangener Versagung, Rücknahme und vorangegangenem Widerruf.

(3) [1] Enthält eine strafgerichtliche Entscheidung sowohl registerpflichtige als auch nicht registerpflichtige Teile, werden in Fällen der Tateinheit (§ 52 des Strafgesetzbuches) nur die registerpflichtigen Taten sowie die Folgen mit dem Hinweis aufgenommen, dass diese sich auch auf nicht registerpflichtige Taten beziehen. [2] In Fällen der Tatmehrheit (§ 53 des Strafgesetzbuches und § 460 der Strafprozessordnung) sind die registerpflichtigen Taten mit ihren Einzelstrafen und einem Hinweis einzutragen, dass diese in einer Gesamtstrafe aufgegangen sind; ist auf eine einheitliche Jugendstrafe (§ 31 des Jugendgerichtsgesetzes[1]) erkannt worden, wird nur die Verurteilung wegen der registerpflichtigen Straftaten, nicht aber die Höhe der Jugendstrafe eingetragen. [3] Die Eintragung sonstiger Folgen bleibt unberührt.

(4) [1] Enthält eine Entscheidung wegen einer Ordnungswidrigkeit sowohl registerpflichtige als auch nicht registerpflichtige Teile, werden in Fällen der Tateinheit (§ 19 des Gesetzes über Ordnungswidrigkeiten[2]) nur die registerpflichtigen Taten sowie die Folgen mit dem Hinweis eingetragen, dass sich die Geldbuße auch auf nicht registerpflichtige Taten bezieht. [2] In Fällen der Tatmehrheit (§ 20 des Gesetzes über Ordnungswidrigkeiten) sind nur die registerpflichtigen Teile einzutragen.

[1] **Habersack, Deutsche Gesetze Nr. 89.**
[2] **Habersack, Deutsche Gesetze Nr. 94.**

§ 60[1)] Übermittlung von Daten nach § 30 des Straßenverkehrsgesetzes.

(1) Für Maßnahmen wegen Straftaten oder Ordnungswidrigkeiten werden gemäß § 30 Absatz 1 Nummer 1 und 2 des Straßenverkehrsgesetzes[2)] die auf Grund des § 28 Absatz 3 Nummer 1 bis 3 des Straßenverkehrsgesetzes nach § 59 Absatz 1 dieser Verordnung gespeicherten Daten und – soweit Kenntnis über den Besitz von Fahrerlaubnissen und Führerscheinen sowie über die Berechtigung zum Führen von Kraftfahrzeugen erforderlich ist – die auf Grund des § 28 Absatz 3 Nummer 1 bis 9 des Straßenverkehrsgesetzes nach § 59 Absatz 1 dieser Verordnung gespeicherten Daten übermittelt.

(2) [1] Für Verwaltungsmaßnahmen nach dem Straßenverkehrsgesetz oder dieser Verordnung werden gemäß § 30 Absatz 1 Nummer 3 des Straßenverkehrsgesetzes die auf Grund des § 28 Absatz 3 des Straßenverkehrsgesetzes nach § 59 Absatz 1 dieser Verordnung gespeicherten Daten übermittelt. [2] Für Verwaltungsmaßnahmen nach der Straßenverkehrs-Zulassungs-Ordnung wegen der Zustimmung der zuständigen Behörden zur Betrauung mit der Durchführung der Untersuchungen nach § 29 der Straßenverkehrs-Zulassungs-Ordnung[3)] (Nummer 3.7 der Anlage VIIIb der Straßenverkehrs-Zulassungs-Ordnung) werden gemäß § 30 Absatz 1 Nummer 3 des Straßenverkehrsgesetzes die auf Grund des § 28 Absatz 3 Nummer 1 bis 9 des Straßenverkehrsgesetzes nach § 59 Absatz 1 dieser Verordnung gespeicherten Daten übermittelt. [3] Für Verwaltungsmaßnahmen nach der Straßenverkehrs-Zulassungs-Ordnung[4)] wegen

1. der Anerkennung von Kraftfahrzeugwerkstätten zur Durchführung von Sicherheitsprüfungen nach Anlage VIIIc der Straßenverkehrs-Zulassungs-Ordnung,
2. der Anerkennung von Überwachungsorganisationen nach Anlage VIIIb der Straßenverkehrs-Zulassungs-Ordnung,
3. der Anerkennung von Kraftfahrzeugwerkstätten zur Durchführung von Abgasuntersuchungen nach Anlage VIIIc der Straßenverkehrs-Zulassungs-Ordnung und für die Zuteilung von roten Kennzeichen nach § 41 Absatz 4 oder § 43 der Fahrzeug-Zulassungsverordnung

werden gemäß § 30 Absatz 1 Nummer 3 des Straßenverkehrsgesetzes die auf Grund des § 28 Absatz 3 Nummer 1 bis 3 des Straßenverkehrsgesetzes nach § 59 Absatz 1 dieser Verordnung gespeicherten Daten übermittelt.

(Fortsetzung nächstes Blatt)

---

1) § 60 Abs. 1, 2 Satz 2, Abs. 3 Satz 1 abschl. Satzteil, Abs. 4 und 6 geänd., Abs. 5 neu gef. mWv 1.5. 2014 durch VO v. 5.11.2013 (BGBl. I S. 3920); Abs. 2 Satz 3 Nr. 3 geänd. mWv 1.9.2023 durch VO v. 20.7.2023 (BGBl. 2023 I Nr. 199).

2) **Habersack, Deutsche Gesetze Nr. 35.**

3) Nr. **35b**.

4) Auszugsweise abgedruckt unter Nr. **35b**.

(3) [1] Für Verwaltungsmaßnahmen

1. nach dem Fahrlehrergesetz oder den auf Grund dieses Gesetzes erlassenen Rechtsvorschriften,
2. nach dem Kraftfahrsachverständigengesetz oder den auf Grund dieses Gesetzes erlassenen Rechtsvorschriften,
3. nach dem Gesetz über das Fahrpersonal im Straßenverkehr oder den auf Grund dieses Gesetzes erlassenen Rechtsvorschriften

werden gemäß § 30 Absatz 2 des Straßenverkehrsgesetzes die auf Grund des § 28 Absatz 3 Nummer 1 bis 9 des Straßenverkehrsgesetzes nach § 59 Absatz 1 – für Verwaltungsmaßnahmen nach Nummer 1 zusätzlich nach § 59 Absatz 2 – dieser Verordnung gespeicherten Daten übermittelt. [2] Für Verwaltungsmaßnahmen

1. auf Grund der gesetzlichen Bestimmungen über die Notfallrettung und den Krankentransport,
2. nach dem Personenbeförderungsgesetz[1)] oder den auf Grund dieses Gesetzes erlassenen Rechtsvorschriften,
3. nach dem Güterkraftverkehrsgesetz[2)] oder den auf Grund dieses Gesetzes erlassenen Rechtsvorschriften,
4. nach dem Gesetz über die Beförderung gefährlicher Güter oder den auf Grund dieses Gesetzes erlassenen Rechtsvorschriften

werden gemäß § 30 Absatz 2 des Straßenverkehrsgesetzes die auf Grund des § 28 Absatz 3 Nummer 1 bis 3 des Straßenverkehrsgesetzes nach § 59 Absatz 1 dieser Verordnung gespeicherten Daten übermittelt.

(4) Für Verkehrs- und Grenzkontrollen gemäß § 30 Absatz 3 des Straßenverkehrsgesetzes werden die auf Grund des § 28 Absatz 3 Nummer 1, sofern die Entziehung der Fahrerlaubnis, eine isolierte Sperre oder ein Fahrverbot angeordnet wurde, Nummer 2, 3 Buchstabe a Doppelbuchstabe aa, Buchstabe b und Nummer 4 bis 9 des Straßenverkehrsgesetzes nach § 59 Absatz 1 dieser Verordnung gespeicherten Daten übermittelt.

(5) Für luftverkehrsrechtliche Maßnahmen nach § 30 Absatz 4 des Straßenverkehrsgesetzes, schiffsverkehrsrechtliche Maßnahmen nach § 30 Absatz 4 a des Straßenverkehrsgesetzes und eisenbahnverkehrsrechtliche Maßnahmen nach § 30 Absatz 4 b des Straßenverkehrsgesetzes werden die auf Grund des § 28 Absatz 3 Nummer 1 bis 9 des Straßenverkehrsgesetzes nach § 59 Absatz 1 dieser Verordnung gespeicherten Daten übermittelt.

(6) Im Rahmen des § 30 Absatz 7 des Straßenverkehrsgesetzes werden die auf Grund des § 28 Absatz 3 Nummer 1 bis 9 des Straßenverkehrsgesetzes nach § 59 Absatz 1 dieser Verordnung gespeicherten Daten

1. für *Verwaltungsmaßnahmen auf* dem Gebiet des Straßenverkehrs den Straßenverkehrsbehörden und
2. für die Verfolgung von Zuwiderhandlungen gegen Rechtsvorschriften auf dem Gebiet des Straßenverkehrs oder für die Verfolgung von Straftaten den Polizei- und Justizbehörden

---

1) Sartorius Nr. 950.
2) Sartorius Nr. 952.

unmittelbar übermittelt, wenn nicht der Empfängerstaat mitgeteilt hat, dass andere Behörden zuständig sind.

§ 61[1] Abruf im automatisierten Verfahren nach § 30 a des Straßenverkehrsgesetzes. (1) Zur Übermittlung nach § 30 a Absatz 1 und 3 des Straßenverkehrsgesetzes[2] durch Abruf im automatisierten Verfahren dürfen folgende Daten bereitgehalten werden:

1. Familiennamen, Geburtsnamen, sonstige frühere Namen, soweit hierzu Eintragungen vorliegen, Vornamen, Ordens- oder Künstlernamen, Doktorgrad, Geschlecht, Tag und Ort der Geburt, Anschrift des Betroffenen, Staatsangehörigkeit sowie Hinweise auf Zweifel an der Identität gemäß § 28 Absatz 5 des Straßenverkehrsgesetzes,
2. die Tatsache, ob über die betreffende Person Eintragungen vorhanden sind,
3. die Eintragungen über Ordnungswidrigkeiten mit den Angaben über
   a) die entscheidende Stelle, den Tag der Entscheidung und die Geschäftsnummer oder das Aktenzeichen, die mitteilende Stelle und den Tag der Mitteilung, den Tag der Rechtskraft,
   b) Ort, Tag und Zeit der Tat, die Angabe, ob die Tat im Zusammenhang mit einem Verkehrsunfall steht, die Art der Verkehrsteilnahme sowie die Fahrzeugart,
   c) die rechtliche Bezeichnung der Tat unter Angabe der anzuwendenden Vorschriften, die Höhe der Geldbuße und das Fahrverbot,
   d) bei einem Fahrverbot den Hinweis auf § 25 Absatz 2 a Satz 1 des Straßenverkehrsgesetzes und den Tag des Fristablaufs,
   e) die Fahrerlaubnis nach § 59 Absatz 1 Nummer 8,
   f) die vorgeschriebene Einstufung als besonders verkehrssicherheitsbeeinträchtigende Ordnungswidrigkeit mit zwei Punkten oder als verkehrssicherheitsbeeinträchtigende Ordnungswidrigkeit mit einem Punkt und die entsprechende Kennziffer,
4. die Angaben über die Fahrerlaubnis (Klasse, Art und etwaige Beschränkungen) sowie
   a) die unanfechtbare Versagung einer Fahrerlaubnis, einschließlich der Ablehnung der Verlängerung einer befristeten Fahrerlaubnis,
   b) die rechtskräftige Anordnung einer Fahrerlaubnissperre und der Tag des Ablaufs der Sperrfrist,
   c) die rechtskräftige oder vorläufige Entziehung einer Fahrerlaubnis und der Tag des Ablaufs der Sperrfrist,
   d) die unanfechtbare oder sofort vollziehbare Entziehung oder Rücknahme sowie der unanfechtbare oder sofort vollziehbare Widerruf einer Fahrerlaubnis,

---

[1] § 61 Abs. 1 Nr. 4 Buchst. f neu gef. mWv 1. 1. 2011 durch VO v. 17. 12. 2010 (BGBl. I S. 2279); Abs. 1 Nr. 3 Buchst. f neu gef., Nr. 4 Buchst. h geänd. und abschl. Satzteil angef., Nr. 5 *und 6 angef., Abs. 3 neu gef.*, Abs. 4 und 5 aufgeh., Abs. 7 geänd. mWv 1. 5. 2014 durch VO v. 5. 11. 2013 (BGBl. I S. 3920).

[2] **Schönfelder Nr. 35.**

e) das Bestehen eines rechtskräftigen Fahrverbots unter Angabe des Tages des Ablaufs des Verbots,

f) die rechtskräftige Aberkennung des Rechts, von einer ausländischen Fahrerlaubnis Gebrauch zu machen, und der Tag des Ablaufs der Sperrfrist sowie die Feststellung über die fehlende Fahrberechtigung,

g) die Beschlagnahme, Sicherstellung oder Verwahrung des Führerscheins nach § 94 der Strafprozessordnung[1] und

h) der Verzicht auf eine Fahrerlaubnis,

jeweils mit den Angaben über die Geschäftsnummer oder das Aktenzeichen, die mitteilende Stelle und den Tag der Mitteilung, die Rechtsgrundlagen sowie den Angaben über die Fahrerlaubnis nach § 59 Absatz 1 Nummer 8 und darüber hinaus bei Buchstaben a bis g die entscheidende Stelle, den Tag der Entscheidung sowie den Grund der Maßnahme oder bei Buchstabe h den Tag des Zugangs des Verzichts bei der zuständigen Behörde,

5. die Eintragungen nach § 28 Absatz 3 Nummer 1 und 2 des Straßenverkehrsgesetzes über Entscheidungen der Strafgerichte mit den Angaben über

a) die entscheidende Stelle, den Tag des ersten Urteils oder bei Strafbefehlen den Tag der Unterzeichnung durch den Richter, die Geschäftsnummer oder das Aktenzeichen, die mitteilende Stelle und den Tag der Mitteilung, den Tag der Rechtskraft,

b) Ort, Tag und Zeit der Tat, die Angaben, ob die Tat im Zusammenhang mit einem Verkehrsunfall steht, die Art der Verkehrsteilnahme sowie die Fahrzeugart,

c) die rechtliche Bezeichnung der Tat unter Angabe der angewendeten Vorschriften, die Haupt- und Nebenstrafe, die nach § 59 des Strafgesetzbuches[2] vorbehaltene Strafe, das Absehen von Strafe, die Maßregeln der Besserung und Sicherung, die Erziehungsmaßregeln, die Zuchtmittel und die Jugendstrafe, die Geldstrafe, die rechtskräftige oder vorläufige Entziehung der Fahrerlaubnis und den Tag des Ablaufs der Sperrfrist, die Anordnung einer Fahrerlaubnissperre und den Tag des Ablaufs der Sperrfrist, das Bestehen eines rechtskräftigen Fahrverbots unter Angabe des Ablaufs des Verbots sowie die vorgeschriebene Einstufung als Straftat mit Entziehung der Fahrerlaubnis oder mit isolierter Sperre mit drei Punkten oder als Straftat ohne Entziehung der Fahrerlaubnis und ohne isolierte Sperre mit zwei Punkten und die entsprechende Kennziffer,

d) bei einem Fahrverbot den Hinweis auf § 25 Absatz 2a Satz 1 des Straßenverkehrsgesetzes oder § 44 Absatz 3 Satz 1 des Strafgesetzbuches und den Tag des Fristablaufs,

e) die Angaben über die Fahrerlaubnis nach § 59 Absatz 1 Nummer 8,

6. die Eintragungen nach § 28 Absatz 3 Nummer 9 des Straßenverkehrsgesetzes über Entscheidungen der Justizbehörden bei Beschlagnahme, Sicherstellung oder Verwahrung des Führerscheins oder über die vorläufige Entziehung des Führerscheins nach § 94 oder § 111a der Strafprozessordnung mit den Angaben über die entscheidende Stelle, den Tag der Maßnahme und die Geschäftsnummer oder das Aktenzeichen, die mitteilende Stelle und den Tag

---

[1] **Schönfelder Nr. 90.**
[2] **Schönfelder Nr. 85.**

der Mitteilung und Angaben über die Fahrerlaubnis nach § 59 Absatz 1 Nummer 8.

(2) Der Abruf darf nur unter Verwendung der Angaben zur Person erfolgen.

(3) § 60 Absatz 1 bis 5 findet entsprechende Anwendung.

(4), (5) *(aufgehoben)*

(6) Wegen der Sicherung gegen Missbrauch ist § 54 und wegen der Aufzeichnungen der Abrufe § 55 anzuwenden.

(7) Im Rahmen von § 30 Absatz 7 des Straßenverkehrsgesetzes dürfen die in § 30a Absatz 5 des Straßenverkehrsgesetzes genannten Daten aus dem Fahreignungsregister durch Abruf im automatisierten Verfahren den in § 60 Absatz 6 genannten Stellen in einem Mitgliedstaat der Europäischen Union oder in einem anderen Vertragsstaat des Abkommens über den Europäischen Wirtschaftsraum übermittelt werden.

§ 62[1] Automatisiertes Anfrage- und Auskunftsverfahren nach § 30b des Straßenverkehrsgesetzes. (1) Die Übermittlung der Daten nach § 60 ist auch in einem automatisierten Anfrage- und Auskunftsverfahren zulässig.

(2) § 53 ist anzuwenden.

§ 63 Vorzeitige Tilgung. (1) Wurde die Fahrerlaubnis durch eine Fahrerlaubnisbehörde ausschließlich wegen körperlicher oder geistiger Mängel oder wegen fehlender Befähigung entzogen oder aus den gleichen Gründen versagt, ist die Eintragung mit dem Tag der Erteilung der neuen Fahrerlaubnis zu tilgen.

(2) Eintragungen von gerichtlichen Entscheidungen über die vorläufige Entziehung der Fahrerlaubnis, von anfechtbaren Entscheidungen der Fahrerlaubnisbehörden sowie von Maßnahmen nach § 94 der Strafprozessordnung[2] sind zu tilgen, wenn die betreffenden Entscheidungen aufgehoben wurden.

§ 64[3] Identitätsnachweis. (1)[4] Als Identitätsnachweis bei Auskünften nach § 30 Absatz 8 oder § 58 des Straßenverkehrsgesetzes[5] werden anerkannt

1. die amtliche Beglaubigung der Unterschrift,
2. die Ablichtung des Personalausweises oder des Passes,
3. bei persönlicher Antragstellung der Personalausweis, der Pass oder der behördliche Dienstausweis oder
4. bei elektronischer Antragstellung der elektronische Identitätsnachweis nach § 18 des Personalausweisgesetzes[6], § 12 des eID-Karte-Gesetzes oder nach § 78 Absatz 5 des Aufenthaltsgesetzes[7].

---

[1] § 62 Abs. 1 geänd. mWv 1.5.2014 durch VO v. 5.11.2013 (BGBl. I S. 3920).

[2] **Schönfelder Nr. 90.**

[3] § 64 Abs. 1 Nr. 2 und 3 geänd., Nr. 4 angef. mWv 1.5.2014 durch VO v. 5.11.2013 (BGBl. I S. 3920); Abs. 1 Nr. 4 geänd. mWv 1.11.2019 durch G v. 21.6.2019 (BGBl. I S. 846).

[4] Siehe hierzu auch die Erste AusnahmeVO zur FahrerlaubnisVO v. 15.4.2011 (BGBl. I S. 650), aufgeh. durch VO v. 5.11.2013 (BGBl. I S. 3920) (Anerkennung des elektronischen Identitätsnachweises nach § 18 PAuswG **(Sartorius Nr. 255)** als Identitätsnachweis).

[5] **Schönfelder Nr. 35.**

[6] **Sartorius Nr. 255.**

[7] **Sartorius Nr. 565.**

(2) Für die Auskunft an einen beauftragten Rechtsanwalt ist die Vorlage einer entsprechenden Vollmachtserklärung oder einer Fotokopie hiervon erforderlich.

IV.[1)] Anerkennung und Begutachtung für bestimmte Aufgaben

§ 65 Ärztliche Gutachter. [1]Der Facharzt hat seine verkehrsmedizinische Qualifikation (§ 11 Absatz 2 Satz 3 Nummer 1), die sich aus den maßgeblichen landesrechtlichen Vorschriften ergibt, auf Verlangen der Fahrerlaubnisbehörde nachzuweisen. [2]Der Nachweis erfolgt durch die Vorlage eines Zeugnisses der zuständigen Ärztekammer. [3]Abweichend von Satz 1 und 2 reicht auch eine mindestens einjährige Zugehörigkeit zu einer Begutachtungsstelle für Fahreignung (Anlage 14) aus.

§ 66[2)] Träger von Begutachtungsstellen für Fahreignung. (1) Träger von Begutachtungsstellen für Fahreignung und ihre Begutachtungsstellen bedürfen der amtlichen Anerkennung durch die nach Landesrecht zuständige Behörde.

(2) Die Anerkennung wird auf schriftlichen Antrag des Trägers für den Träger und seine Begutachtungsstellen erteilt, wenn die Voraussetzungen der Anlage 14 sowie der Richtlinie über die Anforderungen an Träger von Begutachtungsstellen für Fahreignung (§ 66 FeV) und deren Begutachtung durch die Bundesanstalt für Straßenwesen vom 27. Januar 2014 (VkBl. S. 110), die zuletzt durch Verlautbarung vom 11. März 2020 (VkBl. S. 217) geändert worden ist, vorliegen.

(3) Die Anerkennung kann mit Nebenbestimmungen, insbesondere mit Auflagen verbunden werden, um die ordnungsgemäße Tätigkeit des Trägers und seiner Begutachtungsstellen sicherzustellen.

(4) [1]Die Anerkennung ist auf längstens zehn Jahre zu befristen. [2]Sie wird auf Antrag für jeweils höchstens zehn Jahre verlängert. [3]Für eine Verlängerung sind die Voraussetzungen nach Absatz 2 vorbehaltlich der Bestimmungen der Anlage 14 Nummer 8 erneut nachzuweisen.

(5) Die Anerkennung ist zurückzunehmen, wenn bei ihrer Erteilung eine der Voraussetzungen nach Absatz 2 nicht vorgelegen hat und keine Ausnahme erteilt worden ist; davon kann abgesehen werden, wenn der Mangel nicht mehr besteht.

(6) Die Anerkennung ist zu widerrufen, wenn nachträglich eine der Voraussetzungen nach Absatz 2 weggefallen ist, die medizinisch-psychologische Begutachtung wiederholt nicht ordnungsgemäß durchgeführt wird oder wenn sonst ein grober Verstoß gegen die Pflichten aus der Anerkennung oder gegen Auflagen vorliegt.

(7) [1]Bei Zweifeln, *ob die Voraussetzungen* nach Absatz 2 vorliegen oder bei *Verstößen* gegen Auflagen nach Absatz 3, kann die nach Landesrecht zuständige Behörde eine Begutachtung aus besonderem Anlass anordnen. [2]Der Träger ist verpflichtet, die hierdurch entstehenden Kosten zu tragen, wenn die nach

---

1) Abschnitt IV Überschrift neu gef. mWv 1.5.2014 durch VO v. 16.4.2014 (BGBl. I S. 348).

2) § 66 neu gef. mWv 1.5.2014 durch VO v. 16.4.2014 (BGBl. I S. 348); Abs. 7 Satz 1 geänd. mWv 28.12.2016 durch VO v. 21.12.2016 (BGBl. I S. 3083); Abs. 2 geänd. mWv 10.12.2020 durch VO v. 16.11.2020 (BGBl. I S. 2704).

Absatz 2 erforderlichen Voraussetzungen nicht oder nicht vollständig vorliegen. [3] Gleiches gilt, wenn sich ein Verdacht nicht bestätigt, der Träger aber durch unsachgemäßes Verhalten eine Maßnahme der Behörde veranlasst hat.

(8) Widerspruch und Anfechtungsklage gegen eine Anordnung nach Absatz 5 oder 6 haben keine aufschiebende Wirkung.

§ 67[1)] Sehteststelle. (1) Sehteststellen bedürfen – unbeschadet der Absätze 4 und 5 – der amtlichen Anerkennung durch die zuständige oberste Landesbehörde oder durch die von ihr bestimmte oder nach Landesrecht zuständige Stelle.

(2) Die Anerkennung kann erteilt werden, wenn

1. der Antragsteller, bei juristischen Personen die nach Gesetz oder Satzung zur Vertretung berufenen Personen, zuverlässig sind und
2. der Antragsteller nachweist, dass er über die erforderlichen Fachkräfte und über die notwendigen der DIN 58220 Teil 6, Ausgabe September 2013, entsprechenden Sehtestgeräte verfügt und dass eine regelmäßige ärztliche Aufsicht über die Durchführung des Sehtests gewährleistet ist.

(3) [1] Die Anerkennung kann mit Nebenbestimmungen, insbesondere mit Auflagen verbunden werden, um sicherzustellen, dass die Sehtests ordnungsgemäß durchgeführt werden. [2] Sie ist zurückzunehmen, wenn bei ihrer Erteilung eine der Voraussetzungen nach Absatz 2 nicht vorgelegen hat; davon kann abgesehen werden, wenn der Mangel nicht mehr besteht. [3] Die Anerkennung ist zu widerrufen, wenn nachträglich eine der Voraussetzungen nach Absatz 2 weggefallen ist, wenn der Sehtest wiederholt nicht ordnungsgemäß durchgeführt oder wenn sonst gegen die Pflichten aus der Anerkennung oder gegen Auflagen grob verstoßen worden ist. [4] Die oberste Landesbehörde oder die von ihr bestimmte oder nach Landesrecht zuständige Stelle übt die Aufsicht über die Inhaber der Anerkennung aus. [5] Die die Aufsicht führende Stelle kann selbst prüfen oder durch einen von ihr bestimmten Sachverständigen prüfen lassen, ob die Voraussetzungen für die Anerkennung noch gegeben sind, ob die Sehtests ordnungsgemäß durchgeführt und ob die sich sonst aus der Anerkennung oder den Auflagen ergebenden Pflichten erfüllt werden. [6] Die Sehteststelle hat der die Aufsicht führenden Stelle auf Verlangen Angaben über Zahl und Ergebnis der durchgeführten Sehtests zu übermitteln.

(4) [1] Betriebe von Augenoptikern gelten als amtlich anerkannt; sie müssen gewährleisten, dass die Voraussetzungen des Absatzes 2, ausgenommen die ärztliche Aufsicht, gegeben sind. [2] Die Anerkennung kann durch die oberste Landesbehörde oder die von ihr bestimmte oder nach Landesrecht zuständige Stelle nachträglich mit Auflagen verbunden werden, um sicherzustellen, dass die Sehtests ordnungsgemäß durchgeführt werden. [3] Die Anerkennung ist im Einzelfall nach Maßgabe des Absatzes 3 Satz 3 zu widerrufen. [4] Hinsichtlich der Aufsicht ist Absatz 3 Satz 4 und 5 entsprechend anzuwenden. [5] Die oberste Landesbehörde kann die Befugnisse auf die örtlich zuständige Augenoptikerinnung oder deren Landesverbände nach Landesrecht übertragen.

(5) [1] Außerdem gelten

1. Begutachtungsstellen für Fahreignung (§ 66),

[1)] § 67 Abs. 2 Nr. 2 geänd. mWv 24.8.2017 durch VO v. 14.8.2017 (*BGBl. I S. 3232*).

2. der Arzt des Gesundheitsamtes oder ein anderer Arzt der öffentlichen Verwaltung und
3. die Ärzte mit der Gebietsbezeichnung „Arbeitsmedizin“ und die Ärzte mit der Zusatzbezeichnung „Betriebsmedizin“

als amtlich anerkannte Sehteststelle. [2] Absatz 4 ist anzuwenden.

§ 68[1)] Stellen für die Schulung in Erster Hilfe[2)]. (1) [1] Stellen, die Schulungen in Erster Hilfe für den Erwerb einer Fahrerlaubnis durchführen, bedürfen der amtlichen Anerkennung durch die für das Fahrerlaubniswesen oder das Gesundheitswesen zuständige oberste Landesbehörde oder durch die von ihr bestimmte oder nach Landesrecht zuständige Stelle. [2] Einer Anerkennung nach Satz 1 bedarf es nicht für Stellen, die ein Unfallversicherungsträger nach einer von ihm nach § 15 Absatz 1, auch in Verbindung mit Absatz 1a, des Siebten Buches Sozialgesetzbuch erlassenen Unfallverhütungsvorschrift über Grundsätze der Prävention für die Ausbildung zur Ersten Hilfe ermächtigt hat und vom Unfallversicherungsträger öffentlich bekannt gemacht sind. [3] Schulungen einer der in Satz 2 genannten Ausbildungsstellen können für die Zwecke dieser Verordnung durch die oberste Landesbehörde oder die von ihr bestimmte oder nach Landesrecht zuständige Stelle für ihren jeweiligen Zuständigkeitsbereich untersagt werden, wenn die Ausbildungsstelle wiederholt die Pflichten aus der durch den Träger der Unfallversicherung erteilten Ermächtigung verletzt hat. [4] Die zuständige Behörde gibt die in Satz 1 genannten Stellen öffentlich bekannt.

(2) [1] Die Anerkennung ist zu erteilen, wenn

1. keine Tatsachen vorliegen, die den Antragsteller, bei juristischen Personen die nach dem Gesetz oder der Satzung zur Vertretung berechtigten Personen, und das Ausbildungspersonal für die Schulung in Erster Hilfe als unzuverlässig erscheinen lassen und
2. die Befähigung für das Ausbildungspersonal nachgewiesen ist sowie geeignete Ausbildungsräume und die notwendigen Lehrmittel für den theoretischen Unterricht und die praktischen Übungen zur Verfügung stehen.

[2] Die nach Absatz 1 zuständige oberste Landesbehörde oder die von ihr bestimmte oder nach Landesrecht zuständige Stelle kann zur Vorbereitung ihrer Entscheidung die Beibringung eines Gutachtens einer fachlich geeigneten Stelle oder Person darüber anordnen, ob die Voraussetzungen für die Anerkennung gegeben sind. [3] Die Anerkennung kann befristet und mit Auflagen, insbesondere hinsichtlich der Fortbildung der mit der Schulung befassten Personen, verbunden werden, um die ordnungsgemäßen Schulungen sicherzustellen. [4] Die Anerkennung ist zurückzunehmen, wenn bei ihrer Erteilung eine der Voraussetzungen nach Satz 1 nicht vorgelegen hat; davon kann abgesehen werden, wenn der Mangel nicht mehr besteht. [5] Die Anerkennung ist zu *widerrufen, wenn nachträglich* eine der Voraussetzungen nach Satz 1 weggefal-

---

[1)] § 68 Abs. 1 Sätze 2–4 angef. mWv 1.1.2015 durch VO v. 16.4.2014 (BGBl. I S. 348); Überschrift neu gef., Abs. 1 Satz 1 geänd., Satz 2 neu gef., Sätze 3 und 4 geänd., Abs. 2 Satz 1 Nr. 1 geänd., Satz 3 neu gef., Sätze 5 und 7 geänd., Satz 8 sowie Abs. 3 angef. mWv 21.10.2015 durch VO v. 2.10.2015 (BGBl. I S. 1674).

[2)] Siehe hierzu u.a.: Richtlinie für die Anerkennung der Eignung einer Stelle für die Schulung in Erster Hilfe im Sinne des § 68 der Fahrerlaubnis-Verordnung v. 20.10.2015 (VkBl S. 680, ber. 2020 S. 92) v. 20.1.2015 (VkBl S. 680).

len ist, wenn die Schulungen wiederholt nicht ordnungsgemäß durchgeführt worden sind oder wenn sonst gegen die Pflichten aus der Anerkennung oder gegen Auflagen gröblich verstoßen worden ist. [6] Die für das Fahrerlaubniswesen oder das Gesundheitswesen zuständige oberste Landesbehörde oder die von ihr bestimmte oder nach Landesrecht zuständige Stelle übt die Aufsicht über die Inhaber der Anerkennung aus. [7] Die die Aufsicht führende Stelle kann selbst prüfen oder durch von ihr bestimmte Sachverständige prüfen lassen, ob die Voraussetzungen für die Anerkennung noch gegeben sind, ob die Schulungen ordnungsgemäß durchgeführt und ob die sich sonst aus der Anerkennung oder den Auflagen ergebenden Pflichten erfüllt werden. [8] Satz 7 gilt auch für die Stellen nach Absatz 1 Satz 2.

(3) Die Unfallversicherungsträger und die nach Absatz 2 Satz 7 Aufsicht führenden Stellen unterrichten sich gegenseitig über Untersagungen nach Absatz 1 Satz 3 sowie Rücknahmen und Widerrufe nach Absatz 2 Satz 4 und 5.

§ 69 Stellen zur Durchführung der Fahrerlaubnisprüfung. (1) Die Durchführung der Fahrerlaubnisprüfung obliegt den amtlich anerkannten Sachverständigen oder Prüfern für den Kraftfahrzeugverkehr bei den Technischen Prüfstellen für den Kraftfahrzeugverkehr nach dem Kraftfahrsachverständigengesetz im Sinne der §§ 10 und 14 des Kraftfahrsachverständigengesetzes sowie den amtlich anerkannten Prüfern und Sachverständigen im Sinne des § 16 des Kraftfahrsachverständigengesetzes.

(2) Die Fahrerlaubnisprüfung ist nach Anlage 7 durchzuführen.

(3) Die für die Durchführung der Fahrerlaubnisprüfung erhobenen personenbezogenen Daten sind nach Ablauf des fünften Kalenderjahres nach Erledigung des Prüfauftrags zu löschen.

§ 70[1] Träger von Kursen zur Wiederherstellung der Kraftfahreignung. (1) [1] Träger, die Kurse zur Wiederherstellung der Kraftfahreignung von alkohol- oder drogenauffälligen Kraftfahrern durchführen, werden von der nach Landesrecht zuständigen Behörde für den Zweck des § 11 Absatz 10 anerkannt. [2] In die Kurse dürfen nur Personen aufgenommen werden, die den Anforderungen des § 11 Absatz 10 entsprechen und nicht Inhaber einer Fahrerlaubnis sind.

(2) Die Anerkennung wird auf schriftlichen Antrag des Trägers für seine Stellen, seine Kurse zur Wiederherstellung der Kraftfahreignung von alkohol- oder drogenauffälligen Kraftfahrern und seine Kursleiter erteilt, wenn die Voraussetzungen der Anlage 15 und der Richtlinie über die Anforderungen an Träger von Kursen zur Wiederherstellung der Kraftfahreignung (§ 70 FeV) und deren Begutachtung durch die Bundesanstalt für Straßenwesen vom 27. Januar 2014 (VkBl. S. 110), die zuletzt durch Verlautbarung vom 11. März 2020 (VkBl. S. 215) geändert worden ist, vorliegen.

(3) Die Anerkennung kann mit Nebenbestimmungen, insbesondere mit Auflagen verbunden werden, um den vorgeschriebenen Bestand und die ordnungsgemäße Tätigkeit des Trägers und seiner Stellen zu gewährleisten.

[1] § 70 neu gef. mWv *1.5.2014 durch VO v. 16.4.2014* (BGBl. I S. 348); Abs. 2 geänd. mWv 10.12.2020 durch VO v. 16.11.2020 (BGBl. I S. 2704).

(4) [1] Die Anerkennung ist auf längstens zehn Jahre zu befristen. [2] Sie wird auf Antrag für jeweils höchstens zehn Jahre verlängert. [3] Für die Verlängerung sind die Voraussetzungen nach Absatz 2 vorbehaltlich der Bestimmungen der Anlage 15 Nummer 7 erneut nachzuweisen.

(5) Die Anerkennung ist zurückzunehmen, wenn bei ihrer Erteilung eine der Voraussetzungen nach Absatz 2 nicht vorgelegen hat und keine Ausnahme erteilt worden ist; davon kann abgesehen werden, wenn der Mangel nicht mehr besteht.

(6) Die Anerkennung ist zu widerrufen, wenn nachträglich eine der Voraussetzungen nach Absatz 2 weggefallen ist, wenn die Wirksamkeit der Kurse nach dem Ergebnis eines nach dem Stand der Wissenschaft durchgeführten Bewertungsverfahrens (Evaluation) nicht nachgewiesen ist, die Kurse nicht ordnungsgemäß durchgeführt werden oder wenn sonst ein grober Verstoß gegen die Pflichten aus der Anerkennung oder gegen Auflagen vorliegt.

(7) § 66 Absatz 7 und 8 gilt entsprechend.

§ 71[1] Verkehrspsychologische Beratung. (1) Für die Durchführung der verkehrspsychologischen Beratung nach § 2a Absatz 7 des Straßenverkehrsgesetzes[2] gelten die Personen im Sinne dieser Vorschrift als amtlich anerkannt, die eine Bestätigung nach Absatz 2 der Sektion Verkehrspsychologie im Berufsverband Deutscher Psychologinnen und Psychologen e.V. besitzen.

(2) Die Sektion Verkehrspsychologie im Berufsverband Deutscher Psychologinnen und Psychologen e.V. hat die Bestätigung auszustellen, wenn der Berater folgende Voraussetzungen nachweist:

1. Abschluss eines Hochschulstudiums als Diplom-Psychologe oder eines gleichwertigen Master-Abschlusses in Psychologie,
2. eine verkehrspsychologische Ausbildung an einer Universität oder gleichgestellten Hochschule oder einer Stelle, die sich mit der Begutachtung oder Wiederherstellung der Kraftfahreignung befasst, oder an einem Ausbildungsseminar, das vom Berufsverband Deutscher Psychologinnen und Psychologen e.V. veranstaltet wird,
3. Erfahrungen in der Verkehrspsychologie
   a) durch mindestens dreijährige Begutachtung von Kraftfahrern an einer Begutachtungsstelle für Fahreignung oder mindestens dreijährige Durchführung von Aufbauseminaren oder von Kursen zur Wiederherstellung der Kraftfahreignung oder
   b) im Rahmen einer mindestens fünfjährigen freiberuflichen verkehrspsychologischen Tätigkeit, welche durch Bestätigungen von Behörden oder Begutachtungsstellen für Fahreignung oder durch die Dokumentation von zehn Therapiemaßnahmen für verkehrsauffällige Kraftfahrer, die mit einer positiven Begutachtung abgeschlossen wurden, erbracht werden kann, oder

---

[1] § 71 Abs. 1 und Abs. 4a Sätze 1 und 2 geänd. mWv 1.5.2014 durch VO v. 5.11.2013 (BGBl. I S. 3920).

[2] **Schönfelder Nr. 35.**

c) im Rahmen einer dreijährigen freiberuflichen verkehrspsychologischen Tätigkeit mit Zertifizierung als klinischer Psychologe/Psychotherapeut entsprechend den Richtlinien des Berufsverbandes Deutscher Psychologinnen und Psychologen e.V. oder durch eine vergleichbare psychotherapeutische Tätigkeit und

4. Teilnahme an einem vom Berufsverband Deutscher Psychologinnen und Psychologen e.V. anerkannten Qualitätssicherungssystem, soweit der Berater nicht bereits in ein anderes, vergleichbares Qualitätssicherungssystem einbezogen ist. Erforderlich sind mindestens:

a) Nachweis einer Teilnahme an einem Einführungsseminar über Verkehrsrecht von mindestens 16 Stunden,

b) regelmäßiges Führen einer standardisierten Beratungsdokumentation über jede Beratungssitzung,

c) regelmäßige Kontrollen und Auswertung der Beratungsdokumente und

d) Nachweis der Teilnahme an einer Fortbildungsveranstaltung oder Praxisberatung von mindestens 16 Stunden innerhalb jeweils von zwei Jahren.

(3) [1]Der Berater hat der Sektion Verkehrspsychologie des Berufsverbandes Deutscher Psychologinnen und Psychologen e.V. alle zwei Jahre eine Bescheinigung über die erfolgreiche Teilnahme an der Qualitätssicherung vorzulegen. [2]Die Sektion hat der nach Absatz 5 zuständigen Behörde oder Stelle unverzüglich mitzuteilen, wenn die Bescheinigung innerhalb der vorgeschriebenen Frist nicht vorgelegt wird oder sonst die Voraussetzungen nach Absatz 2 nicht mehr vorliegen oder der Berater die Beratung nicht ordnungsgemäß durchgeführt oder sonst gegen die Pflichten aus der Anerkennung oder gegen Auflagen gröblich verstoßen hat.

(4) [1]Die Anerkennung ist zurückzunehmen, wenn eine der Voraussetzungen im Zeitpunkt ihrer Bestätigung nach Absatz 2 nicht vorgelegen hat; davon kann abgesehen werden, wenn der Mangel nicht mehr besteht. [2]Die Anerkennung ist zu widerrufen, wenn nachträglich eine der Voraussetzungen nach Absatz 2 weggefallen ist, die verkehrspsychologische Beratung nicht ordnungsgemäß durchgeführt wird oder wenn sonst gegen die Pflichten aus der Anerkennung oder gegen Auflagen gröblich verstoßen wird.

(4a) [1]Die Anerkennung ist außerdem zurückzunehmen, wenn die persönliche Zuverlässigkeit nach § 2a Absatz 7 Satz 8 Nummer 1 des Straßenverkehrsgesetzes, im Zeitpunkt der Bestätigung nach Absatz 2 nicht vorgelegen hat, insbesondere weil dem Berater die Fahrerlaubnis wegen wiederholter Verstöße gegen verkehrsrechtliche Vorschriften oder Straftaten entzogen wurde oder Straftaten im Zusammenhang mit der Tätigkeit begangen wurden; davon kann abgesehen werden, wenn der Mangel nicht mehr besteht. [2]Die Anerkennung ist zu widerrufen, wenn nachträglich die persönliche Zuverlässigkeit (§ 2a Absatz 7 Satz 8 Nummer 1 des Straßenverkehrsgesetzes) weggefallen ist.

(5) [1]Zuständig für die Rücknahme und den Widerruf der Anerkennung der verkehrspsychologischen Berater ist die zuständige oberste Landesbehörde oder die von ihr bestimmte oder die nach Landesrecht zuständige Stelle. [2]Diese führt auch die Aufsicht über die verkehrspsychologischen Berater; sie kann sich *hierbei* geeigneter Personen oder Stellen bedienen.

§ 71a[1)] Träger von unabhängigen Stellen für die Bestätigung der Eignung von eingesetzten psychologischen Testverfahren und -geräten.

(1) [1]Die Eignung von psychologischen Testverfahren und -geräten, die Träger von Begutachtungsstellen für die Feststellung der Fahreignung sowie Ärzte mit der Gebietsbezeichnung „Arbeitsmedizin“ oder der Zusatzbezeichnung „Betriebsmedizin“ zur Erstellung von Gutachten nach Anlage 5 einsetzen, muss von Trägern unabhängiger Stellen bestätigt werden. [2]Die Träger unabhängiger Stellen haben die Eignung der eingesetzten psychologischen Testverfahren und -geräte nach dem allgemein anerkannten Stand der Wissenschaft und nach Maßgabe der vom Bundesministerium für Verkehr und digitale Infrastruktur im Benehmen mit den zuständigen Obersten Landesbehörden erlassenen „Richtlinie zur Bestätigung der Eignung der Testverfahren und -geräte und der Eignung der Kurse zur Wiederherstellung der Kraftfahreignung“ vom 31. März 2017 (VkBl. S. 227 ff.), die zuletzt durch Verlautbarung vom 10. Februar 2020 (VkBl. S. 164) geändert worden ist, zu prüfen.

(2) [1]Der Träger einer unabhängigen Stelle bedarf für seine Tätigkeit nach Absatz 1 der amtlichen Anerkennung durch die nach Landesrecht zuständigen Behörden in dem Bundesland, in dem er seinen Sitz hat. [2]Hat der Träger einer unabhängigen Stelle seinen Sitz außerhalb der Bundesrepublik Deutschland, kann er die amtliche Anerkennung in einem Bundesland seiner Wahl beantragen.

(3) [1]Der Träger der unabhängigen Stelle hat die amtliche Anerkennung schriftlich zu beantragen. [2]Die amtliche Anerkennung wird erteilt, wenn der Träger der unabhängigen Stelle die Voraussetzungen der Anlage 14a erfüllt und sich dies von der Bundesanstalt für Straßenwesen nach § 72 bestätigen lässt.

(4) Die amtliche Anerkennung kann mit Nebenbestimmungen, insbesondere mit Auflagen verbunden werden, um die ordnungsgemäße Tätigkeit des Trägers der unabhängigen Stelle sicherzustellen.

(5) [1]Die amtliche Anerkennung ist auf 15 Jahre zu befristen. [2]Sie wird auf Antrag um höchstens 15 Jahre verlängert. [3]Die Verlängerung kann mehrmals beantragt werden. [4]Für jede Verlängerung hat der Träger der unabhängigen Stelle die Voraussetzungen der Anlage 14a gesondert nachzuweisen.

(6) Die nach Landesrecht zuständige Behörde widerruft die amtliche Anerkennung, wenn

1. nachträglich eine Anerkennungsvoraussetzung weggefallen ist oder
2. der Träger gegen die Pflichten aus der anerkannten Tätigkeit oder gegen die erteilten Auflagen oder sonstige Nebenbestimmungen gröblich verstößt.

(7) Entstehen nach Erteilung der amtlichen Anerkennung der nach Landesrecht zuständigen Behörde ernsthafte Bedenken, ob der Träger der unabhängigen Stelle die Voraussetzungen nach Anlage 14a weiterhin erfüllt, kann die *nach Landesrecht* zuständige Behörde anordnen, dass der Träger der unabhängigen Stelle binnen einer angemessenen Frist ein Gutachten der Bundesanstalt für Straßenwesen beizubringen hat, dass er die Voraussetzungen nach Anlage 14a erfüllt.

[1)] § 71a eingef. mWv 24.8.2017 durch VO v. 14.8.2017 (BGBl. I S. 3232); Abs. 1 Satz 2 geänd. mWv 31.12.2019 durch VO v. 23.12.2019 (BGBl. I S. 2937); Abs. 1 Satz 2 geänd. mWv 10.12.2020 durch VO v. 16.11.2020 (BGBl. I S. 2704).

(8) Der Träger der unabhängigen Stelle hat die Kosten zu tragen, die der nach Landesrecht zuständigen Behörde entstehen, wenn

1. die Anerkennungsvoraussetzungen nicht oder nicht vollständig vorliegen oder
2. er durch unsachgemäßes Verhalten eine Maßnahme der Behörde veranlasst hat.

(9) Widerspruch und Anfechtungsklage gegen eine Anordnung nach den Absätzen 6 oder 7 haben keine aufschiebende Wirkung.

§ 71b[1] Träger von unabhängigen Stellen für die Bestätigung der Eignung von Kursen zur Wiederherstellung der Kraftfahreignung. [1]Die Eignung von Kursen, die Träger von Kursen zur Wiederherstellung der Kraftfahreignung durchführen, muss von Trägern unabhängiger Stellen bestätigt werden. [2]Für Träger von unabhängigen Stellen für die Bestätigung der Eignung von Kursen zur Wiederherstellung der Kraftfahreignung gelten die Vorschriften des § 71a entsprechend, die Absätze 3 und 5 jedoch mit der Maßgabe, dass sich die Voraussetzungen der Anerkennung nach Anlage 15a richten.

§ 72[2] Begutachtung. (1) [1]Die

1. Träger von Begutachtungsstellen für Fahreignung nach § 66,
2. Technischen Prüfstellen nach § 69 in Verbindung mit den §§ 10 und 14 des Kraftfahrsachverständigengesetzes,
3. Träger, die Kurse zur Wiederherstellung der Kraftfahreignung nach § 70 durchführen,
4. Träger unabhängiger Stellen für die Bestätigung der Eignung von eingesetzten psychologischen Testverfahren und -geräten nach § 71a,
5. Träger unabhängiger Stellen für die Bestätigung der Eignung von Kursen zur Wiederherstellung der Kraftfahreignung nach § 71b

müssen sich hinsichtlich der Erfüllung der jeweiligen für sie geltenden fachlichen Anforderungen von der Bundesanstalt für Straßenwesen (Bundesanstalt) begutachten lassen. [2]Die Begutachtung umfasst die Erstbegutachtung, die regelmäßige Begutachtung sowie die Begutachtung aus besonderem Anlass. [3]Bei Trägern von Begutachtungsstellen für Fahreignung umfasst dies auch die Gutachtenüberprüfung.

(2) Grundlagen für die Begutachtung nach Absatz 1 sind

1. die Richtlinie über die Anforderungen an Träger von Begutachtungsstellen für Fahreignung (§ 66 FeV) und deren Begutachtung durch die Bundesanstalt für Straßenwesen vom 27. Januar 2014 (VkBl. S. 110), die zuletzt durch Verlautbarung vom 11. März 2020 (VkBl. S. 217) geändert worden ist,
2. die Richtlinie über die Anforderungen an Technische Prüfstellen (§ 69 in Verbindung mit den §§ 10 und 14 des Kraftfahrsachverständigengesetzes) und deren Begutachtung durch die Bundesanstalt für Straßenwesen vom 27. Januar 2014 (VkBl. S. 110), die zuletzt durch Verlautbarung vom 28. Mai 2020 (VkBl. S. 326) geändert worden ist,

---

[1] § 71b eingef. mWv 24.8.2017 durch VO v. 14.8.2017 (BGBl. I S. 3232).

[2] *§ 72 neu gef.* mWv 1.5.2014 durch VO v. 16.4.2014 (BGBl. I S. 348); Abs. 1 Satz 1 Nr. 4 und 5 angef., Abs. 2 Nr. 3 geänd., Nr. 4 und 5 angef. mWv 24.8.2017 durch VO v. 14.8.2017 (BGBl. I S. 3232); Abs. 2 Nr. 1, 2 und 3 geänd. mWv 10.12.2020 durch VO v. 16.11.2020 (BGBl. I S. 2704).

3. die Richtlinie über die Anforderungen an Träger von Kursen zur Wiederherstellung der Kraftfahreignung (§ 70 FeV) und deren Begutachtung durch die Bundesanstalt für Straßenwesen vom 27. Januar 2014 (VkBl. S. 110), die zuletzt durch Verlautbarung vom 11. März 2020 (VkBl. S. 215) geändert worden ist,
4. die in der Anlage 14a Absatz 2 festgelegten Anforderungen an die Träger unabhängiger Stellen für die Bestätigung der Eignung der eingesetzten psychologischen Testverfahren und -geräte nach § 71a,
5. die in der Anlage 15a Absatz 2 festgelegten Anforderungen an die Träger unabhängiger Stellen für die Bestätigung der Eignung der Kurse zur Wiederherstellung der Kraftfahreignung nach § 71b.

(3) Das unter Berücksichtigung der Stellungnahme einer der unter Absatz 1 genannten Stellen gefertigte Gutachten der Bundesanstalt für Straßenwesen mit den Ergebnissen der Begutachtungen wird diesen Stellen sowie den für die amtliche Anerkennung oder für die Aufsicht der nach Landesrecht zuständigen Behörden übersandt.

V. Durchführungs-, Bußgeld-, Übergangs- und Schlussvorschriften

§ 73[1)] Zuständigkeiten. (1) [1] Diese Verordnung wird, soweit nicht die obersten Landesbehörden oder die höheren Verwaltungsbehörden zuständig sind oder diese Verordnung etwas anderes bestimmt, von den nach Landesrecht zuständigen unteren Verwaltungsbehörden oder den Behörden, denen durch Landesrecht die Aufgaben der unteren Verwaltungsbehörde zugewiesen werden (Fahrerlaubnisbehörden), ausgeführt. [2] Die zuständigen obersten Landesbehörden und die höheren Verwaltungsbehörden können diesen Behörden Weisungen auch für den Einzelfall erteilen.

(2) [1] Örtlich zuständig ist, soweit nichts anderes vorgeschrieben ist, die Behörde des Ortes, in dem der Antragsteller oder Betroffene seine Wohnung, bei mehreren Wohnungen seine Hauptwohnung, hat (§ 12 Absatz 2 des Melderechtsrahmengesetzes in der Fassung der Bekanntmachung vom 19. April 2002 (BGBl. I S. 1342), das zuletzt durch Artikel 3 Absatz 1 des Gesetzes vom 18. Juni 2009 (BGBl. I S. 1346) geändert worden ist,[2)] in der jeweils geltenden Fassung), mangels eines solchen die Behörde des Aufenthaltsortes, bei juristischen Personen, Handelsunternehmen oder Behörden die Behörde des Sitzes oder des Ortes der beteiligten Niederlassung oder Dienststelle. [2] Anträge können mit Zustimmung der örtlich zuständigen Behörde von einer gleichgeordneten auswärtigen Behörde behandelt und erledigt werden. [3] Die Verfügungen der Behörde nach Satz 1 und 2 sind im gesamten Inland wirksam, es sei denn, der Geltungsbereich wird durch gesetzliche Regelung oder durch behördliche Verfügung eingeschränkt. [4] Verlangt die Verkehrssicherheit ein sofortiges Eingreifen, kann anstelle der örtlich zuständigen Behörde jede ihr gleichgeordnete Behörde mit derselben Wirkung Maßnahmen *auf Grund dieser Verordnung vorläufig* treffen.

[1)] § 73 Abs. 2 Satz 1 geänd. mWv 1.11.2015 durch G v. 3.5.2013 (BGBl. I S. 1084, geänd. durch G v. 20.11.2014, BGBl. I S. 1738; Änd. mangels Übereinstimmung mit dem Wortlaut der FeV v. 13.12.2010 nicht ausführbar).

[2)] Die Änderung durch G v. 3.5.2013 (BGBl. I S. 1084, geänd. durch G v 20.11.2014, BGBl. I S. 1738) ist mangels Übereinstimmung des zu ersetzenden Textes mit dem Wortlaut der FeV nicht ausführbar. Ersetzt werden sollten wohl in Abs. 2 Satz 1 die Wörter „§ 12 Absatz 2 des Melderechtsrahmengesetzes in der Fassung der Bekanntmachung vom 19. April 2002 (BGBl. I S. 1342), das zuletzt durch Artikel 3 Absatz 1 des Gesetzes vom 18. Juni 2009 (BGBl. I S. 1346) geändert worden ist," durch die Wörter „§ 21 Absatz 2 des Bundesmeldegesetzes".

(3) Hat der Betroffene keinen Wohn- oder Aufenthaltsort im Inland, ist für Maßnahmen, die das Recht zum Führen von Kraftfahrzeugen betreffen, jede untere Verwaltungsbehörde (Absatz 1) zuständig.

(4) Die Zuständigkeiten der Verwaltungsbehörden, der höheren Verwaltungsbehörden und der obersten Landesbehörden werden für die Dienstbereiche der Bundeswehr, der Bundespolizei und der Polizei durch deren Dienststellen nach Bestimmung der Fachministerien wahrgenommen.

§ 74[1)] **Ausnahmen.** (1) Die nach Landesrecht zuständigen Behörden können in bestimmten Einzelfällen oder allgemein für bestimmte einzelne Antragsteller Ausnahmen von den Vorschriften dieser Verordnung genehmigen.

(2) Ausnahmen vom Mindestalter setzen die Zustimmung des gesetzlichen Vertreters voraus.

(3) Die Genehmigung von Ausnahmen von den Vorschriften dieser Verordnung kann mit Auflagen verbunden werden.

(4) [1] Über erteilte Ausnahmegenehmigungen oder angeordnete Auflagen stellt die entscheidende Verwaltungsbehörde eine Bescheinigung aus, sofern die Ausnahme oder Auflage nicht im Führerschein vermerkt wird. [2] Die Bescheinigung hat das Format DIN A5 und die Farbe rosa, der Umfang beträgt 1 Blatt, ein beidseitiger Druck ist möglich. [3] Das Trägermaterial besteht aus Sicherheitspapier mit einer Stärke von 90 g/m², ohne optische Aufheller, in das die folgenden fälschungserschwerenden Sicherheitsmerkmale eingearbeitet sind:

1. als Wasserzeichen das gesetzlich für die Bundesdruckerei geschützte Motiv: „Bundesadler“,
2. nur unter UV-Licht sichtbar gelb und blau fluoreszierende Melierfasern,
3. chemische Reagenzien.

[4] Der Vordruck weist auf der Vorderseite eine fortlaufende Vordrucknummerierung auf. [5] Die Bescheinigung ist beim Führen von Kraftfahrzeugen mitzuführen und zuständigen Personen auf Verlangen zur Prüfung auszuhändigen.

(5) Die Bundeswehr, die Polizei, die Bundespolizei, die Feuerwehr und die anderen Einheiten und Einrichtungen des Katastrophenschutzes sowie der Zolldienst sind von den Vorschriften dieser Verordnung befreit, soweit dies zur Erfüllung hoheitlicher Aufgaben unter gebührender Berücksichtigung der öffentlichen Sicherheit und Ordnung dringend geboten ist.

§ 75[2)] **Ordnungswidrigkeiten.** Ordnungswidrig im Sinne des § 24 Absatz 1 des Straßenverkehrsgesetzes[3)] handelt, wer vorsätzlich oder fahrlässig

---

[1)] § 74 Abs. 1 Nr. 2 geänd. mWv 1.5.2014 durch VO v. 16.4.2014 (BGBl. I S. 348); Abs. 4 Sätze 2–4 eingef., bish. Satz 2 wird Satz 5 mWv 21.10.2015 durch VO v. 2.10.2015 (BGBl. I S. 1674); Abs. 1 neu gef. mWv 28.12.2016 durch VO v. 21.12.2016 (BGBl. I S. 3083).

[2)] § 75 Nr. 9 geänd., Nr. 15 angef. (laut Änderungsanweisung im BGBl. I wird die nicht vorhandene Nr. 15 „wie folgt gefasst“) mWv 1.1.2011 durch VO v. 17.12.2010 (BGBl. I S. 2279); Nr. 9 geänd. mWv 19.1.2013 durch VO v. 26.6.2012 (BGBl. I S. 1394); Nr. 14 geänd. mWv 1.1.2015 durch VO v. 16.12. 2014 (BGBl. I S. 2213); Nr. 5 und 6 geänd. mWv 28.12.2016 durch VO v. 21.12.2016 (BGBl. I S. 3083); *Nr. 4, 9 und 10 geänd.* mWv 24.8.2017 durch VO v. 14.8.2017 (BGBl. I S. 3232); Nr. 9 und 13 geänd., Nr. 14 und 15 aufgeh. mWv 24.5.2018 durch VO v. 3.5.2018 (BGBl. I S. 566); einl. Satzteil geänd. mWv 28.7.2021 durch G v. 12.7.2021 (BGBl. I S. 3091); Nr. 10 und 12 geänd. mWv 1.6.2022 durch VO v. 18.3.2022 (BGBl. I S. 498).

[3)] **Habersack, Deutsche Gesetze Nr. 35.**

1. entgegen § 2 Absatz 1 am Verkehr teilnimmt oder jemanden als für diesen Verantwortlicher am Verkehr teilnehmen lässt, ohne in geeigneter Weise Vorsorge getroffen zu haben, dass andere nicht gefährdet werden,
2. entgegen § 2 Absatz 3 ein Kennzeichen der in § 2 Absatz 2 genannten Art verwendet,
3. entgegen § 3 Absatz 1 ein Fahrzeug oder Tier führt oder einer vollziehbaren Anordnung oder Auflage zuwiderhandelt,
4. einer Vorschrift des § 4 Absatz 2 Satz 2 oder 3, § 5 Absatz 4 Satz 2 oder 3, § 25 Absatz 4 Satz 1, § 48 Absatz 3 Satz 2 oder § 74 Absatz 4 Satz 5 über die Mitführung, Aushändigung von Führerscheinen, deren Übersetzung sowie Bescheinigungen und der Verpflichtung zur Anzeige des Verlustes und Beantragung eines Ersatzdokuments zuwiderhandelt,
5. entgegen § 5 Absatz 1 Satz 1 ein Mofa nach § 4 Absatz 1 Satz 2 Nummer 1, ein Kraftfahrzeug nach § 4 Absatz 1 Satz 2 Nummer 1b oder einen motorisierten Krankenfahrstuhl führt, ohne die dazu erforderliche Prüfung abgelegt zu haben,
6. entgegen § 5 Absatz 2 Satz 2 oder 3 eine Ausbildung durchführt, ohne die dort genannte Fahrlehrerlaubnis zu besitzen oder entgegen § 5 Absatz 2 Satz 4 eine Ausbildungsbescheinigung ausstellt,
7. entgegen § 10 Absatz 3 ein Kraftfahrzeug, für dessen Führung eine Fahrerlaubnis nicht erforderlich ist, vor Vollendung des 15. Lebensjahres führt,
8. entgegen § 10 Absatz 4 ein Kind unter sieben Jahren auf einem Mofa (§ 4 Absatz 1 Satz 2 Nummer 1) mitnimmt, obwohl er noch nicht 16 Jahre alt ist,
9. einer vollziehbaren Auflage nach § 10 Absatz 1 Nummer 5, 7, 8 und 9, § 23 Absatz 2 Satz 1, § 28 Absatz 1 Satz 2, § 29 Absatz 1 Satz 6, § 46 Absatz 2, § 48a Absatz 2 Satz 1 oder § 74 Absatz 3 zuwiderhandelt,
10. einer Vorschrift des § 25 Absatz 5 Satz 6, des § 30 Absatz 3 Satz 2, des § 47 Absatz 1, auch in Verbindung mit Absatz 2 Satz 1 sowie Absatz 3 Satz 2, oder des § 48 Absatz 9 Satz 3 in Verbindung mit § 47 Absatz 1 über die Ablieferung oder die Vorlage eines Führerscheins zuwiderhandelt,
11. (weggefallen)
12. entgegen § 48 Absatz 1 ein dort genanntes Kraftfahrzeug ohne Erlaubnis führt oder entgegen § 48 Absatz 7 die Fahrgastbeförderung anordnet oder zulässt,
13. entgegen § 48a Absatz 3 Satz 2 die Prüfungsbescheinigung nicht mitführt oder aushändigt.

§ 76[1)] Übergangsrecht. Zu den nachstehend bezeichneten Vorschriften gelten folgende Bestimmungen:

[1)] § 76 Nr. 9 geänd., Nr. 11a neu gef. und Nr. 13a eingef. mWv 1.1.2011 durch VO v. 17.12.2010 (BGBl. I S. 2279); Nr. 8 Überschrift geänd., Satz 1 bish. Buchst. b aufgeh., bish. Buchst. c wird Buchst b mWv 19.1.2013 durch VO v. 7.1.2011 (BGBl. I S. 3, geänd. durch VO v. 10.1.2013, BGBl. I S. 35); Nr. 12 geänd. mWv 30.6.2012 , Nr. 13 Sätze 1 und 2 geänd. mWv 19.1.2013 durch VO v. 26.6.2012 (BGBl. I S. 1394, geänd. durch VO v. 10.1.2013, BGBl. I S. 35); Nr. 6, 7 und 10 neu gef., Nr. 11a geänd., Nr. 11b eingef. mWv 19.1.2013 durch VO v. 10.1.2013 (BGBl. I S. 35); Nr. 16 Satz 1 geänd. mWv 12.11.2013 durch VO v. 5.11.2013 (BGBl. I S. 3920); Nr. 11 eingef., Nr. 11a und 17 neu gef., Nr. 13 Satz 1 geänd. mWv 1.5.2014, Nr. 16 aufgeh. mWv 1.1.2015 durch VO v. 16.4.2014 (BGBl. I S. 348); Nr. 11a neu gef. mWv 1.1.2015 durch VO v. 16.12.2014 (BGBl. I S. 2213); Nr. 3 geänd., Nr. 11a und 11b eingef., bish. Nr. 11a und 11b werden Nr. 11c und 11d, Nr. 12a und 12b eingef., Nr. 15 neu gef., Nr. 18 und 19 angef. mWv 21.10.2015 durch VO v. 2.10.2015 (BGBl. I S. 1674); Nr. 3 und 4 neu gef., Nr. 6a sowie Nr. 8a–8d eingef., bish. Nr. 8a wird Nr. 8e, Nr. 9 Satz 13 und Nr. 17 geänd., Nr. 12c eingef. mWv 28.12.2016, Nr. 5 Satz 2 angef. mWv 1.1.2017 durch VO v. 21.12.2016 (BGBl. I S. 3083); Nr. 8a– →

1. (weggefallen)
2. § 4 Absatz 1 Nummer 2 (Krankenfahrstühle)
Inhaber einer Prüfbescheinigung für Krankenfahrstühle nach § 5 Absatz 4 dieser Verordnung in der bis zum 1. September 2002 geltenden Fassung sind berechtigt, motorisierte Krankenfahrstühle mit einer durch die Bauart bestimmten Höchstgeschwindigkeit von mehr als 10 km/h nach § 4 Absatz 1 Satz 2 Nummer 2 dieser Verordnung in der bis zum 1. September 2002 geltenden Fassung und nach § 76 Nummer 2 dieser Verordnung in der bis zum 1. September 2002 geltenden Fassung zu führen. Wer einen motorisierten Krankenfahrstuhl mit einer durch die Bauart bestimmten Höchstgeschwindigkeit von nicht mehr als 10 km/h nach § 4 Absatz 1 Satz 2 Nummer 2 dieser Verordnung in der bis zum 1. September 2002 geltenden Fassung führt, der bis zum 1. September 2002 erstmals in den Verkehr gekommen ist, bedarf keiner Fahrerlaubnis oder Prüfbescheinigung nach § 5 Absatz 4 dieser Verordnung in der bis zum 1. September 2002 geltenden Fassung.
3. § 5 Absatz 1 (Prüfung für das Führen von Mofas nach § 4 Absatz 1 Satz 2 Nummer 1 oder eines Kraftfahrzeugs nach § 4 Absatz 1 Satz 2 Nummer 1b)
gilt nicht für Führer der in § 4 Absatz 1 Satz 2 Nummer 1 und 1b bezeichneten Fahrzeuge, die vor dem 1. April 1980 das 15. Lebensjahr vollendet haben.
4. § 5 Absatz 2 (Berechtigung eines Fahrlehrers zur Ausbildung für Kraftfahrzeuge nach § 4 Absatz 1 Satz 2 Nummer 1 und 1b)
Zur Ausbildung ist auch ein Fahrlehrer berechtigt, der eine Fahrlehrerlaubnis der bisherigen Klasse 3 oder eine ihr entsprechende Fahrlehrerlaubnis besitzt, diese vor dem 1. Oktober 1985 erworben und vor dem 1. Oktober 1987 an einem mindestens zweitägigen, vom Deutschen Verkehrssicherheitsrat durchgeführten Einführungslehrgang teilgenommen hat.
5. § 5 Absatz 4 und Anlagen 1 und 2 (Prüfbescheinigung für Mofas/Krankenfahrstühle)
Prüfbescheinigungen für Mofas und Krankenfahrstühle, die nach den bis zum 1. September 2002 vorgeschriebenen Mustern ausgefertigt worden sind, bleiben gültig. Prüfbescheinigungen für Mofas, die nach den bis zum 31. Dezember 2016 vorgeschriebenen Mustern ausgefertigt worden sind, bleiben gültig.
6. § 6 Absatz 1 zur Klasse A1
Als Krafträder der Klasse A1 gelten auch
   a) Krafträder mit einem Hubraum von nicht mehr als 50 cm^3 und einer durch die Bauart bestimmten Höchstgeschwindigkeit von mehr als 40 km/h, wenn sie bis zum 31. Dezember 1983 erstmals in den Verkehr gekommen sind (Kleinkrafträder bisherigen Rechts) und

(Fortsetzung der Anm. von voriger Seite)
8e neu gef., Nr. 8f und 8g eingef., Nr. 9 Satz 3 geänd., Nr. 12c neu gef. mWv 24.8.2017 durch VO v. 14.8.2017 (BGBl. I S. 3232); Nr. 17 geänd. mWv 24.5.2018 durch VO v. 3.5.2018 (BGBl. I S. 566); Nr. 11a aufgeh., bish. Nr. 11b wird Nr. 11a und geänd., bish. Nr. 11c und Nr. 11d werden Nr. 11b und Nr. 11c mWv 19.3.2019 durch VO v. 11.3.2019 (BGBl. I S. 218); Nr. 20 angef. mWv 12.12.2019 durch G v. 5.12.2019 (BGBl. I S. 2008); Nr. 8a geänd., Nr. 17 Satz 3 neu gef. und Satz 4 geänd. mWv 31.12.2019 durch VO v. 23.12.2019 (BGBl. I S. 2937); Nr. 11 neu gef. mWv 1.4.2021 durch VO v. 16.11.2020 (BGBl. I S. 2704); Nr. 14 Sätze 1 und 2 geänd., Satz 3 angef. mWv 2.8.2021 durch G v. 16.4.2021 (BGBl. I S. 822); Nr. 20 Sätze 2 und 3 geänd. mWv 28.7.2021 durch G v. 12.7.2021 (BGBl. I S. 3091); Nr. 21 angef. mWv 1.6.2022 durch VO v. 18.3.2022 (BGBl. I S. 498).

b) Krafträder mit einem Hubraum von nicht mehr als 125 cm^3 und einer Nennleistung von nicht mehr als 11 kW, wenn sie bis zum 18. Januar 2013 erstmals in den Verkehr gekommen sind.

6a. § 6 Absatz 1 zu Klasse A2
Inhaber einer ab dem 19. Januar 2013 bis zum Ablauf des 27. Dezember 2016 erteilten Berechtigung zum Führen von Krafträdern (auch mit Beiwagen) mit einer Motorleistung von nicht mehr als 35 kW, bei denen das Verhältnis der Leistung zum Gewicht 0,2 kW/kg nicht übersteigt, sind im Inland auch zum Führen von Krafträdern berechtigt, deren Leistung von über 70 kW Motorleistung abgeleitet ist.

7. § 6 Absatz 1 zu Klasse A
Inhaber einer Fahrerlaubnis der Klasse A (beschränkt) nach § 6 Absatz 2 dieser Verordnung in der bis zum 18. Januar 2013 geltenden Fassung dürfen

a) Krafträder der Klasse A2 und

b) nach Ablauf von zwei Jahren nach der Erteilung Kraftfahrzeuge der Klasse A

führen.

8. § 6 Absatz 1 zu Klasse AM
Als zweirädrige Kleinkrafträder und Fahrräder mit Hilfsmotor gelten auch

a) Krafträder mit einem Hubraum von nicht mehr als 50 cm^3 und einer durch die Bauart bestimmten Höchstgeschwindigkeit von mehr als 45 km/h und nicht mehr als 50 km/h, wenn sie bis zum 31. Dezember 2001 erstmals in den Verkehr gekommen sind,

b) Kleinkrafträder und Fahrräder mit Hilfsmotor im Sinne der Vorschriften der Deutschen Demokratischen Republik, wenn sie bis zum 28. Februar 1992 erstmals in den Verkehr gekommen sind.

Wie Fahrräder mit Hilfsmotor werden beim Vorliegen der sonstigen Voraussetzungen des § 6 Absatz 1 behandelt

a) Fahrzeuge mit einem Hubraum von mehr als 50 cm^3, wenn sie vor dem 1. September 1952 erstmals in den Verkehr gekommen sind und die durch die Bauart bestimmte Höchstleistung ihres Motors 0,7 kW (1 PS) nicht überschreitet,

b) Fahrzeuge mit einer durch die Bauart bestimmten Höchstgeschwindigkeit von mehr als 40 km/h, wenn sie vor dem 1. Januar 1957 erstmals in den Verkehr gekommen sind und das Gewicht des betriebsfähigen Fahrzeugs mit dem Hilfsmotor, jedoch ohne Werkzeug und ohne den Inhalt des Kraftstoffbehälters – bei Fahrzeugen, die für die Beförderung von Lasten eingerichtet sind, auch ohne Gepäckträger – 33 kg nicht übersteigt; diese Gewichtsgrenze gilt nicht bei zweisitzigen Fahrzeugen (Tandems) und Fahrzeugen mit drei Rädern.

8a. § 6 Absatz 1 zu Klasse AM:
Inhaber einer Fahrerlaubnis der Klasse AM, die bis zum Ablauf des 23. August 2017 erteilt wurde, sind auch berechtigt, vierrädrige Kraftfahrzeuge der Klasse L6e mit CI-Motor mit einem Hubraum von mehr als 500 cm^3 und dreirädrige Kleinkrafträder mit einer Leermasse von mehr als 270 kg und zweirädrige Kleinkrafträder mit Beiwagen zu führen.

8b. § 6 Absatz 1 zu Klasse C1:
Inhaber einer Fahrerlaubnis der Klasse C1, die bis zum Ablauf des 18. Januar 2013 erteilt wurde, sind auch berechtigt, Kraftfahrzeuge zu führen, die

a) eine zulässige Gesamtmasse von mehr als 3 500 kg, höchstens aber eine Gesamtmasse von 7 500 kg haben und
b) zur Beförderung von höchstens acht Personen, den Fahrzeugführer ausgenommen, ausgelegt und gebaut sind.

Hinter Kraftfahrzeugen dieser Klasse darf ein Anhänger mit einer zulässigen Gesamtmasse von höchstens 750 kg mitgeführt werden. Nicht gestattet ist das Führen von Kraftfahrzeugen der Klassen AM, A1, A2 und A.

Inhaber einer Fahrerlaubnis der Klasse C1, die ab dem 19. Januar 2013 und bis zum Ablauf des 27. Dezember 2016 erteilt wurde, sind auch berechtigt, im Inland Kraftfahrzeuge zu führen, die

a) eine zulässige Gesamtmasse von mehr als 3 500 kg, höchstens aber eine Gesamtmasse von 7 500 kg haben und
b) zur Beförderung von höchstens acht Personen, den Fahrzeugführer ausgenommen, ausgelegt und gebaut sind.

Hinter Kraftfahrzeugen dieser Klasse darf ein Anhänger mit einer zulässigen Gesamtmasse von höchstens 750 kg mitgeführt werden. Nicht gestattet ist das Führen von Kraftfahrzeugen der Klassen AM, A1, A2 und A.

8c. § 6 Absatz 1 zu Klasse C:

Inhaber einer Fahrerlaubnis der Klasse C, die bis zum Ablauf des 18. Januar 2013 erteilt wurde, sind auch berechtigt, Kraftfahrzeuge zu führen, die

a) eine zulässige Gesamtmasse von mehr als 3 500 kg haben und
b) zur Beförderung von nicht mehr als acht Personen, den Fahrzeugführer ausgenommen, ausgelegt und gebaut sind.

Hinter Kraftfahrzeugen dieser Klasse darf ein Anhänger mit einer zulässigen Gesamtmasse von höchstens 750 kg mitgeführt werden. Nicht gestattet ist das Führen von Kraftfahrzeugen der Klassen AM, A1, A2 und A.

Inhaber einer Fahrerlaubnis der Klasse C, die ab dem 19. Januar 2013 bis zum Ablauf des 27. Dezember 2016 erteilt wurde, sind auch berechtigt, im Inland Kraftfahrzeuge zu führen, die

a) eine zulässige Gesamtmasse von mehr als 3 500 kg haben und
b) die zur Beförderung von nicht mehr als acht Personen, den Fahrzeugführer ausgenommen, ausgelegt und gebaut sind.

Hinter Kraftfahrzeugen dieser Klasse darf ein Anhänger mit einer zulässigen Gesamtmasse von höchstens 750 kg mitgeführt werden. Nicht gestattet ist das Führen von Kraftfahrzeugen der Klassen AM, A1, A2 und A.

8d. § 6 Absatz 1 zu Klasse D1:

Inhaber einer Fahrerlaubnis der Klasse D1, die bis zum Ablauf des 18. Januar 2013 erteilt wurde, sind auch berechtigt, Kraftfahrzeuge zu führen, die zur Beförderung von mehr als acht, aber nicht mehr als 16 Personen, den Fahrzeugführer ausgenommen, ausgelegt und gebaut sind.

Hinter Kraftfahrzeugen dieser Klasse darf ein Anhänger mit einer zulässigen Gesamtmasse von höchstens 750 kg mitgeführt werden. Nicht gestattet ist das Führen von Kraftfahrzeugen der Klassen AM, A1, A2 und A.

Inhaber einer Fahrerlaubnis der Klasse D1, die ab dem 19. Januar 2013 bis zum Ablauf des 27. Dezember 2016 erteilt wurde, sind auch berechtigt, im Inland Kraftfahrzeuge, zu führen,

a) die zur Beförderung von mehr als 8, aber nicht mehr als 16 Personen, den Fahrzeugführer ausgenommen, ausgelegt und gebaut sind und
b) deren Länge nicht mehr als 8 m beträgt.

Hinter Kraftfahrzeugen dieser Klasse darf ein Anhänger mit einer zulässigen Gesamtmasse von höchstens 750 kg mitgeführt werden. Nicht gestattet ist das Führen von Kraftfahrzeugen der Klassen AM, A1, A2 und A.

8e. § 6 Absatz 3 zu Klasse CE:
Inhaber einer Fahrerlaubnis der Klasse CE, die bis zum Ablauf des 18. Januar 2013 erteilt wurde, sind auch berechtigt, Kraftfahrzeuge der Klasse D1E zu führen, sofern sie zum Führen von Kraftfahrzeugen der Klasse D1 berechtigt sind.
Inhaber einer Fahrerlaubnis der Klasse CE, die ab dem 19. Januar 2013 bis zum Ablauf des 27. Dezember 2016 erteilt wurde, sind auch berechtigt, im Inland Kraftfahrzeuge der Klasse D1E zu führen, sofern sie zum Führen von Kraftfahrzeugen der Klasse D1 berechtigt sind.

8f. § 6 Absatz 3 zu Klasse D1E:
Inhaber einer Fahrerlaubnis der Klasse D1E, die bis zum Ablauf des 18. Januar 2013 erteilt wurde, sind auch berechtigt, Kraftfahrzeuge der Klasse C1E zu führen, sofern sie zum Führen von Kraftfahrzeugen der Klasse C1 berechtigt sind.
Inhaber einer Fahrerlaubnis der Klasse D1E, die ab dem 19. Januar 2013 bis zum Ablauf des 27. Dezember 2016 erteilt wurde, sind auch berechtigt, im Inland Kraftfahrzeuge der Klasse C1E zu führen, sofern sie zum Führen von Kraftfahrzeugen der Klasse C1 berechtigt sind.

8g. § 6 Absatz 3 zu Klasse DE:
Inhaber einer Fahrerlaubnis der Klasse DE, die bis zum Ablauf des 18. Januar 2013 erteilt wurde, sind auch berechtigt, Kraftfahrzeuge der Klasse C1E zu führen, sofern sie zum Führen von Kraftfahrzeugen der Klasse C1 berechtigt sind.
Inhaber einer Fahrerlaubnis der Klasse DE, die ab dem 19. Januar 2013 bis zum Ablauf des 27. Dezember 2016 erteilt wurde, sind auch berechtigt, im Inland Kraftfahrzeuge der Klasse C1E zu führen, sofern sie zum Führen von Kraftfahrzeugen der Klasse C1 berechtigt sind.

9. § 11 Absatz 9, § 12 Absatz 6, §§ 23, 24, 48 und Anlage 5 und 6 (ärztliche Wiederholungsuntersuchungen und Sehvermögen bei Inhabern von Fahrerlaubnissen alten Rechts)
Inhaber einer Fahrerlaubnis der Klasse 3 oder einer ihr entsprechenden Fahrerlaubnis, die bis zum 31. Dezember 1998 erteilt worden ist, brauchen sich, soweit sie keine in Klasse CE fallenden Fahrzeugkombinationen führen, keinen ärztlichen Untersuchungen zu unterziehen. Bei einer Umstellung ihrer Fahrerlaubnis werden die Klassen C1 und C1E nicht befristet. Zusätzlich wird die Klasse CE mit Beschränkung auf bisher in Klasse 3 fallende Züge zugeteilt. Die Fahrerlaubnis dieser Klasse wird bis zu dem Tag befristet, an dem der Inhaber das 50. Lebensjahr vollendet. Für die Verlängerung der Fahrerlaubnis nach Ablauf der Geltungsdauer ist § 24 entsprechend anzuwenden. Fahrerlaubnisinhaber, die bis zum 31. Dezember 1998 das 50. Lebensjahr vollenden, müssen bei der Umstellung der Fahrerlaubnis für den Erhalt der beschränkten Klasse CE ihre Eignung nach Maßgabe von § 11 Absatz 9 und § 12 Absatz 6 in Verbindung mit den Anlagen 5 und 6 nachweisen. Wird die bis zum 31. Dezember 1998 erteilte Fahrerlaubnis nicht umgestellt, darf der Inhaber ab Vollendung des 50. Lebensjahres keine in Klasse CE fallende Fahrzeugkombinationen mehr führen. Für die Erteilung einer Fahrerlaubnis dieser Klasse ist anschließend § 24 Absatz 2 entsprechend anzuwenden. Für Fahrerlaubnisinhaber, die bis zum 31. Dezember 1999 das 50. Lebensjahr

vollendet haben, tritt Satz 7 am 1. Januar 2001 in Kraft. Bei der Umstellung einer bis zum 31. Dezember 1998 erteilten Fahrerlaubnis der Klasse 2 oder einer entsprechenden Fahrerlaubnis wird die Fahrerlaubnis der Klassen C und CE bis zu dem Tag befristet, an dem der Inhaber das 50. Lebensjahr vollendet. Für die Verlängerung der Fahrerlaubnis und die Erteilung nach Ablauf der Geltungsdauer ist § 24 entsprechend anzuwenden. Fahrerlaubnisinhaber, die bis zum 31. Dezember 1998 das 50. Lebensjahr vollenden, müssen bei der Umstellung der Fahrerlaubnis ihre Eignung nach Maßgabe von § 11 Absatz 9 und § 12 Absatz 6 in Verbindung mit den Anlagen 5 und 6 nachweisen. Wird die bis zum 31. Dezember 1998 erteilte Fahrerlaubnis nicht umgestellt, darf der Inhaber ab Vollendung des 50. Lebensjahres keine Fahrzeuge oder Fahrzeugkombinationen der Klassen C oder CE mehr führen, § 6 Absatz 3 Nummer 6 bleibt unberührt. Für die Erteilung einer Fahrerlaubnis dieser Klassen ist anschließend § 24 Absatz 2 entsprechend anzuwenden. Für Fahrerlaubnisinhaber, die bis zum 31. Dezember 1999 das 50. Lebensjahr vollendet haben, tritt Satz 13 am 1. Januar 2001 in Kraft. Bescheinigungen über die ärztliche Untersuchung oder Zeugnisse über die augenärztliche Untersuchung des Sehvermögens, die nach den bis zum Ablauf des 14. Juni 2007 vorgeschriebenen Mustern ausgefertigt worden sind, bleiben zwei Jahre gültig. Bescheinigungen über die ärztliche Untersuchung oder Zeugnisse über die augenärztliche Untersuchung des Sehvermögens, die den Mustern der Anlagen 5 und 6 in der bis zum Ablauf des 14. Juni 2007 geltenden Fassung entsprechen, dürfen bis zum 1. September 2007 weiter ausgefertigt werden.

10. §§ 15 bis 18 (Fahrerlaubnisprüfung)
Ab dem 19. Januar 2013 werden Fahrerlaubnisprüfungen nur noch nach den ab diesem Tag geltenden Vorschriften durchgeführt. Bewerbern, die den Antrag auf Erteilung der Fahrerlaubnis bis zum Ablauf des 18. Januar 2013 stellen und die bis zu diesem Tag das bis dahin geltende Mindestalter erreicht haben, wird die Fahrerlaubnis unter den bis zum Ablauf des 18. Januar 2013 geltenden Voraussetzungen erteilt. Wird die beantragte Fahrerlaubnis bis zum Ablauf des 18. Januar 2013 nicht erteilt, wird der Antrag wie folgt umgedeutet:

Antrag auf Klasse	in Antrag auf Klasse
M	AM
S	AM
A (beschränkt)	A2

Wird die beantragte Fahrerlaubnis nicht bis zum Ablauf des 18. Januar 2013 erteilt, gelten für eine ab dem 19. Januar 2013 erteilte Fahrerlaubnis die Mindestalterregelungen in der bis zum Ablauf des 18. Januar 2013 geltenden Fassung. Bewerbern, die den Antrag auf Erteilung der Fahrerlaubnis bis zum Ablauf des 18. Januar 2013 stellen, das bis dahin geltende Mindestalter jedoch erst nach diesem Zeitpunkt erreichen, wird die Fahrerlaubnis in den neuen Klassen erteilt, die den beantragten nach der Gegenüberstellung in der dem Satz 3 folgenden Tabelle entsprechen. Eine theoretische Prüfung, die der Bewerber bis zum Ablauf des 18. Januar 2013 für eine der Klassen alten Rechts abgelegt hat, bleibt ein Jahr auch für die in der dem Satz 3 folgenden Tabelle genannte entsprechende neue Klasse gültig.

11. § 17a Absatz 1 und 2 (Aufhebung der Beschränkung)
Auf Antrag wird eine bis zum Ablauf des 18. Januar 2013 erfolgte Beschränkung der Fahrerlaubnis der Klassen BE, C1, C1E, C, CE, D1, D1E, D und

DE auf Fahrzeuge ohne Schaltgetriebe aufgehoben, sofern der Inhaber die Fahrerlaubnis der Klasse B auf einem Fahrzeug mit Schaltgetriebe erworben hat.

11a. § 19 (Weitergeltung von Bescheinigungen über Erste Hilfe)
Bescheinigungen über die Teilnahme an einer Ausbildung in Erster Hilfe gelten unbefristet bei einem Antrag auf Erteilung einer Fahrerlaubnis als Nachweis im Sinne des § 21 Absatz 3 Nummer 5.

11b. §§ 20 und 24 Absatz 2 (Neuerteilung der Fahrerlaubnis nach Entziehung einer oder Verzicht auf eine Fahrerlaubnis, erneute Erteilung einer auf Grund des Ablaufs der Geltungsdauer erloschenen Fahrerlaubnis)
Personen, denen eine Fahrerlaubnis entzogen worden ist oder die einen Verzicht auf ihre Fahrerlaubnis erklärt haben, wird im Rahmen der Neuerteilung nach § 20 vorbehaltlich der Bestimmungen des Satzes 4 sowie der Nummer 9 die Fahrerlaubnis im Umfang der Anlage 3 erteilt. Personen, deren Fahrerlaubnis auf Grund des Ablaufs der Geltungsdauer erloschen ist, wird im Rahmen der Neuerteilung nach § 24 Absatz 2 vorbehaltlich der Bestimmungen des Satzes 4 sowie der Nummer 9 die Fahrerlaubnis im Umfang der Anlage 3 erneut erteilt. Wurde vor dem 1. Januar 2015 eine Fahrerlaubnis neu erteilt, wird auf Antrag vorbehaltlich der Bestimmungen des Satzes 4 sowie der Nummer 9 die Fahrerlaubnis im Umfang der Anlage 3 erteilt. Die Fahrerlaubnisbehörde ordnet eine Fahrerlaubnisprüfung an, wenn Tatsachen vorliegen, die die Annahme rechtfertigen, dass der Bewerber die nach § 16 Absatz 1 und § 17 Absatz 1 erforderlichen Kenntnisse und Fähigkeiten nicht mehr besitzt.

11c. § 22 (Verfahren bei der Behörde und der Technischen Prüfstelle)
Sofern Führerscheine bis zum Ablauf des 18. Januar 2013 ausgestellt worden sind, können diese auch ab dem 19. Januar 2013 ausgehändigt werden, sofern die Fahrerlaubnis bis zum Ablauf des 18. Januar 2013 erworben wurde.

12. § 22 Absatz 2, § 25 Absatz 4 (Einholung von Auskünften)
Sind die Daten des Betreffenden noch nicht im Zentralen Fahrerlaubnisregister gespeichert, können die Auskünfte nach § 22 Absatz 2 Satz 2 und § 25 Absatz 4 Satz 1 aus den örtlichen Fahrerlaubnisregistern eingeholt werden.

12a. § 22 Absatz 4 Satz 7 und Anlage 8a (Vorläufiger Nachweis der Fahrerlaubnis)
Ein Vorläufiger Nachweis der Fahrerlaubnis darf bis zum 1. April 2016 nach dem bis zum Ablauf des 20. Oktober 2015 geltenden Muster ausgestellt werden.

12b. § 22a Absatz 2 Nummer 4, auch in Verbindung mit § 48a Absatz 3, ist erst ab dem 1. April 2016 anzuwenden.

12c. § 23 Absatz 1 (Geltungsdauer der Fahrerlaubnis)
Die Geltungsdauer einer Fahrerlaubnis der Klassen C1 und C1E, die ab dem 1. Januar 1999 und bis zum Ablauf des 27. Dezember 2016 erteilt wurde, endet mit Vollendung des 50. Lebensjahres des Inhabers.

13. § 25 Absatz 1 und Anlage 8, § 26 Absatz 1 und Anlage 8, § 48 Absatz 3 und Anlage 8 (Führerscheine, Fahrerlaubnis zur Fahrgastbeförderung)
Führerscheine, die nach den bis zum 1. Mai 2015 vorgeschriebenen Mustern oder nach den Vorschriften der Deutschen Demokratischen Republik, auch solche der Nationalen Volksarmee, ausgefertigt worden sind, bleiben gültig. Bis zum 18. Januar 2013 erteilte Fahrerlaubnisse zur Fahrgastbeförderung in Kraftomnibussen, Taxen, Mietwagen, Krankenkraftwagen oder Personenkraftwagen, mit denen Ausflugsfahrten oder Ferienziel-Reisen (§ 48 Per-

sonenbeförderungsgesetz[1]) durchgeführt werden und entsprechende Führerscheine bleiben bis zum Ablauf ihrer bisherigen Befristung gültig. Die Regelung in Nummer 9 bleibt unberührt.

13a. § 29 (Ausländische Fahrerlaubnisse)
Ein Internationaler Führerschein, der bis zum 31. Dezember 2010 nach Artikel 41 und Anhang 7 des Übereinkommens über den Straßenverkehr vom 8. November 1968 in der bis zum 31. Dezember 2010 geltenden Fassung im Ausland ausgestellt wurde, berechtigt im Rahmen seiner Gültigkeitsdauer zum Führen von Kraftfahrzeugen im Inland.

14. § 48 Absatz 3 (Weitergeltung der bisherigen Führerscheine zur Fahrgastbeförderung)
Führerscheine zur Fahrgastbeförderung, die nach den bis zum 1. September 2002 und bis zum 2. August 2021 vorgeschriebenen Mustern ausgefertigt sind, bleiben gültig. Führerscheine zur Fahrgastbeförderung, die dem Muster 4 der Anlage 8 in der bis zum 2. August 2021 geltenden Fassung entsprechen, dürfen bis zum 2. Dezember 2021 weiter ausgefertigt werden. Inhaber eines Führerscheins zur Fahrgastbeförderung, der vor dem 2. August 2021 ausgestellt wurde, sind auch berechtigt, Personenkraftwagen im gebündelten Bedarfsverkehr und im Linienbedarfsverkehr zu führen.

15. Anlage 8b (Prüfungsbescheinigung zum „Begleiteten Fahren ab 17 Jahre")
Eine Prüfungsbescheinigung zum „Begleiteten Fahren ab 17 Jahre" darf bis zum 1. April 2016 nach dem bis zum Ablauf des 20. Oktober 2015 geltenden Muster der Anlage 8a ausgestellt werden.

16. *(aufgehoben)*

17. §§ 66 und 70 (Anerkennung von Trägern von Begutachtungsstellen für Fahreignung und Trägern, die Kurse zur Wiederherstellung der Kraftfahreignung nach § 70 durchführen)
Die bestehenden Anerkennungen von Begutachtungsstellen für Fahreignung nach § 66 und Kursen zur Wiederherstellung der Kraftfahreignung nach § 70 müssen bis zum Ablauf des 31. Dezember 2018 den geänderten Vorschriften angepasst werden; davon ausgenommen sind die Regelungen nach Anlage 14 Absatz 2 Nummer 7 und Anlage 15 Absatz 2 Nummer 6. Bis zu diesem Zeitpunkt ist der Anerkennungsbehörde ein Gutachten der Bundesanstalt vorzulegen, dass die ab dem 1. Mai 2014 geltenden Anforderungen gemäß der Anlage 14 Absatz 2 Nummer 8 und der Anlage 15 Absatz 2 Nummer 7 erfüllt werden. Die Bestätigung durch eine unabhängige Stelle nach Anlage 14 Absatz 2 Nummer 7 ist spätestens bis zum 25. Juni 2021 nachzuweisen. Die Bestätigung durch eine unabhängige Stelle nach Anlage 15 Absatz 2 Nummer 6 ist spätestens drei Jahre, nachdem erstmals eine unabhängige Stelle nach § 71b Satz 2 in Verbindung mit § 71a Absatz 2 Satz 1 anerkannt worden ist, nachzuweisen. Das Bundesministerium für Verkehr und digitale Infrastruktur gibt die erstmaligen Anerkennungen mit Datum im Verkehrsblatt bekannt. Die Bestätigung nach Anlage 5 Nummer 2 Satz 2 muss bis zum Ablauf der in Satz 3 genannten Frist vorliegen.

18. § 68 (Anerkennung von Stellen für die Unterweisung in lebensrettenden Sofortmaßnahmen und für die Schulung in Erster Hilfe)
Nach den bis zum Ablauf des 20. Oktober 2015 anerkannte Stellen für die Unterweisungen in lebensrettenden Sofortmaßnahmen können bis zum Ab-

[1] **Sartorius Nr. 950.**

lauf des 31. Dezember 2015 Unterweisungen in lebensrettenden Sofortmaßnahmen durchführen.

19. § 74 Absatz 4 (Ausnahmegenehmigungen)
Ausnahmegenehmigungen dürfen bis zum Ablauf des 31. Dezember 2015 auf dem bis zum Ablauf des 20. Oktober 2015 zulässigen Trägermaterial ausgestellt werden.

20. Bescheinigungen, die nach § 1 Absatz 2 der Dritten Verordnung über Ausnahmen von den Vorschriften der Fahrerlaubnis-Verordnung vom 22. April 2013 (BGBl. I S. 940) ausgestellt worden sind, gelten noch bis zum Ablauf ihrer Geltungsdauer fort. Mit Erreichen des Mindestalters nach § 10 Absatz 1 Satz 1 Nummer 1 händigt die Fahrerlaubnisbehörde dem Fahrerlaubnisinhaber auf Antrag einen Führerschein nach Anlage 8 Muster 1 aus. In Ländern, die von der Ermächtigung nach § 6 Absatz 5a des Straßenverkehrsgesetzes[1)] in der bis zum 27. Juli 2021 geltenden Fassung Gebrauch gemacht haben, findet die Dritte Verordnung über Ausnahmen von den Vorschriften der Fahrerlaubnis-Verordnung keine Anwendung mehr.

21. Muster der Anlage 5 und Muster der Anlage 6 (Weitergeltung von Bescheinigungen und Zeugnissen über die ärztliche Untersuchung nach Anlage 5 und die ärztliche beziehungsweise augenärztliche Untersuchung nach Anlage 6)
Eine Bescheinigung über die ärztliche Untersuchung nach Anlage 5, eine Bescheinigung über die ärztliche Untersuchung nach Anlage 6 und ein Zeugnis über die augenärztliche Untersuchung nach Anlage 6 dürfen bis zum 30. September 2022 nach dem bis zum 31. Mai 2022 geltenden Muster ausgestellt werden. Bescheinigungen und Zeugnisse, die nach dem bis zum 31. Mai 2022 geltenden Muster der Anlage 5 oder der Anlage 6 ausgestellt worden sind, gelten bis zum Ablauf ihrer Geltungsdauer fort.

§ 77 Verweis auf technische Regelwerke. [1]Soweit in dieser Verordnung auf DIN-, EN- oder ISO/IEC-Normen Bezug genommen wird, sind diese im Beuth Verlag GmbH, 10772 Berlin, erschienen. [2]Sie sind beim Deutschen Patentamt archivmäßig gesichert niedergelegt.

§ 78 Inkrafttreten. [1]Diese Verordnung tritt am Tag nach der Verkündung[2)] in Kraft. [2]Gleichzeitig tritt die Fahrerlaubnis-Verordnung vom 18. August 1998 (BGBl. I S. 2214), die zuletzt durch Artikel 3 der Verordnung vom 5. August 2009 (BGBl. I S. 2631) geändert worden ist, außer Kraft.

---

1) **Habersack, Deutsche Gesetze Nr. 35.**
2) Verkündet am 17.12.2010.

Anlagen 1–12
(hier nicht wiedergegeben)

Anlage 13[1)]
(zu § 40)

Bezeichnung und Bewertung der im Rahmen des Fahreignungs-Bewertungssystems zu berücksichtigenden Straftaten und Ordnungswidrigkeiten

Im Fahreignungsregister sind nachfolgende Entscheidungen zu speichern und im Fahreignungs-Bewertungssystem wie folgt zu bewerten:

1. mit drei Punkten folgende Straftaten, soweit die Entziehung der Fahrerlaubnis oder eine isolierte Sperre angeordnet worden ist:

laufende Nummer	Straftat	Vorschriften
1.1	Fahrlässige Tötung	§ 222 StGB[2)]
1.2	Fahrlässige Körperverletzung	§ 229 StGB
1.3	Nötigung	§ 240 StGB
1.3a	Gefährliche Eingriffe in den Bahn-, Schiffs- und Luftverkehr	§ 315 StGB
1.4	Gefährliche Eingriffe in den Straßenverkehr	§ 315b StGB
1.5	Gefährdung des Straßenverkehrs	§ 315c StGB
1.6	Verbotene Kraftfahrzeugrennen	§ 315d Absatz 1 Nummer 2 und 3, Absatz 2, 4 und 5 StGB
1.7	Unerlaubtes Entfernen vom Unfallort	§ 142 StGB
1.8	Trunkenheit im Verkehr	§ 316 StGB
1.9	Vollrausch	§ 323a StGB
1.10	Unterlassene Hilfeleistung	§ 323c StGB
1.11	Führen oder Anordnen oder Zulassen des Führens eines Kraftfahrzeugs ohne Fahrerlaubnis, trotz Fahrverbots oder trotz Verwahrung, Sicherstellung oder Beschlagnahme des Führerscheins	§ 21 StVG[3)]
1.12	Kennzeichenmissbrauch	§ 22 StVG

2. mit zwei Punkten

2.1. folgende Straftaten, soweit sie nicht von Nummer 1 erfasst sind:

laufende Nummer	Straftat	Vorschriften
2.1.1	Fahrlässige Tötung, soweit ein Fahrverbot angeordnet worden ist und die Tat im Zusammenhang mit dem Führen eines Kraftfahrzeugs oder unter Verletzung der Pflichten eines Kraftfahrzeugführers begangen wurde	§ 222 StGB[2)]
2.1.2	Fahrlässige Körperverletzung, soweit ein Fahrverbot angeordnet worden ist und die Tat im Zusammenhang mit dem Führen eines Kraftfahrzeugs oder unter Verletzung der Pflichten eines Kraftfahrzeugführers begangen wurde	§ 229 StGB

[1)] Anl. 13 neu gef. mWv 1.5.2014 durch VO v. 16.4.2014 (BGBl. I S. 348); geänd. mWv 1.6.2017 durch VO v. 18.5.2017 (BGBl. I S. 1282); geänd. mWv 24.8.2017 durch VO v. 14.8.2017 (BGBl. I S. 3232); geänd. mWv 13.10.2017 durch G v. 30.9.2017 (BGBl. I S. 3532); geänd. mWv 19.10.2017 durch VO v. 6.10.2017 (BGBl. I S. 3549); geänd. mWv 28.4.2020 durch VO v. 20.4.2020 (BGBl. I S. 814); geänd. mWv 22.8.2024 durch G v. 16.8.2024 (BGBl. 2024 I Nr. 266).

[2)] **Habersack, Deutsche Gesetze Nr. 85.**

[3)] **Habersack, Deutsche Gesetze Nr. 35.**

laufende Nummer	Straftat	Vorschriften
2.1.3	Nötigung, soweit ein Fahrverbot angeordnet worden ist und die Tat im Zusammenhang mit dem Führen eines Kraftfahrzeugs oder unter Verletzung der Pflichten eines Kraftfahrzeugführers begangen wurde	§ 240 StGB
2.1.3a	Gefährliche Eingriffe in den Bahn-, Schiffs- und Luftverkehr, sofern ein Fahrverbot angeordnet worden ist und die Tat im Zusammenhang mit dem Führen eines Kraftfahrzeugs oder unter Verletzung der Pflichten eines Kraftfahrzeugführers begangen wurde	§ 315 StGB
2.1.4	Gefährliche Eingriffe in den Straßenverkehr	§ 315b StGB
2.1.5	Gefährdung des Straßenverkehrs	§ 315c StGB
2.1.6	Verbotene Kraftfahrzeugrennen	§ 315d Absatz 1 Nummer 2 und 3, Absatz 2, 4 und 5 StGB
2.1.7	Unerlaubtes Entfernen vom Unfallort	§ 142 StGB
2.1.8	Trunkenheit im Verkehr	§ 316 StGB
2.1.9	Vollrausch, soweit ein Fahrverbot angeordnet worden ist und die Tat im Zusammenhang mit dem Führen eines Kraftfahrzeugs oder unter Verletzung der Pflichten eines Kraftfahrzeugführers begangen wurde	§ 323a StGB
2.1.10	Unterlassene Hilfeleistung, soweit ein Fahrverbot angeordnet worden ist und die Tat im Zusammenhang mit dem Führen eines Kraftfahrzeugs oder unter Verletzung der Pflichten eines Kraftfahrzeugführers begangen wurde	§ 323c StGB
2.1.11	Führen oder Anordnen oder Zulassen des Führens eines Kraftfahrzeugs ohne Fahrerlaubnis, trotz Fahrverbots oder trotz Verwahrung, Sicherstellung oder Beschlagnahme des Führerscheins	§ 21 StVG[1]
2.1.12	Kennzeichenmissbrauch, soweit ein Fahrverbot angeordnet worden ist und die Tat im Zusammenhang mit dem Führen eines Kraftfahrzeugs oder unter Verletzung der Pflichten eines Kraftfahrzeugführers begangen wurde	§ 22 StVG

2.2. folgende besonders verkehrssicherheitsbeeinträchtigende Ordnungswidrigkeiten:

laufende Nummer	Ordnungswidrigkeit	laufende Nummer der Anlage zur Bußgeldkatalog-Verordnung[2] (BKat)[3]
2.2.1	Kraftfahrzeug geführt mit einer Atemalkoholkonzentration von 0,25 mg/l oder mehr oder mit einer Blutalkoholkonzentration von 0,5 Promille oder mehr oder mit einer Alkoholmenge im Körper, die zu einer solchen Atem- oder Blutalkoholkonzentration führt	241, 241.1, 241.2
2.2.1a	Kraftfahrzeug geführt mit 3,5 ng/ml oder mehr Tetrahydrocannabinol im Blutserum	242, 242.1, 242.2, 243a, 243a.1, 243a.2
2.2.2	Kraftfahrzeug unter der Wirkung eines in der Anlage zu § 24a Absatz 2 des Straßenverkehrsgesetzes[1] genannten berauschenden Mittels geführt	243, 243.1, 243.2
2.2.3	*Zulässige Höchstgeschwindigkeit überschritten*	9.1 bis 9.3, 11.1 bis 11.3 jeweils in Verbindung mit 11.1.6 bis 11.1.10 der Tabelle 1 des Anhangs (11.1.6 nur innerhalb geschlossener Ortschaften), 11 2.5 bis

[1] **Habersack, Deutsche Gesetze Nr. 35.**
[2] Nr. **94a**.
[3] **Amtl. Anm.:** Bußgeldkatalog

laufende Nummer	Ordnungswidrigkeit	laufende Nummer der Anlage zur Bußgeldkatalog-Verordnung (BKat)
		11.2.10 der Tabelle 1 des Anhangs (11.2.5 nur innerhalb geschlossener Ortschaften) oder 11.3.6 bis 11.3.10 der Tabelle 1 des Anhangs (11.3.6 nur innerhalb geschlossener Ortschaften)
2.2.4	Erforderlichen Abstand von einem vorausfahrenden Fahrzeug nicht eingehalten	12.6 in Verbindung mit 12.6.3, 12.6.4 oder 12.6.5 der Tabelle 2 des Anhangs sowie 12.7 in Verbindung mit 12.7.3, 12.7.4 oder 12.7.5 der Tabelle 2 des Anhangs
2.2.5	Überholvorschriften nicht eingehalten	19.1.1, 19.1.2, 21.1, 21.2
2.2.5a	Bei stockendem Verkehr auf einer Autobahn oder Außerortsstraße für die Durchfahrt von Polizei- oder Hilfsfahrzeugen keine vorschriftsmäßige Gasse gebildet	50, 50.1, 50.2, 50.3
2.2.5b	Unberechtigt mit einem Fahrzeug auf einer Autobahn oder Außerortsstraße eine freie Gasse für die Durchfahrt von Polizei- oder Hilfsfahrzeugen (§ 11 Absatz 2 StVO[1]) benutzt	50a, 50a.1, 50a.2, 50a.3
2.2.6	Auf der durchgehenden Fahrbahn von Autobahnen oder Kraftfahrstraßen gewendet, rückwärts oder entgegen der Fahrtrichtung gefahren	83.3
2.2.7	Als Fahrzeugführer Bahnübergang unter Verstoß gegen die Wartepflicht oder trotz geschlossener Schranke oder Halbschranke überquert	89b.2, 244
2.2.8	Als Kraftfahrzeugführer rotes Wechsellichtzeichen oder rotes Dauerlichtzeichen nicht befolgt bei Gefährdung, mit Sachbeschädigung oder bei schon länger als einer Sekunde andauernder Rotphase eines Wechsellichtzeichens	132.1, 132.2, 132.3, 132.3.1, 132.3.2
2.2.8a	Einem Einsatzfahrzeug, das blaues Blinklicht zusammen mit dem Einsatzhorn verwendet hatte, nicht sofort freie Bahn geschaffen	135, 135.1, 135.2
2.2.8b	Beim Führen eines Kraftfahrzeugs elektronisches Gerät rechtswidrig benutzt mit Gefährdung oder mit Sachbeschädigung	246.2, 246.3

3. mit einem Punkt folgende verkehrssicherheitsbeeinträchtigende Ordnungswidrigkeiten:

3.1. folgende Verstöße gegen die Vorschriften des Straßenverkehrsgesetzes:

laufende Nummer	Verstöße gegen die Vorschriften	laufende Nummer des BKat[2]
3.1.1	des § 24c des Straßenverkehrsgesetzes[3]	243b

[1] **Habersack, Deutsche Gesetze Nr. 35a.**
[2] **Amtl. Anm.:** Bußgeldkatalog
[3] **Habersack, Deutsche Gesetze Nr. 35.**

3.2. folgende Verstöße gegen die Vorschriften der Straßenverkehrs-Ordnung[1]):

laufende Nummer	Verstöße gegen die Vorschriften über	laufende Nummer des BKat[2])
3.2.1	die Straßenbenutzung durch Fahrzeuge	4.1, 4.2, 5a, 5a.1, 6
3.2.2	die Geschwindigkeit	8.1, 9, 10, 11 in Verbindung mit 11.1.3, 11.1.4, 11.1.5, 11.1.6 der Tabelle 1 des Anhangs (11.1.6 nur außerhalb geschlossener Ortschaften), 11.2.2, 11.2.3, 11.2.4, 11.2.5 der Tabelle 1 des Anhangs (11.2.2 nur innerhalb, 11.2.5 nur außerhalb geschlossener Ortschaften), 11.3.4, 11.3.5, 11.3.6 der Tabelle 1 des Anhangs (11.3.6 nur außerhalb geschlossener Ortschaften)
3.2.3	den Abstand	12.5 in Verbindung mit 12.5.1, 12.5.2, 12.5.3, 12.5.4 oder 12.5.5 der Tabelle 2 des Anhangs, 12.6 in Verbindung mit 12.6.1 oder 12.6.2 der Tabelle 2 des Anhangs, 12.7 in Verbindung mit 12.7.1 oder 12.7.2 der Tabelle 2 des Anhangs, 15
3.2.4	das Überholen	17, 18, 19, 19.1, 153a, 21, 22
3.2.5	die Vorfahrt	34
3.2.6	das Abbiegen, Wenden und Rückwärtsfahren	39.1, 41, 42.1, 44, 45
3.2.7	Park- oder Halteverbote mit Behinderung von Rettungsfahrzeugen	51b.3, 53.1
3.2.7a	Unzulässiges Halten in „zweiter Reihe"	51a.1, 51a.2, 51a.3
3.2.7b	Unzulässiges Parken auf Geh- und Radwegen oder Radschnellwegen	52a.1, 52a.2, 52a.2.1, 52a.3, 52a.4
3.2.7c	Unzulässiges Halten auf Schutzstreifen für den Radverkehr	54a.1, 54a.2, 54a.3
3.2.7d	Unzulässiges Parken in „zweiter Reihe"	58.1, 58.1.1, 58.1.2, 58.2, 58.2.1
3.2.8	das Liegenbleiben von Fahrzeugen	66
3.2.9	die Beleuchtung	76
3.2.10	die Benutzung von Autobahnen und Kraftfahrstraßen	79, 80.1, 82, 83.1, 83.2, 85, 87a, 88
3.2.11	das Verhalten an Bahnübergängen	89, 89a, 89b.1, 136, 245
3.2.12	das Verhalten an öffentlichen Verkehrsmitteln und Schulbussen	92.1, 92.2, 93, 95.1, 95.2
3.2.13	die Personenbeförderung, die Sicherungspflichten	99.1, 99.2
3.2.14	die Ladung	102.1, 102.1.1, 102.2.1, 104
3.2.15	die sonstigen Pflichten des Fahrzeugführers	108, 246.1, 247
3.2.16	das Verhalten am Fußgängerüberweg	113
3.2.17	die übermäßige Straßenbenutzung	116

[1]) **Habersack, Deutsche Gesetze Nr. 35a.**
[2]) **Amtl. Anm.:** Bußgeldkatalog

laufende Nummer	Verstöße gegen die Vorschriften über	laufende Nummer des BKat
3.2.18	Verkehrshindernisse	123
3.2.19	das Verhalten gegenüber Zeichen oder Haltgebot eines Polizeibeamten sowie an Wechsellichtzeichen, Dauerlichtzeichen und Grünpfeil	129, 132, 132a, 132a.1, 132a.2, 132a.3, 132a.3.1, 132a.3.2, 133.1, 133.2, 133.3.1, 133.3.2
3.2.20	Vorschriftzeichen	150, 151.1, 151.2, 152, 152.1
3.2.21	Richtzeichen	157.3, 159b
3.2.22	andere verkehrsrechtliche Anordnungen	164
3.2.23	Auflagen	166

(Fortsetzung nächstes Blatt)

3.3. folgende Verstöße gegen die Vorschriften der Fahrerlaubnis-Verordnung:

laufende Nummer	Verstöße gegen die Vorschriften über	laufende Nummer des BKat[1]
3.3.1	die Fahrerlaubnis zur Fahrgastbeförderung	171, 172
3.3.2	das Führen von Kraftfahrzeugen ohne Begleitung	251a

3.4. folgende Verstöße gegen die Vorschriften der Fahrzeug-Zulassungsverordnung:

laufende Nummer	Verstöße gegen die Vorschriften über	laufende Nummer des BKat[1]
3.4.1	die Zulassung	175
3.4.2	ein Betriebsverbot und Beschränkungen	253

3.5. folgende Verstöße gegen die Vorschriften der Straßenverkehrs-Zulassungs-Ordnung[2]:

laufende Nummer	Verstöße gegen die Vorschriften über	laufende Nummer des BKat[1]
3.5.1	die Untersuchung der Kraftfahrzeuge und Anhänger	186.1.3, 186.1.4, 186.2.3, 187a
3.5.2	die Verantwortung für den Betrieb der Fahrzeuge	189.1.1, 189.1.2, 189.2.1, 189.2.2, 189.3.1, 189.3.2, 189a.1, 189a.2
3.5.3	die Abmessungen von Fahrzeugen und Fahrzeugkombinationen	192, 193
3.5.4	die Kurvenlaufeigenschaften von Fahrzeugen	195, 196
3.5.5	die Achslast, das Gesamtgewicht, die Anhängelast hinter Kraftfahrzeugen	198 und 199 jeweils in Verbindung mit 198.1.2 bis 198.1.7, 199.1.2 bis 199.1.6, 198.2.4 oder 199.2.4, 198.2.5 oder 199.2.5, 198.2.6 oder 199.2.6 der Tabelle 3 des Anhangs
3.5.6	die Besetzung von Kraftomnibussen	201, 202
3.5.7	Bereifung und Laufflächen	212, 213, 213a
3.5.8	die sonstigen Pflichten für den verkehrssicheren Zustand des Fahrzeugs	214.1, 214.2, 214a.1, 214a.2
3.5.9	die Stützlast	217
3.5.10	den Geschwindigkeitsbegrenzer	223, 224
3.5.11	Auflagen	233

[1] **Amtl. Anm.:** Bußgeldkatalog
[2] Auszugsweise abgedruckt unter Nr. **35b**.

3.6. folgende Verstöße gegen die Vorschriften der Gefahrgutverordnung Straße, Eisenbahn und Binnenschifffahrt (GGVSEB):

laufende Nummer	Beschreibung der Zuwiderhandlung	gesetzliche Grundlage
3.6.1	Als tatsächlicher Verlader Versandstücke, die gefährliche Güter enthalten, und unverpackte gefährliche Gegenstände nicht durch geeignete Mittel gesichert, die in der Lage sind, die Güter im Fahrzeug oder Container zurückzuhalten, sowie, wenn gefährliche Güter zusammen mit anderen Gütern befördert werden, nicht alle Güter in den Fahrzeugen oder Containern so gesichert oder verpackt, dass das Austreten gefährlicher Güter verhindert wird.	Unterabschnitt 7.5.7.1 ADR i.V.m. § 37 Absatz 1 Nummer 21 Buchstabe a GGVSEB
3.6.2	Als Fahrzeugführer Versandstücke, die gefährliche Güter enthalten, und unverpackte gefährliche Gegenstände nicht durch geeignete Mittel gesichert, die in der Lage sind, die Güter im Fahrzeug oder Container zurückzuhalten, sowie, wenn gefährliche Güter zusammen mit anderen Gütern befördert werden, nicht alle Güter in den Fahrzeugen oder Containern so gesichert oder verpackt, dass das Austreten gefährlicher Güter verhindert wird.	Unterabschnitt 7.5.7.1 ADR i.V.m. § 37 Absatz 1 Nummer 21 Buchstabe a GGVSEB
3.6.3	Als Beförderer und in der Funktion als Halter des Fahrzeugs entgegen § 19 Absatz 2 Nummer 15 GGVSEB dem Fahrzeugführer die erforderliche Ausrüstung zur Durchführung der Ladungssicherung nicht übergeben[1]	Unterabschnitt 7.5.7.1 ADR i.V.m. § 37 Absatz 1 Nummer 6 Buchstabe o GGVSEB

Anlagen 14–18[2]

(vom Abdruck wurde abgesehen)

[1] Fehlende Zeichensetzung amtlich.

[2] Abgedruckt in **Straßenverkehrsrecht; Nr. 2.1**

36. Luftverkehrsgesetz (LuftVG)

In der Fassung der Bekanntmachung vom 10. Mai 2007[1)]
(BGBl. I S. 698)

FNA 96-1

zuletzt geänd. durch Art. 6 G zur Beschleunigung von Genehmigungsverfahren im Verkehrsbereich und zur Umsetzung der RL (EU) 2021/1187 über die Straffung von Maßnahmen zur rascheren Verwirklichung des transeuropäischen Verkehrsnetzes v. 22.12.2023 (BGBl. 2023 I Nr. 409)

– Auszug –

Nichtamtliche Gliederungsübersicht

Erster Abschnitt. Luftverkehr

§§ 1–32d *(vom Abdruck wurde abgesehen)*

Zweiter Abschnitt.[2)] Haftpflicht und Schlichtung

1. Unterabschnitt. Haftung für Personen und Sachen, die nicht im Luftfahrzeug befördert werden

§ 33 [Ersatzpflicht des Halters, Schwarzflug] (1) [1] Wird beim Betrieb eines Luftfahrzeugs durch Unfall jemand getötet, sein Körper oder seine Gesundheit verletzt oder eine Sache beschädigt, so ist der Halter des Luftfahrzeugs verpflichtet, den Schaden zu ersetzen. [2] Für die Haftung aus dem Beförderungsvertrag gegenüber einem Fluggast sowie für die Haftung des Halters militärischer Luftfahrzeuge gelten die besonderen Vorschriften der §§ 44 bis 54. [3] Wer Personen zu Luftfahrern ausbildet, haftet diesen Personen gegenüber nur nach den allgemeinen gesetzlichen Vorschriften.

(2) [1] Benutzt jemand das Luftfahrzeug ohne Wissen und Willen des Halters, so ist er an Stelle des Halters zum Ersatz des Schadens verpflichtet. [2] Daneben bleibt der Halter zum Ersatz des Schadens verpflichtet, wenn die Benutzung des Luftfahrzeugs durch sein Verschulden ermöglicht worden ist. [3] Ist jedoch der Benutzer

---

[1)] Neubekanntmachung des LuftVG idF der Bek. v. 27.3.1999 (BGBl. I S. 550) in der ab 17.12.2006 geltenden Fassung.

[2)] 2. Abschnitt Überschrift neu gef. mWv 1.11.2013 durch G v. 11.6.2013 (BGBl. I S. 1545).

vom Halter für den Betrieb des Luftfahrzeugs angestellt oder ist ihm das Luftfahrzeug vom Halter überlassen worden, so ist der Halter zum Ersatz des Schadens verpflichtet; die Haftung des Benutzers nach den allgemeinen gesetzlichen Vorschriften bleibt unberührt.

§ 34 [Mitverschulden des Verletzten] Hat bei der Entstehung des Schadens ein Verschulden des Verletzten mitgewirkt, so gilt § 254 des Bürgerlichen Gesetzbuchs[1]; bei Beschädigung einer Sache steht das Verschulden desjenigen, der die tatsächliche Gewalt darüber ausübt, dem Verschulden des Verletzten gleich.

§ 35[2] [Umfang der Ersatzpflicht bei Tötung] (1) [1] Bei Tötung umfasst der Schadensersatz die Kosten versuchter Heilung sowie den Vermögensnachteil, den der Getötete dadurch erlitten hat, dass während der Krankheit seine Erwerbsfähigkeit aufgehoben oder gemindert oder sein Fortkommen erschwert oder seine Bedürfnisse vermehrt waren. [2] Außerdem sind die Kosten der Bestattung dem zu ersetzen, der sie zu tragen verpflichtet ist.

(2) [1] Stand der Getötete zur Zeit des Unfalls zu einem Dritten in einem Verhältnis, vermöge dessen er diesem gegenüber kraft Gesetzes unterhaltspflichtig war oder werden konnte, und ist dem Dritten infolge der Tötung das Recht auf Unterhalt entzogen, so hat der Ersatzpflichtige ihm so weit Schadensersatz zu leisten, wie der Getötete während der mutmaßlichen Dauer seines Lebens zur Gewährung des Unterhalts verpflichtet gewesen sein würde. [2] Die Ersatzpflicht tritt auch dann ein, wenn der Dritte zur Zeit des Unfalls gezeugt, aber noch nicht geboren war.

(3) [1] Der Ersatzpflichtige hat dem Hinterbliebenen, der zur Zeit der Verletzung zu dem Getöteten in einem besonderen persönlichen Näheverhältnis stand, für das dem Hinterbliebenen zugefügte seelische Leid eine angemessene Entschädigung in Geld zu leisten. [2] Ein besonderes persönliches Näheverhältnis wird vermutet, wenn der Hinterbliebene der Ehegatte, der Lebenspartner, ein Elternteil oder ein Kind des Getöteten war.

§ 36 [Umfang der Ersatzpflicht bei Körperverletzung] [1] Bei Verletzung des Körpers oder der Gesundheit umfasst der Schadensersatz die Heilungskosten sowie den Vermögensnachteil, den der Verletzte dadurch erleidet, dass infolge der Verletzung zeitweise oder dauernd seine Erwerbsfähigkeit aufgehoben oder gemindert oder sein Fortkommen erschwert ist oder seine Bedürfnisse vermehrt sind. [2] Wegen des Schadens, der nicht Vermögensschaden ist, kann auch eine billige Entschädigung in Geld gefordert werden.

§ 37 [Haftungshöchstbeträge] (1) [1] Der Ersatzpflichtige haftet für die Schäden aus einem Unfall

a) bei Luftfahrzeugen unter 500 Kilogramm Höchstabflugmasse nur bis zu einem Kapitalbetrag von 750 000 Rechnungseinheiten,

b) bei Luftfahrzeugen unter 1 000 Kilogramm Höchstabflugmasse nur bis zu einem Kapitalbetrag von 1,5 Millionen Rechnungseinheiten,

---

[1] **Habersack, Deutsche Gesetze Nr. 20.**

[2] § 35 Abs. 3 angef. mWv 22.7.2017 durch G v. 17.7.2017 (BGBl. I S. 2421).

c) bei Luftfahrzeugen unter 2 700 Kilogramm Höchstabflugmasse nur bis zu einem Kapitalbetrag von 3 Millionen Rechnungseinheiten,
d) bei Luftfahrzeugen unter 6 000 Kilogramm Höchstabflugmasse nur bis zu einem Kapitalbetrag von 7 Millionen Rechnungseinheiten,
e) bei Luftfahrzeugen unter 12 000 Kilogramm Höchstabflugmasse nur bis zu einem Kapitalbetrag von 18 Millionen Rechnungseinheiten,
f) bei Luftfahrzeugen unter 25 000 Kilogramm Höchstabflugmasse nur bis zu einem Kapitalbetrag von 80 Millionen Rechnungseinheiten,
g) bei Luftfahrzeugen unter 50 000 Kilogramm Höchstabflugmasse nur bis zu einem Kapitalbetrag von 150 Millionen Rechnungseinheiten,
h) bei Luftfahrzeugen unter 200 000 Kilogramm Höchstabflugmasse nur bis zu einem Kapitalbetrag von 300 Millionen Rechnungseinheiten,
i) bei Luftfahrzeugen unter 500 000 Kilogramm Höchstabflugmasse nur bis zu einem Kapitalbetrag von 500 Millionen Rechnungseinheiten,
j) bei Luftfahrzeugen ab 500 000 Kilogramm Höchstabflugmasse nur bis zu einem Kapitalbetrag von 700 Millionen Rechnungseinheiten.

[2] Höchstabflugmasse ist das für den Abflug zugelassene Höchstgewicht des Luftfahrzeugs. [3] Für die Umrechnung der Rechnungseinheit nach Satz 1 gilt § 49b entsprechend.

(2) Im Falle der Tötung oder Verletzung einer Person haftet der Ersatzpflichtige für jede Person bis zu einem Kapitalbetrag von 600 000 Euro oder bis zu einem Rentenbetrag von jährlich 36 000 Euro.

(3) Übersteigen die Entschädigungen, die mehreren auf Grund desselben Ereignisses zustehen, die Höchstbeträge nach Absatz 1, so verringern sich die einzelnen Entschädigungen vorbehaltlich des Absatzes 4 in dem Verhältnis, in dem ihr Gesamtbetrag zum Höchstbetrag steht.

(4) [1] Beruhen die Schadensersatzansprüche sowohl auf Sachschäden als auch auf Personenschäden, so dienen zwei Drittel des nach Absatz 1 Satz 1 errechneten Betrages vorzugsweise für den Ersatz von Personenschäden. [2] Reicht dieser Betrag nicht aus, so ist er anteilmäßig auf die Ansprüche zu verteilen. [3] Der übrige Teil des nach Absatz 1 Satz 1 errechneten Betrages ist anteilmäßig für den Ersatz von Sachschäden und für die noch ungedeckten Ansprüche aus Personenschäden zu verwenden.

§ 38 [Schadensersatz durch Geldrente] (1) Der Schadensersatz für Aufhebung oder Minderung der Erwerbsfähigkeit, für Erschwerung des Fortkommens oder für Vermehrung der Bedürfnisse des Verletzten und der nach § 35 Abs. 2 einem Dritten zu gewährende Schadensersatz ist für die Zukunft durch Geldrente zu leisten.

(2) Die Vorschriften des § 843 Abs. 2 bis 4 des Bürgerlichen Gesetzbuchs[1] finden entsprechende Anwendung.

(3) [1] Bei Verurteilung zu einer Geldrente kann der Berechtigte noch nachträglich Sicherheitsleistung oder Erhöhung einer solchen verlangen, wenn sich die Vermögensverhältnisse des Verpflichteten erheblich verschlechtert haben. [2] Diese Bestimmung gilt bei Schuldtiteln des § 794 Abs. 1 Nr. 1 und 5 der Zivilprozessordnung[2] entsprechend.

---

[1] **Schönfelder Nr. 20.**
[2] **Schönfelder Nr. 100.**

§ 39 [Verjährung] Auf die Verjährung finden die für unerlaubte Handlungen geltenden Verjährungsvorschriften des Bürgerlichen Gesetzbuchs[1)] entsprechende Anwendung.

§ 40 [Anzeigepflicht, Verwirkung] [1] Der Ersatzberechtigte verliert die Rechte, die ihm nach diesem Gesetz zustehen, wenn er nicht spätestens drei Monate, nachdem er von dem Schaden und der Person des Ersatzpflichtigen Kenntnis erhalten hat, diesem den Unfall anzeigt. [2] Der Rechtsverlust tritt nicht ein, wenn die Anzeige infolge eines Umstandes unterblieben ist, den der Ersatzberechtigte nicht zu vertreten hat, oder wenn der Ersatzpflichtige innerhalb der Frist auf andere Weise von dem Unfall Kenntnis erhalten hat.

§ 41 [Schaden durch mehrere Luftfahrzeuge] (1) [1] Wird ein Schaden durch mehrere Luftfahrzeuge verursacht und sind die Luftfahrzeughalter einem Dritten kraft Gesetzes zum Schadensersatz verpflichtet, so hängt im Verhältnis der Halter untereinander Pflicht und Umfang des Ersatzes von den Umständen, insbesondere davon ab, wie weit der Schaden überwiegend von dem einen oder dem anderen verursacht worden ist. [2] Dasselbe gilt, wenn der Schaden einem der Halter entstanden ist, bei der Haftpflicht, die einen anderen von ihnen trifft.

(2) Absatz 1 gilt entsprechend, wenn neben dem Halter ein anderer für den Schaden verantwortlich ist.

§ 42 [Haftung auf Grund sonstigen Rechts] Unberührt bleiben die bundesrechtlichen Vorschriften, wonach für den beim Betrieb eines Luftfahrzeugs entstehenden Schaden der Halter oder Benutzer (§ 33 Abs. 2) in weiterem Umfang oder der Führer oder ein anderer haftet.

§ 43[2)] [Haftpflichtversicherung] (1) Für die Versicherung zur Deckung der Haftung des Halters eines Luftfahrzeugs nach diesem Unterabschnitt gelten die Vorschriften der nachfolgenden Absätze, soweit die Verordnung (EG) Nr. 785/2004 des Europäischen Parlaments und des Rates vom 21. April 2004 über Versicherungsanforderungen an Luftfahrtunternehmen und Luftfahrzeugbetreiber (ABl. EU Nr. L 138 S. 1), in der jeweils geltenden Fassung, nicht anwendbar ist oder keine Regelung enthält.

(2) [1] Der Halter eines Luftfahrzeugs ist verpflichtet, zur Deckung seiner Haftung auf Schadensersatz nach diesem Unterabschnitt eine Haftpflichtversicherung in einer durch Rechtsverordnung zu bestimmenden Höhe zu unterhalten. [2] Satz 1 gilt nicht, wenn der Bund oder ein Land Halter des Luftfahrzeugs ist.

(3) [1] Für die Haftpflichtversicherung gelten die Vorschriften für die Pflichtversicherung des Versicherungsvertragsgesetzes. [2] § 114 des Versicherungsvertragsgesetzes[3)] gilt nicht.

[1)] **Schönfelder Nr. 20.**

[2)] *§ 43 Abs. 3 Satz 2 angef., bish.* Wortlaut wird Satz 1 und geänd. mWv 1.1.2008 durch G v. 23.11.2007 (BGBl. I S. 2631); Abs. 1 geänd. mWv 29.8.2009 durch G v. 24.8.2009 (BGBl. I S. 2942).

[3)] **Schönfelder Nr. 62.**

2. Unterabschnitt.[1] Haftung für Personen und Gepäck, die im Luftfahrzeug befördert werden; Haftung für verspätete Beförderung

§ 44[2] Anwendungsbereich. Für die Haftung auf Schadensersatz wegen der Tötung, der Körperverletzung oder der Gesundheitsbeschädigung eines Fluggastes durch einen Unfall, wegen der verspäteten Beförderung eines Fluggastes oder wegen der Zerstörung, der Beschädigung, des Verlustes oder der verspäteten Beförderung seines Reisegepäcks bei einer aus Vertrag geschuldeten Luftbeförderung sowie für die Versicherung zur Deckung dieser Haftung gelten die Vorschriften dieses Unterabschnitts, soweit

1. das Abkommen vom 12. Oktober 1929 zur Vereinheitlichung von Regeln über die Beförderung im internationalen Luftverkehr (Erstes Abkommen zur Vereinheitlichung des Luftprivatrechts) (RGBl. 1933 II S. 1039) (Warschauer Abkommen) und das Gesetz zur Durchführung des Ersten Abkommens zur Vereinheitlichung des Luftprivatrechts in der im Bundesgesetzblatt Teil III, Gliederungsnummer 96-2, veröffentlichten bereinigten Fassung,
2. das Protokoll vom 28. September 1955 zur Änderung des Abkommens zur Vereinheitlichung von Regeln über die Beförderung im internationalen Luftverkehr (BGBl. 1958 II S. 292),
3. das Zusatzabkommen vom 18. September 1961 zum Warschauer Abkommen zur Vereinheitlichung von Regeln über die von einem anderen als dem vertraglichen Luftfrachtführer ausgeführte Beförderung im internationalen Luftverkehr (BGBl. 1963 II S. 1160),
4. das Übereinkommen vom 28. Mai 1999 zur Vereinheitlichung bestimmter Vorschriften über die Beförderung im internationalen Luftverkehr (BGBl. 2004 II S. 458) (Montrealer Übereinkommen) und das Montrealer-Übereinkommen-Durchführungsgesetz vom 6. April 2004 (BGBl. I S. 550, 1027),
5. die Verordnung (EG) Nr. 2027/97 des Rates vom 9. Oktober 1997 über die Haftung von Luftfahrtunternehmen bei Unfällen (ABl. EG Nr. L 285 S. 1), geändert durch die Verordnung (EG) Nr. 889/2002 des Europäischen Parlaments und des Rates vom 13. Mai 2002 (ABl. EG Nr. L 140 S. 2), in der jeweils geltenden Fassung, und
6. die Verordnung (EG) Nr. 785/2004 des Europäischen Parlaments und des Rates vom 21. April 2004 über Versicherungsanforderungen an Luftfahrtunternehmen und Luftfahrzeugbetreiber (ABl. EU Nr. L 138 S. 1), in der jeweils geltenden Fassung,

nicht anwendbar sind oder keine Regelung enthalten.

§ 45[3] Haftung für Personenschäden. (1) Wird ein Fluggast durch einen Unfall an Bord eines Luftfahrzeugs oder beim Ein- oder Aussteigen getötet, körperlich verletzt oder gesundheitlich geschädigt, ist der Luftfrachtführer verpflichtet, den daraus entstehenden Schaden zu ersetzen.

(2) [1] In den Fällen des Absatzes 1 haftet der Luftfrachtführer für jeden Fluggast nur bis zu einem Betrag von 128 821 Rechnungseinheiten, wenn

---

[1] Beachte die Übergangsregelung in § 72.

[2] § 44 Nr. 5 aufgeh., bish. Nr. 6 und Nr. 7 werden Nr. 5 und Nr. 6 mWv 29.8.2009 durch G v. 24.8.2009 (BGBl. I S. 2942).

[3] § 45 Abs. 2 Satz 1, Abs. 3 geänd. mWv 11.8.2010 durch G v. 5.8.2010 (BGBl. I S. 1126); Abs. 2 Satz 1 einl. Satzteil und Abs. 3 geänd. mWv 17.7.2020 durch G v. 10.7.2020 (BGBl. I S. 1655).

1. der Schaden nicht durch sein rechtswidriges und schuldhaftes Handeln oder Unterlassen oder das rechtswidrige und schuldhafte Handeln oder Unterlassen seiner Leute verursacht wurde oder
2. der Schaden ausschließlich durch das rechtswidrige und schuldhafte Handeln oder Unterlassen eines Dritten verursacht wurde.

[2] Der Höchstbetrag nach Satz 1 gilt auch für den Kapitalwert einer als Schadensersatz zu leistenden Rente.

(3) Übersteigen in den Fällen des Absatzes 1 die Entschädigungen, die mehreren Ersatzberechtigten wegen der Tötung, Körperverletzung oder Gesundheitsbeschädigung eines Fluggastes zu leisten sind, insgesamt den Betrag von 128 821 Rechnungseinheiten und ist eine weitergehende Haftung des Luftfrachtführers nach Absatz 2 ausgeschlossen, so verringern sich die einzelnen Entschädigungen in dem Verhältnis, in welchem ihr Gesamtbetrag zu diesem Betrag steht.

§ 46[1)] Haftung bei verspäteter Personenbeförderung. (1) [1] Wird ein Fluggast verspätet befördert, ist der Luftfrachtführer verpflichtet, den daraus entstehenden Schaden zu ersetzen. [2] Die Haftung ist ausgeschlossen, wenn der Luftfrachtführer und seine Leute alle zumutbaren Maßnahmen zur Vermeidung des Schadens getroffen haben oder solche Maßnahmen nicht treffen konnten.

(2) [1] Im Falle des Absatzes 1 Satz 1 haftet der Luftfrachtführer für jeden Fluggast nur bis zu einem Betrag von 5 346 Rechnungseinheiten. [2] Dies gilt nicht, wenn der Schaden vom Luftfrachtführer oder seinen Leuten in Ausführung ihrer Verrichtungen vorsätzlich oder grob fahrlässig verursacht wurde.

§ 47[2)] Haftung für Gepäckschäden. (1) [1] Wird aufgegebenes Reisegepäck, das sich an Bord eines Luftfahrzeugs oder sonst in der Obhut des Luftfrachtführers befindet, zerstört oder beschädigt oder geht es verloren, ist der Luftfrachtführer verpflichtet, den daraus entstehenden Schaden zu ersetzen. [2] Die Haftung ist ausgeschlossen, wenn der Schaden durch die Eigenart des Reisegepäcks oder einen ihm innewohnenden Mangel verursacht wurde.

(2) [1] Wird aufgegebenes Reisegepäck, das sich an Bord eines Luftfahrzeugs oder sonst in der Obhut des Luftfrachtführers befindet, verspätet befördert, ist der Luftfrachtführer verpflichtet, den daraus entstehenden Schaden zu ersetzen. [2] Die Haftung ist ausgeschlossen, wenn der Luftfrachtführer und seine Leute alle zumutbaren Maßnahmen zur Vermeidung des Schadens getroffen haben oder solche Maßnahmen nicht treffen konnten.

(3) [1] Werden nicht aufgegebenes Reisegepäck oder andere Sachen, die der Fluggast an sich trägt oder mit sich führt, zerstört oder beschädigt oder gehen sie verloren, ist der Luftfrachtführer verpflichtet, den daraus entstehenden Schaden zu ersetzen, wenn der Schaden von dem Luftfrachtführer oder seinen Leuten schuldhaft verursacht wurde. [2] Werden sie verspätet befördert, gilt Absatz 2 entsprechend.

(4) [1] In den Fällen der Absätze 1 bis 3 haftet der Luftfrachtführer für jeden Fluggast nur bis zu einem Betrag von 1 288 Rechnungseinheiten. [2] Satz 1 gilt

---

[1)] § 46 Abs. 2 Satz 1 geänd. mWv 11.8.2010 durch G v. 5.8.2010 (BGBl. I S. 1126); Abs. 2 Satz 1 geänd. mWv 17.7.2020 durch G v. 10.7.2020 (BGBl. I S. 1655).

[2)] § 47 Abs. 4 Satz 1 geänd. mWv 11.8.2010 durch G v. 5.8.2010 (BGBl. I S. 1126); Abs. 4 Satz 1 geänd. mWv 17.7.2020 durch G v. 10.7.2020 (BGBl. I S. 1655).

für aufgegebenes Reisegepäck nicht, wenn der Fluggast bei der Übergabe an den Luftfrachtführer den Betrag des Interesses an der Ablieferung am Bestimmungsort angegeben und das für die Haftung für dieses Interesse verlangte Entgelt gezahlt hat. [3] In diesem Fall haftet der Luftfrachtführer bis zur Höhe des angegebenen Betrages, es sei denn, dass dieser höher als das tatsächliche Interesse ist.

(5) Absatz 4 gilt nicht, wenn der Schaden vom Luftfrachtführer oder seinen Leuten in Ausführung ihrer Verrichtungen vorsätzlich oder grob fahrlässig verursacht wurde.

(6) [1] Ist aufgegebenes Reisegepäck beschädigt oder verspätet befördert worden, können Ansprüche nach Absatz 1 oder 2 nur geltend gemacht werden, wenn der Fluggast dem Luftfrachtführer den Schaden unverzüglich nach seiner Entdeckung, bei der Beschädigung von Reisegepäck spätestens binnen sieben Tagen nach der Annahme, bei der verspäteten Beförderung von Reisegepäck spätestens binnen 21 Tagen, nachdem das Reisegepäck dem Fluggast zur Verfügung gestellt worden ist, schriftlich anzeigt. [2] Dies gilt nicht, wenn der Luftfrachtführer arglistig gehandelt hat. [3] Für die Einhaltung der Frist ist die Übergabe der Anzeige oder ihre Absendung maßgeblich. [4] Nimmt der Fluggast aufgegebenes Reisegepäck vorbehaltlos an, so begründet dies die Vermutung, dass es unbeschädigt abgeliefert worden ist.

(7) Ist aufgegebenes Reisegepäck verloren gegangen, können Ansprüche nach Absatz 1 nur geltend gemacht werden, wenn der Luftfrachtführer den Verlust anerkannt hat oder 21 Tage seit dem Tag vergangen sind, an dem das Reisegepäck hätte eintreffen sollen.

§ 48 Haftung auf Grund sonstigen Rechts. (1) Ein Anspruch auf Schadensersatz, auf welchem Rechtsgrund er auch beruht, kann gegen den Luftfrachtführer nur unter den Voraussetzungen und Beschränkungen geltend gemacht werden, die in diesem Unterabschnitt vorgesehen sind.

(2) [1] Die gesetzlichen Vorschriften, nach denen andere Personen für den Schaden haften, bleiben unberührt. [2] Haben die Leute des Luftfrachtführers in Ausführung ihrer Verrichtungen gehandelt, können sie sich jedoch auf die Voraussetzungen und Beschränkungen dieses Unterabschnitts berufen.

(3) Soweit die in diesem Unterabschnitt bestimmten Beträge die Haftung des Luftfrachtführers und seiner Leute begrenzen, darf der Gesamtbetrag, der von ihnen als Schadensersatz zu leisten ist, diese Beträge nicht überschreiten.

§ 48a Luftbeförderung durch mehrere Luftfrachtführer. (1) [1] Wird die Luftbeförderung nacheinander durch mehrere Luftfrachtführer ausgeführt und wird dabei ein Fluggast getötet, körperlich verletzt, gesundheitlich geschädigt oder verspätet befördert, ist nur der Luftfrachtführer zum Schadensersatz verpflichtet, der die Luftbeförderung ausgeführt hat, in deren Verlauf der Unfall *oder die Verspätung* eingetreten ist. [2] Dies gilt nicht, wenn der erste Luftfrachtführer die Haftung für die gesamte Luftbeförderung übernommen hat.

(2) [1] Wird bei einer Luftbeförderung nach Absatz 1 Reisegepäck zerstört oder beschädigt, geht es verloren oder wird es verspätet befördert, sind der erste, der letzte und derjenige Luftfrachtführer zum Schadensersatz verpflichtet, der die Luftbeförderung ausgeführt hat, in deren Verlauf die Zerstörung, die Beschädigung, der Verlust erfolgt oder die Verspätung eingetreten ist. [2] Diese Luftfrachtführer haften als Gesamtschuldner.

§ 48b Haftung des vertraglichen und des ausführenden Luftfrachtführers. (1) [1]Wer eine Luftbeförderung, zu der sich ein anderer verpflichtet hat, mit dessen Einverständnis ausführt (ausführender Luftfrachtführer), haftet neben dem anderen (vertraglicher Luftfrachtführer) nach den Vorschriften dieses Unterabschnitts. [2]Das Vorliegen des Einverständnisses wird vermutet. [3]Der vertragliche und der ausführende Luftfrachtführer haften als Gesamtschuldner.

(2) Führt der ausführende Luftfrachtführer die Luftbeförderung nur auf einer Teilstrecke aus, haftet er nur für Schäden, die auf dieser Teilstrecke entstehen.

(3) [1]Die Handlungen und Unterlassungen des ausführenden Luftfrachtführers und seiner in Ausführung ihrer Verrichtungen handelnden Leute gelten als solche des vertraglichen Luftfrachtführers. [2]Die Handlungen und Unterlassungen des vertraglichen Luftfrachtführers und seiner in Ausführung ihrer Verrichtungen handelnden Leute gelten als solche des ausführenden Luftfrachtführers, soweit sie sich auf die von ihm ausgeführte Luftbeförderung beziehen. [3]Er haftet für diese Handlungen und Unterlassungen in jedem Fall nur bis zu den Beträgen der §§ 45 bis 47. [4]Eine Vereinbarung über die Übernahme von Verpflichtungen, die in den Vorschriften dieses Unterabschnitts nicht vorgesehen sind, ein Verzicht auf die in diesen Vorschriften begründeten Rechte sowie Erklärungen eines Interesses nach § 47 Abs. 4 Satz 2 wirken nicht gegen den ausführenden Luftfrachtführer, es sei denn, dass er zugestimmt hat.

(4) Die Schadensanzeige nach § 47 Abs. 6 kann sowohl gegenüber dem vertraglichen als auch gegenüber dem ausführenden Luftfrachtführer mit Wirkung gegen den jeweils anderen erklärt werden.

(5) Soweit der ausführende Luftfrachtführer die Luftbeförderung vorgenommen hat, gilt wegen der Haftung der Leute des vertraglichen und des ausführenden Luftfrachtführers § 48 Abs. 2 entsprechend; maßgeblich sind dabei die Voraussetzungen und Beschränkungen, die für den Luftfrachtführer gelten, zu dessen Leuten sie gehören.

(6) [1]Für die Beträge, die der vertragliche Luftfrachtführer und seine Leute sowie der ausführende Luftfrachtführer und seine Leute als Schadensersatz zu leisten haben, gilt § 48 Abs. 3 entsprechend. [2]Der Gesamtbetrag, der von ihnen als Schadensersatz zu leisten ist, darf den höchsten Betrag nicht überschreiten, den einer von ihnen zu leisten verpflichtet ist. [3]Jeder von ihnen haftet jedoch nur bis zu dem für ihn geltenden Höchstbetrag.

§ 49 Anzuwendende Vorschriften. Für die Haftung nach diesem Unterabschnitt sind im Übrigen die Vorschriften der §§ 34 bis 36 und 38 anzuwenden.

§ 49a Ausschlussfrist. [1]Die Klage auf Schadensersatz kann nur binnen einer Ausschlussfrist von zwei Jahren erhoben werden. [2]Die Frist beginnt mit dem Tag, an dem das Luftfahrzeug am Bestimmungsort angekommen ist, an dem es hätte ankommen sollen oder an dem die Luftbeförderung abgebrochen worden ist.

§ 49b Umrechnung von Rechnungseinheiten. [1]Die in den §§ 45 bis 47 genannte Rechnungseinheit ist das Sonderziehungsrecht des Internationalen Währungsfonds. [2]Der Betrag wird in Euro nach dem Wert des Euro gegenüber *dem Sonderziehungsrecht* zum Zeitpunkt der Zahlung oder, wenn der Anspruch Gegenstand eines gerichtlichen Verfahrens ist, zum Zeitpunkt der die Tatsacheninstanz abschließenden Entscheidung umgerechnet. [3]Der Wert des

Euro gegenüber dem Sonderziehungsrecht wird nach der Berechnungsmethode ermittelt, die der Internationale Währungsfonds an dem betreffenden Tag für seine Operationen und Transaktionen anwendet.

§ 49c Unabdingbarkeit. (1) Im Falle einer entgeltlichen oder geschäftsmäßigen Luftbeförderung darf die Haftung des Luftfrachtführers nach den Vorschriften dieses Unterabschnitts im Voraus durch Vereinbarung weder ausgeschlossen noch beschränkt werden.

(2) 1 Eine Vereinbarung, die der Vorschrift des Absatzes 1 zuwider getroffen wird, ist nichtig. 2 Ihre Nichtigkeit hat nicht die Nichtigkeit des gesamten Vertrages zur Folge.

§ 50[1] Obligatorische Haftpflichtversicherung. (1) 1 Der Luftfrachtführer ist verpflichtet, zur Deckung seiner Haftung auf Schadensersatz wegen der in § 44 genannten Schäden während der von ihm geschuldeten oder der von ihm für den vertraglichen Luftfrachtführer ausgeführten Luftbeförderung eine Haftpflichtversicherung in einer durch Rechtsverordnung zu bestimmenden Höhe zu unterhalten. 2 Satz 1 gilt nicht, wenn die Bundesrepublik Deutschland Luftfrachtführer ist. 3 Ist ein Land Luftfrachtführer, gilt Satz 1 nur für Luftbeförderungen, auf die das Montrealer Übereinkommen anwendbar ist.

(2) 1 Für die Haftpflichtversicherung gelten die Vorschriften für die Pflichtversicherung des Versicherungsvertragsgesetzes[2]. 2 § 114 des Versicherungsvertragsgesetzes gilt nicht.

§ 51 Subsidiarität der Versicherung des vertraglichen Luftfrachtführers. Führt ein ausführender Luftfrachtführer eine Luftbeförderung für einen vertraglichen Luftfrachtführer aus, besteht eine Pflicht zur Unterhaltung einer Haftpflichtversicherung für den vertraglichen Luftfrachtführer nur, soweit

1. der ausführende Luftfrachtführer keine Haftpflichtversicherung bei einem in Deutschland zum Geschäftsbetrieb befugten Versicherer unterhält, die den Anforderungen der jeweils anwendbaren Vorschriften des § 50 oder des Artikels 4 Abs. 1 in Verbindung mit Artikel 6 Abs. 1 und 2 der Verordnung (EG) Nr. 785/2004 entspricht, oder
2. seine Haftung über die Haftung des ausführenden Luftfrachtführers hinausgeht.

§ 52 (weggefallen)

3. Unterabschnitt. Haftung für militärische Luftfahrzeuge

§ 53 Haftung für Schäden außerhalb eines militärischen Luftfahrzeugs. (1) Für Schäden der in § 33 genannten Art, die durch militärische Luftfahrzeuge verursacht werden, haftet der Halter nach den Vorschriften des ersten Unterabschnitts dieses Abschnitts; jedoch ist § 37 nicht anzuwenden.

---

[1] § 50 Abs. 2 Satz 2 angef., bish. Wortlaut wird Satz 1 und geänd. mWv 1.1.2008 durch G v. 23.11.2007 (BGBl. I S. 2631).

[2] **Schönfelder Nr. 62.**

(2) War der Getötete oder Verletzte kraft Gesetzes einem Dritten zur Leistung von Diensten in dessen Hauswesen oder Gewerbe verpflichtet, so hat der Halter des militärischen Luftfahrzeugs dem Dritten auch für die entgehenden Dienste durch Entrichtung einer Geldrente Ersatz zu leisten.

§ 54[1)] Haftung für Schäden bei Beförderung in einem militärischen Luftfahrzeug. (1) [1] Wird bei der Beförderung in einem militärischen Luftfahrzeug durch einen Unfall jemand getötet, sein Körper verletzt oder seine Gesundheit geschädigt, ist der Halter des Luftfahrzeugs verpflichtet, den daraus entstehenden Schaden zu ersetzen. [2] Er haftet für jede beförderte Person nur bis zu einem Betrag von 600 000 Euro, wenn

1. der Schaden nicht durch sein rechtswidriges und schuldhaftes Handeln oder Unterlassen oder das rechtswidrige und schuldhafte Handeln oder Unterlassen seiner Leute verursacht wurde oder
2. der Schaden ausschließlich durch das rechtswidrige und schuldhafte Handeln oder Unterlassen eines Dritten verursacht wurde.

(2) [1] Werden bei der Beförderung in einem militärischen Luftfahrzeug Reisegepäck oder andere Sachen, die der Beförderte an sich trägt oder mit sich führt, durch einen Unfall zerstört oder beschädigt, ist der Halter des Luftfahrzeugs verpflichtet, den daraus entstehenden Schaden zu ersetzen. [2] Die Haftung ist für jeden Beförderten auf einen Höchstbetrag von 1 700 Euro beschränkt, es sei denn, der Schaden ist von dem Halter oder seinen Leuten in Ausführung ihrer Verrichtungen vorsätzlich oder grob fahrlässig verursacht worden.

(3) Die §§ 40 und 45 Abs. 3 sowie die §§ 48 und 49 sind entsprechend anzuwenden.

(4) Die Haftung darf im Voraus durch Vereinbarung weder ausgeschlossen noch beschränkt werden.

4. Unterabschnitt. Gemeinsame Vorschriften für die Haftpflicht

§ 55 Verhältnis zu sozial- und versorgungsrechtlichen Vorschriften. [1] Unberührt bleiben die Vorschriften des Siebten Buches Sozialgesetzbuch über die Unfallversicherung von Personen, die im Betrieb des Luftfahrzeughalters beschäftigt sind. [2] Das Gleiche gilt für die sonstigen Vorschriften über Unfallschäden nach den beamtenrechtlichen Vorschriften des Bundes und der Länder und den versorgungsrechtlichen Vorschriften für die Bundeswehr.

§ 56[1)] Gerichtsstand. (1) Für Klagen, die auf Grund dieses Abschnitts erhoben werden, ist auch das Gericht zuständig, in dessen Bezirk der Unfall eingetreten ist.

(2) [1] Für Klagen, die auf Grund der §§ 45 bis 47 erhoben werden, ist außerdem das Gericht des Bestimmungsorts zuständig. [2] Im Falle des § 48b kann die Klage gegen den ausführenden Luftfrachtführer auch in dem Gerichtsstand des vertraglichen Luftfrachtführers und die Klage gegen den vertraglichen Luftfrachtführer auch in dem Gerichtsstand des ausführenden Luftfrachtführers erhoben werden.

(3) [1] Ist auf die Luftbeförderung eine der in § 44 Nr. 1 bis 4 genannten *Übereinkünfte* anzuwenden, bestimmt sich der Gerichtsstand nach dieser

[1)] Beachte die Übergangsregelung in § 72.

Übereinkunft. [2]Sind deutsche Gerichte nach Artikel 33 Abs. 2 des Montrealer Übereinkommens zuständig, ist für Klagen auf Ersatz des Schadens, der durch Tod oder Körperverletzung eines Reisenden entstanden ist, das Gericht örtlich zuständig, in dessen Bezirk der Reisende zum Zeitpunkt des Unfalls seinen Wohnsitz hatte.

5. Unterabschnitt.[1)] Schlichtung

§ 57[2)] Privatrechtlich organisierte Schlichtung. (1) [1]Das Bundesministerium der Justiz kann im Einvernehmen mit dem Bundesministerium für Digitales und Verkehr und dem Bundesministerium für Wirtschaft und Klimaschutz privatrechtlich organisierte Einrichtungen als Schlichtungsstellen zur außergerichtlichen Beilegung von Streitigkeiten über Ansprüche von Fluggästen gegen Luftfahrtunternehmen nach § 57b Absatz 1 anerkennen. [2]Anerkannt werden kann auch eine verkehrsträgerübergreifende Schlichtungsstelle. [3]Die Anerkennung und der Widerruf oder die Rücknahme der Anerkennung sind im Bundesanzeiger bekannt zu machen.

(2) Privatrechtlich organisierte Einrichtungen können als Schlichtungsstellen anerkannt werden, wenn die Schlichtungsstellen und die Durchführung des Schlichtungsverfahrens den Anforderungen dieses Gesetzes, des Verbraucherstreitbeilegungsgesetzes[3)] vom 19. Februar 2016 (BGBl. I S. 254) und der nach diesen Gesetzen erlassenen Rechtsverordnungen entsprechen.

(3) [1]Fluggäste können eine Schlichtungsstelle anrufen, wenn das beteiligte Luftfahrtunternehmen an der Schlichtung durch diese Schlichtungsstelle teilnimmt. [2]Die Schlichtungsstellen sind verpflichtet, eine Liste der teilnehmenden Luftfahrtunternehmen zu führen und in geeigneter Weise Interessierten zugänglich zu machen.

(4) [1]Die Schlichtungsstellen können für das Schlichtungsverfahren mit dem Eingang des Schlichtungsbegehrens von dem beteiligten Luftfahrtunternehmen ein angemessenes Entgelt verlangen. [2]Von dem Fluggast kann ein Entgelt von bis zu 30 Euro verlangt werden, wenn die Geltendmachung des Anspruchs im Schlichtungsverfahren missbräuchlich ist. [3]Wenn das Entgelt den Anforderungen des Satzes 1 oder 2 nicht entspricht, kann die Einrichtung als Schlichtungsstelle nicht anerkannt werden.

(5) [1]Weist eine Schlichtungsstelle nach, dass innerhalb von zwei Jahren nach der Anerkennung und der Aufnahme der Schlichtung in der überwiegenden Zahl der Fälle bei ihr Ansprüche geltend gemacht wurden, die nicht bestanden, kann diese Schlichtungsstelle vor Einleitung eines Schlichtungsverfahrens von dem Fluggast ein Entgelt verlangen. [2]Der Nachweis ist gegenüber dem Bundesamt für Justiz zu erbringen. [3]Das Bundesamt für Justiz teilt der Schlichtungsstelle und dem Bundesministerium der Justiz mit, ob der Nachweis erbracht ist. [4]Das Entgelt nach Satz 1 *darf 20 Euro nicht überschreiten.* [5]Es kann nur verlangt werden, wenn der Vertrag, aus dem die Luftbeförderung geschuldet wird, nach Einführung des Entgelts

---

1) 5. UAbschnitt (§§ 57–57c) eingef. mWv 1.11.2013, bis auf § 57c, der bereits mWv 21.6.2013 in Kraft getreten ist, durch G v. 11.6.2013 (BGBl. I S. 1545).

2) § 57 eingef. mWv 1.11.2013 durch G v. 11.6.2013 (BGBl. I S. 1545); Abs. 1 Sätze 1 und 3 geänd., Abs. 2 und Abs. 4 Satz 2 neu gef., Abs. 5 Satz 3 geänd., Abs. 7 angef. mWv 1.4.2016 durch G v. 19.2. 2016 (BGBl. I S. 254); Abs. 5 Satz 10 und Abs. 7 Satz 2 geänd. mWv 1.1.2020 durch G v. 30.11.2019 (BGBl. I S. 1942); Abs. 1 Satz 1, Abs. 5 Satz 3 und Abs. 7 Sätze 2 und 3 geänd. mWv 29.12.2023 durch G v. 22.12.2023 (BGBl. 2023 I Nr. 409).

3) Nr. **107**.

geschlossen wurde. [6] Das Entgelt ist dem Fluggast von dem beteiligten Luftfahrtunternehmen zu erstatten, wenn der Anspruch im Schlichtungsverfahren für begründet erachtet wird. [7] Es ist auf das Entgelt nach Absatz 4 Satz 2 anzurechnen, wenn die Geltendmachung des Anspruchs im Schlichtungsverfahren missbräuchlich war. [8] Wird ein Entgelt nach Satz 1 verlangt, obwohl der Nachweis nicht erbracht ist, ist die Anerkennung nach Absatz 1 zu widerrufen. [9] Dies gilt auch, wenn ein Entgelt von mehr als 20 Euro verlangt wird. [10] Wird ein Entgelt nach Satz 1 von einer Schlichtungsstelle verlangt, gilt für diese Schlichtungsstelle § 57b Absatz 2 Satz 1 Nummer 7 nicht.

(6) Die Regelung der Entgelte nach den Absätzen 4 und 5 haben die Schlichtungsstellen Interessierten zugänglich zu machen.

(7) [1] Eine anerkannte Einrichtung ist Verbraucherschlichtungsstelle nach dem Verbraucherstreitbeilegungsgesetz. [2] Das Bundesministerium der Justiz übermittelt der Zentralen Anlaufstelle für Verbraucherschlichtung die Angaben nach § 32 Absatz 2 und 4 des Verbraucherstreitbeilegungsgesetzes. [3] Die Schlichtungsstelle hat den Evaluationsbericht nach § 34 Absatz 2 des Verbraucherstreitbeilegungsgesetzes an das Bundesministerium der Justiz zu übermitteln. [4] Dieses leitet den Evaluationsbericht an die Zentrale Anlaufstelle für Verbraucherschlichtung weiter; § 35 Absatz 2 des Verbraucherstreitbeilegungsgesetzes ist nicht anzuwenden.

§ 57a[1)] Behördliche Schlichtung. (1) [1] Zur außergerichtlichen Beilegung von Streitigkeiten über Ansprüche von Fluggästen nach § 57b Absatz 1 gegen Luftfahrtunternehmen, die nicht an einem Schlichtungsverfahren einer anerkannten privatrechtlich organisierten Schlichtungsstelle nach § 57 teilnehmen, können Fluggäste die Schlichtungsstelle anrufen, die bei dem Bundesamt für Justiz einzurichten ist. [2] Dies gilt auch, wenn keine privatrechtlich organisierte Einrichtung als Schlichtungsstelle anerkannt ist.

(2) Die Schlichtungsstelle und die Durchführung des Schlichtungsverfahrens müssen den Anforderungen dieses Gesetzes, des Verbraucherstreitbeilegungsgesetzes[2)] und der auf Grund dieser Gesetze erlassenen Rechtsverordnungen entsprechen.

(3) Das Bundesamt für Justiz kann dem Fluggast die Gebühr 1224 der Anlage (Kostenverzeichnis) zum Justizverwaltungskostengesetz[3)] auferlegen, wenn die Geltendmachung des Anspruchs im Schlichtungsverfahren missbräuchlich ist.

(4) [1] Sind innerhalb von zwei Jahren nach Aufnahme der Schlichtung in der überwiegenden Zahl der Fälle Ansprüche geltend gemacht worden, die nicht bestanden, kann das Bundesministerium der Justiz im Einvernehmen mit dem Bundesministerium für Digitales und Verkehr und dem Bundesministerium für Wirtschaft und Klimaschutz durch Rechtsverordnung, die nicht der Zustimmung des Bundesrates bedarf, bestimmen, dass die Schlichtungsstelle vor Einleitung eines Schlichtungsverfahrens von dem Fluggast eine Gebühr erhebt. [2] Die Gebühr darf 20 Euro nicht überschreiten. [3] Sie kann nur verlangt werden, wenn der Vertrag, aus dem die Luftbeförderung geschuldet wird, nach Einführung der Gebühr geschlossen wurde. [4] Die Gebühr ist dem Fluggast von dem beteiligten Luftfahrt-

---

[1)] § 57a eingef. mWv 1.11.2013 durch G v. 11.6.2013 (BGBl. I S. 1545, geänd. durch G v. 23.7.2013, BGBl. I S. 2586); Abs. 2 und 3 neu gef., Abs. 4 Sätze 1 und 5 geänd., Abs. 6 angef. mWv 1.4.2016 durch *G v. 19.2.2016 (BGBl. I S. 254)*; Abs. 4 Satz 6 und Abs. 6 geänd. mWv 1.1.2020 durch G v. 30.11.2019 (BGBl. I S. 1942); Abs. 3 geänd. mWv 17.7.2020 durch G v. 10.7.2020 (BGBl. I S. 1655); Abs. 4 Satz 1 geänd. mWv 29.12.2023 durch G v. 22.12.2023 (BGBl. 2023 I Nr. 409).

[2)] Nr. **107**.

[3)] **Habersack, Deutsche Gesetze Nr. 120.**

unternehmen zu erstatten, wenn der Anspruch im Schlichtungsverfahren für begründet erachtet wird. [5] Sie ist auf die Gebühr nach Absatz 3 anzurechnen, wenn die Geltendmachung des Anspruchs im Schlichtungsverfahren missbräuchlich war. [6] Wird eine Gebühr nach Satz 1 erhoben, gilt § 57b Absatz 2 Satz 1 Nummer 7 nicht.

(5) Das Bundesamt für Justiz kann für Beitreibungsmaßnahmen anordnen, dass das Luftfahrtunternehmen innerhalb einer angemessenen Frist einen Zustellungsbevollmächtigten benennt, der im Inland wohnt oder dort einen Geschäftsraum hat.

(6) Die Schlichtungsstelle nach Absatz 1 ist Verbraucherschlichtungsstelle nach dem Verbraucherstreitbeilegungsgesetz und von der Zentralen Anlaufstelle für Verbraucherschlichtung in die Liste nach § 33 Absatz 1 des Verbraucherstreitbeilegungsgesetzes einzutragen; § 32 Absatz 3 und 4 sowie § 35 Absatz 2 des Verbraucherstreitbeilegungsgesetzes sind nicht anzuwenden.

§ 57b[1)] Gemeinsame Vorschriften. (1)[2)] [1] Die Streitigkeiten nach den §§ 57 und 57a betreffen Zahlungsansprüche bis zu 5 000 Euro aus einer Luftbeförderung, die einem Verbraucher (§ 13 des Bürgerlichen Gesetzbuchs[3)]) geschuldet wird, und die geltend gemacht werden wegen

1. der Nichtbeförderung, der verspäteten Beförderung oder der Herabstufung von Fluggästen in eine niedrigere Klasse sowie der Annullierung von Flügen,
2. der Zerstörung, der Beschädigung, des Verlustes oder der verspäteten Beförderung von Reisegepäck,
3. der Zerstörung, der Beschädigung oder des Verlustes von Sachen, die der Fluggast an sich trägt oder mit sich führt, oder
4. Pflichtverletzungen bei der Beförderung von behinderten Fluggästen und Fluggästen mit eingeschränkter Mobilität.

[2] Streitigkeiten über Zahlungsansprüche nach Satz 1 von mehr als 5 000 Euro können Gegenstand der Schlichtung nach § 57 sein, wenn die Verfahrensordnung dies vorsieht.

(2) [1] Die Schlichtungsstellen nach den §§ 57 und 57a können nicht angerufen werden, wenn

1. keine Zuständigkeit deutscher Gerichte gegeben ist,
2. der Anspruch bereits bei einem Gericht rechtshängig ist oder rechtshängig war,
3. der streitige Anspruch oder das Rechtsverhältnis des Fluggastes, das den Gegenstand des Streitbeilegungsverfahrens bildet, zum Verbandsklageregister nach § 46 des Verbraucherrechtedurchsetzungsgesetzes[4)] wirksam angemeldet ist,

---

1) § 57b eingef. mWv 1.11.2013 durch G v. 11.6.2013 (BGBl. I S. 1545); Abs. 1 Satz 1 Nr. 1 geänd., Abs. 2 Satz 1 Nr. 4 neu gef., Nr. 5 und Abs. 3 geänd. mWv 1.4.2016 durch G v. 19.2.2016 (BGBl. I S. 254); Abs. 2 Satz 1 Nr. 2 geänd., Nr. 3 eingef., bish. Nr. 3 wird Nr. 4 und geänd., bish. Nr. 4–6 werden Nr. 5–7, Satz 2 geänd. mWv 1.1.2020 durch G v. 30.11.2019 (BGBl. I S. 1942); Abs. 2 Satz 1 Nr. 3 und Satz 2 geänd. mWv 13.10.2023 durch G v. 8.10.2023 (BGBl. 2023 I Nr. 272).

2) Siehe die Bek. zur vorläufigen Anerkennung der Schlichtungsstelle für den öffentlichen Personenverkehr e.V. als Schlichtungsstelle zur außergerichtlichen Beilegung von Streitigkeiten über Ansprüche von Fluggästen gemäß § 57b Absatz 1 des Luftverkehrsgesetzes (LuftVG) v. 21.11.2014 (BAnz AT 30.12. 2014 B2).

3) **Habersack, Deutsche Gesetze Nr. 20.**

4) **Habersack, Deutsche Gesetze Nr. 105a.**

4. der Anspruch bereits bei einer Schlichtungsstelle nach § 57 oder § 57a geltend gemacht worden ist, die zur Schlichtung des Anspruchs angerufen werden konnte und deren Anrufung nicht nach Nummer 6 ausgeschlossen war,
5. das Schlichtungsbegehren missbräuchlich ist, insbesondere wenn die Streitigkeit durch außergerichtlichen Vergleich bereits beigelegt ist,
6. der Anspruch nicht unmittelbar gegenüber dem Luftfahrtunternehmen geltend gemacht worden ist, wenn das Luftfahrtunternehmen den geltend gemachten Anspruch nicht abgelehnt hat oder wenn das Luftfahrtunternehmen den geltend gemachten Anspruch weder anerkannt noch abgelehnt hat und seit der Geltendmachung nicht mehr als 2 Monate vergangen sind oder
7. die Höhe des Anspruchs 10 Euro nicht überschreitet.

[2] Die Schlichtung nach den §§ 57 und 57a wird unzulässig, wenn während des Schlichtungsverfahrens der Anspruch bei einem Gericht rechtshängig gemacht wird oder der streitige Anspruch oder das Rechtsverhältnis des Fluggastes, das den Gegenstand des Streitbeilegungsverfahrens bildet, zum rechtshängigen Verbandsklageregister nach § 46 des Verbraucherrechtedurchsetzungsgesetzes wirksam angemeldet wird.

(3) Die Schlichtungsstellen können die Schlichtung ablehnen, wenn eine grundsätzliche Rechtsfrage, die für die Bewertung der Streitigkeit erheblich ist, nicht geklärt ist.

(4) Das Recht, die Gerichte anzurufen, bleibt unberührt.

§ 57c[1) 2)] Verordnungsermächtigungen. (1) Das Bundesministerium der Justiz regelt im Einvernehmen mit dem Bundesministerium für Digitales und Verkehr und dem Bundesministerium für Wirtschaft und Klimaschutz durch Rechtsverordnung, die nicht der Zustimmung des Bundesrates bedarf, weitere Anforderungen an die Schlichtungsstellen nach § 57 und das von den Schlichtungsstellen nach den §§ 57 und 57a zu gewährleistende Schlichtungsverfahren.

(2) Die Rechtsverordnung nach Absatz 1 kann auch die Einzelheiten des Verfahrens nach § 57 Absatz 5 regeln.

(3) Das Bundesministerium der Justiz kann im Einvernehmen mit dem Bundesministerium für Digitales und Verkehr und dem Bundesministerium für Wirtschaft und Klimaschutz durch Rechtsverordnung, die nicht der Zustimmung des Bundesrates bedarf, die Beträge nach § 57b Absatz 1 und 2 Satz 1 Nummer 7 an die allgemeine Preissteigerung anpassen, wenn diese seit dem 1. November 2013 oder seit der letzten Anpassung mehr als 10 Prozent beträgt.

§ 57d[3) 2)] Verhältnis zum Verbraucherstreitbeilegungsgesetz. [1] Soweit die Vorschriften dieses Unterabschnitts und der nach § 57c erlassenen Rechtsverordnung keine Regelung enthalten, gelten für die Schlichtung von Streitigkeiten über Ansprüche nach § 57b Absatz 1 das Verbraucherstreitbeilegungsgesetz[4)] und die auf Grund des § 42 Absatz 1 des Verbraucherstreitbeilegungsgesetzes erlassenen Rechtsverordnungen. [2] Dies gilt auch für die Schlichtung von Streitigkeiten über

---

[1)] § 57c neu gef. mWv 1.4.2016 durch G v. 19.2.2016 (BGBl. I S. 254); Abs. 3 geänd. mWv 1.1.2020 *durch G v. 30.11.2019* (BGBl. I S. 1942); Abs. 1 und 3 geänd. mWv 29.12.2023 durch G v. 22.12.2023 (BGBl. 2023 I Nr. 409).

[2)] Beachte zur zeitlichen Geltung § 72 Abs. 5 dieses Gesetzes.

[3)] § 57d eingef. mWv 1.4.2016 durch G v. 19.2.2016 (BGBl. I S. 254).

[4)] Nr. **107**.

Ansprüche des Fluggastes nach § 57b Absatz 1, der mit dem Luftfahrtunternehmen nicht vertraglich verbunden ist.

Dritter Abschnitt. Straf- und Bußgeldvorschriften

§§ 58–63 *(vom Abdruck wurde abgesehen)*

Vierter Abschnitt. Luftfahrtdateien

§§ 64–70 *(vom Abdruck wurde abgesehen)*

Fünfter Abschnitt. Übergangsregelungen

§§ 71–73 *(vom Abdruck wurde abgesehen)*

Anlage. *(vom Abdruck wurde abgesehen)*

36a. Verordnung (EG) Nr. 261/2004 des Europäischen Parlaments und des Rates vom 11. Februar 2004 über eine gemeinsame Regelung für Ausgleichs- und Unterstützungsleistungen für Fluggäste im Fall der Nichtbeförderung und bei Annullierung oder großer Verspätung von Flügen und zur Aufhebung der Verordnung (EWG) Nr. 295/91[1)]

(Text von Bedeutung für den EWR)

(ABl. Nr. L 46 S. 1, ber. 2019 Nr. L 119 S. 202)

Celex-Nr. 3 2004 R 0261

DAS EUROPÄISCHE PARLAMENT UND DER RAT DER EUROPÄISCHEN UNION –

gestützt auf den Vertrag zur Gründung der Europäischen Gemeinschaft[2)], insbesondere auf Artikel 80 Absatz 2[3)],

auf Vorschlag der Kommission[4)],

nach Stellungnahme des Europäischen Wirtschafts- und Sozialausschusses[5)],

nach Anhörung des Ausschusses der Regionen,

gemäß dem Verfahren des Artikels 251 des Vertrags[6)][7)], aufgrund des vom Vermittlungsausschuss am 1. Dezember 2003 gebilligten gemeinsamen Entwurfs,

in Erwägung nachstehender Gründe:

(1) Die Maßnahmen der Gemeinschaft im Bereich des Luftverkehrs sollten unter anderem darauf abzielen, ein hohes Schutzniveau für Fluggäste sicherzustellen. Ferner sollte den Erfordernissen des Verbraucherschutzes im Allgemeinen in vollem Umfang Rechnung getragen werden.

---

1) Siehe hierzu die Leitlinien der EU-Kommission für die Auslegung der Verordnung (EG) Nr. 261/2004 v. 10.6.2016 – C(2016) 3502 final.

2) Nunmehr Vertrag über die Arbeitsweise der Europäischen Union **(Sartorius Nr. 1001)** durch Vertrag von Lissabon v. 13.12.2007 (ABl. Nr. C 306 S. 1).

3) Nunmehr Art. 100 AEUV **(Sartorius Nr. 1001)** durch Vertrag von Lissabon v. 13.12.2007 *(ABl. Nr. C 306 S. 1)*.

4) **Amtl. Anm.:** ABl. C 103 E vom 30.4.2002, S. 225, und ABl. C 71 E vom 24.3.2003, S. 188.

5) **Amtl. Anm.:** ABl. C 241 vom 7.10.2002, S. 29.

6) Nunmehr Art. 294 AEUV **(Sartorius Nr. 1001)** durch Vertrag von Lissabon v. 13.12.2007 (ABl. Nr. C 306 S. 1).

7) **Amtl. Anm.:** Stellungnahme des Europäischen Parlaments vom 24. Oktober 2002 (ABl. C 300 E vom 11.12.2003, S. 443), Gemeinsamer Standpunkt des Rates vom 18. März 2003 (ABl. C 125 E vom 27.5.2003, S. 63) und Standpunkt des Europäischen Parlaments vom 3. Juli 2003 (noch nicht im Amtsblatt veröffentlicht). Legislative Entschließung des Europäischen Parlaments vom 18. Dezember 2003 und Beschluss des Rates vom 26. Januar 2004.

(2) Nichtbeförderung und Annullierung oder eine große Verspätung von Flügen sind für die Fluggäste ein Ärgernis und verursachen ihnen große Unannehmlichkeiten.

(3) Durch die Verordnung (EWG) Nr. 295/91 des Rates vom 4. Februar 1991 über eine gemeinsame Regelung für ein System von Ausgleichsleistungen bei Nichtbeförderung im Linienflugverkehr[1)] wurde zwar ein grundlegender Schutz für die Fluggäste geschaffen, die Zahl der gegen ihren Willen nicht beförderten Fluggäste ist aber immer noch zu hoch; dasselbe gilt für nicht angekündigte Annullierungen und große Verspätungen.

(4) Die Gemeinschaft sollte deshalb die mit der genannten Verordnung festgelegten Schutzstandards erhöhen, um die Fluggastrechte zu stärken und um sicherzustellen, dass die Geschäftstätigkeit von Luftfahrtunternehmen in einem liberalisierten Markt harmonisierten Bedingungen unterliegt.

(5) Da die Unterscheidung zwischen Linienflugverkehr und Bedarfsflugverkehr an Deutlichkeit verliert, sollte der Schutz sich nicht auf Fluggäste im Linienflugverkehr beschränken, sondern sich auch auf Fluggäste im Bedarfsflugverkehr, einschließlich Flügen im Rahmen von Pauschalreisen, erstrecken.

(6) Der Schutz für Fluggäste, die einen Flug von einem Flughafen in einem Mitgliedstaat antreten, sollte bei Flügen, die von einem Luftfahrtunternehmen der Gemeinschaft durchgeführt werden, auf Fluggäste ausgedehnt werden, die von einem Flughafen in einem Drittstaat einen Flug zu einem Flughafen in einem Mitgliedstaat antreten.

(7) Damit diese Verordnung wirksam angewandt wird, sollten die durch sie geschaffenen Verpflichtungen dem ausführenden Luftfahrtunternehmen obliegen, das einen Flug durchführt oder durchzuführen beabsichtigt, und zwar unabhängig davon, ob der Flug mit einem eigenen Luftfahrzeug oder mit einem mit oder ohne Besatzung gemieteten Luftfahrzeug oder in sonstiger Form durchgeführt wird.

(8) Diese Verordnung sollte die Ansprüche des ausführenden Luftfahrtunternehmens nicht einschränken, nach geltendem Recht Ausgleichsleistungen von anderen Personen, auch Dritten, zu verlangen.

(9) Die Zahl der gegen ihren Willen nicht beförderten Fluggäste sollte dadurch verringert werden, dass von den Luftfahrtunternehmen verlangt wird, Fluggäste gegen eine entsprechende Gegenleistung zum freiwilligen Verzicht auf ihre Buchungen zu bewegen, anstatt Fluggästen die Beförderung zu verweigern, und denjenigen, die letztlich nicht befördert werden, eine vollwertige Ausgleichsleistung zu erbringen.

(10) Fluggäste, die gegen ihren Willen nicht befördert werden, sollten in der Lage sein, entweder ihre Flüge unter Rückerstattung des Flugpreises zu stornieren oder diese unter zufrieden stellenden Bedingungen fortzusetzen, und sie sollten angemessen betreut werden, während sie auf einen späteren Flug warten.

[1)] **Amtl. Anm.:** ABl. L 36 vom 8.2.1991, S. 5.

(11) Freiwilligen sollte es ebenfalls möglich sein, ihre Flüge unter Rückerstattung des Flugpreises zu stornieren oder diese unter zufrieden stellenden Bedingungen fortzusetzen, da sie mit ähnlichen Schwierigkeiten konfrontiert sind wie gegen ihren Willen nicht beförderte Fluggäste.

(12) Das Ärgernis und die Unannehmlichkeiten, die den Fluggästen durch die Annullierung von Flügen entstehen, sollten ebenfalls verringert werden. Dies sollte dadurch erreicht werden, dass die Luftfahrtunternehmen veranlasst werden, die Fluggäste vor der planmäßigen Abflugzeit über Annullierungen zu unterrichten und ihnen darüber hinaus eine zumutbare anderweitige Beförderung anzubieten, so dass die Fluggäste umdisponieren können. Andernfalls sollten die Luftfahrtunternehmen den Fluggästen einen Ausgleich leisten und auch eine angemessene Betreuung anbieten, es sei denn, die Annullierung geht auf außergewöhnliche Umstände zurück, die sich auch dann nicht hätten vermeiden lassen, wenn alle zumutbaren Maßnahmen ergriffen worden wären.

(13) Fluggästen, deren Flüge annulliert werden, sollten entweder eine Erstattung des Flugpreises oder eine anderweitige Beförderung unter zufrieden stellenden Bedingungen erhalten können, und sie sollten angemessen betreut werden, während sie auf einen späteren Flug warten.

(Fortsetzung nächstes Blatt)

(14) [1]Wie nach dem Übereinkommen von Montreal sollten die Verpflichtungen für ausführende Luftfahrtunternehmen in den Fällen beschränkt oder ausgeschlossen sein, in denen ein Vorkommnis auf außergewöhnliche Umstände zurückgeht, die sich auch dann nicht hätten vermeiden lassen, wenn alle zumutbaren Maßnahmen ergriffen worden wären. [2]Solche Umstände können insbesondere bei politischer Instabilität, mit der Durchführung des betreffenden Fluges nicht zu vereinbarenden Wetterbedingungen, Sicherheitsrisiken, unerwarteten Flugsicherheitsmängeln und den Betrieb eines ausführenden Luftfahrtunternehmens beeinträchtigenden Streiks eintreten.

(15) Vom Vorliegen außergewöhnlicher Umstände sollte ausgegangen werden, wenn eine Entscheidung des Flugverkehrsmanagements zu einem einzelnen Flugzeug an einem bestimmten Tag zur Folge hat, dass es bei einem oder mehreren Flügen des betreffenden Flugzeugs zu einer großen Verspätung, einer Verspätung bis zum nächsten Tag oder zu einer Annullierung kommt, obgleich vom betreffenden Luftfahrtunternehmen alle zumutbaren Maßnahmen ergriffen wurden, um die Verspätungen oder Annullierungen zu verhindern.

(16) Für Fälle, in denen eine Pauschalreise aus anderen Gründen als der Annullierung des Fluges annulliert wird, sollte diese Verordnung nicht gelten.

(17) Fluggäste, deren Flüge sich um eine bestimmte Zeit verspäten, sollten angemessen betreut werden, und es sollte ihnen möglich sein, ihre Flüge unter Rückerstattung des Flugpreises zu stornieren oder diese unter zufrieden stellenden Bedingungen fortzusetzen.

(18) Die Betreuung von Fluggästen, die auf einen Alternativflug oder einen verspäteten Flug warten, kann eingeschränkt oder abgelehnt werden, wenn die Betreuung ihrerseits zu einer weiteren Verzögerung führen würde.

(19) Die ausführenden Luftfahrtunternehmen sollten den besonderen Bedürfnissen von Personen mit eingeschränkter Mobilität und deren Begleitpersonen gerecht werden.

(20) Die Fluggäste sollten umfassend über ihre Rechte im Fall der Nichtbeförderung und bei Annullierung oder großer Verspätung von Flügen informiert werden, damit sie diese Rechte wirksam wahrnehmen können.

(21) [1]Die Mitgliedstaaten sollten Regeln für Sanktionen bei Verstößen gegen diese Verordnung festlegen und deren Durchsetzung gewährleisten. [2]Die Sanktionen müssen wirksam, verhältnismäßig und abschreckend sein.

(22) [1]Die Mitgliedstaaten sollten die generelle Einhaltung dieser Verordnung durch ihre Luftfahrtunternehmen sicherstellen und überwachen und eine geeignete Stelle zur Erfüllung dieser Durchsetzungsaufgaben benennen. [2]Die Überwachung sollte das Recht von Fluggästen und Luftfahrtunternehmen unberührt lassen, ihre Rechte nach den im nationalen Recht vorgesehenen Verfahren gerichtlich geltend zu machen.

(23) Die Kommission sollte die Anwendung dieser Verordnung analysieren und insbesondere beurteilen, ob ihr Anwendungsbereich auf alle Fluggäste ausgeweitet werden sollte, die mit einem Reiseunternehmen oder einem Luftfahrtunternehmen der Gemeinschaft in einer Vertragsbeziehung stehen und von einem Flughafen in einem Drittstaat einen Flug zu einem Flughafen in einem Mitgliedstaat antreten.

(24) Am 2. Dezember 1987 haben das Königreich Spanien und das Vereinigte Königreich in London in einer gemeinsamen Erklärung ihrer Minister für auswärtige Angelegenheiten eine engere Zusammenarbeit bei der Benut-

zung des Flughafens Gibraltar vereinbart; diese Vereinbarung ist noch nicht wirksam.

(25) Die Verordnung (EWG) Nr. 295/91 sollte dementsprechend aufgehoben werden –

HABEN FOLGENDE VERORDNUNG ERLASSEN:

Art. 1. Gegenstand. (1) Durch diese Verordnung werden unter den in ihr genannten Bedingungen Mindestrechte für Fluggäste in folgenden Fällen festgelegt:

a) Nichtbeförderung gegen ihren Willen,

b) Annullierung des Flugs,

c) Verspätung des Flugs.

(2) Die Anwendung dieser Verordnung auf den Flughafen Gibraltar erfolgt unbeschadet der Rechtsstandpunkte des Königreichs Spanien und des Vereinigten Königreichs in der strittigen Frage der Souveränität über das Gebiet, auf dem sich der Flugplatz befindet.

(3) [1]Die Anwendung dieser Verordnung auf den Flughafen Gibraltar wird bis zum Wirksamwerden der Regelung ausgesetzt, die in der Gemeinsamen Erklärung der Minister für auswärtige Angelegenheiten des Königreichs Spanien und des Vereinigten Königreichs vom 2. Dezember 1987 enthalten ist. [2]Die Regierungen des Königreichs Spanien und des Vereinigten Königreichs unterrichten den Rat über den Zeitpunkt des Wirksamwerdens.

Art. 2. Begriffsbestimmungen. Im Sinne dieser Verordnung bezeichnet der Ausdruck

a) „Luftfahrtunternehmen" ein Lufttransportunternehmen mit einer gültigen Betriebsgenehmigung;

b) „ausführendes Luftfahrtunternehmen" ein Luftfahrtunternehmen, das im Rahmen eines Vertrags mit einem Fluggast oder im Namen einer anderen – juristischen oder natürlichen – Person, die mit dem betreffenden Fluggast in einer Vertragsbeziehung steht, einen Flug durchführt oder durchzuführen beabsichtigt;

c) „Luftfahrtunternehmen der Gemeinschaft" ein Luftfahrtunternehmen mit einer gültigen Betriebsgenehmigung, die von einem Mitgliedstaat gemäß der Verordnung (EWG) Nr. 2407/92 des Rates vom 23. Juli 1992 über die Erteilung von Betriebsgenehmigungen an Luftfahrtunternehmen[1)] erteilt wurde;

d) „Reiseunternehmen" einen Veranstalter im Sinne von Artikel 2 Nummer 2 der Richtlinie 90/314/EWG des Rates vom 13. Juni 1990 über Pauschalreisen[2)], mit Ausnahme von Luftfahrtunternehmen;

e) „Pauschalreise" die in Artikel 2 Nummer 1 der Richtlinie 90/314/EWG definierten Leistungen;

f) „Flugschein" ein gültiges, einen Anspruch auf Beförderungsleistung begründendes Dokument oder eine gleichwertige papierlose, auch elektro-

---

1) **Amtl. Anm.:** ABl. L 240 vom 24. 8. 1992, S. 1.
2) **Amtl. Anm.:** ABl. L 158 vom 23. 6. 1990, S. 59.

nisch ausgestellte Berechtigung, das bzw. die von dem Luftfahrtunternehmen oder dessen zugelassenem Vermittler ausgegeben oder genehmigt wurde;

g) „Buchung" den Umstand, dass der Fluggast über einen Flugschein oder einen anderen Beleg verfügt, aus dem hervorgeht, dass die Buchung von dem Luftfahrtunternehmen oder dem Reiseunternehmen akzeptiert und registriert wurde;

h) „Endziel" den Zielort auf dem am Abfertigungsschalter vorgelegten Flugschein bzw. bei direkten Anschlussflügen den Zielort des letzten Fluges; verfügbare alternative Anschlussflüge bleiben unberücksichtigt, wenn die planmäßige Ankunftszeit eingehalten wird;

i) „Person mit eingeschränkter Mobilität" eine Person, deren Mobilität bei der Benutzung von Beförderungsmitteln aufgrund einer körperlichen Behinderung (sensorischer oder motorischer Art, dauerhaft oder vorübergehend), einer geistigen Beeinträchtigung, ihres Alters oder aufgrund anderer Behinderungen eingeschränkt ist und deren Zustand besondere Unterstützung und eine Anpassung der allen Fluggästen bereitgestellten Dienstleistungen an die Bedürfnisse dieser Person erfordert;

j) „Nichtbeförderung" die Weigerung, Fluggäste zu befördern, obwohl sie sich unter den in Artikel 3 Absatz 2 genannten Bedingungen am Flugsteig eingefunden haben, sofern keine vertretbaren Gründe für die Nichtbeförderung gegeben sind, z. B. im Zusammenhang mit der Gesundheit oder der allgemeinen oder betrieblichen Sicherheit oder unzureichenden Reiseunterlagen;

k) „Freiwilliger" eine Person, die sich unter den in Artikel 3 Absatz 2 genannten Bedingungen am Flugsteig eingefunden hat und dem Aufruf des Luftfahrtunternehmens nachkommt, gegen eine entsprechende Gegenleistung von ihrer Buchung zurückzutreten;

l) „Annullierung" die Nichtdurchführung eines geplanten Fluges, für den zumindest ein Platz reserviert war.

Art. 3. Anwendungsbereich. (1) Diese Verordnung gilt

a) für Fluggäste, die auf Flughäfen im Gebiet eines Mitgliedstaats, das den Bestimmungen des Vertrags unterliegt, einen Flug antreten;

b) sofern das ausführende Luftfahrtunternehmen ein Luftfahrtunternehmen der Gemeinschaft ist, für Fluggäste, die von einem Flughafen in einem Drittstaat einen Flug zu einem Flughafen im Gebiet eines Mitgliedstaats, das den Bestimmungen des Vertrags unterliegt, antreten, es sei denn, sie haben in diesem Drittstaat Gegen- oder Ausgleichs- und Unterstützungsleistungen erhalten.

(2) Absatz 1 gilt unter der Bedingung, dass die Fluggäste

a) über eine bestätigte Buchung für den betreffenden Flug verfügen und – außer im Fall einer Annullierung gemäß Artikel 5 – sich
   – wie vorgegeben und zu der zuvor schriftlich (einschließlich auf elektronischem Wege) von dem Luftfahrtunternehmen, dem Reiseunternehmen oder einem zugelassenen Reisevermittler angegebenen Zeit zur Abfertigung einfinden

oder, falls keine Zeit angegeben wurde,

– spätestens 45 Minuten vor der veröffentlichten Abflugzeit zur Abfertigung einfinden oder

b) von einem Luftfahrtunternehmen oder Reiseunternehmen von einem Flug, für den sie eine Buchung besaßen, auf einen anderen Flug verlegt wurden, ungeachtet des Grundes hierfür.

(3) [1] Diese Verordnung gilt nicht für Fluggäste, die kostenlos oder zu einem reduzierten Tarif reisen, der für die Öffentlichkeit nicht unmittelbar oder mittelbar verfügbar ist. [2] Sie gilt jedoch für Fluggäste mit Flugscheinen, die im Rahmen eines Kundenbindungsprogramms oder anderer Werbeprogramme von einem Luftfahrtunternehmen oder Reiseunternehmen ausgegeben wurden.

(4) Diese Verordnung gilt nur für Fluggäste, die von Motorluftfahrzeugen mit festen Tragflächen befördert werden.

(5) [1] Diese Verordnung gilt für alle ausführenden Luftfahrtunternehmen, die Beförderungen für Fluggäste im Sinne der Absätze 1 und 2 erbringen. [2] Erfüllt ein ausführendes Luftfahrtunternehmen, das in keiner Vertragsbeziehung mit dem Fluggast steht, Verpflichtungen im Rahmen dieser Verordnung, so wird davon ausgegangen, dass es im Namen der Person handelt, die in einer Vertragsbeziehung mit dem betreffenden Fluggast steht.

(6) [1] Diese Verordnung lässt die aufgrund der Richtlinie 90/314/EWG bestehenden Fluggastrechte unberührt. [2] Diese Verordnung gilt nicht für Fälle, in denen eine Pauschalreise aus anderen Gründen als der Annullierung des Fluges annulliert wird.

Art. 4. Nichtbeförderung. (1) [1] Ist für ein ausführendes Luftfahrtunternehmen nach vernünftigem Ermessen absehbar, dass Fluggästen die Beförderung zu verweigern ist, so versucht es zunächst, Fluggäste gegen eine entsprechende Gegenleistung unter Bedingungen, die zwischen dem betreffenden Fluggast und dem ausführenden Luftfahrtunternehmen zu vereinbaren sind, zum freiwilligen Verzicht auf ihre Buchungen zu bewegen. [2] Die Freiwilligen sind gemäß Artikel 8 zu unterstützen, wobei die Unterstützungsleistungen zusätzlich zu dem in diesem Absatz genannten Ausgleich zu gewähren sind.

(2) Finden sich nicht genügend Freiwillige, um die Beförderung der verbleibenden Fluggäste mit Buchungen mit dem betreffenden Flug zu ermöglichen, so kann das ausführende Luftfahrtunternehmen Fluggästen gegen ihren Willen die Beförderung verweigern.

(3) Wird Fluggästen gegen ihren Willen die Beförderung verweigert, so erbringt das ausführende Luftfahrtunternehmen diesen unverzüglich die Ausgleichsleistungen gemäß Artikel 7 und die Unterstützungsleistungen gemäß den Artikeln 8 und 9.

Art. 5. Annullierung. (1) Bei Annullierung eines Fluges werden den betroffenen Fluggästen

a) vom ausführenden Luftfahrtunternehmen Unterstützungsleistungen gemäß *Artikel 8 angeboten,*

b) vom ausführenden Luftfahrtunternehmen Unterstützungsleistungen gemäß Artikel 9 Absatz 1 Buchstabe a) und Absatz 2 angeboten und im Fall einer anderweitigen Beförderung, wenn die nach vernünftigem Ermessen zu erwartende Abflugzeit des neuen Fluges erst am Tag nach der planmäßigen Abflugzeit des annullierten Fluges liegt, Unterstützungsleistungen gemäß Artikel 9 Absatz 1 Buchstaben b) und c) angeboten und

c) vom ausführenden Luftfahrtunternehmen ein Anspruch auf Ausgleichsleistungen gemäß Artikel 7 eingeräumt, es sei denn,
   i) sie werden über die Annullierung mindestens zwei Wochen vor der planmäßigen Abflugzeit unterrichtet, oder
   ii) sie werden über die Annullierung in einem Zeitraum zwischen zwei Wochen und sieben Tagen vor der planmäßigen Abflugzeit unterrichtet und erhalten ein Angebot zur anderweitigen Beförderung, das es ihnen ermöglicht, nicht mehr als zwei Stunden vor der planmäßigen Abflugzeit abzufliegen und ihr Endziel höchstens vier Stunden nach der planmäßigen Ankunftszeit zu erreichen, oder
   iii) sie werden über die Annullierung weniger als sieben Tage vor der planmäßigen Abflugzeit unterrichtet und erhalten ein Angebot zur anderweitigen Beförderung, das es ihnen ermöglicht, nicht mehr als eine Stunde vor der planmäßigen Abflugzeit abzufliegen und ihr Endziel höchstens zwei Stunden nach der planmäßigen Ankunftszeit zu erreichen.

(2) Wenn die Fluggäste über die Annullierung unterrichtet werden, erhalten sie Angaben zu einer möglichen anderweitigen Beförderung.

(3) Ein ausführendes Luftfahrtunternehmen ist nicht verpflichtet, Ausgleichszahlungen gemäß Artikel 7 zu leisten, wenn es nachweisen kann, dass die Annullierung auf außergewöhnliche Umstände zurückgeht, die sich auch dann nicht hätten vermeiden lassen, wenn alle zumutbaren Maßnahmen ergriffen worden wären.

(4) Die Beweislast dafür, ob und wann der Fluggast über die Annullierung des Fluges unterrichtet wurde, trägt das ausführende Luftfahrtunternehmen.

Art. 6. Verspätung. (1) Ist für ein ausführendes Luftfahrtunternehmen nach vernünftigem Ermessen absehbar, dass sich der Abflug

a) bei allen Flügen über eine Entfernung von 1500 km oder weniger um zwei Stunden oder mehr oder
b) bei allen innergemeinschaftlichen Flügen über eine Entfernung von mehr als 1500 km und bei allen anderen Flügen über eine Entfernung zwischen 1500 km und 3500 km um drei Stunden oder mehr oder
c) bei allen nicht unter Buchstabe a) oder b) fallenden Flügen um vier Stunden oder mehr

gegenüber der planmäßigen Abflugzeit verzögert, so werden den Fluggästen vom ausführenden Luftfahrtunternehmen
   i) die Unterstützungsleistungen gemäß Artikel 9 Absatz 1 Buchstabe a) und Absatz 2 angeboten,
   ii) wenn die nach vernünftigem Ermessen zu erwartende Abflugzeit erst am Tag nach der zuvor angekündigten Abflugzeit liegt, die Unterstützungsleistungen gemäß Artikel 9 Absatz 1 Buchstaben b) und c) angeboten und,
   iii) wenn die Verspätung mindestens fünf Stunden beträgt, die Unterstützungsleistungen gemäß Artikel 8 Absatz 1 Buchstabe a) angeboten.

(2) Auf jeden Fall müssen die Unterstützungsleistungen innerhalb der vorstehend für die jeweilige Entfernungskategorie vorgesehenen Fristen angeboten werden.

Art. 7. Ausgleichsanspruch. (1) [1]Wird auf diesen Artikel Bezug genommen, so erhalten die Fluggäste Ausgleichszahlungen in folgender Höhe:

a) 250 EUR bei allen Flügen über eine Entfernung von 1500 km oder weniger,

b) 400 EUR bei allen innergemeinschaftlichen Flügen über eine Entfernung von mehr als 1500 km und bei allen anderen Flügen über eine Entfernung zwischen 1500 km und 3500 km,

c) 600 EUR bei allen nicht unter Buchstabe a) oder b) fallenden Flügen.

[2]Bei der Ermittlung der Entfernung wird der letzte Zielort zugrunde gelegt, an dem der Fluggast infolge der Nichtbeförderung oder der Annullierung später als zur planmäßigen Ankunftszeit ankommt.

(2) Wird Fluggästen gemäß Artikel 8 eine anderweitige Beförderung zu ihrem Endziel mit einem Alternativflug angeboten, dessen Ankunftszeit

a) bei allen Flügen über eine Entfernung von 1500 km oder weniger nicht später als zwei Stunden oder

b) bei allen innergemeinschaftlichen Flügen über eine Entfernung von mehr als 1500 km und bei allen anderen Flügen über eine Entfernung zwischen 1500 und 3500 km nicht später als drei Stunden oder

c) bei allen nicht unter Buchstabe a) oder b) fallenden Flügen nicht später als vier Stunden

nach der planmäßigen Ankunftszeit des ursprünglich gebuchten Fluges liegt, so kann das ausführende Luftfahrtunternehmen die Ausgleichszahlungen nach Absatz 1 um 50% kürzen.

(3) Die Ausgleichszahlungen nach Absatz 1 erfolgen durch Barzahlung, durch elektronische oder gewöhnliche Überweisung, durch Scheck oder, mit schriftlichem Einverständnis des Fluggasts, in Form von Reisegutscheinen und/oder anderen Dienstleistungen.

(4) Die in den Absätzen 1 und 2 genannten Entfernungen werden nach der Methode der Großkreisentfernung ermittelt.

Art. 8. Anspruch auf Erstattung oder anderweitige Beförderung. (1) Wird auf diesen Artikel Bezug genommen, so können Fluggäste wählen zwischen

a) – der binnen sieben Tagen zu leistenden vollständigen Erstattung der Flugscheinkosten nach den in Artikel 7 Absatz 3 genannten Modalitäten zu dem Preis, zu dem der Flugschein erworben wurde, für nicht zurückgelegte Reiseabschnitte sowie für bereits zurückgelegte Reiseabschnitte, wenn der Flug im Hinblick auf den ursprünglichen Reiseplan des Fluggastes zwecklos geworden ist, gegebenenfalls in Verbindung mit
– einem Rückflug zum ersten Abflugort zum frühestmöglichen Zeitpunkt,

b) anderweitiger Beförderung zum Endziel unter vergleichbaren Reisebedingungen zum frühestmöglichen Zeitpunkt oder

c) anderweitiger Beförderung zum Endziel unter vergleichbaren Reisebedingungen zu einem späteren Zeitpunkt nach Wunsch des Fluggastes, vorbehaltlich verfügbarer Plätze.

(2) Absatz 1 Buchstabe a) gilt auch für Fluggäste, deren Flüge Bestandteil einer Pauschalreise sind, mit Ausnahme des Anspruchs auf Erstattung, sofern dieser sich aus der Richtlinie 90/314/EWG ergibt.

(3) Befinden sich an einem Ort, in einer Stadt oder Region mehrere Flughäfen und bietet ein ausführendes Luftfahrtunternehmen einem Fluggast einen Flug zu einem anderen als dem in der ursprünglichen Buchung vorgesehenen Zielflughafen an, so trägt das ausführende Luftfahrtunternehmen die Kosten für die Beförderung des Fluggastes von dem anderen Flughafen entweder zu dem in der ursprünglichen Buchung vorgesehenen Zielflughafen oder zu einem sonstigen nahe gelegenen, mit dem Fluggast vereinbarten Zielort.

Art. 9 Anspruch auf Betreuungsleistungen. (1) Wird auf diesen Artikel Bezug genommen, so sind Fluggästen folgende Leistungen unentgeltlich anzubieten:

a) Mahlzeiten und Erfrischungen in angemessenem Verhältnis zur Wartezeit,

b) Hotelunterbringung, falls
   – ein Aufenthalt von einer Nacht oder mehreren Nächten notwendig ist oder
   – ein Aufenthalt zusätzlich zu dem vom Fluggast beabsichtigten Aufenthalt notwendig ist,

c) Beförderung zwischen dem Flughafen und dem Ort der Unterbringung (Hotel oder Sonstiges).

(2) Außerdem wird den Fluggästen angeboten, unentgeltlich zwei Telefongespräche zu führen oder zwei Telexe oder Telefaxe oder E-Mails zu versenden.

(3) Bei der Anwendung dieses Artikels hat das ausführende Luftfahrtunternehmen besonders auf die Bedürfnisse von Personen mit eingeschränkter Mobilität und deren Begleitpersonen sowie auf die Bedürfnisse von Kindern ohne Begleitung zu achten.

Art. 10 Höherstufung und Herabstufung. (1) Verlegt ein ausführendes Luftfahrtunternehmen einen Fluggast in eine höhere Klasse als die, für die der Flugschein erworben wurde, so darf es dafür keinerlei Aufschlag oder Zuzahlung erheben.

(2) Verlegt ein ausführendes Luftfahrtunternehmen einen Fluggast in eine niedrigere Klasse als die, für die der Flugschein erworben wurde, so erstattet es binnen sieben Tagen nach den in Artikel 7 Absatz 3 genannten Modalitäten

a) bei allen Flügen über eine Entfernung von 1 500 km oder weniger 30 % des Preises des Flugscheins oder

b) bei allen innergemeinschaftlichen Flügen über eine Entfernung von mehr als 1 500 km, mit Ausnahme von Flügen zwischen dem europäischen Hoheitsgebiet der Mitgliedstaaten und den französischen überseeischen Departements, und bei allen anderen Flügen über eine Entfernung zwischen 1 500 km und 3 500 km 50 % des Preises des Flugscheins oder

c) bei allen nicht unter Buchstabe a) oder b) fallenden Flügen, einschließlich Flügen zwischen dem europäischen Hoheitsgebiet der Mitgliedstaaten und den französischen überseeischen Departements, 75 % des Preises des Flugscheins.

Art. 11 Personen mit eingeschränkter Mobilität oder mit besonderen Bedürfnissen. (1) Die ausführenden Luftfahrtunternehmen geben Personen mit eingeschränkter Mobilität und deren Begleitpersonen oder Begleithunden mit entsprechender Bescheinigung sowie Kindern ohne Begleitung bei der Beförderung Vorrang.

(2) Im Fall einer Nichtbeförderung, Annullierung oder Verspätung von beliebiger Dauer haben Personen mit eingeschränkter Mobilität und deren Begleitpersonen sowie Kinder ohne Begleitung Anspruch auf baldmögliche Betreuung gemäß Artikel 9.

Art. 12 Weiter gehender Schadensersatz. (1) [1] Diese Verordnung gilt unbeschadet eines weiter gehenden Schadensersatzanspruchs des Fluggastes. [2] Die nach dieser Verordnung gewährte Ausgleichsleistung kann auf einen solchen Schadensersatzanspruch angerechnet werden.

(2) Unbeschadet der einschlägigen Grundsätze und Vorschriften des einzelstaatlichen Rechts, einschließlich der Rechtsprechung, gilt Absatz 1 nicht für Fluggäste, die nach Artikel 4 Absatz 1 freiwillig auf eine Buchung verzichtet haben.

Art. 13 Regressansprüche. [1] In Fällen, in denen ein ausführendes Luftfahrtunternehmen eine Ausgleichszahlung leistet oder die sonstigen sich aus dieser Verordnung ergebenden Verpflichtungen erfüllt, kann keine Bestimmung dieser Verordnung in dem Sinne ausgelegt werden, dass sie das Recht des Luftfahrtunternehmens beschränkt, nach geltendem Recht bei anderen Personen, auch Dritten, Regress zu nehmen. [2] Insbesondere beschränkt diese Verordnung in keiner Weise das Recht des ausführenden Luftfahrtunternehmens, Erstattung von einem Reiseunternehmen oder einer anderen Person zu verlangen, mit der es in einer Vertragsbeziehung steht. [3] Gleichfalls kann keine Bestimmung dieser Verordnung in dem Sinne ausgelegt werden, dass sie das Recht eines Reiseunternehmens oder eines nicht zu den Fluggästen zählenden Dritten, mit dem das ausführende Luftfahrtunternehmen in einer Vertragsbeziehung steht, beschränkt, vom ausführenden Luftfahrtunternehmen gemäß den anwendbaren einschlägigen Rechtsvorschriften eine Erstattung oder Entschädigung zu verlangen.

Art. 14[1)] Verpflichtung zur Information der Fluggäste über ihre Rechte. (1) Das ausführende Luftfahrtunternehmen stellt sicher, dass bei der Abfertigung ein klar lesbarer Hinweis mit folgendem Wortlaut für die Flug-

[1)] Art. 14 Abs. 2 ber. ABl. 2019 Nr. L 119 S. 202.

gäste deutlich sichtbar angebracht wird: „Wenn Ihnen die Beförderung verweigert wird oder wenn Ihr Flug annulliert wird oder um mindestens zwei Stunden verspätet ist, verlangen Sie am Abfertigungsschalter oder am Flugsteig schriftliche Auskunft über ihre Rechte, insbesondere über Ausgleichs- und Unterstützungsleistungen."

(2) [1] Ein ausführendes Luftfahrtunternehmen, das Fluggästen die Beförderung verweigert oder einen Flug annulliert, stellt jedem betroffenen Fluggast einen schriftlichen Hinweis zur Verfügung, in dem die Regeln für Ausgleichs- und Unterstützungsleistungen gemäß dieser Verordnung dargelegt werden. [2] Ferner wird allen von einer Verspätung um mindestens zwei Stunden betroffenen Fluggästen ein entsprechender Hinweis zur Verfügung gestellt. [3] Die für die Kontaktaufnahme notwendigen Angaben zu der benannten einzelstaatlichen Stelle nach Artikel 16 werden dem Fluggast ebenfalls in schriftlicher Form zur Verfügung gestellt.

(3) Bei blinden oder sehbehinderten Personen sind die Bestimmungen dieses Artikels durch den Einsatz geeigneter alternativer Mittel anzuwenden.

Art. 15 Ausschluss der Rechtsbeschränkung. (1) Die Verpflichtungen gegenüber Fluggästen gemäß dieser Verordnung dürfen – insbesondere durch abweichende oder restriktive Bestimmungen im Beförderungsvertrag – nicht eingeschränkt oder ausgeschlossen werden.

(2) Wird dennoch eine abweichende oder restriktive Bestimmung bei einem Fluggast angewandt oder wird der Fluggast nicht ordnungsgemäß über seine Rechte unterrichtet und hat er aus diesem Grund einer Ausgleichsleistung zugestimmt, die unter der in dieser Verordnung vorgesehenen Leistung liegt, so ist der Fluggast weiterhin berechtigt, die erforderlichen Schritte bei den zuständigen Gerichten oder Stellen zu unternehmen, um eine zusätzliche Ausgleichsleistung zu erhalten.

Art. 16 Verstöße. (1) [1] Jeder Mitgliedstaat benennt eine Stelle, die für die Durchsetzung dieser Verordnung in Bezug auf Flüge von in seinem Hoheitsgebiet gelegenen Flughäfen und Flüge von einem Drittland zu diesen Flughäfen zuständig ist. [2] Gegebenenfalls ergreift diese Stelle die notwendigen Maßnahmen, um sicherzustellen, dass die Fluggastrechte gewahrt werden. [3] Die Mitgliedstaaten teilen der Kommission mit, welche Stelle gemäß diesem Absatz benannt worden ist.

(2) Unbeschadet des Artikels 12 kann jeder Fluggast bei einer gemäß Absatz 1 benannten Stelle oder einer sonstigen von einem Mitgliedstaat benannten zuständigen Stelle Beschwerde wegen eines behaupteten Verstoßes gegen diese Verordnung erheben, der auf einem Flughafen im Gebiet eines Mitgliedstaats begangen wurde oder einen Flug von einem Drittstaat zu einem Flughafen in diesem Gebiet betrifft.

(3) Die von den Mitgliedstaaten für Verstöße gegen diese Verordnung festgelegten Sanktionen müssen wirksam, verhältnismäßig und abschreckend sein.

Art. 17 Bericht. [1] Die Kommission erstattet dem Europäischen Parlament und dem Rat bis zum 1. Januar 2007 über die Anwendung und die Ergebnisse dieser Verordnung Bericht, insbesondere über Folgendes:

– die Häufigkeit von Fällen der Nichtbeförderung und der Annullierung von Flügen;
– die mögliche Ausweitung des Anwendungsbereichs dieser Verordnung auf Fluggäste, die in Vertragsbeziehung mit einem Luftfahrtunternehmen der Gemeinschaft stehen oder eine Buchung für einen Flug als Teil einer Pauschalreise besitzen, für die die Richtlinie 90/314/EWG gilt, und die von einem Flughafen in einem Drittland einen Flug zu einem Flughafen in einem Mitgliedstaat antreten, der nicht von einem Luftfahrtunternehmen der Gemeinschaft durchgeführt wird;
– die mögliche Überprüfung der Ausgleichsbeträge nach Artikel 7 Absatz 1.

[2] Dem Bericht sind, soweit erforderlich, Legislativvorschläge beizufügen.

Art. 18 Aufhebung. Die Verordnung (EWG) Nr. 295/91 wird aufgehoben.

Art. 19 Inkrafttreten. Diese Verordnung tritt am 17. Februar 2005 in Kraft.

39. Gesetz über die Anzeige und Beanstandung von Landpachtverträgen (Landpachtverkehrsgesetz – LPachtVG)

Vom 8. November 1985
((BGBl. I S. 2075)

FNA 7813-3

Lfd. Nr.	Änderndes Gesetz	Datum	Fundstelle	Betroffen	Hinweis
1.	Art. 31 AgrarsozialreformG 1995	29. 7. 1994	BGBl. I S. 1890	§ 4 Abs. 3 Nr. 1	geänd.
2.	Art. 7 Abs. 37 Mietrechtsreform G	19. 6. 2001	BGBl. I S. 1149	§ 4 Abs. 1 Nr. 3	geänd.
3.	Art. 2 G zur Änd. des GrundstückverkehrsG und des LandpachtverkehrsG	14. 8. 2005	BGBl. I S. 2409	§ 4	
4.	Art. 15 G zur Bereinigung des BundesR im Zuständigkeitsbereich des BMELV	13. 4. 2006	BGBl. I S. 855	§§ 12, 13	

Der Bundestag hat mit Zustimmung des Bundesrates das folgende Gesetz beschlossen:

§ 1 Anwendungsbereich. Den Vorschriften dieses Gesetzes unterliegen Landpachtverträge nach § 585 des Bürgerlichen Gesetzbuchs.

§ 2 Anzeige. (1) [1] Der Verpächter hat unbeschadet der Vorschriften des § 3 den Abschluß eines Landpachtvertrags durch Vorlage oder im Falle eines mündlichen Vertragsabschlusses durch inhaltliche Mitteilung des Landpachtvertrags der zuständigen Behörde anzuzeigen. [2] Das gleiche gilt für vereinbarte Änderungen der in einem anzeigepflichtigen Landpachtvertrag enthaltenen Bestimmungen über die Pachtsache, die Pachtdauer und die Vertragsleistungen, sofern die Änderung nicht im Wege des Vergleichs vor einem Gericht oder vor einer berufsständischen Pachtschlichtungsstelle getroffen worden ist. [3] Zur Anzeige nach Satz 1 und 2 ist auch der Pächter berechtigt.

(2) Der Abschluß eines Landpachtvertrags und die Vertragsänderung sind binnen eines Monats nach ihrer Vereinbarung anzuzeigen.

§ 3 Ausnahmen. (1) Der Anzeigepflicht unterliegen nicht

1. Landpachtverträge, die im Rahmen eines behördlich geleiteten Verfahrens abgeschlossen werden und
2. Landpachtverträge zwischen Ehegatten oder Personen, die in gerader Linie verwandt oder bis zum dritten Grad in der Seitenlinie verwandt oder bis zum zweiten Grad verschwägert sind.

(2) Die Landesregierungen können durch Rechtsverordnung zur erleichterten Durchführung des Gesetzes Landpachtverträge über landwirtschaftliche Betriebe oder Grundstücke bis zu einer bestimmten Größe von der Anzeigepflicht ausnehmen, soweit eine Anwendung dieses Gesetzes nicht erforderlich ist.[1]

§ 4[2] Beanstandung. (1) Die zuständige Behörde kann einen anzuzeigenden Landpachtvertrag oder eine anzuzeigende Vertragsänderung beanstanden, wenn

1. die Verpachtung eine ungesunde Verteilung der Bodennutzung, insbesondere eine ungesunde Anhäufung von land- und forstwirtschaftlichen Nutzflächen, bedeutet,
2. durch die Verpachtung ein Grundstück oder eine Mehrheit von Grundstücken, die räumlich oder wirtschaftlich zusammenhängen, unwirtschaftlich in der Nutzung aufgeteilt wird oder
3. die Pacht nicht in einem angemessenen Verhältnis zu dem Ertrag steht, der bei ordnungsmäßiger Bewirtschaftung nachhaltig zu erzielen ist.

(2) Eine ungesunde Verteilung der Bodennutzung im Sinne des Absatzes 1 Nr. 1 liegt in der Regel vor, wenn die Verpachtung Maßnahmen zur Verbesserung der Agrarstruktur widerspricht.

(3) Wird ein landwirtschaftlicher Betrieb oder ein landwirtschaftliches Grundstück an einen Nebenerwerbslandwirt verpachtet, steht dieser bei der Beurteilung der Frage, ob eine ungesunde Verteilung der Bodennutzung vorliegt, einem Haupterwerbslandwirt gleich, wenn

(Fortsetzung nächste Seite)

[1] Beachte folgende Ausführungsvorschriften der Länder: **Baden-Württemberg:** ASVG v. 10. 11. 2009 (GBl. S. 645), geänd. durch G v. 3. 12. 2013 (GBl. S. 389); **Bayern:** AGGrdstLPachtVG v. 21. 12. 1961 (BayRS V S. 260), geänd. durch G v. 28. 3. 2000 (GVBl. S. 136); **Brandenburg:** AusführungsVO v. 29. 11. 1993 (GVBl. II S. 766); VO v. 10. 8. 1994 (GVBl. II S. 689). **Hamburg:** DVO v. 21. 10. 1986 (GVBl. S. 327). **Hessen:** AusführungsVO v. 21. 2. 1989 (GVBl. I S. 92); ZuständigkeitsVO v. 2. 6. 1999 (GVBl. I S. 319), zuletzt geänd. durch G v. 17. 11. 2011 (GVBl. I S. 683). **Mecklenburg-Vorpommern:** DVO v. 28. 11. 1994 (GVOBl. M-V S. 1080), zuletzt geänd durch VO v. 17. 12. 1996 (GVOBl. M-V S. 671). **Niedersachsen:** DVO v. 3. 7. 2006 (Nds. GVBl. S. 246), RdErl. d. ML vom 24. 11. 1986 (MBl. 1987 S. 20). **Nordrhein-Westfalen:** FreigrenzenVO v. 17. 3. 1987 (GV. NRW. S. 146), geänd. durch G v. 5. 4. 2005 (GV. NRW. S. 306). **Rheinland-Pfalz:** LandesVO v. 3. 2. 1993 (GVBl. S. 116), zuletzt geänd. durch G v. 6. 6. 1998 (GVBl. 1998 S. 171). **Saarland:** G v. 11. 7. 1962 (Amtsbl. S. 504) und VO v. 23. 6. 1986 (Amtsbl. S. 853). **Sachsen:** FreigrenzenVO v. 17. 3. 1994 (SächsGVBl. S. 689). **Sachsen-Anhalt:** DVO v. 6. 2. 1995 (GVBl. LSA S. 60). **Schleswig-Holstein:** LandesVO v. 7. 11. 1995 (GVOBl. Schl.-H. S. 377); LandesVO v. 27. 1. 1987 (GVOBl. Schl.-H. S. 44). **Thüringen:** VO v. 7. 6. 1991 (GVBl. S. 132), geänd. durch VO v. 19. 8. 1994 (GVBl. S. 963).

[2] *§ 4 Abs. 3 Nr. 1* geänd. mWv 1. 1. 1995 durch G v. 29. 7. 1994 (BGBl. I S. 1890), Abs. 1 Nr. 3 geänd. mWv 1. 9. 2001 durch G v. 19. 6. 2001 (BGBl. I S. 1149); Abs. 6 angef. mWv 18. 8. 2005 durch G v. 14. 8. 2005 (BGBl. I S. 2409).

1. er Landwirt im Sinne des § 1 Abs. 2 des Gesetzes über die Alterssicherung der Landwirte ist und
2. durch die Bewirtschaftung des gepachteten Betriebs oder Grundstücks die Existenzgrundlage des Nebenerwerbslandwirts und der zu seinem Haushalt gehörenden Familienangehörigen wesentlich verbessert wird.

(4) Die Landesregierungen können zur erleichterten Durchführung des Gesetzes unter besonderer Berücksichtigung der agrarstrukturellen Verhältnisse in ihrem Land durch Rechtsverordnung Grenzen bestimmen, bis zu denen landwirtschaftliche Betriebe oder Grundstücke gepachtet werden können, ohne daß eine ungesunde Verteilung der Bodennutzung anzunehmen ist.

(5) Eine unwirtschaftliche Aufteilung im Sinne des Absatzes 1 Nr. 2 liegt in der Regel vor, wenn durch die Verpachtung die Nutzung von Grundstücken,

1. die in einem mit öffentlichen Mitteln geförderten Verfahren zusammengelegt wurden oder
2. deren Erwerb öffentlich gefördert wurde,

dem Verfahrens- oder Förderungszweck zuwider verändert wird.

(6) Die Länder können bestimmen, dass in bestimmten Teilen des Landesgebietes ein anzuzeigender Landpachtvertrag über die in Absatz 1 genannten Gründe hinaus beanstandet werden kann, soweit dies in dem betroffenen Teil des Landesgebietes zur Abwehr einer erheblichen Gefahr für die Agrarstruktur zwingend erforderlich ist.

§ 5. Härteklausel. Landpachtverträge und Vertragsänderungen dürfen nicht nach § 4 beanstandet werden, wenn dies eine unzumutbare Härte für einen Vertragsteil wäre.

§ 6. Zuständigkeit. [1]Örtlich zuständig ist die Behörde, in deren Bezirk die Hofstelle des Verpächters liegt. [2]Ist eine solche Hofstelle nicht vorhanden, so ist die Behörde zuständig, in deren Bezirk die verpachteten Grundstücke ganz oder zum größten Teil liegen.

§ 7. Beanstandungsverfahren. (1) [1]Die Entscheidung über die Beanstandung eines Landpachtvertrags oder einer Vertragsänderung ist binnen eines Monats nach Anzeige des Vertragsabschlusses oder der Vertragsänderung durch schriftlichen Bescheid zu treffen. [2]Dauert die Prüfung des Landpachtvertrags voraussichtlich länger, ist vor Ablauf der Frist den Vertragsteilen ein Zwischenbescheid zu erteilen, durch den sich die Frist auf zwei Monate verlängert. [3]Der Landpachtvertrag oder die Vertragsänderung gilt als nicht beanstandet, wenn die Frist abläuft, ohne daß den Vertragsteilen ein Beanstandungsbescheid bekanntgegeben worden ist.

(2) [1]In dem Beanstandungsbescheid sind die Vertragsteile aufzufordern, den Landpachtvertrag oder die Vertragsänderung bis zu einem bestimmten Zeitpunkt, der mindestens einen Monat nach Bekanntgabe des Bescheids liegen soll, aufzuheben oder in bestimmter Weise zu ändern. [2]Kommen die Vertragsteile der Aufforderung nicht nach, gilt der Landpachtvertrag oder die Vertragsänderung mit Ablauf der Frist als aufgehoben, sofern nicht vorher ein Vertragsteil einen Antrag auf gerichtliche Entscheidung gestellt hat.

(3) Die Vertragsteile sind in dem Beanstandungsbescheid über die Zulässigkeit des Antrags auf gerichtliche Entscheidung, über das Gericht, bei dem der Antrag zu stellen ist, den Sitz des Gerichts und die einzuhaltende Frist zu belehren.

§ 8. Entscheidungen und Anordnungen des Landwirtschaftsgerichts.

(1) [1]Stellt ein Vertragsteil den Antrag auf gerichtliche Entscheidung, kann das Landwirtschaftsgericht entweder feststellen, daß der Landpachtvertrag nicht zu beanstanden ist, oder den Landpachtvertrag aufheben; das gleiche gilt für die Vertragsänderung. [2]Erachtet das Landwirtschaftsgericht eine auf § 4 Abs. 1 Nr. 3 gestützte Beanstandung für begründet, kann es den Vertrag insoweit ändern, statt ihn aufzuheben.

(2) [1]Auf Antrag eines Vertragsteils kann das Landwirtschaftsgericht Anordnungen über die Abwicklung eines aufgehobenen Landpachtvertrags treffen. [2]Der Inhalt von Anordnungen des Landwirtschaftsgerichts gilt unter den Vertragsteilen als Vertragsinhalt. [3]Über Streitigkeiten, die diesen Vertragsinhalt betreffen, entscheidet auf Antrag das Landwirtschaftsgericht.

§ 9. Unzulässigkeit der Änderung eines Landpachtvertrags durch das Landwirtschaftsgericht. Ein Antrag nach § 593 Abs. 4 des Bürgerlichen Gesetzbuchs auf Änderung eines anzuzeigenden Landpachtvertrags ist nur zulässig, wenn der Vertrag angezeigt worden ist.

§ 10. Ordnungsmaßnahmen. (1) Ist ein anzuzeigender Landpachtvertrag oder eine anzuzeigende Vertragsänderung nicht fristgemäß angezeigt worden, kann die zuständige Behörde die Anzeige verlangen.

(2) Ist ein Landpachtvertrag nach den §§ 7 und 8 aufgehoben worden, kann die zuständige Behörde von den Vertragsteilen verlangen, daß eine bereits vorgenommene Übertragung des Besitzes an der Pachtsache innerhalb einer angemessenen Frist rückgängig gemacht wird.

(3) Über die Rechtmäßigkeit von Maßnahmen nach den Absätzen 1 und 2 entscheidet auf Antrag das Landwirtschaftsgericht.

§ 11. Fischereipacht. Für Verträge, durch die Betriebe oder Grundstücke überwiegend zur Fischerei verpachtet werden, gilt dieses Gesetz, soweit nicht Rechtsvorschriften der Länder inhaltsgleiche oder entgegenstehende Bestimmungen enthalten.

§ 12.[1] Überleitungsvorschrift. (1) Bei anhängigen Anzeige- und Beanstandungsverfahren sowie in Verfahren über Anträge auf gerichtliche Entscheidung, die vor Inkrafttreten dieses Gesetzes anhängig geworden sind, richten sich die Entscheidung sowie das weitere Verfahren nach den bisher geltenden Vorschriften; dies gilt nicht für Landpachtverträge und Vertragsänderungen, die nach diesem Gesetz keiner Anzeigepflicht unterliegen.

(2) [1]Die Vorschriften des Bayerischen Almgesetzes vom 28. April 1932 (Bereinigte Sammlung des Bayerischen Landesrechts IV S. 359) zuletzt geändert durch § 59 des Zweiten Bayerischen Gesetzes zur Anpassung des Landesrechts an den Euro vom 24. April 2001 (GVBl. S. 140), bleiben unberührt. [2]Danach *genehmigte Landpacht*verträge gelten als angezeigt im Sinne dieses Gesetzes.

---

[1] § 12 Abs. 2 Satz 1 geänd. durch Art. 15 G v. 13. 4. 2006 (BGBl. I S. 855).

§ 13.[1] *(aufgehoben)*

§ 14. Inkrafttreten. (1) [1]Dieses Gesetz tritt vorbehaltlich des Absatzes 2 am 1. Juli 1986 in Kraft. [2]Gleichzeitig tritt unbeschadet der Vorschriften des § 12 Abs. 1 das Gesetz über das landwirtschaftliche Pachtwesen (Landpachtgesetz) in der im Bundesgesetzblatt Teil III, Gliederungsnummer 7813–2, veröffentlichten bereinigten Fassung, geändert durch das Gesetz vom 2. März 1974 (BGBl. I S. 469), außer Kraft.

(2) § 3 Abs. 2 und § 4 Abs. 4 treten am Tage nach der Verkündung[2] in Kraft.

---

[1] § 13 aufgeh. durch Art. 15 G v. 13. 4. 2006 (BGBl. I S. 855).
[2] Verkündet am 14. 11. 1985.

39a. Gesetz über das gerichtliche Verfahren in Landwirtschaftssachen

Vom 21. Juli 1953
(BGBl. I S. 667)
BGBl. III/FNA 317-1

Lfd. Nr.	Änderndes Gesetz	Datum	Fundstelle	Betroffen	Hinweis
1.–7.	Änderungsgesetze bis einschließlich G v. 13.6.1980 nur noch in den Anmerkungen nachgewiesen				
8.	Art. 3 G zur Neuordnung des landwirtschaftlichen Pachtrechts	8.11.1985	BGBl. I S. 2065	§§ 1–7, 9, 11, 12 17–20, 32, 33, 35, 40, 41, 45, 46, 51	geänd. 1.7.1986
				§ 48	eingef. 1.7.1986
				§§ 13, 49	aufgeh. 1.7.1986
9.	Art. 7 § 3 G zur Änderung von Kostengesetzen	9.12.1986	BGBl. I S. 2326	§ 20	geänd. mWv 1.1. 1987
10.	Art. 7 Abs. 22 Rechtspflege-VereinfachungsG	17.12.1990	BGBl. I S. 2847	§§ 48, 52	geänd. mWv 1.4. 1991
11.	Art. 2 Abs. 2 G zur Änd. von Vorschriften über die Prozeßkostenhilfe (Prozeßkostenhilfeänderungsgesetz – PKHÄndG)	10.10.1994	BGBl. I S. 2954	§ 52	geänd. mWv 1.1. 1995
12.	Art. 8 Abs. 7 G zur Umstellung des Kostenrechts und der Steuerberatergebührenverordnung auf Euro (KostREuroUG)	27.4.2001	BGBl. I S. 751	§§ 34, 35, 46	geänd. mWv 1.1. 2002
13.	Art. 7 Abs. 21 G zur Neugliederung, Vereinfachung und Reform des Mietrechts (Mietrechtsreformgesetz)	19.6.2001	BGBl. I S. 1149	§§ 1, 35	geänd. mWv 1.9. 2001
14.	Art. 2 Abs. 14 G zur Reform des Vefahrens bei Zustellungen im gerichtlichen Verfahren (Zustellungsreformgesetz – ZustRG)	25.6.2001	BGBl. I S. 1206	§ 12	geänd. mWv 1.7. 2002
15.	Art. 6a G zur Anpassung der Formvorschriften des Privatrechts und anderer Vorschriften an den modernen Rechtsgeschäftsverkehr	13.7.2001	BGBl. I S. 1542	§ 26	geänd. mWv 1.8. 2001
16.	Art. 15 ZivilprozessreformG	27.7.2001	BGBl. I S. 1887	§§ 14, 15, 27, 48, 52	geänd. mWv 1.1. 2002
17.	Art. 4 Abs. 23 KostenrechtsmodernisierungsG	5.5.2004	BGBl. I S. 718	§§ 33, 34	geänd. mWv 1.7. 2004
				§ 46	aufgeh. mWv 1.7. 2004
18.	Art. 5 G zur Vereinfachung und Vereinheitlichung der Verfahrensvorschriften zur Wahl und Berufung ehrenamtlicher Richter	21.12.2004	BGBl. I S. 3599	§ 3	geänd. mWv 1.1. 2005
19.	Art. 15d JustizkommunikationsG	22.3.2005	BGBl. I S. 837	§ 48	geänd. mWv 1.4. 2005

Lfd. Nr.	Änderndes Gesetz	Datum	Fundstelle	Betroffen	Hinweis
20.	Art. 10a G zur Neuregelung des Rechtsberatungsrechts[1]	12.12.2007	BGBl. I S. 2840	§§ 13, 48	geänd. mWv 1.7. 2008
21.	Art. 43 FGG-ReformG	17.12.2008	BGBl. I S. 2586	§§ 9, 15, 18, 20, 32, 48	geänd. mWv 1.9. 2009
				§§ 11, 21–29, 31, 52	aufgeh. mWv 1.9. 2009
22.	Art. 7 G zur Einführung einer Rechtsbehelfsbelehrung im Zivilprozess und zur Änd. anderer Vorschriften	5.12.2012	BGBl. I S. 2418	§ 48	geänd. mWv 1.1. 2014
23.	Art. 17 2. Kostenrechtsmodernisierungs G	23.7.2013	BGBl. I S. 2586	§§ 12, 34, 42, 44, 45	geänd. mWv 1.8. 2013
				§§ 33, 35–41, 43, 47	aufgeh. mWv 1.8. 2013
24.	Art. 8 Zweites G zur Stärkung der Verfahrensrechte von Beschuldigten im Strafverfahren und zur Änd. des Schöffenrechts	27.8.2017	BGBl. I S. 3295	§§ 4, 20	geänd. mWv 5.9. 2017

Nichtamtliche Gliederungsübersicht

Erster Abschnitt. Sachliche Zuständigkeit und Einrichtung der Gerichte

§ 1[2] **[Sachliche Zuständigkeit]** Die Bestimmungen dieses Gesetzes gelten in den Verfahren auf Grund der Vorschriften über

1. die Anzeige und Beanstandung von Landpachtverträgen im Landpachtverkehrsgesetz[3] vom 8. November 1985 (BGBl. I S. 2075) und über den Landpachtvertrag in den Fällen des § 585b Abs. 2, der §§ 588, 590 Abs. 2, des § 591 Abs. 2 und 3, der §§ 593, 594d Abs. 2 und der §§ 595 und 595a Abs. 2 und 3 des Bürgerlichen Gesetzbuchs[4],

---

[1] **Amtl. Anm.:** Dieses Gesetz dient der Umsetzung der Richtlinie 2005/36/EG des Europäischen Parlaments und des Rates vom 7. September 2005 über die Anerkennung von Berufsqualifikationen (ABl. EU Nr. L 255 S. 22).

[2] § 1 Nr. 2 und 3 neu gef. durch G v. 28.7.1961 (BGBl. I S. 1091); Nr. 2 geänd. durch G v. 2.3. 1974 (BGBl. I S. 469); Nr. 1 und 4 neu gef., Nr. 1a eingef., letzter Satzteil geänd. durch G v. 8.11. 1985 (BGBl. I S. 2065); Nr. 1 und 1a geänd. mWv 1.9.2001 durch G v. 19.6.2001 (BGBl. I *S. 1149).*

[3] Nr. **39**.

[4] **Schönfelder Nr. 20.**

1a. den Landpachtvertrag im übrigen,

2. die rechtsgeschäftliche Veräußerung, die Änderung oder Aufhebung einer Auflage, die gerichtliche Zuweisung eines Betriebes sowie die Festsetzung von Zwangsgeld im Grundstückverkehrsgesetz[1] vom 28. Juli 1961 (Bundesgesetzbl. I S. 1091),

3. Einwendungen gegen das siedlungsrechtliche Vorkaufsrecht in § 10 des Reichssiedlungsgesetzes,

4. die Aufhebung von Pacht- und sonstigen Nutzungsverhältnissen sowie die Inanspruchnahme von Gebäuden oder Land in §§ 59 und 63 Abs. 3 und 4 des Bundesvertriebenengesetzes in der Fassung der Bekanntmachung vom 3. September 1971 (BGBl. I S. 1565, 1807), ferner die Festsetzung des Ersatzanspruchs und der Entschädigung nach § 7 Abs. 2 des Gesetzes zur Ergänzung des Reichssiedlungsgesetzes in der im Bundesgesetzblatt Teil III, Gliederungsnummer 2331–2, veröffentlichten bereinigten Fassung,

5. das Anerbenrecht einschließlich der Versorgungsansprüche bei Höfen, Hofgütern, Landgütern und Anerbengütern,

6. Angelegenheiten, die mit der Aufhebung der früheren Vorschriften über Erbhöfe zusammenhängen,

jedoch in den in den Nummern 5 und 6 bezeichneten Verfahren nur, soweit die beim Inkrafttreten dieses Gesetzes für diese geltenden oder die künftig erlassenen Vorschriften die Zuständigkeit von Gerichten mit ehrenamtlichen Richtern vorsehen.

§ 2[2] [Rechtsweg; Besetzung der Gerichte] (1) [1] In den in § 1 bezeichneten Verfahren sind im ersten Rechtszug die Amtsgerichte als Landwirtschaftsgerichte zuständig. [2] Die Zuständigkeit ist auch in bürgerlichen Rechtsstreitigkeiten des § 1 Nr. 1a ausschließlich. [3] Im zweiten Rechtszug sind die Oberlandesgerichte, im dritten Rechtszug der Bundesgerichtshof zuständig.

(2) Soweit dieses Gesetz nichts anderes bestimmt, ist

das Amtsgericht in der Besetzung von einem Richter beim Amtsgericht als Vorsitzenden und zwei ehrenamtlichen Richtern,

das Oberlandesgericht in der Besetzung von drei Mitgliedern des Oberlandesgerichts mit Einschluß des Vorsitzenden und zwei ehrenamtlichen Richtern,

der Bundesgerichtshof in der Besetzung von drei Mitgliedern des Bundesgerichtshofes mit Einschluß des Vorsitzenden und zwei ehrenamtlichen Richtern

tätig.

[1] Nr. **40**.
[2] § 2 Abs. 1 neu gef., Abs. 2 geänd. durch G v. 8.11.1985 (BGBl. I S. 2065).

§ 3[1)] **[Ehrenamtliche Richter]** (1) Die ehrenamtlichen Richter werden auf die Dauer von fünf Jahren berufen; wiederholte Berufung ist zulässig.

(2) Für das Recht, die Berufung zum ehrenamtlichen Richter abzulehnen, gelten die §§ 35 und 53 des Gerichtsverfassungsgesetzes[2)] sinngemäß, jedoch entscheidet über das Gesuch der Oberlandesgerichtspräsident, bei Gesuchen ehrenamtlicher Richter des Bundesgerichtshofes der Präsident des Bundesgerichtshofes; der Anhörung der Staatsanwaltschaft bedarf es nicht.

§ 4[3)] **[Vorschlagsliste]** (1) [1] Die ehrenamtlichen Richter der Amtsgerichte und des Oberlandesgerichts beruft der Oberlandesgerichtspräsident auf Grund einer Vorschlagsliste. [2] Er bestimmt für jedes Gericht die erforderliche Zahl der ehrenamtlichen Richter.

(2) [1] Die Länder bestimmen, wie die Vorschlagsliste aufzustellen ist.[4)] [2] Die Liste ist dem Oberlandesgerichtspräsidenten mindestens drei Monate vor Ablauf der Amtszeit der ehrenamtlichen Richter für jedes Gericht getrennt vorzulegen.

(3) Als ehrenamtliche Richter sind nur Deutsche vorzuschlagen,

1. die die Landwirtschaft in dem Bezirk selbständig im Haupt- oder Nebenberuf ausüben oder ausgeübt haben,
2. bei denen kein Hinderungsgrund nach §§ 32 bis 34 des Gerichtsverfassungsgesetzes[2)] vorliegt,
3. die nicht Aufgaben der nach Landesrecht zuständigen Behörden auf den in § 1 Nr. 1 und 2 bezeichneten Sachgebieten wahrnehmen,
4. die nicht dem Vorstand oder der Geschäftsführung einer land- und forstwirtschaftlichen Berufsvertretung oder ihrer Untergliederungen angehören, soweit diese nach § 32 Abs. 1 am gerichtlichen Verfahren beteiligt werden.

(4) Die Zahl der vorzuschlagenden Personen soll das Eineinhalbfache der erforderlichen Zahl der ehrenamtlichen Richter betragen.

(5) Scheidet ein ehrenamtlicher Richter nach seiner Berufung aus, so kann der Oberlandesgerichtspräsident für die restliche Amtszeit des ausgeschiedenen ehrenamtlichen Richters einen neuen ehrenamtlichen Richter auf Grund der Vorschlagsliste berufen.

---

1) § 3 geänd. durch G v. 8.11.1985 (BGBl. I S. 2065); Abs. 1 geänd. mWv 1.1.2005 durch G v. 21.12.2004 (BGBl. I S. 3599).

2) **Schönfelder Nr. 95.**

3) § 4 Abs. 3 neu gef., Abs. 1, Abs. 2 Satz 2 und Abs. 4–6 geänd. durch G v. 8.11.1985 (BGBl. I S. 2065); Abs. 3 Satz 2 aufgeh. mWv 5.9.2017 durch G v. 27.8.2017 (BGBl. I S. 3295).

4) Siehe hierzu ua: **Baden-Württemberg:** G v. 17.10.1978 (GBl. S. 561). **Bayern:** Art. 44–48 AGGVG v. 23.6.1981 (BayRS 300-1-1-J), geänd. durch G v. 5.7.1986 (GVBl. S. 99). **Berlin:** G v. 3.3.1956 (GVBl. S. 221). **Brandenburg:** Art. 1 § 12 G v. 14.6.1993 (GBl. I S. 198). **Hamburg:** AusführungsG v. 6.12.1956 (BS Hbg I S. 0), zuletzt geänd durch G v. 4.12.1990 (HmbGVBl. S. 240). **Hessen:** § 4 Nr. 9 VO v. 2.6.1999 (GVBl. I S. 319). **Niedersachsen:** Zweiter Teil Viertes Kapitel (§§ 70–72) Niedersächsisches Justizgesetz (NJG) v. 16.12.2014 (Nds. GVBl. S. 436), zuletzt geänd. durch G v. 6.4.2017 (Nds. GVBl. S. 98). **Nordrhein-Westfalen:** Teil 2 Kapitel 2 Abschnitt 6 (§§ 106–108) Gesetz über die Justiz im Land Nordrhein-Westfalen (Justizgesetz Nordrhein-Westfalen – JustG NRW) (Nr. **104d**). **Saarland:** §§ 57–60 G v. 5.2.1997 (Amtsbl. S. 258). ***Sachsen:*** *G v. 14.11.1991* (GVBl. S. 379), geänd. durch Art. 9 § 2 G v. 30.6.1992 (GVBl. S. 287). **Schleswig-Holstein:** AusführungsG v. 8.11.1991 (GVOBl. Schl.-H. S. 576), geänd. durch G v. 27.3.2012 (GVOBl. Schl.-H. S. 426). **Thüringen:** Art. 3 G v. 16.8.1993 (GVBl. S. 554).

(6) Diese Vorschriften gelten für die ehrenamtlichen Richter des Bundesgerichtshofes entsprechend mit der Maßgabe, daß diese von dem Präsidenten des Bundesgerichtshofes auf Grund einer Vorschlagsliste berufen werden, die von dem Zentralausschuß der Deutschen Landwirtschaft aufgestellt wird.

§ 5[1)] [Ausübung des Richteramtes; Amtsverschwiegenheit] [1] Die ehrenamtlichen Richter üben das Richteramt in vollem Umfang und mit gleichem Stimmrecht wie die Berufsrichter aus. [2] Sie sind zur Amtsverschwiegenheit verpflichtet.

§ 6[2)] [Heranziehung zu den Sitzungen] (1) [1] Die ehrenamtlichen Richter sollen zu den Sitzungen nach der Reihenfolge einer Liste herangezogen werden, die der Vorsitzende des Gerichts vor Beginn des Geschäftsjahres aufstellt. [2] Hierbei kann er bestimmen, daß einzelne dieser ehrenamtlichen Richter bei Verhinderung eines anderen herangezogen werden (stellvertretende ehrenamtliche Richter). [3] Würden hiernach bei der Verhandlung in Pachtsachen zwei ehrenamtliche Richter, die beide Pächter oder beide Verpächter sind, oder in einer in § 1 Nr. 4 bezeichneten Sache zwei ehrenamtliche Richter, die beide dem Personenkreis des § 35 des Bundesvertriebenengesetzes angehören oder nicht angehören, teilnehmen, so gilt der auf Grund der Liste als zweiter heranstehende ehrenamtliche Richter für die Sitzung als verhindert.

(2) Im übrigen ist der Vorsitzende zu einer Änderung der Reihenfolge nur befugt, wenn ehrenamtliche Richter während des Geschäftsjahres ausscheiden, wenn neue ehrenamtliche Richter eintreten oder wenn die Teilnahme an einer früheren Verhandlung in derselben Sache oder die Wahrnehmung eines Termins an Ort und Stelle eine Änderung geboten erscheinen läßt.

(3) Für die Entbindung eines ehrenamtlichen Richters von der Dienstleistung an bestimmten Sitzungstagen gilt § 54 des Gerichtsverfassungsgesetzes[3)] sinngemäß.

§ 7[4)] [Amtsenthebung] (1) Ein ehrenamtlicher Richter ist seines Amtes zu entheben, wenn das Fehlen einer in § 4 Abs. 3 bezeichneten Voraussetzung nachträglich bekannt wird oder eine solche Voraussetzung nachträglich wegfällt oder wenn er sich einer groben Verletzung seiner Amtspflicht schuldig macht.

(2) [1] Über die Amtsenthebung eines ehrenamtlichen Richters des Amtsgerichts oder des Oberlandesgerichts entscheidet der Erste Zivilsenat des Oberlandesgerichts, über die Amtsenthebung eines ehrenamtlichen Richters des Bundesgerichtshofes der Erste Zivilsenat des Bundesgerichtshofes. [2] Vor der Entscheidung ist der ehrenamtliche Richter zu hören.

[1)] § 5 neu gef. durch G v. 8.11.1985 (BGBl. I S. 2065).
[2)] § 6 geänd. durch G v. 8.11.1985 (BGBl. I S. 2065).
[3)] **Schönfelder Nr. 95.**
[4)] § 7 geänd. durch G v. 8.11.1985 (BGBl. I S. 2065).

§ 8 [Gemeinsames Gericht] [1] Die Landesregierung kann durch Rechtsverordnung Geschäfte aus den Bezirken mehrerer Amtsgerichte einem Amtsgericht übertragen. [2] Sie kann eine solche Bestimmung auch für die Oberlandesgerichte treffen. [3] Die Landesregierung kann diese Ermächtigung auf die Landesjustizverwaltung übertragen.[1)]

Zweiter Abschnitt.[2)] Landwirtschaftssachen der freiwilligen Gerichtsbarkeit

§ 9[3)] [Entsprechende Anwendung des FamFG] Soweit dieses Gesetz nichts anderes bestimmt, sind in Angelegenheiten des § 1 Nr. 1 und Nr. 2 bis 6 die Vorschriften des Gesetzes über das Verfahren in Familiensachen und in den Angelegenheiten der freiwilligen Gerichtsbarkeit[4)] sinngemäß anzuwenden.

§ 10 [Örtliche Zuständigkeit] [1] Örtlich zuständig ist das Amtsgericht, in dessen Bezirk die Hofstelle liegt. [2] Ist eine Hofstelle nicht vorhanden, so ist das Amtsgericht örtlich zuständig, in dessen Bezirk die Grundstücke ganz oder zum größten Teil liegen oder die Rechte im wesentlichen ausgeübt werden.

§ 11[5)] *(aufgehoben)*

§ 12[6)] [Abgabe an zuständiges Gericht] (1) [1] Hält das Gericht sich für unzuständig, so hat es die Sache an das zuständige Gericht abzugeben. [2] Der Abgabebeschluß kann nach Anhörung der Beteiligten ohne mündliche Verhandlung ergehen. [3] Er ist für das in ihm bezeichnete Gericht bindend. [4] Im Falle der Abgabe an ein Gericht der streitigen Gerichtsbarkeit gilt die Rechtshängigkeit der Sache in dem Zeitpunkt als begründet, in dem der bei dem für Landwirtschaftssachen zuständigen Gericht gestellte Antrag dem Beteiligten

---

1) Siehe hierzu ua: **Baden-Württemberg:** VO v. 7.9.1998 (GBl. S. 561) und § 4 VO v. 20.11.1998 (GBl. S. 680). **Bayern:** § 25 VO v. 2.2.1988 (GVBl. S. 6) und § 1 Nr. 14 VO v. 17.2.1987 (GVBl. S. 33). **Berlin:** VO v. 26.2.1954 (GVBl. S. 77) und § 4 VO v. 4.12.1972 (GVBl. S. 2301). **Brandenburg:** § 5 Gerichtszuständigkeits-VO – GerZustVv. 3.11.1993 (GVBl. II S. 689). **Bremen:** VO v. 7.10.1953 (SaBremR 300-b-1). **Hamburg:** § 2 ZuständigkeitsVO v. 1.9.1987 (HmbGVBl. S. 172), zuletzt geänd. durch VO v. 15.7.2016 (HmbGVBl. S. 304). **Nordrhein-Westfalen:** VO v. 25.8.1977 (GV NW S. 342), zuletzt geänd. durch VO v. 16.10.1984 (GV NW S. 655). **Rheinland-Pfalz:** § 5 LandesVO v. 22.11.1985 (GVBl. S. 267). **Saarland:**§§ 57–60 G v. 5.2.1997 (Amtsbl. S. 258). **Sachsen-Anhalt:** VO v. 19.3.1993 (GVBl. S. 152) und VO v. 12.7.1994 (GVBl. S. 803).

2) Zweiter Abschnitt Überschrift geänd. durch G v. 8.11.1985 (BGBl. I S. 2065).

3) § 9 geänd. durch G v. 8.11.1985 (BGBl. I S. 2065); geänd. mWv 1.9.2009 durch G v. 17.12.2008 (BGBl. I S. 2586).

4) **Schönfelder Nr. 112.**

5) § 11 aufgeh. mWv 1.9.2009 durch G v. 17.12.2008 (BGBl. I S. 2586).

6) § 12 Abs. 3 neu gef. durch G v. 26.7.1957 (BGBl. I S. 861); Abs. 1 Satz 5 geänd. durch G v. 3.12.1976 (BGBl. I S. 3281); Abs. 2 Satz 1 geänd. durch G v. 8.11.1985 (BGBl. I S. 2065); Abs. 1 Satz 5 geänd. mWv 1.7.2002 durch G v. 25.6.2001 (BGBl. I S. 1206); Abs. 3 aufgeh. mWv 1.8.2013 durch G v. 23.7.2013 (BGBl. I S. 2586).

bekanntgemacht worden ist, der nach der Abgabe Beklagter ist. [5] § 167 der Zivilprozeßordnung[1)] ist entsprechend anzuwenden.

(2) [1] Wird in einem Rechtsstreit eine Angelegenheit des § 1 Nr. 1 oder Nr. 2 bis 6 anhängig gemacht, so hat das Prozeßgericht die Sache insoweit an das für Landwirtschaftssachen zuständige Gericht abzugeben. [2] Absatz 1 Satz 2, 3 ist anzuwenden.

§ 13[2)] [Bevollmächtigte, Beistände] (1) [1] Als Bevollmächtigte sind, soweit eine Vertretung durch Rechtsanwälte nicht geboten ist, auch berufsständische Vereinigungen der Landwirtschaft für ihre Mitglieder vertretungsbefugt. [2] Sie handeln durch ihre Organe und mit der Verfahrensvertretung beauftragten Vertreter.

(2) [1] Ehrenamtliche Richter dürfen nicht als Bevollmächtigte vor einem Spruchkörper auftreten, dem sie angehören. [2] Das Gericht weist Bevollmächtigte, die nicht vertretungsbefugt sind, durch unanfechtbaren Beschluss zurück. [3] Verfahrenshandlungen eines nicht vertretungsbefugten Bevollmächtigten und Zustellungen oder Mitteilungen an diesen Bevollmächtigten sind bis zu seiner Zurückweisung wirksam. [4] Die Sätze 1 und 2 gelten für Beistände entsprechend.

§ 14[3)] [Antragsverfahren; Anhörung der Beteiligten] (1) Das Verfahren wird, soweit nicht etwas anderes bestimmt ist, nur auf Antrag eingeleitet.

(2) [1] Das Gericht hat vor seiner Entscheidung den Beteiligten Gelegenheit zu geben, sich zur Sache zu äußern. [2] Für die Vorbereitung der Entscheidung gelten die Vorschriften des § 139 und des § 273 Abs. 1, 2, 3 Satz 1 und Abs. 4 der Zivilprozeßordnung[1)] sinngemäß.

§ 15[4)] [Mündliche Verhandlung] (1) [1] Das Gericht hat auf Antrag eines Beteiligten eine mündliche Verhandlung anzuordnen. [2] Dies gilt nicht für Verfahren vor dem Bundesgerichtshof.

(2) Wird eine mündliche Verhandlung anberaumt, so sind die Beteiligten zu laden.

(3) Bei einer Beweisaufnahme sind § 279 Abs. 2, §§ 357, 367 Abs. 1, §§ 397, 402 der Zivilprozeßordnung[1)] sinngemäß anzuwenden.

(4) Über das Ergebnis einer Beweisaufnahme ist stets mündlich zu verhandeln, wenn die Beteiligten nicht übereinstimmend auf mündliche Verhandlung verzichten.

(5) Die Vorschriften der §§ 159 bis 165 der Zivilprozeßordnung über die Niederschrift gelten sinngemäß.

[1)] **Schönfelder Nr. 100.**

[2)] § 13 aufgeh. durch G v. 8.11.1985 (BGBl. I S. 2065); neu eingef. mWv 1.7.2008 durch G v. 12.12.2007 (BGBl. I S. 2840).

[3)] § 14 Abs. 2 Satz 2 geänd. durch G v. 3.12.1976 (BGBl. I S. 3281) und geänd. mWv 1.1.2002 durch G v. 27.7.2001 (BGBl. I S. 1887).

[4)] § 15 Abs. 4 geänd. durch G v. 3.12.1976 (BGBl. I S. 3281); Abs. 6 geänd. durch G v. 20.12. 1974 (BGBl. I S. 3651); Abs. 4 geänd. mWv 1.1.2002 durch G v. 27.7.2001 (BGBl. I S. 1887); Abs. 1 Satz 2 angef., Abs. 3 aufgeh., bish. Abs. 4–6 werden Abs. 3–5 mWv 1.9.2009 durch G v. 17.12.2008 (BGBl. I S. 2586).

§ 16 [Beauftragter Richter] [1] Das Gericht kann eines seiner Mitglieder mit der Beweisaufnahme oder mit örtlichen Ermittlungen oder mit Verhandlungen mit den Beteiligten beauftragen. [2] Die Vorschriften der Zivilprozeßordnung[1)] über das Verfahren vor dem beauftragten Richter gelten sinngemäß. [3] Zur förmlichen Vernehmung von Beteiligten, Zeugen und Sachverständigen, zur Abnahme von Eiden sowie zur Protokollierung eines Vergleichs sind nur Richter befugt.

§ 17[2)] [Amtshilfe] [1] Alle Behörden sind auf Ersuchen des Gerichts zur Amtshilfe verpflichtet. [2] Die Finanzämter haben auf Ersuchen des Gerichts Auskünfte über den Einheitswert oder den Wirtschaftswert land- oder forstwirtschaftlicher Grundstücke zu erteilen.

§ 18[3)] [Einstweilige Anordnungen] Bei einstweiligen Anordnungen kann von der Zuziehung der ehrenamtlichen Richter und von der Anwendung des § 14 Abs. 2 abgesehen werden, wenn durch Verzögerung der einstweiligen Anordnung ein Nachteil zu entstehen droht.

§ 19[4)] [Gerichtlicher Vergleich] Enthält ein gerichtlicher Vergleich Bestimmungen über die Veräußerung, Belastung oder Verpachtung von Grundstücken, so kann das Gericht auf Antrag anstelle der sonst zuständigen Behörde darüber entscheiden, ob diese Bestimmungen nach den Vorschriften über den Verkehr mit land- oder forstwirtschaftlichen Grundstücken genehmigt oder nach den Vorschriften des Landpachtverkehrsgesetzes[5)] beanstandet werden.

§ 20[6)] [Entscheidungen ohne ehrenamtliche Richter] (1) Das Gericht kann ohne Zuziehung ehrenamtlicher Richter über

1. die Ausschließung oder die Ablehnung der Gerichtspersonen,
2. einen Antrag auf Wiedereinsetzung in den vorigen Stand,
3. die Abgabe einer Sache wegen Unzuständigkeit,
4. die Unzulässigkeit eines Antrags oder eines Rechtsmittels,
5. die Erinnerung gegen die Erteilung oder gegen die Ablehnung des Rechtskraftzeugnisses,
6. die Bewilligung der Verfahrenskostenhilfe und die Änderung der Bewilligung sowie die Versagung der Verfahrenskostenhilfe oder die Aufhebung der Bewilligung mit der Begründung, daß die persönlichen und wirtschaftlichen Verhältnisse des Antragstellers die Bewilligung der Verfahrenskostenhilfe nicht zulassen,

---

1) **Schönfelder Nr. 100.**

2) § 17 Satz 2 geänd. durch G v. 8.11.1985 (BGBl. I S. 2065).

3) § 18 neu gef. mWv 1.9.2009 durch G v. 17.12.2008 (BGBl. I S. 2586).

4) § 19 neu gef. durch G v. 8.11.1985 (BGBl. I S. 2065).

5) Nr. **39**.

6) § 20 Abs. 1 Nr. 6 neu gef. durch G v. 13.6.1980 (BGBl. I S. 677); Abs. 1 Nr. 6 geänd., Nr. 6a eingef. durch G v. 8.11.1985 (BGBl. I S. 2065); Abs. 1 Nr. 6 geänd. durch G v. 9.12.1986 (BGBl. I S. 2326); Abs. 1 Nr. 6 und Abs. 3 geänd. mWv 1.9.2009 durch G v. 17.12.2008 (BGBl. I S. 2586); Abs. 3 geänd. mWv 5.9.2017 durch G v. 27.8.2017 (BGBl. I S. 3295).

6a. die Ernennung des Sachverständigen nach § 585b Abs. 2 des Bürgerlichen Gesetzbuchs[1)],
7. Angelegenheiten von geringer Bedeutung, soweit es sich nicht um die Entscheidung in der Hauptsache handelt,
8. die Kosten, wenn die Hauptsache erledigt ist,
entscheiden.

(2) Ein gerichtlicher Vergleich kann beim Amtsgericht vor dem Vorsitzenden, beim Oberlandesgericht und beim Bundesgerichtshof vor dem Vorsitzenden oder einem beauftragten Richter geschlossen werden; die Zuziehung ehrenamtlicher Richter ist nicht erforderlich.

(3) Die Länder können bestimmen, daß die Entscheidung über die Erteilung eines Erbscheins ebenfalls ohne Zuziehung ehrenamtlicher Richter erfolgen kann und daß insoweit § 14 Absatz 2 und § 30 dieses Gesetzes sowie § 38 Abs. 3, §§ 39, 41 Abs. 1 Satz 2, §§ 58 und 66 des Gesetzes über das Verfahren in Familiensachen und in den Angelegenheiten der freiwilligen Gerichtsbarkeit[2)] keine Anwendung finden; das gleiche gilt für die Einziehung und die Kraftloserklärung eines Erbscheins.

§§ 21–29[3)] *(aufgehoben)*

§ 30 [Wirksamwerden der Entscheidungen; vorläufige Vollstreckbarkeit] (1) Die gerichtlichen Entscheidungen in der Hauptsache werden erst mit dem Eintritt der Rechtskraft wirksam.

(2) Hat der Beschluß einen vollstreckbaren Inhalt, so kann das Gericht ihn gegen oder ohne Sicherheitsleistung für vorläufig vollstreckbar erklären, dem Schuldner auf Antrag auch nachlassen, die Vollstreckung durch Sicherheitsleistung abzuwenden.

§ 31[4)] *(aufgehoben)*

§ 32[5)] [Anhörung von Behörden und Berufsvertretungen] (1) In den Verfahren wegen Beanstandung eines Landpachtvertrages ist die nach Landesrecht zuständige Behörde, in den Verfahren wegen Genehmigung einer rechtsgeschäftlichen Veräußerung die Genehmigungsbehörde und die land- und forstwirtschaftliche Berufsvertretung zu hören und zu einer mündlichen Verhandlung zu laden.

(2) [1] Soweit nach Absatz 1 die Landwirtschaftsbehörde oder die Genehmigungsbehörde zu hören ist, sind ihr die Entscheidungen in der Hauptsache bekannt zu geben. [2] Die der Landwirtschaftsbehörde oder Genehmigungsbehörde übergeordnete Behörde ist insoweit berechtigt, gegen diese Entscheidungen die Beschwerde und die Rechtsbeschwerde zu erheben. [3] Erhebt sie eine solche Beschwerde, so gilt sie als Beteiligte.

---

1) **Schönfelder Nr. 20.**
2) **Schönfelder Nr. 112.**
3) §§ 21–29 aufgeh. mWv 1.9.2009 durch G v. 17.12.2008 (BGBl. I S. 2586)
4) § 31 aufgeh. mWv 1.9.2009 durch G v. 17.12.2008 (BGBl. I S. 2586)
5) § 32 neu gef. durch G v. 28.7.1961 (BGBl. I S. 1091); Abs. 1 neu gef. durch G v. 8.11.1985 (BGBl. I S. 2065); Abs. 2 Sätze 1 und 2 geänd. mWv 1.9.2009 durch G v. 17.12.2008 (BGBl. I S. 2586).

(3) Die Landesregierung bestimmt durch Rechtsverordnung, welche Organisationen als land- und forstwirtschaftliche Berufsvertretungen gelten.[1)]

§ 32a[2)] [Verfahren über die gerichtliche Zuweisung eines Betriebes] [1] In den Verfahren auf Grund der Vorschriften über die gerichtliche Zuweisung eines Betriebes (§ 1 Nr. 2) soll der Antrag die Gegenstände bezeichnen, deren Zuweisung beantragt wird. [2] In der Entscheidung über die Zuweisung des Betriebes sollen die zugewiesenen Gegenstände bezeichnet werden. [3] Der Vorsitzende des Gerichts des ersten Rechtszuges ersucht nach Eintritt der Rechtskraft der Entscheidung das Grundbuchamt um Eintragung des Erwerbers.

§ 33[3)] *(aufgehoben)*

§ 34[4)] [Kostenentscheidung] Über die Kosten ist zugleich mit der Entscheidung über die Hauptsache zu entscheiden.

§§ 35–41[5)] *(aufgehoben)*

(Fortsetzung nächstes Blatt)

---

1) Siehe hierzu ua: **Baden-Württemberg:** LwBerVVO v. 5.9.2000 (GBl. S. 633). **Bayern:** VO v. 15.10.1953 (BayRS 7813-2-E) und VO v. 21.12.1961 (BayRS 7810-2-E), geänd. durch G v. 28.3.2000 (GVBl. S. 136). **Brandenburg:** VO v. 6.12.1994 (GVBl. II S. 992). **Bremen:** VO v. 9.1. 1962 (SaBremR 7810-a-1), zuletzt geänd. durch Bek. v. 13.10.1992 (GBl. S. 607). **Hamburg:** DurchführungsVO v. 9.1.1962 (HmbGVBl. S. 1), geänd. durch G v. 4.12.1990 (HmbGVBl. S. 240). **Hessen:** § 4 Nr. 9 VO v. 2.6.1999 (GVBl. I S. 319). **Mecklenburg-Vorpommern:** § 5 BodenrechtsdurchführungsVO v. 28.11.1994 (GVBl. S. 1080). **Niedersachsen:** VO v. 22.12.1961 (GVBl. S. 373). **Nordrhein-Westfalen:** VO v. 19.12.1961 (GV NW S. 407). **Rheinland-Pfalz:** LandesVO v. 21.12.1961 (GVBl. S. 267), zuletzt geänd. durch G v. 12.10.1999 (GVBl. 1999 S. 325). **Saarland:** VO v. 21.3.1962 (Amtsbl. S. 224). **Sachsen:** VO v. 17.3.1994 (GVBl. S. 689). **Sachsen-Anhalt:**Bek. v. 1.8.1994 (MBl. S. 2125). **Schleswig-Holstein:** VO v. 20.12.1961 (GVOBl. 1962 S. 80). **Thüringen:** § 3 VO v. 7.6.1991 (GVBl. S. 132)

2) § 32a eingef. durch G v. 28.7.1961 (BGBl. I S. 1091).

3) § 33 aufgeh. mWv 1.8.2013 durch G v. 23.7.2013 (BGBl. I S. 2586).

4) § 34 Abs. 2 Satz 2 geänd. durch G v. 20.12.1974 (BGBl. I S. 3651); Abs. 2 Satz 2 geänd. mWv *1.1.2002 durch G v. 27.12.2001* (BGBl. I S. 751); Abs. 2 Satz 2 aufgeh. mWv 1.7.2004 durch G v. 5.5.2004 (BGBl. I S. 718); Abs. 2 aufgeh. mWv 1.8.2013 durch G v. 23.7.2013 (BGBl. I S. 2586).

5) §§ 35–41 aufgeh. mWv 1.8.2013 durch G v. 23.7.2013 (BGBl. I S. 2586).

§ 42.[1] **[Absehen von Kostenerhebung]** [1]Aus besonderen Gründen kann das Gericht anordnen, daß von der Erhebung von Gerichtskosten ganz oder teilweise abgesehen wird. [2]Die Entscheidung kann nur gleichzeitig mit der Entscheidung in der Hauptsache ergehen.

§ 43.[2] *(aufgehoben)*

§ 44.[3] **[Kostentragungspflicht]** (1) Sind an einem Verfahren mehrere Personen beteiligt, so hat das Gericht nach billigem Ermessen zu entscheiden, wer die Kosten zu tragen hat und wie sie zu verteilen sind.

(2) Bei einem Verfahren, das von der nach Landesrecht zuständigen Behörde, der Genehmigungsbehörde, der übergeordneten Behörde (§ 32 Absatz 2) oder der Siedlungsbehörde eingeleitet ist oder auf ihrem Antrag oder ihrer Beschwerde beruht, ist nach billigem Ermessen darüber zu entscheiden, ob und inwieweit anderen am Verfahren Beteiligten die Kosten aufzuerlegen sind.

§ 45.[4] **[Erstattung außergerichtlicher Kosten]** [1]Bei der Entscheidung in der Hauptsache kann das Gericht anordnen, daß die außergerichtlichen Kosten ganz oder teilweise von einem unterliegenden Beteiligten zu erstatten sind. [2]Dies hat dann zu geschehen, wenn der Beteiligte die Kosten durch ein unbegründetes Rechtsmittel oder durch grobes Verschulden veranlaßt hat.

§ 46.[5] *(aufgehoben)*

§ 47.[6] *(aufgehoben)*

Dritter Abschnitt.[7] Streitige Landwirtschaftssachen

§ 48.[7] (1) [1]In bürgerlichen Rechtsstreitigkeiten des § 1 Nr. 1a findet die Zivilprozeßordnung Anwendung. [2]Jedoch treten die §§ 10 und 20 Abs. 1 und 2 dieses Gesetzes an die Stelle der entsprechenden Vorschriften der Zivilprozeßordnung; § 315 Abs. 1 Satz 1 der Zivilprozeßordnung gilt mit der Maßgabe, daß es der Unterschrift der ehrenamtlichen Richter nicht bedarf.

---

[1] § 42 Abs. 2 aufgeh., bish. Abs. 1 wird alleiniger Wortlaut mWv 1. 8. 2013 durch Art. 17 2. KostRMoG v. 23. 7. 2013 (BGBl. I S. 2586).

[2] § 43 wird aufgehoben mWv 1. 8. 2013 durch Art. 17 2. KostRMoG v. 23. 7. 2013 (BGBl. I S. 2586).

[3] § 44 Abs. 2 neugef. durch G. v. 28. 7. 1961 (BGBl. I S. 1091), geänd. mWv 1. 8. 2013 durch 2. KostRMoG v. 23. 7. 2013 (BGBl. I S. 2586).

[4] § 45 Abs. 2 aufgeh., bish. Abs. 1 wird alleiniger Wortlaut mWv 1. 8. 2013 durch Art. 17 2. KostRMoG v. 23. 7. 2013 (BGBl. I S. 2586).

[5] § 46 aufgeh. mWv 1. 7. 2004 durch Art. 4 Abs. 23 KostRMoG v. 5. 5. 2004 (BGBl. I S. 718).

[6] § 47 aufgeh. mWv 1. 8. 2013 durch Art. 17 2. KostRMoG v. 23. 7. 2013 (BGBl. I S. 2586).

[7] Überschr. des Dritten Abschnitts und § 48 eingef. durch G v. 8. 11. 1985 (BGBl. I S. 2065), § 48 Abs. 1 Satz 2 geänd. durch Art. 7 Abs. 22 G v. 17. 12. 1990 (BGBl. I S. 2847), Abs. 2 Satz 1 neugef. durch Art. 15d JKomG v. 22. 3. 2005 (BGBl. I S. 837), Abs. 2 Satz 1 geänd. mWv 1. 7. 2008 durch Art. 10a G v. 12. 12. 2007 (BGBl. I S. 2840), Abs. 2 Satz 2 neugef., Satz 3 angef. mWv 1. 9. 2009 durch Art. 43 FGG-RG v. 17. 12. 2008 (BGBl. I S. 2586), Abs. 2 Sätze 2 und 3 aufgeh. **mWv 1. 1. 2014** durch Art. 7 G v. 5. 12. 2012 (BGBl. I S. 2418).

Fassung des Abs. 2 bis 31. 12. 2013:

(2) 1Die §§ 13 und 19 dieses Gesetzes sind entsprechend anzuwenden. 2Jede Entscheidung hat auf das statthafte Rechtsmittel, das Gericht, bei dem es einzulegen ist, dessen Sitz und die einzuhaltende Form und Frist hinzuweisen. 3Ein fehlendes Verschulden im Sinne des § 233 der Zivilprozessordnung wird vermutet, wenn eine Rechtsmittelbelehrung unterblieben oder fehlerhaft ist.

Fassung des Abs. 2 ab 1. 1. 2014:

(2) Die §§ 13 und 19 dieses Gesetzes sind entsprechend anzuwenden.

§ 49.[1] *(aufgehoben)*

Vierter Abschnitt. Zusatz-, Übergangs- und Schlußbestimmungen

§ 50. [Nicht unter § 1 fallende Verfahren] 1Soweit Vorschriften, die nach diesem Gesetz in Kraft bleiben oder von diesem Gesetz nicht berührt werden, bestimmen, daß für ein Verfahren, das nicht unter § 1 fällt, mit landwirtschaftlichen Beisitzern besetzte Gerichte zuständig sind, treten an die Stelle dieser Gerichte die entsprechenden nach den Vorschriften dieses Gesetzes besetzten Gerichte; ist bestimmt, daß an Stelle der landwirtschaftlichen Beisitzer andere Beisitzer mitwirken, so behält es dabei sein Bewenden. 2Soweit nach den in Satz 1 bezeichneten Vorschriften für das Verfahren Bestimmungen gelten, die durch § 60 außer Kraft gesetzt werden, treten an deren Stelle die entsprechenden Vorschriften dieses Gesetzes.

§ 51.[2] **[Fischereipachtverträge]** (1) *(Änderungsvorschrift; vom Abdruck wurde abgesehen)*

(2) Die Länder können bestimmen, daß die Vorschriften dieses Gesetzes auf Verträge über die Pacht von Fischereirechten sowie in den auf Grund des § 11 des Landpachtverkehrsgesetzes geregelten Verfahren ganz oder teilweise anzuwenden sind; sie können zusätzliche Vorschriften erlassen, die den Besonderheiten dieser Verfahren entsprechen.[3]

§ 52.[4] *(aufgehoben)*

§§ 53–59.[5] *(gegenstandslos)*

§ 60.[6] **[Inkrafttreten; aufgehobene Vorschriften]** (1) Dieses Gesetz tritt am 1. Oktober 1953 in Kraft.

(2) Folgende Vorschriften treten außer Kraft:

1.–16. . . .[7]

---

[1] § 49 aufgeh. durch G v. 8. 11. 1985 (BGBl. I S. 2065).

[2] § 51 Abs. 2 neugef. durch G v. 8. 11. 1985 (BGBl. I S. 2065).

[3] Für **Rheinland-Pfalz** vgl. § 17 Abs. 5 LandesfischereiG v. 9. 12. 1974 (GVBl. S. 601).

[4] § 52 aufgeh. mWv 1. 9. 2009 durch Art. 43 FGG-RG v. 17. 12. 2008 (BGBl. I S. 2586).

[5] §§ 53 bis 59 enthalten gegenstandslos gewordene Überleitungsvorschriften; vom Abdruck wurde deshalb abgesehen.

[6] § 60 Abs. 2 und 3 Buchst. a geänd. durch G v. 28. 7. 1961 (BGBl. I S. 1091, ber. S. 2000).

[7] Vom Abdruck wurde abgesehen.

(3) [1]Aufgehoben werden die bisher geltenden kostenrechtlichen Vorschriften, soweit sie für das Verfahren der Gerichte mit landwirtschaftlichen Beisitzern gelten, einschließlich der Vorschriften über Rechtsanwaltsgebühren. [2]Die bisher geltenden Vorschriften über die Höhe des Geschäftswertes und der gerichtlichen Kosten gelten jedoch fort

a) in den unter § 1 Nr. 5 fallenden Verfahren,

b) in den nicht unter § 1 fallenden Verfahren, die auf in Kraft bleibenden oder unberührt bleibenden Vorschriften beruhen (§ 50).

§ 61. [Geltung in Berlin] *(gegenstandslos)*

40. Gesetz über Maßnahmen zur Verbesserung der Agrarstruktur und zur Sicherung land- und forstwirtschaftlicher Betriebe (Grundstückverkehrsgesetz – GrdstVG)[1]

Vom 28. Juli 1961 (BGBl. I S. 1091, ber. S. 1652 und S. 2000)

BGBl. III/FNA 7810-1

Änderungen des Gesetzes

Lfd. Nr.	Änderndes Gesetz	Datum	Fundstelle	Geänderte Paragraphen	Art der Änderg.
1.	Einführungsgesetz zum Strafgesetzbuch (EGStGB)	2. 3. 1974	BGBl. I 469	24 Abs. 1 und 2	geänd.
2.	Gesetz über das Baugesetzbuch	8. 12. 1986	BGBl. I 2191	4 Nr. 4, 8 Nr. 1	geänd.
3.	Gesetz zur Änderung des Grundstücksverkehrsgesetzes und des Landpachtverkehrsgesetzes	14. 8. 2005	BGBl. I 2409	2 Abs. 3 Nr. 3	eingef.
4.	Gesetz zur Bereinigung des Bundesrechts im Zuständigkeitsbereich des Bundesministeriums für Ernährung, Landwirtschaft und Verbraucherschutz	13. 4. 2006	BGBl. I 855	4 Nr. 5, 10 Abs. 2 Satz 2, 24 Abs. 2, 31 Abs. 1 und 2 Satz 1 31 Abs. 2 Satz 2, 32, 34, 35, 36, 38	geänd. aufgeh.
5.	Gesetz zur Reform des Verfahrens in Familiensachen und in den Angelegenheiten der freiwilligen Gerichtsbarkeit (FGG – Reformgesetz – FGG-RG)	17. 12. 2008	BGBl. I 2586	22 Abs. 2 Satz 2, 33 Abs. 3 Satz 4	geänd.

Inhaltsübersicht

[1] **Baden-Württemberg:** AusführungsG v. 8. 5. 1989 (GBl. S. 143). **Bayern:** AusführungsG v. 21. 12. 1961 (BayRS 7810-1-E). **Brandenburg:** AusführungsG v. 18. 3. 1994 (GVBl. I S. 81). **Mecklenburg-Vorpommern:** AusführungsG v. 23. 4. 1998 (GVOBl. S. 448). **Niedersachsen:** AusführungsG v. 11. 2. 1970 (GVBl. S. 30). **Nordrhein-Westfalen:** AusführungsG v. 14. 7. 1981 (GV NW S. 403). **Rheinland-Pfalz:** AusführungsG v. 2. 2. 1993 (GVBl. S. 105). **Saarland:** AusführungsG v. 11. 7. 1962 (Amtsbl. S. 504) und VO v. 3. 7. 1969 (Amtsbl. S. 408). **Sachsen-Anhalt:** AusführungsG v. 25. 10. 1995 (GVBl. S. 302). **Schleswig-Holstein:** DurchführungsG v. 8. 12. 1961 (GVOBl. 1962 S. 1).

Erster Abschnitt. Rechtsgeschäftliche Veräußerung

§ 1. [Begriffsbestimmungen] (1) Die Vorschriften dieses Abschnitts gelten für landwirtschaftliche und forstwirtschaftliche Grundstücke sowie für Moor- und Ödland, das in landwirtschaftliche oder forstwirtschaftliche Kultur gebracht werden kann.

(2) Landwirtschaft im Sinne dieses Gesetzes ist die Bodenbewirtschaftungund die mit der Bodennutzung verbundene Tierhaltung, um pflanzliche oder tierische Erzeugnisse zu gewinnen, besonders der Ackerbau, die Wiesen- und Weidewirtschaft, der Erwerbsgartenbau, der Erwerbsobstbau und der Weinbau sowie die Fischerei in Binnengewässern.

(3) Grundstück im Sinne dieses Gesetzes ist auch ein Teil eines Grundstücks.

§ 2.[1] **[Genehmigungspflichtige Geschäfte]** (1) [1]Die rechtsgeschäftliche Veräußerung eines Grundstücks und der schuldrechtliche Vertrag hierüber bedürfen der Genehmigung. [2]Ist ein schuldrechtlicher Vertrag genehmigt worden, so gilt auch die in Ausführung des Vertrages vorgenommene Auflassung als genehmigt. [3]Die Genehmigung kann auch vor der Beurkundung des Rechtsgeschäfts erteilt werden.

(2) Der Veräußerung eines Grundstücks stehen gleich

1. die Einräumung und die Veräußerung eines Miteigentumsanteils an einem Grundstück;
2. die Veräußerung eines Erbanteils an einen anderen als an einen Miterben, wenn der Nachlaß im wesentlichen aus einem land- oder forstwirtschaftlichen Betrieb besteht;
3. die Bestellung des Nießbrauchs an einem Grundstück.

(3) Die Länder können

1. die Vorschriften dieses Abschnitts auf die Veräußerung von grundstücksgleichen Rechten, die die land- oder forstwirtschaftliche Nutzung eines Grundstücks zum Gegenstand haben, sowie von selbständigen Fischereirechten für anwendbar erklären;
2. bestimmen, daß die Veräußerung von Grundstücken bis zu einer bestimmten Größe keiner Genehmigung bedarf.[2]
3. bestimmen, dass in bestimmten Teilen des Landesgebietes die Genehmigung eines nach Absatz 1 Satz 1 oder Absatz 2 genehmigungsbedürftigen Rechtsgeschäfts über die in § 9 genannten Gründe hinaus versagt oder mit Nebenbestimmungen nach § 10 oder § 11 versehen werden kann, soweit dies in dem betroffenen Teil des Landesgebietes zur Abwehr einer erheblichen Gefahr für die Agrarstruktur zwingend erforderlich ist.

---

[1] § 2 Abs. 3 Nr. 3 angef. durch Art. 1 G v. 14. 8. 2005 (BGBl. I S. 2409).

[2] Vgl. Anm. zum Gesetzestitel sowie **Baden-Würtemberg:** VO v. 13. 2. 1995 (GBl. S. 276). **Berlin:** G v. 5. 10. 1994 (GVBl. S. 392). **Bremen:** G über die Freigrenze im land- und forstwirtschaftlichen sowie gärtnerischen Grundstücksverkehr v. 24. 2. 1970 (GBl. S. 29). ***Hamburg:*** G über die Freigrenze im land- und forstwirtschaftlichen Grundstücksverkehr v. 21. 6. 1971 (GVBl. S. 111). **Hessen:** G über die Genehmigungsfreiheit im Verkehr mit land- und forstwirtschaftlichen Grundstücken v. 17. 4. 1962 (GVBl. S. 263). **Sachsen:** § 46 G v. 12. 12. 1997 (GVBl. S. 638). **Thüringen:** G v. 30. 1. 1997 (GVBl. S. 71).

§ 3. [Genehmigungsbehörde; Antragsberechtigte] (1) Über den Antrag auf Genehmigung entscheidet die nach Landesrecht zuständige Behörde (Genehmigungsbehörde),[1] soweit nicht das Gericht zu entscheiden hat.

(Fortsetzung nächstes Blatt)

---

[1] Genehmigungsbehörden sind in **Baden-Württemberg** das Landwirtschaftsamt (VO v. 16. 6. 1986, GBl. S. 188); in **Bayern** die Kreisverwaltungsbehörde (G v. 21. 12. 1961, BayRS 7810-1-E); in **Brandenburg** die Landkreise und kreisfreien Städte (VO v. 10. 8. 1994, GVBl. II S. 689); in **Bremen** die Landwirtschaftsbehörde (VO v. 9. 1. 1962, SaBremR 7810-a-1;

(Fortsetzung der Anm. nächstes Blatt)

(2) [1]Zur Stellung des Antrags auf Genehmigung sind die Vertragsparteien und derjenige, zu dessen Gunsten der Vertrag geschlossen worden ist, berechtigt. [2]Hat ein Notar den Vertrag beurkundet, so gilt dieser als ermächtigt, die Genehmigung zu beantragen.

§ 4.[1)] **[Genehmigungsfreie Geschäfte]** Die Genehmigung ist nicht notwendig, wenn

1. der Bund oder ein Land als Vertragsteil an der Veräußerung beteiligt ist;
2. eine mit den Rechten einer Körperschaft des öffentlichen Rechts ausgestattete Religionsgesellschaft ein Grundstück erwirbt, es sei denn, daß es sich um einen land- oder forstwirtschaftlichen Betrieb handelt;
3. die Veräußerung oder die Ausübung des Vorkaufsrechts der Durchführung eines Flurbereinigungsverfahrens, eines Siedlungsverfahrens oder eines Verfahrens nach § 37 des Bundesvertriebenengesetzes dient;
4. Grundstücke veräußert werden, die im räumlichen Geltungsbereich eines Bebauungsplanes im Sinne des § 30 des Baugesetzbuchs liegen, es sei denn, daß es sich um die Wirtschaftsstelle eines land- oder forstwirtschaftlichen Betriebes oder um Grundstücke handelt, die im Bebauungsplan als Grundstücke im Sinne des § 1 ausgewiesen sind;
5. die Veräußerung nach dem bayerischen Almgesetz vom 28. April 1932 (Bereinigte Sammlung des Bayerischen Landesrechts Band IV S. 359) zuletzt geändert durch § 59 des Zweiten Bayerischen Gesetzes zur Anpassung des Landesrechts an den Euro vom 24. April 2001 (GVBl. S. 140), genehmigt ist.

§ 5. [Zeugnis über Genehmigungsfreiheit] [1]Ist zur Veräußerung die Genehmigung nicht notwendig, so hat die Genehmigungsbehörde auf Antrag ein Zeugnis darüber zu erteilen. [2]Das Zeugnis steht der Genehmigung gleich.

§ 6. [Entscheidung über die Genehmigung] (1) [1]Die Entscheidung über die Genehmigung ist binnen einem Monat nach Eingang des Antrags und der Urkunde über das zu genehmigende Rechtsgeschäft bei der örtlich zuständigen Genehmigungsbehörde zu treffen. [2]Kann die Prüfung des Antrags in dieser Zeit nicht abgeschlossen werden oder hat die Genehmigungsbehörde eine Erklärung über die Ausübung des Vorkaufsrechts nach § 12 herbeizuführen, so ist vor Ablauf der Frist dem Veräußerer ein Zwischenbescheid zu erteilen;

(Fortsetzung der Anm. von S. 2)
in **Hamburg** die Umweltbehörde bzw. die Behörde für Wirtschaft, Verkehr und Landwirtschaft (AO v. 13. 11. 1984, AmtlAnz. S. 1913); in **Hessen** das Amt für Regionalentwicklung, Landschaftspflege und Landwirtschaft (§ 6 Nr. 6a VO v. 2. 6. 1999, GVBl. I S. 319); in **Mecklenburg-Vorpommern** die Ämter für Landwirtschaft (§ 2 BodenrechtsdurchführungsVO v. 28. 11. 1994, GVOBl. S. 1080); in **Niedersachsen** die Landkreise und kreisfreien Städte durch den Grundstücksverkehrsausschuß (RdErl. d. ML vom 24. 11. 1986, MBl. 1987 S. 20); in **Nordrhein-Westfalen** die Geschäftsführer der Kreisstellen der Landwirtschaftskammern als Landesbeauftragte (VO v. 4. 12. 1963, GV NW S. 329); im **Saarland** die untere staatliche Verwaltungsbehörde (G v. 11. 7. 1962, Amtsbl. S. 504); in **Schleswig-Holstein** die Ämter für Land- und Wasserwirtschaft (G v. 8. 12. 1961, GVOBl. 1962 S. 1) und v. 21. 2. 1996 (GVOBl. S. 231); in **Thüringen** die Ämter für Landwirtschaft (VO v. 7. 6. 1991, GVBl. S. 132).

1) § 4 Nr. 4 geänd. durch G v. 8. 12. 1986 (BGBl. I S. 2191), Nr. 5 geänd. durch Art. 14 G v. 13. 4. 2006 (BGBl. I S. 855).

durch den Zwischenbescheid verlängert sich die Frist des Satzes 1 auf zwei Monate und, falls die bezeichnete Erklärung herbeizuführen ist, auf drei Monate.

(2) Die Genehmigung gilt als erteilt, falls nicht binnen der in Absatz 1 genannten Frist die Genehmigungsbehörde eine Entscheidung nach § 9 oder im Falle des § 7 Satz 2 des Reichssiedlungsgesetzes eine Mitteilung über die Verlängerung der Frist zur Ausübung des Vorkaufsrechts dem Veräußerer zustellt.

(3) Ist die Entscheidung über die Genehmigung oder die Genehmigung durch Fristablauf unanfechtbar geworden, so hat die Genehmigungsbehörde hierüber auf Antrag ein Zeugnis zu erteilen.

§ 7. [Nachweis beim Grundbuchamt] (1) Auf Grund einer genehmigungsbedürftigen Veräußerung darf eine Rechtsänderung in das Grundbuch erst eingetragen werden, wenn dem Grundbuchamt die Unanfechtbarkeit der Genehmigung nachgewiesen wird.

(2) [1] Ist im Grundbuch auf Grund eines nicht genehmigten Rechtsgeschäfts eine Rechtsänderung eingetragen, so hat das Grundbuchamt auf Ersuchen der Genehmigungsbehörde oder des Vorsitzenden des Gerichts, falls nach ihrem Ermessen eine Genehmigung erforderlich ist, einen Widerspruch im Grundbuch einzutragen. [2] Der Widerspruch ist zu löschen, wenn die Genehmigungsbehörde oder der Vorsitzende des Gerichts darum ersucht oder wenn dem Grundbuchamt die Unanfechtbarkeit der Genehmigung nachgewiesen wird. [3] § 53 Abs. 1 der Grundbuchordnung bleibt unberührt.

(3) Besteht die auf Grund eines nicht genehmigten Rechtsgeschäfts vorgenommene Eintragung einer Rechtsänderung ein Jahr, so gilt das Rechtsgeschäft als genehmigt, es sei denn, daß vor Ablauf dieser Frist ein Widerspruch im Grundbuch eingetragen oder ein Antrag auf Berichtigung des Grundbuchs oder ein Antrag oder ein Ersuchen auf Eintragung eines Widerspruchs gestellt worden ist.

§ 8.[1)] **[Pflicht zur Erteilung der Genehmigung]** Die Genehmigung ist zu erteilen, wenn

1. eine Gemeinde oder ein Gemeindeverband an der Veräußerung beteiligt ist, das veräußerte Grundstück im Gebiet der beteiligten Gemeinde oder des beteiligten Gemeindeverbandes liegt und durch einen Bauleitplan im Sinne des § 1 Abs. 2 des Baugesetzbuchs nachgewiesen wird, daß das Grundstück für andere als die in § 1 bezeichneten Zwecke vorgesehen ist;
2. ein landwirtschaftlicher oder forstwirtschaftlicher Betrieb geschlossen veräußert oder im Wege der vorweggenommenen Erbfolge übertragen wird oder an einem Grundstück ein Nießbrauch bestellt wird und der Erwerber oder Nießbraucher entweder der Ehegatte des Eigentümers oder mit dem Eigentümer in gerader Linie oder bis zum dritten Grad in der Seitenlinie verwandt oder bis zum zweiten Grad verschwägert ist;
3. ein gemischter Betrieb insgesamt veräußert wird und die land- oder forstwirtschaftliche Fläche nicht die Grundlage für eine selbständige Existenz bietet;
4. die Veräußerung einer Grenzverbesserung dient;

1) § 8 Nr. 1 geänd. durch G v. 8. 12. 1986 (BGBl. I S. 2191).

5. Grundstücke zur Verbesserung der Landbewirtschaftung oder aus anderen volkswirtschaftlich gerechtfertigten Gründen getauscht werden und ein etwaiger Geldausgleich nicht mehr als ein Viertel des höheren Grundstückwertes ausmacht;
6. ein Grundstück zur Vermeidung einer Enteignung oder einer bergrechtlichen Grundabtretung an denjenigen veräußert wird, zu dessen Gunsten es enteignet werden könnte oder abgetreten werden müßte, oder ein Grundstück an denjenigen veräußert wird, der das Eigentum auf Grund gesetzlicher Verpflichtung übernehmen muß;
7. Ersatzland erworben wird, soweit
   a) der Erwerber auf das Ersatzland zur Sicherung seiner Existenz oder zur Aufrechterhaltung seines persönlich bewirtschafteten Betriebes angewiesen ist oder
   b) das Ersatzland zur Erfüllung dem Erwerber wesensgemäß obliegender Aufgaben zu dienen bestimmt ist und es sich bei dem Ersatzland nicht um einen land- oder forstwirtschaftlichen Betrieb handelt;
   c) eine Gemeinde oder ein Gemeindeverband das Ersatzland zur alsbaldigen Verpachtung oder Veräußerung an einen bestimmten von ihr oder von ihm verdrängten Landwirt benötigt.

§ 9. [Versagung oder Einschränkung der Genehmigung] (1) Die Genehmigung darf nur versagt oder durch Auflagen (§ 10) oder Bedingungen (§ 11) eingeschränkt werden, wenn Tatsachen vorliegen, aus denen sich ergibt, daß
1. die Veräußerung eine ungesunde Verteilung des Grund und Bodens bedeutet oder
2. durch die Veräußerung das Grundstück oder eine Mehrheit von Grundstücken, die räumlich oder wirtschaftlich zusammenhängen und dem Veräußerer gehören, unwirtschaftlich verkleinert oder aufgeteilt würde oder
3. der Gegenwert in einem groben Mißverhältnis zum Wert des Grundstücks steht.

(2) Eine ungesunde Verteilung des Grund und Bodens im Sinne des Absatzes 1 Nr. 1 liegt in der Regel dann vor, wenn die Veräußerung Maßnahmen zur Verbesserung der Agrarstruktur widerspricht.

(3) Eine unwirtschaftliche Verkleinerung oder Aufteilung im Sinne des Absatzes 1 Nr. 2 liegt in der Regel dann vor, wenn durch Erbauseinandersetzung, Übergabevertrag oder eine sonstige rechtsgeschäftliche Veräußerung
1. ein selbständiger landwirtschaftlicher Betrieb seine Lebensfähigkeit verlieren würde;
2. ein landwirtschaftliches Grundstück kleiner als ein Hektar wird;
3. ein forstwirtschaftliches Grundstück kleiner als dreieinhalb Hektar wird, es sei denn, daß seine ordnungsgemäße forstliche Bewirtschaftung gewährleistet erscheint;
4. in einem Flurbereinigungsverfahren zugeteilte oder anläßlich einer mit öffentlichen Mitteln geförderten Aufstockung oder Aussiedlung eines landwirtschaftlichen Betriebes erworbene Grundstücke in der Weise geteilt werden, daß die Teilung diesen Maßnahmen zur Verbesserung der Agrarstruktur widerspricht.

(4) Wird das Grundstück für andere als land- oder forstwirtschaftliche Zwecke veräußert, so darf die Genehmigung aus Absatz 1 Nr. 3 nicht versagt werden.

(5) Liegen die Voraussetzungen vor, unter denen das Vorkaufsrecht nach dem Reichssiedlungsgesetz ausgeübt werden kann, so darf, wenn das Vorkaufsrecht nicht ausgeübt wird, die Genehmigung aus Absatz 1 Nr. 1 nur versagt oder durch Auflagen oder Bedingungen eingeschränkt werden, falls es sich um die Veräußerung eines land- oder forstwirtschaftlichen Betriebes handelt.

(6) Bei der Entscheidung über den Genehmigungsantrag muß auch allgemeinen volkswirtschaftlichen Belangen Rechnung getragen werden, insbesondere wenn Grundstücke zur unmittelbaren Gewinnung von Roh- und Grundstoffen (Bodenbestandteile) veräußert werden.

(7) Die Genehmigung soll, auch wenn ihr Bedenken aus den in Absatz 1 aufgeführten Gründen entgegenstehen, nicht versagt werden, wenn dies eine unzumutbare Härte für den Veräußerer bedeuten würde.

§ 10.[1] **[Genehmigung unter Auflagen]** (1) Dem Erwerber kann die Auflage gemacht werden,

1. das erworbene Grundstück an einen Landwirt zu verpachten;
2. das erworbene Grundstück ganz oder zum Teil zu angemessenen Bedingungen entweder an einen Landwirt oder an ein von der Siedlungsbehörde zu bezeichnendes Siedlungsunternehmen zu veräußern;
3. an anderer Stelle binnen einer bestimmten, angemessenen Frist Land abzugeben, jedoch nicht mehr, als der Größe oder dem Wert des erworbenen Grundstücks entspricht;
4. zur Sicherung einer ordnungsgemäßen Waldbewirtschaftung einen Bewirtschaftungsvertrag mit einem forstlichen Sachverständigen oder einer Forstbehörde abzuschließen oder nach einem genehmigten Wirtschaftsplan zu wirtschaften.

(2) [1] Wird die Genehmigung unter Auflagen erteilt, so ist die hierdurch betroffene Vertragspartei berechtigt, bis zum Ablauf eines Monats nach Eintritt der Unanfechtbarkeit der Entscheidung vom Vertrage zurückzutreten. [2] Auf das Rücktrittsrecht sind die Vorschriften der §§ 346 bis 354 des Bürgerlichen Gesetzbuchs sinngemäß anzuwenden.

§ 11. [Genehmigung unter Bedingungen] (1) Die Genehmigung kann unter der Bedingung erteilt werden, daß binnen einer bestimmten Frist

1. die Vertragsparteien einzelne Vertragsbestimmungen, denen Bedenken aus einem der in § 9 aufgeführten Tatbestände entgegenstehen, in bestimmter Weise ändern,
2. der Erwerber das landwirtschaftliche Grundstück auf eine bestimmte Zeit an einen Landwirt verpachtet,
3. der Erwerber an anderer Stelle Land abgibt, jedoch nicht mehr, als der Größe oder dem Wert des zu erwerbenden Grundstücks entspricht.

(2) Ist die Bedingung eingetreten, so hat die Genehmigungsbehörde hierüber auf Antrag eine Bescheinigung zu erteilen.

---

[1] § 10 Abs. 2 Satz 2 geänd. durch Art. 14 G v. 13. 4. 2006 (BGBl. I S. 855).

§ 12. [Erklärung über die Ausübung des Vorkaufsrechts] Liegen die Voraussetzungen vor, unter denen nach dem Reichssiedlungsgesetz das Vorkaufsrecht ausgeübt werden kann, so hat die Genehmigungsbehörde, bevor sie über den Antrag auf Genehmigung entscheidet, den Vertrag der Siedlungsbehörde zur Herbeiführung einer Erklärung über die Ausübung des Vorkaufsrechts durch die vorkaufsberechtigte Stelle vorzulegen.

Zweiter Abschnitt. Gerichtliche Zuweisung eines Betriebes

§ 13. [Zuweisung an einen Miterben] (1) [1]Gehört ein landwirtschaftlicher Betrieb einer durch gesetzliche Erbfolge entstandenen Erbengemeinschaft, so kann das Gericht auf Antrag eines Miterben die Gesamtheit der Grundstücke, aus denen der Betrieb besteht, ungeteilt einem Miterben zuweisen; kann der Betrieb in mehrere Betriebe geteilt werden, so kann er geteilt einzelnen der Miterben zugewiesen werden. [2]Grundstücke für die nach ihrer Lage und Beschaffenheit anzunehmen ist, daß sie in absehbarer Zeit anderen als landwirtschaftlichen Zwecken dienen werden, sollen von einer Zuweisung ausgenommen werden. [3]Das Gericht hat die Zuweisung auf Zubehörstücke, Miteigentums-, Kapital- und Geschäftsanteile, dingliche Nutzungsrechte und ähnliche Rechte zu erstrecken, soweit diese Gegenstände zur ordnungsgemäßen Bewirtschaftung des Betriebes notwendig sind.

(2) Das Eigentum an den zugewiesenen Sachen und die zugewiesenen Rechte gehen mit der Rechtskraft der gerichtlichen Entscheidung oder, falls in ihr ein späterer Zeitpunkt bestimmt ist, zu diesem Zeitpunkt auf den Miterben über, dem der Betrieb zugewiesen wird (Erwerber).

(3) [1]Die Vorschriften der Absätze 1 und 2 gelten nur, soweit die Sachen und Rechte gemeinschaftliches Vermögen der Erben sind. [2]Auf Reichsheimstätten sind sie nicht anzuwenden.

§ 14. [Voraussetzungen der Zuweisung] (1) [1]Die Zuweisung ist nur zulässig, wenn der Betrieb mit einer zur Bewirtschaftung geeigneten Hofstelle versehen ist und seine Erträge ohne Rücksicht auf die privatrechtlichen Belastungen im wesentlichen zum Unterhalt einer bäuerlichen Familie ausreichen. [2]Erträge aus zugepachtetem Land sind insoweit als Erträge des Betriebes anzusehen, als gesichert erscheint, daß das zugepachtete Land oder anderes gleichwertiges Pachtland dem Erwerber zur Bewirtschaftung zur Verfügung stehen wird.

(2) Die Zuweisung ist ferner nur zulässig, wenn sich die Miterben über die Auseinandersetzung nicht einigen oder eine von ihnen vereinbarte Auseinandersetzung nicht vollzogen werden kann.

(3) Die Zuweisung ist unzulässig, solange die Auseinandersetzung ausgeschlossen oder ein zu ihrer Bewirkung berechtigter Testamentsvollstrecker vorhanden ist oder ein Miterbe ihren Aufschub verlangen kann.

§ 15. [Bedachter Miterbe] (1) [1]Der Betrieb ist dem Miterben zuzuweisen, dem er nach dem wirklichen oder mutmaßlichen Willen des Erblassers zugedacht war. [2]Ist der Miterbe nicht ein Abkömmling und nicht der überlebende Ehegatte des Erblassers, so ist die Zuweisung an ihn nur zulässig, wenn er den Betrieb bewohnt und bewirtschaftet oder mitbewirtschaftet. [3]Die Zuweisung ist ausgeschlossen, wenn der Miterbe zur Übernahme des Betriebes nicht bereit oder zu seiner ordnungsgemäßen Bewirtschaftung nicht geeignet ist.

(2) Diese Bestimmungen gelten für die Zuweisung von Teilen des Betriebes sinngemäß.

§ 16. [Abfindung der übrigen Miterben] (1) [1]Wird der Betrieb einem Miterben zugewiesen, so steht insoweit den übrigen Miterben an Stelle ihres Erbteils ein Anspruch auf Zahlung eines Geldbetrages zu, der dem Wert ihres Anteils an dem zugewiesenen Betrieb (§ 13 Abs. 1) entspricht. [2]Der Betrieb ist zum Ertragswert (§ 2049 des Bürgerlichen Gesetzbuchs) anzusetzen. [3]Der Anspruch ist bei der Zuweisung durch das Gericht unter Berücksichtigung der folgenden Vorschriften festzusetzen.

(2) [1]Die Nachlaßverbindlichkeiten, die zur Zeit des Erwerbes (§ 13 Abs. 2) noch bestehen, sind aus dem außer dem Betriebe vorhandenen Vermögen zu berichtigen, soweit es ausreicht. [2]Ist eine Nachlaßverbindlichkeit an einem zum Betriebe gehörenden Grundstück dinglich gesichert, so kann das Gericht auf Antrag mit Zustimmung des Gläubigers festsetzen, daß der Erwerber dem Gläubiger für sie allein haftet. [3]Trifft es eine solche Festsetzung, so ist § 2046 des Bürgerlichen Gesetzbuchs auf diese Verbindlichkeit nicht anzuwenden.

(3) [1]Das Gericht kann die Zahlung der den Miterben nach Absatz 1 zustehenden Beträge auf Antrag stunden, soweit der Erwerber bei sofortiger Zahlung den Betrieb nicht ordnungsgemäß bewirtschaften könnte und dem einzelnen Miterben bei gerechter Abwägung der Lage der Beteiligten eine Stundung zugemutet werden kann. [2]Der Erwerber hat die gestundete Forderung zu verzinsen und für sie Sicherheit zu leisten. [3]Über die Höhe der Verzinsung und über Art und Umfang der Sicherheitsleistung entscheidet das Gericht nach billigem Ermessen. [4]Das Gericht kann die rechtskräftige Entscheidung über die Stundung auf Antrag aufheben oder ändern, wenn sich die Verhältnisse nach der Entscheidung wesentlich geändert haben.

(4) [1]Auf Antrag eines Miterben kann das Gericht bei der Zuweisung festsetzen, daß der Miterbe statt durch Zahlung eines Geldbetrages ganz oder teilweise durch Übereignung eines bei der Zuweisung bestimmten Grundstücks abzufinden ist. [2]Das Grundstück muß zur Deckung eines Landbedarfs des Miterben benötigt werden und von dem Betrieb abgetrennt werden können, ohne daß die Voraussetzungen des § 14 Abs. 1 wegfallen. [3]Die Veräußerung dieses Grundstücks bedarf nicht der Genehmigung nach diesem Gesetz.

(5) [1]Das Gericht kann auf Antrag eines Miterben bei der Zuweisung festsetzen, daß er durch ein beschränktes dingliches Recht an einem zugewiesenen Grundstück abzufinden ist. [2]Die Festsetzung ist unzulässig, wenn der Erwerber dadurch unangemessen beschwert würde.

§ 17. [Anspruch auf Vorteilsausgleich] (1) [1]Zieht der Erwerber binnen fünfzehn Jahren nach dem Erwerb (§ 13 Abs. 2) aus dem Betrieb oder einzelnen zugewiesenen Gegenständen durch Veräußerung oder auf andere Weise, die den Zwecken der Zuweisung fremd ist, erhebliche Gewinne, so hat er, soweit es der Billigkeit entspricht, die Miterben auf Verlangen so zu stellen, wie wenn der in Betracht kommende Gegenstand im Zeitpunkt des Erwerbes verkauft und der Kaufpreis unter den Miterben entsprechend ihren Erbteilen verteilt worden wäre. [2]Ist der Betrieb im Wege der Erbfolge auf einen anderen übergegangen oder hat der Erwerber den Betrieb einem anderen im Wege der vorweggenommenen Erbfolge übereignet, so trifft die entsprechende Verpflichtung den anderen hinsichtlich derartiger Gewinne, die er binnen fünfzehn Jahren nach dem in § 13 Abs. 2 bezeichneten Zeitpunkt aus dem Betriebe zieht.

(2) [1]Die Ansprüche sind vererblich und übertragbar. [2]Sie verjähren in zwei Jahren nach dem Schluß des Jahres, in dem der Berechtigte von dem Eintritt der Voraussetzungen seines Anspruchs Kenntnis erlangt, ohne Rücksicht auf diese Kenntnis in fünf Jahren nach dem Schluß des Jahres, in dem die Voraussetzungen des Anspruchs erfüllt sind.

Dritter Abschnitt. Verfahren

§ 18. [Örtlich zuständige Genehmigungsbehörde] (1) [1]Örtlich zuständig ist die Genehmigungsbehörde, in deren Bezirk die Hofstelle des Betriebes liegt, zu dem das Grundstück gehört. [2]Ist keine Hofstelle vorhanden, so ist die Genehmigungsbehörde zuständig, in deren Bezirk die Grundstücke ganz oder zum größten Teil liegen.

(2) [1]Hält die Genehmigungsbehörde ihre örtliche Zuständigkeit nicht für gegeben, so hat sie die Sache unverzüglich, spätestens vor Ablauf eines Monats nach Eingang des Antrags, an die zuständige Genehmigungsbehörde abzugeben und den Antragsteller von der Abgabe zu benachrichtigen. [2]Wird die Benachrichtigung nicht binnen dieser Frist zugestellt, so gilt die Genehmigung als erteilt. [3]Die Abgabeverfügung ist für die in ihr bezeichnete Genehmigungsbehörde bindend und für die Beteiligten unanfechtbar.

§ 19. [Anhörung der land- und forstwirtschaftlichen Berufsvertretung] [1]Die Genehmigungsbehörde hat vor der Entscheidung über einen Genehmigungsantrag die auf Grund des § 32 Abs. 3 des Gesetzes über das gerichtliche Verfahren in Landwirtschaftssachen[1)] bestimmte land- und forstwirtschaftliche Berufsvertretung zu hören. [2]Das Nähere bestimmt die Landesregierung.[2)]

§ 20. [Begründung und Zustellung der Entscheidungen; Rechtsbehelfsbelehrung] [1]Entscheidungen, gegen die ein Antrag auf gerichtliche Entscheidung zulässig ist, sind zu begründen und zuzustellen. [2]Bei der Zustellung sind die Beteiligten über die Zulässigkeit des Antrags auf gerichtliche Entscheidung, über die Stelle, bei der er zu stellen ist, sowie über Form und Frist des Antrags zu belehren. [3]Die Antragsfrist beginnt nicht vor der Belehrung, spätestens aber fünf Monate nach der Zustellung der Entscheidung der Genehmigungsbehörde.

§ 21. [Mitteilung über Ausübung des Vorkaufsrechts] [1]Erklärungen des Vorkaufsberechtigten über die Ausübung des Vorkaufsrechts nach dem Reichssiedlungsgesetz hat die Genehmigungsbehörde außer dem Verpflichte-

---

1) Nr. **39a**.

2) **Bayern:** VO v. 21. 12. 1961 (GVBl. S. 260); **Hessen:** VO v. 17. 1. 1962 (GVBl. S. 2); **Rheinland-Pfalz:** LandesVO v. 21. 12. 1961 (GVBl. S. 267); **Sachsen:** VO v. 17. 3. 1994 (GVBl. S. 689); **Schleswig-Holstein:** DVO v. 20. 12. 1961 (GVOBl. 1962 S. 80).

ten auch dem Käufer und demjenigen mitzuteilen, zu dessen Gunsten der Kaufvertrag geschlossen worden ist; dies gilt nicht, wenn die Ausübung des Vorkaufsrechts nach § 6 Abs. 2 des Reichssiedlungsgesetzes unwirksam ist. 2 Die Mitteilung ist mit einer Begründung darüber zu versehen, warum die Genehmigung der Veräußerung nach § 9 zu versagen wäre, und zuzustellen. 3 § 20 Satz 2 und 3 gilt sinngemäß für die Belehrung über die Zulässigkeit eines Antrags auf gerichtliche Entscheidung nach §10 des Reichssiedlungsgesetzes.

§ 22.[1] **[Antrag auf gerichtliche Entscheidung]** (1) Wenn die Genehmigungsbehörde eine Genehmigung versagt oder unter Auflagen oder Bedingungen erteilt, ein Zeugnis nach § 5 oder § 6 Abs. 3 oder eine Bescheinigung nach § 11 Abs. 2 verweigert, können die Beteiligten binnen zwei Wochen nach Zustellung Antrag auf Entscheidung durch das nach dem Gesetz über das gerichtliche Verfahren in Landwirtschaftssachen zuständige Gericht stellen.

(2) 1 Der Antrag kann bei der Genehmigungsbehörde, gegen deren Entscheidung er sich richtet, schriftlich oder bei dem zuständigen Gericht schriftlich oder zur Niederschrift der Geschäftsstelle gestellt werden. 2 Die §§ 17 bis 19 des Gesetzes über das Verfahren in Familiensachen und in den Angelegenheiten der freiwilligen Gerichtsbarkeit[2] gelten entsprechend.

(3) Das Gericht kann die Entscheidungen treffen, die auch die Genehmigungsbehörde treffen kann.

(4) 1 Ist eine Genehmigung unter einer Auflage nach diesem Gesetz oder nach den bisherigen Vorschriften über den Verkehr mit land- und forstwirtschaftlichen Grundstücken erteilt und haben sich die Umstände, die für die Erteilung der Auflage maßgebend waren, wesentlich geändert, so kann der durch die Auflage Beschwerte beantragen, daß das nach dem Gesetz über das gerichtliche Verfahren in Landwirtschaftssachen zuständige Gericht die Auflage ändert oder aufhebt. 2 Absatz 2 Satz 1 gilt entsprechend.

§ 23. [Gebühren- und Auslagenfreiheit] Im Verfahren vor der Genehmigungsbehörde werden Gebühren und Auslagen nicht erhoben.

§ 24.[3] **[Festsetzung von Zwangsgeld]** (1) 1 Wer

1. einer Aufforderung der Genehmigungsbehörde, den Besitz eines Grundstücks, den er auf Grund einer genehmigungsbedürftigen Veräußerung erworben oder einem anderen überlassen hat, an den Veräußerer zurückzuübertragen oder vom Erwerber zurückzunehmen, nicht Folge leistet, obwohl eine nach diesem Gesetz oder den bisherigen Vorschriften über den Verkehr mit land- und forstwirtschaftlichen Grundstücken erforderliche Genehmigung nicht beantragt oder unanfechtbar versagt worden ist,
2. eine Auflage nicht erfüllt, die bei der Genehmigung eines Rechtsgeschäfts nach diesem Gesetz oder nach den bisherigen Vorschriften über den Verkehr mit land- und forstwirtschaftlichen Grundstücken gemacht worden ist,

---

[1] § 22 Abs. 2 Satz 2 neugef. mWv 1. 9. 2009 durch Art. 108 G v. 17. 12. 2008 (BGBl. I *S. 2586).*

[2] Abgedruckt in **Schönfelder, Deutsche Gesetze; Nr. 112.**

[3] § 24 Abs. 1 und 2 geänd. durch G v. 2. 3. 1974 (BGBl. I S. 469), Abs. 2 geänd. durch Art. 14 G v. 13. 4. 2006 (BGBl. I S. 855).

kann durch Festsetzung von Zwangsgeld, auch wiederholt, angehalten werden, der Aufforderung oder Auflage nachzukommen. [2]Das Zwangsgeld wird auf Antrag der Genehmigungsbehörde durch das Gericht verhängt. [3]Es muß, bevor es festgesetzt wird, angedroht werden.

(2) Das einzelne Zwangsgeld darf den Betrag von fünfhundert Euro nicht übersteigen.

§§ 25, 26.[1] *(Änderungsvorschriften)*

Vierter Abschnitt. Siedlungsrechtliche Vorschriften

§§ 27–30.[1] *(Änderungs- bzw. Aufhebungsvorschriften)*

Fünfter Abschnitt. Zusatz-, Übergangs- und Schlußbestimmungen

§ 31.[2] **[Höfe i. S. der Höfeordnungen]** (1) § 8 Nr. 2 gilt nicht für Höfe im Sinne der in den Ländern Hamburg, Niedersachsen, Nordrhein-Westfalen und Schleswig-Holstein geltenden Höfeordnung in der Fassung der Bekanntmachung vom 26. Juli 1976 (BGBl. I S. 1933), zuletzt geändert durch Artikel 7 Abs. 13 des Gesetzes vom 27. Juni 2000 (BGBl. I S. 897) oder des Landesgesetzes über die Einführung einer Höfeordnung im Lande Rheinland-Pfalz in der Fassung der Bekanntmachung vom 18. April 1967 (GVBl. S. 138), zuletzt geändert durch das Gesetz vom 26. September 2000 (GVBl. S. 397).

(2) § 6 ist nicht anzuwenden, wenn nach § 17 Abs. 3 der Höfeordnung vom in der Fassung der Bekanntmachung vom 26. Juli 1976 (BGBl. I S. 1933), zuletzt geändert durch Artikel 7 Abs. 13 des Gesetzes vom 27. Juni 2000 (BGBl. I S. 897) das Gericht über einen Antrag auf Genehmigung zu entscheiden hat.

§ 32.[3] *(aufgehoben)*

§ 33.[4] **[Übergangsvorschriften für gerichtliche Zuweisung eines Betriebes]** (1) Ist ein landwirtschaftlicher Betrieb vor dem Inkrafttreten dieses Gesetzes auf eine Erbengemeinschaft übergegangen, so gelten für die gerichtliche Zuweisung des Betriebes die Vorschriften der Absätze 2 bis 4.

(2) [1]*Liegt der Betrieb in den Ländern* Hamburg, Niedersachsen, Nordrhein-Westfalen oder Schleswig-Holstein und hat ein Zuweisungsverfahren

---

[1] Vom Abdruck der in §§ 25 bis 28 und 30 enthaltenen Änderungsvorschriften und der in § 29 enthaltenen Aufhebungsvorschrift wurde abgesehen.

[2] § 31 Abs. 1, Abs. 2 Satz 1 geänd., Abs. 2 Satz 2 aufgeh. durch Art. 14 G v. 13. 4. 2006 (BGBl. I S. 855).

[3] § 32 aufgeh. durch Art. 14 G v. 13. 4. 2006 (BGBl. I S. 855).

[4] § 33 Abs. 3 Satz 4 neugef. mWv 1. 9. 2009 durch Art. 108 FGG-RG v. 17. 12. 2008 (BGBl. I S. 2586).

nach den bisher geltenden Vorschriften nicht stattgefunden, so sind die §§ 13 bis 17 anzuwenden. 2 Diese Vorschriften gelten auch für die Entscheidung über einen Zuweisungsantrag, der vor dem Inkrafttreten dieses Gesetzes nach den bisher geltenden Vorschriften gestellt und über den noch nicht rechtskräftig entschieden ist. 3 Nimmt der Antragsteller im Falle des Satzes 2 den Antrag bis zum Schluß der nächsten mündlichen Verhandlung, jedoch spätestens bis zum Ablauf von drei Monaten nach dem Inkrafttreten dieses Gesetzes zurück oder erklärt er ihn binnen dieser Frist für erledigt, so trägt jeder Beteiligte seine außergerichtlichen Kosten; Gerichtskosten werden nicht erhoben.

(3) 1 Liegt der Betrieb in anderen als den in Absatz 2 bezeichneten Ländern, so ist die gerichtliche Zuweisung nach Maßgabe der §§ 13 bis 17 nur zulässig, wenn keiner der Miterben der Einleitung des Zuweisungsverfahrens binnen einer angemessenen Frist widerspricht, die vom Gericht nach Eingang eines Antrags nach § 13 festgesetzt wird. 2 Bei der Festsetzung der Frist sind die Miterben darauf hinzuweisen, daß im Zuweisungsverfahren der Betrieb ungeteilt einem Miterben zu Eigentum zugewiesen werden kann. 3 Der Widerspruch ist schriftlich oder zur Niederschrift der Geschäftsstelle des Gerichts zu erklären. 4 Die §§ 17 bis 19 des Gesetzes über das Verfahren in Familiensachen und in den Angelegenheiten der freiwilligen Gerichtsbarkeit[1] gelten entsprechend.

(4) § 17 ist nicht anzuwenden, wenn der Erwerber den Betrieb vor dem Inkrafttrete0n dieses Gesetzes durch gerichtliche Zuweisung erworben hat.

§§ 34–36.[2] *(aufgehoben)*

§ 37. [Rechtsverordnung über Gebote in der Zwangsversteigerung] Die Bundesregierung wird ermächtigt, zur Verhinderung von Mißbräuchen, welche die Wirksamkeit dieses Gesetzes erheblich beeinträchtigen, für die Veräußerung der durch § 1 betroffenen Grundstücke im Wege der Zwangsversteigerung unter Anlehnung an die Vorschriften des Ersten und Vierten Abschnitts durch Rechtsverordnung zu bestimmen, daß die Abgabe von Geboten und die Erteilung des Zuschlags an einen anderen als den Meistbietenden allgemein oder unter bestimmten sachlichen oder örtlichen Voraussetzungen von einer Bieterlaubnis der Genehmigungsbehörde abhängt, sowie das Verfahren einschließlich der Kosten zu regeln.

§ 38.[3] *(aufgehoben)*

§ 39. [Inkrafttreten; aufgehobene Vorschriften] (1) 1 Dieses Gesetz tritt am 1. Januar 1962 in Kraft. 2 Die Vorschriften, die den Erlaß von Landesgesetzen vorsehen oder zum Erlaß von Rechtsverordnungen ermächtigen, treten am Tage nach der Verkündung[4] dieses Gesetzes, § 30 tritt mit Wirkung vom Tage nach der Verkündung des Haushaltsgesetzes 1961[5] in Kraft.

---

[1] Abgedruckt in **Schönfelder, Deutsche Gesetze; Nr. 112.**
[2] *§§ 34 bis 36 aufgeh.* durch Art. 14 G v. 13. 4. 2006 (BGBl. I S. 855).
[3] § 38 aufgeh. durch Art. 14 G v. 13. 4. 2006 (BGBl. I S. 855).
[4] Verkündet am 2. 8. 1961.
[5] Verkündet am 17. 4. 1961.

(2) Folgende Vorschriften werden, soweit sie noch gelten, aufgehoben:
1.–52. ...[1]

(3) [1]Das Gesetz Nr. 45 des Kontrollrats mit Ausnahme der Übergangsvorschrift in Artikel XII Abs. 2 verliert, soweit es noch wirksam ist, seine Wirksamkeit. [2]Die Fortgeltung von Vorschriften, die durch Artikel II des Gesetzes Nr. 45 wieder in Kraft gesetzt sind, bleibt unberührt.

(4) Soweit in anderen Rechtsvorschriften auf die nach Absatz 2 und 3 aufgehobenen oder unwirksam werdenden Rechtsvorschriften verwiesen ist, treten an ihre Stelle die entsprechenden Vorschriften dieses Gesetzes.

---

[1] Vom Abdruck wurde abgesehen.

42. Pachtkreditgesetz

Vom 5. August 1951 (BGBl. I S. 494)[1]

(BGBl. III 7813–1)

Änderungen des Gesetzes

Lfd. Nr.	Änderndes Gesetz	Datum	Fundstelle	Geänderte Paragraphen	Art der Änderg.
1.	Gesetz zur Neuordnung des landwirtschaftlichen Pachtrechts	8. 11. 1985	BGBl. I 2065	1, 2 Abs. 2, 4 Abs. 2 Satz 2, 5 Abs. 1, 9, 11 Abs. 1 Satz 2, 3 und 4, 12, 13 Abs. 1 Satz 1, 15 Abs. 1 und 3	geänd.
				17 bis 19	aufgeh.

§ 1.[2] **[Pfandrecht ohne Besitzübertragung]** Der Pächter eines landwirtschaftlichen Grundstücks kann an dem ihm gehörenden Inventar einem Kreditinstitut zur Sicherung eines ihm gewährten Darlehens ein Pfandrecht (§ 1204 Abs. 1 des Bürgerlichen Gesetzbuchs) ohne Besitzübertragung nach Maßgabe dieses Gesetzes bestellen.

§ 2.[2] **[Bestellung des Pfandrechts]** (1) [1]Zur Bestellung des Pfandrechts ist die Einigung des Pächters und des Gläubigers darüber, daß dem Gläubiger das Pfandrecht zustehen soll, und die Niederlegung des Verpfändungsvertrages bei dem Amtsgericht, in dessen Bezirk der Sitz des Betriebes liegt, erforderlich. [2]Der Verpfändungsvertrag bedarf der Schriftform. [3]Er muß außer der Einigung über die Bestellung des Pfandrechts den Geldbetrag der Forderung und, wenn die Forderung verzinslich ist, den Zinssatz, wenn andere Nebenleistungen zu entrichten sind, ihren Geldbetrag und die über die Fälligkeit der Forderung getroffenen Abreden ergeben.

(2) Das Kreditinstitut soll von der beabsichtigten Bestellung des Pfandrechts den Verpächter benachrichtigen.

§ 3. [Erstreckung des Pfandrechts] (1) [1]Das Pfandrecht erstreckt sich auf das gesamte, dem Pächter zur Zeit der Niederlegung des Verpfändungsvertrages gehörende Inventar. [2]Sollen einzelne Inventarstücke von der Verpfändung ausgenommen werden, so müssen sie im Verpfändungsvertrag einzeln und unter Angabe ihrer kennzeichnenden Merkmale bezeichnet werden.

(2) [1]Das Pfandrecht erstreckt sich weiter auf Inventarstücke, die der Pächter nach der Entstehung des Pfandrechts erwirbt, sobald er sie in das Inventar einverleibt. [2]Dies gilt nicht, wenn die Erstreckung des Pfandrechts durch eine

[1] Neubekanntmachung des Gesetzes betreffend die Ermöglichung der Kapitalkreditbeschaffung für landwirtschaftliche Pächter vom 9. 7. 1926 (RGBl. I S. 399, ber. S. 412) auf Grund des Art. II Gesetz vom 5. 8. 1951 (BGBl. I S. 492) unter der neuen Bezeichnung „Pachtkreditgesetz".
In Berlin übernommen durch Gesetz vom 28. 1. 1954 (GVBl. S. 42).

[2] § 1 neu gefaßt sowie § 2 Abs. 2 geändert **mit Wirkung vom 1. 7. 1986** durch Gesetz vom 8. 11. 1985 (BGBl. I S. 2065).

schriftliche Vereinbarung des Pächters und des Pfandgläubigers ausgeschlossen und die Vereinbarung bei dem in § 2 Abs. 1 bezeichneten Gericht niedergelegt worden ist. [3]In der Vereinbarung muß das Inventarstück unter Angabe seiner kennzeichnenden Merkmale bezeichnet werden.

§ 4.[1)] **[Schutz des guten Glaubens]** (1) Gehört ein Inventarstück nicht dem Pächter, so erwirbt der Gläubiger gleichwohl ein Pfandrecht, es sei denn, daß ihm im Zeitpunkt der Niederlegung des Verpfändungsvertrages bekannt ist oder infolge grober Fahrlässigkeit unbekannt ist, daß das Inventarstück dem Pächter nicht gehört.

(2) [1]Ist ein Inventarstück mit dem Recht eines Dritten belastet, so findet die Vorschrift des Absatzes 1 mit der Maßgabe Anwendung, daß das Pfandrecht dem Rechte des Dritten vorgeht. [2]Das Verhältnis des Pfandrechts des Kreditinstituts zu dem gesetzlichen Pfandrecht des Verpächters bestimmt sich ausschließlich nach § 11.

(3) Die Vorschrift des § 935 des Bürgerlichen Gesetzbuchs bleibt unberührt.

§ 5.[1)] **[Kein gutgläubiger Erwerb; Freiwerden von Inventarstücken]** (1) Erwirbt ein Dritter von dem Pächter ein mit dem Pfandrecht belastetes Inventarstück oder ein Recht an einem solchen Inventarstück, so kann er sich, solange der Verpfändungsvertrag bei dem Amtsgericht niedergelegt ist, dem Kreditinstitut gegenüber nicht darauf berufen, daß er in Ansehung des Pfandrechts in gutem Glauben war.

(2) Verfügt der Pächter über einzelne Inventarstücke, so wird das Inventarstück von der Haftung frei, wenn die Verfügung innerhalb der Grenzen einer ordnungsmäßigen Wirtschaft geschieht und das Inventarstück von dem Grundstück entfernt wird, bevor der Pfandgläubiger sein Pfandrecht gerichtlich geltend gemacht hat.

§ 6. [Haftung des Inventars für Kosten] Das Inventar haftet auch für die dem Gläubiger zu ersetzenden Kosten der Kündigung und der Rechtsverfolgung sowie für die Kosten der Verwertung des Pfandes.

§ 7. [Grundstücksbelastung; Zwangsvollstreckung] Rechte an dem Inventar, die durch eine Belastung des verpachteten Grundstücks oder im Wege der Zwangsvollstreckung erworben sind, bleiben auch dann unberührt, wenn der Gläubiger hinsichtlich solcher Rechte in gutem Glauben ist.

§ 8. [Schutz des Pfandrechts] Wird das Recht des Pfandgläubigers beeinträchtigt, so finden auf seine Ansprüche die für die Ansprüche aus dem Eigentum geltenden Vorschriften entsprechende Anwendung.

§ 9.[1)] **[Verwertung des Inventars]** Beabsichtigt der Verpächter oder das Kreditinstitut, das Inventar zu verwerten, so sollen sie sich unter dem Gesichtspunkt der Aufrechterhaltung des Betriebes über die Art des Vorgehens verständigen.

[1)] § 4 Abs. 2 Satz 2, § 5 Abs. 1 sowie § 9 geändert **mit Wirkung vom 1. 7. 1986** durch Gesetz vom 8. 11. 1985 (BGBl. I S. 2065).

§ 10. [Befriedigung durch Verkauf] (1) [1]Die Befriedigung des Pfandgläubigers aus dem Inventar erfolgt durch Verkauf. [2]Die Vorschriften des § 1228 Abs. 2 Satz 1 und der §§ 1229, 1230 des Bürgerlichen Gesetzbuchs finden entsprechende Anwendung.

(2) [1]Der Verkauf kann nach den Vorschriften über den Pfandverkauf (§§ 1234 bis 1240 des Bürgerlichen Gesetzbuchs) oder, wenn der Pfandgläubiger für sein Recht zum Verkauf einen vollstreckbaren Titel erlangt hat, nach den für den Verkauf einer gepfändeten Sache geltenden Vorschriften erfolgen. [2]Die Vorschriften der §§ 1241 bis 1249 des Bürgerlichen Gesetzbuchs finden entsprechende Anwendung.

(3) Soll der Verkauf im Wege des Pfandverkaufs geschehen, so kann der Pfandgläubiger nach dem Eintritt der Verkaufsberechtigung von dem Pächter die Herausgabe der zu verkaufenden Inventarstücke verlangen.

§ 11.[1)] **[Verwertung des Inventars]** (1) [1]Der Verpächter kann der Verwertung des Inventars nach Maßgabe des § 10 nicht widersprechen. [2]Zu einer Verwertung, die nicht im Wege öffentlicher Versteigerung geschieht, bedarf das Kreditinstitut der Einwilligung des Verpächters. [3]Das Kreditinstitut hat dem Verpächter auf sein Verlangen die Hälfte des Erlöses zur Befriedigung oder zur Sicherstellung für die ihm gegen den Pächter zustehenden Forderungen zu überlassen, die durch das gesetzliche Pfandrecht gesichert sind. [4]Übersteigt der hiernach dem Verpächter zu überlassende Betrag die Höhe seiner Ansprüche, so kann der Pächter oder ein Gläubiger des Pächters den Überschuß nur in Anspruch nehmen, wenn das Kreditinstitut keinen Anspruch darauf erhebt.

(2) Die Vorschriften des Absatzes 1 finden entsprechende Anwendung, wenn der Verpächter sein gesetzliches Pfandrecht geltend macht.

§ 12.[1)] **[Verwertung bei Zwangsvollstreckung]** Die Vorschriften des § 11 Abs. 1 Satz 2, 4, Abs. 2 finden auch Anwendung, wenn ein Dritter die Zwangsvollstreckung in Inventarstücke betreibt und das Kreditinstitut und der Verpächter gemäß § 805 der Zivilprozeßordnung ihren Anspruch auf vorzugsweise Befriedigung aus dem Erlös geltend machen.

§ 13.[1)] **[Abtretung der Forderung]** (1) [1]Die nach Maßgabe dieses Gesetzes gesicherte Forderung kann nur an ein Kreditinstitut abgetreten werden; die Abtretung soll dem in § 2 Abs. 1 bezeichneten Gericht angezeigt werden. [2]Mit der Übertragung der Forderung geht das Pfandrecht auf den neuen Gläubiger über. [3]Das Pfandrecht kann nicht ohne die Forderung übertragen werden.

(2) Wird bei der Übertragung der Forderung der Übergang des Pfandrechts *ausgeschlossen, so erlischt* das Pfandrecht.

§ 14. [Erlöschen und Aufhebung des Pfandrechts] (1) Das Pfandrecht erlischt mit der Forderung, für die es bestellt ist.

(2) Zur Aufhebung des Pfandrechts durch Rechtsgeschäft genügt die Erklärung des Pfandgläubigers gegenüber dem Pächter, daß er das Pfandrecht aufgebe.

[1)] § 11 Abs. 1 Sätze 2, 3 und 4 sowie § 12 geändert und § 13 Abs. 1 Satz 1 neu gefaßt **mit Wirkung vom 1. 7. 1986** durch Gesetz vom 8. 11. 1985 (BGBl. I S. 2065).

(3) [1] Erlischt das Pfandrecht, so ist der Gläubiger auf Verlangen des Pächters verpflichtet, eine öffentlich beglaubigte Erklärung darüber auszustellen, daß das Pfandrecht erloschen ist. [2] Die Kosten der Erklärung hat der Pächter zu tragen und auf Verlangen vorzuschießen.

§ 15.[1)] **[Niederlegung des Verpfändungsvertrages]** (1) Der Verpfändungsvertrag kann sowohl von dem Pächter wie von dem Kreditinstitut niedergelegt werden.

(2) [1] Das Amtsgericht hat den Zeitpunkt der Niederlegung des Verpfändungsvertrages nach Tag und Stunde auf dem Verpfändungsvertrag oder einem damit zu verbindenden Blatt an deutlich sichtbarer Stelle zu vermerken. [2] Über den Zeitpunkt der Niederlegung ist dem, der den Vertrag niedergelegt hat, eine Bescheinigung zu erteilen.

(3) Das Kreditinstitut hat alsbald nach der Niederlegung dem Verpächter eine Abschrift des Verpfändungsvertrages unter Angabe des Zeitpunktes der Niederlegung mitzuteilen.

(4) Nach dem Erlöschen des Pfandrechts ist der Verpfändungsvertrag dem Pächter auf Antrag herauszugeben; zum Nachweis des Erlöschens genügt die in § 14 Abs. 3 bezeichnete Erklärung.

§ 16. [Einsicht; Abschriften von Verpfändungsverträgen] (1) [1] Die Einsicht der bei dem Amtsgericht niedergelegten Verpfändungsverträge ist jedem gestattet, der ein berechtigtes Interesse darlegt. [2] Soweit die Einsicht gestattet ist, kann die Erteilung von Abschriften verlangt werden. [3] Die Abschriften sind auf Verlangen zu beglaubigen.

(2) Dem Pächter eines landwirtschaftlichen Grundstücks ist auf Antrag von dem Amtsgericht, in dessen Bezirk der Sitz seines Betriebes liegt, zu bescheinigen, daß bei dem Amtsgericht kein Verpfändungsvertrag niedergelegt worden ist.

§§ 17–19.[1)] *(aufgehoben)*

---

1) § 15 Abs. 1 und 3 geändert sowie §§ 17 bis 19 aufgehoben **mit Wirkung vom 1. 7. 1986** durch Gesetz vom 8. 11. 1985 (BGBl. I S. 2065).

43. Gesetz über die Eingetragene Lebenspartnerschaft (Lebenspartnerschaftsgesetz – LPartG)[1) 2)]

Vom 16. Februar 2001

(BGBl. I S. 266)

FNA 400-15

Lfd. Nr.	Änderndes Gesetz	Datum	Fundstelle	Betroffen	Hinweis
1.	Art. 11 GewaltschutzG-EinführungsG	11.12. 2001	BGBl. I S. 3513	§ 14	geänd. mWv 1.1.2002
2.	Art. 1 und 7 Abs. 2 G zur Überarbeitung des Lebenspartnerschaftsrechts	15.12. 2004	BGBl. I S. 3396	§§ 1, 5, 6, 7, 8, 9, 10, 12, 15, 16	geänd. mWv 1.1.2005
				§ 20, Abschnitt 5 (§ 21)	eingef. mWv 1.1.2005
3.	Art. 3 G zur Änd. des Ehe- und Lebenspartnerschaftsnamensrechts	6.2.2005	BGBl. I S. 203	§ 3	geänd. mWv 12.2.2005
4.	Art. 2 Abs. 18 PersonenstandsrechtsreformG	19.2.2007	BGBl. I S. 122	§§ 1, 3, 9	geänd. mWv 1.1.2009
				§ 22, Abschnitt 6 (§ 23)	eingef. mWv 1.1.2009
5.	Art. 2 G zur Änd. des Unterhaltsrechts	21.12. 2007	BGBl. I S. 3189	§§ 5, 12, 16	geänd. mWv 1.1.2008
6.	Art. 52 FGG-ReformG	17.12. 2008	BGBl. I S. 2586	§§ 10, 15, 18	geänd. mWv 1.9.2009
7.	Art. 12 G zur Strukturreform des Versorgungsausgleichs	3.4.2009	BGBl. I S. 700	§ 20	geänd. mWv 1.9.2009
8.	Art. 7 G zur Änd. des Zugewinnausgleichs- und Vormundschaftsrechts	6.7.2009	BGBl. I S. 1696	§§ 13, 17	geänd. mWv 1.9.2009
				§§ 18, 19	aufgeh. mWv 1.9.2009
9.	BVerfG, Urteil – 1 BvL 1/11, 1 BvR 3247/09 –	19.2.2013	BGBl. I S. 428	§ 9	
10.	Art. 8 Personenstandsrechts-ÄnderungsG	7.5.2013	BGBl. I S. 1122	§ 3	geänd. mWv 1.11.2013
11.	Art. 2 G zur Umsetzung der Entscheidung des Bundesverfassungsgerichts zur Sukzessivadoption durch Lebenspartner	20.6.2014	BGBl. I S. 786	§ 9	geänd. mWv 27.6.2014
12.	Art. 181 Zehnte ZuständigkeitsanpassungsVO	31.8.2015	BGBl. I S. 1474	§ 23	geänd. mWv 8.9.2015

[1)] Verkündet als Art. 1 G zur Beendigung der Diskriminierung gleichgeschlechtlicher Gemeinschaften: Lebenspartnerschaften v. 16.2.2001 (BGBl. I S. 266); Inkrafttreten gem. Art. 5 dieses G am 1.8.2001.

[2)] Zum LebenspartnerschaftsG haben die Länder ua folgende Vorschriften erlassen:
- **Berlin:** G zur Ausführung des LebenspartnerschaftsG v. 10.7.2001 (GVBl. S. 222), geänd. durch G v. 15.10.2001 (GVBl. S. 540)
- **Saarland:** Saarländisches AusführungsG zum LebenspartnerschaftsG (AGLPartG) v. 13.6.2001 (Amtsbl. S. 1222)

Lfd. Nr.	Änderndes Gesetz	Datum	Fundstelle	Betroffen	Hinweis
13.	Art. 19 G zur Bereinigung des Rechts der Lebenspartner	20.11. 2015	BGBl. I S. 2010	§§ 1,10 § 23	geänd. mWv 26.11.2015 neu gef. mWv 26.11.2015
14.	Art. 8 G zur Bekämpfung von Kinderehen	17.7.2017	BGBl. I S. 2429	§§ 9, 15	geänd. mWv 22.7.2017
15.	Art. 2 Abs. 1 G zur Einführung des Rechts auf Eheschließung für Personen gleichen Geschlechts	20.7.2017	BGBl. I S. 2787	Abschnitt 6 und 7 Abschnitt 5 (§ 20a)	geänd. mWv 1.10.2017 eingef. mWv 1.10.2017
16.	Art. 3 G zur Umsetzung des G zur Einführung des Rechts auf Eheschließung für Personen gleichen Geschlechts	18.12. 2018	BGBl. I S. 2639	§ 23 §§ 1, 20a, 21	geänd. mWv 22.12.2018 neu gef. mWv 22.12.2018
17.	Art. 7 Abs. 6 G zur Abschaffung des Güterrechtsregisters und zur Änd. des COVID-19-Insolvenzaussetzungs G	31.10. 2022	BGBl. I S. 1966	§ 7	geänd. mWv 1.1.2023
18.	Art. 5 Abs. 3 G zur Änd. des Ehenamens- und Geburtsnamensrechts und des Internationalen Namensrechts	11.6.2024	BGBl. 2024 I Nr. 185	§ 9 § 3	geänd. mWv 1.5.2025 aufgeh. mWv 1.5.2025

Abschnitt 1. Begründung der Lebenspartnerschaft

§ 1[1)] Lebenspartnerschaft. [1] Nach dem 30. September 2017 können Lebenspartnerschaften zwischen zwei Personen gleichen Geschlechts nicht mehr begründet werden. [2] Dieses Gesetz gilt für

1. vor dem 1. Oktober 2017 in der Bundesrepublik Deutschland begründete Lebenspartnerschaften und
2. im Ausland begründete Lebenspartnerschaften, soweit auf sie deutsches Recht anwendbar ist.

Abschnitt 2. Wirkungen der Lebenspartnerschaft

§ 2 Partnerschaftliche Lebensgemeinschaft. [1] Die Lebenspartner sind einander zu Fürsorge und Unterstützung sowie zur gemeinsamen Lebensgestaltung verpflichtet. [2] Sie tragen füreinander Verantwortung.

[§ 3 bis 30.4.2025:]

§ 3[2)] Lebenspartnerschaftsname. (1) [1] Die Lebenspartner können einen gemeinsamen Namen (Lebenspartnerschaftsnamen) bestimmen. [2] Zu ihrem Lebenspartnerschaftsnamen können die Lebenspartner durch Erklärung gegenüber dem Standesamt den Geburtsnamen oder den zur Zeit der Erklärung über die Bestimmung des Lebenspartnerschaftsnamens geführten Namen eines der Lebenspartner bestimmen. [3] Die Erklärung über die Bestimmung des Lebenspartnerschaftsnamens soll bei der Begründung der Lebenspartnerschaft erfolgen. [4] Wird die Erklärung später abgegeben, muss sie öffentlich beglaubigt werden.

(2) [1] Ein Lebenspartner, dessen Name nicht Lebenspartnerschaftsname wird, kann durch Erklärung gegenüber dem Standesamt dem Lebenspartnerschaftsnamen seinen Geburtsnamen oder den zur Zeit der Erklärung über die Bestimmung des Lebenspartnerschaftsnamens geführten Namen voranstellen oder anfügen. [2] Dies gilt nicht, wenn der Lebenspartnerschaftsname aus mehreren Namen besteht. [3] Besteht der Name eines Lebenspartners aus mehreren Namen, so kann nur einer dieser Namen hinzugefügt werden. [4] Die Erklärung kann gegenüber dem Standesamt widerrufen werden; in diesem Fall ist eine erneute Erklärung nach Satz 1 nicht zulässig. [5] Die Erklärung, wenn sie nicht bei der Begründung der Lebenspartnerschaft gegenüber einem deutschen Standesamt abgegeben wird, und der Widerruf müssen öffentlich beglaubigt werden.

(3) [1] Ein Lebenspartner behält den Lebenspartnerschaftsnamen auch nach der Beendigung der Lebenspartnerschaft. [2] Er kann durch Erklärung gegenüber dem Standesamt seinen Geburtsnamen oder den Namen wieder annehmen, den er bis zur Bestimmung des Lebenspartnerschaftsnamens geführt hat, oder dem Lebenspartnerschaftsnamen seinen Geburtsnamen oder den bis zur Bestimmung des Lebenspartnerschaftsnamens geführten Namen voranstellen oder anfügen. [3] Absatz 2 gilt entsprechend.

(4) Geburtsname ist der Name, der in die Geburtsurkunde eines Lebenspartners zum Zeitpunkt der Erklärung gegenüber dem Standesamt einzutragen ist.

---

1) § 1 neu gef. mWv 22.12.2018 durch G v. 18.12.2018 (BGBl. I S. 2639).

2) § 3 Abs. 5 angef. mWv 12.2.2005 und aufgeh. mWv 12.2.2010 durch G v. 6.2.2005 (BGBl. I S. 203); Abs. 1–4 neu gef. mWv 1.1.2009 durch G v. 19.2.2007 (BGBl. I S. 122); Abs. 2 Satz 5 neu gef. mWv 1.11.2013 durch G v. 7.5.2013 (BGBl. I S. 1122).

[§ 3 ab 1.5.2025:]
§ 3[1] *(aufgehoben)*

§ 4 Umfang der Sorgfaltspflicht. Die Lebenspartner haben bei der Erfüllung der sich aus dem lebenspartnerschaftlichen Verhältnis ergebenden Verpflichtungen einander nur für diejenige Sorgfalt einzustehen, welche sie in eigenen Angelegenheiten anzuwenden pflegen.

§ 5[2] **Verpflichtung zum Lebenspartnerschaftsunterhalt.** [1] Die Lebenspartner sind einander verpflichtet, durch ihre Arbeit und mit ihrem Vermögen die partnerschaftliche Lebensgemeinschaft angemessen zu unterhalten. [2] § 1360 Satz 2, die §§ 1360a, 1360b und 1609 des Bürgerlichen Gesetzbuchs[3] gelten entsprechend.

§ 6[4] **Güterstand.** [1] Die Lebenspartner leben im Güterstand der Zugewinngemeinschaft, wenn sie nicht durch Lebenspartnerschaftsvertrag (§ 7) etwas anderes vereinbaren. [2] § 1363 Abs. 2 und die §§ 1364 bis 1390 des Bürgerlichen Gesetzbuchs[3] gelten entsprechend.

§ 7[5] **Lebenspartnerschaftsvertrag.** [1] Die Lebenspartner können ihre güterrechtlichen Verhältnisse durch Vertrag (Lebenspartnerschaftsvertrag) regeln. [2] Die §§ 1409 bis 1519 des Bürgerlichen Gesetzbuchs[3] gelten entsprechend.

§ 8[4] **Sonstige vermögensrechtliche Wirkungen.** (1) [1] Zugunsten der Gläubiger eines der Lebenspartner wird vermutet, dass die im Besitz eines Lebenspartners oder beider Lebenspartner befindlichen beweglichen Sachen dem Schuldner gehören. [2] Im Übrigen gilt § 1362 Abs. 1 Satz 2 und 3 und Abs. 2 des Bürgerlichen Gesetzbuchs[3] entsprechend.

(2) § 1357 des Bürgerlichen Gesetzbuchs gilt entsprechend.

§ 9[6] **Regelungen in Bezug auf Kinder eines Lebenspartners.** (1) [1] Führt der allein sorgeberechtigte Elternteil eine Lebenspartnerschaft, hat sein Lebenspartner im Einvernehmen mit dem sorgeberechtigten Elternteil die Befugnis zur Mitentscheidung in Angelegenheiten des täglichen Lebens des Kindes. [2] § 1629 Abs. 2 Satz 1 des Bürgerlichen Gesetzbuchs[3] gilt entsprechend.

(2) Bei Gefahr im Verzug ist der Lebenspartner dazu berechtigt, alle Rechtshandlungen vorzunehmen, die zum Wohl des Kindes notwendig sind; der sorgeberechtigte Elternteil ist unverzüglich zu unterrichten.

(3) Das Familiengericht kann die Befugnisse nach Absatz 1 einschränken oder ausschließen, wenn dies zum Wohl des Kindes erforderlich ist.

(4) Die Befugnisse nach Absatz 1 bestehen nicht, wenn die Lebenspartner nicht nur vorübergehend getrennt leben.

---

[1] § 3 aufgeh. mWv 1.5.2025 durch G v. 11.6.2024 (BGBl. 2024 I Nr. 185).

[2] § 5 neu gef. mWv 1.1.2005 durch G v. 15.12.2004 (BGBl. I S. 3396); Satz 2 neu gef. mWv 1.1.2008 durch G v. 21.12.2007 (BGBl. I S. 3189).

[3] **Habersack, Deutsche Gesetze Nr. 20.**

[4] § 6 und § 8 Abs. 2 neu gef. mWv 1.1.2005 durch G v. 15.12.2004 (BGBl. I S. 3396).

[5] § 7 neu gef. mWv 1.1.2005 durch G v. 15.12.2004 (BGBl. I S. 3396); Satz 2 geänd. mWv 1.1.2023 *durch G v. 31.10.2022* (BGBl. I S. 1966).

[6] § 9 Überschrift neu gef., Abs. 5–7 angef. mWv 1.1.2005 durch G v. 15.12.2004 (BGBl. I S. 3396); Abs. 7 Satz 2 geänd. mWv 27.6.2014 durch G v. 20.6.2014 (BGBl. I S. 786); Abs. 6 Satz 2 neu gef. mWv 22.7.2017 durch G v. 17.7.2017 (BGBl. I S. 2429); Abs. 5 aufgeh., bish. Abs. 6 und 7 werden Abs. 5 und 6 mWv 1.5.2025 durch G v. 11.6.2024 (BGBl. 2024 I Nr. 185).

[Abs. 5 bis 30.4.2025:]

(5) [1] Der Elternteil, dem die elterliche Sorge für ein unverheiratetes Kind allein oder gemeinsam mit dem anderen Elternteil zusteht, und sein Lebenspartner können dem Kind, das sie in ihren gemeinsamen Haushalt aufgenommen haben, durch Erklärung gegenüber dem Standesamt ihren Lebenspartnerschaftsnamen erteilen. [2] § 1618 Satz 2 bis 6 des Bürgerlichen Gesetzbuchs gilt entsprechend.

(6) ***[ab 1.5.2025: (5)]*** [1] Nimmt ein Lebenspartner ein Kind allein an, ist hierfür die Einwilligung des anderen Lebenspartners erforderlich. [2] § 1749 Absatz 1 Satz 2 und 3 sowie Absatz 2 des Bürgerlichen Gesetzbuchs gilt entsprechend.

(7) ***[ab 1.5.2025: (6)]*** [1] Ein Lebenspartner kann ein Kind seines Lebenspartners allein annehmen. [2] Für diesen Fall gelten die §§ 1742, 1743 Satz 1, § 1751 Abs. 2 und 4 Satz 2, § 1754 Abs. 1 und 3, § 1755 Abs. 2, § 1756 Abs. 2, § 1757 Abs. 2 Satz 1 und § 1772 Abs. 1 Satz 1 Buchstabe c des Bürgerlichen Gesetzbuchs entsprechend.

§ 10[1)] Erbrecht. (1) [1] Der überlebende Lebenspartner des Erblassers ist neben Verwandten der ersten Ordnung zu einem Viertel, neben Verwandten der zweiten Ordnung oder neben Großeltern zur Hälfte der Erbschaft gesetzlicher Erbe. [2] Treffen mit Großeltern Abkömmlinge von Großeltern zusammen, so erhält der Lebenspartner auch von der anderen Hälfte den Anteil, der nach § 1926 des Bürgerlichen Gesetzbuchs[2)] den Abkömmlingen zufallen würde. [3] Zusätzlich stehen ihm die zum lebenspartnerschaftlichen Haushalt gehörenden Gegenstände, soweit sie nicht Zubehör eines Grundstücks sind, und die Geschenke zur Begründung der Lebenspartnerschaft als Voraus zu. [4] Ist der überlebende Lebenspartner neben Verwandten der ersten Ordnung gesetzlicher Erbe, so steht ihm der Voraus nur zu, soweit er ihn zur Führung eines angemessenen Haushalts benötigt. [5] Auf den Voraus sind die für Vermächtnisse geltenden Vorschriften anzuwenden. [6] Gehört der überlebende Lebenspartner zu den erbberechtigten Verwandten, so erbt er zugleich als Verwandter. [7] Der Erbteil, der ihm aufgrund der Verwandtschaft zufällt, gilt als besonderer Erbteil.

(2) [1] Sind weder Verwandte der ersten noch der zweiten Ordnung noch Großeltern vorhanden, erhält der überlebende Lebenspartner die ganze Erbschaft. [2] Bestand beim Erbfall Gütertrennung und sind als gesetzliche Erben neben dem überlebenden Lebenspartner ein oder zwei Kinder des Erblassers berufen, so erben der überlebende Lebenspartner und jedes Kind zu gleichen Teilen; § 1924 Abs. 3 des Bürgerlichen Gesetzbuchs gilt auch in diesem Fall.

(3) [1] Das Erbrecht des überlebenden Lebenspartners ist ausgeschlossen, wenn zur Zeit des Todes des Erblassers

1. die Voraussetzungen für die Aufhebung der Lebenspartnerschaft nach § 15 Abs. 2 Nr. 1 oder 2 gegeben waren und der Erblasser die Aufhebung beantragt oder ihr zugestimmt hatte oder
2. der Erblasser einen Antrag nach § 15 Abs. 2 Nr. 3 gestellt hatte und dieser Antrag begründet war.

[2] In diesen Fällen gilt § 16 entsprechend.

---

1) § 10 Abs. 1 Satz 2 eingef., bish. Sätze 2–4 werden Sätze 3–5, Sätze 6 und 7 angef., Abs. 2 Satz 2 angef., Abs. 5 geänd. mWv 1.1.2005 durch G v. 15.12.2004 (BGBl. I S. 3396); Abs. 4 Satz 2 geänd. mWv 1.9.2009 durch G v. 17.12.2008 (BGBl. I S. 2586); Abs. 7 geänd. mWv 26.11.2015 durch G v. 20.11.2015 (BGBl. I S. 2010).

2) **Habersack, Deutsche Gesetze Nr. 20.**

(4) [1]Lebenspartner können ein gemeinschaftliches Testament errichten. [2]Die §§ 2266 bis 2272 des Bürgerlichen Gesetzbuchs gelten entsprechend.

(5) Auf eine letztwillige Verfügung, durch die der Erblasser seinen Lebenspartner bedacht hat, ist § 2077 des Bürgerlichen Gesetzbuchs entsprechend anzuwenden.

(6) [1]Hat der Erblasser den überlebenden Lebenspartner durch Verfügung von Todes wegen von der Erbfolge ausgeschlossen, kann dieser von den Erben die Hälfte des Wertes des gesetzlichen Erbteils als Pflichtteil verlangen. [2]Die Vorschriften des Bürgerlichen Gesetzbuchs über den Pflichtteil gelten mit der Maßgabe entsprechend, dass der Lebenspartner wie ein Ehegatte zu behandeln ist.

(7) Die Vorschriften des Bürgerlichen Gesetzbuchs über das Inventar für eine zum Gesamtgut gehörende Erbschaft und über den Erbverzicht gelten entsprechend.

§ 11 Sonstige Wirkungen der Lebenspartnerschaft. (1) Ein Lebenspartner gilt als Familienangehöriger des anderen Lebenspartners, soweit nicht etwas anderes bestimmt ist.

(2) [1]Die Verwandten eines Lebenspartners gelten als mit dem anderen Lebenspartner verschwägert. [2]Die Linie und der Grad der Schwägerschaft bestimmen sich nach der Linie und dem Grad der sie vermittelnden Verwandtschaft. [3]Die Schwägerschaft dauert fort, auch wenn die Lebenspartnerschaft, die sie begründet hat, aufgelöst wurde.

Abschnitt 3. Getrenntleben der Lebenspartner

§ 12[1)] Unterhalt bei Getrenntleben. [1]Leben die Lebenspartner getrennt, so kann ein Lebenspartner von dem anderen den nach den Lebensverhältnissen und den Erwerbs- und Vermögensverhältnissen der Lebenspartner angemessenen Unterhalt verlangen. [2]Die §§ 1361 und 1609 des Bürgerlichen Gesetzbuchs[2)] gelten entsprechend.

§ 13[3)] Verteilung der Haushaltsgegenstände bei Getrenntleben. (1) [1]Leben die Lebenspartner getrennt, so kann jeder von ihnen die ihm gehörenden Haushaltsgegenstände von dem anderen Lebenspartner herausverlangen. [2]Er ist jedoch verpflichtet, sie dem anderen Lebenspartner zum Gebrauch zu überlassen, soweit dieser sie zur Führung eines abgesonderten Haushalts benötigt und die Überlassung nach den Umständen des Falles der Billigkeit entspricht.

(2) [1]Haushaltsgegenstände, die den Lebenspartnern gemeinsam gehören, werden zwischen ihnen nach den Grundsätzen der Billigkeit verteilt. [2]Das Gericht kann eine angemessene Vergütung für die Benutzung der Haushaltsgegenstände festsetzen.

[1)] § 12 neu gef. mWv 1.1.2005 durch G v. 15.12.2004 (BGBl. I S. 3396); Satz 2 neu gef. mWv 1.1.2008 durch G v. 21.12.2007 (BGBl. I S. 3189).
[2)] **Habersack, Deutsche Gesetze Nr. 20.**
[3)] § 13 Überschrift neu gef. mWv 1.9.2009 durch G v. 6.7.2009 (BGBl. I S. 1696).

(3) Die Eigentumsverhältnisse bleiben unberührt, sofern die Lebenspartner nichts anderes vereinbaren.

§ 14[1] **Wohnungszuweisung bei Getrenntleben.** (1) [1] Leben die Lebenspartner voneinander getrennt oder will einer von ihnen getrennt leben, so kann ein Lebenspartner verlangen, dass ihm der andere die gemeinsame Wohnung oder einen Teil zur alleinigen Benutzung überlässt, soweit dies auch unter Berücksichtigung der Belange des anderen Lebenspartners notwendig ist, um eine unbillige Härte zu vermeiden. [2] Eine unbillige Härte kann auch dann gegeben sein, wenn das Wohl von im Haushalt lebenden Kindern beeinträchtigt ist. [3] Steht einem Lebenspartner allein oder gemeinsam mit einem Dritten das Eigentum, das Erbbaurecht oder der Nießbrauch an dem Grundstück zu, auf dem sich die gemeinsame Wohnung befindet, so ist dies besonders zu berücksichtigen; Entsprechendes gilt für das Wohnungseigentum, das Dauerwohnrecht und das dingliche Wohnrecht.

(2) [1] Hat der Lebenspartner, gegen den sich der Antrag richtet, den anderen Lebenspartner widerrechtlich und vorsätzlich am Körper, der Gesundheit oder der Freiheit verletzt oder mit einer solchen Verletzung oder der Verletzung des Lebens widerrechtlich gedroht, ist in der Regel die gesamte Wohnung zur alleinigen Benutzung zu überlassen. [2] Der Anspruch auf Wohnungsüberlassung ist nur dann ausgeschlossen, wenn keine weiteren Verletzungen und widerrechtlichen Drohungen zu besorgen sind, es sei denn, dass dem verletzten Lebenspartner das weitere Zusammenleben mit dem anderen wegen der Schwere der Tat nicht zuzumuten ist.

(3) [1] Wurde einem Lebenspartner die gemeinsame Wohnung ganz oder zum Teil überlassen, so hat der andere alles zu unterlassen, was geeignet ist, die Ausübung dieses Nutzungsrechts zu erschweren oder zu vereiteln. [2] Er kann von dem nutzungsberechtigten Lebenspartner eine Vergütung für die Nutzung verlangen, soweit dies der Billigkeit entspricht.

(4) Ist ein Lebenspartner aus der gemeinsamen Wohnung ausgezogen, um getrennt zu leben und hat er binnen sechs Monaten nach seinem Auszug eine ernstliche Rückkehrabsicht dem anderen Lebenspartner gegenüber nicht bekundet, so wird unwiderleglich vermutet, dass er dem in der gemeinsamen Wohnung verbliebenen Lebenspartner das alleinige Nutzungsrecht überlassen hat.

Abschnitt 4. Aufhebung der Lebenspartnerschaft

§ 15[2] **Aufhebung der Lebenspartnerschaft.** (1) Die Lebenspartnerschaft wird auf Antrag eines oder beider Lebenspartner durch richterliche Entscheidung aufgehoben.

---

[1] § 14 neu gef. mWv 1.1.2002 durch G v. 11.12.2001 (BGBl. I S. 3513).

[2] § 15 neu gef. mWv 1.1.2005 durch G v. 15.12.2004 (BGBl. I S. 3396); Abs. 1 geänd. mWv 1.9.2009 durch G v. 17.12.2008 (BGBl. I S. 2586); Abs. 4 geänd. mWv 22.7.2017 durch G v. 17.7.2017 (BGBl. I S. 2429).

(2) [1] Das Gericht hebt die Lebenspartnerschaft auf, wenn

1. die Lebenspartner seit einem Jahr getrennt leben und
   a) beide Lebenspartner die Aufhebung beantragen oder der Antragsgegner der Aufhebung zustimmt oder
   b) nicht erwartet werden kann, dass eine partnerschaftliche Lebensgemeinschaft wieder hergestellt werden kann,
2. ein Lebenspartner die Aufhebung beantragt und die Lebenspartner seit drei Jahren getrennt leben,
3. die Fortsetzung der Lebenspartnerschaft für den Antragsteller aus Gründen, die in der Person des anderen Lebenspartners liegen, eine unzumutbare Härte wäre.

[2] Das Gericht hebt die Lebenspartnerschaft ferner auf, wenn bei einem Lebenspartner ein Willensmangel im Sinne des § 1314 Abs. 2 Nr. 1 bis 4 des Bürgerlichen Gesetzbuchs[1)] vorlag; § 1316 Abs. 1 Nr. 2 des Bürgerlichen Gesetzbuchs gilt entsprechend.

(3) Die Lebenspartnerschaft soll nach Absatz 2 Satz 1 nicht aufgehoben werden, obwohl die Lebenspartner seit mehr als drei Jahren getrennt leben, wenn und solange die Aufhebung der Lebenspartnerschaft für den Antragsgegner, der sie ablehnt, aufgrund außergewöhnlicher Umstände eine so schwere Härte darstellen würde, dass die Aufrechterhaltung der Lebenspartnerschaft auch unter Berücksichtigung der Belange des Antragstellers ausnahmsweise geboten erscheint.

(4) Die Aufhebung nach Absatz 2 Satz 2 ist bei einer Bestätigung der Lebenspartnerschaft ausgeschlossen; § 1315 Absatz 1 Satz 1 Nummer 3 und 4 und § 1317 des Bürgerlichen Gesetzbuchs gelten entsprechend.

(5) [1] Die Lebenspartner leben getrennt, wenn zwischen ihnen keine häusliche Gemeinschaft besteht und ein Lebenspartner sie erkennbar nicht herstellen will, weil er die lebenspartnerschaftliche Gemeinschaft ablehnt. [2] § 1567 Abs. 1 Satz 2 und Abs. 2 des Bürgerlichen Gesetzbuchs gilt entsprechend.

§ 16[2)] Nachpartnerschaftlicher Unterhalt. [1] Nach der Aufhebung der Lebenspartnerschaft obliegt es jedem Lebenspartner, selbst für seinen Unterhalt zu sorgen. [2] Ist er dazu außerstande, hat er gegen den anderen Lebenspartner einen Anspruch auf Unterhalt nur entsprechend den §§ 1570 bis 1586b und 1609 des Bürgerlichen Gesetzbuchs[1)].

§ 17[3)] Behandlung der gemeinsamen Wohnung und der Haushaltsgegenstände anlässlich der Aufhebung der Lebenspartnerschaft. Für die Behandlung der gemeinsamen Wohnung und der Haushaltsgegenstände anlässlich der Aufhebung der Lebenspartnerschaft gelten die §§ 1568a und 1568b des Bürgerlichen Gesetzbuchs[1)] entsprechend.

§§ 18, 19[4)] *(aufgehoben)*

[1)] **Schönfelder Nr. 20.**
[2)] *§ 16 neu gef. mWv 1.1.2008* durch G v. 21.12.2007 (BGBl. I S. 3189).
[3)] § 17 neu gef. mWv 1.9.2009 durch G v. 6.7.2009 (BGBl. I S. 1696).
[4)] §§ 18, 19 aufgeh. mWv 1.9.2009 durch G v. 6.7.2009 (BGBl. I S. 1696).

§ 20[1)] Versorgungsausgleich. (1) Wird eine Lebenspartnerschaft aufgehoben, findet in entsprechender Anwendung des Versorgungsausgleichsgesetzes[2)] ein Ausgleich von im In- oder Ausland bestehenden Anrechten (§ 2 Abs. 1 des Versorgungsausgleichsgesetzes) statt, soweit sie in der Lebenspartnerschaftszeit begründet oder aufrechterhalten worden sind.

(2) Als Lebenspartnerschaftszeit gilt die Zeit vom Beginn des Monats, in dem die Lebenspartnerschaft begründet worden ist, bis zum Ende des Monats, der dem Eintritt der Rechtshängigkeit des Antrages auf Aufhebung der Lebenspartnerschaft vorausgeht.

(3) Schließen die Lebenspartner in einem Lebenspartnerschaftsvertrag (§ 7) Vereinbarungen über den Versorgungsausgleich, so sind die §§ 6 bis 8 des Versorgungsausgleichsgesetzes entsprechend anzuwenden.

(4) Die Absätze 1 bis 3 sind nicht anzuwenden, wenn die Lebenspartnerschaft vor dem 1. Januar 2005 begründet worden ist und die Lebenspartner eine Erklärung nach § 21 Abs. 4 nicht abgegeben haben.

Abschnitt 5.[3)] Umwandlung einer Lebenspartnerschaft in eine Ehe

§ 20a[4)] Umwandlung einer Lebenspartnerschaft in eine Ehe. (1) [1] Eine Lebenspartnerschaft wird in eine Ehe umgewandelt, wenn beide Lebenspartner vor dem Standesbeamten persönlich und bei gleichzeitiger Anwesenheit erklären, miteinander eine Ehe führen zu wollen. [2] Für die Umwandlung gelten die Vorschriften über die Eheschließung und die Eheaufhebung entsprechend. [3] Die Lebenspartnerschaft wird nach der Umwandlung als Ehe fortgeführt.

(2) Bei der Umwandlung einer Lebenspartnerschaft in eine Ehe kann ein Ehename nicht mehr bestimmt werden, wenn die Lebenspartner zuvor bereits einen Lebenspartnerschaftsnamen nach § 3 bestimmt hatten.

(3) Ein Lebenspartnerschaftsvertrag gilt nach der Umwandlung der Lebenspartnerschaft in eine Ehe als Ehevertrag weiter.

(4) Die Umwandlung der Lebenspartnerschaft in eine Ehe hat keine Auswirkungen auf ein nach § 10 Absatz 4 errichtetes gemeinschaftliches Testament.

(5) Nach der Umwandlung der Lebenspartnerschaft in eine Ehe ist für Rechte und Pflichten der Ehegatten der Tag der Begründung der Lebenspartnerschaft maßgebend.

(6) Nach der Umwandlung der Lebenspartnerschaft in eine Ehe gilt für *den Versorgungsausgleich der erste* Tag des Monats, in dem die Lebenspartnerschaft begründet worden ist, als Beginn der Ehezeit.

---

1) § 20 angef. mWv 1.1.2005 durch G v. 15.12.2004 (BGBl. I S. 3396); Abs. 1 und 3 neu gef., Abs. 4 aufgeh., bish. Abs. 5 wird Abs. 4 und geänd. mWv 1.9.2009 durch G v. 3.4.2009 (BGBl. I S. 700).

2) **Schönfelder Nr. 48.**

3) Abschnitt 5 (§ 20a) eingef. mWv 1.10.2017 durch G v. 20.7.2017 (BGBl. I S. 2787).

4) § 20a neu gef. mWv 22.12.2018 durch G v. 18.12.2018 (BGBl. I S. 2639).

Abschnitt 6.[1] Übergangsvorschriften

§ 21[2] Anwendung eherechtlicher Regelungen auf Lebenspartnerschaften. Regelungen zu Ehegatten und Ehen, die nach dem 22. Dezember 2018 in Kraft treten, gelten entsprechend für Lebenspartner und Lebenspartnerschaften, wenn nichts anderes bestimmt ist.

§ 22[3] Abgabe von Vorgängen. [1] Die bis zum Inkrafttreten dieses Gesetzes nach Landesrecht für die Begründung der Lebenspartnerschaft zuständigen Stellen haben die bei ihnen entstandenen Vorgänge einer jeden Lebenspartnerschaft an das Standesamt abzugeben, das nach § 17 des Personenstandsgesetzes[4] für die Entgegennahme der Erklärungen der Lebenspartner zuständig gewesen wäre. [2] Sind danach mehrere Standesämter zuständig, so sind die Unterlagen an das Standesamt, in dessen Bezirk beide Lebenspartner ihren Wohnsitz oder ihren gewöhnlichen Aufenthalt haben, abzugeben; haben die Lebenspartner keinen gemeinsamen Wohnsitz oder gewöhnlichen Aufenthalt, so ist das Standesamt zuständig, in dessen Bezirk einer der Lebenspartner seinen Wohnsitz oder seinen gewöhnlichen Aufenthalt hat. [3] Verbleiben auch danach noch mehrere Zuständigkeiten, so ist die abgebende Behörde bei der Wahl unter den zuständigen Standesämtern frei. [4] Der Standesbeamte des danach zuständigen Standesamts hat die in § 17 in Verbindung mit den §§ 15, 16 des Personenstandsgesetzes bezeichneten Angaben unter Hinweis auf die Behörde, vor der die Lebenspartnerschaft begründet worden ist, in ein gesondertes Lebenspartnerschaftsregister einzutragen.

Abschnitt 7.[5] Länderöffnungsklausel

§ 23[6] Abweichende landesrechtliche Zuständigkeiten. [1] Die Länder können abweichend von den §§ 3 und 9 bestimmen, dass die jeweiligen Erklärungen nicht gegenüber dem Standesbeamten, sondern gegenüber einer anderen Urkundsperson oder einer anderen Behörde abzugeben sind; bereits bestehende landesrechtliche Regelungen bleiben unberührt. [2] Die zuständigen Behörden sind verpflichtet, dem zuständigen Standesamt die für die Eintragung in das Lebenspartnerschaftsregister erforderlichen Angaben mitzuteilen. [3] Sie sind überdies berechtigt, personenbezogene Daten von Amts wegen an öffentliche Stellen des Bundes, der Länder und der Kommunen zu übermitteln, wenn die Kenntnis dieser Daten zur Ergänzung und Berichtigung sowie zur Fortführung von Unterlagen dieser Stellen im Rahmen ihrer Aufgaben erforderlich ist.

---

[1] Abschnitt 5 (§§ 21, 22) angef. mWv 1.1.2005 durch G v. 15.12.2004 (BGBl. I S. 3396); bish. Abschnitt 5 wird Abschnitt 6 mWv 1.10.2017 durch G v. 20.7.2017 (BGBl. I S. 2787).

[2] § 21 neu gef. mWv 22.12.2018 durch G v. 18.12.2018 (BGBl. I S. 2639).

[3] § 22 angef. mWv 1.1.2009 durch G v. 19.2.2007 (BGBl. I S. 122).

[4] Nr. **113**.

[5] Früherer Abschnitt 6 (§ 23) angef. mWv 1.1.2009 durch G v. 19.2.2007 (BGBl. I S. 122); bish. Abschnitt 6 wird Abschnitt 7 mWv 1.10.2017 durch G v. 20.7.2017 (BGBl. I S. 2787).

[6] § 23 neu gef. mWv 26.11.2015 durch G v. 20.11.2015 (BGBl. I S. 2010); Satz 1 geänd., Satz 2 aufgeh., bish. Sätze 3 und 4 werden Sätze 2 und 3 mWv 22.12.2018 durch G v. 18.12.2018 (BGBl. I S. 2639).

45. Verschollenheitsgesetz[1) 2) 3)]

In der Fassung der Bekanntmachung vom 15. Januar 1951
(BGBl. I S. 63)

BGBl. III/FNA 401–6

Lfd. Nr.	Änderndes Gesetz	Datum	Fundstelle	Betroffen	Hinweis
1.	Art. XI § 4 Abs. 5 Nr. 8 KostenrechtsänderungsG	26.7.1957	BGBl. I S. 861	§ 52	aufgeh. mWv 1.10. 1957
2.	Art. 6 Nr. 3h G zur Entlastung der Landgerichte und zur Vereinfachung des gerichtlichen Protokolls	20.12.1974	BGBl. I S. 3651	§ 36	geänd. mWv 1.1. 1975
3.	Art. 3 Internationales Privatrechts-NeuregelungsG	25.7.1986	BGBl. I S. 1142	§ 12	geänd. mWv 1.9. 1986
4.	Art. 3 G zur Ausführung von Sorgerechtsübereinkommen und zur Änd. des G über die Angelegenheiten der freiwilligen Gerichtsbarkeit sowie anderer G	5.4.1990	BGBl. I S. 701	§ 16	geänd. mWv 13.4. 1990

1) Neubekanntmachung des G über die Verschollenheit, die Todeserklärung und die Feststellung der Todeszeit v. 4.7.1939 (RGBl. I S. 1186) unter der neuen Bezeichnung „Verschollenheitsgesetz" in der ab 30.1.1951 geltenden Fassung.

2) Für das Gebiet der ehem. DDR sind Vorschriften dieses Gesetzes aufgrund des EVertr. v. 31.8. 1990 (BGBl. II S. 889, 953) auf Verfahren, die vor dem Wirksamwerden des Beitritts im Gebiet der ehem. DDR bereits eingeleitet sind, nicht anzuwenden. Solche Verfahren sind auf der Grundlage des bislang auf dem Gebiet der ehem. DDR geltenden Rechts abzuschließen.

3) Für Verschollenheitsfälle aus Anlass des Krieges 1939 bis 1945 beachte jedoch Art. 2–4 G zur Änd. von Vorschriften des Verschollenheitsrechts v. 15.1.1951 (BGBl. I S. 59), zuletzt geänd. durch G v. 4.12.2018 (BGBl. I S. 2257):

„Art. 2. Sondervorschriften für Verschollenheitsfälle aus Anlaß des Krieges 1939 bis 1945

§ 1 [Voraussetzungen einer Todeserklärung] (1) Wer vor dem 1. Juli 1948 im Zusammenhang mit Ereignissen oder Zuständen des letzten Krieges vermißt worden und seitdem unter Umständen, die ernstliche Zweifel an seinem Fortleben begründen, verschollen ist, kann für tot erklärt werden.

(2) [1] Wer in dem letzten Zeitpunkt, in dem er nach den vorhandenen Nachrichten noch gelebt hat, infolge Gefangennahme oder infolge einer gegen ihn gerichteten Zwangsmaßnahme seinen Aufenthalt nicht frei bestimmen konnte und seit diesem Zeitpunkt unter Umständen, die ernstliche Zweifel an seinem Fortleben begründen, verschollen ist, kann jedoch erst für tot erklärt werden, wenn nach dem Ende des Jahres, in dem er noch gelebt hat, fünf Jahre verstrichen sind. [2] War der Verschollene in dem bezeichneten Zeitpunkt in Lebensgefahr, so tritt an die Stelle der Frist von fünf Jahren eine solche von einem Jahr.

(3) §§ 4 bis 8 des Verschollenheitsgesetzes sind nicht anzuwenden.

(4) [1] Die Absätze 1 bis 3 gelten auch für einen Verschollenen, der in dem letzten Zeitpunkt, in *dem er nach den vorhandenen Nachrichten* noch gelebt hat, Angehöriger eines fremden Staates oder staatenlos war,

a) wenn er in diesem Zeitpunkt seinen Wohnsitz oder seinen Aufenthalt im Geltungsbereich dieses Gesetzes hatte oder als Angehöriger der ehemaligen deutschen Wehrmacht am letzten Kriege teilgenommen hat, oder
b) wenn der Ehegatte, ein Abkömmling oder ein anderer nach § 16 des Verschollenheitsgesetzes antragsberechtigter Verwandter des Verschollenen seinen Wohnsitz oder seinen gewöhnlichen Aufenthalt im Geltungsbereich dieses Gesetzes hat und die Todeserklärung beantragt.

[2] § 12 Abs. 2 und 3 des Verschollenheitsgesetzes bleiben unberührt.

(Fortsetzung der Anm. auf nächster Seite)

Lfd. Nr.	Änderndes Gesetz	Datum	Fundstelle	Betroffen	Hinweis
5.	Art. 1 VerschollenheitsG-ÄndG	18.3.1994	BGBl. I S. 559	§§ 20, 21, 24, 27, 29, 35, 43	geänd. mWv 26.3. 1994
6.	Art. 14 § 11 Kindschaftsrechtsreform G	16.12.1997	BGBl. I S. 2942	§ 16	geänd. mWv 1.7. 1998
7.	Art. 7 Abs. 15 G über Fernabsatzverträge und andere Fragen des Verbraucherrechts sowie zur Umstellung von Vorschriften auf Euro	27.6.2000	BGBl. I S. 897	§ 36	geänd. mWv 1.1. 2002
8.	Art. 2 Abs. 19 PersonenstandsrechtsreformG	19.2.2007	BGBl. I S. 122	§§ 9, 22a, 39	geänd. mWv 1.1. 2009
9.	Art. 55 FGG-ReformG	17.12.2008	BGBl. I S. 2586	§§ 16, 27, 28, 29, 35	geänd. mWv 1.9. 2009
10.	Art. 182 Zehnte ZuständigkeitsanpassungsVO	31.8.2015	BGBl. I S. 1474	§ 15d	geänd. mWv 8.9. 2015

Nichtamtliche Gliederungsübersicht

(Fortsetzung der Anm. von vorheriger Seite)

§ 2 [Todeszeitpunkt] (1) [1] In den Fällen des § 1 sind Ermittlungen über den Zeitpunkt des Todes nur auf Antrag anzustellen. [2] Den Antrag kann jede Person stellen, die das Aufgebotsverfahren beantragen kann. [3] Das Gericht soll den Antragsteller des Aufgebotsverfahrens sowie einen Antragsberechtigten, der neben dem Antragsteller oder an dessen Stelle in das Verfahren eintritt, befragen, ob er diesen Antrag stellen will.

(2) Wird der Antrag gestellt, so ist als Zeitpunkt des Todes der Zeitpunkt festzustellen, der nach dem Ergebnis der Ermittlungen der wahrscheinlichste ist.

(3) [1] Läßt sich ein solcher Zeitpunkt nicht angeben oder wird der Antrag nach Absatz 1 nicht gestellt, so ist als Zeitpunkt des Todes das Ende des Jahres 1945 festzustellen. [2] Hat der Verschollene diesen Zeitpunkt überlebt, so ist als Zeitpunkt des Todes das Ende des dritten Jahres, in den Fällen des § 1 Abs. 2 Satz 2 des ersten Jahres nach dem letzten Jahre festzustellen, in dem er nach den vorhandenen Nachrichten noch gelebt hat.

§ 3 [Feststellung einer anderen Todeszeit] (1) Ist in den Fällen des § 1 als Zeitpunkt des Todes des Verschollenen das Ende des Jahres 1945 rechtskräftig festgestellt worden, ohne daß Ermittlungen über die Todeszeit angestellt worden waren, so kann jeder, der ein rechtliches Interesse an der Feststellung einer anderen Todeszeit hat, beantragen, diese Ermittlungen nunmehr anzustellen und die Feststellung zu ändern.

(2) [1] Läßt sich nach dem Ergebnis der Ermittlungen als Zeitpunkt des Todes ein Zeitpunkt angeben, der der wahrscheinlichste ist, so ist der Beschluß, durch den der Verschollene für tot erklärt worden ist, entsprechend zu ändern. [2] Läßt sich ein solcher Zeitpunkt nicht angeben, so ist die Änderung abzulehnen. [3] Im übrigen ist § 33a Abs. 2 Satz 3, Abs. 3 des Verschollenheitsgesetzes entsprechend anzuwenden.

(3) Ist vor dem Inkrafttreten dieses Gesetzes auf Grund des bisherigen § 7a Abs. 3 des Verschollenheitsgesetzes in der Fassung der für die britische Zone erlassenen Verordnung vom 16. Dezember 1946 (Verordnungsblatt für die Britische Zone 1947 S. 10) als Zeitpunkt des Todes eines Verschollenen der 8. Mai 1945 festgestellt worden, so gelten die Absätze 1 und 2 entsprechend.

(Fortsetzung der Anm. auf nächster Seite)

Abschnitt I. Voraussetzungen der Todeserklärung. Lebens- und Todesvermutungen

§ 1 [Begriff der Verschollenheit] (1) Verschollen ist, wessen Aufenthalt während längerer Zeit unbekannt ist, ohne daß Nachrichten darüber vorliegen, ob er in dieser Zeit noch gelebt hat oder gestorben ist, sofern nach den Umständen hierdurch ernstliche Zweifel an seinem Fortleben begründet werden.

(2) Verschollen ist nicht, wessen Tod nach den Umständen nicht zweifelhaft ist.

§ 2 [Todeserklärung] Ein Verschollener kann unter den Voraussetzungen der §§ 3 bis 7 im Aufgebotsverfahren für tot erklärt werden.

(Fortsetzung der Anm. von vorheriger Seite)

§ 4 [Anzuwendende Vorschriften] Die §§ 2, 3 sind im Verfahren bei Feststellung der Todeszeit entsprechend anzuwenden.

§ 5 [Öffentliche Bekanntmachung] (1) [1] Die öffentlichen Bekanntmachungen sind in den Fällen der §§ 1 bis 4 statt durch eine Tageszeitung durch ein von dem Bundesministerium der Justiz und für Verbraucherschutz zu diesem besonderen Zweck herausgegebenes Veröffentlichungsblatt (Verschollenheitsliste) zu veröffentlichen. [2] Das Gericht kann anordnen, daß die Bekanntmachung auch in einer Tageszeitung oder in anderer Weise veröffentlicht werde. [3] Das Gericht übermittelt dem Bundesarchiv die Entscheidung, durch die das Verfahren rechtskräftig abgeschlossen ist.

(2) Die Aufgebotsfrist des § 21 und die Frist des § 43 des Verschollenheitsgesetzes beginnt mit dem Ablauf des Tages der Ausgabe derjenigen Verschollenheitsliste, welche die Bekanntmachung enthält.

(3) Die Zustellung des Beschlusses, durch den der Verschollene für tot erklärt oder durch den der Tod und die Todeszeit einer Person festgestellt wird, gilt als am Ende des Tages der Ausgabe derjenigen Verschollenheitsliste bewirkt, welche die Bekanntmachung des Beschlusses enthält.

§ 6 [Gerichtskosten] In den Fällen der §§ 1, 2 und den entsprechenden Fällen des § 4 werden für das Verfahren vor dem Amtsgericht Gerichtskosten nicht erhoben.

§ 7 [Örtliche Zuständigkeit] Lebte der Verschollene außerhalb des Geltungsbereichs dieses Gesetzes an seinem letzten inländischen Wohnsitz mit Familienangehörigen in Hausgemeinschaft und haben diese Angehörigen zur Zeit der Antragstellung ihren Wohnsitz oder in Ermangelung eines Wohnsitzes ihren gewöhnlichen Aufenthalt im Geltungsbereich dieses Gesetzes, so ist § 15 Abs. 1 des Verschollenheitsgesetzes nicht anzuwenden.

§ 8 [Anwendung des Verschollenheitsgesetzes] In den Fällen des § 1 sind die Vorschriften des Verschollenheitsgesetzes anzuwenden, soweit in diesem Artikel nicht besondere Bestimmungen getroffen sind.

Art. 3. Ergänzungen zu den Vorschriften des Eherechts über die Wiederverheiratung im Falle der Todeserklärung

§ 1 [Wirkung der Todeserklärung] Geht ein Ehegatte, nachdem der Tod des anderen Ehegatten nach den Vorschriften des Verschollenheitsgesetzes gerichtlich festgestellt worden ist, eine neue Ehe ein, lebt aber der für tot gehaltene Ehegatte noch, so gelten die Bestimmungen über die Wiederverheiratung im Falle der Todeserklärung entsprechend.

§ 2 *(aufgehoben)*

(Fortsetzung der Anm. auf nächster Seite)

§ 3 [Allgemeine Verschollenheit] (1) Die Todeserklärung ist zulässig, wenn seit dem Ende des Jahres, in dem der Verschollene nach den vorhandenen Nachrichten noch gelebt hat, zehn Jahre oder, wenn der Verschollene zur Zeit der Todeserklärung das achtzigste Lebensjahr vollendet hätte, fünf Jahre verstrichen sind.

(2) Vor dem Ende des Jahres, in dem der Verschollene das fünfundzwanzigste Lebensjahr vollendet hätte, darf er nach Absatz 1 nicht für tot erklärt werden.

§ 4[1)] [Kriegsverschollenheit] (1) Wer als Angehöriger einer bewaffneten Macht an einem Kriege oder einem kriegsähnlichen Unternehmen teilgenommen hat, während dieser Zeit im Gefahrgebiet vermißt worden und seitdem verschollen ist, kann für tot erklärt werden, wenn seit dem Ende des Jahres, in dem der Friede geschlossen oder der Krieg oder das kriegsähnliche Unternehmen ohne Friedensschluß tatsächlich beendigt ist, ein Jahr verstrichen ist.

(2) Ist der Verschollene unter Umständen vermißt, die eine hohe Wahrscheinlichkeit seines Todes begründen, so wird die im Absatz 1 bestimmte Jahresfrist von dem Zeitpunkt ab berechnet, in dem er vermißt worden ist.

(3) Den Angehörigen einer bewaffneten Macht steht gleich, wer sich bei ihr aufgehalten hat.

§ 5[2)] [Seeverschollenheit] (1) Wer bei einer Fahrt auf See, insbesondere infolge Untergangs des Schiffes, verschollen ist, kann für tot erklärt werden,

---

(Fortsetzung der Anm. von vorheriger Seite)

Art. 4. Übergangs- und Schlußbestimmungen

§§ 1, 2 *(gegenstandslos)*

§ 3 [Ansprüche aus Lebensversicherungsverträgen] Wird ein Anspruch aus einem Lebensversicherungsvertrag erhoben, nachdem die Person, auf welche die Lebensversicherung genommen worden war, außerhalb des Geltungsbereichs dieses Gesetzes für tot erklärt worden ist, so kann der Versicherer die Leistung insoweit verweigern, als der Anspruch den Betrag übersteigt, der sich ergeben würde, wenn der Zeitpunkt des Todes des Verschollenen nach den Vorschriften dieses Gesetzes festgestellt worden wäre.

§ 4 [Geltungsbereich des Gesetzes] Soweit eine Vorschrift dieses Gesetzes auf seinen Geltungsbereich Bezug nimmt, gilt jedes Gebiet, in dem eine solche Vorschrift eingeführt wird, als Geltungsbereich dieses Gesetzes.

§ 5 [Ermächtigungsnorm] (1) *(vollzogene Ermächtigung zur Neubekanntmachung des VerschG)*

(2) Das Bundesministerium der Justiz und für Verbraucherschutz wird ermächtigt, Verwaltungsvorschriften über die Verschollenheitsliste ***[Red. Anm.:** Bek. der Allgemeinen Verfügung über die Verschollenheitsliste v. 6.6.1978 (BAnz. Nr. 121).**]*** zu erlassen.

§ 6 *(nicht wiedergegebene Aufhebungsvorschrift)*".

1) § 4 VerschG ist auf Verschollenheitsfälle aus Anlass des Krieges 1939 bis 1945 nicht anzuwenden; *vgl. Art. 2 § 1 Abs. 3 G zur Änderung* von Vorschriften des Verschollenheitsrechts v. 15.1.1951.

2) § 5 VerschG ist auf Verschollenheitsfälle aus Anlass des Krieges 1939 bis 1945 nicht anzuwenden; vgl. Art. 2 § 1 Abs. 3 G zur Änderung von Vorschriften des Verschollenheitsrechts v. 15.1.1951.

wenn seit dem Untergang des Schiffes oder dem sonstigen die Verschollenheit begründenden Ereignis sechs Monate verstrichen sind.

(2) Ist der Untergang des Schiffes, der die Verschollenheit begründet haben soll, nicht feststellbar, so beginnt die Frist von sechs Monaten (Absatz 1) erst ein Jahr nach dem letzten Zeitpunkt, zu dem das Schiff nach den vorhandenen Nachrichten noch nicht untergegangen war; das Gericht kann diesen Zeitraum von einem Jahr bis auf drei Monate verkürzen, wenn nach anerkannter seemännischer Erfahrung wegen der Beschaffenheit und Ausrüstung des Schiffes, im Hinblick auf die Gewässer, durch welche die Fahrt führen sollte, oder aus sonstigen Gründen anzunehmen ist, daß das Schiff schon früher untergegangen ist.

§ 6[1] [Luftverschollenheit] Wer bei einem Fluge, insbesondere infolge Zerstörung des Luftfahrzeugs, verschollen ist, kann für tot erklärt werden, wenn seit der Zerstörung des Luftfahrzeugs oder dem sonstigen die Verschollenheit begründenden Ereignis oder, wenn diese Ereignisse nicht feststellbar sind, seit dem letzten Zeitpunkt, zu dem der Verschollene nach den vorhandenen Nachrichten noch gelebt hat, drei Monate verstrichen sind.

§ 7[2] [Gefahrverschollenheit] Wer unter anderen als den in den §§ 4 bis 6 bezeichneten Umständen in eine Lebensgefahr gekommen und seitdem verschollen ist, kann für tot erklärt werden, wenn seit dem Zeitpunkt, in dem die Lebensgefahr beendigt ist oder ihr Ende nach den Umständen erwartet werden konnte, ein Jahr verstrichen ist.

§ 8[3] [Zusammentreffen von Kriegs- mit See- oder Luftverschollenheit] Liegen bei einem Verschollenen die Voraussetzungen sowohl des § 4 als auch der §§ 5 oder 6 vor, so ist nur der § 4 anzuwenden.

§ 9[4][5] [Wirkung der Todeserklärung; Todesvermutung] (1) [1] Die Todeserklärung begründet die Vermutung, daß der Verschollene in dem im Beschluß festgestellten Zeitpunkt gestorben ist. [2] Dies gilt auch, wenn vor der Todeserklärung ein anderer Zeitpunkt im Sterberegister eingetragen ist.

(2) Als Zeitpunkt des Todes ist der Zeitpunkt festzustellen, der nach dem Ergebnis der Ermittlungen der wahrscheinlichste ist.

(3) Läßt sich ein solcher Zeitpunkt nicht angeben, so ist als Zeitpunkt des Todes festzustellen:

---

[1] § 6 VerschG ist auf Verschollenheitsfälle aus Anlass des Krieges 1939 bis 1945 nicht anzuwenden; vgl. Art. 2 § 1 Abs. 3 G zur Änderung von Vorschriften des Verschollenheitsrechts v. 15. 1. 1951.

[2] § 7 VerschG ist auf Verschollenheitsfälle aus Anlass des Krieges 1939 bis 1945 nicht anzuwenden; vgl. Art. 2 § 1 Abs. 3 G zur Änderung von Vorschriften des Verschollenheitsrechts v. 15. 1. 1951.

[3] § 8 VerschG ist auf Verschollenheitsfälle aus Anlass des Krieges 1939 bis 1945 nicht anzuwenden; vgl. Art. 2 § 1 Abs. 3 G zur Änderung von Vorschriften des Verschollenheitsrechts v. 15. 1. 1951.

[4] § 9 Abs. 1 Satz 2 geänd. mWv 1. 1. 2009 durch G v. 19. 2. 2007 (BGBl. I S. 122).

[5] Für das Gebiet der ehem. DDR bestimmt sich die Wirkung einer vor dem Wirksamwerden des Beitritts erfolgten Todeserklärung aufgrund EVertr. v. 31. 8. 1990 (BGBl. II S. 889, 954) nach dem bislang in der ehem. DDR geltenden Recht.

a) in den Fällen des § 3 das Ende des fünften Jahres oder, wenn der Verschollene das achtzigste Lebensjahr vollendet hätte, des dritten Jahres nach dem letzten Jahre, in dem der Verschollene den vorhandenen Nachrichten zufolge noch gelebt hat;

b) in den Fällen des § 4 der Zeitpunkt, in dem der Verschollene vermißt worden ist;

c) in den Fällen der §§ 5 und 6 der Zeitpunkt, in dem das Schiff untergegangen, das Luftfahrzeug zerstört oder das sonstige die Verschollenheit begründende Ereignis eingetreten oder – falls dies nicht feststellbar ist – der Verschollene zuerst vermißt worden ist;

d) in den Fällen des § 7 der Beginn der Lebensgefahr.

(4) Ist die Todeszeit nur dem Tage nach festgestellt, so gilt das Ende des Tages als Zeitpunkt des Todes.

§ 10 [Lebensvermutung] Solange ein Verschollener nicht für tot erklärt ist, wird vermutet, daß er bis zu dem im § 9 Abs. 3, 4 genannten Zeitpunkt weiter lebt oder gelebt hat.

§ 11 [Vermutung gleichzeitigen Todes] Kann nicht bewiesen werden, daß von mehreren gestorbenen oder für tot erklärten Menschen der eine den anderen überlebt hat, so wird vermutet, daß sie gleichzeitig gestorben sind.

Abschnitt II. Zwischenstaatliches Recht

§ 12[1] [Zwischenstaatliches Recht] (1) Für Todeserklärungen und Verfahren bei Feststellung der Todeszeit sind die deutschen Gerichte zuständig, wenn der Verschollene oder der Verstorbene in dem letzten Zeitpunkt, in dem er nach den vorhandenen Nachrichten noch gelebt hat,

1. Deutscher war oder
2. seinen gewöhnlichen Aufenthalt im Inland hatte.

(2) Die deutschen Gerichte sind auch dann zuständig, wenn ein berechtigtes Interesse an einer Todeserklärung oder Feststellung der Todeszeit durch sie besteht.

(3) Die Zuständigkeit nach den Absätzen 1 und 2 ist nicht ausschließlich.

Abschnitt III. Verfahren bei Todeserklärungen

§ 13 [Aufgebotsverfahren] (1) Das Aufgebotsverfahren nach § 2 ist eine Angelegenheit der freiwilligen Gerichtsbarkeit.[2]

(2) Es gelten dafür die besonderen Vorschriften der §§ 14 bis 38.

---

[1] *§ 12 neu gef. durch G v. 25. 7. 1986 (BGBl. I S. 1142).*

[2] §§ 2 bis 34 FGG v. 20. 5. 1898 (RGBl. S. 771), zuletzt geänd. durch G v. *12. 3. 2009 (BGBl. I* S. 470).

§ 14 [Sachliche Zuständigkeit] Für das Aufgebotsverfahren sind die Amtsgerichte sachlich zuständig.

§ 15 [Örtliche Zuständigkeit] (1) Örtlich zuständig ist das Gericht, in dessen Bezirk der Verschollene seinen letzten inländischen Wohnsitz oder in Ermangelung eines inländischen Wohnsitzes seinen letzten gewöhnlichen Aufenthalt im Inlande gehabt hat.

(2) [1] Ist die Verschollenheit durch den Untergang eines in einem deutschen Schiffsregister eingetragenen Schiffes begründet, so ist an Stelle des in Absatz 1 genannten Gerichts das Gericht des Heimathafens oder Heimatortes zuständig. [2] Dieses Gericht kann jedoch die Sache aus wichtigem Grund an ein anderes Gericht abgeben.

§ 15 a [Zuständigkeit außer in den Fällen des § 15] (1) Ist ein Gerichtsstand nach § 15 nicht begründet oder wird am Sitze des nach § 15 zuständigen Gerichts eine deutsche Gerichtsbarkeit nicht mehr ausgeübt, so ist das Gericht zuständig, in dessen Bezirk der erste Antragsteller seinen Wohnsitz oder in Ermangelung eines Wohnsitzes im Geltungsbereich dieses Gesetzes seinen gewöhnlichen Aufenthalt hat.

(2) Ein Gericht soll auf Grund des Absatz 1 nur tätig werden, wenn es dem Amtsgericht Berlin-Schöneberg seine Absicht angezeigt hat, ein Verfahren nach diesem Gesetz durchzuführen, und das Amtsgericht Berlin-Schöneberg bestätigt hat, daß eine frühere Anzeige gleichen Inhalts von einem anderen Gericht bei ihm nicht eingegangen ist.

§ 15 b [Zuständigkeit des AG Berlin-Schöneberg] [1] Ist ein Gerichtsstand nach §§ 15, 15 a nicht begründet, so ist das Amtsgericht Berlin-Schöneberg zuständig. [2] Dieses Gericht kann die Sache aus wichtigem Grund an ein anderes Gericht abgeben.

§ 15 c [Bindende Wirkung der Abgabeverfügung] Gibt ein Gericht auf Grund der Vorschriften dieses Gesetzes oder ein außerhalb des Geltungsbereichs dieses Gesetzes bestehendes Gericht auf Grund der dort geltenden Vorschriften eine Sache an ein anderes Gericht ab, so ist die Abgabeverfügung für das andere Gericht bindend.

§ 15 d[1)] [Bestimmung des zuständigen Gerichts] [1] Ist anzunehmen, daß mehrere Personen infolge desselben Ereignisses verschollen sind, so kann der Bundesminister der Justiz und für Verbraucherschutz das für alle Todeserklärungen zuständige Gericht bestimmen. [2] Ist der Antrag bei einem hiernach nicht zuständigen Gericht gestellt, so ist er an das zuständige Gericht abzugeben.

§ 16[2)] [Antrag] (1) Das Aufgebotsverfahren wird nur auf Antrag eingeleitet.

---

1) § 15 d Satz 1 geänd. mWv 8. 9. 2015 durch VO v. 31. 8. 2015 (BGBl. I S. 1474).

2) § 16 Abs. 4 aufgeh. durch G v. 5. 4. 1990 (BGBl. I S. 701); Abs. 2 Buchst. c geänd. durch G v. 16. 12. 1997 (BGBl. I S. 2942); Abs. 2 Buchst. c geänd., Abs. 3 neu gef. mWv 1. 9. 2009 durch G v. 17. 12. 2008 (BGBl. I S. 2586).

(2) Den Antrag können stellen:

a) der Staatsanwalt;

b) der gesetzliche Vertreter des Verschollenen;

c) der Ehegatte,[1] der Lebenspartner,,[2] die Abkömmlinge und die Eltern des Verschollenen sowie jeder andere, der ein rechtliches Interesse an der Todeserklärung hat.

(3) Der Inhaber der elterlichen Sorge, Vormund oder Pfleger kann den Antrag nur mit Genehmigung des Familiengerichts, der Betreuer nur mit Genehmigung des Betreuungsgerichts stellen.

§ 17 [Eintritt in das Verfahren] [1] Jeder Antragsberechtigte kann neben dem Antragsteller oder an dessen Stelle in das Verfahren eintreten. [2] Durch den Eintritt erlangt er die rechtliche Stellung eines Antragstellers. [3] Der Eintritt ist auch zur Einlegung eines Rechtsmittels zulässig.

§ 18 [Glaubhaftmachung] Vor der Einleitung des Verfahrens hat der Antragsteller die zur Begründung des Antrags erforderlichen Tatsachen glaubhaft zu machen.

§ 19 [Aufgebot] (1) Ist der Antrag zulässig, so hat das Gericht das Aufgebot zu erlassen.

(2) In das Aufgebot ist insbesondere aufzunehmen:

a) die Bezeichnung des Antragstellers;

b) die Aufforderung an den Verschollenen, sich bis zu einem bestimmten Zeitpunkt zu melden, widrigenfalls er für tot erklärt werden könne;

c) die Aufforderung an alle, die Auskunft über den Verschollenen geben können, dem Gericht bis zu dem nach Buchstabe b bestimmten Zeitpunkt Anzeige zu machen.

§ 20[3] **[Bekanntmachung des Aufgebots]** (1) [1] Das Aufgebot muß durch eine Tageszeitung öffentlich bekanntgemacht werden. [2] Das Gericht kann abweichend anordnen, daß eine einmalige Einrückung in den Bundesanzeiger erfolgt, wenn dies dem Zweck des Aufgebots dienlich ist.

(2) [1] Das Gericht kann anordnen, daß das Aufgebot daneben in anderer Weise, insbesondere durch Rundfunk, öffentlich bekanntgemacht wird. [2] Das Aufgebot soll an die Gerichtstafel angeheftet werden.

§ 21[4] **[Aufgebotsfrist]** (1) Zwischen dem Tage, an dem das Aufgebot zum ersten Mal durch eine Tageszeitung oder den Bundesanzeiger öffentlich bekanntgemacht ist, und dem nach § 19 Abs. 2 Buchstabe b bestimmten Zeitpunkt muß eine Frist (Aufgebotsfrist) von mindestens sechs Wochen liegen.

---

[1] Komma fehlt im BGBl. I.

[2] *Zeichensetzung amtlich.*

[3] § 20 Abs. 1 neu gef., Abs. 2 Satz 1 geänd. durch G v. 18. 3. 1994 (BGBl. I S. 559).

[4] § 21 Abs. 1 neu gef. durch G v. 18. 3. 1994 (BGBl. I S. 559).

(2) Die Aufgebotsfrist soll, wenn nicht besondere Gründe vorliegen, nicht mehr als ein Jahr betragen.

(3) Ist das Aufgebot öffentlich bekanntgemacht, so kann die Aufgebotsfrist nicht mehr abgekürzt werden.

§ 22 [Anhörung des Staatsanwalts und des Antragstellers] Vor der Bekanntmachung des Aufgebots ist in jedem Falle dem Staatsanwalt, vor der Entscheidung dem Antragsteller und dem Staatsanwalt Gelegenheit zur Äußerung zu geben.[1]

§ 22 a[2] [Keine Beweiskraft der Eintragung im Sterbebuch] Ist der Tod des Verschollenen bereits im Sterberegister beurkundet worden und wird

(Fortsetzung nächstes Blatt)

[1] Wegen der Mitwirkung der Staatsanwaltschaft vgl. AV des früheren RJM v. 11. 7. 1939 (DJ S. 1206), in Bayern aufgeh. und ersetzt durch Bek. v. 21. 5. 1963 (JMBl. S. 24), in Hessen aufgeh. und ersetzt durch RdErl. des JM v. 17. 7. 1970 (JMBl. S. 545), in Nordrhein-Westfalen aufgeh. und ersetzt durch AV des JM v. 24. 1. 1963 (JMBl. S. 38).

[2] § 22 a geänd. mWv 1. 1. 2009 durch G v. 19. 2. 2007 (BGBl. I S. 122).

ein Aufgebotsverfahren zum Zwecke der Todeserklärung durchgeführt, so hat die Eintragung im Sterbebuche für das Verfahren keine Beweiskraft.

§ 23. [Todeserklärungsbeschluß] In dem Beschluß, durch den der Verschollene für tot erklärt wird, ist der Zeitpunkt seines Todes nach § 9 Abs. 2, 3 festzustellen.

§ 24.[1] **[Bekanntmachung und Zustellung des Todeserklärungsbeschlusses]** (1) [1]Der Beschluß, durch den der Verschollene für tot erklärt wird, ist öffentlich bekanntzumachen. [2]§ 20 ist entsprechend anzuwenden.

(2) Der Beschluß ist ferner dem Antragsteller und dem Staatsanwalt zuzustellen.[2]

(3) [1]Die erste öffentliche Bekanntmachung gilt als Zustellung, auch soweit dieses Gesetz daneben eine besondere Zustellung vorschreibt. [2]Die Zustellung gilt als am Ende des Tages bewirkt, an dem der Beschluß in der Tageszeitung oder im Bundesanzeiger öffentlich bekanntgemacht ist.

§ 25. [Zustellung des Ablehnungsbeschlusses] Der Beschluß, durch den die Todeserklärung abgelehnt wird, ist dem Antragsteller und dem Staatsanwalt zuzustellen.

§ 26. [Beschwerde] (1) [1]Gegen den Beschluß, durch den der Verschollene für tot erklärt wird, und gegen den Beschluß, durch den die Todeserklärung abgelehnt wird, ist die sofortige Beschwerde zulässig. [2]Die Beschwerdefrist beträgt einen Monat.

(2) Die Beschwerde steht zu:

a) gegen den Beschluß, durch den der Verschollene für tot erklärt wird, dem Antragsteller und jedem, der an der Aufhebung der Todeserklärung oder an der Berichtigung des Zeitpunktes des Todes ein rechtliches Interesse hat;

b) gegen den Beschluß, durch den die Todeserklärung abgelehnt wird, dem Antragsteller.

§ 27.[3] **[Bekanntmachung des Beschlusses über Beschwerde]** Wird der Beschluß, durch den der Verschollene für tot erklärt wird, auf sofortige Beschwerde oder Rechtsbeschwerde aufgehoben und die Todeserklärung abgelehnt, so kann das Gericht anordnen, daß dieser Beschluß öffentlich bekanntgemacht wird; § 24 ist entsprechend anzuwenden.

---

[1] *§ 24 Abs. 3 neugef. durch G v. 18. 3. 1994 (BGBl. I S. 559).*

[2] Nach Rechtskraft ist der Beschluß ferner mitzuteilen:

a) dem Standesamt I in Berlin; vgl. § 41 PStG; abgedruckt in **Schönfelder, Deutsche Gesetze; Nr. 113.**

b) dem Nachlaßgericht,

c) in Fällen des § 4 der Abwicklungsstelle der deutschen Dienststelle für die Benachrichtigung der nächsten Angehörigen von Gefallenen der ehemaligen deutschen Wehrmacht in Berlin-Wittenau, vgl. AV des früheren RJM in DJ 1940 S. 1056.

[3] § 27 geänd. durch G v. 18. 3. 1994 (BGBl. I S. 559) und mWv 1. 9. 2009 durch Art. 55 FGG-RG v. 17. 12. 2008 (BGBl. I S. 2586).

§ 28.[1] **[Zustellung von Beschlüssen über sofortige weitere Beschwerde]** (1) Beschlüsse, die auf Rechtsbeschwerde ergehen, sind dem Beschwerdeführer und dem Staatsanwalt zuzustellen, auch wenn sie nicht den in §§ 24 oder 25 bezeichneten Inhalt haben.

(2) Bei Beschlüssen, die auf Rechtsbeschwerde ergehen, kann das Gericht von der Anwendung des § 24 Abs. 1 absehen, wenn die Todeserklärung bereits vom Amtsgericht oder vom Beschwerdegericht öffentlich bekanntgemacht worden war.

§ 29.[2] **[Wirksamwerden von Beschlüssen]** (1) Beschlüsse des Amtsgerichts, durch welche die Todeserklärung ausgesprochen wird, werden mit ihrer Rechtskraft wirksam.

(2) *(aufgehoben)*

(3) Beschlüsse, die auf Rechtsbeschwerde ergehen, werden mit der letzten Zustellung wirksam; § 24 Abs. 3 bleibt unberührt.

§ 30. [Antrag auf Aufhebung der Todeserklärung] (1) Hat der Verschollene die Todeserklärung überlebt, so kann er oder der Staatsanwalt ihre Aufhebung beantragen.

(2) Der Antrag ist bei dem Amtsgericht zu stellen, bei dem das Aufgebotsverfahren anhängig gewesen oder an welches die Sache abgegeben worden ist.

§ 31. [Verfahren] (1) Für das Verfahren gelten die §§ 17 und 18.

(2) Vor der Entscheidung ist den Antragsberechtigten und dem, der die Todeserklärung erwirkt hat, Gelegenheit zur Äußerung zu geben.

§ 32. [Aufhebungsbeschluß] (1) [1]Der Beschluß, durch den die Todeserklärung aufgehoben wird, ist in der gleichen Form öffentlich bekanntzumachen, in der die Todeserklärung bekanntgemacht worden ist. [2]§ 20 Abs. 2 ist entsprechend anzuwenden.

(2) Der Beschluß, durch den die Aufhebung der Todeserklärung abgelehnt wird, ist dem Antragsteller und dem Staatsanwalt zuzustellen.

§ 33. [Rechtsmittel] (1) Gegen den Beschluß, durch den die Todeserklärung aufgehoben wird, findet kein Rechtsmittel statt.

(2) Gegen den Beschluß, durch den die Aufhebung der Todeserklärung abgelehnt wird, kann der Antragsteller die sofortige Beschwerde erheben.

§ 33 a. [Feststellung einer anderen Todeszeit] (1) Ist der Verschollene nicht in dem Zeitpunkt verstorben, der als Zeitpunkt des Todes festgestellt worden ist, so kann jeder, der ein rechtliches Interesse an der Feststellung einer anderen Todeszeit hat, die Änderung der Feststellung beantragen, wenn die Tatsache, aus der sich die Unrichtigkeit der Feststellung ergibt, ihm ohne sein Verschulden erst bekannt geworden ist, als er sie in dem Aufgebotsverfahren nicht mehr geltend machen konnte.

---

[1] § 28 Abs. 1 und 2 geänd. mWv 1. 9. 2009 durch Art. 55 FGG-RG v. 17. 12. 2008 (BGBl. I S. 2586).

[2] § 29 Abs. 2 aufgeh., Abs. 3 geänd. mWv 1. 9. 2009 durch Art. 55 FGG-RG v. 17. 12. 2008 (BGBl. I S. 2586).

(2) [1]Der Antrag ist vor Ablauf einer Notfrist von einem Monat zu stellen. [2]Die Frist beginnt mit dem Tage, an dem der Antragsberechtigte von der Tatsache Kenntnis erhalten hat, jedoch nicht vor Eintritt der Rechtskraft der Todeserklärung. [3]Nach Ablauf von fünf Jahren, von dem Tage der Rechtskraft der Todeserklärung an gerechnet, ist der Antrag unstatthaft.

(3) [1]Für das Änderungsverfahren gelten §§ 17, 18, § 19 Abs. 1, Abs. 2 Buchstabe c, §§ 20, 21, 23 bis 29, § 30 Abs. 2, § 31 Abs. 2 entsprechend. [2]Der Beschluß, durch den die Feststellung des Todes geändert wird, ist auch demjenigen zuzustellen, der die Todeserklärung erwirkt hat. [3]Die Änderung soll auf dem Beschluß, durch den der Verschollene für tot erklärt worden ist, und auf dessen Ausfertigung vermerkt werden.

§ 34. [Kosten] (1) [1]Das Gericht kann in seiner Entscheidung einem am Verfahren Beteiligten oder vom Verfahren Betroffenen die Kosten des Verfahrens, einschließlich der zur zweckentsprechenden Durchführung des Verfahrens notwendigen außergerichtlichen Kosten anderer Beteiligter oder Betroffener, ganz oder teilweise auferlegen, die er durch grob fahrlässig aufgestellte unrichtige Behauptungen oder sonstiges grobes Verschulden veranlaßt hat. [2]Vor dieser Entscheidung soll das Gericht, soweit tunlich, den hören, dem es die Kosten auferlegen will.

(2) [1]Vorbehaltlich des Absatzes 1 hat das Gericht in dem Beschluß, durch den der Verschollene für tot erklärt wird, auszusprechen, daß die Kosten des Verfahrens, einschließlich der notwendigen außergerichtlichen Kosten des Antragstellers oder Beschwerdeführers, dem Nachlaß zur Last fallen. [2]Dies gilt nicht für die Kosten einer unbegründeten Beschwerde.

(3) Wird die Todeserklärung gemäß den §§ 30 bis 33 aufgehoben, so kann das Gericht nach Absatz 1 auch über die Kosten entscheiden, die nach Absatz 2 dem Nachlaß zur Last gelegt sind.

§ 35.[1)] **[Verfahren bei Kostenfestsetzung; Erinnerung]** (1) Die Kosten, über die nach § 34 entschieden ist, werden auf Antrag von dem Urkundsbeamten der Geschäftsstelle des Gerichts erster Instanz festgesetzt.

(2) Zur Berücksichtigung eines Ansatzes genügt es, daß er glaubhaft gemacht wird.

(3) [1]Über Erinnerungen gegen den Festsetzungsbeschluß entscheidet das Gericht erster Instanz. [2]Die Erinnerung ist binnen einer mit der Zustellung beginnenden Frist von zwei Wochen einzulegen. [3]Die §§ 17 bis 19 und 49 bis 57 des Gesetzes über das Verfahren in Familiensachen und in den Angelegenheiten der freiwilligen Gerichtsbarkeit[2)] gelten entsprechend.

§ 36.[3)] **[Sofortige Beschwerde]** Die Entscheidungen des Gerichts über die Kosten nach §§ 34 oder 35 Abs. 3 können selbständig mit der sofortigen Beschwerde angefochten werden, sofern der Beschwerdegegenstand den Betrag von 50 Euro übersteigt.

§ 37. [Änderung der Kostenfestsetzung] (1) Ergeht nach der Kostenfestsetzung eine Entscheidung, die den Wert des Gegenstandes des Verfahrens

---

[1)] § 35 Abs. 3 Satz 3 geänd. durch G v. 18. 3. 1994 (BGBl. I S. 559) und mWv 1. 9. 2009 durch Art. 55 FGG-RG v. 17. 12. 2008 (BGBl. I S. 2586).

[2)] Abgedruckt in **Schönfelder, Deutsche Gesetze; Nr. 112.**

[3)] § 36 geänd. durch G v. 20. 12. 1974 (BGBl. I S. 3651) und Art 7 G v. 27. 6. 2000 (BGBl. I S. 897).

festsetzt, so ist, falls diese Entscheidung von der Wertberechnung abweicht, die der Kostenfestsetzung zugrunde liegt, auf Antrag die Kostenfestsetzung entsprechend abzuändern; die §§ 35 und 36 sind entsprechend anzuwenden.

(2) Wird eine Entscheidung über die Kosten abgeändert, so ist auf Antrag auszusprechen, daß die auf Grund der abgeänderten Entscheidung zuviel gezahlten Kosten zu erstatten sind.

§ 38. [Zwangsvollstreckung aus Kostenbeschlüssen] Aus Kostenfestsetzungsbeschlüssen und aus Entscheidungen gemäß § 37 Abs. 2 findet die Zwangsvollstreckung nach den Vorschriften der Zivilprozeßordnung statt.

Abschnitt IV. Verfahren bei Feststellung der Todeszeit

§ 39.[1] **[Voraussetzungen]** [1] Ist die Todeserklärung mit Rücksicht auf § 1 Abs. 2 unzulässig, eine Eintragung im Sterberegister aber nicht erfolgt, so kann beantragt werden, den Tod und den Zeitpunkt des Todes durch gerichtliche Entscheidung festzustellen. [2] Wird der Antrag von dem Ehegatten gestellt, so steht eine Eintragung im Sterberegister der Feststellung nicht entgegen.

§ 40. [Verfahren] Auf das Verfahren sind § 13 Abs. 1, §§ 14 bis 17, 22, 22a, 24 bis 38 entsprechend anzuwenden; im übrigen gelten die besonderen Vorschriften der §§ 41 bis 44.

§ 41. [Nachweis des Todes] (1) Vor der Einleitung des Verfahrens hat der Antragsteller nachzuweisen, daß der Tod nach den Umständen nicht zweifelhaft ist, sofern dies nicht offenkundig ist.

(2) Die übrigen zur Begründung des Antrags erforderlichen Tatsachen hat der Antragsteller glaubhaft zu machen.

§ 42. [Öffentliche Aufforderung] (1) Ist der Antrag zulässig, so soll das Gericht eine öffentliche Aufforderung an alle, die über den Zeitpunkt des Todes Angaben machen können, erlassen, dies dem Gericht bis zu einem bestimmten Zeitpunkt anzuzeigen.

(2) Von der öffentlichen Aufforderung kann das Gericht absehen, wenn dadurch nach den Umständen eine weitere Aufklärung des Sachverhalts nicht erwartet werden kann.

§ 43.[2] **[Form und Frist der öffentlichen Aufforderung]** (1) [1] Die öffentliche Aufforderung muß durch eine Tageszeitung öffentlich bekanntgemacht werden, sofern das Gericht nicht abweichend anordnet, daß eine einmalige Einrückung in den Bundesanzeiger erfolgt. [2] Das Gericht kann anordnen, daß diese Aufforderung daneben in anderer Weise öffentlich bekanntgemacht wird. [3] Es bestimmt nach freiem Ermessen die Frist, innerhalb deren die Anzeige zu machen ist.

(2) [1] Diese Frist soll nicht weniger als sechs Wochen und, wenn nicht besondere Gründe vorliegen, nicht mehr als sechs Monate betragen. [2] Sie beginnt mit Ablauf des Tages, an dem die Aufforderung zum ersten Male öffentlich bekanntgemacht ist.

---

[1] § 39 Sätze 1 und 2 geänd. mWv 1. 1. 2009 durch Art. 2 Abs. 19 PStRG v. 19. 2. 2007 (BGBl. I S. 122).

[2] § 43 Abs. 1 neugef. durch G v. 18. 3. 1994 (BGBl. I S. 559).

(3) Ist die Aufforderung öffentlich bekanntgemacht, so kann die Frist nicht mehr abgekürzt werden.

§ 44. [Feststellung der Todeszeit; Todesvermutung] (1) Der Zeitpunkt des Todes ist den Grundsätzen des § 9 Abs. 2, 3 entsprechend festzustellen.

(2) 1 Der Beschluß begründet die Vermutung, daß der Tod in dem darin festgestellten Zeitpunkt eingetreten ist. 2 § 9 Abs. 1 Satz 2, Abs. 4 gilt entsprechend.

§ 45. [Feststellung der Todeszeit nach Aufgebotsverfahren] (1) Ergeben die Ermittlungen, die in einem nach § 2 eingeleiteten Aufgebotsverfahren angestellt sind, daß der Tod nach den Umständen nicht zweifelhaft ist, so ist das Verfahren nach den §§ 39 bis 44 fortzusetzen.

(2) 1 Der Antrag auf Todeserklärung gilt in diesem Falle als Antrag auf Feststellung des Zeitpunktes des Todes. 2 § 41 ist nicht anzuwenden.

Abschnitt V.
Inkrafttreten, Übergangs- und Schlußvorschriften

§ 46. [Inkrafttreten] (1) Dieses Gesetz tritt am 15. Juli 1939 in Kraft.[1]

(2), (3) *(Aufhebungs- und Überleitungsvorschrift; vom Abdruck wurde abgesehen)*

§ 47. (weggefallen)

§ 48. *(Überleitungsvorschrift; vom Abdruck wurde abgesehen)*

§ 49. [Übergangsvorschrift] (1) Ist der Eintritt einer Rechtswirkung an den Erlaß des die Todeserklärung aussprechenden Urteils geknüpft, so tritt sie, wenn ein Verschollener nach diesem Gesetz für tot erklärt wird, mit dem Zeitpunkt ein, in dem die Todeserklärung wirksam wird.

(2) Der Aufhebung einer Todeserklärung infolge einer Anfechtungsklage steht deren Aufhebung oder Änderung nach den §§ 30 bis 33a dieses Gesetzes gleich.

§§ 50–54.[2] *(gegenstandslos bzw. aufgehoben)*

Abschnitt VI

§§ 55–58. (weggefallen)

---

[1] **Amtl. Anm.:** Die Bestimmung betrifft das Inkrafttreten des G idF v. 7. 7. 1939 (RGBl. I S. 1186). Die späteren Änderungen des G sind zu den für die Änderungsvorschriften maßgebenden Zeitpunkten und die Änderungen auf Grund des ÄnderungsG v. 15. 1. 1951 (BGBl. I S. 59) am 30. 1. 1951, in Berlin am 27. 6. 1951, in Kraft getreten.

[2] § 50 enthielt eine gegenstandslose Änderungsvorschrift, § 51 eine gegenstandslose Übergangsvorschrift, § 52 aufgeh. durch G v. 26. 7. 1957 (BGBl. I S. 861), §§ 53 und 54 weggefallen vor der Neubekanntmachung des VerschG.

45a. Einkommensteuergesetz (EStG)

In der Fassung der Bekanntmachung vom 8. Oktober 2009[1)]
(BGBl. I S. 3366, 3862)

FNA 611-1

zuletzt geänd. durch Art. 1–6 WachstumschancenG v. 27.3.2024 (BGBl. 2024 I Nr. 108)

– Auszug –

IV. Tarif

§ 31[2)] Familienleistungsausgleich. [1]Die steuerliche Freistellung eines Einkommensbetrags in Höhe des Existenzminimums eines Kindes einschließlich der Bedarfe für Betreuung und Erziehung oder Ausbildung wird im gesamten Veranlagungszeitraum entweder durch die Freibeträge nach § 32 Absatz 6 oder durch Kindergeld nach Abschnitt X bewirkt. [2]Soweit das Kindergeld dafür nicht erforderlich ist, dient es der Förderung der Familie. [3]Im laufenden Kalenderjahr wird Kindergeld als Steuervergütung monatlich gezahlt. [4]Bewirkt der Anspruch auf Kindergeld für den gesamten Veranlagungszeitraum die nach Satz 1 gebotene steuerliche Freistellung nicht vollständig und werden deshalb bei der Veranlagung zur Einkommensteuer die Freibeträge nach § 32 Absatz 6 vom Einkommen abgezogen, erhöht sich die unter Abzug dieser Freibeträge ermittelte tarifliche Einkommensteuer um den Anspruch auf Kindergeld für den gesamten Veranlagungszeitraum; bei nicht zusammenveranlagten Eltern wird der Kindergeldanspruch im Umfang des Kinderfreibetrags angesetzt. [5]Bei der Prüfung der Steuerfreistellung und der Hinzurechnung nach Satz 4 bleibt der Anspruch auf Kindergeld für Kalendermonate unberücksichtigt, in denen durch Bescheid der Familienkasse ein Anspruch auf Kindergeld festgesetzt, aber wegen § 70 Absatz 1 Satz 2 nicht ausgezahlt wurde. [6]Satz 4 gilt entsprechend für mit dem Kindergeld vergleichbare Leistungen nach § 65. [7]Besteht nach ausländischem Recht Anspruch auf Leistungen für Kinder, wird dieser insoweit nicht berücksichtigt, als er das inländische Kindergeld übersteigt.

§ 32[3)] Kinder, Freibeträge für Kinder. (1) Kinder sind

1. im ersten Grad mit dem Steuerpflichtigen verwandte Kinder,

---

[1)] Neubekanntmachung des EStG idF der Bek. v. 19.10.2002 (BGBl. I S. 4210; 2003 I S. 179) in der ab 1.9.2009 geltenden Fassung.

[2)] § 31 Satz 5 eingef., bish. Sätze 5 und 6 werden Sätze 6 und 7 mWv 18.7.2019 durch G v. 11.7.2019 (BGBl. I S. 1066).

[3)] § 32 Abs. 6 Satz 1 geänd. mWv 31.12.2009 durch G v. 22.12.2009 (BGBl. I S. 3950); Abs. 4 Sätze 2 und 3 neu gef., Sätze 4–10 aufgeh., Abs. 5 Satz 3 geänd., Abs. 6 Satz 7 neu gef., Sätze 8–11 angef. mWv 1.1.2012 durch G v. 1.11.2011 (BGBl. I S. 2131); Abs. 4 Satz 2 geänd. mWv 1.1.2012 durch G v. 26.6. 2013 (BGBl. I S. 1809); Abs. 6 Satz 7 geänd. mWv 31.7.2014 durch G v. 25.7.2014 (BGBl. I S. 1266); Abs. 4 Satz 1 Nr. 2 Buchst. b geänd. mWv 1.1.2015 durch G v. 22.12.2014 (BGBl. I S. 2417); Abs. 6 Satz 1 geänd. mWv 23.7.2015 und mWv 1.1.2016 durch G v. 16.7.2015 (BGBl. I S. 1202); Abs. 6 Satz 1 geänd. mWv 1.1.2017 und mWv 1.1.2018 durch G v. 20.12.2016 (BGBl. I S 3000); Abs. 6 Satz 1 geänd. mWv 1.1.2019, Abs. 6 Satz 1 geänd. mWv 1.1.2020 durch G v. 29.11.2018 (BGBl. I S. 2210); Abs. 6 Satz 1 geänd. mWv 1.1.2021 durch G v. 1.12.2020 (BGBl. I S. 2616); Abs. 5 Satz 6 neu gef. mWv 9.6. 2021 durch G v. 2.6.2021 (BGBl. I S. 1259); Abs. 6 Satz 1 geänd. mWv 1.1.2022, mWv 1.1.2023 und mWv 1.1.2024 durch G v. 8.12.2022 (BGBl. I S. 2230); Abs. 4 Satz 1 Nr. 2 Buchst. d neu gef. mWv 21.12.2022, Abs. 6 Sätze 12–14 angef. mWv 1.1.2023 durch G v. 16.12.2022 (BGBl. I S. 2294).

2. Pflegekinder (Personen, mit denen der Steuerpflichtige durch ein familienähnliches, auf längere Dauer berechnetes Band verbunden ist, sofern er sie nicht zu Erwerbszwecken in seinen Haushalt aufgenommen hat und das Obhuts- und Pflegeverhältnis zu den Eltern nicht mehr besteht).

(2) [1] Besteht bei einem angenommenen Kind das Kindschaftsverhältnis zu den leiblichen Eltern weiter, ist es vorrangig als angenommenes Kind zu berücksichtigen. [2] Ist ein im ersten Grad mit dem Steuerpflichtigen verwandtes Kind zugleich ein Pflegekind, ist es vorrangig als Pflegekind zu berücksichtigen.

(3) Ein Kind wird in dem Kalendermonat, in dem es lebend geboren wurde, und in jedem folgenden Kalendermonat, zu dessen Beginn es das 18. Lebensjahr noch nicht vollendet hat, berücksichtigt.

(4) [1] Ein Kind, das das 18. Lebensjahr vollendet hat, wird berücksichtigt, wenn es

1. noch nicht das 21. Lebensjahr vollendet hat, nicht in einem Beschäftigungsverhältnis steht und bei einer Agentur für Arbeit im Inland als Arbeitsuchender gemeldet ist oder
2. noch nicht das 25. Lebensjahr vollendet hat und
   a) für einen Beruf ausgebildet wird oder
   b) sich in einer Übergangszeit von höchstens vier Monaten befindet, die zwischen zwei Ausbildungsabschnitten oder zwischen einem Ausbildungsabschnitt und der Ableistung des gesetzlichen Wehr- oder Zivildienstes, einer vom Wehr- oder Zivildienst befreienden Tätigkeit als Entwicklungshelfer oder als Dienstleistender im Ausland nach § 14b des Zivildienstgesetzes[1] oder der Ableistung des freiwilligen Wehrdienstes nach § 58b des Soldatengesetzes oder der Ableistung eines freiwilligen Dienstes im Sinne des Buchstaben d liegt, oder
   c) eine Berufsausbildung mangels Ausbildungsplatzes nicht beginnen oder fortsetzen kann oder
   d) einen der folgenden freiwilligen Dienste leistet:
      aa) ein freiwilliges soziales Jahr im Sinne des Jugendfreiwilligendienstegesetzes[2],
      bb) ein freiwilliges ökologisches Jahr im Sinne des Jugendfreiwilligendienstegesetzes,
      cc) einen Bundesfreiwilligendienst im Sinne des Bundesfreiwilligendienstgesetzes[3],
      dd) eine Freiwilligentätigkeit im Rahmen des Europäischen Solidaritätskorps im Sinne der Verordnung (EU) 2021/888 des Europäischen Parlaments und des Rates vom 20. Mai 2021 zur Aufstellung des Programms für das Europäische Solidaritätskorps und zur Aufhebung der Verordnungen (EU) 2018/1475 und (EU) Nr. 375/2014 (ABl. L 202 vom 8.6.2021, S. 32),
      ee) einen anderen Dienst im Ausland im Sinne von § 5 des Bundesfreiwilligendienstgesetzes,

[1] **Sartorius Nr. 625.**
[2] **Sartorius Nr. 390.**
[3] **Sartorius Nr. 627.**

ff) einen entwicklungspolitischen Freiwilligendienst „weltwärts" im Sinne der Förderleitlinie des Bundesministeriums für wirtschaftliche Zusammenarbeit und Entwicklung vom 1. Januar 2016,

gg) einen Freiwilligendienst aller Generationen im Sinne von § 2 Absatz 1a des Siebten Buches Sozialgesetzbuch oder

hh) einen Internationalen Jugendfreiwilligendienst im Sinne der Richtlinie des Bundesministeriums für Familie, Senioren, Frauen und Jugend vom 4. Januar 2021 (GMBl S. 77) oder

3. wegen körperlicher, geistiger oder seelischer Behinderung außerstande ist, sich selbst zu unterhalten; Voraussetzung ist, dass die Behinderung vor Vollendung des 25. Lebensjahres eingetreten ist.

[2] Nach Abschluss einer erstmaligen Berufsausbildung oder eines Erststudiums wird ein Kind in den Fällen des Satzes 1 Nummer 2 nur berücksichtigt, wenn das Kind keiner Erwerbstätigkeit nachgeht. [3] Eine Erwerbstätigkeit mit bis zu 20 Stunden regelmäßiger wöchentlicher Arbeitszeit, ein Ausbildungsdienstverhältnis oder ein geringfügiges Beschäftigungsverhältnis im Sinne der §§ 8 und 8a des Vierten Buches Sozialgesetzbuch sind unschädlich.

(5) [1] In den Fällen des Absatzes 4 Satz 1 Nummer 1 oder Nummer 2 Buchstabe a und b wird ein Kind, das

1. den gesetzlichen Grundwehrdienst oder Zivildienst geleistet hat oder
2. sich anstelle des gesetzlichen Grundwehrdienstes freiwillig für die Dauer von nicht mehr als drei Jahren zum Wehrdienst verpflichtet hat oder
3. eine vom gesetzlichen Grundwehrdienst oder Zivildienst befreiende Tätigkeit als Entwicklungshelfer im Sinne des § 1 Absatz 1 des Entwicklungshelfer-Gesetzes ausgeübt hat,

für einen der Dauer dieser Dienste oder der Tätigkeit entsprechenden Zeitraum, höchstens für die Dauer des inländischen gesetzlichen Grundwehrdienstes oder bei anerkannten Kriegsdienstverweigerern für die Dauer des inländischen gesetzlichen Zivildienstes über das 21. oder 25. Lebensjahr hinaus berücksichtigt. [2] Wird der gesetzliche Grundwehrdienst oder Zivildienst in einem Mitgliedstaat der Europäischen Union oder einem Staat, auf den das Abkommen über den Europäischen Wirtschaftsraum Anwendung findet, geleistet, so ist die Dauer dieses Dienstes maßgebend. [3] Absatz 4 Satz 2 und 3 gilt entsprechend.

(6) [1] Bei der Veranlagung zur Einkommensteuer wird für jedes zu berücksichtigende Kind des Steuerpflichtigen ein Freibetrag von 3192 Euro für das sächliche Existenzminimum des Kindes (Kinderfreibetrag) sowie ein Freibetrag von 1464 Euro für den Betreuungs- und Erziehungs- oder Ausbildungsbedarf des Kindes vom Einkommen abgezogen. [2] Bei Ehegatten, die nach den §§ 26, 26b zusammen zur Einkommensteuer veranlagt werden, verdoppeln sich die Beträge nach Satz 1, wenn das Kind zu beiden Ehegatten in einem Kindschaftsverhältnis *steht.* [3] *Die Beträge nach Satz 2 stehen dem* Steuerpflichtigen auch dann zu, wenn

1. der andere Elternteil verstorben oder nicht unbeschränkt einkommensteuerpflichtig ist oder
2. der Steuerpflichtige allein das Kind angenommen hat oder das Kind nur zu ihm in einem Pflegekindschaftsverhältnis steht.

[4] Für ein nicht nach § 1 Absatz 1 oder 2 unbeschränkt einkommensteuerpflichtiges Kind können die Beträge nach den Sätzen 1 bis 3 nur abgezogen werden, soweit sie nach den Verhältnissen seines Wohnsitzstaates notwendig und angemessen sind. [5] Für jeden Kalendermonat, in dem die Voraussetzungen für einen Freibetrag nach

den Sätzen 1 bis 4 nicht vorliegen, ermäßigen sich die dort genannten Beträge um ein Zwölftel. [6]Abweichend von Satz 1 wird bei einem unbeschränkt einkommensteuerpflichtigen Elternpaar, bei dem die Voraussetzungen des § 26 Absatz 1 Satz 1 nicht vorliegen, auf Antrag eines Elternteils der dem anderen Elternteil zustehende Kinderfreibetrag auf ihn übertragen, wenn er, nicht jedoch der andere Elternteil, seiner Unterhaltspflicht gegenüber dem Kind für das Kalenderjahr im Wesentlichen nachkommt oder der andere Elternteil mangels Leistungsfähigkeit nicht unterhaltspflichtig ist; die Übertragung des Kinderfreibetrags führt stets auch zur Übertragung des Freibetrags für den Betreuungs- und Erziehungs- oder Ausbildungsbedarf. [7]Eine Übertragung nach Satz 6 scheidet für Zeiträume aus, für die Unterhaltsleistungen nach dem Unterhaltsvorschussgesetz[1)] gezahlt werden. [8]Bei minderjährigen Kindern wird der dem Elternteil, in dessen Wohnung das Kind nicht gemeldet ist, zustehende Freibetrag für den Betreuungs- und Erziehungs- oder Ausbildungsbedarf auf Antrag des anderen Elternteils auf diesen übertragen, wenn bei dem Elternpaar die Voraussetzungen des § 26 Absatz 1 Satz 1 nicht vorliegen. [9]Eine Übertragung nach Satz 8 scheidet aus, wenn der Übertragung widersprochen wird, weil der Elternteil, bei dem das Kind nicht gemeldet ist, Kinderbetreuungskosten trägt oder das Kind regelmäßig in einem nicht unwesentlichen Umfang betreut. [10]Die den Eltern nach den Sätzen 1 bis 9 zustehenden Freibeträge können auf Antrag auch auf einen Stiefelternteil oder Großelternteil übertragen werden, wenn dieser das Kind in seinen Haushalt aufgenommen hat oder dieser einer Unterhaltspflicht gegenüber dem Kind unterliegt. [11]Die Übertragung nach Satz 10 kann auch mit Zustimmung des berechtigten Elternteils erfolgen, die nur für künftige Kalenderjahre widerrufen werden kann. [12]Voraussetzung für die Berücksichtigung des Kinderfreibetrags sowie des Freibetrags für den Betreuungs- und Erziehungs- oder Ausbildungsbedarf des Kindes ist die Identifizierung des Kindes durch die an dieses Kind vergebene Identifikationsnummer (§ 139b der Abgabenordnung). [13]Ist das Kind nicht nach einem Steuergesetz steuerpflichtig (§ 139a Absatz 2 der Abgabenordnung), ist es in anderer geeigneter Weise zu identifizieren. [14]Die nachträgliche Identifizierung oder nachträgliche Vergabe der Identifikationsnummer wirkt auf Monate zurück, in denen die übrigen Voraussetzungen für die Gewährung des Kinderfreibetrags sowie des Freibetrags für den Betreuungs- und Erziehungs- oder Ausbildungsbedarf des Kindes vorliegen.

X. Kindergeld

§ 62[2)] Anspruchsberechtigte. (1) [1]Für Kinder im Sinne des § 63 hat Anspruch auf Kindergeld nach diesem Gesetz, wer

1. im Inland einen Wohnsitz oder seinen gewöhnlichen Aufenthalt hat oder
2. ohne Wohnsitz oder gewöhnlichen Aufenthalt im Inland
   a) nach § 1 Absatz 2 unbeschränkt einkommensteuerpflichtig ist oder
   b) nach § 1 Absatz 3 als unbeschränkt einkommensteuerpflichtig behandelt wird.

[1)] *Nr. 45d.*

[2)] § 62 Abs. 1 Sätze 2 und 3 angef. mWv 9.12.2014 durch G v. 2.12.2014 (BGBl. I S. 1922); Abs. 1a eingef. mWv 18.7.2019 durch G v. 11.7.2019 (BGBl. I S. 1066); Abs. 2 Nr. 2 Buchst. c und Nr. 3 Buchst. b geänd., Nr. 4 angef. mWv 1.1.2020, Abs. 2 neu gef. mWv 1.3.2020 durch G v. 12.12.2019 (BGBl. I S. 2451); Abs. 2 Nr. 2 Buchst. c geänd. mWv 1.6.2022 durch G v. 23.5.2022 (BGBl. I S. 760).

[2]Voraussetzung für den Anspruch nach Satz 1 ist, dass der Berechtigte durch die an ihn vergebene Identifikationsnummer (§ 139b der Abgabenordnung) identifiziert wird. [3]Die nachträgliche Vergabe der Identifikationsnummer wirkt auf Monate zurück, in denen die Voraussetzungen des Satzes 1 vorliegen.

(1a) [1]Begründet ein Staatsangehöriger eines anderen Mitgliedstaates der Europäischen Union oder eines Staates, auf den das Abkommen über den Europäischen Wirtschaftsraum Anwendung findet, im Inland einen Wohnsitz oder gewöhnlichen Aufenthalt, so hat er für die ersten drei Monate ab Begründung des Wohnsitzes oder des gewöhnlichen Aufenthalts keinen Anspruch auf Kindergeld. [2]Dies gilt nicht, wenn er nachweist, dass er inländische Einkünfte im Sinne des § 2 Absatz 1 Satz 1 Nummer 1 bis 4 mit Ausnahme von Einkünften nach § 19 Absatz 1 Satz 1 Nummer 2 erzielt. [3]Nach Ablauf des in Satz 1 genannten Zeitraums hat er Anspruch auf Kindergeld, es sei denn, die Voraussetzungen des § 2 Absatz 2 oder Absatz 3 des Freizügigkeitsgesetzes/EU[1)] liegen nicht vor oder es sind nur die Voraussetzungen des § 2 Absatz 2 Nummer 1a des Freizügigkeitsgesetzes/EU erfüllt, ohne dass vorher eine andere der in § 2 Absatz 2 des Freizügigkeitsgesetzes/EU genannten Voraussetzungen erfüllt war. [4]Die Prüfung, ob die Voraussetzungen für einen Anspruch auf Kindergeld gemäß Satz 2 vorliegen oder gemäß Satz 3 nicht gegeben sind, führt die Familienkasse in eigener Zuständigkeit durch. [5]Lehnt die Familienkasse eine Kindergeldfestsetzung in diesem Fall ab, hat sie ihre Entscheidung der zuständigen Ausländerbehörde mitzuteilen. [6]Wurde das Vorliegen der Anspruchsvoraussetzungen durch die Verwendung gefälschter oder verfälschter Dokumente oder durch Vorspiegelung falscher Tatsachen vorgetäuscht, hat die Familienkasse die zuständige Ausländerbehörde unverzüglich zu unterrichten.

(2) Ein nicht freizügigkeitsberechtigter Ausländer erhält Kindergeld nur, wenn er

1. eine Niederlassungserlaubnis oder eine Erlaubnis zum Daueraufenthalt-EU besitzt,
2. eine Blaue Karte EU, eine ICT-Karte, eine Mobiler-ICT-Karte oder eine Aufenthaltserlaubnis besitzt, die für einen Zeitraum von mindestens sechs Monaten zur Ausübung einer Erwerbstätigkeit berechtigen oder berechtigt haben oder diese erlauben, es sei denn, die Aufenthaltserlaubnis wurde
   a) nach § 16e des Aufenthaltsgesetzes[2)] zu Ausbildungszwecken, nach § 19c Absatz 1 des Aufenthaltsgesetzes zum Zweck der Beschäftigung als Au-Pair oder zum Zweck der Saisonbeschäftigung, nach § 19e des Aufenthaltsgesetzes zum Zweck der Teilnahme an einem Europäischen Freiwilligendienst oder nach § 20 Absatz 1 und 2 des Aufenthaltsgesetzes zur Arbeitsplatzsuche erteilt,
   b) nach § 16b des Aufenthaltsgesetzes zum Zweck eines Studiums, nach § 16d *des Aufenthaltsgesetzes für Maßnahmen* zur Anerkennung ausländischer Berufsqualifikationen oder nach § 20 Absatz 3 des Aufenthaltsgesetzes zur Arbeitsplatzsuche erteilt und er ist weder erwerbstätig noch nimmt er Elternzeit nach § 15 des Bundeselterngeld- und Elternzeitgesetzes[3)] oder laufende Geldleistungen nach dem Dritten Buch Sozialgesetzbuch in Anspruch,

---

[1)] **Sartorius Nr. 560.**
[2)] **Sartorius Nr. 565.**
[3)] Nr. **45e**.

c) nach § 23 Absatz 1 des Aufenthaltsgesetzes wegen eines Krieges in seinem Heimatland oder nach den § 23a oder § 25 Absatz 3 bis 5 des Aufenthaltsgesetzes erteilt,

3. eine in Nummer 2 Buchstabe c genannte Aufenthaltserlaubnis besitzt und im Bundesgebiet berechtigt erwerbstätig ist oder Elternzeit nach § 15 des Bundeselterngeld- und Elternzeitgesetzes oder laufende Geldleistungen nach dem Dritten Buch Sozialgesetzbuch in Anspruch nimmt,
4. eine in Nummer 2 Buchstabe c genannte Aufenthaltserlaubnis besitzt und sich seit mindestens 15 Monaten erlaubt, gestattet oder geduldet im Bundesgebiet aufhält oder
5. eine Beschäftigungsduldung gemäß § 60d in Verbindung mit § 60a Absatz 2 Satz 3 des Aufenthaltsgesetzes besitzt.

§ 63[1)] Kinder. (1) [1] Als Kinder werden berücksichtigt

1. Kinder im Sinne des § 32 Absatz 1,
2. vom Berechtigten in seinen Haushalt aufgenommene Kinder seines Ehegatten,
3. vom Berechtigten in seinen Haushalt aufgenommene Enkel.

[2] § 32 Absatz 3 bis 5 gilt entsprechend. [3] Voraussetzung für die Berücksichtigung ist die Identifizierung des Kindes durch die an dieses Kind vergebene Identifikationsnummer (§ 139b der Abgabenordnung). [4] Ist das Kind nicht nach einem Steuergesetz steuerpflichtig (§ 139a Absatz 2 der Abgabenordnung), ist es in anderer geeigneter Weise zu identifizieren. [5] Die nachträgliche Identifizierung oder nachträgliche Vergabe der Identifikationsnummer wirkt auf Monate zurück, in denen die Voraussetzungen der Sätze 1 bis 4 vorliegen. [6] Kinder, die weder einen Wohnsitz noch ihren gewöhnlichen Aufenthalt im Inland, in einem Mitgliedstaat der Europäischen Union oder in einem Staat, auf den das Abkommen über den Europäischen Wirtschaftsraum Anwendung findet, haben, werden nicht berücksichtigt, es sei denn, sie leben im Haushalt eines Berechtigten im Sinne des § 62 Absatz 1 Satz 1 Nummer 2 Buchstabe a. [7] Kinder im Sinne von § 2 Absatz 4 Satz 2 des Bundeskindergeldgesetzes[2)] werden nicht berücksichtigt.

(2) Die Bundesregierung wird ermächtigt, durch Rechtsverordnung, die nicht der Zustimmung des Bundesrates bedarf, zu bestimmen, dass einem Berechtigten, der im Inland erwerbstätig ist oder sonst seine hauptsächlichen Einkünfte erzielt, für seine in Absatz 1 Satz 3 erster Halbsatz bezeichneten Kinder Kindergeld ganz oder teilweise zu leisten ist, soweit dies mit Rücksicht auf die durchschnittlichen Lebenshaltungskosten für Kinder in deren Wohnsitzstaat und auf die dort gewährten dem Kindergeld vergleichbaren Leistungen geboten ist.

§ 64 Zusammentreffen mehrerer Ansprüche. (1) Für jedes Kind wird nur einem Berechtigten Kindergeld gezahlt.

(2) [1] Bei mehreren Berechtigten wird das Kindergeld demjenigen gezahlt, der das Kind in seinen Haushalt aufgenommen hat. [2] Ist ein Kind in den gemeinsamen Haushalt von Eltern, einem Elternteil und dessen Ehegatten, Pflegeeltern oder Großeltern aufgenommen worden, so bestimmen diese untereinander den Berechtigten. [3] Wird eine Bestimmung nicht getroffen, so bestimmt das Familiengericht auf Antrag den Berechtigten. [4] Den Antrag kann stellen, wer ein berechtigtes

---

[1)] § 63 Abs. 1 Sätze 3 bis 5 eingef., bish. Sätze 3 und 4 werden Sätze 6 und 7, neuer Satz 6 geänd. mWv 9.12.2014 durch G v. 2.12.2014 (BGBl. I S. 1922).

[2)] Nr. **45b**.

Interesse an der Zahlung des Kindergeldes hat. [5]Lebt ein Kind im gemeinsamen Haushalt von Eltern und Großeltern, so wird das Kindergeld vorrangig einem Elternteil gezahlt; es wird an einen Großelternteil gezahlt, wenn der Elternteil gegenüber der zuständigen Stelle auf seinen Vorrang schriftlich verzichtet hat.

(3) [1]Ist das Kind nicht in den Haushalt eines Berechtigten aufgenommen, so erhält das Kindergeld derjenige, der dem Kind eine Unterhaltsrente zahlt. [2]Zahlen mehrere Berechtigte dem Kind Unterhaltsrenten, so erhält das Kindergeld derjenige, der dem Kind die höchste Unterhaltsrente zahlt. [3]Werden gleich hohe Unterhaltsrenten gezahlt oder zahlt keiner der Berechtigten dem Kind Unterhalt, so bestimmen die Berechtigten untereinander, wer das Kindergeld erhalten soll. [4]Wird eine Bestimmung nicht getroffen, so gilt Absatz 2 Satz 3 und 4 entsprechend.

§ 65[1)] Andere Leistungen für Kinder. [1]Kindergeld wird nicht für ein Kind gezahlt, für das eine der folgenden Leistungen zu zahlen ist oder bei entsprechender Antragstellung zu zahlen wäre:

1. Leistungen für Kinder, die im Ausland gewährt werden und dem Kindergeld oder der Kinderzulage aus der gesetzlichen Unfallversicherung nach § 217 Absatz 3 des Siebten Buches Sozialgesetzbuch in der bis zum 30. Juni 2020 geltenden Fassung oder dem Kinderzuschuss aus der gesetzlichen Rentenversicherung nach § 270 des Sechsten Buches Sozialgesetzbuch in der bis zum 16. November 2016 geltenden Fassung vergleichbar sind,
2. Leistungen für Kinder, die von einer zwischen- oder überstaatlichen Einrichtung gewährt werden und dem Kindergeld vergleichbar sind.

[2]Soweit es für die Anwendung von Vorschriften dieses Gesetzes auf den Erhalt von Kindergeld ankommt, stehen die Leistungen nach Satz 1 dem Kindergeld gleich. [3]Steht ein Berechtigter in einem Versicherungspflichtverhältnis zur Bundesagentur für Arbeit nach § 24 des Dritten Buches Sozialgesetzbuch oder ist er versicherungsfrei nach § 28 Absatz 1 Nummer 1 des Dritten Buches Sozialgesetzbuch oder steht er im Inland in einem öffentlich-rechtlichen Dienst- oder Amtsverhältnis, so wird sein Anspruch auf Kindergeld für ein Kind nicht nach Satz 1 Nummer 2 mit Rücksicht darauf ausgeschlossen, dass sein Ehegatte als Beamter, Ruhestandsbeamter oder sonstiger Bediensteter der Europäischen Union für das Kind Anspruch auf Kinderzulage hat.

§ 66[2)] Höhe des Kindergeldes, Zahlungszeitraum. (1) Das Kindergeld beträgt monatlich für jedes Kind 250 Euro.

(2) Das Kindergeld wird monatlich vom Beginn des Monats an gezahlt, in dem die Anspruchsvoraussetzungen erfüllt sind, bis zum Ende des Monats, in dem die Anspruchsvoraussetzungen wegfallen.

[1)] § 65 Abs. 1 Satz 3 geänd. mWv 30.6.2013 durch G v. 26.6.2013 (BGBl. I S. 1809); Abs. 2 aufgeh., Satz 1 neu gef., Satz 3 geänd. mWv 21.12.2022 durch G v. 16.12.2022 (BGBl. I S. 2294).

[2)] § 66 Abs. 1 Satz 1 neu gef. mWv 31.12.2009 durch G v. 22.12.2009 (BGBl. I S. 3950); Abs. 1 neu gef. mWv 23.7.2015 und mWv 1.1.2016 durch G v. 16.7.2015 (BGBl. I S. 1202); Abs. 1 neu gef. mWv 1.1.2017 und mWv 1.1.2018 durch G v. 20.12.2016 (BGBl. I S. 3000); Abs. 3 angef. mWv 1.1.2018 durch G v. 23.6.2017 (BGBl. I S. 1682); Abs. 1 neu gef. mWv 1.7.2019 durch G v. 29.11.2018 (BGBl. I S. 2210); Abs. 3 aufgeh. mWv 18.7.2019 durch G v. 11.7.2019 (BGBl. I S. 1066); Abs. 1 Sätze 2–4 angef. mWv 1.7.2020 durch G v. 29.6.2020 (BGBl. I S. 1512); Abs. 1 neu gef. mWv 1.1.2021 durch G v. 1.12. 2020 (BGBl. I S. 2616); Abs. 1 Sätze 2–4 angef. mWv 18.3.2021 durch G v. 10.3.2021 (BGBl. I S. 330); Abs. 1 Sätze 2 und 3 geänd. mWv 28.5.2022 durch G v. 23.5.2022 (BGBl. I S. 749); Abs. 1 neu gef. mWv 1.1.2023 durch G v. 8.12.2022 (BGBl. I S. 2230).

§ 67[1] Antrag. [1]Das Kindergeld ist bei der zuständigen Familienkasse schriftlich zu beantragen; eine elektronische Antragstellung nach amtlich vorgeschriebenem Datensatz über die amtlich vorgeschriebene Schnittstelle ist zulässig, soweit der Zugang eröffnet wurde. [2]Den Antrag kann außer dem Berechtigten auch stellen, wer ein berechtigtes Interesse an der Leistung des Kindergeldes hat. [3]In Fällen des Satzes 2 ist § 62 Absatz 1 Satz 2 bis 3 anzuwenden. [4]Der Berechtigte ist zu diesem Zweck verpflichtet, demjenigen, der ein berechtigtes Interesse an der Leistung des Kindergeldes hat, seine an ihn vergebene Identifikationsnummer (§ 139b der Abgabenordnung) mitzuteilen. [5]Kommt der Berechtigte dieser Verpflichtung nicht nach, teilt die zuständige Familienkasse demjenigen, der ein berechtigtes Interesse an der Leistung des Kindergeldes hat, auf seine Anfrage die Identifikationsnummer des Berechtigten mit.

§ 68[2] Besondere Mitwirkungspflichten und Offenbarungsbefugnis.

(1) [1]Wer Kindergeld beantragt oder erhält, hat Änderungen in den Verhältnissen, die für die Leistung erheblich sind oder über die im Zusammenhang mit der Leistung Erklärungen abgegeben worden sind, unverzüglich der zuständigen Familienkasse mitzuteilen. [2]Ein Kind, das das 18. Lebensjahr vollendet hat, ist auf Verlangen der Familienkasse verpflichtet, an der Aufklärung des für die Kindergeldzahlung maßgebenden Sachverhalts mitzuwirken; § 101 der Abgabenordnung findet insoweit keine Anwendung.

(2) (weggefallen)

(3) Auf Antrag des Berechtigten erteilt die das Kindergeld auszahlende Stelle eine Bescheinigung über das für das Kalenderjahr ausgezahlte Kindergeld.

(4) [1]Die Familienkassen dürfen den Stellen, die die Bezüge im öffentlichen Dienst anweisen, den für die jeweilige Kindergeldzahlung maßgebenden Sachverhalt durch automatisierte Abrufverfahren bereitstellen oder Auskunft über diesen Sachverhalt erteilen. [2]Das Bundesministerium der Finanzen wird ermächtigt, durch Rechtsverordnung ohne Zustimmung des Bundesrates zur Durchführung von automatisierten Abrufen nach Satz 1 die Voraussetzungen, unter denen ein Datenabruf erfolgen darf, festzulegen.

(5) [1]Zur Erfüllung der in § 31a Absatz 2 der Abgabenordnung[3] genannten Mitteilungspflichten dürfen die Familienkassen den Leistungsträgern, die für Leistungen der Arbeitsförderung nach § 19 Absatz 2, für Leistungen der Grundsicherung für Arbeitsuchende nach § 19a Absatz 2, für Kindergeld, Kinderzuschlag, Leistungen für Bildung und Teilhabe und Elterngeld nach § 25 Absatz 3 oder für Leistungen der Sozialhilfe nach § 28 Absatz 2 des Ersten Buches Sozialgesetzbuch zuständig sind, und den nach § 9 Absatz 1 Satz 2 des Unterhaltsvorschussgesetzes[4] zuständigen Stellen den für die jeweilige Kindergeldzahlung maßgebenden Sachverhalt durch automatisierte Abrufverfahren bereitstellen. [2]Das Bundesministerium der Finanzen wird ermächtigt, durch Rechtsverordnung mit Zustimmung des Bundesrates zur Durchführung von automatisierten Abrufen nach Satz 1 die Voraussetzungen, unter denen ein Datenabruf erfolgen darf, festzulegen.

---

[1] § 67 Sätze 3–5 angef. mWv 9.12.2014 durch G v. 2.12.2014 (BGBl. I S. 1922); Satz 1 neu gef. mWv 10.12.2020 durch G v. 3.12.2020 (BGBl. I S. 2668).

[2] *§ 68 Abs. 4 neu gef.* mWv 14.12.2016 durch G v. 8.12.2016 (BGBl. I S. 2835); Überschrift geänd., Abs. 5–7 angef. mWv 18.7.2019 durch G v. 11.7.2019 (BGBl. I S. 1066); Abs. 4 Satz 1 geänd. mWv 26.11.2019 durch G v. 20.11.2019 (BGBl. I S. 1626).

[3] Nr. **88b**.

[4] Nr. **45d**.

(6) [1] Zur Prüfung und Bemessung der in Artikel 3 Absatz 1 Buchstabe j in Verbindung mit Artikel 1 Buchstabe z der Verordnung (EG) Nr. 883/2004 des Europäischen Parlaments und des Rates vom 29. April 2004 zur Koordinierung der Systeme der sozialen Sicherheit (ABl. L 166 vom 30.4.2004, S. 1), die zuletzt durch die Verordnung (EU) 2017/492 (ABl. L 76 vom 22.3.2017, S. 13) geändert worden ist, genannten Familienleistungen dürfen die Familienkassen den zuständigen öffentlichen Stellen eines Mitgliedstaates der Europäischen Union den für die jeweilige Kindergeldzahlung maßgebenden Sachverhalt durch automatisierte Abrufverfahren bereitstellen. [2] Das Bundesministerium der Finanzen wird ermächtigt, durch Rechtsverordnung ohne Zustimmung des Bundesrates zur Durchführung von automatisierten Abrufen nach Satz 1 die Voraussetzungen, unter denen ein Datenabruf erfolgen darf, festzulegen.

(7) [1] Die Datenstelle der Rentenversicherung darf den Familienkassen in einem automatisierten Abrufverfahren die zur Überprüfung des Anspruchs auf Kindergeld nach § 62 Absatz 1a und 2 erforderlichen Daten übermitteln; § 79 Absatz 2 bis 4 des Zehnten Buches Sozialgesetzbuch gilt entsprechend. [2] Die Träger der Leistungen nach dem Zweiten und Dritten Buch Sozialgesetzbuch dürfen den Familienkassen in einem automatisierten Abrufverfahren die zur Überprüfung des Anspruchs auf Kindergeld nach § 62 erforderlichen Daten übermitteln. [3] Das Bundesministerium für Arbeit und Soziales wird ermächtigt, durch Rechtsverordnung mit Zustimmung des Bundesrates die Voraussetzungen für das Abrufverfahren und Regelungen zu den Kosten des Verfahrens nach Satz 2 festzulegen.

§ 69[1)] Datenübermittlung an die Familienkassen. [1] Erfährt das Bundeszentralamt für Steuern, dass ein Kind, für das Kindergeld gezahlt wird, verzogen ist oder von Amts wegen von der Meldebehörde abgemeldet wurde, hat es der zuständigen Familienkasse unverzüglich die in § 139b Absatz 3 Nummer 1, 3, 5, 8 und 14 der Abgabenordnung genannten Daten zum Zweck der Prüfung der Rechtmäßigkeit des Bezugs von Kindergeld zu übermitteln. [2] Die beim Bundeszentralamt für Steuern gespeicherten Daten für ein Kind, für das Kindergeld gezahlt wird, werden auf Anfrage auch den Finanzämtern zur Prüfung der Rechtmäßigkeit der Berücksichtigung der Freibeträge nach § 32 Absatz 6 zur Verfügung gestellt. [3] Erteilt das Bundeszentralamt für Steuern auf Grund der Geburt eines Kindes eine neue Identifikationsnummer nach § 139b der Abgabenordnung, übermittelt es der zuständigen Familienkasse zum Zweck der Prüfung des Bezugs von Kindergeld unverzüglich

1. die in § 139b Absatz 3 Nummer 1, 3, 5, 8 und 10 der Abgabenordnung genannten Daten des Kindes sowie
2. soweit vorhanden, die in § 139b Absatz 3 Nummer 1, 3, 5, 8 und 10 und Absatz 3a der Abgabenordnung genannten Daten der Personen, bei denen für dieses Kind nach § 39e Absatz 1 ein Kinderfreibetrag berücksichtigt wird.

§ 70[2)] Festsetzung und Zahlung des Kindergeldes. (1) [1] Das Kindergeld nach § 62 wird von den Familienkassen durch Bescheid festgesetzt und ausgezahlt. [2] Die Auszahlung von festgesetztem Kindergeld erfolgt rückwirkend nur für die letzten sechs Monate vor Beginn des Monats, in dem der Antrag auf Kindergeld

---

[1)] § 69 eingef. mWv 1.1.2018 durch G v. 23.6.2017 (BGBl. I S. 1682); Satz 1 geänd., Sätze 2 und 3 angef. mWv 1.1.2023 durch G v. 16.12.2022 (BGBl. I S. 2294).

[2)] § 70 Abs. 4 aufgeh. mWv 1.1.2012 durch G v. 1.11.2011 (BGBl. I S. 2131); Abs. 3 neu gef. mWv 1.1.2015 durch G v. 22.12.2014 (BGBl. I S. 2417); Abs. 1 Sätze 2 und 3 angef. mWv 18.7.2019 durch G v. 11.7.2019 (BGBl. I S. 1066).

eingegangen ist. [3] Der Anspruch auf Kindergeld nach § 62 bleibt von dieser Auszahlungsbeschränkung unberührt.

(2) [1] Soweit in den Verhältnissen, die für den Anspruch auf Kindergeld erheblich sind, Änderungen eintreten, ist die Festsetzung des Kindergeldes mit Wirkung vom Zeitpunkt der Änderung der Verhältnisse aufzuheben oder zu ändern. [2] Ist die Änderung einer Kindergeldfestsetzung nur wegen einer Anhebung der in § 66 Absatz 1 genannten Kindergeldbeträge erforderlich, kann von der Erteilung eines schriftlichen Änderungsbescheides abgesehen werden.

(3) [1] Materielle Fehler der letzten Festsetzung können durch Aufhebung oder Änderung der Festsetzung mit Wirkung ab dem auf die Bekanntgabe der Aufhebung oder Änderung der Festsetzung folgenden Monat beseitigt werden. [2] Bei der Aufhebung oder Änderung der Festsetzung nach Satz 1 ist § 176 der Abgabenordnung entsprechend anzuwenden; dies gilt nicht für Monate, die nach der Verkündung der maßgeblichen Entscheidung eines obersten Bundesgerichts beginnen.

§ 71[1)] Vorläufige Einstellung der Zahlung des Kindergeldes. (1) Die Familienkasse kann die Zahlung des Kindergeldes ohne Erteilung eines Bescheides vorläufig einstellen, wenn

1. sie Kenntnis von Tatsachen erhält, die kraft Gesetzes zum Ruhen oder zum Wegfall des Anspruchs führen, und
2. die Festsetzung, aus der sich der Anspruch ergibt, deshalb mit Wirkung für die Vergangenheit aufzuheben ist.

(2) [1] Soweit die Kenntnis der Familienkasse nicht auf Angaben des Berechtigten beruht, der das Kindergeld erhält, sind dem Berechtigten unverzüglich die vorläufige Einstellung der Zahlung des Kindergeldes sowie die dafür maßgeblichen Gründe mitzuteilen. [2] Ihm ist Gelegenheit zu geben, sich zu äußern.

(3) Die Familienkasse hat die vorläufig eingestellte Zahlung des Kindergeldes unverzüglich nachzuholen, soweit die Festsetzung, aus der sich der Anspruch ergibt, zwei Monate nach der vorläufigen Einstellung der Zahlung nicht mit Wirkung für die Vergangenheit aufgehoben oder geändert wird.

§ 72[2)] *(aufgehoben)*

§ 73 (weggefallen)

§ 74 Zahlung des Kindergeldes in Sonderfällen. (1) [1] Das für ein Kind festgesetzte Kindergeld nach § 66 Absatz 1 kann an das Kind ausgezahlt werden, wenn der Kindergeldberechtigte ihm gegenüber seiner gesetzlichen Unterhaltspflicht nicht nachkommt. [2] Kindergeld kann an Kinder, die bei der Festsetzung des Kindergeldes berücksichtigt werden, bis zur Höhe des Betrags, der sich bei entsprechender Anwendung des § 76 ergibt, ausgezahlt werden. [3] Dies gilt auch, wenn der Kindergeldberechtigte mangels Leistungsfähigkeit nicht unterhaltspflichtig ist oder nur Unterhalt in Höhe eines Betrags zu leisten braucht, der geringer ist als das für die Auszahlung in Betracht kommende Kindergeld. [4] Die Auszahlung kann *auch an die Person oder* Stelle erfolgen, die dem Kind Unterhalt gewährt.

---

1) § 71 neu gef. mWv 18.7.2019 durch G v. 11.7.2019 (BGBl. I S. 1066).
2) § 72 aufgeh. mWv 1.1.2024 durch G v. 16.12.2022 (BGBl. I S. 2294).

(2) Für Erstattungsansprüche der Träger von Sozialleistungen gegen die Familienkasse gelten die §§ 102 bis 109 und 111 bis 113 des Zehnten Buches Sozialgesetzbuch entsprechend.

§ 75[1)] Aufrechnung. (1) Mit Ansprüchen auf Erstattung von Kindergeld kann die Familienkasse gegen Ansprüche auf Kindergeld bis zu deren Hälfte aufrechnen, wenn der Leistungsberechtigte nicht nachweist, dass er dadurch hilfebedürftig im Sinne der Vorschriften des Zwölften Buches Sozialgesetzbuch über die Hilfe zum Lebensunterhalt oder im Sinne der Vorschriften des Zweiten Buches Sozialgesetzbuch über die Leistungen zur Sicherung des Lebensunterhalts wird.

(2) Absatz 1 gilt für die Aufrechnung eines Anspruchs auf Erstattung von Kindergeld gegen einen späteren Kindergeldanspruch eines mit dem Erstattungspflichtigen in Haushaltsgemeinschaft lebenden Berechtigten entsprechend, soweit es sich um laufendes Kindergeld für ein Kind handelt, das bei beiden berücksichtigt werden kann oder konnte.

§ 76 Pfändung. [1]Der Anspruch auf Kindergeld kann nur wegen gesetzlicher Unterhaltsansprüche eines Kindes, das bei der Festsetzung des Kindergeldes berücksichtigt wird, gepfändet werden. [2]Für die Höhe des pfändbaren Betrags gilt:

1. [1]Gehört das unterhaltsberechtigte Kind zum Kreis der Kinder, für die dem Leistungsberechtigten Kindergeld gezahlt wird, so ist eine Pfändung bis zu dem Betrag möglich, der bei gleichmäßiger Verteilung des Kindergeldes auf jedes dieser Kinder entfällt. [2]Ist das Kindergeld durch die Berücksichtigung eines weiteren Kindes erhöht, für das einer dritten Person Kindergeld oder dieser oder dem Leistungsberechtigten eine andere Geldleistung für Kinder zusteht, so bleibt der Erhöhungsbetrag bei der Bestimmung des pfändbaren Betrags des Kindergeldes nach Satz 1 außer Betracht;
2. der Erhöhungsbetrag nach Nummer 1 Satz 2 ist zugunsten jedes bei der Festsetzung des Kindergeldes berücksichtigten unterhaltsberechtigten Kindes zu dem Anteil pfändbar, der sich bei gleichmäßiger Verteilung auf alle Kinder, die bei der Festsetzung des Kindergeldes zugunsten des Leistungsberechtigten berücksichtigt werden, ergibt.

§ 76a[2)] *(aufgehoben)*

§ 77 Erstattung von Kosten im Vorverfahren. (1) [1]Soweit der Einspruch gegen die Kindergeldfestsetzung erfolgreich ist, hat die Familienkasse demjenigen, der den Einspruch erhoben hat, die zur zweckentsprechenden Rechtsverfolgung oder Rechtsverteidigung notwendigen Aufwendungen zu erstatten. [2]Dies gilt auch, wenn der Einspruch nur deshalb keinen Erfolg hat, weil die Verletzung einer Verfahrens- oder Formvorschrift nach § 126 der Abgabenordnung unbeachtlich ist. [3]Aufwendungen, die durch das Verschulden eines Erstattungsberechtigten entstanden sind, hat dieser selbst zu tragen; das Verschulden eines Vertreters ist dem Vertretenen zuzurechnen.

(2) Die Gebühren und Auslagen eines Bevollmächtigten oder Beistandes, der nach den Vorschriften des Steuerberatungsgesetzes zur geschäftsmäßigen Hilfeleistung in Steuersachen befugt ist, sind erstattungsfähig, wenn dessen Zuziehung notwendig war.

---

1) § 75 Abs. 1 geänd. mWv 1.1.2015 durch G v. 22.12.2014 (BGBl. I S. 2417).
2) § 76a aufgeh. mWv 1.1.2012 durch G v. 7.7.2009 (BGBl. I S. 1707).

(3) [1] Die Familienkasse setzt auf Antrag den Betrag der zu erstattenden Aufwendungen fest. [2] Die Kostenentscheidung bestimmt auch, ob die Zuziehung eines Bevollmächtigten oder Beistandes im Sinne des Absatzes 2 notwendig war.

§ 78 Übergangsregelungen. (1) bis (4) (weggefallen)

(5) [1] Abweichend von § 64 Absatz 2 und 3 steht Berechtigten, die für Dezember 1990 für ihre Kinder Kindergeld in dem in Artikel 3 des Einigungsvertrages genannten Gebiet bezogen haben, das Kindergeld für diese Kinder auch für die folgende Zeit zu, solange sie ihren Wohnsitz oder gewöhnlichen Aufenthalt in diesem Gebiet beibehalten und die Kinder die Voraussetzungen ihrer Berücksichtigung weiterhin erfüllen. [2] § 64 Absatz 2 und 3 ist insoweit erst für die Zeit vom Beginn des Monats an anzuwenden, in dem ein hierauf gerichteter Antrag bei der zuständigen Stelle eingegangen ist; der hiernach Berechtigte muss die nach Satz 1 geleisteten Zahlungen gegen sich gelten lassen.

45b. Bundeskindergeldgesetz (BKGG)

In der Fassung der Bekanntmachung vom 28. Januar 2009[1)]
(BGBl. I S. 142, ber. S. 3177)

FNA 85-4

Lfd. Nr.	Änderndes Gesetz	Datum	Fundstelle	Betroffen	Hinweis
1.	§ 62 Abs. 17 BeamtenstatusG	17.6.2008	BGBl. I S. 1010	§ 1	geänd. mWv 1.4.2009
2.	Art. 104 FGG-ReformG	17.12.2008	BGBl. I S. 2586	§ 3	geänd. mWv 1.9.2009
3.	Art. 15 Abs. 95 DienstrechtsneuordnungsG	5.2.2009	BGBl. I S. 160	§ 1	geänd. mWv 12.2.2009
4.	Art. 3 G zur Sicherung von Beschäftigung und Stabilität in Deutschland	2.3.2009	BGBl. I S. 416	§ 6	geänd. mWv 6.3.2009
5.	Art. 13 BürgerentlastungsG Krankenversicherung	16.7.2009	BGBl. I S. 1959	§§ 2, 6a, 20	geänd. mWv 23.7.2009
6.	Art. 8 WachstumsbeschleunigungsG	22.12.2009	BGBl. I S. 3950	§ 6	geänd. mWv 1.1.2010
7.	Art. 5 G zur Ermittlung von Regelbedarfen und zur Änd. des Zweiten und Zwölften Buches Sozialgesetzbuch	24.3.2011	BGBl. I S. 453	§§ 3, 5, 6a, 7, 8, 9, 11, 13, 14, 16, 20	geänd. mWv 1.1.2011
				§§ 6b, 7a	eingef. mWv 1.1.2011
8.	Art. 6 Abs. 11 G zur Änd. des BundesversorgungsG und anderer Vorschriften	20.6.2011	BGBl. I S. 1114	§ 20	geänd. mWv 1.1.2011
9.	Art. 12 SteuervereinfachungsG 2011	1.11.2011	BGBl. I S. 2131	§§ 1, 2	geänd. mWv 1.1.2012
10.	Art. 9 Beitreibungsrichtlinie-UmsetzungsG	7.12.2011	BGBl. I S. 2592	§§ 2, 6a, 20	geänd. mWv 1.1.2011
				§ 10	geänd. mWv 1.1.2012
11.	Art. 2 UnterhaltsvorschussentbürokratisierungsG	3.5.2013	BGBl. I S. 1108	§§ 5, 6a	geänd. mWv 1.7.2013
12.	Art. 3 G zur Änd. des Zweiten Buches Sozialgesetzbuch und anderer G	7.5.2013	BGBl. I S. 1167	§ 6b	geänd. mWv 1.8.2013
13.	Art. 15 Amtshilferichtlinie-UmsetzungsG	26.6.2013	BGBl. I S. 1809	§§ 2, 20	geänd. mWv 1.1.2012
14.	Art. 7 G zur Anpassung steuerlicher Regelungen an die Rechtsprechung des Bundesverfassungsgerichts	18.7.2014	BGBl. I S. 1042	§§ 1, 2, 3, 4, 6a, 10	geänd. mWv 24.7.2014
15.	Art. 21 G zur Anpassung des nationalen Steuerrechts an den Beitritt Kroatiens zur EU und zur Änd. weiterer steuerlicher Vorschriften	25.7.2014	BGBl. I S. 1266	§§ 2, 20	geänd. mWv 31.7.2014

[1)] Neubekanntmachung des BundeskindergeldG idF der Bek. v. 17.7.2007 (BGBl. I S. 1450) in der ab 1.1.2009 geltenden Fassung.

Lfd. Nr.	Änderndes Gesetz	Datum	Fundstelle	Betroffen	Hinweis
16.	Art. 14 G zur Anpassung der Abgabenordnung an den Zollkodex der Union und zur Änd. weiterer steuerlicher Vorschriften	22.12. 2014	BGBl. I S. 2417	§ 2	geänd. mWv 1.1.2015
17.	Art. 5, 6 und 7 G zur Anhebung des Grundfreibetrags, des Kinderfreibetrags, des Kindergeldes und des Kinderzuschlags	16.7.2015	BGBl. I S. 1202	§ 6	geänd. mWv 1.1.2015
				§ 6	geänd. mWv 1.1.2016
				§ 6a	geänd. mWv 1.7.2016
18.	Art. 3 Abs. 11 Neuntes G zur Änd. des SGB II – Rechtsvereinfachung – sowie zur vorübergehenden Aussetzung der Insolvenzantragspflicht	26.7.2016	BGBl. I S. 1824	§ 11	geänd. mWv 1.8.2016
19.	Art. 12, 13 G zur Umsetzung der Änd. der EU-AmtshilfeRL und von weiteren Maßnahmen gegen Gewinnkürzungen und -verlagerungen	20.12. 2016	BGBl. I S. 3000	§§ 6, 6a, 6b	geänd. mWv 1.1.2017
				§ 6	geänd. mWv 1.1.2018
20.	Art. 157 G zum Abbau verzichtbarer Anordnungen der Schriftform im Verwaltungsrecht des Bundes	29.3.2017	BGBl. I S. 626	§ 14	geänd. mWv 5.4.2017
21.	Art. 8 SteuerumgehungsbekämpfungsG	23.6.2017	BGBl. I S. 1682	§§ 6, 20	geänd. mWv 1.1.2018
22.	Art. 6, 7 FamilienentlastungsG	29.11. 2018	BGBl. I S. 2210	§ 2	geänd. mWv 1.1.2019
				§ 6	geänd. mWv 1.7.2019
23.	Art. 1, 2 Starke-Familien-G	29.4.2019	BGBl. I S. 530	§§ 5, 6, 9, 11, 19, 20, 22	geänd. mWv 1.7.2019
				§§ 6a	neu gef. mWv 1.7.2019
				§ 6b	geänd. mWv 1.8.2019
				§§ 5, 6a, 19, 20, 22	geänd. mWv 1.1.2020
24.	Art. 15 G gegen illegale Beschäftigung und Sozialleistungsmissbrauch	11.7.2019	BGBl. I S. 1066	§ 2	geänd. mWv 18.7.2019
				§ 7b	eingef. mWv 18.7.2019
25.	Art. 33, 34 G zur weiteren steuerl. Förderung der Elektromobilität und zur Änd. weiterer steuerlicher Vorschriften	12.12. 2019	BGBl. I S. 2451	§§ 1, 20	geänd. mWv 1.1.2020
				§§ 1, 20	geänd. mWv 1.3.2020
26.	Art. 6 Sozialschutz-Paket	27.3.2020	BGBl. I S. 575	§ 20	geänd. mWv 28.3.2020
27.	Art. 18 Sozialschutz-Paket II	20.5.2020	BGBl. I S. 1055	§ 20	geänd. mWv 29.5.2020

Lfd. Nr.	Änderndes Gesetz	Datum	Fundstelle	Betroffen	Hinweis
28.	Art. 9 Zweites Corona-SteuerhilfeG	29.6.2020	BGBl. I S. 1512	§ 6	geänd. mWv 1.7.2020
29.	Art. 12 Krankenhauszukunftsg	23.10.2020	BGBl. I S. 2208	§ 20	geänd. mWv 29.10.2020
30.	Art. 5 Zweites FamilienentlastungsG	1.12.2020	BGBl. I S. 2616	§§ 5, 6, 6a, 8, 13, 20, 22	geänd. mWv 1.1.2021
31.	Art. 8 G zur Ermittlung der Regelbedarfe und zur Änd. des Zwölften Buches Sozialgesetzbuch sowie weiterer Gesetze	9.12.2020	BGBl. I S. 2855	§ 20	geänd. mWv 1.1.2021
32.	Art. 4 Drittes Corona-SteuerhilfeG	10.3.2021	BGBl. I S. 330	§ 6	geänd. mWv 18.3.2021
33.	Art. 4 Sozialschutz-Paket III	10.3.2021	BGBl. I S. 335	§ 20	geänd. mWv 1.4.2021
34.	Art. 2 KitafinanzhilfenänderungsG	25.6.2021	BGBl. I S. 2020	§§ 6a, 19	geänd. mWv 30.6.2021
				§ 6c	eingef. mWv 30.6.2021
				§ 6d	eingef. mWv 1.7.2021
35.	Art. 14 G zur Änd. des InfektionsschutzG und weiterer Gesetze anlässlich der Aufhebung der Feststellung der epidemischen Lage von nationaler Tragweite	22.11.2021	BGBl. I S. 4906	§ 20	geänd. mWv 24.11.2021
36.	Art. 3 SteuerentlastungsG 2022	23.5.2022	BGBl. I S. 749	§ 6	geänd. mWv 28.5.2022
37.	Art. 5 G zur Regelung eines Sofortzuschlages und einer Einmalzahlung in den sozialen Mindestsicherungssystemen sowie zur Änd. des FinanzausgleichsG und weiterer G	23.5.2022	BGBl. I S. 760	§§ 1, 6a, 20	geänd. mWv 1.6.2022
				§ 22	aufgeh. mit Ablauf des 31.5.2022
38.	Art. 6 InflationsausgleichsG	8.12.2022	BGBl. I S. 2230	§§ 6, 20	geänd. mWv 1.1.2023
39.	Art. 35 JahressteuerG 2022	16.12.2022	BGBl. I S. 2294	§§ 2, 4	geänd. mWv 21.12.2022
40.	Art. 10 Bürgergeld-G	16.12.2022	BGBl. I S. 2328	§§ 6a, 20	geänd. mWv 1.1.2023

Zum BKGG haben die Länder ua folgende Ausführungsvorschriften erlassen:
- **Baden-Württemberg:** G zur Ausführung des SGB II und zur Ausführung der Aufgaben nach § 6b des *BundeskindergeldG* (AGSGB II) v. 14.12.2004 (GBl. S. 907), zuletzt geänd. durch G v. 6.2.2018 (GBl. S. 6)
- **Niedersachsen:** G zur Ausführung des Zweiten Buchs des Sozialgesetzbuchs und des § 6b des BundeskindergeldG v. 16.9.2004 (Nds. GVBl. S. 358), zuletzt geänd. durch G v. 23.9.2022 (Nds. GVBl. S. 596)
- **Rheinland-Pfalz:** LandesG zur Ausführung des Zweiten Buches Sozialgesetzbuch und des § 6b des BundeskindergeldG v. 22.12.2004 (GVBl. S. 569), zuletzt geänd. durch G v. 18.12.2017 (GVBl. S. 331)
- **Saarland:** G zur Ausführung des Zweiten Buches Sozialgesetzbuch und des BundeskindergeldG (AGSGB II/BKGG) v. 17.6.2015 (Amtsbl. I S. 538), zuletzt geänd. durch G v. 16.2.2022 (Amtsbl. I S. 560)
- **Sachsen-Anhalt:** G zur Ausführung des Zweiten Buches Sozialgesetzbuch und des BundeskindergeldG v. 20.1.2012 (GVBl. LSA S. 36, ber. S. 120), zuletzt geänd. durch G v. 23.5.2022 (GVBl. LSA S. 127)

– **Schleswig-Holstein:** G zur Ausführung des Zweiten Buches Sozialgesetzbuch und des § 6b BundeskindergeldG v. 27.5.2011 (GVOBl. Schl.-H. S. 146), zuletzt geänd. durch VO v. 16.1.2019 (GVOBl. Schl.-H. S. 30)

Erster Abschnitt. Leistungen

§ 1[1)] Anspruchsberechtigte. (1) Kindergeld nach diesem Gesetz für seine Kinder erhält, wer nach § 1 Absatz 1 und 2 des Einkommensteuergesetzes[2)] nicht unbeschränkt steuerpflichtig ist und auch nicht nach § 1 Absatz 3 des Einkommensteuergesetzes als unbeschränkt steuerpflichtig behandelt wird und

1. in einem Versicherungspflichtverhältnis zur Bundesagentur für Arbeit nach dem Dritten Buch Sozialgesetzbuch steht oder versicherungsfrei nach § 28 Absatz 1 Nummer 1 des Dritten Buches Sozialgesetzbuch ist oder

---

[1)] § 1 Abs. 1 Nr. 3 neu gef. mWv 1.4.2009 durch G v. 17.6.2008 (BGBl. I S. 1010); Abs. 1 Nr. 3 geänd. mWv 12.2.2009 durch G v. 5.2.2009 (BGBl. I S. 160); Abs. 1 Nr. 3 geänd. mWv 1.1.2012 durch G v. 1.11.2011 (BGBl. I S. 2131); Abs. 1 Nr. 4 geänd. mWv 24.7.2014 durch G v. 18.7.2014 (BGBl. I S. 1042); Abs. 3 Nr. 2 Buchst. c geänd., Worlaut vor Nr. 3 aufgeh., Nr. 3 Buchst. b geänd., Wortlaut nach Nr. 3 Buchst. b eingef., Nr. 4 angef. mWv 1.1.2020, Abs. 3 neu gef. mWv 1.3.2020 durch G v. 12.12.2019 (BGBl. I S. 2451); Abs. 3 Nr. 2 Buchst. c geänd. mWv 1.6.2022 durch G v. 23.5.2022 (BGBl. I S. 760).

[2)] § 1 Abs. 1–3 EStG idF der Bek. v. 8.10.2009 (BGBl. I S. 3366, ber. S. 3362), zuletzt geänd. durch G v. 20.12.2022 (BGBl. I S. 2730):

„**§ 1 Steuerpflicht.** (1) [1] Natürliche Personen, die im Inland einen Wohnsitz oder ihren gewöhnlichen Aufenthalt haben, sind unbeschränkt einkommensteuerpflichtig.

[Fassung bis VZ 2015:]

[2] Zum Inland im Sinne dieses Gesetzes gehört auch der der Bundesrepublik Deutschland zustehende Anteil

1. am Festlandsockel, soweit dort Naturschätze des Meeresgrundes und des Meeresuntergrundes erforscht oder ausgebeutet werden, und
2. an der ausschließlichen Wirtschaftszone, soweit dort Energieerzeugungsanlagen errichtet oder betrieben werden, die erneuerbare Energien nutzen.

[Fassung ab VZ 2016:]

[2] Zum Inland im Sinne dieses Gesetzes gehört auch der der Bundesrepublik Deutschland zustehende Anteil

1. an der ausschließlichen Wirtschaftszone, soweit dort
   a) die lebenden und nicht lebenden natürlichen Ressourcen der Gewässer über dem Meeresboden, des Meeresbodens und seines Untergrunds erforscht, ausgebeutet, erhalten oder bewirtschaftet werden,
   b) andere Tätigkeiten zur wirtschaftlichen Erforschung oder Ausbeutung der ausschließlichen Wirtschaftszone ausgeübt werden, wie beispielsweise die Energieerzeugung aus Wasser, Strömung und Wind oder
   c) künstliche Inseln errichtet oder genutzt werden und Anlagen und Bauwerke für die in den Buchstaben a und b genannten Zwecke errichtet oder genutzt werden, und
2. am Festlandsockel, soweit dort
   a) dessen natürliche Ressourcen erforscht oder ausgebeutet werden; natürliche Ressourcen in diesem Sinne sind die mineralischen und sonstigen nicht lebenden Ressourcen des Meeresbodens und seines Untergrunds sowie die zu den sesshaften Arten gehörenden Lebewesen, die im nutzbaren Stadium entweder unbeweglich auf oder unter dem Meeresboden verbleiben oder sich nur in ständigem körperlichen Kontakt mit dem Meeresboden oder seinem Untergrund fortbewegen können; oder
   b) künstliche Inseln errichtet oder genutzt werden und Anlagen und Bauwerke für die in Buchstabe a genannten Zwecke errichtet oder genutzt werden.

→

2. als Entwicklungshelfer Unterhaltsleistungen im Sinne des § 4 Absatz 1 Nummer 1 des Entwicklungshelfer-Gesetzes erhält oder als Missionar der Missionswerke und -gesellschaften, die Mitglieder oder Vereinbarungspartner des Evangelischen Missionswerkes Hamburg, der Arbeitsgemeinschaft Evangelikaler Missionen e.V., des Deutschen katholischen Missionsrates oder der Arbeitsgemeinschaft pfingstlich-charismatischer Missionen sind, tätig ist oder
3. eine nach § 123a des Beamtenrechtsrahmengesetzes[1)] oder § 29 des Bundesbeamtengesetzes[2)] oder nach § 20 des Beamtenstatusgesetzes[3)] bei einer Einrichtung außerhalb Deutschlands zugewiesene Tätigkeit ausübt oder
4. als Ehegatte oder Lebenspartner eines Mitglieds der Truppe oder des zivilen Gefolges eines NATO-Mitgliedstaates die Staatsangehörigkeit eines EU/EWR-Mitgliedstaates besitzt und in Deutschland seinen Wohnsitz oder gewöhnlichen Aufenthalt hat.

(2) [1] Kindergeld für sich selbst erhält, wer
1. in Deutschland einen Wohnsitz oder seinen gewöhnlichen Aufenthalt hat,
2. Vollwaise ist oder den Aufenthalt seiner Eltern nicht kennt und
3. nicht bei einer anderen Person als Kind zu berücksichtigen ist.

[2] § 2 Absatz 2 und 3 sowie die §§ 4 und 5 sind entsprechend anzuwenden. [3] Im Fall des § 2 Absatz 2 Satz 1 Nummer 3 wird Kindergeld längstens bis zur Vollendung des 25. Lebensjahres[4)] gewährt.

(3) [1] Ein nicht freizügigkeitsberechtigter Ausländer erhält Kindergeld nur, wenn er
1. eine Niederlassungserlaubnis oder eine Erlaubnis zum Daueraufenthalt-EU besitzt,

---

(Fortsetzung der Anm. von voriger Seite)

(2) [1] Unbeschränkt einkommensteuerpflichtig sind auch deutsche Staatsangehörige, die
1. im Inland weder einen Wohnsitz noch ihren gewöhnlichen Aufenthalt haben und
2. zu einer inländischen juristischen Person des öffentlichen Rechts in einem Dienstverhältnis stehen und dafür Arbeitslohn aus einer inländischen öffentlichen Kasse beziehen,

sowie zu ihrem Haushalt gehörende Angehörige, die die deutsche Staatsangehörigkeit besitzen oder keine Einkünfte oder nur Einkünfte beziehen, die ausschließlich im Inland einkommensteuerpflichtig sind. [2] Dies gilt nur für natürliche Personen, die in dem Staat, in dem sie ihren Wohnsitz oder ihren gewöhnlichen Aufenthalt haben, lediglich in einem der beschränkten Einkommensteuerpflicht ähnlichen Umfang zu einer Steuer vom Einkommen herangezogen werden.

(3) [1] Auf Antrag werden auch natürliche Personen als unbeschränkt einkommensteuerpflichtig behandelt, die im Inland weder einen Wohnsitz noch ihren gewöhnlichen Aufenthalt haben, soweit sie inländische Einkünfte im Sinne des § 49 haben. [2] Dies gilt nur, wenn ihre Einkünfte im Kalenderjahr mindestens zu 90 Prozent der deutschen Einkommensteuer unterliegen oder die nicht der deutschen Einkommensteuer unterliegenden Einkünfte den Grundfreibetrag nach § 32a Absatz 1 Satz 2 Nummer 1 nicht übersteigen; dieser Betrag ist zu kürzen, soweit es nach den Verhältnissen im Wohnsitzstaat des Steuerpflichtigen notwendig und angemessen ist. [3] Inländische Einkünfte, die nach einem Abkommen zur Vermeidung der Doppelbesteuerung nur der Höhe nach beschränkt besteuert werden dürfen, gelten hierbei als nicht der deutschen Einkommensteuer unterliegend. [4] Unberücksichtigt bleiben bei der Ermittlung der Einkünfte nach Satz 2 nicht der deutschen Einkommensteuer unterliegende Einkünfte, die im Ausland nicht besteuert werden, soweit vergleichbare Einkünfte im Inland steuerfrei sind. [5] Weitere Voraussetzung ist, dass die Höhe der nicht der deutschen Einkommensteuer unterliegenden Einkünfte durch eine Bescheinigung der zuständigen ausländischen Steuerbehörde nachgewiesen wird. [6] Der Steuerabzug nach § 50a ist ungeachtet der Sätze 1 bis 4 vorzunehmen."

[1)] **Sartorius Nr. 150a.**
[2)] **Sartorius Nr. 160.**
[3)] **Sartorius Nr. 150.**
[4)] Siehe hierzu die Übergangsvorschrift in § 20 Abs. 8.

2. eine Blaue Karte EU, eine ICT-Karte, eine Mobiler-ICT-Karte oder eine Aufenthaltserlaubnis besitzt, die für einen Zeitraum von mindestens sechs Monaten zur Ausübung einer Erwerbstätigkeit berechtigen oder berechtigt haben oder diese erlauben, es sei denn, die Aufenthaltserlaubnis wurde
   a) nach § 16e des Aufenthaltsgesetzes[1] zu Ausbildungszwecken, nach § 19c Absatz 1 des Aufenthaltsgesetzes zum Zweck der Beschäftigung als Au-Pair oder zum Zweck der Saisonbeschäftigung, nach § 19e des Aufenthaltsgesetzes zum Zweck der Teilnahme an einem Europäischen Freiwilligendienst oder nach § 20 Absatz 1 und 2 des Aufenthaltsgesetzes zur Arbeitsplatzsuche erteilt,
   b) nach § 16b des Aufenthaltsgesetzes zum Zweck eines Studiums, nach § 16d des Aufenthaltsgesetzes für Maßnahmen zur Anerkennung ausländischer Berufsqualifikationen oder nach § 20 Absatz 3 des Aufenthaltsgesetzes zur Arbeitsplatzsuche erteilt und er ist weder erwerbstätig noch nimmt er Elternzeit nach § 15 des Bundeselterngeld- und Elternzeitgesetzes[2] oder laufende Geldleistungen nach dem Dritten Buch Sozialgesetzbuch in Anspruch,
   c) nach § 23 Absatz 1 des Aufenthaltsgesetzes wegen eines Krieges in seinem Heimatland oder nach den § 23a oder § 25 Absatz 3 bis 5 des Aufenthaltsgesetzes erteilt,
3. eine in Nummer 2 Buchstabe c genannte Aufenthaltserlaubnis besitzt und im Bundesgebiet berechtigt erwerbstätig ist oder Elternzeit nach § 15 des Bundeselterngeld- und Elternzeitgesetzes oder laufende Geldleistungen nach dem Dritten Buch Sozialgesetzbuch in Anspruch nimmt,
4. eine in Nummer 2 Buchstabe c genannte Aufenthaltserlaubnis besitzt und sich seit mindestens 15 Monaten erlaubt, gestattet oder geduldet im Bundesgebiet aufhält oder
5. eine Beschäftigungsduldung gemäß § 60d in Verbindung mit § 60a Absatz 2 Satz 3 des Aufenthaltsgesetzes besitzt.

[2] Abweichend von Satz 1 Nummer 3 erste Alternative erhält ein minderjähriger nicht freizügigkeitsberechtigter Ausländer unabhängig von einer Erwerbstätigkeit Kindergeld.

§ 2[3] Kinder. (1) Als Kinder werden auch berücksichtigt
1. vom Berechtigten in seinen Haushalt aufgenommene Kinder seines Ehegatten oder Lebenspartners,
2. Pflegekinder (Personen, mit denen der Berechtigte durch ein familienähnliches, auf Dauer berechnetes Band verbunden ist, sofern er sie nicht zu Erwerbszwecken in seinen Haushalt aufgenommen hat und das Obhuts- und Pflegeverhältnis zu den Eltern nicht mehr besteht),
3. vom Berechtigten in seinen Haushalt aufgenommene Enkel.

---

[1] **Sartorius Nr. 565.**
[2] Nr. **45e**.
[3] § 2 Abs. 2 Sätze 2 und 3 neu gef., Sätze 4–10 aufgeh., Abs. 3 Satz 3 geänd. mWv 1.1.2012 durch G v. 1.11.2011 (BGBl. I S. 2131); Abs. 2 Satz 2 geänd. mWv 1.1.2012 durch G v. 26.6.2013 (BGBl. I S. 1809); Abs. 1 Nr. 1 geänd. mWv 24.7.2014 durch G v. 18.7.2014 (BGBl. I S. 1042); Abs. 2 Satz 1 Nr. 2 Buchst. b geänd. mWv 1.1.2015 durch G v. 22.12.2014 (BGBl. I S. 2417); Abs. 2 Satz 1 Nr. 2 Buchst. d neu gef. mWv 21.12.2022 durch G v. 16.12.2022 (BGBl. I S. 2294).

(2) [1] Ein Kind, das das 18. Lebensjahr vollendet hat, wird berücksichtigt, wenn es

1. noch nicht das 21. Lebensjahr vollendet hat, nicht in einem Beschäftigungsverhältnis steht und bei einer Agentur für Arbeit im Inland als Arbeitsuchender gemeldet ist oder
2. noch nicht das 25. Lebensjahr[1)] vollendet hat und
   a) für einen Beruf ausgebildet wird oder
   b) sich in einer Übergangszeit von höchstens vier Monaten befindet, die zwischen zwei Ausbildungsabschnitten oder zwischen einem Ausbildungsabschnitt und der Ableistung des gesetzlichen Wehr- oder Zivildienstes, einer vom Wehr- oder Zivildienst befreienden Tätigkeit als Entwicklungshelfer oder als Dienstleistender im Ausland nach § 14b des Zivildienstgesetzes[2)] oder der Ableistung des freiwilligen Wehrdienstes nach § 58b des Soldatengesetzes oder der Ableistung eines freiwilligen Dienstes im Sinne des Buchstaben d liegt, oder
   c) eine Berufsausbildung mangels Ausbildungsplatzes nicht beginnen oder fortsetzen kann oder
   d) einen der folgenden freiwilligen Dienste leistet:
      aa) ein freiwilliges soziales Jahr im Sinne des Jugendfreiwilligendienstegesetzes[3)],
      bb) ein freiwilliges ökologisches Jahr im Sinne des Jugendfreiwilligendienstegesetzes,
      cc) einen Bundesfreiwilligendienst im Sinne des Bundesfreiwilligendienstgesetzes[4)],
      dd) eine Freiwilligentätigkeit im Rahmen des Europäischen Solidaritätskorps im Sinne der Verordnung (EU) 2021/888 des Europäischen Parlaments und des Rates vom 20. Mai 2021 zur Aufstellung des Programms für das Europäische Solidaritätskorps und zur Aufhebung der Verordnungen (EU) 2018/1475 und (EU) Nr. 375/2014 (ABl. L 202 vom 8.6.2021, S. 32),
      ee) einen anderen Dienst im Ausland im Sinne von § 5 des Bundesfreiwilligendienstgesetzes,
      ff) einen entwicklungspolitischen Freiwilligendienst „weltwärts" im Sinne der Förderleitlinie des Bundesministeriums für wirtschaftliche Zusammenarbeit und Entwicklung vom 1. Januar 2016,
      gg) einen Freiwilligendienst aller Generationen im Sinne von § 2 Absatz 1a des Siebten Buches Sozialgesetzbuch oder
      hh) einen Internationalen Jugendfreiwilligendienst im Sinne der Richtlinie des Bundesministeriums für Familie, Senioren, Frauen und Jugend vom 4. Januar 2021 (GMBl S. 77) oder
3. wegen körperlicher, geistiger oder seelischer Behinderung außerstande ist, sich selbst zu unterhalten; Voraussetzung ist, dass die Behinderung vor Vollendung des 25. Lebensjahres eingetreten ist.

[1)] Siehe hierzu die Übergangsvorschrift in § 20 Abs. 8.
[2)] **Sartorius Nr. 625.**
[3)] **Sartorius Nr. 390.**
[4)] **Sartorius Nr. 627.**

[2] Nach Abschluss einer erstmaligen Berufsausbildung oder eines Erststudiums wird ein Kind in den Fällen des Satzes 1 Nummer 2 nur berücksichtigt, wenn das Kind keiner Erwerbstätigkeit nachgeht. [3] Eine Erwerbstätigkeit mit bis zu 20 Stunden regelmäßiger wöchentlicher Arbeitszeit, ein Ausbildungsdienstverhältnis oder ein geringfügiges Beschäftigungsverhältnis im Sinne der §§ 8 und 8a des Vierten Buches Sozialgesetzbuch sind unschädlich.

(3) [1] In den Fällen des Absatzes 2 Satz 1 Nummer 1 oder Nummer 2 Buchstabe a und b wird ein Kind, das

1. den gesetzlichen Grundwehrdienst oder Zivildienst geleistet hat oder
2. sich an Stelle des gesetzlichen Grundwehrdienstes freiwillig für die Dauer von nicht mehr als drei Jahren zum Wehrdienst verpflichtet hat oder
3. eine vom gesetzlichen Grundwehrdienst oder Zivildienst befreiende Tätigkeit als Entwicklungshelfer im Sinne des § 1 Absatz 1 des Entwicklungshelfer-Gesetzes ausgeübt hat,

für einen der Dauer dieser Dienste oder der Tätigkeit entsprechenden Zeitraum, höchstens für die Dauer des inländischen gesetzlichen Grundwehrdienstes, bei anerkannten Kriegsdienstverweigerern für die Dauer des inländischen gesetzlichen Zivildienstes über das 21. oder 25. Lebensjahr[1)] hinaus berücksichtigt. [2] Wird der gesetzliche Grundwehrdienst oder Zivildienst in einem Mitgliedstaat der Europäischen Union oder einem Staat, auf den das Abkommen über den Europäischen Wirtschaftsraum Anwendung findet, geleistet, so ist die Dauer dieses Dienstes maßgebend. [3] Absatz 2 Satz 2 und 3 gilt entsprechend.

(4) [1] Kinder, für die einer anderen Person nach dem Einkommensteuergesetz[2)] Kindergeld oder ein Kinderfreibetrag zusteht, werden nicht berücksichtigt. [2] Dies gilt nicht für Kinder, die in den Haushalt des Anspruchsberechtigten nach § 1 aufgenommen worden sind oder für die dieser die höhere Unterhaltsrente zahlt, wenn sie weder in seinen Haushalt noch in den Haushalt eines nach § 62 des Einkommensteuergesetzes[3)] Anspruchsberechtigten aufgenommen sind.

(5) [1] Kinder, die weder einen Wohnsitz noch ihren gewöhnlichen Aufenthalt in Deutschland haben, werden nicht berücksichtigt. [2] Dies gilt nicht gegenüber Berechtigten nach § 1 Absatz 1 Nummer 2 und 3, wenn sie die Kinder in ihren Haushalt aufgenommen haben.

(6) Die Bundesregierung wird ermächtigt, durch Rechtsverordnung, die nicht der Zustimmung des Bundesrates bedarf, zu bestimmen, dass einem Berechtigten, der in Deutschland erwerbstätig ist oder sonst seine hauptsächlichen Einkünfte erzielt, für seine in Absatz 5 Satz 1 bezeichneten Kinder Kindergeld ganz oder teilweise zu leisten ist, soweit dies mit Rücksicht auf die durchschnittlichen Lebenshaltungskosten für Kinder in deren Wohnland und auf die dort gewährten dem Kindergeld vergleichbaren Leistungen geboten ist.

§ 3[4)] *Zusammentreffen mehrerer Ansprüche.* (1) Für jedes Kind werden nur einer Person Kindergeld, Kinderzuschlag und Leistungen für Bildung und Teilhabe gewährt.

---

1) Siehe hierzu die Übergangsvorschrift in § 20 Abs. 8.
2) Auszugsweise abgedruckt unter Nr. **45a**.
3) Nr. **45a**.
4) § 3 Abs. 2 Satz 3 geänd. mWv 1.9.2009 durch G v. 17.12.2008 (BGBl. I S. 2586); Abs. 1, Abs. 2 Sätze 1 und 5 geänd. mWv 1.1.2011 durch G v. 24.3.2011 (BGBl. I S. 453); Abs. 2 Satz 2 neu gef. mWv 24.7.2014 durch G v. 18.7.2014 (BGBl. I S. 1042).

(2) [1] Erfüllen für ein Kind mehrere Personen die Anspruchsvoraussetzungen, so werden das Kindergeld, der Kinderzuschlag und die Leistungen für Bildung und Teilhabe derjenigen Person gewährt, die das Kind in ihren Haushalt aufgenommen hat. [2] Ist ein Kind in den gemeinsamen Haushalt von Eltern, von einem Elternteil und dessen Ehegatten oder Lebenspartner, von Pflegeeltern oder Großeltern aufgenommen worden, bestimmen diese untereinander den Berechtigten. [3] Wird eine Bestimmung nicht getroffen, bestimmt das Familiengericht auf Antrag den Berechtigten. [4] Antragsberechtigt ist, wer ein berechtigtes Interesse an der Leistung des Kindergeldes hat. [5] Lebt ein Kind im gemeinsamen Haushalt von Eltern und Großeltern, werden das Kindergeld, der Kinderzuschlag und die Leistungen für Bildung und Teilhabe vorrangig einem Elternteil gewährt; sie werden an einen Großelternteil gewährt, wenn der Elternteil gegenüber der zuständigen Stelle auf seinen Vorrang schriftlich verzichtet hat.

(3) [1] Ist das Kind nicht in den Haushalt einer der Personen aufgenommen, die die Anspruchsvoraussetzungen erfüllen, wird das Kindergeld derjenigen Person gewährt, die dem Kind eine Unterhaltsrente zahlt. [2] Zahlen mehrere anspruchsberechtigte Personen dem Kind Unterhaltsrenten, wird das Kindergeld derjenigen Person gewährt, die dem Kind laufend die höchste Unterhaltsrente zahlt. [3] Werden gleich hohe Unterhaltsrenten gezahlt oder zahlt keiner der Berechtigten dem Kind Unterhalt, so bestimmen die Berechtigten untereinander, wer das Kindergeld erhalten soll. [4] Wird eine Bestimmung nicht getroffen, so gilt Absatz 2 Satz 3 und 4 entsprechend.

§ 4[1)] Andere Leistungen für Kinder. [1] Kindergeld wird nicht für ein Kind gezahlt, für das eine der folgenden Leistungen zu zahlen ist oder bei entsprechender Antragstellung zu zahlen wäre:

1. Leistungen für Kinder, die im Ausland gewährt werden und dem Kindergeld oder der Kinderzulage aus der gesetzlichen Unfallversicherung nach § 217 Absatz 3 des Siebten Buches Sozialgesetzbuch in der bis zum 30. Juni 2020 geltenden Fassung oder dem Kinderzuschuss aus der gesetzlichen Rentenversicherung nach § 270 des Sechsten Buches Sozialgesetzbuch in der bis zum 16. November 2016 geltenden Fassung vergleichbar sind,
2. Leistungen für Kinder, die von einer zwischen- oder überstaatlichen Einrichtung gewährt werden und dem Kindergeld vergleichbar sind.

[2] Steht ein Berechtigter in einem Versicherungspflichtverhältnis zur Bundesagentur für Arbeit nach dem Dritten Buch Sozialgesetzbuch oder ist er versicherungsfrei nach § 28 Absatz 1 Nummer 1 des Dritten Buches Sozialgesetzbuch oder steht er in Deutschland in einem öffentlich-rechtlichen Dienst- oder Amtsverhältnis, so wird sein Anspruch auf Kindergeld für ein Kind nicht nach Satz 1 Nummer 2 mit Rücksicht darauf ausgeschlossen, dass sein Ehegatte oder Lebenspartner als Beamter, Ruhestandsbeamter oder sonstiger Bediensteter der Europäischen Gemeinschaften für das Kind Anspruch auf Kinderzulage hat.

§ 5[2)] Beginn und Ende des Anspruchs. (1) Das Kindergeld, der Kinderzuschlag und die Leistungen für Bildung und Teilhabe werden vom Beginn des

---

[1)] § 4 Abs. 1 Satz 2 geänd. mWv 24.7.2014 durch G v. 18.7.2014 (BGBl. I S. 1042); Abs. 2 aufgeh., Satz 1 neu gef., Satz 2 geänd. mWv 21.12.2022 durch G v. 16.12.2022 (BGBl. I S. 2294).

[2)] § 5 Abs. 1 und 2 geänd. mWv 1.1.2011 durch G v. 24.3.2011 (BGBl. I S. 453); Abs. 2 geänd. mWv 1.7.2013 durch G v. 3.5.2013 (BGBl. I S. 1108); Abs. 2 neu gef., Abs. 3 angef. mWv 1.7.2019, Abs. 3 Satz 2 geänd. mWv 1.1.2020 durch G v. 29.4.2019 (BGBl. I S. 530); Abs. 3 Satz 2 aufgeh., bish. Satz 3 wird Satz 2 mWv 1.1.2021 durch G v. 1.12.2020 (BGBl. I S. 2616).

Monats an gewährt, in dem die Anspruchsvoraussetzungen erfüllt sind; sie werden bis zum Ende des Monats gewährt, in dem die Anspruchsvoraussetzungen wegfallen.

(2) Das Kindergeld wird rückwirkend nur für die letzten sechs Monate vor Beginn des Monats gezahlt, in dem der Antrag auf Kindergeld eingegangen ist.

(3) [1]Der Kinderzuschlag wird nicht für Zeiten vor der Antragstellung gewährt. [2]§ 28 des Zehnten Buches Sozialgesetzbuch gilt mit der Maßgabe, dass der Antrag unverzüglich nach Ablauf des Monats, in dem die Ablehnung oder Erstattung der anderen Leistungen bindend geworden ist, nachzuholen ist.

§ 6[1) 2)] Höhe des Kindergeldes. (1) Das Kindergeld beträgt monatlich für jedes Kind 250 Euro.

(2) *(aufgehoben)*

(3) [1]Darüber hinaus wird für jedes Kind, für das für den Monat Mai 2021 ein Anspruch auf Kindergeld besteht, für den Monat Juli 2022 ein Einmalbetrag in Höhe von 100 Euro gezahlt. [2]Ein Anspruch in Höhe des Einmalbetrags von 100 Euro für das Kalenderjahr 2022 besteht auch für ein Kind, für das nicht für den Monat Juli 2022, jedoch für mindestens einen anderen Kalendermonat im Kalenderjahr 2022 ein Anspruch auf Kindergeld besteht.

[1)] § 6 Abs. 3 angef. mWv 6.3.2009 durch G v. 2.3.2009 (BGBl. I S. 416); Abs. 1 neu gef., Abs. 2 geänd. mWv 1.1.2010 durch G v. 22.12.2009 (BGBl. I S. 3950); Abs. 1 neu gef., Abs. 2 geänd. mWv 1.1.2015 und mWv 1.1.2016 durch G v. 16.7.2015 (BGBl. I S. 1202); Abs. 1 neu gef., Abs. 2 geänd. mWv 1.1. 2017 und Abs. 1 neu gef., Abs. 2 geänd. mWv 1.1.2018 durch G v. 20.12.2016 (BGBl. I S. 3000); Abs. 3 neu gef. mWv 1.1.2018 durch G v. 23.6.2017 (BGBl. I S. 1682); Abs. 1 neu gef., Abs. 2 geänd. mWv 1.7. 2019 durch G v. 29.11.2018 (BGBl. I S. 2210); Abs. 3 aufgeh. mWv 1.7.2019 durch G v. 29.4.2019 (BGBl. I S. 530); Abs. 3 angef. mWv 1.7.2020 durch G v. 29.6.2020 (BGBl. I S. 1512); Abs. 1 neu gef., Abs. 2 geänd. mWv 1.1.2021 durch G v. 1.12.2020 (BGBl. I S. 2616); Abs. 3 neu gef. mWv 18.3.2021 durch G v. 10.3.2021 (BGBl. I S. 330); Abs. 3 Sätze 1 und 2 geänd. mWv 28.5 2022 durch G v. 23.5.2022 (BGBl. I S. 749); Abs. 1 neu gef. Abs. 2 aufgeh. mWv 1.1.2023 durch G v. 8.12.2022 (BGBl. I S. 2230).

[2)] Beachte auch die seit 1.1.1975 geltende Übergangsregelung bei Außerkrafttreten zwischenstaatlicher Abkommen des Art. 46 EG-EStRG v. 21.12.1974 (BGBl. I S. 3656, ber. 1975 S. 1778), zuletzt geänd. durch G v. 8.12.2010 (BGBl. I S. 1864):

„**Art. 46 Übergangsregelung bei Außerkrafttreten zwischenstaatlicher Abkommen.** (1) Kindergeld, das auf Grund von Abkommen der Bundesrepublik Deutschland mit Griechenland, Jugoslawien, Portugal, Spanien und der Türkei geleistet wird, beträgt monatlich

für das erste Kind	*10 Deutsche Mark**),
für das zweite Kind	*25 Deutsche Mark**),
für das dritte und vierte Kind je	*60 Deutsche Mark**),
für jedes weitere Kind	*70 Deutsche Mark**).

(2) [1]Das Bundesministerium für Arbeit und Soziales wird ermächtigt, im Einvernehmen mit dem Bundesministerium für Familie, Senioren, Frauen und Jugend und dem Bundesministerium der Finanzen ohne Zustimmung des Bundesrates durch Rechtsverordnung zu bestimmen, daß Vorschriften über die Gewährung von Kindergeld, die in einem zwischenstaatlichen Abkommen über Soziale Sicherheit enthalten sind, weiterhin anwendbar bleiben, wenn sie durch Kündigung des Abkommens außer Kraft getreten sind. [2]Die Höhe des Kindergeldes beträgt monatlich

für das zweite Kind	*25 Deutsche Mark**),
für das dritte und vierte Kind je	*60 Deutsche Mark**),
für jedes weitere Kind	*70 Deutsche Mark**).

[3]Soweit dies mit Rücksicht auf die durchschnittlichen Lebenshaltungskosten für Kinder in deren Wohnland und auf die dort gewährten, dem Kindergeld vergleichbaren Leistungen geboten ist, kann Kindergeld auch für das erste Kind bis zu einer Höhe von *10 Deutsche Mark**) monatlich gezahlt werden."

*) Der Betrag wurde amtlich noch nicht auf Euro umgestellt; 1 Euro = 1,95583 DM.

§ 6a[1] Kinderzuschlag. (1) Personen erhalten für in ihrem Haushalt lebende unverheiratete oder nicht verpartnerte Kinder, die noch nicht das 25. Lebensjahr vollendet haben, einen Kinderzuschlag, wenn

1. sie für diese Kinder nach diesem Gesetz oder nach dem X. Abschnitt des Einkommensteuergesetzes[2] Anspruch auf Kindergeld oder Anspruch auf andere Leistungen im Sinne von § 4 haben,
2. sie mit Ausnahme des Wohngeldes, des Kindergeldes und des Kinderzuschlags über Einkommen im Sinne des § 11 Absatz 1 Satz 1 und 2 des Zweiten Buches Sozialgesetzbuch in Höhe von mindestens 900 Euro oder, wenn sie alleinerziehend sind, in Höhe von mindestens 600 Euro verfügen, wobei Beträge nach § 11b des Zweiten Buches Sozialgesetzbuch nicht abzusetzen sind, und
3. bei Bezug des Kinderzuschlags keine Hilfebedürftigkeit im Sinne des § 9 des Zweiten Buches Sozialgesetzbuch besteht, wobei die Bedarfe nach § 28 des Zweiten Buches Sozialgesetzbuch außer Betracht bleiben. Bei der Prüfung der Hilfebedürftigkeit ist das für den Antragsmonat bewilligte Wohngeld zu berücksichtigen. Wird kein Wohngeld bezogen und könnte mit Wohngeld und Kinderzuschlag Hilfebedürftigkeit vermieden werden, ist bei der Prüfung Wohngeld in der Höhe anzusetzen, in der es voraussichtlich für den Antragsmonat zu bewilligen wäre.

(1a) Ein Anspruch auf Kinderzuschlag besteht abweichend von Absatz 1 Nummer 3, wenn

1. bei Bezug von Kinderzuschlag Hilfebedürftigkeit besteht, der Bedarfsgemeinschaft zur Vermeidung von Hilfebedürftigkeit aber mit ihrem Einkommen, dem Kinderzuschlag und dem Wohngeld höchstens 100 Euro fehlen,
2. sich bei der Ermittlung des Einkommens der Eltern nach § 11b Absatz 2 bis 3 des Zweiten Buches Sozialgesetzbuch wegen Einkommen aus Erwerbstätigkeit Absetzbeträge in Höhe von mindestens 100 Euro ergeben und
3. kein Mitglied der Bedarfsgemeinschaft Leistungen nach dem Zweiten oder nach dem Zwölften Buch Sozialgesetzbuch erhält oder beantragt hat.

(2) [1]Der monatliche Höchstbetrag des Kinderzuschlags deckt zusammen mit dem für ein erstes Kind nach § 66 des Einkommensteuergesetzes[3] zu zahlenden Kindergeld ein Zwölftel des steuerfrei zu stellenden sächlichen Existenzminimums eines Kindes für das jeweilige Kalenderjahr mit Ausnahme des Anteils für Bildung und Teilhabe. [2]Steht dieses Existenzminimum eines Kindes zu Beginn eines Jahres nicht fest, ist insoweit der für das Jahr geltende Betrag für den Mindestunterhalt eines Kindes in der zweiten Altersstufe nach der Mindestunterhaltsverordnung maßgeblich. [3]Als Höchstbetrag des Kinderzuschlags in dem jeweiligen Kalenderjahr gilt der Betrag, der sich zu Beginn des Jahres nach den Sätzen 1 und 2 ergibt, mindestens jedoch ein Betrag in Höhe des Vorjahres. [4]Der Betrag nach Satz 3 erhöht sich ab 1. Juli 2022 um einen Sofortzuschlag in Höhe von 20 Euro.

---

[1] § 6a neu gef. mWv 1.7.2019, Abs. 1 Nr. 2 geänd., Nr. 3 aufgeh., bish. Nr. 4 wird Nr. 3 und neu gef., Abs. 1a eingef., Abs. 6 Satz 3 geänd. mWv 1.1.2020 durch G v. 29.4.2019 (BGBl. I S. 530); Abs. 1 Nr. 3 neu gef. mWv 1.1.2021 durch G v. 1.12.2020 (BGBl. I S. 2616); Abs. 3 Satz 4 geänd. mWv 30.6.2021 durch G v. 25.6.2021 (BGBl. I S. 2020); Abs. 2 Satz 4 angef. mWv 1.6.2022 durch G v. 23.5.2022 (BGBl. I S. 760); Abs. 1 Nr. 2 und Abs. 1a Nr. 2 geänd., Abs. 3 Satz 5, Abs. 5 Satz 1 neu gef., Satz 3 eingef., bish. Satz 3 wird Satz 4, *bish. Satz 4 aufgeh.*, Abs. 6 Satz 1 neu gef., Satz 2 geänd., Satz 5 angef. mWv 1.1.2023 durch G v. 16.12.2022 (BGBl. I S. 2328).

[2] Auszugsweise abgedruckt unter Nr. **45a**.

[3] Nr. **45a**.

(3) [1] Ausgehend vom Höchstbetrag mindert sich der jeweilige Kinderzuschlag, wenn das Kind nach den §§ 11 bis 12 des Zweiten Buches Sozialgesetzbuch zu berücksichtigendes Einkommen oder Vermögen hat. [2] Bei der Berücksichtigung des Einkommens bleiben das Wohngeld, das Kindergeld und der Kinderzuschlag außer Betracht. [3] Der Kinderzuschlag wird um 45 Prozent des zu berücksichtigenden Einkommens des Kindes monatlich gemindert. [4] Ein Anspruch auf Zahlung des Kinderzuschlags für ein Kind besteht nicht, wenn zumutbare Anstrengungen unterlassen wurden, Ansprüche auf Einkommen des Kindes geltend zu machen. [5] § 12 des Zweiten Buches Sozialgesetzbuch ist mit der Maßgabe anzuwenden, dass Vermögen nur berücksichtigt wird, wenn es erheblich ist. [6] Ist das zu berücksichtigende Vermögen höher als der nach den Sätzen 1 bis 5 verbleibende monatliche Anspruch auf Kinderzuschlag, so dass es den Kinderzuschlag für den ersten Monat des Bewilligungszeitraums vollständig mindert, entfällt der Anspruch auf Kinderzuschlag. [7] Ist das zu berücksichtigende Vermögen niedriger als der monatliche Anspruch auf Kinderzuschlag, ist der Kinderzuschlag im ersten Monat des Bewilligungszeitraums um einen Betrag in Höhe des zu berücksichtigenden Vermögens zu mindern und ab dem folgenden Monat Kinderzuschlag ohne Minderung wegen des Vermögens zu zahlen.

(4) Die Summe der einzelnen Kinderzuschläge nach den Absätzen 2 und 3 bildet den Gesamtkinderzuschlag.

(5) [1] Der Gesamtkinderzuschlag wird in voller Höhe gewährt, wenn das nach den §§ 11 bis 11b des Zweiten Buches Sozialgesetzbuch mit Ausnahme des Wohngeldes und des Kinderzuschlags zu berücksichtigende Einkommen der Eltern einen Betrag in Höhe der bei der Berechnung des Bürgergeldes zu berücksichtigenden Bedarfe der Eltern (Gesamtbedarf der Eltern) nicht übersteigt und kein zu berücksichtigendes Vermögen der Eltern nach § 12 des Zweiten Buches Sozialgesetzbuch vorhanden ist. [2] Als Einkommen oder Vermögen der Eltern gilt dabei dasjenige der Mitglieder der Bedarfsgemeinschaft mit Ausnahme des Einkommens oder Vermögens der in dem Haushalt lebenden Kinder. [3] Absatz 3 Satz 5 gilt entsprechend. [4] Zur Feststellung des Gesamtbedarfs der Eltern sind die Bedarfe für Unterkunft und Heizung in dem Verhältnis aufzuteilen, das sich aus den im 12. Bericht der Bundesregierung über die Höhe des Existenzminimums von Erwachsenen und Kindern festgestellten entsprechenden Bedarfen für Alleinstehende, Ehepaare, Lebenspartnerschaften und Kinder ergibt.

(6) [1] Der Gesamtkinderzuschlag wird um das zu berücksichtigende Einkommen der Eltern gemindert, soweit es deren Bedarf übersteigt. [2] Wenn das zu berücksichtigende Einkommen der Eltern nicht nur aus Erwerbseinkünften besteht, ist davon auszugehen, dass die Überschreitung des Gesamtbedarfs der Eltern durch die Erwerbseinkünfte verursacht wird, wenn nicht die Summe der anderen Einkommensteile für sich genommen diesen maßgebenden Betrag übersteigt. [3] Der Gesamtkinderzuschlag wird um 45 Prozent des Betrags, um den die monatlichen Erwerbseinkünfte den maßgebenden Betrag übersteigen, monatlich gemindert. [4] *Anderes Einkommen* oder Vermögen der Eltern mindern den Gesamtkinderzuschlag in voller Höhe. [5] Bei der Berücksichtigung des Vermögens gilt Absatz 3 Satz 6 und 7 entsprechend.

(7) [1] Über den Gesamtkinderzuschlag ist jeweils für sechs Monate zu entscheiden (Bewilligungszeitraum). [2] Der Bewilligungszeitraum beginnt mit dem Monat, in dem der Antrag gestellt wird, jedoch frühestens nach Ende eines laufenden Bewilligungszeitraums. [3] Änderungen in den tatsächlichen oder rechtlichen Verhältnissen während des laufenden Bewilligungszeitraums sind abweichend von § 48 des Zehnten Buches Sozialgesetzbuch nicht zu berücksichtigen, es sei denn,

die Zusammensetzung der Bedarfsgemeinschaft oder der Höchstbetrag des Kinderzuschlags ändert sich. [4] Wird ein neuer Antrag gestellt, unverzüglich nachdem der Verwaltungsakt nach § 48 des Zehnten Buches Sozialgesetzbuch wegen einer Änderung der Bedarfsgemeinschaft aufgehoben worden ist, so beginnt ein neuer Bewilligungszeitraum unmittelbar nach dem Monat, in dem sich die Bedarfsgemeinschaft geändert hat.

(8) [1] Für die Ermittlung des monatlich zu berücksichtigenden Einkommens ist der Durchschnitt des Einkommens aus den sechs Monaten vor Beginn des Bewilligungszeitraums maßgeblich. [2] Bei Personen, die den selbst genutzten Wohnraum mieten, sind als monatliche Bedarfe für Unterkunft und Heizung die laufenden Bedarfe für den ersten Monat des Bewilligungszeitraums zugrunde zu legen. [3] Bei Personen, die an dem selbst genutzten Wohnraum Eigentum haben, sind als monatliche Bedarfe für Unterkunft und Heizung die Bedarfe aus den durchschnittlichen Monatswerten des Kalenderjahres vor Beginn des Bewilligungszeitraums zugrunde zu legen. [4] Liegen die entsprechenden Monatswerte für den Wohnraum nicht vor, soll abweichend von Satz 3 ein Durchschnitt aus den letzten vorliegenden Monatswerten für den Wohnraum zugrunde gelegt werden, nicht jedoch aus mehr als zwölf Monatswerten. [5] Im Übrigen sind die tatsächlichen und rechtlichen Verhältnisse zu Beginn des Bewilligungszeitraums maßgeblich.

§ 6b[1) 2)] Leistungen für Bildung und Teilhabe. (1) [1] Personen erhalten Leistungen für Bildung und Teilhabe für ein Kind, wenn sie für dieses Kind nach diesem Gesetz oder nach dem X. Abschnitt des Einkommensteuergesetzes[3)] Anspruch auf Kindergeld oder Anspruch auf andere Leistungen im Sinne von § 4 haben und wenn

1. das Kind mit ihnen in einem Haushalt lebt und sie für ein Kind Kinderzuschlag nach § 6a beziehen oder
2. im Falle der Bewilligung von Wohngeld sie und das Kind, für das sie Kindergeld beziehen, zu berücksichtigende Haushaltsmitglieder sind.

[2] Satz 1 gilt entsprechend, wenn das Kind, nicht jedoch die berechtigte Person zu berücksichtigendes Haushaltsmitglied im Sinne von Satz 1 Nummer 2 ist und die berechtigte Person Leistungen nach dem Zweiten oder Zwölften Buch Sozialgesetzbuch bezieht. [3] Wird das Kindergeld nach § 74 Absatz 1 des Einkommensteuergesetzes[4)] oder nach § 48 Absatz 1 des Ersten Buches Sozialgesetzbuch ausgezahlt, stehen die Leistungen für Bildung und Teilhabe dem Kind oder der Person zu, die dem Kind Unterhalt gewährt.

(2) [1] Die Leistungen für Bildung und Teilhabe entsprechen den Leistungen zur Deckung der Bedarfe nach § 28 Absatz 2 bis 7 des Zweiten Buches Sozialgesetzbuch. [2] § 28 Absatz 1 Satz 2 des Zweiten Buches Sozialgesetzbuch gilt entsprechend. [3] Für die Bemessung der Leistungen für die Schülerbeförderung nach § 28 Absatz 4 des Zweiten Buches Sozialgesetzbuch sind die erforderlichen tatsächlichen Aufwendungen zu berücksichtigen, soweit sie nicht von Dritten übernom-

---

1) § 6b eingef. mWv 1.1.2011 durch G v. 24.3.2011 (BGBl. I S. 453); Abs. 2 Satz 3 neu gef., Satz 4 eingef., bish. Sätze 4–6 werden Sätze 5–7, Abs. 2a eingef., Abs. 3 geänd. mWv 1.8.2013 durch G v. 7.5.2013 (BGBl. I S. 1167); Abs. 3 geänd. mWv 1.1.2017 durch G v. 20.12.2016 (BGBl. I S. 3000); Abs. 2 Satz 3 geänd., Sätze 4 und 5 aufgeh., bish. Sätz 6 und 7 werden Sätze 4 und 5 mWv 1.8.2019 durch G v. 29.4.2019 (BGBl. I S. 530).

2) Siehe hierzu ua die Schl.-H. FlüchtlingsbundesmittelVerteilungsVO 2022 v. 5.10.2022 (GVOBl. Schl.-H. S. 865).

3) Auszugsweise abgedruckt unter Nr. **45a**.

4) Nr. **45a**.

men werden. [4]Die Leistungen nach Satz 1 gelten nicht als Einkommen oder Vermögen im Sinne dieses Gesetzes. [5]§ 19 Absatz 3 des Zweiten Buches Sozialgesetzbuch findet keine Anwendung.

(2a) Ansprüche auf Leistungen für Bildung und Teilhabe verjähren in zwölf Monaten nach Ablauf des Kalendermonats, in dem sie entstanden sind.

(3) Für die Erbringung der Leistungen für Bildung und Teilhabe gelten die §§ 29, 30 und 40 Absatz 6 des Zweiten Buches Sozialgesetzbuch entsprechend.

§ 6c[1)] Unterhaltspflichten. Unterhaltspflichten werden durch den Kinderzuschlag nicht berührt.

§ 6d[2)] Kinderfreizeitbonus aus Anlass der COVID-19-Pandemie für Familien mit Kinderzuschlag, Wohngeld oder Sozialhilfe. (1) [1]Personen erhalten eine Einmalzahlung in Höhe von 100 Euro für ein Kind, welches das 18. Lebensjahr noch nicht vollendet hat und für das sie für den Monat August 2021 Kindergeld nach diesem Gesetz oder nach dem X. Abschnitt des Einkommensteuergesetzes[3)] oder andere Leistungen im Sinne von § 4 beziehen, wenn

1. sie für dieses Kind für den Monat August 2021 Kinderzuschlag nach § 6a beziehen,
2. sie und dieses Kind oder nur dieses Kind zu berücksichtigende Haushaltsmitglieder im Sinne der §§ 5 und 6 Absatz 1 des Wohngeldgesetzes[4)] sind und die Wohngeldbewilligung den Monat August 2021 umfasst oder
3. dieses Kind für den Monat August 2021 Leistungen nach dem Dritten Kapitel des Zwölften Buches Sozialgesetzbuch bezieht.

[2]Eines gesonderten Antrags bedarf es in den Fällen des Satzes 1 Nummer 1 nicht. [4]In den Fällen des Satzes 1 Nummer 2 und 3 bedarf es eines Antrags; § 9 Absatz 1 Satz 2 ist entsprechend anzuwenden.

(2) [1]Die Einmalzahlung nach Absatz 1 Satz 1 ist bei Sozialleistungen, deren Zahlung von anderen Einkommen abhängig ist, nicht als Einkommen zu berücksichtigen. [2]Der Anspruch auf die Einmalzahlung nach Absatz 1 Satz 1 ist unpfändbar. [3]§ 6c gilt entsprechend.

Zweiter Abschnitt. Organisation und Verfahren

§ 7[5)] Zuständigkeit. (1) Die Bundesagentur für Arbeit (Bundesagentur) führt dieses Gesetz nach fachlichen Weisungen des Bundesministeriums für Familie, Senioren, Frauen und Jugend durch.

(2) Die Bundesagentur führt bei der Durchführung dieses Gesetzes die Bezeichnung „Familienkasse".

(3) Abweichend von Absatz 1 führen die Länder § 6b als eigene Angelegenheit aus.

§ 7a[6)] Datenübermittlung. Die Träger der Leistungen nach § 6b und die Träger der Grundsicherung für Arbeitsuchende teilen sich alle Tatsachen mit, die

---

1) § 6c eingef. mWv 30.6.2021 durch G v. 25.6.2021 (BGBl. I S. 2020).
2) § 6d eingef. mWv 1.7.2021 durch G v. 25.6.2021 (BGBl. I S. 2020).
3) Auszugsweise abgedruckt unter Nr. **45a**.
4) **Sartorius Nr. 385.**
5) § 7 Überschrift neu gef., Abs. 3 angef. mWv 1.1.2011 durch G v. 24.3.2011 (BGBl. I S. 453).
6) § 7a eingef. mWv 1.1.2011 durch G v. 24.3.2011 (BGBl. I S. 453).

für die Erbringung und Abrechnung der Leistungen nach § 6b dieses Gesetzes und § 28 des Zweiten Buches Sozialgesetzbuch erforderlich sind.

§ 7b[1] Automatisiertes Abrufverfahren. Macht das Bundesministerium der Finanzen von seiner Ermächtigung nach § 68 Absatz 6 Satz 2 des Einkommensteuergesetzes[2] Gebrauch und erlässt eine Rechtsverordnung zur Durchführung von automatisierten Abrufen nach § 68 Absatz 6 Satz 1 des Einkommensteuergesetzes, so ist die Rechtsverordnung im Geltungsbereich dieses Gesetzes entsprechend anzuwenden.

§ 8[3] Aufbringung der Mittel. (1) Die Aufwendungen der Bundesagentur für die Durchführung dieses Gesetzes trägt der Bund.

(2) Der Bund stellt der Bundesagentur nach Bedarf die Mittel bereit, die sie für die Zahlung des Kindergeldes und des Kinderzuschlags benötigt.

(3) [1] Der Bund erstattet die Verwaltungskosten, die der Bundesagentur aus der Durchführung dieses Gesetzes entstehen. [2] Näheres wird durch Verwaltungsvereinbarung geregelt.

(4) Abweichend von den Absätzen 1 bis 3 tragen die Länder die Ausgaben für die Leistungen nach § 6b und ihre Durchführung.

§ 9[4] Antrag. (1) [1] Das Kindergeld und der Kinderzuschlag sind schriftlich zu beantragen. [2] Der Antrag soll bei der nach § 13 zuständigen Familienkasse gestellt werden. [3] Den Antrag kann außer dem Berechtigten auch stellen, wer ein berechtigtes Interesse an der Leistung des Kindergeldes hat.

(2) [1] Vollendet ein Kind das 18. Lebensjahr, so wird es für den Anspruch auf Kindergeld nur dann weiterhin berücksichtigt, wenn der oder die Berechtigte anzeigt, dass die Voraussetzungen des § 2 Absatz 2 vorliegen. [2] Absatz 1 gilt entsprechend.

(3) [1] Die Leistungen für Bildung und Teilhabe sind bei der zuständigen Stelle zu beantragen. [2] Absatz 1 Satz 3 gilt entsprechend.

§ 10[5] Auskunftspflicht. (1) [1] § 60 Absatz 1 des Ersten Buches Sozialgesetzbuch gilt auch für die bei dem Antragsteller oder Berechtigten berücksichtigten Kinder, für den nicht dauernd getrennt lebenden Ehegatten des Antragstellers oder Berechtigten und für die sonstigen Personen, bei denen die bezeichneten Kinder berücksichtigt werden. [2] § 60 Absatz 4 des Zweiten Buches Sozialgesetzbuch gilt entsprechend.

(2) Soweit es zur Durchführung der §§ 2 und 6a erforderlich ist, hat der jeweilige Arbeitgeber der in diesen Vorschriften bezeichneten Personen auf Verlangen der zuständigen Stelle eine Bescheinigung über den Arbeitslohn, die einbehaltenen Steuern und Sozialabgaben auszustellen.

(3) Die Familienkassen können den nach Absatz 2 Verpflichteten eine angemessene Frist zur Erfüllung der Pflicht setzen.

---

[1] § 7b eingef. mWv 18.7.2019 durch G v. 11.7.2019 (BGBl. I S. 1066).

[2] Nr. **45a**.

[3] § 8 Überschrift geänd., Abs. 4 angef. mWv 1.1.2011 durch G v. 24.3.2011 (BGBl. I S. 453); Abs. 2 *und Abs.* 3 Satz 1 geänd., Satz 2 angef. mWv 1.1.2021 durch G v. 1.12.2020 (BGBl. I S. 2616).

[4] § 9 Abs. 3 angef. mWv 1.1.2011 durch G v. 24.3.2011 (BGBl. I S. 453); Abs. 3 Satz 1 geänd. mWv 1.7.2019 durch G v. 29.4.2019 (BGBl. I S. 530).

[5] § 10 Abs. 2 geänd. mWv 1.1.2012 durch G v. 7.12.2011 (BGBl. I S. 2592); Abs. 1 Satz 2 angef. mWv 24.7.2014 durch G v. 18.7.2014 (BGBl. I S. 1042).

§ 11[1] Gewährung des Kindergeldes und des Kinderzuschlags. (1) Das Kindergeld und der Kinderzuschlag werden monatlich gewährt.

(2) Auszuzahlende Beträge sind auf Euro *abzurunden*[2], und zwar unter 50 Cent nach unten, sonst nach oben.

(3) § 45 Absatz 3 des Zehnten Buches Sozialgesetzbuch findet keine Anwendung.

(4) Ein rechtswidriger nicht begünstigender Verwaltungsakt ist abweichend von § 44 Absatz 1 des Zehnten Buches Sozialgesetzbuch für die Zukunft zurückzunehmen; er kann ganz oder teilweise auch für die Vergangenheit zurückgenommen werden.

(5) Wird ein Verwaltungsakt über die Bewilligung von Kinderzuschlag aufgehoben, sind bereits erbrachte Leistungen abweichend von § 50 Absatz 1 des Zehnten Buches Sozialgesetzbuch nicht zu erstatten, soweit der Bezug von Kinderzuschlag den Anspruch auf Leistungen nach dem Zweiten Buch Sozialgesetzbuch ausschließt oder mindert.

(6) Entsprechend anwendbar sind die Vorschriften des Dritten Buches Sozialgesetzbuch über

1. die Aufhebung von Verwaltungsakten (§ 330 Absatz 2, 3 Satz 1) sowie
2. die vorläufige Zahlungseinstellung nach § 331 mit der Maßgabe, dass die Familienkasse auch zur teilweisen Zahlungseinstellung berechtigt ist, wenn sie von Tatsachen Kenntnis erhält, die zu einem geringeren Leistungsanspruch führen.

§ 12 Aufrechnung. § 51 des Ersten Buches Sozialgesetzbuch gilt für die Aufrechnung eines Anspruchs auf Erstattung von Kindergeld und Kinderzuschlag gegen einen späteren Anspruch auf Kindergeld und Kinderzuschlag eines oder einer mit dem Erstattungspflichtigen in Haushaltsgemeinschaft lebenden Berechtigten entsprechend, soweit es sich um laufendes Kindergeld oder laufenden Kinderzuschlag für ein Kind handelt, das bei beiden berücksichtigt werden konnte.

§ 13[3] Zuständige Stelle. (1) [1] Für die Entgegennahme des Antrags und die Entscheidungen über den Anspruch ist die Familienkasse (§ 7 Absatz 2) zuständig, in deren Bezirk der Berechtigte seinen Wohnsitz hat. [2] Hat der Berechtigte keinen Wohnsitz im Geltungsbereich dieses Gesetzes, ist die Familienkasse zuständig, in deren Bezirk er seinen gewöhnlichen Aufenthalt hat. [3] Hat der Berechtigte im Geltungsbereich dieses Gesetzes weder einen Wohnsitz noch einen gewöhnlichen Aufenthalt, ist die Familienkasse zuständig, in deren Bezirk er erwerbstätig ist. [4] In den übrigen Fällen ist die Familienkasse Bayern Nord zuständig.

(2) Die Entscheidungen über den Anspruch trifft die Leitung der Familienkasse.

(3) Der Vorstand der Bundesagentur kann für bestimmte Bezirke oder Gruppen von Berechtigten die Entscheidungen über den Anspruch auf Kindergeld und Kinderzuschlag einheitlich einer anderen Familienkasse übertragen.

---

[1] § 11 Überschrift und Abs. 1 geänd. mWv 1.1.2011 durch G v. 24.3.2011 (BGBl. I S. 453); Abs. 5 und 6 angef. mWv 1.8.2016 durch G v. 26.7.2016 (BGBl. I S. 1824); Abs. 5 aufgeh., bish. Abs. 6 wird Abs. 5, neuer Abs. 6 angef. mWv 1.7.2019 durch G v. 29.4.2019 (BGBl. I S. 530).

[2] Richtig wohl: „zu runden".

[3] § 13 Überschrift geänd., Abs. 4 angef. mWv 1.1.2011 durch G v. 24.3.2011 (BGBl. I S. 453); Abs. 1 Satz 4, Abs. 3 geänd. mWv 1.1.2021 durch G v. 1.12.2020 (BGBl. I S. 2616).

(4) Für die Leistungen nach § 6b bestimmen abweichend von den Absätzen 1 und 2 die Landesregierungen oder die von ihnen beauftragten Stellen die für die Durchführung zuständigen Behörden.

§ 14[1] Bescheid. [1]Wird der Antrag auf Kindergeld, Kinderzuschlag oder Leistungen für Bildung und Teilhabe abgelehnt, ist ein Bescheid zu erteilen. [2]Das Gleiche gilt, wenn das Kindergeld, Kinderzuschlag oder Leistungen für Bildung und Teilhabe entzogen werden.

§ 15 Rechtsweg. Für Streitigkeiten nach diesem Gesetz sind die Gerichte der Sozialgerichtsbarkeit zuständig.

Dritter Abschnitt. Bußgeldvorschriften

§ 16[2] Ordnungswidrigkeiten. (1) Ordnungswidrig handelt, wer vorsätzlich oder leichtfertig

1. entgegen § 60 Absatz 1 Satz 1 Nummer 1 oder Nummer 3 des Ersten Buches Sozialgesetzbuch in Verbindung mit § 10 Absatz 1 auf Verlangen nicht die leistungserheblichen Tatsachen angibt oder Beweisurkunden vorlegt,
2. entgegen § 60 Absatz 1 Satz 1 Nummer 2 des Ersten Buches Sozialgesetzbuch eine Änderung in den Verhältnissen, die für einen Anspruch auf Kindergeld, Kinderzuschlag oder Leistungen für Bildung und Teilhabe erheblich ist, nicht, nicht richtig, nicht vollständig oder nicht rechtzeitig mitteilt oder
3. entgegen § 10 Absatz 2 oder Absatz 3 auf Verlangen eine Bescheinigung nicht, nicht richtig, nicht vollständig oder nicht rechtzeitig ausstellt.

(2) Die Ordnungswidrigkeit kann mit einer Geldbuße geahndet werden.

(3) § 66 des Zehnten Buches Sozialgesetzbuch gilt entsprechend.

(4) Verwaltungsbehörden im Sinne des § 36 Absatz 1 Nummer 1 des Gesetzes über Ordnungswidrigkeiten[3] sind die nach § 409 der Abgabenordnung[4] bei Steuerordnungswidrigkeiten wegen des Kindergeldes nach dem X. Abschnitt des Einkommensteuergesetzes[5] zuständigen Verwaltungsbehörden.

Vierter Abschnitt. Übergangs- und Schlussvorschriften

§ 17 Recht der Europäischen Gemeinschaft. [1]Soweit in diesem Gesetz Ansprüche Deutschen vorbehalten sind, haben Angehörige der anderen Mitgliedstaaten der Europäischen Union, Flüchtlinge und Staatenlose nach Maßgabe des Vertrages zur Gründung der Europäischen Gemeinschaft und der auf seiner Grundlage erlassenen Verordnungen die gleichen Rechte. [2]Auch im Übrigen bleiben die Bestimmungen der genannten Verordnungen unberührt.

§ 18 Anwendung des Sozialgesetzbuches. Soweit dieses Gesetz keine ausdrückliche Regelung trifft, ist bei der Ausführung das Sozialgesetzbuch anzuwenden.

---

[1] § 14 Sätze 1 und 2 geänd. mWv 1.1.2011 durch G v. 24.3.2011 (BGBl. I S. 453); Satz 1 geänd. mWv 5.4.2017 durch G v. 29.3.2017 (BGBl. I S. 626).
[2] § 16 Abs. 1 Nr. 2 geänd. mWv 1.1.2011 durch G v. 24.3.2011 (BGBl. I S. 453).
[3] **Habersack, Deutsche Gesetze Nr. 94.**
[4] Nr. **88b**.
[5] Auszugsweise abgedruckt unter Nr. **45a**.

§ 19[1] Übergangsvorschriften. (1) Ist für die Nachzahlung und Rückforderung von Kindergeld und Zuschlag zum Kindergeld für Berechtigte mit geringem Einkommen der Anspruch eines Jahres vor 1996 maßgeblich, finden die §§ 10, 11 und 11a in der bis zum 31. Dezember 1995 geltenden Fassung Anwendung.

(2) Verfahren, die am 1. Januar 1996 anhängig sind, werden nach den Vorschriften des Sozialgesetzbuches und des Bundeskindergeldgesetzes in der bis zum 31. Dezember 1995 geltenden Fassung zu Ende geführt, soweit in § 78 des Einkommensteuergesetzes[2] nichts anderes bestimmt ist.

(3) Wird Kinderzuschlag vor dem 1. Juli 2019 bewilligt, finden die Regelungen des Bundeskindergeldgesetzes in der bis zum 30. Juni 2019 geltenden Fassung weiter Anwendung, mit Ausnahme der Regelung zum monatlichen Höchstbetrag des Kinderzuschlags nach § 20 Absatz 3.

(4) § 6c lässt Unterhaltsleistungen, die vor dem 30. Juni 2021 fällig geworden sind, unberührt.

§ 20[3] Anwendungsvorschrift. (1) [1] § 1 Absatz 3 in der am 19. Dezember 2006 geltenden Fassung ist in Fällen, in denen eine Entscheidung über den Anspruch auf Kindergeld für Monate in dem Zeitraum zwischen dem 1. Januar 1994 und dem 18. Dezember 2006 noch nicht bestandskräftig geworden ist, anzuwenden, wenn dies für den Antragsteller günstiger ist. [2] In diesem Fall werden die Aufenthaltsgenehmigungen nach dem Ausländergesetz den Aufenthaltstiteln nach dem Aufenthaltsgesetz[4] entsprechend den Fortgeltungsregelungen in § 101 des Aufenthaltsgesetzes gleichgestellt.

(2) *(aufgehoben)*

(3) Abweichend von § 6a Absatz 2 beträgt für die Zeit vom 1. Juli 2019 bis zum 31. Dezember 2020 der monatliche Höchstbetrag des Kinderzuschlags für jedes zu berücksichtigende Kind 185 Euro.

(3a) Abweichend von § 6a Absatz 2 beträgt der monatliche Höchstbetrag des Kinderzuschlags im Kalenderjahr 2023 für jedes zu berücksichtigende Kind 250 Euro.

---

[1] § 19 Abs. 3 angef. mWv 1.7.2019; Abs. 3 geänd. mWv 1.1.2020 durch G v. 29.4.2019 (BGBl. I S. 530); Abs. 4 angef. mWv 30.6.2021 durch G v. 25.6.2021 (BGBl. I S. 2020).

[2] Nr. **45a**.

[3] § 20 Abs. 5 Satz 3 angef., Abs. 5a eingef. mWv 23.7.2009 durch G v. 16.7.2009 (BGBl. I S. 1959); Abs. 8 angef. mWv 1.1.2011 durch G v. 24.3.2011 (BGBl. I S. 453); Abs. 8 Satz 3 neu gef., Satz 4 eingef., bish. Satz 4 wird Satz 5 mWv 1.1.2011 durch G v. 20.6.2011 (BGBl. I S. 1114); Abs. 5 Satz 4 angef. mWv 1.1.2011 durch G v. 7.12.2011 (BGBl. I S. 2592); Abs. 9 angef. mWv 1.1.2012 durch G v. 26.6.2013 (BGBl. I S. 1809); Abs. 5 Satz 1 geänd., Satz 5 angef. mWv 31.7.2014 durch G v. 25.7.2014 (BGBl. I S. 1266); Abs. 10 angef. mWv 1.1.2018 durch G v. 23.6.2017 (BGBl. I S. 1682); Abs. 2 und 3 neu gef., Abs. 5 Sätze 1–4 aufgeh., bish. Satz 5 wird alleiniger Wortlaut, Abs. 7 und 8 aufgeh, bish. Abs. 9 und 10 werden Abs. 7 und 8 mWv 1.7.2019, Abs. 2 eingef., bish. Abs. 2-8 werden Abs. 3–9 mWv 1.1.2020 durch *G v. 29.4.2019 (BGBl. I S. 530)*; Abs. 10 angef. mWv 1.1.2020 und neu gef. mWv 1.3.2020 durch G v. 12.12.2019 (BGBl. I S. 2451); Abs. 4 geänd., Abs. 5–7 eingef., bish. Abs. 5–10 werden Abs. 8–13 mWv 28.3.2020 durch G v. 27.3.2020 (BGBl. I S. 575); Abs. 7a eingef. mWv 29.5.2020 durch G v. 20.5.2020 (BGBl. I S. 1055); Abs. 6a eingef. mWv 29.10.2020 durch G v. 23.10.2020 (BGBl. I S. 2208); Abs. 2 geänd. mWv 1.1.2021 durch G v. 1.12.2020 (BGBl. I S. 2616); Abs. 6a neu gef. mWv 1.1.2021 durch G v. 9.12.2020 (BGBl. I S. 2855); Abs. 6a Satz 1 geänd., Satz 3 aufgeh. mWv 1.4.2021 durch G v. 10.3.2021 (BGBl. I S. 335); Abs. 6a Satz 1 geänd., Satz 3 angef. mWv 24.11.2021 durch G v. 22.11.2021 (BGBl. I S. 4906); Abs. 13 Satz 3 angef. mWv 1.6.2022 durch G v. 23.5.2022 (BGBl. I S. 760); Abs. 3a eingef. mWv 1.1.2023 durch G v. 8.12.2022 (BGBl. I S. 2230); Abs. 2 und 7a aufgeh. mWv 1.1.2023 durch G v. 16.12.2022 (BGBl. I S. 2328).

[4] **Sartorius Nr. 565.**

(4) Wird einer Person Kinderzuschlag für einen nach dem 30. Juni 2019 und vor dem 1. Juli 2021 beginnenden Bewilligungszeitraum bewilligt und wird ihr der Verwaltungsakt erst nach Ablauf des ersten Monats des Bewilligungszeitraums bekannt gegeben, endet dieser Bewilligungszeitraum abweichend von § 6a Absatz 7 Satz 1 am Ende des fünften Monats nach dem Monat der Bekanntgabe des Verwaltungsaktes.

(5) [1] Abweichend von § 6a Absatz 7 Satz 1 wird in Fällen, in denen der höchstmögliche Gesamtkinderzuschlag bezogen wird und der sechsmonatige Bewilligungszeitraum in der Zeit vom 1. April 2020 bis zum 30. September 2020 endet, der Bewilligungszeitraum von Amts wegen einmalig um weitere sechs Monate verlängert. [2] Satz 1 gilt entsprechend, wenn der ursprüngliche Bewilligungszeitraum in Anwendung des § 20 Absatz 4 mehr als sechs Monate umfasst.

(6) [1] Abweichend von § 6a Absatz 8 Satz 1 ist für Anträge, die in der Zeit vom 1. April 2020 bis zum 30. September 2020 eingehen, bei der Ermittlung des monatlich zu berücksichtigenden Einkommens der Eltern nur das Einkommen aus dem letzten Monat vor Beginn des Bewilligungszeitraums maßgeblich. [2] In diesen Fällen wird abweichend von § 6a Absatz 3 Satz 1 und Absatz 5 Satz 1 Vermögen nach § 12 des Zweiten Buches Sozialgesetzbuch nicht berücksichtigt. [3] Satz 2 gilt nicht, wenn das Vermögen erheblich ist; es wird vermutet, dass kein erhebliches Vermögen vorhanden ist, wenn die Antragstellerin oder der Antragsteller dies im Antrag erklärt.

(6a) [1] Abweichend von § 6a Absatz 3 Satz 1 und Absatz 5 Satz 1 wird für Bewilligungszeiträume, die in der Zeit vom 1. Oktober 2020 bis 31. März 2022 beginnen, Vermögen nach § 12 des Zweiten Buches Sozialgesetzbuch nicht berücksichtigt. [2] Satz 1 gilt nicht, wenn das Vermögen erheblich ist; es wird vermutet, dass kein erhebliches Vermögen vorhanden ist, wenn die Antragstellerin oder der Antragsteller dies im Antrag erklärt. [3] Macht die Bundesregierung von ihrer Verordnungsermächtigung nach § 67 Absatz 5 des Zweiten Buches Sozialgesetzbuch Gebrauch und verlängert den in § 67 Absatz 1 des Zweiten Buches Sozialgesetzbuch genannten Zeitraum, ändert sich das in Satz 1 genannte Datum, bis zu dem die Regelung Anwendung findet, entsprechend.

(7) [1] In Fällen, in denen der Bewilligungszeitraum vor dem 1. April 2020 begonnen hat, kann im April oder Mai 2020 einmalig während des laufenden Bewilligungszeitraums ein Antrag auf Überprüfung gestellt werden. [2] Bei der Überprüfung ist abweichend von § 6a Absatz 8 Satz 1 als monatlich zu berücksichtigendes Einkommen der Eltern nur das Einkommen aus dem Monat vor dem Überprüfungsantrag zugrunde zu legen. [3] Im Übrigen sind die bereits für den laufenden Bewilligungszeitraum nach Absatz 8 ermittelten tatsächlichen und rechtlichen Verhältnisse zugrunde zu legen. [4] Die Voraussetzung nach § 6a Absatz 1 Nummer 3, dass bei Bezug des Kinderzuschlags keine Hilfebedürftigkeit besteht, ist nicht anzuwenden. [5] Ergibt die Überprüfung einen höheren Kinderzuschlag, wird für die restlichen Monate des Bewilligungszeitraums Kinderzuschlag in der neuen Höhe bewilligt; anderenfalls ist der Antrag abzulehnen. [6] Ist ein Bewilligungsbescheid für einen Bewilligungszeitraum, der vor dem 1. April 2020 beginnt, noch nicht ergangen, gelten die Sätze 1 bis 5 entsprechend. [7] In den Fällen nach den Sätzen 1 bis 6 ist die Verlängerungsregelung nach Absatz 5 nicht anzuwenden.

(8) [1] *§ 1 Absatz* 2 Satz 3 und § 2 Absatz 2 und 3 in der Fassung des Artikels 3 des Gesetzes vom 19. Juli 2006 (BGBl. I S. 1652) ist für Kinder, die im Kalenderjahr 2006 das 24. Lebensjahr vollendeten, mit der Maßgabe anzuwenden, dass jeweils an die Stelle der Angabe „25. Lebensjahres“ die Angabe „26. Lebensjahres“ und an

die Stelle der Angabe „25. Lebensjahr" die Angabe „26. Lebensjahr" tritt; für Kinder, die im Kalenderjahr 2006 das 25. oder 26. Lebensjahr vollendeten, sind § 1 Absatz 2 Satz 3 und § 2 Absatz 2 und 3 weiterhin in der bis zum 31. Dezember 2006 geltenden Fassung anzuwenden. [2] § 1 Absatz 2 Satz 3 und § 2 Absatz 2 und 3 in der Fassung des Artikels 3 des Gesetzes vom 19. Juli 2006 (BGBl. I S. 1652) sind erstmals für Kinder anzuwenden, die im Kalenderjahr 2007 wegen einer vor Vollendung des 25. Lebensjahres eingetretenen körperlichen, geistigen oder seelischen Behinderung außerstande sind, sich selbst zu unterhalten; für Kinder, die wegen einer vor dem 1. Januar 2007 in der Zeit ab der Vollendung des 25. Lebensjahres und vor Vollendung des 27. Lebensjahres eingetretenen körperlichen, geistigen oder seelischen Behinderung außerstande sind, sich selbst zu unterhalten, ist § 2 Absatz 2 Satz 1 Nummer 3 weiterhin in der bis zum 31. Dezember 2006 geltenden Fassung anzuwenden. [3] § 2 Absatz 3 Satz 1 in der Fassung des Artikels 3 des Gesetzes vom 19. Juli 2006 (BGBl. I S. 1652) ist für Kinder, die im Kalenderjahr 2006 das 24. Lebensjahr vollendeten, mit der Maßgabe anzuwenden, dass an die Stelle der Angabe „über das 21. oder 25. Lebensjahr hinaus" die Angabe „über das 21. oder 26. Lebensjahr hinaus" tritt; für Kinder, die im Kalenderjahr 2006 das 25., 26. oder 27. Lebensjahr vollendeten, ist § 2 Absatz 3 Satz 1 weiterhin in der bis zum 31. Dezember 2006 geltenden Fassung anzuwenden.

(9) § 2 Absatz 2 Satz 1 Nummer 2 Buchstabe d in der am 31. Juli 2014 geltenden Fassung ist auf Freiwilligendienste im Sinne der Verordnung (EU) Nr. 1288/2013 des Europäischen Parlaments und des Rates vom 11. Dezember 2013 zur Einrichtung von „Erasmus+", dem Programm der Union für allgemeine und berufliche Bildung, Jugend und Sport, und zur Aufhebung der Beschlüsse Nr. 1719/2006/EG, Nr. 1720/2006/EG und Nr. 1298/2008/EG (ABl. L 347 vom 20.12.2013, S. 50), die ab dem 1. Januar 2014 begonnen wurden, ab dem 1. Januar 2014 anzuwenden.

(9a) § 2 Absatz 2 Satz 2 in der Fassung des Artikels 13 des Gesetzes vom 16. Juli 2009 (BGBl. I S. 1959) ist ab dem 1. Januar 2010 anzuwenden.

(10) § 2 Absatz 2 Satz 4 in der Fassung des Artikels 2 Absatz 8 des Gesetzes vom 16. Mai 2008 (BGBl. I S. 842) ist erstmals ab dem 1. Januar 2009 anzuwenden.

(11) § 2 Absatz 3 ist letztmals bis zum 31. Dezember 2018 anzuwenden; Voraussetzung ist in diesen Fällen, dass das Kind den Dienst oder die Tätigkeit vor dem 1. Juli 2011 angetreten hat.

(12) § 6 Absatz 3 in der am 1. Januar 2018 geltenden Fassung ist auf Anträge anzuwenden, die nach dem 31. Dezember 2017 eingehen.

(13) [1] § 1 Absatz 3 Satz 1 Nummer 1 bis 4 in der Fassung des Artikels 34 des Gesetzes vom 12. Dezember 2019 (BGBl. I S. 2451) ist für Entscheidungen anzuwenden, die Zeiträume betreffen, die nach dem letzten Tag des sechsten auf die Verkündung des Fachkräfteeinwanderungsgesetzes folgenden Kalendermonats beginnen. [2] § 1 Absatz 3 Satz 1 Nummer 5 in der Fassung des Artikels 34 des Gesetzes vom 12. Dezember 2019 (BGBl. I S. 2451) ist für Entscheidungen anzuwenden, die Zeiträume betreffen, die nach dem 31. Dezember 2019 beginnen. [3] § 1 Absatz 3 Nummer 2 Buchstabe c in der Fassung des Artikels 5 Nummer 1 des Gesetzes vom 23. Mai 2022 (BGBl. I S. 760) ist für Entscheidungen anzuwenden, die Zeiträume betreffen, die nach dem 31. Mai 2022 beginnen.

§ 21 Sondervorschrift zur Steuerfreistellung des Existenzminimums eines Kindes in den Veranlagungszeiträumen 1983 bis 1995 durch Kindergeld. [1] In Fällen, in denen die Entscheidung über die Höhe des Kindergeldanspruchs für Monate in dem Zeitraum zwischen dem 1. Januar 1983 und dem

31. Dezember 1995 noch nicht bestandskräftig geworden ist, kommt eine von den §§ 10 und 11 in der jeweils geltenden Fassung abweichende Bewilligung von Kindergeld nur in Betracht, wenn die Einkommensteuer formell bestandskräftig und hinsichtlich der Höhe der Kinderfreibeträge nicht vorläufig festgesetzt sowie das Existenzminimum des Kindes nicht unter der Maßgabe des § 53 des Einkommensteuergesetzes steuerfrei belassen worden ist. [2] Dies ist vom Kindergeldberechtigten durch eine Bescheinigung des zuständigen Finanzamtes nachzuweisen. [3] Nach Vorlage dieser Bescheinigung hat die Familienkasse den vom Finanzamt ermittelten Unterschiedsbetrag zwischen der festgesetzten Einkommensteuer und der Einkommensteuer, die nach § 53 Satz 6 des Einkommensteuergesetzes festzusetzen gewesen wäre, wenn die Voraussetzungen nach § 53 Satz 1 und 2 des Einkommensteuergesetzes vorgelegen hätten, als zusätzliches Kindergeld zu zahlen.

§ 22[1] *(aufgehoben)*

[1] § 22 aufgeh. mWv 1.6.2022 durch G v. 23.5.2022 (BGBl. I S. 760).

45d. Gesetz zur Sicherung des Unterhalts von Kindern alleinstehender Mütter und Väter durch Unterhaltsvorschüsse oder -ausfallleistungen (Unterhaltsvorschussgesetz)[1)]

In der Fassung der Bekanntmachung vom 17. Juli 2007[2)]
(BGBl. I S. 1446)

FNA 2163-1

Lfd. Nr.	Änderndes Gesetz	Datum	Fundstelle	Betroffen	Hinweis
1.	Art. 1 Erstes ÄndG	21.12.2007	BGBl. I S. 3194	§§ 1, 2	geänd. mWv 1.1.2008
2.	Art. 1 UnterhaltsvorschussentbürokratisierungsG	3.5.2013	BGBl. I S. 1108	§§ 2, 3, 6, 7, 9	geänd. mWv 1.7.2013
				§ 12	neu gef. mWv 1.7.2013
				§ 13	aufgeh. mWv 1.7.2013
3.	Art. 9 G zur Anhebung des Grundfreibetrags, des Kinderfreibetrags, des Kindergeldes und des Kinderzuschlags	16.7.2015	BGBl. I S. 1202	§ 11a	eingef. mWv 1.1.2015
4.	Art. 3 Abs. 10 Neuntes G zur Änd. des SGB II – Rechtsvereinf. – sowie zur vorübergeh. Aussetzung der Insolvenzantragspflicht	26.7.2016	BGBl. I S. 1824	§ 11a	geänd. mWv 1.8.2016
5.	Art. 69 G zum Abbau verzichtbarer Anordnungen der Schriftform im Verwaltungsrecht des Bundes	29.3.2017	BGBl. I S. 626	§ 9	geänd. mWv 5.4.2017
6.	Art. 23 G zur Neuregelung des bundesstaatl. Finanzausgleichssystems ab dem Jahr 2020 und zur Änd. haushaltsrechtl. Vorschriften	14.8.2017	BGBl. I S. 3122	§§ 1, 2, 5, 8, 9, 12	geänd. mWv 1.7.2017
				§ 7a	eingef. mWv 1.7.2017

[1)] Zum UnterhaltsvorschussG haben die Länder u.a. folgende Ausführungsvorschriften erlassen:
– **Baden-Württemberg:** G zur Durchführung des UnterhaltsvorschussG v. 11.12.1979 (GBl. S. 543), zuletzt geänd. durch G v. 20.11.2018 (GBl. S. 429)
– **Bremen:** G zur Ausführung des UnterhaltsvorschussG v. 26.6.2001 (Brem.GBl. S. 205), zuletzt geänd. durch Bek. v. 20.10.2020 (Brem.GBl. S. 1172)
– **Mecklenburg-Vorpommern:** G zur Ausführung des UnterhaltsvorschussG v. 21.12.1999 (GVOBl. M-V S. 644), geänd. durch G v. 12.7.2010 (GVOBl. M-V S. 383)
– **Nordrhein-Westfalen:** G zur Ausführung des UnterhaltsvorschussG v. 18.12.2018 (GV. NRW. S. 818, ber. 2019 S. 18)
– **Rheinland-Pfalz:** LandesG zur Ausführung des UnterhaltsvorschussG v. 29.6.2000 (GVBl. S. 253), geänd. durch G v. 26.6.2020 (GVBl. S. 287)
– **Sachsen:** Sächsisches AufgabenübertragungsG zum UnterhaltsvorschussG (SächsAüGUVG) v. 11.12.2002 (SächsGVBl. S. 312), zuletzt geänd. durch G v. 21.1.2019 (SächsGVBl. S. 80)
– **Schleswig-Holstein:** G zur Ausführung des Unterhaltsvorschußß v. 14.1.1980 (GVOBl. Schl.-H. S. 60)

[2)] Neubekanntmachung des UnterhaltsvorschussG idF der Bek. v. 2.1.2002 (BGBl. I S. 2, ber. S. 615) in der ab 1.1.2006 geltenden Fassung.

Lfd. Nr.	Änderndes Gesetz	Datum	Fundstelle	Betroffen	Hinweis
				§ 3	aufgeh. mit Ablauf des 30.6. 2017
				§§ 6, 7	geänd. mWv 18.8.2017
7.	Art. 37, 38 G zur weiteren steuerlichen Förderung der Elektromobilität und zur Änd. weiterer steuerlicher Vorschriften	12.12. 2019	BGBl. I S. 2451	§§ 1, 11	geänd. mWv 1.1.2020
				§§ 1, 11	geänd. mWv 1.3.2020
8.	Art. 13 G zur Regelung eines Sofortzuschlages und einer Einmalzahlung in den sozialen Mindestsicherungssystemen sowie zur Änd. des FinanzausgleichsG und weiterer G	23.5.2022	BGBl. I S. 760	§§ 1, 11	geänd. mWv 1.6.2022
9.	Art. 6 G zur Anpassung von Datenübermittlungsvorschriften im Ausländer- und Sozialrecht	8.5.2024	BGBl. 2024 I Nr. 152	§ 6	geänd. mWv 1.11.2025

§ 1[1)] **Berechtigte.** (1) Anspruch auf Unterhaltsvorschuss oder -ausfallleistung nach diesem Gesetz (Unterhaltsleistung) hat, wer

1. das zwölfte Lebensjahr noch nicht vollendet hat,
2. im Geltungsbereich dieses Gesetzes bei einem seiner Elternteile lebt, der ledig, verwitwet oder geschieden ist oder von seinem Ehegatten oder Lebenspartner dauernd getrennt lebt, und
3. nicht oder nicht regelmäßig
   a) Unterhalt von dem anderen Elternteil oder,
   b) wenn dieser oder ein Stiefelternteil gestorben ist, Waisenbezüge mindestens in der in § 2 Abs. 1 und 2 bezeichneten Höhe erhält.

(1a) [1]Über Absatz 1 Nummer 1 hinaus besteht Anspruch auf Unterhaltsleistung bis zur Vollendung des 18. Lebensjahres des Kindes, wenn

1. das Kind keine Leistungen nach dem Zweiten Buch Sozialgesetzbuch bezieht oder durch die Unterhaltsleistung die Hilfebedürftigkeit des Kindes nach § 9 des Zweiten Buches Sozialgesetzbuch vermieden werden kann oder
2. der Elternteil nach Absatz 1 Nummer 2 mit Ausnahme des Kindergeldes über Einkommen im Sinne des § 11 Absatz 1 Satz 1 des Zweiten Buches Sozialgesetzbuch in Höhe von mindestens 600 Euro verfügt, wobei Beträge nach § 11b des Zweiten Buches Sozialgesetzbuch nicht abzusetzen sind.

[2]Für die Feststellung der Vermeidung der Hilfebedürftigkeit und der Höhe des Einkommens nach Satz 1 ist der für den Monat der Vollendung des zwölften Lebensjahres, bei späterer Antragstellung der für diesen Monat und bei Überprüfung zu einem späteren Zeitpunkt der für diesen Monat zuletzt bekanntgege-

---

[1)] § 1 Abs. 1 Nr. 2 geänd., Abs. 4 Satz 2 angef. mWv *1.1.2008 durch G* v. 21.12.2007 (BGBl. I S. 3194); Abs. 1a eingef. mWv 1.7.2017 durch G v. 14.8.2017 (BGBl. I S. 3122); Abs. 2a neu gef. mWv 1.3.2020 durch G v. 12.12.2019 (BGBl. I S. 2451); Abs. 2a Satz 1 Nr. 2 Buchst. c geänd. mWv 1.6.2022 durch G v. 23.5.2022 (BGBl. I S. 760).

bene Bescheid des Jobcenters zugrunde zu legen. [3]Die jeweilige Feststellung wirkt für die Zeit von dem jeweiligen Monat bis einschließlich des Monats der nächsten Überprüfung.

(2) Ein Elternteil, bei dem das Kind lebt, gilt als dauernd getrennt lebend im Sinne des Absatzes 1 Nr. 2, wenn im Verhältnis zum Ehegatten oder Lebenspartner ein Getrenntleben im Sinne des § 1567 des Bürgerlichen Gesetzbuchs[1)] vorliegt oder wenn sein Ehegatte oder Lebenspartner wegen Krankheit oder Behinderung oder auf Grund gerichtlicher Anordnung für voraussichtlich wenigstens sechs Monate in einer Anstalt untergebracht ist.

(2a) [1]Ein nicht freizügigkeitsberechtigter Ausländer hat einen Anspruch nach Absatz 1 oder Absatz 1a nur, wenn er oder sein Elternteil nach Absatz 1 Nummer 2

1. eine Niederlassungserlaubnis oder eine Erlaubnis zum Daueraufenthalt-EU besitzt,
2. eine Blaue Karte EU, eine ICT-Karte, eine Mobiler- ICT-Karte oder eine Aufenthaltserlaubnis besitzt, die für einen Zeitraum von mindestens sechs Monaten zur Ausübung einer Erwerbstätigkeit berechtigen oder berechtigt haben oder diese erlauben, es sei denn, die Aufenthaltserlaubnis wurde
   a) nach § 16e des Aufenthaltsgesetzes[2)] zu Ausbildungszwecken, nach § 19c Absatz 1 des Aufenthaltsgesetzes zum Zweck der Beschäftigung als Au-Pair oder zum Zweck der Saisonbeschäftigung, nach § 19e des Aufenthaltsgesetzes zum Zweck der Teilnahme an einem Europäischen Freiwilligendienst oder nach § 20 Absatz 1 und 2 des Aufenthaltsgesetzes zur Arbeitsplatzsuche erteilt,
   b) nach § 16b des Aufenthaltsgesetzes zum Zweck eines Studiums, nach § 16d des Aufenthaltsgesetzes für Maßnahmen zur Anerkennung ausländischer Berufsqualifikationen oder nach § 20 Absatz 3 des Aufenthaltsgesetzes zur Arbeitsplatzsuche erteilt und er ist weder erwerbstätig noch nimmt er Elternzeit nach § 15 des Bundeselterngeld- und Elternzeitgesetzes[3)] oder laufende Geldleistungen nach dem Dritten Buch Sozialgesetzbuch in Anspruch,
   c) nach § 23 Absatz 1 des Aufenthaltsgesetzes wegen eines Krieges in seinem Heimatland oder nach den §§ 23a oder § 25 Absatz 3 bis 5 des Aufenthaltsgesetzes erteilt,
3. eine in Nummer 2 Buchstabe c genannte Aufenthaltserlaubnis besitzt und im Bundesgebiet berechtigt erwerbstätig ist oder Elternzeit nach § 15 des Bundeselterngeld- und Elternzeitgesetzes oder laufende Geldleistungen nach dem Dritten Buch Sozialgesetzbuch in Anspruch nimmt,
4. eine in Nummer 2 Buchstabe c genannte Aufenthaltserlaubnis besitzt und sich seit mindestens 15 Monaten erlaubt, gestattet oder geduldet im Bundesgebiet aufhält oder
5. eine Beschäftigungsduldung gemäß § 60d in Verbindung mit § 60a Absatz 2 Satz 3 des Aufenthaltsgesetzes besitzt.

[2]Abweichend von Satz 1 Nummer 3 erste Alternative ist ein minderjähriger nicht freizügigkeitsberechtigter Ausländer unabhängig von einer Erwerbstätigkeit anspruchsberechtigt.

[1)] **Habersack, Deutsche Gesetze Nr. 20.**
[2)] **Sartorius Nr. 565.**
[3)] Nr. **45e**.

(3) Anspruch auf Unterhaltsleistung nach diesem Gesetz besteht nicht, wenn der in Absatz 1 Nr. 2 bezeichnete Elternteil mit dem anderen Elternteil zusammenlebt oder sich weigert, die Auskünfte, die zur Durchführung dieses Gesetzes erforderlich sind, zu erteilen oder bei der Feststellung der Vaterschaft oder des Aufenthalts des anderen Elternteils mitzuwirken.

(4) [1] Anspruch auf Unterhaltsleistung nach diesem Gesetz besteht nicht für Monate, für die der andere Elternteil seine Unterhaltspflicht gegenüber dem Berechtigten durch Vorausleistung erfüllt hat. [2] Soweit der Bedarf eines Kindes durch Leistungen nach dem Achten Buch Sozialgesetzbuch[1)] gedeckt ist, besteht kein Anspruch auf Unterhaltsleistung nach diesem Gesetz.

§ 2[2)] Umfang der Unterhaltsleistung. (1) [1] Die Unterhaltsleistung wird monatlich in Höhe des sich nach § 1612a Absatz 1 Satz 3 Nummer 1, 2 oder 3 des Bürgerlichen Gesetzbuchs[3)] ergebenden monatlichen Mindestunterhalts gezahlt. [2] § 1612a Abs. 2 Satz 2 des Bürgerlichen Gesetzbuchs gilt entsprechend. [3] Liegen die Voraussetzungen des § 1 nur für den Teil eines Monats vor, wird die Unterhaltsleistung anteilig gezahlt.

(2) [1] Wenn der Elternteil, bei dem der Berechtigte lebt, für den Berechtigten Anspruch auf volles Kindergeld nach dem Einkommensteuergesetz oder nach dem Bundeskindergeldgesetz in der jeweils geltenden Fassung oder auf eine der in § 65 Abs. 1 des Einkommensteuergesetzes[4)] oder § 4 Abs. 1 des Bundeskindergeldgesetzes[5)] bezeichneten Leistungen hat, mindert sich die Unterhaltsleistung um das für ein erstes Kind zu zahlende Kindergeld nach § 66 des Einkommensteuergesetzes[4)] oder § 6 des Bundeskindergeldgesetzes. [2] Dasselbe gilt, wenn ein Dritter mit Ausnahme des anderen Elternteils diesen Anspruch hat.

(3) Auf die sich nach den Absätzen 1 und 2 ergebende Unterhaltsleistung werden folgende in demselben Monat erzielte Einkünfte des Berechtigten angerechnet:

1. Unterhaltszahlungen des Elternteils, bei dem der Berechtigte nicht lebt,
2. Waisenbezüge einschließlich entsprechender Schadenersatzleistungen, die wegen des Todes des in Nummer 1 bezeichneten Elternteils oder eines Stiefelternteils gezahlt werden.

(4) [1] Für Berechtigte, die keine allgemeinbildende Schule mehr besuchen, mindert sich die nach den Absätzen 1 bis 3 ergebende Unterhaltsleistung, soweit ihre in demselben Monat erzielten Einkünfte des Vermögens und der Ertrag ihrer zumutbaren Arbeit zum Unterhalt ausreichen. [2] Als Ertrag der zumutbaren Arbeit des Berechtigten aus nichtselbstständiger Arbeit gelten die Einnahmen in Geld entsprechend der für die maßgeblichen Monate erstellten Lohn- und Gehaltsbescheinigungen des Arbeitgebers abzüglich eines Zwölftels des Arbeitnehmer-Pauschbetrags; bei Auszubildenden sind zusätzlich pauschal 100 Euro als ausbildungsbedingter Aufwand abzuziehen. [3] Einkünfte und Erträge nach den Sätzen 1 und 2 sind nur zur Hälfte zu berücksichtigen.

[1)] Nr. **46**.

[2)] § 2 Abs. 1 Satz 2 eingef., bish. Satz 2 wird Satz 3, Abs. 2 Satz 1 geänd. mWv 1.1.2008 durch G v. 21.12.2007 (BGBl. I S. 3194); Abs. 1 Satz 1 neu gef. mWv 1.7.2013 durch G v. 3.5.2013 (BGBl. I *S. 1108);* Abs. 1 Sätze 1 und 3 geänd., Abs. 4 angef. mWv 1.7.2017 durch G v. 14.8.2017 (BGBl. I S. 3122).

[3)] **Habersack, Deutsche Gesetze Nr. 20.**

[4)] Nr. **45a**.

[5)] Nr. **45b**.

§ 3[1] *(aufgehoben)*

§ 4 Beschränkte Rückwirkung. Die Unterhaltsleistung wird rückwirkend längstens für den letzten Monat vor dem Monat gezahlt, in dem der Antrag hierauf bei der zuständigen Stelle oder bei einer der in § 16 Abs. 2 Satz 1 des Ersten Buches Sozialgesetzbuch bezeichneten Stellen eingegangen ist; dies gilt nicht, soweit es an zumutbaren Bemühungen des Berechtigten gefehlt hat, den in § 1 Abs. 1 Nr. 3 bezeichneten Elternteil zu Unterhaltszahlungen zu veranlassen.

§ 5[2] **Ersatz- und Rückzahlungspflicht.** (1) Haben die Voraussetzungen für die Zahlung der Unterhaltsleistung in dem Kalendermonat, für den sie gezahlt worden ist, nicht oder nicht durchgehend vorgelegen, so hat der Elternteil, bei dem der Berechtigte lebt, oder der gesetzliche Vertreter des Berechtigten den geleisteten Betrag insoweit zu ersetzen, als er

1. die Zahlung der Unterhaltsleistung dadurch herbeigeführt hat, dass er vorsätzlich oder fahrlässig falsche oder unvollständige Angaben gemacht oder eine Anzeige nach § 6 unterlassen hat, oder
2. gewusst oder infolge Fahrlässigkeit nicht gewusst hat, dass die Voraussetzungen für die Zahlung der Unterhaltsleistung nicht erfüllt waren.

(2) Haben die Voraussetzungen für die Zahlung der Unterhaltsleistung in dem Kalendermonat, für den sie gezahlt worden ist, nicht vorgelegen, weil der Berechtigte nach Stellung des Antrages auf Unterhaltsleistungen Einkommen im Sinne des § 2 Absatz 3 oder Einkünfte und Erträge im Sinne des § 2 Absatz 4 erzielt hat, die bei der Bewilligung der Unterhaltsleistung nicht berücksichtigt worden sind, so hat der Berechtigte insoweit den geleisteten Betrag zurückzuzahlen.

§ 6[3] **Auskunfts- und Anzeigepflicht.** (1) [1] Der Elternteil, bei dem der Berechtigte nicht lebt, ist verpflichtet, der zuständigen Stelle auf Verlangen die Auskünfte zu erteilen, die zur Durchführung dieses Gesetzes erforderlich sind. [2] Der Elternteil muss insbesondere darlegen, dass er seiner aufgrund der Minderjährigkeit des Berechtigten erhöhten Leistungsverpflichtung vollständig nachkommt.

(2) [1] Der Arbeitgeber des in Absatz 1 bezeichneten Elternteils ist verpflichtet, der zuständigen Stelle auf Verlangen über die Art und Dauer der Beschäftigung, die Arbeitsstätte und den Arbeitsverdienst des in Absatz 1 bezeichneten Elternteils Auskunft zu geben, soweit die Durchführung dieses Gesetzes es erfordert. [2] Versicherungsunternehmen sind auf Verlangen der zuständigen Stellen zu Auskünften über den Wohnort und über die Höhe von Einkünften des in Absatz 1 bezeichneten Elternteils verpflichtet, soweit die Durchführung dieses Gesetzes es erfordert.

(3) Die nach den Absätzen 1 und 2 zur Erteilung einer Auskunft Verpflichteten können die Auskunft auf solche Fragen verweigern, deren Beantwortung sie selbst oder einen der in § 383 Abs. 1 Nr. 1 bis 3 der Zivilprozessordnung[4] bezeichneten Angehörigen der Gefahr strafgerichtlicher Verfolgung oder eines Verfahrens nach dem Gesetz über Ordnungswidrigkeiten[5] aussetzen würde.

---

[1] § 3 aufgeh. mWv 1.7.2017 durch G v. 14.8.2017 (BGBl. I S. 3122).

[2] § 5 Abs. 2 geänd. mWv 1.7.2017 durch G v. 14.8.2017 (BGBl. I S. 3122).

[3] § 6 Abs. 5 geänd., Abs. 6 und 7 angef. mWv 1.7.2013 durch G v. 3.5.2013 (BGBl. I S. 1108); Abs. 1 Satz 2 angef. mWv 18.8.2017 durch G v. 14.8.2017 (BGBl. I S. 3122); Abs. 5 Satz 2 angef. mWv 1.11. 2025 durch G v. 8.5.2024 (BGBl. 2024 I Nr. 152).

[4] **Habersack, Deutsche Gesetze Nr. 100.**

[5] **Habersack, Deutsche Gesetze Nr. 94.**

(4) Der Elternteil, bei dem der Berechtigte lebt, und der gesetzliche Vertreter des Berechtigten sind verpflichtet, der zuständigen Stelle die Änderungen in den Verhältnissen, die für die Leistung erheblich sind oder über die im Zusammenhang mit der Leistung Erklärungen abgegeben worden sind, unverzüglich mitzuteilen.

(5) *[ab 1.11.2025: 1]* Die nach § 69 des Zehnten Buches Sozialgesetzbuch zur Auskunft befugten Sozialleistungsträger und anderen Stellen sowie die Finanzämter sind verpflichtet, der zuständigen Stelle auf Verlangen Auskünfte über den Wohnort, den Arbeitgeber und die Höhe der Einkünfte des in Absatz 1 bezeichneten Elternteils zu erteilen, soweit die Durchführung dieses Gesetzes es erfordert. ***[Satz 2 ab 1.11.2025:]*** *2 Zur Erfüllung der Aufgaben nach diesem Buch dürfen die zuständigen Stellen Auskunft aus dem Ausländerzentralregister einholen.*

(6) Die zuständigen Stellen dürfen das Bundeszentralamt für Steuern ersuchen, bei den Kreditinstituten die in § 93b Absatz 1 der Abgabenordnung bezeichneten Daten abzurufen, soweit die Durchführung des § 7 dies erfordert und ein vorheriges Auskunftsersuchen an den in Absatz 1 bezeichneten Elternteil nicht zum Ziel geführt hat oder keinen Erfolg verspricht (§ 93 Absatz 8 Satz 2 der Abgabenordnung).

(7) Die zuständige Stelle ist auf Antrag des Elternteils, bei dem der Berechtigte lebt, nach Maßgabe des § 74 Absatz 1 Satz 1 Nummer 2 Buchstabe a des Zehnten Buches Sozialgesetzbuch verpflichtet, ihm die in den Absätzen 1, 2 und 6 genannten Auskünfte zu übermitteln.

§ 7[1)] Übergang von Ansprüchen des Berechtigten. (1) 1 Hat der Berechtigte für die Zeit, für die ihm die Unterhaltsleistung nach diesem Gesetz gezahlt wird, einen Unterhaltsanspruch gegen den Elternteil, bei dem er nicht lebt, oder einen Anspruch auf eine sonstige Leistung, die bei rechtzeitiger Gewährung nach § 2 Abs. 3 als Einkommen anzurechnen wäre, so geht dieser Anspruch in Höhe der Unterhaltsleistung nach diesem Gesetz zusammen mit dem unterhaltsrechtlichen Auskunftsanspruch auf das Land über. 2 Satz 1 gilt nicht, soweit ein Erstattungsanspruch nach den §§ 102 bis 105 des Zehnten Buches Sozialgesetzbuch besteht.

(2) Für die Vergangenheit kann der in Absatz 1 bezeichnete Elternteil nur von dem Zeitpunkt an in Anspruch genommen werden, in dem

1. die Voraussetzungen des § 1613 des Bürgerlichen Gesetzbuchs[2)] vorgelegen haben oder
2. der in Absatz 1 bezeichnete Elternteil von dem Antrag auf Unterhaltsleistung Kenntnis erhalten hat und er darüber belehrt worden ist, dass er für den geleisteten Unterhalt nach diesem Gesetz in Anspruch genommen werden kann.

(3) 1 Ansprüche nach Absatz 1 sind rechtzeitig und vollständig nach den Bestimmungen des Haushaltsrechts durchzusetzen. 2 Der Übergang eines Unterhaltsanspruchs kann nicht zum Nachteil des Unterhaltsberechtigten geltend gemacht werden, soweit dieser für eine spätere Zeit, für die er keine Unterhaltsleistung nach diesem Gesetz erhalten hat oder erhält, Unterhalt von dem Unterhaltspflichtigen verlangt.

(4) 1 Wenn die Unterhaltsleistung voraussichtlich auf längere Zeit gewährt werden muss, kann das Land auch einen Unterhaltsanspruch für die Zukunft in Höhe

---

[1)] § 7 Abs. 4 Satz 1 neu gef., Satz 2 eingef., bish. Sätze 2 und 3 werden Sätze 3 und 4 mWv 1.7.2013 durch G v. 3.5.2013 (BGBl. I S. 1108); Abs. 4 Satz 1 geänd., Abs. 5 angef. mWv 18.8.2017 durch G v. 14.8.2017 (BGBl. I S. 3122).

[2)] **Habersack, Deutsche Gesetze Nr. 20.**

der bewilligten Unterhaltsleistung gerichtlich geltend machen. [2]Der Unterhalt kann als veränderlicher Mindestunterhalt entsprechend § 1612a Absatz 1 Satz 1 des Bürgerlichen Gesetzbuchs beantragt werden. [3]Das Land kann den auf ihn übergegangenen Unterhaltsanspruch im Einvernehmen mit dem Unterhaltsleistungsempfänger auf diesen zur gerichtlichen Geltendmachung rückübertragen und sich den geltend gemachten Unterhaltsanspruch abtreten lassen. [4]Kosten, mit denen der Unterhaltsleistungsempfänger dadurch selbst belastet wird, sind zu übernehmen.

(5) Betreibt das Land die Zwangsvollstreckung aus einem Vollstreckungsbescheid, ist zum Nachweis des nach Absatz 1 übergegangenen Unterhaltsanspruchs dem Vollstreckungsantrag der Bescheid gemäß § 9 Absatz 2 beizufügen.

§ 7a[1)] Übergegangene Ansprüche des Berechtigten bei Leistungsunfähigkeit. Solange der Elternteil, bei dem der Berechtigte nicht lebt, Leistungen nach dem Zweiten Buch Sozialgesetzbuch bezieht und über kein eigenes Einkommen im Sinne von § 11 Absatz 1 Satz 1 des Zweiten Buches Sozialgesetzbuch verfügt, wird der nach § 7 übergegangene Unterhaltsanspruch nicht verfolgt.

§ 8[2)] Aufbringung der Mittel. (1) [1]Geldleistungen, die nach dem Gesetz zu zahlen sind, werden zu 40 Prozent vom Bund, im Übrigen von den Ländern getragen. [2]Eine angemessene Aufteilung der nicht vom Bund zu zahlenden Geldleistungen auf Länder und Gemeinden liegt in der Befugnis der Länder.

(2) Die nach § 7 eingezogenen Beträge führen die Länder zu 40 Prozent an den Bund ab.

§ 9[3)] Verfahren und Zahlungsweise. (1) [1]Über die Zahlung der Unterhaltsleistung wird auf schriftlichen Antrag des Elternteils, bei dem der Berechtigte lebt, oder des gesetzlichen Vertreters des Berechtigten entschieden. [2]Der Antrag soll an die durch Landesrecht bestimmte Stelle, in deren Bezirk der Berechtigte seinen Wohnsitz hat, gerichtet werden.

(2) [1]Die Entscheidung ist dem Antragsteller schriftlich oder elektronisch mitzuteilen. [2]In dem Bescheid sind die nach § 2 Absatz 2 bis 4 angerechneten Beträge anzugeben.

(3) [1]Die Unterhaltsleistung ist monatlich im Voraus zu zahlen. [2]Auszuzahlende Beträge sind auf volle Euro aufzurunden. [3]Beträge unter 5 Euro werden nicht geleistet.

§ 10 Bußgeldvorschriften. (1) Ordnungswidrig handelt, wer vorsätzlich oder fahrlässig

1. entgegen § 6 Abs. 1 oder 2 auf Verlangen eine Auskunft nicht, nicht richtig, nicht vollständig oder nicht innerhalb der von der zuständigen Stelle gesetzten Frist erteilt oder
2. entgegen § 6 Abs. 4 eine Änderung in den dort bezeichneten Verhältnissen nicht richtig, nicht vollständig oder nicht unverzüglich mitteilt.

(2) Die Ordnungswidrigkeit kann mit einer Geldbuße geahndet werden.

[1)] § 7a eingef. mWv 1.7.2017 durch G v. 14.8.2017 (BGBl. I S. 3122).

[2)] § 8 Abs. 1 Satz 1 und Abs. 2 geänd. mWv 1.7.2017 durch G v. 14.8.2017 (BGBl. I S. 3122).

[3)] § 9 Abs. 1 Satz 2 geänd. mWv 1.7.2013 durch G v. 3.5.2013 (BGBl. I S. 1108); Abs. 2 Satz 1 geänd. mWv 5.4.2017 durch G v. 29.3.2017 (BGBl. I S. 626); Abs. 2 Satz 2 geänd. mWv 1.7.2017 durch G v. 14.8.2017 (BGBl. I S. 3122).

(3) Verwaltungsbehörde im Sinne des § 36 Abs. 1 Nr. 1 des Gesetzes über Ordnungswidrigkeiten[1] ist die durch Landesrecht bestimmte Stelle.

§ 11[2] Übergangsvorschriften. (1) [1] § 1 Abs. 2a in der am 19. Dezember 2006 geltenden Fassung ist in Fällen, in denen die Entscheidung über den Anspruch auf Unterhaltsvorschuss für Monate in dem Zeitraum zwischen dem 1. Januar 1994 und dem 18. Dezember 2006 noch nicht bestandskräftig geworden ist, anzuwenden, wenn dies für den Antragsteller günstiger ist. [2] In diesem Fall werden die Aufenthaltsgenehmigungen nach dem Ausländergesetz den Aufenthaltstiteln nach dem Aufenthaltsgesetz entsprechend den Fortgeltungsregelungen in § 101 des Aufenthaltsgesetzes[3] gleichgestellt.

(2) [1] § 1 Absatz 2a Satz 1 Nummer 1 bis 4 in der Fassung des Artikels 38 des Gesetzes vom 12. Dezember 2019 (BGBl. I S. 2451) ist für Entscheidungen anzuwenden, die Zeiträume betreffen, die nach dem 29. Februar 2020 beginnen. [2] § 1 Absatz 2a Satz 1 Nummer 5 in der Fassung des Artikels 38 des Gesetzes vom 12. Dezember 2019 (BGBl. I S. 2451) ist für Entscheidungen anzuwenden, die Zeiträume betreffen, die nach dem 31. Dezember 2019 beginnen. [3] § 1 Absatz 2a Satz 1 Nummer 2 Buchstabe c in der Fassung des Artikels 13 Nummer 1 des Gesetzes vom 23. Mai 2022 (BGBl. I S. 760) ist für Entscheidungen anzuwenden, die Zeiträume betreffen, die nach dem 31. Mai 2022 beginnen.

§ 11a[4] Anwendungsvorschrift. [1] Im Sinne dieses Gesetzes beträgt für die Zeit vom 1. Januar 2015 bis zum 30. Juni 2015 die Unterhaltsleistung nach § 2 Absatz 1 Satz 1 monatlich 317 Euro für ein Kind, das das sechste Lebensjahr noch nicht vollendet hat, und monatlich 364 Euro für ein Kind, das das zwölfte Lebensjahr noch nicht vollendet hat. [2] Für die Zeit vom 1. Juli 2015 bis zum 31. Dezember 2015 beträgt die Unterhaltsleistung nach § 2 Absatz 1 Satz 1 monatlich 328 Euro für ein Kind, das das sechste Lebensjahr noch nicht vollendet hat, und monatlich 376 Euro für ein Kind, das das zwölfte Lebensjahr noch nicht vollendet hat. [3] Bis zum 31. Dezember 2015 gilt als für ein erstes Kind zu zahlendes Kindergeld im Sinne von § 2 Absatz 2 Satz 1 ein Betrag in Höhe von monatlich 184 Euro.

§ 12[5] Bericht. [1] Die Bundesregierung legt dem Deutschen Bundestag bis zum 31. Juli 2018 einen Bericht über die Wirkung der Reform, die am 1. Juli 2017 in Kraft getreten ist, vor. [2] Der Bericht darf keine personenbezogenen Daten enthalten.

§§ 12a, 13[6] *(aufgehoben)*

---

[1] **Habersack, Deutsche Gesetze Nr. 94.**

[2] § 11 Abs. 2 angef. mWv 1.1.2020 und Abs. 2 neu gef. mWv 1.3.2020 durch G v. 12.12.2019 (BGBl. I S. 2451); Abs. 2 Satz 3 angef. mWv 1.6.2022 durch G v. 23.5.2022 (BGBl. I S. 760).

[3] **Sartorius Nr. 565.**

[4] *§ 11a eingef. m*Wv 1.1.2015 durch G v. 16.7.2015 (BGBl. I S. 1202); Satz 3 aufgeh., bish. Satz 4 wird Satz 3 mWv 1.8.2016 durch G v. 26.7.2016 (BGBl. I S. 1824).

[5] § 12 neu gef. mWv 1.7.2013 durch G v. 3.5.2013 (BGBl. I S. 1108); Satz 1 neu gef. mWv 1.7.2017 durch G v. 14.8.2017 (BGBl. I S. 3122).

[6] §§ 12a, 13 aufgeh.mWv 1.7.2013 durch G v. 3.5.2013 (BGBl. I S. 1108).

45e. Gesetz zum Elterngeld und zur Elternzeit (Bundeselterngeld- und Elternzeitgesetz – BEEG)

In der Fassung der Bekanntmachung vom 27. Januar 2015[1)]
(BGBl. I S. 33)

FNA 85-5

Lfd. Nr.	Änderndes Gesetz	Datum	Fundstelle	Betroffen	Hinweis
1.	Urt. des BVerfG – 1 BvF 2/13 –	21.7.2015	BGBl. I S. 1565	§§ 4a, 4b, 4c, 4d	unvereinbar mit Art. 72 Abs. 2 GG und nichtig
2.	Art. 1k Heil- und HilfsmittelversorgungsG[2)]	4.4.2017	BGBl. I S. 778	§ 4	geänd. mWv 11.4.2017
3.	Art. 6 Abs. 9 G zur Neuregelung des Mutterschutzrechts[3)]	23.5.2017	BGBl. I S. 1228	§§ 2b, 3, 4, 15, 16	geänd. mWv 1.1.2018
4.	Art. 118 Zweites Datenschutz-Anpassungs- und UmsetzungsG EU[4)]	20.11.2019	BGBl. I S. 1626	§ 24a	geänd. mWv 26.11.2019
				§ 24b	eingef. mWv 26.11.2019
5.	Art. 35 und 36 G zur weiteren steuerlichen Förderung der Elektromobilität und zur Änd. weiterer steuerlicher Vorschriften	12.12.2019	BGBl. I S. 2451	§§ 1, 27	geänd. mWv 1.1.2020
				§§ 1, 27	geänd. mWv 1.3.2020
6.	Art. 1 G für Maßnahmen im Elterngeld aus Anlass der COVID-19-Pandemie	20.5.2020	BGBl. I S. 1061	§§ 2b, 28	geänd. mWv 1.3.2020
				§ 27	eingef. mWv 1.3.2020
				§§ 2c, 2d	geänd. mWv 29.5.2020
7.	Art. 6 G zur Digitalisierung von Verwaltungsverfahren bei der Gewährung von Familienleistungen	3.12.2020	BGBl. I S. 2668	§§ 9, 14, 28	geänd. mWv 1.1.2021
				§ 25	neu gef. mWv 1.1.2021

[1)] Neubekanntmachung des Bundeselterngeld- und ElternzeitG v. 5.12.2006 (BGBl. I S. 2748) in der ab 1.1.2015 geltenden Fassung; beachte die Übergangsvorschriften in § 27.

[2)] **Amtl. Anm.:** Dieses Gesetz dient der Umsetzung der Richtlinie 2013/55/EU des Europäischen Parlaments und des Rates vom 20. November 2013 zur Änderung der Richtlinie 2005/36/EG über die Anerkennung von Berufsqualifikationen und der Verordnung (EU) Nr. 1024/2012 über die Verwaltungszusammenarbeit mit Hilfe des Binnenmarkt-Informationssystems („IMI-Verordnung") (ABl. L 354 vom 28.12.2013, S. 132).

[3)] **Amtl. Anm.:** Dieses Gesetz dient der Umsetzung der Richtlinie 92/85/EWG des Rates vom 19. Oktober 1992 über die Durchführung von Maßnahmen zur Verbesserung der Sicherheit und des Gesundheitsschutzes von schwangeren Arbeitnehmerinnen, Wöchnerinnen und stillenden Arbeitnehmerinnen am Arbeitsplatz (zehnte Einzelrichtlinie im Sinne des Artikels 16 Absatz 1 der Richtlinie 89/391/EWG) (ABl. L 348 vom 28.11.1992, S. 1), die zuletzt durch die Richtlinie 2014/27/EU (ABl. L 65 vom 5.3.2014, S. 1) geändert worden ist.

[4)] **Amtl. Anm.:** Dieses Gesetz dient der Umsetzung der Richtlinie (EU) 2016/680 des Europäischen Parlaments und des Rates vom 27. April 2016 zum Schutz natürlicher Personen bei der Verarbeitung personenbezogener Daten durch die zuständigen Behörden zum Zweck der Verhütung, Ermittlung, Aufdeckung oder Verfolgung von Straftaten oder der Strafvollstreckung sowie zum freien Datenverkehr und zur Aufhebung des Rahmenbeschlusses 2008/977/JI des Rates (ABl. L 119 vom 4.5.2016, S. 89; L 127 vom 23.5.2018, S. 9).

Lfd. Nr.	Änderndes Gesetz	Datum	Fundstelle	Betroffen	Hinweis
8.	Art. 3 BeschäftigungssicherungsG	3.12.2020	BGBl. I S. 2691	§§ 2b, 27	geänd. mWv 1.1.2021
9.	Art. 23 JahressteuerG 2020	21.12.2020	BGBl. I S. 3096	§ 2e	geänd. mWv 1.1.2024
10.	Art. 1 Zweites ÄndG	15.2.2021	BGBl. I S. 239	§ 27	geänd. mWv 28.5.2020
				§§ 1, 2, 2b, 2c, 3, Abschnitt 2 Überschrift, §§ 7, 8, 10, 11, 12, 14, Abschnitt 3 Überschrift, §§ 15, 18, 20, Abschnitt 4 Überschrift, §§ 22, 26, 27, 28	geänd. mWv 1.9.2021
				§§ 4, 4a, 4b, 4c, 4d, 5, 6	neu gef. mWv 1.9.2021
				Abschnitt 2	aufgeh. mWv 1.9.2021
				§ 12	geänd. mWv 1.1.2023
11.	Art. 5 Covid-19-G zur Verlängerung des Sozialdienstleister-EinsatzG und weiterer Regelungen	18.3.2022	BGBl. I S. 473	§§ 2b, 27	geänd. mWv 19.3.2022
12.	Art. 12 G zur Regelung eines Sofortzuschlages und einer Einmalzahlung in den sozialen Mindestsicherungssystemen sowie zur Änd. des FinanzausgleichsG und weiterer G	23.5.2022	BGBl. I S. 760	§§ 1, 28	geänd. mWv 1.6.2022
13.	Art. 12 Abs. 7 Bürgergeld-G	16.12.2022	BGBl. I S. 2328	§ 10	geänd. mWv 1.1.2023
14.	Art. 1 G zur weiteren Umsetzung der RL (EU) 2019/1158	19.12.2022	BGBl. I S. 2510	§ 15	geänd. mWv 24.12.2022
15.	Art. 1 HaushaltsfinanzierungsG 2024	22.12.2023	BGBl. 2023 I Nr. 412	§§ 1, 4, 28	geänd. mWv 1.4.2024
16.	Art. 7 Zweites HaushaltsfinanzierungsG 2024	27.3.2024	BGBl. 2024 I Nr. 107	§§ 1, 4, 28	geänd. mWv 1.4.2024

Zum BEEG haben die Länder u.a. folgende Vorschriften erlassen:
- **Baden-Württemberg:** VO über die Zuständigkeiten nach dem Bundeselterngeld- und ElternzeitG v. 14.2.2007 (GBl. S. 139), zuletzt geänd. durch VO v. 28.6.2016 (GBl. S. 382)
- **Brandenburg:** VO über die Zuständigkeiten zur Durchführung des Bundeselterngeld- und ElternzeitG v. 5.1.2007 (GVBl. II S. 11), zuletzt geänd. durch VO v. 11.9.2013 (GVBl. II Nr. 71)
- **Hessen:** VO über Zuständigkeiten nach dem Bundeselterngeld- und ElternzeitG v. 2.1.2007 (GVBl. I S. 2), zuletzt geänd. durch VO v. 11.12.2012 (GVBl. S. 681)
- **Nordrhein-Westfalen:** VO zur Regelung von Zuständigkeiten nach dem Bundeselterngeld- und ElternzeitG und nach dem BundeskindergeldG v. 5.12.2006 (GV. NRW. S. 599), zuletzt geänd. durch VO v. 9.7.2013 (GV. NRW. S. 456)
- **Rheinland-Pfalz:** LandesVO über Zuständigkeiten nach dem Achten Buch Sozialgesetzbuch, dem JugendschutzG, dem UnterhaltsvorschussG, dem Bundeselterngeld- und ElternzeitG und dem AdoptionsvermittlungsG v. 23.12.2004 (GVBl. 2005 S. 13), zuletzt geänd. durch G v. 26.6.2020 (GVBl. S. 287)
- **Saarland:** VO über die Zuständigkeit nach dem Bundeselterngeld- und ElternzeitG v. 10.8.2017 (Amtsbl. I S. 730)
- **Sachsen-Anhalt:** AusführungsG des Landes Sachsen-Anhalt zum Bundeselterngeld- und ElternzeitG v. 5.11.2009 (GVBl. LSA S. 514)
- **Schleswig-Holstein:** LandesVO über die zuständige Behörde nach dem Bundeselterngeld- und ElternzeitG v. 7.11.2017 (GVOBl. Schl.-H. S. 508)
- **Thüringen:** Thüringer VO über Zuständigkeiten nach dem Bundeselterngeld- und ElternzeitG v. 13.2.2007 (GVBl. S. 14)

Abschnitt 1. Elterngeld

§ 1[1)] Berechtigte. (1) [1] Anspruch auf Elterngeld hat, wer
1. einen Wohnsitz oder seinen gewöhnlichen Aufenthalt in Deutschland hat,
2. mit seinem Kind in einem Haushalt lebt,
3. dieses Kind selbst betreut und erzieht und
4. keine oder keine volle Erwerbstätigkeit ausübt.

[2] Bei Mehrlingsgeburten besteht nur ein Anspruch auf Elterngeld.

(2) [1] Anspruch auf Elterngeld hat auch, wer, ohne eine der Voraussetzungen des Absatzes 1 Satz 1 Nummer 1 zu erfüllen,
1. nach § 4 des Vierten Buches Sozialgesetzbuch dem deutschen Sozialversicherungsrecht unterliegt oder im Rahmen seines in Deutschland bestehenden öffentlich-rechtlichen Dienst- oder Amtsverhältnisses vorübergehend ins Ausland abgeordnet, versetzt oder kommandiert ist,
2. Entwicklungshelfer oder Entwicklungshelferin im Sinne des § 1 des Entwicklungshelfer-Gesetzes ist oder als Missionar oder Missionarin der Missionswerke und -gesellschaften, die Mitglieder oder Vereinbarungspartner des Evangelischen Missionswerkes Hamburg, der Arbeitsgemeinschaft Evangelikaler Missionen e.V. oder der Arbeitsgemeinschaft pfingstlich-charismatischer Missionen sind, tätig ist oder
3. die deutsche Staatsangehörigkeit besitzt und nur vorübergehend bei einer zwischen- oder überstaatlichen Einrichtung tätig ist, insbesondere nach den Entsenderichtlinien des Bundes[2)] beurlaubte Beamte und Beamtinnen, oder wer vorü-

---

[1)] § 1 Abs. 7 neu gef. mWv 1.3.2020 durch G v. 12.12.2019 (BGBl. I S. 2451); Abs. 2 Satz 1 Nr. 2 geänd., Satz 2, Abs. 3 Satz 1 Nr. 2, Abs. 4 neu gef., Abs. 6, 8 Satz 2 geänd. mWv 1.9.2021 durch G v. 15.2.2021 (BGBl. I S. 239); Abs. 7 Satz 1 Nr. 2 Buchst. c geänd. mWv 1.6.2022 durch G v. 23.5.2022 (BGBl. I S. 760); Abs. 8 Sätze 1 und 2 geänd. mWv 1.4.2024 durch G v. 22.12.2023 (BGBl. 2023 I Nr. 412); Abs. 8 Satz 1 geänd. mWv 1.4.2024 durch G v. 27.3.2024 (BGBl. 2024 I Nr. 107).

[2)] Siehe die Entsendungsrichtlinie Bund v. 9.12.2015 (GMBl 2016 S. 34).

bergehend eine nach § 123a des Beamtenrechtsrahmengesetzes[1] oder § 29 des Bundesbeamtengesetzes[2] zugewiesene Tätigkeit im Ausland wahrnimmt.

²Dies gilt auch für mit der nach Satz 1 berechtigten Person in einem Haushalt lebende Ehegatten oder Ehegattinnen.

(3) ¹Anspruch auf Elterngeld hat abweichend von Absatz 1 Satz 1 Nummer 2 auch, wer

1. mit einem Kind in einem Haushalt lebt, das er mit dem Ziel der Annahme als Kind aufgenommen hat,
2. ein Kind des Ehegatten oder der Ehegattin in seinen Haushalt aufgenommen hat oder
3. mit einem Kind in einem Haushalt lebt und die von ihm erklärte Anerkennung der Vaterschaft nach § 1594 Absatz 2 des Bürgerlichen Gesetzbuchs[3] noch nicht wirksam oder über die von ihm beantragte Vaterschaftsfeststellung nach § 1600d des Bürgerlichen Gesetzbuchs noch nicht entschieden ist.

²Für angenommene Kinder und Kinder im Sinne des Satzes 1 Nummer 1 sind die Vorschriften dieses Gesetzes mit der Maßgabe anzuwenden, dass statt des Zeitpunktes der Geburt der Zeitpunkt der Aufnahme des Kindes bei der berechtigten Person maßgeblich ist.

(4) Können die Eltern wegen einer schweren Krankheit, Schwerbehinderung oder Todes der Eltern ihr Kind nicht betreuen, haben Verwandte bis zum dritten Grad und ihre Ehegatten oder Ehegattinnen Anspruch auf Elterngeld, wenn sie die übrigen Voraussetzungen nach Absatz 1 erfüllen und wenn von anderen Berechtigten Elterngeld nicht in Anspruch genommen wird.

(5) Der Anspruch auf Elterngeld bleibt unberührt, wenn die Betreuung und Erziehung des Kindes aus einem wichtigen Grund nicht sofort aufgenommen werden kann oder wenn sie unterbrochen werden muss.

(6) Eine Person ist nicht voll erwerbstätig, wenn ihre Arbeitszeit 32 Wochenstunden im Durchschnitt des Lebensmonats nicht übersteigt, sie eine Beschäftigung zur Berufsbildung ausübt oder sie eine geeignete Tagespflegeperson im Sinne des § 23 des Achten Buches Sozialgesetzbuch[4] ist und nicht mehr als fünf Kinder in Tagespflege betreut.

(7) ¹Ein nicht freizügigkeitsberechtigter Ausländer oder eine nicht freizügigkeitsberechtigte Ausländerin ist nur anspruchsberechtigt, wenn diese Person

1. eine Niederlassungserlaubnis oder eine Erlaubnis zum Daueraufenthalt-EU besitzt,
2. eine Blaue Karte EU, eine ICT-Karte, eine Mobiler-ICT-Karte oder eine Aufenthaltserlaubnis besitzt, die für einen Zeitraum von mindestens sechs Monaten zur Ausübung einer Erwerbstätigkeit berechtigen oder berechtigt haben oder diese erlauben, es sei denn, die Aufenthaltserlaubnis wurde
   a) nach § 16e des Aufenthaltsgesetzes[5] zu Ausbildungszwecken, nach § 19c Absatz 1 des Aufenthaltsgesetzes zum Zweck der Beschäftigung als Au-Pair oder zum Zweck der Saisonbeschäftigung, nach § 19e des Aufenthaltsgesetzes zum Zweck der Teilnahme an einem Europäischen Freiwilligendienst oder

[1] ***Sartorius*** **Nr. 150a.**
[2] **Sartorius Nr. 160.**
[3] **Habersack, Deutsche Gesetze Nr. 20.**
[4] Nr. 46.
[5] **Sartorius Nr. 565.**

nach § 20 Absatz 1 und 2 des Aufenthaltsgesetzes zur Arbeitsplatzsuche erteilt,

b) nach § 16b des Aufenthaltsgesetzes zum Zweck eines Studiums, nach § 16d des Aufenthaltsgesetzes für Maßnahmen zur Anerkennung ausländischer Berufsqualifikationen oder nach § 20 Absatz 3 des Aufenthaltsgesetzes zur Arbeitsplatzsuche erteilt und er ist weder erwerbstätig noch nimmt er Elternzeit nach § 15 des Bundeselterngeld- und Elternzeitgesetzes oder laufende Geldleistungen nach dem Dritten Buch Sozialgesetzbuch in Anspruch,

c) nach § 23 Absatz 1 des Aufenthaltsgesetzes wegen eines Krieges in seinem Heimatland oder nach den § 23a oder § 25 Absatz 3 bis 5 des Aufenthaltsgesetzes erteilt,

3. eine in Nummer 2 Buchstabe c genannte Aufenthaltserlaubnis besitzt und im Bundesgebiet berechtigt erwerbstätig ist oder Elternzeit nach § 15 des Bundeselterngeld- und Elternzeitgesetzes oder laufende Geldleistungen nach dem Dritten Buch Sozialgesetzbuch in Anspruch nimmt,
4. eine in Nummer 2 Buchstabe c genannte Aufenthaltserlaubnis besitzt und sich seit mindestens 15 Monaten erlaubt, gestattet oder geduldet im Bundesgebiet aufhält oder
5. eine Beschäftigungsduldung gemäß § 60d in Verbindung mit § 60a Absatz 2 Satz 3 des Aufenthaltsgesetzes besitzt.

[2] Abweichend von Satz 1 Nummer 3 erste Alternative ist ein minderjähriger nicht freizügigkeitsberechtigter Ausländer oder eine minderjährige nicht freizügigkeitsberechtigte Ausländerin unabhängig von einer Erwerbstätigkeit anspruchsberechtigt.

(8) [1] Ein Anspruch entfällt, wenn die berechtigte Person im letzten abgeschlossenen Veranlagungszeitraum vor der Geburt des Kindes ein zu versteuerndes Einkommen nach § 2 Absatz 5 des Einkommensteuergesetzes in Höhe von mehr als 175 000 Euro erzielt hat. [2] Erfüllt auch eine andere Person die Voraussetzungen des Absatzes 1 Satz 1 Nummer 2 oder der Absätze 3 oder 4, entfällt abweichend von Satz 1 der Anspruch, wenn die Summe des zu versteuernden Einkommens beider Personen mehr als 175 000 Euro beträgt.

§ 2[1)] Höhe des Elterngeldes. (1) [1] Elterngeld wird in Höhe von 67 Prozent des Einkommens aus Erwerbstätigkeit vor der Geburt des Kindes gewährt. [2] Es wird bis zu einem Höchstbetrag von 1 800 Euro monatlich für volle Lebensmonate gezahlt, in denen die berechtigte Person kein Einkommen aus Erwerbstätigkeit hat. [3] Das Einkommen aus Erwerbstätigkeit errechnet sich nach Maßgabe der §§ 2c bis 2f aus der um die Abzüge für Steuern und Sozialabgaben verminderten Summe der positiven Einkünfte aus

1. nichtselbständiger Arbeit nach § 2 Absatz 1 Satz 1 Nummer 4 des Einkommen*steuergesetzes sowie*
2. Land- und Forstwirtschaft, Gewerbebetrieb und selbständiger Arbeit nach § 2 Absatz 1 Satz 1 Nummer 1 bis 3 des Einkommensteuergesetzes,

die im Inland zu versteuern sind und die die berechtigte Person durchschnittlich monatlich im Bemessungszeitraum nach § 2b oder in Lebensmonaten der Bezugszeit nach § 2 Absatz 3 hat.

[1)] § 2 Abs. 1 Sätze 2 und 3 abschl. Satzteil, Abs. 3 Sätze 1 und 3 geänd. mWv 1.9.2021 durch G v. 15.2. 2021 (BGBl. I S. 239).

(2) [1] In den Fällen, in denen das Einkommen aus Erwerbstätigkeit vor der Geburt geringer als 1 000 Euro war, erhöht sich der Prozentsatz von 67 Prozent um 0,1 Prozentpunkte für je 2 Euro, um die dieses Einkommen den Betrag von 1 000 Euro unterschreitet, auf bis zu 100 Prozent. [2] In den Fällen, in denen das Einkommen aus Erwerbstätigkeit vor der Geburt höher als 1 200 Euro war, sinkt der Prozentsatz von 67 Prozent um 0,1 Prozentpunkte für je 2 Euro, um die dieses Einkommen den Betrag von 1 200 Euro überschreitet, auf bis zu 65 Prozent.

(3) [1] Für Lebensmonate nach der Geburt des Kindes, in denen die berechtigte Person ein Einkommen aus Erwerbstätigkeit hat, das durchschnittlich geringer ist als das Einkommen aus Erwerbstätigkeit vor der Geburt, wird Elterngeld in Höhe des nach Absatz 1 oder 2 maßgeblichen Prozentsatzes des Unterschiedsbetrages dieser Einkommen aus Erwerbstätigkeit gezahlt. [2] Als Einkommen aus Erwerbstätigkeit vor der Geburt ist dabei höchstens der Betrag von 2 770 Euro anzusetzen. [3] Der Unterschiedsbetrag nach Satz 1 ist für das Einkommen aus Erwerbstätigkeit in Lebensmonaten, in denen die berechtigte Person Basiselterngeld in Anspruch nimmt, und in Lebensmonaten, in denen sie Elterngeld Plus im Sinne des § 4a Absatz 2 in Anspruch nimmt, getrennt zu berechnen.

(4) [1] Elterngeld wird mindestens in Höhe von 300 Euro gezahlt. [2] Dies gilt auch, wenn die berechtigte Person vor der Geburt des Kindes kein Einkommen aus Erwerbstätigkeit hat.

§ 2a Geschwisterbonus und Mehrlingszuschlag. (1) [1] Lebt die berechtigte Person in einem Haushalt mit

1. zwei Kindern, die noch nicht drei Jahre alt sind, oder
2. drei oder mehr Kindern, die noch nicht sechs Jahre alt sind,

wird das Elterngeld um 10 Prozent, mindestens jedoch um 75 Euro erhöht (Geschwisterbonus). [2] Zu berücksichtigen sind alle Kinder, für die die berechtigte Person die Voraussetzungen des § 1 Absatz 1 und 3 erfüllt und für die sich das Elterngeld nicht nach Absatz 4 erhöht.

(2) [1] Für angenommene Kinder, die noch nicht 14 Jahre alt sind, gilt als Alter des Kindes der Zeitraum seit der Aufnahme des Kindes in den Haushalt der berechtigten Person. [2] Dies gilt auch für Kinder, die die berechtigte Person entsprechend § 1 Absatz 3 Satz 1 Nummer 1 mit dem Ziel der Annahme als Kind in ihren Haushalt aufgenommen hat. [3] Für Kinder mit Behinderung im Sinne von § 2 Absatz 1 Satz 1 des Neunten Buches Sozialgesetzbuch liegt die Altersgrenze nach Absatz 1 Satz 1 bei 14 Jahren.

(3) Der Anspruch auf den Geschwisterbonus endet mit Ablauf des Monats, in dem eine der in Absatz 1 genannten Anspruchsvoraussetzungen entfällt.

(4) [1] Bei Mehrlingsgeburten erhöht sich das Elterngeld um je 300 Euro für das zweite und jedes weitere Kind (Mehrlingszuschlag). [2] Dies gilt auch, wenn ein Geschwisterbonus nach Absatz 1 gezahlt wird.

§ 2b[1] Bemessungszeitraum. (1) [1] Für die Ermittlung des Einkommens aus nichtselbstständiger Erwerbstätigkeit im Sinne von § 2c vor der Geburt sind die

[1] § 2b Abs. 1 Satz 2 Nr. 2 geänd. mWv 1.1.2018 durch G v. 23.5.2017 (BGBl. I S. 1228); Abs. 1 Sätze 3 und 4 angef., Abs. 2 Satz 2, Abs. 3 Satz 2 geänd. mWv 1.3.2020 durch G v. 20.5.2020 (BGBl. I S. 1061); Abs. 1 Satz 3 geänd. mWv 1.1.2021 durch G v. 3.12.2020 (BGBl. I S. 2691); Abs. 1 Satz 1 geänd., Satz 2 Nr. 1 neu gef., Satz 3 eingef., bish. Sätze 3 und 4 werden Sätze 4 und 5, Abs. 3 Satz 1 neu gef., Abs. 4 angef. mWv 1.9.2021 durch G v. 15.2.2021 (BGBl. I S. 239); Abs. 1 Satz 4 geänd. mWv 19.3.2022 durch G v. 18.3.2022 (BGBl. I S. 473).

zwölf Kalendermonate vor dem Kalendermonat der Geburt des Kindes maßgeblich. [2]Bei der Bestimmung des Bemessungszeitraums nach Satz 1 bleiben Kalendermonate unberücksichtigt, in denen die berechtigte Person

1. im Zeitraum nach § 4 Absatz 1 Satz 2 und 3 und Absatz 5 Satz 3 Nummer 2 Elterngeld für ein älteres Kind bezogen hat,
2. während der Schutzfristen nach § 3 des Mutterschutzgesetzes[1)] nicht beschäftigt werden durfte oder Mutterschaftsgeld nach dem Fünften Buch Sozialgesetzbuch oder nach dem Zweiten Gesetz über die Krankenversicherung der Landwirte bezogen hat,
3. eine Krankheit hatte, die maßgeblich durch eine Schwangerschaft bedingt war, oder
4. Wehrdienst nach dem Wehrpflichtgesetz[2)] in der bis zum 31. Mai 2011 geltenden Fassung oder nach dem Vierten Abschnitt des Soldatengesetzes oder Zivildienst nach dem Zivildienstgesetz[3)] geleistet hat

und in den Fällen der Nummern 3 und 4 dadurch ein geringeres Einkommen aus Erwerbstätigkeit hatte. [3]Abweichend von Satz 2 sind Kalendermonate im Sinne des Satzes 2 Nummer 1 bis 4 auf Antrag der berechtigten Person zu berücksichtigen. [4]Abweichend von Satz 2 bleiben auf Antrag bei der Ermittlung des Einkommens für die Zeit vom 1. März 2020 bis zum Ablauf des 23. September 2022 auch solche Kalendermonate unberücksichtigt, in denen die berechtigte Person aufgrund der COVID-19-Pandemie ein geringeres Einkommen aus Erwerbstätigkeit hatte und dies glaubhaft machen kann. [5]Satz 2 Nummer 1 gilt in den Fällen des § 27 Absatz 1 Satz 1 mit der Maßgabe, dass auf Antrag auch Kalendermonate mit Elterngeldbezug für ein älteres Kind nach Vollendung von dessen 14. Lebensmonat unberücksichtigt bleiben, soweit der Elterngeldbezug von der Zeit vor Vollendung des 14. Lebensmonats auf danach verschoben wurde.

(2) [1]Für die Ermittlung des Einkommens aus selbstständiger Erwerbstätigkeit im Sinne von § 2d vor der Geburt sind die jeweiligen steuerlichen Gewinnermittlungszeiträume maßgeblich, die dem letzten abgeschlossenen steuerlichen Veranlagungszeitraum vor der Geburt des Kindes zugrunde liegen. [2]Haben in einem Gewinnermittlungszeitraum die Voraussetzungen des Absatzes 1 Satz 2 oder Satz 3 vorgelegen, sind auf Antrag die Gewinnermittlungszeiträume maßgeblich, die dem diesen Ereignissen vorangegangenen abgeschlossenen steuerlichen Veranlagungszeitraum zugrunde liegen.

(3) [1]Abweichend von Absatz 1 ist für die Ermittlung des Einkommens aus nichtselbstständiger Erwerbstätigkeit vor der Geburt der letzte abgeschlossene steuerliche Veranlagungszeitraum vor der Geburt maßgeblich, wenn die berechtigte Person in den Zeiträumen nach Absatz 1 oder Absatz 2 Einkommen aus selbstständiger Erwerbstätigkeit hatte. [2]Haben im Bemessungszeitraum nach Satz 1 die Voraussetzungen des Absatzes 1 Satz 2 oder Satz 3 vorgelegen, ist Absatz 2 Satz 2 mit der zusätzlichen Maßgabe anzuwenden, dass für die Ermittlung des Einkommens aus nichtselbstständiger Erwerbstätigkeit vor der Geburt der vorangegangene steuerliche Veranlagungszeitraum maßgeblich ist.

(4) [1]Abweichend von Absatz 3 ist auf Antrag der berechtigten Person für die Ermittlung des Einkommens aus nichtselbstständiger Erwerbstätigkeit allein der Bemessungszeitraum nach Absatz 1 maßgeblich, wenn die zu berücksichtigende

---

1) Nr. **79**.
2) **Sartorius Nr. 620.**
3) **Sartorius Nr. 625.**

Summe der Einkünfte aus Land- und Forstwirtschaft, Gewerbebetrieb und selbstständiger Arbeit nach § 2 Absatz 1 Satz 1 Nummer 1 bis 3 des Einkommensteuergesetzes

1. in den jeweiligen steuerlichen Gewinnermittlungszeiträumen, die dem letzten abgeschlossenen steuerlichen Veranlagungszeitraum vor der Geburt des Kindes zugrunde liegen, durchschnittlich weniger als 35 Euro im Kalendermonat betrug und
2. in den jeweiligen steuerlichen Gewinnermittlungszeiträumen, die dem steuerlichen Veranlagungszeitraum der Geburt des Kindes zugrunde liegen, bis einschließlich zum Kalendermonat vor der Geburt des Kindes durchschnittlich weniger als 35 Euro im Kalendermonat betrug.

[2] Abweichend von § 2 Absatz 1 Satz 3 Nummer 2 ist für die Berechnung des Elterngeldes im Fall des Satzes 1 allein das Einkommen aus nichtselbstständiger Erwerbstätigkeit maßgeblich. [3] Die für die Entscheidung über den Antrag notwendige Ermittlung der Höhe der Einkünfte aus Land- und Forstwirtschaft, Gewerbebetrieb und selbstständiger Arbeit erfolgt für die Zeiträume nach Satz 1 Nummer 1 entsprechend § 2d Absatz 2; in Fällen, in denen zum Zeitpunkt der Entscheidung kein Einkommensteuerbescheid vorliegt, und für den Zeitraum nach Satz 1 Nummer 2 erfolgt die Ermittlung der Höhe der Einkünfte entsprechend § 2d Absatz 3. [4] Die Entscheidung über den Antrag erfolgt abschließend auf der Grundlage der Höhe der Einkünfte, wie sie sich aus den gemäß Satz 3 vorgelegten Nachweisen ergibt.

§ 2c[1)] Einkommen aus nichtselbstständiger Erwerbstätigkeit. (1) [1] Der monatlich durchschnittlich zu berücksichtigende Überschuss der Einnahmen aus nichtselbstständiger Arbeit in Geld oder Geldeswert über ein Zwölftel des Arbeitnehmer-Pauschbetrags, vermindert um die Abzüge für Steuern und Sozialabgaben nach den §§ 2e und 2f, ergibt das Einkommen aus nichtselbstständiger Erwerbstätigkeit. [2] Nicht berücksichtigt werden Einnahmen, die im Lohnsteuerabzugsverfahren nach den lohnsteuerlichen Vorgaben als sonstige Bezüge zu behandeln sind. [3] Die zeitliche Zuordnung von Einnahmen erfolgt nach den lohnsteuerlichen Vorgaben für das Lohnsteuerabzugsverfahren. [4] Maßgeblich ist der Arbeitnehmer-Pauschbetrag nach § 9a Satz 1 Nummer 1 Buchstabe a des Einkommensteuergesetzes in der am 1. Januar des Kalenderjahres vor der Geburt des Kindes für dieses Jahr geltenden Fassung.

(2) [1] Grundlage der Ermittlung der Einnahmen sind die Angaben in den für die maßgeblichen Kalendermonate erstellten Lohn- und Gehaltsbescheinigungen des Arbeitgebers. [2] Die Richtigkeit und Vollständigkeit der Angaben in den maßgeblichen Lohn- und Gehaltsbescheinigungen wird vermutet.

(3) [1] Grundlage der Ermittlung der nach den §§ 2e und 2f erforderlichen Abzugsmerkmale für Steuern und Sozialabgaben sind die Angaben in der Lohn- und Gehaltsbescheinigung, die für den letzten Kalendermonat im Bemessungszeitraum mit Einnahmen nach Absatz 1 erstellt wurde. [2] Soweit sich in den Lohn- und Gehaltsbescheinigungen des Bemessungszeitraums eine Angabe zu einem Abzugsmerkmal geändert hat, ist die von der Angabe nach Satz 1 abweichende Angabe maßgeblich, wenn sie in der überwiegenden Zahl der Kalendermonate des Bemessungszeitraums gegolten hat. [3] § 2c Absatz 2 Satz 2 gilt entsprechend.

---

1) § 2c Abs. 1 Satz 3 eingef., bish. Satz 3 wird Satz 4 mWv 29.5.2020 durch G v. 20.5.2020 (BGBl. I S. 1061); Abs. 2 Satz 1, Abs. 3 Sätze 1 und 2 geänd. mWv 1.9.2021 durch G v. 15.2.2021 (BGBl. I S. 239).

§ 2d[1)] Einkommen aus selbstständiger Erwerbstätigkeit. (1) Die monatlich durchschnittlich zu berücksichtigende Summe der positiven Einkünfte aus Land- und Forstwirtschaft, Gewerbebetrieb und selbstständiger Arbeit (Gewinneinkünfte), vermindert um die Abzüge für Steuern und Sozialabgaben nach den §§ 2e und 2f, ergibt das Einkommen aus selbstständiger Erwerbstätigkeit.

(2) [1]Bei der Ermittlung der im Bemessungszeitraum zu berücksichtigenden Gewinneinkünfte sind die entsprechenden im Einkommensteuerbescheid ausgewiesenen Gewinne anzusetzen. [2]Ist kein Einkommensteuerbescheid zu erstellen, werden die Gewinneinkünfte in entsprechender Anwendung des Absatzes 3 ermittelt.

(3) [1]Grundlage der Ermittlung der in den Bezugsmonaten zu berücksichtigenden Gewinneinkünfte ist eine Gewinnermittlung, die mindestens den Anforderungen des § 4 Absatz 3 des Einkommensteuergesetzes entspricht. [2]Als Betriebsausgaben sind 25 Prozent der zugrunde gelegten Einnahmen oder auf Antrag die damit zusammenhängenden tatsächlichen Betriebsausgaben anzusetzen.

(4) [1]Soweit nicht in § 2c Absatz 3 etwas anderes bestimmt ist, sind bei der Ermittlung der nach § 2e erforderlichen Abzugsmerkmale für Steuern die Angaben im Einkommensteuerbescheid maßgeblich. [2]§ 2c Absatz 3 Satz 2 gilt entsprechend.

(5) Die zeitliche Zuordnung von Einnahmen und Ausgaben erfolgt nach den einkommensteuerrechtlichen Grundsätzen.

§ 2e[2)] Abzüge für Steuern. (1) [1]Als Abzüge für Steuern sind Beträge für die Einkommensteuer, den Solidaritätszuschlag und, wenn die berechtigte Person kirchensteuerpflichtig ist, die Kirchensteuer zu berücksichtigen. [2]Die Abzüge für Steuern werden einheitlich für Einkommen aus nichtselbstständiger und selbstständiger Erwerbstätigkeit auf Grundlage einer Berechnung anhand des am 1. Januar des Kalenderjahres vor der Geburt des Kindes für dieses Jahr geltenden Programmablaufplans für die maschinelle Berechnung der vom Arbeitslohn einzubehaltenden Lohnsteuer, des Solidaritätszuschlags und der Maßstabsteuer für die Kirchenlohnsteuer im Sinne von § 39b Absatz 6 des Einkommensteuergesetzes nach den Maßgaben der Absätze 2 bis 5 ermittelt.

(2) [1]Bemessungsgrundlage für die Ermittlung der Abzüge für Steuern ist die monatlich durchschnittlich zu berücksichtigende Summe der Einnahmen nach § 2c, soweit sie von der berechtigten Person zu versteuern sind, und der Gewinneinkünfte nach § 2d. [2]Bei der Ermittlung der Abzüge für Steuern nach Absatz 1 werden folgende Pauschalen berücksichtigt:

1. der Arbeitnehmer-Pauschbetrag nach § 9a Satz 1 Nummer 1 Buchstabe a des Einkommensteuergesetzes, wenn die berechtigte Person von ihr zu versteuernde Einnahmen hat, die unter § 2c fallen, und
2. eine Vorsorgepauschale
   a) mit den Teilbeträgen nach § 39b Absatz 2 Satz 5 Nummer 3 Buchstabe b, c und e des Einkommensteuergesetzes, falls die berechtigte Person von ihr zu versteuernde Einnahmen nach § 2c hat, ohne in der gesetzlichen Rentenversicherung oder einer vergleichbaren Einrichtung versicherungspflichtig gewesen zu sein, oder

---

1) § 2d Abs. 5 angef. mWv 29.5.2020 durch G v. 20.5.2020 (BGBl. I S. 1061)

2) § 2e Abs. 2 Satz 2 Nr. 2 Buchst a und b geänd. mWv 1.1.2024 durch G v. 21.12.2020 (BGBl. I S. 3096).

b) mit den Teilbeträgen nach § 39b Absatz 2 Satz 5 Nummer 3 Buchstabe a bis c und e des Einkommensteuergesetzes in allen übrigen Fällen,

wobei die Höhe der Teilbeträge ohne Berücksichtigung der besonderen Regelungen zur Berechnung der Beiträge nach § 55 Absatz 3 und § 58 Absatz 3 des Elften Buches Sozialgesetzbuch bestimmt wird.

(3) [1] Als Abzug für die Einkommensteuer ist der Betrag anzusetzen, der sich unter Berücksichtigung der Steuerklasse und des Faktors nach § 39f des Einkommensteuergesetzes nach § 2c Absatz 3 ergibt; die Steuerklasse VI bleibt unberücksichtigt. [2] War die berechtigte Person im Bemessungszeitraum nach § 2b in keine Steuerklasse eingereiht oder ist ihr nach § 2d zu berücksichtigender Gewinn höher als ihr nach § 2c zu berücksichtigender Überschuss der Einnahmen über ein Zwölftel des Arbeitnehmer-Pauschbetrags, ist als Abzug für die Einkommensteuer der Betrag anzusetzen, der sich unter Berücksichtigung der Steuerklasse IV ohne Berücksichtigung eines Faktors nach § 39f des Einkommensteuergesetzes ergibt.

(4) [1] Als Abzug für den Solidaritätszuschlag ist der Betrag anzusetzen, der sich nach den Maßgaben des Solidaritätszuschlagsgesetzes 1995 für die Einkommensteuer nach Absatz 3 ergibt. [2] Freibeträge für Kinder werden nach den Maßgaben des § 3 Absatz 2a des Solidaritätszuschlagsgesetzes 1995 berücksichtigt.

(5) [1] Als Abzug für die Kirchensteuer ist der Betrag anzusetzen, der sich unter Anwendung eines Kirchensteuersatzes von 8 Prozent für die Einkommensteuer nach Absatz 3 ergibt. [2] Freibeträge für Kinder werden nach den Maßgaben des § 51a Absatz 2a des Einkommensteuergesetzes berücksichtigt.

(6) Vorbehaltlich der Absätze 2 bis 5 werden Freibeträge und Pauschalen nur berücksichtigt, wenn sie ohne weitere Voraussetzung jeder berechtigten Person zustehen.

§ 2f Abzüge für Sozialabgaben. (1) [1] Als Abzüge für Sozialabgaben sind Beträge für die gesetzliche Sozialversicherung oder für eine vergleichbare Einrichtung sowie für die Arbeitsförderung zu berücksichtigen. [2] Die Abzüge für Sozialabgaben werden einheitlich für Einkommen aus nichtselbstständiger und selbstständiger Erwerbstätigkeit anhand folgender Beitragssatzpauschalen ermittelt:

1. 9 Prozent für die Kranken- und Pflegeversicherung, falls die berechtigte Person in der gesetzlichen Krankenversicherung nach § 5 Absatz 1 Nummer 1 bis 12 des Fünften Buches Sozialgesetzbuch versicherungspflichtig gewesen ist,
2. 10 Prozent für die Rentenversicherung, falls die berechtigte Person in der gesetzlichen Rentenversicherung oder einer vergleichbaren Einrichtung versicherungspflichtig gewesen ist, und
3. 2 Prozent für die Arbeitsförderung, falls die berechtigte Person nach dem Dritten Buch Sozialgesetzbuch versicherungspflichtig gewesen ist.

(2) [1] Bemessungsgrundlage für die Ermittlung der Abzüge für Sozialabgaben ist die monatlich durchschnittlich zu berücksichtigende Summe der Einnahmen nach § 2c und der Gewinneinkünfte nach § 2d. [2] Einnahmen aus Beschäftigungen im Sinne des § 8, des § 8a oder des § 20 Absatz 3 Satz 1 des Vierten Buches Sozialgesetzbuch werden nicht berücksichtigt. [3] Für Einnahmen aus Beschäftigungsverhältnissen im Sinne des § 20 Absatz 2 des Vierten Buches Sozialgesetzbuch ist der Betrag anzusetzen, der sich nach § 344 Absatz 4 des Dritten Buches Sozialgesetzbuch für diese Einnahmen ergibt, wobei der Faktor im Sinne des § 163 Absatz 10 Satz 2 des Sechsten Buches Sozialgesetzbuch unter Zugrundelegung der Beitragssatzpauschalen nach Absatz 1 bestimmt wird.

(3) Andere Maßgaben zur Bestimmung der sozialversicherungsrechtlichen Beitragsbemessungsgrundlagen werden nicht berücksichtigt.

§ 3[1] Anrechnung von anderen Einnahmen. (1) [1] Auf das der berechtigten Person nach § 2 oder nach § 2 in Verbindung mit § 2a zustehende Elterngeld werden folgende Einnahmen angerechnet:

1. Mutterschaftsleistungen
   a) in Form des Mutterschaftsgeldes nach dem Fünften Buch Sozialgesetzbuch oder nach dem Zweiten Gesetz über die Krankenversicherung der Landwirte mit Ausnahme des Mutterschaftsgeldes nach § 19 Absatz 2 des Mutterschutzgesetzes[2] oder
   b) in Form des Zuschusses zum Mutterschaftsgeld nach § 20 des Mutterschutzgesetzes, die der berechtigten Person für die Zeit ab dem Tag der Geburt des Kindes zustehen,
2. Dienst- und Anwärterbezüge sowie Zuschüsse, die der berechtigten Person nach beamten- oder soldatenrechtlichen Vorschriften für die Zeit eines Beschäftigungsverbots ab dem Tag der Geburt des Kindes zustehen,
3. dem Elterngeld vergleichbare Leistungen, auf die eine nach § 1 berechtigte Person außerhalb Deutschlands oder gegenüber einer über- oder zwischenstaatlichen Einrichtung Anspruch hat,
4. Elterngeld, das der berechtigten Person für ein älteres Kind zusteht, sowie
5. Einnahmen, die der berechtigten Person als Ersatz für Erwerbseinkommen zustehen und
   a) die nicht bereits für die Berechnung des Elterngeldes nach § 2 berücksichtigt werden oder
   b) bei deren Berechnung das Elterngeld nicht berücksichtigt wird.

[2] Stehen der berechtigten Person die Einnahmen nur für einen Teil des Lebensmonats des Kindes zu, sind sie nur auf den entsprechenden Teil des Elterngeldes anzurechnen. [3] Für jeden Kalendermonat, in dem Einnahmen nach Satz 1 Nummer 4 oder Nummer 5 im Bemessungszeitraum bezogen worden sind, wird der Anrechnungsbetrag um ein Zwölftel gemindert. [4] Beginnt der Bezug von Einnahmen nach Satz 1 Nummer 5 nach der Geburt des Kindes und berechnen sich die anzurechnenden Einnahmen auf der Grundlage eines Einkommens, das geringer ist als das Einkommen aus Erwerbstätigkeit im Bemessungszeitraum, so ist der Teil des Elterngeldes in Höhe des nach § 2 Absatz 1 oder 2 maßgeblichen Prozentsatzes des Unterschiedsbetrages zwischen dem durchschnittlichen monatlichen Einkommen aus Erwerbstätigkeit im Bemessungszeitraum und dem durchschnittlichen monatlichen Bemessungseinkommen der anzurechnenden Einnahmen von der Anrechnung freigestellt.

(2) [1] Bis zu einem Betrag von 300 Euro ist das Elterngeld von der Anrechnung nach Absatz 1 frei, soweit nicht Einnahmen nach Absatz 1 Satz 1 Nummer 1 bis 3 auf das Elterngeld anzurechnen sind. [2] Dieser Betrag erhöht sich bei Mehrlingsgeburten um je 300 Euro für das zweite und jedes weitere Kind.

(3) Solange kein Antrag auf die in Absatz 1 Satz 1 Nummer 3 genannten vergleichbaren Leistungen gestellt wird, ruht der Anspruch auf Elterngeld bis zur möglichen Höhe der vergleichbaren Leistung.

---

[1] § 3 Abs. 1 Satz 1 Nr. 1 Buchst. a und b geänd. mWv 1.1.2018 durch G v. 23.5.2017 (BGBl. I S. 1228); Abs. 1 Satz 1 Nr. 3 geänd., Satz 4 angef. mWv 1.9.2021 durch G v. 15.2.2021 (BGBl. I S. 239).

[2] Nr. **79**.

§ 4[1] Bezugsdauer, Anspruchsumfang. (1) [1]Elterngeld wird als Basiselterngeld oder als Elterngeld Plus gewährt. [2]Es kann ab dem Tag der Geburt bezogen werden. [3]Basiselterngeld kann bis zur Vollendung des 14. Lebensmonats des Kindes bezogen werden. [4]Elterngeld Plus kann bis zur Vollendung des 32. Lebensmonats bezogen werden, solange es ab dem 15. Lebensmonat in aufeinander folgenden Lebensmonaten von zumindest einem Elternteil in Anspruch genommen wird. [5]Für angenommene Kinder und Kinder im Sinne des § 1 Absatz 3 Satz 1 Nummer 1 kann Elterngeld ab Aufnahme bei der berechtigten Person längstens bis zur Vollendung des achten Lebensjahres des Kindes bezogen werden.

(2) [1]Elterngeld wird in Monatsbeträgen für Lebensmonate des Kindes gezahlt. [2]Der Anspruch endet mit dem Ablauf des Lebensmonats, in dem eine Anspruchsvoraussetzung entfallen ist.

(3) [1]Die Eltern haben gemeinsam Anspruch auf zwölf Monatsbeträge Basiselterngeld. [2]Ist das Einkommen aus Erwerbstätigkeit eines Elternteils in zwei Lebensmonaten gemindert, haben die Eltern gemeinsam Anspruch auf zwei weitere Monate Basiselterngeld (Partnermonate). [3]Statt für einen Lebensmonat Basiselterngeld zu beanspruchen, kann die berechtigte Person jeweils zwei Lebensmonate Elterngeld Plus beziehen.

(4) [1]Ein Elternteil hat Anspruch auf höchstens zwölf Monatsbeträge Basiselterngeld zuzüglich der höchstens vier zustehenden Monatsbeträge Partnerschaftsbonus nach § 4b. [2]Ein Elternteil hat nur Anspruch auf Elterngeld, wenn er es mindestens für zwei Lebensmonate bezieht. [3]Lebensmonate des Kindes, in denen einem Elternteil nach § 3 Absatz 1 Satz 1 Nummer 1 bis 3 anzurechnende Leistungen oder nach § 192 Absatz 5 Satz 2 des Versicherungsvertragsgesetzes[2] Versicherungsleistungen zustehen, gelten als Monate, für die dieser Elternteil Basiselterngeld nach § 4a Absatz 1 bezieht.

(5) [1]Abweichend von Absatz 3 Satz 1 beträgt der gemeinsame Anspruch der Eltern auf Basiselterngeld für ein Kind, das

1. mindestens sechs Wochen vor dem voraussichtlichen Tag der Entbindung geboren wurde:
   13 Monatsbeträge Basiselterngeld;
2. mindestens acht Wochen vor dem voraussichtlichen Tag der Entbindung geboren wurde:
   14 Monatsbeträge Basiselterngeld;
3. mindestens zwölf Wochen vor dem voraussichtlichen Tag der Entbindung geboren wurde:
   15 Monatsbeträge Basiselterngeld;
4. mindestens 16 Wochen vor dem voraussichtlichen Tag der Entbindung geboren wurde:
   16 Monatsbeträge Basiselterngeld.

[2]Für die Berechnung des Zeitraums zwischen dem voraussichtlichen Tag der Entbindung und dem tatsächlichen Tag der Geburt ist der voraussichtliche Tag der Entbindung maßgeblich, wie er sich aus dem ärztlichen Zeugnis oder dem Zeugnis einer Hebamme oder eines Entbindungspflegers ergibt.

---

[1] § 4 neu gef. mWv 1.9.2021 durch G v. 15.2.2021 (BGBl. I S. 239); Abs. 2 Satz 3 aufgeh., Abs. 6 angef. mWv 1.4.2024 durch G v. 22.12.2023 (BGBl. 2023 I Nr. 412); Abs. 6 neu gef. mWv 1.4.2024 durch G v. 27.3.2024 (BGBl. 2024 I Nr. 107).

[2] **Habersack, Deutsche Gesetze Nr. 62.**

[3] Im Fall von

1. Satz 1 Nummer 1
   a) hat ein Elternteil abweichend von Absatz 4 Satz 1 Anspruch auf höchstens 13 Monatsbeträge Basiselterngeld zuzüglich der höchstens vier zustehenden Monatsbeträge Partnerschaftsbonus nach § 4b,
   b) kann Basiselterngeld abweichend von Absatz 1 Satz 3 bis zur Vollendung des 15. Lebensmonats des Kindes bezogen werden und
   c) kann Elterngeld Plus abweichend von Absatz 1 Satz 4 bis zur Vollendung des 32. Lebensmonats des Kindes bezogen werden, solange es ab dem 16. Lebensmonat in aufeinander folgenden Lebensmonaten von zumindest einem Elternteil in Anspruch genommen wird;
2. Satz 1 Nummer 2
   a) hat ein Elternteil abweichend von Absatz 4 Satz 1 Anspruch auf höchstens 14 Monatsbeträge Basiselterngeld zuzüglich der höchstens vier zustehenden Monatsbeträge Partnerschaftsbonus nach § 4b,
   b) kann Basiselterngeld abweichend von Absatz 1 Satz 3 bis zur Vollendung des 16. Lebensmonats des Kindes bezogen werden und
   c) kann Elterngeld Plus abweichend von Absatz 1 Satz 4 bis zur Vollendung des 32. Lebensmonats des Kindes bezogen werden, solange es ab dem 17. Lebensmonat in aufeinander folgenden Lebensmonaten von zumindest einem Elternteil in Anspruch genommen wird;
3. Satz 1 Nummer 3
   a) hat ein Elternteil abweichend von Absatz 4 Satz 1 Anspruch auf höchstens 15 Monatsbeträge Basiselterngeld zuzüglich der höchstens vier zustehenden Monatsbeträge Partnerschaftsbonus nach § 4b,
   b) kann Basiselterngeld abweichend von Absatz 1 Satz 3 bis zur Vollendung des 17. Lebensmonats des Kindes bezogen werden und
   c) kann Elterngeld Plus abweichend von Absatz 1 Satz 4 bis zur Vollendung des 32. Lebensmonats des Kindes bezogen werden, solange es ab dem 18. Lebensmonat in aufeinander folgenden Lebensmonaten von zumindest einem Elternteil in Anspruch genommen wird;
4. Satz 1 Nummer 4
   a) hat ein Elternteil abweichend von Absatz 4 Satz 1 Anspruch auf höchstens 16 Monatsbeträge Basiselterngeld zuzüglich der höchstens vier zustehenden Monatsbeträge Partnerschaftsbonus nach § 4b,
   b) kann Basiselterngeld abweichend von Absatz 1 Satz 3 bis zur Vollendung des 18. Lebensmonats des Kindes bezogen werden und
   c) kann Elterngeld Plus abweichend von Absatz 1 Satz 4 bis zur Vollendung des 32. Lebensmonats des Kindes bezogen werden, solange es ab dem 19. Lebensmonat in aufeinander folgenden Lebensmonaten von zumindest einem Elternteil in Anspruch genommen wird.

(6) [1] Ein gleichzeitiger Bezug von Basiselterngeld beider Elternteile ist nur in einem der ersten zwölf Lebensmonate des Kindes möglich. [2] Bezieht einer der beiden Elternteile Elterngeld Plus, so kann dieser Elternteil das Elterngeld Plus gleichzeitig zum Bezug von Basiselterngeld oder von Elterngeld Plus des anderen Elternteils beziehen. [3] § 4b bleibt unberührt. [4] Abweichend von Satz 1 können bei Mehrlingsgeburten und Frühgeburten im Sinne des Absatzes 5 sowie bei Kindern, bei denen eine Behinderung im Sinne von § 2 Absatz 1 Satz 1 des Neunten Buches Sozialgesetzbuch ärztlich festgestellt wird und bei Kindern, die einen

Geschwisterbonus nach § 2a Absatz 1 in Verbindung mit Absatz 2 Satz 3 auslösen, beide Elternteile gleichzeitig Basiselterngeld beziehen.

§ 4a[1] Berechnung von Basiselterngeld und Elterngeld Plus. (1) Basiselterngeld wird allein nach den Vorgaben der §§ 2 bis 3 ermittelt.

(2) [1] Elterngeld Plus wird nach den Vorgaben der §§ 2 bis 3 und den zusätzlichen Vorgaben der Sätze 2 und 3 ermittelt. [2] Das Elterngeld Plus beträgt monatlich höchstens die Hälfte des Basiselterngeldes, das der berechtigten Person zustünde, wenn sie während des Elterngeldbezugs keine Einnahmen im Sinne des § 2 oder des § 3 hätte oder hat. [3] Für die Berechnung des Elterngeldes Plus halbieren sich:
1. der Mindestbetrag für das Elterngeld nach § 2 Absatz 4 Satz 1,
2. der Mindestbetrag des Geschwisterbonus nach § 2a Absatz 1 Satz 1,
3. der Mehrlingszuschlag nach § 2a Absatz 4 sowie
4. die von der Anrechnung freigestellten Elterngeldbeträge nach § 3 Absatz 2.

§ 4b[1] Partnerschaftsbonus. (1) Wenn beide Elternteile
1. nicht weniger als 24 und nicht mehr als 32 Wochenstunden im Durchschnitt des Lebensmonats erwerbstätig sind und
2. die Voraussetzungen des § 1 erfüllen,

hat jeder Elternteil für diesen Lebensmonat Anspruch auf einen zusätzlichen Monatsbetrag Elterngeld Plus (Partnerschaftsbonus).

(2) [1] Die Eltern haben je Elternteil Anspruch auf höchstens vier Monatsbeträge Partnerschaftsbonus. [2] Sie können den Partnerschaftsbonus nur beziehen, wenn sie ihn jeweils für mindestens zwei Lebensmonate in Anspruch nehmen.

(3) Die Eltern können den Partnerschaftsbonus nur gleichzeitig und in aufeinander folgenden Lebensmonaten beziehen.

(4) Treten während des Bezugs des Partnerschaftsbonus die Voraussetzungen für einen alleinigen Bezug nach § 4c Absatz 1 Nummer 1 bis 3 ein, so kann der Bezug durch einen Elternteil nach § 4c Absatz 2 fortgeführt werden.

(5) Das Erfordernis des Bezugs in aufeinander folgenden Lebensmonaten nach Absatz 3 und § 4 Absatz 1 Satz 4 gilt auch dann als erfüllt, wenn sich während des Bezugs oder nach dem Ende des Bezugs herausstellt, dass die Voraussetzungen für den Partnerschaftsbonus nicht in allen Lebensmonaten, für die der Partnerschaftsbonus beantragt wurde, vorliegen oder vorlagen.

§ 4c[1] Alleiniger Bezug durch einen Elternteil. (1) Ein Elternteil kann abweichend von § 4 Absatz 4 Satz 1 zusätzlich auch das Elterngeld für die Partnermonate nach § 4 Absatz 3 Satz 3 beziehen, wenn das Einkommen aus Erwerbstätigkeit für zwei Lebensmonate gemindert ist und
1. bei diesem Elternteil die Voraussetzungen für den Entlastungsbetrag für Alleinerziehende nach § 24b Absatz 1 und 3 des Einkommensteuergesetzes vorliegen und der andere Elternteil weder mit ihm noch mit dem Kind in einer Wohnung lebt,
2. mit der Betreuung durch den anderen Elternteil eine Gefährdung des Kindeswohls im Sinne von § 1666 Absatz 1 und 2 des Bürgerlichen Gesetzbuchs[2] *verbunden wäre oder*

---

[1] §§ 4a–4c neu gef. mWv 1.9.2021 durch G v. 15.2.2021 (BGBl. I S. 239).
[2] **Habersack, Deutsche Gesetze Nr. 20.**

3. die Betreuung durch den anderen Elternteil unmöglich ist, insbesondere, weil er wegen einer schweren Krankheit oder einer Schwerbehinderung sein Kind nicht betreuen kann; für die Feststellung der Unmöglichkeit der Betreuung bleiben wirtschaftliche Gründe und Gründe einer Verhinderung wegen anderweitiger Tätigkeiten außer Betracht.

(2) Liegt eine der Voraussetzungen des Absatzes 1 Nummer 1 bis 3 vor, so hat ein Elternteil, der in mindestens zwei bis höchstens vier aufeinander folgenden Lebensmonaten nicht weniger als 24 und nicht mehr als 32 Wochenstunden im Durchschnitt des Lebensmonats erwerbstätig ist, für diese Lebensmonate Anspruch auf zusätzliche Monatsbeträge Elterngeld Plus.

§ 4d[1)] Weitere Berechtigte. [1]Die §§ 4 bis 4c gelten in den Fällen des § 1 Absatz 3 und 4 entsprechend. [2]Der Bezug von Elterngeld durch nicht sorgeberechtigte Elternteile und durch Personen, die nach § 1 Absatz 3 Satz 1 Nummer 2 und 3 Anspruch auf Elterngeld haben, bedarf der Zustimmung des sorgeberechtigten Elternteils.

Abschnitt 2.[2)] Verfahren und Organisation

§ 5[3)] Zusammentreffen von Ansprüchen. (1) Erfüllen beide Elternteile die Anspruchsvoraussetzungen, bestimmen sie, wer von ihnen die Monatsbeträge für welche Lebensmonate des Kindes in Anspruch nimmt.

(2) [1]Beanspruchen beide Elternteile zusammen mehr als die ihnen nach § 4 Absatz 3 und § 4b oder nach § 4 Absatz 3 und § 4b in Verbindung mit § 4d zustehenden Monatsbeträge, so besteht der Anspruch eines Elternteils, der nicht über die Hälfte der zustehenden Monatsbeträge hinausgeht, ungekürzt; der Anspruch des anderen Elternteils wird gekürzt auf die vom Gesamtanspruch verbleibenden Monatsbeträge. [2]Beansprucht jeder der beiden Elternteile mehr als die Hälfte der ihm zustehenden Monatsbeträge, steht jedem Elternteil die Hälfte des Gesamtanspruchs der Monatsbeträge zu.

(3) [1]Die Absätze 1 und 2 gelten in den Fällen des § 1 Absatz 3 und 4 entsprechend. [2]Wird eine Einigung mit einem nicht sorgeberechtigten Elternteil oder einer Person, die nach § 1 Absatz 3 Satz 1 Nummer 2 und 3 Anspruch auf

(Fortsetzung nächstes Blatt)

[1)] § 4d neu gef. mWv 1.9.2021 durch G v. 15.2.2021 (BGBl. I S. 239).
[2)] Bish. Abschnitt 2 aufgeh., bish. Abschnitt 3 wird Abschnitt 2 mWv 1.9.2021 durch G v. 15.2.2021 (BGBl. I S. 239).
[3)] § 5 neu gef. mWv 1.9.2021 durch G v. 15.2.2021 (BGBl. I S. 239).

[3] § 5 Abs. 2 geänd. mWv 1.9.2021 durch G v. 15.2.2021 (BGBl. I S. 239).

Elterngeld hat, nicht erzielt, so kommt es abweichend von Absatz 2 allein auf die Entscheidung des sorgeberechtigten Elternteils an.

§ 6[1] **Auszahlung.** Elterngeld wird im Laufe des Lebensmonats gezahlt, für den es bestimmt ist.

§ 7[2] **Antragstellung.** (1) [1]Elterngeld ist schriftlich zu beantragen. [2]Es wird rückwirkend nur für die letzten drei Lebensmonate vor Beginn des Lebensmonats geleistet, in dem der Antrag auf Elterngeld eingegangen ist. [3]Im Antrag ist anzugeben, für welche Lebensmonate Basiselterngeld, für welche Lebensmonate Elterngeld Plus oder für welche Lebensmonate Partnerschaftsbonus beantragt wird.

(2) [1]Die im Antrag getroffenen Entscheidungen können bis zum Ende des Bezugszeitraums geändert werden. [2]Eine Änderung kann rückwirkend nur für die letzten drei Lebensmonate vor Beginn des Lebensmonats verlangt werden, in dem der Änderungsantrag eingegangen ist. [3]Sie ist außer in den Fällen besonderer Härte unzulässig, soweit Monatsbeträge bereits ausgezahlt sind. [4]Abweichend von den Sätzen 2 und 3 kann für einen Lebensmonat, in dem bereits Elterngeld Plus bezogen wurde, nachträglich Basiselterngeld beantragt werden. [5]Im Übrigen finden die für die Antragstellung geltenden Vorschriften auch auf den Änderungsantrag Anwendung.

(3) [1]Der Antrag ist, außer im Fall des § 4c und der Antragstellung durch eine allein sorgeberechtigte Person, zu unterschreiben von der Person, die ihn stellt, und zur Bestätigung der Kenntnisnahme auch von der anderen berechtigten Person. [2]Die andere berechtigte Person kann gleichzeitig

1. einen Antrag auf Elterngeld stellen oder
2. der Behörde anzeigen, wie viele Monatsbeträge sie beansprucht, wenn mit ihrem Anspruch die Höchstgrenzen nach § 4 Absatz 3 in Verbindung mit § 4b überschritten würden.

[3]Liegt der Behörde von der anderen berechtigten Person weder ein Antrag auf Elterngeld noch eine Anzeige nach Satz 2 vor, so werden sämtliche Monatsbeträge der berechtigten Person ausgezahlt, die den Antrag gestellt hat; die andere berechtigte Person kann bei einem späteren Antrag abweichend von § 5 Absatz 2 nur die unter Berücksichtigung von § 4 Absatz 3 in Verbindung mit § 4b vom Gesamtanspruch verbleibenden Monatsbeträge erhalten.

§ 8[3] **Auskunftspflicht, Nebenbestimmungen.** (1) Soweit im Antrag auf Elterngeld Angaben zum voraussichtlichen Einkommen aus Erwerbstätigkeit gemacht wurden, ist nach Ablauf des Bezugszeitraums für diese Zeit das tatsächliche Einkommen aus Erwerbstätigkeit nachzuweisen.

(1a) [1]Die Mitwirkungspflichten nach § 60 des Ersten Buches Sozialgesetzbuch gelten

1. im Falle des § 1 Absatz 8 Satz 2 auch für die andere Person im Sinne des § 1 Absatz 8 Satz 2 und

---

[1] § 6 neu gef. mWv 1.9.2021 durch G v. 15.2.2021 (BGBl. I S. 239).

[2] § 7 Abs. 1 Satz 1 geänd., Sätze 2 und 3 neu gef., Abs. 2 Sätze 2 und 4 geänd., Abs. 3 neu gef. mWv 1.9.2021 durch G v. 15.2.2021 (BGBl. I S. 239).

[3] § 8 Abs. 1, 1a Satz 1 Nr. 2 geänd., Abs. 2 Satz 2 neu gef., Abs. 3 Satz 1 Nr. 1–3 geänd., Nr. 4 und Satz 2 aufgeh. mWv 1.9.2021 durch G v. 15.2.2021 (BGBl. I S. 239).

2. im Falle des § 4b oder des § 4b in Verbindung mit § 4d Satz 1 für beide Personen, die den Partnerschaftsbonus beantragt haben.

[2] § 65 Absatz 1 und 3 des Ersten Buches Sozialgesetzbuch gilt entsprechend.

(2) [1] Elterngeld wird in den Fällen, in denen die berechtigte Person nach ihren Angaben im Antrag im Bezugszeitraum voraussichtlich kein Einkommen aus Erwerbstätigkeit haben wird, unter dem Vorbehalt des Widerrufs für den Fall gezahlt, dass sie entgegen ihren Angaben im Antrag Einkommen aus Erwerbstätigkeit hat. [2] In den Fällen, in denen zum Zeitpunkt der Antragstellung der Steuerbescheid für den letzten abgeschlossenen steuerlichen Veranlagungszeitraum vor der Geburt des Kindes nicht vorliegt und nach den Angaben im Antrag die Beträge nach § 1 Absatz 8 voraussichtlich nicht überschritten werden, wird das Elterngeld unter dem Vorbehalt des Widerrufs für den Fall gezahlt, dass entgegen den Angaben im Antrag die Beträge nach § 1 Absatz 8 überschritten werden.

(3) Das Elterngeld wird bis zum Nachweis der jeweils erforderlichen Angaben vorläufig unter Berücksichtigung der glaubhaft gemachten Angaben gezahlt, wenn

1. zum Zeitpunkt der Antragstellung der Steuerbescheid für den letzten abgeschlossenen Veranlagungszeitraum vor der Geburt des Kindes nicht vorliegt und noch nicht angegeben werden kann, ob die Beträge nach § 1 Absatz 8 überschritten werden,
2. das Einkommen aus Erwerbstätigkeit vor der Geburt nicht ermittelt werden kann oder
3. die berechtigte Person nach den Angaben im Antrag auf Elterngeld im Bezugszeitraum voraussichtlich Einkommen aus Erwerbstätigkeit hat.

§ 9[1)] Einkommens- und Arbeitszeitnachweis, Auskunftspflicht des Arbeitgebers. (1) [1] Soweit es zum Nachweis des Einkommens aus Erwerbstätigkeit oder der wöchentlichen Arbeitszeit erforderlich ist, hat der Arbeitgeber der nach § 12 zuständigen Behörde für bei ihm Beschäftigte das Arbeitsentgelt, die für die Ermittlung der nach den §§ 2e und 2f erforderlichen Abzugsmerkmale für Steuern und Sozialabgaben sowie die Arbeitszeit auf Verlangen zu bescheinigen; das Gleiche gilt für ehemalige Arbeitgeber. [2] Für die in Heimarbeit Beschäftigten und die ihnen Gleichgestellten (§ 1 Absatz 1 und 2 des Heimarbeitsgesetzes) tritt an die Stelle des Arbeitgebers der Auftraggeber oder Zwischenmeister.

(2) [1] Für den Nachweis des Einkommens aus Erwerbstätigkeit kann die nach § 12 Absatz 1 zuständige Behörde auch das in § 108a Absatz 1 des Vierten Buches Sozialgesetzbuch vorgesehene Verfahren zur elektronischen Abfrage und Übermittlung von Entgeltbescheinigungsdaten nutzen. [2] Sie darf dieses Verfahren nur nutzen, wenn die betroffene Arbeitnehmerin oder der betroffene Arbeitnehmer zuvor in dessen Nutzung eingewilligt hat. [3] Wenn der betroffene Arbeitgeber ein systemgeprüftes Entgeltabrechnungsprogramm nutzt, ist er verpflichtet, die jeweiligen Entgeltbescheinigungsdaten mit dem in § 108a Absatz 1 des Vierten Buches Sozialgesetzbuch vorgesehenen Verfahren zu übermitteln.

§ 10[2)] Verhältnis zu anderen Sozialleistungen. (1) Das Elterngeld und vergleichbare Leistungen der Länder sowie die nach § 3 auf die Leistung angerechneten Einnahmen oder Leistungen bleiben bei Sozialleistungen, deren Zahlung

---

[1)] § 9 Abs. 2 angef. mWv 10.12.2020 durch G v. 3.12.2020 (BGBl. I S. 2668).

[2)] § 10 Abs. 1, 2 und 5 Satz 1 geänd. mWv 1.9.2021 durch G v. 15.2.2021 (BGBl. I S. 239); Abs. 5 Satz 4 angef. mWv 1.1.2023 durch G v. 16.12.2022 (BGBl. I S. 2328).

von anderen Einkommen abhängig ist, bis zu einer Höhe von insgesamt 300 Euro im Monat als Einkommen unberücksichtigt.

(2) Das Elterngeld und vergleichbare Leistungen der Länder sowie die nach § 3 auf die Leistung angerechneten Einnahmen oder Leistungen dürfen bis zu einer Höhe von insgesamt 300 Euro nicht dafür herangezogen werden, um auf Rechtsvorschriften beruhende Leistungen anderer, auf die kein Anspruch besteht, zu versagen.

(3) Soweit die berechtigte Person Elterngeld Plus bezieht, bleibt das Elterngeld nur bis zur Hälfte des Anrechnungsfreibetrags, der nach Abzug der anderen nach Absatz 1 nicht zu berücksichtigenden Einnahmen für das Elterngeld verbleibt, als Einkommen unberücksichtigt und darf nur bis zu dieser Höhe nicht dafür herangezogen werden, um auf Rechtsvorschriften beruhende Leistungen anderer, auf die kein Anspruch besteht, zu versagen.

(4) Die nach den Absätzen 1 bis 3 nicht zu berücksichtigenden oder nicht heranzuziehenden Beträge vervielfachen sich bei Mehrlingsgeburten mit der Zahl der geborenen Kinder.

(5) [1] Die Absätze 1 bis 4 gelten nicht bei Leistungen nach dem Zweiten Buch Sozialgesetzbuch, dem Zwölften Buch Sozialgesetzbuch, § 6a des Bundeskindergeldgesetzes[1)] und dem Asylbewerberleistungsgesetz. [2] Bei den in Satz 1 bezeichneten Leistungen bleiben das Elterngeld und vergleichbare Leistungen der Länder sowie die nach § 3 auf das Elterngeld angerechneten Einnahmen in Höhe des nach § 2 Absatz 1 berücksichtigten Einkommens aus Erwerbstätigkeit vor der Geburt bis zu 300 Euro im Monat als Einkommen unberücksichtigt. [3] Soweit die berechtigte Person Elterngeld Plus bezieht, verringern sich die Beträge nach Satz 2 um die Hälfte. [4] Abweichend von Satz 2 bleibt Mutterschaftsgeld gemäß § 19 des Mutterschutzgesetzes[2)] in voller Höhe unberücksichtigt.

(6) Die Absätze 1 bis 4 gelten entsprechend, soweit für eine Sozialleistung ein Kostenbeitrag erhoben werden kann, der einkommensabhängig ist.

§ 11[3)] Unterhaltspflichten. [1] Unterhaltsverpflichtungen werden durch die Zahlung des Elterngeldes und vergleichbarer Leistungen der Länder nur insoweit berührt, als die Zahlung 300 Euro monatlich übersteigt. [2] Soweit die berechtigte Person Elterngeld Plus bezieht, werden die Unterhaltspflichten insoweit berührt, als die Zahlung 150 Euro übersteigt. [3] Die in den Sätzen 1 und 2 genannten Beträge vervielfachen sich bei Mehrlingsgeburten mit der Zahl der geborenen Kinder. [4] Die Sätze 1 bis 3 gelten nicht in den Fällen des § 1361 Absatz 3, der §§ 1579, 1603 Absatz 2 und des § 1611 Absatz 1 des Bürgerlichen Gesetzbuchs[4)].

§ 12[5)] Zuständigkeit; Bewirtschaftung der Mittel. (1) [1] Die Landesregierungen oder die von ihnen beauftragten Stellen bestimmen die für die Ausführung dieses Gesetzes zuständigen Behörden. [2] Zuständig ist die von den Ländern für die Durchführung dieses Gesetzes bestimmte Behörde des Bezirks, in dem das Kind, für das Elterngeld beansprucht wird, zum Zeitpunkt der ersten Antragstellung seinen inländischen Wohnsitz hat. [3] Hat das Kind, für das Elterngeld beansprucht wird, in den Fällen des § 1 Absatz 2 zum Zeitpunkt der ersten Antragstellung

---

[1)] Nr. **45b**.

[2)] Nr. **79**.

[3)] § 11 Satz 1 geänd. mWv 1.9.2021 durch G v. 15.2.2021 (BGBl. I S. 239).

[4)] **Habersack, Deutsche Gesetze Nr. 20.**

[5)] § 12 Überschrift geänd., Abs. 1 Sätze 2 und 3 neu gef., Abs. 2 eingef., bish. Abs 2 wird Abs. 3 mWv 1.9.2021, Abs. 3 neu gef. mWv 1.1.2023 durch G v. 15.2.2021 (BGBl. I S. 239).

keinen inländischen Wohnsitz, so ist die von den Ländern für die Durchführung dieses Gesetzes bestimmte Behörde des Bezirks zuständig, in dem die berechtigte Person ihren letzten inländischen Wohnsitz hatte; hilfsweise ist die Behörde des Bezirks zuständig, in dem der entsendende Dienstherr oder Arbeitgeber der berechtigten Person oder der Arbeitgeber des Ehegatten oder der Ehegattin der berechtigten Person den inländischen Sitz hat.

(2) Den nach Absatz 1 zuständigen Behörden obliegt auch die Beratung zur Elternzeit.

(3) [1]Der Bund trägt die Ausgaben für das Elterngeld. [2]Die damit zusammenhängenden Einnahmen sind an den Bund abzuführen. [3]Für die Ausgaben und die mit ihnen zusammenhängenden Einnahmen sind die Vorschriften über das Haushaltsrecht des Bundes einschließlich der Verwaltungsvorschriften anzuwenden.

§ 13 Rechtsweg. (1) [1]Über öffentlich-rechtliche Streitigkeiten in Angelegenheiten der §§ 1 bis 12 entscheiden die Gerichte der Sozialgerichtsbarkeit. [2]§ 85 Absatz 2 Nummer 2 des Sozialgerichtsgesetzes gilt mit der Maßgabe, dass die zuständige Stelle nach § 12 bestimmt wird.

(2) Widerspruch und Anfechtungsklage haben keine aufschiebende Wirkung.

§ 14[1)] Bußgeldvorschriften. (1) Ordnungswidrig handelt, wer vorsätzlich oder fahrlässig

1. entgegen § 8 Absatz 1 einen Nachweis nicht, nicht richtig, nicht vollständig oder nicht rechtzeitig erbringt,
2. entgegen § 9 Absatz 1 eine dort genannte Angabe nicht, nicht richtig, nicht vollständig oder nicht rechtzeitig bescheinigt,
3. entgegen § 60 Absatz 1 Satz 1 Nummer 1 des Ersten Buches Sozialgesetzbuch, auch in Verbindung mit § 8 Absatz 1a Satz 1, eine Angabe nicht, nicht richtig, nicht vollständig oder nicht rechtzeitig macht,
4. entgegen § 60 Absatz 1 Satz 1 Nummer 2 des Ersten Buches Sozialgesetzbuch, auch in Verbindung mit § 8 Absatz 1a Satz 1, eine Mitteilung nicht, nicht richtig, nicht vollständig oder nicht rechtzeitig macht oder
5. entgegen § 60 Absatz 1 Satz 1 Nummer 3 des Ersten Buches Sozialgesetzbuch, auch in Verbindung mit § 8 Absatz 1a Satz 1, eine Beweisurkunde nicht, nicht richtig, nicht vollständig oder nicht rechtzeitig vorlegt.

(2) Die Ordnungswidrigkeit kann mit einer Geldbuße von bis zu zweitausend Euro geahndet werden.

(3) Verwaltungsbehörden im Sinne des § 36 Absatz 1 Nummer 1 des Gesetzes über Ordnungswidrigkeiten[2)] sind die in § 12 Absatz 1 genannten Behörden.

Abschnitt 3.[3)] Elternzeit für Arbeitnehmerinnen und Arbeitnehmer

§ 15[4)] Anspruch auf Elternzeit. (1) [1]Arbeitnehmerinnen und Arbeitnehmer haben Anspruch auf Elternzeit, wenn sie

---

[1)] § 14 Abs. 1 Nr. 2 geänd. mWv 10.12.2020 durch G v. 3.12.2020 (BGBl. I S. 2668); Abs. 3 geänd. mWv 1.9.2021 durch G v. 15.2.2021 (BGBl. I S. 239).

[2)] **Habersack, Deutsche Gesetze Nr. 94.**

[3)] Bish. Abschnitt 4 wird Abschnitt 3 mWv 1.9.2021 durch G v. 15.2.2021 (BGBl. I S. 239).

[4)] § 15 Abs. 2 Satz 3, Abs. 7 Satz 4 geänd. mWv 1.1.2018 durch G v. 23.5.2017 (BGBl. I S. 1228); Abs. 4 Sätze 1 und 2, Abs. 7 Satz 1 Nr. 3 neu gef. mWv 1.9.2021 durch G v. 15.2.2021 (BGBl. I S. 239); Abs. 5 und 7 Satz 4 neu gef. mWv 24.12.2022 durch G v. 19.12.2022 (BGBl. I S. 2510).

1. a) mit ihrem Kind,
   b) mit einem Kind, für das sie die Anspruchsvoraussetzungen nach § 1 Absatz 3 oder 4 erfüllen, oder
   c) mit einem Kind, das sie in Vollzeitpflege nach § 33 des Achten Buches Sozialgesetzbuch[1)] aufgenommen haben,

   in einem Haushalt leben und
2. dieses Kind selbst betreuen und erziehen.

[2] Nicht sorgeberechtigte Elternteile und Personen, die nach Satz 1 Nummer 1 Buchstabe b und c Elternzeit nehmen können, bedürfen der Zustimmung des sorgeberechtigten Elternteils.

(1a) [1] Anspruch auf Elternzeit haben Arbeitnehmerinnen und Arbeitnehmer auch, wenn sie mit ihrem Enkelkind in einem Haushalt leben und dieses Kind selbst betreuen und erziehen und

1. ein Elternteil des Kindes minderjährig ist oder
2. ein Elternteil des Kindes sich in einer Ausbildung befindet, die vor Vollendung des 18. Lebensjahres begonnen wurde und die Arbeitskraft des Elternteils im Allgemeinen voll in Anspruch nimmt.

[2] Der Anspruch besteht nur für Zeiten, in denen keiner der Elternteile des Kindes selbst Elternzeit beansprucht.

(2) [1] Der Anspruch auf Elternzeit besteht bis zur Vollendung des dritten Lebensjahres eines Kindes. [2] Ein Anteil von bis zu 24 Monaten kann zwischen dem dritten Geburtstag und dem vollendeten achten Lebensjahr des Kindes in Anspruch genommen werden. [3] Die Zeit der Mutterschutzfrist nach § 3 Absatz 2 und 3 des Mutterschutzgesetzes[2)] wird für die Elternzeit der Mutter auf die Begrenzung nach den Sätzen 1 und 2 angerechnet. [4] Bei mehreren Kindern besteht der Anspruch auf Elternzeit für jedes Kind, auch wenn sich die Zeiträume im Sinne der Sätze 1 und 2 überschneiden. [5] Bei einem angenommenen Kind und bei einem Kind in Vollzeit- oder Adoptionspflege kann Elternzeit von insgesamt bis zu drei Jahren ab der Aufnahme bei der berechtigten Person, längstens bis zur Vollendung des achten Lebensjahres des Kindes genommen werden; die Sätze 2 und 4 sind entsprechend anwendbar, soweit sie die zeitliche Aufteilung regeln. [6] Der Anspruch kann nicht durch Vertrag ausgeschlossen oder beschränkt werden.

(3) [1] Die Elternzeit kann, auch anteilig, von jedem Elternteil allein oder von beiden Elternteilen gemeinsam genommen werden. [2] Satz 1 gilt in den Fällen des Absatzes 1 Satz 1 Nummer 1 Buchstabe b und c entsprechend.

(4) [1] Der Arbeitnehmer oder die Arbeitnehmerin darf während der Elternzeit nicht mehr als 32 Wochenstunden im Durchschnitt des Monats erwerbstätig sein. [2] Eine im Sinne des § 23 des Achten Buches Sozialgesetzbuch geeignete Tagespflegeperson darf bis zu fünf Kinder in Tagespflege betreuen, auch wenn die wöchentliche Betreuungszeit 32 Stunden übersteigt. [3] Teilzeitarbeit bei einem anderen Arbeitgeber oder selbstständige Tätigkeit nach Satz 1 bedürfen der Zustimmung des Arbeitgebers. [4] Dieser kann sie nur innerhalb von vier Wochen aus dringenden betrieblichen Gründen schriftlich ablehnen.

(5) [1] Der Arbeitnehmer oder die Arbeitnehmerin kann eine Verringerung der Arbeitszeit und ihre Verteilung beantragen. [2] Der Antrag kann mit der schriftlichen Mitteilung nach Absatz 7 Satz 1 Nummer 5 verbunden werden. [3] Über den Antrag

---

1) Nr. **46**.
2) Nr. **79**.

sollen sich der Arbeitgeber und der Arbeitnehmer oder die Arbeitnehmerin innerhalb von vier Wochen einigen. [4] Lehnt der Arbeitgeber den Antrag ab, so hat er dies dem Arbeitnehmer oder der Arbeitnehmerin innerhalb der Frist nach Satz 3 mit einer Begründung mitzuteilen. [5] Unberührt bleibt das Recht, sowohl die vor der Elternzeit bestehende Teilzeitarbeit unverändert während der Elternzeit fortzusetzen, soweit Absatz 4 beachtet ist, als auch nach der Elternzeit zu der Arbeitszeit zurückzukehren, die vor Beginn der Elternzeit vereinbart war.

(6) Der Arbeitnehmer oder die Arbeitnehmerin kann gegenüber dem Arbeitgeber, soweit eine Einigung nach Absatz 5 nicht möglich ist, unter den Voraussetzungen des Absatzes 7 während der Gesamtdauer der Elternzeit zweimal eine Verringerung seiner oder ihrer Arbeitszeit beanspruchen.

(7) [1] Für den Anspruch auf Verringerung der Arbeitszeit gelten folgende Voraussetzungen:

1. Der Arbeitgeber beschäftigt, unabhängig von der Anzahl der Personen in Berufsbildung, in der Regel mehr als 15 Arbeitnehmer und Arbeitnehmerinnen,
2. das Arbeitsverhältnis in demselben Betrieb oder Unternehmen besteht ohne Unterbrechung länger als sechs Monate,
3. die vertraglich vereinbarte regelmäßige Arbeitszeit soll für mindestens zwei Monate auf einen Umfang von nicht weniger als 15 und nicht mehr als 32 Wochenstunden im Durchschnitt des Monats verringert werden,
4. dem Anspruch stehen keine dringenden betrieblichen Gründe entgegen und
5. der Anspruch auf Teilzeit wurde dem Arbeitgeber
   a) für den Zeitraum bis zum vollendeten dritten Lebensjahr des Kindes sieben Wochen und
   b) für den Zeitraum zwischen dem dritten Geburtstag und dem vollendeten achten Lebensjahr des Kindes 13 Wochen

   vor Beginn der Teilzeittätigkeit schriftlich mitgeteilt.

[2] Der Antrag muss den Beginn und den Umfang der verringerten Arbeitszeit enthalten. [3] Die gewünschte Verteilung der verringerten Arbeitszeit soll im Antrag angegeben werden. [4] Falls der Arbeitgeber die beanspruchte Verringerung oder Verteilung der Arbeitszeit ablehnt, muss die Ablehnung innerhalb der in Satz 5 genannten Frist und mit schriftlicher Begründung erfolgen. [5] Hat ein Arbeitgeber die Verringerung der Arbeitszeit

1. in einer Elternzeit zwischen der Geburt und dem vollendeten dritten Lebensjahr des Kindes nicht spätestens vier Wochen nach Zugang des Antrags oder
2. in einer Elternzeit zwischen dem dritten Geburtstag und dem vollendeten achten Lebensjahr des Kindes nicht spätestens acht Wochen nach Zugang des Antrags

schriftlich abgelehnt, gilt die Zustimmung als erteilt und die Verringerung der Arbeitszeit entsprechend den Wünschen der Arbeitnehmerin oder des Arbeitnehmers als festgelegt. [6] Haben Arbeitgeber und Arbeitnehmerin oder Arbeitnehmer über die Verteilung der Arbeitszeit kein Einvernehmen nach Absatz 5 Satz 2 erzielt

(Fortsetzung nächstes Blatt)

und hat der Arbeitgeber nicht innerhalb der in Satz 5 genannten Fristen die gewünschte Verteilung schriftlich abgelehnt, gilt die Verteilung der Arbeitszeit entsprechend den Wünschen der Arbeitnehmerin oder des Arbeitnehmers als festgelegt. [7] Soweit der Arbeitgeber den Antrag auf Verringerung oder Verteilung der Arbeitszeit rechtzeitig ablehnt, kann die Arbeitnehmerin oder der Arbeitnehmer Klage vor dem Gericht für Arbeitssachen erheben.

§ 16[1)] Inanspruchnahme der Elternzeit. (1) [1] Wer Elternzeit beanspruchen will, muss sie

1. für den Zeitraum bis zum vollendeten dritten Lebensjahr des Kindes spätestens sieben Wochen und
2. für den Zeitraum zwischen dem dritten Geburtstag und dem vollendeten achten Lebensjahr des Kindes spätestens 13 Wochen

vor Beginn der Elternzeit schriftlich vom Arbeitgeber verlangen. [2] Verlangt die Arbeitnehmerin oder der Arbeitnehmer Elternzeit nach Satz 1 Nummer 1, muss sie oder er gleichzeitig erklären, für welche Zeiten innerhalb von zwei Jahren Elternzeit genommen werden soll. [3] Bei dringenden Gründen ist ausnahmsweise eine angemessene kürzere Frist möglich. [4] Nimmt die Mutter die Elternzeit im Anschluss an die Mutterschutzfrist, wird die Zeit der Mutterschutzfrist nach § 3 Absatz 2 und 3 des Mutterschutzgesetzes[2)] auf den Zeitraum nach Satz 2 angerechnet. [5] Nimmt die Mutter die Elternzeit im Anschluss an einen auf die Mutterschutzfrist folgenden Erholungsurlaub, werden die Zeit der Mutterschutzfrist nach § 3 Absatz 2 und 3 des Mutterschutzgesetzes und die Zeit des Erholungsurlaubs auf den Zweijahreszeitraum nach Satz 2 angerechnet. [6] Jeder Elternteil kann seine Elternzeit auf drei Zeitabschnitte verteilen; eine Verteilung auf weitere Zeitabschnitte ist nur mit der Zustimmung des Arbeitgebers möglich. [7] Der Arbeitgeber kann die Inanspruchnahme eines dritten Abschnitts einer Elternzeit innerhalb von acht Wochen nach Zugang des Antrags aus dringenden betrieblichen Gründen ablehnen, wenn dieser Abschnitt im Zeitraum zwischen dem dritten Geburtstag und dem vollendeten achten Lebensjahr des Kindes liegen soll. [8] Der Arbeitgeber hat dem Arbeitnehmer oder der Arbeitnehmerin die Elternzeit zu bescheinigen. [9] Bei einem Arbeitgeberwechsel ist bei der Anmeldung der Elternzeit auf Verlangen des neuen Arbeitgebers eine Bescheinigung des früheren Arbeitgebers über bereits genommene Elternzeit durch die Arbeitnehmerin oder den Arbeitnehmer vorzulegen.

(2) Können Arbeitnehmerinnen aus einem von ihnen nicht zu vertretenden Grund eine sich unmittelbar an die Mutterschutzfrist des § 3 Absatz 2 und 3 des Mutterschutzgesetzes anschließende Elternzeit nicht rechtzeitig verlangen, können sie dies innerhalb einer Woche nach Wegfall des Grundes nachholen.

(3) [1] Die Elternzeit kann vorzeitig beendet oder im Rahmen des § 15 Absatz 2 verlängert werden, wenn der Arbeitgeber zustimmt. [2] Die vorzeitige Beendigung wegen der Geburt eines weiteren Kindes oder in Fällen besonderer Härte, insbesondere bei Eintritt einer schweren Krankheit, Schwerbehinderung oder Tod eines Elternteils oder eines Kindes der berechtigten Person oder bei erheblich gefährdeter wirtschaftlicher Existenz der Eltern nach Inanspruchnahme der Elternzeit, kann der Arbeitgeber unbeschadet von Satz 3 nur innerhalb von vier Wochen aus dringenden betrieblichen Gründen schriftlich ablehnen. [3] Die Elternzeit kann

---

[1)] § 16 Abs. 1 Sätze 4 und 5, Abs. 2 und Abs. 3 Satz 3 geänd. mWv 1.1.2018 durch G v. 23.5.2017 (BGBl. I S. 1228).

[2)] Nr. **79**.

zur Inanspruchnahme der Schutzfristen des § 3 des Mutterschutzgesetzes auch ohne Zustimmung des Arbeitgebers vorzeitig beendet werden; in diesen Fällen soll die Arbeitnehmerin dem Arbeitgeber die Beendigung der Elternzeit rechtzeitig mitteilen. [4]Eine Verlängerung der Elternzeit kann verlangt werden, wenn ein vorgesehener Wechsel der Anspruchsberechtigten aus einem wichtigen Grund nicht erfolgen kann.

(4) Stirbt das Kind während der Elternzeit, endet diese spätestens drei Wochen nach dem Tod des Kindes.

(5) Eine Änderung in der Anspruchsberechtigung hat der Arbeitnehmer oder die Arbeitnehmerin dem Arbeitgeber unverzüglich mitzuteilen.

§ 17 Urlaub. (1) [1]Der Arbeitgeber kann den Erholungsurlaub, der dem Arbeitnehmer oder der Arbeitnehmerin für das Urlaubsjahr zusteht, für jeden vollen Kalendermonat der Elternzeit um ein Zwölftel kürzen. [2]Dies gilt nicht, wenn der Arbeitnehmer oder die Arbeitnehmerin während der Elternzeit bei seinem oder ihrem Arbeitgeber Teilzeitarbeit leistet.

(2) Hat der Arbeitnehmer oder die Arbeitnehmerin den ihm oder ihr zustehenden Urlaub vor dem Beginn der Elternzeit nicht oder nicht vollständig erhalten, hat der Arbeitgeber den Resturlaub nach der Elternzeit im laufenden oder im nächsten Urlaubsjahr zu gewähren.

(3) Endet das Arbeitsverhältnis während der Elternzeit oder wird es im Anschluss an die Elternzeit nicht fortgesetzt, so hat der Arbeitgeber den noch nicht gewährten Urlaub abzugelten.

(4) Hat der Arbeitnehmer oder die Arbeitnehmerin vor Beginn der Elternzeit mehr Urlaub erhalten, als ihm oder ihr nach Absatz 1 zusteht, kann der Arbeitgeber den Urlaub, der dem Arbeitnehmer oder der Arbeitnehmerin nach dem Ende der Elternzeit zusteht, um die zu viel gewährten Urlaubstage kürzen.

§ 18[1)] Kündigungsschutz. (1) [1]Der Arbeitgeber darf das Arbeitsverhältnis ab dem Zeitpunkt, von dem an Elternzeit verlangt worden ist, nicht kündigen. [2]Der Kündigungsschutz nach Satz 1 beginnt

1. frühestens acht Wochen vor Beginn einer Elternzeit bis zum vollendeten dritten Lebensjahr des Kindes und
2. frühestens 14 Wochen vor Beginn einer Elternzeit zwischen dem dritten Geburtstag und dem vollendeten achten Lebensjahr des Kindes.

[3]Während der Elternzeit darf der Arbeitgeber das Arbeitsverhältnis nicht kündigen. [4]In besonderen Fällen kann ausnahmsweise eine Kündigung für zulässig erklärt werden. [5]Die Zulässigkeitserklärung erfolgt durch die für den Arbeitsschutz zuständige oberste Landesbehörde oder die von ihr bestimmte Stelle. [6]Die Bundesregierung kann mit Zustimmung des Bundesrates allgemeine Verwaltungsvorschriften zur Durchführung des Satzes 4 erlassen.

(2) Absatz 1 gilt entsprechend, wenn Arbeitnehmer oder Arbeitnehmerinnen

1. während der Elternzeit bei demselben Arbeitgeber Teilzeitarbeit leisten oder
2. ohne Elternzeit in Anspruch zu nehmen, Teilzeitarbeit leisten und Anspruch auf Elterngeld nach § 1 während des Zeitraums nach § 4 Absatz 1 Satz 2, 3 und 5 haben.

[1)] § 18 Abs. 2 Nr. 2 geänd. mWv 1.9.2021 durch G v. 15.2.2021 (BGBl. I S. 239).

§ 19 Kündigung zum Ende der Elternzeit. Der Arbeitnehmer oder die Arbeitnehmerin kann das Arbeitsverhältnis zum Ende der Elternzeit nur unter Einhaltung einer Kündigungsfrist von drei Monaten kündigen.

§ 20[1)] Zur Berufsbildung Beschäftigte, in Heimarbeit Beschäftigte.

(1) [1] Die zu ihrer Berufsbildung Beschäftigten gelten als Arbeitnehmer und Arbeitnehmerinnen im Sinne dieses Gesetzes. [2] Die Elternzeit wird auf die Dauer einer Berufsausbildung nicht angerechnet, es sei denn, dass während der Elternzeit die Berufsausbildung nach § 7a des Berufsbildungsgesetzes oder § 27b der Handwerksordnung[2)] in Teilzeit durchgeführt wird. [3] § 15 Absatz 4 Satz 1 bleibt unberührt.

(2) [1] Anspruch auf Elternzeit haben auch die in Heimarbeit Beschäftigten und die ihnen Gleichgestellten (§ 1 Absatz 1 und 2 des Heimarbeitsgesetzes), soweit sie am Stück mitarbeiten. [2] Für sie tritt an die Stelle des Arbeitgebers der Auftraggeber oder Zwischenmeister und an die Stelle des Arbeitsverhältnisses das Beschäftigungsverhältnis.

§ 21 Befristete Arbeitsverträge. (1) Ein sachlicher Grund, der die Befristung eines Arbeitsverhältnisses rechtfertigt, liegt vor, wenn ein Arbeitnehmer oder eine Arbeitnehmerin zur Vertretung eines anderen Arbeitnehmers oder einer anderen Arbeitnehmerin für die Dauer eines Beschäftigungsverbotes nach dem Mutterschutzgesetz[3)], einer Elternzeit, einer auf Tarifvertrag, Betriebsvereinbarung oder einzelvertraglicher Vereinbarung beruhenden Arbeitsfreistellung zur Betreuung eines Kindes oder für diese Zeiten zusammen oder für Teile davon eingestellt wird.

(2) Über die Dauer der Vertretung nach Absatz 1 hinaus ist die Befristung für notwendige Zeiten einer Einarbeitung zulässig.

(3) Die Dauer der Befristung des Arbeitsvertrags muss kalendermäßig bestimmt oder bestimmbar oder den in den Absätzen 1 und 2 genannten Zwecken zu entnehmen sein.

(4) [1] Der Arbeitgeber kann den befristeten Arbeitsvertrag unter Einhaltung einer Frist von mindestens drei Wochen, jedoch frühestens zum Ende der Elternzeit, kündigen, wenn die Elternzeit ohne Zustimmung des Arbeitgebers vorzeitig endet und der Arbeitnehmer oder die Arbeitnehmerin die vorzeitige Beendigung der Elternzeit mitgeteilt hat. [2] Satz 1 gilt entsprechend, wenn der Arbeitgeber die vorzeitige Beendigung der Elternzeit in den Fällen des § 16 Absatz 3 Satz 2 nicht ablehnen darf.

(5) Das Kündigungsschutzgesetz[4)] ist im Falle des Absatzes 4 nicht anzuwenden.

(6) Absatz 4 gilt nicht, soweit seine Anwendung vertraglich ausgeschlossen ist.

(7) [1] Wird im Rahmen arbeitsrechtlicher Gesetze oder Verordnungen auf die Zahl der beschäftigten Arbeitnehmer und Arbeitnehmerinnen abgestellt, so sind bei der Ermittlung dieser Zahl Arbeitnehmer und Arbeitnehmerinnen, die sich in der Elternzeit befinden oder zur Betreuung eines Kindes freigestellt sind, nicht mitzuzählen, solange für sie aufgrund von Absatz 1 ein Vertreter oder eine Vertreterin eingestellt ist. [2] Dies gilt nicht, wenn der Vertreter oder die Vertreterin nicht mitzuzählen ist. [3] Die Sätze 1 und 2 gelten entsprechend, wenn im Rahmen

---

[1)] § 20 Abs. 1 neu gef. mWv 1.9.2021 durch G v. 15.2.2021 (BGBl. I S. 239)
[2)] **Sartorius Nr. 815.**
[3)] Nr. **79**.
[4)] **Habersack, Deutsche Gesetze Nr. 84.**

arbeitsrechtlicher Gesetze oder Verordnungen auf die Zahl der Arbeitsplätze abgestellt wird.

Abschnitt 4.[1)] Statistik und Schlussvorschriften

§ 22[2)] Bundesstatistik. (1) [1] Zur Beurteilung der Auswirkungen dieses Gesetzes sowie zu seiner Fortentwicklung sind laufende Erhebungen zum Bezug von Elterngeld als Bundesstatistiken durchzuführen. [2] Die Erhebungen erfolgen zentral beim Statistischen Bundesamt.

(2) [1] Die Statistik zum Bezug von Elterngeld erfasst vierteljährlich zum jeweils letzten Tag des aktuellen und der vorangegangenen zwei Kalendermonate für Personen, die in einem dieser Kalendermonate Elterngeld bezogen haben, für jedes den Anspruch auslösende Kind folgende Erhebungsmerkmale:

1. Art der Berechtigung nach § 1,
2. Grundlagen der Berechnung des zustehenden Monatsbetrags nach Art und Höhe (§ 2 Absatz 1, 2, 3 oder 4, § 2a Absatz 1 oder 4, § 2c, die §§ 2d, 2e oder § 2f),
3. Höhe und Art des zustehenden Monatsbetrags (§ 4a Absatz 1 und 2 Satz 1) ohne die Berücksichtigung der Einnahmen nach § 3,
4. Art und Höhe der Einnahmen nach § 3,
5. Inanspruchnahme der als Partnerschaftsbonus gewährten Monatsbeträge nach § 4b Absatz 1 und der weiteren Monatsbeträge Elterngeld Plus nach § 4c Absatz 2,
6. Höhe des monatlichen Auszahlungsbetrags,
7. Geburtstag des Kindes,
8. für die Elterngeld beziehende Person:
   a) Geschlecht, Geburtsjahr und -monat,
   b) Staatsangehörigkeit,
   c) Wohnsitz oder gewöhnlicher Aufenthalt,
   d) Familienstand und unverheiratetes Zusammenleben mit dem anderen Elternteil,
   e) Vorliegen der Voraussetzungen nach § 4c Absatz 1 Nummer 1 und
   f) Anzahl der im Haushalt lebenden Kinder.

[2] Die Angaben nach den Nummern 2, 3, 5 und 6 sind für jeden Lebensmonat des Kindes bezogen auf den nach § 4 Absatz 1 möglichen Zeitraum des Leistungsbezugs zu melden.

(3) Hilfsmerkmale sind:

1. Name und Anschrift der zuständigen Behörde,
2. Name und Telefonnummer sowie Adresse für elektronische Post der für eventuelle Rückfragen zur Verfügung stehenden Person und
3. Kennnummer des Antragstellers oder der Antragstellerin.

[1)] *Bish. Abschnitt 5 wird Abschnitt 4* mWv 1.9.2021 durch G v. 15.2.2021 (BGBl. I S. 239).

[2)] § 22 Abs. 1 Satz 1, Abs. 2 Satz 1 Nr. 3, 5 und 8 Buchst. d geänd., Buchst. e eingef., bish. Buchst. e wird Buchst. f, Abs. 3 aufgeh., bish. Abs. 4 wird Abs. 3 mWv 1.9.2021 durch G v. 15.2.2021 (BGBl. I S. 239).

§ 23 Auskunftspflicht; Datenübermittlung an das Statistische Bundesamt. (1) [1]Für die Erhebung nach § 22 besteht Auskunftspflicht. [2]Die Angaben nach § 22 Absatz 4 Nummer 2 sind freiwillig. [3]Auskunftspflichtig sind die nach § 12 Absatz 1 zuständigen Stellen.

(2) [1]Der Antragsteller oder die Antragstellerin ist gegenüber den nach § 12 Absatz 1 zuständigen Stellen zu den Erhebungsmerkmalen nach § 22 Absatz 2 und 3 auskunftspflichtig. [2]Die zuständigen Stellen nach § 12 Absatz 1 dürfen die Angaben nach § 22 Absatz 2 Satz 1 Nummer 8 und Absatz 3 Satz 1 Nummer 4, soweit sie für den Vollzug dieses Gesetzes nicht erforderlich sind, nur durch technische und organisatorische Maßnahmen getrennt von den übrigen Daten nach § 22 Absatz 2 und 3 und nur für die Übermittlung an das Statistische Bundesamt verwenden und haben diese unverzüglich nach Übermittlung an das Statistische Bundesamt zu löschen.

(3) Die in sich schlüssigen Angaben sind als Einzeldatensätze elektronisch bis zum Ablauf von 30 Arbeitstagen nach Ablauf des Berichtszeitraums an das Statistische Bundesamt zu übermitteln.

§ 24 Übermittlung von Tabellen mit statistischen Ergebnissen durch das Statistische Bundesamt. [1]Zur Verwendung gegenüber den gesetzgebenden Körperschaften und zu Zwecken der Planung, jedoch nicht zur Regelung von Einzelfällen, übermittelt das Statistische Bundesamt Tabellen mit statistischen Ergebnissen, auch soweit Tabellenfelder nur einen einzigen Fall ausweisen, an die fachlich zuständigen obersten Bundes- oder Landesbehörden. [2]Tabellen, deren Tabellenfelder nur einen einzigen Fall ausweisen, dürfen nur dann übermittelt werden, wenn sie nicht differenzierter als auf Regierungsbezirksebene, im Falle der Stadtstaaten auf Bezirksebene, aufbereitet sind.

§ 24a[1)] Übermittlung von Einzelangaben durch das Statistische Bundesamt. (1) [1]Zur Abschätzung von Auswirkungen der Änderungen dieses Gesetzes im Rahmen der Zwecke nach § 24 übermittelt das Statistische Bundesamt auf Anforderung des fachlich zuständigen Bundesministeriums diesem oder von ihm beauftragten Forschungseinrichtungen Einzelangaben ab dem Jahr 2007 ohne Hilfsmerkmale mit Ausnahme des Merkmals nach § 22 Absatz 4 Nummer 3 für die Entwicklung und den Betrieb von Mikrosimulationsmodellen. [2]Die Einzelangaben dürfen nur im hierfür erforderlichen Umfang und mittels eines sicheren Datentransfers übermittelt werden.

(2) [1]Bei der Verarbeitung der Daten nach Absatz 1 ist das Statistikgeheimnis nach § 16 des Bundesstatistikgesetzes zu wahren. [2]Dafür ist die Trennung von statistischen und nichtstatistischen Aufgaben durch Organisation und Verfahren zu gewährleisten. [3]Die nach Absatz 1 übermittelten Daten dürfen nur für die Zwecke verwendet werden, für die sie übermittelt wurden. [4]Die übermittelten Einzeldaten sind nach dem Erreichen des Zweckes zu löschen, zu dem sie übermittelt wurden.

(3) [1]Personen, die Empfängerinnen und Empfänger von Einzelangaben nach Absatz 1 Satz 1 sind, unterliegen der Pflicht zur Geheimhaltung nach § 16 Absatz 1 und 10 des Bundesstatistikgesetzes. [2]Personen, die Einzelangaben nach Absatz 1 Satz 1 erhalten sollen, müssen Amtsträger oder für den öffentlichen Dienst besonders Verpflichtete sein. [3]Personen, die Einzelangaben erhalten sollen und die nicht Amtsträger oder für den öffentlichen Dienst besonders Verpflichtete sind, sind vor der Übermittlung zur Geheimhaltung zu verpflichten. [4]§ 1 Absatz 2, 3

[1)] § 24a Abs. 2 Satz 1 geänd. mWv 26.11.2019 durch G v. 20.11.2019 (BGBl. I S. 1626).

und 4 Nummer 2 des Verpflichtungsgesetzes vom 2. März 1974 (BGBl. I S. 469, 547), das durch § 1 Nummer 4 des Gesetzes vom 15. August 1974 (BGBl. I S. 1942) geändert worden ist, gilt in der jeweils geltenden Fassung entsprechend. [5]Die Empfängerinnen und Empfänger von Einzelangaben dürfen aus ihrer Tätigkeit gewonnene Erkenntnisse nur für die in Absatz 1 genannten Zwecke verwenden.

§ 24b[1)] Elektronische Unterstützung bei der Antragstellung. (1) [1]Zur elektronischen Unterstützung bei der Antragstellung kann der Bund ein Internetportal einrichten und betreiben. [2]Das Internetportal ermöglicht das elektronische Ausfüllen der Antragsformulare der Länder sowie die Übermittlung der Daten aus dem Antragsformular an die nach § 12 zuständige Behörde. [3]Zuständig für Einrichtung und Betrieb des Internetportals ist das Bundesministerium für Familie, Senioren, Frauen und Jugend. [4]Die Ausführung dieses Gesetzes durch die nach § 12 zuständigen Behörden bleibt davon unberührt.

(2) [1]Das Bundesministerium für Familie, Senioren, Frauen und Jugend ist für das Internetportal datenschutzrechtlich verantwortlich. [2]Für die elektronische Unterstützung bei der Antragstellung darf das Bundesministerium für Familie, Senioren, Frauen und Jugend die zur Beantragung von Elterngeld erforderlichen personenbezogenen Daten sowie die in § 22 genannten statistischen Erhebungsmerkmale verarbeiten, sofern der Nutzer in die Verarbeitung eingewilligt hat. [3]Die statistischen Erhebungsmerkmale einschließlich der zur Beantragung von Elterngeld erforderlichen personenbezogenen Daten sind nach Beendigung der Nutzung des Internetportals unverzüglich zu löschen.

§ 25[2)] Datenübermittlung durch die Standesämter. Beantragt eine Person Elterngeld, so darf das für die Entgegennahme der Anzeige der Geburt zuständige Standesamt der nach § 12 Absatz 1 zuständigen Behörde die erforderlichen Daten über die Beurkundung der Geburt eines Kindes elektronisch übermitteln, wenn die antragstellende Person zuvor in die elektronische Datenübermittlung eingewilligt hat.

§ 26[3)] Anwendung der Bücher des Sozialgesetzbuches. (1) Soweit dieses Gesetz zum Elterngeld keine ausdrückliche Regelung trifft, ist bei der Ausführung des Ersten, Zweiten und Dritten Abschnitts das Erste Kapitel des Zehnten Buches Sozialgesetzbuch anzuwenden.

(2) § 328 Absatz 3 und § 331 des Dritten Buches Sozialgesetzbuch gelten entsprechend.

§ 27[4)] Sonderregelung aus Anlass der COVID-19-Pandemie. (1) [1]Übt ein Elternteil eine systemrelevante Tätigkeit aus, so kann sein Bezug von Elterngeld auf Antrag für die Zeit vom 1. März 2020 bis 31. Dezember 2020 aufgeschoben werden. [2]Der Bezug der verschobenen Lebensmonate ist spätestens bis zum 30. Juni 2021 anzutreten. [3]Wird von der Möglichkeit des Aufschubs Gebrauch gemacht, so kann das Basiselterngeld abweichend von § 4 Absatz 1 Satz 2 und 3

[1)] § 24b eingef. mWv 26.11.2019 durch G v. 20.11.2019 (BGBl. I S. 1626).

[2)] § 25 neu gef. mWv 10.12.2020 durch G v. 3.12.2020 (BGBl. I S. 2668).

[3)] § 26 Abs. 1 geänd. mWv 1.9.2021 durch G v. 15.2.2021 (BGBl. I S. 239).

[4)] § 27 eingef. mWv 1.3.2020 durch G v. 20.5.2020 (BGBl. I S. 1061); Abs. 4 neu gef. mWv 1.1.2021 durch G v. 3.12.2020 (BGBl. I S. 2691); Abs. 3 neu gef. mWv 28.5.2020, Abs. 1 Sätze 3 und 4 geänd., Abs. 4 aufgeh. mWv 1.9.2021 durch G v. 15.2.2021 (BGBl. I S. 239); Abs. 3 geänd. mWv 19.3.2022 durch G v. 18.3.2022 (BGBl. I S. 473).

auch noch nach Vollendung des 14. Lebensmonats bezogen werden. [4] In der Zeit vom 1. März 2020 bis 30. Juni 2021 entstehende Lücken im Elterngeldbezug sind abweichend von § 4 Absatz 1 Satz 4 unschädlich.

(2) [1] Für ein Verschieben des Partnerschaftsbonus genügt es, wenn nur ein Elternteil einen systemrelevanten Beruf ausübt. [2] Hat der Bezug des Partnerschaftsbonus bereits begonnen, so gelten allein die Bestimmungen des Absatzes 3.

(3) Liegt der Bezug des Partnerschaftsbonus ganz oder teilweise vor dem Ablauf des 23. September 2022 und kann die berechtigte Person die Voraussetzungen des Bezugs aufgrund der COVID-19-Pandemie nicht einhalten, gelten die Angaben zur Höhe des Einkommens und zum Umfang der Arbeitszeit, die bei der Beantragung des Partnerschaftsbonus glaubhaft gemacht worden sind.

§ 28[1)] Übergangsvorschrift. (1) Für die vor dem 1. September 2021 geborenen oder mit dem Ziel der Adoption aufgenommenen Kinder ist dieses Gesetz in der bis zum 31. August 2021 geltenden Fassung weiter anzuwenden.

(1a) Für die nach dem 31. August 2021 und vor dem 1. April 2024 geborenen oder mit dem Ziel der Adoption aufgenommenen Kinder ist dieses Gesetz in der bis zum 31. März 2024 geltenden Fassung weiter anzuwenden.

(1b) Soweit dieses Gesetz Mutterschaftsgeld nach dem Fünften Buch Sozialgesetzbuch oder nach dem Zweiten Gesetz über die Krankenversicherung der Landwirte in Bezug nimmt, gelten die betreffenden Regelungen für Mutterschaftsgeld nach der Reichsversicherungsordnung oder nach dem Gesetz über die Krankenversicherung der Landwirte entsprechend.

(2) Für die dem Erziehungsgeld vergleichbaren Leistungen der Länder sind § 8 Absatz 1 und § 9 des Bundeserziehungsgeldgesetzes in der bis zum 31. Dezember 2006 geltenden Fassung weiter anzuwenden.

(3) [1] § 1 Absatz 7 Satz 1 Nummer 1 bis 4 in der Fassung des Artikels 36 des Gesetzes vom 12. Dezember 2019 (BGBl. I S. 2451) ist für Entscheidungen anzuwenden, die Zeiträume betreffen, die nach dem 29. Februar 2020 beginnen. [2] § 1 Absatz 7 Satz 1 Nummer 5 in der Fassung des Artikels 36 des Gesetzes vom 12. Dezember 2019 (BGBl. I S. 2451) ist für Entscheidungen anzuwenden, die Zeiträume betreffen, die nach dem 31. Dezember 2019 beginnen. [3] § 1 Absatz 7 Satz 1 Nummer 2 Buchstabe c in der Fassung des Artikels 12 Nummer 1 des Gesetzes vom 23. Mai 2022 (BGBl. I S. 760) ist für Entscheidungen anzuwenden, die Zeiträume betreffen, die nach dem 31. Mai 2022 beginnen.

(4) [1] § 9 Absatz 2 und § 25 sind auf Kinder anwendbar, die nach dem 31. Dezember 2021 geboren oder nach dem 31. Dezember 2021 mit dem Ziel der Adoption aufgenommen worden sind. [2] Zur Erprobung des Verfahrens können diese Regelungen in Pilotprojekten mit Zustimmung des Bundesministeriums für Familie, Senioren, Frauen und Jugend, des Bundesministeriums für Arbeit und Soziales und des Bundesministeriums des Innern, für Bau und Heimat auf Kinder, die vor dem 1. Januar 2022 geboren oder vor dem 1. Januar 2022 zur Adoption aufgenommen worden sind, angewendet werden.

[1)] Früherer § 27 Abs. 3 neu gef. mWv 1.1.2020 und neu gef. mWv 1.3.2020 durch G v. 12.12.2019 (BGBl. I S. 2451); bish. § 27 wird § 28 mWv 1.3.2020 durch G v. 20.5.2020 (BGBl. I S. 1061); Abs. 4 angef. mWv 10.12.2020 durch G v. 3.12.2020 (BGBl. I S. 2668); Abs. 1 Satz 1 geänd., Sätze 2 und 3 aufgeh. mWv 1.9.2021 durch G v. 15.2.2021 (BGBl. I S. 239); Abs. 3 Satz 3 angef. mWv 1.6.2022 durch G v. 23.5.2022 (BGBl. I S. 760); Abs. 1a eingef., bish. Abs. 1a wird Abs. 1b, Abs. 5 angef. mWv 1.4.2024 durch G v. 22.12.2023 (BGBl. 2023 I Nr. 412); Abs. 5 Satz 2 geänd. mWv 1.4.2024 durch G v. 27.3.2024 (BGBl. 2024 I Nr. 107).

(5) [1] § 1 Absatz 8 ist auf Kinder anwendbar, die ab dem 1. April 2025 geboren oder mit dem Ziel der Adoption angenommen worden sind. [2] Für die ab dem 1. April 2024 und vor dem 1. April 2025 geborenen oder mit dem Ziel der Adoption angenommenen Kinder gilt § 1 Absatz 8 mit der Maßgabe, dass ein Anspruch entfällt, wenn die berechtigte Person im letzten abgeschlossenen Veranlagungszeitraum vor der Geburt des Kindes ein zu versteuerndes Einkommen nach § 2 Absatz 5 des Einkommensteuergesetzes in Höhe von mehr als 200 000 Euro erzielt hat. [3] Erfüllt auch eine andere Person die Voraussetzungen des § 1 Absatz 1 Satz 1 Nummer 2 oder des Absatzes 3 oder 4, entfällt in diesem Zeitraum abweichend von § 1 Absatz 8 Satz 1 der Anspruch, wenn die Summe des zu versteuernden Einkommens beider Personen mehr als 200 000 Euro beträgt.

45h. Übereinkommen über den Schutz von Kindern und die Zusammenarbeit auf dem Gebiet der internationalen Adoption

Vom 29. Mai 1993[1)]
(BGBl. 2001 II S. 1034)

Die Unterzeichnerstaaten dieses Übereinkommens –

in der Erkenntnis, dass das Kind zur vollen und harmonischen Entfaltung seiner Persönlichkeit in einer Familie und umgeben von Glück, Liebe und Verständnis aufwachsen sollte,

unter Hinweis darauf, dass jeder Staat vorrangig angemessene Maßnahmen treffen sollte, um es dem Kind zu ermöglichen, in seiner Herkunftsfamilie zu bleiben,

in der Erkenntnis, dass die internationale Adoption den Vorteil bieten kann, einem Kind, für das in seinem Heimatstaat keine geeignete Familie gefunden werden kann, eine dauerhafte Familie zu geben,

überzeugt von der Notwendigkeit, Maßnahmen zu treffen, um sicherzustellen, dass internationale Adoptionen zum Wohl des Kindes und unter Wahrung seiner Grundrechte stattfinden, und die Entführung und den Verkauf von Kindern sowie den Handel mit Kindern zu verhindern,

in dem Wunsch, zu diesem Zweck gemeinsame Bestimmungen festzulegen, die von den Grundsätzen ausgehen, die in internationalen Übereinkünften anerkannt sind, insbesondere dem Übereinkommen der Vereinten Nationen vom 20. November 1989 über die Rechte des Kindes und der Erklärung der Vereinten Nationen über die sozialen und rechtlichen Grundsätze für den Schutz und das Wohl von Kindern unter besonderer Berücksichtigung der Aufnahme in eine Pflegefamilie und der Adoption auf nationaler und internationaler Ebene (Resolution 41/85 der Generalversammlung vom 3. Dezember 1986) –

haben die folgenden Bestimmungen vereinbart:

Kapitel I. Anwendungsbereich des Übereinkommens

Art. 1 [Ziel] Ziel des Übereinkommens ist es,

a) Schutzvorschriften einzuführen, damit internationale Adoptionen zum Wohl des Kindes und unter Wahrung seiner völkerrechtlich anerkannten Grundrechte stattfinden;

b) ein System der Zusammenarbeit unter den Vertragsstaaten einzurichten, um die Einhaltung dieser Schutzvorschriften sicherzustellen und dadurch die Entführung und den Verkauf von Kindern sowie den Handel mit Kindern zu verhindern;

[1)] Das Übereinkommen wurde für die Bundesrepublik Deutschland ratifiziert durch G v. 23.10. 2001 (BGBl. II S. 1034) und trat gem. Bek. v. 4.11.2002 (BGBl. II S. 2872) am **1.3.2002** in Kraft. Zu den übrigen Geltungsbereichen siehe die Übersicht in der Anlage.

c) in den Vertragsstaaten die Anerkennung der gemäß dem Übereinkommen zustande gekommenen Adoptionen zu sichern.

Art. 2 [Sachlicher Anwendungsbereich] (1) Das Übereinkommen ist anzuwenden, wenn ein Kind mit gewöhnlichem Aufenthalt in einem Vertragsstaat („Heimatstaat") in einen anderen Vertragsstaat („Aufnahmestaat") gebracht worden ist, wird oder werden soll, entweder nach seiner Adoption im Heimatstaat durch Ehegatten oder eine Person mit gewöhnlichem Aufenthalt im Aufnahmestaat oder im Hinblick auf eine solche Adoption im Aufnahme- oder Heimatstaat.

(2) Das Übereinkommen betrifft nur Adoptionen, die ein dauerhaftes Eltern-Kind-Verhältnis begründen.

Art. 3 [Zeitlicher Anwendungsbereich] Das Übereinkommen ist nicht mehr anzuwenden, wenn die in Artikel 17 Buchstabe c vorgesehenen Zustimmungen nicht erteilt wurden, bevor das Kind das achtzehnte Lebensjahr vollendet hat.

Kapitel II. Voraussetzungen internationaler Adoptionen

Art. 4 [Prüfung durch die Behörden des Heimatstaats] Eine Adoption nach dem Übereinkommen kann nur durchgeführt werden, wenn die zuständigen Behörden des Heimatstaats

a) festgestellt haben, dass das Kind adoptiert werden kann;

b) nach gebührender Prüfung der Unterbringungsmöglichkeiten für das Kind im Heimatstaat entschieden haben, dass eine internationale Adoption dem Wohl des Kindes dient;

c) sich vergewissert haben,

1. dass die Personen, Institutionen und Behörden, deren Zustimmung zur Adoption notwendig ist, soweit erforderlich beraten und gebührend über die Wirkungen ihrer Zustimmung unterrichtet worden sind, insbesondere darüber, ob die Adoption dazu führen wird, dass das Rechtsverhältnis zwischen dem Kind und seiner Herkunftsfamilie erlischt oder weiterbesteht;
2. dass diese Personen, Institutionen und Behörden ihre Zustimmung unbeeinflusst in der gesetzlich vorgeschriebenen Form erteilt haben und diese Zustimmung schriftlich gegeben oder bestätigt worden ist;
3. dass die Zustimmungen nicht durch irgendeine Zahlung oder andere Gegenleistung herbeigeführt worden sind und nicht widerrufen wurden und
4. dass die Zustimmung der Mutter, sofern erforderlich, erst nach der Geburt des Kindes erteilt worden ist, und

d) sich unter Berücksichtigung des Alters und der Reife des Kindes vergewissert haben,

1. dass das Kind beraten und gebührend über die Wirkungen der Adoption und seiner Zustimmung zur Adoption, soweit diese Zustimmung notwenig ist, unterrichtet worden ist;

2. dass die Wünsche und Meinungen des Kindes berücksichtigt worden sind;
3. dass das Kind seine Zustimmung zur Adoption, soweit diese Zustimmung notwendig ist, unbeeinflusst in der gesetzlich vorgeschriebenen Form erteilt hat und diese Zustimmung schriftlich gegeben oder bestätigt worden ist und
4. dass diese Zustimmung nicht durch irgendeine Zahlung oder andere Gegenleistung herbeigeführt worden ist.

Art. 5 [Prüfung durch die Behörden des Aufnahmestaats] Eine Adoption nach dem Übereinkommen kann nur durchgeführt werden, wenn die zuständigen Behörden des Aufnahmestaats

a) entschieden haben, dass die künftigen Adoptiveltern für eine Adoption in Betracht kommen und dazu geeignet sind,
b) sich vergewissert haben, dass die künftigen Adoptiveltern soweit erforderlich beraten worden sind, und
c) entschieden haben, dass dem Kind die Einreise in diesen Staat und der ständige Aufenthalt dort bewilligt worden sind oder werden.

Kapitel III. Zentrale Behörden und zugelassene Organisationen

Art. 6 [Zentrale Behörden] (1) Jeder Vertragsstaat bestimmt eine Zentrale Behörde, welche die ihr durch dieses Übereinkommen übertragenen Aufgaben wahrnimmt.

(2) [1] Einem Bundesstaat, einem Staat mit mehreren Rechtssystemen oder einem Staat, der aus autonomen Gebietseinheiten besteht, steht es frei, mehrere Zentrale Behörden zu bestimmen und deren räumliche und persönliche Zuständigkeit festzulegen. [2] Macht ein Staat von dieser Möglichkeit Gebrauch, so bestimmt er die Zentrale Behörde, an welche Mitteilungen und Übermittlungen an die zuständige Zentrale Behörde in diesem Staat gerichtet werden können.

Art. 7 [Zusammenarbeit] (1) Die Zentralen Behörden arbeiten zusammen und fördern die Zusammenarbeit der zuständigen Behörden ihrer Staaten, um Kinder zu schützen und die anderen Ziele des Übereinkommens zu verwirklichen.

(2) Sie treffen unmittelbar alle geeigneten Maßnahmen, um

a) Auskünfte über das Recht ihrer Staaten auf dem Gebiet der Adoption zu erteilen und andere allgemeine Informationen, wie beispielsweise statistische Daten und Musterformblätter, zu übermitteln;
b) einander über die Wirkungsweise des Übereinkommens zu unterrichten und Hindernisse, die seiner Anwendung entgegenstehen, so weit wie möglich auszuräumen.

Art. 8 [Aufgaben der Zentralen Behörden] Die Zentralen Behörden treffen unmittelbar oder mit Hilfe staatlicher Stellen alle geeigneten Maßnahmen, um unstatthafte Vermögens- oder sonstige Vorteile im Zusammenhang mit einer Adoption auszuschließen und alle den Zielen des Übereinkommens zuwiderlaufenden Praktiken zu verhindern.

Art. 9 [Aufgaben der Zentralen Behörden] Die Zentralen Behörden treffen unmittelbar oder mit Hilfe staatlicher Stellen oder anderer in ihrem Staat ordnungsgemäß zugelassener Organisationen alle geeigneten Maßnahmen, um insbesondere

a) Auskünfte über die Lage des Kindes und der künftigen Adoptiveltern einzuholen, aufzubewahren und auszutauschen, soweit dies für das Zustandekommen der Adoption erforderlich ist;

b) das Adoptionsverfahren zu erleichtern, zu überwachen und zu beschleunigen;

c) den Aufbau von Diensten zur Beratung während und nach der Adoption in ihrem Staat zu fördern;

d) Berichte über allgemeine Erfahrungen auf dem Gebiet der internationalen Adoption auszutauschen;

e) begründete Auskunftsersuchen anderer Zentraler Behörden oder staatlicher Stellen zu einem bestimmten Adoptionsfall zu beantworten, soweit das Recht ihres Staates dies zulässt.

Art. 10 [Zugelassene Organisationen] Die Zulassung erhalten und behalten nur Organisationen, die darlegen, dass sie fähig sind, die ihnen übertragenen Aufgaben ordnungsgemäß auszuführen.

Art. 11 [Anforderungen an zugelassene Organisationen] Eine zugelassene Organisation muss

a) unter Einhaltung der von den zuständigen Behörden des Zulassungsstaats festgelegten Voraussetzungen und Beschränkungen ausschließlich gemeinnützige Zwecke verfolgen;

b) von Personen geleitet und verwaltet werden, die nach ihren ethischen Grundsätzen und durch Ausbildung oder Erfahrung für die Arbeit auf dem Gebiet der internationalen Adoption qualifiziert sind, und

c) in Bezug auf ihre Zusammensetzung, Arbeitsweise und Finanzlage der Aufsicht durch die zuständigen Behörden des Zulassungsstaats unterliegen.

Art. 12 [Tätigkeit in einem anderen Vertragsstaat] Eine in einem Vertragsstaat zugelassene Organisation kann in einem anderen Vertragsstaat nur tätig werden, wenn die zuständigen Behörden beider Staaten dies genehmigt haben.

Art. 13 [Mitteilung an das Ständige Büro der Haager Konferenz für Internationales Privatrecht] Jeder Vertragsstaat teilt die Bestimmung der Zentralen Behörden und gegebenenfalls den Umfang ihrer Aufgaben sowie die Namen und Anschriften der zugelassenen Organisationen dem Ständigen Büro der Haager Konferenz für Internationales Privatrecht mit.

Kapitel IV. Verfahrensrechtliche Voraussetzungen der internationalen Adoption

Art. 14 [Zuständige Zentrale Behörde] Personen mit gewöhnlichem Aufenthalt in einem Vertragsstaat, die ein Kind mit gewöhnlichem Aufenthalt in einem anderen Vertragsstaat adoptieren möchten, haben sich an die Zentrale Behörde im Staat ihres gewöhnlichen Aufenthalts zu wenden.

Art. 15 [Bericht der Zentralen Behörde des Aufnahmestaats]

(1) Hat sich die Zentrale Behörde des Aufnahmestaats davon überzeugt, dass die Antragsteller für eine Adoption in Betracht kommen und dazu geeignet sind, so verfasst sie einen Bericht, der Angaben zur Person der Antragsteller und über ihre rechtliche Fähigkeit und ihre Eignung zur Adoption, ihre persönlichen und familiären Umstände, ihre Krankheitsgeschichte, ihr soziales Umfeld, die Beweggründe für die Adoption, ihre Fähigkeit zur Übernahme der mit einer internationalen Adoption verbundenen Aufgaben sowie die Eigenschaften der Kinder enthält, für die zu sorgen sie geeignet wären.

(2) Sie übermittelt den Bericht der Zentralen Behörde des Heimatstaats.

Art. 16 [Vorgehensweise der Zentralen Behörde des Heimatstaats]

(1) Hat sich die Zentrale Behörde des Heimatstaats davon überzeugt, dass das Kind adoptiert werden kann, so

a) verfasst sie einen Bericht, der Angaben zur Person des Kindes und darüber, dass es adoptiert werden kann, über sein soziales Umfeld, seine persönliche und familiäre Entwicklung, seine Krankheitsgeschichte einschließlich derjenigen seiner Familie sowie besondere Bedürfnisse des Kindes enthält;
b) trägt sie der Erziehung des Kindes sowie seiner ethnischen, religiösen und kulturellen Herkunft gebührend Rechnung;
c) vergewissert sie sich, dass die Zustimmungen nach Artikel 4 vorliegen, und
d) entscheidet sie, insbesondere aufgrund der Berichte über das Kind und die künftigen Adoptiveltern, ob die in Aussicht genommene Unterbringung dem Wohl des Kindes dient.

(2) Sie übermittelt der Zentralen Behörde des Aufnahmestaats ihren Bericht über das Kind, den Nachweis über das Vorliegen der notwendigen Zustimmungen sowie die Gründe für ihre Entscheidung über die Unterbringung, wobei sie dafür sorgt, dass die Identität der Mutter und des Vaters nicht preisgegeben wird, wenn diese im Heimatstaat nicht offen gelegt werden darf.

Art. 17 [Adoptionsentscheidung der Zentralen Behörde des Heimatstaats] Eine Entscheidung, ein Kind künftigen Adoptiveltern anzuvertrauen, kann im Heimatstaat nur getroffen werden, wenn

a) die Zentrale Behörde dieses Staates sich vergewissert hat, dass die künftigen Adoptiveltern einverstanden sind;
b) die Zentrale Behörde des Aufnahmestaats diese Entscheidung gebilligt hat, sofern das Recht dieses Staates oder die Zentrale Behörde des Heimatstaats dies verlangt;

c) die Zentralen Behörden beider Staaten der Fortsetzung des Adoptionsverfahrens zugestimmt haben und

d) nach Artikel 5 entschieden wurde, dass die künftigen Adoptiveltern für eine Adoption in Betracht kommen und dazu geeignet sind und dem Kind die Einreise in den Aufnahmestaat und der ständige Aufenthalt dort bewilligt worden sind oder werden.

Art. 18 [Bewilligung der Aus- bzw. Einreise] Die Zentralen Behörden beider Staaten treffen alle erforderlichen Maßnahmen, um die Bewilligung der Ausreise des Kindes aus dem Heimatstaat sowie der Einreise in den Aufnahmestaat und des ständigen Aufenthalts dort zu erwirken.

Art. 19 [Verbringung in den Aufnahmestaat] (1) Das Kind kann nur in den Aufnahmestaat gebracht werden, wenn die Voraussetzungen des Artikels 17 erfüllt sind.

(2) Die Zentralen Behörden beider Staaten sorgen dafür, dass das Kind sicher und unter angemessenen Umständen in den Aufnahmestaat gebracht wird und dass die Adoptiveltern oder die künftigen Adoptiveltern das Kind wenn möglich begleiten.

(3) Wird das Kind nicht in den Aufnahmestaat gebracht, so werden die in den Artikeln 15 und 16 vorgesehenen Berichte an die absendenden Behörden zurückgesandt.

Art. 20 [Informationsaustausch] Die Zentralen Behörden halten einander über das Adoptionsverfahren und die zu seiner Beendigung getroffenen Maßnahmen sowie über den Verlauf der Probezeit, falls eine solche verlangt wird, auf dem Laufenden.

Art. 21 [Entfernung aus der Aufnahmefamilie] (1) Soll die Adoption erst durchgeführt werden, nachdem das Kind in den Aufnahmestaat gebracht worden ist, und dient es nach Auffassung der Zentralen Behörde dieses Staates nicht mehr dem Wohl des Kindes, wenn es in der Aufnahmefamilie bleibt, so trifft diese Zentrale Behörde die zum Schutz des Kindes erforderlichen Maßnahmen, indem sie insbesondere

a) veranlasst, dass das Kind aus der Aufnahmefamilie entfernt und vorläufig betreut wird;

b) in Absprache mit der Zentralen Behörde des Heimatstaats unverzüglich die Unterbringung des Kindes in einer neuen Familie mit dem Ziel der Adoption veranlasst oder, falls dies nicht angebracht ist, für eine andere dauerhafte Betreuung sorgt; eine Adoption kann erst durchgeführt werden, wenn die Zentrale Behörde des Heimatstaats gebührend über die neuen Adoptiveltern unterrichtet worden ist;

c) als letzte Möglichkeit die Rückkehr des Kindes veranlasst, wenn sein Wohl dies erfordert.

(2) Unter Berücksichtigung insbesondere des Alters und der Reife des Kindes ist es *zu den nach diesem* Artikel zu treffenden Maßnahmen zu befragen und gegebenenfalls seine Zustimmung dazu einzuholen.

Art. 22 [Aufgabenübertragung] (1) Die Aufgaben einer Zentralen Behörde nach diesem Kapitel können von staatlichen Stellen oder nach Kapitel III zugelassenen Organisationen wahrgenommen werden, soweit das Recht des Staates der Zentralen Behörde dies zulässt.

(2) Ein Vertragsstaat kann gegenüber dem Verwahrer des Übereinkommens erklären, dass die Aufgaben der Zentralen Behörde nach den Artikeln 15 bis 21 in diesem Staat in dem nach seinem Recht zulässigen Umfang und unter Aufsicht seiner zuständigen Behörden auch von Organisationen oder Personen wahrgenommen werden können, welche

a) die von diesem Staat verlangten Voraussetzungen der Integrität, fachlichen Kompetenz, Erfahrung und Verantwortlichkeit erfüllen und

b) nach ihren ethischen Grundsätzen und durch Ausbildung oder Erfahrung für die Arbeit auf dem Gebiet der internationalen Adoption qualifiziert sind.

(3) Ein Vertragsstaat, der die in Absatz 2 vorgesehene Erklärung abgibt, teilt dem Ständigen Büro der Haager Konferenz für Internationales Privatrecht regelmäßig die Namen und Anschriften dieser Organisationen und Personen mit.

(4) Ein Vertragsstaat kann gegenüber dem Verwahrer des Übereinkommens erklären, dass Adoptionen von Kindern, die ihren gewöhnlichen Aufenthalt in seinem Hoheitsgebiet haben, nur durchgeführt werden können, wenn die Aufgaben der Zentralen Behörden in Übereinstimmung mit Absatz 1 wahrgenommen werden.

(5) Ungeachtet jeder nach Absatz 2 abgegebenen Erklärung werden die in den Artikeln 15 und 16 vorgesehenen Berichte in jedem Fall unter der Verantwortung der Zentralen Behörde oder anderer Behörden oder Organisationen in Übereinstimmung mit Absatz 1 verfasst.

Kapitel V. Anerkennung und Wirkungen der Adoption

Art. 23 [Anerkennung kraft Gesetzes] (1) [1] Eine Adoption wird in den anderen Vertragsstaaten kraft Gesetzes anerkannt, wenn die zuständige Behörde des Staates, in dem sie durchgeführt worden ist, bescheinigt, dass sie gemäß dem Übereinkommen zustande gekommen ist. [2] Die Bescheinigung gibt an, wann und von wem die Zustimmungen nach Artikel 17 Buchstabe c erteilt worden sind.

(2) [1] Jeder Vertragsstaat notifiziert dem Verwahrer des Übereinkommens bei der Unterzeichnung, der Ratifikation, der Annahme, der Genehmigung oder dem Beitritt Identität und Aufgaben der Behörde oder Behörden, die in diesem Staat für die Ausstellung der Bescheinigung zuständig sind. [2] Er notifiziert ihm ferner jede Änderung in der Bezeichnung dieser Behörden.

Art. 24 [Versagung] Die Anerkennung einer Adoption kann in einem Vertragsstaat nur versagt werden, wenn die Adoption seiner öffentlichen Ordnung offensichtlich widerspricht, wobei das Wohl des Kindes zu berücksichtigen ist.

Art. 25 [Anerkennung im Falle des Art. 39 Abs. 2] Jeder Vertragsstaat kann gegenüber dem Verwahrer des Übereinkommens erklären, dass er nicht verpflichtet ist, aufgrund des Übereinkommens Adoptionen anzuerkennen, die in Übereinstimmung mit einer nach Artikel 39 Absatz 2 geschlossenen Vereinbarung zustande gekommen sind.

Art. 26 [Umfang der Anerkennung, Wirkungen der Adoption]

(1) Die Anerkennung einer Adoption umfasst die Anerkennung

a) des Eltern-Kind-Verhältnisses zwischen dem Kind und seinen Adoptiveltern;

b) der elterlichen Verantwortlichkeit der Adoptiveltern für das Kind;

c) der Beendigung des früheren Rechtsverhältnisses zwischen dem Kind und seiner Mutter und seinem Vater, wenn die Adoption dies in dem Vertragsstaat bewirkt, in dem sie durchgeführt worden ist.

(2) Bewirkt die Adoption die Beendigung des früheren Eltern-Kind-Verhältnisses, so genießt das Kind im Aufnahmestaat und in jedem anderen Vertragsstaat, in dem die Adoption anerkannt wird, Rechte entsprechend denen, die sich aus Adoptionen mit dieser Wirkung in jedem dieser Staaten ergeben.

(3) Die Absätze 1 und 2 lassen die Anwendung für das Kind günstigerer Bestimmungen unberührt, die in einem Vertragsstaat gelten, der die Adoption anerkennt.

Art. 27 [Umwandlung einer Adoption] (1) Bewirkt eine im Heimatstaat durchgeführte Adoption nicht die Beendigung des früheren Eltern-Kind-Verhältnisses, so kann sie im Aufnahmestaat, der die Adoption nach dem Übereinkommen anerkennt, in eine Adoption mit einer derartigen Wirkung umgewandelt werden, wenn

a) das Recht des Aufnahmestaats dies gestattet und

b) die in Artikel 4 Buchstaben c und d vorgesehenen Zustimmungen zum Zweck einer solchen Adoption erteilt worden sind oder werden.

(2) Artikel 23 ist auf die Umwandlungsentscheidung anzuwenden.

Kapitel VI. Allgemeine Bestimmungen

Art. 28 [Verhältnis zu Rechtsvorschriften des Heimatstaates] Das Übereinkommen steht Rechtsvorschriften des Heimatstaats nicht entgegen, nach denen die Adoption eines Kindes mit gewöhnlichem Aufenthalt in diesem Staat auch dort durchgeführt werden muss oder nach denen es untersagt ist, vor einer Adoption das Kind in einer Familie im Aufnahmestaat unterzubringen oder es in diesen Staat zu bringen.

Art. 29 [Kontaktaufnahme] Zwischen den künftigen Adoptiveltern und den Eltern des Kindes oder jeder anderen Person, welche die Sorge für das Kind hat, darf kein Kontakt stattfinden, solange die Erfordernisse des Artikels 4 Buchstaben a bis c und des Artikels 5 Buchstabe a nicht erfüllt sind, es sei denn, die Adoption finde innerhalb einer Familie statt oder der Kontakt entspreche den von der zuständigen Behörde des Heimatstaats aufgestellten Bedingungen.

Art. 30 [*Aufbewahrung* personenbezogener Daten] (1) Die zuständigen Behörden eines Vertragsstaats sorgen dafür, dass die ihnen vorliegenden Angaben über die Herkunft des Kindes, insbesondere über die Identität seiner Eltern, sowie über die Krankheitsgeschichte des Kindes und seiner Familie aufbewahrt werden.

(2) Sie gewährleisten, dass das Kind oder sein Vertreter unter angemessener Anleitung Zugang zu diesen Angaben hat, soweit das Recht des betreffenden Staates dies zulässt.

Art. 31 [Zweckgebundene Verwendung personenbezogener Daten]
Unbeschadet des Artikels 30 werden die aufgrund des Übereinkommens gesammelten oder übermittelten personenbezogenen Daten, insbesondere die in den Artikeln 15 und 16 bezeichneten, nur für die Zwecke verwendet, für die sie gesammelt oder übermittelt worden sind.

Art. 32 [Vermögensvorteile, Kosten, Vergütung] (1) Niemand darf aus einer Tätigkeit im Zusammenhang mit einer internationalen Adoption unstatthafte Vermögens- oder sonstige Vorteile erlangen.

(2) Nur Kosten und Auslagen, einschließlich angemessener Honorare an der Adoption beteiligter Personen, dürfen in Rechnung gestellt und gezahlt werden.

(3) Die Leiter, Verwaltungsmitglieder und Angestellten von Organisationen, die an einer Adoption beteiligt sind, dürfen keine im Verhältnis zu den geleisteten Diensten unangemessen hohe Vergütung erhalten.

Art. 33 [Unterrichtung bei Missachtung des Übereinkommens]
[1] Eine zuständige Behörde, die feststellt, dass eine der Bestimmungen des Übereinkommens nicht beachtet worden ist oder missachtet zu werden droht, unterrichtet sofort die Zentrale Behörde ihres Staates. [2] Diese Zentrale Behörde ist dafür verantwortlich, dass geeignete Maßnahmen getroffen werden.

Art. 34 [Beglaubigte Übersetzung] [1] Wenn die zuständige Behörde des Bestimmungsstaats eines Schriftstücks darum ersucht, ist eine beglaubigte Übersetzung beizubringen. [2] Sofern nichts anderes bestimmt ist, werden die Kosten der Übersetzung von den künftigen Adoptiveltern getragen.

Art. 35 [Gebotene Eile] Die zuständigen Behörden der Vertragsstaaten handeln in Adoptionsverfahren mit der gebotenen Eile.

Art. 36 [Verschiedene gebietsbezogene Rechtssysteme] Bestehen in einem Staat auf dem Gebiet der Adoption zwei oder mehr Rechtssysteme, die in verschiedenen Gebietseinheiten gelten, so ist

a) eine Verweisung auf *den gewöhnlichen Aufenthalt* in diesem Staat als Verweisung auf den gewöhnlichen Aufenthalt in einer Gebietseinheit dieses Staates zu verstehen;

b) eine Verweisung auf das Recht dieses Staates als Verweisung auf das in der betreffenden Gebietseinheit geltende Recht zu verstehen;

c) eine Verweisung auf die zuständigen Behörden oder die staatlichen Stellen dieses Staates als Verweisung auf solche zu verstehen, die befugt sind, in der betreffenden Gebietseinheit zu handeln;

d) eine Verweisung auf die zugelassenen Organisationen dieses Staates als Verweisung auf die in der betreffenden Gebietseinheit zugelassenen Organisationen zu verstehen.

Art. 37 [Verschiedene personenbezogene Rechtssysteme] Bestehen in einem Staat auf dem Gebiet der Adoption zwei oder mehr Rechtssysteme, die für verschiedene Personengruppen gelten, so ist eine Verweisung auf das Recht dieses Staates als Verweisung auf das Rechtssystem zu verstehen, das sich aus dem Recht dieses Staates ergibt.

Art. 38 [Anwendungsfreiheit] Ein Staat, in dem verschiedene Gebietseinheiten ihre eigenen Rechtsvorschriften auf dem Gebiet der Adoption haben, ist nicht verpflichtet, das Übereinkommen anzuwenden, wenn ein Staat mit einheitlichem Rechtssystem dazu nicht verpflichtet wäre.

Art. 39 [Internationale Übereinkünfte] (1) Das Übereinkommen lässt internationale Übereinkünfte unberührt, denen Vertragsstaaten als Vertragsparteien angehören und die Bestimmungen über die in dem Übereinkommen geregelten Angelegenheiten enthalten, sofern die durch eine solche Übereinkunft gebundenen Staaten keine gegenteilige Erklärung abgeben.

(2) [1]Jeder Vertragsstaat kann mit einem oder mehreren anderen Vertragsstaaten Vereinbarungen zur erleichterten Anwendung des Übereinkommens in ihren gegenseitigen Beziehungen schließen. [2]Diese Vereinbarungen können nur von den Bestimmungen der Artikel 14 bis 16 und 18 bis 21 abweichen. [3]Die Staaten, die eine solche Vereinbarung geschlossen haben, übermitteln dem Verwahrer des Übereinkommens eine Abschrift.

Art. 40 [Vorbehalte] Vorbehalte zu dem Übereinkommen sind nicht zulässig.

Art. 41 [Anwendungspflicht] Das Übereinkommen ist in jedem Fall anzuwenden, in dem ein Antrag nach Artikel 14 eingegangen ist, nachdem das Übereinkommen im Aufnahmestaat und im Heimatstaat in Kraft getreten ist.

Art. 42 [Spezialkommission] Der Generalsekretär der Haager Konferenz für Internationales Privatrecht beruft in regelmäßigen Abständen eine Spezialkommission zur Prüfung der praktischen Durchführung des Übereinkommens ein.

Kapitel VII. Schlussbestimmungen

Art. 43 [Formale Anforderungen] (1) Das Übereinkommen liegt für die Staaten, die zurzeit der Siebzehnten Tagung der Haager Konferenz für Internationales Privatrecht Mitglied der Konferenz waren, sowie für die anderen Staaten, die an dieser Tagung teilgenommen haben, zur Unterzeichnung auf.

(2) Es bedarf der Ratifikation, Annahme oder Genehmigung; die Ratifikations-, Annahme- oder Genehmigungsurkunden werden beim Ministerium für

Auswärtige Angelegenheiten des Königreichs der Niederlande, dem Verwahrer des Übereinkommens, hinterlegt.

Art. 44 [Beitritt] (1) Jeder andere Staat kann dem Übereinkommen beitreten, nachdem es gemäß Artikel 46 Absatz 1 in Kraft getreten ist.

(2) Die Beitrittsurkunde wird beim Verwahrer hinterlegt.

(3) [1]Der Beitritt wirkt nur in den Beziehungen zwischen dem beitretenden Staat und den Vertragsstaaten, die innerhalb von sechs Monaten nach Eingang der in Artikel 48 Buchstabe b vorgesehenen Notifikation keinen Einspruch gegen den Beitritt erhoben haben. [2]Nach dem Beitritt kann ein solcher Einspruch auch von jedem Staat in dem Zeitpunkt erhoben werden, in dem er das Übereinkommen ratifiziert, annimmt oder genehmigt. [3]Die Einsprüche werden dem Verwahrer notifiziert.

Art. 45 [Festlegung des örtlichen Anwendungsbereichs] (1) Ein Staat, der aus zwei oder mehr Gebietseinheiten besteht, in denen für die in dem Übereinkommen behandelten Angelegenheiten unterschiedliche Rechtssysteme gelten, kann bei der Unterzeichnung, der Ratifikation, der Annahme, der Genehmigung oder dem Beitritt erklären, dass das Übereinkommen auf alle seine Gebietseinheiten oder nur auf eine oder mehrere davon erstreckt wird; er kann diese Erklärung durch Abgabe einer neuen Erklärung jederzeit ändern.

(2) Jede derartige Erklärung wird dem Verwahrer unter ausdrücklicher Bezeichnung der Gebietseinheiten notifiziert, auf die das Übereinkommen angewendet wird.

(3) Gibt ein Staat keine Erklärung nach diesem Artikel ab, so ist das Übereinkommen auf sein gesamtes Hoheitsgebiet anzuwenden.

Art. 46 [Inkrafttreten] (1) Das Übereinkommen tritt am ersten Tag des Monats in Kraft, der auf einen Zeitabschnitt von drei Monaten nach der in Artikel 43 vorgesehenen Hinterlegung der dritten Ratifikations-, Annahme- oder Genehmigungsurkunde folgt.

(2) Danach tritt das Übereinkommen in Kraft[1)]

a) für jeden Staat, der es später ratifiziert, annimmt oder genehmigt oder der ihm beitritt, am ersten Tag des Monats, der auf einen Zeitabschnitt von drei Monaten nach Hinterlegung seiner Ratifikations-, Annahme-, Genehmigungs- oder Beitrittsurkunde folgt;

b) für jede Gebietseinheit, auf die es nach Artikel 45 erstreckt worden ist, am ersten Tag des Monats, der auf einen Zeitabschnitt von drei Monaten nach der in jenem Artikel vorgesehenen Notifikation folgt.

Art. 47 [Kündigung] (1) Jeder Vertragsstaat kann das Übereinkommen durch eine an den Verwahrer gerichtete schriftliche Notifikation kündigen.

(2) [1]Die Kündigung wird am ersten Tag des Monats wirksam, der auf einen Zeitabschnitt von zwölf Monaten nach Eingang der Notifikation beim Ver-

[1)] Das Übereinkommen ist für die Bundesrepublik Deutschland am **1.3.2002** in Kraft getreten; siehe hierzu die Bekanntmachung über das Inkrafttreten des Haager Übereinkommens über den Schutz von Kindern und die Zusammenarbeit auf dem Gebiet der internationalen Adoption v. 4.11. 2002 (BGBl. II S. 2872).

wahrer folgt. [2] Ist in der Notifikation für das Wirksamwerden der Kündigung ein längerer Zeitabschnitt angegeben, so wird die Kündigung nach Ablauf des entsprechenden Zeitabschnitts nach Eingang der Notifikation wirksam.

Art. 48 [Notifizierung] Der Verwahrer notifiziert den Mitgliedstaaten der Haager Konferenz für Internationales Privatrecht, den anderen Staaten, die an der Siebzehnten Tagung teilgenommen haben, sowie den Staaten, die nach Artikel 44 beigetreten sind,

a) jede Unterzeichnung, Ratifikation, Annahme und Genehmigung nach Artikel 43;
b) jeden Beitritt und jeden Einspruch gegen einen Beitritt nach Artikel 44;
c) den Tag, an dem das Übereinkommen nach Artikel 46 in Kraft tritt;
d) jede Erklärung und jede Bezeichnung nach den Artikeln 22, 23, 25 und 45;
e) jede Vereinbarung nach Artikel 39;
f) jede Kündigung nach Artikel 47.

Zu Urkund dessen haben die hierzu gehörig befugten Unterzeichneten dieses Übereinkommen unterschrieben.

Geschehen in Den Haag am 29. Mai 1993 in englischer und französischer Sprache, wobei jeder Wortlaut gleichermaßen verbindlich ist, in einer Urschrift, die im Archiv der Regierung des Königreichs der Niederlande hinterlegt und von der jedem Staat, der zurzeit der Siebzehnten Tagung der Haager Konferenz für Internationales Privatrecht Mitglied der Konferenz war, sowie jedem anderem Staat, der an dieser Tagung teilgenommen hat, auf diplomatischem Weg eine beglaubigte Abschrift übermittelt wird.

Geltungsbereich: Übereinkommen vom 29.5.1993 über den Schutz von Kindern und die Zusammenarbeit auf dem Gebiet der internationalen Adoption*)[1]

Gesetz vom 23.10.2001 – 2001 II 1034, 1035
BT-Drucksachen 14/5437, 6583
in Kraft für die Bundesrepublik Deutschland [7] [8] [10] [11] [12] am 1.3.2002 (Bek. 4. 11. 02) – 2002 II 2872
Gesetz vom 5.11.2001 zur Regelung von Rechtsfragen auf dem Gebiet der internationalen Adoption und zur Weiterentwicklung des Adoptionsvermittlungsrechts – 2001 I 2950 – FN A 404-29

Vertragsparteien	in Kraft am	BGBl. Jg.	S.
Albanien	1.1.2001	02 II	2872
Andorra [5] [9]	1.5.1997	02 II	2872
Armenien	29.1.2009	09 II	395
Aserbaidschan [9]	1.10.2004	05 II	572
Australien	1.12.1998	02 II	2872
Belarus	1.11.2003	04 II	122
Belgien	1.9.2005	08 II	86
Belize	1.4.2006	08 II	86
Benin	1.10.2018	18 II	324
Bolivien [1] [5]	1.7.2002	02 II	2872
Brasilien	1.7.1999	02 II	2872
Bulgarien	1.9.2002	02 II	2872
Burkina Faso	1.5.1996	02 II	2872
Burundi	1.2.1999	02 II	2872
Chile	1.11.1999	02 II	2872
China	1.1.2006	08 II	86
Costa Rica	1.2.1996	02 II	2872
Côte d'Ivoire	1.10.2015	16 II	1007
Dänemark [7]	1.11.1997	02 II	2872
Grönland	1.5.2010	10 II	810
Dominikanische Republik	1.8.2008	09 II	395
Ecuador	1.1.1996	02 II	2872
El Salvador	1.3.1999	02 II	2872
Estland	1.6.2002	05 II	572
Fidschi	1.8.2012	13 II	159
Finnland	1.7.1997	02 II	2872
Frankreich [7]	1.10.1998	02 II	2872
Georgien [7]	1.8.1999	02 II	2872
Ghana	1.1.2017	17 II	557
Griechenland	1.1.2010	10 II	810
Guinea [5a]	1.6.2004	04 II	1131
Guyana	1.6.2019	19 II	795
Haiti	1.4.2014	14 II	103

[1] Nach FNB Stand 31.12.2014, redaktionell fortgeführt.

Vertragsparteien	in Kraft am	BGBl. Jg.	S.
Honduras	1.7.2019	19 II	795
Indien	1.10.2003	04 II	122
Irland	1.11.2010	11 II	722
Island	1.5.2000	02 II	2872
Israel	1.6.1999	02 II	2872
Italien	1.5.2000	02 II	2872
Kanada [3]) [7]) [9])	1.4.1997	02 II	2872
Kap Verde	1.1.2010	10 II	810
Kasachstan	1.11.2010	11 II	722
Kenia	1.6.2007	08 II	949
Kirgisistan	1.11.2016	17 II	557
Kolumbien [2])	1.11.1998	02 II	2872
Kroatien [13])	1.4.2014	14 II	527
Kuba	1.6.2007	08 II	949
Lettland [3])	1.12.2002	02 II	2872
Liechtenstein	1.5.2009	10 II	810
Litauen [7])	1.8.1998	02 II	2872
Luxemburg [6])	1.11.2002	02 II	2872
Madagaskar	1.9.2004	08 II	949
Mali	11.2.2008	08 II	949
Malta	1.2.2005	05 II	791
Mauritius [7])	1.1.1999	02 II	2872
Mazedonien	1.4.2009	10 II	810
Mexiko [4])	1.5.1995	02 II	2872
Moldau, Republik	1.8.1998	02 II	2872
Monaco [7])	1.10.1999	02 II	2872
Mongolei [5])	1.8.2000	02 II	2872
Montenegro [13])	1.7.2012	12 II	1360
Namibia [*])	1.1.2016	16 II	1007
Neuseeland	1.1.1999	02 II	2872
Niederlande	1.10.1998	02 II	2872
karibischer Teil	1.2.2011	12 II	130
Norwegen [7])	1.1.1998	02 II	2872
Österreich	1.9.1999	02 II	2872
Panama	1.1.2000	02 II	2872
Paraguay	1.9.1998	02 II	2872
Peru	1.1.1996	02 II	2872
Philippinen [7])	1.11.1996	02 II	2872
Polen	1.10.1995	02 II	2872
Portugal [7])	1.7.2004	04 II	1131
Rumänien	1.5.1995	02 II	2872
Sambia	1.10.2015	16 II	1007
San Marino	1.2.2005	05 II	791
Schweden	1.9.1997	02 II	2872
Schweiz [7]) [9])	1.1.2003	03 II	260

Vertragsparteien	in Kraft am	BGBl. Jg.	S.
Senegal	1.12.2011	12 II	583
Serbien	1.4.2014	14 II	527
Seychellen	1.10.2008	09 II	395
Slowakei [7])	1.10.2001	02 II	2872
Slowenien	1.5.2002	02 II	2872
Spanien	1.11.1995	02 II	2872
Sri Lanka	1.5.1995	02 II	2872
Südafrika	1.12.2003	04 II	660
Swasiland	1.7.2013	13 II	1529
Thailand	1.8.2004	05 II	572
Tschechische Republik	1.6.2000	02 II	2872
Togo	1.2.2010	11 II	722
Türkei [7])	1.9.2004	05 II	572
Ungarn	1.8.2005	08 II	86
Uruguay	1.4.2004	08 II	949
Venezuela	1.5.1997	02 II	2872
Vereinigte Staaten	1.4.2008	08 II	949
Vereinigtes Königreich	1.6.2003	03 II	1544
Vietnam	1.2.2012	12 II	130
Zypern	1.6.1995	02 II	2872

1) Weitere Bek. – 2003 II 445
2) Weitere Bek. – 2003 II 1544 (Angabe der Behörden)
3) Weitere Bek. – 2004 II 122 (Angabe der Behörden)
4) Weitere Bek. – 2004 II 1131 (Angabe der Behörden)
5) Weitere Bek. – 2005 II 572 (Angabe der Behörden)
5a) Nicht in Kraft zwischen Deutschland und Guinea – 2005 II 572
6) Weitere Bek. – 2005 II 791 (Angabe der Behörden)
7) Weitere Bek. – 2008 II 86
8) Weitere Bek. – 2008 II 949
9) Weitere Bek. – 2008 II 949 (Angaben der Behörden)
10) Weitere Bek. – 2009 II 395
11) Weitere Bek. – 2012 II 1360
12) Weitere Bek. – 2013 II 526
13) Weitere Bek. – 2016 II 1007
*) Vorbehalte und Erklärungen zu diesem Übereinkommen, mit Ausnahme derer Deutschlands, werden im BGBl. II nicht veröffentlicht. Sie sind in englischer und niederländischer Sprache auf der Webseite der Vereinten Nationen unter http://treatydatabase.overheid.nl einsehbar. Gleiches gilt für die ggf. gemäß Übereinkommen zu benennenden Zentralen Behörden oder Kontaktstellen.

45i. Gesetz über die Vermittlung und Begleitung der Adoption und über das Verbot der Vermittlung von Ersatzmüttern (Adoptionsvermittlungsgesetz – AdVermiG)

In der Fassung der Bekanntmachung vom 21. Juni 2021[1)]
(BGBl. I S. 2010)

FNA 404-21

Erster Abschnitt. Adoptionsvermittlung und Begleitung

§ 1 Adoptionsvermittlung. [1] Adoptionsvermittlung ist das Zusammenführen von Kindern unter 18 Jahren und Personen, die ein Kind adoptieren wollen (Adoptionsbewerber), mit dem Ziel der Adoption. [2] Adoptionsvermittlung ist auch der Nachweis der Gelegenheit, ein Kind zu adoptieren oder adoptieren zu lassen, und zwar auch dann, wenn das Kind noch nicht geboren oder noch nicht gezeugt ist. [3] Die Ersatzmuttervermittlung gilt nicht als Adoptionsvermittlung.

§ 2 Adoptionsvermittlungsstellen. (1) [1] Die Adoptionsvermittlung ist Aufgabe des Jugendamtes und des Landesjugendamtes. [2] Das Jugendamt darf die Adoptionsvermittlung nur durchführen, wenn es eine Adoptionsvermittlungsstelle eingerichtet hat; das Landesjugendamt hat eine zentrale Adoptionsstelle einzurichten.

(2) [1] Jugendämter benachbarter Gemeinden oder Kreise können mit Zustimmung der zentralen Adoptionsstelle des Landesjugendamtes eine gemeinsame Adoptionsvermittlungsstelle errichten. [2] Landesjugendämter können eine gemeinsame zentrale Adoptionsstelle bilden. [3] In den Ländern Berlin, Hamburg und Saarland können dem jeweiligen Landesjugendamt die Aufgaben der Adoptionsvermittlungsstelle des Jugendamtes übertragen werden.

(3) [1] Zur Adoptionsvermittlung im Inland sind auch die örtlichen und zentralen Stellen befugt:

1. der Diakonie Deutschland,
2. des Deutschen Caritasverbandes,
3. der Arbeiterwohlfahrt,
4. der Fachverbände, die den in den Nummern 1 bis 3 genannten Verbänden angeschlossen sind, sowie
5. sonstiger Organisationen mit Sitz im Inland.

[2] Die in Satz 1 genannten Stellen müssen von der zentralen Adoptionsstelle des Landesjugendamtes als Adoptionsvermittlungsstelle anerkannt worden sein.

(4) Die Adoptionsvermittlungsstellen der Jugendämter und die zentralen Adoptionsstellen der Landesjugendämter arbeiten im Rahmen ihrer Vermittlungstätigkeit und der Begleitung nach § 9 mit den in Absatz 3 und in § 2a Absatz 4 Nummer 2 genannten Adoptionsvermittlungsstellen partnerschaftlich zusammen.

[1)] Neubekanntmachung des AdVermiG idF der Bek. v. 22.12.2001 (BGBl. 2002 I S. 354) in der ab 1.4.2021 geltenden Fassung.

(5) Die Adoptionsvermittlungsstelle (§ 2 Absatz 1 und 3, § 2a Absatz 4) arbeitet übergreifend mit anderen Fachdiensten und Einrichtungen zusammen.

§ 2a[1] Internationales Adoptionsverfahren; Vermittlungsgebot.

(1) [1] Ein internationales Adoptionsverfahren ist ein Adoptionsverfahren, bei dem ein Kind mit gewöhnlichem Aufenthalt im Ausland ins Inland gebracht worden ist, gebracht wird oder gebracht werden soll, entweder nach seiner Adoption im Heimatstaat durch Annehmende mit gewöhnlichem Aufenthalt im Inland oder im Hinblick auf eine Adoption im Inland oder im Heimatstaat. [2] Satz 1 gilt auch, wenn die Annehmenden ihren gewöhnlichen Aufenthalt im Inland haben und das Kind innerhalb von zwei Jahren vor Stellung des Antrags auf Adoption im Inland oder im Heimatstaat ins Inland gebracht worden ist. [3] Die Sätze 1 und 2 gelten entsprechend, wenn ein Kind mit gewöhnlichem Aufenthalt im Inland durch Annehmende mit gewöhnlichem Aufenthalt im Ausland ins Ausland gebracht worden ist, gebracht wird oder gebracht werden soll.

(2) In den Fällen des Absatzes 1 Satz 1 und 2 hat eine Vermittlung durch die Adoptionsvermittlungsstelle gemäß Absatz 4 stattzufinden, in den Fällen des Absatzes 1 Satz 3 durch die Adoptionsvermittlungsstelle gemäß Absatz 4 Nummer 1.

(3) Im Anwendungsbereich des Haager Übereinkommens vom 29. Mai 1993 über den Schutz von Kindern und die Zusammenarbeit auf dem Gebiet der internationalen Adoption (BGBl. 2001 II S. 1034) (Adoptionsübereinkommen) gelten ergänzend die Bestimmungen des Adoptionsübereinkommens-Ausführungsgesetzes vom 5. November 2001 (BGBl. I S. 2950) in der jeweils geltenden Fassung.

(4) Zur internationalen Adoptionsvermittlung sind befugt:

1. die zentrale Adoptionsstelle des Landesjugendamtes;
2. eine anerkannte Auslandsvermittlungsstelle nach § 4 Absatz 2 im Rahmen der ihr erteilten Zulassung.

(5) [1] Zur Koordination der internationalen Adoptionsvermittlung arbeiten die in Absatz 4 genannten Stellen mit dem Bundesamt für Justiz als Bundeszentralstelle für Auslandsadoption (Bundeszentralstelle) zusammen. [2] Die Bundeszentralstelle kann hierzu mit allen zuständigen Stellen im In- und Ausland unmittelbar verkehren.

(6) [1] Die in Absatz 4 genannten Stellen haben der Bundeszentralstelle[2]

1. zu jedem Vermittlungsfall im Sinne des Absatzes 1 von der ersten Beteiligung einer ausländischen Stelle an die jeweils verfügbaren personenbezogenen Daten (Name, Geschlecht, Geburtsdatum, Geburtsort, Staatsangehörigkeit, Familienstand und Wohnsitz oder gewöhnlicher Aufenthalt) des Kindes, seiner Eltern und der Adoptionsbewerber sowie zum Stand des Vermittlungsverfahrens zu übermitteln,
2. jährlich zusammenfassend über Umfang, Verlauf und Ergebnisse ihrer Arbeit auf dem Gebiet der internationalen Adoptionsvermittlung zu berichten und

[1] *Siehe zu Adoptionen* nach ausländischem Recht das Adoptionswirkungsgesetz (Nr. **45j**).
[2] Siehe die AuslAdMV v. 11.11.2002 *(BGBl. I S. 4394), zuletzt* geänd. durch G v. 12.2.2021 (BGBl. I S. 226).

3. auf deren Ersuchen über einzelne Vermittlungsfälle im Sinne des Absatzes 1 Auskunft zu geben, soweit dies zur Erfüllung der Aufgaben nach Absatz 5 und nach § 2 Absatz 2 Satz 1 des Adoptionsübereinkommens-Ausführungsgesetzes vom 5. November 2001 (BGBl. I S. 2950) in der jeweils geltenden Fassung erforderlich ist.

[2] Die Übermittlungspflicht nach Satz 1 Nummer 1 beschränkt sich auf eine Übermittlung über den Abschluss des Vermittlungsverfahrens, sofern dieses nicht das Verhältnis zu anderen Vertragsstaaten des Adoptionsübereinkommens betrifft.

(7) [1] Die Bundeszentralstelle speichert die nach Absatz 6 Satz 1 Nummer 1 übermittelten Daten in einem zentralen Dateisystem. [2] Die Übermittlung der Daten ist zu protokollieren. [3] Die Daten zu einem einzelnen Vermittlungsfall sind 100 Jahre, gerechnet vom Geburtsdatum des vermittelten Kindes an, aufzubewahren und anschließend zu löschen.

§ 2b Unbegleitete Auslandsadoption. Ein internationales Adoptionsverfahren ist untersagt, wenn es ohne die Vermittlung durch eine Adoptionsvermittlungsstelle (§ 2a Absatz 4) durchgeführt werden soll.

§ 2c Grundsätze der internationalen Adoptionsvermittlung. (1) Bei der internationalen Adoptionsvermittlung (§ 2a Absatz 1 Satz 1 und 2 und Absatz 2) hat die Adoptionsvermittlungsstelle (§ 9b und § 2 Absatz 3) die allgemeine Eignung der Adoptionsbewerber nach den §§ 7 und 7b und die Adoptionsvermittlungsstelle (§ 2a Absatz 4) die länderspezifische Eignung der Adoptionsbewerber nach § 7c zu prüfen.

(2) Die Adoptionsvermittlungsstelle (§ 2a Absatz 4) hat sich zu vergewissern, dass im Heimatstaat des Kindes eine für die Adoptionsvermittlung zuständige und zur Zusammenarbeit bereite Fachstelle (Fachstelle des Heimatstaats) besteht und die Adoption gesetzlich zugelassen ist.

(3) [1] Die Adoptionsvermittlungsstelle (§ 2a Absatz 4) hat sich bei der Prüfung des Kindervorschlags der Fachstelle des Heimatstaats zu vergewissern, dass

1. die Adoption dem Kindeswohl dient,
2. das Kind adoptiert werden kann und dass keine Anhaltspunkte dafür vorliegen, dass eine geeignete Unterbringung des Kindes im Heimatstaat nach Prüfung durch die Fachstelle des Heimatstaats möglich ist,
3. die Eltern oder andere Personen, Behörden und Institutionen, deren Zustimmung zur Adoption erforderlich ist, über die Wirkungen der Adoption aufgeklärt wurden und freiwillig und in der gesetzlich vorgeschriebenen Form der Adoption des Kindes zugestimmt haben und die Eltern ihre Zustimmung nicht widerrufen haben,
4. unter Berücksichtigung des Alters und der Reife des Kindes das Kind über die Wirkungen der Adoption aufgeklärt wurde, seine Wünsche berücksichtigt wurden und das Kind freiwillig und in der gesetzlich vorgeschriebenen Form der Adoption zugestimmt hat und
5. keine Anhaltspunkte dafür vorliegen, dass die Zustimmung zur Adoption weder der Eltern noch des Kindes durch eine Geldzahlung oder eine andere Gegenleistung herbeigeführt wurde.

[2] Die Adoptionsvermittlungsstelle hat den Kindervorschlag der Fachstelle des Heimatstaats daraufhin zu prüfen, ob die Adoptionsbewerber geeignet sind, für das Kind zu sorgen. [3] In den Fällen des § 2a Absatz 1 Satz 3 gilt Absatz 3 Satz 1

und 2 entsprechend. [4] Das Ergebnis der Prüfung nach den Sätzen 1 und 2 ist zu den Akten zu nehmen.

(4) Die Adoptionsvermittlungsstelle (§ 2a Absatz 4) kann den Vermittlungsvorschlag der Fachstelle des Heimatstaats nur billigen, wenn das Ergebnis der Eignungsprüfung, der länderspezifischen Eignungsprüfung sowie der Prüfung nach Absatz 3 Satz 4 positiv festgestellt ist.

(5) [1] Hat die Adoptionsvermittlungsstelle (§ 2a Absatz 4) den Vermittlungsvorschlag der Fachstelle des Heimatstaats gebilligt, so eröffnet sie den Adoptionsbewerbern den Vermittlungsvorschlag und berät sie über dessen Annahme. [2] Nehmen die Adoptionsbewerber den Vermittlungsvorschlag an, so gibt die Adoptionsvermittlungsstelle eine Erklärung ab, dass sie der Fortsetzung des Adoptionsverfahrens zustimmt.

(6) [1] Die Adoptionsvermittlungsstelle (§ 2a Absatz 4 Nummer 2) leitet die Erklärung nach Absatz 5 Satz 2 an die zentralen Adoptionsstellen des Landesjugendamtes nach § 11 Absatz 2 weiter. [2] Die Adoptionsvermittlungsstelle (§ 2a Absatz 4) leitet die Erklärung nach Absatz 5 Satz 2 an die Fachstelle des Heimatstaats weiter.

§ 2d Bescheinigung über ein internationales Vermittlungsverfahren.

(1) In einem internationalen Adoptionsverfahren hat die Adoptionsvermittlungsstelle (§ 2a Absatz 4), die die internationale Adoption vermittelt hat, den Annehmenden eine Bescheinigung darüber auszustellen, dass eine Vermittlung nach § 2a Absatz 2 stattgefunden hat, wenn

1. die Erklärung nach § 2c Absatz 5 Satz 2 vorliegt und an die Fachstelle des Heimatstaats weitergeleitet worden ist und
2. die Annehmenden einen Antrag auf Anerkennung nach § 1 Absatz 2 des Adoptionswirkungsgesetzes[1)] gestellt haben.

(2) [1] Die Bescheinigung hat das Datum der Erklärung nach § 2c Absatz 5 Satz 2 und Angaben zur Einhaltung der Grundsätze des § 2c Absatz 1 bis 3 zu beinhalten. [2] Die Bescheinigung ist zur Vorlage an deutsche Behörden bestimmt, die die Wirksamkeit einer Auslandsadoption vor der Entscheidung über deren Anerkennung im Inland gemäß § 7 des Adoptionswirkungsgesetzes zu beurteilen haben.

(3) [1] Die Geltungsdauer der Bescheinigung beträgt zwei Jahre. [2] Sie ist auf Antrag der Annehmenden um ein Jahr zu verlängern. [3] Die Geltung der Bescheinigung erlischt, wenn eine Entscheidung über die Anerkennung der Auslandsadoption ergangen ist.

§ 3 Persönliche und fachliche Eignung der Mitarbeiter. (1) [1] Mit der Adoptionsvermittlung dürfen nur Fachkräfte betraut werden, die dazu auf Grund ihrer Persönlichkeit, ihrer Ausbildung und ihrer beruflichen Erfahrung geeignet sind. [2] Die gleichen Anforderungen gelten für Personen, die den mit der Adoptionsvermittlung betrauten Beschäftigten fachliche Weisungen erteilen können. [3] Beschäftigte, die nicht unmittelbar mit Vermittlungsaufgaben betraut sind, müssen die Anforderungen erfüllen, die der ihnen übertragenen Verantwortung entsprechen.

(2) [1] Die Adoptionsvermittlungsstellen (§ 2 Absatz 1 und 3) sind mit mindestens zwei Vollzeitfachkräften oder einer entsprechenden Zahl von Teilzeitfach-

---

1) Nr. **45j**.

kräften zu besetzen; diese Fachkräfte dürfen nicht überwiegend mit vermittlungsfremden Aufgaben befasst sein. [2]Die zentrale Adoptionsstelle des Landesjugendamtes kann Ausnahmen von Satz 1 zulassen.

§ 4 Anerkennung als Adoptionsvermittlungsstelle. (1) [1]Die Anerkennung als Adoptionsvermittlungsstelle im Sinne des § 2 Absatz 3 erfolgt durch die zentrale Adoptionsstelle des Landesjugendamtes, in deren Bereich die Adoptionsvermittlungsstelle ihren Sitz hat, und kann erteilt werden, wenn der Nachweis erbracht wird, dass die Stelle

1. die Voraussetzungen des § 3 erfüllt,
2. insbesondere nach ihrer Arbeitsweise und nach der Finanzlage ihres Rechtsträgers die ordnungsgemäße Erfüllung ihrer Aufgaben erwarten lässt und
3. von einer juristischen Person oder Personenvereinigung unterhalten wird, die steuerbegünstigte Zwecke im Sinne der §§ 51 bis 68 der Abgabenordnung verfolgt.

[2]Die Adoptionsvermittlung darf nicht Gegenstand eines steuerpflichtigen wirtschaftlichen Geschäftsbetriebs sein.

(2) [1]Zur Ausübung der internationalen Adoptionsvermittlung bedarf eine Adoptionsvermittlungsstelle im Sinne des § 2 Absatz 3 der besonderen Zulassung durch die zentrale Adoptionsstelle des Landesjugendamtes, in deren Bereich die Adoptionsvermittlungsstelle ihren Sitz hat. [2]Die Zulassung wird für die Vermittlung von Kindern aus einem oder mehreren bestimmten ausländischen Staaten (Heimatstaaten) erteilt. [3]Die Zulassung berechtigt dazu, die Bezeichnung „anerkannte Auslandsvermittlungsstelle" zu führen; ohne die Zulassung darf diese Bezeichnung nicht geführt werden. [4]Die Zulassung kann erteilt werden, wenn der Nachweis erbracht wird, dass die Stelle die Anerkennungsvoraussetzungen nach Absatz 1 in dem für die Arbeit auf dem Gebiet der internationalen Adoption erforderlichen besonderen Maße erfüllt; sie ist zu versagen, wenn ihr überwiegende Belange der Zusammenarbeit mit dem betreffenden Heimatstaat entgegenstehen. [5]Die zentrale Adoptionsstelle des Landesjugendamtes und die Bundeszentralstelle unterrichten einander über Erkenntnisse, die die in Absatz 1 genannten Verhältnisse der anerkannten Auslandsvermittlungsstelle betreffen.

(3) [1]Die Anerkennung nach Absatz 1 oder die Zulassung nach Absatz 2 sind zurückzunehmen, wenn die Voraussetzungen für ihre Erteilung nicht vorgelegen haben. [2]Sie sind zu widerrufen, wenn die Voraussetzungen nachträglich weggefallen sind. [3]Nebenbestimmungen zu einer Anerkennung oder Zulassung sowie die Folgen des Verstoßes gegen eine Auflage unterliegen den allgemeinen Vorschriften.

(4) [1]Zur Prüfung, ob die Voraussetzungen nach Absatz 1 oder Absatz 2 Satz 3 weiterhin vorliegen, ist die zentrale Adoptionsstelle des Landesjugendamtes berechtigt, sich über die Arbeit der Adoptionsvermittlungsstelle im Allgemeinen und im Einzelfall, über die persönliche und fachliche Eignung ihrer Leiter und Mitarbeiter sowie über die rechtlichen und organisatorischen Verhältnisse und die Finanzlage ihres Rechtsträgers zu unterrichten. [2]Soweit es zu diesem Zweck erforderlich ist,

1. kann die zentrale Adoptionsstelle des Landesjugendamtes Auskünfte, Einsicht in Unterlagen sowie die Vorlage von Nachweisen verlangen;
2. dürfen die mit der Prüfung beauftragten Bediensteten Grundstücke und Geschäftsräume innerhalb der üblichen Geschäftszeiten betreten; das Grundrecht

der Unverletzlichkeit der Wohnung (Artikel 13 des Grundgesetzes[1)]) wird insoweit eingeschränkt.

[3] Die Adoptionsvermittlungsstelle (§ 2 Absatz 3, § 2a Absatz 4 Nummer 2) informiert die zentrale Adoptionsstelle des Landesjugendamtes, in deren Bereich die Adoptionsvermittlungsstelle ihren Sitz hat, unverzüglich, sobald ihr Anhaltspunkte dafür vorliegen, dass sie nicht mehr in der Lage sein wird, ihre Aufgaben ordnungsgemäß zu erfüllen. [4] Dies ist insbesondere dann anzunehmen, wenn sie die Voraussetzungen des § 3 und des Absatzes 1 Satz 1 Nummer 2 nicht mehr erfüllt.

(5) Widerspruch und Anfechtungsklage gegen Verfügungen der zentralen Adoptionsstelle des Landesjugendamtes haben keine aufschiebende Wirkung.

§ 4a Verfahren bei der Schließung einer Adoptionsvermittlungsstelle.

(1) [1] Steht fest, dass die Adoptionsvermittlungsstelle (§ 2 Absatz 3, § 2a Absatz 4 Nummer 2) geschlossen wird, hat sie die zentrale Adoptionsstelle des Landesjugendamtes, in deren Bereich die Adoptionsvermittlungsstelle ihren Sitz hat, sowie die Adoptionsbewerber und die Annehmenden, die von ihr begleitet werden, unverzüglich über die bevorstehende Schließung zu informieren. [2] Sie hat darüber hinaus die Adoptionsbewerber und die Annehmenden über die Folgen der Schließung zu informieren, insbesondere über die Möglichkeit der Fortsetzung des Vermittlungsverfahrens und über die Aktenaufbewahrung. [3] Die Sätze 1 und 2 gelten entsprechend, wenn die Adoptionsvermittlungsstelle (§ 2a Absatz 4 Nummer 2) ihre Zulassung in einem Heimatstaat dauerhaft verliert.

(2) [1] Wird die Adoptionsvermittlungsstelle (§ 2 Absatz 3, § 2a Absatz 4 Nummer 2) geschlossen, übergibt sie die Aufzeichnungen und Unterlagen über jeden einzelnen Vermittlungsfall (Vermittlungsakten) der abgeschlossenen und der laufenden Vermittlungsverfahren unverzüglich an die zentrale Adoptionsstelle des Landesjugendamtes, in deren Bereich sie ihren Sitz hatte. [2] Wenn bei der Schließung der Adoptionsvermittlungsstelle (§ 2 Absatz 3, § 2a Absatz 4 Nummer 2) bereits feststeht, welche Adoptionsvermittlungsstelle (§ 9b, § 2 Absatz 3, § 2a Absatz 4) ein laufendes Vermittlungsverfahren fortsetzt, übergibt die schließende Adoptionsvermittlungsstelle die Vermittlungsakten unverzüglich an diese Adoptionsvermittlungsstelle.

(3) [1] Sind nach Schließung der Adoptionsvermittlungsstelle (§ 2a Absatz 4 Nummer 2) noch Berichte über die Entwicklung des Kindes (§ 9 Absatz 4 Satz 1) zu fertigen, so sind die Vermittlungsakten unverzüglich an die örtliche Adoptionsvermittlungsstelle (§ 9b) zu übergeben, die sodann die Berichte fertigt. [2] Die örtliche Adoptionsvermittlungsstelle übersendet die Berichte an die zentrale Adoptionsstelle des Landesjugendamtes, in deren Bereich die Annehmenden ihren gewöhnlichen Aufenthalt haben, zur weiteren Übermittlung nach § 9 Absatz 4 Satz 1 Nummer 2. [3] Nach der Fertigung des letzten Berichts sind die Vermittlungsakten der zentralen Adoptionsstelle des Landesjugendamtes, in deren Bereich die geschlossene Adoptionsvermittlungsstelle ihren Sitz hatte, zur Aufbewahrung nach § 9c Absatz 1 zu übergeben.

§ 5 Vermittlungsverbote. (1) Die Adoptionsvermittlung ist nur den nach § 2 Absatz 1 befugten Jugendämtern und Landesjugendämtern und den nach § 2

[1)] Nr. 1.

Absatz 3 berechtigten Stellen gestattet; anderen ist die Adoptionsvermittlung untersagt.

(2) Es ist untersagt, Schwangere, die ihren Wohnsitz oder gewöhnlichen Aufenthalt im Geltungsbereich dieses Gesetzes haben, gewerbs- oder geschäftsmäßig durch Gewähren oder Verschaffen von Gelegenheit zur Entbindung außerhalb des Geltungsbereichs dieses Gesetzes

1. zu bestimmen, dort ihr Kind zur Adoption wegzugeben,
2. ihnen zu einer solchen Weggabe Hilfe zu leisten.

(3) [1] Es ist untersagt, Vermittlungstätigkeiten auszuüben, die zum Ziel haben, dass ein Dritter ein Kind auf Dauer bei sich aufnimmt, insbesondere dadurch, dass ein Mann die Vaterschaft für ein Kind, das er nicht gezeugt hat, anerkennt. [2] Vermittlungsbefugnisse, die sich aus anderen Rechtsvorschriften ergeben, bleiben unberührt.

§ 6 Adoptionsanzeigen. (1) [1] Es ist untersagt, Kinder zur Adoption oder Adoptionsbewerber durch öffentliche Erklärungen, insbesondere durch Zeitungsanzeigen oder Zeitungsberichte, zu suchen oder anzubieten. [2] § 5 bleibt unberührt.

(2) Die Veröffentlichung der in Absatz 1 bezeichneten Erklärung unter Angabe eines Kennzeichens ist untersagt.

(3) Absatz 1 Satz 1 gilt entsprechend für öffentliche Erklärungen, die sich auf Vermittlungstätigkeiten nach § 5 Absatz 3 Satz 1 beziehen.

(4) Die Absätze 1 bis 3 gelten auch, wenn das Kind noch nicht geboren oder noch nicht gezeugt ist, es sei denn, dass sich die Erklärung auf eine Ersatzmutterschaft bezieht.

§ 7 Anspruch auf Durchführung der Eignungsprüfung bei der Adoption eines Kindes im Inland; Umfang der Prüfung. (1) [1] Auf Antrag der Adoptionsbewerber führt die Adoptionsvermittlungsstelle (§ 2 Absatz 1) eine Prüfung der allgemeinen Eignung der Adoptionsbewerber (Eignungsprüfung) zur Adoption eines Kindes mit gewöhnlichem Aufenthalt im Inland durch. [2] Zur Eignungsprüfung sind auch die Adoptionsvermittlungsstellen nach § 2 Absatz 3 berechtigt.

(2) Die Eignungsprüfung umfasst insbesondere:

1. die persönlichen und familiären Umstände der Adoptionsbewerber,
2. den Gesundheitszustand der Adoptionsbewerber,
3. das soziale Umfeld der Adoptionsbewerber,
4. die Beweggründe der Adoptionsbewerber für die Adoption sowie
5. die Eigenschaften der Kinder, für die zu sorgen die Adoptionsbewerber fähig und bereit sind.

(3) [1] *Die Adoptionsvermittlungsstelle* (§ 2 Absatz 1 und 3) verfasst über das Ergebnis ihrer Eignungsprüfung einen Bericht. [2] Das Ergebnis der Eignungsprüfung ist den Adoptionsbewerbern mitzuteilen. [3] Der Bericht, der die Eignung positiv feststellt, darf den Adoptionsbewerbern nicht ausgehändigt werden.

§ 7a Sachdienliche Ermittlungen bei der Adoption eines Kindes im Inland. (1) [1] Wird der Adoptionsvermittlungsstelle (§ 2 Absatz 1 und 3) bekannt, dass für ein Kind die Adoptionsvermittlung in Betracht kommt, so führt sie zur

Vorbereitung der Adoptionsvermittlung unverzüglich die sachdienlichen Ermittlungen bei den Adoptionsbewerbern, bei dem Kind und seiner Familie durch. [2] Dabei ist insbesondere zu prüfen, ob die Adoptionsbewerber unter Berücksichtigung der Persönlichkeit des Kindes und seiner besonderen Bedürfnisse für die Adoption des Kindes geeignet sind.

(2) Mit den sachdienlichen Ermittlungen bei den Adoptionsbewerbern und bei der Familie des Kindes soll schon vor der Geburt des Kindes begonnen werden, wenn zu erwarten ist, dass die Einwilligung in die Adoption des Kindes erteilt wird.

(3) Auf Ersuchen einer Adoptionsvermittlungsstelle (§ 2 Absatz 1 und 3) übernimmt die örtliche Adoptionsvermittlungsstelle (§ 9b), in deren Bereich die Adoptionsbewerber ihren gewöhnlichen Aufenthalt haben, die sachdienlichen Ermittlungen bei den Adoptionsbewerbern.

(4) Das Ergebnis der sachdienlichen Ermittlungen ist den jeweils Betroffenen mitzuteilen.

§ 7b Anspruch auf Durchführung der Eignungsprüfung bei der Adoption eines Kindes aus dem Ausland. (1) [1] Auf Antrag der Adoptionsbewerber erfolgt eine Eignungsprüfung der Adoptionsbewerber zur Adoption eines Kindes mit gewöhnlichem Aufenthalt im Ausland durch eine örtliche Adoptionsvermittlungsstelle nach § 9b. [2] Zur Eignungsprüfung sind auch die Adoptionsvermittlungsstellen nach § 2 Absatz 3 berechtigt.

(2) [1] Die Adoptionsvermittlungsstelle (§ 9b, § 2 Absatz 3) verfasst über das Ergebnis ihrer Eignungsprüfung einen Bericht, den sie einer von den Adoptionsbewerbern benannten Adoptionsvermittlungsstelle (§ 2a Absatz 4) zuleitet. [2] § 7 Absatz 3 Satz 2 und 3 ist anzuwenden.

(3) Erfolgt die Eignungsprüfung durch eine Adoptionsvermittlungsstelle nach § 2 Absatz 3, so darf diese Adoptionsvermittlungsstelle nicht zugleich die von den Adoptionsbewerbern benannte Adoptionsvermittlungsstelle nach § 2a Absatz 4 Nummer 2 sein.

§ 7c Länderspezifische Eignungsprüfung bei der Adoption eines Kindes aus dem Ausland. (1) Ist das Ergebnis der Eignungsprüfung positiv festgestellt, prüft die von den Adoptionsbewerbern benannte Adoptionsvermittlungsstelle (§ 2a Absatz 4) die länderspezifische Eignung der Adoptionsbewerber.

(2) [1] Die länderspezifische Eignungsprüfung umfasst insbesondere:

1. das Wissen und die Auseinandersetzung der Adoptionsbewerber mit der Kultur und der sozialen Situation im Heimatstaat des Kindes,
2. die Bereitschaft der Adoptionsbewerber, die Herkunft des Kindes in das zukünftige Familienleben zu integrieren, sowie
3. die Bereitschaft der Adoptionsbewerber, sich auf die besonderen Bedürfnisse des Kindes auf Grund seiner Herkunft und auf Grund des Wechsels des Kulturkreises einzulassen.

[2] Hält die von den Adoptionsbewerbern benannte Adoptionsvermittlungsstelle (§ 2a Absatz 4) die länderspezifische Eignung der Adoptionsbewerber für gegeben, so ergänzt sie den Bericht zur Eignungsprüfung um das Ergebnis ihrer länderspezifischen Eignungsprüfung. [3] Das Ergebnis der länderspezifischen Eignungsprüfung ist den Adoptionsbewerbern mitzuteilen. [4] Der Bericht, der die

Eignung positiv feststellt, darf den Adoptionsbewerbern nicht ausgehändigt werden.

(3) Ist das Ergebnis der Eignungsprüfung und der länderspezifischen Eignungsprüfung positiv festgestellt, so leitet die von den Adoptionsbewerbern benannte Adoptionsvermittlungsstelle (§ 2a Absatz 4) den Bericht über das Ergebnis der Fachstelle des Heimatstaats des Kindes zu.

§ 7d Bescheinigung für im Ausland lebende Adoptionsbewerber.

(1) Auf Antrag deutscher Adoptionsbewerber mit gewöhnlichem Aufenthalt im Ausland prüft die Bundeszentralstelle, ob die Adoptionsbewerber nach den deutschen Sachvorschriften die rechtliche Befähigung zur Adoption eines Kindes besitzen.

(2) Stellt die Bundeszentralstelle die rechtliche Befähigung positiv fest, so stellt sie den Adoptionsbewerbern eine Bescheinigung über diese Feststellung aus.

(3) Die Prüfung und die Bescheinigung erstrecken sich weder auf die Gesundheit der Adoptionsbewerber noch auf deren Eignung nach den §§ 7b und 7c zur Adoption eines Kindes; hierauf ist in der Bescheinigung hinzuweisen.

§ 7e Mitwirkungspflicht der Adoptionsbewerber. [1] Den Adoptionsbewerbern obliegt es, die erforderlichen Angaben zu machen und geeignete Nachweise zu erbringen für:
1. die Eignungsprüfung (§ 7 und § 7b Absatz 1 und 2),
2. die sachdienlichen Ermittlungen (§ 7a Absatz 1 und 2),
3. die länderspezifische Eignungsprüfung (§ 7c Absatz 1 und 2),
4. die Prüfung nach § 7d Absatz 1.

[2] Die Vorschriften des Dritten Abschnitts des Dritten Titels des Ersten Buches Sozialgesetzbuch gelten entsprechend.

§ 8 Beginn der Adoptionspflege. Das Kind darf erst dann zur Eingewöhnung bei den Adoptionsbewerbern in Pflege gegeben werden (Adoptionspflege), wenn feststeht, dass die Adoptionsbewerber für die Annahme des Kindes geeignet sind.

§ 8a Informationsaustausch oder Kontakt vor und nach der Adoption.

(1) [1] Die Adoptionsvermittlungsstelle (§ 2 Absatz 1 und 3) soll vor Beginn der Adoptionspflege sowohl mit den Adoptionsbewerbern als auch mit den Eltern erörtern, ob ein Informationsaustausch oder Kontakt zum Wohl des Kindes zwischen den Adoptionsbewerbern und dem Kind auf der einen Seite und den Eltern auf der anderen Seite zukünftig stattfinden kann und wie der Informationsaustausch oder Kontakt gestaltet werden kann. [2] Die Adoptionsvermittlungsstelle nimmt das Ergebnis der Erörterungen zu den Akten.

*(2) [1] Mit dem Ein*verständnis der abgebenden Eltern und der Annehmenden soll die Adoptionsvermittlungsstelle (§ 2 Absatz 1 und 3) nach der Adoption die Erörterungen gemäß Absatz 1 Satz 1 in angemessenen Zeitabständen wiederholen. [2] Dies gilt, bis das Kind das 16. Lebensjahr vollendet hat. [3] Das Ergebnis jeder Erörterung ist zu den Akten zu nehmen. [4] Das Einverständnis soll vor dem Beschluss, spätestens muss es nach dem Beschluss, durch den das Familiengericht die Adoption ausspricht, eingeholt werden. [5] Das Einverständnis kann jederzeit widerrufen werden.

(3) Das Kind ist bei den Erörterungen nach den Absätzen 1 und 2 entsprechend seinem Entwicklungsstand zu beteiligen und sein Interesse ist entsprechend zu berücksichtigen.

(4) Wird das Ergebnis der Erörterung zum Informationsaustausch oder Kontakt nicht umgesetzt oder besteht Uneinigkeit über die Umsetzung des Ergebnisses, so hat die Adoptionsvermittlungsstelle (§ 2 Absatz 1 und 3) im Rahmen der bestehenden Möglichkeiten auf eine Lösung hinzuwirken.

§ 8b Anspruch der abgebenden Eltern auf allgemeine Informationen über das Kind und seine Lebenssituation nach der Adoption. (1) [1] Die abgebenden Eltern haben gegen die Adoptionsvermittlungsstelle (§ 2 Absatz 1 und 3) einen Anspruch auf Zugang zu allgemeinen Informationen über das Kind und seine Lebenssituation, die der Adoptionsvermittlungsstelle von den Annehmenden zum Zweck der Weitergabe an die abgebenden Eltern freiwillig und unter Wahrung des Persönlichkeitsrechts des Kindes zur Verfügung gestellt wurden. [2] Die Adoptionsvermittlungsstelle gewährt den abgebenden Eltern den Zugang zu diesen Informationen, soweit dies dem Kindeswohl nicht widerspricht.

(2) [1] Mit dem Einverständnis der Annehmenden soll die Adoptionsvermittlungsstelle (§ 2 Absatz 1 und 3) darauf hinwirken, dass ihr die Annehmenden allgemeine Informationen nach Absatz 1 in regelmäßigen Abständen bis zur Vollendung des 16. Lebensjahres des Kindes schriftlich zukommen lassen, soweit dies dem Wohl des Kindes nicht widerspricht. [2] Das Kind ist entsprechend seinem Entwicklungsstand zu beteiligen. [3] Das Einverständnis soll vor dem Beschluss, spätestens muss es nach dem Beschluss, durch den das Familiengericht die Adoption ausspricht, eingeholt werden. [4] Das Einverständnis kann jederzeit widerrufen werden.

§ 9 Anspruch auf Adoptionsbegleitung. (1) [1] Die Adoptionsvermittlungsstelle (§ 2 Absatz 1, § 2a Absatz 4 Nummer 1) hat vor und während der Adoptionsvermittlung sowie während der Adoptionspflege die Adoptionsbewerber, die Eltern und das Kind zu begleiten. [2] Zur Adoptionsbegleitung sind auch die Adoptionsvermittlungsstellen nach § 2 Absatz 3 und § 2a Absatz 4 Nummer 2 berechtigt. [3] Die Adoptionsbegleitung umfasst insbesondere:

1. die allgemeine Beratung der Adoptionsbewerber, der Eltern und des Kindes zu Fragen im Zusammenhang mit der Adoption und die bedarfsgerechte Unterstützung,
2. die Information über die Voraussetzungen und den Ablauf des Adoptionsverfahrens sowie über die Rechtsfolgen der Adoption,
3. die Information für die abgebenden Eltern über unterstützende Maßnahmen im Rahmen der Kinder- und Jugendhilfe als Alternative zur Adoption sowie die Unterstützung der abgebenden Eltern bei der Bewältigung sozialer und psychischer Auswirkungen im Zusammenhang mit der bevorstehenden oder bereits erfolgten Einwilligung in die Adoption des Kindes,
4. die Information über die Rechte des Kindes, in der die Bedeutung der Kenntnis der Herkunft des Kindes für seine Entwicklung hervorzuheben ist,
5. das Hinwirken darauf, dass die Adoptionsbewerber das Kind von Beginn an entsprechend seinem Alter und seiner Reife über seine Herkunft aufklären,
6. die Information über die Möglichkeiten und Gestaltung von Informationsaustausch oder Kontakt zwischen den Adoptionsbewerbern und dem Kind auf

der einen Seite und den Eltern auf der anderen Seite nach Maßgabe der §§ 8a und 8b,
7. die Erörterung der Gestaltung eines Informationsaustauschs oder von Kontakten zwischen den Adoptionsbewerbern und dem Kind auf der einen Seite und den Eltern auf der anderen Seite nach Maßgabe des § 8a sowie
8. die Information über das Recht zur Akteneinsicht nach § 9c Absatz 2 und die Information zu Möglichkeiten der Suche nach der Herkunft des Kindes.

(2) [1] Nach dem Beschluss, durch den das Familiengericht die Adoption ausspricht, haben das Kind, die Annehmenden und die abgebenden Eltern einen Anspruch auf nachgehende Adoptionsbegleitung durch die Adoptionsvermittlungsstelle (§ 2 Absatz 1, § 2a Absatz 4 Nummer 1). [2] Zur nachgehenden Adoptionsbegleitung sind auch die Adoptionsvermittlungsstellen nach § 2 Absatz 3 und § 2a Absatz 4 Nummer 2 berechtigt. [3] Die nachgehende Adoptionsbegleitung umfasst insbesondere:
1. die bedarfsgerechte Beratung und Unterstützung des Kindes, der Annehmenden und der abgebenden Eltern,
2. die Förderung und die Begleitung eines Informationsaustauschs oder von Kontakten zwischen den Annehmenden und dem Kind auf der einen Seite und den abgebenden Eltern auf der anderen Seite nach Maßgabe der §§ 8a und 8b,
3. die Unterstützung der abgebenden Eltern bei der Bewältigung sozialer und psychischer Auswirkungen auf Grund der Entscheidung zur Einwilligung in die Adoption des Kindes, insbesondere indem die Adoptionsvermittlungsstelle den abgebenden Eltern Hilfen durch andere Fachdienste aufzeigt,
4. die Unterstützung der Annehmenden bei der altersentsprechenden Aufklärung des Kindes über seine Herkunft sowie
5. die Begleitung des Kindes bei der Suche nach der Herkunft, einschließlich der Begleitung des vertraulich geborenen Kindes bei der Einsichtnahme in den Herkunftsnachweis nach § 31 Absatz 1 des Schwangerschaftskonfliktgesetzes[1)].

(3) [1] Die Adoptionsvermittlungsstelle (§ 2 Absatz 1 und 3, § 2a Absatz 4) hat bei Bedarf und mit Einverständnis der zu Beratenden im Rahmen der Adoptionsbegleitung nach den Absätzen 1 und 2 Hilfen und Unterstützungsangebote durch andere Fachdienste aufzuzeigen. [2] Sie hat auf Wunsch der zu Beratenden den Kontakt zu diesen Fachdiensten herzustellen.

(4) [1] Soweit es zur Erfüllung der Adoptionsvoraussetzungen, die von einem Heimatstaat aufgestellt werden, erforderlich ist, können die Adoptionsbewerber und die Adoptionsvermittlungsstelle (§ 2a Absatz 4) schriftlich vereinbaren, dass die Adoptionsvermittlungsstelle
1. während eines in der Vereinbarung festzulegenden Zeitraums nach der Adoption die Entwicklung des Kindes beobachtet und
2. der zuständigen Stelle im Heimatstaat über die Entwicklung berichtet.

[2] Mit Zustimmung einer anderen Adoptionsvermittlungsstelle (§ 2 Absatz 1 und 3, § 2a Absatz 4) kann vereinbart werden, dass diese Stelle die Aufgabe nach Satz 1 Nummer 1 wahrnimmt und die Ergebnisse an die in Satz 1 genannte Adoptionsvermittlungsstelle weiterleitet. [3] Im Fall der Schließung einer Adoptionsvermittlungsstelle (§ 2a Absatz 4 Nummer 2) gilt § 4a Absatz 3.

[1)] Nr. **85e**.

§ 9a Verpflichtende Beratung bei Stiefkindadoption. (1) Nimmt ein Ehegatte ein Kind seines Ehegatten allein an, so müssen sich vor Abgabe ihrer notwendigen Erklärungen und Anträge zur Adoption von der Adoptionsvermittlungsstelle (§ 2 Absatz 1 und 3) nach § 9 Absatz 1 beraten lassen:

1. die Eltern des anzunehmenden Kindes,
2. der Annehmende und
3. das Kind gemäß § 8 des Achten Buches Sozialgesetzbuch[1)].

(2) Die Adoptionsvermittlungsstelle hat über die Beratung eine Bescheinigung auszustellen.

(3) Die Beratung eines Elternteils ist nicht erforderlich, wenn

1. er zur Abgabe einer Erklärung dauernd außerstande ist,
2. sein Aufenthalt dauernd unbekannt ist,
3. seine Einwilligung nach § 1748 des Bürgerlichen Gesetzbuchs[2)] ersetzt wird oder
4. es sich um den abgebenden Elternteil handelt und dieser seinen gewöhnlichen Aufenthalt im Ausland hat.

(4) [1]Die Beratungspflicht nach Absatz 1 besteht nicht, wenn der annehmende Elternteil zum Zeitpunkt der Geburt des Kindes mit dem Elternteil des Kindes verheiratet ist. [2]Die Beratungspflicht des annehmenden und des verbleibenden Elternteils bleibt bestehen, wenn das Kind im Ausland geboren wurde und der abgebende Elternteil seinen gewöhnlichen Aufenthalt im Ausland hat.

(5) In den Fällen des § 1766a des Bürgerlichen Gesetzbuchs gelten die Absätze 1 bis 4 entsprechend.

§ 9b Örtliche Adoptionsvermittlungsstelle; Pflichtaufgaben. [1]Die Jugendämter haben die Wahrnehmung der Aufgaben nach den §§ 7, 7a, 7b, 8a, 8b, 9 und 9a für ihren jeweiligen Bereich sicherzustellen. [2]Für die Adoptionsbewerber und die Annehmenden richtet sich die örtliche Zuständigkeit nach ihrem gewöhnlichen Aufenthalt.

§ 9c Vermittlungsakten. (1) Vermittlungsakten sind, gerechnet vom Geburtsdatum des Kindes an, 100 Jahre lang aufzubewahren.

(2) [1]Soweit die Vermittlungsakten die Herkunft und die Lebensgeschichte des Kindes betreffen oder ein sonstiges berechtigtes Interesse besteht, ist dem gesetzlichen Vertreter des Kindes und, wenn das Kind das 16. Lebensjahr vollendet hat, auch diesem selbst auf Antrag unter Anleitung durch eine Fachkraft Einsicht zu gewähren. [2]Die Einsichtnahme ist zu versagen, soweit überwiegende Belange einer betroffenen Person entgegenstehen.

(3) Die Adoptionsvermittlungsstelle (§ 2 Absatz 1 und 3, § 2a Absatz 4) hat die Annehmenden auf das Akteneinsichtsrecht des Kindes nach Absatz 2 Satz 1 hinzuweisen, sobald das Kind das 16. Lebensjahr vollendet hat.

§ 9d Durchführungsbestimmungen. (1) [1]Das Bundesministerium für Familie, Senioren, Frauen und Jugend wird ermächtigt, im Einvernehmen mit dem Bundesministerium der Justiz und für Verbraucherschutz durch Rechtsverord-

---

[1)] Nr. 46.
[2)] **Schönfelder Nr. 20.**

nung[1] mit Zustimmung des Bundesrates das Nähere über die Anerkennung und Beaufsichtigung von Adoptionsvermittlungsstellen nach § 2 Absatz 3 und den §§ 3 und 4, die Zusammenarbeit auf dem Gebiet der internationalen Adoptionsvermittlung nach § 2a Absatz 5 und 6[2], die sachdienlichen Ermittlungen nach § 7a, die Eignungsprüfung nach den §§ 7, 7b und 7c, die Bescheinigung nach § 7d, die Adoptionsbegleitung nach § 9 und die Gewährung von Akteneinsicht nach § 9c sowie über die von den Adoptionsvermittlungsstellen dabei zu beachtenden Grundsätze zu regeln. ²Durch Rechtsverordnung nach Satz 1 können insbesondere geregelt werden:

1. Zeitpunkt, Gliederung und Form der Meldungen nach § 2a Absatz 6 Satz 1 Nummer 1 und 2 sowie Satz 2;
2. Anforderungen an die persönliche und fachliche Eignung des Personals einer Adoptionsvermittlungsstelle (§ 3, § 4 Absatz 1 Satz 1 Nummer 1);
3. Anforderungen an die Arbeitsweise und die Finanzlage des Rechtsträgers einer Adoptionsvermittlungsstelle (§ 4 Absatz 1 Satz 1 Nummer 2);
4. besondere Anforderungen für die Zulassung zur internationalen Adoptionsvermittlung (§ 4 Absatz 2);
5. Antragstellung und vorzulegende Nachweise im Verfahren nach § 7d;
6. Zeitpunkt und Form der Unterrichtung der Annehmenden über das Leistungsangebot der Adoptionsbegleitung nach § 9 Absatz 1 und 2;
7. das Verfahren bei der Schließung einer Adoptionsvermittlungsstelle nach § 4a.

(2) ¹Durch Rechtsverordnung nach Absatz 1 Satz 1 kann ferner vorgesehen werden, dass die Träger der staatlichen Adoptionsvermittlungsstellen von den Adoptionsbewerbern für eine Eignungsprüfung nach den §§ 7, 7b und 7c oder für eine internationale Adoptionsvermittlung Gebühren sowie Auslagen für die Beschaffung von Urkunden, für Übersetzungen und für die Vergütung von Sachverständigen erheben. ²Die Gebührentatbestände und die Gebührenhöhe sind dabei zu bestimmen; für den einzelnen Vermittlungsfall darf die Gebührensumme 2 500 Euro nicht überschreiten. ³Solange das Bundesministerium für Familie, Senioren, Frauen und Jugend von der Ermächtigung nach Absatz 1 Satz 1 in Verbindung mit Satz 1 keinen Gebrauch gemacht hat, kann diese durch die Landesregierungen ausgeübt werden; die Landesregierungen können diese Ermächtigung durch Rechtsverordnung auf oberste Landesbehörden übertragen.

§ 9e Datenschutz. (1) ¹Für die Verarbeitung personenbezogener Daten gilt das Zweite Kapitel des Zehnten Buches Sozialgesetzbuch mit der Maßgabe, dass Daten, die für die Adoptionsvermittlung und für andere Zwecke dieses Gesetzes erhoben worden sind, nur für folgende Zwecke verarbeitet werden dürfen:

1. für die Adoptionsvermittlung oder Adoptionsbegleitung,
2. für die Anerkennung, Zulassung oder Beaufsichtigung von Adoptionsvermittlungsstellen,
3. für die Überwachung von Vermittlungsverboten,
4. für die Verfolgung von Verbrechen oder anderen Straftaten von erheblicher Bedeutung,

---

[1] Siehe hierzu die AdVermiStAnKoV v. 4.5.2005 (BGBl. I S. 1266), geänd. durch G v. 12.2.2021 (BGBl. I S. 226).

[2] Siehe die AuslAdMV v. 11.11.2002 (BGBl. I S. 4394), zuletzt geänd. durch G v. 12.2.2021 (BGBl. I S. 226).

5. für die internationale Zusammenarbeit auf diesen Gebieten oder
6. für die Durchführung bestimmter wissenschaftlicher Vorhaben zur Erforschung möglicher politisch motivierter Adoptionsvermittlung in der DDR.

[2] In den Fällen des Satzes 1 Nummer 6 dürfen die betroffenen Personen nicht kontaktiert werden. [3] Die Vorschriften über die internationale Rechtshilfe bleiben unberührt.

(2) [1] Die Bundeszentralstelle übermittelt den zuständigen Stellen auf deren Ersuchen die zu den in Absatz 1 genannten Zwecken erforderlichen personenbezogenen Daten. [2] In dem Ersuchen ist anzugeben, zu welchem Zweck die Daten benötigt werden.

(3) [1] Die ersuchende Stelle trägt die Verantwortung für die Zulässigkeit der Übermittlung. [2] Die Bundeszentralstelle prüft nur, ob das Übermittlungsersuchen im Rahmen der Aufgaben der ersuchenden Stelle liegt, es sei denn, dass ein besonderer Anlass zur Prüfung der Zulässigkeit der Übermittlung besteht.

(4) Bei der Übermittlung an eine ausländische Stelle oder an eine inländische nicht öffentliche Stelle weist die Bundeszentralstelle darauf hin, dass die Daten nur für den Zweck verarbeitet werden dürfen, zu dem sie übermittelt werden.

§ 10 Unterrichtung der zentralen Adoptionsstelle des Landesjugendamtes. (1) [1] Die Adoptionsvermittlungsstelle hat die zentrale Adoptionsstelle des Landesjugendamtes zu unterrichten, wenn ein Kind nicht innerhalb von drei Monaten nach Abschluss der bei ihm durchgeführten Ermittlungen Adoptionsbewerbern mit dem Ziel der Adoption in Pflege gegeben werden kann. [2] Die Unterrichtung ist nicht erforderlich, wenn bei Fristablauf sichergestellt ist, dass das Kind in Adoptionspflege gegeben wird.

(2) Absatz 1 gilt entsprechend, wenn Adoptionsbewerber, bei denen Ermittlungen durchgeführt wurden, bereit und geeignet sind, ein schwer vermittelbares Kind aufzunehmen, sofern die Adoptionsbewerber der Unterrichtung der zentralen Adoptionsstelle zustimmen.

(3) [1] In den Fällen des Absatzes 1 Satz 1 sucht die Adoptionsvermittlungsstelle und die zentrale Adoptionsstelle nach geeigneten Adoptionsbewerbern. [2] Sie unterrichten sich gegenseitig vom jeweiligen Stand ihrer Bemühungen. [3] Im Einzelfall kann die zentrale Adoptionsstelle die Vermittlung eines Kindes selbst übernehmen.

§ 11 Aufgaben der zentralen Adoptionsstelle des Landesjugendamtes.

(1) Die zentrale Adoptionsstelle des Landesjugendamtes unterstützt die Adoptionsvermittlungsstelle bei ihrer Arbeit, insbesondere durch fachliche Beratung,

1. wenn ein Kind schwer zu vermitteln ist,
2. wenn ein Adoptionsbewerber oder das Kind eine ausländische Staatsangehörigkeit besitzt oder staatenlos ist,
3. wenn ein Adoptionsbewerber oder das Kind seinen Wohnsitz oder gewöhnlichen Aufenthalt außerhalb des Geltungsbereichs dieses Gesetzes hat,
4. in sonstigen schwierigen Einzelfällen.

(2) [1] Die Adoptionsvermittlungsstelle (§ 2 Absatz 1 und 3, § 2a Absatz 4 *Nummer* 2) hat in den Fällen des Absatzes 1 Nummer 2 und 3 die zentrale Adoptionsstelle des Landesjugendamtes, in deren Bereich die Adoptionsvermittlungsstelle ihren Sitz hat, und die zentrale Adoptionsstelle des Landesjugend-

amtes, in deren Bereich die Annehmenden ihren gewöhnlichen Aufenthalt haben, ab Beginn der sachdienlichen Ermittlungen nach § 7a zu beteiligen. [2] Unterlagen der in den Artikeln 15 und 16 des Adoptionsübereinkommens genannten Art sind den in Satz 1 genannten zentralen Adoptionsstellen zur Prüfung vorzulegen.

§ 12 (weggefallen)

§ 13 Ausstattung der zentralen Adoptionsstelle des Landesjugendamtes. Zur Erfüllung ihrer Aufgaben sollen der zentralen Adoptionsstelle mindestens ein Kinderarzt oder Kinderpsychiater, ein Psychologe mit Erfahrungen auf dem Gebiet der Kinderpsychologie und ein Jurist sowie Sozialpädagogen oder Sozialarbeiter mit mehrjähriger Berufserfahrung zur Verfügung stehen.

Zweiter Abschnitt. Ersatzmutterschaft

§ 13a Ersatzmutter. Ersatzmutter ist eine Frau, die auf Grund einer Vereinbarung bereit ist,

1. sich einer künstlichen oder natürlichen Befruchtung zu unterziehen oder
2. einen nicht von ihr stammenden Embryo auf sich übertragen zu lassen oder sonst auszutragen

und das Kind nach der Geburt Dritten zur Adoption oder zur sonstigen Aufnahme auf Dauer zu überlassen.

§ 13b Ersatzmuttervermittlung. [1] Ersatzmuttervermittlung ist das Zusammenführen von Personen, die das aus einer Ersatzmutterschaft entstandene Kind annehmen oder in sonstiger Weise auf Dauer bei sich aufnehmen wollen (Bestelleltern), mit einer Frau, die zur Übernahme einer Ersatzmutterschaft bereit ist. [2] Ersatzmuttervermittlung ist auch der Nachweis der Gelegenheit zu einer in § 13a bezeichneten Vereinbarung.

§ 13c Verbot der Ersatzmuttervermittlung. Die Ersatzmuttervermittlung ist untersagt.

§ 13d Anzeigenverbot. Es ist untersagt, Ersatzmütter oder Bestelleltern durch öffentliche Erklärungen, insbesondere durch Zeitungsanzeigen oder Zeitungsberichte, zu suchen oder anzubieten.

Dritter Abschnitt. Straf- und Bußgeldvorschriften

§ 14 Bußgeldvorschriften. (1) Ordnungswidrig handelt, wer

1. entgegen § 5 Absatz 1 oder 3 Satz 1 eine Vermittlungstätigkeit ausübt oder
2. *entgegen § 6 Absatz 1 Satz 1, auch* in Verbindung mit Absatz 2 oder 3, oder § 13d durch öffentliche Erklärungen
   a) Kinder zur Adoption oder Adoptionsbewerber,
   b) Kinder oder Dritte zu den in § 5 Absatz 3 Satz 1 genannten Zwecken oder
   c) Ersatzmütter oder Bestelleltern

   sucht oder anbietet.

(2) Ordnungswidrig handelt auch, wer

1. entgegen § 5 Absatz 1 oder 3 Satz 1 eine Vermittlungstätigkeit ausübt und dadurch bewirkt, dass das Kind in den Geltungsbereich dieses Gesetzes oder aus dem Geltungsbereich dieses Gesetzes verbracht wird, oder
2. gewerbs- oder geschäftsmäßig
   a) entgegen § 5 Absatz 2 Nummer 1 eine Schwangere zu der Weggabe ihres Kindes bestimmt oder
   b) entgegen § 5 Absatz 2 Nummer 2 einer Schwangeren zu der Weggabe ihres Kindes Hilfe leistet.

(3) Die Ordnungswidrigkeit kann in den Fällen des Absatzes 1 mit einer Geldbuße bis zu fünftausend Euro, in den Fällen des Absatzes 2 mit einer Geldbuße bis zu dreißigtausend Euro geahndet werden.

§ 14a (weggefallen)

§ 14b Strafvorschriften gegen Ersatzmuttervermittlung. (1) Wer entgegen § 13c Ersatzmuttervermittlung betreibt, wird mit Freiheitsstrafe bis zu einem Jahr oder mit Geldstrafe bestraft.

(2) [1] Wer für eine Ersatzmuttervermittlung einen Vermögensvorteil erhält oder sich versprechen lässt, wird mit Freiheitsstrafe bis zu zwei Jahren oder Geldstrafe bestraft. [2] Handelt der Täter gewerbs- oder geschäftsmäßig, so ist die Strafe Freiheitsstrafe bis zu drei Jahren oder Geldstrafe.

(3) In den Fällen der Absätze 1 und 2 werden die Ersatzmutter und die Bestelleltern nicht bestraft.

Vierter Abschnitt. Übergangs- und Schlussvorschriften

§ 15 Anzuwendendes Recht. Vom Zeitpunkt des Inkrafttretens einer Änderung dieses Gesetzes an richtet sich die weitere Durchführung einer vor dem Inkrafttreten der Änderung begonnenen Vermittlung, soweit nicht anders bestimmt, nach den geänderten Vorschriften.

§ 16 Bericht. [1] Die Bundesregierung legt dem Deutschen Bundestag bis zum 30. September 2026 einen Bericht über die Auswirkungen der §§ 2a, 2b, 2c, 2d, 8a, 8b und 9a sowie über die gegebenenfalls notwendigen Anpassungen dieser Vorschriften vor. [2] Der Bericht darf keine personenbezogenen Daten enthalten.

45j. Gesetz über Wirkungen der Annahme als Kind nach ausländischem Recht (Adoptionswirkungsgesetz – AdWirkG)[1)]

Vom 5. November 2001
(BGBl. I S. 2950)

FNA 404-30

Lfd. Nr.	Änderndes Gesetz	Datum	Fundstelle	Betroffen	Hinweis
1.	Art. 4 Abs. 18 G zur Errichtung und zur Regelung der Aufgaben des BfJ	17.12.2006	BGBl. I S. 3171	§ 5	
2.	Art. 2 Abs. 20 PersonenstandsrechtsreformG	19.2.2007	BGBl. I S. 122	§ 4	
3.	Art. 68 FGG-ReformG	17.12.2008	BGBl. I S. 2586	§§ 2, 3, 5	
4.	Art. 4 G zur Anpassung der Vorschriften des Internationalen Privatrechts an die Verordnung (EU) Nr. 1259/2010 und zur Änd. anderer Vorschriften des Internationalen Privatrechts	23.1.2013	BGBl. I S. 101	§§ 4, 5	gänd. mWv 29.1.2013
5.	Art. 3 G zur Umsetzung der Entscheidung des Bundesverfassungsgerichts zur Sukzessivadoption durch Lebenspartner	20.6.2014	BGBl. I S. 786	§ 3	geänd. mWv 27.6.2014
6.	Art. 22 G zur Bereinigung des Rechts der Lebenspartner	20.11.2015	BGBl. I S. 2010	§ 5	geänd. mWv 26.11. 2015
7.	Art. 5 G zur Umsetzung der Entscheidung des Bundesverfassungsgerichts vom 26. März 2019 zum Ausschluss der Stiefkindadoption in nichtehel. Familien	19.3.2020	BGBl. I S. 541	§§ 2, 3	geänd. mWv 31.3.2020
8.	Art. 3 Adoptionshilfe-G	12.2.2021	BGBl. I S. 226	§§ 1, 2, 3, 5, 6 §§ 4, 7, 8, 9	geänd. mWv 1.4.2021 eingef. mWv 1.4.2021

§ 1[2)] Anwendungsbereich. (1) [1]Die Vorschriften dieses Gesetzes gelten für eine Annahme als Kind, die auf einer ausländischen Entscheidung oder auf ausländischen Sachvorschriften beruht. [2]*Sie gelten nicht, wenn der Angenommene zur Zeit der Annahme das 18. Lebensjahr vollendet hatte.*

[1)] Verkündet als Art. 2 Adoptionsrechtsfragen-RegelungsG v. 5.11.2001 (BGBl. I S. 2950); Inkrafttreten gem. Art. 6 Satz 1 dieses G am 1.1.2002 mit Ausnahme des § 5 Abs. 2, der gem. Art. 6 Satz 2 am 10.11.2001 in Kraft getreten ist.

[2)] § 1 Abs. 2 angef. mWv 1.4.2021 durch G v. 12.2.2021 (BGBl. I S. 226).

(2) Ist im Rahmen eines internationalen Adoptionsverfahrens (§ 2a Absatz 1 des Adoptionsvermittlungsgesetzes[1]) eine Adoptionsentscheidung im Ausland ergangen, die nicht nach Artikel 23 des Haager Übereinkommens vom 29. Mai 1993 über den Schutz von Kindern und die Zusammenarbeit auf dem Gebiet der internationalen Adoption[2] kraft Gesetzes anerkannt wird, bedarf diese Entscheidung der Anerkennungsfeststellung durch das Familiengericht.

§ 2[3] Anerkennungs- und Wirkungsfeststellung. (1) Auf Antrag stellt das Familiengericht fest, ob eine Annahme als Kind im Sinne des § 1 Absatz 1 anzuerkennen oder wirksam und ob das Eltern-Kind-Verhältnis des Kindes zu seinen bisherigen Eltern durch die Annahme erloschen ist.

(2) In den Verfahren auf Anerkennungsfeststellung gemäß § 1 Absatz 2 kann der Antrag nicht zurückgenommen werden.

(3) [1] Im Falle einer anzuerkennenden oder wirksamen Annahme ist zusätzlich festzustellen,

1. wenn das in Absatz 1 genannte Eltern-Kind-Verhältnis erloschen ist, dass das Annahmeverhältnis einem nach den deutschen Sachvorschriften begründeten Annahmeverhältnis gleichsteht,
2. andernfalls, dass das Annahmeverhältnis in Ansehung der elterlichen Sorge und der Unterhaltspflicht des Annehmenden einem nach den deutschen Sachvorschriften begründeten Annahmeverhältnis gleichsteht.

[2] Von der Feststellung nach Satz 1 kann abgesehen werden, wenn gleichzeitig ein Umwandlungsausspruch nach § 3 ergeht.

§ 3[4] Umwandlungsausspruch. (1) [1] In den Fällen des § 2 Absatz 3 Satz 1 Nummer 2 kann das Familiengericht auf Antrag aussprechen, dass das Kind die Rechtsstellung eines nach den deutschen Sachvorschriften angenommenen Kindes erhält, wenn

1. dies dem Wohl des Kindes dient,
2. die erforderlichen Zustimmungen zu einer Annahme mit einer das Eltern-Kind-Verhältnis beendenden Wirkung erteilt sind und
3. überwiegende Interessen des Ehegatten, des Lebenspartners oder der Kinder des Annehmenden oder des Angenommenen nicht entgegenstehen.

[2] Auf die Erforderlichkeit und die Erteilung der in Satz 1 Nr. 2 genannten Zustimmungen finden die für die Zustimmungen zu der Annahme maßgebenden Vorschriften sowie Artikel 6 des Einführungsgesetzes zum Bürgerlichen Gesetzbuche[5] entsprechende Anwendung. [3] Auf die Zustimmung des Kindes ist zusätzlich § 1746 des Bürgerlichen Gesetzbuchs[6] anzuwenden. [4] Hat der

[1] Nr. **45i**.
[2] Nr. **45h**.
[3] § 2 Abs. 1 und 3 Satz 1 geänd. mWv 1.9.2009 durch G v. 17.12.2008 (BGBl. I S. 2586); Abs. 3 aufgeh. mWv 31.3.2020 durch G v. 19.3.2020 (BGBl. I S. 541); Abs. 1 geänd., Abs. 2 eingef., bish. Abs. 2 wird Abs. 3 mWv 1.4.2021 durch G v. 12.2.2021 (BGBl. I S. 226).
[4] § 3 Abs. 1 Satz 1 geänd. mWv 1.9.2009 durch G v. 17.12.2008 (BGBl. I S. 2586); Abs. 1 Satz 1 Nr. 3 geänd. mWv 27.6.2014 durch G v. 20.6.2014 (BGBl. I S. 786); Abs. 1 Satz 3 geänd. mWv 31.3.2020 durch G v. 19.3.2020 (BGBl. I S. 541); Abs. 1 Satz 1 und Abs. 2 geänd. mWv 1.4.2021 durch G v. *12.2.2021 (BGBl. I S.* 226).
[5] **Schönfelder Nr. 21.**
[6] **Schönfelder Nr. 20.**

Angenommene zur Zeit des Beschlusses nach Satz 1 das 18. Lebensjahr vollendet, so entfällt die Voraussetzung nach Satz 1 Nr. 1.

(2) Absatz 1 gilt in den Fällen des § 2 Absatz 3 Satz 1 Nummer 1 entsprechend, wenn die Wirkungen der Annahme von den nach den deutschen Sachvorschriften vorgesehenen Wirkungen abweichen.

§ 4[1)] Unbegleitete Auslandsadoptionen. (1) [1] Eine ausländische Adoptionsentscheidung im Sinne von § 1 Absatz 2 wird nicht anerkannt, wenn die Adoption ohne eine internationale Adoptionsvermittlung gemäß § 2a Absatz 2 des Adoptionsvermittlungsgesetzes[2)] vorgenommen worden ist. [2] Abweichend hiervon kann eine Feststellung nach § 2 nur ergehen, wenn zu erwarten ist, dass zwischen dem Annehmenden und dem Kind ein Eltern-Kind-Verhältnis entsteht und die Annahme für das Wohl des Kindes erforderlich ist.

(2) Für das Vorliegen der Voraussetzungen nach Absatz 1 ist der Zeitpunkt der gerichtlichen Entscheidung maßgeblich.

§ 5[3)] Antragstellung; Reichweite der Entscheidungswirkungen.

(1) [1] Antragsbefugt sind

1. für eine Feststellung nach § 2 Abs. 1
   a) der Annehmende, im Fall der Annahme durch Ehegatten jeder von ihnen,
   b) das Kind,
   c) ein bisheriger Elternteil oder
   d) das Standesamt, das nach § 27 Abs. 1 des Personenstandsgesetzes[4)] für die Fortführung der Beurkundung der Geburt des Kindes im Geburtenregister oder nach § 36 des Personenstandsgesetzes für die Beurkundung der Geburt des Kindes zuständig ist;
2. für einen Ausspruch nach § 3 Abs. 1 oder Abs. 2 der Annehmende, annehmende Ehegatten nur gemeinschaftlich.

[2] Der Antrag auf Feststellung nach § 1 Absatz 2 ist unverzüglich nach dem Erlass der ausländischen Adoptionsentscheidung zu stellen. [3] Von der Antragsbefugnis nach Satz 1 Nr. 1 Buchstabe d ist nur in Zweifelsfällen Gebrauch zu machen. [4] Für den Antrag nach Satz 1 Nr. 2 gelten § 1752 Abs. 2 und § 1753 des Bürgerlichen Gesetzbuchs[5)].

(2) [1] Eine Feststellung nach § 2 sowie ein Ausspruch nach § 3 wirken für und gegen alle. [2] Die Feststellung nach § 2 wirkt jedoch nicht gegenüber den bisherigen Eltern. [3] In dem Beschluss nach § 2 ist dessen Wirkung auch gegenüber einem bisherigen Elternteil auszusprechen, sofern dieser das Verfahren eingeleitet hat oder auf Antrag eines nach Absatz 1 Satz 1 Nr. 1 Buchstabe a bis c Antragsbefugten beteiligt wurde. [4] Die Beteiligung eines bisherigen Elternteils und der erweiterte Wirkungsausspruch nach Satz 3 können in einem gesonderten Verfahren beantragt werden.

---

1) § 4 eingef. mWv 1.4.2021 durch G v. 12.2.2021 (BGBl. I S. 226).

2) Nr. **45i**.

3) Früherer § 4 Abs. 1 Satz 1 Nr. 1 Buchst. c und d neu gef., Buchst. e aufgeh. mWv 1.1.2009 durch G v. 19.2.2007 (BGBl. I S. 122); Abs. 1 Satz 2 geänd. mWv 29.1.2013 durch G v. 23.1.2013 (BGBl. I S. 101); bish. § 4 wird § 5 und Abs. 1 Satz 2 eingef., bish. Sätze 2 und 3 werden Sätze 3 und 4 mWv 1.4.2021 durch G v. 12.2.2021 (BGBl. I S. 226).

4) Nr. **113**.

5) **Schönfelder Nr. 20.**

§ 6[1)] Zuständigkeit und Verfahren. (1) [1] Über Anträge nach den §§ 2 und 3 entscheidet das Familiengericht, in dessen Bezirk ein Oberlandesgericht seinen Sitz hat, für den Bezirk dieses Oberlandesgerichts; für den Bezirk des Kammergerichts entscheidet das Amtsgericht Schöneberg. [2] Für die internationale und die örtliche Zuständigkeit gelten die §§ 101 und 187 Abs. 1, 2 und 5 des Gesetzes über das Verfahren in Familiensachen und in den Angelegenheiten der freiwilligen Gerichtsbarkeit[2)] entsprechend.

(2) [1] Die Landesregierungen werden ermächtigt, die Zuständigkeit nach Absatz 1 Satz 1 durch Rechtsverordnung einem anderen Familiengericht des Oberlandesgerichtsbezirks oder, wenn in einem Land mehrere Oberlandesgerichte errichtet sind, einem Familiengericht für die Bezirke aller oder mehrerer Oberlandesgerichte zuzuweisen. [2] Sie können die Ermächtigung auf die Landesjustizverwaltungen übertragen.

(3) [1] Das Familiengericht entscheidet im Verfahren der freiwilligen Gerichtsbarkeit. [2] Die §§ 159 und 160 Absatz 1 Satz 1, Absatz 2 bis 4 des Gesetzes über das Verfahren in Familiensachen und in den Angelegenheiten der freiwilligen Gerichtsbarkeit sind entsprechend anzuwenden. [3] Im Verfahren nach § 2 wird ein bisheriger Elternteil nur nach Maßgabe des § 5 Absatz 2 Satz 3 und 4 angehört. [4] Im Verfahren nach § 2 sind das Bundesamt für Justiz als Bundeszentralstelle für Auslandsadoption, das Jugendamt und die zentrale Adoptionsstelle des Landesjugendamtes zu beteiligen, im Verfahren nach § 3 sind das Jugendamt und die zentrale Adoptionsstelle des Landesjugendamtes zu beteiligen.

(4) Das Gericht hat Anerkennungsverfahren in allen Rechtszügen vorrangig zu behandeln.

(5) [1] Auf die Feststellung der Anerkennung oder Wirksamkeit einer Annahme als Kind oder des durch diese bewirkten Erlöschens des Eltern-Kind-Verhältnisses des Kindes zu seinen bisherigen Eltern, auf eine Feststellung nach § 2 Absatz 3 Satz 1 sowie auf einen Ausspruch nach § 3 Absatz 1 oder 2 oder nach § 5 Absatz 2 Satz 3 findet § 197 Abs. 2 und 3 des Gesetzes über das Verfahren in Familiensachen und in den Angelegenheiten der freiwilligen Gerichtsbarkeit entsprechende Anwendung. [2] Im Übrigen unterliegen Beschlüsse nach diesem Gesetz der Beschwerde; sie werden mit ihrer Rechtskraft wirksam. [3] § 5 Absatz 2 Satz 2 bleibt unberührt.

(6) Gegen eine im ersten Rechtszug ergangene Entscheidung steht die Beschwerde dem Bundesamt für Justiz als Bundeszentralstelle für Auslandsadoption zu, sofern mit der Entscheidung einem Antrag nach § 2 Absatz 1 entsprochen worden ist.

[1)] Früherer § 5 Abs. 3 Satz 4 geänd. mWv 1.1.2007 durch G v. 17.12.2006 (BGBl. I S. 3171); Abs. 1 Satz 1, Abs. 2 Satz 1, Abs. 3 Satz 1, Abs. 4 Sätze 1 und 2 geänd., Abs. 1 Satz 2 und Abs. 3 Satz 2 neu gef. mWv 1.9.2009 durch G v. 17.12.2008 (BGBl. I S. 2586); Abs. 3 Satz 2 geänd. mWv 29.1.2013 durch G v. 23.1.2013 (BGBl. I S. 101); Abs. 1 Satz 2 geänd. mWv 26.11.2015 durch G v. 20.11.2015 (BGBl. I S. 2010); bish. § 5 wird § 6 und Abs. 3 Satz 3 geänd., Satz 4 neu gef., Abs. 4 eingef., bish. *Abs. 4 wird Abs. 5 und Sätze* 1 und 3 geänd., Abs. 6 angef. mWv 1.4.2021 durch G v. 12.2.2021 (BGBl. I S. 226).

[2)] **Schönfelder Nr. 112.**

§ 7[1)] Vorläufige Anerkennung der Auslandsadoption. [1] Bis zum Abschluss des Anerkennungsverfahrens gilt die ausländische Adoptionsentscheidung vorläufig als anerkannt, wenn eine gültige Bescheinigung nach § 2d des Adoptionsvermittlungsgesetzes[2)] vorgelegt wird und die Anerkennung nicht nach § 109 Absatz 1 des Gesetzes über das Verfahren in Familiensachen und in den Angelegenheiten der freiwilligen Gerichtsbarkeit[3)] ausgeschlossen ist. [2] Die Bestimmungen des Staatsangehörigkeitsgesetzes bleiben unberührt.

§ 8[1)] Bericht. Die Bundesregierung legt dem Deutschen Bundestag bis zum 30. September 2026 einen Bericht über die Auswirkungen der §§ 1, 2 und 4 bis 7 sowie über die gegebenenfalls notwendigen Anpassungen dieser Vorschriften vor.

§ 9[1)] Übergangsvorschrift. Auf die Anerkennung ausländischer Adoptionsentscheidungen, die in Verfahren ergangen sind, die vor dem 1. April 2021 eingeleitet worden sind, sind die Vorschriften des Adoptionswirkungsgesetzes und § 108 des Gesetzes über das Verfahren in Familiensachen und in den Angelegenheiten der freiwilligen Gerichtsbarkeit[3)] in ihrer bis dahin geltenden Fassung weiterhin anzuwenden.

[1)] §§ 7–9 angef. mWv 1.4.2021 durch G v. 12.2.2021 (BGBl. I S. 226).
[2)] Nr. **45i**.
[3)] **Schönfelder Nr. 112.**

45k. Gesetz über die religiöse Kindererziehung

Vom 15. Juli 1921
(RGBl. I S. 939)

FNA 404-9

Lfd. Nr.	Änderndes Gesetz	Datum	Fundstelle	Betroffen	Hinweis
1.	§ 31 BetreuungsG	12.9.1990	BGBl. I S. 2002		geänd.
2.	Art. 63 FGG-ReformG	17.12.2008	BGBl. I S. 2586	§§ 2, 3, 7	mWv 1.9.2008
3.	Art. 15 Abs. 21 G zur Reform des Vormundschafts- und Betreuungsrechts	4.5.2021	BGBl. I S. 882	§§ 2, 3	geänd. mWv 1.1.2023

§ 1 [Einigung der Eltern] [1] Über die religiöse Erziehung eines Kindes bestimmt die freie Einigung der Eltern, soweit ihnen das Recht und die Pflicht zusteht, für die Person des Kindes zu sorgen. [2] Die Einigung ist jederzeit widerruflich und wird durch den Tod eines Ehegatten gelöst.

§ 2[1)] [Mangel der Einigung; Änderungen] (1) Besteht eine solche Einigung nicht oder nicht mehr, so gelten auch für die religiöse Erziehung die Vorschriften des Bürgerlichen Gesetzbuchs[2)] über das Recht und die Pflicht, für die Person des Kindes zu sorgen.

(2) Es kann jedoch während bestehender Ehe von keinem Elternteil ohne die Zustimmung des anderen bestimmt werden, daß das Kind in einem anderen als dem zur Zeit der Eheschließung gemeinsamen Bekenntnis oder in einem anderen Bekenntnis als bisher erzogen, oder daß ein Kind vom Religionsunterricht abgemeldet werden soll.

(3) [1] Wird die Zustimmung nicht erteilt, so kann die Vermittlung oder Entscheidung des Familiengerichts beantragt werden. [2] Für die Entscheidung sind, auch soweit ein Mißbrauch im Sinne des § 1666 des Bürgerlichen Gesetzbuchs nicht vorliegt, die Zwecke der Erziehung maßgebend. [3] Vor der Entscheidung sind die Ehegatten sowie erforderlichenfalls Verwandte, Verschwägerte und die Lehrer des Kindes zu hören, wenn es ohne erhebliche Verzögerung oder unverhältnismäßige Kosten geschehen kann. [4] Das Kind ist zu hören, wenn es das zehnte Jahr vollendet hat.

§ 3[3)] [Vormund, Pfleger] (1) Steht dem Vater oder der Mutter das Recht und die Pflicht, für die Person des Kindes zu sorgen, neben einem dem Kinde bestellten Vormund oder Pfleger zu, so geht bei einer Meinungsverschiedenheit über die Bestimmung des religiösen Bekenntnisses, in dem das Kind erzogen werden soll, die Meinung des Vaters oder der Mutter vor, es sei denn, daß dem Vater oder der Mutter das Recht der religiösen Erziehung auf Grund des § 1666 des Bürgerlichen Gesetzbuchs[2)] entzogen ist.

[1)] § 2 Abs. 3 Satz 1 geänd. mWv 1.9.2009 durch G v. 17.12.2008 (BGBl. I S. 2586); Abs. 3 Satz 4 aufgeh., bish. Satz 5 wird Satz 4 mWv 1.1.2023 durch G v. 4.5.2021 (BGBl. I S. 882).

[2)] **Habersack, Deutsche Gesetze Nr. 20.**

[3)] § 3 Abs. 2 Satz 2 geänd. mWv 1.9.2009 durch G v. 17.12.2008 (BGBl. I S. 2586); Abs. 2 Satz 4 aufgeh., bish. Sätze 5 und 6 werden Sätze 4 und 5 mWv 1.1.2023 durch G v. 4.5.2021 (BGBl. I S. 882).

(2) [1] Steht die Sorge für die Person eines Kindes einem Vormund oder Pfleger allein zu, so hat dieser auch über die religiöse Erziehung des Kindes zu bestimmen. [2] Er bedarf dazu der Genehmigung des Familiengerichts. [3] Vor der Genehmigung sind die Eltern sowie erforderlichenfalls Verwandte, Verschwägerte und die Lehrer des Kindes zu hören, wenn es ohne erhebliche Verzögerung oder unverhältnismäßige Kosten geschehen kann. [4] Auch ist das Kind zu hören, wenn es das zehnte Lebensjahr vollendet hat. [5] Weder der Vormund noch der Pfleger können eine schon erfolgte Bestimmung über die religiöse Erziehung ändern.

§ 4 [Verträge über die religiöse Erziehung] Verträge über die religiöse Erziehung eines Kindes sind ohne bürgerliche Wirkung.

§ 5 [Entscheidungsrecht des Kindes] [1] Nach der Vollendung des vierzehnten Lebensjahrs steht dem Kinde die Entscheidung darüber zu, zu welchem religiösen Bekenntnis es sich halten will. [2] Hat das Kind das zwölfte Lebensjahr vollendet, so kann es nicht gegen seinen Willen in einem anderen Bekenntnis als bisher erzogen werden.

§ 6 [Erziehung in einer Weltanschauung] Die vorstehenden Bestimmungen finden auf die Erziehung der Kinder in einer nicht bekenntnismäßigen Weltanschauung entsprechende Anwendung.

§ 7[1)] [Zuständigkeit des Familiengerichts] [1] Für Streitigkeiten aus diesem Gesetz ist das Familiengericht zuständig. [2] Ein Einschreiten von Amts wegen findet dabei nicht statt, es sei denn, daß die Voraussetzungen des § 1666 des Bürgerlichen Gesetzbuchs vorliegen.

§ 8 [Aufgehobene Vorschriften] Alle diesem Gesetz entgegenstehenden Bestimmungen der Landesgesetze sowie Artikel 134 des Einführungsgesetzes zum Bürgerlichen Gesetzbuch[2)] werden aufgehoben.

§§ 9, 10 *(gegenstandslos)*

§ 11 [Inkrafttreten] Das Gesetz tritt am 1. Januar 1922 in Kraft.

---

1) § 7 Satz 1 geänd. mWv 1.9.2009 durch G v. 17.12.2008 (BGBl. I S. 2586).
2) **Habersack, Deutsche Gesetze Nr. 21.**

45m. Übereinkommen über die Zuständigkeit, das anzuwendende Recht, die Anerkennung, Vollstreckung und Zusammenarbeit auf dem Gebiet der elterlichen Verantwortung und der Maßnahmen zum Schutz von Kindern

Vom 19. Oktober 1996[1)]

(BGBl. 2009 II S. 602, 603)

Die Unterzeichnerstaaten dieses Übereinkommens –

in der Erwägung, dass der Schutz von Kindern im internationalen Bereich verbessert werden muss;

in dem Wunsch, Konflikte zwischen ihren Rechtssystemen in Bezug auf die Zuständigkeit, das anzuwendende Recht, die Anerkennung und Vollstreckung von Maßnahmen zum Schutz von Kindern zu vermeiden;

eingedenk der Bedeutung der internationalen Zusammenarbeit für den Schutz von Kindern;

bekräftigend, dass das Wohl des Kindes vorrangig zu berücksichtigen ist;

angesichts der Notwendigkeit, das Übereinkommen vom 5. Oktober 1961 über die Zuständigkeit der Behörden und das anzuwendende Recht auf dem Gebiet des Schutzes von Minderjährigen zu überarbeiten;

in dem Wunsch, zu diesem Zweck unter Berücksichtigung des Übereinkommens der Vereinten Nationen vom 20. November 1989 über die Rechte des Kindes gemeinsame Bestimmungen festzulegen –

haben die folgenden Bestimmungen vereinbart:

Kapitel I. Anwendungsbereich des Übereinkommens

Art. 1 [Ziel dieses Übereinkommens] (1) Ziel dieses Übereinkommens ist es,

a) den Staat zu bestimmen, dessen Behörden zuständig sind, Maßnahmen zum Schutz der Person oder des Vermögens des Kindes zu treffen;

b) das von diesen Behörden bei der Ausübung ihrer Zuständigkeit anzuwendende Recht zu bestimmen;

c) das auf die elterliche Verantwortung anzuwendende Recht zu bestimmen;

d) die Anerkennung und Vollstreckung der Schutzmaßnahmen in allen Vertragsstaaten sicherzustellen;

e) die zur Verwirklichung der Ziele dieses Übereinkommens notwendige Zusammenarbeit zwischen den Behörden der Vertragsstaaten einzurichten.

[1)] Das Übereinkommen wurde für die Bundesrepublik Deutschland durch G v. 25.6.2009 (BGBl. II S. 602) ratifiziert und trat gem. Bek. v. 7.12.2010 (BGBl. II S. 1527) für die Bundesrepublik Deutschland am **1.1.2011** in Kraft. Zu den übrigen Geltungsbereichen siehe die Übersicht in der Anlage.

(2) Im Sinn dieses Übereinkommens umfasst der Begriff „elterliche Verantwortung“ die elterliche Sorge und jedes andere entsprechende Sorgeverhältnis, das die Rechte, Befugnisse und Pflichten der Eltern, des Vormunds oder eines anderen gesetzlichen Vertreters in Bezug auf die Person oder das Vermögen des Kindes bestimmt.

Art. 2 [Anwendung auf Kinder] Dieses Übereinkommen ist auf Kinder von ihrer Geburt bis zur Vollendung des 18. Lebensjahrs anzuwenden.

Art. 3 [Umfang der Maßnahmen] Die Maßnahmen, auf die in Artikel 1 Bezug genommen wird, können insbesondere Folgendes umfassen:

a) die Zuweisung, die Ausübung und die vollständige oder teilweise Entziehung der elterlichen Verantwortung sowie deren Übertragung;

b) das Sorgerecht einschließlich der Sorge für die Person des Kindes und insbesondere des Rechts, den Aufenthalt des Kindes zu bestimmen, sowie das Recht zum persönlichen Umgang einschließlich des Rechts, das Kind für eine begrenzte Zeit an einen anderen Ort als den seines gewöhnlichen Aufenthalts zu bringen;

c) die Vormundschaft, die Pflegschaft und entsprechende Einrichtungen;

d) die Bestimmung und den Aufgabenbereich jeder Person oder Stelle, die für die Person oder das Vermögen des Kindes verantwortlich ist, das Kind vertritt oder ihm beisteht;

e) die Unterbringung des Kindes in einer Pflegefamilie oder einem Heim oder seine Betreuung durch Kafala oder eine entsprechende Einrichtung;

f) die behördliche Aufsicht über die Betreuung eines Kindes durch jede Person, die für das Kind verantwortlich ist;

g) die Verwaltung und Erhaltung des Vermögens des Kindes oder die Verfügung darüber.

Art. 4 [Nicht eingeschlossene Maßnahmen] Dieses Übereinkommen ist nicht anzuwenden

a) auf die Feststellung und Anfechtung des Eltern-Kind-Verhältnisses;

b) auf Adoptionsentscheidungen und Maßnahmen zur Vorbereitung einer Adoption sowie auf die Ungültigerklärung und den Widerruf der Adoption;

c) auf Namen und Vornamen des Kindes;

d) auf die Volljährigerklärung;

e) auf Unterhaltspflichten;

f) auf trusts und Erbschaften;

g) auf die soziale Sicherheit;

h) auf öffentliche Maßnahmen allgemeiner Art in Angelegenheiten der Erziehung und Gesundheit;

i) auf Maßnahmen infolge von Straftaten, die von Kindern begangen wurden;

j) auf Entscheidungen über Asylrecht und Einwanderung.

Kapitel II. Zuständigkeit

Art. 5 [Zuständigkeit bei Maßnahmen zum Schutz der Person oder des Vermögens des Kindes] (1) Die Behörden, seien es Gerichte oder Verwaltungsbehörden, des Vertragsstaats, in dem das Kind seinen gewöhnlichen Aufenthalt hat, sind zuständig, Maßnahmen zum Schutz der Person oder des Vermögens des Kindes zu treffen.

(2) Vorbehaltlich des Artikels 7 sind bei einem Wechsel des gewöhnlichen Aufenthalts des Kindes in einen anderen Vertragsstaat die Behörden des Staates des neuen gewöhnlichen Aufenthalts zuständig.

Art. 6 [Zuständigkeit über Flüchtlingskinder] (1) Über Flüchtlingskinder und Kinder, die infolge von Unruhen in ihrem Land in ein anderes Land gelangt sind, üben die Behörden des Vertragsstaats, in dessen Hoheitsgebiet sich die Kinder demzufolge befinden, die in Artikel 5 Absatz 1 vorgesehene Zuständigkeit aus.

(2) Absatz 1 ist auch auf Kinder anzuwenden, deren gewöhnlicher Aufenthalt nicht festgestellt werden kann.

Art. 7 [Zuständigkeit bei widerrechtlichem Verbringen oder Zurückhalten des Kindes] (1) Bei widerrechtlichem Verbringen oder Zurückhalten des Kindes bleiben die Behörden des Vertragsstaats, in dem das Kind unmittelbar vor dem Verbringen oder Zurückhalten seinen gewöhnlichen Aufenthalt hatte, so lange zuständig, bis das Kind einen gewöhnlichen Aufenthalt in einem anderen Staat erlangt hat und

a) jede sorgeberechtigte Person, Behörde oder sonstige Stelle das Verbringen oder Zurückhalten genehmigt hat, oder

b) das Kind sich in diesem anderen Staat mindestens ein Jahr aufgehalten hat, nachdem die sorgeberechtigte Person, Behörde oder sonstige Stelle seinen Aufenthaltsort kannte oder hätte kennen müssen, kein während dieses Zeitraums gestellter Antrag auf Rückgabe mehr anhängig ist und das Kind sich in seinem neuen Umfeld eingelebt hat.

(2) [1] Das Verbringen oder Zurückhalten eines Kindes gilt als widerrechtlich, wenn

a) dadurch das Sorgerecht verletzt wird, das einer Person, Behörde oder sonstigen Stelle allein oder gemeinsam nach dem Recht des Staates zusteht, in dem das Kind unmittelbar vor dem Verbringen oder Zurückhalten seinen gewöhnlichen Aufenthalt hatte, und

b) dieses Recht im Zeitpunkt des Verbringens oder Zurückhaltens allein oder gemeinsam tatsächlich ausgeübt wurde oder ausgeübt worden wäre, falls das Verbringen oder Zurückhalten nicht stattgefunden hätte.

[2] Das unter Buchstabe a genannte Sorgerecht kann insbesondere kraft Gesetzes, aufgrund einer gerichtlichen oder behördlichen Entscheidung oder aufgrund einer nach dem Recht des betreffenden Staates wirksamen Vereinbarung bestehen.

(3) Solange die in Absatz 1 genannten Behörden zuständig bleiben, können die Behörden des Vertragsstaats, in den das Kind verbracht oder in dem es

zurückgehalten wurde, nur die nach Artikel 11 zum Schutz der Person oder des Vermögens des Kindes erforderlichen dringenden Maßnahmen treffen.

Art. 8 [Ausnahmen] (1) Ausnahmsweise kann die nach Artikel 5 oder 6 zuständige Behörde eines Vertragsstaats, wenn sie der Auffassung ist, dass die Behörde eines anderen Vertragsstaats besser in der Lage wäre, das Wohl des Kindes im Einzelfall zu beurteilen,

– entweder diese Behörde unmittelbar oder mit Unterstützung der Zentralen Behörde dieses Staates ersuchen, die Zuständigkeit zu übernehmen, um die Schutzmaßnahmen zu treffen, die sie für erforderlich hält,
– oder das Verfahren aussetzen und die Parteien einladen, bei der Behörde dieses anderen Staates einen solchen Antrag zu stellen.

(2) Die Vertragsstaaten, deren Behörden nach Absatz 1 ersucht werden können, sind

a) ein Staat, dem das Kind angehört,
b) ein Staat, in dem sich Vermögen des Kindes befindet,
c) ein Staat, bei dessen Behörden ein Antrag der Eltern des Kindes auf Scheidung, Trennung, Aufhebung oder Nichtigerklärung der Ehe anhängig ist,
d) ein Staat, zu dem das Kind eine enge Verbindung hat.

(3) Die betreffenden Behörden können einen Meinungsaustausch aufnehmen.

(4) Die nach Absatz 1 ersuchte Behörde kann die Zuständigkeit anstelle der nach Artikel 5 oder 6 zuständigen Behörde übernehmen, wenn sie der Auffassung ist, dass dies dem Wohl des Kindes dient,

Art. 9 [Gestattung der Zuständigkeitsausübung durch einen anderen Vertragsstaat] (1) Sind die in Artikel 8 Absatz 2 genannten Behörden eines Vertragsstaats der Auffassung, dass sie besser in der Lage sind, das Wohl des Kindes im Einzelfall zu beurteilen, so können sie

– entweder die zuständige Behörde des Vertragsstaats des gewöhnlichen Aufenthalts des Kindes unmittelbar oder mit Unterstützung der Zentralen Behörde dieses Staates ersuchen, ihnen zu gestatten, die Zuständigkeit auszuüben, um die von ihnen für erforderlich gehaltenen Schutzmaßnahmen zu treffen,
– oder die Parteien einladen, bei der Behörde des Vertragsstaats des gewöhnlichen Aufenthalts des Kindes einen solchen Antrag zu stellen.

(2) Die betreffenden Behörden können einen Meinungsaustausch aufnehmen.

(3) Die Behörde, von welcher der Antrag ausgeht, darf die Zuständigkeit anstelle der Behörde des Vertragsstaats des gewöhnlichen Aufenthalts des Kindes nur ausüben, wenn diese den Antrag angenommen hat.

Art. 10 [Entscheidung über einen Antrag auf Scheidung, Trennung, Aufhebung oder Nichtigerklärung der Ehe der Eltern eines Kindes]

(1) Unbeschadet der Artikel 5 bis 9 können die Behörden eines Vertragsstaats in Ausübung ihrer Zuständigkeit für die Entscheidung über einen Antrag auf Scheidung, Trennung, Aufhebung oder Nichtigerklärung der Ehe der Eltern eines Kindes, das seinen gewöhnlichen Aufenthalt in einem anderen

Vertragsstaat hat, sofern das Recht ihres Staates dies zulässt, Maßnahmen zum Schutz der Person oder des Vermögens des Kindes treffen, wenn

a) einer der Eltern zu Beginn des Verfahrens seinen gewöhnlichen Aufenthalt in diesem Staat und ein Elternteil die elterliche Verantwortung für das Kind hat und

b) die Eltern und jede andere Person, welche die elterliche Verantwortung für das Kind hat, die Zuständigkeit dieser Behörden für das Ergreifen solcher Maßnahmen anerkannt haben und diese Zuständigkeit dem Wohl des Kindes entspricht.

(2) Die in Absatz 1 vorgesehene Zuständigkeit für das Ergreifen von Maßnahmen zum Schutz des Kindes endet, sobald die stattgebende oder abweisende Entscheidung über den Antrag auf Scheidung, Trennung, Aufhebung oder Nichtigerklärung der Ehe endgültig geworden ist oder das Verfahren aus einem anderen Grund beendet wurde.

Art. 11 [Zuständigkeit in dringenden Fällen] (1) In allen dringenden Fällen sind die Behörden jedes Vertragsstaats, in dessen Hoheitsgebiet sich das Kind oder ihm gehörendes Vermögen befindet, zuständig, die erforderlichen Schutzmaßnahmen zu treffen.

(2) Maßnahmen nach Absatz 1, die in Bezug auf ein Kind mit gewöhnlichem Aufenthalt in einem Vertragsstaat getroffen wurden, treten außer Kraft, sobald die nach den Artikeln 5 bis 10 zuständigen Behörden die durch die Umstände gebotenen Maßnahmen getroffen haben.

(3) Maßnahmen nach Absatz 1, die in Bezug auf ein Kind mit gewöhnlichem Aufenthalt in einem Nichtvertragsstaat getroffen wurden, treten in jedem Vertragsstaat außer Kraft, sobald dort die durch die Umstände gebotenen und von den Behörden eines anderen Staates getroffenen Maßnahmen anerkannt werden.

Art. 12 [Vorläufige Maßnahmen zum Schutz der Person oder des Vermögens des Kindes] (1) Vorbehaltlich des Artikels 7 sind die Behörden eines Vertragsstaats, in dessen Hoheitsgebiet sich das Kind oder ihm gehörendes Vermögen befindet, zuständig, vorläufige und auf das Hoheitsgebiet dieses Staates beschränkte Maßnahmen zum Schutz der Person oder des Vermögens des Kindes zu treffen, soweit solche Maßnahmen nicht mit den Maßnahmen unvereinbar sind, welche die nach den Artikeln 5 bis 10 zuständigen Behörden bereits getroffen haben.

(2) Maßnahmen nach Absatz 1, die in Bezug auf ein Kind mit gewöhnlichem Aufenthalt in einem Vertragsstaat getroffen wurden, treten außer Kraft, sobald die nach den Artikeln 5 bis 10 zuständigen Behörden eine Entscheidung über die Schutzmaßnahmen getroffen haben, die durch die Umstände geboten sein könnten.

(3) Maßnahmen nach Absatz 1, die in Bezug auf ein Kind mit gewöhnlichem Aufenthalt in einem Nichtvertragsstaat getroffen wurden, treten in dem Vertragsstaat außer Kraft, in dem sie getroffen worden sind, sobald dort die durch die Umstände gebotenen und von den Behörden eines anderen Staates getroffenen Maßnahmen anerkannt werden.

Art. 13 [Ausschluss der Zuständigkeitsausübung] (1) Die Behörden eines Vertragsstaats, die nach den Artikeln 5 bis 10 zuständig sind, Maßnahmen zum Schutz der Person oder des Vermögens des Kindes zu treffen, dürfen diese Zuständigkeit nicht ausüben, wenn bei Einleitung des Verfahrens entsprechende Maßnahmen bei den Behörden eines anderen Vertragsstaats beantragt worden sind, die in jenem Zeitpunkt nach den Artikeln 5 bis 10 zuständig waren, und diese Maßnahmen noch geprüft werden.

(2) Absatz 1 ist nicht anzuwenden, wenn die Behörden, bei denen Maßnahmen zuerst beantragt wurden, auf ihre Zuständigkeit verzichtet haben.

Art. 14 [Weitergeltung der Maßnahmen bei Änderung der Umstände] Selbst wenn durch eine Änderung der Umstände die Grundlage der Zuständigkeit wegfällt, bleiben die nach den Artikeln 5 bis 10 getroffenen Maßnahmen innerhalb ihrer Reichweite so lange in Kraft, bis die nach diesem Übereinkommen zuständigen Behörden sie ändern, ersetzen oder aufheben.

Kapitel III. Anzuwendendes Recht

Art. 15 [Recht des Vertragsstaats] (1) Bei der Ausübung ihrer Zuständigkeit nach Kapitel II wenden die Behörden der Vertragsstaaten ihr eigenes Recht an.

(2) Soweit es der Schutz der Person oder des Vermögens des Kindes erfordert, können sie jedoch ausnahmsweise das Recht eines anderen Staates anwenden oder berücksichtigen, zu dem der Sachverhalt eine enge Verbindung hat.

(3) Wechselt der gewöhnliche Aufenthalt des Kindes in einen anderen Vertragsstaat, so bestimmt das Recht dieses anderen Staates vom Zeitpunkt des Wechsels an die Bedingungen, unter denen die im Staat des früheren gewöhnlichen Aufenthalts getroffenen Maßnahmen angewendet werden.

Art. 16 [Zuweisung oder Erlöschen der elterlichen Verantwortung] (1) Die Zuweisung oder das Erlöschen der elterlichen Verantwortung kraft Gesetzes ohne Einschreiten eines Gerichts oder einer Verwaltungsbehörde bestimmt sich nach dem Recht des Staates des gewöhnlichen Aufenthalts des Kindes.

(2) Die Zuweisung oder das Erlöschen der elterlichen Verantwortung durch eine Vereinbarung oder ein einseitiges Rechtsgeschäft ohne Einschreiten eines Gerichts oder einer Verwaltungsbehörde bestimmt sich nach dem Recht des Staates des gewöhnlichen Aufenthalts des Kindes in dem Zeitpunkt, in dem die Vereinbarung oder das einseitige Rechtsgeschäft wirksam wird.

(3) Die elterliche Verantwortung nach dem Recht des Staates des gewöhnlichen Aufenthalts des Kindes besteht nach dem Wechsel dieses gewöhnlichen Aufenthalts in einen anderen Staat fort.

(4) Wechselt der gewöhnliche Aufenthalt des Kindes, so bestimmt sich die Zuweisung der elterlichen Verantwortung kraft Gesetzes an eine Person, die diese Verantwortung *nicht bereits hat, nach* dem Recht des Staates des neuen gewöhnlichen Aufenthalts.

Art. 17 [Ausübung der elterlichen Verantwortung] [1] Die Ausübung der elterlichen Verantwortung bestimmt sich nach dem Recht des Staates des gewöhnlichen Aufenthalts des Kindes. [2] Wechselt der gewöhnliche Aufenthalt des Kindes, so bestimmt sie sich nach dem Recht des Staates des neuen gewöhnlichen Aufenthalts.

Art. 18 [Entzug der elterlichen Verantwortung] Durch Maßnahmen nach diesem Übereinkommen kann die in Artikel 16 genannte elterliche Verantwortung entzogen oder können die Bedingungen ihrer Ausübung geändert werden.

Art. 19 [Rechtsgeschäfte mit Dritten] (1) Die Gültigkeit eines Rechtsgeschäfts zwischen einem Dritten und einer anderen Person, die nach dem Recht des Staates, in dem das Rechtsgeschäft abgeschlossen wurde, als gesetzlicher Vertreter zu handeln befugt wäre, kann nicht allein deswegen bestritten und der Dritte nicht nur deswegen verantwortlich gemacht werden, weil die andere Person nach dem in diesem Kapitel bestimmten Recht nicht als gesetzlicher Vertreter zu handeln befugt war, es sei denn, der Dritte wusste oder hätte wissen müssen, dass sich die elterliche Verantwortung nach diesem Recht bestimmte.

(2) Absatz 1 ist nur anzuwenden, wenn das Rechtsgeschäft unter Anwesenden im Hoheitsgebiet desselben Staates geschlossen wurde.

Art. 20 [Anwendbarkeit des Rechts eines Nichtvertragsstaats] Dieses Kapitel ist anzuwenden, selbst wenn das darin bestimmte Recht das eines Nichtvertragsstaats ist.

Art. 21 [Rechtsbegriff] (1) Der Begriff „Recht" im Sinne dieses Kapitels bedeutet das in einem Staat geltende Recht mit Ausnahme des Kollisionsrechts.

(2) [1] Ist jedoch das nach Artikel 16 anzuwendende Recht das eines Nichtvertragsstaats und verweist das Kollisionsrecht dieses Staates auf das Recht eines anderen Nichtvertragsstaats, der sein eigenes Recht anwenden würde, so ist das Recht dieses anderen Staates anzuwenden. [2] Betrachtet sich das Recht dieses anderen Nichtvertragsstaats als nicht anwendbar, so ist das nach Artikel 16 bestimmte Recht anzuwenden.

Art. 22 [Ordre public] Die Anwendung des in diesem Kapitel bestimmten Rechts darf nur versagt werden, wenn sie der öffentlichen Ordnung (ordre public) offensichtlich widerspricht, wobei das Wohl des Kindes zu berücksichtigen ist.

Kapitel IV. *Anerkennung und Vollstreckung*

Art. 23 [Anerkennung der Maßnahmen] (1) Die von den Behörden eines Vertragsstaats getroffenen Maßnahmen werden kraft Gesetzes in den anderen Vertragsstaaten anerkannt.

(2) Die Anerkennung kann jedoch versagt werden,

a) wenn die Maßnahme von einer Behörde getroffen wurde, die nicht nach Kapitel II zuständig war;

b) wenn die Maßnahme, außer in dringenden Fällen, im Rahmen eines Gerichts- oder Verwaltungsverfahrens getroffen wurde, ohne dass dem Kind die Möglichkeit eingeräumt worden war, gehört zu werden, und dadurch gegen wesentliche Verfahrensgrundsätze des ersuchten Staates verstoßen wurde;
c) auf Antrag jeder Person, die geltend macht, dass die Maßnahme ihre elterliche Verantwortung beeinträchtigt, wenn diese Maßnahme, außer in dringenden Fällen, getroffen wurde, ohne dass dieser Person die Möglichkeit eingeräumt worden war, gehört zu werden;
d) wenn die Anerkennung der öffentlichen Ordnung (ordre public) des ersuchten Staates offensichtlich widerspricht, wobei das Wohl des Kindes zu berücksichtigen ist;
e) wenn die Maßnahme mit einer später im Nichtvertragsstaat des gewöhnlichen Aufenthalts des Kindes getroffenen Maßnahme unvereinbar ist, sofern die spätere Maßnahme die für ihre Anerkennung im ersuchten Staat erforderlichen Voraussetzungen erfüllt;
f) wenn das Verfahren nach Artikel 33 nicht eingehalten wurde.

Art. 24 [Entscheidung über Anerkennung der Maßnahmen] [1] Unbeschadet des Artikels 23 Absatz 1 kann jede betroffene Person bei den zuständigen Behörden eines Vertragsstaats beantragen, dass über die Anerkennung oder Nichtanerkennung einer in einem anderen Vertragsstaat getroffenen Maßnahme entschieden wird. [2] Das Verfahren bestimmt sich nach dem Recht des ersuchten Staates.

Art. 25 [Bindungswirkung] Die Behörde des ersuchten Staates ist an die Tatsachenfeststellungen gebunden, auf welche die Behörde des Staates, in dem die Maßnahme getroffen wurde, ihre Zuständigkeit gestützt hat.

Art. 26 [Vollstreckung] (1) Erfordern die in einem Vertragsstaat getroffenen und dort vollstreckbaren Maßnahmen in einem anderen Vertragsstaat Vollstreckungshandlungen, so werden sie in diesem anderen Staat auf Antrag jeder betroffenen Partei nach dem im Recht dieses Staates vorgesehenen Verfahren für vollstreckbar erklärt oder zur Vollstreckung registriert.

(2) Jeder Vertragsstaat wendet auf die Vollstreckbarerklärung oder die Registrierung ein einfaches und schnelles Verfahren an.

(3) Die Vollstreckbarerklärung oder die Registrierung darf nur aus einem der in Artikel 23 Absatz 2 vorgesehenen Gründe versagt werden.

Art. 27 [Überprüfung der Maßnahme] Vorbehaltlich der für die Anwendung der vorstehenden Artikel erforderlichen Überprüfung darf die getroffene Maßnahme in der Sache selbst nicht nachgeprüft werden.

Art. 28 [Ort der Vollstreckung] [1] Die in einem Vertragsstaat getroffenen und in einem anderen Vertragsstaat für vollstreckbar erklärten oder zur Vollstreckung registrierten Maßnahmen werden dort vollstreckt, als seien sie von den Behörden dieses anderen Staates getroffen worden. [2] Die Vollstreckung richtet sich nach dem Recht des ersuchten Staates unter Beachtung der darin vorgesehenen Grenzen, wobei das Wohl des Kindes zu berücksichtigen ist.

Kapitel V. Zusammenarbeit

Art. 29 [Bestimmung einer Zentralen Behörde] (1) Jeder Vertragsstaat bestimmt eine Zentrale Behörde[1)], welche die ihr durch dieses Übereinkommen übertragenen Aufgaben wahrnimmt.

(2) [1] Einem Bundesstaat, einem Staat mit mehreren Rechtssystemen oder einem Staat, der aus autonomen Gebietseinheiten besteht, steht es frei, mehrere Zentrale Behörden zu bestimmen und deren räumliche und persönliche Zuständigkeit festzulegen. [2] Macht ein Staat von dieser Möglichkeit Gebrauch, so bestimmt er die Zentrale Behörde, an welche Mitteilungen zur Übermittlung an die zuständige Zentrale Behörde in diesem Staat gerichtet werden können.

Art. 30 [Zusammenarbeit] (1) Die Zentralen Behörden arbeiten zusammen und fördern die Zusammenarbeit der zuständigen Behörden ihrer Staaten, um die Ziele dieses Übereinkommens zu verwirklichen.

(2) Im Zusammenhang mit der Anwendung dieses Übereinkommens treffen sie die geeigneten Maßnahmen, um Auskünfte über das Recht ihrer Staaten sowie die in ihren Staaten für den Schutz von Kindern verfügbaren Dienste zu erteilen.

Art. 31 [Aufgaben] Die Zentrale Behörde eines Vertragsstaats trifft unmittelbar oder mit Hilfe staatlicher Behörden oder sonstiger Stellen alle geeigneten Vorkehrungen, um

a) die Mitteilungen zu erleichtern und die Unterstützung anzubieten, die in den Artikeln 8 und 9 und in diesem Kapitel vorgesehen sind;
b) durch Vermittlung, Schlichtung oder ähnliche Mittel gütliche Einigungen zum Schutz der Person oder des Vermögens des Kindes bei Sachverhalten zu erleichtern, auf die dieses Übereinkommen anzuwenden ist;
c) auf Ersuchen der zuständigen Behörde eines anderen Vertragsstaats bei der Ermittlung des Aufenthaltsorts des Kindes Unterstützung zu leisten, wenn der Anschein besteht, dass das Kind sich im Hoheitsgebiet des ersuchten Staates befindet und Schutz benötigt.

Art. 32 [Begründetes Ersuchen] Auf begründetes Ersuchen der Zentralen Behörde oder einer anderen zuständigen Behörde eines Vertragsstaats, zu dem das Kind eine enge Verbindung hat, kann die Zentrale Behörde des Vertragsstaats, in dem das Kind seinen gewöhnlichen Aufenthalt hat und in dem es sich befindet, unmittelbar oder mit Hilfe staatlicher Behörden oder sonstiger Stellen

a) einen Bericht über die Lage des Kindes erstatten;
b) die zuständige Behörde ihres Staates ersuchen zu prüfen, ob Maßnahmen zum Schutz der Person oder des Vermögens des Kindes erforderlich sind.

[1)] Zentrale Behörde nach Artikel 29 des Übereinkommens ist:
Bundesamt für Justiz, Zentrale Behörde, 53094 Bonn, Germany, Tel.: +49 (228) 99 410 5212, Fax: +49 (228) 99 410 5401, E-Mail: int.sorgerecht@bfj.bund.de, Website: www.bundesjustizamt.de (vgl. I. der Bek. v. 7.12.2010 BGBl. II S. 1527).
Die Adressen der nationalen zuständigen Behörden der anderen Vertragsparteien sind auf der Internetseite der Haager Konferenz für Internationales Privatrecht www.hcch.net einsehbar (vgl. Bek. v. 21.6. 2010 BGBl. II S. 857).

Art. 33 [Unterbringung des Kindes; Betreuung] (1) [1] Erwägt die nach den Artikeln 5 bis 10 zuständige Behörde die Unterbringung des Kindes in einer Pflegefamilie oder einem Heim oder seine Betreuung durch Kafala oder eine entsprechende Einrichtung und soll es in einem anderen Vertragsstaat untergebracht oder betreut werden, so zieht sie vorher die Zentrale Behörde oder eine andere zuständige Behörde dieses Staates zu Rate. [2] Zu diesem Zweck übermittelt sie ihr einen Bericht über das Kind und die Gründe ihres Vorschlags zur Unterbringung oder Betreuung.

(2) Die Entscheidung über die Unterbringung oder Betreuung kann im ersuchenden Staat nur getroffen werden, wenn die Zentrale Behörde oder eine andere zuständige Behörde des ersuchten Staates dieser Unterbringung oder Betreuung zugestimmt hat, wobei das Wohl des Kindes zu berücksichtigen ist.

Art. 34 [Schutzmaßnahme] (1) Wird eine Schutzmaßnahme erwogen, so können die nach diesem Übereinkommen zuständigen Behörden, sofern die Lage des Kindes dies erfordert, jede Behörde eines anderen Vertragsstaats, die über sachdienliche Informationen für den Schutz des Kindes verfügt, ersuchen, sie ihnen mitzuteilen.

(2) Jeder Vertragsstaat kann erklären, dass Ersuchen nach Absatz 1 seinen Behörden nur über seine Zentrale Behörde zu übermitteln sind.

Art. 35 [Ersuchen um Hilfe] (1) Die zuständigen Behörden eines Vertragsstaats können die Behörden eines anderen Vertragsstaats ersuchen, ihnen bei der Durchführung der nach diesem Übereinkommen getroffenen Schutzmaßnahmen Hilfe zu leisten, insbesondere um die wirksame Ausübung des Rechts zum persönlichen Umgang sowie des Rechts sicherzustellen, regelmässige unmittelbare Kontakte aufrechtzuerhalten.

(2) [1] Die Behörden eines Vertragsstaats, in dem das Kind keinen gewöhnlichen Aufenthalt hat, können auf Antrag eines Elternteils, der sich in diesem Staat aufhält und der ein Recht zum persönlichen Umgang zu erhalten oder beizubehalten wünscht, Auskünfte oder Beweise einholen und Feststellungen über die Eignung dieses Elternteils zur Ausübung des Rechts zum persönlichen Umgang und die Bedingungen seiner Ausübung treffen. [2] Eine Behörde, die nach den Artikeln 5 bis 10 für die Entscheidung über das Recht zum persönlichen Umgang zuständig ist, hat vor ihrer Entscheidung diese Auskünfte, Beweise und Feststellungen zuzulassen und zu berücksichtigen.

(3) Eine Behörde, die nach den Artikeln 5 bis 10 für die Entscheidung über das Recht zum persönlichen Umgang zuständig ist, kann das Verfahren bis zum Vorliegen des Ergebnisses des in Absatz 2 vorgesehenen Verfahrens aussetzen, insbesondere wenn bei ihr ein Antrag auf Änderung oder Aufhebung des Rechts zum persönlichen Umgang anhängig ist, das die Behörden des Staates des früheren gewöhnlichen Aufenthalts des Kindes eingeräumt haben.

(4) Dieser Artikel hindert eine nach den Artikeln 5 bis 10 zuständige Behörde nicht, bis zum Vorliegen des Ergebnisses des in Absatz 2 vorgesehenen Verfahrens vorläufige Maßnahmen zu treffen.

Art. 36 [Benachrichtigung bei schwerer Gefahr] Ist das Kind einer schweren Gefahr ausgesetzt, so benachrichtigen die zuständigen Behörden des Vertragsstaats, *in dem Maß*nahmen zum Schutz dieses Kindes getroffen wurden oder in Betracht gezogen werden, sofern sie über den Wechsel des Aufenthaltsorts in einen anderen Staat oder die dortige Anwesenheit des Kindes unterrichtet sind, die Behörden dieses Staates von der Gefahr und den getroffenen oder in Betracht gezogenen Maßnahmen.

Art. 37 [Gefahr für Person/Vermögen des Kindes oder Freiheit/Leben eines Familienangehörigen des Kindes] Eine Behörde darf nach diesem Kapitel weder um Informationen ersuchen noch solche erteilen, wenn dadurch nach ihrer Auffassung die Person oder das Vermögen des Kindes in Gefahr geraten könnte oder die Freiheit oder das Leben eines Familienangehörigen des Kindes ernsthaft bedroht würde.

Art. 38 [Kostentragung] (1) Unbeschadet der Möglichkeit, für die erbrachten Dienstleistungen angemessene Kosten zu verlangen, tragen die Zentralen Behörden und die anderen staatlichen Behörden der Vertragsstaaten die Kosten, die ihnen durch die Anwendung dieses Kapitels entstehen.

(2) Jeder Vertragsstaat kann mit einem oder mehreren anderen Vertragsstaaten Vereinbarungen über die Kostenaufteilung treffen.

Art. 39 [Zwischenstaatliche Vereinbarungen] [1]Jeder Vertragsstaat kann mit einem oder mehreren anderen Vertragsstaaten Vereinbarungen treffen, um die Anwendung dieses Kapitels in ihren gegenseitigen Beziehungen zu erleichtern. [2]Die Staaten, die solche Vereinbarungen getroffen haben, übermitteln dem Verwahrer dieses Übereinkommens eine Abschrift.

Kapitel VI. Allgemeine Bestimmungen

Art. 40 [Bescheinigung über Berechtigung zum Handeln] (1) Die Behörden des Vertragsstaats, in dem das Kind seinen gewöhnlichen Aufenthalt hat oder in dem eine Schutzmaßnahme getroffen wurde, können dem Träger der elterlichen Verantwortung oder jedem, dem der Schutz der Person oder des Vermögens des Kindes anvertraut wurde, auf dessen Antrag eine Bescheinigung über seine Berechtigung zum Handeln und die ihm übertragenen Befugnisse ausstellen.

(2) Die Richtigkeit der Berechtigung zum Handeln und der Befugnisse, die bescheinigt sind, wird bis zum Beweis des Gegenteils vermutet.

(3) Jeder Vertragsstaat bestimmt die für die Ausstellung der Bescheinigung zuständigen Behörden.

Art. 41 [Datenschutz] Die nach diesem Übereinkommen gesammelten oder übermittelten personenbezogenen Daten dürfen nur für die Zwecke verwendet werden, zu denen sie gesammelt oder übermittelt wurden.

Art. 42 [Vertraulichkeit] Behörden, denen Informationen übermittelt werden, stellen nach dem Recht ihres Staates deren vertrauliche Behandlung sicher.

Art. 43 [Förmlichkeit] Die nach diesem Übereinkommen übermittelten oder ausgestellten Schriftstücke sind von jeder Legalisation oder entsprechenden Förmlichkeit befreit.

Art. 44 [Zuständige Behörden[1)]] Jeder Vertragsstaat kann die Behörden bestimmen, an die Ersuchen nach den Artikeln 8, 9 und 33 zu richten sind.

Art. 45 [Mitteilung der zuständigen Behörden] (1) Die nach den Artikeln 29 und 44 bestimmten Behörden werden dem Ständigen Büro der Haager Konferenz für Internationales Privatrecht mitgeteilt.

(2) Die Erklärung nach Artikel 34 Absatz 2 wird gegenüber dem Verwahrer dieses Übereinkommens abgegeben.

Art. 46 [Kollisionsregel] Ein Vertragsstaat, in dem verschiedene Rechtssysteme oder Gesamtheiten von Regeln für den Schutz der Person und des Vermögens des Kindes gelten, muss die Regeln dieses Übereinkommens nicht auf Kollisionen anwenden, die allein zwischen diesen verschiedenen Rechtssystemen oder Gesamtheiten von Regeln bestehen.

Art. 47 [Zuordnungen] Gelten in einem Staat in Bezug auf die in diesem Übereinkommen geregelten Angelegenheiten zwei oder mehr Rechtssysteme

---

[1)] Siehe hierzu Mitteilungen zur Bek. v. 7.12.2010 (BGBl. II S. 1527):
„Zuständige Behörde nach Artikel 33 KSÜ:
Zuständig für die Erteilung der Zustimmung zu einer Unterbringung eines Kindes nach Artikel 33 des Haager Kinderschutzübereinkommens vom 19. Oktober 1996 im Inland ist der überörtliche Träger der öffentlichen Jugendhilfe (Landesjugendamt), in dessen Bereich das Kind nach dem Vorschlag der ersuchenden Stelle untergebracht werden soll, andernfalls der überörtliche Träger, zu dessen Bereich die Zentrale Behörde den engsten Bezug festgestellt hat. Hilfsweise ist das Land Berlin zuständig.
Behörden, an die die Ersuchen nach den Artikeln 8 und 9 KSÜ zu richten sind:
In gerichtlichen Verfahren betreffend die elterliche Verantwortung sind folgende Familiengerichte örtlich zuständig:
(a) Während der Anhängigkeit einer Ehesache ist unter den deutschen Gerichten das Familiengericht ausschließlich zuständig, bei dem die Ehesache im ersten Rechtszug anhängig ist oder war, sofern das Verfahren gemeinschaft liche Kinder der Ehegatten betrifft.
(b) Ansonsten ist das Familiengericht zuständig, in dessen Bezirk das Kind seinen gewöhnlichen Aufenthalt hat.
(c) Ist eine Zuständigkeit nach den Buchstaben (a) oder (b) nicht gegeben, ist das Familiengericht zuständig, in dessen Bezirk das Bedürfnis der Fürsorge bekannt wird.
In Fällen, die das Umgangsrecht, die elterliche Sorge oder die Kindesherausgabe betreffen, kann das Ersuchen auch an das Familiengericht am Sitz des Oberlandesgerichts gerichtet werden, in dessen Oberlandesgerichtsbezirk sich das Kind gewöhnlich aufhält, wenn ein Elternteil seinen gewöhnlichen Aufenthalt in einem anderen Mitgliedstaat der Europäischen Union oder in einem anderen Vertragsstaat des Haager Kinderschutzübereinkommen hat („Familiengericht mit konzentrierter Zuständigkeit“). Die Familiengerichte mit konzentrierter Zuständigkeit sind auf internationale Kindschaftssachen spezialisiert.
Ist oder wird bei einem deutschen Familiengericht mit konzentrierter Zuständigkeit ein Antrag auf Anerkennung oder Vollstreckbarerklärung einer Entscheidung nach dem Übereinkommen, der Verordnung (EG) Nr. 2201/2003 oder dem Europäischen Übereinkommen vom 20. Mai 1980 über die Anerkennung und Vollstreckung von Entscheidungen über das Sorgerecht für Kinder und die Wiederherstellung des Sorgeverhältnisses oder ein Antrag nach dem Haager Übereinkommen vom 25. Oktober 1980 über zivilrechtliche Aspekte internationaler Kindesentführung anhängig, so ist dieses Familiengericht für alle dasselbe Kind betreffenden Verfahren über das Umgangsrecht, die elterliche Sorge oder die Kindesherausgabe zuständig.
Familiengerichte mit konzentrierter Zuständigkeit sind
a) für den Bezirk des Kammergerichts Berlin: das Amtsgericht Pankow/Weißensee;
b) für die Bezirke der Oberlandesgerichte in Niedersachsen: das Amtsgericht Celle;
c) im Übrigen: jeweils das Amtsgericht, in dessen Bezirk ein Oberlandesgericht seinen Sitz hat.
Die Zentrale Behörde kann bei der Ermittlung des zuständigen Gerichts behilflich sein oder Ersuchen an das zuständige Gericht weiterleiten.“

oder Gesamtheiten von Regeln in verschiedenen Gebietseinheiten, so ist jede Verweisung

1. auf den gewöhnlichen Aufenthalt in diesem Staat als Verweisung auf den gewöhnlichen Aufenthalt in einer Gebietseinheit zu verstehen;
2. auf die Anwesenheit des Kindes in diesem Staat als Verweisung auf die Anwesenheit des Kindes in einer Gebietseinheit zu verstehen;
3. auf die Belegenheit des Vermögens des Kindes in diesem Staat als Verweisung auf die Belegenheit des Vermögens des Kindes in einer Gebietseinheit zu verstehen;
4. auf den Staat, dem das Kind angehört, als Verweisung auf die von dem Recht dieses Staates bestimmte Gebietseinheit oder, wenn solche Regeln fehlen, als Verweisung auf die Gebietseinheit zu verstehen, mit der das Kind die engste Verbindung hat;
5. auf den Staat, bei dessen Behörden ein Antrag auf Scheidung, Trennung, Aufhebung oder Nichtigerklärung der Ehe der Eltern des Kindes anhängig ist, als Verweisung auf die Gebietseinheit zu verstehen, bei deren Behörden ein solcher Antrag anhängig ist;
6. auf den Staat, mit dem das Kind eine enge Verbindung hat, als Verweisung auf die Gebietseinheit zu verstehen, mit der das Kind eine solche Verbindung hat;
7. auf den Staat, in den das Kind verbracht oder in dem es zurückgehalten wurde, als Verweisung auf die Gebietseinheit zu verstehen, in die das Kind verbracht oder in der es zurückgehalten wurde;
8. auf Stellen oder Behörden dieses Staates, die nicht Zentrale Behörden sind, als Verweisung auf die Stellen oder Behörden zu verstehen, die in der betreffenden Gebietseinheit handlungsbefugt sind;
9. auf das Recht, das Verfahren oder die Behörde des Staates, in dem eine Maßnahme getroffen wurde, als Verweisung auf das Recht, das Verfahren oder die Behörde der Gebietseinheit zu verstehen, in der diese Maßnahme getroffen wurde;
10. auf das Recht, das Verfahren oder die Behörde des ersuchten Staates als Verweisung auf das Recht, das Verfahren oder die Behörde der Gebietseinheit zu verstehen, in der die Anerkennung oder Vollstreckung geltend gemacht wird.

Art. 48 [Mehrere Gebietseinheiten mit eigenen Rechtssystemen]

Hat ein Staat zwei oder mehr Gebietseinheiten mit eigenen Rechtssystemen oder Gesamtheiten von Regeln für die in diesem Übereinkommen geregelten Angelegenheiten, so gilt zur Bestimmung des nach Kapitel III anzuwendenden Rechts Folgendes:

a) Sind in diesem Staat Regeln in Kraft, die das Recht einer bestimmten Gebietseinheit für anwendbar erklären, so ist das Recht dieser Einheit anzuwenden;
b) fehlen solche Regeln, so ist das Recht der in Artikel 47 bestimmten Gebietseinheit anzuwenden.

Art. 49 [Anwendung mehrerer Rechtssysteme auf verschiedene Personengruppen] Hat ein Staat zwei oder mehr Rechtssysteme oder Gesamtheiten von Regeln, die auf verschiedene Personengruppen hinsichtlich der in diesem Übereinkommen geregelten Angelegenheiten anzuwenden sind, so gilt zur Bestimmung des nach Kapitel III anzuwendenden Rechts Folgendes:

a) Sind in diesem Staat Regeln in Kraft, die bestimmen, welches dieser Rechte anzuwenden ist, so ist dieses anzuwenden;

b) fehlen solche Regeln, so ist das Rechtssystem oder die Gesamtheit von Regeln anzuwenden, mit denen das Kind die engste Verbindung hat.

Art. 50 [Verhältnis zu Übereinkommen vom 25. Oktober 1980 über die zivilrechtlichen Aspekte internationaler Kindesentführung] [1] Dieses Übereinkommen lässt das Übereinkommen vom 25. Oktober 1980 über die zivilrechtlichen Aspekte internationaler Kindesentführung[1)] im Verhältnis zwischen den Vertragsparteien beider Übereinkommen unberührt. [2] Einer Berufung auf Bestimmungen dieses Übereinkommens zu dem Zweck, die Rückkehr eines widerrechtlich verbrachten oder zurückgehaltenen Kindes zu erwirken oder das Recht zum persönlichen Umgang durchzuführen, steht jedoch nichts entgegen.

Art. 51 [Übereinkommen vom 5. Oktober 1961 über die Zuständigkeit der Behörden und das anzuwendende Recht auf dem Gebiet des Schutzes von Minderjährigen] Im Verhältnis zwischen den Vertragsstaaten ersetzt dieses Übereinkommen das Übereinkommen vom 5. Oktober 1961 über die Zuständigkeit der Behörden und das anzuwendende Recht auf dem Gebiet des Schutzes von Minderjährigen und das am 12. Juni 1902 in Den Haag unterzeichnete Abkommen zur Regelung der Vormundschaft über Minderjährige, unbeschadet der Anerkennung von Maßnahmen, die nach dem genannten Übereinkommen vom 5. Oktober 1961 getroffen wurden.

Art. 52 [Internationale Übereinkünfte] (1) Dieses Übereinkommen lässt internationale Übereinkünfte unberührt, denen Vertragsstaaten als Vertragsparteien angehören und die Bestimmungen über die im vorliegenden Übereinkommen geregelten Angelegenheiten enthalten, sofern die durch eine solche Übereinkunft gebundenen Staaten keine gegenteilige Erklärung abgeben.

(2) Dieses Übereinkommen lässt die Möglichkeit unberührt, dass ein oder mehrere Vertragsstaaten Vereinbarungen treffen, die in Bezug auf Kinder mit gewöhnlichem Aufenthalt in einem der Staaten, die Vertragsparteien solcher Vereinbarungen sind, Bestimmungen über die in diesem Übereinkommen geregelten Angelegenheiten enthalten.

(3) Künftige Vereinbarungen eines oder mehrerer Vertragsstaaten über Angelegenheiten im Anwendungsbereich dieses Übereinkommens lassen im Verhältnis zwischen solchen Staaten und anderen Vertragsstaaten die Anwendung der Bestimmungen des Übereinkommens unberührt.

(4) Die Absätze 1 bis 3 gelten auch für Einheitsrecht, das auf besonderen Verbindungen insbesondere regionaler Art zwischen den betroffenen Staaten beruht.

[1)] Nr. **103l**.

Art. 53 [Zeitlicher Geltungsbereich] (1) Dieses Übereinkommen ist nur auf Maßnahmen anzuwenden, die in einem Staat getroffen werden, nachdem das Übereinkommen für diesen Staat in Kraft getreten ist.

(2) Dieses Übereinkommen ist auf die Anerkennung und Vollstreckung von Maßnahmen anzuwenden, die getroffen wurden, nachdem es im Verhältnis zwischen dem Staat, in dem die Maßnahmen getroffen wurden, und dem ersuchten Staat in Kraft getreten ist.

Art. 54 [Sprache] (1) Mitteilungen an die Zentrale Behörde oder eine andere Behörde eines Vertragsstaats werden in der Originalsprache zugesandt; sie müssen von einer Übersetzung in die Amtssprache oder eine der Amtssprachen des anderen Staates oder, wenn eine solche Übersetzung nur schwer erhältlich ist, von einer Übersetzung ins Französische oder Englische begleitet sein.

(2) Ein Vertragsstaat kann jedoch einen Vorbehalt nach Artikel 60 anbringen und darin gegen die Verwendung des Französischen[1] oder Englischen, jedoch nicht beider Sprachen, Einspruch erheben.

Art. 55 [Vorbehalte] (1) Ein Vertragsstaat kann sich nach Artikel 60

a) die Zuständigkeit seiner Behörden vorbehalten, Maßnahmen zum Schutz des in seinem Hoheitsgebiet befindlichen Vermögens eines Kindes zu treffen;
b) vorbehalten, die elterliche Verantwortung oder eine Maßnahme nicht anzuerkennen, soweit sie mit einer von seinen Behörden in Bezug auf dieses Vermögen getroffenen Maßnahme unvereinbar ist.

(2) Der Vorbehalt kann auf bestimmte Vermögensarten beschränkt werden.

Art. 56 [Prüfungskommision zur Übereinkommensdurchführung]

Der Generalsekretär der Haager Konferenz für Internationales Privatrecht beruft in regelmäßigen Abständen eine Spezialkommission zur Prüfung der praktischen Durchführung dieses Übereinkommens ein.

Kapitel VII. Schlussbestimmungen

Art. 57 [Unterzeichnung] (1) Dieses Übereinkommen liegt für die Staaten, die zur Zeit der Achtzehnten Tagung der Haager Konferenz für Internationales Privatrecht Mitglied der Konferenz waren, zur Unterzeichnung auf.

(2) Es bedarf der Ratifikation, Annahme oder Genehmigung; die Ratifikations-, Annahme- oder Genehmigungsurkunden werden beim Ministerium für auswärtige Angelegenheiten des Königreichs der Niederlande, dem Verwahrer dieses Übereinkommens, *hinterlegt.*

Art. 58 [Beitritt] (1) Jeder andere Staat kann diesem Übereinkommen beitreten, sobald es nach Artikel 61 Absatz 1 in Kraft getreten ist.

(2) Die Beitrittsurkunde wird beim Verwahrer hinterlegt.

[1] Die Bundesrepublik Deutschland hat einen Vorbehalt gegen die Verwendung der französischen Sprache eingelegt, siehe Bek. v. 7.12.2010 (BGBl. II S. 1527).

(3) [1] Der Beitritt wirkt nur im Verhältnis zwischen dem beitretenden Staat und den Vertragsstaaten, die innerhalb von sechs Monaten nach Eingang der in Artikel 63 Buchstabe b vorgesehenen Notifikation keinen Einspruch gegen den Beitritt erhoben haben. [2] Nach dem Beitritt kann ein solcher Einspruch auch von jedem Staat in dem Zeitpunkt erhoben werden, in dem er dieses Übereinkommen ratifiziert, annimmt oder genehmigt. [3] Die Einsprüche werden dem Verwahrer notifiziert.

Art. 59 [Erstreckung auf mehrere Gebietseinheiten] (1) Ein Staat, der aus zwei oder mehr Gebietseinheiten besteht, in denen für die in diesem Übereinkommen behandelten Angelegenheiten unterschiedliche Rechtssysteme gelten, kann bei der Unterzeichnung, der Ratifikation, der Annahme, der Genehmigung oder dem Beitritt erklären, dass das Übereinkommen auf alle seine Gebietseinheiten oder nur auf eine oder mehrere davon erstreckt wird; er kann diese Erklärung durch Abgabe einer neuen Erklärung jederzeit ändern.

(2) Jede derartige Erklärung wird dem Verwahrer unter ausdrücklicher Bezeichnung der Gebietseinheiten notifiziert, auf die dieses Übereinkommen angewendet wird.

(3) Gibt ein Staat keine Erklärung nach diesem Artikel ab, so ist dieses Übereinkommen auf sein gesamtes Hoheitsgebiet anzuwenden.

Art. 60 [Vorbehalte] (1) [1] Jeder Staat kann spätestens bei der Ratifikation, der Annahme, der Genehmigung oder dem Beitritt oder bei Abgabe einer Erklärung nach Artikel 59 einen der in Artikel 54 Absatz 2 und Artikel 55 vorgesehenen Vorbehalte oder beide anbringen. [2] Weitere Vorbehalte sind nicht zulässig.

(2) [1] Jeder Staat kann einen von ihm angebrachten Vorbehalt jederzeit zurücknehmen. [2] Die Rücknahme wird dem Verwahrer notifiziert.

(3) Die Wirkung des Vorbehalts endet am ersten Tag des dritten Kalendermonats nach der in Absatz 2 genannten Notifikation.

Art. 61 [Inkrafttreten] (1) Dieses Übereinkommen tritt am ersten Tag des Monats in Kraft, der auf einen Zeitabschnitt von drei Monaten nach der in Artikel 57 vorgesehenen Hinterlegung der dritten Ratifikations-, Annahme- oder Genehmigungsurkunde folgt.

(2) Danach tritt dieses Übereinkommen in Kraft [1)2)]

a) für jeden Staat, der es später ratifiziert, annimmt oder genehmigt, am ersten Tag des Monats, der auf einen Zeitabschnitt von drei Monaten nach Hinterlegung seiner Ratifikations-, Annahme-, Genehmigungs- oder Beitrittsurkunde folgt;

b) für jeden Staat, der ihm beitritt, am ersten Tag des Monats, der auf einen Zeitabschnitt von drei Monaten nach Ablauf der in Artikel 58 Absatz 3 vorgesehenen Frist von sechs Monaten folgt;

[1)] In Kraft getreten für die Bundesrepublik Deutschland am **1.1.2011**; vgl. hierzu die Bek. v. 7.12. 2010 (BGBl. II S. 1527).
Zur Ratifizierung und Anwendung in der Europäischen Union siehe die Entscheidung 2008/431/EG *v. 5.6.2008 (ABl. Nr.* L 151 S. 36).

[2)] Für das Inkrafttreten des Übereinkommens in den anderen Vertragsstaaten siehe die Übersicht in der Anlage.

c) für die Gebietseinheiten, auf die es nach Artikel 59 erstreckt worden ist, am ersten Tag des Monats, der auf einen Zeitabschnitt von drei Monaten nach der in jenem Artikel vorgesehenen Notifikation folgt.

Art. 62 [Kündigung] (1) [1]Jeder Vertragsstaat kann dieses Übereinkommen durch eine an den Verwahrer gerichtete schriftliche Notifikation kündigen. [2]Die Kündigung kann sich auf bestimmte Gebietseinheiten beschränken, auf die das Übereinkommen angewendet wird.

(2) [1]Die Kündigung wird am ersten Tag des Monats wirksam, der auf einen Zeitabschnitt von zwölf Monaten nach Eingang der Notifikation beim Verwahrer folgt. [2]Ist in der Notifikation für das Wirksamwerden der Kündigung ein längerer Zeitabschnitt angegeben, so wird die Kündigung nach Ablauf des entsprechenden Zeitabschnitts wirksam.

Art. 63 [Notifizierung] Der Verwahrer notifiziert den Mitgliedstaaten der Haager Konferenz für Internationales Privatrecht sowie den Staaten, die nach Artikel 58 beigetreten sind,

a) jede Unterzeichnung, Ratifikation, Annahme und Genehmigung nach Artikel 57;

b) jeden Beitritt und jeden Einspruch gegen einen Beitritt nach Artikel 58;

c) den Tag, an dem dieses Übereinkommen nach Artikel 61 in Kraft tritt;

d) jede Erklärung nach Artikel 34 Absatz 2 und Artikel 59;

e) jede Vereinbarung nach Artikel 39;

f) jeden Vorbehalt nach Artikel 54 Absatz 2 und Artikel 55 sowie jede Rücknahme eines Vorbehalts nach Artikel 60 Absatz 2;

g) jede Kündigung nach Artikel 62.

Zu Urkund dessen haben die hierzu gehörig befugten Unterzeichneten dieses Übereinkommen unterschrieben.

Geschehen in Den Haag am 19. Oktober 1996 in französischer und englischer Sprache, wobei jeder Wortlaut gleichermaßen verbindlich ist, in einer Urschrift, die im Archiv der Regierung des Königreichs der Niederlande hinterlegt und von der jedem Staat, der zur Zeit der Achtzehnten Tagung der Haager Konferenz für Internationales Privatrecht Mitglied der Konferenz war, auf diplomatischem Weg eine beglaubigte Abschrift übermittelt wird.

Geltungsbereich: Haager Übereinkommen vom 19.10.1996 über die Zuständigkeit, das anzuwendende Recht, die Anerkennung, Vollstreckung und Zusammenarbeit auf dem Gebiet der elterlichen Verantwortung und der Maßnahmen zum Schutz von Kindern (Haager Kinderschutzübereinkommen)*) **)[1]

Gesetz vom 25.6.2009 – 2009 II 602, 603
BT-Drucksachen 16/12068, 12462
in Kraft für die Bundesrepublik Deutschland [10]) am 1.1.2011 (Bek. 7. 12. 10) – 2010 II 1527

Im Verhältnis zwischen den Vertragsparteien ersetzt dieses Übereinkommen das Übereinkommen vom 5.10.1961 über die Zuständigkeit der Behörden und das anzuwendende Recht auf dem Gebiet des Schutzes von Minderjährigen und das am 12.6.1902 in Den Haag unterzeichnete Abkommen zur Regelung der Vormundschaft über Minderjährige, unbeschadet der Anerkennung von Maßnahmen, die nach dem genannten Übereinkommen vom 5.10.1961 getroffen wurden.
Gesetz zur Änderung des Internationalen Familienrechtsverfahrensgesetzes vom 25.6.2009 – 2009 I 1594, FN A: 319-109, 363-1

Vertragsparteien	in Kraft am	BGBl. Jg.	S.
Albanien	1.4.2007	10 II	1527
Armenien	1.5.2008	10 II	1527
Australien	1.8.2003	10 II	1527
Belgien **) [4])	1.9.2014	14 II	526
Bulgarien	1.2.2007	10 II	1527
Dänemark **) [7])	1.10.2011	12 II	102
Grönland	1.7.2016	16 II	1199
Dominikanische Republik	1.10.2010	10 II	1527
Ecuador	1.9.2003	10 II	1527
Estland [12])	1.6.2003	10 II	1527
Fidschi **)	1.4.2019	19 II	85
Finnland **) [2]) [11])	1.3.2011	11 II	842
Frankreich **) [1]) [2])	1.2.2011	11 II	842
Georgien **)	1.3.2015	15 II	60
Griechenland **) [3]) [9])	1.6.2012	12 II	465
Guyana	1.12.2019	19 II	815
Honduras	1.8.2018	18 II	413
Irland **)	1.1.2011	10 II	1527
Italien **)	1.1.2016	15 II	1565
Kroatien	1.1.2010	10 II	1527
Kuba	1.12.2017	17 II	1344
Lesotho	1.6.2013	13 II	421
Lettland **) [2]) [10])	1.4.2003	10 II	1527
Litauen	1.9.2004	10 II	1527
Luxemburg	1.12.2010	10 II	1527
Malta **) [2])	1.1.2012	11 II	842

[1]) Nach FNB Stand 31.12.2016, redaktionell fortgeführt.

Vertragsparteien	in Kraft am	BGBl. Jg.	S.
Marokko	1.12.2002	10 II	1527
Monaco	1.1.2002	10 II	1527
Montenegro **)	1.1.2013	13 II	155
Nicaragua	1.12.2019	19 II	815
Niederlande **) [2]	1.5.2011	11 II	842
Norwegen **)	1.7.2016	16 II	472
Österreich **) [2] [10]	1.4.2011	11 II	842
Paraguay	1.7.2019	19 II	303
Polen **) [1] [3]	1.11.2010	10 II	1527
Portugal **) [8] [10]	1.8.2011	11 II	842
Rumänien [10]	1.1.2011	10 II	1527
Russische Föderation **) [6]	1.6.2013	13 II	421
Schweden **)	1.1.2013	13 II	155
Schweiz	1.7.2009	10 II	1527
Serbien **)	1.11.2016	16 II	1199
Slowakei	1.1.2002	10 II	1527
Slowenien	1.2.2005	10 II	1527
Spanien	1.1.2011	10 II	1527
Tschechische Republik **)	1.1.2002	10 II	1527
Türkei **)	1.2.2017	16 II	1263
Ukraine [5] *	1.2.2008	10 II	1527
Ungarn	1.5.2006	10 II	1527
Uruguay	1.3.2010	10 II	1527
Vereinigtes Königreich **)	1.11.2012	13 II	155
Zypern **) [8]	1.11.2010	10 II	1527

1) Weitere Bek. – 2012 II 102
2) Weitere Bek. – 2012 II 465
3) Weitere Bek. – 2013 II 155
4) Weitere Bek. – 2015 II 60
5) Erklärung über die Anwendbarkeit 2016 II 43
6) Weitere Bek. – 2017 II 601
7) Weitere Bek. – 2017 II 1301
8) Weitere Bek. – 2017 II 1344
9) Weitere Bek. – 2017 II 1565
10) Weitere Bek. – 2018 II 325
11) Weitere Bek. – 2019 II 85
12) Weitere Bek. – 2019 II 491

*) Die Veröffentlichung der Zentralen Behörden im BGBl. II wurde eingestellt. Die Zentralen Behörden aller Vertragsparteien können auf der Internet-Seite des Verwahrers – www.hcch.net – abgerufen werden (2010 II 857)

**) Vorbehalte und Erklärungen zu diesem Übereinkommen, mit Ausnahme derer Deutschlands, werden im BGBl. II nicht veröffentlicht und sind in englischer und französischer Sprache auf der Webseite der Haager Konferenz für Internationales Privatrecht unter www.hcch.net einsehbar. Gleiches gilt für die ggf. gemäß Übereinkommen zu benennenden Zentralen Behörden oder Kontaktstellen.

46. Sozialgesetzbuch (SGB) Achtes Buch (VIII) Kinder- und Jugendhilfe

In der Fassung der Bekanntmachung vom 11. September 2012[1)]

(BGBl. I S. 2022)

FNA 860-8

Lfd. Nr.	Änderndes Gesetz	Datum	Fundstelle	Betroffen	Hinweis
1.	Art. 1 KinderförderungsG	10.12.2008	BGBl. I S. 2403	§§ 24, 24a	geänd. mWv 1.8.2013
2.	Art. 2 G zur Änd. des Vormundschafts- und Betreuungsrechts	29.6.2011	BGBl. I S. 1306	§ 55	geänd. mWv 5.7.2012
3.	Art. 2 Abs. 3 BetreuungsgeldG	15.2.2013	BGBl. I S. 254	§ 16	geänd. mWv 1.8.2013
4.	Art. 5 G zur Reform der elterlichen Sorge nicht miteinander verheirateter Eltern	16.4.2013	BGBl. I S. 795	Inhaltsübers., §§ 18, 50, 51, 59, 65, 87c, 99, 101	geänd. mWv 19.5.2013
				§ 58a	neu gef. mWv 19.5.2013
5.	Art. 3 UnterhaltsvorschussentbürokratisierungsG	3.5.2013	BGBl. I S. 1108	§ 59	geänd. mWv 1.7.2013
6.	Art. 1 Kinder- und JugendhilfeverwaltungsvereinfachungsG	29.8.2013	BGBl. I S. 3464	§§ 92, 93, 94	geänd. mWv 3.12.2013
				Inhaltsübers., §§ 18, 39, 83, 86, 87c, 89a, 98, 99, 100, 101, 102	geänd. mWv 1.1.2014
7.	Art. 2 Abs. 8 49. G zur Änd. des Strafgesetzbuches[2)]	21.1.2015	BGBl. I S. 10	§ 72a	geänd. mWv 27.1.2015
8.	Art. 5 PräventionsG	17.7.2015	BGBl. I S. 1368	§§ 16, 45	geänd. mWv 25.7.2015
9.	Art. 1 G zur Verbesserung der Unterbringung, Versorgung und Betreuung ausländischer Kinder und Jugendlicher	28.10.2015	BGBl. I S. 1802	Inhaltsübers., §§ 2, 7, 76, 87, 89d, 99, 102	geänd. mWv 1.11.2015
				§§ 42a, 42b, 42c, 42d, 42e, 42f, 7. Kapitel 2. Abschn. 4. Unterabschn. (§ 88a), 11. Kapitel (§ 106)	eingef. mWv 1.11.2015
				§ 89d	geänd. mWv 1.7.2017
10.	Art. 3 G zur Verbesserung der Bekämpfung des Menschenhandels und zur Änd. des BundeszentralregisterG sowie des Achten Buches Sozialgesetzbuch	11.10.2016	BGBl. I S. 2226	§ 72a	geänd. mWv 15.10.2016

[1)] Neubekanntmachung des SGB VIII idF der Bek. v. 14.12.2006 (BGBl. I S. 3134) in der ab 1.1.2012 geltenden Fassung.

[2)] **Amtl. Anm.:** Umsetzung von Artikel 4 Absatz 4 und Artikel 17 Absatz 1 Buchstabe b, Absatz 4 in Verbindung mit Artikel 3 Absatz 5 und 6 der Richtlinie 2011/93/EU des Europäischen Parlaments und des Rates vom 13. Dezember 2011 zur Bekämpfung des sexuellen Missbrauchs und der sexuellen Ausbeutung von Kindern sowie der Kinderpornografie sowie zur Ersetzung des Rahmenbeschlusses 2004/68/JI des Rates (ABl. L 335 vom 17.12.2011, S. 1, L 18 vom 21.1.2012, S. 7)

Lfd. Nr.	Änderndes Gesetz	Datum	Fundstelle	Betroffen	Hinweis
11.	Art. 2 Abs. 10 50. G zur Änd des StGB	4.11.2016	BGBl. I S. 2460	§ 72a	geänd. mWv 10.11.2016
12.	Art. 9 BundesteilhabeG	23.12. 2016	BGBl. I S. 3234, geänd. durch G v. 17.7. 2017, BGBl. I S. 2541	§§ 10, 35a, 45	geänd. mWv 1.1.2020
13.	Art. 9 G zur Bekämpfung von Kinderehen	17.7.2017	BGBl. I S. 2429	§ 42a	geänd. mWv 22.7.2017
14.	Art. 3 G zur besseren Durchsetzung der Ausreisepflicht	20.7.2017	BGBl. I S. 2780	§ 42	geänd. mWv 29.7.2017
15.	Art. 10 Abs. 10 G zur Neuregelung des Schutzes von Geheimnissen bei der Mitwirkung Dritter an der Berufsausübung schweigepflichtiger Personen	30.10. 2017	BGBl. I S. 3618	§ 65	geänd. mWv 9.11.2017
16.	Art. 2 G zur Weiterentwicklung der Qualität und zur Teilhabe in der Kindertagesbetreuung	19.12. 2018	BGBl. I S. 2696	§ 22 § 90	geänd. mWv 1.1.2019 geänd. mWv 1.8.2019
17.	Art. 6 Zweites DatenaustauschverbesserungsG	4.8.2019	BGBl. I S. 1131	§ 42a	geänd. mWv 9.8.2019
18.	Art. 7 G zur Reform der Psychotherapeutenausbildung[1)]	15.11. 2019	BGBl. I S. 1604	§ 35a	geänd. mWv 1.9.2020
19.	Art. 129 Zweites Datenschutz-Anpassungs- und UmsetzungsG EU[2)]	20.11. 2019	BGBl. I S. 1626	§§ 61, 62, 64, 65, 68	geänd. mWv 26.11.2019
20.	Art. 8 G zur Änd. des Neunten und des Zwölften Buches Sozialgesetzbuch und anderer Rechtsvorschriften	30.11. 2019	BGBl. I S. 1948	§ 90 §§ 45, 81	geänd. mWv 6.12.2019 geänd. mWv 1.1.2020
21.	Art. 36 G zur Regelung des Sozialen Entschädigungsrechts	12.12. 2019	BGBl. I S. 2652	Inhaltsübersicht, §§ 10, 81, 93 § 107	geänd. mWv 1.1.2024 eingef. mWv 1.1.2024

[1)] **Amtl. Anm.:** Dieses Gesetz dient der Umsetzung der Richtlinie 2005/36/EG des Europäischen Parlaments und des Rates vom 7. September 2005 über die Anerkennung von Berufsqualifikationen (ABl. L 255 vom 30.9.2005, S. 22), die zuletzt durch den Delegierten Beschluss (EU) 2017/2113 (ABl. L 317 vom 1.12.2017, S. 119), geändert worden ist.

[2)] **Amtl. Anm.:** Dieses Gesetz dient der Umsetzung der Richtlinie (EU) 2016/680 des Europäischen Parlaments und des Rates vom 27. April 2016 zum Schutz natürlicher Personen bei der Verarbeitung personenbezogener Daten durch die zuständigen Behörden zum Zweck der Verhütung, Ermittlung, Aufdeckung oder Verfolgung von Straftaten oder der Strafvollstreckung sowie zum freien Datenverkehr und zur Aufhebung des Rahmenbeschlusses 2008/977/JI des Rates (ABl. L 119 vom 4.5.2016, S. 89; L 127 vom 23.5.2018, S. 9).

Lfd. Nr.	Änderndes Gesetz	Datum	Fundstelle	Betroffen	Hinweis
22.	Art. 16a Abs. 6 Medizinprodukte-EU-AnpassungsG[1]	28.4.2020	BGBl. I S. 960, geänd. 2020, S. 1018	§ 35a	geänd. mWv 26.5.2020
23.	Art. 3 Abs. 5 59. G zur Änd. des Strafgesetzbuches	9.10.2020	BGBl. I S. 2075	§ 72a	geänd. mWv 1.1.2021
24.	Art. 4 Abs. 6 Adoptionshilfe-G	12.2.2021	BGBl. I S. 226	§ 102	geänd. mWv 1.4.2021
25.	Art. 12 Vormundschafts- und Betreuungsrechts-ReformG	4.5.2021	BGBl. I S. 882	Inhaltsübersicht, §§ 2, 50, bish. 58a, 72a, 76, 85, 87c, 87d	geänd. mWv 1.1.2023
				§§ 53, 54, 55, 56, 57	neu gef. mWv 1.1.2023
				§ 53a	eingef. mWv 1.1.2023
				bish. § 58	aufgeh. mWv 1.1.2023
26.	Art. 1 Kinder- und JugendstärkungsG	3.6.2021	BGBl. I S. 1444	Inhaltsübersicht, §§ 1, 2, 4, 7, 8, 8a, 8b, 9, 11, 13, 16, 19, 22, 22a, 23, 24, 27, 35a, 36, 36a, 41, 42, 43, 45, 47, 50, 52, 58a, 62, 64, 65, 71, 72a, 77, 78, 78a, 78b, 79, 79a, 80, 81, 83, 87a, 87c, 90, 92, 94, 98, 99, 100, 101, 102, 103, 104, Elftes Kapitel Überschrift	geänd. mWv 10.6.2021
				§§ 20, 37, 38, 46	neu gef. mWv 10.6.2021
				§§ 4a, 9a, 10a, 13a, 36b, 37a, 37b, 37c, 41a, 45a, 107	eingef. mWv 10.6.2021
				§§ 99, 102	geänd. mWv 1.1.2022
				§ 99	geänd. mWv 1.1.2023
				§ 10b	eingef. mWv 1.1.2024
				§§ 10, 10a	geänd. mWv 1.1.2028
				§ 10b	aufgeh. mit Ablauf des 31.12. 2027

[1] **Amtl. Anm.:** Dieses Gesetz dient der Anpassung des nationalen Medizinprodukterechts an die Verordnung (EU) 2017/745 des Europäischen Parlaments und des Rates vom 5. April 2017 über Medizinprodukte, zur Änderung der Richtlinie 2001/83/EG, der Verordnung (EG) Nr. 178/2002 und der Verordnung (EG) Nr. 1223/2009 und zur Aufhebung der Richtlinien 90/385/EWG und 93/42/EWG des Rates (ABl. L 117 vom 5.5.2017, S. 1; L 117 vom 3.5.2019, S. 9; L 334 vom 27.12.2019, S. 165) und die Verordnung (EU) 2017/746 des Europäischen Parlaments und des Rates vom 5. April 2017 über In-vitro-Diagnostika und zur Aufhebung der Richtlinie 98/79/EG und des Beschlusses 2010/227/EU der Kommission (ABl. L 117 vom 5.5.2017, S. 176; L 117 vom 3.5.2019, S. 11; L 334 vom 27.12.2019, S. 167).

Lfd. Nr.	Änderndes Gesetz	Datum	Fundstelle	Betroffen	Hinweis
27.	Art. 8 Abs. 4 G zur Bekämpfung sexualisierter Gewalt gegen Kinder	16.6.2021	BGBl. I S. 1810	§ 72a	geänd. mWv 1.7.2021
28.	Art. 8 G zur Durchführung der VO (EU) 2019/1111 sowie zur Änd. sonstiger Vorschriften	10.8.2021	BGBl. I S. 3424	§ 38	geänd. mWv 1.8.2022
29.	Art. 42 G über die Entschädigung der Soldatinnen und Soldaten und zur Neuordnung des Soldatenversorgungsrechts	20.8.2021	BGBl. I S. 3932	Inhaltsübersicht, § 93	geänd. mWv 1.1.2025
				§ 107	aufgeh. mit Ablauf des 31.12. 2024
30.	Art. 1, 2 GanztagsförderungsG	2.10.2021	BGBl. I S. 4602	§§ 98, 99, 101, 102	geänd. mWv 1.7.2022
				Inhaltsübersicht	geänd. mWv 1.1.2023
				§ 24a	eingef. mWv 1.1.2023
				§§ 7, 24	geänd. mWv 1.8.2026
				§ 24	geänd. mWv 1.8.2029
31.	Art. 32 G zum Ausbau des elektronischen Rechtsverkehrs mit den Gerichten und zur Änd. weiterer Vorschriften[1]	5.10.2021	BGBl. I S. 4607	§ 60	geänd. mWv 1.1.2022
32.	Art. 12 G zur Durchführung der der EU-Verordnungen über grenzüberschreitende Zustellungen und grenzüberschreitende Beweisaufnahmen in Zivil- oder Handelssachen sowie zur Änd. sonstiger Vorschriften	24.6.2022	BGBl. I S. 959	§§ 61, 68	geänd. mWv 1.1.2023
33.	Art. 3 G zur Änd. des BundeszentralregisterG und des Strafgesetzbuches	4.12.2022	BGBl. I S. 2146	§ 72a	geänd. mWv 9.12.2022
34.	Art. 12 Abs. 24 Bürgergeld-G	16.12. 2022	BGBl. I S. 2328	§ 10	geänd. mWv 1.1.2023
35.	Art. 1 G zur Abschaffung der Kostenheranziehung von jungen Menschen in der Kinder- und Jugendhilfe	21.12. 2022	BGBl. I S. 2824; 2023 Nr. 19	Inhaltsübersicht, §§ 92, 93, 94, 95, 97a, 108	geänd. mWv 1.1.2023
36.	Art. 5 G zur Anpassung von Datenübermittlungsvorschriften im Ausländer- und Sozialrecht	8.5.2024	BGBl. 2024 I Nr. 152	Inhaltsübersicht	geänd. mWv 1.11.2025
				§ 66	neu gef. mWv 1.11.2025

[1] **Amtl. Anm.:** Notifiziert gemäß der Richtlinie (EU) 2015/1535 des Europäischen Parlaments und des Rates vom 9. September 2015 über ein Informationsverfahren auf dem Gebiet der technischen Vorschriften und der Vorschriften für die Dienste der Informationsgesellschaft (ABl. L 241 vom 17.9.2015, S. 1).

Zum SGB VIII haben die Länder u.a. folgende Ausführungsvorschriften erlassen:

- **Baden-Württemberg:** Kinder- und JugendhilfeG für Baden-Württemberg idF der Bek. v. 14.4.2005 (GBl. S. 376), zuletzt geänd. durch G v. 21.12.2022 (GBl. S. 673)
- **Bayern:** G zur Ausführung der Sozialgesetze (AGSG) v. 8.12.2006 (GVBl. S. 942), zuletzt geänd. durch G v. 24.7.2023 (GVBl. S. 443)
- **Berlin:** G zur Ausführung des Kinder- und JugendhilfeG (AG KJHG) v. 27.4.2001 (GVBl. S. 134), zuletzt geänd. durch G v. 27.8.2021 (GVBl. S. 995)
- **Brandenburg:** Erstes G zur Ausführung des Achten Buches des Sozialgesetzbuches – Kinder- und Jugendhilfe (AGKJHG-Org) idF der Bek. v. 26.6.1997 (GVBl. I S. 87), zuletzt geänd. durch G v. 5.3. 2024 (GVBl. I Nr. 10) und Zweites G zur Ausführung des Achten Buches des Sozialgesetzbuches – Kinder- und Jugendhilfe – KindertagesstättenG (KitaG) idF der Bek. v. 27.6.2004 (GVBl. I S. 384), zuletzt geänd. durch G v. 5.3.2024 (GVBl. I Nr. 11)
- **Bremen:** Erstes G zur Ausführung des Achten Buches Sozialgesetzbuch – G zur Ausführung des Kinder- und JugendhilfeG im Lande Bremen (BremAGKJHG) v. 17.9.1991 (Brem.GBl. S. 318), zuletzt geänd. durch G v. 12.9.2023 (Brem.GBl. S. 507)
- **Hamburg:** Hamburgisches G zur Ausführung des Achten Buches Sozialgesetzbuch – Kinder- und Jugendhilfe – (AG SGB VIII) v. 25.6.1997 (HmbGVBl. S. 273), zuletzt geänd. durch G v. 20.12.2022 (HmbGVBl. S. 659)
- **Hessen:** Hessisches Kinder- und Jugendhilfegesetzbuch (HKJGB) v. 18.12.2006 (GVBl. I S. 698), zuletzt geänd. durch G v. 21.7.2023 (GVBl. S. 607)
- **Mecklenburg-Vorpommern:** LandesjugendhilfeorganisationsG (KJHG-Org M-V) v. 23.2.1993 (GVOBl. M-V S. 158), zuletzt geänd. durch G v. 19.3.2024 (GVOBl. M-V S. 87)
- **Niedersachsen:** G zur Ausführung des Kinder- und JugendhilfeG (AG KJHG) v. 5.2.1993 (Nds. GVBl. S. 45), zuletzt geänd. durch G v. 23.3.2022 (Nds. GVBl. S. 204)
- **Nordrhein-Westfalen:** Erstes G zur Ausführung des Kinder- und JugendhilfeG – AG-KJHG – v. 12.12.1990 (GV. NRW. S. 664), zuletzt geänd. durch G v. 1.2.2022 (GV. NRW. S. 122), Drittes G zur Ausführung des Kinder- und JugendhilfeG; G zur Förderung der Jugendarbeit, der Jugendsozialarbeit und des erzieherischen Kinder- und Jugendschutzes – Kinder- und JugendförderungsG – 3. AG-KJHG – KJFöG) v. 12.10.2004 (GV. NRW. S. 572), zuletzt geänd. durch G v. 26.2.2019 (GV. NRW. S. 151) und Fünftes G zur Ausführung des Kinder- und Jugendhilfegesetzes (5. AG-KJHG) v. 8.12.2015 (GV. NRW. S. 832), geänd. durch G v. 1.2.2022 (GV. NRW. S. 122)
- **Rheinland-Pfalz:** LandesG zur Ausführung des Kinder- und JugendhilfeG (AGKJHG) v. 21.12.1993 (GVBl. S. 632), zuletzt geänd. durch G v. 3.9.2019 (GVBl. S. 213)
- **Saarland:** Erstes G zur Ausführung des Kinder- und JugendhilfeG (AG KJHG) v. 9.7.1993 (Amtsbl. S. 807), zuletzt geänd. durch G v. 13.3.2024 (Amtsbl. I S. 310)
- **Sachsen:** LandesjugendhilfeG idF der Bek. v. 4.9.2008 (SächsGVBl. S. 578), zuletzt geänd. durch VO v. 31.1.2023 (SächsGVBl. S. 64) und Sächsisches G zur Ausführung des Sozialgesetzbuches (SächsAGSGB) idF der Bek. v. 13.2.2024 (SächsGVBl. S. 146), zuletzt geänd. durch G v. 2.5.2024 (SächsGVBl. S. 454)
- **Sachsen-Anhalt:** Kinder- und JugendhilfeG des Landes Sachsen-Anhalt (KJHG-LSA) v. 5.5.2000 (GVBl. LSA S. 236), zuletzt geänd. durch G v. 17.1.2023 (GVBl. LSA S. 2)
- **Schleswig-Holstein:** JugendförderungsG (JuFöG) v. 5.2.1992 (GVOBl. Schl.-H. S. 158, 226), zuletzt geänd. durch G v. 29.4.2022 (GVOBl. Schl.-H. S. 616)
- **Thüringen:** Thüringer Kinder- und Jugendhilfe-AusführungsG (ThürKJHAG) idF der Bek. v. 5.2. 2009 (GVBl. S. 1), zuletzt geänd. durch G v. 30.6.2020 (GVBl. S. 345) und Thüringer KindergartenG (ThürKigaG) v. 18.12.2017 (GVBl. S. 276), zuletzt geänd. durch G v. 9.5.2023 (GVBl. S. 134)

Zu abweichendem Landesrecht siehe u.a.:

- **Bayern:** Abweichungen im G zur Ausführung der Sozialgesetze v. 8.12.2006 (GVBl. S. 942), zuletzt geänd. durch G v. 24.7.2023 (GVBl. S. 443) mWv 16.7.2013; vgl. Hinweis v. 21.1.2014 (BGBl. I S. 47b)
- **Hessen:** Abweichungen im Hessischen Kinder- und Jugendhilfegesetzbuch v. 18.12.2006 (GVBl. I S. 698), zuletzt geänd. durch G v. 21.7.2023 (GVBl. S. 607) mWv 28.12.2017; vgl. Hinweis v. 28.9.2018 (BGBl. I S. 1390)

Inhaltsübersicht[1)]

Erstes Kapitel. Allgemeine Vorschriften

Zweites Kapitel. Leistungen der Jugendhilfe

Erster Abschnitt. Jugendarbeit, Jugendsozialarbeit, erzieherischer Kinder- und Jugendschutz

Zweiter Abschnitt. Förderung der Erziehung in der Familie

Dritter Abschnitt. Förderung von Kindern in Tageseinrichtungen und in Kindertagespflege

Vierter Abschnitt. Hilfe zur Erziehung, Eingliederungshilfe für seelisch behinderte Kinder und Jugendliche, Hilfe für junge Volljährige

Erster Unterabschnitt. Hilfe zur Erziehung

[1)] Inhaltsübersicht geänd. mWv 19.5.2013 durch G v. 16.4.2013 (BGBl. I S 795); mWv 1.1.2014 durch G v. 29.8.2013 (BGBl. I S. 3464); mWv 1.11.2015 durch G v. 28.10.2015 (BGBl. I S. 1802); mWv 1.1. 2024 durch G v. 12.12.2019 (BGBl. I S. 2652); mWv 1.1.2023 durch G v. 4.5.2021 (BGBl. I S. 882); mWv 10.6.2021 durch G v. 3.6.2021 (BGBl. I S. 1444); mWv 1.1.2025 durch G v. 20.8.2021 (BGBl. I S. 3932); mWv 1.1.2023 durch G v. 2.10.2021 (BGBl. I S. 4602); mWv 1.1.2023 durch G v. 21.12.2022 (BGBl. I S. 2824); mWv 1.11.2025 durch G v. 8.5.2024 (BGBl. 2024 I Nr. 152).

Erstes Kapitel. Allgemeine Vorschriften

§ 1[1] Recht auf Erziehung, Elternverantwortung, Jugendhilfe. (1) Jeder junge Mensch hat ein Recht auf Förderung seiner Entwicklung und auf Erziehung zu einer selbstbestimmten, eigenverantwortlichen und gemeinschaftsfähigen Persönlichkeit.

(2) [1] Pflege und Erziehung der Kinder sind das natürliche Recht der Eltern und die zuvörderst ihnen obliegende Pflicht. [2] Über ihre Betätigung wacht die staatliche Gemeinschaft.

(3) Jugendhilfe soll zur Verwirklichung des Rechts nach Absatz 1 insbesondere

1. junge Menschen in ihrer individuellen und sozialen Entwicklung fördern und dazu beitragen, Benachteiligungen zu vermeiden oder abzubauen,
2. jungen Menschen ermöglichen oder erleichtern, entsprechend ihrem Alter und ihrer individuellen Fähigkeiten in allen sie betreffenden Lebensbereichen selbstbestimmt zu interagieren und damit gleichberechtigt am Leben in der Gesellschaft teilhaben zu können,
3. Eltern und andere Erziehungsberechtigte bei der Erziehung beraten und unterstützen,
4. Kinder und Jugendliche vor Gefahren für ihr Wohl schützen,
5. dazu beitragen, positive Lebensbedingungen für junge Menschen und ihre Familien sowie eine kinder- und familienfreundliche Umwelt zu erhalten oder zu schaffen.

§ 2[2] Aufgaben der Jugendhilfe. (1) Die Jugendhilfe umfasst Leistungen und andere Aufgaben zugunsten junger Menschen und Familien.

(2) Leistungen der Jugendhilfe sind:

1. Angebote der Jugendarbeit, der Jugendsozialarbeit, der Schulsozialarbeit und des erzieherischen Kinder- und Jugendschutzes (§§ 11 bis 14),
2. Angebote zur Förderung der Erziehung in der Familie (§§ 16 bis 21),
3. Angebote zur Förderung von Kindern in Tageseinrichtungen und in Kindertagespflege (§§ 22 bis 25),
4. Hilfe zur Erziehung und ergänzende Leistungen (§§ 27 bis 35, 36, 37, 39, 40),
5. Hilfe für seelisch behinderte Kinder und Jugendliche und ergänzende Leistungen (§§ 35a bis 37, 39, 40),
6. Hilfe für junge Volljährige und Nachbetreuung (den §§ 41 und 41a).

(3) Andere Aufgaben der Jugendhilfe sind

1. die Inobhutnahme von Kindern und Jugendlichen (§ 42),
2. die vorläufige Inobhutnahme von ausländischen Kindern und Jugendlichen nach unbegleiteter Einreise (§ 42a),
3. die Erteilung, der Widerruf und die Zurücknahme der Pflegeerlaubnis (§§ 43, 44),

[1] § 1 Abs. 1 geänd., Abs. 3 Nr. 2 eingef., die bish. Nr. 2–4 werden Nr. 3–5 mWv 10.6.2021 durch G v. 3.6.2021 (BGBl. I S. 1444).

[2] § 2 Abs. 3 Nr. 2 eingef. mWv 1.11.2015 durch G v. 28.10.2015 (BGBl. I S. 1802); Abs. 3 Nr. 9 geänd., Nr. 10 und 11 neu gef. mWv 1.1.2023 durch G v. 4.5.2021 (BGBl. I S. 882); Abs. 2 Nr. 1, 3 und 6 geänd. mWv 10.6.2021 durch G v. 3.6.2021 (BGBl. I S. 1444).

4. die Erteilung, der Widerruf und die Zurücknahme der Erlaubnis für den Betrieb einer Einrichtung sowie die Erteilung nachträglicher Auflagen und die damit verbundenen Aufgaben (§§ 45 bis 47, 48a),
5. die Tätigkeitsuntersagung (§§ 48, 48a),
6. die Mitwirkung in Verfahren vor den Familiengerichten (§ 50),
7. die Beratung und Belehrung in Verfahren zur Annahme als Kind (§ 51),
8. die Mitwirkung in Verfahren nach dem Jugendgerichtsgesetz[1] (§ 52),
9. die Beratung und Unterstützung von Müttern bei Vaterschaftsfeststellung und Geltendmachung von Unterhaltsansprüchen sowie von Pflegern und Vormündern (§§ 52a, 53a),
10. die Erteilung, der Widerruf und die Zurücknahme der Anerkennung als Vormundschaftsverein (§ 54),
11. Beistandschaft, Pflegschaft und Vormundschaft des Jugendamts (§§ 55 bis 57),
12. Beurkundung (§ 59),
13. die Aufnahme von vollstreckbaren Urkunden (§ 60).

§ 3 Freie und öffentliche Jugendhilfe. (1) Die Jugendhilfe ist gekennzeichnet durch die Vielfalt von Trägern unterschiedlicher Wertorientierungen und die Vielfalt von Inhalten, Methoden und Arbeitsformen.

(2) [1] Leistungen der Jugendhilfe werden von Trägern der freien Jugendhilfe und von Trägern der öffentlichen Jugendhilfe erbracht. [2] Leistungsverpflichtungen, die durch dieses Buch begründet werden, richten sich an die Träger der öffentlichen Jugendhilfe.

(3) [1] Andere Aufgaben der Jugendhilfe werden von Trägern der öffentlichen Jugendhilfe wahrgenommen. [2] Soweit dies ausdrücklich bestimmt ist, können Träger der freien Jugendhilfe diese Aufgaben wahrnehmen oder mit ihrer Ausführung betraut werden.

§ 4[2] Zusammenarbeit der öffentlichen Jugendhilfe mit der freien Jugendhilfe. (1) [1] Die öffentliche Jugendhilfe soll mit der freien Jugendhilfe zum Wohl junger Menschen und ihrer Familien partnerschaftlich zusammenarbeiten. [2] Sie hat dabei die Selbständigkeit der freien Jugendhilfe in Zielsetzung und Durchführung ihrer Aufgaben sowie in der Gestaltung ihrer Organisationsstruktur zu achten.

(2) Soweit geeignete Einrichtungen, Dienste und Veranstaltungen von anerkannten Trägern der freien Jugendhilfe betrieben werden oder rechtzeitig geschaffen werden können, soll die öffentliche Jugendhilfe von eigenen Maßnahmen absehen.

(3) Die öffentliche Jugendhilfe soll die freie Jugendhilfe nach Maßgabe dieses Buches fördern und dabei die Beteiligung von Kindern, Jugendlichen und Eltern stärken.

§ 4a[3] Selbstorganisierte Zusammenschlüsse zur Selbstvertretung.

(1) [1] Selbstorganisierte Zusammenschlüsse nach diesem Buch sind solche, in denen sich nicht in berufsständische Organisationen der Kinder- und Jugendhilfe eingebundene Personen, insbesondere Leistungsberechtigte und Leistungsempfänger nach diesem Buch sowie ehrenamtlich in der Kinder- und Jugendhilfe tätige

---

[1] **Habersack, Deutsche Gesetze Nr. 89.**
[2] § 4 Abs. 3 geänd. mWv 10.6.2021 durch G v. 3.6.2021 (BGBl. I S. 1444).
[3] § 4a eingef. mWv 10.6.2021 durch G v. 3.6.2021 (BGBl. I S. 1444).

Personen, nicht nur vorübergehend mit dem Ziel zusammenschließen, Adressatinnen und Adressaten der Kinder- und Jugendhilfe zu unterstützen, zu begleiten und zu fördern, sowie Selbsthilfekontaktstellen. [2] Sie umfassen Selbstvertretungen sowohl innerhalb von Einrichtungen und Institutionen als auch im Rahmen gesellschaftlichen Engagements zur Wahrnehmung eigener Interessen sowie die verschiedenen Formen der Selbsthilfe.

(2) Die öffentliche Jugendhilfe arbeitet mit den selbstorganisierten Zusammenschlüssen zusammen, insbesondere zur Lösung von Problemen im Gemeinwesen oder innerhalb von Einrichtungen zur Beteiligung in diese betreffenden Angelegenheiten, und wirkt auf eine partnerschaftliche Zusammenarbeit mit diesen innerhalb der freien Jugendhilfe hin.

(3) Die öffentliche Jugendhilfe soll die selbstorganisierten Zusammenschlüsse nach Maßgabe dieses Buches anregen und fördern.

§ 5 Wunsch- und Wahlrecht. (1) [1] Die Leistungsberechtigten haben das Recht, zwischen Einrichtungen und Diensten verschiedener Träger zu wählen und Wünsche hinsichtlich der Gestaltung der Hilfe zu äußern. [2] Sie sind auf dieses Recht hinzuweisen.

(2) [1] Der Wahl und den Wünschen soll entsprochen werden, sofern dies nicht mit unverhältnismäßigen Mehrkosten verbunden ist. [2] Wünscht der Leistungsberechtigte die Erbringung einer in § 78a genannten Leistung in einer Einrichtung, mit deren Träger keine Vereinbarungen nach § 78b bestehen, so soll der Wahl nur entsprochen werden, wenn die Erbringung der Leistung in dieser Einrichtung im Einzelfall oder nach Maßgabe des Hilfeplanes (§ 36) geboten ist.

§ 6 Geltungsbereich. (1) [1] Leistungen nach diesem Buch werden jungen Menschen, Müttern, Vätern und Personensorgeberechtigten von Kindern und Jugendlichen gewährt, die ihren tatsächlichen Aufenthalt im Inland haben. [2] Für die Erfüllung anderer Aufgaben gilt Satz 1 entsprechend. [3] Umgangsberechtigte haben unabhängig von ihrem tatsächlichen Aufenthalt Anspruch auf Beratung und Unterstützung bei der Ausübung des Umgangsrechts, wenn das Kind oder der Jugendliche seinen gewöhnlichen Aufenthalt im Inland hat.

(2) [1] Ausländer können Leistungen nach diesem Buch nur beanspruchen, wenn sie rechtmäßig oder auf Grund einer ausländerrechtlichen Duldung ihren gewöhnlichen Aufenthalt im Inland haben. [2] Absatz 1 Satz 2 bleibt unberührt.

(3) Deutschen können Leistungen nach diesem Buch auch gewährt werden, wenn sie ihren Aufenthalt im Ausland haben und soweit sie nicht Hilfe vom Aufenthaltsland erhalten.

(4) Regelungen des über- und zwischenstaatlichen Rechts bleiben unberührt.

§ 7[1] Begriffsbestimmungen. (1) Im Sinne dieses Buches ist

1. *Kind, wer noch nicht 14* Jahre alt ist, soweit nicht die Absätze 2 bis 4 etwas anderes bestimmen,
2. Jugendlicher, wer 14, aber noch nicht 18 Jahre alt ist,
3. junger Volljähriger, wer 18, aber noch nicht 27 Jahre alt ist,
4. junger Mensch, wer noch nicht 27 Jahre alt ist,

[1] § 7 Abs. 3 neu gef. mWv 1.11.2015 durch G v. 28.10.2015 (BGBl. I S. 1802); Abs. 2 eingef., bish. Abs. 2–4 werden Abs. 3–5 mWv 10.6.2021 durch G v. 3.6.2021 (BGBl. I S. 1444); Abs. 4 geänd. mWv 1.8.2026 durch G v. 2.10.2021 (BGBl. I S. 4602).

5. Personensorgeberechtigter, wem allein oder gemeinsam mit einer anderen Person nach den Vorschriften des Bürgerlichen Gesetzbuchs[1] die Personensorge zusteht,
6. Erziehungsberechtigter, der Personensorgeberechtigte und jede sonstige Person über 18 Jahre, soweit sie auf Grund einer Vereinbarung mit dem Personensorgeberechtigten nicht nur vorübergehend und nicht nur für einzelne Verrichtungen Aufgaben der Personensorge wahrnimmt.

(2) [1] Kinder, Jugendliche, junge Volljährige und junge Menschen mit Behinderungen im Sinne dieses Buches sind Menschen, die körperliche, seelische, geistige oder Sinnesbeeinträchtigungen haben, die sie in Wechselwirkung mit einstellungs- und umweltbedingten Barrieren an der gleichberechtigten Teilhabe an der Gesellschaft mit hoher Wahrscheinlichkeit länger als sechs Monate hindern können. [2] Eine Beeinträchtigung nach Satz 1 liegt vor, wenn der Körper- und Gesundheitszustand von dem für das Lebensalter typischen Zustand abweicht. [3] Kinder, Jugendliche, junge Volljährige und junge Menschen sind von Behinderung bedroht, wenn eine Beeinträchtigung nach Satz 1 zu erwarten ist.

(3) Kind im Sinne des § 1 Absatz 2 ist, wer noch nicht 18 Jahre alt ist.

(4) Werktage im Sinne ***[ab 1.8.2026:** des § 24 Absatz 4 und**]*** der §§ 42a bis 42c sind die Wochentage Montag bis Freitag; ausgenommen sind gesetzliche Feiertage.

(5) Die Bestimmungen dieses Buches, die sich auf die Annahme als Kind beziehen, gelten nur für Personen, die das 18. Lebensjahr noch nicht vollendet haben.

§ 8[2] Beteiligung von Kindern und Jugendlichen. (1) [1] Kinder und Jugendliche sind entsprechend ihrem Entwicklungsstand an allen sie betreffenden Entscheidungen der öffentlichen Jugendhilfe zu beteiligen. [2] Sie sind in geeigneter Weise auf ihre Rechte im Verwaltungsverfahren sowie im Verfahren vor dem Familiengericht und dem Verwaltungsgericht hinzuweisen.

(2) Kinder und Jugendliche haben das Recht, sich in allen Angelegenheiten der Erziehung und Entwicklung an das Jugendamt zu wenden.

(3) [1] Kinder und Jugendliche haben Anspruch auf Beratung ohne Kenntnis des Personensorgeberechtigten, solange durch die Mitteilung an den Personensorgeberechtigten der Beratungszweck vereitelt würde. [2] § 36 des Ersten Buches bleibt unberührt. [3] Die Beratung kann auch durch einen Träger der freien Jugendhilfe erbracht werden; § 36a Absatz 2 Satz 1 bis 3 gilt entsprechend.

(4) Beteiligung und Beratung von Kindern und Jugendlichen nach diesem Buch erfolgen in einer für sie verständlichen, nachvollziehbaren und wahrnehmbaren Form.

§ 8a[3] Schutzauftrag bei Kindeswohlgefährdung. (1) [1] Werden dem Jugendamt gewichtige Anhaltspunkte für die Gefährdung des Wohls eines Kindes oder Jugendlichen bekannt, so hat es das Gefährdungsrisiko im Zusammenwirken mehrerer Fachkräfte einzuschätzen. [2] Soweit der wirksame Schutz dieses Kindes oder dieses Jugendlichen nicht in Frage gestellt wird, hat das Jugendamt die Erziehungsberechtigten sowie das Kind oder den Jugendlichen in die Gefähr-

---

[1] ***Habersack,*** **Deutsche Gesetze Nr. 20.**

[2] § 8 Abs. 3 Satz 1 geänd., Satz 3 und Abs. 4 angef. mWv *10.6.2021 durch* G v. 3.6.2021 (BGBl. I S. 1444).

[3] § 8a Abs. 1 Satz 2 und Abs. 4 Satz 2 neu gef., Satz 3 angef., Abs. 5 eingef., bish. Abs. 5 wird Abs. 6 mWv 10.6.2021 durch G v. 3.6.2021 (BGBl. I S. 1444).

dungseinschätzung einzubeziehen und, sofern dies nach fachlicher Einschätzung erforderlich ist,

1. sich dabei einen unmittelbaren Eindruck von dem Kind und von seiner persönlichen Umgebung zu verschaffen sowie
2. Personen, die gemäß § 4 Absatz 3 des Gesetzes zur Kooperation und Information im Kinderschutz[1)] dem Jugendamt Daten übermittelt haben, in geeigneter Weise an der Gefährdungseinschätzung zu beteiligen.

[3] Hält das Jugendamt zur Abwendung der Gefährdung die Gewährung von Hilfen für geeignet und notwendig, so hat es diese den Erziehungsberechtigten anzubieten.

(2) [1] Hält das Jugendamt das Tätigwerden des Familiengerichts für erforderlich, so hat es das Gericht anzurufen; dies gilt auch, wenn die Erziehungsberechtigten nicht bereit oder in der Lage sind, bei der Abschätzung des Gefährdungsrisikos mitzuwirken. [2] Besteht eine dringende Gefahr und kann die Entscheidung des Gerichts nicht abgewartet werden, so ist das Jugendamt verpflichtet, das Kind oder den Jugendlichen in Obhut zu nehmen.

(3) [1] Soweit zur Abwendung der Gefährdung das Tätigwerden anderer Leistungsträger, der Einrichtungen der Gesundheitshilfe oder der Polizei notwendig ist, hat das Jugendamt auf die Inanspruchnahme durch die Erziehungsberechtigten hinzuwirken. [2] Ist ein sofortiges Tätigwerden erforderlich und wirken die Personensorgeberechtigten oder die Erziehungsberechtigten nicht mit, so schaltet das Jugendamt die anderen zur Abwendung der Gefährdung zuständigen Stellen selbst ein.

(4) [1] In Vereinbarungen mit den Trägern von Einrichtungen und Diensten, die Leistungen nach diesem Buch erbringen, ist sicherzustellen, dass

1. deren Fachkräfte bei Bekanntwerden gewichtiger Anhaltspunkte für die Gefährdung eines von ihnen betreuten Kindes oder Jugendlichen eine Gefährdungseinschätzung vornehmen,
2. bei der Gefährdungseinschätzung eine insoweit erfahrene Fachkraft beratend hinzugezogen wird sowie
3. die Erziehungsberechtigten sowie das Kind oder der Jugendliche in die Gefährdungseinschätzung einbezogen werden, soweit hierdurch der wirksame Schutz des Kindes oder Jugendlichen nicht in Frage gestellt wird.

[2] In den Vereinbarungen sind die Kriterien für die Qualifikation der beratend hinzuzuziehenden insoweit erfahrenen Fachkraft zu regeln, die insbesondere auch den spezifischen Schutzbedürfnissen von Kindern und Jugendlichen mit Behinderungen Rechnung tragen. [3] Daneben ist in die Vereinbarungen insbesondere die Verpflichtung aufzunehmen, dass die Fachkräfte der Träger bei den Erziehungsberechtigten auf die Inanspruchnahme von Hilfen hinwirken, wenn sie diese für erforderlich halten, und das Jugendamt informieren, falls die Gefährdung nicht anders abgewendet werden kann.

(5) [1] In Vereinbarungen mit Kindertagespflegepersonen, die Leistungen nach diesem Buch erbringen, ist sicherzustellen, dass diese bei Bekanntwerden gewichtiger Anhaltspunkte für die Gefährdung eines von ihnen betreuten Kindes eine Gefährdungseinschätzung vornehmen und dabei eine insoweit erfahrene Fachkraft beratend hinzuziehen. [2] Die Erziehungsberechtigten sowie das Kind sind in die

[1)] Nr. **46a**.

Gefährdungseinschätzung einzubeziehen, soweit hierdurch der wirksame Schutz des Kindes nicht in Frage gestellt wird. ³ Absatz 4 Satz 2 und 3 gilt entsprechend.

(6) ¹ Werden einem örtlichen Träger gewichtige Anhaltspunkte für die Gefährdung des Wohls eines Kindes oder eines Jugendlichen bekannt, so sind dem für die Gewährung von Leistungen zuständigen örtlichen Träger die Daten mitzuteilen, deren Kenntnis zur Wahrnehmung des Schutzauftrags bei Kindeswohlgefährdung nach § 8a erforderlich ist. ² Die Mitteilung soll im Rahmen eines Gespräches zwischen den Fachkräften der beiden örtlichen Träger erfolgen, an dem die Personensorgeberechtigten sowie das Kind oder der Jugendliche beteiligt werden sollen, soweit hierdurch der wirksame Schutz des Kindes oder des Jugendlichen nicht in Frage gestellt wird.

§ 8b[1)] Fachliche Beratung und Begleitung zum Schutz von Kindern und Jugendlichen. (1) Personen, die beruflich in Kontakt mit Kindern oder Jugendlichen stehen, haben bei der Einschätzung einer Kindeswohlgefährdung im Einzelfall gegenüber dem örtlichen Träger der Jugendhilfe Anspruch auf Beratung durch eine insoweit erfahrene Fachkraft.

(2) Träger von Einrichtungen, in denen sich Kinder oder Jugendliche ganztägig oder für einen Teil des Tages aufhalten oder in denen sie Unterkunft erhalten, und die zuständigen Leistungsträger, haben gegenüber dem überörtlichen Träger der Jugendhilfe Anspruch auf Beratung bei der Entwicklung und Anwendung fachlicher Handlungsleitlinien

1. zur Sicherung des Kindeswohls und zum Schutz vor Gewalt sowie
2. zu Verfahren der Beteiligung von Kindern und Jugendlichen an strukturellen Entscheidungen in der Einrichtung sowie zu Beschwerdeverfahren in persönlichen Angelegenheiten.

(3) Bei der fachlichen Beratung nach den Absätzen 1 und 2 wird den spezifischen Schutzbedürfnissen von Kindern und Jugendlichen mit Behinderungen Rechnung getragen.

§ 9[2)] Grundrichtung der Erziehung, Gleichberechtigung von jungen Menschen. Bei der Ausgestaltung der Leistungen und der Erfüllung der Aufgaben sind

1. die von den Personensorgeberechtigten bestimmte Grundrichtung der Erziehung sowie die Rechte der Personensorgeberechtigten und des Kindes oder des Jugendlichen bei der Bestimmung der religiösen Erziehung zu beachten,
2. die wachsende Fähigkeit und das wachsende Bedürfnis des Kindes oder des Jugendlichen zu selbständigem, verantwortungsbewusstem Handeln sowie die jeweiligen besonderen sozialen und kulturellen Bedürfnisse und Eigenarten junger Menschen und ihrer Familien zu berücksichtigen,
3. die unterschiedlichen Lebenslagen von Mädchen, Jungen sowie transidenten, nichtbinären und intergeschlechtlichen jungen Menschen zu berücksichtigen, Benachteiligungen abzubauen und die Gleichberechtigung der Geschlechter zu fördern,
4. die gleichberechtigte Teilhabe von jungen Menschen mit und ohne Behinderungen umzusetzen und vorhandene Barrieren abzubauen.

[1)] § 8b Abs. 3 angef. mWv 10.6.2021 durch G v. 3.6.2021 (BGBl. I S. 1444).

[2)] § 9 Überschrift geänd., Nr. 3 neu gef., Nr. 4 angef. mWv 10.6.2021 durch G v. 3.6.2021 (BGBl. I S. 1444).

§ 9a[1)] Ombudsstellen. [1] In den Ländern wird sichergestellt, dass sich junge Menschen und ihre Familien zur Beratung in sowie Vermittlung und Klärung von Konflikten im Zusammenhang mit Aufgaben der Kinder- und Jugendhilfe nach § 2 und deren Wahrnehmung durch die öffentliche und freie Jugendhilfe an eine Ombudsstelle wenden können. [2] Die hierzu dem Bedarf von jungen Menschen und ihren Familien entsprechend errichteten Ombudsstellen arbeiten unabhängig und sind fachlich nicht weisungsgebunden. [3] § 17 Absatz 1 bis 2a des Ersten Buches gilt für die Beratung sowie die Vermittlung und Klärung von Konflikten durch die Ombudsstellen entsprechend. [4] Das Nähere regelt das Landesrecht.

§ 10[2)] Verhältnis zu anderen Leistungen und Verpflichtungen. (1) [1] Verpflichtungen anderer, insbesondere der Träger anderer Sozialleistungen und der Schulen, werden durch dieses Buch nicht berührt. [2] Auf Rechtsvorschriften beruhende Leistungen anderer dürfen nicht deshalb versagt werden, weil nach diesem Buch entsprechende Leistungen vorgesehen sind.

(2) [1] Unterhaltspflichtige Personen werden nach Maßgabe der §§ 90 bis 97b an den Kosten für Leistungen und vorläufige Maßnahmen nach diesem Buch beteiligt. [2] Soweit die Zahlung des Kostenbeitrags die Leistungsfähigkeit des Unterhaltspflichtigen mindert oder der Bedarf des jungen Menschen durch Leistungen und vorläufige Maßnahmen nach diesem Buch gedeckt ist, ist dies bei der Berechnung des Unterhalts zu berücksichtigen.

(3) [1] Die Leistungen nach diesem Buch gehen Leistungen nach dem Zweiten Buch vor. [2] Abweichend von Satz 1 gehen Leistungen nach § 3 Absatz 2, den §§ 14 bis 16g, 16k, § 19 Absatz 2 in Verbindung mit § 28 Absatz 6 des Zweiten Buches sowie Leistungen nach § 6b Absatz 2 des Bundeskindergeldgesetzes[3)] in Verbindung mit § 28 Absatz 6 des Zweiten Buches den Leistungen nach diesem Buch vor.

[Abs. 4 bis 31.12.2027:]

(4) [1] Die Leistungen nach diesem Buch gehen Leistungen nach dem Neunten und Zwölften Buch vor. [2] Abweichend von Satz 1 gehen Leistungen nach § 27a Absatz 1 in Verbindung mit § 34 Absatz 6 des Zwölften Buches und Leistungen der Eingliederungshilfe nach dem Neunten Buch für junge Menschen, die körperlich oder geistig behindert oder von einer solchen Behinderung bedroht sind, den Leistungen nach diesem Buch vor. [3] Landesrecht kann regeln, dass Leistungen der Frühförderung für Kinder unabhängig von der Art der Behinderung vorrangig von anderen Leistungsträgern gewährt werden.

[Abs. 4 ab 1.1.2028:]

(4) [1] Die Leistungen nach diesem Buch gehen Leistungen nach dem Neunten Buch vor. [2] Leistungen nach diesem Buch für junge Menschen mit seelischer Behinderung oder einer drohenden seelischen Behinderung werden auch für junge Menschen mit körperlicher oder geistiger Behinderung oder mit einer drohenden körperlichen oder geistigen Behinderung vorrangig vom Träger der öffentlichen Jugendhilfe gewährt. [3] Das Nähere über

[1)] § 9a eingef. mWv 10.6.2021 durch G v. 3.6.2021 (BGBl. I S. 1444).

[2)] § 10 Abs. 4 Sätze 1 und 2 geänd. mWv 1.1.2020 durch G v. 23.12.2016 (BGBl. I S. 3234, geänd. durch G v. 17.7.2017, BGBl. I S. 2541); Abs. 5 angef. mWv 1.1.2024 durch G v. 12.12.2019 (BGBl. I S. 2652); Abs. 4 neu gef., Abs. 5 eingef., bish. Abs. 5 wird Abs. 6 mWv 1.1.2028 durch G v. 3.6.2021 (BGBl. I S. 1444), wenn bis zum 1.1.2027 ein Bundesgesetz nach Art. 1 Nr. 12 § 10 Abs. 4 Satz 3 verkündet wurde; vgl. Art. 10 Abs. 3 dieses G; Abs. 3 Satz 2 geänd. mWv 1.1.2023 durch G v. 16.12.2022 (BGBl. I S. 2328).

[3)] Nr. **45b**.

1. den leistungsberechtigten Personenkreis,

2. Art und Umfang der Leistung,

3. die Kostenbeteiligung und

4. das Verfahren

bestimmt ein Bundesgesetz auf Grundlage einer prospektiven Gesetzesevaluation.

[Abs. 5 ab 1.1.2028:]

(5) [1] Die Leistungen nach diesem Buch gehen Leistungen nach dem Zwölften Buch vor. [2] Abweichend von Satz 1 gehen Leistungen nach § 27a Absatz 1 in Verbindung mit § 34 Absatz 6 des Zwölften Buches den Leistungen nach diesem Buch vor.

[Abs. 5 ab 1.1.2024:]

(5) ***[ab 1.1.2028:*** *(6)]* *Soweit Leistungen zum Lebensunterhalt nach § 39 erbracht werden, gehen sie den Leistungen zum Lebensunterhalt nach § 93 des Vierzehnten Buches vor.*

§ 10a[1)] Beratung. (1) Zur Wahrnehmung ihrer Rechte nach diesem Buch werden junge Menschen, Mütter, Väter, Personensorge- und Erziehungsberechtigte, die leistungsberechtigt sind oder Leistungen nach § 2 Absatz 2 erhalten sollen, in einer für sie verständlichen, nachvollziehbaren und wahrnehmbaren Form, auf ihren Wunsch auch im Beisein einer Person ihres Vertrauens, beraten.

(Fortsetzung nächstes Blatt)

[1)] § 10a eingef. mWv 10.6.2021 durch G v. 3.6.2021 (BGBl. I S. 1444), § 10a Abs. 3 tritt mWv 1.1. 2028 außer Kraft, vgl. Art. 10 Abs. 3 dieses G.

(2) [1] Die Beratung umfasst insbesondere

1. die Familiensituation oder die persönliche Situation des jungen Menschen, Bedarfe, vorhandene Ressourcen sowie mögliche Hilfen,
2. die Leistungen der Kinder- und Jugendhilfe einschließlich des Zugangs zum Leistungssystem,
3. die Leistungen anderer Leistungsträger,
4. mögliche Auswirkungen und Folgen einer Hilfe,
5. die Verwaltungsabläufe,
6. Hinweise auf Leistungsanbieter und andere Hilfemöglichkeiten im Sozialraum und auf Möglichkeiten zur Leistungserbringung,
7. Hinweise auf andere Beratungsangebote im Sozialraum.

[2] Soweit erforderlich, gehört zur Beratung auch Hilfe bei der Antragstellung, bei der Klärung weiterer zuständiger Leistungsträger, bei der Inanspruchnahme von Leistungen sowie bei der Erfüllung von Mitwirkungspflichten.

[Abs. 3 bis 31.12.2027:]

(3) Bei minderjährigen Leistungsberechtigten nach § 99 des Neunten Buches nimmt der Träger der öffentlichen Jugendhilfe mit Zustimmung des Personensorgeberechtigten am Gesamtplanverfahren nach § 117 Absatz 6 des Neunten Buches beratend teil.

[§ 10b vom 1.1.2024 bis 31.12.2027:]

§ 10b[1)] ***Verfahrenslotse.*** *(1) [1] Junge Menschen, die Leistungen der Eingliederungshilfe wegen einer Behinderung oder wegen einer drohenden Behinderung geltend machen oder bei denen solche Leistungsansprüche in Betracht kommen, sowie ihre Mütter, Väter, Personensorge- und Erziehungsberechtigten haben bei der Antragstellung, Verfolgung und Wahrnehmung dieser Leistungen Anspruch auf Unterstützung und Begleitung durch einen Verfahrenslotsen. [2] Der Verfahrenslotse soll die Leistungsberechtigten bei der Verwirklichung von Ansprüchen auf Leistungen der Eingliederungshilfe unabhängig unterstützen sowie auf die Inanspruchnahme von Rechten hinwirken. [3] Diese Leistung wird durch den örtlichen Träger der öffentlichen Jugendhilfe erbracht.*

(2) [1] Der Verfahrenslotse unterstützt den örtlichen Träger der öffentlichen Jugendhilfe bei der Zusammenführung der Leistungen der Eingliederungshilfe für junge Menschen in dessen Zuständigkeit. [2] Hierzu berichtet er gegenüber dem örtlichen Träger der öffentlichen Jugendhilfe halbjährlich insbesondere über Erfahrungen der strukturellen Zusammenarbeit mit anderen Stellen und öffentlichen Einrichtungen, insbesondere mit anderen Rehabilitationsträgern.

[§ 10b ab 1.1.2028:]

§ 10b[2)] *(aufgehoben)*

[1)] § 10b eingef. mWv 1.1.2024 durch G v. 3.6.2021 (BGBl. I S. 1444); § 10b tritt mWv 1.1.2028 außer Kraft, vgl. Art. 10 Abs. 3 dieses G.

[2)] § 10b aufgeh. mWv 1.1.2028 durch G v. 3.6.2021 (BGBl. I S. 1444); vgl. Art. 10 Abs. 3 dieses G.

Zweites Kapitel. Leistungen der Jugendhilfe

Erster Abschnitt. Jugendarbeit, Jugendsozialarbeit, erzieherischer Kinder- und Jugendschutz

§ 11[1)] Jugendarbeit. (1) [1]Jungen Menschen sind die zur Förderung ihrer Entwicklung erforderlichen Angebote der Jugendarbeit zur Verfügung zu stellen. [2]Sie sollen an den Interessen junger Menschen anknüpfen und von ihnen mitbestimmt und mitgestaltet werden, sie zur Selbstbestimmung befähigen und zu gesellschaftlicher Mitverantwortung und zu sozialem Engagement anregen und hinführen. [3]Dabei sollen die Zugänglichkeit und Nutzbarkeit der Angebote für junge Menschen mit Behinderungen sichergestellt werden.

(2) [1]Jugendarbeit wird angeboten von Verbänden, Gruppen und Initiativen der Jugend, von anderen Trägern der Jugendarbeit und den Trägern der öffentlichen Jugendhilfe. [2]Sie umfasst für Mitglieder bestimmte Angebote, die offene Jugendarbeit und gemeinwesenorientierte Angebote.

(3) Zu den Schwerpunkten der Jugendarbeit gehören:

1. außerschulische Jugendbildung mit allgemeiner, politischer, sozialer, gesundheitlicher, kultureller, naturkundlicher und technischer Bildung,
2. Jugendarbeit in Sport, Spiel und Geselligkeit,
3. arbeitswelt-, schul- und familienbezogene Jugendarbeit,
4. internationale Jugendarbeit,
5. Kinder- und Jugenderholung,
6. Jugendberatung.

(4) Angebote der Jugendarbeit können auch Personen, die das 27. Lebensjahr vollendet haben, in angemessenem Umfang einbeziehen.

§ 12 Förderung der Jugendverbände. (1) Die eigenverantwortliche Tätigkeit der Jugendverbände und Jugendgruppen ist unter Wahrung ihres satzungsgemäßen Eigenlebens nach Maßgabe des § 74 zu fördern.

(2) [1]In Jugendverbänden und Jugendgruppen wird Jugendarbeit von jungen Menschen selbst organisiert, gemeinschaftlich gestaltet und mitverantwortet. [2]Ihre Arbeit ist auf Dauer angelegt und in der Regel auf die eigenen Mitglieder ausgerichtet, sie kann sich aber auch an junge Menschen wenden, die nicht Mitglieder sind. [3]Durch Jugendverbände und ihre Zusammenschlüsse werden Anliegen und Interessen junger Menschen zum Ausdruck gebracht und vertreten.

§ 13[2)] Jugendsozialarbeit. (1) Jungen Menschen, die zum Ausgleich sozialer Benachteiligungen oder zur Überwindung individueller Beeinträchtigungen in erhöhtem Maße auf Unterstützung angewiesen sind, sollen im Rahmen der Jugendhilfe sozialpädagogische Hilfen angeboten werden, die ihre schulische und berufliche Ausbildung, Eingliederung in die Arbeitswelt und ihre soziale Integration fördern.

(2) Soweit die Ausbildung dieser jungen Menschen nicht durch Maßnahmen und Programme anderer Träger und Organisationen sichergestellt wird, können *geeignete sozial*pädagogisch begleitete Ausbildungs- und Beschäftigungsmaßnah-

---

[1)] § 11 Abs. 1 Satz 3 angef. mWv 10.6.2021 durch G v. 3.6.2021 (BGBl. I S. 1444).
[2)] § 13 Abs. 4 geänd. mWv 10.6.2021 durch G v. 3.6.2021 (BGBl. I S. 1444).

men angeboten werden, die den Fähigkeiten und dem Entwicklungsstand dieser jungen Menschen Rechnung tragen.

(3) [1]Jungen Menschen kann während der Teilnahme an schulischen oder beruflichen Bildungsmaßnahmen oder bei der beruflichen Eingliederung Unterkunft in sozialpädagogisch begleiteten Wohnformen angeboten werden. [2]In diesen Fällen sollen auch der notwendige Unterhalt des jungen Menschen sichergestellt und Krankenhilfe nach Maßgabe des § 40 geleistet werden.

(4) Die Angebote sollen mit den Maßnahmen der Schulverwaltung, der Bundesagentur für Arbeit, der Jobcenter, der Träger betrieblicher und außerbetrieblicher Ausbildung sowie der Träger von Beschäftigungsangeboten abgestimmt werden.

§ 13a[1)] Schulsozialarbeit. [1]Schulsozialarbeit umfasst sozialpädagogische Angebote nach diesem Abschnitt, die jungen Menschen am Ort Schule zur Verfügung gestellt werden. [2]Die Träger der Schulsozialarbeit arbeiten bei der Erfüllung ihrer Aufgaben mit den Schulen zusammen. [3]Das Nähere über Inhalt und Umfang der Aufgaben der Schulsozialarbeit wird durch Landesrecht geregelt. [4]Dabei kann durch Landesrecht auch bestimmt werden, dass Aufgaben der Schulsozialarbeit durch andere Stellen nach anderen Rechtsvorschriften erbracht werden.

§ 14 Erzieherischer Kinder- und Jugendschutz. (1) Jungen Menschen und Erziehungsberechtigten sollen Angebote des erzieherischen Kinder- und Jugendschutzes gemacht werden.

(2) Die Maßnahmen sollen

1. junge Menschen befähigen, sich vor gefährdenden Einflüssen zu schützen und sie zu Kritikfähigkeit, Entscheidungsfähigkeit und Eigenverantwortlichkeit sowie zur Verantwortung gegenüber ihren Mitmenschen führen,
2. Eltern und andere Erziehungsberechtigte besser befähigen, Kinder und Jugendliche vor gefährdenden Einflüssen zu schützen.

§ 15 Landesrechtsvorbehalt. Das Nähere über Inhalt und Umfang der in diesem Abschnitt geregelten Aufgaben und Leistungen regelt das Landesrecht.

Zweiter Abschnitt. Förderung der Erziehung in der Familie

§ 16[2)] Allgemeine Förderung der Erziehung in der Familie. (1) [1]Müttern, Vätern, anderen Erziehungsberechtigten und jungen Menschen sollen Leistungen der allgemeinen Förderung der Erziehung in der Familie angeboten werden. [2]Diese Leistungen sollen Erziehungsberechtigte bei der Wahrnehmung ihrer Erziehungsverantwortung unterstützen und dazu beitragen, dass Familien sich die für ihre jeweilige Erziehungs- und Familiensituation erforderlichen Kenntnisse und Fähigkeiten insbesondere in Fragen von Erziehung, Beziehung und Konfliktbewältigung, von Gesundheit, Bildung, Medienkompetenz, Hauswirtschaft sowie der Vereinbarkeit von Familie und Erwerbstätigkeit aneignen können und in ihren Fähigkeiten zur aktiven Teilhabe und Partizipation gestärkt werden. [3]Sie sollen auch Wege aufzeigen, wie Konfliktsituationen in der Familie gewaltfrei gelöst werden können.

[1)] § 13a eingef. mWv 10.6.2021 durch G v. 3.6.2021 (BGBl. I S. 1444).

[2)] § 16 Abs. 5 aufgeh. mWv 1.8.2013 durch G v. 15.2.2013 (BGBl. I S. 254); Abs. 2 Nr. 1 geänd. mWv 25.7.2015 durch G v. 17.7.2015 (BGBl. I S. 1368); Abs. 1 Satz 2 neu gef., Abs. 2 Nr. 1 geänd., Satz 2 angef. mWv 10.6.2021 durch G v. 3.6.2021 (BGBl. I S. 1444).

(2) [1] Leistungen zur Förderung der Erziehung in der Familie sind insbesondere

1. Angebote der Familienbildung, die auf Bedürfnisse und Interessen sowie auf Erfahrungen von Familien in unterschiedlichen Lebenslagen und Erziehungssituationen eingehen, die Familien in ihrer Gesundheitskompetenz stärken, die Familie zur Mitarbeit in Erziehungseinrichtungen und in Formen der Selbst- und Nachbarschaftshilfe besser befähigen, zu ihrer Teilhabe beitragen sowie junge Menschen auf Ehe, Partnerschaft und das Zusammenleben mit Kindern vorbereiten,
2. Angebote der Beratung in allgemeinen Fragen der Erziehung und Entwicklung junger Menschen,
3. Angebote der Familienfreizeit und der Familienerholung, insbesondere in belastenden Familiensituationen, die bei Bedarf die erzieherische Betreuung der Kinder einschließen.

[2] Dabei soll die Entwicklung vernetzter, kooperativer, niedrigschwelliger, partizipativer und sozialraumorientierter Angebotsstrukturen unterstützt werden.

(3) Müttern und Vätern sowie schwangeren Frauen und werdenden Vätern sollen Beratung und Hilfe in Fragen der Partnerschaft und des Aufbaus elterlicher Erziehungs- und Beziehungskompetenzen angeboten werden.

(4) Das Nähere über Inhalt und Umfang der Aufgaben regelt das Landesrecht.

§ 17 Beratung in Fragen der Partnerschaft, Trennung und Scheidung.

(1) [1] Mütter und Väter haben im Rahmen der Jugendhilfe Anspruch auf Beratung in Fragen der Partnerschaft, wenn sie für ein Kind oder einen Jugendlichen zu sorgen haben oder tatsächlich sorgen. [2] Die Beratung soll helfen,

1. ein partnerschaftliches Zusammenleben in der Familie aufzubauen,
2. Konflikte und Krisen in der Familie zu bewältigen,
3. im Fall der Trennung oder Scheidung die Bedingungen für eine dem Wohl des Kindes oder des Jugendlichen förderliche Wahrnehmung der Elternverantwortung zu schaffen.

(2) Im Fall der Trennung und Scheidung sind Eltern unter angemessener Beteiligung des betroffenen Kindes oder Jugendlichen bei der Entwicklung eines einvernehmlichen Konzepts für die Wahrnehmung der elterlichen Sorge und der elterlichen Verantwortung zu unterstützen; dieses Konzept kann auch als Grundlage für einen Vergleich oder eine gerichtliche Entscheidung im familiengerichtlichen Verfahren dienen.

(3) Die Gerichte teilen die Rechtshängigkeit von Scheidungssachen, wenn gemeinschaftliche minderjährige Kinder vorhanden sind, sowie Namen und Anschriften der *beteiligte*[1)] Eheleute und Kinder dem Jugendamt mit, damit dieses die Eltern über das Leistungsangebot der Jugendhilfe nach Absatz 2 unterrichtet.

§ 18[2)] Beratung und Unterstützung bei der Ausübung der Personensorge und des Umgangsrechts. (1) Mütter und Väter, die allein für ein Kind oder einen Jugendlichen zu sorgen haben oder tatsächlich sorgen, haben Anspruch auf Beratung und Unterstützung

---

[1)] Richtig wohl: „beteiligten".

[2)] § 18 Abs. 2 geänd. mWv 19.5.2013 durch G v. 16.4.2013 (BGBl. I S. 795); Abs. 3 Satz 2 geänd. mWv 1.1.2014 durch G v. 29.8.2013 (BGBl. I S. 3464).

1. bei der Ausübung der Personensorge einschließlich der Geltendmachung von Unterhalts- oder Unterhaltsersatzansprüchen des Kindes oder Jugendlichen,
2. bei der Geltendmachung ihrer Unterhaltsansprüche nach § 1615l des Bürgerlichen Gesetzbuchs[1].

(2) Mütter und Väter, die mit dem anderen Elternteil nicht verheiratet sind, haben Anspruch auf Beratung über die Abgabe einer Sorgeerklärung und die Möglichkeit der gerichtlichen Übertragung der gemeinsamen elterlichen Sorge.

(3) [1] Kinder und Jugendliche haben Anspruch auf Beratung und Unterstützung bei der Ausübung des Umgangsrechts nach § 1684 Absatz 1 des Bürgerlichen Gesetzbuchs. [2] Sie sollen darin unterstützt werden, dass die Personen, die nach Maßgabe der §§ 1684, 1685 und 1686a des Bürgerlichen Gesetzbuchs zum Umgang mit ihnen berechtigt sind, von diesem Recht zu ihrem Wohl Gebrauch machen. [3] Eltern, andere Umgangsberechtigte sowie Personen, in deren Obhut sich das Kind befindet, haben Anspruch auf Beratung und Unterstützung bei der Ausübung des Umgangsrechts. [4] Bei der Befugnis, Auskunft über die persönlichen Verhältnisse des Kindes zu verlangen, bei der Herstellung von Umgangskontakten und bei der Ausführung gerichtlicher oder vereinbarter Umgangsregelungen soll vermittelt und in geeigneten Fällen Hilfestellung geleistet werden.

(4) Ein junger Volljähriger hat bis zur Vollendung des 21. Lebensjahres Anspruch auf Beratung und Unterstützung bei der Geltendmachung von Unterhalts- oder Unterhaltsersatzansprüchen.

§ 19[2] Gemeinsame Wohnformen für Mütter/Väter und Kinder.

(1) [1] Mütter oder Väter, die allein für ein Kind unter sechs Jahren zu sorgen haben oder tatsächlich sorgen, sollen gemeinsam mit dem Kind in einer geeigneten Wohnform betreut werden, wenn und solange sie auf Grund ihrer Persönlichkeitsentwicklung dieser Form der Unterstützung bei der Pflege und Erziehung des Kindes bedürfen. [2] Die Betreuung schließt auch ältere Geschwister ein, sofern die Mutter oder der Vater für sie allein zu sorgen hat. [3] Die Betreuung umfasst Leistungen, die die Bedürfnisse der Mutter oder des Vaters sowie des Kindes und seiner Geschwister gleichermaßen berücksichtigen. [4] Eine schwangere Frau kann auch vor der Geburt des Kindes in der Wohnform betreut werden.

(2) [1] Mit Zustimmung des betreuten Elternteils soll auch der andere Elternteil oder eine Person, die für das Kind tatsächlich sorgt, in die Leistung einbezogen werden, wenn und soweit dies dem Leistungszweck dient. [2] Abweichend von Absatz 1 Satz 1 kann diese Einbeziehung die gemeinsame Betreuung der in Satz 1 genannten Personen mit dem Kind in einer geeigneten Wohnform umfassen, wenn und solange dies zur Erreichung des Leistungszwecks erforderlich ist

(3) Während dieser Zeit soll darauf hingewirkt werden, dass die Mutter oder der Vater eine schulische oder berufliche Ausbildung beginnt oder fortführt oder eine Berufstätigkeit aufnimmt.

(4) Die Leistung soll auch den notwendigen Unterhalt der betreuten Personen sowie die Krankenhilfe nach Maßgabe des § 40 umfassen.

---

[1] **Habersack, Deutsche Gesetze Nr. 20.**

[2] § 19 Abs. 1 Satz 3 eingef., bish. Satz 3 wird Satz 4, Abs. 2 eingef., bish. Abs. 2 und 3 werden Abs. 3 und 4 mWv 10.6.2021 durch G v. 3.6.2021 (BGBl. I S. 1444).

§ 20[1] Betreuung und Versorgung des Kindes in Notsituationen.
(1) Eltern haben einen Anspruch auf Unterstützung bei der Betreuung und Versorgung des im Haushalt lebenden Kindes, wenn

1. ein Elternteil, der für die Betreuung des Kindes überwiegend verantwortlich ist, aus gesundheitlichen oder anderen zwingenden Gründen ausfällt,
2. das Wohl des Kindes nicht anderweitig, insbesondere durch Übernahme der Betreuung durch den anderen Elternteil, gewährleistet werden kann,
3. der familiäre Lebensraum für das Kind erhalten bleiben soll und
4. Angebote der Förderung des Kindes in Tageseinrichtungen oder in Kindertagespflege nicht ausreichen.

(2) [1] Unter der Voraussetzung, dass eine Vereinbarung nach Absatz 3 Satz 2 abgeschlossen wurde, können bei der Betreuung und Versorgung des Kindes auch ehrenamtlich tätige Patinnen und Paten zum Einsatz kommen. [2] Die Art und Weise der Unterstützung und der zeitliche Umfang der Betreuung und Versorgung des Kindes sollen sich nach dem Bedarf im Einzelfall richten.

(3) [1] § 36a Absatz 2 gilt mit der Maßgabe entsprechend, dass die niedrigschwellige unmittelbare Inanspruchnahme insbesondere zugelassen werden soll, wenn die Hilfe von einer Erziehungsberatungsstelle oder anderen Beratungsdiensten und -einrichtungen nach § 28 zusätzlich angeboten oder vermittelt wird. [2] In den Vereinbarungen entsprechend § 36a Absatz 2 Satz 2 sollen insbesondere auch die kontinuierliche und flexible Verfügbarkeit der Hilfe sowie die professionelle Anleitung und Begleitung beim Einsatz von ehrenamtlichen Patinnen und Paten sichergestellt werden.

§ 21 Unterstützung bei notwendiger Unterbringung zur Erfüllung der Schulpflicht. [1] Können Personensorgeberechtigte wegen des mit ihrer beruflichen Tätigkeit verbundenen ständigen Ortswechsels die Erfüllung der Schulpflicht ihres Kindes oder Jugendlichen nicht sicherstellen und ist deshalb eine anderweitige Unterbringung des Kindes oder des Jugendlichen notwendig, so haben sie Anspruch auf Beratung und Unterstützung. [2] In geeigneten Fällen können die Kosten der Unterbringung in einer für das Kind oder den Jugendlichen geeigneten Wohnform einschließlich des notwendigen Unterhalts sowie die Krankenhilfe übernommen werden. [3] Die Leistung kann über das schulpflichtige Alter hinaus gewährt werden, sofern eine begonnene Schulausbildung noch nicht abgeschlossen ist, längstens aber bis zur Vollendung des 21. Lebensjahres.

Dritter Abschnitt. Förderung von Kindern in Tageseinrichtungen und in Kindertagespflege

§ 22[2] Grundsätze der Förderung[3]. (1) [1] Tageseinrichtungen sind Einrichtungen, in denen sich Kinder für einen Teil des Tages oder ganztägig aufhalten und in Gruppen gefördert werden. [2] Kindertagespflege wird von einer geeigneten Kindertagespflegeperson in ihrem Haushalt, im Haushalt des Erziehungsberechtigten oder in anderen geeigneten Räumen geleistet. [3] Nutzen mehrere Kindertagespflegepersonen Räumlichkeiten gemeinsam, ist die vertragliche und pädagogische Zuord-

---

[1] *§ 20 neu gef.* mWv 10.6.2021 durch G v. 3.6.2021 (BGBl. I S. 1444).
[2] § 22 Abs. 4 angef. mWv 1.1.2019 durch G v. 19.12.2018 (BGBl. I S. 2696); Abs. 1 Satz 2 geänd., Sätze 3 und 4 eingef., bish. Satz 3 wird Satz 5, bish. Satz 4 aufgeh., Abs. 2 Nr. 1 und 3 geänd. Sätze 2 und 3 angef. mWv 10.6.2021 durch G v. 3.6.2021 (BGBl. I S. 1444).
[3] Siehe hierzu auch das KiTa-Qualitäts- und -TeilhabeverbesserungsG v. 19.12.2018 (BGBl. I S. 2696).

nung jedes einzelnen Kindes zu einer bestimmten Kindertagespflegeperson zu gewährleisten. [4] Eine gegenseitige kurzzeitige Vertretung der Kindertagespflegepersonen aus einem gewichtigen Grund steht dem nicht entgegen. [5] Das Nähere über die Abgrenzung von Tageseinrichtungen und Kindertagespflege regelt das Landesrecht.

(2) [1] Tageseinrichtungen für Kinder und Kindertagespflege sollen

1. die Entwicklung des Kindes zu einer selbstbestimmten, eigenverantwortlichen und gemeinschaftsfähigen Persönlichkeit fördern,
2. die Erziehung und Bildung in der Familie unterstützen und ergänzen,
3. den Eltern dabei helfen, Erwerbstätigkeit, Kindererziehung und familiäre Pflege besser miteinander vereinbaren zu können.

[2] Hierzu sollen sie die Erziehungsberechtigten einbeziehen und mit dem Träger der öffentlichen Jugendhilfe und anderen Personen, Diensten oder Einrichtungen, die bei der Leistungserbringung für das Kind tätig werden, zusammenarbeiten. [3] Sofern Kinder mit und ohne Behinderung gemeinsam gefördert werden, arbeiten die Tageseinrichtungen für Kinder und Kindertagespflege und der Träger der öffentlichen Jugendhilfe mit anderen beteiligten Rehabilitationsträgern zusammen.

(3) [1] Der Förderungsauftrag umfasst Erziehung, Bildung und Betreuung des Kindes und bezieht sich auf die soziale, emotionale, körperliche und geistige Entwicklung des Kindes. [2] Er schließt die Vermittlung orientierender Werte und Regeln ein. [3] Die Förderung soll sich am Alter und Entwicklungsstand, den sprachlichen und sonstigen Fähigkeiten, der Lebenssituation sowie den Interessen und Bedürfnissen des einzelnen Kindes orientieren und seine ethnische Herkunft berücksichtigen.

(4) [1] Für die Erfüllung des Förderungsauftrags nach Absatz 3 sollen geeignete Maßnahmen zur Gewährleistung der Qualität der Förderung von Kindern in Tageseinrichtungen und in der Kindertagespflege weiterentwickelt werden. [2] Das Nähere regelt das Landesrecht.

§ 22a[1)] Förderung in Tageseinrichtungen. (1) [1] Die Träger der öffentlichen Jugendhilfe sollen die Qualität der Förderung in ihren Einrichtungen durch geeignete Maßnahmen sicherstellen und weiterentwickeln. [2] Dazu gehören die Entwicklung und der Einsatz einer pädagogischen Konzeption als Grundlage für die Erfüllung des Förderungsauftrags sowie der Einsatz von Instrumenten und Verfahren zur Evaluation der Arbeit in den Einrichtungen.

(2) [1] Die Träger der öffentlichen Jugendhilfe sollen sicherstellen, dass die Fachkräfte in ihren Einrichtungen zusammenarbeiten

1. mit den Erziehungsberechtigten und Kindertagespflegepersonen zum Wohl der Kinder und zur Sicherung der Kontinuität des Erziehungsprozesses,
2. mit anderen kinder- und familienbezogenen Institutionen und Initiativen im Gemeinwesen, insbesondere solchen der Familienbildung und -beratung,
3. mit den Schulen, um den Kindern einen guten Übergang in die Schule zu sichern und um die Arbeit mit Schulkindern in Horten und altersgemischten Gruppen zu unterstützen.

[2] Die Erziehungsberechtigten sind an den Entscheidungen in wesentlichen Angelegenheiten der Erziehung, Bildung und Betreuung zu beteiligen.

[1)] § 22a Abs. 2 Satz 1 Nr. 1 geänd., Abs. 4 neu gef. mWv 10.6.2021 durch G v. 3.6.2021 (BGBl. I S. 1444).

(3) [1] Das Angebot soll sich pädagogisch und organisatorisch an den Bedürfnissen der Kinder und ihrer Familien orientieren. [2] Werden Einrichtungen in den Ferienzeiten geschlossen, so hat der Träger der öffentlichen Jugendhilfe für die Kinder, die nicht von den Erziehungsberechtigten betreut werden können, eine anderweitige Betreuungsmöglichkeit sicherzustellen.

(4) [1] Kinder mit Behinderungen und Kinder ohne Behinderungen sollen gemeinsam gefördert werden. [2] Die besonderen Bedürfnisse von Kindern mit Behinderungen und von Kindern, die von Behinderung bedroht sind, sind zu berücksichtigen.

(5) Die Träger der öffentlichen Jugendhilfe sollen die Realisierung des Förderungsauftrags nach Maßgabe der Absätze 1 bis 4 in den Einrichtungen anderer Träger durch geeignete Maßnahmen sicherstellen.

§ 23[1)] Förderung in Kindertagespflege. (1) Die Förderung in Kindertagespflege nach Maßgabe von § 24 umfasst die Vermittlung des Kindes zu einer geeigneten Kindertagespflegeperson, soweit diese nicht von der erziehungsberechtigten Person nachgewiesen wird, deren fachliche Beratung, Begleitung und weitere Qualifizierung sowie die Gewährung einer laufenden Geldleistung an die Kindertagespflegeperson.

(2) Die laufende Geldleistung nach Absatz 1 umfasst

1. die Erstattung angemessener Kosten, die der Kindertagespflegeperson für den Sachaufwand entstehen,
2. einen Betrag zur Anerkennung ihrer Förderungsleistung nach Maßgabe von Absatz 2a,
3. die Erstattung nachgewiesener Aufwendungen für Beiträge zu einer angemessenen Unfallversicherung sowie die hälftige Erstattung nachgewiesener Aufwendungen zu einer angemessenen Alterssicherung der Kindertagespflegeperson und
4. die hälftige Erstattung nachgewiesener Aufwendungen zu einer angemessenen Kranken- und Pflegeversicherung.

(2a) [1] Die Höhe der laufenden Geldleistung wird von den Trägern der öffentlichen Jugendhilfe festgelegt, soweit Landesrecht nicht etwas anderes bestimmt. [2] Der Betrag zur Anerkennung der Förderungsleistung der Kindertagespflegeperson ist leistungsgerecht auszugestalten. [3] Dabei sind der zeitliche Umfang der Leistung und die Anzahl sowie der Förderbedarf der betreuten Kinder zu berücksichtigen.

(3) [1] Geeignet im Sinne von Absatz 1 sind Personen, die sich durch ihre Persönlichkeit, Sachkompetenz und Kooperationsbereitschaft mit Erziehungsberechtigten und anderen Kindertagespflegepersonen auszeichnen und über kindgerechte Räumlichkeiten verfügen. [2] Sie sollen über vertiefte Kenntnisse hinsichtlich der Anforderungen der Kindertagespflege verfügen, die sie in qualifizierten Lehrgängen erworben oder in anderer Weise nachgewiesen haben.

(4) [1] Erziehungsberechtigte und Kindertagespflegepersonen haben Anspruch auf Beratung in allen Fragen der Kindertagespflege. [2] Für Ausfallzeiten einer Kindertagespflegeperson ist rechtzeitig eine andere Betreuungsmöglichkeit für das Kind sicherzustellen. [3] Zusammenschlüsse von Kindertagespflegepersonen sollen beraten, unterstützt und gefördert werden.

[1)] § 23 Abs. 1, Abs. 2 Nr. 1, 3 und 4, Abs. 2a Satz 2, Abs. 3 Satz 1, Abs. 4 Sätze 1–3 geänd. mWv 10.6. 2021 durch G v. 3.6.2021 (BGBl. I S. 1444).

§ 24[1)] Anspruch auf Förderung in Tageseinrichtungen und in Kindertagespflege. (1) [1] Ein Kind, das das erste Lebensjahr noch nicht vollendet hat, ist in einer Einrichtung oder in Kindertagespflege zu fördern, wenn

1. diese Leistung für seine Entwicklung zu einer selbstbestimmten, eigenverantwortlichen und gemeinschaftsfähigen Persönlichkeit geboten ist oder
2. die Erziehungsberechtigten
   a) einer Erwerbstätigkeit nachgehen, eine Erwerbstätigkeit aufnehmen oder Arbeit suchend sind,
   b) sich in einer beruflichen Bildungsmaßnahme, in der Schulausbildung oder Hochschulausbildung befinden oder
   c) Leistungen zur Eingliederung in Arbeit im Sinne des Zweiten Buches erhalten.

[2] Lebt das Kind nur mit einem Erziehungsberechtigten zusammen, so tritt diese Person an die Stelle der Erziehungsberechtigten. [3] Der Umfang der täglichen Förderung richtet sich nach dem individuellen Bedarf.

(2) [1] Ein Kind, das das erste Lebensjahr vollendet hat, hat bis zur Vollendung des dritten Lebensjahres Anspruch auf frühkindliche Förderung in einer Tageseinrichtung oder in Kindertagespflege. [2] Absatz 1 Satz 3 gilt entsprechend.

(3) [1] Ein Kind, das das dritte Lebensjahr vollendet hat, hat bis zum Schuleintritt Anspruch auf Förderung in einer Tageseinrichtung. [2] Die Träger der öffentlichen Jugendhilfe haben darauf hinzuwirken, dass für diese Altersgruppe ein bedarfsgerechtes Angebot an Ganztagsplätzen zur Verfügung steht. [3] Das Kind kann bei besonderem Bedarf oder ergänzend auch in Kindertagespflege gefördert werden.

[Abs. 4 ab 1.8.2026:]

(4) ***[Satz 1 bis 31.7.2029:]*** *[1] Ein Kind, das im Schuljahr 2026/2027 oder in den folgenden Schuljahren die erste Klassenstufe besucht, hat ab dem Schuleintritt bis zum Beginn der fünften Klassenstufe einen Anspruch auf Förderung in einer Tageseinrichtung.* ***[Satz 1 ab 1.8.2029:]*** *[1] Ein Kind hat ab Schuleintritt bis zum Beginn der fünften Klassenstufe einen Anspruch auf Förderung in einer Tageseinrichtung. [2] Der Anspruch besteht an Werktagen im Umfang von acht Stunden täglich. [3] Der Anspruch des Kindes auf Förderung in Tageseinrichtungen gilt im zeitlichen Umfang des Unterrichts sowie der Angebote der Ganztagsgrundschulen, einschließlich der offenen Ganztagsgrundschulen, als erfüllt. [4] Landesrecht kann eine Schließzeit der Einrichtung im Umfang von bis zu vier Wochen im Jahr während der Schulferien regeln. [5] Über den vom Anspruch umfassten zeitlichen Umfang nach Satz 2 hinaus ist ein bedarfsgerechtes Angebot in Tageseinrichtungen vorzuhalten; dieser Umfang der Förderung richtet sich nach dem individuellen Bedarf. [6] Absatz 3 Satz 3 gilt entsprechend.*

(4) ***[ab 1.8.2026: (5)] [Satz 1 bis 31.7.2029:]*** [1] Für Kinder im schulpflichtigen Alter ist ein bedarfsgerechtes Angebot in Tageseinrichtungen vorzuhalten ***[ab 1.8. 2026:*** *, sofern ein Anspruch nach Absatz 4 nicht besteht****]****.* ***[Satz 1 ab 1.8.2029:]*** *[1] Für Kinder ab Beginn der fünften Klassenstufe ist ein bedarfsgerechtes Angebot in Tageseinrichtungen vorzuhalten.* [2] Absatz 1 Satz 3 und Absatz 3 Satz 3 gelten entsprechend.

(5) ***[ab 1.8.2026: (6)]*** [1] Die Träger der öffentlichen Jugendhilfe oder die von ihnen beauftragten Stellen sind verpflichtet, Eltern oder Elternteile, die Leistungen

---

[1)] § 24 neu gef. mWv 1.8.2013 durch G v. 10.12.2008 (BGBl. I S. 2403); Abs. 1 Satz 1 Nr. 1 geänd. mWv 10.6.2021 durch G v. 3.6.2021 (BGBl. I S. 1444); Abs. 4 eingef., bish. Abs. 4 wird Abs. 5 und Satz 1 geänd., bish. Abs. 5 wird Abs. 6 und Satz 1 geänd., bish. Abs. 6 wird Abs. 7 mWv 1.8.2026; Abs. 4 Satz 1 und Abs. 5 Satz 1 neu gef. mWv 1.8.2029 durch G v. 2.10.2021 (BGBl. I S. 4602).

nach den Absätzen 1 bis *[bis 31.7.2026:* 4]*[ab 1.8.2026: 5]* in Anspruch nehmen wollen, über das Platzangebot im örtlichen Einzugsbereich und die pädagogische Konzeption der Einrichtungen zu informieren und sie bei der Auswahl zu beraten. [2] Landesrecht kann bestimmen, dass die erziehungsberechtigten Personen den zuständigen Träger der öffentlichen Jugendhilfe oder die beauftragte Stelle innerhalb einer bestimmten Frist vor der beabsichtigten Inanspruchnahme der Leistung in Kenntnis setzen.

(6) *[ab 1.8.2026: (7)]* Weitergehendes Landesrecht bleibt unberührt.

§ 24a[1)] Bericht zum Ausbaustand der ganztägigen Bildungs- und Betreuungsangebote für Grundschulkinder. Die Bundesregierung hat dem Deutschen Bundestag jährlich einen Bericht über den Ausbaustand der ganztägigen Bildungs- und Betreuungsangebote für Grundschulkinder vorzulegen.

§ 25 Unterstützung selbst organisierter Förderung von Kindern. Mütter, Väter und andere Erziehungsberechtigte, die die Förderung von Kindern selbst organisieren wollen, sollen beraten und unterstützt werden.

§ 26 Landesrechtsvorbehalt. [1] Das Nähere über Inhalt und Umfang der in diesem Abschnitt geregelten Aufgaben und Leistungen regelt das Landesrecht. [2] Am 31. Dezember 1990 geltende landesrechtliche Regelungen, die das Kindergartenwesen dem Bildungsbereich zuweisen, bleiben unberührt.

Vierter Abschnitt. Hilfe zur Erziehung, Eingliederungshilfe für seelisch behinderte Kinder und Jugendliche, Hilfe für junge Volljährige

Erster Unterabschnitt. Hilfe zur Erziehung

§ 27[2)] Hilfe zur Erziehung. (1) Ein Personensorgeberechtigter hat bei der Erziehung eines Kindes oder eines Jugendlichen Anspruch auf Hilfe (Hilfe zur Erziehung), wenn eine dem Wohl des Kindes oder des Jugendlichen entsprechende Erziehung nicht gewährleistet ist und die Hilfe für seine Entwicklung geeignet und notwendig ist.

(2) [1] Hilfe zur Erziehung wird insbesondere nach Maßgabe der §§ 28 bis 35 gewährt. [2] Art und Umfang der Hilfe richten sich nach dem erzieherischen Bedarf im Einzelfall; dabei soll das engere soziale Umfeld des Kindes oder des Jugendlichen einbezogen werden. [3] Unterschiedliche Hilfearten können miteinander kombiniert werden, sofern dies dem erzieherischen Bedarf des Kindes oder Jugendlichen im Einzelfall entspricht.

(2a) Ist eine Erziehung des Kindes oder Jugendlichen außerhalb des Elternhauses erforderlich, so entfällt der Anspruch auf Hilfe zur Erziehung nicht dadurch, dass eine andere unterhaltspflichtige Person bereit ist, diese Aufgabe zu übernehmen; die Gewährung von Hilfe zur Erziehung setzt in diesem Fall voraus, dass diese Person bereit und geeignet ist, den Hilfebedarf in Zusammenarbeit mit dem Träger der öffentlichen Jugendhilfe nach Maßgabe der §§ 36 und 37 zu decken.

(3) [1] Hilfe zur Erziehung umfasst insbesondere die Gewährung pädagogischer und damit verbundener therapeutischer Leistungen. [2] Bei Bedarf soll sie Ausbildungs- und Beschäftigungsmaßnahmen im Sinne des § 13 Absatz 2 einschließen und kann mit anderen Leistungen nach diesem Buch kombiniert werden. [3] Die in

---

[1)] § 24a eingef. mWv 1.1.2023 durch G v. 2.10.2021 (BGBl. I S. 4602).

[2)] § 27 Abs. 2 Satz 3 und Abs. 3 Satz 2 neu gef., Satz 3 angef. mWv 10.6.2021 durch G v. 3.6.2021 (BGBl. I S. 1444).

der Schule oder Hochschule wegen des erzieherischen Bedarfs erforderliche Anleitung und Begleitung können als Gruppenangebote an Kinder oder Jugendliche gemeinsam erbracht werden, soweit dies dem Bedarf des Kindes oder Jugendlichen im Einzelfall entspricht.

(4) Wird ein Kind oder eine Jugendliche während ihres Aufenthaltes in einer Einrichtung oder einer Pflegefamilie selbst Mutter eines Kindes, so umfasst die Hilfe zur Erziehung auch die Unterstützung bei der Pflege und Erziehung dieses Kindes.

§ 28 Erziehungsberatung. [1] Erziehungsberatungsstellen und andere Beratungsdienste und -einrichtungen sollen Kinder, Jugendliche, Eltern und andere Erziehungsberechtigte bei der Klärung und Bewältigung individueller und familienbezogener Probleme und der zugrunde liegenden Faktoren, bei der Lösung von Erziehungsfragen sowie bei Trennung und Scheidung unterstützen. [2] Dabei sollen Fachkräfte verschiedener Fachrichtungen zusammenwirken, die mit unterschiedlichen methodischen Ansätzen vertraut sind.

§ 29 Soziale Gruppenarbeit. [1] Die Teilnahme an sozialer Gruppenarbeit soll älteren Kindern und Jugendlichen bei der Überwindung von Entwicklungsschwierigkeiten und Verhaltensproblemen helfen. [2] Soziale Gruppenarbeit soll auf der Grundlage eines gruppenpädagogischen Konzepts die Entwicklung älterer Kinder und Jugendlicher durch soziales Lernen in der Gruppe fördern.

§ 30 Erziehungsbeistand, Betreuungshelfer. Der Erziehungsbeistand und der Betreuungshelfer sollen das Kind oder den Jugendlichen bei der Bewältigung von Entwicklungsproblemen möglichst unter Einbeziehung des sozialen Umfelds unterstützen und unter Erhaltung des Lebensbezugs zur Familie seine Verselbständigung fördern.

§ 31 Sozialpädagogische Familienhilfe. [1] Sozialpädagogische Familienhilfe soll durch intensive Betreuung und Begleitung Familien in ihren Erziehungsaufgaben, bei der Bewältigung von Alltagsproblemen, der Lösung von Konflikten und Krisen sowie im Kontakt mit Ämtern und Institutionen unterstützen und Hilfe zur Selbsthilfe geben. [2] Sie ist in der Regel auf längere Dauer angelegt und erfordert die Mitarbeit der Familie.

§ 32 Erziehung in einer Tagesgruppe. [1] Hilfe zur Erziehung in einer Tagesgruppe soll die Entwicklung des Kindes oder des Jugendlichen durch soziales Lernen in der Gruppe, Begleitung der schulischen Förderung und Elternarbeit unterstützen und dadurch den Verbleib des Kindes oder des Jugendlichen in seiner Familie sichern. [2] Die Hilfe kann auch in geeigneten Formen der Familienpflege geleistet werden.

§ 33 Vollzeitpflege. [1] Hilfe zur Erziehung in Vollzeitpflege soll entsprechend dem Alter und Entwicklungsstand des Kindes oder des Jugendlichen und seinen persönlichen Bindungen sowie den Möglichkeiten der Verbesserung der Erziehungsbedingungen in der Herkunftsfamilie Kindern und Jugendlichen in einer anderen Familie eine zeitlich befristete Erziehungshilfe oder eine auf Dauer angelegte Lebensform bieten. [2] Für besonders entwicklungsbeeinträchtigte Kinder und Jugendliche sind geeignete Formen der Familienpflege zu schaffen und auszubauen.

§ 34 Heimerziehung, sonstige betreute Wohnform. [1] Hilfe zur Erziehung in einer Einrichtung über Tag und Nacht (Heimerziehung) oder in einer sonstigen betreuten Wohnform soll Kinder und Jugendliche durch eine Verbindung von Alltagserleben mit pädagogischen und therapeutischen Angeboten in ihrer Entwicklung fördern. [2] Sie soll entsprechend dem Alter und Entwicklungsstand des Kindes oder des Jugendlichen sowie den Möglichkeiten der Verbesserung der Erziehungsbedingungen in der Herkunftsfamilie

1. eine Rückkehr in die Familie zu erreichen versuchen oder
2. die Erziehung in einer anderen Familie vorbereiten oder
3. eine auf längere Zeit angelegte Lebensform bieten und auf ein selbständiges Leben vorbereiten.

[3] Jugendliche sollen in Fragen der Ausbildung und Beschäftigung sowie der allgemeinen Lebensführung beraten und unterstützt werden.

§ 35 Intensive sozialpädagogische Einzelbetreuung. [1] Intensive sozialpädagogische Einzelbetreuung soll Jugendlichen gewährt werden, die einer intensiven Unterstützung zur sozialen Integration und zu einer eigenverantwortlichen Lebensführung bedürfen. [2] Die Hilfe ist in der Regel auf längere Zeit angelegt und soll den individuellen Bedürfnissen des Jugendlichen Rechnung tragen.

Zweiter Unterabschnitt. Eingliederungshilfe für seelisch behinderte Kinder und Jugendliche

§ 35a[1)] Eingliederungshilfe für Kinder und Jugendliche mit seelischer Behinderung oder drohender seelischer Behinderung. (1) [1] Kinder oder Jugendliche haben Anspruch auf Eingliederungshilfe, wenn

1. ihre seelische Gesundheit mit hoher Wahrscheinlichkeit länger als sechs Monate von dem für ihr Lebensalter typischen Zustand abweicht, und
2. daher ihre Teilhabe am Leben in der Gesellschaft beeinträchtigt ist oder eine solche Beeinträchtigung zu erwarten ist.

[2] Von einer seelischen Behinderung bedroht im Sinne dieser Vorschrift sind Kinder oder Jugendliche, bei denen eine Beeinträchtigung ihrer Teilhabe am Leben in der Gesellschaft nach fachlicher Erkenntnis mit hoher Wahrscheinlichkeit zu erwarten ist. [3] § 27 Absatz 4 gilt entsprechend.

(1a) [1] Hinsichtlich der Abweichung der seelischen Gesundheit nach Absatz 1 Satz 1 Nummer 1 hat der Träger der öffentlichen Jugendhilfe die Stellungnahme

1. eines Arztes für Kinder- und Jugendpsychiatrie und -psychotherapie,
2. eines Kinder- und Jugendlichenpsychotherapeuten, eines Psychotherapeuten mit einer Weiterbildung für die Behandlung von Kindern und Jugendlichen oder
3. eines Arztes oder eines psychologischen Psychotherapeuten, der über besondere Erfahrungen auf dem Gebiet seelischer Störungen bei Kindern und Jugendlichen verfügt,

---

1) *§ 35a* Abs. 3 neu gef. mWv 1.1.2020 durch G v. 23.12.2016 (BGBl. I S. 3234, geänd. durch G v. 17.7.2017, BGBl. I S. 2541); Abs. 1a Satz 1 Nr. 2 neu gef. mWv 1.9.2020 durch G v. 15.11.2019 (BGBl. I S. 1604); Abs. 1a Satz 2 geänd. mWv 26.5.2020 durch G v. 28.4.2020 (BGBl. I S. 960, geänd. durch G v. 19.5.2020, BGBl. I S. 1018); Überschrift neu gef., Abs. 1 Satz 2 geänd., Abs. 1a Satz 4 eingef., bish. Satz 4 wird Satz 5 mWv 10.6.2021 durch G v. 3.6.2021 (BGBl. I S. 1444).

einzuholen. [2] Die Stellungnahme ist auf der Grundlage der Internationalen Klassifikation der Krankheiten in der vom Bundesinstitut für Arzneimittel und Medizinprodukte herausgegebenen deutschen Fassung zu erstellen. [3] Dabei ist auch darzulegen, ob die Abweichung Krankheitswert hat oder auf einer Krankheit beruht. [4] Enthält die Stellungnahme auch Ausführungen zu Absatz 1 Satz 1 Nummer 2, so sollen diese vom Träger der öffentlichen Jugendhilfe im Rahmen seiner Entscheidung angemessen berücksichtigt werden. [5] Die Hilfe soll nicht von der Person oder dem Dienst oder der Einrichtung, der die Person angehört, die die Stellungnahme abgibt, erbracht werden.

(2) Die Hilfe wird nach dem Bedarf im Einzelfall

1. in ambulanter Form,
2. in Tageseinrichtungen für Kinder oder in anderen teilstationären Einrichtungen,
3. durch geeignete Pflegepersonen und
4. in Einrichtungen über Tag und Nacht sowie sonstigen Wohnformen geleistet.

(3) Aufgabe und Ziele der Hilfe, die Bestimmung des Personenkreises sowie Art und Form der Leistungen richten sich nach Kapitel 6 des Teils 1 des Neunten Buches sowie § 90 und den Kapiteln 3 bis 6 des Teils 2 des Neunten Buches, soweit diese Bestimmungen auch auf seelisch behinderte oder von einer solchen Behinderung bedrohte Personen Anwendung finden und sich aus diesem Buch nichts anderes ergibt.

(4) [1] Ist gleichzeitig Hilfe zur Erziehung zu leisten, so sollen Einrichtungen, Dienste und Personen in Anspruch genommen werden, die geeignet sind, sowohl die Aufgaben der Eingliederungshilfe zu erfüllen als auch den erzieherischen Bedarf zu decken. [2] Sind heilpädagogische Maßnahmen für Kinder, die noch nicht im schulpflichtigen Alter sind, in Tageseinrichtungen für Kinder zu gewähren und lässt der Hilfebedarf es zu, so sollen Einrichtungen in Anspruch genommen werden, in denen behinderte und nicht behinderte Kinder gemeinsam betreut werden.

Dritter Unterabschnitt. Gemeinsame Vorschriften für die Hilfe zur Erziehung und die Eingliederungshilfe für seelisch behinderte Kinder und Jugendliche

§ 36[1)] Mitwirkung, Hilfeplan. (1) [1] Der Personensorgeberechtigte und das Kind oder der Jugendliche sind vor der Entscheidung über die Inanspruchnahme einer Hilfe und vor einer notwendigen Änderung von Art und Umfang der Hilfe zu beraten und auf die möglichen Folgen für die Entwicklung des Kindes oder des Jugendlichen hinzuweisen. [2] Es ist sicherzustellen, dass Beratung und Aufklärung nach Satz 1 in einer für den Personensorgeberechtigten und das Kind oder den Jugendlichen verständlichen, nachvollziehbaren und wahrnehmbaren Form erfolgen.

(2) [1] Die Entscheidung über die im Einzelfall angezeigte Hilfeart soll, wenn Hilfe voraussichtlich für längere Zeit zu leisten ist, im Zusammenwirken mehrerer Fachkräfte getroffen werden. [2] Als Grundlage für die Ausgestaltung der Hilfe sollen sie zusammen mit dem Personensorgeberechtigten und dem Kind oder dem Jugendlichen einen Hilfeplan aufstellen, der Feststellungen über den Bedarf, die zu gewährende Art der Hilfe sowie die notwendigen Leistungen enthält; sie sollen regelmäßig prüfen, ob die gewählte Hilfeart weiterhin geeignet und notwendig ist.

[1)] § 36 Abs. 1 Satz 2 neu gef., Sätze 3–5 aufgeh., Abs. 2 Satz 3 neu gef., Satz 4 aufgeh., Abs. 3 eingef., bish. Abs. 3 wird Abs. 4, bish. Abs. 4 wird Abs. 5 und neu gef. mWv 10.6.2021 durch G v. 3.6.2021 (BGBl. I S. 1444).

[3] Hat das Kind oder der Jugendliche ein oder mehrere Geschwister, so soll der Geschwisterbeziehung bei der Aufstellung und Überprüfung des Hilfeplans sowie bei der Durchführung der Hilfe Rechnung getragen werden.

(3) [1] Werden bei der Durchführung der Hilfe andere Personen, Dienste oder Einrichtungen tätig, so sind sie oder deren Mitarbeiterinnen und Mitarbeiter an der Aufstellung des Hilfeplans und seiner Überprüfung zu beteiligen. [2] Soweit dies zur Feststellung des Bedarfs, der zu gewährenden Art der Hilfe oder der notwendigen Leistungen nach Inhalt, Umfang und Dauer erforderlich ist, sollen öffentliche Stellen, insbesondere andere Sozialleistungsträger, Rehabilitationsträger oder die Schule beteiligt werden. [3] Gewährt der Träger der öffentlichen Jugendhilfe Leistungen zur Teilhabe, sind die Vorschriften zum Verfahren bei einer Mehrheit von Rehabilitationsträgern nach dem Neunten Buch zu beachten.

(4) Erscheinen Hilfen nach § 35a erforderlich, so soll bei der Aufstellung und Änderung des Hilfeplans sowie bei der Durchführung der Hilfe die Person, die eine Stellungnahme nach § 35a Absatz 1a abgegeben hat, beteiligt werden.

(5) Soweit dies zur Feststellung des Bedarfs, der zu gewährenden Art der Hilfe oder der notwendigen Leistungen nach Inhalt, Umfang und Dauer erforderlich ist und dadurch der Hilfezweck nicht in Frage gestellt wird, sollen Eltern, die nicht personensorgeberechtigt sind, an der Aufstellung des Hilfeplans und seiner Überprüfung beteiligt werden; die Entscheidung, ob, wie und in welchem Umfang deren Beteiligung erfolgt, soll im Zusammenwirken mehrerer Fachkräfte unter Berücksichtigung der Willensäußerung und der Interessen des Kindes oder Jugendlichen sowie der Willensäußerung des Personensorgeberechtigten getroffen werden.

§ 36a[1)] Steuerungsverantwortung, Selbstbeschaffung. (1) [1] Der Träger der öffentlichen Jugendhilfe trägt die Kosten der Hilfe grundsätzlich nur dann, wenn sie auf der Grundlage seiner Entscheidung nach Maßgabe des Hilfeplans unter Beachtung des Wunsch- und Wahlrechts erbracht wird; dies gilt auch in den Fällen, in denen Eltern durch das Familiengericht oder Jugendliche und junge Volljährige durch den Jugendrichter zur Inanspruchnahme von Hilfen verpflichtet werden. [2] Die Vorschriften über die Heranziehung zu den Kosten der Hilfe bleiben unberührt.

(2) [1] Abweichend von Absatz 1 soll der Träger der öffentlichen Jugendhilfe die niedrigschwellige unmittelbare Inanspruchnahme von ambulanten Hilfen, insbesondere der Erziehungsberatung nach § 28, zulassen. [2] Dazu soll der Träger der öffentlichen Jugendhilfe mit den Leistungserbringern Vereinbarungen schließen, in denen die Voraussetzungen und die Ausgestaltung der Leistungserbringung sowie die Übernahme der Kosten geregelt werden. [3] Dabei finden der nach § 80 Absatz 1 Nummer 2 ermittelte Bedarf, die Planungen zur Sicherstellung des bedarfsgerechten Zusammenwirkens der Angebote von Jugendhilfeleistungen in den Lebens- und Wohnbereichen von jungen Menschen und Familien nach § 80 Absatz 2 Nummer 3 sowie die geplanten Maßnahmen zur Qualitätsgewährleistung der Leistungserbringung nach § 80 Absatz 3 Beachtung.

(3) [1] Werden Hilfen abweichend von den Absätzen 1 und 2 vom Leistungsberechtigten selbst beschafft, so ist der Träger der öffentlichen Jugendhilfe zur Übernahme der erforderlichen Aufwendungen nur verpflichtet, wenn

[1)] § 36a Abs. 2 neu gef. mWv 10.6.2021 durch G v. 3.6.2021 (BGBl. I S. 1444).

1. der Leistungsberechtigte den Träger der öffentlichen Jugendhilfe vor der Selbstbeschaffung über den Hilfebedarf in Kenntnis gesetzt hat,
2. die Voraussetzungen für die Gewährung der Hilfe vorlagen und
3. die Deckung des Bedarfs
   a) bis zu einer Entscheidung des Trägers der öffentlichen Jugendhilfe über die Gewährung der Leistung oder
   b) bis zu einer Entscheidung über ein Rechtsmittel nach einer zu Unrecht abgelehnten Leistung

keinen zeitlichen Aufschub geduldet hat.

[2] War es dem Leistungsberechtigten unmöglich, den Träger der öffentlichen Jugendhilfe rechtzeitig über den Hilfebedarf in Kenntnis zu setzen, so hat er dies unverzüglich nach Wegfall des Hinderungsgrundes nachzuholen.

§ 36b[1] Zusammenarbeit beim Zuständigkeitsübergang. (1) [1] Zur Sicherstellung von Kontinuität und Bedarfsgerechtigkeit der Leistungsgewährung sind von den zuständigen öffentlichen Stellen, insbesondere von Sozialleistungsträgern oder Rehabilitationsträgern rechtzeitig im Rahmen des Hilfeplans Vereinbarungen zur Durchführung des Zuständigkeitsübergangs zu treffen. [2] Im Rahmen der Beratungen zum Zuständigkeitsübergang prüfen der Träger der öffentlichen Jugendhilfe und die andere öffentliche Stelle, insbesondere der andere Sozialleistungsträger oder Rehabilitationsträger gemeinsam, welche Leistung nach dem Zuständigkeitsübergang dem Bedarf des jungen Menschen entspricht.

(2) [1] Abweichend von Absatz 1 werden bei einem Zuständigkeitsübergang vom Träger der öffentlichen Jugendhilfe auf einen Träger der Eingliederungshilfe rechtzeitig im Rahmen eines Teilhabeplanverfahrens nach § 19 des Neunten Buches die Voraussetzungen für die Sicherstellung einer nahtlosen und bedarfsgerechten Leistungsgewährung nach dem Zuständigkeitsübergang geklärt. [2] Die Teilhabeplanung ist frühzeitig, in der Regel ein Jahr vor dem voraussichtlichen Zuständigkeitswechsel, vom Träger der Jugendhilfe einzuleiten. [3] Mit Zustimmung des Leistungsberechtigten oder seines Personensorgeberechtigten ist eine Teilhabeplankonferenz nach § 20 des Neunten Buches durchzuführen. [4] Stellt der beteiligte Träger der Eingliederungshilfe fest, dass seine Zuständigkeit sowie die Leistungsberechtigung absehbar gegeben sind, soll er entsprechend § 19 Absatz 5 des Neunten Buches die Teilhabeplanung vom Träger der öffentlichen Jugendhilfe übernehmen. [5] Dies beinhaltet gemäß § 21 des Neunten Buches auch die Durchführung des Verfahrens zur Gesamtplanung nach den §§ 117 bis 122 des Neunten Buches.

§ 37[2] Beratung und Unterstützung der Eltern, Zusammenarbeit bei Hilfen außerhalb der eigenen Familie. (1) [1] Werden Hilfen nach den §§ 32 bis 34 und 35a Absatz 2 Nummer 3 und 4 gewährt, haben die Eltern einen Anspruch auf Beratung und Unterstützung sowie Förderung der Beziehung zu ihrem Kind. [2] Durch Beratung und Unterstützung sollen die Entwicklungs-, Teilhabe- oder Erziehungsbedingungen in der Herkunftsfamilie innerhalb eines im Hinblick auf die Entwicklung des Kindes oder Jugendlichen vertretbaren Zeitraums so weit verbessert werden, dass sie das Kind oder den Jugendlichen wieder selbst erziehen kann. [3] Ist eine nachhaltige Verbesserung der Entwicklungs-, Teilhabe- oder Erziehungsbedingungen in der Herkunftsfamilie innerhalb dieses Zeitraums nicht erreichbar, so dienen die Beratung und Unterstützung der Eltern sowie die För-

---

[1] § 36b eingef. mWv 10.6.2021 durch G v. 3.6.2021 (BGBl. I S. 1444).
[2] § 37 neu gef. mWv 10.6.2021 durch G v. 3.6.2021 (BGBl. I S. 1444).

derung ihrer Beziehung zum Kind der Erarbeitung und Sicherung einer anderen, dem Wohl des Kindes oder Jugendlichen förderlichen und auf Dauer angelegten Lebensperspektive.

(2) [1] Bei den in Absatz 1 Satz 1 genannten Hilfen soll der Träger der öffentlichen Jugendhilfe die Zusammenarbeit der Pflegeperson oder der in der Einrichtung für die Erziehung verantwortlichen Person und der Eltern zum Wohl des Kindes oder Jugendlichen durch geeignete Maßnahmen fördern. [2] Der Träger der öffentlichen Jugendhilfe stellt dies durch eine abgestimmte Wahrnehmung der Aufgaben nach Absatz 1 und § 37a sicher.

(3) [1] Sofern der Inhaber der elterlichen Sorge durch eine Erklärung nach § 1688 Absatz 3 Satz 1 des Bürgerlichen Gesetzbuchs[1)] die Entscheidungsbefugnisse der Pflegeperson so weit einschränkt, dass die Einschränkung eine dem Wohl des Kindes oder des Jugendlichen förderliche Entwicklung nicht mehr ermöglicht, sollen die Beteiligten das Jugendamt einschalten. [2] Auch bei sonstigen Meinungsverschiedenheiten zwischen ihnen sollen die Beteiligten das Jugendamt einschalten.

§ 37a[2)] Beratung und Unterstützung der Pflegeperson. [1] Die Pflegeperson hat vor der Aufnahme des Kindes oder des Jugendlichen und während der Dauer des Pflegeverhältnisses Anspruch auf Beratung und Unterstützung. [2] Dies gilt auch in den Fällen, in denen für das Kind oder den Jugendlichen weder Hilfe zur Erziehung noch Eingliederungshilfe gewährt wird, und in den Fällen, in denen die Pflegeperson nicht der Erlaubnis zur Vollzeitpflege nach § 44 bedarf. [3] Lebt das Kind oder der Jugendliche bei einer Pflegeperson außerhalb des Bereichs des zuständigen Trägers der öffentlichen Jugendhilfe, so sind ortsnahe Beratung und Unterstützung sicherzustellen. [4] Der zuständige Träger der öffentlichen Jugendhilfe hat die aufgewendeten Kosten einschließlich der Verwaltungskosten auch in den Fällen zu erstatten, in denen die Beratung und Unterstützung im Wege der Amtshilfe geleistet werden. [5] Zusammenschlüsse von Pflegepersonen sollen beraten, unterstützt und gefördert werden.

§ 37b[3)] Sicherung der Rechte von Kindern und Jugendlichen in Familienpflege. (1) [1] Das Jugendamt stellt sicher, dass während der Dauer des Pflegeverhältnisses ein nach Maßgabe fachlicher Handlungsleitlinien gemäß § 79a Satz 2 entwickeltes Konzept zur Sicherung der Rechte des Kindes oder des Jugendlichen und zum Schutz vor Gewalt angewandt wird. [2] Hierzu sollen die Pflegeperson sowie das Kind oder der Jugendliche vor der Aufnahme und während der Dauer des Pflegeverhältnisses beraten und an der auf das konkrete Pflegeverhältnis bezogenen Ausgestaltung des Konzepts beteiligt werden.

(2) Das Jugendamt gewährleistet, dass das Kind oder der Jugendliche während der Dauer des Pflegeverhältnisses Möglichkeiten der Beschwerde in persönlichen Angelegenheiten hat und informiert das Kind oder den Jugendlichen hierüber.

(3) [1] Das Jugendamt soll den Erfordernissen des Einzelfalls entsprechend an Ort und Stelle überprüfen, ob eine dem Wohl des Kindes oder des Jugendlichen förderliche Entwicklung bei der Pflegeperson gewährleistet ist. [2] Die Pflegeperson hat das Jugendamt über wichtige Ereignisse zu unterrichten, die das Wohl des Kindes oder des Jugendlichen betreffen.

[1)] **Habersack, Deutsche Gesetze Nr. 20.**
[2)] § 37a eingef. mWv 10.6.2021 durch G v. 3.6.2021 (BGBl. I S. 1444).
[3)] § 37b eingef. mWv 10.6.2021 durch G v. 3.6.2021 (BGBl. I S. 1444).

§ 37c[1)] Ergänzende Bestimmungen zur Hilfeplanung bei Hilfen außerhalb der eigenen Familie. (1) [1]Bei der Aufstellung und Überprüfung des Hilfeplans nach § 36 Absatz 2 Satz 2 ist bei Hilfen außerhalb der eigenen Familie prozesshaft auch die Perspektive der Hilfe zu klären. [2]Der Stand der Perspektivklärung nach Satz 1 ist im Hilfeplan zu dokumentieren.

(2) [1]Maßgeblich bei der Perspektivklärung nach Absatz 1 ist, ob durch Leistungen nach diesem Abschnitt die Entwicklungs-, Teilhabe- oder Erziehungsbedingungen in der Herkunftsfamilie innerhalb eines im Hinblick auf die Entwicklung des Kindes oder Jugendlichen vertretbaren Zeitraums so weit verbessert werden, dass die Herkunftsfamilie das Kind oder den Jugendlichen wieder selbst erziehen, betreuen und fördern kann. [2]Ist eine nachhaltige Verbesserung der Entwicklungs-, Teilhabe- oder Erziehungsbedingungen in der Herkunftsfamilie innerhalb eines im Hinblick auf die Entwicklung des Kindes oder Jugendlichen vertretbaren Zeitraums nicht erreichbar, so soll mit den beteiligten Personen eine andere, dem Wohl des Kindes oder Jugendlichen förderliche und auf Dauer angelegte Lebensperspektive erarbeitet werden. [3]In diesem Fall ist vor und während der Gewährung der Hilfe insbesondere zu prüfen, ob die Annahme als Kind in Betracht kommt.

(3) [1]Bei der Auswahl der Einrichtung oder der Pflegeperson sind der Personensorgeberechtigte und das Kind oder der Jugendliche oder bei Hilfen nach § 41 der junge Volljährige zu beteiligen. [2]Der Wahl und den Wünschen des Leistungsberechtigten ist zu entsprechen, sofern sie nicht mit unverhältnismäßigen Mehrkosten verbunden sind. [3]Wünschen die in Satz 1 genannten Personen die Erbringung einer in § 78a genannten Leistung in einer Einrichtung, mit deren Träger keine Vereinbarungen nach § 78b bestehen, so soll der Wahl nur entsprochen werden, wenn die Erbringung der Leistung in dieser Einrichtung nach Maßgabe des Hilfeplans geboten ist. [4]Bei der Auswahl einer Pflegeperson, die ihren gewöhnlichen Aufenthalt außerhalb des Bereichs des örtlich zuständigen Trägers hat, soll der örtliche Träger der öffentlichen Jugendhilfe beteiligt werden, in dessen Bereich die Pflegeperson ihren gewöhnlichen Aufenthalt hat.

(4) [1]Die Art und Weise der Zusammenarbeit nach § 37 Absatz 2 sowie die damit im Einzelfall verbundenen Ziele sind im Hilfeplan zu dokumentieren. [2]Bei Hilfen nach den §§ 33, 35a Absatz 2 Nummer 3 zählen dazu auch der vereinbarte Umfang der Beratung und Unterstützung der Eltern nach § 37 Absatz 1 und der Pflegeperson nach § 37a Absatz 1 sowie die Höhe der laufenden Leistungen zum Unterhalt des Kindes oder Jugendlichen nach § 39. [3]Bei Hilfen für junge Volljährige nach § 41 gilt dies entsprechend in Bezug auf den vereinbarten Umfang der Beratung und Unterstützung der Pflegeperson sowie die Höhe der laufenden Leistungen zum Unterhalt. [4]Eine Abweichung von den im Hilfeplan gemäß den Sätzen 1 bis 3 getroffenen Feststellungen ist nur bei einer Änderung des Hilfebedarfs und entsprechender Änderung des Hilfeplans auch bei einem Wechsel der örtlichen Zuständigkeit zulässig.

§ 38[2)] Zulässigkeit von Auslandsmaßnahmen. (1) [1]Hilfen nach diesem Abschnitt sind in der Regel im Inland zu erbringen. [2]Sie dürfen nur dann im Ausland erbracht werden, wenn dies nach Maßgabe der Hilfeplanung zur Erreichung des

---

[1)] § 37c eingef. mWv 10.6.2021 durch G v. 3.6.2021 (BGBl. I S. 1444).

[2)] § 38 neu gef. mWv 10.6.2021 durch G v. 3.6.2021 (BGBl. I S. 1444); Abs. 1 Satz 2 Nr. 1 und Abs. 5 Satz 1 Nr. 4 Buchst. a neu gef. mWv 1.8.2022 durch G v. 10.8.2021 (BGBl. I S. 3424).

Hilfezieles im Einzelfall erforderlich ist und die aufenthaltsrechtlichen Vorschriften des aufnehmenden Staates sowie

1. im Anwendungsbereich der Verordnung (EU) 2019/1111[1)] des Rates vom 25. Juni 2019 über die Zuständigkeit, die Anerkennung und Vollstreckung von Entscheidungen in Ehesachen und in Verfahren betreffend die elterliche Verantwortung und über internationale Kindesentführungen (ABl. L 178 vom 2.7. 2019, S. 1) die Voraussetzungen des Artikels 82 oder
2. im Anwendungsbereich des Haager Übereinkommens[2)] vom 19. Oktober 1996 über die Zuständigkeit, das anzuwendende Recht, die Anerkennung, Vollstreckung und Zusammenarbeit auf dem Gebiet der elterlichen Verantwortung und der Maßnahmen zum Schutz von Kindern die Voraussetzungen des Artikels 33

erfüllt sind.

(2) Der Träger der öffentlichen Jugendhilfe soll vor der Entscheidung über die Gewährung einer Hilfe, die ganz oder teilweise im Ausland erbracht wird,

1. zur Feststellung einer seelischen Störung mit Krankheitswert die Stellungnahme einer in § 35a Absatz 1a Satz 1 genannten Person einholen,
2. sicherstellen, dass der Leistungserbringer
   a) über eine Betriebserlaubnis nach § 45 für eine Einrichtung im Inland verfügt, in der Hilfe zur Erziehung erbracht wird,
   b) Gewähr dafür bietet, dass er die Rechtsvorschriften des aufnehmenden Staates einschließlich des Aufenthaltsrechts einhält, insbesondere vor Beginn der Leistungserbringung die in Absatz 1 Satz 2 genannten Maßgaben erfüllt, und mit den Behörden des aufnehmenden Staates sowie den deutschen Vertretungen im Ausland zusammenarbeitet,
   c) mit der Erbringung der Hilfen nur Fachkräfte nach § 72 Absatz 1 betraut,
   d) über die Qualität der Maßnahme eine Vereinbarung abschließt; dabei sind die fachlichen Handlungsleitlinien des überörtlichen Trägers anzuwenden,
   e) Ereignisse oder Entwicklungen, die geeignet sind, das Wohl des Kindes oder Jugendlichen zu beeinträchtigen, dem Träger der öffentlichen Jugendhilfe unverzüglich anzeigt und
3. die Eignung der mit der Leistungserbringung zu betrauenden Einrichtung oder Person an Ort und Stelle überprüfen.

(3) [1] Überprüfung und Fortschreibung des Hilfeplans sollen nach Maßgabe von § 36 Absatz 2 Satz 2 am Ort der Leistungserbringung unter Beteiligung des Kindes oder des Jugendlichen erfolgen. [2] Unabhängig von der Überprüfung und Fortschreibung des Hilfeplans nach Satz 1 soll der Träger der öffentlichen Jugendhilfe nach den Erfordernissen im Einzelfall an Ort und Stelle überprüfen, ob die Anforderungen nach Absatz 2 Nummer 2 Buchstabe b und c sowie Nummer 3 weiter erfüllt sind.

(4) Besteht die Erfüllung der Anforderungen nach Absatz 2 Nummer 2 oder die Eignung der mit der Leistungserbringung betrauten Einrichtung oder Person nicht fort, soll die Leistungserbringung im Ausland unverzüglich beendet werden.

(5) [1] Der Träger der öffentlichen Jugendhilfe hat der erlaubniserteilenden Be*hörde unverzüglich*

[1)] Nr. **103b**.
[2)] Nr. **45m**.

1. den Beginn und das geplante Ende der Leistungserbringung im Ausland unter Angabe von Namen und Anschrift des Leistungserbringers, des Aufenthaltsorts des Kindes oder Jugendlichen sowie der Namen der mit der Erbringung der Hilfe betrauten Fachkräfte,
2. Änderungen der in Nummer 1 bezeichneten Angaben sowie
3. die bevorstehende Beendigung der Leistungserbringung im Ausland

zu melden sowie

4. einen Nachweis zur Erfüllung der aufenthaltsrechtlichen Vorschriften des aufnehmenden Staates und im Anwendungsbereich
   a) der Verordnung (EU) 2019/1111 zur Erfüllung der Maßgaben des Artikels 82,
   b) des Haager Übereinkommens vom 19. Oktober 1996 über die Zuständigkeit, das anzuwendende Recht, die Anerkennung, Vollstreckung und Zusammenarbeit auf dem Gebiet der elterlichen Verantwortung und der Maßnahmen zum Schutz von Kindern zur Erfüllung der Maßgaben des Artikels 33

zu übermitteln. [2]Die erlaubniserteilende Behörde wirkt auf die unverzügliche Beendigung der Leistungserbringung im Ausland hin, wenn sich aus den Angaben nach Satz 1 ergibt, dass die an die Leistungserbringung im Ausland gestellten gesetzlichen Anforderungen nicht erfüllt sind.

§ 39[1)] Leistungen zum Unterhalt des Kindes oder des Jugendlichen.

(1) [1]Wird Hilfe nach den §§ 32 bis 35 oder nach § 35a Absatz 2 Nummer 2 bis 4 gewährt, so ist auch der notwendige Unterhalt des Kindes oder Jugendlichen außerhalb des Elternhauses sicherzustellen. [2]Er umfasst die Kosten für den Sachaufwand sowie für die Pflege und Erziehung des Kindes oder Jugendlichen.

(2) [1]Der gesamte regelmäßig wiederkehrende Bedarf soll durch laufende Leistungen gedeckt werden. [2]Sie umfassen außer im Fall des § 32 und des § 35a Absatz 2 Nummer 2 auch einen angemessenen Barbetrag zur persönlichen Verfügung des Kindes oder des Jugendlichen. [3]Die Höhe des Betrages wird in den Fällen der §§ 34, 35, 35a Absatz 2 Nummer 4 von der nach Landesrecht zuständigen Behörde festgesetzt; die Beträge sollen nach Altersgruppen gestaffelt sein. [4]Die laufenden Leistungen im Rahmen der Hilfe in Vollzeitpflege (§ 33) oder bei einer geeigneten Pflegeperson (§ 35a Absatz 2 Nummer 3) sind nach den Absätzen 4 bis 6 zu bemessen.

(3) Einmalige Beihilfen oder Zuschüsse können insbesondere zur Erstausstattung einer Pflegestelle, bei wichtigen persönlichen Anlässen sowie für Urlaubs- und Ferienreisen des Kindes oder des Jugendlichen gewährt werden.

(4) [1]Die laufenden Leistungen sollen auf der Grundlage der tatsächlichen Kosten gewährt werden, sofern sie einen angemessenen Umfang nicht übersteigen. [2]Die laufenden Leistungen umfassen auch die Erstattung nachgewiesener Aufwendungen für Beiträge zu einer Unfallversicherung sowie die hälftige Erstattung *nachgewiesener Aufwendungen* zu einer angemessenen Alterssicherung der Pflegeperson. [3]Sie sollen in einem monatlichen Pauschalbetrag gewährt werden, soweit nicht nach der Besonderheit des Einzelfalls abweichende Leistungen geboten sind. [4]Ist die Pflegeperson in gerader Linie mit dem Kind oder Jugendlichen verwandt und kann sie diesem unter Berücksichtigung ihrer sonstigen Verpflichtungen und ohne Gefährdung ihres angemessenen Unterhalts Unterhalt gewähren, so kann der Teil des monatlichen Pauschalbetrages, der die Kosten für den Sach-

---

[1)] § 39 Abs. 2 Satz 4 geänd. mWv 1.1.2014 durch G v. 29.8.2013 (BGBl. I S. 3464).

aufwand des Kindes oder Jugendlichen betrifft, angemessen gekürzt werden. [5]Wird ein Kind oder ein Jugendlicher im Bereich eines anderen Jugendamts untergebracht, so soll sich die Höhe des zu gewährenden Pauschalbetrages nach den Verhältnissen richten, die am Ort der Pflegestelle gelten.

(5) [1]Die Pauschalbeträge für laufende Leistungen zum Unterhalt sollen von den nach Landesrecht zuständigen Behörden festgesetzt werden. [2]Dabei ist dem altersbedingt unterschiedlichen Unterhaltsbedarf von Kindern und Jugendlichen durch eine Staffelung der Beträge nach Altersgruppen Rechnung zu tragen. [3]Das Nähere regelt Landesrecht.

(6) [1]Wird das Kind oder der Jugendliche im Rahmen des Familienleistungsausgleichs nach § 31 des Einkommensteuergesetzes[1)] bei der Pflegeperson berücksichtigt, so ist ein Betrag in Höhe der Hälfte des Betrages, der nach § 66 des Einkommensteuergesetzes[1)] für ein erstes Kind zu zahlen ist, auf die laufenden Leistungen anzurechnen. [2]Ist das Kind oder der Jugendliche nicht das älteste Kind in der Pflegefamilie, so ermäßigt sich der Anrechnungsbetrag für dieses Kind oder diesen Jugendlichen auf ein Viertel des Betrages, der für ein erstes Kind zu zahlen ist.

(7) Wird ein Kind oder eine Jugendliche während ihres Aufenthaltes in einer Einrichtung oder einer Pflegefamilie selbst Mutter eines Kindes, so ist auch der notwendige Unterhalt dieses Kindes sicherzustellen.

§ 40 Krankenhilfe. [1]Wird Hilfe nach den §§ 33 bis 35 oder nach § 35a Absatz 2 Nummer 3 oder 4 gewährt, so ist auch Krankenhilfe zu leisten; für den Umfang der Hilfe gelten die §§ 47 bis 52 des Zwölften Buches entsprechend. [2]Krankenhilfe muss den im Einzelfall notwendigen Bedarf in voller Höhe befriedigen. [3]Zuzahlungen und Eigenbeteiligungen sind zu übernehmen. [4]Das Jugendamt kann in geeigneten Fällen die Beiträge für eine freiwillige Krankenversicherung übernehmen, soweit sie angemessen sind.

Vierter Unterabschnitt. Hilfe für junge Volljährige

§ 41[2)] Hilfe für junge Volljährige. (1) [1]Junge Volljährige erhalten geeignete und notwendige Hilfe nach diesem Abschnitt, wenn und solange ihre Persönlichkeitsentwicklung eine selbstbestimmte, eigenverantwortliche und selbständige Lebensführung nicht gewährleistet. [2]Die Hilfe wird in der Regel nur bis zur Vollendung des 21. Lebensjahres gewährt; in begründeten Einzelfällen soll sie für einen begrenzten Zeitraum darüber hinaus fortgesetzt werden. [3]Eine Beendigung der Hilfe schließt die erneute Gewährung oder Fortsetzung einer Hilfe nach Maßgabe der Sätze 1 und 2 nicht aus.

(2) Für die Ausgestaltung der Hilfe gelten § 27 Absatz 3 und 4 sowie die §§ 28 bis 30, 33 bis 36, 39 und 40 entsprechend mit der Maßgabe, dass an die Stelle des Personensorgeberechtigten oder des Kindes oder des Jugendlichen der junge Volljährige tritt.

(3) Soll eine Hilfe nach dieser Vorschrift nicht fortgesetzt oder beendet werden, prüft der Träger der öffentlichen Jugendhilfe ab einem Jahr vor dem hierfür im Hilfeplan vorgesehenen Zeitpunkt, ob im Hinblick auf den Bedarf des jungen Menschen ein Zuständigkeitsübergang auf andere Sozialleistungsträger in Betracht kommt; § 36b gilt entsprechend.

---

1) Nr. **45a**.

2) § 41 Überschrift geänd., Abs. 1 und 3 neu gef. mWv 10.6.2021 durch G v. 3.6.2021 (BGBl. I S. 1444).

§ 41a[1)] Nachbetreuung. (1) Junge Volljährige werden innerhalb eines angemessenen Zeitraums nach Beendigung der Hilfe bei der Verselbständigung im notwendigen Umfang und in einer für sie verständlichen, nachvollziehbaren und wahrnehmbaren Form beraten und unterstützt.

(2) [1]Der angemessene Zeitraum sowie der notwendige Umfang der Beratung und Unterstützung nach Beendigung der Hilfe sollen in dem Hilfeplan nach § 36 Absatz 2 Satz 2, der die Beendigung der Hilfe nach § 41 feststellt, dokumentiert und regelmäßig überprüft werden. [2]Hierzu soll der Träger der öffentlichen Jugendhilfe in regelmäßigen Abständen Kontakt zu dem jungen Volljährigen aufnehmen.

Drittes Kapitel. Andere Aufgaben der Jugendhilfe

Erster Abschnitt. Vorläufige Maßnahmen zum Schutz von Kindern und Jugendlichen

§ 42[2)] Inobhutnahme von Kindern und Jugendlichen. (1) [1]Das Jugendamt ist berechtigt und verpflichtet, ein Kind oder einen Jugendlichen in seine Obhut zu nehmen, wenn

1. das Kind oder der Jugendliche um Obhut bittet oder
2. eine dringende Gefahr für das Wohl des Kindes oder des Jugendlichen die Inobhutnahme erfordert und
   a) die Personensorgeberechtigten nicht widersprechen oder
   b) eine familiengerichtliche Entscheidung nicht rechtzeitig eingeholt werden kann oder
3. ein ausländisches Kind oder ein ausländischer Jugendlicher unbegleitet nach Deutschland kommt und sich weder Personensorge- noch Erziehungsberechtigte im Inland aufhalten.

[2]Die Inobhutnahme umfasst die Befugnis, ein Kind oder einen Jugendlichen bei einer geeigneten Person, in einer geeigneten Einrichtung oder in einer sonstigen Wohnform vorläufig unterzubringen; im Fall von Satz 1 Nummer 2 auch ein Kind oder einen Jugendlichen von einer anderen Person wegzunehmen.

(2) [1]Das Jugendamt hat während der Inobhutnahme unverzüglich das Kind oder den Jugendlichen umfassend und in einer verständlichen, nachvollziehbaren und wahrnehmbaren Form über diese Maßnahme aufzuklären, die Situation, die zur Inobhutnahme geführt hat, zusammen mit dem Kind oder dem Jugendlichen zu klären und Möglichkeiten der Hilfe und Unterstützung aufzuzeigen. [2]Dem Kind oder dem Jugendlichen ist unverzüglich Gelegenheit zu geben, eine Person seines Vertrauens zu benachrichtigen. [3]Das Jugendamt hat während der Inobhutnahme für das Wohl des Kindes oder des Jugendlichen zu sorgen und dabei den notwendigen Unterhalt und die Krankenhilfe sicherzustellen; § 39 Absatz 4 Satz 2 gilt entsprechend. [4]Das Jugendamt ist während der Inobhutnahme berechtigt, alle Rechtshandlungen vorzunehmen, die zum Wohl des Kindes oder Jugendlichen notwendig sind; der mutmaßliche Wille der Personensorge- oder der Erziehungsberechtigten ist dabei angemessen zu berücksichtigen. [5]Im Fall des Absatzes 1 Satz 1 Nummer 3 gehört zu den Rechtshandlungen nach Satz 4, zu denen das Jugendamt verpflichtet ist, insbesondere die unverzügliche Stellung eines Asyl-

[1)] § 41a eingef. mWv 10.6.2021 durch G v. 3.6.2021 (BGBl. I S. 1444).

[2)] § 42 Abs. 2 Satz 5 angef. mWv 29.7.2017 durch G v. 20.7.2017 (BGBl. I S. 2780); Abs. 2 Satz 1, Abs. 3 Satz 1 geänd. mWv 10.6.2021 durch G v. 3.6.2021 (BGBl. I S. 1444).

antrags für das Kind oder den Jugendlichen in Fällen, in denen Tatsachen die Annahme rechtfertigen, dass das Kind oder der Jugendliche internationalen Schutz im Sinne des § 1 Absatz 1 Nummer 2 des Asylgesetzes[1)] benötigt; dabei ist das Kind oder der Jugendliche zu beteiligen.

(3) [1] Das Jugendamt hat im Fall des Absatzes 1 Satz 1 Nummer 1 und 2 die Personensorge- oder Erziehungsberechtigten unverzüglich von der Inobhutnahme zu unterrichten, sie in einer verständlichen, nachvollziehbaren und wahrnehmbaren Form umfassend über diese Maßnahme aufzuklären und mit ihnen das Gefährdungsrisiko abzuschätzen. [2] Widersprechen die Personensorge- oder Erziehungsberechtigten der Inobhutnahme, so hat das Jugendamt unverzüglich

1. das Kind oder den Jugendlichen den Personensorge- oder Erziehungsberechtigten zu übergeben, sofern nach der Einschätzung des Jugendamts eine Gefährdung des Kindeswohls nicht besteht oder die Personensorge- oder Erziehungsberechtigten bereit und in der Lage sind, die Gefährdung abzuwenden oder
2. eine Entscheidung des Familiengerichts über die erforderlichen Maßnahmen zum Wohl des Kindes oder des Jugendlichen herbeizuführen.

[3] Sind die Personensorge- oder Erziehungsberechtigten nicht erreichbar, so gilt Satz 2 Nummer 2 entsprechend. [4] Im Fall des Absatzes 1 Satz 1 Nummer 3 ist unverzüglich die Bestellung eines Vormunds oder Pflegers zu veranlassen. [5] Widersprechen die Personensorgeberechtigten der Inobhutnahme nicht, so ist unverzüglich ein Hilfeplanverfahren zur Gewährung einer Hilfe einzuleiten.

(4) Die Inobhutnahme endet mit

1. der Übergabe des Kindes oder Jugendlichen an die Personensorge- oder Erziehungsberechtigten,
2. der Entscheidung über die Gewährung von Hilfen nach dem Sozialgesetzbuch.

(5) [1] Freiheitsentziehende Maßnahmen im Rahmen der Inobhutnahme sind nur zulässig, wenn und soweit sie erforderlich sind, um eine Gefahr für Leib oder Leben des Kindes oder des Jugendlichen oder eine Gefahr für Leib oder Leben Dritter abzuwenden. [2] Die Freiheitsentziehung ist ohne gerichtliche Entscheidung spätestens mit Ablauf des Tages nach ihrem Beginn zu beenden.

(6) Ist bei der Inobhutnahme die Anwendung unmittelbaren Zwangs erforderlich, so sind die dazu befugten Stellen hinzuzuziehen.

§ 42a[2)] Vorläufige Inobhutnahme von ausländischen Kindern und Jugendlichen nach unbegleiteter Einreise. (1) [1] Das Jugendamt ist berechtigt und verpflichtet, ein ausländisches Kind oder einen ausländischen Jugendlichen vorläufig in Obhut zu nehmen, sobald dessen unbegleitete Einreise nach Deutschland festgestellt wird. [2] Ein ausländisches Kind oder ein ausländischer Jugendlicher ist grundsätzlich dann als unbegleitet zu betrachten, wenn die Einreise nicht in Begleitung eines Personensorgeberechtigten oder Erziehungsberechtigten erfolgt; dies gilt auch, wenn das Kind oder der Jugendliche verheiratet ist. [3] § 42 Absatz 1 Satz 2, Absatz 2 Satz 2 und 3, Absatz 5 sowie 6 gilt entsprechend.

(2) [1] Das Jugendamt hat während der vorläufigen Inobhutnahme zusammen mit dem Kind oder dem Jugendlichen einzuschätzen,

---

[1)] **Sartorius Nr. 567.**

[2)] § 42a eingef. mWv 1.11.2015 durch G v. 28.10.2015 (BGBl. I S. 1802); Abs. 1 Satz 2 eingef., bish. Satz 2 wird Satz 3 mWv 22.7.2017 durch G v. 17.7.2017 (BGBl. I S. 2429); Abs. 3a eingef. mWv 9.8. 2019 durch G v. 4.8.2019 (BGBl. I S. 1131).

1. ob das Wohl des Kindes oder des Jugendlichen durch die Durchführung des Verteilungsverfahrens gefährdet würde,
2. ob sich eine mit dem Kind oder dem Jugendlichen verwandte Person im Inland oder im Ausland aufhält,
3. ob das Wohl des Kindes oder des Jugendlichen eine gemeinsame Inobhutnahme mit Geschwistern oder anderen unbegleiteten ausländischen Kindern oder Jugendlichen erfordert und
4. ob der Gesundheitszustand des Kindes oder des Jugendlichen die Durchführung des Verteilungsverfahrens innerhalb von 14 Werktagen nach Beginn der vorläufigen Inobhutnahme ausschließt; hierzu soll eine ärztliche Stellungnahme eingeholt werden.

[2] Auf der Grundlage des Ergebnisses der Einschätzung nach Satz 1 entscheidet das Jugendamt über die Anmeldung des Kindes oder des Jugendlichen zur Verteilung oder den Ausschluss der Verteilung.

(3) [1] Das Jugendamt ist während der vorläufigen Inobhutnahme berechtigt und verpflichtet, alle Rechtshandlungen vorzunehmen, die zum Wohl des Kindes oder des Jugendlichen notwendig sind. [2] Dabei ist das Kind oder der Jugendliche zu beteiligen und der mutmaßliche Wille der Personen- oder der Erziehungsberechtigten angemessen zu berücksichtigen.

(3a) Das Jugendamt hat dafür Sorge zu tragen, dass für die in Absatz 1 genannten Kinder oder Jugendlichen unverzüglich erkennungsdienstliche Maßnahmen nach § 49 Absatz 8 und 9 des Aufenthaltsgesetzes[1)] durchgeführt werden, wenn Zweifel über die Identität bestehen.

(4) [1] Das Jugendamt hat der nach Landesrecht für die Verteilung von unbegleiteten ausländischen Kindern und Jugendlichen zuständigen Stelle die vorläufige Inobhutnahme des Kindes oder des Jugendlichen innerhalb von sieben Werktagen nach Beginn der Maßnahme zur Erfüllung der in § 42b genannten Aufgaben mitzuteilen. [2] Zu diesem Zweck sind auch die Ergebnisse der Einschätzung nach Absatz 2 Satz 1 mitzuteilen. [3] Die nach Landesrecht zuständige Stelle hat gegenüber dem Bundesverwaltungsamt innerhalb von drei Werktagen das Kind oder den Jugendlichen zur Verteilung anzumelden oder den Ausschluss der Verteilung anzuzeigen.

(5) [1] Soll das Kind oder der Jugendliche im Rahmen eines Verteilungsverfahrens untergebracht werden, so umfasst die vorläufige Inobhutnahme auch die Pflicht,

1. die Begleitung des Kindes oder des Jugendlichen und dessen Übergabe durch eine insofern geeignete Person an das für die Inobhutnahme nach § 42 Absatz 1 Satz 1 Nummer 3 zuständige Jugendamt sicherzustellen sowie
2. dem für die Inobhutnahme nach § 42 Absatz 1 Satz 1 Nummer 3 zuständigen Jugendamt unverzüglich die personenbezogenen Daten zu übermitteln, die zur Wahrnehmung der Aufgaben nach § 42 erforderlich sind.

[2] *Hält sich eine mit dem Kind* oder dem Jugendlichen verwandte Person im Inland oder im Ausland auf, hat das Jugendamt auf eine Zusammenführung des Kindes oder des Jugendlichen mit dieser Person hinzuwirken, wenn dies dem Kindeswohl entspricht. [3] Das Kind oder der Jugendliche ist an der Übergabe und an der Entscheidung über die Familienzusammenführung angemessen zu beteiligen.

(6) Die vorläufige Inobhutnahme endet mit der Übergabe des Kindes oder des Jugendlichen an die Personensorge- oder Erziehungsberechtigten oder an das auf-

---

[1)] **Sartorius Nr. 565.**

grund der Zuweisungsentscheidung der zuständigen Landesbehörde nach § 88a Absatz 2 Satz 1 zuständige Jugendamt oder mit der Anzeige nach Absatz 4 Satz 3 über den Ausschluss des Verteilungsverfahrens nach § 42b Absatz 4.

§ 42b[1)] Verfahren zur Verteilung unbegleiteter ausländischer Kinder und Jugendlicher. (1) [1] Das Bundesverwaltungsamt benennt innerhalb von zwei Werktagen nach Anmeldung eines unbegleiteten ausländischen Kindes oder Jugendlichen zur Verteilung durch die zuständige Landesstelle das zu dessen Aufnahme verpflichtete Land. [2] Maßgebend dafür ist die Aufnahmequote nach § 42c.

(2) [1] Im Rahmen der Aufnahmequote nach § 42c soll vorrangig dasjenige Land benannt werden, in dessen Bereich das Jugendamt liegt, das das Kind oder den Jugendlichen nach § 42a vorläufig in Obhut genommen hat. [2] Hat dieses Land die Aufnahmequote nach § 42c bereits erfüllt, soll das nächstgelegene Land benannt werden.

(3) [1] Die nach Landesrecht für die Verteilung von unbegleiteten ausländischen Kindern oder Jugendlichen zuständige Stelle des nach Absatz 1 benannten Landes weist das Kind oder den Jugendlichen innerhalb von zwei Werktagen einem in seinem Bereich gelegenen Jugendamt zur Inobhutnahme nach § 42 Absatz 1 Satz 1 Nummer 3 zu und teilt dies demjenigen Jugendamt mit, welches das Kind oder den Jugendlichen nach § 42a vorläufig in Obhut genommen hat. [2] Maßgeblich für die Zuweisung sind die spezifischen Schutzbedürfnisse und Bedarfe unbegleiteter ausländischer Minderjähriger. [3] Für die Verteilung von unbegleiteten ausländischen Kindern oder Jugendlichen ist das Landesjugendamt zuständig, es sei denn, dass Landesrecht etwas anderes regelt.

(4) Die Durchführung eines Verteilungsverfahrens ist bei einem unbegleiteten ausländischen Kind oder Jugendlichen ausgeschlossen, wenn

1. dadurch dessen Wohl gefährdet würde,
2. dessen Gesundheitszustand die Durchführung eines Verteilungsverfahrens innerhalb von 14 Werktagen nach Beginn der vorläufigen Inobhutnahme gemäß § 42a nicht zulässt,
3. dessen Zusammenführung mit einer verwandten Person kurzfristig erfolgen kann, zum Beispiel aufgrund der Verordnung (EU) Nr. 604/2013 des Europäischen Parlaments und des Rates vom 26. Juni 2013 zur Festlegung der Kriterien und Verfahren zur Bestimmung des Mitgliedstaats, der für die Prüfung eines von einem Drittstaatsangehörigen oder Staatenlosen in einem Mitgliedstaat gestellten Antrags auf internationalen Schutz zuständig ist (ABl. L 180 vom 29.6.2013, S. 31), und dies dem Wohl des Kindes entspricht oder
4. die Durchführung des Verteilungsverfahrens nicht innerhalb von einem Monat nach Beginn der vorläufigen Inobhutnahme erfolgt.

(5) [1] Geschwister dürfen nicht getrennt werden, es sei denn, dass das Kindeswohl eine Trennung erfordert. [2] Im Übrigen sollen unbegleitete ausländische Kinder oder Jugendliche im Rahmen der Aufnahmequote nach § 42c nach Durchführung des Verteilungsverfahrens gemeinsam nach § 42 in Obhut genommen werden, wenn das Kindeswohl dies erfordert.

(6) [1] Der örtliche Träger stellt durch werktägliche Mitteilungen sicher, dass die nach Landesrecht für die Verteilung von unbegleiteten ausländischen Kindern und Jugendlichen zuständige Stelle jederzeit über die für die Zuweisung nach Absatz 3 erforderlichen Angaben unterrichtet wird. [2] Die nach Landesrecht für die Vertei-

[1)] § 42b eingef. mWv 1.11.2015 durch G v. 28.10.2015 (BGBl. I S. 1802).

lung von unbegleiteten ausländischen Kindern oder Jugendlichen zuständige Stelle stellt durch werktägliche Mitteilungen sicher, dass das Bundesverwaltungsamt jederzeit über die Angaben unterrichtet wird, die für die Benennung des zur Aufnahme verpflichteten Landes nach Absatz 1 erforderlich sind.

(7) [1] Gegen Entscheidungen nach dieser Vorschrift findet kein Widerspruch statt. [2] Die Klage gegen Entscheidungen nach dieser Vorschrift hat keine aufschiebende Wirkung.

(8) Das Nähere regelt das Landesrecht.

§ 42c[1)] Aufnahmequote. (1) [1] Die Länder können durch Vereinbarung einen Schlüssel als Grundlage für die Benennung des zur Aufnahme verpflichteten Landes nach § 42b Absatz 1 festlegen. [2] Bis zum Zustandekommen dieser Vereinbarung oder bei deren Wegfall richtet sich die Aufnahmequote für das jeweilige Kalenderjahr nach dem von dem Büro der Gemeinsamen Wissenschaftskonferenz im Bundesanzeiger veröffentlichten Schlüssel, der für das vorangegangene Kalenderjahr entsprechend den Steuereinnahmen und der Bevölkerungszahl der Länder errechnet worden ist (Königsteiner Schlüssel), und nach dem Ausgleich für den Bestand der Anzahl unbegleiteter ausländischer Minderjähriger, denen am 1. November 2015 in den einzelnen Ländern Jugendhilfe gewährt wird.[2)] [3] Ein Land kann seiner Aufnahmepflicht eine höhere Quote als die Aufnahmequote nach Satz 1 oder 2 zugrunde legen; dies ist gegenüber dem Bundesverwaltungsamt anzuzeigen.

(2) [1] Ist die Durchführung des Verteilungsverfahrens ausgeschlossen, wird die Anzahl der im Land verbleibenden unbegleiteten ausländischen Kinder und Jugendlichen auf die Aufnahmequote nach Absatz 1 angerechnet. [2] Gleiches gilt, wenn der örtliche Träger eines anderen Landes die Zuständigkeit für die Inobhutnahme eines unbegleiteten ausländischen Kindes oder Jugendlichen von dem nach § 88a Absatz 2 zuständigen örtlichen Träger übernimmt.

(3) Bis zum 1. Mai 2017 wird die Aufnahmepflicht durch einen Abgleich der aktuellen Anzahl unbegleiteter ausländischer Minderjähriger in den Ländern mit der Aufnahmequote nach Absatz 1 werktäglich ermittelt.

§ 42d[3)] Übergangsregelung. (1) Kann ein Land die Anzahl von unbegleiteten ausländischen Kindern oder Jugendlichen, die seiner Aufnahmequote nach § 42c entspricht, nicht aufnehmen, so kann es dies gegenüber dem Bundesverwaltungsamt anzeigen.

(2) In diesem Fall reduziert sich für das Land die Aufnahmequote

1. bis zum 1. Dezember 2015 um zwei Drittel sowie
2. bis zum 1. Januar 2016 um ein Drittel.

(3) [1] Bis zum 31. Dezember 2016 kann die Ausschlussfrist nach § 42b Absatz 4 Nummer 4 um einen Monat verlängert werden, wenn die zuständige Landesstelle gegenüber dem Bundesverwaltungsamt anzeigt, dass die Durchführung des Verteilungsverfahrens in Bezug auf einen unbegleiteten ausländischen Minderjährigen nicht innerhalb dieser Frist erfolgen kann. [2] In diesem Fall hat das Jugendamt nach Ablauf eines Monats nach Beginn der vorläufigen Inobhutnahme die Bestellung eines Vormunds oder Pflegers zu veranlassen.

---

1) § 42c eingef. mWv 1.11.2015 durch G v. 28.10.2015 (BGBl. I S. 1802).

2) Siehe hierzu den Königsteiner Schlüssel 2018 v. 29.10.2018 (BAnz AT 06.11.2018 B4) und Königsteiner Schlüssel 2019 v. 21.4.2021 (BAnz AT 06.05.2021 B8).

3) § 42d eingef. mWv 1.11.2015 durch G v. 28.10.2015 (BGBl. I S. 1802).

(4) [1] Ab dem 1. August 2016 ist die Geltendmachung des Anspruchs des örtlichen Trägers gegenüber dem nach § 89d Absatz 3 erstattungspflichtigen Land auf Erstattung der Kosten, die vor dem 1. November 2015 entstanden sind, ausgeschlossen. [2] Der Erstattungsanspruch des örtlichen Trägers gegenüber dem nach § 89d Absatz 3 erstattungspflichtigen Land verjährt in einem Jahr; im Übrigen gilt § 113 des Zehnten Buches entsprechend.

(5) [1] Die Geltendmachung des Anspruchs des örtlichen Trägers gegenüber dem nach § 89d Absatz 3 erstattungspflichtigen Land auf Erstattung der Kosten, die nach dem 1. November 2015 entstanden sind, ist ausgeschlossen. [2] Die Erstattung dieser Kosten richtet sich nach § 89d Absatz 1.

§ 42e[1)] Berichtspflicht. Die Bundesregierung hat dem Deutschen Bundestag jährlich einen Bericht über die Situation unbegleiteter ausländischer Minderjähriger in Deutschland vorzulegen.

§ 42f[2)] Behördliches Verfahren zur Altersfeststellung. (1) [1] Das Jugendamt hat im Rahmen der vorläufigen Inobhutnahme der ausländischen Person gemäß § 42a deren Minderjährigkeit durch Einsichtnahme in deren Ausweispapiere festzustellen oder hilfsweise mittels einer qualifizierten Inaugenscheinnahme einzuschätzen und festzustellen. [2] § 8 Absatz 1 und § 42 Absatz 2 Satz 2 sind entsprechend anzuwenden.

(2) [1] Auf Antrag des Betroffenen oder seines Vertreters oder von Amts wegen hat das Jugendamt in Zweifelsfällen eine ärztliche Untersuchung zur Altersbestimmung zu veranlassen. [2] Ist eine ärztliche Untersuchung durchzuführen, ist die betroffene Person durch das Jugendamt umfassend über die Untersuchungsmethode und über die möglichen Folgen der Altersbestimmung aufzuklären. [3] Ist die ärztliche Untersuchung von Amts wegen durchzuführen, ist die betroffene Person zusätzlich über die Folgen einer Weigerung, sich der ärztlichen Untersuchung zu unterziehen, aufzuklären; die Untersuchung darf nur mit Einwilligung der betroffenen Person und ihres Vertreters durchgeführt werden. [4] Die §§ 60, 62 und 65 bis 67 des Ersten Buches sind entsprechend anzuwenden.

(3) [1] Widerspruch und Klage gegen die Entscheidung des Jugendamts, aufgrund der Altersfeststellung nach dieser Vorschrift die vorläufige Inobhutnahme nach § 42a oder die Inobhutnahme nach § 42 Absatz 1 Satz 1 Nummer 3 abzulehnen oder zu beenden, haben keine aufschiebende Wirkung. [2] Landesrecht kann bestimmen, dass gegen diese Entscheidung Klage ohne Nachprüfung in einem Vorverfahren nach § 68 der Verwaltungsgerichtsordnung[3)] erhoben werden kann.

Zweiter Abschnitt. Schutz von Kindern und Jugendlichen in Familienpflege und in Einrichtungen

§ 43[4)] Erlaubnis zur Kindertagespflege. (1) Eine Person, die ein Kind oder mehrere Kinder außerhalb des Haushalts des Erziehungsberechtigten während eines Teils des Tages und mehr als 15 Stunden wöchentlich gegen Entgelt länger als drei Monate betreuen will, bedarf der Erlaubnis.

[1)] § 42e eingef. mWv 1.11.2015 durch G v. 28.10.2015 (BGBl. I S. 1802).

[2)] § 42f eingef. mWv 1.11.2015 durch G v. 28.10.2015 (BGBl. I S. 1802).

[3)] **Sartorius Nr. 600.**

[4)] § 43 Abs. 2 Satz 2 Nr. 1, Abs. 3 Satz 6 geänd., Abs. 4 neu gef. mWv 10.6.2021 durch G v. 3.6.2021 (BGBl. I S. 1444).

(2) [1] Die Erlaubnis ist zu erteilen, wenn die Person für die Kindertagespflege geeignet ist. [2] Geeignet im Sinne des Satzes 1 sind Personen, die

1. sich durch ihre Persönlichkeit, Sachkompetenz und Kooperationsbereitschaft mit Erziehungsberechtigten und anderen Kindertagespflegepersonen auszeichnen und
2. über kindgerechte Räumlichkeiten verfügen.

[3] Sie sollen über vertiefte Kenntnisse hinsichtlich der Anforderungen der Kindertagespflege verfügen, die sie in qualifizierten Lehrgängen erworben oder in anderer Weise nachgewiesen haben. [4] § 72a Absatz 1 und 5 gilt entsprechend.

(3) [1] Die Erlaubnis befugt zur Betreuung von bis zu fünf gleichzeitig anwesenden, fremden Kindern. [2] Im Einzelfall kann die Erlaubnis für eine geringere Zahl von Kindern erteilt werden. [3] Landesrecht kann bestimmen, dass die Erlaubnis zur Betreuung von mehr als fünf gleichzeitig anwesenden, fremden Kindern erteilt werden kann, wenn die Person über eine pädagogische Ausbildung verfügt; in der Pflegestelle dürfen nicht mehr Kinder betreut werden als in einer vergleichbaren Gruppe einer Tageseinrichtung. [4] Die Erlaubnis ist auf fünf Jahre befristet. [5] Sie kann mit einer Nebenbestimmung versehen werden. [6] Die Kindertagespflegeperson hat den Träger der öffentlichen Jugendhilfe über wichtige Ereignisse zu unterrichten, die für die Betreuung des oder der Kinder bedeutsam sind.

(4) Erziehungsberechtigte und Kindertagespflegepersonen haben Anspruch auf Beratung in allen Fragen der Kindertagespflege einschließlich Fragen zur Sicherung des Kindeswohls und zum Schutz vor Gewalt.

(5) Das Nähere regelt das Landesrecht.

§ 44 Erlaubnis zur Vollzeitpflege. (1) [1] Wer ein Kind oder einen Jugendlichen über Tag und Nacht in seinem Haushalt aufnehmen will (Pflegeperson), bedarf der Erlaubnis. [2] Einer Erlaubnis bedarf nicht, wer ein Kind oder einen Jugendlichen

1. im Rahmen von Hilfe zur Erziehung oder von Eingliederungshilfe für seelisch behinderte Kinder und Jugendliche auf Grund einer Vermittlung durch das Jugendamt,
2. als Vormund oder Pfleger im Rahmen seines Wirkungskreises,
3. als Verwandter oder Verschwägerter bis zum dritten Grad,
4. bis zur Dauer von acht Wochen,
5. im Rahmen eines Schüler- oder Jugendaustausches,
6. in Adoptionspflege (§ 1744 des Bürgerlichen Gesetzbuchs[1])

über Tag und Nacht aufnimmt.

(2) [1] Die Erlaubnis ist zu versagen, wenn das Wohl des Kindes oder des Jugendlichen in der Pflegestelle nicht gewährleistet ist. [2] § 72a Absatz 1 und 5 gilt entsprechend.

(3) [1] Das Jugendamt soll den Erfordernissen des Einzelfalls entsprechend an Ort und Stelle überprüfen, ob die Voraussetzungen für die Erteilung der Erlaubnis weiter bestehen. [2] Ist das Wohl des Kindes oder des Jugendlichen in der Pflegestelle gefährdet und ist die Pflegeperson nicht bereit oder in der Lage, die Gefährdung abzuwenden, so ist die Erlaubnis zurückzunehmen oder zu widerrufen.

---

[1] **Habersack, Deutsche Gesetze Nr. 20.**

(4) Wer ein Kind oder einen Jugendlichen in erlaubnispflichtige Familienpflege aufgenommen hat, hat das Jugendamt über wichtige Ereignisse zu unterrichten, die das Wohl des Kindes oder des Jugendlichen betreffen.

§ 45[1)] Erlaubnis für den Betrieb einer Einrichtung. (1) [1] Der Träger einer Einrichtung,[2)] nach § 45a bedarf für den Betrieb der Einrichtung der Erlaubnis. [2] Einer Erlaubnis bedarf nicht, wer

1. eine Jugendfreizeiteinrichtung, eine Jugendbildungseinrichtung, eine Jugendherberge oder ein Schullandheim betreibt,
2. ein Schülerheim betreibt, das landesgesetzlich der Schulaufsicht untersteht,
3. eine Einrichtung betreibt, die außerhalb der Jugendhilfe liegende Aufgaben für Kinder oder Jugendliche wahrnimmt, wenn für sie eine entsprechende gesetzliche Aufsicht besteht oder im Rahmen des Hotel- und Gaststättengewerbes der Aufnahme von Kindern oder Jugendlichen dient.

(2) [1] Die Erlaubnis ist zu erteilen, wenn das Wohl der Kinder und Jugendlichen in der Einrichtung gewährleistet ist. [2] Dies ist in der Regel anzunehmen, wenn

1. der Träger die für den Betrieb der Einrichtung erforderliche Zuverlässigkeit besitzt,
2. die dem Zweck und der Konzeption der Einrichtung entsprechenden räumlichen, fachlichen, wirtschaftlichen und personellen Voraussetzungen für den Betrieb erfüllt sind und durch den Träger gewährleistet werden,
3. die gesellschaftliche und sprachliche Integration und ein gesundheitsförderliches Lebensumfeld in der Einrichtung unterstützt werden sowie die gesundheitliche Vorsorge und die medizinische Betreuung der Kinder und Jugendlichen nicht erschwert werden sowie
4. zur Sicherung der Rechte und des Wohls von Kindern und Jugendlichen in der Einrichtung die Entwicklung, Anwendung und Überprüfung eines Konzepts zum Schutz vor Gewalt, geeignete Verfahren der Selbstvertretung und Beteiligung sowie der Möglichkeit der Beschwerde in persönlichen Angelegenheiten innerhalb und außerhalb der Einrichtung gewährleistet werden.

[3] Die nach Satz 2 Nummer 1 erforderliche Zuverlässigkeit besitzt ein Träger insbesondere dann nicht, wenn er

1. in der Vergangenheit nachhaltig gegen seine Mitwirkungs- und Meldepflichten nach den §§ 46 und 47 verstoßen hat,
2. Personen entgegen eines behördlichen Beschäftigungsverbotes nach § 48 beschäftigt oder
3. wiederholt gegen behördliche Auflagen verstoßen hat.

(3) Zur Prüfung der Voraussetzungen hat der Träger der Einrichtung mit dem Antrag

---

[1)] § 45 Abs. 2 Satz 2 Nr. 2 geänd. mWv 25.7.2015 durch G v. 17.7.2015 (BGBl. I S. 1368); Abs. 6 Sätze 2 und 4 geänd. mWv 1.1.2020 durch G v. 23.12.2016 (BGBl. I S. 3234, geänd. durch G v. 17.7. 2017, BGBl. I S. 2541); Abs. 6 Sätze 2, 4 und 5 neu gef. mWv 1.1.2020 durch G v. 30.11.2019 (BGBl. I S. 1948); Abs. 1 Satz 1 geänd., Abs. 2 Satz 2 Nr. 1 eingef., bish. Nr. 1 wird Nr. 2 und geänd., bish. Nr. 2 wird Nr. 3, bish. Nr. 3 wird Nr. 4 und neu gef., Satz 3 angef., Abs. 3 Nr. 1, Abs. 4 Satz 2, Abs. 6 Satz 3 geänd., Abs. 7 neu gef., mWv 10.6.2021 durch G v. 3.6.2021 (BGBl. I S. 1444).

[2)] Zeichensetzung amtlich.

1. die Konzeption der Einrichtung vorzulegen, die auch Auskunft über Maßnahmen zur Qualitätsentwicklung und -sicherung sowie zur ordnungsgemäßen Buch- und Aktenführung in Bezug auf den Betrieb der Einrichtung gibt, sowie
2. im Hinblick auf die Eignung des Personals nachzuweisen, dass die Vorlage und Prüfung von aufgabenspezifischen Ausbildungsnachweisen sowie von Führungszeugnissen nach § 30 Absatz 5 und § 30a Absatz 1 des Bundeszentralregistergesetzes[1)] sichergestellt sind; Führungszeugnisse sind von dem Träger der Einrichtung in regelmäßigen Abständen erneut anzufordern und zu prüfen.

(4) [1] Die Erlaubnis kann mit Nebenbestimmungen versehen werden. [2] Zur Gewährleistung des Wohls der Kinder und der Jugendlichen können nachträgliche Auflagen erteilt werden.

(5) [1] Besteht für eine erlaubnispflichtige Einrichtung eine Aufsicht nach anderen Rechtsvorschriften, so hat die zuständige Behörde ihr Tätigwerden zuvor mit der anderen Behörde abzustimmen. [2] Sie hat den Träger der Einrichtung rechtzeitig auf weitergehende Anforderungen nach anderen Rechtsvorschriften hinzuweisen.

(6) [1] Sind in einer Einrichtung Mängel festgestellt worden, so soll die zuständige Behörde zunächst den Träger der Einrichtung über die Möglichkeiten zur Beseitigung der Mängel beraten. [2] Wenn sich die Beseitigung der Mängel auf Entgelte oder Vergütungen nach § 134 des Neunten Buches oder nach § 76 des Zwölften Buches auswirken kann, so ist der Träger der Eingliederungshilfe oder der Sozialhilfe, mit dem Vereinbarungen nach diesen Vorschriften bestehen, an der Beratung zu beteiligen. [3] Werden festgestellte Mängel nicht behoben, so können dem Träger der Einrichtung Auflagen nach Absatz 4 Satz 2 erteilt werden. [4] Wenn sich eine Auflage auf Entgelte oder Vergütungen nach § 134 des Neunten Buches oder nach § 76 des Zwölften Buches auswirkt, so entscheidet die zuständige Behörde nach Anhörung des Trägers der Eingliederungshilfe oder der Sozialhilfe, mit dem Vereinbarungen nach diesen Vorschriften bestehen, über die Erteilung der Auflage. [5] Die Auflage ist nach Möglichkeit in Übereinstimmung mit den nach § 134 des Neunten Buches oder nach den §§ 75 bis 80 des Zwölften Buches getroffenen Vereinbarungen auszugestalten.

(7) [1] Die Erlaubnis ist aufzuheben, wenn das Wohl der Kinder oder der Jugendlichen in der Einrichtung gefährdet und der Träger nicht bereit oder nicht in der Lage ist, die Gefährdung abzuwenden. [2] Sie kann aufgehoben werden, wenn die Voraussetzungen für eine Erteilung nach Absatz 2 nicht oder nicht mehr vorliegen; Absatz 6 Satz 1 und 3 bleibt unberührt. [3] Die Vorschriften zum Widerruf nach § 47 Absatz 1 Nummer 2 und Absatz 3 des Zehnten Buches bleiben unberührt. Widerspruch und Anfechtungsklage gegen die Rücknahme oder den Widerruf der Erlaubnis haben keine aufschiebende Wirkung.

§ 45a[2)] Einrichtung. [1] Eine Einrichtung ist eine auf gewisse Dauer und unter der Verantwortung eines Trägers angelegte förmliche Verbindung ortsgebundener räumlicher, personeller und sachlicher Mittel mit dem Zweck der ganztägigen oder über einen Teil des Tages erfolgenden Betreuung oder Unterkunftsgewährung sowie Beaufsichtigung, Erziehung, Bildung, Ausbildung von Kindern und Jugendlichen außerhalb ihrer Familie. [2] Familienähnliche Betreuungsformen der Unterbringung, bei denen der Bestand der Verbindung nicht unabhängig von bestimmten Kindern und Jugendlichen, den dort tätigen Personen und der Zuordnung bestimmter Kinder und Jugendlicher zu bestimmten dort tätigen Personen

---

[1)] **Habersack, Deutsche Gesetze Nr. 92.**
[2)] § 45a eingef. mWv 10.6.2021 durch G v. 3.6.2021 (BGBl. I S. 1444).

ist, sind nur dann Einrichtungen, wenn sie fachlich und organisatorisch in eine betriebserlaubnispflichtige Einrichtung eingebunden sind. [3]Eine fachliche und organisatorische Einbindung der familienähnlichen Betreuungsform liegt insbesondere vor, wenn die betriebserlaubnispflichtige Einrichtung das Konzept, die fachliche Steuerung der Hilfen, die Qualitätssicherung, die Auswahl, Überwachung, Weiterbildung und Vertretung des Personals sowie die Außenvertretung gewährleistet. [4]Landesrecht kann regeln, unter welchen Voraussetzungen auch familienähnliche Betreuungsformen Einrichtungen sind, die nicht fachlich und organisatorisch in eine betriebserlaubnispflichtige Einrichtung eingebunden sind.

§ 46[1)] Prüfung vor Ort und nach Aktenlage. (1) [1]Die zuständige Behörde soll nach den Erfordernissen des Einzelfalls überprüfen, ob die Voraussetzungen für die Erteilung der Erlaubnis weiter bestehen. [2]Häufigkeit, Art und Umfang der Prüfung müssen nach fachlicher Einschätzung im Einzelfall zur Gewährleistung des Schutzes des Wohls der Kinder und Jugendlichen in der Einrichtung geeignet, erforderlich und angemessen sein. [3]Sie soll das Jugendamt und einen zentralen Träger der freien Jugendhilfe, wenn diesem der Träger der Einrichtung angehört, an der Überprüfung beteiligen. [4]Der Träger der Einrichtung hat der zuständigen Behörde insbesondere alle für die Prüfung erforderlichen Unterlagen vorzulegen.

(2) [1]Örtliche Prüfungen können jederzeit unangemeldet erfolgen. [2]Der Träger der Einrichtung soll bei der örtlichen Prüfung mitwirken.

(3) [1]Die von der zuständigen Behörde mit der Überprüfung der Einrichtung beauftragten Personen sind berechtigt, während der Tageszeit

1. die für die Einrichtung benutzten Grundstücke und Räume, soweit diese nicht einem Hausrecht der Bewohner unterliegen, zu betreten und dort Prüfungen und Besichtigungen vorzunehmen sowie
2. mit den Beschäftigten und mit den Kindern und Jugendlichen jeweils Gespräche zu führen, wenn die zuständige Behörde
   a) das Einverständnis der Personensorgeberechtigten zu den Gesprächen eingeholt hat und diesen eine Beteiligung an den Gesprächen ermöglicht sowie
   b) den Kindern und Jugendlichen die Hinzuziehung einer von ihnen benannten Vertrauensperson zu Gesprächen ermöglicht und sie auf dieses Recht hingewiesen hat; der Anspruch des Kindes oder Jugendlichen nach § 8 Absatz 3 bleibt unberührt.

   Die genannten Pflichten bestehen jedoch nicht, wenn durch deren Umsetzung die Sicherung der Rechte und der wirksame Schutz der Kinder und Jugendlichen in der Einrichtung in Frage gestellt würden.

[2]Zur Abwehr von Gefahren für das Wohl der Kinder und Jugendlichen können die Grundstücke und Räume auch außerhalb der in Satz 1 genannten Zeit und auch, wenn diese zugleich einem Hausrecht der Bewohner unterliegen, betreten und Gespräche mit den Beschäftigten sowie den Kindern und Jugendlichen nach Maßgabe von Satz 1 geführt werden. [3]Der Träger der Einrichtung hat die Maßnahmen nach den Sätzen 1 und 2 zu dulden.

[1)] § 46 neu gef. mWv 10.6.2021 durch G v. 3.6.2021 (BGBl. I S. 1444).

§ 47[1)] Melde- und Dokumentationspflichten, Aufbewahrung von Unterlagen. (1) [1]Der Träger einer erlaubnispflichtigen Einrichtung hat der zuständigen Behörde unverzüglich

1. die Betriebsaufnahme unter Angabe von Name und Anschrift des Trägers, Art und Standort der Einrichtung, der Zahl der verfügbaren Plätze sowie der Namen und der beruflichen Ausbildung des Leiters und der Betreuungskräfte,
2. Ereignisse oder Entwicklungen, die geeignet sind, das Wohl der Kinder und Jugendlichen zu beeinträchtigen, sowie
3. die bevorstehende Schließung der Einrichtung

anzuzeigen. [2]Änderungen der in Nummer 1 bezeichneten Angaben sowie der Konzeption sind der zuständigen Behörde unverzüglich, die Zahl der belegten Plätze ist jährlich einmal zu melden.

(2) [1]Der Träger einer erlaubnispflichtigen Einrichtung hat den Grundsätzen einer ordnungsgemäßen Buch- und Aktenführung entsprechend Aufzeichnungen über den Betrieb der Einrichtung und deren Ergebnisse anzufertigen sowie eine mindestens fünfjährige Aufbewahrung der einrichtungsbezogenen Aufzeichnungen sicherzustellen. [2]Auf Verlangen der Betriebserlaubnisbehörde hat der Träger der Einrichtung den Nachweis der ordnungsgemäßen Buchführung zu erbringen; dies kann insbesondere durch die Bestätigung eines unabhängigen Steuer-, Wirtschafts- oder Buchprüfers erfolgen. [3]Die Dokumentations- und Aufbewahrungspflicht umfasst auch die Unterlagen zu räumlichen, wirtschaftlichen und personellen Voraussetzungen nach § 45 Absatz 2 Satz 2 Nummer 2 sowie zur Belegung der Einrichtung.

(3) Der Träger der öffentlichen Jugendhilfe, in dessen Zuständigkeitsbereich erlaubnispflichtige Einrichtungen liegen oder der die erlaubnispflichtige Einrichtung mit Kindern und Jugendlichen belegt, und die zuständige Behörde haben sich gegenseitig unverzüglich über Ereignisse oder Entwicklungen zu informieren, die geeignet sind, das Wohl der Kinder und Jugendlichen zu beeinträchtigen.

§ 48 Tätigkeitsuntersagung. Die zuständige Behörde kann dem Träger einer erlaubnispflichtigen Einrichtung die weitere Beschäftigung des Leiters, eines Beschäftigten oder sonstigen Mitarbeiters ganz oder für bestimmte Funktionen oder Tätigkeiten untersagen, wenn Tatsachen die Annahme rechtfertigen, dass er die für seine Tätigkeit erforderliche Eignung nicht besitzt.

§ 48a Sonstige betreute Wohnform. (1) Für den Betrieb einer sonstigen Wohnform, in der Kinder oder Jugendliche betreut werden oder Unterkunft erhalten, gelten die §§ 45 bis 48 entsprechend.

(2) Ist die sonstige Wohnform organisatorisch mit einer Einrichtung verbunden, so gilt sie als Teil der Einrichtung.

§ 49 Landesrechtsvorbehalt. Das Nähere über die in diesem Abschnitt geregelten Aufgaben regelt das Landesrecht.

---

1) § 47 Überschrift neu gef., Abs. 2 und 3 angef. mWv 10.6.2021 durch G v. 3.6.2021 (BGBl. I S. 1444).

Dritter Abschnitt. Mitwirkung in gerichtlichen Verfahren

§ 50[1)] Mitwirkung in Verfahren vor den Familiengerichten. (1) [1]Das Jugendamt unterstützt das Familiengericht bei allen Maßnahmen, die die Sorge für die Person von Kindern und Jugendlichen betreffen. [2]Es hat in folgenden Verfahren nach dem Gesetz über das Verfahren in Familiensachen und in den Angelegenheiten der freiwilligen Gerichtsbarkeit mitzuwirken:

1. Kindschaftssachen (§ 162 des Gesetzes über das Verfahren in Familiensachen und in den Angelegenheiten der freiwilligen Gerichtsbarkeit[2)]),
2. Abstammungssachen (§ 176 des Gesetzes über das Verfahren in Familiensachen und in den Angelegenheiten der freiwilligen Gerichtsbarkeit),
3. Adoptionssachen (§ 188 Absatz 2, §§ 189, 194, 195 des Gesetzes über das Verfahren in Familiensachen und in den Angelegenheiten der freiwilligen Gerichtsbarkeit),
4. Ehewohnungssachen (§ 204 Absatz 2, § 205 des Gesetzes über das Verfahren in Familiensachen und in den Angelegenheiten der freiwilligen Gerichtsbarkeit) und
5. Gewaltschutzsachen (§§ 212, 213 des Gesetzes über das Verfahren in Familiensachen und in den Angelegenheiten der freiwilligen Gerichtsbarkeit).

(2) [1]Das Jugendamt unterrichtet insbesondere über angebotene und erbrachte Leistungen, bringt erzieherische und soziale Gesichtspunkte zur Entwicklung des Kindes oder des Jugendlichen ein und weist auf weitere Möglichkeiten der Hilfe hin. [2]In Verfahren nach den §§ 1631b, 1632 Absatz 4, den §§ 1666, 1666a und 1682 des Bürgerlichen Gesetzbuchs[3)] sowie in Verfahren, die die Abänderung, Verlängerung oder Aufhebung von nach diesen Vorschriften getroffenen Maßnahmen betreffen, legt das Jugendamt dem Familiengericht den Hilfeplan nach § 36 Absatz 2 Satz 2 vor. [3]Dieses Dokument beinhaltet ausschließlich das Ergebnis der Bedarfsfeststellung, die vereinbarte Art der Hilfegewährung einschließlich der hiervon umfassten Leistungen sowie das Ergebnis etwaiger Überprüfungen dieser Feststellungen. [4]In anderen die Person des Kindes betreffenden Kindschaftssachen legt das Jugendamt den Hilfeplan auf Anforderung des Familiengerichts vor. [5]Das Jugendamt informiert das Familiengericht in dem Termin nach § 155 Absatz 2 des Gesetzes über das Verfahren in Familiensachen und in den Angelegenheiten der freiwilligen Gerichtsbarkeit über den Stand des Beratungsprozesses. [6]§ 64 Absatz 2 und § 65 Absatz 1 Satz 1 Nummer 1 und 2 bleiben unberührt.

(3) [1]Das Jugendamt, das in Verfahren zur Übertragung der gemeinsamen Sorge nach § 155a Absatz 4 Satz 1 und § 162 des Gesetzes über das Verfahren in Familiensachen und in den Angelegenheiten der freiwilligen Gerichtsbarkeit angehört wird, teilt

1. rechtskräftige gerichtliche Entscheidungen, aufgrund derer die Sorge gemäß § 1626a Absatz 2 Satz 1 des Bürgerlichen Gesetzbuchs den Eltern ganz oder zum Teil gemeinsam übertragen wird oder
2. rechtskräftige gerichtliche Entscheidungen, die die elterliche Sorge ganz oder zum Teil der Mutter entziehen oder auf den Vater allein übertragen,

---

[1)] § 50 Abs. 3 angef. mWv 19.5.2013 durch G v. 16.4.2013 (BGBl. I S. 795); Abs. 3 Satz 1 geänd. mWv 1.1.2023 durch G v. 4.5.2021 (BGBl. I S. 882); Abs. 2 Satz 2 neu gef., Sätze 3–6 angef., Abs. 3 Satz 1 neu gef. mWv 10.6.2021 durch G v. 3.6.2021 (BGBl. I S. 1444).

[2)] **Habersack, Deutsche Gesetze Nr. 112.**

[3)] **Habersack, Deutsche Gesetze Nr. 20.**

dem nach § 87c Absatz 6 Satz 2 zuständigen Jugendamt zu den in § 58 genannten Zwecken unverzüglich mit. [2]Mitzuteilen sind auch das Geburtsdatum und der Geburtsort des Kindes oder des Jugendlichen sowie der Name, den das Kind oder der Jugendliche zur Zeit der Beurkundung seiner Geburt geführt hat.

§ 51[1)] Beratung und Belehrung in Verfahren zur Annahme als Kind.

(1) [1]Das Jugendamt hat im Verfahren zur Ersetzung der Einwilligung eines Elternteils in die Annahme nach § 1748 Absatz 2 Satz 1 des Bürgerlichen Gesetzbuchs[2)] den Elternteil über die Möglichkeit der Ersetzung der Einwilligung zu belehren. [2]Es hat ihn darauf hinzuweisen, dass das Familiengericht die Einwilligung erst nach Ablauf von drei Monaten nach der Belehrung ersetzen darf. [3]Der Belehrung bedarf es nicht, wenn der Elternteil seinen Aufenthaltsort ohne Hinterlassung seiner neuen Anschrift gewechselt hat und der Aufenthaltsort vom Jugendamt während eines Zeitraums von drei Monaten trotz angemessener Nachforschungen nicht ermittelt werden konnte; in diesem Fall beginnt die Frist mit der ersten auf die Belehrung oder auf die Ermittlung des Aufenthaltsorts gerichteten Handlung des Jugendamts. [4]Die Fristen laufen frühestens fünf Monate nach der Geburt des Kindes ab.

(2) [1]Das Jugendamt soll den Elternteil mit der Belehrung nach Absatz 1 über Hilfen beraten, die die Erziehung des Kindes in der eigenen Familie ermöglichen könnten. [2]Einer Beratung bedarf es insbesondere nicht, wenn das Kind seit längerer Zeit bei den Annehmenden in Familienpflege lebt und bei seiner Herausgabe an den Elternteil eine schwere und nachhaltige Schädigung des körperlichen und seelischen Wohlbefindens des Kindes zu erwarten ist. [3]Das Jugendamt hat dem Familiengericht im Verfahren mitzuteilen, welche Leistungen erbracht oder angeboten worden sind oder aus welchem Grund davon abgesehen wurde.

(3) Steht nicht miteinander verheirateten Eltern die elterliche Sorge nicht gemeinsam zu, so hat das Jugendamt den Vater bei der Wahrnehmung seiner Rechte nach § 1747 Absatz 1 und 3 des Bürgerlichen Gesetzbuchs zu beraten.

§ 52[3)] Mitwirkung in Verfahren nach dem Jugendgerichtsgesetz.

(1) [1]Das Jugendamt hat nach Maßgabe der §§ 38 und 50 Absatz 3 Satz 2 des Jugendgerichtsgesetzes[4)] im Verfahren nach dem Jugendgerichtsgesetz mitzuwirken. [2]Dabei soll das Jugendamt auch mit anderen öffentlichen Einrichtungen und sonstigen Stellen, wenn sich deren Tätigkeit auf die Lebenssituation des Jugendlichen oder jungen Volljährigen auswirkt, zusammenarbeiten, soweit dies zur Erfüllung seiner ihm dabei obliegenden Aufgaben erforderlich ist. [3]Die behördenübergreifende Zusammenarbeit kann im Rahmen von gemeinsamen Konferenzen oder vergleichbaren gemeinsamen Gremien oder in anderen nach fachlicher Einschätzung geeigneten Formen erfolgen.

(2) [1]Das Jugendamt hat frühzeitig zu prüfen, ob für den Jugendlichen oder den *jungen Volljährigen Leistungen* der Jugendhilfe oder anderer Sozialleistungsträger in Betracht kommen. [2]Ist dies der Fall oder ist eine geeignete Leistung bereits eingeleitet oder gewährt worden, so hat das Jugendamt den Staatsanwalt oder den Richter umgehend davon zu unterrichten, damit geprüft werden kann, ob diese

[1)] § 51 Abs. 3 neu gef. mWv 19.5.2013 durch G v. 16.4.2013 (BGBl. I S. 795).

[2)] **Habersack, Deutsche Gesetze Nr. 20.**

[3)] § 52 Abs. 1 Sätze 2 und 3 angef., Abs. 2 Satz 1 geänd. mWv 10.6.2021 durch G v. 3.6.2021 (BGBl. I S. 1444).

[4)] **Habersack, Deutsche Gesetze Nr. 89.**

Leistung ein Absehen von der Verfolgung (§ 45 JGG) oder eine Einstellung des Verfahrens (§ 47 JGG) ermöglicht.

(3) Der Mitarbeiter des Jugendamts oder des anerkannten Trägers der freien Jugendhilfe, der nach § 38 Absatz 2 Satz 2 des Jugendgerichtsgesetzes tätig wird, soll den Jugendlichen oder den jungen Volljährigen während des gesamten Verfahrens betreuen.

Vierter Abschnitt. Beistandschaft, Pflegschaft und Vormundschaft für Kinder und Jugendliche, Auskunft über Nichtabgabe von Sorgeerklärungen

§ 52a Beratung und Unterstützung bei Vaterschaftsfeststellung und Geltendmachung von Unterhaltsansprüchen. (1) [1]Das Jugendamt hat unverzüglich nach der Geburt eines Kindes, dessen Eltern nicht miteinander verheiratet sind, der Mutter Beratung und Unterstützung insbesondere bei der Vaterschaftsfeststellung und der Geltendmachung von Unterhaltsansprüchen des Kindes anzubieten. [2]Hierbei hat es hinzuweisen auf

1. die Bedeutung der Vaterschaftsfeststellung,
2. die Möglichkeiten, wie die Vaterschaft festgestellt werden kann, insbesondere bei welchen Stellen die Vaterschaft anerkannt werden kann,
3. die Möglichkeit, die Verpflichtung zur Erfüllung von Unterhaltsansprüchen nach § 59 Absatz 1 Satz 1 Nummer 3 beurkunden zu lassen,
4. die Möglichkeit, eine Beistandschaft zu beantragen, sowie auf die Rechtsfolgen einer solchen Beistandschaft,
5. die Möglichkeit der gemeinsamen elterlichen Sorge.

[3]Das Jugendamt hat der Mutter ein persönliches Gespräch anzubieten. [4]Das Gespräch soll in der Regel in der persönlichen Umgebung der Mutter stattfinden, wenn diese es wünscht.

(2) Das Angebot nach Absatz 1 kann vor der Geburt des Kindes erfolgen, wenn anzunehmen ist, dass seine Eltern bei der Geburt nicht miteinander verheiratet sein werden.

(3) [1]Wurde eine nach § 1592 Nummer 1 oder 2 des Bürgerlichen Gesetzbuchs[1)] bestehende Vaterschaft zu einem Kind oder Jugendlichen durch eine gerichtliche Entscheidung beseitigt, so hat das Gericht dem Jugendamt Mitteilung zu machen. [2]Absatz 1 gilt entsprechend.

(4) Das Standesamt hat die Geburt eines Kindes, dessen Eltern nicht miteinander verheiratet sind, unverzüglich dem Jugendamt anzuzeigen.

§ 53[2)] Mitwirkung bei der Auswahl von Vormündern und Pflegern durch das Familiengericht. (1) Das Jugendamt hat dem Familiengericht Personen vorzuschlagen, die sich im Einzelfall zur Bestellung als Vormund eignen.

(2) [1]Das Jugendamt hat seinen Vorschlag zu begründen. [2]Es hat dem Familiengericht darzulegen,

1. welche Maßnahmen es zur Ermittlung des für den Mündel am besten geeigneten Vormunds unternommen hat und

[1)] **Habersack, Deutsche Gesetze Nr. 20.**
[2)] § 53 neu gef. mWv 1.1.2023 durch G v. 4.5.2021 (BGBl. I S. 882).

2. wenn es einen Vormund gemäß § 1774 Absatz 1 Nummer 2 bis 4 des Bürgerlichen Gesetzbuchs[1] vorschlägt, dass eine Person, die geeignet und bereit ist, die Vormundschaft ehrenamtlich zu führen, nicht gefunden werden konnte.

(3) Für die Pflegschaft für Minderjährige gelten die Absätze 1 und 2 entsprechend.

§ 53a[2] Beratung und Unterstützung von Vormündern und Pflegern.

(1) Vormünder haben Anspruch auf regelmäßige und dem jeweiligen erzieherischen Bedarf des Mündels entsprechende Beratung und Unterstützung durch das Jugendamt.

(2) [1] Das Jugendamt hat darauf zu achten, dass die Vormünder für die Person der Mündel, insbesondere ihre Erziehung und Pflege, Sorge tragen. [2] Es hat beratend darauf hinzuwirken, dass festgestellte Mängel im Einvernehmen mit dem Vormund behoben werden.

(3) Ist ein Vormundschaftsverein als vorläufiger Vormund oder ein Vereinsvormund als Vormund bestellt, so ist Absatz 2 nicht anzuwenden.

(4) Für die Pflegschaft für Minderjährige gelten die Absätze 1 bis 3 entsprechend.

§ 54[3] Anerkennung als Vormundschaftsverein. (1) Ein rechtsfähiger Verein kann von dem überörtlichen Träger der Jugendhilfe als Vormundschaftsverein anerkannt werden, wenn er gewährleistet, dass

1. er eine ausreichende Zahl von als Pfleger oder Vormund geeigneten Mitarbeitern hat und diese beaufsichtigen, weiterbilden und gegen Schäden, die diese anderen im Rahmen ihrer Tätigkeit zufügen können, angemessen versichern wird,
2. die als Vereinspfleger oder Vereinsvormund bestellten Mitarbeiter höchstens 50 und bei gleichzeitiger Wahrnehmung anderer Aufgaben entsprechend weniger Pflegschaften oder Vormundschaften führen,
3. er sich planmäßig um die Gewinnung von ehrenamtlichen Pflegern und Vormündern bemüht und sie in ihre Aufgaben einführt, fortbildet und berät,
4. er einen Erfahrungsaustausch zwischen den Mitarbeitern ermöglicht.

(2) [1] Die Anerkennung gilt für das jeweilige Land, in dem der Verein seinen Sitz hat. [2] Sie kann auf den Bereich eines überörtlichen Trägers der Jugendhilfe beschränkt werden.

(3) Der nach Absatz 1 anerkannte Vormundschaftsverein kann eine Beistandschaft übernehmen, soweit Landesrecht dies vorsieht.

(4) [1] Das Nähere regelt das Landesrecht. [2] Es kann auch weitere Voraussetzungen für die Erteilung der Anerkennung vorsehen.

(5) Eine bei Ablauf des 31. Dezember 2022 erteilte Erlaubnis zur Übernahme von Vereinsvormundschaften gilt als Anerkennung als Vormundschaftsverein fort.

---

[1] **Habersack, Deutsche Gesetze Nr. 20.**
[2] § 53a eingef. mWv 1.1.2023 durch G v. 4.5.2021 (BGBl. I S. 882).
[3] § 54 neu gef. mWv 1.1.2023 durch G v. 4.5.2021 (BGBl. I S. 882).

§ 55[1] Beistandschaft, Pflegschaft und Vormundschaft des Jugendamts.

(1) Das Jugendamt wird Beistand, Pfleger oder Vormund in den durch das Bürgerliche Gesetzbuch[2] vorgesehenen Fällen (Beistandschaft, Amtspflegschaft, vorläufige Amtspflegschaft, Amtsvormundschaft, vorläufige Amtsvormundschaft).

(2) [1] Das Jugendamt überträgt die Ausübung der Aufgaben des Beistands, des Pflegers oder des Vormunds einzelnen seiner Bediensteten. [2] Bei der Übertragung sind die Grundsätze für die Auswahl durch das Familiengericht zu beachten. [3] Vor der Übertragung der Aufgaben des Pflegers oder des Vormunds hat das Jugendamt das Kind oder den Jugendlichen zur Auswahl des Bediensteten mündlich anzuhören, soweit dies nach Alter und Entwicklungsstand des Kindes oder Jugendlichen möglich ist. [4] Eine ausnahmsweise vor der Übertragung unterbliebene Anhörung ist unverzüglich nachzuholen. [5] Wird das Jugendamt als vorläufiger Pfleger oder vorläufiger Vormund bestellt, so sind die Sätze 2 bis 4 nicht anzuwenden; § 1784 des Bürgerlichen Gesetzbuchs gilt entsprechend.

(3) Ein vollzeitbeschäftigter Bediensteter, der nur mit der Führung von Pflegschaften oder Vormundschaften betraut ist, soll höchstens 50 und bei gleichzeitiger Wahrnehmung anderer Aufgaben entsprechend weniger Pflegschaften oder Vormundschaften führen.

(4) [1] Die Übertragung gehört zu den Angelegenheiten der laufenden Verwaltung. [2] In dem durch die Übertragung umschriebenen Rahmen ist der Bedienstete gesetzlicher Vertreter des Kindes oder Jugendlichen. [3] Er hat den persönlichen Kontakt zu diesem nach Maßgabe des § 1790 Absatz 3 des Bürgerlichen Gesetzbuchs zu halten sowie dessen Pflege und Erziehung nach Maßgabe des § 1790 Absatz 1 und 2 und des § 1795 Absatz 1 des Bürgerlichen Gesetzbuchs persönlich zu fördern und zu gewährleisten.

(5) Die Aufgaben der Pflegschaft und Vormundschaft sind funktionell, organisatorisch und personell von den übrigen Aufgaben des Jugendamts zu trennen.

§ 56[3] Führung der Beistandschaft, der Pflegschaft und der Vormundschaft durch das Jugendamt. (1) Auf die Führung der Beistandschaft, der Pflegschaft und der Vormundschaft durch das Jugendamt sind die Bestimmungen des Bürgerlichen Gesetzbuchs[2] anzuwenden, soweit dieses Gesetz nicht etwas anderes bestimmt.

(2) [1] Gegenüber dem Jugendamt als Pfleger oder Vormund werden § 1835 Absatz 5 und § 1844 jeweils in Verbindung mit § 1798 Absatz 2 des Bürgerlichen Gesetzbuchs nicht angewandt. [2] In den Fällen des § 1848 in Verbindung mit § 1799 Absatz 1 und des § 1795 Absatz 2 Nummer 1 und 2 des Bürgerlichen Gesetzbuchs ist eine Genehmigung des Familiengerichts nicht erforderlich. [3] Landesrecht kann für das Jugendamt als Pfleger oder Vormund weitergehende Ausnahmen nach § 1862 Absatz 4 in Verbindung mit § 1802 Absatz 2 des Bürgerlichen Gesetzbuchs vorsehen.

(3) [1] Mündelgeld kann mit Genehmigung des Familiengerichts auf Sammelkonten des Jugendamts bereitgehalten und angelegt werden, wenn es den Interessen des Mündels dient und sofern die sichere Verwaltung, Trennbarkeit und Rechnungslegung des Geldes einschließlich der Zinsen jederzeit gewährleistet ist; Landesrecht kann bestimmen, dass eine Genehmigung des Familiengerichts nicht

[1] § 55 neu gef. mWv 1.1.2023 durch G v. 4.5.2021 (BGBl. I S. 882).
[2] **Habersack, Deutsche Gesetze Nr. 20.**
[3] § 56 neu gef. mWv 1.1.2023 durch G v. 4.5.2021 (BGBl. I S. 882).

erforderlich ist. [2]Die Anlegung von Mündelgeld ist auch bei der Körperschaft zulässig, die das Jugendamt errichtet hat.

§ 57[1)] Mitteilungspflichten des Jugendamts. (1) Das Jugendamt hat dem Familiengericht unverzüglich den Eintritt einer Vormundschaft sowie den Wegfall der Voraussetzungen der Vormundschaft mitzuteilen.

(2) [1]Das Jugendamt hat dem Familiengericht vor seiner Bestellung zum Vormund mitzuteilen, welchem seiner Bediensteten es die Aufgaben der Amtsvormundschaft übertragen wird. [2]Wird das Jugendamt zum vorläufigen Vormund bestellt, so hat es dem Familiengericht alsbald, spätestens binnen zwei Wochen nach seiner Bestellung mitzuteilen, welchem Bediensteten die Aufgaben des vorläufigen Vormunds übertragen worden sind.

(3) [1]Das Jugendamt hat dem Familiengericht über das persönliche Ergehen und die Entwicklung eines Mündels Auskunft zu erteilen. [2]Soweit eine Behebung der Mängel in der Personensorge trotz Beratung und Unterstützung nach § 53a Absatz 2 nicht erfolgt, hat es dies dem Familiengericht mitzuteilen. [3]Erlangt das Jugendamt Kenntnis von der Gefährdung des Vermögens eines Mündels, so hat es dies dem Familiengericht mitzuteilen. [4]Ist ein Vormundschaftsverein als vorläufiger Vormund oder ein Vereinsvormund als Vormund bestellt, so sind die Sätze 1 bis 3 nicht anzuwenden.

(4) [1]Das Jugendamt hat in der Regel jährlich zu prüfen, ob im Interesse des Kindes oder des Jugendlichen seine Entlassung als Vormund und die Bestellung einer natürlichen Person, die die Vormundschaft ehrenamtlich führt, angezeigt ist, und dies dem Familiengericht mitzuteilen. [2]Dasselbe gilt, wenn dem Jugendamt sonst Umstände bekannt werden, aus denen sich ergibt, dass die Vormundschaft nunmehr ehrenamtlich geführt werden kann.

(5) [1]Das Jugendamt des bisherigen gewöhnlichen Aufenthalts des Mündels hat dem Jugendamt des neuen gewöhnlichen Aufenthalts eine Verlegung des gewöhnlichen Aufenthalts des Mündels in den Bezirk eines anderen Jugendamts mitzuteilen. [2]Ist ein Vormundschaftsverein als vorläufiger Vormund oder ein Vereinsvormund als Vormund bestellt, so ist Satz 1 nicht anzuwenden.

(6) Für die Pflegschaft für Minderjährige gelten die Absätze 1 bis 5 entsprechend.

§ 58[2)] Auskunft über Alleinsorge aus dem Sorgeregister. (1) [1]Zum Zwecke der Erteilung der schriftlichen Auskunft nach Absatz 2 wird für Kinder nicht miteinander verheirateter Eltern bei dem nach § 87c Absatz 6 Satz 2 zuständigen Jugendamt ein Sorgeregister geführt. [2]In das Sorgeregister erfolgt jeweils eine Eintragung, wenn

1. Sorgeerklärungen nach § 1626a Absatz 1 Nummer 1 des Bürgerlichen Gesetzbuchs[3)] *abgegeben werden,*
2. aufgrund einer rechtskräftigen gerichtlichen Entscheidung die elterliche Sorge den Eltern ganz oder zum Teil gemeinsam übertragen worden ist oder

---

[1)] § 57 neu gef. mWv 1.1.2023 durch G v. 4.5.2021 (BGBl. I S. 882).

[2)] Früherer § 58a neu gef. mWv 19.5.2013 durch G v. 16.4.2013 (BGBl. I S. 795); Überschrift neu gef., Abs. 1 Satz 1 und Satz 2 Nr. 1 geänd., Nr. 2 neu gef., Nr. 3 angef., Satz 3 aufgeh., Abs. 2 Satz 1 geänd., Sätze 3 und 4 angef. mWv 10.6.2021 durch G v. 3.6.2021 (BGBl. I S. 1444); früherer § 58 aufgeh., bish. § 58a wird § 58 mWv 1.1.2023 durch G v. 4.5.2021 (BGBl. I S. 882).

[3)] **Habersack, Deutsche Gesetze Nr. 20.**

3. die elterliche Sorge aufgrund einer rechtskräftigen gerichtlichen Entscheidung ganz oder zum Teil der Mutter entzogen oder auf den Vater allein übertragen worden ist.

(2) [1] Liegen keine Eintragungen im Sorgeregister vor, so erhält die mit dem Vater des Kindes nicht verheiratete Mutter auf Antrag hierüber eine schriftliche Auskunft von dem nach § 87c Absatz 6 Satz 1 zuständigen Jugendamt. [2] Die Mutter hat dafür Geburtsdatum und Geburtsort des Kindes oder des Jugendlichen anzugeben sowie den Namen, den das Kind oder der Jugendliche zur Zeit der Beurkundung seiner Geburt geführt hat. [3] Bezieht sich die gerichtliche Entscheidung nach Absatz 1 Satz 2 Nummer 2 oder Nummer 3 nur auf Teile der elterlichen Sorge, so erhält die mit dem Vater des Kindes nicht verheiratete Mutter auf Antrag eine schriftliche Auskunft darüber, dass Eintragungen nur in Bezug auf die durch die Entscheidung betroffenen Teile der elterlichen Sorge vorliegen. [4] Satz 2 gilt entsprechend.

Fünfter Abschnitt. Beurkundung, vollstreckbare Urkunden

§ 59[1)] **Beurkundung.** (1) [1] Die Urkundsperson beim Jugendamt ist befugt,

1. die Erklärung, durch die die Vaterschaft anerkannt oder die Anerkennung widerrufen wird, die Zustimmungserklärung der Mutter sowie die etwa erforderliche Zustimmung des Mannes, der im Zeitpunkt der Geburt mit der Mutter verheiratet ist, des Kindes, des Jugendlichen oder eines gesetzlichen Vertreters zu einer solchen Erklärung (Erklärungen über die Anerkennung der Vaterschaft) zu beurkunden,
2. die Erklärung, durch die die Mutterschaft anerkannt wird, sowie die etwa erforderliche Zustimmung des gesetzlichen Vertreters der Mutter zu beurkunden (§ 44 Absatz 2 des Personenstandsgesetzes),
3. die Verpflichtung zur Erfüllung von Unterhaltsansprüchen eines Abkömmlings oder seines gesetzlichen Rechtsnachfolgers zu beurkunden, sofern der Abkömmling zum Zeitpunkt der Beurkundung das 21. Lebensjahr noch nicht vollendet hat,
4. die Verpflichtung zur Erfüllung von Ansprüchen auf Unterhalt (§ 1615l des Bürgerlichen Gesetzbuchs[2)]), auch des gesetzlichen Rechtsnachfolgers, zu beurkunden,
5. die Bereiterklärung der Adoptionsbewerber zur Annahme eines ihnen zur internationalen Adoption vorgeschlagenen Kindes (§ 7 Absatz 1 des Adoptionsübereinkommens-Ausführungsgesetzes) zu beurkunden,
6. den Widerruf der Einwilligung des Kindes in die Annahme als Kind (§ 1746 Absatz 2 des Bürgerlichen Gesetzbuchs) zu beurkunden,
7. die Erklärung, durch die der Vater auf die Übertragung der Sorge verzichtet (§ 1747 Absatz 3 Nummer 2 des Bürgerlichen Gesetzbuchs) zu beurkunden,
8. die Sorgeerklärungen (§ 1626a Absatz 1 Nummer 1 des Bürgerlichen Gesetzbuchs) sowie die etwa erforderliche Zustimmung des gesetzlichen Vertreters eines beschränkt geschäftsfähigen Elternteils (§ 1626c Absatz 2 des Bürgerlichen Gesetzbuchs) zu beurkunden,

---

[1)] § 59 Abs. 1 Satz 1 Nr. 7 geänd. mWv 19.5.2013 durch G v. 16.4.2013 (BGBl. I S. 795); Abs. 1 Satz 1 Nr. 3 neu gef., Nr. 4 geänd. mWv 1.7.2013 durch G v. 3.5.2013 (BGBl. I S. 1108).

[2)] **Habersack, Deutsche Gesetze Nr. 20.**

9. eine Erklärung des auf Unterhalt in Anspruch genommenen Elternteils nach § 252 des Gesetzes über das Verfahren in Familiensachen und in den Angelegenheiten der freiwilligen Gerichtsbarkeit[1] aufzunehmen; § 129a der Zivilprozessordnung[2] gilt entsprechend.

[2] Die Zuständigkeit der Notare, anderer Urkundspersonen oder sonstiger Stellen für öffentliche Beurkundungen bleibt unberührt.

(2) Die Urkundsperson soll eine Beurkundung nicht vornehmen, wenn ihr in der betreffenden Angelegenheit die Vertretung eines Beteiligten obliegt.

(3) [1] Das Jugendamt hat geeignete Beamte und Angestellte zur Wahrnehmung der Aufgaben nach Absatz 1 zu ermächtigen. [2] Die Länder können Näheres hinsichtlich der fachlichen Anforderungen an diese Personen regeln.

§ 60[3] Vollstreckbare Urkunden. [1] Aus Urkunden, die eine Verpflichtung nach § 59 Absatz 1 Satz 1 Nummer 3 oder 4 zum Gegenstand haben und die von einem Beamten oder Angestellten des Jugendamts innerhalb der Grenzen seiner Amtsbefugnisse in der vorgeschriebenen Form aufgenommen worden sind, findet die Zwangsvollstreckung statt, wenn die Erklärung die Zahlung einer bestimmten Geldsumme betrifft und der Schuldner sich in der Urkunde der sofortigen Zwangsvollstreckung unterworfen hat. [2] Die Zustellung kann auch dadurch vollzogen werden, dass der Beamte oder Angestellte dem Schuldner eine beglaubigte Abschrift der Urkunde aushändigt; § 174 Satz 2 und 3 der Zivilprozessordnung[2] gilt entsprechend. [3] Auf die Zwangsvollstreckung sind die Vorschriften, die für die Zwangsvollstreckung aus gerichtlichen Urkunden nach § 794 Absatz 1 Nummer 5 der Zivilprozessordnung gelten, mit folgenden Maßgaben entsprechend anzuwenden:

1. Die vollstreckbare Ausfertigung sowie die Bestätigungen nach § 1079 der Zivilprozessordnung werden von den Beamten oder Angestellten des Jugendamts erteilt, denen die Beurkundung der Verpflichtungserklärung übertragen ist. Das Gleiche gilt für die Bezifferung einer Verpflichtungserklärung nach § 790 der Zivilprozessordnung.
2. Über Einwendungen, die die Zulässigkeit der Vollstreckungsklausel oder die Zulässigkeit der Bezifferung nach § 790 der Zivilprozessordnung betreffen, über die Erteilung einer weiteren vollstreckbaren Ausfertigung sowie über Anträge nach § 1081 der Zivilprozessordnung entscheidet das für das Jugendamt zuständige Amtsgericht.

Viertes Kapitel. Schutz von Sozialdaten

§ 61[4] Anwendungsbereich. (1) [1] Für den Schutz von Sozialdaten bei ihrer Verarbeitung in der Jugendhilfe gelten § 35 des Ersten Buches, §§ 67 bis 85a des Zehnten Buches sowie die nachfolgenden Vorschriften. [2] Sie gelten für alle Stellen *des Trägers der öffentlichen Jugendhilfe*, soweit sie Aufgaben nach diesem Buch wahrnehmen. [3] Für die Wahrnehmung von Aufgaben nach diesem Buch durch kreisangehörige Gemeinden und Gemeindeverbände, die nicht örtliche Träger sind, gelten die Sätze 1 und 2 entsprechend.

---

[1] **Habersack, Deutsche Gesetze Nr. 112.**

[2] **Habersack, Deutsche Gesetze Nr. 100.**

[3] § 60 Satz 2 geänd. mWv 1.1.2022 durch G v. 5.10.2021 (BGBl. I S. 4607).

[4] § 61 Abs. 1 Satz 1, Abs. 2 und 3 geänd. mWv 26.11.2019 durch G v. 20.11.2019 (BGBl. I S. 1626); Abs. 2 geänd. mWv 1.1.2023 durch G v. 24.6.2022 (BGBl. I S. 959).

(2) Für den Schutz von Sozialdaten bei ihrer Verarbeitung im Rahmen der Tätigkeit des Jugendamts als Amtspfleger, Amtsvormund und Beistand gilt nur § 68.

(3) Werden Einrichtungen und Dienste der Träger der freien Jugendhilfe in Anspruch genommen, so ist sicherzustellen, dass der Schutz der personenbezogenen Daten bei der Verarbeitung in entsprechender Weise gewährleistet ist.

§ 62[1)] Datenerhebung. (1) Sozialdaten dürfen nur erhoben werden, soweit ihre Kenntnis zur Erfüllung der jeweiligen Aufgabe erforderlich ist.

(2) [1] Sozialdaten sind bei der betroffenen Person zu erheben. [2] Sie ist über die Rechtsgrundlage der Erhebung sowie die Zweckbestimmungen der Verarbeitung aufzuklären, soweit diese nicht offenkundig sind.

(3) Ohne Mitwirkung der betroffenen Person dürfen Sozialdaten nur erhoben werden, wenn

1. eine gesetzliche Bestimmung dies vorschreibt oder erlaubt oder
2. ihre Erhebung bei der betroffenen Person nicht möglich ist oder die jeweilige Aufgabe ihrer Art nach eine Erhebung bei anderen erfordert, die Kenntnis der Daten aber erforderlich ist für
   a) die Feststellung der Voraussetzungen oder für die Erfüllung einer Leistung nach diesem Buch oder
   b) die Feststellung der Voraussetzungen für die Erstattung einer Leistung nach § 50 des Zehnten Buches oder
   c) die Wahrnehmung einer Aufgabe nach den §§ 42 bis 48a und nach § 52 oder
   d) die Erfüllung des Schutzauftrages bei Kindeswohlgefährdung nach § 8a oder die Gefährdungsabwendung nach § 4 des Gesetzes zur Kooperation und Information im Kinderschutz[2)] oder
3. die Erhebung bei der betroffenen Person einen unverhältnismäßigen Aufwand erfordern würde und keine Anhaltspunkte dafür bestehen, dass schutzwürdige Interessen der betroffenen Person beeinträchtigt werden oder
4. die Erhebung bei der betroffenen Person den Zugang zur Hilfe ernsthaft gefährden würde.

(4) [1] Ist die betroffene Person nicht zugleich Leistungsberechtigter oder sonst an der Leistung beteiligt, so dürfen die Daten auch beim Leistungsberechtigten oder einer anderen Person, die sonst an der Leistung beteiligt ist, erhoben werden, wenn die Kenntnis der Daten für die Gewährung einer Leistung nach diesem Buch notwendig ist. [2] Satz 1 gilt bei der Erfüllung anderer Aufgaben im Sinne des § 2 Absatz 3 entsprechend.

§ 63 Datenspeicherung. (1) Sozialdaten dürfen gespeichert werden, soweit dies für die Erfüllung der jeweiligen Aufgabe erforderlich ist.

(2) [1] Daten, die zur Erfüllung unterschiedlicher Aufgaben der öffentlichen Jugendhilfe erhoben worden sind, dürfen nur zusammengeführt werden, wenn und solange dies wegen eines unmittelbaren Sachzusammenhangs erforderlich ist. [2] Daten, die zu Leistungszwecken im Sinne des § 2 Absatz 2 und Daten, die für andere Aufgaben im Sinne des § 2 Absatz 3 erhoben worden sind, dürfen nur

---

[1)] § 62 Abs. 2 Sätze 1 und 2, Abs. 3 einl. Satzteil und Nr. 2, 3 und 4, Abs. 4 geänd. mWv 26.11.2019 durch G v. 20.11.2019 (BGBl. I S. 1626); Abs. 3 Nr. 2 Buchst. d geänd. mWv 10.6.2021 durch G v. 3.6. 2021 (BGBl. I S. 1444).

[2)] Nr. **46a**.

zusammengeführt werden, soweit dies zur Erfüllung der jeweiligen Aufgabe erforderlich ist.

§ 64[1)] Datenübermittlung und -nutzung. (1) Sozialdaten dürfen zu dem Zweck übermittelt oder genutzt werden, zu dem sie erhoben worden sind.

(2) Eine Übermittlung für die Erfüllung von Aufgaben nach § 69 des Zehnten Buches ist abweichend von Absatz 1 nur zulässig, soweit dadurch der Erfolg einer zu gewährenden Leistung nicht in Frage gestellt wird.

(2a) Vor einer Übermittlung an eine Fachkraft, die nicht dem Verantwortlichen angehört, sind die Sozialdaten zu anonymisieren oder zu pseudonymisieren, soweit die Aufgabenerfüllung dies zulässt.

(2b) [1] Abweichend von Absatz 1 dürfen Sozialdaten übermittelt und genutzt werden, soweit dies für die Durchführung bestimmter wissenschaftlicher Vorhaben zur Erforschung möglicher politisch motivierter Adoptionsvermittlung in der DDR erforderlich ist, ohne dass es einer Anonymisierung oder Pseudonymisierung bedarf. [2] Die personenbezogenen Daten sind zu anonymisieren, sobald dies nach dem Forschungszweck möglich ist. [3] Vom Adoptionsverfahren betroffene Personen dürfen nicht kontaktiert werden.

(3) Sozialdaten dürfen beim Träger der öffentlichen Jugendhilfe zum Zwecke der Planung im Sinne des § 80 gespeichert oder genutzt werden; sie sind unverzüglich zu anonymisieren.

(4) Erhält ein Träger der öffentlichen Jugendhilfe nach Maßgabe des § 4 Absatz 3 des Gesetzes zur Kooperation und Information im Kinderschutz[2)] Informationen und Daten, soll er gegenüber der meldenden Person ausschließlich mitteilen, ob sich die von ihr mitgeteilten gewichtigen Anhaltspunkte für die Gefährdung des Wohls des Kindes oder Jugendlichen bestätigt haben und ob das Jugendamt zur Abwendung der Gefährdung tätig geworden ist und noch tätig ist.

§ 65[3)] Besonderer Vertrauensschutz in der persönlichen und erzieherischen Hilfe. (1) [1] Sozialdaten, die dem Mitarbeiter eines Trägers der öffentlichen Jugendhilfe zum Zwecke persönlicher und erzieherischer Hilfe anvertraut worden sind, dürfen von diesem nur weitergegeben oder übermittelt werden

1. mit der Einwilligung dessen, der die Daten anvertraut hat, oder
2. dem Familiengericht zur Erfüllung der Aufgaben nach § 8a Absatz 2, wenn angesichts einer Gefährdung des Wohls eines Kindes oder eines Jugendlichen ohne diese Mitteilung eine für die Gewährung von Leistungen notwendige gerichtliche Entscheidung nicht ermöglicht werden könnte, oder
3. dem Mitarbeiter, der auf Grund eines Wechsels der Fallzuständigkeit im Jugendamt oder eines Wechsels der örtlichen Zuständigkeit für die Gewährung oder Erbringung der Leistung verantwortlich ist, wenn Anhaltspunkte für eine Gefährdung des Kindeswohls gegeben sind und die Daten für eine Abschätzung des Gefährdungsrisikos notwendig sind, oder

---

1) § 64 Abs. 2a geänd. mWv 26.11.2019 durch G v. 20.11.2019 (BGBl. I S. 1626); Abs. 2b eingef., Abs. 4 angef. mWv 10.6.2021 durch G v. 3.6.2021 (BGBl. I S. 1444).

2) Nr. **46a**.

3) § 65 Abs. 1 Satz 1 Nr. 2 geänd. mWv 19.5.2013 durch G v. 16.4.2013 (BGBl. I S. 795); Abs. 1 Satz 1 Nr. 5 geänd. mWv 9.11.2017 durch G v. 30.10.2017 (BGBl. I S. 3618); Abs. 1 Satz 1 einl. Satzteil geänd., Satz 2 neu gef. mWv 26.11.2019 durch G v. 20.11.2019 (BGBl. I S. 1626); Abs. 1 Satz 1 Nr. 5 geänd., Nr. 6 angef. mWv 10.6.2021 durch G v. 3.6.2021 (BGBl. I S. 1444).

4. an die Fachkräfte, die zum Zwecke der Abschätzung des Gefährdungsrisikos nach § 8a hinzugezogen werden; § 64 Absatz 2a bleibt unberührt, oder
5. unter den Voraussetzungen, unter denen eine der in § 203 Absatz 1 oder 4 des Strafgesetzbuchs[1] genannten Personen dazu befugt wäre, oder
6. wenn dies für die Durchführung bestimmter wissenschaftlicher Vorhaben zur Erforschung möglicher politisch motivierter Adoptionsvermittlung in der DDR erforderlich ist. Vom Adoptionsverfahren betroffene Personen dürfen nicht kontaktiert werden; § 64 Absatz 2b Satz 1 und 2 gilt entsprechend.

[2] Der Empfänger darf die Sozialdaten nur zu dem Zweck weitergeben oder übermitteln, zu dem er sie befugt erhalten hat.

(2) § 35 Absatz 3 des Ersten Buches gilt auch, soweit ein behördeninternes Weitergabeverbot nach Absatz 1 besteht.

[§ 66 bis 31.10.2025:]
§ 66 (weggefallen)

[§ 66 ab 1.11.2025:]
§ 66[2] ***Auskünfte aus dem Ausländerzentralregister.*** *Zur Erfüllung der Aufgaben nach diesem Buch dürfen die öffentlichen Träger der Jugendhilfe über junge Menschen, die Hilfen oder Leistungen nach diesem Buch erhalten oder erhalten sollen oder in Obhut genommen wurden, mittels einer Auskunft aus dem Ausländerzentralregister die in § 18d Absatz 1 des Ausländerzentralregistergesetzes genannten Daten abrufen.*

§ 67 (weggefallen)

§ 68[3] **Sozialdaten im Bereich der Beistandschaft, Amtspflegschaft und der Amtsvormundschaft.** (1) [1] Der Beamte oder Angestellte, dem die Ausübung der Beistandschaft, Amtspflegschaft oder Amtsvormundschaft übertragen ist, darf Sozialdaten nur verarbeiten, soweit dies zur Erfüllung seiner Aufgaben erforderlich ist. [2] Die Nutzung dieser Sozialdaten zum Zwecke der Aufsicht, Kontrolle oder Rechnungsprüfung durch die dafür zuständigen Stellen sowie die Übermittlung an diese ist im Hinblick auf den Einzelfall zulässig. [3] Die Informationspflichten nach Artikel 13 und 14 der Verordnung (EU) 2016/679[4] des Europäischen Parlaments und des Rates vom 27. April 2016 zum Schutz natürlicher Personen bei der Verarbeitung personenbezogener Daten, zum freien Datenverkehr und zur Aufhebung der Richtlinie 95/46/EG (Datenschutz-Grundverordnung) (ABl. L 119 vom 4.5.2016, S. 1; L 314 vom 22.11.2016, S. 72; L 127 vom 23.5.2018, S. 2) in der jeweils geltenden Fassung bestehen nur, soweit die Erteilung der Informationen

1. mit der Wahrung der Interessen der minderjährigen Person vereinbar ist und
2. nicht die Erfüllung der Aufgaben gefährdet, die in der Zuständigkeit des Beistands, des Amtspflegers oder des Amtsvormundes liegen.

(2) § 84 des Zehnten Buches gilt entsprechend.

(3) [1] Das Recht auf Auskunft der betroffenen Person gemäß Artikel 15 der Verordnung (EU) 2016/679 besteht nicht, soweit die betroffene Person nach

---

[1] ***Habersack, Deutsche Gesetze* Nr. 85.**
[2] § 66 neu gef. mWv 1.11.2025 durch G v. 8.5.2024 (BGBl. 2024 I Nr. 152).
[3] § 68 Abs. 1 Satz 1 geänd., Satz 3 angef., Abs. 2 und 3 neu gef., Abs. 4 geänd. mWv 26.11.2019 durch G v. 20.11.2019 (BGBl. I S. 1626); Abs. 5 aufgeh. mWv 1.1.2023 durch G v. 24.6.2022 (BGBl. I S. 959).
[4] **Sartorius Nr. 246.**

Absatz 1 Satz 3 nicht zu informieren ist oder durch die Auskunftserteilung berechtigte Interessen Dritter beeinträchtigt würden. [2] Einer Person, die unter Beistandschaft, Amtspflegschaft oder Amtsvormundschaft gestanden und ihr 18. Lebensjahr noch nicht vollendet hat, kann Auskunft erteilt werden, soweit sie die erforderliche Einsichts- und Urteilsfähigkeit besitzt und die Auskunftserteilung nicht nach Satz 1 ausgeschlossen ist. [3] Nach Beendigung einer Beistandschaft hat darüber hinaus der Elternteil, der die Beistandschaft beantragt hat, einen Anspruch auf Kenntnis der gespeicherten Daten, solange der junge Mensch minderjährig ist, der Elternteil antragsberechtigt ist und die Auskunftserteilung nicht nach Satz 1 ausgeschlossen ist.

(Fortsetzung nächstes Blatt)

(4) Personen oder Stellen, an die Sozialdaten übermittelt worden sind, dürfen diese nur zu dem Zweck speichern und nutzen, zu dem sie ihnen nach Absatz 1 befugt übermittelt worden sind.

Fünftes Kapitel. Träger der Jugendhilfe, Zusammenarbeit, Gesamtverantwortung

Erster Abschnitt. Träger der öffentlichen Jugendhilfe

§ 69 Träger der öffentlichen Jugendhilfe, Jugendämter, Landesjugendämter. (1) Die Träger der öffentlichen Jugendhilfe werden durch Landesrecht bestimmt.

(2) (weggefallen)

(3) Für die Wahrnehmung der Aufgaben nach diesem Buch errichtet jeder örtliche Träger ein Jugendamt, jeder überörtliche Träger ein Landesjugendamt[1)].

(4) Mehrere örtliche Träger und mehrere überörtliche Träger können, auch wenn sie verschiedenen Ländern angehören, zur Durchführung einzelner Aufgaben gemeinsame Einrichtungen und Dienste errichten.

§ 70[1)] Organisation des Jugendamts und des Landesjugendamts. (1) Die Aufgaben des Jugendamts werden durch den Jugendhilfeausschuss und durch die Verwaltung des Jugendamts wahrgenommen.

(2) Die Geschäfte der laufenden Verwaltung im Bereich der öffentlichen Jugendhilfe werden vom Leiter der Verwaltung der Gebietskörperschaft oder in seinem Auftrag vom Leiter der Verwaltung des Jugendamts im Rahmen der Satzung und der Beschlüsse der Vertretungskörperschaft und des Jugendhilfeausschusses geführt.

(3) [1] Die Aufgaben des Landesjugendamts werden durch den Landesjugendhilfeausschuss und durch die Verwaltung des Landesjugendamts im Rahmen der Satzung und der dem Landesjugendamt zur Verfügung gestellten Mittel wahrgenommen. [2] Die Geschäfte der laufenden Verwaltung werden von dem Leiter der Verwaltung des Landesjugendamts im Rahmen der Satzung und der Beschlüsse des Landesjugendhilfeausschusses geführt.

§ 71[2)] Jugendhilfeausschuss, Landesjugendhilfeausschuss. (1) Dem Jugendhilfeausschuss gehören als stimmberechtigte Mitglieder an

1. mit drei Fünfteln des Anteils der Stimmen Mitglieder der Vertretungskörperschaft des Trägers der öffentlichen Jugendhilfe oder von ihr gewählte Frauen und Männer, die in der Jugendhilfe erfahren sind,
2. mit zwei Fünfteln des Anteils der Stimmen Frauen und Männer, die auf Vorschlag der im Bereich des öffentlichen Trägers wirkenden und anerkannten Träger der freien Jugendhilfe von der Vertretungskörperschaft gewählt werden; Vorschläge der *Jugendverbände und* der Wohlfahrtsverbände sind angemessen zu berücksichtigen.

(2) Dem Jugendhilfeausschuss sollen als beratende Mitglieder selbstorganisierte Zusammenschlüsse nach § 4a angehören.

[1)] Siehe hierzu ua den Hinweis der Freien Hansestadt Bremen auf von BundesR abweichendes LandesR v. 30.9.2016 (BGBl. I S. 2195).

[2)] § 71 Abs. 2 eingef., bish. Abs. 2 und 3 werden Abs. 3 und 4, bish. Abs. 4 wird Abs. 5 und neu gef., bish. Abs. 5 wird Abs. 6 und neu gef. mWv 10.6.2021 durch G v. 3.6.2021 (BGBl. I S. 1444).

(3) Der Jugendhilfeausschuss befasst sich mit allen Angelegenheiten der Jugendhilfe, insbesondere mit

1. der Erörterung aktueller Problemlagen junger Menschen und ihrer Familien sowie mit Anregungen und Vorschlägen für die Weiterentwicklung der Jugendhilfe,
2. der Jugendhilfeplanung und
3. der Förderung der freien Jugendhilfe.

(4) [1] Er hat Beschlussrecht in Angelegenheiten der Jugendhilfe im Rahmen der von der Vertretungskörperschaft bereitgestellten Mittel, der von ihr erlassenen Satzung und der von ihr gefassten Beschlüsse. [2] Er soll vor jeder Beschlussfassung der Vertretungskörperschaft in Fragen der Jugendhilfe und vor der Berufung eines Leiters des Jugendamts gehört werden und hat das Recht, an die Vertretungskörperschaft Anträge zu stellen. [3] Er tritt nach Bedarf zusammen und ist auf Antrag von mindestens einem Fünftel der Stimmberechtigten einzuberufen. [4] Seine Sitzungen sind öffentlich, soweit nicht das Wohl der Allgemeinheit, berechtigte Interessen einzelner Personen oder schutzbedürftiger Gruppen entgegenstehen.

(5) [1] Dem Landesjugendhilfeausschuss gehören mit zwei Fünfteln des Anteils der Stimmen Frauen und Männer an, die auf Vorschlag der im Bereich des Landesjugendamts wirkenden und anerkannten Träger der freien Jugendhilfe von der obersten Landesjugendbehörde zu berufen sind. [2] Die übrigen Mitglieder werden durch Landesrecht bestimmt. Absatz 3 gilt entsprechend.

(6) [1] Das Nähere regelt das Landesrecht. [2] Es regelt die Zugehörigkeit weiterer beratender Mitglieder zum Jugendhilfeausschuss. [3] Es kann bestimmen, dass der Leiter der Verwaltung der Gebietskörperschaft oder der Leiter der Verwaltung des Jugendamts nach Absatz 1 Nummer 1 stimmberechtigt ist.

§ 72 Mitarbeiter, Fortbildung. (1) [1] Die Träger der öffentlichen Jugendhilfe sollen bei den Jugendämtern und Landesjugendämtern hauptberuflich nur Personen beschäftigen, die sich für die jeweilige Aufgabe nach ihrer Persönlichkeit eignen und eine dieser Aufgabe entsprechende Ausbildung erhalten haben (Fachkräfte) oder auf Grund besonderer Erfahrungen in der sozialen Arbeit in der Lage sind, die Aufgabe zu erfüllen. [2] Soweit die jeweilige Aufgabe dies erfordert, sind mit ihrer Wahrnehmung nur Fachkräfte oder Fachkräfte mit entsprechender Zusatzausbildung zu betrauen. [3] Fachkräfte verschiedener Fachrichtungen sollen zusammenwirken, soweit die jeweilige Aufgabe dies erfordert.

(2) Leitende Funktionen des Jugendamts oder des Landesjugendamts sollen in der Regel nur Fachkräften übertragen werden.

(3) Die Träger der öffentlichen Jugendhilfe haben Fortbildung und Praxisberatung der Mitarbeiter des Jugendamts und des Landesjugendamts sicherzustellen.

§ 72a[1] Tätigkeitsausschluss einschlägig vorbestrafter Personen. (1) [1] Die Träger der öffentlichen Jugendhilfe dürfen für die Wahrnehmung der Aufgaben in der Kinder- und Jugendhilfe keine Person beschäftigen oder vermitteln, die rechtskräftig wegen einer Straftat nach den §§ 171, 174 bis 174c, 176 bis 180a, 181a, 182

[1] § 72a Abs. 1 Satz 1 geänd. mWv 27.1.2015 durch G v. 21.1.2015 (BGBl. I S. 10); Abs. 1 Satz 1 geänd. mWv 15.10.2016 durch G v. 11.10.2016 (BGBl. I S. 2226); Abs. 1 Satz 1 geänd. mWv 10.11.2016 durch G v. 4.11.2016 (*BGBl. I S. 2460*); Abs. 1 Satz 1 geänd. mWv 1.1.2021 durch G v. 9.10.2020 (BGBl. I S. 2075); Abs. 2 geänd. mWv 1.1.2023 durch G v. 4.5.2021 (BGBl. I S. 882); Abs. 1 Satz 1 geänd., Abs. 5 neu gef. mWv 10.6.2021 durch G v. 3.6.2021 (BGBl. I S. 1444); Abs. 1 Satz 1 geänd. mWv 1.7.2021 durch G v. 16.6.2021 (BGBl. I S. 1810); Abs. 5 neu gef. mWv 9.12.2022 durch G v. 4.12.2022 (BGBl. I S. 2146).

bis 184g, 184i, 184j, 184k, 184l, 201a Absatz 3, den §§ 225, 232 bis 233a, 234, 235 oder 236 des Strafgesetzbuchs[1)] verurteilt worden ist. [2]Zu diesem Zweck sollen sie sich bei der Einstellung oder Vermittlung und in regelmäßigen Abständen von den betroffenen Personen ein Führungszeugnis nach § 30 Absatz 5 und § 30a Absatz 1 des Bundeszentralregistergesetzes[2)] vorlegen lassen.

(2) Die Träger der öffentlichen Jugendhilfe sollen durch Vereinbarungen mit den Trägern der freien Jugendhilfe sowie mit Vereinen im Sinne des § 54 sicherstellen, dass diese keine Person, die wegen einer Straftat nach Absatz 1 Satz 1 rechtskräftig verurteilt worden ist, hauptamtlich beschäftigen.

(3) [1]Die Träger der öffentlichen Jugendhilfe sollen sicherstellen, dass unter ihrer Verantwortung keine neben- oder ehrenamtlich tätige Person, die wegen einer Straftat nach Absatz 1 Satz 1 rechtskräftig verurteilt worden ist, in Wahrnehmung von Aufgaben der Kinder- und Jugendhilfe Kinder oder Jugendliche beaufsichtigt, betreut, erzieht oder ausbildet oder einen vergleichbaren Kontakt hat. [2]Hierzu sollen die Träger der öffentlichen Jugendhilfe über die Tätigkeiten entscheiden, die von den in Satz 1 genannten Personen auf Grund von Art, Intensität und Dauer des Kontakts dieser Personen mit Kindern und Jugendlichen nur nach Einsichtnahme in das Führungszeugnis nach Absatz 1 Satz 2 wahrgenommen werden dürfen.

(4) [1]Die Träger der öffentlichen Jugendhilfe sollen durch Vereinbarungen mit den Trägern der freien Jugendhilfe sowie mit Vereinen im Sinne des § 54 sicherstellen, dass unter deren Verantwortung keine neben- oder ehrenamtlich tätige Person, die wegen einer Straftat nach Absatz 1 Satz 1 rechtskräftig verurteilt worden ist, in Wahrnehmung von Aufgaben der Kinder- und Jugendhilfe Kinder oder Jugendliche beaufsichtigt, betreut, erzieht oder ausbildet oder einen vergleichbaren Kontakt hat. [2]Hierzu sollen die Träger der öffentlichen Jugendhilfe mit den Trägern der freien Jugendhilfe Vereinbarungen über die Tätigkeiten schließen, die von den in Satz 1 genannten Personen auf Grund von Art, Intensität und Dauer des Kontakts dieser Personen mit Kindern und Jugendlichen nur nach Einsichtnahme in das Führungszeugnis nach Absatz 1 Satz 2 wahrgenommen werden dürfen.

(5) [1]Die Träger der öffentlichen und freien Jugendhilfe dürfen von den nach den Absätzen 3 und 4 eingesehenen Daten nur folgende Daten erheben und speichern:

1. den Umstand der Einsichtnahme,
2. das Datum des Führungszeugnisses und
3. die Information, ob die das Führungszeugnis betreffende Person wegen einer der folgenden Straftaten rechtskräftig verurteilt worden ist:
   a) wegen einer in Absatz 1 Satz 1 genannten Straftat oder
   b) wegen einer nicht in Absatz 1 Satz 1 genannten Straftat, die die Person als ungeeignet im Umgang mit Kindern und Jugendlichen erscheinen lässt.

[2]Die Träger der öffentlichen und freien Jugendhilfe dürfen die gespeicherten Daten *nur verarbeiten*, soweit dies erforderlich ist, um die Eignung einer Person für diejenige Tätigkeit, die Anlass zu der Einsichtnahme in das Führungszeugnis gewesen ist, zu prüfen. [3]Die Daten sind vor dem Zugriff Unbefugter zu schützen. [4]Sie sind unverzüglich zu löschen, wenn die Person eine Tätigkeit nach Absatz 3 Satz 2 oder Absatz 4 Satz 2 nicht ausübt. [5]Die Daten sind spätestens sechs Monate nach der letztmaligen Ausübung einer solchen Tätigkeit zu löschen.

[1)] **Habersack, Deutsche Gesetze Nr. 85.**
[2)] **Habersack, Deutsche Gesetze Nr. 92.**

Zweiter Abschnitt. Zusammenarbeit mit der freien Jugendhilfe, ehrenamtliche Tätigkeit

§ 73 Ehrenamtliche Tätigkeit. In der Jugendhilfe ehrenamtlich tätige Personen sollen bei ihrer Tätigkeit angeleitet, beraten und unterstützt werden.

§ 74 Förderung der freien Jugendhilfe. (1) [1] Die Träger der öffentlichen Jugendhilfe sollen die freiwillige Tätigkeit auf dem Gebiet der Jugendhilfe anregen; sie sollen sie fördern, wenn der jeweilige Träger

1. die fachlichen Voraussetzungen für die geplante Maßnahme erfüllt und die Beachtung der Grundsätze und Maßstäbe der Qualitätsentwicklung und Qualitätssicherung nach § 79a gewährleistet,
2. die Gewähr für eine zweckentsprechende und wirtschaftliche Verwendung der Mittel bietet,
3. gemeinnützige Ziele verfolgt,
4. eine angemessene Eigenleistung erbringt und
5. die Gewähr für eine den Zielen des Grundgesetzes[1)] förderliche Arbeit bietet.

[2] Eine auf Dauer angelegte Förderung setzt in der Regel die Anerkennung als Träger der freien Jugendhilfe nach § 75 voraus.

(2) [1] Soweit von der freien Jugendhilfe Einrichtungen, Dienste und Veranstaltungen geschaffen werden, um die Gewährung von Leistungen nach diesem Buch zu ermöglichen, kann die Förderung von der Bereitschaft abhängig gemacht werden, diese Einrichtungen, Dienste und Veranstaltungen nach Maßgabe der Jugendhilfeplanung und unter Beachtung der in § 9 genannten Grundsätze anzubieten. [2] § 4 Absatz 1 bleibt unberührt.

(3) [1] Über die Art und Höhe der Förderung entscheidet der Träger der öffentlichen Jugendhilfe im Rahmen der verfügbaren Haushaltsmittel nach pflichtgemäßem Ermessen. [2] Entsprechendes gilt, wenn mehrere Antragsteller die Förderungsvoraussetzungen erfüllen und die von ihnen vorgesehenen Maßnahmen gleich geeignet sind, zur Befriedigung des Bedarfs jedoch nur eine Maßnahme notwendig ist. [3] Bei der Bemessung der Eigenleistung sind die unterschiedliche Finanzkraft und die sonstigen Verhältnisse zu berücksichtigen.

(4) Bei sonst gleich geeigneten Maßnahmen soll solchen der Vorzug gegeben werden, die stärker an den Interessen der Betroffenen orientiert sind und ihre Einflußnahme auf die Ausgestaltung der Maßnahme gewährleisten.

(5) [1] Bei der Förderung gleichartiger Maßnahmen mehrerer Träger sind unter Berücksichtigung ihrer Eigenleistungen gleiche Grundsätze und Maßstäbe anzulegen. [2] Werden gleichartige Maßnahmen von der freien und der öffentlichen Jugendhilfe durchgeführt, so sind bei der Förderung die Grundsätze und Maßstäbe anzuwenden, die für die Finanzierung der Maßnahmen der öffentlichen Jugendhilfe gelten.

(6) Die Förderung von anerkannten Trägern der Jugendhilfe soll auch Mittel für die Fortbildung der haupt-, neben- und ehrenamtlichen Mitarbeiter sowie im Bereich der Jugendarbeit Mittel für die Errichtung und Unterhaltung von Jugendfreizeit- und Jugendbildungsstätten einschließen.

[1)] **Habersack, Deutsche Gesetze Nr. 1.**

§ 74a Finanzierung von Tageseinrichtungen für Kinder. [1]Die Finanzierung von Tageseinrichtungen regelt das Landesrecht. [2]Dabei können alle Träger von Einrichtungen, die die rechtlichen und fachlichen Voraussetzungen für den Betrieb der Einrichtung erfüllen, gefördert werden. [3]Die Erhebung von Teilnahmebeiträgen nach § 90 bleibt unberührt.

§ 75 Anerkennung als Träger der freien Jugendhilfe. (1) Als Träger der freien Jugendhilfe können juristische Personen und Personenvereinigungen anerkannt werden, wenn sie

1. auf dem Gebiet der Jugendhilfe im Sinne des § 1 tätig sind,
2. gemeinnützige Ziele verfolgen,
3. auf Grund der fachlichen und personellen Voraussetzungen erwarten lassen, dass sie einen nicht unwesentlichen Beitrag zur Erfüllung der Aufgaben der Jugendhilfe zu leisten imstande sind, und
4. die Gewähr für eine den Zielen des Grundgesetzes[1)] förderliche Arbeit bieten.

(2) Einen Anspruch auf Anerkennung als Träger der freien Jugendhilfe hat unter den Voraussetzungen des Absatzes 1, wer auf dem Gebiet der Jugendhilfe mindestens drei Jahre tätig gewesen ist.

(3) Die Kirchen und Religionsgemeinschaften des öffentlichen Rechts sowie die auf Bundesebene zusammengeschlossenen Verbände der freien Wohlfahrtspflege sind anerkannte Träger der freien Jugendhilfe.

§ 76[2)] Beteiligung anerkannter Träger der freien Jugendhilfe an der Wahrnehmung anderer Aufgaben. (1) Die Träger der öffentlichen Jugendhilfe können anerkannte Träger der freien Jugendhilfe an der Durchführung ihrer Aufgaben nach den §§ 42, 42a, 43, 50 bis 52a und 53a beteiligen oder ihnen diese Aufgaben zur Ausführung übertragen.

(2) Die Träger der öffentlichen Jugendhilfe bleiben für die Erfüllung der Aufgaben verantwortlich.

§ 77[3)] Vereinbarungen über Kostenübernahme und Qualitätsentwicklung bei ambulanten Leistungen. (1) [1]Werden Einrichtungen und Dienste der Träger der freien Jugendhilfe in Anspruch genommen, so sind Vereinbarungen über die Höhe der Kosten der Inanspruchnahme sowie über Inhalt, Umfang und Qualität der Leistung, über Grundsätze und Maßstäbe für die Bewertung der Qualität der Leistung und über geeignete Maßnahmen zu ihrer Gewährleistung zwischen der öffentlichen und der freien Jugendhilfe anzustreben. [2]Zu den Grundsätzen und Maßstäben für die Bewertung der Qualität der Leistung nach Satz 1 zählen auch Qualitätsmerkmale für die inklusive Ausrichtung der Aufgabenwahrnehmung und die Berücksichtigung der spezifischen Bedürfnisse von jungen Menschen mit Behinderungen. [3]Das Nähere regelt das Landesrecht. [4]Die §§ 78a bis 78g bleiben unberührt.

(2) Wird eine Leistung nach § 37 Absatz 1 oder § 37a erbracht, so ist der Träger der öffentlichen Jugendhilfe zur Übernahme der Kosten der Inanspruchnahme nur verpflichtet, wenn mit den Leistungserbringern Vereinbarungen über Inhalt, Um-

---

[1)] Nr. **1**.

[2)] § 76 Abs. 1 geänd. mWv 1.11.2015 durch G v. 28.10.2015 (BGBl. I S. 1802); Abs. 1 geänd. mWv 1.1.2023 durch G v. 4.5.2021 (BGBl. I S. 882).

[3)] § 77 Überschrift neu gef., Abs. 1 Satz 1 geänd., Satz 2 eingef., bish. Sätze 2 und 3 werden Sätze 3 und 4, Abs. 2 angef. mWv 10.6.2021 durch G v. 3.6.2021 (BGBl. I S. 1444).

fang und Qualität der Leistung, über Grundsätze und Maßstäbe für die Bewertung der Qualität der Leistung sowie über geeignete Maßnahmen zu ihrer Gewährleistung geschlossen worden sind; § 78e gilt entsprechend.

§ 78[1] Arbeitsgemeinschaften. [1]Die Träger der öffentlichen Jugendhilfe sollen die Bildung von Arbeitsgemeinschaften anstreben, in denen neben ihnen die anerkannten Träger der freien Jugendhilfe sowie die Träger geförderter Maßnahmen vertreten sind. [2]In den Arbeitsgemeinschaften soll darauf hingewirkt werden, dass die geplanten Maßnahmen aufeinander abgestimmt werden, sich gegenseitig ergänzen und in den Lebens- und Wohnbereichen von jungen Menschen und Familien ihren Bedürfnissen, Wünschen und Interessen entsprechend zusammenwirken. [3]Dabei sollen selbstorganisierte Zusammenschlüsse nach § 4a beteiligt werden.

Dritter Abschnitt. Vereinbarungen über Leistungsangebote, Entgelte und Qualitätsentwicklung

§ 78a[2] Anwendungsbereich. (1) Die Regelungen der §§ 78b bis 78g gelten für die Erbringung von

1. Leistungen für Betreuung und Unterkunft in einer sozialpädagogisch begleiteten Wohnform (§ 13 Absatz 3),
2. Leistungen in gemeinsamen Wohnformen für Mütter/Väter und Kinder (§ 19),
3. Leistungen zur Unterstützung bei notwendiger Unterbringung des Kindes oder Jugendlichen zur Erfüllung der Schulpflicht (§ 21 Satz 2),
4. Hilfe zur Erziehung
   a) in einer Tagesgruppe (§ 32),
   b) in einem Heim oder einer sonstigen betreuten Wohnform (§ 34) sowie
   c) in intensiver sozialpädagogischer Einzelbetreuung (§ 35), sofern sie außerhalb der eigenen Familie erfolgt,
   d) in sonstiger teilstationärer oder stationärer Form (§ 27),
5. Eingliederungshilfe für seelisch behinderte Kinder und Jugendliche in
   a) anderen teilstationären Einrichtungen (§ 35a Absatz 2 Nummer 2 Alternative 2),
   b) Einrichtungen über Tag und Nacht sowie sonstigen Wohnformen (§ 35a Absatz 2 Nummer 4),
6. Hilfe für junge Volljährige (§ 41), sofern diese den in den Nummern 4 und 5 genannten Leistungen entspricht, sowie
7. Leistungen zum Unterhalt (§ 39), sofern diese im Zusammenhang mit Leistungen nach den Nummern 4 bis 6 gewährt werden; § 39 Absatz 2 Satz 3 bleibt unberührt.

(2) Landesrecht kann bestimmen, dass die §§ 78b bis 78g auch für andere Leistungen nach diesem Buch sowie für vorläufige Maßnahmen zum Schutz von Kindern und Jugendlichen (§§ 42, 42a) gelten.

---

[1] § 78 Satz 2 neu gef., Satz 3 angef. mWv 10.6.2021 durch G v. 3.6.2021 (BGBl. I S. 1444).
[2] § 78a Abs. 2 geänd. mWv 10.6.2021 durch G v. 3.6.2021 (BGBl. I S. 1444).

§ 78b[1)] Voraussetzungen für die Übernahme des Leistungsentgelts.

(1) Wird die Leistung ganz oder teilweise in einer Einrichtung erbracht, so ist der Träger der öffentlichen Jugendhilfe zur Übernahme des Entgelts gegenüber dem Leistungsberechtigten verpflichtet, wenn mit dem Träger der Einrichtungen oder seinem Verband Vereinbarungen über

1. Inhalt, Umfang und Qualität der Leistungsangebote (Leistungsvereinbarung),
2. differenzierte Entgelte für die Leistungsangebote und die betriebsnotwendigen Investitionen (Entgeltvereinbarung) und
3. Grundsätze und Maßstäbe für die Bewertung der Qualität der Leistungsangebote sowie über geeignete Maßnahmen zu ihrer Gewährleistung (Qualitätsentwicklungsvereinbarung)

abgeschlossen worden sind; dazu zählen auch die Qualitätsmerkmale nach § 79a Satz 2.

(2) [1] Die Vereinbarungen sind mit den Trägern abzuschließen, die unter Berücksichtigung der Grundsätze der Leistungsfähigkeit, Wirtschaftlichkeit und Sparsamkeit zur Erbringung der Leistung geeignet sind. [2] Vereinbarungen über die Erbringung von Auslandsmaßnahmen dürfen nur mit solchen Trägern abgeschlossen werden, die die Maßgaben nach § 38 Absatz 2 Nummer 2 Buchstabe a bis d erfüllen.

(3) Ist eine der Vereinbarungen nach Absatz 1 nicht abgeschlossen, so ist der Träger der öffentlichen Jugendhilfe zur Übernahme des Leistungsentgelts nur verpflichtet, wenn dies insbesondere nach Maßgabe der Hilfeplanung (§ 36) im Einzelfall geboten ist.

§ 78c Inhalt der Leistungs- und Entgeltvereinbarungen. (1) [1] Die Leistungsvereinbarung muss die wesentlichen Leistungsmerkmale, insbesondere

1. Art, Ziel und Qualität des Leistungsangebots,
2. den in der Einrichtung zu betreuenden Personenkreis,
3. die erforderliche sächliche und personelle Ausstattung,
4. die Qualifikation des Personals sowie
5. die betriebsnotwendigen Anlagen der Einrichtung

festlegen. [2] In die Vereinbarung ist aufzunehmen, unter welchen Voraussetzungen der Träger der Einrichtungen sich zur Erbringung von Leistungen verpflichtet. [3] Der Träger muss gewährleisten, dass die Leistungsangebote zur Erbringung von Leistungen nach § 78a Absatz 1 geeignet sowie ausreichend, zweckmäßig und wirtschaftlich sind.

(2) [1] Die Entgelte müssen leistungsgerecht sein. [2] Grundlage der Entgeltvereinbarung sind die in der Leistungs- und der Qualitätsentwicklungsvereinbarung festgelegten Leistungs- und Qualitätsmerkmale. [3] Eine Erhöhung der Vergütung für Investitionen kann nur dann verlangt werden, wenn der zuständige Träger der öffentlichen Jugendhilfe der Investitionsmaßnahme vorher zugestimmt hat. [4] Förderungen aus öffentlichen Mitteln sind anzurechnen.

§ 78d Vereinbarungszeitraum. (1) [1] Die Vereinbarungen nach § 78b Absatz 1 sind für einen zukünftigen Zeitraum (Vereinbarungszeitraum) abzuschließen. [2] Nachträgliche Ausgleiche sind nicht zulässig.

[1)] § 78b Abs. 1 abschl. Satzteil geänd., Abs. 2 Satz 2 neu gef. mWv 10.6.2021 durch G v. 3.6.2021 (BGBl. I S. 1444).

(2) [1] Die Vereinbarungen treten zu dem darin bestimmten Zeitpunkt in Kraft. [2] Wird ein Zeitpunkt nicht bestimmt, so werden die Vereinbarungen mit dem Tage ihres Abschlusses wirksam. [3] Eine Vereinbarung, die vor diesen Zeitpunkt zurückwirkt, ist nicht zulässig; dies gilt nicht für Vereinbarungen vor der Schiedsstelle für die Zeit ab Eingang des Antrages bei der Schiedsstelle. [4] Nach Ablauf des Vereinbarungszeitraums gelten die vereinbarten Vergütungen bis zum Inkrafttreten neuer Vereinbarungen weiter.

(3) [1] Bei unvorhersehbaren wesentlichen Veränderungen der Annahmen, die der Entgeltvereinbarung zugrunde lagen, sind die Entgelte auf Verlangen einer Vertragspartei für den laufenden Vereinbarungszeitraum neu zu verhandeln. [2] Die Absätze 1 und 2 gelten entsprechend.

(4) Vereinbarungen über die Erbringung von Leistungen nach § 78a Absatz 1, die vor dem 1. Januar 1999 abgeschlossen worden sind, gelten bis zum Inkrafttreten neuer Vereinbarungen weiter.

§ 78e Örtliche Zuständigkeit für den Abschluss von Vereinbarungen.

(1) [1] Soweit Landesrecht nicht etwas anderes bestimmt, ist für den Abschluss von Vereinbarungen nach § 78b Absatz 1 der örtliche Träger der Jugendhilfe zuständig, in dessen Bereich die Einrichtung gelegen ist. [2] Die von diesem Träger abgeschlossenen Vereinbarungen sind für alle örtlichen Träger bindend.

(2) Werden in der Einrichtung Leistungen erbracht, für deren Gewährung überwiegend ein anderer örtlicher Träger zuständig ist, so hat der nach Absatz 1 zuständige Träger diesen Träger zu hören.

(3) [1] Die kommunalen Spitzenverbände auf Landesebene und die Verbände der Träger der freien Jugendhilfe sowie die Vereinigungen sonstiger Leistungserbringer im jeweiligen Land können regionale oder landesweite Kommissionen bilden. [2] Die Kommissionen können im Auftrag der Mitglieder der in Satz 1 genannten Verbände und Vereinigungen Vereinbarungen nach § 78b Absatz 1 schließen. [3] Landesrecht kann die Beteiligung der für die Wahrnehmung der Aufgaben nach § 85 Absatz 2 Nummer 5 und 6 zuständigen Behörde vorsehen.

§ 78f Rahmenverträge. [1] Die kommunalen Spitzenverbände auf Landesebene schließen mit den Verbänden der Träger der freien Jugendhilfe und den Vereinigungen sonstiger Leistungserbringer auf Landesebene Rahmenverträge über den Inhalt der Vereinbarungen nach § 78b Absatz 1. [2] Die für die Wahrnehmung der Aufgaben nach § 85 Absatz 2 Nummer 5 und 6 zuständigen Behörden sind zu beteiligen.

§ 78g Schiedsstelle. (1) [1] In den Ländern sind Schiedsstellen für Streit- und Konfliktfälle einzurichten. [2] Sie sind mit einem unparteiischen Vorsitzenden und mit einer gleichen Zahl von Vertretern der Träger der öffentlichen Jugendhilfe sowie von Vertretern der Träger der Einrichtungen zu besetzen. [3] Der Zeitaufwand der Mitglieder ist zu entschädigen, bare Auslagen sind zu erstatten. [4] Für die Inanspruchnahme der Schiedsstellen können Gebühren erhoben werden.

(2) [1] Kommt eine Vereinbarung nach § 78b Absatz 1 innerhalb von sechs Wochen nicht zustande, nachdem eine Partei schriftlich zu Verhandlungen aufgefordert hat, so entscheidet die Schiedsstelle auf Antrag einer Partei unverzüglich über die Gegenstände, über die keine Einigung erreicht werden konnte. [2] Gegen die Entscheidung ist der Rechtsweg zu den Verwaltungsgerichten gegeben. [3] Die Klage richtet sich gegen eine der beiden Vertragsparteien, nicht gegen die

Schiedsstelle. [4] Einer Nachprüfung der Entscheidung in einem Vorverfahren bedarf es nicht.

(3) [1] Entscheidungen der Schiedsstelle treten zu dem darin bestimmten Zeitpunkt in Kraft. [2] Wird ein Zeitpunkt für das Inkrafttreten nicht bestimmt, so werden die Festsetzungen der Schiedsstelle mit dem Tag wirksam, an dem der Antrag bei der Schiedsstelle eingegangen ist. [3] Die Festsetzung einer Vergütung, die vor diesen Zeitpunkt zurückwirkt, ist nicht zulässig. [4] Im Übrigen gilt § 78d Absatz 2 Satz 4 und Absatz 3 entsprechend.

(4) Die Landesregierungen werden ermächtigt, durch Rechtsverordnung das Nähere zu bestimmen über

1. die Errichtung der Schiedsstellen,
2. die Zahl, die Bestellung, die Amtsdauer und die Amtsführung ihrer Mitglieder,
3. die Erstattung der baren Auslagen und die Entschädigung für ihren Zeitaufwand,
4. die Geschäftsführung, das Verfahren, die Erhebung und die Höhe der Gebühren sowie die Verteilung der Kosten und
5. die Rechtsaufsicht.

Vierter Abschnitt. Gesamtverantwortung, Jugendhilfeplanung

§ 79[1)] Gesamtverantwortung, Grundausstattung. (1) Die Träger der öffentlichen Jugendhilfe haben für die Erfüllung der Aufgaben nach diesem Buch die Gesamtverantwortung einschließlich der Planungsverantwortung.

(2) [1] Die Träger der öffentlichen Jugendhilfe sollen gewährleisten, dass zur Erfüllung der Aufgaben nach diesem Buch

1. die erforderlichen und geeigneten Einrichtungen, Dienste und Veranstaltungen den verschiedenen Grundrichtungen der Erziehung entsprechend rechtzeitig und ausreichend zur Verfügung stehen; hierzu zählen insbesondere auch Pfleger, Vormünder und Pflegepersonen;
2. die nach Nummer 1 vorgehaltenen Einrichtungen, Dienste und Veranstaltungen dem nach § 80 Absatz 1 Nummer 2 ermittelten Bedarf entsprechend zusammenwirken und hierfür verbindliche Strukturen der Zusammenarbeit aufgebaut und weiterentwickelt werden;
3. eine kontinuierliche Qualitätsentwicklung nach Maßgabe von § 79a erfolgt.

[2] Von den für die Jugendhilfe bereitgestellten Mitteln haben sie einen angemessenen Anteil für die Jugendarbeit zu verwenden.

(3) [1] Die Träger der öffentlichen Jugendhilfe haben für eine ausreichende Ausstattung der Jugendämter und der Landesjugendämter einschließlich der Möglichkeit der Nutzung digitaler Geräte zu sorgen; hierzu gehört auch eine dem Bedarf entsprechende Zahl von Fachkräften. [2] Zur Planung und Bereitstellung einer bedarfsgerechten Personalausstattung ist ein Verfahren zur Personalbemessung zu nutzen.

§ 79a[2)] Qualitätsentwicklung in der Kinder- und Jugendhilfe. [1] Um die Aufgaben der Kinder- und Jugendhilfe nach § 2 zu erfüllen, haben die Träger der

---

[1)] § 79 Abs. 2 Satz 1 Nr. 2 eingef., bish. Nr. 2 wird Nr. 3, Abs. 3 Satz 1 geänd., Satz 2 angef. mWv 10.6.2021 durch G v. 3.6.2021 (BGBl. I S. 1444).

[2)] § 79a Satz 2 geänd. mWv 10.6.2021 durch G v. 3.6.2021 (BGBl. I S. 1444).

öffentlichen Jugendhilfe Grundsätze und Maßstäbe für die Bewertung der Qualität sowie geeignete Maßnahmen zu ihrer Gewährleistung für

1. die Gewährung und Erbringung von Leistungen,
2. die Erfüllung anderer Aufgaben,
3. den Prozess der Gefährdungseinschätzung nach § 8a,
4. die Zusammenarbeit mit anderen Institutionen

weiterzuentwickeln, anzuwenden und regelmäßig zu überprüfen. [2]Dazu zählen auch Qualitätsmerkmale für die inklusive Ausrichtung der Aufgabenwahrnehmung und die Berücksichtigung der spezifischen Bedürfnisse von jungen Menschen mit Behinderungen sowie die Sicherung der Rechte von Kindern und Jugendlichen in Einrichtungen und in Familienpflege und ihren Schutz vor Gewalt. [3]Die Träger der öffentlichen Jugendhilfe orientieren sich dabei an den fachlichen Empfehlungen der nach § 85 Absatz 2 zuständigen Behörden und an bereits angewandten Grundsätzen und Maßstäben für die Bewertung der Qualität sowie Maßnahmen zu ihrer Gewährleistung.

§ 80[1)] Jugendhilfeplanung. (1) Die Träger der öffentlichen Jugendhilfe haben im Rahmen ihrer Planungsverantwortung

1. den Bestand an Einrichtungen und Diensten festzustellen,
2. den Bedarf unter Berücksichtigung der Wünsche, Bedürfnisse und Interessen der jungen Menschen und der Erziehungsberechtigten für einen mittelfristigen Zeitraum zu ermitteln und
3. die zur Befriedigung des Bedarfs notwendigen Vorhaben rechtzeitig und ausreichend zu planen; dabei ist Vorsorge zu treffen, dass auch ein unvorhergesehener Bedarf befriedigt werden kann.

(2) Einrichtungen und Dienste sollen so geplant werden, dass insbesondere

1. Kontakte in der Familie und im sozialen Umfeld erhalten und gepflegt werden können,
2. ein möglichst wirksames, vielfältiges, inklusives und aufeinander abgestimmtes Angebot von Jugendhilfeleistungen gewährleistet ist,
3. ein dem nach Absatz 1 Nummer 2 ermittelten Bedarf entsprechendes Zusammenwirken der Angebote von Jugendhilfeleistungen in den Lebens- und Wohnbereichen von jungen Menschen und Familien sichergestellt ist,
4. junge Menschen mit Behinderungen oder von Behinderung bedrohte junge Menschen mit jungen Menschen ohne Behinderung gemeinsam unter Berücksichtigung spezifischer Bedarfslagen gefördert werden können,
5. junge Menschen und Familien in gefährdeten Lebens- und Wohnbereichen besonders gefördert werden,
6. Mütter und Väter Aufgaben in der Familie und Erwerbstätigkeit besser miteinander vereinbaren können.

(3) Die Planung insbesondere von Diensten zur Gewährung niedrigschwelliger ambulanter Hilfen nach Maßgabe von § 36a Absatz 2 umfasst auch Maßnahmen zur Qualitätsgewährleistung der Leistungserbringung.

---

1) § 80 Abs. 1 Nr. 2, Abs. 2 Nr. 2 geänd., Nr. 3 und 4 eingef., bish. Nr. 3 und 4 werden Nr. 5 und 6, Abs. 3 eingef., bish. Abs. 3 und 4 werden Abs. 4 und 5 mWv 10.6.2021 durch G v. 3.6.2021 (BGBl. I S. 1444).

(4) [1]Die Träger der öffentlichen Jugendhilfe haben die anerkannten Träger der freien Jugendhilfe in allen Phasen ihrer Planung frühzeitig zu beteiligen. [2]Zu diesem Zwecke sind sie vom Jugendhilfeausschuss, soweit sie überörtlich tätig sind, im Rahmen der Jugendhilfeplanung des überörtlichen Trägers vom Landesjugendhilfeausschuss zu hören. [3]Das Nähere regelt das Landesrecht.

(5) Die Träger der öffentlichen Jugendhilfe sollen darauf hinwirken, dass die Jugendhilfeplanung und andere örtliche und überörtliche Planungen aufeinander abgestimmt werden und die Planungen insgesamt den Bedürfnissen und Interessen der jungen Menschen und ihrer Familien Rechnung tragen.

§ 81[1)] Strukturelle Zusammenarbeit mit anderen Stellen und öffentlichen Einrichtungen. Die Träger der öffentlichen Jugendhilfe haben mit anderen Stellen und öffentlichen Einrichtungen, deren Tätigkeit sich auf die Lebenssituation junger Menschen und ihrer Familien auswirkt, insbesondere mit

1. den Trägern von Sozialleistungen nach dem Zweiten, Dritten, Vierten, Fünften, Sechsten ***[bis 31.12.2023:*** *und dem Zwölften Buch sowie Trägern von Leistungen nach dem Bundesversorgungsgesetz* ***][ab 1.1.2024:*** *, Zwölften und Vierzehnten Buch* ***]***,
2. Rehabilitationsträger nach § 6 Absatz 1 Nummer 7 des Neunten Buches,
3. den Familien- und Jugendgerichten, den Staatsanwaltschaften sowie den Justizvollzugsbehörden,
4. Schulen und Stellen der Schulverwaltung,
5. Einrichtungen und Stellen des öffentlichen Gesundheitsdienstes und sonstigen Einrichtungen und Diensten des Gesundheitswesens,
6. den Beratungsstellen nach den §§ 3 und 8 des Schwangerschaftskonfliktgesetzes[2)] und Suchtberatungsstellen,
7. Einrichtungen und Diensten zum Schutz gegen Gewalt in engen sozialen Beziehungen,
8. den Stellen der Bundesagentur für Arbeit,
9. Einrichtungen und Stellen der beruflichen Aus- und Weiterbildung,
10. den Polizei- und Ordnungsbehörden,
11. der Gewerbeaufsicht,
12. Einrichtungen der Ausbildung für Fachkräfte, der Weiterbildung und der Forschung und
13. Einrichtungen, die auf örtlicher Ebene Familien und den sozialen Zusammenhalt zwischen den Generationen stärken (Mehrgenerationenhäuser),

im Rahmen ihrer Aufgaben und Befugnisse zusammenzuarbeiten.

Sechstes Kapitel. Zentrale Aufgaben

§ 82 Aufgaben der Länder. (1) Die oberste Landesjugendbehörde hat die Tätigkeit der Träger der öffentlichen und der freien Jugendhilfe und die Weiterentwicklung der Jugendhilfe anzuregen und zu fördern.

[1)] § 81 Nr. 2 eingef., bish. Nr. 2–11 werden Nr. 3–12 mWv 1.1.2020 durch G v. 30.11.2019 (BGBl. I S. 1948); Nr. 1 geänd. mWv 1.1.2024 durch G v. 12.12.2019 (BGBl. I S. 2652); Nr. 11 und 12 geänd., Nr. 13 angef. mWv 10.6.2021 durch G v. 3.6.2021 (BGBl. I S. 1444).

[2)] Nr. **85e**.

(2) Die Länder haben auf einen gleichmäßigen Ausbau der Einrichtungen und Angebote hinzuwirken und die Jugendämter und Landesjugendämter bei der Wahrnehmung ihrer Aufgaben zu unterstützen.

§ 83[1)] Aufgaben des Bundes, sachverständige Beratung. (1) [1]Die fachlich zuständige oberste Bundesbehörde soll die Tätigkeit der Jugendhilfe anregen und fördern, soweit sie von überregionaler Bedeutung ist und ihrer Art nach nicht durch ein Land allein wirksam gefördert werden kann. [2]Hierzu gehören auch die überregionalen Tätigkeiten der Jugendorganisationen der politischen Parteien auf dem Gebiet der Jugendarbeit.

(2) [1]Die Bundesregierung wird in grundsätzlichen Fragen der Jugendhilfe von einem Sachverständigengremium (Bundesjugendkuratorium) beraten. [2]Das Nähere regelt die Bundesregierung durch Verwaltungsvorschriften.

(3) Die fachlich zuständige oberste Bundesbehörde hat der Bundeselternvertretung der Kinder in Kindertageseinrichtungen und Kindertagespflege bei wesentlichen die Kindertagesbetreuung betreffenden Fragen die Möglichkeit der Beratung zu geben.

§ 84 Jugendbericht. (1) [1]Die Bundesregierung legt dem Deutschen Bundestag und dem Bundesrat in jeder Legislaturperiode einen Bericht über die Lage junger Menschen und die Bestrebungen und Leistungen der Jugendhilfe vor. [2]Neben der Bestandsaufnahme und Analyse sollen die Berichte Vorschläge zur Weiterentwicklung der Jugendhilfe enthalten; jeder dritte Bericht soll einen Überblick über die Gesamtsituation der Jugendhilfe vermitteln.

(2) [1]Die Bundesregierung beauftragt mit der Ausarbeitung der Berichte jeweils eine Kommission, der mindestens sieben Sachverständige (Jugendberichtskommission) angehören. [2]Die Bundesregierung fügt eine Stellungnahme mit den von ihr für notwendig gehaltenen Folgerungen bei.

Siebtes Kapitel. Zuständigkeit, Kostenerstattung

Erster Abschnitt. Sachliche Zuständigkeit

§ 85[2)] Sachliche Zuständigkeit. (1) Für die Gewährung von Leistungen und die Erfüllung anderer Aufgaben nach diesem Buch ist der örtliche Träger sachlich zuständig, soweit nicht der überörtliche Träger sachlich zuständig ist.

(2) Der überörtliche Träger ist sachlich zuständig für

1. die Beratung der örtlichen Träger und die Entwicklung von Empfehlungen zur Erfüllung der Aufgaben nach diesem Buch,
2. die Förderung der Zusammenarbeit zwischen den örtlichen Trägern und den anerkannten Trägern der freien Jugendhilfe, insbesondere bei der Planung und Sicherstellung eines bedarfsgerechten Angebots an Hilfen zur Erziehung, Eingliederungshilfen für seelisch behinderte Kinder und Jugendliche und Hilfen für junge Volljährige,
3. die Anregung und Förderung von Einrichtungen, Diensten und Veranstaltungen sowie deren Schaffung und Betrieb, soweit sie den örtlichen Bedarf über-

[1)] § 83 Abs. 1 Satz 2 angef. mWv 1.1.2014 durch G v. 29.8.2013 (BGBl. I S. 3464); Überschrift geänd., Abs. 3 angef. mWv 10.6.2021 durch G v. 3.6.2021 (BGBl. I S. 1444).

[2)] § 85 Abs. 2 Nr. 10 neu gef. mWv 1.1.2023 durch G v. 4.5.2021 (BGBl. I S. 882).

steigen; dazu gehören insbesondere Einrichtungen die eine Schul- oder Berufsausbildung anbieten, sowie Jugendbildungsstätten,
4. die Planung, Anregung, Förderung und Durchführung von Modellvorhaben zur Weiterentwicklung der Jugendhilfe,
5. die Beratung der örtlichen Träger bei der Gewährung von Hilfe nach den §§ 32 bis 35a, insbesondere bei der Auswahl einer Einrichtung oder der Vermittlung einer Pflegeperson in schwierigen Einzelfällen,
6. die Wahrnehmung der Aufgaben zum Schutz von Kindern und Jugendlichen in Einrichtungen (§§ 45 bis 48a),
7. die Beratung der Träger von Einrichtungen während der Planung und Betriebsführung,
8. die Fortbildung von Mitarbeitern in der Jugendhilfe,
9. die Gewährung von Leistungen an Deutsche im Ausland (§ 6 Absatz 3), soweit es sich nicht um die Fortsetzung einer bereits im Inland gewährten Leistung handelt,
10. die Anerkennung als Vormundschaftsverein (§ 54).

(3) Für den örtlichen Bereich können die Aufgaben nach Absatz 2 Nummer 3, 4, 7 und 8 auch vom örtlichen Träger wahrgenommen werden.

(4) Unberührt bleiben die am Tage des Inkrafttretens dieses Gesetzes geltenden landesrechtlichen Regelungen, die die in den §§ 45 bis 48a bestimmten Aufgaben einschließlich der damit verbundenen Aufgaben nach Absatz 2 Nummer 2 bis 5 und 7 mittleren Landesbehörden oder, soweit sie sich auf Kindergärten und andere Tageseinrichtungen für Kinder beziehen, unteren Landesbehörden zuweisen.

(5) Ist das Land überörtlicher Träger, so können durch Landesrecht bis zum 30. Juni 1993 einzelne seiner Aufgaben auf andere Körperschaften des öffentlichen Rechts, die nicht Träger der öffentlichen Jugendhilfe sind, übertragen werden.

Zweiter Abschnitt. Örtliche Zuständigkeit

Erster Unterabschnitt. Örtliche Zuständigkeit für Leistungen

§ 86[1)] Örtliche Zuständigkeit für Leistungen an Kinder, Jugendliche und ihre Eltern. (1) [1] Für die Gewährung von Leistungen nach diesem Buch ist der örtliche Träger zuständig, in dessen Bereich die Eltern ihren gewöhnlichen Aufenthalt haben. [2] An die Stelle der Eltern tritt die Mutter, wenn und solange die Vaterschaft nicht anerkannt oder gerichtlich festgestellt ist. [3] Lebt nur ein Elternteil, so ist dessen gewöhnlicher Aufenthalt maßgebend.

(2) [1] Haben die Elternteile verschiedene gewöhnliche Aufenthalte, so ist der örtliche Träger zuständig, in dessen Bereich der personensorgeberechtigte Elternteil seinen gewöhnlichen Aufenthalt hat; dies gilt auch dann, wenn ihm einzelne Angelegenheiten der Personensorge entzogen sind. [2] Steht die Personensorge im Fall des Satzes 1 den Eltern gemeinsam zu, so richtet sich die Zuständigkeit nach dem gewöhnlichen Aufenthalt des Elternteils, bei dem das Kind oder der Jugendliche vor Beginn der Leistung zuletzt seinen gewöhnlichen Aufenthalt hatte. [3] Hatte das Kind oder der Jugendliche im Fall des Satzes 2 zuletzt bei beiden Elternteilen seinen gewöhnlichen Aufenthalt, so richtet sich die Zuständigkeit nach dem gewöhnlichen Aufenthalt des Elternteils, bei dem das Kind oder der Jugendliche vor Beginn der Leistung zuletzt seinen tatsächlichen Aufenthalt hatte.

[1)] § 86 Abs. 5 Satz 2 geänd. mWv 1.1.2014 durch G v. 29.8.2013 (BGBl. I S. 3464).

[4] Hatte das Kind oder der Jugendliche im Fall des Satzes 2 während der letzten sechs Monate vor Beginn der Leistung bei keinem Elternteil einen gewöhnlichen Aufenthalt, so ist der örtliche Träger zuständig, in dessen Bereich das Kind oder der Jugendliche vor Beginn der Leistung zuletzt seinen gewöhnlichen Aufenthalt hatte; hatte das Kind oder der Jugendliche während der letzten sechs Monate keinen gewöhnlichen Aufenthalt, so richtet sich die Zuständigkeit nach dem tatsächlichen Aufenthalt des Kindes oder des Jugendlichen vor Beginn der Leistung.

(3) Haben die Elternteile verschiedene gewöhnliche Aufenthalte und steht die Personensorge keinem Elternteil zu, so gilt Absatz 2 Satz 2 und 4 entsprechend.

(4) [1] Haben die Eltern oder der nach den Absätzen 1 bis 3 maßgebliche Elternteil im Inland keinen gewöhnlichen Aufenthalt, oder ist ein gewöhnlicher Aufenthalt nicht feststellbar, oder sind sie verstorben, so richtet sich die Zuständigkeit nach dem gewöhnlichen Aufenthalt des Kindes oder des Jugendlichen vor Beginn der Leistung. [2] Hatte das Kind oder der Jugendliche während der letzten sechs Monate vor Beginn der Leistung keinen gewöhnlichen Aufenthalt, so ist der örtliche Träger zuständig, in dessen Bereich sich das Kind oder der Jugendliche vor Beginn der Leistung tatsächlich aufhält.

(5) [1] Begründen die Elternteile nach Beginn der Leistung verschiedene gewöhnliche Aufenthalte, so wird der örtliche Träger zuständig, in dessen Bereich der personensorgeberechtigte Elternteil seinen gewöhnlichen Aufenthalt hat; dies gilt auch dann, wenn ihm einzelne Angelegenheiten der Personensorge entzogen sind. [2] Solange in diesen Fällen die Personensorge beiden Elternteilen gemeinsam oder keinem Elternteil zusteht, bleibt die bisherige Zuständigkeit bestehen. [3] Absatz 4 gilt entsprechend.

(6) [1] Lebt ein Kind oder ein Jugendlicher zwei Jahre bei einer Pflegeperson und ist sein Verbleib bei dieser Pflegeperson auf Dauer zu erwarten, so ist oder wird abweichend von den Absätzen 1 bis 5 der örtliche Träger zuständig, in dessen Bereich die Pflegeperson ihren gewöhnlichen Aufenthalt hat. [2] Er hat die Eltern und, falls den Eltern die Personensorge nicht oder nur teilweise zusteht, den Personensorgeberechtigten über den Wechsel der Zuständigkeit zu unterrichten. [3] Endet der Aufenthalt bei der Pflegeperson, so endet die Zuständigkeit nach Satz 1.

(7) [1] Für Leistungen an Kinder oder Jugendliche, die um Asyl nachsuchen oder einen Asylantrag gestellt haben, ist der örtliche Träger zuständig, in dessen Bereich sich die Person vor Beginn der Leistung tatsächlich aufhält; geht der Leistungsgewährung eine Inobhutnahme voraus, so bleibt die nach § 87 begründete Zuständigkeit bestehen. [2] Unterliegt die Person einem Verteilungsverfahren, so richtet sich die örtliche Zuständigkeit nach der Zuweisungsentscheidung der zuständigen Landesbehörde; bis zur Zuweisungsentscheidung gilt Satz 1 entsprechend. [3] Die nach Satz 1 oder 2 begründete örtliche Zuständigkeit bleibt auch nach Abschluss des Asylverfahrens so lange bestehen, bis die für die Bestimmung der örtlichen Zuständigkeit maßgebliche Person einen gewöhnlichen Aufenthalt im Bereich eines anderen Trägers der öffentlichen Jugendhilfe begründet. [4] Eine Unterbrechung der Leistung von bis zu drei Monaten bleibt außer Betracht.

§ 86a Örtliche Zuständigkeit für Leistungen an junge Volljährige.

(1) Für Leistungen an junge Volljährige ist der örtliche Träger zuständig, in dessen Bereich der junge Volljährige vor Beginn der Leistung seinen gewöhnlichen Aufenthalt hat.

(2) Hält sich der junge Volljährige in einer Einrichtung oder sonstigen Wohnform auf, die der Erziehung, Pflege, Betreuung, Behandlung oder dem Strafvollzug dient, so richtet sich die örtliche Zuständigkeit nach dem gewöhnlichen Aufenthalt vor der Aufnahme in eine Einrichtung oder sonstige Wohnform.

(3) Hat der junge Volljährige keinen gewöhnlichen Aufenthalt, so richtet sich die Zuständigkeit nach seinem tatsächlichen Aufenthalt zu dem in Absatz 1 genannten Zeitpunkt; Absatz 2 bleibt unberührt.

(4) [1] Wird eine Leistung nach § 13 Absatz 3 oder nach § 21 über die Vollendung des 18. Lebensjahres hinaus weitergeführt oder geht der Hilfe für junge Volljährige nach § 41 eine dieser Leistungen, eine Leistung nach § 19 oder eine Hilfe nach den §§ 27 bis 35a voraus, so bleibt der örtliche Träger zuständig, der bis zu diesem Zeitpunkt zuständig war. [2] Eine Unterbrechung der Hilfeleistung von bis zu drei Monaten bleibt dabei außer Betracht. [3] Die Sätze 1 und 2 gelten entsprechend, wenn eine Hilfe für junge Volljährige nach § 41 beendet war und innerhalb von drei Monaten erneut Hilfe für junge Volljährige nach § 41 erforderlich wird.

§ 86b Örtliche Zuständigkeit für Leistungen in gemeinsamen Wohnformen für Mütter/Väter und Kinder. (1) [1] Für Leistungen in gemeinsamen Wohnformen für Mütter oder Väter und Kinder ist der örtliche Träger zuständig, in dessen Bereich der nach § 19 Leistungsberechtigte vor Beginn der Leistung seinen gewöhnlichen Aufenthalt hat. [2] § 86a Absatz 2 gilt entsprechend.

(2) Hat der Leistungsberechtigte keinen gewöhnlichen Aufenthalt, so richtet sich die Zuständigkeit nach seinem tatsächlichen Aufenthalt zu dem in Absatz 1 genannten Zeitpunkt.

(3) [1] Geht der Leistung Hilfe nach den §§ 27 bis 35a oder eine Leistung nach § 13 Absatz 3, § 21 oder § 41 voraus, so bleibt der örtliche Träger zuständig, der bisher zuständig war. [2] Eine Unterbrechung der Hilfeleistung von bis zu drei Monaten bleibt dabei außer Betracht.

§ 86c Fortdauernde Leistungsverpflichtung und Fallübergabe bei Zuständigkeitswechsel. (1) [1] Wechselt die örtliche Zuständigkeit für eine Leistung, so bleibt der bisher zuständige örtliche Träger so lange zur Gewährung der Leistung verpflichtet, bis der nunmehr zuständige örtliche Träger die Leistung fortsetzt. [2] Dieser hat dafür Sorge zu tragen, dass der Hilfeprozess und die im Rahmen der Hilfeplanung vereinbarten Hilfeziele durch den Zuständigkeitswechsel nicht gefährdet werden.

(2) [1] Der örtliche Träger, der von den Umständen Kenntnis erhält, die den Wechsel der Zuständigkeit begründen, hat den anderen davon unverzüglich zu unterrichten. [2] Der bisher zuständige örtliche Träger hat dem nunmehr zuständigen örtlichen Träger unverzüglich die für die Hilfegewährung sowie den Zuständigkeitswechsel maßgeblichen Sozialdaten zu übermitteln. [3] Bei der Fortsetzung von Leistungen, die der Hilfeplanung nach § 36 Absatz 2 unterliegen, ist die Fallverantwortung im Rahmen eines Gespräches zu übergeben. [4] Die Personensorgeberechtigten und das Kind oder der Jugendliche sowie der junge Volljährige oder der Leistungsberechtigte nach § 19 sind an der Übergabe angemessen zu beteiligen.

§ 86d Verpflichtung zum vorläufigen Tätigwerden. Steht die örtliche Zuständigkeit nicht fest oder wird der zuständige örtliche Träger nicht tätig, so ist der örtliche Träger vorläufig zum Tätigwerden verpflichtet, in dessen Bereich sich das

Kind oder der Jugendliche, der junge Volljährige oder bei Leistungen nach § 19 der Leistungsberechtigte vor Beginn der Leistung tatsächlich aufhält.

Zweiter Unterabschnitt. Örtliche Zuständigkeit für andere Aufgaben

§ 87[1] Örtliche Zuständigkeit für vorläufige Maßnahmen zum Schutz von Kindern und Jugendlichen. [1] Für die Inobhutnahme eines Kindes oder eines Jugendlichen (§ 42) ist der örtliche Träger zuständig, in dessen Bereich sich das Kind oder der Jugendliche vor Beginn der Maßnahme tatsächlich aufhält. [2] Die örtliche Zuständigkeit für die Inobhutnahme eines unbegleiteten ausländischen Kindes oder Jugendlichen richtet sich nach § 88a Absatz 2.

§ 87a[2] Örtliche Zuständigkeit für Erlaubnis, Meldepflichten und Untersagung. (1) [1] Für die Erteilung der Pflegeerlaubnis nach § 43 sowie für deren Rücknahme und Widerruf ist der örtliche Träger zuständig, in dessen Bereich die Kindertagespflegeperson ihre Tätigkeit ausübt. [2] Ist die Kindertagespflegeperson im Zuständigkeitsbereich mehrerer örtlicher Träger tätig, ist der örtliche Träger zuständig, in dessen Bereich die Kindertagespflegeperson ihren gewöhnlichen Aufenthalt hat. [3] Für die Erteilung der Pflegeerlaubnis nach § 44 sowie für deren Rücknahme und Widerruf ist der örtliche Träger zuständig, in dessen Bereich die Pflegeperson ihren gewöhnlichen Aufenthalt hat.

(2) Für die Erteilung der Erlaubnis zum Betrieb einer Einrichtung oder einer selbständigen sonstigen Wohnform sowie für die Rücknahme oder den Widerruf dieser Erlaubnis (§ 45 Absatz 1 und 2, § 48a), die örtliche Prüfung (§§ 46, 48a), die Entgegennahme von Meldungen (§ 47 Absatz 1 und 2, § 48a) und die Ausnahme von der Meldepflicht (§ 47 Absatz 3, § 48a) sowie die Untersagung der weiteren Beschäftigung des Leiters oder eines Mitarbeiters (§§ 48, 48a) ist der überörtliche Träger oder die nach Landesrecht bestimmte Behörde zuständig, in dessen oder deren Bereich die Einrichtung oder die sonstige Wohnform gelegen ist.

(3) Für die Mitwirkung an der örtlichen Prüfung (§§ 46, 48a) ist der örtliche Träger zuständig, in dessen Bereich die Einrichtung oder die selbständige sonstige Wohnform gelegen ist.

§ 87b Örtliche Zuständigkeit für die Mitwirkung in gerichtlichen Verfahren. (1) [1] Für die Zuständigkeit des Jugendamts zur Mitwirkung in gerichtlichen Verfahren (§§ 50 bis 52) gilt § 86 Absatz 1 bis 4 entsprechend. [2] Für die Mitwirkung im Verfahren nach dem Jugendgerichtsgesetz[3] gegen einen jungen Menschen, der zu Beginn des Verfahrens das 18. Lebensjahr vollendet hat, gilt § 86a Absatz 1 und 3 entsprechend.

(2) [1] Die nach Absatz 1 begründete Zuständigkeit bleibt bis zum Abschluss des Verfahrens bestehen. [2] Hat ein Jugendlicher oder ein junger Volljähriger in einem Verfahren nach dem Jugendgerichtsgesetz die letzten sechs Monate vor Abschluss des Verfahrens in einer Justizvollzugsanstalt verbracht, so dauert die Zuständigkeit auch nach der Entlassung aus der Anstalt so lange fort, bis der Jugendliche oder junge Volljährige einen neuen gewöhnlichen Aufenthalt begründet hat, längstens aber bis zum Ablauf von sechs Monaten nach dem Entlassungszeitpunkt.

---

[1] § 87 Satz 2 angef. mWv 1.11.2015 durch G v. 28.10.2015 (BGBl. I S. 1802).
[2] § 87a Abs. 1 neu gef. mWv 10.6.2021 durch G v. 3.6.2021 (BGBl. I S. 1444).
[3] **Habersack, Deutsche Gesetze Nr. 89.**

(3) Steht die örtliche Zuständigkeit nicht fest oder wird der zuständige örtliche Träger nicht tätig, so gilt § 86d entsprechend.

§ 87c[1] Örtliche Zuständigkeit für die Beistandschaft, die Pflegschaft, die Vormundschaft und die schriftliche Auskunft nach § 58. (1) [1] Für die Vormundschaft nach § 1786 des Bürgerlichen Gesetzbuchs[2] ist das Jugendamt zuständig, in dessen Bereich die Mutter ihren gewöhnlichen Aufenthalt hat. [2] Wurde die Vaterschaft nach § 1592 Nummer 1 oder 2 des Bürgerlichen Gesetzbuchs durch Anfechtung beseitigt, so ist der gewöhnliche Aufenthalt der Mutter zu dem Zeitpunkt maßgeblich, zu dem die Entscheidung rechtskräftig wird. [3] Ist ein gewöhnlicher Aufenthalt der Mutter nicht festzustellen, so richtet sich die örtliche Zuständigkeit nach ihrem tatsächlichen Aufenthalt.

(2) [1] Sobald die Mutter ihren gewöhnlichen Aufenthalt im Bereich eines anderen Jugendamts nimmt, hat das die Amtsvormundschaft führende Jugendamt bei dem Jugendamt des anderen Bereichs die Weiterführung der Amtsvormundschaft zu beantragen; der Antrag kann auch von dem anderen Jugendamt, von jedem Elternteil und von jedem, der ein berechtigtes Interesse des Kindes oder des Jugendlichen geltend macht, bei dem die Amtsvormundschaft führenden Jugendamt gestellt werden. [2] Die Vormundschaft geht mit der Erklärung des anderen Jugendamts auf dieses über. [3] Das abgebende Jugendamt hat den Übergang dem Familiengericht und jedem Elternteil unverzüglich mitzuteilen. [4] Gegen die Ablehnung des Antrags kann das Familiengericht angerufen werden.

(2a) Für die Vormundschaft nach § 1787 des Bürgerlichen Gesetzbuchs ist das Jugendamt zuständig, in dessen Bereich der Geburtsort des Kindes liegt.

(3) [1] Für die Pflegschaft oder Vormundschaft, die durch Bestellung des Familiengerichts eintritt, ist das Jugendamt zuständig, in dessen Bereich das Kind oder der Jugendliche zum Zeitpunkt der Bestellung seinen gewöhnlichen Aufenthalt hat. [2] Hat das Kind oder der Jugendliche keinen gewöhnlichen Aufenthalt, so richtet sich die Zuständigkeit nach seinem tatsächlichen Aufenthalt zum Zeitpunkt der Bestellung. [3] Sobald das Kind oder der Jugendliche seinen gewöhnlichen Aufenthalt nimmt oder wechselt, hat das Jugendamt beim Familiengericht einen Antrag auf Entlassung zu stellen.

(4) Für die Vormundschaft, die im Rahmen des Verfahrens zur Annahme als Kind eintritt, ist das Jugendamt zuständig, in dessen Bereich die annehmende Person ihren gewöhnlichen Aufenthalt hat.

(5) [1] Für die Beratung und Unterstützung nach § 52a sowie für die Beistandschaft gilt Absatz 1 Satz 1 und 3 entsprechend. [2] Sobald der allein sorgeberechtigte Elternteil seinen gewöhnlichen Aufenthalt im Bereich eines anderen Jugendamts nimmt, hat das die Beistandschaft führende Jugendamt bei dem Jugendamt des anderen Bereichs die Weiterführung der Beistandschaft zu beantragen; Absatz 2 Satz 2 und § 86c gelten entsprechend.

(6) [1] Für die Erteilung der schriftlichen Auskunft nach § 58 Absatz 2 gilt Absatz 1 entsprechend. [2] Die Mitteilungen nach § 1626d Absatz 2 des Bürgerlichen Gesetzbuchs, die Mitteilungen nach § 155a Absatz 3 Satz 3 und Absatz 5 Satz 2 des

---

[1] § 87c Überschrift und Abs. 6 neu gef. mWv 19.5.2013 durch G v. 16.4.2013 (BGBl. I S. 795); Abs. 6 Satz 2 geänd. mWv 1.1.2014 durch G v. 29.8.2013 (BGBl. I S. 3464); Überschrift und Abs. 1 Satz 1 geänd., Abs. 2a eingef., Abs. 3a neu gef., Abs. 6 Satz 1 geänd. mWv 1.1.2023 durch G v. 4.5.2021 (BGBl. I S. 882); Überschrift und Abs. 6 Satz 1 geänd., Satz 3 neu gef., Satz 4 angef. mWv 10.6.2021 durch G v. 3.6.2021 (BGBl. I S. 1444).

[2] **Habersack, Deutsche Gesetze Nr. 20.**

Gesetzes über das Verfahren in Familiensachen und in den Angelegenheiten der freiwilligen Gerichtsbarkeit[1] sowie die Mitteilungen nach § 50 Absatz 3 sind an das für den Geburtsort des Kindes oder des Jugendlichen zuständige Jugendamt zu richten; § 88 Absatz 1 Satz 2 gilt entsprechend. [3]Das nach Satz 2 zuständige Jugendamt teilt dem nach Satz 1 zuständigen Jugendamt auf dessen Ersuchen mit, ob ihm Mitteilungen nach § 1626d Absatz 2 des Bürgerlichen Gesetzbuchs, Mitteilungen nach § 155a Absatz 3 Satz 3 oder Absatz 5 Satz 2 des Gesetzes über das Verfahren in Familiensachen und in den Angelegenheiten der freiwilligen Gerichtsbarkeit oder Mitteilungen nach § 50 Absatz 3 vorliegen. [4]Betrifft die gerichtliche Entscheidung nur Teile der elterlichen Sorge, so enthalten die Mitteilungen auch die Angabe, in welchen Bereichen die elterliche Sorge der Mutter entzogen wurde, den Eltern gemeinsam übertragen wurde oder dem Vater allein übertragen wurde.

§ 87d[2] Örtliche Zuständigkeit für weitere Aufgaben im Vormundschaftswesen. (1) Für die Wahrnehmung der Aufgaben nach den §§ 53 und 53a ist der örtliche Träger zuständig, in dessen Bereich der Pfleger oder Vormund seinen gewöhnlichen Aufenthalt hat.

(2) Für die Anerkennung als Vormundschaftsverein (§ 54) ist der überörtliche Träger zuständig, in dessen Bereich der Verein seinen Sitz hat.

§ 87e Örtliche Zuständigkeit für Beurkundung und Beglaubigung.

Für Beurkundungen und Beglaubigungen nach § 59 ist die Urkundsperson bei jedem Jugendamt zuständig.

Dritter Unterabschnitt. Örtliche Zuständigkeit bei Aufenthalt im Ausland

§ 88 Örtliche Zuständigkeit bei Aufenthalt im Ausland. (1) [1]Für die Gewährung von Leistungen der Jugendhilfe im Ausland ist der überörtliche Träger zuständig, in dessen Bereich der junge Mensch geboren ist. [2]Liegt der Geburtsort im Ausland oder ist er nicht zu ermitteln, so ist das Land Berlin zuständig.

(2) Wurden bereits vor der Ausreise Leistungen der Jugendhilfe gewährt, so bleibt der örtliche Träger zuständig, der bisher tätig geworden ist; eine Unterbrechung der Hilfeleistung von bis zu drei Monaten bleibt dabei außer Betracht.

Vierter Unterabschnitt.[3] Örtliche Zuständigkeit für vorläufige Maßnahmen, Leistungen und die Amtsvormundschaft für unbegleitete ausländische Kinder und Jugendliche

§ 88a[3] Örtliche Zuständigkeit für vorläufige Maßnahmen, Leistungen und die Amtsvormundschaft für unbegleitete ausländische Kinder und Jugendliche. (1) Für die vorläufige Inobhutnahme eines unbegleiteten ausländischen Kindes oder Jugendlichen (§ 42a) ist der örtliche Träger zuständig, in dessen Bereich sich das Kind oder der Jugendliche vor Beginn der Maßnahme tatsächlich aufhält, soweit Landesrecht nichts anderes regelt.

(2) [1]Die örtliche Zuständigkeit für die Inobhutnahme eines unbegleiteten ausländischen Kindes oder Jugendlichen (§ 42) richtet sich nach der Zuweisungsentscheidung gemäß § 42b Absatz 3 Satz 1 der nach Landesrecht für die Verteilung von unbegleiteten ausländischen Kindern oder Jugendlichen zuständigen Stelle.

---

[1] **Habersack, Deutsche Gesetze Nr. 112.**
[2] § 87d Abs. 1 geänd., Abs. 2 neu gef. mWv 1.1.2023 durch G v. 4.5.2021 (BGBl. I S. 882).
[3] 4. UAbschnitt (§ 88a) eingef. mWv 1.11.2015 durch G v. 28.10.2015 (BGBl. I S. 1802).

[2] Ist die Verteilung nach § 42b Absatz 4 ausgeschlossen, so bleibt die nach Absatz 1 begründete Zuständigkeit bestehen. [3] Ein anderer Träger kann aus Gründen des Kindeswohls oder aus sonstigen humanitären Gründen von vergleichbarem Gewicht die örtliche Zuständigkeit von dem zuständigen Träger übernehmen.

(3) [1] Für Leistungen an unbegleitete ausländische Kinder oder Jugendliche ist der örtliche Träger zuständig, in dessen Bereich sich die Person vor Beginn der Leistung tatsächlich aufhält. [2] Geht der Leistungsgewährung eine Inobhutnahme voraus, so bleibt die nach Absatz 2 begründete Zuständigkeit bestehen, soweit Landesrecht nichts anderes regelt.

(4) Die örtliche Zuständigkeit für die Vormundschaft oder Pflegschaft, die für unbegleitete ausländische Kinder oder Jugendliche durch Bestellung des Familiengerichts eintritt, richtet sich während

1. der vorläufigen Inobhutnahme (§ 42a) nach Absatz 1,
2. der Inobhutnahme (§ 42) nach Absatz 2 und
3. der Leistungsgewährung nach Absatz 3.

Dritter Abschnitt. Kostenerstattung

§ 89 Kostenerstattung bei fehlendem gewöhnlichen Aufenthalt. Ist für die örtliche Zuständigkeit nach den §§ 86, 86a oder 86b der tatsächliche Aufenthalt maßgeblich, so sind die Kosten, die ein örtlicher Träger aufgewendet hat, von dem überörtlichen Träger zu erstatten, zu dessen Bereich der örtliche Träger gehört.

§ 89a[1] Kostenerstattung bei fortdauernder Vollzeitpflege. (1) [1] Kosten, die ein örtlicher Träger auf Grund einer Zuständigkeit nach § 86 Absatz 6 aufgewendet hat, sind von dem örtlichen Träger zu erstatten, der zuvor zuständig war oder gewesen wäre. [2] Die Kostenerstattungspflicht bleibt bestehen, wenn die Pflegeperson ihren gewöhnlichen Aufenthalt ändert oder wenn die Leistung über die Volljährigkeit hinaus nach § 41 fortgesetzt wird.

(2) Hat oder hätte der nach Absatz 1 kostenerstattungspflichtig werdende örtliche Träger während der Gewährung einer Leistung selbst einen Kostenerstattungsanspruch gegen einen anderen örtlichen oder den überörtlichen Träger, so bleibt oder wird abweichend von Absatz 1 dieser Träger dem nunmehr nach § 86 Absatz 6 zuständig gewordenen örtlichen Träger kostenerstattungspflichtig.

(3) Ändert sich während der Gewährung der Leistung nach Absatz 1 der für die örtliche Zuständigkeit nach § 86 Absatz 1 bis 5 maßgebliche gewöhnliche Aufenthalt, so wird der örtliche Träger kostenerstattungspflichtig, der ohne Anwendung des § 86 Absatz 6 örtlich zuständig geworden wäre.

§ 89b Kostenerstattung bei vorläufigen Maßnahmen zum Schutz von *Kindern und Jugendlichen*. (1) Kosten, die ein örtlicher Träger im Rahmen der Inobhutnahme von Kindern und Jugendlichen (§ 42) aufgewendet hat, sind von dem örtlichen Träger zu erstatten, dessen Zuständigkeit durch den gewöhnlichen Aufenthalt nach § 86 begründet wird.

(2) Ist ein kostenerstattungspflichtiger örtlicher Träger nicht vorhanden, so sind die Kosten von dem überörtlichen Träger zu erstatten, zu dessen Bereich der örtliche Träger gehört.

---

[1] § 89a Abs. 2 geänd. mWv 1.1.2014 durch G v. 29.8.2013 (BGBl. I S. 3464).

(3) Eine nach Absatz 1 oder 2 begründete Pflicht zur Kostenerstattung bleibt bestehen, wenn und solange nach der Inobhutnahme Leistungen auf Grund einer Zuständigkeit nach § 86 Absatz 7 Satz 1 Halbsatz 2 gewährt werden.

§ 89c Kostenerstattung bei fortdauernder oder vorläufiger Leistungsverpflichtung. (1) [1]Kosten, die ein örtlicher Träger im Rahmen seiner Verpflichtung nach § 86c aufgewendet hat, sind von dem örtlichen Träger zu erstatten, der nach dem Wechsel der örtlichen Zuständigkeit zuständig geworden ist. [2]Kosten, die ein örtlicher Träger im Rahmen seiner Verpflichtung nach § 86d aufgewendet hat, sind von dem örtlichen Träger zu erstatten, dessen Zuständigkeit durch den gewöhnlichen Aufenthalt nach §§ 86, 86a und 86b begründet wird.

(2) Hat der örtliche Träger die Kosten deshalb aufgewendet, weil der zuständige örtliche Träger pflichtwidrig gehandelt hat, so hat dieser zusätzlich einen Betrag in Höhe eines Drittels der Kosten, mindestens jedoch 50 Euro, zu erstatten.

(3) Ist ein kostenerstattungspflichtiger örtlicher Träger nicht vorhanden, so sind die Kosten vom überörtlichen Träger zu erstatten, zu dessen Bereich der örtliche Träger gehört, der nach Absatz 1 tätig geworden ist.

§ 89d[1)] Kostenerstattung bei Gewährung von Jugendhilfe nach der Einreise. (1) [1]Kosten, die ein örtlicher Träger aufwendet, sind vom Land zu erstatten, wenn

1. innerhalb eines Monats nach der Einreise eines jungen Menschen oder eines Leistungsberechtigten nach § 19 Jugendhilfe gewährt wird und
2. sich die örtliche Zuständigkeit nach dem tatsächlichen Aufenthalt dieser Person oder nach der Zuweisungsentscheidung der zuständigen Landesbehörde richtet.

[2]Als Tag der Einreise gilt der Tag des Grenzübertritts, sofern dieser amtlich festgestellt wurde, oder der Tag, an dem der Aufenthalt im Inland erstmals festgestellt wurde, andernfalls der Tag der ersten Vorsprache bei einem Jugendamt. [3]Die Erstattungspflicht nach Satz 1 bleibt unberührt, wenn die Person um Asyl nachsucht oder einen Asylantrag stellt.

(2) Ist die Person im Inland geboren, so ist das Land erstattungspflichtig, in dessen Bereich die Person geboren ist.

(3) *(aufgehoben)*

(4) Die Verpflichtung zur Erstattung der aufgewendeten Kosten entfällt, wenn inzwischen für einen zusammenhängenden Zeitraum von drei Monaten Jugendhilfe nicht zu gewähren war.

(5) Kostenerstattungsansprüche nach den Absätzen 1 bis 3 gehen Ansprüchen nach den §§ 89 bis 89c und § 89e vor.

§ 89e Schutz der Einrichtungsorte. (1) [1]Richtet sich die Zuständigkeit nach dem gewöhnlichen Aufenthalt der Eltern, eines Elternteils, des Kindes oder des Jugendlichen und ist dieser in einer Einrichtung, einer anderen Familie oder sonstigen Wohnform begründet worden, die der Erziehung, Pflege, Betreuung, Behandlung oder dem Strafvollzug dient, so ist der örtliche Träger zur Erstattung der Kosten verpflichtet, in dessen Bereich die Person vor der Aufnahme in eine Einrichtung, eine andere Familie oder sonstige Wohnform den gewöhnlichen *Aufenthalt hatte.* [2]*Eine* nach Satz 1 begründete Erstattungspflicht bleibt bestehen,

---

[1)] § 89d Abs. 3 Satz 2 geänd., Nr. 2 und Aufzählungsnr. 1 aufgeh. mWv 1.11.2015, Abs. 3 aufgeh. mWv 1.7.2017 durch G v. 28.10.2015 (BGBl. I S. 1802).

wenn und solange sich die örtliche Zuständigkeit nach § 86a Absatz 4 und § 86b Absatz 3 richtet.

(2) Ist ein kostenerstattungspflichtiger örtlicher Träger nicht vorhanden, so sind die Kosten von dem überörtlichen Träger zu erstatten, zu dessen Bereich der erstattungsberechtigte örtliche Träger gehört.

§ 89f Umfang der Kostenerstattung. (1) [1] Die aufgewendeten Kosten sind zu erstatten, soweit die Erfüllung der Aufgaben den Vorschriften dieses Buches entspricht. [2] Dabei gelten die Grundsätze, die im Bereich des tätig gewordenen örtlichen Trägers zur Zeit des Tätigwerdens angewandt werden.

(2) [1] Kosten unter 1 000 Euro werden nur bei vorläufigen Maßnahmen zum Schutz von Kindern und Jugendlichen (§ 89b), bei fortdauernder oder vorläufiger Leistungsverpflichtung (§ 89c) und bei Gewährung von Jugendhilfe nach der Einreise (§ 89d) erstattet. [2] Verzugszinsen können nicht verlangt werden.

§ 89g Landesrechtsvorbehalt. Durch Landesrecht können die Aufgaben des Landes und des überörtlichen Trägers nach diesem Abschnitt auf andere Körperschaften des öffentlichen Rechts übertragen werden.

§ 89h Übergangsvorschrift. (1) Für die Erstattung von Kosten für Maßnahmen der Jugendhilfe nach der Einreise gemäß § 89d, die vor dem 1. Juli 1998 begonnen haben, gilt die nachfolgende Übergangsvorschrift.

(2) [1] Kosten, für deren Erstattung das Bundesverwaltungsamt vor dem 1. Juli 1998 einen erstattungspflichtigen überörtlichen Träger bestimmt hat, sind nach den bis zu diesem Zeitpunkt geltenden Vorschriften zu erstatten. [2] Erfolgt die Bestimmung nach dem 30. Juni 1998, so sind § 86 Absatz 7, § 89b Absatz 3, die §§ 89d und 89g in der ab dem 1. Juli 1998 geltenden Fassung anzuwenden.

Achtes Kapitel. Kostenbeteiligung

Erster Abschnitt. Pauschalierte Kostenbeteiligung

§ 90[1] Pauschalierte Kostenbeteiligung[2]. (1) Für die Inanspruchnahme von Angeboten

1. der Jugendarbeit nach § 11,
2. der allgemeinen Förderung der Erziehung in der Familie nach § 16 Absatz 1, Absatz 2 Nummer 1 und 3 und
3. der Förderung von Kindern in Tageseinrichtungen und Kindertagespflege nach den §§ 22 bis 24

können Kostenbeiträge festgesetzt werden.

(2) [1] In den Fällen des Absatzes 1 Nummer 1 und 2 kann der Kostenbeitrag auf Antrag ganz oder teilweise erlassen oder ein Teilnahmebeitrag auf Antrag ganz oder teilweise vom Träger der öffentlichen Jugendhilfe übernommen werden, wenn

1. die Belastung
   a) dem Kind oder dem Jugendlichen und seinen Eltern oder

---

[1] § 90 Abs. 1 Sätze 2–4 aufgeh., Abs. 2 Sätze 3 und 4 angef., Abs. 3 und 4 neu gef. mWv 1.8.2019 durch G v. 19.12.2018 (BGBl. I S. 2696); Abs. 4 Satz 4 neu gef. mWv 6.12.2019 durch G v. 30.11.2019 (BGBl. I S. 1948); Abs. 2 Satz 3 neu gef. mWv 10.6.2021 durch G v. 3.6.2021 (BGBl. I S. 1444).

[2] Siehe hierzu auch das KiTa-Qualitäts- und -TeilhabeverbesserungsG v. 19.12.2018 (BGBl. I S. 2696).

b) dem jungen Volljährigen
nicht zuzumuten ist und

2. die Förderung für die Entwicklung des jungen Menschen erforderlich ist.

[2] Lebt das Kind oder der Jugendliche nur mit einem Elternteil zusammen, so tritt dieser an die Stelle der Eltern. [3] Für die Feststellung der zumutbaren Belastung gelten die §§ 82 bis 85, 87, 88 und 92 Absatz 1 Satz 1 und Absatz 2 des Zwölften Buches entsprechend, soweit nicht Landesrecht eine andere Regelung trifft. [4] Bei der Einkommensberechnung bleiben das Baukindergeld des Bundes sowie die Eigenheimzulage nach dem Eigenheimzulagengesetz außer Betracht.

(3) [1] Im Fall des Absatzes 1 Nummer 3 sind Kostenbeiträge zu staffeln. [2] Als Kriterien für die Staffelung können insbesondere das Einkommen der Eltern, die Anzahl der kindergeldberechtigten Kinder in der Familie und die tägliche Betreuungszeit des Kindes berücksichtigt werden. [3] Werden die Kostenbeiträge nach dem Einkommen berechnet, bleibt das Baukindergeld des Bundes außer Betracht. [4] Darüber hinaus können weitere Kriterien berücksichtigt werden.

(4) [1] Im Fall des Absatzes 1 Nummer 3 wird der Kostenbeitrag auf Antrag erlassen oder auf Antrag ein Teilnahmebeitrag vom Träger der öffentlichen Jugendhilfe übernommen, wenn die Belastung durch Kostenbeiträge den Eltern und dem Kind nicht zuzumuten ist. [2] Nicht zuzumuten sind Kostenbeiträge immer dann, wenn Eltern oder Kinder Leistungen zur Sicherung des Lebensunterhalts nach dem Zweiten Buch, Leistungen nach dem dritten und vierten Kapitel des Zwölften Buches oder Leistungen nach den §§ 2 und 3 des Asylbewerberleistungsgesetzes beziehen oder wenn die Eltern des Kindes Kinderzuschlag gemäß § 6a des Bundeskindergeldgesetzes[1)] oder Wohngeld nach dem Wohngeldgesetz[2)] erhalten. [3] Der Träger der öffentlichen Jugendhilfe hat die Eltern über die Möglichkeit einer Antragstellung nach Satz 1 bei unzumutbarer Belastung durch Kostenbeiträge zu beraten. [4] Absatz 2 Satz 2 bis 4 gilt entsprechend.

Zweiter Abschnitt. Kostenbeiträge für stationäre und teilstationäre Leistungen sowie vorläufige Maßnahmen

§ 91 Anwendungsbereich. (1) Zu folgenden vollstationären Leistungen und vorläufigen Maßnahmen werden Kostenbeiträge erhoben:

1. der Unterkunft junger Menschen in einer sozialpädagogisch begleiteten Wohnform (§ 13 Absatz 3),
2. der Betreuung von Müttern oder Vätern und Kindern in gemeinsamen Wohnformen (§ 19),
3. der Betreuung und Versorgung von Kindern in Notsituationen (§ 20),
4. der Unterstützung bei notwendiger Unterbringung junger Menschen zur Erfüllung der Schulpflicht und zum Abschluss der Schulausbildung (§ 21),
5. der Hilfe zur Erziehung
   a) in Vollzeitpflege (§ 33),
   b) in einem Heim oder einer sonstigen betreuten Wohnform (§ 34),
   c) in intensiver sozialpädagogischer Einzelbetreuung (§ 35), sofern sie außerhalb des Elternhauses erfolgt,
   d) auf der Grundlage von § 27 in stationärer Form,

[1)] Nr. **45b**.
[2)] **Sartorius Nr. 385.**

6. der Eingliederungshilfe für seelisch behinderte Kinder und Jugendliche durch geeignete Pflegepersonen sowie in Einrichtungen über Tag und Nacht und in sonstigen Wohnformen (§ 35a Absatz 2 Nummer 3 und 4),
7. der Inobhutnahme von Kindern und Jugendlichen (§ 42),
8. der Hilfe für junge Volljährige, soweit sie den in den Nummern 5 und 6 genannten Leistungen entspricht (§ 41).

(2) Zu folgenden teilstationären Leistungen werden Kostenbeiträge erhoben:
1. der Betreuung und Versorgung von Kindern in Notsituationen nach § 20,
2. Hilfe zur Erziehung in einer Tagesgruppe nach § 32 und anderen teilstationären Leistungen nach § 27,
3. Eingliederungshilfe für seelisch behinderte Kinder und Jugendliche in Tageseinrichtungen und anderen teilstationären Einrichtungen nach § 35a Absatz 2 Nummer 2 und
4. Hilfe für junge Volljährige, soweit sie den in den Nummern 2 und 3 genannten Leistungen entspricht (§ 41).

(3) Die Kosten umfassen auch die Aufwendungen für den notwendigen Unterhalt und die Krankenhilfe.

(4) Verwaltungskosten bleiben außer Betracht.

(5) Die Träger der öffentlichen Jugendhilfe tragen die Kosten der in den Absätzen 1 und 2 genannten Leistungen unabhängig von der Erhebung eines Kostenbeitrags.

§ 92[1)] Ausgestaltung der Heranziehung. (1) Zu den Kosten der in § 91 Absatz 1 genannten Leistungen und vorläufigen Maßnahmen sind Elternteile aus ihrem Einkommen nach Maßgabe der §§ 93 und 94 heranzuziehen; leben sie mit dem jungen Menschen zusammen, so werden sie auch zu den Kosten der in § 91 Absatz 2 genannten Leistungen herangezogen.

(1a) Unabhängig von ihrem Einkommen sind nach Maßgabe von § 93 Absatz 1 Satz 3 und § 94 Absatz 3 heranzuziehen:
1. Kinder und Jugendliche zu den Kosten der in § 91 Absatz 1 Nummer 1 bis 7 genannten Leistungen und vorläufigen Maßnahmen,
2. junge Volljährige zu den Kosten der in § 91 Absatz 1 Nummer 1, 4 und 8 genannten Leistungen,
3. Leistungsberechtigte nach § 19 zu den Kosten der in § 91 Absatz 1 Nummer 2 genannten Leistungen,
4. Elternteile zu den Kosten der in § 91 Absatz 1 genannten Leistungen und vorläufigen Maßnahmen; leben sie mit dem jungen Menschen zusammen, so werden sie auch zu den Kosten der in § 91 Absatz 2 genannten Leistungen herangezogen.

(2) Die Heranziehung erfolgt durch Erhebung eines Kostenbeitrags, der durch Leistungsbescheid festgesetzt wird; Elternteile werden getrennt herangezogen.

(3) [1] Ein Kostenbeitrag kann bei Eltern ab dem Zeitpunkt erhoben werden, ab welchem dem Pflichtigen die Gewährung der Leistung mitgeteilt und er über die

1) § 92 Abs. 4 Satz 2 geänd. mWv 3.12.2013 durch G v. 29.8.2013 (BGBl. I S. 3464); Abs. 1a geänd. mWv 10.6.2021 durch G v. 3.6.2021 (BGBl. I S. 1444); Abs. 1 eingef., bish Abs. 1 wird Abs. 1a und einl. Satzteil geänd., Nr. 4 aufgeh., bish. Nr. 5 wird Nr. 4, bish. Abs. 1a aufgeh. Abs. 3 Satz 1 geänd. mWv 1.1. 2023 durch G v. 21.12.2022 (BGBl. I S. 2824).

Folgen für seine Unterhaltspflicht gegenüber dem jungen Menschen aufgeklärt wurde. [2] Ohne vorherige Mitteilung kann ein Kostenbeitrag für den Zeitraum erhoben werden, in welchem der Träger der öffentlichen Jugendhilfe aus rechtlichen oder tatsächlichen Gründen, die in den Verantwortungsbereich des Pflichtigen fallen, an der Geltendmachung gehindert war. [3] Entfallen diese Gründe, ist der Pflichtige unverzüglich zu unterrichten.

(4) [1] Ein Kostenbeitrag kann nur erhoben werden, soweit Unterhaltsansprüche vorrangig oder gleichrangig Berechtigter nicht geschmälert werden. [2] Von der Heranziehung der Eltern ist abzusehen, wenn das Kind, die Jugendliche, die junge Volljährige oder die Leistungsberechtigte nach § 19 schwanger ist oder der junge Mensch oder die nach § 19 leistungsberechtigte Person ein leibliches Kind bis zur Vollendung des sechsten Lebensjahres betreut.

(5) [1] Von der Heranziehung soll im Einzelfall ganz oder teilweise abgesehen werden, wenn sonst Ziel und Zweck der Leistung gefährdet würden oder sich aus der Heranziehung eine besondere Härte ergäbe. [2] Von der Heranziehung kann abgesehen werden, wenn anzunehmen ist, dass der damit verbundene Verwaltungsaufwand in keinem angemessenen Verhältnis zu dem Kostenbeitrag stehen wird.

§ 93[1)] Berechnung des Einkommens. (1) ***[Satz 1 bis 31.12.2023:]*** [1] Zum Einkommen gehören alle Einkünfte in Geld oder Geldeswert mit Ausnahme der Grundrente nach oder entsprechend dem Bundesversorgungsgesetz sowie der Renten und Beihilfen, die nach dem Bundesentschädigungsgesetz für einen Schaden an Leben sowie an Körper und Gesundheit gewährt werden bis zur Höhe der vergleichbaren Grundrente nach dem Bundesversorgungsgesetz. ***[Satz 1 vom 1.1. 2024 bis 31.12.2024:]*** *[1] Zum Einkommen gehören alle Einkünfte in Geld oder Geldeswert mit Ausnahme der Leistungen nach diesem Buch, der Leistungen nach dem Vierzehnten Buch und der Leistungen nach Gesetzen, die eine entsprechende Anwendung des Vierzehnten Buches vorsehen, und der Renten oder Beihilfen nach dem Bundesentschädigungsgesetz für Schaden an Leben sowie an Körper oder Gesundheit bis zur Höhe der vergleichbaren Leistungen nach dem Vierzehnten Buch.* ***[Satz 1 ab 1.1.2025:]*** *[1] Zum Einkommen gehören alle Einkünfte in Geld oder Geldeswert mit Ausnahme der Leistungen nach diesem Buch, der Leistungen nach dem Vierzehnten Buch und der Leistungen nach Gesetzen, die eine entsprechende Anwendung des Vierzehnten Buches vorsehen, der Leistungen nach dem Soldatenentschädigungsgesetz, der Renten oder Beihilfen nach dem Bundesentschädigungsgesetz für Schaden an Leben sowie an Körper oder Gesundheit bis zur Höhe der vergleichbaren Leistungen nach dem Vierzehnten Buch.* [2] Eine Entschädigung, die nach § 253 Absatz 2 des Bürgerlichen Gesetzbuchs[2)] wegen eines Schadens, der nicht Vermögensschaden ist, geleistet wird, ist nicht als Einkommen zu berücksichtigen. [3] Geldleistungen, die dem gleichen Zwecke wie die jeweilige Leistung der Jugendhilfe dienen, zählen nicht zum Einkommen und sind unabhängig von einem Kostenbeitrag einzusetzen; dies gilt nicht für

1. monatliche Leistungen nach § 56 des Dritten Buches bis zu einer Höhe des in § 61 Absatz 2 Satz 1 und § 62 Absatz 3 Satz 1 des Dritten Buches für sonstige Bedürfnisse genannten Betrages und

---

[1)] § 93 Abs. 1 Satz 4 geänd., Abs. 3 bish. Satz 2 wird Satz 4, bish. Sätze 3 und 4 werden Sätze 2 und 3, Abs. 4 angef. mWv 3.12.2013 durch G v. 29.8.2013 (BGBl. I S. 3464); Abs. 1 Satz 1 neu gef. mWv 1.1. 2024 durch G v. 12.12.2019 (BGBl. I S. 2652); Abs. 1 Satz 1 neu gef. mWv 1.1.2025 durch G v. 20.8. 2021 (BGBl. I S. 3932); Abs. 1 Satz 3 geänd. mWv 1.1.2023 durch G v. 21.12.2022 (BGBl. I S. 2824, ber. 2023 Nr. 19).

[2)] **Habersack, Deutsche Gesetze Nr. 20.**

2. monatliche Leistungen nach § 122 des Dritten Buches bis zu einer Höhe des in § 123 Satz 1 Nummer 2, § 124 Nummer 2 und § 125 des Dritten Buches genannten Betrages.

[4] Kindergeld und Leistungen, die auf Grund öffentlich-rechtlicher Vorschriften zu einem ausdrücklich genannten Zweck erbracht werden, sind nicht als Einkommen zu berücksichtigen.

(2) Von dem Einkommen sind abzusetzen

1. auf das Einkommen gezahlte Steuern und
2. Pflichtbeiträge zur Sozialversicherung einschließlich der Beiträge zur Arbeitsförderung sowie
3. nach Grund und Höhe angemessene Beiträge zu öffentlichen oder privaten Versicherungen oder ähnlichen Einrichtungen zur Absicherung der Risiken Alter, Krankheit, Pflegebedürftigkeit und Arbeitslosigkeit.

(3) [1] Von dem nach den Absätzen 1 und 2 errechneten Betrag sind Belastungen der kostenbeitragspflichtigen Person abzuziehen. [2] Der Abzug erfolgt durch eine Kürzung des nach den Absätzen 1 und 2 errechneten Betrages um pauschal 25 vom Hundert. [3] Sind die Belastungen höher als der pauschale Abzug, so können sie abgezogen werden, soweit sie nach Grund und Höhe angemessen sind und die Grundsätze einer wirtschaftlichen Lebensführung nicht verletzen. [4] In Betracht kommen insbesondere

1. Beiträge zu öffentlichen oder privaten Versicherungen oder ähnlichen Einrichtungen,
2. die mit der Erzielung des Einkommens verbundenen notwendigen Ausgaben,
3. Schuldverpflichtungen.

[5] Die kostenbeitragspflichtige Person muss die Belastungen nachweisen.

(4) [1] Maßgeblich ist das durchschnittliche Monatseinkommen, das die kostenbeitragspflichtige Person in dem Kalenderjahr erzielt hat, welches dem jeweiligen Kalenderjahr der Leistung oder Maßnahme vorangeht. [2] Auf Antrag der kostenbeitragspflichtigen Person wird dieses Einkommen nachträglich durch das durchschnittliche Monatseinkommen ersetzt, welches die Person in dem jeweiligen Kalenderjahr der Leistung oder Maßnahme erzielt hat. [3] Der Antrag kann innerhalb eines Jahres nach Ablauf dieses Kalenderjahres gestellt werden. [4] Macht die kostenbeitragspflichtige Person glaubhaft, dass die Heranziehung zu den Kosten aus dem Einkommen nach Satz 1 in einem bestimmten Zeitraum eine besondere Härte für sie ergäbe, wird vorläufig von den glaubhaft gemachten, dem Zeitraum entsprechenden Monatseinkommen ausgegangen; endgültig ist in diesem Fall das nach Ablauf des Kalenderjahres zu ermittelnde durchschnittliche Monatseinkommen dieses Jahres maßgeblich.

§ 94[1)] Umfang der Heranziehung. (1) [1] Die Kostenbeitragspflichtigen sind aus ihrem Einkommen in angemessenem Umfang zu den Kosten heranzuziehen. [2] Die Kostenbeiträge dürfen die tatsächlichen Aufwendungen nicht überschreiten.

[1)] § 94 Abs. 3 Sätze 1 und 2 geänd., Abs. 6 Sätze 2 und 3 angef. mWv 3.12.2013 durch G v. 29.8.2013 (BGBl. I S. 3464); Abs. 3 Sätze 3 und 4 angef., Abs. 6 Satz 1 geänd., Sätze 2 und 3 neu gef. mWv 10.6. 2021 durch G v. 3.6.2021 (BGBl. I S. 1444); Abs. 1 Sätze 3 und 4 aufgeh., Abs. 2 und Abs. 3 Satz 1 geänd., Satz 5 angef., Abs. 5 geänd., Abs. 6 aufgeh. mWv 1.1.2023 durch G v. 21.12.2022 (BGBl. I S. 2824).

(2) Für die Bestimmung des Umfangs sind bei jedem Elternteil die Höhe des nach § 93 ermittelten Einkommens und die Anzahl der Personen, die mindestens im gleichen Range wie der untergebrachte junge Mensch oder Leistungsberechtigte nach § 19 unterhaltsberechtigt sind, angemessen zu berücksichtigen.

(3) [1] Werden Leistungen über Tag und Nacht außerhalb des Elternhauses erbracht und bezieht einer der Elternteile Kindergeld für den jungen Menschen, so hat dieser unabhängig von einer Heranziehung nach Absatz 1 Satz 1 und 2 einen Kostenbeitrag in Höhe des Kindergeldes zu zahlen. [2] Zahlt der Elternteil den Kostenbeitrag nach Satz 1 nicht, so sind die Träger der öffentlichen Jugendhilfe insoweit berechtigt, das auf dieses Kind entfallende Kindergeld durch Geltendmachung eines Erstattungsanspruchs nach § 74 Absatz 2 des Einkommensteuergesetzes in Anspruch zu nehmen. [3] Bezieht der Elternteil Kindergeld nach § 1 Absatz 1 des Bundeskindergeldgesetzes, gilt Satz 2 entsprechend. [4] Bezieht der junge Mensch das Kindergeld selbst, gelten die Sätze 1 und 2 entsprechend. [5] Die Heranziehung der Elternteile erfolgt nachrangig zu der Heranziehung der jungen Menschen zu einem Kostenbeitrag in Höhe des Kindergeldes.

(4) Werden Leistungen über Tag und Nacht erbracht und hält sich der junge Mensch nicht nur im Rahmen von Umgangskontakten bei einem Kostenbeitragspflichtigen auf, so ist die tatsächliche Betreuungsleistung über Tag und Nacht auf den Kostenbeitrag anzurechnen.

(5) Für die Festsetzung der Kostenbeiträge von Eltern werden nach Einkommensgruppen gestaffelte Pauschalbeträge durch Rechtsverordnung[1)] des zuständigen Bundesministeriums mit Zustimmung des Bundesrates bestimmt.

Dritter Abschnitt. Überleitung von Ansprüchen

§ 95[2)] Überleitung von Ansprüchen. (1) [1] Hat eine in § 92 Absatz 1a genannte Person oder ein Ehegatte oder Lebenspartner des jungen Menschen oder Leistungsberechtigten nach § 19 für die Zeit, für die Jugendhilfe gewährt wird, einen Anspruch gegen einen anderen, so kann der Träger der öffentlichen Jugendhilfe durch schriftliche Anzeige an den anderen bewirken, dass dieser Anspruch bis zur Höhe seiner Aufwendungen auf ihn übergeht. [2] Dies gilt unter der Maßgabe, dass der andere weder Leistungsträger im Sinne des § 12 des Ersten Buches noch eine in § 92 Absatz 1a genannte Person noch eine andere gegenüber dem jungen Menschen oder Leistungsberechtigten nach § 19 dem Grunde nach zum Unterhalt verpflichtete Person ist.

(2) [1] Der Übergang darf nur insoweit bewirkt werden, als bei rechtzeitiger Leistung des anderen entweder Jugendhilfe nicht gewährt worden oder ein Kostenbeitrag zu leisten wäre. [2] Der Übergang ist nicht dadurch ausgeschlossen, dass der Anspruch nicht übertragen, verpfändet oder gepfändet werden kann.

(3) Die schriftliche Anzeige bewirkt den Übergang des Anspruchs für die Zeit, für die die Hilfe ohne Unterbrechung gewährt wird; als Unterbrechung gilt ein Zeitraum von mehr als zwei Monaten.

(4) Widerspruch und Anfechtungsklage gegen den Verwaltungsakt, der den Übergang des Anspruchs bewirkt, haben keine aufschiebende Wirkung.

§ 96 (weggefallen)

[1)] Siehe die KostenbeitragsVO v. 1.10.2005 (BGBl. I S. 2907), geänd. durch VO v. 5.12.2013 (BGBl. I S. 4040).

[2)] § 95 Abs. 1 neu gef. mWv 1.1.2023 durch G v. 21.12.2022 (BGBl. I S. 2824).

Vierter Abschnitt. Ergänzende Vorschriften

§ 97 Feststellung der Sozialleistungen. [1]Der erstattungsberechtigte Träger der öffentlichen Jugendhilfe kann die Feststellung einer Sozialleistung betreiben sowie Rechtsmittel einlegen. [2]Der Ablauf der Fristen, die ohne sein Verschulden verstrichen sind, wirkt nicht gegen ihn. [3]Dies gilt nicht für die Verfahrensfristen, soweit der Träger der öffentlichen Jugendhilfe das Verfahren selbst betreibt.

§ 97a[1)] Pflicht zur Auskunft. (1) [1]Soweit dies für die Berechnung oder den Erlass eines Kostenbeitrags oder die Übernahme eines Teilnahmebeitrags nach § 90 oder die Ermittlung eines Kostenbeitrags nach den §§ 92 bis 94 erforderlich ist, sind Eltern, Ehegatten und Lebenspartner junger Menschen sowie Leistungsberechtigter nach § 19 verpflichtet, dem örtlichen Träger über ihre Einkommensverhältnisse Auskunft zu geben. [2]Junge Volljährige und volljährige Leistungsberechtigte nach § 19 sind verpflichtet, dem örtlichen Träger über ihre Einkommensverhältnisse Auskunft zu geben. [3]Eltern, denen die Sorge für das Vermögen des Kindes oder des Jugendlichen zusteht, sind auch zur Auskunft über dessen Einkommen verpflichtet. [4]Ist die Sorge über das Vermögen des Kindes oder des Jugendlichen anderen Personen übertragen, so treten diese an die Stelle der Eltern.

(2) [1]Soweit dies für die Berechnung der laufenden Leistung nach § 39 Absatz 6 erforderlich ist, sind Pflegepersonen verpflichtet, dem örtlichen Träger darüber Auskunft zu geben, ob der junge Mensch im Rahmen des Familienleistungsausgleichs nach § 31 des Einkommensteuergesetzes[2)] berücksichtigt wird oder berücksichtigt werden könnte und ob er ältestes Kind in der Pflegefamilie ist. [2]Pflegepersonen, die mit dem jungen Menschen in gerader Linie verwandt sind, sind verpflichtet, dem örtlichen Träger über ihre Einkommens- und Vermögensverhältnisse Auskunft zu geben.

(3) [1]Die Pflicht zur Auskunft nach den Absätzen 1 und 2 umfasst auch die Verpflichtung, Name und Anschrift des Arbeitgebers zu nennen, über die Art des Beschäftigungsverhältnisses Auskunft zu geben sowie auf Verlangen Beweisurkunden vorzulegen oder ihrer Vorlage zuzustimmen. [2]Sofern landesrechtliche Regelungen nach § 90 Absatz 1 Satz 2 bestehen, in denen nach Einkommensgruppen gestaffelte Pauschalbeträge vorgeschrieben oder festgesetzt sind, ist hinsichtlich der Höhe des Einkommens die Auskunftspflicht und die Pflicht zur Vorlage von Beweisurkunden für die Berechnung des Kostenbeitrags nach § 90 Absatz 1 Nummer 3 auf die Angabe der Zugehörigkeit zu einer bestimmten Einkommensgruppe beschränkt.

(4) [1]Kommt eine der nach den Absätzen 1 und 2 zur Auskunft verpflichteten Personen ihrer Pflicht nicht nach oder bestehen tatsächliche Anhaltspunkte für die Unrichtigkeit ihrer Auskunft, so ist der Arbeitgeber dieser Person verpflichtet, dem örtlichen Träger über die Art des Beschäftigungsverhältnisses und den Arbeitsverdienst dieser Person Auskunft zu geben; Absatz 3 Satz 2 gilt entsprechend. [2]*Der zur Auskunft* verpflichteten Person ist vor einer Nachfrage beim Arbeitgeber eine angemessene Frist zur Erteilung der Auskunft zu setzen. [3]Sie ist darauf hinzuweisen, dass nach Fristablauf die erforderlichen Auskünfte beim Arbeitgeber eingeholt werden.

(5) [1]Die nach den Absätzen 1 und 2 zur Erteilung einer Auskunft Verpflichteten können die Auskunft verweigern, soweit sie sich selbst oder einen der in § 383

[1)] § 97a Abs. 1 Satz 2 geänd. mWv 1.1.2023 durch G v. 21.12.2022 (BGBl. I S. 2824).
[2)] Nr. **45a**.

Absatz 1 Nummer 1 bis 3 der Zivilprozessordnung[1] bezeichneten Angehörigen der Gefahr aussetzen würden, wegen einer Straftat oder einer Ordnungswidrigkeit verfolgt zu werden. [2]Die Auskunftspflichtigen sind auf ihr Auskunftsverweigerungsrecht hinzuweisen.

§ 97b (weggefallen)

§ 97c Erhebung von Gebühren und Auslagen. Landesrecht kann abweichend von § 64 des Zehnten Buches die Erhebung von Gebühren und Auslagen regeln.

Neuntes Kapitel. Kinder- und Jugendhilfestatistik

§ 98[2] Zweck und Umfang der Erhebung. (1) Zur Beurteilung der Auswirkungen der Bestimmungen dieses Buches und zu seiner Fortentwicklung sind laufende Erhebungen über

1. Kinder und tätige Personen in Tageseinrichtungen,

1a. Kinder in den Klassenstufen eins bis vier,

2. Kinder und tätige Personen in öffentlich geförderter Kindertagespflege,
3. Personen, die mit öffentlichen Mitteln geförderte Kindertagespflege gemeinsam oder auf Grund einer Erlaubnis nach § 43 Absatz 3 Satz 3 in Pflegestellen durchführen, und die von diesen betreuten Kinder,
4. die Empfänger
   a) der Hilfe zur Erziehung,
   b) der Hilfe für junge Volljährige und
   c) der Eingliederungshilfe für seelisch behinderte Kinder und Jugendliche,
5. Kinder und Jugendliche, zu deren Schutz vorläufige Maßnahmen getroffen worden sind,
6. Kinder und Jugendliche, die als Kind angenommen worden sind,
7. Kinder und Jugendliche, die unter Amtspflegschaft, Amtsvormundschaft oder Beistandschaft des Jugendamts stehen,
8. Kinder und Jugendliche, für die eine Pflegeerlaubnis erteilt worden ist,
9. Maßnahmen des Familiengerichts,
10. Angebote der Jugendarbeit nach § 11 sowie Fortbildungsmaßnahmen für ehrenamtliche Mitarbeiter anerkannter Träger der Jugendhilfe nach § 74 Absatz 6,
11. die Träger der Jugendhilfe, die dort tätigen Personen und deren Einrichtungen mit Ausnahme der Tageseinrichtungen,
12. die Ausgaben und Einnahmen der öffentlichen Jugendhilfe sowie
13. Gefährdungseinschätzungen nach § 8a

als Bundesstatistik durchzuführen.

---

[1] **Habersack, Deutsche Gesetze Nr. 100.**

[2] § 98 Abs. 1 Nr. 10 neu gef. mWv 1.1.2014 durch G v. 29.8.2013 (BGBl. I S. 3464); Abs. 1 Nr. 11 neu gef., Nr. 12 geänd. mWv 10.6.2021 durch G v. 3.6.2021 (BGBl. I S. 1444); Abs. 1 Nr. 1a eingef. mWv 1.7.2022 durch G v. 2.10.2021 (BGBl. I S. 4602).

(2) Zur Verfolgung der gesellschaftlichen Entwicklung im Bereich der elterlichen Sorge sind im Rahmen der Kinder- und Jugendhilfestatistik auch laufende Erhebungen über Sorgeerklärungen durchzuführen.

§ 99[1)] Erhebungsmerkmale. (1) Erhebungsmerkmale bei den Erhebungen über Hilfe zur Erziehung nach den §§ 27 bis 35, Eingliederungshilfe für seelisch behinderte Kinder und Jugendliche nach § 35a und Hilfe für junge Volljährige nach § 41 sind

1. im Hinblick auf die Hilfe
   a) Art des Trägers des Hilfe durchführenden Dienstes oder der Hilfe durchführenden Einrichtung sowie bei Trägern der freien Jugendhilfe deren Verbandszugehörigkeit,
   b) Art der Hilfe,
   c) Ort der Durchführung der Hilfe,
   d) Monat und Jahr des Beginns und Endes sowie Fortdauer der Hilfe,
   e) familienrichterliche Entscheidungen zu Beginn der Hilfe,
   f) Intensität der Hilfe,
   g) Hilfe anregende Institutionen oder Personen,
   h) Gründe für die Hilfegewährung,
   i) Grund für die Beendigung der Hilfe,
   j) vorangegangene Gefährdungseinschätzung nach § 8a Absatz 1,
   k) Einleitung der Hilfe im Anschluss an eine vorläufige Maßnahme zum Schutz von Kindern und Jugendlichen im Fall des § 42 Absatz 1 Satz 1,
   l) gleichzeitige Inanspruchnahme einer weiteren Hilfe zur Erziehung, Hilfe für junge Volljährige oder Eingliederungshilfe bei einer seelischen Behinderung oder einer drohenden seelischen Behinderung sowie
2. im Hinblick auf junge Menschen
   a) Geschlecht,
   b) Geburtsmonat und Geburtsjahr,
   c) Lebenssituation bei Beginn der Hilfe,
   d) ausländische Herkunft mindestens eines Elternteils,
   e) Deutsch als in der Familie vorrangig gesprochene Sprache,

---

[1)] § 99 Abs. 6a neu gef. mWv 19.5.2013 durch G v. 16.4.2013 (BGBl. I S. 795); Abs. 2 Nr. 1 und 2 geänd., Abs. 3 Nr. 1 Buchst. a eingef., bish. Buchst. a wird Buchst. b und geänd., bish. Buchst. b wird Buchst. c, Buchst. d eingef., bish. Buchst. c wird Buchst. e, Abs. 6 Nr. 1, Abs. 6a, Abs. 7 Nr. 1 Buchst. b, Nr. 2 Buchst. b, Nr. 3 Buchst. e geänd., Buchst. f angef., Abs. 7a Nr. 2 Buchst. g geänd., Buchst. h angef., Abs. 8 neu gef., Abs. 9 Nr. 3 Buchst. d geänd. mWv 1.1.2014 durch G v. 29.8.2013 (BGBl. I S. 3464); Abs. 1 Nr. 1 Buchst. a und j geänd., Buchst. k eingef., Abs. 2 einl. Satzteil und Nr. 1 und 2, Abs. 7 Nr. 1 Buchst. a–c geänd., Buchst d. angef., Abs. 7 Nr. 2, Abs. 8 Nr. 1 und Abs. 9 Nr. 1 geänd. mWv 1.11.2015 durch G v. 28.10.2015 (BGBl. I S. 1802); Abs. 1 Nr. 1 Buchst. a und k neu gef., Buchst. l angef., Nr. 2 Buchst. d und e eingef., bish. Buchst. d und e werden Buchst. f und g, Nr. 3 Buchst. b geänd., Nr. 4 angef., Abs. 2 Nr. 1 neu gef., Nr. 2 geänd., Abs. 3 Nr. 1 Buchst. b und c geänd., Buchst. d eingef., bish. Buchst. d und e werden Buchst. e und f und neu gef., Nr. 2 Buchst. b geänd., Nr. 3 angef., Abs. 6 Nr. 1 und 2 neu gef., Abs. 6b Satz 1 abschl. Satzteil geänd., Satz 2 angef., Abs. 7 Nr. 1 Buchst. a neu gef. Buchst. c geänd., Buchst. e und f angef., Nr. 2 Buchst. b geänd., Nr. 3 Buchst. b neu gef., Buchst. c eingef., bish. Buchst. c wird Buchst. d, bish. Buchst. d wird Buchst. e und neu gef., bish. Buchst. e und f werden Buchst. f und g, Abs. 7a Nr. 1 Buchst. b geänd., Nr. 2 Buchst. b neu gef., Buchst. c eingef. bish. Buchst. c und d werden Buchst. d und e, bish. Buchst. e wird Buchst. f und neu gef., bish. Buchst. f–h werden Buchst. g–i, Abs. 7b geänd. mWv 10.6.2021, Abs. 9 neu gef. mWv 1.1.2022, Abs. 8 Nr. 1, 3 und 4 neu gef. mWv 1.1.2023 durch G v. 3.6.2021 (BGBl. I S. 1444); Abs. 7 Nr. 3 Buchst. a geänd., Abs. 7c eingef. mWv 1.7.2022 durch G v. 2.10.2021 (BGBl. I S. 4602).

f) anschließender Aufenthalt,

g) nachfolgende Hilfe;

3. bei sozialpädagogischer Familienhilfe nach § 31 und anderen familienorientierten Hilfen nach § 27 zusätzlich zu den unter den Nummern 1 und 2 genannten Merkmalen
   a) Geschlecht, Geburtsmonat und Geburtsjahr der in der Familie lebenden jungen Menschen sowie
   b) Zahl der außerhalb der Familie lebenden Kinder und Jugendlichen;
4. für Hilfen außerhalb des Elternhauses nach § 27 Absatz 1, 3 und 4, den §§ 29 und 30, 32 bis 35a und 41 zusätzlich zu den unter den Nummern 1 und 2 genannten Merkmalen der Schulbesuch sowie das Ausbildungsverhältnis.

(2) Erhebungsmerkmale bei den Erhebungen über vorläufige Maßnahmen zum Schutz von Kindern und Jugendlichen sind Kinder und Jugendliche, zu deren Schutz Maßnahmen nach § 42 oder § 42a getroffen worden sind, gegliedert nach

1. Art der Maßnahme, Art des Trägers der Maßnahme, Form der Unterbringung während der Maßnahme, hinweisgebender Institution oder Person, Zeitpunkt des Beginns und Dauer der Maßnahme, Durchführung aufgrund einer vorangegangenen Gefährdungseinschätzung nach § 8a Absatz 1, Maßnahmeanlass, im Kalenderjahr bereits wiederholt stattfindende Inobhutnahme, Widerspruch der Personensorge- oder Erziehungsberechtigten gegen die Maßnahme, im Fall des Widerspruchs gegen die Maßnahme Herbeiführung einer Entscheidung des Familiengerichts nach § 42 Absatz 3 Satz 2 Nummer 2, Grund für die Beendigung der Maßnahme, anschließendem Aufenthalt, Art der anschließenden Hilfe,
2. bei Kindern und Jugendlichen zusätzlich zu den unter Nummer 1 genannten Merkmalen nach Geschlecht, Altersgruppe zu Beginn der Maßnahme, ausländischer Herkunft mindestens eines Elternteils, Deutsch als in der Familie vorrangig gesprochene Sprache, Art des Aufenthalts vor Beginn der Maßnahme.

(3) Erhebungsmerkmale bei den Erhebungen über die Annahme als Kind sind

1. angenommene Kinder und Jugendliche, gegliedert
   a) nach nationaler Adoption und internationaler Adoption nach § 2a des Adoptionsvermittlungsgesetzes[1)],
   b) nach Geschlecht, Geburtsdatum, Staatsangehörigkeit und Art des Trägers des Adoptionsvermittlungsdienstes, Datum des Adoptionsbeschlusses,
   c) nach Herkunft des angenommenen Kindes, Art der Unterbringung vor der Adoptionspflege, Geschlecht und Familienstand der Eltern oder des sorgeberechtigten Elternteils oder Tod der Eltern zu Beginn der Adoptionspflege sowie Ersetzung der Einwilligung zur Annahme als Kind,
   d) zusätzlich bei nationalen Adoptionen nach Datum des Beginns und Endes der Adoptionspflege und bei Unterbringung vor der Adoptionspflege in Pflegefamilien nach Datum des Beginns und Endes dieser Unterbringung sowie bei Annahme durch die vorherige Pflegefamilie nach Datum des Beginns und Endes dieser Unterbringung,
   e) zusätzlich bei der internationalen Adoption (§ 2a des Adoptionsvermittlungsgesetzes) nach Staatsangehörigkeit vor Ausspruch der Adoption, nach Herkunftsland und gewöhnlichem Aufenthalt vor der Adoption sowie nach Ausspruch der Adoption im Ausland oder Inland,

---

[1)] Nr. **45i**.

f) nach Staatsangehörigkeit, Geschlecht und Familienstand der oder des Annehmenden sowie nach dem Verwandtschaftsverhältnis zu dem Kind,

2. die Zahl der
   a) ausgesprochenen und aufgehobenen Annahmen sowie der abgebrochenen Adoptionspflegen, gegliedert nach Art des Trägers des Adoptionsvermittlungsdienstes,
   b) vorgemerkten Adoptionsbewerber, die zur Annahme als Kind vorgemerkten und in Adoptionspflege untergebrachten Kinder und Jugendlichen zusätzlich nach ihrem Geschlecht, gegliedert nach Art des Trägers des Adoptionsvermittlungsdienstes,
3. bei Anerkennungs- und Wirkungsfeststellung einer ausländischen Adoptionsentscheidung nach § 2 des Adoptionswirkungsgesetzes[1] sowie eines Umwandlungsausspruchs nach § 3 des Adoptionswirkungsgesetzes die Zahl der
   a) eingeleiteten Verfahren nach den §§ 2 und 3 des Adoptionswirkungsgesetzes,
   b) beendeten Verfahren nach den §§ 2 und 3 des Adoptionswirkungsgesetzes, die ausländische Adoptionen nach § 2a des Adoptionsvermittlungsgesetzes zum Gegenstand haben, gegliedert nach
      aa) dem Ergebnis des Verfahrens im Hinblick auf eine erfolgte und nicht erfolgte Vermittlung nach § 2a Absatz 2 des Adoptionsvermittlungsgesetzes,
      bb) dem Vorliegen einer Bescheinigung nach Artikel 23 des Haager Übereinkommens vom 29. Mai 1993 über den Schutz von Kindern und die Zusammenarbeit auf dem Gebiet der internationalen Adoption und
      cc) der Verfahrensdauer.

(4) Erhebungsmerkmal bei den Erhebungen über die Amtspflegschaft und die Amtsvormundschaft sowie die Beistandschaft ist die Zahl der Kinder und Jugendlichen unter

1. gesetzlicher Amtsvormundschaft,
2. bestellter Amtsvormundschaft,
3. bestellter Amtspflegschaft sowie
4. Beistandschaft,

gegliedert nach Geschlecht, Art des Tätigwerdens des Jugendamts sowie nach deutscher und ausländischer Staatsangehörigkeit (Deutsche/Ausländer).

(5) Erhebungsmerkmal bei den Erhebungen über

1. die Pflegeerlaubnis nach § 43 ist die Zahl der Tagespflegepersonen,
2. die Pflegeerlaubnis nach § 44 ist die Zahl der Kinder und Jugendlichen, gegliedert nach Geschlecht und Art der Pflege.

(6) Erhebungsmerkmale bei der Erhebung zum Schutzauftrag bei Kindeswohlgefährdung nach § 8a sind Kinder und Jugendliche, bei denen eine Gefährdungseinschätzung nach Absatz 1 vorgenommen worden ist, gegliedert

1. nach der hinweisgebenden Institution oder Person, der Art der Kindeswohlgefährdung, der Person, von der die Gefährdung ausgeht, dem Ergebnis der Gefährdungseinschätzung sowie wiederholter Meldung zu demselben Kind oder Jugendlichen im jeweiligen Kalenderjahr,

---

[1] Nr. **45j**.

2. bei Kindern und Jugendlichen zusätzlich zu den in Nummer 1 genannten Merkmalen nach Geschlecht, Geburtsmonat, Geburtsjahr, ausländischer Herkunft mindestens eines Elternteils, Deutsch als in der Familie vorrangig gesprochene Sprache, Eingliederungshilfe und Aufenthaltsort des Kindes oder Jugendlichen zum Zeitpunkt der Meldung sowie den Altersgruppen der Eltern und der Inanspruchnahme einer Leistung gemäß den §§ 16 bis 19 sowie 27 bis 35a und der Durchführung einer Maßnahme nach § 42.

(6a) Erhebungsmerkmal bei den Erhebungen über Sorgeerklärungen und die gerichtliche Übertragung der gemeinsamen elterlichen Sorge nach § 1626a Absatz 1 Nummer 3 des Bürgerlichen Gesetzbuchs[1)] ist die gemeinsame elterliche Sorge nicht miteinander verheirateter Eltern, gegliedert danach, ob Sorgeerklärungen beider Eltern vorliegen, oder den Eltern die elterliche Sorge aufgrund einer gerichtlichen Entscheidung ganz oder zum Teil gemeinsam übertragen worden ist.

(6b) [1] Erhebungsmerkmal bei den Erhebungen über Maßnahmen des Familiengerichts ist die Zahl der Kinder und Jugendlichen, bei denen wegen einer Gefährdung ihres Wohls das familiengerichtliche Verfahren auf Grund einer Anrufung durch das Jugendamt nach § 8a Absatz 2 Satz 1 oder § 42 Absatz 3 Satz 2 Nummer 2 oder auf andere Weise eingeleitet worden ist und

1. den Personensorgeberechtigten auferlegt worden ist, Leistungen nach diesem Buch in Anspruch zu nehmen,
2. andere Gebote oder Verbote gegenüber den Personensorgeberechtigten oder Dritten ausgesprochen worden sind,
3. Erklärungen der Personensorgeberechtigten ersetzt worden sind,
4. die elterliche Sorge ganz oder teilweise entzogen und auf das Jugendamt oder einen Dritten als Vormund oder Pfleger übertragen worden ist,

gegliedert nach Geschlecht, Altersgruppen und zusätzlich bei Nummer 4 nach dem Umfang der übertragenen Angelegenheit. [2] Zusätzlich sind die Fälle nach Geschlecht und Altersgruppen zu melden, in denen das Jugendamt insbesondere nach § 8a Absatz 2 Satz 1 oder § 42 Absatz 3 Satz 2 Nummer 2 das Familiengericht anruft, weil es dessen Tätigwerden für erforderlich hält.

(7) Erhebungsmerkmale bei den Erhebungen über Kinder und tätige Personen in Tageseinrichtungen sind

1. die Einrichtungen, gegliedert nach
   a) der Art und Rechtsform des Trägers sowie bei Trägern der freien Jugendhilfe deren Verbandszugehörigkeit sowie besonderen Merkmalen,
   b) der Zahl der genehmigten Plätze,
   c) der Art und Anzahl der Gruppen,
   d) die Anzahl der Kinder insgesamt,
   e) Anzahl der Schließtage an regulären Öffnungstagen im vorangegangenen Jahr sowie
   f) Öffnungszeiten,
2. für jede dort tätige Person
   a) Geschlecht und Beschäftigungsumfang,
   b) für das pädagogisch und in der Verwaltung tätige Personal zusätzlich Geburtsmonat und Geburtsjahr, die Art des Berufsausbildungsabschlusses, Stellung im Beruf, Art der Beschäftigung und Arbeitsbereiche einschließlich Gruppen-

---

[1)] **Habersack, Deutsche Gesetze Nr. 20.**

zugehörigkeit, Monat und Jahr des Beginns der Tätigkeit in der derzeitigen Einrichtung,

3. für die dort geförderten Kinder
   a) Geschlecht, Geburtsmonat und Geburtsjahr sowie Schulbesuch und Klassenstufe,
   b) ausländische Herkunft mindestens eines Elternteils,
   c) Deutsch als in der Familie vorrangig gesprochene Sprache,
   d) Betreuungszeit und Mittagsverpflegung,
   e) Eingliederungshilfe,
   f) Gruppenzugehörigkeit,
   g) Monat und Jahr der Aufnahme in der Tageseinrichtung.

(7a) Erhebungsmerkmale bei den Erhebungen über Kinder in mit öffentlichen Mitteln geförderter Kindertagespflege sowie die die Kindertagespflege durchführenden Personen sind:

1. für jede tätige Person
   a) Geschlecht, Geburtsmonat und Geburtsjahr,
   b) Art und Umfang der Qualifikation, höchster allgemeinbildender Schulabschluss, höchster beruflicher Ausbildungs- und Hochschulabschluss, Anzahl der betreuten Kinder (Betreuungsverhältnisse am Stichtag) insgesamt und nach dem Ort der Betreuung,
2. für die dort geförderten Kinder
   a) Geschlecht, Geburtsmonat und Geburtsjahr sowie Schulbesuch,
   b) ausländische Herkunft mindestens eines Elternteils,
   c) Deutsch als in der Familie vorrangig gesprochene Sprache,
   d) Betreuungszeit und Mittagsverpflegung,
   e) Art und Umfang der öffentlichen Finanzierung und Förderung,
   f) Eingliederungshilfe,
   g) Verwandtschaftsverhältnis zur Pflegeperson,
   h) gleichzeitig bestehende andere Betreuungsarrangements,
   i) Monat und Jahr der Aufnahme in Kindertagespflege.

(7b) Erhebungsmerkmale bei den Erhebungen über Personen, die mit öffentlichen Mitteln geförderte Kindertagespflege gemeinsam oder auf Grund einer Erlaubnis nach § 43 Absatz 3 Satz 3 durchführen und die von diesen betreuten Kinder sind die Zahl der Kindertagespflegepersonen und die Zahl der von diesen betreuten Kinder jeweils gegliedert nach Pflegestellen.

(7c) Erhebungsmerkmale bei den Erhebungen über Kinder in den Klassenstufen eins bis vier sind

1. Klassenstufe,
2. Anzahl der Wochenstunden, die das Kind in Angeboten nach § 24 Absatz 4 verbringt,
3. Art der Angebote nach § 24 Absatz 4.

(8) Erhebungsmerkmale bei den Erhebungen über die Angebote der Jugendarbeit nach § 11 sowie bei den Erhebungen über Fortbildungsmaßnahmen für ehrenamtliche Mitarbeiter anerkannter Träger der Jugendhilfe nach § 74 Absatz 6 sind offene und Gruppenangebote sowie Veranstaltungen und Projekte der Jugendarbeit, soweit diese mit öffentlichen Mitteln pauschal oder maßnahmenbezo-

gen gefördert werden oder der Träger eine öffentliche Förderung erhält, gegliedert nach

1. Art und Rechtsform des Trägers sowie bei Trägern der freien Jugendhilfe deren Verbandszugehörigkeit,
2. Dauer, Häufigkeit, Durchführungsort und Art des Angebots; zusätzlich bei schulbezogenen Angeboten die Art der kooperierenden Schule,
3. Art der Beschäftigung und Tätigkeit der bei der Durchführung des Angebots tätigen Personen sowie, mit Ausnahme der sonstigen pädagogisch tätigen Personen, deren Altersgruppe und Geschlecht,
4. Zahl der Teilnehmenden und der Besucher sowie, mit Ausnahme von Festen, Feiern, Konzerten, Sportveranstaltungen und sonstigen Veranstaltungen, deren Geschlecht und Altersgruppe,
5. Partnerländer und Veranstaltungen im In- oder Ausland bei Veranstaltungen und Projekten der internationalen Jugendarbeit.

(9) Erhebungsmerkmale bei den Erhebungen über die Träger der Jugendhilfe, die dort tätigen Personen und deren Einrichtungen, soweit diese nicht in Absatz 7 erfasst werden, sind

1. die Träger gegliedert nach
   a) Art und Rechtsform des Trägers sowie bei Trägern der freien Jugendhilfe deren Verbandszugehörigkeit,
   b) den Betätigungsfeldern nach Aufgabenbereichen,
   c) deren Personalausstattung sowie
   d) Anzahl der Einrichtungen,
2. die Einrichtungen des Trägers mit Betriebserlaubnis nach § 45 und Betreuungsformen nach diesem Gesetz, soweit diese nicht in Absatz 7 erfasst werden, gegliedert nach
   a) Postleitzahl des Standorts,
   b) für jede vorhandene Gruppe und jede sonstige Betreuungsform nach diesem Gesetz, die von der Betriebserlaubnis umfasst ist, Angaben über die Art der Unterbringung oder Betreuung, deren Rechtsgrundlagen, Anzahl der genehmigten und belegten Plätze, Anzahl der Sollstellen des Personals und Hauptstelle der Einrichtung,
3. für jede im Bereich der Jugendhilfe pädagogisch und in der Verwaltung tätige Person des Trägers
   a) Geschlecht, Geburtsmonat und Geburtsjahr,
   b) Art des höchsten Berufsausbildungsabschlusses, Stellung im Beruf, Art der Beschäftigung, Beschäftigungsumfang und Arbeitsbereiche,
   c) Bundesland des überwiegenden Einsatzortes.

(10) Erhebungsmerkmale bei der Erhebung der Ausgaben und Einnahmen der öffentlichen Jugendhilfe sind

1. die Art des Trägers,
2. die Ausgaben für Einzel- und Gruppenhilfen, gegliedert nach Ausgabe- und *Hilfe*art sowie *die Einnahmen* nach Einnahmeart,
3. die Ausgaben und Einnahmen für Einrichtungen nach Arten gegliedert nach der Einrichtungsart,

4. die Ausgaben für das Personal, das bei den örtlichen und den überörtlichen Trägern sowie den kreisangehörigen Gemeinden und Gemeindeverbänden, die nicht örtliche Träger sind, Aufgaben der Jugendhilfe wahrnimmt.

§ 100[1)] Hilfsmerkmale. Hilfsmerkmale sind

1. Name und Anschrift des Auskunftspflichtigen,
2. für die Erhebungen nach § 99 die Kenn-Nummer der hilfeleistenden Stelle oder der auskunftsgebenden Einrichtung; soweit eine Hilfe nach § 28 gebietsübergreifend erbracht wird, die Kenn-Nummer des Wohnsitzes des Hilfeempfängers,
3. für die Erhebungen nach § 99 Absatz 1, 2, 3 und 6 die Kenn-Nummer der betreffenden Person,
4. Name und Kontaktdaten der für eventuelle Rückfragen zur Verfügung stehenden Person.

§ 101[2)] Periodizität und Berichtszeitraum. (1) [1]Die Erhebungen nach § 99 Absatz 1 bis 5, 6a bis 7c und 10 sind jährlich durchzuführen, die Erhebungen nach § 99 Absatz 3 Nummer 3 erstmalig für das Jahr 2022; die Erhebungen nach § 99 Absatz 1, soweit sie die Eingliederungshilfe für Kinder und Jugendliche mit seelischer Behinderung betreffen, sind 2007 beginnend jährlich durchzuführen. [2]Die Erhebung nach § 99 Absatz 6 erfolgt laufend. [3]Die übrigen Erhebungen nach § 99 sind alle zwei Jahre durchzuführen, die Erhebungen nach § 99 Absatz 8 erstmalig für das Jahr 2015 und die Erhebungen nach § 99 Absatz 9 erstmalig für das Jahr 2014.

(2) Die Angaben für die Erhebung nach

1. § 99 Absatz 1 sind zu dem Zeitpunkt, zu dem die Hilfe endet, bei fortdauernder Hilfe zum 31. Dezember,

2.–5. (weggefallen)

6. § 99 Absatz 2 sind zum Zeitpunkt des Endes einer vorläufigen Maßnahme,
7. § 99 Absatz 3 Nummer 1 sind zum Zeitpunkt der rechtskräftigen gerichtlichen Entscheidung über die Annahme als Kind,
8. § 99 Absatz 3 Nummer 2 Buchstabe a, Nummer 3 und Absatz 6a, 6b und 10 sind für das abgelaufene Kalenderjahr,
9. § 99 Absatz 3 Nummer 2 Buchstabe b und Absatz 4 und 5 sind zum 31. Dezember,
10. § 99 Absatz 7, 7a bis 7c sind zum 1. März,
11. § 99 Absatz 6 sind zum Zeitpunkt des Abschlusses der Gefährdungseinschätzung,
12. § 99 Absatz 8 sind für das abgelaufene Kalenderjahr,
13. § 99 Absatz 9 sind zum 15. Dezember.[3)]

zu erteilen.

[1)] § 100 Nr. 3 eingef., bish. Nr. 3 wird Nr. 4 mWv 1.1.2014 durch G v. 29.8.2013 (BGBl. I S. 3464); Nr. 4 geänd. mWv 10.6.2021 durch G v. 3.6.2021 (BGBl. I S. 1444).

[2)] § 101 Abs. 1 Satz 1 geänd. mWv 19.5.2013 durch G v. 16.4.2013 (BGBl. I S. 795); Abs. 1 Satz 3 neu gef., Satz 4 aufgeh., Abs. 2 Nr. 8 und 11 geänd., Nr. 12 angef. mWv 1.1.2014 durch G v. 29.8.2013 (BGBl. I S. 3464); Abs. 1 Satz 1, Abs. 2 Nr. 8 und 9 neu gef., Nr. 12 geänd., Nr. 13 angef. mWv 10.6.2021 durch G v. 3.6.2021 (BGBl. I S. 1444); Abs. 1 Satz 1, Abs. 2 Nr. 10 geänd. mWv 1.7.2022 durch G v. 2.10.2021 (BGBl. I S. 4602).

[3)] Zeichensetzung amtlich.

§ 102[1)] Auskunftspflicht. (1) [1] Für die Erhebungen besteht Auskunftspflicht. [2] Die Angaben zu § 100 Nummer 4 sind freiwillig.

(2) [1] Auskunftspflichtig sind

1. die örtlichen Träger der Jugendhilfe für die Erhebungen nach § 99 Absatz 1 bis 10, nach Absatz 8 nur, soweit eigene Angebote gemacht wurden,
2. die überörtlichen Träger der Jugendhilfe für die Erhebungen nach § 99 Absatz 3 und 7 und 8 bis 10, nach Absatz 8 nur, soweit eigene Angebote gemacht wurden,
3. die obersten Landesjugendbehörden für die Erhebungen nach § 99 Absatz 7 und 8 bis 10,
4. die fachlich zuständige oberste Bundesbehörde für die Erhebung nach § 99 Absatz 10,
5. die kreisangehörigen Gemeinden und Gemeindeverbände, soweit sie Aufgaben der Jugendhilfe wahrnehmen, für die Erhebungen nach § 99 Absatz 7 bis 10,
6. die Träger der freien Jugendhilfe für Erhebungen nach § 99 Absatz 1, soweit sie eine Beratung nach § 28 oder § 41 betreffen, nach § 99 Absatz 8, soweit sie anerkannte Träger der freien Jugendhilfe nach § 75 Absatz 1 oder Absatz 3 sind, und nach § 99 Abs. 3, 7 und 9,
7. Adoptionsvermittlungsstellen nach § 2 Absatz 3 des Adoptionsvermittlungsgesetzes[2)] aufgrund ihrer Tätigkeit nach § 1 des Adoptionsvermittlungsgesetzes sowie anerkannte Auslandsvermittlungsstellen nach § 4 Absatz 2 Satz 3 des Adoptionsvermittlungsgesetzes aufgrund ihrer Tätigkeit nach § 2a Absatz 4 Nummer 2 des Adoptionsvermittlungsgesetzes gemäß § 99 Absatz 3 Nummer 1 sowie gemäß § 99 Absatz 3 Nummer 2a für die Zahl der ausgesprochenen Annahmen und gemäß § 99 Absatz 3 Nummer 2b für die Zahl der vorgemerkten Adoptionsbewerber,
8. die Leiter der Einrichtungen, Behörden und Geschäftsstellen in der Jugendhilfe für die Erhebungen nach § 99 Absatz 7.

[2] Die Auskunftspflichtigen für Erhebungen nach § 99 Absatz 7c werden durch Landesrecht bestimmt.

(3) Zur Durchführung der Erhebungen nach § 99 Absatz 1, 3, 7, 8 und 9 übermitteln die Träger der öffentlichen Jugendhilfe den statistischen Ämtern der Länder auf Anforderung die erforderlichen Anschriften der übrigen Auskunftspflichtigen.

§ 103[3)] Übermittlung. (1) [1] An die fachlich zuständigen obersten Bundes- oder Landesbehörden dürfen für die Verwendung gegenüber den gesetzgebenden Körperschaften und für Zwecke der Planung, jedoch nicht für die Regelung von Einzelfällen, vom Statistischen Bundesamt und den statistischen Ämtern der Länder Tabellen mit statistischen Ergebnissen übermittelt werden, auch soweit Tabellenfelder nur einen einzigen Fall ausweisen. [2] Tabellen, deren Tabellenfelder nur einen einzigen Fall ausweisen, dürfen nur dann übermittelt werden, wenn sie nicht

---

[1)] § 102 Abs. 1 Satz 2, Abs. 2 Nr. 1 und 2 geänd., Abs. 2 Nr. 6 neu gef., Nr. 7 eingef., bish. Nr. 7 wird Nr. 8 mWv 1.1.2014 durch G v. 29.8.2013 (BGBl. I S. 3464); Abs. 2 Nr. 6 geänd. mWv 1.11.2015 durch G v. 28.10.2015 (BGBl. I S. 1802); Abs. 2 Nr. 7 neu gef. mWv 1.4.2021 durch G v. 12.2.2021 (BGBl. I S. 226); Abs. 3 geänd. mWv 10.6.2021, Abs. 2 Nr. 8 geänd. mWv 1.1.2022 durch G v. 3.6.2021 (BGBl. I S. 1444); Abs. 2 Satz 2 angef. mWv 1.7.2022 durch G v. 2.10.2021 (BGBl. I S. 4602).

[2)] Nr. **45i**.

[3)] § 103 Abs. 4 angef. mWv 10.6.2021 durch G v. 3.6.2021 (BGBl. I S. 1444).

differenzierter als auf Regierungsbezirksebene, im Fall der Stadtstaaten auf Bezirksebene, aufbereitet sind.

(2) Für ausschließlich statistische Zwecke dürfen den zur Durchführung statistischer Aufgaben zuständigen Stellen der Gemeinden und Gemeindeverbände für ihren Zuständigkeitsbereich Einzelangaben aus der Erhebung nach § 99 mit Ausnahme der Hilfsmerkmale übermittelt werden, soweit die Voraussetzungen nach § 16 Absatz 5 des Bundesstatistikgesetzes gegeben sind.

(3) Die Ergebnisse der Kinder- und Jugendhilfestatistiken gemäß den §§ 98 und 99 dürfen auf der Ebene der einzelnen Gemeinde oder des einzelnen Jugendamtsbezirkes veröffentlicht werden.

(4) Die statistischen Landesämter übermitteln die erhobenen Einzeldaten auf Anforderung an das Statistische Bundesamt.

Zehntes Kapitel. Straf- und Bußgeldvorschriften

§ 104[1] Bußgeldvorschriften. (1) Ordnungswidrig handelt, wer

1. ohne Erlaubnis nach § 43 Absatz 1 oder § 44 Absatz 1 Satz 1 ein Kind oder einen Jugendlichen betreut oder ihm Unterkunft gewährt,
2. entgegen § 45 Absatz 1 Satz 1, auch in Verbindung mit § 48a Absatz 1, ohne Erlaubnis eine Einrichtung oder eine sonstige Wohnform betreibt oder
3. entgegen § 47 eine Anzeige nicht, nicht richtig, nicht vollständig oder nicht rechtzeitig erstattet oder eine Meldung nicht, nicht richtig, nicht vollständig oder nicht rechtzeitig macht oder vorsätzlich oder fahrlässig seiner Verpflichtung zur Dokumentation oder Aufbewahrung derselben oder zum Nachweis der ordnungsgemäßen Buchführung auf entsprechendes Verlangen nicht nachkommt oder
4. entgegen § 97a Absatz 4 vorsätzlich oder fahrlässig als Arbeitgeber eine Auskunft nicht, nicht richtig oder nicht vollständig erteilt.

(2) Die Ordnungswidrigkeiten nach Absatz 1 Nummer 1, 3 und 4 können mit einer Geldbuße bis zu fünfhundert Euro, die Ordnungswidrigkeit nach Absatz 1 Nummer 2 kann mit einer Geldbuße bis zu fünfzehntausend Euro geahndet werden.

§ 105 Strafvorschriften. Mit Freiheitsstrafe bis zu einem Jahr oder mit Geldstrafe wird bestraft, wer

1. eine in § 104 Absatz 1 Nummer 1 oder 2 bezeichnete Handlung begeht und dadurch leichtfertig ein Kind oder einen Jugendlichen in seiner körperlichen, geistigen oder sittlichen Entwicklung schwer gefährdet oder
2. *eine in § 104 Absatz 1* Nummer 1 oder 2 bezeichnete vorsätzliche Handlung beharrlich wiederholt.

[1] § 104 Abs. 1 Nr. 3 geänd. mWv 10.6.2021 durch G v. 3.6.2021 (BGBl. I S. 1444).

Elftes Kapitel.[1] Übergangs- und Schlussvorschriften

§ 106[2] Einschränkung eines Grundrechts. Durch § 42 Absatz 5 und § 42a Absatz 1 Satz 2 wird das Grundrecht auf Freiheit der Person (Artikel 2 Absatz 2 Satz 3 des Grundgesetzes[3]) eingeschränkt.

[§ 107 bis 31.12.2024:]

§ 107[4] Übergangsregelung aus Anlass des Gesetzes zur Regelung des Sozialen Entschädigungsrechts. Für Personen, die Leistungen nach dem Soldatenversorgungsgesetz in der Fassung der Bekanntmachung vom 16. September 2009 (BGBl. I S. 3054), das zuletzt durch Artikel 19 des Gesetzes vom 4. August 2019 (BGBl. I S. 1147) geändert worden ist, in Verbindung mit dem Bundesversorgungsgesetz in der Fassung der Bekanntmachung vom 22. Januar 1982 (BGBl. I S. 21), das zuletzt durch Artikel 1 der Verordnung vom 13. Juni 2019 (BGBl. I S. 793) geändert worden ist, erhalten, gelten die Vorschriften des § 81 Nummer 1 und des § 93 Absatz 1 Satz 1 in der am 31. Dezember 2023 geltenden Fassung weiter.

[§ 107 ab 1.1.2025:]

§ 107[5] *(aufgehoben)*

§ 108[6] Übergangsregelung. (1) [1]Das Bundesministerium für Familie, Senioren, Frauen und Jugend begleitet und untersucht

1. bis zum Inkrafttreten von § 10b am 1. Januar 2024 sowie
2. bis zum Inkrafttreten von § 10 Absatz 4 Satz 1 und 2 am 1. Januar 2028

die Umsetzung der für die Ausführung dieser Regelungen jeweils notwendigen Maßnahmen in den Ländern. [2]Bei der Untersuchung nach Satz 1 Nummer 1 werden insbesondere auch die Erfahrungen der örtlichen Träger der öffentlichen Jugendhilfe einbezogen, die bereits vor dem 1. Januar 2024 Verfahrenslotsen entsprechend § 10b einsetzen. [3]Bei der Untersuchung nach Satz 1 Nummer 2 findet das Bundesgesetz nach § 10 Absatz 4 Satz 3 ab dem Zeitpunkt seiner Verkündung, die als Bedingung für das Inkrafttreten von § 10 Absatz 4 Satz 1 und 2 spätestens bis zum 1. Januar 2027 erfolgen muss, besondere Berücksichtigung.

(2) [1]Das Bundesministerium für Familie, Senioren, Frauen und Jugend untersucht in den Jahren 2022 bis 2024 die rechtlichen Wirkungen von § 10 Absatz 4 und legt dem Bundestag und dem Bundesrat bis zum 31. Dezember 2024 einen Bericht über das Ergebnis der Untersuchung vor. [2]Dabei sollen insbesondere die gesetzlichen Festlegungen des Achten und Neunten Buches

1. zur Bestimmung des leistungsberechtigten Personenkreises,
2. zur Bestimmung von Art und Umfang der Leistungen,
3. zur Ausgestaltung der Kostenbeteiligung bei diesen Leistungen und
4. zur Ausgestaltung des Verfahrens

---

[1] 11. Kapitel (§ 106) eingef. mWv 1.11.2015 durch G v. 28.10.2015 (BGBl. I S. 1802); Überschrift geänd. mWv 10.6.2021 durch G v. 3.6.2021 (BGBl. I S. 1444).

[2] § 106 eingef. mWv 1.11.2015 durch G v. 28.10.2015 (BGBl. I S. 1802).

[3] ***Habersack, Deutsche Gesetze Nr. 1.***

[4] § 107 angef. mWv 1.1.2024 durch G v. 12.12.2019 (BGBl. I S. 2652).

[5] § 107 aufgeh. mWv 1.1.2025 durch G v. 20.8.2021 (BGBl. I S. 3932).

[6] Früherer § 107 angef. mWv 10.6.2021 durch G v. 3.6.2021 (BGBl. I S. 1444); bish. § 107 wird § 108 mWv 1.1.2023 durch G v. 21.12.2022 (BGBl. I S. 2824).

untersucht werden mit dem Ziel, den leistungsberechtigten Personenkreis, Art und Umfang der Leistungen sowie den Umfang der Kostenbeteiligung für die hierzu Verpflichteten nach dem am 1. Januar 2023 für die Eingliederungshilfe geltenden Recht beizubehalten, insbesondere einerseits keine Verschlechterungen für leistungsberechtigte oder kostenbeitragspflichtige Personen und andererseits keine Ausweitung des Kreises der Leistungsberechtigten sowie des Leistungsumfangs im Vergleich zur Rechtslage am 1. Januar 2023 herbeizuführen, sowie Hinweise auf die zu bestimmenden Inhalte des Bundesgesetzes nach § 10 Absatz 4 Satz 3 zu geben. [3] In die Untersuchung werden auch mögliche finanzielle Auswirkungen gesetzlicher Gestaltungsoptionen einbezogen.

(3) Soweit das Bundesministerium für Familie, Senioren, Frauen und Jugend Dritte in die Durchführung der Untersuchungen nach den Absätzen 1 und 2 einbezieht, beteiligt es hierzu vorab die Länder.

(4) Das Bundesministerium für Familie, Senioren, Frauen und Jugend untersucht unter Beteiligung der Länder die Wirkungen dieses Gesetzes im Übrigen einschließlich seiner finanziellen Auswirkungen auf Länder und Kommunen und berichtet dem Deutschen Bundestag und dem Bundesrat über die Ergebnisse dieser Untersuchung.

46a. Gesetz zur Kooperation und Information im Kinderschutz (KKG)[1)]

Vom 22. Dezember 2011
(BGBl. I S. 2975)

FNA 8601-6

Lfd. Nr.	Änderndes Gesetz	Datum	Fundstelle	Betroffen	Hinweis
1.	Art. 19 Abs. 22, Art. 20 Abs. 1 BundesteilhabeG	23.12.2016	BGBl. I S. 3234	§ 3 § 3	geänd. mWv 1.1.2018 geänd. mWv 1.1.2020
2.	Art. 2 Kinder- und JugendstärkungsG	3.6.2021	BGBl. I S. 1444	§§ 3, 4 § 5	geänd. mWv 10.6.2021 eingef. mWv 10.6.2021

§ 1 Kinderschutz und staatliche Mitverantwortung. (1) Ziel des Gesetzes ist es, das Wohl von Kindern und Jugendlichen zu schützen und ihre körperliche, geistige und seelische Entwicklung zu fördern.

(2) [1] Pflege und Erziehung der Kinder und Jugendlichen sind das natürliche Recht der Eltern und die zuvörderst ihnen obliegende Pflicht. [2] Über ihre Betätigung wacht die staatliche Gemeinschaft.

(3) Aufgabe der staatlichen Gemeinschaft ist es, soweit erforderlich, Eltern bei der Wahrnehmung ihres Erziehungsrechts und ihrer Erziehungsverantwortung zu unterstützen, damit

1. sie im Einzelfall dieser Verantwortung besser gerecht werden können,
2. im Einzelfall Risiken für die Entwicklung von Kindern und Jugendlichen frühzeitig erkannt werden und
3. im Einzelfall eine Gefährdung des Wohls eines Kindes oder eines Jugendlichen vermieden oder, falls dies im Einzelfall nicht mehr möglich ist, eine weitere Gefährdung oder Schädigung abgewendet werden kann.

(4) [1] Zu diesem Zweck umfasst die Unterstützung der Eltern bei der Wahrnehmung ihres Erziehungsrechts und ihrer Erziehungsverantwortung durch die staatliche Gemeinschaft insbesondere auch Information, Beratung und Hilfe. [2] Kern ist die Vorhaltung eines möglichst frühzeitigen, koordinierten und multiprofessionellen Angebots im Hinblick auf die Entwicklung von Kindern vor allem in den ersten Lebensjahren für Mütter und Väter sowie schwangere Frauen und werdende Väter (Frühe Hilfen).

§ 2 Information der Eltern über Unterstützungsangebote in Fragen der Kindesentwicklung. (1) Eltern sowie werdende Mütter und Väter sollen über Leistungsangebote im örtlichen Einzugsbereich zur Beratung und Hilfe in Fragen der Schwangerschaft, Geburt und der Entwicklung des Kindes in den ersten Lebensjahren informiert werden.

(2) [1] Zu diesem Zweck sind die nach Landesrecht für die Information der Eltern nach Absatz 1 zuständigen Stellen befugt, den Eltern ein persönliches Gespräch anzubieten. [2] Dieses kann auf Wunsch der Eltern in ihrer Wohnung

---

[1)] Verkündet als Art. 1 BundeskinderschutzG v. 22.12.2011 (BGBl. I S. 2975); Inkrafttreten gem. Art. 6 dieses G am 1.1.2012.

stattfinden. [3] Sofern Landesrecht keine andere Regelung trifft, bezieht sich die in Satz 1 geregelte Befugnis auf die örtlichen Träger der Jugendhilfe.

§ 3[1)] Rahmenbedingungen für verbindliche Netzwerkstrukturen im Kinderschutz. (1) In den Ländern werden insbesondere im Bereich Früher Hilfen flächendeckend verbindliche Strukturen der Zusammenarbeit der zuständigen Leistungsträger und Institutionen im Kinderschutz mit dem Ziel aufgebaut und weiterentwickelt, sich gegenseitig über das jeweilige Angebots- und Aufgabenspektrum zu informieren, strukturelle Fragen der Angebotsgestaltung und -entwicklung zu klären sowie Verfahren im Kinderschutz aufeinander abzustimmen.

(2) In das Netzwerk sollen insbesondere Leistungserbringer, mit denen Verträge nach § 125 des Neunten Buches Sozialgesetzbuch bestehen, Gesundheitsämter, Sozialämter, Schulen, Polizei- und Ordnungsbehörden, Agenturen für Arbeit, Krankenhäuser, Sozialpädiatrische Zentren, Frühförderstellen, Beratungsstellen für soziale Problemlagen, Beratungsstellen nach den §§ 3 und 8 des Schwangerschaftskonfliktgesetzes[2)], Einrichtungen und Dienste zur Müttergenesung sowie zum Schutz gegen Gewalt in engen sozialen Beziehungen, Mehrgenerationenhäuser, Familienbildungsstätten, Familiengerichte und Angehörige der Heilberufe einbezogen werden.

(3) [1] Sofern Landesrecht keine andere Regelung trifft, soll die verbindliche Zusammenarbeit im Kinderschutz als Netzwerk durch den örtlichen Träger der Jugendhilfe organisiert werden. [2] Die Beteiligten sollen die Grundsätze für eine verbindliche Zusammenarbeit in Vereinbarungen festlegen. [3] Auf vorhandene Strukturen soll zurückgegriffen werden.

(4) [1] Dieses Netzwerk soll zur Beförderung Früher Hilfen durch den Einsatz von Familienhebammen gestärkt werden. [2] Das Bundesministerium für Familie, Senioren, Frauen und Jugend unterstützt den Aus- und Aufbau der Netzwerke Frühe Hilfen und des Einsatzes von Familienhebammen auch unter Einbeziehung ehrenamtlicher Strukturen durch eine zeitlich auf vier Jahre befristete Bundesinitiative, die im Jahr 2012 mit 30 Millionen Euro, im Jahr 2013 mit 45 Millionen Euro und in den Jahren 2014 und 2015 mit 51 Millionen Euro ausgestattet wird. [3] Nach Ablauf dieser Befristung wird der Bund einen Fonds zur Sicherstellung der Netzwerke Frühe Hilfen und der psychosozialen Unterstützung von Familien einrichten, für den er jährlich 51 Millionen Euro zur Verfügung stellen wird. [4] Die Ausgestaltung der Bundesinitiative und des Fonds wird in Verwaltungsvereinbarungen geregelt, die das Bundesministerium für Familie, Senioren, Frauen und Jugend im Einvernehmen mit dem Bundesministerium der Finanzen mit den Ländern schließt.

§ 4[3)] Beratung und Übermittlung von Informationen durch Geheimnisträger bei Kindeswohlgefährdung. (1) Werden

1. Ärztinnen oder Ärzten, Zahnärztinnen oder Zahnärzten, Hebammen oder Entbindungspflegern oder Angehörigen eines anderen Heilberufes, der für

---

1) § 3 Abs. 2 geänd. mWv 1.1.2018 und mWv 1.1.2020 durch G v. 23.12.2016 (BGBl. I S. 3234); Abs. 2 geänd. mWv 10.6.2021 durch G v. 3.6.2021 (BGBl. I S. 1444).

2) *Nr. 85e.*

3) § 4 Abs. 1 Nr. 1 und abschl. Satzteil geänd., Abs. 3 Satz 3 und Abs. 4–6 angef. mWv 10.6.2021 durch G v. 3.6.2021 (BGBl. I S. 1444).

die Berufsausübung oder die Führung der Berufsbezeichnung eine staatlich geregelte Ausbildung erfordert,
2. Berufspsychologinnen oder -psychologen mit staatlich anerkannter wissenschaftlicher Abschlussprüfung,
3. Ehe-, Familien-, Erziehungs- oder Jugendberaterinnen oder -beratern sowie
4. Beraterinnen oder Beratern für Suchtfragen in einer Beratungsstelle, die von einer Behörde oder Körperschaft, Anstalt oder Stiftung des öffentlichen Rechts anerkannt ist,
5. Mitgliedern oder Beauftragten einer anerkannten Beratungsstelle nach den §§ 3 und 8 des Schwangerschaftskonfliktgesetzes[1)],
6. staatlich anerkannten Sozialarbeiterinnen oder -arbeitern oder staatlich anerkannten Sozialpädagoginnen oder -pädagogen oder
7. Lehrerinnen oder Lehrern an öffentlichen und an staatlich anerkannten privaten Schulen

in Ausübung ihrer beruflichen Tätigkeit gewichtige Anhaltspunkte für die Gefährdung des Wohls eines Kindes oder eines Jugendlichen bekannt, so sollen sie mit dem Kind oder Jugendlichen und den Erziehungsberechtigten die Situation erörtern und, soweit erforderlich, bei den Erziehungsberechtigten auf die Inanspruchnahme von Hilfen hinwirken, soweit hierdurch der wirksame Schutz des Kindes oder des Jugendlichen nicht in Frage gestellt wird.

(2) [1] Die Personen nach Absatz 1 haben zur Einschätzung der Kindeswohlgefährdung gegenüber dem Träger der öffentlichen Jugendhilfe Anspruch auf Beratung durch eine insoweit erfahrene Fachkraft. [2] Sie sind zu diesem Zweck befugt, dieser Person die dafür erforderlichen Daten zu übermitteln; vor einer Übermittlung der Daten sind diese zu pseudonymisieren.

(3) [1] Scheidet eine Abwendung der Gefährdung nach Absatz 1 aus oder ist ein Vorgehen nach Absatz 1 erfolglos und halten die in Absatz 1 genannten Personen ein Tätigwerden des Jugendamtes für erforderlich, um eine Gefährdung des Wohls eines Kindes oder eines Jugendlichen abzuwenden, so sind sie befugt, das Jugendamt zu informieren; hierauf sind die Betroffenen vorab hinzuweisen, es sei denn, dass damit der wirksame Schutz des Kindes oder des Jugendlichen in Frage gestellt wird. [2] Zu diesem Zweck sind die Personen nach Satz 1 befugt, dem Jugendamt die erforderlichen Daten mitzuteilen. [3] Die Sätze 1 und 2 gelten für die in Absatz 1 Nummer 1 genannten Personen mit der Maßgabe, dass diese unverzüglich das Jugendamt informieren sollen, wenn nach deren Einschätzung eine dringende Gefahr für das Wohl des Kindes oder des Jugendlichen das Tätigwerden des Jugendamtes erfordert.

(4) [1] Wird das Jugendamt von einer in Absatz 1 genannten Person informiert, soll es dieser Person zeitnah eine Rückmeldung geben, ob es die gewichtigen Anhaltspunkte für die Gefährdung des Wohls des Kindes oder Jugendlichen bestätigt sieht und ob es zum Schutz des Kindes oder Jugendlichen tätig geworden ist und noch tätig ist. [2] Hierauf sind die Betroffenen vorab hinzuweisen, es sei denn, dass damit der wirksame Schutz des Kindes oder des Jugendlichen in Frage gestellt wird.

(5) Die Absätze 2 und 3 gelten entsprechend für Mitarbeiterinnen und Mitarbeiter von Zollbehörden.

[1)] Nr. **85e**.

(6) Zur praktischen Erprobung datenschutzrechtskonformer Umsetzungsformen und zur Evaluierung der Auswirkungen auf den Kinderschutz kann Landesrecht die Befugnis zu einem fallbezogenen interkollegialen Austausch von Ärztinnen und Ärzten regeln.

§ 5[1] Mitteilungen an das Jugendamt. (1) [1] Werden in einem Strafverfahren gewichtige Anhaltspunkte für die Gefährdung des Wohls eines Kindes oder eines Jugendlichen bekannt, informiert die Strafverfolgungsbehörde oder das Gericht unverzüglich den zuständigen örtlichen Träger der öffentlichen Jugendhilfe sowie im Falle seiner Zuständigkeit den überörtlichen Träger der öffentlichen Jugendhilfe und übermittelt die aus ihrer Sicht zur Einschätzung des Gefährdungsrisikos erforderlichen Daten. [2] Die Mitteilung ordnen Richterinnen oder Richter, Staatsanwältinnen oder Staatsanwälte an. [3] § 4 Absatz 2 gilt entsprechend.

(2) Gewichtige Anhaltspunkte für eine Gefährdung können insbesondere dann vorliegen, wenn gegen eine Person, die mit einem Kind oder Jugendlichen in häuslicher Gemeinschaft lebt oder die regelmäßig Umgang mit ihm hat oder haben wird, der Verdacht besteht, eine Straftat nach den §§ 171, 174, 176 bis 180, 182, 184b bis 184e, 225, 232 bis 233a, 234, 235 oder 236 des Strafgesetzbuchs[2] begangen zu haben.

---

[1] § 5 angef. mWv 10.6.2021 durch G v. 3.6.2021 (BGBl. I S. 1444).
[2] **Schönfelder Nr. 85.**

47. Düsseldorfer Tabelle[1) 2)]

(Stand: 1. Januar 2024)

A. Kindesunterhalt

	Nettoeinkommen des/der Barunterhaltspflichtigen (Anm. 3, 4)	Altersstufen in Jahren (§ 1612a Abs. 1 BGB[3)])				Prozentsatz	Bedarfskontrollbetrag (Anm. 6)
		0 – 5	6 – 11	12 – 17	ab 18		
		Alle Beträge in Euro					
1.	bis 2.100	480	551	645	689	100	1.200/1.450
2.	2.101 – 2.500	504	579	678	724	105	1.750
3.	2.501 – 2.900	528	607	710	758	110	1.850
4.	2.901 – 3.300	552	634	742	793	115	1.950
5.	3.301 – 3.700	576	662	774	827	120	2.050
6.	3.701 – 4.100	615	706	826	882	128	2.150
7.	4.101 – 4.500	653	750	878	938	136	2.250
8.	4.501 – 4.900	692	794	929	993	144	2.350
9.	4.901 – 5.300	730	838	981	1.048	152	2.450
10.	5.301 – 5.700	768	882	1.032	1.103	160	2.550
11.	5.701 – 6.400	807	926	1.084	1.158	168	2.850
12.	6.401 – 7.200	845	970	1.136	1.213	176	3.250
13.	7.201 – 8.200	884	1.014	1.187	1.268	184	3.750
14.	8.201 – 9.700	922	1.058	1.239	1.323	192	4.350
15.	9.701 – 11.200	960	1.102	1.290	1.378	200	5.050

Anmerkungen:

1. Die Tabelle hat keine Gesetzeskraft, sondern stellt eine Richtlinie dar. Sie weist den monatlichen Unterhaltsbedarf aus, bezogen auf zwei Unterhaltsberechtigte, ohne Rücksicht auf den Rang. Der Bedarf ist nicht identisch mit dem Zahlbetrag; dieser ergibt sich unter Berücksichtigung der nachfolgenden Anmerkungen.
   Bei einer größeren/geringeren Anzahl Unterhaltsberechtigter können *Ab- oder Zuschläge* durch Einstufung in niedrigere/höhere Gruppen angemessen sein. Anmerkung 6 ist zu beachten. Zur Deckung des Mindestbedarfs aller Beteiligten – einschließlich des Ehegatten – ist gegebenenfalls eine Herabstufung bis in die unterste Tabellengruppe vorzunehmen. Reicht das verfügbare Einkommen auch dann nicht aus, setzt sich der Vorrang der Kinder im Sinne von Anm. 5 Abs. 1, § 1609 Nr. 1 BGB[3)], durch. Gegebenenfalls erfolgt zwischen den erstrangigen Unterhaltsberechtigten eine Mangelberechnung nach Abschnitt C.
2. Die Richtsätze der 1. Einkommensgruppe entsprechen für die 1., 2. und 3. Altersstufe dem Mindestbedarf gemäß der Sechsten Verordnung zur Änderung

[1)] **Amtl. Anm.:** Die neue Tabelle nebst Anmerkungen beruht auf Koordinierungsgesprächen, die unter Beteiligung aller Oberlandesgerichte und der Unterhaltskommission des Deutschen Familiengerichtstages e.V. stattgefunden haben.

[2)] In der jeweils aktuellen Fassung kostenlos abrufbar unter www.olg-duesseldorf.nrw.de. Unterstreichungen im Original wurden zur besseren Lesbarkeit als *Kursivdruck* umgesetzt.

[3)] **Habersack, Deutsche Gesetze Nr. 20.**

der Mindestunterhaltsverordnung vom 29.11.2023. Der Prozentsatz drückt die Steigerung des Richtsatzes der jeweiligen Einkommensgruppe gegenüber dem Mindestbedarf (= 1. Einkommensgruppe) aus. Die durch Multiplikation des gerundeten Mindestbedarfs mit dem Prozentsatz errechneten Beträge sind entsprechend § 1612a Absatz 2 Satz 2 BGB aufgerundet.
Bei volljährigen Kindern, die im Haushalt der Eltern oder eines Elternteils wohnen, bemisst sich der Unterhalt nach der 4. Altersstufe der Tabelle.

3. *Berufsbedingte Aufwendungen*, die sich von privaten Lebenshaltungskosten nach objektiven Merkmalen eindeutig abgrenzen lassen, sind vom Einkommen abzuziehen. Bei entsprechenden Anhaltspunkten kann eine Pauschale von 5 % des Nettoeinkommens – mindestens 50 EUR, bei geringfügiger Teilzeitarbeit auch weniger, und höchstens 150 EUR monatlich – geschätzt werden. Bei Geltendmachung die Pauschale übersteigender Aufwendungen sind diese insgesamt nachzuweisen.
4. Berücksichtigungsfähige *Schulden* sind in der Regel vom Einkommen abzuziehen.
5. Der *notwendige Eigenbedarf (Selbstbehalt)*, § 1603 Abs. 2 BGB,
   – gegenüber minderjährigen unverheirateten Kindern,
   – gegenüber volljährigen unverheirateten Kindern bis zur Vollendung des 21. Lebensjahres, die im Haushalt der Eltern oder eines Elternteils leben und sich in der allgemeinen Schulausbildung befinden,

   beträgt
   für den nicht erwerbstätigen Unterhaltspflichtigen monatlich 1.200 EUR,
   für den erwerbstätigen Unterhaltspflichtigen monatlich 1.450 EUR.
   Hierin sind bis 520 EUR für Unterkunft einschließlich umlagefähiger Nebenkosten und Heizung (Warmmiete) enthalten.

   Der *angemessene Eigenbedarf*, § 1603 Abs. 1 BGB, beträgt
   mindestens monatlich 1.750 EUR.
   Hierin ist eine Warmmiete bis 650 EUR enthalten.

   Der notwendige bzw. der angemessene Eigenbedarf sollen erhöht werden, wenn die Wohnkosten (Warmmiete) 520 EUR (notwendiger Eigenbedarf) bzw. 650 EUR (angemessener Eigenbedarf) übersteigen und nicht unangemessen sind.
6. Der *Bedarfskontrollbetrag* des Unterhaltspflichtigen ab Gruppe 2 ist nicht identisch mit dem Eigenbedarf. Er soll eine ausgewogene Verteilung des Einkommens zwischen dem Unterhaltspflichtigen und den unterhaltsberechtigten Kindern gewährleisten. Wird er unter Berücksichtigung auch anderer Unterhaltspflichten unterschritten, ist der Tabellenbetrag der nächst niedrigeren Gruppe, deren Bedarfskontrollbetrag nicht unterschritten wird, anzusetzen.
7. Der angemessene Unterhaltsbedarf eines studierenden Kindes, das nicht bei seinen Eltern oder einem Elternteil wohnt, beträgt in der Regel monatlich 930 EUR. Hierin sind bis 410 EUR für Unterkunft einschließlich umlagefähiger Nebenkosten und Heizung (Warmmiete) enthalten. Dieser Bedarfssatz kann auch für ein Kind mit eigenem Haushalt angesetzt werden.
   Von dem Betrag von 930 EUR kann bei erhöhtem Bedarf oder mit Rücksicht auf die Lebensstellung der Eltern nach oben abgewichen werden.
8. Die *Ausbildungsvergütung* eines in der Berufsausbildung stehenden Kindes, das im Haushalt der Eltern oder eines Elternteils wohnt, ist vor ihrer Anrechnung

in der Regel um einen ausbildungsbedingten Mehrbedarf von monatlich 100 EUR zu kürzen.

9. In den Bedarfsbeträgen (Anmerkungen 1 und 7) sind keine *Beiträge zur Kranken- und Pflegeversicherung und keine Studiengebühren* enthalten.
10. Das auf das jeweilige Kind entfallende *Kindergeld* ist nach § 1612b BGB auf den Tabellenunterhalt (Bedarf) anzurechnen.

B. Ehegattenunterhalt

I. Monatliche Unterhaltsrichtsätze des berechtigten Ehegatten ohne unterhaltsberechtigte Kinder (§§ 1361, 1569, 1578, 1581 BGB[1]):

1. gegen einen *erwerbstätigen Unterhaltspflichtigen:*

a) wenn der Berechtigte kein Einkommen hat:	45 % des anrechenbaren Erwerbseinkommens zuzüglich 50 % der anrechenbaren sonstigen Einkünfte des Pflichtigen, nach oben begrenzt durch den vollen Unterhalt, gemessen an den zu berücksichtigenden ehelichen Verhältnissen;
b) wenn der Berechtigte ebenfalls Einkommen hat:	45 % der Differenz zwischen den anrechenbaren Erwerbseinkommen der Ehegatten, insgesamt begrenzt durch den vollen ehelichen Bedarf; für sonstige anrechenbare Einkünfte gilt der Halbteilungsgrundsatz;
c) wenn der Berechtigte erwerbstätig ist, obwohl ihn keine Erwerbsobliegenheit trifft:	gemäß § 1577 Abs. 2 BGB;
2. gegen einen *nicht erwerbstätigen Unterhaltspflichtigen* (z.B. Rentner):	wie zu 1a, b oder c, jedoch 50 %.

II. Monatliche Unterhaltsrichtsätze des berechtigten Ehegatten, wenn die ehelichen Lebensverhältnisse durch Unterhaltspflichten gegenüber Kindern geprägt werden:

wie zu I., jedoch wird der Kindesunterhalt (Zahlbetrag; vgl. Anm. C und Anhang) vorab vom Nettoeinkommen abgezogen.

III. Monatlicher Eigenbedarf (Selbstbehalt) gegenüber dem getrenntlebenden und dem geschiedenen Berechtigten:

a) falls erwerbstätig	1.600 EUR
b) falls nicht erwerbstätig	1.475 EUR

Hierin sind bis 580 EUR für Unterkunft einschließlich umlagefähiger Nebenkosten und Heizung (Warmmiete) enthalten. Der Eigenbedarf soll erhöht werden, wenn die Wohnkosten (Warmmiete) 580 EUR übersteigen und nicht unangemessen sind.

---

[1] **Habersack, Deutsche Gesetze Nr. 20.**

IV. Existenzminimum des unterhaltsberechtigten Ehegatten einschließlich des trennungsbedingten Mehrbedarfs in der Regel:

a) falls erwerbstätig:	1.450 EUR
b) falls nicht erwerbstätig:	1.200 EUR

V. Monatlicher notwendiger Eigenbedarf

1. Monatlicher notwendiger Eigenbedarf des von dem Unterhaltspflichtigen getrenntlebenden oder geschiedenen Ehegatten:

a) gegenüber einem nachrangigen geschiedenen Ehegatten	
aa) falls erwerbstätig	1.600 EUR
bb) falls nicht erwerbstätig	1.475 EUR
b) gegenüber nicht privilegierten volljährigen Kindern	1.750 EUR

2. Monatlicher notwendiger Eigenbedarf des Ehegatten, der in einem gemeinsamen Haushalt mit dem Unterhaltspflichtigen lebt:

a) gegenüber einem nachrangigen geschiedenen Ehegatten	
aa) falls erwerbstätig	1.280 EUR
bb) falls nicht erwerbstätig	1.180 EUR
b) gegenüber nicht privilegierten volljährigen Kindern	1.400 EUR

Anmerkung zu I. und II.:

Hinsichtlich *berufsbedingter Aufwendungen* und *berücksichtigungsfähiger Schulden* gelten Anmerkungen A. 3 und 4 – auch für den erwerbstätigen Unterhaltsberechtigten – entsprechend. Berufsbedingte Aufwendungen, die sich nicht nach objektiven Merkmalen eindeutig von den privaten Lebenshaltungskosten abgrenzen lassen, sind pauschal im Erwerbstätigenbonus von 1/10 enthalten.

C. Mangelfälle

Reicht das Einkommen zur Deckung des Bedarfs des Unterhaltspflichtigen und gleichrangiger Unterhaltsberechtigter im Sinne des § 1609 Nr. 1 BGB[1)] nicht aus (sog. Mangelfall), ist die nach Abzug des notwendigen Eigenbedarfs (Selbstbehalts) des Unterhaltspflichtigen verbleibende Verteilungsmasse auf die Unterhaltsberechtigten im Verhältnis ihrer jeweiligen Einsatzbeträge gleichmäßig zu verteilen.

Der Einsatzbetrag für den *Kindesunterhalt* entspricht dem Zahlbetrag des Unterhaltspflichtigen. Dies ist der nach Anrechnung des Kindergeldes oder von Einkünften auf den Unterhaltsbedarf verbleibende Restbedarf.

Beispiel: Bereinigtes Nettoeinkommen des Unterhaltspflichtigen (U): 1.750 EUR, Unterhalt für drei unterhaltsberechtigte Kinder im Alter von 18 Jahren (K1) – in allgemeiner Schulausbildung befindlich –, 7 Jahren (K2) und 5 Jahren (K3), die bei dem nicht unterhaltsberechtigten und den Kindern nicht barunterhaltspflichtigen Elternteil (E) leben. E bezieht das Kindergeld.

Notwendiger Eigenbedarf des U:		1.450 EUR
Verteilungsmasse:	1.750 EUR – 1.450 EUR	= 300 EUR
Einsatzbeträge der Unterhaltsberechtigten:		
K 1:	(689 – 250)	439 EUR
K 2:	(551 – 125)	426 EUR

[1)] **Habersack, Deutsche Gesetze Nr. 20.**

K 3:	(480 – 125)	355 EUR
Summe		= 1.220 EUR
Unterhalt:		
K1:	439 x 300 : 1.220	= 107,95 EUR
K2:	426 x 300 : 1.220	= 104,75 EUR
K3:	355 x 300 : 1.220	= 87,30 EUR

D. Verwandtenunterhalt und Unterhalt nach § 1615l BGB[1)]

I. Angemessener Selbstbehalt gegenüber den Eltern:

Dem Unterhaltspflichtigen ist der angemessene Eigenbedarf zu belassen. Bei dessen Bemessung sind Zweck und Rechtsgedanken des Gesetzes zur Entlastung unterhaltspflichtiger Angehöriger in der Sozialhilfe und in der Eingliederungshilfe (Angehörigenentlastungsgesetz) vom 10.12.2019 (BGBl I S. 2135) zu beachten.

II. Bedarf der Mutter und des Vaters eines nichtehelichen Kindes (§ 1615l BGB[1)]):

nach der Lebensstellung des betreuenden Elternteils,
in der Regel mindestens 1.200 EUR.

III. Angemessener Selbstbehalt gegenüber der Mutter und dem Vater eines nichtehelichen Kindes (§§ 1615l, 1603 Abs. 1 BGB[1)]):

a) falls erwerbstätig 1.600 EUR
b) falls nicht erwerbstätig 1.475 EUR

Hierin sind bis 580 EUR für Unterkunft einschließlich umlagefähiger Nebenkosten und Heizung (Warmmiete) enthalten. Der Selbstbehalt soll erhöht werden, wenn die Wohnkosten (Warmmiete) 580 EUR übersteigen und nicht unangemessen sind.

E. Übergangsregelung

Umrechnung dynamischer Titel über Kindesunterhalt nach § 36 Nr. 3 EGZPO[2)]: Ist Kindesunterhalt als Prozentsatz des jeweiligen Regelbetrages zu leisten, bleibt der Titel bestehen. Eine Abänderung ist nicht erforderlich. An die Stelle des bisherigen Prozentsatzes vom Regelbetrag tritt ein neuer Prozentsatz vom Mindestunterhalt (Stand: 01.01.2008). Dieser ist für die jeweils maßgebliche Altersstufe gesondert zu bestimmen und auf eine Stelle nach dem Komma zu begrenzen (§ 36 Nr. 3 EGZPO). Der Prozentsatz wird auf der Grundlage der zum 01.01.2008 bestehenden Verhältnisse einmalig berechnet, und bleibt auch bei späterem Wechsel in eine andere Altersstufe unverändert (BGH Urteil vom 18.04.12 – XII ZR 66/10 – FamRZ 2012, 1048). Der Bedarf ergibt sich aus der Multiplikation des neuen Prozentsatzes mit dem Mindestunterhalt der jeweiligen Altersstufe und ist auf volle Euro aufzurunden
(§ 1612a Abs. 2 S. 2 BGB[1)]). Der Zahlbetrag ergibt sich aus dem um das jeweils anteilige Kindergeld verminderten bzw. erhöhten Bedarf.

[1)] **Habersack, Deutsche Gesetze Nr. 20.**
[2)] **Habersack, Deutsche Gesetze Nr. 101.**

Wegen der sich nach § 36 Nr. 3 EGZPO ergebenden vier Fallgestaltungen wird auf die Beispielsberechnungen der Düsseldorfer Tabelle Stand 01.01.2017 verwiesen.

Anhang: Tabelle Zahlbeträge

Die folgende Tabelle enthält die sich nach Abzug des jeweiligen Kindergeldanteils (hälftiges Kindergeld bei Minderjährigen, volles Kindergeld bei Volljährigen) ergebenden Zahlbeträge auf der Grundlage eines Kindergeldbetrages von einheitlich 250,00 EUR je Kind im Jahr 2024.

Kindergeld: 250 EUR			0 – 5	6 – 11	12 – 17	ab 18	%
1.		bis 2.100	355	426	520	439	100
2.	2.101–	2.500	379	454	553	474	105
3.	2.501–	2.900	403	482	585	508	110
4.	2.901–	3.300	427	509	617	543	115
5.	3.301–	3.700	451	537	649	577	120
6.	3.701–	4.100	490	581	701	632	128
7.	4.101–	4.500	528	625	753	688	136
8.	4.501–	4.900	567	669	804	743	144
9.	4.901–	5.300	605	713	856	798	152
10.	5.301–	5.700	643	757	907	853	160
11.	5.701–	6.400	682	801	959	908	168
12.	6.401–	7.200	720	845	1.011	963	176
13.	7.201–	8.200	759	889	1.062	1.018	184
14.	8.201–	9.700	797	933	1.114	1.073	192
15.	9.701–	11.200	835	977	1.165	1.128	200

47/1. Oberlandesgericht Düsseldorf – Leitlinien zum Unterhalt[1)]

(Stand: 1. Januar 2024)

zur Ergänzung der Düsseldorfer Tabelle[2)] herausgegeben von den Senaten für Familiensachen des Oberlandesgerichts Düsseldorf

Unterhaltsrechtliches Einkommen

1. Geldeinnahmen

1.1

Auszugehen ist vom Jahresbruttoeinkommen einschließlich Weihnachts- und Urlaubsgeld sowie sonstiger Zuwendungen, wie z.B. Tantiemen und Gewinnbeteiligungen.

1.2

Einmalige höhere Zahlungen, wie z.B. Abfindungen oder Jubiläumszuwendungen, sind auf einen angemessenen Zeitraum zu verteilen (in der Regel mehrere Jahre).

Abfindungen aus Anlass der Beendigung eines Arbeitsverhältnisses sind grundsätzlich auch bei Aufnahme einer neuen Arbeitsstelle mit dauerhaft geringerem Einkommen bis zur Höchstgrenze des Bedarfs nach dem früheren Einkommen zu verwenden; ob eine Aufstockung bis zum bisherigen Einkommen zur vollständigen Aufrechterhaltung des bisherigen Lebensstandards geboten ist, beurteilt sich nach den Umständen des Einzelfalls, insbesondere der zu erwartenden weiteren Einkommensentwicklung.

Beim Ehegattenunterhalt bleibt eine Abfindung unberücksichtigt, soweit sie bereits güterrechtlich Berücksichtigung gefunden hat oder soweit sie zur Aufstockung nicht benötigt wird, weil ein Einkommen in gleicher Höhe bezogen wird.

1.3

Überstundenvergütungen werden in der Regel dem Einkommen voll zugerechnet, soweit sie berufsüblich sind oder nur in geringem Umfang anfallen oder wenn der Mindestunterhalt minderjähriger Kinder oder der entsprechende Unterhalt ihnen nach § 1603 Abs. 2 S. 2 BGB[3)] gleichgestellter Volljähriger nicht gedeckt ist. Sonst ist die Anrechnung unter Berücksichtigung des Einzelfalls nach Treu und Glauben zu beurteilen.

Dies gilt gleichermaßen für Einkünfte aus einer Nebentätigkeit, die neben einer vollschichtigen Erwerbstätigkeit ausgeübt wird. Zur Sicherstellung des Mindestunterhalts minderjähriger Kinder oder ihnen nach § 1603 Abs. 2 S. 2 BGB gleichgestellter volljähriger Kinder kann es dem Pflichtigen obliegen, Überstunden zu leisten und/oder eine Nebentätigkeit auszuüben, soweit dies – in den Grenzen der §§ 3 und 6 ArbZG[4)] – zumutbar ist.

---

1) In der jeweils aktuellen Fassung kostenlos abrufbar unter www.olg-duesseldorf.nrw.de.
2) Nr. **47**.
3) **Habersack, Deutsche Gesetze Nr. 20.**
4) Nr. **78**.

1.4

Auslösungen und Spesen sind nach den Umständen des Einzelfalls anzurechnen. Soweit solche Zuwendungen geeignet sind, laufende Lebenshaltungskosten zu ersparen, ist diese Ersparnis in der Regel mit ⅓ des Nettobetrags zu bewerten.

1.5

Bei Selbständigen ist für den laufenden und zukünftigen Unterhalt grundsätzlich vom durchschnittlichen Gewinn während eines längeren Zeitraums von in der Regel mindestens drei aufeinander folgenden Jahren, möglichst den letzten drei Jahren, auszugehen.

Für die Vergangenheit sind die in dem jeweiligen Kalenderjahr erzielten Einkünfte maßgebend. Durchschnittsberechnungen für einen längeren Zeitraum sind möglich.

Anstatt auf den Gewinn kann ausnahmsweise auf die Entnahmen abzüglich der Einlagen abgestellt werden, wenn eine zuverlässige Gewinnermittlung nicht möglich oder der Betriebsinhaber unterhaltsrechtlich zur Verwertung seines Vermögens verpflichtet ist.

Abschreibungen (Absetzung für Abnutzung: AfA) können insoweit anerkannt werden, als dem steuerlich zulässigen Abzug ein tatsächlicher Wertverlust entspricht. Wegen des Umfangs der Abschreibung kann auf die von der Finanzverwaltung herausgegebenen AfA-Tabellen abgestellt werden. Dies gilt in der Regel jedoch nicht für Gebäude. Zinsen für Kredite, mit denen die absetzbaren Wirtschaftsgüter finanziert werden, mindern den Gewinn. Wenn und soweit die Abschreibung unterhaltsrechtlich anerkannt wird, sind Tilgungsleistungen nicht zu berücksichtigen.

Steuern und Vorsorgeaufwendungen sind nach Nr. 10.1 zu berücksichtigen. Der Gewinn ist nicht um berufsbedingte Aufwendungen (Nr. 10.2.1) zu kürzen.

1.6

Einkünfte aus Vermietung und Verpachtung werden durch eine Überschussrechnung ermittelt. Dabei kann zur Ermittlung der durchschnittlichen Einkünfte auf einen Mehrjahreszeitraum abgestellt werden. AfA-Beträge für Gebäude sind in der Regel nicht abzusetzen. Für die Berücksichtigung von Tilgungsleistungen gilt Nr. 5. Abs. 3 entsprechend.

Kapitaleinkünfte sind unterhaltsrechtliches Einkommen.

1.7

Steuererstattungen und Steuernachzahlungen sind in der Regel in dem Jahr, in dem sie anfallen, zu berücksichtigen (In-Prinzip); bei Selbständigen kann zur Ermittlung eines repräsentativen Einkommens auf den Zeitraum der Veranlagung abgestellt werden (Für-Prinzip). Steuervorteile, die auf unterhaltsrechtlich nicht zu berücksichtigenden Aufwendungen beruhen, bleiben außer Betracht. Steuervorteile sind wahrzunehmen (vgl. Nr. 10.1.1).

1.8

Sonstige Einnahmen wie z.B. berufstypische Trinkgelder, Krankentagegeld sind Einkommen.

2. Sozialleistungen

2.1

Arbeitslosengeld (§ 136 SGB III) und sonstige Lohnersatzleistungen nach dem SGB III (Übergangs-, Ausbildungs-, Kurzarbeiter- und Insolvenzgeld) sowie Krankengeld sind Einkommen.

2.2

Arbeitslosengeld II und andere Leistungen nach dem SGB II sind Einkommen beim Verpflichteten. Beim Berechtigten sind Arbeitslosengeld II und Sozialgeld kein Einkommen. Nicht subsidiäre Leistungen nach dem SGB II sind Einkommen, etwa Einstiegsgeld nach § 16b SGB II und Entschädigung für Mehraufwendungen nach § 16d SGB II.

Die Geltendmachung von Unterhalt durch den Hilfeempfänger kann treuwidrig sein, wenn er infolge des Ausschlusses des Anspruchsübergangs (vgl. § 33 Abs. 2 SGB II) insbesondere für die Vergangenheit durch das Arbeitslosengeld II oder das Sozialgeld und den Unterhalt mehr als seinen Bedarf erhalten würde.

2.3

Wohngeld ist Einkommen, soweit es nicht erhöhte Wohnkosten abdeckt.

2.4

BAföG-Leistungen (außer Vorausleistungen) sind Einkommen, auch soweit sie als Darlehen gewährt werden.

2.5

Elterngeld nach § 1 BEEG[1] ist Einkommen, soweit es über den Sockelbetrag von 300 EUR bzw. 150 EUR bei verlängertem Bezug hinausgeht. Der Sockelbetrag des Elterngeldes ist Einkommen, wenn einer der Ausnahmefälle des § 11 BEEG vorliegt.

2.6

Unfall- und Versorgungsrenten sowie Übergangsgelder aus der Unfall- bzw. Rentenversicherung sind Einkommen.

2.7

Leistungen aus der Pflegeversicherung, Blindengeld, Schwerbeschädigten- und Pflegezulagen nach Abzug eines Betrages für tatsächliche Mehraufwendungen sind Einkommen; bei Sozialleistungen nach § 1610a BGB[2] wird widerlegbar vermutet, dass sie durch Aufwendungen aufgezehrt werden.

2.8

Der Anteil des an die Pflegeperson weitergeleiteten Pflegegeldes, durch den ihre Bemühungen abgegolten werden, ist Einkommen. Bei Pflegegeld aus der Pflegeversicherung gilt dies nur nach Maßgabe des § 13 Abs. 6 SGB XI.

Pflegegeld nach § 64a SGB XII für eigene pflegebedürftige Kinder und nach § 39 SGB VIII[3] für die Aufnahme fremder Kinder ist mit seinem im Einzelfall zu bemessenden Vergütungsanteil Einkommen der Pflegeperson.

---

[1] Nr. **45e**.
[2] **Habersack, Deutsche Gesetze Nr. 20.**
[3] Nr. **46**.

2.9

Leistungen zur Grundsicherung nach den §§ 41 ff. SGB XII sind anders als beim Ehegattenunterhalt beim Verwandtenunterhalt als Einkommen des Beziehers zu berücksichtigen.

2.10. Sozialhilfeleistungen nach dem SGB XII sind kein Einkommen.

Hinsichtlich der Geltendmachung von Unterhalt durch den Hilfeempfänger gilt Nr. 2.2 Absatz 2 entsprechend.

2.11

Leistungen nach dem Unterhaltsvorschussgesetz[1] sind kein Einkommen.

3. Kindergeld

Kindergeld ist kein Einkommen der Eltern.

4. Geldwerte Zuwendungen des Arbeitgebers

Geldwerte Zuwendungen des Arbeitgebers aller Art, z.B. Firmenwagen, freie Kost und Logis, mietgünstige Wohnung, sind dem Einkommen hinzuzurechnen, soweit sie entsprechende Eigenaufwendungen ersparen. Die hierfür steuerlich in Ansatz gebrachten Beträge bieten einen Anhaltspunkt für die Bewertung des geldwerten Vorteils.

5. Wohnwert

Der Wohnvorteil durch mietfreies Wohnen im eigenen Heim ist als wirtschaftliche Nutzung des Vermögens wie Einkommen zu behandeln, wenn sein Wert die Belastungen übersteigt, die unter Berücksichtigung der staatlichen Eigenheimförderung, durch die allgemeinen Grundstückskosten und -lasten, durch Annuitäten und durch sonstige nicht nach § 556 BGB[2] in Verbindung mit der BetrKV[3] umlagefähige Kosten entstehen.

Auszugehen ist von der erzielbaren Miete (objektiver oder voller Wohnwert). Wenn es nicht möglich oder zumutbar ist, die Wohnung aufzugeben und das Objekt zu vermieten oder zu veräußern, kann stattdessen die ersparte Miete angesetzt werden, die angesichts der persönlichen und wirtschaftlichen Verhältnisse angemessen wäre (subjektiver oder angemessener Wohnwert). Dies kommt insbesondere für die Zeit bis zur endgültigen Vermögensauseinandersetzung oder bis zum endgültigen Scheitern der Ehe, etwa bei Zustellung des Scheidungsantrags, in Betracht, wenn ein Ehegatte das Eigenheim allein bewohnt. Bei der Inanspruchnahme auf Elternunterhalt ist stets auf den subjektiven oder angemessenen Wohnwert abzustellen.

Neben Zinsleistungen sind auch Tilgungsleistungen bis zur Höhe des Wohnwerts jedenfalls dann abzuziehen, wenn sie nicht der einseitigen Vermögensbildung dienen. Im Übrigen kommt eine Berücksichtigung der Tilgungsleistungen nach den Umständen des Einzelfalls in Betracht, soweit sie über die Höhe des Wohnwerts hinausgehen, insbesondere unter dem Gesichtspunkt der ergänzenden Altersvorsorge (vgl. Nr. 10.1.2).

---

[1] Nr. **45d**.
[2] **Habersack, Deutsche Gesetze Nr. 20.**
[3] Nr. **30b/1**.

6. Haushaltsführung

Für die Führung des Haushalts eines leistungsfähigen Dritten ist ein Einkommen anzusetzen. Bei der Haushaltsführung durch einen Nichterwerbstätigen kann in der Regel ein Betrag von 300 EUR bis 500 EUR monatlich angesetzt werden.

7. Einkommen aus unzumutbarer Erwerbstätigkeit

Einkünfte aus Nebentätigkeit und unzumutbarer Erwerbstätigkeit sind im Rahmen der Billigkeit (vgl. §§ 242, 1577 Abs. 2 BGB[1)]) als Einkommen zu berücksichtigen.

8. Freiwillige Zuwendungen Dritter

Freiwillige Leistungen Dritter (z.B. Geldleistungen, mietfreies Wohnen) sind kein Einkommen, es sei denn, dass die Anrechnung dem Willen des Dritten entspricht. Wenn der Mindestunterhalt minderjähriger Kinder oder ihnen nach § 1603 Abs. 2 S. 2 BGB[1)] gleichgestellter volljähriger Kinder sowie das Existenzminimum des Ehegatten nicht gedeckt sind, kommt eine Anrechnung ebenfalls in Betracht.

9. Erwerbsobliegenheit und Einkommensfiktion

Einkommen sind auch aufgrund einer unterhaltsrechtlichen Obliegenheit unter Beachtung einer realen Beschäftigungschance erzielbare Einkünfte, die sich bei gesteigerter Unterhaltspflicht gemäß § 1603 Abs. 2 BGB[1)] im Rahmen der Zumutbarkeit auch aus einer Nebentätigkeit ergeben können (vgl. Nr. 1.3 Abs. 2).

10. Bereinigung des Einkommens

10.1. Steuern und Vorsorgeaufwendungen

Vom Bruttoeinkommen sind Steuern, Sozialabgaben und/oder angemessene Vorsorgeaufwendungen abzusetzen (Nettoeinkommen).

10.1.1

Steuerzahlungen und -nachzahlungen sind in der Regel in dem Jahr, in dem sie anfallen, zu berücksichtigen (In-Prinzip). Bei Selbständigen kann auf den Zeitraum der Veranlagung abgestellt werden (Für-Prinzip). Grundsätzlich sind Steuervorteile in Anspruch zu nehmen; hierzu gehört bei unstreitigem, freiwillig geleistetem oder tituliertem Unterhalt auch das Realsplitting. Ob im laufenden Jahr von der Möglichkeit der Eintragung eines Freibetrages Gebrauch zu machen ist, richtet sich nach den Umständen des Einzelfalls (vgl. Nr. 1.7).

10.1.2

Als Vorsorgeaufwendungen sind Aufwendungen zur Kranken-, Pflege-, Renten- und Arbeitslosenversicherung abzuziehen. Zu den angemessenen Vorsorgeaufwendungen kann auch eine zusätzliche Altersvorsorge zählen.

Personen, die der gesetzlichen Rentenversicherung nicht unterliegen, können für ihre Altersvorsorge regelmäßig einen Prozentsatz ihres Bruttoeinkommens aufwenden, der dem jeweiligen Beitragssatz zur gesetzlichen Rentenversicherung entspricht. Für eine zusätzliche Altersvorsorge können sie ebenso wie gesetzlich Rentenversicherte weitere 4 % (bei Elternunterhalt 5 %) ihres Bruttoeinkommens einsetzen. Personen, die der gesetzlichen Rentenversicherung unterliegen, können für das die Beitragsbemessungsgrenze der gesetzlichen Rentenversicherung über-

[1)] **Habersack, Deutsche Gesetze Nr. 20.**

steigende Einkommen zusätzliche Aufwendungen zur Altersvorsorge bis zur Höhe eines Prozentsatzes des die Beitragsbemessungsgrenze übersteigenden Einkommens tätigen, der dem jeweiligen Beitragssatz zur gesetzlichen Rentenversicherung entspricht. Wenn der Mindestunterhalt minderjähriger Kinder oder ihnen nach § 1603 Abs. 2 S. 2 BGB[1] gleichgestellter Volljähriger nicht gedeckt ist, sind Aufwendungen für die zusätzliche Altersvorsorge nicht zu berücksichtigen.

10.2. Berufsbedingte Aufwendungen

10.2.1

Für berufsbedingte Aufwendungen gilt Anm. A. 3 der Düsseldorfer Tabelle[2].

10.2.2

Als notwendige Kosten der berufsbedingten Nutzung eines Kraftfahrzeugs können 0,42 EUR pro gefahrenem Kilometer (§ 5 Abs. 2 Nr. 2 JVEG[3]) angesetzt werden. Ab dem 31. Entfernungskilometer kommt in der Regel eine Kürzung der Kilometerpauschale für die Mehrkilometer auf 0,28 EUR in Betracht.

10.2.3

Für die Ausbildungsvergütung eines Kindes, das im Haushalt der Eltern oder eines Elternteils wohnt, gilt Anm. A. 8 der Düsseldorfer Tabelle[2]. Lebt das Kind im eigenen Haushalt, ist Anm. A. 3 der Düsseldorfer Tabelle anzuwenden.

10.3. Kinderbetreuung

Das Einkommen aus einer neben der Kinderbetreuung ausgeübten Erwerbstätigkeit kann um den notwendigen, konkret dargelegten Aufwand für die Betreuung des Kindes vermindert werden. Zum Aufwand für die Betreuung des Kindes zählen nicht die Kosten des Kindergartenbesuchs; diese sind Mehrbedarf des Kindes.

10.4. Schulden

Schulden können nach den Umständen des Einzelfalls (Art, Grund und Zeitpunkt des Entstehens) das anrechenbare Einkommen vermindern. Die Abzahlung soll im Rahmen eines Tilgungsplans in angemessenen Raten erfolgen. Dabei sind die Belange von Unterhaltsgläubiger, Unterhaltsschuldner und Drittgläubiger gegeneinander abzuwägen. Unter Umständen besteht im Rahmen gesteigerter Unterhaltspflicht nach § 1603 Abs. 2 BGB[1] die Obliegenheit zur Einleitung eines Insolvenzverfahrens und Geltendmachung der gesetzlichen Pfändungsfreigrenzen.

10.5

nicht besetzt

10.6. Vermögensbildung

Vermögenswirksame Leistungen, die nicht unter Nr. 10.1.2 fallen, vermindern das Einkommen nicht. Zusatzleistungen des Arbeitgebers für die vermögenswirksame Anlage sind dem Bezieher zu belassen.

10.7. Umgangskosten

Umgangskosten können durch einen – teilweisen – Abzug vom Einkommen oder eine Erhöhung des Selbstbehalts berücksichtigt werden.

---

[1] **Habersack, Deutsche Gesetze Nr. 20.**
[2] Nr. 47.
[3] **Habersack, Deutsche Gesetze Nr. 116.**

Bei einem über das übliche Maß hinausgehenden Umgang können dadurch bedingte hohe Mehraufwendungen (z.B. Fahrt- und Unterbringungskosten) zu einer Herabstufung um eine oder mehrere Einkommensgruppen der Düsseldorfer Tabelle[1] oder zum Absehen von einer erforderlichen Höherstufung führen.

Ferner kann der Unterhaltsbedarf des Kindes dadurch gemindert sein, dass der umgangsberechtigte Elternteil dem Kind im Zuge seines erweiterten Umgangs Leistungen erbringt, mit denen er den Unterhaltsbedarf des Kindes auf andere Weise als durch Zahlung einer Geldrente teilweise deckt.

Kindesunterhalt

11. Bemessungsgrundlage (Tabellenunterhalt)

Der Barunterhaltsbedarf minderjähriger Kinder und im Haushalt der Eltern oder eines Elternteils lebender volljähriger Kinder ist der Düsseldorfer Tabelle[1] zu entnehmen. Bei minderjährigen Kindern kann der Kindesunterhalt als Festbetrag oder als Prozentsatz des Mindestunterhalts gemäß § 1612a Abs. 1 BGB[2] geltend gemacht werden.

11.1

In den Tabellensätzen sind Beiträge zur Kranken- und Pflegeversicherung nicht enthalten. Wenn das Kind nicht in der gesetzlichen Familienversicherung mitversichert ist, gehören die Kosten der Krankenversicherung des Kindes zu seinem Grundbedarf und sind zusätzlich vom barunterhaltspflichtigen Elternteil zu tragen. Dessen Einkommen ist um diese Versicherungskosten zu bereinigen. Studiengebühren sind von den Tabellensätzen nicht erfasst, wohl aber Semesterbeiträge.

11.2

Bei minderjährigen Kindern, die bei einem Elternteil leben, richtet sich zur Bemessung des Barunterhalts die Eingruppierung in die Düsseldorfer Tabelle[1] nach dem anrechenbaren Einkommen des anderen Elternteils. Der Bedarfskontrollbetrag (Anm. A. 6 der Düsseldorfer Tabelle) und Ab- oder Zuschläge (Anm. A. 1 der Düsseldorfer Tabelle) sind zu beachten.

12. Minderjährige Kinder

12.1

Der betreuende Elternteil braucht in der Regel keinen Barunterhalt für das minderjährige Kind zu leisten.

Zum einen kann jedoch die Barunterhaltspflicht des nicht betreuenden Elternteils entfallen oder sich ermäßigen, wenn er zu Unterhaltszahlungen nur unter Beeinträchtigung seines angemessenen Unterhalts in der Lage wäre, während der andere Elternteil neben der Betreuung des Kindes auch den Barunterhalt leisten könnte, ohne dass dadurch sein eigener angemessener Unterhalt gefährdet würde, und ohne die Beteiligung des betreuenden Elternteils am Barunterhalt ein erhebliches finanzielles Ungleichgewicht zwischen den Eltern entstehen würde. In solchen Fällen entfällt die gesteigerte Unterhaltspflicht nach § 1603 Abs. 2 S. 1 und 2 BGB[2], also insbesondere die Beschränkung auf den notwendigen Selbstbehalt. Die Unterhaltspflicht mit dem Einkommen, das den angemessenen Selbstbehalt übersteigt, wird davon nicht berührt.

---

[1] Nr. **47**.
[2] **Habersack, Deutsche Gesetze Nr. 20.**

Zum anderen kann es der Billigkeit entsprechen, den betreuenden Elternteil den Barunterhalt gemäß § 1606 Abs. 3 BGB in voller Höhe aufbringen zu lassen, wenn dieser mindestens das Dreifache der Nettoeinkünfte des an sich barunterhaltspflichtigen Elternteils erzielt. Unterhalb dieser Schwelle kann bei einer erheblichen Einkommensdifferenz eine beiderseitige Barunterhaltspflicht der Eltern nach Nr. 13.3 der Leitlinien in Betracht kommen, wobei zugunsten des betreuenden Elternteils eine wertende Veränderung des Verteilungsmaßstabs vorzunehmen ist.

12.2

Das bereinigte Einkommen des Kindes, das von einem Elternteil betreut wird, wird nur teilweise, in der Regel zur Hälfte auf den Barunterhalt angerechnet; im Übrigen kommt es dem betreuenden Elternteil zugute.

12.3

Sind, z.B. bei auswärtiger Unterbringung des Kindes, beide Eltern zum Barunterhalt verpflichtet, bemisst sich der Bedarf des Kindes in der Regel nach dem zusammengerechneten Einkommen beider Eltern ohne Höhergruppierung nach Anm. A. 1 der Düsseldorfer Tabelle[1]. Für den Gesamtbedarf haften die Eltern anteilig (Berechnung nach Nr. 13.3).

Gleiches gilt bei einem Wechselmodell. In diesem Fall umfasst der Bedarf des Kindes auch die durch das Wechselmodell bedingten Mehrkosten. Der Unterhaltsanspruch ist auf den hälftigen Ausgleich der nach Abzug der von den Eltern erbrachten Leistungen verbleibenden Unterhaltsspitze durch den besser verdienenden Elternteil gerichtet (BGH, FamRZ 2017, 437).

12.4

Für Zusatzbedarf (Prozess-/Verfahrenskostenvorschuss, Mehrbedarf, Sonderbedarf) haften beide Eltern gemäß § 1606 Abs. 3 S. 1 BGB[2] anteilig (Berechnung nach Nr. 13.3). Zum Mehrbedarf des Kindes zählen insbesondere Kindergartenkosten (ohne Verpflegungsanteile).

13. Volljährige Kinder

13.1

Der Bedarf volljähriger Kinder, die noch im Haushalt der Eltern oder eines Elternteils wohnen, richtet sich nach der 4. Altersstufe der Düsseldorfer Tabelle[1]. Dies gilt bis zur Vollendung des 21. Lebensjahres auch für unverheiratete volljährige Kinder, die sich in der allgemeinen Schulausbildung befinden. Der Bedarf bemisst sich, falls beide Eltern leistungsfähig sind, in der Regel nach dem zusammengerechneten Einkommen ohne Höhergruppierung nach Anm. A. 1 der Düsseldorfer Tabelle. Für die Haftungsquote gilt Nr. 13.3.

Für ein volljähriges Kind mit eigenem Hausstand gilt Anm. A. 7 Abs. 2 der Düsseldorfer Tabelle. Der Bedarfssatz kann bei entsprechender Lebensstellung der Eltern erhöht werden.

13.2

Das bereinigte Einkommen des volljährigen Kindes wird in der Regel in vollem *Umfang auf den Bedarf* angerechnet. Bei Einkünften aus unzumutbarer Erwerbs-

---

[1] Nr. 47.
[2] **Habersack, Deutsche Gesetze Nr. 20.**

tätigkeit gilt § 1577 Abs. 2 BGB[1] entsprechend. Zu den Einkünften des Kindes gehören auch BAföG-Darlehen und Ausbildungsbeihilfen.

13.3

Sind beide Eltern barunterhaltspflichtig, bemisst sich die Haftungsquote nach dem Verhältnis ihrer anrechenbaren Einkünfte. Diese sind vorab jeweils um den Sockelbetrag zu kürzen. Der Sockelbetrag entspricht dem angemessenen Selbstbehalt gemäß Anm. A 5 Abs. 2 der Düsseldorfer Tabelle[2], bei minderjährigen unverheirateten und ihnen gleichgestellten volljährigen Kindern (§ 1603 Abs. 2 S. 2 BGB[1]) jedoch dann dem notwendigen Selbstbehalt gemäß Anm. A. 5 Abs. 1 der Düsseldorfer Tabelle, wenn bei einem Sockelbetrag in Höhe des angemessenen Selbstbehalts der Bedarf dieser Kinder nach der ersten Einkommensgruppe nicht sichergestellt ist. Ein Elternteil hat höchstens den Unterhalt zu leisten, der sich allein – unter Berücksichtigung von Anm. A. 1 der Düsseldorfer Tabelle – nach seinem Einkommen ergibt.

Die anrechenbaren Einkommen der Eltern sind um Unterhaltsleistungen an vorrangig Berechtigte zu kürzen.

Der Verteilungsschlüssel kann bei Vorliegen besonderer Umstände (z.B. Betreuung eines behinderten Volljährigen) wertend verändert werden.

14. Verrechnung des Kindergeldes

Kindergeld wird nach § 1612b BGB[1] zur Deckung des Barbedarfs verwandt, und zwar bei minderjährigen Kindern, die von einem Elternteil oder im Rahmen des Wechselmodells von beiden Eltern betreut werden, zur Hälfte, ansonsten in voller Höhe. Beim Wechselmodell kommt somit die auf den Barunterhalt entfallende Hälfte des Kindergeldes den Eltern entsprechend ihrer sich aus den beiderseitigen Einkommen ergebenden Beteiligungsquote zugute; der auf den Betreuungsunterhalt entfallende Kindergeldanteil ist zwischen den Eltern hälftig aufzuteilen.

Ehegattenunterhalt

15. Unterhaltsbedarf

15.1

Der Bedarf der Ehegatten richtet sich nach ihren Einkommens- und Vermögensverhältnissen im Unterhaltszeitraum, soweit diese als die ehelichen Lebensverhältnisse nachhaltig prägend anzusehen sind. Die ehelichen Lebensverhältnisse im Sinne von § 1578 Abs. 1 S. 1 BGB[1] werden dabei grundsätzlich durch die Umstände bestimmt, die bis zur Rechtskraft der Ehescheidung eingetreten sind. Nachträgliche Entwicklungen wirken sich auf die Bedarfsbemessung nach den *ehelichen Lebens*verhältnissen aus, wenn sie auch bei fortbestehender Ehe eingetreten wären oder in anderer Weise in der Ehe angelegt und mit hoher Wahrscheinlichkeit zu erwarten waren. Andere nacheheliche Entwicklungen bleiben außer Betracht (siehe Nr. 15.5).

Es ist von einem Mindestbedarf auszugehen, der nicht unter dem Existenzminimum für Nichterwerbstätige liegen darf (Anm. B. IV Nr. 2 der Düsseldorfer Tabelle[2]).

---

[1] **Habersack, Deutsche Gesetze Nr. 20.**
[2] Nr. **47**.

Bei Berechnung des Bedarfs ist von dem anrechenbaren Einkommen (Nr. 10) vorab der prägende Kindesunterhalt – Zahlbetrag – abzuziehen.

Unterhalt für nachrangige volljährige Kinder ist vorab abzusetzen, wenn der Kindesunterhalt die ehelichen Lebensverhältnisse geprägt hat und den Eheleuten ein angemessener Unterhalt verbleibt.

15.2

Der Bedarf eines jeden Ehegatten ist grundsätzlich mit der Hälfte des unterhaltsrechtlich relevanten Einkommens beider Ehegatten anzusetzen (Halbteilungsgrundsatz).

Dem erwerbstätigen Ehegatten steht vorab ein Bonus von 1/10 seiner Erwerbseinkünfte zu. Der Erwerbstätigenbonus ist von dem gemäß Nr. 10 bereinigten Erwerbseinkommen, das zusätzlich – bei Mischeinkünften anteilig – um den Kindesunterhalt in Höhe des Zahlbetrages zu mindern ist, zu bilden.

Der Bedarf des berechtigten Ehegatten beträgt danach 45 % der Erwerbseinkünfte des anderen Ehegatten zuzüglich 55 % der eigenen Erwerbseinkünfte sowie 50 % der sonstigen Einkünfte beider Eheleute. Der Bedarf des Verpflichteten beträgt 55 % der eigenen Erwerbseinkünfte zuzüglich 45 % der Erwerbseinkünfte des anderen Ehegatten sowie 50 % des sonstigen Einkommens beider Eheleute (Quotenbedarf).

15.3

Bei sehr guten Einkommensverhältnissen der Eheleute muss der Unterhaltsberechtigte auf geeignete Weise vortragen, in welchem Umfang das Familieneinkommen für den Konsum verbraucht worden ist. Dies kann erfolgen durch einen konkreten Vortrag zu den ehelichen Lebensverhältnissen (konkrete Bedarfsbemessung) oder durch den Vortrag, welcher Anteil der hohen Einkünfte nicht zur Deckung des ehelichen Lebensbedarfs verwendet wurde (Sparquote). Wenn der Unterhaltspflichtige substantiiert – beispielsweise durch die Darlegung des konkreten Bedarfs oder der Sparquote – widerspricht, bleibt es hinsichtlich der Höhe des zu Konsumzwecken eingesetzten Einkommensanteils bei der vollen Darlegungslast und Beweislast des Unterhaltsberechtigten.

Ab welcher Einkommenshöhe eine tatsächliche Vermutung für den vollständigen Verbrauch der Einkünfte zur Deckung des laufenden Lebensbedarfs entfällt, bleibt der tatrichterlichen Würdigung im Einzelfall vorbehalten. Jedenfalls ab einem bereinigten Einkommen der Ehegatten von mehr als dem Betrag der höchsten Einkommensgruppe der Düsseldorfer Tabelle[1](derzeit 11.200 EUR) gilt diese Vermutung in der Regel nicht.

Auf einen konkret festgestellten Bedarf ist Einkommen des Berechtigten ohne Berücksichtigung eines Erwerbstätigenbonus anzurechnen.

Bei sehr guten Einkommensverhältnissen hat der Unterhaltsberechtigte ein Wahlrecht, nach welcher Methode er seinen Unterhalt berechnen will. Der Quotenunterhalt stellt unter Berücksichtigung eines objektiven Maßstabs im Hinblick auf die Halbteilung die Obergrenze auch bei der konkreten Bedarfsbemessung dar.

15.4

Verlangt der Berechtigte neben dem Elementarunterhalt Vorsorgeunterhalt für Alter, Krankheit und Pflegebedürftigkeit, den er aus seinen eigenen Einkünften

[1] Nr. **47**.

nicht decken kann, sind die vom Pflichtigen hierfür geschuldeten Beträge wie eigene Vorsorgeaufwendungen (Nr. 10.1) von seinem Einkommen abzuziehen.

Die zweistufige Berechnung und der Vorwegabzug des Vorsorgeunterhalts für Alter, Krankheit oder Pflegebedürftigkeit können unterbleiben, soweit nicht prägendes Einkommen in einer den ungedeckten Vorsorgebedarf übersteigenden Höhe zur Verfügung steht, also entweder der Verpflichtete über nicht prägendes Einkommen verfügt oder nicht prägendes Einkommen des Berechtigten bedarfsdeckend angerechnet wird. Dies kann insbesondere bei einer Berechnung nach Nr. 15.3 der Fall sein.

Altersvorsorgeunterhalt wird wegen Vorrangs des Elementarunterhalts nicht geschuldet, wenn bzw. soweit das Existenzminimum des Berechtigten nicht gesichert ist.

Bei der zweistufigen Ermittlung des Altersvorsorgeunterhalts wird zunächst ein vorläufiger Elementarunterhalt nach Nrn. 15.2, 21.4 bestimmt. Einkünfte des Berechtigten, die zu keiner Altersvorsorge führen, bleiben unberücksichtigt. Hinzu kommt ein Zuschlag entsprechend der jeweils gültigen Bremer Tabelle[1]. Von dieser Bruttobemessungsgrundlage wird mit Hilfe des jeweiligen Beitragssatzes in der gesetzlichen Rentenversicherung (Arbeitgeber- und Arbeitnehmerbeitrag) der Vorsorgeunterhalt errechnet. Dieser wird vom bereinigten Nettoeinkommen des Verpflichteten abgezogen; auf dieser Basis wird der endgültige Elementarunterhalt errechnet.

15.5

Ohne Auswirkung auf den Unterhaltsbedarf sind nacheheliche Entwicklungen, die keinen Anknüpfungspunkt in der Ehe haben, wie die Unterhaltspflicht gegenüber einem neuen Ehegatten, der Splittingvorteil aus der neuen Ehe, sonstige von der neuen Ehe abhängige Einkommenszuschläge, der Vorteil des Zusammenlebens in der neuen Ehe, Unterhaltspflichten für nachehelich geborene Kinder und hierdurch bedingte Ansprüche nach § 1615l BGB[2]. Allerdings können diese Veränderungen bei Gleichrang zu einer Einschränkung der Leistungsfähigkeit (§ 1581 BGB, relativer Mangelfall) und zu einer Begrenzung des geschuldeten Unterhalts führen (siehe Nrn. 21.3.2 Abs. 2 bis 4).

15.6

Trennungsbedingter Mehrbedarf kann berücksichtigt werden, wenn der Berechtigte oder der Verpflichtete über zusätzliches nicht prägendes Einkommen verfügt, das die Zahlung des nach dem prägenden Einkommen berechneten Unterhalts sowie des trennungsbedingten Mehrbedarfs erlaubt.

15.7

Nach Scheidung der Ehe ist in der Regel zunächst Unterhalt nach dem eheangemessenen Bedarf zu zahlen. Vor einer Herabsetzung und/oder Begrenzung des Unterhaltsanspruchs ist dem berechtigten Ehegatten regelmäßig eine auch unter Berücksichtigung der Ehedauer angemessene Übergangsfrist einzuräumen.

Bei der Billigkeitsprüfung nach § 1578b BGB[2] ist vorrangig zu berücksichtigen, ob ehebedingte Nachteile eingetreten sind. Im Rahmen der Billigkeitsabwägung sind daneben insbesondere die beiderseitigen Einkommens- und Vermögensverhältnisse, der Vermögenserwerb während der Ehe, Beiträge zur beruflichen Ent-

[1] Nr. **47f/1.**
[2] **Habersack, Deutsche Gesetze Nr. 20.**

wicklung des anderen Ehegatten sowie die Dauer und Umfang des gezahlten Trennungsunterhalts zu berücksichtigen. Der Dauer der Ehe kommt in diesem Rahmen eine besondere Bedeutung zu. Fortwirkende ehebedingte Nachteile des Unterhaltsberechtigten stehen in der Regel einer Unterhaltsbefristung und einer Herabsetzung unter den angemessenen Bedarf entgegen. Etwas anderes kann gelten, wenn beide Ehegatten fortwirkende ehebedingte Nachteile erlitten haben. Bei Fehlen oder nach dem Wegfall ehebedingter Nachteile kann eine fortwirkende nacheheliche Solidarität einer Begrenzung des Anspruchs auf nachehelichen Unterhalt entgegenstehen oder eine Verlängerung der Unterhaltsdauer geboten erscheinen lassen.

Der bereits zweckbefristete Anspruch auf Betreuungsunterhalt nach § 1570 BGB ist nicht nach § 1578b Abs. 2 BGB zeitlich zu befristen, kann aber gem. § 1578b Abs. 1 BGB bis zum angemessenen Bedarf des Berechtigten herabgesetzt werden. Ein nicht auf § 1570 BGB beruhender Unterhaltsanteil kann nach § 1578b BGB zeitlich begrenzt werden.

16. Bedürftigkeit

Eigenes Einkommen des Berechtigten ist auf den Bedarf (Nr 15) anzurechnen.

17. Erwerbsobliegenheit

17.1

Bei Kindesbetreuung besteht bis zur Vollendung des dritten Lebensjahres eines gemeinsamen Kindes keine Erwerbsobliegenheit. Eine gleichwohl ausgeübte Erwerbstätigkeit ist überobligatorisch, hieraus erzieltes Einkommen ist entsprechend § 1577 Abs. 2 BGB[1)] nach Billigkeit zu berücksichtigen.

Nachdem das jüngste Kind sein drittes Lebensjahr vollendet hat, kommt es bei Beurteilung der Frage, ob und inwieweit der betreuende Ehegatte auf eine Erwerbstätigkeit verwiesen werden kann, auf die Verhältnisse des Einzelfalls an, wobei in der Regel ein abrupter Wechsel durch einen stufenweisen Übergang zu einer vollschichtigen Erwerbstätigkeit vermieden werden soll. Bei der Entscheidung über die Verlängerung des Unterhaltsanspruchs sind kindbezogene Gründe (§ 1570 Abs. 1 S. 3 BGB) und elternbezogene Gründe (§ 1570 Abs. 2 BGB) zu berücksichtigen.

Maßgeblich sind insbesondere die konkrete Betreuungssituation (Anzahl und Alter des bzw. der zu betreuenden gemeinsamen Kinder, die individuelle Betreuungsbedürftigkeit des bzw. der gemeinsamen Kinder, Verfügbarkeit und Qualität der Betreuungseinrichtungen und die verlässliche Bereitschaft des unterhaltspflichtigen Elternteils, sich an der Betreuung zu beteiligen), die gemeinsame Ausgestaltung der Kinderbetreuung während des ehelichen Zusammenlebens und das hierdurch gewachsene Vertrauen in die vereinbarte und praktizierte Rollenverteilung.

Der Umfang der Erwerbsobliegenheit beurteilt sich nach der Gesamtbelastung durch die Erwerbstätigkeit und die Kinderbetreuung. Eine tatsächlich ausgeübte Tätigkeit indiziert im Regelfall deren Vereinbarkeit mit der Kinderbetreuung, kann aber überobligatorisch sein, wenn kind- oder elternbezogene Gründe einen Anspruch auf Betreuungsunterhalt rechtfertigen würden.

Die vorstehenden Kriterien gelten in gleicher Weise, wenn der betreuende Elternteil auf Ehegattenunterhalt in Anspruch genommen wird.

[1)] **Habersack, Deutsche Gesetze Nr. 20.**

Umstände, die einer vollen oder teilweisen Erwerbsobliegenheit ab Vollendung des dritten Lebensjahres des Kindes entgegenstehen, hat der betreuende Elternteil darzulegen und zu beweisen. Dies gilt auch, wenn ein Titel über den Betreuungsunterhalt abgeändert werden soll.

17.2

Beim Trennungsunterhalt besteht für den Berechtigten im ersten Jahr nach der Trennung in der Regel keine Obliegenheit zur Aufnahme oder Ausweitung einer Erwerbstätigkeit.

18. Ansprüche nach § 1615l BGB[1)]

Der Bedarf des nach § 1615l BGB unterhaltsberechtigten betreuenden Elternteils bemisst sich allein nach dessen Lebensstellung. Maßgeblich ist, welche Einkünfte der unterhaltsberechtigte Elternteil ohne die Geburt und die Betreuung des gemeinsamen Kindes erreicht hätte. Der so ermittelte Betrag ist nicht auf den Zeitpunkt der Geburt des Kindes festgeschrieben, so dass sich etwa infolge der allgemein üblichen Gehaltssteigerungen ein höherer Bedarf ergeben kann. Der Bedarf ist auch dann nicht nach dem Einkommen des Pflichtigen zu bemessen, wenn dieser mit dem betreuenden Elternteil zusammengelebt hat. Er kann sich auch aus einem Unterhaltsanspruch gegen einen früheren Ehegatten ergeben, darf aber das Existenzminimum für Nichterwerbstätige (Anm. B. IV Nr. 2 der Düsseldorfer Tabelle[2)]) nicht unterschreiten.

Eine Begrenzung des Unterhaltsanspruchs des nach § 1615l BGB berechtigten Elternteils erfolgt durch den Halbteilungsgrundsatz sowie durch den dem Unterhaltspflichtigen zu belassenden Selbstbehalt (vgl. Anm. D. III der Düsseldorfer Tabelle). Der Anspruch nach § 1615l BGB ist begrenzt auf den Betrag, der einem Ehegatten in gleicher Lage zustünde.

Zur Frage der Berücksichtigung eigener Einkünfte, zu Abzügen und zur Erwerbsobliegenheit gelten die Ausführungen für den Ehegatten entsprechend.

Die Unterhaltspflicht des nichtbetreuenden Elternteils besteht für mindestens drei Jahre nach der Geburt des Kindes. Sie verlängert sich, solange und soweit dies der Billigkeit entspricht. Dabei sind insbesondere die Belange des Kindes und die bestehenden Möglichkeiten der Kinderbetreuung zu berücksichtigen. Die Ausführungen unter Nr. 17.1 zum Ehegattenunterhalt gelten entsprechend.

19. Elternunterhalt

Der Bedarf der Eltern bemisst sich in erster Linie nach deren Einkommens- und Vermögensverhältnissen. Er ist konkret darzulegen. Mindestens muss jedoch das Existenzminimum eines Nichterwerbstätigen (Anm. B. IV Nr. 2 der Düsseldorfer Tabelle[2)]) sichergestellt werden. Darin sind Kosten der Kranken- und Pflegeversicherung nicht enthalten. Etwaiger Mehrbedarf ist zusätzlich auszugleichen. Bei *einem Heimaufenthalt* des Berechtigten wird der Bedarf durch die dadurch anfallenden notwendigen Kosten zuzüglich eines Barbetrags für die persönlichen Bedürfnisse entsprechend § 27b SGB XII bestimmt. Leistungen zur Grundsicherung nach §§ 41 ff SGB XII sind zu berücksichtigen. Die Regelungen des Gesetzes zur Entlastung unterhaltspflichtiger Angehöriger in der Sozialhilfe und in der Eingliederungshilfe (Angehörigenentlastungsgesetz) sind bei Bemessung des Unterhalts zu berücksichtigen.

[1)] **Habersack, Deutsche Gesetze Nr. 20.**
[2)] Nr. **47**.

20.

Nicht belegt.

Leistungsfähigkeit und Mangelfall

21. Selbstbehalt des Verpflichteten

21.1

Der Unterhaltsverpflichtete ist leistungsfähig, soweit ihm der Selbstbehalt verbleibt. Es ist zu unterscheiden zwischen dem notwendigen (§ 1603 Abs. 2 BGB[1]) und dem angemessenen Selbstbehalt.

21.2

Der notwendige Selbstbehalt gilt gegenüber minderjährigen unverheirateten und ihnen gleichgestellten volljährigen Kindern (§ 1603 Abs. 2 S. 2 BGB[1]). Er beträgt nach Anm. A. 5 der Düsseldorfer Tabelle[2] derzeit für Nichterwerbstätige 1.200 EUR und für Erwerbstätige 1.450 EUR.

Bei Deckung des Mindestunterhalts gilt auch gegenüber Ansprüchen minderjähriger Kinder und ihnen gleichgestellter volljähriger Kinder der angemessene Selbstbehalt nach Nr. 21.3.1.

21.3

Der angemessene Selbstbehalt gilt gegenüber volljährigen Kindern, die minderjährigen Kindern nicht gleichgestellt sind, dem Ehegatten, der Mutter oder dem Vater eines nicht ehelich geborenen Kindes gemäß § 1615l BGB[1] sowie den Eltern des Unterhaltsverpflichteten.

21.3.1

Der angemessene Selbstbehalt gegenüber volljährigen Kindern (§ 1603 Abs. 1) beträgt nach Anm. A. 5 der Düsseldorfer Tabelle[2] derzeit 1.750 EUR.

21.3.2

Der angemessene Selbstbehalt gegenüber dem Ehegatten sowohl beim Trennungs- als auch beim nachehelichen Unterhalt und gegenüber Ansprüchen nach § 1615l BGB[1] beträgt gemäß Anm. B. III und D. III der Düsseldorfer Tabelle[2] bei Erwerbstätigkeit des Unterhaltspflichtigen 1.600 EUR und sonst 1.475 EUR.

Im Rahmen der Leistungsfähigkeit des Unterhaltspflichtigen nach § 1581 BGB ist ferner ein individueller Selbstbehalt zu berücksichtigen, bei dem der Halbteilungsgrundsatz zu beachten ist, was zu einem relativen Mangelfall führen kann, wenn dem Unterhaltspflichtigen für den eigenen Unterhalt weniger verbleibt, als der Unterhaltsberechtigte mit dem Unterhalt zur Verfügung hat. Sonstige Verpflichtungen gegenüber anderen Unterhaltsberechtigten, die nicht bereits den Bedarf des Unterhaltsberechtigten beeinflusst haben, sind entsprechend ihrem Rang zu berücksichtigen. Der Rang bestimmt sich auch dann nach § 1609 Nr. 2 BGB, wenn der Anspruch auf Ehegattenunterhalt nur teilweise auf § 1570 BGB beruht.

Sind ein geschiedener und ein neuer Ehegatte nach § 1609 BGB gleichrangig, ist im Rahmen der Leistungsfähigkeit des Unterhaltspflichtigen eine Billigkeitsabwägung in Form einer Dreiteilung des gesamten unterhaltsrelevanten Einkom-

[1] **Habersack, Deutsche Gesetze Nr. 20.**
[2] Nr. **47**.

mens zulässig. Weitere individuelle Billigkeitserwägungen können berücksichtigt werden.

Die Erwerbsobliegenheit des neuen, mit dem Unterhaltspflichtigen zusammenlebenden Ehegatten bestimmt sich nach Maßgabe der §§ 1569 ff BGB, wobei ein Anspruch nach § 1570 Abs. 2 BGB wegen elternbezogener Gründe, die auf der Rollenverteilung in der neuen Ehe beruhen, in der Regel außer Betracht bleibt.

21.3.3

Wegen des dem Unterhaltspflichtigen zu belassenden Selbstbehalts gegenüber Ansprüchen auf Elternunterhalt wird auf Anm. D I der Düsseldorfer Tabelle[1)] verwiesen.

21.4

Bei Zusammenleben mit einem Ehegatten oder Partner, der sich in angemessener Weise an den Kosten der Haushaltsführung beteiligen kann, kommt eine Herabsetzung des Selbstbehalts in Betracht. Die Ersparnis kann im Regelfall mit 10 % des jeweiligen Selbstbehalts angesetzt werden.

22. Bedarf des mit dem Pflichtigen zusammenlebenden Ehegatten

Insoweit wird auf Anm. B. V der Düsseldorfer Tabelle[1)] verwiesen.

23. Mangelfall

23.1

Ein absoluter Mangelfall liegt vor, wenn das Einkommen des Unterhaltsverpflichteten zur Deckung seines Selbstbehalts und der gleichrangigen Unterhaltsansprüche der Berechtigten nicht ausreicht. Für diesen Fall ist die nach Abzug des Eigenbedarfs (Selbstbehalts) des Unterhaltspflichtigen verbleibende Verteilungsmasse auf die gleichrangigen Unterhaltsberechtigten im Verhältnis ihrer jeweiligen Einsatzbeträge gleichmäßig zu verteilen.

23.2

Die Einsatzbeträge im Mangelfall belaufen sich bei minderjährigen und diesen nach § 1603 Abs. 2 S. 2 BGB[2)] gleichgestellten volljährigen Kindern auf den Unterhalt nach der 1. Einkommensgruppe der jeweiligen Altersstufe der Düsseldorfer Tabelle[1)] (Zahlbetrag).

24. Rundung

Der Unterhalt ist auf volle Euro zu runden.

Anhang

Rechenbeispiel zu Nr. 15.2

a)

Nur ein Ehegatte hat Einkommen:

Erwerbseinkommen V:	2.800 €
B (ohne Einkommen) ist wegen Krankheit erwerbsunfähig Ehegattenunterhalt: 2.800 € × 45 % =	1.260 €

[1)] Nr. 47.
[2)] **Habersack, Deutsche Gesetze Nr. 20.**

b)

Beide Ehegatten haben prägendes Einkommen:

Erwerbseinkommen V:	2.800 €
Erwerbseinkommen B:	2.100 €

Unterhaltsberechnung nach der Quotenbedarfsmethode (vgl. Ziff. 15.2):

Der Bedarf beträgt	2.415 €
nämlich 2.800 € × 45 % + 2.100 € × 55 %.	
Auf den Bedarf ist das Erwerbseinkommen B von mit 100 % anzurechnen.	2.100 €
Es bleibt ein ungedeckter Bedarf (Anspruch) von	315 €.

Verkürzte Unterhaltsberechnung in diesem Fall nach der Differenzmethode:

(2.800 € – 2.100 €) × 45 % =	315 €

c)

Beide Ehegatten haben prägendes Einkommen, B hat zusätzlich nicht prägende Einkünfte (z.B. Lottogewinn, Erbschaft, nach unvorhersehbarem Karrieresprung, unzumutbares Einkommen):

prägendes Erwerbseinkommen V:	2.800 €
prägendes Erwerbseinkommen B:	1.050 €
zusätzliches nicht prägendes Zinseinkommen B:	350 €

Unterhaltsberechnung nach der Quotenbedarfsmethode (vgl. Nr. 15.2):

Bedarf B: 2.800 € × 45 % + 1.050 € × 55 % =	1.837,50 €
anzurechnen:	
das prägende Erwerbseinkommen von B (1.050 € × 100 %)	1.050 €
das nicht prägende Einkommen von B	350 €
Restbedarf (= Anspruch):	437,50 €

Unterhaltsberechnung nach der Additionsmethode:

Bedarf B: 1/2 (2.800 € × 90 % + 1.050 € × 90 %) =	1.732,50 €
anzurechnen:	
Gesamteinkommen B: 1.050 € × 90 % + 350 € =	1.295 €
Restbedarf (Anspruch)	437,50 €

d)

V hat prägendes, B hat nicht prägendes Einkommen (Zinsen aus nach Scheidung angefallener Erbschaft). Bei B, nicht bei V, ist trennungsbedingter Mehrbedarf von 150 € zu berücksichtigen:

Prägendes Erwerbseinkommen V:	2.800 €
nicht prägendes Zinseinkommen B:	300 €

Unterhaltsberechnung nach der Anrechnungsmethode:

Bedarf B: 45 % × 2.800 € =	1.260 €
trennungsbedingter Mehrbedarf B:	150 €

Gesamtbedarf B:	1.410 €
anzurechnen: 100 % × 300 € =	300 €
Restbedarf:	1.110 €.
V ist leistungsfähig, weil ihm mit 1.690 € mehr als sein Bedarf von (2.800 € × 55 % =)	1.540 €
verbleibt.	

Zu Nr. 23 Mangelfall

Wegen der Unterhaltsberechnung im Mangelfall wird auf das Rechenbeispiel in der Düsseldorfer Tabelle[1] unter Anm. C. Bezug genommen.

[1] Nr. **47**.

47 a. Berliner Tabelle als Vortabelle zur Düsseldorfer Tabelle

Hinweis zur Berliner Tabelle ab dem Jahr 2008

In Abstimmung mit der Unterhaltskommission des Deutschen Familiengerichtstages wird mitgeteilt:

Für *Unterhaltsansprüche ab 1. Januar 2008* ist die im Jahre 1991 für den Beitrittsteil des Landes Berlin konzipierte und zuletzt zum 1. Juli 2007 geänderte „*Berliner Tabelle* als Vortabelle zur Düsseldorfer Tabelle" *nicht mehr anzuwenden*. Es gilt nunmehr in ganz Deutschland die Düsseldorfer Tabelle (Stand: 1. Januar 2008) in Verbindung mit den Unterhaltsleitlinien des jeweiligen Oberlandesgerichts. Denn durch das ab 1. Januar 2008 geltende Gesetz zur Änderung des Unterhaltsrechts entfällt für die Unterhaltshöhe die bislang übliche Differenzierung nach dem Wohnsitz des Kindes im alten oder im neuen Bundesgebiet, so dass für die in den neuen Bundesländern oder in den östlichen Bezirken von Berlin lebenden Kinder keine Sonderregelungen mehr zu beachten sind (siehe BT-Drucksache 16/1830 S. 14, 27; BT-Drucksache 16/6980 S. 23).

Hinsichtlich der bis zum 31. Dezember 2007 für die im Beitrittsgebiet wohnenden Kinder zu errechnenden *Unterhaltsrückstände* kommt der Berliner Tabelle aber nach wie vor Bedeutung zu.

Zusammenstellung der Tabellenbedarfsbeträge, der Kindergeldabzugsbeträge und der Unterhaltszahlbeträge ab 1. 1. 2008 für alle Kinder der 1. bis 4. Altersstufe nebst einer kurzen Erläuterung

Die Düsseldorfer Tabelle (DT) ab 1. 1. 2008 führt zu folgenden *Zahlbeträgen* in Euro (Tabellenbedarfsbetrag – hälftiges Kindergeld in der 1. bis 3. Altersstufe bzw. – volles Kindergeld in der 4. Altersstufe [zur Höhe siehe § 66 Abs. 1 EStG, § 6 BKGG] = Zahlbetrag):

Kind	Gruppe der DT [Nettoeinkommen des Barunterhaltspflichtigen]	1. Altersstufe 0–5 (Geburt bis 6. Geburtstag)	2. Altersstufe 6–11 (6. bis 12. Geburtstag)	3. Altersstufe 12–17 (12. bis 18. Geburtstag)	4. Altersstufe ab 18 (wenn im Elternhaushalt lebend)	Prozent
1. bis 3.	1 [bis 1500]	279–77 = 202	322–77 = 245	365–77 = 288	408–154 = 254	100
ab 4.	1 [bis 1500]	279–89,50 = 189,50	322–89,50 = 232,50	365–89,50 = 275,50	408–179 = 229	100
1. bis 3.	2 [1501–1900]	293–77 = 216	339–77 = 262	384–77 = 307	429–154 = 275	105
ab 4.	2 [1501–1900]	293–89,50 = 203,50	339–89,50 = 249,50	384–89,50 = 294,50	429–179 = 250	105
1. bis 3.	3 [1901–2300]	307–77 = 230	355–77 = 278	402–77 = 325	449–154 = 295	110
ab 4.	3 [1901–2300]	307–89,50 = 217,50	355–89,50 = 265,50	402–89,50 = 312,50	449–179 = 270	110

Kind	Gruppe der DT [Nettoeinkommen des Barunterhaltspflichtigen]	1. Altersstufe 0–5 (Geburt bis 6. Geburtstag)	2. Altersstufe 6–11 (6. bis 12. Geburtstag)	3. Altersstufe 12–17 (12. bis 18. Geburtstag)	4. Altersstufe ab 18 (wenn im Elternhaushalt lebend)	Prozent
1. bis 3.	4 [2301–2700]	321–77 = 244	371–77 = 294	420–77 = 343	470–154 = 316	115
ab 4.	4 [2301–2700]	321–89,50 = 231,50	371–89,50 = 281,50	420–89,50 = 330,50	470–179 = 291	115
1. bis 3.	5 [2701–3100]	335–77 = 258	387–77 = 310	438–77 = 361	490–154 = 336	120
ab 4.	5 [2701–3100]	335–89,50 = 245,50	387–89,50 = 297,50	438–89,50 = 348,50	490–179 = 311	120
1. bis 3.	6 [3101–3500]	358–77 = 281	413–77 = 336	468–77 = 391	523–154 = 369	128
ab 4.	6 [3101–3500]	358–89,50 = 268,50	413–89,50 = 323,50	468–89,50 = 378,50	523–179 = 344	128
1. bis 3.	7 [3501–3900]	380–77 = 303	438–77 = 361	497–77 = 420	555–154 = 401	136
ab 4.	7 [3501–3900]	380–89,50 = 290,50	438–89,50 = 348,50	497–89,50 = 407,50	555–179 = 376	136
1. bis 3.	8 [3901–4300]	402–77 = 325	464–77 = 387	526–77 = 449	588–154 = 434	144
ab 4.	8 [3901–4300]	402–89,50 = 312,50	464–89,50 = 374,50	526–89,50 = 436,50	588–179 = 409	144
1. bis 3.	9 [4301–4700]	425–77 = 348	490–77 = 413	555–77 = 478	621–154 = 467	152
ab 4.	9 [4301–4700]	425–89,50 = 335,50	490–89,50 = 400,50	555–89,50 = 465,50	621–179 = 442	152
1. bis 3.	10 [4701–5100]	447–77 = 370	516–77 = 439	584–77 = 507	653–154 = 499	160
ab 4.	10 [4701–5100]	447–89,50 = 357,50	516–89,50 = 426,50	584–89,50 = 494,50	653–179 = 474	160

Die *Zahlbeträge* und *nicht* die *Tabellenbedarfsbeträge* der Düsseldorfer Tabelle (Stand: 1. 1. 2008) sind nach dem ab 1. 1. 2008 geltenden Recht grundsätzlich maßgebend, weil die Berücksichtigung des Kindergeldes geändert worden ist und dieses nach § 1612b Abs. 1 BGB n. F. bei einem minderjährigen, von einem Elternteil betreuten Kind vorab zur Hälfte oder sonst in voller Höhe zur Deckung des Barbedarfs des Kindes zu verwenden ist, das Kindergeld mithin wie Einkommen des Kindes behandelt wird.

Für die Frage, ob ein *Mangelfall* vorliegt, kommt es allein auf den vom Unterhaltspflichtigen zu leistenden Zahlbetrag an (siehe die Düsseldorfer Tabelle bei C. Mangelfälle). Ein Mangelfall liegt im Verhältnis der gemäß § 1609 Nr. 1 BGB n. F. vorrangigen minderjährigen Kinder sowie der gleichgestellten volljährigen unverheirateten Kinder, die das 21. Lebensjahr noch nicht vollendet haben und im Elternhaushalt leben und sich in der allgemeinen Schulausbildung befinden (§ 1603 Abs. 2 S. 2 BGB), nur vor, wenn der notwendige Eigenbedarf (Selbstbehalt) des Unterhaltsverpflichteten von monatlich 900 EUR bei einem Erwerbstätigen bzw. von monatlich 770 EUR bei einem Nichterwerbstätigen nach dem Abzug des Unterhaltszahlbetrages vom Nettoeinkommen des Pflichtigen unterschritten wird. Soweit der Barunterhaltspflichtige den Zahlbetrag im Hinblick auf seinen notwendigen Selbstbehalt nicht leisten kann, ist er durch den Selbstbehalt geschützt und sind nur seine darüber hinausgehenden Nettoeinkünfte unterhaltspflichtig.

Die *Tabellenbedarfsbeträge* sind aber noch von Bedeutung für den in einem *dynamisierten,* nur von einem *minderjährigen Kind* zu erwirkenden *Unterhaltstitel* genannten *Prozentsatz* des jeweiligen Mindestunterhalts der jeweiligen Altersstufe (§ 36 Nr. 4 EGZPO, § 1612a BGB n. F.). Da hiervon die Hälfte des jeweiligen gesetzlichen Kindergeldes für ein erstes Kind abzuziehen ist und im dynamisierten Unterhaltstitel der Prozentsatz und der Kindergeldabzug getrennt genannt werden müssen, weil diese gesondert geändert werden können, muss der Prozentsatz aus dem Verhältnis des (noch nicht durch den Vorwegabzug des hälftigen Kindergelds geminderten) Tabellenbedarfsbetrages zum Mindestunterhalt errechnet werden. Dies ergibt, nach § 1612 a Abs. 2 S. 1 BGB begrenzt auf eine Dezimalstelle, z. B. für ein Kind der 1. Altersstufe und Gruppe 5 der DT (335 EUR Tabellenbedarf: 279 EUR Mindestunterhalt =) 120,0%. Der Mindestunterhalt für die minderjährigen Kinder entspricht den in Gruppe 1 für die 1. bis 3. Altersstufe genannten Tabellenbedarfsbeträgen.

Für *volljährige Kinder* gibt es keinen Mindestunterhalt. Der Tabellenbedarfsbetrag von 408 EUR der 4. Altersstufe und Gruppe 1 der DT ist errechnet worden, indem zum Bedarfsbetrag der 3. Altersstufe die Differenz zur 2. Altersstufe, mithin (365 EUR – 322 EUR =) 43 EUR hinzugerechnet worden sind. Bei allen volljährigen Kindern, auch beim gleichgestellten volljährigen Kind, muss das *volle Kindergeld* gemäß § 1612 b Abs. 1 Nr. 2 BGB n. F. vom Unterhaltsbedarf vorab bedarfsdeckend wie Einkommen abgezogen werden. Ferner gilt für alle volljährigen Kinder unverändert die Vorschrift des § 1606 Abs. 3 S. 1 BGB über die *anteilige Haftung beider Elternteile.*

Mit der vorstehenden Zusammenstellung und ihrer Erläuterung sollen der Praxis die Kindesunterhaltsberechnungen erleichtert werden.

47b. Unterhaltsrechtliche Leitlinien der Familiensenate in Süddeutschland (SüdL)[1)]

Oberlandesgerichte Bamberg, Karlsruhe, München, Nürnberg, Stuttgart und Zweibrücken

(Stand: 1. Januar 2024)

Die Familiensenate der Süddeutschen Oberlandesgerichte verwenden diese Leitlinien als Orientierungshilfe für den Regelfall unter Beachtung der Rechtsprechung des Bundesgerichtshofs, wobei die Angemessenheit des Ergebnisses in jedem Fall zu überprüfen ist.

Das Tabellenwerk der Düsseldorfer Tabelle[2)] ist eingearbeitet. Die Erläuterungen werden durch nachfolgende Leitlinien ersetzt.

Unterhaltsrechtlich maßgebendes Einkommen

Bei der Ermittlung und Zurechnung von Einkommen ist stets zu unterscheiden, ob es um Verwandten- oder Ehegattenunterhalt sowie ob es um Bedarfsbemessung einerseits oder Feststellung der Bedürftigkeit/Leistungsfähigkeit andererseits geht. Das unterhaltsrechtliche Einkommen ist nicht immer identisch mit dem steuerrechtlichen Einkommen.

1. Geldeinnahmen

1.1 Auszugehen ist vom Bruttoeinkommen als Summe aller Einkünfte.

1.2 Soweit Leistungen nicht monatlich anfallen (z.B Weihnachts- und Urlaubsgeld), werden sie auf ein Jahr umgelegt. Einmalige Zahlungen (z.B. Abfindungen) sind auf einen angemessenen Zeitraum (in der Regel mehrere Jahre) zu verteilen.

1.3 Überstundenvergütungen werden dem Einkommen voll zugerechnet, soweit sie berufstypisch sind und das in diesem Beruf übliche Maß nicht überschreiten.

1.4 Ersatz für Spesen und Reisekosten sowie Auslösungen gelten in der Regel als Einkommen. Damit zusammenhängende Aufwendungen, vermindert um häusliche Ersparnis, sind jedoch abzuziehen. Bei Aufwendungspauschalen (außer Kilometergeld) kann 1/3 als Einkommen angesetzt werden.

1.5 Bei Ermittlung des zukünftigen Einkommens eines Selbständigen ist in der Regel der Gewinn der letzten drei Jahre zugrunde zu legen. Für zurückliegende Zeiträume ist vom tatsächlichen Einkommen auszugehen.

1.6 Einkommen aus Vermietung und Verpachtung sowie aus Kapitalvermögen ist der Überschuss der Bruttoeinkünfte über die Werbungskosten. Für Gebäude ist keine AfA anzusetzen.

---

1) In der jeweils aktuellen Fassung kostenlos abrufbar unter www.oberlandesgericht-stuttgart.de.

2) Nr. **47**.

1.7 Steuerzahlungen oder Erstattungen sind in der Regel im Kalenderjahr der tatsächlichen Leistung zu berücksichtigen.

1.8 Sonstige Einnahmen, z.B. Trinkgelder.

2. Sozialleistungen

2.1 Arbeitslosengeld (§ 136 SGB III) und Krankengeld.

2.2 Leistungen zur Sicherung des Lebensunterhalts nach §§ 19 ff. SGB II sind kein Einkommen, es sei denn, die Nichtberücksichtigung der Leistungen ist in Ausnahmefällen treuwidrig; nicht subsidiäre Leistungen nach dem SGB II sind Einkommen (insbesondere Entschädigung für Mehraufwendungen „Ein-Euro-Job" § 16 SGB II, Freibeträge nach § 11b III SGB II).

2.3 Wohngeld, soweit es nicht erhöhte Wohnkosten deckt.

2.4 BAföG-Leistungen, auch soweit sie als Darlehen gewährt werden, mit Ausnahme von Vorausleistungen nach §§ 36, 37 BAföG[1].

2.5 Elterngeld ist Einkommen, soweit es über den Sockelbetrag in Höhe von 300 €, bei verlängertem Bezugsrecht über 150 € hinausgeht. Der Sockelbetrag (§ 11 S. 4 BEEG[2]) ist kein Einkommen, es sei denn, es liegt einer der Ausnahmefälle des § 11 S. 4 BEEG vor.

2.6 Unfallrenten.

2.7 Leistungen aus der Pflegeversicherung, Blindengeld, Versorgungsrenten, Schwerbeschädigten- und Pflegezulagen nach Abzug eines Betrags für tatsächliche Mehraufwendungen; §§ 1610a, 1578a BGB[3] sind zu beachten.

2.8 Der Anteil des Pflegegelds bei der Pflegeperson, durch den ihre Bemühungen abgegolten werden; bei Pflegegeld aus der Pflegeversicherung gilt dies nach Maßgabe des § 13 VI SGB XI.

2.9 In der Regel Leistungen nach §§ 41–43 SGB XII (Grundsicherung) beim Verwandtenunterhalt, nicht aber beim Ehegattenunterhalt.

2.10/11 Kein Einkommen sind sonstige Sozialhilfe nach SGB XII und Leistungen nach dem UVG[4]. Die Unterhaltsforderung eines Empfängers dieser Leistungen kann in Ausnahmefällen treuwidrig sein. (Vgl. Ziffer 2.2).

3. Kindergeld

Kindergeld wird nicht zum Einkommen der Eltern gerechnet (vgl. Nr. 14).

4. Geldwerte Zuwendungen des Arbeitgebers

Geldwerte Zuwendungen aller Art des Arbeitgebers, z.B. Firmenwagen oder freie Kost und Logis, sind Einkommen, soweit sie entsprechende Eigenaufwendungen ersparen.

---

[1] **Sartorius Nr. 420.**
[2] Nr. **45e**.
[3] **Habersack, Deutsche Gesetze Nr. 20.**
[4] Nr. **45d**.

5. Wohnwert

Der Wohnvorteil durch mietfreies Wohnen im eigenen Heim ist als wirtschaftliche Nutzung des Vermögens unterhaltsrechtlich wie Einkommen zu behandeln. Neben dem Wohnwert sind auch Zahlungen nach dem Eigenheimzulagengesetz anzusetzen.

Bei der Bemessung des Wohnvorteils ist auszugehen von der Nettomiete, d.h. nach Abzug der auf einen Mieter nach § 2 BetrKV[1] umlegbaren Betriebskosten. Hiervon können in Abzug gebracht werden der berücksichtigungsfähige Schuldendienst, erforderliche Instandhaltungs- und Instandsetzungskosten und solche Kosten, die auf einen Mieter nicht nach § 2 BetrKV umgelegt werden können.

Auszugehen ist vom vollen Mietwert. Wenn es nicht möglich oder nicht zumutbar ist, die Wohnung aufzugeben und das Objekt zu vermieten oder zu veräußern, kann stattdessen die ersparte Miete angesetzt werden, die angesichts der wirtschaftlichen Verhältnisse angemessen wäre. Dies kommt in der Regel für die Zeit bis zur Rechtshängigkeit des Scheidungsantrags in Betracht.

6. Haushaltsführung

Führt jemand einem leistungsfähigen Dritten den Haushalt, so ist hierfür ein Einkommen anzusetzen; bei Haushaltsführung durch einen Nichterwerbstätigen geschieht das in der Regel mit einem Betrag von 200 € bis 550 €.

7. Einkommen aus unzumutbarer Erwerbstätigkeit

Einkommen aus unzumutbarer Erwerbstätigkeit kann nach Billigkeit ganz oder teilweise unberücksichtigt bleiben.

8. Freiwillige Zuwendungen Dritter

Freiwillige Zuwendungen Dritter (z.B. Geldleistungen, kostenloses Wohnen) sind als Einkommen zu berücksichtigen, wenn dies dem Willen des Dritten entspricht.

9. Erwerbsobliegenheit und Einkommensfiktion

Einkommen können auch aufgrund einer unterhaltsrechtlichen Obliegenheit erzielbare Einkünfte sein.

10. Bereinigung des Einkommens

10.1 Vom Bruttoeinkommen sind Steuern, Sozialabgaben und/oder angemessene, tatsächliche Vorsorgeaufwendungen – Aufwendungen für die Altersvorsorge bis zu 23 % des Bruttoeinkommens, bei Elternunterhalt bis zu 24 % des Bruttoeinkommens (je einschließlich der Gesamtbeiträge von Arbeitnehmer und Arbeitgeber zur gesetzlichen Rentenversicherung) – abzusetzen (Nettoeinkommen).

Es besteht die Obliegenheit, Steuervorteile in Anspruch zu nehmen (z.B. Eintragung eines Freibetrags bei Fahrtkosten, Realsplitting für unstreitigen oder titulierten Unterhalt).

---

[1] Nr. **30b/1**.

10.2 Berufsbedingte Aufwendungen, die sich von den privaten Lebenshaltungskosten nach objektiven Merkmalen eindeutig abgrenzen lassen, sind im Rahmen des Angemessenen vom Nettoeinkommen aus unselbständiger Arbeit abzuziehen.

10.2.1 Bei Vorliegen entsprechender Anhaltspunkte kann eine Pauschale von 5 % des Nettoeinkommens angesetzt werden. Übersteigen die berufsbedingten Aufwendungen die Pauschale, so sind sie im Einzelnen darzulegen. Bei beschränkter Leistungsfähigkeit kann im Einzelfall nur mit konkreten Kosten gerechnet werden.

10.2.2 Für die notwendigen Kosten der berufsbedingten Nutzung eines Kraftfahrzeugs kann ein Betrag von derzeit 0,42 € pro gefahrenen Kilometer angesetzt werden. Damit sind i.d.R. Anschaffungskosten miterfasst. Bei langen Fahrtstrecken (ab ca. 30 km einfach) kann nach unten abgewichen werden (für die Mehrkilometer in der Regel 0,28 €).

10.2.3 Bei einem Auszubildenden sind i.d.R. 100 € als ausbildungsbedingter Aufwand abzuziehen.

10.3 Kinderbetreuungskosten sind abzugsfähig, soweit die Betreuung durch Dritte allein infolge der Berufstätigkeit erforderlich ist. Im Übrigen gilt Ziffer 12.4.

10.4 Berücksichtigungswürdige Schulden (Zins, ggf. auch Tilgung) sind abzuziehen; die Abzahlung soll im Rahmen eines vernünftigen Tilgungsplanes in angemessenen Raten erfolgen. Bei der Zumutbarkeitsabwägung sind Interessen des Unterhaltsschuldners, des Drittgläubigers und des Unterhaltsgläubigers, vor allem minderjähriger Kinder, mit zu berücksichtigen.

Bei Kindesunterhalt kann die Obliegenheit zur Einleitung eines Verbraucherinsolvenzverfahrens bestehen.

10.5/6 nicht belegt

10.7 Umgangskosten (nicht belegt)

Kindesunterhalt

11. Bemessungsgrundlage (Tabellenunterhalt)

Der Barunterhalt minderjähriger und noch im elterlichen Haushalt lebender volljähriger unverheirateter Kinder bestimmt sich nach den Sätzen der Düsseldorfer Tabelle[1)] (Anhang 1).

Bei minderjährigen Kindern kann er als Festbetrag oder als Prozentsatz des jeweiligen Mindestunterhalts geltend gemacht werden.

11.1 Die Tabellensätze der Düsseldorfer Tabelle[1)] enthalten keine Kranken- und Pflegeversicherungsbeiträge für das Kind, wenn dieses nicht in einer gesetzlichen Familienversicherung mitversichert ist. Das Nettoeinkommen des Verpflichteten ist um solche zusätzlich zu zahlenden Versicherungskosten zu bereinigen.

11.2 *Die Tabellensätze sind* auf den Fall zugeschnitten, dass der Unterhaltspflichtige zwei Unterhaltsberechtigten Unterhalt zu gewähren hat. Bei

[1)] Nr. **47**.

einer größeren oder geringeren Anzahl Unterhaltsberechtigter sind i.d.R. Ab- oder Zuschläge durch Einstufung in eine niedrigere oder höhere Einkommensgruppe vorzunehmen.

Zur Eingruppierung können auch die Bedarfskontrollbeträge herangezogen werden.

12. Minderjährige Kinder

12.1 Der betreuende Elternteil braucht neben dem anderen Elternteil in der Regel keinen Barunterhalt zu leisten, es sei denn, sein Einkommen ist bedeutend höher als das des anderen Elternteils (§ 1606 III 2 BGB[1]), oder der eigene angemessene Unterhalt des sonst allein barunterhaltspflichtigen Elternteils ist gefährdet (§ 1603 II 3 BGB).

12.2 Einkommen des Kindes wird bei beiden Eltern hälftig angerechnet. Zum Kindergeld vgl. Ziffer 14.

12.3 Sind bei auswärtiger Unterbringung beide Eltern zum Barunterhalt verpflichtet, haften sie anteilig nach § 1606 III 1 BGB[1] für den Gesamtbedarf (vgl. Nr. 13.3). Der Verteilungsschlüssel kann unter Berücksichtigung des Betreuungsaufwandes wertend verändert werden.

12.4 Kosten für Kindergärten und vergleichbare Betreuungsformen (ohne Verpflegungskosten) sind Mehrbedarf des Kindes. Bei Zusatzbedarf (Prozesskostenvorschuss, Mehrbedarf, Sonderbedarf) gilt § 1606 III 1 BGB[1] (vgl. Nr. 13.3).

13. Volljährige Kinder

13.1 Bedarf

Beim Bedarf volljähriger Kinder ist zu unterscheiden, ob sie noch im Haushalt der Eltern/eines Elternteils leben oder einen eigenen Hausstand haben.

13.1.1 Für volljährige Kinder, die noch im Haushalt der Eltern oder eines Elternteils wohnen, gilt die Altersstufe 4 der Düsseldorfer Tabelle[2].

Sind beide Elternteile leistungsfähig (vgl. Nr. 21 3.1), ist der Bedarf des Kindes i.d.R. nach dem zusammengerechneten Einkommen (ohne Anwendung von Nr. 11.2) zu bemessen. Für die Haftungsquote gilt Nr. 13.3. Ein Elternteil hat jedoch höchstens den Unterhalt zu leisten, der sich allein aus seinem Einkommen aus der Düsseldorfer Tabelle (ggf. Herauf-, Herabstufung abzüglich volles Kindergeld) ergibt.

13.1.2 Der angemessene Bedarf eines volljährigen Kindes mit eigenem Hausstand beträgt in der Regel monatlich 930 € (darin sind enthalten Kosten für Unterkunft und Heizung bis zu 410 €), ohne Beiträge zur Kranken- und Pflegeversicherung sowie Studiengebühren.

Von diesem Betrag kann bei erhöhtem Bedarf oder mit Rücksicht auf die Lebensstellung der Eltern nach oben abgewichen werden.

13.2 Auf den Unterhaltsbedarf werden Einkünfte des Kindes, auch das Kindergeld, BAföG-Darlehen und Ausbildungsbeihilfen (gekürzt um ausbildungsbedingte Aufwendungen, vgl. Nr. 10.2.3) angerechnet. Bei Ein-

---

[1] **Habersack, Deutsche Gesetze Nr. 20.**
[2] Nr. **47**.

künften aus unzumutbarer Erwerbstätigkeit gilt § 1577 II BGB[1] entsprechend.

13.3 Bei anteiliger Barunterhaltspflicht ist vor Berechnung des Haftungsanteils nach § 1606 III 1 BGB[1] das bereinigte Nettoeinkommen jedes Elternteils gem. Nr. 10 zu ermitteln. Außerdem ist vom Restbetrag ein Sockelbetrag in Höhe des angemessenen Selbstbehalts (1.750 €) abzuziehen.

Der Haftungsanteil nach § 1606 III 1 BGB errechnet sich nach der Formel:

Bereinigtes Nettoeinkommen eines Elternteils (N1 oder N2) abzüglich 1.750 € mal (Rest-)Bedarf (R), geteilt durch die Summe der bereinigten Nettoeinkommen beider Eltern (N1 + N2) abzüglich 3.500 € (= 1.750 € + 1.750 €). Haftungsanteil 1 = (N1 – 1.750 €) x R : (N1 + N2 – 3.500 €).

Der so ermittelte Haftungsanteil ist auf seine Angemessenheit zu überprüfen und kann bei Vorliegen besonderer Umstände (z.B. behindertes Kind) wertend verändert werden.

Bei volljährigen Schülern, die in § 1603 II 2 BGB minderjährigen Kindern gleichgestellt sind, wird der Sockelbetrag bis zum notwendigen Selbstbehalt (1.200 €/1.450 €) herabgesetzt, wenn der Bedarf der Kinder andernfalls nicht gedeckt werden kann.

14. Verrechnung des Kindergeldes

Es wird nach § 1612b BGB[1] angerechnet.

Für das gesamte Jahr 2015 bleiben dabei die bis Ende 2014 geltenden Kindergeldbeträge maßgeblich.

Ehegattenunterhalt

15. Unterhaltsbedarf

15.1 Die Bemessung des nachehelichen Unterhalts richtet sich nach den ehelichen Lebensverhältnissen (§ 1578 Abs. 1 S. 1 BGB[1]). Der Bedarf des Ehegatten beträgt mindestens 1.200 €.

15.2 Es gilt der Halbteilungsgrundsatz, wobei jedoch Erwerbseinkünfte nur zu 90 % zu berücksichtigen sind (Abzug von 1/10 Erwerbstätigenbonus vom bereinigten Nettoeinkommen bei der Bedarfsermittlung, nicht bei der Ermittlung der Leistungsfähigkeit des Unterhaltsschuldners).

Leistet ein Ehegatte auch Unterhalt für ein unterhaltsberechtigtes Kind, wird sein Einkommen vor Ermittlung des Erwerbstätigenbonus um Kindesunterhalt (Zahlbetrag) bereinigt.

Erbringt der Verpflichtete sowohl Bar- als auch Betreuungsunterhalt, kann im Einzelfall ein Betreuungsbonus angesetzt werden.

15.3 Bei sehr guten Einkommensverhältnissen des Pflichtigen kommt eine konkrete Bedarfsberechnung in Betracht.

15.4 Werden Altersvorsorge-, Kranken- und Pflegeversicherungskosten vom *Berechtigten gesondert* geltend gemacht oder vom Verpflichteten bezahlt, sind diese vom Einkommen des Pflichtigen vorweg abzuziehen. Der Vor-

---

[1] **Habersack, Deutsche Gesetze Nr. 20.**

wegabzug unterbleibt, soweit nicht verteilte Mittel zur Verfügung stehen, z.B. durch Anrechnung nicht prägenden Einkommens des Berechtigten auf seinen Bedarf.

15.5/6 nicht belegt

15.7 Begrenzung nach § 1578b BGB[1)] (nicht belegt)

16. Bedürftigkeit

Eigene Einkünfte des Berechtigten sind auf den Bedarf anzurechnen, wobei das bereinigte Nettoerwerbseinkommen um den Erwerbstätigenbonus zu vermindern ist (vgl. Rechenbeispiel Anhang 2 Nr. 2.1).

17. Erwerbsobliegenheit

17.1 Bei der Betreuung eines Kindes besteht keine Erwerbsobliegenheit vor Vollendung des 3. Lebensjahrs, danach nach den Umständen des Einzelfalls insbesondere unter Berücksichtigung zumutbarer Betreuungsmöglichkeiten für das Kind und der Vereinbarkeit mit der Berufstätigkeit des betreuenden Elternteils, auch unter dem Aspekt des neben der Erwerbstätigkeit anfallenden Betreuungsaufwands.

17.2. In der Regel besteht für den Berechtigten im ersten Jahr nach der Trennung keine Obliegenheit zur Aufnahme oder Ausweitung einer Erwerbstätigkeit.

Weitere Unterhaltsansprüche

18. Ansprüche aus § 1615l BGB[1)]

Der Bedarf nach § 1615l BGB bemisst sich nach der Lebensstellung des betreuenden Elternteils. Er beträgt mindestens 1.200 €. Ist die Mutter verheiratet oder geschieden, ergibt sich ihr Bedarf aus den ehelichen Lebensverhältnissen.

19. Elternunterhalt

Beim Bedarf der Eltern sind Leistungen zur Grundsicherung nach §§ 41 ff. SGB XII zu berücksichtigen (vgl. Nr. 2.9).

20. Lebenspartnerschaft

Bei Getrenntleben oder Aufhebung der Lebenspartnerschaft gelten §§ 12, 16 LPartG[2)].

Leistungsfähigkeit und Mangelfall

21. Selbstbehalt

21.1 Es ist zu unterscheiden zwischen dem notwendigen (§ 1603 II BGB[1)]), dem angemessenen (§ 1603 I BGB) und dem eheangemessenen Selbstbehalt (§§ 1361 I, 1578 I BGB).

[1)] **Habersack, Deutsche Gesetze Nr. 20.**
[2)] **Nr. 43.**

21.2 Für Eltern gegenüber minderjährigen Kindern und diesen nach § 1603 II 2 BGB[1] gleichgestellten Kindern gilt im Allgemeinen der notwendige Selbstbehalt als unterste Grenze der Inanspruchnahme.

Er beträgt

– beim Nichterwerbstätigen 1.200 €

– beim Erwerbstätigen 1.450 €.

Hierin sind Kosten für Unterkunft und Heizung in Höhe von 520 € enthalten.

21.3 Im Übrigen gilt beim Verwandtenunterhalt der angemessene Selbstbehalt.

21.3.1 Er beträgt gegenüber volljährigen Kindern 1.750 €. Hierin sind Kosten für Unterkunft und Heizung in Höhe von 650 € enthalten.

21.3.2 Gegenüber Anspruchsberechtigten nach § 1615l BGB[1] ist der Selbstbehalt in der Regel mit einem Betrag zu bemessen, der zwischen dem angemessenen Selbstbehalt des Volljährigen nach § 1603 I BGB und dem notwendigen Selbstbehalt nach § 1603 II BGB liegt, in der Regel für Erwerbstätige 1.600 € und für Nichterwerbstätige 1.475 €. Darin sind Kosten für Unterkunft und Heizung von 580 € enthalten.

21.3.3 Selbstbehalt gegenüber Eltern

Bei der Bemessung des Selbstbehalts gegenüber Eltern sind Zweck und Rechtsgedanken des Gesetzes zur Entlastung unterhaltspflichtiger Angehöriger in der Sozialhilfe und in der Eingliederungshilfe (Angehörigen-entlastungsgesetz) vom 10. Dezember 2019 (BGBl I S. 2135) zu beachten.

21.3.4 Selbstbehalt gegenüber Enkeln

Gegenüber Enkeln beträgt der Selbstbehalt mindestens 2.650 €. Hierin sind Kosten für Unterkunft und Heizung in Höhe von 1.000 € enthalten. Zusätzlich bleibt die Hälfte des diesen Mindestbetrag übersteigenden, bereinigten Einkommens anrechnungsfrei, bei Vorteilen aus dem Zusammenleben in der Regel 45 % des diesen Mindestbetrag übersteigenden, bereinigten Einkommens.

21.4 Gegenüber Ehegatten gilt grundsätzlich der Ehegattenmindestselbstbehalt (= Eigenbedarf). Er beträgt in der Regel für Erwerbstätige 1.600 € und für Nichterwerbstätige 1.475 €. Hierin sind Kosten für Unterkunft und Heizung in Höhe von 580 € enthalten.

21.5 Anpassung des Selbstbehalts

21.5.1 Beim Verwandtenunterhalt kann der jeweilige Selbstbehalt unterschritten werden, wenn der eigene Unterhalt des Pflichtigen ganz oder teilweise durch seinen Ehegatten gedeckt ist.

21.5.2 Wird konkret eine erhebliche und nach den Umständen nicht vermeidbare Überschreitung der in den einzelnen Selbstbehalten enthaltenen angeführten Wohnkosten dargelegt, erhöht sich der Selbstbehalt. Wird die Wohnung von mehreren Personen genutzt, ist der Wohnkostenanteil des Pflichtigen festzustellen. Bei Erwachsenen geschieht die Aufteilung in *der Regel nach* Köpfen. Kinder sind vorab mit einem Anteil von 20 % ihres Anspruchs auf Barunterhalt zu berücksichtigen. Besteht für den

---

[1] **Habersack, Deutsche Gesetze Nr. 20.**

Verpflichteten ein Anspruch auf Wohngeld, ist dieser wohnkostenmindernd zu berücksichtigen (vgl. Nr. 2.3).

21.5.3 Bei Zusammenleben mit einem leistungsfähigen Partner kann der Selbstbehalt wegen ersparter Aufwendungen reduziert werden, wobei die Ersparnis des Unterhaltspflichtigen im Regelfall mit 10 % angesetzt werden kann.

22. Bedarf des mit dem Pflichtigen zusammenlebenden Ehegatten

22.1 Der Mindestbedarf eines mit dem Unterhaltspflichtigen zusammenlebenden Ehegatten gegenüber Unterhaltsansprüchen eines nachrangigen geschiedenen Ehegatten beträgt 1.280 €.

22.2 Mindestbedarf bei Ansprüchen volljähriger Kinder

Der Mindestbedarf eines mit dem Unterhaltspflichtigen zusammenlebenden Ehegatten gegenüber Unterhaltsansprüchen eines nicht privilegierten Kindes beträgt 1.400 €.

22.3 nicht belegt

23. Bedarf des vom Pflichtigen getrenntlebenden oder geschiedenen Ehegatten

23.1 Bedarf bei Ansprüchen des nachrangigen geschiedenen Ehegatten

Der Mindestbedarf eines vom Pflichtigen getrennt lebenden oder geschiedenen Ehegatten gegenüber Unterhaltsansprüchen eines nachrangigen Ehegatten beträgt 1.600 €.

23.2 Bedarf bei Ansprüchen volljähriger Kinder

Der Mindestbedarf eines vom Pflichtigen getrennt lebenden oder geschiedenen Ehegatten gegenüber Unterhaltsansprüchen nicht privilegierter volljähriger Kinder beträgt 1.750 €.

23.3 Bedarf bei Ansprüchen von Eltern oder Enkeln des anderen Ehegatten und von gemeinsamen Enkeln

nicht belegt

24. Mangelfall

24.1 Ein absoluter Mangelfall liegt vor, wenn das Einkommen des Verpflichteten zur Deckung seines notwendigen Selbstbehalts und der gleichrangigen Unterhaltsansprüche der Kinder nicht ausreicht. Zur Feststellung des Mangelfalls entspricht der einzusetzende Bedarf für minderjährige und diesen nach § 1603 II 2 BGB[1] gleichgestellten Kindern dem Zahlbetrag, der aus der ersten Einkommensgruppe entnommen werden kann.

24.2 In sonstigen Mangelfällen beträgt der Einsatzbetrag für einen gleichrangigen, nicht mit dem Unterhaltspflichtigen zusammenlebenden, Ehegatten 1.200 €. Für vorrangige Ehegatten siehe Nr. 22 und 23.

24.3 Die nach Abzug des Selbstbehalts des Unterhaltspflichtigen verbleibende Verteilungsmasse ist anteilig auf alle gleichrangigen unterhaltsberechtigten

[1] **Habersack, Deutsche Gesetze Nr. 20.**

Kinder bzw. Ehegatten im Verhältnis ihrer Unterhaltsansprüche zu verteilen.

Die prozentuale Kürzung berechnet sich nach der Formel:

K = V : S × 100

K = prozentuale Kürzung

S = Summe der Einsatzbeträge aller Berechtigten

V = Verteilungsmasse (Einkommen des Verpflichteten abzüglich Selbstbehalt)

24.4 Das im Rahmen der Mangelfallberechnung gewonnene Ergebnis ist auf seine Angemessenheit zu überprüfen.

24.5 Rechenbeispiel zum absoluten Mangelfall, vgl. Anhang 2 Nr. 2.2

Sonstiges

25. Rundung

Der Unterhaltsbetrag ist auf volle Euro aufzurunden.

Anhang

1. Düsseldorfer Tabelle 2024

(abgedruckt unter Nr. 47)

2. Zahlbeträge 2024

(abgedruckt unter Nr. 47)

3. Rechenbeispiele

3.1. Additionsmethode

Der Verpflichtete M hat ein bereinigtes Nettoerwerbseinkommen von 2.000 € sowie Zinseinkünfte von 300 €. Seine Ehefrau F hat ein bereinigtes Nettoerwerbseinkommen von 1.000 €. Anspruch der F?

Bedarf: ½ (9/10 * 2.000 € + 300 € + 9/10 * 1.000 €) = 1.500 €

Höhe: 1.500 € – 9/10 * 1.000 € = 600 €

3.2. Absoluter Mangelfall

Der unterhaltspflichtige Vater V hat ein bereinigtes Nettoeinkommen von 2.100 €. Unterhaltsberechtigt sind ein 18-jähriges Kind K1, das bei der Mutter M lebt und aufs Gymnasium geht, und die beiden minderjährigen Kinder K2 (14 Jahre) und K3 (10 Jahre), die von der Mutter betreut werden. Das Kindergeld von 750 € wird an die Mutter ausbezahlt, deren sonstiges Einkommen unter 1.450 € liegt.

Unterhaltsberechnung gemäß Nr. 23.1:

Mangels Leistungsfähigkeit der Mutter alleinige Barunterhaltspflicht von V für alle Kinder.

Bedarf K1: 689 € (DüssTab Gruppe 1, 4. Altersstufe) – 250 € Kindergeld ergibt einen ungedeckten Bedarf = Einsatzbetrag von 439 €

Bedarf K2: 645 € (DüssTab Gruppe 1, 3. Altersstufe) – 125 € 1/2 Kindergeld ergibt einen ungedeckten Bedarf = Einsatzbetrag von 520 €

Bedarf K3: 551 € (DüssTab Gruppe 1, 2. Altersstufe) – 125 € 1/2 Kindergeld ergibt einen ungedeckten Bedarf = Einsatzbetrag von 426 €

Summe der Einsatzbeträge: 439 € + 520 € + 426 € = 1.385 €
Verteilungsmasse:
Einkommen 2.100 € – Selbstbehalt 1.450 € = 650 €
Prozentuale Kürzung:
650/1.385 * 100 = 46,93 %
Berechnung der gekürzten Unterhaltsansprüche:
K1: 439 € * 46,93 % = 206 €; zum Leben verfügbar also 206 € + 250 € = 456 €;
K2: 520 € * 46,93 % = 244 €; zum Leben verfügbar also 244 € + 125 € = 369 €;
K3: 426 € * 46,93 % = 200 €; zum Leben verfügbar also 200 € + 125 € = 325 €.

4. Zusammenstellung der Bedarfssätze und Selbstbehalte

Bedarfssätze	
I. Regelbedarf eines volljährigen Kindes, das nicht im Haushalt eines Elternteils lebt (Nr. 13.1.2)	930
II. Mindestbedarf eines Ehegatten (Nr. 15.1), eines aus § 1615l BGB[1] Berechtigten (Nr. 18) und anderer Unterhaltsbedürftiger, die nicht Kinder oder (geschiedene) Ehegatten sind	1.200
Selbstbehalte	
III. Monatlicher Selbstbehalt gegenüber minderjährigen und ihnen gleichgestellten (§ 1603 Abs. 2 BGB) Kindern (Nr. 21.2)	
a. des erwerbstätigen Unterhaltsverpflichteten	1.450
b. des nichterwerbstätigen Unterhaltsverpflichteten	1.200
IV. Monatlicher Selbstbehalt gegenüber anderen Kindern (Nr. 21.3.1)	1.750
V. Monatlicher Selbstbehalt gegenüber Ehegatten (Nr. 21.4) und Ansprüchen nach § 1615l BGB (Nr. 21.3.2)	
a. des erwerbstätigen Unterhaltsverpflichteten	1.600
b. des nichterwerbstätigen Unterhaltsverpflichteten	1.475
VI. Mindestbedarf des mit dem Pflichtigen zusammenlebenden Ehegatten	
a. gegenüber nachrangigen (geschiedenen) Ehegatten (Nr. 22.1)	1.280
b. gegenüber nicht unter § 1603 Abs. 2 BGB fallenden Kindern (Nr. 22.2)	1.400

[1] **Habersack, Deutsche Gesetze Nr. 20.**

47c. Kammergericht Berlin – Unterhaltsrechtliche Leitlinien der Familiensenate[1)]

(Stand: 1. Januar 2024)

Das Kammergericht verwendet diese Leitlinien als Orientierungshilfe für den Regelfall unter Beachtung der Rechtsprechung des Bundesgerichtshofs, wobei die Angemessenheit des Ergebnisses in jedem Fall zu überprüfen ist. Sie entsprechen im Aufbau den Leitlinien anderer Oberlandesgerichte, inhaltlich ergibt sich nicht in allen Punkten eine Übereinstimmung.

Unterhaltsrechtlich maßgebendes Einkommen

Bei der Ermittlung und Zurechnung von Einkommen ist stets zu unterscheiden, ob es um Verwandten- oder Ehegattenunterhalt sowie ob es um Bedarfsbemessung einerseits oder Feststellung der Bedürftigkeit/Leistungsfähigkeit andererseits geht. Das unterhaltsrechtliche Einkommen ist nicht immer identisch mit dem steuerrechtlichen Einkommen.

1. Geldeinnahmen

1.1 Regelmäßiges Bruttoeinkommen einschließlich Renten und Pensionen

Auszugehen ist vom Bruttoeinkommen als Summe aller Einkünfte.

1.2 Unregelmäßige Einkommen

1.2.1 Nicht monatlich anfallende Leistungen

Soweit Leistungen nicht monatlich anfallen (z.B Weihnachts- und Urlaubsgeld, Tantiemen, Jubiläumszuwendungen), werden sie auf ein Jahr umgelegt.

1.2.2 Abfindungen

Abfindungen dienen dem Ersatz des fortgefallenen Arbeitsverdienstes. Sie sind deshalb in angemessenem Umfang, in der Regel mit dem Differenzbetrag zwischen dem bisherigen Arbeitsverdienst und den tatsächlichen Einkünften (Arbeitslosengeld, neue Erwerbseinkünfte) in Ansatz zu bringen, bis sie verbraucht sind.

1.3 Überstunden

Überstundenvergütungen werden dem Einkommen voll zugerechnet, soweit sie berufstypisch sind und das in diesem Beruf übliche Maß nicht *überschreiten.*

1.4 Spesen und Auslösungen

Ersatz für Spesen und Reisekosten sowie Auslösungen gelten in der Regel als Einkommen. Damit zusammenhängende Aufwendungen, vermindert um häusliche Ersparnis, sind jedoch abzuziehen. Bei Aufwendungspauschalen (außer Kilometergeld) kann 1/3 als Einkommen angesetzt werden.

---

1) In der jeweils aktuellen Fassung kostenlos abrufbar unter www.berlin.de.

1.5 Einkommen aus selbständiger Tätigkeit

Bei Ermittlung des Einkommens eines Selbständigen ist in der Regel der Gewinn der letzten drei Jahre zugrunde zu legen. Für die Vergangenheit sind im Regelfall die in dem jeweiligen Kalenderjahr erzielten Einkünfte maßgebend.

1.6 Einkommen aus Vermietung und Verpachtung sowie Kapitalvermögen

Einkommen aus Vermietung und Verpachtung sowie aus Kapitalvermögen ist der Überschuss der Bruttoeinkünfte über die Werbungskosten. Für Gebäude ist keine AfA anzusetzen.

1.7 Steuererstattungen

Steuerrückzahlungen werden in der Regel auf das Jahr der Leistung umgelegt und mit den Nettobeträgen angerechnet. Eine Fortschreibung für die Zukunft setzt voraus, dass mit ihnen weiter zu rechnen ist.

1.8 Sonstige Einnahmen

Zu den Erwerbseinkünften gehören auch in vollem Umfang Trinkgelder, deren Höhe gegebenenfalls nach den Umständen zu schätzen ist.

2. Sozialleistungen

2.1 Einkommensersatzleistungen

Sozialleistungen mit Einkommensersatzfunktion (z.B. Entgeltersatzleistungen im Sinne von §§ 115–118 SGB III, Krankengeld, Krankenhaustagegeld, Mutterschaftsgeld) sowie Arbeitslosengeld (§§ 136 ff. SGB III) sind Einkommen.

2.2 Leistungen nach dem SGB II

Beim Verpflichteten sind Leistungen nach §§ 19–32 SGB II sowie die Freibeträge nach § 11b Abs. 3 SGB II Einkommen.

Beim Berechtigten sind nicht subsidiäre Leistungen nach dem SGB II, insbesondere das Einstiegsgeld nach § 16b SGB II und Entschädigungen für Mehraufwendungen nach § 16d Abs. 7 SGB II („Ein-Euro-Job") als Einkommen zu berücksichtigen, soweit diese Zahlungen nicht durch einen tatsächlich vorhandenen Mehraufwand verbraucht werden. Die übrigen Leistungen nach dem SGB II sind grundsätzlich kein Einkommen, es sei denn, der Anspruch kann nach § 33 Abs. 2 SGB II nicht übergehen oder die Nichtberücksichtigung der Leistung ist treuwidrig. Letzteres kommt in Betracht, wenn zum Zeitpunkt der letzten mündlichen Verhandlung der übergegangene Anspruch nicht mehr geltend gemacht werden kann (§ 33 Abs. 3 SGB II).

2.3 Wohngeld

Wohngeld gleicht in der Regel erhöhten Wohnbedarf aus und ist deshalb nicht als Einkommen zu behandeln.

2.4 BAföG

BAföG-Leistungen sind, soweit nicht ihretwegen der Unterhaltsanspruch übergegangen ist, als Einkommen anzusehen; Darlehen jedoch nur, wenn sie unverzinslich gewährt werden.

2.5 Erziehungsgeld/Elterngeld

Elterngeld ist Einkommen, soweit es über den Sockelbetrag von 300 € bzw. 150 € bei verlängertem Bezug hinausgeht. Der Sockelbetrag sowie Erziehungsgeld sind nur dann Einkommen, wenn ein Ausnahmefall nach § 11 BEEG[1] vorliegt.

2.6./2.7. Unfall- und Versorgungsrenten, Leistungen aus der Pflegeversicherung, Blindengeld u.ä.

Unfall- und Versorgungsrenten, Leistungen aus der Pflegeversicherung, Blindengeld, Schwerbeschädigten- und Pflegezulagen stellen nach Abzug eines Betrags für tatsächliche Mehraufwendungen Einkommen dar. §§ 1578a, 1610a BGB[2] sind zu beachten.

2.8 Pflegegeld

Der Anteil des Pflegegelds bei der Pflegeperson, durch den ihre Bemühungen abgegolten werden, stellt Einkommen dar. Bei Pflegegeld aus der Pflegeversicherung gilt dies nach Maßgabe des § 13 Abs. 6 SGB XI.

2.9 Leistungen der Grundsicherung

Leistungen der Grundsicherung im Alter und bei Erwerbsminderung nach §§ 41 ff. SGB XII sind im Unterhaltsrechtsverhältnis zwischen Verwandten Einkommen, nicht aber im Unterhaltsrechtsverhältnis zwischen Ehegatten.

2.10/2.11 Sozialhilfe und Unterhaltsvorschuss

Kein Einkommen sind sonstige Sozialhilfe nach SGB XII und Leistungen nach dem UVG[3]. Die Unterhaltsforderung eines Empfängers dieser Leistungen kann in Ausnahmefällen treuwidrig sein (BGH FamRZ 1999, 843; BGH FamRZ 2001, 619).

3. Kindergeld

Kindergeld wird nicht zum Einkommen gerechnet (vgl. Nr. 14).

4. Geldwerte Zuwendungen des Arbeitgebers

Geldwerte Zuwendungen aller Art des Arbeitgebers, z.B. Firmenwagen oder freie Kost und Logis, sind Einkommen, soweit sie entsprechende Eigenaufwendungen ersparen.

5. Wohnwert

Der Wohnvorteil durch mietfreies Wohnen im eigenen Heim ist als wirtschaftliche Nutzung des Vermögens unterhaltsrechtlich wie Einkommen zu behandeln. Neben dem Wohnwert sind auch Zahlungen nach dem Eigenheimzulagengesetz anzusetzen.

Während der Trennungszeit bis zur endgültigen Vermögensauseinandersetzung oder bis zum endgültigen Scheitern der Ehe – also in der Regel bis zur Rechtshängigkeit des Scheidungsantrages – ist der Vorteil mietfreien Wohnens nur in dem Umfang zu berücksichtigen, wie er sich als angemessene Wohnungsnutzung durch den in der Ehewohnung verblie-

---

[1] Nr. **45e**.
[2] **Habersack, Deutsche Gesetze Nr. 20.**
[3] Nr. **45d**.

benen Ehegatten darstellt. Dabei ist auf den Mietzins abzustellen, den er auf dem örtlichen Wohnungsmarkt für eine dem ehelichen Lebensstandard entsprechende kleinere Wohnung zahlen müsste. Ein Wohnvorteil liegt vor, soweit dieser Wohnwert die Belastungen übersteigt, die durch allgemeine Grundstückskosten und -lasten, Zins- und Tilgungsleistungen und die verbrauchsunabhängigen Kosten, mit denen ein Mieter üblicherweise nicht belastet wird, entstehen.

Nach diesem Zeitpunkt ist der objektive Mietwert maßgeblich. Bei einem selbstgenutzten Eigenheim ist auf die unterhaltsrechtlich angemessene Miete abzustellen; es besteht aber eine Obliegenheit zur wirtschaftlichen Nutzung des Eigentums.

Bei den gegenzurechnenden Kosten sind neben den Zinsen die Tilgungsleistungen bis zur Höhe des Wohnvorteils zu berücksichtigen, ohne dass dadurch die Befugnis geschmälert würde, Vorsorgeaufwendungen nach Nr. 10.1.2 geltend zu machen (BGH FamRZ 2022, 781 Rz. 13 ff.; BGH FamRZ 2018, 1506 Rz. 31; BGH FamRZ 2017, 519 Rz. 33 f.).

Zins- und Tilgungsleistungen auf den Kredit zur Finanzierung einer selbstgenutzten Immobilie können grundsätzlich auch beim Kindesunterhalt bis zur Höhe des Wohnvorteils berücksichtigt werden. Dabei gilt im Rahmen von § 1603 Abs. 1 BGB[1)] ein großzügigerer, im Anwendungsbereich von § 1603 Abs. 2 BGB ein strengerer Maßstab für eine Berücksichtigung. Sobald der Mindestunterhalt eines minderjährigen Kindes gefährdet ist, kann eine Obliegenheit zur Tilgungsstreckung bestehen (BGH FamRZ 2022, 781 Rz. 13 ff., 20).

6. Haushaltsführung

Führt jemand einem leistungsfähigen Dritten den Haushalt, so ist hierfür ein Einkommen anzusetzen; bei Haushaltsführung durch einen Nichterwerbstätigen geschieht das in der Regel mit einem Betrag von 200 – 550 €.

7. Einkommen aus unzumutbarer Erwerbstätigkeit

Einkommen aus unzumutbarer Erwerbstätigkeit kann nach Billigkeit ganz oder teilweise unberücksichtigt bleiben.

8. Freiwillige Zuwendungen Dritter

Freiwillige Zuwendungen (z.B. Geldleistungen, kostenloses Wohnen) Dritter sind als Einkommen anzusehen, wenn dies ihrer Zielrichtung entspricht.

9. Erwerbsobliegenheit und Einkommensfiktion

Inwieweit aufgrund einer Erwerbsobliegenheit erzielbare Einkünfte als Einkommen gelten, richtet sich nach den Umständen des Einzelfalles. Dies gilt auch für erzielbare Einkünfte aus Nutzung von Vermögen.

[1)] **Habersack, Deutsche Gesetze Nr. 20.**

10. Bereinigung des Einkommens

10.1 Steuern und Vorsorgeaufwendungen

10.1.1 Steuern

Vom Bruttoeinkommen sind die tatsächlichen Steuern abzuziehen. Den Unterhaltsschuldner trifft eine Obliegenheit zur Geltendmachung des Realsplittings; dies jedoch nur insoweit, als er den Unterhaltsanspruch anerkannt hat, dieser rechtskräftig feststeht oder soweit er den Unterhaltsanspruch freiwillig erfüllt.

Der Splittingvorteil des Unterhaltsschuldners ist beim Verwandtenunterhalt stets zu berücksichtigen, beim Ehegattenunterhalt nur dann, wenn der Vorteil aus der Ehe mit dem Unterhaltsberechtigten resultiert oder der Unterhaltsanspruch des Unterhaltsberechtigten unter Berücksichtigung eines weiteren unterhaltsberechtigten Ehegatten zu berechnen ist.

10.1.2 Vorsorgeaufwendungen

Zu den abzuziehenden Vorsorgeaufwendungen zählen die Aufwendungen für die gesetzliche Kranken- und Pflegeversicherung, Rentenversicherung und Arbeitslosenversicherung und/oder die entsprechende private Kranken- und Altersvorsorge. Soweit tatsächlich darüber hinaus Aufwendungen zur Altersvorsorge erbracht werden, sind diese in Höhe eines Betrages von 4 % (bei Unterhaltspflicht gegenüber Eltern von 5 %) des Gesamtbruttoeinkommens des Vorjahres als angemessene zusätzliche Altersversorgung auch bei einer Versicherungspflicht in der gesetzlichen Rentenversicherung zu berücksichtigen.

10.2 Berufsbedingte Aufwendungen

Berufsbedingte Kosten (Werbungskosten) sind abzusetzen.

10.2.1 Pauschale/konkrete Aufwendungen

Bei Einkünften aus nichtselbständiger Tätigkeit sind berufsbedingte Aufwendungen vom Einkommen abzuziehen, wobei ohne Nachweis eine Pauschale von 5 % – mindestens 50 €, bei geringfügiger Teilzeitarbeit auch weniger, und höchstens 150 € monatlich – des Nettoeinkommens geschätzt werden kann.

Übersteigen die berufsbedingten Aufwendungen diese Pauschale, so sind sie im Einzelnen darzulegen. Bei beschränkter Leistungsfähigkeit kann im Einzelfall mit konkreten Kosten gerechnet werden.

10.2.2 Fahrtkosten

Bei Unzumutbarkeit der Nutzung öffentlicher Verkehrsmittel können notwendige Kosten der berufsbedingten Nutzung eines Kraftfahrzeuges mit 0,42 € für jeden gefahrenen Kilometer (§ 5 Abs. 2 Nr. 2 JVEG[1]) angesetzt werden. Damit sind in der Regel Anschaffungskosten erfasst. Bei langen Fahrtstrecken (ab ca. 30 km einfach) kann nach unten abgewichen werden. Es ist auf ein angemessenes Verhältnis zwischen Unterhaltszahlbetrag und Fahrtkostenansatz zu achten.

10.2.3 Ausbildungsaufwand

Minderjährigen Kindern entstehender Ausbildungsaufwand ist auf Nachweis zu berücksichtigen.

---

[1] **Habersack, Deutsche Gesetze Nr. 116.**

10.3 (nicht besetzt)

10.4 Schulden

Berücksichtigungswürdige Schulden (Zins und Tilgung) sind bei tatsächlicher Zahlung im Rahmen eines vernünftigen Tilgungsplanes in angemessenen Raten abzuziehen.

Bei der Bedarfsermittlung für den Ehegattenunterhalt sind grundsätzlich nur eheprägende Verbindlichkeiten abzusetzen.

Beim Verwandtenunterhalt sowie bei Leistungsfähigkeit/Bedürftigkeit für den Ehegattenunterhalt erfolgt eine Abwägung nach den Umständen des Einzelfalls. Bei der Zumutbarkeitsabwägung sind Interessen des Unterhaltsschuldners, des Drittgläubigers und des Unterhaltsgläubigers, vor allem minderjähriger Kinder, mit zu berücksichtigen. Bei eingeschränkter Leistungsfähigkeit gegenüber minderjährigen und diesen gleichgestellten Kindern kann die Obliegenheit bestehen, ein Verbraucherinsolvenzverfahren einzuleiten.

10.5 (nicht besetzt)

10.6 Vermögensbildung

Vermögensbildende Aufwendungen sind im angemessenen Rahmen abzugsfähig.

10.7 Umgangskosten

(nicht besetzt)

10.8 Krankheitsbedingte Mehraufwendungen

Krankheitsbedingte Mehraufwendungen sind abzusetzen. Als Schätzungsmaßstab für Mehraufwendungen medizinisch indizierter Diäten kann § 30 Abs. 5 SGB XII herangezogen werden.

Kindesunterhalt

11. Bemessungsgrundlage

Der Barunterhalt minderjähriger und noch im elterlichen Haushalt lebender volljähriger unverheirateter Kinder bestimmt sich nach den Sätzen der Düsseldorfer Tabelle[1] (vgl. Anhang I).

11.1 Kranken- und Pflegeversicherungsbeiträge

Die Bedarfssätze der Düsseldorfer Tabelle[1] gehen davon aus, dass das Kind ohne zusätzliche Aufwendungen krankenversichert ist. Besteht für das Kind eine freiwillige Krankenversicherung, so sind die hierfür erforderlichen Beträge vom Unterhaltsverpflichteten zusätzlich zu zahlen, zur Ermittlung des Tabellenunterhalts jedoch vom Einkommen des Pflichtigen abzusetzen.

Die Teilnahme an Sport- und Bildungsprogrammen in einem Umfang, wie er auch für Kinder vorgesehen ist, die Leistungen nach dem SGB II *beziehen, ist ebenso wie* die schulische Ausstattung in den Bedarfssätzen enthalten.

---

[1] Nr. **47**.

11.2 Eingruppierung

Die Sätze der Düsseldorfer Tabelle[1] sind auf den Fall zugeschnitten, dass der Unterhaltspflichtige zwei Unterhaltsberechtigten Unterhalt zu gewähren hat. Bei einer größeren/geringeren Anzahl Unterhaltsberechtigter können Ab- oder Zuschläge durch Einstufung in niedrigere/höhere Gruppen angemessen sein.

In den obersten Tabellengruppen kann im Einzelfall eine Bedarfsbegrenzung aus kindgerechten Gründen in Betracht kommen.

12. Minderjährige Kinder

12.1 Betreuungs-/Barunterhalt

Der Elternteil, der in seinem Haushalt ein minderjähriges Kind versorgt, braucht für dieses neben dem anderen Elternteil in der Regel keinen Barunterhalt zu leisten, weil der Betreuungsunterhalt im Sinne von § 1606 Abs. 3 Satz 2 BGB[2] wertmäßig dem vollen Barunterhalt entspricht. Etwas anderes kann sich ergeben, wenn sein Einkommen bedeutend höher als das des anderen Elternteils ist. In diesem Fall kann der Barunterhalt des anderen Elternteils angemessen gekürzt werden.

12.2 Einkommen des Kindes

Eigenes Einkommen des Kindes mindert grundsätzlich seinen Anspruch und wird bei beiden Eltern hälftig angerechnet.

12.3 Beiderseitige Barunterhaltspflicht/Haftungsanteil

Sind bei auswärtiger Unterbringung des Kindes beide Eltern zum Barunterhalt verpflichtet, haften sie anteilig nach § 1606 Abs. 3 Satz 1 BGB[2] für den Gesamtbedarf (vgl. Nr. 13.3). Der Verteilungsschlüssel kann unter Berücksichtigung des Betreuungsaufwandes wertend verändert werden.

12.4 Zusatzbedarf

Bei Zusatzbedarf (Prozess-/Verfahrenskostenvorschuss, Mehrbedarf, Sonderbedarf) gilt die beiderseitige Barunterhaltspflicht nach § 1606 Abs. 3 Satz 1 BGB[2]. Vom jeweiligen Einkommen der Eltern ist vorab der angemessene Selbstbehalt abzusetzen (vgl. Nr. 21.3.1 und BGH FamRZ 2009, 962).

13. Volljährige Kinder

13.1 Bedarf

13.1.1 Kinder im Haushalt eines Elternteils

Der Bedarf volljähriger unverheirateter Kinder ist, solange sie im Haushalt der Eltern oder eines Elternteils leben, der 4. Altersstufe der Düsseldorfer *Tabelle*[1] *zu entnehmen*. Die maßgebende Einkommensgruppe ergibt sich, wenn beide Eltern leistungsfähig sind, aus den zusammengerechneten Einkünften der Eltern ohne Erhöhung nach Nr. 11.2. Die Haftungsquote bemisst sich grundsätzlich nach Nr. 13.3. Ein Elternteil hat jedoch höchstens den Unterhalt zu leisten, der sich allein – ggf. unter Berücksichtigung von Nr. 11.2 – nach seinem Einkommen ergibt.

---

[1] Nr. 47.
[2] **Habersack, Deutsche Gesetze Nr. 20.**

13.1.2 Andere volljährige Kinder

Der Regelbedarf – einschließlich des Wohnbedarfs und üblicher berufs- bzw. ausbildungsbedingter Aufwendungen – eines nicht unter Nr. 13.1.1 fallenden Kindes beträgt 930 € monatlich. In diesem Betrag sind Beiträge zur Kranken- und Pflegeversicherung sowie Studiengebühren nicht enthalten.

Dieser Regelbedarf kann in geeigneten Fällen, insbesondere bei guten Einkommensverhältnissen der Eltern, angemessen erhöht werden. Eine solche Erhöhung kommt unter besonderer Berücksichtigung des Einzelfalles in Betracht, wenn das gemeinsame Nettoeinkommen der Eltern 5.500 € monatlich übersteigt.

13.2 Einkommen des Kindes

Einkünfte des Kindes sind auf seinen Bedarf anzurechnen. Die Ausbildungsvergütung eines volljährigen Kindes ist auf den Bedarf voll anzurechnen, weil der Bedarf nach Nr. 13.1.2 die ausbildungsbedingten Aufwendungen umfasst.

13.3 Beiderseitige Barunterhaltspflicht/Haftungsanteil

Die Haftungsquote von Eltern, die beide für ein Kind barunterhaltspflichtig sind, bemisst sich nach dem Verhältnis ihrer anrechenbaren Einkünfte abzüglich des angemessenen Selbstbehalts (vgl. Nr. 21.3.1) und abzüglich der Unterhaltsleistungen und tatsächlichen Aufwendungen für vorrangig Berechtigte. Bei Eingreifen der gesteigerten Unterhaltspflicht nach § 1603 Abs. 2 BGB[1)] ist lediglich der notwendige Selbstbehalt (vgl. Nr. 21.2) abzuziehen (BGH FamRZ 2017, 437).

14. Verrechnung des Kindergeldes

Kindergeld wird nach § 1612b BGB[1)] auf den Bedarf des Kindes angerechnet.

Ehegattenunterhalt

15. Unterhaltsbedarf

15.1 Bedarf nach den ehelichen Lebensverhältnissen

Der Bedarf der Ehegatten richtet sich nach ihren Einkommens- und Vermögensverhältnissen im Unterhaltszeitraum, soweit diese als die ehelichen Lebensverhältnisse prägend anzusehen sind. Nacheheliche Entwicklungen wirken sich auf die Bedarfsbemessung nach den ehelichen Lebensverhältnissen aus, wenn sie auch bei fortbestehender Ehe eingetreten wären oder in anderer Weise in der Ehe angelegt und mit hoher Wahrscheinlichkeit zu erwarten waren.

Eine Einkommensreduzierung ist dann unbeachtlich, wenn sie auf einem unterhaltsrechtlich vorwerfbaren Verhalten beruht. Unerwartete, nicht in der Ehe angelegte Steigerungen des Einkommens des Verpflichteten (insbesondere aufgrund eines Karrieresprungs) oder auf Wiederverheiratung beruhende Steuervorteile bleiben unberücksichtigt, es sei denn, sie dienen

1) Habersack, Deutsche Gesetze Nr. 20.

zum Ausgleich des hinzugetretenen Bedarfs weiterer Unterhaltsberechtigter.

Es ist von einem Mindestbedarf auszugehen, der 1.200 € beträgt (vgl. Nr. 21.2).

15.2 Halbteilung und Erwerbstätigenbonus

Für den Bedarf ist maßgebend, dass Ehegatten während des Zusammenlebens gleichen Anteil an dem Lebensstandard haben. Diesem Grundsatz widerspricht es nicht, zugunsten des erwerbstätigen Ehegatten von einer strikt hälftigen Teilung in maßvoller Weise abzuweichen, um einen Anreiz zur Erwerbstätigkeit zu erhalten.

Der Bedarf beträgt daher grundsätzlich die Hälfte der den ehelichen Lebensverhältnissen zuzurechnenden Einkünfte und geldwerten Vorteile. Soweit die Einkünfte aus Erwerbseinkommen herrühren, ist dem erwerbstätigen Ehegatten ein pauschalierter Betrag dieses Einkommens als Anreiz zu belassen. Dieser beträgt 1/10 seines bereinigten Erwerbseinkommens. Leistet ein Ehegatte auch Unterhalt für ein Kind, so wird sein Erwerbseinkommen vor Ermittlung des Erwerbstätigenbonus um den diesem entsprechenden Unterhalt (Zahlbetrag) bereinigt.

15.3 Konkrete Bedarfsbemessung

Der eheangemessene Unterhaltsbedarf kann bis zum höchsten, in der Düsseldorfer Tabelle[1] ausgewiesenem Einkommensbetrag als Quotenunterhalt geltend gemacht werden (BGH FamRZ 2021, 1965 Rz. 20; BGH FamRZ 2021, 28 Rz. 19; BGH FamRZ 2020, 21 Rz. 26 ff.). Im Übrigen kommt eine konkrete Bedarfsberechnung in Betracht (BGH FamRZ 2021, 1965 Rz. 21).

15.4 Vorsorgebedarf/Zusatz- und Sonderbedarf

Werden Altervorsorge-, Kranken- und Pflegeversicherungskosten vom Berechtigten gesondert geltend gemacht oder vom Verpflichteten bezahlt, sind diese von dem Einkommen des Pflichtigen vorweg abzuziehen.

15.5 Bedarf bei mehreren Ehegatten und Berechtigten nach § 1615l BGB[2]

(nicht besetzt)

15.6 Trennungsbedingter Mehrbedarf

(nicht besetzt)

15.7 Begrenzung nach § 1578b BGB[2]

(nicht besetzt)

16. Bedürftigkeit

Eigene Einkünfte des Berechtigten sind auf den Bedarf anzurechnen, wobei das bereinigte Nettoerwerbseinkommen um den Erwerbstätigenbonus zu vermindern ist.

Inwieweit der Vermögensstamm zur Deckung des laufenden Unterhalts einzusetzen ist, hängt von den Umständen des Einzelfalles ab.

---

[1] Nr. **47**.
[2] **Habersack, Deutsche Gesetze Nr. 20.**

17. Erwerbsobliegenheit

17.1 Bei Kinderbetreuung

Betreut ein Ehegatte ein minderjähriges Kind, so kann von ihm bis zur Vollendung des dritten Lebensjahres des Kindes eine Erwerbstätigkeit nicht erwartet werden. Inwieweit den betreuenden Elternteil ab der Vollendung des dritten Lebensjahrs des Kindes eine Erwerbsobliegenheit trifft, bestimmt sich nach den Umständen des Einzelfalles. Hierbei können beispielsweise eine Rolle spielen:

Kindbezogene Gründe:

- Anzahl und Alter des bzw. der zu betreuenden Kinder;
- individuelle Besonderheiten oder Veranlagungen des Kindes;
- konkrete örtliche Betreuungssituation: Kapazität, Verfügbarkeit, Qualität und Verlässlichkeit der Betreuungseinrichtung; Zumutbarkeit der Betreuungseinrichtung für das Kind;
- bislang praktiziertes Betreuungsmodell;
- Gewährung angemessener, mit dem Kindeswohl im Einklang stehender Übergangsfristen bzw. abgestufter Übergänge bei Veränderungen in der Betreuungssituation.

Elternbezogene Gründe:

- bislang praktizierte Rollen- und Aufgabenverteilung in Bezug auf die Kinderbetreuung unter Berücksichtigung auch der Dauer der Ehe bzw. Partnerschaft der Eltern;
- einvernehmlich getroffene Absprachen und gemeinsame Vorstellungen hinsichtlich der Kinderbetreuung unter Berücksichtigung der infolge der Trennung notwendig gewordenen Veränderungen;
- Vermeidung überobligatorischer Belastungen durch eine Erwerbstätigkeit neben der Kinderbetreuung;
- finanzielle Zumutbarkeit der Betreuungseinrichtung;
- Gewährung angemessener Übergangsphasen bei einem Wechsel des Betreuungsmodells unter Berücksichtigung des Vertrauens in dessen Fortbestand.

Die Darlegungs- und Beweislast für die Umstände, die einer vollen oder teilweisen Erwerbsobliegenheit ab Vollendung des dritten Lebensjahres des Kindes entgegenstehen, trifft den betreuenden Ehegatten. Dies gilt auch, wenn ein Titel über den Basisunterhalt nach § 1570 Abs. 1 Satz 1 BGB[1)] abgeändert werden soll.

Der Betreuungsunterhalt nach § 1570 BGB ist nicht nach § 1578b BGB zu befristen.

17.2 Bei Trennungsunterhalt

Inwieweit in der Trennungszeit eine Erwerbsobliegenheit besteht, richtet sich nach allen Umständen des Einzelfalles.

[1)] **Habersack, Deutsche Gesetze Nr. 20.**

Weitere Unterhaltsansprüche

18. Ansprüche nach § 1615l BGB[1)]

Der Bedarf nach § 1615l BGB bemisst sich nach der Lebensstellung des betreuenden Elternteils. Er beträgt mindestens 1.200 € (vgl. Nr. 21.2). Ist die Mutter verheiratet oder geschieden, ergibt sich ihr Bedarf aus den ehelichen Lebensverhältnissen.

Bezüglich der Erwerbsobliegenheit und der Dauer des Anspruchs gilt Nr. 17.1. entsprechend.

19. Elternunterhalt

Beim Bedarf der Eltern sind Leistungen zur Grundsicherung im Alter und bei Erwerbsminderung nach §§ 41 ff. SGB XII zu berücksichtigen (vgl. Nr. 2.9).

20. Lebenspartnerschaft

Unterhaltsansprüche nach dem Lebenspartnerschaftsgesetz sind nicht Gegenstand der Leitlinien.

Leistungsfähigkeit und Mangelfall

21. Selbstbehalt

21.1 Grundsatz

Der Eigenbedarf (Selbstbehalt) ist dem Unterhaltspflichtigen zu belassen. Es ist zu unterscheiden zwischen dem notwendigen (§ 1603 Abs. 2 BGB[1)]), dem angemessenen (§ 1603 Abs. 1 BGB) und dem eheangemessenen Selbstbehalt (§§ 1361 Abs. 1, 1578 Abs. 1 BGB).

21.2 Notwendiger Selbstbehalt

Der notwendige Selbstbehalt gilt in allen Fällen der Inanspruchnahme als unterste Grenze. Für Eltern gegenüber minderjährigen Kindern und volljährigen, unverheirateten Kindern bis zur Vollendung des 21. Lebensjahres, die im Haushalt der Eltern oder eines Elternteils leben und sich in der allgemeinen Schulausbildung befinden, gilt im Allgemeinen der notwendige Selbstbehalt. Er beträgt

– beim Erwerbstätigen 1.450 €,
– beim Nichterwerbstätigen 1.200 €.

21.3 Angemessener Selbstbehalt

Im Übrigen gilt der angemessene Selbstbehalt.

21.3.1 gegenüber volljährigen Kindern

Er beträgt gegenüber volljährigen, nicht nach § 1603 Abs. 2 BGB[1)] privilegierten Kindern 1.750 €.

21.3.2 gegenüber Ansprüchen nach § 1615l BGB[1)]

Gegenüber Anspruchsberechtigten nach § 1615l BGB ist der Selbstbehalt in der Regel mit einem Betrag zu bemessen, der zwischen dem angemes-

---

[1)] **Habersack, Deutsche Gesetze Nr. 20.**

senen Selbstbehalt des Volljährigen nach § 1603 Abs. 1 BGB und dem notwendigen Selbstbehalt nach § 1603 Abs. 2 BGB liegt. Er beträgt in der Regel

– beim Erwerbstätigen 1.600 €,
– beim Nichterwerbstätigen 1.475 €.

21.3.3 Elternunterhalt

Dem Unterhaltspflichtigen ist der angemessene Eigenbedarf zu belassen. Dessen Bemessung orientiert sich am Zweck und dem Rechtsgedanken des Angehörigen-Entlastungsgesetzes vom 10. Dezember 2019 (BGBl. I, 2135).

21.4 Eheangemessener Selbstbehalt

Gegenüber getrenntlebenden und geschiedenen Ehegatten beträgt der angemessene Eigenbedarf im Regelfall

– beim Erwerbstätigen 1.600 €,

– beim Nichterwerbstätigen 1.475 €.

21.5 Anpassung des Selbstbehalts

Lebt der Unterhaltspflichtige mit einem leistungsfähigen Partner in Haushaltsgemeinschaft, kommt eine Haushaltsersparnis von in der Regel 10 % in Betracht.

22. Bedarf des mit dem Pflichtigen zusammenlebenden Ehegatten

22.1 Gegenüber nachrangigen (geschiedenen) Ehegatten

Ist bei Unterhaltsansprüchen nachrangiger (geschiedener) Ehegatten der Unterhaltspflichtige verheiratet, werden für den mit ihm zusammenlebenden Ehegatten 1.280 € angesetzt.

22.2 Mindestbedarf bei Ansprüchen volljähriger Kinder

Ist bei Unterhaltsansprüchen volljähriger nicht privilegierter Kinder der Unterhaltspflichtige verheiratet, werden für den mit ihm zusammenlebenden Ehegatten 1.400 € angesetzt.

22.3 Mindestbedarf bei Ansprüchen von Eltern

Vgl. Nr. 21.3.3.

23. Bedarf des vom Pflichtigen getrenntlebenden oder geschiedenen Ehegatten

23.1 Gegenüber nachrangigen (geschiedenen) Ehegatten

Lebt der Unterhaltspflichtige von seinem Ehegatten getrennt oder ist geschieden, werden für diesen gegenüber Unterhaltsansprüchen nachrangiger (geschiedener) Ehegatten des Unterhaltspflichtigen als notwendiger Eigenbedarf 1.600 € angesetzt.

23.2 Bedarf bei Ansprüchen volljähriger Kinder

Lebt der Unterhaltspflichtige von seinem Ehegatten getrennt oder ist geschieden, werden für diesen gegenüber Unterhaltsansprüchen nicht privilegierter volljähriger Kinder des Unterhaltspflichtigen als notwendiger Eigenbedarf 1.750 € angesetzt.

23.3 Bedarf bei Ansprüchen von Eltern

Vgl. Nr. 21.3.3.

24. Mangelfall

24.1 Grundsatz

Reicht der Betrag, der zur Erfüllung mehrerer Unterhaltsansprüche zur Verfügung steht (Verteilungsmasse), nicht aus, um den Unterhaltsbedarf aller Unterhaltsberechtigten zu decken, so ist der den entsprechenden Selbstbehalt nach Nr. 21 übersteigende Betrag auf die Berechtigten unter Beachtung der Rangverhältnisse zu verteilen.

24.2 Einsatzbeträge

Hierbei sind als Einsatzbeträge die Unterhaltsansprüche einzustellen, die sich ohne Berücksichtigung des Selbstbehaltes ergäben.

24.2.1 Minderjährige und ihnen gleichgestellte Kinder

Für minderjährige und ihnen gleichgestellte Kinder ist der sich aus der Unterhaltstabelle abzüglich des zu berücksichtigenden Kindergeldes ergebende Betrag (Zahlbetrag) einzustellen.

24.2.2 (nicht besetzt)

Sonstiges

25. Rundung

Der Unterhaltsbetrag ist auf volle Euro aufzurunden.

Anhang

(Stand 1. Januar 2024)

Düsseldorfer Tabelle

*(abgedruckt unter Nr. **47**)*

Zahlbeträge

*(abgedruckt unter Nr. **47**)*

Tabellarische Zusammenstellung der Bedarfssätze und der Selbstbehalte

Bedarfssätze		
I.	Regelbedarf eines volljährigen Kindes, das nicht im Haushalt eines Elternteils lebt (Nr. 13.1.2)	930 €
II.	Mindestbedarf eines nach § 1615l BGB[1)] Berechtigten und anderer *Unterhaltsbedürftiger, die nicht* Kinder oder (geschiedene) Ehegatten sind (Nr. 18)	1.200 €
Selbstbehaltssätze		
III.	Monatlicher Selbstbehalt gegenüber minderjährigen und ihnen gleichgestellten (§ 1603 Abs. 2 BGB) Kindern (Nr. 21.2)	
	a) des erwerbstätigen Unterhaltsverpflichteten	1.450 €
	b) des nichterwerbstätigen Unterhaltsverpflichteten	1.200 €
IV.	Monatlicher Selbstbehalt gegenüber anderen Kindern (Nr. 21.3.1)	1.750 €

[1)] **Habersack, Deutsche Gesetze Nr. 20.**

V.	Monatlicher Selbstbehalt gegenüber Ansprüchen nach § 1615l BGB (Nr. 21.3.2.)	
	a) des erwerbstätigen Unterhaltsverpflichteten	1.600 €
	b) des nicht erwerbstätigen Unterhaltsverpflichteten	1.475 €
VI.	Monatlicher Selbstbehalt gegenüber dem getrenntlebenden und dem geschiedenen Ehegatten (Nr. 21.4)	
	a) des erwerbstätigen Unterhaltsverpflichteten	1.600 €
	b) des nicht erwerbstätigen Unterhaltsverpflichteten	1.475 €
VII.	Bedarf des mit dem Pflichtigen zusammenlebenden Ehegatten (Nr. 22)	
	1. gegenüber nachrangigen (geschiedenen) Ehegatten mindestens	1.280 €
	2. gegenüber nicht unter § 1603 Abs. 2 BGB fallenden Kindern	1.400 €

47d. Oberlandesgericht Brandenburg – Unterhaltsleitlinien[1)]

(Stand: 1. Januar 2024)

Vorbemerkung

Die Leitlinien sind von Richterinnen und Richtern der Familiensenate des Brandenburgischen Oberlandesgerichts erarbeitet worden. Die Unterhaltsleitlinien sind keine verbindlichen Rechts- oder Rechtsanwendungssätze, dienen aber dem Ziel, die Rechtsprechung möglichst zu vereinheitlichen. Sie gelten ***ab 1. Januar 2024***. Gegenüber den ab 1. Januar 2023 geltenden Leitlinien ergeben sich inhaltliche Änderungen in Nr. 2.2, 11, 21.2, 21.3, 21.4 und in den Anlagen I und II.

Unterhaltsrechtlich maßgebendes Einkommen

1. Geldeinnahmen

1.1 Regelmäßiges Bruttoeinkommen einschl. Renten und Pensionen

Zum Bruttoeinkommen gehören alle Einkünfte und geldwerten Vorteile, zum Beispiel Arbeitsverdienst (inklusive anteiligen Urlaubs- und Weihnachtsgeldes sowie sonstiger Einmalleistungen, anteilig auf den Monat umgelegt), Renten und Pensionen.

1.2 Unregelmäßiges Einkommen

Höhere einmalige Zahlungen (z.B. Jubiläumszuwendungen) können auf einen längeren Zeitraum als ein Jahr verteilt werden. Abfindungen sind zur Wahrung der bisherigen Lebensverhältnisse in der Regel auf einen angemessenen Zeitraum umzulegen.

1.3 Überstunden

Überstundenvergütungen werden dem Einkommen zugerechnet, soweit sie in geringem Umfang anfallen oder berufsüblich sind.

In Mangelfällen erfolgt die Zurechnung unabhängig von Umfang und Berufsüblichkeit. Im Übrigen ist die Zurechnung unter Berücksichtigung des Einzelfalles nach Treu und Glauben zu beurteilen.

Diese Grundsätze gelten auch für Einkünfte aus einer Nebentätigkeit.

1.4 Spesen und Auslösungen

Spesen und Auslösungen werden dem Einkommen zugerechnet, soweit dadurch eine Ersparnis eintritt oder Überschüsse verbleiben. Im Zweifel kann davon ausgegangen werden, dass eine Ersparnis eintritt oder Überschüsse verbleiben, die mit einem Drittel der Nettobeträge zu bewerten und insoweit dem Einkommen zuzurechnen sind.

1.5 Einkommen aus selbstständiger Tätigkeit

Bei Ermittlung des Einkommens eines Selbstständigen ist in der Regel von dem Gewinn dreier aufeinander folgender Geschäftsjahre auszugehen. Für zurückliegende Zeiträume können die in dem jeweiligen Kalender-

[1)] In der jeweils aktuellen Fassung kostenlos abrufbar unter www.olg.brandenburg.de.

jahr erzielten Einkünfte maßgebend sein (vgl. BGH, FamRZ 2007, 1532 ff. Rn. 23).

1.6 Einkommen aus Vermietung und Verpachtung sowie Kapitalvermögen

Einnahmen aus Vermietung und Verpachtung sowie Kapitalvermögen sind nach Abzug der zur Erzielung dieser Einnahmen notwendigen Ausgaben als Einkommen zu berücksichtigen. Bei schwankenden Einnahmen ist auf den Durchschnitt mehrerer Jahre abzustellen. Für zurückliegende Zeiträume können die in dem jeweiligen Kalenderjahr erzielten Einkünfte maßgebend sein (vgl. BGH, FamRZ 2007, 1532 ff. Rn. 23).

1.7 Steuererstattungen

Steuererstattungen finden in der Regel in dem Jahr, in dem sie anfallen, Berücksichtigung, ebenso Steuernachzahlungen. Sie können für die nachfolgenden Jahre fortgeschrieben werden, wenn die Bemessungsgrundlagen im Wesentlichen unverändert geblieben sind.

Nach Auffassung des 3. Familiensenats sind Steuererstattungen oder -nachzahlungen stets in dem Jahr zu berücksichtigen, das dem Steuerjahr folgt. Bei Selbstständigen setzt der 3. Familiensenat in der Regel die für die Geschäftsjahre geschuldeten Steuern an, die der Unterhaltsberechnung zu Grunde gelegt werden.

2. Sozialleistungen

2.1 Arbeitslosengeld und Krankengeld

Arbeitslosengeld gemäß § 136 SGB III ist ebenso Einkommen wie Krankengeld.

2.2 Leistungen nach dem SGB II

Bürgergeld nach dem SGB II ist auf Seiten des Unterhaltspflichtigen Einkommen. Beim Unterhaltsberechtigten sind subsidiäre Leistungen zur Sicherung des Lebensunterhalts nach §§ 19 ff. SGB II kein Einkommen. Jedoch kann seine Unterhaltsforderung bei Nichtberücksichtigung solcher Leistungen in Ausnahmefällen treuwidrig sein (BGH, FamRZ 1999, 843; FamRZ 2001, 619). Nicht subsidiäre Leistungen nach dem SGB II sind Einkommen.

2.3 Wohngeld

Wohngeld ist Einkommen, soweit es nicht erhöhte Wohnkosten deckt (vgl. BGH, FamRZ 2012, 1201 Rn. 15; FamRZ 1982, 587).

2.4 BAföG

BAföG-Leistungen sind mit Ausnahme von Vorausleistungen nach §§ 36, 37 BAföG[1] als Einkommen anzusehen, auch soweit sie als Darlehen gewährt werden.

2.5 Elterngeld

Elterngeld ist nach Maßgabe des § 11 BEEG[2] Einkommen.

---

[1] **Sartorius Nr. 420.**
[2] Nr. **45e.**

2.6 Unfall- und Versorgungsrenten

Unfall- und Versorgungsrenten sind nach Abzug eines Betrages für tatsächliche Mehraufwendungen unterhaltsrechtlich als Einkommen heranzuziehen. § 1610a BGB[1)] ist zu beachten.

2.7 Leistungen aus der Pflegeversicherung, Blindengeld u.Ä.

Leistungen aus der Pflegeversicherung, Blindengeld, Schwerbeschädigten- und Pflegezulagen sind nach Abzug eines Betrages für tatsächliche Mehraufwendungen unterhaltsrechtlich als Einkommen heranzuziehen. § 1610a BGB[1)] ist zu beachten.

2.8 Pflegegeld

Der Anteil des Pflegegeldes, durch den ihre Bemühungen abgegolten werden, ist Einkommen der Pflegeperson. Bei Pflegegeld aus der Pflegeversicherung gilt dies nach Maßgabe von § 13 Abs 6 SGB XI (vgl. BGH, FamRZ 2006, 846).

2.9 Grundsicherung beim Verwandtenunterhalt

Leistungen der Grundsicherung im Alter und bei Erwerbsminderung, §§ 41 bis 43 SGB XII, sind auf Seiten des Unterhaltsberechtigten nur gegenüber Eltern und Kindern Einkommen.

2.10 Sozialhilfe

Sozialhilfe nach dem SGB XII ist kein Einkommen. Bezieht der Unterhaltsberechtigte eine solche Sozialhilfe, kann seine Unterhaltsforderung in Ausnahmefällen treuwidrig sein (vgl. BGH, FamRZ 1999, 843; FamRZ 2001, 619).

2.11 Unterhaltsvorschuss

Leistungen nach dem UVG[2)] sind kein Einkommen. Bezieht der Unterhaltsberechtigte Unterhaltsvorschuss, kann seine Unterhaltsforderung in Ausnahmefällen treuwidrig sein (vgl. BGH, FamRZ 1999, 843; FamRZ 2001, 619).

3. Kindergeld

Kindergeld ist kein Einkommen der Eltern (vgl. auch Nr. 14).

4. Geldwerte Zuwendungen des Arbeitgebers

Geldwerte Zuwendungen des Arbeitgebers, z.B. Firmenwagen, freie Kost, kostenlose oder verbilligte Wohnung, sind Einkommen, soweit dadurch entsprechende Eigenaufwendungen erspart werden.

5. Wohnvorteil

*Wohnt der Unterhaltsberechtigte oder der Unterhaltspflichtige im eigenen Haus oder in der ihm gehörenden Eigentumswohnung, so stellt der Vorteil des mietfreien Wohnens Einkommen dar. Neben dem Wohnvorteil sind auch Zahlungen nach dem Eigenheimzulagengesetz anzusetzen. Der Wohnwert errechnet sich regelmäßig unter Zugrundelegung des üblichen Entgelts für ein vergleichbares Objekt. Er kann im Einzelfall

---

1) **Habersack, Deutsche Gesetze Nr. 20.**
2) Nr. **45d**.

auch darunter liegen (vgl. BGH, FamRZ 1998, 899; FamRZ 2000, 950). Insbesondere beim Trennungsunterhalt kommt der volle Wohnwert regelmäßig erst dann zum Tragen, wenn nicht mehr mit einer Wiederherstellung der ehelichen Lebensgemeinschaft zu rechnen ist und auch dem in der Wohnung verbliebenen Ehegatten eine Verwertung zugemutet werden kann. Das ist meist ab Zustellung des Scheidungsantrags anzunehmen (vgl. BGH, FamRZ 2008, 963). Kosten, mit denen ein Mieter üblicherweise nicht belastet wird, sind abzusetzen (vgl. BGH, FamRZ 2009, 1300). Ist die Immobilie durch Kredite finanziert, sind neben den Zinsen die Tilgungsleistungen bis zur Höhe des Wohnwertes abzuziehen, ohne dass dies die Befugnis zur Bildung eines zusätzlichen Altersvorsorgevermögens schmälert (vgl. BGH, FamRZ 2017, 519; FamRZ 2018, 1506 Rn. 31).

6. Haushaltsführung

Führt jemand einem leistungsfähigen Dritten den Haushalt, so ist hierfür ein Einkommen anzusetzen.

7. Einkommen aus unzumutbarer Erwerbstätigkeit

Einkommen aus unzumutbarer Erwerbstätigkeit kann nach Billigkeit ganz oder teilweise unberücksichtigt bleiben.

8. Freiwillige Zuwendungen Dritter

Freiwillige Zuwendungen Dritter sind nur Einkommen, wenn dies dem Willen des Dritten entspricht.

9. Erwerbsobliegenheit und Einkommensfiktion

Wird die Erwerbsobliegenheit verletzt, sind fiktive Einkünfte anzurechnen, die nach Alter, Vorbildung und beruflichem Werdegang erzielt werden können.

10. Bereinigung des Einkommens

10.1 Steuern und Vorsorgeaufwendungen

Vom Bruttoeinkommen sind Steuern und Vorsorgeaufwendungen abzuziehen. Zu diesen zählen Aufwendungen für die gesetzliche Kranken-, Pflege-, Renten- und Arbeitslosenversicherung oder die angemessene private Kranken- und Altersvorsorge sowie die Vorsorge für den Fall der Pflegebedürftigkeit.

Grundsätzlich darf eine zusätzliche Altersversorgung betrieben werden, die unterhaltsrechtlich beim Elternunterhalt bis zu 5 % des Bruttoeinkommens (BGH, FamRZ 2006, 1511) und im Übrigen bis zu 4 % des Bruttoeinkommens (BGH, FamRZ 2005, 1817) betragen kann. Voraussetzung ist stets, dass solche Aufwendungen für die eigene Altersvorsorge tatsächlich geleistet werden (BGH, FamRZ 2007, 793). Aufwendungen des gesteigert unterhaltspflichtigen Elternteils für eine zusätzliche Altersversorgung aber sind unterhaltsrechtlich nicht berücksichtigungsfähig, soweit der Mindestunterhalt für ein minderjähriges Kind nicht aufgebracht werden kann *(BGH, FamRZ 2013, 616).*

10.2 Berufsbedingte Aufwendungen

10.2.1 Pauschale/Konkrete Aufwendungen

Berufsbedingte Aufwendungen sind im Rahmen des Angemessenen vom Arbeitseinkommen abzuziehen. Sie können in der Regel mit einem Anteil von 5 % des Nettoeinkommens angesetzt werden, wenn hinreichende Anhaltspunkte für eine Schätzung bestehen. Werden höhere Aufwendungen geltend gemacht oder liegt ein Mangelfall vor, so sind sämtliche Aufwendungen im Einzelnen konkret darzulegen und nachzuweisen.

10.2.2 Fahrtkosten

Im Falle der konkreten Darlegung im Sinne der Nr. 10.2.1 werden für berufsbedingte Fahrten, insbesondere für Fahrten zum Arbeitsplatz (Hin- und Rückfahrt), die Kosten einer anzuerkennenden Pkw-Benutzung grundsätzlich mit einer Kilometerpauschale von *0,42* EUR berücksichtigt.

10.2.3 Ausbildungsaufwand

Ausbildungsvergütungen sind vorbehaltlich Nr. 13.1 Abs. 3 um ausbildungsbedingte Kosten zu kürzen. Die Höhe der ausbildungsbedingten Kosten bestimmt sich nach den Verhältnissen des Einzelfalles. Sie kann, wenn hinreichende Anhaltspunkte für eine Schätzung bestehen, mit *100 EUR* monatlich angenommen werden.

10.3 Kinderbetreuung

Leben im Haushalt des Unterhaltspflichtigen oder des Unterhaltsberechtigten minderjährige Kinder, so kann sich das Einkommen um Betreuungskosten (vor allem Kosten für eine notwendige Fremdbetreuung) mindern. In Betracht kommen kann auch, dass auf überobligationsmäßiger Tätigkeit beruhendes Mehreinkommen ganz oder teilweise anrechnungsfrei bleibt, wenn keine konkreten Betreuungskosten anfallen (vgl. BGH, FamRZ 2005, 1154).

10.4 Schulden

Zinsen und Tilgungsraten auf Schulden, die aus der Zeit vor Eheschließung herrühren oder während des ehelichen Zusammenlebens begründet worden sind, können, soweit angemessen, einkommensmindernd berücksichtigt werden. Den Interessen minderjähriger Kinder und volljähriger unverheirateter Kinder bis zur Vollendung des 21. Lebensjahres, die im Haushalt der Eltern oder eines Elternteils leben und sich in der allgemeinen Schulausbildung befinden, ist stets besonders Rechnung zu tragen.

10.5 Unterhaltsleistungen

Bei der Prüfung, ob Unterhaltsleistungen vorweg vom Einkommen ab*zuziehen sind,* ist *zwischen* Bedarfsermittlung und Leistungsfähigkeit zu unterscheiden.

10.6 Vermögensbildung

Anlagen nach den Vermögensbildungsgesetzen sind – vorbehaltlich Nr. 10.1 – nicht vom Einkommen abzuziehen. Auf der anderen Seite erhöhen vermögenswirksame Leistungen des Arbeitgebers und Sparzulagen das Einkommen nicht.

Kindesunterhalt

11. Bemessungsgrundlage (Tabellenunterhalt)

Der Barunterhalt minderjähriger unverheirateter Kinder bestimmt sich nach den Altersstufen 1 bis 3 der Tabelle in Anlage I, die mit denjenigen nach § 1612a Abs. 1 Satz 3 BGB[1)] übereinstimmen. Die Tabellensätze sind identisch mit den ab 1. Januar 2024 geltenden Tabellensätzen der Düsseldorfer Tabelle[2)]. Wegen des Bedarfs volljähriger Kinder vgl. Nr. 13.1.

11.1 Kranken- und Pflegeversicherungsbeiträge

In den Unterhaltsbeträgen (Tabellensätzen) sind keine Kranken- und Pflegeversicherungsbeiträge enthalten. Soweit das Kind nicht in einer Familienversicherung mitversichert ist, hat es zusätzlich Anspruch auf Zahlung der Versicherungsbeiträge. Das Nettoeinkommen des Unterhaltspflichtigen ist in diesen Fällen vor Einstufung in die entsprechende Einkommensgruppe vorweg um diese Beiträge zu bereinigen.

11.2 Eingruppierung

Die Tabellensätze erfassen die Fälle, in denen eine Unterhaltspflicht gegenüber zwei Unterhaltsberechtigten besteht. Bei einer geringeren Anzahl von Unterhaltsberechtigten kann eine Höhergruppierung auch um mehr als eine Einkommensgruppe in Betracht kommen.

Bei einer größeren Anzahl von Unterhaltsberechtigten kann eine Korrektur *an Hand*[3)] des Bedarfskontrollbetrags erfolgen. Der Bedarfskontrollbetrag ist nicht identisch mit dem Selbstbehalt des Unterhaltspflichtigen. Er soll eine ausgewogene Verteilung des Einkommens zwischen dem Unterhaltspflichtigen und dem Unterhaltsberechtigten gewährleisten. Erreicht das dem Unterhaltspflichtigen nach Abzug aller Unterhaltslasten verbleibende bereinigte Einkommen nicht den für die Einkommensgruppe ausgewiesenen Bedarfskontrollbetrag, ist ggf. soweit herabzustufen, bis dem Unterhaltspflichtigen der entsprechende Kontrollbetrag verbleibt.

12. Minderjährige Kinder

12.1 Betreuungs-/Barunterhalt

Der Betreuungsunterhalt für ein minderjähriges Kind entspricht in der Regel dem Barunterhalt, sodass der betreuende Elternteil regelmäßig keinen Barunterhalt zu leisten braucht.

12.2 Einkommen des Kindes

Einkommen des minderjährigen Kindes, das nach Abzug ausbildungsbedingter Kosten (vgl. Nr. 10.2.3) verbleibt, ist zur Hälfte auf den Barunterhalt anzurechnen. Die andere Hälfte kommt dem betreuenden Elternteil zugute.

---

1) **Habersack, Deutsche Gesetze Nr. 20.**
2) Nr. **47**.
3) Richtig wohl: „anhand“.

12.3 Beiderseitige Barunterhaltspflicht/Haftungsanteil

Sind ausnahmsweise beide Elternteile gegenüber dem minderjährigen Kind barunterhaltspflichtig, bestimmt sich ihr Haftungsanteil nach dem Verhältnis ihrer den jeweiligen Selbstbehalt übersteigenden Einkommen.

12.4 Zusatzbedarf

Mehrbedarf und Sonderbedarf sind in den Unterhaltsbeträgen nicht enthalten. Insoweit sind grundsätzlich beide Elternteile barunterhaltspflichtig. Nr. 12.3 gilt entsprechend.

13. Volljährige Kinder

13.1 Bedarf

Der Barunterhalt volljähriger Schüler, Studenten und Auszubildender, die noch im Haushalt eines Elternteils leben, bestimmt sich nach Altersstufe 4 der Tabelle in *Anlage I.* Der Tabellenbetrag richtet sich nach dem zusammengerechneten Einkommen beider Elternteile. Ein Elternteil hat jedoch höchstens den Unterhalt zu leisten, der sich allein nach seinem Einkommen ergibt.

Dem 3. Familiensenat dient die Altersstufe 4 der Tabelle lediglich als Orientierung.

Der Bedarf nicht im Haushalt eines Elternteils lebender Kinder beträgt regelmäßig *930 EUR* monatlich. Kosten für eine Ausbildung im üblichen Rahmen sind darin ebenso enthalten wie ein Mietanteil (Warmmiete) von bis zu *410 EUR*. Bei guten wirtschaftlichen Verhältnissen kann eine Erhöhung des regelmäßigen Bedarfs gerechtfertigt sein, im Allgemeinen aber nicht über den doppelten Betrag hinaus.

In den Unterhaltsbeträgen sind Kranken- und Pflegeversicherungsbeiträge sowie Studiengebühren nicht enthalten.

13.2 Einkommen des Kindes

Einkommen des volljährigen unterhaltsberechtigten Kindes, das nach Abzug ausbildungsbedingter Kosten (vgl. Nr. 10.2.3) verbleibt, ist auf seinen Bedarf voll anzurechnen.

13.3 Beiderseitige Barunterhaltspflicht/Haftungsanteil

Gegenüber volljährigen Kindern sind beide Elternteile barunterhaltspflichtig. Ihr Haftungsanteil bestimmt sich nach dem Verhältnis ihrer den jeweiligen Selbstbehalt übersteigenden Einkommen.

14. Verrechnung des Kindergeldes

Das Kindergeld ist nach Maßgabe des § 1612b BGB[1] zur Deckung des *Barbedarfs des Kindes* zu verwenden (vgl. auch Nr. 3).

---

[1] **Habersack, Deutsche Gesetze Nr. 20.**

Ehegattenunterhalt

15. Unterhaltsbedarf

15.1 Bedarf nach den ehelichen Lebensverhältnissen

Der Unterhaltsanspruch des Ehegatten wird bestimmt und begrenzt durch den Bedarf nach den ehelichen Lebensverhältnissen, in den Fällen nachehelichen Unterhalts nach denjenigen bei der Scheidung. Leistet ein Ehegatte Unterhalt für ein Kind und hat dies bereits die ehelichen Lebensverhältnisse geprägt (vgl. BGH, FamRZ 2012, 281 Rn. 27), wird das Einkommen vorab um den Kindesunterhalt, das ist der Zahlbetrag, also der Tabellenunterhalt nach Abzug von Kindergeld, gemindert, soweit sich daraus nicht ein Missverhältnis zum wechselseitigen Lebensbedarf der Beteiligten ergibt (vgl. BGH, FamRZ 1999, 367; FamRZ 2003, 363).

Wegen der Behandlung von Erwerbseinkünften des unterhaltsberechtigten Ehegatten aus einer nach Trennung oder Scheidung aufgenommenen oder ausgeweiteten Tätigkeit wird auf das Urteil des BGH vom 13.6.2001 (FamRZ 2001, 986) verwiesen.

15.2 Halbteilung und Erwerbstätigenbonus

Der Unterhaltsbedarf des getrennt lebenden und geschiedenen Ehegatten beläuft sich grundsätzlich auf die Hälfte des zusammengerechneten eheprägenden bereinigten Einkommens beider Ehegatten.

Erwerbseinkünfte sind als Anreiz um einen Erwerbstätigenbonus von 1/10 vor Verminderung der Einkünfte um Kindesunterhalt und berücksichtigungsfähige Verbindlichkeiten zu kürzen.

15.3 Konkrete Bedarfsbemessung

Haben außergewöhnlich hohe Einkommen die ehelichen Lebensverhältnisse geprägt, kann eine konkrete Bedarfsbemessung in Betracht kommen.

15.4 Vorsorgebedarf

Werden Altersvorsorge-, Kranken- und Pflegeversicherungskosten vom Unterhaltsberechtigten gesondert geltend gemacht oder vom Unterhaltspflichtigen gezahlt, sind diese von dem Einkommen des Pflichtigen vorweg abzuziehen.

15.5 nicht belegt

15.6 Trennungsbedingter Mehrbedarf

Trennungsbedingter Mehrbedarf kann zusätzlich berücksichtigt werden.

16. Bedürftigkeit

Bedürftigkeit besteht nur, soweit der Bedarf nicht durch eigene Einkünfte des Unterhaltsberechtigten, ggf. vermindert um den Erwerbstätigenbonus (vgl. Nr. 15.2), gedeckt ist.

17. Erwerbsobliegenheit

17.1 bei Kindesbetreuung

Die Zumutbarkeit von Erwerbstätigkeit neben Betreuung von Kindern nach Vollendung des 3. Lebensjahres (vgl. §§ 1570 Abs. 1 Satz 1, 1615l Abs. 2 Satz 3 BGB[1])) richtet sich nach den Umständen des Einzelfalles.

17.2 bei Trennungsunterhalt

Inwieweit in der Trennungszeit eine Erwerbsobliegenheit besteht, richtet sich nach den Umständen des Einzelfalles.

Weitere Unterhaltsansprüche

18. Ansprüche aus § 1615l BGB[1])

Der Bedarf nach § 1615l BGB bemisst sich nach der Lebensstellung des betreuenden Elternteils.

19. Elternunterhalt

Haben Eltern Unterhaltsansprüche gegen ihre Kinder, so sind auch Pflegebedarf und Heimkosten Teile des Unterhaltsbedarfs.

20. Lebenspartnerschaft

Der Bedarf gemäß §§ 5, 12, 16 LPartG[2]) bemisst sich nach den partnerschaftlichen Lebensverhältnissen.

Leistungsfähigkeit und Mangelfall

21. Selbstbehalt

21.1 Grundsatz

Leistungsfähigkeit ist in dem Umfang gegeben, in welchem das bereinigte Einkommen, hier ohne Abzug eines Erwerbstätigenbonus, den Selbstbehalt, der dem Unterhaltspflichtigen zur Bestreitung seines eigenen Unterhalts bleiben muss, übersteigt.

21.2 Notwendiger Selbstbehalt

Der notwendige Selbstbehalt des Unterhaltspflichtigen beträgt gegenüber minderjährigen Kindern sowie gegenüber volljährigen unverheirateten Kindern bis zur Vollendung des 21. Lebensjahres, die im Haushalt der Eltern oder eines Elternteils leben und sich in der allgemeinen Schulausbildung befinden, *1.450* EUR. Darin ist ein Mietanteil (Warmmiete) von etwa *520* EUR enthalten. Sind die Einkünfte des Unterhaltspflichtigen insgesamt oder im Wesentlichen keine Erwerbseinkünfte, beträgt der Selbstbehalt *1.200* EUR.

21.3 Angemessener Selbstbehalt

21.3.1 Kindesunterhalt

Gegenüber minderjährigen und volljährigen Kindern gilt, soweit dem Unterhaltspflichtigen mehr als der notwendige Selbstbehalt (vgl. Nr. 21.2)

---

[1]) **Habersack, Deutsche Gesetze Nr. 20.**
[2]) Nr. **43**.

zu belassen ist, ein angemessener Selbstbehalt i.H.v. *1.750* EUR. Darin ist ein Mietanteil (Warmmiete) von etwa *650* EUR enthalten.

21.3.2 Elternunterhalt

Dem Unterhaltspflichtigen ist der angemessene Eigenbedarf zu belassen. Bei dessen Bemessung sind Zweck und Rechtsgedanken des Gesetzes zur Entlastung unterhaltspflichtiger Angehöriger in der Sozialhilfe und in der Eingliederungshilfe (Angehörigenentlastungsgesetz) vom 10. Dezember 2019 (BGBl. I S. 2135) zu beachten.

21.4 Eheangemessener Selbstbehalt und Ansprüche aus § 1615l BGB[1)]

Der Selbstbehalt gegenüber dem getrennt lebenden und geschiedenen Ehegatten (vgl. dazu BGH, FamRZ 2006, 683) beträgt in der Regel *1.600* EUR (billiger Selbstbehalt). Darin ist ein Mietanteil (Warmmiete) von etwa *580* EUR enthalten. Diese Beträge gelten auch in den Fällen des § 1615l BGB (BGH, FamRZ 2005, 354).

21.5 Anpassung des Selbstbehalts

Der Selbstbehalt kann unterschritten werden, wenn der eigene Unterhalt des Pflichtigen ganz oder teilweise durch den Ehegatten gedeckt ist.

Der Selbstbehalt eines Unterhaltspflichtigen kann überdies um die durch eine gemeinsame Haushaltsführung eintretende Ersparnis, höchstens jedoch bis auf sein Existenzminimum nach sozialhilferechtlichen Grundsätzen herabgesetzt werden (vgl. BGH, FamRZ 2008, 594). Die Ersparnis kann regelmäßig mit 10 % für jeden volljährigen Partner der Haushaltsgemeinschaft in Ansatz gebracht werden (vgl. BGH, FamRZ 2012, 281 Rn. 46).

22. Bedarf des mit dem Unterhaltspflichtigen zusammenlebenden Ehegatten

Ist der Unterhaltspflichtige verheiratet, so richtet sich der Bedarf des mit ihm zusammen lebenden Ehegatten nach den ehelichen Lebensverhältnissen. Der Bedarf kann mit Rücksicht auf das Zusammenleben niedriger anzusetzen sein.

23. nicht belegt

24. Mangelfall

24.1 Grundsatz

Reicht der Betrag, der zur Erfüllung mehrerer Unterhaltsansprüche zur Verfügung steht (Verteilungsmasse), nicht aus, um den Unterhaltsbedarf aller Unterhaltsberechtigten zu decken, so ist der den Selbstbehalt übersteigende Betrag auf die Berechtigten unter Beachtung der Rangverhältnisse zu verteilen.

24.2 Einsatzbeträge

Die Einsatzbeträge für minderjährige unverheiratete und ihnen gleichgestellte volljährige Kinder entsprechen den Tabellenbeträgen der ersten *Einkommensgruppe* der Tabelle in Anlage I abzüglich des nach § 1612b Abs. 1 BGB[1)] zur Bedarfsdeckung zu verwendenden Kindergeldes.

[1)] **Habersack, Deutsche Gesetze Nr. 20.**

24.3 Berechnung

Bei der Mangelverteilung errechnet sich der gekürzte Unterhaltsanspruch aller gleichrangigen Unterhaltsberechtigten aus dem Quotienten von Verteilungsmasse und Summe der Einsatzbeträge, multipliziert mit dem jeweiligen Einsatzbetrag.

Sonstiges

25. Rundung

Der Unterhaltsbetrag kann auf volle Euro gerundet werden.

Anlagen

I. Unterhaltstabelle

(abgedruckt unter Nr. 47)

II. Zahlbetragstabelle

(abgedruckt unter Nr. 47)

III. Umrechnung dynamisierter Titel alten Rechts gemäß § 36 Nr. 3 EGZPO[1)]

Ist Kindesunterhalt als Prozentsatz des jeweiligen Regelbetrages zu leisten, bleibt der Titel bestehen. **Eine Abänderung ist nicht erforderlich.** An die Stelle des bisherigen Prozentsatzes vom Regelbetrag tritt ein neuer Prozentsatz vom Mindestunterhalt. Dieser ist für die maßgebliche Altersstufe zu bestimmen und auf eine Stelle nach dem Komma zu begrenzen (§ 36 Nr. 3 EGZPO; vgl. auch BGH, FamRZ 2012, 1048). Der Bedarf ergibt sich aus der Multiplikation des neuen Prozentsatzes mit dem Mindestunterhalt der jeweiligen Altersstufe und ist auf volle Euro aufzurunden (§ 1612a Abs. 2 Satz 2 BGB[2)]). Der Zahlbetrag ergibt sich aus dem um das jeweils anteilige Kindergeld verminderten bzw. erhöhten Bedarf.

Es sind vier Fallgestaltungen zu unterscheiden (die Beispiele beziehen sich auf den ab 1.1.2008 geltenden Mindestunterhalt, da es für die Umrechnung auf diesen Zeitpunkt ankommt):

a) Der Titel sieht die Anrechnung des hälftigen Kindergeldes oder eine teilweise Anrechnung des Kindergeldes vor.

$$\frac{\text{Zahlbetrag} + \text{½ Kindergeld}}{\text{Mindestunterhalt der jeweiligen Altersstufe}} \times 100 = \text{Prozentsatz neu}$$

Beispiel 1. Altersstufe

$$\frac{(196\ € + 77\ €)}{279\ €} \times 100 = 97{,}8\ \%$$

Kontrollberechnung

279 € × 97,8 % = 272,86 €, ger. 273 €

Zahlbetrag 273 € – 77 € = 196 €

b) Der Titel sieht die Hinzurechnung des hälftigen Kindergeldes vor.

$$\frac{\text{Zahlbetrag} - \text{½ Kindergeld}}{\text{Mindestunterhalt der jeweiligen Altersstufe}} \times 100 = \text{Prozentsatz neu}$$

---

1) **Habersack, Deutsche Gesetze Nr. 101.**
2) **Habersack, Deutsche Gesetze Nr. 20.**

Beispiel 1. Altersstufe

$$\frac{(273\ € - 77\ €)}{279\ €} \times 100 = 70{,}2\,\%$$

Kontrollberechnung

279 € × 70,2 % = 195,85 €, ger. 196 €

Zahlbetrag 196 € + 77 € = 273 €

c) Der Titel sieht die Anrechnung des vollen Kindergeldes vor.

$$\frac{\text{Zahlbetrag} + 1/1\ \text{Kindergeld}}{\text{Mindestunterhalt der jeweiligen Altersstufe}} \times 100 = \text{Prozentsatz neu}$$

Beispiel 2. Altersstufe

$$\frac{(177\ € + 154\ €)}{322\ €} \times 100 = 102{,}7\,\%$$

Kontrollberechnung

322 € × 102,7 % = 330,69 €, ger. 331 €

Zahlbetrag 331 € – 154 € = 177 €

d) Der Titel sieht weder eine Anrechnung noch eine Hinzurechnung des Kindergeldes vor.

$$\frac{\text{Zahlbetrag} + \tfrac{1}{2}\ \text{Kindergeld}}{\text{Mindestunterhalt der jeweiligen Altersstufe}} \times 100 = \text{Prozentsatz neu}$$

Beispiel 3. Altersstufe

$$\frac{(329\ € + 77\ €)}{365\ €} \times 100 = 111{,}2\,\%$$

Kontrollberechnung

365 € × 111,2 % = 405,88 €, ger. 406 €

Zahlbetrag 406 € – 77 € = 329 €.

47e. Oberlandesgericht Braunschweig – Unterhaltsrechtliche Leitlinien der Familiensenate[1)]

(Stand: 1. Januar 2024)

Die Familiensenate des Oberlandesgerichts Braunschweig verwenden die unterhaltsrechtlichen Leitlinien als Orientierungshilfe für den Regelfall. Die Leitlinien dienen dem Zweck, die Rechtsprechung der Senate zu vereinheitlichen. Sie haben jedoch keine bindende Wirkung und können insbesondere die Prüfung des Einzelfalles nicht ersetzen. Das Tabellenwerk der Düsseldorfer Tabelle[2)] ist verlinkt. Die Erläuterungen werden durch nachfolgende Leitlinien ersetzt.

Unterhaltsrechtliches Einkommen:

Bei der Ermittlung und Zurechnung von Einkommen ist stets zu unterscheiden, ob es um Verwandten- oder Ehegattenunterhalt und ob es um die Bemessung des Bedarfs oder die Feststellung der Bedürftigkeit bzw. Leistungsfähigkeit geht.Das unterhaltsrechtliche Einkommen ist nicht in jedem Fall identisch mit den steuerrechtlichen Einkünften.

1. Geldeinnahmen:

1.1 Auszugehen ist vom Bruttoeinkommen als Summe aller Einkünfte.

1.2 Soweit Leistungen nicht monatlich anfallen (z.B. Weihnachtsgratifikation und Urlaubsgeld), werden sie auf ein Jahr umgelegt. Einmalige Zahlungen (z.B. Abfindungen) sind auf einen angemessenen Zeitraum zu verteilen.

1.3 Überstundenvergütungen werden dem Einkommen zugerechnet, soweit sie berufstypisch sind und das im jeweiligen Beruf übliche Maß nicht überschreiten.

Darüber hinausgehende Einnahmen aus Überstunden oder Zusatzarbeit sind auf Grund der Umstände des Einzelfalls (z.B. hohe Schuldenbelastung, Sicherung des Mindestbedarfs) nach Billigkeit zuzurechnen.

1.4 Auslösungen und Spesen werden pauschal zu 1/3-Anteil als Einkommen behandelt, soweit nicht der Nachweis geführt wird, dass derartige Leistungen notwendigerweise im weitergehenden Umfang verbraucht werden und deshalb keine entsprechende häusliche Ersparnis eintritt. Bei steuerfrei gewährten Auslösungen pp. wird grundsätzlich davon ausgegangen, dass sie als Aufwandsentschädigung auf Nachweis gezahlt worden sind.

1.5 Bei der Ermittlung des Einkommens aus selbstständiger Tätigkeit wird in der Regel an den Gewinn aus einem zeitnahen Drei-Jahres-Zeitraum angeknüpft.

Privatentnahmen können im Ausnahmefall Indizcharakter für die Feststellung der für den Lebensunterhalt tatsächlich verfügbaren Mittel haben, wenn keine oder keine ordnungsgemäße Gewinnermittlung vorhanden ist oder diese offensichtlich kein zutreffendes Bild ergibt.

[1)] In der jeweils aktuellen Fassung kostenlos abrufbar unter www.oberlandesgericht-braunschweig.niedersachsen.de. Unterstreichungen im Original wurden zur besseren Lesbarkeit als *Kursivdruck* umgesetzt.
[2)] Nr. **47**.

1.6 Einkünfte aus Vermietung und Verpachtung sowie aus Kapitalvermögen ergeben sich aus der Differenz zwischen Einnahmen und anerkennenswürdigen Werbungskosten. Für Gebäude ist in der Regel keine Abschreibung für Abnutzung (AfA) anzusetzen.

1.7 Steuererstattungen und Steuernachzahlungen sind in der Regel in dem Kalenderjahr, in dem sie anfallen, zu berücksichtigen („In-Prinzip") und auf die Monate dieses Kalenderjahres umzulegen. Eine Fortschreibung für Folgejahre setzt voraus, dass die Bemessungsgrundlagen im Wesentlichen unverändert bleiben. Soweit Erstattungen auf Aufwendungen beruhen, die unterhaltsrechtlich nicht zu berücksichtigen sind, bleiben auch die Steuererstattungen außer Betracht.

1.8 Sonstige Einnahmen sind z.B. Sachbezüge oder Trinkgelder.

2. **Sozialleistungen**

2.1 Einkommen sind Arbeitslosengeld (§ 136 SGB III) und sonstige Lohnersatzleistungen nach dem SGB III (Übergangs-, Ausbildungs-, Kurzarbeiter- und Insolvenzgeld) sowie Krankengeld.

2.2 Arbeitslosengeld II (nach §§ 19–32 SGB II) ist Einkommen beim Unterhaltsverpflichteten; beim Unterhaltsberechtigten sind Leistungen zur Sicherung des Lebensunterhalts kein Einkommen, es sei denn, die Nichtberücksichtigung der Leistungen ist in Ausnahmefällen treuwidrig; nicht subsidiäre Leistungen nach dem SGB II sind in jedem Fall Einkommen.

2.3 Wohngeld ist Einkommen, soweit es nicht erhöhte Wohnkosten deckt.

2.4 BAföG-Leistungen sind, auch soweit sie als Darlehen gewährt werden, Einkommen mit Ausnahme von Vorausleistungen nach §§ 36, 37 BAföG[1)].

2.5 Elterngeld (§ 1 BEEG[2)] – Elterngeldgesetz), Betreuungsgeld (§ 4a BEEG) und Erziehungsgeld (§ 1 BErzGG) sind Einkommen nach Maßgabe der §§ 11, 6 BEEG; 9 BErzGG.

2.6 Renten wegen Minderung oder Verlust der Erwerbsfähigkeit (§§ 43 SGB VI, 56 SGB VII) sind Einkommen.

2.7 Leistungen aus der Pflegeversicherung, Blindengeld, Versorgungsrenten, Schwerbeschädigten- und Pflegezulagen sind Einkommen nach Abzug eines Betrages für tatsächliche Mehraufwendungen; §§ 1610a, 1578a BGB[3)] sind zu beachten.

2.8 Bei der Pflegeperson ist der Anteil des an sie weitergeleiteten Pflegegeldes Einkommen, durch den ihre Bemühungen abgegolten werden; bei Pflegegeld aus der Pflegeversicherung gilt dies nur in den Ausnahmefällen des § 13 Abs. 6 SGB XI.

2.9 In der Regel sind Bezüge nach §§ 41–43 SGB XII (Grundsicherung) beim Verwandtenunterhalt Einkommen (nicht aber beim Ehegattenunterhalt).

---

1) **Sartorius Nr. 420.**
2) Nr. **45e.**
3) **Habersack, Deutsche Gesetze Nr. 20.**

2.10 Kein Einkommen ist die sonstige Sozialhilfe nach dem SGB XII; die Unterhaltsforderung eines Empfängers dieser Leistungen kann in Ausnahmefällen treuwidrig sein (vgl. Ziff. 2.2).

2.11 Kein Einkommen sind Leistungen aus dem Unterhaltsvorschussgesetz[1)].

3. Kindergeld

Kindergeld wird nicht zum Einkommen gerechnet (vgl. Ziff. 14).

4. Geldwerte Zuwendungen

Geldwerte Zuwendungen aller Art des Arbeitgebers (z.B. Firmenwagen, kostenlose oder verbilligte Wohnung, unentgeltliche Verpflegung) sind Einkommen, soweit sie – ggf. nach § 287 ZPO[2)] zu schätzende – entsprechende Eigenaufwendungen ersparen.

Die für Firmenwagen steuerlich in Ansatz gebrachten Beträge („1 %-Regelung") können einen Anhaltspunkt für die Bewertung des geldwerten Vorteils bieten.

5. Wohnwert

Der Wohnvorteil durch mietfreies Wohnen im eigenen Heim ist als wirtschaftliche Nutzung des Vermögens unterhaltsrechtlich wie Einkommen zu behandeln. Neben dem Wohnwert sind auch Zahlungen nach dem Eigenheimzulagengesetz anzusetzen.

Ein Wohnvorteil liegt nur vor, soweit der Wohnwert den berücksichtigungsfähigen Schuldendienst, notwendige Instandhaltungskosten und die verbrauchsunabhängigen Kosten, mit denen ein Mieter üblicherweise nicht belastet wird, übersteigt.

Auszugehen ist vom vollen Mietwert. Wenn es nicht möglich oder nicht zumutbar ist, die Wohnung aufzugeben und das Objekt zu vermieten oder zu veräußern, kann stattdessen die ersparte Miete angesetzt werden, die angesichts der wirtschaftlichen Verhältnisse angemessen wäre. Dies kommt insbesondere für die Zeit bis zur Scheidung in Betracht, wenn ein Ehegatte das Familienheim allein bewohnt.

Finanzierungslasten mindern den Wohnwert, soweit sie tatsächlich durch Ratenzahlungen bedient werden.

Tilgungsleistungen sind in der Regel bis zur Höhe des in Ansatz zu bringenden Wohnwertes abzuziehen (vgl. BGH. FamRZ 2017, 519; FamRZ 2018, 1506; FamRZ 2022, 781).

Wegen des Abzuges weiterer Tilgungsleistungen als sekundäre Altersvorsorge wird auf Ziff. 10.1 verwiesen.

6. *Haushaltsführung*

Führt ein nicht voll Erwerbstätiger einem unterhaltsrechtlich leistungsfähigen Dritten den Haushalt, so kann hierfür ein Einkommen anzusetzen sein.

Das Zusammenleben in einer häuslichen Gemeinschaft kann unter dem Gesichtspunkt ersparter Wohn- und Haushaltskosten nach den Umstän-

---

1) Nr. **45d**.
2) **Habersack, Deutsche Gesetze Nr. 100.**

den des Einzelfalls – bei Leistungsfähigkeit des Partners – die Bedürftigkeit mindern bzw. die Leistungsfähigkeit steigern. In der Regel kann dieser geldwerte Vorteil dem jeweiligen Partner der Gemeinschaft mit 10,00 Prozent des Eigenbedarfs zugerechnet werden.

7. Einkommen aus unzumutbarer Erwerbstätigkeit

Einkommen aus unzumutbarer Erwerbstätigkeit kann nach Billigkeit ganz oder teilweise unberücksichtigt bleiben.

8. Freiwillige Zuwendungen Dritter

Freiwillige Zuwendungen Dritter (z.B. Geldleistungen, kostenloses Wohnen) sind in der Regel nur dann als Einkommen zu berücksichtigen, wenn dies dem Willen des Dritten entspricht. Eine Anrechnung kommt ebenfalls in Betracht, wenn der Mindestunterhalt minderjähriger oder privilegiert volljähriger Kinder (§ 1603 Abs. 2 S. 2 BGB[1)]) oder das Existenzminimum des Ehegatten nicht gedeckt ist.

9. Erwerbsobliegenheit und fiktives Einkommen

9.1 Einkommen sind auch auf Grund einer unterhaltsrechtlichen Obliegenheit erzielbare Einkünfte. Gegenüber minderjährigen und diesen gleich gestellten volljährigen (privilegierten) Kindern ist die Obliegenheit nach Maßgabe des § 1603 Abs. 2 BGB[1)] gesteigert, wenn kein anderer unterhaltspflichtiger Verwandter vorhanden ist.

9.2 Bei Arbeitslosigkeit sind über eine Meldung bei der Agentur für Arbeit hinausgehende Erwerbsbemühungen im Einzelnen darzulegen und zu belegen. Der Hinweis auf die Arbeitsmarktlage macht den Nachweis von Bemühungen nur im Ausnahmefall entbehrlich. Bei unzureichenden Bemühungen um einen Arbeitsplatz können bei einer nicht auszuschließenden realen Beschäftigungschance fiktive Einkünfte nach den Umständen des Einzelfalles unter Berücksichtigung von Beruf, Alter, Gesundheitszustand, Fähigkeiten und dem zuletzt erzielten Verdienst zu Grunde gelegt werden.

10. Bereinigung des Einkommens

10.1 Vom Bruttoeinkommen sind Steuern, Sozialabgaben und/oder angemessene Vorsorgeaufwendungen abzusetzen (Nettoeinkommen).

Es besteht die Obliegenheit, Steuervorteile in Anspruch zu nehmen (z.B. Eintragung eines Freibetrages bei erheblichen Werbungskosten; für titulierten oder unstreitig gezahlten Ehegattenunterhalt). Bei der Ermittlung der Steuervorteile sind damit verbundene Nachteile sowie Pauschbeträge gegenzurechnen.

Im Rahmen der Altersvorsorge können über die Aufwendungen für die Grundversorgung und Betriebsrente (primäre Altersvorsorge) hinaus in angemessenem Umfang tatsächlich geleistete Zahlungen für eine zusätzliche private Altersvorsorge (sekundäre Altersvorsorge) anerkannt werden.

Beim Kindesunterhalt und Ehegattenunterhalt ist für die sekundäre Al*tersvorsorge* in der Regel ein Betrag von bis zu 4,00 Prozent des Gesamtbruttoeinkommens des Vorjahres angemessen, bei gesteigerter Unterhalts-

---

[1)] **Habersack, Deutsche Gesetze Nr. 20.**

pflicht gegenüber Kindern aber nur, soweit der Mindestunterhalt gedeckt ist; beim Elternunterhalt in Höhe von bis zu 5,00 Prozent des Vorjahresbruttoeinkommens.

Einem abhängig Beschäftigten, dessen Einkommen über der Beitragsbemessungsgrenze liegt, können für den darüber hinausgehenden Einkommensteil ebenso wie beim selbständig berufstätigen Unterhaltsschuldner Aufwendungen bis zu insgesamt 24,00 Prozent dieses Bruttoeinkommens als Altersvorsorge zugebilligt werden.

Dabei kann insbesondere ein den Wohnvorteil (Ziffer 5) übersteigender Tilgungsanteil als Vermögensbildung Berücksichtigung finden (BGH FamRZ 2017, 519; FamRZ 2018, 1506).

10.2 Berufsbedingte Aufwendungen, die sich von den privaten Lebenshaltungskosten nach objektiven Merkmalen eindeutig abgrenzen lassen, sind im Rahmen des Angemessenen vom Nettoeinkommen aus unselbständiger Arbeit abzuziehen.

10.2.1 Bei Vorliegen entsprechender Anhaltspunkte kann von Einkünften aus nicht selbständiger Erwerbstätigkeit eine Pauschale von 5,00 Prozent des Nettoeinkommens (Ziff. 10.1) angesetzt werden, höchstens jedoch monatlich 150,00 € und mindestens monatlich 50,00 € (25,00 € bei geringerem Monatseinkommen als 500,00 €); übersteigen die berufsbedingten Aufwendungen diese Pauschale oder werden sie substantiiert bestritten, so sind die Aufwendungen im Einzelnen darzulegen.

10.2.2 Bei Unzumutbarkeit der Nutzung öffentlicher Verkehrsmittel kann für die notwendigen Kosten der berufsbedingten Nutzung eines Kraftfahrzeugs der nach den Sätzen des § 5 Abs. 2 Satz 1 Nr. 2 JVEG[1] anzuwendende Betrag 0,42 € pro gefahrenen Kilometer angesetzt werden; damit sind in der Regel die Anschaffungskosten für das Kraftfahrzeug erfasst. Werden die Raten für einen zur Anschaffung aufgenommenen Kredit berücksichtigt, so verringern sich die anrechnungsfähigen Fahrtkosten; bei langen Fahrstrecken (ab ca. 30 km einfach) kann der Kilometersatz für die Mehrkilometer im angemessenen Rahmen nach unten korrigiert werden (in der Regel auf 0,28 €).

Bei unverhältnismäßig hohen Fahrtkosten wegen einer weiten Entfernung zum Arbeitsplatz kommt im Rahmen der Zumutbarkeit auch die Obliegenheit zu einem Wohnortwechsel in Betracht.

10.2.3 Bei einem Auszubildenden sind in der Regel 100,00 € als pauschaler ausbildungsbedingter Aufwand abzuziehen.

10.3 Das Einkommen aus einer neben der Kinderbetreuung ausgeübten Erwerbstätigkeit kann um den notwendigen, konkret dargelegten Aufwand für die Betreuung des Kindes vermindert werden. Wird die Betreuung eines Kindes durch Dritte allein infolge der Berufstätigkeit des betreuenden Elternteils erforderlich, gehören die Betreuungskosten zur allgemeinen Betreuung, die vom betreuenden Elternteil im Gegenzug zur Barunterhaltspflicht des anderen allein zu leisten ist. Dafür entstehende Betreuungskosten können mithin als berufsbedingte Aufwendungen des betreuenden Elternteils Berücksichtigung finden (vgl. BGH, FamRZ 2018, 23). Fallen keine konkreten Betreuungskosten an, kann ein Teil des

[1] **Habersack, Deutsche Gesetze Nr. 116.**

Einkommens nach Billigkeitsgrundsätzen entsprechend § 1577 Abs. 2 S. 2 BGB[1] anrechnungsfrei bleiben, sofern besondere Erschwernisse dargelegt werden.

Zum Aufwand für die Betreuung des Kindes zählen nicht die Kosten einer Kindertagesstätte (Kinderkrippe, Kindergarten, Schülerhort); diese sind Mehrbedarf des Kindes und nach dem Verhältnis der beiderseitigen Einkünfte zwischen den Eltern aufzuteilen (vgl. Ziff. 12.4).

10.4 Schulden können je nach den Umständen des Einzelfalles (Art, Grund und Zeitpunkt des Entstehens) das anrechenbare Einkommen – auch beim Kindesunterhalt – vermindern.

Sie sind im Rahmen eines angemessenen Tilgungsplanes absetzbar, wenn nach einer umfassenden Gesamtabwägung ihre Berücksichtigung der Billigkeit entspricht. Dabei sind die Belange von Unterhaltsberechtigten – insbesondere von minderjährigen Kindern –, Unterhaltsschuldnern und Drittgläubigern zu würdigen. Regelmäßig abgezogen werden Schulden, die die Lebensverhältnisse der Familie geprägt haben, ihr Verwendungszweck ist in der Regel ohne Bedeutung.

Den Unterhaltsschuldner kann eine Obliegenheit zur Einleitung der Verbraucherinsolvenz treffen, wenn dieses Verfahren zulässig und geeignet ist, den laufenden Unterhalt seiner minderjährigen Kinder dadurch sicherzustellen, dass ihm Vorrang vor sonstigen Verbindlichkeiten eingeräumt wird. Das gilt nur dann nicht, wenn der Unterhaltsverpflichtete Umstände vorträgt und ggf. nachweist, die eine solche Obliegenheit im Einzelfall als unzumutbar erscheinen lassen.

10.5 Unterhaltsleistungen (Zahlbeträge) an vorrangig Berechtigte sind grundsätzlich im Wege des Vorwegabzuges zu berücksichtigen.

10.6 Bei vermögenswirksamen Leistungen ist die Arbeitgeberleistung abzugsfähig, im Rahmen angemessener Vermögensbildung ist auch die Arbeitnehmerleistung abzugsfähig.

10.7 Außergewöhnlich hohe Umgangskosten können das unterhaltsrelevante Einkommen mindern oder durch eine Erhöhung des Selbstbehalts berücksichtigt werden.

Kindesunterhalt

11. Bemessungsgrundlage (Tabellenunterhalt)

Der Barunterhaltsbedarf minderjähriger und noch im elterlichen Haushalt lebender volljähriger unverheirateter Kinder bestimmt sich nach den Sätzen der Düsseldorfer Tabelle[2] (vgl. Anhang 1). Bei minderjährigen Kindern kann er als Festbetrag oder als Prozentsatz des jeweiligen Mindestunterhalts (Einkommensgruppe 1 der Düsseldorfer Tabelle[2]) geltend gemacht werden.

11.1 Die Tabellensätze enthalten keine Beiträge zur Kranken- und Pflegever*sicherung des Kindes*, wenn es nicht in der gesetzlichen Familienversiche-

[1] **Habersack, Deutsche Gesetze Nr. 20.**
[2] Nr. 47.

rung mitversichert ist. Solche zusätzlich aufzubringenden Beiträge sind vorweg vom Einkommen des Unterhaltspflichtigen abzuziehen.

11.2 Die Tabellensätze erfassen den Fall, dass der Unterhaltspflichtige zwei Berechtigten ohne Rücksicht auf deren Rang Unterhalt zu gewähren hat; sind mehr oder weniger Unterhaltsberechtigte vorhanden, kann dies unter Umständen die „Höher- oder Herabstufung" der Einkommensgruppe rechtfertigen.

Die Bedarfskontrollbeträge der Düsseldorfer Tabelle[1)] werden nicht übernommen; das mit Hilfe der Tabelle gewonnene Ergebnis ist aber stets auf seine Angemessenheit für den zu entscheidenden Einzelfall zu prüfen.

12. Minderjährige Kinder

12.1 Der Bedarf minderjähriger Kinder bemisst sich nach den zusammengerechneten Einkünften beider Elternteile. Die Unterhaltspflicht des barunterhaltspflichtigen Elternteils ist jedoch auf den Betrag begrenzt, den dieser bei alleiniger Unterhaltshaftung auf Grundlage seines Einkommens zu zahlen hätte (BGH FamRZ 2022, 1366; FamRZ 2021, 28).

Wenn nicht ein anderer leistungsfähiger Verwandter (§ 1603 Abs. 2 Satz 3 BGB[2)]) vorhanden ist, haben die Eltern gegenüber ihren minderjährigen Kindern eine gesteigerte Unterhaltspflicht (§ 1603 Abs. 2 Satz 1 BGB), die zu einer verstärkten Erwerbsobliegenheit der Eltern führt und erst beim sog. notwendigen Selbstbehalt (vgl. Ziff. 21.2) ihre Grenze findet.

Der Elternteil, der ein minderjähriges Kind betreut, leistet regelmäßig hierdurch seinen Beitrag zum Kindesunterhalt (§ 1606 Abs. 3 Satz 2 BGB) und ist auch bei eigenem Einkommen grundsätzlich nicht barunterhaltspflichtig („Gleichwertigkeit von Betreuungs- und Barunterhalt").

Verfügt der betreuende Elternteil etwa über das Dreifache der unterhaltsrelevanten Nettoeinkünfte des an sich barunterhaltspflichtigen Elternteils, nähert sich die Einkommensdifferenz einer Grenze, an der es unter gewöhnlichen Umständen der Billigkeit entsprechen kann, den betreuenden Elternteil auch den Barunterhalt für das Kind in voller Höhe aufbringen zu lassen (BGH, FamRZ 2013, 1558).

12.2 Eigenes Einkommen des Kindes mindert grundsätzlich seinen Unterhaltsanspruch (§ 1602 BGB[2)]); es wird nicht nur auf den Barbedarf angerechnet, sondern kommt auch dem betreuenden Elternteil zu Gute, so dass es in der Regel zur Hälfte vom Tabellenunterhalt abzuziehen ist.

12.3 Sind bei einer auswärtigen Unterbringung des Kindes oder bei einem im Vergleich zum Barunterhaltspflichtigen wesentlich höheren Einkommen des betreuenden Elternteils ausnahmsweise beide Eltern zum Barunterhalt *verpflichtet, haften* sie wie beim Kindesunterhalt privilegiert Volljähriger – vgl. Ziff. 13.3 – anteilig für den Gesamtbedarf (§ 1606 Abs. 3 Satz 1 BGB[2)]). Der Verteilungsschlüssel kann unter Berücksichtigung einer verbleibenden Kinderbetreuung wertend verändert werden.

12.4 Bei Zusatzbedarf (Prozesskostenvorschuss, Mehrbedarf, Sonderbedarf) gilt § 1606 Abs. 3 Satz 1 BGB[2)] (vgl. Ziff. 13.3).

[1)] Nr. **47**.
[2)] **Habersack, Deutsche Gesetze Nr. 20.**

Kosten für Kindergärten, Kinderkrippen, Schülerhort und vergleichbare Betreuungsformen (ohne Verpflegungskosten) sind Mehrbedarf des Kindes.

12.5 Im Fall des Wechselmodells haben grundsätzlich beide Elternteile für den Barunterhalt des Kindes einzustehen. Der Unterhaltsbedarf bemisst sich nach dem beiderseitigen Einkommen der Eltern und umfasst außerdem die infolge des Wechselmodells entstehenden Mehrkosten. Der dem Kind von einem Elternteil während der Betreuungszeit im Wechselmodell geleistete Naturalunterhalt führt nicht dazu, dass ein Barunterhaltsanspruch nicht geltend gemacht werden kann. Der geleistete Naturalunterhalt ist vielmehr als (teilweise) Erfüllung des Unterhaltsanspruchs zu berücksichtigen (vgl. BGH, FamRZ 2017, 437).

Wegen der Aufteilung des gesetzlichen Kindergeldes zwischen den Eltern beim Vorliegen eines Wechselmodells siehe BGH, FamRZ 2016, 1053.

13. Volljährige Kinder

13.1 Beim Bedarf volljähriger Kinder ist zwischen Kindern mit eigenem Haushalt und im Haushalt der Eltern oder eines Elternteils lebenden Kindern zu unterscheiden:

13.1.1 Für im Haushalt der Eltern oder eines Elternteils wohnende volljährige, unverheiratete Kinder ergibt sich der Bedarf aus der Altersstufe 4 der Düsseldorfer Tabelle[1]. Sind beide Eltern leistungsfähig (vgl. Ziff. 21.3.1), ist der Bedarf des Kindes in der Regel nach dem zusammengerechneten Einkommen (ohne Höher- und Herabsetzung nach Ziff. 11.2) beider Elternteile zu bemessen. Für die Haftungsquote gilt Ziff. 13.3. Ein Elternteil hat aber höchstens den Unterhalt zu leisten, der sich aus seinem Einkommen nach der Düsseldorfer Tabelle ergibt.

13.1.2 Der angemessene Bedarf eines volljährigen Kindes mit eigenem Hausstand beträgt in der Regel monatlich 930,00 € ohne Beiträge zur Kranken- und Pflegeversicherung sowie Studiengebühren, die Mehrbedarf sind. Enthalten sind hierin wiederum die Kosten der Unterkunft (Warmmiete) in Höhe von 410,00 € und Semesterbeiträge (Finanzierung von Fahrtickets, AStA- und Sozialbeitrag), die dem laufenden Lebensbedarf zuzurechnen sind.

Von diesem Bedarfsbetrag kann bei erhöhtem Bedarf oder mit Rücksicht auf die Lebensstellung der Eltern abgewichen werden.

13.2 Auf den Unterhaltsbedarf werden Einkünfte des Kindes, auch Kindergeld (vgl. Ziff. 14), BAföG-Darlehen und Ausbildungsbeihilfen (letztere gekürzt um ausbildungsbedingte Aufwendungen, vgl. Ziff. 10.2.3) angerechnet; Einkünfte aus unzumutbarer Erwerbstätigkeit können nach Billigkeit ganz oder teilweise unberücksichtigt bleiben.

13.3 Mit Eintritt der Volljährigkeit besteht – auch für privilegierte volljährige Kinder (§ 1603 Abs. 2 Satz 2 BGB[2]) – grundsätzlich eine Barunterhaltspflicht beider Elternteile.

---

[1] Nr. **47**.
[2] **Habersack, Deutsche Gesetze Nr. 20.**

Zur Ermittlung des Haftungsanteils bei anteiliger Barunterhaltspflicht ist das bereinigte Nettoeinkommen jedes leistungsfähigen Elternteils gemäß Ziff. 10 zu ermitteln und vom unterhaltsrelevanten Resteinkommen ein Sockelbetrag in Höhe des angemessenen Selbstbehalts (vgl. Ziff. 21.3.1) abzuziehen. Das gilt grundsätzlich auch für privilegiert volljährige Kinder, es sei denn der Mindestunterhalt dieser Kinder ist bei der Zugrundelegung des angemessenen Selbstbehalts nicht gewahrt; in diesem Fall ist der Sockelbetrag in Höhe des notwendigen Selbstbehalts (vgl. Ziff. 21.2) abzuziehen.

Der so ermittelte Haftungsanteil ist auf seine Angemessenheit zu überprüfen und kann bei Vorliegen besonderer Umstände (z.B. behindertes Kind) wertend verändert werden.

14. Verrechnung des Kindergeldes

Das Kindergeld wird nach § 1612b BGB[1] bedarfsdeckend angerechnet; bei minderjährigen Kindern, die von einem Elternteil betreut werden, erfolgt die Anrechnung des Kindergeldes nur zur Hälfte, ansonsten in voller Höhe.

Ehegattenunterhalt

15. Unterhaltsbedarf

15.1 Der Unterhaltsbedarf des Ehegatten wird durch die ehelichen Lebensverhältnisse, d.h. regelmäßig durch die Einkommens- und Vermögensverhältnisse der Ehegatten im Unterhaltszeitraum, bestimmt (§§ 1361, 1578 BGB[1]).

Veränderungen des Einkommens sind grundsätzlich zu berücksichtigen. Ausnahmen gelten für Einkommenssteigerungen, die auf einer unerwarteten, vom Normalverlauf erheblich abweichenden Entwicklung beruhen, oder für unterhaltsrechtlich vorwerfbar herbeigeführte Verringerungen.

Erwerbseinkommen des Ehegatten, der während der Ehe den Haushalt geführt oder Kinder betreut hat, ist als eheprägendes Surrogationseinkommen anzusehen.

Das gilt auch für den Wert von Versorgungsleistungen, die der Ehegatte in der häuslichen Gemeinschaft mit einem neuen Partner erbringt oder für eine aus dem Versorgungsausgleich bezogene Rente.

Auch ein fiktiv anzusetzendes Erwerbseinkommen, zu dessen Erzielung der unterhaltsberechtigte Ehegatte in der Lage ist, ist als Surrogation des wirtschaftlichen Wertes seiner bisherigen Leistungen durch Haushaltsführung anzusehen.

15.2 Der Bedarf jedes Ehegatten ist grundsätzlich mit der Hälfte sämtlicher eheprägender Einkünfte anzusetzen (Halbteilungsgrundsatz); der Mindestbedarf darf das Existenzminimum für Nichterwerbstätige (vgl. Ziff. 21.2) nicht unterschreiten.

Von dem anrechnungspflichtigen Einkommen des zum Kindesunterhalt verpflichteten Ehegatten ist vorweg der Zahlbetrag des Kindesunterhalts

[1] **Habersack, Deutsche Gesetze Nr. 20.**

(Tabellenbetrag abzüglich – hälftigen – Kindergeldes) abzuziehen, es sei denn, der Kindesunterhalt ist in anderer Höhe unveränderlich tituliert oder gezahlt; in diesen Fällen ist der Titel– bzw. Zahlbetrag abzusetzen.

Kommt der betreuende Elternteil für einen ungedeckten Restbedarf auf, so kommt es in Betracht, diesen ebenso von seinen Einkünften abzusetzen (BGH, FamRZ 2021, 1965).

Außerdem ist ein Erwerbstätigenbonus von 1/10-Anteil als Arbeitsanreiz und zum Ausgleich derjenigen berufsbedingten Aufwendungen, die sich nicht eindeutig von privaten Lebenshaltungskosten abgrenzen lassen, einkommensmindernd zu berücksichtigen (vgl. BGH, FamRZ 2020, 171). Der Bonus ist nach Vorwegabzug berufsbedingter Aufwendungen, des Kindesunterhalts und sonstiger berücksichtigungsfähiger Schulden zu berechnen.

15.3 Bei sehr guten Einkommensverhältnissen der Ehegatten ist eine konkrete Bedarfsberechnung zu erwägen. Die dem Quotenunterhalt zugrundliegende Annahme, dass das vorhandene Einkommen in voller Höhe für den Lebensunterhalt der Ehegatten verwendet wurde, ist bei besonders günstigen Einkommensverhältnissen nicht mehr ohne weiteres gerechtfertigt, weil es naheliegt, dass in diesem Fall ein Teil des Einkommens der Vermögensbildung zufließt. Insoweit hat das Einkommen für die Unterhaltsbemessung grundsätzlich außer Betracht zu bleiben (vgl. BGH, FamRZ 2012, 947). Solche besonders günstigen Verhältnisse kommen in Betracht, wenn das Familieneinkommen oberhalb des höchsten in der nunmehr fortgeschriebenen Düsseldorfer Tabelle[1)] ausgewiesenen Einkommensbetrages liegt (vgl. BGH, FamRZ 2018, 260).

Soweit das Einkommen darüber hinausgeht, hat der Unterhaltsberechtigte den konkreten Bedarf darzulegen, der von den individuellen Verhältnissen und dem tatsächlichen Konsumverhalten der Ehegatten unter Zugrundelegung eines objektiven Maßstabes abhängt (BGH, FamRZ 2007, 1532).

Wenn der Unterhaltsberechtigte in diesem Fall dennoch Unterhalt nach der Quotenmethode begehrt, hat er die vollständige Verwendung des Einkommens für den Lebensbedarf darzulegen und ggfs. zu beweisen.

15.4 Werden Altersvorsorgeunterhalt (zu berechnen nach der „Bremer Tabelle[2)]") und/oder Kranken- und Pflegeversicherungskosten vom Berechtigten gesondert geltend gemacht oder vom Verpflichteten bezahlt, sind diese in der Regel vom Einkommen des Pflichtigen vorweg abzuziehen.

Vorsorgeunterhalt kann nur beansprucht werden, wenn der Elementarunterhalt sichergestellt ist.

15.5 Die Unterhaltspflichten für einen späteren Ehegatten oder gegenüber einem betreuenden Elternteil eines nach rechtskräftiger Scheidung der Eheleute geborenen Kindes (§ 1615l BGB[3)]) sind ebenso wie der Unterhalt eines nachehelich geborenen Kindes bei der Bemessung des Unterhalts*bedarfs* des früheren Ehegatten nicht zu berücksichtigen.

Bei konkurrierenden gleichrangigen Unterhaltsansprüchen mehrerer Ehegatten oder nach § 1615l BGB berechtigter Elternteile kann im

---

1) Nr. **47**.
2) Nr. **47f/1**.
3) **Habersack, Deutsche Gesetze Nr. 20.**

Rahmen der Leistungsfähigkeit und Mangelverteilung die sog. „Dreiteilungsmethode" zur Anwendung kommen (BGH, FamRZ 2012, 281).

15.6. Trennungsbedingter Mehrbedarf kann in der Regel nicht berücksichtigt werden.

15.7 Eine Herabsetzung und/oder Befristung des Ehegattenunterhalts nach § 1578b BGB[1] kommt bei entsprechendem Vortrag des Pflichtigen in Betracht und ist von Amts wegen zu prüfen.

Die dem Pflichtigen obliegende Darlegungs- und Beweislast wird im Hinblick auf das Fehlen ehebedingter Nachteile dadurch erleichtert, dass der Berechtigte vereinzelt zu den Umständen vorzutragen hat, die in seiner Sphäre liegen. Bei der Beurteilung der mutmaßlichen beruflichen Entwicklung des Berechtigten können nur solche Entwicklungen berücksichtigt werden, deren Eintreten hinreichend wahrscheinlich war und plausibel dargelegt worden ist (Vorbildung, Weiterbildung, berufliche Aktivitäten etc.).

Im Rahmen der umfassenden Billigkeitsabwägung sind neben ehebedingten Nachteilen sämtliche Umstände (z.B. Ehedauer, Kinderbetreuung, beiderseitige Einkommens- und Vermögensverhältnisse, Vermögenserwerb während der Ehe) zu berücksichtigen.

Der angemessene Lebensbedarf nach § 1578b Abs. 1 Satz 1 BGB kann in der Regel nicht unterhalb des pauschalen eheangemessenen Selbstbehalts (vgl. Ziff. 21.4) angesetzt werden.

Der Betreuungsunterhalt (§ 1570 BGB) ist nicht nach § 1578b BGB zu befristen.

16. Bedürftigkeit

Eigene Einkünfte des Unterhaltsberechtigten, die er erzielt oder durch zumutbare Erwerbstätigkeit erzielen könnte, sind grundsätzlich nach der Differenzmethode auf den Bedarf anzurechnen (§ 1577 Abs. 1 BGB[1]); die unterhaltsrechtlich maßgeblichen Erwerbseinkünfte sind um den Erwerbstätigenbonus (1/10-Anteil) zu vermindern.

Soweit der unterhaltsberechtigte Ehegatte Einkünfte bezieht, welche die ehelichen Lebensverhältnisse nicht geprägt haben (z.B. aus Erbschaft), sind diese Einkünfte nach der Anrechnungsmethode auf den Bedarf anzurechnen, Erwerbseinkünfte zu einem 9/10-Anteil.

17. Erwerbsobliegenheit

Beim nachehelichen Unterhalt besteht nur dann keine Verpflichtung zu einer eigenen Erwerbstätigkeit, wenn der geschiedene Ehegatte insbesondere durch Kindesbetreuung, Krankheit oder Alter an der Aufnahme *einer Erwerbstätigkeit* gehindert ist (§§ 1570 bis 1576 BGB[1]).

17.1 Bei Betreuung eines Kindes kann bis zur Vollendung des dritten Lebensjahres eine Erwerbstätigkeit nicht erwartet werden; in der Zeit danach richtet sich die Erwerbsobliegenheit des Ehegatten, der minderjährige Kinder betreut, nach den Umständen des Einzelfalles (Zahl und Alter der Kinder, Betreuungsbedürftigkeit, zumutbare Betreuungsmöglichkeit, Gestaltung der Ehe).

---

[1] **Habersack, Deutsche Gesetze Nr. 20.**

17.2. Im ersten Jahr nach der Trennung besteht für den Berechtigten in der Regel keine Obliegenheit zur Aufnahme oder Ausweitung einer Erwerbstätigkeit.

Weitere Unterhaltsansprüche

18. Ansprüche aus § 1615l BGB[1]

Der Bedarf nach § 1615l BGB bemisst sich nach der Lebensstellung des betreuenden Elternteils, der sich auch aus einem Unterhaltsanspruch gegen einen früheren Ehegatten ergeben kann. Der Bedarf darf das Existenzminimum für Nichterwerbstätige (vgl. Ziff. 21.1) nicht unterschreiten.

19. Elternunterhalt

Der Unterhaltsbedarf der Eltern ist konkret darzulegen. Leistungen nach §§ 41–43 SGB XII (Grundsicherung) sind anzurechnen (vgl. Ziff. 2.9).

20. Lebenspartnerschaft

Bei Getrenntleben oder Aufhebung der Lebenspartnerschaft gelten §§ 12, 16 LPartG[2].

Leistungsfähigkeit und Mangelfall

21. Selbstbehalt des Verpflichteten

21.1 Dem Unterhaltspflichtigen muss nach Abzug der Unterhaltsansprüche von seinem Einkommen der Selbstbehalt (Eigenbedarf) verbleiben.

21.2 Notwendiger Selbstbehalt

Für Eltern gilt gegenüber minderjährigen Kindern und privilegiert volljährigen Kindern (§ 1603 Abs. 2 Satz 2 BGB[1]) im Allgemeinen der notwendige Selbstbehalt als unterste Grenze der Inanspruchnahme.

Er beträgt:
– beim erwerbstätigen Unterhaltspflichtigen 1.450,00 €,
– beim nicht erwerbstätigen Pflichtigen 1.200,00 €.

Hierin sind Kosten des Wohnbedarfs (Warmmiete, d.h. Miete einschließlich umlagefähiger Nebenkosten und Heizung) in Höhe von 520,00 € enthalten.

Unter den Voraussetzungen des § 1603 Abs. 2 Satz 3 BGB verbleibt dem Unterhaltspflichtigen der angemessene Selbstbehalt.

21.3 Angemessener Selbstbehalt

21.3.1 Der Selbstbehalt beträgt gegenüber (nicht privilegierten) volljährigen Kindern in der Regel 1.750,00 €.

Hierin sind Kosten der Unterkunft (Miete einschließlich umlagefähiger *Nebenkosten und Heizung*) in Höhe von 650,00 € enthalten.

---

[1] **Habersack, Deutsche Gesetze Nr. 20.**
[2] Nr. **43.**

21.3.2 Bei Ansprüchen aus § 1615l BGB[1] ist der Selbstbehalt in der Regel mit einem Betrag zu bemessen, der zwischen dem angemessenen Selbstbehalt nach § 1603 Abs. 1 BGB und dem notwendigen Selbstbehalt nach § 1603 Abs. 2 BGB liegt. Er entspricht damit dem eheangemessenen Selbstbehalt (vgl. Ziff. 21.4.) und beträgt in der Regel 1.600,00 €, beim nicht Erwerbstätigen 1.475,00 €.

Hierin sind Kosten der Unterkunft (Miete einschließlich umlagefähiger Nebenkosten und Heizung) in Höhe von 580,00 € enthalten.

21.3.3 Der Selbstbehalt gegenüber Eltern richtet sich nach den Umständen des Einzelfalles unter Berücksichtigung des angemessenen Unterhalts vorrangig Berechtigter; er beträgt mindestens 2.650,00 € (einschließlich Warmmiete von 1.000,00 €), wobei die Hälfte des diesen Mindestbetrag übersteigenden Einkommens zusätzlich anrechnungsfrei bleibt, bei Vorteilen des Zusammenlebens in der Regel 45 % des darüber hinausgehenden Einkommens.

Auf die Entscheidung des Bundesgerichtshofs zur Ermittlung der Leistungsfähigkeit zur Zahlung von Elternunterhalt (BGH, FamRZ 2010, 1535) wird hingewiesen.

21.4 Eheangemessener Selbstbehalt

Gegenüber Ehegatten gilt grundsätzlich der eheangemessene Selbstbehalt. Er ist sowohl beim Trennungsunterhalt als auch beim Scheidungsunterhalt in der Regel mit einem Betrag zu bemessen, der zwischen dem angemessenen und notwendigen Selbstbehalt liegt; er beträgt regelmäßig 1.600,00 €, beim nicht Erwerbstätigen 1.475,00 € (vgl. BGH, FamRZ 2020, 97).

Hierin sind Kosten der Unterkunft (Miete einschließlich umlagefähiger Nebenkosten und Heizung) in Höhe von 580,00 € enthalten.

21.5 Der Selbstbehalt kann im Einzelfall angemessen abgesenkt oder erhöht werden.

22. Bedarf des mit dem Unterhaltspflichtigen zusammenlebenden Ehegatten

Ist der Unterhaltspflichtige verheiratet, wird für den mit ihm zusammenlebenden Ehegatten der (fiktive) eheangemessene Unterhaltsbedarf angesetzt, allerdings unter Beachtung der folgenden im Regelfall geltenden Mindestsätze:

22.1 bei Unterhaltsansprüchen von nachrangigen geschiedenen Ehegatten oder Elternteilen nach § 1615 l BGB[1]: 1.280,00 €
– falls nicht erwerbstätig: 1.180,00 €

22.2 bei Unterhaltsansprüchen volljähriger, nicht privilegierter Kinder: 1.400,00 €

22.3 bei Unterhaltsansprüchen von Eltern (s.o. Ziffer 21.3.3) oder Enkeln: mindestens 2.120,00 €.

[1] **Habersack, Deutsche Gesetze Nr. 20.**

23. Bedarf des vorrangigen getrennt lebenden oder geschiedenen Ehegatten

zur Zeit nicht belegt

24. Mangelfall

24.1 Reicht das Einkommen des Unterhaltspflichtigen zur Deckung seines eigenen notwendigen/angemessenen Eigenbedarfs und zur Erfüllung der Unterhaltsansprüche mehrerer gleichrangiger Unterhaltsberechtigter nicht aus, ist die nach Abzug des Eigenbedarfs des Pflichtigen verbleibende Verteilungsmasse anteilig auf alle gleichrangigen Unterhaltsberechtigten im Verhältnis ihrer jeweiligen Unterhaltsansprüche (Einsatzbeträge) zu verteilen.

24.2. Einsatzbeträge im Mangelfall

24.2.1 Der für minderjährige und privilegiert volljährige Kinder (§ 1603 Abs. 2 Satz 2 BGB[1)]) einzusetzende Bedarf entspricht dem Zahlbetrag nach der jeweiligen Einkommensgruppe der Düsseldorfer Tabelle[2)].

24.2.2 Bei getrenntlebenden/geschiedenen Ehegatten und bei dem mit dem Pflichtigen im gemeinsamen Haushalt lebenden Ehegatten sowie für den Berechtigten nach § 1615l BGB[1)] sind die jeweiligen (ungedeckten) Bedarfsbeträge anzusetzen.

24.2.3 Anrechenbares Einkommen des Berechtigten ist von seinem Einsatzbetrag abzuziehen.

24.3 Die Ansprüche aller gleichrangigen Unterhaltsberechtigten sind im Verhältnis zur Verteilungsmasse prozentual zu kürzen (Verteilungsmasse: Gesamtbedarf x 100).

24.4 Das im Rahmen der Mangelfallberechnung gewonnene Ergebnis ist auf seine Angemessenheit zu überprüfen.

Sonstiges

25. Rundung

Der Unterhaltsbetrag ist auf volle Euro aufzurunden.

[1)] **Habersack, Deutsche Gesetze Nr. 20.**
[2)] Nr. 47.

47f. Oberlandesgericht Bremen – Unterhaltsrechtliche Leitlinien der Familiensenate[1)]

(Stand: 1. Januar 2024)

Die Familiensenate des Hanseatischen Oberlandesgerichts in Bremen verwenden die Unterhaltsrechtlichen Leitlinien als Orientierungshilfe für den Regelfall unter Beachtung der Rechtsprechung des BGH. Sie beruhen auf für typische Sachverhalte geltenden Erfahrungswerten und sollen zu einer möglichst einheitlichen Rechtsprechung beitragen. Sie haben jedoch keine bindende Wirkung, können insbesondere die Prüfung des Einzelfalles nicht ersetzen.

Das Tabellenwerk der Düsseldorfer Tabelle[2)] ist angefügt. Die Erläuterungen werden durch die nachfolgenden Leitlinien ersetzt.

Unterhaltsrechtlich maßgebliches Einkommen

Bei der Ermittlung und Zurechnung von Einkommen ist stets zu unterscheiden, ob es um Verwandten- oder Ehegattenunterhalt sowie ob es um Bedarfsbemessung einerseits oder Feststellung der Bedürftigkeit/Leistungsfähigkeit andererseits geht. Das unterhaltsrechtliche Einkommen ist nicht immer identisch mit dem steuerrechtlichen Einkommen.

1. Geldeinnahmen

1.1. Auszugehen ist vom *Bruttoeinkommen* als Summe aller Einkünfte einschließlich Renten, Pensionen, Zulagen, Weihnachts- und Urlaubsgeld, Prämien und Tantiemen.

1.2. Soweit Leistungen nicht monatlich anfallen (*z.B. Weihnachts- und Urlaubsgeld*), werden sie auf ein Jahr umgelegt. Einmalige Zahlungen (z.B. Abfindungen) sind auf einen angemessenen Zeitraum umzulegen.

1.3. *Überstundenvergütungen* werden dem Einkommen voll zugerechnet, soweit sie berufstypisch sind und das im jeweiligen Beruf übliche Maß nicht überschreiten. Darüber hinausgehende Einnahmen aus Überstunden oder Zusatzarbeit sind aufgrund der Umstände des Einzelfalles (z.B. hohe Schuldenbelastung, Sicherung des Mindestbedarfs) nach Billigkeit anzurechnen.

1.4. Ersatz für *Spesen und Reisekosten* sowie *Auslösungen* gelten in der Regel als Einnahmen. Damit zusammenhängende Aufwendungen, vermindert um häusliche Ersparnisse, sind jedoch abzuziehen. Bei Aufwendungspauschalen kann in der Regel 1/3 als Einkommen angesetzt werden.

1.5. Bei der Ermittlung des laufenden und künftigen Einkommens eines *Selbständigen* ist in der Regel der Gewinn von drei Jahren zugrunde zu legen. Für die Vergangenheit ist von den in den jeweiligen Jahren erzielten Einkünften auszugehen, wobei auch eine Durchschnittsberechnung für

---

1) In der jeweils aktuellen Fassung kostenlos abrufbar unter www.oberlandesgericht.bremen.de. Unterstreichungen im Original wurden zur besseren Lesbarkeit als *Kursivdruck* umgesetzt.

2) Nr. **47**.

mehrere Jahre möglich ist. Privatentnahmen haben Indizcharakter für die Feststellung der für den Lebensunterhalt tatsächlich verfügbaren Mittel.

1.6. Bei Einkommen aus *Vermietung und Verpachtung* sowie aus *Kapitalvermögen* ist der Überschuss der Bruttoeinkünfte über die anerkennungswürdigen Werbungskosten maßgebend. Für Gebäude ist keine AfA anzusetzen.

1.7. *Steuererstattungen und -zahlungen* sind in der Regel im Kalenderjahr der tatsächlichen Leistung zu berücksichtigen. Eine Fortschreibung für Folgejahre setzt voraus, dass die Bemessungsgrundlagen im Wesentlichen unverändert bleiben.

1.8. Sonstige Einnahmen, z.B. Trinkgelder.

2. Sozialleistungen

2.1. *Arbeitslosengeld* (§ 136 SGB III) und *Krankengeld.*

2.2. *Leistungen nach dem SGB II* beim Verpflichteten. Beim Berechtigten sind Leistungen zur Sicherung des Lebensunterhalts nach §§ 19 ff. SGB II kein Einkommen, es sei denn die Nichtberücksichtigung der Leistungen ist in Ausnahmefällen treuwidrig (vgl. BGH, FamRZ 1999, 843; 2001, 619); nicht subsidiäre Leistungen nach dem SGB II sind Einkommen.

2.3. *Wohngeld,* soweit es nicht erhöhte Wohnkosten deckt.

2.4. *BAföG*-Leistungen, auch soweit sie als Darlehen gewährt werden, mit Ausnahme von Vorausleistungen nach §§ 36 f. BAföG[1)].

2.5. Der den Sockelbetrag von 300 €/Kind (bei verlängertem Bezug 150 €/Kind) übersteigende Betrag des *Elterngeldes;* der Sockelbetrag selbst nur in den Ausnahmefällen des § 11 S. 4 BEEG[2)].

2.6. *Renten* wegen Minderung oder Verlust der Erwerbsfähigkeit (§§ 43 SGB VI, 56 SGB VII).

2.7. Leistungen aus der *Pflegeversicherung, Blindengeld, Versorgungsrenten, Schwerbeschädigten- und Pflegezulagen,* jeweils nach Abzug des Betrages für tatsächliche Mehraufwendungen; § 1610a BGB[3)] ist zu beachten.

2.8. Der Anteil des an die Pflegeperson weitergeleiteten *Pflegegeldes,* durch den ihre Bemühungen abgegolten werden; bei Pflegegeld aus der Pflegeversicherung gilt dies nur in den Ausnahmefällen des § 13 Abs. 6 S. 2 SGB XI.

2.9. Leistungen nach §§ 41–43 SGB XII (Grundsicherung) in der Regel beim Verwandtenunterhalt (anders beim Ehegattenunterhalt).

2.10. Kein Einkommen ist sonstige *Sozialhilfe* nach SGB XII. Die Unterhaltsforderung eines Empfängers dieser Leistungen kann in Ausnahmefällen treuwidrig sein (BGH, FamRZ 1999, 843; 2001, 619).

2.11. Kein Einkommen sind Leistungen nach dem *Unterhaltsvorschussgesetz*[4)]. Siehe 2.10.

---

1) **Sartorius Nr. 420.**
2) Nr. **45e**.
3) **Habersack, Deutsche Gesetze Nr. 20.**
4) Nr. **45d**.

3. Kindergeld

Kindergeld ist kein Einkommen der Eltern. Zur Berücksichtigung beim Kind vgl. Nr. 14.

4. Geldwerte Zuwendungen

Geldwerte Zuwendungen aller Art des Arbeitgebers, z.B. Firmenwagen, kostenlose oder verbilligte Wohnung, unentgeltliche Verpflegung, sind Einkommen, soweit sie – ggf. nach § 287 ZPO[1] zu schätzende – entsprechende Eigenaufwendungen ersparen.

5. Wohnwert

Der Wohnvorteil durch mietfreies Wohnen im eigenen Heim ist als wirtschaftliche Nutzung des Vermögens wie Einkommen zu behandeln. Neben dem Wohnwert sind auch Zahlungen nach dem Eigenheimzulagengesetz anzusetzen.

Ein Wohnvorteil liegt nur vor, soweit der Wohnwert den berücksichtigungsfähigen Schuldendienst und die verbrauchsunabhängigen Kosten, die gem. § 556 Abs. 1 BGB[2] i.V.m. § 1 Abs. 2 BetrKV[3] nicht auf einen Mieter umgelegt werden können (insbesondere Kosten der Verwaltung und erforderliche Instandhaltungskosten), übersteigt (vgl. BGH, FamRZ 2009, 1300).

Auszugehen ist von der vollen Marktmiete (objektiver Mietwert). Ist eine Fremdvermietung oder Veräußerung nicht möglich oder nicht zumutbar, ist stattdessen die Miete anzusetzen, die für eine dem ehelichen Lebensstandard entsprechende kleinere Wohnung zu zahlen wäre (ersparte Miete). Dies kommt insbesondere für die Zeit bis zum endgültigen Scheitern der Ehe (in der Regel Ablauf des Trennungsjahres, ggf. Zustellung des Scheidungsantrags) in Betracht, wenn ein Ehegatte das Eigenheim allein bewohnt (vgl. BGH, FamRZ 2008, 963).

Bei der Inanspruchnahme auf Elternunterhalt ist der Wohnvorteil auf der Grundlage der unter den gegebenen Verhältnissen ersparten Miete zu berechnen (BGH, FamRZ 2017, 519, 520).

6. Haushaltsführung

Führt ein nicht voll Erwerbstätiger den Haushalt eines leistungsfähigen Dritten, kann hierfür ein Entgelt (von je nach den Umständen zwischen 200 € und 550 €) anzusetzen sein.

7. Einkommen aus unzumutbarer Erwerbstätigkeit

Einkommen aus unzumutbarer Erwerbstätigkeit kann nach Billigkeit ganz *oder teilweise* unberücksichtigt bleiben.

8. Freiwillige Zuwendungen Dritter

Freiwillige Zuwendungen Dritter (z.B. Geldleistungen, kostenloses Wohnen) sind in der Regel nur dann als Einkommen zu berücksichtigen, wenn dies dem Willen des Dritten entspricht.

---

[1] **Habersack, Deutsche Gesetze Nr. 100.**
[2] **Habersack, Deutsche Gesetze Nr. 20.**
[3] Nr. **30b/1**.

9. Erwerbsobliegenheit und Einkommensfiktion

9.1. Einkommen sind auch aufgrund einer unterhaltsrechtlichen Obliegenheit erzielbare Einkünfte. Gegenüber minderjährigen und diesen gleichgestellten volljährigen Kindern ist die Obliegenheit nach Maßgabe des § 1603 Abs. 2 BGB[1] gesteigert.

9.2. Bei Arbeitslosigkeit sind über eine Meldung bei der Agentur für Arbeit hinausgehende Erwerbsbemühungen im Einzelnen darzulegen und zu belegen. Der Hinweis auf die Arbeitsmarktlage macht den Nachweis von Bemühungen nur im Ausnahmefall entbehrlich. Bei unzureichenden Bemühungen können fiktive Einkünfte nach den Umständen des Einzelfalles unter Berücksichtigung von Beruf, Alter und des zuletzt erzielten Verdienstes zugrunde gelegt werden.

9.3. Neben dem Bezug von Leistungen der Agentur für Arbeit kann die Aufnahme einer geringfügigen Beschäftigung (§ 155 SGB III) in Betracht kommen.

9.4. Dem wiederverheirateten Elternteil obliegt es ungeachtet seiner Pflichten aus der neuen Ehe, im Rahmen des Zumutbaren zum Unterhalt seiner barunterhaltsberechtigten Kinder aus früherer Ehe beizutragen, ggf. durch Aufnahme einer Teilzeitarbeit.

10. Bereinigung des Einkommens

10.1. Vom Bruttoeinkommen sind *Steuern und Vorsorgeaufwendungen* abzuziehen (Nettoeinkommen). Zu letzteren zählen Aufwendungen für die gesetzliche Kranken- und Pflegeversicherung, Renten- und Arbeitslosenversicherung bzw. die entsprechende private Kranken- und Altersvorsorge sowie Kammerbeiträge. Zur Absicherung einer angemessenen Altersvorsorge kann insbesondere der nichtselbständig Erwerbstätige eine zusätzliche Altersvorsorge von bis zu 4 % seines jeweiligen Gesamtbruttoeinkommens des Vorjahres, gegenüber Ansprüchen auf Elternunterhalt von bis zu 5 % seines Bruttoeinkommens betreiben. Andere Personen können Aufwendungen für eine angemessene Altersversorgung von bis zu 23 % des Gesamtbruttoeinkommens, beim Elternunterhalt von bis zu 24 % einkommensmindernd geltend machen.

Es besteht die Obliegenheit, *Steuervorteile* in Anspruch zu nehmen.

10.2. *Berufsbedingte Aufwendungen* sind im Rahmen der Angemessenheit vom Einkommen abzuziehen.

10.2.1. Die Berücksichtigung berufsbedingter Aufwendungen setzt eine konkrete Darlegung des Aufwandes voraus.

10.2.2. Für notwendige Kosten der berufsbedingten Nutzung eines *Kraftfahrzeugs* kann für jeden gefahrenen Kilometer ein Pauschalbetrag von 0,42 € (in Anlehnung an § 5 Abs. 2 S. 1 Nr. 2 JVEG[2]) angesetzt werden. Damit sind in der Regel Anschaffungskosten einschließlich Finanzierungskosten erfasst. Bei langen Fahrtstrecken (ab ca. 60 km hin und zurück) kann nach unten abgewichen werden (für jeden Mehrkilometer in der Regel Ansatz von 0,28 €).

---

[1] **Habersack, Deutsche Gesetze Nr. 20.**
[2] **Habersack, Deutsche Gesetze Nr. 116.**

10.2.3. Bei *Auszubildenden* sind in der Regel 100 € als ausbildungsbedingter Aufwand abzuziehen.

10.3. *Kinderbetreuungskosten* sind abzugsfähig, soweit die Betreuung durch Dritte infolge der Berufstätigkeit erforderlich ist. Außerdem kann ein *Betreuungsbonus* zu berücksichtigen sein. Zu den abzugsfähigen Kinderbetreuungskosten zählen nicht die Kosten des Kindergartenbesuchs und andere Kosten, bei denen es sich um betreuungsbedingten Mehrbedarf des Kindes handelt; vgl. dazu Nr. 12.4.

10.4. *Schulden* (Zins und ggf. Tilgung) können bei tatsächlicher Zahlung im Rahmen eines vernünftigen Tilgungsplanes mit angemessenen Raten zu berücksichtigen sein. Es ist zu differenzieren:

10.4.1. Beim *Ehegattenunterhalt* sind für die *Bedarfsbemessung* grundsätzlich nur Schulden berücksichtigungsfähig, die die ehelichen Lebensverhältnisse geprägt haben.

Bei der Prüfung der *Leistungsfähigkeit* des Unterhaltspflichtigen können zusätzlich solche Schulden berücksichtigt werden, deren Eingehung notwendig und unabweisbar war. Das Gleiche gilt für die Bedürftigkeit des Unterhaltsberechtigten mit eigenem Einkommen.

10.4.2. Beim Unterhalt *minderjähriger* und gleichgestellter *volljähriger privilegierter Kinder* (§ 1603 Abs. 2 S. 2 BGB[1]) können für die Einordnung in die Einkommensgruppen der Düsseldorfer Tabelle[2]) berücksichtigungswürdige Schulden vom Einkommen abgesetzt werden. Hierzu ist eine Interessenabwägung vorzunehmen (z.B. Zweck der Verbindlichkeit, Zeitpunkt und Art der Entstehung, Dringlichkeit des Bedürfnisses, Möglichkeit der Schuldenreduzierung). Geht es nur um Mindestunterhalt, ist ein besonders strenger Maßstab anzuwenden.

10.4.3. Bei *sonstigem Verwandtenunterhalt*, insbesondere dem nicht privilegierter volljähriger Kinder, sind Schulden nach einer Interessenabwägung ggf. abzusetzen.

10.5–10.7 (nicht belegt)

Kindesunterhalt

11. Bemessungsgrundlage (Tabellenunterhalt)

Der Barunterhalt minderjähriger und noch *im elterlichen Haushalt lebender* volljähriger unverheirateter *Kinder* bestimmt sich nach den Sätzen der Düsseldorfer Tabelle[2]) (Anhang 1).

Bei minderjährigen Kindern kann er als Festbetrag oder als Vomhundertsatz des Mindestunterhalts i.S. von § 1612a BGB[1]) (= 1. Gruppe der Düsseldorfer Tabelle[2])) geltend gemacht werden.

11.1. Die Tabellensätze enthalten keine *Beiträge zur Kranken- und Pflegeversicherung* des Kindes, das nicht in einer gesetzlichen Familienversicherung mitversichert ist. Solche zusätzlich aufzubringenden Beiträge sind vorweg vom Einkommen des Unterhaltspflichtigen abzuziehen.

---

[1]) **Habersack, Deutsche Gesetze Nr. 20.**
[2]) Nr. **47**.

11.2. Die Unterhaltssätze sind auf den Fall zugeschnitten, dass der Unterhaltspflichtige *zwei Unterhaltsberechtigten* Unterhalt zu gewähren hat. Bei einer größeren oder geringeren Anzahl Unterhaltsberechtigter können Ab- oder Zuschläge durch Einstufung in eine niedrigere oder höhere Einkommensgruppe vorzunehmen sein. Dabei sind auch nachrangig Unterhaltsberechtigte zu berücksichtigen.

Bei der Eingruppierung sind die *Bedarfskontrollbeträge* zu beachten. Sie sollen eine ausgewogene Verteilung des Einkommens zwischen Unterhaltspflichtigem und unterhaltsberechtigten Kindern gewährleisten. Wird der Bedarfskontrollbetrag unter Berücksichtigung anderer – auch nachrangiger – Unterhaltspflichten unterschritten, ist der Tabellenbetrag der nächst niedrigeren Gruppe, deren Bedarfskontrollbetrag nicht unterschritten ist, heranzuziehen.

12. Minderjährige Kinder

12.1. Der *betreuende Elternteil* braucht neben dem anderen Elternteil in der Regel keinen Barunterhalt zu leisten (§ 1606 Abs. 3 S. 2 BGB). Etwas anderes kann gelten, wenn das Einkommen des betreuenden Elternteils das des anderen erheblich übersteigt oder wenn der eigene angemessene Selbstbehalt des an sich allein barunterhaltspflichtigen Elternteils gefährdet ist, der des betreuenden Elternteils dagegen nicht und ohne dessen Beteiligung am Barunterhalt ein erhebliches finanzielles Ungleichgewicht zwischen den Eltern entstünde (§ 1603 Abs. 2 S. 3 BGB[1]; BGH, FamRZ 2013, 1558).

12.2. *Eigenes Einkommen* des Kindes ist anteilig auf den Barunterhalt und den Betreuungsunterhalt zu verrechnen. Zum Kindergeld vgl. Nr. 14.

12.3. Sind bei *auswärtiger Unterbringung* beide Elternteile zum Barunterhalt verpflichtet, haften sie für den Gesamtbedarf anteilig (§ 1606 Abs. 3 S. 1 BGB[1]). Für die Ermittlung der Haftungsanteile gilt Nr. 13.3 Abs. 2 und 3.

12.4. Kosten für Kindergärten und vergleichbare Betreuungseinrichtungen (ohne Verpflegungskosten) sind Mehrbedarf des Kindes. Zur Qualifizierung von Betreuungskosten als Mehrbedarf des Kindes vgl. BGH, FamRZ 2018, 23.

Die Tabellensätze berücksichtigen keinen *Mehrbedarf* oder *Sonderbedarf;* dafür gilt § 1606 Abs. 3 S. 1 BGB[1].

13. Volljährige Kinder

13.1. Beim Bedarf volljähriger Kinder ist zwischen Kindern mit einem eigenen Haushalt und im Haushalt der Eltern oder eines Elternteils lebenden Kindern zu unterscheiden.

13.1.1. Für *im Haushalt der Eltern* oder eines Elternteils wohnende volljährige Kinder gilt die Altersstufe 4 der Düsseldorfer Tabelle[2]. Sind beide Elternteile leistungsfähig (vgl. Nr. 21.3.1.), ist der Bedarf des Kindes in der Regel nach dem zusammengerechneten Einkommen (ohne Zu- und Abschläge nach Nr. 11.2.) zu bemessen. Für die Haftungsquote gilt

[1] **Habersack, Deutsche Gesetze Nr. 20.**
[2] Nr. **47**.

Nr. 13.3. Ein Elternteil hat jedoch höchstens den Unterhalt zu leisten, der sich aus seinem Einkommen nach der Düsseldorfer Tabelle ergibt.

13.1.2. Der angemessene Bedarf eines volljährigen Kindes mit *eigenem Hausstand* beträgt in der Regel monatlich 930 €. Darin sind Kosten für Unterkunft einschließlich umlagefähiger Nebenkosten und Heizung (Warmmiete) von bis zu 410 € enthalten. Nicht enthalten sind Beiträge zur Kranken- und Pflegeversicherung sowie Studiengebühren. Bei besonders guten Einkommensverhältnissen der Eltern oder bei erhöhtem Bedarf kann hiervon abgewichen werden.

13.2. Auf den Unterhaltsbedarf werden das volle *Kindergeld* (vgl. Nr. 14) und *Einkünfte des Kindes,* auch BAföG-Darlehen und Ausbildungsbeihilfen – vermindert um ausbildungsbedingte Aufwendungen, vgl. 10.2.3. – angerechnet. Einkünfte aus nicht geschuldeter Erwerbstätigkeit können nach Billigkeit ganz oder teilweise unberücksichtigt bleiben.

13.3. Ab Volljährigkeit besteht – auch für privilegierte volljährige Kinder – grundsätzlich eine *Barunterhaltspflicht beider Elternteile.*

Zur Ermittlung des *Haftungsanteils* bei anteiliger Barunterhaltspflicht ist das bereinigte Nettoeinkommen jedes Elternteils gemäß Nr. 10 zu ermitteln und vom Restbetrag ein Sockelbetrag in Höhe des angemessenen Selbstbehalts von *1.750 € abzuziehen.* Der so ermittelte Haftungsanteil ist auf seine Angemessenheit zu überprüfen und kann bei Vorliegen besonderer Umstände (z.B. behindertes Kind) wertend verändert werden. Nr. 13.1.1. S. 4 gilt entsprechend.

Bei volljährigen privilegierten Kindern wird der Sockelbetrag bis zum notwendigen Selbstbehalt (*1.200 €/1.450 €*) herabgesetzt, wenn der Bedarf des Kindes andernfalls nicht gedeckt werden kann; § 1603 Abs. 2 S. 3 BGB[1] ist zu beachten.

14. Kindergeld

Das Kindergeld ist nach Maßgabe des § 1612b BGB[1] zur Deckung des Bedarfs des Kindes heranzuziehen.

Ehegattenunterhalt

15. Unterhaltsbedarf

15.1. Der Unterhaltsbedarf wird bestimmt und begrenzt durch die ehelichen Lebensverhältnisse. Diese werden in erster Linie durch das für den gesamten Lebensunterhalt – ggf. nach Abzug des Unterhalts (Zahlbetrag) für minderjährige oder volljährige Kinder – verfügbare Einkommen geprägt. Während der Ehe zur *Vermögensbildung* verwendete Teile des Einkommens bleiben bei der Bedarfsbemessung in der Regel unberücksichtigt. Der Bedarf ist mindestens in Höhe des notwendigen Selbstbehalts eines nicht erwerbstätigen Unterhaltspflichtigen anzusetzen – *Mindestbedarf* – (Nr. 21.2, zur Zeit 1.200 €). Bei *Aufnahme oder Erweiterung einer Erwerbstätigkeit* des Unterhaltsberechtigten nach Trennung/Scheidung gilt das (Mehr-) Einkommen in der Regel als eheprägend (BGH, FamRZ 2001, 986).

---

[1] **Habersack, Deutsche Gesetze Nr. 20.**

15.2. Es gilt der *Halbteilungsgrundsatz,* Erwerbseinkünfte werden jedoch nur zu 9/10 berücksichtigt (Abzug von 1/10 Erwerbstätigenbonus vom bereinigten Nettoeinkommen).

Leistet ein Ehegatte auch *Unterhalt für ein Kind,* so wird sein Einkommen vor Ermittlung des Erwerbstätigenbonus um diesen Unterhalt (Zahlbetrag) bereinigt. Erbringt der Verpflichtete sowohl Bar- als auch Betreuungsunterhalt, so gilt Nr. 10.3. (BGH, FamRZ 2001, 350).

15.3. Bei sehr guten Einkommensverhältnissen des Verpflichteten ist der *Bedarf* konkret zu berechnen.

15.4. Werden *Altersvorsorgeunterhalt* (zu berechnen nach der „Bremer Tabelle[1]"), *Kranken- und Pflegeversicherungskosten* vom Berechtigten gesondert geltend gemacht oder vom Verpflichteten bezahlt, sind diese vom Einkommen des Pflichtigen vorweg abzuziehen. Der Vorwegabzug unterbleibt, sofern nicht verteilte Mittel zur Verfügung stehen, z.B. in Folge der Anrechnung nicht prägenden Einkommens des Berechtigten.

Vorsorgeunterhalt kann nur beansprucht werden, wenn der Elementarunterhalt in Höhe des notwendigen Selbstbehalts für Nichterwerbstätige sichergestellt ist.

15.5–15.7 (nicht belegt)

16. Bedürftigkeit

Nicht eheprägendes Einkommen des Berechtigten ist – ggf. vermindert um den Erwerbstätigenbonus – auf den Unterhaltsanspruch anzurechnen.

17. Erwerbsobliegenheit

Bei nachehelichem Unterhalt besteht keine Verpflichtung zu einer Erwerbstätigkeit, wenn und soweit der geschiedene Ehegatte durch Kindesbetreuung, Krankheit oder Alter an der Aufnahme einer Erwerbstätigkeit gehindert ist.

17.1. Für den Fall der Kindesbetreuung gilt:

Hat das – ggf. jüngste – betreute Kind das 3. Lebensjahr noch nicht vollendet, besteht keine Erwerbsobliegenheit (zeitlich begrenzter Basisunterhalt).

Ab Vollendung des 3. Lebensjahres des – ggf. jüngsten – betreuten Kindes besteht grundsätzlich eine Erwerbsobliegenheit. Ob und in welchem Umfang eine Erwerbstätigkeit erwartet werden kann, ist jedoch unter Berücksichtigung aller Umstände des Einzelfalls, insbesondere der bisher ausgeübten Tätigkeit und der Möglichkeiten der Kinderbetreuung, zu beurteilen.

17.2. *Im ersten Jahr nach der Trennung* besteht für den Berechtigten in der Regel keine Obliegenheit zur Aufnahme oder Ausweitung einer Tätigkeit.

[1] Nr. **47f/1**.

Weitere Unterhaltsansprüche

18. Ansprüche nach § 1615l BGB[1]

Der Bedarf nach § 1615l BGB bemisst sich nach der Lebensstellung des betreuenden Elternteils. Er beträgt in der Regel mindestens *1.200 €*. Die Inanspruchnahme des Unterhaltspflichtigen ist durch den Halbteilungsgrundsatz begrenzt. Nr. 17.1. gilt entsprechend. Wegen des Selbstbehalts vgl. 21.3.2.

19. Elternunterhalt

Der Bedarf ist konkret darzulegen. Leistungen nach §§ 41–43 SGB XII (Grundsicherung) sind anzurechnen (vgl. Nr. 2.9.). Wegen des Selbstbehalts vgl. 21.3.3.

20. Lebenspartnerschaft

Bei Getrenntleben oder Aufhebung der Lebenspartnerschaft gelten §§ 12, 16 LPartG[2].

Leistungsfähigkeit und Mangelfall

21. Selbstbehalt des Verpflichteten

21.1. Dem Unterhaltspflichtigen muss nach Abzug der Unterhaltsansprüche von seinem Einkommen der sog. Selbstbehalt verbleiben.

21.2. Für Eltern gegenüber *minderjährigen und privilegierten volljährigen Kindern* gilt im Allgemeinen der notwendige Selbstbehalt als unterste Grenze (§ 1603 Abs. 2 BGB[1]).

Er beträgt bei nicht Erwerbstätigen *1.200 €,* bei Erwerbstätigen *1.450 €*. Hierin sind Kosten des *Wohnbedarfs* (Warmmiete, d.h. Miete einschließlich umlagefähiger Nebenkosten und Heizung) in Höhe von *520 €* enthalten.

21.3. Beim *Verwandtenunterhalt* gilt im Übrigen der angemessene Selbstbehalt (§ 1603 Abs. 1 BGB[1]).

21.3.1. Der Selbstbehalt gegenüber *volljährigen Kindern* beträgt *1.750 €.* Darin sind Kosten des *Wohnbedarfs* (Warmmiete) in Höhe von *650 €* enthalten. Für den Selbstbehalt gegenüber bereits wirtschaftlich selbständigen Kindern gilt 21.3.3 entsprechend (BGH, FamRZ 2012, 1553).

21.3.2. Gegenüber *der Mutter/dem Vater nichtehelicher Kinder* entspricht der Selbstbehalt dem nach Nr. 21.4.; er beträgt somit in der Regel 1.600 €.

21.3.3. Gegenüber *Eltern* ist der angemessene Selbstbehalt des Unterhaltspflichtigen unter Beachtung von Zweck und Rechtsgedanken des Gesetzes zur Entlastung unterhaltspflichtiger Angehöriger in der Sozialhilfe und in der Eingliederungshilfe (Angehörigenentlastungsgesetz) vom 10.12.2019 (BGBl I S. 2135) zu bemessen.

---

[1] **Habersack, Deutsche Gesetze Nr. 20.**
[2] Nr. **43**.

21.3.4. Für den Selbstbehalt gegenüber *Enkeln* gilt 21.3.3 entsprechend (BGH, FamRZ 2007, 375).

21.4. Der Selbstbehalt gegenüber getrennt lebenden und geschiedenen *Ehegatten* ist sowohl bei Erwerbstätigkeit als auch bei mangelnder Erwerbstätigkeit des Unterhaltspflichtigen mit einem Betrag zu bemessen, der zwischen dem notwendigen Selbstbehalt nach § 1603 II BGB[1] (1.200 €/ 1.450 €) und dem angemessenen Selbstbehalt nach § 1603 I BGB (1.750 €) liegt, in der Regel mit 1.600 €. Darin enthalten sind Kosten des *Wohnbedarfs* von *580* € (Warmmiete).

21.5. Der Selbstbehalt kann im Einzelfall angemessen abgesenkt oder erhöht werden. Er soll erhöht werden, wenn die Wohnkosten (Warmmiete) den ausgewiesenen Betrag überschreiten und nicht unangemessen sind.

22. Bedarf des mit dem Pflichtigen zusammenlebenden Ehegatten

22.1. Der Mindestbedarf des mit dem Unterhaltspflichtigen zusammenlebenden Ehegatten bei Ansprüchen des *nachrangigen geschiedenen Ehegatten* beträgt 1.280 €.

22.2. Der Mindestbedarf des mit dem Unterhaltspflichtigen zusammenlebenden Ehegatten bei Ansprüchen nicht privilegierter *volljähriger Kinder* beträgt 1.400 €.

22.3. Zum Mindestbedarf des mit dem Unterhaltspflichtigen zusammenlebenden Ehegatten bei Ansprüchen von *Eltern oder Enkeln* vgl. 21.3.3 bzw. 21.3.4.

23. Bedarf des vom Pflichtigen getrennt lebenden oder geschiedenen Ehegatten

23.1 Der Mindestbedarf des vom Unterhaltspflichtigen getrenntlebenden oder geschiedenen Ehegatten bei Ansprüchen des nachrangigen geschiedenen Ehegatten beträgt 1.600 €.

23.2 Der Mindestbedarf des vom Unterhaltspflichtigen getrennt lebenden oder geschiedenen Ehegatten bei Ansprüchen nicht privilegierter *volljähriger Kinder* beträgt 1.750 €.

23.3 Vgl. Nr. 21.3.3.

24. Mangelfall

24.1. Reicht das Einkommen zur Deckung des Bedarfs der im ersten Rang unterhaltsberechtigten Kinder (§ 1609 Nr. 1 BGB[1]) und zur Deckung des notwendigen Selbstbehalts des Unterhaltsverpflichteten nicht aus, ist der nach Abzug des Selbstbehalts verbleibende Betrag auf die unterhaltsberechtigten Kinder im Verhältnis ihrer jeweiligen Einsatzbeträge zu verteilen. Einsatzbeträge sind der jeweilige Mindestunterhalt (1. Gruppe der Düsseldorfer Tabelle[2]) abzüglich des zu berücksichtigenden Kindergeldanteils (Zahlbetrag).

Berechnungsformel: K = V : S × 100

K = prozentuale Kürzung

---

[1] **Habersack, Deutsche Gesetze Nr. 20.**
[2] Nr. **47**.

V = Verteilungsmasse (Einkommen des Verpflichteten abzüglich Selbstbehalt)

S = Summe der Einsatzbeträge aller Berechtigten

24.2. Entsprechendes gilt, wenn das unter Berücksichtigung des maßgebenden Selbstbehalts zur Verfügung stehende Einkommen des Unterhaltspflichtigen für die Deckung des Bedarfs von im zweiten (§ 1609 Nr. 2 BGB[1]) oder einem späteren Rang (§ 1609 Nr. 3 ff. BGB) Berechtigten nicht ausreicht.

24.3. Sind neben erstrangigen auch nachrangige Unterhaltsberechtigte vorhanden und reicht das unter Berücksichtigung des Selbstbehalts zur Verfügung stehende Einkommen des Unterhaltspflichtigen nicht zur Deckung des Bedarfs aller Berechtigen aus, so ist zunächst der Bedarf der erstrangigen Unterhaltsberechtigten zu befriedigen; dabei ist jedoch Nr. 11.2 (Bedarfskontrollbetrag) zu beachten.

24.4. Das im Rahmen der Mangelfallberechnung gewonnene Ergebnis ist auf seine Angemessenheit zu überprüfen.

Sonstiges

25. Rundung

Der Unterhaltsbetrag ist auf volle € aufzurunden.

Anhang

1. Düsseldorfer Tabelle

(abgedruckt unter Nr. 47)

2. Zahlbeträge Kindesunterhalt

(abgedruckt unter Nr. 47)

3. Selbstbehaltsätze im Überblick (in €)

		bei mangelnder Erwerbstätigkeit	bei Erwerb stätigkeit
1.	notwendiger Selbstbehalt gegenüber unverheirateten minderjährigen und privilegierten volljährigen Kindern	1.200	1.450
2.	angemessener Selbstbehalt: gegenüber sonstigen volljährigen Kindern	1.750	1.750
3.	Selbstbehalt gegenüber getrenntlebenden und geschiedenen Ehegatten sowie gegenüber Mutter/Vater eines nichtehelichen Kindes in der Regel	1.600	1.600
4.	Selbstbehalt gegenüber Eltern, wirtschaftlich selbständigen Kindern und Enkeln	vgl. Leitlinien Nr. 21.3.3.	vgl. Leitlinien Nr. 21.3.3.

[1] **Habersack, Deutsche Gesetze Nr. 20.**

4. Umrechnung nach früherem Recht erstellter dynamischer Unterhaltstitel über Kindesunterhalt nach § 36 Nr. 3 EGZPO[1]:

Vgl. Rechenformel mit Beispielen in Düsseldorfer Tabelle[2], Anmerkungen E.

---

[1] **Habersack, Deutsche Gesetze Nr. 101.**
[2] Nr. **47**.

47f/1. Bremer Tabelle zur Berechnung des Altersvorsorgeunterhalts

(Stand: 1. Januar 2024)[1)]

fortgeführt von Werner Gutdeutsch, Richter am OLG a.D.

Nettobemessungsgrundlage in Euro			Zuschlag in Prozent zur Berechnung der Bruttobemessungsgrundlage
1	–	1.315	13 %
1.316	–	1.380	14 %
1.381	–	1.435	15 %
1.436	–	1.505	16 %
1.506	–	1.570	17 %
1.571	–	1.630	18 %
1.631	–	1.700	19 %
1.701	–	1.770	20 %
1.771	–	1.850	21 %
1.851	–	1.930	22 %
1.931	–	2.015	23 %
2.016	–	2.105	24 %
2.106	–	2.195	25 %
2.196	–	2.295	26 %
2.296	–	2.400	27 %
2.401	–	2.505	28 %
2.506	–	2.620	29 %
2.621	–	2.735	30 %
2.736	–	2.855	31 %
2.856	–	2.980	32 %
2.981	–	3.105	33 %
3.106	–	3.235	34 %
3.236	–	3.370	35 %
3.371	–	3.505	36 %
3.506	–	3.640	37 %
3.641	–	3.770	38 %
3.771	–	3.870	39 %
3.871	–	3.970	40 %
3.971	–	4.075	41 %
4.076	–	4.175	42 %
4.176	–	4.275	43 %
4.276	–	4.375	44 %
4.376	–	4.470	45 %
4.471	–	4.570	46 %
4.571	–	4.665	47 %
4.666	–	4.750	48 %
4.751	–	4.820	49 %

[1)] **Amtl. Anm.:** Berechnet unter Berücksichtigung von Beitragssätzen von 18,6 % für die Rentenversicherung und 2,6 % für die Arbeitslosenversicherung, und Lohnsteuer der Klasse 1 nach dem amtlichen Programmablaufplan 2024 ohne Kinderfreibeträge und ohne Vorsorgepauschale für den Kinderlosenzuschlag zur Pflegeversicherung und mit Solidaritätszuschlag, soweit er nach Art. 4 des 2. FamEntlastG v. 1.12.2020 (BGBl. I S. 2616) von Bedeutung ist; zur Anwendung vgl. BGH, FamRZ 1981, 442, 444, 445 = NJW 1981, 1556, 1558, 1559; BGH, FamRZ 1983, 888, 889, 890 = NJW 1983, 2937, 2938, 2939; siehe auch BGH FamRZ 1985, 471, 472, 473 = NJW 85/1347 [LS].

Nettobemessungsgrundlage in Euro			Zuschlag in Prozent zur Berechnung der Bruttobemessungsgrundlage
4.821	–	4.900	50 %
4.901	–	4.975	51 %[1)]
4.976	–	5.110	52 %[2)]
5.111	–	5.255	53 %
5.256	–	5.410	54 %
5.411	–	5.575	55 %
5.576	–	5.745	56 %
5.746	–	5.930	57 %
5.931	–	6.125	58 %
6.126	–	6.340	59 %
6.341	–	6.675	60 %
6.676	–	7.040	61 %
7.041	–	7.455	62 %
7.456	–	7.920	63 %
7.921	–	8.445	64 %
8.446	–	9.045	65 %
9.046	–	9.735	66 %
9.736	–	10.545	67 %
10.546	–	11.495	68 %
11.496	–	12.635	69 %
12.636	–	14.030	70 %
14.031	–	14.945	71 %
14.946	–	15.780	72 %
15.781	–	16.710	73 %
16.711	–	17.765	74 %
ab 17.766	–		75 %

[1)] **Amtl. Anm.:** In den neuen Bundesländern wird bei einer Beitragsbemessungsgrenze von 7.450 € mit einer Nettobemessungsgrundlage von 4.934,91 € und einem Zuschlag von 50,97 % der höchstmögliche Einzahlungsbetrag in die gesetzliche Rentenversicherung von 1.385 € erreicht.

[2)] ***Amtl. Anm.:*** *In den alten Bundesländern* wird bei einer Beitragsbemessungsgrenze von 7.550 € mit einer Nettobemessungsgrundlage von 4.981,69 € und einem Zuschlag von 51,55 % der höchstmögliche Einzahlungsbetrag in die gesetzliche Rentenversicherung von 1.404 € erreicht. Nach BGH, FamRZ 2007, 117 ist aber auch ein Vorsorgeunterhalt jenseits der Beitragsbemessungsgrenze nach den Grundsätzen der Bremer Tabelle zu berechnen.

Tabellarische Übersicht auf der Grundlage der Bremer Tabelle[1)]

Stand 1. Januar 2024, Beitragssatz: 18,6 %, Quote 45 %

bearb. von RiOLG a.D. Werner Gutdeutsch

1 Einkommen bzw. Eink.differenz	2 45 %-Quote (Basisbetrag)	3 AVU	4 endgültiger Elementarunterhalt
100	45	9	41
200	90	19	81
300	135	28	122
400	180	38	163
500	225	47	204
600	270	57	244
700	315	66	285
800	360	76	326
900	405	85	367
1.000	450	94	408
1.100	495	104	448
1.200	540	113	489
1.300	585	123	530
1.400	630	132	571
1.500	675	142	611
1.600	720	151	652
1.700	765	161	693
1.800	810	170	734
1.900	855	180	774
2.000	900	189	815
2.100	945	199	855
2.200	990	208	896
2.300	1.035	218	937
2.400	1.080	227	978
2.500	1.125	236	1.019
2.600	1.170	246	1.059
2.700	1.215	255	1.100
2.800	1.260	265	1.141
2.900	1.305	274	1.182
3.000	1.350	286	1.221
3.100	1.395	298	1.261
3.200	1.440	311	1.300
3.300	1.485	320	1.341
3.400	1.530	333	1.380
3.500	*1.575*	346	1.419
3.600	1.620	356	1.460
3.700	1.665	368	1.499
3.800	1.710	382	1.538
3.900	1.755	392	1.579

1) **Amtl. Anm.:** Zur Verwendung vgl. Gutdeutsch/Hampel, FamRZ 1992, 1028 = NJW 1992, 2684 = DAVorm 1992, 779 = FuR 1992, 216.

1 Einkommen bzw. Eink.differenz	2 45 %-Quote (Basisbetrag)	3 AVU	4 endgültiger Elementarunterhalt
4.000	1.800	405	1.618
4.100	1.845	415	1.658
4.200	1.890	429	1.697
4.300	1.935	443	1.736
4.400	1.980	453	1.776
4.500	2.025	467	1.815
4.600	2.070	477	1.855
4.700	2.115	492	1.894
4.800	2.160	502	1.934
4.900	2.205	517	1.972
5.000	2.250	527	2.013
5.100	2.295	538	2.053
5.200	2.340	553	2.091
5.300	2.385	563	2.132
5.400	2.430	578	2.170
5.500	2.475	589	2.210
5.600	2.520	605	2.248
5.700	2.565	615	2.288
5.800	2.610	626	2.328
5.900	2.655	642	2.366
6.000	2.700	653	2.406
6.100	2.745	669	2.444
6.200	2.790	680	2.484
6.300	2.835	691	2.524
6.400	2.880	707	2.562
6.500	2.925	718	2.602
6.600	2.970	729	2.642
6.700	3.015	746	2.679
6.800	3.060	757	2.719
6.900	3.105	768	2.759
7.000	3.150	785	2.797
7.100	3.195	796	2.837
7.200	3.240	814	2.874
7.300	3.285	825	2.914
7.400	3.330	836	2.954
7.500	3.375	854	2.991
7.600	3.420	865	3.031
7.700	3.465	876	3.071
7.800	3.510	894	3.108
7.900	3.555	906	3.147
8.000	3.600	917	3.187
8.100	3.645	936	3.224
8.200	3.690	947	3.264
8.300	*3.735*	959	3.303
8.400	3.780	977	3.340
8.500	3.825	989	3.380
8.600	3.870	1.000	3.420

1 Einkommen bzw. Eink.differenz	2 45 %-Quote (Basisbetrag)	3 AVU	4 endgültiger Elementarunterhalt
8.700	3.915	1.019	3.456
8.800	3.960	1.031	3.496
8.900	4.005	1.050	3.533
9.000	4.050	1.062	3.572
9.100	4.095	1.082	3.608
9.200	4.140	1.093	3.648
9.300	4.185	1.113	3.684
9.400	4.230	1.125	3.724
9.500	4.275	1.137	3.763
9.600	4.320	1.157	3.799
9.700	4.365	1.169	3.839
9.800	4.410	1.189	3.875
9.900	4.455	1.202	3.914

47g. Oberlandesgericht Celle – Unterhaltsrechtliche Leitlinien der Familiensenate[1)]

(Stand: 1. Januar 2024)

Die von den Familiensenaten zusammengestellten Leitlinien dienen dem Ziel, die Rechtsprechung der Senate möglichst weitgehend zu vereinheitlichen. Sie werden der Entwicklung des Unterhaltsrechts angepasst und lassen bewusst Raum für weitere Überlegungen und Konkretisierungen. Eine bindende Wirkung kommt ihnen nicht zu.

Das Tabellenwerk der Düsseldorfer Tabelle[2)] ist eingearbeitet. Die Erläuterungen werden durch nachfolgende Leitlinien ersetzt.

Unterhaltsrechtliches Einkommen

Bei der Ermittlung und Zurechnung von Einkommen ist stets zu unterscheiden, ob es um Verwandten- oder Ehegattenunterhalt sowie ob es um Bedarfsbemessung einerseits oder Feststellung der Bedürftigkeit/Leistungsfähigkeit andererseits geht.

Das unterhaltsrechtliche Einkommen ist nicht immer identisch mit dem steuerrechtlichen Einkommen.

1. Geldeinnahmen

1.1 Auszugehen ist vom Bruttoeinkommen als Summe aller Einkünfte.

1.2 Soweit Leistungen nicht monatlich anfallen (z.B. Weihnachts- und Urlaubsgeld), werden sie auf ein Jahr umgelegt. Einmalige Zahlungen (z.B. Abfindungen) sind auf einen angemessenen Zeitraum zu verteilen. In der Regel ist die Verteilung so vorzunehmen, dass der bisherige Lebensstandard aufrechterhalten werden kann.

1.3 Überstundenvergütungen werden dem Einkommen voll zugerechnet, soweit sie berufstypisch sind und das in diesem Beruf übliche Maß nicht überschreiten.

1.4 Spesen und Auslösungen werden pauschal zu 1/3 dem Einkommen hinzugerechnet, soweit nicht nachgewiesen wird, dass die Zulagen notwendigerweise in weitergehendem Umfang verbraucht werden und keine häusliche Ersparnis eintritt.

1.5 Bei Ermittlung des zukünftigen Einkommens eines Selbständigen ist in der Regel der durchschnittliche Gewinn der letzten drei Jahre zugrunde zu legen.

1.6 Einkünfte aus Vermietung und Verpachtung sowie aus Kapitalvermögen ergeben sich aus der Differenz zwischen Einnahmen und Werbungskosten. Für Gebäude ist in der Regel keine AfA anzusetzen.

1.7 Steuererstattungen und Steuernachzahlungen sind in der Regel in dem Kalenderjahr, in dem sie anfallen, zu berücksichtigen und auf die einzel-

[1)] In der jeweils aktuellen Fassung kostenlos abrufbar unter www.oberlandesgericht-celle.niedersachsen.de.

[2)] Nr. 47.

nen Monate umzulegen. Soweit Erstattungen auf Aufwendungen beruhen, die unterhaltsrechtlich nicht zu berücksichtigen sind, bleiben auch die Steuererstattungen außer Betracht.

1.8 Sonstige Einnahmen, z.B. Trinkgelder.

2. Sozialleistungen

2.1 Arbeitslosengeld (§ 117 SGB III) und Krankengeld.

2.2 Bürgergeld nach § 19 Abs. 1 S. 1 SGB II (bis 31.12.2022: Arbeitslosengeld II) und andere Leistungen nach dem SGB II beim Verpflichteten. Beim Berechtigten ist das Bürgergeld nach § 19 Abs. 1 S. 2 SGB II (bis 31.12.2022: Sozialgeld) kein Einkommen, es sei denn, die Nichtberücksichtigung der Leistungen ist in Ausnahmefällen treuwidrig (vgl. BGH FamRZ 1999, 843; 2001, 619; 2009, 307); nicht subsidiäre Leistungen nach dem SGB II sind Einkommen.

2.3 Wohngeld, soweit es nicht erhöhte Wohnkosten deckt.

2.4 BAföG-Leistungen, auch soweit sie als Darlehen gewährt werden, mit Ausnahme der subsidiären Vorausleistungen nach §§ 36, 37 BAföG[1].

2.5 Elterngeld, soweit es über den Sockelbetrag hinausgeht, nur unter den Voraussetzungen von § 11 S. 4 BEEG[2].

2.6 Arbeitsunfallrenten.

2.7 Leistungen aus der Pflegeversicherung, Blindengeld, Versorgungsrenten, Schwerbeschädigten- und Pflegezulagen nach Abzug eines Betrags für tatsächliche Mehraufwendungen; §§ 1610a, 1578a BGB[3] ist zu beachten.

2.8 Der Anteil des an die Pflegeperson weitergeleiteten Pflegegeldes, durch den ihre Bemühungen abgegolten werden; bei Pflegegeld aus der Pflegeversicherung gilt dies nur in den Ausnahmefällen des § 13 VI SGB XI.

2.9 In der Regel Bezüge nach §§ 41–43 SGB XII (Grundsicherung) beim Verwandtenunterhalt (anders beim Ehegattenunterhalt).

2.10 und 2.11 Kein Einkommen sind sonstige Sozialhilfe nach SGB XII und Leistungen nach dem UVG[4]. Die Unterhaltsforderung eines Empfängers dieser Leistungen kann in Ausnahmefällen treuwidrig sein (vgl. Ziff. 2.2).

3. Kindergeld

Kindergeld wird nicht zum Einkommen der Eltern gerechnet (vgl. Ziff. 14).

4. Geldwerte Zuwendungen des Arbeitgebers

Geldwerte Zuwendungen aller Art des Arbeitgebers, z.B. Überlassung eines Firmenwagens auch zur privaten Nutzung, Zuschüsse im Rahmen der car allowance (BGH FamRZ 2021, 186) oder freie Kost und Logis sind Einkommen, soweit sie entsprechende Eigenaufwendungen ersparen.

---

[1] **Sartorius Nr. 420.**
[2] Nr. **45e**.
[3] **Habersack, Deutsche Gesetze Nr. 20.**
[4] Nr. **45d**.

In der Regel wird die Überlassung eines Firmenwagens zur privaten Nutzung durch die steuerliche Bewertung mit 1 % des Listenpreises des Fahrzeugs zuzüglich 0,03 % für jeden Kilometer für Fahrten zwischen Wohnung und Arbeitsstätte zutreffend im Gesamtbruttoeinkommen erfasst, so dass der Sachbezug ausreichend durch die damit verbundene Erhöhung des Nettoeinkommens berücksichtigt ist.

5. Wohnwert

Der Wohnvorteil durch mietfreies Wohnen im eigenen Heim ist als wirtschaftliche Nutzung des Vermögens unterhaltsrechtlich wie Einkommen zu behandeln. Neben dem Wohnwert sind auch Zahlungen nach dem Eigenheimzulagengesetz anzusetzen.

Ein Wohnvorteil liegt nur vor, soweit der Wohnwert den berücksichtigungsfähigen Schuldendienst, notwendige Instandhaltungskosten (BGH FamRZ 2000, 351; 2017, 519) und die verbrauchsunabhängigen Kosten, mit denen ein Mieter üblicherweise nicht belastet wird, übersteigt. In diesem Rahmen sind die über den Zinsanteil hinausgehenden Tilgungsleistungen bis zur Höhe des Wohnwerts anzurechnen (BGH FamRZ 2017, 519; 2018, 1506; 2022, 781).

Auszugehen ist von der erzielbaren Miete (objektiver oder voller Wohnwert). Wenn es nicht möglich oder zumutbar ist, die Wohnung aufzugeben und das Objekt zu vermieten oder zu veräußern, kann stattdessen die ersparte Miete angesetzt werden, die angesichts der persönlichen und wirtschaftlichen Verhältnisse angemessen wäre (subjektiver oder angemessener Wohnwert). Dies kommt insbesondere für die Zeit bis zur endgültigen Vermögensauseinandersetzung oder bis zum endgültigen Scheitern der Ehe, etwa bei Zustellung des Scheidungsantrags, in Betracht, wenn ein Ehegatte das Eigenheim allein bewohnt (BGH FamRZ 2008, 963).

Die kostenfreie Zurverfügungstellung von Wohnraum wird vorrangig im unterhaltsrechtlichen Verhältnis zwischen den Eltern ausgeglichen (BGH FamRZ 2022, 1366).

6. Haushaltsführung

Führt jemand einem leistungsfähigen Dritten den Haushalt, so kann hierfür ein Einkommen angesetzt werden (BGH FamRZ 2001, 1693; 2004, 1170).

7. Einkommen aus unzumutbarer Erwerbstätigkeit

Einkommen aus unzumutbarer Erwerbstätigkeit kann nach Billigkeit ganz oder teilweise unberücksichtigt bleiben (BGH FamRZ 2005, 1154; 2014, 1987; 2017, 711).

8. Freiwillige Zuwendungen Dritter

Freiwillige Zuwendungen Dritter (z.B. Geldleistungen, kostenloses Wohnen) sind nur dann als Einkommen zu berücksichtigen, wenn dies dem Willen des Dritten entspricht. Soweit jedoch einzelne gleichrangige Kinder mit einer Nichtgeltendmachung oder einer Titulierung ihres Unterhalts in geringerer Höhe -vergleichbar mit freiwilligen Leistungen Dritter- die Zweckrichtung verfolgen, allein dem Unterhaltspflichtigen weitere Einkünfte zu belassen, findet dieses am Anspruch auf Mindestunterhalt weiterer minderjähriger Kinder seine Grenze (BGH FamRZ 2019, 1415).

9. Erwerbsobliegenheit und Einkommensfiktion

Einkommen können auch aufgrund einer unterhaltsrechtlichen Obliegenheit erzielbare Einkünfte sein (BGH FamRZ 2014, 637; 2014, 1992; 2017, 109).

10. Bereinigung des Einkommens

10.1 Vom Bruttoeinkommen sind Steuern, Sozialabgaben und/oder angemessene Vorsorgeaufwendungen abzusetzen (Nettoeinkommen).

10.1.1 Es besteht die Obliegenheit, Steuervorteile in Anspruch zu nehmen (z.B. Eintragung eines Freibetrags bei Fahrtkosten, für unstreitigen oder rechtskräftig titulierten Unterhalt (BGH FamRZ 2007, 793; 2010, 1318).

10.1.2 Zur Absicherung einer angemessenen Altersvorsorge kann der nichtselbstständig Erwerbstätige eine zusätzliche Altersvorsorge von bis zu 4 % seines jeweiligen Gesamtbruttoeinkommens (BGH FamRZ 2005, 1817; 2008, 963; 2009, 1207), gegenüber Ansprüchen auf Elternunterhalt von bis zu 5 % seines Bruttoeinkommens betreiben (vgl. BGH FamRZ 2004, 792; 2006, 1511). Liegt dessen Einkommen über der Beitragsbemessungsgrenze, können für den darüber hinausgehenden Einkommensanteil ebenso wie beim selbständig Erwerbstätigen Aufwendungen für eine angemessene Altersversorgung in Höhe der Beiträge zur gesetzlichen Rentenversicherung (seit 1.1.2018: 18,6 %) zuzüglich einer zusätzlichen Altersvorsorge von 4 bzw. 5 % nach dem Gesamtbruttoeinkommen geltend gemacht werden (BGH FamRZ 2020, 21).

Andere Personen können Aufwendungen für eine angemessene Altersversorgung in Höhe der Beiträge zur gesetzlichen Rentenversicherung (seit 1.1.2018: 18,6 %) zuzüglich einer zusätzlichen Altersvorsorge von 4 bzw. 5 % nach ihrem Gesamtbruttoeinkommen geltend machen.

Dabei kann insbesondere ein den Wohnvorteil (Ziffer 5.) übersteigender Tilgungsanteil als Vermögensbildung Berücksichtigung finden (BGH FamRZ 2017, 519; 2018, 1506).

Im Rahmen der Ermittlung von Einkünften aus Vermietung und Verpachtung (Ziffer 1.6) berücksichtigte Tilgungsleistungen (Ziffer 10.5) sind auf diese Altersvorsorgequote hingegen nicht anzurechnen (BGH FamRZ 2022, 434).

10.2 Berufsbedingte Aufwendungen, die sich von den privaten Lebenshaltungskosten nach objektiven Merkmalen eindeutig abgrenzen lassen, sind im Rahmen des Angemessenen vom Nettoeinkommen aus nichtselbstständiger Arbeit abzuziehen.

10.2.1 Bei Vorliegen entsprechender Anhaltspunkte kann von Einkünften aus nichtselbstständiger Erwerbstätigkeit eine Pauschale von 5 % des Nettoeinkommens (Ziff. 10.1) angesetzt werden. Übersteigen die berufsbedingten Aufwendungen diese Pauschale, so sind sie insgesamt im Einzelnen darzulegen.

10.2.2 Für die notwendigen Kosten der berufsbedingten Nutzung eines Kraftfahrzeugs können 0,42 € pro gefahrenem Kilometer angesetzt werden. Bei Fahrtstrecken von mehr als 30 km einfacher Entfernung kann die

Kilometerpauschale ab dem 31. Kilometer auf 0,28 € pro gefahrenem Kilometer reduziert werden. Mit der Pauschale sind i.d.R. auch Anschaffungskosten erfasst. Werden die Raten für einen zur Anschaffung aufgenommenen Kredit berücksichtigt, so verringern sich die anrechnungsfähigen km-Kosten.

10.2.3 (nicht belegt)

10.3 Kinderbetreuungskosten sind abzugsfähig, soweit die Betreuung durch Dritte infolge der Berufstätigkeit erforderlich ist. Aufwendungen für die Betreuung eines Kindes in Kindergärten oder vergleichbaren Einrichtungen mindern das Einkommen nicht; es handelt sich um Mehrbedarf (vgl. Ziff. 11.1 und 12.4) des Kindes (BGH FamRZ 2009, 962; 2017, 711).

10.4 Schulden können je nach den Umständen des Einzelfalls (Art, Grund und Zeitpunkt des Entstehens) das anrechenbare Einkommen vermindern. Die Abzahlung soll im Rahmen eines Tilgungsplans in angemessenen Raten erfolgen. Dabei sind die Belange von Unterhaltsgläubiger, Unterhaltsschuldner und Drittgläubiger gegeneinander abzuwägen (BGH FamRZ 2017, 109; 2019, 1415). Unter Umständen besteht im Rahmen gesteigerter Unterhaltspflicht nach § 1603 II BGB[1] die Obliegenheit zur Einleitung eines Insolvenzverfahrens und Geltendmachung der gesetzlichen Pfändungsfreigrenzen (BGH FamRZ 2005, 608; FamRZ 2019, 1415).

10.5 Bei Einkünften aus Vermietung und Verpachtung (Ziffer 1.6), die mittels kreditfinanzierter Immobilien erzielt werden, ist bis zur erzielten Miete nicht nur die Zins-, sondern auch die Tilgungsleistung unterhaltsrechtlich zu berücksichtigen (BGH FamRZ 2022, 434).

10.6 Vermögenswirksame Sparleistungen des Arbeitnehmers, die nicht unter Ziff. 10.1.2 fallen, vermindern das Einkommen nicht. Jedoch sind im Bruttoeinkommen enthaltene Leistungen des Arbeitgebers für die vermögenswirksame Anlage zu belassen.

10.7 Aufwendungen für die Ausübung des Umgangsrechts können sich, soweit sie notwendigerweise anfallen, einkommensmindernd auswirken. Nimmt der barunterhaltspflichtige Elternteil ein weit über das übliche Maß hinausgehendes Umgangsrecht wahr, können in diesem Zusammenhang getätigte außergewöhnlich hohe Aufwendungen (vor allem Fahrt- und Unterbringungskosten) Anlass geben, den Barunterhaltsbedarf des Kindes unter Herabstufung um eine oder mehrere Einkommensgruppen der Düsseldorfer Tabelle[2] zu bestimmen (BGH FamRZ 2014, 917).

Kindesunterhalt

11. Bemessungsgrundlage (Tabellenunterhalt)

Der Barunterhaltsbedarf minderjähriger und noch im elterlichen Haushalt lebender volljähriger unverheirateter Kinder bestimmt sich nach den Sätzen der Düsseldorfer Tabelle[2] (vgl. Anhang I). Bei minderjährigen

[1] **Habersack, Deutsche Gesetze Nr. 20.**
[2] Nr. **47**.

Kindern kann er als Festbetrag oder als Prozentsatz des Mindestunterhalts nach § 1612a I BGB[1] geltend gemacht werden.

11.1 Die Tabellensätze der Düsseldorfer Tabelle[2] enthalten keine Kranken- und Pflegeversicherungsbeiträge für das Kind, wenn dieses nicht in einer gesetzlichen Familienversicherung mitversichert ist. Das Nettoeinkommen des Pflichtigen ist um solche zusätzlich zu zahlenden Versicherungskosten zu bereinigen. Kosten für den Besuch eines Kindergartens oder vergleichbare Betreuungsformen werden mit Ausnahme der Verpflegungskosten durch die Tabellensätze nicht erfasst. Sie sind Mehrbedarf des Kindes (BGH FamRZ 2009, 962).

11.2 Die Tabellensätze sind auf den Fall zugeschnitten, dass der Unterhaltspflichtige zwei Unterhaltsberechtigten Unterhalt zu gewähren hat. Bei einer größeren oder geringeren Anzahl Unterhaltsberechtigter können Ab- oder Zuschläge durch Einstufung in niedrigere oder höhere Einkommensgruppen vorzunehmen sein.

Zur Eingruppierung können auch die Bedarfskontrollbeträge herangezogen werden. Der Bedarfskontrollbetrag des Unterhaltspflichtigen ab Gruppe 2 ist nicht identisch mit dem Eigenbedarf. Er soll eine ausgewogene Verteilung des Einkommens zwischen dem Unterhaltspflichtigen und den unterhaltsberechtigten Kindern gewährleisten. Wird er unter Berücksichtigung anderer Unterhaltspflichten unterschritten, ist der Tabellenbetrag der nächst niedrigeren Gruppe, deren Bedarfskontrollbetrag nicht unterschritten wird, anzusetzen.

12. Minderjährige Kinder

12.1 Der Bedarf minderjähriger Kinder bemisst sich nach den zusammengerechneten Einkünften beider Elternteile. Die Unterhaltspflicht des barunterhaltspflichtigen Elternteils ist jedoch auf den Betrag begrenzt, den dieser bei alleiniger Unterhaltshaftung auf Grundlage seines Einkommens zu zahlen hätte (BGH FamRZ 2022, 1366; FamRZ 2021, 28).

Der betreuende Elternteil braucht neben dem anderen Elternteil in der Regel keinen Barunterhalt zu leisten (§ 1606 III 2 BGB[1]), es sei denn, sein Einkommen ist bedeutend höher als das des anderen Elternteils oder der eigene angemessene Unterhalt des sonst allein barunterhaltspflichtigen Elternteils ist gefährdet (§ 1603 II 3 BGB).

12.2 Unterhaltsrechtlich zu berücksichtigendes Einkommen des Kindes wird – unter Abzug ausbildungs- oder berufsbedingter Aufwendungen – je hälftig auf den Bar- und Betreuungsunterhalt angerechnet. Zum Kindergeld vgl. Ziff. 14. Unterhaltspflichten werden durch den Kinderzuschlag nicht berührt (§ 6c BKGG[3]).

12.3 Sind, z.B. bei auswärtiger Unterbringung des Kindes, beide Eltern zum Barunterhalt verpflichtet, haften sie anteilig nach § 1606 III 1 BGB[1] für den Gesamtbedarf (vgl. Ziff. 13.3). Der Verteilungsschlüssel kann unter Berücksichtigung des Betreuungsaufwandes wertend verändert werden.

---

[1] **Habersack, Deutsche Gesetze Nr. 20.**
[2] Nr. **47**.
[3] Nr. **45b**.

12.4 Bei Zusatzbedarf (Verfahrenskostenvorschuss, Mehrbedarf, Sonderbedarf) gilt § 1606 III 1 BGB[1] (vgl. Ziff. 13.3). Die Kosten für den Kindergarten (ohne Verpflegungskosten) oder vergleichbare Betreuungseinrichtungen sind Mehrbedarf des Kindes (BGH FamRZ 2009, 962).

13. Volljährige Kinder

13.1 Beim Bedarf volljähriger Kinder ist zu unterscheiden, ob sie noch im Haushalt der Eltern/eines Elternteils leben oder einen eigenen Hausstand haben.

13.1.1 Für volljährige Kinder, die noch im Haushalt der Eltern oder eines Elternteils wohnen, ergibt sich der Bedarf aus der Altersstufe 4 der Düsseldorfer Tabelle[2]. Das gilt bis zur Vollendung des 21. Lebensjahres auch für unverheiratete volljährige Kinder, die sich in der allgemeinen Schulausbildung befinden.

Dieser vom Einkommen der Eltern abgeleitete Unterhaltsbedarf bemisst sich grundsätzlich nach den zusammengerechneten Einkommen beider Elternteile ohne Höhergruppierung nach Ziff. 11.2. Ein Elternteil hat jedoch höchstens den Unterhalt zu leisten, der sich allein aus seinem Einkommen nach der Düsseldorfer Tabelle ergibt (vgl. BGH FamRZ 2006, 99).

13.1.2 Der angemessene Bedarf eines volljährigen Kindes mit eigenem Hausstand beträgt in der Regel monatlich **930 €** ohne Beiträge zur Kranken- und Pflegeversicherung.

Von diesem Betrag kann bei erhöhtem Bedarf oder mit Rücksicht auf die Lebensstellung der Eltern nach oben abgewichen werden.

13.2 Auf den Bedarf wird unterhaltsrechtlich zu berücksichtigendes Einkommen des Kindes, auch BAföG-Leistungen (vgl. Ziff. 2.4) und Ausbildungsbeihilfen (gekürzt um ausbildungsbedingte Aufwendungen) sowie das staatliche Kindergeld in voller Höhe (vgl. Ziff. 14) angerechnet.

13.3 Bei anteiliger Barunterhaltspflicht ist vor Berechnung des Haftungsanteils nach § 1606 III 1 BGB[1] das bereinigte Nettoeinkommen jedes Elternteils gemäß Ziff. 10 zu ermitteln und davon ein Sockelbetrag in Höhe des angemessenen Selbstbehalts (vgl. Ziff. 21.3.1) abzuziehen.

Der Haftungsanteil nach § 1606 III 1 BGB errechnet sich nach der Formel:

Bereinigtes Nettoeinkommen eines Elternteils (E1 oder E2) abzüglich Sockelbetrag (S) mal (Rest-)Bedarf (R), geteilt durch die Summe der bereinigten Nettoeinkommen beider Eltern (E1 + E2) abzüglich doppelter Sockelbetrag (2 × S).

Haftungsanteil 1 = (E1 – S) × R : (E1 + E2 – 2 × S).

Der so ermittelte Haftungsanteil ist auf seine Angemessenheit zu überprüfen und kann bei Vorliegen besonderer Umstände (z.B. behindertes Kind) wertend verändert werden.

Bei volljährigen Schülern, die in § 1603 II 2 BGB minderjährigen Kindern gleichgestellt sind, wird der Sockelbetrag bis zum notwendigen

---

[1] **Habersack, Deutsche Gesetze Nr. 20.**
[2] Nr. **47**.

Selbstbehalt (vgl. Ziff. 21.2) herabgesetzt, wenn der Mindestbedarf der Kinder andernfalls nicht gedeckt werden kann.

14. Verrechnung des Kindergeldes

Das Kindergeld wird gemäß § 1612b BGB[1)] zur Deckung des Barbedarfs verwendet, bei minderjährigen Kindern, die von einem Elternteil betreut werden, zur Hälfte, ansonsten in voller Höhe.

Ehegattenunterhalt

15. Unterhaltsbedarf

15.1 Der Bedarf der Ehegatten richtet sich nach ihren Einkommens- und Vermögensverhältnissen im Unterhaltszeitraum, soweit sich diese aus den ehelichen Lebensverhältnissen fortschreiben lassen.

Änderungen des verfügbaren Einkommens der Ehegatten sind grundsätzlich zu berücksichtigen, unabhängig davon wann sie eingetreten sind und ob es sich um Minderungen oder Erhöhungen handelt. Eine Einkommensreduzierung ist unbeachtlich, wenn sie auf einem unterhaltsrechtlich vorwerfbaren Verhalten beruht. Unerwartete, nicht in der Ehe angelegte Steigerungen des Einkommens des Unterhaltspflichtigen (insbesondere aufgrund eines Karrieresprungs) bleiben unberücksichtigt.

Der nacheheliche Unterhaltsbedarf wird bestimmt durch die Umstände, die bis zur Rechtskraft der Ehescheidung eingetreten sind. Nachfolgende Entwicklungen wirken sich auf die Bedarfsbemessung aus, wenn sie auch bei fortbestehender Ehe angelegt und mit hoher Wahrscheinlichkeit zu erwarten waren (BGH FamRZ 2012, 281). Für Unterhaltspflichten infolge eines nachehelich geborenen Kindes kann dies nicht angenommen werden (BGH FamRZ 2012, 281).

Es ist von einem Mindestbedarf auszugehen, der das Existenzminimum für nicht Erwerbstätige (vgl. Ziff. 21.2) nicht unterschreiten darf.

15.2 Es gilt der Halbteilungsgrundsatz. Vom bereinigten Erwerbseinkommen kann ein Bonus von 1/10 abgezogen werden.

Leistet ein Ehegatte Unterhalt für ein unterhaltsberechtigtes Kind, wird sein Einkommen vor Ermittlung des Erwerbstätigenbonus um diesen Unterhalt (Zahlbetrag) bereinigt.

Kommt der betreuende Elternteil für einen ungedeckten Restbedarf auf, so kommt es in Betracht, diesen ebenso von seinen Einkünften abzusetzen (BGH FamRZ 2021, 1965)

15.3 Bei einem Familieneinkommen bis zur Höhe des höchsten in der Düsseldorfer Tabelle[2)] ausgewiesenen Einkommensbetrags (derzeit 11.200 €) kann vermutet werden, dass dieses vollständig für den Lebensbedarf der Familie verwendet worden ist. Der Unterhaltsbedarf kann in diesem Fall ohne Darlegung der konkreten Einkommensverwendung nach der Einkommensquote bemessen werden. Soweit das Einkommen darüber hinausgeht, hat der Unterhaltsberechtigte, wenn er dennoch Unterhalt nach *der Quotenmethode* begehrt, die entsprechende Verwendung des Ein-

---

[1)] **Habersack, Deutsche Gesetze Nr. 20.**
[2)] Nr. **47**.

kommens für den Lebensbedarf darzulegen und zu beweisen. Als Familieneinkommen in diesem Sinn ist dabei das Einkommen anzusehen, das für den ehelichen Lebensbedarf der beiden Ehegatten zur Verfügung steht (BGH FamRZ 2020, 21). Dem Unterhaltsberechtigten bleibt es unbenommen, eine zunächst konkrete Bedarfsbemessung auf einen Quotenunterhalt umzustellen (BGH FamRZ 2021, 1965).

15.4 Werden Altersvorsorge-, Kranken- und Pflegeversicherungskosten vom Berechtigten gesondert geltend gemacht oder vom Pflichtigen gezahlt, sind diese von seinem Einkommen vorweg abzuziehen. Jedenfalls dann, wenn der Unterhaltspflichtige eine zusätzliche Altersvorsorge (10.1.2) betreibt, ist es geboten, dies auch dem Unterhaltsberechtigten durch eine entsprechende Erhöhung des Altersvorsorgeunterhalts zu ermöglichen (BGH FamRZ 2020, 21). Der Vorwegabzug unterbleibt, soweit nicht verteilte Mittel zur Verfügung stehen, namentlich bei einer konkreten Bedarfsberechnung (vgl. Ziff. 15.3). Altersvorsorgeunterhalt wird nicht geschuldet, wenn das Existenzminimum des Berechtigten (vgl. Ziff. 15.1) nicht gesichert ist.

15.5 Schuldet der Unterhaltspflichtige sowohl einem geschiedenen als auch einem neuen Ehegatten Unterhalt, hat dies keinen Einfluss auf die Bemessung des Unterhaltsbedarfs der Unterhaltsberechtigten. Allerdings kann dies bei der Beurteilung der Leistungsfähigkeit (§ 1581 BGB[1)]) zu einem relativen Mangelfall und bei Gleichrang zu einer Begrenzung des geschuldeten Unterhalts (Gleichteilung) führen (BGH FamRZ 2012, 281).

15.6 (nicht belegt)

15.7 Der Betreuungsunterhalt nach § 1570 BGB[1)] ist nicht nach § 1578b BGB zu befristen.

16. Bedürftigkeit

Eigene Einkünfte des Berechtigten sind auf den Bedarf anzurechnen, wobei das bereinigte Erwerbseinkommen um einen Erwerbstätigenbonus vermindert werden kann. Auf einen konkret festgestellten Bedarf – bei guten Einkommensverhältnissen sowie einer eheunabhängigen Lebensstellung – ist eigenes Einkommen ohne Berücksichtigung eines Erwerbstätigenbonus bedarfsmindernd anzurechnen (BGH FamRZ 2012, 192).

17. Erwerbsobliegenheit

17.1 Bei Kindesbetreuung besteht bis zur Vollendung des dritten Lebensjahres eines gemeinschaftlichen Kindes keine Erwerbsobliegenheit. Gleichwohl erzieltes Erwerbseinkommen ist überobligatorisch und nach den Umständen des Einzelfalls zu berücksichtigen (BGH FamRZ 2009, 770; 2009, 1124; 2009, 1391).

Nach Vollendung des dritten Lebensjahres des Kindes kommt es bei Beurteilung der Frage, ob und inwieweit der betreuende Ehegatte bei einer bestehenden Betreuungsmöglichkeit auf eine Erwerbstätigkeit verwiesen werden kann, auf die Verhältnisse des Einzelfalls an. Bei besonderer Betreuungsbedürftigkeit des Kindes und bei nicht oder nur unzurei-

---

[1)] **Habersack, Deutsche Gesetze Nr. 20.**

chender Fremdbetreuung (kindbezogene Gründe, § 1570 I 2 BGB[1]) kommt ein Unterhaltsanspruch auch nach Vollendung des dritten Lebensjahres des Kindes in Betracht.

Eine Erwerbstätigkeit des betreuenden Ehegatten kann auch aus Gründen der nachehelichen Solidarität ganz oder teilweise unbillig erscheinen. Hierbei sind das in der Ehe gewachsene Vertrauen in die vereinbarte und praktizierte Rollenverteilung und die gemeinsame Ausgestaltung der Kinderbetreuung sowie der Dauer der Ehe zu berücksichtigen (elternbezogene Gründe, § 1570 II BGB).

Die Erwerbsobliegenheit beurteilt sich auch danach, ob eine Erwerbstätigkeit neben der Betreuung des Kindes zu einer überobligationsmäßigen Belastung führen würde.

Die Darlegungs- und Beweislast für die Umstände, die einer vollen oder teilweisen Erwerbsobliegenheit ab Vollendung des dritten Lebensjahres des Kindes entgegenstehen, trifft den betreuenden Ehegatten. Dies gilt auch, wenn ein Titel über den Basisunterhalt nach § 1570 I 1 BGB abgeändert werden soll.

17.2 In der Regel besteht für den Berechtigten im ersten Jahr nach der Trennung keine Obliegenheit zur Aufnahme oder Ausweitung einer Erwerbstätigkeit.

Weitere Unterhaltsansprüche

18. Ansprüche aus § 1615l BGB[1]

Der Bedarf nach § 1615l BGB bemisst sich nach der Lebensstellung des betreuenden Elternteils. Er ist auch dann nicht nach dem Einkommen des Pflichtigen zu bemessen, wenn dieser mit dem betreuenden Elternteil zusammengelebt hat (BGH FamRZ 2008, 1739; 2010, 357).

Der Bedarf, der sich auch aus einem Unterhaltsanspruch gegen einen früheren Ehegatten ergeben kann, darf das Existenzminimum für nicht Erwerbstätige (Ziff. 21.2) nicht unterschreiten (BGH FamRZ 2010, 357; 2010, 444).

Zur Frage der Berücksichtigung eigener Einkünfte, zu Abzügen und zur Erwerbsobliegenheit gelten die Ausführungen für den Ehegatten entsprechend.

19. Elternunterhalt

19.1 Der Bedarf der Eltern bemisst sich in erster Linie nach deren Einkommens- und Vermögensverhältnissen. Mindestens muss jedoch das Existenzminimum eines Nichterwerbstätigen (Ziff. 21.2) sichergestellt werden. Darin sind Kosten der Kranken- und Pflegeversicherung nicht enthalten. Etwaiger Mehrbedarf ist zusätzlich auszugleichen.

19.2 Bei Versorgung eines Elternteils in einer Senioreneinrichtung umfasst der Unterhaltsbedarf neben den anderweitig nicht gedeckten Heimkosten auch einen Barbedarf in Höhe des sozialrechtlich nach § 35 II 1 SGB XII gewährten Barbetrags sowie des nach § 133a SGB XII gewährten Zusatzbarbetrags (BGH FamRZ 2013, 203).

---

[1] Habersack, Deutsche Gesetze Nr. 20.

Im Falle eines Heimaufenthalts genügt die Darlegung der für den Aufenthalt anfallenden Kosten, wenn nicht Anhaltspunkte dafür vorliegen, dass diese nicht der angemessenen Lebensstellung des Unterhaltsberechtigten entsprechen. Stellt der Unterhaltspflichtige in Abrede, dass das von dem Unterhaltsberechtigten bewohnte Heim seiner angemessenen Lebensstellung entspricht, ist von ihm regelmäßig ein substantiiertes Bestreiten zu verlangen (BGH FamRZ 2015, 2138).

19.3 Verfügt ein verheiratetes unterhaltspflichtiges Kind nicht über eigenes Erwerbseinkommen, hat es sein Taschengeld für den Elternunterhalt einzusetzen, soweit dieses nicht geschützt ist (BGH FamRZ 2013, 363). Bei Bezug eigener Einkünfte ist unter Ermittlung des individuellen Familienbedarfs sicherzustellen, dass der Elternunterhalt nur aus dem Einkommen des Unterhaltspflichtigen gespeist wird (BGH FamRZ 2014, 538; 2014, 1543; 2019; 885).

19.4 Ein Wohnwert ist bei der Inanspruchnahme auf Elternunterhalt nicht mit der bei einer Fremdvermietung erzielbaren objektiven Marktmiete, sondern auf der Grundlage der unter den gegebenen Verhältnissen ersparten Miete zu bemessen (BGH FamRZ 2013, 1554).

20. Lebenspartnerschaft

Bei Getrenntleben oder Aufhebung der Lebenspartnerschaft gelten §§ 12, 16 LPartG[1].

Leistungsfähigkeit und Mangelfall

21. Selbstbehalt

21.1 Der Unterhaltspflichtige ist leistungsfähig, wenn ihm der Selbstbehalt verbleibt (BGH MDR 2019, 1451). Es ist zu unterscheiden zwischen dem notwendigen (§ 1603 II BGB[2]) und dem angemessenen (§ 1603 I BGB) Verwandtenselbstbehalt sowie dem Selbstbehalt gegenüber Ehegatten (§§ 1361 I, 1581 BGB; BGH FamRZ 2006, 683).

Der Selbstbehalt kann im Einzelfall angemessen erhöht werden.

21.2 Für Eltern gegenüber minderjährigen Kindern und diesen nach § 1603 II 2 BGB[2] gleichgestellten volljährigen Kindern gilt der notwendige Selbstbehalt als unterste Grenze der Inanspruchnahme.

Er beträgt beim Erwerbstätigen **1.450 €** und kann bei einem nichterwerbstätigen Unterhaltspflichtigen bis auf **1.200 €** herabgesetzt werden.

21.3 Im Übrigen gilt beim Verwandtenunterhalt der angemessene Selbstbehalt.

21.3.1 Er beträgt *gegenüber volljährigen Kindern* **1.750 €.**

21.3.2 Gegenüber Anspruchsberechtigten nach § 1615l BGB[2] entspricht der Selbstbehalt dem eheangemessenen Selbstbehalt (Nr. 21.4).

21.3.3 Dem Unterhaltspflichtigen ist gegenüber einem Elternteil der angemessene Eigenbedarf zu belassen. Bei dessen Bemessung sind Zweck und Rechtsgedanken des Gesetzes zur Entlastung unterhaltspflichtiger Ange-

[1] Nr. 43.
[2] **Habersack, Deutsche Gesetze Nr. 20.**

höriger in der Sozialhilfe und in der Eingliederungshilfe (Angehörigen-entlastungsgesetz) vom 10. Dezember 2019 (BGBl I S. 2135) zu beachten.

21.3.4 Gegenüber Enkeln beträgt der Selbstbehalt **2.650 €** zuzüglich der Hälfte der diesen Betrag übersteigenden einzusetzenden Einkünfte (vgl. BGH FamRZ 2007, 375; 2022, 180).

21.4 Gegenüber Ehegatten ist der Selbstbehalt in der Regel mit einem Betrag zu bemessen, der zwischen dem angemessenen Selbstbehalt des Volljährigen nach § 1603 I BGB[1] und dem notwendigen Selbstbehalt nach § 1603 II BGB liegt (BGH FamRZ 2006, 683), in der Regel mit **1.600 €** bei Erwerbstätigkeit und **1.475 €** bei Nichterwerbstätigkeit (BGH FamRZ 2009, 307; 2009, 311; 2010, 802; 2020, 97).

21.5 Führt der Unterhaltspflichtige einen gemeinsamen Haushalt mit einem Ehegatten oder Partner, kann der Selbstbehalt noch weiter herabgesetzt werden (BGH FamRZ 2008, 594; 2010, 802).

22. Bedarf des mit dem Pflichtigen zusammenlebenden Ehegatten

22.1 und 22.2 Lebt der Unterhaltspflichtige mit einem Ehegatten zusammen, ist für diesen gegenüber einem nachrangigen volljährigen Kind ein Mindestbedarf in Höhe von **1.400 €**, gegenüber einem nachrangigen geschiedenen Ehegatten ein solcher in Höhe von **1.280 €** anzunehmen.

22.3 (nicht belegt)

23. Bedarf des vom Pflichtigen getrenntlebenden oder geschiedenen Ehegatten

23.1 bis 23.3 (nicht belegt)

24. Mangelfall

24.1 Ein Mangelfall liegt vor, wenn das Einkommen des Unterhaltsverpflichteten zur Deckung seines Selbstbehalts und der gleichrangigen Unterhaltsansprüche der Berechtigten nicht ausreicht. Für diesen Fall ist die nach Abzug des Eigenbedarfs (Selbstbehalts) des Unterhaltspflichtigen verbleibende Verteilungsmasse auf die gleichrangigen Unterhaltsberechtigten im Verhältnis ihrer jeweiligen Einsatzbeträge gleichmäßig zu verteilen. Müssen von konkurrierenden gleichrangigen Kindesunterhaltsverpflichtungen einzelne gemäß § 1613 Abs. 1 BGB[1] nicht mehr erfüllt werden, steht dieses Geld im Sinne des § 1603 Abs. 2 Satz 1 BGB für anderweitigen Mindestkindesunterhalt zur Verfügung. Dies gilt auch, soweit sich auf der Grundlage konkreter Umstände für die Zukunft prognostizieren lässt, dass einzelne gleichrangige Kindesunterhaltsansprüche nicht geltend gemacht werden (BGH FamRZ 2019, 1415).

24.2 Die Einsatzbeträge im Mangelfall belaufen sich bei minderjährigen und diesen nach § 1603 II 2 BGB[1] gleichgestellten Kindern auf den Mindestunterhalt der jeweiligen Altersstufe nach der Düsseldorfer Tabelle[2] (Anhang I) nach den jeweiligen Zahlbeträgen.

---

[1] **Habersack, Deutsche Gesetze Nr. 20.**
[2] Nr. 47.

24.3 Der für die Kürzung maßgebende Prozentsatz berechnet sich nach der Formel:

$$\text{Prozentsatz} = \frac{\text{Verteilungsmasse}}{\text{Summe aller Einsatzbeträge}} \times 100$$

Entsprechend ist zu verfahren, wenn das unter Berücksichtigung des jeweils maßgebenden Selbstbehalts zur Verfügung stehende Einkommen des Unterhaltspflichtigen für die Deckung des Bedarfs von im zweiten (§ 1609 Nr. 2 BGB[1]) oder einem nachfolgenden Rang stehenden Berechtigten nicht ausreicht.

24.4 Das im Rahmen der Mangelfallberechnung gewonnene Ergebnis ist auf seine Angemessenheit zu überprüfen.

Sonstiges

25. Rundung

Der Unterhaltsbetrag ist auf volle Euro zu runden (beim Kindesunterhalt: § 1612a II 2 BGB[1]).

Anhang

I. Düsseldorfer Tabelle (Stand ab 1.1.2024)

(abgedruckt unter Nr. **47***)*

II. Tabelle Zahlbeträge (Stand ab 1.1.2024)

(abgedruckt unter Nr. **47***)*

IV.[2] Umrechnung dynamischer Titel und Mangelfall

Wegen der Umrechnung dynamischer Titel über Kindesunterhalt in Mindestunterhalt (§ 36 Nr. 3 a–d EGZPO[3]) und der Rechenbeispiele zum Mangelfall wird auf die Anmerkungen zu C. und E. der Düsseldorfer Tabelle (Stand 1.1. 2017)[4] verwiesen.

---

[1] **Habersack, Deutsche Gesetze Nr. 20.**
[2] Zählung amtlich.
[3] **Habersack, Deutsche Gesetze Nr. 101.**
[4] In der Düsseldorfer Tabelle (Nr. **47**) ist der jeweils aktuelle Stand wiedergegeben.

47h. Oberlandesgericht Dresden – Unterhaltsleitlinien[1)]

(Stand: 1. Januar 2024)

Die von den Familiensenaten des Oberlandesgerichts Dresden erarbeiteten Unterhaltsleitlinien dienen dem Ziel, die Rechtsanwendung möglichst zu vereinheitlichen, stellen aber keine verbindlichen Regelungen dar, sondern verstehen sich als Orientierungshilfe, von der je nach Lage des Einzelfalls abgewichen werden kann und muss. In ihrem Aufbau folgen sie der bundeseinheitlichen Leitlinienstruktur.

Unterhaltsrechtliches Einkommen

Bei der Ermittlung und Zurechnung von Einkommen ist stets zu unterscheiden, ob es um Verwandten- oder Ehegattenunterhalt sowie ob es um Bedarfsbemessung einerseits oder Feststellung der Bedürftigkeit/Leistungsfähigkeit andererseits geht. Das unterhaltsrechtliche Einkommen ist nicht immer identisch mit dem steuerrechtlichen Einkommen.

1. Geldeinnahmen

1.1 Auszugehen ist vom Bruttoeinkommen als Summe aller Einkünfte.

1.2 Soweit Leistungen nicht monatlich anfallen (z.B. Weihnachts- und Urlaubsgeld), werden sie auf ein Jahr umgelegt. Einmalige Zahlungen (z.B. Abfindungen) sind auf einen angemessenen Zeitraum (in der Regel mehrere Jahre) zu verteilen.

1.3 Überstundenvergütungen werden dem Einkommen regelmäßig zugerechnet, soweit sie in geringem Umfang anfallen oder berufsüblich sind, darüber hinaus im Mangelfall (vgl. Nr. 24). Entsprechendes gilt für Einkünfte aus Nebentätigkeiten.

1.4 Ersatz für Spesen und Reisekosten sowie Auslösungen gelten in der Regel als Einkommen. Damit zusammenhängende Aufwendungen, vermindert um häusliche Ersparnis, sind jedoch abzuziehen. Bei Aufwendungspauschalen (außer Kilometergeld) kann 1/3 als Einkommen angesetzt werden.

1.5 Bei Ermittlung des zukünftigen Einkommens eines Selbstständigen ist in der Regel der Gewinn der letzten drei Geschäftsjahre zugrunde zu legen Für die Vergangenheit ist von den in den jeweiligen Jahren tatsächlich erzielten Einkünften auszugehen, wobei auch eine Durchschnittsberechnung für mehrere Jahre möglich ist.

1.6 Einkommen aus Vermietung und Verpachtung (ohne Gebäudeabschreibung) sowie aus Kapitalvermögen ist der Überschuss der Bruttoeinkünfte über die Werbungskosten.

1.7 Steuerzahlungen oder Erstattungen sind in der Regel im Kalenderjahr der tatsächlichen Leistung zu berücksichtigen.

1.8 Sonstige Einnahmen, z.B. Trinkgelder

[1)] In der jeweils aktuellen Fassung kostenlos abrufbar unter www.justiz.sachsen.de.

2. Auch folgende Sozialleistungen sind Einkommen:

2.1 Arbeitslosengeld gemäß § 136 SGB III und Krankengeld

2.2 Arbeitslosengeld II (§§ 19 bis 32 SGB II) ist Einkommen beim Verpflichteten, beim Berechtigten dagegen nicht. Allerdings kann die Geltendmachung rückständigen Unterhalts neben bereits gewährtem Arbeitslosengeld II ausnahmsweise treuwidrig sein, wenn dies wegen eines gesetzlichen Ausschlusses des Anspruchsübergangs auf den Leistungsträger (§ 33 Abs. 2 SGB II) zu einer doppelten Befriedigung des Berechtigten führen würde.

2.3 Wohngeld, soweit es nicht überhöhte Wohnkosten deckt.

2.4 BAföG-Leistungen, auch soweit sie als Darlehen gewährt werden, mit Ausnahme von Vorausleistungen nach §§ 36, 37 BAföG[1].

2.5 Elterngeld ist Einkommen, soweit es über den Sockelbetrag nach § 11 Sätze 1–3 BEEG[2] hinausgeht. Der Sockelbetrag und Bundeserziehungsgeld sind kein Einkommen, es sei denn, es liegt einer der Ausnahmefälle der § 9 Satz 2 BErzGG, § 11 Satz 4 BEEG vor.

2.6 Unfallrenten

2.7 Leistungen aus der Pflegeversicherung, Blindengeld, Versorgungsrenten, Schwerbeschädigten- und Pflegezulagen nach Abzug eines Betrages für tatsächliche Mehraufwendungen; §§ 1610a, 1578a BGB[3] sind zu beachten.

2.8 Der Anteil des Pflegegeldes bei der Pflegeperson, durch den ihre Bemühungen abgegolten werden; bei Pflegegeld aus der Pflegeversicherung gilt dies nach Maßgabe des § 13 Abs. 6 SGB XI.

2.9 In der Regel Leistungen nach §§ 41–43 SGB XII (Grundsicherung) beim Verwandtenunterhalt, nicht aber beim Ehegattenunterhalt.

2.10 Kein Einkommen ist sonstige Sozialhilfe nach SGB XII. Die Unterhaltsforderung eines Empfängers dieser Leistungen kann in Ausnahmefällen treuwidrig sein (vgl. Nr. 2.2.)

2.11 Leistungen nach dem Unterhaltsvorschussgesetz[4] sind im Verhältnis zu den Eltern des Kindes kein Einkommen.

3. Kindergeld

Kindergeld wird nicht zum Einkommen der Eltern gerechnet (vgl. Nr. 14).

Der Kinderzuschlag gem. § 6a BKGG[5] lässt Unterhaltspflichten unberührt, § 6c BKGG (entgegen BGH, Beschl. v. 28.10.2020, XII ZB 512/19).

---

[1] **Sartorius Nr. 420.**
[2] Nr. 45e.
[3] **Habersack, Deutsche Gesetze Nr. 20.**
[4] Nr. **45d.**
[5] Nr. **45b.**

4. Geldwerte Zuwendungen

Geldwerte Zuwendungen aller Art des Arbeitgebers, z.B. Firmenwagen oder freie Kost und Logis, sind Einkommen, soweit durch sie entsprechende Eigenaufwendungen erspart werden.

5. Wohnwert

Der Wohnvorteil durch mietfreies Wohnen im eigenen Heim ist als wirtschaftliche Nutzung des Vermögens unterhaltsrechtlich wie Einkommen zu behandeln. Neben dem Wohnwert sind auch Zahlungen nach dem Eigenheimzulagengesetz anzusetzen.

Ein Wohnvorteil liegt nur vor, soweit der Wohnwert den berücksichtigungsfähigen Schuldendienst einschließlich Tilgungsleistungen, erforderliche Instandhaltungskosten und die verbrauchsunabhängigen Kosten, mit denen ein Mieter üblicherweise nicht belastet wird, übersteigt.

Auszugehen ist vom vollen Mietwert. Wenn es nicht möglich oder nicht zumutbar ist, die Wohnung aufzugeben und das Objekt zu vermieten oder zu veräußern, kann stattdessen die ersparte Miete angesetzt werden, die angesichts der wirtschaftlichen Verhältnisse angemessen wäre. Dies kommt insbesondere für die Zeit bis zur Rechtshängigkeit des Scheidungsantrags in Betracht, wenn ein Ehegatte das Eigenheim allein bewohnt.

6. Haushaltsführung

Führt jemand einem leistungsfähigen Dritten den Haushalt, so ist hierfür ein Einkommen anzusetzen; bei Haushaltsführung durch einen Nichterwerbstätigen geschieht das in der Regel mit einem Betrag von 200,00 EUR bis 550,00 EUR.

7. Einkommen aus unzumutbarer Erwerbstätigkeit

Einkommen aus unzumutbarer Erwerbstätigkeit kann nach Billigkeit ganz oder teilweise unberücksichtigt bleiben.

8. Freiwillige Zuwendungen Dritter

Freiwillige Zuwendungen Dritter (z.B. Geldleistungen, kostenloses Wohnen) sind als Einkommen zu berücksichtigen, soweit dies dem Willen des Dritten nicht widerspricht.

9. Fiktives Einkommen

Einkommen können auch aufgrund einer unterhaltsrechtlichen Obliegenheit erzielbare Einkünfte sein. Fiktiv zugerechnete Einkünfte sind regelmäßig um (fiktive) berufsbedingte Aufwendungen von pauschal 5 % zu kürzen.

10. Bereinigung des Einkommens

10.1 Vom Bruttoeinkommen sind Steuern, Sozialabgaben und/oder angemessene Vorsorgeaufwendungen abzusetzen (Nettoeinkommen).

Es besteht die Obliegenheit, Steuervorteile in Anspruch zu nehmen (z.B. Eintragung eines Freibetrages bei Fahrtkosten oder für unstreitigen oder titulierten Ehegattenunterhalt).

10.2 Berufsbedingte Aufwendungen, die sich von den privaten Lebenshaltungskosten nach objektiven Merkmalen eindeutig abgrenzen lassen, sind im Rahmen des Angemessenen vom Nettoeinkommen aus unselbstständiger Arbeit abzuziehen.

10.2.1 Bei Vorliegen entsprechender Anhaltspunkte kann eine Pauschale von 5 % des Nettoeinkommens, höchstens aber 150,00 EUR angesetzt werden. Übersteigen die berufsbedingten Aufwendungen die Pauschale, so sind sie im Einzelnen darzulegen. Bei beschränkter Leistungsfähigkeit ist mit konkreten Kosten zu rechnen.

10.2.2 Für die notwendigen Kosten der berufsbedingten Nutzung eines Kraftfahrzeuges kann ein Betrag von 0,42 EUR pro gefahrenem Kilometer angesetzt werden. Hierin sind Anschaffungs-, Reparatur- und sonstige Betriebskosten enthalten. Bei langen Fahrtstrecken (ab ca. 30 km einfach) kann nach unten abgewichen werden (für die Mehrkilometer in der Regel auf 0,28 EUR). Nr. 10.1 Satz 2 gilt auch hier.

10.2.3 Bei einem Auszubildenden gelten Nrn. 10.2.1. und 10.2.2. entsprechend.

10.3 Kinderbetreuungskosten sind abzugsfähig, soweit die Betreuung durch Dritte allein infolge der Berufstätigkeit erforderlich ist. Zum Aufwand für die Betreuung des Kindes zählen nicht die Kosten des Kindergartens oder einer vergleichbaren Betreuungseinrichtung; diese sind Mehrbedarf des Kindes (vgl. Nr. 12.4.).

10.4 Zins- und Tilgungsraten für berücksichtigungsfähige Schulden können (ggf. unter Berücksichtigung einer möglichen Tilgungsstreckung) je nach den Umständen des Einzelfalles das anrechenbare Einkommen vermindern. Im Mangelfall (vgl. Nr. 24) sind sie in der Regel nur bis zur Höhe des pfändbaren Betrages (§ 850c Abs. 1 Satz 2 ZPO[1]) zu berücksichtigen.

Bei der Bedarfsermittlung für den Trennungsunterhalt sind eheprägende Verbindlichkeiten grundsätzlich voll abzusetzen; beim nachehelichen Unterhalt bleiben Tilgungsraten, die der Vermögensbildung zugutekommen, in der Regel unberücksichtigt, soweit sie nicht einer zusätzlich gebotenen Altersvorsorge dienen.

Beim Kindesunterhalt kann die Obliegenheit zur Einleitung eines Verbraucherinsolvenzverfahrens bestehen.

10.5 nicht belegt

10.6 Vermögensbildende Aufwendungen sind im angemessenen Rahmen abzugsfähig.

Kindesunterhalt

11. Bemessungsgrundlage (Tabellenunterhalt)

Der Barunterhalt minderjähriger und noch im elterlichen Haushalt lebender volljähriger unverheirateter Kinder bestimmt sich nach den Sätzen der Tabelle im Anhang (identisch mit der Düsseldorfer Tabelle[2]). Bei minderjährigen Kindern kann er als Festbetrag oder als Prozentsatz des jeweiligen Mindestunterhalts geltend gemacht werden.

[1] **Habersack, Deutsche Gesetze Nr. 100.**
[2] Nr. **47**.

11.1 Die Tabellensätze enthalten keine Kranken- und Pflegeversicherungsbeiträge für das Kind, wenn dieses nicht in einer gesetzlichen Familienversicherung mitversichert ist. Das Nettoeinkommen des Verpflichteten ist um solche zusätzlich zu zahlenden Versicherungskosten zu bereinigen.

11.2 Die Tabellensätze sind auf den Fall zugeschnitten, dass der Unterhaltspflichtige zwei Berechtigten Unterhalt zu gewähren hat. Bei einer größeren oder geringeren Anzahl Unterhaltsberechtigter können Ab- oder Zuschläge durch Einstufung in niedrigere oder höhere Einkommensgruppen angemessen sein.

12. Minderjährige Kinder

12.1 Die Höhe des Barbedarfes bestimmt sich in der Regel allein nach dem Einkommen des nichtbetreuenden Elternteils.

12.2 Einkommen des Kindes wird regelmäßig hälftig auf Barunterhalt und Betreuungsunterhalt angerechnet. Ein höherer Anteil kann zugunsten des Barunterhaltspflichtigen berücksichtigt werden, wenn der Betreuungsaufwand des anderen Elternteils nur noch gering ist.

12.3 Der betreuende Elternteil braucht neben dem anderen Elternteil in der Regel keinen Barunterhalt zu leisten, es sei denn, sein Einkommen ist bedeutend höher als das des anderen Elternteils und der eigene angemessene Unterhalt des sonst allein barunterhaltspflichtigen Elternteils ist gefährdet (§ 1603 Abs. 2 Satz 3 BGB[1]). Ausnahmsweise kommt auch dann, wenn der angemessene Selbstbehalt des nicht betreuenden Elternteils nicht gefährdet ist, eine Beteiligung des anderen Elternteils am Barunterhalt (bis hin zur alleinigen Haftung) in Betracht, wenn dessen Einkommen sich der Grenze des Dreifachen des Einkommens des nicht betreuenden Elternteils nähert oder darüber liegt.

Sind bei auswärtiger Unterbringung beide Eltern zum Barunterhalt verpflichtet, haften sie anteilig nach § 1606 Abs. 3 Satz 1 BGB für den Gesamtbedarf (vgl. Nr. 13.3.). Gleiches gilt bei Betreuung des Kindes im paritätischen Wechselmodell.

12.4 Kosten für Kindergärten und vergleichbare Betreuungseinrichtungen (ohne Verpflegungskosten) sind Mehrbedarf des Kindes, der, wie auch Zusatzbedarf im Übrigen (Prozesskostenvorschuss, Sonderbedarf) gem. § 1606 Abs. 3 Satz 1 BGB[1] nach dem Verhältnis der beiderseitigen Einkünfte zwischen den Eltern aufzuteilen ist (vgl. Nr. 13.3.).

13. Volljährige Kinder

13.1 Beim Bedarf volljähriger Kinder ist zu unterscheiden, ob sie noch im Haushalt der Eltern/eines Elternteils leben oder einen eigenen Hausstand haben.

13.1.1 Für volljährige Kinder, die noch im Haushalt der Eltern oder eines Elternteils wohnen, gilt die Altersstufe 4 der Tabelle.

Der Bedarf des Kindes ist in der Regel nach dem zusammengerechneten Einkommen (ohne Anwendung von Nr. 11.2.) zu bemessen. Für die Haftungsquote gilt Nr. 13.3. Ein Elternteil hat jedoch höchstens den

[1] **Habersack, Deutsche Gesetze Nr. 20.**

Unterhalt zu leisten, der sich allein aus seinem Einkommen nach der Tabelle ergibt.

13.1.2 Der angemessene Bedarf eines volljährigen Kindes mit eigenem Hausstand beträgt in der Regel monatlich 930 EUR. Darin sind enthalten Kosten für Unterkunft (einschließlich umlagefähiger Nebenkosten) und Heizung bis zu 410 EUR, jedoch keine Beiträge zu Kranken- und Pflegeversicherung und keine Studiengebühren. Von diesem Betrag kann bei erhöhtem Bedarf oder mit Rücksicht auf die Lebensstellung der Eltern abgewichen werden.

13.2 Auf den Unterhaltsbedarf werden Einkünfte des Kindes, auch das Kindergeld, BAföG-Darlehen und Ausbildungsbeihilfen (gekürzt um ausbildungsbedingte Aufwendungen, vgl. Nr. 10.2.3.) angerechnet. Bei Einkünften aus unzumutbarer Erwerbstätigkeit gilt § 1577 Abs. 2 BGB[1] entsprechend.

13.3 Bei anteiliger Barunterhaltspflicht ist vor Berechnung des Haftungsanteils nach § 1606 Abs. 3 Satz 1 BGB[1] das bereinigte Nettoeinkommen jedes Elternteils gem. Nr. 10 zu ermitteln. Außerdem ist vom Restbetrag ein Sockelbetrag in Höhe des angemessenen Selbstbehaltes (1.750 EUR) abzuziehen.

Der Haftungsanteil nach § 1606 Abs. 3 Satz 1 BGB errechnet sich nach der Formel:

Bereinigtes Nettoeinkommen eines Elternteils (N1 oder N2) abzüglich 1.750,00 EUR mal (Rest-)Bedarf (R), geteilt durch die Summe der bereinigten Nettoeinkommen beider Eltern (N1 + N2) abzüglich 3.500 EUR (= 1.750 + 1.750 EUR).

Haftungsanteil 1 = (N1 – 1.750 EUR) × R: (N1 + N2 – 3.500 EUR).

Der so ermittelte Haftungsanteil ist auf seine Angemessenheit zu überprüfen und kann bei Vorliegen besonderer Umstände (z.B. behindertes Kind) wertend verändert werden.

Bei volljährigen Schülern, die in § 1603 Abs. 2 Satz 2 BGB minderjährigen Kindern gleichgestellt sind, wird der Sockelbetrag bis zum notwendigen Selbstbehalt (1.200 EUR/1.450 EUR) herabgesetzt, wenn der Bedarf der Kinder andernfalls nicht gedeckt werden kann.

14. Verrechnung des Kindergeldes

Es wird nach § 1612b BGB[1] angerechnet.

Ehegattenunterhalt

15. Unterhaltsbedarf

15.1 Bei der Bedarfsbemessung darf nur eheprägendes Einkommen berücksichtigt werden. Bei Aufnahme oder Erweiterung einer Erwerbstätigkeit nach Trennung/Scheidung gilt das (Mehr-)Einkommen als prägend.

15.2 Es gilt der Halbteilungsgrundsatz, wobei jedoch Erwerbseinkünfte nur zu 9/10 *zu berücksichtigen sind* (Abzug von 1/10 Erwerbstätigenbonus vom bereinigten Nettoeinkommen).

---

[1] **Habersack, Deutsche Gesetze Nr. 20.**

Leistet ein Ehegatte auch Unterhalt für ein Kind, wird sein Einkommen vor der Ermittlung des Erwerbstätigenbonus (vgl. Nr. 15.2.) um den Kindesunterhalt (Zahlbetrag nach Abzug des anzurechnenden Kindergeldes) bereinigt. Erbringt der Verpflichtete sowohl Bar- als auch Betreuungsunterhalt, so gilt Nr. 10.3.

15.3 Bei einem Familieneinkommen bis zur Höhe des höchsten in der Düsseldorfer Tabelle[1] ausgewiesenen Einkommens kann der Unterhalt regelmäßig als Quotenunterhalt geltend gemacht werden. Bei einem darüberhinausgehenden Einkommen ist der Bedarf grundsätzlich konkret darzulegen. Er kann auch dann nach der Quotenmethode geltend gemacht werden, wenn der Berechtigte gleichzeitig darlegt, dass das gesamte Einkommen für den Lebensbedarf verwendet wurde.

15.4 Werden Altersvorsorge-, Kranken- und Pflegeversicherungskosten vom Berechtigten gesondert geltend gemacht oder vom Verpflichteten bezahlt, sind diese von dem Einkommen des Pflichtigen vorweg abzuziehen. Der Vorwegabzug unterbleibt, soweit nicht verteilte Mittel zur Verfügung stehen, z.B. durch Anrechnung nicht prägenden Einkommens des Berechtigten auf seinen Bedarf.

16. Bedürftigkeit

Eigene Einkünfte des Berechtigten sind auf den Bedarf anzurechnen, wobei das bereinigte Nettoerwerbseinkommen um den Erwerbstätigenbonus zu vermindern ist.

17. Erwerbsobliegenheit

17.1 Bei Betreuung eines Kindes kann bis zur Vollendung des dritten Lebensjahres eine Erwerbstätigkeit nicht erwartet werden. Danach besteht eine Erwerbsobliegenheit nach Maßgabe der Betreuungsbedürftigkeit und der zumutbaren Betreuungsmöglichkeit. Zu berücksichtigen ist dabei auch die Belastung durch die neben der Erwerbstätigkeit verbleibende Kinderbetreuung, für die das Alter und die Anzahl der Kinder von wesentlicher Bedeutung sind.

17.2 In der Regel besteht für den Berechtigten im ersten Jahr nach der Trennung keine Obliegenheit zur Aufnahme oder Ausweitung einer Erwerbstätigkeit.

Weitere Unterhaltsansprüche

18. Ansprüche nach § 1615l BGB[2]

Der Bedarf nach § 1615l BGB bemisst sich nach der Lebensstellung des betreuenden Elternteils. Er beträgt mindestens 1.200 EUR.

19. Elternunterhalt

Beim Bedarf der Eltern sind Leistungen nach den §§ 41–43 SGB XII (Grundsicherung) zu berücksichtigen (vgl. Nr. 2.9.).

---

[1] **Nr. 47.**
[2] **Habersack, Deutsche Gesetze Nr. 20.**

20. Lebenspartnerschaft

Bei Getrenntleben oder Aufhebung der Lebenspartnerschaft gelten §§ 12, 16 LPartG[1].

Leistungsfähigkeit und Mangelfall

21. Selbstbehalt des Verpflichteten

21.1 Es ist zu unterscheiden zwischen dem notwendigen (§ 1603 Abs. 2 BGB[2]), dem angemessenen (§ 1603 Abs. 1 BGB) und dem eheangemessenen (§§ 1361 Abs. 1, 1578 Abs. 1 BGB) Selbstbehalt.

21.2 Für Eltern gegenüber minderjährigen Kindern und diesen nach § 1603 Abs. 2 Satz 2 BGB[2] gleichgestellten Kindern gilt im Allgemeinen der notwendige Selbstbehalt als unterste Grenze der Inanspruchnahme.

Er beträgt
– beim Nichterwerbstätigen 1.200 EUR
– beim Erwerbstätigen 1.450 EUR.

Hierin sind Kosten für Unterkunft (einschließlich umlagefähiger Nebenkosten) und Heizung in Höhe von 520 EUR enthalten (vgl. auch 21.5.2.).

21.3 Im Übrigen gilt beim Verwandtenunterhalt der angemessene Selbstbehalt.

21.3.1 Er beträgt gegenüber nicht privilegierten volljährigen Kindern 1.750 EUR und gegenüber der Mutter/dem Vater eines nichtehelichen Kindes in der Regel 1.600 EUR. Hierin sind Kosten für Unterkunft (einschließlich umlagefähiger Nebenkosten) und Heizung in Höhe von 650 EUR enthalten (vgl. auch Nr. 21.5.2.).

21.3.2 Gegenüber Eltern und Enkeln beträgt er mindestens 2.650 EUR, wobei gegenüber Eltern die Hälfte des diesen Mindestbetrag übersteigenden Einkommens zusätzlich anrechnungsfrei bleibt. Die Regelungen des Angehörigenentlastungsgesetzes bleiben unberührt.

21.3.3 Der Selbstbehalt gegenüber einem Anspruch auf Trennungsunterhalt oder nachehelichen Unterhalt (Ehegattenselbstbehalt) ist in der Regel mit einem Betrag zu bemessen, der zwischen dem angemessenen Selbstbehalt und dem notwendigen Selbstbehalt liegt, derzeit also regelmäßig mit 1.600 EUR; darin sind Kosten für Unterkunft (einschließlich umlagefähiger Nebenkosten) und Heizung in Höhe von 580 EUR enthalten (vgl. auch Nr. 21.5.2).

21.3.4 Anpassung des Selbstbehaltes

21.5.1[3] Der jeweilige Selbstbehalt kann unterschritten werden, wenn der eigene Unterhalt des Pflichtigen ganz oder teilweise durch seinen Ehegatten gedeckt ist (vgl. Nr. 22).

Bei gemeinschaftlicher Haushaltsführung kommt eine Kürzung des Selbstbehaltes auch dann in Betracht, wenn der Unterhaltspflichtige mit

[1] Nr. 43.
[2] **Habersack, Deutsche Gesetze Nr. 20.**
[3] Zählung amtlich.

einem Dritten zusammenlebt, soweit dadurch für den Pflichtigen Kostenersparnisse entstehen.

21.5.2[1)] Überschreiten die tatsächlichen Wohnkosten (ggf. nach Abzug von Wohngeld) den in dem Selbstbehalt berücksichtigten Wohnkostenanteil erheblich und sind sie den Umständen nach dennoch angemessen, so soll der Selbstbehalt erhöht werden. Wird die Wohnung von mehreren Personen genutzt, ist der Wohnkostenanteil des Pflichtigen festzustellen. Bei Erwachsenen geschieht die Aufteilung in der Regel nach Köpfen. Kinder sind vorab mit einem Anteil von 20 % ihres Anspruchs auf Barunterhalt (Zahlbetrag) zu berücksichtigen.

22. Bedarf des mit dem Pflichtigen zusammenlebenden Ehegatten

22.1 Ist bei Unterhaltsansprüchen des nachrangigen geschiedenen Ehegatten der Unterhaltspflichtige verheiratet, werden für den mit ihm zusammenlebenden Ehegatten mindestens 1.280 EUR angesetzt.

22.2 Ist bei Unterhaltsansprüchen nicht privilegierter volljähriger Kinder oder der Enkel der Unterhaltspflichtige verheiratet, werden für den mit ihm zusammenlebenden Ehegatten mindestens 1.400 EUR angesetzt.

22.3 Ist bei Unterhaltsansprüchen der Eltern/Großeltern der Unterhaltspflichtige verheiratet, werden für den mit ihm zusammenlebenden Ehegatten mindestens 2.000 EUR angesetzt. Hieraus ergibt sich ein Familienbedarf von 4.650 EUR (2.650 EUR + 2.000 EUR).

23. Bedarf des vom Pflichtigen getrenntlebenden oder geschiedenen Ehegatten

23.1 Bei Unterhaltsansprüchen des nachrangigen geschiedenen Ehegatten werden für den vom Unterhaltspflichtigen getrenntlebenden oder geschiedenen Ehegatten mindestens 1.600 EUR angesetzt.

23.2 Bei Unterhaltsansprüchen nicht privilegierter volljähriger Kinder oder der Enkel werden für den vom Unterhaltspflichtigen getrenntlebenden oder geschiedenen Ehegatten mindestens 1.750 EUR angesetzt.

23.3 Bei Unterhaltsansprüchen der Eltern/Großeltern werden für den vom Unterhaltspflichtigen getrenntlebenden oder geschiedenen Ehegatten mindestens 2.650 EUR angesetzt.

24. Mangelfall

24.1 Ein Mangelfall liegt vor, wenn das Einkommen des Verpflichteten zur Deckung seines notwendigen Selbstbehaltes und der gleichrangigen Unterhaltsansprüche nicht ausreicht.

24.2 Zur Feststellung des Mangelfalls entspricht der einzusetzende Bedarf für minderjährige und diesen nach § 1603 Abs. 2 Satz 2 BGB[2)] gleichgestellte Kindern dem Zahlbetrag, der aus der ersten Einkommensgruppe entnommen werden kann.

24.3 Die nach Abzug des notwendigen Selbstbehaltes des Unterhaltspflichtigen verbleibende Verteilungsmasse ist anteilig auf alle gleichrangigen Unter-

---

[1)] Zählung amtlich.
[2)] **Habersack, Deutsche Gesetze Nr. 20.**

haltsberechtigten im Verhältnis der (ggf. um eigene Einkünfte gekürzten) Einsatzbeträge zu verteilen.

24.4 Das im Rahmen der Mangelfallberechnung gewonnene Ergebnis ist auf seine Angemessenheit zu überprüfen.

25. Rundung

Der Unterhaltsbetrag ist auf volle Euro aufzurunden.

26. Anmerkungen

Nummer 8. der Leitlinien hebt den Mangelfall nicht mehr ausdrücklich hervor, um zu verdeutlichen, dass in allen Fällen zu prüfen ist, inwieweit der Unterhaltspflichtige, der seine Lebensstellung (auch) aus freiwilligen Zuwendungen Dritter bestreitet, den Unterhaltsberechtigten, der seine Lebensstellung von der des Pflichtigen ableitet, darauf verweisen kann, dass die Zuwendung kein Einkommen sei.

Anhang

Unterhaltstabelle, Stand 1. Januar 2024

(abgedruckt unter Nr. 47)

47i. OLG Frankfurt am Main – Unterhaltsgrundsätze

(Stand: 1. Januar 2024)

Präambel

Die von den Richtern der Familiensenate des für ganz Hessen zuständigen OLG Frankfurt am Main erarbeiteten Grundsätze beruhen auf der Rechtsprechung des Bundesgerichtshofs und sollen im Interesse der Einheitlichkeit und Überschaubarkeit Orientierungslinien für die Praxis geben. Sie orientieren sich an der bundeseinheitlichen Leitlinienstruktur.

Sie binden den Richter nicht; dieser wird in eigener Verantwortung die angemessenen Lösungen des Einzelfalls finden müssen.

Das Tabellenwerk der Düsseldorfer Tabelle[1)] ist eingearbeitet. Die Erläuterungen werden durch nachfolgende Grundsätze ersetzt.

Unterhaltsrechtlich maßgebendes Einkommen

1. Geldeinnahmen

1.1 Regelmäßiges Bruttoeinkommen einschließlich Renten und Pensionen

Auszugehen ist vom Bruttoeinkommen als Summe aller Einkünfte, regelmäßig bezogen auf das Kalenderjahr.

Der Splittingvorteil aus einer zweiten Ehe ist beim Kindesunterhalt zu berücksichtigen, soweit er auf dem Einkommen des Pflichtigen beruht (BGH FamRZ 2008, 2189, Rn. 16, 33), beim Ehegattenunterhalt für einen ersten Ehegatten jedoch nur, wenn auf der Leistungsebene die Berücksichtigung aller Ansprüche erfolgt, etwa im Wege der Dreiteilung (BGH FamRZ 2012, 281, Rn. 26, 47, 52), während er bei Vorrang des ersten Ehegatten der neuen Ehe verbleibt.

1.2 Unregelmäßige Einkommen (z.B. Abfindungen etc.)

Soweit Leistungen nicht monatlich anfallen (z.B. Weihnachts- und Urlaubsgeld), werden sie auf ein Jahr umgelegt. Einmalige Zahlungen (z.B. Abfindungen) sind auf einen angemessenen Zeitraum (in der Regel mehrere Jahre) zu verteilen. In der Regel sind Abfindungen bei der Aufnahme einer neuen Arbeitsstelle mit dauerhaft geringerem Einkommen bis zur Höchstgrenze des Bedarfs aufgrund des früheren Einkommens sowohl beim Kindes- als auch beim Ehegattenunterhalt für den Unterhalt zu verwenden; ob eine Aufstockung bis zum bisherigen Einkommen unter vollständiger Aufrechterhaltung des bisherigen Lebensstandards geboten ist, beurteilt sich nach den Umständen des Einzelfalls, insbesondere der beim Pflichtigen zu erwartenden weiteren Einkommensentwicklung. Eine Doppelberücksichtigung der Abfindung beim Ehegattenunterhalt und im Güterrecht ist zu vermeiden.

---

1) Nr. **47**.

1.3 Überstunden

Überstundenvergütungen werden voll angerechnet, soweit sie berufstypisch sind oder in geringem Umfang anfallen oder der Mindestbedarf der Kinder nicht gedeckt ist. Im Übrigen ist der Anrechnungsteil nach Zumutbarkeit zu ermitteln. Die Weiterführung überobligationsmäßiger Überstundenleistungen kann regelmäßig nicht verlangt werden. Dies gilt entsprechend auch für Nebentätigkeiten. Zur Obliegenheit einer Nebentätigkeit zur Deckung des Mindestbedarfs minderjähriger Kinder vgl. BVerfG FamRZ 2003, 661.

1.4 Spesen und Auslösungen

Über die Anrechenbarkeit von Spesen und Auslösungen ist nach Maßgabe des Einzelfalls zu entscheiden. Als Anhaltspunkt kann eine anzurechnende häusliche Ersparnis (also nicht für reine Übernachtungskosten oder Fahrtkosten bis zu der in Nr. 10.2.2 definierten Höhe) von einem Drittel in Betracht kommen.

1.5 Einkommen aus selbständiger Tätigkeit

Bei Einkünften aus selbständiger Tätigkeit oder aus Gewerbebetrieb wird regelmäßig an den Gewinn (§ 4 Abs. 1, Abs. 3 EStG) aus einem zeitnahen Dreijahreszeitraum angeknüpft. Mit der Vorlage der ESt-Bescheide und der entsprechenden Bilanzen mit G+V-Rechnung oder den Einnahme-/Überschussrechnungen wird der besonderen Darlegungslast (BGH FamRZ 93, 789, 792) in der Regel genügt. Auf substantiierten Einwand sind gegebenenfalls weitere Erläuterungen vorzunehmen oder Belege vorzulegen. Zu Ansparabschreibungen/Investitionsabzugsbeträgen und zur Beachtung von Besonderheiten der Einkommensentwicklung siehe BGH FamRZ 2004, 1177 – 1179. Zur Berechnung des Einkommens für vergangene Zeiträume vgl. BGH FamRZ 2007, 1532 ff. (1534, Rn. 23).

1.6 Einkommen aus Vermietung und Verpachtung sowie Kapitalvermögen

Einkommen aus Vermietung und Verpachtung sowie Kapitalvermögen ist der Überschuss der Bruttoeinkünfte über die Werbungskosten und notwendige Instandhaltungsrücklagen. Für Wohngebäude ist keine AfA anzusetzen; im Einzelfall kommt stattdessen die Berücksichtigung angemessener Tilgungsleistungen in Betracht.

1.7 Steuererstattungen

Steuererstattungen sind grundsätzlich im Kalenderjahr der tatsächlichen Leistung zu berücksichtigen. Steuervorteile, die auf unterhaltsrechtlich nicht zu berücksichtigenden Aufwendungen beruhen, bleiben in der Regel außer Betracht. Vgl. BGH FamRZ 2005, 1159 ff. und 1817 ff.

1.8 Sonstige Einnahmen

Sonstige Einnahmen sind z.B. Trinkgelder.

2. Sozialleistungen

2.1 Arbeitslosengeld (§§ 136 ff. SGB III) und Krankengeld

Arbeitslosengeld (§§ 136 ff. SGB III) und Krankengeld sind Einkommen.

2.2 Leistungen nach dem SGB II

Leistungen nach dem SGB II sind auf Seiten des Verpflichteten wie Einkommen zu behandeln, weshalb anrechnungsfrei belassener Hinzuverdienst zu einer teilweisen Leistungsfähigkeit des Verpflichteten führen kann. Durch die Titulierung von Unterhalt und den dadurch ermöglichten Abzug nach § 11b Abs. 1 S. 1 Nr. 7 SGB II kann die unterhaltsrechtliche Leistungsfähigkeit aber nicht erhöht werden (vgl. BGH v. 19.6.2013, XII ZB 39/11, FamRZ 2013, 1378). Auf Seiten des Berechtigten sind Leistungen zur Sicherung des Lebensbedarfes nach §§ 19 ff. SGB II kein Einkommen, es sei denn die Nichtberücksichtigung der Leistungen ist in Ausnahmefällen treuwidrig (vgl. BGH FamRZ 1999, 843; 2001, 619); nicht subsidiäre Leistungen nach dem SGB II sind Einkommen, insbesondere Einstiegsgeld (§ 16b SGB II) und Entschädigung für Mehraufwendungen „1 Eurojob“ (§ 16d SGB II).

2.3 Wohngeld

Wohngeld gleicht in der Regel erhöhten Wohnbedarf aus und ist deshalb grundsätzlich nicht als Einkommen zu behandeln. Nur mit einem dafür nicht verbrauchten Teilbetrag, zu dem substantiiert vorzutragen hat, wer sich darauf beruft, ist das Wohngeld als Einkommen zu berücksichtigen (vgl. BGH FamRZ 2012, 1201, Rn. 15).

2.4 BAföG-Leistungen

BAföG-Leistungen sind Einkommen, auch soweit sie als Darlehen gewährt werden, mit Ausnahme von Vorausleistungen nach §§ 36, 37 BAföG[1)].

2.5 Elterngeld

Elterngeld ist, soweit es je Kind über den Sockelbetrag i.H.v. 300 €, bei verlängertem Bezug über 150 €, hinausgeht, Einkommen. Der Sockelbetrag des Elterngeldes und Betreuungsgeld nach § 4a BEEG[2)], soweit es trotz Nichtigkeit des Gesetzes aus Gründen des Vertrauensschutzes übergangsweise weitergewährt wird (vgl. BVerfG, Urteil vom 21.7.2015, 1 BvF 2/13, Rn. 73), sind kein Einkommen, es sei denn, es liegt einer der Ausnahmefälle des § 11 Satz 4 BEEG vor.

2.6 Unfall- und Versorgungsrenten

Unfall- und Versorgungsrenten, z.B. nach dem Bundesversorgungsgesetz, sind nach Abzug des Betrages für tatsächliche Mehraufwendungen zu berücksichtigen (§§ 1610a, 1578a BGB[3)]).

2.7 Leistungen aus der Pflegeversicherung, Blindengeld und Ähnliches

Leistungen aus der Pflegeversicherung an den Pflegling, Blindengeld, Schwerbeschädigten- und Pflegezulagen sind jeweils nach Abzug des Betrages für tatsächliche Mehraufwendungen zu berücksichtigen (§§ 1610a, 1578a BGB[3)]).

[1)] **Sartorius Nr. 420.**

[2)] Nr. 45e.

[3)] **Habersack, Deutsche Gesetze Nr. 20.**

2.8 Pflegegeld

Der Anteil des Pflegegeldes bei der Pflegeperson, durch den ihre Bemühungen abgegolten werden, ist als Einkommen zu betrachten; bei Pflegegeld aus der Pflegeversicherung gilt dies nach Maßgabe des § 13 Abs. 6 SGB XI.

2.9 Grundsicherungsleistungen

Die Leistungen gemäß §§ 41–43 SGB XII sind beim Berechtigten im Rahmen von Verwandtenunterhaltsansprüchen in der Regel als Einkommen zu berücksichtigen.

Im Rahmen von Ehegattenunterhaltsansprüchen sind sie im Regelfall nicht als Einkommen zu bewerten.

2.10 Sonstige Leistungen nach dem SGB XII

Leistungen nach dem SGB XII zur Sicherung des Lebensunterhalts sind auf Seiten des Verpflichteten wie Einkommen zu behandeln, weshalb anrechnungsfrei belassener Hinzuverdienst zu einer teilweisen Leistungsfähigkeit des Verpflichteten führen kann. Sonstige Leistungen nach dem SGB XII sind auf Seiten des Berechtigten nicht als Einkommen zu bewerten; siehe aber Nr. 2.11 für treuwidrige Unterhaltsforderungen.

2.11 Leistungen nach dem Unterhaltsvorschussgesetz[1)]

Diese Leistungen sind nicht als Einkommen zu bewerten. Die Unterhaltsforderung eines Empfängers dieser Leistungen kann aber in Ausnahmefällen treuwidrig sein, vgl. BGH FamRZ 1999, 843 (847); 2001, 619 (620). Dies gilt vor allem bei der Geltendmachung von Kindesunterhalt gegen Großeltern sowie in den Fällen des § 7a UVG.

Solange die Voraussetzungen des § 7a UVG vorliegen, ist die gerichtliche Geltendmachung von Unterhalt aus *übergegangenem* Recht untersagt, (vgl. BGH FamRZ 2023, 1287).

2.12 Leistungen nach den Vermögensbildungsgesetzen

Leistungen nach den Vermögensbildungsgesetzen beeinflussen das Einkommen nicht, d.h. der vermögenswirksame Anlagebetrag mindert das Einkommen nicht; andererseits erhöhen vermögenswirksame Beiträge des Arbeitgebers und die Sparzulage nicht das Einkommen.

3. Kindergeld

Kindergeld wird nicht zum Einkommen der Eltern gerechnet (vgl. Nr. 14).

4. Geldwerte Zuwendungen des Arbeitgebers

Geldwerte Zuwendungen aller Art des Arbeitgebers, z.B. Firmenwagen oder freie Kost und Logis, sind Einkommen, soweit sie entsprechende Eigenaufwendungen ersparen.

5. Wohnwert

Der Wohnvorteil durch mietfreies Wohnen im eigenen Heim ist als wirtschaftliche Nutzung des Vermögens unterhaltsrechtlich wie Einkommen

---

1) Nr. **45d**.

zu behandeln. Neben dem Wohnwert sind auch Zahlungen nach dem Eigenheimzulagengesetz anzusetzen.

Ein Wohnvorteil liegt nur vor, soweit der Wohnwert die berücksichtigungsfähigen Finanzierungslasten (Zins und Tilgung), erforderliche Instandhaltungskosten und die verbrauchsunabhängigen Kosten, mit denen ein Mieter gem. § 556 Abs. 1 BGB[1] iVm § 1 Abs. 2 BetrKV[2] nicht belastet werden kann (vgl. dazu BGH, FamRZ 2009, 1300 ff., 1303), übersteigt. Auszugehen ist vom vollen Mietwert (objektiver Wohnwert). Wenn es nicht möglich oder nicht zumutbar ist, die Wohnung aufzugeben und das Objekt zu vermieten oder zu veräußern, kann stattdessen die ersparte Miete angesetzt werden, die angesichts der wirtschaftlichen Verhältnisse angemessen wäre (subjektiver Wohnwert). Dies kommt insbesondere für die Zeit bis zum endgültigen Scheitern der Ehe in Betracht, wenn ein Ehegatte das Eigenheim allein bewohnt. Als Untergrenze für den subjektiven Wohnwert ist der Kaltmietanteil im notwendigen Selbstbehalt anzusetzen. Bei höherem Einkommen ist der Wohnwert angemessen zu erhöhen.

Finanzierungslasten mindern den Wohnwert, soweit sie tatsächlich durch Ratenzahlungen bedient werden. Tilgungsleistungen sind in der Regel bis zur Höhe des in Ansatz zu bringenden Wohnwerts abzuziehen (BGH vom 18.01.2017, XII ZB 118/17, FamRZ 2017, 519, Rn 33f; BGH, Beschluss vom 04. Juli 2018 – XII ZB 448/17 –, Rn. 31, FamRZ 2018, 1506). Darüber hinausgehende Tilgungen sind bei der Berechnung des Ehegattenunterhalts solange zu berücksichtigen, wie der berechtigte Ehegatte am Vermögenszuwachs teilhat. Nach diesem Zeitpunkt sind neben den Zinszahlungen die den Wohnwert übersteigenden Tilgungsleistungen nur dann zu berücksichtigen, wenn weder Veräußerung noch Tilgungsaussetzung oder Tilgungsstreckung möglich sind.

Wegen des Abzugs weiterer Tilgungsleistungen als sekundäre Altersvorsorge wird auf Nummer 10.1 verwiesen.

Beim Kindesunterhalt gilt im Rahmen des § 1603 Abs. 1 BGB ein großzügigerer, im Anwendungsbereich des § 1603 Abs. 2 BGB hingegen ein strengerer Maßstab für die Berücksichtigung von Tilgungsleistungen und zusätzlicher Altersvorsorge.

6. Haushaltsführung

Führt jemand einem leistungsfähigen Dritten den Haushalt, so ist hierfür ein Einkommen anzusetzen, vgl. BGH FamRZ 1995, 343 f. (344); bei Haushaltsführung durch einen nicht Erwerbstätigen geschieht das in der Regel mit einem Betrag von 450 €.

7. Einkommen aus unzumutbarer Erwerbstätigkeit

Einkommen aus unzumutbarer Erwerbstätigkeit kann nach Billigkeit ganz oder teilweise unberücksichtigt bleiben.

---

[1] **Habersack, Deutsche Gesetze Nr. 20.**
[2] Nr. **30b/1**.

8. Freiwillige Zuwendungen Dritter

Freiwillige Zuwendungen Dritter (z.B. Geldleistungen, kostenloses Wohnen) sind als Einkommen zu berücksichtigen, wenn dies dem Willen des Dritten entspricht.

Keine freiwilligen Zuwendungen Dritter sind Leistungen, die einem Ehegatten im Rahmen des Familienunterhalts zufließen.

Zum Wohnen im Haus seines Ehegatten, mit dem die Lebensgemeinschaft besteht, vgl. BGH FamRZ 2008, 968 ff. (974, Tz. 57).

9. Erwerbsobliegenheit und Einkommensfiktion

Einkommen können im Fall einer eingeschränkten oder fehlenden Leistungsfähigkeit auch aufgrund einer unterhaltsrechtlichen Obliegenheit erzielbare Einkünfte sein (fiktives Einkommen), wenn der Unterhaltsverpflichtete eine ihm mögliche und zumutbare Erwerbstätigkeit unterlässt.

Im Rahmen dieser nach den Umständen des Einzelfalls zu bestimmenden Erwerbsobliegenheit, die gegenüber minderjährigen oder ihnen gleichgestellten Kindern nach Maßgabe des § 1603 Abs. 2 S. 1 BGB[1)] gesteigert ist, bedarf es bei Ausübung einer Erwerbstätigkeit der Darlegung, dass die Arbeitskraft entsprechend den persönlichen Eigenschaften und Fähigkeiten und der Arbeitsmarktlage in zumutbarer Weise selbst unter Berücksichtigung zumutbarer Arbeitsplatz-, Berufs- oder Ortswechsel bestmöglich eingesetzt wird. Zum Umfang der Obliegenheit im Einzelnen vgl. BGH FamRZ 2009, 314 (317).

Bei Arbeitslosigkeit sind hinreichende Bemühungen um eine Arbeitsstelle und etwaige Tatsachen zur berechtigten Beendigung eines bisher bestehenden Arbeitsverhältnisses darzulegen; dabei bedarf es über die Meldung bei der Agentur für Arbeit hinaus einer nachprüfbaren und belegten Darstellung der ohne Erfolg gebliebenen Bemühungen unter Angabe zu Zeitpunkt, Inhalt und Ergebnis der erfolgten Bewerbungen, die sich im Zweifel auch auf nicht der eigenen Berufsausbildung entsprechende Stellen zu erstrecken haben; der Hinweis auf die Arbeitsmarktlage macht den Nachweis dieser Bemühungen regelmäßig nicht entbehrlich. Zweifel an der Ernsthaftigkeit der Arbeitsbemühungen gehen zu Lasten des Arbeitssuchenden.

Bei unzureichenden Bemühungen um einen Arbeitsplatz können bei einer objektiv feststellbaren realen Beschäftigungschance fiktive Einkünfte nach den Umständen des Einzelfalls unter Berücksichtigung der jeweiligen Verhältnisse auf dem Arbeitsmarkt, insbesondere auch Lohnstruktur und Mindestlöhne, und der persönlichen Eigenschaften des Arbeitssuchenden, insbesondere Alter, Ausbildung, Berufserfahrung, Gesundheitszustand, Geschlecht u.ä., zugrunde gelegt werden; die Feststellung der realen Beschäftigungschance ist auch bei Inanspruchnahme auf den Mindestunterhalt eines minderjährigen Kindes nicht entbehrlich (vgl. BVerfG vom 18. Juni 2012, 1 BvR 774/10, NJW 2012, 2420-2422).

---

1) Habersack, Deutsche Gesetze Nr. 20.

10. Bereinigung des Einkommens

10.1 Steuern und Vorsorgeaufwendungen

Vom Bruttoeinkommen sind Steuern und Vorsorgeaufwendungen abzuziehen. Zu den Vorsorgeaufwendungen zählen Aufwendungen für die gesetzliche Kranken- und Pflegeversicherung, Rentenversicherung und Arbeitslosenversicherung und/oder eine angemessene private Kranken- und Altersvorsorge.

Es besteht die Obliegenheit, Steuervorteile in zumutbarem Rahmen in Anspruch zu nehmen. Zur Obliegenheit, das Realsplitting geltend zu machen, siehe BGH FamRZ 2007, 793 ff. und BGH FamRZ 2007, 882 ff.

Aufwendungen für die Altersvorsorge sind bis zu 23 % des Bruttoeinkommens, beim Elternunterhalt bis zu 24 % des Bruttoeinkommens (je einschließlich der Gesamtbeiträge von Arbeitnehmern und Arbeitgebern zur gesetzlichen Rentenversicherung, bei Beamten, Richtern, Soldaten deshalb abzüglich des gültigen Rentenbeitragssatzes) abzusetzen.

Die darin enthaltene freiwillige, den Beitragssatz der gesetzlichen Rentenversicherung übersteigende, zusätzliche Altersvorsorge kann minderjährigen und privilegiert volljährigen Kindern bei der Geltendmachung von Mindestunterhalt nicht entgegengehalten werden.

Als zusätzliche Altersvorsorge sind neben den zertifizierten Riester- oder Rürupverträgen auch andere Vermögensbildungsmaßnahmen anzusehen, die einer Absicherung im Alter dienen können, insbesondere die Tilgungsleistungen auf Kredite für Immobilien.

Insbesondere beim Elternunterhalt sind Tilgungsleistungen bis zur Höhe des Wohnvorteils vom Einkommen abzuziehen, ohne dass dies die Befugnis zur Bildung eines zusätzlichen Altersvorsorgevermögens schmälert. Der den Wohnvorteil dann noch übersteigende Tilgungsanteil ist als Vermögensbildung zu Lasten des Unterhaltsberechtigten im Rahmen der sekundären Altersvorsorge auf die Altersvorsorgequote des Unterhaltspflichtigen anzurechnen (vgl. BGH vom 18.01.2017, XII ZB 118/16, FamRZ 2017, 519, Rn. 33f).

Altersvorsorge, die unter Beachtung der jeweiligen Unterhaltsgrundsätze, abzugsfähig war, kommt unter Umständen Bestandsschutz zu.

10.2 Berufsbedingte Aufwendungen

Berufsbedingte Aufwendungen, die sich von den privaten Lebenshaltungskosten nach objektiven Merkmalen eindeutig abgrenzen lassen, sind im Rahmen des Angemessenen vom Nettoeinkommen aus unselbständiger Arbeit abzuziehen.

10.2.1 Pauschale/konkrete Aufwendungen

Bei Vorliegen entsprechender Anhaltspunkte kann eine Pauschale von 5 % des Nettoeinkommens (maximal 150 €) abgesetzt werden. Diese Pauschale wird vom Nettoeinkommen vor Abzug von Schulden und besonderen Belastungen abgezogen. Die Pauschale erfasst alle berufsbedingten Aufwendungen einschließlich der Fahrtkosten. Übersteigen die berufsbedingten Aufwendungen diese Pauschale, so sind sie im Einzelnen darzulegen.

10.2.2 Fahrtkosten

Werden berufsbedinge Aufwendungen konkret berechnet, erfolgt ein Abzug von Fahrtkosten zur Arbeitsstätte mit dem eigenen PKW grundsätzlich nur in Höhe der Fahrtkosten öffentlicher Verkehrsmittel, wenn deren Benutzung zumutbar ist. Ist wegen schwieriger öffentlicher Verkehrsverbindungen oder aus sonstigen Gründen die Benutzung eines PKW als angemessen anzuerkennen, so wird eine Kilometerpauschale in Höhe des Betrages nach § 5 Abs. 2 Nr. 1 JVEG[1] von 0,42 € für jeden gefahrenen Kilometer berücksichtigt. Anhaltspunkte für die Bestimmung der Angemessenheit können einerseits die ehelichen Lebensverhältnisse und andererseits das Verhältnis der Fahrtkosten zu dem Einkommen sein.

Die Fahrtkostenpauschale deckt in der Regel sowohl die laufenden Betriebskosten als auch die Anschaffungskosten des PKW ab.

Bei hoher Fahrleistung ist, da die Fahrtkosten nicht gleichmäßig ansteigen, eine abweichende Bewertung veranlasst. In der Regel kann bei einer Entfernung von mehr als 30 km (einfach) und einer PKW-Nutzung an ca. 220 Tagen im Jahr für jeden Mehrkilometer die Pauschale auf die Hälfte des Satzes herabgesetzt werden.

Bei unverhältnismäßig hohen Fahrtkosten infolge weiter Entfernung zum Arbeitsplatz kommt auch eine Obliegenheit zu einem Wohnortwechsel in Betracht (BGH FamRZ 1998, 1501, 1502).

10.2.3 Ausbildungsaufwand

Bei Vorliegen entsprechender Anhaltspunkte kann eine Pauschale von 5 % der Ausbildungsvergütung abgesetzt werden. Übersteigen die Aufwendungen diese Pauschale, so sind sie im Einzelnen darzulegen (vgl. Nr. 10.2.1).

10.3 Kinderbetreuung

Kinderbetreuungskosten sind abzugsfähig, soweit die Betreuung durch Dritte infolge der Berufstätigkeit erforderlich ist. Geht ein Ehegatte einer Erwerbstätigkeit nach, obwohl er eines oder mehrere minderjährige Kinder betreut, so kann ihm – auch neben den in Satz 1 genannten konkreten Kosten – noch ein Ausgleich für Aufwendungen bis zu 200 € zugebilligt werden, wenn er darlegt, dass er oder Dritte zusätzliche Aufwendungen durch die Betreuung der Kinder haben (wie z.B. Großeltern, Nachbarn oder Freunde betreuen die Kinder unentgeltlich, ohne dadurch den Unterhaltspflichtigen entlasten zu wollen; Fahrtkosten zu Betreuungsstellen etc.). Für die Höhe dieses Betrags sind u.a. folgende Faktoren von Bedeutung: Zahl und Alter der Kinder; Umfang der Berufstätigkeit; Umfang der Fremdbetreuung, deren Kosten nicht im Rahmen der in S. 1 genannten konkreten Kosten geltend gemacht werden; Höhe der konkreten Kosten.

Zum Aufwand für die Betreuung des Kindes zählen nicht die Kosten einer Kindertagesstätte (Kinderkrippe, Kindergarten, Schülerhort); diese sind Mehrbedarf des Kindes und nach dem Verhältnis der beiderseitigen Einkünfte zwischen den Eltern aufzuteilen (siehe Nr. 12.4). Die auf jeden Elternteil entfallenden Anteile bzw. tatsächlich gezahlten Beträge sind als Kindesunterhalt vom Einkommen vorweg abzuziehen.

---

[1] **Habersack, Deutsche Gesetze Nr. 116.**

10.4 Schulden

Berücksichtigungswürdige Schulden (Zins und Tilgung) sind abzuziehen; die Abzahlung soll im Rahmen eines vernünftigen Tilgungsplanes in angemessenen Raten erfolgen. Zur Obliegenheit, im Einzelfall ein Verbraucherinsolvenzverfahren einzuleiten, um für Kindesunterhalt leistungsfähig zu werden, vgl. BGH FamRZ 2005, 608 f.; beim Ehegattenunterhalt besteht eine solche Obliegenheit nicht (BGH FamRZ 2008, 497). Bei der Bedarfsermittlung für den Ehegattenunterhalt sind unterhaltsrechtlich nicht vorwerfbar eingegangene Verbindlichkeiten grundsätzlich abzusetzen. Sowohl beim Verwandten- als auch beim Ehegattenunterhalt erfolgt noch eine Abwägung nach den Umständen des Einzelfalls. Bei der Zumutbarkeitsabwägung sind Interessen des Unterhaltsschuldners, des Drittgläubigers und des Unterhaltsgläubigers, vor allem minderjähriger Kinder, mit zu berücksichtigen. Bei der Unterhaltsbemessung nach einem fiktiven Einkommen ist auch ein fiktiver Schuldendienst berücksichtigungsfähig.

10.5 Unterhaltsleistungen

(bleibt unbesetzt)

10.6 Vermögensbildung

Vermögensbildende Aufwendungen sind bei guten Einkommensverhältnissen im angemessenen Rahmen abzugsfähig.

10.7 Umgangskosten

Notwendige Kosten des Umgangs, die über den dem Umgangsberechtigten verbleibenden Anteil am Kindergeld erheblich hinausgehen, können sich einkommensmindernd auswirken.

Kindesunterhalt

11. Bemessungsgrundlage (Tabellenunterhalt)

Der Barunterhalt minderjähriger und noch im elterlichen Haushalt lebender volljähriger unverheirateter Kinder bestimmt sich nach den Sätzen der Düsseldorfer Tabelle[1] ohne Bedarfskontrollbeträge (Anhang 1). Bei minderjährigen Kindern kann er als Festbetrag oder als Prozentsatz des jeweiligen Mindestunterhalts geltend gemacht werden.

11.1 Kranken- und Pflegeversicherungsbeiträge

Die Tabellensätze der Düsseldorfer Tabelle[1] enthalten keine Kranken- und Pflegeversicherungsbeiträge für das Kind, wenn dieses nicht in einer gesetzlichen Familienversicherung mitversichert ist. Dieser Aufwand gehört jedoch zum Grundbedarf und ist von dem/den Barunterhaltspflichtigen zu tragen.

Besteht für das Kind eine freiwillige Krankenversicherung, so sind die hierfür erforderlichen Beiträge von dem/den Barunterhaltspflichtigen zusätzlich zu zahlen, zur Ermittlung des Tabellenunterhalts jedoch in Höhe des jeweiligen Anteils vom Einkommen abzusetzen.

---

[1] Nr. **47**.

11.2 Eingruppierung

Die Tabellensätze sind auf den Fall zugeschnitten, dass der Unterhaltspflichtige zwei Unterhaltsberechtigten (ohne Rücksicht auf den Rang, soweit für den Nachrangigen Mittel vorhanden sind) Unterhalt zu gewähren hat. Bei einer größeren oder geringeren Anzahl Unterhaltsberechtigter sind in der Regel Ab- oder Zuschläge durch Einstufung in niedrigere oder höhere Einkommensgruppen vorzunehmen.

12. Minderjährige Kinder

12.1 Betreuungs-/Barunterhalt

Der sorgeberechtigte Elternteil, der ein minderjähriges Kind betreut, leistet in der Regel hierdurch seinen Beitrag zum Kindesunterhalt (§ 1606 Abs. 3 S. 2 BGB[1]).

12.2 Einkommen des Kindes

Einkommen des Kindes wird bei beiden Eltern hälftig angerechnet. Zum Kindergeld vgl. Nr. 14.

12.3. Beiderseitige Barunterhaltspflicht/Haftungsanteil

Der Bedarf eines Kindes ist grundsätzlich nach dem gemeinsamen Einkommen der Eltern zu ermitteln (BGH, Beschluss vom 11. Januar 2017 – XII ZB 565/15, BGH vom 29. September 2021 – XII ZB 474/20; BGH vom 18. Mai 2022, XII ZB 325/20).

Vom Bedarf des Kindes zu unterscheiden ist der aufzubringende Kindesunterhalt.

Der betreuende Elternteil braucht neben dem anderen Elternteil in der Regel keinen Barunterhalt zu leisten (§ 1606 Abs. 3 Satz 2 BGB), es sei denn

a) der angemessene Selbstbehalt des nicht betreuenden Elternteils wäre durch den Barbedarf des Kindes gefährdet und der betreuende Elternteil wäre insoweit leistungsfähig, ohne dass sein eigener angemessener Selbstbehalt gefährdet würde (§ 1603 Abs. 2 Satz 3 BGB[1], vgl. BGH FamRZ 2011, 1041).
oder

b) der angemessene Selbstbehalt des nicht betreuenden Elternteils wäre durch den Barbedarf des Kindes zwar nicht gefährdet, die Leistungsfähigkeit des betreuenden Elternteils ist aber bedeutend höher als diejenige des nicht betreuenden Elternteils, etwa bei dreifach höherem verfügbaren Einkommen oder guten Vermögensverhältnissen (vgl. BGH vom 10.07.2013, XII ZB 297/12 = FamRZ 2013, 1558).

Fall a) führt dazu, dass das Einkommen des nicht betreuenden Elternteils nur bis zur Grenze seines angemessenen Selbstbehalts für Unterhaltszahlungen einzusetzen ist und dass im Übrigen der betreuende Elternteil im Rahmen seiner Ausfallhaftung für den Barunterhalt des Kindes haftet.

Fall b) führt zur Kürzung bis hin zum völligen Wegfall der Barunterhaltspflicht des nicht betreuenden Elternteils.

Sind bei auswärtiger Unterbringung des Kindes beide Eltern zum Barunterhalt verpflichtet, haften sie anteilig nach § 1606 Abs. 3 Satz 1 BGB

[1] **Habersack, Deutsche Gesetze Nr. 20.**

für den Gesamtbedarf (vgl. Nr. 13.3). Der Verteilungsschlüssel kann unter Berücksichtigung des Betreuungsaufwandes wertend verändert werden.

12.4 Zusatzbedarf

Bei Zusatzbedarf (Verfahrenskostenvorschuss, Mehrbedarf, Sonderbedarf) gilt § 1606 Abs. 3 Satz 1 BGB[1)] (vgl. Nr. 13.3). Zum Mehrbedarf des Kindes zählen die Kosten für den Besuch einer Kindertagesstätte (Kinderkrippe, Kindergarten, Schülerhort) abzüglich des ersparten Verpflegungsmehraufwandes. Schulpaket und Bildungspaket ergeben keinen Zusatzbedarf.

13. Volljährige Kinder

13.1 Bedarf

Beim Bedarf volljähriger Kinder ist zu unterscheiden, ob sie noch im Haushalt der Eltern/eines Elternteils leben oder einen eigenen Hausstand haben.

13.1.1 Für volljährige Kinder, die noch im Haushalt der Eltern oder eines Elternteils wohnen, gilt die Altersstufe 4 der Düsseldorfer Tabelle[2)]. Sind beide Elternteile leistungsfähig (vgl. Nr. 21.3.1), ist der Bedarf des Kindes in der Regel nach dem zusammengerechneten Einkommen zu bemessen. Hierbei findet bei einer Unterhaltsverpflichtung gegenüber nur einem Kind eine Höherstufung um eine Einkommensgruppe nicht statt (vgl. entsprechend beim früheren Zuschnitt der Tabelle auf drei Unterhaltsberechtigte OLG Hamm FamRZ 1993, 353, 355, bestätigt durch BGH FamRZ 1994, 696, 697). Für die Haftungsquote gilt Nr. 13.3. Ein Elternteil hat jedoch höchstens den Unterhalt zu leisten, der sich allein aus seinem Einkommen aus der Düsseldorfer Tabelle ergibt.

Dies gilt auch für ein Kind im Sinne des § 1603 Abs. 2 Satz 2 BGB[1)].

13.1.2 Der angemessene Bedarf eines volljährigen Kindes mit eigenem Hausstand beträgt in der Regel monatlich *930 €* (darin sind enthalten Kosten für Unterkunft und Heizung bis zu *410 €*), ohne Beiträge zur Kranken- und Pflegeversicherung sowie ohne Studiengebühren. Semesterbeiträge sind im Bedarfssatz enthalten. Von diesem Betrag kann bei erhöhtem Bedarf oder mit Rücksicht auf die Lebensstellung der Eltern abgewichen werden.

13.2 Einkommen des Kindes

Auf den Unterhaltsbedarf werden Einkünfte des Kindes, auch das Kindergeld (siehe Nr. 14), BAföG-Darlehen und Ausbildungsbeihilfen (gekürzt um ausbildungsbedingte Aufwendungen, vgl. Nr. 10.2.3) angerechnet. Bei Einkünften aus unzumutbarer Erwerbstätigkeit gilt § 1577 Abs. 2 BGB[1)] *entsprechend.*

13.3 Beiderseitige Barunterhaltspflicht/Haftungsanteil

Für den Bedarf des Volljährigen haften die Eltern anteilig nach dem Verhältnis ihrer verfügbaren Einkommen. Vor der Bildung der Haftungsquote sind der angemessene Selbstbehalt jedes Elternteils (*1.750 €,* siehe Nr. 21.3.1) und der Unterhalt vorrangig Berechtigter abzusetzen (vgl. zur

---

[1)] **Habersack, Deutsche Gesetze Nr. 20.**
[2)] Nr. **47**.

Berechnungsmethode BGH FamRZ 1986, 151 = NJW-RR 1986, 426; FamRZ 1986, 153 = NJW-RR 1986, 293). Die Haftung ist auf den Tabellenbetrag nach Maßgabe des eigenen Einkommens des jeweils Verpflichteten begrenzt.

Diese Berechnung findet für den Bedarf des volljährigen Schülers im Sinne des § 1603 Abs. 2 Satz 2 BGB[1)] entsprechende Anwendung: Zur Bildung der Haftungsquote ist vorab der angemessene Selbstbehalt jedes Elternteils und der Barbedarf weiterer jetzt gleichrangiger Kinder abzusetzen, wenn der verbleibende Betrag zur Bedarfsdeckung aller Kinder ausreicht. Ist dies nicht der Fall (Mangelfall) wird der Selbstbehalt auf den notwendigen Selbstbehalt herabgesetzt. Außerdem ist statt eines Vorwegabzugs des Bedarfs der anderen Kinder der Bedarf des volljährigen Kindes aus dem nach Abzug des eigenen Selbstbehalts der Eltern verbleibenden Betrag anteilig zu befriedigen. Zur Berechnungsweise im Übrigen vgl. BGH FamRZ 2002, 815, (818).

14. Verrechnung des Kindergeldes

Es wird nach § 1612b BGB[1)] ausgeglichen.

Ehegattenunterhalt

15. Unterhaltsbedarf

Der Unterhaltsanspruch eines bedürftigen Ehegatten (§§ 1361, 1569 ff. BGB[1)]) besteht in dem Unterschiedsbetrag zwischen seinem eheangemessenen Bedarf und seinen tatsächlich erzielten oder zurechenbaren Einkünften im Rahmen der Leistungsfähigkeit des Verpflichteten.

15.1 Bedarf nach ehelichen Lebensverhältnissen

Bei der Bedarfsbemessung ist das eheprägende Einkommen zu berücksichtigen (Stichtag: Rechtskraft der Scheidung).

Umstände, die auch bei fortbestehender Ehe eingetreten wären, und Umstände, die bereits in anderer Weise in der Ehe angelegt und mit hoher Wahrscheinlichkeit zu erwarten waren, sind zu berücksichtigen. Dies gilt für normale absehbare weitere Entwicklungen von Einkünften aus derselben Einkommensquelle, wie für übliche Lohnerhöhungen, sowie einen nicht vorwerfbaren nachehelichen Einkommensrückgang, etwa durch Arbeitslosigkeit, Eintritt in das gesetzliche Rentenalter oder Krankheit. Ist der Pflichtige wieder verheiratet, berechnet sich der Bedarf des früheren Ehegatten aufgrund einer fiktiven Besteuerung der Einkünfte des Pflichtigen nach der Grundtabelle, also ohne den Splittingvorteil. Unterhaltsleistungen, die während der Ehe für Kinder erbracht worden sind, prägen die Ehe und sind daher bei der Bedarfsberechnung grundsätzlich vorweg in Abzug zu bringen. Zu den bei der Bedarfsberechnung zu beachtenden Umständen gehört auch das Hinzutreten weiterer Unterhaltsberechtigter bis zur rechtskräftigen Ehescheidung. Auch ein Unterhaltsanspruch aus § 1615l BGB[1)], den ein betreuender Elternteil eines vor der Rechtskraft der Scheidung geborenen Kindes hat, prägt die ehelichen Lebensverhältnisse. Dagegen sind die Unterhaltspflichten für ein nach Rechtskraft der Scheidung geborenes Kind, gegenüber dessen betreuenden Elternteil nach

[1)] **Habersack, Deutsche Gesetze Nr. 20.**

§ 1615l BGB sowie gegenüber einem späteren Ehegatten bei der Bemessung des Unterhaltsbedarfs nach § 1578 Abs. 1 S. 1 BGB (anders als bei der Leistungsfähigkeit) nicht zu berücksichtigen (siehe Nr. 15.5).

Das Unterhaltsrecht will den geschiedenen Ehegatten nicht besser stellen, als er während der Ehe stand oder aufgrund einer absehbaren Entwicklung ohne die Scheidung stehen würde. Daher sind nur solche Steigerungen des verfügbaren Einkommens zu berücksichtigen, die schon in der Ehe angelegt waren, nicht aber z.B. ein Einkommenszuwachs infolge eines Karrieresprungs.

Soweit ein nachehelicher Karrieresprung lediglich einen neu hinzugetretenen Unterhaltsbedarf auffängt und nicht zu einer Erhöhung des Unterhalts nach den während der Ehe absehbaren Verhältnissen führt, ist das daraus resultierende Einkommen aber in die Unterhaltsbemessung einzubeziehen.

Einkünfte, die aus einer überobligationsmäßig ausgeübten Erwerbstätigkeit erzielt werden, prägen die ehelichen Lebensverhältnisse nicht (BGH FamRZ 2003, 518).

Der Mindestbedarf eines Ehegatten liegt aber nicht unter *1.200,– €*, ggf. abzüglich etwa zu berücksichtigender Synergieeffekte durch Zusammenleben mit einem leistungsfähigen Partner.

15.2 Halbteilung und Erwerbstätigenbonus

Der eheangemessene Bedarf eines Ehegatten (ohne Vorsorgebedarf) beträgt (ungeachtet eines etwaigen Erwerbstätigenbonus) 1/2 des den ehelichen Lebensverhältnissen entsprechenden Einkommens eines oder beider Ehegatten, bereinigt um die berücksichtigungsfähigen Lasten und den Zahlbetrag des Kindesunterhalts (Quotenunterhalt). *Ob und unter welchen Umständen auch vom betreuenden Elternteil aufgebrachter Naturalunterhalt (vgl. BGH, Beschluss vom 11. Januar 2017 – XII ZB 565/15, BGH vom 29.9. 2021 – XII ZB 474/20; BGH vom 18. Mai 2022 – XII ZB 325/20) bei der Ermittlung seines Einkommens in Abzug zu bringen ist, beurteilen die Familiensenate des OLG Frankfurt aktuell uneinheitlich*[1].

Erbringt der Verpflichtete sowohl Bar- als auch Betreuungsunterhalt, so gilt Nr. 10.3 (BGH FamRZ 2001, 350).

Auf Erwerbstätigkeit beruhendes Einkommen der Ehegatten wird bei quotaler Bedarfsberechnung vorab um einen Bonus von 1/10 bereinigt. Dieser wird jeweils nach Abzug der mit der Erzielung des Erwerbseinkommens verbundenen Aufwendungen (Werbungskosten) sowie grundsätzlich der ehelichen Lasten und des von dem Erwerbstätigen zu leistenden Kindesunterhalts berechnet. Bei der Prüfung der Leistungsfähigkeit des Unterhaltspflichtigen ist ein Erwerbstätigkeitsbonus nicht zu berücksichtigen, siehe Ziffer 21.4.

Sind mit der Erzielung von Nichterwerbseinkommen (insbes. Wohnvorteil, Kapitaleinkünfte pp.) besondere Aufwendungen verbunden, werden diese von der jeweiligen Einkunftsart abgezogen.

---

[1] **Amtl. Anm.:** *Grundsätzlich für den Abzug des Naturalunterhalts: 2., 3., 4., 5. und 7. Familiensenat (vgl. OLG Frankfurt, Beschluss vom 15.06.2022 – 7 UF 77/21 –, FamRZ 2023,45); noch offen: 1., 6. und 8. Familiensenat*

Nach der Anrechnungsmethode sind Einkünfte des Berechtigten aus Vermögen, das in der Ehe nicht für den Lebensunterhalt zur Verfügung stand, zu berücksichtigen.

15.3 Konkrete Bedarfsbemessung

Nach der Rechtsprechung des BGH kann ein eheangemessener Unterhaltsbedarf bis zu einem Bedarf, der sich aus dem höchsten in der Düsseldorfer Tabelle[1] ausgewiesenen Einkommensbetrag ableitet, als Quotenunterhalt geltend gemacht werden (bei Erwerbseinkommen derzeit bis zu *5.040,– €*). Die quotale Darlegung des Bedarfs kann vom Berechtigten und Verpflichteten auch dadurch geschehen, dass die Höhe des zur Verfügung stehenden Gesamteinkommens sowie die hiervon betriebenen Aufwendungen zur Vermögensbildung dargelegt werden.

Der Bedarf auf Elementarunterhalt kann daneben auch konkret dargelegt werden; eigenes Einkommen des bedürftigen Ehegatten ist hierauf ohne Abzug eines Erwerbstätigenbonus (BGH vom 10.11.2010, XII ZR 197/08 = FamRZ 2011, 192, Tz. 24) anzurechnen. Obergrenze ist jedoch auch insoweit die unter Beachtung des Halbteilungsgrundsatzes zu errechnende Unterhaltsquote unter Berücksichtigung eines Erwerbstätigenbonus, wenn der Pflichtige sich unter Offenlegung seiner Einkommensverhältnisse darauf beruft.

15.4 Vorsorgebedarf/Zusatz- und Sonderbedarf

Werden Altersvorsorge-, Kranken- und Pflegeversicherungskosten vom Berechtigten gesondert geltend gemacht oder vom Verpflichteten bezahlt, sind diese von dem Einkommen des Pflichtigen vorweg abzuziehen. Der Vorwegabzug unterbleibt, soweit nicht verteilte Mittel zur Verfügung stehen, z.B. durch Anrechnung nicht prägenden Einkommens des Berechtigten auf seinen Bedarf.

Bei der Bemessung des Altersvorsorgebedarfs kann nach den Grundsätzen der Bremer Tabelle[2] verfahren werden. Wenn der Unterhaltspflichtige eine unterhaltsrechtlich anzuerkennende zusätzliche Altersvorsorge betreibt, ist dies auch dem Unterhaltsberechtigten durch eine entsprechende Erhöhung des Altersvorsorgeunterhalts erlaubt, vgl. BGH FamRZ 2020, 21 Rn 47. Altersvorsorgeunterhalt kann in der Regel nur dann verlangt werden, wenn der Bedarf in Höhe des Mindestselbstbehaltes für Erwerbstätige gemäß Ziffer 21.4 gedeckt ist. Der Altersvorsorgeunterhalt ist nicht auf den Höchstbetrag nach Maßgabe der Beitragsbemessungsgrenze beschränkt und soll gegebenenfalls aus nicht prägendem Einkommen gedeckt werden, so dass dann die zweite Berechnungsstufe entfallen kann, vgl. BGH FamRZ 1999, 372, FamRZ 2007, 117 ff.; XII ZR 35/09 = FamRZ 2012, 945.

Altersvorsorgeunterhalt kann für die Vergangenheit nicht erst von dem Zeitpunkt an verlangt werden, in dem er ausdrücklich geltend gemacht worden ist. Es reicht für die Inanspruchnahme des Unterhaltspflichtigen vielmehr aus, dass von diesem Auskunft mit dem Ziel der Geltendmachung eines Unterhaltsanspruchs begehrt worden ist (BGH FamRZ 2007,

[1] Nr. **47**.
[2] Nr. **47f/1**.

193 ff.), anders bei bereits erfolgter Bezifferung, BGH v. 7.11.2012, XII ZB 229/11 = FamRZ 2013, 109.

Der Beitrag für Krankenversicherung und Pflegeversicherung ist in jeweils nachzuweisender konkreter Höhe zu berücksichtigen.

15.5 Bedarf bei mehreren Ehegatten und Berechtigten nach § 1615l BGB[1)]

Der Bedarf der Ehegatten berechnet sich nach dem Prioritätsgrundsatz. Danach sind die Unterhaltspflichten für einen späteren Ehegatten oder gegenüber dem betreuenden Elternteil eines nach der Scheidung der Eheleute geborenen Kindes (§ 1615l BGB) bei der Bemessung des Unterhaltsbedarfs des ersten Ehegatten nach § 1578 Abs. 1 S. 1 BGB nicht zu berücksichtigen. Zur Anwendung der so genannten Dreiteilungsmethode kann es aber noch im Rahmen der Leistungsfähigkeit und der Mangelverteilung kommen (vgl. Nr. 24.3.2), wenn der erste Ehegatte nicht vorrangig ist. Der Bedarf eines späteren Ehegatten wird zwar durch die Unterhaltslast des Pflichtigen aus einer früheren Ehe geprägt. Der endgültige Unterhaltsbedarf des späteren Ehegatten lässt sich aber erst im Zusammenspiel mit der Leistungsfähigkeit des Unterhaltspflichtigen gegenüber einem früheren Ehegatten bemessen. Verbleibt dem Unterhaltspflichtigen danach gegenüber einem früheren Ehegatten wieder ein höherer Betrag, wirkt sich dies zugleich auf den im Wege der Halbteilung zu ermittelnden Bedarf seines späteren Ehegatten aus (BGH FamRZ 2012, 281, Tz. 45).

Zum dabei zu berücksichtigenden Einkommen vgl. Nr. 1.1 und 15.1.

15.6 Trennungsbedingter Mehrbedarf

Trennungsbedingter Mehrbedarf kann zusätzlich berücksichtigt werden, wenn ausnahmsweise noch die Anrechnungsmethode Anwendung findet. Obergrenze ist das Ergebnis der Differenzmethode.

15.7 Begrenzung nach § 1578b BGB[1)]

Nach Scheidung der Ehe ist in der Regel zunächst der eheangemessene Unterhalt weiterzuzahlen, eine sofortige Begrenzung wird bis auf Ausnahmefälle nicht in Betracht kommen. Dem berechtigten Ehegatten ist in der Regel eine auch unter Berücksichtigung der Ehedauer angemessene Übergangsfrist einzuräumen, binnen derer er sich auf die nicht an den ehelichen Lebensverhältnissen ausgerichteten neuen Verhältnisse einstellen kann.

Für die Frage der Begrenzung des nachehelichen Unterhalts kommt es nach § 1578b BGB maßgeblich darauf an, ob ehebedingte Nachteile eingetreten sind oder eine Begrenzung des Unterhaltsanspruchs unter Berücksichtigung der Dauer der Ehe unbillig wäre.

Der Ehegattenunterhalt ist nicht auf den Ausgleich ehebedingter Nachteile beschränkt. Wenn und soweit solche fehlen, ist über eine Herabsetzung auf den angemessenen Lebensbedarf im Wege einer umfassenden Billigkeitsabwägung zu entscheiden, die auch das jeweilige Maß an fortwirkender nachehelicher Solidarität einzubeziehen hat. Diesem Gedan-

---

[1)] **Habersack, Deutsche Gesetze Nr. 20.**

ken ist besonders Rechnung zu tragen, wenn Unterhalt wegen Krankheit geschuldet wird.

Im Rahmen der umfassenden Billigkeitsabwägung sind sämtliche Umstände (wie z.B. beiderseitige Einkommens- und Vermögensverhältnisse, Vermögenserwerb während der Ehe, die vom Berechtigten in der Ehe erbrachte Lebensleistung, Umfang und Dauer des vom Pflichtigen bis zur Scheidung gezahlten Trennungsunterhalts bzw. des nach der Scheidung gezahlten Unterhalts) zu berücksichtigen. Die Ehedauer, bei der auf die Zeit von der Eheschließung bis zur Zustellung des Scheidungsantrags abzustellen ist, gewinnt bei der Bestimmung des Maßes der nachehelichen Solidarität ihr besonderes Gewicht aus der Wechselwirkung zwischen der Rollenverteilung in der Ehe und der darauf beruhenden Verflechtung der wirtschaftlichen Verhältnisse.

Die Möglichkeit der Herabsetzung und/oder Befristung des Ehegattenunterhalts nach § 1578b BGB ist als rechtsvernichtende bzw. rechtsbeschränkende Einwendung bei entsprechendem Vortrag zu berücksichtigen. Im Rahmen der Herabsetzung und zeitlichen Begrenzung des Unterhalts ist der Unterhaltspflichtige für die Tatsachen darlegungs- und beweisbelastet, die für eine Begrenzung sprechen.

Hinsichtlich der Tatsache, dass ehebedingte Nachteile nicht entstanden sind, trifft den Unterhaltsberechtigten jedoch eine sekundäre Darlegungslast. Er muss die Behauptung, es seien keine ehebedingten Nachteile entstanden, substantiiert bestreiten und seinerseits darlegen, welche konkreten ehebedingten Nachteile entstanden sein sollen. Im Einzelfall kann der Vortrag genügen, dass in dem vor der Ehe ausgeübten Beruf Gehaltssteigerungen in einer bestimmten Höhe mit zunehmender Berufserfahrung bzw. Betriebszugehörigkeit üblich sind. Anders verhält es sich bei einem behaupteten beruflichen Aufstieg. Hier muss der Unterhaltsberechtigte darlegen, aufgrund welcher Umstände (wie etwa Fortbildungsbereitschaft, bestimmte Befähigungen, Neigungen, Talente etc.) er eine entsprechende Karriere gemacht hätte.

Der Betreuungsunterhalt nach § 1570 BGB ist nicht nach § 1578b BGB zu befristen.

16. Bedürftigkeit

Eigene (erzielte oder zurechenbare) Einkünfte des Berechtigten sind auf den Bedarf anzurechnen, wobei bei einer Berechnung nach Quoten das bereinigte Nettoerwerbseinkommen um den Erwerbstätigenbonus zu vermindern ist.

17. Erwerbsobliegenheit

17.1 bei Kindesbetreuung

Die nach Vollendung des 3. Lebensjahres des Kindes grundsätzlich einsetzende Erwerbsobliegenheit des betreuenden Elternteils ist hinsichtlich Art und Umfang an den Belangen des Kindes auszurichten.

Stehen solche Belange einer Fremdbetreuung generell entgegen oder besteht eine kindgerechte Betreuungsmöglichkeit nicht, hat das Prinzip der Eigenverantwortung des betreuenden Elternteils für seinen Unterhalt zurückzustehen.

Dieser Maßstab bestimmt auch die Verpflichtung zur Aufnahme einer Teilzeit- oder Vollzeittätigkeit.

Vgl. hierzu die Gesetzesbegründung, FamRZ 2007, 1947, 2. Spalte:

„... Die Neuregelung verlangt (also) keineswegs einen abrupten, übergangslosen Wechsel von der elterlichen Betreuung zu Vollzeiterwerbstätigkeit. Im Interesse des Kindeswohls wird vielmehr auch künftig ein gestufter, an den Kriterien von § 1570 Abs. 1 BGB[1]-Entwurf orientierter Übergang möglich sein."

Folgende Kriterien sind insbesondere zu prüfen:

Kindbezogene Gründe:

1. Generelle Betreuungsbedürftigkeit aufgrund des Alters
2. Fehlende kindgerechte Betreuungsmöglichkeiten, wobei die staatlichen Betreuungsmöglichkeiten nach der Rechtsprechung des BGH als kindgerecht anzusehen sind.
3. Krankheiten, die durch die Betreuung in einer Einrichtung nicht aufgefangen werden können und damit die Betreuung durch einen Elternteil erfordern.

Elternbezogene Gründe:

1. Vertrauen in die vereinbarte oder praktizierte Rollenverteilung und Ausgestaltung der Kinderbetreuung. Zu berücksichtigen ist dabei auch die Aufgabe einer Erwerbstätigkeit wegen Kindererziehung und die Dauer der Ehe.
2. Umfang der Betreuungsbedürftigkeit des Kindes im Anschluss an die Betreuung in einer Betreuungseinrichtung, wobei der Betreuungsbedarf in der Regel bei jüngeren Kindern größer ist als bei älteren Kindern.

Darlegungs- und beweispflichtig für diese Umstände ist der Unterhaltsbedürftige.

Bei entsprechend konkretem Vortrag dürfte eine vollschichtige Erwerbsobliegenheit neben der Betreuung eines Kindes bis zum Ende der Grundschulzeit eher selten in Betracht kommen.

An die für eine Verlängerung des Betreuungsunterhalts, insbesondere aus kindbezogenen Gründen, erforderlichen Darlegungen sind keine überzogenen Anforderungen zu stellen (BGH FamRZ 2012, 1040).

Eine überobligationsmäßige Belastung des betreuenden Elternteils (Berufstätigkeit, Kinderbetreuung, Haushaltsführung) ist zu vermeiden.

Bei Inanspruchnahme von privater Betreuung, z.B. durch Angehörige, kann es sich um eine freiwillige Leistung Dritter handeln, die den Unterhaltspflichtigen nicht entlasten soll. Die Kinderbetreuung während des Umgangs durch den Unterhaltspflichtigen kann allenfalls dann, wenn der Umgang geregelt ist oder unproblematisch funktioniert, zu einer Erwerbsobliegenheit des Unterhaltsberechtigten in den feststehenden Zeiten führen. Die Änderung einer bestehenden Umgangsregelung zum Zweck der Ausweitung der Erwerbstätigkeit des betreuenden Unterhaltsberechtigten kann in der Regel nicht verlangt werden.

Der Betreuungsunterhalt ist nicht zu befristen.

---

[1] **Habersack, Deutsche Gesetze Nr. 20.**

17.2 bei Trennungsunterhalt

In der Regel besteht für den Berechtigten im ersten Jahr nach der Trennung keine Obliegenheit zur Aufnahme oder Ausweitung einer Erwerbstätigkeit.

Für den Trennungsunterhalt gelten zunächst großzügigere Anforderungen hinsichtlich einer Erwerbsobliegenheit als sie in § 1574 BGB[1] für den nachehelichen Unterhalt bestimmt sind. Die bestehenden Verhältnisse sollen geschützt werden, damit die Wiederherstellung der ehelichen Lebensgemeinschaft nicht erschwert wird. Mit zunehmender Verfestigung der Trennung wird allerdings eine allmähliche Annäherung der unterschiedlichen Maßstäbe der Erwerbsobliegenheit bewirkt (BGH FamRZ 2012, 1201, Tz. 18).

Weitere Unterhaltsansprüche

18. Ansprüche aus § 1615l BGB[1]

Der Bedarf nach § 1615l BGB bemisst sich nach der Lebensstellung des betreuenden Elternteils. Erleidet dieser einen konkreten Verdienstausfall, ist er auch für den Unterhalt zu Grunde zu legen.

Der Mindestbedarf entspricht in der Regel dem notwendigen Selbstbehalt für nicht Erwerbstätige (*1.200 €*).

Der Anspruch nach § 1615l BGB ist begrenzt auf den Betrag, der einem Ehegatten in gleicher Lage zustünde. Dies hat der Verpflichtete darzulegen.

Bezüglich der Erwerbsobliegenheit und Dauer des Anspruchs gilt Nr. 17.1 entsprechend.

19. Elternunterhalt

Das „Angehörigen-Entlastungsgesetz" hat Auswirkungen auf den Elternunterhalt. Unterhaltsberechtigten Eltern obliegt es, vorrangig bedarfsdeckende Leistungen der Grundsicherung nach §§ 41 ff SGB XII in Anspruch zu nehmen. Nehmen unterhaltsberechtigte Eltern Leistungen nach dem SGB XII in Anspruch, geht ihr Anspruch auf Elternunterhalt nur auf den Träger der Sozialhilfe über, wenn das unterhaltspflichtige Kind ein Jahreseinkommen von mehr als 100.000 brutto im Sinne des § 94 Ia SGB XII i.V.m. § 2 EStG (steuerliches Gesamtbruttoeinkommen) erzielt. Besteht ein Anspruch auf Elternunterhalt (beispielsweise, weil der unterhaltsberechtigte Elternteil keinen Anspruch auf Leistungen nach dem SGB XII hat oder weil das Kind das Jahreseinkommen von 100.000 € brutto überschreitet), ist eine unterhaltsrechtliche Einkommensfeststellung erforderlich. Hierfür gelten die bisherigen Grundsätze.

Der Bedarf bemisst sich nach der eigenen Lebensstellung des unterhaltsberechtigten Elternteils, wobei nachteilige Veränderungen der Lebensverhältnisse, wie sie regelmäßig mit dem Eintritt in den Ruhestand einhergehen, zu berücksichtigen sind. Auch bei bescheidenen wirtschaftlichen Verhältnissen *ist die* Untergrenze des Bedarfs so zu bemessen, dass das Existenzminimum sichergestellt wird. Dieser Mindestbedarf kann in Hö-

[1] **Habersack, Deutsche Gesetze Nr. 20.**

he des notwendigen Selbstbehalts eines nicht Erwerbstätigen pauschaliert werden.

Bei einem Heimaufenthalt wird der Bedarf durch die dadurch anfallenden notwendigen Kosten zuzüglich eines Barbetrags für die persönlichen Bedürfnisse entsprechend § 27b Abs. 2 SGB XII bestimmt.

Das unterhaltspflichtige Kind, das nur geringe oder keine eigenen Einkünfte erzielt und einen Anspruch auf Familienunterhalt hat, ist nur dann zur Zahlung von Elternunterhalt leistungsfähig, wenn es im Rahmen des Familienunterhalts selbst vollständig abgesichert ist und aus eigenen Erwerbseinkünften oder aus Taschengeld Elternunterhalt leisten kann.

Zur Höhe des Taschengeldeinsatzes vgl. BGH FamRZ 2013, 363 mit der Maßgabe der Klarstellungen BGH FamRZ 2014, 1990, Rn. 12 ff.

Der Wohnwert ist bei der Inanspruchnahme auf Elternunterhalt in der Regel nicht mit der bei einer Fremdvermietung erzielbaren objektiven Marktmiete, sondern auf der Grundlage der unter den gegebenen Verhältnissen ersparten Miete zu bemessen.

Altersvorsorgevermögen, das der Anlage von 5 % des Jahresbruttoeinkommens des Pflichtigen, bezogen auf seine gesamte Erwerbstätigkeit bis zur Inanspruchnahme auf Elternunterhalt, entspricht, ist nicht für Unterhaltszwecke einzusetzen.

Der Wert einer selbstgenutzten Immobilie bleibt bei der Bemessung des Altersvorsorgevermögens eines auf Elternunterhalt in Anspruch genommenen Unterhaltspflichtigen grundsätzlich unberücksichtigt, BGH, XII ZB 269/12 vom 7.8.2013 = FamRZ 2013, 1554.

Angemessene Aufwendungen, die dem Unterhaltspflichtigen für Besuche bei dem Elternteil entstehen, mindern grundsätzlich seine Leistungsfähigkeit, weil ihr Zweck auf einer unterhaltsrechtlich anzuerkennenden sittlichen Verpflichtung beruht.

20. Lebenspartnerschaft

Bei Getrenntleben oder Aufhebung der Lebenspartnerschaft gelten §§ 12, 16 LPartG[1].

Leistungsfähigkeit und Mangelfall

21. Selbstbehalt

21.1 Grundsatz

Es ist zu unterscheiden zwischen dem notwendigen (§ 1603 Abs. 2 BGB[2]), dem angemessenen (§ 1603 Abs. 1 BGB) und dem eheangemessenen (§§ 1361 Abs. 1, 1578 Abs. 1 BGB; BGH FamRZ 2006, 683) Selbstbehalt.

21.2 Notwendiger Selbstbehalt

Für Eltern gegenüber minderjährigen Kindern und diesen nach § 1603 Abs. 2 Satz 2 BGB[2] gleichgestellten Kindern gilt im Allgemeinen der notwendige Selbstbehalt als unterste Grenze der Inanspruchnahme. Er

[1] Nr. **43**.
[2] **Habersack, Deutsche Gesetze Nr. 20.**

beträgt *1.450 €*. Davon entfallen *520 €* auf den Wohnbedarf *(390 € Kaltmiete, 130 € Nebenkosten und Heizung)*.

Für nicht Erwerbstätige beträgt er *1.200 €*; bei Anhaltspunkten für unterhaltsrechtlich bedeutsame zusätzliche Kosten kann der Selbstbehalt angemessen erhöht werden. Bei geringfügiger Erwerbstätigkeit wird wegen des notwendigen Selbstbehalts auf BGH FamRZ 2008, 594 ff., 597, Tz. 29, verwiesen.

Verursacht der Umgang des Unterhaltspflichtigen mit den minderjährigen Kindern besondere Kosten, die er nur unter Gefährdung seines Selbstbehalts aufbringen könnte, kommt eine maßvolle Erhöhung in Betracht.

21.3 Angemessener Selbstbehalt

21.3.1 gegenüber volljährigen Kindern

Er beträgt gegenüber volljährigen Kindern *1.750 €*. Davon entfallen *650 €* auf den Wohnbedarf *(490 € Kaltmiete, 160 € Nebenkosten und Heizung)*.

Gegenüber volljährigen Kindern, die ihre bereits einmal erreichte wirtschaftliche Selbständigkeit wieder verloren haben, gilt Nr. 21.3.3. und ggf. Nr. 22.3.

21.3.2 bei Ansprüchen aus § 1615l BGB[1]

Gegenüber Anspruchsberechtigten nach § 1615l BGB entspricht der Selbstbehalt dem eheangemessenen Selbstbehalt (Nr. 21.4).

21.3.3 beim Elternunterhalt

Bei der Bemessung des angemessenen Selbstbehalts sind Zweck und Rechtsgedanken des Gesetzes zur Entlastung unterhaltspflichtiger Angehöriger in der Sozialhilfe und in der Eingliederungshilfe (Angehörigen-entlastungsgesetz) vom 10. Dezember 2019 (BGBl. I S. 2135) zu beachten.

21.3.4. von Großeltern gegenüber Enkeln

Der Selbstbehalt von Großeltern gegenüber Enkeln beträgt mindestens *2.650 €*, wobei die Hälfte des diesen Mindestbetrag übersteigenden Einkommens zusätzlich anrechnungsfrei bleibt. In diesem Mindestbetrag sind Kosten für Unterkunft und Heizung in Höhe von *1.000 € (750 € Kaltmiete, 250 € Nebenkosten und Heizung)* enthalten, vgl. BGH FamRZ 2006, 26, 28, FamRZ 2007, 375 f.).

21.4 Mindestselbstbehalt gegenüber Ehegatten

Der Mindestselbstbehalt gegenüber getrennt lebenden und geschiedenen Unterhaltsberechtigten ist bei Erwerbstätigen in der Regel mit *1.600 €* zu bemessen, bei nicht Erwerbstätigen mit regelmäßig *1.475 €* (Mittelbetrag zwischen unterschiedlichem notwendigem und dem angemessenen Selbstbehalt), davon *580 €* für den Wohnbedarf (435 € Kaltmiete, 145 € Nebenkosten und Heizung).

Bei der Prüfung der Leistungsfähigkeit des Unterhaltspflichtigen ist ein Erwerbstätigkeitsbonus nicht zu berücksichtigen.

[1] **Habersack, Deutsche Gesetze Nr. 20.**

21.5 Anpassung des Selbstbehalts

21.5.1. Beim Verwandtenunterhalt kann der jeweilige Selbstbehalt unterschritten werden, wenn der eigene Unterhalt des Pflichtigen ganz oder teilweise durch seinen Ehegatten gedeckt ist.

21.5.2. Der Selbstbehalt soll erhöht werden, wenn die Wohnkosten (Warmmiete) den ausgewiesenen Betrag überschreiten und nicht unangemessen sind.

21.5.3. Eine Herabsetzung des Selbstbehalts mit Rücksicht auf geringere Wohnkosten des Unterhaltspflichtigen kommt nicht in Betracht, BGH FamRZ 2006, 1664, 1666.

Lebt der Unterhaltspflichtige mit einem leistungsfähigen Partner in Haushaltsgemeinschaft, kommt eine Haushaltsersparnis in Betracht, in der Regel 10 % des jeweils maßgeblichen Selbstbehalts. Untergrenze ist der Sozialhilfesatz (vgl. BGH FamRZ 2008, 594 ff.).

22. Bedarf des mit dem Pflichtigen zusammen lebenden Ehegatten

22.1 Mindestbedarf bei Ansprüchen des nachrangigen geschiedenen Ehegatten

Ist bei Unterhaltsansprüchen des nachrangigen geschiedenen Ehegatten der Unterhaltspflichtige wieder verheiratet, beträgt der Bedarf für den mit ihm zusammen lebenden Ehegatten mindestens *1.200 €*. Vgl. zur Bedarfsberechnung im Übrigen BGH FamRZ 2012, 281, Tz. 45, 48.

22.2 Mindestbedarf bei Ansprüchen volljähriger Kinder

Ist bei Unterhaltsansprüchen nicht privilegierter volljähriger Kinder der Unterhaltspflichtige verheiratet, werden für den mit ihm zusammen lebenden Ehegatten mindestens *1.200 €* angesetzt.

22.3. Mindestbedarf bei Ansprüchen von Eltern oder Enkeln des anderen Ehegatten und von gemeinsamen Enkeln

Ist bei Unterhaltsansprüchen der Eltern das unterhaltspflichtige Kind verheiratet, werden für den mit ihm zusammen lebenden Ehegatten mindestens *2.100 €* angesetzt. Im Familienbedarf von *4.750 € (2.650 € + 2.100 €)* sind Kosten für Unterkunft und Heizung von *1.700 €* (1.275 € kalt + 425 € Nebenkosten und Heizung) enthalten. Dies gilt auch für Unterhaltsansprüche von und gegen Großeltern und Enkel(n).

23. Bedarf des vom Pflichtigen getrennt lebenden oder geschiedenen Ehegatten

Bei Ansprüchen wie in Nr. 22: bleibt unbesetzt.

24. Mangelfall

24.1. Grundsatz

Ein absoluter Mangelfall liegt vor, wenn das Einkommen des Verpflichteten zur Deckung seines jeweils maßgeblichen Selbstbehalts und der gleichrangigen Unterhaltsansprüche nicht ausreicht. Zur Feststellung des Mangelfalls entspricht der einzusetzende Bedarf für minderjährige und diesen nach § 1603 Abs. 2 Satz 2 BGB[1] gleichgestellten Kindern dem

[1] **Habersack, Deutsche Gesetze Nr. 20.**

Zahlbetrag (Differenz zwischen dem Tabellenbetrag und dem anzurechnenden Kindergeld).

Reicht die Leistungsfähigkeit des Unterhaltspflichtigen für den Unterhalt sämtlicher (auch nachrangiger) Berechtigter nicht aus, so führt die Angemessenheitsbetrachtung beim Unterhaltsbedarf gemäß § 1610 BGB regelmäßig dazu, dass der Kindesunterhalt nur in Höhe des Existenzminimums zu veranschlagen ist (BGH FamRZ 2008, 2189, Tz. 22).

24.2. Einsatzbeträge

Zu den Einsatzbeträgen im Mangelfall beim Kindesunterhalt siehe Rechenbeispiel im Anhang III. Zwischen gleichrangigen Ehegatten bzw. bei Ansprüchen nach § 1615l BGB[1)] ist der Mindestbedarf von *1.200 €*, ggf. herabgesetzt um Synergieeffekte und eigenes Einkommen, maßgebend.

24.3. Berechnung

24.3.1 Im absoluten Mangelfall ist die nach Abzug des maßgeblichen Selbstbehalts des Unterhaltspflichtigen verbleibende Verteilungsmasse anteilig auf alle gleichrangigen Unterhaltsberechtigten im Verhältnis ihrer Unterhaltsansprüche zu verteilen.

24.3.2 Stehen mehrere nach § 1609 Nr. 2 oder 3 BGB[1)] Berechtigte im gleichen Rang, schränkt die Unterhaltspflicht gegenüber dem jeweils anderen Berechtigten die Leistungsfähigkeit des Pflichtigen nach § 1581 S. 1 BGB ein (sog. relativer Mangelfall). Dem kann zur Wahrung des Halbteilungsgrundsatzes dadurch Rechnung getragen werden, dass die Unterhaltsansprüche im Regelfall nach den Grundsätzen der so genannten Dreiteilung bemessen werden (BGH FamRZ 2012, 281), wobei kein Erwerbstätigenbonus zu berücksichtigen ist (BGH v. 19.3.2014 – XII ZB 19/13 = FamRZ 2014, 912 Rn. 39). Das schließt eine abweichende Verteilung aufgrund der Berücksichtigung weiterer individueller Billigkeitsabwägungen nicht aus.

24.3.3 Steht ein Berechtigter im Rang des § 1609 Nr. 2 BGB[1)] und ein anderer im dritten Rang, gilt folgendes: Ist der spätere Ehegatte nachrangig, berührt eine ihm gegenüber bestehende Unterhaltsverpflichtung den Unterhaltsanspruch des vorrangigen Ehegatten grundsätzlich nicht.

Ist der Unterhaltsanspruch des späteren Ehegatten oder des nach § 1615l BGB Berechtigten vorrangig, bleibt zwar die Bedarfsberechnung für den zeitlich früheren Ehegatten von der neuen Unterhaltsverpflichtung unberührt. Jedoch darf der vorrangig Unterhaltsberechtigte nicht schlechter stehen als nach einer Berechnung gemäß Nr. 24.3.2 (BGH FamRZ 2012, 281, Tz. 42 u. 48).

24.4 Angemessenheitskontrolle

Das gewonnene Ergebnis ist jeweils noch auf seine Angemessenheit zu überprüfen.

[1)] **Habersack, Deutsche Gesetze Nr. 20.**

Sonstiges

25. Rundung

Der Unterhaltsbetrag ist auf volle Euro aufzurunden.

26. Übergangsregelung

Für bis zum 31.12.2007 fällig gewordene Unterhaltsansprüche gilt das bis dahin geltende Recht.

Die an § 32 Abs. 6 S. 1 EStG[1] i.d.F. des Gesetzes zur Anhebung des Grundfreibetrags, des Kinderfreibetrags, des Kindergelds und des Kinderzuschlags vom 16.7.2015 (BGBl. I 2015, 1202) ausgerichteten Mindestunterhaltsbeträge i.S.d. § 1612a BGB[2] gelten in sinngemäßer Anwendung von § 1613 Abs. 1 S. 1 BGB erst ab 01.08.2015, ungeachtet der steuerrechtlich rückwirkend ab Januar 2015 in Kraft tretenden Kinderfreibeträge.

Anhang

I. Düsseldorfer Tabelle

(abgedruckt unter Nr. **47***)*

II. Umrechnung dynamischer Titel über Kindesunterhalt in Mindestunterhalt gem. § 36 Nr. 3 EGZPO[3]

Siehe Düsseldorfer Tabelle[4] unter E.

Während die dort errechneten Prozentsätze unverändert bleiben, auch wenn das Kind in eine höhere Altersstufe wechselt (BGH FamRZ 2012, 1048), müssen die ausgewiesenen Zahlbeträge für 2009 erstmals geändert werden, vgl. Diehl, Fam-Express (Deubner-Verlag), Heft 2/2009, aufrufbar bei www.hefam.de unter Unterhaltsgrundsätze/Arbeitspapier, Anhang II, oder in der „Chronik" 2009-01-06. Ab dem 1.1.2010 gelten die Beträge im jeweiligen Anhang II der Unterhaltsgrundsätze ab *dem* 1.1.2015.

Aufgrund der Erhöhung des Mindestunterhalts zum 1.1.*2024* ergeben sich seither folgende Zahlbeträge:

Bsp. 1 seit 1.1.*2024*:

480 € × 97,8 % = aufgerundet *470* €, abzüglich hälftiges Kindergeld *125* € = *345* €

Bsp. 2 seit 1.1.*2024*:

480 € × 70,2 % = aufgerundet *337* € zuzüglich hälftiges Kindergeld *125* € = *462* €.

Bsp. 3 seit 1.1.*2024*:

551 € × 102,7 % = aufgerundet 566 € abzüglich volles Kindergeld *250* € = *316* €.

Bsp. 4 seit 1.1.*2024*:

645 € × 111,2 % = aufgerundet *718* € abzüglich hälftiges Kindergeld *125* € = *593* €.

---

[1] Nr. **45a**.
[2] **Habersack, Deutsche Gesetze Nr. 20.**
[3] **Habersack, Deutsche Gesetze Nr. 101.**
[4] Nr. **47**.

III. Rechenbeispiele

Absoluter Mangelfall (für 1.1.2024 gerechnet)

Der Verpflichtete M hat ein bereinigtes Nettoeinkommen von 2110 €. Unterhaltsberechtigt sind ein 18-jähriges Kind K1, das bei der Mutter lebt und das Gymnasium besucht, und die beiden minderjährigen Kinder K2 (14 Jahre) und K3 (10 Jahre), die von der Mutter betreut werden. Das Kindergeld von 750 € (3 × 250 €) wird an die Mutter ausbezahlt, deren sonstiges Einkommen unter *1.200* € liegt.

Unterhaltsberechnung gemäß Nr. 24.1: Mangels Leistungsfähigkeit der Mutter alleinige Barunterhaltspflicht von M für alle Kinder. M erzielt zwar ein Einkommen nach der 2. Einkommensgruppe, ist aber bei drei Berechtigten in die 1. Einkommensgruppe einzustufen. Da ersichtlich ein Mangelfall vorliegt, ist das außerdem auch bereits deshalb der Fall.

Mindestbedarf K1: *689* € (Düsseldorfer Tabelle[1]) Gruppe 1, 4. Altersstufe) – 250 € Kindergeld => offener Bedarf = Einsatzbetrag 439 €

Mindestunterhalt K2: *645* € – 125 € hälftiges Kindergeld => offener Bedarf = Einsatzbetrag *520* €

Mindestunterhalt K3: *551* € – 125 € hälftiges Kindergeld => offener Bedarf = Einsatzbetrag *426* €

Summe der Einsatzbeträge: 439 € + 520 € + 426 € = 1.385 €
Verteilungsmasse: 2.110 € – 1.450 € = 660 €
Prozentuale Kürzung: 660/1.385 * 100 = *47,7 %*

Berechnung der gekürzten Unterhaltsansprüche:
K1: *439 € * 47,7 % = 209* €; zum Leben verfügbar also *209 + 250 = 459 €*
K2: *520 € * 47,7 % = 248* €; zum Leben verfügbar also 248 + 125 = 373 €
K3: *426 € * 47,7 % = 203* €; zum Leben verfügbar also *203 +125 = 328 €*

1) Nr. **47**.

47k. Oberlandesgericht Hamburg – Unterhaltsrechtliche Leitlinien[1)]

(Stand: 1. Januar 2024)

Vorbemerkung

Die Familiensenate des Hanseatischen Oberlandesgerichts Hamburg verwenden diese Leitlinien als Orientierungshilfe für den Regelfall unter Beachtung der Rechtsprechung des BGH, wobei die Angemessenheit des Ergebnisses in jedem Fall zu überprüfen ist. Das Tabellenwerk der Düsseldorfer Tabelle[2)] ist eingearbeitet. Die Erläuterungen werden durch nachfolgende Leitlinien ersetzt. Sie gelten ab 1.1.2024. Gegenüber den bislang geltenden Leitlinien ergeben sich Änderungen in den Nummern 1.5, 2.2, 2.6, 2.7, 2.11, 5, 10.2.1, 10.2.2, 10.6, 12.1, 12.2, 12.4, 13.1.1, 13.2, 13.3, 15.1, 15.2, 15.3, 15.4, 15.6, 15.7, 17.1, 18, 19.1, 21.1, 21.2, 21.3.1, 21.3.3, 21.4, 22.1, 22.2, 23.1, 23.2, 24.2 und hinsichtlich der Düsseldorfer Tabelle[2)].

Unterhaltsrechtlich maßgebendes Einkommen

Bei der Ermittlung und Zurechnung von Einkommen ist stets zu unterscheiden, ob es um Verwandten- oder Ehegattenunterhalt sowie ob es um Bedarfsbemessung einerseits oder Feststellung der Bedürftigkeit/Leistungsfähigkeit andererseits geht.Das unterhaltsrechtliche Einkommen ist nicht immer identisch mit dem steuer- und sozialrechtlichen Einkommen.

1. Geldeinnahmen

1.1 Auszugehen ist vom Jahresbruttoeinkommen einschließlich Weihnachts- und Urlaubsgeld sowie sonstiger Zuwendungen, wie z.B. Tantiemen und Gewinnbeteiligungen.

1.2 Soweit Leistungen nicht monatlich anfallen (z.B. Weihnachts- und Urlaubsgeld), werden sie auf ein Jahr umgelegt. Einmalige Zahlungen (z.B. Abfindungen) sind auf einen angemessenen Zeitraum (in der Regel mehrere Jahre) zu verteilen.

1.3 Überstundenvergütungen werden in der Regel dem Einkommen voll zugerechnet, soweit sie berufstypisch sind oder nur in geringem Umfang anfallen oder wenn der Mindestunterhalt minderjähriger Kinder oder der entsprechende Unterhalt ihnen nach § 1603 Abs. 2 Satz 2 BGB[3)] gleichgestellter Volljähriger nicht gedeckt ist. Sonst ist die Anrechnung unter Berücksichtigung des Einzelfalls nach Billigkeit zu beurteilen.

1.4 Ersatz für Spesen und Reisekosten sowie Auslösungen gelten in der Regel als Einkommen. Damit zusammenhängende Aufwendungen, vermindert um häusliche Ersparnisse, sind jedoch abzuziehen. Bei Aufwendungspauschalen (außer Kilometergeld) kann in der Regel 1/3 als Einkommen geschätzt werden.

[1)] In der jeweils aktuellen Fassung kostenlos abrufbar unter https://justiz.hamburg.de.
[2)] Nr. **47**.
[3)] **Habersack, Deutsche Gesetze Nr. 20.**

1.5 Bei Selbständigen ist vom durchschnittlichen Gewinn während eines längeren Zeitraums von in der Regel mindestens drei aufeinander folgenden Jahren, möglichst den letzten drei Jahren, auszugehen. Für die Vergangenheit sind die in dem jeweiligen Kalenderjahr erzielten Einkünfte maßgeblich. Anstatt auf den Gewinn kann ausnahmsweise auf die Entnahmen abzüglich der Einlagen abgestellt werden, wenn eine zuverlässige Gewinnermittlung nicht möglich oder der Betriebsinhaber unterhaltsrechtlich zur Verwertung seines Vermögens verpflichtet ist. Lineare Abschreibungen (Absetzungen für Abnutzung: AfA) werden – mit Ausnahme von Immobilienabschreibungen – in der Regel anerkannt. Ansonsten können Abschreibungen insoweit anerkannt werden, als dem steuerlich zulässigen Abzug ein tatsächlicher Wertverlust entspricht.

1.6 Einkommen aus Vermietung und Verpachtung sowie aus Kapitalvermögen ist der Überschuss der Bruttoeinkünfte über die Werbungskosten. Für Gebäude ist keine AfA anzusetzen.

1.7 Steuerzahlungen oder Erstattungen sind in der Regel im Kalenderjahr der tatsächlichen Leistung zu berücksichtigen. Steuervorteile, die auf unterhaltsrechtlich nicht zu berücksichtigenden Aufwendungen beruhen, bleiben in der Regel außer Betracht.

1.8 Sonstige Einnahmen, z.B. Einkünfte aus sog. „1 €-Jobs", Taschengeldanspruch und Trinkgelder sind Einkommen. Gleiches gilt für vom Arbeitgeber gewährte Zuschüsse für die dienstliche Nutzung privater Vermögensgegenstände, insbesondere die Nutzung des privaten PKW's. Für den Abzug der hiermit zusammenhängenden Kosten der dienstlichen Nutzung gilt Ziff. 10.2.

2. Sozialleistungen

2.1 Arbeitslosengeld (§§ 136 ff. SGB III), Kurzarbeitergeld (§§ 95 ff. SGB III) und Krankengeld sind Einkommen.

2.2 Bürgergeld (§§ 19 ff. SGB II) und andere Leistungen nach dem SGB II beim Verpflichteten sind Einkommen. Beim Berechtigten sind Bürgergeld und andere Leistungen zur Sicherung des Lebensunterhalts nach dem SGB II kein Einkommen. Sonstige nicht subsidiäre Leistungen nach dem SGB II, insbesondere Leistungen zur Eingliederung in Arbeit nach den §§ 16 ff. SGB II, sind Einkommen des Berechtigten. Die Geltendmachung von Unterhalt durch den Hilfeempfänger kann jedoch treuwidrig sein, wenn er infolge des Ausschlusses des Anspruchsübergangs (vgl. § 33 Abs. 2 SGB II) insbesondere für die Vergangenheit (aber allenfalls bis zur Rechtshängigkeit) durch Bürgergeld und sonstige Leistungen zur Sicherung des Lebensunterhalts und den Unterhalt mehr als seinen Bedarf erhalten würde.

2.3 Wohngeld ist Einkommen, soweit es nicht erhöhte Wohnkosten deckt.

2.4 BAföG-Leistungen sind Einkommen, auch soweit sie als Darlehen gewährt werden, mit Ausnahme von Vorausleistungen nach §§ 36, 37 BAföG[1].

---

[1] **Sartorius Nr. 420.**

2.5 Elterngeld ist Einkommen, soweit es über den Sockelbetrag von 300 € bzw. 150 € bei verlängertem Bezug hinausgeht. Der Sockelbetrag des Elterngeldes ist nur dann Einkommen, wenn einer der Ausnahmefälle des § 11 BEEG[1] vorliegt.

2.6 Unfallrenten und Versorgungsrenten sind Einkommen. Dies gilt nicht, sofern gesetzlich Abweichendes geregelt ist, z.B. in § 18 ContStiftG oder § 17 HIVHG.

2.7 Leistungen aus der Pflegeversicherung (SGB XI), Blindengeld (Hamburgisches Blindengeldgesetz oder andere Landesnorm) bzw. Blindenhilfe (§ 72 SGB XII), Schwerstbeschädigten- und Pflegezulagen (§§ 31, 35 BVG) oder ähnliche Zuwendungen nach Abzug eines Betrags für tatsächliche Mehraufwendungen sind Einkommen; §§ 1610a, 1578a BGB[2] sind zu beachten.

2.8 Der Anteil des Pflegegelds bei der Pflegeperson, durch den ihre Bemühungen abgegolten werden, ist Einkommen; bei Pflegegeld aus der Pflegeversicherung gilt dies nach Maßgabe des § 13 Abs. 6 SGB XI.

2.9 In der Regel sind Leistungen nach §§ 41-43 SGB XII (Grundsicherung) beim Verwandtenunterhalt Einkommen, nicht aber beim Ehegattenunterhalt.

2.10 Kein Einkommen sind auf Seiten des Berechtigten sonstige Leistungen nach dem SGB XII. Die Unterhaltsforderung eines Hilfeempfängers kann in Ausnahmefällen treuwidrig sein (vgl. Nr. 2.2).

2.11 Leistungen nach dem Unterhaltsvorschussgesetz[3] sind kein Einkommen. Die Unterhaltsforderung eines Hilfeempfängers kann in Ausnahmefällen treuwidrig sein (vgl. Nr. 2.2). Bei der Geltendmachung von übergegangenen Unterhaltsansprüchen durch die Unterhaltsvorschusskasse ist § 7a UVG zu beachten.

3. Kindergeld und Kinderzuschlag (§ 6a BKGG[4])

Kindergeld und Kinderzuschlag werden nicht zum Einkommen des Unterhaltspflichtigen gerechnet.

4. Geldwerte Zuwendungen

Geldwerte Zuwendungen aller Art des Arbeitgebers, z.B. Firmenwagen oder freie Kost und Logis, sind Einkommen, soweit sie entsprechende Eigenaufwendungen ersparen.

5. Wohnwert

Der Wohnvorteil durch mietfreies Wohnen im eigenen Heim ist als wirtschaftliche Nutzung des Vermögens unterhaltsrechtlich wie Einkommen zu behandeln. Neben dem Wohnwert sind auch Zahlungen nach dem Eigenheimzulagengesetz anzusetzen. Ein Wohnvorteil liegt nur vor, soweit der Wohnwert den berücksichtigungsfähigen Schuldendienst (nach

---

[1] Nr. **45e**.
[2] **Habersack, Deutsche Gesetze Nr. 20.**
[3] Nr. **45d**.
[4] Nr. **45b**.

den Umständen des Einzelfalls einschließlich Tilgungsleistungen), erforderliche Instandhaltungskosten und die verbrauchsunabhängigen Kosten, mit denen ein Mieter gemäß §§ 556 Abs. 1 BGB[1] i.V.m. § 1 Abs. 2 BetrKV[2] üblicherweise nicht belastet wird, übersteigt. Auszugehen ist vom vollen Mietwert. Wenn es nicht möglich oder nicht zumutbar ist, die Wohnung aufzugeben und das Objekt zu vermieten oder zu veräußern, kann stattdessen die ersparte Miete angesetzt werden, die angesichts der wirtschaftlichen Verhältnisse angemessen wäre. Dies kommt insbesondere für die Zeit bis zum endgültigen Scheitern der Ehe in Betracht, wenn ein Ehegatte das Eigenheim allein bewohnt. Die Aufnahme weiterer Personen in die im Alleineigentum des Pflichtigen stehenden Immobilie, insbesondere die Aufnahme des Ehegatten, mindert den zuzurechnenden Wohnwert nicht.

6. Haushaltsführung

Führt jemand einem leistungsfähigen Dritten den Haushalt, so kann hierfür ein angemessenes Einkommen anzusetzen sein.

7. Einkommen aus unzumutbarer Erwerbstätigkeit

Einkommen aus unzumutbarer Erwerbstätigkeit kann nach Billigkeit ganz oder teilweise unberücksichtigt bleiben (§ 1577 Abs. 2 BGB[1]).

8. Freiwillige Zuwendungen Dritter

Freiwillige Zuwendungen Dritter (z.B. Geldleistungen, kostenloses Wohnen) sind als Einkommen nur zu berücksichtigen, wenn dies dem Willen des Dritten entspricht. Beim Mindestkindesunterhalt sind auch freiwillige Leistungen Dritter einzusetzen.

9. Erwerbsobliegenheit und fiktives Einkommen

Einkommen können auch aufgrund einer unterhaltsrechtlichen Obliegenheit erzielbare Einkünfte sein, wenn der Unterhaltsverpflichtete eine ihm mögliche und zumutbare Erwerbstätigkeit unterlässt. Bei Arbeitslosigkeit sind über eine Meldung bei der Agentur für Arbeit oder telefonische Nachfragen hinausgehende eigenständige Erwerbsbemühungen im Einzelnen darzulegen und zu belegen. Der Hinweis auf die Arbeitsmarktlage macht den Nachweis von Bemühungen nur im Ausnahmefall entbehrlich. Bei unzureichenden Bemühungen um einen Arbeitsplatz können bei einer feststellbaren realen Beschäftigungschance fiktive Einkünfte nach den Umständen des Einzelfalls unter Berücksichtigung von Beruf, Alter, Gesundheit und des zuletzt erzielten Verdienstes zugrunde gelegt werden. Neben dem Bezug von Leistungen der Arbeitsverwaltung kann die Aufnahme einer geringfügigen Beschäftigung (§ 155 SGB III) in Betracht kommen. Dem wiederverheirateten Elternteil obliegt es grundsätzlich, ungeachtet seiner Pflichten aus der neuen Ehe, durch Aufnahme einer Teilzeitarbeit zum Unterhalt der Kinder aus einer früheren Ehe beizutragen.

---

[1] **Habersack, Deutsche Gesetze Nr. 20.**
[2] **Nr. 30b/1.**

10. Bereinigung des Einkommens

10.1 Vom Bruttoeinkommen sind Steuern und Vorsorgeaufwendungen abzusetzen (Nettoeinkommen).

10.1.1 Es besteht die Obliegenheit, mögliche Steuervorteile – insbesondere als außergewöhnliche Belastung (§ 33a Abs. 1 EStG) bzw. aus dem begrenzten Realsplitting (§ 10 Abs. 1a Nr. 1 EStG) – in Anspruch zu nehmen (z.B. Eintragung eines Freibetrags bei Fahrtkosten für unstreitigen oder titulierten Unterhalt).

10.1.2 Zu den Vorsorgeaufwendungen gehören die Aufwendungen für die gesetzliche Kranken- und Pflegeversicherung, Rentenversicherung und Arbeitslosenversicherung und/oder die angemessene private Kranken-, Pflege- und Altersvorsorge. Zu den angemessenen Vorsorgeaufwendungen kann auch eine zusätzliche, tatsächlich geleistete Altersvorsorge in Höhe von 4 % des Jahresbruttoeinkommens beim Kindes- und Ehegattenunterhalt und 5 % beim Elternunterhalt zählen, soweit kein Mangelfall vorliegt. Im Fall der Überschreitung der Beitragsbemessungsgrenze ist die BGH-Rechtsprechung (B. v. 25.9.2019, XII ZB 25/19, Rn. 35) zu beachten. Vorstehende Grundsätze gelten entsprechend für Personen, die in Folge der Ausübung einer selbständigen Tätigkeit der gesetzlichen Rentenversicherung nicht unterliegen.

10.2 Berufsbedingte Aufwendungen, die sich von den privaten Lebenshaltungskosten nach objektiven Merkmalen eindeutig abgrenzen lassen, sind im Rahmen des Angemessenen vom Nettoeinkommen aus unselbständiger Arbeit abzuziehen.

10.2.1 Bei Einkünften aus nichtselbständiger Tätigkeit sind berufsbedingte Aufwendungen vom Einkommen abzuziehen, wobei – bezogen auf Unterhaltszeiträume ab dem 1.1.2021 – ohne Nachweis eine Pauschale von 5 % – mindestens 50 €, bei geringfügiger Teilzeitarbeit auch weniger, und höchstens 150 € monatlich – des Nettoeinkommens geschätzt werden kann. Übersteigen die berufsbedingten Aufwendungen diese Pauschale, so sind sie im Einzelnen darzulegen. Bei beschränkter Leistungsfähigkeit kann im Einzelfall mit konkreten Kosten gerechnet werden. Für Unterhaltszeiträume bis 31.12.2020 gilt, dass eine Pauschale nicht gewährt wird, sondern die berufsbezogenen Aufwendungen im Einzelnen darzulegen sind. Neben konkret geltend gemachten Fahrtkosten (Ziff. 10.2.2) kann die Pauschale nicht angesetzt werden.

10.2.2 Für die Kosten der notwendigen berufsbedingten Nutzung eines Kraftfahrzeugs können 0,42 € pro gefahrenen Kilometer angesetzt werden. Damit sind i.d.R. Anschaffungskosten erfasst. Bei langen Fahrtstrecken kann nach unten abgewichen werden (regelmäßig 0,28 €). Für Unterhaltszeiträume bis 31.12.2021 verbleibt es bei den bisherigen Werten (0,30 bzw. 0,20 €/km).

Soweit angemessen und zumutbar sind öffentliche Verkehrsmittel zu nutzen. Maßstab für die Angemessenheit und Zumutbarkeit sind die ehelichen bzw. familiären Lebensverhältnisse, das Verhältnis der Fahrtkosten zum Einkommen sowie der Vergleich der jeweiligen Fahrtdauer. Unzumutbarkeit kann insb. angenommen werden, wenn die Fahrtdauer mit öffentlichen Verkehrsmitteln mehr als das Doppelte gegenüber der Nutzung des PKWs beträgt. Zur Sicherstellung des Mindestkindesunterhalts gelten ggfs. strengere Anforderungen an die Unzumutbarkeit.

10.2.3 Bei einem Auszubildenden ist ausbildungsbedingter Aufwand konkret darzulegen.

10.3 Das Einkommen aus einer neben der Kinderbetreuung ausgeübten Erwerbstätigkeit kann um den notwendigen, konkret dargelegten Aufwand für die Betreuung des Kindes vermindert werden. Zum Aufwand für die Betreuung des Kindes zählen nicht die Kosten einer über die üblichen Betreuungsleistungen eines Elternteils (einschließlich der üblichen Hausaufgabenbetreuung) hinausgehenden oder einer pädagogisch veranlassten Betreuung, insbesondere die Kosten des Kindergarten- oder Hortbesuchs; diese sind Mehrbedarf des Kindes.

10.4 Schulden (Zins und Tilgung) sind bei tatsächlicher Zahlung im Rahmen eines vernünftigen Tilgungsplanes mit angemessenen Raten zu berücksichtigen. Bei der Bedarfsermittlung für den Ehegattenunterhalt sind grundsätzlich nur eheprägende Verbindlichkeiten abzusetzen. Beim Verwandtenunterhalt sowie bei Leistungsfähigkeit/Bedürftigkeit für den Ehegattenunterhalt erfolgt eine Abwägung nach den Umständen des Einzelfalls. Bei der Zumutbarkeitsabwägung sind Interessen des Unterhaltsschuldners, des Drittgläubigers und des Unterhaltsgläubigers, vor allem minderjähriger Kinder, mit zu berücksichtigen. Unter Umständen besteht im Rahmen gesteigerter Unterhaltspflicht nach § 1603 Abs. 2 BGB[1] die Obliegenheit zur Einleitung eines Insolvenzverfahrens und Geltendmachung der gesetzlichen Pfändungsfreigrenzen.

10.5 (derzeit nicht besetzt)

10.6 Die vermögenswirksame Leistung des Arbeitgebers und die Arbeitnehmersparzulage gehören nicht zum Einkommen. Der vom Arbeitnehmer vermögenswirksam gesparte Betrag mindert nicht das anrechenbare Einkommen, es sei denn, es handelt sich um Aufwendungen der zusätzlichen Altersversorgung gemäß Ziff. 10.1.2. Dann sind auch die vermögenswerten Leistungen des Arbeitgebers Einkommen.

10.7 Konkret nachgewiesene Umgangskosten können berücksichtigt werden, soweit sie über das anteilige Kindergeld nicht abgedeckt werden und das übliche Maß übersteigen.

Kindesunterhalt

11. Bemessungsgrundlage (Tabellenunterhalt)

Der Barunterhalt minderjähriger und noch im elterlichen Haushalt lebender volljähriger unverheirateter Kinder bestimmt sich nach den Sätzen der Düsseldorfer Tabelle[2] (Anhang I). Bei minderjährigen Kindern kann er als Festbetrag oder als Vomhundertsatz des jeweiligen Mindestunterhalts geltend gemacht werden.

11.1 Die Tabellensätze der Düsseldorfer Tabelle[2] enthalten keine Kranken- *und Pflegeversicherungsbeiträge* für das Kind, wenn dieses nicht in einer

[1] **Habersack, Deutsche Gesetze Nr. 20.**
[2] Nr. 47.

gesetzlichen Familienversicherung mitversichert ist. Das Nettoeinkommen des Verpflichteten ist um solche zusätzlich zu zahlenden Versicherungskosten zu bereinigen. Studiengebühren sind in den Tabellensätzen ebenfalls nicht enthalten.

11.2 Die Tabelle weist den Unterhaltsbedarf aus, bezogen auf zwei Unterhaltsberechtigte ohne Rücksicht auf den Rang, soweit für den Nachrangigen Mittel vorhanden sind. Der Bedarf ist nicht identisch mit dem Zahlbetrag. Letzterer ergibt sich nach Abzug des jeweiligen Kindergeldanteils (hälftiges Kindergeld bei Minderjährigen, volles Kindergeld bei Volljährigen) von dem Bedarfsbetrag. Bei einer größeren oder geringeren Anzahl Unterhaltsberechtigter können Ab- oder Zuschläge durch Einstufung in niedrigere oder höhere Einkommensgruppen angemessen sein. In jedem Fall wird – gegebenenfalls auch unter Heranziehung der Bedarfskontrollbeträge – darauf zu achten sein, dass der Kindesunterhalt in einem angemessenen Verhältnis zu dem Betrag steht, der dem Unterhaltspflichtigen für den eigenen Bedarf zu verbleiben hat.

12. Minderjährige Kinder

12.1 Der Elternteil, der ein minderjähriges Kind betreut, leistet in der Regel hierdurch seinen Beitrag zum Kindesunterhalt (Ausnahmen: z.B. § 1603 Abs. 2 Satz 3 BGB[1]). Ggfs. erfüllt er neben der Betreuung noch einen Restbarbedarf des Kindes, der sich nach den gemeinsamen Einkünften der Eltern abzüglich des hälftigen Kindergelds und abzüglich des vom anderen Elternteil geleisteten Barunterhalts bestimmt.

12.2 Eigenes Einkommen des Kindes ist auf den Barbedarf zur Hälfte anzurechnen. Die kostenfreie Zurverfügungstellung von Wohnraum für das bei einem Elternteil lebende Kind ist vorrangig im unterhaltsrechtlichen Verhältnis zwischen den Eltern auszugleichen, sofern die Eltern nichts Abweichendes vereinbart haben.

12.3 Sind beide Eltern zur Zahlung von Barunterhalt verpflichtet, zum Beispiel bei auswärtiger Unterbringung oder beim Wechselmodell, haften sie anteilig nach § 1606 Abs. 1 BGB[1] für den Gesamtbedarf (vgl. Nr. 13.3). Der Verteilungsschlüssel kann unter Berücksichtigung des Betreuungsaufwandes wertend verändert werden.

12.4 Bei Zusatzbedarf (Kostenvorschuss, Mehrbedarf, Sonderbedarf) gilt § 1606 Abs. 3 Satz 1 BGB[1]. Zum Mehrbedarf des Kindes zählen die Kosten für den Besuch einer Kindertagesstätte (Kinderkrippe, Kindergarten, Schülerhort) abzüglich des ersparten Verpflegungsmehraufwandes. Für einen erhöhten Regelbedarf (insb. erhöhte Wohnkosten des Kindes) haftet grundsätzlich der barunterhaltspflichtige Elternteil allein, soweit nicht der andere Elternteil für den Restbarbedarf auszukommen hat (vgl. Ziff. 12.1. S. 2)

13. Volljährige Kinder

13.1 Beim Bedarf volljähriger Kinder ist zu unterscheiden, ob sie noch im Haushalt der Eltern/eines Elternteils leben oder einen eigenen Hausstand haben.

---

[1] **Habersack, Deutsche Gesetze Nr. 20.**

13.1.1 Für volljährige, unverheiratete Kinder, die noch im Haushalt der Eltern oder eines Elternteils wohnen, gilt die Altersstufe 4 der Düsseldorfer Tabelle[1]. Sind beide Elternteile leistungsfähig, ist der Bedarf des Kindes i.d.R. nach dem zusammengerechneten Einkommen (ohne Anwendung von Nr. 11.2) zu bemessen. Für die Haftungsquote gilt Nr. 13.3.

13.1.2 Der angemessene Bedarf eines volljährigen Kindes mit eigenem Hausstand beträgt in der Regel monatlich 930 € (darin sind enthalten Kosten für Unterkunft und Heizung bis zu 410 €), ohne Beiträge zur Kranken- und Pflegeversicherung sowie ohne Studiengebühren und vergleichbare Aufwendungen. Von diesem Betrag kann bei erhöhtem Bedarf oder mit Rücksicht auf die Lebensstellung der Eltern abgewichen werden.

13.2 Auf den Unterhaltsbedarf werden Einkünfte des Kindes, auch BAföG-Darlehen und Ausbildungsbeihilfen (gekürzt um ausbildungsbedingte Aufwendungen) – nicht aber Vorschussleistungen nach § 36 BAföG[2] – angerechnet. Bei Einkünften aus unzumutbarer Erwerbstätigkeit gilt § 1577 Abs. 2 BGB[3] entsprechend.

13.3 Bei anteiliger Barunterhaltspflicht ist vor Berechnung des Haftungsanteils nach § 1606 Absatz 3 Satz 1 BGB[3] das bereinigte Nettoeinkommen jedes Elternteils gem. Nr. 10 zu ermitteln. Außerdem ist vom Restbetrag ein Sockelbetrag in Höhe des angemessenen Selbstbehalts (1.750 €) abzuziehen. Der Haftungsanteil nach § 1606 Absatz 3 Satz 1 BGB errechnet sich nach der Formel: Bereinigtes Nettoeinkommen eines Elternteils (N1 oder N2) abzüglich 1.750 € mal (Rest-)Bedarf (R), geteilt durch die Summe der bereinigten Nettoeinkommen beider Eltern (N1 + N2) abzüglich 3.500 € (= 1.750 € + 1.750 €). Haftungsanteil 1 = (N1 – 1.750 €) × R : (N1 + N2 – 3.500 €). Bei minderjährigen unverheirateten und ihnen gleichgestellten volljährigen Kindern (§ 1603 Abs. 2 Satz 2 BGB) sind die anrechenbaren Einkommen der Eltern außerdem wegen gleichrangiger Unterhaltspflichten und bei anderen volljährigen Kindern wegen vorrangiger Unterhaltspflichten zu kürzen. Ein Elternteil hat jedoch höchstens den Unterhalt zu leisten, der sich allein aus seinem Einkommen aus der Düsseldorfer Tabelle[1] ergibt. Der ermittelte Haftungsanteil ist auf seine Angemessenheit zu überprüfen und kann bei Vorliegen besonderer Umstände (z.B. behindertes Kind) wertend verändert werden. Verfügt ein Elternteil über das Dreifache der unterhaltsrechtlich relevanten Nettoeinkünfte des anderen Elternteils kann es der Billigkeit entsprechen, dass dieser Elternteil den Barunterhalt in voller Höhe aufzubringen hat. Bei volljährigen Schülern, die in § 1603 Abs. 2 Satz 2 BGB minderjährigen Kindern gleichgestellt sind, wird der Sockelbetrag bis zum notwendigen Selbstbehalt (1.200 €/1.450 €) herabgesetzt, wenn der Bedarf der Kinder andernfalls nicht gedeckt werden kann.

14. Verrechnung des Kindergeldes und des Kinderzuschlages

Das Kindergeld mindert im Umfang des § 1612b BGB[3] den Bedarf des minderjährigen und volljährigen Kindes.

---

[1] Nr. 47.
[2] **Sartorius Nr. 420.**
[3] **Habersack, Deutsche Gesetze Nr. 20.**

Ehegattenunterhalt

15. Unterhaltsbedarf

15.1 Bei der Bedarfsbemessung ist das eheprägende Einkommen zu berücksichtigen. Umstände, die auch bei fortbestehender Ehe eingetreten wären und Umstände, die bereits in anderer Weise in der Ehe angelegt und mit hoher Wahrscheinlichkeit zu erwarten waren, sind zu berücksichtigen. Eine Einkommensreduzierung ist dann unbeachtlich, wenn sie auf einem unterhaltsrechtlich vorwerfbaren Verhalten beruht. Beim Unterhaltsberechtigten ist zusätzlich § 1573 Abs. 4 BGB[1] zu berücksichtigen. Unerwartete, nicht in der Ehe angelegte Steigerungen des Einkommens des Verpflichteten (insbesondere aufgrund eines Karrieresprungs) bleiben unberücksichtigt, es sei denn, sie dienen zum Ausgleich des hinzutretenden Bedarfs weiterer Unterhaltsberechtigter. Es ist von einem Mindestbedarf auszugehen, der nicht unter 1.200 € abzüglich etwaiger Synergieeffekte durch Zusammenleben mit einem leistungsfähigen Partner liegen darf.

15.2 Es gilt der Halbteilungsgrundsatz, wobei jedoch Erwerbseinkünfte nur zu 9/10 zu berücksichtigen sind (Abzug von 1/10 Erwerbstätigenbonus vom bereinigten Nettoeinkommen). Leistet ein Ehegatte auch Unterhalt für ein Kind, so wird sein Einkommen vor Ermittlung des Erwerbstätigenbonus um den Zahlbetrag (i.d.R. Tabellenbetrag abzüglich des bedarfsmindernd anzurechnenden Kindergeldes) bereinigt. Erbringt der Verpflichtete sowohl Bar- als auch Betreuungsunterhalt, so gilt Nr. 10.3. Leistet der betreuende Elternteil Restbarunterhalt an das Kind (vgl. Ziff. 12.1. S. 2), ist auch sein Einkommen um den Restbarbedarf zu mindern.

15.3 Bei sehr guten Einkommensverhältnissen des Pflichtigen kommt nach Wahl des Berechtigten neben der Unterhaltsbemessung nach der Quote des gemeinsamen Einkommens auch eine konkrete Bedarfsberechnung in Betracht.

15.4 Werden Altersvorsorge-, Kranken- und Pflegeversicherungskosten vom Berechtigten gesondert geltend gemacht oder vom Verpflichteten bezahlt, sind diese *vom*[2] dem Einkommen des Pflichtigen vorweg abzuziehen. Altersvorsorgeunterhalt wird nur geschuldet, soweit der Elementarunterhaltgedeckt ist. Der Vorwegabzug unterbleibt, soweit nicht verteilte Mittel zur Verfügung stehen, z.B. bei nicht prägendem Einkommen

15.5 Bei Wiederverheiratung des Unterhaltsverpflichteten oder bei Berechtigten nach § 1615l BGB[1] bemisst sich der Unterhaltsbedarf des geschiedenen Ehegatten nach den ehelichen Lebensverhältnissen ohne Berücksichtigung der nachehelich entstandenen Unterhaltspflichten. Die unterschiedliche Rangfolge der Ansprüche nach § 1609 Nr. 2 und 3 BGB ist erst im Rahmen der Prüfung der Leistungsfähigkeit zu berücksichtigen. Die sogenannte Drittelmethode kann im Rahmen der Leistungsfähigkeit und Mangelverteilung zur Anwendung kommen, wenn der Unterhaltsanspruch des ersten Ehegatten nicht vorrangig ist.

---

[1] **Habersack, Deutsche Gesetze Nr. 20.**
[2] Richtig wohl: „von".

15.6 Trennungsbedingter Mehrbedarf kann berücksichtigt werden, wenn der Berechtigte oder der Verpflichtete über nicht prägendes Einkommen verfügen.

15.7 Nach der Scheidung der Ehe ist in der Regel zunächst der eheangemessene Unterhalt weiterzuzahlen, eine sofortige Befristung wird bis auf Ausnahmefälle nicht in Betracht kommen. Dem berechtigten Ehegatten ist in der Regel eine auch unter Berücksichtigung der Ehedauer angemessene Übergangsfrist einzuräumen, binnen derer er sich auf die nicht an den ehelichen Lebensverhältnissen ausgerichteten neuen Verhältnissen einstellen kann.

Für die Befristung des nachehelichen Unterhalts kommt es nach § 1578b BGB[1] maßgeblich darauf an, ob ehebedingte Nachteile eingetreten sind oder eine Befristung unter Berücksichtigung der Dauer der Ehe unbillig wäre. Sind ehebedingte Nachteile vorhanden, die aus tatsächlichen Gründen nicht mehr ausgeglichen werden können, kommt regelmäßig lediglich eine Herabsetzung in Betracht. Eine Befristung ist in diesem Fall nur unter außergewöhnlichen Umständen denkbar, z.B. bei einem ganz geringfügigen ehebedingten Nachteil oder sehr guten Einkommens- und/oder Vermögensverhältnissen des Berechtigten. Auch nach Herabsetzung muss dem berechtigten Ehegatten nach Anrechnung eigener eventuell auch fiktiver Einkünfte der Betrag zur Verfügung stehen, den er ohne einen ehebedingten Nachteil zur Verfügung hätte.

Der Ehegattenunterhalt ist nicht auf den Ausgleich ehebedingter Nachteile beschränkt. Wenn und soweit solche fehlen, ist über eine Herabsetzung auf den angemessenen Lebensbedarf oder eine Befristung unter Berücksichtigung des jeweiligen Maßes an fortwirkender nachehelicher Solidarität und der Ehedauer im Wege einer umfassenden Billigkeitsabwägung zu entscheiden. Dem Gedanken der nachehelichen Solidarität ist besonders Rechnung zu tragen, wenn Unterhalt wegen Krankheit geschuldet wird, auch wenn die Erkrankung nicht ehebedingt ist.

Die Beweislast für die Umstände, aus denen die Unbilligkeit der Fortzahlung des Unterhalts resultiert, trägt der Verpflichtete. Hinsichtlich der Tatsache, dass ehebedingte Nachteile nicht entstanden sind, trifft den Unterhaltsberechtigten jedoch eine sekundäre Darlegungslast. Er muss substantiiert vortragen, welche konkreten ehebedingten Nachteile entstanden sein sollen. Behauptet der Berechtigte einen beruflichen Aufstieg, muss er insbesondere darlegen, aufgrund welcher Umstände er eine entsprechende Karriere gemacht hätte.

Der Betreuungsunterhalt nach § 1570 BGB ist nicht nach § 1578b Abs. 2 BGB zu befristen.

16. Bedürftigkeit

Eigene Einkünfte des Berechtigten sind auf den Bedarf anzurechnen, wobei das bereinigte Nettoerwerbseinkommen um den Erwerbstätigenbonus von 1/10 zu vermindern ist. Bei einer Bedarfsermittlung nach den konkreten Verhältnissen ist eigenes Erwerbeinkommen des Unterhaltsberechtigten zur Ermittlung der Bedürftigkeit ohne Erwerbstätigenbonus auf den Bedarf anzurechnen.

[1] **Habersack, Deutsche Gesetze Nr. 20.**

17. Erwerbsobliegenheit

17.1 Bei Kindesbetreuung besteht bis zur Vollendung des dritten Lebensjahres eines gemeinschaftlichen Kindes keine Erwerbsobliegenheit. Gleichwohl erzieltes Erwerbseinkommen ist überobligatorisch und nach den Umständen des Einzelfalls zu berücksichtigen. Nach Vollendung des dritten Lebensjahres des Kindes kommt es bei Beurteilung der Frage, ob und inwieweit der betreuende Ehegatte bei einer bestehenden Betreuungsmöglichkeit auf eine Erwerbstätigkeit verwiesen werden kann, auf die Verhältnisse des Einzelfalls an. Bei besonderer Betreuungsbedürftigkeit des Kindes oder bei nicht vorhandener oder nur unzureichender Fremdbetreuung (kindbezogene Gründe, § 1570 Abs. 1 Satz 2 BGB[1)]) kommt ein Unterhaltsanspruch auch nach Vollendung des dritten Lebensjahres des Kindes in Betracht. Eine Erwerbstätigkeit neben der Kinderbetreuung kann aus Gründen der nachehelichen Solidarität ganz oder teilweise unbillig sein. Hierbei sind das in der Ehe gewachsene Vertrauen in die vereinbarte und praktizierte Rollenverteilung und die gemeinsame Ausgestaltung der Kinderbetreuung sowie die Dauer der Ehe zu berücksichtigen (elternbezogene Gründe, § 1570 Abs. 2 BGB). Unbilligkeit kann vorliegen, wenn eine Erwerbstätigkeit neben der Betreuung des Kindes zu einer unzumutbaren Belastung führen würde. Die Darlegungs- und Beweislast für die Umstände, die einer vollen oder teilweisen Erwerbsobliegenheit ab Vollendung des dritten Lebensjahres des Kindes entgegenstehen, trifft den betreuenden Ehegatten. Dies gilt auch, wenn ein Titel über den Basisunterhalt nach § 1570 Abs. 1 Satz 1 BGB abgeändert werden soll.

Der Anspruch auf Betreuungsunterhalt richtet sich beim nichtehelichen Kind nach denselben Grundsätzen wie beim ehelichen Kind.

17.2 In der Regel besteht für den Berechtigten im ersten Jahr nach der Trennung keine Obliegenheit zur Aufnahme oder Ausweitung einer Erwerbstätigkeit.

Weitere Unterhaltsansprüche

18. Ansprüche nach § 1615l BGB[1)]

Der Bedarf nach § 1615l BGB bemisst sich nach der Lebensstellung des betreuenden Elternteils. Er beträgt mindestens 1.200 €, bei Erwerbstätigkeit mindestens 1.450 €.

19. Elternunterhalt

Der Bedarf bemisst sich nach der eigenen Lebensstellung des unterhaltsberechtigten Elternteils. Auch bei bescheidenen wirtschaftlichen Verhältnissen ist die Untergrenze des Bedarfs so zu bemessen, dass das Existenzminimum sichergestellt wird. Bei einem Heimaufenthalt wird der Bedarf durch die dadurch anfallenden Kosten einschließlich der für die privaten Bedürfnisse gewährten Leistungen nach dem SGB XII bestimmt (vgl. zum anrechenbaren Einkommen des Berechtigten Nr. 2.9).

[1)] **Habersack, Deutsche Gesetze Nr. 20.**

Der Wohnvorteil durch mietfreies Wohnen im eigenen Heim ist bei der Inanspruchnahme auf Elternunterhalt nicht mit der bei einer Fremdvermietung erzielbaren objektiven Marktmiete, sondern auf der Grundlage der unter den gegebenen Verhältnissen ersparten Miete zu bemessen. Hinsichtlich der Abzüge gilt Ziff. 5. S. 3.

20. Lebenspartnerschaft

Bei Getrenntleben oder Aufhebung der Lebenspartnerschaft gelten §§ 12, 16 LPartG[1)].

Leistungsfähigkeit und Mangelfall

21. Selbstbehalt des Verpflichteten

21.1 Es ist zu unterscheiden zwischen dem notwendigen (§ 1603 Abs. 2 BGB[2)]), dem angemessenen (§ 1603 Abs. 1 BGB) sowie dem eheangemessenen Selbstbehalt (§§ 1361 Abs. 1, 1581 Abs. 1 BGB).

21.2 Für Eltern gegenüber minderjährigen Kindern und diesen nach § 1603 Abs. 2 BGB[2)] gleichgestellten Kindern („privilegierte Volljährige“) gilt im Allgemeinen der notwendige Selbstbehalt als unterste Grenze für die Inanspruchnahme. Er beträgt

– beim längerfristig Nichterwerbstätigen 1.200 €

– beim Erwerbstätigen 1.450 €

Hierin sind Kosten für Unterkunft und Heizung in Höhe von 520 € enthalten.

21.3 Im Übrigen gilt beim Verwandtenunterhalt der angemessene Selbstbehalt.

21.3.1 Er beträgt gegenüber nicht privilegierten, volljährigen Kindern, die eine wirtschaftliche Selbständigkeit noch nicht erlangt haben, 1.750 €. Hierin sind Kosten für Unterkunft und Heizung in Höhe von 650 € enthalten.

21.3.2 Gegenüber Anspruchsberechtigten nach § 1615l BGB[2)] entspricht der Selbstbehalt dem eheangemessenen Selbstbehalt (vgl. Nr. 21.4)

21.3.3 Bei der Bemessung des Selbstbehalts im Rahmen des Elternunterhalts sind Zweck und Rechtsgedanken des Gesetzes zur Entlastung unterhaltspflichtiger Angehöriger in der Sozialhilfe und in der Eingliederungshilfe (Angehörigenentlastungsgesetz) vom 10.12.2019 zu beachten.

21.3.4 (derzeit nicht besetzt)

21.4 Gegenüber Ehegatten und geschiedenen Ehegatten gilt grundsätzlich der eheangemessene Selbstbehalt (§§ 1361, 1581 BGB[2)]). Im Regelfall beträgt dieser für den Nichterwerbstätigen 1.475 €, für den Erwerbstätigen 1.600 €. Hierin sind 580 € für Unterkunft und Heizung enthalten. Er ist nach unten durch den notwendigen Selbstbehalt und nach oben durch den angemessenen Selbstbehalt begrenzt.

21.5 Der Selbstbehalt kann im Einzelfall angemessen abgesenkt oder erhöht werden. Er soll insbesondere dann erhöht werden, wenn die Kosten der *Unterkunft und Heizung* den im jeweiligen Selbstbehalt enthaltenen

---

[1)] Nr. 43.
[2)] **Habersack, Deutsche Gesetze Nr. 20.**

Betrag überschreiten und nicht unangemessen sind. Im Rahmen der Angemessenheit sind insbesondere großstadtbedingt überdurchschnittliche Wohnkosten zu berücksichtigen. Lebt der Unterhaltspflichtige mit Familienmitgliedern in einer Wohnung, sind die von ihm für seinen Familienverband getragenen Wohnkosten nur anteilig zu berücksichtigen.

Lebt der Unterhaltspflichtige mit einem leistungsfähigen Partner in Haushaltsgemeinschaft, kommt eine Haushaltsersparnis in Betracht, in der Regel 10 % des jeweils maßgeblichen Selbstbehalts. Untergrenze ist der Sozialhilfesatz.

22. Bedarf des mit dem Pflichtigen zusammenlebenden Ehegatten

22.1 Ist bei Unterhaltsansprüchen des nachrangigen geschiedenen Ehegatten der Unterhaltspflichtige verheiratet, werden für den mit ihm zusammenlebenden, nicht erwerbstätigen Ehegatten mindestens 1.180 €, für den erwerbstätigen Ehegatten mindestens 1.280 € angesetzt.

22.2 Ist bei Unterhaltsansprüchen von nicht privilegierten volljährigen Kindern der Unterhaltspflichtige verheiratet, werden für den mit ihm zusammenlebenden, nicht erwerbstätigen oder erwerbstätigen Ehegatten mindestens 1.400 € angesetzt.

22.3 (derzeit nicht besetzt)

23. Bedarf des vom Pflichtigen getrenntlebenden oder geschiedenen Ehegatten

23.1. Der Bedarf des vom Unterhaltspflichtigen getrenntlebenden oder geschiedenen Ehegatten bei Ansprüchen des nachrangigen, geschiedenen Ehegatten beträgt mindestens 1.600 €.

23.2. Der Bedarf des vom Unterhaltspflichtigen getrenntlebenden oder geschiedenen Ehegatten bei Ansprüchen nicht privilegierter volljähriger Kinder beträgt mindestens 1.750 €.

23.3. (derzeit nicht besetzt)

24. Mangelfall

24.1 Ein absoluter Mangelfall liegt vor, wenn das Einkommen des Verpflichteten zur Deckung seines notwendigen Selbstbehalts und der gleichrangigen Unterhaltsansprüche nicht ausreicht. Zur Feststellung des Mangelfalls entspricht der einzusetzende Bedarf für minderjährige und diesen nach § 1603 Abs. 2 Satz 2 BGB[1)] gleichgestellten Kindern dem Zahlbetrag (z.B. Tabellenbetrag abzüglich des bedarfsmindernd anzurechnenden Kindergeldes).

24.2 Die Einsatzbeträge im Mangelfall belaufen sich bei minderjährigen und diesen nach § 1603 Abs. 2 Satz 2 BGB[1)] gleichgestellten Kindern auf den Zahlbetrag nach der jeweiligen Einkommensgruppe der Düsseldorfer Tabelle[2)], für den zum Barunterhalt verpflichteten Elternteil bei Nichterwerbstätigen auf 1.200 €, bei Erwerbstätigen auf 1.450 €. Anrechenbares

---

1) **Habersack, Deutsche Gesetze Nr. 20.**
2) Nr. **47**.

Einkommen des Unterhaltsberechtigten ist vom Einsatzbetrag abzuziehen.

24.3 Die nach Abzug des Selbstbehalts des Unterhaltspflichtigen verbleibende Verteilungsmasse ist anteilig auf alle gleichrangigen Unterhaltsberechtigten im Verhältnis ihrer Unterhaltsansprüche zu verteilen.

Die prozentuale Kürzung berechnet sich nach der Formel:

K = V : S × 100

K = prozentuale Kürzung

S = Summe der Einsatzbeträge aller Berechtigten

V = Verteilungsmasse (Einkommen des Verpflichteten abzüglich Selbstbehalt)

Der proportional gekürzte Unterhalt ergibt sich aus der Multiplikation mit dem Einsatzbetrag.

Lässt sich aufgrund konkreter Umstände prognostizieren, dass bestimmte gleichrangige Kindesunterhaltsansprüche nicht erfüllt werden müssen, ist dieses Geld für anderweitigen Mindestkindesunterhalt einzusetzen.

24.4 Für die Kindergeldverrechnung gilt § 1612b BGB[1].

24.5 Das im Rahmen der Mangelfallberechnung gewonnene Ergebnis ist auf seine Angemessenheit zu überprüfen.

Sonstiges

25. Rundung

Der Unterhaltsbetrag ist auf volle Euro aufzurunden.

Anhang

I. Düsseldorfer Tabelle

(abgedruckt unter Nr. 47)

Tabelle Zahlbeträge

(abgedruckt unter Nr. 47)

II. Umrechnung dynamischer Titel nach § 36 Nr. 3 EGZPO[2]

Die Umrechnung dynamischer Titel über Kindesunterhalt nach § 36 Nr. 3 EGZPO erfolgt gemäß der Anmerkung E (Übergangsregelung) zur Düsseldorfer Tabelle[3], Stand 1.1.2024.

---

[1] **Habersack, Deutsche Gesetze Nr. 20.**

[2] **Habersack, Deutsche Gesetze Nr. 101.**

[3] Nr. 47.

471. Oberlandesgericht Hamm – Leitlinien zum Unterhaltsrecht[1)]

(Stand: 1. Januar 2024)

Vorbemerkung

Die Leitlinien sind von den Familiensenaten des Oberlandesgerichts Hamm erarbeitet worden, um eine möglichst einheitliche Rechtsprechung im gesamten OLG-Bezirk zu erzielen. Sie stellen keine verbindlichen Regeln dar – das verbietet sich schon mit Rücksicht auf die richterliche Unabhängigkeit – und sollen dazu beitragen, angemessene Lösungen zu finden, ohne den Spielraum einzuengen, der erforderlich ist, um den jeweiligen Besonderheiten des Einzelfalls gerecht zu werden. Wesentliche Änderungen zum Vorjahr sind durch *Unterstreichung*[2)] markiert.

Unterhaltsrechtliches Einkommen

1. Geldeinnahmen

1.1 Auszugehen ist von einem durchschnittlichen Jahresbruttoeinkommen einschließlich Urlaubs- und Weihnachtsgeld sowie sonstigen Zuwendungen, auch Sachbezügen und Gewinnbeteiligungen.

1.2 [1] Höhere **einmalige Zuwendungen** (z.B. Jubiläumszulagen) können auf einen längeren Zeitraum verteilt werden. [2] **Abfindungen** sind regelmäßig auf einen angemessenen Zeitraum zur Aufrechterhaltung eines angemessenen Lebensstandards umzulegen. [3] Grundsätzlich sind Abfindungen bei der Aufnahme einer neuen Arbeitsstelle mit dauerhaft geringerem Einkommen bis zur Höchstgrenze des Bedarfs aufgrund des früheren Einkommens sowohl beim Kindes- als auch beim Ehegattenunterhalt für den Unterhalt zu verwenden; ob eine Aufstockung bis zum bisherigen Einkommen unter vollständiger Aufrechterhaltung des bisherigen Lebensstandards geboten ist, beurteilt sich nach den Umständen des Einzelfalls, insbesondere der beim Pflichtigen zu erwartenden weiteren Einkommensentwicklung. [4] Beim Ehegattenunterhalt gilt dies nicht, soweit der Abfindungsbetrag bereits güterrechtlich Berücksichtigung gefunden hat.

1.3 [1] **Überstundenvergütungen** sind Einkommen, wenn die Überstunden entweder in geringem Umfang anfallen oder berufstypisch sind. [2] Vergütungen für Überstunden, die deutlich über dieses übliche Maß hinausgehen, sind nach Billigkeitsgesichtspunkten und unter Berücksichtigung der Umstände des Einzelfalles sowie des in § 1577 Abs. 2 BGB[3)] zum Ausdruck kommenden Rechtsgedankens anzurechnen. [3] Beim Ehegattenunterhalt sind Überstundenvergütungen nach vorstehender Maßgabe bedarfsbestimmend zu berücksichtigen, wenn sie bereits die intakten Lebensverhältnisse mitgeprägt haben.

[1] Die gleichen Erwägungen gelten für Einkünfte aus einer **Nebentätigkeit**, die neben einer vollschichtigen Erwerbstätigkeit ausgeübt wird. [2] In

---

[1)] In der jeweils aktuellen Fassung kostenlos abrufbar unter www.olg-hamm.nrw.de.
[2)] Unterstreichungen im Original wurden zur besseren Lesbarkeit als *Kursivdruck* umgesetzt.
[3)] **Habersack, Deutsche Gesetze Nr. 20.**

Fällen gesteigerter Unterhaltsverpflichtung (§ 1603 Abs. 2 BGB) kann es dem Pflichtigen obliegen, zur Deckung des Mindestunterhalts Überstunden zu leisten und/oder eine Nebentätigkeit auszuüben, soweit dies möglich und zumutbar ist, jedoch nicht über die Grenzen der §§ 3 und 6 ArbZG[1] hinaus.

1.4 [1] Über die Anrechenbarkeit von Auslösungen und Spesen ist nach Maßgabe des Einzelfalls zu entscheiden. [2] Im Zweifel kann davon ausgegangen werden, dass eine Ersparnis eintritt, die mit einem Drittel der Nettobeträge zu bewerten und insoweit dem anrechenbaren Einkommen zuzurechnen ist.

1.5 (1) [1] Einkommen aus **selbständiger Tätigkeit** ist an Hand der Gewinn- und Verlustrechnungen bzw. der Einnahmen-Überschuss-Rechnungen zu ermitteln. [2] Zur Ermittlung der laufenden und zukünftigen Einkünfte ist auf einen mehrjährigen Zeitraum abzustellen; in der Regel sind hierzu drei Jahre ausreichend, während bei erheblichem Einkommensrückgang oder Anhaltspunkten für Manipulationen zur Überprüfung weitere Jahrgänge einbezogen werden können. [3] In diesem Zusammenhang kann den Entnahmen eine Indizwirkung zukommen. [4] Für die Vergangenheit ist von den in den jeweiligen Jahren erzielten Einkünften auszugehen. [5] Eine Durchschnittsberechnung über den Zeitraum, für den Unterhalt verlangt wird, ist möglich.

(2) [1] Lineare Abschreibungen (AfA) von Wirtschaftsgütern sind regelmäßig als gewinnmindernd anzuerkennen. [2] Hinsichtlich des Umfanges der Abschreibungen haben die von der Finanzverwaltung herausgegebenen AfA-Tabellen die Vermutung der Richtigkeit für sich. [3] Soweit Abschreibungen unterhaltsrechtlich nicht anerkannt werden, kommt die Berücksichtigung der Tilgungsleistungen in Betracht.

1.6 Einnahmen aus Vermietung und Verpachtung und aus Kapitalvermögen

1.6.1 [1] Einnahmen aus Vermietung und Verpachtung sind – vermindert um die Aufwendungen zur Finanzierung und Erhaltung des Objektes – Einkommen. [2] Die Berücksichtigungsfähigkeit von Tilgungsleistungen richtet sich nach den Umständen des Einzelfalles. [3] AfA-Beträge sind für Gebäude regelmäßig nicht abzusetzen.

1.6.2 Einnahmen aus Kapitalvermögen sind nach Abzug der Werbungskosten als Einkommen zu berücksichtigen.

1.7 [1] **Steuererstattungen bzw. Steuernachzahlungen** sind grundsätzlich auf das Zahlungsjahr umzulegen (sog. In-Prinzip); insbesondere bei Selbständigen und Gewerbetreibenden kann es sich allerdings zum Zwecke der Entzerrung empfehlen, die für das jeweilige Kalenderjahr veranlagten Steuern anzusetzen (sog. Für-Prinzip). [2] Es besteht die Obliegenheit, mögliche Steuervorteile in Anspruch zu nehmen. [3] Dies gilt für das steuerliche Realsplitting nur, soweit die Unterhaltsverpflichtung auf einem Anerkenntnis oder rechtskräftiger Verurteilung beruht oder freiwillig erfüllt wird.

1.8 Sonstige Einnahmen (z.B. Trinkgelder).

---

[1] Nr. 78.

2. Sozialleistungen

2.1 **Arbeitslosengeld** (§ 117 SGB III), **Krankengeld**, **Krankentagegeld** und **Übergangsgeld** (§ 24 SGB II) sind Einkommen.

2.2 [1] **Arbeitslosengeld II** (§§ 19–32 SGB II) ist Einkommen bei dem Verpflichteten; bei dem Berechtigten dagegen nicht. [2] Allerdings kann die Geltendmachung rückständigen Unterhalts neben bereits gewährtem Arbeitslosengeld II ausnahmsweise treuwidrig sein, wenn dies wegen eines gesetzlichen Ausschlusses des Anspruchsüberganges auf den Leistungsträger (§ 33 Abs. 2 SGB II) zu einer doppelten Befriedigung des Berechtigten führen würde.

2.3 **Wohngeld** ist Einkommen, soweit es nicht überhöhte Wohnkosten deckt.

2.4 [1] **BAföG-Leistungen** sind mit Ausnahme von Vorausleistungen nach §§ 36, 37 BAföG[1)] Einkommen. [2] Das gilt in der Regel auch dann, wenn sie als Darlehen gewährt werden.

2.5 **Elterngeld** ist als Einkommen zu behandeln; für den Mindestbetrag von monatlich 300 € bzw. im Fall des § 6 S. 2 BEEG[2)] von monatlich 150 € gilt dies nur ausnahmsweise (§ 11 S. 4 BEEG).

2.6 **Unfall- und Versorgungsrenten** sowie Übergangsgelder aus der Unfall- bzw. Rentenversicherung sind Einkommen.

2.7 Leistungen aus der **Pflegeversicherung, Blindengeld und ähnliche Sozialleistungen** sind Einkommen, wobei § 1610a BGB[3)] zu beachten ist.

2.8 [1] **Pflegegeld** nach §§ 37 ff SGB XI, das an den Pflegenden weitergeleitet wird, ist nur unter den Voraussetzungen des § 13 Abs. 6 SGB XI Einkommen. [2] Pflegegeld nach § 64 SGB XII für eigene schwerbehinderte Kinder und nach § 39 SGB VIII[4)] für die Aufnahme fremder Kinder ist mit seinem im Einzelfall zu bemessenden Vergütungsanteil Einkommen.

2.9 Leistungen zur **Grundsicherung** nach den §§ 41–43 SGB XII sind Einkommen beim Verwandtenunterhalt.

2.10 [1] Sonstige **Sozialhilfe** (SGB XII) ist in der Regel kein Einkommen. [2] Bei der Geltendmachung rückständigen Unterhalts und Ausschluss des Anspruchsüberganges (§ 94 Abs. 3 SGB XII) gilt Nr. 2.2 (Satz 2) entsprechend.

2.11 Für **Leistungen nach dem Unterhaltsvorschussgesetz**[5)] gelten die Ausführungen unter Nr. 2.2 und 2.10.

3. Kindergeld/Kindergeldanrechnung

(1) [1] Das staatliche **Kindergeld** zählt nicht zum bedarfsprägenden Einkommen der Eltern. [2] Es mindert den Barbedarf des Kindes in voller Höhe

---

[1)] **Sartorius Nr. 420.**

[2)] Nr. **45e.**

[3)] **Habersack, Deutsche Gesetze Nr. 20.**

[4)] Nr. **46.**

[5)] Nr. **45d.**

bzw. in Höhe der Hälfte des Kindergeldbetrages, wenn ein Elternteil seine Unterhaltspflicht gegenüber einem minderjährigen Kind durch Betreuung erfüllt – § 1612b Abs. 1 BGB[1)] (siehe dazu die Kindergeldanrechnungstabelle in Anhang II). [3]Von der Anrechnung auf den Bedarf des Kindes ausgenommen ist der sog. Zählkindervorteil (§ 1612b Abs. 2 BGB). [4]Das volljährige Kind hat im Fall des § 1612b Abs. 1 Nr. 2 BGB gegen den Empfänger des Kindergeldes Anspruch auf Auszahlung, soweit dies nicht zur Deckung seines Bedarfs verwendet wird.

(2) Kinderzulagen und Kinderzuschüsse zur Rente sind, wenn die Gewährung des staatlichen Kindergeldes entfällt, in Höhe des fiktiven Kindergeldes wie Kindergeld zu behandeln (§ 4 BKGG[2)], § 65 EStG[3)], § 270 SGB VI, § 1612c BGB).

4. Geldwerte Zuwendungen des Arbeitgebers

[1]Geldwerte Zuwendungen des Arbeitgebers aller Art, z.B. Firmenwagen oder freie Kost und Logis, sind Einkommen, soweit sie entsprechende Aufwendungen ersparen. [2]Die hierfür steuerlich in Ansatz gebrachten Beträge bieten einen Anhaltspunkt für die Bewertung des geldwerten Vorteils.

5. Wohnwert

5.1 Der **Vorteil des mietfreien Wohnens** im eigenen Haus oder in der Eigentumswohnung – Wohnvorteil – ist als wirtschaftliche Nutzung des Vermögens wie Einkommen zu behandeln.

5.2 (1) [1]Beim **Ehegattenunterhalt** ist während der Trennungszeit bis zur endgültigen Vermögensauseinandersetzung oder bis zum endgültigen Scheitern der Ehe – also in der Regel bis zur Rechtshängigkeit des Scheidungsantrags – der Wohnvorteil des bleibenden Ehegatten entsprechend der nur noch eingeschränkten Nutzung mit dem sog. **angemessenen Wohnwert** anzusetzen. [2]Dieser richtet sich nach dem Mietpreis (Nettokaltmiete) auf dem örtlichen Wohnungsmarkt für eine den ehelichen Lebensverhältnissen angemessene kleinere Wohnung. [3]Die gemäß § 556 BGB[1)] nicht umlagefähigen Betriebskosten (z.B. Kosten für die Verwaltung und Geldverkehr) und die erforderlichen – konkreten – Instandhaltungskosten mindern den angemessenen Wohnwert. (Zu den Finanzierungslasten s. Nr. 5.4).

(2) Ebenso berechnet sich der Wohnwert in dieser Phase für den **Kindesunterhalt**; nur in eng begrenzten Ausnahmefällen kann im Hinblick auf § 1603 Abs. 2 BGB der Ansatz des objektiven Wohnwerts (Nr. 5.3) geboten sein.

5.3 [1]Nach der endgültigen Vermögensauseinandersetzung oder dem endgültigen Scheitern der Ehe richtet sich der Wohnvorteil im Ehegattenunterhalt bei der Bedarfsbemessung (§ 1578 BGB[1)]) nach dem **objektiven** oder **vollen Mietwert** (Marktmiete) unter Abzug der unter Nr. 5.2 genannten Belastungen. [2]Eine Ausnahme kommt in Betracht, wenn dem in der Wohnung verbliebenen Ehegatten eine andere Verwertung der Wohnung,

---

[1)] **Habersack, Deutsche Gesetze Nr. 20.**
[2)] Nr. **45b**.
[3)] Nr. **45a**.

insbesondere durch seinen Auszug noch nicht möglich oder zumutbar ist. [3] Nach der Veräußerung des Familienheimes treten die tatsächlichen bzw. die erzielbaren Einkünfte aus dem Erlös an die Stelle des Wohnwertes, ohne auf diesen beschränkt zu sein.

5.4 (1) [1] **Finanzierungslasten** (Immobiliendarlehen) mindern den Wohnwert, soweit sie tatsächlich durch Ratenzahlungen bedient werden. [2] Für die Berechnung des Ehegattenunterhalts bis zum endgültigen Scheitern der Ehe sind Ratenzahlungen in aller Regel mit Zins und Tilgung zu berücksichtigen.

(2) [1] Nach dem endgültigen Scheitern der Ehe mindern **Zinszahlungen** weiterhin den Wohnwert. [2] Für die Berücksichtigungsfähigkeit von **Tilgungsleistungen** kommt es auf die Umstände des Einzelfalls an, insbesondere auf die Frage, ob Miteigentum an der Immobilie besteht, ob einseitige Vermögensbildung betrieben wird, ob eine Streckung/Aussetzung der Tilgung möglich und zumutbar ist, ohne dass eine Zwangsversteigerung droht. [3] Von einseitiger Vermögensbildung kann grundsätzlich nicht ausgegangen werden, soweit den Tilgungsanteilen ein entsprechender Wohnvorteil gegenübersteht. [4] Ein den Wohnvorteil dann noch übersteigender Tilgungsanteil kann im Rahmen der sekundären Altersvorsorge (vgl. Nr. 10.1) zu berücksichtigen sein. [5] Im Einzelfall kann zu prüfen sein, ob eine Obliegenheit zur Vermögensumschichtung durch Verkauf der Immobilie besteht. [6] Dabei ist allerdings zu beachten, dass selbst genutztes Immobilieneigentum nach § 90 Abs. 2 Nr. 8 SGB XII zum geschützten Vermögen gehört.

(3) Beim **Kindesunterhalt** gilt für die Berücksichtigung der Finanzierungslasten im Rahmen des § 1603 Abs. 1 BGB[1] ein großzügigerer, im Anwendungsbereich des § 1603 Abs. 2 BGB hingegen ein strengerer Maßstab.

(4) [1] Auch beim Elternunterhalt sind neben den Zinsen die Tilgungsleistungen bis zur Höhe des Wohnvorteils vom Einkommen des Elternunterhaltspflichtigen abzuziehen, ohne dass dies seine Befugnis zur Bildung eines zusätzlichen Altersvorsorgevermögens schmälert. [2] Der den Wohnvorteil dann noch übersteigende Tilgungsanteil ist im Rahmen der sekundären Altersvorsorge auf die Altersvorsorgequote des Elternunterhaltspflichtigen anzurechnen.

6. Haushaltsführung/Zusammenleben

6.1 [1] Für die **unentgeltliche Führung des Haushalts eines leistungsfähigen Dritten**, insbesondere eines neuen Partners, ist eine angemessene Vergütung zu fingieren und als Einkommen zu berücksichtigen. [2] Dieses kann im Falle einer Vollversorgung mit Beträgen von 250 € bis 500 € angesetzt werden.

6.2 [1] Das **Zusammenleben in einer häuslichen Gemeinschaft** kann unter dem Gesichtspunkt ersparter Wohn- und Haushaltskosten nach den Umständen des Einzelfalles – bei Leistungsfähigkeit des Partners – die Leistungsfähigkeit steigern. [2] In der Regel kann dieser geldwerte Vorteil für die Gemeinschaft mit bis zu 20 % des Selbstbehalts/Eigenbedarfs bemes-

[1] **Habersack, Deutsche Gesetze Nr. 20.**

sen und dem jeweiligen Partner zur Hälfte zugerechnet werden. [3] Vgl. auch Nr. 21.5.

7. Einkommen aus überobligatorischer (unzumutbarer) Erwerbstätigkeit

[1] Einkommen aus überobligatorischer Erwerbstätigkeit kann nach Billigkeit ganz oder teilweise unberücksichtigt bleiben. [2] Vgl. im Übrigen Nr. 1.3, Nr. 10.3 sowie Nr. 17.3.

8. Freiwillige Leistungen Dritter

[1] Freiwillige Leistungen Dritter (z.B. Geldleistungen, Wohnungsgewährung) sind regelmäßig nicht als Einkommen zu berücksichtigen, es sei denn die Berücksichtigung entspricht dem Willen des zuwendenden Dritten. [2] Im Mangelfall kann jedoch bei der Beurteilung der Leistungsfähigkeit bzw. Bedürftigkeit eine Anrechnung derartiger Leistungen auch gegen den Willen des Zuwendenden erwogen werden.

9. Einkommensfiktion

Zum Einkommen können auch Einkünfte zu rechnen sein, die aufgrund einer unterhaltsrechtlichen Obliegenheit erzielt werden müssten, aber tatsächlich nicht erzielt werden.

10. Bereinigung des Einkommens

10.1 [1] In dem jeweiligen Jahr gezahlte **Steuern** auf das Einkommen sind vom Bruttoeinkommen abzuziehen. [2] Auf Nr. 1.7 wird verwiesen. [3] Abzuziehen sind ebenfalls notwendige **Vorsorgeaufwendungen**. [4] Hierzu zählen Aufwendungen für Kranken-, Pflege-, Renten- und Arbeitslosenversicherung. [5] Im Rahmen der Altersvorsorge können über die Aufwendungen für die Grundversorgung (primäre Altersvorsorge) hinaus in angemessenem Umfang tatsächlich geleistete Zahlungen für eine zusätzliche private Altersvorsorge (sekundäre Altersvorsorge) anerkannt werden. [6] Personen, die der gesetzlichen Versicherungspflicht nicht unterliegen, können für ihre primäre Altersversorgung entsprechend dem Aufwand eines nicht Selbständigen in der Regel etwa 20 % des Bruttoeinkommens einsetzen, es sei denn, die Altersvorsorge ist bereits auf andere Weise gesichert. [7] Beim Ehegattenunterhalt ist für die sekundäre Altersvorsorge in der Regel ein Betrag von bis zu 4 % des Gesamtbrutto- einkommens des Vorjahres angemessen, beim Elternunterhalt ein Betrag etwa in Höhe von 5 % und beim Kindesunterhalt in Höhe von bis zu 4 %, soweit der Mindestunterhalt gedeckt ist. [8] Höhere Altersvorsorgeaufwendungen während der Ehe können ab dem endgültigen Scheitern der Ehe nicht mehr berücksichtigt werden.

10.2 Berufsbedingte Aufwendungen

10.2.1 [1] Notwendige berufsbedingte Aufwendungen von Gewicht mindern das Einkommen, soweit sie konkret dargelegt werden. [2] Werden fiktiv Erwerbseinkünfte zugerechnet, kann für beruflichen Aufwand pauschal ein Abzug von 5 % des Nettoeinkommens vorgenommen werden.

10.2.2 [1] Für **Fahrten von der Wohnung zum Arbeitsplatz** sind – jedenfalls in engen wirtschaftlichen Verhältnissen – in der Regel nur die Kosten öffentlicher Verkehrsmittel absetzbar. [2] Ist die Benutzung öffentlicher Verkehrsmittel unzumutbar, sind die Kosten der PKW-Nutzung in der Regel mit 0,42 € (für die Zeit bis 31.12.2021 0,30 €) je Kilometer (Formel: Entfernungskilometer × 2 × 0,42 € × 220 Arbeitstage ÷ 12 Monate) abzugsfähig. [3] Wenn die einfache Entfernung über 30 Kilometer hinausgeht, wird empfohlen, die weiteren Kilometer wegen der eintretenden Kostenersparnis nur mit den Betriebskosten von 0,28 € (für die Zeit bis 31.12.2021 0,20 €) je Kilometer anzusetzen. [4] Neben den Fahrtkosten sind regelmäßig keine weiteren Kosten (etwa für Kredite oder Reparaturen) abzugsfähig.

10.2.3 Bei einem Auszubildenden sind in der Regel 100 € als **Ausbildungsaufwand** abzuziehen (Nr. 12.2), soweit dieser Aufwand nicht bereits in dem Bedarfssatz enthalten ist (Nr. 13.1.2).

10.3 [1] Das Einkommen aus einer neben der **Kinderbetreuung** ausgeübten Erwerbstätigkeit kann um den notwendigen, konkret dargelegten Aufwand für die Betreuung des Kindes vermindert werden. [2] Zum Aufwand für die Betreuung des Kindes zählen nicht die Kosten des Kindergartenbesuchs; diese sind Mehrbedarf des Kindes und nach dem Verhältnis der beiderseitigen Einkünfte zwischen den Eltern aufzuteilen (Nr. 12.4). [3] Fallen keine konkreten Betreuungskosten an, kann – sofern besondere Erschwernisse dargelegt werden – ein Teil des Einkommens nach Billigkeitsgrundsätzen entsprechend § 1577 Abs. 2 S. 2 BGB[1)] (für den unterhaltsberechtigten Ehegatten vgl. Nr. 17.3) anrechnungsfrei bleiben. [4] Das gilt ebenfalls bei der Prüfung der Frage, ob ein Elternteil auch zum Barunterhalt eines von ihm betreuten Kindes beitragen muss (§ 1603 Abs. 2 S. 3 BGB). [5] Auf Nr. 12.3 wird verwiesen.

10.4 Schulden

10.4.1 (1) [1] Schulden können das anrechenbare Einkommen vermindern. [2] Beim Ehegattenunterhalt sind Verbindlichkeiten zu berücksichtigen, wenn sie schon vor oder während des ehelichen Zusammenlebens eingegangen wurden. [3] Nach der Trennung entstandene Schulden können das anrechenbare Einkommen mindern, wenn sie berücksichtigungswürdig sind.

(2) Eine den Billigkeitsgrundsätzen entsprechende Gesamtabwägung der Einzelfallumstände kann es erfordern, dass die jeweils für sich anerkennungsfähigen Verbindlichkeiten nur im Rahmen eines vernünftigen Tilgungsplans in angemessenen Raten (Zinsen und Tilgung) abzugsfähig sind.

10.4.2 [1] Beim Unterhalt für minderjährige und privilegierte volljährige Kinder sind Schulden nach obiger Maßgabe regelmäßig nur dann voll berücksichtigungsfähig, wenn der Mindestunterhalt sichergestellt wird. [2] Andernfalls ist, wenn die Einleitung eines Verbraucherinsolvenzverfahrens nicht möglich oder nicht zumutbar ist, lediglich ein Anwachsen der Verbindlichkeiten zu vermeiden (nur Abzug von Kreditzinsen).

10.5 Zurzeit nicht besetzt.

10.6 [1] **Vermögenswirksame Leistungen** vermindern das Einkommen nicht, soweit sie nicht im Rahmen zulässiger sekundärer Altersvorsorge berücksichtigungsfähig sind (Nr. 10.1). [2] Jedoch sind dem Pflichtigen bzw. Be-

---

1) Habersack, Deutsche Gesetze Nr. 20.

rechtigten in jedem Fall etwaige Zusatzleistungen des Arbeitgebers für die vermögenswirksame Anlage (mit dem Nettobetrag) sowie die staatliche Sparzulage voll zu belassen.

10.7 Notwendige **Kosten des Umgangs** mit Kindern können das Einkommen mindern, wenn ansonsten der notwendige Selbstbehalt unterschritten würde.

Kindesunterhalt

11. Bemessungsgrundlage

Der Unterhaltsbedarf **minderjähriger sowie volljähriger** unverheirateter Kinder ohne eigene Lebensstellung ist der Unterhaltstabelle (Düsseldorfer Tabelle[1)]) zu entnehmen (siehe **Anhang I**).

11.1 In den Tabellensätzen sind Beiträge zur Kranken- und Pflegeversicherung nicht enthalten.

11.2 Eingruppierung

11.2.1 [1] Die Tabellensätze sind auf den Fall zugeschnitten, dass der Pflichtige zwei Berechtigten Unterhalt zu gewähren hat, ohne Rücksicht auf deren Rang. [2] Bei einer größeren Anzahl von Berechtigten können Abschläge, bei einer geringeren Anzahl Zuschläge – durch Einstufung in höhere/niedrigere Gruppen – angemessen sein. [3] Eine Eingruppierung in eine höhere Einkommensgruppe setzt jedoch voraus, dass dem Pflichtigen nach Abzug des Kindesunterhalts und des Ehegattenunterhalts bzw. des Unterhalts für Berechtigte nach § 1615l BGB[2)] der für die höhere Einkommensgruppe maßgebende Bedarfskontrollbetrag (Nr. 11.2.2) verbleibt.

11.2.2 [1] Der Kindesunterhalt muss in einem angemessenen Verhältnis zu dem Betrag stehen, der dem Pflichtigen nach Abzug des Kindesunterhalts (Zahlbetrag) und des Ehegattenunterhaltes für den eigenen Bedarf verbleibt (**Bedarfskontrollbetrag**). [2] Wird der Bedarfskontrollbetrag unterschritten, ist der Unterhalt der nächst niedrigeren Einkommensgruppe, deren Bedarfskontrollbetrag gewahrt wird, zu entnehmen.

12. Minderjährige Kinder

12.1 [1] Minderjährige Kinder haben Anspruch auf den Mindestunterhalt nach § 1612a BGB[2)]; dem entspricht der Barunterhalt aus der ersten Einkommensgruppe der Unterhaltstabelle in der jeweiligen Altersstufe. [2] Der Betreuungsunterhalt im Sinne des § 1606 Abs. 3 S. 2 BGB entspricht wertmäßig in der Regel dem vollen Barunterhalt.

12.2 [1] Einkommen des Kindes wird hälftig auf seinen Bedarf angerechnet. [2] Die Ausbildungsvergütung ist – nach Kürzung um den ausbildungsbedingten Mehrbedarf (Nr. 10.2.3) – als Einkommen zu behandeln. [3] Zur Kindergeldanrechnung siehe Nr. 3.

[1)] Nr. 47.
[2)] **Habersack, Deutsche Gesetze Nr. 20.**

12.3 (1) Der Elternteil, der in seinem Haushalt ein minderjähriges unverheiratetes Kind betreut, braucht deshalb (vgl. Nr. 12.1) neben dem anderen Elternteil regelmäßig keinen Barunterhalt zu leisten

(2) [1] Eine Barunterhaltspflicht des nicht betreuenden Elternteils kann jedoch entfallen oder sich ermäßigen, wenn er zu Unterhaltszahlungen nicht ohne Beeinträchtigung seines angemessenen Unterhalts in der Lage wäre, während der andere Elternteil neben der Betreuung des Kindes auch den Barunterhalt leisten könnte, ohne dass dadurch sein eigener angemessener Unterhalt gefährdet würde und ohne die Beteiligung des betreuenden Elternteils am Barunterhalt ein erhebliches finanzielles Ungleichgewicht zwischen den Eltern entstehen würde. [2] In solchen Fällen entfällt die gesteigerte Unterhaltspflicht nach § 1603 Abs. 2 Satz 1 und 2 BGB[1)], also die Beschränkung auf den notwendigen Selbstbehalt. [3] Die Unterhaltspflicht mit dem Einkommen, das den angemessenen Selbstbehalt übersteigt, wird davon nicht berührt.

(3) [1] Erzielt der betreuende Elternteil über das Dreifache der Nettoeinkünfte des an sich barunterhaltspflichtigen Elternteils, kann es allerdings der Billigkeit entsprechen, den betreuenden Elternteil den Barunterhalt in voller Höhe aufbringen zu lassen. [2] Unterhalb dieser Schwelle kann bei einer erheblichen Einkommensdifferenz eine beiderseitige Barunterhaltspflicht der Eltern nach Nr. 13.3 der Leitlinien in Betracht kommen, wobei zugunsten des betreuenden Elternteils eine wertende Veränderung des Verteilungsmaßstabs vorzunehmen ist.

12.4 [1] Bei Zusatzbedarf (Verfahrenskostenvorschuss, Mehrbedarf, Sonderbedarf) haften die Eltern grundsätzlich anteilig nach ihren Erwerbs- und Vermögensverhältnissen unter Wahrung ihres Selbstbehalts (vgl. Nr. 13.3.2). [2] Zum Mehrbedarf des Kindes zählen die Kindergartenkosten.

12.5 *Aufwendungen im Rahmen eines erheblich erweiterten Umgangs können durch angemessene Abschläge beim Barunterhalt berücksichtigt werden, soweit der Mindestunterhalt gewährleistet ist.*

13. Volljährige Kinder

13.1.1 [1] Volljährige Kinder ohne eigene Lebensstellung erhalten, wenn keine besonderen Umstände vorliegen, den Tabellenbetrag der vierten Altersstufe. [2] Ihr Bedarf bestimmt sich – wenn beide Elternteile barunterhaltspflichtig sind – nach dem zusammengerechneten Einkommen der Eltern aus der Unterhaltstabelle (dazu Nr. 11), und zwar ohne Abzug wegen doppelter Haushaltsführung. [3] Diese Grundsätze finden auch auf privilegierte volljährige Kinder (§ 1603 Abs. 2 S. 2 BGB[1)]) Anwendung. [4] Zur Kindergeldanrechnung siehe Nr. 3.

13.1.2 [1] Der Bedarf eines **Studenten** beträgt bei auswärtiger Unterbringung in der Regel 930 € (darin sind Kosten für Unterkunft und Heizung bis zu 410 € enthalten). [2] Von diesem Betrag kann bei erhöhtem Bedarf oder mit Rücksicht auf die Lebensstellung der Eltern abgewichen werden. [3] Dieser Bedarfssatz kann auch sonst für ein **Kind** mit **eigenem Hausstand** angesetzt werden. [4] Ein eigener Kranken- bzw. Pflegeversicherungsbeitrag

---

[1)] **Habersack, Deutsche Gesetze Nr. 20.**

ist in diesem Betrag nicht enthalten. [5] Dagegen sind in dem Bedarfssatz ausbildungs- bzw. berufsbedingte Aufwendungen bis zu einem Betrag von monatlich 100 € enthalten.

13.2 [1] **Einkommen des Kindes**, auch BAföG-Darlehn und Ausbildungsbeihilfen, wird – gekürzt um ausbildungsbedingte Aufwendungen (vgl. Nr. 10.2.3) – in voller Höhe auf den Bedarf angerechnet. [2] Überobligationsmäßig erzielte Einkünfte bleiben entsprechend § 1577 Abs. 2 BGB[1)] ganz oder teilweise unberücksichtigt.

13.3 Beiderseitige Barunterhaltspflicht/Haftungsanteil

13.3.1 Die Haftungsanteile der Eltern (§ 1606 Abs. 3 S. 1 BGB[1)]), die für ein **volljähriges Kind** unterhaltspflichtig sind, bestimmen sich nach dem Verhältnis ihrer anrechenbaren Einkommen **grundsätzlich** abzüglich ihres angemessenen Selbstbehalts (*1.750 €*) und abzüglich der Unterhaltsleistungen an vorrangig Berechtigte.

13.3.2 [1] Für die Unterhaltspflicht gegenüber **privilegierten volljährigen Kindern** i.S.d. § 1603 Abs. 2 S. 2 BGB[1)] bemessen sich die Haftungsanteile der Eltern grundsätzlich nach dem Verhältnis ihrer anrechenbaren Einkommen abzüglich ihres angemessenen Selbstbehalts (*1.750 €*), im Mangelfall abzüglich ihres notwendigen Selbstbehalts (*1.200 €* bzw. *1.450 €*). [2] Die Barunterhaltspflichten gegenüber minderjährigen Kindern sind auch in diesem Fall vorweg abzuziehen. [3] Hiervon kann im Einzelfall abgesehen werden, wenn der Vorwegabzug zu einem unbilligen Ergebnis führt.

13.3.3 Ein Elternteil hat jedoch in der Regel höchstens den Unterhalt zu leisten, der sich allein nach seinem Einkommen aus der Unterhaltstabelle ergibt.

14. Zur Anrechnung des Kindergeldes siehe Nr. 3.

Ehegattenunterhalt

15. Unterhaltsbedarf

15.1 (1) [1] Der Anspruch eines Ehegatten wird begrenzt durch den **Bedarf nach den ehelichen Lebensverhältnissen** (§ 1578 BGB[1)]). [2] Die ehelichen Lebensverhältnisse werden grundsätzlich durch die Umstände bestimmt, die bis zur Rechtskraft der Ehescheidung eingetreten sind. [3] Umstände, die auch bei fortbestehender Ehe eingetreten wären, und Umstände, die bereits in anderer Weise in der Ehe angelegt und mit hoher Wahrscheinlichkeit zu erwarten waren, sind zu berücksichtigen. [4] Dies gilt für normale absehbare weitere Entwicklungen von Einkünften aus derselben Einkommensquelle, wie für übliche Lohnerhöhungen sowie einen nicht vorwerfbaren nachehelichen Einkommensrückgang, etwa durch Arbeitslosigkeit, Eintritt in das gesetzliche Rentenalter oder Krankheit.

(2) Ist der Pflichtige wieder verheiratet, berechnet sich der Bedarf des früheren Ehegatten aufgrund einer fiktiven Besteuerung der Einkünfte des Pflichtigen nach der Grundtabelle, also ohne den Splittingvorteil.

(3) [1] Unterhaltsleistungen, die während der Ehe für Kinder erbracht worden sind, *prägen* die Ehe *und* sind daher bei der Bedarfsberechnung grundsätzlich vorweg in Abzug zu bringen. [2] Zu den bei der Bedarfs-

---

[1)] Habersack, Deutsche Gesetze Nr. 20.

berechnung zu beachtenden Umständen gehört auch das Hinzutreten weiterer Unterhaltsberechtigter bis zur rechtskräftigen Ehescheidung.

(4) Auch ein Unterhaltsanspruch aus § 1615l BGB, den der betreuende Elternteil eines vor der Rechtskraft der Scheidung geborenen Kindes hat, prägt die ehelichen Lebensverhältnisse.

(5) Dagegen sind die Unterhaltspflichten für ein nach Rechtskraft der Scheidung geborenes Kind, gegenüber dessen betreuenden Elternteil nach § 1615l BGB sowie gegenüber einem späteren Ehegatten bei der Bemessung des Unterhaltsbedarfs nach § 1578 Abs. 1 S. 1 BGB nicht zu berücksichtigen.

(6) Der Bedarf eines späteren Ehegatten wird durch die Unterhaltslast des Pflichtigen aus einer früheren Ehe geprägt und gemindert (vgl. Nr. 24.3.3).

(7) [1] Als **Existenzminimum** des unterhaltsberechtigten Ehegatten kommt – einschließlich evtl. trennungsbedingten Mehrbedarfs – in der Regel ein Betrag von *1.200 €* in Betracht. [2] Bei Vorteilen aus dem Zusammenleben mit einem leistungsfähigen Partner kann dieser Betrag herabgesetzt werden.

15.2 Halbteilung, Erwerbstätigenbonus und Berechnungsmethoden

15.2.1 [1] Es gilt der Halbteilungsgrundsatz, wobei jedoch Erwerbseinkünfte nur zu 90 % zu berücksichtigen sind (Abzug von 1/10 Erwerbstätigenbonus vom bereinigten Einkommen). [2] Für Unterhaltszeiträume vor dem 01.01. 2022 gilt weiter die bisherige Regelung: Es gilt der Halbteilungsgrundsatz, wobei Erwerbseinkünfte nur zu 6/7 zu berücksichtigen sind (Abzug von 1/7 Erwerbstätigenbonus vom bereinigten Einkommen).

15.2.2 [1] Hat der Berechtigte eigenes Erwerbseinkommen, kann er 45 % (für Unterhaltszeiträume vor dem 01.01.2022: 3/7) des Unterschiedsbetrages zum Erwerbseinkommen des Pflichtigen und 1/2 des Unterschiedsbetrages sonstiger eheprägender Einkünfte beider Ehegatten beanspruchen (**Differenzmethode**). [2] Beim Zusammentreffen von Erwerbseinkommen mit anderen Einkünften empfiehlt sich aus Gründen der Übersichtlichkeit die Anwendung der **Additionsmethode**, die zum gleichen Ergebnis führt wie die Differenzmethode (Beispiel zu den Berechnungsmethoden siehe **Anhang III**).

15.2.3 (1) Nach der **Anrechnungsmethode** zu berücksichtigen sind Einkünfte des Berechtigten aus Vermögen, das in der Ehe nicht für den Lebensunterhalt zur Verfügung stand.

(2) Zu Einkünften des Berechtigten aus überobligatorischer Erwerbstätigkeit wird auf Nr. 17.3 verwiesen.

15.2.4 Bei der Berechnung des **Erwerbstätigenbonus** und der Quote von 45 % (für Unterhaltszeiträume vor dem 01.01.2022: 3/7) bzw. 1/2 ist von den Mitteln auszugehen, die den Ehegatten nach Vorwegabzug ihrer zu berücksichtigenden Verbindlichkeiten (z.B. Beiträge zur Alters-, Kranken- und Pflegeversicherung, Kredit- und Sparraten, berufsbedingte Aufwendungen) und des Zahlbetrags des Kindesunterhalts noch für den Verbrauch zur Verfügung stehen.

15.3 [1] Bei besonders günstigen Verhältnissen kann der Bedarf nicht ohne weiteres als Quote des Gesamteinkommens berechnet werden. [2] Von beson-

ders günstigen wirtschaftlichen Verhältnissen kann in der Regel ab einem Familieneinkommen von *11.200 €* ausgegangen werden, wobei die Einkünfte vorab um vorrangigen Kindesunterhalt, sonstige eheprägende Unterhaltsverpflichtungen, berufsbedingte Aufwendungen und etwaige weitere berücksichtigungsfähige Positionen, nicht aber einen Erwerbsbonus zu bereinigen sind. [3] Für den Berechtigten kommen in solch einem Fall zwei Möglichkeiten in Betracht:
[4] Er kann seinen Bedarf entweder konkret darlegen. [5] Dann sind Einkünfte des Berechtigten ohne Erwerbstätigenbonus auf den Bedarf anzurechnen.
[6] Oder er kann seinen Bedarf als Quotenunterhalt geltend machen, muss dann aber, soweit er einen Bedarf von mehr als derzeit *5.040 €* geltend macht (45 % von *11.200 €*), substantiiert vortragen, dass und in welchem Umfang die hohen Einkünfte zur Deckung der ehelichen Lebensverhältnisse verwendet worden sind. [7] Bestreitet der Pflichtige den vollständigen Verbrauch zu Konsumzwecken, hat der Berechtigte die Darlegungs- und Beweislast hierfür.

15.4 Vorsorgebedarf

15.4.1 [1] Aufwendungen für eine notwendige Kranken- und Pflegeversicherung des berechtigten Ehegatten sowie die Kosten der Altersvorsorge (Altersvorsorgeunterhalt) können zusätzlich verlangt werden. [2] Diese Kosten sind bei der Berechnung der Quote vorab vom anrechenbaren Einkommen des Pflichtigen abzuziehen.

15.4.2 [1] Der **Altersvorsorgeunterhalt** (§ 1578 Abs. 3 BGB[1)]) wird in Anknüpfung an den dem Berechtigten zustehenden Elementarunterhalt regelmäßig nach der Bremer Tabelle[2)] zweistufig berechnet. [2] In Fällen besonders günstiger wirtschaftlicher Verhältnisse und bei Anwendung der Anrechnungsmethode kommt eine einstufige Berechnung in Betracht. [3] Soweit Einkünften des Berechtigten kein Versorgungswert zukommt (z.B. Einkünfte wegen der Versorgung eines neuen Partners), bleiben diese bei der Berechnung des Altersvorsorgeunterhalts unberücksichtigt. [4] Jedenfalls dann, wenn der Unterhaltspflichtige eine berücksichtigungsfähige sekundäre Altersvorsorge betreibt (vgl. Nr. 10.1), erhöht sich der Anspruch des Berechtigten in entsprechender prozentualer Höhe um bis zu 4 Prozent.

15.4.3 Wegen des Vorrangs des Elementarunterhalts besteht ein Anspruch auf Altersvorsorgeunterhalt nur insoweit, als das Existenzminimum des Berechtigten (vgl. Nr. 15.1 Abs. 7) gedeckt ist.

15.5 [1] Der Bedarf berechnet sich nicht unter Anwendung der so genannten Dreiteilungsmethode. [2] Diese kommt allenfalls im Rahmen der Leistungsfähigkeit und der Mangelverteilung zum Zuge (vgl. Nr. 24.3).

15.6 Konkret geltend gemachter **trennungsbedingter Mehrbedarf** kann darüber hinaus berücksichtigt werden, wenn dieser Bedarf aus zusätzlichen nicht prägenden Einkünften befriedigt werden kann.

15.7 (1) [1] Die Möglichkeit der **Herabsetzung** und/oder **Befristung** des Ehegattenunterhalts nach § 1578b BGB[1)] ist als rechtsvernichtende bzw. rechtsbeschränkende Einwendung bei entsprechendem Vortrag des Pflich-

---

[1)] **Habersack, Deutsche Gesetze Nr. 20.**
[2)] Nr. **47f/1.**

tigen von Amts wegen zu berücksichtigen. [2]Die dem Pflichtigen obliegende Beweislast wird im Falle eines zu erbringenden Negativbeweises (Fehlen ehebedingter Nachteile) dadurch erleichtert, dass der Berechtigte substantiiert zu den Umständen vorzutragen hat, die in seiner Sphäre liegen. [3]Die Darlegungen müssen so konkret sein, dass die für den Unterhaltsberechtigten seinerzeit vorhandenen beruflichen Entwicklungschancen und seine persönlichen Fähigkeiten, etwa auch anhand vergleichbarer Karrieren, vom Gericht auf ihre Plausibilität überprüft werden können und der Widerlegung durch den Pflichtigen zugänglich sind, wobei die Anforderungen nicht überspannt werden dürfen und den Besonderheiten des Einzelfalls Rechnung tragen müssen.

(2) Im Einzelfall kann der Unterhaltsberechtigte seiner sekundären Darlegungslast genügen, wenn er vorträgt, dass in dem von ihm erlernten oder vor der ehebedingten Berufspause ausgeübten Beruf Gehaltssteigerungen in einer bestimmten Höhe mit zunehmender Berufserfahrung oder Betriebszugehörigkeit üblich seien.

(3) Wird dagegen ein beruflicher Aufstieg behauptet, muss der Unterhaltsberechtigte darlegen, aufgrund welcher Umstände (Fortbildungsbereitschaft, besondere Befähigungen, Neigungen oder Talente), er eine entsprechende Karriere gemacht hätte.

(4) [1]§ 1578b BGB ist nicht auf den Ausgleich ehebedingter Nachteile beschränkt. [2]Im Rahmen der umfassenden Billigkeitsabwägung sind sämtliche Umstände (wie z.B. beiderseitige Einkommens- und Vermögensverhältnisse, Vermögenserwerb während der Ehe, Beitrag zur Berufsausbildung des anderen Ehegatten) zu berücksichtigen. [3]Der Ehedauer kommt in diesem Rahmen eine besondere Bedeutung zu. [4]Dies gilt auch für die Bemessung einer Übergangsfrist. [5]Der angemessene Lebensbedarf nach § 1578b Abs. 1 S. 1 BGB kann in der Regel nicht unterhalb des pauschalen billigen Selbstbehalts angesetzt werden und darf das Existenzminimum nicht unterschreiten.

16. Zurzeit nicht besetzt.

17. Erwerbsobliegenheit/Betreuungsunterhalt/überobligatorisches Einkommen

17.1.1 (1) Die **Erwerbsobliegenheit** des kinderbetreuenden Ehegatten korrespondiert mit dem **Betreuungsunterhalt** nach § 1570 BGB[1)].

(2) [1]Betreut ein Ehegatte ein gemeinschaftliches Kind, das noch nicht drei Jahre alt ist, so besteht keine Verpflichtung, einer Erwerbstätigkeit nachzugehen. [2]Der Umfang der danach regelmäßig einsetzenden Erwerbsobliegenheit – eine sogleich vollschichtige Erwerbsobliegenheit wird vielfach nicht in Betracht kommen, da ein abrupter Wechsel vermieden und ein stufenweiser Übergang erfolgen soll – richtet sich nach Billigkeitsgesichtspunkten im Einzelfall, besonders nach den bestehenden Möglichkeiten der Kinderbetreuung, den Belangen des Kindes (etwa Fremdbetreuungsfähigkeit, physischer und psychischer Gesundheitszustand) und der erfolgten bzw. geplanten Rollenverteilung der Eltern in der Ehe sowie der Dauer ihrer Ehe. [3]Zu berücksichtigen ist auch der

[1)] **Habersack, Deutsche Gesetze Nr. 20.**

Umfang der Belastung durch die neben der Erwerbstätigkeit verbleibende Kindesbetreuung (Gesichtspunkt der gerechten Lastenverteilung).

(3) [1] Derjenige Elternteil, der das Bestehen einer Erwerbsobliegenheit in Abrede stellt, hat die hierfür maßgebenden Umstände konkret und einzelfallbezogen darzulegen und zu beweisen. [2] Dies gilt auch, wenn ein – grundsätzlich nicht zu befristender – Titel über Betreuungsunterhalt nach § 1570 BGB abgeändert werden soll.

17.1.2 Zur Berücksichtigung von Kinderbetreuungskosten siehe Nr. 10.3.

17.2 Im ersten Jahr nach der Trennung besteht für den Berechtigten in der Regel keine Obliegenheit zur Aufnahme oder Ausweitung einer Erwerbstätigkeit.

17.3 [1] Einkünfte aus einer – auch erst nach Trennung/Scheidung aufgenommenen – **überobligatorischen Erwerbstätigkeit** sind nur mit ihrem unterhaltsrelevanten Anteil in die Differenz- bzw. Additionsberechnung einzustellen. [2] Dieser nach den §§ 1577 Abs. 2, 242 BGB[1)] zu bemessende Anteil ergibt sich, indem das Einkommen zunächst um den mit der überobligatorischen Erwerbstätigkeit verbundenen Aufwand (z.B. konkrete Kinderbetreuungskosten, die nicht Mehrbedarf des Kindes sind, vgl. Nr. 10.3) vermindert und sodann ein individuell nach Billigkeitsgesichtspunkten festzusetzender Einkommensteil von den Gesamteinkünften des Berechtigten in Abzug gebracht wird. [3] Der Abzugsbetrag – der nicht unterhaltsrelevante Anteil der Einkünfte des Berechtigten – bleibt bei der Unterhaltsberechnung unberücksichtigt (siehe auch Nr. 7).

Weitere Unterhaltsansprüche

18. Ansprüche aus § 1615l BGB[1)]

[1] Der Bedarf der Mutter und des Vaters eines nichtehelichen Kindes (§ 1615l BGB) richtet sich nach der Lebensstellung des betreuenden Elternteils; er beträgt aber in der Regel monatlich mindestens *1.200 €* (ohne Kranken- und Pflegeversicherungskosten, die zusätzlicher Bedarf sein können). [2] Die Inanspruchnahme des Pflichtigen ist durch den Halbteilungsgrundsatz begrenzt. [3] Die Erwerbsobliegenheit des betreuenden Elternteils richtet sich – sinngemäß – nach Nr. 17.1.1.

19. Elternunterhalt

[1] Das Angehörigen-Entlastungsgesetz hat Auswirkungen auf den Elternunterhalt. [2] Unterhaltsberechtigten Eltern obliegt es, vorrangig bedarfsdeckende Leistungen der Grundsicherung nach §§ 41 ff SGB XII in Anspruch zu nehmen. [3] Nehmen unterhaltsberechtigte Eltern Leistungen nach dem SGB XII in Anspruch, geht ihr Anspruch auf Elternunterhalt nur auf den Träger der Sozialhilfe über, wenn das unterhaltspflichtige Kind ein Jahreseinkommen von mehr als 100.000 € im Sinne des § 16 SGB IV erzielt, § 94 Ia SGB XII.

20. *Zur Zeit nicht* besetzt.

---

1) Habersack, Deutsche Gesetze Nr. 20.

Leistungsfähigkeit und Mangelfall

21. Selbstbehalt des Pflichtigen

21.1 Dem Pflichtigen muss nach Abzug der Unterhaltsansprüche der **Selbstbehalt** (Eigenbedarf) verbleiben.

21.2 Notwendiger Selbstbehalt

[1] Der Selbstbehalt des Pflichtigen beträgt im Falle des § 1603 Abs. 2 BGB[1)] gegenüber minderjährigen und privilegierten volljährigen (§ 1603 Abs. 2 S. 2 BGB) Kindern in der Regel mindestens *1.200 €,* bei Erwerbstätigkeit des Pflichtigen mindestens *1.450 €;* bei teilweiser Erwerbstätigkeit können die Beträge modifiziert werden. [2] Hierin sind Kosten für Unterkunft einschließlich umlagefähiger Nebenkosten und Heizung (Warmmiete) in Höhe von 520 € enthalten.

21.3 Angemessener Selbstbehalt

21.3.1 [1] Der Selbstbehalt des Pflichtigen beträgt **gegenüber** nicht privilegierten **volljährigen Kindern** (§ 1603 Abs. 1 BGB[1)]) im Regelfall *1.750 €.* [2] Hierin sind Kosten für Unterkunft einschließlich umlagefähiger Nebenkosten und Heizung (Warmmiete) in Höhe von 650 € enthalten.

21.3.2 Der angemessene Selbstbehalt gegenüber **der Mutter/dem Vater eines nichtehelichen Kindes** (§ 1615l BGB[1)]) entspricht dem billigen Selbstbehalt gegenüber dem Ehegatten (Nr. 21.4).

21.3.3 Zur Zeit nicht besetzt.

21.4 Eheangemessener Selbstbehalt

[1] Der Selbstbehalt des Pflichtigen gegenüber dem Anspruch des Ehegatten (billiger Selbstbehalt) beträgt in der Regel mindestens *1.475 €,* bei Erwerbstätigkeit des Pflichtigen *1.600 €,* auch wenn bei dem berechtigten Ehegatten minderjährige oder privilegierte volljährige Kinder leben, die ebenfalls Unterhaltsansprüche gegen den Pflichtigen haben. [2] *Hierin sind Kosten für Unterkunft einschließlich umlagefähiger Nebenkosten und Heizung (Warmmiete) in Höhe von* 520 € enthalten.

21.5 Anpassung des Selbstbehalts

(1) [1] Der Selbstbehalt soll erhöht werden, wenn die Wohnkosten (Warmmiete) den ausgewiesenen Betrag überschreiten und nicht unangemessen sind. [2] Eine angemessene Erhöhung des Selbstbehalts kommt zudem z.B. in Betracht, wenn das nach Abzug eines zugerechneten geldwerten Vorteils (für die private Nutzung eines Firmenwagens oder einer Wohnung) verbleibende Einkommen nicht ausreicht, um den restlichen Lebensbedarf sicherzustellen.

(2) [1] Der Selbstbehalt ist in der Regel nicht schon deshalb abzusenken, weil die tatsächlichen Wohnkosten die in den jeweiligen Selbstbehalten enthaltenen Wohnkosten nicht erreichen. [2] Beim Verwandtenunterhalt kann der jeweilige Selbstbehalt unterschritten werden, wenn der eigene Unterhalt des Pflichtigen ganz oder teilweise durch seinen Ehegatten gedeckt wird. [3] Das Zusammenleben in häuslicher Gemeinschaft mit

---

[1)] **Habersack, Deutsche Gesetze Nr. 20.**

einem leistungsfähigen Partner kann nach Nr. 6.2 berücksichtigt werden, maximal bis zur Grenze des sozialhilferechtlichen Existenzminimums.

22. Bedarf des mit dem Pflichtigen zusammenlebenden Ehegatten

22.1 Zurzeit nicht besetzt.

22.2 Ist bei Unterhaltsansprüchen nicht privilegierter volljähriger Kinder der Pflichtige verheiratet, werden für den mit ihm zusammenlebenden Ehegatten im Regelfall *1.400 €* angesetzt.

22.3 Zurzeit nicht besetzt.

23. Bedarf des vom Pflichtigen getrennt lebenden oder geschiedenen Ehegatten

23.1 Zurzeit nicht besetzt.

23.2 Bei Ansprüchen eines nicht privilegierten volljährigen Kindes: *1.750 €*.

23.3 Zurzeit nicht besetzt.

24. Mangelfall

24.1 Ist der Unterhaltspflichtige unter Berücksichtigung des ihm jeweils zustehenden Selbstbehalts außerstande, allen Unterhaltsberechtigten Unterhalt zu gewähren, so gilt für die Befriedigung der Ansprüche die **Rangfolge des § 1609 BGB**[1)].

24.2 Reicht das Einkommen des Pflichtigen nach Abzug seines Selbstbehalts (Nr. 21) zur Deckung des Bedarfs aller gleichrangigen Unterhaltsberechtigten nicht aus, liegt ein **Mangelfall** vor.

24.3.1 Die **Einsatzbeträge** im Mangelfall belaufen sich für minderjährige und privilegierte volljährige Kinder auf den Bedarfssatz der Einkommensgruppe 1 der Unterhaltstabelle abzüglich des nach § 1612b BGB[1)] bedarfsdeckenden Kindergeldanteils (bei minderjährigen Kindern das halbe und bei volljährigen Kindern das volle Kindergeld).

24.3.2 [1] Stehen mehrere nach § 1609 Nr. 2 und 3 BGB[1)] Berechtigte im gleichen Rang, schränkt die Unterhaltspflicht gegenüber dem jeweils anderen Berechtigten die Leistungsfähigkeit des Pflichtigen nach § 1581 S. 1 BGB ein. [2] Dem kann dadurch Rechnung getragen werden, dass die Unterhaltsansprüche nach den Grundsätzen der sogenannten Dreiteilung bemessen werden. [3] Das schließt eine abweichende Verteilung aufgrund der Berücksichtigung weiterer individueller Billigkeitsabwägungen nicht aus.

24.3.3 (1) Steht ein Berechtigter im Rang des § 1609 Nr. 2 BGB[1)] und ein anderer im dritten Rang, gilt Folgendes:

(2) [1] Ist der Unterhaltsanspruch des neuen, also späteren Ehegatten – oder des nach § 1615l BGB Berechtigten – gegenüber dem Unterhaltsanspruch eines geschiedenen Ehegatten vorrangig, bleibt die Bedarfsberechnung des geschiedenen, zeitlich früheren Ehegatten von der neuen Unterhaltsverpflichtung unberührt. [2] Jedoch ist im Rahmen der Leistungsfähigkeit der vorrangige Unterhaltsanspruch gegenüber dem nachrangigen geschiedenen Ehegatten zu berücksichtigen.

[1)] **Habersack, Deutsche Gesetze Nr. 20.**

(3) Ist der neue Ehegatte nachrangig, berührt eine ihm gegenüber bestehende Unterhaltsverpflichtung den Unterhaltsanspruch des vorrangigen Ehegatten nicht.

24.4 Das im Rahmen der Leistungsfähigkeit gefundene Verteilungsergebnis ist abschließend auf seine Angemessenheit zu überprüfen.

24.5 Rechenbeispiel zum Mangelfall siehe Anhang III.

Sonstiges

25. Der Unterhaltsbetrag ist auf volle Euro zu runden.

26. Zusammentreffen von Ansprüchen mit bereits titulierten Ansprüchen

[1] Soweit Unterhaltsansprüche anderer Berechtigter bereits tituliert sind, ist die Rechtslage in der Regel wie bei gleichzeitiger Entscheidung über alle Unterhaltsansprüche zu beurteilen. [2] Der Verpflichtete/Berechtigte ist auf einen Abänderungsantrag gemäß §§ 238, 239 FamFG[1)] zu verweisen. [3] Soweit eine Abänderung für die Vergangenheit nicht mehr verlangt werden kann, kann auf die geleisteten Beträge abgestellt werden.

Anhang

I. Düsseldorfer Tabelle

(abgedruckt unter Nr. 47)

II. Kindergeldanrechnungstabelle

(abgedruckt unter Nr. 47)

III. Rechenbeispiele

1. Differenzmethode/Additionsmethode

Mann (M): 4.000 € Nettoeinkommen; Frau (F): 1.000 € Nettoeinkommen; 800 € Wohnvorteil des in der Ehewohnung verbliebenen M; 600 € berücksichtigungsfähige Hauslasten, von M getragen

Additionsmethode:

4.000 € × 90 % =	3.600 € Erwerbseinkommen M
	+ 800 € Wohnvorteil
	– 600 € Hauslasten
1.000 € × 90 % =	+ 900 € Einkommen F
	4.700 € addiertes Einkommen
1/2 =	2.350 € Bedarf der F
	– 900 € Einkommen F
	1.450 € Anspruch F

[1)] **Habersack, Deutsche Gesetze Nr. 112.**

Differenzmethode:

4.000 € × 90 % =	3.600 € Einkommen M
	+ 800 € Wohnvorteil
	– 600 € Hauslasten
1.000 € × 90 % =	– 900 € Einkommen F
	2.900 € Differenz der Einkommen
1/2 =	1.450 € Anspruch F

oder ([4.000 € – 1.000 € =] 3.000 € × 45 % =) 1.350 € + ([800 € – 600 €] × 1/2) = 1.450 €

2. Mangelfallberechnung:

a) mit gleichrangigen Unterhaltsberechtigten

Vater (V) 1.800 € Nettoeinkommen; Kind 19 Jahre (K1) besucht Gymnasium; Kind 16 Jahre (K2); Kind 11 Jahre (K3); die Mutter hat kein Einkommen und ist gegenüber K 1 nicht leistungsfähig

1. Stufe: Bedarfsermittlung und Prüfung, ob ein Mangelfall vorliegt (vgl. Nr. 24. 2 HLL):

Gesamtbedarf:

K1: 689 € Tabellen-Bedarfssatz der 1. Einkommensgruppe/4. Altersstufe abzgl. 250 € Kindergeld = 439 €

K2: 645 € Tabellen-Bedarfssatz der 1. Einkommensgruppe/3. Altersstufe abzgl. 125 € Kindergeldanteil = 520 €

K3: 551 € Tabellen-Bedarfssatz der 1. Einkommensgruppe/2. Altersstufe abzgl. 125 € Kindergeldanteil = 426 €

Gesamtbedarf: 1.385 €

V verblieben (1.800 € – 1.1385 €) 415 €. Da hiermit der notwendige Selbstbehalt des V von 1.450 € unterschritten wird, ist eine Mangelverteilung vorzunehmen.

2. Stufe: Mangelverteilung:

Bei der Mangelverteilung ist das seinen Selbstbehalt übersteigende Einkommen des V von 350 € (1.800 € – 1.450 €), die Verteilungsmasse, auf die Kinder im Verhältnis ihrer um das hälftige Kindergeld bzw. bei dem volljährigen privilegierten Kind (K1) um das volle Kindergeld gekürzten Einsatzbeträge zu verteilen (vgl. Nr. 24.3.1 HLL). Die Verteilungsquote beträgt 25,27 % (350 € Verteilungsmasse ÷ 1.385 € Gesamtbedarf der Kinder).

Danach entfallen auf

K1: 439 € × 25,27 % = 110,94 € oder rd. 111 €

K2: 520 € × 25,27 % = 131,40 € oder rd. 131 €

K3: 426 € × 25,27 % = 107,65 € oder rd. 108 €

b) mit Unterhaltsberechtigten verschiedener Rangstufen nach § 1609 BGB

Ehemann und Vater (V) 2.500 € Nettoerwerbseinkommen; Ehefrau und Mutter (M) kein Einkommen; Kind 7 Jahre (K1); Kind 4 Jahre (K2)

1. Stufe: Bedarfsermittlung und Prüfung, ob ein Mangelfall vorliegt (Nr. 24.2 HLL):

Gesamtbedarf (Herabstufung nach Nr. 11.2.1 HLL; wegen des Bedarfskontrollbetrages – Nr. 11.2.2 HLL – ist auf den Bedarf der 1. Einkommensgruppe abzustellen):

K1: 551 € Tabellen-Bedarfssatz der 1. Einkommensgruppe/2. Altersstufe abzgl. 125 € Kindergeldanteil = 426 €

K2: 480 € Tabellen-Bedarfssatz der 1. Einkommensgruppe/1. Altersstufe abzgl. 125 € Kindergeldanteil = 355 €

M: 2.500 € anrechenbares Einkommen des V abzüglich 426 € Zahlbetrag K1 abzüglich 355 € Zahlbetrag K2 (vgl. jeweils Nr. 15 2.4 HLL) = 1.719 €; 45 % hiervon ergeben einen eheangemessenen Bedarf der M von (gerundet) 774 €. Der Mindestbedarf (Nr. 15.1.(7)) beträgt jedoch 1.200 €.

Bei einem Gesamtbedarf von danach 1.981 € (426 € + 355 € + 1.200 €) ist die Leistungsfähigkeit des V eingeschränkt. Im ersten Rang, also gegenüber den vorrangigen Kindern, liegt aber kein Mangelfall vor, da der notwendige Selbstbehalt des V von 1.450 € gewahrt ist, wenn der Kindesunterhalt geleistet wird (2.500 € – 426 € – 355 € = 1.719 €).

2. Stufe: Mangelverteilung:

Im zweiten Rang dagegen, also gegenüber der nachrangigen M, liegt eine Mangelsituation vor. Die nach Abzug der Zahlbeträge für den Kindesunterhalt verbleibenden 1.719 € beschränken hinsichtlich des Ehegattenunterhaltsanspruchs der M unter Berücksichtigung des dem V insoweit zustehenden billigen Selbstbehalts (Nr. 21.4) von 1.600 € dessen Leistungsfähigkeit auf 119 €

47m. OLG Jena – Unterhaltsrechtliche Leitlinien der Familiensenate des Thüringer Oberlandesgerichts[1)]

(Stand: 1. Januar 2024)

Allgemeine Grundsätze

Die Familiensenate des Thüringer Oberlandesgerichts Jena verwenden diese Leitlinien als Orientierungshilfe für den Regelfall unter Beachtung der Rechtsprechung des Bundesgerichtshofs.

Das Tabellenwerk der Düsseldorfer Tabelle[2)], Stand: 01.01.2024, ist einbezogen.

Die Leitlinien orientieren sich an der bundeseinheitlichen Leitlinienstruktur.

Unterhaltsrechtlich maßgebendes Einkommen

1. Einkünfte aus Erwerb und Vermögen

1.1 Auszugehen ist vom regelmäßigen Bruttoeinkommen als Summe aller Einkünfte.

1.2 Soweit Leistungen nicht monatlich anfallen (z.B. Weihnachts- und Urlaubsgeld), werden sie auf 1 Jahr umgelegt. Einmalige Zahlungen (z.B. Abfindungen) sind grundsätzlich auf einen angemessenen Zeitraum zu verteilen.

1.3 Überstundenvergütungen werden dem Einkommen voll zugerechnet, soweit sie berufstypisch sind und das in diesem Beruf übliche Maß nicht überschreiten.

1.4 Ersatz für Spesen und Reisekosten sowie Auslösungen gelten in der Regel als Einkommen. Damit zusammenhängende Aufwendungen, vermindert um häusliche Ersparnis, sind abzuziehen.

Bei Aufwendungspauschalen (ausgenommen km-Geld) kann $^1/_3$ als Einkommen angesetzt werden.

1.5 Bei Ermittlung des Einkommens eines Selbständigen ist in der Regel der Gewinn der letzten drei Jahre zu Grunde zu legen.

1.6 Einkommen aus Vermietung und Verpachtung sowie aus Kapitalvermögen ist der Überschuss der Bruttoeinkünfte über die Werbungskosten. Für Gebäude ist keine AfA anzusetzen.

2. Einkünfte aus Sozialleistungen

2.1 Arbeitslosengeld (§§ 136 ff. SGB III) und Krankengeld.

2.2 Leistungen nach den §§ 19 ff SGB II beim Verpflichteten; Leistungen zur Sicherung des Lebensunterhalts nach §§ 19 ff. SGB II sind beim Berechtigten kein Einkommen, es sei denn, die Nichtberücksichtigung der Leistungen ist in Ausnahmefällen treuwidrig (vgl. BGH, Urteil vom 17.03.1999 – XII ZR 139/97 –, juris Rn. 31; Urteil vom 27.09.2000 –

[1)] In der jeweils aktuellen Fassung kostenlos abrufbar unter www.thueringen.de.
[2)] Nr. **47**.

XII ZR 174/98 –, juris Rn. 13 f.); nicht subsidiäre Leistungen nach dem SGB II sind Einkommen, insbesondere Einstiegsgeld (§ 16b SGB II).

2.3 Wohngeld, soweit es nicht erhöhte Wohnkosten deckt.

2.4 BAföG-Leistungen, auch soweit sie als Darlehen gewährt werden, mit Ausnahme von Vorausleistungen nach §§ 36, 37 BAföG[1].

2.5 Elterngeld ist, soweit es über den Sockelbetrag in Höhe von 300,– €, bei verlängertem Bezug über 150,– €, hinausgeht, Einkommen. Der Sockelbetrag ist kein Einkommen, es sei denn, es liegt ein Ausnahmefall des § 11 Satz 4 BEEG[2] vor.

2.6 Unfallrenten

2.7 Leistungen aus der Pflegeversicherung, Blindengeld, Versorgungsrenten, Schwerbeschädigten- und Pflegezulagen nach Abzug eines Betrages für tatsächliche Mehraufwendungen; §§ 1610a, 1578a BGB[3] sind zu beachten.

2.8 Der Anteil des Pflegegeldes bei der Pflegeperson, durch den ihre Bemühungen abgegolten werden; bei Pflegegeld aus der Pflegeversicherung gilt dies nach Maßgabe des § 13 Abs. 6 SGB XI.

2.9 In der Regel Leistungen nach §§ 41 bis 43 SGB XII (Grundsicherung) beim Verwandtenunterhalt, nicht aber beim Ehegattenunterhalt.

2.10 Kein Einkommen sind sonstige Sozialhilfe nach SGB XII und Leistungen nach dem UVG[4]. Die Unterhaltsforderung eines Empfängers dieser Leistungen kann in Ausnahmefällen treuwidrig sein (vgl. Nr. 2.2).

3. Kindergeld

Kindergeld mindert den Unterhaltsbedarf der Kinder nach Maßgabe des § 1612b BGB[3] und unterstützt den betreuenden Elternteil bei der Erbringung der Betreuungsleistungen. Es stellt kein Einkommen des Bezugsberechtigten dar.

4. Geldwerte Zuwendungen des Arbeitgebers

Geldwerte Zuwendungen aller Art des Arbeitgebers (z.B. Firmenwagen oder freie Kost und Logis) sind Einkommen, soweit sie entsprechende Eigenaufwendungen ersparen.

5. Wohnwert

Der Wohnvorteil durch mietfreies Wohnen im eigenen Heim ist als wirtschaftliche Nutzung des Vermögens unterhaltsrechtlich wie Einkommen zu behandeln. Neben dem Wohnwert sind auch Zahlungen nach dem Eigenheimzulagengesetz anzusetzen.

Ein Wohnvorteil liegt nur vor, soweit der Wohnwert den berücksichtigungsfähigen Schuldendienst, erforderliche Instandhaltungskosten und je-

---

[1] ***Sartorius Nr. 420.***
[2] Nr. **45e**.
[3] **Habersack, Deutsche Gesetze Nr. 20.**
[4] Nr. **45d**.

ne Kosten, mit denen ein Mieter üblicherweise nicht belastet wird, übersteigt.

Während des Getrenntlebens ist zunächst regelmäßig die ersparte Miete anzusetzen, die angesichts der wirtschaftlichen Verhältnisse angemessen wäre. Ist eine Wiederherstellung der ehelichen Lebensgemeinschaft nicht mehr zu erwarten, sind Ausnahmen von der Berücksichtigung des vollen Mietwertes grundsätzlich nicht mehr gerechtfertigt (BGH, FamRZ 2008, 963 ff.), es sei denn, es ist nicht möglich oder zumutbar, die Wohnung aufzugeben und das Objekt zu vermieten oder zu veräußern.

Die in den Selbstbehaltsätzen ausgewiesenen Kaltmiet-Wohnkosten können im Mangelfall als Maßstab für die Anrechnung mietfreien Wohnens herangezogen werden.

6. Haushaltsführung

Die Führung des Haushalts eines leistungsfähigen Dritten kann dem Nichterwerbstätigen als (fiktives) Einkommen zugerechnet werden. In der Regel kann ein Betrag von 450,00 € monatlich dafür angesetzt werden.

7. Einkommen aus unzumutbarer Erwerbstätigkeit

Einkommen aus unzumutbarer Erwerbstätigkeit kann nach Billigkeit ganz oder teilweise unberücksichtigt bleiben.

8. Freiwillige Zuwendungen Dritter

Freiwillige Zuwendungen Dritter (z.B. Geldleistungen, kostenloses Wohnen) sind regelmäßig nicht als Einkommen zu berücksichtigen (BGH, Beschluss vom 01.07.2015 – XII ZB 240/14 –, juris Rn. 20). Keine freiwilligen Zuwendungen Dritter sind Leistungen, die einem Ehegatten im Rahmen des Familienunterhalts zufließen.

9. Erwerbsobliegenheit und Einkommensfiktion

Einkommen können auch aufgrund einer unterhaltsrechtlichen Obliegenheit erzielbare Einkünfte sein.

10. Bereinigung des Einkommens

10.1 Vom Bruttoeinkommen sind Steuern, Sozialabgaben und/oder tatsächliche, angemessene Vorsorgeaufwendungen abzusetzen (Nettoeinkommen).

Es besteht die Obliegenheit, Steuervorteile in Anspruch zu nehmen (z.B. Eintragung eines Freibetrags).

10.2. Berufsbedingte Aufwendungen, die sich von den privaten Lebenshaltungskosten nach objektiven Merkmalen eindeutig abgrenzen lassen, sind vom Einkommen abzuziehen.

10.2.1 Bei entsprechenden Anhaltspunkten kann – auch bei fiktiven Einkünften – eine Pauschale von 5 % des Nettoeinkommens – mindestens 50,– €, bei geringfügiger Teilzeitarbeit auch weniger, und höchstens 150,– € monatlich – geschätzt werden. Übersteigen die berufsbedingten Aufwendungen die Pauschale, sind sie in voller Höhe konkret darzulegen.

10.2.2 Für Fahrten von der Wohnung zum Arbeitsplatz sind – jedenfalls in engen wirtschaftlichen Verhältnissen – in der Regel nur die Kosten öffentlicher

Verkehrsmittel absetzbar. Ist die Benutzung öffentlicher Verkehrsmittel unzumutbar, sind die Kosten der PKW-Nutzung in der Regel mit 0,42 € je Kilometer (Formel: Entfernungskilometer × 2 × 0,42 € × 220 Arbeitstage: 12 Monate) abzugsfähig. Wenn die einfache Entfernung über 30 Kilometer hinausgeht, wird empfohlen, die weiteren Kilometer wegen der eintretenden Kostenersparnis nur mit den Betriebskosten von 0,28 €/km anzusetzen. Neben den Fahrtkosten sind regelmäßig keine weiteren Kosten (etwa für Kredite oder Reparaturen) abzugsfähig.
Anschaffungs-, Reparatur- und sonstige Betriebskosten sind enthalten.

10.2.3 Bei einem Auszubildenden sind in der Regel 100,– € als ausbildungsbedingter Aufwand abzuziehen.

10.3 Kinderbetreuungskosten sind abzugsfähig, soweit die Betreuung durch Dritte infolge der Berufstätigkeit erforderlich ist. Kindergartenkosten stellen jedoch Mehrbedarf des Kindes dar (BGH, Urteil vom 26.11.2008 – XII ZR 65/07 –, juris Rn. 17 ff.); siehe Nr. 12.4. Geht ein Ehegatte überobligatorisch einer Vollzeittätigkeit nach, obwohl er minderjährige Kinder betreut, so kann ihm gegenüber dem anderen Ehegatten ein Kinderbetreuungsbonus anrechnungsfrei belassen werden, wenn er darlegt, dass er oder Dritte zusätzliche Kosten durch die Betreuung der Kinder haben.

10.4 Berücksichtigungswürdige Schulden (Zins, ggf. auch Tilgung) sind abzuziehen; die Abzahlung soll im Rahmen eines vernünftigen Tilgungsplanes in angemessenen Raten erfolgen. Bei der Zumutbarkeitsabwägung sind Interessen des Unterhaltsschuldners, des Drittgläubigers und des Unterhaltsgläubigers, vor allem minderjähriger Kinder, mit zu berücksichtigen. Bei Kindesunterhalt kann die Obliegenheit zur Einleitung eines Verbraucherinsolvenzverfahrens bestehen.

10.7[1)] Zur ausnahmsweisen Berücksichtigung von Umgangskosten (BGH, FamRZ 2009, 1300; 1391; 1477, 1479; FamRZ 2014, 917–921).

Kindesunterhalt

11. Bemessungsgrundlage (Tabellenunterhalt)

Der Barunterhalt minderjähriger und noch im elterlichen Haushalt lebender volljähriger unverheirateter Kinder bestimmt sich nach den Sätzen der Düsseldorfer Tabelle[2)] (Anlage I).

11.1 In den Tabellenbeträgen sind Krankenkassen- und Pflegeversicherungsbeiträge nicht enthalten.

11.2 Die Tabellensätze sind auf den Fall zugeschnitten, dass der Unterhaltspflichtige zwei Unterhaltsberechtigten Unterhalt zu gewähren hat.

Bei einer größeren/geringeren Anzahl Unterhaltsberechtigter können Ab- oder Zuschläge durch Einstufung in niedrigere/höhere Gruppen angemessen sein.

[1)] Zählung amtlich.
[2)] Nr. **47**.

12. Minderjährige Kinder

12.1 Der Betreuungsunterhalt im Sinne des § 1606 Abs. 3 Satz 2 BGB[1] entspricht wertmäßig in der Regel dem vollen Barunterhalt.

12.2 Einkommen des Kindes wird bei beiden Eltern hälftig angerechnet. Zum Kindergeld vgl. Nr. 14.

12.3 Sind bei auswärtiger Unterbringung beide Eltern zum Barunterhalt verpflichtet, haften sie anteilig nach § 1606 Abs. 3 Satz 1 BGB[1] für den Gesamtbedarf (vgl. Nr. 13.3). Der Verteilungsschlüssel kann unter Berücksichtigung des Betreuungsaufwandes wertend verändert werden.

12.4 Kosten für Kindergärten und vergleichbare Betreuungsformen (ohne Verpflegungskosten) sind Mehrbedarf des Kindes. Bei Zusatzbedarf (Prozesskostenvorschuss, Mehrbedarf, Sonderbedarf) gilt § 1606 Abs. 3 Satz 1 BGB[1] (vgl. Nr. 13.3).

13. Volljährige Kinder

13.1 Bedarf

Beim Bedarf volljähriger Kinder ist zu unterscheiden, ob sie noch im Haushalt der Eltern/eines Elternteils leben oder einen eigenen Hausstand haben.

13.1.1 Für volljährige Kinder, die noch im Haushalt der Eltern oder eines Elternteils wohnen, gilt die Altersstufe 4 der Düsseldorfer Tabelle[2].

Sind beide Elternteile leistungsfähig (vgl. Nr. 21.3), ist der Bedarf des Kindes in der Regel nach dem zusammengerechneten Einkommen zu bemessen. Für die Haftungsquote gilt Nr. 13.3. Ein Elternteil hat jedoch höchstens den Unterhalt zu leisten, der sich allein aus seinem Einkommen aus der Düsseldorfer Tabelle ergibt.

Dies gilt auch für ein Kind im Sinne des § 1603 Abs. 2 Satz 2 BGB[1].

13.1.2 Der angemessene Bedarf eines volljährigen Kindes mit eigenem Hausstand beträgt in der Regel monatlich 930,– € (darin sind enthalten Kosten für Unterkunft und Heizung bis zu 410,– €), ohne Beiträge zur Kranken- und Pflegeversicherung sowie ohne Studiengebühren. Von diesem Betrag kann bei erhöhtem Bedarf oder mit Rücksicht auf die Lebensstellung der Eltern abgewichen werden.

13.2 Einkommen des Kindes

Auf den Unterhaltsbedarf werden Einkünfte des Kindes, auch das Kindergeld (siehe Nr. 14), BAföG-Darlehen und Ausbildungsvergütung bzw. -beihilfen angerechnet. Bei in der Berufsausbildung befindlichen Volljährigen sind von diesen Einkünften des Kindes ausbildungsbedingte Aufwendungen abzuziehen (vgl. Nr. 10.2.3). Bei Einkünften aus unzumutbarer Erwerbstätigkeit gilt § 1577 Abs. 2 BGB[1] entsprechend.

13.3 Beiderseitige Barunterhaltspflicht/Haftungsanteil

Für den Bedarf des Volljährigen haften die Eltern anteilig nach dem Verhältnis ihrer verfügbaren Einkommen. Vor der Bildung der Haftungsquote sind der angemessene Selbstbehalt jedes Elternteils (vgl. Nr. 21.3.1)

---

[1] **Habersack, Deutsche Gesetze Nr. 20.**
[2] Nr. **47**.

und der Unterhalt vorrangig Berechtigter abzusetzen. Die Haftung ist auf den Tabellenbetrag nach Maßgabe des eigenen Einkommens des jeweils Verpflichteten begrenzt.

Diese Berechnung findet für den Bedarf des volljährigen Schülers im Sinne des § 1603 Abs. 2 Satz 2 BGB[1)] entsprechende Anwendung. In diesem Fall ist vor der Bildung der Haftungsquote der notwendige Selbstbehalt jedes Elternteils (vgl. Nr. 21.2) abzusetzen.

14. Verrechnung des Kindergeldes

Kindergeld wird zur Deckung des Barbedarfs verwandt, bei Minderjährigen, die von einem Elternteil betreut werden, zur Hälfte, ansonsten insgesamt (§ 1612a BGB[1)]).

Ehegattenunterhalt

15. Unterhaltsbedarf

15.1 Maßgeblich sind jeweils die die ehelichen Lebensverhältnisse prägenden Einkünfte der (geschiedenen) Ehegatten.

Bei Aufnahme oder Erweiterung einer Erwerbstätigkeit nach Trennung/Scheidung gilt das (Mehr-) Einkommen als prägend.

Verfügt der Berechtigte über die ehelichen Lebensverhältnisse nicht prägendes eigenes Einkommen, so kommt die sog. Anrechnungsmethode zur Anwendung. Hier wird das Erwerbseinkommen des Berechtigten mit 9/10 angerechnet.

15.2 Hat der Berechtigte kein eigenes Einkommen, beträgt der Bedarf 45 % des bereinigten Nettoeinkommens zuzüglich ½ der anrechenbaren sonstigen Einkünfte des Verpflichteten.

Hat der Berechtigte eigenes Einkommen, beträgt der Bedarf 45 % der Differenz zwischen dem anrechenbaren Nettoeinkommen der (geschiedenen) Ehegatten bzw. ½ der anrechenbaren sonstigen Einkünfte, jeweils begrenzt durch den vollen Bedarf nach den ehelichen Lebensverhältnissen (§ 1578 BGB[1)]).

15.3 Bei sehr guten Einkommensverhältnissen des Pflichtigen kommt eine konkrete Bedarfsberechnung in Betracht.

16. Bedürftigkeit

Eigene Einkünfte des Berechtigten sind auf den Bedarf anzurechnen, wobei das bereinigte Nettoerwerbseinkommen um den Erwerbstätigenbonus zu vermindern ist.

17. Erwerbsobliegenheit

17.1 Bei der Betreuung eines Kindes besteht keine Erwerbsobliegenheit vor Vollendung des 3. Lebensjahrs, danach nach den Umständen des Einzelfalls insbesondere unter Berücksichtigung zumutbarer Betreuungsmöglichkeiten für das Kind und der Vereinbarkeit mit der Berufstätigkeit des betreuenden *Elternteils, auch unter dem* Aspekt des neben der Erwerbstätigkeit anfallenden Betreuungsaufwands.

[1)] **Habersack, Deutsche Gesetze Nr. 20.**

17.2 In der Regel besteht für den Berechtigten im ersten Jahr nach der Trennung keine Obliegenheit zur Aufnahme oder Ausweitung einer Erwerbstätigkeit (BGH, Urteil vom 5. März 2008 – XII ZR 22/06 –, juris Rn. 26).

Weitere Unterhaltsansprüche

18. Ansprüche nach § 1615l BGB

Der Bedarf nach § 1615l BGB[1] bemisst sich nach der Lebensstellung des betreuenden Elternteils. Erleidet dieser einen konkreten Verdienstausfall, ist er auch für den Unterhalt zu Grunde zu legen. Der Mindestbedarf entspricht in der Regel dem notwendigen Selbstbehalt eines Nichterwerbstätigen (Nr. 21.2 lit. a), vgl. BGH, Urteil vom 16. Dezember 2009 – XII ZR 50/08 –, juris Rn. 38).

Die Lebensstellung des unterhaltsberechtigten Elternteils richtet sich danach, welche Einkünfte er ohne die Geburt und die Betreuung des gemeinsamen Kindes hätte (BGH, Beschluss vom 10. Juni 2015 – XII ZB 251/14 –, juris Rn. 34).

19. Elternunterhalt

Beim Bedarf der Eltern sind Leistungen zur Grundsicherung nach §§ 41 ff. SGB XII zu berücksichtigen (vgl. Nr. 2.9).

20. Lebenspartnerschaft

Bei Getrenntleben oder Aufhebung der Lebenspartnerschaft gelten §§ 12, 16 LPartG[2].

Leistungsfähigkeit und Mangelfall

21. Selbstbehalt des Verpflichteten

21.1 Es ist zu unterscheiden zwischen dem notwendigen (§ 1603 Abs. 2 BGB[1]), dem angemessenen (§ 1603 Abs. 1 BGB) und dem eheangemessenen (§ 1361 Abs. 1, § 1578 Abs. 1 BGB) Selbstbehalt.

21.2 Für Eltern gegenüber ihren minderjährigen Kindern und diesen nach § 1603 Abs. 2 Satz 2 BGB[1] gleichgestellten volljährigen Kindern gilt im Allgemeinen der notwendige Selbstbehalt als unterste Grenze der Inanspruchnahme. Er beträgt

a) für nicht erwerbstätige Unterhaltspflichtige: 1.200,– €

b) für erwerbstätige Unterhaltspflichtige: 1.450,– €

Darin enthalten sind 520,– € für Unterkunft einschließlich umlagefähiger Nebenkosten und Heizung (Warmmiete).

Der Selbstbehalt kann erhöht werden, wenn die Wohnkosten (Warmmiete) den ausgewiesenen Betrag überschreiten und nicht unangemessen sind.

---

[1] **Habersack, Deutsche Gesetze Nr. 20.**
[2] Nr. **43**.

Verursacht der Umgang des Unterhaltspflichtigen mit den minderjährigen Kindern besondere Kosten, die er nur unter Gefährdung seines Selbstbehalts aufbringen könnte, kommt eine maßvolle Erhöhung in Betracht.

21.3 Im Übrigen gilt beim Verwandtenunterhalt der angemessene Selbstbehalt.

Bei Deckung des Mindestunterhalts gilt auch gegenüber Ansprüchen minderjähriger Kinder und ihnen gleichgestellter volljähriger Kinder der angemessene Selbstbehalt nach 21.3.1.

21.3.1 Der Selbstbehalt beträgt gegenüber volljährigen Kindern, die nicht gemäß § 1603 Abs. 2 Satz 2 BGB[1] privilegiert sind (angemessener oder großer Selbstbehalt): 1.750,– €.
Darin ist eine Warmmiete in Höhe von 650,– € enthalten.

21.3.2 Bei Ansprüchen aus § 1615l BGB[1] ist der Selbstbehalt in der Regel mit einem Betrag zu bemessen, der zwischen dem angemessenen Selbstbehalt nach § 1603 Abs. 1 BGB und dem notwendigen Selbstbehalt nach § 1603 Abs. 2 BGB liegt (vgl. BGH, Urteil vom 1. Dezember 2004 – XII ZR 3/03 –, juris Rn. 18 ff.). Er entspricht damit dem eheangemessenen Selbstbehalt (vgl. Nr. 21.4) und beträgt in der Regel 1.600,– €, unabhängig davon, ob der Unterhaltsverpflichtete erwerbstätig ist oder nicht. Darin sind Kosten für Unterkunft und Heizung in Höhe von 580,– € enthalten.

21.3.3 Angemessener Selbstbehalt gegenüber den Eltern: Bei der Bemessung des Selbstbehalts gegenüber Eltern sind Zweck und Rechtsgedanken des Gesetzes zur Entlastung unterhaltspflichtiger Angehöriger in der Sozialhilfe und in der Eingliederungshilfe (Angehörigenentlastungsgesetz) vom 10. Dezember 2019 (BGBl. I S. 2135) zu beachten.

21.4 Gegenüber Ehegatten gilt grundsätzlich der eheangemessene Selbstbehalt. Er ist sowohl beim Trennungsunterhalt als auch beim nachehelichen Unterhalt in der Regel mit einem Betrag zu bemessen, der zwischen dem angemessenen und dem notwendigen Selbstbehalt liegt (vgl. BGH, Urteil vom 15. März 2006 – XII ZR 30/04 –, juris Rn. 19). Er beträgt in der Regel 1.600,– €, unabhängig davon, ob der Unterhaltspflichtige erwerbstätig ist oder nicht. Darin sind Kosten für Unterkunft und Heizung in Höhe von 580,– € enthalten.

21.5 Vorteile durch das Zusammenleben mit einer anderen Person können eine Herabsetzung des Selbstbehalts rechtfertigen, es sei denn, das Einkommen des Partners unterschreitet den Betrag des um 10 % verminderten notwendigen Selbstbehalts (vgl. Guhling, in: Wendl/Dose, Unterhaltsrecht, 10. Aufl. (2019), § 5 Rn. 20).

22. Bedarf des mit dem Unterhaltspflichtigen zusammenlebenden Ehegatten

22.1 Der Mindestbedarf eines mit dem Unterhaltspflichtigen zusammenlebenden Ehegatten gegenüber Unterhaltsansprüchen eines nachrangigen geschiedenen Ehegatten beträgt 1.280,– €.

22.2 Mindestbedarf bei Ansprüchen volljähriger Kinder: Der Mindestbedarf eines mit dem Unterhaltspflichtigen zusammenlebenden Ehegatten ge-

[1] **Habersack, Deutsche Gesetze Nr. 20.**

genüber Unterhaltsansprüchen eines nicht privilegierten volljährigen Kindes beträgt 1.400,– €.

23. Bedarf des vom Unterhaltspflichtigen getrenntlebenden oder geschiedenen Ehegatten

23.1 Bedarf bei Ansprüchen des nachrangigen geschiedenen Ehegatten: Der Mindestbedarf eines vom Unterhaltspflichtigen getrennt lebenden oder geschiedenen Ehegatten gegenüber Unterhaltsansprüchen eines nachrangigen geschiedenen Ehegatten beträgt 1.600,– €.

23.2 Bedarf bei Ansprüchen volljähriger Kinder: Der Mindestbedarf eines vom Unterhaltspflichtigen getrennt lebenden oder geschiedenen Ehegatten gegenüber Unterhaltsansprüchen nicht privilegierter volljähriger Kinder beträgt 1.750,– €.

24. Mangelfall

24.1 Ein Mangelfall liegt vor, wenn das Einkommen des Unterhaltsverpflichteten zur Deckung seines Selbstbehalts und der gleichrangigen Unterhaltsansprüche der Berechtigten nicht ausreicht. Für diesen Fall ist die nach Abzug des Eigenbedarfs (Selbstbehalts) des Unterhaltspflichtigen verbleibende Verteilungsmasse auf die gleichrangigen Unterhaltsberechtigten im Verhältnis ihrer jeweiligen Einsatzbeträge gleichmäßig zu verteilen.

24.2 Die Einsatzbeträge im Mangelfall belaufen sich

bei minderjährigen und diesen nach § 1603 Abs. 2, S. 2 BGB[1] gleichgestellten Kindern auf den Mindestunterhalt der jeweiligen Altersstufe nach der Düsseldorfer Tabelle[2] nach den jeweiligen Zahlbeträgen.

Die nach Abzug des Eigenbedarfs (Selbstbehalts) des Unterhaltspflichtigen verbleibende Verteilungsmasse ist anteilig auf die gleichrangigen Unterhaltsberechtigten im Verhältnis ihrer jeweiligen Einsatzbeträge gleichmäßig zu verteilen.

Anrechenbares Einkommen des Unterhaltsberechtigten ist vom Einsatzbetrag abzuziehen.

Sonstiges

25. Rundungen

Der Unterhaltsbetrag ist auf volle Euro aufzurunden.

Anlage I

Auszug aus der Düsseldorfer Tabelle für den Kindesunterhalt
Stand: 01.01.2024 (alle Beträge in Euro)

A. Kindesunterhalt

(abgedruckt unter Nr. ***47****)*

B. Tabelle Zahlbeträge

(abgedruckt unter Nr. ***47****)*

---

[1] **Habersack, Deutsche Gesetze Nr. 20.**
[2] Nr. **47**.

47n. Oberlandesgericht Koblenz – Unterhaltsrechtliche Leitlinien der Familiensenate (KoL)[1)]

(Stand: 1. Januar 2024)

(Die Leitlinien orientieren sich weitgehend an den Leitlinien des Oberlandesgerichts Düsseldorf[2)])

Unterhaltsrechtliches Einkommen

1. Geldeinnahmen

1.1 Auszugehen ist vom **Jahresbruttoeinkommen** einschließlich Weihnachts- und Urlaubsgeld sowie sonstiger Zuwendungen, wie z.B. Tantiemen und Gewinnbeteiligungen.

1.2 Einmalige höhere Zahlungen, wie z.B. Abfindungen oder Jubiläumszuwendungen, sind auf einen angemessenen Zeitraum nach Zufluss zu verteilen (in der Regel mehrere Jahre).

1.3 **Überstundenvergütungen** werden in der Regel dem Einkommen voll zugerechnet, soweit sie berufsüblich sind oder nur in geringem Umfang anfallen oder wenn der Mindestunterhalt minderjähriger Kinder oder der entsprechende Unterhalt ihnen nach § 1603 Abs. 2 S. 2 BGB[3)] gleichgestellter Volljähriger nicht gedeckt ist. Sonst ist die Anrechnung unter Berücksichtigung des Einzelfalls nach Treu und Glauben zu beurteilen.

1.4 **Auslösungen und Spesen** sind nach den Umständen des Einzelfalls anzurechnen. Soweit solche Zuwendungen geeignet sind, laufende Lebenshaltungskosten zu ersparen, ist diese Ersparnis in der Regel mit 1/3 des Nettobetrags zu bewerten.

1.5 Bei **Selbständigen** ist zur Ermittlung der laufenden oder zukünftigen Einkünfte vom durchschnittlichen Gewinn während eines längeren Zeitraums von in der Regel mindestens drei aufeinander folgenden Jahren, möglichst den letzten drei Jahren, auszugehen; es sei denn, die spezifische Geschäftsentwicklung legt die Berücksichtigung kürzerer oder längerer Zeiträume nahe. Für die Vergangenheit ist von dem in dem jeweiligen Jahr erzielten Einkommen auszugehen; es können jedoch auch die durchschnittlichen Einkünfte aus mehreren Jahren angesetzt werden, wenn der rückständige Unterhalt für diese Gesamtzeit zu ermitteln ist. Bei erheblich schwankenden Einkünften kann auch ein anderer Zeitraum zugrunde gelegt werden. Anstatt auf den Gewinn kann ausnahmsweise auf die Entnahmen abzüglich der Einlagen abgestellt werden, wenn eine zuverlässige Gewinnermittlung nicht möglich oder der Betriebsinhaber unterhaltsrechtlich zur Verwertung seines Vermögens verpflichtet ist.

1.5.1 **Abschreibungen** (Absetzung für Abnutzung, AfA) können insoweit anerkannt werden, als dem steuerlich zulässigen Abzug ein tatsächlicher Wertverlust entspricht. Dies ist bei Gebäuden in der Regel nicht der Fall.

[1)] In der jeweils aktuellen Fassung kostenlos abrufbar unter https://olgko.justiz.rlp.de.
[2)] Nr. **47/1**.
[3)] **Habersack, Deutsche Gesetze Nr. 20.**

Zinsen für Kredite, mit denen die absetzbaren Wirtschaftsgüter finanziert werden, mindern den Gewinn. Wenn und soweit die Abschreibung unterhaltsrechtlich anerkannt wird, sind Tilgungsleistungen nicht zu berücksichtigen.

1.5.2 Steuern und **Vorsorgeaufwendungen** sind nach Nr. 10.1 zu berücksichtigen. Der Gewinn ist nicht um **berufsbedingte Aufwendungen** (Nr. 10.2.) zu kürzen.

1.6 Einkünfte aus **Vermietung und Verpachtung** werden durch eine Überschussrechnung ermittelt. Dabei kann zur Ermittlung durchschnittlicher Einkünfte auf einen Mehrjahreszeitraum abgestellt werden. Für die Vergangenheit ist von dem in dem jeweiligen Jahr erzielten Einkommen auszugehen. Instandhaltungskosten können entsprechend § 28 der Zweiten Berechnungsverordnung[1] pauschaliert werden. Hinsichtlich der Abschreibungen gilt Nr. 1.5.1.

Auch **Kapitaleinkünfte** sind – vermindert um die hierauf entfallenden Steuern – unterhaltsrechtliches Einkommen. Wenn sich die konkrete individuelle Steuerlast nicht ermitteln lässt, kann ein Steuersatz von derzeit höchstens 29 % (Abgeltungssteuer incl. Solidaritätszuschlag und Kirchensteuer) berücksichtigt werden (nach Abzug des Freibetrags von derzeit 1.000,00 €/2.000,00 €).

1.7 **Steuererstattungen** sind in der Regel in dem Jahr, in dem sie anfallen, zu berücksichtigen (In-Prinzip); bei Selbständigen kann zur Ermittlung eines repräsentativen Einkommens auf den Zeitraum der Veranlagung abgestellt werden (Für-Prinzip).

1.8 sonstige Einnahmen

2. Sozialleistungen

2.1 **Arbeitslosengeld** (§§ 136, 145 SGB III) und **Krankengeld** (§ 44 SGB V) sind Einkommen.

2.2 **Bürgergeld II** (§ 19 SGB II) und andere Leistungen nach dem SGB II sind Einkommen beim Verpflichteten, beim Berechtigten nur, soweit der Unterhaltsanspruch nicht nach § 33 SGB II auf den Leistungsträger übergegangen ist. Nicht subsidiäre Leistungen nach dem SGB II sind Einkommen, insbesondere befristete Zuschläge (§ 24 SGB II a.F.) und Entschädigung für Mehraufwendungen (§ 16 SGB II a.F., § 16a SGB II a.F.).

2.3 **Wohngeld** ist Einkommen, soweit es nicht erhöhte Wohnkosten abdeckt.

2.4 **BAföG-Leistungen** (außer Vorausleistungen nach § 36 BAföG[2]) sind Einkommen, auch soweit sie als Darlehen gewährt werden.

2.5 **Elterngeld** ist Einkommen, soweit es über den Sockelbetrag von 300 € bzw. 150 € bei verlängertem Bezug hinausgeht. Der Sockelbetrag sowie **Erziehungsgeld** sind nur dann Einkommen, wenn einer der Ausnahmefälle der §§ 11 BEEG[3], 9 S. 2 BErzGG vorliegt.

[1] Nr. **30b**.
[2] **Sartorius Nr. 420.**
[3] Nr. **45e**.

2.6 Unfall-/Verletzten, Versorgungs- und Waisenrenten sowie Übergangsgelder aus der Unfall- bzw. Rentenversicherung sind Einkommen.

2.7 Leistungen aus der Pflegeversicherung, Blindengeld, Schwerbeschädigten- und Pflegezulagen nach Abzug eines Betrages für tatsächliche Mehraufwendungen sind Einkommen; bei Sozialleistungen nach § 1610a BGB[1] wird widerlegbar vermutet, dass sie durch Aufwendungen aufgezehrt werden.

2.8 Der Anteil des an die Pflegeperson weitergeleiteten **Pflegegeld**es, durch den ihre Bemühungen abgegolten werden, ist Einkommen. Bei Pflegegeld aus der Pflegeversicherung und nach §§ 44 Abs. 2 SGB VII, 64, 65 SGB XII, 35 BVG bzw. (zukünftig) § 71 SGB XIV gilt dies nur nach Maßgabe des § 13 Abs. 6 SGB XI.

2.9 Die **Grundsicherung** nach §§ 41 ff. SGB XII ist innerhalb der Einkommensgrenze des § 94 Abs. 1a SGB XII beim Verwandtenunterhalt (insbesondere Eltern- und Kindesunterhalt) als bedarfsdeckendes Einkommen des Beziehers zu berücksichtigen, nicht aber beim Ehegattenunterhalt.

2.10 **Sozialhilfe** ist kein Einkommen des Berechtigten; jedoch kann die Geltendmachung von Unterhalt durch den Hilfeempfänger treuwidrig sein, wenn er infolge des Ausschlusses des Anspruchsübergangs (vgl. § 94 Abs. 1 S. 3 und 4, Abs. 2 und 3 SGB XII) – insbesondere für die Vergangenheit (aber allenfalls bis zur Rechtshängigkeit) – durch die Sozialhilfe und den Unterhalt mehr als seinen Bedarf erhalten würde.

2.11 Leistungen nach dem **Unterhaltsvorschussgesetz**[2] sind kein Einkommen.

3. Kindergeld, Kinderzuschüsse und Kinderzuschlag

Kindergeld ist unterhaltsrechtlich kein Einkommen der Eltern, sondern dient der Bedarfsdeckung des Kindes. Kinderzuschüsse zur Rente sind, wenn die Gewährung des staatlichen Kindergeldes entfällt (§ 4 BKGG[3], § 65 EStG[4]; § 270 SGB VI), in dessen Höhe wie Kindergeld, im Übrigen wie Einkommen der Eltern zu behandeln. Der Kinderzuschlag (§ 6a BKGG) berührt Unterhaltspflichten nicht; für bis zum 30.06.2021 fällig gewordenen Kindesunterhalt ist er jedoch unterhaltsrechtlich in voller Höhe Einkommen des Kindes und eine Aufteilung in einen Barunterhalts- und einen Betreuungsunterhaltsteil findet nicht statt (§§ 6c, 19 Abs. 4 BKGG).

4. Geldwerte Zuwendungen des Arbeitgebers

Geldwerte Zuwendungen des Arbeitgebers aller Art, z.B. Firmenwagen, freie Kost und Logis, mietgünstige Wohnung, sind – in der Regel in Höhe der steuerlichen Ansätze (für Firmenwagen: §§ 6, 8 EStG: 1 % des Bruttolistenpreises zuzüglich 0,03 % des Bruttolistenpreises je Entfernungs-km zwischen Wohnung und Arbeitsstätte) – dem Einkommen hin-

[1] **Habersack, Deutsche Gesetze Nr. 20.**
[2] Nr. **45d**.
[3] Nr. **45b**.
[4] Nr. **45a**.

zuzurechnen, soweit sie entsprechende Eigenaufwendungen ersparen. Die Abzugsfähigkeit von Fahrtkosten (vgl. Nr. 10.2.2.) ist separat zu prüfen.

5. Wohnwert

Der Wohnvorteil durch mietfreies Wohnen im eigenen Heim ist als wirtschaftliche Nutzung des Vermögens wie Einkommen zu behandeln, wenn sein Wert die Belastungen übersteigt, die unter Berücksichtigung der staatlichen Eigenheimförderung durch die allgemeinen Grundstückskosten und -lasten, durch Annuitäten und durch sonstige nicht nach § 556 BGB umlagefähige Kosten entstehen.

Zinsen sind in diesem Zusammenhang absetzbar, **Tilgungsleistungen**, wenn sie nicht der einseitigen Vermögensbildung dienen. Im Übrigen kommt beim **Elternunterhalt** eine Berücksichtigung von Tilgungsleistungen inklusive der Zinsen bis zur Höhe des Wohnwerts, darüber hinaus jedoch nur unter dem Gesichtspunkt der ergänzenden Altersvorsorge in Betracht (vgl. Nr. 10.1.2). Beim **Ehegattenunterhalt** ist bei Alleineigentum eines Ehegatten im Falle von Gütertrennung sowie ab Zustellung des Scheidungsantrags auch bei Alleineigentum eines Ehegatten im Falle des gesetzlichen Güterstands zu differenzieren: Auf der Bedarfsebene ist die Tilgung neben den Zinsen bis zu einem Gesamtbetrag in Höhe des Wohnwerts abzugsfähig, darüber hinaus kommt dies nur unter dem Gesichtspunkt der ergänzenden Altersvorsorge in Betracht (vgl. Nr. 10.1.2). Das Gleiche gilt auf der Bedürftigkeits- und Leistungsfähigkeitsebene, jedoch unter den Einschränkungen der §§ 1577 Abs. 3, 1581 S. 2 BGB[1], deren Rechtsgedanken auch im Trennungsunterhalt gelten. Beim **Kindesunterhalt** ist unabhängig von den Eigentumsverhältnissen der Eltern auf der Bedarfsebene die Tilgung neben den Zinsen bis zu einem Gesamtbetrag in Höhe des Wohnwerts abzugsfähig. Darüber hinaus kommt, soweit nicht der Mindestunterhalt betroffen ist, jedenfalls ein Abzug unter dem Gesichtspunkt der ergänzenden Altersvorsorge in Betracht (vgl. Nr. 10.1.2). Auf der Leistungsfähigkeitsebene gelten die allgemeinen Grundsätze der Berücksichtigungsfähigkeit von Schulden beim Kindesunterhalt.

Auszugehen ist von der erzielbaren Miete (objektiver oder voller Wohnwert). Wenn es nicht möglich oder zumutbar ist, die Wohnung aufzugeben und das Objekt zu vermieten oder zu veräußern, kann stattdessen die ersparte Miete angesetzt werden, die angesichts der persönlichen und wirtschaftlichen Verhältnisse angemessen wäre (subjektiver oder angemessener Wohnwert). Dies kommt zum einen beim Elternunterhalt und zum anderen insbesondere für die Zeit bis zur endgültigen Vermögensauseinandersetzung unter Eheleuten oder bis zur Zustellung des Scheidungsantrags in Betracht, wenn ein Ehegatte das Eigenheim allein bewohnt.

6. Haushaltsführung

Führt jemand einem leistungsfähigen Dritten den Haushalt, so ist hierfür, soweit es sich nicht um eine überobligatorische Leistung handelt, ein (fiktives) Einkommen von regelmäßig 350 € anzusetzen.

---

[1] **Habersack, Deutsche Gesetze Nr. 20.**

7. Einkommen aus unzumutbarer Erwerbstätigkeit

Einkünfte aus Nebentätigkeit und unzumutbarer Erwerbstätigkeit sind im Rahmen der Billigkeit (vgl. §§ 242, 1577 Abs. 2 BGB) als Einkommen zu berücksichtigen.

8. Freiwillige Zuwendungen Dritter

Freiwillige Leistungen Dritter (z.B. Geldleistungen, mietfreies Wohnen) sind kein Einkommen, es sei denn, dass die Anrechnung dem Willen des Dritten entspricht.

9. Erwerbsobliegenheit und Einkommensfiktion

Einkommen sind auch aufgrund einer unterhaltsrechtlichen Obliegenheit erzielbare – d.h. fiktive – Einkünfte. Dabei dürfen die Anforderungen nicht überspannt werden. Es ist auf das Einkommen abzustellen, das aufgrund Ausbildung, Erwerbsbiographie und persönlicher Umstände (z.B. Alter, Gesundheitszustand) mit Wahrscheinlichkeit erzielt werden kann. Richtschnur können dabei bestehende Tarifverträge, Mindestlöhne oder zuvor oder aktuell tatsächlich erzielte Stundenlöhne sein.

10. Bereinigung des Einkommens

10.1 Steuern und Vorsorgeaufwendungen:

Vom Bruttoeinkommen sind Steuern, Sozialabgaben und/oder angemessene Vorsorgeaufwendungen abzusetzen (Nettoeinkommen).

10.1.1 Steuerzahlungen und -nachzahlungen sind in der Regel in dem Jahr, in dem sie anfallen, zu berücksichtigen (In-Prinzip). Bei Selbständigen kann auf den Zeitraum der Veranlagung abgestellt werden (Für-Prinzip). Grundsätzlich ist jeder gehalten, ihm zustehende Steuervorteile in Anspruch zu nehmen; hierzu gehört auch das Realsplitting, soweit der Unterhaltsanspruch anerkannt ist, rechtskräftig feststeht oder freiwillig erfüllt wird (BGH FamRZ 2007, 793). Ob im laufenden Jahr von der Möglichkeit der Eintragung eines Freibetrages Gebrauch zu machen ist, richtet sich nach den Umständen des Einzelfalls. Werden Aufwendungen unterhaltsrechtlich nicht berücksichtigt, die zu steuerlichen Entlastungen führen, sind die entsprechenden Steuervorteile aus den Steuerbescheiden herauszurechnen.

10.1.2 Personen, die der gesetzlichen Rentenversicherung nicht unterliegen, können für ihre Altersvorsorge regelmäßig 20 % ihres Bruttoeinkommens aufwenden. Für eine zusätzliche Altersvorsorge können sie ebenso wie gesetzlich Rentenversicherte weitere 4 % (bei Elternunterhalt 5 %) ihres Bruttoeinkommens einsetzen. Ferner können bei Personen, die der gesetzlichen Rentenversicherung unterliegen, 20 % des oberhalb der Beitragsbemessungsgrenze der gesetzlichen Rentenversicherung liegenden Einkommens als angemessene Altersversorgung aufgewendet werden.

10.2 Berufsbedingte Aufwendungen

10.2.1 Berufsbedingte Aufwendungen nichtselbstständig Erwerbstätiger, die sich von den privaten Lebenshaltungskosten nach objektiven Merkmalen abgrenzen lassen, sind vom Einkommen abzuziehen, wobei bei entsprechenden Anhaltspunkten eine Pauschale von 5 % des Nettoeinkommens – bei Vollerwerbstätigkeit – mindestens 50 €, bei Teilzeitarbeit auch weniger, und höchstens 150 € monatlich – geschätzt werden kann. Übersteigen die berufsbedingten Aufwendungen die Pauschale, sind sie insgesamt nachzuweisen.

10.2.2 Als notwendige Kosten der berufsbedingten Nutzung eines Kraftfahrzeugs können in der Regel 14 € (bis 31.12.2021: 10 €) pro Entfernungskilometer im Monat angesetzt werden. Hierin sind alle mit dem Kfz verbundenen Kosten enthalten (einschließlich Finanzierungskosten). Bei längerer Fahrtstrecke (über 30 Entfernungskilometer) kommt eine Kürzung der Pauschale (ab dem 31. Kilometer) auf die Hälfte in Betracht. 10.2.3. Bei einem Auszubildenden sind in der Regel 100 € als ausbildungsbedingter Aufwand abzuziehen.

10.3 Kinderbetreuung

Konkret dargelegte Kinderbetreuungskosten sind abzuziehen, soweit die Betreuung durch Dritte infolge der Berufstätigkeit erforderlich ist. Zum Aufwand für die Betreuung des Kindes zählen nicht die Kosten des Kindergartenbesuchs, diese sind Mehrbedarf des Kindes.

10.4 Schulden

Schulden können je nach den Umständen des Einzelfalls (Art, Grund und Zeitpunkt des Entstehens) das anrechenbare Einkommen vermindern. Die Abzahlung soll im Rahmen eines Tilgungsplans in angemessenen Raten erfolgen. Dabei sind die Belange von Unterhaltsgläubiger, Unterhaltsschuldner und Drittgläubiger gegeneinander abzuwägen.

10.5 Unterhaltsleistungen

Unterhaltsleistungen an minderjährige oder privilegiert volljährige Kinder sind stets vorweg abzuziehen. Im Übrigen richtet sich der Abzug nach den Umständen des Einzelfalles.

10.6 Vermögensbildung

Vermögenswirksame Leistungen vermindern das Einkommen nicht, es sei denn, sie sind als angemessene Vorsorgeaufwendungen (Nr. 10.1.2.) anzuerkennen. Bei gehobenen Einkünften können **Aufwendungen zur Vermögensbildung, die bereits die ehelichen Lebensverhältnisse geprägt haben** und nach dem vorhandenen Einkommen vom Standpunkt eines vernünftigen Betrachters aus als angemessen erscheinen, einkommensmindernd berücksichtigt werden (BGH FamRZ 2007, 1532).

10.7 Umgangskosten

Erhöhte Umgangskosten können – je nach den Umständen des Einzelfalles – berücksichtigt werden.

Kindesunterhalt

11. Bemessungsgrundlage (Tabellenunterhalt)

Der Kindesunterhalt ist der Düsseldorfer Tabelle[1] zu entnehmen. Bei minderjährigen *Kindern kann* er als Festbetrag oder als Prozentsatz des Mindestunterhalts geltend gemacht werden.

[1] Nr. 47.

11.1 In den Unterhaltsbeträgen sind **Beiträge zur Kranken- und Pflegeversicherung**, Studiengebühren und Semestergebühren, sowie **Kindergartenbeiträge** und Privatschulgebühren nicht enthalten.

11.2 Bei minderjährigen Kindern, die bei einem Elternteil leben, richtet sich die Eingruppierung in die Düsseldorfer Tabelle[1] nach dem anrechenbaren Einkommen des anderen Elternteils. Ab- oder Zuschläge (Anm. A. 1 der Düsseldorfer Tabelle) kommen in Betracht. Für volljährige Kinder: siehe 13.1.

12. Minderjährige Kinder

12.1 Der betreuende Elternteil braucht in der Regel keinen Barunterhalt für das minderjährige Kind zu leisten, es sei denn, sein Einkommen ist bedeutend höher als das des anderen Elternteils oder dessen angemessener Bedarf (§ 1603 Abs. 2 Satz 3 BGB[2]) ist bei Leistung des Barunterhalts gefährdet und der angemessene Selbstbehalt des Betreuenden ist auch bei (anteiliger) Leistung des Barunterhalts gewahrt. Die Unterhaltspflicht mit dem Einkommen, das den angemessenen Selbstbehalt übersteigt, wird davon nicht berührt (BGH, FamRZ 2011, 1041).

12.2 Das bereinigte Einkommen des Kindes, das von einem Elternteil betreut wird, wird nur zur Hälfte auf den Barbedarf angerechnet; im Übrigen kommt es dem betreuenden Elternteil zu Gute.

12.3 Sind, z.B. bei auswärtiger Unterbringung des Kindes, beide Eltern zum Barunterhalt verpflichtet, haften sie anteilig nach Nr. 13.3 für den Gesamtbedarf.

12.4 Bei **Zusatzbedarf** (Prozess-/Verfahrenskostenvorschuss, Mehrbedarf, Sonderbedarf) haften die Eltern anteilig nach ihren Erwerbs- und Vermögensverhältnissen (§ 1606 Abs. 3 Satz 1 BGB[2]).

13. Volljährige Kinder

13.1 Der Unterhalt für volljährige Kinder, die noch im Haushalt der Eltern oder eines Elternteils wohnen, richtet sich nach der 4. Altersstufe der Düsseldorfer Tabelle[1]. Ihr Bedarf bemisst sich, falls beide Eltern leistungsfähig sind, in der Regel nach dem zusammengerechneten Einkommen ohne Höhergruppierung nach Anm. A. 1 der Düsseldorfer Tabelle. Für die Haftungsquote gilt Nr. 13.3. Ein Elternteil hat jedoch höchstens den Unterhalt zu leisten, der sich allein – unter Berücksichtigung von Anm. A. 1 der Düsseldorfer Tabelle – nach seinem Einkommen als Zahlbetrag ergibt.

Der angemessene Gesamtunterhaltsbedarf eines volljährigen Kindes mit eigenem Hausstand beträgt in der Regel monatlich 930 € (darin ist eine Warmmiete bis 410 € enthalten). Von diesem Regelbetrag kann bei entsprechender Lebensstellung der Eltern abgewichen werden. Hinzu kommen anzuerkennende Studiengebühren sowie im Falle einer nicht gegebenen Familienversicherung die Kosten der Kranken- und Pflegeversicherung.

---

[1] Nr. 47.
[2] **Habersack, Deutsche Gesetze Nr. 20.**

13.2 Das bereinigte Einkommen des volljährigen Kindes wird in der Regel in vollem Umfange auf den Bedarf angerechnet. Bei Einkünften aus unzumutbarer Erwerbstätigkeit (was in der Regel bei Nebentätigkeiten von Schülern oder Studenten angenommen werden kann) gilt § 1577 Abs. 2 BGB[1] entsprechend. Zu den Einkünften des Kindes gehören auch BAföG-Darlehen und Ausbildungsbeihilfen.

13.3 Sind beide Eltern barunterhaltspflichtig, bemisst sich die **Haftungsquote** nach dem Verhältnis ihrer anrechenbaren Einkünfte. Diese sind vorab jeweils um den Sockelbetrag zu kürzen. Der Sockelbetrag entspricht dem angemessenen Selbstbehalt gemäß Anm. A. 5 Abs. 2 der Düsseldorfer Tabelle[2], bei minderjährigen unverheirateten und ihnen gleichgestellten volljährigen Kindern (§ 1603 Abs. 2 S. 2 BGB[1]) jedoch dann dem notwendigen Selbstbehalt gemäß Anm. A. 5 Abs. 1 der Düsseldorfer Tabelle, wenn bei einem Sockelbetrag in Höhe des angemessenen Selbstbehalts der Bedarf dieser Kinder nach der ersten Einkommensgruppe nicht sichergestellt ist.

Bei minderjährigen unverheirateten und ihnen gleichgestellten volljährigen Kindern (§ 1603 Abs. 2 Satz 2 BGB) sind die anrechenbaren Einkommen der Eltern außerdem wegen gleichrangiger Unterhaltspflichten und bei anderen volljährigen Kindern wegen vorrangiger Unterhaltspflichten zu kürzen.

Der Verteilungsschlüssel kann bei Vorliegen besonderer Umstände (z.B. Betreuung eines behinderten Volljährigen) wertend verändert werden.

14. Verrechnung des Kindergeldes

Kindergeld wird nach § 1612b BGB[1] zur Deckung des Barbedarfs verwandt, bei Minderjährigen, die von einem Elternteil betreut werden, zur Hälfte, ansonsten insgesamt.

Ehegattenunterhalt

15. Unterhaltsbedarf

15.1 Der Bedarf der Ehegatten richtet sich nach ihren Einkommens- und Vermögensverhältnissen im Unterhaltszeitraum, soweit diese als die ehelichen Lebensverhältnisse nachhaltig prägend anzusehen sind. Die ehelichen Lebensverhältnisse im Sinne von § 1578 Abs. 1 Satz 1 BGB[1] werden dabei grundsätzlich durch die Umstände bestimmt, die bis zur Rechtskraft der Ehescheidung eingetreten sind. Nachträgliche Entwicklungen wirken sich auf die Bedarfsbemessung nach den ehelichen Lebensverhältnissen aus, wenn sie auch bei fortbestehender Ehe eingetreten wären oder in anderer Weise in der Ehe angelegt und mit hoher Wahrscheinlichkeit zu erwarten waren (BGH FamRZ 2012, 281).

Es ist von einem Mindestbedarf auszugehen, der nicht unter dem Existenzminimum für nicht Erwerbstätige liegen darf (Anm. B IV b der Düsseldorfer Tabelle[2]). Ebenso können einem neuen Partner gegenüber erbrachte geldwerte Versorgungsleistungen als Surrogat der früheren Haushaltstätigkeit angesehen werden.

---

[1] **Habersack, Deutsche Gesetze Nr. 20.**
[2] Nr. 47.

Die den Lebenszuschnitt mitbestimmenden Nutzungsvorteile mietfreien Wohnens im eigenen Haus (Nr. 5) setzen sich an Zinsvorteilen des Verkaufserlöses fort. Bei Berechnung des Bedarfs ist von dem anrechenbaren Einkommen des Pflichtigen (Nr. 10) vorab der die Ehe prägende Unterhalt (Zahlbetrag) der Kinder abzuziehen.

Auch die Ehe prägender Unterhalt für nachrangige volljährige Kinder ist abzusetzen, wenn den Eheleuten ein angemessener Unterhalt verbleibt.

15.2 Der Bedarf eines jeden Ehegatten ist grundsätzlich mit der Hälfte des unterhaltsrechtlich relevanten Einkommens beider Ehegatten anzusetzen. Jedem erwerbstätigen Ehegatten steht vorab ein Bonus von 1/10 seiner Erwerbseinkünfte als Arbeitsanreiz und zum Ausgleich derjenigen berufsbedingten Aufwendungen zu, die sich nicht nach objektiven Merkmalen eindeutig von den privaten Lebenshaltungskosten abgrenzen lassen. Von einer Steuerrückerstattung ist ein Erwerbstätigenbonus in Abzug zu bringen, wenn diese vom Erwerbseinkommen abgezogene Steuern betrifft. Der Bonus ist vom Erwerbseinkommen nach Abzug berufsbedingter Aufwendungen, des Kindesunterhalts, ggf. der Betreuungskosten sowie sonstiger berücksichtigungsfähiger Schulden und Aufwendungen zu errechnen. Von einer als Ersatz für fortgefallenes Arbeitseinkommen vom Arbeitgeber gezahlten und auf einen längeren Zeitraum umzulegenden Abfindung ist ein Erwerbstätigenbonus nicht in Abzug zu bringen.

15.3 Bei sehr guten Einkommensverhältnissen (in der Regel mindestens der Höchstbetrag nach der Düsseldorfer Tabelle[1] als unterhaltsrechtlich bereinigtes Nettoeinkommen der Eheleute) kommt eine **konkrete Bedarfsberechnung** in Betracht.

15.4 Verlangt der Berechtigte neben dem Elementarunterhalt für Alter, Krankheit und Pflegebedürftigkeit **Vorsorgeunterhalt**, den er aus seinen eigenen Einkünften nicht decken kann, sind zur Ermittlung des geschuldeten Elementarunterhalts grundsätzlich die vom Pflichtigen geschuldeten Beträge wie eigene Vorsorgeaufwendungen (Nr. 10 1) von seinem Einkommen vorweg abzuziehen.

Altersvorsorgeunterhalt wird nicht geschuldet, wenn das Existenzminimum (notwendiger Selbstbehalt) des Berechtigten nicht gesichert ist. Zur Ermittlung des Krankheitsvorsorgeunterhalts hat der Berechtigte konkret die Kosten einer eheangemessenen Absicherung gegen Krankheit darzulegen.

Zur Ermittlung des Altersvorsorgeunterhalts wird zunächst ein vorläufiger Elementarunterhalt nach Nr. 15.2., 21.4. bestimmt. Einkünfte des Berechtigten, die zu keiner Altersvorsorge führen, bleiben unberücksichtigt. Hinzu kommt ein Zuschlag entsprechend der jeweils gültigen Bremer Tabelle[2]. Von dieser Bruttobemessungsgrundlage wird mit Hilfe des jeweiligen Beitragssatzes in der gesetzlichen Rentenversicherung (Arbeitgeber- und Arbeitnehmerbeitrag) der Vorsorgeunterhalt errechnet. Dieser wird vom bereinigten Nettoeinkommen des Verpflichteten abgezogen; auf dieser Basis wird der endgültige Elementarunterhalt errechnet.

---

[1] Nr. **47**.
[2] Nr. **47f/1**.

Betreibt der Unterhaltspflichtige eine unterhaltsrechtlich anzuerkennende zusätzliche Altersvorsorge, ist dies auch dem Unterhaltsberechtigten durch eine Erhöhung des Altersvorsorgeunterhalts in entsprechender Größenordnung im Wege eines Zuschlags einer entsprechenden Anzahl von Prozentpunkten zum Beitragssatz der gesetzlichen Rentenversicherung zu ermöglichen (BGH FamRZ 2020, 21).

Die zweistufige Berechnung und der Vorwegabzug des Vorsorgeunterhalts für Alter, Krankheit oder Pflegebedürftigkeit können unterbleiben, wenn und soweit der Verpflichtete über nicht prägendes Einkommen verfügt, das den Mehrbedarf übersteigt, oder wenn und soweit auf den Bedarf nicht prägendes Einkommen des Berechtigten angerechnet wird (BGH FamRZ 1999, 372).

15.5 Die **Unterhaltspflichten für neue Ehegatten** sowie für **nachehelich geborene Kinder** und den **dadurch bedingten Betreuungsunterhalt nach § 1615l BGB**[1] sind nicht bei der Bemessung des Unterhaltsbedarfs eines geschiedenen Ehegatten zu berücksichtigen.

16. Bedürftigkeit

Eigenes Einkommen des Berechtigten mindert den nach Nr. 15 ermittelten Bedarf.

17. Erwerbsobliegenheit

17.1 Bei Kindesbetreuung besteht bis zur Vollendung des dritten Lebensjahres eines gemeinschaftlichen Kindes keine Erwerbsobliegenheit. Gleichwohl erzieltes Erwerbseinkommen ist überobligatorisch und nach den Umständen des Einzelfalls zu berücksichtigen (BGH FamRZ 2009, 770; FamRZ 2009, 1124; FamRZ 2009, 1391).

Nach Vollendung des dritten Lebensjahres des Kindes kommt es bei Beurteilung der Frage, ob und inwieweit der betreuende Ehegatte bei einer bestehenden Betreuungsmöglichkeit auf eine Erwerbstätigkeit verwiesen werden kann, auf die Verhältnisse des Einzelfalls an. Bei besonderer Betreuungsbedürftigkeit des Kindes und bei nicht oder nur unzureichender Fremdbetreuung (kindbezogene Gründe, § 1570 Abs. 1 S. 2 BGB)[1] kommt ein Unterhaltsanspruch auch nach Vollendung des dritten Lebensjahres des Kindes in Betracht.

Eine Erwerbstätigkeit des betreuenden Ehegatten kann auch aus Gründen der nachehelichen Solidarität ganz oder teilweise unbillig erscheinen. Hierbei sind das in der Ehe gewachsene Vertrauen in die vereinbarte und praktizierte Rollenverteilung und die gemeinsame Ausgestaltung der Kinderbetreuung sowie der Dauer der Ehe zu berücksichtigen (elternbezogene Gründe, § 1570 Abs. 2 BGB).

Die Erwerbsobliegenheit beurteilt sich auch danach, ob eine Erwerbstätigkeit neben der Betreuung des Kindes zu einer überobligationsmäßigen Belastung führen würde. Die Darlegungs- und Beweislast für die Umstände, die einer vollen oder teilweisen Erwerbsobliegenheit ab Vollendung des dritten Lebensjahres des Kindes entgegenstehen, trifft den betreuenden Ehegatten. Dies gilt auch, wenn ein Titel über den Basisunterhalt nach § 1570 Abs. 1 S. 1 BGB abgeändert werden soll.

---

[1] **Habersack, Deutsche Gesetze Nr. 20.**

Der Betreuungsunterhalt nach § 1570 BGB ist nicht nach § 1578b BGB zu befristen.

17.2 In der Regel besteht spätestens ein Jahr nach der Trennung eine Obliegenheit zur Aufnahme oder Ausweitung einer Erwerbstätigkeit. Dabei sind die unter 17.1 genannten Grundsätze anzuwenden.

Ansprüche nach § 1615l BGB, Elternunterhalt. Lebenspartnerschaft

18. Ansprüche nach § 1615l BGB[1)]

Der Bedarf nach § 1615l BGB bemisst sich nach der bisherigen Lebensstellung des betreuenden Elternteils. Er ist auch dann nicht nach dem Einkommen des Pflichtigen zu bemessen, wenn dieser mit dem betreuenden Elternteil zusammengelebt hat (BGH FamRZ 2008, 1739; FamRZ 2010, 357). Der Bedarf, der sich auch aus einem Unterhaltsanspruch gegen einen früheren Ehegatten ergeben kann, darf das Existenzminimum für Nichterwerbstätige (Anm. B IV b der Düsseldorfer Tabelle[2)]) nicht unterschreiten (BGH FamRZ 2010, 357, FamRZ 2010, 444).

Zur Frage der Berücksichtigung eigener Einkünfte, zu Abzügen hiervon und zur Erwerbsobliegenheit gelten die Ausführungen für den Ehegatten entsprechend.

19. Elternunterhalt

Der Bedarf der Eltern bemisst sich in erster Linie nach deren Einkommens- und Vermögensverhältnissen. Mindestens muss jedoch das Existenzminimum eines Nichterwerbstätigen (Anm. B IV b der Düsseldorfer Tabelle[2)]: 1.200 €) sichergestellt werden. Darin sind Kosten der Kranken- und Pflegeversicherung nicht enthalten. Etwaiger Mehrbedarf (z.B. Heimunterbringung) ist zusätzlich auszugleichen. Zur Bedarfsdeckung durch Grundsicherung siehe Ziff. 2.9.

20. Lebenspartnerschaft

Bei Getrenntleben oder Aufhebung der Lebenspartnerschaft gelten §§ 12, 16 LPartG[3)].

Leistungsfähigkeit und Mangelfall

21. Selbstbehalt des Verpflichteten

21.1 Der Unterhaltsverpflichtete ist leistungsfähig, wenn ihm der Selbstbehalt verbleibt. Es ist zu unterscheiden zwischen dem notwendigen (§ 1603 Abs. 2 BGB), dem angemessenen (§ 1603 Abs. 1 BGB[1)]) sowie dem billigen Selbstbehalt (§ 1581 BGB).

21.2 Der **notwendige Selbstbehalt** bei gesteigerter Unterhaltspflicht (§ 1603 Abs. 2 BGB) gegenüber minderjährigen unverheirateten und ihnen gleichgestellten volljährigen Kindern (§ 1603 Abs. 2 Satz 2 BGB[1)]) beträgt beim nicht erwerbstätigen Unterhaltspflichtigen monatlich 1.200 €, beim

---

[1)] **Habersack, Deutsche Gesetze Nr. 20.**
[2)] Nr. **47**.
[3)] Nr. **43**.

erwerbstätigen Unterhaltspflichtigen monatlich 1.450 €. Hierin sind 520 € für Unterkunft einschließlich umlagefähiger Nebenkosten und Heizung (Warmmiete) enthalten. Der Selbstbehalt kann angemessen erhöht werden, wenn dieser Betrag im Einzelfall erheblich überschritten wird und dies nicht vermeidbar ist.

21.3 Der **angemessene Selbstbehalt** (§ 1603 Abs. 1 BGB[1]) gilt insbesondere gegenüber volljährigen Kindern, die minderjährigen Kindern nicht gleichgestellt sind, sowie gegenüber den Eltern des Unterhaltsverpflichteten und gegenüber Ansprüchen nach § 1615l BGB[1].

21.3.1 Er beträgt **gegenüber volljährigen Kindern** in der Regel mindestens monatlich 1.750 €, darin ist eine Warmmiete bis 650 € enthalten.

21.3.2 Er beträgt **gegenüber Ansprüchen nach 1615l BGB**[1] beim nicht erwerbstätigen Unterhaltspflichtigen monatlich 1.475 €, beim erwerbstätigen Unterhaltspflichtigen monatlich 1.600 €, darin ist eine Warmmiete bis 580 € enthalten.

21.3.3 **Gegenüber Eltern** beträgt der Selbstbehalt monatlich mindestens 2.650 € (einschließlich 1.000 € Warmmiete) zuzüglich der Hälfte des darüber hinausgehenden Einkommens.

21.3.4 Der **Selbstbehalt von Großeltern gegenüber Enkeln** entspricht dem Selbstbehalt beim Elternunterhalt.

21.4 Der **billige Selbstbehalt** des Unterhaltsverpflichteten **beim Ehegattenunterhalt** (§ 1581 BGB[1]) beläuft sich in der Regel auf die Mitte zwischen angemessenem und notwendigem Selbstbehalt (derzeit: beim nicht erwerbstätigen Unterhaltspflichtigen monatlich gerundet 1.475 €, beim erwerbstätigen Unterhaltspflichtigen monatlich gerundet 1.600 €, bei Warmmiete bis 580 €).

21.5 Vorteile durch das **Zusammenleben mit einer anderen Person** können eine Herabsetzung des Selbstbehalts rechtfertigen, es sei denn, deren Einkommen liegt unter 650 €. Dabei beträgt die Ersparnis im Regelfall 10 % des Selbstbehalts.

22. Notwendiger Bedarf des mit dem Pflichtigen zusammenlebenden Ehegatten

Insoweit wird auf Anm. B V Nr. 2 der Düsseldorfer Tabelle[2] verwiesen.

23. Mangelfall

23.1 Ein Mangelfall liegt vor, wenn das Einkommen des Unterhaltsverpflichteten zur Deckung seines Selbstbehalts und der Unterhaltsansprüche der gleichrangigen Berechtigten nicht ausreicht. Für diesen Fall ist die nach Abzug des Selbstbehalts des Unterhaltspflichtigen verbleibende Verteilungsmasse auf die gleichrangigen Unterhaltsberechtigten im Verhältnis ihrer jeweiligen Einsatzbeträge gleichmäßig zu verteilen.

23.2 **Die Einsatzbeträge im Mangelfall** sind (nach Maßgabe der in § 1609 BGB[1]) geregelten Rangfolge)

[1] **Habersack, Deutsche Gesetze Nr. 20.**
[2] Nr. **47**.

23.2.1 bei minderjährigen und diesen nach § 1603 Abs. 3, S. 2 BGB[1] gleichgestellten Kindern der jeweilige Zahlbetrag des Mindestunterhalts.

23.2.2 bei getrennt lebenden oder geschiedenen Ehegatten und bei mit dem Pflichtigen in gemeinsamem Haushalt lebenden Ehegatten, sowie bei nach § 1615l BGB[1] Unterhaltsberechtigten der jeweilige ungedeckte Bedarfsbetrag.

Rundung, Anhang

24. Rundung

Der Unterhalt ist auf volle Euro zu runden.

Anhang. Düsseldorfer Tabelle nebst Anmerkungen

(abgedruckt unter Nr. **47***)*

[1] **Habersack, Deutsche Gesetze Nr. 20.**

47o. Oberlandesgericht Köln – Unterhaltsleitlinien der Familiensenate[1)]

(Stand: 1. Januar 2024)

Vorbemerkung

Die Familiensenate des OLG Köln verwenden diese Leitlinien für den Regelfall, um eine in praktisch bedeutsamen Unterhaltsfragen möglichst einheitliche Rechtsprechung zu erreichen. Die Leitlinien können die Richter nicht binden. Sie sollen die angemessene Lösung des Einzelfalls – das gilt auch für die „Tabellen-Unterhaltssätze" – nicht antasten.

Die Leitlinien folgen der Düsseldorfer Tabelle[2)] und den Süddeutschen Leitlinien[3)], weichen jedoch in Einzelfragen davon ab.

Die Leitlinien gelten ab 1. Januar 2024. Gegenüber den ab dem 1. Januar 2023 geltenden Leitlinien ergeben sich – neben redaktionellen Anpassungen – Änderungen in den Ziffern 12.1, 13.3, 15.3, 15.7, 18, 21.2, 21.3.1, 21.3.2, 21.3.4, 21.4, 21.5, 22.1, 22.2., 22.3, 23.1, 23.2 und 23.3 sowie den Anhängen I. und II.

Unterhaltsrechtliches Einkommen

Bei der Ermittlung und Zurechnung von Einkommen ist stets zu unterscheiden, ob es um Verwandten- oder Ehegattenunterhalt sowie ob es um Bedarfsbemessung einerseits oder Feststellung der Bedürftigkeit/Leistungsfähigkeit andererseits geht.

Das unterhaltsrechtliche Einkommen ist nicht immer identisch mit dem steuerrechtlichen Einkommen.

1 Geldeinnahmen

1.1 Regelmäßiges Bruttoeinkommen einschl. Renten und Pensionen

Auszugehen ist vom Bruttoeinkommen als Summe aller Einkünfte.

1.2 Unregelmäßiges Einkommen

Soweit Leistungen nicht monatlich anfallen (z.B. Weihnachts- und Urlaubsgeld), werden sie auf ein Jahr verteilt. Einmalige Zahlungen (z.B. Abfindungen) sind auf einen angemessenen Zeitraum (i.d.R. mehrere Jahre) zu verteilen.

Eine zusätzlich zu dem in unveränderter Höhe bezogenen Einkommen erhaltene Abfindung bleibt jedenfalls für den Ehegattenunterhalt unberücksichtigt (BGH, Urt. v. 2.6.2010 – XII ZR 138/08, FamRZ 2010, 1311). Im Übrigen ist eine Abfindung bis zur Höchstgrenze des Bedarfs aufgrund des früheren Einkommens grundsätzlich für den Unterhalt zu verwenden (BGH, Urt. v. 28.03.2007 – XII ZR 163/04, FamRZ 2007, 983, v. 02.06.2010 – XII ZR 138/08, FamRZ 2010, 1311 und v. 08.04. 2012 – XII ZR 65/10, FamRZ 2012, 1040, teilweise Aufgabe von BGH, Urt. v. 29.01.2003 – XII ZR 92/01, FamRZ 2003, 590).

---

1) In der jeweils aktuellen Fassung kostenlos abrufbar unter www.olg–koeln.nrw.de.
2) Nr. **47**.
3) Nr. **47b**.

Ob eine Aufstockung bis zum bisherigen Einkommen geboten ist und der bisherige Lebensstandard vollständig aufrechterhalten werden muss oder ob eine nur teilweise Aufstockung angemessen ist, um die Abfindung auf einen längeren Zeitraum zu verteilen, beurteilt sich nach den Umständen des Einzelfalls unter Berücksichtigung der beiderseitigen Interessen, insbesondere auch nach der vom Unterhaltspflichtigen zu erwartenden weiteren Einkommensentwicklung (BGH, Urt. v. 08.04.2012 – XII ZR 65/10, FamRZ 2012, 1040).

1.3 Überstunden

Überstundenvergütungen werden dem Einkommen voll zugerechnet, soweit sie berufstypisch sind und das in diesem Beruf übliche Maß nicht überschreiten. Ob und in welchem Umfang weitergehende Einkünfte durch Überstunden, aus Nebentätigkeit oder Zweitarbeit anrechenbar sind, ist nach Billigkeit nach den Umständen des Einzelfalls (Höhe der Einkünfte, hohe Schuldenbelastung, Sicherung des Mindestbedarfs, Alter, beidseitige wirtschaftliche Verhältnisse) zu entscheiden (vgl. BGH, Urt. v. 31.10.2012 – XII ZR 30/10).

1.4 Spesen und Auslösungen

Ersatz für Spesen und Reisekosten sowie Auslösungen gelten in der Regel als Einkommen. Damit zusammenhängende Aufwendungen, vermindert um häusliche Ersparnis, sind jedoch abzuziehen.

1.5 Einkommen aus selbstständiger Tätigkeit

Bei der Ermittlung des zukünftigen Einkommens eines Selbstständigen ist in der Regel der Gewinn der letzten drei Jahre zugrunde zu legen. Für die Vergangenheit ist in der Regel auf das tatsächlich erzielte Jahreseinkommen abzustellen; Durchschnittsberechnungen für den gesamten Unterhaltszeitraum oder für einzelne Unterhaltszeiträume sind möglich.

1.6 Einkommen aus Vermietung und Verpachtung sowie Kapitalvermögen

Einkommen aus Vermietung und Verpachtung sowie aus Kapitalvermögen ist der Überschuss der Bruttoeinkünfte über die Werbungskosten. Für Gebäude ist keine AfA anzusetzen.

1.7 Steuererstattungen

Steuerzahlungen oder Erstattungen sind in der Regel im Kalenderjahr der tatsächlichen Leistung zu berücksichtigen.

1.8 Sonstige Einnahmen

Sonstige Einnahmen (z.B. Trinkgelder, Krankenhaustagegeld).

2 Sozialleistungen

2.1 Arbeitslosengeld (§ 136 ff. SGB III), Insolvenzgeld (§ 165 ff. SGB III), Krankengeld und Übergangsgeld

Diese Leistungen sind Einkommen.

2.2 Leistungen nach dem SGB II

Leistungen nach dem SGB II (Bürgergeld, §§ 19–23 SGB II) sind Einkommen beim Verpflichteten. Beim Berechtigten sind Leistungen nach dem SGB II kein Einkommen. Soweit ein Übergang des Anspruchs auf den Träger der Leistungen nach § 33 Abs. 2 SGB II ausgeschlossen ist (auch bei fiktivem Einkommen), können Unterhaltsforderungen eines Leistungsempfängers für die Vergangenheit treuwidrig sein (vgl. BGH FamRZ 1999, 843).

2.3 Wohngeld

Wohngeld ist Einkommen, soweit es nicht erhöhte Wohnkosten deckt.

2.4 BAföG

BAföG-Leistungen sind Einkommen, auch soweit sie als Darlehn gewährt werden, mit Ausnahme von Vorausleistungen nach §§ 36, 37 BAföG[1].

2.5 Erziehungs- und Elterngeld

Elterngeld nach § 1 BEEG[2] ist als Einkommen zu behandeln; für den Mindestbetrag von monatlich 300 EUR bzw. 150 EUR bei verlängertem Bezug gilt dies nur ausnahmsweise (§ 11 S. 4 BEEG).

2.6 Unfall- und Versorgungsrenten

Unfall- und Versorgungsrenten sowie Übergangsgelder aus der Unfall- und Rentenversicherung sind Einkommen; §§ 1610a, 1578a BGB[3] sind zu beachten.

2.7 Leistungen aus der Pflegeversicherung u.ä.

Leistungen aus der Pflegeversicherung, Blindengeld, Schwerbeschädigten- und Pflegezulagen, jeweils nach Abzug des Betrags für tatsächliche Mehraufwendungen, sind Einkommen; §§ 1610a, 1578a BGB[3] sind zu beachten.

2.8 Pflegegeld

Leistungen der Pflegeversicherung sind nur ausnahmsweise als Einkommen der Pflegeperson zu berücksichtigen, § 13 Abs. 6 SGB XI. Berücksichtigungsfähiges Pflegegeld nach § 13 Abs. 6 SGB XI oder Pflegegeld nach anderen Rechtsvorschriften ist Einkommen der Pflegeperson höchstens mit dem Anteil, durch den ihre Bemühungen abgegolten werden.

2.9 Grundsicherung beim Verwandtenunterhalt

In der Regel sind Leistungen nach §§ 41–43 SGB XII (Grundsicherung) beim Verwandtenunterhalt Einkommen, nicht aber beim Ehegattenunterhalt.

2.10 Sozialhilfe

Kein Einkommen sind sonstige Sozialhilfeleistungen nach SGB XII. Für den Ausschluss des Anspruchsübergangs nach § 94 Abs. 3 SGB XII gilt 2.2. entsprechend.

2.11 Unterhaltsvorschuss

Leistungen nach dem UVG[4] sind nicht als Einkommen zu bewerten. Für den Ausschluss des Anspruchsübergangs nach § 7 UVG gelten die Ausführungen unter 2.2. entsprechend.

---

[1] **Sartorius Nr. 420.**
[2] Nr. **45e**.
[3] **Habersack, Deutsche Gesetze Nr. 20.**
[4] Nr. **45d**.

3 **Kindergeld**

Kindergeld wird nicht zum Einkommen der Eltern gerechnet.

4 **Geldwerte Zuwendungen des Arbeitgebers**

Geldwerte Zuwendungen aller Art des Arbeitgebers, z.B. Firmenwagen oder freie Kost und Logis, sind Einkommen, soweit sie entsprechende Eigenaufwendungen ersparen. Die hierfür steuerlich in Ansatz gebrachten Beträge bieten einen Anhaltspunkt für die Bewertung des geldwerten Vorteils (für Firmenwagen: 1 % des Bruttolistenpreises zzgl. 0,03 % des Bruttolistenpreises je Entfernungskilometer zwischen Wohnung und Arbeitsstätte).

5 **Wohnwert**

Der Wohnvorteil durch mietfreies Wohnen im eigenen Heim ist als wirtschaftliche Nutzung des Vermögens unterhaltsrechtlich wie Einkommen zu behandeln. Neben dem Wohnwert sind auch Zahlungen nach dem Eigenheimzulagengesetz anzusetzen.

Ein Wohnvorteil liegt nur vor, soweit der Wohnwert den berücksichtigungsfähigen Schuldendienst, erforderliche Instandhaltungskosten sowie nicht umlagefähige Kosten i.S.v. § 556 Abs. 1 BGB[1], §§ 1, 2 BetrKV[2] übersteigt (zur Berücksichtigung von Tilgungsleistungen vgl. BGH, Beschl. v. 18.01.2017, FamRZ 2017, 519).

Auszugehen ist vom vollen Mietwert (objektiver Wohnwert). Wenn es nicht möglich oder nicht zumutbar ist, die Wohnung aufzugeben und das Objekt zu vermieten oder zu veräußern, kann statt dessen die ersparte Miete angesetzt werden, die angesichts der wirtschaftlichen Verhältnisse angemessen wäre (subjektiver Wohnwert). Dies kommt insbesondere für die Zeit bis zur Zustellung des Scheidungsantrags in Betracht, wenn ein Ehegatte das Eigenheim allein bewohnt (BGH, Urt. v. 05.03.2008 – XII ZR 22/06, FamRZ 2008, 963, 965; Urt. v. 31.10.2012 – XII ZR 30/10).

6 **Haushaltsführung**

Führt jemand einem leistungsfähigen Dritten den Haushalt, so ist hierfür ein Einkommen anzusetzen. Bei Haushaltsführung durch einen Nichterwerbstätigen können in der Regel 200–550 EUR angesetzt werden.

7 **Einkommen aus unzumutbarer Erwerbstätigkeit**

Einkommen aus unzumutbarer Erwerbstätigkeit kann nach Billigkeit ganz oder teilweise unberücksichtigt bleiben.

8 **Freiwillige Zuwendungen Dritter**

Freiwillige Zuwendungen Dritter (z.B. Geldleistungen, kostenloses Wohnen) sind nur als Einkommen zu berücksichtigen, wenn dies dem Willen des Dritten entspricht.

---

[1] **Habersack, Deutsche Gesetze Nr. 20.**
[2] Nr. **30b/1.**

9 Erwerbsobliegenheit und Einkommensfiktion

Einkommen können auch aufgrund einer unterhaltsrechtlichen Obliegenheit erzielbare Einkünfte, ggfs. unter Berücksichtigung pauschaler berufsbedingter Kosten (BGH, Urt. v. 03.12.2008 – XII ZR 182/06, FamRZ 2009, 314, 317), sein.

Erzielbare Einkünfte sind im Einzelfall unter Berücksichtigung der jeweiligen Verhältnisse auf dem Arbeitsmarkt und der persönlichen Eigenschaften des Erwerbspflichtigen, namentlich Alter, Ausbildung, Berufserfahrung, Gesundheitszustand, Geschlecht, zu ermitteln und setzen auch bei Inanspruchnahme auf den Mindestunterhalt durch ein minderjähriges Kind eine objektiv feststellbare reale Beschäftigungschance voraus (BVerfG, 1. Sen. 2. Kammer, Beschl. v. 11.03.2010 – 1 BvR 3031/08, FamRZ 2010, 793).

10 Bereinigung des Einkommens

Das nach Nr. 1 bis 9 ermittelte Einkommen ist wie folgt zu bereinigen:

10.1 Steuern und Vorsorgeaufwendungen

Vom Bruttoeinkommen sind Steuern, Sozialabgaben und/oder angemessene Vorsorgeaufwendungen abzuziehen (Nettoeinkommen).

10.1.1 Steuern/Splittingvorteil

Es besteht die Obliegenheit, Steuervorteile in Anspruch zu nehmen (z.B. Eintragung eines Freibetrags bei Fahrtkosten, für unstreitigen oder titulierten Unterhalt).

10.1.2 Vorsorgeaufwendungen

Vom Einkommen sind ferner Aufwendungen für Kranken-, Pflege-, Renten- und Arbeitslosenversicherung abzuziehen.

Im Rahmen der Altersvorsorge können über die Aufwendungen zur Grundversorgung (primäre Altersvorsorge) hinaus in angemessenem Umfang auch tatsächlich geleistete Zahlungen für eine zusätzliche private Altersvorsorge (sekundäre Altersvorsorge) angesetzt werden. Für die primäre Altersvorsorge können Personen, die nicht der gesetzlichen Versicherungspflicht unterliegen, in der Regel etwa 20 % des Bruttoeinkommens ansetzen, sofern die Aufwendungen tatsächlich erfolgen und die Altersvorsorge nicht bereits auf andere Weise gesichert ist. Für die sekundäre Altersvorsorge ist in der Regel beim Ehegattenunterhalt und – wenn der Mindestbedarf gedeckt ist – beim Kindesunterhalt ein Betrag in Höhe von 4 %, bei Eltern- und Enkelunterhalt in Höhe von 5 % des Bruttoeinkommens angemessen.

10.2 Berufungsbedingte Aufwendungen

Berufsbedingte Aufwendungen, die sich von den privaten Lebenshaltungskosten nach objektiven Merkmalen eindeutig abgrenzen lassen, sind im Rahmen des Angemessenen vom Nettoeinkommen abzuziehen.

10.2.1 Konkrete Aufwendungen

Eine Pauschale von 5 % wird in der Regel nicht gewährt, sondern die berufsbedingten Aufwendungen sind im Einzelnen darzulegen.

10.2.2 Fahrtkosten

Für notwendige Kosten der berufsbedingten Nutzung eines Kraftfahrzeugs kann der nach § 5 Abs. 2 JVEG[1] anzuwendende Betrag (derzeit 0,42 EUR) pro gefahrenem Kilometer angesetzt werden. Damit sind i.d.R. Anschaffungs- und Betriebskosten erfasst. Bei langen Fahrtstrecken (ab ca. 30 km einfach) kann nach unten abgewichen werden (für die Mehrkilometer i.d.R. 0,28 EUR). Daneben sind weitere Kosten (etwa für Kredite oder Reparaturen) regelmäßig nicht absetzbar. Eine Verweisung auf die Benutzung öffentlicher Verkehrsmittel kommt nach Billigkeit in Betracht, insbesondere wenn der Mindestunterhalt nicht geleistet werden kann.

10.2.3 Ausbildungsaufwand

Bei einem Auszubildenden sind in der Regel 100 EUR als pauschaler ausbildungsbedingter Aufwand abzuziehen, unabhängig davon, ob er im Haushalt der Eltern oder eines Elternteils lebt. Höherer Aufwand (auch Fahrtkosten) ist konkret nachzuweisen.

10.3 Kinderbetreuung

Kinderbetreuungskosten und damit zusammenhängende Aufwendungen sind abzugsfähig, soweit die Betreuung durch Dritte infolge der Berufstätigkeit erforderlich wird. Der pauschale Abzug eines Betreuungsbonus kommt dagegen nicht in Betracht (BGH, Urt. v. 21.04.2010 – XII ZR 134/08, FamRZ 2010,1050).

10.4 Schulden

Berücksichtigungswürdige Schulden (Zinsen und Tilgung) sind abzuziehen; die Abzahlung soll im Rahmen eines vernünftigen Tilgungsplans in angemessenen Raten erfolgen.

Im Verhältnis zu minderjährigen und privilegierten volljährigen Kindern besteht grundsätzlich die Obliegenheit zur Einleitung der Verbraucherinsolvenz (BGHZ 162, 234), nicht aber gegenüber sonstigen Unterhaltsberechtigten (BGH, Urt. v. 12.12.2007 – XII ZR 23/06, FamRZ 2008, 497).

Bei der Bedarfsermittlung für den Ehegattenunterhalt sind nur eheprägende Schulden abzuziehen. Nacheheliche Entwicklungen wirken sich auf die Bedarfsbemessung nach den ehelichen Lebensverhältnissen aus, wenn sie auch bei fortbestehender Ehe eingetreten wären oder in anderer Weise in der Ehe angelegt oder mit hoher Wahrscheinlichkeit zu erwarten waren (BGH, Urt. v. 07.12.2011 – XII ZR 151/09, FamRZ 2012, 281).

Bei Verwandtenunterhalt sowie bei der Leistungsfähigkeit/Bedürftigkeit für den Ehegattenunterhalt erfolgt eine Abwägung nach den Umständen des Einzelfalls. Bei der Zumutbarkeitsabwägung sind die Interessen des Unterhaltsschuldners, des Drittgläubigers und des Unterhaltsgläubigers, vor allem minderjähriger Kinder, mit zu berücksichtigen.

10.5 Unterhaltsleistungen

Unterhaltsleistungen für vorrangig Berechtigte sind beim Verpflichteten zur Ermittlung der Leistungsfähigkeit vorweg mit dem Zahlbetrag abzuziehen. Leistet der Berechtigte einem nicht gemeinsamen minderjäh-

[1] **Habersack, Deutsche Gesetze Nr. 116.**

rigen oder privilegierten volljährigen Kind Barunterhalt, so ist auch dieser mit dem nach seinen Einkommensverhältnissen maßgeblichen Zahlbetrag abzugsfähig. Ggf. ist beim unterhaltsberechtigten Ehegatten anteiliger Barunterhalt gegenüber gemeinsamen Kindern als Abzugsposten zu berücksichtigen (vgl. BGH, Beschluss v. 29.09.2021 – XII ZB 474/20, FamRZ 2021, 1965). Im Übrigen richtet sich die Abzugsfähigkeit von Unterhaltsleistungen nach den Umständen des Einzelfalls.

10.6 Vermögensbildung

Bei vermögenswirksamen Leistungen nach den Vermögensbildungsgesetzen sind die Arbeitgeberleistung und die Arbeitnehmersparzulage nicht als unterhaltsrechtliches Einkommen zu werten. Eine weitergehende Arbeitnehmerleistung ist vom Einkommen abzuziehen, wenn sie als angemessene Vorsorgeaufwendung (Nr. 10.1.2) anerkannt werden kann. Im Übrigen sind vermögensbildende Aufwendungen im angemessenen Rahmen abzugsfähig.

10.7 Umgangskosten

Kosten der Ausübung des Umgangsrechts, die deutlich über den verbleibenden Anteil am Kindergeld (vgl. Nr. 14) hinausgehen, können durch einen –teilweisen – Abzug vom Einkommen oder eine Erhöhung des Ehegattenselbstbehalts berücksichtigt werden (BGH, Urt. v. 17.06.2009 – XII ZR 102/08, FamRZ 2009, 1391, 1395).

Kindesunterhalt

11 Bemessungsgrundlage (Tabellenunterhalt)

Der Barunterhalt minderjähriger und noch im elterlichen Haushalt lebender volljähriger Kinder bestimmt sich nach den Sätzen der Düsseldorfer Tabelle[1)] (Anhang I). Die Richtsätze der 1. Einkommensgruppe der ersten drei Altersstufen entsprechen dem Mindestbedarf gemäß § 1612a Abs. 1 BGB[2)] (vgl. BGBl. I 2015, 2188) in der Fassung der Fünften Verordnung zur Änderung der Mindestunterhaltsverordnung v. 29.11.2023 (BGBl. I 2023 Nr. 330). Die Bedarfssätze der vierten Altersstufe – ab 18 Jahren – errechnen sich auf der Grundlage von 125 % des Mindestbedarfs. Bei minderjährigen Kindern kann der Barunterhalt als Festbetrag oder als Prozentsatz des jeweiligen Mindestunterhalts geltend gemacht werden.

11.1 Kranken- und Pflegeversicherungsbeiträge, Studiengebühren

Die Tabellensätze der Düsseldorfer Tabelle[1)] enthalten keine Kranken- und Pflegeversicherungsbeiträge für das Kind. Ist dieses nicht in einer gesetzlichen Familienversicherung mitversichert, so sind die Beiträge zusätzlich zu zahlen. Das Nettoeinkommen des Verpflichteten ist um solche Versicherungskosten zu bereinigen. In den Tabellenbeträgen sind auch Studiengebühren nicht enthalten.

11.2 Eingruppierung

Die Tabellensätze sind auf den Fall zugeschnitten, dass der Unterhaltspflichtige zwei Berechtigten, ohne Rücksicht auf den Rang, Unterhalt zu

1) **Nr. 47.**
2) **Habersack, Deutsche Gesetze Nr. 20.**

gewähren hat. Bei einer größeren oder geringeren Anzahl Unterhaltsberechtigter können Ab- oder Zuschläge durch Einstufung in niedrigere oder höhere Gruppen angemessen sein. Reicht das verfügbare Einkommen auch dann nicht aus, setzt sich der Vorrang der Kinder nach § 1609 Nr. 1 BGB[1] durch (Nr. 24).

12 Minderjährige Kinder

12.1 Betreuungs-/Barunterhalt

Der betreuende Elternteil braucht neben dem anderen Elternteil in der Regel keinen Barunterhalt zu leisten, es sei denn, sein Einkommen ist bedeutend höher als das des anderen Elternteils und der eigene angemessene Unterhalt (1.750 EUR) des sonst allein barunterhaltspflichtigen Elternteils ist gefährdet (§ 1603 Abs. 2 S. 3 BGB[1]).

12.2 Einkommen des Kindes

Einkommen des Kindes wird bei beiden Eltern hälftig angerechnet.

12.3 Beiderseitige Barunterhaltspflicht/Haftungsanteil

Sind bei auswärtiger Unterbringung oder bei Praktizierung eines echten Wechselmodells (Betreuung 50:50) beide Eltern zum Barunterhalt verpflichtet, haften sie anteilig nach § 1606 Abs. 3 S. 1 BGB[1] für den Gesamtbedarf (BGH, Beschl. v. 11.01.2017 – XII ZB 565/15, FamRZ 2017, 437; Berechnung siehe Nr. 13.3). Der Unterhaltsbedarf umfasst auch die infolge des Wechselmodells entstehenden Mehrkosten. Der dem Kind von einem Elternteil während dessen Betreuungszeiten im Wechselmodell geleistete Naturalunterhalt ist als (teilweise) Erfüllung des Unterhaltsanspruchs zu berücksichtigen.

Bei auswärtiger Unterbringung kann der Verteilungsschlüssel unter Berücksichtigung des Betreuungsaufwands wertend verändert werden.

12.4 Zusatzbedarf

Bei Zusatzbedarf (Prozess-/Verfahrenskostenvorschuss, Mehrbedarf, Sonderbedarf) gilt § 1606 Abs. 3 S. 1 BGB[1] (vgl. Nr. 13.3). Beiträge für Kindereinrichtungen stellen mit Ausnahme der Verpflegungskosten ebenfalls Mehrbedarf des Kindes dar (BGH, Urt. v. 26.11.2008 – 65/07, FamRZ 2009, 962). Sonstiger Betreuungsbedarf ist nur dann Mehrbedarf des Kindes, wenn er über den Umfang der von dem betreuenden Elternteil ohnehin geschuldeten Betreuung hinausgeht und eine besondere Förderung des Kindes in staatlichen Kindergärten, Kindertagesstätten oder Horten oder in vergleichbaren privaten Einrichtungen betrifft. Wird die Betreuung eines Kindes durch Dritte hingegen allein infolge der Berufstätigkeit des betreuenden Elternteils erforderlich, so stellen die Betreuungskosten keinen Mehrbedarf des Kindes dar, sondern gehören zur allgemeinen Betreuung, die vom betreuenden Elternteil im Gegenzug zur Barunterhaltspflicht des anderen allein zu leisten ist. Dafür entstehende Betreuungskosten können lediglich als berufsbedingte Aufwendungen des betreuenden Elternteils Berücksichtigung finden (BGH, Beschl. v. 04.10. 2017 – XII ZB 55/17, FamRZ 2018, 23).

[1] **Habersack, Deutsche Gesetze Nr. 20.**

13 Volljährige Kinder

13.1 Bedarf

Beim Bedarf volljähriger Kinder ist zu unterscheiden, ob sie noch im Haushalt der Eltern/eines Elternteils leben oder einen eigenen Hausstand haben.

Für volljährige Kinder, die noch im Haushalt der Eltern/eines Elternteils wohnen, gilt die Altersstufe 4 der Düsseldorfer Tabelle[1]. Sind beide Eltern leistungsfähig (vgl. Nr. 21.3.1), ist der Bedarf des Kindes i.d.R. nach dem zusammengerechneten Einkommen (ohne Höhergruppierung oder Herabstufung) zu bemessen. Ein Elternteil hat jedoch höchstens den Unterhalt zu leisten, der sich allein nach seinem Einkommen aus der Düsseldorfer Tabelle ergibt.

Der angemessene Bedarf eines volljährigen Kindes mit eigenem Hausstand beträgt in der Regel monatlich 930 EUR (darin sind enthalten Kosten für Unterkunft und Heizung bis zu 410 EUR) ohne Beiträge zur Kranken- und Pflegeversicherung sowie Studiengebühren. Von diesem Betrag kann bei erhöhtem Bedarf oder mit Rücksicht auf die Lebensstellung der Eltern nach oben abgewichen werden

Für die Haftungsquote gilt in beiden Fällen Nr. 13.3.

13.2 Einkommen des Kindes

Auf den Unterhaltsbedarf werden das Kindergeld (Nr. 14) sowie Einkünfte des Kindes, auch BAföG-Darlehen und Ausbildungsbeihilfen (gekürzt um ausbildungsbedingte Aufwendungen, vgl. Nr. 10.2.3) angerechnet. Bei Einkünften aus unzumutbarer Erwerbstätigkeit gilt § 1577 Abs. 2 BGB[2] entsprechend.

13.3 Beiderseitige Barunterhaltspflicht

Bei anteiliger Barunterhaltspflicht ist vor Berechnung des Haftungsanteils nach § 1606 Abs. 3 S. 1 BGB[2] das bereinigte Nettoeinkommen jedes Elternteils gem. Nr. 10 zu ermitteln. Hiervon ist bei Unterhaltsansprüchen nicht privilegierter volljähriger Kinder ein Sockelbetrag in Höhe des angemessenen Selbstbehalts (1.750 EUR) abzuziehen.

Der Haftungsanteil nach § 1606 Abs. 3 S. 1 BGB errechnet sich nach der Formel:

Bereinigtes Nettoeinkommen eines Elternteils (N1 oder N2) abzüglich 1.750 EUR mal (Rest-)Bedarf gemäß Nr. 13.1./13.2. (R), geteilt durch die Summe der bereinigten Nettoeinkommen beider Eltern (N1 + N2) abzüglich 3.500 (= 1.750 + 1.750) EUR.

Haftungsanteil Elternteil 1 = (N1 – 1.750) × R: (N1 + N2 – 3.500).

Der so ermittelte Haftungsanteil ist auf seine Angemessenheit zu überprüfen und kann bei Vorliegen besonderer Umstände (z.B. behindertes Kind) wertend verändert werden.

Bei volljährigen Schülern, die in § 1603 Abs. 2 S. 2 BGB minderjährigen Kindern gleichgestellt sind, wird der Sockelbetrag bis zum notwendigen Selbstbehalt (1.200 EUR/1.450 EUR) herabgesetzt, wenn der Bedarf der Kinder andernfalls nicht gedeckt werden kann.

---

[1] Nr. **47**.
[2] **Habersack, Deutsche Gesetze Nr. 20.**

14 **Verrechnung des Kindergeldes**

Das auf das jeweilige Kind entfallende Kindergeld ist nach § 1612b BGB[1] auf den Tabellenunterhalt anzurechnen, vgl. Anhang II. Tabelle Zahlbeträge.

Ehegattenunterhalt

15 **Unterhaltsbedarf**

15.1 **Bedarf nach den ehelichen Lebensverhältnissen**

Der Unterhaltsbedarf richtet sich nach den ehelichen Lebensverhältnissen. Nacheheliche Entwicklungen wirken sich auf die Bedarfsbemessung nach den ehelichen Lebensverhältnissen aus, wenn sie auch bei fortbestehender Ehe eingetreten wären oder in anderer Weise in der Ehe angelegt oder mit hoher Wahrscheinlichkeit zu erwarten waren (BGH, Urt. v. 07.12. 2011 – XII ZR 151/09, FamRZ 2012, 281).

Bei Aufnahme oder Ausdehnung einer Erwerbstätigkeit nach der Scheidung ist das (Mehr) einkommen, welches der Berechtigte erzielt oder pflichtwidrig zu erzielen unterlässt, als Surrogat der Haushaltsführung anzusehen (BGH, Urt. v. 07.12.2011 – XII ZR 151/09, FamRZ 2012, 281; BGH, Beschl. v. 25.09.2019 – XII ZB 25/19).

Nachrangige Unterhaltsansprüche volljähriger Kinder sind bei der Bemessung des Unterhaltsbedarfs des Ehegatten zu berücksichtigen, wenn sie eheprägende Verbindlichkeiten darstellen (BGH, Urt. v. 31.10.2012 – XII ZR 30/10).

Ohne Auswirkung auf den Unterhaltsbedarf sind nacheheliche Entwicklungen, die keinen Anknüpfungspunkt in der Ehe haben, wie die Unterhaltspflicht gegenüber einem neuen Ehegatten, der Splittingvorteil aus der neuen Ehe, sonstige von der neuen Ehe abhängige Einkommenszuschläge, der Vorteil des Zusammenlebens in der neuen Ehe und die Unterhaltspflicht für ein nachehelich geborenes Kind (BGH, Urt. v. 07.12.2011 – XII ZR 151/09, FamRZ 2012, 281).

Übersteigt der so ermittelte Bedarf des Berechtigten den Betrag, der dem Verpflichteten für den eigenen Unterhalt verbleibt (relativer Mangelfall), führt dies zur Kürzung des Unterhalts des Berechtigten und des individuellen Selbstbehalts des Verpflichteten. Ist für den Unterhaltsberechtigten die Untergrenze seines eigenen Selbstbehalts erreicht (absoluter Mangelfall), ist der Unterhalt des Berechtigten entsprechend der in § 1609 BGB[1] geregelten Rangfolge und bei Gleichrang anteilig zu kürzen (BGH, Urt. v. 07.12.2011 – XII ZR 151/09, FamRZ 2012, 281).

15.2 **Halbteilung und Erwerbstätigenbonus**

Es gilt der Halbteilungsgrundsatz, wobei jedoch tatsächliche und fiktive Erwerbseinkünfte nur zu 9/10 zu berücksichtigen sind (Abzug von 1/10 Erwerbstätigenbonus vom gemäß Nr. 10 bereinigten Nettoeinkommen).

15.3 **Konkrete Bedarfsbemessung**

Macht der Unterhalts*berechtigte* – vor Abzug seines eigenen Einkommens – einen Elementarbedarf von über 5.600 EUR geltend, so hat er

[1] **Habersack, Deutsche Gesetze Nr. 20.**

seinen Bedarf konkret darzulegen (im Anschluss an BGH, Beschluss vom 15. November 2017 – XII ZB 503/16, FamRZ 2018, 260).

Er kann seinen Bedarf konkret dadurch berechnen, dass er diejenigen Positionen benennt, die während des ehelichen Zusammenlebens nicht für die allgemeine Lebensführung verwendet wurden (z.B. Sparrate, anderweitige Vermögensbildung) und den sich daraus ergebenden Quotenunterhalt geltend machen.

Alternativ kann er auch die nach den ehelichen Lebensverhältnissen maßgeblichen Bedarfspositionen im Einzelnen darlegen. Die Höhe des Elementarunterhalts wird dabei durch den Quotenunterhalt gemäß Nr. 15.2 begrenzt.

Beispiel:
M erzielt ein unterhaltsrechtlich bereinigtes Monatsnettoeinkommen von 20.000 EUR. F macht Trennungsunterhalt geltend. Sie reklamiert für sich einen Bedarf von 6.000 EUR. Diesen Bedarf kann sie wie folgt darlegen:

Alternative 1:
F legt dar, dass während der Ehe von den 20.000 EUR monatlich 6.000 EUR gespart wurden und der Rest von 14.000 EUR für die allgemeine Lebensführung verwendet worden ist.
Konkrete Bedarfsberechnung: (20.000 EUR – 6.000 EUR) × 45 % = 6.300 EUR

Alternative 2:
F legt die einzelnen Positionen ihres Elementarbedarfs dar, z.B. für

–	Wohnen	2.000 EUR
–	Lebensmittel	1.000 EUR
–	Friseur	100 EUR
–	Autokosten	500 EUR
–	Urlaub	1.000 EUR
–	Kosmetik	100 EUR
–	Kleidung	900 EUR
–	Restaurantbesuche	300 EUR
–	Kommunikation (Handy, Zeitung)	200 EUR
–	Golf	200 EUR
Gesamt		6.300 EUR

Unterhaltsbegrenzung: 20.000 EUR × 45 % = 9.000 EUR. Die geforderten 6.300 EUR liegen unter diesem Grenzbetrag.

15.4 Vorsorgebedarf/Zusatz- und Sonderbedarf

Werden Altersvorsorge-, Kranken- und Pflegeversicherungskosten vom Berechtigten gesondert geltend gemacht oder vom Verpflichteten bezahlt, sind diese vom Einkommen des Pflichtigen vorweg abzuziehen. Wegen des Vorrangs des Elementarunterhalts besteht ein Anspruch auf Altersvorsorgeunterhalt nur insoweit, als das Existenzminimum des Berechtigten (Nr. 23.2) gesichert ist.

Der Altersvorsorgeunterhalt ist regelmäßig nach der Bremer Tabelle[1] zweistufig zu berechnen. Bei besonders günstigen wirtschaftlichen Verhältnissen kommt eine einstufige Berechnung in Betracht. Der Altersvorsorgeunterhalt ist nicht auf den Höchstbetrag nach Maßgabe der Beitragsbemessungsgrenze in der gesetzlichen Rentenversicherung beschränkt (BGH, Urt. v. 25.10.2006 – XII ZR 141/04, FamRZ 2007, 117).

---

[1] Nr. **47f/1**.

15.5 Bedarf bei Zusammentreffen von Unterhaltsansprüchen mehrerer Ehegatten und/oder Berechtigter nach § 1615l BGB[1)]

Bei Zusammentreffen von Unterhaltsansprüchen des geschiedenen Ehegatten und des mit dem Unterhaltspflichtigen zusammenlebenden (neuen) Ehegatten bemisst sich der Unterhaltsbedarf des geschiedenen Ehegatten nach den ehelichen Lebensverhältnissen ohne Berücksichtigung der nachehelichen Entwicklungen (vgl. Nr. 15.1.).

Die unterschiedliche Rangfolge der Ansprüche (§ 1609 Nr. 2, 3 BGB) ist erst im Rahmen der Prüfung der Leistungsfähigkeit zu berücksichtigen. Entsprechendes gilt bei Berechtigten nach § 1615l BGB, es sei denn, ihr Bedarf (Nr. 18) ist geringer.

15.6 Trennungsbedingter Mehrbedarf

Trennungsbedingter Mehrbedarf bleibt in der Regel außer Betracht (BGH, Urt. v. 18.11.2009 – XII ZR 65/09, FamRZ 2010, 111).

15.7 Begrenzung und Befristung nach § 1578b BGB[1)]

Aus § 1578b BGB ergibt sich, dass die Herabsetzung wie auch die Befristung des Unterhalts nicht die Regel, sondern die Ausnahme darstellt (BGH, Urt. v. 04.08.2010 – XII ZR 7/09, FamRZ 2010, 1633).

Ein Anspruch auf nachehelichen Unterhalt ist nach § 1578b Abs. 1 S. 1 BGB auf den angemessenen Lebensbedarf, nicht jedoch geringer als 1.200 EUR, herabzusetzen, wenn eine an den ehelichen Lebensverhältnissen orientierte Bemessung des Unterhaltsanspruchs auch unter Wahrung der Belange eines dem Berechtigten zur Pflege oder Erziehung anvertrauten gemeinschaftlichen Kindes unbillig wäre. Nach § 1578b Abs. 2 S. 1 BGB ist ein Anspruch auf nachehelichen Unterhalt zeitlich zu begrenzen, wenn ein zeitlich unbegrenzter Unterhaltsanspruch unbillig wäre (BGH, Urt. v. 20.10.2010 – XII ZR 53/09, FamRZ 2010, 2059).

Bei der Billigkeitsprüfung nach § 1578b Abs. 1 S. 2 BGB ist vorrangig zu berücksichtigen, ob ehebedingte Nachteile eingetreten sind. Diese stehen schon deshalb regelmäßig einer Befristung des nachehelichen Unterhalts entgegen, weil der Unterhaltsberechtigte dann seinen eigenen angemessenen Unterhalt nicht selbst erzielen kann. Fehlen ehebedingte Nachteile, so ist über eine Herabsetzung auf den angemessenen Lebensbedarf im Wege einer umfassenden Billigkeitsabwägung zu entscheiden, bei der auch eine über die Kompensation ehebedingter Nachteile hinausgehende nacheheliche Solidarität zu berücksichtigen ist. Die Ehedauer, bei der auf die Zeit von der Eheschließung bis zur Zustellung des Scheidungsantrags abzustellen ist, gewinnt durch eine wirtschaftliche Verflechtung an Gewicht, die insbesondere durch Aufgabe einer eigenen Erwerbstätigkeit wegen der Betreuung gemeinsamer Kinder oder der Haushaltsführung eintritt (BGH, Urt. v. 6.10.2010 – XII ZR 202/08, FamRZ 2010, 1971). Im Rahmen der Abwägung nach § 1578b BGB findet eine Aufarbeitung ehelichen Fehlverhaltens nicht statt (BGH, Urt. v. 20.10.2010 – XII ZR 53/09, FamRZ 2010, 2059).

Im Rahmen der Herabsetzung und zeitlichen Begrenzung des Unterhalts ist der Unterhalts*pflichtige* für die Tatsachen darlegungs- und beweisbelastet, die für eine Befristung sprechen. Hinsichtlich der Tatsache, dass

---

1) Habersack, Deutsche Gesetze Nr. 20.

ehebedingte Nachteile nicht entstanden sind, trifft den Unterhaltsberechtigten aber nach den Regeln zum Beweis negativer Tatsachen eine sog. sekundäre Darlegungslast. Der Unterhaltsberechtigte muss die Behauptung, es seien keine ehebedingten Nachteile entstanden, substantiiert bestreiten und seinerseits darlegen, welche konkreten ehebedingten Nachteile entstanden sein sollen. Erst wenn das Vorbringen des Unterhaltsberechtigten diesen Anforderungen genügt, müssen die vorgetragenen ehebedingten Nachteile vom Unterhaltspflichtigen widerlegt werden (BGH, Urt. v. 24.03.2010 – XII ZR 175/08, FamRZ 2010, 875).

Der Unterhaltsberechtigte kann im Einzelfall seiner – sekundären – Darlegungslast genügen, wenn er vorträgt, dass in dem von ihm erlernten Beruf Gehaltssteigerungen in einer bestimmten Höhe mit zunehmender Berufserfahrung bzw. Betriebszugehörigkeit üblich sind (BGH, Urt. v. 20.10.2010 – XII ZR 53/09, FamRZ 2010, 2059)

16 Bedürftigkeit

Eigene Einkünfte, die der Berechtigte erzielt oder pflichtwidrig zu erzielen unterlässt, sind auf den Bedarf anzurechnen, wobei das bereinigte Nettoerwerbseinkommen um den Erwerbstätigenbonus (1/10) zu vermindern ist.

17 Erwerbsobliegenheit

17.1 bei Kindesbetreuung

Es besteht bei der Betreuung von Kindern nach Vollendung des dritten Lebensjahres die Obliegenheit, für den eigenen Unterhalt zu sorgen, solange keine kind- oder elternbezogenen Gründe im Sinne des § 1570 BGB[1] diese Erwerbsobliegenheit einschränken (BGH, Urt. v. 18.03.2009 – XII ZR 74/08, FamRZ 2009, 770; Urt. v. 17.06.2009 – XII ZR 102/08, FamRZ 2009, 1391 und Urt. v. 21.04.2010 – XII ZR 134/08, FamRZ 2010, 1050).

Im Rahmen der Billigkeitsentscheidung über eine Verlängerung des Betreuungsunterhalts aus kindbezogenen Gründen (§ 1570 Abs. 1 S. 2 und 3 BGB) ist stets zunächst der individuelle Umstand zu prüfen, ob und in welchem Umfang die Kindesbetreuung auf andere Weise gesichert ist oder in kindgerechten Betreuungseinrichtungen gesichert werden könnte. Mit der Neugestaltung des nachehelichen Betreuungsunterhalts in § 1570 BGB hat der Gesetzgeber für Kinder ab Vollendung des dritten Lebensjahres den Vorrang der persönlichen Betreuung aufgegeben (BGH, Urt. v. 18.03.2009 – XII ZR 74/08, FamRZ 2009, 770, Urt. v. 17.06.2009 – XII ZR 102/08, FamRZ 2009, 1391, Urt. v. 21.04.2010 – XII ZR 134/08, FamRZ 2010, 1050 und Urt. v. 8.4.2012 – XII ZR 65/10, FamRZ 2012, 1040).

Eine Erwerbstätigkeit kann auch aus Gründen der nachehelichen Solidarität unbillig erscheinen. Das in der Ehe gewachsene Vertrauen in die vereinbarte und praktizierte Rollenverteilung und die gemeinsame Ausgestaltung der Kinderbetreuung gewinnen bei längerer Ehedauer oder Aufgabe der Erwerbstätigkeit zur Erziehung gemeinsamer Kinder weiter an Bedeutung (ehebezogene Gründe, § 1570 Abs. 2 BGB, vgl. BGH, Urt.

[1] **Habersack, Deutsche Gesetze Nr. 20.**

v. 15.09.2010 – XII ZR 20/09, FamRZ 2010, 1880). Zur Beurteilung einer überobligationsmäßigen Belastung im Rahmen der Verlängerung des Betreuungsunterhalts ist auch der Aspekt einer gerechten Lastenverteilung zwischen unterhaltsberechtigtem und unterhaltspflichtigem Elternteil zu berücksichtigen (BGH, Urt. v. 18.3.2009 – XII ZR 74/08, FamRZ 2009, 770; v. 16.7.2008 – XII ZR 109/05, FamRZ 2008, 1739, v. 21.4.2010 – XII ZR 134/08, FamRZ 2010, 1050 und v. 8.4.2012 – XII ZR 65/10, FamRZ 2012, 1040).

Die Darlegungs- und Beweislast für die Umstände, die einer vollen oder teilweisen Erwerbsobliegenheit entgegenstehen, trifft den betreuenden Elternteil. Dies gilt auch, wenn ein Titel über den Basisunterhalt nach § 1570 Abs. 1 S. 1 BGB abgeändert werden soll. An die für eine Verlängerung des Betreuungsunterhalts insbesondere aus kindbezogenen Gründen erforderlichen Darlegungen sind keine überzogenen Anforderungen zu stellen (BGH, Urt. v. 15.6.2011 – XII ZR 94/09, FamRZ 2011, 1375, Urt. v. 8.4.2012 – XII ZR 65/10, FamRZ 2012, 1040).

Der Titel über den zeitlichen Basisunterhalt nach § 1570 Abs. 1 S. 1 BGB ist grundsätzlich nicht zu befristen. Eine Befristung des Titels über Betreuungsunterhalt im Übrigen kommt nicht in Betracht, eine Begrenzung vom eheangemessenen auf den angemessenen Unterhalt nach der eigenen Lebensstellung kann unter Berücksichtigung des Kindeswohls aus Gründen der Billigkeit erfolgen (BGH, Urt. v. 06.05.2009 – XII ZR 114/08, FamRZ 2009, 1124).

17.2 bei Trennungsunterhalt

In der Regel besteht für den Berechtigten im ersten Jahr nach der Trennung keine Obliegenheit zur Aufnahme oder Ausweitung einer Erwerbstätigkeit.

Weitere Unterhaltsansprüche

18 Ansprüche nach § 1615l BGB[1)]

Der Bedarf des nach § 1615l Abs. 2 S. 2, Abs. 4 BGB unterhaltsberechtigten Elternteils bemisst sich danach, welche Einkünfte er ohne die Geburt und die Betreuung des gemeinsamen Kindes erreicht hätte (BGH, Beschl. v. 10.6.2015 – XII ZB 251/14, BGHZ 205, 342, FamRZ 2015, 1369). Der Bedarf kann nicht von dem ggfls. höheren Einkommen des Unterhaltspflichtigen abgeleitet werden, auch dann nicht, wenn die Kindeseltern längere Zeit zusammengelebt haben (BGH, Urt. v. 16.07.2008 – XII ZR 109/05, FamRZ 2008, 1739). Dem Berechtigten ist jedoch jedenfalls ein Bedarf zuzubilligen, der nicht unter dem Existenzminimum liegt und mit dem notwendigen Selbstbehalt des Unterhaltspflichtigen von gegenwärtig 1.200 EUR angesetzt werden kann (BGH, Urt. v. 16.12.2009 – XII ZR 50/08, FamRZ 2010, 357). Hinsichtlich der Erwerbsobliegenheit gelten die Grundsätze unter Nr. 17.1 entsprechend.

19 Elternunterhalt

Beim Bedarf der Eltern sind Leistungen zur Grundsicherung nach §§ 41 ff. SGB XII zu berücksichtigen (vgl. Nr. 2.9.).

[1)] **Habersack, Deutsche Gesetze Nr. 20.**

20 Lebenspartnerschaft

Bei Getrenntleben oder Aufhebung der Lebenspartnerschaft gelten §§ 5, 12, 16 LPartG[1].

Leistungsfähigkeit und Mangelfall

21 Selbstbehalt

Dem Unterhaltspflichtigen muss nach Abzug der Unterhaltsansprüche der Selbstbehalt (Eigenbedarf) verbleiben.

21.1 Grundsatz

Es ist zu unterscheiden zwischen dem notwendigen (§ 1603 Abs. 2 BGB[2]), dem angemessenen (§ 1603 Abs. 1 BGB) sowie dem eheangemessenen Selbstbehalt (§§ 1361 Abs. 1, 1578 Abs. 1 BGB; BGH, Urt. v. 15.03.2006 – XII ZR 30/04, FamRZ 2006, 683).

21.2 Notwendiger Selbstbehalt

Der notwendige Selbstbehalt (Eigenbedarf) gegenüber minderjährigen unverheirateten Kindern und gegenüber volljährigen unverheirateten Kindern bis zur Vollendung des 21. Lebensjahres, die im Haushalt der Eltern oder eines Elternteils leben und sich in der allgemeinen Schulausbildung befinden, beträgt

– beim nicht erwerbstätigen Unterhaltspflichtigen monatlich **1.200 EUR**,
– beim erwerbstätigen Unterhaltspflichtigen monatlich **1.450 EUR**.

Hierin sind **520 EUR** für Unterkunft einschließlich umlagefähiger Nebenkosten und Heizung (Warmmiete) enthalten.

21.3 Angemessener Selbstbehalt

Der angemessene Selbstbehalt beträgt:

21.3.1 gegenüber nicht privilegiertem volljährigen Kind und im Fall des § 1603 Abs. 2 S. 3 BGB[2]

in der Regel **1.750 EUR**. Hierin sind Kosten für Unterkunft und Heizung in Höhe von **650 EUR** enthalten.

Nach Verlust einer bereits erlangten wirtschaftlichen Selbstständigkeit des Kindes beträgt der angemessene Selbstbehalt mindestens **2.000 EUR** (vgl. BGH, Urt. v. 18.01.2012 – XII ZR 15/10, FamRZ 2012, 530, und v. 18.07.2012 – XII ZR 91/10, FamRZ 2012, 1553).

21.3.2 gegenüber Anspruchsberechtigten nach § 1615l BGB[2]

1.600 EUR falls erwerbstätig, **1.475 EUR** falls nicht erwerbstätig (vgl. Nr. 21.4). Hierin sind Kosten für Unterkunft und Heizung in Höhe von **580 EUR** enthalten.

21.3.3 beim Elternunterhalt

Dem Unterhaltspflichtigen ist der angemessene Eigenbedarf zu belassen. Bei dessen Bemessung sind Zweck und Rechtsgedanken des Gesetzes zur Entlastung unterhaltspflichtiger Angehöriger in der Sozialhilfe und in der

[1] Nr. **43**.
[2] **Habersack, Deutsche Gesetze Nr. 20.**

Eingliederungshilfe (Angehörigen-Entlastungsgesetz) vom 10. Dezember 2019 (BGBl. I S. 2135) zu beachten.

21.3.4 von Großeltern gegenüber Enkeln

mindestens monatlich **2.650 EUR**, wobei die Hälfte des diesen Mindestbetrag übersteigenden Einkommens, bei Vorteilen des Zusammenlebens in der Regel 45 %, zusätzlich anrechnungsfrei bleibt (vgl. BGH, Urt. v. 28.07.2010 – XII ZR 140/07, FamRZ 2010, 1535). Hierin sind Kosten für Unterkunft und Heizung in Höhe von **1.000 EUR** enthalten.

21.4 Mindestselbstbehalt gegenüber Ehegatten

Der eheangemessene Selbstbehalt beträgt **1.600 EUR** beim erwerbstätigen Unterhaltspflichtigen, **1.475 EUR** beim nicht erwerbstätigen Unterhaltspflichtigen (vgl. BGH, Beschl. v. 16.10.2019 – XII ZB 341/17). Hierin sind Kosten für Unterkunft und Heizung in Höhe von **580 EUR** enthalten.

21.5 Anpassung des Selbstbehalts

Beim Verwandtenunterhalt kann der jeweilige Selbstbehalt unterschritten werden, wenn der eigene Unterhalt des Pflichtigen ganz oder teilweise durch seinen Ehegatten gedeckt ist (vgl. Nr. 22).

Wird konkret eine erhebliche und nach den Umständen nicht vermeidbare Überschreitung der in den einzelnen Selbstbehalten enthaltenen Wohnkosten dargelegt, erhöht sich der Selbstbehalt. Wird die Wohnung von mehreren Personen genutzt, ist der Wohnkostenanteil des Pflichtigen festzustellen. Bei Erwachsenen geschieht die Aufteilung in der Regel nach Köpfen. Kinder sind vorab mit einem Anteil von 20 % ihres Anspruchs auf Barunterhalt zu berücksichtigen. Besteht für den Verpflichteten ein Anspruch auf Wohngeld, ist dieser wohnkostenmindernd zu berücksichtigen (vgl. Nr. 2.3).

Eine Herabsetzung des Selbstbehalts allein wegen geringerer als der im Selbstbehalt berücksichtigten Wohnkosten kommt auch im Rahmen der gesteigerten Unterhaltsverpflichtung gegenüber minderjährigen Kindern nicht in Betracht.

Hingegen kann der Selbstbehalt eines Unterhaltspflichtigen wegen einer infolge gemeinsamer Haushaltsführung tatsächlich eingetretenen Ersparnis herabgesetzt werden, höchstens jedoch bis auf sein Existenzminimum nach sozialhilferechtlichen Grundsätzen (BGH, Urt. v. 03.12.2008 – XII ZR 182/06, FamRZ 2009, 314, 316 und v. 09.01.2008 – XII ZR 170/05, FamRZ 2008, 594, 598).

Bei der Berechnung des Mindestunterhalts für minderjährige Kinder ist der Selbstbehalt des Unterhaltspflichtigen wegen der durch Synergieeffekte eingetretenen Haushaltsersparnis um 10 %, derzeit um 120 bzw. 145 EUR, herabzusetzen, wenn der Pflichtige in einer neuen Haushaltsgemeinschaft lebt (BGH, Urt. v. 30.01.2013 – XII ZR 158/10, FamRZ 2013, 616, 618).

22 Bedarf des mit dem Pflichtigen zusammenlebenden Ehegatten

22.1 Bedarf bei Ansprüchen des nachrangigen geschiedenen Ehegatten

Der Mindestbedarf des mit dem Unterhaltspflichtigen zusammenlebenden neuen Ehegatten wird mit **1.280 EUR** (erwerbstätig) bzw. **1.180 EUR** (nicht erwerbstätig) angesetzt.

22.2 Mindestbedarf bei Ansprüchen volljähriger Kinder

Der Mindestbedarf des mit dem Unterhaltspflichtigen zusammenlebenden Ehegatten bei Ansprüchen nicht privilegierter volljähriger Kinder beträgt **1.400 EUR**, nach Verlust einer bereits erlangten wirtschaftlichen Selbstständigkeit des Kindes mindestens 2.000 EUR (vgl. 21.3.1.).

22.3 Mindestbedarf bei Ansprüchen von Eltern oder Enkeln des anderen Ehegatten und von gemeinsamen Enkeln

Ist bei Unterhaltsansprüchen der Eltern oder von Enkeln der Unterhaltspflichtige verheiratet, wird für den mit ihm zusammenlebenden Ehegatten ein Betrag von mindestens **2.000 EUR** angesetzt. Im Familienmindestbedarf (vgl. Nr. 21.3.4) von **4.650 EUR** (2.000 EUR + 2.650 EUR) sind die Kosten für Unterkunft und Heizung in Höhe von mindestens **1.300 EUR** enthalten.

Der Familienselbstbehalt trägt bereits dem Umstand Rechnung, dass die Ehegatten durch ihr Zusammenleben Haushaltsersparnisse erzielen (BGH, Urt. v. 18.07.2012 – XII ZR 91/10, FamRZ 2012, 1553).

23 Bedarf des vom Pflichtigen getrennt lebenden oder geschiedenen Ehegatten

23.1 Bedarf bei Ansprüchen des nachrangigen, geschiedenen Ehegatten

Der Bedarf des vom Pflichtigen getrennt lebenden oder geschiedenen Ehegatten beträgt bei Ansprüchen des nachrangigen, geschiedenen Ehegatten **1.600 EUR** (erwerbstätig) bzw. **1.475 EUR** (nicht erwerbstätig).

23.2 Bedarf bei Ansprüchen volljähriger Kinder

Der Bedarf des vom Pflichtigen getrennt lebenden oder geschiedenen Ehegatten beträgt bei Ansprüchen volljähriger Kinder **1.750 EUR**.

23.3 Bedarf bei Ansprüchen von Eltern oder Enkeln des anderen Ehegatten und von gemeinsamen Enkeln

Der Bedarf des vom Pflichtigen getrennt lebenden oder geschiedenen Ehegatten beträgt bei Ansprüchen von Eltern oder Enkeln des anderen Ehegatten und von gemeinsamen Enkeln **2.650 EUR**.

24 Mangelfall

24.1 Grundsatz

Ein absoluter Mangelfall liegt vor, wenn das Einkommen des Verpflichteten zur Deckung seines notwendigen Selbstbehalts und der gleichrangigen Unterhaltsansprüche nicht ausreicht. Zur Feststellung des Mangelfalls entspricht der einzusetzende Bedarf für minderjährige und diesen nach

§ 1603 Abs. 2 S. 2 BGB[1] gleichgestellte Kinder dem Zahlbetrag der Unterhaltstabelle, für den getrenntlebenden/geschiedenen Ehegatten und für den Berechtigten nach § 1615l BGB sowie den mit dem Pflichtigen zusammenlebenden Ehegatten dem jeweiligen ungedeckten Bedarfsbetrag (Nr. 15, 16).

24.2 Einsatzbeträge

Als Einsatzbeträge im Mangelfall (Existenzminimum) sind im Verhältnis von gleichrangigen Berechtigten zueinander anzusetzen:

- bei minderjährigen und diesen nach § 1603 Abs. 2 S. 2 BGB[1] gleichgestellten Kindern der Mindestunterhalt der jeweiligen Altersstufe nach der Düsseldorfer Tabelle[2] (Zahlbeträge)
- bei allen anderen Berechtigten der nach den allgemeinen Regeln bestimmte Bedarf.

Anrechenbares Einkommen des Berechtigten ist von seinem Einsatzbetrag abzuziehen.

24.3 Berechnung

Die nach Abzug des Selbstbehalts des Unterhaltspflichtigen verbleibende Verteilungsmasse ist anteilig auf alle gleichrangigen Unterhaltsberechtigten im Verhältnis ihrer Unterhaltsansprüche zu verteilen.

24.4 Angemessenheitskontrolle

Das im Rahmen der Mangelfallberechnung gewonnene Ergebnis ist auf seine Angemessenheit zu überprüfen.

25 Rundung

Der Unterhaltsbetrag ist auf volle EUR aufzurunden.

Anhang

I. Düsseldorfer Tabelle

(abgedruckt unter Nr. 47)

II. Tabellen Zahlbeträge

(abgedruckt unter Nr. 47)

III. Umrechnung nach § 36 Nr. 3 EGZPO[3] für bis zum 31.12.2007 erstellte dynamische Unterhaltstitel über Kindesunterhalt

Ist Kindesunterhalt als Prozentsatz des jeweiligen Regelbetrages zu leisten, bleibt der vor dem 31.12.2007 errichtete Titel bestehen. Eine Abänderung ist nicht erforderlich. An die Stelle des bisherigen Prozentsatzes vom Regelbetrag tritt ein neuer Prozentsatz vom Mindestunterhalt. Dieser ist für die jeweils maßgebliche Altersstufe gesondert zu bestimmen und auf eine Stelle nach dem Komma zu begrenzen (§ 36 Nr. 3 EGZPO).

Der neue Prozentsatz ist auf der Basis des Mindestunterhalts der Altersstufe zu ermitteln, der das Kind am 31.12.2007 angehörte. Für die nachfolgenden Jahre ist

[1] **Habersack, Deutsche Gesetze Nr. 20.**
[2] Nr. 47.
[3] **Habersack, Deutsche Gesetze Nr. 101.**

der so ermittelte Prozentsatz weiterhin maßgeblich (BGH, Urt. v. 18.04.2012 – XII ZR 66/10, FamRZ 2012, 1048). Der Bedarf ergibt sich aus der Multiplikation des neuen Prozentsatzes mit dem jeweils im entsprechenden Unterhaltszeitraum gültigen Mindestunterhalt der jeweiligen Altersstufe und ist auf volle Euro aufzurunden (§ 1612a Abs. 2 S. 2 BGB[1]). Der Zahlbetrag ergibt sich aus dem um das jeweils anteilige Kindergeld verminderten bzw. erhöhten Bedarf.

Es sind vier Fallgestaltungen zu unterscheiden:

1. Der Titel sieht die Anrechnung des hälftigen Kindergeldes (für das 1. bis 3. Kind 77 EUR, ab dem 4. Kind 89,50 EUR) oder eine teilweise Anrechnung des Kindergeldes vor (§ 36 Nr. 3a EGZPO).

$$\frac{(\text{Bisheriger Zahlbetrag} + 1/2\ \text{Kindergeld}) \times 100}{\text{Mindestunterhalt der jeweiligen Altersstufe}} = \text{Prozentsatz neu}$$

Beispiel für 1. Altersstufe

$$\frac{(196\ € + 77\ €) \times 100}{279\ €} = 97{,}8\ \%$$ 279 € × 97,8 % = 272,86 €, aufgerundet 273 €

Zahlbetrag: 273 € ./. 77 € = 196 €

2. Der Titel sieht die Hinzurechnung des hälftigen Kindergeldes vor (§ 36 Nr. 3b EGZPO).

$$\frac{(\text{Bisheriger Zahlbetrag} - 1/2\ \text{Kindergeld}) \times 100}{\text{Mindestunterhalt der jeweiligen Altersstufe}} = \text{Prozentsatz neu}$$

Beispiel für 1. Altersstufe

$$\frac{(273\ € - 77\ €) \times 100}{279\ €} = 70{,}2\ \%$$ 279 € × 70,2 % = 195,85 €, aufgerundet 196 €

Zahlbetrag: 196 € + 77 € = 273 €

3. Der Titel sieht die Anrechnung des vollen Kindergeldes vor (§ 36 Nr. 3c EGZPO).

$$\frac{(\text{Zahlbetrag} + 1/1\ \text{Kindergeld}) \times 100}{\text{Mindestunterhalt der jeweiligen Altersstufe}} = \text{Prozentsatz neu}$$

Beispiel für 2. Altersstufe

$$\frac{(177\ € + 154\ €) \times 100}{322\ €} = 102{,}7\ \%$$ 322 € × 102,7 % = 330,69 €, aufgerundet 331 €

Zahlbetrag: 331 € ./. 154 € = 177 €

4. Der Titel sieht weder eine Anrechnung noch eine Hinzurechnung des Kindergeldes vor (§ 36 Nr. 3d EGZPO).

$$\frac{(\text{Zahlbetrag} + 1/2\ \text{Kindergeld}) \times 100}{\text{Mindestunterhalt der jeweiligen Altersstufe}} = \text{Prozentsatz neu}$$

Beispiel für 3. Altersstufe

$$\frac{(329\ € + 77\ €) \times 100}{365\ €} = 111{,}2\ \%$$ 365 € × 111,2 % = 405 88 €, aufgerundet 406 €

Zahlbetrag: 406 € ./. 77 € = 329 €

[1] **Habersack, Deutsche Gesetze Nr. 20.**

47p. OLG Naumburg – Unterhaltsrechtliche Leitlinien[1)]

(Stand: 1. Januar 2024)

Die nachfolgenden Unterhaltsleitlinien der Familiensenate des Oberlandesgerichts Naumburg dienen als Orientierungshilfe für den Regelfall und bedürfen hinsichtlich der Angemessenheit des Ergebnisses in jedem Einzelfall der Überprüfung.

Das Tabellenwerk der Düsseldorfer Tabelle[2)] – ohne Bedarfskontrollbetrag – ist als Anhang eingearbeitet, die Anmerkungen zur Tabelle werden durch die nachfolgenden Leitlinien ersetzt.

I. Unterhaltsrechtlich maßgebendes Einkommen

Bei der Ermittlung und Zurechnung von Einkommen ist stets zu unterscheiden, ob es sich um Verwandten- oder Ehegattenunterhalt handelt und ob es um Bedarfsbemessung einerseits oder Feststellung der Bedürftigkeit und Leistungsfähigkeit andererseits geht.

Das unterhaltsrechtlich maßgebliche Einkommen ist nicht identisch mit dem Einkommen im steuerrechtlichen Sinne.

1. Geldeinnahmen

1.1 Regelmäßiges Bruttoeinkommen einschließlich Renten und Pensionen

Auszugehen ist vom Bruttoeinkommen als Summe aller Einkünfte inklusive Weihnachts- und Urlaubsgeld sowie anderer Zulagen.

1.2 Unregelmäßige Einkommen

Soweit Leistungen nicht monatlich anfallen, werden sie auf ein Jahr umgelegt. Einmalige Zahlungen (z.B. Abfindungen) sind auf einen angemessenen Zeitraum (in der Regel mehrere Jahre) zu verteilen.

1.3 Überstunden

Überstundenvergütungen werden dem Einkommen voll zugerechnet, soweit sie berufstypisch sind und das in diesem Beruf übliche Maß nicht überschreiten.

Unabhängig davon sind sie stets zu berücksichtigen, soweit dies zur Deckung des Mindestunterhalts für minderjährige Kinder und privilegierte volljährige Kinder im Sinne des § 1603 Abs. 2 Satz 2 BGB[3)] erforderlich ist.

1.4 Spesen und Auslösungen

Ersatz für Spesen und Reisekosten sowie Auslösungen gelten in der Regel als Einkommen. Damit zusammenhängende Aufwendungen, vermindert um häusliche Ersparnis, sind jedoch abzuziehen.

Bei Aufwendungspauschalen (außer Kilometergeld) kann 1/3 als Einkommen angesetzt werden.

---

1) In der jeweils aktuellen Fassung kostenlos abrufbar unter https://olg.sachsen-anhalt.de.
2) Nr. **47**.
3) **Habersack, Deutsche Gesetze Nr. 20.**

1.5 Einkommen aus selbständiger Tätigkeit

Bei Ermittlung des zukünftigen Einkommens eines Selbständigen ist in der Regel der Gewinn der letzten drei Jahre zu Grunde zu legen.

1.6 Einkommen aus Vermietung und Verpachtung sowie Kapitalvermögen

Auszugehen ist von den Einnahmen abzüglich notwendiger Ausgaben. Für Gebäude ist keine Absetzung für Abnutzung (AfA) anzusetzen.

1.7 Steuererstattungen

Steuererstattungen sind in der Regel im Zahlungsjahr zu berücksichtigen und auf dieses umzulegen. Es besteht die Obliegenheit, mögliche Steuervorteile in Anspruch zu nehmen.

1.8 Sonstige Einnahmen (z.B. Trinkgelder)

2. Sozialleistungen

2.1 Arbeitslosengeld (§ 136 SGB III) und Krankengeld

2.2 Leistungen nach dem SGB II

Bürgergeld, Sozialgeld und Einstiegsgeld (§§ 19 ff.–32 SGB II) ist beim Verpflichteten stets Einkommen, beim Berechtigten nur, soweit dessen Unterhaltsanspruch nicht nach § 33 SGB II übergegangen ist.

2.3 Wohngeld

Wohngeld ist grundsätzlich Einkommen (vgl. Nr. 21.5.3), nur insoweit nicht, als es erhöhte Wohnkosten deckt.

2.4 BAföG

BAföG-Leistungen zählen zum Einkommen, auch soweit sie als Darlehen gewährt werden. Dies gilt nicht für Vorausleistungen nach den §§ 36, 37 BAföG[1].

2.5 Elterngeld

Elterngeld ist beim Kindesunterhalt nach § 1603 Abs. 2 BGB[2] sowie in den Fällen der §§ 1611 Abs. 1, 1361 Abs. 3, 1579 BGB in vollem Umfang als Einkommen zu berücksichtigen, im Übrigen nur insoweit, als es über den Sockelbetrag nach § 11 Satz 1 bis 3 BEEG[3] hinausgeht.

2.6 Unfall- und Versorgungsrenten

2.7 Leistungen aus der Pflegeversicherung, Blindengeld u.Ä.

Die Leistungen sind um einen Betrag für tatsächliche Mehraufwendungen zu kürzen; § 1610a BGB[2] und die darauf verweisenden § 1578a und § 1361 Abs. 1 Satz 1, 2. Halbs. BGB sind insoweit zu beachten.

2.8 Pflegegeld

Einkommen ist der Anteil des Pflegegelds bei der Pflegeperson, durch den ihre Bemühungen abgegolten werden; bei Pflegegeld aus der Pflegeversicherung gilt dies nach Maßgabe des § 13 Abs. 6 SGB XI.

---

[1] **Sartorius Nr. 420.**
[2] **Habersack, Deutsche Gesetze Nr. 20.**
[3] Nr. **45e**.

2.9 Leistungen der Grundsicherung

Beim Verwandtenunterhalt sind in der Regel Leistungen der Grundsicherung im Alter und bei Erwerbsminderung nach den §§ 41–43 SGB XII als Einkommen des Unterhaltsberechtigten zu berücksichtigen. Dies gilt nicht für den Ehegattenunterhalt.

2.10 Sozialhilfe

Kein Einkommen wegen des Anspruchsübergangs nach § 94 SGB XII ist die vom Unterhaltsberechtigten bezogene Sozialhilfe. Die Unterhaltsforderung eines Empfängers dieser Leistungen kann in Ausnahmefällen treuwidrig sein.

2.11 Unterhaltsvorschuss

Kein Einkommen sind Leistungen nach dem Unterhaltsvorschussgesetz[1]. Die Unterhaltsforderung eines Empfängers dieser Leistungen kann in Ausnahmefällen treuwidrig sein.

3. Kindergeld

Kindergeld zählt nicht zum Einkommen. Es wird nach Maßgabe des § 1612b BGB[2] auf den Barbedarf des Kindes angerechnet.

4. Geldwerte Zuwendungen des Arbeitgebers

Geldwerte Zuwendungen aller Art des Arbeitgebers, z.B. Firmenwagen oder freie Kost und Logis, sind Einkommen, soweit sie entsprechende Eigenaufwendungen ersparen.

5. Wohnwert

Der Wohnvorteil durch mietfreies Wohnen im eigenen Heim ist als wirtschaftliche Nutzung des Vermögens unterhaltsrechtlich wie Einkommen zu behandeln. Neben dem Wohnwert sind auch Zahlungen nach dem Eigenheimzulagengesetz anzusetzen.

Ein Wohnvorteil liegt nur vor, soweit der Wohnwert den berücksichtigungsfähigen Schuldendienst und erforderliche Instandhaltungskosten übersteigt.

Auszugehen ist vom vollen Mietwert (Nettokaltmiete). Wenn es nicht möglich oder nicht zumutbar ist, die Wohnung aufzugeben und das Objekt zu vermieten oder zu veräußern, kann stattdessen die ersparte Miete angesetzt werden, die angesichts der wirtschaftlichen Verhältnisse angemessen wäre. Dies kommt insbesondere für die Zeit bis zur Scheidung in Betracht, wenn ein Ehegatte das Eigenheim allein bewohnt.

6. Haushaltsführung

Führt jemand einem leistungsfähigen Dritten den Haushalt, so ist hierfür ein Einkommen anzusetzen; dies gilt nicht im Falle der Haushaltsführung durch einen voll Erwerbstätigen.

---

[1] Nr. 45d.
[2] **Habersack, Deutsche Gesetze Nr. 20.**

7. Einkommen aus unzumutbarer Erwerbstätigkeit

Einkommen aus unzumutbarer Erwerbstätigkeit kann nach Billigkeit ganz oder teilweise unberücksichtigt bleiben.

8. Freiwillige Zuwendungen Dritter

Freiwillige Zuwendungen Dritter (z.B. Geldleistungen, kostenloses Wohnen) sind nicht als Einkommen zu berücksichtigen, es sei denn, dies entspricht dem Willen des Dritten.

9. Erwerbsobliegenheit und Einkommensfiktion

Einkommen können auch bei Arbeitslosigkeit des Unterhaltsverpflichteten aufgrund einer unterhaltsrechtlichen Erwerbsobliegenheit erzielbare Einkünfte sein (fiktives Einkommen).

10. Bereinigung des Einkommens

10.1 Steuern und Vorsorgeaufwendungen

Vom Bruttoeinkommen sind Steuern, Sozialabgaben und/oder angemessene Vorsorgeaufwendungen abzusetzen (Nettoeinkommen).

Es besteht die Obliegenheit, Steuervorteile in Anspruch zu nehmen (z.B. Eintragung eines Freibetrags bei Fahrtkosten, für unstreitigen oder titulierten Unterhalt).

10.2 Berufsbedingte Aufwendungen

Berufsbedingte Aufwendungen, die sich von den privaten Lebenshaltungskosten nach objektiven Merkmalen eindeutig abgrenzen lassen, sind im Rahmen des Angemessenen vom Nettoeinkommen aus unselbständiger Arbeit abzuziehen.

10.2.1 Pauschale/Konkrete Aufwendungen

Bei Vorliegen entsprechender Anhaltspunkte kann eine Pauschale von 5 % des Nettoeinkommens monatlich angesetzt werden. Übersteigen die berufsbedingten Aufwendungen diese Pauschale oder liegt ein Mangelfall vor, so sind sie im Einzelnen darzulegen und gegebenenfalls nachzuweisen.

10.2.2 Fahrtkosten

Für die notwendigen Kosten der berufsbedingten Nutzung eines Kraftfahrzeugs kann der nach den Sätzen des § 5 Abs. 2 Satz 1 Nr. 2 JVEG[1] anzuwendende Betrag (derzeit 0,42 Euro) pro gefahrenen Kilometer angesetzt werden. Damit sind in der Regel Anschaffungs-, Reparatur- und sonstige Betriebskosten erfasst. Bei langen Fahrtstrecken (ab ca. 30 km einfach) kann nach unten abgewichen werden, in der Regel auf $^2/_3$ des vorbezeichneten Betrages (derzeit 0,28 Euro).

10.2.3 Ausbildungsaufwand

Die Ausbildungsvergütung eines in der Berufsausbildung stehenden Kindes, das im Haushalt der Eltern oder eines Elternteils wohnt, ist vor ihrer Anrechnung in der Regel, sofern für eine derartige Schätzung hinrei-

[1] **Habersack, Deutsche Gesetze Nr. 116.**

chende Anhaltspunkte bestehen, um einen ausbildungsbedingten Mehrbedarf von 10 %, maximal 100 Euro zu kürzen.

10.3 Kinderbetreuung

Kinderbetreuungskosten sind abzugsfähig, soweit die Betreuung durch Dritte infolge der Berufstätigkeit erforderlich ist. Außerdem kann ein Kinderbetreuungsbonus angesetzt werden.

10.4 Schulden

Berücksichtigungswürdige Schulden (Zins und Tilgung) sind im Rahmen eines vernünftigen Tilgungsplanes in angemessenen Raten abzuziehen.

Beim Verwandtenunterhalt sowie bei Prüfung der Leistungsfähigkeit oder Bedürftigkeit für den Ehegattenunterhalt erfolgt eine Abwägung nach den Umständen des Einzelfalls. Bei der Zumutbarkeitsabwägung sind Interessen des Unterhaltsschuldners, des Drittgläubigers und des Unterhaltsgläubigers, vor allem minderjähriger Kinder, mit zu berücksichtigen.

Kann der Unterhaltsschuldner den Mindestunterhalt minderjähriger Kinder nicht decken, sind Schulden in der Regel nur bis zur Höhe des pfändbaren Betrages nach § 850c Abs. 1 Satz 2 ZPO[1] (evtl. in Verb. mit den §§ 36 Abs. 1 Satz 2, 89 Abs. 2 InsO[2]) zu berücksichtigen.

10.5 Unterhaltsleistungen

Unterhaltsleistungen an vorrangig Berechtigte sind vorweg abzuziehen; Unterhaltsleistungen an nachrangige Berechtigte sind angemessen zu berücksichtigen.

10.6 Vermögensbildung

Vermögensbildende Aufwendungen sind im angemessenen Rahmen abzugsfähig.

II. Kindesunterhalt

11. Bemessungsgrundlage (Tabellenunterhalt)

Der Barunterhalt minderjähriger und noch im elterlichen Haushalt lebender volljähriger unverheirateter Kinder bis zur Vollendung des 21. Lebensjahres bestimmt sich nach der Tabelle zum Kindesunterhalt im Anhang 1 und – unter Verrechnung des Kindergeldes gemäß Nr. 14 – im Anhang 2 (Zahlbeträge) zu diesen Leitlinien.

Bei minderjährigen Kindern kann der Barunterhalt als Festbetrag oder, wie im Anhang 1 und 2 tabellarisch dargestellt, gemäß § 1612a BGB[3] als Prozentsatz des jeweiligen Mindestunterhalts geltend gemacht werden.

11.1 Kranken- und Pflegeversicherungsbeiträge

Die Tabellensätze enthalten keine Kranken- und Pflegeversicherungsbeiträge für das Kind, wenn dieses nicht in einer gesetzlichen Familienversicherung mitversichert ist. Das Nettoeinkommen des Verpflichteten ist um solche zusätzlich zu zahlenden Versicherungskosten zu bereinigen.

---

[1] **Habersack, Deutsche Gesetze Nr. 100.**
[2] **Habersack, Deutsche Gesetze Nr. 110.**
[3] **Habersack, Deutsche Gesetze Nr. 20.**

11.2 Eingruppierung

Die Tabellensätze sind auf den Fall zugeschnitten, dass der Unterhaltspflichtige zwei Berechtigten Unterhalt zu gewähren hat. Bei einer größeren oder geringeren Anzahl Unterhaltsberechtigter sind in der Regel Ab- oder Zuschläge durch Einstufung in eine niedrigere oder höhere Einkommensgruppe vorzunehmen.

12. Minderjährige Kinder

12.1 Betreuungs-/Barunterhalt

Der Betreuungsunterhalt im Sinne des § 1606 Abs. 3 S. 2 BGB[1] entspricht wertmäßig in der Regel dem vollen Barunterhalt. Deshalb wird ein Einkommen des Kindes bei beiden Eltern, ggfs. nach Abzug eines ausbildungsbedingten Mehrbedarfs (vgl. Nr. 10.2.3), hälftig angerechnet.

12.2 Einkommen des Kindes

Einkommen des Kindes wird bei beiden Eltern hälftig angerechnet.

12.3 Beiderseitige Barunterhaltspflicht/Haftungsanteil

Der das Kind betreuende Elternteil braucht in der Regel neben dem anderen Elternteil keinen Barunterhalt zu leisten, es sei denn, sein Einkommen ist bedeutend höher als das des anderen Elternteils (§ 1606 Abs. 3 Satz 2 BGB[1]) oder der eigene angemessene Unterhalt des sonst allein barunterhaltspflichtigen Elternteils ist gefährdet (§ 1603 Abs. 2 Satz 3 BGB). Im letzteren Fall kann jedoch nach der so genannten „Hausmann"-Rechtsprechung eine Haftung in Betracht kommen.

Der Verteilungsschlüssel kann ggfs. unter Berücksichtigung des zusätzlichen Betreuungsaufwandes eines Elternteils wertend verändert werden.

Aufwendungen im Rahmen eines erheblich erweiterten Umgangs können durch angemessene Abschläge beim Barunterhalt berücksichtigt werden, soweit der Mindestunterhalt gewährleistet ist.

Sind bei auswärtiger Unterbringung des Kindes beide Eltern zum Barunterhalt verpflichtet, haften sie anteilig nach § 1606 Abs. 3 Satz 1 BGB für den Gesamtbedarf (Nr. 13.3). Bei vergleichbarer wirtschaftlicher Lage ist insoweit hinsichtlich Bedarf und Bedürftigkeit des Kindes die Regelung für volljährige Schüler, Studenten und Auszubildende entsprechend anzuwenden (Nr. 13).

12.4 Zusatzbedarf

Bei Zusatzbedarf (Prozesskostenvorschuss, Mehrbedarf, Sonderbedarf) gilt § 1606 Abs. 3 Satz 1 BGB[1] (s. Nr. 13.3).

13. Volljährige Kinder

13.1 Bedarf

13.1.1 Kinder ohne eigenen Hausstand

Volljährige Schüler, Studenten und Auszubildende, die noch im Haushalt eines Elternteils wohnen, erhalten den Tabellenbetrag der vierten Altersstufe *bis zur Beendigung* der Ausbildung.

---

[1] **Habersack, Deutsche Gesetze Nr. 20.**

Der Bedarf des Kindes bestimmt sich in der Regel, sofern beide Elternteile leistungsfähig sind, nach dem zusammengerechneten Einkommen beider Elternteile; Nr. 11.2 findet keine Anwendung.

13.1.2 Kinder mit eigenem Hausstand

Der angemessene Bedarf eines volljährigen Kindes mit eigenem Hausstand beträgt in der Regel 930 Euro monatlich. Darin enthalten sind Kosten für Unterkunft und Heizung bis zu 410 Euro, jedoch keine Beiträge zur Kranken- und Pflegeversicherung.

Von diesem Betrag kann bei erhöhtem Bedarf oder mit Rücksicht auf die Lebensstellung der Eltern abgewichen werden

13.2 Einkommen des Kindes

Auf den Unterhaltsbedarf werden Einkünfte des Kindes, auch BAföG-Darlehen und Ausbildungsbeihilfen (gekürzt um ausbildungsbedingte Aufwendungen, vgl. Nr. 10.2.3) angerechnet. Bei Einkünften aus unzumutbarer Erwerbstätigkeit gilt § 1577 Abs. 2 BGB entsprechend.

13.3 Beiderseitige Barunterhaltspflicht/Haftungsanteil

Die anteilige Barunterhaltspflicht beider Elternteile bestimmt sich nach Maßgabe des § 1606 Abs. 3 Satz 1 BGB, geht jedoch für den einzelnen Elternteil nicht über den Unterhaltsbetrag hinaus, der sich allein nach seinem Einkommen aus der Unterhaltstabelle (Anhang) ergibt.

Vor Berechnung des Haftungsanteils nach § 1606 Abs. 3 Satz 1 BGB ist das Nettoeinkommen jedes Elternteils gemäß Nr. 10 zu ermitteln. Außerdem ist vom Restbetrag ein Sockelbetrag in Höhe des angemessenen Selbstbehalts (1.750 €) oder, sofern es um Unterhaltsansprüche privilegierter Volljähriger gemäß § 1603 Abs. 2 Satz 2 BGB geht, des (entweder 1.450 € oder 1.200 € betragenden) notwendigen Selbstbehalts abzuziehen.

14. Verrechnung des Kindergeldes

Kindergeld mindert nach Maßgabe des § 1612b BGB den Barbedarf des Kindes.

III. Ehegattenunterhalt

15. Unterhaltsbedarf

15.1 Bedarf nach ehelichen Lebensverhältnissen

Bei der Bedarfsbemessung dürfen nur eheprägendes Einkommen und grundsätzlich nur eheprägende Schulden voll berücksichtigt werden. Bei Aufnahme oder Erweiterung einer Erwerbstätigkeit nach Trennung oder Scheidung gilt das (Mehr-)Einkommen als prägend.

15.2 Halbteilung und Erwerbstätigenbonus

Es gilt der Halbteilungsgrundsatz, wobei jedoch Erwerbseinkünfte nur zu 90 % zu berücksichtigen sind (Abzug von 1/10 Erwerbstätigenbonus vom bereinigten Nettoeinkommen).

Leistet ein Ehegatte auch Unterhalt für ein Kind und hat dies die ehelichen Lebensverhältnisse geprägt, so wird sein Einkommen vor Ermittlung des Erwerbstätigenbonus um diesen Unterhalt (Zahlbetrag) bereinigt.

Erbringt der Verpflichtete sowohl Bar- als auch Betreuungsunterhalt, so gilt Nr. 10.3 entsprechend.

15.3 Konkrete Bedarfsbemessung

Bei sehr guten Einkommensverhältnissen des Pflichtigen kommt eine konkrete Bedarfsberechnung in Betracht.

15.4 Vorsorgebedarf/ Zusatz- und Sonderbedarf

Werden Altersvorsorge-, Kranken- und Pflegeversicherungskosten vom Berechtigten gesondert geltend gemacht oder vom Verpflichteten bezahlt, sind diese von dem Einkommen des Pflichtigen vorweg abzuziehen. Der Vorwegabzug unterbleibt, soweit nicht verteilte Mittel zur Verfügung stehen, z.B. durch Anrechnung nicht prägenden Einkommens des Berechtigten auf seinen Bedarf.

15.5 Trennungsbedingter Mehrbedarf

Trennungsbedingter Mehrbedarf kann zusätzlich berücksichtigt werden.

16. Bedürftigkeit

Eigene Einkünfte des Berechtigten sind auf den Bedarf anzurechnen, wobei das bereinigte Nettoerwerbseinkommen um den Erwerbstätigenbonus zu vermindern ist.

17. Erwerbsobliegenheit

17.1 Erwerbsobliegenheit bei Kindesbetreuung

Die Erwerbsobliegenheit des Ehegatten, der minderjährige Kinder betreut, richtet sich nach den Umständen des Einzelfalles. Dabei ist insbesondere auf die Zahl der Kinder und deren Alter, auf etwaige Schulprobleme und andere Betreuungsmöglichkeiten abzustellen (vgl. § 1570 BGB[1]).

Geht der unterhaltsberechtigte Ehegatte über das an sich zumutbare Maß hinaus einer Erwerbstätigkeit nach, so richtet sich die Anrechenbarkeit seines dadurch erzielten Einkommens auf den Unterhaltsanspruch nach § 1577 Abs. 2 BGB.

17.2 Erwerbsobliegenheit bei Trennungsunterhalt

In der Regel besteht für den Berechtigten im ersten Jahr nach der Trennung keine Obliegenheit zur Aufnahme oder Ausweitung einer Erwerbstätigkeit.

IV. Weitere Unterhaltsansprüche

18. Ansprüche aus § 1615l BGB[1]

Der Bedarf der Mutter oder des Vaters eines nichtehelichen Kindes richtet sich nach *der Lebensstellung* des betreuenden Elternteils (§§ 1615l Abs. 3 Satz 1, 1610 BGB) und beträgt in der Regel mindestens 1.200 Euro.

[1] **Habersack, Deutsche Gesetze Nr. 20.**

19. Elternunterhalt

Für die Unterhaltsverpflichtung gegenüber Eltern gilt ein erhöhter angemessener Selbstbehalt des unterhaltspflichtigen Kindes gemäß § 1603 Abs. 1 BGB[1] (vgl. Nr. 21.3.3).

Beim Bedarf der Eltern sind Leistungen der Grundsicherung im Alter und bei Erwerbsminderung nach den §§ 41–43 SGB XII zu berücksichtigen (vgl. Nr. 2.9).

20. Lebenspartnerschaft

Für den Unterhalt bei Getrenntleben der Lebenspartner gilt § 12 LPartG[2] und für den Unterhalt bei Aufhebung der Lebenspartnerschaft § 16 LPartG.

V. Leistungsfähigkeit und Mangelfall

21. Selbstbehalt

21.1 Grundsatz

Es ist zu unterscheiden zwischen dem notwendigen (§ 1603 Abs. 2 BGB[1]), dem angemessenen (§ 1603 Abs. 1 BGB), dem eheangemessenen (§§ 1361 Abs. 1, 1578 Abs. 1 BGB) sowie dem billigen Selbstbehalt (§ 1581 BGB). In dem jeweiligen Selbstbehalt sind unterschiedlich hohe Kosten für Unterkunft und Heizung enthalten (vgl. Nr. 21.5.2).

21.2 Notwendiger Selbstbehalt

Der notwendige Selbstbehalt gilt in allen Fällen der Inanspruchnahme als unterste Grenze.

Er beträgt
– beim Nichterwerbstätigen 1.200 Euro und
– beim Erwerbstätigen 1.450 Euro.

Für Eltern gegenüber ihren minderjährigen Kindern und diesen nach § 1603 Abs. 2 Satz 2 BGB[1] gleichgestellten volljährigen Kindern gilt im Allgemeinen der notwendige Selbstbehalt.

21.3 Angemessener Selbstbehalt

Im Übrigen gilt beim Verwandtenunterhalt der angemessene Selbstbehalt.

21.3.1 Volljährige Kinder

Der angemessene Selbstbehalt gegenüber volljährigen Kindern beträgt in der Regel 1.750 Euro. Er kann nach den Umständen des Einzelfalles, insbesondere bei nichterwerbstätigen Unterhaltsschuldnern, herabgesetzt werden.

21.3.2 Ansprüche aus § 1615l BGB[1]

Der angemessene Selbstbehalt gegenüber der Mutter oder dem Vater eines nichtehelichen Kindes beträgt in der Regel falls erwerbstätig 1.600 Euro und falls nicht erwerbstätig 1.475 Euro.

---

[1] **Habersack, Deutsche Gesetze Nr. 20.**
[2] Nr. 43.

21.3.3 Elternunterhalt

Gegenüber Eltern als Unterhaltsberechtigten ist dem Unterhaltspflichtigen ein im Einzelfall zu ermittelnder angemessener Selbstbehalt zu belassen.

Beim Elternunterhalt sind bei der Bemessung des angemessenen Selbstbehalts Zweck und Rechtsgedanken des Gesetzes zur Entlastung unterhaltspflichtiger Angehöriger in der Sozialhilfe und in der Eingliederungshilfe (Angehörigenentlastungsgesetz vom 10.12.2019 (Bundesgesetzblatt I S. 2135)) zu beachten.

21.4 Eheangemessener Selbstbehalt

Gegenüber Ehegatten gilt grundsätzlich ein eheangemessener Selbstbehalt falls erwerbstätig von 1.600 Euro und falls nicht erwerbstätig von 1.475 Euro.

Eine Begrenzung auf den notwendigen Selbstbehalt (Nr. 21.2) kommt insbesondere bei Betreuung gemeinschaftlicher minderjähriger Kinder seitens des Unterhaltsberechtigten in Betracht.

21.5 Anpassung des Selbstbehalts

21.5.1 Beim Verwandtenunterhalt kann der jeweilige Selbstbehalt unterschritten werden, wenn der eigene Unterhalt des Pflichtigen ganz oder teilweise durch den Ehegatten gedeckt ist.

21.5.2 Im notwendigen Selbstbehalt sind Kosten für Unterkunft und Heizung (Wohnkosten) in Höhe von 520 Euro, im angemessenen Selbstbehalt in Höhe von 650 Euro enthalten. Der Selbstbehalt erhöht sich, wenn konkret eine erhebliche und nach den Umständen nicht vermeidbare Überschreitung dieser Wohnkosten dargelegt ist.

21.5.3 Besteht für den Verpflichteten ein Anspruch auf Wohngeld, ist dieser wohnkostenmindernd zu berücksichtigen (vgl. Nr. 2.3).

22. Bedarf des mit dem Unterhaltspflichtigen zusammenlebenden Ehegatten

22.1 Volljährige Kinder und Ansprüche aus § 1615l BGB[1]

Ist der Unterhaltspflichtige verheiratet, werden für den mit ihm zusammenlebenden Ehegatten im Regelfall als angemessener Eigenbedarf 1.400 Euro angesetzt.

22.2 Ehegattenunterhalt

Bei nachrangigen Unterhaltsansprüchen geschiedener Ehegatten beträgt der Mindestbedarf des mit dem Unterhaltspflichtigen in einem Haushalt lebenden Ehegatten falls erwerbstätig 1.280 Euro und falls nicht erwerbstätig 1.180 Euro.

23. Mangelfall

23.1 Grundsatz

Reicht der Betrag, der zur Erfüllung mehrerer Unterhaltsansprüche unter Berücksichtigung des Selbstbehalts des Verpflichteten (Nr. 21) zur Verfügung steht (Nr. 1–10), nicht aus, um alle Ansprüche zu erfüllen, so

[1] **Habersack, Deutsche Gesetze Nr. 20.**

findet, sofern nicht ein Unterhaltsanspruch nach Maßgabe der §§ 1609, 1582, 1615l Abs. 3 Satz 2 BGB[1] vorgeht und ein anderer nur nachrangig Berücksichtigung findet, eine Mangelfallberechnung statt.

23.2 Einsatzbeträge

Die Einsatzbeträge für minderjährige unverheiratete Kinder und ihnen nach § 1603 Abs. 2 Satz 2 BGB[1] gleichgestellte volljährige Kinder entsprechen dem Existenzminimum nach § 1612a Abs. 1 Satz 2 und 3 BGB abzüglich des nach § 1612b BGB auf den Bedarf anzurechnenden Kindergeldes, das heißt den im Anhang 2 in der 1. Einkommensgruppe aufgeführten Unterhaltszahlbeträgen.

Für den in einem gemeinsamen Haushalt mit dem Unterhaltspflichtigen lebenden Ehegatten ist im Mangelfall der seiner jeweiligen Lebenssituation entsprechende notwendige Eigenbedarf (Nr. 22) als Einsatzbetrag zu berücksichtigen.

23.3 Berechnung

Bei der Mangelfallberechnung errechnet sich der gekürzte Unterhaltsanspruch aller gleichrangigen Unterhaltsberechtigten aus dem Quotienten von Verteilungsmasse und Summe der Einsatzbeträge, multipliziert mit dem jeweiligen Einsatzbetrag.

VI. Sonstiges

24. Rundung

Der Unterhaltsbetrag ist stets auf volle Euro aufzurunden.

25. Ost-West-Fälle

In so genannten Ost-West-Fällen richtet sich bis zum 31. Dezember 2007 der Bedarf nach dem Wohnort des Unterhaltsberechtigten, die Leistungsfähigkeit bzw. der Selbstbehalt nach dem Wohnort des Unterhaltspflichtigen.

26. Unterhaltsvereinbarungen

Unterhaltsvereinbarungen regeln im Zweifel lediglich den gesetzlichen Unterhalt.

27. Selbstbehalts- und Bedarfssätze

Eine Übersicht der nach den aktuellen Unterhaltsleitlinien maßgeblichen Selbstbehalts- und Bedarfssätze ist beigefügt als Anhang 3.

Anhang 1. Tabelle zum Kindesunterhalt

(abgedruckt unter Nr. 47)

Anhang 2. Unterhaltstabelle – Zahlbeträge

(abgedruckt unter Nr. 47)

[1] **Habersack, Deutsche Gesetze Nr. 20.**

Anhang 3. Selbstbehalts- und Bedarfssätze

seit 1. Januar 2024

Nr. der Leitlinien	Art des Selbstbehalts bzw. Bedarfs	Betrag
	Selbstbehalt	
21.2	Notwendiger Selbstbehalt	
	Erwerbstätige Unterhaltsschuldner	1.450 €
	Nicht erwerbstätige Unterhaltsschuldner	1.200 €
21.3	Angemessener Selbstbehalt	
21.3.1	Ansprüche volljähriger Kinder	1.750 €
21.3.2	Ansprüche aus § 1615l BGB[1)]	falls erwerbstätig 1.600 €; falls nicht erwerbstätig 1.475 €
21.4	Eheangemessener Selbstbehalt	falls erwerbstätig 1.600 €; falls nicht erwerbstätig 1.475 €
	Bedarf	
22	Bedarf des Ehegatten, der mit dem Unterhaltspflichtigen zusammenlebt, gegenüber Unterhaltsansprüchen	
22.1	– nicht privilegierter volljähriger Kinder und Berechtigter gemäß § 1615l BGB	1.400 €
22.2	– nachrangiger geschiedener Ehegatten	falls erwerbstätig 1.280 €; falls nicht erwerbstätig 1.180 €
10.2.3	Ausbildungsbedingter Mehrbedarf eines Kindes	10 % der Ausbildungsvergütung, maximal 100 €
13.1.2	Bedarf volljähriger Kinder mit eigenem Hausstand	930 €
18	Bedarf des nach § 1615l BGB berechtigten Elternteils	1.200 €

1) **Habersack, Deutsche Gesetze Nr. 20.**

47q. Oberlandesgericht Oldenburg – Unterhaltsrechtliche Leitlinien der Familiensenate[1)]

(Stand: 1. Januar 2024)

Allgemeine Grundsätze

Die Unterhaltsrechtlichen Leitlinien der Familiensenate des Oberlandesgerichts Oldenburg dienen nur als Hilfsmittel zur Bestimmung des angemessenen Unterhalts.

Sie beruhen auf für typische Sachverhalte geltenden Erfahrungswerten.

Insofern sollen sie zu einer einheitlichen Rechtsprechung beitragen.

Sie haben jedoch keine bindende Wirkung und können die Prüfung des Einzelfalls nicht ersetzen.

Unterhaltsrechtlich maßgebendes Einkommen

Der Unterhaltsberechnung sind alle Einnahmen und Ausgaben mit 1/12 ihres Jahresbetrages zugrunde zu legen.

1. Geldeinnahmen

1.1 Regelmäßiges Bruttoeinkommen einschließlich Renten und Pensionen

Maßgebend sind die Einnahmen eines Jahres einschließlich Zulagen, Weihnachts- und Urlaubsgeld, Prämien, Tantiemen sowie sonstiger regelmäßiger Einmalzahlungen.

1.2 Unregelmäßige Einkommen

Bei Auflösung des Arbeitsverhältnisses gezahlte Abfindungen sind auf einen angemessenen Zeitraum umzulegen. Entsprechend ist bei anderen einmaligen Zuwendungen zu verfahren.

1.3 Überstunden

Vergütungen für Überstunden sind unterhaltspflichtige Einnahmen, soweit sie berufstypisch sind und das im jeweiligen Beruf übliche Maß nicht überschreiten.

Darüberhinausgehende Einnahmen aus Überstunden oder Zusatzarbeit sind aufgrund der Umstände des Einzelfalls (hohe Schuldenbelastung, Sicherung des Mindestbedarfs) nach Billigkeit anzurechnen.

1.4 Spesen und Auslösungen

Auslösungen und Spesen sind Einnahmen, soweit sie sich nicht auf die Erstattung nachgewiesener Auslagen beschränken. Aufwendungspauschalen sind aufgrund häuslicher Ersparnis in der Regel mit 1/3 ihres Nettowertes anzurechnen.

[1)] In der jeweils aktuellen Fassung kostenlos abrufbar unter www.oberlandesgericht-oldenburg.niedersachsen.de.

1.5 Einkommen aus selbständiger Tätigkeit

Bei Einkünften aus selbständiger Tätigkeit sind die im Durchschnitt von 3 oder mehr Jahren für den Lebensunterhalt tatsächlich verfügbaren Mittel maßgebend.

1.5.1 Gewinn

Wird auf den steuerlich maßgeblichen Gewinn abgestellt, sind für das Wirtschaftsjahr gebildete Rückstellungen (§ 5 Abs. II – IVb EStG), die nach §§ 7a–7k EStG vorgenommenen Absetzungen für Abnutzung und Substanzverringerung sowie Sonderabschreibungen unterhaltsrechtlich zu korrigieren. Soweit Abschreibungen dem Gewinn hinzugerechnet werden, sind die für diese Wirtschaftsgüter notwendigen Ausgaben sowie die Tilgung betrieblicher Kredite vom Gewinn abzusetzen.

1.5.2 Privatentnahmen

Privatentnahmen haben Indizcharakter für die Feststellung der verfügbaren Mittel.

1.6 Einkommen aus Vermietung u. Verpachtung sowie Kapitalvermögen

Bei Einkünften aus Vermietung und Verpachtung sowie Kapitalvermögen sind die Einnahmen abzüglich notwendiger Ausgaben maßgebend.

1.7 Steuererstattungen

Steuererstattungen und -zahlungen gehören in der Regel zu den Einnahmen und Ausgaben im Jahr der Zahlung. Eine Fortschreibung für nachfolgende Jahre setzt voraus, dass die Bemessungsgrundlagen im Wesentlichen unverändert bleiben.

Steuererstattungen sind nicht als Einkommen anzurechnen, soweit der ihnen zugrundeliegende Aufwand unterhaltsrechtlich unberücksichtigt bleibt.

2. Sozialleistungen

2.1 Arbeitslosengeld (§ 117 SGB III) und Krankengeld

2.2 Bürgergeld, bis 2023 Arbeitslosengeld II (§§ 19–32 SGB II)

Bürgergeld, bis 2023 Arbeitslosengeld II (§§ 19–32 SGB II):

Leistungen zur Sicherung des Lebensunterhalts sind nicht als unterhaltsrelevantes Einkommen anzurechnen. Soweit ein Übergang des Anspruchs auf den Träger der Leistungen nach § 33 Abs. 2 SGB II ausgeschlossen ist (auch bei fiktivem Einkommen), können Unterhaltsforderungen eines Leistungsempfängers für die Vergangenheit treuwidrig sein (vgl. BGH FamRZ 1999, 843).

2.3 Wohngeld

2.4 BaföG

BAföG-Leistungen, auch soweit sie als Darlehn gewährt werden, mit Ausnahme von Vorausleistungen nach §§ 36, 37 BAföG[1].

[1] **Sartorius Nr. 420.**

2.5 Erziehungsgeld

Elterngeld ist mit dem 300 Euro/Kind (bei verlängertem Bezug 150 Euro) *übersteigende*[1] Betrag als Einkommen anzurechnen. Eine Anrechnung des Sockelbetrages erfolgt nur unter den Voraussetzungen des § 11 S. 4 BEEG[2].

2.6 Unfall- und Versorgungsrenten

Renten wegen teilweiser oder vollständiger Minderung der Erwerbsfähigkeit (§§ 43 SGB VI, 56 SGB VII).

2.7 Leistungen der Pflegeversicherung, Blindengeld u.ä.

Leistungen aus der Pflegeversicherung (§ 13 SGB XI), Blindengeld sowie Schwerverletzten- und Pflegezulagen, jeweils nach Abzug des Betrages für tatsächliche Mehraufwendungen, wobei § 1610a BGB[3] zu beachten ist.

2.8 Pflegegeld

An die Pflegeperson weitergeleitetes Pflegegeld nach Maßgabe von § 13 VI SGB XI sowie der Erziehungsbeitrag im Pflegegeld für Vollzeitpflege (§ 39 SGB VIII[4], Nds.MBl. 2014 S. 964).

2.9 Grundsicherungsgesetz

Leistungen zur Grundsicherung im Alter und bei Erwerbsminderung (§§ 41 ff SGB XII) nur beim Verwandtenunterhalt.

2.10 Sozialhilfe/Unterhaltsvorschuss

Nicht als Einkommen anzurechnen sind Sozialhilfe (SGB XII) und Leistungen nach dem Unterhaltsvorschussgesetz[5]. Für Unterhaltsrückstände gilt Ziff. 2.2 entsprechend.

3. Kindergeld

Kindergeld wird nicht als Einkommen der Eltern angerechnet. Es ist für den Bedarf des Kindes zu verwenden.

4. Geldwerte Zuwendungen des Arbeitgebers

Sachbezüge (kostenlose oder verbilligte Wohnung, Vorteil KFZ-Nutzung, unentgeltliche Verpflegung, Mitarbeiterrabatt) sind mit den nach § 287 ZPO[6] zu schätzenden ersparten Aufwendungen als Einkommen anzusetzen.

5. Wohnwert

Der Vorteil mietfreien Wohnens im eigenen Heim ist als wirtschaftliche Nutzung von Vermögen wie Einkommen zu behandeln.

5.1 Bemessung

Ein Wohnvorteil liegt nur vor, soweit die ersparte Kaltmiete den berücksichtigungsfähigen Schuldendienst (Zins- und Tilgungsleistungen) – ggf.

---

[1] Richtig wohl: „übersteigenden".
[2] Nr. **45e**.
[3] **Habersack, Deutsche Gesetze Nr. 20.**
[4] Nr. **46**.
[5] Nr. **45d**.
[6] **Habersack, Deutsche Gesetze Nr. 100.**

vermindert um die Eigenheimzulage – und erforderliche Instandhaltungskosten übersteigt. Die nach § 2 BetrKV[1] umlagefähigen Betriebskosten sind nicht abzusetzen.

5.2 Angemessener Wohnvorteil

In der Zeit bis zur endgültigen Vermögensauseinandersetzung oder bis zum endgültigen Scheitern der Ehe (Zustellung des Scheidungsantrags) ist in der Regel die angesichts der wirtschaftlichen Verhältnisse angemessene, ersparte Miete anzusetzen.

5.3 Objektiver Wohnvorteil

Nach der endgültigen Vermögensauseinandersetzung oder dem endgültigen Scheitern der Ehe ist auf den aus Vermietung bzw. bei Anlage des Reinerlöses erzielbaren Nettoertrag abzustellen, mindestens jedoch auf den nach Ziff. 5.2 anzusetzenden Betrag, sofern nicht ausnahmsweise eine anderweitige Nutzung der Wohnung unzumutbar ist.

6. Haushaltsführung

Für Haushaltsführungsleistungen in einer nichtehelichen Partnerschaft ist auf Seiten des Unterhaltsberechtigten ein wirtschaftlicher Vorteil anzusetzen, sofern nicht die Leistungsunfähigkeit des Partners feststeht. Dieser Vorteil ist im Regelfall mit 500 Euro zu bewerten.

7. Einkommen aus unzumutbarer Erwerbstätigkeit

Aus unzumutbarer Tätigkeit erzieltes Einkommen kann nach Billigkeit ganz oder teilweise unberücksichtigt bleiben.

8. Freiwillige Zuwendungen Dritter

Freiwillige Zuwendungen Dritter (z.B. Geldleistungen, mietfreies Wohnen) sind in der Regel nur dann als Einkommen zu berücksichtigen, wenn dies dem Willen des Dritten entspricht.

9. Erwerbsobliegenheit und Einkommensfiktion

9.1 Erwerbsobliegenheit

Eine Erwerbsobliegenheit besteht bis zum Erreichen der Regelaltersgrenze. Auszugehen ist von der Erwerbsobliegenheit eines Unterhaltsverpflichteten, die gegenüber minderjährigen und diesen gleichgestellten Kindern nach Maßgabe des § 1603 BGB[2] gesteigert ist. Im Einzelfall kann diese auch die Aufnahme einer Nebentätigkeit umfassen.

9.1.1. Anforderungen bei Arbeitslosigkeit

Bei Arbeitslosigkeit sind über eine Meldung bei der Agentur für Arbeit oder telefonische Nachfragen hinausgehende eigenständige Erwerbsbemühungen im Einzelnen darzulegen und zu belegen.

Der Hinweis auf die Arbeitsmarktlage macht den Nachweis von Bemühungen nur im Ausnahmefall entbehrlich.

---

[1] Nr. **30b/1**.
[2] **Habersack, Deutsche Gesetze Nr. 20.**

9.2 Fiktives Einkommen

Bei unzureichenden Bemühungen um einen Arbeitsplatz können fiktive Einkünfte nach den Umständen des Einzelfalls unter Berücksichtigung von Beruf, Alter und des zuletzt erzielten Verdienstes zugrunde gelegt werden.

9.3 Geringfügige Beschäftigung

Neben dem Bezug von Leistungen der Agentur für Arbeit kann die Aufnahme einer geringfügigen Beschäftigung (§ 155 SGB III) in Betracht kommen.

9.4 Erwerbspflicht bei Wiederheirat

Dem wiederverheirateten Elternteil obliegt es ungeachtet seiner Pflichten aus der neuen Ehe durch Aufnahme einer Erwerbstätigkeit zum Unterhalt der Kinder aus einer früheren Ehe beizutragen, ggf. durch Aufnahme einer Teilzeitarbeit.

10. Bereinigung des Einkommens

10.1 Steuern und Vorsorgeaufwendungen

Von den Einnahmen sind die tatsächlich gezahlten Steuern abzuziehen. Es besteht grundsätzlich die Obliegenheit, mögliche Steuervorteile – insbesondere als außergewöhnliche Belastung (§ 33a Abs. 1 EStG) bzw. aus dem begrenzten Realsplitting (§ 10 Abs. 1 Nr. 1 EStG) – durch Eintragung eines Freibetrages in Höhe des unstreitig geschuldeten Unterhaltsbetrages in Anspruch zu nehmen.

Solche Vorteile und mit einem bevorstehenden Wechsel der Steuerklasse verbundene Veränderungen können aufgrund einer Schätzung berücksichtigt werden.

Bei abhängig Beschäftigten sind zur Alters- und Krankenvorsorge die gesetzlichen Abgaben zur Sozialversicherung sowie Beiträge zur privaten Altersvorsorge zu berücksichtigen. Tatsächlich entrichtete Beiträge zur Alters- und Krankenvorsorge sind regelmäßig in einem im Verhältnis zu den Einnahmen angemessenen Umfang abzuziehen, bei zusätzlichen Beiträgen zur privaten Altersvorsorge in der Regel mit 4 %, beim Elternunterhalt mit 5 % des Bruttoeinkommens.

Bei gesteigerter Unterhaltspflicht sind jedoch allenfalls nach § 82 EStG geförderte Vorsorgebeiträge bis zur Höhe des Mindesteigenbeitrags nach § 86 EStG (z.B. Riesterrente) abzugsfähig.

10.2 Berufsbedingte Aufwendungen

Berufsbedingte Aufwendungen sind von den Einnahmen vorweg abzuziehen.

10.2.1 Nichtselbständige Tätigkeit

Bei Einnahmen aus nichtselbständiger Tätigkeit ist in der Regel eine Pauschale von 5 % des Nettoeinkommens – bei Vollzeittätigkeit mindestens 50 Euro und höchstens 150 Euro – anzusetzen.

Eine Anerkennung von diese Pauschale übersteigenden sowie mit anderen Einnahmen verbundenen Aufwendungen setzt die konkrete Darlegung des Aufwandes voraus.

10.2.2 PKW-Kosten

Für täglich anfallende PKW-Kosten können dabei pauschal 42 Cent für die ersten 60 gefahrenen Kilometer sowie 28 Cent ab dem 61. Kilometer abgesetzt werden. Darin sind Finanzierungskosten enthalten. Ausnahmsweise können stattdessen 28 Cent je gefahrenen Kilometer zuzüglich der Aufwendungen zur Fahrzeugfinanzierung angesetzt werden. Ggf. kommt eine Verweisung auf die Nutzung öffentlicher Verkehrsmittel in Betracht.

10.2.3 Ausbildung

Bei einem in der Berufsausbildung stehenden Kind sind als ausbildungsbedingte Aufwendungen in der Regel 100 Euro anzusetzen.

10.3 Kinderbetreuung

Als weitere berufsbedingte Aufwendungen gelten Kinderbetreuungskosten, soweit infolge der Berufstätigkeit eine Betreuung durch Dritte erforderlich ist. Eine nach §§ 22 ff SGB VIII[1] mögliche Unterstützung sowie Steuerermäßigungen sind in Anspruch zu nehmen. Ziff. 12.4. ist zu beachten

10.4 Schulden

Schulden (Zins und Tilgung) sind bei tatsächlicher Zahlung im Rahmen eines vernünftigen Tilgungsplans mit angemessenen Raten zu berücksichtigen.

10.4.1 Bedarfsermittlung

Für die Bedarfsermittlung sind Kreditbelastungen aus der Zeit vor der Eheschließung und die bis zur Trennung eingegangenen Verpflichtungen zu berücksichtigen.

10.4.2 Abzugsfähiger Umfang

Der Umfang abzuziehender Schulden ist unter Abwägung aller Umstände des Einzelfalls zu beurteilen. Bei gesteigerter Unterhaltspflicht hat der Unterhaltsschuldner in der Regel sein nach §§ 850c, f ZPO[2] unpfändbares Einkommen einzusetzen. Es kommt in diesen Fällen eine Obliegenheit zur Einleitung eines Verbraucherinsolvenzverfahrens in Betracht, wenn ein Antrag auf Restschuldbefreiung möglich und zumutbar ist.

10.5/6 nicht belegt

10.7 Umgangskosten

Notwendige Aufwendungen zur Ausübung des Umgangsrechts können einkommensmindernd berücksichtigt werden. Diese sind zu berücksichtigen, wenn ansonsten der notwendige Selbstbehalt unterschritten würde.

Kindesunterhalt

11. Bemessungsgrundlage (Tabellenunterhalt)

Der Unterhaltsbedarf minderjähriger und volljähriger Kinder bemisst sich nach den Sätzen der Düsseldorfer Tabelle[3].

---

[1] Nr. 46.
[2] **Habersack, Deutsche Gesetze Nr. 100.**
[3] Nr. 47.

11.1 Kranken- und Pflegeversicherungsbeiträge

Die Tabellensätze enthalten keine Beiträge zur Kranken- und Pflegeversicherung. Solche zusätzlich aufzubringenden Beiträge sind vorweg vom Einkommen des Unterhaltspflichtigen abzuziehen.

11.2 Eingruppierung

Grundlage der Tabellensätze ist der Bedarf zweier Unterhaltsberechtigter. Bei einer größeren/geringeren Anzahl Unterhaltsberechtigter können Ab- oder Zuschläge durch Einstufung in eine niedrigere bzw. höhere Einkommensgruppe vorgenommen werden. Wird bei Leistung des Kindesunterhalts der angemessene Selbstbehalt (s. Ziff. 21.2) unterschritten, kommt eine Herabstufung in Betracht.

12. Minderjährige Kinder

12.1. Betreuungs-/Barunterhalt

Die Höhe des Barbedarfs bemisst sich im Regelfall allein nach dem – um die für nachrangig Berechtigte gewährten Vorteile verminderten – Einkommen des das Kind nicht betreuenden Elternteils.

12.2 Einkommen des Kindes

Eigenes Einkommen des Kindes ist auf den Barbedarf zur Hälfte anzurechnen.

12.3 Beiderseitige Barunterhaltspflicht/Haftungsanteil

Der das Kind betreuende Elternteil ist nur dann barunterhaltspflichtig, wenn sein Einkommen das Einkommen des anderen Elternteils erheblich übersteigt. Ferner kann er in angemessenem Umfang barunterhaltspflichtig sein, wenn der angemessene Bedarf des anderen Elternteils bei Leistung des Unterhalts gefährdet wäre (§ 1603 II S. 3 BGB).

Sind bei auswärtiger Unterbringung beide Elternteile zum Barunterhalt verpflichtet, haben sie den um das volle Kindergeld verminderten Gesamtbedarf anteilig nach dem Verhältnis ihrer den angemessenen Selbstbehalt übersteigenden Einkommen zu tragen (§ 1606 Abs. 3 S. 1 BGB). Das den notwendigen Selbstbehalt übersteigende Einkommen ist maßgebend, wenn der Bedarf des Kindes andernfalls nicht gedeckt werden kann.

12.4 Zusatzbedarf

Die Tabellensätze berücksichtigen keinen vom Normalfall abweichenden erhöhten Bedarf und Sonderbedarf (§ 1613 II Nr. 1 BGB). Hierzu gehören die berücksichtigungsfähigen Aufwendungen für den Besuch von Kindergärten und vergleichbare Betreuungsformen. Soweit die Aufwendungen das hälftige Kindergeld (s. Ziff. 14) übersteigen, sind sie entsprechend Ziff. 12.3 Abs. 2 von beiden Eltern zu tragen.

13. Volljährige Kinder

13.1 Bedarf

Beim Bedarf volljähriger Kinder ist zwischen Kindern mit eigenem Haushalt und im Haushalt der Eltern oder eines Elternteils lebenden Kindern zu unterscheiden.

13.1.1 im elterlichen Haushalt lebend

Für im Haushalt der Eltern oder eines Elternteils wohnende volljährige Kinder bemisst sich der Bedarf nach der sich aus der Summe beider Einkommen ergebenden Einkommensgruppe – ohne Höher- oder Herabstufung.

13.1.2 eigener Hausstand

Bei Kindern mit eigenem Hausstand beträgt der angemessene Bedarf in der Regel monatlich 930 Euro. Darin sind Kosten für Unterkunft einschließlich umlagefähiger Nebenkosten und Heizung (Warmmiete) von bis zu 410 € enthalten. Dieser Betrag enthält keine Beiträge zur Kranken- und Pflegeversicherung sowie Studiengebühren.

13.2 Einkommen des Kindes

Auf den Bedarf sind Kindergeld und eigenes Einkommen des Kindes wie folgt anzurechnen:

- Kindergeld in voller Höhe;
- Ausbildungsvergütung in voller Höhe, für Kinder ohne eigenen Hausstand vermindert um ausbildungsbedingte Aufwendungen;
- BAföG-Leistungen in voller Höhe – auch bei Gewährung als Darlehen –, nicht jedoch die Vorausleistungen;
- Einkünfte aus nicht geschuldeter Erwerbstätigkeit (z.B. Ferienjob) können nach Billigkeit ganz oder teilweise unberücksichtigt bleiben.

13.3 Beiderseitige Barunterhaltspflicht/Haftungsanteil

Ab Volljährigkeit besteht – auch für minderjährigen Kindern gleichgestellte volljährige Kinder – grundsätzlich eine Barunterhaltspflicht beider Elternteile.

Beide Eltern schulden Unterhalt nach dem Verhältnis ihres jeweiligen den angemessenen Selbstbehalt von 1.750 Euro bzw. bei minderjährigen Kindern gleichgestellten volljährigen Kindern ggf. den notwendigen Selbstbehalt übersteigenden Einkommens. Ziff. 10.5 und Ziff. 12.3 Abs. 2 sind zu beachten. Kein Elternteil hat einen höheren Unterhaltsbetrag zu zahlen, als sich allein nach seinem Einkommen aus der Düsseldorfer Tabelle ergäbe.

14. Verrechnung des Kindergeldes

Kindergeld wird nach § 1612b BGB bedarfsmindernd angerechnet. Der nach § 1612b Abs. 1 Nr. 1 BGB nicht anzurechnende Teil des Kindergeldes steht ggf. für den laufenden Lebensunterhalt übersteigende Bedarfe zur Verfügung (s. Ziff. 3, 12.4).

Ehegattenunterhalt

15. Unterhaltsbedarf

15.1 Bedarf nach ehelichen Lebensverhältnissen

Beim Trennungsunterhalt und nachehelichen Unterhalt wird der Bedarf bestimmt und begrenzt durch die ehelichen Lebensverhältnisse. Diese werden in erster Linie durch das für den gesamten Lebensunterhalt – ggf. nach Abzug des Zahlbetrags für minderjährige oder des Bedarfs für volljährige und noch in der Berufsausbildung befindliche Kinder – verfügbare Einkommen geprägt. Zur Vermögensbildung verwendete Teile des Einkommens bleiben bei der Bedarfsbemessung unberücksichtigt.

Bei Aufnahme oder Ausweitung einer Erwerbstätigkeit nach Trennung/Scheidung gilt das (Mehr)einkommen im Regelfall als prägend

15.2 Halbteilung und Erwerbstätigenbonus

Bei durchschnittlichen Einkommensverhältnissen bestimmt sich der Bedarf nach einer Quote vom Einkommen bzw. der Einkommensdifferenz. Bei Einkommen aus Erwerbsarbeit kann ein Erwerbstätigenbonus von 1/10 berücksichtigt werden. Im Übrigen gilt der Halbteilungsgrundsatz.

Erbringt der Verpflichtete sowohl Bar- als auch Betreuungsunterhalt, kann hiervon abgewichen werden.

15.3 Konkrete Bedarfsbemessung

Bei außergewöhnlich hohen Einkommensverhältnissen ist der Bedarf konkret darzulegen. Möglich ist auch die quotale Berechnung aus dem verfügbaren Gesamteinkommen abzüglich der hiervon zur Vermögensbildung aufgewandten Mittel.

15.4 Vorsorgebedarf/Zusatz- und Sonderbedarf

Der nach einer Quote vom Einkommen ermittelte Bedarf umfasst keine Beiträge zur Alters- und Krankenvorsorge. Altersvorsorgebedarf kann nur bei Sicherung des Elementarunterhalts beansprucht werden und ist in der Regel vom Einkommen des Unterhaltspflichtigen vorweg abzuziehen.

15.5–7 nicht belegt

16. Bedürftigkeit

Auf einen konkret festgestellten Bedarf – bei guten Einkommensverhältnissen sowie einer eheunabhängigen Lebensstellung – ist eigenes Einkommen ohne Berücksichtigung eines Erwerbstätigenbonus bedarfsmindernd anzurechnen.

17. Erwerbsobliegenheit

Bei nachehelichem Unterhalt besteht nur dann keine Verpflichtung zu einer eigenen Erwerbstätigkeit, wenn und soweit der geschiedene Ehegatte wegen Kindesbetreuung, Krankheit oder Alter an der Aufnahme einer Erwerbstätigkeit gehindert ist.

17.1 bei Kindesbetreuung

Vor Vollendung des 3. Lebensjahres eines Kindes besteht keine Obliegenheit, eine Erwerbstätigkeit aufzunehmen oder auszuweiten.

Ob und in welchem Umfang anschließend die Aufnahme oder Ausweitung einer Erwerbstätigkeit neben der Betreuung minderjähriger Kinder zumutbar ist, ist unter Berücksichtigung aller Umstände des Einzelfalles, insbesondere der bisher ausgeübten Tätigkeit und den Möglichkeiten der Kinderbetreuung, zu beurteilen.

17.2 bei Trennungsunterhalt

Bei Getrenntlebensunterhalt besteht in der Regel nach Ablauf des ersten Trennungsjahres die Obliegenheit, den eigenen Unterhalt durch Aufnahme oder Ausweitung einer Erwerbstätigkeit zu sichern. Ziff. 17.1 ist zu beachten.

Weitere Unterhaltsansprüche

18. Ansprüche aus § 1615l BGB[1]

Der Bedarf nach § 1615l BGB bemisst sich nach der Lebensstellung des betreuenden Elternteils.

19. Elternunterhalt

Der Bedarf ist konkret darzulegen. Leistungen nach §§ 41 ff SGB XII (Grundsicherung im Alter und bei Erwerbsminderung) sind zu berücksichtigen.

20. Lebenspartnerschaft

Bei Getrenntleben oder Aufhebung einer Lebenspartnerschaft gelten §§ 12, 16 LPartG[2].

Leistungsfähigkeit und Mangelfall

21. Selbstbehalt

21.1 Grundsatz

Die Selbstbehalte bezeichnen den Teil des Einkommens, der dem Unterhaltsschuldner für seine eigene Lebensführung zu verbleiben hat. Als Mindestbetrag umfassen sie jeweils den laufenden Lebensbedarf i.S.d. § 20 Abs. 1 Satz 1 SGB II, übliche Versicherungen, angemessene Wohnkosten (einschließlich Nebenkosten und Heizung entsprechend den in der Düsseldorfer Tabelle[3] ausgewiesenen Beträgen) sowie für Erwerbstätige einen weiteren Betrag als Erwerbsanreiz. Nicht im Selbstbehalt enthalten sind Mehrbedarfe i.S.v. § 21 SGB II, § 30 SGB XII.

21.2 Notwendiger Selbstbehalt

Gegenüber minderjährigen und ihnen gleichgestellten volljährigen Kindern ist der angemessene Selbstbehalt (Ziff. 21.3.) zu wahren. Im Mangelfall (Ziff. 24.1) ist als unterste Grenze der Inanspruchnahme der notwendige Selbstbehalt maßgeblich. Dieser beträgt

- 1.450 Euro bei Erwerbstätigen
- 1.200 Euro bei Nichterwerbstätigen.

21.3 Angemessener Selbstbehalt

Der angemessene Selbstbehalt beträgt zumindest

- 1.750 Euro gegenüber minderjährigen und volljährigen Kindern
- 1.600 Euro bei Ansprüchen aus §§ 1570, 1615l BGB[1].
- Gegenüber Eltern, wirtschaftlich selbständigen Kindern und Enkeln ist der angemessene Selbstbehalt des Unterhaltspflichtigen unter Beachtung von Zweck und Rechtsgedanken des Gesetzes zur Entlastung unterhalts-

---

[1] **Habersack, Deutsche Gesetze Nr. 20.**
[2] Nr. **43.**
[3] Nr. **47.**

pflichtiger Angehöriger in der Sozialhilfe und in der Eingliederungshilfe (Angehörigenentlastungsgesetz) vom 10.12.2019 (BGBl I S. 2135) zu bemessen.

21.4 Eheangemessener Selbstbehalt

Gegenüber Ehegatten ist der eheangemessene Selbstbehalt nach den ehelichen Lebensverhältnissen zu wahren. Dem Schuldner sind wenigstens 1.600 Euro zu belassen.

21.5 Anpassung des Selbstbehalts

Der Selbstbehalt ist regelmäßig auf seine Angemessenheit zu überprüfen und ist bei unvermeidbar hohen unterhaltsrechtlich erheblichen Aufwendungen angemessen zu erhöhen. Beim Zusammenleben in Partnerschaft mit einer Person, die über ein für den eigenen Lebensbedarf ausreichendes Einkommen verfügt, kommt eine Herabsetzung um bis zu 10 % in Betracht.

22. Bedarf des mit dem Pflichtigen zusammenlebenden Ehegatten

22.1 minderjährige und privilegierte volljährige Kinder

Für den in Haushaltsgemeinschaft mit dem Unterhaltspflichtigen lebenden und nicht erwerbstätigen Ehegatten werden zumindest 1.280 Euro angesetzt.

22.2 volljährige Kinder, Enkel, Ansprüche aus § 1615l BGB[1)]

Bei Unterhaltsansprüchen volljähriger Kinder werden für den in Haushaltsgemeinschaft mit dem Unterhaltspflichtigen lebenden Ehegatten zumindest 1.400 Euro angesetzt.

22.3 Eltern- und Enkelunterhalt

Der Mindestbedarf des mit dem Unterhaltspflichtigen zusammenlebenden Ehegatten bei Ansprüchen von Eltern oder Enkeln entspricht dem Selbstbehalt nach 21.3. Fall 3.

23. nicht belegt

24. Mangelfall

24.1 Grundsatz

Ein Mangelfall liegt vor, wenn das Einkommen bei Wahrung des jeweils angemessenen Selbstbehalts nicht genügt, um den Bedarf aller Unterhaltsberechtigten zu decken. Eine gesteigerte Unterhaltspflicht besteht, soweit das Einkommen nicht zur Deckung des notwendigen Unterhalts minderjähriger und ihnen gleichgestellter volljähriger Kinder genügt.

Reicht das Einkommen zur Deckung des Bedarfs aller Unterhaltsberechtigten und zur Deckung des Selbstbehalts nicht aus, ist der nach Abzug des Eigenbedarfs des Unterhaltspflichtigen verbleibende Betrag auf die Unterhaltsberechtigten im Verhältnis ihrer jeweiligen Einsatzbeträge zu verteilen.

---

1) Habersack, Deutsche Gesetze Nr. 20.

24.2 Einsatzbeträge

Als Einsatzbeträge sind – ggf. vermindert um eigenes Einkommen der Unterhaltsberechtigten – anzusetzen:

24.2.1 Minderjährige

Für minderjährige und ihnen gleichgestellte volljährige Kinder der Mindestunterhalt (erste Einkommensgruppe der Düsseldorfer Tabelle[1)]), vermindert um den bedarfsmindernd anzurechnenden Teil des auf das jeweilige Kind entfallenden Kindergeldes.

24.2.2 Andere

Für alle anderen Berechtigten ihr nach den allgemeinen Regeln bestimmter Bedarf.

24.3 Berechnung

Die Ansprüche jeweils gleichrangig Unterhaltsberechtigter sind im Verhältnis zum verteilungsfähigen Teil des Einkommens prozentual zu kürzen (Verteilungsmasse: Gesamtbedarf × 100).

24.4/5 nicht belegt

Sonstiges

25. Rundung

Ehegattenunterhalt soll auf fünf Euro gerundet werden.

26. Beweislast

26.1 Bedarf

Der Unterhaltsberechtigte trägt die Darlegung- und Beweislast für die Bedarfsberechnung. Dazu gehören insbesondere:

- das Einkommen des Verpflichteten,
- die fehlende Möglichkeit, den Bedarf durch eigenes Erwerbseinkommen zu decken,
- die eine Verlängerung des Anspruchs wegen Kindesbetreuung (§§ 1570 Abs. 1 S. 2, 3; Abs. 2 BGB[2)]) rechtfertigenden Umstände,
- das Fehlen anderer tatsächlicher oder fiktiver Einkünfte, welche den Bedarf mindern könnten; dies betrifft vor allem die Fälle, in denen kein eheähnliches Verhältnis besteht,
- oder der neue Partner nicht leistungsfähig ist; diese negative Darlegungs- und Beweislast wird erst durch einen substantiierten Vortrag des Pflichtigen zum Bestehen einer derartigen Beziehung des Berechtigten zu einem neuen Partner ausgelöst.

26.2 Leistungsfähigkeit

Steht der Unterhaltsbedarf der Höhe nach fest, so trägt der Pflichtige die Beweislast dafür, dass er nicht über ausreichende Einkünfte verfügt, um diesen Bedarf zu decken.

[1)] Nr. 47.

[2)] **Habersack, Deutsche Gesetze Nr. 20.**

Anhang. Düsseldorfer Tabelle 2024 (Stand: 1. Januar 2024)

Kindesunterhalt
(abgedruckt unter Nr. **47***)*

Tabelle Zahlbeträge
(abgedruckt unter Nr. **47***)*

47r. Oberlandesgericht Rostock – Unterhaltsrechtliche Leitlinien der Familiensenate[1)]

(Stand: 1. Januar 2024)

Die Familiensenate des Oberlandesgerichts Rostock verwenden diese Leitlinien als Orientierungshilfe für den Regelfall unter Beachtung der Rechtsprechung des BGH, wobei die Angemessenheit des Ergebnisses in jedem Fall zu überprüfen ist. **Wesentliche Änderungen zu den bis 31.12.2023 geltenden Leitlinien beruhen auf der Anhebung des Mindestunterhalts (Verordnung zur Festlegung des Mindestunterhalts minderjähriger Kinder nach § 1612a Abs. 1 BGB[2)] vom 03.12.2015; BGBl. I S. 2188, i.d.F. der Sechsten Verordnung zur Änderung der Mindestunterhaltsverordnung vom 29.11.2023; BGBl. I Nr. 330) und betreffen die Bedarfssätze beim Kindesunterhalt im Anhang I. (Unterhaltstabelle). Auch die Bedarfssätze volljähriger Kinder, die noch im Haushalt eines Elternteils leben (4. Altersstufe der Unterhaltstabelle), werden zum 01.01.2024 erhöht. Sie betragen, wie bisher, 125 % des (angehobenen) Bedarfs der 2. Altersstufe. Der Bedarf von volljährigen, in Ausbildung befindlichen Kindern, die nicht mehr im Haushalt eines Elternteils leben, beträgt unverändert 930,00 EUR. Die Selbstbehalte werden ebenfalls erhöht. Die Einkommensgruppen der Unterhaltstabelle, zuletzt im Jahr 2018 angehoben, werden zum 01.01.2024 durchgehend um 200,00 EUR erhöht.**

Im Übrigen bleiben die Leitlinien gegenüber denen, Stand 01.01.2023, im Wesentlichen unverändert.

Unterhaltsrechtlich maßgebendes Einkommen

Bei der Ermittlung und Zurechnung von Einkommen ist zu unterscheiden, ob es um Verwandten- oder Ehegattenunterhalt sowie ob es um Bedarfsbemessung einerseits oder Feststellung der Bedürftigkeit/Leistungsfähigkeit andererseits geht.

Das unterhaltsrechtliche Einkommen ist nicht immer identisch mit dem steuerrechtlichen Einkommen.

1. Geldeinnahmen

1.1 Auszugehen ist vom Bruttoeinkommen als Summe aller Einkünfte einschließlich Renten und Pensionen.

1.2 Soweit Leistungen nicht monatlich anfallen (z.B. Weihnachts- und Urlaubsgeld), werden sie auf ein Jahr umgelegt. Einmalige Zahlungen (z.B. Abfindungen) sind auf einen angemessenen Zeitraum (in der Regel mehrere Jahre) zu verteilen.

1.3 Überstundenvergütungen werden dem Einkommen regelmäßig zugerechnet, soweit sie in geringem Umfang anfallen oder berufsüblich sind, darüber hinaus im absoluten Mangelfall (vgl. Nr. 23). Entsprechendes gilt für Einkünfte aus Nebentätigkeiten.

[1)] In der jeweils aktuellen Fassung kostenlos abrufbar unter www.mv-justiz.de.

[2)] **Habersack, Deutsche Gesetze Nr. 20.**

1.4 Ersatz für Spesen und Reisekosten sowie Auslösungen gelten in der Regel als Einkommen. Damit zusammenhängende Aufwendungen – vermindert um häusliche Ersparnis – sind jedoch abzuziehen. Bei Aufwendungspauschalen (außer Kilometergeld) kann 1/3 des Nettobetrages als Einkommen angesetzt werden.

1.5 Bei der Ermittlung des zukünftigen Einkommens eines Selbstständigen ist in der Regel der Gewinn der letzten drei Jahre zugrunde zu legen. Für die Vergangenheit sind die im jeweiligen Kalenderjahr erzielten Einkünfte maßgebend.

1.6 Einkommen aus Vermietung und Verpachtung sowie Kapitalvermögen: Auszugehen ist von den Einnahmen abzüglich notwendiger Ausgaben. Für Gebäude ist keine Absetzung für Abnutzung (AfA) anzusetzen.

1.7 Steuerzahlungen oder -erstattungen sind in der Regel im Kalenderjahr der tatsächlichen Leistung zu berücksichtigen. Es besteht die Obliegenheit, mögliche Steuervorteile in Anspruch zu nehmen. Steuervorteile, die auf unterhaltsrechtlich nicht zu berücksichtigenden Aufwendungen beruhen, bleiben in der Regel außer Betracht.

1.8 Sonstige Einnahmen, z.B. Trinkgelder

2. Auch folgende Sozialleistungen sind Einkommen:

2.1 Arbeitslosengeld (§ 136 SGB III) und sonstige Lohnersatzleistungen nach dem SGB III (Übergangs-, Ausbildungs-, Kurzarbeiter- und Insolvenzgeld) sowie Krankengeld

2.2 Arbeitslosengeld II (§§ 19 ff. SGB II) beim Verpflichteten; beim Berechtigten nur, soweit es um Unterhalt für die Vergangenheit geht und der Unterhaltsanspruch nicht nach § 33 SGB II auf den Leistungsträger übergegangen ist

2.3 Wohngeld, soweit es nicht erhöhte Wohnkosten deckt

2.4 BAföG[1]-Leistungen, auch soweit sie als Darlehen gewährt werden, mit Ausnahme von Vorausleistungen nach § 36 BAföG

2.5 Elterngeld nach Maßgabe des § 11 BEEG[2]

2.6 Unfall- und Versorgungsrenten nach Abzug des Betrages für tatsächliche Mehraufwendungen

2.7 Leistungen aus der Pflegeversicherung, Blindenhilfe, Schwerbeschädigten- und Pflegezulagen nach Abzug eines Betrages für tatsächliche Mehraufwendungen; §§ 1610a, 1578a BGB[3] sind zu beachten.

2.8 Der Anteil des Pflegegeldes bei der Pflegeperson, durch den ihre Bemühungen abgegolten werden; bei Pflegegeld aus der Pflegeversicherung gilt dies nach Maßgabe des § 13 Abs. 6 SGB XI.

2.9 In der Regel Leistungen nach §§ 41 bis 43 SGB XII (Grundsicherung) beim Verwandtenunterhalt, nicht aber beim Ehegattenunterhalt

---

[1] **Sartorius Nr. 420.**
[2] Nr. 45e.
[3] **Habersack, Deutsche Gesetze Nr. 20.**

2.10/11 Kein Einkommen sind Sozialhilfe nach dem SGB XII und Leistungen nach dem UVG[1]. Die Unterhaltsforderung eines Empfängers dieser Leistungen kann in Ausnahmefällen treuwidrig sein.

3. Kindergeld

Kindergeld ist kein Einkommen der Eltern (vgl. Nr. 14).

4. Geldwerte Zuwendungen des Arbeitgebers

Geldwerte Zuwendungen aller Art des Arbeitgebers, z.B. Firmenwagen oder freie Kost und Logis, sind Einkommen, soweit sie entsprechende Eigenaufwendungen ersparen.

5. Wohnwert

Der Wohnvorteil durch mietfreies Wohnen ist als wirtschaftliche Nutzung des Vermögens unterhaltsrechtlich wie Einkommen zu behandeln. Neben dem Wohnwert sind auch Zahlungen nach dem Eigenheimzulagengesetz anzusetzen.

Ein Wohnvorteil liegt nur vor, soweit der Wohnwert den berücksichtigungsfähigen Schuldendienst, erforderliche Instandhaltungskosten und die verbrauchsunabhängigen Kosten, mit denen ein Mieter üblicherweise nicht belastet wird, übersteigt. Auszugehen ist vom vollen Mietwert (Nettokaltmiete). Wenn es nicht möglich oder nicht zumutbar ist, die Wohnung aufzugeben und das Objekt zu vermieten oder zu veräußern, kann stattdessen die ersparte Miete angesetzt werden, die angesichts der wirtschaftlichen Verhältnisse angemessen wäre. Dies kommt insbesondere für die Zeit bis zum endgültigen Scheitern der Ehe (in der Regel Ablauf des Trennungsjahres, ggf. Zustellung des Scheidungsantrags) in Betracht, wenn ein Ehegatte das Eigenheim allein bewohnt.

6. Haushaltsführung

Führt jemand einem leistungsfähigen Dritten den Haushalt, so ist hierfür ein Einkommen anzusetzen. Bei Haushaltsführung durch einen Nichterwerbstätigen geschieht das in der Regel mit einem Betrag von 200,00 EUR bis 550,00 EUR.

7. Einkommen aus unzumutbarer Erwerbstätigkeit

Einkommen aus unzumutbarer Erwerbstätigkeit kann nach Billigkeit ganz oder teilweise unberücksichtigt bleiben.

8. Freiwillige Zuwendungen Dritter

Freiwillige Zuwendungen Dritter (z.B. Geldleistungen, kostenloses Wohnen) sind als Einkommen zu berücksichtigen, wenn dies dem Willen des Dritten entspricht. Eine Anrechnung kommt jedoch dann in Betracht, wenn der Mindestunterhalt minderjähriger Kinder oder ihnen nach § 1603 Abs. 2 Satz 2 BGB[2] gleichgestellter volljähriger Kinder bzw. das Existenzminimum des Ehegatten nicht gedeckt sind.

[1] Nr. **45d**.
[2] **Habersack, Deutsche Gesetze Nr. 20.**

9. Erwerbsobliegenheit und Einkommensfiktion

Einkommen können auch auf Grund einer unterhaltsrechtlichen Obliegenheit erzielbare Einkünfte sein (fiktives Einkommen).

10. Bereinigung des Einkommens

10.1 Vom Bruttoeinkommen sind Steuern, Sozialabgaben und/oder angemessene Vorsorgeaufwendungen abzusetzen (Nettoeinkommen).

10.1.1 Es besteht die Obliegenheit, Steuervorteile in Anspruch zu nehmen (z.B. Eintragung eines Freibetrags bei Fahrtkosten, für unstreitigen oder rechtskräftig titulierten Unterhalt).

10.1.2 Zur Absicherung einer angemessenen Altersvorsorge kann insbesondere der nichtselbstständig Erwerbstätige eine zusätzliche Altersvorsorge von bis zu 4 % seines jeweiligen Gesamtbruttoeinkommens des Vorjahres, gegenüber Ansprüchen auf Elternunterhalt von bis zu 5 % seines Bruttoeinkommens betreiben. Wenn der Mindestunterhalt minderjähriger Kinder oder ihnen nach § 1603 Abs. 2 Satz 2 BGB[1] gleichgestellter volljähriger Kinder nicht gedeckt ist, sind Aufwendungen für die zusätzliche Altersvorsorge nicht zu berücksichtigen.

10.2 Berufsbedingte Aufwendungen sind – wenn sie geltend gemacht, dargelegt und im Falle des Bestreitens bewiesen werden – im Rahmen des Angemessenen vom Arbeitseinkommen abzuziehen. Eine Schätzung ist möglich, § 287 ZPO[2].

10.2.1 Pauschale/Konkrete Aufwendungen

10.2.2 Die Kosten einer notwendigen Pkw-Nutzung für berufsbedingte Fahrten, insbesondere zum Arbeitsplatz, werden mit einer Pauschale in Höhe von 0,42 EUR je gefahrenen Kilometer berücksichtigt. Hierin sind Anschaffungs-, Reparatur- und sonstige Betriebskosten enthalten. Bei langen Fahrtstrecken (ab ca. 30 km einfach) kann für die Gesamtstrecke nach unten abgewichen werden. Steuervorteile sind gegenzurechnen.

10.2.3 Die Ausbildungsvergütung eines in der Berufsausbildung stehenden Kindes, das im Haushalt der Eltern oder eines Elternteils wohnt, ist vor ihrer Anrechnung in der Regel um einen ausbildungsbedingten Mehrbedarf von monatlich 100,00 EUR zu kürzen.

10.3 Kinderbetreuungskosten sind abzugsfähig, soweit die Betreuung durch Dritte infolge der Berufstätigkeit erforderlich ist. Ein auf überobligatorischer Tätigkeit beruhendes Mehreinkommen kann ganz oder teilweise anrechnungsfrei bleiben, wenn keine konkreten Betreuungskosten anfallen. Aufwendungen für die Betreuung eines Kindes in Kindergärten oder vergleichbaren Einrichtungen mindern das Einkommen nicht; es handelt sich um Mehrbedarf des Kindes.

10.4 Schulden

Schulden (Zins und Tilgung) sind bei tatsächlicher Zahlung im Rahmen eines vernünftigen Tilgungsplanes mit angemessenen Raten zu berücksichtigen. Soweit der Mindestbedarf der Unterhaltsberechtigten nicht

---

[1] Habersack, Deutsche Gesetze Nr. 20.
[2] Habersack, Deutsche Gesetze Nr. 100.

gewahrt ist, hat der Schuldendienst so weit wie möglich und zumutbar zurückzustehen. Im Einzelfall sind in eine umfassende Interessenabwägung unter Billigkeitsgrundsätzen die Belange der Unterhaltsberechtigten, des Unterhaltsschuldners (insbesondere sein Interesse an der Verhinderung einer wachsenden Verschuldung) wie auch der Drittgläubiger einzubeziehen.

Bei der Bedarfsermittlung für den Ehegattenunterhalt sind grundsätzlich nur eheprägende Verbindlichkeiten abzusetzen.

Für Minderjährige soll der Mindestunterhalt gesichert bleiben. Im Rahmen gesteigerter Unterhaltspflicht nach § 1603 Abs. 2 BGB[1] besteht in der Regel die Obliegenheit zur Einleitung eines Insolvenzverfahrens und Geltendmachung der gesetzlichen Pfändungsfreigrenzen.

10.5 Unterhaltsleistungen an vorrangig Berechtigte sind vorweg abzuziehen; Unterhaltsleistungen an nachrangig Berechtigte sind angemessen zu berücksichtigen.

10.6 Vermögensbildende Aufwendungen sind, soweit sie angemessen sind, abzugsfähig.

10.7. Aufwendungen für die Ausübung des Umgangsrechts, die erheblich über das übliche Maß hinausgehen, können sich, soweit sie notwendigerweise anfallen, einkommensmindernd auswirken. Umgangskosten können durch einen – teilweisen – Abzug vom Einkommen oder durch eine Erhöhung des Selbstbehalts angemessen berücksichtigt werden.

Kindesunterhalt

11. Bemessungsgrundlage (Tabellenunterhalt)

Der Barunterhalt minderjähriger und noch im elterlichen Haushalt lebender volljähriger unverheirateter Kinder bestimmt sich nach den Sätzen der Unterhaltstabelle im Anhang I (Düsseldorfer Tabelle[2]). Bei minderjährigen Kindern kann er als Festbetrag oder gemäß § 1612a BGB[1] als Prozentsatz des jeweiligen Mindestunterhalts geltend gemacht werden.

11.1 Die Tabellensätze enthalten keine Kranken- und Pflegeversicherungsbeiträge für das Kind, wenn dieses nicht in einer gesetzlichen Familienversicherung mitversichert ist. Das Nettoeinkommen des Verpflichteten ist um solche zusätzlich zu zahlenden Versicherungskosten zu bereinigen. Kosten für den Besuch eines Kindergartens oder vergleichbare Betreuungsformen werden mit Ausnahme der Verpflegungskosten durch die Tabellensätze nicht erfasst. Sie sind Mehrbedarf des Kindes.

11.2 Die Tabellensätze sind auf den Fall zugeschnitten, dass der Unterhaltspflichtige zwei Berechtigten Unterhalt zu gewähren hat. Bei einer größeren oder geringeren Anzahl Unterhaltsberechtigter sind in der Regel Ab- oder Zuschläge durch Einstufung in eine niedrigere oder höhere Einkommensgruppe vorzunehmen.

Bei einer größeren Anzahl von Unterhaltsberechtigten kann eine Korrektur an Hand des Bedarfskontrollbetrages erfolgen. Der Bedarfskontroll-

---

[1] **Habersack, Deutsche Gesetze Nr. 20.**
[2] Nr. **47**.

betrag des Unterhaltspflichtigen ab Gruppe 2 ist nicht identisch mit dem Eigenbedarf. Er soll eine ausgewogene Verteilung des Einkommens zwischen dem Unterhaltspflichtigen und den Unterhaltsberechtigten gewährleisten. Erreicht das dem Unterhaltspflichtigen nach Abzug aller Unterhaltslasten verbleibende bereinigte Einkommen nicht den für die Einkommensgruppe ausgewiesenen Bedarfskontrollbetrag, ist soweit herabzustufen, bis dem Unterhaltspflichtigen der entsprechende Kontrollbetrag verbleibt.

12. Minderjährige Kinder

12.1 Der sorgeberechtigte Elternteil, der ein minderjähriges Kind betreut, leistet in der Regel hierdurch seinen Beitrag zum Kindesunterhalt (§ 1606 Abs. 3 Satz 2 BGB).

12.2 Einkommen des minderjährigen Kindes, das nach Abzug ausbildungsbedingter Kosten (vgl. Nr. 10.2.3) verbleibt, ist in der Regel zur Hälfte auf den Barunterhalt anzurechnen. Arbeitseinkünfte geringen Umfangs (z.B. Ferienjobs) oder aus unterhaltsrechtlich nicht gebotener Tätigkeit bleiben unberücksichtigt.

12.3 Der betreuende Elternteil braucht neben dem anderen Elternteil in der Regel keinen Barunterhalt zu leisten, es sei denn, sein Einkommen ist bedeutend höher als das des anderen Elternteils oder der eigene angemessene Unterhalt (1.750,00 EUR) des sonst allein barunterhaltspflichtigen Elternteils ist gefährdet (§ 1603 Abs. 2 Satz 3 BGB) und der des anderen nicht. Sind bei auswärtiger Unterbringung beide Elternteile zum Barunterhalt verpflichtet, haften sie anteilig nach § 1606 Abs. 3 Satz 1 BGB für den Gesamtbedarf. Betreuungsleistungen sind zu berücksichtigen.

12.4 Bei Zusatzbedarf (Verfahrens-/Prozesskostenvorschuss, Mehrbedarf, Sonderbedarf) gilt § 1606 Abs. 3 Satz 1 BGB. Die Kosten für den Kindergarten (ohne Verpflegungskosten) oder vergleichbare Betreuungseinrichtungen sind Mehrbedarf des Kindes.

13. Volljährige Kinder

13.1 Bedarf

Beim Bedarf volljähriger Kinder ist zu unterscheiden, ob sie noch im Haushalt der Eltern/eines Elternteils leben oder einen eigenen Hausstand haben.

13.1.1 Volljährige Kinder, die noch im Haushalt eines Elternteils leben:

Der Bedarf volljähriger unverheirateter Kinder ist der 4. Altersstufe der beiliegenden Unterhaltstabelle zu entnehmen, solange sie im Haushalt der Eltern oder eines Elternteils leben; die maßgebende Einkommensgruppe ergibt sich, wenn beide Elternteile leistungsfähig sind, aus den zusammengerechneten Einkünften der Eltern ohne Erhöhung/Herabsetzung nach Nr. 11.2. Ein Elternteil hat jedoch höchstens den Unterhalt zu leisten, der sich allein aus seinem Einkommen nach der Tabelle ergibt.

13.1.2 Andere volljährige Kinder:

Der Bedarf (*einschließlich* Wohnbedarf) eines nicht unter Nr. 13.1.1 fallenden Kindes beträgt 930,00 EUR monatlich.

In diesem Betrag sind Beiträge zur Kranken- und Pflegeversicherung sowie Studiengebühren, mit Ausnahme der Semesterbeiträge, nicht enthalten.

Von diesem Betrag kann bei erhöhtem Bedarf oder mit Rücksicht auf die Lebensstellung der Eltern abgewichen werden.

13.2 Auf den Unterhaltsbedarf werden das volle Kindergeld (Nr. 14) und die Einkünfte des Kindes, auch BAföG[1]-Darlehen und Ausbildungsbeihilfen (gekürzt um ausbildungsbedingte Aufwendungen) angerechnet. Bei Einkünften aus unzumutbarer Erwerbstätigkeit gilt § 1577 Abs. 2 BGB[2] entsprechend.

13.3 Bei anteiliger Barunterhaltspflicht ist vor Berechnung des Haftungsanteils nach § 1606 Abs. 3 Satz 1 BGB[2] das bereinigte Nettoeinkommen jedes Elternteils gemäß Nr. 10 zu ermitteln. Außerdem sind vom Restbetrag ein Sockelbetrag in Höhe des angemessenen Selbstbehalts von 1.750,00 EUR und Unterhaltsleistungen für vorrangig Berechtigte abzuziehen.

Bei volljährigen Schülern, die in § 1603 Abs. 2 Satz 2 BGB minderjährigen Kindern gleichgestellt sind, wird der Sockelbetrag bis zum notwendigen Selbstbehalt (1.450,00 EUR/1.200,00 EUR) herabgesetzt, wenn der Bedarf der Kinder andernfalls nicht gedeckt werden kann.

14. Verrechnung des Kindergeldes

Kindergeld ist nach Maßgabe des § 1612b BGB[2] zur Deckung des Barbedarfs des Kindes zu verwenden.

Ehegattenunterhalt

15. Unterhaltsbedarf

15.1 Bei der Bedarfsbemessung dürfen nur eheprägendes Einkommen und grundsätzlich nur eheprägende Schulden berücksichtigt werden. Spätere Änderungen des verfügbaren Einkommens der Ehegatten sind grundsätzlich zu berücksichtigen, unabhängig davon, wann sie eingetreten sind und ob es sich um Minderungen oder Erhöhungen handelt. Eine Einkommensreduzierung ist dann unbeachtlich, wenn sie auf einem unterhaltsrechtlich vorwerfbaren Verhalten beruht. Unerwartete, nicht in der Ehe angelegte Steigerungen des Einkommens des Unterhaltspflichtigen (insbesondere aufgrund eines Karrieresprungs) oder auf Wiederverheiratung beruhende Steuervorteile bleiben unberücksichtigt, es sei denn, sie dienen zum Ausgleich des hinzugetretenen Bedarfs weiterer Unterhaltsberechtigter.

15.2 Es gilt der Halbteilungsgrundsatz; vom bereinigten Nettoerwerbseinkommen ist ein Erwerbstätigenbonus von 1/10 abzuziehen.

Leistet ein Ehegatte auch Unterhalt für ein Kind, so wird sein Einkommen vor Ermittlung des Erwerbstätigenbonus um den Zahlbetrag (Tabellenbetrag abzüglich des anzurechnenden Kindergeldes) bereinigt. Erbringt

---

[1] **Sartorius Nr. 420.**
[2] **Habersack, Deutsche Gesetze Nr. 20.**

der Verpflichtete sowohl Bar- als auch Betreuungsunterhalt, so gilt Nr. 10.3.

15.3 Bei sehr guten Einkommensverhältnissen des Pflichtigen kommt eine konkrete Bedarfsberechnung in Betracht.

15.4 Werden Altersvorsorge-, Kranken- und Pflegeversicherungskosten vom Berechtigten gesondert geltend gemacht oder vom Verpflichteten bezahlt, sind diese von dem Einkommen des Pflichtigen vorweg abzuziehen. Der Vorwegabzug unterbleibt, soweit nicht verteilte Mittel zur Verfügung stehen, z.B. durch Anrechnung nicht prägenden Einkommens des Berechtigten auf seinen Bedarf. Vorsorgeunterhalt kann nur beansprucht werden, wenn der Elementarunterhalt in Höhe des notwendigen Selbstbehalts für Nichterwerbstätige sichergestellt ist.

16. Bedürftigkeit

Eigene Einkünfte des Berechtigten sind auf den Bedarf anzurechnen, wobei das bereinigte Nettoerwerbseinkommen um den Erwerbstätigenbonus zu vermindern ist.

17. Erwerbsobliegenheit

17.1 Bei Betreuung eines gemeinschaftlichen Kindes kann bis zur Vollendung des 3. Lebensjahres eine Erwerbstätigkeit nicht erwartet werden. Danach besteht eine Erwerbsobliegenheit nach Maßgabe der Betreuungsbedürftigkeit und der zumutbaren Betreuungsmöglichkeit. Soweit mehrere Kinder zu betreuen sind, ist auf die Umstände des Einzelfalls abzustellen.

Geht der unterhaltsberechtigte Ehegatte über das an sich zumutbare Maß hinaus einer Erwerbstätigkeit nach, so richtet sich die Anrechenbarkeit seines dadurch erzielten Einkommens auf den Unterhaltsanspruch nach § 1577 Abs. 2 BGB[1].

17.2 In der Regel besteht für den Berechtigten im ersten Jahr nach der Trennung keine Obliegenheit zur Aufnahme oder Ausweitung einer Erwerbstätigkeit.

Weitere Unterhaltsansprüche

18. Ansprüche nach § 1615l BGB[1]

Der Bedarf der Mutter oder des Vaters eines nichtehelichen Kindes richtet sich nach der Lebensstellung des betreuenden Elternteils (§§ 1615l Abs. 3 Satz 1, 1610 BGB).

19. Elternunterhalt

Beim Bedarf der Eltern sind Leistungen nach den §§ 41 bis 43 SGB XII (Grundsicherung) zu berücksichtigen (vgl. Nr. 2.9).

20. Lebenspartnerschaft

Bei Getrenntleben oder Aufhebung der Lebenspartnerschaft gelten die *§§ 12, 16 LPartG*[2].

---

[1] **Habersack, Deutsche Gesetze Nr. 20.**
[2] Nr. **43**.

Leistungsfähigkeit und Mangelfall

21. Selbstbehalt des Verpflichteten

21.1 Es ist zu unterscheiden zwischen dem notwendigen (§ 1603 Abs. 2 BGB[1]), dem angemessenen (§ 1603 Abs. 1 BGB) sowie dem Selbstbehalt gegenüber Ehegatten (§ 1581 BGB).

21.2 Für Eltern gegenüber minderjährigen Kindern und diesen nach § 1603 Abs. 2 Satz 2 BGB[1] gleichgestellten volljährigen Kindern gilt im Allgemeinen der notwendige Selbstbehalt als unterste Grenze der Inanspruchnahme.

Er beträgt

– beim Erwerbstätigen **1.450,00 EUR**
– beim Nichterwerbstätigen **1.200,00 EUR**.

21.3 Im Übrigen gilt beim Verwandtenunterhalt der angemessene Selbstbehalt.

21.3.1 Er beträgt gegenüber volljährigen Kindern, die nicht gemäß § 1603 Abs. 2 Satz 2 BGB[1] privilegiert sind, **1.750,00 EUR**.

21.3.2 Gegenüber der Mutter oder dem Vater nichtehelicher Kinder nach § 1615l Abs. 1 BGB[1] beträgt der angemessene Selbstbehalt des erwerbstätigen Unterhaltsschuldners **1.600,00 EUR** und des nicht erwerbstätigen Unterhaltsschuldners **1.475,00 EUR**.

21.3.3 Gegenüber Eltern beträgt der Selbstbehalt mindestens **2.650,00 EUR** zuzüglich der Hälfte des darüber hinausgehenden Einkommens (bei Vorteilen des Zusammenlebens in der Regel 45 % des darüber hinausgehenden Einkommens). Unabhängig vom Selbstbehalt wird die Inanspruchnahme auf Elternunterhalt bei übergegangenen Ansprüchen begrenzt durch die Regelungen im Gesetz zur Entlastung unterhaltspflichtiger Angehöriger in der Sozialhilfe und in der Eingliederungshilfe (Angehörigenentlastungsgesetz vom 10. Dezember 2019; BGBl I S. 2135).

21.3.4. Für den Selbstbehalt gegenüber Enkeln gilt 21.3.3 entsprechend.

21.4 Gegenüber Ehegatten beträgt der Selbstbehalt (§ 1581 BGB[1]) des erwerbstätigen Unterhaltsschuldners **1.600,00 EUR** und des nicht erwerbstätigen Unterhaltsschuldners **1.475,00 EUR**. Bei beengten wirtschaftlichen Verhältnissen, insbesondere im absoluten Mangelfall, kann der Selbstbehalt angemessen bis zum notwendigen Selbstbehalt (1.450,00 EUR/1.200,00 EUR) vermindert werden.

21.5 Beim Verwandtenunterhalt kann der jeweilige Selbstbehalt unterschritten werden, wenn der eigene Unterhalt des Pflichtigen ganz oder teilweise durch seinen Ehegatten gedeckt ist (vgl. Nr. 22). Wegen der Kostenersparnisse bei gemeinschaftlicher Haushaltsführung kommt eine Kürzung des Selbstbehalts dann in Betracht, wenn der Unterhaltspflichtige mit einem Dritten zusammenlebt.

---

[1] **Habersack, Deutsche Gesetze Nr. 20.**

22. Bedarf des mit dem Pflichtigen zusammenlebenden Ehegatten

22.1 Der Mindestbedarf des mit dem Unterhaltspflichtigen zusammenlebenden Ehegatten bei Ansprüchen des nachrangigen geschiedenen Ehegatten beträgt **1.280,00 EUR.**

22.2 Der Mindestbedarf des mit dem Unterhaltspflichtigen zusammenlebenden Ehegatten bei Ansprüchen nicht privilegierter volljähriger Kinder beträgt **1.400,00 EUR.**

22.3 Zum Mindestbedarf des mit dem Unterhaltspflichtigen zusammenlebenden Ehegatten bei Ansprüchen von Eltern oder Enkeln vgl. 21.3.3 bzw. 21.3.4.

23. Bedarf des vom Pflichtigen getrenntlebenden oder geschiedenen Ehegatten

23.1 gegenüber einem nachrangigen geschiedenen Ehegatten **1.600,00 EUR**

23.2 gegenüber nicht privilegierten volljährigen Kindern **1.750,00 EUR**

23.3 gegenüber Eltern und Enkeln des Unterhaltspflichtigen **2.650,00 EUR**

24. Mangelfall

24.1 Grundsatz

Reicht der Betrag, der zur Erfüllung mehrerer Unterhaltsansprüche unter Berücksichtigung des Selbstbehalts des Verpflichteten (Nr. 21) zur Verfügung steht, nicht aus, um alle Ansprüche zu erfüllen, so ist der den Selbstbehalt übersteigende Betrag auf die Berechtigten unter Beachtung der Rangverhältnisse zu verteilen.

24.2 Einsatzbeträge

Die Einsatzbeträge für minderjährige unverheiratete und ihnen gleichgestellte volljährige Kinder entsprechen den Tabellenbeträgen der ersten Einkommensgruppe der Tabelle in Anlage I abzüglich des nach § 1612b Abs. 1 BGB zur Bedarfsdeckung zu verwendenden Kindergeldes.

24.3 Berechnung

Die nach Abzug des notwendigen Selbstbehalts des Unterhaltspflichtigen verbleibende Verteilungsmasse ist anteilig auf alle gleichrangigen Unterhaltsberechtigten im Verhältnis der (ggf. um eigene Einkünfte gekürzten) Einsatzbeträge zu verteilen.

24.4 Angemessenheitskontrolle

Das im Rahmen der Mangelfallberechnung gewonnene Ergebnis ist auf seine Angemessenheit zu überprüfen.

Sonstiges

25. Rundung

Der Unterhaltsbetrag ist auf volle EUR aufzurunden.

Anhang

I. Unterhaltstabelle

(abgedruckt unter Nr. **47***)*

II. Zahlbetragstabelle

(abgedruckt unter Nr. **47***)*

47s. Oberlandesgericht Saarbrücken – Unterhaltsrechtliche Leitlinien der Senate für Familiensachen[1]

(Stand: 1. Januar 2024)

Die Senate für Familiensachen bei dem Saarländischen Oberlandesgericht werden die ab dem 1. Januar 2024 geltende Düsseldorfer Tabelle[2] in der bisherigen Weise als Orientierungshilfe benutzen.

Der Selbstbehalt des Unterhaltsverpflichteten beträgt

1. gegenüber minderjährigen unverheirateten Kindern und gegenüber volljährigen unverheirateten Kindern bis zur Vollendung des 21. Lebensjahres, die im Haushalt der Eltern oder eines Elternteils leben und sich in der allgemeinen Schulausbildung befinden
   a) für Erwerbstätige 1.450 EUR
   b) für Nichterwerbstätige 1.200 EUR
2. gegenüber anderen volljährigen Kindern generell 1.750 EUR
3. gegenüber dem getrenntlebenden und dem geschiedenen Ehegatten oder der Mutter/dem Vater eines nichtehelichen Kindes
   a) für Erwerbstätige 1.600 EUR
   b) für Nichterwerbstätige 1.475 EUR.

[1] In der jeweils aktuellen Fassung kostenlos abrufbar unter https://www.saarland.de/solg/DE/home/home_node.html.

[2] Nr. **47**.

47t. Oberlandesgericht Schleswig – Unterhaltsrechtliche Leitlinien[1)]

(Stand: 1. Januar 2024)

Die unterhaltsrechtlichen Leitlinien der Familiensenate des Schleswig-Holsteinischen Oberlandesgerichts dienen nur als Hilfsmittel zur Bestimmung des angemessenen Unterhalts. Sie beruhen auf Erfahrungswerten, gewonnen aus typischen Sachverhalten, und sollen zur Vereinheitlichung des Unterhaltsrechts beitragen. Sie haben keine bindende Wirkung und können eine auf den Einzelfall bezogene Gesamtschau nicht ersetzen.

Unterhaltsrechtlich maßgebendes Einkommen

Bei der Ermittlung und Zurechnung von Einkommen ist stets zu unterscheiden, ob es um Verwandten- oder Ehegattenunterhalt sowie ob es um Bedarfsbemessung einerseits oder Feststellung der Leistungsfähigkeit andererseits geht. Das unterhaltsrechtliche Einkommen ist nicht immer identisch mit dem steuerrechtlichen Einkommen. Einkommen können auch aufgrund einer unterhaltsrechtlichen Obliegenheit erzielbare Einkünfte sein (fiktives Einkommen).

1. Geldeinnahmen

1.1 Auszugehen ist vom Bruttoeinkommen als Summe aller Einkünfte einschließlich Weihnachts-, Urlaubsgeld, Tantiemen und Gewinnbeteiligungen sowie anderer Zulagen.

1.2 Leistungen, die nicht monatlich anfallen, werden auf ein Jahr umgelegt. Einmalige Zahlungen sind auf einen angemessenen Zeitraum (in der Regel mehrere Jahre) zu verteilen. Grundsätzlich sind Abfindungen bei der Aufnahme einer neuen Arbeitsstelle mit dauerhaft geringerem Einkommen bis zur Höchstgrenze des Bedarfs aufgrund des früheren Einkommens sowohl beim Kindes- als auch beim Ehegattenunterhalt für den Unterhalt zu verwenden; ob eine Aufstockung bis zum bisherigen Einkommen unter vollständiger Aufrechterhaltung des bisherigen Lebensstandards geboten ist, beurteilt sich nach den Umständen des Einzelfalls, insbesondere der beim Pflichtigen zu erwartenden weiteren Einkommensentwicklung.

1.3 Überstundenvergütungen werden dem Einkommen voll zugerechnet, soweit sie berufstypisch sind und das in diesem Beruf übliche Maß nicht überschreiten.

1.4 Ersatz für Spesen, Reisekosten und Auslösungen gelten in der Regel als Einkommen. Damit zusammenhängende Aufwendungen, vermindert um häusliche Ersparnis, sind jedoch abzuziehen. Die Ersparnis wird in der Regel mit einem Drittel bewertet und (außer Fahrtkostenersatz) insoweit dem Einkommen hinzugerechnet.

1.5 Bei Selbständigen (insbesondere Unternehmer, freiberuflich Tätige) wird das Einkommen nach Wirtschaftsjahren ermittelt. Steuerliche Belastungen

---

1) In der jeweils aktuellen Fassung kostenlos abrufbar unter www.schleswig-holstein.de.

werden grundsätzlich nur in dem tatsächlich entrichteten Umfange abgezogen, und zwar unabhängig davon, für welches Veranlagungsjahr sie angefallen sind. Für die Bemessung von zukünftigem Unterhalt ist grundsätzlich auf das Durchschnittseinkommen von drei Wirtschaftsjahren abzustellen, wobei dieser Zeitraum von dem letzten Jahr an zurückgerechnet wird, für welches ausreichende Einkommensunterlagen vorliegen; für in der Vergangenheit liegende Unterhaltszeiträume ist auf das in dieser Zeit erzielte Einkommen abzustellen (Jahresdurchschnitt). Bei erheblich schwankenden Einkünften kann auch ein anderer Zeitraum zugrunde gelegt werden. Abschreibungen auf betriebliche Wirtschaftsgüter (Absetzung für Abnutzung: Afa) stehen in der Regel entsprechende Ausgaben für Betriebsmittel gegenüber; sie sind deshalb grundsätzlich gewinnmindernd abzusetzen. Soweit die zulässigen steuerlichen Absetzungsbeträge erheblich über das tatsächliche Ausmaß der Wertminderung hinausgehen (etwa bei Gebäuden), können sie in diesem Umfang unterhaltsrechtlich nicht berücksichtigt werden. Für das Einkommen eines Selbstständigen ist grundsätzlich sein Gewinn maßgebend. Ausnahmsweise kann auf seine Privatentnahmen abgestellt werden, soweit sie Ausdruck eines nicht durch Verschuldung finanzierten Lebensstandards sind.

1.6 Zum Einkommen zählen auch Einkünfte aus Vermietung, Verpachtung sowie aus Kapitalvermögen, wobei die Einkünfte grundsätzlich auf das Jahr umgelegt werden.

1.7 Steuererstattungen und Steuernachzahlungen sind in der Regel in dem Jahr, in dem sie anfallen, zu berücksichtigen und auf die einzelnen Monate umzulegen. Soweit Erstattungen auf Aufwendungen beruhen, die unterhaltsrechtlich nicht zu berücksichtigen sind, bleiben auch die Steuererstattungen außer Betracht.

1.8 Zum Einkommen zählen auch sonstige Einnahmen (z.B. Trinkgelder).

2. Sozialleistungen gehören wie folgt zum Einkommen:

2.1 Arbeitslosengeld (§ 136 SGB III) und Krankengeld.

2.2 Arbeitslosengeld II (§§ 19–30 SGB II) beim Verpflichteten; beim Unterhaltsberechtigten ist das Arbeitslosengeld II subsidiär (§ 33 SGB II).

2.3 Wohngeld, soweit es nicht erhöhte Wohnkosten deckt.

2.4 BAföG-Leistungen, auch soweit sie als Darlehen gewährt werden, mit Ausnahme von Vorausleistungen nach §§ 36, 37 BAföG[1)].

2.5 Elterngeld ist Einkommen, soweit es über den Sockelbetrag von 300 € bzw. 150 € bei verlängertem Bezug hinausgeht. Der Sockelbetrag des Elterngeldes sowie Betreuungsgeld nach § 4a BEEG[2)] sind nur dann Einkommen, wenn einer der Ausnahmefälle des § 11 BEEG vorliegt.

2.6 Leistungen aus Unfall- und Versorgungsrenten nach Abzug eines Betrages für tatsächliche Mehraufwendungen; §§ 1610a, 1578a BGB[3)] sind zu beachten.

[1)] **Sartorius Nr. 420.**
[2)] Nr. 45e.
[3)] **Habersack, Deutsche Gesetze Nr. 20.**

2.7 Leistungen aus der Pflegeversicherung, Blindengeld, Schwerbeschädigten- und Pflegezulagen nach Abzug eines Betrages für tatsächliche Mehraufwendungen; §§ 1610a, 1578a BGB[1] sind zu beachten.

2.8 Der Anteil des Pflegegelds bei der Pflegeperson, durch den ihre Bemühungen abgegolten werden. Bei Pflegegeld aus der Pflegeversicherung gilt dies nach Maßgabe des § 13 VI SGB XI.

2.9 Beim Verwandtenunterhalt in der Regel Leistungen zur Grundsicherung (§§ 41–43 SGB XII).

2.10 Sonstige Sozialhilfe nach SGB XII zählt nicht zum Einkommen.

2.11 Leistungen nach dem Unterhaltsvorschussgesetz[2] zählen nicht zum Einkommen.

3. Kindergeld

Kindergeld mindert den Unterhaltsbedarf der Kinder nach Maßgabe des § 1612b BGB[1] und unterstützt den betreuenden Elternteil bei der Erbringung der Betreuungsleistungen. Es stellt kein Einkommen des Bezugsberechtigten dar.

4. Geldwerte Zuwendungen des Arbeitgebers

Geldwerte Zuwendungen aller Art des Arbeitgebers, z.B. Firmenwagen oder freie Kost und Logis, sind Einkommen, soweit sie entsprechende Eigenaufwendungen ersparen. Die für Firmenwagen steuerlich in Ansatz gebrachten, am Neuwert orientierten Beträge (1%-Regelung) bieten einen Anhaltspunkt für die Bewertung des geldwerten Vorteils.

5. Wohnvorteil

5.1 Der Wohnvorteil durch mietfreies Wohnen im eigenen Heim ist als wirtschaftliche Nutzung des Vermögens unterhaltsrechtlich wie Einkommen zu behandeln. Neben dem Wohnvorteil sind auch Zahlungen nach dem Eigenheimzulagengesetz anzusetzen.

Zur Ermittlung des Wohnvorteils sind dem Wohnwert der berücksichtigungsfähige Schuldendienst, erforderliche Instandhaltungskosten und jene verbrauchsunabhängigen Kosten, mit denen ein Mieter üblicherweise nicht belastet wird, als Abzugsposten gegenüberzustellen.

5.2 Als Wohnwert ist während des Getrenntlebens zunächst regelmäßig die ersparte Miete anzusetzen, die angesichts der wirtschaftlichen Verhältnisse angemessen wäre. Ist eine Wiederherstellung der ehelichen Lebensgemeinschaft nicht mehr zu erwarten, ist regelmäßig der objektive Mietwert anzusetzen; Ausnahmen hiervon sind nur gerechtfertigt, wenn eine Verwertung durch Vermietung nicht möglich (z.B. mangelnde Einigung bei Miteigentum) oder nicht zumutbar (z.B. bei zeitlich begrenztem Aufstockungsunterhalt) ist.

Beim Kindesunterhalt ist grundsätzlich auf den objektiven Mietwert abzustellen (BGH FamRZ 2014, 923)

---

[1] **Habersack, Deutsche Gesetze Nr. 20.**
[2] Nr. **45d**.

5.3 Zinsen und Tilgungsleistungen sind absetzbar. Dienen die Tilgungsleistungen ausschließlich der eigenen Vermögensbildung, sind die Tilgungsleistungen nach Vorabzug der Zinsen nur bis zur Höhe des Wohnwerts zu berücksichtigen; darüberhinausgehende Tilgungsleistungen können im Rahmen der zusätzlichen Altersvorsorge (Ziffer 10.1.2.) berücksichtigt werden (BGH FamRZ 2017, 519; BGH FamRZ 2018, 1506).

Auch beim Kindesunterhalt können Zinsen und Tilgungsleistungen grundsätzlich bis zur Höhe des Wohnwerts berücksichtigt werden. Ist jedoch der Mindestunterhalt minderjähriger Kinder gefährdet, kann ausnahmsweise eine Obliegenheit zur Tilgungsstreckung bestehen (vgl. BGH, FamRZ 2022, 781).

Im Rahmen des § 1603 Abs. 1 BGB[1)] gilt ein großzügigerer, im Anwendungsbereich des § 1603 Abs. 2 BGB hingegen ein strengerer Maßstab für die Berücksichtigung von Tilgungsleistungen.

6. Haushaltsführung

Führt jemand unentgeltlich für einen in häuslicher Gemeinschaft lebenden Partner den Haushalt, so ist hierbei ein Einkommen anzusetzen. Voraussetzung ist jedoch, dass der Partner hinreichend leistungsfähig ist.

7. Einkommen aus unzumutbarer Erwerbstätigkeit

Einkommen aus unzumutbarer Erwerbstätigkeit kann nach Billigkeit ganz oder teilweise unberücksichtigt bleiben (vgl. BGH FamRZ 2006, 846).

8. Freiwillige Zuwendungen Dritter

Freiwillige Zuwendungen Dritter (z.B. Geldleistungen, Wohnungsgewährung) sind nicht als Einkommen zu berücksichtigen, es sei denn, die Berücksichtigung entspricht dem Willen des zuwendenden Dritten. *Beim Mindestkindesunterhalt sind auch freiwillige Leistungen Dritter einzusetzen (BGH FamRZ 2019, 1415).*

9. Erwerbsobliegenheit und Einkommensfiktion

Wer unter leichtfertigem Verstoß gegen eine unterhaltsrechtliche Verpflichtung bzw. Obliegenheit eine Erwerbsquelle nicht in zumutbarem Umfang nutzt, muss sich das erzielbare Einkommen zurechnen lassen.

Begibt sich jemand einer Einkommensquelle, insbesondere seines Arbeitsplatzes, aus unterhaltsrechtlich vorwerfbaren Gründen, so ist ihm das bisherige Einkommen bis zu dem Zeitpunkt fiktiv zuzurechnen, zu dem er aus anderem, nicht vorwerfbarem Grund die Arbeitsstelle verloren hätte (BGH NJW 2008, 1525 ff.).

Bei der Zurechnung von fiktiven Einkünften können fiktive berufsbedingte Aufwendungen (z.B. Fahrtkosten) berücksichtigt werden.

Im Rahmen der gesteigerten Unterhaltspflicht ist vom Unterhaltsschuldner im Hinblick auf den nicht gesicherten Mindestunterhalt seines Kindes auch zu verlangen, dass er neben einer vollschichtigen Erwerbstätigkeit eine ihm mögliche und zumutbare Nebentätigkeit ausübt. Dies gilt auch *bei der Zurechnung* eines lediglich fiktiven Einkommens aus einer vollschichtigen Haupttätigkeit (BGH FamRZ 2014, 1992).

[1)] Habersack, Deutsche Gesetze Nr. 20.

10. Bereinigung des Einkommens

10.1 Vom Bruttoeinkommen sind Steuern, Sozialabgaben und angemessene Vorsorgeaufwendungen abzusetzen (Nettoeinkommen).

10.1.1 Es besteht die Obliegenheit, Steuervorteile in Anspruch zu nehmen (z.B. Eintragung eines Freibetrags bei Fahrtkosten, Realsplitting für unstreitigen oder rechtskräftig titulierten Unterhalt).

10.1.2 Für eine zusätzliche (keine fiktive) Altersvorsorge können beim Ehegatten- und Kindesunterhalt bis zu 4 %, beim Elternunterhalt bis zu 5 % des Bruttoeinkommens eingesetzt werden. Die zusätzliche Altersvorsorge kommt jedoch im Regelfall nicht in Betracht, soweit der Mindestunterhalt/das Existenzminimum nicht gesichert sind.

Personen, die der gesetzlichen Rentenversicherung nicht unterliegen, können für ihre primäre Altersversorgung Beträge entsprechend dem Aufwand eines Nichtselbstständigen aufwenden. Eine zusätzliche Altersvorsorge ist wie bei gesetzlich Rentenversicherten absetzbar.

10.2 Berufsbedingte Aufwendungen

10.2.1 Notwendige berufsbedingte Aufwendungen werden vom Einkommen nur abgezogen, soweit sie konkret nachgewiesen sind. Eine Pauschale wird nicht gewährt.

10.2.2 Für Fahrten zum Arbeitsplatz werden die Kosten einer Pkw-Benutzung mit einer Kilometerpauschale von 0,42 € (§ 5 II Nr. 2 JVEG[1]) für die ersten 30 Entfernungskilometer, für die weiteren Entfernungskilometer mit 0,28 € berücksichtigt.

Berechnungsbeispiel:

Entfernung zwischen Wohnung und Arbeitsplatz: 50 km.

Berechnung:

30 km × 2 × 0,42 € × 220 ArbTage: 12 Monate =	462,00 € +
20 km × 2 × 0,28 € × 220 ArbTage: 12 Monate =	205,33 €
Gesamtkosten:	667,33 €

Überschreiten die Fahrtkosten 15 % des Nettoeinkommens, muss dargelegt werden, weshalb die Benutzung von öffentlichen Verkehrsmitteln nicht zumutbar ist. Neben der Kilometerpauschale können Finanzierungskosten für die Anschaffung des Pkw regelmäßig nicht angesetzt werden.

10.2.3 Bei Auszubildenden wird auf die Ausbildungsvergütung ein Abzug eines Pauschalbetrages von 100,00 € angerechnet. Diese Pauschale deckt in der Regel den allgemeinen und ausbildungsbedingten Mehrbedarf mit Ausnahme von Fahrtkosten.

10.3 Kinderbetreuungskosten sind als berufsbedingte Aufwendungen des betreuenden Elternteils abzugsfähig, soweit die Betreuung durch Dritte allein infolge der Berufstätigkeit erforderlich ist. Aufwendungen für die Betreuung eines Kindes, die über den Umfang der von dem betreuenden Elternteil ohnehin geschuldeten Betreuung hinausgehen oder pädagogisch veranlasst sind, wie etwa in Kindergärten, Kindertagesstätten, Schu-

[1] **Habersack, Deutsche Gesetze Nr. 116.**

len, Horten oder vergleichbaren Einrichtungen, mindern das Einkommen nicht; es handelt sich um Mehrbedarf (vgl. Nr. 12.4) des Kindes (BGH FamRZ 2018, 23; BGH FamRZ 2009, 962).

10.4 Angemessene Tilgungsraten auf Schulden, die auf das eheliche Zusammenleben zurückzuführen sind oder die durch die Auflösung der Ehe unabwendbar entstanden sind, werden in der Regel einkommensmindernd berücksichtigt. Unverhältnismäßig hohe Kosten für die Ehewohnung (auch Einfamilienhaus) sind nur für eine Übergangszeit nach der Trennung abzusetzen.

Soweit der Mindestbedarf der Unterhaltsberechtigten nicht gewahrt ist, hat der Schuldendienst so weit wie möglich und zumutbar zurückzustehen. Für minderjährige Kinder soll möglichst der Mindestunterhalt gesichert bleiben. Im Einzelfall sind in eine umfassende Interessenabwägung unter Billigkeitsgrundsätzen die Belange der Unterhaltsberechtigten, des Unterhaltsschuldners (insbesondere sein Interesse an der Verhinderung einer wachsenden Verschuldung) wie auch der Fremdgläubiger einzubeziehen.

Den Unterhaltsschuldner trifft grundsätzlich eine Verpflichtung zur Einleitung einer Verbraucherinsolvenz, wenn dieses Verfahren zulässig und geeignet ist, den laufenden Unterhalt eines minderjährigen Kindes sicherzustellen (vgl. BGH NJW 2005, 1279 ff.).

Sind einkommensmindernd anzusetzende Schulden bereits Gegenstand einer Auseinandersetzung über einen Gesamtschuldnerausgleich nach § 426 BGB[1)], sind sie für die Unterhaltsbemessung nicht zu berücksichtigen.

10.5 Barunterhaltsleistungen (Zahlbetrag oder restlicher Barunterhalt in Form von Naturalunterhalt) (vgl. BGH FamRZ 2021, 1965) an vorrangig Berechtigte sind vorweg abzuziehen.

10.6 Die vermögenswirksame Leistung des Arbeitgebers und die Arbeitnehmersparzulage gehören nicht zum Einkommen. Der vermögenswirksam gesparte Betrag mindert nicht das anrechenbare Einkommen, es sei denn, er ist als angemessene Vorsorgeaufwendung (Nr. 10.1.2) anzuerkennen.

10.7 Umgangskosten

10.7.1 Die notwendigen Kosten für ein im üblichen Rahmen ausgeübtes Umgangsrecht sind grundsätzlich vom Umgangsberechtigten zu tragen, wenn ihm nach Abzug dieser Kosten der notwendige Selbstbehalt verbleibt. In diesen Fällen stellen die Umgangskosten keine Abzugsposition vom Einkommen des Umgangsberechtigten dar (BGH FamRZ 2014, 917, 920; FamRZ 2006, 1015, 1018). Ist der notwendige Selbstbehalt des Umgangsberechtigten nicht gewahrt, können die notwendigen Umgangskosten durch einen – teilweisen – Abzug vom Einkommen oder eine Erhöhung des Selbstbehalts berücksichtigt werden (BGH NJW 2009, 2592).

10.7.2 Bei einem über das übliche Maß hinausgehenden Umgangsrecht können dadurch bedingte hohe Mehraufwendungen (z.B. Fahrt- und Unterbringungskosten) zu einer Herabstufung um eine oder mehrere Einkommens-

---

1) Habersack, Deutsche Gesetze Nr. 20.

gruppen der Düsseldorfer Tabelle[1] oder zum Absehen von einer erforderlichen Höherstufung führen. Reicht das Einkommen des umgangsberechtigten Elternteils nur zur Zahlung des Mindestunterhalts aus, kann der Mehraufwand bei der Einkommensermittlung oder durch Erhöhung des Selbstbehalts berücksichtigt werden. Ferner kann der Unterhaltsbedarf des Kindes dadurch teilweise erfüllt sein, dass der umgangsberechtigte Elternteil dem Kind im Zuge seines erweiterten Umgangsrechts Leistungen erbringt, mit denen er den Unterhaltsbedarf des Kindes auf andere Weise als durch Zahlung einer Geldrente teilweise deckt.

Kindesunterhalt

11. Bemessungsgrundlage (Tabellenunterhalt)

Der Barunterhalt minderjähriger und noch im elterlichen Haushalt lebender volljähriger unverheirateter Kinder bestimmt sich nach den Sätzen der Düsseldorfer Tabelle[1] (Anhang I.).

11.1 Die Tabellensätze der Düsseldorfer Tabelle[1] enthalten keine Kranken- und Pflegeversicherungsbeiträge für das Kind, wenn dieses nicht in einer gesetzlichen Familienversicherung mitversichert ist. Das Nettoeinkommen des Verpflichteten ist, um solche zusätzlich zu zahlenden Versicherungskosten zu bereinigen.

11.2 Die Tabellensätze sind auf den Fall zugeschnitten, dass der Unterhaltspflichtige zwei Unterhaltsberechtigten Unterhalt zu gewähren hat. Bei einer geringeren oder größeren Zahl von Unterhaltsberechtigten ist in der Regel, um eine Stufe herauf- oder herabzustufen. In den oberen Gruppen kann im Einzelfall insbesondere aus kindgerechten Gründen eine Bedarfsbegrenzung angezeigt sein. Erreicht das dem Unterhaltspflichtigen nach Abzug aller Unterhaltslasten verbleibende Einkommen nicht den für die Tabellengruppe ausgewiesenen Bedarfskontrollbetrag, so kann so weit herabgestuft werden, dass dem Unterhaltsschuldner der entsprechende Kontrollbetrag verbleibt.

12. Minderjährige Kinder

12.1 Der Bedarf minderjähriger Kinder bemisst sich nach den zusammengerechneten Einkünften beider Elternteile. Die Unterhaltspflicht des barunterhaltspflichtigen Elternteils ist jedoch auf den Betrag begrenzt, den der Unterhaltspflichtige bei alleiniger Unterhaltshaftung auf Grundlage seines Einkommens zu zahlen hätte (BGH FamRZ 2022, 1366; BGH FamRZ 2021, 28; BGH FamRZ 2017, 711; BGH FamRZ 2017, 437).

12.2 Eigenes Einkommen des minderjährigen Kindes wird auf den Barunterhaltsanspruch des Kindes mit Rücksicht auf die Betreuungslast des anderen Elternteils nach in der Regel hälftig angerechnet.
Arbeitseinkünfte geringen Umfangs (z.B. Ferienjobs) oder aus unterhaltsrechtlich nicht gebotener Tätigkeit bleiben unberücksichtigt.

12.3 Ausnahmsweise kann der betreuende Elternteil zur Barunterhaltsleistung entlastend herangezogen werden, wenn sein Einkommen, das des anderen

[1] Nr. **47**.

Elternteils wesentlich übersteigt. Die Entlastung wird dann nach den Umständen des Einzelfalles bemessen.

12.4 Zusätzlichen Bedarf eines minderjährigen Kindes (z.B. Verfahrens-/Prozesskostenvorschuss, Mehrbedarf, Sonderbedarf) haben beide Eltern entsprechend ihren Erwerbs- und Vermögensverhältnissen unter Wahrung ihres Selbstbehalts (vgl. Nr. 13.3) zu decken (§ 1606 Abs. 3 Satz 1 BGB[1]).

13. Volljährige Kinder

13.1 Für den Unterhalt volljähriger Kinder gilt Folgendes:

Lebt das volljährige Kind im Haushalt eines Elternteils, so ist sein Bedarf grundsätzlich der Unterhaltstabelle zu entnehmen. Lebt das Kind nicht mehr im Haushalt eines Elternteils, so ist zu unterscheiden:

– Für die Vorjahre wird auf die von der Düsseldorfer Tabelle[2] aufgeführten Beträge verwiesen. Der Unterhaltsbedarf Studierender beträgt in der Regel monatlich 930,00 €. Hierin sind bis 410,00 € für Unterkunft einschließlich umlagefähiger Nebenkosten und Heizung (Warmmiete) enthalten. In den jeweiligen Bedarfsbeträgen sind keine Beiträge zur Kranken- und Pflegeversicherung sowie keine Studiengebühren enthalten.

– Für andere Kinder kann bei eigenem Haushalt derselbe Betrag zugrunde gelegt werden; dann entfallen der Freibetrag (s.o. 10.2.3) und andere Absetzungen für berufsbedingte Aufwendungen (einschließlich Fahrtkosten).

Für die Vorjahre wird auf die vorangegangenen Düsseldorfer Tabellen verwiesen.

13.2 Sämtliche Einkünfte (auch BAföG-Darlehen) werden auf den Bedarf volljähriger Kinder angerechnet. Überobligationsmäßig erzielte Einkünfte bleiben entsprechend § 1577 Abs. 2 BGB[1] ganz oder teilweise unberücksichtigt.

13.3 Verfügen beide Eltern über Einkommen, ergibt sich der Bedarf volljähriger Kinder, soweit dafür die Tabelle maßgebend ist, grundsätzlich nach dem zusammengerechneten Einkommen beider Eltern, jedoch ist wegen doppelter Haushaltsführung in der Regel, um eine Stufe herabzustufen.

Den offenen Bedarf haben die Eltern anteilig zu decken, und zwar grundsätzlich im Verhältnis ihrer Einkommen zueinander. Dabei werden nur die Einkommensteile zueinander ins Verhältnis gesetzt, die jeweils über dem angemessenen Selbstbehalt liegen, und zwar nach Abzug vorrangiger Unterhaltspflichten. Bei sog. privilegiert volljährigen Kindern sind grundsätzlich die bereinigten Einkünfte oberhalb des angemessenen Selbstbehalts maßgebend. Lediglich im Mangelfall ist auf die bereinigten Einkünfte oberhalb des notwendigen Selbstbehalts abzustellen (BGH FamRZ 2011, 454). Ein Elternteil hat jedoch höchstens den Unterhalt zu leisten, der sich allein aus seinem Einkommen gemäß der Unterhaltstabelle ergibt.

---

[1] **Habersack, Deutsche Gesetze Nr. 20.**

[2] Nr. **47.**

14. Verrechnung des Kindergeldes

Das Kindergeld wird nach § 1612b BGB[1] angerechnet.

Ehegattenunterhalt

15. Unterhaltsbedarf

15.1 Der Bedarf nach den ehelichen Lebensverhältnissen im Sinne von § 1578 Abs. 1 S. 1 BGB[1] wird grundsätzlich durch die Einkommens- und Vermögensverhältnisse der Ehegatten bestimmt, die bis zur Rechtskraft der Ehescheidung eingetreten sind.

Nacheheliche Entwicklungen wirken sich auf die Bedarfsbemessung nach den ehelichen Lebensverhältnissen aus, wenn sie auch bei fortbestehender Ehe eingetreten wären oder in anderer Weise in der Ehe angelegt und mit hoher Wahrscheinlichkeit zu erwarten waren (BGH FamRZ 2012, 281).

Unerwartete, nicht in der Ehe angelegte Steigerungen des Einkommens des Verpflichteten (insbesondere aufgrund eines Karrieresprungs) oder auf Wiederverheiratung beruhende Steuervorteile bleiben bei der Bedarfsbemessung unberücksichtigt. Eine Einkommensreduzierung ist dann unbeachtlich, wenn sie auf einem unterhaltsrechtlich vorwerfbaren Verhalten beruht.

Die Unterhaltspflichten für neue Ehegatten sowie für nachehelich geborene Kinder und den dadurch bedingten Betreuungsunterhalt nach § 1615l BGB sind bei der Bemessung des Unterhaltsbedarfs eines geschiedenen Ehegatten nach § 1578 Abs. 1 S. 1 BGB nicht zu berücksichtigen.

15.2 Der Bedarf des unterhaltsberechtigten Ehegatten bestimmt sich – unter Berücksichtigung eines Erwerbstätigenbonus von 1/10 – zu 45 % des bereinigten Arbeitseinkommens des Unterhaltsverpflichteten, falls der Unterhaltsberechtigte kein eigenes Einkommen erzielt, oder zu 45 % des Unterschiedsbetrages der bereinigten Arbeitseinkommen des Verpflichteten und des Berechtigten (Differenzmethode).

Es ist von einem Mindestbedarf auszugehen, der nicht unter dem Existenzminimum für Nichterwerbstätige liegen darf (Nr. 21.2).

Sonstiges Einkommen (z.B. Renten, Abfindungen und Kapitalerträge) ist hälftig zu teilen, falls nicht eine Herabsetzung dieser hälftigen Beteiligung durch besondere Gründe gerechtfertigt erscheint. Erträge aus ererbtem Vermögen prägen die ehelichen Lebensverhältnisse nur, soweit sie bereits zum Unterhalt der Familie zur Verfügung standen, also den Familienunterhalt nach §§ 1360, 1360a BGB[1] beeinflussten (vgl. BGH FamRZ 2006, 387, 390).

Leistet ein Ehegatte Unterhalt für ein unterhaltsberechtigtes Kind, wird sein Einkommen vor Ermittlung des Erwerbstätigenbonus um diesen Unterhalt (Zahlbetrag) bereinigt. Von den Einkünften des betreuenden Elternteils ist der Barunterhaltsbedarf des Kindes nach den gemeinsamen Einkünften der Eltern abzüglich des hälftigen auf den Barunterhalt entfallenden Kindergelds und abzüglich des vom anderen Elternteil geleisteten Barunterhalts abzusetzen. In dieser Höhe leistet der betreuende Elternteil

---

[1] **Habersack, Deutsche Gesetze Nr. 20.**

neben dem Betreuungsunterhalt restlichen Barunterhalt in Form von Naturalunterhalt (BGH FamRZ 2021, 1965; BGH FamRZ 2017, 711).

Unterhalt für nachrangige volljährige Kinder ist abzusetzen, wenn der Kindesunterhalt die ehelichen Lebensverhältnisse geprägt hat und den Eheleuten ein angemessener Unterhalt verbleibt.

15.3 Bei sehr guten Einkommensverhältnissen des Pflichtigen kommt eine konkrete Bedarfsberechnung in Betracht. *Es besteht eine tatsächliche Vermutung für den vollständigen Verbrauch des Familieneinkommens, wenn dieses den höchsten Einkommensbetrag der Düsseldorfer Tabelle[1] nicht übersteigt. Soweit das Familieneinkommen über den höchsten Einkommensbetrag der Düsseldorfer Tabelle hinausgeht, hat der Unterhaltsberechtigte mithin, wenn er dennoch Unterhalt nach der Quotenmethode begehrt, die vollständige Verwendung des Einkommens für den Lebensbedarf darzulegen und im Bestreitensfall in vollem Umfang zu beweisen (vgl. BGH FamRZ 2018, 260).* Im Falle der konkreten Bedarfsberechnung sind Einkünfte des Berechtigten ohne Erwerbstätigenbonus auf den Bedarf anzurechnen.

15.4 Vom Einkommen des Unterhaltspflichtigen sind wie die eigenen Aufwendungen für angemessene Vorsorge grundsätzlich auch solche abzusetzen, die er für den Berechtigten und gemeinsame Kinder aufbringt. Der Elementarunterhalt hat bis zur Höhe des Mindestbedarfs Vorrang vor dem Altersvorsorgeunterhalt. Die Kosten für die angemessene Vorsorge für Alter, Erwerbs- und Berufsunfähigkeit errechnen sich in folgenden Stufen:

a) der an sich geschuldete Elementarunterhalt wird mit Hilfe der sog. Bremer Tabelle[2] auf ein fiktives Bruttoeinkommen hochgerechnet.

b) Danach bemessen sich unter Anwendung des Beitragssatzes, der jeweils für die gesetzliche Rentenversicherung gilt, die Vorsorgekosten.

c) Sie werden von dem Einkommen des Unterhaltspflichtigen vorweg abgesetzt. Danach wird der Elementarunterhalt endgültig festgesetzt.

15.5/6 nicht belegt

15.7 Für die Befristung des nachehelichen Unterhalts ist bei der Billigkeitsprüfung nach § 1578b BGB[3] vorrangig zu berücksichtigen, ob ehebedingte Nachteile eingetreten sind. Diese stehen schon deswegen einer Befristung des nachehelichen Unterhalts regelmäßig entgegen, weil der Unterhaltsberechtigte dann seinen eigenen angemessenen Unterhalt nicht selbst erzielen kann. Sind ehebedingte Nachteile vorhanden, die aus tatsächlichen Gründen nicht mehr ausgeglichen werden können, kommt im Regelfall nach einer Übergangszeit eine Herabsetzung des nachehelichen Unterhalts nur insoweit in Betracht, als dem berechtigten Ehegatten unter Berücksichtigung eigener und eventuell auch fiktiver Einkünfte jedenfalls der Betrag zur Verfügung stehen muss, den er ohne einen ehebedingten Nachteil zur Verfügung hätte.

Fehlt es an ehebedingten Nachteilen oder sind diese bereits ausgeglichen, ist im Rahmen der umfassenden Billigkeitsabwägung bei der Entschei-

[1] Nr. 47.
[2] Nr. **47f/1.**
[3] **Habersack, Deutsche Gesetze Nr. 20.**

dung über eine Befristung oder Herabsetzung des nachehelichen Unterhalts eine – über die Kompensation ehelicher Nachteile hinausgehende – nacheheliche Solidarität zu berücksichtigen. Dabei sind neben den weiteren relevanten Umständen des Einzelfalls die Dauer der Pflege und Erziehung eines gemeinschaftlichen Kindes, die Gestaltung von Haushaltsführung und Erwerbstätigkeit während der Ehe sowie die Dauer der Ehe maßgeblich. Die Ehedauer gewinnt durch eine wirtschaftliche Verflechtung an Gewicht, die insbesondere durch Aufgabe einer eigenen Erwerbstätigkeit wegen Kinderbetreuung oder Haushaltsführung eintritt (BGH FamRZ 2010, 1971).

Ist Unterhalt wegen Krankheit geschuldet, ist für die Billigkeitsentscheidung besonders dem Gedanken der nachehelichen Solidarität Rechnung zu tragen. Der Betreuungsunterhalt ist nicht nach § 1578b BGB zu befristen.

Die Darlegungs- und Beweislast für die Umstände, aus denen die Unbilligkeit der Fortzahlung des Unterhalts resultiert, trägt der Unterhaltsverpflichtete. Dem Unterhaltsverpflichteten obliegt es, im Rahmen seiner primären Darlegungslast das Fehlen von ehebedingten Nachteilen substantiiert zu behaupten. Sodann obliegt es dem Unterhaltsberechtigten, diese Behauptung substantiiert zu bestreiten und positiv konkrete ehebedingte Nachteile darzutun. Konkret vorgetragene ehebedingte Nachteile muss der Unterhaltsverpflichtete widerlegen (BGH FamRZ 2012, 93).

16. nicht belegt

17. Erwerbsobliegenheit

17.1 Die nach Vollendung des dritten Lebensjahres des Kindes grundsätzlich einsetzende Erwerbsobliegenheit des betreuenden Elternteils ist hinsichtlich Art und Umfang an den Belangen des Kindes auszurichten. Die Billigkeitsprüfung nach § 1570 Abs. 1 Satz 2, Abs. 2 BGB[1)] ist zumindest anhand folgender Kriterien vorzunehmen:

Kindbezogene Gründe:

1. Betreuungsbedürftigkeit aufgrund der individuellen Entwicklung des Kindes
2. Fehlende kindgerechte Betreuungsmöglichkeiten
3. Krankheiten, die durch die Betreuung in einer Einrichtung nicht aufgefangen werden können und damit die Betreuung durch einen Elternteil erfordern.

Elternbezogene Gründe:

1. Vertrauen in die vereinbarte oder praktizierte Rollenverteilung und Ausgestaltung der Kinderbetreuung. Zu berücksichtigen ist dabei auch die Aufgabe einer Erwerbstätigkeit wegen Kindererziehung und die Dauer der Ehe.
2. Umfang der Betreuungsbedürftigkeit des Kindes im Anschluss an die Betreuung in einer Betreuungseinrichtung.

Eine überobligationsmäßige Belastung des betreuenden Elternteils durch Berufstätigkeit, Kinderbetreuung und Haushaltsführung ist zu vermeiden.

[1)] **Habersack, Deutsche Gesetze Nr. 20.**

17.2 In der Regel besteht für den Berechtigten im ersten Jahr nach der Trennung keine Obliegenheit zur Aufnahme oder Ausweitung einer Erwerbstätigkeit.

Weitere Unterhaltsansprüche

18. Ansprüche nach § 1615l BGB[1]

Der Bedarf nach § 1615l BGB bemisst sich nach der Lebensstellung des unterhaltsberechtigten Elternteils. Er ist auch dann nicht nach dem Einkommen des Pflichtigen zu bemessen, wenn dieser mit dem unterhaltsberechtigten Elternteil zusammengelebt hat. Die Lebensstellung des unterhaltsberechtigten Elternteils richtet sich danach, welche Einkünfte er ohne die Geburt und die Betreuung des gemeinsamen Kindes hätte (BGH FamRZ 2015, 1369).

Der Bedarf darf das Existenzminimum für Nichterwerbstätige (*derzeit 1.200,00 €; Nr. 21.2)* nicht unterschreiten. Die Inanspruchnahme ist durch den Halbteilungsgrundsatz begrenzt.

19. Elternunterhalt

Beim Bedarf der Eltern sind Leistungen zur Grundsicherung nach §§ 41 ff. SGB XII zu berücksichtigen (vgl. Nr. 2.9).

20. Lebenspartnerschaft

Bei Getrenntleben oder Aufheben der Lebenspartnerschaft gelten §§ 12, 16 LPartG[2].

Leistungsfähigkeit und Mangelfall

21. Selbstbehalt

21.1 Ausgangspunkt ist das anrechenbare Einkommen des Unterhaltspflichtigen. Gegenüber minderjährigen und privilegiert volljährigen Kindern ist der angemessene Selbstbehalt (Nr. 21.3.1) zu wahren. Im Mangelfall (Nr. 24.1) ist als unterste Grenze der Inanspruchnahme der notwendige Selbstbehalt maßgeblich. Gegenüber Ehegatten ist dem Unterhaltspflichtigen der eheangemessene Selbstbehalt gemäß § 1581 S. 1 BGB[1] und gegenüber volljährigen Kindern der angemessene Selbstbehalt gemäß § 1603 Abs. 1 BGB zu belassen.

21.2 Der notwendige Selbstbehalt beträgt
bei Nichterwerbstätigen *1.200,00 €*,
bei Erwerbstätigen *1.450,00 €*. Hierin sind bis zu 520,00 € für Unterkunft einschließlich umlagefähiger Nebenkosten und Heizung (Warmmiete) enthalten.

21.3 Im Übrigen gilt beim Verwandtenunterhalt der angemessene Selbstbehalt.

21.3.1 Gegenüber nicht privilegierten volljährigen Kindern beträgt der *angemessene Selbstbehalt 1.750,00 €*. Hierin sind bis zu 650,00 € für

---

[1] **Habersack, Deutsche Gesetze Nr. 20.**
[2] Nr. 43.

Unterkunft einschließlich umlagefähiger Nebenkosten und Heizung (Warmmiete) enthalten.

21.3.2 Gegenüber Ansprüchen aus § 1615l BGB[1)] gilt der eheangemessene Selbstbehalt.

21.3.3 Gegenüber den Eltern ist dem Unterhaltspflichtigen der angemessene Eigenbedarf zu belassen.

Gegenüber Eltern beträgt der Selbstbehalt mindestens 2.650,00 € zuzüglich der Hälfte des darüberhinausgehenden Einkommens (bei Vorteilen des Zusammenlebens in der Regel 45 % des darüberhinausgehenden Einkommens). Hierin sind bis zu 1.000,00 € für Unterkunft einschließlich umlagefähiger Nebenkosten und Heizung (Warmmiete) enthalten. Unabhängig vom Selbstbehalt wird die Inanspruchnahme auf Elternunterhalt bei übergegangenen Ansprüchen begrenzt durch die Regelungen im Gesetz zur Entlastung unterhaltspflichtiger Angehöriger in der Sozialhilfe und in der Eingliederungshilfe (Angehörigen – Entlastungsgesetz vom 10. Dezember 2019; BGBl I S. 2135).

21.3.4. *Für den Selbstbehalt gegenüber Enkeln gilt Nr. 21.3.3 entsprechend.*

21.4 Ehegattenunterhalt ist nur aus dem Einkommen oberhalb des eheangemessenen Selbstbehalts zu leisten.

Der eheangemessene Selbstbehalt beträgt für Erwerbstätige *1.600,00 €* und für Nichterwerbstätige *1.475,00 €*. Hierin sind bis zu 580,00 € für Unterkunft einschließlich umlagefähiger Nebenkosten und Heizung (Warmmiete) enthalten.

Im Rahmen der Leistungsfähigkeit des Unterhaltspflichtigen nach § 1581 BGB[1)] ist außerdem ein individueller Selbstbehalt zu berücksichtigen. Bei diesem ist der Halbteilungsgrundsatz zu beachten, was zu einem relativen Mangelfall führen kann, wenn dem Unterhaltspflichtigen für den eigenen Unterhalt weniger verbliebe, als der Unterhaltsberechtigte mit dem Unterhalt zur Verfügung hätte. Sonstige Verpflichtungen gegenüber anderen Unterhaltsberechtigten, die nicht bereits den Bedarf des Unterhaltsberechtigten beeinflusst haben, sind entsprechend ihrem Rang zu berücksichtigen (BGH FamRZ 2012, 281). Bei der Prüfung der Leistungsfähigkeit ist kein Erwerbstätigenbonus zu berücksichtigen (BGH FamRZ 2013, 1366).

21.5 Wird konkret eine erhebliche und nach den Umständen nicht vermeidbare Überschreitung der in den einzelnen Selbstbehalten enthaltenen angeführten Wohnkosten dargelegt, erhöht sich der Selbstbehalt.

Bei einem Zusammenleben mit einem leistungsfähigen Partner kann der Selbstbehalt wegen ersparter Aufwendungen herabgesetzt werden, wobei die Ersparnis des Unterhaltspflichtigen im Regelfall und höchstens mit 10 % seines Selbstbehalts angesetzt werden kann.

22. Bedarf des mit dem Pflichtigen zusammenlebenden Ehegatten.

22.1 Der Mindestbedarf des mit dem Pflichtigen zusammenlebenden Ehegatten beträgt bei Unterhaltsansprüchen des nachrangigen, geschiedenen, erwerbstätigen Ehegatten *1.280,00 €, für den nicht erwerbstätigen Ehegatten werden 1.180,00 € angesetzt.*

[1)] **Habersack, Deutsche Gesetze Nr. 20.**

22.2 Der Mindestbedarf des mit dem Pflichtigen zusammenlebenden Ehegatten beträgt bei Unterhaltsansprüchen nicht privilegierter volljähriger Kinder *1.400,00 €.*

22.3 *Ist bei Unterhaltsansprüchen der Eltern oder von Enkeln der Pflichtige verheiratet, wird für den mit ihm zusammenlebenden Ehegatten ein Betrag von mindestens 2.120,00 € angesetzt. Im Familienmindestbedarf von 4.770,00 € (2.120,00 € + 2.650,00 €) sind 1.300,00 € für Unterkunft einschließlich umlagefähiger Nebenkosten und Heizung (Warmmiete) enthalten.*

23. Bedarf des vom Pflichtigen getrenntlebenden oder geschiedenen Ehegatten

Der monatliche notwendige Eigenbedarf des von dem Unterhaltspflichtigen getrenntlebenden oder geschiedenen Ehegatten beträgt, unabhängig davon, ob er erwerbstätig ist oder nicht:

23.1 gegenüber einem nachrangigen geschiedenen erwerbstätigen Ehegatten *1.600,00 €, für den nicht erwerbstätigen Ehegatten werden 1.475,00 € angesetzt;*

23.2 gegenüber nicht privilegierten volljährigen Kindern *1.750,00 €;*

23.3 *gegenüber Eltern und Enkeln des Unterhaltspflichtigen 2.650,00 €.*

24. Mangelfall

24.1 Ein Mangelfall liegt vor, wenn das Einkommen bei Wahrung des jeweils angemessenen Selbstbehalts nicht genügt, um den Bedarf aller gleichrangiger Unterhaltsberechtigten zu decken. Eine gesteigerte Unterhaltspflicht besteht, soweit das Einkommen nicht zur Deckung des notwendigen Unterhalts minderjähriger und ihnen gleichgestellter volljähriger Kinder genügt.

Reicht das Einkommen zur Deckung des Bedarfs aller gleichrangiger Unterhaltsberechtigten und zur Deckung des Selbstbehalts nicht aus, ist der nach Abzug des Eigenbedarfs des Unterhaltspflichtigen verbleibende Betrag auf die Unterhaltsberechtigten im Verhältnis ihrer jeweiligen Einsatzbeträge zu verteilen.

24.2 Die Einsatzbeträge im Mangelfall belaufen sich

24.2.1 bei minderjährigen und diesen nach § 1603 Abs. 2 Satz 2 BGB[1] gleichgestellten Kindern nach den jeweiligen Zahlbeträgen der Einkommensgruppe 1 der Düsseldorfer Tabelle[2]

24.2.2 bei getrenntlebenden oder geschiedenen Ehegatten und bei mit dem Pflichtigen im gemeinsamen Haushalt lebenden Ehegatten, sowie bei nach § 1615l BGB[1] Unterhaltsberechtigten nach ihren jeweiligen ungedeckten Bedarfsbeträgen.

24.3 Die prozentuale Kürzung berechnet sich nach der Formel:

$$K = V : S \times 100$$

K = prozentuale Kürzung
*S = Summe der Einsatz*beträge aller Berechtigten

[1] **Habersack, Deutsche Gesetze Nr. 20.**
[2] Nr. **47**.

V = Verteilungsmasse (Einkommen des Verpflichteten abzüglich Selbstbehalts)

24.4 nicht belegt

Sonstiges

25. Rundung

Der Unterhaltsbetrag ist auf volle Euro aufzurunden.

Anhang

I. Düsseldorfer Tabelle

(abgedruckt unter Nr. 47)

II. Tabelle Zahlbeträge

(abgedruckt unter Nr. 47)

III. Umrechnung nach früherem Recht erstellter dynamischer Unterhaltstitel über Kindesunterhalt nach § 36 Nr. 3 EGZPO[1]:

Ist Kindesunterhalt als Prozentsatz des jeweiligen Regelbetrages zu leisten, bleibt der Titel bestehen. Eine Abänderung ist nicht erforderlich. An die Stelle des bisherigen Prozentsatzes vom Regelbetrag tritt ein neuer Prozentsatz vom Mindestunterhalt (Stand: 01.01.2008). Dieser richtet sich einheitlich nach der am 01.01.2008 gültigen Altersstufe und ist auf eine Stelle nach dem Komma zu begrenzen (§ 36 Nr. 3 EGZPO). Der Bedarf ergibt sich aus der Multiplikation des neuen Prozentsatzes mit dem Mindestunterhalt der jeweiligen Altersstufe und ist auf volle Euro aufzurunden (§ 1612a Abs. 2 Satz 2 BGB[2]). Der Zahlbetrag ergibt sich aus dem um das jeweils anteilige Kindergeld verminderten bzw. erhöhten Bedarf.

Es sind vier Fallgestaltungen zu unterscheiden:

a) Der Titel sieht die Anrechnung des hälftigen Kindergeldes oder eine teilweise Anrechnung des Kindergeldes vor.

$$\frac{\textit{Zahlbetrag} + \frac{1}{2}\,\textit{Kindergeld}}{\textit{Mindestunterhalt der jeweiligen Altersstufe}} \times 100 = \textit{Prozentsatz neu}$$

Beispiel 1. Altersstufe

$$\frac{(196\ € + 77\ €)}{279\ €} \times 100 = 97{,}8\ \%$$

Kontrollberechnung

279 € × 97,8 % = 272,86 €, ger. 273 €

Zahlbetrag 273 € – 77 € = 196 €

b) Der Titel sieht die Hinzurechnung des hälftigen Kindergeldes vor.

$$\frac{\text{Zahlbetrag} - \frac{1}{2}\,\text{Kindergeld}}{\text{Mindestunterhalt der jeweiligen Altersstufe}} \times 100 = \text{Prozentsatz neu}$$

Beispiel 1. Altersstufe

$$\frac{(273\ € - 77\ €)}{279\ €} \times 100 = 70{,}2\ \%$$

Kontrollberechnung

279 € × 70,2 % = 195,85 €, ger. 196 €

Zahlbetrag 196 € + 77 € = 273 €

---

[1] Habersack, Deutsche Gesetze Nr. 101.
[2] Habersack, Deutsche Gesetze Nr. 20.

c) Der Titel sieht die Anrechnung des vollen Kindergeldes vor.

$$\frac{\text{Zahlbetrag} + 1/1 \text{ Kindergeld}}{\text{Mindestunterhalt der jeweiligen Altersstufe}} \times 100 = \text{Prozentsatz neu}$$

Beispiel 2. Altersstufe

$$\frac{(177\,€ + 154\,€)}{322\,€} \times 100 = 102{,}7\,\%$$

Kontrollberechnung

322 € × 102,7 % = 330,69 €, ger. 331 €

Zahlbetrag 331 € – 154 € = 177 €

d) Der Titel sieht weder eine Anrechnung noch eine Hinzurechnung des Kindergeldes vor.

$$\frac{\text{Zahlbetrag} + ½ \text{ Kindergeld}}{\text{Mindestunterhalt der jeweiligen Altersstufe}} \times 100 = \text{Prozentsatz neu}$$

Beispiel 3. Altersstufe

$$\frac{(329\,€ + 77\,€)}{365\,€} \times 100 = 111{,}2\,\%$$

Kontrollberechnung

365 € × 111,2 % = 405,88 €, ger. 406 €

Zahlbetrag 406 € – 77 € = 329 €.

49. Gesetz zum zivilrechtlichen Schutz vor Gewalttaten und Nachstellungen (Gewaltschutzgesetz – GewSchG)[1)]

Vom 11. Dezember 2001

(BGBl. I S. 3513)

FNA 402-38

Lfd. Nr.	Änderndes Gesetz	Datum	Fundstelle	Betroffen	Hinweis
1.	Art. 4 G zur Verbesserung des Schutzes gegen Nachstellungen	1.3.2017	BGBl. I S. 386	§ 4	geänd. mWv 10.3.2017
2.	Art. 15 Abs. 18 G zur Reform des Vormundschafts- und Betreuungsrechts	4.5.2021	BGBl. I S. 882	§ 3	geänd. mWv 1.1.2023
3.	Art. 19 G zur Fortentwicklung der StrafprozessO und zur Änd. weiterer Vorschriften	25.6.2021	BGBl. I S. 2099	§ 1	geänd. mWv 1.7.2021
4.	Art. 2 G zur Änd. des Strafgesetzbuches – effektivere Bekämpfung von Nachstellungen und bessere Erfassung des Cyberstalkings sowie Verbesserung des strafrechtlichen Schutzes gegen Zwangsprostitution	10.8.2021	BGBl. I S. 3513	§ 4	geänd. mWv 1.10.2021

§ 1[2)] Gerichtliche Maßnahmen zum Schutz vor Gewalt und Nachstellungen. (1) [1]Hat eine Person vorsätzlich den Körper, die Gesundheit, die Freiheit oder die sexuelle Selbstbestimmung einer anderen Person widerrechtlich verletzt, hat das Gericht auf Antrag der verletzten Person die zur Abwendung weiterer Verletzungen erforderlichen Maßnahmen zu treffen. [2]Die Anordnungen sollen befristet werden; die Frist kann verlängert werden. [3]Das Gericht kann insbesondere anordnen, dass der Täter es unterlässt,

1. die Wohnung der verletzten Person zu betreten,
2. sich in einem bestimmten Umkreis der Wohnung der verletzten Person aufzuhalten,
3. zu bestimmende andere Orte aufzusuchen, an denen sich die verletzte Person regelmäßig aufhält,
4. Verbindung zur verletzten Person, auch unter Verwendung von Fernkommunikationsmitteln, aufzunehmen,
5. Zusammentreffen mit der verletzten Person herbeizuführen,

soweit dies nicht zur Wahrnehmung berechtigter Interessen erforderlich ist.

(2) [1]Absatz 1 gilt entsprechend, wenn

[1)] Verkündet als Art. 1 G zur Verbesserung des zivilgerichtlichen Schutzes bei Gewalttaten und Nachstellungen sowie zur Erleichterung der Überlassung der Ehewohnung bei Trennung v. 11.12. 2001 (BGBl. I S. 3513); Inkrafttreten gem. Art. 13 Abs. 2 dieses G am 1.1.2002.

[2)] § 1 Abs. 1 Satz 1, Abs. 2 Satz 1 Nr. 1 geänd. mWv 1.7.2021 durch G v. 25.6.2021 (BGBl. I S. 2099).

1. eine Person einer anderen mit einer Verletzung des Lebens, des Körpers, der Gesundheit, der Freiheit oder der sexuellen Selbstbestimmung widerrechtlich gedroht hat oder
2. eine Person widerrechtlich und vorsätzlich
   a) in die Wohnung einer anderen Person oder deren befriedetes Besitztum eindringt oder
   b) eine andere Person dadurch unzumutbar belästigt, dass sie ihr gegen den ausdrücklich erklärten Willen wiederholt nachstellt oder sie unter Verwendung von Fernkommunikationsmitteln verfolgt.

[2] Im Falle des Satzes 1 Nr. 2 Buchstabe b liegt eine unzumutbare Belästigung nicht vor, wenn die Handlung der Wahrnehmung berechtigter Interessen dient.

(3) In den Fällen des Absatzes 1 Satz 1 oder des Absatzes 2 kann das Gericht die Maßnahmen nach Absatz 1 auch dann anordnen, wenn eine Person die Tat in einem die freie Willensbestimmung ausschließenden Zustand krankhafter Störung der Geistestätigkeit begangen hat, in den sie sich durch geistige Getränke oder ähnliche Mittel vorübergehend versetzt hat.

§ 2 Überlassung einer gemeinsam genutzten Wohnung. (1) Hat die verletzte Person zum Zeitpunkt einer Tat nach § 1 Abs. 1 Satz 1, auch in Verbindung mit Abs. 3, mit dem Täter einen auf Dauer angelegten gemeinsamen Haushalt geführt, so kann sie von diesem verlangen, ihr die gemeinsam genutzte Wohnung zur alleinigen Benutzung zu überlassen.

(2) [1] Die Dauer der Überlassung der Wohnung ist zu befristen, wenn der verletzten Person mit dem Täter das Eigentum, das Erbbaurecht oder der Nießbrauch an dem Grundstück, auf dem sich die Wohnung befindet, zusteht oder die verletzte Person mit dem Täter die Wohnung gemietet hat. [2] Steht dem Täter allein oder gemeinsam mit einem Dritten das Eigentum, das Erbbaurecht oder der Nießbrauch an dem Grundstück zu, auf dem sich die Wohnung befindet, oder hat er die Wohnung allein oder gemeinsam mit einem Dritten gemietet, so hat das Gericht die Wohnungsüberlassung an die verletzte Person auf die Dauer von höchstens sechs Monaten zu befristen. [3] Konnte die verletzte Person innerhalb der vom Gericht nach Satz 2 bestimmten Frist anderen angemessenen Wohnraum zu zumutbaren Bedingungen nicht beschaffen, so kann das Gericht die Frist um höchstens weitere sechs Monate verlängern, es sei denn, überwiegende Belange des Täters oder des Dritten stehen entgegen. [4] Die Sätze 1 bis 3 gelten entsprechend für das Wohnungseigentum, das Dauerwohnrecht und das dingliche Wohnrecht.

(3) Der Anspruch nach Absatz 1 ist ausgeschlossen,
1. wenn weitere Verletzungen nicht zu besorgen sind, es sei denn, dass der verletzten Person das weitere Zusammenleben mit dem Täter wegen der Schwere der Tat nicht zuzumuten ist oder
2. wenn die verletzte Person nicht innerhalb von drei Monaten nach der Tat die Überlassung der Wohnung schriftlich vom Täter verlangt oder
3. soweit der Überlassung der Wohnung an die verletzte Person besonders schwerwiegende Belange des Täters entgegenstehen.

(4) Ist der verletzten Person die Wohnung zur Benutzung überlassen worden, so hat der Täter alles zu unterlassen, was geeignet ist, die Ausübung dieses Nutzungsrechts zu erschweren oder zu vereiteln.

(5) Der Täter kann von der verletzten Person eine Vergütung für die Nutzung verlangen, soweit dies der Billigkeit entspricht.

(6) [1] Hat die bedrohte Person zum Zeitpunkt einer Drohung nach § 1 Abs. 2 Satz 1 Nr. 1, auch in Verbindung mit Abs. 3, einen auf Dauer angelegten gemeinsamen Haushalt mit dem Täter geführt, kann sie die Überlassung der gemeinsam genutzten Wohnung verlangen, wenn dies erforderlich ist, um eine unbillige Härte zu vermeiden. [2] Eine unbillige Härte kann auch dann gegeben sein, wenn das Wohl von im Haushalt lebenden Kindern beeinträchtigt ist. [3] Im Übrigen gelten die Absätze 2 bis 5 entsprechend.

§ 3[1)] Geltungsbereich, Konkurrenzen. (1) Steht die verletzte oder bedrohte Person im Zeitpunkt einer Tat nach § 1 Abs. 1 oder Abs. 2 Satz 1 unter elterlicher Sorge, Vormundschaft oder unter Pflegschaft für Minderjährige, so treten im Verhältnis zu den Eltern und zu sorgeberechtigten Personen an die Stelle von §§ 1 und 2 die für das Sorgerechts-, Vormundschafts- oder Pflegschaftsverhältnis maßgebenden Vorschriften.

(2) Weitergehende Ansprüche der verletzten Person werden durch dieses Gesetz nicht berührt.

§ 4[2)] Strafvorschriften. [1] Mit Freiheitsstrafe bis zu zwei Jahren oder mit Geldstrafe wird bestraft, wer einer bestimmten vollstreckbaren

1. Anordnung nach § 1 Absatz 1 Satz 1 oder 3, jeweils auch in Verbindung mit Absatz 2 Satz 1, zuwiderhandelt oder
2. Verpflichtung aus einem Vergleich zuwiderhandelt, soweit der Vergleich nach § 214a Satz 1 des Gesetzes über das Verfahren in Familiensachen und in den Angelegenheiten der freiwilligen Gerichtsbarkeit[3)] in Verbindung mit § 1 Absatz 1 Satz 1 oder 3 dieses Gesetzes, jeweils auch in Verbindung mit § 1 Absatz 2 Satz 1 dieses Gesetzes, bestätigt worden ist.

[2] Die Strafbarkeit nach anderen Vorschriften bleibt unberührt.

[1)] § 3 Abs. 1 geänd. mWv 1.1.2023 durch G v. 4.5.2021 (BGBl. I S. 882).

[2)] § 4 Satz 1 neu gef. mWv 10.3.2017 durch G v. 1.3.2017 (BGBl. I S. 386); Satz 1 einl. Satzteil geänd. mWv 1.10.2021 durch G v. 10.8.2021 (BGBl. I S. 3513).

[3)] **Habersack, Deutsche Gesetze Nr. 112.**

49b. Gesetz über die Vergütung von Vormündern und Betreuern (Vormünder- und Betreuervergütungsgesetz – VBVG)[1)]

Vom 4. Mai 2021

(BGBl. I S. 882, 925)

FNA 404-34

Lfd. Nr.	Änderndes Gesetz	Datum	Fundstelle	Betroffen	Hinweis
1.	Art. 8 G zur Durchführung der EU-Verordnungen über grenzüberschreitende Zustellungen und grenzüberschreitende Beweisaufnahmen in Zivil- oder Handelssachen sowie zur Änd. sonstiger Vorschriften	24.6.2022	BGBl. I S. 959	§ 9, Anl.	geänd. mWv 1.1.2023

Abschnitt 1. Vergütung und Aufwendungsersatz des Vormunds

§ 1 Berufsmäßigkeit; Vergütung und Aufwendungsersatz. (1) [1]Das Familiengericht stellt die Berufsmäßigkeit im Sinne von § 1808 Absatz 3 des Bürgerlichen Gesetzbuchs[2)] fest, wenn dem Vormund in einem solchen Umfang Vormundschaften übertragen sind, dass er sie nur im Rahmen seiner Berufsausübung führen kann, oder wenn zu erwarten ist, dass ihm in absehbarer Zeit in einem solchen Umfang Vormundschaften übertragen sein werden. [2]Berufsmäßigkeit liegt im Regelfall vor, wenn der Vormund mehr als zehn Vormundschaften führt oder für die Führung der Vormundschaft voraussichtlich mindestens 20 Wochenstunden erforderlich sind.

(2) Unabhängig von den Voraussetzungen nach Absatz 1 liegt Berufsmäßigkeit vor, wenn ein Vereinsvormund oder das Jugendamt als Vormund oder ein Vormundschaftsverein oder das Jugendamt als vorläufiger Vormund bestellt wird.

(3) [1]Stellt das Familiengericht die Berufsmäßigkeit nach Absatz 1 Satz 1 fest oder liegt Berufsmäßigkeit gemäß Absatz 2 vor, kann der Vormund vom Mündel Vergütung und Aufwendungsersatz nach Maßgabe der nachstehenden Bestimmungen verlangen. [2]Das Gericht hat die Zahlung zu bewilligen.

§ 2 Zahlung aus der Staatskasse und Rückgriff, Erlöschen und Geltendmachung der Ansprüche. (1) Ist der Mündel mittellos im Sinne von § 1880 des Bürgerlichen Gesetzbuchs[2)], so kann der Vormund Vergütung sowie Vorschuss *oder Ersatz* der Aufwendungen aus der Staatskasse verlangen.

(2) [1]Die Ansprüche auf Vergütung und Aufwendungsersatz erlöschen, wenn sie nicht binnen 15 Monaten nach ihrer Entstehung gerichtlich geltend gemacht werden. [2]§ 1877 Absatz 4 Satz 2 und 3 sowie Absatz 5 des Bürgerlichen Gesetzbuchs gilt entsprechend.

[1)] Verkündet als Art. 10 G v. 4.5.2021 (BGBl. I S. 882, geänd. durch G v. 24.6.2022, BGBl. I S. 959); Inkrafttreten gem. Art. 16 Abs. 1 dieses G am 1.1.2023, mit Ausnahme des § 8 Abs. 4, der gem. Art. 16 Abs. 2 Nr. 3 bereits am 1.7.2022 in Kraft tritt.

[2)] **Habersack, Deutsche Gesetze Nr. 20.**

§ 3 Stundensatz des Vormunds. (1) [1] Die dem Vormund nach § 1 Absatz 3 zu bewilligende Vergütung beträgt für jede Stunde der für die Führung der Vormundschaft aufgewandten und erforderlichen Zeit 23 Euro. [2] Verfügt der Vormund über besondere Kenntnisse, die für die Führung der Vormundschaft nutzbar sind, so erhöht sich der Stundensatz

1. auf 29,50 Euro, wenn diese Kenntnisse durch eine abgeschlossene Lehre oder eine vergleichbare abgeschlossene Ausbildung erworben sind;
2. auf 39 Euro, wenn diese Kenntnisse durch eine abgeschlossene Ausbildung an einer Hochschule oder durch eine vergleichbare abgeschlossene Ausbildung erworben sind.

[3] Eine auf die Vergütung anfallende Umsatzsteuer wird, soweit sie nicht nach § 19 Absatz 1 des Umsatzsteuergesetzes unerhoben bleibt, zusätzlich ersetzt.

(2) [1] Bestellt das Familiengericht einen Vormund, der über besondere Kenntnisse verfügt, die für die Führung der Vormundschaft allgemein nutzbar und durch eine Ausbildung im Sinne des Absatzes 1 Satz 2 erworben sind, so wird vermutet, dass diese Kenntnisse auch für die Führung der dem Vormund übertragenen Vormundschaft nutzbar sind. [2] Dies gilt nicht, wenn das Familiengericht aus besonderen Gründen bei der Bestellung des Vormunds etwas anderes bestimmt.

(3) [1] Soweit die besondere Schwierigkeit der vormundschaftlichen Angelegenheiten dies ausnahmsweise rechtfertigt, kann das Familiengericht einen höheren als den in Absatz 1 vorgesehenen Stundensatz der Vergütung bewilligen. [2] Dies gilt nicht, wenn der Mündel mittellos ist.

(4) Der Vormund kann Abschlagszahlungen verlangen.

§ 4 Aufwendungsersatz des Vormunds. (1) Für seine anlässlich der Führung der Vormundschaft erforderlichen Aufwendungen kann der Berufsvormund Vorschuss oder Ersatz in entsprechender Anwendung des § 1877 Absatz 1 des Bürgerlichen Gesetzbuchs[1)] verlangen.

(2) Für solche Dienste, die zu seinem Gewerbe oder seinem Beruf gehören, kann der Berufsvormund anstelle der Vergütung nach § 1 Absatz 3 als Aufwendung Ersatz in entsprechender Anwendung des § 1877 Absatz 3 des Bürgerlichen Gesetzbuchs verlangen.

§ 5 Vergütung und Aufwendungsersatz für Vormundschaftsvereine.

(1) [1] Ist ein Vereinsvormund bestellt oder führt der Verein eine Beistandschaft, so ist dem Verein eine Vergütung in entsprechender Anwendung von § 3 zu bewilligen. [2] Ist der Verein als vorläufiger Vormund bestellt, ist ihm eine Vergütung nach § 3 Absatz 1 Nummer 2 zu bewilligen. [3] Zusätzlich zu der Vergütung nach Satz 1 oder Satz 2 kann der Verein Vorschuss oder Ersatz der Aufwendungen in entsprechender Anwendung von § 1877 Absatz 1 des Bürgerlichen Gesetzbuchs[1)] verlangen; § 4 Absatz 2 ist nicht anwendbar. [4] Allgemeine Verwaltungskosten werden nicht ersetzt.

(2) Der Vereinsvormund selbst kann keine Vergütung und keinen Aufwendungsersatz geltend machen.

§ 6 *Vergütung und* Aufwendungsersatz für das Jugendamt. (1) Dem Jugendamt als Vormund steht keine Vergütung zu.

[1)] **Habersack, Deutsche Gesetze Nr. 20.**

(2) [1] Für seine Aufwendungen kann das Jugendamt keinen Vorschuss verlangen. [2] Es kann in entsprechender Anwendung von § 1877 Absatz 1 des Bürgerlichen Gesetzbuchs[1)] Ersatz nur insoweit verlangen, als der Mündel nicht mittellos im Sinne von § 1880 des Bürgerlichen Gesetzbuchs ist. [3] Allgemeine Verwaltungskosten werden nicht ersetzt.

Abschnitt 2. Vergütung und Aufwendungsersatz des Betreuers

§ 7 Vergütung und Aufwendungsersatz des beruflichen Betreuers.

(1) Ein beruflicher Betreuer nach § 19 Absatz 2 des Betreuungsorganisationsgesetzes[2)], der selbständig rechtliche Betreuungen führt, kann vom Betreuten Vergütung und Aufwendungsersatz nach Maßgabe der §§ 8 bis 12, 15 und 16 verlangen.

(2) [1] Ist ein beruflicher Betreuer nach § 19 Absatz 2 des Betreuungsorganisationsgesetzes, der als Mitarbeiter eines anerkannten Betreuungsvereins rechtliche Betreuungen führt, als Vereinsbetreuer bestellt, kann der Betreuungsverein vom Betreuten Vergütung und Aufwendungsersatz nach Maßgabe der §§ 8 bis 12, 15 und 16 verlangen. [2] Der Vereinsbetreuer selbst kann keine Vergütung und keinen Aufwendungsersatz geltend machen.

(3) Die Bewilligung der Zahlung erfolgt durch das Betreuungsgericht nach § 292 des Gesetzes über das Verfahren in Familiensachen und in den Angelegenheiten der freiwilligen Gerichtsbarkeit[3)].

§ 8 Höhe der Vergütung; Verordnungsermächtigung. (1) Die dem beruflichen Betreuer nach § 7 zu bewilligende Vergütung bestimmt sich nach monatlichen Fallpauschalen, die in den Vergütungstabellen A bis C der Anlage festgelegt sind.

(2) Die Vergütung des beruflichen Betreuers richtet sich nach

1. Vergütungstabelle A, sofern der Betreuer weder über eine abgeschlossene Lehre noch über eine abgeschlossene Ausbildung an einer Hochschule oder eine vergleichbare Ausbildung verfügt;
2. Vergütungstabelle B, wenn der Betreuer über eine abgeschlossene Lehre oder eine vergleichbare abgeschlossene Ausbildung verfügt;
3. Vergütungstabelle C, wenn der Betreuer über eine abgeschlossene Ausbildung an einer Hochschule oder eine vergleichbare abgeschlossene Ausbildung verfügt.

(3) [1] Der Vorstand des am Sitz oder hilfsweise am Wohnsitz des beruflichen Betreuers zuständigen Amtsgerichts stellt auf Antrag des Betreuers nach dessen Registrierung fest, nach welcher Vergütungstabelle sich die von diesem zu beanspruchenden Vergütungen richten. [2] Die Feststellung nach Satz 1 gilt für das gerichtliche Verfahren zur Festsetzung der Vergütung bundesweit. [3] Sie kann auf Antrag des beruflichen Betreuers geändert werden, wenn dieser eine Änderung der Voraussetzungen nach Absatz 2 nachweist. [4] Die Feststellung oder Änderung wirkt auf den Zeitpunkt der Antragstellung zurück.

---

1) **Habersack, Deutsche Gesetze Nr. 20.**
2) Nr. **49c.**
3) **Habersack, Deutsche Gesetze Nr. 112.**

(4)[1] [1]Die Landesregierungen werden ermächtigt, zur sachdienlichen Erledigung der Verfahren nach Absatz 3 durch Rechtsverordnung die Zuständigkeit anderer Gerichte abweichend von Absatz 3 Satz 1 festzulegen. [2]Die Landesregierungen können die Ermächtigung nach Satz 1 auf die Landesjustizverwaltungen übertragen.

§ 9[2] Fallpauschalen. (1) Die Höhe der Fallpauschalen nach § 8 Absatz 1 richtet sich nach

1. der Dauer der Betreuung,
2. dem gewöhnlichen Aufenthaltsort des Betreuten und
3. dem Vermögensstatus des Betreuten.

(2) [1]Hinsichtlich der Dauer der Betreuung wird bei der Berechnung der Fallpauschalen zwischen den Zeiträumen in den ersten drei Monaten der Betreuung, im vierten bis sechsten Monat, im siebten bis zwölften Monat, im 13. bis 24. Monat und ab dem 25. Monat unterschieden. [2]Für die Berechnung der Monate gelten § 187 Absatz 1 und § 188 Absatz 2 des Bürgerlichen Gesetzbuchs[3] entsprechend.

(3) [1]Hinsichtlich des gewöhnlichen Aufenthaltsortes des Betreuten ist zwischen stationären Einrichtungen und diesen nach Satz 3 gleichgestellten ambulant betreuten Wohnformen einerseits und anderen Wohnformen andererseits zu unterscheiden. [2]Im Sinne dieses Gesetzes sind

1. stationäre Einrichtungen:
   Einrichtungen, die dem Zweck dienen, Volljährige aufzunehmen, ihnen Wohnraum zu überlassen, sowie tatsächliche Betreuung oder Pflege zur Verfügung zu stellen oder vorzuhalten, und die in ihrem Bestand von Wechsel und Zahl der Bewohner unabhängig sind und entgeltlich betrieben werden;
2. ambulant betreute Wohnformen:
   entgeltliche Angebote, die dem Zweck dienen, Volljährigen das Leben in einem gemeinsamen Haushalt oder einer Wohnung bei gleichzeitiger Inanspruchnahme extern angebotener entgeltlicher Leistungen tatsächlicher Betreuung oder Pflege zu ermöglichen.

[3]Ambulant betreute Wohnformen sind stationären Einrichtungen gleichgestellt, wenn die in der ambulant betreuten Wohnform extern angebotenen Leistungen tatsächlicher Betreuung oder Pflege als Rund-um-die-Uhr-Versorgung durch professionelle Betreuungs- oder Pflegekräfte zur Verfügung gestellt oder vorgehalten werden und der Anbieter der extern angebotenen Betreuungs- und Pflegeleistungen nicht frei wählbar ist.

(4) [1]Hinsichtlich der Bestimmung des Vermögensstatus des Betreuten ist entscheidend, ob am Ende des Abrechnungsmonats Mittellosigkeit nach § 1880 des Bürgerlichen Gesetzbuchs vorliegt. [2]Hinsichtlich der Bestimmung des gewöhnlichen Aufenthaltes nach Absatz 3 ist entscheidend, wo der gewöhnliche Aufenthalt am Ende des Abrechnungsmonats liegt. [3]Bei sonstigen Änderungen von Umständen, die sich auf die Vergütung auswirken und die vor Ablauf eines vollen Monats eintreten, ist die Vergütung zeitanteilig nach Tagen zu berechnen; § 187 Absatz 1, § 188 Absatz 1 und § 191 des Bürgerlichen Gesetzbuchs gelten entsprechend.

---

[1] § 8 Abs. 4 tritt am 1.7.2022 in Kraft, vgl. Art. 16 Abs. 2 Nr. 3 G v. 4.5.2021 (BGBl. I S. 882, geänd. durch G v. 24.6.2022, BGBl. I S. 959).

[2] § 9 Abs. 4 Satz 3 angef. mWv 1.1.2023 durch G v. 24.6.2022 (BGBl. I S. 959).

[3] **Habersack, Deutsche Gesetze Nr. 20.**

§ 10 Gesonderte Pauschalen. (1) [1] Ist der Betreute nicht mittellos, wird der Betreuer mit einer zusätzlichen monatlichen Pauschale in Höhe von 30 Euro vergütet, wenn dieser die Verwaltung

1. von Geldvermögen in Höhe von mindestens 150 000 Euro,
2. von Wohnraum, der nicht vom Betreuten oder seinem Ehegatten genutzt wird, oder
3. eines Erwerbsgeschäfts des Betreuten

zu besorgen hat. [2] Die Pauschale kann geltend gemacht werden, wenn einer der Fälle des Satzes 1 an mindestens einem Tag im Abrechnungsmonat vorliegt.

(2) Findet ein Wechsel von einem ehrenamtlichen zu einem beruflichen Betreuer statt, ist der berufliche Betreuer mit einer einmaligen Pauschale in Höhe von 200 Euro zu vergüten.

(3) [1] Findet ein Wechsel von einem beruflichen zu einem ehrenamtlichen Betreuer statt, ist der berufliche Betreuer mit einer einmaligen Pauschale in Höhe des 1,5-fachen der zum Zeitpunkt des Betreuerwechsels zu vergütenden Fallpauschale zu vergüten. [2] Dies gilt auch dann, wenn zunächst neben dem beruflichen Betreuer ein ehrenamtlicher Betreuer bestellt war und dieser die Betreuung allein fortführt.

(4) Die Pauschalen nach den Absätzen 1 bis 3 können nur gemeinsam mit einem Vergütungsantrag nach den §§ 8 und 9 geltend gemacht werden.

§ 11 Aufwendungsersatz. [1] Die Fallpauschalen nach § 9 gelten auch Ansprüche auf Ersatz anlässlich der Betreuung entstandener Aufwendungen ab. [2] Die gesonderte Geltendmachung von Aufwendungen im Sinne des § 1877 Absatz 3 des Bürgerlichen Gesetzbuchs[1)] durch Betreuer nach § 7 Absatz 1 bleibt unberührt.

§ 12 Sonderfälle der Betreuung. (1) [1] Dem Sterilisationsbetreuer nach § 1817 Absatz 2 des Bürgerlichen Gesetzbuchs[1)] und dem Ergänzungsbetreuer nach § 1817 Absatz 5 des Bürgerlichen Gesetzbuchs ist eine Vergütung nach § 3 zu bewilligen. [2] Vorschuss oder Ersatz der Aufwendungen kann er in entsprechender Anwendung von § 1877 Absatz 1 des Bürgerlichen Gesetzbuchs verlangen; § 4 Absatz 2 gilt entsprechend. [3] Allgemeine Verwaltungskosten werden nicht ersetzt.

(2) Dem Verhinderungsbetreuer nach § 1817 Absatz 4 des Bürgerlichen Gesetzbuchs sind die Vergütung nach § 8 in Verbindung mit § 9 sowie die Pauschale nach § 10 Absatz 1 zu bewilligen und im Fall des § 9 nach Tagen zu teilen; § 187 Absatz 1 und § 188 Absatz 1 des Bürgerlichen Gesetzbuchs gelten entsprechend.

§ 13 Vergütung und Aufwendungsersatz für Betreuungsvereine.

(1) [1] Ist der Betreuungsverein nach § 1818 Absatz 1 des Bürgerlichen Gesetzbuchs[1)] als Betreuer bestellt, ist ihm eine Vergütung nach den §§ 8 bis 10 zu bewilligen, wenn der Mitarbeiter, dem die Führung der Betreuung gemäß § 1818 Absatz 2 Satz 1 des Bürgerlichen Gesetzbuchs übertragen worden ist, als beruflicher Betreuer registriert ist. [2] Die Höhe der Vergütung richtet sich nach der aufgrund der Feststellung nach § 8 Absatz 3 für den Mitarbeiter anzuwendenden Vergütungstabelle. [3] Eine Vergütung ist auch dann zu bewilligen, wenn der Mitarbeiter spätestens sechs Monate nach Beginn seiner Tätigkeit für den Betreuungsverein registriert ist.

(2) [1] In den Fällen des § 1817 Absatz 4 und 5 des Bürgerlichen Gesetzbuchs sind dem Betreuungsverein nach Maßgabe des Absatzes 1 Vergütung und Aufwen-

---

[1)] **Habersack, Deutsche Gesetze Nr. 20.**

dungsersatz nach § 12 zu bewilligen. [2] Aufwendungen im Sinne von § 1877 Absatz 3 des Bürgerlichen Gesetzbuchs kann der Verein nicht geltend machen. [3] Allgemeine Verwaltungskosten werden nicht ersetzt.

§ 14 Vergütung und Aufwendungsersatz für Behördenbetreuer und Betreuungsbehörde. (1) [1] Ist ein Behördenbetreuer bestellt, so kann der zuständigen Behörde nur unter den in § 1876 Satz 2 des Bürgerlichen Gesetzbuchs[1)] bestimmten Voraussetzungen eine Vergütung bewilligt werden. [2] Für ihre Aufwendungen kann die Betreuungsbehörde keinen Vorschuss und in entsprechender Anwendung von § 1877 Absatz 1 des Bürgerlichen Gesetzbuchs Ersatz nur insoweit verlangen, als der Betreute nicht mittellos im Sinne des § 1880 des Bürgerlichen Gesetzbuchs ist. [3] Allgemeine Verwaltungskosten werden nicht ersetzt.

(2) Der Behördenbetreuer selbst kann keine Vergütung, keinen Vorschuss und keinen Aufwendungsersatz geltend machen.

(3) [1] Ist die Betreuungsbehörde nach § 1818 Absatz 4 des Bürgerlichen Gesetzbuchs als Betreuer bestellt, steht ihr keine Vergütung zu. [2] Für die Aufwendungen der Betreuungsbehörde gilt Absatz 1 Satz 2 und 3 entsprechend.

(4) § 1877 Absatz 4 des Bürgerlichen Gesetzbuchs ist auf Ansprüche der Betreuungsbehörde nicht anzuwenden.

§ 15 Abrechnungszeitraum für die Betreuungsvergütung. (1) [1] Die Vergütung kann nach Ablauf von jeweils drei Monaten für diesen Zeitraum geltend gemacht werden. [2] Dies gilt nicht für die Geltendmachung von Vergütung und Aufwendungsersatz in den Fällen der §§ 12 und 13 Absatz 2.

(2) [1] Der Betreuer kann, wenn eine Veränderung der für die Höhe der Vergütung maßgeblichen Kriterien des § 9 Absatz 1 Nummer 2 und 3 nicht zu erwarten ist, die Festsetzung der Vergütung auch für zukünftige Zeiträume nach § 292 Absatz 2 Satz 1 des Gesetzes über das Verfahren in Familiensachen und in den Angelegenheiten der freiwilligen Gerichtsbarkeit[2)] beantragen. [2] Für die Dauer der Festsetzung nach § 292 Absatz 2 des Gesetzes über das Verfahren in Familiensachen und in den Angelegenheiten der freiwilligen Gerichtsbarkeit gelten die Vergütungsansprüche als geltend gemacht nach § 16 Absatz 3. [3] Eine Änderung der Kriterien des § 9 Absatz 1 hat der Betreuer unverzüglich mitzuteilen.

§ 16 Zahlung aus der Staatskasse, Erlöschen und Geltendmachung der Ansprüche. (1) Ist der Betreute mittellos im Sinne des § 1880 des Bürgerlichen Gesetzbuchs[1)], so kann der Betreuer die Vergütung sowie Vorschuss oder Ersatz der Aufwendungen aus der Staatskasse verlangen.

(2) Soweit die Staatskasse den Betreuer befriedigt, gehen die Ansprüche des Betreuers nach Maßgabe des § 1881 des Bürgerlichen Gesetzbuchs auf die Staatskasse über.

(3) [1] Die Ansprüche auf Vergütung und Aufwendungsersatz erlöschen, wenn sie nicht binnen 15 Monaten nach ihrer Entstehung gerichtlich geltend gemacht werden. [2] § 1877 Absatz 4 Satz 2 und 3 sowie Absatz 5 des Bürgerlichen Gesetzbuchs gilt entsprechend.

[1)] **Habersack, Deutsche Gesetze Nr. 20.**
[2)] **Habersack, Deutsche Gesetze Nr. 112.**

Abschnitt 3. Schlussvorschriften

§ 17 Umschulung und Fortbildung von Berufsvormündern und beruflichen Betreuern. (1) [1] Durch Landesrecht kann bestimmt werden, dass es einer abgeschlossenen Lehre im Sinne des § 3 Absatz 1 Satz 2 Nummer 1 und § 4 Absatz 3 Nummer 1 des Vormünder- und Betreuervergütungsgesetzes[1)] vom 21. April 2005 (BGBl. I S. 1073, 1076), das zuletzt durch Artikel 1 des Gesetzes vom 22. Juni 2019 (BGBl. I S. 866) geändert worden ist, in der bis einschließlich 31. Dezember 2022 geltenden Fassung gleichsteht, wenn der Vormund oder Betreuer besondere Kenntnisse im Sinne dieser Vorschrift durch eine dem Abschluss einer Lehre vergleichbare Prüfung vor einer staatlichen oder staatlich anerkannten Stelle nachgewiesen hat. [2] Zu einer solchen Prüfung darf nur zugelassen werden, wer

1. mindestens drei Jahre lang Vormundschaften oder Betreuungen berufsmäßig geführt und
2. an einer Umschulung oder Fortbildung teilgenommen hat, die besondere Kenntnisse im Sinne des § 3 Absatz 1 Satz 2 und § 4 Absatz 3 des Vormünder- und Betreuervergütungsgesetzes vom 21. April 2005 (BGBl. I S. 1073, 1076), das zuletzt durch Artikel 1 des Gesetzes vom 22. Juni 2019 (BGBl. I S. 866) geändert worden ist, in der bis zum 31. Dezember 2022 geltenden Fassung vermittelt, welche nach Art und Umfang den durch eine abgeschlossene Lehre vermittelten vergleichbar sind.

(2) [1] Durch Landesrecht kann bestimmt werden, dass es einer abgeschlossenen Ausbildung an einer Hochschule im Sinne des § 3 Absatz 1 Satz 2 Nummer 2 und § 4 Absatz 3 Nummer 2 des Vormünder- und Betreuervergütungsgesetzes vom 21. April 2005 (BGBl. I S. 1073, 1076), das zuletzt durch Artikel 1 des Gesetzes vom 22. Juni 2019 (BGBl. I S. 866) geändert worden ist, in der bis einschließlich 31. Dezember 2022 geltenden Fassung gleichsteht, wenn der Vormund oder Betreuer Kenntnisse im Sinne dieser Vorschrift durch eine Prüfung vor einer staatlichen oder staatlich anerkannten Stelle nachgewiesen hat. [2] Zu einer solchen Prüfung darf nur zugelassen werden, wer

1. mindestens fünf Jahre lang Vormundschaften oder Betreuungen berufsmäßig geführt und
2. an einer Umschulung oder Fortbildung teilgenommen hat, die besondere Kenntnisse im Sinne des § 3 Absatz 1 Satz 2 und § 4 Absatz 3 des Vormünder- und Betreuervergütungsgesetzes vom 21. April 2005 (BGBl. I S. 1073, 1076), das zuletzt durch Artikel 1 des Gesetzes vom 22. Juni 2019 (BGBl. I S. 866) geändert worden ist, in der bis einschließlich 31. Dezember 2022 geltenden Fassung vermittelt, welche nach Art und Umfang den durch eine abgeschlossene Ausbildung an einer Hochschule vermittelten vergleichbar sind.

(3) [1] Das Landesrecht kann weitergehende Zulassungsvoraussetzungen aufstellen. [2] Es regelt das Nähere über die an eine Umschulung oder Fortbildung im Sinne des Absatzes 1 Satz 2 Nummer 2 und des Absatzes 2 Satz 2 Nummer 2 zu stellenden Anforderungen, über Art und Umfang der zu erbringenden Prüfungsleistungen, über das Prüfungsverfahren und über die Zuständigkeiten. [3] Das Landesrecht kann auch bestimmen, dass eine in einem anderen Land abgelegte Prüfung im Sinne dieser Vorschrift anerkannt wird.

[1)] Nr. **49b/1**.

Abschnitt 4. Übergangsregelungen

§ 18 Übergangsregelung. Auf Vergütungsansprüche von Betreuern, Vormündern, Pflegern und Verfahrenspflegern für Leistungen, die vor dem 1. Januar 2023 erbracht wurden, ist das Vormünder- und Betreuervergütungsgesetz[1] vom 21. April 2005 (BGBl. I S. 1073, 1076), das zuletzt durch Artikel 1 des Gesetzes vom 22. Juni 2019 (BGBl. I S. 866) geändert worden ist, bis zum Ende des angefangenen Abrechnungsmonats in seiner bis dahin geltenden Fassung anzuwenden.

§ 19 Ansprüche von Betreuern, die vor Inkrafttreten des Betreuungsorganisationsgesetzes bereits berufsmäßig Betreuungen geführt haben.

(1) Für berufliche Betreuer, die bis einschließlich 1. Januar 2023 seit weniger als drei Jahren berufliche Betreuungen führen, gilt § 4 Absatz 2 bis 4 des Vormünder- und Betreuervergütungsgesetzes[1] vom 21. April 2005 (BGBl. I S. 1073, 1076), das zuletzt durch Artikel 1 des Gesetzes vom 22. Juni 2019 (BGBl. I S. 866) geändert worden ist, in der bis einschließlich 31. Dezember 2022 geltenden Fassung, bis sie ihre Sachkunde nach § 32 Absatz 2 Satz 2 des Betreuungsorganisationsgesetzes[2] gegenüber der Stammbehörde nachgewiesen haben.

(2) Soweit durch Landesrecht auf der Grundlage von § 11 des Vormünder- und Betreuervergütungsgesetzes vom 21. April 2005 (BGBl. I S. 1073, 1076), das zuletzt durch Artikel 1 des Gesetzes vom 22. Juni 2019 (BGBl. I S. 866) geändert worden ist, in der bis einschließlich 1. Januar 2023 geltenden Fassung oder von § 2 des Berufsvormündervergütungsgesetzes vom 25. Juni 1998 (BGBl. I S. 1580, 1586), das zuletzt durch Artikel 29 des Gesetzes vom 13. Dezember 2001 (BGBl. I S. 3574) geändert worden ist, in der bis einschließlich 30. Juni 2005 geltenden Fassung Prüfungsleistungen mit Abschlüssen gleichgestellt sind, sind die Prüfungsleistungen bei der Feststellung, nach welcher Vergütungstabelle sich die Vergütung richtet, im Verfahren nach § 8 Absatz 2 und 3 entsprechend zu Grunde zu legen.

Anlage[3]
(zu § 8 Absatz 1)

Vergütungstabelle A

Nr.	Dauer der Betreuung	Nr.	Gewöhnlicher Aufenthaltsort	Nr.	Vermögensstatus	monatliche Pauschale
A1	In den ersten drei Monaten	A1.1	stationäre Einrichtung oder gleichgestellte ambulant betreute Wohnform	A1.1.1	mittellos	194,00 €
				A1.1.2	nicht mittellos	200,00 €
		A1.2	andere Wohnform	A1.2.1	mittellos	208,00 €
				A1.2.2	nicht mittellos	298,00 €

[1] Nr. **49b/1**.
[2] Nr. **49c**.
[3] Anl. geänd. mWv 1.1.2023 durch G v. 24.6.2022 (BGBl. I S. 959).

Nr.	Dauer der Betreuung	Nr.	Gewöhnlicher Aufenthaltsort	Nr.	Vermögensstatus	monatliche Pauschale
A2	Im vierten bis sechsten Monat	A2.1	stationäre Einrichtung oder gleichgestellte ambulant betreute Wohnform	A2.1.1	mittellos	129,00 €
				A2.1.2	nicht mittellos	158,00 €
		A2.2	andere Wohnform	A2.2.1	mittellos	170,00 €
				A2.2.2	nicht mittellos	208,00 €
A3	Im siebten bis zwölften Monat	A3.1	stationäre Einrichtung oder gleichgestellte ambulant betreute Wohnform	A3.1.1	mittellos	124,00 €
				A3.1.2	nicht mittellos	140,00 €
		A3.2	andere Wohnform	A3.2.1	mittellos	151,00 €
				A3.2.2	nicht mittellos	192,00 €
A4	Im 13. bis 24. Monat	A4.1	stationäre Einrichtung oder gleichgestellte ambulant betreute Wohnform	A4.1.1	mittellos	87,00 €
				A4.1.2	nicht mittellos	91,00 €
		A4.2	andere Wohnform	A4.2.1	mittellos	122,00 €
				A4.2.2	nicht mittellos	158,00 €
A5	Ab dem 25. Monat	A5.1	stationäre Einrichtung oder gleichgestellte ambulant betreute Wohnform	A5.1.1	mittellos	62,00 €
				A5.1.2	nicht mittellos	78,00 €
		A5.2	andere Wohnform	A5.2.1	mittellos	105,00 €
				A5.2.2	nicht mittellos	130,00 €

Vergütungstabelle B

Nr.	Dauer der Betreuung	Nr.	Gewöhnlicher Aufenthaltsort	Nr.	Vermögensstatus	monatliche Pauschale
B1	In den ersten drei Monaten	B1.1	stationäre Einrichtung oder gleichgestellte ambulant betreute Wohnform	B1.1.1	mittellos	241,00 €
				B1.1.2	nicht mittellos	249,00 €
		B1.2	andere Wohnform	B1.2.1	mittellos	258,00 €
				B1.2.2	nicht mittellos	370,00 €
B2	Im vierten bis sechsten Monat	B2.1	stationäre Einrichtung oder gleichgestellte ambulant betreute Wohnform	B2.1.1	mittellos	158,00 €
				B2.1.2	nicht mittellos	196,00 €
		B2.2	andere Wohnform	B2.2.1	mittellos	211,00 €
				B2.2.2	nicht mittellos	258,00 €
B3	Im siebten bis zwölften Monat	B3.1	stationäre Einrichtung oder gleichgestellte ambulant betreute Wohnform	B3.1.1	mittellos	154,00 €
				B3.1.2	nicht mittellos	174,00 €
		B3.2	andere Wohnform	B3.2.1	mittellos	188,00 €
				B3.2.2	nicht mittellos	238,00 €

Nr.	Dauer der Betreuung	Nr.	Gewöhnlicher Aufenthaltsort	Nr.	Vermögensstatus	monatliche Pauschale
B4	Im 13. bis 24. Monat	B4.1	stationäre Einrichtung oder gleichgestellte ambulant betreute Wohnform	B4.1.1	mittellos	107,00 €
				B4.1.2	nicht mittellos	113,00 €
		B4.2	andere Wohnform	B4.2.1	mittellos	151,00 €
				B4.2.2	nicht mittellos	196,00 €
B5	Ab dem 25. Monat	B5.1	stationäre Einrichtung oder gleichgestellte ambulant betreute Wohnform	B5.1.1	mittellos	78,00 €
				B5.1.2	nicht mittellos	96,00 €
		B5.2	andere Wohnform	B5.2.1	mittellos	130,00 €
				B5.2.2	nicht mittellos	161,00 €

Vergütungstabelle C

Nr.	Dauer der Betreuung	Nr.	Gewöhnlicher Aufenthaltsort	Nr.	Vermögensstatus	monatliche Pauschale
C1	In den ersten drei Monaten	C1.1	stationäre Einrichtung oder gleichgestellte ambulant betreute Wohnform	C1.1.1	mittellos	317,00 €
				C1.1.2	nicht mittellos	327,00 €
		C1.2	andere Wohnform	C1.2.1	mittellos	339,00 €
				C1.2.2	nicht mittellos	486,00 €
C2	Im vierten bis sechsten Monat	C2.1	stationäre Einrichtung oder gleichgestellte ambulant betreute Wohnform	C2.1.1	mittellos	208,00 €
				C2.1.2	nicht mittellos	257,00 €
		C2.2	andere Wohnform	C2.2.1	mittellos	277,00 €
				C2.2.2	nicht mittellos	339,00 €
C3	Im siebten bis zwölften Monat	C3.1	stationäre Einrichtung oder gleichgestellte ambulant betreute Wohnform	C3.1.1	mittellos	202,00 €
				C3.1.2	nicht mittellos	229,00 €
		C3.2	andere Wohnform	C3.2.1	mittellos	246,00 €
				C3.2.2	nicht mittellos	312,00 €
C4	Im 13. bis 24. Monat	C4.1	stationäre Einrichtung oder gleichgestellte ambulant betreute Wohnform	C4.1.1	mittellos	141,00 €
				C4.1.2	nicht mittellos	149,00 €
		C4.2	andere Wohnform	C4.2.1	mittellos	198,00 €
				C4.2.2	nicht mittellos	257,00 €
C5	Ab dem 25. Monat	C5.1	stationäre Einrichtung oder gleichgestellte ambulant betreute Wohnform	C5.1.1	mittellos	102,00 €
				C5.1.2	nicht mittellos	127,00 €
		C5.2	andere Wohnform	C5.2.1	mittellos	171,00 €
				C5.2.2	nicht mittellos	211,00 €

49c. Betreuungsorganisationsgesetz (BtOG)[1)]

Vom 4. Mai 2021
(BGBl. I S. 882, 917)

FNA 404-33

Lfd. Nr.	Änderndes Gesetz	Datum	Fund-stelle	Betroffen	Hinweis
1.	Art. 6, 7 G zur Durchführung der EU-Verordnungen über grenzüberschreitende Zustellungen und grenzüberschreitende Beweisaufnahmen in Zivil- oder Handelssachen sowie zur Änd. sonstiger Vorschriften	24.6.2022	BGBl. I S. 959	§§ 23, 24	geänd. mWv 1.7.2022
				Inhaltsübersicht, §§ 11, 23, 24, 25, 27, 32	geänd. mWv 1.1.2023
				§§ 33, 34	eingef. mWv 1.1.2023
2.	Art. 2 G zur Regelung einer Inflationsausgleichs-Sonderzahlung für berufliche Betreuer, Betreuungsvereine und ehrenamtliche Betreuer und zur Änd. weiterer G	20.12. 2023	BGBl. 2023 I Nr. 391	§ 21	geänd. mWv 1.1.2024

Inhaltsübersicht[2)]

[1)] Verkündet als Art. 9 G v. 4.5.2021 (BGBl. I S. 882, geänd. durch G v. 24.6.2022, BGBl. I S. 959); Inkrafttreten gem. Art. 16 Abs. 1 dieses G am 1.1.2023, mit Ausnahme des § 23 Abs. 4 (ab 1.1.2023: Abs. 5) und des § 24 Abs. 4, die gem. Art. 16 Abs. 2 Nr. 2 bereits am 1.7.2022 in Kraft treten.

[2)] Inhaltsübersicht geänd. mWv 1.1.2023 durch G v. 24.6.2022 (BGBl. I S. 959).

Abschnitt 1. Betreuungsbehörde

Titel 1. Allgemeine Vorschriften

§ 1 Sachliche Zuständigkeit und Durchführung überörtlicher Aufgaben.

(1) [1] Welche Behörde auf örtlicher Ebene in Betreuungsangelegenheiten sachlich zuständig ist, bestimmt sich nach Landesrecht. [2] Diese Behörde ist auch in Unterbringungssachen nach § 312 Nummer 1 bis 3 des Gesetzes über das Verfahren in Familiensachen und in den Angelegenheiten der freiwilligen Gerichtsbarkeit[1)] zuständig.

(2) Zur Durchführung überörtlicher Aufgaben oder zur Erfüllung einzelner Aufgaben der örtlichen Behörde nach Absatz 1 können nach Landesrecht weitere Behörden vorgesehen werden.

§ 2 Örtliche Zuständigkeit. (1) [1] Örtlich zuständig ist vorbehaltlich der Sätze 2 und 3 und des Absatzes 4 diejenige nach Landesrecht in Betreuungsangelegenheiten zuständige Behörde, in deren Bezirk der Betroffene seinen gewöhnlichen Aufenthalt hat. [2] Hat der Betroffene keinen gewöhnlichen Aufenthalt im Geltungsbereich dieses Gesetzes, ist ein solcher nicht feststellbar oder betrifft die behördliche Maßnahme keine Einzelperson, so ist die Behörde zuständig, in deren Bezirk das Bedürfnis für die behördliche Maßnahme hervortritt. [3] Gleiches gilt, wenn mit dem Aufschub einer Maßnahme Gefahr verbunden ist.

(2) Ändern sich die für die örtliche Zuständigkeit nach Absatz 1 maßgebenden Umstände im Laufe eines gerichtlichen Betreuungs- oder Unterbringungsverfahrens, so bleibt für dieses Verfahren die zuletzt durch das Betreuungsgericht angehörte Behörde allein zuständig, bis die nunmehr nach Absatz 1 zuständige Behörde dem Betreuungsgericht den Wechsel der Zuständigkeit schriftlich anzeigt.

(3) Beglaubigungen nach § 7 Absatz 1 Satz 1 kann abweichend von Absatz 1 *jede nach Landesrecht in Betreuungsangelegenheiten* zuständige Behörde vornehmen.

[1)] **Habersack, Deutsche Gesetze Nr. 112.**

(4) [1] Für die Registrierung eines beruflichen Betreuers nach § 24 und die weiteren behördlichen Maßnahmen nach Abschnitt 3 Titel 3 ist diejenige nach Landesrecht in Betreuungsangelegenheiten zuständige Behörde örtlich zuständig, in deren Zuständigkeitsbereich sich der Sitz des beruflichen Betreuers befindet oder errichtet werden soll (Stammbehörde). [2] Ist ein Sitz des beruflichen Betreuers nicht vorhanden und soll ein solcher auch nicht errichtet werden, so richtet sich die örtliche Zuständigkeit nach dem Wohnsitz des beruflichen Betreuers. [3] Für einen beruflichen Betreuer, der weder seinen Sitz noch seinen Wohnsitz im Geltungsbereich dieses Gesetzes hat, ist Stammbehörde diejenige Behörde, in deren Zuständigkeitsbereich der Schwerpunkt der beruflichen Tätigkeit des Betreuers liegt. [4] Verlegt der berufliche Betreuer seinen Sitz oder Wohnsitz in den Zuständigkeitsbereich einer anderen Behörde, so wird diese zur neuen Stammbehörde. [5] Verlegt der berufliche Betreuer seinen Sitz oder Wohnsitz ins Ausland, bleibt die bisherige Stammbehörde örtlich zuständig.

§ 3 Fachkräfte. Zur Durchführung der Aufgaben der Behörde werden Personen beschäftigt, die sich hierfür nach ihrer Persönlichkeit eignen und die in der Regel entweder eine ihren Aufgaben entsprechende Ausbildung erhalten haben (Fachkräfte) oder über vergleichbare Erfahrungen verfügen.

§ 4 Verarbeitung personenbezogener Daten durch die Behörde. (1) [1] Die Verarbeitung personenbezogener Daten des Betroffenen und solcher Personen, auf die es bei der Aufgabenerfüllung ankommt, einschließlich besonderer Kategorien personenbezogener Daten nach Artikel 9 der Verordnung (EU) 2016/679 des[1)] Europäischen Parlaments und des Rates vom 27. April 2016 zum Schutz natürlicher Personen bei der Verarbeitung personenbezogener Daten, zum freien Datenverkehr und zur Aufhebung der Richtlinie 95/46/EG (Datenschutz-Grundverordnung) (ABl. L 119 vom 4.5.2016, S. 1; L 314 vom 22.11.2016, S. 72; L 127 vom 23.5.2018, S. 2) durch die Behörde ist zulässig, soweit sie zur Erfüllung der ihr nach Abschnitt 1 Titel 2 obliegenden Aufgaben erforderlich ist. [2] Die für diesen Zweck erforderlichen Daten sind grundsätzlich bei der betroffenen Person zu erheben. [3] Ohne ihre Mitwirkung dürfen sie nur erhoben werden, wenn keine Anhaltspunkte dafür bestehen, dass überwiegende schutzwürdige Interessen der betroffenen Person beeinträchtigt werden, und

1. die von der Behörde nach Abschnitt 1 Titel 2 zu erfüllenden Aufgaben ihrer Art nach eine Erhebung bei Dritten erforderlich machen oder
2. die Erhebung bei der betroffenen Person einen unverhältnismäßigen Aufwand erfordern würde.

(2) Die Pflicht zur Information der betroffenen Person gemäß Artikel 13 Absatz 1 bis 3 und Artikel 14 Absatz 1, 2 und 4 der Verordnung (EU) 2016/679 besteht ergänzend zu den in Artikel 13 Absatz 4 und Artikel 14 Absatz 5 der Verordnung (EU) 2016/679 genannten Ausnahmen nicht,

1. soweit die Erteilung der Information die ordnungsgemäße Erfüllung der der Behörde nach Abschnitt 1 Titel 2 obliegenden Aufgaben gefährden würde oder
2. soweit zum Schutz der betroffenen Person ein Absehen von der Informationserteilung erforderlich ist, was insbesondere dann der Fall ist, wenn hiervon erhebliche Nachteile für ihre Gesundheit zu besorgen sind oder die betroffene Person aufgrund einer Krankheit oder Behinderung offensichtlich nicht in der Lage ist, die Informationen zur Kenntnis zu nehmen.

---

1) **Sartorius Nr. 246.**

Titel 2. Aufgaben der örtlichen Behörde

§ 5 Informations- und Beratungspflichten. (1) Die Behörde informiert und berät über allgemeine betreuungsrechtliche Fragen, über Vorsorgevollmachten und über andere Hilfen, bei denen kein gesetzlicher Vertreter bestellt wird.

(2) [1] Die Behörde berät und unterstützt Betreuer und Bevollmächtigte auf deren Wunsch bei der Wahrnehmung von deren Aufgaben. [2] Sie unterstützt ehrenamtliche Betreuer beim Abschluss einer Vereinbarung über eine Begleitung und Unterstützung nach § 15 Absatz 1 Satz 1 Nummer 4 mit einem gemäß § 14 anerkannten Betreuungsverein. [3] Die Behörde hat die Begleitung und Unterstützung des ehrenamtlichen Betreuers mittels einer Vereinbarung nach § 15 Absatz 1 Satz 1 Nummer 4 und Absatz 2 selbst zu gewährleisten, wenn in ihrem Zuständigkeitsbereich kein anerkannter Betreuungsverein zur Verfügung steht.

§ 6 Förderungsaufgaben. (1) Die Behörde sorgt dafür, dass in ihrem Zuständigkeitsbereich ein ausreichendes Angebot zur Einführung der Betreuer und der Bevollmächtigten in ihre Aufgaben und zu ihrer Fortbildung vorhanden ist.

(2) Die Behörde regt die Tätigkeit einzelner Personen sowie von gemeinnützigen und freien Organisationen zugunsten Betreuungsbedürftiger an und fördert diese.

(3) Die Behörde fördert die Aufklärung und Beratung über Vorsorgevollmachten, Betreuungsverfügungen und Patientenverfügungen.

§ 7 Öffentliche Beglaubigung; Verordnungsermächtigung. (1) [1] Die Urkundsperson bei der Behörde ist befugt, Unterschriften oder Handzeichen auf Betreuungsverfügungen und auf Vollmachten, soweit sie von natürlichen Personen erteilt werden, öffentlich zu beglaubigen. [2] Die Wirkung der Beglaubigung endet bei einer Vollmacht mit dem Tod des Vollmachtgebers. [3] Die Zuständigkeit der Notare, anderer Personen oder sonstiger Stellen für öffentliche Beurkundungen und Beglaubigungen bleibt unberührt. [4] Die Behörde soll auf die Möglichkeit der Registrierung bei dem Zentralen Vorsorgeregister nach § 78a Absatz 2 der Bundesnotarordnung[1)] hinweisen, wenn sie eine Vollmacht oder eine Betreuungsverfügung nach Satz 1 beglaubigt hat.

(2) [1] Die Urkundsperson bei der Behörde darf die Beglaubigung einer Vollmacht nach Absatz 1 Satz 1 nur vornehmen, wenn diese zu dem Zweck erteilt wird, die Bestellung eines Betreuers zu vermeiden. [2] Sie darf eine Beglaubigung nicht vornehmen:

1. von Unterschriften oder Handzeichen ohne dazugehörigen Text oder
2. wenn ihr in der betreffenden Angelegenheit die Vertretung eines Beteiligten obliegt.

(3) [1] Die Behörde hat geeignete Beamte und Angestellte zur Wahrnehmung der Aufgaben nach Absatz 1 Satz 1 zu ermächtigen. [2] Die Länder können Näheres hinsichtlich der fachlichen Anforderungen an diese Personen regeln.

(4) [1] Für jede Beglaubigung nach Absatz 1 Satz 1 wird eine Gebühr in Höhe von 10 Euro erhoben. [2] Auslagen werden gesondert nicht erhoben. [3] Aus Gründen der Billigkeit kann von der Erhebung der Gebühr im Einzelfall abgesehen werden.

(5) [1] *Die Landesregierungen* werden *ermächtigt*, durch Rechtsverordnung die Gebühren und Auslagen für die Beglaubigung abweichend von Absatz 4 zu regeln.

[1)] **Nr. 98a.**

[2] Die Landesregierungen können die Ermächtigung nach Satz 1 durch Rechtsverordnung auf die Landesjustizverwaltungen übertragen.

§ 8 Beratungs- und Unterstützungsangebot, Vermittlung geeigneter Hilfen und erweiterte Unterstützung. (1) [1] Wenn im Einzelfall Anhaltspunkte für einen Betreuungsbedarf nach § 1814 Absatz 1 des Bürgerlichen Gesetzbuchs[1)] bestehen, soll die Behörde dem Betroffenen zur Vermeidung der Bestellung eines Betreuers ein Beratungs- und Unterstützungsangebot unterbreiten. [2] Die Beratung und Unterstützung umfasst auch die Pflicht, andere Hilfen nach § 5 Absatz 1, bei denen kein Betreuer bestellt wird, mit Zustimmung des Betroffenen zu vermitteln. [3] Insbesondere ist ein Kontakt zwischen dem Betroffenen und dem Beratungs- und Unterstützungsangebot des sozialen Hilfesystems herzustellen. [4] Bei antragsabhängigen Leistungen ist der Betroffene dabei zu unterstützen, die notwendigen Anträge selbst zu stellen. [5] Die Behörde arbeitet zur Vermittlung geeigneter Hilfen zur Betreuungsvermeidung mit den zuständigen Sozialleistungsträgern zusammen.

(2) [1] Die Beratung und Unterstützung der Behörde nach Absatz 1 kann darüber hinaus in geeigneten Fällen mit Zustimmung des Betroffenen im Wege einer erweiterten Unterstützung durchgeführt werden. [2] Diese umfasst weitere, über Absatz 1 hinausgehende Maßnahmen, die geeignet sind, die Bestellung eines Betreuers zu vermeiden, und die keine rechtliche Vertretung des Betroffenen durch die Behörde erfordern.

(3) Beratungs- und Unterstützungspflichten nach dem Sozialgesetzbuch bleiben unberührt.

(4) [1] Die Behörde kann mit der Wahrnehmung der erweiterten Unterstützung nach Absatz 2 auch einen anerkannten Betreuungsverein oder einen selbständigen beruflichen Betreuer beauftragen. [2] Dabei ist sicherzustellen, dass die Durchführung durch einen für den konkreten Fall geeigneten Betreuer erfolgt. [3] Die Beauftragung erfolgt durch einen Vertrag, der auch die Finanzierung der übertragenen Aufgaben regeln soll.

§ 9 Mitteilungen an das Betreuungsgericht und die Stammbehörde.

(1) Die Behörde kann dem zuständigen Betreuungsgericht Umstände mitteilen, die die Bestellung eines Betreuers oder eine andere Maßnahme in Betreuungssachen erforderlich machen, soweit dies unter Beachtung der berechtigten Interessen des Betroffenen nach den Erkenntnissen der Behörde erforderlich ist, um eine erhebliche Gefahr im Sinne des § 1821 Absatz 3 Nummer 1 des Bürgerlichen Gesetzbuchs[1)] von dem Betroffenen abzuwenden.

(2) [1] Hat die Behörde Kenntnis von Umständen, die an der Eignung eines Betreuers nach § 1816 Absatz 1 des Bürgerlichen Gesetzbuchs im Rahmen einer von ihm geführten Betreuung Zweifel aufkommen lassen, hat sie das für das Betreuungsverfahren zuständige Betreuungsgericht und die zuständige Stammbehörde hierüber zu informieren. [2] Die Behörde unterrichtet zugleich den Betreuer über die Mitteilung und deren Inhalt. [3] Die Unterrichtung des Betreuers unterbleibt, solange der Zweck der Mitteilung hierdurch gefährdet würde. [4] Sie ist nachzuholen, sobald die Gründe nach Satz 3 entfallen sind.

(3) Der Inhalt der Mitteilungen nach den Absätzen 1 und 2, die Art und Weise ihrer Übermittlung und der Empfänger sind aktenkundig zu machen.

[1)] **Habersack, Deutsche Gesetze Nr. 20.**

§ 10 Mitteilung an Betreuungsvereine. [1]Die Behörde teilt Name und Anschrift der ehrenamtlichen Betreuer, von deren Bestellung sie durch die Bekanntgabe des Betreuungsgerichts nach § 288 Absatz 2 Satz 1 des Gesetzes über das Verfahren in Familiensachen und in den Angelegenheiten der freiwilligen Gerichtsbarkeit[1)] Kenntnis erlangt hat, unverzüglich einem am Wohnsitz des ehrenamtlichen Betreuers anerkannten Betreuungsverein mit, um dem Verein eine Kontaktaufnahme zu ermöglichen. [2]Dies gilt nicht für ehrenamtliche Betreuer, die keine familiäre Beziehung oder persönliche Bindung zu dem Betroffenen haben.

§ 11[2)] Aufgaben im gerichtlichen Verfahren. (1) [1]Die Behörde unterstützt das Betreuungsgericht. [2]Dies umfasst insbesondere folgende Maßnahmen:

1. die Erstellung eines Berichts im Rahmen der gerichtlichen Anhörung nach § 279 Absatz 2 des Gesetzes über das Verfahren in Familiensachen und in den Angelegenheiten der freiwilligen Gerichtsbarkeit[1)] (Sozialbericht),
2. den Vorschlag eines geeigneten Betreuers,
3. die Aufklärung, Mitteilung und gegebenenfalls fachliche Beurteilung des Sachverhalts im Rahmen sonstiger Anhörungen der Behörde durch das Betreuungsgericht oder im Rahmen eines gerichtlichen Ersuchens um eine über Nummer 1 hinausgehende Sachverhaltsklärung,
4. die Prüfung der weiteren Erforderlichkeit der Betreuung in geeigneten Fällen, sobald die Behörde durch das Betreuungsgericht nach § 7 Absatz 4 Satz 1 des Gesetzes über das Verfahren in Familiensachen und in den Angelegenheiten der freiwilligen Gerichtsbarkeit über das Verfahren zur Verlängerung einer Betreuung benachrichtigt worden ist, und
5. auf Aufforderung des Betreuungsgerichts den Vorschlag eines geeigneten Verfahrenspflegers.

(2) Der Sozialbericht soll sich insbesondere auf folgende Kriterien beziehen:

1. die persönliche, gesundheitliche und soziale Situation des Betroffenen,
2. die Erforderlichkeit der Betreuung einschließlich geeigneter anderer Hilfen (§ 1814 Absatz 3 Satz 2 Nummer 2 des Bürgerlichen Gesetzbuchs[3)]) und
3. die diesbezügliche Sichtweise des Betroffenen.

(3) [1]Im Rahmen der Erstellung des Sozialberichts hat die Behörde zu prüfen, ob zur Vermeidung einer Betreuung eine erweiterte Unterstützung nach § 8 Absatz 2 in Betracht kommt. [2]In geeigneten Fällen hat die Behörde mit Zustimmung des Betroffenen eine erweiterte Unterstützung durchzuführen; § 8 Absatz 4 gilt entsprechend. [3]Die Behörde hat das Betreuungsgericht über die Durchführung und die voraussichtliche Dauer von Maßnahmen nach § 8 Absatz 2 zu informieren. [4]Während der Durchführung der erweiterten Unterstützung ist die Pflicht der Behörde zur Erstellung eines Sozialberichts ausgesetzt. [5]Das Ergebnis der Prüfung nach Satz 1 und bei Durchführung einer erweiterten Unterstützung deren Ergebnis sind im Sozialbericht darzulegen.

(4) [1]Auf Aufforderung des Betreuungsgerichts hat die Behörde auch unabhängig von der Erstellung eines Sozialberichts zu prüfen, ob die Durchführung einer

---

[1)] **Habersack, Deutsche Gesetze Nr. 112.**
[2)] § 11 Abs. 3 Satz 2 geänd. mWv 1.1.2023 durch G v. 24.6.2022 (BGBl. I S. 959).
[3)] **Habersack, Deutsche Gesetze Nr. 20.**

erweiterten Unterstützung zur Vermeidung einer Betreuung führen kann. [2] Absatz 3 Satz 2, 3 und 5 gilt entsprechend.

(5) Die Länder können durch Gesetz die Aufgabenzuweisung nach den Absätzen 3 und 4 im Rahmen von Modellprojekten auf einzelne Behörden innerhalb eines Landes beschränken.

§ 12 Betreuervorschlag. (1) [1] Die Behörde schlägt mit dem Sozialbericht oder auf Anforderung des Betreuungsgerichts eine Person vor, die sich im konkreten Einzelfall zum Betreuer eignet. [2] Die Behörde soll diesen Vorschlag begründen und die diesbezügliche Sichtweise des Betroffenen darlegen. [3] Eine Person, die keine familiäre Beziehung oder persönliche Bindung zu dem Betroffenen hat, soll nur als ehrenamtlicher Betreuer vorgeschlagen werden, wenn sie sich zum Abschluss einer Vereinbarung über eine Begleitung und Unterstützung nach § 15 Absatz 1 Satz 1 Nummer 4 mit einem anerkannten Betreuungsverein oder einer Betreuungsbehörde nach § 5 Absatz 2 Satz 3 bereit erklärt. [4] Steht keine geeignete Person für eine ehrenamtliche Betreuung zur Verfügung, schlägt die Behörde dem Betreuungsgericht einen beruflichen Betreuer vor. [5] Unter den Voraussetzungen des § 1818 des Bürgerlichen Gesetzbuchs[1)] kann die Behörde auch einen anerkannten Betreuungsverein oder sich selbst als Betreuer vorschlagen. [6] Die Behörde soll in geeigneten Fällen einen weiteren Betreuer vorschlagen, der nach § 1817 Absatz 4 des Bürgerlichen Gesetzbuchs bestellt werden kann.

(2) Auf Wunsch des Betroffenen kann die Behörde ein persönliches Kennenlernen zwischen dem Betroffenen und dem vorgesehenen Betreuer vermitteln.

(3) [1] Der Vorschlag nach Absatz 1 hat Angaben zur persönlichen Eignung zu enthalten. [2] Bei einem ehrenamtlichen Betreuer hat die Behörde dem Betreuungsgericht das Ergebnis der Auskünfte nach § 21 Absatz 2 Satz 1 mitzuteilen. [3] Bei einem beruflichen Betreuer sind die Anzahl und der Umfang der von ihm bereits zu führenden Betreuungen, die für ihn zuständige Stammbehörde sowie der zeitliche Gesamtumfang und die Organisationsstruktur seiner Betreuertätigkeit mitzuteilen.

§ 13 Weitere Aufgaben. [1] Die Aufgaben, die der Behörde nach anderen Vorschriften obliegen, bleiben unberührt. [2] Zuständige Behörde im Sinne dieser Vorschriften ist die örtliche Behörde.

Abschnitt 2. Anerkannte Betreuungsvereine

§ 14 Anerkennung. (1) Ein rechtsfähiger Verein kann als Betreuungsverein anerkannt werden, wenn er gewährleistet, dass er

1. die Aufgaben nach den §§ 15 und 16 wahrnehmen wird,
2. eine ausreichende Zahl geeigneter Mitarbeiter hat und diese beaufsichtigen, weiterbilden und gegen Schäden, die diese anderen im Rahmen ihrer Tätigkeit zufügen können, angemessen versichern wird, und
3. einen Erfahrungsaustausch zwischen den Mitarbeitern ermöglicht.

(2) [1] Die Anerkennung gilt für das jeweilige Land; sie kann auf einzelne Landesteile beschränkt werden. [2] Sie kann unter Auflagen erteilt werden und ist widerruflich.

[1)] **Habersack, Deutsche Gesetze Nr. 20.**

(3) [1]Das Nähere regelt das Landesrecht. [2]Es kann auch weitere Voraussetzungen für die Anerkennung vorsehen.

§ 15 Aufgaben kraft Gesetzes. (1) [1]Ein anerkannter Betreuungsverein hat
1. planmäßig über allgemeine betreuungsrechtliche Fragen, Vorsorgevollmachten, Betreuungsverfügungen und Patientenverfügungen zu informieren,
2. sich planmäßig um die Gewinnung ehrenamtlicher Betreuer zu bemühen,
3. vom Betreuungsgericht bestellte ehrenamtliche Betreuer in ihre Aufgaben einzuführen, sie fortzubilden und sie bei der Wahrnehmung ihrer Aufgaben zu beraten und zu unterstützen,
4. mit ehrenamtlichen Betreuern eine Vereinbarung über eine Begleitung und Unterstützung im Sinne von Nummer 3 abzuschließen, sofern eine solche Vereinbarung nach § 22 Absatz 2 in Verbindung mit § 1816 Absatz 4 des Bürgerlichen Gesetzbuchs[1)] erforderlich ist oder von dem ehrenamtlichen Betreuer gewünscht wird, und
5. Bevollmächtigte bei der Wahrnehmung ihrer Aufgaben zu beraten und zu unterstützen.

[2]Der Betreuungsverein erteilt dem ehrenamtlichen Betreuer auf dessen Aufforderung Nachweise über die Teilnahme an Einführungs- und Fortbildungsveranstaltungen nach Satz 1 Nummer 3.

(2) Eine Vereinbarung nach Absatz 1 Satz 1 Nummer 4 hat mindestens zu umfassen:
1. die Verpflichtung des ehrenamtlichen Betreuers zur Teilnahme an einer Einführung über die Grundlagen der Betreuungsführung,
2. die Verpflichtung des ehrenamtlichen Betreuers zur regelmäßigen Teilnahme an Fortbildungen,
3. die Benennung eines Mitarbeiters des Betreuungsvereins als festen Ansprechpartner und
4. die Erklärung der Bereitschaft des Betreuungsvereins zur Übernahme einer Verhinderungsbetreuung nach § 1817 Absatz 4 des Bürgerlichen Gesetzbuchs.

(3) [1]Anerkannte Betreuungsvereine können im Einzelfall Betroffene, Angehörige und sonstige Personen zu allgemeinen betreuungsrechtlichen Fragen, zu Vorsorgevollmachten und über andere Hilfen nach § 5 Absatz 1, bei denen kein Betreuer bestellt wird, beraten. [2]Dies umfasst auch eine Beratung bei der Errichtung einer Vorsorgevollmacht oder Betreuungsverfügung.

§ 16 Aufgaben kraft gerichtlicher Bestellung. Ein anerkannter Betreuungsverein ist verpflichtet, Mitarbeiter zu beschäftigen, die für die Übernahme von Betreuungen zur Verfügung stehen.

§ 17 Finanzielle Ausstattung. [1]Anerkannte Betreuungsvereine haben Anspruch auf eine bedarfsgerechte finanzielle Ausstattung mit öffentlichen Mitteln zur Wahrnehmung der ihnen nach § 15 Absatz 1 obliegenden Aufgaben. [2]Das Nähere regelt das Landesrecht.

§ 18 Verarbeitung personenbezogener Daten durch den Verein. (1) Die Verarbeitung personenbezogener Daten einschließlich besonderer Kategorien per-

---

[1)] **Habersack, Deutsche Gesetze Nr. 20.**

sonenbezogener Daten nach Artikel 9 der Verordnung (EU) 2016/679[1)] durch den anerkannten Betreuungsverein ist zulässig, soweit sie zur Erfüllung der ihm nach § 15 Absatz 1 und § 16 obliegenden Aufgaben erforderlich ist.

(2) § 4 Absatz 1 Satz 2 und 3 sowie Absatz 2 gilt entsprechend.

Abschnitt 3. Rechtliche Betreuer

Titel 1. Allgemeine Vorschriften

§ 19 Begriffsbestimmung. (1) [1] Ehrenamtliche Betreuer sind natürliche Personen, die außerhalb einer beruflichen Tätigkeit rechtliche Betreuungen führen. [2] Ehrenamtliche Betreuer können sowohl Personen, die familiäre Beziehungen oder persönliche Bindungen zum Betroffenen haben, als auch andere Personen sein.

(2) Berufliche Betreuer sind natürliche Personen, die selbständig oder als Mitarbeiter eines anerkannten Betreuungsvereins rechtliche Betreuungen führen und nach § 24 registriert sind oder nach § 32 Absatz 1 Satz 6 als vorläufig registriert gelten.

§ 20 Verarbeitung personenbezogener Daten durch den Betreuer.

(1) Die Verarbeitung personenbezogener Daten einschließlich besonderer Kategorien personenbezogener Daten nach Artikel 9 der Verordnung (EU) 2016/679[1)] durch den Betreuer ist zulässig, soweit sie zur Erfüllung seiner Aufgaben nach den §§ 1814 bis 1881 des Bürgerlichen Gesetzbuchs[2)] erforderlich ist.

(2) § 4 Absatz 1 Satz 2 und 3 sowie Absatz 2 gilt entsprechend.

(3) Die Absätze 1 und 2 gelten auch für Personen, denen der anerkannte Betreuungsverein oder die Behörde die Wahrnehmung der Betreuung nach § 1818 Absatz 2 und 4 Satz 2 des Bürgerlichen Gesetzbuchs übertragen hat.

Titel 2. Ehrenamtliche Betreuer

§ 21[3)] Voraussetzung für eine ehrenamtliche Tätigkeit. (1) [1] Voraussetzung für die Führung einer Betreuung als ehrenamtlicher Betreuer ist die persönliche Eignung und Zuverlässigkeit. [2] § 23 Absatz 2 Nummer 1, 2 und 4 gilt entsprechend.

(2) [1] Eine Person, die erstmalig zum ehrenamtlichen Betreuer bestellt werden soll, hat vor ihrer Bestellung zur Feststellung ihrer persönlichen Eignung und Zuverlässigkeit der zuständigen Behörde ein Führungszeugnis nach § 30 Absatz 5 des Bundeszentralregistergesetzes[4)] und eine Auskunft aus dem zentralen Schuldnerverzeichnis nach § 882b der Zivilprozessordnung[5)] vorzulegen, die jeweils nicht älter als drei Monate sein sollen. [2] Die Pflicht zur Vorlage einer Auskunft aus dem zentralen Schuldnerverzeichnis entfällt, wenn die zuständige Behörde die Auskunft nach § 882f Absatz 1 Satz 1 Nummer 2 der Zivilprozessordnung selbst einholt. [3] Satz 1 gilt nicht, sofern die Person im Wege der einstweiligen Anordnung nach den §§ 300 und 301 des Gesetzes über das Verfahren in Familiensachen und in den

---

[1)] **Sartorius Nr. 246.**
[2)] **Habersack, Deutsche Gesetze Nr. 20.**
[3)] § 21 Abs. 2 neu gef., Abs. 3 angef. mWv 1.1.2024 durch G v. 20.12.2023 (BGBl. 2023 I Nr. 391).
[4)] **Habersack, Deutsche Gesetze Nr. 92.**
[5)] **Habersack, Deutsche Gesetze Nr. 100.**

Angelegenheiten der freiwilligen Gerichtsbarkeit[1] zum vorläufigen Betreuer bestellt wird.

(3) Absatz 2 gilt entsprechend, wenn eine Person, die bereits als ehrenamtlicher Betreuer bestellt ist oder war, in einem oder mehreren weiteren Verfahren zum ehrenamtlichen Betreuer bestellt werden soll und das Führungszeugnis und die Auskunft aus dem zentralen Schuldnerverzeichnis nach Absatz 2 Satz 1 zum Zeitpunkt des Betreuervorschlags nach § 12 Absatz 1 älter als drei Jahre sind.

§ 22 Abschluss einer Vereinbarung über Begleitung und Unterstützung.

(1) Ein ehrenamtlicher Betreuer kann eine Vereinbarung über eine Begleitung und Unterstützung nach § 15 Absatz 1 Satz 1 Nummer 4 mit einem anerkannten Betreuungsverein oder hilfsweise nach § 5 Absatz 2 Satz 3 mit der zuständigen Behörde abschließen.

(2) Eine Person, die ehrenamtlich Betreuungen führen möchte und keine familiäre Beziehung oder persönliche Bindung zum Betroffenen hat, soll vor ihrer ersten Bestellung als ehrenamtlicher Betreuer eine Vereinbarung nach Absatz 1 abschließen.

Titel 3. Berufliche Betreuer

§ 23[2] Registrierungsvoraussetzungen; Verordnungsermächtigung.

(1) Voraussetzungen für eine Registrierung als beruflicher Betreuer sind:

1. die persönliche Eignung und Zuverlässigkeit,
2. eine ausreichende Sachkunde für die Tätigkeit als beruflicher Betreuer und
3. eine Berufshaftpflichtversicherung zur Deckung der sich aus der Berufstätigkeit ergebenden Haftpflichtgefahren für Vermögensschäden mit einer Mindestversicherungssumme von 250 000 Euro für jeden Versicherungsfall und von 1 Million Euro für alle Versicherungsfälle eines Versicherungsjahres.

(2) Die nach Absatz 1 Nummer 1 erforderliche Zuverlässigkeit fehlt in der Regel, wenn

1. die Person hinsichtlich der Tätigkeit als beruflicher Betreuer einem Berufsverbot nach § 70 des Strafgesetzbuchs[3] oder einem vorläufigen Berufsverbot nach § 132a der Strafprozessordnung[4] unterliegt,
2. die Person in den letzten drei Jahren vor Stellung des Registrierungsantrags wegen eines Verbrechens oder eines vorsätzlich begangenen, für die Führung einer Betreuung relevanten Vergehens rechtskräftig verurteilt worden ist,
3. in den letzten drei Jahren vor der Antragstellung eine Registrierung nach § 27 widerrufen worden ist oder
4. die Vermögensverhältnisse der Person ungeordnet sind, was in der Regel der Fall ist, wenn über das Vermögen der Person das Insolvenzverfahren eröffnet worden oder sie in das vom zentralen Vollstreckungsgericht zu führende Schuldnerverzeichnis (§ 882b der Zivilprozessordnung[5]) eingetragen ist.

---

[1] **Habersack, Deutsche Gesetze Nr. 112.**

[2] § 23 Abs. 1 Nr. 3 geänd., Abs. 4 neu gef. mWv 1.7.2022, Abs. 4 eingef., bish. Abs. 4 wird Abs. 5 und geänd. mWv 1.1.2023 durch G v. 24.6.2022 (BGBl. I S. 959).

[3] **Habersack, Deutsche Gesetze Nr. 85.**

[4] **Habersack, Deutsche Gesetze Nr. 90.**

[5] **Habersack, Deutsche Gesetze Nr. 100.**

(3) [1] Die nach Absatz 1 Nummer 2 erforderliche Sachkunde ist gegenüber der Stammbehörde durch Unterlagen nachzuweisen. [2] Sie hat zu umfassen:

1. Kenntnisse des Betreuungs- und Unterbringungsrechts, des dazugehörigen Verfahrensrechts sowie auf den Gebieten der Personen- und Vermögenssorge,
2. Kenntnisse des sozialrechtlichen Unterstützungssystems und
3. Kenntnisse der Kommunikation mit Personen mit Erkrankungen und Behinderungen und von Methoden zur Unterstützung bei der Entscheidungsfindung.

(4) [1] Ist die Person, die eine Registrierung als beruflicher Betreuer beantragt, Mitarbeiter eines nach § 14 anerkannten Betreuungsvereins oder legt sie eine Anstellungszusage eines anerkannten Betreuungsvereins vor und kann sie zum Zeitpunkt der Antragstellung das Vorliegen der Sachkunde nicht vollständig, aber in wesentlichen Teilen nachweisen, kann die Stammbehörde die Person als beruflicher Betreuer registrieren, wenn

1. die Voraussetzungen für die Registrierung nach Absatz 1 Nummer 1 und 3 vorliegen und

(Fortsetzung nächstes Blatt)

2. der Betreuungsverein sicherstellt, dass die Person bis zum vollständigen Nachweis ihrer Sachkunde durch einen Mitarbeiter, der als beruflicher Betreuer registriert ist, bei den von ihr geführten Betreuungen angeleitet und kontrolliert wird.

[2]Die Sachkunde ist gegenüber der Stammbehörde bis zum Ablauf eines Jahres ab Registrierung vollständig nachzuweisen. [3]Die Behörde kann die Frist für die Erbringung des Nachweises verlängern, wenn die registrierte Person nachweist, dass sie ohne ihr Verschulden verhindert ist, die Frist einzuhalten.

(5)[1)] Das Bundesministerium der Justiz bestimmt durch Rechtsverordnung[2)] mit Zustimmung des Bundesrates Einzelheiten zu den Voraussetzungen der Registrierung nach den Absätzen 1 bis 4, insbesondere die Anforderungen an die Sachkunde und ihren Nachweis einschließlich der Anerkennung und Zertifizierung von Anbietern von Sachkundelehrgängen und betreuungsspezifischen Studien-, Aus- oder Weiterbildungsgängen, an die Anerkennung ausländischer Berufsqualifikationen sowie, auch abweichend von den Vorschriften des Versicherungsvertragsgesetzes[3)] für die Pflichtversicherung, an Inhalt und Ausgestaltung der Berufshaftpflichtversicherung einschließlich möglicher Gründe für den Ausschluss der Haftung, die den Zweck der Haftpflichtversicherung nicht gefährden, und der Bestimmung der zuständigen Stelle im Sinne des § 117 Absatz 2 des Versicherungsvertragsgesetzes.

§ 24[4)] Registrierungsverfahren; Verordnungsermächtigung; Registrierungsgebühr. (1) [1]Die Registrierung erfolgt auf Antrag, der bei der Stammbehörde zu stellen ist. [2]Mit dem Antrag sind beizubringen:

1. ein Führungszeugnis nach § 30 Absatz 5 des Bundeszentralregistergesetzes[5)], das nicht älter als drei Monate sein soll,
2. eine Auskunft aus dem zentralen Schuldnerverzeichnis nach § 882b der Zivilprozessordnung[6)], die nicht älter als drei Monate sein soll,
3. eine Erklärung, ob ein Insolvenz-, Ermittlungs- oder Strafverfahren anhängig ist,
4. eine Erklärung, ob in den letzten drei Jahren vor Antragstellung eine Registrierung als Berufsbetreuer versagt, zurückgenommen oder widerrufen wurde, und
5. geeignete Nachweise über den Erwerb der nach § 23 Absatz 1 Nummer 2 und Absatz 3 erforderlichen Sachkunde.

[3]Zudem hat der Antragsteller der Stammbehörde den beabsichtigten zeitlichen Gesamtumfang und die Organisationsstruktur seiner beruflichen Betreuertätigkeit mitzuteilen.

(2) Zur Feststellung der persönlichen Eignung nach § 23 Absatz 1 Nummer 1 hat die Stammbehörde mit dem Antragsteller ein persönliches Gespräch zu führen.

[1)] § 23 Abs. 4 (ab 1.1.2023: Abs. 5) tritt am 1.7.2022 in Kraft, vgl. Art. 16 Abs. 2 Nr. 2 G v. 4.5.2021 (BGBl. I S. 882, geänd. durch G v. 24.6.2022, BGBl. I S. 959).

[2)] Siehe die BetreuerregistrierungsVO v. 13.7.2022 (BGBl. I S. 1154).

[3)] **Habersack, Deutsche Gesetze Nr. 62.**

[4)] § 24 Abs. 4 geänd. mWv 1.7.2022, Überschrift geänd. und Abs. 5 angef. mWv 1.1.2023 durch G v. 24.6.2022 (BGBl. I S. 959).

[5)] **Habersack, Deutsche Gesetze Nr. 92.**

[6)] **Habersack, Deutsche Gesetze Nr. 100.**

(3) [1] Über den Antrag ist innerhalb von drei Monaten durch Verwaltungsakt zu entscheiden. [2] Die Frist beginnt mit Eingang der vollständigen Unterlagen. [3] Sie kann einmal angemessen verlängert werden, wenn dies wegen der Schwierigkeit der Angelegenheit gerechtfertigt ist. [4] Die Fristverlängerung ist zu begründen und dem Antragsteller rechtzeitig mitzuteilen. [5] Wenn die Voraussetzungen des § 23 Absatz 1 Nummer 1 und 2 vorliegen, fordert die Stammbehörde den Antragsteller vor Ablauf der Frist nach Satz 1 auf, den Nachweis über die Berufshaftpflichtversicherung nach § 23 Absatz 1 Nummer 3 zu erbringen. [6] Sobald sämtliche Voraussetzungen nach § 23 Absatz 1 nachgewiesen sind, nimmt die Stammbehörde die Registrierung vor. [7] Die Registrierung gilt bundesweit.

(4)[1)] Das Bundesministerium der Justiz bestimmt durch Rechtsverordnung[2)] mit Zustimmung des Bundesrates die Einzelheiten des Registrierungsverfahrens, darunter auch Aufbewahrungs- und Löschungsfristen.

(5) [1] Für jede Registrierung wird eine Gebühr von 200 Euro erhoben. [2] Auslagen werden nicht gesondert erhoben. [3] Im Einzelfall kann aus Gründen der Billigkeit von der Erhebung der Gebühr abgesehen werden. [4] Folgende Registrierungen erfolgen immer gebührenfrei:

1. Registrierungen nach § 28 Absatz 2,
2. Registrierungen nach § 32 Absatz 1 Satz 1 sowie
3. unbefristete Registrierungen für Antragsteller, die nach § 33 vorläufig registriert sind.

§ 25[3)] Mitteilungs- und Nachweispflichten beruflicher Betreuer.

(1) [1] Der berufliche Betreuer teilt der Stammbehörde alle Änderungen im Bestand der von ihm geführten Betreuungen alle sechs Monate sowie alle Änderungen, die sich auf die Registrierung auswirken können, unverzüglich mit. [2] Mitzuteilen sind auch Änderungen des zeitlichen Gesamtumfangs und der Organisationsstruktur seiner beruflichen Betreuertätigkeit sowie der Wechsel des Sitzes oder Wohnsitzes des beruflichen Betreuers.

(2) Der berufliche Betreuer hat der Stammbehörde ab der Registrierung alle drei Jahre unaufgefordert ein aktuelles Führungszeugnis nach § 30 Absatz 5 des Bundeszentralregistergesetzes[4)] und eine aktuelle Auskunft aus dem zentralen Schuldnerverzeichnis nach § 882b der Zivilprozessordnung[5)] vorzulegen sowie die Erklärung nach § 24 Absatz 1 Satz 2 Nummer 3 abzugeben.

(3) Der berufliche Betreuer teilt der Stammbehörde unaufgefordert das Ergebnis des Feststellungsverfahrens nach § 8 Absatz 3 des Vormünder- und Betreuervergütungsgesetzes[6)] mit.

§ 26 Umgang mit den für die Registrierung relevanten Daten. (1) Die Stammbehörde verarbeitet die bei der Durchführung ihrer Aufgaben nach diesem Titel erhaltenen Daten einschließlich personenbezogener Daten, soweit dies hierfür erforderlich ist.

[1)] § 24 Abs. 4 tritt am 1.7.2022 in Kraft, vgl. Art. 16 Abs. 2 Nr. 2 G v. 4.5.2021 (BGBl. I S. 882, geänd. durch G v. 24.6.2022, BGBl. I S. 959).

[2)] Siehe die BetreuerregistrierungsVO v. 13.7.2022 (BGBl. I S. 1154).

[3)] § 25 Abs. 1 Satz 1 geänd., Abs. 3 aufgeh., bish. Abs. 4 wird Abs. 3 mWv 1.1.2023 durch G v. 24.6. *2022 (BGBl. I S. 959).*

[4)] **Habersack, Deutsche Gesetze Nr. 92.**

[5)] **Habersack, Deutsche Gesetze Nr. 100.**

[6)] Nr. **49b**.

(2) Die Stammbehörde ist berechtigt und auf Verlangen des Betreuungsgerichts verpflichtet, diesem die bei ihr über einen beruflichen Betreuer vorhandenen Daten zu übermitteln, soweit dies für die Erfüllung der gesetzlichen Aufgaben des Betreuungsgerichts erforderlich ist.

(3) Die Stammbehörde darf anderen Betreuungsbehörden Daten übermitteln, die sie bei der Durchführung ihrer Aufgaben nach diesem Titel erhalten hat, soweit die Kenntnis dieser Daten zur Erfüllung der Aufgaben der Behörde, an die die Daten übermittelt werden, erforderlich ist.

(4) [1] Gerichte und Behörden dürfen der Stammbehörde personenbezogene Daten übermitteln, soweit deren Kenntnis für die Registrierung oder die Rücknahme oder den Widerruf der Registrierung erforderlich ist. [2] Satz 1 gilt nur, soweit durch die Übermittlung der Daten schutzwürdige Interessen der betroffenen Person nicht beeinträchtigt werden oder soweit das öffentliche Interesse das Geheimhaltungsinteresse der betroffenen Person überwiegt.

§ 27[1)] Widerruf, Rücknahme und Löschung der Registrierung.

(1) Die Stammbehörde widerruft die Registrierung unbeschadet der landesrechtlichen Vorschriften, die § 49 des Verwaltungsverfahrensgesetzes[2)] entsprechen, wenn

1. begründete Tatsachen die Annahme rechtfertigen, dass der berufliche Betreuer die persönliche Eignung oder Zuverlässigkeit nicht mehr besitzt; dies ist in der Regel der Fall, wenn einer der in § 23 Absatz 2 genannten Gründe nachträglich eintritt, der berufliche Betreuer gegen das Verbot nach § 30 oder beharrlich gegen die Pflichten nach § 25 verstößt,
2. der berufliche Betreuer keine Berufshaftpflichtversicherung nach § 23 Absatz 1 Nummer 3 mehr unterhält,
3. begründete Tatsachen die Annahme rechtfertigen, dass der berufliche Betreuer die Betreuungen dauerhaft unqualifiziert führt; dies ist in der Regel der Fall, wenn der berufliche Betreuer mehrfach wegen fehlender Eignung aus dem Betreuerverhältnis entlassen worden ist, oder
4. der als Mitarbeiter eines nach § 14 anerkannten Betreuungsvereins registrierte berufliche Betreuer den vollständigen Nachweis seiner Sachkunde nicht bis zum Ablauf eines Jahres ab Registrierung oder bis zum Ablauf der verlängerten Frist erbringt (§ 23 Absatz 4 Satz 2 und 3).

(2) Hat der berufliche Betreuer im Registrierungsantrag in wesentlichen Punkten vorsätzlich unrichtige Angaben gemacht oder für die Registrierung relevante Umstände pflichtwidrig verschwiegen und beruht die Registrierung auf diesen Angaben, hat die Stammbehörde die Registrierung unbeschadet der landesrechtlichen Vorschriften, die § 48 des Verwaltungsverfahrensgesetzes entsprechen, zurückzunehmen.

(3) Auf Antrag des beruflichen Betreuers oder nach seinem Tod hat die Stammbehörde seine Registrierung zu löschen.

(4) [1] Der Widerruf, die Rücknahme oder die Löschung der Registrierung gelten bundesweit. [2] Den Widerruf, die Rücknahme oder die Löschung der Registrierung hat die Stammbehörde sämtlichen Betreuungsgerichten, bei welchen der berufliche Betreuer Betreuungen führt, sowie den jeweils für den Gerichtsbezirk zuständigen Betreuungsbehörden mitzuteilen.

[1)] § 27 Abs. 1 Nr. 2 und 3 geänd., Nr. 4 angef. mWv 1.1.2023 durch G v. 24.6.2022 (BGBl. I S. 959).
[2)] **Sartorius Nr. 100.**

§ 28 Wechsel des Sitzes oder Wohnsitzes. (1) Ändert der berufliche Betreuer seinen Sitz oder Wohnsitz und ist deshalb eine andere Stammbehörde örtlich zuständig, hat er dies der neuen Stammbehörde unverzüglich anzuzeigen.

(2) [1] Die neue Stammbehörde hat den beruflichen Betreuer zu registrieren. [2] Eine erneute Prüfung der Registrierungsvoraussetzungen findet anlässlich des Zuständigkeitswechsels nicht statt. [3] Die bisher zuständige Stammbehörde hat sämtliche Unterlagen und Daten, die den beruflichen Betreuer betreffen, an die neue Stammbehörde zu übermitteln.

§ 29 Fortbildung. [1] Der berufliche Betreuer stellt in eigener Verantwortung seine regelmäßige berufsbezogene Fortbildung sicher. [2] Nachweise über die erfolgte Fortbildung sind der Stammbehörde vorzulegen.

§ 30 Leistungen an berufliche Betreuer. (1) [1] Einem beruflichen Betreuer ist es untersagt, von dem von ihm Betreuten Geld oder geldwerte Leistungen anzunehmen. [2] Dies gilt auch für Zuwendungen im Rahmen einer Verfügung von Todes wegen. [3] Die gesetzliche Betreuervergütung bleibt hiervon unberührt.

(2) Absatz 1 Satz 1 und 2 gilt nicht, wenn

1. andere als die mit der Betreuervergütung abgegoltenen Leistungen vergütet werden, insbesondere durch die Zahlung von Aufwendungsersatz nach § 1877 Absatz 3 des Bürgerlichen Gesetzbuchs[1)], oder
2. geringwertige Aufmerksamkeiten versprochen oder gewährt werden.

(3) [1] Das Betreuungsgericht kann auf Antrag des Betreuers im Einzelfall Ausnahmen von dem Verbot des Absatzes 1 Satz 1 und 2 zulassen, soweit der Schutz des Betreuten dem nicht entgegensteht. [2] Entscheidungen nach Satz 1 sind der für den beruflichen Betreuer zuständigen Stammbehörde mitzuteilen.

Abschnitt 4. Offenbarungsbefugnisse für Geheimnisträger

§ 31 Beratung und Übermittlung von Informationen durch Geheimnisträger bei Gefährdung von Betreuten. (1) Werden

1. Ärzten oder Angehörigen eines anderen Heilberufes, der für die Berufsausübung oder die Führung der Berufsbezeichnung eine staatlich geregelte Ausbildung erfordert,
2. Berufspsychologen mit staatlich anerkannter wissenschaftlicher Abschlussprüfung,
3. Beratern für Suchtfragen in einer Beratungsstelle, die von einer Behörde oder Körperschaft, Anstalt oder Stiftung des öffentlichen Rechts anerkannt ist, oder
4. staatlich anerkannten Sozialarbeitern oder staatlich anerkannten Sozialpädagogen

in Ausübung ihrer beruflichen Tätigkeit gewichtige Anhaltspunkte für eine Gefährdung der Person des Betreuten bekannt, so sollen sie dies mit diesem und dem Betreuer erörtern und, soweit erforderlich, auf die Inanspruchnahme von Hilfen hinwirken, soweit hierdurch der wirksame Schutz des Betreuten nicht in Frage gestellt wird.

(2) [1] Die in Absatz 1 Nummer 1 bis 4 genannten Personen haben gegenüber der Betreuungsbehörde zur Einschätzung einer Gefährdung der Person des Betreuten

---

[1)] **Habersack, Deutsche Gesetze Nr. 20.**

Anspruch auf Beratung durch eine Fachkraft. [2] Sie sind zu diesem Zweck befugt, dieser Fachkraft die zur Einschätzung einer Gefährdung erforderlichen Daten zu übermitteln; vor der Übermittlung sind diese Daten zu pseudonymisieren.

(3) [1] Kann eine Gefährdung des Betreuten durch eine Erörterung nach Absatz 1 nicht abgewendet werden oder ist die Erörterung erfolglos geblieben und halten die in Absatz 1 Nummer 1 bis 4 genannten Personen ein Tätigwerden des Betreuungsgerichts für erforderlich, um eine Gefährdung der Person des Betreuten abzuwenden, so sind sie befugt, das Betreuungsgericht zu informieren. [2] Auf die Möglichkeit einer solchen Information ist der Betreuer vorab hinzuweisen, es sei denn, dass damit der wirksame Schutz des Betreuten in Frage gestellt wird. [3] Zum Zweck der Information des Betreuungsgerichts sind die in Absatz 1 Nummer 1 bis 4 genannten Personen befugt, diesem die erforderlichen Daten zu übermitteln.

Abschnitt 5. Übergangsvorschriften

§ 32[1)] Registrierung von bereits tätigen beruflichen Betreuern; vorläufige Registrierung. (1) [1] Betreuer, die bereits vor dem 1. Januar 2023 berufsmäßig Betreuungen geführt haben und weiterhin führen, werden auf ihren Antrag von der zuständigen Stammbehörde ohne Überprüfung der Voraussetzungen des § 23 Absatz 1 Nummer 1 und 2 registriert. [2] Zum Nachweis der berufsmäßigen Führung von Betreuungen ist dem Antrag ein Beschluss nach § 286 Absatz 1 Nummer 2 oder 4 des Gesetzes über das Verfahren in Familiensachen und in den Angelegenheiten der freiwilligen Gerichtsbarkeit[2)] über eine vom Antragsteller aktuell geführte Betreuung beizufügen. [3] Mit dem Antrag sind außerdem ein Nachweis über eine Berufshaftpflichtversicherung nach § 23 Absatz 1 Nummer 3 sowie die Unterlagen nach § 24 Absatz 1 Nummer 1 und 2 beizubringen. [4] Zudem sind der zeitliche Gesamtumfang, die Organisationsstruktur der beruflichen Betreuertätigkeit und die Aktenzeichen der gerichtlichen Betreuungsverfahren zu den aktuell geführten Betreuungen mitzuteilen. [5] Der Antrag ist innerhalb von sechs Monaten nach dem 1. Januar 2023 zu stellen. [6] Ab dem 1. Januar 2023 bis zur Entscheidung über den Antrag nach Satz 5 gelten die in Satz 1 genannten Betreuer als vorläufig registriert. [7] Wird kein Antrag nach Satz 5 gestellt, endet die vorläufige Registrierung mit Ablauf des 30. Juni 2023. [8] § 27 Absatz 4 Satz 2 gilt entsprechend.

(2) [1] Bei Personen, die zum 1. Januar 2023 bereits seit mindestens drei Jahren berufsmäßig Betreuungen geführt haben, ist davon auszugehen, dass sie über die nach § 23 Absatz 1 Nummer 2 erforderliche Sachkunde verfügen. [2] Alle übrigen bereits vor dem 1. Januar 2023 beruflich tätigen Betreuer haben bis zum 30. Juni 2025 ihre Sachkunde nach § 24 Absatz 1 Satz 2 Nummer 5 nachzuweisen.[3)] [3] Erfolgt dieser Nachweis nicht, hat die Behörde die Registrierung entsprechend § 27 zu widerrufen.

§ 33[4)] Vorläufige Registrierung. [1] Antragsteller, die die Voraussetzungen für eine Registrierung nach § 23 Absatz 1 Nummer 1 und 3 erfüllen, kann die zuständige Stammbehörde vorläufig registrieren, wenn sie

---

[1)] § 32 Abs. 1 Satz 6 neu gef., Sätze 7 und 8 angef., Abs. 2 Satz 2 geänd. mWv 1.1.2023 durch G v. 24.6.2022 (BGBl. I S. 959).

[2)] **Habersack, Deutsche Gesetze Nr. 112.**

[3)] Beachte hierzu § 15 BetreuerregistrierungsVO v. 13.7.2022 (BGBl. I S. 1154).

[4)] § 33 angef. mWv 1.1.2023 durch G v. 24.6.2022 (BGBl. I S. 959).

1. die nach § 23 Absatz 1 Nummer 2 erforderliche Sachkunde teilweise nachweisen können und
2. den vollständigen Nachweis der Sachkunde nach § 24 Absatz 1 Satz 2 Nummer 5 nur noch nicht erbringen können, weil die hierfür notwendigen Studien-, Aus- oder Weiterbildungsangebote nicht verfügbar sind.

[2] Mit der vorläufigen Registrierung werden die Antragsteller berufliche Betreuer. [3] Die vorläufige Registrierung endet spätestens mit Ablauf des 30. Juni 2025. [4] § 27 Absatz 4 Satz 2 gilt entsprechend.

§ 34[1)] Anwendungsvorschrift zu § 7. § 7 Absatz 1 Satz 2 ist nur auf Vollmachten anzuwenden, die seit dem 1. Januar 2023 durch die Behörde nach § 7 Absatz 1 Satz 1 öffentlich beglaubigt worden sind.

[1)] § 34 angef. mWv 1.1.2023 durch G v. 24.6.2022 (BGBl. I S. 959).

50 c. Übereinkommen der Vereinten Nationen über Verträge über den internationalen Warenkauf[1] (CISG)[2]

Vom 11. April 1980 (BGBl. 1989 II S. 588, ber. 1990 II 1699)

Die Vertragsstaaten dieses Übereinkommens –

im Hinblick auf die allgemeinen Ziele der Entschließungen, die von der Sechsten Außerordentlichen Tagung der Generalversammlung der Vereinten Nationen über die Errichtung einer neuen Weltwirtschaftsordnung angenommen worden sind,

in der Erwägung, daß die Entwicklung des internationalen Handels auf der Grundlage der Gleichberechtigung und des gegenseitigen Nutzens ein wichtiges Element zur Förderung freundschaftlicher Beziehungen zwischen den Staaten ist,

in der Meinung, daß die Annahme einheitlicher Bestimmungen, die auf Verträge über den internationalen Warenkauf Anwendung finden und die verschiedenen Gesellschafts-, Wirtschafts- und Rechtsordnungen berücksichtigen, dazu beitragen würde, die rechtlichen Hindernisse im internationalen Handel zu beseitigen und seine Entwicklung zu fördern –

haben folgendes vereinbart:

Teil I. Anwendungsbereich und allgemeine Bestimmungen

Kapitel I. Anwendungsbereich

Art. 1. [Anwendungsbereich] (1) Dieses Übereinkommen ist auf Kaufverträge über Waren zwischen Parteien anzuwenden, die ihre Niederlassung in verschiedenen Staaten haben,

a) wenn diese Staaten Vertragsstaaten sind oder

b) wenn die Regeln des internationalen Privatrechts zur Anwendung des Rechts eines Vertragsstaats führen.

(2) Die Tatsache, daß die Parteien ihre Niederlassung in verschiedenen Staaten haben, wird nicht berücksichtigt, wenn sie sich nicht aus dem Vertrag, aus früheren Geschäftsbeziehungen oder aus Verhandlungen oder Auskünften ergibt, die vor oder bei Vertragsabschluß zwischen den Parteien geführt oder von ihnen erteilt worden sind.

(3) Bei Anwendung dieses Übereinkommens wird weder berücksichtigt, welche Staatsangehörigkeit die Parteien haben, noch ob sie Kaufleute oder Nichtkaufleute sind oder ob der Vertrag handelsrechtlicher oder bürgerlichrechtlicher Art ist.

---

[1] Für die Bundesrepublik Deutschland ist das Übk. am 1. 1. 1991, für die ehem. DDR am 1. 3. 1990 in Kraft getreten (Bek. v. 23. 10. 1990, BGBl. II S. 1477). Weitere Vertragsparteien: Siehe Tabelle am Ende des Übereinkommens.

[2] Der Klammerzusatz ist nicht amtlich.

Art. 2. [Anwendungsausschlüsse] Dieses Übereinkommen findet keine Anwendung auf den Kauf

a) von Ware für den persönlichen Gebrauch oder den Gebrauch in der Familie oder im Haushalt, es sei denn, daß der Verkäufer vor oder bei Vertragsabschluß weder wußte noch wissen mußte, daß die Ware für einen solchen Gebrauch gekauft wurde,
b) bei Versteigerungen,
c) aufgrund von Zwangsvollstreckungs- oder anderen gerichtlichen Maßnahmen,
d) von Wertpapieren oder Zahlungsmitteln,
e) von Seeschiffen, Binnenschiffen, Luftkissenfahrzeugen oder Luftfahrzeugen,
f) von elektrischer Energie.

Art. 3. [Verträge über herzustellende Waren oder Dienstleistungen] (1) Den Kaufverträgen stehen Verträge über die Lieferung herzustellender oder zu erzeugender Ware gleich, es sei denn, daß der Besteller einen wesentlichen Teil der für die Herstellung oder Erzeugung notwendigen Stoffe selbst zur Verfügung zu stellen hat.

(2) Dieses Übereinkommen ist auf Verträge nicht anzuwenden, bei denen der überwiegende Teil der Pflichten der Partei, welche die Ware liefert, in der Ausführung von Arbeiten oder anderen Dienstleistungen besteht.

Art. 4. [Sachlicher Geltungsbereich] Dieses Übereinkommen regelt ausschließlich den Abschluß des Kaufvertrages und die aus ihm erwachsenden Rechte und Pflichten des Verkäufers und des Käufers. Soweit in diesem Übereinkommen nicht ausdrücklich etwas anderes bestimmt ist, betrifft es insbesondere nicht

a) die Gültigkeit des Vertrages oder einzelner Vertragsbestimmungen oder die Gültigkeit von Gebräuchen,
b) die Wirkungen, die der Vertrag auf das Eigentum an der verkauften Ware haben kann.

Art. 5. [Ausschluß der Haftung für Tod oder Körperverletzung] Dieses Übereinkommen findet keine Anwendung auf die Haftung des Verkäufers für den durch die Ware verursachten Tod oder die Körperverletzung einer Person.

Art. 6. [Ausschluß, Abweichung oder Änderung durch Parteiabrede] Die Parteien können die Anwendung dieses Übereinkommens ausschließen oder, vorbehaltlich des Artikels 12, von seinen Bestimmungen abweichen oder deren Wirkung ändern.

Kapitel II. Allgemeine Bestimmungen

Art. 7. [Auslegung des Übereinkommens und Lückenfüllung] (1) Bei *der Auslegung dieses Ü*bereinkommens sind sein internationaler Charakter und die Notwendigkeit zu berücksichtigen, seine einheitliche Anwendung und die Wahrung des guten Glaubens im internationalen Handel zu fördern.

(2) Fragen, die in diesem Übereinkommen geregelte Gegenstände betreffen, aber in diesem Übereinkommen nicht ausdrücklich entschieden werden, sind nach den allgemeinen Grundsätzen, die diesem Übereinkommen zugrunde liegen, oder mangels solcher Grundsätze nach dem Recht zu entscheiden, das nach den Regeln des internationalen Privatrechts anzuwenden ist.

Art. 8. [Auslegung von Erklärungen und Verhalten] (1) Für die Zwecke dieses Übereinkommens sind Erklärungen und das sonstige Verhalten einer Partei nach deren Willen auszulegen, wenn die andere Partei diesen Willen kannte oder darüber nicht in Unkenntnis sein konnte.

(2) Ist Absatz 1 nicht anwendbar, so sind Erklärungen und das sonstige Verhalten einer Partei so auszulegen, wie eine vernünftige Person der gleichen Art wie die andere Partei sie unter den gleichen Umständen aufgefaßt hätte.

(3) Um den Willen einer Partei oder die Auffassung festzustellen, die eine vernünftige Person gehabt hätte, sind alle erheblichen Umstände zu berücksichtigen, insbesondere die Verhandlungen zwischen den Parteien, die zwischen ihnen entstandenen Gepflogenheiten, die Gebräuche und das spätere Verhalten der Parteien.

Art. 9. [Handelsbräuche und Gepflogenheiten] (1) Die Parteien sind an die Gebräuche, mit denen sie sich einverstanden erklärt haben, und an die Gepflogenheiten gebunden, die zwischen ihnen entstanden sind.

(2) Haben die Parteien nichts anderes vereinbart, so wird angenommen, daß sie sich in ihrem Vertrag oder bei seinem Abschluß stillschweigend auf Gebräuche bezogen haben, die sie kannten oder kennen mußten und die im internationalen Handel den Parteien von Verträgen dieser Art in dem betreffenden Geschäftszweig weithin bekannt sind und von ihnen regelmäßig beachtet werden.

Art. 10. [Niederlassung] Für die Zwecke dieses Übereinkommens ist,

a) falls eine Partei mehr als eine Niederlassung hat, die Niederlassung maßgebend, die unter Berücksichtigung der vor oder bei Vertragsabschluß den Parteien bekannten oder von ihnen in Betracht gezogenen Umstände die engste Beziehung zu dem Vertrag und zu seiner Erfüllung hat;
b) falls eine Partei keine Niederlassung hat, ihr gewöhnlicher Aufenthalt maßgebend.

Art. 11. [Formfreiheit] Der Kaufvertrag braucht nicht schriftlich geschlossen oder nachgewiesen zu werden und unterliegt auch sonst keinen Formvorschriften. Er kann auf jede Weise bewiesen werden, auch durch Zeugen.

Art. 12. [Wirkungen eines Vorbehaltes hinsichtlich der Formfreiheit] Die Bestimmungen der Artikel 11 und 29 oder des Teils II dieses Übereinkommens, die für den Abschluß eines Kaufvertrages, seine Änderung oder Aufhebung durch Vereinbarung oder für ein Angebot, eine Annahme oder eine sonstige Willenserklärung eine andere als die schriftliche Form gestatten, gelten nicht, wenn eine Partei ihre Niederlassung in einem Vertragsstaat hat, der eine Erklärung nach Artikel 96 abgegeben hat. Die Parteien dürfen von dem vorliegenden Artikel weder abweichen noch seine Wirkung ändern.

Art. 13. [Schriftlichkeit] Für die Zwecke dieses Übereinkommens umfaßt der Ausdruck „schriftlich" auch Mitteilungen durch Telegramm oder Fernschreiben.

Teil II. Abschluß des Vertrages

Art. 14. [Begriff des Angebots]. (1) Der an eine oder mehrere bestimmte Personen gerichtete Vorschlag zum Abschluß eines Vertrages stellt ein Angebot dar, wenn er bestimmt genug ist und den Willen des Anbietenden zum Ausdruck bringt, im Falle der Annahme gebunden zu sein. Ein Vorschlag ist bestimmt genug, wenn er die Ware bezeichnet und ausdrücklich oder stillschweigend die Menge und den Preis festsetzt oder deren Festsetzung ermöglicht.

(2) Ein Vorschlag, der nicht an eine oder mehrere bestimmte Personen gerichtet ist, gilt nur als Aufforderung, ein Angebot abzugeben, wenn nicht die Person, die den Vorschlag macht, das Gegenteil deutlich zum Ausdruck bringt.

Art. 15. [Wirksamwerden des Angebots; Rücknahme] (1) Ein Angebot wird wirksam, sobald es dem Empfänger zugeht.

(2) Ein Angebot kann, selbst wenn es unwiderruflich ist, zurückgenommen werden, wenn die Rücknahmeerklärung dem Empfänger vor oder gleichzeitig mit dem Angebot zugeht.

Art. 16. [Widerruf des Angebots] (1) Bis zum Abschluß des Vertrages kann ein Angebot widerrufen werden, wenn der Widerruf dem Empfänger zugeht, bevor dieser eine Annahmeerklärung abgesandt hat.

(2) Ein Angebot kann jedoch nicht widerrufen werden,

a) wenn es durch Bestimmung einer festen Frist zur Annahme oder auf andere Weise zum Ausdruck bringt, daß es unwiderruflich ist, oder
b) wenn der Empfänger vernünftigerweise darauf vertrauen konnte, daß das Angebot unwiderruflich ist, und er im Vertrauen auf das Angebot gehandelt hat.

Art. 17. [Erlöschen des Angebots] Ein Angebot erlischt, selbst wenn es unwiderruflich ist, sobald dem Anbietenden eine Ablehnung zugeht.

Art. 18. [Begriff der Annahme] (1) Eine Erklärung oder ein sonstiges Verhalten des Empfängers, das eine Zustimmung zum Angebot ausdrückt, stellt eine Annahme dar. Schweigen oder Untätigkeit allein stellen keine Annahme dar.

(2) Die Annahme eines Angebots wird wirksam, sobald die Äußerung der Zustimmung dem Anbietenden zugeht. Sie wird nicht wirksam, wenn die Äußerung der Zustimmung dem Anbietenden nicht innerhalb der von ihm gesetzten Frist oder, bei Fehlen einer solchen Frist, innerhalb einer angemessenen Frist zugeht; dabei sind die Umstände des Geschäfts einschließlich der *Schnelligkeit* der vom Anbietenden gewählten Übermittlungsart zu berücksichtigen. Ein mündliches Angebot muß sofort angenommen werden, wenn sich aus den Umständen nichts anderes ergibt.

(3) Äußert jedoch der Empfänger aufgrund des Angebots, der zwischen den Parteien entstandenen Gepflogenheiten oder der Gebräuche seine Zustimmung dadurch, daß er eine Handlung vornimmt, die sich zum Beispiel auf die Absendung der Ware oder die Zahlung des Preises bezieht, ohne den Anbietenden davon zu unterrichten, so ist die Annahme zum Zeitpunkt der Handlung wirksam, sofern diese innerhalb der in Absatz 2 vorgeschriebenen Frist vorgenommen wird.

Art. 19. [Ergänzungen, Einschränkungen und sonstige Änderungen zum Angebot] (1) Eine Antwort auf ein Angebot, die eine Annahme darstellen soll, aber Ergänzungen, Einschränkungen oder sonstige Änderungen enthält, ist eine Ablehnung des Angebots und stellt ein Gegenangebot dar.

(2) Eine Antwort auf ein Angebot, die eine Annahme darstellen soll, aber Ergänzungen oder Abweichungen enthält, welche die Bedingungen des Angebots nicht wesentlich ändern, stellt jedoch eine Annahme dar, wenn der Anbietende das Fehlen der Übereinstimmung nicht unverzüglich mündlich beanstandet oder eine entsprechende Mitteilung absendet. Unterläßt er dies, so bilden die Bedingungen des Angebots mit den in der Annahme enthaltenen Änderungen den Vertragsinhalt.

(3) Ergänzungen oder Abweichungen, die sich insbesondere auf Preis, Bezahlung, Qualität und Menge der Ware, auf Ort und Zeit der Lieferung, auf den Umfang der Haftung der einen Partei gegenüber der anderen oder auf die Beilegung von Streitigkeiten beziehen, werden so angesehen, als änderten sie die Bedingungen des Angebots wesentlich.

Art. 20. [Annahmefrist] (1) Eine vom Anbietenden in einem Telegramm oder einem Brief gesetzte Annahmefrist beginnt mit Aufgabe des Telegramms oder mit dem im Brief angegebenen Datum oder, wenn kein Datum angegeben ist, mit dem auf dem Umschlag angegebenen Datum zu laufen. Eine vom Anbietenden telefonisch, durch Fernschreiben oder eine andere sofortige Übermittlungsart gesetzte Annahmefrist beginnt zu laufen, sobald das Angebot dem Empfänger zugeht.

(2) Gesetzliche Feiertage oder arbeitsfreie Tage, die in die Laufzeit der Annahmefrist fallen, werden bei der Fristberechnung mitgezählt. Kann jedoch die Mitteilung der Annahme am letzten Tag der Frist nicht an die Anschrift des Anbietenden zugestellt werden, weil dieser Tag am Ort der Niederlassung des Anbietenden auf einen gesetzlichen Feiertag oder arbeitsfreien Tag fällt, so verlängert sich die Frist bis zum ersten darauf folgenden Arbeitstag.

Art. 21. [Verspätete Annahme] (1) Eine verspätete Annahme ist dennoch als Annahme wirksam, wenn der Anbietende unverzüglich den Annehmenden in diesem Sinne mündlich unterrichtet oder eine entsprechende schriftliche Mitteilung absendet.

(2) Ergibt sich aus dem eine verspätete Annahme enthaltenden Brief oder anderen Schriftstück, daß die Mitteilung nach den Umständen, unter denen sie abgesandt worden ist, bei normaler Beförderung dem Anbietenden rechtzeitig zugegangen wäre, so ist die verspätete Annahme als Annahme wirksam, wenn der Anbietende nicht unverzüglich den Annehmenden mündlich davon unterrichtet, daß er sein Angebot als erloschen betrachtet, oder eine entsprechende schriftliche Mitteilung absendet.

Art. 22. [Rücknahme der Annahme] Eine Annahme kann zurückgenommen werden, wenn die Rücknahmeerklärung dem Anbietenden vor oder in dem Zeitpunkt zugeht, in dem die Annahme wirksam geworden wäre.

Art. 23. [Zeitpunkt des Vertragsschlusses] Ein Vertrag ist in dem Zeitpunkt geschlossen, in dem die Annahme eines Angebots nach diesem Übereinkommen wirksam wird.

Art. 24. [Begriff des Zugangs] Für die Zwecke dieses Teils des Übereinkommens „geht" ein Angebot, eine Annahmeerklärung oder sonstige Willenserklärung dem Empfänger „zu", wenn sie ihm mündlich gemacht wird oder wenn sie auf anderem Weg ihm persönlich, an seiner Niederlassung oder Postanschrift oder, wenn diese fehlen, an seinem gewöhnlichen Aufenthaltsort zugestellt wird.

Teil III. Warenkauf

Kapitel I. Allgemeine Bestimmungen

Art. 25. [Wesentliche Vertragsverletzung] Eine von einer Partei begangene Vertragsverletzung ist wesentlich, wenn sie für die andere Partei solchen Nachteil zur Folge hat, daß ihr im wesentlichen entgeht, was sie nach dem Vertrag hätte erwarten dürfen, es sei denn, daß die vertragsbrüchige Partei diese Folge nicht vorausgesehen hat und eine vernünftige Person der gleichen Art diese Folge unter den gleichen Umständen auch nicht vorausgesehen hätte.

Art. 26. [Aufhebungserklärung] Eine Erklärung, daß der Vertrag aufgehoben wird, ist nur wirksam, wenn sie der anderen Partei mitgeteilt wird.

Art. 27. [Absendetheorie] Soweit in diesem Teil des Übereinkommens nicht ausdrücklich etwas anderes bestimmt wird, nimmt bei einer Anzeige, Aufforderung oder sonstigen Mitteilung, die eine Partei gemäß diesem Teil mit den nach den Umständen geeigneten Mitteln macht, eine Verzögerung oder ein Irrtum bei der Übermittlung der Mitteilung oder deren Nichteintreffen dieser Partei nicht das Recht, sich auf die Mitteilung zu berufen.

Art. 28. [Erfüllungsanspruch] Ist eine Partei nach diesem Übereinkommen berechtigt, von der anderen Partei die Erfüllung einer Verpflichtung zu verlangen, so braucht ein Gericht eine Entscheidung auf Erfüllung in Natur nur zu fällen, wenn es dies auch nach seinem eigenen Recht bei gleichartigen Kaufverträgen täte, die nicht unter dieses Übereinkommen fallen.

Art. 29. [Vertragsänderung oder -aufhebung] (1) Ein Vertrag kann durch bloße Vereinbarung der Parteien geändert oder aufgehoben werden.

(2) Enthält ein schriftlicher Vertrag eine Bestimmung, wonach jede Änderung oder Aufhebung durch Vereinbarung schriftlich zu erfolgen hat, so darf er nicht auf andere Weise geändert oder aufgehoben werden. Eine Partei *kann jedoch aufgrund ihres* Verhaltens davon ausgeschlossen sein, sich auf eine solche Bestimmung zu berufen, soweit die andere Partei sich auf dieses Verhalten verlassen hat.

Kapitel II. Pflichten des Verkäufers

Art. 30. [Pflichten des Verkäufers] Der Verkäufer ist nach Maßgabe des Vertrages und dieses Übereinkommens verpflichtet, die Ware zu liefern, die sie betreffenden Dokumente zu übergeben und das Eigentum an der Ware zu übertragen.

Abschnitt I. Lieferung der Ware und Übergabe der Dokumente

Art. 31. [Inhalt der Lieferpflicht und Ort der Lieferung] Hat der Verkäufer die Ware nicht an einem anderen bestimmten Ort zu liefern, so besteht seine Lieferpflicht in folgendem:

a) Erfordert der Kaufvertrag eine Beförderung der Ware, so hat sie der Verkäufer dem ersten Beförderer zur Übermittlung an den Käufer zu übergeben;

b) bezieht sich der Vertrag in Fällen, die nicht unter Buchstabe a fallen, auf bestimmte Ware oder auf gattungsmäßig bezeichnete Ware, die aus einem bestimmten Bestand zu entnehmen ist, oder auf herzustellende oder zu erzeugende Ware, und wußten die Parteien bei Vertragsabschluß, daß die Ware sich an einem bestimmten Ort befand oder dort herzustellen oder zu erzeugen war, so hat der Verkäufer die Ware dem Käufer an diesem Ort zur Verfügung zu stellen;

c) in den anderen Fällen hat der Verkäufer die Ware dem Käufer an dem Ort zur Verfügung zu stellen, an dem der Verkäufer bei Vertragsabschluß seine Niederlassung hatte.

Art. 32. [Verpflichtung hinsichtlich der Beförderung der Ware] (1) Übergibt der Verkäufer nach dem Vertrag oder diesem Übereinkommen die Ware einem Beförderer und ist die Ware nicht deutlich durch daran angebrachte Kennzeichen oder durch Beförderungsdokumente oder auf andere Weise dem Vertrag zugeordnet, so hat der Verkäufer dem Käufer die Versendung anzuzeigen und dabei die Ware im einzelnen zu bezeichnen.

(2) Hat der Verkäufer für die Beförderung der Ware zu sorgen, so hat er die Verträge zu schließen, die zur Beförderung an den festgesetzten Ort mit den nach den Umständen angemessenen Beförderungsmitteln und zu den für solche Beförderungen üblichen Bedingungen erforderlich sind.

(3) Ist der Verkäufer nicht zum Abschluß einer Transportversicherung verpflichtet, so hat er dem Käufer auf dessen Verlangen alle ihm verfügbaren, zum Abschluß einer solchen Versicherung erforderlichen Auskünfte zu erteilen.

Art. 33. [Zeit der Lieferung] Der Verkäufer hat die Ware zu liefern,

a) wenn ein Zeitpunkt im Vertrag bestimmt ist oder aufgrund des Vertrages bestimmt werden kann, zu diesem Zeitpunkt,

b) wenn ein Zeitraum im Vertrag bestimmt ist oder aufgrund des Vertrages bestimmt werden kann, jederzeit innerhalb dieses Zeitraums, sofern sich nicht aus den Umständen ergibt, daß der Käufer den Zeitpunkt zu wählen hat, oder

c) in allen anderen Fällen innerhalb einer angemessenen Frist nach Vertragsabschluß.

Art. 34. [Übergabe von Dokumenten] Hat der Verkäufer Dokumente zu übergeben, die sich auf die Ware beziehen, so hat er sie zu dem Zeitpunkt, an dem Ort und in der Form zu übergeben, die im Vertrag vorgesehen sind. Hat der Verkäufer die Dokumente bereits vorher übergeben, so kann er bis zu dem für die Übergabe vorgesehenen Zeitpunkt jede Vertragswidrigkeit der Dokumente beheben, wenn die Ausübung dieses Rechts dem Käufer nicht unzumutbare Unannehmlichkeiten oder unverhältnismäßige Kosten verursacht. Der Käufer behält jedoch das Recht, Schadenersatz nach diesem Übereinkommen zu verlangen.

Abschnitt II. Vertragsmäßigkeit der Ware sowie Rechte oder Ansprüche Dritter

Art. 35. [Vertragsmäßigkeit der Ware] (1) Der Verkäufer hat Ware zu liefern, die in Menge, Qualität und Art sowie hinsichtlich Verpackung oder Behältnis den Anforderungen des Vertrages entspricht.

(2) Haben die Parteien nichts anderes vereinbart, so entspricht die Ware dem Vertrag nur,

a) wenn sie sich für die Zwecke eignet, für die Ware der gleichen Art gewöhnlich gebraucht wird;

b) wenn sie sich für einen bestimmten Zweck eignet, der dem Verkäufer bei Vertragsabschluß ausdrücklich oder auf andere Weise zur Kenntnis gebracht wurde, sofern sich nicht aus den Umständen ergibt, daß der Käufer auf die Sachkenntnis und das Urteilsvermögen des Verkäufers nicht vertraute oder vernünftigerweise nicht vertrauen konnte;

c) wenn sie die Eigenschaften einer Ware besitzt, die der Verkäufer dem Käufer als Probe oder Muster vorgelegt hat;

d) wenn sie in der für Ware dieser Art üblichen Weise oder, falls es eine solche Weise nicht gibt, in einer für die Erhaltung und den Schutz der Ware angemessenen Weise verpackt ist.

(3) Der Verkäufer haftet nach Absatz 2 Buchstaben a bis d nicht für eine Vertragswidrigkeit der Ware, wenn der Käufer bei Vertragsabschluß diese Vertragswidrigkeit kannte oder darüber nicht in Unkenntnis sein konnte.

Art. 36. [Maßgeblicher Zeitpunkt für die Vertragsmäßigkeit] (1) Der Verkäufer haftet nach dem Vertrag und diesem Übereinkommen für eine Vertragswidrigkeit, die im Zeitpunkt des Übergangs der Gefahr auf den Käufer besteht, auch wenn die Vertragswidrigkeit erst nach diesem Zeitpunkt offenbar wird.

(2) Der Verkäufer haftet auch für eine Vertragswidrigkeit, die nach dem in Absatz 1 angegebenen Zeitpunkt eintritt und auf die Verletzung einer seiner Pflichten zurückzuführen ist, einschließlich der Verletzung einer Garantie dafür, daß die Ware für eine bestimmte Zeit für den üblichen Zweck oder für einen bestimmten Zweck geeignet bleiben oder besondere Eigenschaften oder Merkmale behalten wird.

Art. 37. [Nacherfüllung bei vorzeitiger Lieferung] Bei vorzeitiger Lieferung der Ware behält der Verkäufer bis zu dem für die Lieferung festgesetzten Zeitpunkt das Recht, fehlende Teile nachzuliefern, eine fehlende Menge auszugleichen, für nicht vertragsgemäße Ware Ersatz zu liefern oder die Vertragswidrigkeit der gelieferten Ware zu beheben, wenn die Ausübung dieses Rechts dem Käufer nicht unzumutbare Unannehmlichkeiten oder unverhältnismäßige Kosten verursacht. Der Käufer behält jedoch das Recht, Schadenersatz nach diesem Übereinkommen zu verlangen.

Art. 38. [Untersuchung der Ware] (1) Der Käufer hat die Ware innerhalb einer so kurzen Frist zu untersuchen oder untersuchen zu lassen, wie es die Umstände erlauben.

(2) Erfordert der Vertrag eine Beförderung der Ware, so kann die Untersuchung bis nach dem Eintreffen der Ware am Bestimmungsort aufgeschoben werden.

(3) Wird die Ware vom Käufer umgeleitet oder von ihm weiterversandt, ohne daß er ausreichend Gelegenheit hatte, sie zu untersuchen, und kannte der Verkäufer bei Vertragsabschluß die Möglichkeit einer solchen Umleitung oder Weiterversendung oder mußte er sie kennen, so kann die Untersuchung bis nach dem Eintreffen der Ware an ihrem neuen Bestimmungsort aufgeschoben werden.

Art. 39. [Mängelrüge] (1) Der Käufer verliert das Recht, sich auf eine Vertragswidrigkeit der Ware zu berufen, wenn er sie dem Verkäufer nicht innerhalb einer angemessenen Frist nach dem Zeitpunkt, in dem er sie festgestellt hat oder hätte feststellen müssen, anzeigt und dabei die Art der Vertragswidrigkeit genau bezeichnet.

(2) Der Käufer verliert in jedem Fall das Recht, sich auf die Vertragswidrigkeit der Ware zu berufen, wenn er sie nicht spätestens innerhalb von zwei Jahren, nachdem ihm die Ware tatsächlich übergeben worden ist, dem Verkäufer anzeigt, es sein denn, daß diese Frist mit einer vertraglichen Garantiefrist unvereinbar ist.

Art. 40. [Bösgläubigkeit des Verkäufers] Der Verkäufer kann sich auf die Artikel 38 und 39 nicht berufen, wenn die Vertragswidrigkeit auf Tatsachen beruht, die er kannte oder über die er nicht in Unkenntnis sein konnte und die er dem Käufer nicht offenbart hat.

Art. 41. [Rechtsmängel] Der Verkäufer hat Ware zu liefern, die frei von Rechten oder Ansprüchen Dritter ist, es sei denn, daß der Käufer eingewilligt hat, die mit einem solchen Recht oder Anspruch behaftete Ware zu nehmen. Beruhen jedoch solche Rechte oder Ansprüche auf gewerblichem oder anderem geistigen Eigentum, so regelt Artikel 42 die Verpflichtung des Verkäufers.

Art. 42. [Belastung mit Schutzrechten Dritter] (1) Der Verkäufer hat Ware zu liefern, die frei von Rechten oder Ansprüchen Dritter ist, die auf gewerblichem oder anderem geistigen Eigentum beruhen und die der Verkäufer bei Vertragsabschluß kannte oder über die er nicht in Unkenntnis sein konnte, vorausgesetzt, das Recht oder der Anspruch beruht auf gewerblichem oder anderem geistigen Eigentum

a) nach dem Recht des Staates, in dem die Ware weiterverkauft oder in dem sie in anderer Weise verwendet wird, wenn die Parteien bei Vertragsabschluß in Betracht gezogen haben, daß die Ware dort weiterverkauft oder verwendet werden wird, oder

b) in jedem anderen Falle nach dem Recht des Staates, in dem der Käufer seine Niederlassung hat.

(2) Die Verpflichtung des Verkäufers nach Absatz 1 erstreckt sich nicht auf Fälle,

a) in denen der Käufer im Zeitpunkt des Vertragsabschlusses das Recht oder den Anspruch kannte oder darüber nicht in Unkenntnis sein konnte, oder

b) in denen das Recht oder der Anspruch sich daraus ergibt, daß der Verkäufer sich nach technischen Zeichnungen, Entwürfen, Formeln oder sonstigen Angaben gerichtet hat, die der Käufer zur Verfügung gestellt hat.

Art. 43. [Rügepflicht] (1) Der Käufer kann sich auf Artikel 41 oder 42 nicht berufen, wenn er dem Verkäufer das Recht oder den Anspruch des Dritten nicht innerhalb einer angemessenen Frist nach dem Zeitpunkt, in dem er davon Kenntnis erlangt hat oder hätte erlangen müssen, anzeigt und dabei genau bezeichnet, welcher Art das Recht oder der Anspruch des Dritten ist.

(2) Der Verkäufer kann sich nicht auf Absatz 1 berufen, wenn er das Recht oder den Anspruch des Dritten und seine Art kannte.

Art. 44. [Entschuldigung für unterlassene Anzeige] Ungeachtet des Artikels 39 Absatz 1 und des Artikels 43 Absatz 1 kann der Käufer den Preis nach Artikel 50 herabsetzen oder Schadenersatz, außer für entgangenen Gewinn, verlangen, wenn er eine vernünftige Entschuldigung dafür hat, daß er die erforderliche Anzeige unterlassen hat.

Abschnitt III. Rechtsbehelfe des Käufers wegen Vertragsverletzung durch den Verkäufer

Art. 45. [Rechtsbehelfe des Käufers; keine zusätzliche Frist] (1) Erfüllt der Verkäufer eine seiner Pflichten nach dem Vertrag oder diesem Übereinkommen nicht, so kann der Käufer

a) die in Artikel 46 bis 52 vorgesehenen Rechte ausüben;

b) Schadenersatz nach Artikel 74 bis 77 verlangen.

(2) Der Käufer verliert das Recht, Schadenersatz zu verlangen, nicht dadurch, daß er andere Rechtsbehelfe ausübt.

(3) Übt der Käufer einen Rechtsbehelf wegen Vertragsverletzung aus, so darf ein Gericht oder Schiedsgericht dem Verkäufer keine zusätzliche Frist gewähren.

Art. 46. [Recht des Käufers auf Erfüllung oder Nacherfüllung] (1) Der Käufer kann vom Verkäufer Erfüllung seiner Pflichten verlangen, es sei denn, daß der Käufer einen Rechtsbehelf ausgeübt hat, der mit diesem Verlangen unvereinbar ist.

(2) Ist die Ware nicht vertragsgemäß, so kann der Käufer Ersatzlieferung nur verlangen, wenn die Vertragswidrigkeit eine wesentliche Vertragsverletzung darstellt und die Ersatzlieferung entweder zusammen mit einer Anzeige nach Artikel 39 oder innerhalb einer angemessenen Frist danach verlangt wird.

(3) Ist die Ware nicht vertragsgemäß, so kann der Käufer den Verkäufer auffordern, die Vertragswidrigkeit durch Nachbesserung zu beheben, es sei denn, daß dies unter Berücksichtigung aller Umstände unzumutbar ist. Nachbesserung muß entweder zusammen mit einer Anzeige nach Artikel 39 oder innerhalb einer angemessenen Frist danach verlangt werden.

Art. 47. [Nachfrist] (1) Der Käufer kann dem Verkäufer eine angemessene Nachfrist zur Erfüllung seiner Pflichten setzen.

(2) Der Käufer kann vor Ablauf dieser Frist keinen Rechtsbehelf wegen Vertragsverletzung ausüben, außer wenn er vom Verkäufer die Anzeige erhalten hat, daß dieser seine Pflichten nicht innerhalb der so gesetzten Frist erfüllen wird. Der Käufer behält jedoch das Recht, Schadenersatz wegen verspäteter Erfüllung zu verlangen.

Art. 48. [Recht des Verkäufers zur Nacherfüllung]. (1) Vorbehaltlich des Artikels 49 kann der Verkäufer einen Mangel in der Erfüllung seiner Pflichten auch nach dem Liefertermin auf eigene Kosten beheben, wenn dies keine unzumutbare Verzögerung nach sich zieht und dem Käufer weder unzumutbare Unannehmlichkeiten noch Ungewißheit über die Erstattung seiner Auslagen durch den Verkäufer verursacht. Der Käufer behält jedoch das Recht, Schadenersatz nach diesem Übereinkommen zu verlangen.

(2) Fordert der Verkäufer den Käufer auf, ihm mitzuteilen, ob er die Erfüllung annehmen will, und entspricht der Käufer der Aufforderung nicht innerhalb einer angemessenen Frist, so kann der Verkäufer innerhalb der in seiner Aufforderung angegebenen Frist erfüllen. Der Käufer kann vor Ablauf dieser Frist keinen Rechtsbehelf ausüben, der mit der Erfüllung durch den Verkäufer unvereinbar ist.

(3) Zeigt der Verkäufer dem Käufer an, daß er innerhalb einer bestimmten Frist erfüllen wird, so wird vermutet, daß die Anzeige eine Aufforderung an den Käufer nach Absatz 2 enthält, seine Entscheidung mitzuteilen.

(4) Eine Aufforderung oder Anzeige des Verkäufers nach Absatz 2 oder 3 ist nur wirksam, wenn der Käufer sie erhalten hat.

Art. 49. [Vertragsaufhebung] (1) Der Käufer kann die Aufhebung des Vertrages erklären,

a) wenn die Nichterfüllung einer dem Verkäufer nach dem Vertrag oder diesem Übereinkommen obliegenden Pflicht eine wesentliche Vertragsverletzung darstellt oder

b) wenn im Falle der Nichtlieferung der Verkäufer die Ware nicht innerhalb der vom Käufer nach Artikel 47 Absatz 1 gesetzten Nachfrist liefert oder wenn er erklärt, daß er nicht innerhalb der so gesetzten Frist liefern wird.

(2) Hat der Verkäufer die Ware geliefert, so verliert jedoch der Käufer sein Recht, die Aufhebung des Vertrages zu erklären, wenn er

a) im Falle der verspäteten Lieferung die Aufhebung nicht innerhalb einer angemessenen Frist erklärt, nachdem er erfahren hat, daß die Lieferung erfolgt ist, oder

b) im Falle einer anderen Vertragsverletzung als verspäteter Lieferung die Aufhebung nicht innerhalb einer angemessenen Frist erklärt,

i) nachdem er die Vertragsverletzung kannte oder kennen mußte,

ii) nachdem eine vom Käufer nach Artikel 47 Absatz 1 gesetzte Nachfrist abgelaufen ist oder nachdem der Verkäufer erklärt hat, daß er seine Pflichten nicht innerhalb der Nachfrist erfüllen wird, oder

iii) nachdem eine vom Verkäufer nach Artikel 48 Absatz 2 gesetzte Frist abgelaufen ist oder nachdem der Käufer erklärt hat, daß er die Erfüllung nicht annehmen wird.

Art. 50. [Minderung] Ist die Ware nicht vertragsgemäß, so kann der Käufer unabhängig davon, ob der Kaufpreis bereits gezahlt worden ist oder nicht, den Preis in dem Verhältnis herabsetzen, in dem der Wert, den die tatsächlich gelieferte Ware im Zeitpunkt der Lieferung hatte, zu dem Wert steht, den vertragsgemäße Ware zu diesem Zeitpunkt gehabt hätte. Behebt jedoch der Verkäufer nach Artikel 37 oder 48 einen Mangel in der Erfüllung seiner Pflichten oder weigert sich der Käufer, Erfüllung durch den Verkäufer nach den genannten Artikeln anzunehmen, so kann der Käufer den Preis nicht herabsetzen.

Art. 51. [Teilweise Nichterfüllung] (1) Liefert der Verkäufer nur einen Teil der Ware oder ist nur ein Teil der gelieferten Ware vertragsgemäß, so gelten für den Teil, der fehlt oder der nicht vertragsgemäß ist, die Artikel 46 bis 50.

(2) Der Käufer kann nur dann die Aufhebung des gesamten Vertrages erklären, wenn die unvollständige oder nicht vertragsgemäße Lieferung eine wesentliche Vertragsverletzung darstellt.

Art. 52. [Vorzeitige Lieferung und Zuviellieferung] (1) Liefert der Verkäufer die Ware vor dem festgesetzten Zeitpunkt, so steht es dem Käufer frei, sie abzunehmen oder die Abnahme zu verweigern.

(2) Liefert der Verkäufer eine größere als die vereinbarte Menge, so kann der Käufer die zuviel gelieferte Menge abnehmen oder ihre Abnahme verweigern. Nimmt der Käufer die zuviel gelieferte Menge ganz oder teilweise ab, so hat er sie entsprechend dem vertraglichen Preis zu bezahlen.

Kapitel III. Pflichten des Käufers

Art. 53. [Zahlung des Kaufpreises; Abnahme der Ware] Der Käufer ist nach Maßgabe des Vertrages und dieses Übereinkommens verpflichtet, den Kaufpreis zu zahlen und die Ware abzunehmen.

Abschnitt I. Zahlung des Kaufpreises

Art. 54. [Kaufpreiszahlung] Zur Pflicht des Käufers, den Kaufpreis zu zahlen, gehört es auch, die Maßnahmen zu treffen und die Förmlichkeiten zu erfüllen, die der Vertrag oder Rechtsvorschriften erfordern, damit Zahlung geleistet werden kann.

Art. 55. [Bestimmung des Preises] Ist ein Vertrag gültig geschlossen worden, ohne daß er den Kaufpreis ausdrücklich oder stillschweigend festsetzt oder dessen Festsetzung ermöglicht, so wird mangels gegenteiliger Anhaltspunkte vermutet, daß die Parteien sich stillschweigend auf den Kaufpreis bezogen haben, der bei Vertragsabschluß allgemein für derartige Ware berechnet wurde, die in dem betreffenden Geschäftszweig unter vergleichbaren Umständen verkauft wurde.

Art. 56. [Kaufpreis nach Gewicht] Ist der Kaufpreis nach dem Gewicht der Ware festgesetzt, so bestimmt er sich im Zweifel nach dem Nettogewicht.

Art. 57. [Zahlungsort] (1) Ist der Käufer nicht verpflichtet, den Kaufpreis an einem anderen bestimmten Ort zu zahlen, so hat er ihn dem Verkäufer wie folgt zu zahlen:

a) am Ort der Niederlassung des Verkäufers oder,
b) wenn die Zahlung gegen Übergabe der Ware oder von Dokumenten zu leisten ist, an dem Ort, an dem die Übergabe stattfindet.

(2) Der Verkäufer hat alle mit der Zahlung zusammenhängenden Mehrkosten zu tragen, die durch einen Wechsel seiner Niederlassung nach Vertragsabschluß entstehen.

Art. 58. [Zahlungszeit; Zahlung als Bedingung der Übergabe; Untersuchung vor Zahlung] (1) Ist der Käufer nicht verpflichtet, den Kaufpreis zu einer bestimmten Zeit zu zahlen, so hat er den Preis zu zahlen, sobald ihm der Verkäufer entweder die Ware oder die Dokumente, die zur Verfügung darüber berechtigen, nach dem Vertrag und diesem Übereinkommen zur Verfügung gestellt hat. Der Verkäufer kann die Übergabe der Ware oder der Dokumente von der Zahlung abhängig machen.

(2) Erfordert der Vertrag eine Beförderung der Ware, so kann der Verkäufer sie mit der Maßgabe versenden, daß die Ware oder die Dokumente, die zur Verfügung darüber berechtigen, dem Käufer nur gegen Zahlung des Kaufpreises zu übergeben sind.

(3) Der Käufer ist nicht verpflichtet, den Kaufpreis zu zahlen, bevor er Gelegenheit gehabt hat, die Ware zu untersuchen, es sei denn, die von den Parteien vereinbarten Lieferungs- oder Zahlungsmodalitäten bieten hierzu keine Gelegenheit.

Art. 59. [Zahlung ohne Aufforderung] Der Käufer hat den Kaufpreis zu dem Zeitpunkt, der in dem Vertrag festgesetzt oder nach dem Vertrag und diesem Übereinkommen bestimmbar ist, zu zahlen, ohne daß es einer Aufforderung oder der Einhaltung von Förmlichkeiten seitens des Verkäufers bedarf.

Abschnitt II. Abnahme

Art. 60. [Begriff der Abnahme] Die Pflicht des Käufers zur Abnahme besteht darin,

a) alle Handlungen vorzunehmen, die vernünftigerweise von ihm erwartet werden können, damit dem Verkäufer die Lieferung ermöglicht wird, und
b) die Ware zu übernehmen.

Abschnitt III. Rechtsbehelfe des Verkäufers wegen Vertragsverletzung durch den Käufer

Art. 61. [Rechtsbehelfe des Verkäufers; keine zusätzliche Frist] (1) Erfüllt der Käufer eine seiner Pflichten nach dem Vertrag oder diesem Übereinkommen nicht, so kann der Verkäufer

a) die in Artikel 62 bis 65 vorgesehenen Rechte ausüben;

b) Schadenersatz nach Artikel 74 bis 77 verlangen.

(2) Der Verkäufer verliert das Recht, Schadenersatz zu verlangen, nicht dadurch, daß er andere Rechtsbehelfe ausübt.

(3) Übt der Verkäufer einen Rechtsbehelf wegen Vertragsverletzung aus, so darf ein Gericht oder Schiedsgericht dem Käufer keine zusätzliche Frist gewähren.

Art. 62. [Zahlung des Kaufpreises; Abnahme der Ware] Der Verkäufer kann vom Käufer verlangen, daß er den Kaufpreis zahlt, die Ware abnimmt sowie seine sonstigen Pflichten erfüllt, es sei denn, daß der Verkäufer einen Rechtsbehelf ausgeübt hat, der mit diesem Verlangen unvereinbar ist.

Art. 63. [Nachfrist] (1) Der Verkäufer kann dem Käufer eine angemessene Nachfrist zur Erfüllung seiner Pflichten setzen.

(2) Der Verkäufer kann vor Ablauf dieser Frist keinen Rechtsbehelf wegen Vertragsverletzung ausüben, außer wenn er vom Käufer die Anzeige erhalten hat, daß dieser seine Pflichten nicht innerhalb der so gesetzten Frist erfüllen wird. Der Verkäufer verliert dadurch jedoch nicht das Recht, Schadenersatz wegen verspäteter Erfüllung zu verlangen.

Art. 64. [Vertragsaufhebung] (1) Der Verkäufer kann die Aufhebung des Vertrages erklären,

a) wenn die Nichterfüllung einer dem Käufer nach dem Vertrag oder diesem Übereinkommen obliegenden Pflicht eine wesentliche Vertragsverletzung darstellt oder

b) wenn der Käufer nicht innerhalb der vom Verkäufer nach Artikel 63 Absatz 1 gesetzten Nachfrist seine Pflicht zur Zahlung des Kaufpreises oder zur Abnahme der Ware erfüllt oder wenn er erklärt, daß er dies nicht innerhalb der so gesetzten Frist tun wird.

(2) Hat der Käufer den Kaufpreis gezahlt, so verliert jedoch der Verkäufer sein Recht, die Aufhebung des Vertrages zu erklären, wenn er

a) im Falle verspäteter Erfüllung durch den Käufer die Aufhebung nicht erklärt, bevor er erfahren hat, daß erfüllt worden ist, oder

b) im Falle einer anderen Vertragsverletzung als verspäteter Erfüllung durch den Käufer die Aufhebung nicht innerhalb einer angemessenen Zeit erklärt,

   i) nachdem der Verkäufer die Vertragsverletzung kannte oder kennen mußte oder

   ii) nachdem eine vom Verkäufer nach Artikel 63 Absatz 1 gesetzte Nachfrist abgelaufen ist oder nachdem der Käufer erklärt hat, daß er seine Pflichten nicht innerhalb der Nachfrist erfüllen wird.

Art. 65. [Spezifizierung durch den Verkäufer] (1) Hat der Käufer nach dem Vertrag die Form, die Maße oder andere Merkmale der Ware näher zu bestimmen und nimmt er diese Spezifizierung nicht zu dem vereinbarten Zeitpunkt oder innerhalb einer angemessenen Frist nach Eingang einer Aufforderung durch den Verkäufer vor, so kann der Verkäufer unbeschadet aller ihm zustehenden sonstigen Rechte die Spezifizierung nach den Bedürfnissen des Käufers, soweit ihm diese bekannt sind, selbst vornehmen.

(2) Nimmt der Verkäufer die Spezifizierung selbst vor, so hat er dem Käufer deren Einzelheiten mitzuteilen und ihm eine angemessene Frist zu setzen, innerhalb deren der Käufer eine abweichende Spezifizierung vornehmen kann. Macht der Käufer nach Eingang einer solchen Mitteilung von dieser Möglichkeit innerhalb der so gesetzten Frist keinen Gebrauch, so ist die vom Verkäufer vorgenommene Spezifizierung verbindlich.

Kapitel IV. Übergang der Gefahr

Art. 66. [Wirkung des Gefahrübergangs] Untergang oder Beschädigung der Ware nach Übergang der Gefahr auf den Käufer befreit diesen nicht von der Pflicht, den Kaufpreis zu zahlen, es sei denn, daß der Untergang oder die Beschädigung auf eine Handlung oder Unterlassung des Verkäufers zurückzuführen ist.

Art. 67. [Gefahrübergang bei Beförderung der Ware] (1) Erfordert der Kaufvertrag eine Beförderung der Ware und ist der Verkäufer nicht verpflichtet, sie an einem bestimmten Ort zu übergeben, so geht die Gefahr auf den Käufer über, sobald die Ware gemäß dem Kaufvertrag dem ersten Beförderer zur Übermittlung an den Käufer übergeben wird. Hat der Verkäufer dem Beförderer die Ware an einem bestimmten Ort zu übergeben, so geht die Gefahr erst auf den Käufer über, wenn die Ware dem Beförderer an diesem Ort übergeben wird. Ist der Verkäufer befugt, die Dokumente, die zur Verfügung über die Ware berechtigen, zurückzubehalten, so hat dies keinen Einfluß auf den Übergang der Gefahr.

(2) Die Gefahr geht jedoch erst auf den Käufer über, wenn die Ware eindeutig dem Vertrag zugeordnet ist, sei es durch an der Ware angebrachte Kennzeichen, durch Beförderungsdokumente, durch eine Anzeige an den Käufer oder auf andere Weise.

Art. 68. [Gefahrübergang bei Verkauf der Ware, die sich auf dem Transport befindet] Wird Ware, die sich auf dem Transport befindet, verkauft, so geht die Gefahr im Zeitpunkt des Vertragsabschlusses auf den Käufer über. Die Gefahr wird jedoch bereits im Zeitpunkt der Übergabe der Ware an den Beförderer, der die Dokumente über den Beförderungsvertrag ausgestellt hat, von dem Käufer übernommen, falls die Umstände diesen Schluß nahelegen. Wenn dagegen der Verkäufer bei Abschluß des Kaufvertrages wußte oder wissen mußte, daß die Ware untergegangen oder beschädigt war, und er dies dem Käufer nicht offenbart hat, geht der Untergang oder die Beschädigung zu Lasten des Verkäufers.

Art. 69. [Gefahrübergang in anderen Fällen] (1) In den durch Artikel 67 und 68 nicht geregelten Fällen geht die Gefahr auf den Käufer über, sobald er die Ware übernimmt oder, wenn er sie nicht rechtzeitig übernimmt, in dem Zeitpunkt, in dem ihm die Ware zur Verfügung gestellt wird und er durch Nichtabnahme eine Vertragsverletzung begeht.

(2) Hat jedoch der Käufer die Ware an einem anderen Ort als einer Niederlassung des Verkäufers zu übernehmen, so geht die Gefahr über, sobald die Lieferung fällig ist und der Käufer Kenntnis davon hat, daß ihm die Ware an diesem Ort zur Verfügung steht.

(3) Betrifft der Vertrag Ware, die noch nicht individualisiert ist, so gilt sie erst dann als dem Käufer zur Verfügung gestellt, wenn sie eindeutig dem Vertrag zugeordnet worden ist.

Art. 70. [Wesentliche Vertragsverletzung und Gefahrübergang] Hat der Verkäufer eine wesentliche Vertragsverletzung begangen, so berühren die Artikel 67, 68 und 69 nicht die dem Käufer wegen einer solchen Verletzung zustehenden Rechtsbehelfe.

Kapitel V. Gemeinsame Bestimmungen über die Pflichten des Verkäufers und des Käufers

Abschnitt I. Vorweggenommene Vertragsverletzung und Verträge über aufeinander folgende Lieferungen

Art. 71. [Verschlechterungseinrede] (1) Eine Partei kann die Erfüllung ihrer Pflichten aussetzen, wenn sich nach Vertragsabschluß herausstellt, daß die andere Partei einen wesentlichen Teil ihrer Pflichten nicht erfüllen wird

a) wegen eines schwerwiegenden Mangels ihrer Fähigkeit, den Vertrag zu erfüllen, oder ihrer Kreditwürdigkeit oder

b) wegen ihres Verhaltens bei der Vorbereitung der Erfüllung oder bei der Erfüllung des Vertrages.

(2) Hat der Verkäufer die Ware bereits abgesandt, bevor sich die in Absatz 1 bezeichneten Gründe herausstellen, so kann er sich der Übergabe der Ware an den Käufer widersetzen, selbst wenn der Käufer ein Dokument hat, das ihn berechtigt, die Ware zu erlangen. Der vorliegende Absatz betrifft nur die Rechte auf die Ware im Verhältnis zwischen Käufer und Verkäufer.

(3) Setzt eine Partei vor oder nach der Absendung der Ware die Erfüllung aus, so hat sie dies der anderen Partei sofort anzuzeigen; sie hat die Erfüllung fortzusetzen, wenn die andere Partei für die Erfüllung ihrer Pflichten ausreichende Gewähr gibt.

Art. 72. [Antizipierter Vertragsbruch] (1) Ist schon vor dem für die Vertragserfüllung festgesetzten Zeitpunkt offensichtlich, daß eine Partei eine wesentliche Vertragsverletzung begehen wird, so kann die andere Partei die Aufhebung des Vertrages erklären.

(2) Wenn es die Zeit erlaubt und es nach den Umständen vernünftig ist, hat die Partei, welche die Aufhebung des Vertrages erklären will, dies der anderen Partei anzuzeigen, um ihr zu ermöglichen, für die Erfüllung ihrer Pflichten *ausreichende Gewähr zu* geben.

(3) Absatz 2 ist nicht anzuwenden, wenn die andere Partei erklärt hat, daß sie ihre Pflichten nicht erfüllen wird.

Art. 73. [Sukzessivlieferungsvertrag; Aufhebung]. (1) Sieht ein Vertrag aufeinander folgende Lieferungen von Ware vor und begeht eine Partei durch Nichterfüllung einer eine Teillieferung betreffenden Pflicht eine wesentliche Vertragsverletzung in bezug auf diese Teillieferung, so kann die andere Partei die Aufhebung des Vertrages in bezug auf diese Teillieferung erklären.

(2) Gibt die Nichterfüllung einer eine Teillieferung betreffenden Pflicht durch eine der Parteien der anderen Partei triftigen Grund zu der Annahme, daß eine wesentliche Vertragsverletzung in bezug auf künftige Teillieferungen zu erwarten ist, so kann die andere Partei innerhalb angemessener Frist die Aufhebung des Vertrages für die Zukunft erklären.

(3) Ein Käufer, der den Vertrag in bezug auf eine Lieferung als aufgehoben erklärt, kann gleichzeitig die Aufhebung des Vertrages in bezug auf bereits erhaltene Lieferungen oder in bezug auf künftige Lieferungen erklären, wenn diese Lieferungen wegen des zwischen ihnen bestehenden Zusammenhangs nicht mehr für den Zweck verwendet werden können, den die Parteien im Zeitpunkt des Vertragsabschlusses in Betracht gezogen haben.

Abschnitt II. Schadenersatz

Art. 74. [Umfang des Schadenersatzes] Als Schadenersatz für die durch eine Partei begangene Vertragsverletzung ist der der anderen Partei infolge der Vertragsverletzung entstandene Verlust, einschließlich des entgangenen Gewinns, zu ersetzen. Dieser Schadenersatz darf jedoch den Verlust nicht übersteigen, den die vertragsbrüchige Partei bei Vertragsabschluß als mögliche Folge der Vertragsverletzung vorausgesehen hat oder unter Berücksichtigung der Umstände, die sie kannte oder kennen mußte, hätte voraussehen müssen.

Art. 75. [Schadensberechnung bei Vertragsaufhebung und Deckungsgeschäft] Ist der Vertrag aufgehoben und hat der Käufer einen Deckungskauf oder der Verkäufer einen Deckungsverkauf in angemessener Weise und innerhalb eines angemessenen Zeitraums nach der Aufhebung vorgenommen, so kann die Partei, die Schadenersatz verlangt, den Unterschied zwischen dem im Vertrag vereinbarten Preis und dem Preis des Deckungskaufs oder des Deckungsverkaufs sowie jeden weiteren Schadenersatz nach Artikel 74 verlangen.

Art. 76. [Schadensberechnung bei Vertragsaufhebung ohne Deckungsgeschäft] (1) Ist der Vertrag aufgehoben und hat die Ware einen Marktpreis, so kann die Schadenersatz verlangende Partei, wenn sie keinen Deckungskauf oder Deckungsverkauf nach Artikel 75 vorgenommen hat, den Unterschied zwischen dem im Vertrag vereinbarten Preis und dem Marktpreis zur Zeit der Aufhebung sowie jeden weiteren Schadenersatz nach Artikel 74 verlangen. Hat jedoch die Partei, die Schadenersatz verlangt, den Vertrag aufgehoben, nachdem sie die Ware übernommen hat, so gilt der Marktpreis zur Zeit der Übernahme und nicht der Marktpreis zur Zeit der Aufhebung.

(2) Als Marktpreis im Sinne von Absatz 1 ist maßgebend der Marktpreis, der an dem Ort gilt, an dem die Lieferung der Ware hätte erfolgen sollen, oder, wenn dort ein Marktpreis nicht besteht, der an einem angemessenen Ersatzort geltende Marktpreis; dabei sind Unterschiede in den Kosten der Beförderung der Ware zu berücksichtigen.

Art. 77. [Schadensminderungspflicht des Ersatzberechtigten] Die Partei, die sich auf eine Vertragsverletzung beruft, hat alle den Umständen nach angemessenen Maßnahmen zur Verringerung des aus der Vertragsverletzung folgenden Verlusts, einschließlich des entgangenen Gewinns, zu treffen. Versäumt sie dies, so kann die vertragsbrüchige Partei Herabsetzung des Schadenersatzes in Höhe des Betrags verlangen, um den der Verlust hätte verringert werden sollen.

Abschnitt III. Zinsen

Art. 78. [Zinsen] Versäumt eine Partei, den Kaufpreis oder einen anderen fälligen Betrag zu zahlen, so hat die andere Partei für diese Beträge Anspruch auf Zinsen, unbeschadet eines Schadenersatzanspruchs nach Artikel 74.

Abschnitt IV. Befreiungen

Art. 79. [Hinderungsgrund außerhalb des Einflußbereichs des Schuldners] (1) Eine Partei hat für die Nichterfüllung einer ihrer Pflichten nicht einzustehen, wenn sie beweist, daß die Nichterfüllung auf einem außerhalb ihres Einflußbereichs liegenden Hinderungsgrund beruht und daß von ihr vernünftigerweise nicht erwartet werden konnte, den Hinderungsgrund bei Vertragsabschluß in Betracht zu ziehen oder den Hinderungsgrund oder seine Folgen zu vermeiden oder zu überwinden.

(2) Beruht die Nichterfüllung einer Partei auf der Nichterfüllung durch einen Dritten, dessen sie sich zur völligen oder teilweisen Vertragserfüllung bedient, so ist diese Partei von der Haftung nur befreit,

a) wenn sie nach Absatz 1 befreit ist und

b) wenn der Dritte selbst ebenfalls nach Absatz 1 befreit wäre, sofern Absatz 1 auf ihn Anwendung fände.

(3) Die in diesem Artikel vorgesehene Befreiung gilt für die Zeit, während der der Hinderungsgrund besteht.

(4) Die Partei, die nicht erfüllt, hat den Hinderungsgrund und seine Auswirkung auf ihre Fähigkeit zu erfüllen der anderen Partei mitzuteilen. Erhält die andere Partei die Mitteilung nicht innerhalb einer angemessenen Frist, nachdem die nicht erfüllende Partei den Hinderungsgrund kannte oder kennen mußte, so haftet diese für den aus dem Nichterhalt entstehenden Schaden.

(5) Dieser Artikel hindert die Parteien nicht, ein anderes als das Recht auszuüben, Schadenersatz nach diesem Übereinkommen zu verlangen.

Art. 80. [Verursachung der Nichterfüllung durch die andere Partei] Eine Partei kann sich auf die Nichterfüllung von Pflichten durch die andere Partei nicht berufen, soweit diese Nichterfüllung durch ihre Handlung oder Unterlassung verursacht wurde.

Abschnitt V. Wirkung der Aufhebung

Art. 81. [Erlöschen der Leistungspflichten; Rückgabe des Geleisteten] (1) Die Aufhebung des Vertrages befreit beide Parteien von ihren Vertragspflichten, mit Ausnahme etwaiger Schadenersatzpflichten. Die Aufhebung berührt nicht Bestimmungen des Vertrages über die Beilegung von Streitigkeiten oder sonstige Bestimmungen des Vertrages, welche die Rechte und Pflichten der Parteien nach Vertragsaufhebung regeln.

(2) Hat eine Partei den Vertrag ganz oder teilweise erfüllt, so kann sie Rückgabe des von ihr Geleisteten von der anderen Partei verlangen. Sind beide Parteien zur Rückgabe verpflichtet, so sind die Leistungen Zug um Zug zurückzugeben.

Art. 82. [Verlust der Rechte auf Vertragsaufhebung oder Ersatzlieferung wegen Unmöglichkeit der Rückgabe im ursprünglichen Zustand] (1) Der Käufer verliert das Recht, die Aufhebung des Vertrages zu erklären oder vom Verkäufer Ersatzlieferung zu verlangen, wenn es ihm unmöglich ist, die Ware im wesentlichen in dem Zustand zurückzugeben, in dem er sie erhalten hat.

(2) Absatz 1 findet keine Anwendung,

a) wenn die Unmöglichkeit, die Ware zurückzugeben oder sie im wesentlichen in dem Zustand zurückzugeben, in dem der Käufer sie erhalten hat, nicht auf einer Handlung oder Unterlassung des Käufers beruht,

b) wenn die Ware ganz oder teilweise infolge der in Artikel 38 vorgesehenen Untersuchung untergegangen oder verschlechtert worden ist oder

c) wenn der Käufer die Ware ganz oder teilweise im normalen Geschäftsverkehr verkauft oder der normalen Verwendung entsprechend verbraucht oder verändert hat, bevor er die Vertragswidrigkeit entdeckt hat oder hätte entdecken müssen.

Art. 83. [Fortbestand anderer Rechte des Käufers] Der Käufer, der nach Artikel 82 das Recht verloren hat, die Aufhebung des Vertrages zu erklären oder vom Verkäufer Ersatzlieferung zu verlangen, behält alle anderen Rechtsbehelfe, die ihm nach dem Vertrag und diesem Übereinkommen zustehen.

Art. 84. [Ausgleich von Vorteilen im Falle der Rückabwicklung]
(1) Hat der Verkäufer den Kaufpreis zurückzuzahlen, so hat er außerdem vom Tag der Zahlung an auf den Betrag Zinsen zu zahlen.

(2) Der Käufer schuldet dem Verkäufer den Gegenwert aller Vorteile, die er aus der Ware oder einem Teil der Ware gezogen hat,

a) wenn er die Ware ganz oder teilweise zurückgeben muß oder

b) wenn es ihm unmöglich ist, die Ware ganz oder teilweise zurückzugeben oder sie ganz oder teilweise im wesentlichen in dem Zustand zurückzugeben, in dem er sie erhalten hat, er aber dennoch die Aufhebung des Vertrages erklärt oder vom Verkäufer Ersatzlieferung verlangt hat.

Abschnitt VI. Erhaltung der Ware

Art. 85. [Pflicht des Verkäufers zur Erhaltung der Ware] Nimmt der Käufer die Ware nicht rechtzeitig ab oder versäumt er, falls Zahlung des Kaufpreises und Lieferung der Ware Zug um Zug erfolgen sollen, den Kaufpreis zu zahlen, und hat der Verkäufer die Ware noch in Besitz oder ist er sonst in der Lage, über sie zu verfügen, so hat der Verkäufer die den Umständen angemessenen Maßnahmen zu ihrer Erhaltung zu treffen. Er ist berechtigt, die Ware zurückzubehalten, bis ihm der Käufer seine angemessenen Aufwendungen erstattet hat.

Art. 86. [Pflicht des Käufers zur Inbesitznahme und Erhaltung der Ware] (1) Hat der Käufer die Ware empfangen und beabsichtigt er, ein nach dem Vertrag oder diesem Übereinkommen bestehendes Zurückweisungsrecht auszuüben, so hat er die den Umständen angemessenen Maßnahmen zu ihrer Erhaltung zu treffen. Er ist berechtigt, die Ware zurückzubehalten, bis ihm der Verkäufer seine angemessenen Aufwendungen erstattet hat.

(2) Ist die dem Käufer zugesandte Ware ihm am Bestimmungsort zur Verfügung gestellt worden und übt er das Recht aus, sie zurückzuweisen, so hat er sie für Rechnung des Verkäufers in Besitz zu nehmen, sofern dies ohne Zahlung des Kaufpreises und ohne unzumutbare Unannehmlichkeiten oder unverhältnismäßige Kosten möglich ist. Dies gilt nicht, wenn der Verkäufer oder eine Person, die befugt ist, die Ware für Rechnung des Verkäufers in Obhut zu nehmen, am Bestimmungsort anwesend ist. Nimmt der Käufer die Ware nach diesem Absatz in Besitz, so werden seine Rechte und Pflichten durch Absatz 1 geregelt.

Art. 87. [Einlagerung bei Dritten] Eine Partei, die Maßnahmen zur Erhaltung der Ware zu treffen hat, kann die Ware auf Kosten der anderen Partei in den Lagerräumen eines Dritten einlagern, sofern daraus keine unverhältnismäßigen Kosten entstehen.

Art. 88. [Selbsthilfeverkauf] (1) Eine Partei, die nach Artikel 85 oder 86 zur Erhaltung der Ware verpflichtet ist, kann sie auf jede geeignete Weise verkaufen, wenn die andere Partei die Inbesitznahme oder die Rücknahme der Ware oder die Zahlung des Kaufpreises oder der Erhaltungskosten ungebührlich hinauszögert, vorausgesetzt, daß sie der anderen Partei ihre Verkaufsabsicht in vernünftiger Weise angezeigt hat.

(2) Ist die Ware einer raschen Verschlechterung ausgesetzt oder würde ihre Erhaltung unverhältnismäßige Kosten verursachen, so hat die Partei, der nach Artikel 85 oder 86 die Erhaltung der Ware obliegt, sich in angemessener Weise um ihren Verkauf zu bemühen. Soweit möglich hat sie der anderen Partei ihre Verkaufsabsicht anzuzeigen.

(3) Hat eine Partei die Ware verkauft, so kann sie aus dem Erlös des Verkaufs den Betrag behalten, der den angemessenen Kosten der Erhaltung und des Verkaufs der Ware entspricht. Den Überschuß schuldet sie der anderen Partei.

Teil IV. Schlußbestimmungen

Art. 89. [Depositar] Der Generalsekretär der Vereinten Nationen wird hiermit zum Verwahrer dieses Übereinkommens bestimmt.

Art. 90. [Verhältnis zu anderen völkerrechtlichen Vereinbarungen] Dieses Übereinkommen geht bereits geschlossenen oder in Zukunft zu schließenden völkerrechtlichen Übereinkünften, die Bestimmungen über in diesem

Übereinkommen geregelte Gegenstände enthalten, nicht vor, sofern die Parteien ihre Niederlassung in Vertragsstaaten einer solchen Übereinkunft haben.

Art. 91. [Unterzeichnung; Ratifikation; Annahme; Genehmigung; Beitritt]. (1) Dieses Übereinkommen liegt in der Schlußsitzung der Konferenz der Vereinten Nationen über Verträge über den internationalen Warenkauf zur Unterzeichnung auf und liegt dann bis 30. September 1981 am Sitz der Vereinten Nationen in New York für alle Staaten zur Unterzeichnung auf.

(2) Dieses Übereinkommen bedarf der Ratifikation, Annahme oder Genehmigung durch die Unterzeichnerstaaten.

(3) Dieses Übereinkommen steht allen Staaten, die nicht Unterzeichnerstaaten sind, von dem Tag an zum Beitritt offen, an dem es zur Unterzeichnung aufgelegt wird.

(4) Die Ratifikations-, Annahme-, Genehmigungs- und Beitrittsurkunden werden beim Generalsekretär der Vereinten Nationen hinterlegt.

Art. 92. [Teilweise Ratifikation, Annahme, Genehmigung oder Beitritt]. (1) Ein Vertragsstaat kann bei der Unterzeichnung, der Ratifikation, der Annahme, der Genehmigung oder dem Beitritt erklären, daß Teil II dieses Übereinkommens für ihn nicht verbindlich ist[1] oder daß Teil III dieses Übereinkommens für ihn nicht verbindlich ist.

(2) Ein Vertragsstaat, der eine Erklärung nach Absatz 1 zu Teil II oder Teil III dieses Übereinkommens abgegeben hat, ist hinsichtlich solcher Gegenstände, die durch den Teil geregelt werden, auf den sich die Erklärung bezieht, nicht als Vertragsstaat im Sinne des Artikels 1 Absatz 1 zu betrachten.

Art. 93. [Föderative Staaten] (1) Ein Vertragsstaat, der zwei oder mehr Gebietseinheiten umfaßt, in denen nach seiner Verfassung auf die in diesem Übereinkommen geregelten Gegenstände unterschiedliche Rechtsordnungen angewendet werden, kann bei der Unterzeichnung, der Ratifikation, der Annahme, der Genehmigung oder dem Beitritt erklären, daß dieses Übereinkommen sich auf alle seine Gebietseinheiten oder nur auf eine oder mehrere derselben erstreckt; er kann seine Erklärung jederzeit durch eine neue Erklärung ändern.

(2) Die Erklärungen sind dem Verwahrer zu notifizieren und haben ausdrücklich anzugeben, auf welche Gebietseinheiten das Übereinkommen sich erstreckt.

(3) Erstreckt sich das Übereinkommen aufgrund einer Erklärung nach diesem Artikel auf eine oder mehrere, jedoch nicht auf alle Gebietseinheiten eines Vertragsstaats und liegt die Niederlassung einer Partei in diesem Staat, so wird diese Niederlassung im Sinne dieses Übereinkommens nur dann als in einem Vertragsstaat gelegen betrachtet, wenn sie in einer Gebietseinheit liegt, auf die sich das Übereinkommen erstreckt.

(4) Gibt ein Vertragsstaat keine Erklärung nach Absatz 1 ab, so erstreckt sich das Übereinkommen auf alle Gebietseinheiten dieses Staates.

---

[1] Entsprechende Erklärungen sind von Dänemark, Finnland, Norwegen und Schweden abgegeben worden.

Art. 94. [Erklärung über Nichtanwendung der Konvention]. (1) Zwei oder mehr Vertragsstaaten, welche gleiche oder einander sehr nahekommende Rechtsvorschriften für Gegenstände haben, die in diesem Übereinkommen geregelt werden, können jederzeit erklären, daß das Übereinkommen auf Kaufverträge und ihren Abschluß keine Anwendung findet, wenn die Parteien ihre Niederlassung in diesen Staaten haben. Solche Erklärungen können als gemeinsame oder als aufeinander bezogene einseitige Erklärungen abgegeben werden.[1]

(2) Hat ein Vertragsstaat für Gegenstände, die in diesem Übereinkommen geregelt werden, Rechtsvorschriften, die denen eines oder mehrerer Nichtvertragsstaaten gleich sind oder sehr nahekommen, so kann er jederzeit erklären, daß das Übereinkommen auf Kaufverträge oder ihren Abschluß keine Anwendung findet, wenn die Parteien ihre Niederlassung in diesen Staaten haben.[1]

(3) Wird ein Staat, auf den sich eine Erklärung nach Absatz 2 bezieht, Vertragsstaat, so hat die Erklärung von dem Tag an, an dem das Übereinkommen für den neuen Vertragsstaat in Kraft tritt, die Wirkung einer nach Absatz 1 abgegebenen Erklärung, vorausgesetzt, daß der neue Vertragsstaat sich einer solchen Erklärung anschließt oder eine darauf bezogene einseitige Erklärung abgibt.

Art. 95. [Erklärung zum Ausschluß der Anwendung des Art. 1 Ib)][2] Jeder Staat kann bei der Hinterlegung seiner Ratifikations-, Annahme-, Genehmigungs- oder Beitrittsurkunde erklären, daß Artikel 1 Absatz 1 Buchstabe b für ihn nicht verbindlich ist.

Art. 96. [Erklärung zur Schriftform][3] Ein Vertragsstaat, nach dessen Rechtsvorschriften Kaufverträge schriftlich zu schließen oder nachzuweisen sind, kann jederzeit eine Erklärung nach Artikel 12 abgeben, daß die Bestimmungen der Artikel 11 und 29 oder des Teils II dieses Übereinkommens, die für den Abschluß eines Kaufvertrages, seine Änderung oder Aufhebung durch Vereinbarung oder für ein Angebot, eine Annahme oder eine sonstige Willenserklärung eine andere als die schriftliche Form gestatten, nicht gelten, wenn eine Partei ihre Niederlassung in diesem Staat hat.

Art. 97. [Wirksamkeitsvoraussetzungen einer Vorbehaltserklärung] (1) Erklärungen, die nach diesem Übereinkommen bei der Unterzeichnung abgegeben werden, bedürfen der Bestätigung bei der Ratifikation, Annahme oder Genehmigung.

---

[1] Entsprechende Erklärungen sind von Dänemark, Finnland, Island, Norwegen und Schweden abgegeben worden.

[2] Eine entsprechende Erklärung ist von China, Singapur, der Tschechoslowakei sowie den USA abgegeben worden; eine diesbezügliche Erklärung Kanadas in bezug auf Britisch-Kolumbien ist mit Wirkung vom 1. 2. 1993 zurückgenommen worden. Deutschland hat seinerseits erklärt, daß Art. 1 Abs. 1 Buchstabe b) im Verhältnis zu denjenigen Staaten, die eine Erklärung nach Art. 95 abgegeben haben, nicht zur Anwendung kommt (BGBl. 1989 II *S. 586)*.

[3] Eine derartige Erklärung abgegeben haben zur Zeit Argentinien, Belarus, Chile, China, Estland, Lettland, Litauen, Paraguay, die Russische Föderation, die Ukraine, Ungarn und die ehem. Sowjetunion. Estland hat den Vorbehalt wieder zurückgenommen.

(2) Erklärungen und Bestätigungen von Erklärungen bedürfen der Schriftform und sind dem Verwahrer zu notifizieren.

(3) Eine Erklärung wird gleichzeitig mit dem Inkrafttreten dieses Übereinkommens für den betreffenden Staat wirksam. Eine Erklärung, die dem Verwahrer nach diesem Inkrafttreten notifiziert wird, tritt jedoch am ersten Tag des Monats in Kraft, der auf einen Zeitabschnitt von sechs Monaten nach ihrem Eingang beim Verwahrer folgt. Aufeinander bezogene einseitige Erklärungen nach Artikel 94 werden am ersten Tag des Monats wirksam, der auf einen Zeitabschnitt von sechs Monaten nach Eingang der letzten Erklärung beim Verwahrer folgt.

(4) Ein Staat, der eine Erklärung nach diesem Übereinkommen abgibt, kann sie jederzeit durch eine an den Verwahrer gerichtete schriftliche Notifikation zurücknehmen. Eine solche Rücknahme wird am ersten Tag des Monats wirksam, der auf einen Zeitabschnitt von sechs Monaten nach Eingang der Notifikation beim Verwahrer folgt.

(5) Die Rücknahme einer nach Artikel 94 abgegebenen Erklärung macht eine von einem anderen Staat nach Artikel 94 abgegebene, darauf bezogene Erklärung von dem Tag an unwirksam, an dem die Rücknahme wirksam wird.

Art. 98. [Zulässigkeit von Vorbehalten] Vorbehalte sind nur zulässig, soweit sie in diesem Übereinkommen ausdrücklich für zulässig erklärt werden.

Art. 99. [Zeitpunkt des Inkrafttretens] (1) Vorbehaltlich des Absatzes 6 tritt dieses Übereinkommen am ersten Tag des Monats in Kraft, der auf einen Zeitabschnitt von zwölf Monaten nach Hinterlegung der zehnten Ratifikations-, Annahme-, Genehmigungs- oder Beitrittsurkunde einschließlich einer Urkunde, die eine nach Artikel 92 abgegebene Erklärung enthält, folgt.

(2) Wenn ein Staat dieses Übereinkommen nach Hinterlegung der zehnten Ratifikations-, Annahme-, Genehmigungs- oder Beitrittsurkunde ratifiziert, annimmt, genehmigt oder ihm beitritt, tritt dieses Übereinkommen mit Ausnahme des ausgeschlossenen Teils für diesen Staat vorbehaltlich des Absatzes 6 am ersten Tag des Monats in Kraft, der auf einen Zeitabschnitt von zwölf Monaten nach Hinterlegung seiner Ratifikations-, Annahme-, Genehmigungs- oder Beitrittsurkunde folgt.

(3) Ein Staat, der dieses Übereinkommen ratifiziert, annimmt, genehmigt oder ihm beitritt und Vertragspartei des Haager Übereinkommens vom 1. Juli 1964 zur Einführung eines Einheitlichen Gesetzes über den Abschluß von internationalen Kaufverträgen über bewegliche Sachen (Haager Abschlußübereinkommen von 1964) oder des Haager Übereinkommens vom 1. Juli 1964 zur Einführung eines Einheitlichen Gesetzes über den internationalen Kauf beweglicher Sachen (Haager Kaufrechtsübereinkommen von 1964) ist, kündigt gleichzeitig das Haager Kaufrechtsübereinkommen von 1964 oder das Haager Abschlußübereinkommen von 1964 oder gegebenenfalls beide Übereinkommen, indem er der Regierung der Niederlande die Kündigung notifiziert.

(4) Eine Vertragspartei des Haager Kaufrechtsübereinkommens von 1964, die das vorliegende Übereinkommen ratifiziert, annimmt, genehmigt oder ihm beitritt und nach Artikel 92 erklärt oder erklärt hat, daß Teil II dieses Übereinkommens für sie nicht verbindlich ist, kündigt bei der Ratifikation,

der Annahme, der Genehmigung oder dem Beitritt das Haager Kaufrechtsübereinkommen von 1964, indem sie der Regierung der Niederlande die Kündigung notifiziert.

(5) Eine Vertragspartei des Haager Abschlußübereinkommens von 1964, die das vorliegende Übereinkommen ratifiziert, annimmt, genehmigt oder ihm beitritt und nach Artikel 92 erklärt oder erklärt hat, daß Teil III dieses Übereinkommens für sie nicht verbindlich ist, kündigt bei der Ratifikation, der Annahme, der Genehmigung oder dem Beitritt das Haager Abschlußübereinkommen von 1964, indem sie der Regierung der Niederlande die Kündigung notifiziert.

(6) Für die Zwecke dieses Artikels werden Ratifikationen, Annahmen, Genehmigungen und Beitritte bezüglich dieses Übereinkommens, die von Vertragsparteien des Haager Abschlußübereinkommens von 1964 oder des Haager Kaufrechtsübereinkommens von 1964 vorgenommen werden, erst wirksam, nachdem die erforderlichen Kündigungen durch diese Staaten bezüglich der genannten Übereinkommen selbst wirksam geworden sind. Der Verwahrer dieses Übereinkommens setzt sich mit der Regierung der Niederlande als Verwahrer der Übereinkommen von 1964 in Verbindung, um die hierfür notwendige Koordinierung sicherzustellen.

Art. 100. [Zeitlicher Geltungsbereich] (1) Dieses Übereinkommen findet auf den Abschluß eines Vertrages nur Anwendung, wenn das Angebot zum Vertragsabschluß an oder nach dem Tag gemacht wird, an dem das Übereinkommen für die in Artikel 1 Absatz 1 Buchstabe a genannten Vertragsstaaten oder den in Artikel 1 Absatz 1 Buchstabe b genannten Vertragsstaat in Kraft tritt.

(2) Dieses Übereinkommen findet nur auf Verträge Anwendung, die an oder nach dem Tag geschlossen werden, an dem das Übereinkommen für die in Artikel 1 Absatz 1 Buchstabe a genannten Vertragsstaaten oder den in Artikel 1 Absatz 1 Buchstabe b genannten Vertragsstaat in Kraft tritt.

Art. 101. [Kündigung des Übereinkommens] (1) Ein Vertragsstaat kann dieses Übereinkommen oder dessen Teil II oder Teil III durch eine an den Verwahrer gerichtete schriftliche Notifikation kündigen.

(2) Eine Kündigung wird am ersten Tag des Monats wirksam, der auf einen Zeitabschnitt von zwölf Monaten nach Eingang der Notifikation beim Verwahrer folgt. Ist in der Notifikation eine längere Kündigungsfrist angegeben, so wird die Kündigung nach Ablauf dieser längeren Frist nach Eingang der Notifikation beim Verwahrer wirksam.

Geschehen zu Wien am 11. April 1980 in einer Urschrift in arabischer, chinesischer, englischer, französischer, russischer und spanischer Sprache, wobei jeder Wortlaut gleichermaßen verbindlich ist.

Zu Urkund dessen haben die unterzeichneten, hierzu von ihren Regierungen gehörig befugten Bevollmächtigten dieses Übereinkommen unterschrieben.

Geltungsbereich: Übereinkommen der Vereinten Nationen vom 11.4. 1980 über Verträge über den internationalen Warenkauf[1]*)

Gesetz vom 5.7.1989 – 1989 II 586, 588
BT-Drucksachen 11/3076, 4332
in Kraft für die Bundesrepublik Deutschland am 1.1.1991 (Bek. 23.10.90) – 1990 II 1477
Bek. vom 12.12.1990 über die Berichtigung des englischen und französischen Wortlauts des Übereinkommens und der deutschen Übersetzung – 1990 II 1699
Veröffentlichung in Vertragsslg. AA Bd. 69 A 870

Vertragsparteien	in Kraft am	BGBl. Jg.	S.
Ägypten	1.1.1988	90 II	1477
Albanien	1.6.2010	10 II	826
Argentinien	1.1.1988	90 II	1477
Armenien	1.1.2010	10 II	826
Aserbaidschan*)	1.6.2017	16 II	620
Australien	1.4.1989	90 II	1477
Bahrain	1.10.2014	13 II	1586
Belarus	1.11.1990	90 II	1477
Belgien	1.11.1997	97 II	719
Benin	1.8.2012	11 II	876
Brasilien	1.4.2014	13 II	580
Bosnien und Herzegowina[3])	6.3.1992	94 II	3753
Bulgarien	1.8.1991	90 II	1477
Burundi	1.10.1999	99 II	115
Chile	1.3.1991	90 II	1477
China[8])[13])	1.1.1988	90 II	1477
Costa Rica	1.8.2018	17 II	1229
Dänemark[7])*)	1.3.1990	90 II	1477
Dominikanische Republik	1.7.2011	11 II	876
Ecuador	1.2.1993	92 II	449
El Salvador	1.12.2007	07 II	341
Estland[5])*)	1.10.1994	94 II	10
Fidschi	1.7.2018	17 II	1163
Finnland[6])	1.1.1989	90 II	1477
Frankreich	1.1.1988	90 II	1477
Gabun	1.1.2006	06 II	49
Georgien	1.9.1995	95 II	173
Griechenland	1.2.1999	98 II	880
Guatemala	1.1.2021	20 II	1024
Guinea	1.2.1992	92 II	449
Guyana	1.10.2015	14 II	1372
Honduras	1.11.2003	14 II	856
Irak	1.4.1991	90 II	1477
Island[4])	1.6.2002	01 II	790
Israel	1.2.2003	02 II	776
Italien	1.1.1988	90 II	1477
Japan	1.8.2009	09 II	290

[1]) Nach FNB Stand 31.12.2014, redaktionell fortgeführt.

Vertragsparteien	in Kraft am	BGBl. Jg.	S.
Jugoslawien, ehemaliges	1.1.1988	90 II	1477
Kamerun	1.11.2018	17 II	1354
Kanada[2])	1.5.1992	92 II	449
Kirgisistan	1.6.2000	99 II	660
Kolumbien	1.8.2002	01 II	1068
Kongo	1.7.2015	14 II	506
Korea (Republik)	1.3.2005	04 II	1330
Korea, Demokratische Volksrepublik*)	1.4.2020	19 II	324
Kroatien[3])	8.10.1991	98 II	2596
Kuba	1.12.1995	95 II	231
Laos, Demokratische Volksrepublik*)	1.10.2020	19 II	972
Lesotho	1.1.1988	90 II	1477
Lettland[7])*)	1.8.1998	98 II	880
Libanon	1.12.2009	09 II	290
Liberia	1.10.2006	06 II	49
Liechtenstein	1.5.2020	19 II	644
Litauen[9])	1.2.1996	95 II	814
Luxemburg	1.2.1998	97 II	1356
Madagaskar	1.10.2015	14 II	1372
Mauretanien	1.9.2000	00 II	15
Mazedonien, ehemalige jugoslawische Republik[3])	17.11.1991	07 II	341
Mexiko	1.1.1989	90 II	1477
Moldau, Republik	1.11.1995	95 II	231
Mongolei	1.1.1999	98 II	880
Montenegro[3])	3.6.2006	07 II	341
Neuseeland	1.10.1995	95 II	231
Niederlande	1.1.1992	91 II	675
Norwegen[10])	1.8.1989	90 II	1477
Österreich	1.1.1989	90 II	1477
Paraguay	1.2.2007	06 II	338
Peru	1.4.2000	99 II	795
Polen	1.6.1996	95 II	814
Portugal	1.10.2021	20 II	1315
Ruanda	1.10.2024	23 II	Nr. 284
Rumänien	1.6.1992	92 II	449
Russische Föderation[1])	1.9.1991	91 II	675
Sambia	1.1.1988	90 II	1477
San Marino	1.3.2013	12 II	910
Saudi-Arabien*)	1.9.2024	23 II	Nr. 247
Schweden[6])*)	1.1.1989	90 II	1477
Schweiz	1.3.1991	90 II	1477
Serbien[3])	27.4.1992	01 II	790
Singapur	1.3.1996	95 II	814
Slowakei[3])	1.1.1993	94 II	3753
Slowenien[3])	25.6.1991	94 II	3564
Sowjetunion, ehemalige	1.9.1991	91 II	675
Spanien	1.8.1991	91 II	675
St. Vincent und die Grenadinen	1.10.2001	03 II	955
Syrien	1.1.1988	90 II	1477
Tschechische Republik[3])[12])	1.1.1993	94 II	3753
Tschechoslowakei, ehemalige	1.4.1991	90 II	1477
Türkei	1.8.2011	11 II	876

Vertragsparteien	in Kraft am	BGBl. Jg.	S.
Turkmenistan	1.6.2023	22 II	310
Uganda	1.3.1993	92 II	449
Ukraine	1.2.1991	90 II	1477
Ungarn[11])*)	1.1.1988	90 II	1477
Uruguay	1.2.2000	99 II	660
Usbekistan	1.12.1997	97 II	1019
Vereinigte Staaten	1.1.1988	90 II	1477
Vietnam*)	1.1.2017	16 II	134
Zypern	1.4.2006	06 II	49

[1]) Vertragspartei war bis zu ihrer Auflösung die Sowjetunion – 1992 II 1016

[2]) Weitere Bek. – 1993 II 738

[3]) Erklärung über die Weiteranwendung

[4]) Weitere Bek. – 2003 II 955

[5]) Weitere Bek. – 2004 II 1330

[6]) Weitere Bek. – 2012 II 910

[7]) Weitere Bek. – 2012 II 1561

[8]) Weitere Bek. – 2013 II 171

[9]) Weitere Bek. – 2013 II 1586

[10]) Weitere Bek. – 2014 II 397

[11]) Weitere Bek. – 2015 II 1168

[12]) Weitere Bek. – 2017 II 1548

[13]) Weitere Bek. – 2022 II 310

*) Vorbehalte und Erklärungen zu diesem Übereinkommen, mit Ausnahme derer Deutschlands, werden im BGBl. II nicht veröffentlicht. Sie sind in englischer und französischer Sprache auf der Webseite der Vereinten Nationen unter http://treaties.un.org einsehbar. Gleiches gilt für die ggf. gemäß Übereinkommen zu benennenden Zentralen Behörden oder Kontaktstellen.

50d. Gesetz über die unternehmerischen Sorgfaltspflichten zur Vermeidung von Menschenrechtsverletzungen in Lieferketten (Lieferkettensorgfaltspflichtengesetz – LkSG)[1)]

Vom 16. Juli 2021
(BGBl. I S. 2959)

FNA 705-3

Abschnitt 1. Allgemeine Bestimmungen

§ 1 Anwendungsbereich. (1) [1] Dieses Gesetz ist anzuwenden auf Unternehmen ungeachtet ihrer Rechtsform, die

1. ihre Hauptverwaltung, ihre Hauptniederlassung, ihren Verwaltungssitz oder ihren satzungsmäßigen Sitz im Inland haben und
2. in der Regel mindestens 3 000 Arbeitnehmer im Inland beschäftigen; ins Ausland entsandte Arbeitnehmer sind erfasst.

[2] Abweichend von Satz 1 Nummer 1 ist dieses Gesetz auch anzuwenden auf Unternehmen ungeachtet ihrer Rechtsform, die

1. eine Zweigniederlassung gemäß § 13d des Handelsgesetzbuchs[2)] im Inland haben und
2. in der Regel mindestens 3 000 Arbeitnehmer im Inland beschäftigen.

[3] Ab dem 1. Januar 2024 betragen die in Satz 1 Nummer 2 und Satz 2 Nummer 2 vorgesehenen Schwellenwerte jeweils 1 000 Arbeitnehmer.

(2) Leiharbeitnehmer sind bei der Berechnung der Arbeitnehmerzahl (Absatz 1 Satz 1 Nummer 2 und Satz 2 Nummer 2) des Entleihunternehmens zu berücksichtigen, wenn die Einsatzdauer sechs Monate übersteigt.

(3) Innerhalb von verbundenen Unternehmen (§ 15 des Aktiengesetzes[3)]) sind die im Inland beschäftigten Arbeitnehmer sämtlicher konzernangehöriger Gesellschaften bei der Berechnung der Arbeitnehmerzahl (Absatz 1 Satz 1 Nummer 2) der Obergesellschaft zu berücksichtigen; ins Ausland entsandte Arbeitnehmer sind erfasst.

§ 2 Begriffsbestimmungen. (1) Geschützte Rechtspositionen im Sinne dieses Gesetzes sind solche, die sich aus den in den Nummern 1 bis 11 der Anlage aufgelisteten Übereinkommen zum Schutz der Menschenrechte ergeben.

(2) Ein menschenrechtliches Risiko im Sinne dieses Gesetzes ist ein Zustand, bei dem aufgrund tatsächlicher Umstände mit hinreichender Wahrscheinlichkeit *ein Verstoß gegen eines* der folgenden Verbote droht:

1. das Verbot der Beschäftigung eines Kindes unter dem Alter, mit dem nach dem Recht des Beschäftigungsortes die Schulpflicht endet, wobei das Beschäftigungsalter 15 Jahre nicht unterschreiten darf; dies gilt nicht, wenn das Recht

---

[1)] Verkündet als Art. 1 G v. 16.7.2021 (BGBl. I S. 2959); Inkrafttreten gem. Art. 5 Abs 1 dieses G am 1.1.2023, mit Ausnahme von § 13 Abs. 3, § 14 Abs. 2 und §§ 19–21, die bereits am 23.7.2021 in Kraft getreten sind, vgl. Art. 5 Abs. 2 dieses G.

[2)] **Habersack, Deutsche Gesetze Nr. 50.**

[3)] **Habersack, Deutsche Gesetze Nr. 51.**

des Beschäftigungsortes hiervon in Übereinstimmung mit Artikel 2 Absatz 4 sowie den Artikeln 4 bis 8 des Übereinkommens Nr. 138 der Internationalen Arbeitsorganisation vom 26. Juni 1973 über das Mindestalter für die Zulassung zur Beschäftigung (BGBl. 1976 II S. 201, 202) abweicht;

2. das Verbot der schlimmsten Formen der Kinderarbeit für Kinder unter 18 Jahren; dies umfasst gemäß Artikel 3 des Übereinkommens Nr. 182 der Internationalen Arbeitsorganisation vom 17. Juni 1999 über das Verbot und unverzügliche Maßnahmen zur Beseitigung der schlimmsten Formen der Kinderarbeit (BGBl. 2001 II S. 1290, 1291):
   a) alle Formen der Sklaverei oder alle sklavereiähnlichen Praktiken, wie den Verkauf von Kindern und den Kinderhandel, Schuldknechtschaft und Leibeigenschaft sowie Zwangs- oder Pflichtarbeit, einschließlich der Zwangs- oder Pflichtrekrutierung von Kindern für den Einsatz in bewaffneten Konflikten,
   b) das Heranziehen, Vermitteln oder Anbieten eines Kindes zur Prostitution, zur Herstellung von Pornographie oder zu pornographischen Darbietungen,
   c) das Heranziehen, Vermitteln oder Anbieten eines Kindes zu unerlaubten Tätigkeiten, insbesondere zur Gewinnung von und zum Handel mit Drogen,
   d) Arbeit, die ihrer Natur nach oder aufgrund der Umstände, unter denen sie verrichtet wird, voraussichtlich für die Gesundheit, die Sicherheit oder die Sittlichkeit von Kindern schädlich ist;
3. das Verbot der Beschäftigung von Personen in Zwangsarbeit; dies umfasst jede Arbeitsleistung oder Dienstleistung, die von einer Person unter Androhung von Strafe verlangt wird und für die sie sich nicht freiwillig zur Verfügung gestellt hat, etwa in Folge von Schuldknechtschaft oder Menschenhandel; ausgenommen von der Zwangsarbeit sind Arbeits- oder Dienstleistungen, die mit Artikel 2 Absatz 2 des Übereinkommens Nr. 29 der Internationalen Arbeitsorganisation vom 28. Juni 1930 über Zwangs- oder Pflichtarbeit (BGBl. 1956 II S. 640, 641) oder mit Artikel 8 Buchstabe b und c des Internationen Paktes vom 19. Dezember 1966 über bürgerliche und politische Rechte (BGBl. 1973 II S. 1533, 1534) vereinbar sind;
4. das Verbot aller Formen der Sklaverei, sklavenähnlicher Praktiken, Leibeigenschaft oder anderer Formen von Herrschaftsausübung oder Unterdrückung im Umfeld der Arbeitsstätte, etwa durch extreme wirtschaftliche oder sexuelle Ausbeutung und Erniedrigungen;
5. das Verbot der Missachtung der nach dem Recht des Beschäftigungsortes geltenden Pflichten des Arbeitsschutzes, wenn hierdurch die Gefahr von Unfällen bei der Arbeit oder arbeitsbedingte Gesundheitsgefahren entstehen, insbesondere durch:
   a) offensichtlich ungenügende Sicherheitsstandards bei der Bereitstellung und der Instandhaltung der Arbeitsstätte, des Arbeitsplatzes und der Arbeitsmittel,
   b) das Fehlen geeigneter Schutzmaßnahmen, um Einwirkungen durch chemische, physikalische oder biologische Stoffe zu vermeiden,
   c) das Fehlen von Maßnahmen zur Verhinderung übermäßiger körperlicher und geistiger Ermüdung, insbesondere durch eine ungeeignete Arbeitsorganisation in Bezug auf Arbeitszeiten und Ruhepausen oder
   d) die ungenügende Ausbildung und Unterweisung von Beschäftigten;

6. das Verbot der Missachtung der Koalitionsfreiheit, nach der
   a) Arbeitnehmer sich frei zu Gewerkschaften zusammenzuschließen oder diesen beitreten können,
   b) die Gründung, der Beitritt und die Mitgliedschaft zu einer Gewerkschaft nicht als Grund für ungerechtfertigte Diskriminierungen oder Vergeltungsmaßnahmen genutzt werden dürfen,
   c) Gewerkschaften sich frei und in Übereinstimmung mit dem Recht des Beschäftigungsortes betätigen dürfen; dieses umfasst das Streikrecht und das Recht auf Kollektivverhandlungen;
7. das Verbot der Ungleichbehandlung in Beschäftigung, etwa aufgrund von nationaler und ethnischer Abstammung, sozialer Herkunft, Gesundheitsstatus, Behinderung, sexueller Orientierung, Alter, Geschlecht, politischer Meinung, Religion oder Weltanschauung, sofern diese nicht in den Erfordernissen der Beschäftigung begründet ist; eine Ungleichbehandlung umfasst insbesondere die Zahlung ungleichen Entgelts für gleichwertige Arbeit;
8. das Verbot des Vorenthaltens eines angemessenen Lohns; der angemessene Lohn ist mindestens der nach dem anwendbaren Recht festgelegte Mindestlohn und bemisst sich ansonsten nach dem Recht des Beschäftigungsortes;
9. das Verbot der Herbeiführung einer schädlichen Bodenveränderung, Gewässerverunreinigung, Luftverunreinigung, schädlichen Lärmemission oder eines übermäßigen Wasserverbrauchs, die
   a) die natürlichen Grundlagen zum Erhalt und der Produktion von Nahrung erheblich beeinträchtigt,
   b) einer Person den Zugang zu einwandfreiem Trinkwasser verwehrt,
   c) einer Person den Zugang zu Sanitäranlagen erschwert oder zerstört oder
   d) die Gesundheit einer Person schädigt;
10. das Verbot der widerrechtlichen Zwangsräumung und das Verbot des widerrechtlichen Entzugs von Land, von Wäldern und Gewässern bei dem Erwerb, der Bebauung oder anderweitigen Nutzung von Land, Wäldern und Gewässern, deren Nutzung die Lebensgrundlage einer Person sichert;
11. das Verbot der Beauftragung oder Nutzung privater oder öffentlicher Sicherheitskräfte zum Schutz des unternehmerischen Projekts, wenn aufgrund mangelnder Unterweisung oder Kontrolle seitens des Unternehmens bei dem Einsatz der Sicherheitskräfte
    a) das Verbot von Folter und grausamer, unmenschlicher oder erniedrigender Behandlung missachtet wird,
    b) Leib oder Leben verletzt werden oder
    c) die Vereinigungs- und Koalitionsfreiheit beeinträchtigt werden;
12. das Verbot eines über die Nummern 1 bis 11 hinausgehenden Tuns oder pflichtwidrigen Unterlassens, das unmittelbar geeignet ist, in besonders schwerwiegender Weise eine geschützte Rechtsposition zu beeinträchtigen und dessen Rechtswidrigkeit bei verständiger Würdigung aller in Betracht kommenden Umstände offensichtlich ist.

(3) Ein umweltbezogenes Risiko im Sinne dieses Gesetzes ist ein Zustand, bei dem auf Grund tatsächlicher Umstände mit hinreichender Wahrscheinlichkeit ein Verstoß gegen eines der folgenden Verbote droht:

1. das Verbot der Herstellung von mit Quecksilber versetzten Produkten gemäß Artikel 4 Absatz 1 und Anlage A Teil I des Übereinkommens von Minamata

vom 10. Oktober 2013 über Quecksilber (BGBl. 2017 II S. 610, 611) (Minamata-Übereinkommen);

2. das Verbot der Verwendung von Quecksilber und Quecksilberverbindungen bei Herstellungsprozessen im Sinne des Artikels 5 Absatz 2 und Anlage B Teil I des Minamata-Übereinkommens ab dem für die jeweiligen Produkte und Prozesse im Übereinkommen festgelegten Ausstiegsdatum;
3. das Verbot der Behandlung von Quecksilberabfällen entgegen den Bestimmungen des Artikels 11 Absatz 3 des Minamata-Übereinkommens;
4. das Verbot der Produktion und Verwendung von Chemikalien nach Artikel 3 Absatz 1 Buchstabe a und Anlage A des Stockholmer Übereinkommens vom 23. Mai 2001 über persistente organische Schadstoffe (BGBl. 2002 II S. 803, 804) (POPs-Übereinkommen), zuletzt geändert durch den Beschluss vom 6. Mai 2005 (BGBl. 2009 II S. 1060, 1061), in der Fassung der Verordnung (EU) 2019/1021 des Europäischen Parlaments und des Rates vom 20. Juni 2019 über persistente organische Schadstoffe (ABl. L 169 vom 26.5.2019, S. 45), die zuletzt durch die Delegierte Verordnung (EU) 2021/277 der Kommission vom 16. Dezember 2020 (ABl. L 62 vom 23.2.2021, S. 1) geändert worden ist;
5. das Verbot der nicht umweltgerechten Handhabung, Sammlung, Lagerung und Entsorgung von Abfällen nach den Regelungen, die in der anwendbaren Rechtsordnung nach den Maßgaben des Artikels 6 Absatz 1 Buchstabe d Ziffer i und ii des POPs-Übereinkommens gelten;
6. das Verbot der Ausfuhr gefährlicher Abfälle im Sinne des Artikel 1 Absatz 1 und anderer Abfälle im Sinne des Artikel 1 Absatz 2 des Basler Übereinkommens über die Kontrolle der grenzüberschreitenden Verbringung gefährlicher Abfälle und ihrer Entsorgung vom 22. März 1989 (BGBl. 1994 II S. 2703, 2704) (Basler Übereinkommen), zuletzt geändert durch die Dritte Verordnung zur Änderung von Anlagen zum Basler Übereinkommen vom 22. März 1989 vom 6. Mai 2014 (BGBl. II S. 306, 307), und im Sinne der Verordnung (EG) Nr. 1013/2006 des Europäischen Parlaments und des Rates vom 14. Juni 2006 über die Verbringung von Abfällen (ABl. L 190 vom 12.7.2006, S. 1) (Verordnung (EG) Nr. 1013/2006), die zuletzt durch die Delegierte Verordnung (EU) 2020/2174 der Kommission vom 19. Oktober 2020 (ABl. L 433 vom 22.12.2020, S. 11) geändert worden ist
   a) in eine Vertragspartei, die die Einfuhr solcher gefährlichen und anderer Abfälle verboten hat (Artikel 4 Absatz 1 Buchstabe b des Basler Übereinkommens),
   b) in einen Einfuhrstaat im Sinne des Artikel 2 Nummer 11 des Basler Übereinkommens, der nicht seine schriftliche Einwilligung zu der bestimmten Einfuhr gegeben hat, wenn dieser Einfuhrstaat die Einfuhr dieser gefährlichen Abfälle nicht verboten hat (Artikel 4 Absatz 1 Buchstabe c des Basler Übereinkommens),
   c) in eine Nichtvertragspartei des Basler Übereinkommens (Artikel 4 Absatz 5 des Basler Übereinkommens),
   d) in einen Einfuhrstaat, wenn solche gefährlichen Abfälle oder andere Abfälle in diesem Staat oder anderswo nicht umweltgerecht behandelt werden (Artikel 4 Absatz 8 Satz 1 des Basler Übereinkommens);
7. *das Verbot der Ausfuhr gefährlicher* Abfälle von in Anlage VII des Basler Übereinkommens aufgeführten Staaten in Staaten, die nicht in Anlage VII aufgeführt sind (Artikel 4A des Basler Übereinkommens, Artikel 36 der Verordnung (EG) Nr. 1013/2006) sowie

8. das Verbot der Einfuhr gefährlicher Abfälle und anderer Abfälle aus einer Nichtvertragspartei des Basler Übereinkommens (Artikel 4 Absatz 5 des Basler Übereinkommens).

(4) [1] Eine Verletzung einer menschenrechtsbezogenen Pflicht im Sinne dieses Gesetzes ist der Verstoß gegen ein in Absatz 2 Nummer 1 bis 12 genanntes Verbot. [2] Eine Verletzung einer umweltbezogenen Pflicht im Sinne dieses Gesetzes ist der Verstoß gegen ein in Absatz 3 Nummer 1 bis 8 genanntes Verbot.

(5) [1] Die Lieferkette im Sinne dieses Gesetzes bezieht sich auf alle Produkte und Dienstleistungen eines Unternehmens. [2] Sie umfasst alle Schritte im In- und Ausland, die zur Herstellung der Produkte und zur Erbringung der Dienstleistungen erforderlich sind, angefangen von der Gewinnung der Rohstoffe bis zu der Lieferung an den Endkunden und erfasst

1. das Handeln eines Unternehmens im eigenen Geschäftsbereich,
2. das Handeln eines unmittelbaren Zulieferers und
3. das Handeln eines mittelbaren Zulieferers.

(6) [1] Der eigene Geschäftsbereich im Sinne dieses Gesetzes erfasst jede Tätigkeit des Unternehmens zur Erreichung des Unternehmensziels. [2] Erfasst ist damit jede Tätigkeit zur Herstellung und Verwertung von Produkten und zur Erbringung von Dienstleistungen, unabhängig davon, ob sie an einem Standort im In- oder Ausland vorgenommen wird. [3] In verbundenen Unternehmen zählt zum eigenen Geschäftsbereich der Obergesellschaft eine konzernangehörige Gesellschaft, wenn die Obergesellschaft auf die konzernangehörige Gesellschaft einen bestimmenden Einfluss ausübt.

(7) Unmittelbarer Zulieferer im Sinne dieses Gesetzes ist ein Partner eines Vertrages über die Lieferung von Waren oder die Erbringung von Dienstleistungen, dessen Zulieferungen für die Herstellung des Produktes des Unternehmens oder zur Erbringung und Inanspruchnahme der betreffenden Dienstleistung notwendig sind.

(8) Mittelbarer Zulieferer im Sinne dieses Gesetzes ist jedes Unternehmen, das kein unmittelbarer Zulieferer ist und dessen Zulieferungen für die Herstellung des Produktes des Unternehmens oder zur Erbringung und Inanspruchnahme der betreffenden Dienstleistung notwendig sind.

Abschnitt 2. Sorgfaltspflichten

§ 3 Sorgfaltspflichten. (1) [1] Unternehmen sind dazu verpflichtet, in ihren Lieferketten die in diesem Abschnitt festgelegten menschenrechtlichen und umweltbezogenen Sorgfaltspflichten in angemessener Weise zu beachten mit dem Ziel, menschenrechtlichen oder umweltbezogenen Risiken vorzubeugen oder sie zu minimieren oder die Verletzung menschenrechtsbezogener oder umweltbezogener Pflichten zu beenden. [2] Die Sorgfaltspflichten enthalten:

1. die Einrichtung eines Risikomanagements (§ 4 Absatz 1),
2. die Festlegung einer betriebsinternen Zuständigkeit (§ 4 Absatz 3),
3. die Durchführung regelmäßiger Risikoanalysen (§ 5),
4. die Abgabe einer Grundsatzerklärung (§ 6 Absatz 2),
5. die Verankerung von Präventionsmaßnahmen im eigenen Geschäftsbereich (§ 6 Absatz 1 und 3) und gegenüber unmittelbaren Zulieferern (§ 6 Absatz 4),
6. das Ergreifen von Abhilfemaßnahmen (§ 7 Absatz 1 bis 3),

7. die Einrichtung eines Beschwerdeverfahrens (§ 8),
8. die Umsetzung von Sorgfaltspflichten in Bezug auf Risiken bei mittelbaren Zulieferern (§ 9) und
9. die Dokumentation (§ 10 Absatz 1) und die Berichterstattung (§ 10 Absatz 2).

(2) Die angemessene Weise eines Handelns, das den Sorgfaltspflichten genügt, bestimmt sich nach

1. Art und Umfang der Geschäftstätigkeit des Unternehmens,
2. dem Einflussvermögen des Unternehmens auf den unmittelbaren Verursacher eines menschenrechtlichen oder umweltbezogenen Risikos oder der Verletzung einer menschenrechtsbezogenen oder einer umweltbezogenen Pflicht,
3. der typischerweise zu erwartenden Schwere der Verletzung, der Umkehrbarkeit der Verletzung und der Wahrscheinlichkeit der Verletzung einer menschenrechtsbezogenen oder einer umweltbezogenen Pflicht sowie
4. nach der Art des Verursachungsbeitrages des Unternehmens zu dem menschenrechtlichen oder umweltbezogenen Risiko oder zu der Verletzung einer menschenrechtsbezogenen oder einer umweltbezogenen Pflicht.

(3) [1] Eine Verletzung der Pflichten aus diesem Gesetz begründet keine zivilrechtliche Haftung. [2] Eine unabhängig von diesem Gesetz begründete zivilrechtliche Haftung bleibt unberührt.

§ 4 Risikomanagement. (1) [1] Unternehmen müssen ein angemessenes und wirksames Risikomanagement zur Einhaltung der Sorgfaltspflichten (§ 3 Absatz 1) einrichten. [2] Das Risikomanagement ist in alle maßgebliche Geschäftsabläufe durch angemessene Maßnahmen zu verankern.

(2) Wirksam sind solche Maßnahmen, die es ermöglichen, menschenrechtliche und umweltbezogene Risiken zu erkennen und zu minimieren sowie Verletzungen menschenrechtsbezogener oder umweltbezogener Pflichten zu verhindern, zu beenden oder deren Ausmaß zu minimieren, wenn das Unternehmen diese Risiken oder Verletzungen innerhalb der Lieferkette verursacht oder dazu beigetragen hat.

(3) [1] Das Unternehmen hat dafür zu sorgen, dass festgelegt ist, wer innerhalb des Unternehmens dafür zuständig ist, das Risikomanagement zu überwachen, etwa durch die Benennung eines Menschenrechtsbeauftragten. [2] Die Geschäftsleitung hat sich regelmäßig, mindestens einmal jährlich, über die Arbeit der zuständigen Person oder Personen zu informieren.

(4) Das Unternehmen hat bei der Errichtung und Umsetzung seines Risikomanagementsystems die Interessen seiner Beschäftigten, der Beschäftigten innerhalb seiner Lieferketten und derjenigen, die in sonstiger Weise durch das wirtschaftliche Handeln des Unternehmens oder durch das wirtschaftliche Handeln eines Unternehmens in seinen Lieferketten in einer geschützten Rechtsposition unmittelbar betroffen sein können, angemessen zu berücksichtigen.

§ 5 Risikoanalyse. (1) [1] Im Rahmen des Risikomanagements hat das Unternehmen eine angemessene Risikoanalyse nach den Abätzen 2 bis 4 durchzuführen, um die menschenrechtlichen und umweltbezogenen Risiken im eigenen Geschäftsbereich sowie bei seinen unmittelbaren Zulieferern zu ermitteln. [2] In Fällen, in denen ein Unternehmen eine missbräuchliche Gestaltung der unmittelbaren Zuliefererbeziehung oder ein Umgehungsgeschäft vorgenommen hat, um die Anforderungen an die Sorgfaltspflichten in Hinblick auf den unmittelbaren Zulieferer zu umgehen, gilt ein mittelbarer Zulieferer als unmittelbarer Zulieferer.

(2) [1] Die ermittelten menschenrechtlichen und umweltbezogenen Risiken sind angemessen zu gewichten und zu priorisieren. [2] Dabei sind insbesondere die in § 3 Absatz 2 genannten Kriterien maßgeblich.

(3) Das Unternehmen muss dafür Sorge tragen, dass die Ergebnisse der Risikoanalyse intern an die maßgeblichen Entscheidungsträger, etwa an den Vorstand oder an die Einkaufsabteilung, kommuniziert werden.

(4) [1] Die Risikoanalyse ist einmal im Jahr sowie anlassbezogen durchzuführen, wenn das Unternehmen mit einer wesentlich veränderten oder wesentlich erweiterten Risikolage in der Lieferkette rechnen muss, etwa durch die Einführung neuer Produkte, Projekte oder eines neuen Geschäftsfeldes. [2] Erkenntnisse aus der Bearbeitung von Hinweisen nach § 8 Absatz 1 sind zu berücksichtigen.

§ 6 Präventionsmaßnahmen. (1) Stellt ein Unternehmen im Rahmen einer Risikoanalyse nach § 5 ein Risiko fest, hat es unverzüglich angemessene Präventionsmaßnahmen nach den Absätzen 2 bis 4 zu ergreifen.

(2) [1] Das Unternehmen muss eine Grundsatzerklärung über seine Menschenrechtsstrategie abgeben. [2] Die Unternehmensleitung hat die Grundsatzerklärung abzugeben. [3] Die Grundsatzerklärung muss mindestens die folgenden Elemente einer Menschenrechtsstrategie des Unternehmens enthalten:

1. die Beschreibung des Verfahrens, mit dem das Unternehmen seinen Pflichten nach § 4 Absatz 1, § 5 Absatz 1, § 6 Absatz 3 bis 5, sowie den §§ 7 bis 10 nachkommt,
2. die für das Unternehmen auf Grundlage der Risikoanalyse festgestellten prioritären menschenrechtlichen und umweltbezogenen Risiken und
3. die auf Grundlage der Risikoanalyse erfolgte Festlegung der menschenrechtsbezogenen und umweltbezogenen Erwartungen, die das Unternehmen an seine Beschäftigten und Zulieferer in der Lieferkette richtet.

(3) Das Unternehmen muss angemessene Präventionsmaßnahmen im eigenen Geschäftsbereich verankern, insbesondere:

1. die Umsetzung der in der Grundsatzerklärung dargelegten Menschenrechtsstrategie in den relevanten Geschäftsabläufen,
2. die Entwicklung und Implementierung geeigneter Beschaffungsstrategien und Einkaufspraktiken, durch die festgestellte Risiken verhindert oder minimiert werden,
3. die Durchführung von Schulungen in den relevanten Geschäftsbereichen,
4. die Durchführung risikobasierter Kontrollmaßnahmen, mit denen die Einhaltung der in der Grundsatzerklärung enthaltenen Menschenrechtsstrategie im eigenen Geschäftsbereich überprüft wird.

(4) Das Unternehmen muss angemessene Präventionsmaßnahmen gegenüber *einem unmittelbaren Zulieferer* verankern, insbesondere:

1. die Berücksichtigung der menschenrechtsbezogenen und umweltbezogenen Erwartungen bei der Auswahl eines unmittelbaren Zulieferers,
2. die vertragliche Zusicherung eines unmittelbaren Zulieferers, dass dieser die von der Geschäftsleitung des Unternehmens verlangten menschenrechtsbezogenen und umweltbezogenen Erwartungen einhält und entlang der Lieferkette angemessen adressiert,
3. die Durchführung von Schulungen und Weiterbildungen zur Durchsetzung der vertraglichen Zusicherungen des unmittelbaren Zulieferers nach Nummer 2,

4. die Vereinbarung angemessener vertraglicher Kontrollmechanismen sowie deren risikobasierte Durchführung, um die Einhaltung der Menschenrechtsstrategie bei dem unmittelbaren Zulieferer zu überprüfen.

(5) [1] Die Wirksamkeit der Präventionsmaßnahmen ist einmal im Jahr sowie anlassbezogen zu überprüfen, wenn das Unternehmen mit einer wesentlich veränderten oder wesentlich erweiterten Risikolage im eigenen Geschäftsbereich oder beim unmittelbaren Zulieferer rechnen muss, etwa durch die Einführung neuer Produkte, Projekte oder eines neuen Geschäftsfeldes. [2] Erkenntnisse aus der Bearbeitung von Hinweisen nach § 8 Absatz 1 sind zu berücksichtigen. [3] Die Maßnahmen sind bei Bedarf unverzüglich zu aktualisieren.

§ 7 Abhilfemaßnahmen. (1) [1] Stellt das Unternehmen fest, dass die Verletzung einer menschenrechtsbezogenen oder einer umweltbezogenen Pflicht in seinem eigenen Geschäftsbereich oder bei einem unmittelbaren Zulieferer bereits eingetreten ist oder unmittelbar bevorsteht, hat es unverzüglich angemessene Abhilfemaßnahmen zu ergreifen, um diese Verletzung zu verhindern, zu beenden oder das Ausmaß der Verletzung zu minimieren. [2] § 5 Absatz 1 Satz 2 gilt entsprechend. [3] Im eigenen Geschäftsbereich im Inland muss die Abhilfemaßnahme zu einer Beendigung der Verletzung führen. [4] Im eigenen Geschäftsbereich im Ausland und im eigenen Geschäftsbereich gemäß § 2 Absatz 6 Satz 3 muss die Abhilfemaßnahme in der Regel zur Beendigung der Verletzung führen.

(2) [1] Ist die Verletzung einer menschenrechtsbezogenen oder einer umweltbezogenen Pflicht bei einem unmittelbaren Zulieferer so beschaffen, dass das Unternehmen sie nicht in absehbarer Zeit beenden kann, muss es unverzüglich ein Konzept zur Beendigung oder Minimierung erstellen und umsetzen. [2] Das Konzept muss einen konkreten Zeitplan enthalten. [3] Bei der Erstellung und Umsetzung des Konzepts sind insbesondere folgende Maßnahmen in Betracht zu ziehen:

1. die gemeinsame Erarbeitung und Umsetzung eines Plans zur Beendigung oder Minimierung der Verletzung mit dem Unternehmen, durch das die Verletzung verursacht wird,
2. der Zusammenschluss mit anderen Unternehmen im Rahmen von Brancheninitiativen und Branchenstandards, um die Einflussmöglichkeit auf den Verursacher zu erhöhen,
3. ein temporäres Aussetzen der Geschäftsbeziehung während der Bemühungen zur Risikominimierung.

(3) [1] Der Abbruch einer Geschäftsbeziehung ist nur geboten, wenn

1. die Verletzung einer geschützten Rechtsposition oder einer umweltbezogenen Pflicht als sehr schwerwiegend bewertet wird,
2. die Umsetzung der im Konzept erarbeiteten Maßnahmen nach Ablauf der im Konzept festgelegten Zeit keine Abhilfe bewirkt,
3. dem Unternehmen keine anderen milderen Mittel zur Verfügung stehen und eine Erhöhung des Einflussvermögens nicht aussichtsreich erscheint.

[2] Die bloße Tatsache, dass ein Staat eines der in der Anlage zu diesem Gesetz aufgelisteten Übereinkommen nicht ratifiziert oder nicht in sein nationales Recht umgesetzt hat, führt nicht zu einer Pflicht zum Abbruch der Geschäftsbeziehung. [3] Von Satz 2 unberührt bleiben Einschränkungen des Außenwirtschaftsverkehrs durch oder aufgrund von Bundesrecht, Recht der Europäischen Union oder Völkerrecht.

(4) [1]Die Wirksamkeit der Abhilfemaßnahmen ist einmal im Jahr sowie anlassbezogen zu überprüfen, wenn das Unternehmen mit einer wesentlich veränderten oder wesentlich erweiterten Risikolage im eigenen Geschäftsbereich oder beim unmittelbaren Zulieferer rechnen muss, etwa durch die Einführung neuer Produkte, Projekte oder eines neuen Geschäftsfeldes. [2]Erkenntnisse aus der Bearbeitung von Hinweisen nach § 8 Absatz 1 sind zu berücksichtigen. [3]Die Maßnahmen sind bei Bedarf unverzüglich zu aktualisieren.

§ 8 Beschwerdeverfahren. (1) [1]Das Unternehmen hat dafür zu sorgen, dass ein angemessenes unternehmensinternes Beschwerdeverfahren nach den Absätzen 2 bis 4 eingerichtet ist. [2]Das Beschwerdeverfahren ermöglicht Personen, auf menschenrechtliche und umweltbezogene Risiken sowie auf Verletzungen menschenrechtsbezogener oder umweltbezogener Pflichten hinzuweisen, die durch das wirtschaftliche Handeln eines Unternehmens im eigenen Geschäftsbereich oder eines unmittelbaren Zulieferers entstanden sind. [3]Der Eingang des Hinweises ist den Hinweisgebern zu bestätigen. [4]Die von dem Unternehmen mit der Durchführung des Verfahrens betrauten Personen haben den Sachverhalt mit den Hinweisgebern zu erörtern. [5]Sie können ein Verfahren der einvernehmlichen Beilegung anbieten. [6]Die Unternehmen können sich stattdessen an einem entsprechenden externen Beschwerdeverfahren beteiligen, sofern es die nachfolgenden Kriterien erfüllt.

(2) Das Unternehmen legt eine Verfahrensordnung in Textform fest, die öffentlich zugänglich ist.

(3) [1]Die von dem Unternehmen mit der Durchführung des Verfahrens betrauten Personen müssen Gewähr für unparteiisches Handeln bieten, insbesondere müssen sie unabhängig und an Weisungen nicht gebunden sein. [2]Sie sind zur Verschwiegenheit verpflichtet.

(4) [1]Das Unternehmen muss in geeigneter Weise klare und verständliche Informationen zur Erreichbarkeit und Zuständigkeit und zur Durchführung des Beschwerdeverfahrens öffentlich zugänglich machen. [2]Das Beschwerdeverfahren muss für potenzielle Beteiligte zugänglich sein, die Vertraulichkeit der Identität wahren und wirksamen Schutz vor Benachteiligung oder Bestrafung aufgrund einer Beschwerde gewährleisten.

(5) [1]Die Wirksamkeit des Beschwerdeverfahrens ist mindestens einmal im Jahr sowie anlassbezogen zu überprüfen, wenn das Unternehmen mit einer wesentlich veränderten oder wesentlich erweiterten Risikolage im eigenen Geschäftsbereich oder beim unmittelbaren Zulieferer rechnen muss, etwa durch die Einführung neuer Produkte, Projekte oder eines neuen Geschäftsfeldes. [2]Die Maßnahmen sind bei Bedarf unverzüglich zu wiederholen.

§ 9 Mittelbare Zulieferer; Verordnungsermächtigung. (1) Das Unternehmen muss das Beschwerdeverfahren nach § 8 so einrichten, dass es Personen auch ermöglicht, auf menschenrechtliche oder umweltbezogene Risiken sowie auf Verletzungen menschenrechtsbezogener oder umweltbezogener Pflichten hinzuweisen, die durch das wirtschaftliche Handeln eines mittelbaren Zulieferers entstanden sind.

(2) Das Unternehmen muss nach Maßgabe des Absatzes 3 sein bestehendes Risikomanagement im Sinne von § 4 anpassen.

(3) Liegen einem Unternehmen tatsächliche Anhaltspunkte vor, die eine Verletzung einer menschenrechtsbezogenen oder einer umweltbezogenen Pflicht bei mittelbaren Zulieferern möglich erscheinen lassen (substantiierte Kenntnis), so hat es anlassbezogen unverzüglich

1. eine Risikoanalyse gemäß § 5 Absatz 1 bis 3 durchzuführen,
2. angemessene Präventionsmaßnahmen gegenüber dem Verursacher zu verankern, etwa die Durchführung von Kontrollmaßnahmen, die Unterstützung bei der Vorbeugung und Vermeidung eines Risikos oder die Umsetzung von branchenspezifischen oder branchenübergreifenden Initiativen, denen das Unternehmen beigetreten ist,
3. ein Konzept zur Verhinderung, Beendigung oder Minimierung zu erstellen und umzusetzen und
4. gegebenenfalls entsprechend seine Grundsatzerklärung gemäß § 6 Absatz 2 zu aktualisieren.

(4) Das Bundesministerium für Arbeit und Soziales wird ermächtigt, Näheres zu den Pflichten des Absatzes 3 durch Rechtsverordnung im Einvernehmen mit dem Bundesministerium für Wirtschaft und Energie ohne Zustimmung des Bundesrates zu regeln.

§ 10 Dokumentations- und Berichtspflicht. (1) [1]Die Erfüllung der Sorgfaltspflichten nach § 3 ist unternehmensintern fortlaufend zu dokumentieren. [2]Die Dokumentation ist ab ihrer Erstellung mindestens sieben Jahre lang aufzubewahren.

(2) [1]Das Unternehmen hat jährlich einen Bericht über die Erfüllung seiner Sorgfaltspflichten im vergangenen Geschäftsjahr zu erstellen und spätestens vier Monate nach dem Schluss des Geschäftsjahrs auf der Internetseite des Unternehmens für einen Zeitraum von sieben Jahren kostenfrei öffentlich zugänglich zu machen. [2]In dem Bericht ist nachvollziehbar mindestens darzulegen,
1. ob und falls ja, welche menschenrechtlichen und umweltbezogenen Risiken oder Verletzungen einer menschenrechtsbezogenen oder umweltbezogenen Pflicht das Unternehmen identifiziert hat,
2. was das Unternehmen, unter Bezugnahme auf die in den §§ 4 bis 9 beschriebenen Maßnahmen, zur Erfüllung seiner Sorgfaltspflichten unternommen hat; dazu zählen auch die Elemente der Grundsatzerklärung gemäß § 6 Absatz 2, sowie die Maßnahmen, die das Unternehmen aufgrund von Beschwerden nach § 8 oder nach § 9 Absatz 1 getroffen hat,
3. wie das Unternehmen die Auswirkungen und die Wirksamkeit der Maßnahmen bewertet und
4. welche Schlussfolgerungen es aus der Bewertung für zukünftige Maßnahmen zieht.

(3) Hat das Unternehmen kein menschenrechtliches oder umweltbezogenes Risiko und keine Verletzung einer menschenrechtsbezogenen oder einer umweltbezogenen Pflicht festgestellt und dies in seinem Bericht plausibel dargelegt, sind keine weiteren Ausführungen nach Absatz 2 Satz 2 Nummer 2 bis 4 erforderlich.

(4) Der Wahrung von Betriebs- und Geschäftsgeheimnissen ist dabei gebührend Rechnung zu tragen.

Abschnitt 3. Zivilprozess

§ 11 Besondere Prozessstandschaft. (1) Wer geltend macht, in einer überragend wichtigen geschützten Rechtsposition aus § 2 Absatz 1 verletzt zu sein, kann zur gerichtlichen Geltendmachung seiner Rechte einer inländischen Gewerkschaft oder Nichtregierungsorganisation die Ermächtigung zur Prozessführung erteilen.

(2) Eine Gewerkschaft oder Nichtregierungsorganisation kann nach Absatz 1 nur ermächtigt werden, wenn sie eine auf Dauer angelegte eigene Präsenz unterhält und sich nach ihrer Satzung nicht gewerbsmäßig und nicht nur vorübergehend dafür einsetzt, die Menschenrechte oder entsprechende Rechte im nationalen Recht eines Staates zu realisieren.

Abschnitt 4. Behördliche Kontrolle und Durchsetzung

Unterabschnitt 1. Berichtsprüfung

§ 12 Einreichung des Berichts. (1) Der Bericht nach § 10 Absatz 2 Satz 1 ist in deutscher Sprache und elektronisch über einen von der zuständigen Behörde bereitgestellten Zugang einzureichen.

(2) Der Bericht ist spätestens vier Monate nach dem Schluss des Geschäftsjahres, auf das er sich bezieht, einzureichen.

§ 13 Behördliche Berichtsprüfung; Verordnungsermächtigung.

(1) Die zuständige Behörde prüft, ob

1. der Bericht nach § 10 Absatz 2 Satz 1 vorliegt und
2. die Anforderungen nach § 10 Absatz 2 und 3 eingehalten wurden.

(2) Werden die Anforderungen nach § 10 Absatz 2 und 3 nicht erfüllt, kann die zuständige Behörde verlangen, dass das Unternehmen den Bericht innerhalb einer angemessenen Frist nachbessert.

(3)[1] Das Bundesministerium für Arbeit und Soziales wird ermächtigt, durch Rechtsverordnung im Einvernehmen mit dem Bundesministerium für Wirtschaft und Energie ohne Zustimmung des Bundesrates folgende Verfahren näher zu regeln:

1. das Verfahren der Einreichung des Berichts nach § 12 sowie
2. das Verfahren der behördlichen Berichtsprüfung nach den Absätzen 1 und 2.

Unterabschnitt 2. Risikobasierte Kontrolle

§ 14 Behördliches Tätigwerden; Verordnungsermächtigung. (1) Die zuständige Behörde wird tätig:

1. von Amts wegen nach pflichtgemäßem Ermessen,
   a) um die Einhaltung der Pflichten nach den §§ 3 bis 10 Absatz 1 im Hinblick auf mögliche menschenrechtliche und umweltbezogene Risiken sowie Verletzungen einer menschenrechtsbezogenen oder einer umweltbezogenen Pflicht zu kontrollieren und
   b) Verstöße gegen Pflichten nach Buchstabe a festzustellen, zu beseitigen und zu verhindern;
2. auf Antrag, wenn die antragstellende Person substantiiert geltend macht,
   a) infolge der Nichterfüllung einer in den §§ 3 bis 9 enthaltenen Pflicht in einer geschützten Rechtsposition verletzt zu sein oder
   b) dass eine in Buchstabe a genannte Verletzung unmittelbar bevorsteht.

---

[1] § 13 Abs. 3 ist bereits mWv 23.7.2021 in Kraft getreten, vgl. Art. 5 Abs. 2 G v. 16.7.2021 (BGBl. I S. 2959).

(2)[1] Das Bundesministerium für Arbeit und Soziales wird ermächtigt, durch Rechtsverordnung im Einvernehmen mit dem Bundesministerium für Wirtschaft und Energie ohne Zustimmung des Bundesrates das Verfahren der risikobasierten Kontrolle nach Absatz 1 und den §§ 15 bis 17 näher zu regeln.

§ 15 Anordnungen und Maßnahmen. [1]Die zuständige Behörde trifft die geeigneten und erforderlichen Anordnungen und Maßnahmen, um Verstöße gegen die Pflichten nach den §§ 3 bis 10 Absatz 1 festzustellen, zu beseitigen und zu verhindern.
[2]Sie kann insbesondere

1. Personen laden,
2. dem Unternehmen aufgeben, innerhalb von drei Monaten ab Bekanntgabe der Anordnung einen Plan zur Behebung der Missstände einschließlich klarer Zeitangaben zu dessen Umsetzung vorzulegen und
3. dem Unternehmen konkrete Handlungen zur Erfüllung seiner Pflichten aufgeben.

§ 16 Betretensrechte. Soweit dies zur Wahrnehmung der Aufgaben nach § 14 erforderlich ist, sind die zuständige Behörde und ihre Beauftragten befugt,

1. Betriebsgrundstücke, Geschäftsräume und Wirtschaftsgebäude der Unternehmen während der üblichen Geschäfts- oder Betriebszeiten zu betreten und zu besichtigen sowie
2. bei Unternehmen während der üblichen Geschäfts- oder Betriebszeiten geschäftliche Unterlagen und Aufzeichnungen, aus denen sich ableiten lässt, ob die Sorgfaltspflichten nach den §§ 3 bis 10 Absatz 1 eingehalten wurden, einzusehen und zu prüfen.

§ 17 Auskunfts- und Herausgabepflichten. (1) [1]Unternehmen und nach § 15 Satz 2 Nummer 1 geladene Personen sind verpflichtet, der zuständigen Behörde auf Verlangen die Auskünfte zu erteilen und die Unterlagen herauszugeben, die die Behörde zur Durchführung der ihr durch dieses Gesetz oder aufgrund dieses Gesetzes übertragenen Aufgaben benötigt. [2]Die Verpflichtung erstreckt sich auch auf Auskünfte über verbundene Unternehmen (§ 15 des Aktiengesetzes[2]), unmittelbare und mittelbare Zulieferer und die Herausgabe von Unterlagen dieser Unternehmen, soweit das auskunfts- oder herausgabepflichtige Unternehmen oder die auskunfts- oder herausgabepflichtige Person die Informationen zur Verfügung hat oder aufgrund bestehender vertraglicher Beziehungen zur Beschaffung der verlangten Informationen in der Lage ist.

(2) Die zu erteilenden Auskünfte und herauszugebenden Unterlagen nach Absatz 1 umfassen insbesondere

1. die Angaben und Nachweise zur Feststellung, ob ein Unternehmen in den Anwendungsbereich dieses Gesetzes fällt,
2. die Angaben und Nachweise über die Erfüllung der Pflichten nach den §§ 3 bis 10 Absatz 1 und
3. die Namen der zur Überwachung der internen Prozesse des Unternehmens zur Erfüllung der Pflichten nach den §§ 3 bis 10 Absatz 1 zuständigen Personen.

---

[1] § 14 Abs. 2 ist bereits mWv 23.7.2021 in Kraft getreten, vgl. Art. 5 Abs. 2 G v. 16.7.2021 (BGBl. I S. 2959).
[2] **Habersack, Deutsche Gesetze Nr. 51.**

(3) [1] Wer zur Auskunft nach Absatz 1 verpflichtet ist, kann die Auskunft auf solche Fragen verweigern, deren Beantwortung ihn selbst oder einen der in § 52 Absatz 1 der Strafprozessordnung[1)] bezeichneten Angehörigen der Gefahr strafgerichtlicher Verfolgung oder eines Verfahrens nach dem Gesetz über Ordnungswidrigkeiten aussetzen würde. [2] Die auskunftspflichtige Person ist über ihr Recht zur Verweigerung der Auskunft zu belehren. [3] Sonstige gesetzliche Auskunfts- oder Aussageverweigerungsrechte sowie gesetzliche Verschwiegenheitspflichten bleiben unberührt.

§ 18 Duldungs- und Mitwirkungspflichten. [1] Die Unternehmen haben die Maßnahmen der zuständigen Behörde und ihrer Beauftragten zu dulden und bei der Durchführung der Maßnahmen mitzuwirken. [2] Satz 1 gilt auch für die Inhaber der Unternehmen und ihre Vertretung, bei juristischen Personen für die nach Gesetz oder Satzung zur Vertretung berufenen Personen.

Unterabschnitt 3. Zuständige Behörde, Handreichungen, Rechenschaftsbericht

§ 19[2)] Zuständige Behörde. (1) [1] Für die behördliche Kontrolle und Durchsetzung nach diesem Abschnitt ist das Bundesamt für Wirtschaft und Ausfuhrkontrolle zuständig. [2] Für die Aufgaben nach diesem Gesetz obliegt die Rechts- und Fachaufsicht über das Bundesamt dem Bundesministerium für Wirtschaft und Energie. [3] Das Bundesministerium für Wirtschaft und Energie übt die Rechts- und Fachaufsicht im Einvernehmen mit dem Bundesministerium für Arbeit und Soziales aus.

(2) Bei der Wahrnehmung ihrer Aufgaben verfolgt die zuständige Behörde einen risikobasierten Ansatz.

§ 20[2)] Handreichungen. [1] Die zuständige Behörde veröffentlicht branchenübergreifende oder branchenspezifische Informationen, Hilfestellungen und Empfehlungen zur Einhaltung dieses Gesetzes und stimmt sich dabei mit den fachlich betroffenen Behörden ab. [2] Die Informationen, Hilfestellungen oder Empfehlungen bedürfen vor Veröffentlichung der Zustimmung des Auswärtigen Amtes, insofern außenpolitische Belange davon berührt sind.

§ 21[2)] Rechenschaftsbericht. (1) [1] Die nach § 19 Absatz 1 Satz 1 zuständige Behörde berichtet einmal jährlich über ihre im vorausgegangenen Kalenderjahr erfolgten Kontroll- und Durchsetzungstätigkeiten nach Abschnitt 4. [2] Der Bericht ist erstmals für das Jahr 2022 zu erstellen und auf der Webseite der zuständigen Behörde zu veröffentlichen.

(2) Die Berichte sollen auf festgestellte Verstöße und angeordnete Abhilfemaßnahmen hinweisen und diese erläutern sowie eine Auswertung der eingereichten Unternehmensberichte nach § 12 enthalten, ohne die jeweils betroffenen Unternehmen zu benennen.

[1)] **Habersack, Deutsche Gesetze Nr. 90.**

[2)] §§ 19–21 sind bereits mWv 23.7.2021 in Kraft getreten, vgl. Art. 5 Abs. 2 G v. 16.7.2021 (BGBl. I S. 2959).

Abschnitt 5. Öffentliche Beschaffung

§ 22 Ausschluss von der Vergabe öffentlicher Aufträge. (1) [1] Von der Teilnahme an einem Verfahren über die Vergabe eines Liefer-, Bau- oder Dienstleistungsauftrags der in den §§ 99 und 100 des Gesetzes gegen Wettbewerbsbeschränkungen[1)] genannten Auftraggeber sollen Unternehmen bis zur nachgewiesenen Selbstreinigung nach § 125 des Gesetzes gegen Wettbewerbsbeschränkungen ausgeschlossen werden, die wegen eines rechtskräftig festgestellten Verstoßes nach § 24 Absatz 1 mit einer Geldbuße nach Maßgabe von Absatz 2 belegt worden sind. [2] Der Ausschluss nach Satz 1 darf nur innerhalb eines angemessenen Zeitraums von bis zu drei Jahren erfolgen.

(2) [1] Ein Ausschluss nach Absatz 1 setzt einen rechtskräftig festgestellten Verstoß mit einer Geldbuße von wenigstens einhundertfünfundsiebzigtausend Euro voraus. [2] Abweichend von Satz 1 wird

1. in den Fällen des § 24 Absatz 2 Satz 2 in Verbindung mit § 24 Absatz 2 Satz 1 Nummer 2 ein rechtskräftig festgestellter Verstoß mit einer Geldbuße von wenigstens eine Million fünfhunderttausend Euro,
2. in den Fällen des § 24 Absatz 2 Satz 2 in Verbindung mit § 24 Absatz 2 Satz 1 Nummer 1 ein rechtskräftig festgestellter Verstoß mit einer Geldbuße von wenigstens zwei Millionen Euro und
3. in den Fällen des § 24 Absatz 3 ein rechtskräftig festgestellter Verstoß mit einer Geldbuße von wenigstens 0,35 Prozent des durchschnittlichen Jahresumsatzes vorausgesetzt.

(3) Vor der Entscheidung über den Ausschluss ist der Bewerber zu hören.

Abschnitt 6. Zwangsgeld und Bußgeld

§ 23 Zwangsgeld. Die Höhe des Zwangsgeldes im Verwaltungszwangsverfahren der nach § 19 Absatz 1 Satz 1 zuständigen Behörde beträgt abweichend von § 11 Absatz 3 des Verwaltungsvollstreckungsgesetzes[2)] bis zu 50 000 Euro.

§ 24 Bußgeldvorschriften. (1) Ordnungswidrig handelt, wer vorsätzlich oder fahrlässig

1. entgegen § 4 Absatz 3 Satz 1 nicht dafür sorgt, dass eine dort genannte Festlegung getroffen ist,
2. entgegen § 5 Absatz 1 Satz 1 oder § 9 Absatz 3 Nummer 1 eine Risikoanalyse nicht, nicht richtig, nicht vollständig oder nicht rechtzeitig durchführt,
3. entgegen § 6 Absatz 1 eine Präventionsmaßnahme nicht oder nicht rechtzeitig ergreift,
4. entgegen § 6 Absatz 5 Satz 1, § 7 Absatz 4 Satz 1 oder § 8 Absatz 5 Satz 1 eine Überprüfung nicht oder nicht rechtzeitig vornimmt,
5. entgegen § 6 Absatz 5 Satz 3, § 7 Absatz 4 Satz 3 oder § 8 Absatz 5 Satz 2 eine Maßnahme nicht oder nicht rechtzeitig aktualisiert,
6. entgegen § 7 Absatz 1 Satz 1 eine Abhilfemaßnahme nicht oder nicht rechtzeitig ergreift,

---

[1)] **Habersack, Deutsche Gesetze Nr. 74.**
[2)] **Sartorius Nr. 112.**

7. entgegen
   a) § 7 Absatz 2 Satz 1 oder
   b) § 9 Absatz 3 Nummer 3

   ein Konzept nicht oder nicht rechtzeitig erstellt oder nicht oder nicht rechtzeitig umsetzt,
8. entgegen § 8 Absatz 1 Satz 1, auch in Verbindung mit § 9 Absatz 1, nicht dafür sorgt, dass ein Beschwerdeverfahren eingerichtet ist,
9. entgegen § 10 Absatz 1 Satz 2 eine Dokumentation nicht oder nicht mindestens sieben Jahre aufbewahrt,
10. entgegen § 10 Absatz 2 Satz 1 einen Bericht nicht richtig erstellt,
11. entgegen § 10 Absatz 2 Satz 1 einen dort genannten Bericht nicht oder nicht rechtzeitig öffentlich zugänglich macht,
12. entgegen § 12 einen Bericht nicht oder nicht rechtzeitig einreicht oder
13. einer vollziehbaren Anordnung nach § 13 Absatz 2 oder § 15 Satz 2 Nummer 2 zuwiderhandelt.

(2) [1] Die Ordnungswidrigkeit kann geahndet werden

1. in den Fällen des Absatzes 1
   a) Nummer 3, 7 Buchstabe b und Nummer 8
   b) Nummer 6 und 7 Buchstabe a

   mit einer Geldbuße bis zu achthunderttausend Euro,
2. in den Fällen des Absatzes 1 Nummer 1, 2, 4, 5 und 13 mit einer Geldbuße bis zu fünfhunderttausend Euro und
3. in den übrigen Fällen des Absatzes 1 mit einer Geldbuße bis zu hunderttausend Euro.

[2] In den Fällen des Satzes 1 Nummer 1 und 2 ist § 30 Absatz 2 Satz 3 des Gesetzes über Ordnungswidrigkeiten[1)] anzuwenden.

(3) [1] Bei einer juristischen Person oder Personenvereinigung mit einem durchschnittlichen Jahresumsatz von mehr als 400 Millionen Euro kann abweichend von Absatz 2 Satz 2 in Verbindung mit Satz 1 Nummer 1 Buchstabe b eine Ordnungswidrigkeit nach Absatz 1 Nummer 6 oder 7 Buchstabe a mit einer Geldbuße bis zu 2 Prozent des durchschnittlichen Jahresumsatzes geahndet werden. [2] Bei der Ermittlung des durchschnittlichen Jahresumsatzes der juristischen Person oder Personenvereinigung ist der weltweite Umsatz aller natürlichen und juristischen Personen sowie aller Personenvereinigungen der letzten drei Geschäftsjahre, die der Behördenentscheidung vorausgehen, zugrunde zu legen, soweit diese Personen und Personenvereinigungen als wirtschaftliche Einheit operieren. [3] Der durchschnittliche Jahresumsatz kann geschätzt werden.

(4) [1] Grundlage für die Bemessung der Geldbuße bei juristischen Personen und Personenvereinigungen ist die Bedeutung der Ordnungswidrigkeit. [2] Bei der Bemessung sind die wirtschaftlichen Verhältnisse der juristischen Person oder Personenvereinigung zu berücksichtigen. [3] Bei der Bemessung sind die Umstände, insoweit sie für und gegen die juristische Person oder Personenvereinigung sprechen, gegeneinander abzuwägen. [4] Dabei kommen insbesondere in Betracht:

1. der Vorwurf, der den Täter der Ordnungswidrigkeit trifft,
2. die Beweggründe und Ziele des Täters der Ordnungswidrigkeit,
3. Gewicht, Ausmaß und Dauer der Ordnungswidrigkeit,

[1)] **Habersack, Deutsche Gesetze Nr. 94.**

4. Art der Ausführung der Ordnungswidrigkeit, insbesondere die Anzahl der Täter und deren Position in der juristischen Person oder Personenvereinigung,
5. die Auswirkungen der Ordnungswidrigkeit,
6. vorausgegangene Ordnungswidrigkeiten, für die die juristische Person oder Personenvereinigung nach § 30 des Gesetzes über Ordnungswidrigkeiten, auch in Verbindung mit § 130 des Gesetzes über Ordnungswidrigkeiten, verantwortlich ist, sowie vor der Ordnungswidrigkeit getroffene Vorkehrungen zur Vermeidung und Aufdeckung von Ordnungswidrigkeiten,
7. das Bemühen der juristischen Person oder Personenvereinigung, die Ordnungswidrigkeit aufzudecken und den Schaden wiedergutzumachen, sowie nach der Ordnungswidrigkeit getroffene Vorkehrungen zur Vermeidung und Aufdeckung von Ordnungswidrigkeiten,
8. die Folgen der Ordnungswidrigkeit, die die juristische Person oder Personenvereinigung getroffen haben.

(5) [1] Verwaltungsbehörde im Sinne des § 36 Absatz 1 Nummer 1 des Gesetzes über Ordnungswidrigkeiten ist das Bundesamt für Wirtschaft und Ausfuhrkontrolle. [2] Für die Rechts- und Fachaufsicht über das Bundesamt gilt § 19 Absatz 1 Satz 2 und 3.

Anlage
(zu § 2 Absatz 1, § 7 Absatz 3 Satz 2)

Übereinkommen

1. Übereinkommen Nr. 29 der Internationalen Arbeitsorganisation vom 28. Juni 1930 über Zwangs- oder Pflichtarbeit (BGBl. 1956 II S. 640, 641) (ILO-Übereinkommen Nr. 29)
2. Protokoll vom 11. Juni 2014 zum Übereinkommen Nr. 29 der Internationalen Arbeitsorganisation vom 28. Juni 1930 über Zwangs- oder Pflichtarbeit (BGBl. 2019 II S. 437, 438)
3. Übereinkommen Nr. 87 der Internationalen Arbeitsorganisation vom 9. Juli 1948 über die Vereinigungsfreiheit und den Schutz des Vereinigungsrechtes (BGBl. 1956 II S. 2072, 2071) geändert durch das Übereinkommen vom 26. Juni 1961 (BGBl. 1963 II S. 1135, 1136) (ILO-Übereinkommen Nr. 87)
4. Übereinkommen Nr. 98 der Internationalen Arbeitsorganisation vom 1. Juli 1949 über die Anwendung der Grundsätze des Vereinigungsrechtes und des Rechtes zu Kollektivverhandlungen (BGBl. 1955 II S. 1122, 1123) geändert durch das Übereinkommen vom 26. Juni 1961 (BGBl. 1963 II S. 1135, 1136) (ILO-Übereinkommen Nr. 98)
5. Übereinkommen Nr. 100 der Internationalen Arbeitsorganisation vom 29. Juni 1951 über die Gleichheit des Entgelts männlicher und weiblicher Arbeitskräfte für gleichwertige Arbeit (BGBl. 1956 II S. 23, 24) (ILO-Übereinkommen Nr. 100)
6. Übereinkommen Nr. 105 der Internationalen Arbeitsorganisation vom 25. Juni 1957 über die Abschaffung der Zwangsarbeit (BGBl. 1959 II S. 441, 442) (ILO-Übereinkommen Nr. 105)
7. Übereinkommen Nr. 111 der Internationalen Arbeitsorganisation vom 25. Juni 1958 über die Diskriminierung in Beschäftigung und Beruf (BGBl. 1961 II S. 97, 98) (ILO-Übereinkommen Nr. 111)

8. Übereinkommen Nr. 138 der Internationalen Arbeitsorganisation vom 26. Juni 1973 über das Mindestalter für die Zulassung zur Beschäftigung (BGBl. 1976 II S. 201, 202) (ILO-Übereinkommen Nr. 138)
9. Übereinkommen Nr. 182 der Internationalen Arbeitsorganisation vom 17. Juni 1999 über das Verbot und unverzügliche Maßnahmen zur Beseitigung der schlimmsten Formen der Kinderarbeit (BGBl. 2001 II S. 1290, 1291) (ILO-Übereinkommen Nr. 182)
10. Internationaler Pakt vom 19. Dezember 1966 über bürgerliche und politische Rechte, (BGBl. 1973 II S. 1533, 1534)
11. Internationaler Pakt vom 19. Dezember 1966 über wirtschaftliche, soziale und kulturelle Rechte (BGBl. 1973 II S. 1569, 1570)
12. Übereinkommen von Minamata vom 10. Oktober 2013 über Quecksilber (BGBl. 2017 II S. 610, 611) (Minamata-Übereinkommen)
13. Stockholmer Übereinkommen vom 23. Mai 2001 über persistente organische Schadstoffe (BGBl. 2002 II S. 803, 804) (POPs-Übereinkommen), zuletzt geändert durch den Beschluss vom 6. Mai 2005 (BGBl. 2009 II S. 1060, 1061)
14. Basler Übereinkommen über die Kontrolle der grenzüberschreitenden Verbringung gefährlicher Abfälle und ihrer Entsorgung vom 22. März 1989 (BGBl. 1994 II S. 2703, 2704) (Basler Übereinkommen), zuletzt geändert durch die Dritte Verordnung zur Änderung von Anlagen zum Basler Übereinkommen vom 22. März 1989 vom 6. Mai 2014 (BGBl. II S. 306/307)

50e. Verordnung über die Einrichtung und Führung des Handelsregisters (Handelsregisterverordnung – HRV)[1)]

Vom 12. August 1937
(DJ S. 1251)

FNA 315-20

Lfd. Nr.	Änderndes Gesetz	Datum	Fundstelle	Betroffen	Hinweis
1.	Reichs-Entlastungsverfügung	3.7.1943	DJ S. 339	§ 5, 6	aufgeh. mWv 1.8.1943
2.	§ 1 ÄndVO	12.11. 1958	BAnz. Nr. 224	§ 23, 37	geänd. mWv 1.1.1959
3.	§ 1 Zweite ÄndVO	30.12. 1960	BAnz. Nr. 253	§§ 11, 13, 17, 20, 37, 40, 43, 45, 47	geänd. mWv 1.1.1961
4.	§ 1 Dritte ÄndVO	23.5.1967	BAnz. Nr. 111	§§ 11, 13, 17, 20, 37, 40, 43, 45, 47	geänd. mWv 20.7.1967
5.	§ 1 Vierte ÄndVO	23.7.1969	BGBl.I S. 1152	§ 43	geänd. mWv 1.9.1969
6.	§ 55 Nr. 8 BeurkundungsG	28.8.1969	BGBl.I S. 1513	§ 24	geänd. mWv 1.1.1970
7.	§ 1 Fünfte ÄndVO	25.6.1976	BGBl.I S. 1685	§§ 11, 23, 30, 37, 40, 43	geänd. mWv 1.7.1976
8.	§ 1 Sechste ÄndVO	24.6.1983	BGBl.I S. 832	§§ 40, 43, 47	geänd. mWv 30.6.1983
9.	§ 1 Siebte ÄndVO	24.10. 1985	BGBl.I S. 2033	§§ 40, 43	geänd. mWv 1.11.1985
10.	Art. 1 Achte ÄndVO	19.6.1989	BGBl.I S. 1113	§§ 3, 8, 9, 29, 30, 37, 40	geänd. mWv 1.7.1989
11.	Art. 1 VO zur Einführung von Vorschriften über die maschinelle Führung des Handelsregisters	6.7.1995	BGBl.I S. 911	§§ 7, 8, 13, 20, 21, 29, 30, 37, 40, 43	geänd. mWv 1.1.1999
12.	Art. 2 § 5 Euro-EinführungsG	9.6.1998	BGBl.I S. 1242	Anl. 3, 5	geänd. mWv 1.1.1999
13.	Art. 23 HandelsrechtsreformG	22.6.1998	BGBl.I S. 1474	§§ 3, 23, 24, 40, 43	geänd. mWv 1.1.1999
14.	Art. 1 VO zur Anpassung registerrechtlicher Vorschriften an die Insolvenzordnung	8.12.1998	BGBl.I S. 3580	§§ 19, 29, 40, 43	geänd. mWv 1.1.1999
15.	Art. 6 G über elektronische Register und Justizkosten für Telekommunikation	10.12. 2001	BGBl. I S. 3422	§ 43	geänd. mWv 15.12.2001
16.	*Art. 1 ErleichterungsVO* der Registerautomation	*11.12.* 2001	*BGBl. I* S. 3688	Überschrift, §§ 19a, 20, 24, 34, 37, 40, 43, 56, 58, 59, 61, 62, 64, 65, 66, 67, 68, 71	geänd. mWv 20.12.2001
17.	Art. 3 Handelsregistergebühren-NeuordnungsG	3.7.2004	BGBl. I S. 1410	§ 25	geänd. mWv 1.12.2004
18.	Art. 7 SE-EinführungsG	22.12. 2004	BGBl. I S. 3675	§§ 3, 24, 37, 43, 44, 45, 62	geänd. mWv 29.12.2004

[1)] Überschrift neu gef. mWv 20.12.2001 durch VO v. 11.12.2001 (BGBl. I S. 3688).

Lfd. Nr.	Änderndes Gesetz	Datum	Fundstelle	Betroffen	Hinweis
19.	Art. 98 Erstes G über die Bereinigung v. BundesR im Zuständigkeitsber. des BMJ	19.4.2006	BGBl. I S. 866	§§ 1, 4, 25, 37, 44, 45	geänd. mWv 25.4.2006
20.	Art. 5 Abs. 1 und 2 G über elektronische Handelsregister und Genossenschaftsregister sowie das Unternehmensregister[1]	10.11. 2006	BGBl. I S. 2553	§§ 1, 20, 34a, 40, 43 (§§ 51–54), §§ 61, 62, 71	geänd. mWv 16.11.2006
				§§ 2, 4, 7–10, 12, 15, 16, 16a, 21, 22, 27, 28, 30, 30a, 37, 40, 43, Überschrift vor § 47, §§ 47, 48, 49, 50, UAbschnitte 2–6 des Abschnitts IVa (§§ 51–54), Abschnitt V (§§ 71, 72), Anl. 1, 2, 3, 8	geänd. mWv 1.1.2007
21.	Art. 17a InvestmentÄndG[2]	21.12. 2007	BGBl. I S. 3089	§ 43	geänd. mWv 28.12.2007
22.	Art. 13 G zur Modernisierung des GmbH-Rechts und zur Bekämpfung von Missbräuchen	23.10. 2008	BGBl. I S. 2026	§§ 9, 23, 24, 29, 34, 40, 43, Anl. 3, 4, 5, 6, 7	geänd. mWv 1.11.2008
23.	Art. 40 Abs. 2 FGG-ReformG	17.12. 2008	BGBl. I S. 2586	§§ 1, 4, 19, 23, 25, 26, 36, 38a, 44, 45, 47	geänd. mWv 1.9.2009
24.	Art. 15a G zur Umsetzung der AktionärsrechteRL[3]	30.7.2009	BGBl. I S. 2479	§ 43	geänd. mWv 1.9.2009
25.	Art. 4 Abs. 7 G zur Einführung des elektron. Rechtsverkehrs u. der elektron. Akte im Grundbuchverf. sowie zur Änd. weiterer grundbuch-, register- und kostenrechtl. Vorschriften	11.8.2009	BGBl. I S. 2713	§ 29	geänd. mWv 1.10.2009

[1] **Amtl. Anm.:** Dieses Gesetz dient in
- Artikel 1, 2, 5 Abs. 2, Artikel 9, 10 und 12 Abs. 15 der Umsetzung der Richtlinie 2003/58/EG des Europäischen Parlaments und des Rates vom 15. Juli 2003 zur Änderung der Richtlinie 68/151/EWG des Rates in Bezug auf die Offenlegungspflichten von Gesellschaften bestimmter Rechtsformen (ABl. EU Nr. L 221 S. 13) und
- …

[2] **Amtl. Anm.:** Dieses Gesetz dient auch der Umsetzung der Richtlinie 2007/16/EG der Kommission vom 19. März 2007 zur Durchführung der Richtlinie 85/611/EWG des Rates zur Koordinierung der Rechts- und Verwaltungsvorschriften betreffend bestimmte Organismen für gemeinsame Anlagen in Wertpapieren (OGAW) im Hinblick auf die Erläuterung gewisser Definitionen (ABl. EU Nr. L 79 S. 11) und der Umsetzung der Artikel 6, 9 und 10 der Richtlinie 2007/14/EG der Kommission vom 8. März 2007 mit Durchführungsbestimmungen zu bestimmten Vorschriften der Richtlinie 2004/109/EG zur Harmonisierung der Transparenzanforderungen in Bezug auf Informationen über Emittenten, deren Wertpapiere zum Handel an einem geregelten Markt zugelassen sind (ABl. EU Nr. L 69 S. 27). Es dient in den Artikeln 2 und 2a auch der Umsetzung der Richtlinie 2007/18/EG der Kommission vom 27. März 2007 zur Änderung der Richtlinie 2006/48/EG des Europäischen Parlaments und des Rates hinsichtlich des Ausschlusses bzw. der Aufnahme bestimmter Institute aus ihrem bzw. in ihren Anwendungsbereich und hinsichtlich der Behandlung der Forderungen an multilaterale Entwicklungsbanken (ABl. EU Nr. L 87 S. 9).

[3] **Amtl. Anm.:** Dieses Gesetz dient der Umsetzung
- der Richtlinie 2006/68/EG des Europäischen Parlaments und des Rates vom 6. September 2006 zur Änderung der Richtlinie 77/91/EWG des Rates in Bezug auf die Gründung von Aktiengesellschaften und die Erhaltung und Änderung ihres Kapitals (ABl. L 264 vom 25.9.2006, S. 32) und
- der Richtlinie 2007/36/EG des Europäischen Parlaments und des Rates vom 11. Juli 2007 über die Ausübung bestimmter Rechte von Aktionären in börsennotierten Gesellschaften (ABl. L 184 vom 14.7. 2007, S. 17).

Lfd. Nr.	Änderndes Gesetz	Datum	Fundstelle	Betroffen	Hinweis
26.	Art. 27 Abs. 2 AIFM-UmsetzungsG	4.7.2013	BGBl. I S. 1981	§ 43	geänd. mWv 22.7.2013
27.	Art. 14 G zur Förderung des elektronischen Rechtsverkehrs mit den Gerichten	10.10. 2013	BGBl. I S. 3786	§§ 8, 9	geänd. mWv 1.1.2018
28.	Art. 9 BRRD-UmsetzungsG[1)]	10.12. 2014	BGBl. I S. 2091	§ 43	geänd. mWv 1.1.2015
29.	Art. 2 G zur Ums. der RL 2012/17/EU in Bezug auf die Verknüpfung von Zentral-, Handels- und Gesellschaftsregistern in der EU[2)]	22.12. 2014	BGBl. I S. 2409	§ 9	geänd. mWv 31.12.2014
				§ 26	neu gef. mWv 31.12.2014
30.	Art. 2 Abs. 3 G zur Modernisierung der Finanzaufsicht über Versicherungen	1.4.2015	BGBl. I S. 434	§§ 40, 43	geänd. mWv 1.1.2016
31.	Art. 123 Abs. 1 Zweites G über die weitere Bereinigung von Bundesrecht	8.7.2016	BGBl. I S. 1594	§ 9	geänd. mWv 15.7.2016
32.	Art. 11 Abs. 20 eIDAS-DurchführungsG[3) 4)]	18.7.2017	BGBl. I S. 2745	§ 30a	geänd. mWv 29.7.2017
33.	Art. 19 G zur Ums. der RL (EU) 2016/680 im Strafverf. sowie zur Anpassung datenschutzrechtl. Bestimmungen an die VO (EU) 2016/679	20.11. 2019	BGBl. I S. 1724	§ 47	geänd. mWv 26.11.2019
34.	Art. 7 G zur Umsetzung der DigitalisierungsRL[5)]	5.7.2021	BGBl. I S. 3338	§§ 10, 16a, 17, Abschnitt III Überschrift, §§ 25, 27, 29, 30a, 35, 38a, 43, 52	geänd. mWv 1.8.2022
				§§ 11, 32, 33, Anl 3	neu gef. mWv 1.8.2022

[1)] **Amtl. Anm.:** Dieses Gesetz dient der Umsetzung der Richtlinie 2014/59/EU des Europäischen Parlaments und des Rates vom 15. Mai 2014 zur Festlegung eines Rahmens für die Sanierung und Abwicklung von Kreditinstituten und Wertpapierfirmen und zur Änderung der Richtlinie 82/891/EWG des Rates, der Richtlinien 2001/24/EG, 2002/47/EG, 2004/25/EG, 2005/56/EG, 2007/36/EG, 2011/35/EU, 2012/30/EU und 2013/36/EU sowie der Verordnungen (EU) Nr. 1093/2010 und (EU) Nr. 648/2012 des Europäischen Parlaments und des Rates (ABl. L 173 vom 12.6.2014, S. 84) sowie der Anpassung an die Verordnung (EU) Nr. 1024/2013 des Rates vom 15. Oktober 2013 zur Übertragung besonderer Aufgaben im Zusammenhang mit der Aufsicht über Kreditinstitute auf die Europäische Zentralbank (ABl. L 287 vom 29.10.2013, S. 63).

[2)] **Amtl. Anm.:** Dieses Gesetz dient der Umsetzung der Richtlinie 2012/17/EU des Europäischen Parlaments und des Rates vom 13. Juni 2012 zur Änderung der Richtlinie 89/666/EWG des Rates sowie der Richtlinien 2005/56/EG und 2009/101/EG des Europäischen Parlaments und des Rates in Bezug auf die Verknüpfung von Zentral-, Handels- und Gesellschaftsregistern (ABl. L 156 vom 16.6.2012, S. 1).

[3)] **Amtl. Anm.:** Dieses Gesetz dient der Durchführung der Verordnung (EU) Nr. 910/2014 des Europäischen Parlaments und des Rates vom 23. Juli 2014 über elektronische Identifizierung und Vertrauensdienste für elektronische Transaktionen im Binnenmarkt und zur Aufhebung der Richtlinie 1999/93/EG.

[4)] **Amtl. Anm.:** Notifiziert gemäß der Richtlinie (EU) 2015/1535 des Europäischen Parlaments und des Rates vom 9. September 2015 über ein Informationsverfahren auf dem Gebiet der technischen Vorschriften und der Vorschriften für die Dienste der Informationsgesellschaft (ABl. L 241 vom 17.9.2015, S. 1).

[5)] **Amtl. Anm.:** Dieses Gesetz dient der Umsetzung der Richtlinie (EU) 2019/1151 des Europäischen Parlaments und des Rates vom 20. Juni 2019 zur Änderung der Richtlinie (EU) 2017/1132 im Hinblick auf den Einsatz digitaler Werkzeuge und Verfahren im Gesellschaftsrecht (ABl. L 186 vom 11.7.2019, S. 80).

Lfd. Nr.	Änderndes Gesetz	Datum	Fundstelle	Betroffen	Hinweis
				§ 38b	eingef. mWv 1.8.2022
				§ 34	aufgeh. mit Ablauf des 31.7. 2022
35.	Art. 44 PersonengesellschaftsrechtsmodernisierungsG (MoPeG)	10.8.2021	BGBl. I S. 3436	§§ 13, 40	geänd. mWv 1.1.2024
36.	Art. 2 VO über die Einrichtung und Führung des Gesellschaftsregisters und zur Änd. der HRV	16.12. 2022	BGBl. I S. 2422	§ 9	geänd. mWv 23.12.2022
37.	Art. 2 G zur Umsetzung der UmwandlungsRL und zur Änd. weiterer Gesetze[1)]	22.2.2023	BGBl. 2023 I Nr. 51	§§ 9, 11, 29	geänd. mWv 1.3.2023
				§ 46a	eingef. mWv 1.3.2023

[1)] **Amtl. Anm.:** Die Artikel 1, 2, 3, 7, 8 und 9 dieses Gesetzes dienen der Umsetzung der Richtlinie (EU) 2019/2121 des Europäischen Parlaments und des Rates vom 27. November 2019 zur Änderung der Richtlinie (EU) 2017/1132 in Bezug auf grenzüberschreitende Umwandlungen, Verschmelzungen und Spaltungen (ABl. L 321 vom 12.12.2019, S. 1; L 20 vom 24.1.2020, S. 24).

I. Einrichtung des Handelsregisters. Örtliche und sachliche Zuständigkeit

§ 1[1] Zuständigkeit des Amtsgerichts. Soweit nicht nach § 376 Abs. 2 des Gesetzes über das Verfahren in Familiensachen und in den Angelegenheiten der freiwilligen Gerichtsbarkeit[2] etwas Abweichendes geregelt ist, führt jedes Amtsgericht, in dessen Bezirk ein Landgericht seinen Sitz hat, für den Bezirk dieses Landgerichts ein Handelsregister.

§ 2[3] *(aufgehoben)*

§ 3[4] [Einrichtung des Registers] (1) Das Handelsregister besteht aus zwei Abteilungen.

(2) In die Abteilung A werden eingetragen die Einzelkaufleute, die in dem § 33 des Handelsgesetzbuchs[5] bezeichneten juristischen Personen sowie die offenen Handelsgesellschaften, die Kommanditgesellschaften und die Europäischen wirtschaftlichen Interessenvereinigungen.

(3) In die Abteilung B werden eingetragen die Aktiengesellschaften, die SE, die Kommanditgesellschaften auf Aktien, die Gesellschaften mit beschränkter Haftung und die Versicherungsvereine auf Gegenseitigkeit.

§ 4[6] [Zuständigkeit des Richters und Urkundsbeamten] [1] Für die Erledigung der Geschäfte des Registergerichts ist der Richter zuständig. [2] Soweit die Erledigung der Geschäfte nach dieser Verordnung dem Urkundsbeamten der Geschäftsstelle übertragen ist, gelten die §§ 5 bis 8 des Rechtspflegergesetzes[7] in Bezug auf den Urkundsbeamten der Geschäftsstelle entsprechend.

§§ 5, 6 *(aufgehoben)*

§ 7[8] Elektronische Führung des Handelsregisters. [1] Die Register einschließlich der Registerordner werden elektronisch geführt. [2] § 8a Abs. 2 des Handelsgesetzbuchs[5] bleibt unberührt.

§ 8[9] Registerakten. (1) [1] Für jedes Registerblatt (§ 13) werden Akten gebildet. [2] Zu den Registerakten gehören auch die Schriften oder Dokumente über solche gerichtlichen Handlungen, die, ohne auf eine Registereintragung abzuzielen, mit den in dem Register vermerkten rechtlichen Verhältnissen in Zusammenhang stehen.

(2) [1] Wird ein Schriftstück, das in Papierform zur Registerakte einzureichen war, zurückgegeben, so wird eine beglaubigte Abschrift zurückbehalten. [2] Ist das

---

[1] § 1 neu gef. mWv 16.11.2006 durch G v. 10.11.2006 (BGBl. I S. 2553); geänd. mWv 1.9.2009 durch G v. 17.12.2008 (BGBl. I S. 2586).

[2] **Habersack, Deutsche Gesetze Nr. 112.**

[3] § 2 aufgeh. mWv 1.1.2007 durch G v. 10.11.2006 (BGBl. I S. 2553).

[4] § 3 Abs. 3 geänd. mWv 29.12.2004 durch G v. 22.12.2004 (BGBl. I S. 3675).

[5] **Habersack, Deutsche Gesetze Nr. 50.**

[6] § 4 Abs. 1 neu gef. mWv 1.1.2007 durch G v. 10.11.2006 (BGBl. I S. 2553); Abs. 2 aufgeh. mWv 1.9.2009 durch G v. 17.12.2008 (BGBl. I S. 2586).

[7] **Habersack, Deutsche Gesetze Nr. 96.**

[8] § 7 neu gef. mWv 1.1.2007 durch G v. 10.11.2006 (BGBl. I S. 2553).

[9] § 8 neu gef. mWv 1.1.2007 durch G v. 10.11.2006 (BGBl. I S. 2553); Abs. 3 Satz 4 geänd. mWv 1.1.2018 durch G v. 10.10.2013 (BGBl. I S. 3786).

Schriftstück in anderen Akten des Amtsgerichts enthalten, so ist eine beglaubigte Abschrift zu den Registerakten zu nehmen. [3]In den Abschriften und Übertragungen können die Teile des Schriftstückes, die für die Führung des Handelsregisters ohne Bedeutung sind, weggelassen werden, wenn hiervon Verwirrung nicht zu besorgen ist. [4]In Zweifelsfällen bestimmt der Richter den Umfang der Abschrift, sonst der Urkundsbeamte der Geschäftsstelle.

(3) [1]Die Landesjustizverwaltung kann bestimmen, dass die Registerakten ab einem bestimmten Zeitpunkt elektronisch geführt werden. [2]Nach diesem Zeitpunkt eingereichte Schriftstücke sind zur Ersetzung der Urschrift in ein elektronisches Dokument zu übertragen und in dieser Form zur elektronisch geführten Registerakte zu nehmen, soweit die Anordnung der Landesjustizverwaltung nichts anderes bestimmt; § 9 Abs. 3 und 4 gilt entsprechend. [3]Im Fall einer Beschwerde sind in Papierform eingereichte Schriftstücke mindestens bis zum rechtskräftigen Abschluss des Beschwerdeverfahrens aufzubewahren, wenn sie für die Durchführung des Beschwerdeverfahrens notwendig sind und das Beschwerdegericht keinen Zugriff auf die elektronisch geführte Registerakte hat. [4]Das Registergericht hat in diesem Fall von ausschließlich elektronisch vorliegenden Dokumenten Ausdrucke für das Beschwerdegericht zu fertigen, soweit dies zur Durchführung des Beschwerdeverfahrens notwendig ist; § 298 Absatz 3 der Zivilprozessordnung[1)] gilt entsprechend. [5]Die Ausdrucke sind mindestens bis zum rechtskräftigen Abschluss des Beschwerdeverfahrens aufzubewahren.

§ 9[2)] Registerordner. (1) [1]Die zum Handelsregister einzureichenden und nach § 9 Abs. 1 des Handelsgesetzbuchs[3)] der unbeschränkten Einsicht unterliegenden Dokumente sowie eine Verschmelzungs-, Spaltungs- oder Formwechselbescheinigung nach § 316 Absatz 1 Satz 4, § 329 Satz 3 oder § 343 Absatz 1 Satz 4 des Umwandlungsgesetzes[4)] werden für jedes Registerblatt (§ 13) in einen dafür bestimmten Registerordner aufgenommen. [2]Aufgenommen werden sollen solche Dokumente, deren Einreichung zum Handelsregister durch Rechtsvorschriften besonders angeordnet ist; hiervon ausgenommen sind jedoch Dokumente, die gemäß § 12 Absatz 1 Satz 5 des Handelsgesetzbuchs eingereicht werden. [3]Sie sind in der zeitlichen Folge ihres Eingangs und nach der Art des jeweiligen Dokuments abrufbar zu halten. [4]Ein Widerspruch gegen eine Eintragung in der Gesellschafterliste (§ 16 Abs. 3 Satz 3 des Gesetzes betreffend die Gesellschaften mit beschränkter Haftung[5)]) ist der Gesellschafterliste zuzuordnen und zudem besonders hervorzuheben. [5]Die in einer Amtssprache der Europäischen Union übermittelten Übersetzungen (§ 11 des Handelsgesetzbuchs) sind den jeweiligen Ursprungsdokumenten zuzuordnen. [6]Wird ein aktualisiertes Dokument eingereicht, ist kenntlich zu machen, dass die für eine frühere Fassung eingereichte Übersetzung nicht dem aktualisierten Stand des Dokuments entspricht.

[1)] **Habersack, Deutsche Gesetze Nr. 100.**

[2)] § 9 neu gef. mWv 1.1.2007 durch G v. 10.11.2006 (BGBl. I S. 2553); Abs. 1 Satz 3 eingef., bish. Sätze 3 und 4 werden Sätze 4 und 5 mWv 1.11.2008 durch G v. 23.10.2008 (BGBl. I S. 2026); Abs. 6 Satz 1 geänd. mWv 1.1.2018 durch G v. 10.10.2013 (BGBl. I S. 3786); Abs. 1 Satz 1 geänd. mWv 31.12. 2014 durch G v. 22.12.2014 (BGBl. I S. 2409); Abs. 2 Satz 2 geänd. mWv 15.7.2016 durch G v. 8.7.2016 (BGBl. I S. 1594); Abs. 1 Satz 2 eingef., bish. Sätze 2–5 werden Sätze 3–6, Abs. 7 angef. mWv 23.12.2022 durch VO v. 16.12.2022 (BGBl. I S. 2422); Abs. 1 Satz 1 geänd. mWv 1.3.2023 durch G v. 22.2.2023 (BGBl. 2023 I Nr. 51).

[3)] **Habersack, Deutsche Gesetze Nr. 50.**

[4)] **Habersack, Deutsche Gesetze Nr. 52a.**

[5)] **Habersack, Deutsche Gesetze Nr. 52.**

(2) [1] Schriftstücke, die vor dem 1. Januar 2007 eingereicht worden sind, können zur Ersetzung der Urschrift in ein elektronisches Dokument übertragen und in dieser Form in den Registerordner übernommen werden. [2] Sie sind in den Registerordner zu übernehmen, sobald ein Antrag auf elektronische Übermittlung (§ 9 Abs. 2 des Handelsgesetzbuchs) vorliegt.

(3) [1] Wird ein Schriftstück, das in Papierform zum Registerordner einzureichen war, zurückgegeben, so wird es zuvor in ein elektronisches Dokument übertragen und in dieser Form in den Registerordner übernommen. [2] Die Rückgabe wird im Registerordner vermerkt. [3] Ist das Schriftstück in anderen Akten des Amtsgerichts enthalten, so wird eine elektronische Aufzeichnung hiervon in dem Registerordner gespeichert. [4] Bei der Speicherung können die Teile des Schriftstückes, die für die Führung des Handelsregisters ohne Bedeutung sind, weggelassen werden, sofern hiervon Verwirrung nicht zu besorgen ist. [5] Den Umfang der Speicherung bestimmt der Urkundsbeamte der Geschäftsstelle, in Zweifelsfällen der Richter.

(4) [1] Wird ein Schriftstück in ein elektronisches Dokument übertragen und in dieser Form in den Registerordner übernommen, ist zu vermerken, ob das Schriftstück eine Urschrift, eine einfache oder beglaubigte Abschrift, eine Ablichtung oder eine Ausfertigung ist; Durchstreichungen, Änderungen, Einschaltungen, Radierungen oder andere Mängel des Schriftstückes sollen in dem Vermerk angegeben werden. [2] Ein Vermerk kann unterbleiben, soweit die in Satz 1 genannten Tatsachen aus dem elektronischen Dokument eindeutig ersichtlich sind.

(5) [1] Wiedergaben von Schriftstücken, die nach § 8a Abs. 3 oder Abs. 4 des Handelsgesetzbuchs in der bis zum Inkrafttreten des Gesetzes über elektronische Handelsregister und Genossenschaftsregister sowie das Unternehmensregister vom 10. November 2006 (BGBl. I S. 2553) am 1. Januar 2007 geltenden Fassung auf einem Bildträger oder einem anderen Datenträger gespeichert wurden, können in den Registerordner übernommen werden. [2] Dabei sind im Fall der Speicherung nach § 8a Abs. 3 des Handelsgesetzbuchs in der in Satz 1 genannten Fassung auch die Angaben aus dem nach § 8a Abs. 3 Satz 2 des Handelsgesetzbuchs in der in Satz 1 genannten Fassung gefertigten Nachweis in den Registerordner zu übernehmen. [3] Im Fall der Einreichung nach § 8a Abs. 4 des Handelsgesetzbuchs in der in Satz 1 genannten Fassung ist zu vermerken, dass das Dokument aufgrund des § 8a Abs. 4 des Handelsgesetzbuchs in der in Satz 1 genannten Fassung als einfache Wiedergabe auf einem Datenträger eingereicht wurde.

(6) [1] Im Fall einer Beschwerde hat das Registergericht von den im Registerordner gespeicherten Dokumenten Ausdrucke für das Beschwerdegericht zu fertigen, soweit dies zur Durchführung des Beschwerdeverfahrens notwendig ist; § 298 Absatz 3 der Zivilprozessordnung[1)] gilt entsprechend. [2] Die Ausdrucke sind mindestens bis zum rechtskräftigen Abschluss des Beschwerdeverfahrens aufzubewahren.

(7) Wird ein in den Registerordner eingestelltes Dokument gegen ein neues Dokument ausgetauscht, so ist der Austausch kenntlich zu machen und das Datum der Aufnahme des alten Dokuments in den Registerordner anzugeben.

§ 10[2)] Einsichtnahme. (1) Die Einsicht in das Register und in die zum Register eingereichten Dokumente ist auf der Geschäftsstelle des Registergerichts während der Dienststunden zu ermöglichen.

[1)] **Habersack, Deutsche Gesetze Nr. 100.**

[2)] § 10 neu gef. mWv 1.1.2007 durch G v. 10.11.2006 (BGBl. I S. 2553); Abs. 2 Satz 2 eingef., bish. Satz 2 wird Satz 3 mWv 1.8.2022 durch G v. 5.7.2021 (BGBl. I S. 3338).

(2) [1]Die Einsicht in das elektronische Registerblatt erfolgt über ein Datensichtgerät oder durch Einsicht in einen aktuellen oder chronologischen Ausdruck. [2]Die Landesjustizverwaltungen können weitere Formen der Einsicht in das elektronische Registerblatt ermöglichen. [3]Dem Einsichtnehmenden kann gestattet werden, das Registerblatt selbst auf dem Bildschirm des Datensichtgerätes aufzurufen, wenn technisch sichergestellt ist, dass der Abruf von Daten die nach § 9 Abs. 1 des Handelsgesetzbuchs[1)] zulässige Einsicht nicht überschreitet und Veränderungen an dem Inhalt des Handelsregisters nicht vorgenommen werden können.

(3) Über das Datensichtgerät ist auch der Inhalt des Registerordners einschließlich der nach § 9 Abs. 4 oder Abs. 5 Satz 2 aufgenommenen Angaben und der eingereichten Übersetzungen zugänglich zu machen.

§ 11[2)] Bereitstellung von Unternehmensdaten über das Europäische System der Registervernetzung. (1) [1]In Bezug auf Kapitalgesellschaften übermitteln die Registergerichte an die zentrale Europäische Plattform gemäß § 9b Absatz 1 Satz 2 des Handelsgesetzbuchs[1)] die in Absatz 2 genannten Informationen des Handelsregisters zum Abruf über das Europäische Justizportal. [2]Die Übermittlung weiterer Informationen des Handelsregisters nach § 9b Absatz 1 oder Absatz 2 des Handelsgesetzbuchs bleibt hiervon unberührt. [3]§ 9b Absatz 3 des Handelsgesetzbuchs gilt entsprechend.

(2) Die folgenden Informationen werden übermittelt:

1. Firma und Rechtsform der Gesellschaft,
2. Sitz und Mitgliedstaat der Gesellschaft,
3. Eintragungsnummer und einheitliche europäische Kennung der Gesellschaft,
4. ob die Gesellschaft aufgelöst oder gelöscht wurde,
5. Gegenstand der Gesellschaft,
6. im Handelsregister eingetragene Informationen über alle Personen, die als Organ oder als Mitglied eines Organs der Gesellschaft befugt sind, die Gesellschaft gerichtlich und außergerichtlich zu vertreten, sowie Informationen dazu, ob die zur Vertretung der Gesellschaft befugten Personen die Gesellschaft allein oder nur gemeinschaftlich vertreten können,
7. Informationen über alle von der Gesellschaft in anderen Mitgliedstaaten der Europäischen Union oder anderen Vertragsstaaten des Abkommens über den Europäischen Wirtschaftsraum eingerichtete Zweigniederlassungen, einschließlich des Namens, der Eintragungsnummer, der einheitlichen europäischen Kennung und des Staates, in dem die Zweigniederlassung eingetragen ist und
8. Informationen über eine grenzüberschreitende Umwandlung.

II. Führung des Handelsregisters

§ 12[3)] Form der Eintragungen. [1]Die Eintragungen sind deutlich, klar verständlich sowie in der Regel ohne Verweis auf gesetzliche Vorschriften und ohne Abkürzung herzustellen. [2]Aus dem Register darf nichts durch technische Eingriffe oder sonstige Maßnahmen entfernt werden.

[1)] **Habersack, Deutsche Gesetze Nr. 50.**

[2)] § 11 neu gef. mWv 1.8.2022 durch G v. 5.7.2021 (BGBl. I S. 3338); Abs. 2 Nr. 7 geänd., Nr. 8 angef. mWv 1.3.2023 durch G v. 22.2.2023 (BGBl. 2023 I Nr. 51).

[3)] § 12 neu gef. mWv 1.1.2007 durch G v. 10.11.2006 (BGBl. I S. 2553).

§ 13[1)] [Registerblatt] (1) Jeder Einzelkaufmann, jede juristische Person sowie jede Handelsgesellschaft ist unter einer in derselben Abteilung fortlaufenden Nummer (Registerblatt) in das Register einzutragen.

(2) [1] Wenn ein Amtsgericht das Register für mehrere Amtsgerichtsbezirke führt, können auf Anordnung der Landesjustizverwaltung die fortlaufenden Nummern für einzelne Amtsgerichtsbezirke je gesondert geführt werden. [2] In diesem Fall sind die fortlaufenden Nummern der jeweiligen Amtsgerichtsbezirke durch den Zusatz eines Ortskennzeichens unterscheidbar zu halten. [3] Nähere Anordnungen hierüber trifft die Landesjustizverwaltung.

(3) [1] Wird die Firma geändert, so ist dies auf demselben Registerblatt einzutragen. [2] Bei einer Umwandlung ist der übernehmende, neu gegründete Rechtsträger oder Rechtsträger neuer Rechtsform stets auf ein neues Registerblatt einzutragen. ***[Satz 3 ab 1.1.2024:]*** *[3] Bei einem Statuswechsel gilt Satz 2 entsprechend für die Gesellschaft neuer Rechtsform.*

(4) Die zur Offenlegung in einer Amtssprache der Europäischen Union übermittelten Übersetzungen von Eintragungen (§ 11 des Handelsgesetzbuchs[2)]) sind dem Registerblatt und der jeweiligen Eintragung zuzuordnen.

§ 14 [Laufende Nummern, Trennung von Eintragungen] (1) Jede Eintragung ist mit einer laufenden Nummer zu versehen und mittels eines alle Spalten des Registers durchschneidenden Querstrichs von der folgenden Eintragung zu trennen.

(2) Werden mehrere Eintragungen gleichzeitig vorgenommen, so erhalten sie nur eine laufende Nummer.

§ 15[3)] Übersetzungen. [1] War eine frühere Eintragung in einer Amtssprache der Europäischen Union zugänglich gemacht worden (§ 11 des Handelsgesetzbuchs[2)]), so ist mit der Eintragung kenntlich zu machen, dass die Übersetzung nicht mehr dem aktuellen Stand der Registereintragung entspricht. [2] Die Kenntlichmachung ist zu entfernen, sobald eine aktualisierte Übersetzung eingereicht wird.

§ 16[4)] [Änderungen und Löschungen] (1) [1] Änderungen des Inhalts einer Eintragung sowie Löschungen sind unter einer neuen laufenden Nummer einzutragen. [2] Eine Eintragung, die durch eine spätere Eintragung ihre Bedeutung verloren hat, ist nach Anordnung des Richters rot zu unterstreichen. [3] Mit der Eintragung selbst ist auch der Vermerk über ihre Löschung rot zu unterstreichen.

(2) Eintragungen oder Vermerke, die rot zu unterstreichen oder rot zu durchkreuzen sind, können anstelle durch Rötung auch auf andere eindeutige Weise als gegenstandslos kenntlich gemacht werden.

(3) [1] Ein Teil einer Eintragung darf nur gerötet oder auf andere eindeutige Weise als gegenstandslos kenntlich gemacht werden, wenn die Verständlichkeit der Eintragung und des aktuellen Ausdrucks nicht beeinträchtigt wird. [2] Andernfalls ist die betroffene Eintragung insgesamt zu röten und ihr noch gültiger Teil in verständlicher Form zu wiederholen.

---

1) § 13 Abs. 2 und 4 neu gef., Abs. 3 Satz 2 aufgeh., bish. Satz 3 wird Satz 2 mWv 1.1.2007 durch G v. 10.11.2006 (BGBl. I S. 2553); Abs. 3 Satz 3 angef. mWv 1.1.2024 durch G v. 10.8.2021 (BGBl. I S. 3436).

2) **Habersack, Deutsche Gesetze Nr. 50.**

3) § 15 neu gef. mWv 1.1.2007 durch G v. 10.11.2006 (BGBl. I S. 2553).

4) § 16 Abs. 2 neu gef., Abs. 3 angef. mWv 1.1.2007 durch G v. 10.11.2006 (BGBl. I S. 2553).

§ 16a[1)] Kennzeichnung bestimmter Eintragungen. Diejenigen Eintragungen, die lediglich andere Eintragungen wiederholen, erläutern oder begründen und daher nach § 30a Abs. 4 Satz 5 nicht in den aktuellen Ausdruck einfließen, sind grau zu hinterlegen oder es ist auf andere Weise sicherzustellen, dass diese Eintragungen nicht in den aktuellen Ausdruck übernommen werden.

§ 17[2)] [Berichtigungen] (1) [1] Schreibversehen und ähnliche offenbare Unrichtigkeiten in einer Eintragung können durch den Richter oder nach Anordnung des Richters in Form einer neuen Eintragung oder auf andere eindeutige Weise berichtigt werden. [2] Die Berichtigung ist als solche kenntlich zu machen.

(2) Die Berichtigung nach Absatz 1 ist den Beteiligten bekanntzugeben.

(3) [1] Eine versehentlich vorgenommene Rötung oder Kenntlichmachung nach § 16 oder § 16a ist zu löschen oder auf andere eindeutige Weise zu beseitigen. [2] Die Löschung oder sonstige Beseitigung ist zu vermerken.

§ 18[3)] [Eintragung aufgrund Entscheidung des Prozessgerichts] [1] Erfolgt eine Eintragung auf Grund einer rechtskräftigen oder vollstreckbaren Entscheidung des Prozeßgerichts, so ist dies bei der Eintragung im Register unter Angabe des Prozessgerichts, des Datums und des Aktenzeichens der Entscheidung zu vermerken. [2] Eine Aufhebung der Entscheidung ist in dieselbe Spalte des Registers einzutragen.

§ 19[4)] [Löschung von Amts wegen] (1) Soll eine Eintragung von Amts wegen gelöscht werden, weil sie mangels einer wesentlichen Voraussetzung unzulässig ist, so erfolgt die Löschung durch Eintragung des Vermerks „Von Amts wegen gelöscht".

(2) [1] Hat in sonstigen Fällen eine Eintragung von Amts wegen zu erfolgen, so hat sie den Hinweis auf die gesetzliche Grundlage und einen Vermerk „Von Amts wegen eingetragen" zu enthalten. [2] Dies gilt nicht für die Eintragung der Vermerke über die Eröffnung, die Einstellung oder Aufhebung des Insolvenzverfahrens, die Aufhebung des Eröffnungsbeschlusses, die Anordnung der Eigenverwaltung durch den Schuldner und deren Aufhebung, die Anordnung der Zustimmungsbedürftigkeit bestimmter Rechtsgeschäfte des Schuldners nach § 277 der Insolvenzordnung[5)] sowie die sonstigen in § 32 des Handelsgesetzbuchs[6)] vorgesehenen Vermerke.

§ 19a[7)] *(aufgehoben)*

§ 20[8)] [Verlegung von Firmen] [1] Wird die Hauptniederlassung eines Einzelkaufmanns, einer juristischen Person oder der Sitz einer Handelsgesellschaft oder die Zweigniederlassung eines Unternehmens mit Sitz oder Hauptniederlassung im

---

[1)] § 16a eingef. mWv 1.1.2007 durch G v. 10.11.2006 (BGBl. I S. 2553); geänd. mWv 1.8.2022 durch G v. 5.7.2021 (BGBl. I S. 3338).

[2)] § 17 bish. Abs. 1 und 2 durch neuen Abs. 1 ersetzt, bish. Abs. 3 und 4 werden Abs. 2 und 3, neuer Abs. 2 Satz 1 geänd., neuer Abs. 3 neu gef. mWv 1.1.2007 durch G v. 10.11.2006 (BGBl. I S. 2553); Abs. 2 Satz 2 aufgeh. mWv 1.8.2022 durch G v. 5.7.2021 (BGBl. I S. 3338).

[3)] § 18 Satz 1 geänd. mWv 1.1.2007 durch G v. 10.11.2006 (BGBl. I S. 2553).

[4)] § 19 Abs. 1 geänd. mWv 1.9.2009 durch G v. 17.12.2008 (BGBl. I S. 2586).

[5)] **Habersack, Deutsche Gesetze Nr. 110.**

[6)] **Habersack, Deutsche Gesetze Nr. 50.**

[7)] § 19a aufgeh. mWv 20.12.2001 durch VO v. 11.12.2001 (BGBl. I S. 3688).

[8)] § 20 Sätze 1 und 2 geänd. mWv 20.12.2001 durch VO v. 11.12.2001 (BGBl. I S. 3688); Satz 1 geänd. mWv 16.11.2006 und mWv 1.1.2007 durch G v. 10.11.2006 (BGBl. I S. 2553).

Ausland aus dem Bezirke des Registergerichts verlegt, so ist erst bei Eingang der Nachricht von der Eintragung in das Register des neuen Registergerichts (§ 13h Abs. 2 Satz 5 des Handelsgesetzbuchs[1]; § 45 Abs. 2 Satz 6 des Aktiengesetzes[2]) die Verlegung auf dem bisherigen Registerblatt in der Spalte 2 und in der Spalte „Rechtsverhältnisse" zu vermerken; § 22 ist entsprechend anzuwenden. [2] Auf dem bisherigen Registerblatt ist bei der jeweiligen Eintragung auf das Registerblatt des neuen Registergerichts zu verweisen und umgekehrt.

§ 21[3] Umschreibung eines Registerblatts. (1) [1] Ist das Registerblatt unübersichtlich geworden, so sind die noch gültigen Eintragungen unter einer neuen oder unter derselben Nummer auf ein neues Registerblatt umzuschreiben. [2] Dabei kann auch von dem ursprünglichen Text der Eintragung abgewichen werden, soweit der Inhalt der Eintragung dadurch nicht verändert wird. [3] Auf jedem Registerblatt ist auf das andere zu verweisen, auch wenn es bei derselben Nummer verbleibt.

(2) Die Zusammenfassung und Übertragung ist den Beteiligten unter Mitteilung von dem Inhalt der neuen Eintragung und gegebenenfalls der neuen Nummer bekannt zu machen.

(3) Bestehen Zweifel über die Art oder den Umfang der Übertragung, so sind die Beteiligten vorher zu hören.

§ 22[4] Gegenstandslosigkeit aller Eintragungen. (1) [1] Sämtliche Seiten des Registerblatts sind zu röten oder rot zu durchkreuzen, wenn alle Eintragungen gegenstandslos geworden sind. [2] Das Registerblatt erhält einen Vermerk, der es als „geschlossen" kennzeichnet.

(2) [1] Geschlossene Registerblätter sollen weiterhin, auch in der Form von Ausdrucken, wiedergabefähig oder lesbar bleiben. [2] Die Datenträger für geschlossene Registerblätter können auch bei der für die Archivierung von Handelsregisterblättern zuständigen Stelle verfügbar gehalten werden, soweit landesrechtliche Vorschriften nicht entgegenstehen.

III.[5] Verfahren bei Anmeldung, Eintragung und Registerbekanntmachungen

§ 23[6] [Stellungnahme der Organe des Handelsstandes] [1] Das Gericht hat dafür Sorge zu tragen, dass die gesetzlich vorgeschriebenen Eintragungen in das Register erfolgen. [2] Die Stellungnahme der Organe des Handelsstandes gemäß § 380 Abs. 2 des Gesetzes über das Verfahren in Familiensachen und in den Angelegenheiten der freiwilligen Gerichtsbarkeit[7] soll elektronisch eingeholt und übermittelt werden.

§ 24[8] [Inhalt der Anmeldung] (1) Werden natürliche Personen zur Eintragung in das Handelsregister angemeldet (insbesondere als Kaufleute, Gesellschafter,

[1] **Habersack, Deutsche Gesetze Nr. 50.**
[2] **Habersack, Deutsche Gesetze Nr. 51.**
[3] § 21 neu gef. mWv 1.1.2007 durch G v. 10.11.2006 (BGBl. I S. 2553).
[4] § 22 neu gef. mWv 1.1.2007 durch G v. 10.11.2006 (BGBl. I S. 2553).
[5] Abschnitt III Überschrift neu gef. mWv 1.8.2022 durch G v. 5.7.2021 (BGBl. I S. 3338).
[6] § 23 neu gef. mWv 1.9.2009 durch G v. 17.12.2008 (BGBl. I S. 2586).
[7] **Habersack, Deutsche Gesetze Nr. 112.**
[8] § 24 Abs. 4 geänd. mWv 20.12.2001 durch VO v. 11.12.2001 (BGBl. I S. 3688); Abs. 1 geänd. mWv 29.12.2004 durch G v. 22.12.2004 (BGBl. I S. 3675); Abs. 2 neu gef., Abs. 3 geänd. mWv 1.11.2008 durch G v. 23.10.2008 (BGBl. I S. 2026).

Prokuristen, Vorstandsmitglieder, Mitglieder des Leitungsorgans, geschäftsführende Direktoren, Geschäftsführer, Abwickler), so ist in der Anmeldung deren Geburtsdatum anzugeben.

(2) [1] Bei der Anmeldung ist die Lage der Geschäftsräume anzugeben. [2] Dies gilt nicht, wenn die Lage der Geschäftsräume als inländische Geschäftsanschrift zur Eintragung in das Handelsregister angemeldet wird oder bereits in das Handelsregister eingetragen worden ist. [3] Eine Änderung der Lage der Geschäftsräume ist dem Registergericht unverzüglich mitzuteilen; Satz 2 gilt entsprechend.

(3) Absatz 2 gilt für die Anmeldung einer Zweigniederlassung und die Änderung der Lage ihrer Geschäftsräume entsprechend.

(4) Es ist darauf hinzuwirken, daß bei den Anmeldungen auch der Unternehmensgegenstand, soweit er sich nicht aus der Firma ergibt, angegeben wird.

§ 25[1)] [Entscheidung über die Eintragung, Bekanntmachung] (1) [1] Auf die Anmeldung zur Eintragung, auf Gesuche und Anträge entscheidet der Richter. [2] Über die Eintragung ist unverzüglich nach Eingang der Anmeldung bei Gericht zu entscheiden. [3] Ist eine Anmeldung zur Eintragung in das Handelsregister unvollständig oder steht der Eintragung ein durch den Antragsteller behebbares Hindernis entgegen, so hat der Richter unverzüglich zu verfügen; liegt ein nach § 23 einzuholendes Gutachten bis dahin nicht vor, so ist dies dem Antragsteller unverzüglich mitzuteilen. [4] Der Richter entscheidet auch über die erforderlichen Registerbekanntmachungen gemäß § 10 Absatz 3 des Handelsgesetzbuchs[2)].

(2) Der Richter ist für die Eintragung auch dann zuständig, wenn sie vom Beschwerdegericht oder nach § 395 des Gesetzes über das Verfahren in Familiensachen und in den Angelegenheiten der freiwilligen Gerichtsbarkeit[3)] verfügt ist.

(3) [1] Unbeschadet des Absatzes 1 Satz 2 sind innerhalb eines Zeitraumes von in der Regel zehn Werktagen nach dem Eingang der vollständigen Anmeldung oder im Fall eines durch den Antragsteller behebbaren Eintragungshindernisses innerhalb eines Zeitraumes von in der Regel zehn Werktagen nach dessen Behebung einzutragen:

1. die Gründung einer Gesellschaft mit beschränkter Haftung, die mittels Videokommunikation gemäß § 2 Absatz 3 des Gesetzes betreffend die Gesellschaften mit beschränkter Haftung[4)] in Verbindung mit den §§ 16a bis 16e des Beurkundungsgesetzes[5)] notariell beurkundet wurde, und
2. die Errichtung einer Zweigniederlassung einer Kapitalgesellschaft, die dem Recht eines anderen Mitgliedstaates der Europäischen Union oder eines anderen Vertragsstaates des Abkommens über den Europäischen Wirtschaftsraum unterliegt, deren Anmeldung zur Eintragung mittels Videokommunikation nach § 12 Absatz 1 Satz 2 des Handelsgesetzbuchs in Verbindung mit § 40a des Beurkundungsgesetzes beglaubigt wurde.

[2] Im Fall der Anmeldung der Gründung einer Gesellschaft mit beschränkter Haftung mittels Videokommunikation mit ausschließlich natürlichen Personen als

---

[1)] § 25 Abs. 1 neu gef. mWv 1.12.2004 durch G v. 3.7.2004 (BGBl. I S. 1410); Abs. 2 geänd. mWv 25.4.2006 durch G v. 19.4.2006 (BGBl. I S. 866); Abs. 1 Sätze 1–3, Abs. 2 geänd. mWv 1.1.2007 durch G v. 10.11.2006 (BGBl. I S. 2553); Abs. 2 geänd. mWv 1.9.2009 durch G v. 17.12.2008 (BGBl. I S. 2586); Abs. 1 Satz 4 geänd., Abs. 3 angef. mWv 1.8.2022 durch G v. 5.7.2021 (BGBl. I S. 3338).

[2)] **Habersack, Deutsche Gesetze Nr. 50.**

[3)] **Habersack, Deutsche Gesetze Nr. 112.**

[4)] **Habersack, Deutsche Gesetze Nr. 52.**

[5)] **Habersack, Deutsche Gesetze Nr. 23.**

Gesellschaftern und der Verwendung von Musterprotokollen nach § 2 Absatz 1a oder 3 des Gesetzes betreffend die Gesellschaften mit beschränkter Haftung beträgt die Frist nach Satz 1 fünf Werktage. [3] Erfolgt die Eintragung nicht innerhalb der Frist nach Satz 1 oder Satz 2, informiert das Registergericht die Antragssteller über die Gründe für die Verzögerung.

§ 26[1)] Änderung eingetragener Angaben. Die Änderung eingetragener Angaben ist, unbeschadet des § 25 Absatz 1 Satz 2, in der Regel innerhalb von 21 Tagen nach Eingang der vollständigen Anmeldung oder im Fall eines durch den Antragsteller behebbaren Eintragungshindernisses innerhalb von 21 Tagen nach dessen Behebung einzutragen und bekannt zu machen.

§ 27[2)] Vornahme der Eintragung. (1) Der Richter nimmt die Eintragung entweder selbst vor oder er verfügt die Eintragung durch den Urkundsbeamten der Geschäftsstelle.

(2) [1] Nimmt der Richter die Eintragung nicht selbst vor, so hat er in der Eintragungsverfügung den genauen Wortlaut der Eintragung sowie die Eintragungsstelle im Register samt aller zur Eintragung erforderlichen Merkmale festzustellen. [2] Der Urkundsbeamte der Geschäftsstelle hat die Ausführung der Eintragungsverfügung zu veranlassen und die Eintragung zu signieren.

(3) [1] Die Wirksamkeit der Eintragung (§ 8a Abs. 1 des Handelsgesetzbuchs[3)]) ist in geeigneter Weise zu überprüfen. [2] Die eintragende Person soll die Eintragung auf ihre Richtigkeit und Vollständigkeit sowie ihre Abrufbarkeit aus dem Datenspeicher (§ 48) prüfen.

(4) Bei jeder Eintragung ist der Tag der Eintragung anzugeben.

(5) Die Landesjustizverwaltung kann bestimmen, dass eine elektronische Aufzeichnung des genauen Zeitpunktes der erstmaligen Abrufbarkeit einer Eintragung oder Tatsache im Registerordner des jeweiligen Registerblattes gespeichert wird.

§ 28[4)] Elektronische Signatur. [1] Der Richter oder im Fall des § 27 Abs. 2 der Urkundsbeamte der Geschäftsstelle setzt der Eintragung seinen Nachnamen hinzu und signiert beides elektronisch. [2] Im Übrigen gilt § 75 der Grundbuchverfügung entsprechend.

§ 29[5)] [Obliegenheiten des Urkundsbeamten] (1) Der Urkundsbeamte der Geschäftsstelle ist zuständig:

1. für die Erteilung von Abschriften oder Ausdrucken oder die elektronische Übermittlung der Eintragungen und der zum Register eingereichten Schriftstücke und Dokumente; wird eine auszugsweise Abschrift, ein auszugsweiser Ausdruck oder eine auszugsweise elektronische Übermittlung beantragt, so entscheidet bei Zweifeln über den Umfang des Auszugs der Richter;

[1)] § 26 neu gef. mWv 31.12.2014 durch G v. 22.12.2014 (BGBl. I S. 2409)

[2)] § 27 neu gef. mWv 1.1.2007 durch G v. 10.11.2006 (BGBl. I S. 2553) Überschrift, Abs. 1 geänd., Abs. 2 Satz 2 neu gef., Satz 3 aufgeh., Abs. 5 angef. mWv 1.8.2022 durch G v. 5.7.2021 (BGBl. I S. 3338).

[3)] **Habersack, Deutsche Gesetze Nr. 50.**

[4)] § 28 neu gef. mWv 1.1.2007 durch G v. 10.11.2006 (BGBl. I S. 2553).

[5)] § 29 Abs. 1 Nr. 1 neu gef., Nr. 2 geänd. mWv 1.1.2007 durch G v. 10.11.2006 (BGBl. I S. 2553); Abs. 1 Nr. 3 geänd., Nr. 4 angef. mWv 1.11.2008 durch G v. 23.10.2008 (BGBl. I S. 2026) Abs. 1 Nr. 2 geänd. mWv 1.10.2009 durch G v. 11.8.2009 (BGBl. I S. 2713); Abs. 1 Nr. 4 geänd., Nr. 5 angef. mWv 1.8.2022 durch G v. 5.7.2021 (BGBl. I S. 3338); Abs. 1 Nr. 2 geänd. mWv 1.3.2023 durch G v. 22.2.2023 (BGBl. 2023 I Nr. 51).

2. für die Beglaubigung und die Erteilung oder elektronische Übermittlung von Bescheinigungen nach § 9 Abs. 5 des Handelsgesetzbuchs[1] und von Verschmelzungs-, Spaltungs- oder Formwechselbescheinigungen nach § 316 Absatz 1 Satz 4, § 329 Satz 3 oder § 343 Absatz 1 Satz 4 des Umwandlungsgesetzes[2];
3. für die Eintragung der in § 32 des Handelsgesetzbuchs vorgesehenen Vermerke im Zusammenhang mit einem Insolvenzverfahren;
4. für die Eintragung der Geschäftsanschrift;
5. für die elektronische Aufzeichnung der erstmaligen Abrufbarkeit einer Eintragung oder Tatsache im Registerordner, falls die Landesjustizverwaltung eine elektronische Aufzeichnung gemäß § 27 Absatz 5 bestimmt.

(2) [1] Wird die Änderung einer Entscheidung des Urkundsbeamten der Geschäftsstelle verlangt, so entscheidet, wenn dieser dem Verlangen nicht entspricht, der Richter. [2] Die Beschwerde ist erst gegen seine Entscheidung gegeben.

§ 30[3] [Abschriften] (1) [1] Einfache Abschriften der in Papierform vorhandenen Registerblätter und Schriftstücke sind mit dem Vermerk: „Gefertigt am …“ abzuschließen. [2] Der Vermerk ist nicht zu unterzeichnen.

(2) [1] Die Beglaubigung einer Abschrift geschieht durch einen unter die Abschrift zu setzenden Vermerk, der die Übereinstimmung mit der Hauptschrift bezeugt. [2] Der Beglaubigungsvermerk muß Ort und Tag der Ausstellung enthalten, von dem Urkundsbeamten der Geschäftsstelle unterschrieben und mit Siegel oder Stempel versehen sein.

(3) [1] Soll aus dem Handelsregister eine auszugsweise Abschrift erteilt werden, so sind in die Abschrift die Eintragungen aufzunehmen, die den Gegenstand betreffen, auf den sich der Auszug beziehen soll. [2] In dem Beglaubigungsvermerk ist der Gegenstand anzugeben und zu bezeugen, daß weitere ihn betreffende Eintragungen in dem Register nicht enthalten sind.

(4) [1] Werden beglaubigte Abschriften der zum Register eingereichten Schriftstücke oder der eingereichten Wiedergaben von Schriftstücken (§ 8a Abs. 4 des Handelsgesetzbuchs in der bis zum Inkrafttreten des Gesetzes über elektronische Handelsregister und Genossenschaftsregister sowie das Unternehmensregister am 1. Januar 2007 geltenden Fassung) beantragt, so ist in dem Beglaubigungsvermerk ersichtlich zu machen, ob die Hauptschrift eine Urschrift, eine Wiedergabe auf einem Bildträger oder auf anderen Datenträgern, eine einfache oder beglaubigte Abschrift, eine Ablichtung oder eine Ausfertigung ist; ist die Hauptschrift eine Wiedergabe auf einem Bildträger oder auf anderen Datenträgern, eine beglaubigte Abschrift, eine beglaubigte Ablichtung oder eine Ausfertigung, so ist der nach § 8a Abs. 3 Satz 2 des Handelsgesetzbuchs in der bis zum Inkrafttreten des Gesetzes über elektronische Handelsregister und Genossenschaftsregister sowie das Unternehmensregister am 1. Januar 2007 geltenden Fassung angefertigte schriftliche Nachweis über die inhaltliche Übereinstimmung der Wiedergabe mit der Urschrift, der Beglaubigungsvermerk oder der Ausfertigungsvermerk in die beglaubigte Abschrift aufzunehmen. [2] Durchstreichungen, Änderungen, Einschaltungen, Radierungen oder andere Mängel einer von den Beteiligten eingereichten Schrift sollen in dem Vermerk angegeben werden.

[1] **Habersack, Deutsche Gesetze Nr. 50.**
[2] **Habersack, Deutsche Gesetze Nr. 52a.**
[3] § 30 Abs. 1 Satz 1, Abs. 4 Satz 1 geänd. mWv 1.1.2007 durch G v. 10.11.2006 (BGBl. I S. 2553).

(5) [1] Die Bestätigung oder Ergänzung früher gefertigter Abschriften ist zulässig. [2] Eine Ergänzung einer früher erteilten Abschrift soll unterbleiben, wenn die Ergänzung gegenüber der Erteilung einer Abschrift durch Ablichtung einen unverhältnismäßigen Arbeitsaufwand, insbesondere erhebliche oder zeitraubende Schreibarbeiten erfordern würde; andere Versagungsgründe bleiben unberührt.

§ 30a[1)] Ausdrucke. (1) [1] Ausdrucke aus dem Registerblatt (§ 9 Abs. 4 des Handelsgesetzbuchs[2)]) sind mit der Aufschrift „Ausdruck" oder „Amtlicher Ausdruck", dem Datum der letzten Eintragung und dem Datum des Abrufs der Daten aus dem Handelsregister zu versehen. [2] Sie sind nicht zu unterschreiben.

(2) [1] Ausdrucke aus dem Registerordner sind mit der Aufschrift „Ausdruck" oder „Amtlicher Ausdruck", dem Datum der Einstellung des Dokuments in den Registerordner, dem Datum des Abrufs aus dem Registerordner und den nach § 9 Abs. 4 oder Abs. 5 Satz 2 aufgenommenen Angaben zu versehen. [2] Sie sind nicht zu unterschreiben.

(3) [1] Der amtliche Ausdruck ist darüber hinaus mit Ort und Tag der Ausstellung, dem Vermerk, dass der Ausdruck den Inhalt des Handelsregisters oder einen Inhalt des Registerordners bezeugt, sowie dem Namen des erstellenden Urkundsbeamten der Geschäftsstelle und mit einem Dienstsiegel zu versehen. [2] Anstelle der Siegelung kann maschinell ein Abdruck des Dienstsiegels eingedruckt sein oder aufgedruckt werden; in beiden Fällen muss unter der Aufschrift „Amtlicher Ausdruck" der Vermerk „Dieser Ausdruck wird nicht unterschrieben und gilt als beglaubigte Abschrift." aufgedruckt sein oder werden.

(4) [1] Ausdrucke aus dem Registerblatt werden als chronologischer oder aktueller Ausdruck erteilt. [2] Die Landesjustizverwaltung kann weitere Formen von Ausdrucken bestimmen. [3] Der chronologische Ausdruck gibt alle Eintragungen des Registerblatts wieder. [4] Der aktuelle Ausdruck enthält den letzten Stand der Eintragungen. [5] Nicht in den aktuellen Ausdruck aufgenommen werden diejenigen Eintragungen, die gerötet oder auf andere Weise nach § 16 als gegenstandslos kenntlich gemacht sind, die nach § 16a gekennzeichneten Eintragungen sowie die Angaben in den Spalten § 40 (HR A) Nr. 6 Buchstabe b und § 43 (HR B) Nr. 7 Buchstabe b. [6] Die Art des Ausdrucks bestimmt der Antragsteller. [7] Soweit nicht ausdrücklich etwas anderes beantragt ist, wird ein aktueller Ausdruck erteilt. [8] Aktuelle Ausdrucke können statt in spaltenweiser Wiedergabe auch als fortlaufender Text erstellt werden.

(5) [1] Ausdrucke können dem Antragsteller auch elektronisch übermittelt werden. [2] Die elektronische Übermittlung amtlicher Ausdrucke erfolgt unter Verwendung einer Authentifizierung durch Vertrauensdienste nach der Verordnung (EU) Nr. 910/2014 des Europäischen Parlaments und des Rates vom 23. Juli 2014 über elektronische Identifizierung und Vertrauensdienste für elektronische Transaktionen im Binnenmarkt und zur Aufhebung der Richtlinie 1999/93/EG (ABl. L 257 vom 28.8.2014, S. 73; L 23 vom 29.1.2015, S. 19; L 155 vom 14.6.2016, S. 44).

(6) § 30 Abs. 3 gilt entsprechend.

---

1) § 30a eingef. mWv 1.1.2007 durch G v. 10.11.2006 (BGBl. I S. 2553). Abs. 4 Satz 2 eingef., bish. Sätze 2–7 werden Sätze 3–8, Abs. 5 Satz 2 neu gef. geänd. mWv 1.8.2022 durch G v. 5.7.2021 (BGBl. I S. 3338).

2) **Habersack, Deutsche Gesetze Nr. 50.**

§ 31[1)] [Ausfertigungen] [1] Ausfertigungen der Bescheinigungen und Zeugnisse sind von dem Urkundsbeamten der Geschäftsstelle unter Angabe des Ortes und Tages zu unterschreiben und mit dem Gerichtssiegel oder Stempel zu versehen. [2] Bescheinigungen und Zeugnisse können auch in elektronischer Form (§ 126a des Bürgerlichen Gesetzbuchs[2)]) übermittelt werden.

§ 32[3)] Bereitstellung der Eintragung zum Abruf. Die Eintragung ist unverzüglich zum Abruf über das von der Landesjustizverwaltung nach § 9 Absatz 1 Satz 2 des Handelsgesetzbuchs[4)] bestimmte elektronische Informations- und Kommunikationssystem bereitzustellen.

§ 33[5)] Registerbekanntmachungen nach § 10 Absatz 3 des Handelsgesetzbuchs. (1) Registerbekanntmachungen nach § 10 Absatz 3 des Handelsgesetzbuchs[4)] werden in dem von der Landesjustizverwaltung nach § 9 Absatz 1 Satz 2 des Handelsgesetzbuchs bestimmten elektronischen Informations- und Kommunikationssystem in der zeitlichen Folge ihrer Bekanntmachung für jedes Registerblatt gesondert als Veröffentlichung zum Abruf bereitgestellt.

(2) [1] Der Richter nimmt die Registerbekanntmachung entweder selbst vor oder er verfügt die Vornahme der Registerbekanntmachung durch den Urkundsbeamten der Geschäftsstelle, der diese dann für den Richter vornimmt. [2] Der Wortlaut der Registerbekanntmachung ist besonders zu verfügen. [3] Der Urkundsbeamte der Geschäftsstelle hat die verfügten Registerbekanntmachungen herbeizuführen.

(3) Die Registerbekanntmachung soll knapp gefasst und leicht verständlich sein.

(4) In der Registerbekanntmachung ist das Gericht und gegebenenfalls der Tag der betreffenden Eintragung zu bezeichnen, einer Unterschrift bedarf es nicht.

(5) [1] Die Registerbekanntmachungen sind möglichst nach dem Muster in Anlage 3 abzufassen. [2] Der Tag der Registerbekanntmachung ist durch die bekanntmachende Stelle beizufügen.

§ 34[6)] *(aufgehoben)*

§ 34a[7)] Veröffentlichungen im Amtsblatt der Europäischen Union. Die Pflichten zur Veröffentlichung im Amtsblatt der Europäischen Union und die Mitteilungspflichten gegenüber dem Amt für amtliche Veröffentlichungen der Europäischen Union nach der Verordnung (EWG) Nr. 2137/85 des Rates vom 25. Juli 1985 über die Schaffung einer Europäischen wirtschaftlichen Interessenvereinigung (EWIV) (ABl. EG Nr. L 199 S. 1) sowie der Verordnung (EG) Nr. 2157/2001 des Rates vom 8. Oktober 2001 über das Statut der Europäischen Gesellschaft (SE) (ABl. EG Nr. L 294 S. 1) bleiben unberührt.

§ 35[8)] [Angabe des Löschungsgrundes] [1] Wird eine Firma im Handelsregister gelöscht, weil das Unternehmen nach Art oder Umfang einen in kaufmännischer Weise eingerichteten Geschäftsbetrieb nicht erfordert, so kann auf Antrag des

---

1) § 31 Satz 2 angef. mWv 1.1.2007 durch G v. 10.11.2006 (BGBl. I S. 2553).

2) **Habersack, Deutsche Gesetze Nr. 20.**

3) § 32 neu gef. mWv 1.8.2022 durch G v. 5.7.2021 (BGBl. I S. 3338).

4) **Habersack, Deutsche Gesetze Nr. 50.**

5) § 33 neu gef. mWv 1.8.2022 durch G v. 5.7.2021 (BGBl. I S. 3338).

6) § 34 aufgeh. mWv 1.8.2022 durch G v. 5.7.2021 (BGBl. I S. 3338).

7) § 34a eingef. mWv 16.11.2006 durch G v. 10.11.2006 (BGBl. I S. 2553).

8) § 35 Satz 1 geänd. mWv 1.1.2007 durch G v. 10.11.2006 (BGBl. I S. 2553); Sätze 1 und 2 geänd. mWv 1.8.2022 durch G v. 5.7.2021 (BGBl. I S. 3338).

Inhabers in einer Registerbekanntmachung der Grund der Löschung erwähnt werden. ²Handelt es sich um einen Handwerker, der bereits in die Handwerksrolle eingetragen ist, so kann neben der Angabe des Grundes der Löschung in einer Registerbekanntmachung auch auf diese Eintragung hingewiesen werden.

§ 36[1] [Benachrichtigungen] ¹Der Urkundsbeamte der Geschäftsstelle unterschreibt die Mitteilungen. ²In geeigneten Fällen ist darauf hinzuweisen, daß auf die Bekanntgabe verzichtet werden kann (§ 383 Abs. 1 Satz 1 des Gesetzes über das Verfahren in Familiensachen und in den Angelegenheiten der freiwilligen Gerichtsbarkeit[2]).

§ 37[3] Mitteilungen an andere Stellen. (1) ¹Das Gericht hat jede Neuanlegung und jede Änderung eines Registerblatts

1. der Industrie- und Handelskammer,
2. der Handwerkskammer, wenn es sich um ein handwerkliches Unternehmen handelt oder handeln kann, und
3. der Landwirtschaftskammer, wenn es sich um ein land- oder forstwirtschaftliches Unternehmen handelt oder handeln kann, oder, wenn eine Landwirtschaftskammer nicht besteht, der nach Landesrecht zuständigen Stelle

mitzuteilen. ²Die über Geschäftsräume und Unternehmensgegenstand gemachten Angaben sind ebenfalls mitzuteilen.

(2) Soweit in anderen Rechtsvorschriften oder durch besondere Anordnung der Landesjustizverwaltung eine Benachrichtigung weiterer Stellen vorgesehen ist, bleiben diese Vorschriften unberührt.

§ 38 [Anfragen bei anderen Registergerichten] Gehört ein Ort oder eine Gemeinde zu den Bezirken verschiedener Registergerichte, so hat jedes Registergericht vor der Eintragung einer neuen Firma oder vor der Eintragung von Änderungen einer Firma bei den anderen beteiligten Registergerichten anzufragen, ob gegen die Eintragung im Hinblick auf § 30 des Handelsgesetzbuches[4] Bedenken bestehen.

§ 38a[5] [Maschinelle Verfügungen und Benachrichtigungen] (1) ¹Gerichtliche Verfügungen und Benachrichtigungen an Beteiligte, die maschinell erstellt werden, brauchen nicht unterschrieben zu werden. ²In diesem Fall muß anstelle der Unterschrift auf dem Schreiben der Vermerk „Dieses Schreiben ist maschinell erstellt und auch ohne Unterschrift wirksam." angebracht sein. ³Die Verfügung muß den Verfasser mit Funktionsbezeichnung erkennen lassen.

(2) ¹Die in Absatz 1 bezeichneten maschinell zu erstellenden Schreiben können, wenn die Kenntnisnahme durch den Empfänger allgemein sichergestellt ist, auch durch Bildschirmmitteilung oder in anderer Weise elektronisch übermittelt werden. ²§ 15 des Gesetzes über das Verfahren in Familiensachen und in den Angelegenheiten der freiwilligen Gerichtsbarkeit[2] bleibt unberührt.

---

[1] § 36 Abs. 1 aufgeh., Satz 2 geänd. mWv 1.1.2007 durch G v. 10.11.2006 (BGBl. I S. 2553); Sätze 1 und 2 geänd. mWv 1.9.2009 durch G v. 17.12.2008 (BGBl. I S. 2586).

[2] **Habersack, Deutsche Gesetze Nr. 112.**

[3] § 37 neu gef. mWv 1.1.2007 durch G v. 10.11.2006 (BGBl. I S. 2553).

[4] **Habersack, Deutsche Gesetze Nr. 50.**

[5] § 38a Abs. 2 Satz 2 geänd. mWv 1.9.2009 durch G v. 17.12.2008 (BGBl. I S. 2586); Abs. 3 geänd. mWv 1.8.2022 durch G v. 5.7.2021 (BGBl. I S. 3338).

(3) Für die Texte für die Mitteilungen nach § 37 und Anfragen nach § 38 gelten die Absätze 1 und 2 entsprechend.

§ 38b[1)] Überprüfung ausländischer Registereintragungen über das Europäische System der Registervernetzung. Die Registergerichte können im Rahmen von Verfahren zur Anmeldung und Eintragung der Zweigniederlassung einer Kapitalgesellschaft, die dem Recht eines anderen Mitgliedstaates der Europäischen Union oder eines anderen Vertragsstaates des Abkommens über den Europäischen Wirtschaftsraum unterliegt, Urkunden und Informationen zur Gesellschaft durch den Informationsaustausch über die zentrale Europäische Plattform gemäß § 9b Absatz 2 des Handelsgesetzbuchs[2)] abrufen und überprüfen.

IV. Sondervorschriften für die Abteilungen A und B

§ 39[3)] [Trennung, Muster] Die Abteilungen A und B werden in getrennten Registern nach den beigegebenen Mustern geführt.

Abteilung A

§ 40[4)] Inhalt der Eintragungen in Abteilung A. In Abteilung A des Handelsregisters sind die nachfolgenden Angaben einzutragen:

1. In Spalte 1 ist die laufende Nummer der die Firma betreffenden Eintragungen einzutragen.
2. In Spalte 2 sind
   a) unter Buchstabe a die Firma;
   b) unter Buchstabe b der Ort der Niederlassung oder der Sitz, bei Einzelkaufleuten und Personenhandelsgesellschaften die inländische Geschäftsanschrift sowie die Errichtung oder Aufhebung von Zweigniederlassungen, und zwar unter Angabe des Ortes einschließlich der Postleitzahl, der inländischen Geschäftsanschrift und, falls der Firma für eine Zweigniederlassung ein Zusatz beigefügt ist, unter Angabe dieses Zusatzes;
   c) unter Buchstabe c bei Europäischen wirtschaftlichen Interessenvereinigungen und bei juristischen Personen der Gegenstand des Unternehmens

   und die sich jeweils darauf beziehenden Änderungen anzugeben.
3. [1] In Spalte 3 sind
   a) unter Buchstabe a die allgemeine Regelung zur Vertretung des Rechtsträgers durch die persönlich haftenden Gesellschafter, die Geschäftsführer, die Mitglieder des Vorstandes, bei Kreditinstituten die gerichtlich bestellten vertretungsbefugten Personen sowie die Abwickler oder Liquidatoren, und
   b) unter Buchstabe b der Einzelkaufmann, bei Handelsgesellschaften die persönlich haftenden Gesellschafter, bei Europäischen wirtschaftlichen Interessenvereinigungen die Geschäftsführer, bei juristischen Personen die Mitglieder des Vorstandes und deren Stellvertreter, bei Kreditinstituten die gerichtlich bestellten vertretungsberechtigten Personen, die Abwickler oder Liquidatoren

---

1) § 38b eingef. mWv 1.8.2022 durch G v. 5.7.2021 (BGBl. I S. 3338).

2) **Habersack, Deutsche Gesetze Nr. 50.**

3) § 39 *Abs. 2 aufgeh.* mWv 1.1.2007 durch G v. 10.11.2006 (BGBl. I S. 2553).

4) § 40 neu gef. mWv 1.1.2007 durch G v. 10.11.2006 (BGBl. I S. 2553); Nr. 2 Buchst. b geänd. mWv 1.11.2008 durch G v. 23.10.2008 (BGBl. I S. 2026); Nr. 3 Buchst. b geänd. mWv 1.1.2016 durch G v. 1.4.2015 (BGBl. I S. 434); Nr. 5 Buchst.b Doppelbuchst. ff eingef., bish. Doppelbuchst. ff und gg werden Doppelbuchst. gg und hh, Buchst. c geänd. mWv 1.1.2024 durch G v. 10.8.2021 (BGBl. I S. 3436).

unter der Bezeichnung als solche, bei ausländischen Versicherungsunternehmen die nach § 68 Absatz 2 des Versicherungsaufsichtsgesetzes bestellten Hauptbevollmächtigten sowie bei einer Zweigstelle eines Unternehmens mit Sitz in einem anderen Staat, die Bankgeschäfte in dem in § 1 Abs. 1 des Gesetzes über das Kreditwesen bezeichneten Umfang betreibt, die nach § 53 Abs. 2 Nr. 1 des Gesetzes über das Kreditwesen bestellten Geschäftsleiter jeweils mit Familiennamen, Vornamen, Geburtsdatum und Wohnort oder gegebenenfalls mit Firma, Rechtsform, Sitz oder Niederlassung

und die jeweils sich darauf beziehenden Änderungen anzugeben. [2] Weicht die Vertretungsbefugnis der in Spalte 3 unter Buchstabe b einzutragenden Personen im Einzelfall von den Angaben in Spalte 3 unter Buchstabe a ab, so ist diese besondere Vertretungsbefugnis bei den jeweiligen Personen zu vermerken.

4. In Spalte 4 sind die die Prokura betreffenden Angaben einschließlich Familienname, Vorname, Geburtsdatum und Wohnort der Prokuristen und die sich jeweils darauf beziehenden Änderungen einzutragen.

5. In Spalte 5 sind anzugeben

a) unter Buchstabe a die Rechtsform sowie bei juristischen Personen das Datum der Erstellung und jede Änderung der Satzung; bei der Eintragung genügt, soweit sie nicht die Änderung der einzutragenden Angaben betrifft, eine allgemeine Bezeichnung des Gegenstands der Änderung; dabei ist in der Spalte 6 unter Buchstabe b auf die beim Gericht eingereichten Urkunden sowie auf die Stelle der Akten, bei der die Urkunden sich befinden, zu verweisen;

b) unter Buchstabe b

aa) die besonderen Bestimmungen des Gründungsvertrages oder der Satzung über die Zeitdauer der Europäischen wirtschaftlichen Interessenvereinigung oder juristischen Person sowie alle sich hierauf beziehenden Änderungen;

bb) die Eröffnung, Einstellung und Aufhebung des Insolvenzverfahrens sowie die Aufhebung des Eröffnungsbeschlusses; die Bestellung eines vorläufigen Insolvenzverwalters unter den Voraussetzungen des § 32 Abs. 1 Satz 2 Nr. 2 des Handelsgesetzbuchs[1] sowie die Aufhebung einer derartigen Sicherungsmaßnahme; die Anordnung der Eigenverwaltung durch den Schuldner und deren Aufhebung sowie die Anordnung der Zustimmungsbedürftigkeit bestimmter Rechtsgeschäfte des Schuldners nach § 277 der Insolvenzordnung[2]; die Überwachung der Erfüllung eines Insolvenzplans und die Aufhebung der Überwachung;

cc) die Klausel über die Haftungsbefreiung eines Mitglieds der Europäischen wirtschaftlichen Interessenvereinigung für die vor seinem Beitritt entstandenen Verbindlichkeiten;

dd) die Auflösung, Fortsetzung und die Nichtigkeit der Gesellschaft, Europäischen wirtschaftlichen Interessenvereinigung oder juristischen Person; der Schluss der Abwicklung der Europäischen wirtschaftlichen Interessenvereinigung; das Erlöschen der Firma, die Löschung einer Gesellschaft, Europäischen wirtschaftlichen Interessenvereinigung oder juristischen Person sowie Löschungen von Amts wegen;

---

[1] **Habersack, Deutsche Gesetze Nr. 50.**
[2] **Habersack, Deutsche Gesetze Nr. 110.**

ee) Eintragungen nach dem Umwandlungsgesetz[1];

[Buchst. ff ab 1.1.2024:]

ff) Statuswechsel;

ff) ***[ab 1.1.2024: gg)]*** im Fall des Erwerbs eines Handelsgeschäfts bei Fortführung unter der bisherigen Firma eine von § 25 Abs. 1 des Handelsgesetzbuchs abweichende Vereinbarung;

gg) ***[ab 1.1.2024: hh)]*** beim Eintritt eines persönlich haftenden Gesellschafters oder eines Kommanditisten in das Geschäft eines Einzelkaufmanns eine von § 28 Abs. 1 des Handelsgesetzbuchs abweichende Vereinbarung;

c) unter Buchstabe c Familienname, Vorname, Geburtsdatum und Wohnort oder gegebenenfalls Firma, Rechtsform, Sitz oder Niederlassung und ***[bis 31.12.2023:*** der Betrag der Einlage***][ab 1.1.2024:*** *Haftsumme****]*** jedes Kommanditisten einer Kommanditgesellschaft sowie bei der Europäischen wirtschaftlichen Interessenvereinigung die Mitglieder mit Familiennamen, Vornamen, Geburtsdatum und Wohnort oder gegebenenfalls mit Firma, Rechtsform, Sitz oder Niederlassung

und die sich jeweils darauf beziehenden Änderungen.

6. In Spalte 6 sind unter Buchstabe a der Tag der Eintragung, unter Buchstabe b sonstige Bemerkungen einzutragen.
7. Enthält eine Eintragung die Nennung eines in ein öffentliches Register eingetragenen Rechtsträgers, so sind Art und Ort des Registers sowie die Registernummer dieses Rechtsträgers mit zu vermerken.

§ 41 [Änderung der Firma, Neueintragung, Verweisungen] (1) [1] Wird bei dem Eintritt eines persönlich haftenden Gesellschafters oder eines Kommanditisten in das Geschäft eines Einzelkaufmanns oder bei dem Eintritt eines Gesellschafters in eine bestehende Gesellschaft die bisherige Firma nicht fortgeführt und die neue Firma unter einer neuen Nummer auf einem anderen Registerblatt eingetragen, so ist der Eintritt in Spalte 5 des Registers bei der bisherigen und bei der neuen Firma zu vermerken. [2] Dasselbe gilt von einer von § 28 Abs. 1 des Handelsgesetzbuchs[2] abweichenden Vereinbarung.

(2) Auf jedem Registerblatt ist auf das andere in Spalte „Bemerkungen" zu verweisen.

§ 42 [Übergang eines Handelsgeschäfts, Verweisungen] [1] Wird zum Handelsregister angemeldet, daß das Handelsgeschäft eines Einzelkaufmanns, einer juristischen Person, einer offenen Handelsgesellschaft oder einer Kommanditgesellschaft auf eine in Abteilung B eingetragene Handelsgesellschaft mit dem Recht zur Fortführung der Firma übergegangen ist, so sind die das Handelsgeschäft betreffenden Eintragungen in Abteilung A des Registers rot zu unterstreichen. [2] Wird von dem Erwerber die Fortführung der Firma angemeldet, so ist bei der Eintragung in Abteilung B auf das bisherige Registerblatt in der Spalte „Bemerkungen" zu verweisen und umgekehrt.

---

[1] **Habersack, Deutsche Gesetze Nr. 52a.**
[2] **Habersack, Deutsche Gesetze Nr. 50.**

Abteilung B

§ 43[1)] Inhalt der Eintragungen in Abteilung B. In Abteilung B des Handelsregisters sind die nachfolgenden Angaben einzutragen:

1. In Spalte 1 ist die laufende Nummer der die Gesellschaft betreffenden Eintragung einzutragen.
2. In Spalte 2 sind
   a) unter Buchstabe a die Firma;
   b) unter Buchstabe b der Ort der Niederlassung oder der Sitz, bei Aktiengesellschaften, bei einer SE, bei Kommanditgesellschaften auf Aktien und Gesellschaften mit beschränkter Haftung die inländische Geschäftsanschrift sowie gegebenenfalls Familienname und Vorname oder Firma und Rechtsform sowie inländische Anschrift einer für Willenserklärungen und Zustellungen empfangsberechtigten Person, sowie die Errichtung oder Aufhebung von Zweigniederlassungen, und zwar unter Angabe des Ortes einschließlich der Postleitzahl, der Geschäftsanschrift sowie im Falle einer Zweigniederlassung, die dem Recht eines anderen Mitgliedstaates der Europäischen Union oder eines anderen Vertragsstaates des Abkommens über den Europäischen Wirtschaftsraum unterliegt, unter Angabe des Staates, sowie falls vorhanden der Registernummer und der einheitlichen europäischen Kennung der Zweigniederlassung und, falls der Firma für eine Zweigniederlassung ein Zusatz beigefügt ist, unter Angabe dieses Zusatzes;
   c) unter Buchstabe c der Gegenstand des Unternehmens

   und die sich jeweils darauf beziehenden Änderungen anzugeben.
3. In Spalte 3 sind bei Aktiengesellschaften, bei einer SE und bei Kommanditgesellschaften auf Aktien die jeweils aktuellen Beträge der Höhe des Grundkapitals, bei Gesellschaften mit beschränkter Haftung die Höhe des Stammkapitals und bei Versicherungsvereinen auf Gegenseitigkeit die Höhe des Gründungsfonds anzugeben.
4. [1] In Spalte 4 sind
   a) unter Buchstabe a die allgemeine Regelung zur Vertretung des Rechtsträgers durch die Mitglieder des Vorstandes, des Leitungsorgans, die geschäftsführenden Direktoren, die persönlich haftenden Gesellschafter sowie bei Kreditinstituten die gerichtlich bestellten vertretungsbefugten Personen, die Geschäftsführer, die Abwickler oder Liquidatoren und
   b) unter Buchstabe b bei Aktiengesellschaften und Versicherungsvereinen auf Gegenseitigkeit die Mitglieder des Vorstandes und ihre Stellvertreter (bei Aktiengesellschaften unter besonderer Bezeichnung des Vorsitzenden), bei einer SE die Mitglieder des Leitungsorgans und ihre Stellvertreter (unter besonderer Bezeichnung ihres Vorsitzenden) oder die geschäftsführenden Direktoren, bei Kommanditgesellschaften auf Aktien die persönlich haftenden Gesellschafter, bei Kreditinstituten die gerichtlich bestellten vertretungsbefug-

---

[1)] § 43 neu gef. mWv 1.1.2007 durch G v. 10.11.2006 (BGBl. I S. 2553); Nr. 3 geänd., Nr. 6 Buchst. b Doppelbuchst. ii neu gef. mWv 28.12.2007 durch G v. 21.12.2007 (BGBl. I S. 3089); Nr. 2 Buchst. b, Nr. 4 Satz 3 geänd. mWv 1.11.2008 durch G v. 23.10.2008 (BGBl. I S. 2026); Nr. 6 Buchst. b Doppelbuchst. hh geänd. mWv 1.9.2009 durch G v. 30.7.2009 (BGBl. I S. 2479); Nr. 6 Buchst. b Doppelbuchst. ii geänd. mWv 22.7.2013 durch G v. 4.7.2013 (BGBl. I S. 1981); Nr. 6 Buchst. b Doppelbuchst. ee geänd. mWv 1.1.2015 durch G v. 10.12.2014 (BGBl. I S. 2091); Nr. 4 Satz 3 geänd. mWv 1.1.2016 durch G v. 1.4.2015 (BGBl. I S. 434); Nr. 2 Buchst. b geänd. mWv 1.8.2022 durch G v. 5.7.2021 (BGBl. I S. 3338).

ten Personen, bei Gesellschaften mit beschränkter Haftung die Geschäftsführer und ihre Stellvertreter, ferner die Abwickler oder Liquidatoren unter der Bezeichnung als solcher, jeweils mit Familiennamen, Vornamen, Geburtsdatum und Wohnort oder gegebenenfalls mit Firma, Rechtsform, Sitz oder Niederlassung

und die jeweils sich darauf beziehenden Änderungen anzugeben. [2] Weicht die Vertretungsbefugnis der in Spalte 4 unter Buchstabe b einzutragenden Personen im Einzelfall von den Angaben in Spalte 4 unter Buchstabe a ab, so ist diese besondere Vertretungsbefugnis bei den jeweiligen Personen zu vermerken. [3] Ebenfalls in Spalte 4 unter Buchstabe b sind bei ausländischen Versicherungsunternehmen die nach § 68 Absatz 2 des Versicherungsaufsichtsgesetzes bestellten Hauptbevollmächtigten, bei einer Zweigstelle eines Unternehmens mit Sitz in einem anderen Staat, die Bankgeschäfte in dem in § 1 Abs. 1 des Gesetzes über das Kreditwesen bezeichneten Umfang betreibt, die nach § 53 Abs. 2 Nr. 1 des Gesetzes über das Kreditwesen bestellten Geschäftsleiter sowie bei einer Zweigniederlassung einer Aktiengesellschaft, SE oder Gesellschaft mit beschränkter Haftung mit Sitz im Ausland die ständigen Vertreter nach § 13e Abs. 2 Satz 5 Nr. 3 des Handelsgesetzbuchs jeweils mit Familiennamen, Vornamen, Geburtsdatum und Wohnort unter Angabe ihrer Befugnisse zu vermerken.

5. In Spalte 5 sind die die Prokura betreffenden Eintragungen einschließlich Familienname, Vorname, Geburtsdatum und Wohnort der Prokuristen sowie die jeweils sich darauf beziehenden Änderungen anzugeben.

6. In Spalte 6 sind anzugeben
   a) unter Buchstabe a die Rechtsform und der Tag der Feststellung der Satzung oder des Abschlusses des Gesellschaftsvertrages; jede Änderung der Satzung oder des Gesellschaftsvertrages; bei der Eintragung genügt, soweit nicht die Änderung die einzutragenden Angaben betrifft, eine allgemeine Bezeichnung des Gegenstands der Änderung;
   b) unter Buchstabe b neben den entsprechend für die Abteilung A in § 40 Nr. 5 Buchstabe b Doppelbuchstabe bb einzutragenden Angaben:
      aa) die besonderen Bestimmungen der Satzung oder des Gesellschaftsvertrages über die Zeitdauer der Gesellschaft oder des Versicherungsvereins auf Gegenseitigkeit;
      bb) eine Eingliederung einschließlich der Firma der Hauptgesellschaft sowie das Ende der Eingliederung, sein Grund und sein Zeitpunkt;
      cc) das Bestehen und die Art von Unternehmensverträgen einschließlich des Namens des anderen Vertragsteils, beim Bestehen einer Vielzahl von Teilgewinnabführungsverträgen alternativ anstelle des Namens des anderen Vertragsteils eine Bezeichnung, die den jeweiligen Teilgewinnabführungsvertrag konkret bestimmt, außerdem die Änderung des Unternehmensvertrages sowie seine Beendigung unter Angabe des Grundes und des Zeitpunktes;
      dd) die Auflösung, die Fortsetzung und die Nichtigkeit der Gesellschaft oder des Versicherungsvereins auf Gegenseitigkeit;
      ee) Eintragungen nach dem Umwandlungsgesetz und nach dem Sanierungs- und Abwicklungsgesetz;
      ff) das Erlöschen der Firma, die Löschung einer Aktiengesellschaft, SE, Kommanditgesellschaft auf Aktien, Gesellschaft mit beschränkter Haftung

oder eines Versicherungsvereins auf Gegenseitigkeit sowie Löschungen von Amts wegen;

gg) das Bestehen eines bedingten Kapitals unter Angabe des Beschlusses der Hauptversammlung und der Höhe des bedingten Kapitals;

hh) das Bestehen eines genehmigten Kapitals unter Angabe des Beschlusses der Hauptversammlung oder Gesellschafterversammlung, der Höhe des genehmigten Kapitals und des Zeitpunktes, bis zu dem die Ermächtigung besteht;

ii) bei Investmentaktiengesellschaften mit variablem Kapital das in der Satzung festgelegte Mindestkapital und Höchstkapital;

jj) der Beschluss einer Übertragung von Aktien gegen Barabfindung (§ 327a des Aktiengesetzes) unter Angabe des Tages des Beschlusses;

kk) der Abschluss eines Nachgründungsvertrages unter Angabe des Zeitpunktes des Vertragsschlusses und des Zustimmungsbeschlusses der Hauptversammlung sowie der oder die Vertragspartner der Gesellschaft;

ll) bei Versicherungsvereinen auf Gegenseitigkeit der Tag, an dem der Geschäftsbetrieb erlaubt worden ist

und die sich jeweils darauf beziehenden Änderungen.

7. Die Verwendung der Spalte 7 richtet sich nach den Vorschriften über die Benutzung der Spalte 6 der Abteilung A.

8. § 40 Nr. 7 gilt entsprechend.

§ 44[1] [Eintragungen von Urteilen über Nichtigkeitserklärungen und Verfügungen über Löschungen] Urteile, durch die ein in das Register eingetragener Beschluß der Hauptversammlung einer Aktiengesellschaft, SE, Kommanditgesellschaft auf Aktien oder der Gesellschafterversammlung einer Gesellschaft mit beschränkter Haftung rechtskräftig für nichtig erklärt ist, sowie die nach § 398 des Gesetzes über das Verfahren in Familiensachen und in den Angelegenheiten der freiwilligen Gerichtsbarkeit[2] verfügte Löschung eines Beschlusses sind in einem Vermerk, der den Beschluß als nichtig bezeichnet, in diejenigen Spalten des Registerblatts einzutragen, in die der Beschluß eingetragen war.

§ 45[3] [Löschung einer Gesellschaft wegen Nichtigkeit, Benachrichtigung über Heilung eines Mangels] (1) Soll eine Aktiengesellschaft, eine SE, eine Kommanditgesellschaft auf Aktien oder eine Gesellschaft mit beschränkter Haftung als nichtig gelöscht werden, so ist, wenn der Mangel geheilt werden kann, in der nach § 395 Abs. 2, § 397 des Gesetzes über das Verfahren in Familiensachen und in den Angelegenheiten der freiwilligen Gerichtsbarkeit[2] ergehenden Benachrichtigung auf diese Möglichkeit ausdrücklich hinzuweisen.

(2) [1]Die Löschung erfolgt durch Eintragung eines Vermerks, der die Gesellschaft als nichtig bezeichnet. [2]Gleiches gilt, wenn die Gesellschaft durch rechtskräftiges Urteil für nichtig erklärt ist.

---

[1] § 44 geänd. mWv 29.12.2004 durch G v. 22.12.2004 (BGBl. I S. 3675); geänd. mWv 25.4.2006 durch G v. 19.4.2006 (BGBl. I S. 866); geänd. mWv 1.9.2009 durch G v. 17.12.2008 (BGBl. I S. 2586).

[2] **Habersack, Deutsche Gesetze Nr. 112.**

[3] § 45 geänd. mWv 29.12.2004 durch G v. 22.12.2004 (BGBl. I S. 3675); Abs. 1 geänd. mWv 25.4.2006 durch G v. 19.4.2006 (BGBl. I S. 866); Abs. 1 geänd. mWv 1.9.2009 durch G v. 17.12.2008 (BGBl. I S. 2586).

§ 46 [Verweisung bei Firmenänderung] Wird bei einer in Abteilung B eingetragenen Handelsgesellschaft die Änderung der Firma zum Handelsregister angemeldet, weil das Geschäft mit dem Recht zur Fortführung der Firma auf einen Einzelkaufmann, eine juristische Person oder eine Handelsgesellschaft übertragen worden ist, und wird von dem Erwerber die Fortführung der Firma angemeldet, so ist bei der Eintragung in die Spalte „Bemerkungen" auf das bisherige Registerblatt zu verweisen und umgekehrt.

§ 46a[1] **[Eintragungen bei grenzüberschreitenden Umwandlungen]**

(1) Eintragungen bei grenzüberschreitenden Umwandlungen nach dem Umwandlungsgesetz[2] enthalten mindestens die folgenden Angaben:

1. von allen beteiligten Gesellschaften Firma und Rechtsform sowie das Register, in dem die Gesellschaft eingetragen ist, und die Nummer der Eintragung,
2. bei einer grenzüberschreitenden Verschmelzung durch Aufnahme oder einer grenzüberschreitenden Spaltung zur Aufnahme die Tatsache, dass eine grenzüberschreitende Verschmelzung oder Spaltung erfolgt ist, und den Tag der Eintragung,
3. bei einer grenzüberschreitenden Verschmelzung durch Neugründung, einer grenzüberschreitenden Spaltung zur Neugründung oder einem grenzüberschreitenden Formwechsel die Tatsache, dass die Eintragung der neuen Gesellschaft oder die Eintragung der neuen Rechtsform infolge einer grenzüberschreitenden Verschmelzung oder Spaltung oder eines grenzüberschreitenden Formwechsels erfolgte.

(2) Bei Schließung des Registerblattes infolge einer grenzüberschreitenden Umwandlung sind mindestens anzugeben:

1. die Tatsache, dass die Schließung infolge einer grenzüberschreitenden Verschmelzung, einer grenzüberschreitenden Aufspaltung oder eines grenzüberschreitenden Formwechsels erfolgte, und
2. der Tag der Schließung.

(3) Bei Ausstellung der Verschmelzungs-, Spaltungs- oder Formwechselbescheinigung bestimmt sich der Inhalt der Eintragung nach § 316 Absatz 1, § 329 oder § 343 Absatz 1 des Umwandlungsgesetzes.

(4) Nach anderen Vorschriften erforderliche Angaben bleiben unberührt.

IVa.[3] Vorschriften für das elektronisch geführte Handelsregister

1.[3] Einrichtung des elektronisch geführten Handelsregisters

§ 47[4] **Grundsatz.** (1) [1] Bei der elektronischen Führung des Handelsregisters muss gewährleistet sein, dass

1. die Grundsätze einer ordnungsgemäßen Datenverarbeitung eingehalten, insbesondere Vorkehrungen gegen einen Datenverlust getroffen sowie die erforder-

---

[1] § 46a eingef. mWv 1.3.2023 durch G v. 22.2.2023 (BGBl. 2023 I Nr. 51).

[2] **Habersack, Deutsche Gesetze Nr. 52a.**

[3] *Abschnitt IVa und* UAbschnitt 1 jeweils Überschrift neu gef. mWv 1.1.2007 durch G v. 10.11.2006 *(BGBl. I S. 2553).*

[4] § 47 neu gef. mWv 1.1.2007 durch G v. 10.11.2006 (BGBl. I S. 2553); Abs. 2 und 3 geänd. mWv 1.9.2009 durch G v. 17.12.2008 (BGBl. I S. 2586); Abs. 1 Satz 1 Nr. 3 neu gef. mWv 26.11.2019 durch G v. 20.11.2019 (BGBl. I S. 1724).

lichen Kopien der Datenbestände mindestens tagesaktuell gehalten und die originären Datenbestände sowie deren Kopien sicher aufbewahrt werden,
2. die vorzunehmenden Eintragungen alsbald in einen Datenspeicher aufgenommen und auf Dauer inhaltlich unverändert in lesbarer Form wiedergegeben werden können,
3. die nach den Artikeln 24, 25 und 32 der Verordnung (EU) 2016/679[1] erforderlichen Anforderungen erfüllt sind, soweit es um personenbezogene Daten geht.

[2] Die Dokumente sind in inhaltlich unveränderbarer Form zu speichern.

(2) Wird die Datenverarbeitung im Auftrag des zuständigen Amtsgerichts auf den Anlagen einer anderen staatlichen Stelle oder eines Dritten vorgenommen (§ 387 Abs. 5 des Gesetzes über das Verfahren in Familiensachen und in den Angelegenheiten der freiwilligen Gerichtsbarkeit[2]), so muss sichergestellt sein, dass Eintragungen in das Handelsregister und der Abruf von Daten hieraus nur erfolgen, wenn dies von dem zuständigen Gericht verfügt worden oder sonst zulässig ist.

(3) Die Verarbeitung der Registerdaten auf Anlagen, die nicht im Eigentum der anderen staatlichen Stelle oder des Dritten stehen, ist nur zulässig, wenn gewährleistet ist, dass die Daten dem uneingeschränkten Zugriff des zuständigen Gerichts unterliegen und der Eigentümer der Anlage keinen Zugang zu den Daten hat.

§ 48[3] Begriff des elektronisch geführten Handelsregisters. [1] Bei dem elektronisch geführten Handelsregister ist der in den dafür bestimmten Datenspeicher aufgenommene und auf Dauer unverändert in lesbarer Form wiedergabefähige Inhalt des Registerblattes (§ 13 Abs. 1) das Handelsregister. [2] Die Bestimmung des Datenspeichers nach Satz 1 kann durch Verfügung der nach Landesrecht zuständigen Stelle geändert werden, wenn dies dazu dient, die Erhaltung und die Abrufbarkeit der Daten sicherzustellen oder zu verbessern, und die Daten dabei nicht verändert werden.

§ 49[4] Anforderungen an Anlagen und Programme; Sicherung der Anlagen, Programme und Daten. (1) Hinsichtlich der Anforderungen an die für das elektronisch geführte Handelsregister verwendeten Anlagen und Programme, deren Sicherung sowie der Sicherung der Daten gelten die §§ 64 bis 66 der Grundbuchverfügung entsprechend.

(2) Das eingesetzte Datenverarbeitungssystem soll innerhalb eines jeden Landes einheitlich sein und mit den in den anderen Ländern eingesetzten Systemen verbunden werden können.

§ 50[5] Gestaltung des elektronisch geführten Handelsregisters. (1) [1] Der Inhalt des elektronisch geführten Handelsregisters muß auf dem Bildschirm und in Ausdrucken entsprechend den beigegebenen Mustern (Anlagen 4 und 5) sichtbar gemacht werden können. [2] Der letzte Stand aller noch nicht gegenstandslos gewordenen Eintragungen (aktueller Registerinhalt) kann statt in spaltenweiser Wiedergabe auch als fortlaufender Text nach den Mustern in Anlage 6 und 7 sichtbar gemacht werden.

---

[1] **Sartorius Nr. 246.**

[2] **Habersack, Deutsche Gesetze Nr. 112.**

[3] § 48 Überschrift und Satz 1 geänd. mWv 1.1.2007 durch G v. 10.11.2006 (BGBl. I S. 2553).

[4] § 49 Abs. 1 geänd. mWv 1.1.2007 durch G v. 10.11.2006 (BGBl. I S. 2553).

[5] § 50 Überschrift und Abs. 1 Satz 1 geänd., Abs. 2 neu gef. mWv 1.1.2007 durch G v. 10.11.2006 (BGBl. I S. 2553).

(2) Der Inhalt geschlossener Registerblätter, die nicht für die elektronische Registerführung umgeschrieben wurden, muss entsprechend den beigegebenen Mustern (Anlagen 1 und 2 in der bis zum Inkrafttreten des Gesetzes über elektronische Handelsregister und Genossenschaftsregister sowie das Unternehmensregister am 1. Januar 2007 geltenden Fassung dieser Verordnung) auf dem Bildschirm und in Ausdrucken sichtbar gemacht werden können, wenn nicht die letzte Eintragung in das Registerblatt vor dem 1. Januar 1997 erfolgte.

2.[1] Anlegung des elektronisch geführten Registerblatts

§ 51[2] Anlegung des elektronisch geführten Registerblatts durch Umschreibung. Ein bisher in Papierform geführtes Registerblatt kann für die elektronische Führung nach den §§ 51, 52 und 54 in der bis zum Inkrafttreten des Gesetzes über elektronische Handelsregister und Genossenschaftsregister sowie das Unternehmensregister am 1. Januar 2007 geltenden Fassung dieser Verordnung umgeschrieben werden.

3.[1] Automatisierter Abruf von Daten

§ 52[3] Umfang des automatisierten Datenabrufs. [1] Umfang und Voraussetzungen des Abrufs im automatisierten Verfahren einschließlich des Rechts, von den abgerufenen Daten Abdrucke zu fertigen, bestimmen sich nach § 9 Abs. 1 des Handelsgesetzbuchs[4]. [2] Für den Abruf im automatisierten Verfahren ist technisch sicherzustellen, dass ein Abruf der der Einsicht unterliegenden Abdrucke, Dokumente und Informationen jeweils nur einzeln für jedes Registerblatt möglich ist und dass keine gezielte Suche nach natürlichen Personen möglich ist. [3] Abdrucke stehen den Ausdrucken (§ 30a) nicht gleich.

§ 53[5] Protokollierung der Abrufe. (1) [1] Für die Sicherung der ordnungsgemäßen Datenverarbeitung und für die Abrechnung der Kosten des Abrufs werden alle Abrufe durch die zuständige Stelle protokolliert. [2] Im Protokoll dürfen nur das Gericht, die Nummer des Registerblatts, die abrufende Person oder Stelle, ein Geschäfts-, Aktenzeichen oder eine sonstige Kennung des Abrufs, der Zeitpunkt des Abrufs sowie die für die Durchführung des Abrufs verwendeten Daten gespeichert werden.

(2) [1] Die protokollierten Daten dürfen nur für die in Absatz 1 Satz 1 genannten Zwecke verwendet werden. [2] Sie sind durch geeignete Vorkehrungen gegen zweckfremde Nutzung und gegen sonstigen Missbrauch zu schützen.

(3) [1] Die nach Absatz 1 gefertigten Protokolle werden vier Jahre nach Ablauf des Kalenderjahres, in dem die Zahlung der Kosten erfolgt ist, vernichtet. [2] Im Fall der Einlegung eines Rechtsbehelfs mit dem Ziel der Rückerstattung verlängert sich die Aufbewahrungsfrist jeweils um den Zeitraum von der Einlegung bis zur abschließenden Entscheidung über den Rechtsbehelf.

---

[1] Abschnitt IVa bish. UAbschnitte 2–6 durch neue UAbschnitte 2–4 ersetzt mWv 1.1.2007 durch G v. 10.11.2006 (BGBl. I S. 2553).

[2] § 51 neu gef. mWv 1.1.2007 durch G v. 10.11.2006 (BGBl. I S. 2553).

[3] § 52 neu gef. mWv 1.1.2007 durch G v. 10.11.2006 (BGBl. I S. 2553); Satz 2 eingef., bish. Satz 2 wird Satz 3 mWv 1.8.2022 durch G v. 5.7.2021 (BGBl. I S. 3338).

[4] **Habersack, Deutsche Gesetze Nr. 50.**

[5] § 53 neu gef. mWv 1.1.2007 durch G v. 10.11.2006 (BGBl. I S. 2553).

4.[1] Ersatzregister und Ersatzmaßnahmen

§ 54[2] Ersatzregister und Ersatzmaßnahmen. (1) [1] Ist die Vornahme von Eintragungen in das elektronisch geführte Handelsregister vorübergehend nicht möglich, so können auf Anordnung der nach Landesrecht zuständigen Stelle Eintragungen ohne Vergabe einer neuen Nummer in einem Ersatzregister in Papierform vorgenommen werden, wenn hiervon Verwirrung nicht zu besorgen ist. [2] Sie sollen in das elektronisch geführte Handelsregister übernommen werden, sobald dies wieder möglich ist. [3] Auf die erneute Übernahme sind die Vorschriften über die Anlegung des maschinell geführten Registerblatts in der bis zum Inkrafttreten des Gesetzes über elektronische Handelsregister und Genossenschaftsregister sowie das Unternehmensregister am 1. Januar 2007 geltenden Fassung dieser Verordnung entsprechend anzuwenden.

(2) Für die Einrichtung und Führung der Ersatzregister nach Absatz 1 gelten § 17 Abs. 2 und die Bestimmungen des Abschnitts IV dieser Verordnung sowie die Bestimmungen der Abschnitte I bis III in der bis zum Inkrafttreten des Gesetzes über elektronische Handelsregister und Genossenschaftsregister sowie das Unternehmensregister am 1. Januar 2007 geltenden Fassung dieser Verordnung.

(3) [1] Können elektronische Anmeldungen und Dokumente vorübergehend nicht entgegengenommen werden, so kann die nach Landesrecht zuständige Stelle anordnen, dass Anmeldungen und Dokumente auch in Papierform zum Handelsregister eingereicht werden können. [2] Die aufgrund einer Anordnung nach Satz 1 eingereichten Schriftstücke sind unverzüglich in elektronische Dokumente zu übertragen.

V.[3] *(aufgehoben)*

Anlagen 1–8. *(hier nicht wiedergegeben.)*

---

[1] Abschnitt IVa bish. UAbschnitte 2–6 durch neue UAbschnitte 2–4 ersetzt mWv 1.1.2007 durch G v. 10.11.2006 (BGBl. I S. 2553).

[2] § 54 neu gef. mWv 1.1.2007 durch G v. 10.11.2006 (BGBl. I S. 2553).

[3] Abschnitt V aufgeh. mWv 1.1.2007 durch G v. 10.11.2006 (BGBl. I S. 2553).

50f. Verordnung über Gebühren in Handels-, Genossenschafts-, Gesellschafts- und Partnerschaftsregistersachen (Handelsregistergebührenverordnung – HRegGebV)[1)]

Vom 30. September 2004

BGBl. I S. 2562

FNA 361-4

Lfd. Nr.	Änderndes Gesetz	Datum	Fund-stelle	Betroffen	Hinweis
1.	Art. 8 Abs. 2 BilanzrechtsreformG	4.12.2004	BGBl. I S. 3166	Anl.	
2.	Art. 10 G zur Einführung der Europäischen Genossenschaft und zur Änd. des Genossenschaftsrechts	14.8.2006	BGBl. I S. 1911	§§ 2, 2a, Anl.	
3.	Art. 12 Abs. 6 G über elektronische Handelsregister und Genossenschaftsregister sowie das Unternehmensregister	10.11.2006	BGBl. I S. 2553	§§ 1, 6, Anl.	
4.	Art. 5 Zweites G zur Änd. des UmwandlungsG	19.4.2007	BGBl. I S. 542	Anl.	
5.	Art. 2 Dritte VO zur Änd. der Kindesunterhalt-VordruckVO und Erste VO zur Änd. der HandelsregistergebührenVO	28.12.2007	BGBl. I S. 3283	Anl.	
6.	Art. 1 Zweite ÄndVO	29.11.2010	BGBl. I S. 1731	§§ 1, 2, 5	geänd. mWv 1.1.2011
				§ 5a	eingef. mWv 1.1.2011
				§§ 3, 4, Anl.	neu gef. mWv 1.1.2011
7.	Art. 4 2. KostenrechtsmodernisierungsG	23.7.2013	BGBl. I S. 2586	§ 1	geänd. mWv 1.8.2013
8.	Art. 20 G für die gleichberechtigte Teilhabe von Frauen und Männern an Führungspositionen in der Privatwirtschaft und im öffentlichen Dienst	24.4.2015	BGBl. I S. 642	Anl.	geänd. mWv 1.5.2015
9.	*Art. 123 Abs. 2 Zweites G* über die weitere Bereinigung von Bundesrecht	8.7.2016	BGBl. I S. 1594	§ 1, Anl.	geänd. mWv 15.7.2016
10.	Art. 2 G zum Bürokratieabbau und zur Förderung der Transparenz bei Genossenschaften	17.7.2017	BGBl. I S. 2434	Anl.	geänd. mWv 22.7.2017
				§ 6	aufgeh. mit Ablauf des 21.7.2017

[1)] Überschrift neu gef. mWv 1.1.2024 durch G v. 10.8.2021 (BGBl. I S. 3436).

Lfd. Nr.	Änderndes Gesetz	Datum	Fundstelle	Betroffen	Hinweis
11.	Art. 9 G zur Umsetzung der DigitalisierungsRL[1]	5.7.2021	BGBl. I S. 3338	§§ 1, 2, Anl.	geänd. mWv 1.8.2022
12.	Art. 46 Personengesellschaftsrechtsmodernisierungs G (MoPeG)	10.8.2021	BGBl. I S. 3436	§ 1, Anl. Überschrift	geänd. mWv 1.1.2024 neu gef. mWv 1.1.2024
13.	Art. 5 G zur Umsetzung der UmwandlungsRL und zur Änd. weiterer Gesetze	22.2.2023	BGBl. 2023 I Nr. 51	Anl.	geänd. mWv 1.3.2023

Auf Grund des § 79a der Kostenordnung, der durch Artikel 1 Nr. 7 des Gesetzes vom 3. Juli 2004 (BGBl. I S. 1410) eingefügt worden ist, verordnet das Bundesministerium der Justiz:

§ 1[2] Gebührenverzeichnis. [1]Für Eintragungen in das Handels-, Genossenschafts-, Gesellschafts- oder Partnerschaftsregister, die Entgegennahme, Prüfung und Aufbewahrung der zum Handels- oder Genossenschaftsregister einzureichenden Unterlagen, die Bereitstellung von Registerdaten und von Dokumenten, die zum Register eingereicht wurden, zum Abruf sowie die Übertragung von Schriftstücken in ein elektronisches Dokument nach § 9 Abs. 2 des Handelsgesetzbuchs[3] werden Gebühren nach dem Gebührenverzeichnis der Anlage zu dieser Verordnung erhoben. [2]Satz 1 gilt nicht für die aus Anlass eines Insolvenzverfahrens von Amts wegen vorzunehmenden Eintragungen und für Löschungen nach § 395 des Gesetzes über das Verfahren in Familiensachen und in den Angelegenheiten der freiwilligen Gerichtsbarkeit[4].

§ 2[5] Allgemeine Vorschriften. (1) Neben der Gebühr für die Ersteintragung werden nur Gebühren für die gleichzeitig angemeldete Eintragung der Errichtung einer Zweigniederlassung und für die Eintragung einer Prokura gesondert erhoben.

(2) Gebühren für die Bereitstellung von Registerdaten oder Dokumenten zum Abruf werden neben den Gebühren für Eintragungen im Register oder für Entgegennahmen zum Register gesondert erhoben.

(3) [1]Betrifft dieselbe spätere Anmeldung mehrere Tatsachen, ist für jede Tatsache die Gebühr gesondert zu erheben. [2]Das Eintreten oder das Ausscheiden einzutragender Personen ist hinsichtlich einer jeden Person eine besondere Tatsache.

(4) Als jeweils dieselbe Tatsache betreffend sind zu behandeln:

1. die Anmeldung einer zur Vertretung berechtigten Person und die gleichzeitige Anmeldung ihrer Vertretungsmacht oder deren Ausschlusses;

[1] **Amtl. Anm.:** *(abgedruckt in Änderungstabelle Nr. 50e)*

[2] § 1 neu gef. mWv 1.1.2007 durch G v. 10.11.2006 (BGBl. I S. 2553); geänd. mWv 1.1.2011 durch VO v. 29.11.2010 (BGBl. I S. 1731); Satz 2 angef. mWv 1.8.2013 durch G v. 23.7.2013 (BGBl. I S. 2586); Satz 1 geänd. mWv 15.7.2016 durch G v. 8.7.2016 (BGBl. I S. 1594); Satz 1 geänd. mWv 1.8.2022 durch G v. 5.7.2021 (BGBl. I S. 3338); Satz 1 geänd. mWv 1.1.2024 durch G v. 10.8.2021 (BGBl. I S. 3436).

[3] **Habersack, Deutsche Gesetze Nr. 50.**

[4] **Habersack, Deutsche Gesetze Nr. 112.**

[5] § 2 Abs. 3 neu gef. mWv 1.1.2011 durch VO v. 29.11.2010 (BGBl. I S. 1731); Abs. 2 eingef. bish. Abs. 2–4 werden Abs. 3–5 mWv 1.8.2022 durch G v. 5.7.2021 (BGBl. I S. 3338).

2. die Anmeldung der Verlegung
   a) der Hauptniederlassung,
   b) des Sitzes oder
   c) der Zweigniederlassung

   und die gleichzeitige Anmeldung der Änderung der inländischen Geschäftsanschrift;
3. mehrere Änderungen eines Gesellschaftsvertrags oder einer Satzung, die gleichzeitig angemeldet werden und nicht die Änderung eingetragener Angaben betreffen;
4. die Änderung eingetragener Angaben und die dem zugrunde liegende Änderung des Gesellschaftsvertrags oder der Satzung.

(5) Anmeldungen, die am selben Tag beim Registergericht eingegangen sind und dasselbe Unternehmen betreffen, werden als eine Anmeldung behandelt.

§ 2a[1)] Recht der Europäischen Union. Umwandlungen und Verschmelzungen nach dem Recht der Europäischen Union stehen hinsichtlich der Gebühren den Umwandlungen nach dem Umwandlungsgesetz[2)] gleich.

§ 3[3)] Zurücknahme. (1) [1] Wird eine Anmeldung zurückgenommen, bevor die Eintragung erfolgt oder die Anmeldung zurückgewiesen worden ist, sind 120 Prozent der für die Eintragung bestimmten Gebühren zu erheben. [2] Bei der Zurücknahme einer angemeldeten Ersteintragung bleiben die Gebühren für die gleichzeitig angemeldete Eintragung der Errichtung einer Zweigniederlassung und für die Eintragung einer Prokura unberücksichtigt.

(2) [1] Erfolgt die Zurücknahme spätestens am Tag bevor eine Entscheidung des Gerichts mit der Bestimmung einer angemessenen Frist zur Beseitigung eines Hindernisses (§ 382 Absatz 4 des Gesetzes über das Verfahren in Familiensachen und in den Angelegenheiten der freiwilligen Gerichtsbarkeit[4)]) unterzeichnet wird, beträgt die Gebühr 75 Prozent der für die Eintragung bestimmten Gebühr, höchstens jedoch 250 Euro. [2] Der unterzeichneten Entscheidung steht ein gerichtliches elektronisches Dokument gleich (§ 14 Absatz 3 des Gesetzes über das Verfahren in Familiensachen und in den Angelegenheiten der freiwilligen Gerichtsbarkeit in Verbindung mit § 130b der Zivilprozessordnung[5)]). [3] Betrifft eine Anmeldung mehrere Tatsachen, betragen in den Fällen der Sätze 1 und 2 die auf die zurückgenommenen Teile der Anmeldung entfallenden Gebühren insgesamt höchstens 250 Euro.

§ 4[6)] Zurückweisung. [1] Wird eine Anmeldung zurückgewiesen, sind 170 Prozent der für die Eintragung bestimmten Gebühren zu erheben. [2] Bei der Zurückweisung einer angemeldeten Ersteintragung bleiben die Gebühren für die gleichzeitig angemeldete Eintragung der Errichtung einer Zweigniederlassung und für die Eintragung einer Prokura unberücksichtigt.

[1)] § 2a eingef. mWv 18.8.2006 durch G v. 14.8.2006 (BGBl. I S. 1911).
[2)] **Habersack, Deutsche Gesetze Nr. 52a.**
[3)] § 3 neu gef. mWv 1.1.2011 durch VO v. 29.11.2010 (BGBl. I S. 1731).
[4)] **Habersack, Deutsche Gesetze Nr. 112.**
[5)] **Habersack, Deutsche Gesetze Nr. 100.**
[6)] § 4 neu gef. mWv 1.1.2011 durch VO v. 29.11.2010 (BGBl. I S. 1731).

§ 5[1)] Zurücknahme oder Zurückweisung in besonderen Fällen. [1] Wird die Anmeldung einer sonstigen späteren Eintragung, die mehrere Tatsachen zum Gegenstand hat, teilweise zurückgenommen oder zurückgewiesen, ist für jeden zurückgenommenen oder zurückgewiesenen Teil von den Gebühren 1503, 2501 und 3501 des Gebührenverzeichnisses auszugehen. [2] § 3 Absatz 2 bleibt unberührt.

§ 5a[2)] Übergangsvorschrift. Für Kosten, die vor dem Inkrafttreten einer Änderung der Rechtsverordnung fällig geworden sind, gilt das bisherige Recht.

§ 6[3)] *(aufgehoben)*

Anlage[4)]
(zu § 1)

Gebührenverzeichnis

Teil 1. Eintragungen in das Handelsregister Abteilung A, das Gesellschaftsregister und das Partnerschaftsregister

Nr.	Gebührentatbestand	Gebührenbetrag
	Vorbemerkung 1: (1) Für Eintragungen, die juristische Personen (§ 33 HGB[5)]) und Europäische wirtschaftliche Interessenvereinigungen betreffen, bestimmen sich die Gebühren nach den für Eintragungen bei Gesellschaften mit bis zu 3 eingetragenen Gesellschaftern geltenden Vorschriften. Hinsichtlich der Gebühren für Eintragungen, die Zweigniederlassungen eines Unternehmens mit Hauptniederlassung oder Sitz im Ausland betreffen, bleibt der Umstand, dass es sich um eine Zweigniederlassung handelt, unberücksichtigt; die allgemein für inländische Unternehmen geltenden Vorschriften sind anzuwenden. (2) Wird die Hauptniederlassung oder der Sitz in den Bezirk eines anderen Gerichts verlegt, wird für die Eintragung im Register der bisherigen Hauptniederlassung oder des bisherigen Sitzes keine Gebühr erhoben. (3) Für Eintragungen, die Prokuren betreffen, sind ausschließlich Gebühren nach Teil 4 zu erheben. (4) Für die Eintragung des Erlöschens der Firma oder des Namens sowie des Schlusses der Abwicklung einer Europäischen wirtschaftlichen Interessenvereinigung werden keine Gebühren erhoben; die Gebühren in Abschnitt 4 bleiben unberührt.	
	Abschnitt 1 ***Ersteintragung***	
	Eintragung – außer aufgrund einer Umwandlung nach dem UmwG[6)] –	
1100	– eines Einzelkaufmanns	70,00 €
1101	– einer Gesellschaft mit bis zu 3 einzutragenden Gesellschaftern oder einer Partnerschaft mit bis zu 3 einzutragenden Partnern	100,00 €

[1)] § 5 Satz 1 geänd., Satz 2 neu gef. mWv 1.1.2011 durch VO v. 29.11.2010 (BGBl. I S. 1731).
[2)] § 5a eingef. mWv 1.1.2011 durch VO v. 29.11.2010 (BGBl. I S. 1731).
[3)] § 6 aufgeh. mWv 22.7.2017 durch G v. 17.7.2017 (BGBl. I S. 2434).
[4)] Anl. neu gef. mWv 1.1.2011 durch VO v. 29.11.2010 (BGBl. I S. 1731); geänd. mWv 1.5.2015 durch G v. 24.4.2015 (BGBl. I S. 642); mWv 15.7.2016 durch G v. 8.7.2016 (BGBl. I S. 1594); mWv *22.7.2017 durch G v. 17.7.2017* (BGBl. I S. 2434); mWv 1.8.2022 durch G v. 5.7.2021 (BGBl. I S. 3338); mWv 1.1.2024 durch G v. 10.8.2021 (BGBl. I S. 3436); mWv 1.3.2023 durch G v. 22.2.2023 (BGBl. 2023 I Nr. 51).
[5)] **Habersack, Deutsche Gesetze Nr. 50.**
[6)] **Habersack, Deutsche Gesetze Nr. 52a.**

Nr.	Gebührentatbestand	Gebühren-betrag
1102	– einer Gesellschaft mit mehr als 3 einzutragenden Gesellschaftern oder einer Partnerschaft mit mehr als 3 einzutragenden Partnern: Die Gebühr 1101 erhöht sich für jeden weiteren einzutragenden Gesellschafter oder jeden weiteren einzutragenden Partner um	40,00 €
	Eintragung aufgrund einer Umwandlung nach dem UmwG	
1103	– eines Einzelkaufmanns	150,00 €
1104	– einer Gesellschaft mit bis zu 3 einzutragenden Gesellschaftern oder einer Partnerschaft mit bis zu 3 einzutragenden Partnern	180,00 €
1105	– einer Gesellschaft mit mehr als 3 einzutragenden Gesellschaftern oder einer Partnerschaft mit mehr als 3 einzutragenden Partnern: Die Gebühr 1104 erhöht sich für jeden weiteren einzutragenden Gesellschafter oder für jeden weiteren einzutragenden Partner um	70,00 €
	Abschnitt 2 ***Errichtung einer Zweigniederlassung***	
1200	Eintragung einer Zweigniederlassung	40,00 €
	Abschnitt 3 ***Verlegung der Hauptniederlassung oder des Sitzes***	
	Vorbemerkung 1.3: Gebühren nach diesem Abschnitt sind nicht zu erheben, wenn das bisherige Gericht zuständig bleibt; Abschnitt 5 bleibt unberührt.	
	Eintragung bei dem Gericht, in dessen Bezirk die Hauptniederlassung oder der Sitz verlegt worden ist, bei	
1300	– einem Einzelkaufmann	60,00 €
1301	– einer Gesellschaft mit bis zu 3 eingetragenen Gesellschaftern oder einer Partnerschaft mit bis zu 3 eingetragenen Partnern	80,00 €
	– einer Gesellschaft mit mehr als 3 eingetragenen Gesellschaftern oder einer Partnerschaft mit mehr als 3 eingetragenen Partnern:	
1302	– – *Die Gebühr* 1301 erhöht sich für jeden weiteren eingetragenen Gesellschafter oder für jeden weiteren eingetragenen Partner bis einschließlich zur 100. eingetragenen Person um	40,00 €
1303	– – Die Gebühr 1301 erhöht sich für jeden weiteren eingetragenen Gesellschafter oder für jeden weiteren eingetragenen Partner ab der 101. eingetragenen Person um	10,00 €

Nr.	Gebührentatbestand	Gebühren-betrag
	Abschnitt 4 ***Umwandlung nach dem Umwandlungsgesetz***	
	Eintragung einer Umwandlung nach dem UmwG	
1400	– in das Register des übertragenden oder formwechselnden Rechtsträgers	180,00 €
1401	– in das Register des übernehmenden Rechtsträgers	180,00 €
	Für Eintragungen über den Eintritt der Wirksamkeit werden keine besonderen Gebühren erhoben.	
	Abschnitt 5 ***Sonstige spätere Eintragung***	
	Vorbemerkung 1.5: Gebühren nach diesem Abschnitt werden nur für Eintragungen erhoben, für die Gebühren nach den Abschnitten 1 bis 4 nicht zu erheben sind.	
	Eintragung einer Tatsache bei	
1500	– einem Einzelkaufmann	40,00 €
1501	– einer Gesellschaft mit bis zu 50 eingetragenen Gesellschaftern oder einer Partnerschaft mit bis zu 50 eingetragenen Partnern	60,00 €
1502	– einer Gesellschaft mit mehr als 50 eingetragenen Gesellschaftern oder einer Partnerschaft mit mehr als 50 eingetragenen Partnern	70,00 €
1503	Eintragung der zweiten und jeder weiteren Tatsache aufgrund derselben Anmeldung: Die Gebühren 1500 bis 1502 betragen jeweils	30,00 €
	Tatsachen ohne wirtschaftliche Bedeutung sind nicht als erste Tatsache zu behandeln.	
1504	Die Eintragung betrifft eine Tatsache ohne wirtschaftliche Bedeutung: Die Gebühren Gebühren 1500 bis 1502 betragen	30,00 €

Teil 2. Eintragungen in das Handelsregister Abteilung B

Nr.	Gebührentatbestand	Gebühren-betrag
	Vorbemerkung 2: (1) Hinsichtlich der Gebühren für Eintragungen, die Zweigniederlassungen eines Unternehmens mit Sitz im Ausland betreffen, bleibt der Umstand, dass es sich um eine Zweigniederlassung handelt, unberücksichtigt; die allgemein für inländische Unternehmen geltenden Vorschriften sind anzuwenden. (2) Wird der Sitz in den Bezirk eines anderen Gerichts verlegt, wird für die Eintragung im Register des bisherigen Sitzes keine Gebühr erhoben. (3) Für Eintragungen, die Prokuren betreffen, sind ausschließlich Gebühren nach Teil 4 zu erheben. (4) Für die Eintragung der Löschung der Gesellschaft und des Schlusses der Abwicklung oder der Liquidation werden keine Gebühren erhoben; die Gebühren 2402 und 2403 bleiben unberührt.	

Nr.	Gebührentatbestand	Gebühren-betrag
	Abschnitt 1 ***Ersteintragung***	
2100	Eintragung einer Gesellschaft mit beschränkter Haftung einschließlich einer Unternehmergesellschaft – außer aufgrund einer Umwandlung nach dem UmwG –	150,00 €
2101	Es wird mindestens eine Sacheinlage geleistet: Die Gebühr 2100 beträgt	240,00 €
2102	Eintragung einer Aktiengesellschaft, einer Kommanditgesellschaft auf Aktien oder eines Versicherungsvereins auf Gegenseitigkeit – außer aufgrund einer Umwandlung nach dem UmwG –	300,00 €
2103	Es wird mindestens eine Sacheinlage geleistet: Die Gebühr 2102 beträgt	360,00 €
	Eintragung aufgrund einer Umwandlung nach dem UmwG	
2104	– einer Gesellschaft mit beschränkter Haftung	260,00 €
2105	– einer Aktiengesellschaft oder einer Kommanditgesellschaft auf Aktien	660,00 €
2106	– eines Versicherungsvereins auf Gegenseitigkeit	460,00 €
	Abschnitt 2 ***Errichtung einer Zweigniederlassung***	
2200	Eintragung einer Zweigniederlassung	120,00 €
	Abschnitt 3 ***Verlegung des Sitzes***	
2300	Eintragung bei dem Gericht, in dessen Bezirk der Sitz verlegt worden ist Die Gebühr wird nicht erhoben, wenn das bisherige Gericht zuständig bleibt; Abschnitt 5 bleibt unberührt.	140,00 €
	Abschnitt 4 ***Besondere spätere Eintragung***	
	Eintragung	
2400	– der Nachgründung einer Aktiengesellschaft oder des Beschlusses der Hauptversammlung einer Aktiengesellschaft *oder einer Kommandit*gesellschaft auf Aktien über Maßnahmen der Kapitalbeschaffung oder der Kapitalherabsetzung oder der Durchführung der Kapitalerhöhung	270,00 €
2401	– der Erhöhung des Stammkapitals durch Sacheinlage oder der Erhöhung des Stammkapitals zum Zwecke der Umwandlung nach dem UmwG	210,00 €
	Eintragung einer Umwandlung nach dem UmwG	

Nr.	Gebührentatbestand	Gebühren-betrag
2402	– in das Register des übertragenden oder formwechselnden Rechtsträgers	240,00 €
2403	– in das Register des übernehmenden Rechtsträgers	240,00 €
	Für Eintragungen über den Eintritt der Wirksamkeit werden keine besonderen Gebühren erhoben.	
2404	Eintragung der Eingliederung oder des Endes der Eingliederung einer Aktiengesellschaft	210,00 €
2405	Eintragung des Übertragungsbeschlusses im Fall des Ausschlusses von Minderheitsaktionären (§ 327e AktG)	210,00 €

Abschnitt 5
Sonstige spätere Eintragung

Vorbemerkung 2.5:

Gebühren nach diesem Abschnitt werden nur für Eintragungen erhoben, für die Gebühren nach den Abschnitten 1 bis 4 nicht zu erheben sind.

Nr.	Gebührentatbestand	Gebühren-betrag
2500	Eintragung einer Tatsache	70,00 €
2501	Eintragung der zweiten und jeder weiteren Tatsache aufgrund derselben Anmeldung: Die Gebühr 2500 beträgt jeweils	40,00 €
	Tatsachen ohne wirtschaftliche Bedeutung sind nicht als erste Tatsache zu behandeln.	
2502	Die Eintragung betrifft eine Tatsache ohne wirtschaftliche Bedeutung: Die Gebühren 2500 und 2501 betragen	30,00 €

Teil 3. Eintragungen in das Genossenschaftsregister

Vorbemerkung 3:

(1) Hinsichtlich der Gebühren für Eintragungen, die Zweigniederlassungen einer Europäischen Genossenschaft mit Sitz im Ausland betreffen, bleibt der Umstand, dass es sich um eine Zweigniederlassung handelt, unberücksichtigt; die allgemein für inländische Genossenschaften geltenden Vorschriften sind anzuwenden.

(2) Wird der Sitz in den Bezirk eines anderen Gerichts verlegt, wird für die Eintragung im Register des bisherigen Sitzes keine Gebühr erhoben.

(3) Für Eintragungen, die Prokuren betreffen, sind ausschließlich Gebühren nach Teil 4 zu erheben.

(4) Für die Eintragung des Erlöschens der Genossenschaft werden keine Gebühren erhoben; die Gebühren in Abschnitt 4 bleiben unberührt.

Abschnitt 1
Ersteintragung

Nr.	Gebührentatbestand	Gebühren-betrag
	Eintragung	
3100	– außer aufgrund einer Umwandlung nach dem UmwG	210,00 €
3101	– aufgrund einer Umwandlung nach dem UmwG	360,00 €

Nr.	Gebührentatbestand	Gebührenbetrag
	Abschnitt 2 ***Errichtung einer Zweigniederlassung***	
3200	Eintragung einer Zweigniederlassung	60,00 €
	Abschnitt 3 ***Verlegung des Sitzes***	
3300	Eintragung bei dem Gericht, in dessen Bezirk der Sitz verlegt worden ist Die Gebühr wird nicht erhoben, wenn das bisherige Gericht zuständig bleibt; Abschnitt 5 bleibt unberührt.	210,00 €
	Abschnitt 4 ***Umwandlung nach dem Umwandlungsgesetz***	
	Eintragung einer Umwandlung nach dem UmwG	
3400	– in das Register des übertragenden oder formwechselnden Rechtsträgers	300,00 €
3401	– in das Register des übernehmenden Rechtsträgers Für Eintragungen über den Eintritt der Wirksamkeit werden keine besonderen Gebühren erhoben.	300,00 €
	Abschnitt 5 ***Sonstige spätere Eintragung***	
	Vorbemerkung 3.5: Gebühren nach diesem Abschnitt werden nur für Eintragungen erhoben, für die Gebühren nach den Abschnitten 1 bis 4 nicht zu erheben sind.	
3500	Eintragung einer Tatsache	110,00 €
3501	Eintragung der zweiten und jeder weiteren Tatsache aufgrund derselben Anmeldung: Die Gebühr 3500 beträgt jeweils Tatsachen ohne wirtschaftliche Bedeutung sind nicht als erste Tatsache zu behandeln.	60,00 €
3502	Die Eintragung betrifft eine Tatsache ohne wirtschaftliche Bedeutung: Die Gebühren 3500 und 3501 betragen	30,00 €

Teil 4. Prokuren

Nr.	Gebührentatbestand	Gebührenbetrag
4000	Eintragung einer Prokura, Eintragung von Änderungen oder der Löschung einer Prokura	40,00 €
4001	Die Eintragungen aufgrund derselben Anmeldung betreffen mehrere Prokuren: Die Gebühr 4000 beträgt für die zweite und jede weitere Prokura jeweils	30,00 €

Nr.	Gebührentatbestand	Gebührenbetrag
	Eine Prokura, wegen der die Gebühr 4002 erhoben wird, ist nicht als erste Prokura zu behandeln.	
4002	Die Eintragung betrifft ausschließlich eine Tatsache ohne wirtschaftliche Bedeutung: Die Gebühr 4000 beträgt	30,00 €

Teil 5. Weitere Geschäfte

Nr.	Gebührentatbestand	Gebührenbetrag
Vorbemerkung 5: Mit den Gebühren 5001 bis 5006 wird auch der Aufwand für die Prüfung und Aufbewahrung der genannten Unterlagen abgegolten.		
	Entgegennahme	
5000	*(aufgehoben)*	
5001	*(aufgehoben)*	
5002	– der Liste der Gesellschafter (§ 40 GmbHG)	30,00 €
5003	– der Liste der Mitglieder des Aufsichtsrats einschließlich der Bekanntmachung über die Einreichung (§ 52 Abs. 3 Satz 2 GmbHG, § 106 AktG)	40,00 €
5004	– der Mitteilung über den alleinigen Aktionär (§ 42 AktG)	40,00 €
5005	– des Protokolls der Hauptversammlung (§ 130 Abs. 5 AktG)	50,00 €
5006	– von Verträgen, Plänen oder entsprechenden Entwürfen nach dem UmwG	50,00 €
5007	Übertragung von Schriftstücken in ein elektronisches Dokument (§ 9 Abs. 2 HGB): für jede angefangene Seite Die Gebühr wird für die Dokumente jedes Registerblatts gesondert erhoben. Mit der Gebühr wird auch die einmalige elektronische Übermittlung der Dokumente an den Antragsteller abgegolten.	2,00 € – mindestens 25,00 €

Teil 6. Bereitstellung zum Abruf

Nr.	Gebührentatbestand	Gebührenbetrag
6000	Bereitstellung von Registerdaten oder Dokumenten zum Abruf Die Gebühr entsteht neben jeder Gebühr für eine Eintragung nach den Teilen 1 bis 4 und neben jeder Gebühr für eine Entgegennahme nach Teil 5 gesondert. § 34 Abs. 5 GNotKG ist nicht anzuwenden.	1/3 der für die Eintragung oder Entgegennahme bestimmten Gebühr

50g. Verordnung über das Unternehmensregister (Unternehmensregisterverordnung – URV)

Vom 26. Februar 2007
(BGBl. I S. 217)

FNA 4101-13

Lfd. Nr.	Änderndes Gesetz	Datum	Fundstelle	Betroffen	Hinweis
1.	Art. 2 Abs. 42 G zur Änd. von Vorschriften über Verkündung und Bekanntmachungen sowie der ZPO, des EGZPO und der AO	22.12. 2011	BGBl. I S. 3044	§§ 10, 12	geänd. mWv 1.4.2012
2.	Art. 5 Kleinstkapitalgesellschaften-Bilanzrechtsänderungs G	20.12. 2012	BGBl. I S. 2751	§§ 1, 3, 10, 12, 13, 15	geänd. mWv 28.12.2012
3.	Art. 8 Abs. 7 Bilanzrichtlinie-UmsetzungsG	17.7.2015	BGBl. I S. 1245	§§ 1, 10, 11, 13, 15	geänd. mWv 23.7.2015
4.	Art. 191 Zehnte ZuständigkeitsanpassungsVO	31.8.2015	BGBl. I S. 1474	§ 16	geänd. mWv 8.9.2015
5.	Art. 123 Abs. 5 Zweites G über die weitere Bereinigung von Bundesrecht	8.7.2016	BGBl. I S. 1594	§ 9	geänd. mWv 15.7.2016
6.	Art. 5 CSR-Richtlinie-UmsetzungsG[1]	11.4.2017	BGBl. I S. 802	§§ 10, 15	geänd. mWv 19.4.2017
7.	Art. 11 Abs. 29 eIDAS-DurchführungsG[2) 3)]	18.7.2017	BGBl. I S. 2745	§ 10	geänd. mWv 29.7.2017
8.	Art. 6 G zur weiteren Umsetzung der TransparenzRL-ÄndRL im Hinblick auf ein einheitliches elektronisches Format für Jahresfinanzberichte[4]	12.8.2020	BGBl. I S. 1874	§§ 1, 4, 10, 11	geänd. mWv 19.8.2020
9.	Art. 13 G zur Umsetzung der DigitalisierungsRL[2]	5.7.2021	BGBl. I S. 3338	§§ 1, 2, 3, 4, 5, 6, 7, 10, 11, 12, 13, 14, 15, 16	geänd. mWv 1.8.2022
				§ 18	neu gef. mWv 1.8.2022

[1] **Amtl. Anm.:** Dieses Gesetz dient der Umsetzung der Richtlinie 2014/95/EU des Europäischen Parlaments und des Rates vom 22. Oktober 2014 zur Änderung der Richtlinie 2013/34/EU im Hinblick auf die Angabe nichtfinanzieller und die Diversität betreffender Informationen durch bestimmte große Unternehmen und Gruppen (ABl. L 330 vom 15.11.2014, S. 1; L 369 vom 24.12.2014, S. 79).

[2] **Amtl. Anm.:** *(abgedruckt in Änderungstabelle Nr. **50e**)*

[3] ***Amtl. Anm.:*** *Notifiziert* gemäß der Richtlinie (EU) 2015/1535 des Europäischen Parlaments und des Rates vom 9. September 2015 über ein Informationsverfahren auf dem Gebiet der technischen Vorschriften und der Vorschriften für die Dienste der Informationsgesellschaft (ABl. L 241 vom 17.9.2015, S. 1).

[4] **Amtl. Anm.:** Dieses Gesetz dient der weiteren Umsetzung der Richtlinie 2013/50/EU des Europäischen Parlaments und des Rates vom 22. Oktober 2013 zur Änderung der Richtlinie 2004/109/EG des Europäischen Parlaments und des Rates zur Harmonisierung der Transparenzanforderungen in Bezug auf Informationen über Emittenten, deren Wertpapiere zum Handel auf einem geregelten Markt zugelassen sind, der Richtlinie 2003/71/EG des Europäischen Parlaments und des Rates betreffend den Prospekt, der beim öffentlichen Angebot von Wertpapieren oder bei deren Zulassung zum Handel zu veröffentlichen ist, sowie der Richtlinie 2007/14/EG der Kommission mit Durchführungsbestimmungen zu bestimmten Vorschriften der Richtlinie 2004/109/EG (ABl. L 294 vom 6.11.2013, S. 13; L 14 vom 18.1.2014, S. 35).

Lfd. Nr.	Änderndes Gesetz	Datum	Fundstelle	Betroffen	Hinweis
				§ 9	aufgeh. mit Ablauf des 31.7. 2022
10.	Art. 54 Personengesellschaftsrechtsmodernisierungs G (MoPeG)	10.8.2021	BGBl. I S. 3436	§§ 1, 5, 6, 7	geänd. mWv 1.1.2024
11.	Art. 7 G zur Einführung virtueller Hauptversammlungen von Aktiengesellschaften und Änderung genossenschafts- sowie insolvenz- und restrukturierungsrechtlicher Vorschr.	20.7.2022	BGBl. I S. 1166	§ 3	geänd. mWv 1.8.2022
12.	Art. 5 G zur Umsetzung der RL (EU) 2021/2101 im Hinblick auf die Offenlegung von Ertragsteuerinformationen durch bestimmte Unternehmen und Zweigniederlassungen sowie zur Änd. des Verbraucherstreitbeilegungs G und des Pflichtversicherungs G[1]	19.6.2023	BGBl. 2023 I Nr. 154	§§ 1, 11	geänd. mWv 22.6.2023

Auf Grund des § 9a Abs. 2 und 3 des Handelsgesetzbuchs[2] in der im Bundesgesetzblatt Teil III, Gliederungsnummer 4100-1, veröffentlichten bereinigten Fassung, der durch Artikel 1 Nr. 2 des Gesetzes vom 10. November 2006 (BGBl. I S. 2553) neu gefasst worden ist, und des § 9 Abs. 2 Satz 2 der Insolvenzordnung[3] vom 5. Oktober 1994 (BGBl. I S. 2866), der zuletzt durch Artikel 12 Abs. 2 des Gesetzes vom 10. November 2006 (BGBl. I S. 2553) geändert worden ist, verordnet das Bundesministerium der Justiz im Einvernehmen mit dem Bundesministerium der Finanzen:

§ 1[4] Allgemeines. (1) [1] Im Unternehmensregister werden die nach § 8b Abs. 3 Satz 1 des Handelsgesetzbuchs[2] zur Einstellung übermittelten Daten, mit Ausnahme der *der*[5] zur dauerhaften Hinterlegung eingestellten Unterlagen, im Internet unmittelbar zugänglich gemacht. [2] Die Daten werden wie folgt gespeichert:
1. strukturiert in Form der Extensible Markup Language (XML),
2. in einem nach dem Stand der Technik vergleichbaren Format oder
3. bei Datenübermittlungen gemäß § 11 Absatz 2 Satz 1 Nummer 1 bis 3 in dem vorgeschriebenen Datenübermittlungsformat.

---

[1] **Amtl. Anm.:** Die Artikel 1 bis 9 dieses Gesetzes dienen der Umsetzung der Richtlinie (EU) 2021/2101 des Europäischen Parlaments und des Rates vom 24. November 2021 zur Änderung der Richtlinie 2013/34/EU im Hinblick auf die Offenlegung von Ertragsteuerinformationen durch bestimmte Unternehmen und Zweigniederlassungen (ABl. L 429 vom 1.12.2021, S. 1). […]

[2] **Habersack, Deutsche Gesetze Nr. 50.**

[3] **Habersack, Deutsche Gesetze Nr. 110.**

[4] § 1 Abs. 1 Satz 1 geänd. mWv 28.12.2012 durch G v. 20.12.2012 (BGBl. I S. 2751); Abs. 1 Satz 1 geänd. mWv 23.7.2015 durch G v. 17.7.2015 (BGBl. I S. 1245); Abs. 1 Satz 2 neu gef. mWv 19.8.2020 durch G v. 12.8.2020 (BGBl. I S. 1874); Abs. 1 Satz 1, Abs. 2 Satz 1 geänd. mWv 1.8.2022 durch G v. 5.7.2021 (BGBl. I S. 3338); Abs. 2 Satz 1 geänd. mWv 1.1.2024 durch G v. 10.8.2021 (BGBl. I S. 3436); Abs. 1 Satz 2 Nr. 3 neu gef. mWv 22.6.2023 durch G v. 19.6.2023 (BGBl. 2023 I Nr. 154).

[5] Wortlaut amtlich.

[3]Eine Speicherung in einem reinen Binärformat ist nur zulässig, soweit eine Umwandlung in Text nicht oder nur mit unvertretbarem Aufwand möglich ist. [4]Das Unternehmensregister muss erkennen lassen, in welcher Sprache die Daten im Sinn des Satzes 1 im Unternehmensregister gespeichert sind.

(2) [1]Das Unternehmensregister vermittelt über die nach § 8b Abs. 3 Satz 2 des Handelsgesetzbuchs übermittelten Daten (Indexdaten) den Zugang zu den Eintragungen im ***[bis 31.12.2023:*** Handels-, Genossenschafts- und Partnerschaftsregister***][ab 1.1.2024:*** *Handels-, Genossenschafts-, Gesellschafts- und Partnerschaftsregister****]***, den Registerbekanntmachungen, den zu den Registern eingereichten Dokumenten und den Zugang zu den Bekanntmachungen der Insolvenzgerichte im Sinn des § 8b Abs. 2 Nr. 11 des Handelsgesetzbuchs. [2]Die Indexdaten dienen nur der Zugangsvermittlung und sind nicht zugänglich zu machen.

(3) [1]Das Unternehmensregister ist zumindest über die Adresse www.unternehmensregister.de erreichbar. [2]Zugangsstörungen, insbesondere aufgrund von Wartungs- oder Verbesserungsarbeiten, sind soweit möglich rechtzeitig anzukündigen.

§ 2[1)] Sicherheit. (1) Kommt es während einer Datenübermittlung zu Störungen oder Unterbrechungen, soll dies der übermittelnden Stelle angezeigt und im Falle einer Datenübermittlung an das Unternehmensregister eine erneute Übermittlung verlangt werden.

(2) [1]Fehlgeschlagene Anmeldungen sowie alle Abrufe dürfen dokumentiert werden, um missbräuchliche Zugriffe auf das Unternehmensregister erkennen und unterbinden zu können. [2]Abrufe dürfen ferner dokumentiert werden, sofern dies für die Zwecke der Abrechnung von Kosten erforderlich ist. [3]Die dabei erhobenen Daten dürfen nur für die in Satz 1 und 2 genannten Zwecke verwendet werden und sind für eine Verwendung für andere Zwecke zu sperren. [4]Sie sind nach Ablauf von sechs Monaten zu löschen, es sei denn, sie sind für die Zwecke der Kostenabrechnung noch erforderlich.

(3) Die das Unternehmensregister führende Stelle (registerführende Stelle) erstellt im Einvernehmen mit dem Bundesamt für Sicherheit in der Informationstechnik ein Sicherheitskonzept für das Unternehmensregister.

§ 3[2)] Registrierung der Nutzer. (1) [1]Soweit nach § 11 Absatz 1 Satz 4, auch in Verbindung mit Absatz 2 Satz 3, § 13 Absatz 4, § 15 Abs. 1 Satz 2 oder Abs. 2 Satz 2, eine Registrierung beim Unternehmensregister erforderlich ist, erfolgt diese ausschließlich über eine nach dem Stand der Technik gesicherte Internetverbindung. [2]Dabei sind folgende Mindestangaben zu machen:

1. Firma oder Name des Nutzers,
2. Anschrift des Wohnsitzes oder des Sitzes,
3. elektronische Postadresse,
4. Rufnummer.

[3]Im Fall einer Registrierung, die nach § 13 Absatz 4 erforderlich ist ist Satz 2 Nummer 4 nicht anzuwenden.

(2) Für die Registrierung zur Datenübermittlung nach § 11 Absatz 2 Satz 1 für in das Handels- oder Genossenschaftsregister eingetragene Unternehmen sind

---

[1)] § 2 Abs. 1 und 3 geänd. mWv 1.8.2022 durch G v. 5.7.2021 (BGBl. I S. 3338).

[2)] § 3 Abs. 1 Satz 1 geänd., Satz 3 angef. mWv 28.12.2012 durch G v. 20.12.2012 (BGBl. I S. 2751); Abs. 1 Satz 1 geänd., Abs. 2 neu gef., zweimal Abs. 3 angef. mWv 1.8.2022 durch G v. 5.7.2021 (BGBl. I S. 3338); bish. zweiter Abs. 3 wird Abs. 4 mWv 1.8.2022 durch G v. 20.7.2022 (BGBl. I S. 1166).

zusätzlich zu den Angaben nach Absatz 1 noch folgende Mindestangaben erforderlich:

1. Firma oder Name des Unternehmens,
2. Registergericht,
3. Registerart,
4. Registernummer.

(3) [1] Für eine Registrierung nach Absatz 2 hat eine elektronische Identifikation des Nutzers zu erfolgen. [2] Nutzer ist diejenige natürliche Person, die eine Datenübermittlung nach § 11 Absatz 2 für Veröffentlichungs- und Offenlegungspflichtige tatsächlich vornehmen soll. [3] Die Identitätsprüfung erfolgt anhand:

1. eines elektronischen Identitätsnachweises nach § 18 des Personalausweisgesetzes[1)], nach § 12 des eID-Karte-Gesetzes oder nach § 78 Absatz 5 des Aufenthaltsgesetzes[2)] oder
2. eines elektronischen Identifizierungsmittels, das von einem anderen Mitgliedstaat der Europäischen Union ausgestellt wurde und das
   a) für die Zwecke der grenzüberschreitenden Authentifizierung nach Artikel 6 der Verordnung (EU) Nr. 910/2014 des Europäischen Parlaments und des Rates vom 23. Juli 2014 über elektronische Identifizierung und Vertrauensdienste für elektronische Transaktionen im Binnenmarkt und zur Aufhebung der Richtlinie 1999/93/EG (ABl. L 257 vom 28.8.2014, S. 73; L 23 vom 29.1.2015, S. 19; L 155 vom 14.6.2016, S. 44) anerkannt wird und
   b) dem Sicherheitsniveau „hoch" im Sinne des Artikels 8 Absatz 2 Buchstabe c der Verordnung (EU) Nr. 910/2014 entspricht, oder
3. einer von der registerführenden Stelle zur Verfügung gestellten Identifizierungsmethode im Sinne des Artikel 24 Absatz 1 Unterabsatz 2 Buchstabe d Satz 1 Verordnung (EU) Nr. 910/2014.

[4] Die registerführende Stelle hat im Rahmen der Registrierung zu prüfen, ob ernstliche Zweifel an der Rechtsfähigkeit oder Geschäftsfähigkeit eines Nutzers oder der Berechtigung eines Nutzers zur Datenübermittlung nach § 11 Absatz 2 Satz 1 bestehen. [5] Ist dies der Fall, kann die registerführende Stelle von dem Nutzer oder dem für ihn handelnden Berechtigten die Übermittlung geeigneter Nachweise über seine Rechtsfähigkeit oder Geschäftsfähigkeit oder über die Berechtigung zur Datenübermittlung verlangen.

(4) [1] Der Nutzer bestimmt, sofern er Veröffentlichungen für sich selbst oder als Beauftragter für Dritte vornehmen möchte, bei seiner Registrierung eine Kennung und ein Passwort, durch die er sich als Nutzungsberechtigter des Unternehmensregisters authentifiziert. [2] Es können andere Authentifizierungsverfahren verwendet werden, soweit diese nach dem Stand der Technik einen vergleichbaren Sicherheitsstandard gewährleisten. [3] Nutzer als Kunden von Datenverarbeitern, die über eine Großkundenschnittstelle angebunden sind, können durch den entsprechenden Datenverarbeiter ohne Vergabe von Kennung und Passwort registriert werden, wenn die registerführende Stelle dies bei einer Anbindung vorsieht.

[1)] **Sartorius Nr. 255.**
[2)] **Sartorius Nr. 565.**

§ 4[1)] Art der Datenübermittlung. [1]Daten werden dem Unternehmensregister im Wege der Datenfernübertragung übermittelt. [2]Die Landesjustizverwaltungen können mit der registerführenden Stelle eine andere Art der Datenbereitstellung vereinbaren.

§ 5[2)] Datenübermittlung durch die Landesjustizverwaltungen. (1) Die Landesjustizverwaltungen übermitteln dem Unternehmensregister die Indexdaten (§ 1 Abs. 2) über eine nach dem Stand der Technik gesicherte, zwischen der registerführenden Stelle und den Landesjustizverwaltungen vereinbarte Verbindung.

(2) [1]Die Indexdaten sind in einem mit den Landesjustizverwaltungen vereinbarten strukturierten Format zu übermitteln. [2]Die Landesjustizverwaltungen stellen sicher, dass die übermittelten Indexdaten ohne Aufbereitung oder Veränderung den Zugang zu den Originaldaten und eine Suche im Unternehmensregister ermöglichen.

(3) [1]Die Landesjustizverwaltungen übermitteln Änderungen der Indexdaten zu Eintragungen im ***[bis 31.12.2023:*** Handels-, Genossenschafts- oder Partnerschaftsregister***][ab 1.1.2024:*** *Handels-, Genossenschafts-, Gesellschafts- oder Partnerschaftsregister]* (§ 6) unverzüglich. [2]Die Indexdaten zu Registerbekanntmachungen aus dem ***[bis 31.12.2023:*** Handels-, Genossenschafts- und Partnerschaftsregister***][ab 1.1.2024:*** *Handels-, Genossenschafts-, Gesellschafts- und Partnerschaftsregister]* (§ 7) sowie die Indexdaten zu Insolvenzbekanntmachungen (§ 8) sind täglich zu aktualisieren. [3]Die Landesjustizverwaltungen können in Absprache mit der registerführenden Stelle eine häufigere Aktualisierung oder eine vollständige Neuübermittlung vornehmen, wenn dadurch der Betrieb des Unternehmensregisters nicht beeinträchtigt wird.

§ 6[3)] Übermittlung von Indexdaten zu Eintragungen im *[bis 31.12.2023:* Handels-, Genossenschafts- und Partnerschaftsregister*][ab 1.1.2024: Handels-, Genossenschafts-, Gesellschafts- und Partnerschaftsregister]*. [1]Die Landesjustizverwaltungen übermitteln dem Unternehmensregister folgende Indexdaten zu Eintragungen im ***[bis 31.12.2023:*** Handels-, Genossenschafts- und Partnerschaftsregister***][ab 1.1.2024:*** *Handels-, Genossenschafts-, Gesellschafts- und Partnerschaftsregister]*:

1. Registerart, Registergericht, Registernummer, die einheitliche europäische Kennung (EUID) sowie ein Ortskennzeichen, soweit vorhanden,
2. Firma oder Name des Unternehmens, bei Zweigniederlassungen die betreffenden Daten der Zweigniederlassung,
3. Rechtsform des Unternehmens,
4. Sitz und Anschrift des Unternehmens, bei Zweigniederlassungen die betreffenden Daten der Zweigniederlassung,
5. Kennzeichnung, ob es sich um eine Neueintragung, eine Veränderung oder eine Löschung handelt,

---

[1)] § 4 Satz 2 aufgeh., bish. Satz 3 wird Satz 2 und geänd. mWv 1.8.2022 durch G v. 5.7.2021 (BGBl. I S. 3338).

[2)] § 5 Abs. 1, 3 Sätze 2 und 3 geänd. mWv 1.8.2022 durch G v. 5.7.2021 (BGBl. I S. 3338); Abs. 3 Sätze 1 und 2 geänd. mWv 1.1.2024 durch G v. 10.8.2021 (BGBl. I S. 3436).

[3)] § 6 Satz 1 Nr. 1 und 6 geänd., Nr. 7–9 angef. mWv 1.8.2022 durch G v. 5.7.2021 (BGBl. I S. 3338); Überschrift, Satz 1 einl. Satzteil geänd. mWv 1.1.2024 durch G v. 10.8.2021 (BGBl. I S. 3436).

6. Verfügbarkeit der Dokumentenarten „Aktueller Ausdruck (AD)“, „Chronologischer Ausdruck (CD)“, „Historischer Ausdruck (HD)“, „Unternehmensträgerdaten (UT)“, „Dokumentenansicht (DK)“ und „strukturierter Registerinhalt (SI)“ sowie gegebenenfalls weitere von der Landesjustizverwaltung bestimmten Dokumentarten zu dem jeweiligen Unternehmen,
7. Kennzeichnung eines Sitzwechsels und einer Rechtsnachfolge einschließlich der neuen Registerart, des Registergerichts, der Registernummer, der einheitlichen europäischen Kennung (EUID) sowie des neuen Ortskennzeichens, soweit vorhanden,
8. Kennzeichnung einer Eröffnung, Einstellung oder Aufhebung eines Insolvenzverfahrens sowie der Aufhebung eines Eröffnungsbeschlusses, soweit vorhanden, und
9. Kennzeichnung einer Auflösung, Fortsetzung oder Nichtigkeit des Unternehmens, soweit vorhanden.

[2] Wenn durch die Landesjustizverwaltungen für ein länderübergreifendes, zentrales elektronisches Informations- und Kommunikationssystem (§ 9 Abs. 1 Satz 4 des Handelsgesetzbuchs[1)]) weitere Indexdaten, insbesondere die Gerichtskennung, bereitgestellt werden, sind dem Unternehmensregister auch diese zu übermitteln.

§ 7[2)] Übermittlung von Indexdaten zu Registerbekanntmachungen aus dem *[bis 31.12.2023:* Handels-, Genossenschafts- und Partnerschaftsregister*][ab 1.1.2024: Handels-, Genossenschafts-, Gesellschafts- und Partnerschaftsregister].* [1] Die Landesjustizverwaltungen übermitteln dem Unternehmensregister folgende Indexdaten zu Registerbekanntmachungen aus dem ***[bis 31.12.2023:*** Handels-, Genossenschafts- und Partnerschaftsregister***][ab 1.1.2024:*** *Handels-, Genossenschafts-, Gesellschafts- und Partnerschaftsregister]*:

1. Registerart, Registergericht, Registernummer sowie ein Ortskennzeichen, soweit vorhanden,
2. Firma oder Name des Unternehmens,
3. Rechtsform des Unternehmens,
4. Sitz des Unternehmens,
5. Gegenstand der Registerbekanntmachung,
6. elektronische Verknüpfung zu der Registerbekanntmachung,
7. Tag der Registerbekanntmachung,
8. Tag der Eintragung oder Anordnung.

[2] § 6 Satz 2 gilt entsprechend. [3] Werden keine Indexdaten nach § 6 Satz 1 Nummer 7 bis 9 übermittelt, so sind dem Unternehmensregister diese Informationen als Indexdaten zu Registerbekanntmachungen, als Bekanntmachungsdokument oder als Eintragungsmitteilung zu übermitteln.

§ 8 Übermittlung von Indexdaten zu Insolvenzbekanntmachungen.

[1] Die Landesjustizverwaltungen übermitteln dem Unternehmensregister folgende Indexdaten zu Bekanntmachungen der Insolvenzgerichte im Sinn des § 8b Abs. 2 Nr. 11 des Handelsgesetzbuchs[1)]:

[1)] **Habersack, Deutsche Gesetze Nr. 50.**

[2)] § 7 Überschrift, Satz 1 einl. Satzteil und Nr. 5-7 geänd., Satz 3 angef. mWv 1.8.2022 durch G v. 5.7. 2021 (BGBl. I S. 3338); Überschrift und Satz 1 einl. Satzteil geänd. mWv 1.1.2024 durch G v. 10.8.2021 (BGBl. I S. 3436).

1. Aktenzeichen und Sitz des Insolvenzgerichts,
2. Name oder Firma des Schuldners,
3. Sitz oder Wohnsitz des Schuldners einschließlich einer vorhandenen Postleitzahl,
4. Gegenstand der Bekanntmachung,
5. elektronische Verknüpfung zu der Bekanntmachung,
6. Tag der Bekanntmachung,
7. Registernummer des Schuldners einschließlich eines Ortskennzeichens, soweit vorhanden, Registerart und zuständiges Registergericht.

[2] § 6 Satz 2 gilt entsprechend.

§ 9[1)] *(aufgehoben)*

§ 10[2)] Datenübermittlung durch den Betreiber des Bundesanzeigers.

[1] Der Betreiber des Bundesanzeigers übermittelt dem Unternehmensregister die Daten im Sinn des § 8b Abs. 3 Satz 1 Nr. 1 des Handelsgesetzbuchs[3)] unverzüglich nach ihrer Veröffentlichung, spätestens bis zum Ablauf des auf die Veröffentlichung folgenden Arbeitstages. [2] Die Daten sind unter Verwendung einer von der registerführenden Stelle bestimmten, nach dem Stand der Technik gesicherten Verbindung sowie in einem von der registerführenden Stelle bestimmten, in Wirtschaftskreisen verbreiteten strukturierten Format, zum Beispiel in Form der Extensible Markup Language (XML), zu übermitteln. [3] Der Eingang übermittelter Daten ist mit einem Zeitstempel unter Verwendung einer fortgeschrittenen elektronischen Signatur zu dokumentieren.

§ 11[4)] Datenübermittlung durch Veröffentlichungs- und Offenlegungspflichtige, durch mit der Veranlassung der Veröffentlichung oder Offenlegung beauftragte Dritte oder durch die Bundesanstalt für Finanzdienstleistungsaufsicht. (1) [1] Daten im Sinn des § 8b Abs. 2 Nr. 9 des Handelsgesetzbuchs[3)] sind dem Unternehmensregister unverzüglich nach der Veröffentlichung sowie Daten im Sinn des § 8b Abs. 2 Nr. 10 des Handelsgesetzbuchs unverzüglich nach der Mitteilung zu übermitteln. [2] § 10 Satz 2 und 3 gilt entsprechend. [3] Den Veröffentlichungspflichtigen und den von diesen mit der Veranlassung der Veröffentlichung beauftragten Dritten kann auch die Übermittlung über Formulare im Internet ermöglicht werden. [4] Für die Übermittlung ist eine Registrierung des Veröffentlichungspflichtigen oder des mit der Veranlassung der Veröffentlichung beauftragten Dritten nach § 3 erforderlich. [5] Der Erfolg der Übermittlung wird elektronisch angezeigt.

(2) [1] Daten im Sinne des § 8b Absatz 2 Nummer 4 des Handelsgesetzbuchs sowie die Unterlagen, die dauerhaft hinterlegt werden sollen, sind dem Unter-

---

[1)] § 9 aufgeh. mWv 1.8.2022 durch G v. 5.7.2021 (BGBl. I S. 3338).

[2)] § 10 Überschrift, Satz 1 geänd. mWv 1.4.2012 durch G v. 22.12.2011 (BGBl. I S. 3044); Abs. 1 Satz 1 geänd., Abs. 2 angef. mWv 28.12.2012 durch G v. 20.12.2012 (BGBl. I S. 2751); Abs. 1 Satz 1 geänd. mWv 23.7.2015 durch G v. 17.7.2015 (BGBl. I S. 1245); Abs. 1 Satz 3 geänd. mWv 29.7.2017 durch G v. 18.7.2017 (BGBl. I S. 2745); Abs. 1 Satz 3 eingef., bish. Satz 3 wird Satz 4 mWv 19.8.2020 durch G v. 12.8.2020 (BGBl. I S. 1874); Abs. 1 Sätze 1 und 2 geänd., Satz 3 aufgeh., bish. Satz 4 wird Satz 3, Abs. 2 aufgeh. mWv 1.8.2022 durch G v. 5.7.2021 (BGBl. I S. 3338).

[3)] **Habersack, Deutsche Gesetze Nr. 50.**

[4)] § 11 Überschrift, Abs. 1 Satz 2 neu gef., Abs. 2 und 3 angef. mWv 1.8.2022 durch G v. 5.7.2021 (BGBl. I S. 3338); Abs. 2 Satz 1 neu gef., Satz 2 geänd. mWv 22.6.2023 durch G v. 19.6.2023 (BGBl. 2023 I Nr. 154).

nehmensregister unter Verwendung einer von der registerführenden Stelle bestimmten, nach dem Stand der Technik gesicherten Internetverbindung wie folgt elektronisch zu übermitteln:

1. Jahresfinanzberichte (§ 114 des Wertpapierhandelsgesetzes[1]) oder die in § 328 Absatz 1 Satz 1 des Handelsgesetzbuchs bezeichneten Rechnungslegungsunterlagen eines Unternehmens, das als Inlandsemittent (§ 2 Absatz 14 des Wertpapierhandelsgesetzes) Wertpapiere (§ 2 Absatz 1 des Wertpapierhandelsgesetzes) begibt: in dem einheitlichen elektronischen Berichtsformat nach Maßgabe der Delegierten Verordnung (EU) 2019/815 der Kommission vom 17. Dezember 2018 zur Ergänzung der Richtlinie 2004/109/EG des Europäischen Parlaments und des Rates im Hinblick auf technische Regulierungsstandards für die Spezifikation eines einheitlichen elektronischen Berichtsformats (ABl. L 143 vom 29.5.2019, S. 1; L 145 vom 4.6.2019, S. 85), die zuletzt durch die Delegierte Verordnung (EU) 2022/352 (ABl. L 77 vom 7.3.2022, S. 1) geändert worden ist, in der jeweils geltenden Fassung,
2. Unterlagen der Rechnungslegung einer Kapitalgesellschaft mit Sitz in einem anderen Staat (§ 325a des Handelsgesetzbuchs): im nach dem Recht der Hauptniederlassung maßgeblichen Offenlegungsformat,
3. Ertragsteuerinformationsberichte (§ 342m des Handelsgesetzbuchs): im Erstellungsformat (§ 342l Absatz 2 des Handelsgesetzbuchs) und
4. Daten, die nicht von den Nummern 1 bis 3 erfasst werden: im strukturierten Format Extensible Markup Language (XML).

[2] Abweichend von Satz 1 Nummer 4 dürfen bei Unternehmen im Sinne des Satzes 1 Nummer 1 alle nach gesetzlichen Vorschriften offenzulegenden Rechnungslegungsunterlagen in dem einheitlichen elektronischen Berichtsformat im Sinne des Satzes 1 Nummer 1 übermittelt werden. [3] Die Übermittlung der Daten nach Satz 1 oder Satz 2 erfolgt unter Verwendung eines Vertrauensdienstes nach der Verordnung (EU) Nr. 910/2014. [4] Im Übrigen gelten Absatz 1 Satz 3 bis 5 und § 10 Satz 3 entsprechend.

(3) Die Bundesanstalt für Finanzdienstleistungsaufsicht übermittelt die Daten im Sinne des § 8b Absatz 2 Nummer 13 des Handelsgesetzbuchs an das Unternehmensregister elektronisch über eine nach dem Stand der Technik gesicherte Internetverbindung.

§ 12[2] Prüfung, Zugänglichkeit, Berichtigung und Löschung von Daten.

(1) [1] Die nach den §§ 10 und 11 Absatz 1 übermittelten Daten werden unverzüglich nach ihrer Übermittlung, spätestens bis zum Ablauf des auf die Übermittlung folgenden Arbeitstages im Unternehmensregister unmittelbar zugänglich gemacht. [2] Die nach § 11 Absatz 2 übermittelten Daten werden unverzüglich nach Maßgabe des § 329 Absatz 1 bis 3 des Handelsgesetzbuchs[3] geprüft, soweit eine solche Prüfung gesetzlich vorgeschrieben ist. [3] Die nach § 11 Absatz 2 übermittelten Daten mit Ausnahme der zur dauerhaften Hinterlegung eingestellten Unterlagen werden unverzüglich nach ihrer Prüfung oder, falls eine Prüfung gesetzlich nicht vorgeschrieben ist, unverzüglich nach ihrer Übermittlung im Unterneh-

---

[1] Nr. 58.

[2] *§ 12 Abs. 2 Satz 1 geänd.* mWv 1.4.2012 durch G v. 22.12.2011 (BGBl. I S. 3044); Abs. 1 Satz 1, Abs. 2 Satz 1 geänd. mWv 28.12.2012 durch G v. 20.12.2012 (BGBl. I S. 2751); Überschrift neu gef., Abs. 1 Satz 1 geänd., Satz 2 neu gef., Sätze 3 und 4 eingef., bish. Satz 3 wird Satz 5, Abs. 2 Sätze 1 und 2 geänd. mWv 1.8.2022 durch G v. 5.7.2021 (BGBl. I S. 3338).

[3] **Habersack, Deutsche Gesetze Nr. 50.**

mensregister unmittelbar zugänglich gemacht. [4] Werden die übermittelten Unterlagen durch die registerführende Stelle fehlerhaft eingestellt, so wird dies auf Verlangen des Veröffentlichungs- oder Offenlegungspflichtigen durch die registerführende Stelle berichtigt. [5] Berichtigungen zugänglich gemachter Daten sind als solche zu kennzeichnen.

(2) [1] Die nach § 10 übermittelten Daten werden gelöscht, wenn die Originaldaten nicht mehr im Bundesanzeiger zugänglich sind. [2] Nach § 11 Absatz 1 und 3 an das Unternehmensregister übermittelte Daten sind für zehn Jahre zugänglich zu halten und anschließend zu löschen. [3] Gesetzliche Löschungsregelungen bleiben unberührt.

§ 13[1)] Einsichtnahme in das Unternehmensregister. (1) [1] Das Unternehmensregister ist ausschließlich über das Internet zugänglich. [2] Eine vorherige Registrierung ist für die Einsichtnahme in die im Unternehmensregister unmittelbar zugänglich gemachten Daten im Sinn des § 8b Abs. 3 Satz 1 des Handelsgesetzbuchs[2)] sowie eine über das Unternehmensregister erfolgende Einsichtnahme in Bekanntmachungen im Sinn des § 8b Absatz 2 Nummer 11 und 12 des Handelsgesetzbuchs nicht erforderlich.

(2) [1] Das Unternehmensregister vermittelt den Zugang zu den Originaldaten im Sinn des § 8b Absatz 2 Nummer 1 bis 3, 11 und 12 des Handelsgesetzbuchs über die Ergebnisse einer Suche. [2] Die Landesjustizverwaltungen eröffnen den hierzu erforderlichen Zugang. [3] Die Darstellung erfolgt einheitlich und hat deutlich zu machen, dass es sich um einen Datenabruf aus dem Originalbestand der Register handelt.

(3) [1] Dem Unternehmensregister unmittelbar zugänglich gemachte Daten können vom Nutzer durch Ausdruck oder als elektronische Datei kopiert werden. [2] Derartige Vervielfältigungen sind mit dem Herkunftsvermerk „Auszug aus dem Unternehmensregister" und dem Tag der Erstellung zu kennzeichnen.

(4) [1] Der Antrag auf Übermittlung einer Kopie von lediglich zur dauerhaften Hinterlegung eingestellten Unterlagen an das Unternehmensregister ist nur nach vorheriger Registrierung möglich. [2] Die Übermittlung erfolgt in elektronischer Form. [3] Die Kopie ist mit dem Herkunftsvermerk „Auszug aus dem Unternehmensregister" und dem Datum, zu dem die Unterlage im Unternehmensregister hinterlegt worden ist, zu versehen.

§ 14[3)] Suche im Register. Das Unternehmensregister erlaubt die Suche nach allen eingestellten Daten sowie über Indexdaten.

§ 15[4)] Dienstleistungen; Zahlungen und Rechnungsstellung. (1) [1] Die mit der Führung des Unternehmensregisters nach § 9a Absatz 1 des Handelsgesetzbuchs beliehene Stelle kann mit den Daten im Sinn des § 1 Absatz 1 Satz 1 mit Ausnahme der zur dauerhaften Hinterlegung eingestellten Unterlagen über diese *Verordnung hinausgehende* weitere entgeltliche Auskunftsdienstleistungen anbieten; insbesondere kann er eine automatisierte Unterrichtung über neu zugänglich

---

[1)] § 13 Abs. 4 angef. mWv 28.12.2012 durch G v. 20.12.2012 (BGBl. I S. 2751); Abs. 4 Satz 1 geänd. mWv 23.7.2015 durch G v. 17.7.2015 (BGBl. I S. 1245); Abs. 1 Satz 2, Abs. 2 Satz 1, Abs. 4 Sätze 1 und 3 geänd. mWv 1.8.2022 durch G v. 5.7.2021 (BGBl. I S. 3338).

[2)] **Habersack, Deutsche Gesetze Nr. 50.**

[3)] § 14 geänd. mWv 1.8.2022 durch G v. 5.7.2021 (BGBl. I S. 3338).

[4)] § 15 Abs. 1 Satz 1 neu gef. mWv 19.4.2017 durch G v. 11.4.2017 (BGBl. I S. 802); Überschrift, Abs. 1 Satz 1 geänd., Satz 2 eingef., bish. Satz 2 wird Satz 3 und geänd. mWv 1.8.2022 durch G v. 5.7. 2021 (BGBl. I S. 3338).

gemachte Daten vorsehen. [2]Die mit der Führung des Unternehmensregisters beliehene Stelle darf den Veröffentlichungs- oder Offenlegungspflichtigen eine Konvertierungsleistung in das nach § 11 Absatz 2 Satz 1 festgelegte Format sowie grafische und gestalterische Dienstleistungen anbieten. [3]Die mit der Führung des Unternehmensregisters beliehene Stelle kann vor der Nutzung von Auskunftsdienstleistungen eine Registrierung nach § 3 verlangen.

(2) [1]Zahlungen können über Kreditkarte, elektronisches Lastschriftverfahren oder einen vergleichbaren vereinbarten Zahlungsweg erfolgen. [2]Der Zahlungsweg kann von einer Registrierung nach § 3 abhängig gemacht werden. [3]Rechnungen oder Quittungen werden in Textform (§ 126b des Bürgerlichen Gesetzbuchs[1)]) übermittelt oder elektronisch angezeigt.

§ 16[2)] Befugnisse der Bundesanstalt für Finanzdienstleistungsaufsicht.

(1) Im Hinblick auf kapitalmarktrechtliche Daten überwacht die Bundesanstalt für Finanzdienstleistungsaufsicht gegenüber der registerführenden Stelle die Einhaltung von Mindestqualitätsnormen in Bezug auf Datensicherheit, Herkunftsgewissheit, Zeitaufzeichnung und leichten Zugang der Endnutzer zu den Daten sowie die Zusammenarbeit mit amtlich bestellten Speicherungssystemen anderer Mitgliedstaaten der Europäischen Union oder anderer Vertragsstaaten des Abkommens über den Europäischen Wirtschaftsraum im Rahmen des Aufbaus eines europaweiten Netzwerks zwischen den Speicherungssystemen.

(2) [1]Soweit dies für die Überwachung nach Absatz 1 erforderlich ist, kann die Bundesanstalt für Finanzdienstleistungsaufsicht von der registerführenden Stelle Auskünfte, die Vorlage von Unterlagen und die Überlassung von Kopien verlangen. [2]Gesetzliche Auskunfts- oder Aussageverweigerungsrechte sowie gesetzliche Verschwiegenheitspflichten bleiben unberührt. [3]Sollte die registerführende Stelle berechtigten Verlangen der Bundesanstalt für Finanzdienstleistungsaufsicht nicht nachkommen, kann diese gegenüber dem Bundesministerium der Justiz und für Verbraucherschutz als der Kontroll- und Aufsichtsbehörde über das Unternehmensregister auf die Erfüllung der bestehenden Pflichten durch die registerführende Stelle und die Beseitigung von Missständen hinwirken.

§ 17 Erstmalige Übermittlung der Indexdaten. Die Landesjustizverwaltungen übermitteln die Indexdaten (§§ 6 bis 8) erstmalig zum 1. Januar 2007.

§ 18[3)] Übergangsvorschrift zum Gesetz zur Umsetzung der Digitalisierungsrichtlinie. [1]Die §§ 1 bis 4, 10 bis 13 und 15 in der ab dem 1. August 2022 geltenden Fassung sind erstmals auf Rechnungslegungsunterlagen und Unternehmensberichte für das nach dem 31. Dezember 2021 beginnende Geschäftsjahr anzuwenden. [2]Die in Satz 1 bezeichneten Vorschriften in der bis einschließlich 31. Juli 2022 geltenden Fassung sind letztmals anzuwenden auf Rechnungslegungsunterlagen und Unternehmensberichte für das vor dem 1. Januar 2022 beginnende Geschäftsjahr.

---

1) **Habersack, Deutsche Gesetze Nr. 20.**

2) § 16 Abs. 2 Satz 3 geänd. mWv 8.9.2015 durch VO v. 31.8.2015 (BGBl. I S. 1474); Abs. 1, 2 Sätze 1 und 3 geänd. mWv 1.8.2022 durch G v. 5.7.2021 (BGBl. I S. 3338).

3) § 18 neu gef. mWv 1.8.2022 durch G v. 5.7.2021 (BGBl. I S. 3338).

51b. Gesetz über das gesellschaftsrechtliche Spruchverfahren (Spruchverfahrensgesetz – SpruchG)[1)]

Vom 12. Juni 2003
(BGBl. I S. 838)

FNA 315-23

Lfd. Nr.	Änderndes Gesetz	Datum	Fundstelle	Betroffen	Hinweis
1.	Art. 5 SE-EinführungsG	22.12. 2004	BGBl. I S. 3675	§§ 1, 3, 4, 5, 6, 14	geänd. mWv 29.12.2004
				§ 6a	eingef. mWv 29.12.2004
2.	Art. 7 SCE-EinführungsG	14.8.2006	BGBl. I S. 1911	§§ 1, 3, 4, 5, 14	geänd. mWv 18.8.2006
				§§ 6b	eingef. mWv 18.8.2006
3.	Art. 12 Abs. 4 G über elektronische Handelsregister und Genossenschaftsregister sowie das Unternehmensregister	10.11. 2006	BGBl. I S. 2553	§ 4	geänd. mWv 1.1 2007
4.	Art. 2 Zweites G zur Änd. des UmwandlungsG	19.4.2007	BGBl. I S. 542	§§ 1, 4, 6a	geänd. mWv 25.4.2007
				§ 6c	eingef. mWv 25.4.2007
5.	Art. 42 FGG-ReformG	17.12. 2008	BGBl. I S. 2586	§§ 2, 7, 10, 12, 15, 17	geänd. mWv 1.9.2009
6.	Art. 2 Abs. 31 G zur Änd. von Vorschriften über Verkündung und Bekanntmachungen sowie der ZPO, des EGZPO und der AO	22.12. 2011	BGBl. I S. 3044	§ 6	geänd. mWv 1.4.2012
7.	Art. 16 Zweites KostenrechtsmodernisierungsG	23.7.2013	BGBl. I S. 2586	§ 15	geänd. mWv 1.8.2013
8.	Art. 3 G zur Umsetzung der UmwandlungsRL und zur Änd. weiterer Gesetze[2)]	22.2.2023	BGBl. 2023 I Nr. 51	§§ 1, 2, 3, 4, 5, 6, 6a, 6b, 11, 12, 13, 16, 17	geänd. mWv 1.3.2023
				§ 6c	neu gef. mWv 1.3.2023
				§§ 5a, 10a, 11a	eingef. mWv 1.3.2023
9.	Art. 1 ZukunftsfinanzierungsG	11.12. 2023	BGBl. 2023 I Nr. 354	§§ 1, 3, 4, 5, 6, 14	geänd. mWv 15.12.2023
				§ 10a	neu gef. mWv 15.12.2023

[1)] Verkündet als Art. 1 SpruchverfahrensneuordnungsG v. 12.6.2003 (BGBl. I S. 838); Inkrafttreten gem. Art. 7 Satz 2 dieses G am 1.9.2003 mit Ausnahme der §§ 2 Abs. 4 und 12 Abs. 3, die gem. Art. 7 Satz 1 SpruchverfahrensneuordnungsG am 18.6.2003 in Kraft getreten sind.

[2)] **Amtl. Anm.:** Die Artikel 1, 2, 3, 7, 8 und 9 dieses Gesetzes dienen der Umsetzung der Richtlinie (EU) 2019/2121 des Europäischen Parlaments und des Rates vom 27. November 2019 zur Änderung der Richtlinie (EU) 2017/1132 in Bezug auf grenzüberschreitende Umwandlungen, Verschmelzungen und Spaltungen (ABl. L 321 vom 12.12.2019, S. 1; L 20 vom 24.1.2020, S. 24).

§ 1[1] Anwendungsbereich. Dieses Gesetz ist anzuwenden auf das gerichtliche Verfahren für die Bestimmung

1. der Ausgleichszahlung oder der zusätzlich zu gewährenden Aktien für Aktionäre bei Kapitalerhöhungen (§ 255 Absatz 4 bis 7 und § 255a des Aktiengesetzes[2]);
2. des Ausgleichs für außenstehende Aktionäre und der Abfindung solcher Aktionäre bei Beherrschungs- und Gewinnabführungsverträgen (§§ 304 und 305 des Aktiengesetzes);
3. der Abfindung von ausgeschiedenen Aktionären bei der Eingliederung von Aktiengesellschaften (§ 320b des Aktiengesetzes);
4. der Barabfindung von Minderheitsaktionären, deren Aktien durch Beschluss der Hauptversammlung auf den Hauptaktionär übertragen worden sind (§§ 327a bis 327f des Aktiengesetzes);
5. der Zuzahlung oder der zusätzlich zu gewährenden Aktien an Anteilsinhaber oder der Barabfindung von Anteilsinhabern (§§ 15, 34, 72a, 125 Absatz 1 Satz 1, §§ 176 bis 181, 184, 186, 196, 212, 305 Absatz 2, §§ 313 320 Absatz 2, §§ 327 und 340 des Umwandlungsgesetzes[3]);
6. der Zuzahlung oder der zusätzlich zu gewährenden Aktien an Anteilsinhaber oder der Barabfindung von Anteilsinhabern bei der Gründung oder Sitzverlegung einer SE (§§ 6, 7, 9, 11 und 12 des SE-Ausführungsgesetzes);
7. der Zuzahlung an Mitglieder bei der Gründung einer Europäischen Genossenschaft (§ 7 des SCE-Ausführungsgesetzes).

§ 2[4] Zuständigkeit. (1) Zuständig ist das Landgericht, in dessen Bezirk der Rechtsträger, dessen Anteilsinhaber antragsberechtigt sind, seinen Sitz hat oder hatte.

(2) [1] Sind nach Absatz 1 mehrere Gerichte zuständig oder sind bei verschiedenen Landgerichten Spruchverfahren anhängig, die in einem sachlichen Zusammenhang stehen, so ist das Gericht zuständig, das zuerst mit der Angelegenheit befasst ist. [2] Besteht Streit oder Ungewissheit über das zuständige Gericht nach Satz 1, so ist § 5 des Gesetzes über das Verfahren in Familiensachen und in den Angelegenheiten der freiwilligen Gerichtsbarkeit[5] entsprechend anzuwenden.

(3) Ist bei dem Landgericht eine Kammer für Handelssachen gebildet, so entscheidet diese anstelle der Zivilkammer.

(4) Die Länder können vereinbaren, dass Entscheidungen in Verfahren nach diesem Gesetz für mehrere Länder den Landgerichten eines Landes zugewiesen werden.

(5) [1] Der Vorsitzende einer Kammer für Handelssachen entscheidet

1. über die Abgabe von Verfahren;
2. im Zusammenhang mit öffentlichen Bekanntmachungen;
3. *über Fragen, welche die Zulässigkeit* des Antrags betreffen.

---

[1] § 1 Nr. 6 angef. mWv 18.8.2006 durch G v. 14.8.2006 (BGBl. I S. 1911); Nr. 4 und 5 neu gef. mWv 1.3.2023 durch G v. 22.2.2023 (BGBl. 2023 I Nr. 51); Nr. 1 eingef., bish. Nr. 1–6 werden Nr. 2–7 mWv 15.12.2023 durch G v. 11.12.2023 (BGBl. 2023 I Nr. 354).

[2] **Habersack, Deutsche Gesetze Nr. 51.**

[3] **Habersack, Deutsche Gesetze Nr. 52a.**

[4] § 2 Abs. 2 und 4 aufgeh., bish. Abs. 3 wird Abs. 2 mWv 1.9.2009 durch G v. 17.12.2008 (BGBl. I S. 2586); Abs. 1 Satz 1 geänd., Sätze 2 und 3 aufgeh., Abs. 2–4 eingef., bish. Abs. 2 wird Abs. 5 mWv 1.3.2023 durch G v. 22.2.2023 (BGBl. 2023 I Nr. 51).

[5] **Habersack, Deutsche Gesetze Nr. 112.**

4. über alle vorbereitenden Maßnahmen für die Beweisaufnahme und in den Fällen des § 7;
5. in den Fällen des § 6;
6. über Geschäftswert, Kosten, Gebühren und Auslagen;
7. über die einstweilige Einstellung der Zwangsvollstreckung;
8. über die Verbindung von Verfahren.

[2] Im Einverständnis der Beteiligten kann der Vorsitzende auch im Übrigen an Stelle der Kammer entscheiden.

§ 3[1)] Antragsberechtigung. [1] Antragsberechtigt für Verfahren nach § 1 ist in den Fällen
1. der Nummer 1 jeder Aktionär, dessen Bezugsrecht ganz oder teilweise ausgeschlossen worden ist;
2. der Nummer 2 jeder außenstehende Aktionär;
3. der Nummern 3 und 4 jeder ausgeschiedene Aktionär;
4. der Nummer 5 jeder in den dort angeführten Vorschriften des Umwandlungsgesetzes[2)] bezeichnete Anteilsinhaber;
5. der Nummer 6 jeder in den dort angeführten Vorschriften des SE-Ausführungsgesetzes bezeichnete Anteilsinhaber;
6. der Nummer 7 jedes in der dort angeführten Vorschrift des SCE-Ausführungsgesetzes bezeichnete Mitglied.

[2] In den Fällen der Nummern 1, 2, 4, 5 und 6 ist die Antragsberechtigung nur gegeben, wenn der Antragsteller zum Zeitpunkt der Antragstellung Anteilsinhaber ist; dies gilt nicht für die Bestimmung der Barabfindung bei grenzüberschreitenden Umwandlungen (§§ 313, 327 und 340 des Umwandlungsgesetzes) gemäß § 1 Nummer 4. [3] Die Stellung als Aktionär ist dem Gericht ausschließlich durch Urkunden nachzuweisen.

§ 4[3)] Antragsfrist und Antragsbegründung. (1) [1] Der Antrag auf gerichtliche Entscheidung in einem Verfahren nach § 1 kann nur binnen drei Monaten seit dem Tag gestellt werden, an dem in den Fällen
1. der Nummer 1 die Eintragung der Durchführung der Kapitalerhöhung;
2. der Nummer 2 der Unternehmensvertrag oder seine Änderung;
3. der Nummer 3 die Eingliederung;
4. der Nummer 4 der Übergang aller Aktien der Minderheitsaktionäre auf den Hauptaktionär;
5. der Nummer 5 die Umwandlung;
6. der Nummer 6 die Gründung oder Sitzverlegung der SE oder
7. der Nummer 7 die Gründung der Europäischen Genossenschaft

[1)] § 3 Satz 1 Nr. 3 geänd., Nr. 4 angef., Satz 2 neu gef. mWv 29.12.2004 durch G v. 22.12.2004 (BGBl. I S. 3675); Satz 1 Nr. 4 und Satz 2 geänd., Satz 1 Nr. 5 angef. mWv 18.8.2006 durch G v. 14.8. 2006 (BGBl. I S. 1911); Satz 2 geänd. mWv 1.3.2023 durch G v. 22.2.2023 (BGBl. 2023 I Nr. 51); Satz 1 Nr. 1 eingef., bish. Nr. 1–5 werden Nr. 2–6 und jeweils geänd., Satz 2 geänd. mWv 15.12.2023 durch G v. 11.12.2023 (BGBl. 2023 I Nr. 354).

[2)] ***Habersack, Deutsche Gesetze Nr. 52a.***

[3)] § 4 Abs. 2 Nr. 4 geänd. mWv 29.12.2004 durch G v. 22.12.2004 (BGBl. I S. 3675); Abs. 1 Satz 1 neu gef., Satz 2 geänd., Satz 3 angef. mWv 1.3.2023 durch G v. 22.2.2023 (BGBl. 2023 I Nr. 51); Abs. 1 Satz 1 Nr. 1 eingef., bish. Nr. 1–6 werden Nr. 2–7 und jeweils geänd. mWv 15.12.2023 durch G v. 11.12.2023 (BGBl. 2023 I Nr. 354).

wirksam geworden ist. [2]Die Frist wird in den Fällen des § 2 Absatz 2 durch Einreichung bei jedem zunächst zuständigen Gericht gewahrt. [3]Die Frist wird auch dann gewahrt, wenn der Antrag bei einem sachlich oder örtlich unzuständigen Gericht eingereicht wird.

(2) [1]Der Antragsteller muss den Antrag innerhalb der Frist nach Absatz 1 begründen. [2]Die Antragsbegründung hat zu enthalten:

1. die Bezeichnung des Antragsgegners;
2. die Darlegung der Antragsberechtigung nach § 3;
3. Angaben zur Art der Strukturmaßnahme und der vom Gericht zu bestimmenden Kompensation nach § 1;
4. konkrete Einwendungen gegen die Angemessenheit der Kompensation nach § 1 oder gegebenenfalls gegen den als Grundlage für die Kompensation ermittelten Unternehmenswert, soweit hierzu Angaben in den in § 7 Abs. 3 genannten Unterlagen enthalten sind. Macht der Antragsteller glaubhaft, dass er im Zeitpunkt der Antragstellung aus Gründen, die er nicht zu vertreten hat, über diese Unterlagen nicht verfügt, so kann auf Antrag die Frist zur Begründung angemessen verlängert werden, wenn er gleichzeitig Abschrifterteilung gemäß § 7 Abs. 3 verlangt.

[3]Aus der Antragsbegründung soll sich außerdem die Zahl der von dem Antragsteller gehaltenen Anteile ergeben.

§ 5[1)] Antragsgegner. [1]Der Antrag auf gerichtliche Entscheidung in einem Verfahren nach § 1 ist in den Fällen

1. der Nummer 1 gegen die Gesellschaft, deren Kapital erhöht worden ist;
2. der Nummer 2 gegen den anderen Vertragsteil des Unternehmensvertrags;
3. der Nummer 3 gegen die Hauptgesellschaft;
4. der Nummer 4 gegen den Hauptaktionär;
5. der Nummer 5 gegen die übernehmenden oder neuen Rechtsträger oder gegen den Rechtsträger neuer Rechtsform;
6. der Nummer 6 gegen die SE, aber im Fall des § 9 des SE-Ausführungsgesetzes gegen die die Gründung anstrebende Gesellschaft;
7. der Nummer 7 gegen die Europäische Genossenschaft

zu richten. [2]In den Fällen des § 1 Nummer 1 ist auf Antrag der Gesellschaft der neue Aktionär als Beteiligter hinzuzuziehen. [3]In den Fällen des Satzes 1 Nummer 5 kann bei einer Abspaltung ein Antrag auf Bestimmung der Barabfindung wahlweise auch gegen den übertragenden Rechtsträger gerichtet werden.

§ 5a[2)] Vertretung durch einen Rechtsanwalt. [1]Vor den Landgerichten, den Oberlandesgerichten und einem Obersten Landesgericht müssen sich die Beteiligten durch einen Rechtsanwalt vertreten lassen. [2]Vor dem Bundesgerichtshof müssen sich die Beteiligten durch einen bei dem Bundesgerichtshof zugelassenen Rechtsanwalt vertreten lassen. [3]Satz 1 ist auf den gemeinsamen Vertreter nicht anzuwenden.

[1)] § 5 Nr. 4 geänd., Nr. 5 angef. mWv 29.12.2004 durch G v. 22.12.2004 (BGBl. I S. 3675); Nr. 5 geänd., Nr. 6 angef. mWv 18.8.2006 durch G v. 14.8.2006 (BGBl. I S. 1911); Satz 2 angef. mWv 1.3. 2023 durch G v. 22.2.2023 (BGBl. 2023 I Nr. 51); Satz 1 Nr. 1 eingef., bish. Nr. 1–6 werden Nr. 2–7 und jeweils geänd., Satz 2 eingef., bish. Satz 2 wird Satz 3 und geänd. mWv 15.12.2023 durch G v. 11.12.2023 (BGBl. 2023 I Nr. 354).

[2)] § 5a eingef. mWv 1.3.2023 durch G v. 22.2.2023 (BGBl. 2023 I Nr. 51).

§ 6[1)] Gemeinsamer Vertreter. (1) [1] Das Gericht hat den Antragsberechtigten, die nicht selbst Antragsteller sind, zur Wahrung ihrer Rechte frühzeitig einen Rechtsanwalt als gemeinsamen Vertreter zu bestellen; dieser hat die Stellung eines gesetzlichen Vertreters. [2] Werden die Festsetzung des angemessenen Ausgleichs und die Festsetzung der angemessenen Abfindung beantragt, so hat es für jeden Antrag einen gemeinsamen Vertreter zu bestellen, wenn aufgrund der konkreten Umstände davon auszugehen ist, dass die Wahrung der Rechte aller betroffenen Antragsberechtigten durch einen einzigen gemeinsamen Vertreter nicht sichergestellt ist. [3] Die Bestellung eines gemeinsamen Vertreters kann vollständig unterbleiben, wenn die Wahrung der Rechte der Antragsberechtigten auf andere Weise sichergestellt ist. [4] Das Gericht hat die Bestellung des gemeinsamen Vertreters im Bundesanzeiger bekannt zu machen. [5] Wenn in den Fällen des § 1 Nr. 1 bis 4 die Satzung der Gesellschaft, deren außenstehende oder ausgeschiedene Aktionäre antragsberechtigt sind, oder in den Fällen des § 1 Nr. 5 der Gesellschaftsvertrag, der Partnerschaftsvertrag, die Satzung oder das Statut des übertragenden, übernehmenden oder formwechselnden Rechtsträgers noch andere Blätter oder elektronische Informationsmedien für die öffentlichen Bekanntmachungen bestimmt hatte, so hat es die Bestellung auch dort bekannt zu machen.

(2) [1] Der gemeinsame Vertreter kann von dem Antragsgegner in entsprechender Anwendung des Rechtsanwaltsvergütungsgesetzes[2)] den Ersatz seiner Auslagen und eine Vergütung für seine Tätigkeit verlangen; mehrere Antragsgegner haften als Gesamtschuldner. [2] Die Auslagen und die Vergütung setzt das Gericht fest. [3] Gegenstandswert ist der für die Gerichtsgebühren maßgebliche Geschäftswert. [4] Das Gericht kann den Zahlungsverpflichteten auf Verlangen des Vertreters die Leistung von Vorschüssen aufgeben. [5] Aus der Festsetzung findet die Zwangsvollstreckung nach der Zivilprozessordnung[3)] statt.

(3) [1] Der gemeinsame Vertreter kann das Verfahren auch nach Rücknahme eines Antrags fortführen. [2] Er steht in diesem Falle einem Antragsteller gleich.

§ 6a[4)] Gemeinsamer Vertreter bei Gründung einer SE. [1] Wird bei der Gründung einer SE durch Verschmelzung oder bei der Gründung einer Holding-SE nach dem Verfahren der Verordnung (EG) Nr. 2157/2001 des Rates vom 8. Oktober 2001 über das Statut der Europäischen Gesellschaft (SE) (ABl. EG Nr. L 294 S. 1) gemäß den Vorschriften des SE-Ausführungsgesetzes ein Antrag auf Bestimmung einer Zuzahlung, zusätzlichen Gewährung von Aktien oder Barabfindung gestellt, bestellt das Gericht auf Antrag eines oder mehrerer Anteilsinhaber einer sich verschmelzenden oder die Gründung einer SE anstrebenden Gesellschaft, die selbst nicht antragsberechtigt sind, zur Wahrung ihrer Interessen einen Rechtsanwalt als gemeinsamen Vertreter, der am Spruchverfahren beteiligt ist. [2] § 6 Abs. 1 Satz 4 und Abs. 2 gilt entsprechend.

[1)] § 6 Abs. 1 Satz 5 und Abs. 2 Satz 1 geänd. mWv 29.12.2004 durch G v. 22.12.2004 (BGBl. I S. 3675); Abs. 1 Satz 4 geänd. mWv 1.4.2012 durch G v. 22.12.2011 (BGBl. I S. 3044); Abs. 1 Sätze 1 und 5 geänd. mWv 1.3.2023 durch G v. 22.2.2023 (BGBl. 2023 I Nr. 51); Abs. 1 Satz 5 geänd. mWv 15.12.2023 durch G v. 11.12.2023 (BGBl. 2023 I Nr. 354).

[2)] ***Habersack,* Deutsche Gesetze Nr. 117.**

[3)] **Habersack, Deutsche Gesetze Nr. 100.**

[4)] § 6a eingef. mWv 29.12.2004 durch G v. 22.12.2004 (BGBl. I S. 3675); Satz 1 geänd. mWv 25.4.2007 durch G v. 19.4.2007 (BGBl. I S. 542); Satz 1 geänd. mWv 1.3.2023 durch G v. 22.2.2023 (BGBl. 2023 I Nr. 51).

§ 6b[1]) Gemeinsamer Vertreter bei Gründung einer Europäischen Genossenschaft. [1] Wird bei der Gründung einer Europäischen Genossenschaft durch Verschmelzung nach dem Verfahren der Verordnung (EG) Nr. 1435/2003 des Rates vom 22. Juli 2003 über das Statut der Europäischen Genossenschaft (SCE) (ABl. EU Nr. L 207 S. 1) nach den Vorschriften des SCE-Ausführungsgesetzes ein Antrag auf Bestimmung einer baren Zuzahlung gestellt, bestellt das Gericht auf Antrag eines oder mehrerer Mitglieder einer sich verschmelzenden Genossenschaft, die selbst nicht antragsberechtigt sind, zur Wahrung ihrer Interessen einen Rechtsanwalt als gemeinsamen Vertreter, der am Spruchverfahren beteiligt ist. [2] § 6 Abs. 1 Satz 4 und Abs. 2 gilt entsprechend.

§ 6c[2]) Grenzüberschreitende Umwandlungen. (1) [1] Wird bei einer grenzüberschreitenden Umwandlung (§§ 305, 320 und 333 des Umwandlungsgesetzes[3])) ein Antrag auf Bestimmung einer Zuzahlung, zusätzlich zu gewährender Aktien oder einer Barabfindung gestellt, so bestellt das Gericht auf Antrag eines oder mehrerer Anteilsinhaber einer beteiligten Gesellschaft, die selbst nicht antragsberechtigt sind, zur Wahrung ihrer Interessen einen Rechtsanwalt als gemeinsamen Vertreter, der am Spruchverfahren beteiligt ist. [2] § 6 Absatz 1 Satz 4 und Absatz 2 gilt entsprechend.

(2) [1] Wird bei einer grenzüberschreitenden Umwandlung ein Antrag auf Bestimmung einer Zuzahlung oder zusätzlich zu gewährender Aktien gestellt, so soll das Gericht mit jeder Stelle, die nach dem Recht eines anderen Mitgliedstaats der Europäischen Union oder eines anderen Vertragsstaats des Abkommens über den Europäischen Wirtschaftsraum, dem eine andere an der grenzüberschreitenden Umwandlung beteiligte Gesellschaft unterliegt, und die für einen Antrag auf Bestimmung einer Zuzahlung oder zusätzlich zu gewährender Anteile zuständig ist, zusammenarbeiten. [2] Ist anlässlich der grenzüberschreitenden Umwandlung vor der zuständigen ausländischen Behörde oder Stelle ein Verfahren nach Satz 1 eingeleitet worden, so kann das Gericht insbesondere

1. Informationen austauschen und
2. nach Maßgabe des § 404 der Zivilprozessordnung[4]) dieselbe Person als Sachverständigen bestimmen.

§ 7[5]) Vorbereitung der mündlichen Verhandlung. (1) Das Gericht stellt dem Antragsgegner und dem gemeinsamen Vertreter die Anträge der Antragsteller unverzüglich zu.

(2) [1] Das Gericht fordert den Antragsgegner zugleich zu einer schriftlichen Erwiderung auf. [2] Darin hat der Antragsgegner insbesondere zur Höhe des Ausgleichs, der Zuzahlung oder der Barabfindung oder sonstigen Abfindung Stellung zu nehmen. [3] Für die Stellungnahme setzt das Gericht eine Frist, die mindestens einen Monat beträgt und drei Monate nicht überschreiten soll.

(3) [1] Außerdem hat der Antragsgegner den Bericht über den Unternehmensvertrag, den Eingliederungsbericht, den Bericht über die Übertragung der Aktien auf den Hauptaktionär oder den Umwandlungsbericht nach Zustellung der An-

---

[1]) § 6b eingef. mWv 18.8.2006 durch G v. 14.8.2006 (BGBl. I S. 1911); Satz 1 geänd. mWv 1.3.2023 durch G v. 22.2.2023 (BGBl. 2023 I Nr. 51).

[2]) § 6c neu gef. mWv 1.3.2023 durch G v. 22.2.2023 (BGBl. 2023 I Nr. 51).

[3]) **Habersack, Deutsche Gesetze Nr. 52a.**

[4]) **Habersack, Deutsche Gesetze Nr. 100.**

[5]) § 7 Abs. 8 neu gef. mWv 1.9.2009 durch G v. 17.12.2008 (BGBl. I S. 2586).

träge bei Gericht einzureichen. [2] In den Fällen, in denen der Beherrschungs- oder Gewinnabführungsvertrag, die Eingliederung, die Übertragung der Aktien auf den Hauptaktionär oder die Umwandlung durch sachverständige Prüfer geprüft worden ist, ist auch der jeweilige Prüfungsbericht einzureichen. [3] Auf Verlangen des Antragstellers oder des gemeinsamen Vertreters gibt das Gericht dem Antragsgegner auf, dem Antragsteller oder dem gemeinsamen Vertreter unverzüglich und kostenlos eine Abschrift der genannten Unterlagen zu erteilen.

(4) [1] Die Stellungnahme nach Absatz 2 wird dem Antragsteller und dem gemeinsamen Vertreter zugeleitet. [2] Sie haben Einwendungen gegen die Erwiderung und die in Absatz 3 genannten Unterlagen binnen einer vom Gericht gesetzten Frist, die mindestens einen Monat beträgt und drei Monate nicht überschreiten soll, schriftlich vorzubringen.

(5) [1] Das Gericht kann weitere vorbereitende Maßnahmen erlassen. [2] Es kann den Beteiligten die Ergänzung oder Erläuterung ihres schriftlichen Vorbringens sowie die Vorlage von Aufzeichnungen aufgeben, insbesondere eine Frist zur Erklärung über bestimmte klärungsbedürftige Punkte setzen. [3] In jeder Lage des Verfahrens ist darauf hinzuwirken, dass sich die Beteiligten rechtzeitig und vollständig erklären. [4] Die Beteiligten sind von jeder Anordnung zu benachrichtigen.

(6) Das Gericht kann bereits vor dem ersten Termin eine Beweisaufnahme durch Sachverständige zur Klärung von Vorfragen, insbesondere zu Art und Umfang einer folgenden Beweisaufnahme, für die Vorbereitung der mündlichen Verhandlung anordnen oder dazu eine schriftliche Stellungnahme des sachverständigen Prüfers einholen.

(7) [1] Sonstige Unterlagen, die für die Entscheidung des Gerichts erheblich sind, hat der Antragsgegner auf Verlangen des Antragstellers oder des Vorsitzenden dem Gericht und gegebenenfalls einem vom Gericht bestellten Sachverständigen unverzüglich vorzulegen. [2] Der Vorsitzende kann auf Antrag des Antragsgegners anordnen, dass solche Unterlagen den Antragstellern nicht zugänglich gemacht werden dürfen, wenn die Geheimhaltung aus wichtigen Gründen, insbesondere zur Wahrung von Fabrikations-, Betriebs- oder Geschäftsgeheimnissen, nach Abwägung mit den Interessen der Antragsteller, sich zu den Unterlagen äußern zu können, geboten ist. [3] Gegen die Entscheidung des Vorsitzenden kann das Gericht angerufen werden; dessen Entscheidung ist nicht anfechtbar.

(8) Für die Durchsetzung der Verpflichtung des Antragsgegners nach Absatz 3 und 7 ist § 35 des Gesetzes über das Verfahren in Familiensachen und in den Angelegenheiten der freiwilligen Gerichtsbarkeit[1)] entsprechend anzuwenden.

§ 8 Mündliche Verhandlung. (1) [1] Das Gericht soll aufgrund mündlicher Verhandlung entscheiden. [2] Sie soll so früh wie möglich stattfinden.

(2) [1] In den Fällen des § 7 Abs. 3 Satz 2 soll das Gericht das persönliche Erscheinen der sachverständigen Prüfer anordnen, wenn nicht nach seiner freien Überzeugung deren Anhörung als sachverständige Zeugen zur Aufklärung des Sachverhalts entbehrlich erscheint. [2] Den sachverständigen Prüfern sind mit der Ladung die Anträge der Antragsteller, die Erwiderung des Antragsgegners sowie das weitere schriftliche Vorbringen der Beteiligten mitzuteilen. [3] In geeigneten Fällen kann das Gericht die mündliche oder schriftliche Beantwortung von einzelnen Fragen durch den sachverständigen Prüfer anordnen.

[1)] **Habersack, Deutsche Gesetze Nr. 112.**

(3) Die §§ 138 und 139 sowie für die Durchführung der mündlichen Verhandlung § 279 Abs. 2 und 3 und § 283 der Zivilprozessordnung[1] gelten entsprechend.

§ 9 Verfahrensförderungspflicht. (1) Jeder Beteiligte hat in der mündlichen Verhandlung und bei deren schriftlicher Vorbereitung seine Anträge sowie sein weiteres Vorbringen so zeitig vorzubringen, wie es nach der Verfahrenslage einer sorgfältigen und auf Förderung des Verfahrens bedachten Verfahrensführung entspricht.

(2) Vorbringen, auf das andere Beteiligte oder in den Fällen des § 8 Abs. 2 die in der mündlichen Verhandlung anwesenden sachverständigen Prüfer voraussichtlich ohne vorhergehende Erkundigung keine Erklärungen abgeben können, ist vor der mündlichen Verhandlung durch vorbereitenden Schriftsatz so zeitig mitzuteilen, dass die Genannten die erforderliche Erkundigung noch einziehen können.

(3) Rügen, welche die Zulässigkeit der Anträge betreffen, hat der Antragsgegner innerhalb der ihm nach § 7 Abs. 2 gesetzten Frist geltend zu machen.

§ 10[2] Verletzung der Verfahrensförderungspflicht. (1) Stellungnahmen oder Einwendungen, die erst nach Ablauf einer hierfür gesetzten Frist (§ 7 Abs. 2 Satz 3, Abs. 4) vorgebracht werden, sind nur zuzulassen, wenn nach der freien Überzeugung des Gerichts ihre Zulassung die Erledigung des Rechtsstreits nicht verzögern würde oder wenn der Beteiligte die Verspätung entschuldigt.

(2) Vorbringen, das entgegen § 9 Abs. 1 oder 2 nicht rechtzeitig erfolgt, kann zurückgewiesen werden, wenn die Zulassung nach der freien Überzeugung des Gerichts die Erledigung des Verfahrens verzögern würde und die Verspätung nicht entschuldigt wird.

(3) § 26 des Gesetzes über das Verfahren in Familiensachen und in den Angelegenheiten der freiwilligen Gerichtsbarkeit[3] ist insoweit nicht anzuwenden.

(4) Verspätete Rügen, die die Zulässigkeit der Anträge betreffen und nicht von Amts wegen zu berücksichtigen sind, sind nur zuzulassen, wenn der Beteiligte die Verspätung genügend entschuldigt.

§ 10a[4] Gewährung zusätzlicher Aktien. (1) Soweit gemäß § 72a des Umwandlungsgesetzes[5] oder § 255a des Aktiengesetzes[6] zusätzliche Aktien zu gewähren sind, bestimmt das Gericht

1. in den Fällen des § 72a Absatz 1 und 2 Satz 1 des Umwandlungsgesetzes unter Zugrundelegung des angemessenen Umtauschverhältnisses oder des § 255a Absatz 1 und 2 Satz 1 des Aktiengesetzes unter Zugrundelegung der angemessenen Einlage
   a) den zusätzlich zu gewährenden Nennbetrag oder bei Stückaktien die Zahl der zusätzlich zu gewährenden Aktien und
   b) den dem Zinsanspruch gemäß § 72a Absatz 6 Satz 1 Nummer 1 des Umwandlungsgesetzes oder § 255 Absatz 6 Satz 1 in Verbindung mit § 255a Absatz 6 des Aktiengesetzes zugrunde zu legenden Ausgleichsbetrag,

---

[1] **Habersack, Deutsche Gesetze Nr. 100.**
[2] § 10 Abs. 3 geänd. mWv 1.9.2009 durch G v. 17.12.2008 (BGBl. I S. 2586).
[3] **Habersack, Deutsche Gesetze Nr. 112.**
[4] § 10a neu gef. mWv 15.12.2023 durch G v. 11.12.2023 (BGBl. 2023 I Nr. 354).
[5] **Habersack, Deutsche Gesetze Nr. 52a.**
[6] **Habersack, Deutsche Gesetze Nr. 51.**

2. im Fall des § 72a Absatz 2 Satz 2 des Umwandlungsgesetzes oder des § 255a Absatz 2 Satz 2 des Aktiengesetzes die Höhe des nachträglich einzuräumenden Bezugsrechts,
3. in den Fällen des § 72a Absatz 3 des Umwandlungsgesetzes oder des § 255a Absatz 3 des Aktiengesetzes die Höhe der baren Zuzahlung und
4. in den Fällen des § 72a Absatz 4 und 5 des Umwandlungsgesetzes oder des § 255a Absatz 4 und 5 des Aktiengesetzes die Höhe der Entschädigung in Geld.

(2) [1] In den Fällen des § 72a Absatz 1 Satz 2 des Umwandlungsgesetzes oder des § 255a Absatz 1 Satz 2 des Aktiengesetzes hat das Gericht den zusätzlich zu gewährenden Nennbetrag oder bei Stückaktien die Zahl der zusätzlich zu gewährenden Aktien unter Zugrundelegung des Umtauschverhältnisses des nachfolgenden Umwandlungsvorgangs zu bestimmen. [2] Antragsgegner ist die Gesellschaft, auf die die Pflicht zur Gewährung zusätzlicher Aktien übergegangen ist.

(3) Die Absätze 1 und 2 gelten für die Gewährung zusätzlicher Aktien gemäß § 248a des Umwandlungsgesetzes entsprechend.

§ 11[1)] Gerichtliche Entscheidung; Gütliche Einigung. (1) Das Gericht entscheidet durch einen mit Gründen versehenen Beschluss.

(2) [1] Das Gericht soll in jeder Lage des Verfahrens auf eine gütliche Einigung bedacht sein. [2] Kommt eine solche Einigung aller Beteiligten zustande, so ist hierüber eine Niederschrift aufzunehmen; die Vorschriften, die für die Niederschrift über einen Vergleich in bürgerlichen Rechtsstreitigkeiten gelten, sind entsprechend anzuwenden. [3] Die Vollstreckung richtet sich nach den Vorschriften der Zivilprozessordnung[2)].

(3) Das Gericht hat seine Entscheidung oder die Niederschrift über einen Vergleich den Beteiligten zuzustellen.

(4) [1] Ein gerichtlicher Vergleich kann auch dadurch geschlossen werden, dass die Beteiligten

1. dem Gericht einen schriftlichen Vergleichsvorschlag unterbreiten oder
2. einen schriftlichen oder zu Protokoll der mündlichen Verhandlung erklärten Vergleichsvorschlag des Gerichts durch Schriftsatz oder durch Erklärung zu Protokoll der mündlichen Verhandlung gegenüber dem Gericht annehmen.

[2] Das Gericht stellt das Zustandekommen und den Inhalt eines nach Satz 1 geschlossenen Vergleichs durch Beschluss fest. [3] § 164 der Zivilprozessordnung gilt entsprechend. [4] Der Beschluss ist den Beteiligten zuzustellen.

§ 11a[3)] Ermittlung der Kompensation durch das Gericht. Einigen sich der Antragsgegner, die gemeinsamen Vertreter und eine Mehrheit von Antragstellern, die mindestens 90 Prozent des von sämtlichen Antragstellern gehaltenen Grund- oder Stammkapitals umfasst, auf eine bestimmte Kompensation, so kann das Gericht deren Höhe im Rahmen seiner Schätzung berücksichtigen.

§ 12[4)] Beschwerde. (1) [1] Gegen die Entscheidungen nach § 11 findet die Beschwerde statt. [2] Sie ist durch Einreichung einer Beschwerdeschrift bei dem Be-

---

[1)] *§ 11 Abs. 4 Satz 1 neu gef.* mWv 1.3.2023 durch G v. 22.2.2023 (BGBl. 2023 I Nr. 51).
[2)] **Habersack, Deutsche Gesetze Nr. 100.**
[3)] § 11a eingef. mWv 1.3.2023 durch G v. 22.2.2023 (BGBl. 2023 I Nr. 51).
[4)] § 12 Überschrift geänd., Abs. 2 aufgeh., bish. Abs. 3 wird Abs. 2 mWv 1.9.2009 durch G v. 17.12. 2008 (BGBl. I S. 2586); Abs. 1 neu gef. mWv 1.3.2023 durch G v. 22.2.2023 (BGBl. 2023 I Nr. 51).

schwerdegericht einzulegen; § 68 Absatz 1 des Gesetzes über das Verfahren in Familiensachen und in den Angelegenheiten der freiwilligen Gerichtsbarkeit[1] ist nicht anzuwenden. [3]Die Beschwerde ist zu begründen.

(2) [1]Die Landesregierung kann die Entscheidung über die Beschwerde durch Rechtsverordnung für die Bezirke mehrerer Oberlandesgerichte einem der Oberlandesgerichte oder dem Obersten Landesgericht übertragen, wenn dies zur Sicherung einer einheitlichen Rechtsprechung dient. [2]Die Landesregierung kann die Ermächtigung auf die Landesjustizverwaltung übertragen.

§ 13[2] **Wirkung der Entscheidung.** [1]Die Entscheidung wird erst mit der Rechtskraft wirksam. [2]Sie wirkt für und gegen alle, einschließlich derjenigen Anteilsinhaber, die bereits gegen die ursprünglich angebotene Barabfindung oder sonstige Abfindung aus dem betroffenen Rechtsträger ausgeschieden sind. [3]Ein Vergleich bleibt unberührt, auch wenn er vom gemeinsamen Vertreter geschlossen wurde.

§ 14[3] **Bekanntmachung der Entscheidung.** Die rechtskräftige Entscheidung in einem Verfahren nach § 1 ist ohne Gründe nach Maßgabe des § 6 Abs. 1 Satz 4 und 5 in den Fällen

1. der Nummer 1 durch den Vorstand der Gesellschaft, deren Kapital erhöht worden ist;
2. der Nummer 2 durch den Vorstand der Gesellschaft, deren außenstehende Aktionäre antragsberechtigt waren;
3. der Nummer 3 durch den Vorstand der Hauptgesellschaft;
4. der Nummer 4 durch den Hauptaktionär der Gesellschaft;
5. der Nummer 5 durch die gesetzlichen Vertreter jedes übernehmenden oder neuen Rechtsträgers oder des Rechtsträgers neuer Rechtsform;
6. der Nummer 6 durch die gesetzlichen Vertreter der SE, aber im Fall des § 9 des SE-Ausführungsgesetzes durch die gesetzlichen Vertreter der die Gründung anstrebenden Gesellschaft, und
7. der Nummer 7 durch die gesetzlichen Vertreter der Europäischen Genossenschaft

bekannt zu machen.

§ 15[4] **Kosten.** (1) Die Gerichtskosten können ganz oder zum Teil den Antragstellern auferlegt werden, wenn dies der Billigkeit entspricht.

(2) Das Gericht ordnet an, dass die Kosten der Antragsteller, die zur zweckentsprechenden Erledigung der Angelegenheit notwendig waren, ganz oder zum Teil vom Antragsgegner zu erstatten sind, wenn dies unter Berücksichtigung des Ausgangs des Verfahrens der Billigkeit entspricht.

---

[1] **Habersack, Deutsche Gesetze Nr. 112.**

[2] § 13 Satz 3 angef. mWv 1.3.2023 durch G v. 22.2.2023 (BGBl. 2023 I Nr. 51).

[3] § 14 Nr. 3 und 4 geänd., Nr. 5 angef. mWv 29.12.2004 durch G v. 22.12.2004 (BGBl. I S. 3675); Nr. 4 und 5 geänd., Nr. 6 angef. mWv 18.8.2006 durch G v. 14.8.2006 (BGBl. I S. 1911); Nr. 1 eingef., bish. Nr. 1–6 werden Nr. 2–7 und jeweils geänd. mWv 15.12.2023 durch G v. 11.12.2023 (BGBl. 2023 I Nr. 354).

[4] § 15 Abs. 1 neu gef., Abs. 2 und 3 aufgeh., bish. Abs. 4 wird Abs. 2 mWv 1.8.2013 durch G v. 23.7.2013 (BGBl. I S. 2586).

§ 16[1] Zuständigkeit bei Leistungsklage. Für Klagen auf Leistung des Ausgleichs, der Zuzahlung, zusätzlich zu gewährenden Aktien oder der Abfindung, die im Spruchverfahren bestimmt worden sind, ist das Gericht des ersten Rechtszuges und der gleiche Spruchkörper ausschließlich zuständig, der gemäß § 2 mit dem Verfahren zuletzt inhaltlich befasst war.

§ 17[2] Allgemeine Bestimmungen; Übergangsvorschrift. (1) Sofern in diesem Gesetz nichts anderes bestimmt ist, finden auf das Verfahren die Vorschriften des Gesetzes über das Verfahren in Familiensachen und in den Angelegenheiten der freiwilligen Gerichtsbarkeit[3] Anwendung.

(2) [1] Für Verfahren, in denen ein Antrag auf gerichtliche Entscheidung vor dem 1. September 2003 gestellt worden ist, sind weiter die entsprechenden bis zu diesem Tag geltenden Vorschriften des Aktiengesetzes[4] und des Umwandlungsgesetzes[5] anzuwenden. [2] Auf Beschwerdeverfahren, in denen die Beschwerde nach dem 1. September 2003 eingelegt wird, sind die Vorschriften dieses Gesetzes anzuwenden.

(3) Die Änderungen der §§ 1 bis 6c, 10a bis 13, 16 und 17 durch das Gesetz zur Umsetzung der Umwandlungsrichtlinie und zur Änderung weiterer Gesetze vom 22. Februar 2023 (BGBl. 2023 I Nr. 51) sind erstmals auf Spruchverfahren anzuwenden, in denen ein Antrag auf gerichtliche Entscheidung ab dem 31. Januar 2023 gestellt wurde.

---

[1] § 16 geänd. mWv 1.3.2023 durch G v. 22.2.2023 (BGBl. 2023 I Nr. 51).

[2] § 17 Abs. 1 geänd. mWv 1.9.2009 durch G v. 17.12.2008 (BGBl. I S. 2586); Abs. 3 angef. mWv 1.3. 2023 durch G v. 22.2.2023 (BGBl. 2023 I Nr. 51).

[3] **Habersack, Deutsche Gesetze Nr. 112.**

[4] **Habersack, Deutsche Gesetze Nr. 51.**

[5] **Habersack, Deutsche Gesetze Nr. 52a.**

52c. Gesetz zur Beschleunigung und Vereinfachung des Erwerbs von Anteilen an sowie Risikopositionen von Unternehmen des Finanzsektors durch den Fonds „Finanzmarktstabilisierungsfonds – FMS“ und der Realwirtschaft durch den Fonds „Wirtschaftsstabilisierungsfonds – WSF“ (Wirtschaftsstabilisierungsbeschleunigungsgesetz – WStBG)[1) 2)]

Vom 17. Oktober 2008
(BGBl. I S. 1982)

FNA 660-4

Lfd. Nr.	Änderndes Gesetz	Datum	Fundstelle	Betroffen	Hinweis
1.	Art. 2 FinanzmarktstabilisierungsergänzungsG	7.4.2009	BGBl. I S. 725	Überschrift, Inhaltsübersicht, §§ 1, 7, 7a, 7b, 7c, 7d, 7e, 9, 12, 15, 16, 18, 19	
2.	Art. 3 G zur Fortentwicklung der Finanzmarktstabilisierung	17.7.2009	BGBl. I S. 1980	§§ 3, 7e	geänd. mWv 23.7.2009
3.	Art. 5 RestrukturierungsG	9.12.2010	BGBl. I S. 1900	Inhaltsübersicht, §§ 7, 7a, 7b, 7c, 12, 15, 16, 18, 19	geänd. mWv 15.12.2010
				§ 7e	neu gef. mWv 15.12.2010
				§§ 7f, 20	eingef. mWv 15.12.2010
4.	Art. 7 Anlegerschutz- und FunktionsverbesserungsG	5.4.2011	BGBl. I S. 538	§§ 7, 19	geänd. mWv 8.4.2011
5.	Art. 13 G zur Novellierung des Finanzanlagenvermittler- und Vermögensanlagenrechts	6.12.2011	BGBl. I S. 2481	§ 20	geänd. mWv 1.6.2012
6.	Art. 3 Zweites FinanzmarktstabilisierungsG	24.2.2012	BGBl. I S. 206	Inhaltsübersicht, §§ 1, 5, 7, 7a, 7b, 7f, 9, 15	geänd. mWv 1.3.2012
				§ 11a	eingef. mWv 1.3.2012
				§§ 3, 4, 13	aufgeh. mWv 1.3.2012
7.	Art. 2 Drittes FinanzmarktstabilisierungsG	20.12.2012	BGBl. I S. 2777	§ 9	geänd. mWv 1.1.2013
8.	Art. 6 Abs. 8 CRD IV-UmsetzungsG[3)]	28.8.2013	BGBl. I S. 3395	§§ 1, 7f	geänd. mWv 1.1.2014

[1)] Verkündet als Art. 2 des FinanzmarktstabilisierungsfondsG v. 17.10.2008 (BGBl. I S. 1982); Inkrafttreten gem. Art. 7 Abs. 1 dieses G am 18.10.2008.

[2)] Gesamte Vorschrift neu gef. mWv 28.3.2020 durch G v. 27.3.2020 (BGBl. I S. 543); Überschrift neu gef. mWv 17.7.2020 durch G v. 10.7.2020 (BGBl. I S. 1633).

[3)] **Amtl. Anm.:** Dieses Gesetz dient der Umsetzung der Richtlinie 2013/36/EU des Europäischen Parlaments und des Rates vom 26. Juni 2013 über den Zugang zur Tätigkeit von Kreditinstituten und die Beaufsichtigung von Kreditinstituten und Wertpapierfirmen, zur Änderung der Richtlinie 2002/87/EG →

Lfd. Nr.	Änderndes Gesetz	Datum	Fundstelle	Betroffen	Hinweis
9.	Art. 8 Aktienrechtsnovelle 2016	22.12.2015	BGBl. I S. 2565	§ 7	geänd. mWv 31.12.2015
10.	Art. 24 Abs. 25 Zweites FinanzmarktnovellierungsG	23.6.2017	BGBl. I S. 1693	§ 11	geänd. mWv 3.1.2018
11.	Art. 8 Abs. 9 G zur weiteren Ausführung der EU-ProspektVO und zur Änd. von Finanzmarktgesetzen	8.7.2019	BGBl. I S. 1002	§ 20	geänd. mWv 21.7.2019
12.	Art. 2 WirtschaftsstabilisierungsfondsG	27.3.2020	BGBl. I S. 543	Überschrift	geänd. mWv 28.3.2020
				gesamte Vorschrift	neu gef. mWv 28.3.2020
13.	Art. 3 G zur Gewährleistungsübernahme im Rahmen eines Europäischen Instruments zur vorübergehenden Unterstützung bei der Minderung von Arbeitslosigkeitsrisiken infolge des Covid-19-Ausbruchs und zur Änd. von Vorschriften sowie erforderliche Folgeänderungen	10.7.2020	BGBl. I S. 1633	§§ 1, 3, 5, 6, 7a, 7d, 9a	geänd. mWv 17.7.2020
				Überschrift	neu gef. mWv 17.7.2020
14.	Art. 9 Abs. 2 RisikoreduzierungsG[1]	9.12.2020	BGBl. I S. 2773	Inhaltsübersicht	geänd. mWv 29.12.2020
				§ 20	eingef. mWv 29.12.2020
15.	Art. 2 G zur Änd. des StabilisierungsfondsG und des WirtschaftsstabilisierungsbeschleunigungsG	20.12.2021	BGBl. I S. 5247	§§ 7d, 8	geänd. mWv 1.1.2022

(Fortsetzung der Anm. von voriger Seite)
und zur Aufhebung der Richtlinien 2006/48/EG und 2006/49/EG (ABl. L 176 vom 27.6.2013, S. 338) sowie der Anpassung des Aufsichtsrechts an die Verordnung (EU) Nr. 575/2013 des Europäischen Parlaments und des Rates vom 26. Juni 2013 über Aufsichtsanforderungen an Kreditinstitute und Wertpapierfirmen und zur Änderung der Verordnung (EU) Nr. 646/2012 (ABl. L 176 vom 27.6.2013, S. 1).

[1] **Amtl. Anm.:** Dieses Gesetz dient der Umsetzung der Richtlinie (EU) 2019/878 des Europäischen Parlaments und des Rates vom 20. Mai 2019 zur Änderung der Richtlinie 2013/36/EU im Hinblick auf von der Anwendung ausgenommene Unternehmen, Finanzholdinggesellschaften, gemischte Finanzholdinggesellschaften, Vergütung, Aufsichtsmaßnahmen und -befugnisse und Kapitalerhaltungsmaßnahmen (ABl. L 150 vom 7.6.2019, S. 253) und der Richtlinie (EU) 2019/879 des Europäischen Parlaments und des Rates vom 20. Mai 2019 zur Änderung der Richtlinie 2014/59/EU in Bezug auf die Verlustabsorptions- und Rekapitalisierungskapazität von Kreditinstituten und Wertpapierfirmen und der Richtlinie 98/26/EG (ABl. L 150 vom 7.6.2019, S. 296).

Inhaltsübersicht[1)]

§ 1[2)] **Begriffsbestimmungen.** Die folgenden Begriffe werden für die Zwecke des Gesetzes wie folgt bestimmt:

1. Finanzmarktstabilisierungsfonds ist der nach Maßgabe von Abschnitt 1 des Stabilisierungsfondsgesetzes errichtete Fonds.
2. Wirtschaftsstabilisierungsfonds ist der nach Maßgabe von Abschnitt 2 des Stabilisierungsfondsgesetzes errichtete Fonds.
3. Der Begriff Fonds bezieht sich in diesem Gesetz sowohl auf den Finanzmarktstabilisierungsfonds als auch auf den Wirtschaftsstabilisierungsfonds.
4. Unternehmen des Finanzsektors im Sinne dieses Gesetzes sind Unternehmen im Sinne des § 2 Absatz 1 des Stabilisierungsfondsgesetzes, denen zum Zwecke der Stabilisierung des Finanzmarktes Stabilisierungsmaßnahmen gewährt werden. Hierzu gehören auch Unternehmen, die zum Zweck der Einhaltung von Eigenmittelanforderungen nach § 10 Absatz 4 des Kreditwesengesetzes Kapitalmaßnahmen durchführen.
5. Unternehmen der Realwirtschaft im Sinne dieses Gesetzes sind Unternehmen im Sinne des § 16 Absatz 2 des Stabilisierungsfondsgesetzes, denen Stabilisierungsmaßnahmen gewährt werden.

[1)] Inhaltsübersicht geänd. mWv 9.4.2009 durch G v. 7.4.2009 (BGBl. I S. 725); geänd. mWv 15.12.2010 durch G v. 9.12.2010 (BGBl. I S. 1900); geänd. mWv 1.3.2012 durch G v. 24.2.2012 (BGBl. I S. 206); geänd. mWv 29.12.2020 durch G v. 9.12.2020 (BGBl. I S. 2773); sie wurde nichtamtlich an die Neufassung der gesamten Vorschrift mWv 28.3.2020 durch G v. 27.3.2020 (BGBl. I S. 543) angepasst.

[2)] § 1 Nr. 5 geänd. mWv 17.7.2020 durch G v. 10.7.2020 (BGBl. I S. 1633).

§ 2 Anwendungsbereich. (1) Unternehmen im Sinne dieses Gesetzes bezeichnen sowohl „Unternehmen des Finanzsektors" im Sinne von Absatz 1 Nummer 4 als auch „Unternehmen der Realwirtschaft" im Sinne von Absatz 1 Nummer 5 auf die dieses Gesetz Anwendung findet.

(2) [1] Soweit dieses Gesetz Vorgaben für als Aktiengesellschaft und in weiteren Rechtsformen verfasste Unternehmen vorsieht, denen Stabilisierungsmaßnahmen nach den §§ 6 bis 8, 21, 22 des Stabilisierungsfondsgesetzes gewährt werden, gelten diese Vorgaben für durch andere inländische Gebietskörperschaften errichtete, mit dem Wirtschaftsstabilisierungsfonds vergleichbare Einrichtungen und deren Stabilisierungsmaßnahmen entsprechend. [2] Soweit dieses Gesetz auf den oder die Fonds, den Bund, ihre jeweiligen Tochtergesellschaften und die von ihnen errichteten Körperschaften, Anstalten und Sondervermögen sowie die ihnen nahestehenden Personen oder sonstige von ihnen mittelbar oder unmittelbar abhängigen Unternehmen Bezug nimmt, gelten die Bestimmungen entsprechend auch für durch andere inländische Gebietskörperschaften errichtete, mit dem Wirtschaftsstabilisierungsfonds vergleichbare Einrichtungen, die Bundesländer, ihre jeweiligen Tochtergesellschaften und die von ihnen errichteten Körperschaften, Anstalten, Sondervermögen sowie die ihnen nahestehenden Personen oder sonstige von ihnen mittelbar oder unmittelbar abhängigen Unternehmen.

§ 3[1)] Verpflichtungserklärung bei Aktiengesellschaften. (1) [1] Die Vorschriften des Aktiengesetzes[2)] über die Verantwortung des Vorstands zur eigenverantwortlichen Leitung der Gesellschaft sowie über die Zuständigkeiten der Organe stehen der Zulässigkeit und Wirksamkeit einer von Unternehmen des Finanzsektors gemäß § 10 Absatz 2 Satz 1 Nummer 9 des Stabilisierungsfondsgesetzes oder von Unternehmen der Realwirtschaft gemäß § 25 Absatz 3 Satz 1 Nummer 9 des Stabilisierungsfondsgesetzes abgegebenen Verpflichtungserklärung nicht entgegen. [2] Die Verpflichtungserklärung wird mit ihrer Abgabe wirksam.

(2) [1] Die vertretungsberechtigten Organe sind auch gegenüber der Gesellschaft und der Gesamtheit ihrer Gesellschafter berechtigt und verpflichtet, der Verpflichtungserklärung zu entsprechen. [2] Beschlüsse, die der Verpflichtungserklärung, insbesondere im Hinblick auf die Dividendenpolitik, zuwiderlaufen, können aus diesem Grunde angefochten werden. [3] § 254 Absatz 2 des Aktiengesetzes gilt entsprechend.

§ 4 Verpflichtungserklärung bei anderen Rechtsformen. Die vorstehenden Absätze gelten für Unternehmen des Finanzsektors und für Unternehmen der Realwirtschaft, die nicht in der Rechtsform einer Aktiengesellschaft verfasst sind, entsprechend.

§ 5[3)] Ausgestaltung der Aktien. (1) [1] Wenn der Vorstand bei der Ausgabe neuer Aktien gemäß § 203 AktG[2)] vom genehmigtem Kapital Gebrauch macht, entscheidet er mit Zustimmung des Aufsichtsrats über den Inhalt der Aktienrechte und die Bedingungen der Aktienausgabe. [2] In diesem Fall hat er der nächsten ordentlichen Hauptversammlung einen schriftlichen Bericht über die Kapitalerhöhung und Ausgabe neuer Aktien vorzulegen, in dem insbesondere der Umfang der Kapitalerhöhung sowie der Ausgabebetrag sowie gegebenenfalls ein Gewinnvor-

---

[1)] § 3 Abs. 1 Satz 1 geänd. mWv 17.7.2020 durch G v. 10.7.2020 (BGBl. I S. 1633).

[2)] **Habersack, Deutsche Gesetze Nr. 51.**

[3)] § 5 Abs. 3 Sätze 2 und 3 eingef., bish. Satz 2 wird Satz 4 und geänd., Abs. 4 Satz 3 eingef., bish. Satz 3 wird Satz 4 mWv 17.7.2020 durch G v. 10.7.2020 (BGBl. I S. 1633).

zug und Liquidationsvorrang der Aktien rechtlich und wirtschaftlich erläutert werden.

(2) Ansonsten entscheidet hierüber die Hauptversammlung auf der Grundlage eines Vorschlags von Vorstand und Aufsichtsrat.

(3) [1] Die neuen Aktien können insbesondere mit einem Gewinnvorzug und bei der Verteilung des Gesellschaftsvermögens mit einem Vorrang ausgestattet werden. [2] In der Satzung des Unternehmens kann vereinbart werden, dass, wenn der Vorzug nicht oder nicht vollständig gezahlt wird oder gezahlt werden kann, dieser nachzuzahlen ist. [3] Für diesen Nachzahlungsanspruch gilt § 140 Absatz 3 des Aktiengesetzes entsprechend. [4] Der Vorstand kann auch Vorzugsaktien ohne Stimmrecht ausgeben, bei denen der Vorzug nicht nachzahlbar ist.

(4) [1] Ein Ausgabebetrag, der dem Börsenkurs entspricht, ist in jedem Falle angemessen, es sei denn, er liegt unter dem Nennwert oder im Fall von Stückaktien unter dem rechnerischen Wert. [2] Unbeschadet dessen kann der Vorstand mit Zustimmung des Aufsichtsrates entscheiden, dass der Ausgabebetrag den Börsenpreis der Aktien unterschreitet. [3] Entgegenstehende Regelungen in der Satzung oder in vor dem Inkrafttreten dieses Gesetzes ergangenen Beschlüssen sind unbeachtlich. [4] § 9 des Aktiengesetzes gilt entsprechend.

(5) Eine Vorauszahlung der Einlage durch den Fonds befreit diesen von seiner Einlagepflicht.

(6) [1] Soweit die an den Fonds ausgegebenen Aktien mit einem Gewinnvorzug oder einem Vorrang bei der Verteilung des Gesellschaftsvermögens ausgestattet sind, verlieren sie diesen bei der Übertragung an einen Dritten. [2] Der Fonds kann bestimmen, dass die an ihn ausgegebenen Vorzugsaktien bei der Übertragung an einen Dritten in stimmberechtigte Stammaktien umgewandelt werden.

§ 6[1] Hauptversammlung. (1) Für Aktiengesellschaften, Kommanditgesellschaften auf Aktien, Europäische Gesellschaften (SE) und Versicherungsvereine auf Gegenseitigkeit gilt für die Durchführung von Hauptversammlungen § 1 des Gesetzes über Maßnahmen im Gesellschafts-, Vereins-, Genossenschafts- und Wohnungseigentumsrecht zur Bekämpfung der Auswirkungen der COVID-19-Pandemie.

(2) Für Mitgliederbeschlüsse bei Genossenschaften gilt § 3 des Gesetzes über Maßnahmen im Gesellschafts-, Vereins-, Genossenschafts- und Wohnungseigentumsrecht zur Bekämpfung der Auswirkungen der COVID-19-Pandemie.

§ 7 Kapitalerhöhung gegen Einlagen und Kapitalherabsetzung. (1) [1] Wird im Zusammenhang mit einer Rekapitalisierung nach § 7 oder § 22 des Stabilisierungsfondsgesetzes eine Hauptversammlung zur Beschlussfassung über eine Kapitalerhöhung gegen Einlagen einberufen, gilt § 16 Absatz 4 des Wertpapiererwerbs- und Übernahmegesetzes[2] entsprechend, mit der Maßgabe, dass Satzungsbeschränkungen für die Erteilung von Stimmrechtsvollmachten nicht gelten. [2] Die vorstehenden Regelungen gelten entsprechend, wenn die Kapitalerhöhung nicht nur von dem Fonds, sondern auch oder ausschließlich von den Aktionären oder Dritten gezeichnet werden kann oder die Tagesordnung der Hauptversammlung neben der Beschlussfassung über die Kapitalerhöhung noch andere Gegenstände enthält.

[1] § 6 Abs. 1 und 2 geänd. mWv 17.7.2020 durch G v. 10.7.2020 (BGBl. I S. 1633).
[2] Nr. **58a**.

(2) [1]Der Beschluss über die Erhöhung des Grundkapitals gegen Einlagen im Zusammenhang mit einer Rekapitalisierung nach § 7 oder § 22 des Stabilisierungsfondsgesetzes bedarf der Mehrheit der abgegebenen Stimmen. [2]Abweichende Satzungsbestimmungen sind unbeachtlich.

(3) [1]Wird das Bezugsrecht ganz oder teilweise im Beschluss über die Erhöhung des Grundkapitals im Zusammenhang mit einer Rekapitalisierung nach § 7 oder § 22 des Stabilisierungsfondsgesetzes ausgeschlossen, bedarf der Beschluss einer Mehrheit, die mindestens zwei Drittel der abgegebenen Stimmen oder des vertretenen Grundkapitals umfasst. [2]Die einfache Mehrheit reicht, wenn die Hälfte des Grundkapitals vertreten ist. [3]Absatz 2 Satz 2 gilt entsprechend. [4]Der Ausschluss des Bezugsrechts zur Zulassung des Fonds zur Übernahme der Aktien ist in jedem Fall zulässig und angemessen.

(3a) [1]Die Hauptversammlung kann beschließen, dass der Fonds die neuen Aktien zu einem geringeren Preis als dem Ausgabebetrag beziehen kann, sofern sie den Aktionären zuvor nach § 186 des Aktiengesetzes[1)] zum Ausgabebetrag angeboten wurden. [2]Absatz 3 gilt entsprechend. [3]Der Umstand, dass der Fonds die Aktien zu einem geringeren Preis als den Ausgabebetrag beziehen kann, ist kein Schaden.

(4) [1]Eine vorherige Leistung durch den Fonds in das Vermögen der Gesellschaft kann der Einlagepflicht zugeordnet werden und befreit den Fonds von seiner Einlagepflicht. [2]§ 194 Absatz 1 Satz 2 des Aktiengesetzes gilt entsprechend, sofern die Ausgabe neuer Aktien gegen Hingabe von Einlagen aus von dem Fonds oder von Dritten nach § 10 Absatz 1 eingegangenen stillen Gesellschaften erfolgt.

(5) Die Bestimmungen des § 5 Absatz 1 Satz 2 und 3, Absatz 3 Satz 1 und Absatz 5 gelten sinngemäß; an die Stelle des Vorstandes in § 5 Absatz 1 Satz 2 und 3 tritt die Hauptversammlung.

(6) [1]Eine Herabsetzung des Grundkapitals im Zusammenhang mit einer Rekapitalisierung nach § 7 oder § 22 des Stabilisierungsfondsgesetzes kann mit einer Mehrheit nach Absatz 3 Satz 1 oder 2 beschlossen werden. [2]Absatz 2 Satz 2 gilt entsprechend. [3]Auf die Einberufung zur Hauptversammlung ist Absatz 1 entsprechend anzuwenden. [4]Das Recht, gemäß § 225 des Aktiengesetzes Sicherheitsleistung zu verlangen, steht Gläubigern nicht zu, wenn der Betrag des Grundkapitals der Gesellschaft vor der Kapitalherabsetzung durch eine Kapitalerhöhung mindestens wieder erreicht wird, die zugleich mit der Kapitalherabsetzung beschlossen ist. [5]Gleiches gilt für den Fall, dass keine Kapitalerhöhung beschlossen wird, aber in dem Beschluss über die Kapitalherabsetzung festgelegt wird, dass der Unterschiedsbetrag des Grundkapitals vor der Kapitalherabsetzung abzüglich des Grundkapitals nach der Kapitalherabsetzung in die Kapitalrücklage einzustellen ist. [6]§ 228 Absatz 2 des Aktiengesetzes gilt unbeschadet des § 7c entsprechend. [7]Im Fall des Satzes 5 dürfen Beträge, die aus der Auflösung der Kapitalrücklage und aus der Kapitalherabsetzung gewonnen werden, nicht zu Zahlungen an die Aktionäre und nicht dazu verwandt werden, die Aktionäre von der Verpflichtung zur Leistung von Einlagen zu befreien.

(7) [1]Aktionäre, die eine für den Fortbestand der Gesellschaft erforderliche Rekapitalisierungsmaßnahme, insbesondere durch ihre Stimmrechtsausübung oder die Einlegung unbegründeter Rechtsmittel, verzögern oder vereiteln, um dadurch ungerechtfertigte Vorteile für sich zu erlangen, sind der Gesellschaft gesamtschuldnerisch zum Schadenersatz verpflichtet. [2]Ein Aktionär kann nicht geltend machen,

---

[1)] **Habersack, Deutsche Gesetze Nr. 51.**

dass seine Stimmrechtsausübung für das Beschlussergebnis deshalb nicht ursächlich war, weil auch andere Aktionäre ihr Stimmrecht in gleicher Weise ausgeübt haben.

§ 7a[1)] Bedingtes Kapital. (1) [1] Eine bedingte Kapitalerhöhung im Zusammenhang mit einer Rekapitalisierung nach § 7 oder § 22 des Stabilisierungsfondsgesetzes kann auch zur Gewährung von Umtausch- oder Bezugsrechten an den Fonds als stillen Gesellschafter beschlossen werden. [2] Der Beschluss bedarf einer Mehrheit der abgegebenen Stimmen. [3] § 192 Absatz 3 Satz 1 des Aktiengesetzes[2)] gilt nicht; eine Anrechnung auf sonstige bedingte Kapitalien erfolgt nicht. [4] § 194 Absatz 1 Satz 2 des Aktiengesetzes gilt entsprechend. [5] Dies gilt auch für die Ausgabe von Wandelschuldverschreibungen durch ein Unternehmen gegen Einbringung von Vermögenseinlagen aus stillen Beteiligungen nach § 10. [6] Es genügt, wenn in dem Beschluss oder dem damit verbundenen Beschluss nach § 10 Absatz 2 der Mindestausgabebetrag oder die Grundlagen für die Festlegung des Ausgabebetrages oder des Mindestausgabebetrages bestimmt werden. [7] Im Übrigen ist § 7 Absatz 1 und 2 Satz 2 entsprechend anzuwenden.

(2) § 5 gilt entsprechend.

(3) Für bedingtes Kapital nach Absatz 1 gilt § 218 des Aktiengesetzes entsprechend.

§ 7b Schaffung eines genehmigten Kapitals durch die Hauptversammlung. (1) [1] Der Beschluss der Hauptversammlung, mit dem der Vorstand ermächtigt wird, im Zusammenhang mit einer Rekapitalisierung nach § 7 oder § 22 des Stabilisierungsfondsgesetzes das Grundkapital bis zu einem bestimmten Nennbetrag durch Ausgabe neuer Aktien gegen Einlagen zu erhöhen (§ 202 Absatz 2 des Aktiengesetzes[2)]), bedarf einer Mehrheit der abgegebenen Stimmen. [2] Abweichende Satzungsbestimmungen sind unbeachtlich. [3] § 202 Absatz 3 Satz 1 des Aktiengesetzes gilt nicht; eine Anrechnung auf sonstige genehmigte Kapitalien erfolgt nicht. [4] Im Übrigen ist § 7 Absatz 1 und 2 Satz 2 sowie Absatz 4 Satz 2 entsprechend anzuwenden.

(2) Wird das Bezugsrecht ganz oder teilweise im Ermächtigungsbeschluss ausgeschlossen oder wird hierin vorgesehen, dass der Vorstand über den Ausschluss des Bezugsrechts entscheidet, gilt § 7 Absatz 3 entsprechend.

(3) Für die Ausgabe der neuen Aktien gilt § 5 entsprechend.

§ 7c Eintragung von Hauptversammlungsbeschlüssen. [1] Ein Beschluss der Hauptversammlung nach den §§ 7, 7a und 7b ist unverzüglich zur Eintragung in das Handelsregister anzumelden und beim Bundesanzeiger einzureichen. [2] Er wird mit Veröffentlichung des zur Eintragung in das Handelsregister angemeldeten Beschlusses auf der Internetseite der Gesellschaft, spätestens aber mit der Veröffentlichung im Bundesanzeiger wirksam, auch Dritten gegenüber. [3] Die Eintragung ins Handelsregister ist nicht Voraussetzung für die Wirksamkeit des Beschlusses und der entsprechenden Kapitalmaßnahmen. [4] Der Beschluss, und sofern erforderlich die Durchführung der entsprechenden Kapitalmaßnahme sind, sofern sie nicht offensichtlich nichtig sind, unverzüglich in das Handelsregister einzutragen. [5] § 246a Absatz 4 des Aktiengesetzes[2)] gilt entsprechend mit der Maßgabe, dass das Überwiegen des Vollzugsinteresses im Sinne von § 246a Absatz 2 Nummer 3 des

---

[1)] § 7a Abs. 1 Satz 5 geänd. mWv 17.7.2020 durch G v. 10.7.2020 (BGBl. I S. 1633).
[2)] **Habersack, Deutsche Gesetze Nr. 51.**

Aktiengesetzes vermutet wird. [6]Dasselbe gilt für die Beschlussfassungen von Vorstand und Aufsichtsrat auf Grund einer Ermächtigung nach § 5 Absatz 1 und § 7b.

§ 7d[1)] Ausschluss der aktienrechtlichen Vorschriften über verbundene Unternehmen. [1]Die Vorschriften des Aktiengesetzes[2)] über herrschende Unternehmen sind auf den Fonds, den Bund und die von ihnen errichteten Körperschaften, Anstalten und Sondervermögen sowie die ihnen nahestehenden Personen oder sonstige von ihnen mittelbar oder unmittelbar abhängigen Unternehmen nicht anzuwenden. [2]Bei Beteiligungen an Unternehmen der Realwirtschaft im Sinne von § 1 Nummer 5 gilt dies nur bis zum Ablauf des 30. Juni 2022. [3]Die Vorschriften über die Vertretung der Arbeitnehmer im Aufsichtsrat eines vom Fonds beherrschten Unternehmens bleiben von dieser Bestimmung unberührt.

§ 7e Kapitalmaßnahmen durch Dritte im Zusammenhang mit einer Stabilisierungsmaßnahme. [1]Die §§ 7 bis 7d gelten entsprechend für Kapitalmaßnahmen, insbesondere die Ausgabe neuer Aktien gegen Hingabe von Einlagen aus von dem Fonds eingegangenen stillen Gesellschaften oder zur Beschaffung von Mitteln zum Zweck der Rückgewähr solcher Einlagen, im Zusammenhang mit einer Stabilisierungsmaßnahme nach den §§ 6 bis 8, 21, 22 des Stabilisierungsfondsgesetzes, wenn die neuen Aktien aus der Kapitalmaßnahme auch oder ausschließlich durch Dritte gezeichnet werden. [2]Dies gilt insbesondere, wenn durch die Kapitalmaßnahmen die Voraussetzung für eine Maßnahme nach § 6 oder § 21 des Stabilisierungsfondsgesetzes geschaffen werden soll.

§ 7f Zusammenhang mit Stabilisierungsmaßnahmen. (1) Ein Zusammenhang mit der Stabilisierung, einer Rekapitalisierung oder einer anderen Stabilisierungsmaßnahme im Sinne der §§ 7 bis 7b und 7e besteht auch dann, wenn Beschlüsse der Hauptversammlung des Unternehmens, insbesondere über Kapitalmaßnahmen oder die Ermächtigung des Vorstands zu deren Vornahme, dem Zweck dienen,

1. eine von dem Fonds im Zuge einer solchen Maßnahme bereits erworbene Beteiligung an dem Unternehmen ganz oder teilweise zu übertragen oder zu veräußern oder zu erhöhen. Für die Erhöhung der Beteiligung gilt dies nur solange, wie nach dem Stabilisierungsfondsgesetz durch den Fonds Stabilisierungsmaßnahmen gewährt werden dürfen,
2. die Bedingungen der Beteiligung des Fonds zu ändern,
3. die Beteiligung des Fonds oder von Dritten nach § 10 Absatz 1 als Einlage in das Unternehmen einzubringen, insbesondere gegen Ausgabe von Aktien oder Wandelschuldverschreibungen,
4. die Beteiligung des Fonds in vergleichbarer Weise umzustrukturieren, insbesondere aufzuteilen oder als Wertpapier auszugestalten,
5. dem Fonds erstmalig oder zusätzliche Umtausch- und Bezugsrechte einzuräumen und bedingtes Kapital für die Erfüllung der dadurch entstehenden Ansprüche zu schaffen oder
6. Kapitalerhöhungen gegen Einlagen für die Einhaltung von Eigenmittelanforderungen bei Unternehmen des Finanzsektors nach § 2 des Stabilisierungsfondsgesetzes oder für die Einhaltung der finanziellen Bedingungen eines Luftfahrt-

[1)] § 7d Satz 1 geänd., Satz 2 eingef., bish. Satz 2 wird Satz 3 und neu gef. mWv 17.7.2020 durch G v. 10.7.2020 (BGBl. I S. 1633); Satz 2 geänd. mWv 1.1.2022 durch G v. 20.12.2021 (BGBl. I S. 5247).
[2)] **Habersack, Deutsche Gesetze Nr. 51.**

unternehmens der Gemeinschaft gemäß Artikel 5 der Verordnung (EG) Nr. 1008/2008 des Europäischen Parlaments und des Rates vom 24. September 2008 über gemeinsame Vorschriften für die Durchführung von Luftverkehrsdiensten in der Gemeinschaft (ABl. L 293 vom 31.10.2008, S. 3) durchzuführen.

(2) Dasselbe gilt, wenn der Beschluss der Hauptversammlung eine Vereinbarung mit dem Fonds oder eine Erklärung der Geschäftsführung des Unternehmens vorsieht, die aus einer Kapitalmaßnahme dem Unternehmen zufließenden Mittel überwiegend für eine Rückzahlung von dem Unternehmen durch den Fonds zur Verfügung gestelltem Kapital zu verwenden.

§ 8[1)] Genussrechte und nachrangige Schuldverschreibungen. (1) [1] Der Vorstand eines als Aktiengesellschaft verfassten Unternehmens ist bis zum 30. Juni 2022 ermächtigt, Genussrechte und Schuldverschreibungen mit einem qualifizierten Nachrang an den Fonds auszugeben. [2] Der Vorstand kann von der Ermächtigung nur mit Zustimmung des Aufsichtsrates Gebrauch machen.

(2) Die Ausgabe der Genussrechte und Schuldverschreibungen bedarf nicht der Zustimmung der Hauptversammlung, es sei denn, die Genussrechte oder Schuldverschreibungen sehen das Recht zur Wandlung in Aktien vor.

(3) Das Bezugsrecht der Aktionäre ist ausgeschlossen, es sei denn, die Genussrechte oder Schuldverschreibungen sehen das Recht zur Wandlung in Aktien vor.

(4) Die Absätze 1 bis 3 gelten entsprechend, wenn ein Unternehmen Schuldverschreibungen ausgibt, für die der Finanzmarktstabilisierungsfonds nach § 6 Absatz 1 des Stabilisierungsfondsgesetzes oder der Wirtschaftsstabilisierungsfonds nach § 21 Absatz 1 des Stabilisierungsfondsgesetzes eine Garantie übernimmt.

§ 9 Sinngemäße Anwendung bei Kommanditgesellschaften auf Aktien, Europäischen Gesellschaften (SE) und Genossenschaften. (1) Für Unternehmen, die in der Rechtsform der Kommanditgesellschaft auf Aktien oder der Europäischen Gesellschaft (SE) verfasst sind, gelten die §§ 5 bis 8 sinngemäß.

(2) [1] Der Fonds kann Mitglied von Unternehmen werden, die in der Rechtsform der Genossenschaft verfasst sind. [2] Satzungsänderungen von Genossenschaften, deren Zweck darin besteht, eine Kapitalverstärkung durch den Fonds herbeizuführen, sind unverzüglich zur Eintragung in das Genossenschaftsregister anzumelden und unverzüglich einzutragen, sofern der zugrundeliegende Beschluss nicht offensichtlich nichtig ist.

§ 9a[2)] Vorgaben für Stabilisierungsmaßnahmen bei als GmbH verfassten Unternehmen. (1) [1] Beschlüsse der Gesellschafterversammlung über die in den §§ 7 und 7b bezeichneten Refinanzierungsmaßnahmen bedürfen der einfachen Mehrheit der anwesenden Stimmen. [2] Abweichende Bestimmungen im Gesellschaftsvertrag sind unbeachtlich. [3] Dies gilt auch für den Ausschluss des Bezugsrechts. [4] Für die Eintragung dieser Beschlüsse ins Handelsregister gelten § 7c Satz 1 bis 4 und § 7 Absatz 2 entsprechend.

(2) Entsprechend § 2 des Gesetzes über Maßnahmen im Gesellschafts-, Vereins-, Genossenschafts- und Wohnungseigentumsrecht zur Bekämpfung der Auswirkungen der COVID-19-Pandemie können Beschlüsse nach § 48 Absatz 2 des Gesetzes

---

1) § 8 Abs. 1 Satz 1 geänd. mWv 1.1.2022 durch G v. 20.12.2021 (BGBl. I S. 5247).

2) § 9a Abs. 1 Satz 4 und Abs. 2 geänd. mWv 17.7.2020 durch G v. 10.7.2020 (BGBl. I S. 1633).

betreffend die Gesellschaften mit beschränkter Haftung[1)] auch durch schriftliche Abgabe der Stimmen gefasst werden.

(3) [1] Mit Gesellschafterbeschluss, der einer Mehrheit von drei Viertel der anwesenden Stimmen bedarf, können Gesellschafter aus der Gesellschaft gegen Abfindung ausgeschlossen werden, wenn dies für den Erfolg der Stabilisierungsmaßnahme notwendig ist. [2] Die Untergrenze der Abfindung bemisst sich anhand eines durch Sachverständigengutachten ermittelten Unternehmenswertes. [3] Der Ausschluss wird mit Beschlussfassung wirksam.

(4) Die §§ 7e, 7f und 8 gelten entsprechend.

§ 9b GmbH & Co. KG und KG. Für Beschlüsse von Unternehmen der Realwirtschaft, die als GmbH & Co. KG oder KG über die Aufnahme des Wirtschaftsstabilisierungsfonds als Kommanditist entscheiden, genügt die einfache Mehrheit der am Beschluss teilnehmenden Gesellschafter.

§ 10 Stille Gesellschaft. (1) [1] Eine Vereinbarung über die Leistung einer Vermögenseinlage durch den Fonds als stiller Gesellschafter in ein Unternehmen ist kein Unternehmensvertrag nach § 291 oder § 292 des Aktiengesetzes[2)]. [2] Sie bedarf insbesondere nicht der Zustimmung der Hauptversammlung oder der Eintragung in das Handelsregister. [3] Die vorstehenden Sätze gelten entsprechend, wenn sich im Rahmen einer Rekapitalisierung nach § 7 oder § 22 des Stabilisierungsfondsgesetzes neben dem Fonds auch Dritte als stille Gesellschafter an dem Unternehmen beteiligen oder die stille Beteiligung nach Gewährung der Einlage ganz oder in Teilen an Dritte übertragen wird.

(2) [1] In der Vereinbarung kann auch ein Umtausch oder Bezugsrecht auf Aktien eingeräumt werden. [2] Das Bezugsrecht der Aktionäre ist im Falle einer Wandlung ausgeschlossen. [3] Ein Umtausch- oder Bezugsrecht bedarf der Zustimmung oder Ermächtigung der Hauptversammlung mit einer Mehrheit, die mindestens zwei Drittel der abgegebenen Stimmen oder des vertretenen Grundkapitals umfasst. [4] Die einfache Mehrheit reicht, wenn die Hälfte des gezeichneten Kapitals vertreten ist.

(3) Die Absätze 1 und 2 gelten auch für nachträgliche Änderungen oder Ergänzungen und die Aufhebung einer Vereinbarung über stille Beteiligungen des Fonds an einem von ihm gestützten Unternehmen des Finanzsektors oder einer Vereinbarung über stille Beteiligungen von Dritten an dem Unternehmen, die nach Absatz 1 abgeschlossen wurde.

(4) Die vorzeitige Rückgewähr einer Vermögenseinlage des Fonds oder einvernehmliche Aufhebung einer stillen Gesellschaft nach Absatz 1 gilt nicht als Rückgewähr von Einlagen im Sinne des § 57 des Aktiengesetzes.

§ 11 Keine Informationspflicht gegenüber dem Wirtschaftsausschuss.

§ 106 Absatz 2 Satz 2 und Absatz 3 Nummer 9a sowie § 109a des Betriebsverfassungsgesetzes[3)] finden keine Anwendung auf den Erwerb von Anteilen durch die Fonds.

[1)] **Habersack, Deutsche Gesetze Nr. 52.**
[2)] **Habersack, Deutsche Gesetze Nr. 51.**
[3)] Nr. 82.

§ 12 Keine Mitteilungspflicht für wesentliche Beteiligung. § 43 des Wertpapierhandelsgesetzes[1] findet keine Anwendung auf den Erwerb von Anteilen durch die Fonds.

§ 13 Keine Anzeigepflicht für bedeutende Beteiligung. § 2c des Kreditwesengesetzes findet keine Anwendung auf den Erwerb von bedeutenden Beteiligungen durch die Fonds.

§ 14 Wertpapiererwerbs- und Übernahmeangebote; Ausschluss von Minderheitsaktionären. (1) Wird die Kontrolle im Sinne des § 29 Absatz 2 des Wertpapiererwerbs- und Übernahmegesetzes[2] über eine Zielgesellschaft durch den Bund, den Fonds oder durch ihre jeweiligen Tochtergesellschaften im Zusammenhang mit einer Stabilisierungsmaßnahme nach Stabilisierungsfondsgesetz, einschließlich der nachträglichen Erhöhung einer im Rahmen einer Stabilisierungsmaßnahme erworbenen Beteiligung des Fonds, oder einer Maßnahme nach dem Rettungsübernahmegesetz erlangt, so befreit sie die Bundesanstalt für Finanzdienstleistungsaufsicht von der Pflicht zur Veröffentlichung nach § 35 Absatz 1 Satz 1 des Wertpapiererwerbs- und Übernahmegesetzes und zur Abgabe eines Angebots nach § 35 Absatz 2 Satz 1 des Wertpapiererwerbs- und Übernahmegesetzes.

(2) § 30 Absatz 2 des Wertpapiererwerbs- und Übernahmegesetzes findet keine Anwendung, wenn sich Aktionäre einer Zielgesellschaft oder Personen oder Gesellschaften, denen nach § 30 Absatz 1 oder 2 des Wertpapiererwerbs- und Übernahmegesetzes Stimmrechte aus Aktien dieser Zielgesellschaft zugerechnet werden, ihr Verhalten in Bezug auf diese Zielgesellschaft auf Grund einer Vereinbarung oder in sonstiger Weise mit dem Fonds, dem Bund oder mit deren jeweiligen Tochterunternehmen im Zusammenhang mit Stabilisierungsmaßnahmen nach § 7, 8 oder 22 des Stabilisierungsfondsgesetzes über die Ausübung von Stimmrechten oder in sonstiger Weise in Bezug auf die Zielgesellschaft abstimmen.

(3) Gibt der Bund oder ein Fonds im Zusammenhang mit einer Stabilisierung ein Angebot im Sinne des § 2 Absatz 1 des Wertpapiererwerbs- und Übernahmegesetzes zum Erwerb von Wertpapieren eines Unternehmens ab, gilt Folgendes:

1. Die Annahmefrist darf unter Abweichung von § 16 Absatz 1 des Wertpapiererwerbs- und Übernahmegesetzes nicht weniger als zwei Wochen betragen. Die weitere Annahmefrist im Sinne des § 16 Absatz 2 Satz 1 des Wertpapiererwerbs- und Übernahmegesetzes entfällt. Die Schwellenwerte in § 39a Absatz 1 Satz 1 und 2 des Wertpapiererwerbs- und Übernahmegesetzes betragen jeweils 90 Prozent. Die §§ 13, 16 Absatz 3 Satz 1 und § 22 Absatz 2 Satz 1 des Wertpapiererwerbs- und Übernahmegesetzes sind nicht anzuwenden.
2. In der Angebotsunterlage bedarf es nicht der Aufnahme der ergänzenden Angaben nach § 11 Absatz 2 Satz 3 Nummer 1 und 4 des Wertpapiererwerbs- und Übernahmegesetzes und der ergänzenden Angaben nach § 2 Nummer 1 der WpÜG-Angebotsverordnung für solche Personen, die lediglich nach Maßgabe des § 2 Absatz 5 Satz 3 des Wertpapiererwerbs- und Übernahmegesetzes als gemeinsam handelnde Personen gelten, aber tatsächlich ihr Verhalten im Hinblick auf ihren Erwerb von Wertpapieren der Zielgesellschaft oder ihre Aus-

[1] Nr. **58**.
[2] Nr. **58a**.

übung von Stimmrechten aus Aktien der Zielgesellschaft nicht mit dem Bund oder dem Fonds abstimmen.

3. Abweichend von § 31 Absatz 1 Satz 2 des Wertpapiererwerbs- und Übernahmegesetzes und den §§ 4 bis 6 der WpÜG-Angebotsverordnung bemisst sich der Mindestwert bei Übernahmeangeboten nach Abschnitt 4 des Wertpapiererwerbs- und Übernahmegesetzes nach dem gewichteten durchschnittlichen inländischen Börsenkurs während der letzten zwei Wochen vor Bekanntgabe oder Bekanntwerden der Absicht eines Übernahmeangebots.
Das gilt nicht, wenn dieser Wert über dem gewichteten durchschnittlichen inländischen Börsenkurs während des Zeitraums vom 1. bis 27. März 2020 liegt. In diesem Fall ist der letztgenannte Wert der maßgebliche Mindestwert. § 31 Absatz 4 und 5 des Wertpapiererwerbs- und Übernahmegesetzes findet keine Anwendung.

(4) [1] Der Fonds kann ein Verlangen nach § 327a Absatz 1 Satz 1 des Aktiengesetzes[1)] stellen, wenn ihm Aktien der Gesellschaft in Höhe von 90 Prozent des Grundkapitals gehören. [2] § 327b Absatz 3 des Aktiengesetzes ist nicht anzuwenden. [3] Anstelle des § 327e Absatz 2 des Aktiengesetzes findet § 7c Satz 2 bis 4 entsprechende Anwendung. [4] Ist eine gegen die Wirksamkeit des Hauptversammlungsbeschlusses gerichtete Klage begründet, hat der Fonds den Aktionären ihre Aktien Zug um Zug gegen Erstattung einer bereits gezahlten Abfindung zurück zu übertragen. [5] Im Übrigen sind die §§ 327a bis 327f des Aktiengesetzes anzuwenden.

§ 15 Keine Börsenzulassung. [1] § 40 Absatz 1 des Börsengesetzes und § 69 der Börsenzulassungs-Verordnung finden auf die Ausgabe von Aktien an den Fonds keine Anwendung. [2] Nach einer Übertragung der Aktien an einen Dritten sind die vorstehenden Vorschriften anzuwenden. [3] Die Frist des § 69 Absatz 2 der Börsenzulassungs-Verordnung beginnt mit der Übertragung an den Dritten zu laufen.

§ 16 Wettbewerbsrecht. Die Vorschriften des Ersten bis Dritten Teils des Gesetzes gegen Wettbewerbsbeschränkungen finden keine Anwendung auf den Fonds.

§ 17 Anfechtung, Gesellschafterdarlehen und wirtschaftlich vergleichbare Forderungen, verdeckte Sacheinlage. (1) Rechtshandlungen, die im Zusammenhang mit Stabilisierungsmaßnahmen stehen, können nicht zu Lasten des Fonds, des Bundes und der von ihnen errichteten Körperschaften, Anstalten und Sondervermögen sowie der ihnen nahestehenden Personen oder sonstigen von ihnen mittelbar oder unmittelbar abhängigen Unternehmen nach den Bestimmungen der Insolvenzordnung[2)] und des Anfechtungsgesetzes[3)] angefochten werden.

(2) Die Vorschriften über Gesellschafterdarlehen und wirtschaftlich vergleichbare Forderungen, insbesondere § 39 Absatz 1 Nummer 5 der Insolvenzordnung, gelten nicht zu Lasten der in Absatz 1 genannten Personen und Rechtsträger.

(3) Die Absätze 1 und 2 gelten auch zugunsten von Rechtsnachfolgern, die in die Rechte und Pflichten in Bezug auf die privilegierte Forderung oder Sicherheit eintreten.

---

1) **Habersack, Deutsche Gesetze Nr. 51.**
2) **Habersack, Deutsche Gesetze Nr. 110.**
3) **Habersack, Deutsche Gesetze Nr. 111.**

(4) [1]Die Rechtsgrundsätze der verdeckten Sacheinlage finden auf Rechtsgeschäfte zwischen dem Finanzmarktstabilisierungsfonds und Unternehmen des Finanzsektors sowie zwischen dem Wirtschaftsstabilisierungsfonds und Unternehmen der Realwirtschaft keine Anwendung. [2]Dies gilt insbesondere für die Ausgabe neuer Aktien gegen Hingabe von Einlagen aus von dem Fonds eingegangenen stillen Gesellschaften oder von sonstigen Verbindlichkeiten des Unternehmens gegenüber dem Fonds.

§ 18 Keine Kündigung bei Übernahme einer Beteiligung. [1]Die Übernahme, Umstrukturierung, Veränderung oder Veräußerung einer Beteiligung des Fonds an einem Unternehmen des Finanzsektors stellt keinen wichtigen Grund zur Kündigung eines Schuldverhältnisses dar und führt auch nicht zu einer automatischen Beendigung von Schuldverhältnissen. [2]Entgegenstehende vertragliche Bestimmungen sind unwirksam. [3]Die Vereinbarung von Abfindungs- oder Entschädigungsansprüchen in Anstellungsverträgen von Organmitgliedern oder in sonstigen Dienstverträgen des Unternehmens ist unwirksam, soweit die Vereinbarung Ansprüche auch für den Fall einer Vertragsbeendigung aus Anlass der Übernahme einer Beteiligung des Fonds, aus Anlass einer Veränderung der Höhe dieser Beteiligung oder aus Anlass der Wahrnehmung von Rechten aus dieser Beteiligung gewähren würde.

§ 19 Veränderung und Beendigung von Rekapitalisierungsmaßnahmen.

(1) [1]Das Unternehmen ist verpflichtet, auf Verlangen des Fonds zumutbare Maßnahmen vorzunehmen, die für die Rückführung, Veräußerung, Übertragung oder Änderung von im Zusammenhang mit einer Rekapitalisierung erworbenen Beteiligungen des Fonds zweckdienlich sind. [2]Das gilt insbesondere für die Börsenzulassung von Finanzinstrumenten und die Erstellung von Wertpapierprospekten oder sonstigen Angebotsunterlagen, die in Form und Inhalt den anwendbaren gesetzlichen Vorgaben zu entsprechen haben. [3]Auf Verlangen des Fonds sind solche Wertpapierprospekte oder sonstige Angebotsunterlagen auch mehrsprachig und unter Beachtung der Anforderungen an derartige Unterlagen auch für das Angebot an institutionelle Anleger im Ausland zu erstellen.

(2) [1]Kosten von öffentlichen oder nichtöffentlichen Angeboten von Beteiligungen oder Finanzinstrumenten, die im Zusammenhang mit der Beendigung, der Umstrukturierung, der Refinanzierung, der Übertragung, der Veräußerung oder der Änderung von im Zusammenhang mit einer Rekapitalisierung erworbenen Beteiligungen des Fonds stehen, einschließlich der Kosten der Erstellung von Wertpapierprospekten und Unterlagen im Sinne des Absatzes 1 Satz 2, sind von dem Unternehmen zu tragen. [2]Kosten, die dem Fonds in diesem Zusammenhang entstehen, sind dem Fonds zu erstatten.

(3) [1]Das Unternehmen ist verantwortlich für die Gesetzmäßigkeit, Richtigkeit und Vollständigkeit von Wertpapierprospekten oder sonstigen Unterlagen im Sinne des Absatzes 1 Satz 2, die das Unternehmen im Zusammenhang mit Börsenzulassungen oder Angeboten von Finanzinstrumenten erstellt. [2]Der Fonds ist nicht Veranlasser im Sinne des § 9 Absatz 1 des Wertpapierprospektgesetzes[1]. [3]Wird der Fonds auf Grund einer Unrichtigkeit, Unvollständigkeit oder der mangelnden Verständlichkeit derartiger Wertpapierprospekte oder Unterlagen von Dritten in Anspruch genommen, so stellt das Unternehmen den Fonds von sämtlichen daraus

---

[1] Nr. **58e**.

entstehenden Schäden, Kosten und Auslagen frei. [4] Dies gilt auch dann, wenn der Fonds an der Erstellung der Wertpapierprospekte oder Unterlagen mitgewirkt hat.

(4) § 57 des Aktiengesetzes[1)] findet auf die Maßnahmen des Unternehmens im Sinne des Absatzes 1, auf die Übernahme und Erstattung von Kosten gemäß Absatz 2 und auf die Freistellung gemäß Absatz 3 keine Anwendung.

§ 20[2)] Erwerb von Risikopositionen. (1) [1] Übertragungen von Risikopositionen und Sicherheiten auf den Fonds sind insolvenzrechtlich nicht anfechtbar. Zivilrechtliche Abtretungs- und Übertragungshindernisse, einschließlich des Erfordernisses einer Zustimmung Dritter, stehen der Wirksamkeit der Übertragung an den Fonds nicht entgegen. [2] Die Übertragung einer Forderung oder eines Vertragsverhältnisses an den Fonds stellt keinen wichtigen Grund zur Kündigung im Sinne des § 314 des Bürgerlichen Gesetzbuchs[3)] und keine Vertragsverletzung dar. [3] Die Übertragung einer gesellschaftsrechtlichen Beteiligung auf den Fonds stellt keinen Grund für die Einziehung oder Kündigung der Beteiligung und keine Vertragsverletzung dar. [4] Die §§ 307 bis 309 des Bürgerlichen Gesetzbuchs und § 354a Absatz 2 des Handelsgesetzbuchs[4)] sind auf Übertragungen an den Fonds und die von ihm verwendeten Vertragsbedingungen nicht anwendbar.

(2) [1] Die an einer Übertragung von Risikopositionen an den Fonds Beteiligten dürfen personenbezogene Daten erheben, verarbeiten und nutzen, soweit dies zur Übertragung erforderlich ist. [2] § 203 des Strafgesetzbuchs[5)] steht einer Übertragung von Informationen im Rahmen der Übertragung von Risikopositionen an den Fonds nicht entgegen.

(3) Durch Vereinbarungstreuhand auf den Fonds übertragene Vermögensgegenstände fallen nicht in die Insolvenzmasse des Treuhänders.

[1)] **Habersack, Deutsche Gesetze Nr. 51.**
[2)] § 20 angef. mWv 29.12.2020 durch G v. 9.12.2020 (BGBl. I S. 2773).
[3)] **Habersack, Deutsche Gesetze Nr. 20.**
[4)] **Habersack, Deutsche Gesetze Nr. 50.**
[5)] **Habersack, Deutsche Gesetze Nr. 85.**

54. Wechselgesetz[1)]

Vom 21. Juni 1933
(RGBl. I S. 399)

BGBl. III/FNA 4133-1

Lfd. Nr.	Änderndes Gesetz	Datum	Fundstelle	Betroffen	Hinweis
1.	Art. 2 G über Proteste von Wechseln und Schecks	5. 7. 1934	RGBl. I S. 571	Art. 85	geänd. mWv 1. 4. 1934
2.	Art. 1 Nr. 5 G über den Fristablauf am Sonnabend	10. 8. 1965	BGBl. I S. 753	Art. 72	neu gef. mWv 1. 10. 1965
3.	Art. 3 G z Änd des G über die Verwahrung und Anschaffung von Wertpapieren sowie anderer wertpapierrechtlicher Vorschriften	17. 7. 1985	BGBl. I S. 1507	Art. 48, Art. 49	geänd. mWv 26. 7. 1985
				Art. 88	aufgeh. mWv 26. 7. 1985
4.	Art. 12 G zur Neuordnung des Postwesens und der Telkommunikation (Postneuordnungsgesetz – PTNeuOG)	14. 9. 1994	BGBl. I S. 2325	Art. 79	geänd. mWv 1. 1. 1995
5.	Art 53 Einführungsgesetz zur Insolvenzordnung (EGInsO)	5. 10. 1994	BGBl. I S. 2911	Art. 43, 44	geänd. mWv 1. 1. 1999
6.	Art. 5 Abs. 19 SchuldrechtsmodernisierungsG[2)]	26. 11. 2001	BGBl. I S. 3138	Art. 71	neu gef. mWv 1. 1. 2002
7.	Art. 1 Zweite ZinssatzersetzungsVO	13. 5. 2002	BGBl. I S. 1582	Art. 48, 49	geänd. mWv 23. 5. 2002
8.	Art. 25 Abs. 8 OLG-VertretungsÄndG	23. 7. 2002	BGBl. I S. 2850	Art. 48 und 49	geänd. mWv 1. 8. 2002
9.	Art. 156 Erstes G über die Bereinigung von Bundesrecht im Zuständigkeitsbereich des BMJ	19. 4. 2006	BGBl. I S. 866	Art. 38	geänd. mWv 25. 4. 2006
10.	Art. 23 G zur Förderung des elektronischen Rechtsverkehrs mit den Gerichten	10. 10. 2013	BGBl. I S. 3786	Art. 44	geänd. mWv 1. 7. 2014
11.	Art. 201 Zehnte ZuständigkeitsanpassungsVO	31. 8. 2015	BGBl. I S. 1474	Art. 38	geänd. mWv 8. 9. 2015

Nichtamtliche Gliederungsübersicht

---

1) In Kraft getreten am 1. 4. 1934 gem. VO v. 28. 11. 1933 (RGBl. S. 1019).
2) **Amtl. Anm.:** *(vom Abdruck der amtl. Anm. wurde abgesehen)*

Erster Teil. Gezogener Wechsel

Erster Abschnitt. Ausstellung und Form des gezogenen Wechsels

Art. 1 [Bestandteile] Der gezogene Wechsel enthält:

1. die Bezeichnung als Wechsel im Texte der Urkunde, und zwar in der Sprache, in der sie ausgestellt ist;
2. die unbedingte Anweisung, eine bestimmte Geldsumme zu zahlen;
3. den Namen dessen, der zahlen soll (Bezogener);
4. die Angabe der Verfallzeit;
5. die Angabe des Zahlungsortes;
6. den Namen dessen, an den oder an dessen Order gezahlt werden soll;
7. die Angabe des Tages und des Ortes der Ausstellung;
8. die Unterschrift des Ausstellers.

Art. 2 [Fehlen von Bestandteilen] (1) Eine Urkunde, der einer der in vorstehendem Artikel bezeichneten Bestandteile fehlt, gilt nicht als gezogener Wechsel, vorbehaltlich der in den folgenden Absätzen bezeichneten Fälle.

(2) Ein Wechsel ohne Angabe der Verfallzeit gilt als Sichtwechsel.

(3) Mangels einer besonderen Angabe gilt der bei dem Namen des Bezogenen angegebene Ort als Zahlungsort und zugleich als Wohnort des Bezogenen.

(4) Ein Wechsel ohne Angabe des Ausstellungsortes gilt als ausgestellt an dem Orte, der bei dem Namen des Ausstellers angegeben ist.

Art. 3 [Eigene Order; trassiert-eigener Wechsel; gezogener Wechsel] (1) Der Wechsel kann an die eigene Order des Ausstellers lauten.

(2) Er kann auf den Aussteller selbst gezogen werden.

(3) Er kann für Rechnung eines Dritten gezogen werden.

Art. 4 [Zahlungsort] Der Wechsel kann bei einem Dritten, am Wohnort des Bezogenen oder an einem anderen Orte, zahlbar gestellt werden.

Art. 5 [Zinsen] (1) [1]In einem Wechsel, der auf Sicht oder auf eine bestimmte Zeit nach Sicht lautet, kann der Aussteller bestimmen, daß die Wechselsumme zu verzinsen ist. [2]Bei jedem anderen Wechsel gilt der Zinsvermerk als nicht geschrieben.

(2) Der Zinsfuß ist im Wechsel anzugeben; fehlt diese Angabe, so gilt der Zinsvermerk als nicht geschrieben.

(3) Die Zinsen laufen vom Tage der Ausstellung des Wechsels, sofern nicht ein anderer Tag bestimmt ist.

Art. 6 [Wechselsumme] (1) Ist die Wechselsumme in Buchstaben und in Ziffern angegeben, so gilt bei Abweichungen die in Buchstaben angegebene Summe.

(2) Ist die Wechselsumme mehrmals in Buchstaben oder mehrmals in Ziffern angegeben, so gilt bei Abweichungen die geringste Summe.

Art. 7 [Ungültige Unterschriften] Trägt ein Wechsel Unterschriften von Personen, die eine Wechselverbindlichkeit nicht eingehen können, gefälschte

(Fortsetzung nächstes Blatt)

Unterschriften, Unterschriften erdichteter Personen oder Unterschriften, die aus irgendeinem anderen Grunde für die Personen, die unterschrieben haben oder mit deren Namen unterschrieben worden ist, keine Verbindlichkeit begründen, so hat dies auf die Gültigkeit der übrigen Unterschriften keinen Einfluß.

Art. 8. [Vertreter ohne Vertretungsmacht] 1 Wer auf einen Wechsel seine Unterschrift als Vertreter eines anderen setzt, ohne hierzu ermächtigt zu sein, haftet selbst wechselmäßig und hat, wenn er den Wechsel einlöst, dieselben Rechte, die der angeblich Vertretene haben würde. 2 Das gleiche gilt von einem Vertreter, der seine Vertretungsbefugnis überschritten hat.

Art. 9. [Haftung des Ausstellers] (1) Der Aussteller haftet für die Annahme und die Zahlung des Wechsels.

(2) Er kann die Haftung für die Annahme ausschließen; jeder Vermerk, durch den er die Haftung für die Zahlung ausschließt, gilt als nicht geschrieben.

Art. 10. [Blankowechsel] Wenn ein Wechsel, der bei der Begebung unvollständig war, den getroffenen Vereinbarungen zuwider ausgefüllt worden ist, so kann die Nichteinhaltung dieser Vereinbarungen dem Inhaber nicht entgegengesetzt werden, es sei denn, daß er den Wechsel in bösem Glauben erworben hat oder ihm beim Erwerb eine grobe Fahrlässigkeit zur Last fällt.

Zweiter Abschnitt. Indossament

Art. 11. [Übertragung des Wechsels] (1) Jeder Wechsel kann durch Indossament übertragen werden, auch wenn er nicht ausdrücklich an Order lautet.

(2) Hat der Aussteller in den Wechsel die Worte „nicht an Order" oder einen gleichbedeutenden Vermerk aufgenommen, so kann der Wechsel nur in der Form und mit den Wirkungen einer gewöhnlichen Abtretung übertragen werden.

(3) 1 Das Indossament kann auch auf den Bezogenen, gleichviel ob er den Wechsel angenommen hat oder nicht, auf den Aussteller oder auf jeden anderen Wechselverpflichteten lauten. 2 Diese Personen können den Wechsel weiter indossieren.

Art. 12. [Indossament bedingungsfeindlich; Teilindossament; Indossament an den Inhaber] (1) 1 Das Indossament muß unbedingt sein. 2 Bedingungen, von denen es abhängig gemacht wird, gelten als nicht geschrieben.

(2) Ein Teilindossament ist nichtig.

(3) Ein Indossament an den Inhaber gilt als Blankoindossament.

Art. 13. [Form; Blankoindossament] (1) 1 Das Indossament muß auf den Wechsel oder auf ein mit dem Wechsel verbundenes Blatt (Anhang) gesetzt werden. 2 Es muß von dem Indossanten unterschrieben werden.

(2) 1 Das Indossament braucht den Indossatar nicht zu bezeichnen und kann selbst in der bloßen Unterschrift des Indossanten bestehen (Blankoindossament). 2 In diesem letzteren Falle muß das Indossament, um gültig zu sein, auf die Rückseite des Wechsels oder auf den Anhang gesetzt werden.

Art. 14. [Transportfunktion] (1) Das Indossament überträgt alle Rechte aus dem Wechsel.

(2) Ist es ein Blankoindossament, so kann der Inhaber
1. das Indossament mit seinem Namen oder mit dem Namen eines anderen ausfüllen;
2. den Wechsel durch ein Blankoindossament oder an eine bestimmte Person weiter indossieren;
3. den Wechsel weiterbegeben, ohne das Blankoindossament auszufüllen und ohne ihn zu indossieren.

Art. 15. [Garantiefunktion] (1) Der Indossant haftet mangels eines entgegenstehenden Vermerks für die Annahme und die Zahlung.

(2) Er kann untersagen, daß der Wechsel weiter indossiert wird; in diesem Falle haftet er denen nicht, an die der Wechsel weiter indossiert wird.

Art. 16. [Wechselvermutung] (1) [1] Wer den Wechsel in Händen hat, gilt als rechtmäßiger Inhaber, sofern er sein Recht durch eine ununterbrochene Reihe von Indossamenten nachweist, und zwar auch dann, wenn das letzte ein Blankoindossament ist. [2] Ausgestrichene Indossamente gelten hierbei als nicht geschrieben. [3] Folgt auf ein Blankoindossament ein weiteres Indossament, so wird angenommen, daß der Aussteller dieses Indossaments den Wechsel durch das Blankoindossament erworben hat.

(2) Ist der Wechsel einem früheren Inhaber irgendwie abhanden gekommen, so ist der neue Inhaber, der sein Recht nach den Vorschriften des vorstehenden Absatzes nachweist, zur Herausgabe des Wechsels nur verpflichtet, wenn er ihn in bösem Glauben erworben hat oder ihm beim Erwerb eine grobe Fahrlässigkeit zur Last fällt.

Art. 17. [Einwendungen des Wechselschuldners] Wer aus dem Wechsel in Anspruch genommen wird, kann dem Inhaber keine Einwendungen entgegensetzen, die sich auf seine unmittelbaren Beziehungen zu dem Aussteller oder zu einem früheren Inhaber gründen, es sei denn, daß der Inhaber bei dem Erwerb des Wechsels bewußt zum Nachteil des Schuldners gehandelt hat.

Art. 18. [Vollmachtsindossament] (1) Enthält das Indossament den Vermerk „Wert zur Einziehung", „zum Inkasso", „in Prokura" oder einen anderen nur eine Bevollmächtigung ausdrückenden Vermerk, so kann der Inhaber alle Rechte aus dem Wechsel geltend machen; aber er kann ihn nur durch ein weiteres Vollmachtsindossament übertragen.

(2) Die Wechselverpflichteten können in diesem Falle dem Inhaber nur solche Einwendungen entgegensetzen, die ihnen gegen den Indossanten zustehen.

(3) Die in dem Vollmachtsindossament enthaltene Vollmacht erlischt weder mit dem Tode noch mit dem Eintritt der Handlungsunfähigkeit des Vollmachtgebers.

Art. 19. [Pfandindossament] (1) Enthält das Indossament den Vermerk „Wert zur Sicherheit", „Wert zum Pfande" oder einen anderen eine Verpfändung ausdrückenden Vermerk, so kann der Inhaber alle Rechte aus dem Wechsel geltend machen; ein von ihm ausgestelltes Indossament hat aber nur die Wirkung eines Vollmachtsindossaments.

(2) Die Wechselverpflichteten können dem Inhaber keine Einwendungen entgegensetzen, die sich auf ihre unmittelbaren Beziehungen zu dem Indossanten gründen, es sei denn, daß der Inhaber bei dem Erwerb des Wechsels bewußt zum Nachteil des Schuldners gehandelt hat.

Art. 20. [Indossament nach Verfall] (1) [1]Ein Indossament nach Verfall hat dieselben Wirkungen wie ein Indossament vor Verfall. [2]Ist jedoch der Wechsel erst nach Erhebung des Protestes mangels Zahlung oder nach Ablauf der hierfür bestimmten Frist indossiert worden, so hat das Indossament nur die Wirkungen einer gewöhnlichen Abtretung.

(2) Bis zum Beweis des Gegenteils wird vermutet, daß ein nicht datiertes Indossament vor Ablauf der für die Erhebung des Protestes bestimmten Frist auf den Wechsel gesetzt worden ist.

Dritter Abschnitt. Annahme

Art. 21. [Vorlegung zur Annahme] Der Wechsel kann von dem Inhaber oder von jedem, der den Wechsel auch nur in Händen hat, bis zum Verfall dem Bezogenen an seinem Wohnort zur Annahme vorgelegt werden.

Art. 22. [Vorlegungsgebot und Vorlegungsverbot] (1) Der Aussteller kann in jedem Wechsel mit oder ohne Bestimmung einer Frist vorschreiben, daß der Wechsel zur Annahme vorgelegt werden muß.

(2) Er kann im Wechsel die Vorlegung zur Annahme untersagen, wenn es sich nicht um einen Wechsel handelt, der bei einem Dritten oder an einem von dem Wohnort des Bezogenen verschiedenen Ort zahlbar ist oder der auf eine bestimmte Zeit nach Sicht lautet.

(3) Er kann auch vorschreiben, daß der Wechsel nicht vor einem bestimmten Tag zur Annahme vorgelegt werden darf.

(4) Jeder Indossant kann, wenn nicht der Aussteller die Vorlegung zur Annahme untersagt hat, mit oder ohne Bestimmung einer Frist vorschreiben, daß der Wechsel zur Annahme vorgelegt werden muß.

Art. 23. [Vorlegungsfrist] (1) Wechsel, die auf eine bestimmte Zeit nach Sicht lauten, müssen binnen einem Jahr nach dem Tag der Ausstellung zur Annahme vorgelegt werden.

(2) Der Aussteller kann eine kürzere oder eine längere Frist bestimmen.

(3) Die Indossanten können die Vorlegungsfristen abkürzen.

Art. 24. [Nochmalige Vorlegung] (1) [1]Der Bezogene kann verlangen, daß ihm der Wechsel am Tag nach der ersten Vorlegung nochmals vorgelegt wird. [2]Die Beteiligten können sich darauf, daß diesem Verlangen nicht entsprochen worden ist, nur berufen, wenn das Verlangen im Protest vermerkt ist.

(2) Der Inhaber ist nicht verpflichtet, den zur Annahme vorgelegten Wechsel in der Hand des Bezogenen zu lassen.

Art. 25. [Annahmeerklärung] (1) [1]Die Annahmeerklärung wird auf den Wechsel gesetzt. [2]Sie wird durch das Wort „angenommen" oder ein gleichbedeutendes Wort ausgedrückt; sie ist vom Bezogenen zu unterschreiben. [3]Die bloße Unterschrift des Bezogenen auf der Vorderseite des Wechsels gilt als Annahme.

(2) [1]Lautet der Wechsel auf eine bestimmte Zeit nach Sicht oder ist er infolge eines besonderen Vermerks innerhalb einer bestimmten Frist zur Annahme vorzulegen, so muß die Annahmeerklärung den Tag bezeichnen, an dem sie erfolgt ist, sofern nicht der Inhaber die Angabe des Tages der Vorlegung verlangt. [2]Ist kein Tag angegeben, so muß der Inhaber, um seine Rückgriffsrechte gegen die Indossanten und den Aussteller zu wahren, diese Unterlassung rechtzeitig durch einen Protest feststellen lassen.

Art. 26. [Eingeschränkte Annahme] (1) Die Annahme muß unbedingt sein; der Bezogene kann sie aber auf einen Teil der Wechselsumme beschränken.

(2) [1]Wenn die Annahmeerklärung irgendeine andere Abweichung von den Bestimmungen des Wechsels enthält, so gilt die Annahme als verweigert. [2]Der Annehmende haftet jedoch nach dem Inhalt seiner Annahmeerklärung.

Art. 27. [Domizilwechsel; Zahlstellenwechsel] (1) [1]Hat der Aussteller im Wechsel einen von dem Wohnort des Bezogenen verschiedenen Zahlungsort angegeben, ohne einen Dritten zu bezeichnen, bei dem die Zahlung geleistet werden soll, so kann der Bezogene bei der Annahmeerklärung einen Dritten bezeichnen. [2]Mangels einer solchen Bezeichnung wird angenommen, daß sich der Annehmer verpflichtet hat, selbst am Zahlungsort zu zahlen.

(2) Ist der Wechsel beim Bezogenen selbst zahlbar, so kann dieser in der Annahmeerklärung eine am Zahlungsort befindliche Stelle bezeichnen, wo die Zahlung geleistet werden soll.

Art. 28. [Wirkung der Annahme] (1) Der Bezogene wird durch die Annahme verpflichtet, den Wechsel bei Verfall zu bezahlen.

(2) Mangels Zahlung hat der Inhaber, auch wenn er der Aussteller ist, gegen den Annehmer einen unmittelbaren Anspruch aus dem Wechsel auf alles, was auf Grund der Artikel 48 und 49 gefordert werden kann.

Art. 29. [Widerruf der Annahme] (1) [1]Hat der Bezogene die auf den Wechsel gesetzte Annahmeerklärung vor der Rückgabe des Wechsels gestrichen, so gilt die Annahme als verweigert. [2]Bis zum Beweis des Gegenteils wird vermutet, daß die Streichung vor der Rückgabe des Wechsels erfolgt ist.

(2) Hat der Bezogene jedoch dem Inhaber oder einer Person, deren Unterschrift sich auf dem Wechsel befindet, die Annahme schriftlich mitgeteilt, so haftet er diesen nach dem Inhalt seiner Annahmeerklärung.

Vierter Abschnitt. Wechselbürgschaft

Art. 30. [Zulässigkeit] (1) Die Zahlung der Wechselsumme kann ganz oder teilweise durch Wechselbürgschaft gesichert werden.

(2) Diese Sicherheit kann von einem Dritten oder auch von einer Person geleistet werden, deren Unterschrift sich schon auf dem Wechsel befindet.

Art. 31. [Form] (1) Die Bürgschaftserklärung wird auf den Wechsel oder auf einen Anhang gesetzt.

(2) Sie wird durch die Worte „als Bürge“ oder einen gleichbedeutenden Vermerk ausgedrückt; sie ist von dem Wechselbürgen zu unterschreiben.

(3) Die bloße Unterschrift auf der Vorderseite des Wechsels gilt als Bürgschaftserklärung, soweit es sich nicht um die Unterschrift des Bezogenen oder des Ausstellers handelt.

(4) In der Erklärung ist anzugeben, für wen die Bürgschaft geleistet wird; mangels einer solchen Angabe gilt sie für den Aussteller.

Art. 32 [Haftung des Wechselbürgen] (1) Der Wechselbürge haftet in der gleichen Weise wie derjenige, für den er sich verbürgt hat.

(2) Seine Verpflichtungserklärung ist auch gültig, wenn die Verbindlichkeit, für die er sich verbürgt hat, aus einem anderen Grund als wegen eines Formfehlers nichtig ist.

(3) Der Wechselbürge, der den Wechsel bezahlt, erwirbt die Rechte aus dem Wechsel gegen denjenigen, für den er sich verbürgt hat, und gegen alle, die diesem wechselmäßig haften.

Fünfter Abschnitt. Verfall

Art. 33 [Verfallzeiten] (1) Ein Wechsel kann gezogen werden

auf Sicht;

auf eine bestimmte Zeit nach Sicht;

auf eine bestimmte Zeit nach der Ausstellung;

auf einen bestimmten Tag.

(2) Wechsel mit anderen oder mit mehreren aufeinanderfolgenden Verfallzeiten sind nichtig.

Art. 34 [Sichtwechsel] (1) [1] Der Sichtwechsel ist bei der Vorlegung fällig. [2] Er muß binnen einem Jahr nach der Ausstellung zur Zahlung vorgelegt werden. [3] Der Aussteller kann eine kürzere oder eine längere Frist bestimmen. [4] Die Indossanten können die Vorlegungsfristen abkürzen.

(2) [1] Der Aussteller kann vorschreiben, daß der Sichtwechsel nicht vor einem bestimmten Tag zur Zahlung vorgelegt werden darf. [2] In diesem Falle beginnt die Vorlegungsfrist mit diesem Tag.

Art. 35 [Nachsichtwechsel] (1) Der Verfall eines Wechsels, der auf eine bestimmte Zeit nach Sicht lautet, richtet sich nach dem in der Annahmeerklärung angegebenen Tag oder nach dem Tag des Protestes.

(2) Ist in der Annahmeerklärung ein Tag nicht angegeben und ein Protest *nicht erhoben* worden, so gilt dem Annehmer gegenüber der Wechsel als am letzten Tag der für die Vorlegung zur Annahme vorgesehenen Frist angenommen.

Art. 36 [Auslegungsregeln] (1) [1] Ein Wechsel, der auf einen oder mehrere Monate nach der Ausstellung oder nach Sicht lautet, verfällt an dem entsprechenden Tag des Zahlungsmonats. [2] Fehlt dieser Tag so ist der Wechsel am letzten Tag des Monats fällig.

(2) Lautet der Wechsel auf einen oder mehrere Monate und einen halben Monat nach der Ausstellung oder nach Sicht, so werden die ganzen Monate zuerst gezählt.

(3) Ist als Verfallzeit der Anfang, die Mitte oder das Ende eines Monats angegeben, so ist darunter der erste, der fünfzehnte oder der letzte Tag des Monats zu verstehen.

(4) Die Ausdrücke „acht Tage" oder „fünfzehn Tage" bedeuten nicht eine oder zwei Wochen, sondern volle acht oder fünfzehn Tage.

(5) Der Ausdruck „halber Monat" bedeutet fünfzehn Tage.

Art. 37 [Kalenderverschiedenheit] (1) Ist ein Wechsel an einem bestimmten Tag an einem Ort zahlbar, dessen Kalender von dem des Ausstellungsorts abweicht, so ist für den Verfalltag der Kalender des Zahlungsorts maßgebend.

(2) Ist ein zwischen zwei Orten mit verschiedenem Kalender gezogener Wechsel eine bestimmte Zeit nach der Ausstellung zahlbar, so wird der Tag der Ausstellung in den nach dem Kalender des Zahlungsorts entsprechenden Tag umgerechnet und hiernach der Verfalltag ermittelt.

(3) Auf die Berechnung der Fristen für die Vorlegung von Wechseln findet die Vorschrift des vorstehenden Absatzes entsprechende Anwendung.

(4) Die Vorschriften dieses Artikels finden keine Anwendung, wenn sich aus einem Vermerk im Wechsel oder sonst aus dessen Inhalt ergibt, daß etwas anderes beabsichtigt war.

Sechster Abschnitt. Zahlung

Art. 38[1] [Vorlegung zur Zahlung] (1) Der Inhaber eines Wechsels, der an einem bestimmten Tag oder bestimmte Zeit nach der Ausstellung oder nach Sicht zahlbar ist, hat den Wechsel am Zahlungstag oder an einem der beiden folgenden Werktage zur Zahlung vorzulegen.

(2) Die Einlieferung in eine Abrechnungsstelle steht der Vorlegung zur Zahlung gleich.

(3) Das Bundesministerium der Justiz und für Verbraucherschutz bestimmt, welche Einrichtungen als Abrechnungsstellen anzusehen sind und unter welchen Voraussetzungen die Einlieferung erfolgen kann.

Art. 39 [Aushändigung des quittierten Wechsels; Teilzahlung] (1) Der Bezogene kann vom Inhaber gegen Zahlung die Aushändigung des quittierten Wechsels verlangen.

(2) Der Inhaber darf eine Teilzahlung nicht zurückweisen.

(3) Im Falle der Teilzahlung kann der Bezogene verlangen, daß sie auf dem Wechsel vermerkt und ihm eine Quittung erteilt wird.

Art. 40 [Zahlung vor und bei Verfall] (1) Der Inhaber des Wechsels ist nicht verpflichtet, die Zahlung vor Verfall anzunehmen.

---

[1] Art. 38 Abs. 3 geänd. mWv 25. 4. 2006 durch G v. 19. 4. 2006 (BGBl. I S. 866); Abs. 3 geänd. mWv 8. 9. 2015 durch VO v. 31. 8. 2015 (BGBl. I S. 1474).

(2) Der Bezogene, der vor Verfall zahlt, handelt auf eigene Gefahr.

(3) [1] Wer bei Verfall zahlt, wird von seiner Verbindlichkeit befreit, wenn ihm nicht Arglist oder grobe Fahrlässigkeit zur Last fällt. [2] Er ist verpflichtet, die Ordnungsmäßigkeit der Reihe der Indossamente, aber nicht die Unterschriften der Indossanten zu prüfen.

Art. 41 [Fremde Währung] (1) [1] Lautet der Wechsel auf eine Währung, die am Zahlungsort nicht gilt, so kann die Wechselsumme in der Landeswährung nach dem Wert gezahlt werden, den sie am Verfalltag besitzt. [2] Wenn der Schuldner die Zahlung verzögert, so kann der Inhaber wählen, ob die Wechselsumme nach dem Kurs des Verfalltages oder nach dem Kurs des Zahlungstages in die Landeswährung umgerechnet werden soll.

(2) [1] Der Wert der fremden Währung bestimmt sich nach den Handelsgebräuchen des Zahlungsortes. [2] Der Aussteller kann jedoch im Wechsel für die zu zahlende Summe einen Umrechnungskurs bestimmen.

(3) Die Vorschriften der beiden ersten Absätze finden keine Anwendung, wenn der Aussteller die Zahlung in einer bestimmten Währung vorgeschrieben hat (Effektivvermerk).

(4) Lautet der Wechsel auf eine Geldsorte, die im Lande der Ausstellung dieselbe Bezeichnung, aber einen anderen Wert hat als in dem der Zahlung, so wird vermutet, daß die Geldsorte des Zahlungsortes gemeint ist.

Art. 42 [Hinterlegung] Wird der Wechsel nicht innerhalb der in Artikel 38 bestimmten Frist zur Zahlung vorgelegt, so kann der Schuldner die Wechselsumme bei der zuständigen Behörde auf Gefahr und Kosten des Inhabers hinterlegen.[1)]

Siebenter Abschnitt. Rückgriff mangels Annahme und mangels Zahlung

Art. 43 [Rückgriff mangels Zahlung] (1) Der Inhaber kann gegen die Indossanten, den Aussteller und die anderen Wechselverpflichteten bei Verfall des Wechsels Rückgriff nehmen, wenn der Wechsel nicht bezahlt worden ist.

(2) Das gleiche Recht steht dem Inhaber schon vor Verfall zu,

1. wenn die Annahme ganz oder teilweise verweigert worden ist;
2. wenn über das Vermögen des Bezogenen, gleichviel ob er den Wechsel angenommen hat oder nicht, das Insolvenzverfahren eröffnet worden ist oder wenn der Bezogene auch nur seine Zahlungen eingestellt hat oder wenn eine Zwangsvollstreckung in sein Vermögen fruchtlos verlaufen ist;
3. wenn über das Vermögen des Ausstellers eines Wechsels, dessen Vorlegung zur Annahme untersagt ist, das Insolvenzverfahren eröffnet worden ist.

---

1) Vgl. die HinterlegungsO v. 10. 3. 1937 (RGBl. I S. 285), aufgeh. durch G v. 23. 11. 2007 (BGBl. I S. 2614); siehe jetzt die Hinterlegungsgesetze der Länder.

Art. 44[1)][2)] **[Protest]** (1) Die Verweigerung der Annahme oder der Zahlung muß durch eine öffentliche Urkunde (Protest mangels Annahme oder mangels Zahlung) festgestellt werden.

(2) [1] Der Protest mangels Annahme muß innerhalb der Frist erhoben werden, die für die Vorlegung zur Annahme gilt. [2] Ist im Fall des Artikels 24 Abs. 1 der Wechsel am letzten Tage der Frist zum ersten Mal vorgelegt worden, so kann der Protest noch am folgenden Tag erhoben werden.

(3) [1] Der Protest mangels Zahlung muß bei einem Wechsel, der an einem bestimmten Tag oder bestimmte Zeit nach der Ausstellung oder nach Sicht zahlbar ist, an einem der beiden auf den Zahlungstag folgenden Werktage erhoben werden. [2] Bei einem Sichtwechsel muß der Protest mangels Zahlung in den gleichen Fristen erhoben werden, wie sie im vorhergehenden Absatz für den Protest mangels Annahme vorgesehen sind.

(4) Ist Protest mangels Annahme erhoben worden, so bedarf es weder der Vorlegung zur Zahlung noch des Protestes mangels Zahlung.

(5) Hat der Bezogene, gleichviel ob er den Wechsel angenommen hat oder nicht, seine Zahlungen eingestellt, oder ist eine Zwangsvollstreckung in sein Vermögen fruchtlos verlaufen, so kann der Inhaber nur Rückgriff nehmen, nachdem der Wechsel dem Bezogenen zur Zahlung vorgelegt und Protest erhoben worden ist.

(6) [1] Ist über das Vermögen des Bezogenen, gleichviel ob er den Wechsel angenommen hat oder nicht, oder über das Vermögen des Ausstellers eines Wechsels, dessen Vorlegung zur Annahme untersagt ist, das Insolvenzverfahren eröffnet worden, so genügt es zur Ausübung des Rückgriffsrechts, daß der gerichtliche Beschluß über die Eröffnung des Insolvenzverfahrens vorgelegt wird. [2] Die Vorlegung der Bekanntmachung des gerichtlichen Beschlusses im Internet oder der Veröffentlichung nach § 9 Absatz 2 Satz 1 der Insolvenzordnung[3)] ist der Vorlegung des gerichtlichen Beschlusses gleichzuachten.

Art. 45 [Benachrichtigungen] (1) [1] Der Inhaber muß seinen unmittelbaren Vormann und den Aussteller von dem Unterbleiben der Annahme oder der Zahlung innerhalb der vier Werktage benachrichtigen, die auf den Tag der Protesterhebung oder, im Fall des Vermerks „ohne Kosten", auf den Tag der Vorlegung folgen. [2] Jeder Indossant muß innerhalb zweier Werktage nach Empfang der Nachricht seinem unmittelbaren Vormann von der Nachricht, die er erhalten hat, Kenntnis geben und ihm die Namen und Adressen derjenigen mitteilen, die vorher Nachricht gegeben haben, und so weiter in der Reihenfolge, bis zum Aussteller. [3] Die Fristen laufen vom Empfang der vorhergehenden Nachricht.

(2) Wird nach Maßgabe des vorhergehenden Absatzes einer Person, deren Unterschrift sich auf dem Wechsel befindet, Nachricht gegeben, so muß die gleiche Nachricht in derselben Frist ihrem Wechselbürgen gegeben werden.

(3) Hat ein Indossant seine Adresse nicht oder in unleserlicher Form angegeben, so genügt es, daß sein unmittelbarer Vormann benachrichtigt wird.

[1)] *Art. 44 Abs. 6 Satz 2 neu gef.* mWv 1. 7. 2014 durch G v. 10. 10. 2013 (BGBl. I S. 3786).
[2)] Vgl. hierzu Art. 79 ff.
[3)] **Schönfelder Nr. 110.**

(4) Die Nachricht kann in jeder Form gegeben werden, auch durch die bloße Rücksendung des Wechsels.

(5) [1] Der zur Benachrichtigung Verpflichtete hat zu beweisen, daß er in der vorgeschriebenen Frist benachrichtigt hat. [2] Die Frist gilt als eingehalten, wenn ein Schreiben, das die Benachrichtigung enthält, innerhalb der Frist zur Post gegeben worden ist.

(6) Wer die rechtzeitige Benachrichtigung versäumt, verliert nicht den Rückgriff; er haftet für den etwa durch seine Nachlässigkeit entstandenen Schaden, jedoch nur bis zur Höhe der Wechselsumme.

Art. 46 [Erlass des Protestes] (1) Der Aussteller sowie jeder Indossant oder Wechselbürge kann durch den Vermerk „ohne Kosten", „ohne Protest" oder einen gleichbedeutenden auf den Wechsel gesetzten und unterzeichneten Vermerk den Inhaber von der Verpflichtung befreien, zum Zwecke der Ausübung des Rückgriffs Protest mangels Annahme oder mangels Zahlung erheben zu lassen.

(2) [1] Der Vermerk befreit den Inhaber nicht von der Verpflichtung, den Wechsel rechtzeitig vorzulegen und die erforderlichen Nachrichten zu geben. [2] Der Beweis, daß die Frist nicht eingehalten worden ist, liegt demjenigen ob, der sich dem Inhaber gegenüber darauf beruft.

(3) [1] Ist der Vermerk vom Aussteller beigefügt, so wirkt er gegenüber allen Wechselverpflichteten; ist er von einem Indossanten oder einem Wechselbürgen beigefügt, so wirkt er nur diesen gegenüber. [2] Läßt der Inhaber ungeachtet des vom Aussteller beigefügten Vermerks Protest erheben, so fallen ihm die Kosten zur Last. [3] Ist der Vermerk von einem Indossanten oder einem Wechselbürgen beigefügt, so sind alle Wechselverpflichteten zum Ersatz der Kosten eines dennoch erhobenen Protestes verpflichtet.

Art. 47 [Haftung der Wechselschuldner] (1) Alle, die einen Wechsel ausgestellt, angenommen, indossiert oder mit einer Bürgschaftserklärung versehen haben, haften dem Inhaber als Gesamtschuldner.

(2) Der Inhaber kann jeden einzeln oder mehrere oder alle zusammen in Anspruch nehmen, ohne an die Reihenfolge gebunden zu sein, in der sie sich verpflichtet haben.

(3) Das gleiche Recht steht jedem Wechselverpflichteten zu, der den Wechsel eingelöst hat.

(4) Durch die Geltendmachung des Anspruchs gegen einen Wechselverpflichteten verliert der Inhaber nicht seine Rechte gegen die anderen Wechselverpflichteten, auch nicht gegen die Nachmänner desjenigen, der zuerst in Anspruch genommen worden ist.

Art. 48[1)] [Rückgriff des Protestanten] (1) Der Inhaber kann im Wege des Rückgriffs verlangen:

1. die Wechselsumme, soweit der Wechsel nicht angenommen oder nicht eingelöst worden ist, mit den etwa bedungenen Zinsen;

---

1) Art. 48 Abs. 1 Nr. 2 geänd. durch G v. 17. 7. 1985 (BGBl. I S. 1507); Abs. 1 Nr. 2 geänd. mWv 23. 5. 2002 durch VO v. 13. 5. 2002 (BGBl. I S. 1582); Abs. 1 Nr. 2 geänd. mWv 1. 8. 2002 durch G v. 23. 7. 2002 (BGBl. I S. 2850).

2. Zinsen zu sechs vom Hundert seit dem Verfalltag. Bei einem Wechsel, der im Inland sowohl ausgestellt als auch zahlbar ist, beträgt der Zinssatz zwei vom Hundert über dem jeweiligen Basiszinssatz nach § 247 des Bürgerlichen Gesetzbuchs[1)], mindestens aber sechs vom Hundert;
3. die Kosten des Protestes und der Nachrichten sowie die anderen Auslagen;
4. eine Vergütung, die mangels besonderer Vereinbarung ein Drittel vom Hundert der Hauptsumme des Wechsels beträgt und diesen Satz keinesfalls überschreiten darf.

(2) [1] Wird der Rückgriff vor Verfall genommen, so werden von der Wechselsumme Zinsen abgezogen. [2] Diese Zinsen werden auf Grund des öffentlich bekanntgemachten Diskontsatzes (Satz der Zentralnotenbank) berechnet, der am Tag des Rückgriffs am Wohnort des Inhabers gilt.

Art. 49[2)] **[Rückgriff des Einlösers]** Wer den Wechsel eingelöst hat, kann von seinen Vormännern verlangen:

1. den vollen Betrag, den er gezahlt hat;
2. die Zinsen dieses Betrags zu sechs vom Hundert seit dem Tag der Einlösung. Bei einem Wechsel, der im Inland sowohl ausgestellt als auch zahlbar ist, beträgt der Zinssatz zwei vom Hundert über dem jeweiligen Basiszinssatz nach § 247 des Bürgerlichen Gesetzbuchs[1)], mindestens aber sechs vom Hundert;
3. seine Auslagen;
4. eine Vergütung, die nach den Vorschriften des Artikels 48 Abs. 1 Nr. 4 berechnet wird.

Art. 50 [Aushändigung der Wechselpapiere] (1) Jeder Wechselverpflichtete, gegen den Rückgriff genommen wird oder genommen werden kann, ist berechtigt, zu verlangen, daß ihm gegen Entrichtung der Rückgriffssumme der Wechsel mit dem Protest und eine quittierte Rechnung ausgehändigt werden.

(2) Jeder Indossant, der den Wechsel eingelöst hat, kann sein Indossament und die Indossamente seiner Nachmänner ausstreichen.

Art. 51 [Rückgriff nach Teilannahme] [1] Bei dem Rückgriff nach einer Teilannahme kann derjenige, der den nicht angenommenen Teil der Wechselsumme entrichtet, verlangen, daß dies auf dem Wechsel vermerkt und ihm darüber Quittung erteilt wird. [2] Der Inhaber muß ihm ferner eine beglaubigte Abschrift des Wechsels und den Protest aushändigen, um den weiteren Rückgriff zu ermöglichen.

Art. 52 [Rückwechsel] (1) Wer zum Rückgriff berechtigt ist, kann mangels eines entgegenstehenden Vermerkes den Rückgriff dadurch nehmen, daß er auf einen seiner Vormänner einen neuen Wechsel (Rückwechsel) zieht, der auf Sicht lautet und am Wohnort dieses Vormannes zahlbar ist.

[1)] **Schönfelder Nr. 20.**

[2)] *Art. 49 Nr. 2 geänd. durch G v.* 17. 7. 1985 (BGBl. I S. 1507); Nr. 2 geänd. mWv 23. 5. 2002 durch VO v. 13. 5. 2002 (BGBl. I S. 1582); Satz 1 Nr. 2 geänd. mWv 1. 8. 2002 durch G v. 23. 7. 2002 (BGBl. I S. 2850).

(2) Der Rückwechsel umfaßt, außer den in den Artikeln 48 und 49 angegebenen Beträgen, die Mäklergebühr und die Stempelsteuer für den Rückwechsel.

(3) [1] Wird der Rückwechsel vom Inhaber gezogen, so richtet sich die Höhe der Wechselsumme nach dem Kurse, den ein vom Zahlungsort des ursprünglichen Wechsels auf den Wohnort des Vormannes gezogener Sichtwechsel hat. [2] Wird der Rückwechsel von einem Indossanten gezogen, so richtet sich die Höhe der Wechselsumme nach dem Kurse, den ein vom Wohnort des Ausstellers des Rückwechsels auf den Wohnort des Vormannes gezogener Sichtwechsel hat.

Art. 53 [Rechtsverlust bei Fristversäumung] (1) Mit der Versäumung der Fristen

für die Vorlegung eines Wechsels, der auf Sicht oder auf eine bestimmte Zeit nach Sicht lautet,

(Fortsetzung nächstes Blatt)

für die Erhebung des Protestes mangels Annahme oder mangels Zahlung,

für die Vorlegung zur Zahlung im Falle des Vermerkes „ohne Kosten"

verliert der Inhaber seine Rechte gegen die Indossanten den Aussteller und alle anderen Wechselverpflichteten, mit Ausnahme des Annehmers.

(2) Versäumt der Inhaber die vom Aussteller für die Vorlegung zur Annahme vorgeschriebene Frist, so verliert er das Recht, mangels Annahme und mangels Zahlung Rückgriff zu nehmen, sofern nicht der Wortlaut des Vermerkes ergibt, daß der Aussteller nur die Haftung für die Annahme hat ausschließen wollen.

(3) Ist die Frist für die Vorlegung in einem Indossament enthalten, so kann sich nur der Indossant darauf berufen.

Art. 54. [Fristversäumung wegen höherer Gewalt] (1) Steht der rechtzeitigen Vorlegung des Wechsels oder der rechtzeitigen Erhebung des Protestes ein unüberwindliches Hindernis entgegen (gesetzliche Vorschrift eines Staates oder ein anderer Fall höherer Gewalt), so werden die für diese Handlungen bestimmten Fristen verlängert.

(2) Der Inhaber ist verpflichtet, seinen unmittelbaren Vormann von dem Falle der höheren Gewalt unverzüglich zu benachrichtigen und die Benachrichtigung unter Beifügung des Tages und Ortes sowie seiner Unterschrift auf dem Wechsel oder einem Anhang zu vermerken; im übrigen finden die Vorschriften des Artikels 45 Anwendung.

(3) Fällt die höhere Gewalt weg, so muß der Inhaber den Wechsel unverzüglich zur Annahme oder zur Zahlung vorlegen und gegebenenfalls Protest erheben lassen.

(4) Dauert die höhere Gewalt länger als dreißig Tage nach Verfall, so kann Rückgriff genommen werden, ohne daß es der Vorlegung oder der Protesterhebung bedarf.

(5) [1]Bei Wechseln, die auf Sicht oder auf eine bestimmte Zeit nach Sicht lauten, läuft die dreißigtägige Frist von dem Tage, an dem der Inhaber seinen Vormann von dem Fall der höheren Gewalt benachrichtigt hat; diese Nachricht kann schon vor Ablauf der Vorlegungsfrist gegeben werden. [2]Bei Wechseln, die auf bestimmte Zeit nach Sicht lauten, verlängert sich die dreißigtägige Frist um die im Wechsel angegebene Nachsichtfrist.

(6) Tatsachen, die rein persönlich den Inhaber oder denjenigen betreffen, den er mit der Vorlegung des Wechsels oder mit der Protesterhebung beauftragt hat, gelten nicht als Fälle höherer Gewalt.

Achter Abschnitt. Ehreneintritt

1. Allgemeine Vorschriften

Art. 55. [Notadresse; Ehrenannahme oder -zahlung] (1) Der Aussteller sowie jeder Indossant oder Wechselbürge kann eine Person angeben, die im Notfall annehmen oder zahlen soll.

(2) Der Wechsel kann unter den nachstehend bezeichneten Voraussetzungen zu Ehren eines jeden Wechselverpflichteten, gegen den Rückgriff genommen werden kann, angenommen oder bezahlt werden.

(3) Jeder Dritte, auch der Bezogene, sowie jeder aus dem Wechsel bereits Verpflichtete, mit Ausnahme des Annehmers, kann einen Wechsel zu Ehren annehmen oder bezahlen.

(4) 1 Wer zu Ehren annimmt oder zahlt, ist verpflichtet, den Wechselverpflichteten, für den er eintritt, innerhalb zweier Werktage hiervon zu benachrichtigen. 2 Hält er die Frist nicht ein, so haftet er für den etwa durch seine Nachlässigkeit entstandenen Schaden, jedoch nur bis zur Höhe der Wechselsumme.

2. Ehrenannahme

Art. 56. [Zulässigkeit; Rückgriff] (1) Die Ehrenannahme ist in allen Fällen zulässig, in denen der Inhaber vor Verfall Rückgriff nehmen kann, es sei denn, daß es sich um einen Wechsel handelt, dessen Vorlegung zur Annahme untersagt ist.

(2) Ist auf dem Wechsel eine Person angegeben, die im Notfall am Zahlungsort annehmen oder zahlen soll, so kann der Inhaber vor Verfall gegen denjenigen, der die Notadresse beigefügt hat, und gegen seine Nachmänner nur Rückgriff nehmen, wenn er den Wechsel der in der Notadresse bezeichneten Person vorgelegt hat und im Falle der Verweigerung der Ehrenannahme die Verweigerung durch einen Protest hat feststellen lassen.

(3) 1 In den anderen Fällen des Ehreneintritts kann der Inhaber die Ehrenannahme zurückweisen. 2 Läßt er sie aber zu, so verliert er den Rückgriff vor Verfall gegen denjenigen, zu dessen Ehren die Annahme erklärt worden ist, und gegen dessen Nachmänner.

Art. 57. [Form] 1 Die Ehrenannahme wird auf dem Wechsel vermerkt; sie ist von demjenigen, der zu Ehren annimmt, zu unterschreiben. 2 In der Annahmeerklärung ist anzugeben, für wen die Ehrenannahme stattfindet; mangels einer solchen Angabe gilt sie für den Aussteller.

Art. 58. [Haftung des Ehrenannehmers] (1) Wer zu Ehren annimmt, haftet dem Inhaber und den Nachmännern desjenigen, für den er eingetreten ist, in der gleichen Weise wie dieser selbst.

(2) Trotz der Ehrenannahme können der Wechselverpflichtete, zu dessen Ehren der Wechsel angenommen worden ist, und seine Vormänner vom Inhaber gegen Erstattung des in Artikel 48 angegebenen Betrags die Aushändigung des Wechsels und gegebenenfalls des erhobenen Protestes sowie einer quittierten Rechnung verlangen.

3. Ehrenzahlung

Art. 59. [Zulässigkeit] (1) Die Ehrenzahlung ist in allen Fällen zulässig, in denen der Inhaber bei Verfall oder vor Verfall Rückgriff nehmen kann.

(2) Die Ehrenzahlung muß den vollen Betrag umfassen, den der Wechselverpflichtete, für den sie stattfindet, zahlen müßte.

(3) Sie muß spätestens am Tage nach Ablauf der Frist für die Erhebung des Protestes mangels Zahlung stattfinden.

Art. 60. [Protest mangels Ehrenzahlung] (1) Ist der Wechsel von Personen zu Ehren angenommen, die ihren Wohnsitz am Zahlungsort haben, oder sind am Zahlungsort wohnende Personen angegeben, die im Notfall zahlen sollen, so muß der Inhaber spätestens am Tage nach Ablauf der Frist für die Erhebung des Protestes mangels Zahlung den Wechsel allen diesen Personen vorlegen und gegebenenfalls Protest wegen unterbliebener Ehrenzahlung erheben lassen.

(2) Wird der Protest nicht rechtzeitig erhoben, so werden derjenige, der die Notadresse angegeben hat oder zu dessen Ehren der Wechsel angenommen worden ist, und die Nachmänner frei.

Art. 61. [Zurückweisung der Ehrenzahlung] Weist der Inhaber die Ehrenzahlung zurück, so verliert er den Rückgriff gegen diejenigen, die frei geworden wären.

Art. 62. [Quittung und Herausgabe der Papiere] (1) [1]Über die Ehrenzahlung ist auf dem Wechsel eine Quittung auszustellen, die denjenigen bezeichnet, für den gezahlt wird. [2]Fehlt die Bezeichnung, so gilt die Zahlung für den Aussteller.

(2) Der Wechsel und der etwa erhobene Protest sind dem Ehrenzahler auszuhändigen.

Art. 63. [Rechte des Ehrenzahlers] (1) [1]Der Ehrenzahler erwirbt die Rechte aus dem Wechsel gegen den Wechselverpflichteten, für den er gezahlt hat, und gegen die Personen, die diesem aus dem Wechsel haften. [2]Er kann jedoch den Wechsel nicht weiter indossieren.

(2) Die Nachmänner des Wechselverpflichteten, für den gezahlt worden ist, werden frei.

(3) [1]Sind mehrere Ehrenzahlungen angeboten, so gebührt derjenigen der Vorzug, durch welche die meisten Wechselverpflichteten frei werden. [2]Wer entgegen dieser Vorschrift in Kenntnis der Sachlage zu Ehren zahlt, verliert den Rückgriff gegen diejenigen, die sonst frei geworden wären.

Neunter Abschnitt. Ausfertigung mehrerer Stücke eines Wechsels; Wechselabschriften

1. Ausfertigungen

Art. 64. [Ausstellung und Form] (1) Der Wechsel kann in mehreren gleichen Ausfertigungen ausgestellt werden.

(2) Diese Ausfertigungen müssen im Texte der Urkunde mit fortlaufenden Nummern versehen sein; andernfalls gilt jede Ausfertigung als besonderer Wechsel.

(3) [1]Jeder Inhaber eines Wechsels kann auf seine Kosten die Übergabe mehrerer Ausfertigungen verlangen, sofern nicht aus dem Wechsel zu ersehen ist, daß er in einer einzigen Ausfertigung ausgestellt worden ist. [2]Zu diesem Zwecke hat sich der Inhaber an seinen unmittelbaren Vormann zu wenden, der wieder an seinen Vormann zurückgehen muß, und so weiter in der Reihenfolge bis zum Aussteller. [3]Die Indossanten sind verpflichtet, ihre Indossamente auf den neuen Ausfertigungen zu wiederholen.

Art. 65. [Zahlung; Haftung] (1) [1]Wird eine Ausfertigung bezahlt, so erlöschen die Rechte aus allen Ausfertigungen, auch wenn diese nicht den Vermerk tragen, daß durch die Zahlung auf eine Ausfertigung die anderen ihre Gültigkeit verlieren. [2]Jedoch bleibt der Bezogene aus jeder angenommenen Ausfertigung, die ihm nicht zurückgegeben worden ist, verpflichtet.

(2) Hat ein Indossant die Ausfertigungen an verschiedene Personen übertragen, so haften er und seine Nachmänner aus allen Ausfertigungen, die ihre Unterschrift tragen und nicht herausgegeben worden sind.

Art. 66. [Verwahrungsvermerk; Protest] (1) [1]Wer eine Ausfertigung zur Annahme versendet, hat auf den anderen Ausfertigungen den Namen dessen anzugeben, bei dem sich die versendete Ausfertigung befindet. [2]Dieser ist verpflichtet, sie dem rechtmäßigen Inhaber einer anderen Ausfertigung auszuhändigen.

(2) Wird die Aushändigung verweigert, so kann der Inhaber nur Rückgriff nehmen, nachdem er durch einen Protest hat feststellen lassen:

1. daß ihm die zur Annahme versendete Ausfertigung auf sein Verlangen nicht ausgehändigt worden ist;
2. daß die Annahme oder die Zahlung auch nicht auf eine andere Ausfertigung zu erlangen war.

2. Abschriften

Art. 67. [Zulässigkeit; Form und Inhalt] (1) Jeder Inhaber eines Wechsels ist befugt, Abschriften davon herzustellen.

(2) [1]Die Abschrift muß die Urschrift mit den Indossamenten und allen anderen darauf befindlichen Vermerken genau wiedergeben. [2]Es muß angegeben sein, wie weit die Abschrift reicht.

(3) Die Abschrift kann auf dieselbe Weise und mit denselben Wirkungen indossiert und mit einer Bürgschaftserklärung versehen werden wie die Urschrift.

Art. 68. [Vermerke; Protest] (1) [1]In der Abschrift ist der Verwahrer der Urschrift zu bezeichnen. [2]Dieser ist verpflichtet, die Urschrift dem rechtmäßigen Inhaber der Abschrift auszuhändigen.

(2) Wird die Aushändigung verweigert, so kann der Inhaber gegen die Indossanten der Abschrift und gegen diejenigen, die eine Bürgschaftserklärung auf die Abschrift gesetzt haben, nur Rückgriff nehmen, nachdem er durch einen Protest hat feststellen lassen, daß ihm die Urschrift auf sein Verlangen nicht ausgehändigt worden ist.

(3) Enthält die Urschrift nach dem letzten, vor Anfertigung der Abschrift daraufgesetzten Indossament den Vermerk „von hier ab gelten Indossamente nur noch auf der Abschrift" oder einen gleichbedeutenden Vermerk, so ist ein später auf die Urschrift gesetztes Indossament nichtig.

Zehnter Abschnitt. Änderungen

Art. 69. Wird der Text eines Wechsels geändert, so haften diejenigen, die nach der Änderung ihre Unterschrift auf den Wechsel gesetzt haben, entsprechend dem geänderten Texte; wer früher unterschrieben hat, haftet nach dem ursprünglichen Texte.

Elfter Abschnitt. Verjährung

Art. 70. [Verjährungsfrist] (1) Die wechselmäßigen Ansprüche gegen den Annehmer verjähren in drei Jahren vom Verfalltage.

(2) Die Ansprüche des Inhabers gegen die Indossanten und gegen den Aussteller verjähren in einem Jahre vom Tage des rechtzeitig erhobenen Protestes oder im Falle des Vermerkes „ohne Kosten" vom Verfalltage.

(3) Die Ansprüche eines Indossanten gegen andere Indossanten und gegen den Aussteller verjähren in sechs Monaten von dem Tage, an dem der Wechsel vom Indossanten eingelöst oder ihm gegenüber gerichtlich geltend gemacht worden ist.

Art. 71.[1] **[Neubeginn und Hemmung]** Der Neubeginn der Verjährung und ihre Hemmung nach § 204 des Bürgerlichen Gesetzbuchs[2] wirken nur gegen den Wechselverpflichteten, in Ansehung dessen die Tatsache eingetreten ist, welche den Neubeginn oder die Hemmung bewirkt.

Zwölfter Abschnitt. Allgemeine Vorschriften

Art. 72.[3] **[Feiertage; Samstage]** (1) [1]Verfällt der Wechsel an einem gesetzlichen Feiertage oder einem Sonnabend, so kann die Zahlung erst am nächsten Werktage verlangt werden. [2]Auch alle anderen auf den Wechsel bezüglichen Handlungen, insbesondere die Vorlegung zur Annahme und die Protesterhebung, können nur an einem Werktage, jedoch nicht an einem Sonnabend, stattfinden.

(2) [1]Fällt der letzte Tag einer Frist, innerhalb deren eine dieser Handlungen vorgenommen werden muß, auf einen gesetzlichen Feiertag oder einen Sonnabend, so wird die Frist bis zum nächsten Werktage verlängert. [2]Feiertage, die in den Lauf einer Frist fallen, werden bei der Berechnung der Frist mitgezählt.

Art. 73. [Berechnung der Fristen] Bei der Berechnung der gesetzlichen oder im Wechsel bestimmten Fristen wird der Tag, von dem sie zu laufen beginnen, nicht mitgezählt.

Art. 74. [Keine Respekttage] Weder gesetzliche noch richterliche Respekttage werden anerkannt.

Zweiter Teil. Eigener Wechsel

Art. 75. [Bestandteile] Der eigene Wechsel enthält:
1. die Bezeichnung als Wechsel im Texte der Urkunde, und zwar in der Sprache, in der sie ausgestellt ist;
2. das unbedingte Versprechen, eine bestimmte Geldsumme zu zahlen;
3. die Angabe der Verfallzeit;

---

[1] Art. 71 neugef. durch Art. 5 Abs. 19 SchuModG v. 26. 11. 2001 (BGBl. I S. 3138).
[2] Nr. **20**.
[3] Art. 72 neugef. durch G v. 10. 8. 1965 (BGBl. I S. 753).

4. die Angabe des Zahlungsortes;
5. den Namen dessen, an den oder an dessen Order gezahlt werden soll;
6. die Angabe des Tages und des Ortes der Ausstellung;
7. die Unterschrift des Ausstellers.

Art. 76. [Fehlen von Bestandteilen] (1) Eine Urkunde, der einer der im vorstehenden Artikel bezeichneten Bestandteile fehlt, gilt nicht als eigener Wechsel, vorbehaltlich der in den folgenden Absätzen bezeichneten Fälle.

(2) Ein eigener Wechsel ohne Angabe der Verfallzeit gilt als Sichtwechsel.

(3) Mangels einer besonderen Angabe gilt der Ausstellungsort als Zahlungsort und zugleich als Wohnort des Ausstellers.

(4) Ein eigener Wechsel ohne Angabe des Ausstellungsortes gilt als ausgestellt an dem Orte, der bei dem Namen des Ausstellers angegeben ist.

Art. 77. [Anzuwendende Vorschriften] (1) Für den eigenen Wechsel gelten, soweit sie nicht mit seinem Wesen in Widerspruch stehen, die für den gezogenen Wechsel gegebenen Vorschriften über

das Indossament (Artikel 11 bis 20),
den Verfall (Artikel 33 bis 37),
die Zahlung (Artikel 38 bis 42),
den Rückgriff mangels Zahlung (Artikel 43 bis 50, 52 bis 54),
die Ehrenzahlung (Artikel 55, 59 bis 63),
die Abschriften (Artikel 67 und 68),
die Änderungen (Artikel 69),
die Verjährung (Artikel 70 und 71),
die Feiertage, die Fristenberechnung und das Verbot der Respekttage (Artikel 72 bis 74).

(2) Ferner gelten für den eigenen Wechsel die Vorschriften über gezogene Wechsel, die bei einem Dritten oder an einem von dem Wohnort des Bezogenen verschiedenen Ort zahlbar sind (Artikel 4 und 27), über den Zinsvermerk (Artikel 5), über die Abweichungen bei der Angabe der Wechselsumme (Artikel 6), über die Folgen einer ungültigen Unterschrift (Artikel 7) oder die Unterschrift einer Person, die ohne Vertretungsbefugnis handelt oder ihre Vertretungsbefugnis überschreitet (Artikel 8), und über den Blankowechsel (Artikel 10).

(3) Ebenso finden auf den eigenen Wechsel die Vorschriften über die Wechselbürgschaft Anwendung (Artikel 30 bis 32); im Falle des Artikels 31 Abs. 4 gilt die Wechselbürgschaft, wenn die Erklärung nicht angibt, für wen sie geleistet wird, für den Aussteller des eigenen Wechsels.

Art. 78. [Haftung des Ausstellers; Nachsichtwechsel] (1) Der Aussteller eines eigenen Wechsels haftet in der gleichen Weise wie der Annehmer eines gezogenen Wechsels.

(2) [1] Eigene Wechsel, die auf eine bestimmte Zeit nach Sicht lauten, müssen *dem Aussteller innerhalb* der in Artikel 23 bezeichneten Fristen zur Sicht vorgelegt werden. [2] Die Sicht ist von dem Aussteller auf dem Wechsel unter Angabe des Tages und Beifügung der Unterschrift zu bestätigen. [3] Die Nachsicht-

frist läuft vom Tage des Sichtvermerkes. [4] Weigert sich der Aussteller, die Sicht unter Angabe des Tages zu bestätigen, so ist dies durch einen Protest festzustellen (Artikel 25); die Nachsichtfrist läuft dann vom Tage des Protestes.

Dritter Teil. Ergänzende Vorschriften

Erster Abschnitt. Protest

Art. 79.[1)] **[Protestpersonen]** (1) Jeder Protest muß durch einen Notar oder Gerichtsbeamten aufgenommen werden.

(2) *(aufgehoben)*

Art. 80. [Inhalt des Protestes] (1) In dem Protest ist aufzunehmen:

1. der Name dessen, für den protestiert wird, sowie der Name dessen, gegen den protestiert wird;
2. die Angabe, daß derjenige, gegen den protestiert wird, ohne Erfolg zur Vornahme der wechselrechtlichen Leistung aufgefordert worden oder nicht anzutreffen gewesen ist oder daß seine Geschäftsräume oder seine Wohnung sich nicht haben ermitteln lassen;
3. die Angabe des Ortes und des Tages, an dem die Aufforderung geschehen oder ohne Erfolg versucht worden ist.

(2) Verlangt der Bezogene, dem ein Wechsel zur Annahme vorgelegt wird, die nochmalige Vorlegung am nächsten Tage, so ist dies im Protest zu vermerken.

(3) Der Protest ist von dem Protestbeamten zu unterschreiben und mit dem Amtssiegel oder dem Amtsstempel zu versehen.

Art. 81. [Form des Protestes] (1) Der Protest ist auf den Wechsel oder auf ein mit dem Wechsel zu verbindendes Blatt zu setzen.

(2) Er soll unmittelbar hinter den letzten auf der Rückseite des Wechsels befindlichen Vermerk, in Ermangelung eines solchen unmittelbar an einen Rand der Rückseite gesetzt werden.

(3) [1] Wird der Protest auf ein Blatt gesetzt, das mit dem Wechsel verbunden wird, so soll die Verbindungsstelle mit dem Amtssiegel oder dem Amtsstempel versehen werden. [2] Ist dies geschehen, so braucht der Unterschrift des Protestbeamten ein Siegel oder Stempel nicht beigefügt zu werden.

(4) [1] Wird der Protest unter Vorlegung mehrerer Ausfertigungen desselben Wechsels oder unter Vorlegung der Urschrift und einer Abschrift erhoben, so genügt die Beurkundung auf einer der Ausfertigungen oder auf der Urschrift. [2] Auf den anderen Ausfertigungen oder auf der Abschrift ist zu vermerken, auf welche Ausfertigung der Protest gesetzt worden ist oder daß er sich auf der Urschrift befindet. [3] Auf den Vermerk finden die Vorschriften des Absatzes 2 und des Absatzes 3 Satz 1 entsprechende Anwendung. [4] Der Protestbeamte hat den Vermerk zu unterschreiben.

[1)] Art. 79 Abs. 1 neugef., Abs. 2 aufgeh. mWv 1. 1. 1995 durch Art. 12 Abs. 29 PTNeuOG v. 14. 9. 1994 (BGBl. I S. 2325).

Art. 82. [Protest des Inhabers einer Abschrift und bei Teilannahme] (1) Der Protest, den der Inhaber einer Abschrift nach Artikel 68 Abs. 2 gegen den Verwahrer der Urschrift erheben läßt, ist auf die Abschrift oder auf ein damit zu verbindendes Blatt zu setzen.

(2) [1] Wird Protest erhoben, weil die Annahme auf einen Teil der Wechselsumme beschränkt worden ist, so ist eine Abschrift des Wechsels anzufertigen und der Protest auf diese Abschrift oder auf ein damit zu verbindendes Blatt zu setzen. [2] Die Abschrift hat auch die auf dem Wechsel befindlichen Indossamente und anderen Vermerke zu enthalten.

(3) Die Vorschriften des Artikels 81 Abs. 2 und Abs. 3 finden entsprechende Anwendung.

Art. 83. [Mehrfache Aufforderung] Muß eine wechselrechtliche Leistung von mehreren Personen oder von derselben Person mehrfach verlangt werden, so ist über die mehrfache Aufforderung nur eine Protesturkunde erforderlich.

Art. 84. [Zahlung an Protestbeamte] [1] Der Wechsel kann an den Protestbeamten bezahlt werden. [2] Die Befugnis des Protestbeamten zur Annahme der Zahlung kann nicht ausgeschlossen werden.

Art. 85.[1)] [Berichtigung; Abschriften; Vermerke] (1) [1] Schreibfehler, Auslassungen und sonstige Mängel der Protesturkunde können bis zur Aushändigung der Urkunde an denjenigen, für den der Protest erhoben worden ist, von dem Protestbeamten berichtigt werden. [2] Die Berichtigung ist als solche unter Beifügung der Unterschrift kenntlich zu machen.

(2) [1] Von dem Protest ist eine beglaubigte Abschrift zurückzubehalten. [2] Über den Inhalt des Wechsels oder der Wechselabschrift ist ein Vermerk aufzunehmen. [3] Der Vermerk hat zu enthalten:

1. den Betrag des Wechsels;
2. die Verfallzeit;
3. den Ort und den Tag der Ausstellung;
4. den Namen des Ausstellers, den Namen dessen, an den oder an dessen Order gezahlt werden soll, und den Namen des Bezogenen;
5. falls eine vom Bezogenen oder bei eigenen Wechseln vom Aussteller verschiedene Person angegeben ist, bei der die Zahlung geleistet werden soll, den Namen dieser Person sowie die Namen der etwaigen Notadressen und derjenigen, die den Wechsel zu Ehren angenommen haben.

(3) Die Abschriften und Vermerke sind geordnet aufzubewahren.

Art. 86. [Protestzeit] Proteste sollen in der Zeit von neun Uhr vormittags bis sechs Uhr abends erhoben werden, außerhalb dieser Zeit nur dann, wenn derjenige, gegen den protestiert wird, ausdrücklich einwilligt.

Art. 87. [Proteststelle] (1) [1] Die Vorlegung zur Annahme oder Zahlung, die Protesterhebung, die Abforderung einer Ausfertigung sowie alle sonstigen bei einer bestimmten Person vorzunehmenden Handlungen müssen in deren Ge-

1) Art. 85 Abs. 2 Nr. 5 neugef. durch G v. 5. 7. 1934 (RGBl. I S. 571).

schäftsräumen oder, wenn sich solche nicht ermitteln lassen, in deren Wohnung vorgenommen werden. 2An einer anderen Stelle, insbesondere an der Börse, kann dies nur mit beiderseitigem Einverständnis geschehen.

(2) Ist in dem Protest vermerkt, daß sich die Geschäftsräume oder die Wohnung nicht haben ermitteln lassen, so ist der Protest nicht deshalb unwirksam, weil die Ermittlung möglich war.

(3) 1Die Verantwortlichkeit des Protestbeamten, der es unterläßt, geeignete Ermittlungen anzustellen, wird durch die Vorschrift des zweiten Absatzes nicht berührt. 2Ist eine Nachfrage bei der Polizeibehörde des Ortes ohne Erfolg geblieben, so ist der Protestbeamte zu weiteren Nachforschungen nicht verpflichtet.

Art. 88.[1] *(aufgehoben)*

Zweiter Abschnitt. Bereicherung

Art. 89. (1) 1Ist die wechselmäßige Verbindlichkeit des Ausstellers oder des Annehmers durch Verjährung oder dadurch erloschen, daß eine zur Erhaltung des Wechselrechts notwendige Handlung versäumt worden ist, so bleiben sie dem Inhaber des Wechsels so weit verpflichtet, als sie sich mit dessen Schaden bereichern würden. 2Der Anspruch auf Herausgabe der Bereicherung verjährt in drei Jahren nach dem Erlöschen der wechselmäßigen Verbindlichkeit.

(2) Gegen die Indossanten, deren wechselmäßige Verbindlichkeit erloschen ist, findet ein solcher Anspruch nicht statt.

Dritter Abschnitt. Abhanden gekommene Wechsel und Protesturkunden

Art. 90. (1) 1Ein abhanden gekommener oder vernichteter Wechsel kann im Wege des Aufgebotsverfahrens für kraftlos erklärt werden. 2Nach Einleitung des Verfahrens kann der Berechtigte von dem Annehmer des gezogenen oder dem Aussteller des eigenen Wechsels bei der Fälligkeit Zahlung fordern, wenn er bis zur Kraftloserklärung Sicherheit leistet.

(2) 1Eine abhanden gekommene oder vernichtete Protesturkunde kann durch ein Zeugnis über die Protesterhebung ersetzt werden, das von der die beglaubigte Abschrift der Urkunde verwahrenden Stelle zu erteilen ist. 2In dem Zeugnis muß der Inhalt des Protestes und des gemäß Artikel 85 Abs. 2 aufgenommenen Vermerks angegeben sein.

Vierter Teil. Geltungsbereich der Gesetze

Art. 91. [Wechselfähigkeit] (1) 1Die Fähigkeit einer Person, eine Wechselverbindlichkeit einzugehen, bestimmt sich nach dem Recht des Landes, dem sie angehört. 2Erklärt dieses Recht das Recht eines anderen Landes für maßgebend, so ist das letztere Recht anzuwenden.

---

[1] Art. 88 aufgehoben durch Art. 3 Gesetz vom 17. 7. 1985 (BGBl. I S. 1507).

(2) [1]Wer nach dem in vorstehendem Absatz bezeichneten Recht nicht wechselfähig ist, wird gleichwohl gültig verpflichtet, wenn die Unterschrift in dem Gebiet eines Landes abgegeben worden ist, nach dessen Recht er wechselfähig wäre. [2]Diese Vorschrift findet keine Anwendung, wenn die Verbindlichkeit von einem Inländer im Ausland übernommen worden ist.

Art. 92. [Form der Wechselerklärung] (1) Die Form einer Wechselerklärung bestimmt sich nach dem Recht des Landes, in dessen Gebiet die Erklärung unterschrieben worden ist.

(2) Wenn jedoch eine Wechselerklärung, die nach den Vorschriften des vorstehenden Absatzes ungültig ist, dem Recht des Landes entspricht, in dessen Gebiet eine spätere Wechselerklärung unterschrieben worden ist, so wird durch Mängel in der Form der ersten Wechselerklärung die Gültigkeit der späteren Wechselerklärung nicht berührt.

(3) Eine Wechselerklärung, die ein Inländer im Ausland abgegeben hat, ist im Inland gegenüber anderen Inländern gültig, wenn die Erklärung den Formerfordernissen des inländischen Rechts genügt.

Art. 93. [Wirkung der Wechselerklärungen] (1) Die Wirkungen der Verpflichtungserklärungen des Annehmers eines gezogenen Wechsels und des Ausstellers eines eigenen Wechsels bestimmen sich nach dem Recht des Zahlungsortes.

(2) Die Wirkungen der übrigen Wechselerklärungen bestimmen sich nach dem Recht des Landes, in dessen Gebiet die Erklärungen unterschrieben worden sind.

Art. 94. [Fristen für Rückgriff] Die Fristen für die Ausübung der Rückgriffsrechte werden für alle Wechselverpflichteten durch das Recht des Ortes bestimmt, an dem der Wechsel ausgestellt worden ist.

Art. 95. [Forderung aus dem Grundgeschäft] Das Recht des Ausstellungsortes bestimmt, ob der Inhaber eines gezogenen Wechsels die seiner Ausstellung zugrunde liegende Forderung erwirbt.

Art. 96. [Teilannahme und Teilzahlung] (1) Das Recht des Zahlungsortes bestimmt, ob die Annahme eines gezogenen Wechsels auf einen Teil der Summe beschränkt werden kann und ob der Inhaber verpflichtet oder nicht verpflichtet ist, eine Teilzahlung anzunehmen.

(2) Dasselbe gilt für die Zahlung bei einem eigenen Wechsel.

Art. 97. [Form des Protestes] Die Form des Protestes und die Fristen für die Protesterhebung sowie die Form der übrigen Handlungen, die zur Ausübung oder Erhaltung der Wechselrechte erforderlich sind, bestimmen sich nach dem Recht des Landes, in dessen Gebiet der Protest zu erheben oder die Handlung vorzunehmen ist.

Art. 98. [Verlust oder Diebstahl des Wechsels] Das Recht des Zahlungsortes bestimmt die Maßnahmen, die bei Verlust oder Diebstahl eines Wechsels zu ergreifen sind.

56. Scheckgesetz[1]

Vom 14. August 1933
(RGBl. I S. 597)

BGBl. III/FNA 4132-1

Lfd. Nr.	Änderndes Gesetz	Datum	Fundstelle	Betroffen	Hinweis
1.–3.	Änderungsgesetze bis einschließlich G v. 17. 7. 1985 nur noch in den Anmerkungen nachgewiesen				
4.	Art. 5 Abs. 18 SchuldrechtsmodernisierungsG	26. 11. 2001	BGBl. I S. 3138	Art. 53	geänd. mWv 1. 1. 2002
5.	Art. 1 Zweite ZinssatzersetzungsVO	13. 5. 2002	BGBl. I S. 1582	Art. 45, 46	geänd. mWv
6.	Art. 25 Abs. 7 OLG-VertretungsÄndG	23. 7. 2002	BGBl. I S. 2850	Art. 45, 46	geänd. mWv 1. 8. 2002
7.	Art. 154 Erstes G über die Bereinigung von Bundesrecht im Zuständigkeitsbereich des BMJ	19. 4. 2006	BGBl. I S. 866	Art. 31	geänd. mWv 25. 4. 2006
				Art. 38 a	eingef. mWv 25. 4. 2006
8.	Art. 200 Zehnte ZuständigkeitsanpassungsVO	31. 8. 2015	BGBl. I S. 1474	Art. 31	geänd. mWv 8. 9. 2015

Nichtamtliche Gliederungsübersicht

Erster Abschnitt. Ausstellung und Form des Schecks

Art. 1 [Bestandteile] Der Scheck enthält:
1. die Bezeichnung als Scheck im Texte der Urkunde, und zwar in der Sprache, in der sie ausgestellt ist;
2. die unbedingte Anweisung, eine bestimmte Geldsumme zu zahlen;
3. den Namen dessen, der zahlen soll (Bezogener);

[1] Mit Ausnahme der Art. 37 und 38 in Kraft getreten am 1. 4. 1934 gem. VO v. 28. 11. 1933 (RGBl. I S. 1019).

4. die Angabe des Zahlungsortes;
5. die Angabe des Tages und des Ortes der Ausstellung;
6. die Unterschrift des Ausstellers.

Art. 2 [Fehlen von Bestandteilen] (1) Eine Urkunde, in der einer der im vorstehenden Artikel bezeichneten Bestandteile fehlt, gilt nicht als Scheck, vorbehaltlich der in den folgenden Absätzen bezeichneten Fälle.

(2) [1] Mangels einer besonderen Angabe gilt der bei dem Namen des Bezogenen angegebene Ort als Zahlungsort. [2] Sind mehrere Orte bei dem Namen des Bezogenen angegeben, so ist der Scheck an dem an erster Stelle angegebenen Orte zahlbar.

(3) Fehlt eine solche und jede andere Angabe, so ist der Scheck an dem Orte zahlbar, an dem der Bezogene seine Hauptniederlassung hat.

(4) Ein Scheck ohne Angabe des Ausstellungsortes gilt als ausgestellt an dem Orte, der bei dem Namen des Ausstellers angegeben ist.

Art. 3 [Bezogener] [1] Der Scheck darf nur auf einen Bankier gezogen werden, bei dem der Aussteller ein Guthaben hat, und gemäß einer ausdrücklichen oder stillschweigenden Vereinbarung, wonach der Aussteller das Recht hat, über dieses Guthaben mittels Schecks zu verfügen. [2] Die Gültigkeit der Urkunde als Scheck wird jedoch durch die Nichtbeachtung dieser Vorschriften nicht berührt.

Art. 4 [Keine Annahme] [1] Der Scheck kann nicht angenommen werden. [2] Ein auf den Scheck gesetzter Annahmevermerk gilt als nicht geschrieben.

Art. 5 [Zahlungsempfänger] (1) Der Scheck kann zahlbar gestellt werden:

an eine bestimmte Person, mit oder ohne den ausdrücklichen Vermerk „an Order";

an eine bestimmte Person, mit dem Vermerk „nicht an Order" oder mit einem gleichbedeutenden Vermerk;

an den Inhaber.

(2) Ist im Scheck eine bestimmte Person mit dem Zusatz „oder Überbringer" oder mit einem gleichbedeutenden Vermerk als Zahlungsempfänger bezeichnet, so gilt der Scheck als auf den Inhaber gestellt.

(3) Ein Scheck ohne Angabe des Nehmers gilt als zahlbar an den Inhaber.

Art. 6 [Besondere Scheckarten] (1) Der Scheck kann an die eigene Order des Ausstellers lauten.

(2) Der Scheck kann für Rechnung eines Dritten gezogen werden.

(3) Der Scheck kann nicht auf den Aussteller selbst gezogen werden, es sei denn, daß es sich um einen Scheck handelt, der von einer Niederlassung auf eine andere Niederlassung des Ausstellers gezogen wird.

Art. 7 [Zinsvermerk] Ein in den Scheck aufgenommener Zinsvermerk gilt als nicht geschrieben.

Art. 8 [Zahlungsort] Der Scheck kann bei einem Dritten, am Wohnort des Bezogenen oder an einem anderen Orte, zahlbar gestellt werden, sofern der Dritte Bankier ist.

Art. 9 [Schecksumme] (1) Ist die Schecksumme in Buchstaben und in Ziffern angegeben, so gilt bei Abweichungen die in Buchstaben angegebene Summe.

(2) Ist die Schecksumme mehrmals in Buchstaben oder mehrmals in Ziffern angegeben, so gilt bei Abweichungen die geringste Summe.

Art. 10 [Ungültige Unterschriften] Trägt ein Scheck Unterschriften von Personen, die eine Scheckverbindlichkeit nicht eingehen können, gefälschte Unterschriften, Unterschriften erdichteter Personen oder Unterschriften, die aus irgendeinem anderen Grunde für die Personen, die unterschrieben haben oder mit deren Namen unterschrieben worden ist, keine Verbindlichkeit begründen, so hat dies auf die Gültigkeit der übrigen Unterschriften keinen Einfluß.

Art. 11 [Vertreter ohne Vertretungsmacht] [1] Wer auf einen Scheck seine Unterschrift als Vertreter eines anderen setzt, ohne hierzu ermächtigt zu sein, haftet selbst scheckmäßig und hat, wenn er den Scheck einlöst, dieselben Rechte, die der angeblich Vertretene haben würde. [2] Das gleiche gilt von einem Vertreter, der seine Vertretungsbefugnis überschritten hat.

Art. 12 [Haftung des Ausstellers] [1] Der Aussteller haftet für die Zahlung des Schecks. [2] Jeder Vermerk, durch den er diese Haftung ausschließt, gilt als nicht geschrieben.

Art. 13 [Blankoscheck] Wenn ein Scheck, der bei der Begebung unvollständig war, den getroffenen Vereinbarungen zuwider ausgefüllt worden ist, so kann die Nichteinhaltung dieser Vereinbarungen dem Inhaber nicht entgegengesetzt werden, es sei denn, daß er den Scheck in bösem Glauben erworben hat oder ihm beim Erwerb eine grobe Fahrlässigkeit zur Last fällt.

Zweiter Abschnitt. Übertragung

Art. 14 [Zulässigkeit des Indossaments] (1) Der auf eine bestimmte Person zahlbar gestellte Scheck mit oder ohne den ausdrücklichen Vermerk *„an Order" kann durch* Indossament übertragen werden.

(2) Der auf eine bestimmte Person zahlbar gestellte Scheck mit dem Vermerk „nicht an Order" oder mit einem gleichbedeutenden Vermerk kann nur in der Form und mit den Wirkungen einer gewöhnlichen Abtretung übertragen werden.

(3) [1] Das Indossament kann auch auf den Aussteller oder jeden anderen Scheckverpflichteten lauten. [2] Diese Personen können den Scheck weiter indossieren.

Art. 15 [Bedingungsfeindlichkeit; Teilindossament; Indossament an den Inhaber oder Bezogenen] (1) [1] Das Indossament muß unbedingt sein. [2] Bedingungen, von denen es abhängig gemacht wird, gelten als nicht geschrieben.

(2) Ein Teilindossament ist nichtig.

(3) Ebenso ist ein Indossament des Bezogenen nichtig.

(4) Ein Indossament an den Inhaber gilt als Blankoindossament.

(5) Das Indossament an den Bezogenen gilt nur als Quittung, es sei denn, daß der Bezogene mehrere Niederlassungen hat und das Indossament auf eine andere Niederlassung lautet als diejenige, auf die der Scheck gezogen worden ist.

Art. 16 [Form; Blankoindossament] (1) [1] Das Indossament muß auf den Scheck oder ein mit dem Scheck verbundenes Blatt (Anhang) gesetzt werden. [2] Es muß von dem Indossanten unterschrieben werden.

(2) [1] Das Indossament braucht den Indossatar nicht zu bezeichnen und kann selbst in der bloßen Unterschrift des Indossanten bestehen (Blankoindossament). [2] In diesem letzteren Falle muß das Indossament, um gültig zu sein, auf die Rückseite des Schecks oder auf den Anhang gesetzt werden.

Art. 17 [Transportfunktion] (1) Das Indossament überträgt alle Rechte aus dem Scheck.

(2) Ist es ein Blankoindossament, so kann der Inhaber

1. das Indossament mit seinem Namen oder mit dem Namen eines anderen ausfüllen;
2. den Scheck durch ein Blankoindossament oder an eine bestimmte Person weiter indossieren;
3. den Scheck weiterbegeben, ohne das Blankoindossament auszufüllen und ohne ihn zu indossieren.

Art. 18 [Garantiefunktion] (1) Der Indossant haftet mangels eines entgegenstehenden Vermerks für die Zahlung.

(2) Er kann untersagen, daß der Scheck weiter indossiert wird; in diesem Falle haftet er denen nicht, an die der Scheck weiter indossiert wird.

Art. 19 [Scheckvermutung] [1] Wer einen durch Indossament übertragbaren Scheck in Händen hat, gilt als rechtmäßiger Inhaber, sofern er sein Recht durch eine ununterbrochene Reihe von Indossamenten nachweist, und zwar auch dann, wenn das letzte ein Blankoindossament ist. [2] Ausgestrichene Indossamente gelten hierbei als nicht geschrieben. [3] Folgt auf ein Blankoindossament ein weiteres Indossament, so wird angenommen, daß der Aussteller dieses Indossaments den Scheck durch das Blankoindossament erworben hat.

Art. 20 [Indossament auf Inhaberscheck] Ein Indossament auf einem Inhaberscheck macht den Indossanten nach den Vorschriften über den Rückgriff haftbar, ohne aber die Urkunde in einen Orderscheck umzuwandeln.

Art. 21 [Gutgläubiger Erwerb] Ist der Scheck einem früheren Inhaber irgendwie abhanden gekommen, so ist der Inhaber, in dessen Hände der Scheck gelangt ist – sei es, daß es sich um einen Inhaberscheck handelt, sei es, daß es sich um einen durch Indossament übertragbaren Scheck handelt und der Inhaber sein Recht gemäß Artikel 19 nachweist –, zur Herausgabe des Schecks nur verpflichtet, wenn er ihn in bösem Glauben erworben hat oder ihm beim Erwerb eine grobe Fahrlässigkeit zur Last fällt.

Art. 22 [Einwendungen des Scheckverpflichteten] Wer aus dem Scheck in Anspruch genommen wird, kann dem Inhaber keine Einwendungen entgegensetzen, die sich auf seine unmittelbaren Beziehungen zu dem Aussteller oder zu einem früheren Inhaber gründen, es sei denn, daß der Inhaber beim Erwerb des Schecks bewußt zum Nachteil des Schuldners gehandelt hat.

Art. 23 [Vollmachtsindossament] (1) Enthält das Indossament den Vermerk „Wert zur Einziehung", „zum Inkasso", „in Prokura" oder einen anderen nur eine Bevollmächtigung ausdrückenden Vermerk, so kann der Inhaber alle Rechte aus dem Scheck geltend machen; aber er kann ihn nur durch ein weiteres Vollmachtsindossament übertragen.

(2) Die Scheckverpflichteten können in diesem Falle dem Inhaber nur solche Einwendungen entgegensetzen, die ihnen gegen den Indossanten zustehen.

(3) Die in dem Vollmachtsindossament enthaltene Vollmacht erlischt weder mit dem Tode noch mit dem Eintritt der Handlungsunfähigkeit des Vollmachtgebers.

Art. 24 [Indossament nach Protest oder Fristablauf] (1) Ein Indossament, das nach Erhebung des Protestes oder nach Vornahme einer gleichbedeutenden Feststellung oder nach Ablauf der Vorlegungsfrist auf den Scheck gesetzt wird, hat nur die Wirkungen einer gewöhnlichen Abtretung.

(2) Bis zum Beweis des Gegenteils wird vermutet, daß ein nicht datiertes Indossament vor Erhebung des Protestes oder vor der Vornahme einer gleichbedeutenden Feststellung oder vor Ablauf der Vorlegungsfrist auf den Scheck gesetzt worden ist.

Dritter Abschnitt. Scheckbürgschaft

Art. 25 [Zulässigkeit] (1) Die Zahlung der Schecksumme kann ganz oder teilweise durch Scheckbürgschaft gesichert werden.

(2) Diese Sicherheit kann von einem Dritten, mit Ausnahme des Bezogenen, oder auch von einer Person geleistet werden, deren Unterschrift sich schon auf dem Scheck befindet.

Art. 26 [Form] (1) Die Bürgschaftserklärung wird auf den Scheck oder auf einen Anhang gesetzt.

(2) Sie wird durch die Worte „als Bürge" oder einen gleichbedeutenden Vermerk ausgedrückt; sie ist von dem Scheckbürgen zu unterschreiben.

(3) Die bloße Unterschrift auf der Vorderseite des Schecks gilt als Bürgschaftserklärung, soweit es sich nicht um die Unterschrift des Ausstellers handelt.

(4) In der Erklärung ist anzugeben, für wen die Bürgschaft geleistet wird; mangels einer solchen Angabe gilt sie für den Aussteller.

Art. 27 [Haftung des Scheckbürgen] (1) Der Scheckbürge haftet in der gleichen Weise wie derjenige, für den er sich verbürgt hat.

(2) Seine Verpflichtungserklärung ist auch gültig, wenn die Verbindlichkeit, für die er sich verbürgt hat, aus einem anderen Grunde als wegen eines Formfehlers nichtig ist.

(3) Der Scheckbürge, der den Scheck bezahlt, erwirbt die Rechte aus dem Scheck gegen denjenigen, für den er sich verbürgt hat, und gegen alle, die diesem scheckmäßig haften.

Vierter Abschnitt. Vorlegung und Zahlung

Art. 28 [Fälligkeit] (1) [1] Der Scheck ist bei Sicht zahlbar. [2] Jede gegenteilige Angabe gilt als nicht geschrieben.

(2) Ein Scheck, der vor Eintritt des auf ihm angegebenen Ausstellungstages zur Zahlung vorgelegt wird, ist am Tage der Vorlegung zahlbar.

Art. 29[1)] [Vorlegungsfristen] (1) Ein Scheck, der in dem Lande der Ausstellung zahlbar ist, muß binnen acht Tagen zur Zahlung vorgelegt werden.

(2) Ein Scheck, der in einem anderen Lande als dem der Ausstellung zahlbar ist, muß binnen zwanzig Tagen vorgelegt werden, wenn Ausstellungsort und Zahlungsort sich in demselben Erdteil befinden, und binnen siebzig Tagen, wenn Ausstellungsort und Zahlungsort sich in verschiedenen Erdteilen befinden.

(3) Hierbei gelten die in einem Lande Europas ausgestellten und in einem an das Mittelmeer grenzenden Lande zahlbaren Schecks ebenso wie die in einem an das Mittelmeer grenzenden Lande ausgestellten und in einem Lande Europas zahlbaren Schecks als Schecks, die in demselben Erdteile ausgestellt und zahlbar sind.

(4) Die vorstehend erwähnten Fristen beginnen an dem Tage zu laufen, der in dem Scheck als Ausstellungstag angegeben ist.

Art. 30 [Kalenderverschiedenheit] Ist ein Scheck auf einen Ort gezogen, dessen Kalender von dem des Ausstellungsortes abweicht, so wird der Tag der Ausstellung in den nach dem Kalender des Zahlungsortes entsprechenden Tag umgerechnet.

---

1) Art. 29 Abs. 1 bish. Satz 2 aufgeh. und Abs. 2 neu gef. durch G v. 17. 7. 1985 (BGBl. I S. 1507).

Art. 31[1] **[Abrechnungsstelle]** (1) Die Einlieferung in eine Abrechnungsstelle steht der Vorlegung zur Zahlung gleich.

(2) Das Bundesministerium der Justiz und für Verbraucherschutz bestimmt,[2] welche Einrichtungen als Abrechnungsstellen anzusehen sind und unter welchen Voraussetzungen die Einlieferung erfolgen kann.

Art. 32 [Widerruf des Schecks] (1) Ein Widerruf des Schecks ist erst nach Ablauf der Vorlegungsfrist wirksam.

(2) Wenn der Scheck nicht widerrufen ist, kann der Bezogene auch nach Ablauf der Vorlegungsfrist Zahlung leisten.

Art. 33 [Tod des Ausstellers] Auf die Wirksamkeit des Schecks ist es ohne Einfluß, wenn der Aussteller nach der Begebung des Schecks stirbt oder handlungsunfähig wird.

(Fortsetzung nächstes Blatt)

---

[1] Art. 31 Abs. 2 geänd. mWv 25. 4. 2006 durch G v. 19. 4. 2006 (BGBl. I S. 866); Abs. 2 geänd. mWv 8. 9. 2015 durch VO v. 31. 8. 2015 (BGBl. I S. 1474).

[2] Siehe die VO über Abrechnungsstellen im Scheckverkehr v. 5. 10. 2005 (BGBl. I S. 2926).

Art. 34. [Aushändigung des quittierten Schecks; Teilzahlung] (1) Der Bezogene kann vom Inhaber gegen Zahlung die Aushändigung des quittierten Schecks verlangen.

(2) Der Inhaber darf eine Teilzahlung nicht zurückweisen.

(3) Im Falle der Teilzahlung kann der Bezogene verlangen, daß sie auf dem Scheck vermerkt und ihm eine Quittung erteilt wird.

Art. 35. [Prüfungspflicht des Bezogenen] Der Bezogene, der einen durch Indossament übertragbaren Scheck einlöst, ist verpflichtet, die Ordnungsmäßigkeit der Reihe der Indossamente, aber nicht die Unterschriften der Indossanten zu prüfen.

Art. 36. [Fremde Währung] (1) [1] Lautet der Scheck auf eine Währung, die am Zahlungsorte nicht gilt, so kann die Schecksumme in der Landeswährung nach dem Werte gezahlt werden, den sie am Tage der Vorlegung besitzt. [2] Wenn die Zahlung bei Vorlegung nicht erfolgt ist, so kann der Inhaber wählen, ob die Schecksumme nach dem Kurs des Vorlegungstages oder nach dem Kurs des Zahlungstages in die Landeswährung umgerechnet werden soll.

(2) [1] Der Wert der fremden Währung bestimmt sich nach den Handelsgebräuchen des Zahlungsortes. [2] Der Aussteller kann jedoch im Scheck für die zu zahlende Summe einen Umrechnungskurs bestimmen.

(3) Die Vorschriften der beiden ersten Absätze finden keine Anwendung, wenn der Aussteller die Zahlung in einer bestimmten Währung vorgeschrieben hat (Effektivvermerk).

(4) Lautet der Scheck auf eine Geldsorte, die im Lande der Ausstellung dieselbe Bezeichnung, aber einen anderen Wert hat als in dem der Zahlung, so wird vermutet, daß die Geldsorte des Zahlungsortes gemeint ist.

Fünfter Abschnitt. Gekreuzter Scheck und Verrechnungsscheck

Art. 37.[1)] **[Gekreuzter Scheck]** (1) *Der Aussteller sowie jeder Inhaber können den Scheck mit den in Artikel 38 vorgesehenen Wirkungen kreuzen.*

(2) [1] *Die Kreuzung erfolgt durch zwei gleichlaufende Striche auf der Vorderseite des Schecks.* [2] *Die Kreuzung kann allgemein oder besonders sein.*

(3) *Die Kreuzung ist allgemein, wenn zwischen den beiden Strichen keine Angabe oder die Bezeichnung „Bankier“ oder ein gleichbedeutender Vermerk steht; sie ist eine besondere, wenn der Name eines Bankiers zwischen die beiden Striche gesetzt ist.*

(4) *Die allgemeine Kreuzung kann in eine besondere, nicht aber die besondere Kreuzung in eine allgemeine umgewandelt werden.*

(5) *Die Streichung der Kreuzung oder des Namens des bezeichneten Bankiers gilt als nicht erfolgt.*

Art. 38.[1)] **[Wirkung der Kreuzung]** (1) *Ein allgemein gekreuzter Scheck darf vom Bezogenen nur an einen Bankier oder an einen Kunden des Bezogenen bezahlt werden.*

(2) [1] *Ein besonders gekreuzter Scheck darf vom Bezogenen nur an den bezeichneten Bankier oder, wenn dieser selbst der Bezogene ist, an dessen Kunden bezahlt werden.*

[1)] Art. 37 und 38 noch nicht in Kraft getreten; vgl. Art. 1 Abs. 1 Satz 2 des inzwischen aufgehobenen Einführungsgesetzes zum Scheckgesetz vom 14. 8. 1933 (RGBl. I S. 605) in Verbindung mit Verordnung vom 28. 11. 1933 (RGBl. I S. 1019).

[2] *Immmerhin kann der bezeichnete Bankier einen anderen Bankier mit der Einziehung des Schecks betrauen.*

(3) [1] *Ein Bankier darf einen gekreuzten Scheck nur von einem seiner Kunden oder von einem anderen Bankier erwerben.* [2] *Auch darf er ihn nicht für Rechnung anderer als der vorgenannten Personen einziehen.*

(4) *Befinden sich auf einem Scheck mehrere besondere Kreuzungen, so darf der Scheck vom Bezogenen nur dann bezahlt werden, wenn nicht mehr als zwei Kreuzungen vorliegen und die eine zum Zwecke der Einziehung durch Einlieferung in eine Abrechnungsstelle erfolgt ist.*

(5) *Der Bezogene oder der Bankier, der den vorstehenden Vorschriften zuwiderhandelt, haftet für den entstandenen Schaden, jedoch nur bis zur Höhe der Schecksumme.*

Art. 38 a.[1] **[Im Ausland ausgestellte gekreuzte Schecks]** Im Ausland ausgestellte gekreuzte Schecks werden im Inland als Verrechnungsschecks behandelt.

Art. 39. [Verrechnungsscheck] (1) Der Aussteller sowie jeder Inhaber eines Schecks kann durch den quer über die Vorderseite gesetzten Vermerk „nur zur Verrechnung" oder durch einen gleichbedeutenden Vermerk untersagen, daß der Scheck bar bezahlt wird.

(2) [1] Der Bezogene darf in diesem Falle den Scheck nur im Wege der Gutschrift einlösen (Verrechnung, Überweisung, Ausgleichung). [2] Die Gutschrift gilt als Zahlung.

(3) Die Streichung des Vermerks „nur zur Verrechnung" gilt als nicht erfolgt.

(4) Der Bezogene, der den vorstehenden Vorschriften zuwiderhandelt, haftet für den entstandenen Schaden, jedoch nur bis zur Höhe der Schecksumme.

Sechster Abschnitt. Rückgriff mangels Zahlung

Art. 40. [Voraussetzungen] Der Inhaber kann gegen die Indossanten, den Aussteller und die anderen Scheckverpflichteten Rückgriff nehmen, wenn der rechtzeitig vorgelegte Scheck nicht eingelöst und die Verweigerung der Zahlung festgestellt worden ist:

1. durch eine öffentliche Urkunde (Protest) oder
2. durch eine schriftliche, datierte Erklärung des Bezogenen auf dem Scheck, die den Tag der Vorlegung angibt, oder
3. durch eine datierte Erklärung einer Abrechnungsstelle, daß der Scheck rechtzeitig eingeliefert und nicht bezahlt worden ist.

Art. 41. [Zeit des Protestes] (1) Der Protest oder die gleichbedeutende Feststellung muß vor Ablauf der Vorlegungsfrist vorgenommen werden.

(2) Ist die Vorlegung am letzten Tage der Frist erfolgt, so kann der Protest oder die gleichbedeutende Feststellung auch noch an dem folgenden Werktage vorgenommen werden.

Art. 42. [Benachrichtigungen] (1) [1] Der Inhaber muß seinen unmittelbaren Vormann und den Aussteller von dem Unterbleiben der Zahlung innerhalb der vier Werktage benachrichtigen, die auf den Tag der Protesterhebung oder der

[1] Art. 38 a eingef. durch Art. 154 G v. 19. 4. 2006 (BGBl. I S. 866).

Vornahme der gleichbedeutenden Feststellung oder, im Falle des Vermerks „ohne Kosten“, auf den Tag der Vorlegung folgen. [2]Jeder Indossant muß innerhalb zweier Werktage nach Empfang der Nachricht seinem unmittelbaren Vormanne von der Nachricht, die er erhalten hat, Kenntnis geben und ihm die Namen und Adressen derjenigen mitteilen, die vorher Nachricht gegeben haben, und so weiter in der Reihenfolge bis zum Aussteller. [3]Die Fristen laufen vom Empfang der vorhergehenden Nachricht.

(2) Wird nach Maßgabe des vorhergehenden Absatzes einer Person, deren Unterschrift sich auf dem Scheck befindet, Nachricht gegeben, so muß die gleiche Nachricht in derselben Frist ihrem Scheckbürgen gegeben werden.

(3) Hat ein Indossant seine Adresse nicht oder in unleserlicher Form angegeben, so genügt es, daß sein unmittelbarer Vormann benachrichtigt wird.

(4) Die Nachricht kann in jeder Form gegeben werden, auch durch die bloße Rücksendung des Schecks.

(5) [1]Der zur Benachrichtigung Verpflichtete hat zu beweisen, daß er in der vorgeschriebenen Frist benachrichtigt hat. [2]Die Frist gilt als eingehalten, wenn ein Schreiben, das die Benachrichtigung enthält, innerhalb der Frist zur Post gegeben worden ist.

(6) Wer die rechtzeitige Benachrichtigung versäumt, verliert nicht den Rückgriff; er haftet für den etwa durch seine Nachlässigkeit entstandenen Schaden, jedoch nur bis zur Höhe der Schecksumme.

Art. 43. [Erlaß des Protestes] (1) Der Aussteller sowie jeder Indossant oder Scheckbürge kann durch den Vermerk „ohne Kosten“, „ohne Protest“ oder einen gleichbedeutenden auf den Scheck gesetzten und unterzeichneten Vermerk den Inhaber von der Verpflichtung befreien, zum Zwecke der Ausübung des Rückgriffs Protest erheben oder eine gleichbedeutende Feststellung vornehmen zu lassen.

(2) [1]Der Vermerk befreit den Inhaber nicht von der Verpflichtung, den Scheck rechtzeitig vorzulegen und die erforderlichen Nachrichten zu geben. [2]Der Beweis, daß die Frist nicht eingehalten worden ist, liegt demjenigen ob, der sich dem Inhaber gegenüber darauf beruft.

(3) [1]Ist der Vermerk vom Aussteller beigefügt, so wirkt er gegenüber allen Scheckverpflichteten; ist er von einem Indossanten oder einem Scheckbürgen beigefügt, so wirkt er nur diesen gegenüber. [2]Läßt der Inhaber ungeachtet des vom Aussteller beigefügten Vermerks Protest erheben oder eine gleichbedeutende Feststellung vornehmen, so fallen ihm die Kosten zur Last. [3]Ist der Vermerk von einem Indossanten oder einem Scheckbürgen beigefügt, so sind alle Scheckverpflichteten zum Ersatz der Kosten eines dennoch erhobenen Protestes oder einer gleichbedeutenden Feststellung verpflichtet.

Art. 44. [Haftung der Scheckverpflichteten] (1) Alle Scheckverpflichteten haften dem Inhaber als Gesamtschuldner.

(2) Der Inhaber kann jeden einzeln oder mehrere oder alle zusammen in Anspruch nehmen, ohne an die Reihenfolge gebunden zu sein, in der sie sich verpflichtet haben.

(3) Das gleiche Recht steht jedem Scheckverpflichteten zu, der den Scheck eingelöst hat.

(4) Durch die Geltendmachung des Anspruchs gegen einen Scheckverpflichteten verliert der Inhaber nicht seine Rechte gegen die anderen Scheckverpflichteten, auch nicht gegen die Nachmänner desjenigen, der zuerst in Anspruch genommen worden ist.

Art. 45.[1] **[Rückgriff des Protestanten]** Der Inhaber kann im Wege des Rückgriffs verlangen:

1. die Schecksumme, soweit der Scheck nicht eingelöst worden ist;
2. Zinsen zu sechs vom Hundert seit dem Tage der Vorlegung. Bei einem Scheck, der im Inland sowohl ausgestellt als auch zahlbar ist, beträgt der Zinssatz zwei vom Hundert über dem jeweiligen Basiszinssatz nach § 247 des Bürgerlichen Gesetzbuchs[2], mindestens aber sechs vom Hundert;
3. die Kosten des Protestes[3] oder der gleichbedeutenden Feststellung und der Nachrichten sowie die anderen Auslagen;
4. eine Vergütung, die mangels besonderer Vereinbarung ein Drittel vom Hundert der Hauptsumme des Schecks beträgt und diesen Satz keinesfalls überschreiten darf.

Art. 46.[1] **[Rückgriff des Einlösers]** Wer den Scheck eingelöst hat, kann von seinen Vormännern verlangen:

1. den vollen Betrag, den er gezahlt hat;
2. die Zinsen dieses Betrages zu sechs vom Hundert seit dem Tage der Einlösung. Bei einem Scheck, der im Inland sowohl ausgestellt als auch zahlbar ist, beträgt der Zinssatz zwei vom Hundert über dem jeweiligen Basiszinssatz nach § 247 des Bürgerlichen Gesetzbuchs[2], mindestens aber sechs vom Hundert;
3. seine Auslagen;
4. eine Vergütung, die nach den Vorschriften des Artikels 45 Nr. 4 berechnet wird.

Art. 47. [Aushändigung der Scheckpapiere] (1) Jeder Scheckverpflichtete, gegen den Rückgriff genommen wird oder genommen werden kann, ist berechtigt, zu verlangen, daß ihm gegen Entrichtung der Rückgriffssumme der Scheck mit dem Protest oder der gleichbedeutenden Feststellung und eine quittierte Rechnung ausgehändigt werden.

(2) Jeder Indossant, der den Scheck eingelöst hat, kann sein Indossament und die Indossamente seiner Nachmänner ausstreichen.

Art. 48. [Fristversäumung wegen höherer Gewalt] (1) Steht der rechtzeitigen Vorlegung des Schecks oder der rechtzeitigen Erhebung des Protestes

[1] Art. 45 Nr. 2 und Art. 46 Nr. 2 geänd. durch Art. 4 G v. 17. 7. 1985 (BGBl. I S. 1507), *VO v. 13. 5. 2002 (BGBl. I* S. 1582) und **mWv 1. 8. 2002** durch Art. 25 Abs. 7 OLGVertrÄndG v. 23. 7. 2002 (BGBl. I S. 2850).

[2] Nr. **20**.

[3] § 51 Kostenordnung; Nr. **119**.

oder der Vornahme einer gleichbedeutenden Feststellung ein unüberwindliches Hindernis entgegen (gesetzliche Vorschrift eines Staates oder ein anderer Fall höherer Gewalt), so werden die für diese Handlungen bestimmten Fristen verlängert.

(2) Der Inhaber ist verpflichtet, seinen unmittelbaren Vormann von dem Fall der höheren Gewalt unverzüglich zu benachrichtigen und die Benachrichtigung unter Beifügung des Tages und Ortes sowie seiner Unterschrift auf dem Scheck oder einem Anhang zu vermerken; im übrigen finden die Vorschriften des Artikels 42 Anwendung.

(3) Fällt die höhere Gewalt weg, so muß der Inhaber den Scheck unverzüglich zur Zahlung vorlegen und gegebenenfalls Protest erheben oder eine gleichbedeutende Feststellung vornehmen lassen.

(4) Dauert die höhere Gewalt länger als fünfzehn Tage seit dem Tage, an dem der Inhaber, selbst vor Ablauf der Vorlegungsfrist, seinen Vormann von dem Falle der höheren Gewalt benachrichtigt hat, so kann Rückgriff genommen werden, ohne daß es der Vorlegung oder der Protesterhebung oder einer gleichbedeutenden Feststellung bedarf.

(5) Tatsachen, die rein persönlich den Inhaber oder denjenigen betreffen, den er mit der Vorlegung des Schecks oder mit der Erhebung des Protestes oder mit der Herbeiführung einer gleichbedeutenden Feststellung beauftragt hat, gelten nicht als Fälle höherer Gewalt.

Siebenter Abschnitt. Ausfertigung mehrerer Stücke eines Schecks

Art. 49. [Zulässigkeit] [1]Schecks, die nicht auf den Inhaber gestellt sind und in einem anderen Lande als dem der Ausstellung oder in einem überseeischen Gebiet des Landes der Ausstellung zahlbar sind, und umgekehrt, oder in dem überseeischen Gebiet eines Landes ausgestellt und zahlbar sind oder in dem überseeischen Gebiet eines Landes ausgestellt und in einem anderen überseeischen Gebiet desselben Landes zahlbar sind, können in mehreren gleichen Ausfertigungen ausgestellt werden. [2]Diese Ausfertigungen müssen im Text der Urkunde mit fortlaufenden Nummern versehen sein; andernfalls gilt jede Ausfertigung als besonderer Scheck.

Art. 50. [Zahlung; Haftung] (1) Wird eine Ausfertigung bezahlt, so erlöschen die Rechte aus allen Ausfertigungen, auch wenn diese nicht den Vermerk tragen, daß durch die Zahlung auf eine Ausfertigung die anderen ihre Gültigkeit verlieren.

(2) Hat ein Indossant die Ausfertigungen an verschiedene Personen übertragen, so haften er und seine Nachmänner aus allen Ausfertigungen, die ihre Unterschrift tragen und nicht herausgegeben worden sind.

Achter Abschnitt. Änderungen

Art. 51. Wird der Text eines Schecks geändert, so haften diejenigen, die ihre Unterschrift nach der Änderung auf den Scheck gesetzt haben, entsprechend dem geänderten Text; wer früher unterschrieben hat, haftet nach dem ursprünglichen Text.

Neunter Abschnitt. Verjährung

Art. 52. [Verjährungsfrist] (1) Die Rückgriffsansprüche des Inhabers gegen die Indossanten, den Aussteller und die anderen Scheckverpflichteten verjähren in sechs Monaten vom Ablauf der Vorlegungsfrist.

(2) Die Rückgriffsansprüche eines Verpflichteten gegen einen anderen Scheckverpflichteten verjähren in sechs Monaten von dem Tage, an dem der Scheck von dem Verpflichteten eingelöst oder ihm gegenüber gerichtlich geltend gemacht worden ist.

Art. 53.[1] **[Neubeginn und Hemmung]** Der Neubeginn der Verjährung und ihre Hemmung nach § 204 des Bürgerlichen Gesetzbuchs[2] wirken nur gegen den Scheckverpflichteten, in Ansehung dessen die Tatsache eingetreten ist, welche den Neubeginn oder die Hemmung bewirkt.

Zehnter Abschnitt. Allgemeine Vorschriften

Art. 54. [Begriff des Bankiers] Als Bankiers im Sinne dieses Gesetzes sind anzusehen:

1. diejenigen Anstalten des öffentlichen Rechtes, diejenigen unter staatlicher Aufsicht stehenden Anstalten sowie diejenigen in das Genossenschaftsregister eingetragenen Genossenschaften, die sich nach den für ihren Geschäftsbetrieb maßgebenden Bestimmungen mit der Annahme von Geld und der Leistung von Zahlungen für fremde Rechnung befassen, ferner die unter amtlicher Aufsicht stehenden Sparkassen, wenn sie die nach Landesrecht für sie geltenden Aufsichtsbestimmungen erfüllen;
2. die in das Handelsregister eingetragenen Firmen, die gewerbsmäßig Bankiergeschäfte betreiben.

Art. 55.[3] **[Feiertage; Samstage]** (1) Die Vorlegung und der Protest eines Schecks können nur an einem Werktage, jedoch nicht an einem Sonnabend, stattfinden.

(2) [1] Fällt der letzte Tag einer Frist, innerhalb derer eine auf den Scheck bezügliche Handlung, insbesondere die Vorlegung, der Protest oder eine gleichbedeutende Feststellung vorgenommen werden muß, auf einen gesetzlichen Feiertag oder einen Sonnabend, so wird die Frist bis zum nächsten Werktage verlängert. [2] Feiertage, die in den Lauf einer Frist fallen, werden bei der Berechnung der Frist mitgezählt.

(3) Im übrigen finden auf die Vorlegung des Schecks und den Protest die Vorschriften der Artikel 79 bis 87 des Wechselgesetzes[4] entsprechende Anwendung.

Art. 56. [Berechnung der Fristen] Bei der Berechnung der in diesem Gesetz vorgesehenen Fristen wird der Tag, an dem sie zu laufen beginnen, nicht mitgezählt.

Art. 57. [Keine Respekttage] Weder gesetzliche noch richterliche Respekttage werden anerkannt.

---

[1] Art. 53 neugef. durch Art. 5 Abs. 18 SchuModG v. 26. 11. 2001 (BGBl. I S. 3138).

[2] Nr. 20.

[3] Art. 55 Abs. 1 und 2 neugef. durch G v. 10. 8. 1965 (BGBl. I S. 753), Abs. 3 geänd. durch Art. 4 G v. 15. 7. 1985 (BGBl. I S. 1507).

[4] Nr. 54.

Elfter Abschnitt. Ergänzende Vorschriften

Art. 58. [Bereicherung] (1) Der Aussteller, dessen Rückgriffsverbindlichkeit durch Unterlassung rechtzeitiger Vorlegung oder Verjährung erloschen ist, bleibt dem Inhaber des Schecks so weit verpflichtet, als er sich mit dessen Schaden bereichern würde.

(2) Der Anspruch verjährt in einem Jahre seit der Ausstellung des Schecks.

Art. 59. [Abhanden gekommene Schecks und Protesturkunden]

(1) [1]Ein abhanden gekommener oder vernichteter Scheck kann im Wege des Aufgebotsverfahrens für kraftlos erklärt werden. [2]Die Aufgebotsfrist muß mindestens zwei Monate betragen. [3]Nach Einleitung des Aufgebotsverfahrens kann der Berechtigte, falls der Scheck rechtzeitig zur Zahlung vorgelegt, von dem Bezogenen aber nicht eingelöst worden war, von dem Aussteller Zahlung fordern, wenn er bis zur Kraftloserklärung Sicherheit leistet.

(2) [1]Eine abhanden gekommene oder vernichtete Protesturkunde kann durch ein Zeugnis über die Protesterhebung ersetzt werden, das von der die beglaubigte Abschrift der Urkunde verwahrenden Stelle zu erteilen ist. [2]In dem Zeugnis muß der Inhalt des Protestes und des gemäß Artikel 55 Abs. 3 in Verbindung mit Artikel 85 Abs. 2 des Wechselgesetzes[1)] aufgenommenen Vermerks angegeben sein.

Zwölfter Abschnitt. Geltungsbereich der Gesetze

Art. 60. [Scheckfähigkeit] (1) [1]Die Fähigkeit einer Person, eine Scheckverbindlichkeit einzugehen, bestimmt sich nach dem Recht des Landes, dem sie angehört. [2]Erklärt dieses Recht das Recht eines anderen Landes für maßgebend, so ist das letztere Recht anzuwenden.

(2) [1]Wer nach dem in vorstehendem Absatz bezeichneten Recht eine Scheckverbindlichkeit nicht eingehen kann, wird gleichwohl gültig verpflichtet, wenn die Unterschrift in dem Gebiet eines Landes abgegeben worden ist, nach dessen Recht er scheckfähig wäre. [2]Diese Vorschrift findet keine Anwendung, wenn die Verbindlichkeit von einem Inländer im Ausland übernommen worden ist.

Art. 61. [Bezogene] (1) Das Recht des Landes, in dem der Scheck zahlbar ist, bestimmt die Personen, auf die ein Scheck gezogen werden kann.

(2) Ist nach diesem Recht der Scheck im Hinblick auf die Person des Bezogenen nichtig, so sind gleichwohl die Verpflichtungen aus Unterschriften gültig, die in Ländern auf den Scheck gesetzt worden sind, deren Recht die Nichtigkeit aus einem solchen Grunde nicht vorsieht.

Art. 62. [Form der Scheckerklärung] (1) [1]Die Form einer Scheckerklärung bestimmt sich nach dem Recht des Landes, in dessen Gebiete die Erklärung unterschrieben worden ist. [2]Es genügt jedoch die Beobachtung der Form, die das Recht des Zahlungsortes vorschreibt.

---

1) Abgedruckt unter Nr. **54**.

(2) Wenn eine Scheckerklärung, die nach den Vorschriften des vorstehenden Absatzes ungültig ist, dem Recht des Landes entspricht, in dessen Gebiet eine spätere Scheckerklärung unterschrieben worden ist, so wird durch Mängel in der Form der ersten Scheckerklärung die Gültigkeit der späteren Scheckerklärung nicht berührt.

(3) Eine Scheckerklärung, die ein Inländer im Ausland abgegeben hat, ist im Inland gegenüber anderen Inländern gültig, wenn die Erklärung den Formerfordernissen des inländischen Rechts genügt.

Art. 63. [Wirkung der Scheckerklärungen] Die Wirkungen der Scheckerklärungen bestimmen sich nach dem Recht des Landes, in dessen Gebiete die Erklärungen unterschrieben worden sind.

Art. 64. [Fristen für Rückgriff] Die Fristen für die Ausübung der Rückgriffsrechte werden für alle Scheckverpflichteten durch das Recht des Ortes bestimmt, an dem der Scheck ausgestellt worden ist.

Art. 65. [Einlösung des Schecks u. ä.] Das Recht des Landes, in dessen Gebiete der Scheck zahlbar ist, bestimmt:

1. ob der Scheck notwendigerweise bei Sicht zahlbar ist oder ob er auf eine bestimmte Zeit nach Sicht gezogen werden kann und welches die Wirkungen sind, wenn auf dem Scheck ein späterer als der wirkliche Ausstellungstag angegeben worden ist;
2. die Vorlegungsfrist;
3. ob ein Scheck angenommen, zertifiziert, bestätigt oder mit einem Visum versehen werden kann und welches die Wirkungen dieser Vermerke sind;
4. ob der Inhaber eine Teilzahlung verlangen kann und ob er eine solche annehmen muß;
5. ob ein Scheck gekreuzt oder mit dem Vermerk „nur zur Verrechnung" oder mit einem gleichbedeutenden Vermerk versehen werden kann und welches die Wirkungen der Kreuzung oder des Verrechnungsvermerks oder eines gleichbedeutenden Vermerks sind;
6. ob der Inhaber besondere Rechte auf die Deckung hat und welches der Inhalt dieser Rechte ist;
7. ob der Aussteller den Scheck widerrufen oder gegen die Einlösung des Schecks Widerspruch erheben kann;
8. die Maßnahmen, die im Falle des Verlustes oder des Diebstahls des Schecks zu ergreifen sind;
9. ob ein Protest oder eine gleichbedeutende Feststellung zur Erhaltung des Rückgriffs gegen die Indossanten, den Aussteller und die anderen Scheckverpflichteten notwendig ist.

Art. 66. [Form des Protestes] Die Form des Protestes und die Fristen für die Protesterhebung sowie die Form der übrigen Handlungen, die zur Ausübung oder Erhaltung der Scheckrechte erforderlich sind, bestimmen sich nach dem Recht des Landes, in dessen Gebiete der Protest zu erheben oder die Handlung vorzunehmen ist.

57. Gesetz über deutsche Immobilien-Aktiengesellschaften mit börsennotierten Anteilen (REIT-Gesetz – REITG)[1]

Vom 28. Mai 2007
(BGBl. I S. 914)

FNA 4121-5

Lfd. Nr.	Änderndes Gesetz	Datum	Fundstelle	Betroffen	Hinweis
1.	Art. 37 JahressteuerG 2009	19.12.2008	BGBl. I S. 2794	§§ 1, 11, 13, 15, 19 19a, 20, 21, 23	geänd. mWv 25.12. 2008
				§§ 19a, 20	angef. mWv 25.12.2008
2.	Art. 11 OGAW-IV-UmsetzungsG[2]	22.6.2011	BGBl. I S. 1126	§§ 10, 20, 23	geänd. mWv 26.6.2011
3.	Art. 10 G zur Modernisierung des Besteuerungsverfahrens	18.7.2016	BGBl. I S. 1679	§§ 21, 23	geänd. mWv 1.1.2017
4.	Art. 11 Abs. 4 CSR-Richtlinie-UmsetzungsG[3]	11.4.2017	BGBl. I S. 802	§§ 12, 15, 23	geänd. mWv 19.4.2017
5.	Art. 24 Abs. 18 Zweites Finanzmarktnovellierungsg	23.6.2017	BGBl. I S. 1693	§§ 1, 10, 11	geänd. mWv 3.1.2018
6.	Art. 63 Personengesellschaftsrechtsmodernisierungsg (MoPeG)	10.8.2021	BGBl. I S. 3436	§§ 3, 17	geänd. mWv 1.1.2024

Abschnitt 1. Allgemeine Vorschriften

§ 1[4] Wesen der REIT-Aktiengesellschaften. (1) REIT-Aktiengesellschaften sind Aktiengesellschaften, deren Unternehmensgegenstand sich darauf beschränkt,

1. Eigentum oder dingliche Nutzungsrechte an
   a) inländischem unbeweglichen Vermögen mit Ausnahme von Bestandsmietwohnimmobilien,
   b) ausländischem unbeweglichen Vermögen, soweit dies im Belegenheitsstaat im Eigentum einer REIT-Körperschaft, -Personenvereinigung oder -Vermögensmasse oder einer einem REIT vergleichbaren Körperschaft, Personenvereinigung oder Vermögensmasse stehen darf und
   c) anderen Vermögensgegenständen im Sinne des § 3 Abs. 7

---

[1] Verkündet als Art. 1 G zur Schaffung deutscher Immobilien-Aktiengesellschaften mit börsennotierten Anteilen v. 28.5.2007 (BGBl. I S. 914); Inkrafttreten gem. Art. 7 dieses G am 1.1.2007. Zur *Anwendung beachte § 23.*

[2] **Amtl. Anm.:** *(abgedruckt in Änderungstabelle Nr. **32a**)*

[3] **Amtl. Anm.:** Dieses Gesetz dient der Umsetzung der Richtlinie 2014/95/EU des Europäischen Parlaments und des Rates vom 22. Oktober 2014 zur Änderung der Richtlinie 2013/34/EU im Hinblick auf die Angabe nichtfinanzieller und die Diversität betreffender Informationen durch bestimmte große Unternehmen und Gruppen (ABl. L 330 vom 15.11.2014, S. 1; L 369 vom 24.12. 2014, S. 79).

[4] § 1 Abs. 4 Satz 1 geänd., Satz 3 eingef., bish. Sätze 3–6 werden Sätze 4–7 mWv 25.12.2008 durch G v. 19.12.2008 (BGBl. I S. 2794); Abs. 1 abschl. Satzteil geänd. mWv 3.1.2018 durch G v. 23.6.2017 (BGBl. I S. 1693); zur Anwendung beachte § 23.

zu erwerben, zu halten, im Rahmen der Vermietung, der Verpachtung und des Leasings einschließlich notwendiger immobiliennaher Hilfstätigkeiten zu verwalten und zu veräußern,
2. Anteile an Immobilienpersonengesellschaften zu erwerben, zu halten, zu verwalten und zu veräußern,
3. Anteile an REIT-Dienstleistungsgesellschaften zu erwerben, zu halten, zu verwalten und zu veräußern,
4. Anteile an Auslandsobjektgesellschaften zu erwerben, zu halten, zu verwalten und zu veräußern sowie
5. Anteile an Kapitalgesellschaften zu erwerben, zu halten, zu verwalten und zu veräußern, die persönlich haftende Gesellschafter einer Gesellschaft im Sinne der Nummer 2 und an dieser vermögensmäßig nicht beteiligt sind

und deren Aktien zum Handel an einem organisierten Markt im Sinne von § 2 Absatz 11 des Wertpapierhandelsgesetzes[1)] in einem Mitgliedstaat der Europäischen Union oder in einem anderen Vertragsstaat des Abkommens über den Europäischen Wirtschaftsraum zugelassen sind.

(2) Entgeltliche Nebentätigkeiten für Dritte darf die REIT-Aktiengesellschaft ausschließlich über eine REIT-Dienstleistungsgesellschaft erbringen.

(3) REIT-Aktiengesellschaften unterliegen den allgemeinen für Aktiengesellschaften geltenden Vorschriften, soweit dieses Gesetz nichts Abweichendes bestimmt.

(4) [1] Der Abschlussprüfer des Jahresabschlusses hat im Rahmen der Jahresabschlussprüfung festzustellen, ob die Berechnung der Streubesitzquote und des maximalen Anteilsbesitzes je Aktionär nach § 11 Abs. 1 und 4 durch die REIT-Aktiengesellschaft mit den Meldungen nach § 11 Abs. 5 zum Bilanzstichtag übereinstimmt. [2] Er hat auch Feststellungen zur Einhaltung des § 13 zu treffen, hinsichtlich des § 13 Abs. 1 beziehen sich diese auf die im Geschäftsjahr für das vorangegangene Geschäftsjahr vorgenommene Ausschüttung. [3] Für Zwecke des § 19 Abs. 3 und des § 19a sind auch Feststellungen zur Zusammensetzung der Erträge hinsichtlich vorbelasteter und nicht vorbelasteter Erträge zu treffen. [4] Sofern kein Konzernabschluss aufgestellt wird, hat der Abschlussprüfer außerdem festzustellen, ob die §§ 12, 14 und 15 zum Bilanzstichtag eingehalten waren. [5] Das Ergebnis seiner Prüfungshandlungen hat der Abschlussprüfer in einem besonderen Vermerk zusammenzufassen. [6] Der Konzernabschlussprüfer hat im Rahmen der Konzernabschlussprüfung zu prüfen, ob die Anforderungen der §§ 12, 14 und 15 zum Bilanzstichtag eingehalten waren und darüber einen besonderen Vermerk anzufertigen. [7] Auf den besonderen Vermerk des Abschlussprüfers oder Konzernabschlussprüfers ist § 323 des Handelsgesetzbuchs[2)] entsprechend anzuwenden.

§ 2 Vor-REIT. [1] Ein Vor-REIT ist eine Aktiengesellschaft mit Sitz im Geltungsbereich dieses Gesetzes, die beim Bundeszentralamt für Steuern als Vor-REIT registriert ist. [2] Zum Ende des auf die Registrierung folgenden Geschäftsjahres hat der Vor-REIT gegenüber dem Bundeszentralamt für Steuern nachzuweisen, dass sein Unternehmensgegenstand im Sinne des § 1 Abs. 1 erster Halbsatz beschränkt ist. [3] Zum Ende des dem Jahr der Anmeldung folgenden und jedes darauf folgenden Geschäftsjahres hat der Vor-REIT auf Aufforderung

---

[1)] Nr. **58**.
[2)] **Habersack, Deutsche Gesetze Nr. 50.**

des Bundeszentralamts für Steuern innerhalb einer in der Aufforderung bestimmten Frist durch Vorlage von geeigneten, von einem Wirtschaftsprüfer testierten Unterlagen nachzuweisen, dass er die Voraussetzungen des § 12 erfüllt. [4] Erfüllt der Vor-REIT zum Ende des dem Jahr der Anmeldung folgenden oder eines späteren Geschäftsjahres die Voraussetzungen des § 12 und des § 1 Abs. 1 erster Halbsatz nicht oder nicht mehr, entfällt der Status als Vor-REIT zum Ende dieses Geschäftsjahres.

§ 3[1)] Begriffsbestimmung. (1) Immobilienpersonengesellschaften sind ***[ab 1.1.2024:*** *rechtsfähige* ***]***Personengesellschaften, deren Unternehmensgegenstand im Sinne des § 1 Abs. 1 Nr. 1 und 2 beschränkt ist und die nach dem Gesellschaftsvertrag nur Vermögensgegenstände im Sinne des Absatzes 7 mit Ausnahme von Beteiligungen an Auslandsobjektgesellschaften und REIT-Dienstleistungsgesellschaften erwerben dürfen.

(2) REIT-Dienstleistungsgesellschaften sind Kapitalgesellschaften, deren sämtliche Anteile von der REIT-Aktiengesellschaft gehalten werden und deren Unternehmensgegenstand darauf beschränkt ist, entgeltliche immobiliennahe Nebentätigkeiten im Auftrag der REIT-Aktiengesellschaft für Dritte zu erbringen.

(3) Auslandsobjektgesellschaften sind Kapitalgesellschaften, deren sämtliche Anteile von der REIT-Aktiengesellschaft gehalten werden und deren unbewegliches Vermögen

1. mindestens 90 Prozent ihres Gesamtvermögens ausmacht,
2. ausschließlich außerhalb des Geltungsbereiches dieses Gesetzes belegen ist und
3. nur solche Vermögensgegenstände umfasst, die im Belegenheitsstaat im Eigentum einer REIT-Körperschaft, -Personenvereinigung oder -Vermögensmasse oder einer einem REIT vergleichbaren Körperschaft, Personenvereinigung oder Vermögensmasse stehen dürfen.

(4) Hilfstätigkeiten sind Tätigkeiten, die der Haupttätigkeit, also dem eigenen Anlagebestand dienen.

(5) Nebentätigkeiten sind Tätigkeiten, die einem fremden Anlagebestand dienen.

(6) Immobiliennah sind solche Tätigkeiten, die der Verwaltung, Pflege und Fortentwicklung von Immobilienbeständen dienen (insbesondere technische und kaufmännische Bestandsverwaltung, Mietbestandsverwaltung, Vermittlungstätigkeit, Projektsteuerung und Projektentwicklung).

(7) Vermögensgegenstände im Sinne dieses Gesetzes sind unbewegliches Vermögen im Sinne des Absatzes 8, ferner zu dessen Bewirtschaftung erforderliche Gegenstände sowie Bankguthaben, Geldmarktinstrumente, Forderungen und Verbindlichkeiten, die aus der Nutzung oder Veräußerung des unbeweglichen Vermögens stammen oder zum Zwecke der Wertsicherung, Bewirtschaftung oder Bestandsveränderung dieser Vermögensgegenstände bereitgehalten, eingegangen oder begründet werden, sowie Beteiligungen an Immobilienpersonengesellschaften, Auslandsobjektgesellschaften, REIT-Dienstleistungsgesellschaften sowie Kapitalgesellschaften im Sinne des § 1 Abs. 1 Nr. 5

[1)] § 3 Abs. 1 geänd. mWv 1.1.2024 durch G v. 10.8.2021 (BGBl. I S. 3436).

(8) [1] Unbewegliches Vermögen sind Grundstücke und grundstücksgleiche Rechte sowie vergleichbare Rechte nach dem Recht anderer Staaten. [2] Schiffe und Luftfahrzeuge gelten nicht als unbewegliches Vermögen.

(9) Bestandsmietwohnimmobilien sind Immobilien, die überwiegend Wohnzwecken dienen, sofern diese vor dem 1. Januar 2007 erbaut worden sind.

§ 4 Mindestnennbetrag des Grundkapitals. Der Mindestnennbetrag des Grundkapitals einer REIT-Aktiengesellschaft ist 15 Millionen Euro.

§ 5 Form der Aktien. (1) [1] Sämtliche Aktien der REIT-Aktiengesellschaft müssen als stimmberechtigte Aktien gleicher Gattung begründet werden. [2] Sie dürfen nur gegen volle Leistung des Ausgabebetrages ausgegeben werden.

(2) Ein Anspruch des Aktionärs auf Verbriefung seines Anteils besteht nicht.

§ 6 Firma. Die Firma einer REIT-Aktiengesellschaft muss, auch wenn sie nach § 22 des Handelsgesetzbuchs[1)] oder nach anderen gesetzlichen Vorschriften fortgeführt wird, die Bezeichnung „REIT-Aktiengesellschaft" oder „REIT-AG" enthalten.

§ 7 Bezeichnungsschutz. Eine Gesellschaft, die ihren Sitz im Geltungsbereich dieses Gesetzes hat, darf die Bezeichnung „REIT-Aktiengesellschaft" oder eine Bezeichnung, in der der Begriff „Real Estate Investment Trust" oder die Abkürzung „REIT" allein oder im Zusammenhang mit anderen Worten vorkommt, in der Firma oder als Zusatz zur Firma nur führen, wenn sie eine REIT-Aktiengesellschaft im Sinne dieses Gesetzes ist und die Voraussetzungen der §§ 8 bis 15 erfüllt.

Abschnitt 2. Qualifikation als REIT-Aktiengesellschaft

§ 8 Anmeldung als REIT-Aktiengesellschaft. Die Firma der REIT-Aktiengesellschaft (§ 6) ist bei dem zuständigen Gericht zur Eintragung in das Handelsregister anzumelden.

§ 9 Sitz. Die REIT-Aktiengesellschaft muss ihren Sitz und ihre Geschäftsleitung im Inland haben.

§ 10[2)] Börsenzulassung. (1) Die Aktien der REIT-Aktiengesellschaft müssen zum Handel an einem organisierten Markt im Sinne des § 2 Absatz 11 des Wertpapierhandelsgesetzes[3)] in einem Mitgliedstaat der Europäischen Union oder in einem anderen Vertragsstaat des Abkommens über den Europäischen Wirtschaftsraum zugelassen sein.

(2) [1] Der Antrag auf Zulassung gemäß Absatz 1 muss innerhalb von drei Jahren nach Anmeldung der Aktiengesellschaft als Vor-REIT beantragt werden. [2] Die Frist des Satzes 1 kann auf Antrag von der Bundesanstalt für Finanzdienstleistungsaufsicht bis zu zwei Mal um jeweils ein Jahr verlängert werden,

---

[1)] **Habersack, Deutsche Gesetze Nr. 50.**

[2)] *§ 10 Abs. 2 Satz 2 neu gef.* mWv 26.6.2011 durch G v. 22.6.2011 (BGBl. I S. 1126); Abs. 1 geänd. mWv 3.1.2018 durch G v. 23.6.2017 (BGBl. I S. 1693).

[3)] Nr. **58**.

wenn Umstände außerhalb des Verantwortungsbereichs des Vor-REIT eine solche Verlängerung rechtfertigen.

(3) [1]Wird innerhalb der nach Absatz 2 maßgeblichen Frist kein Antrag gestellt oder wird ein innerhalb dieser Frist gestellter Antrag bestandskräftig abgelehnt, so verliert die Gesellschaft ihren Status als Vor-REIT. [2]Der Status lebt wieder auf, wenn die Zulassung erneut beantragt wird.

§ 11[1)] Streuung der Aktien. (1) [1]Mindestens 15 Prozent der Aktien einer REIT-Aktiengesellschaft müssen sich im Streubesitz befinden. [2]Im Zeitpunkt der Börsenzulassung müssen sich jedoch mindestens 25 Prozent der Aktien im Streubesitz befinden. [3]Den Streubesitz bilden die Aktien derjenigen Aktionäre, denen jeweils weniger als 3 Prozent der Stimmrechte an der REIT-Aktiengesellschaft zustehen. [4]Die Berechnung richtet sich nach den §§ 34 und 36 des Wertpapierhandelsgesetzes[2)].

(2) [1]Die REIT-Aktiengesellschaft hat jährlich zum 31. Dezember gegenüber der Bundesanstalt für Finanzdienstleistungsaufsicht die Streubesitzquote ihrer Aktionäre mitzuteilen. [2]Die Bundesanstalt für Finanzdienstleistungsaufsicht teilt dem Bundeszentralamt für Steuern mit, wenn die Quote von 15 Prozent unterschritten wird.

(3) Die REIT-Aktiengesellschaft hat in ihrer Satzung für den Fall der Beendigung der Steuerbefreiung gemäß § 18 Abs. 3 eine Entschädigung aller Aktionäre vorzusehen, denen weniger als 3 Prozent der Stimmrechte zustehen.

(4) [1]Kein Anleger darf direkt 10 Prozent oder mehr der Aktien oder Aktien in einem Umfang halten, dass er über 10 Prozent oder mehr der Stimmrechte verfügt. [2]Für die Anwendung dieses Absatzes gelten Aktien, die für Rechnung eines Dritten gehalten werden, als direkt durch den Dritten gehalten.

(5) Die Mitteilungspflichten nach § 33 Absatz 1 des Wertpapierhandelsgesetzes und die Pflichten nach § 40 Absatz 1 und 2 des Wertpapierhandelsgesetzes gelten auch dann, wenn ein Meldepflichtiger durch Erwerb, Veräußerung oder auf sonstige Weise 80 Prozent oder 85 Prozent der Stimmrechte an einer REIT-Aktiengesellschaft erreicht, überschreitet oder unterschreitet.

§ 12[3)] Vermögens- und Ertragsanforderungen. (1) [1]Ist die REIT-Aktiengesellschaft zur Aufstellung eines Konzernabschlusses gemäß § 315e des Handelsgesetzbuchs[4)] verpflichtet, ist für Zwecke dieser Vorschrift oder der §§ 14 und 15 auf den Konzernabschluss abzustellen, anderenfalls auf den Einzelabschluss gemäß § 325 Abs. 2a des Handelsgesetzbuchs. [2]Dabei ist für Zwecke dieser Vorschrift oder der §§ 14 und 15 für als Finanzinvestition gehaltenes unbewegliches Vermögen der beizulegende Zeitwert im Sinne des IAS 40 maßgebend. [3]Beteiligungen an Immobilienpersonengesellschaften gelten für Zwecke dieser Vorschrift und der §§ 14 und 15 als unbewegliches Vermögen und sind mit dem beizulegenden Zeitwert zu bewerten.

[1)] § 11 Abs. 5 neu gef. mWv 25.12.2008 durch G v. 19.12.2008 (BGBl. I S. 2794); Abs. 1 Satz 4 und Abs. 5 geänd. mWv 3.1.2018 durch G v. 23.6.2017 (BGBl. I S. 1693); zur Anwendung beachte § 23.

[2)] Nr. **58**.

[3)] § 12 Abs. 1 Satz 1 geänd. mWv 19.4.2017 durch G v. 11.4.2017 (BGBl. I S. 802).

[4)] **Habersack, Deutsche Gesetze Nr. 50.**

(2) Bezogen auf die Summe der Aktiva gemäß Einzel- bzw. Konzernabschluss nach Absatz 1 abzüglich der Ausschüttungsverpflichtung im Sinne des § 13 Abs. 1 und der Rücklagen im Sinne des § 13 Abs. 3

a) müssen zum Ende eines jeden Geschäftsjahres mindestens 75 Prozent der Aktiva zum unbeweglichen Vermögen gehören und

b) dürfen die Aktiva, die zum Vermögen von in den Konzernabschluss der REIT-Aktiengesellschaft einzubeziehenden REIT-Dienstleistungsgesellschaften gehören, zum Ende eines jeden Geschäftsjahres höchstens 20 Prozent ausmachen.

(3) Bezogen auf die gesamten Umsatzerlöse zuzüglich der sonstigen Erträge aus unbeweglichem Vermögen eines Geschäftsjahres gemäß Einzel- bzw. Konzernabschluss nach Absatz 1

a) müssen mindestens 75 Prozent der Umsatzerlöse zuzüglich der sonstigen Erträge aus unbeweglichem Vermögen eines Geschäftsjahres aus Vermietung, Leasing, Verpachtung einschließlich immobiliennaher Tätigkeiten oder Veräußerung von unbeweglichem Vermögen stammen und

b) darf die Summe der Umsatzerlöse zuzüglich der sonstigen Erträge aus unbeweglichem Vermögen eines Geschäftsjahres von REIT-Dienstleistungsgesellschaften, die in den Konzernabschluss der REIT-Aktiengesellschaft einzubeziehen sind, höchstens 20 Prozent ausmachen.

(4) [1] Zu den sonstigen Erträgen aus unbeweglichem Vermögen im Sinne des Absatzes 3 zählen nicht regelmäßig wiederkehrende Erträge, erfolgswirksam erfasste Bewertungsgewinne und -verluste, realisierte Veräußerungsverluste sowie Erträge aus Vermietung, Leasing, Verpachtung und Veräußerung von unbeweglichem Vermögen, soweit sie nicht unter den Umsatzerlösen zu erfassen sind. [2] Bewertungsgewinne und -verluste sind Gewinne und Verluste aus dem Ansatz des als Finanzinvestition gehaltenen unbeweglichen Vermögens im Einzel- bzw. Konzernabschluss nach Absatz 1 mit dem beizulegenden Zeitwert im Sinne des IAS 40. [3] Erfolgt der Ansatz des als Finanzinvestition gehaltenen unbeweglichen Vermögens im Einzel- bzw. Konzernabschluss der REIT-Aktiengesellschaft gemäß IAS 40 mit den fortgeführten Anschaffungskosten, sind in einer Nebenrechnung Bewertungsgewinne und -verluste im Sinne des Satzes 2 zu ermitteln und den sonstigen Erträgen hinzuzusetzen.

§ 13[1)] Ausschüttung an die Anleger. (1) [1] Die REIT-Aktiengesellschaft ist verpflichtet, bis zum Ende des folgenden Geschäftsjahres mindestens 90 Prozent ihres handelsrechtlichen Jahresüberschusses im Sinne des § 275 des Handelsgesetzbuchs[2)], gemindert um die Dotierung der Rücklage nach Absatz 3 Satz 1 sowie einen Verlustvortrag des Vorjahres und erhöht um die Auflösung der Rücklage gemäß Absatz 3 Satz 2, an die Aktionäre als Dividende auszuschütten. [2] § 150 des Aktiengesetzes[3)] findet keine Anwendung.

(2) Bei der Ermittlung des Jahresüberschusses sind planmäßige Abschreibungen nur in gleich bleibenden Jahresraten zulässig.

[1)] § 13 Abs. 1 Satz 1 geänd. mWv 25.12.2008 durch G v. 19.12.2008 (BGBl. I S. 2794); zur *Anwendung beachte § 23.*

[2)] **Habersack, Deutsche Gesetze Nr. 50.**

[3)] **Habersack, Deutsche Gesetze Nr. 51.**

(3) [1] Gewinne einer REIT-Aktiengesellschaft aus der Veräußerung unbeweglichen Vermögens können im handelsrechtlichen Jahresabschluss bis zur Hälfte in eine Rücklage eingestellt werden. [2] Die Rücklage ist bis zum Ablauf des zweiten auf das Jahr der Einstellung folgenden Geschäftsjahres aufzulösen und erhöht den ausschüttungsfähigen Betrag nach Absatz 1, soweit die Rücklage nicht von den Anschaffungs- oder Herstellungskosten von im ersten oder zweiten auf das Jahr der Einstellung folgenden Geschäftsjahres angeschafften oder hergestellten unbeweglichen Vermögens abgezogen worden ist. [3] Gehörte das veräußerte unbewegliche Vermögen bereits zum Beginn der Steuerbefreiung zum Betriebsvermögen der REIT-Aktiengesellschaft, ist der Veräußerungsgewinn als Summe aus dem Veräußerungsgewinn I und dem Veräußerungsgewinn II zu ermitteln. [4] Veräußerungsgewinn I ist die Differenz zwischen dem Buchwert in der Handelsbilanz und dem im Rahmen von steuerlichen Gewinnermittlungen vor dem Beginn der Steuerbefreiung für den Grund und Boden oder das Gebäude angesetzten Wert. [5] Der restliche Veräußerungsgewinn bildet den Veräußerungsgewinn II. [6] Für die Rücklage nach Satz 1 darf nur der Veräußerungsgewinn II verwendet werden.

§ 14 Ausschluss des Immobilienhandels. (1) Die REIT-Aktiengesellschaft darf keinen Handel mit ihrem unbeweglichen Vermögen betreiben.

(2) [1] Ein Handel im Sinne von Absatz 1 findet nur statt, wenn die REIT-Aktiengesellschaft sowie ihre in einen Konzernabschluss einzubeziehenden Tochterunternehmen innerhalb der letzten fünf Geschäftsjahre Erlöse aus der Veräußerung von unbeweglichem Vermögen erzielt haben, die mehr als die Hälfte des Wertes des durchschnittlichen Bestandes an unbeweglichem Vermögen innerhalb desselben Zeitraums ausmachen. [2] Zur Ermittlung des durchschnittlichen Bestandes ist auf die Bestände abzustellen, die im Einzel- bzw. Konzernabschluss gemäß § 12 Abs. 1 der REIT-Aktiengesellschaft am Ende jener Geschäftsjahre, die in den Fünfjahreszeitraum einzubeziehen sind, ausgewiesen werden. [3] Besteht die REIT-Aktiengesellschaft noch nicht fünf Jahre, ist auf die Einzel- bzw. Konzernabschlüsse der bisherigen Geschäftsjahre abzustellen.

§ 15[1] Mindesteigenkapital. [1] Das am Ende eines Geschäftsjahres im Einzel- bzw. Konzernabschluss nach § 12 Abs. 1 ausgewiesene Eigenkapital der REIT-Aktiengesellschaft darf 45 Prozent des Betrages, mit dem das unbewegliche Vermögen im Einzel- bzw. Konzernabschluss nach § 12 Abs. 1 angesetzt ist, nicht unterschreiten. [2] Nicht dem Mutterunternehmen gehörende und als Fremdkapital ausgewiesene Anteile an in den Konzernabschluss nach § 315e des Handelsgesetzbuchs[2] einbezogenen Tochterunternehmen gelten für die Berechnung des Mindesteigenkapitals als Eigenkapital.

Abschnitt 3. Steuerliche Regelungen

§ 16 Steuerbefreiung der REIT-Aktiengesellschaft. (1) [1] Eine REIT-Aktiengesellschaft, die die Voraussetzungen der §§ 8 bis 15 erfüllt, unbeschränkt körperschaftsteuerpflichtig ist und nicht im Sinne eines Doppelbesteuerungs-

---

[1] § 15 Satz 2 angef. mWv 25.12.2008 durch G v. 19.12.2008 (BGBl. I S. 2794); Satz 2 geänd. mWv 19.4.2017 durch G v. 11.4.2017 (BGBl. I S. 802); zur Anwendung beachte § 23.

[2] **Habersack, Deutsche Gesetze Nr. 50.**

abkommens als in dem anderen Vertragsstaat ansässig gilt, ist von der Körperschaftsteuer befreit. [2]Eine REIT-Aktiengesellschaft, die die Voraussetzungen der §§ 8 bis 15 erfüllt, ist von der Gewerbesteuer befreit.

(2) [1]Sind einem Anteilseigner nach § 20 des Einkommensteuergesetzes direkt Gesellschaftsanteile in Höhe von 10 Prozent des Kapitals oder mehr zuzurechnen, entfällt entgegen Absatz 1 die Steuerbefreiung der REIT-Aktiengesellschaft nicht. [2]Der Anteilseigner verliert deswegen auch nicht seinen Anspruch auf Dividende oder sein Stimmrecht, er kann aber aus seiner Beteiligung im Übrigen nur die Rechte geltend machen, die ihm aus einer Beteiligung von weniger als 10 Prozent zustehen würden. [3]Dies gilt auch für die Anwendung der Doppelbesteuerungsabkommen. [4]Die Vorschriften des Wertpapierhandelsgesetzes bleiben unberührt.

(3) [1]Besteht das gesamte Vermögen der inländischen REIT-Aktiengesellschaft zum Ende eines Wirtschaftsjahres zu weniger als 75 Prozent aus unbeweglichem Vermögen gemäß der Berechnung nach § 12, setzt die zuständige Finanzbehörde eine Zahlung gegen die Aktiengesellschaft fest. [2]Die Zahlung beträgt mindestens 1 Prozent und höchstens 3 Prozent des Betrages, um den der Anteil des unbeweglichen Vermögens hinter dem Anteil von 75 Prozent zurückbleibt. [3]Bei der Festsetzung der Zahlung berücksichtigt die Finanzbehörde, ob und wie oft bereits in früheren Wirtschaftsjahren das unbewegliche Vermögen hinter der Vorgabe von 75 Prozent zurückgeblieben ist. [4]Eine Zahlung nach diesem Absatz kann auch neben einer Zahlung nach Absatz 4 oder 5 festgesetzt werden, wenn jeweils die Voraussetzungen für die Zahlung erfüllt sind.

(4) [1]Stammen in einem Wirtschaftsjahr weniger als 75 Prozent der Bruttoerträge der inländischen REIT-Aktiengesellschaft aus der Vermietung und Verpachtung oder der Veräußerung von unbeweglichem Vermögen gemäß der Berechnung nach § 12, setzt die zuständige Finanzbehörde eine Zahlung gegen die Aktiengesellschaft fest. [2]Die Zahlung beträgt mindestens 10 Prozent und höchstens 20 Prozent des Betrages, um den die Bruttoerträge aus der Vermietung und Verpachtung oder der Veräußerung von unbeweglichem Vermögen hinter der Vorgabe von 75 Prozent der Bruttoerträge zurückbleiben. [3]Absatz 3 Satz 3 und 4 ist entsprechend anzuwenden.

(5) [1]Schüttet eine inländische REIT-Aktiengesellschaft bis zum Ende des folgenden Wirtschaftsjahres weniger als 90 Prozent des Jahresüberschusses gemäß der Berechnung nach § 13 Abs. 1 an die Anteilseigner aus, setzt die zuständige Finanzbehörde eine Zahlung gegen die Kapitalgesellschaft fest. [2]Die Zahlung beträgt mindestens 20 Prozent und höchstens 30 Prozent des Betrages, um den die tatsächliche Ausschüttung hinter der Vorgabe von 90 Prozent des nach § 13 Abs. 1 berechneten Jahresüberschusses zurückbleibt. [3]Absatz 3 Satz 3 und 4 ist entsprechend anzuwenden.

(6) [1]Erbringt die REIT-Aktiengesellschaft oder eine ihr nachgeordnete Immobilienpersonengesellschaft entgeltliche Nebentätigkeiten für Dritte, setzt die zuständige Finanzbehörde eine Zahlung gegen die Aktiengesellschaft fest. [2]Die Zahlung beträgt mindestens 20 Prozent und höchstens 30 Prozent der durch die entgeltliche Nebentätigkeit erzielten Einnahmen. [3]Absatz 3 Satz 3 und 4 ist entsprechend anzuwenden.

§ 17[1)] Beginn der Steuerbefreiung. (1) Die Steuerbefreiung tritt zu Beginn des Wirtschaftsjahres ein, in dem die REIT-Aktiengesellschaft nach der Anmeldung gemäß § 8 unter einer Firma gemäß § 6 in das Handelsregister eingetragen wird.

(2) Bei Anwendung des § 13 Abs. 1 und 3 Satz 1 des Körperschaftsteuergesetzes gelten § 3 Nr. 70 Satz 1 Buchstabe b, Satz 2, 3 und § 3c Abs. 3 des Einkommensteuergesetzes entsprechend.

(3) [1] Hält die steuerpflichtige Aktiengesellschaft Beteiligungen an Immobilienpersonengesellschaften, ist das unbewegliche Vermögen der Immobilienpersonengesellschaften, soweit es der Beteiligung der Aktiengesellschaft entspricht, mit dem Teilwert anzusetzen. [2] Maßgebend ist der Zeitpunkt der Schlussbilanz der Aktiengesellschaft im Sinne des § 13 Abs. 1 und 3 Satz 1 des Körperschaftsteuergesetzes. [3] Eine mittelbare Beteiligung über eine oder mehrere ***[ab 1.1. 2024:*** *rechtsfähige* ***]***Personengesellschaften steht der unmittelbaren Beteiligung gleich, § 15 Abs. 1 Satz 1 Nr. 2 Satz 2 des Einkommensteuergesetzes gilt sinngemäß.

(4) Nach einem Verlust der Steuerbefreiung im Sinne des § 18 kann die Steuerbefreiung nicht vor Ablauf von vier Jahren seit dem Verlust wieder aufleben oder beginnen.

§ 18 Ende der Steuerbefreiung. (1) Die Steuerbefreiung nach § 16 Abs. 1 endet zum Ende des Wirtschaftsjahres, das dem Verlust der Börsenzulassung nach § 10 vorausgeht.

(Fortsetzung nächstes Blatt)

[1)] § 17 Abs. 3 Satz 3 geänd. mWv 1.1.2024 durch G v. 10.8.2021 (BGBl. I S. 3436).

(2) Betreibt die REIT-Aktiengesellschaft im Sinne des § 14 Handel mit unbeweglichem Vermögen, entfällt die Steuerbefreiung erstmals für das Wirtschaftsjahr, in dem die Grenze nach § 14 Abs. 2 überschritten wird.

(3) [1] Befinden sich während dreier aufeinander folgender Wirtschaftsjahre weniger als 15 Prozent der Aktien der REIT-Aktiengesellschaft im Streubesitz, so endet die Steuerbefreiung mit Ablauf des dritten Wirtschaftsjahres. [2] Wird während dreier aufeinander folgender Wirtschaftsjahre gegen die Vorschrift über die Höchstbeteiligung nach § 11 Abs. 4 verstoßen, so endet die Steuerbefreiung mit Ablauf des dritten Wirtschaftsjahres. [3] Solange die REIT-Aktiengesellschaft aus den Meldungen nach dem Wertpapierhandelsgesetz den Verstoß nicht entnehmen kann, ist Satz 1 und 2 nicht anzuwenden. [4] Nach Aufdeckung eines Verstoßes gegen die Vorschriften über den Streubesitz oder die Höchstbeteiligung muss die REIT-Aktiengesellschaft bis zum Ende des auf die Aufdeckung des Verstoßes folgenden Wirtschaftsjahres die Einhaltung der Vorschriften über den Streubesitz und die Höchstbeteiligung erreichen. [5] Gelingt ihr dies nicht, endet die Steuerbefreiung rückwirkend zum Ende des Wirtschaftsjahres, in dem der Verstoß aufgedeckt wurde.

(4) Sind die Voraussetzungen des § 15 in drei aufeinander folgenden Wirtschaftsjahren nicht erfüllt, so endet die Steuerbefreiung mit Ablauf des dritten Wirtschaftsjahres.

(5) [1] Sind bei einer REIT-Aktiengesellschaft für drei aufeinander folgende Wirtschaftsjahre die Voraussetzungen desselben Absatzes des § 16 Abs. 3 bis 6 erfüllt, endet die Steuerbefreiung mit Ablauf des dritten Wirtschaftsjahres. [2] Sind bei einer REIT-Aktiengesellschaft die Voraussetzungen verschiedener, für fünf aufeinander folgende Wirtschaftsjahre aber jeweils mindestens einer der Absätze 3 bis 6 des § 16 erfüllt, endet die Steuerbefreiung mit Ablauf des fünften Wirtschaftsjahres. [3] Die zuständige Finanzbehörde kann ausnahmsweise bestimmen, dass die Steuerbefreiung nicht entfällt; in diesem Falle setzt sie die höchstmöglichen Zahlungen nach § 16 Abs. 3 bis 6 fest.

(6) In den Fällen der Absätze 1 bis 4 sowie des Absatzes 5 Satz 1 und 2 ist § 13 Abs. 2 des Körperschaftsteuergesetzes mit der Maßgabe anzuwenden, dass in der Anfangsbilanz die Wirtschaftsgüter mit dem Wert anzusetzen sind, der sich ausgehend von der Anfangsbilanz der inländischen REIT-Aktiengesellschaft bei ununterbrochener Steuerpflicht nach den Vorschriften über die steuerliche Gewinnermittlung ergeben würde.

(7) In den Fällen der Absätze 1 bis 4 sowie des Absatzes 5 Satz 1 und 2 ist die Rücklage nach § 13 Abs. 3 aufzulösen und erhöht zusammen mit den nicht ausgeschütteten Teilen des nach § 13 Abs. 1 berechneten Jahresüberschusses der Geschäftsjahre, für die die Steuerbefreiung der inländischen REIT-Aktiengesellschaft galt, den Gewinn der steuerpflichtigen Aktiengesellschaft im Jahr der erstmaligen Steuerpflicht.

§ 19.[1)] **Besteuerung der Anteilsinhaber.** (1) [1] Die Ausschüttungen der REIT-Aktiengesellschaft und anderer REIT-Körperschaften, -Personenvereinigungen oder -Vermögensmassen sowie sonstige Vorteile, die neben oder an Stelle der Ausschüttungen gewährt werden, gehören zu den Einkünften aus Kapitalvermögen im Sinne des § 20 Abs. 1 Nr. 1 des Einkommensteuergeset-

---

1) § 19 Abs. 2, 4 und 5 geänd., Abs. 3 neugef., Abs. 6 angef. mWv 25. 12. 2008 durch Art. 37 JStG 2009 v. 19. 12. 2008 (BGBl. I S. 2794); beachte hierzu § 23

zes, wenn sie nicht Betriebseinnahmen des Anteilseigners sind. [2] § 20 Abs. 1 Nr. 2 des Einkommensteuergesetzes ist entsprechend, § 20 Abs. 2 Satz 1 Nr. 2 Buchstabe a des Einkommensteuergesetzes ist nicht anzuwenden.

(2) Auf die Veräußerung von Aktien an REIT-Aktiengesellschaften und Anteilen an anderen REIT-Körperschaften, -Personenvereinigungen oder -Vermögensmassen, die nicht Bestandteil eines Betriebsvermögens sind, sind § 17 sowie § 20 Abs. 2 Satz 1 Nr. 1 des Einkommensteuergesetzes anzuwenden, anderenfalls ist der Gewinn nach § 4 oder § 5 des Einkommensteuergesetzes zu ermitteln.

(3) Vorbehaltlich des § 19a sind § 3 Nr. 40 des Einkommensteuergesetzes und § 8b des Körperschaftsteuergesetzes nicht anzuwenden.

(4) Betriebsvermögensminderungen oder Betriebsausgaben, die mit Aktien einer REIT-Aktiengesellschaft oder Anteilen an anderen REIT-Körperschaften, -Personenvereinigungen oder -Vermögensmassen in wirtschaftlichem Zusammenhang stehen, dürfen nur mit Betriebsvermögensmehrungen oder Betriebseinnahmen aus der Veräußerung von Aktien einer REIT-Aktiengesellschaft oder Anteilen an anderen REIT-Körperschaften, -Personenvereinigungen oder -Vermögensmassen ausgeglichen werden; § 10d des Einkommensteuergesetzes gilt entsprechend.

(5) Andere REIT-Körperschaften, -Personenvereinigungen oder -Vermögensmassen im Sinne dieser Vorschrift sind alle Körperschaften, Personenvereinigungen oder Vermögensmassen, die nicht im Inland ansässig sind, deren Bruttovermögen zu mehr als zwei Dritteln aus unbeweglichem Vermögen besteht, deren Bruttoerträge zu mehr als zwei Dritteln aus der Vermietung und Verpachtung und der Veräußerung von unbeweglichem Vermögen stammen, die in ihrem Sitzstaat keiner Investmentaufsicht unterliegen, deren Anteile im Rahmen eines geregelten Marktes gehandelt werden und deren aus Immobilien stammenden Ausschüttungen an ihre Anleger nicht mit einer der deutschen Körperschaftsteuer vergleichbaren ausländischen Steuer in ihrem Sitzstaat vorbelastet sind.

(6) Bezieht eine unbeschränkt steuerpflichtige Gesellschaft von einer anderen REIT-Körperschaft, -Personenvereinigung oder -Vermögensmasse Gewinne oder Dividenden, die auf Grund eines Doppelbesteuerungsabkommens von Deutschland als Ansässigkeitsstaat freizustellen sind, ist insoweit die Doppelbesteuerung unbeschadet des Abkommens nicht durch Freistellung, sondern durch Anrechnung der auf diese Einkünfte erhobenen ausländischen Steuer zu vermeiden.

§ 19a.[1)] Berücksichtigung von Vorbelastungen bei der Besteuerung der Anteilsinhaber. (1) [1] Abweichend von § 19 Abs. 3 sind § 3 Nr. 40 und § 3c Abs. 2 des Einkommensteuergesetzes sowie § 8b des Körperschaftsteuergesetzes anzuwenden, soweit die Dividenden einer REIT-Aktiengesellschaft oder einer anderen REIT-Körperschaft, -Personenvereinigung oder -Vermögensmasse aus vorbelasteten Teilen des Gewinns stammen. [2] Auf die Wertminderung einer Beteiligung an einer REIT-Aktiengesellschaft oder anderen Körperschaft, Personenvereinigung oder Vermögensmasse ist § 8b des Kör-

---

1) § 19a eingef. mWv 25. 12. 2008 durch Art. 37 JStG 2009 v. 19. 12. 2008 (BGBl. I S. 2794); beachte hierzu § 23.

perschaftsteuergesetzes oder § 3 c Abs. 2 des Einkommensteuergesetzes anzuwenden, soweit sie auf Dividenden im Sinne von Satz 1 beruht.

(2) [1] Dividenden stammen im Sinne des Absatzes 1 aus vorbelasteten Teilen des Gewinns, wenn hierfür Einkünfte der REIT-Aktiengesellschaft oder der anderen REIT-Körperschaft, -Personenvereinigung oder -Vermögensmasse als verwendet gelten, die mit mindestens 15 Prozent deutscher Körperschaftsteuer oder einer mit dieser vergleichbaren ausländischen Steuer für den jeweiligen Veranlagungszeitraum belastet sind. [2] Die Steuerbelastung ist dabei für jede Beteiligung an einer Kapitalgesellschaft oder einer Immobilienpersonengesellschaft und für jede Immobilie im Sinne des § 1 Abs. 1 Nr. 1 Buchstabe a und b getrennt zu ermitteln. [3] Abzustellen ist für jede Beteiligung an einer Immobilienpersonengesellschaft oder jede einzelne Immobilie im Sinne des § 1 Abs. 1 Nr. 1 Buchstabe a und b auf die jeweilige Steuerbelastung der Einkünfte in dem Wirtschaftsjahr, das dem Jahr der Ausschüttung der REIT-Aktiengesellschaft oder der anderen REIT-Körperschaft, -Personenvereinigung oder -Vermögensmasse vorangeht. [4] Dividenden oder sonstige Bezüge aus einer Beteiligung an einer Kapitalgesellschaft gelten nur als vorbelastete Teile des Gewinns, wenn sie von der Kapitalgesellschaft in dem ersten Wirtschaftsjahr, das dem Wirtschaftsjahr nachfolgt, dessen Gewinn ausgeschüttet wird, an die REIT-Aktiengesellschaft oder die andere REIT-Körperschaft, -Personenvereinigung oder -Vermögensmasse ausgeschüttet werden. [5] Die vorbelasteten Teile des Gewinns der REIT-Aktiengesellschaft oder anderen REIT-Körperschaft, -Personenvereinigung oder -Vermögensmasse gelten als vorrangig ausgeschüttet.

(3) [1] Der aus vorbelasteten Gewinnen stammende Teil der Dividende oder der sonstigen Bezüge ist in der Steuerbescheinigung nach § 45 a des Einkommensteuergesetzes gesondert auszuweisen. [2] Veranlasst die REIT-Aktiengesellschaft einen zu hohen Ausweis des aus vorbelasteten Gewinnen stammenden Teils der Dividende oder der sonstigen Bezüge, ist die Steuerbescheinigung nach § 45 a des Einkommensteuergesetzes nicht zu ändern. [3] Gegen die REIT-Aktiengesellschaft ist bei einem zu hohen Ausweis des aus vorbelasteten Gewinnen stammenden Teils der Dividende von der zuständigen Finanzbehörde entsprechend dem mutmaßlichen Steuerausfall auf der Ebene ihrer Aktionäre eine Zahlung von mindestens 20 Prozent und höchstens 30 Prozent des Betrags festzusetzen, um den die tatsächlich vorbelasteten Gewinne hinter dem Betrag zurückbleiben, von dem bei der Erteilung der Bescheinigung ausgegangen worden ist.

(4) Die Absätze 1 und 2 sind bei der Besteuerung von Dividenden und sonstigen Bezügen aus anderen REIT-Körperschaften, -Personenvereinigungen oder -Vermögensmassen nur anzuwenden, wenn der Anleger nachweist, dass für die Dividenden oder sonstigen Bezüge vorbelastete Gewinne der anderen REIT-Körperschaft, -Personenvereinigung oder -Vermögensmasse verwendet worden sind.

§ 20[1)] Kapitalertragsteuerabzug. (1) [1] Von den Ausschüttungen, sonstigen Vorteilen und Bezügen nach Kapitalherabsetzung oder Auflösung einer

---

[1)] § 20 Abs. 1 neu gef., Abs. 2 aufgeh. mWv 25. 12. 2008 durch G v. 19. 12. 2008 (BGBl. I S. 2794); Abs. 1 Satz 2 geänd. mWv 26. 6. 2011 durch G v. 22. 6. 2011 (BGBl. I S. 1126); zur Anwendung beachte § 23.

inländischen REIT-Aktiengesellschaft oder einer anderen REIT-Körperschaft, -Personenvereinigung oder -Vermögensmasse und von den Gewinnen aus der Veräußerung von Aktien an REIT-Aktiengesellschaften oder Anteilen an anderen REIT-Körperschaften, -Personenvereinigungen oder -Vermögensmassen wird die Einkommensteuer oder Körperschaftsteuer durch Abzug vom Kapitalertrag erhoben. [2] Die für die Kapitalertragsteuer nach § 43 Absatz 1 Satz 1 Nummer 1, 1 a, 6, 9 und Satz 2 des Einkommensteuergesetzes geltenden Vorschriften des Einkommensteuergesetzes sind entsprechend anzuwenden.

(2) *(aufgehoben)*

(3) In der Steuerbescheinigung nach § 45 a des Einkommensteuergesetzes ist anzugeben, dass es sich um Bezüge von einer REIT-Aktiengesellschaft handelt.

(4) [1] Für die Anrechnung der einbehaltenen und abgeführten Kapitalertragsteuer nach § 36 Abs. 2 des Einkommensteuergesetzes oder deren Erstattung nach § 50 d des Einkommensteuergesetzes gelten die Vorschriften des Einkommensteuergesetzes entsprechend. [2] Werden 10 Prozent oder mehr der Aktien, der stimmberechtigten Aktien oder der Stimmrechte indirekt gehalten oder kontrolliert, so wird im Fall der Anwendung eines Doppelbesteuerungsabkommens ungeachtet darin enthaltener oder für seine Anwendung vereinbarter weitergehender Vergünstigungen die deutsche Quellensteuer auf die Ausschüttungen stets mit dem Satz erhoben, den das Doppelbesteuerungsabkommen für Fälle des indirekten Haltens oder der Kontrolle von weniger als 10 Prozent der Aktien, der stimmberechtigten Aktien oder der Stimmrechte vorsieht. [3] Satz 2 gilt ebenfalls, wenn weniger als 10 Prozent der Aktien, der stimmberechtigten Aktien oder der Stimmrechte indirekt gehalten oder kontrolliert werden und dem Anteilseigner zugleich direkt Aktien nach Maßgabe des § 16 Abs. 2 zuzurechnen sind und bei Zusammenrechnung 10 Prozent oder mehr der Aktien, der stimmberechtigten Aktien oder der Stimmrechte gehalten oder kontrolliert werden.

§ 21[1)] Verfahrensvorschriften. (1) [1] Auf die Zahlungen nach *nach*[2)] den §§ 16 und 19 a sind die für die Körperschaftsteuer geltenden Vorschriften der Abgabenordnung[3)] entsprechend anzuwenden. [2] In öffentlich-rechtlichen Streitigkeiten wegen einer Zahlung ist der Finanzrechtsweg gegeben. [3] Das Aufkommen aus der Zahlung steht je zur Hälfte dem Bund und dem Land zu, in dem die REIT-Aktiengesellschaft ihren Sitz hat.

(2) [1] Die REIT-Aktiengesellschaft hat für den abgelaufenen Veranlagungszeitraum eine Steuererklärung abzugeben. [2] In dieser sind neben den Voraussetzungen für die Steuerbefreiung auch Angaben zum Einhalten der Vorgaben über die Zusammensetzung des Vermögens und der Erträge, der Erfüllung der Mindestausschüttungsverpflichtung und der Höhe des Eigenkapitals im Vergleich zum unbeweglichen Vermögen und zur Zusammensetzung der Erträge hinsichtlich vorbelasteter und nicht vorbelasteter Erträge zu machen.

---

1) § 21 Abs. 1 Satz 1 und Abs. 2 Satz 2 geänd. mWv 25. 12. 2008 durch G v. 19. 12. 2008 (BGBl. I S. 2794); Abs. 2 Sätze 4 und 5 neu gef. mWv 1. 1. 2017 durch G v. 18. 7. 2016 (BGBl. I *S. 1679); zur Anwendung beachte § 23.*

2) Doppeltes „nach" amtlich.

3) Auszugsweise abgedruckt unter Nr. **88 b**.

[3] § 152 der Abgabenordnung ist mit der Maßgabe anzuwenden, dass ein Verspätungszuschlag auch bei Vorliegen der Voraussetzungen für die Steuerbefreiung festgesetzt werden kann. [4] Bemessungsgrundlage im Sinne des § 152 Absatz 5 Satz 2 der Abgabenordnung ist der nach § 13 Absatz 1 ermittelte auszuschüttende Betrag. [5] Eine beglaubigte Abschrift des besonderen Vermerks nach § 1 Absatz 4 ist der Steuererklärung beizufügen.

(3) [1] Nach Aufforderung durch die Finanzbehörde hat die REIT-Aktiengesellschaft die Ermittlung der Angaben nach Absatz 2 darzulegen. [2] Art und Umfang bestimmt die Finanzbehörde. [3] Die Finanzbehörde kann verlangen, dass der jeweilige Abschlussprüfer die Richtigkeit einzelner Angaben bestätigt. [4] Unberührt bleibt das Recht der Finanzbehörde, weitere Sachaufklärung zu betreiben, insbesondere eine Außenprüfung anzuordnen oder Sachverständige hinzuzuziehen.

Abschnitt 4. Schlussvorschriften

§ 22 Übergangsregelung zu § 7. [1] Abweichend von § 7 darf eine Gesellschaft die Bezeichnung „REIT-Aktiengesellschaft" oder eine Bezeichnung, in der der Begriff „Real Estate Investment Trust" oder die Abkürzung „REIT" allein oder im Zusammenhang mit anderen Worten vorkommt, in der Firma oder als Zusatz zur Firma nur bis zum 31. Dezember 2007 führen, wenn am 23. März 2007 die zulässige Eintragung der Firma in das Handelsregister bewirkt war. [2] Nach dem 31. Dezember 2007 ist die Eintragung unzulässig im Sinne des § 142 Abs. 1 Satz 1 des Gesetzes über die Angelegenheiten der freiwilligen Gerichtsbarkeit und kann nach dieser Vorschrift gelöscht werden.

§ 23[1)] Anwendungsvorschriften. (1) Diese Fassung des Gesetzes ist vorbehaltlich der nachfolgenden Absätze erstmals für das Kalenderjahr 2008 anzuwenden.

(2) [1] Die §§ 19 und 19a sind erstmals auf Bezüge anzuwenden, die dem Anteilseigner nach dem Beginn der Steuerbefreiung der REIT-Aktiengesellschaft zufließen. [2] Abweichend von Satz 1 sind auf Gewinnausschüttungen, die auf einem den gesellschaftsrechtlichen Vorschriften entsprechenden Gewinnverteilungsbeschluss für ein abgelaufenes Wirtschaftsjahr beruhen, im ersten Wirtschaftsjahr der steuerbefreiten REIT-Aktiengesellschaft die §§ 19 und 19a noch nicht anzuwenden.

(3) § 19 Abs. 1 bis 4 und § 19a sind erstmals auf Bezüge von oder auf Gewinne aus der Veräußerung eines Anteils an einer anderen REIT-Körperschaft, -Personenvereinigung oder -Vermögensmasse anzuwenden, die der Anteilseigner nach dem 31. Dezember 2007 erzielt.

(4) *Bei Wegfall der Steuerbefreiung* sind auf Gewinnausschüttungen, die auf einem den gesellschaftsrechtlichen Vorschriften entsprechenden Gewinnverteilungsbeschluss für ein abgelaufenes Wirtschaftsjahr beruhen, für das noch die Steuerbefreiung der REIT-Aktiengesellschaft galt, die §§ 19 und 19a anzuwenden.

[1)] § 23 neu gef. mWv 25.12.2008 durch G v. 19.12.2008 (BGBl. I S. 2794); Abs. 11 angef. mWv 26.6.2011 durch G v. 22.6.2011 (BGBl. I S. 1126); Abs. 12 angef. mWv 1.1.2017 durch G v. 18.7. 2016 (BGBl. I S. 1679); Abs. 13 angef. mWv 19.4.2017 durch G v. 11.4.2017 (BGBl. I S. 802).

(5) Die §§ 19 und 19a sind nicht mehr auf Bezüge anzuwenden, die dem Anleger nach dem Ende des Wirtschaftsjahres zufließen, in dem die ausländische Körperschaft, Personenvereinigung oder Vermögensmasse nicht mehr die Voraussetzungen des § 19 Abs. 5 erfüllt.

(6) § 19 Abs. 2 in der Fassung des Artikels 37 des Gesetzes vom 19. Dezember 2008 (BGBl. I S. 2794) ist erstmals anzuwenden auf die Veräußerung von Aktien an REIT-Aktiengesellschaften und Anteilen an anderen REIT-Körperschaften, -Personenvereinigungen oder -Vermögensmassen, die nach dem 31. Dezember 2008 erworben werden.

(7) Auf Veräußerungen oder die Bewertung von Anteilen an einer REIT-Aktiengesellschaft oder anderen REIT-Körperschaft, -Personenvereinigung oder -Vermögensmasse ist § 19 Abs. 4 anzuwenden, solange die REIT-Aktiengesellschaft steuerbefreit ist oder die andere REIT-Körperschaft, -Personenvereinigung oder -Vermögensmasse die Voraussetzungen des § 19 Abs. 5 erfüllt.

(8) § 19 Abs. 4 in der Fassung des Artikels 37 des Gesetzes vom 19. Dezember 2008 (BGBl. I S. 2794) ist erstmals anzuwenden auf Aktien an REIT-Aktiengesellschaften und Anteilen an anderen REIT-Körperschaften, -Personenvereinigungen oder -Vermögensmassen, die nach dem 31. Dezember 2008 veräußert werden.

(9) § 19 Abs. 6 ist erstmals auf nach dem 31. Dezember 2008 zufließende Dividenden anzuwenden.

(10) [1] § 20 Abs. 1 in der Fassung des Artikels 37 des Gesetzes vom 19. Dezember 2008 (BGBl. I S. 2794) ist erstmals auf Kapitalerträge anzuwenden, die dem Gläubiger nach dem 31. Dezember 2008 zufließen, und auf Veräußerungen von Aktien an REIT-Aktiengesellschaften oder Anteilen an anderen REIT-Körperschaften, -Personenvereinigungen oder -Vermögensmassen, die nach dem 31. Dezember 2008 erworben werden. [2] § 20 Abs. 2 in der am 1. Januar 2007 geltenden Fassung ist letztmals auf Veräußerungen von Aktien an REIT-Aktiengesellschaften oder Anteilen an anderen REIT-Körperschaften, -Personenvereinigungen oder -Vermögensmassen anzuwenden, die vor dem 1. Januar 2009 erworben werden.

(11) [1] § 10 Absatz 2 Satz 2 in der Fassung des Artikels 11 des Gesetzes vom 22. Juni 2011 (BGBl. I S. 1126) ist erstmals ab dem 1. Januar 2011 anzuwenden. [2] § 20 Absatz 1 Satz 2 in der Fassung des Artikels 11 des Gesetzes vom 22. Juni 2011 (BGBl. I S. 1126) ist erstmals auf Kapitalerträge anzuwenden, die dem Gläubiger nach dem 31. Dezember 2011 zufließen.

(12) § 21 Absatz 2 Satz 4 in der am 1. Januar 2017 geltenden Fassung ist erstmals ab dem 1. Januar 2017 anzuwenden.

(13) [1] Die §§ 12 und 15 in der Fassung des CSR-Richtlinie-Umsetzungsgesetzes vom 11. April 2017 (BGBl. I S. 802) sind erstmals auf Jahres- und Konzernabschlüsse, Lage- und Konzernlageberichte für das nach dem 31. Dezember 2016 beginnende Geschäftsjahr anzuwenden. [2] Die §§ 12 und 15 in der bis zum 18. April 2017 geltenden Fassung sind letztmals anzuwenden auf Lage- und Konzernlageberichte für das vor dem 1. Januar 2017 beginnende Geschäftsjahr.

58. Gesetz über den Wertpapierhandel (Wertpapierhandelsgesetz – WpHG)

In der Fassung der Bekanntmachung vom 9. September 1998[1)]
(BGBl. I S. 2708)

FNA 4110-4

Lfd. Nr.	Änderndes Gesetz	Datum	Fundstelle	Betroffen	Hinweis
1.	Art. 3 Abs. 6 VersicherungsaufsichtsG-ÄndG	21. 12. 2000	BGBl. I S. 1857	§§ 10, 39, 41	geänd. mWv 28. 12. 2000
				§ 11	geänd. mWv 1. 1. 2002
2.	Art. 93 Siebente ZuständigkeitsanpassungsVO	29. 10. 2001	BGBl. I S. 2785	§ 5	geänd. mWv 7. 11. 2001
3.	Art. 2 Unternehmensübernahme-RegelungsG	20. 12. 2001	BGBl. I S. 3822	§§ 21, 22, 25, 26, 28, 30, 39, 41	geänd. mWv 1. 1. 2002
4.	Art. 4 G über die integrierte Finanzdienstleistungsaufsicht	22. 4. 2002	BGBl. I S. 1310	Inhaltsübers., §§ 5, 67, 8, 9, 15, 16, 16 a, 17, 18, 19, 21, 23, 25, 27, 29, 30, 33, 34, 34 a, 35, 36, 36 a, 36 b, 36 c, 40, 40 a, 41, 42	geänd. mWv 1. 5. 2002
				§ 4	neu gef. mWv 1. 5. 2002
				§§ 3, 10, 11	aufgeh. mWv 1. 5. 2002
5.	Art. 2 Viertes FinanzmarktförderungsG	21. 6. 2002	BGBl. I S. 2010, ber. 2316	Inhaltsübers., §§ 1, 2, 6, 9, 12, 15, 16, 17, 18, 21, 23, 25, 26, 27, 29, 30, 34, 34 a, 35, 36, 36 a, 36 b, 36 c, 37, 38, 39	geänd. mWv 1. 7. 2002
				§§ 15 a, 16 b, 20 a, 20 b, 34 b, 37 b –37 m, 44	eingef. mWv 1. 7. 2002
6.	Art. 4 G zur Änd. des MineralölsteuerG und anderer Gesetze	23. 7. 2002	BGBl. I S. 2778	§ 36	geänd. mWv 30. 7. 2002
7.	Art. 70 Achte ZuständigkeitsanpassungsVO	25. 11. 2003	BGBl. I S. 2304	§ 5	geänd. mWv 28. 11. 2003
8.	Art. 9 InvestmentmodernisierungsG	15. 12. 2003	BGBl. I S. 2676	§§ 2, 2 a, 30, 36 c	geänd. mWv 1. 1. 2004
9.	Art. 1 AnlegerschutzverbesserungsG[2)]	28. 10. 2004	BGBl. I S. 2630	Inhaltsübers., §§ 1–2 a, 4–9, 12–16 a, 20 a, 29, 32, 34 b, 35, 36, 36 c, 37, 37 b, 37 c, 37 i–37 m, 38–40 a	geänd. mWv 30. 10. 2004
				§§ 10, 34 c, 40 b	eingef. mWv 30. 10. 2004
				§§ 17–20, 20 b, 30	aufgeh. mWv 30. 10. 2004

[1)] Neubekanntmachung des WpHG v. 26. 7. 1994 (BGBl. I S. 1794) in der ab 1. 8. 1998 geltenden Fassung.

[2)] **Amtl. Anm.:** Dieses Gesetz dient in Artikel 1 der Umsetzung
– der Richtlinie 2003/6/EG des Europäischen Parlaments und des Rates vom 28. Januar 2003 über Insider-Geschäfte und Marktmanipulation (Marktmissbrauch) (ABl. EU Nr. L 96 S. 16),

(Fortsetzung der Anm. auf nächster Seite)

Lfd. Nr.	Änderndes Gesetz	Datum	Fundstelle	Betroffen	Hinweis
10.	Art. 3 BilanzkontrollG	15. 12. 2004	BGBl. I S. 3408	Inhaltsübers., § 39	geänd. mWv 21. 12. 2004
				§§ 37 n, 37 o, 37 p, 37 q, 37 r, 37 s, 37 t, 37 u, 45	eingef. mWv 21. 12. 2004
11.	Art. 10 a G zur Neuordnung des Pfandbriefrechts	22. 5. 2005	BGBl. I S. 1373	§§ 7,15 a, 20 a	geänd. mWv 19. 7. 2005
12.	Art. 100 Neunte ZuständigkeitsanpassungsVO	31. 10. 2006	BGBl. I S. 2407	§ 5	geänd. mWv 8. 11. 2006
13.	Art. 4 G zur Umsetzung der neu gefassten BankenRL und der neu gefassten KapitaladäquanzRL[1)]	17. 11. 2006	BGBl. I S. 2606	§§ 6, 36	geänd. mWv 1. 1. 2007
14.	Art. 1 Transparenzrichtlinie-UmsetzungsG[2)]	5. 1. 2007	BGBl. I S. 10	Inhaltsübers., §§ 2, 7, 15, 15 a, 15 b, Überschrift Abschnitt 5, §§ 21, 22, 23, 25, 26, 27, Überschrift Abschnitt 11 und UAbschnitt 1, 37 n, 37 o, 37 s, 39, 41	geänd. mWv 20. 1. 2007
				§§ 2 b, 11, 26 a, 29 a, 30, Abschnitt 5 a, 30 a, 30 b, 30 c, 30 d, 30 e, 30 f, 30 g, Überschrift UAbschnitt 2, 37 v, 37 w, 37 x, 37 y, 37 z, 46	eingef. mWv 20. 1. 2007
15.	Art. 1 Finanzmarktrichtlinie-UmsetzungsG[3)]	16. 7. 2007	BGBl. I S. 1330	Inhaltsübers., §§ 2, 2 a, 4, 6, 7, 8, 9, 12, 13, 14, 15 a, 16 b, Überschrift Abschnitt 4, §§ 20 a	geänd. mWv 1. 11. 2007

(Fortsetzung der Anm. von S. 1)

– der Richtlinie 2003/124/EG der Kommission zur Durchführung der Richtlinie 2003/6/EG des Europäischen Parlaments und des Rates vom 22. Dezember 2003 betreffend die Begriffsbestimmung und die Veröffentlichung von Insider-Informationen und die Begriffsbestimmung der Marktmanipulation (ABl. EU Nr. L 339 S. 70),

– der Richtlinie 2003/125/EG der Kommission vom 22. Dezember 2003 zur Durchführung der Richtlinie 2003/6/EG des Europäischen Parlaments und des Rates in Bezug auf die sachgerechte Darbietung von Anlageempfehlungen und die Offenlegung von Interessenkonflikten (ABl. EU Nr. L 339 S. 73) und

– der Richtlinie 2004/72/EG der Kommission vom 29. April 2004 zur Durchführung der Richtlinie 2003/6/EG des Europäischen Parlaments und des Rates – Zulässige Marktpraktiken, Definition von Insider-Informationen in Bezug auf Warenderivate, Erstellung von Insider-Verzeichnissen, Meldung von Eigengeschäften und Meldung verdächtiger Transaktionen (ABl. EU L 162 S. 70).

1) **Amtl. Anm.:** Dieses Gesetz dient der Umsetzung der Richtlinien 2006/48/EG und 2006/49/EG des Europäischen Parlaments und des Rates vom 14. Juni 2006 (ABl. EU Nr. L 177 S. 1) und vom 14. Juni 2006 (ABl. EU Nr. L 177 S. 201) über die Aufnahme und Ausübung der Tätigkeit der Kreditinstitute und über die angemessene Eigenkapitalausstattung von Wertpapierfirmen und Kreditinstituten.

2) **Amtl. Anm.:** Dieses Gesetz dient der Umsetzung der Richtlinie 2004/109/EG des Europäischen Parlaments und des Rates vom 15. Dezember 2004 zur Harmonisierung der Transparenzanforderungen in Bezug auf Informationen über Emittenten, deren Wertpapiere zum Handel auf einem geregelten Markt zugelassen sind, und zur Änderung der Richtlinie 2001/34/EG (ABl. EU Nr. L 390 S. 38).

3) **Amtl. Anm.:** Dieses Gesetz dient der Umsetzung

– der Richtlinie 2004/39/EG des Europäischen Parlaments und des Rates vom 21. April 2004 über Märkte für Finanzinstrumente, zur Änderung der Richtlinien 85/611/EWG und 93/6/EWG des Rates und der Richtlinie 2000/12/EG des Europäischen Parlaments und des Rates und zur Aufhebung der Richtlinie 93/22/EWG des Rates (ABl. EU Nr. L 145 S. 1, 2005 Nr. L 45 S. 18),

(Fortsetzung der Anm. auf nächster Seite)

Lfd. Nr.	Änderndes Gesetz	Datum	Fundstelle	Betroffen	Hinweis
				Überschrift Abschnitt 6, §§ 31, 32, 33, 34, 34 a, 34 b, 35, 36, 36 a, 37, 37 e, Überschrift Abschnitt 10, §§ 37 i, 37 j, 37 k, 37 l, 37 n, 39, 40 b	
				§§ 31 a–31 h, 32 a, 32 b, 32 c, 32 d, 33 a, 33 b	eingef. mWv 1. 11. 2007
				§§ 36 c, 37 d, 37 f, 37 m	aufgeh. mWv 1. 11. 2007
16.	Art. 3 InvestmentänderungsG[1]	21. 12. 2007	BGBl. I S. 3089	Inhaltsübers., §§ 2 a, 10, 21, 22, 23, 29 a, 31, 39	geänd. mWv 28. 12. 2007
17.	Art. 11 Telekommunikationsüberwachung-NeuregelungsG	21. 12. 2007	BGBl. I S. 3198	§ 16 b	geänd. mWv 1. 1. 2008
18.	Art. 1 RisikobegrenzungsG	12. 8. 2008	BGBl. I S. 1666	Inhaltsübers., §§ 22, 28, 41	geänd. mWv 19. 8. 2008
				§ 25	geänd. mWv 1. 3. 2009
				§ 27 a	eingef. mWv 31. 5. 2009
19.	Art. 35 JahressteuerG 2009	19. 12. 2008	BGBl. I S. 2794	§ 46	geänd. mWv 25. 12. 2008
20.	Art. 3 G zur Fortentwicklung des Pfandbriefrechts	20. 3. 2009	BGBl. I S. 607	§§ 2, 39	geänd. mWv 26. 3. 2009
21.	Art. 13 Abs. 3 BilanzrechtsmodernisierungsG[2]	25. 5. 2009	BGBl. I S. 1102	§§ 37 v, 37 y, 39	geänd. mWv 29. 5. 2009

(Fortsetzung der Anm. von S. 2)

– der Richtlinie 2006/31/EG des Europäischen Parlaments und des Rates vom 5. April 2006 zur Änderung der Richtlinie 2004/39/EG über Märkte für Finanzinstrumente in Bezug auf bestimmte Fristen (ABl. EU Nr. L 114 S. 60),

– in Artikel 3 Nr. 13 der Artikel 5 und 7 der Richtlinie 2006/49/EG des Europäischen Parlaments und des Rates vom 14. Juni 2006 über die angemessene Eigenkapitalausstattung von Wertpapierfirmen und Kreditinstituten (ABl. EU Nr. L 177 S. 201) und

– in Artikel 3 Nr. 13 der Artikel 5 und 7 der Richtlinie 2006/49/EG des Europäischen Parlaments und des Rates vom 14. Juni 2006 über die angemessene Eigenkapitalausstattung von Wertpapierfirmen und Kreditinstituten (ABl. EU Nr. L 177 S. 201) und

– der Richtlinie 2006/73/EG der Kommission vom 10. August 2006 zur Durchführung der Richtlinie 2004/39/EG des Europäischen Parlaments und des Rates in Bezug auf die organisatorischen Anforderungen an Wertpapierfirmen und die Bedingungen für die Ausübung ihrer Tätigkeit sowie in Bezug auf die Definition bestimmter Begriffe für die Zwecke der genannten Richtlinie (ABl. EU Nr. L 241 S. 26).

[1] **Amtl. Anm.:** Dieses Gesetz dient auch der Umsetzung der Richtlinie 2007/16/EG der Kommission vom 19. März 2007 zur Durchführung der Richtlinie 85/611/EWG des Rates zur Koordinierung der Rechts- und Verwaltungsvorschriften betreffend bestimmte Organismen für gemeinsame Anlagen in Wertpapieren (OGAW) im Hinblick auf die Erläuterung gewisser Definitionen (ABl. EU Nr. L 79 S. 11) und der Umsetzung der Artikel 6, 9 und 10 der Richtlinie 2007/14/EG der Kommission vom 8. März 2007 mit Durchführungsbestimmungen zu bestimmten Vorschriften der Richtlinie 2004/109/EG zur Harmonisierung der Transparenzanforderungen in Bezug auf Informationen über Emittenten, deren Wertpapiere zum Handel an einem geregelten Markt zugelassen sind (ABl. EU Nr. L 69 S. 27). Es dient in den Artikeln 2 und 2 a auch der Umsetzung der Richtlinie 2007/18/EG der Kommission vom 27. März 2007 zur Änderung der Richtlinie 2006/48/EG des Europäischen Parlaments und des Rates hinsichtlich des Ausschlusses bzw. der Aufnahme bestimmter Institute aus ihrem bzw. in ihren Anwendungsbereich und hinsichtlich der Behandlung der Forderungen an multilaterale Entwicklungsbanken (ABl. EU Nr. L 87 S. 9).

[2] **Amtl. Anm.:** Abgedruckt in **Schönfelder, Deutsche Gesetze**, Änderungstabelle Nr. **50**.

Lfd. Nr.	Änderndes Gesetz	Datum	Fundstelle	Betroffen	Hinweis
22.	Art. 5 G zur Änd. des Einlagensicherungs- und AnlegerentschädigungsG und anderer Gesetze	25. 6. 2009	BGBl. I S. 1528	§§ 6, 7, 20 a, 38	geänd. mWv 30. 6. 2009
23.	Art. 6 G zur Stärkung der Finanzmarkt- und der Versicherungsaufsicht	29. 7. 2009	BGBl. I S. 2305	§§ 9, 39	geänd. mWv 1. 11. 2009
24.	Art. 4 G zur Neuregelung der Rechtsverhältnisse bei Schuldverschreibungen aus Gesamtemissionen und zur verbesserten Durchsetzbarkeit von Ansprüchen von Anlegern aus Falschberatung	31. 7. 2009	BGBl. I S. 2512	Inhaltsübers., Überschrift Abschnitt 6, §§ 30 b, 34, 39	geänd. mWv 5. 8. 2009
				§ 47	eingef. mWv 5. 8. 2009
				§ 43	neu gef. mWv 5. 8. 2009
				§ 37 a	aufgeh. mWv 5. 8. 2009
25.	Art. 1 AusführungsG zur EU-Ratingverordnung	14. 6. 2010	BGBl. I S. 786	Inhaltsübers., §§ 31, 39	geänd. mWv 19. 6. 2010
				Abschnitt 3 a, § 17	eingef. mWv 19. 6. 2010
26.	Art. 1 G zur Vorbeugung gegen missbräuchliche Wertpapier- und Derivategeschäfte	21. 7. 2010	BGBl. I S. 945, geänd. durch G v. 6. 12. 2011 (BGBl. I S. 2481)	Inhaltsübers., §§ 1, 10, 39	geänd. mWv 27. 7. 2010
				§§ 4 a, 30 h, 30 i, 30 j, 42 a, 42 b, 42 c	eingef. mWv 27. 7. 2010
27.	Art. 7 G zur Umsetzung der geänderten BankenRL und der geänderten KapitaladäquanzRL	19. 11. 2010	BGBl. I S. 1592	§§ 2, 2 a	geänd. mWv 25. 11. 2010
28.	Art. 1 Anlegerschutz- und FunktionsverbesserungsG	5. 4. 2011	BGBl. I S. 538, geänd. durch G v. 6. 12. 2011, BGBl. I S. 2481	Inhaltsübers., §§ 25, 26, 31, 31 d, 33, 34 d, 36, 36 a, 39	geänd. mWv 8. 4. 2011
				§§ 31, 39	geänd. mWv 1. 7. 2011
				Inhaltsübers., §§ 25, 26, 29 a, 39, 41	geänd. mWv 1. 2. 2012
				§ 39, 34 d	geänd. mWv 1. 11. 2012
				§ 42 d	eingef. mWv 8. 4. 2011
				§ 42 e	eingef. mWv 1. 7. 2011
				§ 25 a	eingef. mWv 1. 2. 2012
29.	Art. 3 OGAW-IV-UmsetzungsG[1)]	22. 6. 2011	BGBl. I S. 1126	§§ 22, 27 a, 31, 33 b	geänd. mWv 1. 7. 2011

[1)] **Amtl. Anm.:** Dieses Gesetz dient der Umsetzung
- der Richtlinie 2009/65/EG des Europäischen Parlaments und des Rates vom 13. Juli 2009 zur Koordinierung der Rechts- und Verwaltungsvorschriften betreffend bestimmte Organismen für gemeinsame Anlagen in Wertpapieren (OGAW) (ABl. L 302 vom 17. 11. 2009, S. 32),
- der Richtlinie 2010/43/EU der Kommission vom 1. Juli 2010 zur Durchführung der Richtlinie 2009/65/EG des Europäischen Parlaments und des Rates im Hinblick auf organisatorische Anforderungen, Interessenkonflikte, Wohlverhalten, Risikomanagement und den Inhalt der Vereinbarung zwischen Verwahrstelle und Verwaltungsgesellschaft (ABl. L 176 vom 10. 7. 2010, S. 42) und
- der Richtlinie 2010/44/EU der Kommission vom 1. Juli 2010 zur Durchführung der Richtlinie 2009/65/EG des Europäischen Parlaments und des Rates in Bezug auf Bestimmungen über Fondsverschmelzungen, Master-Feeder-Strukturen und das Anzeigeverfahren (ABl. L 176 vom 10. 7. 2010, S. 28, L 179 vom 14. 7. 2010, S. 16).

Lfd. Nr.	Änderndes Gesetz	Datum	Fundstelle	Betroffen	Hinweis
30.	Art. 12 G zur Anpassung der Rechtsgrundlagen für die Fortentwicklung des Emissionshandels	21. 7. 2011	BGBl. I S. 1475	§§ 20 a, 38	geänd. mWv 28. 7. 2011
31.	Art. 5 G zur Neuregelung energiewirtschaftsrechtlicher Vorschriften[1]	26. 7. 2011	BGBl. I S. 1554	Inhaltsübers., § 6	geänd. mWv 4. 8. 2011
				§ 7 b	eingef. mWv 4. 8. 2011
32.	Art. 2 G zur Umsetzung der RL 2010/78/EU im Hinblick auf die Errichtung des Europäischen Finanzaufsichtssystems[2]	4. 12. 2011	BGBl. I S. 2427	Inhaltsübers., §§ 7, 8, 29 a, 30 f, 32 b, 36 a, 37 z, 40 b	geänd. mWv 1. 1. 2012
				§ 7 a	eingef. mWv 1. 1. 2012
33.	Art. 3 G zur Novellierung des Finanzanlagenvermittler- und Vermögensanlagenrechts	6. 12. 2011	BGBl. I S. 2481	§§ 2, 2 a, 6, 8, 31, 39, 40 b	geänd. mWv 1. 6. 2012
				§§ 17, 38, 39	geänd. mWv 13. 12. 2011
34.	Art. 2 Abs. 44 G zur Änd. von Vorschriften über Verkündung und Bekanntmachungen sowie der ZPO, des EGZPO und der AO	22. 12. 2011	BGBl. I S. 3044	§§ 29, 30 b, 30 i, 35, 37 i, 37 k, 37 o, 37 q, 42 b, 46	geänd. mWv 1. 4. 2012
35.	Art. 2 G zur Umsetzung der RL 2010/73/EU und zur Änd. des BörsenG[3]	26. 6. 2012	BGBl. I S. 1375	Inhaltsübers., §§ 2, 2 b, 27 a, 30 a, 30 e, 37 v, 37 z	geänd. mWv 1. 7. 2012
				§ 41 a	eingef. mWv 1. 7. 2012
36.	Art. 1 EU-Leerverkaufs-AusführungsG	6. 11. 2012	BGBl. I S. 2286	Inhaltsübers., §§ 1, 4 a, 10, 31 f, 34 d, 36, 39	geänd. mWv 16. 11. 2012
				§ 30 h	neu gef. mWv 16. 11. 2012
				§§ 30 i, 30 j	aufgeh. mWv 16. 11. 2012
37.	Art. 3 G zur Änd. der Gewerbeordnung und anderer Gesetze	5. 12. 2012	BGBl. I S. 2415	§§ 31, 39	geänd. mWv 12. 12. 2012

[1] **Amtl. Anm.:** Dieses Gesetz dient der Umsetzung der Richtlinie 2009/72/EG des Europäischen Parlaments und des Rates vom 13. Juli 2009 über gemeinsame Vorschriften für den Elektrizitätsbinnenmarkt und zur Aufhebung der Richtlinie 2003/54/EG (ABl. L 211 vom 14.8.2009, S. 55), der Richtlinie 2009/73/EG des Europäischen Parlaments und des Rates vom 13. Juli 2009 über gemeinsame Vorschriften für den Erdgasbinnenmarkt und zur Aufhebung der Richtlinie 2003/55/EG (ABl. L 211 vom 14.8.2009, S. 94) sowie der Richtlinie 2008/114/EG des Rates vom 8. Dezember 2008 über die Ermittlung und Ausweisung europäischer kritischer Infrastrukturen und die Bewertung der Notwendigkeit, ihren Schutz zu verbessern (ABl. L 345 vom 14.8.2008, S. 75).

[2] **Amtl. Anm.:** Dieses Gesetz dient der Umsetzung der Richtlinie 2010/78/EU des Europäischen Parlaments und des Rates vom 24. November 2010 zur Änderung der Richtlinien 98/26/EG, 2002/87/EG, 2003/6/EG, 2003/41/EG, 2003/71/EG, 2004/39/EG, 2004/109/EG, 2005/60/EG, 2006/48/EG, 2006/49/EG und 2009/65/EG im Hinblick auf die Befugnisse der Europäischen Aufsichtsbehörde (Europäische Bankenaufsichtsbehörde), der Europäischen Aufsichtsbehörde (Europäische Aufsichtsbehörde für das Versicherungswesen und die betriebliche Altersversorgung) und der Europäischen Aufsichtsbehörde (Europäische Wertpapier- und Marktaufsichtsbehörde) (ABl. L 331 vom 15.12.2010, S. 120).

[3] **Amtl. Anm.:** Die Artikel 1 bis 4 dieses Gesetzes dienen im Wesentlichen der Umsetzung der Richtlinie 2010/73/EU des Europäischen Parlaments und des Rates vom 24. November 2010 zur Änderung der Richtlinie 2003/71/EG betreffend den Prospekt, der beim öffentlichen Angebot von Wertpapieren oder bei deren Zulassung zum Handel zu veröffentlichen ist, und der Richtlinie 2004/109/EG zur Harmonisierung der Transparenzanforderungen in Bezug auf Informationen über Emittenten, deren Wertpapiere zum Handel auf einem geregelten Markt zugelassen sind (ABl. L 327 vom 11.12.2010, S. 1).

Lfd. Nr.	Änderndes Gesetz	Datum	Fundstelle	Betroffen	Hinweis
38.	Art. 2, 10 Abs. 1 EMIR-AusführungsG	13. 2. 2013	BGBl. I S. 174	Inhaltsübers., §§ 9, 31 f, 39, 40 b	geänd. mWv 16. 2. 2013
				Überschr. Abschn. 3 b, § 48	eingef. mWv 16. 2. 2013
				§§ 18, 19, 20	neu gef. mWv 16. 2. 2013
39.	Art. 3 HochfrequenzhandelsG	7. 5. 2013	BGBl. I S. 1162	§§ 2, 2 a, 4, 31 f, 32 c	geänd. mWv 15. 5. 2013
				§ 33	geänd. mWv 14. 11. 2013
40.	Art. 4 Altersvorsorge-VerbesserungsG	24. 6. 2013	BGBl. I S. 1667	§ 31	geänd. mWv 1. 7. 2013
41.	Art. 8 AIFM-UmsetzungsG[1)]	4. 7. 2013	BGBl. I S. 1981	§§ 2, 2 a, 7, 8, 9, 10, 27 a, 31, 36	geänd. mWv 22. 7. 2013
42.	Art. 1 HonoraranlageberatungsG	15. 7. 2013	BGBl. I S. 2390	§§ 31, 33	geänd. mWv 19. 7. 2013
				Inhaltsübers., §§ 31, 33, 36 a, 39	geänd. mWv 1. 8. 2014
				§§ 36 c, 36 d	eingef. mWv 1. 8. 2014
43.	Art. 6 Abs. 3 CRD IV-UmsetzungsG[2)]	28. 8. 2013	BGBl. I S. 3395	§§ 2, 2 a, 6, 9, 33, 33 b, 35	geänd. mWv 1. 1. 2014
44.	Art. 5 G zur Anpassung von Gesetzen auf dem Gebiet des Finanzmarktes	15. 7. 2014	BGBl. I S. 934	§§ 2 a, 30 a, 31, 37 n, 37 w, 37 z	geänd. mWv 19. 7. 2014
45.	Art. 1 G zur Verringerung der Abhängigkeit von Ratings[3)]	10. 12. 2014	BGBl. I S. 2085	Inhaltsübersicht, §§ 20, 36, 39	geänd. mWv 19. 12. 2014
				§ 17	neu gef. mWv 19. 12. 2014

[1)] **Amtl. Anm.**: Dieses Gesetz dient der Umsetzung der Richtlinie 2009/65/EG des Europäischen Parlaments und des Rates vom 13. Juli 2009 zur Koordinierung der Rechts- und Verwaltungsvorschriften betreffend bestimmte Organismen für gemeinsame Anlagen in Wertpapieren (OGAW) (ABl. L 302 vom 17. 11. 2009, S. 1), der Richtlinie 2011/61/EU des Europäischen Parlaments und des Rates vom 8. Juni 2011 über die Verwalter alternativer Investmentfonds und zur Änderung der Richtlinien 2003/41/EG und 2009/65/EG und der Verordnungen (EG) Nr. 1060/2009 und (EU) Nr. 1095/2010 (ABl. L 174 vom 1.7. 2011, S. 1) sowie der Anpassung an die Verordnung (EU) Nr. 345/2013 des Europäischen Parlaments und des Rates vom 17. April 2013 über Europäische Risikokapitalfonds (ABl. L 115 vom 25. 4. 2013, S. 1) und die Verordnung (EU) Nr. 346/2013 des Europäischen Parlaments und des Rates vom 17. April 2013 über Europäische Fonds für soziales Unternehmertum (ABl. L 115 vom 25. 4. 2013, S. 18).

[2)] **Amtl. Anm.**: Dieses Gesetz dient der Umsetzung der Richtlinie 2013/36/EU des Europäischen Parlaments und des Rates vom 26. Juni 2013 über den Zugang zur Tätigkeit von Kreditinstituten und die Beaufsichtigung von Kreditinstituten und Wertpapierfirmen, zur Änderung der Richtlinie 2002/87/EG und zur Aufhebung der Richtlinien 2006/48/EG und 2006/49/EG (ABl. L 176 vom 27. 6. 2013, S. 338) sowie der Anpassung des Aufsichtsrechts an die Verordnung (EU) Nr. 575/2013 des Europäischen Parlaments und des Rates vom 26. Juni 2013 über Aufsichtsanforderungen an Kreditinstitute und Wertpapierfirmen und zur Änderung der Verordnung (EU) Nr. 646/2012 (ABl. L 176 vom 27. 6. 2013, S. 1).

[3)] **Amtl. Anm.**: Dieses Gesetz dient der Umsetzung der Richtlinie 2013/14/EU des Europäischen Parlaments und des Rates vom 21. Mai 2013 zur Änderung der Richtlinie 2003/41/EG über die Tätigkeiten und die Beaufsichtigung von Einrichtungen der betrieblichen Altersvorsorge, der Richtlinie 2009/65/EG zur Koordinierung der Rechts- und Verwaltungsvorschriften betreffend bestimmte Organismen für gemeinsame Anlagen in Wertpapieren (OGAW) und der Richtlinie 2011/61/EU über die Verwalter alternativer Investmentfonds im Hinblick auf übermäßigen Rückgriff auf Ratings (ABl. L 145 vom 31. 5. 2013, S. 1) sowie zur Umsetzung von Artikel 20 Absatz 1 der Verordnung (EU) Nr. 345/2013 des Europäischen Parlaments und des Rates vom 17. April 2013 über Europäische Risikokapitalfonds (ABl. L 115 vom 25. 4. 2013, S. 1) und Artikel 21 Absatz 1 der Verordnung (EU) Nr. 346/2013

(Fortsetzung der Anm. auf nächster Seite)

Lfd. Nr.	Änderndes Gesetz	Datum	Fundstelle	Betroffen	Hinweis
46.	Art. 2 Abs. 37 G zur Modernisierung der Finanzaufsicht über Versicherungen	1.4.2015	BGBl. I S. 434	§ 37p	geänd. mWv 1.1. 2016
47.	Art. 3 KleinanlegerschutzG	3.7.2015	BGBl. I S. 1114, geänd. durch Art. 14 G v. 30.6.2016, BGBl. I S. 1514, und Art. 23 G v. 23.6.2017, BGBl. I S. 1693	Inhaltsübersicht, §§ 1, 2, 21, 31, 36b, 37b 37c, 37g, 39	geänd. mWv 10.7. 2015
				§ 33	gem. G v. 30.6.2016 (BGBl. I S. 1514) geänd. mit unbestimmtem Inkrafttreten, insoweit aufgeh. durch G v. 23.6.2017 (BGBl. I S. 1693)
				§ 4b	eingef. mWv 10.7. 2015
48.	Art. 192 Zehnte ZuständigkeitsanpassungsVO	31.8.2015	BGBl. I S. 1474	§§ 5, 20, 31, 37v, 37w	geänd. mWv 8.9. 2015
49.	Art. 11 AbwicklungsmechanismusG [1]	2.11.2015	BGBl. I S. 1864	§ 8	geänd. mWv 6.11. 2015
50.	Art. 1 G zur Umsetzung der TransparenzRL-ÄndRL	20.11.2015	BGBl. I S. 2029	Inhaltsübersicht, §§ 1, 2, 4, 20, 21, 22, 23 26, 27, 27a, 28, 29a, 30b, 30e, 37o, 37p, 37v, 37w, 37y, 37z, 39, 41	geänd. mWv 26.11. 2015
				§§ 2c, 22a, 40c, 49	eingef. mWv 26.11. 2015
				§§ 2b, 24, 25, 25a, 26a, 37n, 37x, 41a	neu gef. mWv 26.11.2015
				§§ 30c, 30d	aufgeh. mWv 26.11.2015
51.	Art. 6 AbschlussprüferaufsichtsreformG [2]	31.3.2016	BGBl. I S. 518	§ 37r	geänd. mWv 17.6. 2016
52.	Art. 3 AbschlussprüfungsreformG	10.5.2016	BGBl. I S. 1142	§§ 37n, 37o	geänd. mWv 18.5. 2016

(Fortsetzung der Anm. von vorheriger Seite)
des Europäischen Parlaments und des Rates vom 17. April 2013 über Europäische Fonds für soziales Unternehmertum (ABl. L 115 vom 25.4.2013, S. 18).

[1] **Amtl. Anm.:** Dieses Gesetz dient der Anpassung an die Verordnung (EU) Nr. 806/2014 des Europäischen Parlaments und des Rates vom 15. Juli 2014 zur Festlegung einheitlicher Vorschriften und eines einheitlichen Verfahrens für die Abwicklung von Kreditinstituten und bestimmten Wertpapierfirmen im Rahmen eines einheitlichen Abwicklungsmechanismus und eines einheitlichen Abwicklungsfonds sowie zur Änderung der Verordnung (EU) Nr. 1093/2010 (ABl. L 225 vom 30.7.2014, S. 1) sowie an die delegierte Verordnung (EU) 2015/63 der Kommission vom 21. Oktober 2014 zur Ergänzung der Richtlinie 2014/59/EU des Europäischen Parlaments und des Rates im Hinblick auf im Voraus erhobene Beiträge zu Abwicklungsfinanzierungsmechanismen (ABl. L 11 vom 17.1.2015, S. 44) und die Durchführungsverordnung (EU) 2015/81 des Rates vom 19. Dezember 2014 zur Festlegung einheitlicher Modalitäten für die Anwendung der Verordnung (EU) Nr. 806/2014 des Europäischen Parlaments und des Rates im Hinblick auf im Voraus erhobene Beiträge zum einheitlichen Abwicklungsfonds (ABl. L 15 vom 22.1.2015, S. 1).

[2] **Amtl. Anm.:** Dieses Gesetz dient der Umsetzung der Richtlinie 2014/56/EU des Europäischen Parlaments und des Rates vom 16. April 2014 zur Änderung der Richtlinie 2006/43/EG über Abschlussprüfungen von Jahresabschlüssen und konsolidierten Abschlüssen (ABl. L 158 vom 27.5.2014, S. 196) sowie der Ausführung der Verordnung (EU) Nr. 537/2014 des Europäischen Parlaments und des Rates vom 16. April 2014 über spezifische Anforderungen an die Abschlussprüfung bei Unternehmen von öffentlichem Interesse und zur Aufhebung des Beschlusses 2005/909/EG der Kommission (ABl. L 158 vom 27.5.2014, S. 77).

Lfd. Nr.	Änderndes Gesetz	Datum	Fundstelle	Betroffen	Hinweis
53.	Art. 1, 2 Erstes FinanzmarktnovellierungsG	30.6.2016	BGBl. I S. 1514	Inhaltsübersicht, §§ 1, 2, 2a, 4, 4a, 4b, 6, 10, 16, 16a, Abschnitt 3b, Abschnitt 4 (§§ 18–20), §§ 21, 25, 25a, 26, 30b, 31, 31f, 33b, 36, 36a, 37c, 39, 40a, 41	geänd. mWv 2.7. 2016
				§§ 1, 2, 2a, 4, 31, 39	geänd. mWv 31.12. 2016
				§§ 40d, 50	eingef. mWv 2.7. 2016
				Überschrift zu Abschnitt 3, §§ 12, 15, 34b, 34c, 38	neu gef. mWv 2.7. 2016
				§§ 13, 14, 15a, 15b, 16b, 20a	aufgeh. mit Ablauf des 1.7.2016
54.	Art. 6 CSR-Richtlinie-UmsetzungsG[1]	11.4.2017	BGBl. I S. 802	Inhaltsübersicht, §§ 37w, 37y	geänd. mWv 19.4. 2017
				§ 51	eingef. mWv 19.4. 2017
55.	Art. 1, 2, 3, 3a Zweites FinanzmarktnovellierungsG	23.6.2017	BGBl. I S. 1693, geänd. durch G v. 17.7.2017, BGBl. I S. 2446	Inhaltsübersicht, §§ 1, 4, 7, 34c, 36, 37x, 38, 39, 40d, 41, 63, 64	geänd. mWv 25.6. 2017
				§§ 2a [ab 3.1.2018 § 3], 8 [neu eingef. mWv 3.1. 2018], 15 [ab 3.1.2018 § 26], §57 [neu eingef. mWv 3.1.2018], 62 [neu eingef. mWv 3.1.2018], 64 [neu eingef. mWv 3.1.2018], 31a [ab 3.1. 2018 § 67], 31c [ab 3.1. 2018 § 69], 31d [ab 3.1. 2018 § 70], 76 [neu eingef. mWv 3.1.2018], 33 [ab 3.1.2018 § 80], 34 [ab 3.1.2018 § 83], 34a [ab 3.1.2018 § 84], 34d [ab 3.1.2018 § 87], 36 [ab 3.1.2018 § 89]	geänd. mWv 25.6. 2017
				§ 52	eingef. mWv 25.6. 2017
				§§ 1, 4	geänd. mWv 26.6. 2017
				Inhaltsübersicht, §§ 39, 40d	geänd. mWv 1.1. 2018
				§ 2, Überschrift zu Abschnitt 2	geänd. mWv 3.1. 2018
				§ 2, § 2a wird § 3, Überschrift zu Abschnitt 2, § 2b wird § 4, § 2c wird § 5, Überschrift zu Abschnitt 2, § 4 wird § 6, § 4a wird § 14, § 4b wird § 15, § 6 wird § 17, § 7 wird § 18, § 7a wird § 19, § 7b wird § 20, § 8	umbenannt und geänd. mWv 3.1. 2018

[1] **Amtl. Anm.:** Dieses Gesetz dient der Umsetzung der Richtlinie 2014/95/EU des Europäischen Parlaments und des Rates vom 22. Oktober 2014 zur Änderung der Richtlinie 2013/34/EU im Hinblick auf die Angabe nichtfinanzieller und die Diversität betreffender Informationen durch bestimmte große Unternehmen und Gruppen (ABl. L 330 vom 15.11.2014, S. 1; L 369 vom 24.12.2014, S. 79).

Lfd. Nr.	Änderndes Gesetz	Datum	Fundstelle	Betroffen	Hinweis
				wird § 21, § 9 wird § 22, § 10 wird § 23, § 12 wird § 25, § 15 wird § 26, § 16a wird § 28, § 17 wird § 29, § 18 wird § 30, § 20 wird § 32, § 21 wird § 33, § 22 wird § 34, § 22a wird § 35, § 23 wird § 36, § 24 wird § 37, § 25 wird § 38, § 25a wird § 39, § 26 wird § 40, § 26a wird § 41, § 27 wird § 42, § 27a wird § 43, § 28 wird § 44, § 29 wird § 45, § 29a wird § 46, § 30a wird § 48, § 30b wird § 49, § 30f wird § 51, § 30h wird § 53, § 31 wird § 63, § 31a wird § 67, § 31b wird § 68, § 31c wird § 69, § 31d wird § 70, § 31f wird § 72, § 31g wird § 74, § 32 wird § 79, § 33 wird § 80, § 33a wird § 82, § 34 wird § 83, § 34a wird § 84, § 34b wird § 85, § 34d wird § 87, § 35 wird § 88, § 36 wird § 89, § 36a wird § 90, § 36c wird § 93, § 36d wird § 94, § 37 wird § 95, § 37b wird § 97, § 37c wird § 98, § 37e wird § 99, § 37g wird § 100, § 37i wird § 102, § 37k wird § 104, § 37o wird § 107, § 37p wird § 108, § 37s wird § 111, § 37t wird § 112, § 37y wird § 117, § 37z wird § 118, § 38 wird § 119, § 39 wird § 120, § 40a wird § 122, § 40b wird § 123, § 40c wird § 124, § 40d wird § 125, § 41 wird § 127, § 41a wird § 128, § 42 wird § 129, § 42b wird § 130, § 43 wird § 131, § 46 wird § 132, § 47 wird § 133, § 48 wird § 134, § 50 wird § 135, § 51 wird § 136, § 52 wird § 137	
				§ 5 wird § 16, § 11 wird § 24, § 16 wird § 27, Abschnitt 3a wird Abschnitt 4, Abschnitt 4 wird Abschnitt 5, § 19 wird § 31, Abschnitt 5 wird Abschnitt 6, § 30 wird § 47, Abschnitt 5a wird Abschnitt 7, § 30e wird § 50, § 30g wird	umbenannt mWv 3.1.2018

Lfd. Nr.	Änderndes Gesetz	Datum	Fundstelle	Betroffen	Hinweis
				§ 52, Abschnitt 5b wird Abschnitt 8, Abschnitt 6 wird Abschnitt 11, § 31e wird § 71, § 34c wird § 86, § 36b wird § 92, Abschnitt 7 wird Abschnitt 12, Abschnitt 8 wird Abschnitt 13, Abschnitt 9 wird Abschnitt 14, § 37h wird § 101, Abschnitt 10 wird Abschnitt 15, § 37j wird § 103, § 37l wird § 105, Abschnitt 11 wird Abschnitt 16, § 37n wird § 106, § 37q wird § 109, § 37r wird § 110, § 37u wird § 113, § 37v wird § 114, § 37w wird § 115, § 37x wird § 116, Abschnitt 12 wird Abschnitt 17, § 40 wird § 121, Abschnitt 13 wird Abschnitt 18	
				§§ 7, 8, 9, 10, 11, 12, 13, Abschnitt 9 (§§ 54, 55, 56, 57), Abschnitt 10 (§§ 58, 59, 60, 61, 62), §§ 64, 65, 66, 73, 75, 76, 77, 78, 81, 91, 96, 126, 138	eingef. mWv 3.1. 2018
				Inhaltsübersicht, §§ 1, 6 [bis 2.1.2018 § 4], 15 [bis 2.1.2018 § 4b], 22 [bis 2.1.2018 § 9], 63 [bis 2.1.2018 § 31], 72 [bis 2.1.2018 § 31f], 74 [bis 2.1.2018 § 31g], 119 [bis 2.1.2018 § 38], 120 [bis 2.1.2018 § 39], 127 [bis 2.1.2018 § 41], 133 [bis 2.1.2018 § 47]	neu gef. mWv 3.1. 2018
				§§ 31h, 32a, 32b, 32c, 32d, 33b, 42a, 42c, 42d, 42e, 44, 45, 48	aufgeh. mWv 3.1. 2018
				§§ 63, 64, 120	geänd. mWv 1.7. 2018
56.	Art. 14 G zur effektiveren und praxistauglicheren Ausgestaltung des Strafverfahrens	17.8.2017	BGBl. I S. 3202	§ 4	geänd. mWv 24.8. 2017
57.	Art. 4, 5 G zur Ausübung von Optionen der EU-ProspektVO und zur Anpassung weiterer Finanzmarktgesetze	10.7.2018	BGBl. I S. 1102	§§ 26, 63, 64, 73, 82, 93, 102, 120	geänd. mWv 14.7. 2018
				Inhaltsübersicht, §§ 64, 120	geänd. mWv 21.7. 2018
				§ 65a	eingef. mWv 21.7. 2018
58.	Art. 5 G zur Anpassung von Finanzmarktgesetzen an die VO (EU) 2017/2402 und an die durch die VO (EU) 2017/2401 geänderte VO (EU) Nr. 575/2013	18.12.2018	BGBl. I S. 2626	§ 64	geänd. mWv 1.1. 2019

Lfd. Nr.	Änderndes Gesetz	Datum	Fundstelle	Betroffen	Hinweis
59.	Art. 3 G zur Anpassung der Rechtsgrundlagen für die Fortentwicklung des Europäischen Emissionshandels[1]	18.1.2019	BGBl. I S. 37	§ 2	geänd. mWv 25.1.2019
60.	Art. 12 Brexit-Steuer-begleitG	25.3.2019	BGBl. I S. 357	§ 102	geänd. mWv 29.3.2019
61.	Art. 3 G zur weiteren Ausführung der EU-Prospekt-VO und zur Änd. von Finanzmarktgesetzen	8.7.2019	BGBl. I S. 1002	§ 7	geänd. mWv 16.7.2019
				Inhaltsübersicht, §§ 6, 29, 63, 64, 65, 65a, 76, 118, 120, 122	geänd. mWv 21.7.2019
				§ 139	eingef. mWv 21.7.2019
62.	Art. 58 Zweites Datenschutz-Anpassungs- und UmsetzungsG EU[2]	20.11.2019	BGBl. I S. 1626	§§ 11, 17, 18, 83, 110	geänd. mWv 26.11. 2019
63.	Art. 5 G zur Umsetzung der zweiten AktionärsrechteRL[3]	12.12.2019	BGBl. I S. 2637	§ 89	geänd. mWv 1.1.2020
64.	Art. 2 G zur Einführung von Sondervorschriften für die Sanierung und Abwicklung von zentralen Gegenparteien und zur Anpassung des WertpapierhandelsG an die Unterrichtungs- und Nachweispflichten nach den Art. 4a und 10 der VO (EU) Nr. 648/2012	19.3.2020	BGBl. I S. 529	Inhaltsübersicht, §§ 1, 2, 3, 6, 10, 12, 13, 18, 28, 30, 32, 53, 83, 87, 102, 104, 117, 120	geänd. mWv 28.3.2020
				§ 31	neu gef. mWv 28.3. 2020
				§ 129	aufgeh. mit Ablauf des 27.3.2020
65.	Art. 4 WirtschaftsstabilisierungsfondsG	27.3.2020	BGBl. I S. 543	§ 3	geänd. mWv 28.3.2020
66.	Art. 4 G zur weiteren Umsetzung der TransparenzRL-ÄnderungsRL im Hinblick auf ein einheitliches elektronisches Format für Jahresfinanzberichte[4]	12.8.2020	BGBl. I S. 1874	§§ 106, 107, 112, 114, 120	geänd. mWv 19.8.2020
				§ 140	eingef. mWv 19.8.2020
67.	Art. 8 Abs. 1 RisikoreduzierungsG[5]	9.12.2020	BGBl. I S. 2773	Inhaltsübersicht, §§ 2, 122	geänd. mWv 28.12. 2020
				§ 65b	eingef. mWv 28.12. 2020

[1] **Amtl. Anm.:** Dieses Gesetz dient der Umsetzung der Verordnung (EU) 2017/2392 des Europäischen Parlaments und des Rates vom 13. Dezember 2017 zur Änderung der Richtlinie 2003/87/EG zur Aufrechterhaltung der derzeitigen Einschränkung ihrer Anwendung auf Luftverkehrstätigkeiten und zur Vorbereitung der Umsetzung eines globalen marktbasierten Mechanismus ab 2021 (ABl. L 350 vom 29.12.2017, S. 7) sowie der Umsetzung der Richtlinie (EU) 2018/410 des Europäischen Parlaments und des Rates vom 14. März 2018 zur Änderung der Richtlinie 2003/87/EG zwecks Unterstützung kosteneffizienter Emissionsreduktionen und zur Förderung von Investitionen mit geringem CO_2-Ausstoß und des Beschlusses (EU) 2015/1814 (ABl. L 76 vom 19.3.2018, S. 3).

[2] **Amtl. Anm.:** Dieses Gesetz dient der Umsetzung der Richtlinie (EU) 2016/680 des Europäischen Parlaments und des Rates vom 27. April 2016 zum Schutz natürlicher Personen bei der Verarbeitung personenbezogener Daten durch die zuständigen Behörden zum Zweck der Verhütung, Ermittlung, Aufdeckung oder Verfolgung von Straftaten oder der Strafvollstreckung sowie zum freien Datenverkehr und zur Aufhebung des Rahmenbeschlusses 2008/977/JI des Rates (ABl. L 119 vom 4.5.2016, S. 89; L 127 vom 23.5.2018, S. 9).

[3] **Amtl. Anm.:** Dieses Gesetz dient der Umsetzung der Richtlinie (EU) 2017/828 des Europäischen Parlaments und des Rates vom 17. Mai 2017 zur Änderung der Richtlinie 2007/36/EG im Hinblick auf die Förderung der langfristigen Mitwirkung der Aktionäre (ABl. L 132 vom 20.5.2017, S. 1).

[4] **Amtl. Anm.:** *(abgedruckt in Änderungstabelle Nr.* ***50e****)*

[5] **Amtl. Anm.:** *(abgedruckt in Änderungstabelle Nr.* ***52c****)*

Lfd. Nr.	Änderndes Gesetz	Datum	Fundstelle	Betroffen	Hinweis
68.	Art. 7 Abs. 4 G zur Umsetzung der RL (EU) 2019/2034 über die Beaufsichtigung von Wertpapierinstituten[1)] [2)]	12.5.2021	BGBl. I S. 990	§§ 2, 3, 18, 21, 80, 81, 84, 89, 120	geänd. mWv 26.6.2021
69.	Art. 12 FondsstandortG	3.6.2021	BGBl. I S. 1498	Inhaltsübersicht, §§ 1, 6, 10, 64, 88, 89	geänd. mWv 2.8.2021
70.	Art. 1 FinanzmarktintegritätsstärkungsG	3.6.2021	BGBl. I S. 1534	Inhaltsübersicht, §§ 18, 88	geänd. mWv 1.7.2021
				§ 141	angef. mWv 1.7.2021
				§ 28	aufgeh. mit Ablauf des 30.6.2021
				Inhaltsübersicht, §§ 80, 106, 107, 110, 111, 112	geänd. mWv 1.1.2022
				§ 109	neu gef. mWv 1.1.2022
				§§ 109a, 113a, 119a	eingef. mWv 1.1.2022
				§ 108	aufgeh. mit Ablauf des 31.12.2021
71.	Art. 1, 2, 3, 4 G zur begleitenden Ausführung der VO (EU) 2020/1503 und der Umsetzung der RL EU 2020/1504[3)]	3.6.2021	BGBl. I S. 1568	Inhaltsübersicht, §§ 1, 3, 6, 10, 13, 18, 21, 112	geänd. mWv 10.11. 2021
				Abschnitt 5b (§§ 32b, 32c, 32d, 32e, 32f), § 120b	eingef. mWv 10.11. 2021
				Inhaltsübersicht, §§ 2, 3, 54, 56, 57, 63, 64, 68, 70, 80, 83, 120	geänd. mWv 28.11. 2021
				§ 55	neu gef. mWv 28.11. 2021
				§ 64a	eingef. mWv 28.11. 2021
				§ 142	angef. mWv 28.11.2021
				Inhaltsübersicht, §§ 1, 2, 6, 120	geänd. mWv 1.1.2022
				§§ 58 – 60	neu gef. mWv 1.1.2022
				Abschnitt 5a (§ 32a), §§ 120a	eingef. mWv 1.1.2022
				§§ 61, 62	aufgeh. mit Ablauf des 31.12.2021

[1)] **Amtl. Anm.:** Dieses Gesetz dient der Umsetzung der Richtlinie (EU) 2019/2034 des Europäischen Parlaments und des Rates vom 27. November 2019 über die Beaufsichtigung von Wertpapierfirmen und zur Änderung der Richtlinien 2002/87/EG, 2009/65/EG, 2011/61/EU, 2013/36/EU, 2014/59/EU und 2014/65/EU (ABl. L 314 vom 5.12.2019, S. 64) sowie der Anpassung der nationalen Gesetze und Verordnungen an die Verordnung (EU) 2019/2033 des Europäischen Parlaments und des Rates vom 27. November 2019 über die Aufsichtsanforderungen an Wertpapierfirmen und zur Änderung der Verordnungen (EU) Nr. 1093/2010, (EU) Nr. 575/2013, (EU) Nr. 600/2014 und (EU) Nr. 806/2014 (ABl. L 314 vom 5.12.2019, S. 1; L 20 vom 24.1.2020, S. 26).

[2)] Die Änderung durch Art. 7 Abs. 4 G v. 12.5.2021 (BGBl. I S. 990) zu § 96a ist nicht durchführbar, da kein § 96a vorhanden.

[3)] **Amtl. Anm.:** Dieses Gesetz dient der Umsetzung der Richtlinie (EU) 2020/1504 des Europäischen Parlaments und des Rates vom 7. Oktober 2020 zur Änderung der Richtlinie 2014/65/EU über Märkte für Finanzinstrumente sowie der Verordnung (EU) 2020/1503 des Europäischen Parlaments und des Rats vom 7. Oktober 2020 über Europäische Schwarmfinanzierungsdienstleister für Unternehmen und zur Änderung der Verordnung (EU) 2017/1129 und der Richtlinie (EU) 2019/1937.

Lfd. Nr.	Änderndes Gesetz	Datum	Fundstelle	Betroffen	Hinweis
72.	Art. 21 TelekommunikationsmodernisierungsG[1]	23.6.2021	BGBl. I S. 1858	§ 7	geänd. mWv 1.12.2021
73.	Art. 4 Abs. 1 G zur weiteren Stärkung des Anlegerschutzes	9.7.2021	BGBl. I S. 2570	§ 15	geänd. mWv 16.8.2021
74.	Art. 14 G zur Umsetzung der DigitalisierungsRL[2]	5.7.2021	BGBl. I S. 3338	§§ 5, 26, 40, 41, 43, 46, 50, 51, 107, 109, 114, 115, 116, 118	geänd. mWv 1.8.2022
75.	Art. 56 PersonengesellschaftsrechtsmodernisierungsG (MoPeG)	10.8.2021	BGBl. I S. 3436	§ 2	geänd. mWv 1.1.2024
76.	Art. 4 SanktionsdurchsetzungsG I	23.5.2022	BGBl. I S. 754	Inhaltsübersicht	geänd. mWv 28.5.2022
				§ 14a	eingef. mWv 28.5.2022
77.	Art. 10 SanktionsdurchsetzungsG II	19.12.2022	BGBl. I S. 2606	Inhaltsübersicht	geänd. mWv 28.12.2022
				§ 2a	eingef. mWv 28.12.2022
78.	Art. 5 ZukunftsfinanzierungsG	11.12.2023	BGBl. 2023 I Nr. 354	Inhaltsübersicht, §§ 6, 21, 26, 32e, 41, 49, 102, 107	geänd. mWv 15.12.2023
				§§ 32c, 32d	neu gef. mWv 15.12.2023
				§§ 24a, 143	eingef. mWv 15.12.2023
79.	Art. 19 G zur Durchführung der VO (EU) 2022/2065 sowie zur Durchführung der VO (EU) 2019/1150 und zur Änd. weiterer Gesetze	6.5.2024	BGBl. 2024 I Nr. 149	§ 7	geänd. mWv 14.5.2024

[1] **Amtl. Anm.:** Dieses Gesetz dient der Umsetzung der Richtlinie (EU) 2018/1972 des Europäischen Parlaments und des Rates vom 11. Dezember 2018 über den europäischen Kodex für die elektronische Kommunikation (Neufassung) (ABl. L 321 vom 17.12.2018, S. 36).

[2] **Amtl. Anm.:** Dieses Gesetz dient der Umsetzung der Richtlinie (EU) 2019/1151 des Europäischen Parlaments und des Rates vom 20. Juni 2019 zur Änderung der Richtlinie (EU) 2017/1132 im Hinblick auf den Einsatz digitaler Werkzeuge und Verfahren im Gesellschaftsrecht (ABl. L 186 vom 11.7.2019, S. 80).

Inhaltsübersicht[1)]

---

1) Inhaltsübersicht neu gef. mWv 3.1.2018 [§ 63 bereits mWv 25.6.2017] durch G v. 23.6.2017 (BGBl. I S. 1693, geänd. durch G v. 17.7.2017, BGBl. I S. 2446); geänd. mWv 21.7.2018 durch G v. 10.7.2018 (BGBl. I S. 1102); mWv 21.7.2019 durch G v. 8.7.2019 (BGBl. I S. 1002); mWv 28.3.2020 durch G v. 19.3.2020 (BGBl. I S. 529); mWv 28.12.2020 durch G v. 9.12.2020 (BGBl. I S. 2773); mWv 2.8.2021 durch G v. 3.6.2021 (BGBl. I S. 1498); mWv 1.7.2021 und mWv 1.1.2022 durch G v. 3.6.2021 (BGBl. I S. 1534); mWv 10.11.2021, mWv 28.11.2021 und mWv 1.1.2022 durch G v. 3.6.2021 (BGBl. I S. 1568); mWv 28.5.2022 durch G v. 23.5.2022 (BGBl. I S. 754); mWv 28.12.2022 durch G v. 19.12.2022 (BGBl. I S. 2606); mWv 15.12.2023 durch G v. 11.12.2023 (BGBl. 2023 I Nr. 354); sie wurde nichtamtlich an die Änderungen mWv 28.3.2020 durch G v. 19.3.2020 (BGBl. I S. 529) und mWv 19.8.2020 durch G v. 12.8.2020 (BGBl. I S. 1874) angepasst.

Abschnitt 1. Anwendungsbereich, Begriffsbestimmungen

§ 1[1] **Anwendungsbereich** (1) Dieses Gesetz enthält Regelungen in Bezug auf
1. die Erbringung von Wertpapierdienstleistungen und Wertpapiernebendienstleistungen,
2. die Erbringung von Datenbereitstellungsdiensten und die Organisation von Datenbereitstellungsdienstleistern,
3. das marktmissbräuchliche Verhalten im börslichen und außerbörslichen Handel mit Finanzinstrumenten,
4. die Vermarktung, den Vertrieb und den Verkauf von Finanzinstrumenten und strukturierten Einlagen,
5. die Konzeption von Finanzinstrumenten zum Vertrieb,
6. die Überwachung von Unternehmensabschlüssen und die Veröffentlichung von Finanzberichten, die den Vorschriften dieses Gesetzes unterliegen,
7. die Veränderungen der Stimmrechtsanteile von Aktionären an börsennotierten Gesellschaften sowie
8. die Zuständigkeiten und Befugnisse der Bundesanstalt für Finanzdienstleistungsaufsicht (Bundesanstalt) und die Ahndung von Verstößen hinsichtlich
   a) der Vorschriften dieses Gesetzes,
   b) der Verordnung (EG) Nr. 1060/2009 des Europäischen Parlaments und des Rates vom 16. September 2009 über Ratingagenturen (ABl. L 302 vom 17.11.2009, S. 1; L 350 vom 29.12.2009, S. 59; L 145 vom 31.5.2011, S. 57; L 267 vom 6.9.2014, S. 30), die zuletzt durch die Richtlinie 2014/51/EU (ABl. L 153 vom 22.5.2014, S. 1; L 108 vom 28.4.2015, S. 8) geändert worden ist, in der jeweils geltenden Fassung,
   c) der Verordnung (EU) Nr. 236/2012 des Europäischen Parlaments und des Rates vom 14. März 2012 über Leerverkäufe und bestimmte Aspekte von Credit Default Swaps (ABl. L 86 vom 24.3.2012, S. 1), die zuletzt durch die Verordnung (EU) Nr. 909/2014 (ABl. L 257 vom 28.8.2014, S. 1) geändert worden ist, in der jeweils geltenden Fassung,
   d) der Verordnung (EU) Nr. 648/2012 des Europäischen Parlaments und des Rates vom 4. Juli 2012 über OTC-Derivate, zentrale Gegenparteien und Transaktionsregister (ABl. L 201 vom 27.7.2012, S. 1; L 321 vom 30.11.2013, S. 6), die zuletzt durch die Verordnung (EU) 2019/834 (ABl. L 141 vom 28.5.2019, S. 42) geändert worden ist, in der jeweils geltenden Fassung,
   e) der Verordnung (EU) Nr. 596/2014 des Europäischen Parlaments und des Rates vom 16. April 2014 über Marktmissbrauch (Marktmissbrauchsverordnung) und zur Aufhebung der Richtlinie 2003/6/EG des Europäischen Parlaments und des Rates und der Richtlinien 2003/124/EG, 2003/125/EG und 2004/72/EG der Kommission (ABl. L 173 vom 12.6.2014, S. 1; L 287 vom 21.10.2016, S. 320; L 306 vom 15.11.2016, S. 43; L 348 vom 21.12.2016, S. 83), die zuletzt durch die Verordnung (EU) 2016/1033

---

[1] § 1 neu gef. mWv 3.1.2018 durch G v. 23.6.2017 (BGBl. I S. 1693); Abs. 1 Nr. 8 Buchst. d geänd. mWv 28.3.2020 durch G v. 19.3.2020 (BGBl. I S. 529); Abs. 1 Nr. 8 Buchst. j geänd., Buchst. k und l angef. mWv 2.8.2021 durch G v. 3.6.2021 (BGBl. I S. 1498); Abs. 1 Nr. 8 Buchst. j geänd. (wegen vorangegangener Änderung nicht ausführbar) und weiterer Buchst. k angef. mWv 1.1.2022, Buchst. k geänd., weiterer Buchst. l angef. mWv 10.11.2021 durch G v. 3.6.2021 (BGBl. I S. 1568).

(ABl. L 175 vom 30.6.2016, S. 1) geändert worden ist, in der jeweils geltenden Fassung,

f) der Verordnung (EU) Nr. 600/2014 des Europäischen Parlaments und des Rats vom 15. Mai 2014 über Märkte für Finanzinstrumente und zur Änderung der Verordnung (EU) Nr. 648/2012 (ABl. L 173 vom 12.6.2014, S. 84; L 6 vom 10.1.2015, S. 6; L 270 vom 15.10.2015, S. 4) in der jeweils geltenden Fassung,

g) der Verordnung (EU) Nr. 909/2014 des Europäischen Parlaments und des Rates vom 23. Juli 2014 zur Verbesserung der Wertpapierlieferungen und -abrechnungen in der Europäischen Union und über Zentralverwahrer sowie zur Änderung der Richtlinien 98/26/EG und 2014/65/EU und der Verordnung (EU) Nr. 236/2012 (ABl. L 257 vom 28.8.2014, S. 1; L 349 vom 21.12.2016, S. 5), die zuletzt durch die Verordnung (EU) 2016/1033 (ABl. L 175 vom 30.6.2016, S. 1) geändert worden ist, in der jeweils geltenden Fassung,

h) der Verordnung (EU) Nr. 1286/2014 des Europäischen Parlaments und des Rates vom 26. November 2014 über Basisinformationsblätter für verpackte Anlageprodukte für Kleinanleger und Versicherungsanlageprodukte (PRIIP) (ABl. L 352 vom 9.12.2014, S. 1; L 358 vom 13.12.2014, S. 50), in der jeweils geltenden Fassung,

i) der Verordnung (EU) 2015/2365 des Europäischen Parlaments und des Rates vom 25. November 2015 über die Transparenz von Wertpapierfinanzierungsgeschäften und der Weiterverwendung sowie zur Änderung der Verordnung (EU) Nr. 648/2012 (ABl. L 337 vom 23.12.2015, S. 1), in der jeweils geltenden Fassung,

j) der Verordnung (EU) 2016/1011 des Europäischen Parlaments und des Rates vom 8. Juni 2016 über Indizes, die bei Finanzinstrumenten und Finanzkontrakten als Referenzwert oder zur Messung der Wertentwicklung eines Investmentfonds verwendet werden, und zur Änderung der Richtlinien 2008/48/EG und 2014/17/EU sowie der Verordnung (EU) Nr. 596/2014 (ABl. L 171 vom 29.6.2016, S. 1), in der jeweils geltenden Fassung,

k) der Verordnung (EU) 2019/2088 des Europäischen Parlaments und des Rates vom 27. November 2019 über nachhaltigkeitsbezogene Offenlegungspflichten im Finanzdienstleistungssektor (ABl. L 317 vom 9.12.2019, S. 1), die durch die Verordnung (EU) 2020/852 (ABl. L 198 vom 22.6.2020, S. 13) geändert worden ist, sofern es sich um Wertpapierdienstleistungsunternehmen handelt, die Anlageberatung oder Finanzportfolioverwaltung betreiben,

l) der Verordnung (EU) 2020/852 des Europäischen Parlaments und des Rates vom 18. Juni 2020 über die Einrichtung eines Rahmens zur Erleichterung nachhaltiger Investitionen und zur Änderung der Verordnung (EU) 2019/2088 (ABl. L 198 vom 22.6.2020, S. 13), sofern es sich um Wertpapierdienstleistungsunternehmen handelt, die Anlageberatung oder Finanzportfolioverwaltung betreiben.

k)[1] der Verordnung (EU) 2019/1238 des Europäischen Parlaments und des Rates vom 20. Juni 2019 über ein Paneuropäisches Privates Pensionsprodukt (PEPP) (ABl. L 198 vom 25.7.2019, S. 1) in der jeweils geltenden Fassung,

[1] Zählung amtlich.

l)[1] der Verordnung (EU) 2020/1503 des Europäischen Parlaments und des Rates vom 7. Oktober 2020 über Europäische Schwarmfinanzierungsdienstleister für Unternehmen und zur Änderung der Verordnung (EU) 2017/1129 und der Richtlinie (EU) 2019/1937 (ABl. L 347 vom 20.10.2020, S. 1) in der jeweils geltenden Fassung.

(2) [1] Soweit nicht abweichend geregelt, sind die Vorschriften des Abschnitts 11 sowie die §§ 54 bis 57 auch anzuwenden auf Handlungen und Unterlassungen, die im Ausland vorgenommen werden, sofern sie

1. einen Emittenten mit Sitz im Inland,
2. Finanzinstrumente, die an einem inländischen organisierten Markt, einem inländischen multilateralen Handelssystem oder einem inländischen organisierten Handelssystem gehandelt werden oder
3. Wertpapierdienstleistungen oder Wertpapiernebendienstleistungen, die im Inland angeboten werden,

betreffen. [2] Die §§ 54 bis 57 gelten auch für im Ausland außerhalb eines Handelsplatzes gehandelte Warenderivate, die wirtschaftlich gleichwertig mit Warenderivaten sind, die an Handelsplätzen im Inland gehandelt werden.

(3) [1] Bei Anwendung der Vorschriften der Abschnitte 6, 7 und 16 unberücksichtigt bleiben Anteile und Aktien an offenen Investmentvermögen im Sinne des § 1 Absatz 4 des Kapitalanlagegesetzbuchs. [2] Für Abschnitt 6 gilt dies nur, soweit es sich nicht um Spezial-AIF im Sinne des § 1 Absatz 6 des Kapitalanlagegesetzbuchs handelt.

§ 2[2] Begriffsbestimmungen. (1) Wertpapiere im Sinne dieses Gesetzes sind, auch wenn keine Urkunden über sie ausgestellt sind, alle Gattungen von übertrag-

---

[1] Zählung amtlich.

[2] § 2 neu gef. mWv 30.10.2004 durch G v. 28.10.2004 (BGBl. I S. 2630); Abs. 6 und 7 angef. mWv 20.1.2007 durch G v. 5.1.2007 (BGBl. I S. 10); Abs. 1 Satz 1, Abs. 1a, 2, 3, 3a, 5 neu gef., Abs. 2a, 2b Satz 2 aufgeh., Abs. 2c eingef., Abs. 8–10 angef. mWv 1.11.2007 durch G v. 16.7.2007 (BGBl. I S. 1330); Abs. 3 Satz 3 angef. mWv 26.3.2009 durch G v. 20.3.2009 (BGBl. I S. 607); Abs. 2b geänd. mWv 1.6.2012 durch G v. 6.12.2011 (BGBl. I S. 2481); Abs. 3 Satz 1 Nr. 2 neu gef. mWv 15.5.2013 durch G v. 7.5.2013 (BGBl. I S. 1162); Abs. 1 Satz 2 aufgeh., Abs. 2b geänd. mWv 22.7.2013 durch G v. 4.7.2013 (BGBl. I S. 1981); Abs. 2b geänd. mWv 1.1.2014 durch G v. 28.8.2013 (BGBl. I S. 3395); Abs. 11 angef. mWv 10.7.2015 durch G v. 3.7.2015 (BGBl. I S. 1114); Abs. 5a eingef., Abs. 6 neu gef. mWv 26.11.2015 durch G v. 20.11.2015 (BGBl. I S. 2029); Abs. 2d und 2e eingef., Abs. 3 Satz 3 geänd., Abs. 3a Nr. 5 neu gef., Abs. 7a eingef. mWv 2.7.2016, Abs. 12 und 13 angef. mWv 31.12.2016 durch G v. 30.6.2016 (BGBl. I S. 1514); Abs. 1 Nr. 2 und 3 Buchst. a und b geänd., bish. Abs. 1a wird Abs. 2 und neu gef., bish. Abs. 2 wird Abs. 3 und einl. Satzteil, Nr. 1 Buchst. b und d geänd., Buchst. e neu gef., Buchst. f angef., Nr. 2 einl. Satzteil geänd., Buchst. b und c neu gef., abschl. Satzteil sowie Nr. 5 geänd., bish. Abs. 2b wird Abs. 4 und neu gef., bish. Abs. 2c–2e werden Abs. 5–7, bish. Abs. 3 wird Abs. 8 und Satz 1 Nr. 2 Buchst. a, b und d neu gef., Buchst. c und Nr. 8 geänd., Nr. 9 eingef., bish. Nr. 9 wird Nr. 10 und geänd., Sätze 2–5 eingef., bish. Sätze 2 und 3 werden Sätze 6 und 7 und neuer Satz 7 geänd., bish. Abs. 3a wird Abs. 9 und Nr. 1 geänd., bish. Abs. 4 und 5 werden Abs. 10 und 11 und neuer Abs. 11 geänd., bish. Abs. 5a wird Abs. 12 und geänd., bish. Abs. 6 wird Abs. 13 und Nr. 1 Buchst. b, Nr. 2 abschl. Satzteil und Nr. 3 geänd., bish. Abs. 7 wird Abs. 14 , bish. Abs. 7a wird Abs. 15 und neu gef., Abs. 16 eingef., bish. Abs. 8 wird Abs. 17 und neu gef., bish. Abs. 9 wird Abs. 18 und Nr. 1 geänd., bish. Abs. 10 aufgeh., bish. Abs. 11 wird Abs. 19 und Satz 1 einl. Satzteil geänd., Abs. 20–47 eingef., bish. Abs. 12 und 13 werden Abs. 48 und 49 mWv 3.1.2018 durch G v. 23.6.2017 (BGBl. I S. 1693); Abs. 3 Nr. 1 Buchst. f neu gef. mWv 25.1.2019 durch G v. 18.1.2019 (BGBl. I S. 37); Abs. 8 Satz 7 neu gef., Abs. 15 Nr. 1 geänd. mWv 28.3.2020 durch G v. 19.3.2020 (BGBl. I S. 529); Abs. 4 Nr. 7 geänd. mWv 28.12.2020 durch G v. 9.12.2020 (BGBl. I S. 2773); Abs. 10 geänd. mWv 26.6.2021 durch G v. 12.5.2021 (BGBl. I S. 990); Abs. 4 Nr. 7 geänd., Abs. 9a, 27a, 34a, 36a und 43a eingef. mWv 28.11.2021, Abs. 37, 39 und 40 neu gef., Abs. 38 aufgeh. mWv 1.1.2022 durch G v. 3.6.2021 (BGBl. I S. 1568); Abs. 1 Nr. 2 geänd. mWv 1.1.2024 durch G v. 10.8.2021 (BGBl. I S. 3436).

baren Wertpapieren mit Ausnahme von Zahlungsinstrumenten, die ihrer Art nach auf den Finanzmärkten handelbar sind, insbesondere

1. Aktien,
2. andere Anteile an in- oder ausländischen juristischen Personen, rechtsfähigen Personengesellschaften und sonstigen Unternehmen, soweit sie Aktien vergleichbar sind, sowie Hinterlegungsscheine, die Aktien vertreten,
3. Schuldtitel,
   a) insbesondere Genussscheine und Inhaberschuldverschreibungen und Orderschuldverschreibungen sowie Hinterlegungsscheine, die Schuldtitel vertreten,
   b) sonstige Wertpapiere, die zum Erwerb oder zur Veräußerung von Wertpapieren nach den Nummern 1 und 2 berechtigen oder zu einer Barzahlung führen, die in Abhängigkeit von Wertpapieren, von Währungen, Zinssätzen oder anderen Erträgen, von Waren, Indices oder Messgrößen bestimmt wird; nähere Bestimmungen enthält die Delegierte Verordnung (EU) 2017/565 der Kommission vom 25. April 2016 zur Ergänzung der Richtlinie 2014/65/EU des Europäischen Parlaments und des Rates in Bezug auf die organisatorischen Anforderungen an Wertpapierfirmen und die Bedingungen für die Ausübung ihrer Tätigkeit sowie in Bezug auf die Definition bestimmter Begriffe für die Zwecke der genannten Richtlinie (ABl. L 87 vom 31.3.2017, S. 1), in der jeweils geltenden Fassung.

(2) Geldmarktinstrumente im Sinne dieses Gesetzes sind Instrumente, die üblicherweise auf dem Geldmarkt gehandelt werden, insbesondere Schatzanweisungen, Einlagenzertifikate, Commercial Papers und sonstige vergleichbare Instrumente, sofern im Einklang mit Artikel 11 der Delegierten Verordnung (EU) 2017/565

1. ihr Wert jederzeit bestimmt werden kann,
2. es sich nicht um Derivate handelt und
3. ihre Fälligkeit bei Emission höchstens 397 Tage beträgt,

es sei denn, es handelt sich um Zahlungsinstrumente.

(3) Derivative Geschäfte im Sinne dieses Gesetzes sind

1. als Kauf, Tausch oder anderweitig ausgestaltete Festgeschäfte oder Optionsgeschäfte, die zeitlich verzögert zu erfüllen sind und deren Wert sich unmittelbar oder mittelbar vom Preis oder Maß eines Basiswertes ableitet (Termingeschäfte) mit Bezug auf die folgenden Basiswerte:
   a) Wertpapiere oder Geldmarktinstrumente,

(Fortsetzung nächstes Blatt)

b) Devisen, soweit das Geschäft nicht die in Artikel 10 der Delegierten Verordnung (EU) 2017/565 genannten Voraussetzungen erfüllt, oder Rechnungseinheiten,
c) Zinssätze oder andere Erträge,
d) Indices der Basiswerte der Buchstaben a, b, c oder f, andere Finanzindizes oder Finanzmessgrößen,
e) derivative Geschäfte oder
f) Berechtigungen nach § 3 Nummer 3 des Treibhausgas-Emissionshandelsgesetzes, Emissionsreduktionseinheiten nach § 2 Nummer 20 des Projekt-Mechanismen-Gesetzes und zertifizierte Emissionsreduktionen nach § 2 Nummer 21 des Projekt-Mechanismen-Gesetzes, soweit diese jeweils im Emissionshandelsregister gehalten werden dürfen (Emissionszertifikate);

2. Termingeschäfte mit Bezug auf Waren, Frachtsätze, Klima- oder andere physikalische Variablen, Inflationsraten oder andere volkswirtschaftliche Variablen oder sonstige Vermögenswerte, Indices oder Messwerte als Basiswerte, sofern sie
a) durch Barausgleich zu erfüllen sind oder einer Vertragspartei das Recht geben, einen Barausgleich zu verlangen, ohne dass dieses Recht durch Ausfall oder ein anderes Beendigungsereignis begründet ist,
b) auf einem organisierten Markt oder in einem multilateralen oder organisierten Handelssystem geschlossen werden und nicht über ein organisiertes Handelssystem gehandelte Energiegroßhandelsprodukte im Sinne von Absatz 20 sind, die effektiv geliefert werden müssen, oder
c) die Merkmale anderer Derivatekontrakte im Sinne des Artikels 7 der Delegierten Verordnung (EU) 2017/565 aufweisen und nichtkommerziellen Zwecken dienen,

und sofern sie keine Kassageschäfte im Sinne des Artikels 7 der Delegierten Verordnung (EU) 2017/565 sind;

3. finanzielle Differenzgeschäfte;
4. als Kauf, Tausch oder anderweitig ausgestaltete Festgeschäfte oder Optionsgeschäfte, die zeitlich verzögert zu erfüllen sind und dem Transfer von Kreditrisiken dienen (Kreditderivate);
5. Termingeschäfte mit Bezug auf die in Artikel 8 der Delegierten Verordnung (EU) 2017/565 genannten Basiswerte, sofern sie die Bedingungen der Nummer 2 erfüllen.

(4) Finanzinstrumente im Sinne dieses Gesetzes sind
1. Wertpapiere im Sinne des Absatzes 1,
2. Anteile an Investmentvermögen im Sinne des § 1 Absatz 1 des Kapitalanlagegesetzbuchs,
3. Geldmarktinstrumente im Sinne des Absatzes 2,
4. *derivative Geschäfte im Sinne* des Absatzes 3,
5. Emissionszertifikate,
6. Rechte auf Zeichnung von Wertpapieren und
7. Vermögensanlagen im Sinne des § 1 Absatz 2 des Vermögensanlagengesetzes mit Ausnahme von Anteilen an einer Genossenschaft im Sinne des § 1 des Genossenschaftsgesetzes[1)] sowie Namensschuldverschreibungen, die mit einer vereinbarten festen Laufzeit, einem unveränderlich vereinbarten festen positiven Zins-

---

[1)] **Habersack, Deutsche Gesetze Nr. 53.**

satz ausgestattet sind, bei denen das investierte Kapital ohne Anrechnung von Zinsen ungemindert zum Zeitpunkt der Fälligkeit zum vollen Nennwert zurückgezahlt wird, und die von einem CRR-Kreditinstitut im Sinne des § 1 Absatz 3d Satz 1 des Kreditwesengesetzes, dem eine Erlaubnis nach § 32 Absatz 1 des Kreditwesengesetzes erteilt worden ist, oder von einem in Artikel 2 Absatz 5 Nummer 5 der Richtlinie 2013/36/EU des Europäischen Parlaments und des Rates vom 26. Juni 2013 über den Zugang zur Tätigkeit von Kreditinstituten und die Beaufsichtigung von Kreditinstituten und Wertpapierfirmen, zur Änderung der Richtlinie 2002/87/EG und zur Aufhebung der Richtlinien 2006/48/EG und 2006/49/EG (ABl. L 176 vom 27.6.2013, S. 338; L 208 vom 2.8.2013, S. 73; L 20 vom 25.1.2017, S. 1; L 203 vom 26.6.2020, S. 95; L 212 vom 3.7.2020, S. 20; L 436 vom 28.12.2020, S. 77), die zuletzt durch die Richtlinie (EU) 2021/338 (ABl. L 68 vom 26.2.2021, S. 14) geändert worden ist, namentlich genannten Kreditinstitut, das über eine Erlaubnis verfügt, Bankgeschäfte im Sinne von § 1 Absatz 1 Satz 2 Nummer 1 und 2 des Kreditwesengesetzes zu betreiben, ausgegeben werden, wenn das darauf eingezahlte Kapital im Falle des Insolvenzverfahrens über das Vermögen des Instituts oder der Liquidation des Instituts nicht erst nach Befriedigung aller nicht nachrangigen Gläubiger zurückgezahlt wird.

(5) Waren im Sinne dieses Gesetzes sind fungible Wirtschaftsgüter, die geliefert werden können; dazu zählen auch Metalle, Erze und Legierungen, landwirtschaftliche Produkte und Energien wie Strom.

(6) Waren-Spot-Kontrakt im Sinne dieses Gesetzes ist ein Vertrag im Sinne des Artikels 3 Absatz 1 Nummer 15 der Verordnung (EU) Nr. 596/2014[1)].

(7) Referenzwert im Sinne dieses Gesetzes ist ein Kurs, Index oder Wert im Sinne des Artikels 3 Absatz 1 Nummer 29 der Verordnung (EU) Nr. 596/2014.

(8) [1] Wertpapierdienstleistungen im Sinne dieses Gesetzes sind

1. die Anschaffung oder Veräußerung von Finanzinstrumenten im eigenen Namen für fremde Rechnung (Finanzkommissionsgeschäft),
2. das
   a) kontinuierliche Anbieten des An- und Verkaufs von Finanzinstrumenten an den Finanzmärkten zu selbst gestellten Preisen für eigene Rechnung unter Einsatz des eigenen Kapitals (Market-Making),
   b) häufige organisierte und systematische Betreiben von Handel für eigene Rechnung in erheblichem Umfang außerhalb eines organisierten Marktes oder eines multilateralen oder organisierten Handelssystems, wenn Kundenaufträge außerhalb eines geregelten Marktes oder eines multilateralen oder organisierten Handelssystems ausgeführt werden, ohne dass ein multilaterales Handelssystem betrieben wird (systematische Internalisierung),
   c) Anschaffen oder Veräußern von Finanzinstrumenten für eigene Rechnung als Dienstleistung für andere (Eigenhandel) oder
   d) Kaufen oder Verkaufen von Finanzinstrumenten für eigene Rechnung als unmittelbarer oder mittelbarer Teilnehmer eines inländischen organisierten Marktes oder eines multilateralen oder organisierten Handelssystems mittels *einer* hochfrequenten algorithmischen Handelstechnik im Sinne von Absatz 44, auch ohne Dienstleistung für andere (Hochfrequenzhandel),

---

1) Nr. **60**.

3. die Anschaffung oder Veräußerung von Finanzinstrumenten in fremdem Namen für fremde Rechnung (Abschlussvermittlung),
4. die Vermittlung von Geschäften über die Anschaffung und die Veräußerung von Finanzinstrumenten (Anlagevermittlung),
5. die Übernahme von Finanzinstrumenten für eigenes Risiko zur Platzierung oder die Übernahme gleichwertiger Garantien (Emissionsgeschäft),
6. die Platzierung von Finanzinstrumenten ohne feste Übernahmeverpflichtung (Platzierungsgeschäft),
7. die Verwaltung einzelner oder mehrerer in Finanzinstrumenten angelegter Vermögen für andere mit Entscheidungsspielraum (Finanzportfolioverwaltung),
8. der Betrieb eines multilateralen Systems, das die Interessen einer Vielzahl von Personen am Kauf und Verkauf von Finanzinstrumenten innerhalb des Systems und nach nichtdiskretionären Bestimmungen in einer Weise zusammenbringt, die zu einem Vertrag über den Kauf dieser Finanzinstrumente führt (Betrieb eines multilateralen Handelssystems),
9. der Betrieb eines multilateralen Systems, bei dem es sich nicht um einen organisierten Markt oder ein multilaterales Handelssystem handelt und das die Interessen einer Vielzahl Dritter am Kauf und Verkauf von Schuldverschreibungen, strukturierten Finanzprodukten, Emissionszertifikaten oder Derivaten innerhalb des Systems auf eine Weise zusammenführt, die zu einem Vertrag über den Kauf dieser Finanzinstrumente führt (Betrieb eines organisierten Handelssystems),
10. die Abgabe von persönlichen Empfehlungen im Sinne des Artikels 9 der Delegierten Verordnung (EU) 2017/565 an Kunden oder deren Vertreter, die sich auf Geschäfte mit bestimmten Finanzinstrumenten beziehen, sofern die Empfehlung auf eine Prüfung der persönlichen Umstände des Anlegers gestützt oder als für ihn geeignet dargestellt wird und nicht ausschließlich über Informationsverbreitungskanäle oder für die Öffentlichkeit bekannt gegeben wird (Anlageberatung).

[2] Das Finanzkommissionsgeschäft, der Eigenhandel und die Abschlussvermittlung umfassen den Abschluss von Vereinbarungen über den Verkauf von Finanzinstrumenten, die von einem Wertpapierdienstleistungsunternehmen oder einem Kreditinstitut ausgegeben werden, im Zeitpunkt ihrer Emission. [3] Ob ein häufiger systematischer Handel vorliegt, bemisst sich nach der Zahl der Geschäfte außerhalb eines Handelsplatzes (OTC-Handel) mit einem Finanzinstrument zur Ausführung von Kundenaufträgen, die von dem Wertpapierdienstleistungsunternehmen für eigene Rechnung durchgeführt werden. [4] Ob ein Handel in erheblichem Umfang vorliegt, bemisst sich entweder nach dem Anteil des OTC-Handels an dem Gesamthandelsvolumen des Wertpapierdienstleistungsunternehmens in einem bestimmten Finanzinstrument oder nach dem Verhältnis des OTC-Handels des Wertpapierdienstleistungsunternehmens zum Gesamthandelsvolumen in einem bestimmten Finanzinstrument in der Europäischen Union; nähere Bestimmungen enthalten die Artikel 12 bis 17 der Delegierten Verordnung (EU) 2017/565. [5] Die Voraussetzungen der systematischen Internalisierung sind erst dann erfüllt, wenn sowohl die Obergrenze für den häufigen systematischen Handel als auch die Obergrenze für den Handel in erheblichem Umfang überschritten werden oder wenn ein Unternehmen sich freiwillig den für die systematische Internalisierung geltenden Regelungen unterworfen und eine Erlaubnis zum Betreiben der systematischen Internalisierung bei der Bundesanstalt beantragt hat. [6] Als Wertpapier-

dienstleistung gilt auch die Anschaffung und Veräußerung von Finanzinstrumenten für eigene Rechnung, die keine Dienstleistung für andere im Sinne des Satzes 1 Nr. 2 darstellt (Eigengeschäft). [7] Der Finanzportfolioverwaltung gleichgestellt ist hinsichtlich der §§ 63 bis 83 und 85 bis 92 dieses Gesetzes sowie des Artikels 20 Absatz 1 der Verordnung (EU) Nr. 596/2014, des Artikels 26 der Verordnung (EU) Nr. 600/2014 und der Artikel 72 bis 76 der Delegierten Verordnung (EU) 2017/565 die erlaubnispflichtige Anlageverwaltung nach § 1 Absatz 1a Satz 2 Nummer 11 des Kreditwesengesetzes.

(9) Wertpapiernebendienstleistungen im Sinne dieses Gesetzes sind

1. die Verwahrung und die Verwaltung von Finanzinstrumenten für andere, einschließlich Depotverwahrung und verbundener Dienstleistungen wie Cash-Management oder die Verwaltung von Sicherheiten mit Ausnahme der Bereitstellung und Führung von Wertpapierkonten auf oberster Ebene (zentrale Kontenführung) gemäß Abschnitt A Nummer 2 des Anhangs zur Verordnung (EU) Nr. 909/2014 (Depotgeschäft),
2. die Gewährung von Krediten oder Darlehen an andere für die Durchführung von Wertpapierdienstleistungen, sofern das Unternehmen, das den Kredit oder das Darlehen gewährt, an diesen Geschäften beteiligt ist,
3. die Beratung von Unternehmen über die Kapitalstruktur, die industrielle Strategie sowie die Beratung und das Angebot von Dienstleistungen bei Unternehmenskäufen und Unternehmenszusammenschlüssen,
4. Devisengeschäfte, die in Zusammenhang mit Wertpapierdienstleistungen stehen,
5. das Erstellen oder Verbreiten von Empfehlungen oder Vorschlägen von Anlagestrategien im Sinne des Artikels 3 Absatz 1 Nummer 34 der Verordnung (EU) Nr. 596/2014 (Anlagestrategieempfehlung) oder von Anlageempfehlungen im Sinne des Artikels 3 Absatz 1 Nummer 35 der Verordnung (EU) Nr. 596/2014 (Anlageempfehlung),
6. Dienstleistungen, die im Zusammenhang mit dem Emissionsgeschäft stehen,
7. Dienstleistungen, die sich auf einen Basiswert im Sinne des Absatzes 2 Nr. 2 oder Nr. 5 beziehen und im Zusammenhang mit Wertpapierdienstleistungen oder Wertpapiernebendienstleistungen stehen.

(9a) Umschichtung von Finanzinstrumenten im Sinne dieses Gesetzes ist der Verkauf eines Finanzinstruments und der Kauf eines Finanzinstruments oder die Ausübung eines Rechts, eine Änderung im Hinblick auf ein bestehendes Finanzinstrument vorzunehmen.

(10) Wertpapierdienstleistungsunternehmen im Sinne dieses Gesetzes sind Kreditinstitute, Finanzdienstleistungsinstitute, nach § 53 Absatz 1 Satz 1 des Kreditwesengesetzes tätige Unternehmen und Wertpapierinstitute im Sinne des § 2 Absatz 1 des Wertpapierinstitutsgesetzes, die Wertpapierdienstleistungen allein oder zusammen mit Wertpapiernebendienstleistungen gewerbsmäßig oder in einem Umfang erbringen, der einen in kaufmännischer Weise eingerichteten Geschäftsbetrieb erfordert.

(11) Organisierter Markt im Sinne dieses Gesetzes ist ein im Inland, in einem anderen Mitgliedstaat der Europäischen Union oder einem anderen Vertragsstaat des Abkommens über den Europäischen Wirtschaftsraum betriebenes oder verwaltetes, durch staatliche Stellen genehmigtes, geregeltes und überwachtes multilaterales System, das die Interessen einer Vielzahl von Personen am Kauf und Verkauf von dort zum Handel zugelassenen Finanzinstrumenten innerhalb des Systems und nach nichtdiskretionären Bestimmungen in einer Weise zusammen-

bringt oder das Zusammenbringen fördert, die zu einem Vertrag über den Kauf dieser Finanzinstrumente führt.

(12) Drittstaat im Sinne dieses Gesetzes ist ein Staat, der weder Mitgliedstaat der Europäischen Union (Mitgliedstaat) noch Vertragsstaat des Abkommens über den Europäischen Wirtschaftsraum ist.

(13) Emittenten, für die die Bundesrepublik Deutschland der Herkunftsstaat ist, sind

1. Emittenten von Schuldtiteln mit einer Stückelung von weniger als 1 000 Euro oder dem am Ausgabetag entsprechenden Gegenwert in einer anderen Währung oder von Aktien,
   a) die ihren Sitz im Inland haben und deren Wertpapiere zum Handel an einem organisierten Markt im Inland oder in einem anderen Mitgliedstaat der Europäischen Union oder einem anderen Vertragsstaat des Abkommens über den Europäischen Wirtschaftsraum zugelassen sind oder
   b) die ihren Sitz in einem Drittstaat haben, deren Wertpapiere zum Handel an einem organisierten Markt im Inland zugelassen sind und die die Bundesrepublik Deutschland als Herkunftsstaat nach § 4 Absatz 1 gewählt haben,
2. Emittenten, die andere als die in Nummer 1 genannten Finanzinstrumente begeben und
   a) die ihren Sitz im Inland haben und deren Finanzinstrumente zum Handel an einem organisierten Markt im Inland oder in anderen Mitgliedstaaten der Europäischen Union oder in anderen Vertragsstaaten des Abkommens über den Europäischen Wirtschaftsraum zugelassen sind oder
   b) die ihren Sitz nicht im Inland haben und deren Finanzinstrumente zum Handel an einem organisierten Markt im Inland zugelassen sind

   und die die Bundesrepublik Deutschland nach Maßgabe des § 4 Absatz 2 als Herkunftsstaat gewählt haben,
3. Emittenten, die nach Nummer 1 Buchstabe b oder Nummer 2 die Bundesrepublik Deutschland als Herkunftsstaat wählen können und deren Finanzinstrumente zum Handel an einem organisierten Markt im Inland zugelassen sind, solange sie nicht wirksam einen Herkunftsmitgliedstaat gewählt haben nach § 4 in Verbindung mit § 5 oder nach entsprechenden Vorschriften anderer Mitgliedstaaten der Europäischen Union oder anderer Vertragsstaaten des Abkommens über den Europäischen Wirtschaftsraum.

(14) Inlandsemittenten sind

1. Emittenten, für die die Bundesrepublik Deutschland der Herkunftsstaat ist, mit Ausnahme solcher Emittenten, deren Wertpapiere nicht im Inland, sondern lediglich in einem anderen Mitgliedstaat der Europäischen Union oder einem anderen Vertragsstaat des Abkommens über den Europäischen Wirtschaftsraum zugelassen sind, soweit sie in diesem anderen Staat Veröffentlichungs- und Mitteilungspflichten nach Maßgabe der Richtlinie 2004/109/EG des Europäischen Parlaments und des Rates vom 15. Dezember 2004 zur Harmonisierung der Transparenzanforderungen in Bezug auf Informationen über Emittenten, deren Wertpapiere zum Handel auf einem geregelten Markt zugelassen sind, und zur Änderung der Richtlinie 2001/34/EG (ABl. EU Nr. L 390 S. 38) unterliegen, und
2. Emittenten, für die nicht die Bundesrepublik Deutschland, sondern ein anderer Mitgliedstaat der Europäischen Union oder ein anderer Vertragsstaat des Abkommens über den Europäischen Wirtschaftsraum der Herkunftsstaat ist, deren

Wertpapiere aber nur im Inland zum Handel an einem organisierten Markt zugelassen sind.

(15) MTF-Emittenten im Sinne dieses Gesetzes sind Emittenten von Finanzinstrumenten,

1. die ihren Sitz im Inland haben und die für ihre Finanzinstrumente eine Zulassung zum Handel an einem multilateralen Handelssystem im Inland oder in einem anderen Mitgliedstaat der Europäischen Union (Mitgliedstaat) oder einem anderen Vertragsstaat des Abkommens über den Europäischen Wirtschaftsraum beantragt oder genehmigt haben, wenn diese Finanzinstrumente nur auf multilateralen Handelssystemen gehandelt werden, mit Ausnahme solcher Emittenten, deren Finanzinstrumente nicht im Inland, sondern lediglich in einem anderen Mitgliedstaat oder einem anderen Vertragsstaat des Abkommens über den Europäischen Wirtschaftsraum zugelassen sind, oder
2. die ihren Sitz nicht im Inland haben und die für ihre Finanzinstrumente eine Zulassung zum Handel auf einem multilateralen Handelssystem im Inland beantragt oder genehmigt haben, wenn diese Finanzinstrumente nur an multilateralen Handelssystemen im Inland gehandelt werden.

(16) OTF-Emittenten im Sinne dieses Gesetzes sind Emittenten von Finanzinstrumenten,

1. die ihren Sitz im Inland haben und die für ihre Finanzinstrumente eine Zulassung zum Handel an einem organisierten Handelssystem im Inland oder in einem anderen Mitgliedstaat oder einem anderen Vertragsstaat des Abkommens über den Europäischen Wirtschaftsraum beantragt oder genehmigt haben, wenn diese Finanzinstrumente nur auf organisierten Handelssystemen gehandelt werden, mit Ausnahme solcher Emittenten, deren Finanzinstrumente nicht im Inland, sondern lediglich in einem anderen Mitgliedstaat oder einem anderen Vertragsstaat des Abkommens über den Europäischen Wirtschaftsraum zugelassen sind, soweit sie in diesem Staat den Anforderungen des Artikels 21 der Richtlinie 2004/109/EG unterliegen, oder
2. die ihren Sitz nicht im Inland haben und die für ihre Finanzinstrumente nur eine Zulassung zum Handel an einem organisierten Handelssystem im Inland beantragt oder genehmigt haben.

(17) Herkunftsmitgliedstaat im Sinne dieses Gesetzes ist

1. im Falle eines Wertpapierdienstleistungsunternehmens,
   a) sofern es sich um eine natürliche Person handelt, der Mitgliedstaat, in dem sich die Hauptverwaltung des Wertpapierdienstleistungsunternehmens befindet;
   b) sofern es sich um eine juristische Person handelt, der Mitgliedstaat, in dem sich ihr Sitz befindet;
   c) sofern es sich um eine juristische Person handelt, für die nach dem nationalen Recht, das für das Wertpapierdienstleistungsunternehmen maßgeblich ist, kein Sitz bestimmt ist, der Mitgliedstaat, in dem sich die Hauptverwaltung befindet;
2. im Falle eines organisierten Marktes der Mitgliedstaat, in dem dieser registriert *oder zugelassen* ist, oder, sofern für ihn nach dem Recht dieses Mitgliedstaats kein Sitz bestimmt ist, der Mitgliedstaat, in dem sich die Hauptverwaltung befindet;
3. im Falle eines Datenbereitstellungsdienstes,

a) sofern es sich um eine natürliche Person handelt, der Mitgliedstaat, in dem sich die Hauptverwaltung des Datenbereitstellungsdienstes befindet;

b) sofern es sich um eine juristische Person handelt, der Mitgliedstaat, in dem sich der Sitz des Datenbereitstellungsdienstes befindet;

c) sofern es sich um eine juristische Person handelt, für die nach dem nationalen Recht, das für den Datenbereitstellungsdienst maßgeblich ist, kein Sitz bestimmt ist, der Mitgliedstaat, in dem sich die Hauptverwaltung befindet.

(18) Aufnahmemitgliedstaat im Sinne dieses Gesetzes ist

1. für ein Wertpapierdienstleistungsunternehmen der Mitgliedstaat, in dem es eine Zweigniederlassung unterhält oder Wertpapierdienstleistungen im Wege des grenzüberschreitenden Dienstleistungsverkehrs erbringt;
2. für einen organisierten Markt der Mitgliedstaat, in dem er geeignete Vorkehrungen bietet, um in diesem Mitgliedstaat niedergelassenen Marktteilnehmern den Zugang zum Handel über sein System zu erleichtern.

(19) [1] Eine strukturierte Einlage ist eine Einlage im Sinne des § 2 Absatz 3 Satz 1 und 2 des Einlagensicherungsgesetzes, die bei Fälligkeit in voller Höhe zurückzuzahlen ist, wobei sich die Zahlung von Zinsen oder einer Prämie, das Zinsrisiko oder das Prämienrisiko aus einer Formel ergibt, die insbesondere abhängig ist von

1. einem Index oder einer Indexkombination,
2. einem Finanzinstrument oder einer Kombination von Finanzinstrumenten,
3. einer Ware oder einer Kombination von Waren oder anderen körperlichen oder nicht körperlichen nicht übertragbaren Vermögenswerten oder
4. einem Wechselkurs oder einer Kombination von Wechselkursen.

[2] Keine strukturierten Einlagen stellen variabel verzinsliche Einlagen dar, deren Ertrag unmittelbar an einen Zinsindex, insbesondere den Euribor oder den Libor, gebunden ist.

(20) Energiegroßhandelsprodukt im Sinne dieses Gesetzes ist ein Energiegroßhandelsprodukt im Sinne des Artikels 2 Nummer 4 der Verordnung (EU) Nr. 1227/2011 des Europäischen Parlaments und des Rates vom 25. Oktober 2011 über die Integrität und Transparenz des Energiegroßhandelsmarkts (ABl. L 326 vom 8.12.2011, S. 1), sowie der Artikel 5 und 6 der Delegierten Verordnung (EU) 2017/565.

(21) Multilaterales System im Sinne dieses Gesetzes ist ein System oder ein Mechanismus, der die Interessen einer Vielzahl Dritter am Kauf und Verkauf von Finanzinstrumenten innerhalb des Systems zusammenführt.

(22) Handelsplatz im Sinne dieses Gesetzes ist ein organisierter Markt, ein multilaterales Handelssystem oder ein organisiertes Handelssystem.

(23) [1] Liquider Markt im Sinne dieses Gesetzes ist ein Markt für ein Finanzinstrument oder für eine Kategorie von Finanzinstrumenten,

1. auf dem kontinuierlich kauf- oder verkaufsbereite vertragswillige Käufer oder Verkäufer verfügbar sind und
2. der unter Berücksichtigung der speziellen Marktstrukturen des betreffenden Finanzinstruments oder der betreffenden Kategorie von Finanzinstrumenten nach den folgenden Kriterien bewertet wird:

a) Durchschnittsfrequenz und -volumen der Geschäfte bei einer bestimmten Bandbreite von Marktbedingungen unter Berücksichtigung der Art und des Lebenszyklus von Produkten innerhalb der Kategorie von Finanzinstrumenten;

b) Zahl und Art der Marktteilnehmer, einschließlich des Verhältnisses der Marktteilnehmer zu den gehandelten Finanzinstrumenten in Bezug auf ein bestimmtes Finanzinstrument;

c) durchschnittlicher Spread, sofern verfügbar.

[2] Nähere Bestimmungen enthalten die Artikel 1 bis 4 der Delegierten Verordnung (EU) 2017/567 der Kommission vom 18. Mai 2016 zur Ergänzung der Verordnung (EU) Nr. 600/2014 des Europäischen Parlaments und des Rates im Hinblick auf Begriffsbestimmungen, Transparenz, Portfoliokomprimierung und Aufsichtsmaßnahmen zur Produktintervention und zu den Positionen (ABl. L 87 vom 31.3. 2017, S. 90), in der jeweils geltenden Fassung.

(24) [1] Zweigniederlassung im Sinne dieses Gesetzes ist eine Betriebsstelle, die

1. nicht die Hauptverwaltung ist,
2. einen rechtlich unselbstständigen Teil eines Wertpapierdienstleistungsunternehmens bildet und
3. Wertpapierdienstleistungen, gegebenenfalls auch Wertpapiernebendienstleistungen, erbringt, für die dem Wertpapierdienstleistungsunternehmen eine Zulassung erteilt wurde.

[2] Alle Betriebsstellen eines Wertpapierdienstleistungsunternehmens mit Hauptverwaltung in einem anderen Mitgliedstaat, die sich in demselben Mitgliedstaat befinden, gelten als eine einzige Zweigniederlassung.

(25) Mutterunternehmen im Sinne dieses Gesetzes ist, sofern nicht die Abschnitte 6 und 16 besondere Regelungen enthalten, ein Mutterunternehmen im Sinne des Artikels 2 Nummer 9 und des Artikels 22 der Richtlinie 2013/34/EU des Europäischen Parlaments und des Rates vom 26. Juni 2013 über den Jahresabschluss, den konsolidierten Abschluss und damit verbundene Berichte von Unternehmen bestimmter Rechtsformen und zur Änderung der Richtlinie 2006/43/EG des Europäischen Parlaments und des Rates und zur Aufhebung der Richtlinien 78/660/EWG und 83/349/EWG des Rates (ABl. L 182 vom 29.6.2013, S. 19), die zuletzt durch die Richtlinie 2014/102/EU (ABl. L 334 vom 21.11. 2014, S. 86) geändert worden ist.

(26) Tochterunternehmen im Sinne dieses Gesetzes ist, sofern nicht die Abschnitte 6 und 16 besondere Regelungen enthalten, ein Tochterunternehmen im Sinne des Artikels 2 Nummer 10 und des Artikels 22 der Richtlinie 2013/34/EU, einschließlich aller Tochterunternehmen eines Tochterunternehmens des an der Spitze stehenden Mutterunternehmens.

(27) Gruppe im Sinne dieses Gesetzes ist eine Gruppe im Sinne des Artikels 2 Nummer 11 der Richtlinie 2013/34/EU.

(27a) Überwiegend kommerzielle Gruppe im Sinne dieses Gesetzes ist jede Gruppe, deren Haupttätigkeit nicht in der Erbringung von Wertpapierdienstleistungen oder in der Erbringung von in Anhang I der Richtlinie 2013/36/EU aufgeführten Tätigkeiten oder in der Tätigkeit als Market Maker in Bezug auf Warenderivate besteht.

(28) Eine enge Verbindung im Sinne dieses Gesetzes liegt vor, wenn zwei oder mehr natürliche oder juristische Personen wie folgt miteinander verbunden sind:

1. durch eine Beteiligung in Form des direkten Haltens oder des Haltens im Wege der Kontrolle von mindestens 20 Prozent der Stimmrechte oder der Anteile an einem Unternehmen,

2. durch Kontrolle in Form eines Verhältnisses zwischen Mutter- und Tochterunternehmen, wie in allen Fällen des Artikels 22 Absatz 1 und 2 der Richtlinie 2013/34/EU oder einem vergleichbaren Verhältnis zwischen einer natürlichen oder juristischen Person und einem Unternehmen; Tochterunternehmen von Tochterunternehmen gelten ebenfalls als Tochterunternehmen des Mutterunternehmens, das an der Spitze dieser Unternehmen steht oder
3. durch ein dauerhaftes Kontrollverhältnis beider oder aller Personen, das zu derselben dritten Person besteht.

(29) Zusammenführung sich deckender Kundenaufträge (Matched Principal Trading) im Sinne dieses Gesetzes ist ein Geschäft, bei dem

1. zwischen Käufer und Verkäufer ein Vermittler zwischengeschaltet ist, der während der gesamten Ausführung des Geschäfts zu keiner Zeit einem Marktrisiko ausgesetzt ist,
2. Kauf- und Verkaufsgeschäfte gleichzeitig ausgeführt werden und
3. das zu Preisen abgeschlossen wird, durch die der Vermittler abgesehen von einer vorab offengelegten Provision, Gebühr oder sonstigen Vergütung weder Gewinn noch Verlust macht.

(30) [1] Direkter elektronischer Zugang im Sinne dieses Gesetzes ist eine Vereinbarung, in deren Rahmen ein Mitglied, ein Teilnehmer oder ein Kunde eines Handelsplatzes einer anderen Person die Nutzung seines Handelscodes gestattet, damit diese Person Aufträge in Bezug auf Finanzinstrumente elektronisch direkt an den Handelsplatz übermitteln kann, mit Ausnahme der in Artikel 20 der Delegierten Verordnung (EU) 2017/565 genannten Fälle. [2] Der direkte elektronische Zugang umfasst auch Vereinbarungen, die die Nutzung der Infrastruktur oder eines anderweitigen Verbindungssystems des Mitglieds, des Teilnehmers oder des Kunden durch diese Person zur Übermittlung von Aufträgen beinhalten (direkter Marktzugang), sowie diejenigen Vereinbarungen, bei denen eine solche Infrastruktur nicht durch diese Person genutzt wird (geförderter Zugang).

(31) Hinterlegungsscheine im Sinne dieses Gesetzes sind Wertpapiere, die auf dem Kapitalmarkt handelbar sind und die ein Eigentumsrecht an Wertpapieren von Emittenten mit Sitz im Ausland verbriefen, zum Handel auf einem organisierten Markt zugelassen sind und unabhängig von den Wertpapieren des jeweiligen Emittenten mit Sitz im Ausland gehandelt werden können.

(32) Börsengehandeltes Investmentvermögen im Sinne dieses Gesetzes ist ein Investmentvermögen im Sinne des Kapitalanlagegesetzbuchs, bei dem mindestens eine Anteilsklasse oder Aktiengattung ganztägig an mindestens einem Handelsplatz und mit mindestens einem Market Maker, der tätig wird, um sicherzustellen, dass der Preis seiner Anteile oder Aktien an diesem Handelsplatz nicht wesentlich von ihrem Nettoinventarwert und, sofern einschlägig, von ihrem indikativen Nettoinventarwert abweicht, gehandelt wird.

(33) Zertifikat im Sinne dieses Gesetzes ist ein Wertpapier, das auf dem Kapitalmarkt handelbar ist und das im Falle der durch den Emittenten vorgenommenen Rückzahlung einer Anlage bei dem Emittenten Vorrang vor Aktien hat, aber nicht besicherten Anleiheinstrumenten und anderen vergleichbaren Instrumenten nachgeordnet ist.

(34) Strukturiertes Finanzprodukt im Sinne dieses Gesetzes ist ein Wertpapier, das zur Verbriefung und Übertragung des mit einer ausgewählten Palette an finanziellen Vermögenswerten einhergehenden Kreditrisikos geschaffen wurde

und das den Wertpapierinhaber zum Empfang regelmäßiger Zahlungen berechtigt, die vom Geldfluss der Basisvermögenswerte abhängen.

(34a) Make-Whole-Klausel im Sinne dieses Gesetzes ist eine Klausel, die den Anleger schützen soll, indem sichergestellt wird, dass der Emittent im Falle der vorzeitigen Rückzahlung einer Anleihe verpflichtet ist, dem Anleger, der die Anleihe hält, einen Betrag zu zahlen, welcher der Summe des Nettogegenwartwertes der verbleibenden Kuponzahlungen, die bis zur Fälligkeit erwartet werden, und dem Kapitalbetrag der zurückzuzahlenden Anleihe entspricht.

(35) Derivate im Sinne dieses Gesetzes sind derivative Geschäfte im Sinne des Absatzes 3 sowie Wertpapiere im Sinne des Absatzes 1 Nummer 3 Buchstabe b.

(36) Warenderivate im Sinne dieses Gesetzes sind Finanzinstrumente im Sinne des Artikels 2 Absatz 1 Nummer 30 der Verordnung (EU) Nr. 600/2014.

(36a) Derivate auf landwirtschaftliche Erzeugnisse im Sinne dieses Gesetzes sind Derivatkontrakte in Bezug auf die Erzeugnisse, die in Artikel 1 und Anhang I Teil I bis XX und XXIV/1 der Verordnung (EU) Nr. 1308/2013 des Europäischen Parlaments und des Rates vom 17. Dezember 2013 über eine gemeinsame Marktorganisation für landwirtschaftliche Erzeugnisse und zur Aufhebung der Verordnungen (EWG) Nr. 922/72, (EWG) Nr. 234/79, (EG) Nr. 1037/2001 und (EG) Nr. 1234/2007 (ABl. L 347 vom 20.12.2013, S. 671; L 189 vom 27.6.2014, S. 261; L 130 vom 19.5.2016, S. 18; L 34 vom 9.2.2017, S. 41; L 106 vom 6.4.2020, S. 12), die zuletzt durch die Verordnung (EU) 2020/2220 (ABl. L 437 vom 28.12.2020, S. 1) geändert worden ist, sowie in Anhang I der Verordnung (EU) Nr. 1379/2013 des Europäischen Parlaments und des Rates vom 11. Dezember 2013 über die gemeinsame Marktorganisation für Erzeugnisse der Fischerei und der Aquakultur, zur Änderung der Verordnungen (EG) Nr. 1184/2006 und (EG) Nr. 1224/2009 des Rates und zur Aufhebung der Verordnung (EG) Nr. 104/2000 des Rates (ABl. L 354 vom 28.12.2013, S. 1), die zuletzt durch die Verordnung (EU) 2020/560 (ABl. L 130 vom 24.4.2020, S. 11) geändert worden ist, aufgeführt sind.

(37) Genehmigtes Veröffentlichungssystem im Sinne dieses Gesetzes ist ein genehmigtes Veröffentlichungssystem im Sinne von Artikel 2 Absatz 1 Nummer 34 der Verordnung (EU) Nr. 600/2014.

(38) *(aufgehoben)*

(39) Genehmigter Meldemechanismus im Sinne dieses Gesetzes ist ein genehmigter Meldemechanismus im Sinne von Artikel 2 Absatz 1 Nummer 36 der Verordnung (EU) Nr. 600/2014.

(40) Datenbereitstellungsdienst im Sinne dieses Gesetzes ist

1. ein genehmigtes Veröffentlichungssystem,
2. ein genehmigter Meldemechanismus.

(41) Drittlandunternehmen im Sinne dieses Gesetzes ist ein Unternehmen, das ein Wertpapierdienstleistungsunternehmen wäre, wenn es seinen Sitz im Europäischen Wirtschaftsraum hätte.

(42) Öffentliche Emittenten im Sinne dieses Gesetzes sind folgende Emittenten von Schuldtiteln:

1. die Europäische Union,
2. ein Mitgliedstaat einschließlich eines Ministeriums, einer Behörde oder einer Zweckgesellschaft dieses Mitgliedstaats,

3. im Falle eines bundesstaatlich organisierten Mitgliedstaats einer seiner Gliedstaaten,
4. eine für mehrere Mitgliedstaaten tätige Zweckgesellschaft,
5. ein von mehreren Mitgliedstaaten gegründetes internationales Finanzinstitut, das dem Zweck dient, Finanzmittel zu mobilisieren und seinen Mitgliedern Finanzhilfen zu gewähren, sofern diese von schwerwiegenden Finanzierungsproblemen betroffen oder bedroht sind,
6. die Europäische Investitionsbank.

(43) [1] Ein dauerhafter Datenträger ist jedes Medium, das

1. es dem Kunden gestattet, an ihn persönlich gerichtete Informationen derart zu speichern, dass er sie in der Folge für eine Dauer, die für die Zwecke der Informationen angemessen ist, einsehen kann, und
2. die unveränderte Wiedergabe der gespeicherten Informationen ermöglicht.

[2] Nähere Bestimmungen enthält Artikel 3 der Delegierten Verordnung (EU) 2017/565.

(43a) Elektronische Form im Sinne dieses Gesetzes ist ein dauerhaftes Medium, das kein Papier ist.

(44) Hochfrequente algorithmische Handelstechnik im Sinne dieses Gesetzes ist ein algorithmischer Handel im Sinne des § 80 Absatz 2 Satz 1, der gekennzeichnet ist durch

1. eine Infrastruktur zur Minimierung von Netzwerklatenzen und anderen Verzögerungen bei der Orderübertragung (Latenzen), die mindestens eine der folgenden Vorrichtungen für die Eingabe algorithmischer Aufträge aufweist: Kollokation, Proximity Hosting oder einen direkten elektronischen Hochgeschwindigkeitszugang,
2. die Fähigkeit des Systems, einen Auftrag ohne menschliche Intervention im Sinne des Artikels 18 der Delegierten Verordnung (EU) 2017/565 einzuleiten, zu erzeugen, weiterzuleiten oder auszuführen und
3. ein hohes untertägiges Mitteilungsaufkommen im Sinne des Artikels 19 der Delegierten Verordnung (EU) 2017/565 in Form von Aufträgen, Kursangaben oder Stornierungen.

(45) Zentrale Gegenpartei im Sinne dieses Gesetzes ist ein Unternehmen im Sinne des Artikels 2 Nummer 1 der Verordnung (EU) Nr. 648/2012 in der jeweils geltenden Fassung.

(46) [1] Kleine und mittlere Unternehmen im Sinne dieses Gesetzes sind Unternehmen, deren durchschnittliche Marktkapitalisierung auf der Grundlage der Notierungen zum Jahresende in den letzten drei Kalenderjahren weniger als 200 Millionen Euro betrug. [2] Nähere Bestimmungen enthalten die Artikel 77 bis 79 der Delegierten Verordnung (EU) 2017/565.

(47) Öffentlicher Schuldtitel im Sinne dieses Gesetzes ist ein Schuldtitel, der von einem öffentlichen Emittenten begeben wird.

(48) PRIP im Sinne dieses Gesetzes ist ein Produkt im Sinne des Artikels 4 Nummer 1 der Verordnung (EU) Nr. 1286/2014.

(49) PRIIP im Sinne dieses Gesetzes ist ein Produkt im Sinne des Artikels 4 Nummer 3 der Verordnung (EU) Nr. 1286/2014.

§ 2a[1)] Unzuverlässigkeit von sanktionierten Personen. [1] Eine natürliche oder juristische Person oder eine Personengesellschaft gilt als unzuverlässig, wenn nach einem im Amtsblatt der Europäischen Gemeinschaften oder der Europäischen Union veröffentlichten unmittelbar geltenden Rechtsakt der Europäischen Gemeinschaften oder der Europäischen Union, der der Durchführung einer vom Rat der Europäischen Union im Bereich der Gemeinsamen Außen- und Sicherheitspolitik beschlossenen wirtschaftlichen Sanktionsmaßnahme dient, ihre Gelder und wirtschaftlichen Ressourcen eingefroren sind oder ihr weder unmittelbar noch mittelbar Gelder oder wirtschaftliche Ressourcen zur Verfügung gestellt werden oder zu Gute kommen dürfen. [2] Eine natürliche Person gilt in der Regel als unzuverlässig, wenn sie als Geschäftsleiter, Aufsichtsratsmitglied oder in vergleichbarer Position für eine Person oder Personengesellschaft nach Satz 1 tätig ist; dies gilt nicht für Arbeitnehmervertreter. [3] Eine natürliche Person gilt in der Regel auch dann als unzuverlässig, wenn sie die Interessen einer Person oder Personengesellschaft nach Satz 1 als Mitglied eines Aufsichts- oder Verwaltungsrats oder eines vergleichbaren Kontrollgremiums in einem Institut wahrnimmt, das nicht unter Satz 1 fällt.

§ 3[2)] Ausnahmen; Verordnungsermächtigung. (1) [1] Als Wertpapierdienstleistungsunternehmen gelten nicht

1. Unternehmen, die Wertpapierdienstleistungen im Sinne des § 2 Absatz 8 Satz 1 ausschließlich für ihr Mutterunternehmen oder ihre Tochter- oder Schwesterunternehmen im Sinne des Artikels 4 Absatz 1 Nummer 15 und 16 der Verordnung (EU) Nr. 575/2013 des Europäischen Parlaments und des Rates vom 26. Juni 2013 über Aufsichtsanforderungen an Kreditinstitute und Wertpapierfirmen und zur Änderung der Verordnung (EU) Nr. 646/2012 (ABl. L 176 vom 27.6.2013, S. 1) und des § 1 Absatz 7 des Kreditwesengesetzes erbringen,
2. Unternehmen, deren Wertpaperdienstleistung für andere ausschließlich in der Verwaltung eines Systems von Arbeitnehmerbeteiligungen an den eigenen oder an mit ihnen verbundenen Unternehmen besteht,
3. Unternehmen, die ausschließlich Wertpapierdienstleistungen sowohl nach Nummer 1 als auch nach Nummer 2 erbringen,
4. private und öffentlich-rechtliche Versicherungsunternehmen, soweit sie die Tätigkeiten ausüben, die in der Richtlinie 2009/138/EG des Europäischen

---

1) § 2a eingef. mWv 28.12.2022 durch G v. 19.12.2022 (BGBl. I S. 2606).

2) Früherer § 2a neu gef. mWv 30.10.2004 durch G v. 28.10.2004 (BGBl. I S. 2630); Abs. 1, 2 neu gef., Abs. 3 angef. mWv 1.11.2007 durch G v. 16.7.2007 (BGBl. I S. 1330); Abs. 1 Nr. 7 Buchst. d und zweiter Satzteil, Nr. 13 geänd., Nr. 14 und Abs. 3 aufgeh. mWv 28.12.2007 durch G v. 21.12.2007 (BGBl. I S. 3089); Abs. 1 Nr. 7 Buchst. c, d geänd., Buchst. e angef., abschl. Satzteil, Nr. 13 geänd., Nr. 14 angef. mWv 1.6.2012 durch G v. 6.12.2011 (BGBl. I S. 2481); Abs. 1 Nr. 7 Buchst. d, Satzteil nach Buchst. e geänd. mWv 22.7.2013 durch G v. 4.7.2013 (BGBl. I S. 1981); Abs. 1 Nr. 1 geänd. mWv 1.1.2014 durch G v. 28.8.2013 (BGBl. I S. 3395); Abs. 2 Satz 1 geänd. mWv 19.7.2014 durch G v. 15.7.2014 (BGBl. I S. 934); Abs. 1 Nr. 7 abschl. Satzteil, Nr. 13, 14 geänd., Nr. 15 angef. mWv 2.7.2016, Abs. 1 Nr. 7 abschl. Satzteil geänd. mWv 31.12.2016 durch G v. 30.6.2016 (BGBl. I S. 1514); bish. § 2a wird § 3 und Überschrift, Abs. 1 Satz 1 Nr. 1, 4–6 geänd., Nr. 8–10 neu gef., Nr. 11 eingef., bish. Nr. 11 wird Nr. 12, bish. Nr. 12 aufgeh., Nr. 13, 14 geänd., Nr. 15, 16 eingef., bish. Nr. 15 wird Nr. 17 und geänd., Nr. 18 und Satz 2 angef., Abs. 2 Satz 1 geänd., Abs. 3 angef. mWv 3.1.2018, Abs. 4 angef. mWv 25.6.2017 durch G v. 23.6.2017 (BGBl. I S. 1693); Abs. 3 Satz 2 geänd. mWv 28.3.2020 durch G v. 19.3.2020 (BGBl. I S. 529); Abs. 1 Nr. 5 neu gef. mWv 28.3.2020 durch G v. 27.3.2020 (BGBl. I S. 543); Abs. 1 Satz 1 Nr. 8 Buchst. c geänd., Buchst. e angef. mWv 26.6.2021 durch G v. 12.5.2021 (BGBl. I S. 990); Abs. 1 Satz 1 Nr. 17, 18 geänd., Nr. 19 angef. mWv 10.11.2021, Abs. 1 Satz 1 Nr. 8 Buchst. a, b und d neu gef., Satz 2 geänd. mWv 28.11.2021 durch G v. 3.6.2021 (BGBl. I S. 1568).

Parlaments und des Rates vom 25. November 2009 betreffend die Aufnahme und Ausübung der Versicherungs- und der Rückversicherungstätigkeit (Solvabilität II) (ABl. L 335 vom 17.12.2009, S. 1; L 219 vom 25.7.2014, S. 66; L 108 vom 28.4.2015, S. 8), die zuletzt durch die Richtlinie 2014/51/EU (ABl. L 153 vom 22.5.2014, S. 1; L 108 vom 28.4.2015, S. 8) geändert worden ist, genannt sind,

5. die öffentliche Schuldenverwaltung des Bundes oder eines Landes, eines ihrer Sondervermögen, eines anderen Mitgliedstaates der Europäischen Union oder eines anderen Vertragsstaates des Abkommens über den Europäischen Wirtschaftsraum, die Deutsche Bundesbank und andere Mitglieder des Europäischen Systems der Zentralbanken sowie die Zentralbanken der anderen Vertragsstaaten und internationale Finanzinstitute, die von zwei oder mehreren Staaten gemeinsam errichtet werden, um zugunsten dieser Staaten Finanzierungsmittel zu beschaffen und Finanzhilfen zu geben, wenn Mitgliedstaaten von schwerwiegenden Finanzierungsproblemen betroffen oder bedroht sind,
6. Angehörige freier Berufe, die Wertpapierdienstleistungen nur gelegentlich im Sinne des Artikels 4 der Delegierten Verordnung (EU) 2017/565 und im

(Fortsetzung nächstes Blatt)

[illegible]

Rahmen eines Mandatsverhältnisses als Freiberufler erbringen und einer Berufskammer in der Form der Körperschaft des öffentlichen Rechts angehören, deren Berufsrecht die Erbringung von Wertpapierdienstleistungen nicht ausschließt,

7. Unternehmen, die als Wertpapierdienstleistung für andere ausschließlich die Anlageberatung und die Anlagevermittlung zwischen Kunden und
   a) Instituten im Sinne des Kreditwesengesetzes,
   b) Instituten oder Finanzunternehmen mit Sitz in einem anderen Staat des Europäischen Wirtschaftsraums, die die Voraussetzungen nach § 53b Abs. 1 Satz 1 oder Abs. 7 des Kreditwesengesetzes erfüllen,
   c) Unternehmen, die aufgrund einer Rechtsverordnung nach § 53c des Kreditwesengesetzes gleichgestellt oder freigestellt sind,
   d) Kapitalverwaltungsgesellschaften, extern verwalteten Investmentgesellschaften, EU-Verwaltungsgesellschaften oder ausländischen AIF-Verwaltungsgesellschaften oder
   e) Anbietern oder Emittenten von Vermögensanlagen im Sinne des § 1 Absatz 2 des Vermögensanlagengesetzes

   betreiben, sofern sich diese Wertpapierdienstleistungen auf Anteile oder Aktien von inländischen Investmentvermögen, die von einer Kapitalverwaltungsgesellschaft ausgegeben werden, die eine Erlaubnis nach § 7 oder § 97 Absatz 1 des Investmentgesetzes in der bis zum 21. Juli 2013 geltenden Fassung hat, die für den in § 345 Absatz 2 Satz 1, Absatz 3 Satz 2, in Verbindung mit Absatz 2 Satz 1, oder Absatz 4 Satz 1 des Kapitalanlagegesetzbuchs vorgesehenen Zeitraum noch fortbesteht, oder die eine Erlaubnis nach den §§ 20, 21 oder den §§ 20, 22 des Kapitalanlagegesetzbuchs hat, oder die von einer EU-Verwaltungsgesellschaft ausgegeben werden, die eine Erlaubnis nach Artikel 6 der Richtlinie 2009/65/EG des Europäischen Parlaments und des Rates vom 13. Juli 2009 zur Koordinierung der Rechts- und Verwaltungsvorschriften betreffend bestimmte Organismen für gemeinsame Anlagen in Wertpapieren (OGAW) (ABl. L 302 vom 17.11.2009, S. 32, L 269 vom 13.10.2010, S. 27), die zuletzt durch die Richtlinie 2014/91/EU (ABl. L 257 vom 28.8.2014, S. 186) geändert worden ist, oder nach Artikel 6 der Richtlinie 2011/61/EU des Europäischen Parlaments und des Rates vom 8. Juni 2011 über die Verwalter alternativer Investmentfonds und zur Änderung der Richtlinien 2003/41/EG und 2009/65/EG und der Verordnungen (EG) Nr. 1060/2009 und (EU) Nr. 1095/2010 (ABl. L 174 vom 1.7.2011, S. 1, L 115 vom 27.4.2012, S. 35), die zuletzt durch die Richtlinie 2014/65/EU (ABl. L 173 vom 12.6.2014, S. 349, L 74 vom 18.3.2015, S. 38) geändert worden ist, hat, oder auf Anteile oder Aktien an EU-Investmentvermögen oder ausländischen AIF, die nach dem Kapitalanlagegesetzbuch vertrieben werden dürfen, mit Ausnahme solcher AIF, die nach § 330a des Kapitalanlagegesetzbuchs vertrieben werden dürfen, oder auf Vermögensanlagen im Sinne des § 1 Absatz 2 des Vermögensanlagengesetzes, die erstmals öffentlich angeboten werden, beschränken und die Unternehmen nicht befugt sind, sich bei der Erbringung dieser Finanzdienstleistungen Eigentum oder Besitz an Geldern oder Anteilen von Kunden zu verschaffen, es sei denn, das Unternehmen beantragt und erhält eine entsprechende Erlaubnis nach § 32 Abs. 1 des Kreditwesengesetzes; Anteile oder Aktien an Hedgefonds im Sinne des § 283 des Kapitalanlagegesetzbuchs gelten nicht als Anteile an Investmentvermögen im Sinne dieser Vorschrift,

8. Unternehmen, die bezüglich Warenderivaten, Emissionszertifikaten oder Derivaten auf Emissionszertifikate Eigengeschäft oder Market-Making betreiben oder ausschließlich Wertpapierdienstleistungen im Sinne des § 2 Absatz 8 Nummer 1 und 3 bis 10 gegenüber den Kunden und Zulieferern ihrer Haupttätigkeit erbringen, sofern
   a) diese Tätigkeiten in jedem dieser Fälle sowohl auf individueller als auch auf auf Ebene der Unternehmensgruppe aggregierter Basis eine Nebentätigkeit zur Haupttätigkeit darstellen; die Kriterien, wann eine Nebentätigkeit vorliegt, werden in einem auf der Grundlage von Artikel 2 Absatz 4 und Artikel 89 der Richtlinie 2014/65/EU in der jeweils geltenden Fassung erlassenen delegierten Rechtsakt bestimmt,
   b) das Unternehmen nicht Teil einer Unternehmensgruppe ist, deren Haupttätigkeit in der Erbringung von Wertpapierdienstleistungen im Sinne des § 2 Absatz 8 Satz 1 Nummer 1, 2 Buchstabe b bis d, Nummer 3 bis 10 oder Satz 2, oder in der Tätigkeit als Market Maker in Bezug auf Warenderivate oder in der Erbringung von Bankgeschäften im Sinne des § 1 Absatz 1 Satz 2 des Kreditwesengesetzes besteht,
   c) das Unternehmen keine hochfrequente algorithmische Handelstechnik anwendet,
   d) das Unternehmen der Bundesanstalt auf Anforderung die Umstände mitteilt, auf Grund derer es zu der Auffassung gelangt, dass seine Tätigkeit eine Nebentätigkeit zu seiner Haupttätigkeit darstellt,
   e) das Unternehmen auf Anforderung der Bundesanstalt unverzüglich mitteilt, auf Grund welcher Tatsachen und Berechnungsverfahren gemäß der Delegierten Verordnung (EU) 2017/592 es die Ausnahme in Anspruch nimmt,
9. Unternehmen, die Wertpapierdienstleistungen ausschließlich in Bezug auf Warenderivate, Emissionszertifikate oder Derivate auf Emissionszertifikate mit dem alleinigen Ziel der Absicherung der Geschäftsrisiken ihrer Kunden erbringen, sofern diese Kunden
   a) ausschließlich lokale Elektrizitätsunternehmen im Sinne des Artikels 2 Nummer 35 der Richtlinie 2009/72/EG des Europäischen Parlaments und des Rates vom 13. Juli 2009 über gemeinsame Vorschriften für den Elektrizitätsbinnenmarkt und zur Aufhebung der Richtlinie 2003/54/EG (ABl. L 211 vom 14.8.2009, S. 55) oder Erdgasunternehmen im Sinne des Artikels 2 Nummer 1 der Richtlinie 2009/73/EG des Europäischen Parlaments und des Rates vom 13. Juli 2009 über gemeinsame Vorschriften für den Erdgasbinnenmarkt und zur Aufhebung der Richtlinie 2003/55/EG (ABl. L 211 vom 14.8.2009, S. 94) sind,
   b) zusammen 100 Prozent des Kapitals oder der Stimmrechte der betreffenden Unternehmen halten und dieses gemeinsam kontrollieren und
   c) nach Nummer 8 ausgenommen wären, wenn sie die betreffenden Wertpapierdienstleistungen selbst erbrächten,
10. Unternehmen, die Wertpapierdienstleistungen ausschließlich in Bezug auf Emissionszertifikate oder Derivate auf Emissionszertifikate mit dem alleinigen Ziel der Absicherung der Geschäftsrisiken ihrer Kunden erbringen, sofern diese Kunden
   a) ausschließlich Anlagenbetreiber im Sinne des § 3 Nummer 2 des Treibhausgas-Emissionshandelsgesetzes sind,
   b) zusammen 100 Prozent des Kapitals oder der Stimmrechte der betreffenden Unternehmen halten und dieses gemeinsam kontrollieren und

c) nach Nummer 8 ausgenommen wären, wenn sie die betreffenden Wertpapierdienstleistungen selbst erbrächten,

11. Unternehmen, die ausschließlich Eigengeschäft mit anderen Finanzinstrumenten als Warenderivaten, Emissionszertifikaten oder Derivaten auf Emissionszertifikate betreiben, die keine anderen Wertpapierdienstleistungen erbringen, einschließlich keiner anderen Anlagetätigkeiten, in anderen Finanzinstrumenten als Warenderivaten, Emissionszertifikaten oder Derivaten auf Emissionszertifikate, es sei denn,
    a) es handelt sich bei diesen Unternehmen um Market Maker,
    b) die Unternehmen sind entweder Mitglied oder Teilnehmer eines organisierten Marktes oder multilateralen Handelssystems oder haben einen direkten elektronischen Zugang zu einem Handelsplatz, mit Ausnahme von nichtfinanziellen Stellen, die an einem Handelsplatz Geschäfte tätigen, die in objektiv messbarer Weise die direkt mit der Geschäftstätigkeit oder dem Liquiditäts- und Finanzmanagement verbundenen Risiken dieser nichtfinanziellen Stellen oder ihrer Gruppen verringern,
    c) die Unternehmen wenden eine hochfrequente algorithmische Handelstechnik an oder
    d) die Unternehmen betreiben Eigengeschäft bei der Ausführung von Kundenaufträgen,
12. Unternehmen, die als Wertpapierdienstleistung ausschließlich die Anlageberatung im Rahmen einer anderen beruflichen Tätigkeit erbringen, ohne sich die Anlageberatung gesondert vergüten zu lassen,
13. Börsenträger oder Betreiber organisierter Märkte, die neben dem Betrieb eines multilateralen oder organisierten Handelssystems keine anderen Wertpapierdienstleistungen im Sinne des § 2 Absatz 8 Satz 1 erbringen,
14. Unternehmen, die das Platzierungsgeschäft ausschließlich für Anbieter oder für Emittenten von Vermögensanlagen im Sinne des § 1 Absatz 2 des Vermögensanlagengesetzes erbringen,
15. Betreiber im Sinne des § 3 Nummer 4 des Treibhausgas-Emissionshandelsgesetzes, wenn sie beim Handel mit Emissionszertifikaten
    a) ausschließlich Eigengeschäft betreiben,
    b) keine Anlagevermittlung und keine Abschlussvermittlung betreiben,
    c) keine hochfrequente algorithmische Handelstechnik anwenden und
    d) keine anderen Wertpapierdienstleistungen erbringen,
16. Übertragungsnetzbetreiber im Sinne des Artikels 2 Nummer 4 der Richtlinie 2009/72/EG oder des Artikels 2 Nummer 4 der Richtlinie 2009/73/EG, wenn sie ihre Aufgaben gemäß diesen Richtlinien, gemäß der Verordnung (EG) Nr. 714/2009 des Europäischen Parlaments und des Rates vom 13. Juli 2009 über die Netzzugangsbedingungen für den grenzüberschreitenden Stromhandel und zur Aufhebung der Verordnung (EG) Nr. 1228/2003 (ABl. L 211 vom 14.8.2009, S. 15), die zuletzt durch die Verordnung (EU) Nr. 543/2013 (ABl. L 163 vom 15.6.2013, S. 1) geändert worden ist, gemäß der Verordnung (EG) Nr. 715/2009 des Europäischen Parlaments und des Rates vom 13. Juli 2009 über die Bedingungen für den Zugang zu den Erdgasfernleitungsnetzen und zur Aufhebung der Verordnung (EG) Nr. 1775/2005 (ABl. L 211 vom 14.8.2009, S. 36; L 229 vom 1.9.2009, S. 29; L 309 vom 24.11.2009, S. 87), die zuletzt durch den Beschluss (EU) 2015/715 (ABl. L 114 vom 5.5. 2015, S. 9) geändert worden ist, sowie gemäß den nach diesen Verordnungen erlassenen Netzcodes oder Leitlinien wahrnehmen, Personen, die in ihrem

Namen als Dienstleister handeln, um die Aufgaben eines Übertragungsnetzbetreibers gemäß diesen Gesetzgebungsakten sowie gemäß den nach diesen Verordnungen erlassenen Netzcodes oder Leitlinien wahrzunehmen, sowie Betreiber oder Verwalter eines Energieausgleichssystems, eines Rohrleitungsnetzes oder eines Systems zum Ausgleich von Energieangebot und -verbrauch bei der Wahrnehmung solcher Aufgaben, sofern sie die Wertpapierdienstleistung in Bezug auf Warenderivate, die mit dieser Tätigkeit in Zusammenhang stehen, erbringen und sofern sie weder einen Sekundärmarkt noch eine Plattform für den Sekundärhandel mit finanziellen Übertragungsrechten betreiben,

17. Zentralverwahrer im Sinne des Artikels 2 Absatz 1 Nummer 1 der Verordnung (EU) Nr. 909/2014, soweit sie die in den Abschnitten A und B des Anhangs dieser Verordnung genannten Dienstleistungen erbringen,
18. Kapitalverwaltungsgesellschaften, EU-Verwaltungsgesellschaften und extern verwaltete Investmentgesellschaften, sofern sie nur die kollektive Vermögensverwaltung oder neben der kollektiven Vermögensverwaltung ausschließlich die in § 20 Absatz 2 und 3 des Kapitalanlagegesetzbuchs aufgeführten Dienstleistungen oder Nebendienstleistungen erbringen und
19. Schwarmfinanzierungsdienstleister im Sinne von Artikel 2 Absatz 1 Buchstabe e der Verordnung (EU) 2020/1503, soweit sie Schwarmfinanzierungsdienstleistungen im Sinne von Artikel 2 Absatz 1 Buchstabe a der Verordnung (EU) 2020/1503 erbringen.

[2] Unternehmen, die die Voraussetzungen des Satzes 1 Nummer 9 und 10 erfüllen, haben dies der Bundesanstalt jährlich anzuzeigen.

(2) [1] Ein Unternehmen, das als vertraglich gebundener Vermittler im Sinne des § 2 Absatz 10 Satz 1 des Kreditwesengesetzes als Wertpapierdienstleistung nur die Anlagevermittlung, das Platzieren von Finanzinstrumenten ohne feste Übernahmeverpflichtung oder Anlageberatung erbringt, gilt nicht als Wertpapierdienstleistungsunternehmen. [2] Seine Tätigkeit wird dem Institut oder Unternehmen zugerechnet, für dessen Rechnung und unter dessen Haftung es seine Tätigkeit erbringt.

(3) [1] Für Unternehmen, die Mitglieder oder Teilnehmer von organisierten Märkten oder multilateralen Handelssystemen sind und die von der Ausnahme nach Absatz 1 Nummer 4, 8 oder 15 Gebrauch machen, gelten die §§ 77, 78 und 80 Absatz 2 und 3 entsprechend. [2] Für Unternehmen, die von einer Ausnahme nach Absatz 1 Nummer 9 oder 10 Gebrauch machen, gelten die §§ 63 bis 83 und 85 bis 92 sowie Artikel 26 der Verordnung (EU) Nr. 600/2014 entsprechend.

(4) [1] Das Bundesministerium der Finanzen kann durch Rechtsverordnung nähere Bestimmungen über Zeitpunkt, Inhalt und Form der Einreichung der Anzeige nach Absatz 1 Satz 2 sowie die Führung eines öffentlichen Registers über die anzeigenden Unternehmen erlassen. [2] Das Bundesministerium der Finanzen kann die Ermächtigung durch Rechtsverordnung auf die Bundesanstalt übertragen.

§ 4[1)] Wahl des Herkunftsstaates; Verordnungsermächtigung. (1) [1] Ein Emittent im Sinne des § 2 Absatz 13 Nummer 1 Buchstabe b kann die Bundesrepublik Deutschland als Herkunftsstaat wählen, wenn

1. er nicht bereits einen anderen Staat als Herkunftsstaat gewählt hat oder

---

[1)] Früherer § 2b neu gef. mWv 26.11.2015 durch G v. 20.11.2015 (BGBl. I S. 2029); bish. § 2b wird § 4 und Abs. 1 Satz 1 einl. Satzteil, Abs. 2 Satz 1 einl. Satzteil, Satz 2 Nr. 1 und 3 und Abs. 3 geänd. mWv 3.1.2018 durch G v. 23.6.2017 (BGBl. I S. 1693).

2. er zwar zuvor einen anderen Staat als Herkunftsstaat gewählt hatte, aber seine Wertpapiere in diesem Staat an keinem organisierten Markt mehr zum Handel zugelassen sind.

[2] Die Wahl gilt so lange, bis

1. die Wertpapiere des Emittenten an keinem inländischen organisierten Markt mehr zugelassen sind, sondern stattdessen in einem anderen Mitgliedstaat der Europäischen Union oder in einem anderen Vertragsstaat des Abkommens über den Europäischen Wirtschaftsraum zum Handel an einem organisierten Markt zugelassen sind und der Emittent einen neuen Herkunftsstaat wählt, oder
2. die Wertpapiere des Emittenten an keinem organisierten Markt in einem Mitgliedstaat der Europäischen Union oder in einem anderen Vertragsstaat des Abkommens über den Europäischen Wirtschaftsraum mehr zum Handel zugelassen sind.

(2) [1] Ein Emittent im Sinne des § 2 Absatz 13 Nummer 2 kann die Bundesrepublik Deutschland als Herkunftsstaat wählen, wenn

1. er nicht innerhalb der letzten drei Jahre einen anderen Staat als Herkunftsstaat gewählt hat oder
2. er zwar bereits einen anderen Staat als Herkunftsstaat gewählt hatte, aber seine Finanzinstrumente in diesem Staat an keinem organisierten Markt mehr zum Handel zugelassen sind.

[2] Die Wahl gilt so lange, bis

1. der Emittent Wertpapiere im Sinne des § 2 Absatz 13 Nummer 1, die zum Handel an einem organisierten Markt in einem Mitgliedstaat der Europäischen Union oder in einem anderen Vertragsstaat des Abkommens über den Europäischen Wirtschaftsraum zugelassen sind, begibt,
2. die Finanzinstrumente des Emittenten an keinem organisierten Markt in einem Mitgliedstaat der Europäischen Union oder in einem anderen Vertragsstaat des Abkommens über den Europäischen Wirtschaftsraum mehr zum Handel zugelassen sind oder
3. der Emittent nach Satz 3 einen neuen Herkunftsstaat wählt.

[3] Ein Emittent im Sinne des § 2 Absatz 13 Nummer 2, der die Bundesrepublik Deutschland als Herkunftsstaat gewählt hat, kann einen neuen Herkunftsstaat wählen, wenn

1. die Finanzinstrumente des Emittenten an keinem inländischen organisierten Markt mehr zugelassen sind, aber stattdessen in einem anderen Mitgliedstaat der Europäischen Union oder in einem anderen Vertragsstaat des Abkommens über den Europäischen Wirtschaftsraum zum Handel an einem organisierten Markt *zugelassen sind, oder*
2. die Finanzinstrumente des Emittenten zum Handel an einem organisierten Markt in einem anderen Mitgliedstaat der Europäischen Union oder in einem anderen Vertragsstaat des Abkommens über den Europäischen Wirtschaftsraum zugelassen sind und seit der Wahl der Bundesrepublik Deutschland als Herkunftsstaat mindestens drei Jahre vergangen sind.

(3) Die Wahl des Herkunftsstaates wird mit der Veröffentlichung nach § 5 wirksam.

(4) Das Bundesministerium der Finanzen kann durch Rechtsverordnung, die nicht der Zustimmung des Bundesrates bedarf, nähere Bestimmungen zur Wahl des Herkunftsstaates erlassen.

§ 5[1)] Veröffentlichung des Herkunftsstaates; Verordnungsermächtigung.

(1) [1] Ein Emittent, dessen Herkunftsstaat nach § 2 Absatz 11 Nummer 1 Buchstabe a die Bundesrepublik Deutschland ist oder der nach § 4 Absatz 1 oder Absatz 2 die Bundesrepublik Deutschland als Herkunftsstaat wählt, hat dies unverzüglich zu veröffentlichen. [2] Außerdem muss er die Information, dass die Bundesrepublik Deutschland sein Herkunftsstaat ist,

1. unverzüglich der das Unternehmensregister führenden Stelle zur Einstellung in das Unternehmensregister übermitteln und
2. unverzüglich den folgenden Behörden mitteilen:
   a) der Bundesanstalt für Finanzdienstleistungsaufsicht (Bundesanstalt),
   b) wenn er seinen Sitz in einem anderen Mitgliedstaat der Europäischen Union oder einem anderen Vertragsstaat des Abkommens über den Europäischen Wirtschaftsraum hat, auch der dort zuständigen Behörde im Sinne des Artikels 24 der Richtlinie 2004/109/EG des Europäischen Parlaments und des Rates vom 15. Dezember 2004 zur Harmonisierung der Transparenzanforderungen in Bezug auf Informationen über Emittenten, deren Wertpapiere zum Handel auf einem geregelten Markt zugelassen sind, und zur Änderung der Richtlinie 2001/34/EG (ABl. L 390 vom 31.12.2004, S. 38), die durch die Richtlinie 2013/50/EU (ABl. L 294 vom 6.11.2013, S. 13) geändert worden ist, und,
   c) wenn seine Finanzinstrumente zum Handel an einem organisierten Markt in einem anderen Mitgliedstaat der Europäischen Union oder einem anderen Vertragsstaat des Abkommens über den Europäischen Wirtschaftsraum zugelassen sind, auch der dort zuständigen Behörde im Sinne des Artikels 24 der Richtlinie 2004/109/EG.

(2) Das Bundesministerium der Finanzen kann durch Rechtsverordnung, die nicht der Zustimmung des Bundesrates bedarf, nähere Bestimmungen zur Veröffentlichung des Herkunftsstaates erlassen.

Abschnitt 2.[2)] Bundesanstalt für Finanzdienstleistungsaufsicht[3)]

§ 6[4)] Aufgaben und allgemeine Befugnisse der Bundesanstalt. (1) [1] Die Bundesanstalt übt die Aufsicht nach den Vorschriften dieses Gesetzes aus. [2] Sie hat im Rahmen der ihr zugewiesenen Aufgaben Missständen entgegenzuwirken, welche

---

[1)] Früherer § 2c eingef. mWv 26.11.2015 durch G v. 20.11.2015 (BGBl. I S. 2029); bish. § 2c wird § 5 und Abs. 1 Satz 1 geänd. mWv 3.1.2018 durch G v. 23.6.2017 (BGBl. I S. 1693); Abs. 1 Satz 2 Nr. 1 neu gef. mWv 1.8.2022 durch G v. 5.7.2021 (BGBl. I S. 3338).

[2)] Abschnitt 2 Überschrift geänd. mWv 1.5.2002 durch G v. 22.4.2002 (BGBl. I S. 1310); Überschrift vor § 6 eingef. mWv 3.1.2018 durch G v. 23.6.2017 (BGBl. I S. 1693).

[3)] Siehe auch die VO zur Übertragung von Befugnissen zum Erlass von Rechtsverordnungen auf die BAFin v. 13.12.2002 (BGBl. 2003 I S. 3), zuletzt geänd. durch VO v. 24.1.2024 (BGBl. 2024 I Nr. 21).

[4)] Bish. § 4 wird § 6 und neu gef. mWv 3.1.2018 durch G v. 23.6.2017 (BGBl. I S. 1693); Abs. 2 Satz 4 geänd., Satz 5 aufgeh., Abs. 2a–2d eingef. mWv 21.7.2019 durch G v. 8.7.2019 (BGBl. I S. 1002); Abs. 2 Satz 3, Abs. 5 Satz 2 geänd., Abs. 17 neu gef. mWv 28.3.2020 durch G v. 19.3.2020 (BGBl. I S. 529); Abs. 6 *Satz 1 Nr. 6a geänd. [eingef. erst* mWv 1.1.2022], Nr. 6b eingef., Nr. 7 [mWv 10.11.2021 noch nicht ausführbar] und Satz 2 geänd., Abs. 8 Satz 2 und Abs. 9 Satz 1 geänd. mWv 10.11.2021, Abs. 3 Satz 1 neu gef., Abs. 6 Satz 1 Nr. 6 und Nr. 7 geänd., Nr 6a eingef., Satz 2 und Abs. 8 Satz 2 geänd. mWv 1.1.2022 durch G v. 3.6.2021 (BGBl. I S. 1568); Abs. 3 Sätze 3–5 eingef., bish. Sätze 3 und 4 werden Sätze 6 und 7 mWv 15.12.2023 durch G v. 11.12.2023 (BGBl. 2023 I Nr. 354).

die ordnungsgemäße Durchführung des Handels mit Finanzinstrumenten oder von Wertpapierdienstleistungen, Wertpapiernebendienstleistungen oder Datenbereitstellungsdienstleistungen beeinträchtigen oder erhebliche Nachteile für den Finanzmarkt bewirken können. [3]Sie kann Anordnungen treffen, die geeignet und erforderlich sind, diese Missstände zu beseitigen oder zu verhindern.

(2) [1]Die Bundesanstalt überwacht im Rahmen der ihr jeweils zugewiesenen Zuständigkeit die Einhaltung der Verbote und Gebote dieses Gesetzes, der auf Grund dieses Gesetzes erlassenen Rechtsverordnungen, der in § 1 Absatz 1 Nummer 8 aufgeführten europäischen Verordnungen einschließlich der auf Grund dieser Verordnungen erlassenen delegierten Rechtsakte und Durchführungsrechtsakte der Europäischen Kommission. [2]Sie kann Anordnungen treffen, die zu ihrer Durchsetzung geeignet und erforderlich sind. [3]Sie kann insbesondere auf ihrer Internetseite öffentlich Warnungen aussprechen, soweit dies für die Erfüllung ihrer Aufgaben erforderlich ist. [4]Sie kann den Handel mit einzelnen oder mehreren Finanzinstrumenten vorübergehend untersagen oder die Aussetzung des Handels in einzelnen oder mehreren Finanzinstrumenten an Märkten, an denen Finanzinstrumente gehandelt werden, anordnen, soweit dies zur Durchsetzung der Verbote und Gebote dieses Gesetzes, der Verordnung (EU) Nr. 596/2014 oder der Verordnung (EU) Nr. 600/2014 oder zur Beseitigung oder Verhinderung von Missständen nach Absatz 1 geboten ist.

(2a) [1]Hat die Bundesanstalt einen hinreichend begründeten Verdacht, dass gegen Bestimmungen der Verordnung (EU) 2017/1129 des Europäischen Parlaments und des Rates vom 14. Juni 2017 über den Prospekt, der beim öffentlichen Angebot von Wertpapieren oder bei deren Zulassung zum Handel an einem geregelten Markt zu veröffentlichen ist und zur Aufhebung der Richtlinie 2003/71/EG (ABl. L 168 vom 30.6.2017, S. 12), insbesondere Artikel 3, auch in Verbindung mit Artikel 5, sowie die Artikel 12, 20, 23, 25 oder 27 verstoßen wurde, kann sie

1. die Zulassung zum Handel an einem geregelten Markt oder
2. den Handel
   a) an einem geregelten Markt,
   b) an einem multilateralen Handelssystem oder
   c) an einem organisierten Handelssystem

für jeweils höchstens zehn aufeinander folgende Arbeitstage aussetzen oder gegenüber den Betreibern der betreffenden geregelten Märkte oder Handelssysteme die Aussetzung des Handels für einen entsprechenden Zeitraum anordnen. [2]Wurde gegen die in Satz 1 genannten Bestimmungen verstoßen, so kann die Bundesanstalt den Handel an dem betreffenden geregelten Markt, multilateralen Handelssystem oder organisierten Handelssystem untersagen. [3]Wurde gegen die in Satz 1 genannten Bestimmungen verstoßen oder besteht ein hinreichend begründeter Verdacht, dass dagegen verstoßen würde, so kann die Bundesanstalt eine Zulassung zum Handel an einem geregelten Markt untersagen. [4]Die Bundesanstalt kann ferner den Handel der Wertpapiere aussetzen oder von dem Betreiber des betreffenden multilateralen Handelssystems oder organisierten Handelssystems die Aussetzung des Handels verlangen, wenn der Handel angesichts der Lage des Emittenten den Anlegerinteressen abträglich wäre.

(2b) Verhängt die Bundesanstalt nach Artikel 42 der Verordnung (EU) Nr. 600/2014 oder die Europäische Wertpapier- und Marktaufsichtsbehörde nach Artikel 40 der Verordnung (EU) Nr. 600/2014 ein Verbot oder eine Beschränkung, so kann die Bundesanstalt zudem anordnen, dass die Zulassung zum Handel an einem geregelten Markt ausgesetzt oder eingeschränkt wird, solange dieses Verbot oder diese Beschränkungen gelten.

(2c) In Ausübung der in Absatz 2 Satz 4 und den Absätzen 2a und 2b genannten Befugnisse kann sie Anordnungen auch gegenüber einem öffentlich-rechtlichen Rechtsträger oder gegenüber einer Börse erlassen.

(2d) Die Bundesanstalt kann den Vertrieb oder Verkauf von Finanzinstrumenten oder strukturierten Einlagen aussetzen, wenn ein Wertpapierdienstleistungsunternehmen kein wirksames Produktfreigabeverfahren nach § 80 Absatz 9 entwickelt hat oder anwendet oder in anderer Weise gegen § 80 Absatz 1 Satz 2 Nummer 2 oder Absatz 9 bis 11 verstoßen hat.

(3) [1] Die Bundesanstalt kann von jedermann Auskünfte, die Vorlage von Unterlagen oder sonstigen Daten und die Überlassung von Kopien verlangen sowie Personen laden und vernehmen, um

1. zu überwachen, ob die Verbote oder Gebote dieses Gesetzes oder der Verordnung (EU) Nr. 596/2014, der Verordnung (EU) Nr. 600/2014, der Verordnung (EU) Nr. 1286/2014, der Verordnung (EU) 2015/2365, der Verordnung (EU) 2016/1011, der Verordnung (EU) 2019/1238 eingehalten werden, oder
2. zu prüfen, ob die Voraussetzungen für eine Maßnahme nach § 15 dieses Gesetzes, nach Artikel 42 der Verordnung (EU) 600/2014 oder nach Artikel 63 der Verordnung (EU) Nr. 2019/1238 vorliegen.

[2] Sie kann insbesondere folgende Angaben verlangen:

1. über Veränderungen im Bestand in Finanzinstrumenten,
2. über die Identität weiterer Personen, insbesondere der Auftraggeber und der aus Geschäften berechtigten oder verpflichteten Personen,
3. über Volumen und Zweck einer mittels eines Warenderivats eingegangenen Position oder offenen Forderung sowie
4. über alle Vermögenswerte oder Verbindlichkeiten am Basismarkt.

[3] Auf Verlangen der Bundesanstalt sind die Informationen nach den Sätzen 1 und 2 elektronisch zu übermitteln. [4] Für den Fall, dass ein Zugang zum Melde- und Veröffentlichungssystem der Bundesanstalt bereits besteht oder verpflichtend einzurichten ist, sind die Informationen nach Satz 1 auf Verlangen der Bundesanstalt auf diesem Weg zu übermitteln. [5] Die Bundesanstalt kann zudem die Übermittlung in einem von ihr bestimmten Format verlangen. [6] Gesetzliche Auskunfts- oder Aussageverweigerungsrechte sowie gesetzliche Verschwiegenheitspflichten bleiben unberührt. [7] Im Hinblick auf die Verbote und Gebote der Verordnung (EU) 2016/1011 gelten die Sätze 1 und 3 bezüglich der Erteilung von Auskünften, der Vorladung und der Vernehmung jedoch nur gegenüber solchen Personen, die an der Bereitstellung eines Referenzwertes im Sinne der Verordnung (EU) 2016/1011 beteiligt sind oder die dazu beitragen.

(4) [1] Von einem Wertpapierdienstleistungsunternehmen, das algorithmischen Handel im Sinne des § 80 Absatz 2 Satz 1 betreibt, kann die Bundesanstalt insbesondere jederzeit Informationen über seinen algorithmischen Handel und die für diesen Handel eingesetzten Systeme anfordern, soweit dies auf Grund von Anhaltspunkten für die Überwachung der Einhaltung eines Verbots oder Gebots dieses Gesetzes erforderlich ist. [2] Die Bundesanstalt kann insbesondere eine Beschreibung der algorithmischen Handelsstrategien, von Einzelheiten der Handelsparameter oder Handelsobergrenzen, denen das System unterliegt, von den wichtigsten Verfahren zur Überprüfung der Risiken und Einhaltung der Vorgaben des § 80 sowie von Einzelheiten über seine Systemprüfung verlangen.

(5) [1]Die Bundesanstalt ist unbeschadet des § 3 Absatz 5, 11 und 12 sowie des § 15 Absatz 7 des Börsengesetzes zuständige Behörde im Sinne des Artikels 22 der Verordnung (EU) Nr. 596/2014 und im Sinne des Artikels 2 Absatz 1 Nummer 18 der Verordnung (EU) Nr. 600/2014. [2]Die Bundesanstalt ist zuständige Behörde für die Zwecke des Artikels 25 Absatz 4 Buchstabe a Unterabsatz 3 der Richtlinie 2014/65/EU des Europäischen Parlaments und des Rates vom 15. Mai 2014 über Märkte für Finanzinstrumente sowie zur Änderung der Richtlinien 2002/92/EG und 2011/61/EU (ABl. L 173 vom 12.6.2014, S. 349; L 74 vom 18.3.2015, S. 38; L 188 vom 13.7.2016, S. 28; L 273 vom 8.10.2016, S. 35; L 64 vom 10.3.2017, S. 116; L 278 vom 27.10.2017, S. 56), die zuletzt durch die Richtlinie (EU) 2016/1034 (ABl. L 175 vom 30.6.2016, S. 8) geändert worden ist, in der jeweils geltenden Fassung.

(6) [1]Im Falle eines Verstoßes gegen

1. Vorschriften des Abschnitts 3 dieses Gesetzes sowie die zur Durchführung dieser Vorschriften erlassenen Rechtsverordnungen,
2. Vorschriften der Verordnung (EU) Nr. 596/2014, insbesondere gegen deren Artikel 4 und 14 bis 21, sowie die auf Grundlage dieser Artikel erlassenen delegierten Rechtsakte und Durchführungsrechtsakte der Europäischen Kommission,
3. Vorschriften der Abschnitte 9 bis 11 dieses Gesetzes sowie die zur Durchführung dieser Vorschriften erlassenen Rechtsverordnungen,
4. Vorschriften der Verordnung (EU) Nr. 600/2014, insbesondere die in den Titeln II bis VI enthaltenen Artikel sowie die auf Grundlage dieser Artikel erlassenen delegierten Rechtsakte und Durchführungsrechtsakte der Europäischen Kommission,
5. die Artikel 4 und 15 der Verordnung (EU) 2015/2365 sowie die auf Grundlage des Artikels 4 erlassenen delegierten Rechtsakte und Durchführungsrechtsakte der Europäischen Kommission,
6. Vorschriften der Verordnung (EU) 2016/1011 sowie die auf deren Grundlage erlassenen delegierten Rechtsakte und Durchführungsrechtsakte der Europäischen Kommission,

6a. Vorschriften, auf die in § 120a Absatz 1 und 2 Bezug genommen wird,

6b. die in Artikel 39 Absatz 1 Satz 2 Buchstabe a der Verordnung (EU) 2020/1503 in Bezug genommenen Artikel sowie die auf deren Grundlage erlassenen delegierten Rechtsakte und Durchführungsrechtsakte der Europäischen Kommission oder

7. eine Anordnung der Bundesanstalt, die sich auf eine der in den Nummern 1 bis 6b genannte Vorschrift bezieht,

kann die Bundesanstalt zur Verhinderung weiterer Verstöße für einen Zeitraum von bis zu zwei Jahren die Einstellung der den Verstoß begründenden Handlungen oder Verhaltensweisen verlangen. [2]Bei Verstößen gegen die in Satz 1 Nummer 3, 4, 6a und 6b genannten Vorschriften sowie gegen Anordnungen der Bundesanstalt, die sich hierauf beziehen, kann sie verlangen, dass die den Verstoß begründenden Handlungen oder Verhaltensweisen dauerhaft eingestellt werden sowie deren Wiederholung verhindern.

(7) Die Bundesanstalt kann es einer natürlichen Person, die verantwortlich ist für einen Verstoß gegen die Artikel 14, 15, 16 Absatz 1 und 2, Artikel 17 Absatz 1, 2, 4, 5 und 8, Artikel 18 Absatz 1 bis 6, Artikel 19 Absatz 1 bis 3, 5 bis 7 und 11 sowie Artikel 20 Absatz 1 der Verordnung (EU) Nr. 596/2014 oder gegen eine

Anordnung der Bundesanstalt, die sich auf diese Vorschriften bezieht, für einen Zeitraum von bis zu zwei Jahren untersagen, Geschäfte für eigene Rechnung in den in Artikel 2 Absatz 1 der Verordnung (EU) Nr. 596/2014 genannten Finanzinstrumenten und Produkten zu tätigen.

(8) [1] Die Bundesanstalt kann einer Person, die bei einem von der Bundesanstalt beaufsichtigten Unternehmen tätig ist, für einen Zeitraum von bis zu zwei Jahren die Ausübung der Berufstätigkeit untersagen, wenn diese Person vorsätzlich gegen eine der in Absatz 6 Satz 1 Nummer 1 bis 4 und 6 genannten Vorschriften oder gegen eine Anordnung der Bundesanstalt, die sich auf diese Vorschriften bezieht, verstoßen hat und dieses Verhalten trotz Verwarnung durch die Bundesanstalt fortsetzt. [2] Bei einem Verstoß gegen eine der in Absatz 6 Satz 1 Nummer 5, 6a und 6b genannten Vorschriften oder eine sich auf diese Vorschriften beziehende Anordnung der Bundesanstalt kann die Bundesanstalt einer Person für einen Zeitraum von bis zu zwei Jahren die Wahrnehmung von Führungsaufgaben untersagen, wenn diese den Verstoß vorsätzlich begangen hat und das Verhalten trotz Verwarnung durch die Bundesanstalt fortsetzt.

(9) [1] Bei einem Verstoß gegen eine der in Absatz 6 Satz 1 Nummer 1 bis 5 und 6b genannten Vorschriften oder eine vollziehbare Anordnung der Bundesanstalt, die sich auf diese Vorschriften bezieht, kann die Bundesanstalt auf ihrer Internetseite eine Warnung unter Nennung der natürlichen oder juristischen Person oder der Personenvereinigung, die den Verstoß begangen hat, sowie der Art des Verstoßes veröffentlichen. [2] § 125 Absatz 3 und 5 gilt entsprechend.

(10) Die Bundesanstalt kann es einem Wertpapierdienstleistungsunternehmen, das gegen eine der in Absatz 6 Satz 1 Nummer 3 und 4 genannten Vorschriften oder gegen eine vollziehbare Anordnung der Bundesanstalt, die sich auf diese Vorschriften bezieht, verstoßen hat, für einen Zeitraum von bis zu drei Monaten untersagen, am Handel eines Handelsplatzes teilzunehmen.

(11) [1] Während der üblichen Arbeitszeit ist Bediensteten der Bundesanstalt und den von ihr beauftragten Personen, soweit dies zur Wahrnehmung ihrer Aufgaben erforderlich ist, das Betreten der Grundstücke und Geschäftsräume der nach Absatz 3 auskunftspflichtigen Personen zu gestatten. [2] Das Betreten außerhalb dieser Zeit oder wenn die Geschäftsräume sich in einer Wohnung befinden, ist ohne Einverständnis nur zulässig und insoweit zu dulden, wie dies zur Verhütung von dringenden Gefahren für die öffentliche Sicherheit und Ordnung erforderlich ist und Anhaltspunkte vorliegen, dass die auskunftspflichtige Person gegen ein Verbot oder Gebot dieses Gesetzes verstoßen hat. [3] Das Grundrecht des Artikels 13 des Grundgesetzes[1)] wird insoweit eingeschränkt.

(12) [1] Bedienstete der Bundesanstalt dürfen Geschäfts- und Wohnräume durchsuchen, soweit dies zur Verfolgung von Verstößen gegen die Artikel 14 und 15 der Verordnung (EU) Nr. 596/2014 geboten ist. [2] Das Grundrecht des Artikels 13 des Grundgesetzes wird insoweit eingeschränkt. [3] Im Rahmen der Durchsuchung dürfen Bedienstete der Bundesanstalt Gegenstände sicherstellen, die als Beweismittel für die Ermittlung des Sachverhalts von Bedeutung sein können. [4] Befinden sich die Gegenstände im Gewahrsam einer Person und werden sie nicht freiwillig herausgegeben, können Bedienstete der Bundesanstalt die Gegenstände beschlagnahmen. [5] Durchsuchungen und Beschlagnahmen sind, außer bei Gefahr im Verzug, durch den Richter anzuordnen. [6] Zuständig ist das Amtsgericht Frankfurt am Main. [7] Gegen die richterliche Entscheidung ist die Beschwerde zulässig. [8] Die

---

[1)] Nr. 1.

§§ 306 bis 310 und 311a der Strafprozessordnung[1] gelten entsprechend. [9]Bei Beschlagnahmen ohne gerichtliche Anordnung gilt § 98 Absatz 2 der Strafprozessordnung entsprechend. [10]Zuständiges Gericht für die nachträglich eingeholte gerichtliche Entscheidung ist das Amtsgericht Frankfurt am Main. [11]Über die Durchsuchung ist eine Niederschrift zu fertigen. [12]Sie muss die verantwortliche Dienststelle, Grund, Zeit und Ort der Durchsuchung und ihr Ergebnis enthalten. [13]Die Sätze 1 bis 11 gelten für die Räumlichkeiten juristischer Personen entsprechend, soweit dies zur Verfolgung von Verstößen gegen die Verordnung (EU) 2016/1011 geboten ist.

(13) [1]Die Bundesanstalt kann die Beschlagnahme von Vermögenswerten beantragen, soweit dies zur Durchsetzung der Verbote und Gebote der in Absatz 6 Satz 1 Nummer 3, 4 und 6 genannten Vorschriften und der Verordnung (EU) Nr. 596/2014 geboten ist. [2]Maßnahmen nach Satz 1 sind durch den Richter anzuordnen. [3]Zuständig ist das Amtsgericht Frankfurt am Main. [4]Gegen eine richterliche Entscheidung ist die Beschwerde zulässig; die §§ 306 bis 310 und 311a der Strafprozessordnung gelten entsprechend.

(14) Die Bundesanstalt kann eine nach den Vorschriften dieses Gesetzes oder nach der Verordnung (EU) Nr. 596/2014 gebotene Veröffentlichung oder Mitteilung auf Kosten des Pflichtigen vornehmen, wenn die Veröffentlichungs- oder Mitteilungspflicht nicht, nicht richtig, nicht vollständig oder nicht in der vorgeschriebenen Weise erfüllt wird.

(15) [1]Der zur Erteilung einer Auskunft Verpflichtete kann die Auskunft auf solche Fragen verweigern, deren Beantwortung ihn selbst oder einen der in § 383 Absatz 1 Nummer 1 bis 3 der Zivilprozessordnung[2] bezeichneten Angehörigen der Gefahr strafgerichtlicher Verfolgung oder eines Verfahrens nach dem Gesetz über Ordnungswidrigkeiten[3] aussetzen würde. [2]Der Verpflichtete ist über sein Recht zur Verweigerung der Auskunft oder Aussage zu belehren und darauf hinzuweisen, dass es ihm nach dem Gesetz freisteht, jederzeit, auch schon vor seiner Vernehmung, einen von ihm zu wählenden Verteidiger zu befragen.

(16) Die Bundesanstalt darf ihr mitgeteilte personenbezogene Daten nur zur Erfüllung ihrer aufsichtlichen Aufgaben und für Zwecke der internationalen Zusammenarbeit nach Maßgabe des § 18 speichern, verändern und nutzen

(17) Bei der Durchführung ihrer Aufgaben kann sich die Bundesanstalt anderer sachverständiger Personen und Einrichtungen bedienen.

§ 7[4] Herausgabe von Kommunikationsdaten. (1) [1]Die Bundesanstalt kann von einem Telekommunikationsbetreiber die Herausgabe von in dessen Besitz befindlichen bereits existierenden Verkehrsdaten im Sinne der §§ 9 und 12 des Telekommunikation-Digitale-Dienste-Datenschutz-Gesetzes verlangen, wenn bestimmte Tatsachen den Verdacht begründen, dass jemand gegen Artikel 14 oder 15 der Verordnung (EU) Nr. 596/2014 oder eine der in § 6 Absatz 6 Satz 1 Nummer 3 und 4 genannten Vorschriften verstoßen hat, soweit dies zur Erforschung des Sachverhalts erforderlich ist. [2]§ 100a Absatz 3 und 4, § 100e Absatz 1, 3 und 5 Satz 1 der Strafprozessordnung[1] gelten entsprechend mit der Maßgabe, dass die

---

[1] **Habersack, Deutsche Gesetze Nr. 90.**
[2] **Habersack, Deutsche Gesetze Nr. 100.**
[3] **Habersack, Deutsche Gesetze Nr. 94.**
[4] § 7 eingef. mWv 3.1.2018 durch G v. 23.6.2017 (BGBl. I S. 1693); Abs. 1 Satz 2 neu gef., Sätze 3 und 4 eingef., bish. Satz 3 wird Satz 5 mWv 16.7.2019 durch G v. 8.7.2019 (BGBl. I S. 1002); Abs. 1 Satz 1 und Abs. 2 Satz 1 Nr. 3 geänd. mWv 1.12.2021 durch G v. 23.6.2021 (BGBl. I S. 1858); Abs. 1 Satz 1 und Abs. 2 Satz 1 Nr. 3 geänd. mWv 14.5.2024 durch G v. 6.5.2024 (BGBl. 2024 I Nr. 149).

Bundesanstalt antragsberechtigt ist. [3]Zuständig ist das Amtsgericht Frankfurt am Main. [4]Gegen die richterliche Entscheidung ist die Beschwerde zulässig; die §§ 306 bis 310 und 311a der Strafprozessordnung gelten entsprechend. [5]Das Briefgeheimnis sowie das Post- und Fernmeldegeheimnis nach Artikel 10 des Grundgesetzes[1)] werden insoweit eingeschränkt.

(2) [1]Die Bundesanstalt kann von Wertpapierdienstleistungsunternehmen, Datenbereitstellungsdiensten, Kreditinstituten im Sinne des Artikels 4 Absatz 1 Nummer 1 der Verordnung (EU) Nr. 575/2013, beaufsichtigten Unternehmen im Sinne des Artikels 3 Absatz 1 Nummer 17 der Verordnung (EU) 2016/1011 und Finanzinstituten im Sinne des Artikels 4 Absatz 1 Nummer 26 der Verordnung (EU) Nr. 575/2013 die Herausgabe von bereits existierenden

1. Aufzeichnungen von Telefongesprächen,
2. elektronischen Mitteilungen oder
3. Verkehrsdaten im Sinne der §§ 9 und 12 des Telekommunikation-Digitale-Dienste-Datenschutz-Gesetzes,

die sich im Besitz dieser Unternehmen befinden, verlangen, soweit dies auf Grund von Anhaltspunkten für die Überwachung der Einhaltung eines Verbots nach den Artikeln 14 und 15 der Verordnung (EU) Nr. 596/2014 oder einer in § 6 Absatz 6 Satz 1 Nummer 3 und 4 genannten Vorschriften oder eines Verbots oder Gebots nach der Verordnung (EU) 2016/1011 erforderlich ist. [2]Das Briefgeheimnis sowie das Post- und Fernmeldegeheimnis nach Artikel 10 des Grundgesetzes werden insoweit eingeschränkt.

§ 8[2)] Übermittlung und Herausgabe marktbezogener Daten; Verordnungsermächtigung. (1) [1]Von Börsen und Betreibern von Märkten, an denen Finanzinstrumente gehandelt werden, kann die Bundesanstalt insbesondere verlangen, dass die Daten, die zur Erfüllung der Aufgaben der Bundesanstalt nach § 54, nach Artikel 4 der Verordnung (EU) Nr. 596/2014, nach Artikel 27 der Verordnung (EU) Nr. 600/2014 und den auf Grundlage dieser Artikel sowie den auf Grundlage von Artikel 57 der Richtlinie 2014/65/EU erlassenen delegierten Rechtsakten und Durchführungsrechtsakten erforderlich sind, in standardisierter und elektronischer Form übermittelt werden. [2]Die Bundesanstalt kann, insbesondere auf Grund der Meldungen, die sie nach Artikel 4 der Verordnung (EU) Nr. 596/2014 erhält, auf ihrer Internetseite Informationen dazu veröffentlichen, welcher Emittent beantragt oder genehmigt hat, dass seine Finanzinstrumente auf einem Handelsplatz gehandelt oder zum Handel zugelassen werden und welche Finanzinstrumente dies betrifft.

(2) [1]Von Marktteilnehmern, die an Spotmärkten im Sinne des Artikels 3 Absatz 1 Nummer 16 der Verordnung (EU) Nr. 596/2014 tätig sind, kann die Bundesanstalt insbesondere Auskünfte und die Meldung von Geschäften in Warenderivaten verlangen, soweit dies auf Grund von Anhaltspunkten für die Überwachung der Einhaltung eines Verbots nach den Artikeln 14 und 15 der Verordnung (EU) Nr. 596/2014 in Bezug auf Warenderivate erforderlich ist. [2]Der Bundesanstalt ist unter den Voraussetzungen des Satzes 1 ferner der direkte Zugriff auf die Handelssysteme von Händlern zu gewähren. [3]Die Bundesanstalt kann verlangen, dass die Informationen nach Satz 1 in standardisierter Form übermittelt werden. [4]§ 6 Absatz 15 gilt entsprechend.

[1)] **Habersack, Deutsche Gesetze Nr. 1.**

[2)] § 8 eingef. mWv 3.1.2018, Abs. 3 angef. mWv 25.6.2017 durch G v. 23.6.2017 (BGBl. I S. 1693).

(3) [1]Das Bundesministerium der Finanzen kann durch Rechtsverordnung, die nicht der Zustimmung des Bundesrates bedarf, nähere Bestimmungen über Inhalt, Art, Umfang und Form der nach Absatz 1 Satz 1 und Absatz 2 zu übermittelnden Mitteilungen und über die zulässigen Datenträger und Übertragungswege sowie zu Form, Inhalt, Umfang und Darstellung der Veröffentlichung nach Absatz 1 Satz 2 erlassen. [2]Das Bundesministerium der Finanzen kann die Ermächtigung durch Rechtsverordnung auf die Bundesanstalt übertragen.

§ 9[1)] Verringerung und Einschränkung von Positionen oder offenen Forderungen. (1) Die Bundesanstalt kann von jedermann verlangen, die Größe der Positionen oder offenen Forderungen in Finanzinstrumenten zu verringern, soweit dies zur Durchsetzung der Verbote und Gebote der in § 6 Absatz 6 Satz 1 Nummer 3 und 4 genannten Vorschriften geboten ist.

(2) Die Bundesanstalt kann für jedermann die Möglichkeit einschränken, eine Position in Warenderivaten einzugehen, soweit dies zur Durchsetzung der Verbote und Gebote der in § 6 Absatz 6 Satz 1 Nummer 3 und 4 genannten Vorschriften erforderlich ist.

§ 10[2)] Besondere Befugnisse nach der Verordnung (EU) Nr. 1286/2014, der Verordnung (EU) 2016/1011, der Verordnung (EU) 2019/2088, der Verordnung (EU) 2020/852 und der Verordnung (EU) 2020/1503.

(1) [1]Die Bundesanstalt überwacht die Einhaltung der Verbote und Gebote der Verordnung (EU) Nr. 1286/2014 sowie der auf deren Grundlage erlassenen delegierten Rechtsakte und Durchführungsrechtsakte der Europäischen Kommission. [2]Gegenüber einem Wertpapierdienstleistungsunternehmen, das über ein PRIIP berät, es verkauft oder Hersteller von PRIIP ist, kann sie Anordnungen treffen, die zur Durchsetzung der in Satz 1 genannten Verbote und Gebote geeignet und erforderlich sind. [3]Insbesondere kann sie

1. die Vermarktung, den Vertrieb oder den Verkauf des PRIIP vorübergehend oder dauerhaft untersagen, wenn ein Verstoß gegen Artikel 5 Absatz 1, die Artikel 6, 7 und 8 Absatz 1 bis 3, die Artikel 9, 10 Absatz 1 Artikel 13 Absatz 1, 3 und 4 oder die Artikel 14 oder 19 der Verordnung (EU) Nr. 1286/2014 vorliegt,
2. die Bereitstellung eines Basisinformationsblattes untersagen, das nicht den Anforderungen der Artikel 6 bis 8 oder 10 der Verordnung (EU) Nr. 1286/2014 genügt,
3. den Hersteller eines PRIIP verpflichten, eine neue Fassung des Basisinformationsblattes zu veröffentlichen, sofern die veröffentlichte Fassung nicht den Anforderungen der Artikel 6 bis 8 oder 10 der Verordnung (EU) Nr. 1286/2014 genügt, und
4. *bei einem Verstoß* gegen eine der in Nummer 1 genannten Vorschriften auf ihrer Internetseite eine Warnung unter Nennung des verantwortlichen Wertpapierdienstleistungsunternehmens sowie der Art des Verstoßes veröffentlichen; § 125 Absatz 3 und 5 gilt entsprechend.

---

1) § 9 eingef. mWv 3.1.2018 durch G v. 23.6.2017 (BGBl. I S. 1693).

2) § 10 eingef. mWv 3.1.2018 durch G v. 23.6.2017 (BGBl. I S. 1693); Abs. 1 Satz 3 Nr. 4, Abs. 2 Satz 3 Nr. 2 geänd. mWv 28.3.2020 durch G v. 19.3.2020 (BGBl. I S. 529); Überschrift neu gef., Abs. 3 angef. mWv 2.8.2021 durch G v. 3.6.2021 (BGBl. I S. 1498); Überschrift neu gef. und Abs. 4 angef. mWv 10.11.2021 durch G v. 3.6.2021 (BGBl. I S. 1568).

[4] Die in Satz 2 genannten Befugnisse stehen der Bundesanstalt vorbehaltlich von § 34d Absatz 8 Nummer 5, § 34e Absatz 2 und § 34g Absatz 1 Satz 2 Nummer 5 der Gewerbeordnung[1)], jeweils in Verbindung mit einer hierzu erlassenen Rechtsverordnung, § 5 Absatz 6a des Kapitalanlagegesetzbuchs, § 308a des Versicherungsaufsichtsgesetzes und § 47 des Kreditwesengesetzes auch gegenüber sonstigen Personen oder Personenvereinigungen zu, die über ein PRIIP beraten, es verkaufen oder Hersteller von PRIIP sind.

(2) [1] Außer für Versicherungsunternehmen unter Landesaufsicht ist die Bundesanstalt zuständige Behörde im Sinne des Artikels 40 Absatz 1 der Verordnung (EU) 2016/1011. [2] Sie überwacht die Einhaltung der Verbote und Gebote der Verordnung (EU) 2016/1011 sowie der delegierten Rechtsakte und Durchführungsrechtsakte der Europäischen Kommission, die auf der Grundlage dieser Verordnung erlassen worden sind, und kann Anordnungen treffen, die zu ihrer Durchsetzung geeignet und erforderlich sind. [3] Insbesondere kann sie

1. Maßnahmen zur korrekten Information der Öffentlichkeit über die Bereitstellung eines Referenzwertes treffen und Richtigstellungen verlangen,
2. von Kontributoren, die an Spotmärkten tätig sind und dabei Daten zur Erstellung eines Rohstoff-Referenzwertes bereitstellen, Auskünfte und die Meldung von Geschäften verlangen, soweit dies erforderlich ist, um die Einhaltung der Gebote und Verbote der Verordnung (EU) 2016/1011 in Bezug auf diese Rohstoff-Referenzwerte zu überwachen; hierbei gelten § 8 Absatz 2 Satz 2 und 3 und die Vorschriften einer nach § 8 Absatz 3 erlassenen Rechtsverordnung entsprechend,
3. bei einem Verstoß gegen die Artikel 4 bis 16, 21, 23 bis 29 und 34 der Verordnung (EU) 2016/1011 oder gegen eine vollziehbare Anordnung der Bundesanstalt, die im Zusammenhang mit einer Untersuchung betreffend die Einhaltung der Pflichten nach dieser Verordnung gemäß Nummer 1 oder 2, § 6 Absatz 3 Satz 4, Absatz 6 Satz 1, Absatz 8, 11 bis 13, § 7 Absatz 2 ergangen ist
   a) von einem beaufsichtigten Unternehmen im Sinne des Artikels 3 Absatz 1 Nummer 17 dieser Verordnung eine dauerhafte Einstellung der den Verstoß begründenden Handlungen oder Verhaltensweisen verlangen,
   b) bezüglich eines beaufsichtigten Unternehmens im Sinne des Artikels 3 Absatz 1 Nummer 17 dieser Verordnung eine Warnung gemäß § 6 Absatz 9 unter Nennung der natürlichen oder juristischen Person oder Personenvereinigung, die den Verstoß begangen hat, veröffentlichen,
   c) die Zulassung oder Registrierung eines Administrators entziehen oder aussetzen,
   d) einer Person für einen Zeitraum von bis zu zwei Jahren die Wahrnehmung von Führungsaufgaben bei einem Administrator oder beaufsichtigten Kontributor untersagen, wenn die Person den Verstoß vorsätzlich oder grob fahrlässig begangen hat und dieses Verhalten trotz Verwarnung durch die Bundesanstalt fortsetzt.

(3) [1] Die Bundesanstalt überwacht die Einhaltung der Verbote und Gebote der Verordnung (EU) 2019/2088 und der Verordnung (EU) 2020/852 sowie der auf deren Grundlage erlassenen delegierten Rechtsakte und technischen Durchführungs- und Regulierungsstandards der Europäischen Kommission. [2] Gegenüber einem Wertpapierdienstleistungsunternehmen, das Anlageberatung oder Finanz-

---

[1)] **Sartorius Nr. 800.**

portfolioverwaltung erbringt, kann sie die hierfür erforderlichen Maßnahmen treffen.

(4) [1]Die Bundesanstalt kann Anordnungen treffen, die zur Durchsetzung der Verbote und Gebote der Verordnung (EU) 2020/1503 sowie der auf deren Grundlage erlassenen delegierten Rechtsakte und Durchführungsrechtsakte der Europäischen Kommission geeignet und erforderlich sind. [2]Insbesondere kann die Bundesanstalt

1. beim Vorliegen eines Verstoßes oder eines hinreichend begründeten Verdachts eines Verstoßes gegen die Verordnung (EU) 2020/1503,
   a) den Umstand bekannt machen, dass ein Schwarmfinanzierungsdienstleister im Sinne des Artikels 2 Absatz 1 Buchstabe e der Verordnung (EU) 2020/1503 oder ein Dritter, der zur Wahrnehmung von Aufgaben im Zusammenhang mit solchen Dienstleistungen benannt wurde, seinen Verpflichtungen insbesondere aus den Kapiteln II, IV und V der Verordnung (EU) 2020/1503 nicht nachkommt,
   b) zur Gewährleistung des Anlegerschutzes nach Kapitel IV der Verordnung (EU) 2020/*1053*[1)] oder des reibungslosen Funktionierens des Marktes alle wesentlichen Informationen, die die Erbringung von Schwarmfinanzierungsdienstleistungen im Sinne des Artikels 2 Absatz 1 Buchstabe a der Verordnung (EU) 2020/1503 beeinflussen können, bekannt machen oder von einem Schwarmfinanzierungsdienstleister im Sinne des Artikels 2 Absatz 1 Buchstabe e der Verordnung (EU) 2020/1503 oder von einem Dritten, der zur Wahrnehmung von Aufgaben im Zusammenhang von solchen Dienstleistungen benannt wurde, die Bekanntgabe dieser Informationen verlangen,
   c) die Erbringung von Schwarmfinanzierungsdienstleistungen im Sinne des Artikels 2 Absatz 1 Buchstabe a der Verordnung (EU) 2020/1503 aussetzen oder von einem Schwarmfinanzierungsdienstleister im Sinne des Artikels 2 Absatz 1 Buchstabe e der Verordnung (EU) 2020/1503 die Aussetzung der Erbringung von solchen Schwarmfinanzierungsdienstleistungen verlangen, wenn die Bundesanstalt der Auffassung ist, dass die Erbringung dieser Schwarmfinanzierungsdienstleistungen den Anlegerinteressen abträglich wäre,
   d) vorbehaltlich der Zustimmung der Kunden im Sinne von Artikel 2 Absatz 1 Buchstabe g der Verordnung (EU) 2020/1503 und des übernehmenden Schwarmfinanzierungsdienstleisters im Sinne des Artikels 2 Absatz 1 Buchstabe e der Verordnung (EU) 2020/1503 bestehende Verträge an einen anderen Schwarmfinanzierungsdienstleister übertragen, falls einem Schwarmfinanzierungsdienstleister die Zulassung nach Artikel 17 Absatz 1 Unterabsatz 1 Buchstabe c entzogen wurde,
2. bei einem hinreichend begründeten Verdacht für das Vorliegen eines Verstoßes gegen die Verordnung (EU) 2020/1503 in jedem einzelnen Fall
   a) ein Schwarmfinanzierungsangebot im Sinne des Artikels 2 Absatz 1 Buchstabe f der Verordnung (EU) 2020/1503 untersagen oder für maximal zehn aufeinanderfolgende Arbeitstage aussetzen,
   b) die Erbringung von Schwarmfinanzierungsdienstleistungen im Sinne des Artikels 2 Absatz 1 Buchstabe a der Verordnung (EU) 2020/1503 für maximal zehn aufeinanderfolgende Arbeitstage aussetzen oder von einem Schwarmfinanzierungsdienstleister im Sinne des Artikels 2 Absatz 1 Buchstabe e der

1) Richtig wohl: „1503“.

Verordnung (EU) 2020/1503 für maximal zehn aufeinanderfolgende Arbeitstage die Aussetzung der Erbringung von solchen Schwarmfinanzierungsdienstleistungen verlangen,

c) Marketingmitteilungen im Sinne des Artikels 2 Absatz 1 Buchstabe o der Verordnung (EU) 2020/1503 untersagen oder für maximal zehn aufeinanderfolgende Arbeitstage aussetzen oder Schwarmfinanzierungsdienstleistern im Sinne des Artikels 2 Absatz 1 Buchstabe e der Verordnung (EU) 2020/1503 oder Dritten, die mit der Wahrnehmung von Funktionen in Bezug auf die Schwarmfinanzierungsdienstleistungen beauftragt wurden, vorschreiben, solche Marketingmitteilungen zu unterlassen oder für maximal zehn aufeinanderfolgende Arbeitstage auszusetzen,

3. die Erbringung von Schwarmfinanzierungsdienstleistungen untersagen, wenn sie das Vorliegen eines Verstoßes gegen die Verordnung (EU) 2020/1503 feststellt.

§ 11[1] Anzeige straftatbegründender Tatsachen. [1] Die Bundesanstalt hat Tatsachen, die den Verdacht einer Straftat nach § 119 begründen, der zuständigen Staatsanwaltschaft unverzüglich anzuzeigen. [2] Sie kann die personenbezogenen Daten der betroffenen Personen, gegen die sich der Verdacht richtet oder die als Zeugen in Betracht kommen, der Staatsanwaltschaft übermitteln, soweit dies für Zwecke der Strafverfolgung erforderlich ist. [3] Die Staatsanwaltschaft entscheidet über die Vornahme der erforderlichen Ermittlungsmaßnahmen, insbesondere über Durchsuchungen, nach den Vorschriften der Strafprozessordnung[2]. [4] Die Befugnisse der Bundesanstalt nach § 6 Absatz 2 bis 13 sowie den §§ 7 bis 9 und 10 Absatz 2 bleiben hiervon unberührt, soweit dies für die Vornahme von Verwaltungsmaßnahmen oder zur Erfüllung von Ersuchen ausländischer Stellen nach § 18 Absatz 2, 4 Satz 1 oder Absatz 10 erforderlich ist und soweit eine Gefährdung des Untersuchungszwecks von Ermittlungen der Strafverfolgungsbehörden oder der für Strafsachen zuständigen Gerichte nicht zu besorgen ist.

§ 12[3] Adressaten einer Maßnahme wegen möglichen Verstoßes gegen Artikel 14 oder 15 der Verordnung (EU) Nr. 596/2014. Die Adressaten von Maßnahmen nach § 6 Absatz 2 bis 4, 6 bis 8 und 10 bis 13 sowie den §§ 7 bis 9, die von der Bundesanstalt wegen eines möglichen Verstoßes gegen ein Verbot nach Artikel 14 oder 15 der Verordnung (EU) Nr. 596/2014[4] ergriffen werden, dürfen andere Personen als Mitarbeiter staatlicher Stellen und solche, die auf Grund ihres Berufs einer gesetzlichen Verschwiegenheitspflicht unterliegen, von diesen Maßnahmen oder von einem daraufhin eingeleiteten Ermittlungsverfahren nicht in Kenntnis setzen.

§ 13[5] Sofortiger Vollzug. Widerspruch und Anfechtungsklage gegen Maßnahmen nach § 6 Absatz 1 bis 13 und den §§ 7 bis 10 und 54 Absatz 1 einschließlich der Androhung und der Festsetzung von Zwangsmitteln haben keine aufschiebende Wirkung.

---

[1] § 11 eingef. mWv 3.1.2018 durch G v. 23.6.2017 (BGBl. I S. 1693); Satz 2 geänd. mWv 26.11.2019 durch G v. 20.11.2019 (BGBl. I S. 1626).

[2] **Habersack, Deutsche Gesetze Nr. 90.**

[3] *§ 12 eingef. mWv 3.1.2018* durch G v. 23.6.2017 (BGBl. I S. 1693); geänd. mWv 28.3.2020 durch G v. 19.3.2020 (BGBl. I S. 529).

[4] Nr. **60**.

[5] § 13 eingef. mWv 3.1.2018 durch G v. 23.6.2017 (BGBl. I S. 1693); geänd. mWv 28.3.2020 durch G v. 19.3.2020 (BGBl. I S. 529); geänd. mWv 10.11.2021 durch G v. 3.6.2021 (BGBl. I S. 1568).

§ 14[1)] Befugnisse zur Sicherung des Finanzsystems. (1) [1] Die Bundesanstalt kann im Benehmen mit der Deutschen Bundesbank Anordnungen treffen, die geeignet und erforderlich sind, Missstände, die Nachteile für die Stabilität der Finanzmärkte bewirken oder das Vertrauen in die Funktionsfähigkeit der Finanzmärkte erschüttern können, zu beseitigen oder zu verhindern. [2] Insbesondere kann die Bundesanstalt vorübergehend

1. den Handel mit einzelnen oder mehreren Finanzinstrumenten untersagen, insbesondere ein Verbot des Erwerbs von Rechten aus Währungsderivaten im Sinne des § 2 Absatz 2 Nummer 1 Buchstabe b, d oder e anordnen, deren Wert sich unmittelbar oder mittelbar vom Devisenpreis des Euro ableitet, soweit zu erwarten ist, dass der Marktwert dieser Rechte bei einem Kursrückgang des Euro steigt, und wenn der Erwerb der Rechte nicht der Absicherung eigener bestehender oder erwarteter Währungsrisiken dient, wobei das Verbot auch auf den rechtsgeschäftlichen Eintritt in solche Geschäfte erstreckt werden kann,
2. die Aussetzung des Handels mit einzelnen oder mehreren Finanzinstrumenten an Märkten, an denen Finanzinstrumente gehandelt werden, anordnen oder
3. anordnen, dass Märkte, an denen Finanzinstrumente gehandelt werden, mit Ausnahme von Börsen im Sinne des § 2 des Börsengesetzes, schließen oder geschlossen bleiben oder die Tätigkeit der systematischen Internalisierung eingestellt wird.

[3] Die Bundesanstalt kann Anordnungen nach Satz 2 Nummer 1 und 2 auch gegenüber einem öffentlich-rechtlichen Rechtsträger oder gegenüber einer Börse erlassen.

(2) [1] Die Bundesanstalt kann anordnen, dass Personen, die Geschäfte in Finanzinstrumenten tätigen, ihre Positionen in diesen Finanzinstrumenten veröffentlichen und gleichzeitig der Bundesanstalt mitteilen müssen. [2] Die Bundesanstalt kann Mitteilungen nach Satz 1 auf ihrer Internetseite öffentlich bekannt machen.

(3) § 6 Absatz 3, 11, 14 und 16 ist entsprechend anzuwenden.

(4) [1] Maßnahmen nach den Absätzen 1 bis 3 sind auf höchstens zwölf Monate zu befristen. [2] Eine Verlängerung über diesen Zeitraum hinaus um bis zu zwölf weitere Monate ist zulässig. [3] In diesem Falle legt das Bundesministerium der Finanzen dem Deutschen Bundestag innerhalb eines Monates nach erfolgter Verlängerung einen Bericht vor. [4] Widerspruch und Anfechtungsklage gegen Maßnahmen nach den Absätzen 1 bis 3 haben keine aufschiebende Wirkung.

§ 14a[2)] Befugnisse zur Durchsetzung von Sanktionsmaßnahmen.

(1) [1] Die Bundesanstalt kann die zur Durchsetzung eines von einer zuständigen Stelle der Europäischen Union oder Einrichtungen eines Mitgliedstaates der Europäischen Union beschlossenen Handelsverbotes von Finanzinstrumenten erforderlichen Maßnahmen gegenüber jedermann anordnen. [2] Sie kann insbesondere den Handel mit einzelnen oder mehreren Finanzinstrumenten untersagen und die Aussetzung des Handels in einzelnen oder mehreren Finanzinstrumenten an Märkten, an denen Finanzinstrumente gehandelt werden, anordnen. [3] Die Bundesanstalt kann Anordnungen nach den Sätzen 1 und 2 auch gegenüber einem öffent-

---

[1)] Früherer § 4a eingef. mWv 27.7.2010 durch G v. 21.7.2010 (BGBl. I S. 945); Abs. 1 Satz 2 Nr. 1 Buchst. a aufgeh. mWv 16.11.2012 durch G v. 6.11.2012 (BGBl. I S. 2286); Abs. 1 Satz 2 neu gef. mWv 2.7.2016 durch G v. 30.6.2016 (BGBl. I S. 1514); bish. § 4a wird § 14 und Abs. 1 Satz 3 angef., Abs. 3 neu gef. mWv 3.1.2018 durch G v. 23.6.2017 (BGBl. I S. 1693).

[2)] § 14a eingef. mWv 28.5.2022 durch G v. 23.5.2022 (BGBl. I S. 754).

lich-rechtlichen Rechtsträger, gegenüber einer Börse oder gegenüber deren Börsenträger erlassen.

(2) [1] § 125 Absatz 1 Satz 1 gilt entsprechend. [2] Die Zuständigkeit der Börsenaufsichtsbehörden nach § 3 Absatz 1 Satz 1 des Börsengesetzes bleibt unberührt.

(3) Widerspruch und Anfechtungsklage gegen Maßnahmen nach Absatz 1 haben keine aufschiebende Wirkung.

§ 15[1)] Produktintervention. (1) [1] Der Bundesanstalt stehen die Befugnisse nach Artikel 42 der Verordnung (EU) Nr. 600/2014 unter den dort genannten Voraussetzungen, mit Ausnahme der Voraussetzungen nach Artikel 42 Absatz 3 und 4 der Verordnung (EU) Nr. 600/2014, entsprechend für Vermögensanlagen im Sinne des § 1 Absatz 2 des Vermögensanlagengesetzes zu. [2] Die Bundesanstalt kann Maßnahmen nach Satz 1 und Artikel 42 der Verordnung (EU) Nr. 600/2014 gegenüber jedermann treffen, soweit die Verordnung nicht unmittelbar anwendbar ist.

(2) Widerspruch und Anfechtungsklage gegen Maßnahmen nach Absatz 1 und Artikel 42 der Verordnung (EU) Nr. 600/2014 haben keine aufschiebende Wirkung.

(3) Bei der Durchführung von Prüfungen nach Artikel 42 der Verordnung (EU) Nr. 600/2014 und nach Absatz 1 hinsichtlich des Vorliegens der Voraussetzungen für eine Produktinterventionsmaßnahme, kann sich die Bundesanstalt externer Wirtschaftsprüfer und anderer sachverständiger Personen und Einrichtungen bedienen.

§ 16[2)] Wertpapierrat. (1) [1] Bei der Bundesanstalt wird ein Wertpapierrat gebildet. [2] Er besteht aus Vertretern der Länder. [3] Die Mitgliedschaft ist nicht personengebunden. [4] Jedes Land entsendet einen Vertreter. [5] An den Sitzungen können Vertreter der Bundesministerien der Finanzen, der Justiz und für Verbraucherschutz und für Wirtschaft und Energie sowie der Deutschen Bundesbank teilnehmen. [6] Der Wertpapierrat kann Sachverständige insbesondere aus dem Bereich der Börsen, der Marktteilnehmer, der Wirtschaft und der Wissenschaft anhören. [7] Der Wertpapierrat gibt sich eine Geschäftsordnung.

(2) [1] Der Wertpapierrat wirkt bei der Aufsicht mit. [2] Er berät die Bundesanstalt, insbesondere

1. bei dem Erlass von Rechtsverordnungen und der Aufstellung von Richtlinien für die Aufsichtstätigkeit der Bundesanstalt,
2. hinsichtlich der Auswirkungen von Aufsichtsfragen auf die Börsen- und Marktstrukturen sowie den Wettbewerb im Handel mit Finanzinstrumenten,
3. bei der Abgrenzung von Zuständigkeiten zwischen der Bundesanstalt und den Börsenaufsichtsbehörden sowie bei Fragen der Zusammenarbeit.

[3] Der Wertpapierrat kann bei der Bundesanstalt Vorschläge zur allgemeinen Weiterentwicklung der Aufsichtspraxis einbringen. [4] Die Bundesanstalt berichtet dem Wertpapierrat mindestens einmal jährlich über die Aufsichtstätigkeit, die Weiterentwicklung der Aufsichtspraxis sowie über die internationale Zusammenarbeit.

---

1) Früherer § 4b wird § 15 und neu gef. mWv 3.1.2018 durch G v. 23.6.2017 (BGBl. I S. 1693); Abs. 3 *angef. mWv 16.8.2021 durch G v. 9.7.2021* (BGBl. I S. 2570).

2) Früherer § 5 neu gef. mWv 30.10.2004 durch G v. 28.10.2004 (BGBl. I S. 2630); Abs. 1 Satz 5 geänd. mWv 8.11.2006 durch VO v. 31.10.2006 (BGBl. I S. 2407); Abs. 1 Satz 5 geänd. mWv 8.9.2015 durch VO v. 31.8.2015 (BGBl. I S. 1474); bish. § 5 wird § 16 mWv 3.1.2018 durch G v. 23.6.2017 (BGBl. I S. 1693).

(3) [1]Der Wertpapierrat wird mindestens einmal jährlich vom Präsidenten der Bundesanstalt einberufen. [2]Er ist ferner auf Verlangen von einem Drittel seiner Mitglieder einzuberufen. [3]Jedes Mitglied hat das Recht, Beratungsvorschläge einzubringen.

§ 17[1)] Zusammenarbeit mit anderen Behörden im Inland. (1) [1]Die Börsenaufsichtsbehörden werden im Wege der Organleihe für die Bundesanstalt bei der Durchführung von eilbedürftigen Maßnahmen im Rahmen der Überwachung der Verbote von Insidergeschäften nach Artikel 14 der Verordnung (EU) Nr. 596/2014[2)] und des Verbots der Marktmanipulation nach Artikel 15 der Verordnung (EU) Nr. 596/2014 an den ihrer Aufsicht unterliegenden Börsen tätig. [2]Das Nähere regelt ein Verwaltungsabkommen zwischen dem Bund und den börsenaufsichtsführenden Ländern.

(2) Die Bundesanstalt, die Deutsche Bundesbank im Rahmen ihrer Tätigkeit nach Maßgabe des Kreditwesengesetzes, das Bundeskartellamt, die Börsenaufsichtsbehörden, die Handelsüberwachungsstellen, die zuständigen Behörden für die Durchführung der Verordnung (EU) Nr. 1308/2013 des Europäischen Parlaments und des Rates vom 17. Dezember 2013 über eine gemeinsame Marktorganisation für landwirtschaftliche Erzeugnisse und zur Aufhebung der Verordnungen (EWG) Nr. 922/72, (EWG) Nr. 234/79, (EG) Nr. 1037/2001 und (EG) Nr. 1234/2007 (ABl. L 347 vom 20.12.2013, S. 671; L 189 vom 27.6.2014, S. 261; L 130 vom 19.5.2016, S. 18; L 34 vom 9.2.2017, S. 41), die zuletzt durch die Delegierte Verordnung (EU) 2016/1226 (ABl. L 202 vom 28.7.2016, S. 5) geändert worden ist, im Rahmen ihrer Tätigkeiten nach Maßgabe des Energiewirtschaftsgesetzes[3)] die Bundesnetzagentur und die Landeskartellbehörden sowie die für die Aufsicht über Versicherungsvermittler und die Unternehmen im Sinne des § 3 Absatz 1 Nummer 7 zuständigen Stellen haben einander Beobachtungen und Feststellungen einschließlich personenbezogener Daten mitzuteilen, die für die Erfüllung ihrer Aufgaben erforderlich sind.

(3) Die Bundesanstalt arbeitet mit den Börsenaufsichtsbehörden, den Handelsüberwachungsstellen sowie mit den nach § 19 Absatz 1 des Treibhausgas-Emissionshandelsgesetzes zuständigen Behörden zusammen, um sicherzustellen, dass sie sich einen Gesamtüberblick über die Emissionszertifikatemärkte verschaffen kann.

(4) [1]Die Bundesanstalt darf zur Erfüllung ihrer Aufgaben die nach § 2 Abs. 10, §§ 2c, 24 Abs. 1 Nr. 1, 2, 5, 7 und 10 und Abs. 3, § 25b Absatz 1 bis 3, § 32 Abs. 1 Satz 1 und 2 Nr. 2 und 6 Buchstabe a und b des Kreditwesengesetzes bei der Deutschen Bundesbank gespeicherten Daten im automatisierten Verfahren abrufen. [2]Die Deutsche Bundesbank hat für Zwecke der Datenschutzkontrolle den Zeitpunkt, die Angaben, welche die Feststellung der aufgerufenen Datensätze ermöglichen, sowie die für den Abruf verantwortliche Person zu protokollieren. [3]Die protokollierten Daten dürfen nur für Zwecke der Datenschutzkontrolle, der

---

[1)] Früherer § 6 neu gef. mWv 30.10.2004 durch G v. 28.10.2004 (BGBl. I S. 2630); Abs. 3 Satz 1 geänd. mWv 1.1.2007 durch G v. 17.11.2006 (BGBl. I S. 2606); Abs. 2 neu gef. mWv 1.11.2007 durch G v. 16.7.2007 (BGBl. I S. 1330); Abs. 2 geänd. mWv 30.6.2009 durch G v. 25.6.2009 (BGBl. I S. 1528); Abs. 2 geänd. mWv 4.8.2011 durch G v. 26.7.2011 (BGBl. I S. 1554); Abs. 2 geänd. mWv 1.6.2012 durch G v. 6.12.2011 (BGBl. I S. 2481); Abs. 3 Satz 1 geänd. mWv 1.1.2014 durch G v. 28.8.2013 (BGBl. I S. 3395); Abs. 1 Satz 1 geänd., Abs. 4 aufgeh. mWv 2.7.2016 durch G v. 30.6.2016 (BGBl. I S. 1514); bish. § 6 wird § 17 und Abs. 2 geänd., Abs. 3 eingef., bish. Abs. 3 wird Abs. 4 mWv 3.1.2018 durch G v. 23.6.2017 (BGBl. I S. 1693); Abs. 4 Satz 3 geänd. mWv 26.11.2019 durch G v. 20.11.2019 (BGBl. I S. 1626).

[2)] Nr. **60**.

[3)] **Sartorius Nr. 830.**

Datensicherung oder zur Sicherstellung eines ordnungsmäßigen Betriebs der Datenverarbeitungsanlage verarbeitet werden. [4] Die Protokolldaten sind am Ende des auf die Speicherung folgenden Kalenderjahres zu löschen.

§ 18[1)] Zusammenarbeit mit zuständigen Stellen im Ausland; Verordnungsermächtigung. (1) [1] Der Bundesanstalt obliegt die Zusammenarbeit mit den für die Überwachung von Verhaltens- und Organisationspflichten von Unternehmen, die Wertpapierdienstleistungen erbringen, von Finanzinstrumenten und von Märkten, an denen Finanzinstrumente oder Waren gehandelt werden, zuständigen Stellen der Europäischen Union, der anderen Mitgliedstaaten der Europäischen Union und der anderen Vertragsstaaten des Abkommens über den Europäischen Wirtschaftsraum. [2] Die Bundesanstalt kann im Rahmen ihrer Zusammenarbeit zum Zwecke der Überwachung der Einhaltung der Verbote und Gebote dieses Gesetzes und der Verordnung (EU) Nr. 600/2014 sowie der Verbote und Gebote der in Satz 1 genannten Staaten, die denen dieses Gesetzes, des Börsengesetzes oder der genannten Verordnungen entsprechen, von allen ihr nach diesem Gesetz und der Verordnung (EU) Nr. 600/2014 zustehenden Befugnissen Gebrauch machen, soweit dies geeignet und erforderlich ist, um den Ersuchen der in Satz 1 genannten Stellen nachzukommen. [3] Sie kann auf ein Ersuchen der in Satz 1 genannten Stellen die Untersagung oder Aussetzung des Handels nach § 6 Absatz 2 Satz 4 an einem inländischen Markt nur anordnen, sofern die Interessen der Anleger oder der ordnungsgemäße Handel an dem betreffenden Markt nicht erheblich gefährdet werden. [4] Betrifft die Zusammenarbeit nach Satz 1 inländische Handelsplätze, an denen Finanzinstrumente oder Waren gehandelt werden, so unterstützen sich die Bundesanstalt und die Behörde, die für den inländischen Handelsplatz zuständig ist, gegenseitig. [5] Ersucht die Bundesanstalt die für den inländischen Handelsplatz zuständige Behörde um die Weitergabe von Informationen, die zur Erfüllung ihrer Aufgaben nach Satz 1 erforderlich sind, übermittelt sie der ersuchten Behörde die für die Erledigung des Auskunftsersuchens erforderlichen Informationen. [6] Die ersuchte Behörde übermittelt der Bundesanstalt die zur Erfüllung der Aufgaben nach Satz 1 erforderlichen Informationen. [7] § 10 Absatz 1 Satz 3 bis 5 des Börsengesetzes gilt entsprechend. [8] Die Bundesanstalt löscht personenbezogene Daten, sobald die Daten zur Erfüllung ihrer Aufgaben nach Satz 1 nicht mehr erforderlich sind. [9] Die ersuchte Behörde löscht von der Bundesanstalt übermittelte personenbezogene Daten spätestens nach Erteilung der Auskunft. [10] Die Vorschriften des Börsengesetzes über die Zusammenarbeit der Han-

---

[1)] Früherer § 7 neu gef. mWv 30.10.2004 durch G v. 28.10.2004 (BGBl. I S. 2630); Abs. 2 Satz 1 geänd. mWv 19.7.2005 durch G v. 22.5.2005 (BGBl. I S. 1373); Abs. 1 neu gef., Abs. 2 Satz 1 geänd., Satz 3 aufgeh., Abs. 2a und 2b eingef., Abs. 4 neu gef., Abs. 7 neu gef., Abs. 8 Satz 1 geänd. mWv 1.11. 2007 durch G v. 16.7.2007 (BGBl. I S. 1330); Abs. 1 Satz 1 geänd. mWv 30.6.2009 durch G v. 25.6.2009 (BGBl. I S. 1528); Abs. 1 Satz 1, Abs. 3 Satz 2 und Abs. 4 Satz 9 geänd., Abs. 2b Satz 3 und Abs. 7 Satz 5 angef., Abs. 5 neu gef. mWv 1.1.2012 durch G v. 4.12.2011 (BGBl. I S. 2427); Abs. 2 Satz 1 geänd. mWv 22.7.2013 durch G v. 4.7.2013 (BGBl. I S. 1981); Überschrift und Abs. 4 Satz 5 geänd., Abs. 7a eingef. mWv 25.6.2017, bish. § 7 wird § 18 und Abs. 1 Satz 2 neu gef., Satz 3 und Abs. 2 Satz 1 geänd., Abs. 2a wird Abs. 3 und geänd., Abs. 2b wird Abs. 4 und Satz 2 geänd., Abs. 5 eingef., bish. Abs. 3 wird Abs. 6 und neu gef., bish. Abs. 4 wird Abs. 7 und Sätze 1 und 6 geänd., bish. Abs. 5 wird Abs. 8 und Satz 4 neu gef., Sätze 5–7 angef., bish. Abs. 6 wird Abs. 9, bish. Abs. 7 wird Abs. 10 und Sätze 1–3 geänd., Abs. 7a wird Abs. 11, bish. Abs. 8 wird Abs. 12 und Satz 1 geänd. durch G v. 23.6.2017 (BGBl. I S. 1693); Abs. 2 Satz 2, Abs. 7 Sätze 5 und 7, Abs. 10 Satz 2 geänd., Satz 4 neu gef. mWv 26.11.2019 durch G v. 20.11. 2019 (BGBl. I S. 1626); Abs. 11 neu gef. mWv 28.3.2020 durch G v. 19.3.2020 (BGBl. I S. 529); Abs. 2 Satz 1 geänd. mWv 26.6.2021 durch G v. 12.5.2021 (BGBl. I S. 990); Abs. 1 Sätze 4–9 eingef., bish. Satz 4 wird Satz 10 mWv 1.7.2021 durch G v. 3.6.2021 (BGBl. I S. 1534); Abs. 11 geänd. mWv 10.11.2021 durch G v. 3.6.2021 (BGBl. I S. 1568).

delsüberwachungsstellen mit entsprechenden Stellen oder Börsengeschäftsführungen anderer Staaten bleiben hiervon unberührt.

(2) [1]Auf Ersuchen der in Absatz 1 Satz 1 genannten zuständigen Stellen führt die Bundesanstalt nach Maßgabe der auf Grundlage von Artikel 80 Absatz 4 und Artikel 81 Absatz 4 der Richtlinie 2014/65/EU erlassenen Durchführungsverordnung Untersuchungen durch und übermittelt unverzüglich alle Informationen, soweit dies für die Überwachung von organisierten Märkten oder anderen Märkten für Finanzinstrumente, von Kreditinstituten, Finanzdienstleistungsinstituten, Wertpapierinstituten, Kapitalverwaltungsgesellschaften, extern verwaltete Investmentgesellschaften, EU-Verwaltungsgesellschaften, ausländische AIF-Verwaltungsgesellschaften, Finanzunternehmen oder Versicherungsunternehmen oder damit zusammenhängender Verwaltungs- oder Gerichtsverfahren erforderlich ist. [2]Bei der Übermittlung von Informationen hat die Bundesanstalt den Empfänger darauf hinzuweisen, dass er unbeschadet seiner Verpflichtungen im Rahmen von Strafverfahren die übermittelten Informationen einschließlich personenbezogener Daten nur zur Erfüllung von Überwachungsaufgaben nach Satz 1 und für damit zusammenhängende Verwaltungs- und Gerichtsverfahren verarbeiten darf.

(3) Die Bundesanstalt trifft angemessene Vorkehrungen für eine wirksame Zusammenarbeit insbesondere gegenüber solchen Mitgliedstaaten, in denen die Geschäfte eines inländischen Handelsplatzes eine wesentliche Bedeutung für das Funktionieren der Finanzmärkte und den Anlegerschutz nach Maßgabe des Artikels 90 der Delegierten Verordnung (EU) 2017/565 haben oder deren Handelsplätze eine solche Bedeutung im Inland haben.

(4) [1]Die Bundesanstalt kann Bediensteten der zuständigen Stellen anderer Staaten auf Ersuchen die Teilnahme an den von der Bundesanstalt durchgeführten Untersuchungen gestatten. [2]Nach vorheriger Unterrichtung der Bundesanstalt sind die zuständigen Stellen im Sinne des Absatzes 1 Satz 1 befugt, selbst oder durch ihre Beauftragten die Informationen, die für eine Überwachung der Einhaltung der Meldepflichten nach Artikel 26 der Verordnung (EU) Nr. 600/2014, der Verhaltens-, Organisations- und Transparenzpflichten nach den §§ 63 bis 83 oder entsprechender ausländischer Vorschriften durch eine Zweigniederlassung im Sinne des § 53b Absatz 1 Satz 1 des Kreditwesengesetzes erforderlich sind, bei dieser Zweigniederlassung zu prüfen. [3]Bedienstete der Europäischen Wertpapier- und Marktaufsichtsbehörde können an Untersuchungen nach Satz 1 teilnehmen.

(5) Die Bundesanstalt kann in Bezug auf die Erleichterung der Einziehung von Geldbußen mit den in Absatz 1 Satz 1 genannten Stellen zusammenarbeiten.

(6) [1]Die Bundesanstalt kann eine Untersuchung, die Übermittlung von Informationen oder die Teilnahme von Bediensteten zuständiger ausländischer Stellen im Sinne von Absatz 1 Satz 1 verweigern, wenn auf Grund desselben Sachverhalts gegen die betreffenden Personen bereits ein gerichtliches Verfahren eingeleitet worden oder eine unanfechtbare Entscheidung ergangen ist. [2]Kommt die Bundesanstalt einem Ersuchen nicht nach oder macht sie von ihrem Recht nach Satz 1 Gebrauch, so teilt sie ihre Entscheidung einschließlich ihrer Gründe der ersuchenden Stelle und der Europäischen Wertpapier- und Marktaufsichtsbehörde unverzüglich mit und übermittelt diesen genaue Informationen über das gerichtliche Verfahren oder die unanfechtbare Entscheidung.

(7) [1]Die Bundesanstalt ersucht die in Absatz 1 genannten zuständigen Stellen nach Maßgabe der auf Grundlage von Artikel 80 Absatz 4 und Artikel 81 Absatz 4 der Richtlinie 2014/65/EU erlassenen Durchführungsverordnung um die Durchführung von Untersuchungen und die Übermittlung von Informationen, die für

die Erfüllung ihrer Aufgaben nach den Vorschriften dieses Gesetzes geeignet und erforderlich sind. [2]Sie kann die zuständigen Stellen ersuchen, Bediensteten der Bundesanstalt die Teilnahme an den Untersuchungen zu gestatten. [3]Mit Einverständnis der zuständigen Stellen kann die Bundesanstalt Untersuchungen im Ausland durchführen und hierfür Wirtschaftsprüfer oder Sachverständige beauftragen; bei Untersuchung eine Zweigniederlassung eines inländischen Wertpapierdienstleistungsunternehmens in einem Aufnahmemitgliedstaat durch die Bundesanstalt genügt eine vorherige Unterrichtung der zuständigen Stelle im Ausland. [4]Trifft die Bundesanstalt Anordnungen gegenüber Unternehmen mit Sitz im Ausland, die Mitglieder inländischer organisierter Märkte sind, unterrichtet sie die für die Überwachung dieser Unternehmen zuständigen Stellen. [5]Werden der Bundesanstalt von einer Stelle eines anderen Staates Informationen mitgeteilt, so darf sie diese unbeschadet ihrer Verpflichtungen in strafrechtlichen Angelegenheiten, die den Verdacht einer Straftat nach den Strafvorschriften dieses Gesetzes zum Gegenstand haben, nur zur Erfüllung von Überwachungsaufgaben nach Absatz 2 Satz 1 und für damit zusammenhängende Verwaltungs- und Gerichtsverfahren verarbeiten. [6]Die Bundesanstalt darf diese Informationen unter Beachtung der Zweckbestimmung der übermittelnden Stelle den in § 17 Absatz 2 genannten Stellen mitteilen, sofern dies für die Erfüllung ihrer Aufgaben erforderlich ist. [7]Eine anderweitige Verarbeitung der Informationen ist nur mit Zustimmung der übermittelnden Stelle zulässig. [8]Außer bei Informationen im Zusammenhang mit Insiderhandel oder Marktmanipulation kann in begründeten Ausnahmefällen auf diese Zustimmung verzichtet werden, sofern dieses der übermittelnden Stelle unverzüglich unter Angabe der Gründe mitgeteilt wird. [9]Wird einem Ersuchen der Bundesanstalt nach den Sätzen 1 bis 3 nicht innerhalb angemessener Frist Folge geleistet oder wird es ohne hinreichende Gründe abgelehnt, kann die Bundesanstalt die Europäische Wertpapier- und Marktaufsichtsbehörde nach Maßgabe des Artikels 19 der Verordnung (EU) Nr. 1095/2010 des Europäischen Parlaments und des Rates vom 24. November 2010 zur Errichtung einer Europäischen Aufsichtsbehörde (Europäische Wertpapier- und Marktaufsichtsbehörde), zur Änderung des Beschlusses Nr. 716/2009/EG und zur Aufhebung des Beschlusses 2009/77/EG der Kommission (ABl. L 331 vom 15.12.2010, S. 84) um Hilfe ersuchen.

(8) [1]Hat die Bundesanstalt hinreichende Anhaltspunkte für einen Verstoß gegen Verbote oder Gebote nach den Vorschriften dieses Gesetzes oder nach entsprechenden ausländischen Vorschriften der in Absatz 1 Satz 1 genannten Staaten, teilt sie diese Anhaltspunkte der Europäischen Wertpapier- und Marktaufsichtsbehörde und den nach Absatz 1 Satz 1 zuständigen Stellen des Staates mit, auf dessen Gebiet die vorschriftswidrige Handlung stattfindet oder stattgefunden hat oder auf dessen Gebiet die betroffenen Finanzinstrumente an einem organisierten Markt gehandelt werden oder der nach dem Recht der Europäischen Union für die Verfolgung des Verstoßes zuständig ist. [2]Sind die daraufhin getroffenen Maßnahmen der zuständigen ausländischen Stellen unzureichend oder wird weiterhin gegen die Vorschriften dieses Gesetzes oder gegen die entsprechenden ausländischen Vorschriften verstoßen, ergreift die Bundesanstalt nach vorheriger Unterrichtung der zuständigen Stellen alle für den Schutz der Anleger erforderlichen Maßnahmen und unterrichtet davon die Europäische Kommission und die Europäische Wertpapier- und Marktaufsichtsbehörde. [3]Erhält die Bundesanstalt eine entsprechende Mitteilung von zuständigen ausländischen Stellen, unterrichtet sie diese sowie die Europäische Wertpapier- und Marktaufsichtsbehörde über Ergebnisse daraufhin eingeleiteter Untersuchungen. [4]Die Bundesanstalt unterrichtet ferner

1. die zuständigen Stellen nach Satz 1 und die Europäische Wertpapier- und Marktaufsichtsbehörde über Anordnungen zur Aussetzung, Untersagung oder Einstellung des Handels nach § 6 Absatz 2 Satz 4 dieses Gesetzes sowie § 3 Absatz 5 Satz 3 Nummer 1 und § 25 Absatz 1 des Börsengesetzes,
2. die zuständigen Stellen nach Satz 1 innerhalb eines Monats nach Erhalt einer Mitteilung nach § 19 Absatz 10 des Börsengesetzes von der Absicht der Geschäftsführung einer Börse, Handelsteilnehmern aus den betreffenden Staaten einen unmittelbaren Zugang zu ihrem Handelssystem zu gewähren,
3. die zuständigen Stellen nach Satz 1 und die Europäische Wertpapier- und Marktaufsichtsbehörde über Anordnungen nach § 9 Absatz 1 zur Verringerung von Positionsgrößen oder offenen Forderungen sowie
4. die zuständigen Stellen nach Satz 1 und die Europäische Wertpapier- und Marktaufsichtsbehörde über Anordnungen nach § 9 Absatz 2 zur Beschränkung von Positionen in Warenderivaten.

[5] Die Unterrichtung nach Satz 4 Nummer 3 und 4 muss mindestens 24 Stunden vor Bekanntgabe der Anordnung erfolgen; wenn dies im Ausnahmefall nicht möglich ist, muss die Unterrichtung spätestens vor der Bekanntgabe erfolgen. [6] Die Unterrichtung nach Satz 4 Nummer 3 und 4 umfasst Angaben über Auskunfts- und Vorlageersuchen gemäß § 6 Absatz 3 Satz 2 Nummer 1 einschließlich ihrer Begründung und den Adressaten sowie über den Umfang von Anordnungen gemäß § 9 Absatz 2 einschließlich ihres Adressatenkreises, der betroffenen Finanzinstrumente, Positionsschranken und Ausnahmen, die nach § 56 Absatz 3 gewährt wurden. [7] Betrifft eine in Satz 4 Nummer 3 und 4 genannte Maßnahme Energiegroßhandelsprodukte, so unterrichtet die Bundesanstalt auch die durch die Verordnung (EG) Nr. 713/2009 gegründete Agentur für die Zusammenarbeit der Energieregulierungsbehörden.

(9) Die Regelungen über die internationale Rechtshilfe in Strafsachen bleiben unberührt.

(10) [1] Die Bundesanstalt kann mit den zuständigen Stellen anderer als der in Absatz 1 genannten Staaten entsprechend den Absätzen 1 bis 9 zusammenarbeiten und Vereinbarungen über den Informationsaustausch abschließen. [2] Absatz 7 Satz 5 und 6 findet mit der Maßgabe Anwendung, dass Informationen, die von diesen Stellen übermittelt werden, nur unter Beachtung einer Zweckbestimmung der übermittelnden Stelle verarbeitet und nur mit ausdrücklicher Zustimmung der übermittelnden Stelle der Deutschen Bundesbank oder dem Bundeskartellamt mitgeteilt werden dürfen, sofern dies für die Erfüllung ihrer Aufgaben erforderlich ist. [3] Absatz 7 Satz 8 findet keine Anwendung. [4] Die Übermittlung personenbezogener Daten muss im Einklang mit Kapitel V der Verordnung (EU) 2016/679[1)] des Europäischen Parlaments und des Rates vom 27. April 2016 zum Schutz natürlicher Personen bei der Verarbeitung personenbezogener Daten, zum freien Datenverkehr und zur Aufhebung der Richtlinie 95/46/EG (Datenschutz-Grundverordnung) (*ABl. L 119* vom 4.5.2016, S. 1; L 314 vom 22.11.2016, S. 72; L 127 vom 23.5.2018, S. 2) in der jeweils geltenden Fassung und mit den sonstigen allgemeinen datenschutzrechtlichen Vorschriften stehen. [5] Die Bundesanstalt unterrichtet die Europäische Wertpapier- und Marktaufsichtsbehörde über den Abschluss von Vereinbarungen nach Satz 1.

(11) Für Zwecke der Zusammenarbeit im Zusammenhang mit der Verordnung (EU) Nr. 596/2014 und der Verordnung (EU) 2020/1503 stehen der Bundes-

---

[1)] **Sartorius Nr. 246.**

anstalt die Befugnisse nach diesem Gesetz zu, um den einschlägigen Ersuchen der zuständigen Behörden nach der Verordnung (EU) Nr. 596/2014 und der Verordnung (EU) 2020/1503 sowie der für die Überwachung entsprechender ausländischer Bestimmungen zuständigen Behörden anderer Vertragsstaaten des Abkommens über den Europäischen Wirtschaftsraum oder von Drittstaaten nachzukommen.

(12) [1] Das Bundesministerium der Finanzen kann durch Rechtsverordnung, die nicht der Zustimmung des Bundesrates bedarf, zu den in den Absätzen 2, 3 und 7 genannten Zwecken nähere Bestimmungen über die Übermittlung von Informationen an ausländische Stellen, die Durchführung von Untersuchungen auf Ersuchen ausländischer Stellen sowie Ersuchen der Bundesanstalt an ausländische Stellen erlassen. [2] Das Bundesministerium der Finanzen kann die Ermächtigung durch Rechtsverordnung auf die Bundesanstalt für Finanzdienstleistungsaufsicht übertragen.

§ 19[1)] Zusammenarbeit mit der Europäischen Wertpapier- und Marktaufsichtsbehörde. (1) Die Bundesanstalt stellt der Europäischen Wertpapier- und Marktaufsichtsbehörde gemäß den Artikeln 35 und 36 der Verordnung (EU) Nr. 1095/2010 auf Verlangen unverzüglich alle für die Erfüllung ihrer Aufgaben erforderlichen Informationen zur Verfügung.

(2) Die Bundesanstalt übermittelt der Europäischen Wertpapier- und Marktaufsichtsbehörde jährlich eine Zusammenfassung von Informationen zu allen im Zusammenhang mit der Überwachung nach den Abschnitten 9 bis 11 ergriffenen Verwaltungsmaßnahmen und verhängten Sanktionen.

(3) Die Bundesanstalt unterrichtet die Europäische Wertpapier- und Marktaufsichtsbehörde über das Erlöschen einer Erlaubnis nach § 4 Absatz 4 des Börsengesetzes und die Aufhebung einer Erlaubnis nach § 4 Absatz 5 des Börsengesetzes oder nach den Vorschriften der Verwaltungsverfahrensgesetze der Länder.

§ 20[2)] Zusammenarbeit mit der Europäischen Kommission im Rahmen des Energiewirtschaftsgesetzes. Die Bundesanstalt übermittelt der Europäischen Kommission auf Verlangen diejenigen Angaben zu Geschäften in Finanzinstrumenten einschließlich personenbezogenen Daten, die ihr nach Artikel 26 der Verordnung (EU) Nr. 600/2014 mitgeteilt worden sind, soweit die Europäische Kommission deren Überlassung gemäß § 5a Absatz 1 des Energiewirtschaftsgesetzes[3)] auch unmittelbar von den mitteilungspflichtigen Unternehmen verlangen könnte und die Europäische Kommission diese Informationen zur Erfüllung ihrer im Energiewirtschaftsgesetz näher beschriebenen Aufgaben benötigt.

§ 21[4)] Verschwiegenheitspflicht. (1) [1] Die bei der Bundesanstalt Beschäftigten und die nach § 4 Abs. 3 des Finanzdienstleistungsaufsichtsgesetzes beauftragten

---

[1)] Früherer § 7a eingef. mWv 1.1.2012 durch G v. 4.12.2011 (BGBl. I S. 2427); bish. § 7a wird § 19 und Abs. 1 und 2 geänd. mWv 3.1.2018 durch G v. 23.6.2017 (BGBl. I S. 1693).

[2)] Früherer § 7b eingef. mWv 4.8.2011 durch G v. 26.7.2011 (BGBl. I S. 1554); bish. § 7b wird § 20 und geänd. mWv 3.1.2018 durch G v. 23.6.2017 (BGBl. I S. 1693).

[3)] **Sartorius Nr. 830.**

[4)] Früherer § 8 neu gef. mWv 30.10.2004 durch G v. 28.10.2004 (BGBl. I S. 2630); Abs. 1 Satz 1, Satz 3 *einl. Satzteil., Nr. 2 geänd.*, Nr. 3 und 4 angef. mWv 1.11.2007 durch G v. 16.7.2007 (BGBl. I S. 1330); Abs. 1 Satz 3 Nr. 3 geänd., Nr. 5 angef., Sätze 4 und 5 neu gef. mWv 1.1.2012 durch G v. 4.12.2011 (BGBl. I S. 2427); Abs. 1 Satz 3 Nr. 2 geänd. mWv 1.6.2012 durch G v. 6.12.2011 (BGBl. I S. 2481); Abs. 1 Satz 3 Nr. 2 geänd. mWv 22.7.2013 durch G v. 4.7.2013 (BGBl. I S. 1981); Abs. 2 neu gef. mWv 6.11.2015 durch G v. 2.11.2015 (BGBl. I S. 1864); bish. § 8 wird § 21 und Abs. 1 Satz 3 Nr. 2 geänd. →

Personen dürfen die ihnen bei ihrer Tätigkeit bekannt gewordenen Tatsachen, deren Geheimhaltung im Interesse eines nach diesem Gesetz Verpflichteten, der zuständigen Behörden oder eines Dritten liegt, insbesondere Geschäfts- und Betriebsgeheimnisse sowie personenbezogene Daten, nicht unbefugt offenbaren oder verwenden, auch wenn sie nicht mehr im Dienst sind oder ihre Tätigkeit beendet ist. [2] Dies gilt auch für andere Personen, die durch dienstliche Berichterstattung Kenntnis von den in Satz 1 bezeichneten Tatsachen erhalten. [3] Ein unbefugtes Offenbaren oder Verwenden im Sinne des Satzes 1 liegt insbesondere nicht vor, wenn Tatsachen weitergegeben werden an

1. Strafverfolgungsbehörden oder für Straf- und Bußgeldsachen zuständige Gerichte,
2. kraft Gesetzes oder im öffentlichen Auftrag mit der Überwachung von Börsen oder anderen Märkten, an denen Finanzinstrumente gehandelt werden, des Handels mit Finanzinstrumenten oder Devisen, von Kreditinstituten, Finanzdienstleistungsinstituten, Wertpapierinstituten, Kapitalverwaltungsgesellschaften, extern verwaltete Investmentgesellschaften, EU-Verwaltungsgesellschaften oder ausländische AIF-Verwaltungsgesellschaften, Finanzunternehmen, Versicherungsunternehmen, Versicherungsvermittlern, Unternehmen im Sinne von § 3 Absatz 1 Nummer 7 oder Mitarbeitern im Sinne des § 87 Absatz 1 bis 5 betraute Stellen sowie von diesen beauftragte Personen,
3. Zentralbanken in ihrer Eigenschaft als Währungsbehörden sowie an andere staatliche Behörden, die mit der Überwachung der Zahlungssysteme betraut sind,
4. mit der Liquidation oder dem Insolvenzverfahren über das Vermögen eines Wertpapierdienstleistungsunternehmens, eines organisierten Marktes oder des Betreibers eines organisierten Marktes befasste Stellen,
5. die Europäische Zentralbank, das Europäische System der Zentralbanken, die Europäische Wertpapier- und Marktaufsichtsbehörde, die Europäische Aufsichtsbehörde für das Versicherungswesen und die betriebliche Altersversorgung, die Europäische Bankenaufsichtsbehörde, den Gemeinsamen Ausschuss der Europäischen Finanzaufsichtsbehörden, den Europäischen Ausschuss für Systemrisiken oder die Europäische Kommission,

7.[1)] zuständige Behörden im Sinne von Artikel 2 Absatz 1 Buchstabe r der Verordnung (EU) 2020/1503,

soweit diese Stellen die Informationen zur Erfüllung ihrer Aufgaben benötigen. [4] Für die bei den in Satz 3 Nummer 1 bis 4 genannten Stellen beschäftigten Personen sowie von diesen Stellen beauftragten Personen gilt die Verschwiegenheitspflicht nach Satz 1 entsprechend. [5] Befindet sich eine in Satz 3 Nummer 1 bis 4 genannte Stelle in einem anderen Staat, so dürfen die Tatsachen nur weitergegeben werden, wenn die bei dieser Stelle beschäftigten und die von dieser Stelle beauftragten Personen einer dem Satz 1 entsprechenden Verschwiegenheitspflicht unterliegen.

(Fortsetzung der Anm. von voriger Seite)
mWv 3.1.2018 durch G v. 23.6.2017 (BGBl. I S. 1693); Abs. 1 Satz 1 und Satz 3 Nr. 2 geänd. mWv 26.6. 2021 durch G v. 12.5.2021 (BGBl. I S. 990); Abs. 1 Satz 3 Nr. 7 angef. mWv 10.11.2021 durch G v. 3.6. 2021 (BGBl. I S. 1568); Abs. 2 Satz 1 geänd. mWv 15.12.2023 durch G v. 11.12.2023 (BGBl. 2023 I Nr. 354).

[1)] Zählung amtlich.

(2) [1]Die §§ 93, 97 und 105 Absatz 1, § 111 Absatz 5 in Verbindung mit § 105 Absatz 1 sowie § 116 Absatz 1 der Abgabenordnung gelten für die in Absatz 1 Satz 1 und 2 bezeichneten Personen nur, soweit die Finanzbehörden die Kenntnisse für die Durchführung eines Verfahrens wegen einer Steuerstraftat oder eines Besteuerungsverfahrens benötigen, es sei denn, der Weitergabe der Informationen stehen andere Vorschriften entgegen. [2]Die in Satz 1 genannten Vorschriften sind jedoch nicht anzuwenden, soweit Tatsachen betroffen sind,

1. die den in Absatz 1 Satz 1 oder Satz 2 bezeichneten Personen durch eine Stelle eines anderen Staates im Sinne von Absatz 1 Satz 3 Nummer 2 oder durch von dieser Stelle beauftragte Personen mitgeteilt worden sind oder
2. von denen bei der Bundesanstalt beschäftigte Personen dadurch Kenntnis erlangen, dass sie an der Aufsicht über direkt von der Europäischen Zentralbank beaufsichtigte Institute mitwirken, insbesondere in gemeinsamen Aufsichtsteams nach Artikel 2 Nummer 6 der Verordnung (EU) Nr. 468/2014 der Europäischen Zentralbank vom 16. April 2014 zur Einrichtung eines Rahmenwerks für die Zusammenarbeit zwischen der Europäischen Zentralbank und den nationalen zuständigen Behörden und den nationalen benannten Behörden innerhalb des einheitlichen Aufsichtsmechanismus (SSM-Rahmenverordnung) (EZB/2014/17) (ABl. L 141 vom 14.5.2014 S. 1), und die nach den Regeln der Europäischen Zentralbank geheim sind.

§ 22[1)] Meldepflichten. (1) [1]Die Bundesanstalt ist zuständige Behörde im Sinne der Artikel 26 und 27 der Verordnung (EU) Nr. 600/2014. [2]Dies gilt insbesondere auch für die Mitteilung von Referenzdaten, die von Handelsplätzen nach Artikel 27 Absatz 1 der Verordnung (EU) Nr. 600/2014 zu übermitteln sind. [3]Sie ist zuständig für die Übermittlung von Mitteilungen nach Artikel 26 Absatz 1 der Verordnung (EU) Nr. 600/2014 an die zuständige Behörde eines anderen Mitgliedstaates oder eines anderen Vertragsstaates des Abkommens über den Europäischen Wirtschaftsraum, wenn sich in diesem Staat der unter Liquiditätsaspekten relevanteste Markt für das gemeldete Finanzinstrument im Sinne des Artikels 26 Absatz 1 der Verordnung (EU) Nr. 600/2014 befindet.

(2) [1]Ein inländischer Handelsplatz, der im Namen eines Wertpapierdienstleistungsunternehmens Meldungen nach Artikel 26 Absatz 1 der Verordnung (EU) Nr. 600/2014 vornimmt, muss Sicherheitsmechanismen einrichten, die die Sicherheit und Authentifizierung der Informationsübermittlungswege gewährleisten sowie eine Verfälschung der Daten und einen unberechtigten Zugriff und ein Bekanntwerden von Informationen verhindern und so jederzeit die Vertraulichkeit der Daten wahren. [2]Der Handelsplatz muss ausreichende Mittel vorhalten und Notfallsysteme einrichten, um seine diesbezüglichen Dienste jederzeit anbieten und aufrechterhalten zu können.

(3) [1]Die Verpflichtung nach Artikel 26 Absatz 1 bis 3 sowie 6 und 7 der Verordnung (EU) Nr. 600/2014 in Verbindung mit der Delegierten Verordnung (EU) 2017/590 der Kommission vom 28. Juli 2016 zur Ergänzung der Verordnung (EU) Nr. 600/2014 des Europäischen Parlaments und des Rates durch technische Regulierungsstandards für die Meldung von Geschäften an die zuständigen Behörden (ABl. L 87 vom 31.3.2017, S. 449), in der jeweils geltenden Fassung, gilt entsprechend für inländische zentrale Gegenparteien im Sinne des § 1 Absatz 31 des Kreditwesengesetzes hinsichtlich der Informationen, über die sie auf Grund

[1)] Bish. § 9 wird § 22 und neu gef. mWv 3.1.2018 durch G v. 23.6.2017 (BGBl. I S. 1693).

der von ihnen abgeschlossenen Geschäfte verfügen. [2]Diese Informationen umfassen Inhalte, die gemäß Anhang 1 Tabelle 2 Meldefelder Nummer 1 bis 4, 6, 7, 16, 28 bis 31, 33 bis 36 und 38 bis 56 der Delegierten Verordnung (EU) 2017/590 anzugeben sind. [3]Die übrigen Meldefelder sind so zu befüllen, dass sie den technischen Validierungsregeln, die von der Europäischen Wertpapier- und Marktaufsichtsbehörde vorgegeben sind, entsprechen.

§ 23[1)] Anzeige von Verdachtsfällen. (1) [1]Wertpapierdienstleistungsunternehmen, andere Kreditinstitute, Kapitalverwaltungsgesellschaften und Betreiber von außerbörslichen Märkten, an denen Finanzinstrumente gehandelt werden, haben bei der Feststellung von Tatsachen, die den Verdacht begründen, dass mit einem Geschäft über Finanzinstrumente, für die die Bundesanstalt die zuständige Behörde im Sinne des Artikels 2 Absatz 1 Buchstabe j der Verordnung (EU) Nr. 236/2012 ist, gegen die Artikel 12, 13 oder 14 der Verordnung (EU) Nr. 236/2012 verstoßen wird, diese unverzüglich der Bundesanstalt mitzuteilen. [2]Sie dürfen andere Personen als staatliche Stellen und solche, die auf Grund ihres Berufs einer gesetzlichen Verschwiegenheitspflicht unterliegen, von der Anzeige oder von einer daraufhin eingeleiteten Untersuchung nicht in Kenntnis setzen

(2) [1]Der Inhalt einer Anzeige nach Absatz 1 darf von der Bundesanstalt nur zur Erfüllung ihrer Aufgaben verwendet werden. [2]Die Bundesanstalt darf die Identität einer anzeigenden Person nach Absatz 1 anderen als staatlichen Stellen nicht zugänglich machen. [3]Das Recht der Bundesanstalt nach § 123 bleibt unberührt.

(3) Wer eine Anzeige nach Absatz 1 erstattet, darf wegen dieser Anzeige nicht verantwortlich gemacht werden, es sei denn, die Anzeige ist vorsätzlich oder grob fahrlässig unwahr erstattet worden.

(4) [1]Das Bundesministerium der Finanzen kann durch Rechtsverordnung, die nicht der Zustimmung des Bundesrates bedarf, nähere Bestimmungen erlassen über

1. die Form und den Inhalt einer Anzeige nach Absatz 1 und
2. die Art und Weise der Übermittlung einer Mitteilung nach Artikel 16 Absatz 1 und 2 der Verordnung (EU) Nr. 596/2014.

[2]Das Bundesministerium der Finanzen kann die Ermächtigung durch Rechtsverordnung auf die Bundesanstalt übertragen.

§ 24[2)] Verpflichtung des Insolvenzverwalters. (1) Wird über das Vermögen eines nach diesem Gesetz zu einer Handlung Verpflichteten ein Insolvenzverfahren eröffnet, hat der Insolvenzverwalter den Schuldner bei der Erfüllung der Pflichten nach diesem Gesetz zu unterstützen, insbesondere indem er aus der Insolvenzmasse die hierfür erforderlichen Mittel bereitstellt.

(2) Wird vor Eröffnung des Insolvenzverfahrens ein vorläufiger Insolvenzverwalter bestellt, hat dieser den Schuldner bei der Erfüllung seiner Pflichten zu

---

[1)] Früherer § 10 neu eingef. mWv 30.10.2004 durch G v. 28.10.2004 (BGBl. I S. 2630); Abs. 1 Satz 1 geänd. mWv 28.12.2007 durch G v. 21.12.2007 (BGBl. I S. 3089); Abs. 1 Satz 1 geänd. mWv 27.7.2010 durch G v. 21.7.2010 (BGBl. I S. 945); Abs. 1 Satz 1 geänd. mWv 16.11.2012 durch G v. 6.11.2012 (BGBl. I S. 2286); Abs. 1 Satz 1 geänd., Abs. 2 Sätze 1 und 3 aufgeh., bish. Satz 2 wird Satz 1, bish. Sätze 4 und 5 werden Sätze 2 und 3, Abs. 4 neu gef. mWv 22.7.2013 durch G v. 4.7.2013 (BGBl. I S. 1981); Abs. 1 Satz 1 geänd., Abs. 2 Sätze 1 und 3 aufgeh., bish. Satz 2 wird Satz 1, bish. Sätze 4 und 5 werden Sätze 2 und 3, Abs. 4 neu gef. mWv 2.7.2016 durch G v. 30.6.2016 (BGBl. I S. 1514); bish. § 10 wird § 23 und Abs. 2 Satz 3 geänd. mWv 3.1.2018 durch G v. 23.6.2017 (BGBl. I S. 1693).

[2)] Früherer § 11 erneut eingef. mWv 20.1.2007 durch G v. 5.1.2007 (BGBl. I S. 10); bish. § 11 wird § 24 mWv 3.1.2018 durch G v. 23.6.2017 (BGBl. I S. 1693).

unterstützen, insbesondere indem er der Verwendung der Mittel durch den Verpflichteten zustimmt oder, wenn dem Verpflichteten ein allgemeines Verfügungsverbot auferlegt wurde, indem er die Mittel aus dem von ihm verwalteten Vermögen zur Verfügung stellt.

§ 24a[1)] Verordnungsermächtigung. (1) [1]Das Bundesministerium der Finanzen wird ermächtigt, durch Rechtsverordnung festzulegen, welche Meldungen, Mitteilungen, Anzeigen, Berichte, Anträge und sonstige Informationen mit den hierzu notwendigen Unterlagen, die der Bundesanstalt vorzulegen sind,

1. nach diesem Gesetz und den auf Grund dieses Gesetzes erlassenen Rechtsverordnungen, sowie
2. nach den in § 1 Absatz 1 Nummer 8 genannten Verordnungen der europäischen Union und den europäischen Rechtsakten, die zur Durchführung dieser Verordnungen erlassen worden sind,

elektronisch übermittelt werden müssen. [2]Die Rechtsverordnung kann nähere Bestimmungen treffen über Art, Umfang, Zeitpunkt, Form und Datenformat der Einreichungen nach Satz 1 und sie kann festlegen, welches elektronische Kommunikationsverfahren für die jeweilige Vorlagepflicht bei der Bundesanstalt zu nutzen ist und welche Bestimmungen für dessen Nutzung gelten, sowie dass eine Verpflichtung zur Einrichtung eines Zugangs zu einem Melde- und Veröffentlichungssystem der Bundesanstalt besteht.

(2) [1]Das Bundesministerium der Finanzen kann die Ermächtigung nach Absatz 1 durch Rechtsverordnung auf die Bundesanstalt übertragen. [2]Rechtsverordnungen nach Absatz 1 bedürfen nicht der Zustimmung des Bundesrates.

Abschnitt 3.[2)] Marktmissbrauchsüberwachung

§ 25[3)] Anwendung der Verordnung (EU) Nr. 596/2014 auf Waren und ausländische Zahlungsmittel. Artikel 15 in Verbindung mit Artikel 12 Absatz 1 bis 4 der Verordnung (EU) Nr. 596/2014 gilt entsprechend für

1. Waren im Sinne des § 2 Absatz 5 und
2. ausländische Zahlungsmittel im Sinne des § 51 des Börsengesetzes,

die an einer inländischen Börse oder einem vergleichbaren Markt in einem anderen Mitgliedstaat der Europäischen Union oder in einem anderen Vertragsstaat des Abkommens über den Europäischen Wirtschaftsraum gehandelt werden.

§ 26[4)] Übermittlung von Insiderinformationen und von Eigengeschäften; Verordnungsermächtigung. (1) Ein Inlandsemittent, ein MTF-Emittent oder ein OTF-Emittent, der gemäß Artikel 17 Absatz 1, 7 oder 8 der Verordnung (EU) Nr. 596/2014 verpflichtet ist, Insiderinformationen zu veröffentlichen, hat diese

---

[1)] § 24a eingef. mWv 15.12.2023 durch G v. 11.12.2023 (BGBl. 2023 I Nr. 354).

[2)] Abschnitt 3 Überschrift neu gef. mWv 2.7.2016 durch G v. 30.6.2016 (BGBl. I S. 1514).

[3)] Früherer § 12 neu gef. mWv 2.7.2016 durch G v. 30.6.2016 (BGBl. I S. 1514); bish. § 12 wird § 25, Überschrift, Nr. 1 geänd., Nr. 2 aufgeh., bish. Nr. 3 wird Nr. 2 mWv 3.1.2018 durch G v. 23.6.2017 (BGBl. I S. 1693).

[4)] Früherer § 15 neu gef. mWv 2.7.2016 durch G v. 30.6.2016 (BGBl. I S. 1514); Abs. 4 Satz 1 Nr. 2 *eingef., bish. Nr. 2–5 werden Nr. 3–6, neue Nr. 4–6 geänd.*, Nr. 7 angef. mWv 25.6.2017, bish. § 15 wird § 26, Überschrift, Abs. 1, 2 geänd. mWv 3.1.2018 durch G v. 23.6.2017 (BGBl. I S. 1693); Abs. 3 Satz 1 geänd. mWv 14.7.2018 durch G v. 10.7.2018 (BGBl. I S. 1102); Abs. 1, 2 geänd. mWv 1.8.2022 durch G v. 5.7.2021 (BGBl. I S. 3338); Abs. 1 geänd. mWv 15.12.2023 durch G v. 11.12.2023 (BGBl. 2023 I Nr. 354).

vor ihrer Veröffentlichung den Geschäftsführungen der Handelsplätze, an denen seine Finanzinstrumente zum Handel zugelassen oder in den Handel einbezogen sind, mitzuteilen sowie unverzüglich nach ihrer Veröffentlichung der Bundesanstalt sowie der das Unternehmensregister führenden Stelle zur Einstellung in das Unternehmensregister zu übermitteln.

(2) Ein Inlandsemittent, ein MTF-Emittent oder ein OTF-Emittent, der gemäß Artikel 19 Absatz 3 der Verordnung (EU) Nr. 596/2014 verpflichtet ist, Informationen zu Eigengeschäften von Führungskräften zu veröffentlichen, hat diese Informationen unverzüglich, jedoch nicht vor ihrer Veröffentlichung, der das Unternehmensregister führenden Stelle zur Einstellung in das Unternehmensregister zu übermitteln sowie die Veröffentlichung der Bundesanstalt mitzuteilen.

(3) [1] Verstößt der Emittent gegen die Verpflichtungen nach Absatz 1 oder nach Artikel 17 Absatz 1, 7 oder 8 der Verordnung (EU) Nr. 596/2014, so ist er einem anderen nur unter den Voraussetzungen der §§ 97 und 98 zum Ersatz des daraus entstehenden Schadens verpflichtet. [2] Schadensersatzansprüche, die auf anderen Rechtsgrundlagen beruhen, bleiben unberührt.

(4) [1] Das Bundesministerium der Finanzen kann durch Rechtsverordnung, die nicht der Zustimmung des Bundesrates bedarf, nähere Bestimmungen erlassen über

1. den Mindestinhalt, die Art, die Sprache, den Umfang und die Form einer Mitteilung nach Absatz 1 oder Absatz 2,
2. den Mindestinhalt, die Art, die Sprache, den Umfang und die Form einer Veröffentlichung nach Artikel 17 Absatz 1, 2 und 6 bis 9 der Verordnung (EU) Nr. 596/2014,
3. die Bedingungen, die ein Emittent oder Teilnehmer am Markt für Emissionszertifikate nach Artikel 17 Absatz 4 Unterabsatz 1 der Verordnung (EU) Nr. 596/2014 erfüllen muss, um die Offenlegung von Insiderinformationen aufzuschieben,
4. die Art und Weise der Übermittlung sowie den Mindestinhalt einer Mitteilung nach Artikel 17 Absatz 4 Unterabsatz 3 Satz 1 und Absatz 6 Unterabsatz 1 Satz 1 der Verordnung (EU) Nr. 596/2014,
5. die Art und Weise der Übermittlung einer Insiderliste nach Artikel 18 Absatz 1 Buchstabe c der Verordnung (EU) Nr. 596/2014,
6. die Art und Weise der Übermittlung sowie der Sprache einer Meldung nach Artikel 19 Absatz 1 der Verordnung (EU) Nr. 596/2014 und
7. den Inhalt, die Art, den Umfang und die Form einer zusätzlichen Veröffentlichung der Informationen nach Artikel 19 Absatz 3 der Verordnung (EU) Nr. 596/2014 durch die Bundesanstalt gemäß Artikel 19 Absatz 3 Unterabsatz 3 der Verordnung (EU) Nr. 596/2014.

[2] Das Bundesministerium der Finanzen kann die Ermächtigung durch Rechtsverordnung auf die Bundesanstalt übertragen.

§ 27[1)] Aufzeichnungspflichten. [1] Wertpapierdienstleistungsunternehmen sowie Unternehmen mit Sitz im Inland, die an einer inländischen Börse zur Teilnahme am Handel zugelassen sind, haben vor Durchführung von Aufträgen, die Finanzinstrumente im Sinne des Artikels 2 Absatz 1 Unterabsatz 1 der Verordnung (EU)

[1)] Früherer § 16 neu gef. mWv 30.10.2004 durch G v. 28.10.2004 (BGBl. I S. 2630); Satz 1 geänd. mWv 2.7.2016 durch G v. 30.6.2016 (BGBl. I S. 1514); bish. § 16 wird § 27 mWv 3.1.2018 durch G v. 23.6.2017 (BGBl. I S. 1693).

Nr. 596/2014 oder Handlungen oder Geschäfte im Sinne des Artikels 2 Absatz 1 Unterabsatz 2 Satz 1 der Verordnung (EU) Nr. 596/2014 zum Gegenstand haben, bei natürlichen Personen den Namen, das Geburtsdatum und die Anschrift, bei Unternehmen die Firma und die Anschrift der Auftraggeber und der berechtigten oder verpflichteten Personen oder Unternehmen festzustellen und diese Angaben aufzuzeichnen. [2] Die Aufzeichnungen nach Satz 1 sind mindestens sechs Jahre aufzubewahren. [3] Für die Aufbewahrung gilt § 257 Abs. 3 und 5 des Handelsgesetzbuchs[1)] entsprechend.

§ 28[2)] *(aufgehoben)*

Abschnitt 4.[3)] Ratingagenturen

§ 29[4)] Zuständigkeit im Sinne der Verordnung (EG) Nr. 1060/2009.

(1) Die Bundesanstalt ist zuständige Behörde im Sinne des Artikels 22 der Verordnung (EG) Nr. 1060/2009 des Europäischen Parlaments und des Rates vom 16. September 2009 über Ratingagenturen (ABl. L 302 vom 17.11.2009, S. 1), die zuletzt durch die Verordnung (EU) Nr. 462/2013 (ABl. L 146 vom 31.5.2013, S. 1) geändert worden ist, in der jeweils geltenden Fassung.

(2) Für Wertpapierdienstleistungsunternehmen ist die Bundesanstalt nach diesem Gesetz sektoral zuständige Behörde im Sinne des Artikels 25a der Verordnung (EG) Nr. 1060/2009 in der jeweils geltenden Fassung, soweit diese Unternehmen bei der Erbringung von Wertpapierdienstleistungen oder Wertpapiernebendienstleistungen Ratings verwenden.

(3) Soweit in der Verordnung (EG) Nr. 1060/2009 in der jeweils geltenden Fassung oder den auf ihrer Grundlage erlassenen Rechtsakten nichts Abweichendes geregelt ist, sind die §§ 2, 3, 6 bis 13, 17 Absatz 2, § 18 mit Ausnahme von Absatz 7 Satz 5 bis 8, § 21 mit Ausnahme von Absatz 1 Satz 3 bis 5 für die Ausübung der Aufsicht durch die Bundesanstalt nach den Absätzen 1, 2 und 5 entsprechend anzuwenden.

(4) Widerspruch und Anfechtungsklage gegen Maßnahmen der Bundesanstalt nach den Absätzen 1 und 2, auch aufgrund oder in Verbindung mit der Verordnung (EG) Nr. 1060/2009 in der jeweils geltenden Fassung oder den auf ihrer Grundlage erlassenen Rechtsakten, haben keine aufschiebende Wirkung.

(5) [1] Zulassungsantragsteller im Sinne von § 2 Nummer 7 und Anbieter im Sinne von § 2 Nummer 6 des Wertpapierprospektgesetzes[5)], die einen Antrag auf Billigung eines Prospekts im Sinne der Verordnung (EU) 2017/1129 für ein öffentliches Angebot oder die Zulassung zum Handel von strukturierten Finanzinstrumenten im Sinne der Artikel 8b oder Artikel 8c der Verordnung (EG) Nr. 1060/2009 in der jeweils geltenden Fassung oder einer Emission im Sinne des Artikels 8d der Verordnung (EG) Nr. 1060/2009 in der jeweils geltenden Fassung bei der Bundesanstalt stellen und zugleich Emittent dieses strukturierten Finanzinstruments oder dieser Emission sind, haben der Bundesanstalt mit der Stellung

---

[1)] **Habersack, Deutsche Gesetze Nr. 50.**

[2)] § 28 aufgeh. mWv 1.7.2021 durch G v. 3.6.2021 (BGBl. I S. 1534).

[3)] Früherer Abschnitt 3a (§ 17) eingef. mWv 19.6.2010 durch G v. 14.6.2010 (BGBl. I S. 786); bish. Abschnitt 3a wird Abschnitt 4 (§ 29) mWv 3.1.2018 durch G v. 23.6.2017 (BGBl. I S. 1693).

[4)] Früherer § 17 neu gef. mWv 19.12.2014 durch G v. 10.12.2014 (BGBl. I S. 2085); bish. § 17 wird § 29 und Abs. 3 geänd. mWv 3.1.2018 durch G v. 23.6.2017 (BGBl. I S. 1693); Abs. 5 Satz 1 geänd. mWv 21.7.2019 durch G v. 8.7.2019 (BGBl. I S. 1002).

[5)] Nr. **58e**.

des Billigungsantrags eine Erklärung beizufügen, dass sie die auf sie anwendbaren Pflichten aus den Artikeln 8b, 8c oder Artikel 8d der Verordnung (EG) Nr. 1060/2009 in der jeweils geltenden Fassung erfüllen. [2] Die Wirksamkeit des Billigungsantrags bleibt von der ordnungsgemäßen Abgabe dieser Erklärung unberührt.

Abschnitt 5.[1)] OTC-Derivate und Transaktionsregister

§ 30[2)] Überwachung des Clearings von OTC-Derivaten und Aufsicht über Transaktionsregister. (1) [1] Die Bundesanstalt ist unbeschadet des § 6 des Kreditwesengesetzes nach diesem Gesetz zuständig für die Einhaltung der Vorschriften nach den Artikeln 4, 4a, 5 und 7 bis 13 der Verordnung (EU) Nr. 648/2012 des Europäischen Parlaments und des Rates vom 4. Juli 2012 über OTC-Derivate, zentrale Gegenparteien und Transaktionsregister (ABl. L 201 vom 27.7.2012, S. 1), soweit sich nicht aus § 3 Absatz 5 oder § 5 Absatz 6 des Börsengesetzes etwas anderes ergibt. [2] Die Bundesanstalt ist zuständige Behörde im Sinne des Artikels 62 Absatz 4, des Artikels 63 Absatz 3 bis 7, des Artikels 68 Absatz 3 und des Artikels 74 Absatz 1 bis 3 der Verordnung (EU) Nr. 648/2012. [3] Soweit in der Verordnung (EU) Nr. 648/2012 nichts Abweichendes geregelt ist, gelten die Vorschriften der Abschnitte 1 und 2 dieses Gesetzes, mit Ausnahme der §§ 22 und 23, entsprechend.

(2) Eine inländische finanzielle Gegenpartei im Sinne des Artikels 2 Nummer 8 der Verordnung (EU) Nr. 648/2012 hat, wenn sie eine Garantie im Sinne der Artikel 1 und 2 Absatz 1 der Delegierten Verordnung (EU) Nr. 285/2014 der Kommission vom 13. Februar 2014 zur Ergänzung der Verordnung (EU) Nr. 648/2012 des Europäischen Parlaments und des Rates im Hinblick auf technische Regulierungsstandards in Bezug auf unmittelbare, wesentliche und vorhersehbare Auswirkungen von Kontrakten innerhalb der Union und die Verhinderung der Umgehung von Vorschriften und Pflichten (ABl. L 85 vom 21.3.2014, S. 1) in der jeweils geltenden Fassung gewährt oder erweitert, durch geeignete Maßnahmen, insbesondere durch Vertragsgestaltung und Kontrollen, sicherzustellen, dass die an garantierten OTC-Derivatekontrakten beteiligten, in einem Drittstaat ansässigen Einrichtungen nicht gegen auf diese garantierten OTC-Derivatekontrakte anwendbare Bestimmungen der Verordnung (EU) Nr. 648/2012 verstoßen.

(3) Inländische Clearingmitglieder im Sinne des Artikels 2 Nummer 14 der Verordnung (EU) Nr. 648/2012 sowie Handelsplätze im Sinne des Artikels 2 Nummer 4 der Verordnung (EU) Nr. 648/2012 dürfen Clearingdienste einer in einem Drittstaat ansässigen zentralen Gegenpartei im Sinne des Artikels 25 Absatz 1 der Verordnung (EU) Nr. 648/2012 nur nutzen, wenn diese von der Europäischen Wertpapier- und Marktaufsichtsbehörde anerkannt wurde.

(4) Die Bundesanstalt übt die ihr nach Absatz 1 in Verbindung mit der Verordnung (EU) Nr. 648/2012 übertragenen Befugnisse aus, soweit dies für die Wahrnehmung ihrer Aufgaben und die Überwachung der Einhaltung der in der Verordnung (EU) Nr. 648/2012 geregelten Pflichten erforderlich ist.

[1)] Früherer Abschnitt 3b (§§ 18–20) wird Abschnitt 4, Bez. bish. Abschnitt 4 (nach § 20) aufgeh. mWv 2.7.2016 durch G v. 30.6.2016 (BGBl. I S. 1514); bish. Abschnitt 4 wird Abschnitt 5 (§§ 30–32) mWv 3.1.2018 durch G v. 23.6.2017 (BGBl. I S. 1693).

[2)] Früherer § 18 neu gef. mWv 16.2.2013 durch G v. 13.2.2013 (BGBl. I S. 174); Abs. 2 und 3 eingef., bish. Abs. 2–5 werden Abs. 4–7, neuer Abs. 4, neuer Abs. 5 Satz 1 und neuer Abs. 7 geänd. mWv 2.7.2016 durch G v. 30.6.2016 (BGBl. I S. 1514); bish. § 18 wird § 30 und Abs. 1 Satz 3 geänd. mWv 3.1.2018 durch G v. 23.6.2017 (BGBl. I S. 1693); Abs. 1 Satz 1 geänd. mWv 28.3.2020 durch G v. 19.3.2020 (BGBl. I S. 529).

(5) [1]Sofern die Bundesanstalt als zuständige Behörde nach Absatz 1 tätig wird oder Befugnisse nach Absatz 4 ausübt, sind die vorzulegenden Unterlagen in deutscher Sprache und auf Verlangen der Bundesanstalt zusätzlich in englischer Sprache zu erstellen und vorzulegen. [2]Die Bundesanstalt kann gestatten, dass die Unterlagen ausschließlich in englischer Sprache erstellt und vorgelegt werden.

(6) [1]Die Bundesanstalt kann von Unternehmen Auskünfte, die Vorlage von Unterlagen und die Überlassung von Kopien verlangen, soweit dies für die Überwachung der Einhaltung der Vorschriften nach Absatz 1 erforderlich ist. [2]Gesetzliche Auskunfts- oder Aussageverweigerungsrechte sowie gesetzliche Verschwiegenheitspflichten bleiben unberührt.

(7) Widerspruch und Anfechtungsklage gegen Maßnahmen der Bundesanstalt nach den Absätzen 4 und 6, auch in Verbindung mit der Verordnung (EU) Nr. 648/2012, haben keine aufschiebende Wirkung.

§ 31[1)] Verordnungsermächtigung zu den Mitteilungspflichten nach der Verordnung (EU) Nr. 648/2012. [1]Das Bundesministerium der Finanzen kann durch Rechtsverordnung, die nicht der Zustimmung des Bundesrates bedarf, nähere Bestimmungen erlassen über den Inhalt, die Art, die Sprache, den Umfang und die Form der Unterrichtung nach Artikel 4a Absatz 1 Unterabsatz 2 Buchstabe a oder nach Artikel 10 Absatz 1 Unterabsatz 2 Buchstabe a sowie der Nachweise nach Artikel 4a Absatz 2 Unterabsatz 1 oder nach Artikel 10 Absatz 2 Unterabsatz 1 der Verordnung (EU) Nr. 648/2012. [2]Das Bundesministerium der Finanzen kann die Ermächtigung durch Rechtsverordnung auf die Bundesanstalt übertragen.

§ 32[2)] Prüfung der Einhaltung bestimmter Pflichten der Verordnung (EU) Nr. 648/2012 und der Verordnung (EU) Nr. 600/2014. (1) [1]Kapitalgesellschaften, die weder kleine Kapitalgesellschaften im Sinne des § 267 Absatz 1 des Handelsgesetzbuchs[3)] noch finanzielle Gegenparteien im Sinne des Artikels 2 Nummer 8 der Verordnung (EU) Nr. 648/2012 sind und die im abgelaufenen Geschäftsjahr entweder

1. OTC-Derivate im Sinne des Artikels 2 Nummer 7 der Verordnung (EU) Nr. 648/2012 mit einem Gesamtnominalvolumen von mehr als 100 Millionen Euro oder
2. mehr als 100 OTC-Derivatekontrakte im Sinne des Artikels 2 Nummer 7 der Verordnung (EU) Nr. 648/2012

eingegangen sind, haben durch einen geeigneten Prüfer innerhalb von neun Monaten nach Ablauf des Geschäftsjahres prüfen und bescheinigen zu lassen, dass sie über geeignete Systeme verfügen, die die Einhaltung der Anforderungen nach Artikel 4 Absatz 1, 2 und 3 Unterabsatz 2, Artikel 9 Absatz 1 bis 3, Artikel 10 Absatz 1 bis 3 sowie Artikel 11 Absatz 1, 2 und 3 Satz 2 und Absatz 5 bis 11 Unterabsatz 1 der Verordnung (EU) Nr. 648/2012, nach Artikel 28 Absatz 1 bis 3 der Verordnung (EU) Nr. 600/2014 sowie nach einer auf Grund des § 31 dieses Gesetzes erlassenen Rechtsverordnung sicherstellen. [2]Für die Zwecke der Berech-

---

1) § 31 neu gef. mWv 28.3.2020 durch G v. 19.3.2020 (BGBl. I S. 529).

2) Früherer § 20 neu gef. mWv 16.2.2013 durch G v. 13.2.2013 (BGBl. I S. 174); Abs. 6 Sätze 1 und 2 geänd. mWv 8.9.2015 durch VO v. 31.8.2015 (BGBl. I S. 1474); Abs. 1 neu gef. mWv 2.7.2016 durch G v. 30.6.2016 (BGBl. I S. 1514); bish. § 20 wird § 32 und Überschrift, Abs. 1 Satz 1 abschl. Satzteil und Abs. 4 Satz 4 geänd. mWv 3.1.2018 durch G v. 23.6.2017 (BGBl. I S. 1693); Abs. 1 Satz 1 abschl. Satzteil geänd. mWv 28.3.2020 durch G v. 19.3.2020 (BGBl. I S. 529).

3) **Habersack, Deutsche Gesetze Nr. 50.**

nung der Schwelle nach Satz 1 Nummer 1 und 2 sind solche Geschäfte nicht zu berücksichtigen, die als gruppeninterne Geschäfte der Ausnahme des Artikels 4 Absatz 2 der Verordnung (EU) Nr. 648/2012 unterliegen oder von den Anforderungen des Artikels 11 Absatz 3 der Verordnung (EU) Nr. 648/2012 befreit sind. [3]Die Pflichten nach Satz 1 gelten nicht für solche Unternehmen, die den Prüfungspflichten nach § 35 des Versicherungsaufsichtsgesetzes oder den Prüfungspflichten nach § 29 des Kreditwesengesetzes unterliegen.

(2) [1]Geeignete Prüfer im Sinne des Absatzes 1 Satz 1 sind Wirtschaftsprüfer, vereidigte Buchprüfer sowie Wirtschaftsprüfungs- und Buchprüfungsgesellschaften, die hinsichtlich des Prüfungsgegenstandes über ausreichende Kenntnisse verfügen. [2]Die Kapitalgesellschaft hat den Prüfer spätestens 15 Monate nach Beginn des Geschäftsjahres, auf das sich die Prüfung erstreckt, zu bestellen.

(3) [1]Der Prüfer hat die Bescheinigung zu unterzeichnen und innerhalb von neun Monaten nach Ablauf des Geschäftsjahres, auf das sich die Prüfung erstreckt, den gesetzlichen Vertretern und dem Aufsichtsrat vorzulegen, falls die Kapitalgesellschaft über einen solchen verfügt. [2]Vor der Zuleitung der Bescheinigung an den Aufsichtsrat ist der Geschäftsleitung Gelegenheit zur Stellungnahme zu geben. [3]In der Bescheinigung hat der Prüfer über die Ergebnisse der Prüfung schriftlich zu berichten. [4]Werden dem Prüfer bei der Prüfung schwerwiegende Verstöße gegen die Anforderungen des Absatzes 1 bekannt, hat er die Bundesanstalt unverzüglich zu unterrichten. [5]§ 323 des Handelsgesetzbuchs gilt entsprechend.

(4) [1]Enthält die Bescheinigung des Prüfers die Feststellung von Mängeln, hat die Kapitalgesellschaft die Bescheinigung unverzüglich der Bundesanstalt zu übermitteln. [2]Stellt ein Prüfer fest, dass die Geschäftsleitung eine entsprechende Übermittlung an die Bundesanstalt in einem Geschäftsjahr, das vor dem Prüfungszeitraum liegt, unterlassen hat, hat er dies der Bundesanstalt unverzüglich mitzuteilen. [3]Tatsachen, die auf das Vorliegen einer Berufspflichtverletzung durch den Prüfer schließen lassen, übermittelt die Bundesanstalt der Wirtschaftsprüferkammer. [4]§ 110 Absatz 1 Satz 2 gilt entsprechend.

(5) [1]Die Pflichten nach Absatz 1 in Verbindung mit den Absätzen 2 bis 4 gelten auch für offene Handelsgesellschaften und Kommanditgesellschaften im Sinne des § 264a Absatz 1 des Handelsgesetzbuchs. [2]§ 264a Absatz 2 des Handelsgesetzbuchs gilt entsprechend.

(6) [1]Das Bundesministerium der Finanzen kann durch Rechtsverordnung, die nicht der Zustimmung des Bundesrates bedarf, im Einvernehmen mit dem Bundesministerium der Justiz und für Verbraucherschutz nähere Bestimmungen über Art, Umfang und Zeitpunkt der Prüfung nach Absatz 1 sowie über Art und Umfang der Bescheinigungen nach Absatz 3 erlassen, soweit dies zur Erfüllung der Aufgaben der Bundesanstalt erforderlich ist, insbesondere um auf die Einhaltung der in Absatz 1 Satz 1 genannten Pflichten und Anforderungen hinzuwirken und um einheitliche Unterlagen zu erhalten. [2]Das Bundesministerium der Finanzen kann die Ermächtigung durch Rechtsverordnung im Einvernehmen mit dem Bundesministerium der Justiz und für Verbraucherschutz auf die Bundesanstalt übertragen.

Abschnitt 5a.[1] Paneuropäisches Privates Pensionsprodukt (PEPP)

§ 32a[1] Zuständigkeit im Sinne der Verordnung (EU) 2019/1238.

(1) Die Bundesanstalt ist zuständige Behörde im Sinne von Artikel 2 Nummer 18 der Verordnung (EU) 2019/1238 des Europäischen Parlaments und des Rates vom 20. Juni 2019 über ein Paneuropäisches Privates Pensionsprodukt (PEPP) (ABl. L 198 vom 25.7.2019, S. 1) in der jeweils geltenden Fassung nach den Vorschriften dieses Gesetzes, soweit nicht § 295 Absatz 1 Nummer 7 des Versicherungsaufsichtsgesetzes, § 6 Absatz 1f des Kreditwesengesetzes oder § 5 Absatz 13 des Kapitalanlagegesetzbuchs anzuwenden ist.

(2) Widerspruch und Anfechtungsklage gegen Maßnahmen und Entscheidungen der Bundesanstalt nach Artikel 6 Absatz 4, Artikel 8 Absatz 1 sowie nach Artikel 63 der Verordnung (EG) 2019/1238 haben keine aufschiebende Wirkung.

Abschnitt 5b.[2] Schwarmfinanzierungsdienstleister

§ 32b[2] Zuständigkeit der Bundesanstalt nach der Verordnung (EU) 2020/1503. (1) Die Bundesanstalt ist zuständige Behörde im Sinne des Artikels 29 Absatz 1 der Verordnung (EU) 2020/1503.

(2) Die Bundesanstalt erlässt im Einvernehmen mit dem Bundesministerium der Justiz und für Verbraucherschutz Gestattungen nach Artikel 2 Absatz 2 der Verordnung (EU) 2020/1503 durch Allgemeinverfügung.

(3) In Bezug auf Maßnahmen nach Artikel 17 Absatz 1 der Verordnung (EU) 2020/1503 sind § 48 Absatz 4 Satz 1 und § 49 Absatz 2 Satz 2 des Verwaltungsverfahrensgesetzes[3] über die Jahresfrist nicht anzuwenden.

(4) Widerspruch und Anfechtungsklage gegen Entscheidungen und Maßnahmen der Bundesanstalt nach der Verordnung (EU) 2020/1503 einschließlich der Androhung und der Festsetzung von Zwangsmitteln haben keine aufschiebende Wirkung.

§ 32c[4] Haftung für Angaben im Anlagebasisinformationsblatt nach Artikel 23 der Verordnung (EU) 2020/1503. (1) Der für das Anlagebasisinformationsblatt nach Artikel 23 der Verordnung (EU) 2020/1503 verantwortliche Projektträger im Sinne des Artikels 2 Absatz 1 Buchstabe h der Verordnung (EU) 2020/1503 ist dem Anleger im Sinne des Artikels 2 Absatz 1 Buchstabe i der Verordnung (EU) 2020/1503 zur Rückabwicklung des Kredits im Sinne des Artikels 2 Absatz 1 Buchstabe b der Verordnung (EU) 2020/1503 und zur Erstattung der mit der Kreditgewährung verbundenen üblichen Kosten oder zur Übernahme der Wertpapiere oder der für Schwarmfinanzierungszwecke verwendeten Instrumente gegen die Erstattung des Erwerbspreises, soweit dieser den ersten Erwerbspreis nicht überschreitet, und zur Erstattung der mit dem Erwerb verbundenen üblichen Kosten verpflichtet, wenn in dem Anlagebasisinformationsblatt nach Artikel 23 der Verordnung (EU) 2020/1503 oder etwaigen Übersetzungen in Amtssprachen eines Mitgliedstaats der Europäischen Union aufgrund von Vorsatz oder Fahrlässigkeit

---

[1] Abschnitt 5a (§ 32a) eingef. mWv 1.1.2022 durch G v. 3.6.2021 (BGBl. I S. 1568).
[2] Abschnitt 5b (§§ 32b–32f) eingef. mWv 10.11.2021 durch G v. 3.6.2021 (BGBl. I S. 1568).
[3] **Sartorius Nr. 100.**
[4] § 32c neu gef. mWv 15.12.2023 durch G v. 11.12.2023 (BGBl. 2023 I Nr. 354).

1. irreführende oder unrichtige Informationen angegeben sind,
2. wichtige Informationen nicht angegeben sind, die erforderlich sind, um Anleger bei ihrer Entscheidung, ob sie in einem Schwarmfinanzierungsprojekt anlegen, zu unterstützen oder
3. eine nach Artikel 23 Absatz 6 Buchstabe c der Verordnung (EU) 2020/1503 abzugebende Risikowarnung nicht enthalten ist.

(2) Die Verpflichtung nach Absatz 1 besteht auch dann, wenn der Projektträger aufgrund von Vorsatz oder Fahrlässigkeit

1. das Anlagebasisinformationsblatt entgegen Artikel 23 Absatz 2 der Verordnung (EU) 2020/1503 nicht erstellt hat oder
2. dem Schwarmfinanzierungsdienstleister im Sinne des Artikels 2 Absatz 1 Buchstabe e der Verordnung (EU) 2020/1503 entgegen Artikel 23 Absatz 8 Satz 1 der Verordnung (EU) 2020/1503 eine Änderung der im Anlagebasisinformationsblatt enthaltenen Informationen nicht unverzüglich mitgeteilt hat.

(3) Die Verpflichtung nach Absatz 1 besteht für den Schwarmfinanzierungsdienstleister, wenn dieser aufgrund von Vorsatz oder Fahrlässigkeit

1. dem Anleger das Anlagebasisinformationsblatt entgegen Artikel 23 Absatz 2 der Verordnung (EU) 2020/1503 nicht zur Verfügung gestellt hat oder
2. den Anleger entgegen Artikel 23 Absatz 8 Satz 2 der Verordnung (EU) 2020/1503 über eine wesentliche Änderung der im Anlagebasisinformationsblatt enthaltenen Informationen nicht unverzüglich informiert hat.

(4) Ist der Anleger nicht mehr Inhaber der Wertpapiere oder der verwendeten Instrumente, so kann er den Ausgleich eines etwaigen Vermögensnachteils sowie die Zahlung der mit dem ursprünglichen Erwerb und der Veräußerung verbundenen Kosten verlangen, wenn der Veräußerungspreis den ersten Erwerbspreis nicht überschreitet.

§ 32d[1] Haftung für Angaben im Anlagebasisinformationsblatt auf Ebene der Plattform nach Artikel 24 der Verordnung (EU) 2020/1503. (1) Der für das Anlagebasisinformationsblatt auf Ebene der Plattform nach Artikel 24 der Verordnung (EU) 2020/1503 verantwortliche Schwarmfinanzierungsdienstleister im Sinne des Artikels 2 Absatz 1 Buchstabe e der Verordnung (EU) 2020/1503 ist dem Anleger im Sinne des Artikels 2 Absatz 1 Buchstabe i der Verordnung (EU) 2020/1503 zur Rückzahlung des für die individuelle Verwaltung des Kreditportfolios zugewiesenen Betrages sowie der mit der individuellen Verwaltung des Kreditportfolios verbundenen Gebühren und sonstigen Kosten abzüglich bereits ausgezahlter Beträge verpflichtet, wenn in dem Anlagebasisinformationsblatt auf Ebene der Plattform nach Artikel 24 der Verordnung (EU) 2020/1503 oder dessen etwaigen Übersetzungen in Amtssprachen eines Mitgliedstaats der Europäischen Union aufgrund von Vorsatz oder Fahrlässigkeit

1. irreführende oder unrichtige Informationen angegeben sind,
2. wichtige Informationen nicht angegeben sind, die erforderlich sind, um Anleger bei ihrer Entscheidung, ob sie ihre Anlage durch die individuelle Verwaltung des Kreditportfolios vornehmen, zu unterstützen oder
3. die nach Artikel 24 Absatz 1 Buchstabe c der Verordnung (EU) 2020/1503 abzugebende Erklärung nicht enthalten ist.

---

[1] § 32d neu gef. mWv 15.12.2023 durch G v. 11.12.2023 (BGBl. 2023 I Nr. 354).

(2) Die Verpflichtung nach Absatz 1 besteht auch dann, wenn der Schwarmfinanzierungsdienstleister aufgrund von Vorsatz oder Fahrlässigkeit

1. dem Anleger das Anlagebasisinformationsblatt auf Ebene der Plattform entgegen Artikel 24 Absatz 1 der Verordnung (EU) 2020/1503 nicht zur Verfügung gestellt hat,
2. das Anlagebasisinformationsblatt auf Ebene der Plattform entgegen Artikel 24 Absatz 2 Satz 1 der Verordnung (EU) 2020/1503 nicht auf dem neusten Stand gehalten hat oder
3. den Anleger entgegen Artikel 24 Absatz 2 Satz 2 der Verordnung (EU) 2020/1503 nicht unverzüglich über eine wesentliche Änderung der im Anlagebasisinformationsblatt auf Ebene der Plattform enthaltenen Informationen informiert hat.

§ 32e[1] Sonstige Regelungen hinsichtlich der Ansprüche nach den §§ 32c und 32d. (1) Ein Anspruch des Anlegers nach § 32c oder § 32d besteht nicht, wenn der Anleger vor seiner Entscheidung die Unrichtigkeit oder die Unvollständigkeit der Informationen in dem Anlagebasisinformationsblatt nach Artikel 23 oder in dem Anlagebasisinformationsblatt auf Ebene der Plattform nach Artikel 24 der Verordnung (EU) 2020/1503 oder etwaigen Übersetzungen in Amtssprachen eines Mitgliedstaats der Europäischen Union kannte.

(2) Eine Vereinbarung, durch die Ansprüche nach § 32c oder § 32d im Voraus ermäßigt, erlassen oder ausgeschlossen werden, ist unwirksam.

(3) Weitergehende Ansprüche, die nach den Vorschriften des bürgerlichen Rechts auf Grund von Verträgen oder unerlaubten Handlungen erhoben werden können, bleiben unberührt.

§ 32f[2] Überwachung und Prüfung der Pflichten nach der Verordnung (EU) 2020/1503; Verordnungsermächtigung. (1) Die Bundesanstalt kann zur Überwachung der Einhaltung der Pflichten nach der Verordnung (EU) 2020/1503 in der jeweils geltenden Fassung auch ohne besonderen Anlass Prüfungen bei den Schwarmfinanzierungsdienstleistern im Sinne des Artikels 2 Absatz 1 Buchstabe e der Verordnung (EU) 2020/1503 bei den Unternehmen, mit denen eine Auslagerungsvereinbarung besteht oder bestand, und bei sonstigen zur Durchführung eingeschalteten dritten Personen oder Unternehmen vornehmen.

(2) [1] Unbeschadet des Absatzes 1 ist einmal jährlich durch einen geeigneten Prüfer zu prüfen, ob die Schwarmfinanzierungsdienstleister die nach der Verordnung (EU) 2020/1503 einzuhaltenden Pflichten erfüllen. [2] Die Bundesanstalt kann auf Antrag von der jährlichen Prüfung ganz oder teilweise unter Berücksichtigung der Art und des Umfangs der betriebenen Geschäfte absehen. [3] Der Schwarmfinanzierungsdienstleister hat den geeigneten Prüfer spätestens zum Ablauf desjenigen Geschäftsjahres zu bestellen, auf das sich die Prüfung erstreckt. [4] Bei Schwarmfinanzierungsdienstleistern, die einem genossenschaftlichen Prüfungsverband angehören oder durch die Prüfungsstelle eines Sparkassen- und Giroverbandes geprüft werden, wird die Prüfung durch den zuständigen Prüfungsverband oder die zuständige Prüfungsstelle, soweit hinsichtlich Letzterer das Landesrecht dies vorsieht, vorgenommen. [5] Geeignete Prüfer sind darüber hinaus Wirtschaftsprüfer, vereidig-

[1] § 32e eingef. durch G v. 3.6.2021 (BGBl. I S. 1568); Abs. 1 neu gef. mWv 15.12.2023 durch G v. 11.12.2023 (BGBl. 2023 I Nr. 354).

[2] Abschnitt 5b (§§ 32b–32f) eingef. mWv 10.11.2021 durch G v. 3.6.2021 (BGBl. I S. 1568).

te Buchprüfer sowie Wirtschaftsprüfungs- und Buchprüfungsgesellschaften, die hinsichtlich des Prüfungsgegenstandes über ausreichende Kenntnisse verfügen.

(3) [1] Über die Prüfung nach Absatz 2 ist ein Prüfungsbericht zu erstellen und auf Anforderung der Bundesanstalt vorzulegen. [2] Die wesentlichen Prüfungsergebnisse sind in einem Fragebogen zusammenzufassen, der dem Prüfungsbericht beizufügen ist. [3] Der Fragebogen ist auch dann bei der Bundesanstalt einzureichen, wenn ein Prüfungsbericht nach Satz 1 nicht angefordert wird. [4] Der Fragebogen ist unverzüglich nach Beendigung der Prüfung einzureichen.

(4) [1] Der Schwarmfinanzierungsdienstleister hat vor Erteilung des Prüfungsauftrags der Bundesanstalt den Prüfer anzuzeigen. [2] Die Bundesanstalt kann innerhalb eines Monats nach Zugang der Anzeige die Bestellung eines anderen Prüfers verlangen, wenn dies zur Erreichung des Prüfungszweckes geboten ist. [3] Die Sätze 1 und 2 gelten nicht für Schwarmfinanzierungsdienstleister, die einem genossenschaftlichen Prüfungsverband angehören oder durch die Prüfungsstelle eines Sparkassen- und Giroverbandes geprüft werden.

(5) [1] Die Bundesanstalt kann gegenüber dem Schwarmfinanzierungsdienstleister Bestimmungen über den Inhalt der Prüfung treffen, die vom Prüfer zu berücksichtigen sind. [2] Sie kann insbesondere Schwerpunkte für die Prüfungen festlegen. [3] Bei Verdacht auf schwerwiegende Verstöße gegen die Pflichten, deren Einhaltung zu prüfen ist, hat der Prüfer die Bundesanstalt unverzüglich zu unterrichten. [4] Die Bundesanstalt kann an den Prüfungen teilnehmen. [5] Hierfür ist der Bundesanstalt der Beginn der Prüfung rechtzeitig mitzuteilen.

(6) [1] Die Bundesanstalt kann die Prüfung nach Absatz 2 auch ohne besonderen Anlass anstelle des Prüfers selbst oder durch Beauftragte durchführen. [2] Der Schwarmfinanzierungsdienstleister ist hierüber rechtzeitig zu informieren.

(7) Widerspruch und Anfechtungsklage gegen Maßnahmen nach den Absätzen 1 bis 6 haben keine aufschiebende Wirkung.

(8) [1] Das Bundesministerium der Finanzen kann durch Rechtsverordnung, die nicht der Zustimmung des Bundesrates bedarf, nähere Bestimmungen über Aufbau, Inhalt und Art und Weise der nach Absatz 3 vorzulegenden Prüfungsberichte sowie nähere Bestimmungen über Art, Umfang und Zeitpunkt der Prüfung nach den Absätzen 1 und 2 erlassen, um Missständen bei der Erbringung von Schwarmfinanzierungsdienstleistungen nach der Verordnung (EU) 2020/1503 entgegenzuwirken, um auf die Einhaltung der der Prüfung nach Absatz 2 Satz 1 unterliegenden Pflichten hinzuwirken und um zu diesem Zweck einheitliche Unterlagen zu erhalten. [2] Das Bundesministerium der Finanzen kann die Ermächtigung durch Rechtsverordnung auf die Bundesanstalt übertragen.

Abschnitt 6.[1)] Mitteilung, Veröffentlichung und Übermittlung von Veränderungen des Stimmrechtsanteils an das Unternehmensregister

§ 33[2)] Mitteilungspflichten des Meldepflichtigen; Verordnungsermächtigung. (1) [1] Wer durch Erwerb, Veräußerung oder auf sonstige Weise 3 Prozent, 5

[1)] Früherer Abschnitt 4 wird Abschnitt 5 mWv 1.7.2002 durch G v. 21.6.2002 (BGBl. I S. 2010); Überschrift neu gef. mWv 20.1.2007 durch G v. 5.1.2007 (BGBl. I S. 10); bish. Abschnitt 5 wird Abschnitt 6 (§§ 33–47) mWv 3.1.2018 durch G v. 23.6.2017 (BGBl. I S. 1693).

[2)] Früherer § 21 Abs. 1 geänd. mWv 1.5.2002 durch G v. 22.4.2002 (BGBl. I S. 1310); Abs. 1 Satz 1 neu gef., Satz 2 eingef., bish. Satz 2 wird Satz 3 und geänd., Abs. 1a und 2 neu gef., Abs. 3 angef. mWv 20.1.2007 durch G v. 5.1.2007 (BGBl. I S. 10); Abs. 1 Satz 4 angef. mWv 28.12.2007 durch G v. 21.12.2007 (BGBl. I S. 3089); Abs. 1 Satz 1 geänd. mWv 10.7.2015 durch G v. 3.7.2015 (BGBl. I S. 1114); →

Prozent, 10 Prozent, 15 Prozent, 20 Prozent, 25 Prozent, 30 Prozent, 50 Prozent oder 75 Prozent der Stimmrechte aus ihm gehörenden Aktien an einem Emittenten, für den die Bundesrepublik Deutschland der Herkunftsstaat ist, erreicht, überschreitet oder unterschreitet (Meldepflichtiger), hat dies unverzüglich dem Emittenten und gleichzeitig der Bundesanstalt, spätestens innerhalb von vier Handelstagen unter Beachtung von § 34 Absatz 1 und 2 mitzuteilen. 2 Bei Hinterlegungsscheinen, die Aktien vertreten, trifft die Mitteilungspflicht ausschließlich den Inhaber der Hinterlegungsscheine. 3 Die Frist des Satzes 1 beginnt mit dem Zeitpunkt, zu dem der Meldepflichtige Kenntnis davon hat oder nach den Umständen haben mußte, daß sein Stimmrechtsanteil die genannten Schwellen erreicht, überschreitet oder unterschreitet. 4 Hinsichtlich des Fristbeginns wird unwiderleglich vermutet, dass der Meldepflichtige spätestens zwei Handelstage nach dem Erreichen, Überschreiten oder Unterschreiten der genannten Schwellen Kenntnis hat. 5 Kommt es infolge von Ereignissen, die die Gesamtzahl der Stimmrechte verändern, zu einer Schwellenberührung, so beginnt die Frist abweichend von Satz 3, sobald der Meldepflichtige von der Schwellenberührung Kenntnis erlangt, spätestens jedoch mit der Veröffentlichung des Emittenten nach § 41 Absatz 1.

(2) 1 Wem im Zeitpunkt der erstmaligen Zulassung der Aktien zum Handel an einem organisierten Markt 3 Prozent oder mehr der Stimmrechte an einem Emittenten zustehen, für den die Bundesrepublik Deutschland der Herkunftsstaat ist, hat diesem Emittenten sowie der Bundesanstalt eine Mitteilung entsprechend Absatz 1 Satz 1 zu machen. 2 Absatz 1 Satz 2 gilt entsprechend.

(3) Als Gehören im Sinne dieses Abschnitts gilt bereits das Bestehen eines auf die Übertragung von Aktien gerichteten unbedingten und ohne zeitliche Verzögerung zu erfüllenden Anspruchs oder einer entsprechenden Verpflichtung.

(4) Inlandsemittenten und Emittenten, für die die Bundesrepublik Deutschland der Herkunftsstaat ist, sind im Sinne dieses Abschnitts nur solche, deren Aktien zum Handel an einem organisierten Markt zugelassen sind.

(5) 1 Das Bundesministerium der Finanzen kann durch Rechtsverordnung, die nicht der Zustimmung des Bundesrates bedarf, nähere Bestimmungen erlassen über den Inhalt, die Art, die Sprache, den Umfang und die Form der Mitteilung nach Absatz 1 Satz 1 und Absatz 2. 2 Das Bundesministerium der Finanzen kann die Ermächtigung durch Rechtsverordnung auf die Bundesanstalt übertragen, soweit die Art und die Form der Mitteilung nach Absatz 1 oder Absatz 2, insbesondere die Nutzung eines elektronischen Verfahrens, betroffen sind.

§ 34[1)] Zurechnung von Stimmrechten. (1) 1 Für die Mitteilungspflichten nach § 33 Absatz 1 und 2 stehen den Stimmrechten des Meldepflichtigen Stimmrechte aus Aktien des Emittenten, für den die Bundesrepublik Deutschland der Herkunftsstaat ist, gleich,

---

(Fortsetzung der Anm. von voriger Seite)
Überschrift, Abs. 1 Satz 4 neu gef., Satz 5 angef., Abs. 1b eingef. mWv 26.11.2015 durch G v. 20.11.2015 (BGBl. I S. 2029); Abs. 3 Satz 2 angef. mWv 2.7.2016 durch G v. 30.6.2016 (BGBl. I S. 1514); bish. § 21 wird § 33, Abs. 1 Sätze 1, 2 und 5 geänd., bish. Abs. 1a, 1b und 2 werden Abs. 2–4, bish. Abs. 3 wird Abs. 5 und Sätze 1, 2 geänd. mWv 3.1.2018 durch G v. 23.6.2017 (BGBl. I S. 1693).

1) Früherer § 22 neu gef. mWv 1.1.2002 durch G v. 20.12.2001 (BGBl. I S. 3822); Abs. 1 Satz 1 einleit. *Satzteil, Nr. 6 geänd., Abs. 3a eingef.,* Abs. 4 neu gef., Abs. 5 angef. mWv 20.1.2007 durch G v. 5.1.2007 (BGBl. I S. 10); Abs. 2 neu gef. mWv 19.8.2008 durch G v. 12.8.2008 (BGBl. I S. 1666); Abs. 1 Satz 1 Nr. 6 geänd., Nr. 7 und 8 angef., Satz 2 geänd., Abs. 3, 3a und 5 aufgeh., bish. Abs. 4 wird Abs. 3 mWv 26.11.2015 durch G v. 20.11.2015 (BGBl. I S. 2029); bish. § 22 wird § 34 und Abs. 1 Satz 1 einl. Satzteil, Abs. 3 Satz 1 geänd. mWv 3.1.2018 durch G v. 23.6.2017 (BGBl. I S. 1693).

1. die einem Tochterunternehmen des Meldepflichtigen gehören,
2. die einem Dritten gehören und von ihm für Rechnung des Meldepflichtigen gehalten werden,
3. die der Meldepflichtige einem Dritten als Sicherheit übertragen hat, es sei denn, der Dritte ist zur Ausübung der Stimmrechte aus diesen Aktien befugt und bekundet die Absicht, die Stimmrechte unabhängig von den Weisungen des Meldepflichtigen auszuüben,
4. an denen zugunsten des Meldepflichtigen ein Nießbrauch bestellt ist,
5. die der Meldepflichtige durch eine Willenserklärung erwerben kann,
6. die dem Meldepflichtigen anvertraut sind oder aus denen er die Stimmrechte als Bevollmächtigter ausüben kann, sofern er die Stimmrechte aus diesen Aktien nach eigenem Ermessen ausüben kann, wenn keine besonderen Weisungen des Aktionärs vorliegen,
7. aus denen der Meldepflichtige die Stimmrechte ausüben kann auf Grund einer Vereinbarung, die eine zeitweilige Übertragung der Stimmrechte ohne die damit verbundenen Aktien gegen Gegenleistung vorsieht,
8. die bei dem Meldepflichtigen als Sicherheit verwahrt werden, sofern der Meldepflichtige die Stimmrechte hält und die Absicht bekundet, diese Stimmrechte auszuüben.

[2] Für die Zurechnung nach Satz 1 Nummer 2 bis 8 stehen dem Meldepflichtigen Tochterunternehmen des Meldepflichtigen gleich. [3] Stimmrechte des Tochterunternehmens werden dem Meldepflichtigen in voller Höhe zugerechnet.

(2) [1] Dem Meldepflichtigen werden auch Stimmrechte eines Dritten aus Aktien des Emittenten, für den die Bundesrepublik Deutschland der Herkunftsstaat ist, in voller Höhe zugerechnet, mit dem der Meldepflichtige oder sein Tochterunternehmen sein Verhalten in Bezug auf diesen Emittenten auf Grund einer Vereinbarung oder in sonstiger Weise abstimmt; ausgenommen sind Vereinbarungen in Einzelfällen. [2] Ein abgestimmtes Verhalten setzt voraus, dass der Meldepflichtige oder sein Tochterunternehmen und der Dritte sich über die Ausübung von Stimmrechten verständigen oder mit dem Ziel einer dauerhaften und erheblichen Änderung der unternehmerischen Ausrichtung des Emittenten in sonstiger Weise zusammenwirken. [3] Für die Berechnung des Stimmrechtsanteils des Dritten gilt Absatz 1 entsprechend.

(3) [1] Wird eine Vollmacht im Falle des Absatzes 1 Satz 1 Nummer 6 nur zur Ausübung der Stimmrechte für eine Hauptversammlung erteilt, ist es für die Erfüllung der Mitteilungspflicht nach § 33 Absatz 1 und 2 in Verbindung mit Absatz 1 Satz 1 Nummer 6 ausreichend, wenn die Mitteilung lediglich bei Erteilung der Vollmacht abgegeben wird. [2] Die Mitteilung muss die Angabe enthalten, wann die Hauptversammlung stattfindet und wie hoch nach Erlöschen der Vollmacht oder des Ausübungsermessens der Stimmrechtsanteil sein wird, der dem Bevollmächtigten zugerechnet wird.

§ 35[1)] Tochterunternehmenseigenschaft; Verordnungsermächtigung.

(1) Vorbehaltlich der Absätze 2 bis 4 sind Tochterunternehmen im Sinne dieses Abschnitts Unternehmen,

---

[1)] Früherer § 22a eingef. mWv 26.11.2015 durch G v. 20.11.2015 (BGBl. I S. 2029); bish. § 22a wird § 35 und Abs. 3 Nr. 2 geänd. mWv 3.1.2018 durch G v. 23.6.2017 (BGBl. I S. 1693).

1. die als Tochterunternehmen im Sinne des § 290 des Handelsgesetzbuchs[1] gelten oder
2. auf die ein beherrschender Einfluss ausgeübt werden kann,

ohne dass es auf die Rechtsform oder den Sitz ankommt.

(2) Nicht als Tochterunternehmen im Sinne dieses Abschnitts gilt ein Wertpapierdienstleistungsunternehmen hinsichtlich der Beteiligungen, die von ihm im Rahmen einer Wertpapierdienstleistung nach § 2 Absatz 3 Satz 1 Nummer 7 verwaltet werden, wenn

1. das Wertpapierdienstleistungsunternehmen die Stimmrechte, die mit den betreffenden Aktien verbunden sind, unabhängig vom Mutterunternehmen ausübt,
2. das Wertpapierdienstleistungsunternehmen
   a) die Stimmrechte nur auf Grund von in schriftlicher Form oder über elektronische Hilfsmittel erteilten Weisungen ausüben darf oder
   b) durch geeignete Vorkehrungen sicherstellt, dass die Finanzportfolioverwaltung unabhängig von anderen Dienstleistungen und unter Bedingungen erfolgt, die gleichwertig sind denen der Richtlinie 2009/65/EG des Europäischen Parlaments und des Rates vom 13. Juli 2009 zur Koordinierung der Rechts- und Verwaltungsvorschriften betreffend bestimmte Organismen für gemeinsame Anlagen in Wertpapieren (OGAW) (ABl. L 302 vom 17.11.2009, S. 32) in der jeweils geltenden Fassung,
3. das Mutterunternehmen der Bundesanstalt den Namen des Wertpapierdienstleistungsunternehmens und die für dessen Überwachung zuständige Behörde oder das Fehlen einer solchen Behörde mitteilt und
4. das Mutterunternehmen gegenüber der Bundesanstalt erklärt, dass die Voraussetzungen der Nummer 1 erfüllt sind.

(3) Nicht als Tochterunternehmen im Sinne dieses Abschnitts gelten Kapitalverwaltungsgesellschaften im Sinne des § 17 Absatz 1 des Kapitalanlagegesetzbuchs und EU-Verwaltungsgesellschaften im Sinne des § 1 Absatz 17 des Kapitalanlagegesetzbuchs hinsichtlich der Beteiligungen, die zu den von ihnen verwalteten Investmentvermögen gehören, wenn

1. die Verwaltungsgesellschaft die Stimmrechte, die mit den betreffenden Aktien verbunden sind, unabhängig vom Mutterunternehmen ausübt,
2. die Verwaltungsgesellschaft die zu dem Investmentvermögen gehörenden Beteiligungen im Sinne der §§ 33 und 34 nach Maßgabe der Richtlinie 2009/65/EG verwaltet,
3. das Mutterunternehmen der Bundesanstalt den Namen der Verwaltungsgesellschaft und die für deren Überwachung zuständige Behörde oder das Fehlen einer solchen Behörde mitteilt und
4. das Mutterunternehmen gegenüber der Bundesanstalt erklärt, dass die Voraussetzungen der Nummer 1 erfüllt sind.

(4) Ein Unternehmen mit Sitz in einem Drittstaat, das nach § 32 Absatz 1 Satz 1 in Verbindung mit § 1 Absatz 1a Satz 2 Nummer 3 des Kreditwesengesetzes einer Zulassung für die Finanzportfolioverwaltung oder einer Erlaubnis nach § 20 oder § 113 des Kapitalanlagegesetzbuchs bedürfte, wenn es seinen Sitz oder seine *Hauptverwaltung im Inland* hätte, gilt nicht als Tochterunternehmen im Sinne dieses Abschnitts, wenn

[1] **Habersack, Deutsche Gesetze Nr. 50.**

1. das Unternehmen bezüglich seiner Unabhängigkeit Anforderungen genügt, die denen nach Absatz 2 oder Absatz 3, auch in Verbindung mit einer Rechtsverordnung nach Absatz 6, jeweils gleichwertig sind,
2. das Mutterunternehmen der Bundesanstalt den Namen dieses Unternehmens und die für dessen Überwachung zuständige Behörde oder das Fehlen einer solchen Behörde mitteilt und
3. das Mutterunternehmen gegenüber der Bundesanstalt erklärt, dass die Voraussetzungen der Nummer 1 erfüllt sind.

(5) Abweichend von den Absätzen 2 bis 4 gelten Wertpapierdienstleistungsunternehmen und Verwaltungsgesellschaften jedoch dann als Tochterunternehmen im Sinne dieses Abschnitts, wenn

1. das Mutterunternehmen oder ein anderes Tochterunternehmen des Mutterunternehmens seinerseits Anteile an der von dem Unternehmen verwalteten Beteiligung hält und
2. das Unternehmen die Stimmrechte, die mit diesen Beteiligungen verbunden sind, nicht nach freiem Ermessen, sondern nur auf Grund unmittelbarer oder mittelbarer Weisungen ausüben kann, die ihm vom Mutterunternehmen oder von einem anderen Tochterunternehmen des Mutterunternehmens erteilt werden.

(6) Das Bundesministerium der Finanzen wird ermächtigt, durch Rechtsverordnung, die nicht der Zustimmung des Bundesrates bedarf, nähere Bestimmungen zu erlassen über die Umstände, unter denen in den Fällen der Absätze 2 bis 5 eine Unabhängigkeit vom Mutterunternehmen gegeben ist.

§ 36[1] Nichtberücksichtigung von Stimmrechten. (1) Stimmrechte aus Aktien eines Emittenten, für den die Bundesrepublik Deutschland der Herkunftsstaat ist, bleiben bei der Berechnung des Stimmrechtsanteils unberücksichtigt, wenn ihr Inhaber

1. ein Kreditinstitut oder ein Wertpapierdienstleistungsunternehmen mit Sitz in einem Mitgliedstaat der Europäischen Union oder in einem anderen Vertragsstaat des Abkommens über den Europäischen Wirtschaftsraum ist,
2. die betreffenden Aktien im Handelsbuch hält und dieser Anteil nicht mehr als 5 Prozent der Stimmrechte beträgt und
3. sicherstellt, dass die Stimmrechte aus den betreffenden Aktien nicht ausgeübt und nicht anderweitig genutzt werden, um auf die Geschäftsführung des Emittenten Einfluss zu nehmen.

(2) Unberücksichtigt bei der Berechnung des Stimmrechtsanteils bleiben Stimmrechte aus Aktien, die gemäß der Verordnung (EG) Nr. 2273/2003 zu Stabilisierungszwecken erworben wurden, wenn der Aktieninhaber sicherstellt, dass die Stimmrechte aus den betreffenden Aktien nicht ausgeübt und nicht anderweitig genutzt werden, um auf die Geschäftsführung des Emittenten Einfluss zu nehmen.

---

[1] Früherer § 23 neu gef. mWv 20.1.2007 durch G v. 5.1.2007 (BGBl. I S. 10); Abs. 4 neu gef. mWv 28.12.2007 durch G v. 21.12.2007 (BGBl. I S. 3089); Abs. 1 Nr. 1 und 2 geänd., Abs. 1a eingef., Abs. 4 Satz 1 Nr. 2 geänd., Abs. 7 angef. mWv 26.11.2015 durch G v. 20.11.2015 (BGBl. I S. 2029); bish. § 23 wird § 36 und bish. Abs. 1a, 2 und 3 werden Abs. 2–4, bish. Abs. 4 wird Abs. 5 und Satz 1 einl. Satzteil und Nr. 4 geänd., bish. Abs. 5 wird Abs. 6 und geänd., bish. Abs. 6 wird Abs. 7 und Nr. 1–3 geänd., bish. Abs. 7 wird Abs. 8 und geänd. mWv 3.1.2018 durch G v. 23.6.2017 (BGBl. I S. 1693).

(3) Stimmrechte aus Aktien eines Emittenten, für den die Bundesrepublik Deutschland der Herkunftsstaat ist, bleiben bei der Berechnung des Stimmrechtsanteils unberücksichtigt, sofern

1. die betreffenden Aktien ausschließlich für den Zweck der Abrechnung und Abwicklung von Geschäften für höchstens drei Handelstage gehalten werden, selbst wenn die Aktien auch außerhalb eines organisierten Marktes gehandelt werden, oder
2. eine mit der Verwahrung von Aktien betraute Stelle die Stimmrechte aus den verwahrten Aktien nur aufgrund von Weisungen, die schriftlich oder über elektronische Hilfsmittel erteilt wurden, ausüben darf.

(4) [1] Stimmrechte aus Aktien, die die Mitglieder des Europäischen Systems der Zentralbanken bei der Wahrnehmung ihrer Aufgaben als Währungsbehörden zur Verfügung gestellt bekommen oder die sie bereitstellen, bleiben bei der Berechnung des Stimmrechtsanteils am Emittenten, für den die Bundesrepublik Deutschland der Herkunftsstaat ist, unberücksichtigt, soweit es sich bei den Transaktionen um kurzfristige Geschäfte handelt und die Stimmrechte aus den betreffenden Aktien nicht ausgeübt werden. [2] Satz 1 gilt insbesondere für Stimmrechte aus Aktien, die einem oder von einem Mitglied im Sinne des Satzes 1 zur Sicherheit übertragen werden, und für Stimmrechte aus Aktien, die dem Mitglied als Pfand oder im Rahmen eines Pensionsgeschäfts oder einer ähnlichen Vereinbarung gegen Liquidität für geldpolitische Zwecke oder innerhalb eines Zahlungssystems zur Verfügung gestellt oder von diesem bereitgestellt werden.

(5) [1] Für die Meldeschwellen von 3 Prozent und 5 Prozent bleiben Stimmrechte aus solchen Aktien eines Emittenten, für den die Bundesrepublik Deutschland der Herkunftsstaat ist, unberücksichtigt, die von einer Person erworben oder veräußert werden, die an einem Markt dauerhaft anbietet, Finanzinstrumente im Wege des Eigenhandels zu selbst gestellten Preisen zu kaufen oder zu verkaufen, wenn

1. diese Person dabei in ihrer Eigenschaft als Market Maker handelt,
2. sie eine Zulassung nach der Richtlinie 2004/39/EG hat,
3. sie nicht in die Geschäftsführung des Emittenten eingreift und keinen Einfluss auf ihn dahingehend ausübt, die betreffenden Aktien zu kaufen oder den Preis der Aktien zu stützen und
4. sie der Bundesanstalt unverzüglich, spätestens innerhalb von vier Handelstagen mitteilt, dass sie hinsichtlich der betreffenden Aktien als Market Maker tätig ist; für den Beginn der Frist gilt § 33 Absatz 1 Satz 3 und 4 entsprechend.

[2] Die Person kann die Mitteilung auch schon zu dem Zeitpunkt abgeben, an dem sie beabsichtigt, hinsichtlich der betreffenden Aktien als Market Maker tätig zu werden.

(6) Stimmrechte aus Aktien, die nach den Absätzen 1 bis 5 bei der Berechnung des Stimmrechtsanteils unberücksichtigt bleiben, können mit Ausnahme von Absatz 3 Nummer 2 nicht ausgeübt werden.

(7) Das Bundesministerium der Finanzen kann durch Rechtsverordnung[1)], die nicht der Zustimmung des Bundesrates bedarf,

1. eine geringere Höchstdauer für das Halten der Aktien nach Absatz 3 Nummer 1 festlegen,

---

[1)] Siehe die Transparenzrichtlinie-DurchführungsVO v. 13.3.2008 (BGBl. I S. 408), zuletzt geänd. durch G v. 23.6.2017 (BGBl. I S. 1693).

2. nähere Bestimmungen erlassen über die Nichtberücksichtigung der Stimmrechte eines Market Maker nach Absatz 5 und
3. nähere Bestimmungen erlassen über elektronische Hilfsmittel, mit denen Weisungen nach Absatz 3 Nummer 2 erteilt werden können.

(8) Die Berechnung der Stimmrechte, die nach den Absätzen 1 und 5 nicht zu berücksichtigen sind, bestimmt sich nach den in Artikel 9 Absatz 6b und Artikel 13 Absatz 4 der Richtlinie 2004/109/EG des Europäischen Parlaments und des Rates vom 15. Dezember 2004 zur Harmonisierung der Transparenzanforderungen in Bezug auf Informationen über Emittenten, deren Wertpapiere zum Handel auf einem geregelten Markt zugelassen sind, und zur Änderung der Richtlinie 2001/34/EG (ABl. L 390 vom 31.12.2004, S. 38) benannten technischen Regulierungsstandards.

§ 37[1)] Mitteilung durch Mutterunternehmen; Verordnungsermächtigung. (1) Ein Meldepflichtiger ist von den Meldepflichten nach § 33 Absatz 1 und 2, § 38 Absatz 1 und § 39 Absatz 1 befreit, wenn die Mitteilung von seinem Mutterunternehmen erfolgt oder, falls das Mutterunternehmen selbst ein Tochterunternehmen ist, durch dessen Mutterunternehmen erfolgt.

(2) Das Bundesministerium der Finanzen kann durch Rechtsverordnung, die nicht der Zustimmung des Bundesrates bedarf, nähere Bestimmungen erlassen über den Inhalt, die Art, die Sprache, den Umfang und die Form der Mitteilung nach Absatz 1.

§ 38[2)] Mitteilungspflichten beim Halten von Instrumenten; Verordnungsermächtigung. (1) [1]Die Mitteilungspflicht nach § 33 Absatz 1 und 2 gilt bei Erreichen, Überschreiten oder Unterschreiten der in § 33 Absatz 1 Satz 1 genannten Schwellen mit Ausnahme der Schwelle von 3 Prozent entsprechend für unmittelbare oder mittelbare Inhaber von Instrumenten, die

1. dem Inhaber entweder
   a) bei Fälligkeit ein unbedingtes Recht auf Erwerb mit Stimmrechten verbundener und bereits ausgegebener Aktien eines Emittenten, für den die Bundesrepublik Deutschland der Herkunftsstaat ist, oder
   b) ein Ermessen in Bezug auf sein Recht auf Erwerb dieser Aktien

   verleihen, oder
2. sich auf Aktien im Sinne der Nummer 1 beziehen und eine vergleichbare wirtschaftliche Wirkung haben wie die in Nummer 1 genannten Instrumente, unabhängig davon, ob sie einen Anspruch auf physische Lieferung einräumen oder nicht.

[2]Die §§ 36 und 37 gelten entsprechend.

(2) Instrumente im Sinne des Absatzes 1 können insbesondere sein:

1. übertragbare Wertpapiere,
2. Optionen,
3. Terminkontrakte,
4. Swaps,

[1)] Früherer § 24 neu gef. mWv 26.11.2015 durch G v. 20.11.2015 (BGBl. I S. 2029); bish. § 24 wird § 37 und Abs. 1 geänd. mWv 3.1.2018 durch G v. 23.6.2017 (BGBl. I S. 1693).

[2)] Früherer § 25 neu gef. mWv 26.11.2015 durch G v. 20.11.2015 (BGBl. I S. 2029); Abs. 5 Satz 2 angef. mWv 2.7.2016 durch G v. 30.6.2016 (BGBl. I S. 1514); bish. § 25 wird § 38, Satz 1 einl. Satzteil und Satz 2 geänd. mWv 3.1.2018 durch G v. 23.6.2017 (BGBl. I S. 1693).

5. Zinsausgleichsvereinbarungen und
6. Differenzgeschäfte.

(3) [1]Die Anzahl der für die Mitteilungspflicht nach Absatz 1 maßgeblichen Stimmrechte ist anhand der vollen nominalen Anzahl der dem Instrument zugrunde liegenden Aktien zu berechnen. [2]Sieht das Instrument ausschließlich einen Barausgleich vor, ist die Anzahl der Stimmrechte abweichend von Satz 1 auf einer Delta-angepassten Basis zu berechnen, wobei die nominale Anzahl der zugrunde liegenden Aktien mit dem Delta des Instruments zu multiplizieren ist. [3]Die Einzelheiten der Berechnung bestimmen sich nach den in Artikel 13 Absatz 1a der Richtlinie 2004/109/EG des Europäischen Parlaments und des Rates vom 15. Dezember 2004 zur Harmonisierung der Transparenzanforderungen in Bezug auf Informationen über Emittenten, deren Wertpapiere zum Handel auf einem geregelten Markt zugelassen sind, und zur Änderung der Richtlinie 2001/34/EG (ABl. L 390 vom 31.12.2004, S. 38) benannten technischen Regulierungsstandards. [4]Bei Instrumenten, die sich auf einen Aktienkorb oder einen Index beziehen, bestimmt sich die Berechnung ebenfalls nach den technischen Regulierungsstandards gemäß Satz 2.

(4) [1]Beziehen sich verschiedene der in Absatz 1 genannten Instrumente auf Aktien desselben Emittenten, sind die Stimmrechte aus diesen Aktien zusammenzurechnen. [2]Erwerbspositionen dürfen nicht mit Veräußerungspositionen verrechnet werden.

(5) [1]Das Bundesministerium der Finanzen kann durch Rechtsverordnung, die nicht der Zustimmung des Bundesrates bedarf, nähere Bestimmungen erlassen über den Inhalt, die Art, die Sprache, den Umfang und die Form der Mitteilung nach Absatz 1. [2]Das Bundesministerium der Finanzen kann die Ermächtigung durch Rechtsverordnung auf die Bundesanstalt übertragen, soweit die Art und die Form der Mitteilung nach Absatz 1, insbesondere die Nutzung eines elektronischen Verfahrens, betroffen sind.

§ 39[1)] Mitteilungspflichten bei Zusammenrechnung; Verordnungsermächtigung. (1) Die Mitteilungspflicht nach § 33 Absatz 1 und 2 gilt entsprechend für Inhaber von Stimmrechten im Sinne des § 33 und Instrumenten im Sinne des § 38, wenn die Summe der nach § 33 Absatz 1 Satz 1 oder Absatz 2 und § 38 Absatz 1 Satz 1 zu berücksichtigenden Stimmrechte an demselben Emittenten die in § 33 Absatz 1 Satz 1 genannten Schwellen mit Ausnahme der Schwelle von 3 Prozent erreicht, überschreitet oder unterschreitet.

(2) [1]Das Bundesministerium der Finanzen kann durch Rechtsverordnung, die nicht der Zustimmung des Bundesrates bedarf, nähere Bestimmungen erlassen über den Inhalt, die Art, die Sprache, den Umfang und die Form der Mitteilung nach Absatz 1. [2]Das Bundesministerium der Finanzen kann die Ermächtigung durch Rechtsverordnung auf die Bundesanstalt übertragen, soweit die Art und die Form der Mitteilung nach Absatz 1, insbesondere die Nutzung eines elektronischen Verfahrens, betroffen sind.

[1)] Früherer § 25a neu gef. mWv 26.11.2015 durch G v. 20.11.2015 (BGBl. I S. 2029); Abs. 2 Satz 2 angef. mWv 2.7.2016 durch G v. 30.6.2016 (BGBl. I S. 1514); bish. § 25a wird § 39 und Abs. 1 geänd. mWv 3.1.2018 durch G v. 23.6.2017 (BGBl. I S. 1693).

§ 40[1)] Veröffentlichungspflichten des Emittenten und Übermittlung an das Unternehmensregister. (1) [1] Ein Inlandsemittent hat Informationen nach § 33 Absatz 1 Satz 1, Absatz 2 und § 38 Absatz 1 Satz 1 sowie § 39 Absatz 1 Satz 1 oder nach entsprechenden Vorschriften anderer Mitgliedstaaten der Europäischen Union oder anderer Vertragsstaaten des Abkommens über den Europäischen Wirtschaftsraum unverzüglich, spätestens drei Handelstage nach Zugang der Mitteilung zu veröffentlichen; er übermittelt sie außerdem unverzüglich, jedoch nicht vor ihrer Veröffentlichung der das Unternehmensregister führenden Stelle zur Einstellung in das Unternehmensregister. [2] Erreicht, überschreitet oder unterschreitet ein Inlandsemittent in Bezug auf eigene Aktien entweder selbst, über ein Tochterunternehmen oder über eine in eigenem Namen, aber für Rechnung dieses Emittenten handelnde Person die Schwellen von 5 Prozent oder 10 Prozent durch Erwerb, Veräußerung oder auf sonstige Weise, gilt Satz 1 entsprechend mit der Maßgabe, dass abweichend von Satz 1 eine Erklärung zu veröffentlichen ist, deren Inhalt sich nach § 33 Absatz 1 Satz 1, auch in Verbindung mit einer Rechtsverordnung nach § 33 Absatz 5 bestimmt, und die Veröffentlichung spätestens vier Handelstage nach Erreichen, Überschreiten oder Unterschreiten der genannten Schwellen zu erfolgen hat; wenn für den Emittenten die Bundesrepublik Deutschland der Herkunftsstaat ist, ist außerdem die Schwelle von 3 Prozent maßgeblich.

(2) Der Inlandsemittent hat gleichzeitig mit der Veröffentlichung nach Absatz 1 Satz 1 und 2 diese der Bundesanstalt mitzuteilen.

(3) Das Bundesministerium der Finanzen kann durch Rechtsverordnung, die nicht der Zustimmung des Bundesrates bedarf, nähere Bestimmungen erlassen über

1. den Inhalt, die Art, die Sprache, den Umfang und die Form sowie die elektronische Verarbeitung der Angaben der Veröffentlichung nach Absatz 1 Satz 1 einschließlich enthaltener personenbezogener Daten und
2. den Inhalt, die Art, die Sprache, den Umfang, die Form sowie die elektronische Verarbeitung der Angaben der Mitteilung nach Absatz 2 einschließlich enthaltener personenbezogener Daten.

§ 41[2)] Veröffentlichung der Gesamtzahl der Stimmrechte und Übermittlung an das Unternehmensregister. (1) [1] Ist es bei einem Inlandsemittenten zu einer Zu- oder Abnahme von Stimmrechten gekommen, so ist er verpflichtet, die Gesamtzahl der Stimmrechte unter Angabe der auf diese entfallenden Anzahl von Mehrstimmrechten und das Datum der Wirksamkeit der Zu- oder Abnahme in der in § 40 Absatz 1 Satz 1, auch in Verbindung mit einer Rechtsverordnung nach Absatz 3 Nummer 1, vorgesehenen Weise unverzüglich, spätestens innerhalb von zwei Handelstagen zu veröffentlichen. [2] Er hat die Veröffentlichung gleichzeitig der Bundesanstalt entsprechend § 40 Absatz 2, auch in Verbindung mit einer Rechtsverordnung nach Absatz 3 Nummer 2, mitzuteilen. [3] Er übermittelt die

---

1) Früherer § 26 neu gef. mWv 20.1.2007 durch G v. 5.1.2007 (BGBl. I S. 10); Abs. 1 Satz 2 geänd. mWv 8.4.2011, Abs. 1 Satz 1 geänd. mWv 1.2.2012 durch G v. 5.4.2011 (BGBl. I S. 538); Abs. 1 Satz 2 geänd. mWv 26.11.2015 durch G v. 20.11.2015 (BGBl. I S. 2029); Abs. 3 Nr. 1 und 2 neu gef. mWv 2.7. 2016 durch G v. 30.6.2016 (BGBl. I S. 1514); bish. § 26 wird § 40 und Abs. 1 Sätze 1 und 2 geänd. mWv 3.1.2018 durch G v. 23.6.2017 (BGBl. I S. 1693); Abs. 1 Satz 1 geänd. mWv 1.8.2022 durch G v. 5.7. 2021 (BGBl. I S. 3338).

2) Früherer § 26a neu gef. mWv 26.11.2015 durch G v. 20.11.2015 (BGBl. I S. 2029); bish. § 26a wird § 41 und Abs. 1 Sätze 1 und 2 geänd. mWv 3.1.2018 durch G v. 23.6.2017 (BGBl. I S. 1693); Abs. 1 Satz 3 geänd. mWv 1.8.2022 durch G v. 5.7.2021 (BGBl. I S. 3338); Abs. 1 Satz 1 geänd. mWv 15.12.2023 durch G v. 11.12.2023 (BGBl. 2023 I Nr. 354).

Informationen außerdem unverzüglich, jedoch nicht vor ihrer Veröffentlichung, der das Unternehmensregister führenden Stelle zur Einstellung in das Unternehmensregister.

(2) [1]Bei der Ausgabe von Bezugsaktien ist die Gesamtzahl der Stimmrechte abweichend von Absatz 1 Satz 1 nur im Zusammenhang mit einer ohnehin erforderlichen Veröffentlichung nach Absatz 1, spätestens jedoch am Ende des Kalendermonats, in dem es zu einer Zu- oder Abnahme von Stimmrechten gekommen ist, zu veröffentlichen. [2]Der Veröffentlichung des Datums der Wirksamkeit der Zu- oder Abnahme bedarf es nicht.

§ 42[1)] Nachweis mitgeteilter Beteiligungen. Wer eine Mitteilung nach § 33 Absatz 1 oder 2, § 38 Absatz 1 oder § 39 Absatz 1 abgegeben hat, muß auf Verlangen der Bundesanstalt oder des Emittenten, für den die Bundesrepublik Deutschland der Herkunftsstaat ist, das Bestehen der mitgeteilten Beteiligung nachweisen.

§ 43[2)] Mitteilungspflichten für Inhaber wesentlicher Beteiligungen.

(1) [1]Ein Meldepflichtiger im Sinne der §§ 33 und 34, der die Schwelle von 10 Prozent der Stimmrechte aus Aktien oder eine höhere Schwelle erreicht oder überschreitet, muss dem Emittenten, für den die Bundesrepublik Deutschland Herkunftsstaat ist, die mit dem Erwerb der Stimmrechte verfolgten Ziele und die Herkunft der für den Erwerb verwendeten Mittel innerhalb von 20 Handelstagen nach Erreichen oder Überschreiten dieser Schwellen mitteilen. [2]Eine Änderung der Ziele im Sinne des Satzes 1 ist innerhalb von 20 Handelstagen mitzuteilen. [3]Hinsichtlich der mit dem Erwerb der Stimmrechte verfolgten Ziele hat der Meldepflichtige anzugeben, ob

1. die Investition der Umsetzung strategischer Ziele oder der Erzielung von Handelsgewinnen dient,
2. er innerhalb der nächsten zwölf Monate weitere Stimmrechte durch Erwerb oder auf sonstige Weise zu erlangen beabsichtigt,
3. er eine Einflussnahme auf die Besetzung von Verwaltungs-, Leitungs- und Aufsichtsorganen des Emittenten anstrebt und
4. er eine wesentliche Änderung der Kapitalstruktur der Gesellschaft, insbesondere im Hinblick auf das Verhältnis von Eigen- und Fremdfinanzierung und die Dividendenpolitik anstrebt.

[4]Hinsichtlich der Herkunft der verwendeten Mittel hat der Meldepflichtige anzugeben, ob es sich um Eigen- oder Fremdmittel handelt, die der Meldepflichtige zur Finanzierung des Erwerbs der Stimmrechte aufgenommen hat. [5]Eine Mitteilungspflicht nach Satz 1 besteht nicht, wenn der Schwellenwert auf Grund eines Angebots im Sinne des § 2 Absatz 1 des Wertpapiererwerbs- und Übernahmegesetzes[3)] erreicht oder überschritten wurde. [6]Die Mitteilungspflicht besteht ferner nicht für Kapitalverwaltungsgesellschaften sowie ausländische Verwaltungsgesell-

---

[1)] Früherer § 27 geänd. mWv 1.5.2002 durch G v. 22.4.2002 (BGBl. I S. 1310); geänd. mWv 20.1.2007 durch G v. 5.1.2007 (BGBl. I S. 10); geänd. mWv 26.11.2015 durch G v. 20.11.2015 (BGBl. I S. 2029); bish. § 27 wird § 42 und geänd. mWv 3.1.2018 durch G v. 23.6.2017 (BGBl. I S. 1693).

[2)] Früherer § 27a eingef. mWv 31.5.2009 durch G v. 12.8.2008 (BGBl. I S. 1666); Abs. 1 Satz 6 neu gef. mWv 1.7.2012 durch G v. 26.6.2012 (BGBl. I S. 1375); Abs. 1 Satz 6 geänd. mWv 22.7.2013 durch G v. 4.7.2013 (BGBl. I S. 1981); Abs. 2 geänd. mWv 26.11.2015 durch G v. 20.11.2015 (BGBl. I S. 2029); bish. § 27a wird § 43, Abs. 1 Sätze 1 und 5 und Abs. 2 geänd. mWv 3.1.2018 durch G v. 23.6.2017 (BGBl. I S. 1693); Abs. 2 geänd. mWv 1.8.2022 durch G v. 5.7.2021 (BGBl. I S. 3338).

[3)] Nr. **58a**.

schaften und Investmentgesellschaften im Sinne der Richtlinie 2009/65/EG, die einem Artikel 56 Absatz 1 Satz 1 der Richtlinie 2009/65/EG entsprechenden Verbot unterliegen, sofern eine Anlagegrenze von 10 Prozent oder weniger festgelegt worden ist; eine Mitteilungspflicht besteht auch dann nicht, wenn eine Artikel 57 Absatz 1 Satz 1 und Absatz 2 der Richtlinie 2009/65/EG entsprechende zulässige Ausnahme bei der Überschreitung von Anlagegrenzen vorliegt.

(2) Der Emittent hat die erhaltene Information oder die Tatsache, dass die Mitteilungspflicht nach Absatz 1 nicht erfüllt wurde, entsprechend § 40 Absatz 1 Satz 1 in Verbindung mit der Rechtsverordnung nach § 40 Absatz 3 Nummer 1 zu veröffentlichen; er übermittelt diese Informationen außerdem unverzüglich, jedoch nicht vor ihrer Veröffentlichung der das Unternehmensregister führenden Stelle zur Einstellung in das Unternehmensregister.

(3) [1]Die Satzung eines Emittenten mit Sitz im Inland kann vorsehen, dass Absatz 1 keine Anwendung findet. [2]Absatz 1 findet auch keine Anwendung auf Emittenten mit Sitz im Ausland, deren Satzung oder sonstige Bestimmungen eine Nichtanwendung vorsehen.

(4) Das Bundesministerium der Finanzen kann durch Rechtsverordnung, die nicht der Zustimmung des Bundesrates bedarf, nähere Bestimmungen über den Inhalt, die Art, die Sprache, den Umfang und die Form der Mitteilungen nach Absatz 1 erlassen.

§ 44[1)] Rechtsverlust. (1) [1]Rechte aus Aktien, die einem Meldepflichtigen gehören oder aus denen ihm Stimmrechte gemäß § 34 zugerechnet werden, bestehen nicht für die Zeit, für welche die Mitteilungspflichten nach § 33 Absatz 1 oder 2 nicht erfüllt werden. [2]Dies gilt nicht für Ansprüche nach § 58 Abs. 4 des Aktiengesetzes[2)] und § 271 des Aktiengesetzes, wenn die Mitteilung nicht vorsätzlich unterlassen wurde und nachgeholt worden ist. [3]Sofern die Höhe des Stimmrechtsanteils betroffen ist, verlängert sich die Frist nach Satz 1 bei vorsätzlicher oder grob fahrlässiger Verletzung der Mitteilungspflichten um sechs Monate. [4]Satz 3 gilt nicht, wenn die Abweichung bei der Höhe der in der vorangegangenen unrichtigen Mitteilung angegebenen Stimmrechte weniger als 10 Prozent des tatsächlichen Stimmrechtsanteils beträgt und keine Mitteilung über das Erreichen, Überschreiten oder Unterschreiten einer der in § 33 genannten Schwellen unterlassen wird.

(2) Kommt der Meldepflichtige seinen Mitteilungspflichten nach § 38 Absatz 1 oder § 39 Absatz 1 nicht nach, so ist Absatz 1 auf Aktien desselben Emittenten anzuwenden, die dem Meldepflichtigen gehören.

§ 45[3)] Richtlinien der Bundesanstalt. [1]Die Bundesanstalt kann Richtlinien aufstellen, nach denen sie für den Regelfall beurteilt, ob die Voraussetzungen für einen mitteilungspflichtigen Vorgang oder eine Befreiung von den Mitteilungspflichten nach § 33 Absatz 1 gegeben sind. [2]Die Richtlinien sind im Bundesanzeiger zu veröffentlichen.

---

1) Früherer § 28 Satz 1 geänd. mWv 1.1.2002 durch G v. 20.12.2001 (BGBl. I S. 3822); Sätze 3 und 4 angef. mWv 19.8.2008 durch G v. 12.8.2008 (BGBl. I S. 1666); Abs. 1 Satz 1 geänd., Abs. 2 angef. mWv 26.11.2015 durch G v. 20.11.2015 (BGBl. I S. 2029); bish. § 28 wird § 44, Abs. 1 Sätze 1 und 4, Abs. 2 geänd. mWv 3.1.2018 durch G v. 23.6.2017 (BGBl. I S. 1693).

2) **Habersack, Deutsche Gesetze Nr. 51.**

3) Früherer § 29 neu gef. mWv 30.10.2004 durch G v. 28.10.2004 (BGBl. I S. 2630); Satz 2 geänd. mWv 1.4.2012 durch G v. 22.12.2011 (BGBl. I S. 3044); bish. § 29 wird § 45 und geänd. mWv 3.1.2018 durch G v. 23.6.2017 (BGBl. I S. 1693).

§ 46[1)] **Befreiungen; Verordnungsermächtigung.** (1) [1]Die Bundesanstalt kann Inlandsemittenten mit Sitz in einem Drittstaat von den Pflichten nach § 40 Absatz 1 und § 41 freistellen, soweit diese Emittenten gleichwertigen Regeln eines Drittstaates unterliegen oder sich solchen Regeln unterwerfen. [2]Die Bundesanstalt unterrichtet die Europäische Wertpapier- und Marktaufsichtsbehörde über die erteilte Freistellung. [3]Satz 1 gilt nicht für Pflichten dieser Emittenten nach § 40 Absatz 1 und § 41 auf Grund von Mitteilungen nach § 39.

(2) [1]Emittenten, denen die Bundesanstalt eine Befreiung nach Absatz 1 erteilt hat, müssen Informationen über Umstände, die denen des § 33 Absatz 1 Satz 1 und Absatz 2, § 38 Absatz 1 Satz 1, § 40 Absatz 1 Satz 1 und 2 sowie § 41 entsprechen und die nach den gleichwertigen Regeln eines Drittstaates der Öffentlichkeit zur Verfügung zu stellen sind, in der in § 40 Absatz 1 Satz 1, auch in Verbindung mit einer Rechtsverordnung nach Absatz 3, geregelten Weise veröffentlichen und gleichzeitig der Bundesanstalt mitteilen. [2]Die Informationen sind außerdem unverzüglich, jedoch nicht vor ihrer Veröffentlichung der das Unternehmensregister führenden Stelle zur Einstellung in das Unternehmensregister zu übermitteln.

(3) Das Bundesministerium der Finanzen wird ermächtigt, durch Rechtsverordnung[2)], die nicht der Zustimmung des Bundesrates bedarf, nähere Bestimmungen über die Gleichwertigkeit von Regeln eines Drittstaates und die Freistellung von Emittenten nach Absatz 1 zu erlassen.

§ 47[3)] **Handelstage.** (1) Für die Berechnung der Mitteilungs- und Veröffentlichungsfristen nach diesem Abschnitt gelten als Handelstage alle Kalendertage, die nicht Sonnabende, Sonntage oder zumindest in einem Land landeseinheitliche gesetzlich anerkannte Feiertage sind.

(2) Die Bundesanstalt stellt im Internet unter ihrer Adresse einen Kalender der Handelstage zur Verfügung.

Abschnitt 7.[4)] Notwendige Informationen für die Wahrnehmung von Rechten aus Wertpapieren

§ 48[5)] **Pflichten der Emittenten gegenüber Wertpapierinhabern.** (1) Emittenten, für die die Bundesrepublik Deutschland der Herkunftsstaat ist, müssen sicherstellen, dass

---

[1)] Früherer § 29a eingef. mWv 20.1.2007 durch G v. 5.1.2007 (BGBl. I S. 10); Abs. 3 Satz 2 neu gef. mWv 28.12.2007 durch G v. 21.12.2007 (BGBl. I S. 3089); Abs. 1 Satz 3 angef. mWv 1.2.2012 durch G v. 5.4.2011 (BGBl. I S. 538); Abs. 1 Satz 2 angef. mWv 1.1.2012 durch G v. 4.12.2011 (BGBl. I S. 2427); Überschrift neu gef., Abs. 3 aufgeh., bish. Abs. 4 wird Abs. 3 und geänd. mWv 26.11.2015 durch G v. 20.11.2015 (BGBl. I S. 2029); bish. § 29a wird § 46, Abs. 1 Sätze 1 und 3, Abs. 2 Satz 1 geänd. mWv 3.1.2018 durch G v. 23.6.2017 (BGBl. I S. 1693); Abs. 2 Satz 2 geänd. mWv 1.8.2022 durch G v. 5.7.2021 (BGBl. I S. 3338).

[2)] Siehe die Transparenzrichtlinie-DurchführungsVO v. 13.3.2008 (BGBl. I S. 408), zuletzt geänd. durch G v. 23.6.2017 (BGBl. I S. 1693).

[3)] Früherer § 30 eingef. mWv 20.1.2007 durch G v. 5.1.2007 (BGBl. I S. 10); bish. § 30 wird § 47 mWv 3.1.2018 durch G v. 23.6.2017 (BGBl. I S. 1693).

[4)] Früherer Abschnitt 5a (§§ 30a–30g) eingef. mWv 20.1.2007 durch G v. 5.1.2007 (BGBl. I S. 10); bish. Abschnitt 5a wird Abschnitt 7 (§§ 48–52) mWv 3.1.2018 durch G v. 23.6.2017 (BGBl. I S. 1693).

[5)] Früherer § 30a eingef. mWv 20.1.2007 durch G v. 5.1.2007 (BGBl. I S. 10); Abs. 2 neu gef. mWv 1.7.2012 durch G v. 26.6.2012 (BGBl. I S. 1375); Abs. 1 Nr. 6 geänd. mWv 19.7.2014 durch G v. 15.7.2014 (BGBl. I S. 934); bish. § 30a wird § 48 und Abs. 3 geänd. mWv 3.1.2018 durch G v. 23.6.2017 (BGBl. I S. 1693).

1. alle Inhaber der zugelassenen Wertpapiere unter gleichen Voraussetzungen gleich behandelt werden;
2. alle Einrichtungen und Informationen, die die Inhaber der zugelassenen Wertpapiere zur Ausübung ihrer Rechte benötigen, im Inland öffentlich zur Verfügung stehen;
3. Daten zu Inhabern zugelassener Wertpapiere vor einer Kenntnisnahme durch Unbefugte geschützt sind;
4. für die gesamte Dauer der Zulassung der Wertpapiere mindestens ein Finanzinstitut als Zahlstelle im Inland bestimmt ist, bei der alle erforderlichen Maßnahmen hinsichtlich der Wertpapiere, im Falle der Vorlegung der Wertpapiere bei dieser Stelle kostenfrei, bewirkt werden können;
5. im Falle zugelassener Aktien jeder stimmberechtigten Person zusammen mit der Einladung zur Hauptversammlung oder nach deren Anberaumung auf Verlangen in Textform ein Formular für die Erteilung einer Vollmacht für die Hauptversammlung übermittelt wird;
6. im Falle zugelassener Schuldtitel im Sinne des § 2 Absatz 1 Nummer 3 mit Ausnahme von Wertpapieren, die zugleich unter § 2 Absatz 1 Nummer 2 fallen oder die ein zumindest bedingtes Recht auf den Erwerb von Wertpapieren nach § 2 Absatz 1 Nummer 1 oder Nummer 2 begründen, jeder stimmberechtigten Person zusammen mit der Einladung zur Gläubigerversammlung oder nach deren Anberaumung auf Verlangen rechtzeitig in Textform ein Formular für die Erteilung einer Vollmacht für die Gläubigerversammlung übermittelt wird.

(2) [1] Ein Emittent von zugelassenen Schuldtiteln im Sinne des Absatzes 1 Nummer 6, für den die Bundesrepublik Deutschland der Herkunftsstaat ist, kann die Gläubigerversammlung in jedem Mitgliedstaat der Europäischen Union oder in jedem anderen Vertragsstaat des Abkommens über den Europäischen Wirtschaftsraum abhalten. [2] Das setzt voraus, dass in dem Staat alle für die Ausübung der Rechte erforderlichen Einrichtungen und Informationen für die Schuldtitelinhaber verfügbar sind und zur Gläubigerversammlung ausschließlich Inhaber von folgenden Schuldtiteln eingeladen werden:
1. Schuldtiteln mit einer Mindeststückelung von 100 000 Euro oder dem am Ausgabetag entsprechenden Gegenwert in einer anderen Währung oder
2. noch ausstehenden Schuldtiteln mit einer Mindeststückelung von 50 000 Euro oder dem am Ausgabetag entsprechenden Gegenwert in einer anderen Währung, wenn die Schuldtitel bereits vor dem 31. Dezember 2010 zum Handel an einem organisierten Markt im Inland oder in einem anderen Mitgliedstaat der Europäischen Union oder einem anderen Vertragsstaat des Abkommens über den Europäischen Wirtschaftsraum zugelassen worden sind.

(3) Für die Bestimmungen nach Absatz 1 Nr. 1 bis 5 sowie nach § 49 Absatz 3 Nummer 1 stehen die Inhaber Aktien vertretender Hinterlegungsscheine den Inhabern der vertretenen Aktien gleich.

§ 49[1)] Veröffentlichung von Mitteilungen und Übermittlung im Wege der Datenfernübertragung. (1) [1] Der Emittent von zugelassenen Aktien, für den die Bundesrepublik Deutschland der Herkunftsstaat ist, muss

---

[1)] Früherer § 30b eingef. mWv 20.1.2007 durch G v. 5.1.2007 (BGBl. I S. 10); Abs. 2 Satz 2 angef. mWv 5.8.2009 durch G v. 31.7.2009 (BGBl. I S. 2512); Abs. 1 Sätze 1 und 2, Abs. 2 Satz 1 geänd. mWv 1.4.2012 durch G v. 22.12.2011 (BGBl. I S. 3044); Abs. 1 Satz 1 Nr. 2 neu gef., Abs. 3 Satz 2 angef. mWv 26.11.2015 durch G v. 20.11.2015 (BGBl. I S. 2029); Abs. 1 Satz 1 Nr. 2 geänd. mWv 2.7.2016 durch G →

1. die Einberufung der Hauptversammlung einschließlich der Tagesordnung, die Gesamtzahl der Aktien und Stimmrechte unter gesonderter Angabe der Mehrstimmrechtsaktien und der auf sie entfallenden Stimmrechte im Zeitpunkt der Einberufung der Hauptversammlung und die Rechte der Aktionäre bezüglich der Teilnahme an der Hauptversammlung sowie
2. Mitteilungen über die Ausschüttung und Auszahlung von Dividenden, die Ankündigung der Ausgabe neuer Aktien und die Vereinbarung oder Ausübung von Umtausch-, Bezugs-, Einziehungs- und Zeichnungsrechten sowie die Beschlussfassung über diese Rechte

unverzüglich im Bundesanzeiger veröffentlichen. [2] Soweit eine entsprechende Veröffentlichung im Bundesanzeiger auch durch sonstige Vorschriften vorgeschrieben wird, ist eine einmalige Veröffentlichung ausreichend.

(2) [1] Der Emittent zugelassener Schuldtitel im Sinne von § 48 Absatz 1 Nummer 6, für den die Bundesrepublik Deutschland der Herkunftsstaat ist, muss

1. den Ort, den Zeitpunkt und die Tagesordnung der Gläubigerversammlung und Mitteilungen über das Recht der Schuldtitelinhaber zur Teilnahme daran sowie
2. Mitteilungen über die Ausübung von Umtausch-, Zeichnungs- und Kündigungsrechten sowie über die Zinszahlungen, die Rückzahlungen, die Auslosungen und die bisher gekündigten oder ausgelosten, noch nicht eingelösten Stücke

unverzüglich im Bundesanzeiger veröffentlichen. [2] Absatz 1 Satz 2 gilt entsprechend.

(3) [1] Unbeschadet der Veröffentlichungspflichten nach den Absätzen 1 und 2 dürfen Emittenten, für die die Bundesrepublik Deutschland der Herkunftsstaat ist, Informationen an die Inhaber zugelassener Wertpapiere im Wege der Datenfernübertragung übermitteln, wenn die dadurch entstehenden Kosten nicht unter Verletzung des Gleichbehandlungsgrundsatzes nach § 48 Absatz 1 Nummer 1 den Wertpapierinhabern auferlegt werden und

1. im Falle zugelassener Aktien
   a) die Hauptversammlung zugestimmt hat,
   b) die Wahl der Art der Datenfernübertragung nicht vom Sitz oder Wohnsitz der Aktionäre oder der Personen, denen Stimmrechte in den Fällen des § 34 zugerechnet werden, abhängt,
   c) Vorkehrungen zur sicheren Identifizierung und Adressierung der Aktionäre oder derjenigen, die Stimmrechte ausüben oder Weisungen zu deren Ausübung erteilen dürfen, getroffen worden sind und
   d) die Aktionäre oder in Fällen des § 34 Absatz 1 Satz 1 Nummer 1, 3, 4 und Absatz 2 die zur Ausübung von Stimmrechten Berechtigten in die Übermittlung im Wege der Datenfernübertragung ausdrücklich eingewilligt haben oder einer Bitte in Textform um Zustimmung nicht innerhalb eines angemessenen Zeitraums widersprochen und die dadurch als erteilt geltende Zustimmung nicht zu einem späteren Zeitpunkt widerrufen haben,
2. im Falle zugelassener Schuldtitel im Sinne von § 48 Absatz 1 Nummer 6
   a) eine Gläubigerversammlung zugestimmt hat,

(Fortsetzung der Anm. von voriger Seite)
v. 30.6.2016 (BGBl. I S. 1514); bish. § 30b wird § 49 und Abs. 2 Satz 1 einl. Satzteil, Abs. 3 Satz 1 einl. Satzteil, Nr. 1 Buchst. b und d, Nr. 2 einl. Satzteil geänd. mWv 3.1.2018 durch G v. 23.6.2017 (BGBl. I S. 1693); Abs. 1 Satz 1 Nr. 1 geänd. mWv 15.12.2023 durch G v. 11.12.2023 (BGBl. 2023 I Nr. 354).

b) die Wahl der Art der Datenfernübertragung nicht vom Sitz oder Wohnsitz der Schuldtitelinhaber oder deren Bevollmächtigten abhängt,

c) Vorkehrungen zur sicheren Identifizierung und Adressierung der Schuldtitelinhaber getroffen worden sind,

d) die Schuldtitelinhaber in die Übermittlung im Wege der Datenfernübertragung ausdrücklich eingewilligt haben oder einer Bitte in Textform um Zustimmung nicht innerhalb eines angemessenen Zeitraums widersprochen und die dadurch als erteilt geltende Zustimmung nicht zu einem späteren Zeitpunkt widerrufen haben.

[2] Ist eine Datenfernübertragung unter diesen Voraussetzungen nicht möglich, erfolgt die Übermittlung ohne Rücksicht auf anderweitige Satzungsregelungen des Emittenten auf schriftlichem Wege.

§ 50[1)] Veröffentlichung zusätzlicher Angaben und Übermittlung an das Unternehmensregister; Verordnungsermächtigung. (1) [1] Ein Inlandsemittent muss

1. jede Änderung der mit den zugelassenen Wertpapieren verbundenen Rechte sowie
   a) im Falle zugelassener Aktien der Rechte, die mit derivativen vom Emittenten selbst begebenen Wertpapieren verbunden sind, sofern sie ein Umtausch- oder Erwerbsrecht auf die zugelassenen Aktien des Emittenten verschaffen,
   b) im Falle anderer Wertpapiere als Aktien Änderungen der Ausstattung dieser Wertpapiere, insbesondere von Zinssätzen, oder der damit verbundenen Bedingungen, soweit die mit den Wertpapieren verbundenen Rechte hiervon indirekt betroffen sind, und
2. Informationen, die er in einem Drittstaat veröffentlicht und die für die Öffentlichkeit in der Europäischen Union und dem Europäischen Wirtschaftsraum Bedeutung haben können,

unverzüglich veröffentlichen und gleichzeitig der Bundesanstalt diese Veröffentlichung mitteilen. [2] Er übermittelt diese Informationen außerdem unverzüglich, jedoch nicht vor ihrer Veröffentlichung der das Unternehmensregister führenden Stelle zur Einstellung in das Unternehmensregister.

(2) Das Bundesministerium der Finanzen wird ermächtigt, durch Rechtsverordnung, die nicht der Zustimmung des Bundesrates bedarf, nähere Bestimmungen zu erlassen über den Mindestinhalt, die Art, die Sprache, den Umfang und die Form der Veröffentlichung und der Mitteilung nach Absatz 1 Satz 1.

§ 51[2)] Befreiung. (1) [1] Die Bundesanstalt kann Inlandsemittenten mit Sitz in einem Drittstaat von den Pflichten nach den §§ 48, 49 und 50 Absatz 1 Satz 1 Nummer 1 und 2 freistellen, soweit diese Emittenten gleichwertigen Regeln eines Drittstaates unterliegen oder sich solchen Regeln unterwerfen. [2] Die Bundesanstalt

---

[1)] Früherer § 30e eingef. mWv 20.1.2007 durch G v. 5.1.2007 (BGBl. I S. 10); Abs. 1 Satz 1 Nr. 2 geänd. mWv 1.7.2012 durch G v. 26.6.2012 (BGBl. I S. 1375); Überschrift neu gef., Abs. 1 Satz 1 Nr. 1 Buchst. b geänd., Buchst. c und Nr. 2 aufgeh., bish. Nr. 3 wird Nr. 2 mWv 26.11.2015 durch G v. 20.11. 2015 (BGBl. I S. 2029); bish. § 30e wird § 50 mWv 3.1.2018 durch G v. 23.6.2017 (BGBl. I S. 1693); Abs. 1 Satz 2 geänd. mWv 1.8.2022 durch G v. 5.7.2021 (BGBl. I S. 3338).

[2)] Früherer § 30f eingef. mWv 20.1.2007 durch G v. 5.1.2007 (BGBl. I S. 10); Abs. 1 Satz 2 angef. mWv 8.4.2011 durch G v. 5.4.2011 (BGBl. I S. 538); bish. § 30f wird § 51, Abs. 1 Satz 1 und Abs. 2 geänd. mWv 3.1.2018 durch G v. 23.6.2017 (BGBl. I S. 1693); Abs. 2 geänd. mWv 1.8.2022 durch G v. 5.7.2021 (BGBl. I S. 3338).

unterrichtet die Europäische Wertpapier- und Marktaufsichtsbehörde über die erteilte Freistellung.

(Fortsetzung nächstes Blatt)

(2) Emittenten, denen die Bundesanstalt eine Befreiung nach Absatz 1 erteilt hat, müssen Informationen über Umstände im Sinne des § 50 Absatz 1 Satz 1 Nummer 1 und 2, die nach den gleichwertigen Regeln eines Drittstaates der Öffentlichkeit zur Verfügung zu stellen sind, nach Maßgabe des § 50 Absatz 1 in Verbindung mit einer Rechtsverordnung nach § 50 Absatz 2 veröffentlichen und die Veröffentlichung gleichzeitig der Bundesanstalt mitteilen; sie müssen die Informationen außerdem unverzüglich, jedoch nicht vor der Veröffentlichung der das Unternehmensregister führenden Stelle zur Einstellung in das Unternehmensregister übermitteln.

(3) Das Bundesministerium der Finanzen wird ermächtigt, durch Rechtsverordnung[1)], die nicht der Zustimmung des Bundesrates bedarf, nähere Bestimmungen über die Gleichwertigkeit von Regeln eines Drittstaates und die Freistellung von Emittenten nach Absatz 1 zu erlassen.

§ 52[2)] Ausschluss der Anfechtung. Die Anfechtung eines Hauptversammlungsbeschlusses kann nicht auf eine Verletzung der Vorschriften dieses Abschnitts gestützt werden.

Abschnitt 8.[3)] Leerverkäufe und Geschäfte in Derivaten

§ 53[4)] Überwachung von Leerverkäufen; Verordnungsermächtigung.

(1) [1] Die Bundesanstalt ist zuständige Behörde im Sinne der Verordnung (EU) Nr. 236/2012. [2] § 15 Absatz 7 des Börsengesetzes bleibt unberührt. [3] Soweit in der Verordnung (EU) Nr. 236/2012 nichts Abweichendes geregelt ist, gelten die Vorschriften der Abschnitte 1 und 2 dieses Gesetzes, mit Ausnahme des § 18 Absatz 7 Satz 5 bis 8, des § 21 Absatz 1 Satz 3 und des § 22, entsprechend.

(2) [1] Die Bundesanstalt übt die ihr nach Absatz 1 Satz 1 in Verbindung mit der Verordnung (EU) Nr. 236/2012 übertragenen Befugnisse aus, soweit dies für die Wahrnehmung ihrer Aufgaben und die Überwachung der Einhaltung der in der Verordnung (EU) Nr. 236/2012 geregelten Pflichten erforderlich ist. [2] Für die Zwecke des Artikels 9 Absatz 4 Satz 2 der Verordnung (EU) Nr. 236/2012 beaufsichtigt die Bundesanstalt die entsprechenden Internetseiten des Bundesanzeigers.

(3) Widerspruch und Anfechtungsklage gegen Maßnahmen der Bundesanstalt nach Absatz 2, auch in Verbindung mit der Verordnung (EU) Nr. 236/2012, haben keine aufschiebende Wirkung.

(4) [1] Das Bundesministerium der Finanzen kann durch Rechtsverordnung, die nicht der Zustimmung des Bundesrates bedarf, nähere Bestimmungen über

---

[1)] Siehe die Transparenzrichtlinie-DurchführungsVO v. 13.3.2008 (BGBl. I S. 408), zuletzt geänd. durch G v. 23.6.2017 (BGBl. I S. 1693).

[2)] Früherer § 30g eingef. mWv 20.1.2007 durch G v. 5.1.2007 (BGBl. I S. 10); bish. § 30g wird § 52 mWv 3.1.2018 durch G v. 23.6.2017 (BGBl. I S. 1693).

[3)] Früherer Abschnitt 5b (§§ 30h–30j) eingef. mWv 27.7.2010 (§ 30i Abs. 1–4 mWv 26.3.2012, Abs. 5 mWv 1.1.2012) durch G v. 21.7.2010 (BGBl. I S. 945, geänd. durch G v. 6.12.2011, BGBl. I S. 2481); bish. Abschnitt 5b wird Abschnitt 8 (§ 53) mWv 3.1.2018 durch G v. 23.6.2017 (BGBl. I S. 1693).

[4)] Früherer § 30h neu gef. mWv 16.11.2012 durch G v. 6.11.2012 (BGBl. I S. 2286); bish. § 30h wird § 53 und Überschrift und Abs. 1 Satz 3 geänd., Abs. 4 bish. Nr. 1a wird Nr. 2, bish. Nr. 2 wird Nr. 3 mWv 3.1.2018 durch G v. 23.6.2017 (BGBl. I S. 1693); Abs. 1 Satz 2 geänd. mWv 28.3.2020 durch G v. 19.3.2020 (BGBl. I S. 529).

1. Art, Umfang und Form von Mitteilungen und Veröffentlichungen von Netto-Leerverkaufspositionen nach den Artikeln 5 bis 8 der Verordnung (EU) Nr. 236/2012,
2. die Beaufsichtigung der Internetseiten des Bundesanzeigers für die Zwecke des Artikels 9 Absatz 4 Satz 2 der Verordnung (EU) Nr. 236/2012 sowie
3. Art, Umfang und Form der Mitteilungen, Übermittlungen und Benachrichtigungen gemäß Artikel 17 Absatz 5, 6 und 8 bis 10 der Verordnung (EU) Nr. 236/2012

erlassen. [2] Das Bundesministerium der Finanzen kann die Ermächtigung des Satzes 1 durch Rechtsverordnung ohne Zustimmung des Bundesrates auf die Bundesanstalt übertragen.

Abschnitt 9.[1)] Positionslimits und Positionsmanagementkontrollen bei Warenderivaten und Positionsmeldungen

§ 54[2)] Positionslimits und Positionsmanagementkontrollen. (1) [1] Die Bundesanstalt legt vorbehaltlich des § 55 für jedes Derivat auf landwirtschaftliche Erzeugnisse und jedes kritische oder signifikante Warenderivat, das an einem inländischen Handelsplatz gehandelt wird, einen quantitativen Schwellenwert für die maximale Größe einer Position in diesem Derivat, die eine Person halten darf (Positionslimit), fest. [2] Warenderivate gelten als kritisch oder signifikant, wenn die Summe aller Nettopositionen der Halter von Endpositionen dem Umfang ihrer offenen Positionen entspricht und durchschnittlich mindestens 300 000 handelbare Einheiten innerhalb von 12 Monaten beträgt. [3] Nähere Bestimmungen zur Berechnungsmethode nach der die Positionslimits in Spot-Monaten und anderen Monaten für effektiv gelieferte oder bar abgerechnete Warenderivate auf der Grundlage der Eigenschaften der entsprechenden Derivate festgelegt werden, ergeben sich aus von der Kommission gemäß Artikel 57 Absatz 3 der Richtlinie 2014/65/EU in der jeweils geltenden Fassung erlassenen technischen Regulierungsstandards.

(2) [1] Das Positionslimit ist so festzulegen, dass es

1. Marktmissbrauch im Sinne des Artikels 1 der Verordnung (EU) Nr. 596/2014[3)] verhindert und
2. zu geordneten Preisbildungs- und Abwicklungsbedingungen beiträgt.

[2] Insbesondere trägt das Positionslimit zu Preisbildungs- und Abwicklungsbedingungen im Sinne des Satzes 1 Nummer 2 bei, wenn es

1. marktverzerrende Positionen verhindert und
2. eine Konvergenz zwischen dem Preis des Derivats im Monat der Lieferung und dem Preis für die zugrunde liegende Ware an den entsprechenden Spotmärkten sicherstellt, ohne dass die Preisbildung am Markt für die zugrunde liegende Ware davon berührt wird.

(3) [1] Die Bundesanstalt kann in Ausnahmefällen Positionslimits festlegen, die strenger sind als die nach den Absätzen 1 und 2 berechneten, wenn dies unter Berücksichtigung der Liquidität in dem betreffenden Derivat und im Interesse einer geordneten Funktionsweise des betreffenden Marktes geboten und verhält-

---

1) Abschnitt 9 (§§ 54–57) eingef. mWv 3.1.2018 durch G v. 23.6.2017 (BGBl. I S. 1693).

2) § 54 eingef. mWv 3.1.2018 durch G v. 23.6.2017 (BGBl. I S. 1693); Abs. 1 und Abs. 6 Satz 3 Nr. 2 neu gef., Abs. 6 Satz 6 angef. mWv 28.11.2021 durch G v. 3.6.2021 (BGBl. I S. 1568).

3) Nr. **60**.

nismäßig ist. [2] Eine Festlegung nach Satz 1 ist auf der Internetseite der Bundesanstalt zu veröffentlichen und auf höchstens sechs Monate ab dem Zeitpunkt der Veröffentlichung befristet. [3] Liegen die Gründe nach Satz 1 auch nach Ablauf dieser Frist weiter vor, kann die Festlegung jeweils für einen Zeitraum von höchstens sechs Monaten verlängert werden. [4] Absatz 4 gilt entsprechend.

(4) [1] Vor Festlegung eines Positionslimits nach Absatz 1 teilt die Bundesanstalt der Europäischen Wertpapier- und Marktaufsichtsbehörde das beabsichtigte Positionslimit mit. [2] Verlangt diese binnen zwei Monaten nach Erhalt der Mitteilung nach Satz 1 eine Änderung an dem Positionslimit und kommt die Bundesanstalt diesem Verlangen nicht nach, teilt sie ihre Entscheidung einschließlich ihrer Gründe der Europäischen Wertpapier- und Marktaufsichtsbehörde mit und veröffentlicht ihre begründete Entscheidung auf ihrer Internetseite. [3] Die Bundesanstalt übermittelt die Einzelheiten der von ihr festgelegten Positionslimits an die Europäische Wertpapier- und Marktaufsichtsbehörde.

(5) [1] Ändert sich die lieferbare Menge eines Derivats oder die Anzahl oder das Volumen offener Kontraktpositionen in einem Derivat in erheblichem Umfang oder treten sonstige erhebliche Änderungen auf dem Markt auf, legt die Bundesanstalt die Positionslimits nach Maßgabe der Absätze 1 bis 4 neu fest. [2] Die Betreiber von Handelsplätzen unterrichten die Bundesanstalt über nach Satz 1 erhebliche Änderungen an ihrem Handelsplatz.

(6) [1] Der Betreiber eines multilateralen oder organisierten Handelssystems, an dem Warenderivate gehandelt werden, muss Verfahren zur Überwachung der Einhaltung der nach den Absätzen 1 bis 5 und § 55 festgelegten Positionslimits (Positionsmanagementkontrollen) einrichten. [2] Diese müssen transparent und diskriminierungsfrei ausgestaltet werden, festlegen, wie sie anzuwenden sind und der Art und Zusammensetzung der Marktteilnehmer sowie deren Nutzung der zum Handel zugelassenen Kontrakte Rechnung tragen. [3] Im Rahmen von Kontrollen nach den Sätzen 1 und 2 hat der Betreiber eines Handelsplatzes insbesondere sicherzustellen, dass er das Recht hat,

1. die offenen Kontraktpositionen jeder Person zu überwachen,
2. von jeder Person Zugang zu Informationen, einschließlich aller einschlägigen Unterlagen, über Größe und Zweck einer eingegangenen Position oder offenen Forderung, über wirtschaftliche oder tatsächliche Eigentümer, etwaige Absprachen sowie alle etwaigen zugehörigen Vermögenswerte oder Verbindlichkeiten im einschlägigen Basiswert zu erhalten, gegebenenfalls auch zu Positionen, die in Warenderivaten mit demselben Basiswert und denselben Eigenschaften an anderen Handelsplätzen und in wirtschaftlich gleichwertigen OTC-Kontrakten über Mitglieder und Teilnehmer gehalten werden,
3. von jeder Person die zeitweilige oder dauerhafte Auflösung oder Reduzierung einer von ihr eingegangenen Position zu verlangen und, falls der Betreffende dem nicht nachkommt, einseitig geeignete Maßnahmen zu ergreifen, um die *Auflösung oder Reduzierung sicherzustellen*, und
4. von jeder Person zu verlangen, zeitweilig Liquidität zu einem vereinbarten Preis und in vereinbartem Umfang eigens zu dem Zweck in den Markt zurückfließen zu lassen, die Auswirkungen einer großen oder marktbeherrschenden Position abzumildern.

[4] Der Betreiber unterrichtet die Bundesanstalt über Einzelheiten der Positionsmanagementkontrollen nach den Sätzen 1 bis 3. [5] Die Bundesanstalt übermittelt diese Informationen an die Europäische Wertpapier- und Marktaufsichtsbehörde. [6] Nähere Bestimmungen zum Inhalt der Positionsmanagementkontrollen ergeben

sich aus den von der Kommission aufgrund der gemäß Artikel 57 Absatz 8 der Richtlinie 2014/65/EU in der jeweils geltenden Fassung in Verbindung mit Absatz 10 bis 14 der Verordnung (EU) Nr. 1095/2010 erlassenen technischen Regulierungsstandards.

§ 55[1)] Positionslimits bei europaweit gehandelten Derivaten. (1) [1] Werden Derivate auf landwirtschaftliche Erzeugnisse mit demselben Basiswert und denselben Eigenschaften in erheblichen Volumina oder kritische oder signifikante Derivate mit demselben Basiswert und denselben Eigenschaften auch an einem Handelsplatz in einem anderen Mitgliedstaat oder einem anderen Vertragsstaat des Abkommens über den Europäischen Wirtschaftsraum gehandelt, legt die Bundesanstalt ein Positionslimit nach § 54 Absatz 1 nur fest, wenn sie für dieses Derivat zentrale zuständige Behörde ist. [2] Die Bundesanstalt ist zentrale zuständige Behörde, wenn das größte Volumen dieses Derivats an einem inländischen Handelsplatz gehandelt wird. [3] Nähere Bestimmungen dazu, wie erhebliche Volumina im Sinne des Satzes 1 erste Variante berechnet werden, ergeben sich aus von der Kommission aufgrund der gemäß Artikel 57 Absatz 12 der Richtlinie 2014/65/EU in der jeweils geltenden Fassung in Verbindung mit Absatz 10 bis 14 der Verordnung (EU) Nr. 1095/2010 erlassenen technischen Regulierungsstandards.

(2) Ist die Bundesanstalt im Falle des Absatzes 1 Satz 1 zentrale zuständige Behörde für das betreffende Derivat, konsultiert sie im Hinblick auf das anzuwendende einheitliche Positionslimit und auf jede Überarbeitung dieses einheitlichen Positionslimits die zuständigen Behörden der anderen Handelsplätze, an denen die Derivate auf landwirtschaftliche Erzeugnisse in erheblichen Volumina oder an denen die kritischen oder signifikanten Derivate gehandelt werden.

(3) [1] Ist die Bundesanstalt im Falle des Absatzes 1 Satz 1 nicht zentrale zuständige Behörde für das betreffende Derivat, ist das von der zentralen zuständigen Behörde für dieses Derivat festgelegte Positionslimit auch im Inland maßgeblich. [2] Die Bundesanstalt kann der Festlegung des einheitlichen Positionslimits durch eine andere zentrale zuständige Stelle widersprechen. [3] In diesem Fall legt sie schriftlich die vollständigen und ausführlichen Gründe dar, warum aus ihrer Sicht die Voraussetzungen für die Festlegung nicht erfüllt sind. [4] Kommt die zentrale zuständige Behörde einem Verlangen der Bundesanstalt zur Änderung des Positionslimits nicht nach, teilt die Bundesanstalt ihr Verlangen einschließlich ihrer Gründe der Europäischen Wertpapier- und Marktaufsichtsbehörde mit.

(4) Die Bundesanstalt trifft mit anderen für die Aufsicht über

1. Handelsplätze, an denen Derivate auf landwirtschaftliche Erzeugnisse mit demselben Basiswert und denselben Eigenschaften in erheblichen Volumina gehandelt werden oder an denen kritische oder signifikante Warenderivate mit demselben Basiswert und denselben Eigenschaften gehandelt werden, und
2. Inhaber von Positionen in diesen Derivaten

zuständigen Behörden Vereinbarungen für eine Zusammenarbeit, einschließlich des Austauschs einschlägiger Daten, um die Überwachung und Durchsetzung des einheitlichen Positionslimits zu ermöglichen.

§ 56[2)] Anwendung von Positionslimits. (1) [1] Bei der Anwendung der nach den §§ 54 und 55 festgelegten Positionslimits werden alle Positionen berück-

---

[1)] § 55 neu gef. mWv 28.11.2021 durch G v. 3.6.2021 (BGBl. I S. 1568).

[2)] § 56 eingef. mWv 3.1.2018 durch G v. 23.6.2017 (BGBl. I S. 1693); Abs. 3 neu gef. mWv 28.11.2021 durch G v. 3.6.2021 (BGBl. I S. 1568).

sichtigt, die von einer natürlichen oder juristischen Person oder einer Personenvereinigung selbst oder aggregiert auf Gruppenebene gehalten werden. [2] Nähere Bestimmungen zur Berechnung der Position ergeben sich aus den Artikeln 3, 4 und 9 bis 20 der Delegierten Verordnung (EU) 2017/591.

(2) [1] Die nach den §§ 54 und 55 festgelegten Positionslimits gelten auch für OTC-Kontrakte, die wirtschaftlich gleichwertig mit Warenderivaten im Sinne des Absatzes 1 sind. [2] Nähere Bestimmungen zur wirtschaftlichen Gleichwertigkeit ergeben sich aus Artikel 6 der Delegierten Verordnung (EU) 2017/591.

(3) [1] Die nach den §§ 54 und 55 festgelegten Positionslimits gelten nicht für:

1. Positionen, für die die Bundesanstalt oder die zuständige Behörde eines anderen Mitgliedstaats auf Antrag festgestellt hat, dass sie von oder für eine nichtfinanzielle Stelle gehalten werden und die objektiv messbar die direkt mit der Geschäftstätigkeit dieser nichtfinanziellen Stelle verbundenen Risiken mindern,
2. Positionen, für die die Bundesanstalt oder die zuständige Behörde eines anderen Mitgliedstaats auf Antrag festgestellt hat, dass sie von oder für eine finanzielle Stelle gehalten werden, die Teil einer überwiegend kommerziellen Unternehmensgruppe ist und die im Namen einer nichtfinanziellen Stelle der überwiegend kommerziellen Unternehmensgruppe handelt, und diese Positionen objektiv messbar die direkt mit der Geschäftstätigkeit dieser nichtfinanziellen Stelle verbundenen Risiken mindern,
3. Positionen, für die die Bundesanstalt oder die zuständige Behörde eines anderen Mitgliedstaats auf Antrag festgestellt hat, dass sie von finanziellen und nichtfinanziellen Gegenparteien gehalten werden und objektiv messbar aus Transaktionen stammen, die abgeschlossen wurden, um der Verpflichtung gemäß Artikel 2 Absatz 4 Unterabsatz 4 Buchstabe c der Richtlinie 2014/65/EU, einen Handelsplatz mit Liquidität zu versorgen, in Bezug auf Warenderivate nachzukommen und
4. Wertpapiere im Sinne des § 2 Absatz 1 Nummer 3 Buchstabe b, die mit Waren oder Basiswerten im Sinne des § 2 Absatz 3 Nummer 2 in Verbindung stehen.

[2] Nähere Bestimmungen zum Verfahren bei der Beantragung von Ausnahmen nach Satz 1 Nummer 1, 2 und 3 ergeben sich aus den von der Kommission aufgrund der gemäß Artikel 57 Absatz 1 der Richtlinie 2014/65/EU in der jeweils geltenden Fassung in Verbindung mit Absatz 10 bis 14 der Verordnung (EU) Nr. 1095/2010 erlassenen technischen Regulierungsstandards.

§ 57[1)] Positionsmeldungen; Verordnungsermächtigung. (1) [1] Mitglieder und Teilnehmer von Handelsplätzen sind verpflichtet, dem jeweiligen Betreiber des Handelsplatzes einmal täglich die Einzelheiten ihrer eigenen Positionen in Warenderivaten, die an diesem Handelsplatz gehandelt werden, wie auch die Positionen ihrer *Kunden und der Kunden dieser Kunden* bis zum Endkunden zu *melden*. [2] Kunden und deren Kunden bis zum Endkunden haben den zur Meldung verpflichteten Teilnehmern an Handelsplätzen die für die Meldung notwendigen Informationen zur Verfügung zu stellen. [3] Die Pflicht nach Satz 1 gilt nicht für Wertpapiere im Sinne des § 2 Absatz 1 Nummer 3 Buchstabe b, die mit Waren oder Basiswerten im Sinne des § 2 Absatz 3 Nummer 2 in Verbindung stehen.

[1)] § 57 eingef. mWv 3.1.2018, § 57 Abs. 6 angef. mWv 25.6.2017 durch G v. 23.6.2017 (BGBl. I S. 1693); Abs. 1 Satz 3 angef., Abs. 3 und Abs. 4 Satz 2 neu gef. mWv 28.11.2021 durch G v. 3.6.2021 (BGBl. I S. 1568).

(2) [1]Der Betreiber eines Handelsplatzes, an dem Warenderivate, Emissionszertifikate oder Derivate davon gehandelt werden, muss wöchentlich eine Aufstellung der aggregierten Positionen in den verschiedenen an dem Handelsplatz gehandelten Warenderivaten oder Emissionszertifikaten oder Derivaten davon, die von Personenkategorien nach Satz 4 in diesen Finanzinstrumenten gehalten werden, veröffentlichen und der Bundesanstalt sowie der Europäischen Wertpapier- und Marktaufsichtsbehörde übermitteln. [2]Die Aufstellung muss enthalten:

1. die Zahl der Kauf- und Verkaufspositionen, aufgeteilt nach den in den Sätzen 4 und 5 genannten Kategorien,
2. diesbezügliche Änderungen seit dem letzten Bericht,
3. den prozentualen Anteil der gesamten offenen Kontraktpositionen in jeder Kategorie sowie
4. die Anzahl der Positionsinhaber in jeder Kategorie.

[3]Bei den Angaben nach Satz 2 sind jeweils Positionen getrennt darzustellen, die objektiv messbar die unmittelbar mit einer Geschäftstätigkeit in Zusammenhang stehenden Risiken verringern, und andere Positionen. [4]Für die Zwecke des Satzes 1 hat der Betreiber des Handelsplatzes die Inhaber einer Position entsprechend ihrer Haupttätigkeit, für die sie zugelassen sind, einer der folgenden Kategorien zuzuordnen:

1. Wertpapierdienstleistungsunternehmen und Kreditinstitute,
2. Investmentvermögen im Sinne des § 1 Absatz 1 des Kapitalanlagegesetzbuchs,
3. sonstige Finanzinstitute, einschließlich Versicherungsunternehmen oder Rückversicherungsunternehmen im Sinne der Richtlinie 2009/138/EG und Einrichtungen der betrieblichen Altersversorgung im Sinne der Richtlinie 2003/41/EG,
4. sonstige kommerzielle Unternehmen.

[5]Im Falle eines Emissionszertifikats oder eines Derivats davon ist ergänzend zu Satz 4 eine weitere Kategorie für Betreiber mit der Verpflichtung zur Einhaltung der Anforderungen der Richtlinie 2003/87/EG bei Emissionszertifikaten oder Derivaten davon zu bilden. [6]Die Pflicht nach Satz 1 gilt nur für Warenderivate, Emissionszertifikate und Derivate davon, bei denen die in Artikel 83 der Delegierten Verordnung (EU) 2017/565 festgelegten Mindestschwellen überschritten werden.

(3) Betreiber eines Handelsplatzes, an dem Warenderivate, Emissionszertifikate oder Derivate davon gehandelt werden, müssen der Bundesanstalt darüber hinaus einmal täglich eine vollständige Aufstellung der Positionen aller Mitglieder oder Teilnehmer an diesem Handelsplatz sowie deren Kunden und der Kunden dieser Kunden bis zum Endkunden in Warenderivaten, Emissionszertifikaten oder Derivaten davon übermitteln.

(4) [1]Wertpapierdienstleistungsunternehmen, die außerhalb eines Handelsplatzes mit Warenderivaten, Emissionszertifikaten oder Derivaten davon handeln, die auch an einem Handelsplatz gehandelt werden, sind verpflichtet, der in Satz 2 genannten Behörde mindestens einmal täglich eine vollständige Aufstellung ihrer Positionen in diesen Finanzinstrumenten und in wirtschaftlich gleichwertigen *OTC-Kontrakten* sowie der entsprechenden Positionen ihrer Kunden und der Kunden dieser Kunden bis zum Endkunden gemäß Artikel 26 der Verordnung (EU) Nr. 600/2014 oder Artikel 8 der Verordnung (EU) Nr. 1227/2011 zu übermitteln. [2]Die Aufstellung nach Satz 1 ist zu übermitteln

1. der zentralen zuständigen Behörde im Sinne des § 55 Absatz 1 oder
2. der zuständigen Behörde des Handelsplatzes, an dem die Warenderivate, Emissionszertifikate oder Derivate davon gehandelt werden, falls es keine zentrale zuständige Behörde gibt.

[3] Kunden und deren Kunden bis zum Endkunden haben den zur Übermittlung verpflichteten Wertpapierdienstleistungsunternehmen die für die Übermittlung notwendigen Informationen zur Verfügung zu stellen.

(5) Die Bundesanstalt kann in kritischen Marktsituationen verlangen, dass die Mitteilungen nach den Absätzen 1, 3 und 4 mehrfach innerhalb eines Tages erfolgen müssen.

(6) [1] Das Bundesministerium der Finanzen kann durch Rechtsverordnung, die nicht der Zustimmung des Bundesrates bedarf,

1. nähere Bestimmungen über Inhalt, Art, Umfang, Form und Häufigkeit der Mitteilungen nach den Absätzen 1 und 3 bis 5 und über die zulässigen Datenträger und Übertragungswege erlassen sowie
2. vorschreiben, dass in den in den Absätzen 1, 3 und 4 genannten Fällen über die dort genannten Angaben hinaus zusätzliche Angaben zu übermitteln sind, wenn die zusätzlichen Angaben auf Grund der besonderen Eigenschaften des Finanzinstruments, das Gegenstand der Mitteilung ist, oder der besonderen Bedingungen an dem Handelsplatz, an dem das Geschäft ausgeführt wurde, zur Überwachung der Positionslimits nach § 54 durch die Bundesanstalt erforderlich sind.

[2] Das Bundesministerium der Finanzen kann die Ermächtigung durch Rechtsverordnung auf die Bundesanstalt übertragen.

Abschnitt 10.[1] Organisationspflichten von Datenbereitstellungsdiensten

§ 58[2] Hinweisgeberverfahren. Ein Datenbereitstellungsdienst muss über ein Hinweisgeberverfahren in entsprechender Anwendung des § 25a Absatz 1 Satz 6 Nummer 3 des Kreditwesengesetzes verfügen.

§ 59[3] Überwachung der Organisationspflichten. [1] Die Bundesanstalt kann zur Überwachung der in § 58 sowie der in Titel IVa der Verordnung (EU) Nr. 600/2014, auch in Verbindung mit delegierten Rechtsakten und Durchführungsrechtsakten auf der Grundlage von Artikel 27g Absatz 6 bis 8 sowie Artikel 27i Absatz 5 dieser Verordnung, geregelten Pflichten, im Rahmen einer Ausnahme gemäß Artikel 2 Absatz 3 dieser Verordnung, bei den Datenbereitstellungsdiensten auch ohne besonderen Anlass Prüfungen vornehmen. [2] § 88 Absatz 3 gilt entsprechend. [3] Hinsichtlich des Umfangs der Prüfungen gilt § 88 Absatz 2 entsprechend. [4] Widerspruch und Anfechtungsklage gegen Maßnahmen nach Satz 1 haben keine aufschiebende Wirkung.

---

[1] Abschnitt 10 (§§ 58–62) eingef. mWv 3.1.2018 durch G v. 23.6.2017 (BGBl. I S. 1693).
[2] § 58 neu gef. mWv 1.1.2022 durch G v. 3.6.2021 (BGBl. I S. 1568).
[3] § 59 neu gef. mWv 1.1.2022 durch G v. 3.6.2021 (BGBl. I S. 1568).

§ 60[1] Prüfung der Organisationspflichten; Verordnungsermächtigung.

(1) [1] Unbeschadet des § 59 ist die Einhaltung der in § 58 sowie der in Titel IVa der Verordnung (EU) Nr. 600/2014, auch in Verbindung mit delegierten Rechtsakten und Durchführungsrechtsakten auf der Grundlage von Artikel 27g Absatz 6 bis 8 sowie Artikel 27i Absatz 5 dieser Verordnung, geregelten Pflichten einmal jährlich durch einen geeigneten Prüfer zu prüfen. [2] § 89 Absatz 1 Satz 4 und 6, Absatz 2 Satz 1 und 2, Absatz 3 und 4 gilt entsprechend.

(2) [1] Das Bundesministerium der Finanzen kann durch Rechtsverordnung, die nicht der Zustimmung des Bundesrates bedarf, nähere Bestimmungen über Art, Umfang und Zeitpunkt der Prüfung nach Absatz 1 sowie den Inhalt der Prüfungsberichte erlassen. [2] Das Bundesministerium der Finanzen kann die Ermächtigung durch Rechtsverordnung auf die Bundesanstalt übertragen.

§§ 61, 62[2] *(aufgehoben)*

Abschnitt 11.[3] Verhaltenspflichten, Organisationspflichten, Transparenzpflichten

§ 63[4] Allgemeine Verhaltensregeln; Verordnungsermächtigung.

(1) Ein Wertpapierdienstleistungsunternehmen ist verpflichtet, Wertpapierdienstleistungen und Wertpapiernebendienstleistungen ehrlich, redlich und professionell im bestmöglichen Interesse seiner Kunden zu erbringen.

(2) [1] Ein Wertpapierdienstleistungsunternehmen hat einem Kunden, bevor es Geschäfte für ihn durchführt, die allgemeine Art und Herkunft von Interessenkonflikten und die zur Begrenzung der Risiken der Beeinträchtigung der Kundeninteressen unternommenen Schritte eindeutig darzulegen, soweit die organisatorischen Vorkehrungen nach § 80 Absatz 1 Satz 2 Nummer 2 nicht ausreichen, um nach vernünftigem Ermessen zu gewährleisten, dass das Risiko der Beeinträchtigung von Kundeninteressen vermieden wird. [2] Die Darlegung nach Satz 1 muss

1. mittels eines dauerhaften Datenträgers erfolgen und
2. unter Berücksichtigung der Einstufung des Kunden im Sinne des § 67 so detailliert sein, dass der Kunde in die Lage versetzt wird, seine Entscheidung über die Wertpapierdienstleistung oder Wertpapiernebendienstleistung, in deren Zusammenhang der Interessenkonflikt auftritt, in Kenntnis der Sachlage zu treffen.

(3) [1] Ein Wertpapierdienstleistungsunternehmen muss sicherstellen, dass es die Leistung seiner Mitarbeiter nicht in einer Weise vergütet oder bewertet, die mit seiner Pflicht, im bestmöglichen Interesse der Kunden zu handeln, kollidiert. [2] Insbesondere darf es bei seinen Mitarbeitern weder durch Vergütungsvereinbarungen noch durch Verkaufsziele oder in sonstiger Weise Anreize dafür setzen,

---

[1] § 60 neu gef. mWv 1.1.2022 durch G v. 3.6.2021 (BGBl. I S. 1568).

[2] §§ 61 und 62 aufgeh. mWv 1.1.2022 durch G v. 3.6.2021 (BGBl. I S. 1568).

[3] Bish. Abschnitt 5 wird Abschnitt 6 mWv 1.7.2002 durch G v. 21.6.2002 (BGBl. I S. 2010); Überschrift neu gef. mWv 5.8.2009 durch G v. 31.7.2009 (BGBl. I S. 2512); bish. Abschnitt 6 wird Abschnitt 11 (§§ 63–96) mWv 3.1.2018 durch G v. 23.6.2017 (BGBl. I S. 1693).

[4] *Bish. § 31 wird* § 63 und neu gef. mWv 3.1.2018, Überschrift geänd. und Abs. 14 angef. mWv 25.6.2017, Abs. 7 Satz 11 angef. mWv 1.7.2018 durch G v. 23.6.2017 (BGBl. I S. 1693); Abs. 7 Satz 11 geänd. mWv 14.7.2018 durch G v. 10.7.2018 (BGBl. I S. 1102); Abs. 6 Satz 3 neu gef. mWv 21.7.2019 durch G v. 8.7.2019 (BGBl. I S. 1002); Abs. 5a eingef., Abs. 7 Sätze 12–14 und Abs. 12 Satz 6 angef. mWv 28.11.2021 durch G v. 3.6.2021 (BGBl. I S. 1568).

einem Privatkunden ein bestimmtes Finanzinstrument zu empfehlen, obwohl das Wertpapierdienstleistungsunternehmen dem Privatkunden ein anderes Finanzinstrument anbieten könnte, das den Bedürfnissen des Privatkunden besser entspricht.

(4) [1] Ein Wertpapierdienstleistungsunternehmen, das Finanzinstrumente zum Verkauf an Kunden konzipiert, muss sicherstellen, dass diese Finanzinstrumente so ausgestaltet sind, dass

1. sie den Bedürfnissen eines bestimmten Zielmarktes im Sinne des § 80 Absatz 9 entsprechen und
2. die Strategie für den Vertrieb der Finanzinstrumente mit diesem Zielmarkt vereinbar ist.

[2] Das Wertpapierdienstleistungsunternehmen muss zumutbare Schritte unternehmen, um zu gewährleisten, dass das Finanzinstrument an den bestimmten Zielmarkt vertrieben wird.

(5) [1] Ein Wertpapierdienstleistungsunternehmen muss die von ihm angebotenen oder empfohlenen Finanzinstrumente verstehen. [2] Es muss deren Vereinbarkeit mit den Bedürfnissen der Kunden, denen gegenüber es Wertpapierdienstleistungen erbringt, beurteilen, auch unter Berücksichtigung des in § 80 Absatz 9 genannten Zielmarktes, und sicherstellen, dass es Finanzinstrumente nur anbietet oder empfiehlt, wenn dies im Interesse der Kunden liegt.

(5a) Die Absätze 4 und 5 gelten nicht für Wertpapierdienstleistungsunternehmen, sofern sich ihre Wertpapierdienstleistung auf Anleihen mit einer Make-Whole-Klausel bezieht, die über keine anderen eingebetteten Derivate als eine Make-Whole-Klausel verfügen, oder wenn die Finanzinstrumente ausschließlich an geeignete Gegenparteien vermarktet oder vertrieben werden.

(6) [1] Alle Informationen, die Wertpapierdienstleistungsunternehmen Kunden zugänglich machen, einschließlich Marketingmitteilungen, müssen redlich und eindeutig sein und dürfen nicht irreführend sein. [2] Marketingmitteilungen müssen eindeutig als solche erkennbar sein. [3] § 302 des Kapitalanlagegesetzbuchs, Artikel 22 der Verordnung (EU) 2017/1129 und § 7 des Wertpapierprospektgesetzes bleiben unberührt.

(7) [1] Wertpapierdienstleistungsunternehmen sind verpflichtet, ihren Kunden rechtzeitig und in verständlicher Form angemessene Informationen über das Wertpapierdienstleistungsunternehmen und seine Dienstleistungen, über die Finanzinstrumente und die vorgeschlagenen Anlagestrategien, über Ausführungsplätze und alle Kosten und Nebenkosten zur Verfügung zu stellen, die erforderlich sind, damit die Kunden nach vernünftigem Ermessen die Art und die Risiken der ihnen angebotenen oder von ihnen nachgefragten Arten von Finanzinstrumenten oder Wertpapierdienstleistungen verstehen und auf dieser Grundlage ihre Anlageentscheidung treffen können. [2] Die Informationen können auch in standardisierter Form zur Verfügung gestellt werden. [3] Die Informationen nach Satz 1 müssen folgende Angaben enthalten:

1. hinsichtlich der Arten von Finanzinstrumenten und der vorgeschlagenen Anlagestrategie unter Berücksichtigung des Zielmarktes im Sinne des Absatzes 3 oder 4:
   a) geeignete Leitlinien zur Anlage in solche Arten von Finanzinstrumenten oder zu den einzelnen Anlagestrategien,
   b) geeignete Warnhinweise zu den Risiken, die mit dieser Art von Finanzinstrumenten oder den einzelnen Anlagestrategien verbunden sind, und

c) ob die Art des Finanzinstruments für Privatkunden oder professionelle Kunden bestimmt ist;

2. hinsichtlich aller Kosten und Nebenkosten:
   a) Informationen in Bezug auf Kosten und Nebenkosten sowohl der Wertpapierdienstleistungen als auch der Wertpapiernebendienstleistungen, einschließlich eventueller Beratungskosten,
   b) Kosten der Finanzinstrumente, die dem Kunden empfohlen oder an ihn vermarktet werden sowie
   c) Zahlungsmöglichkeiten des Kunden einschließlich etwaiger Zahlungen durch Dritte.

[4] Informationen zu Kosten und Nebenkosten, einschließlich solchen Kosten und Nebenkosten im Zusammenhang mit der Wertpapierdienstleistung und dem Finanzinstrument, die nicht durch ein zugrunde liegendes Marktrisiko verursacht werden, muss das Wertpapierdienstleistungsunternehmen in zusammengefasster Weise darstellen, damit der Kunde sowohl die Gesamtkosten als auch die kumulative Wirkung der Kosten auf die Rendite der Anlage verstehen kann. [5] Auf Verlangen des Kunden muss das Wertpapierdienstleistungsunternehmen eine Aufstellung, die nach den einzelnen Posten aufgegliedert ist, zur Verfügung stellen. [6] Solche Informationen sollen dem Kunden unter den in Artikel 50 Absatz 9 der Delegierten Verordnung (EU) 2017/565 genannten Voraussetzungen regelmäßig, mindestens jedoch jährlich während der Laufzeit der Anlage zur Verfügung gestellt werden. [7] Die §§ 293 bis 297, 303 bis 307 des Kapitalanlagegesetzbuchs bleiben unberührt. [8] Bei zertifizierten Altersvorsorge- und Basisrentenverträgen im Sinne des Altersvorsorgeverträge-Zertifizierungsgesetzes gilt die Informationspflicht nach diesem Absatz durch Bereitstellung des individuellen Produktinformationsblattes nach § 7 des Altersvorsorgeverträge-Zertifizierungsgesetzes als erfüllt. [9] Dem Kunden sind auf Nachfrage die nach diesem Absatz erforderlichen Informationen über Kosten und Nebenkosten zur Verfügung zu stellen. [10] Der Kunde ist bei Bereitstellung des individuellen Produktinformationsblattes nach § 7 des Altersvorsorgeverträge-Zertifizierungsgesetzes ausdrücklich auf dieses Recht hinzuweisen. [11] Wird einem Kunden ein standardisiertes Informationsblatt nach § 64 Absatz 2 Satz 3 zur Verfügung gestellt, sind dem Kunden die Informationen hinsichtlich aller Kosten und Nebenkosten nach den Sätzen 4 und 5 unverlangt unter Verwendung einer formalisierten Kostenaufstellung zur Verfügung zu stellen. [12] Wenn die Vereinbarung, ein Finanzinstrument zu kaufen oder zu verkaufen, unter Verwendung eines Fernkommunikationsmittels geschlossen wird, das eine vorherige Übermittlung der Informationen über Kosten und Gebühren verhindert, kann das Wertpapierdienstleistungsunternehmen dem Kunden diese Informationen unmittelbar nach Geschäftsabschluss entweder in elektronischer Form oder, wenn ein Privatkunde darum ersucht, in schriftlicher Form übermitteln, sofern nachfolgende Bedingungen erfüllt sind:

1. der Kunde hat eingewilligt, die Informationen unverzüglich nach dem Geschäftsabschluss zu erhalten, und
2. das Wertpapierdienstleistungsunternehmen hat dem Kunden die Möglichkeit eingeräumt, den Geschäftsabschluss aufzuschieben, bis er die Informationen erhalten hat.

[13] *Zusätzlich zu den* Anforderungen nach Satz 12 hat das Wertpapierdienstleistungsunternehmen dem Kunden die *Möglichkeit einzuräumen*, vor Abschluss des Geschäfts telefonisch Informationen über Kosten und Entgelte zu erhalten. [14] Die Anforderungen nach Satz 3 Nummer 2 und den Sätzen 4 bis 6 gelten

gegenüber professionellen Kunden ausschließlich für die Erbringung von Finanzportfolioverwaltung und Anlageberatung.

(8) Die Absätze 6 und 7 gelten nicht für Wertpapierdienstleistungen, die als Teil eines Finanzprodukts angeboten werden, das in Bezug auf die Informationspflichten bereits anderen Bestimmungen des Europäischen Gemeinschaftsrechts, die Kreditinstitute und Verbraucherkredite betreffen, unterliegt.

(9) [1] Bietet ein Wertpapierdienstleistungsunternehmen Wertpapierdienstleistungen verbunden mit anderen Dienstleistungen oder anderen Produkten als Gesamtpaket oder in der Form an, dass die Erbringung der Wertpapierdienstleistungen, der anderen Dienstleistungen oder der Geschäfte über die anderen Produkte Bedingung für die Durchführung der jeweils anderen Bestandteile oder des Abschlusses der anderen Vereinbarungen ist, muss es den Kunden darüber informieren, ob die einzelnen Bestandteile auch getrennt voneinander bezogen werden können und dem Kunden für jeden Bestandteil getrennt Kosten und Gebühren nachweisen. [2] Besteht die Wahrscheinlichkeit, dass die mit dem Gesamtpaket oder der Gesamtvereinbarung verknüpften Risiken von den mit den einzelnen Bestandteilen verknüpften Risiken abweichen, hat es Privatkunden in angemessener Weise über die einzelnen Bestandteile, die mit ihnen verknüpften Risiken und die Art und Weise, wie ihre Wechselwirkung das Risiko beeinflusst, zu informieren.

(10) [1] Vor der Erbringung anderer Wertpapierdienstleistungen als der Anlageberatung oder der Finanzportfolioverwaltung hat ein Wertpapierdienstleistungsunternehmen von den Kunden Informationen einzuholen über Kenntnisse und Erfahrungen der Kunden in Bezug auf Geschäfte mit bestimmten Arten von Finanzinstrumenten oder Wertpapierdienstleistungen, soweit diese Informationen erforderlich sind, um die Angemessenheit der Finanzinstrumente oder Wertpapierdienstleistungen für die Kunden beurteilen zu können. [2] Sind verbundene Dienstleistungen oder Produkte im Sinne des Absatzes 9 Gegenstand des Kundenauftrages, muss das Wertpapierdienstleistungsunternehmen beurteilen, ob das gesamte verbundene Geschäft für den Kunden angemessen ist. [3] Gelangt ein Wertpapierdienstleistungsunternehmen auf Grund der nach Satz 1 erhaltenen Informationen zu der Auffassung, dass das vom Kunden gewünschte Finanzinstrument oder die Wertpapierdienstleistung für den Kunden nicht angemessen ist, hat es den Kunden darauf hinzuweisen. [4] Erlangt das Wertpapierdienstleistungsunternehmen nicht die erforderlichen Informationen, hat es den Kunden darüber zu informieren, dass eine Beurteilung der Angemessenheit im Sinne des Satzes 1 nicht möglich ist. [5] Näheres zur Angemessenheit und zu den Pflichten, die im Zusammenhang mit der Beurteilung der Angemessenheit geltenden Pflichten regeln die Artikel 55 und 56 der Delegierten Verordnung (EU) 2017/565. [6] Der Hinweis nach Satz 3 und die Information nach Satz 4 können in standardisierter Form erfolgen.

(11) Die Pflichten nach Absatz 10 gelten nicht, soweit das Wertpapierdienstleistungsunternehmen

1. auf Veranlassung des Kunden Finanzkommissionsgeschäft, Eigenhandel, Abschlussvermittlung oder Anlagevermittlung erbringt in Bezug auf
   a) Aktien, die zum Handel an einem organisierten Markt, an einem diesem gleichwertigen Markt eines Drittlandes oder an einem multilateralen Handelssystem zugelassen sind, mit Ausnahme von Aktien an AIF im Sinne von § 1 Absatz 3 des Kapitalanlagegesetzbuchs, und von Aktien, in die ein Derivat eingebettet ist,
   b) Schuldverschreibungen und andere verbriefte Schuldtitel, die zum Handel an einem organisierten Markt, einem diesem gleichwertigen Markt eines Dritt-

landes oder einem multilateralen Handelssystem zugelassen sind, mit Ausnahme solcher, in die ein Derivat eingebettet ist und solcher, die eine Struktur aufweisen, die es dem Kunden erschwert, die mit ihnen einhergehenden Risiken zu verstehen,

c) Geldmarktinstrumente, mit Ausnahme solcher, in die ein Derivat eingebettet ist, und solcher, die eine Struktur aufweisen, die es dem Kunden erschwert, die mit ihnen einhergehenden Risiken zu verstehen,

d) Anteile oder Aktien an OGAW im Sinne von § 1 Absatz 2 des Kapitalanlagegesetzbuchs, mit Ausnahme der in Artikel 36 Absatz 1 Unterabsatz 2 der Verordnung (EU) Nr. 583/2010 genannten strukturierten OGAW,

e) strukturierte Einlagen, mit Ausnahme solcher, die eine Struktur aufweisen, die es dem Kunden erschwert, das Ertragsrisiko oder die Kosten des Verkaufs des Produkts vor Fälligkeit zu verstehen oder

f) andere nicht komplexe Finanzinstrumente für Zwecke dieses Absatzes, die die in Artikel 57 der Delegierten Verordnung (EU) 2017/565 genannten Kriterien erfüllen,

2. diese Wertpapierdienstleistung nicht gemeinsam mit der Gewährung eines Darlehens als Wertpapiernebendienstleistung im Sinne des § 2 Absatz 7 Nummer 2 erbringt, außer sie besteht in der Ausnutzung einer Kreditobergrenze eines bereits bestehenden Darlehens oder eines bereits bestehenden Darlehens, das in der Weise gewährt wurde, dass der Darlehensgeber in einem Vertragsverhältnis über ein laufendes Konto dem Darlehensnehmer das Recht einräumt, sein Konto in bestimmter Höhe zu überziehen (Überziehungsmöglichkeit) oder darin, dass der Darlehensgeber im Rahmen eines Vertrages über ein laufendes Konto, ohne eingeräumte Überziehungsmöglichkeit die Überziehung des Kontos durch den Darlehensnehmer duldet und hierfür vereinbarungsgemäß ein Entgelt verlangt, und

3. den Kunden ausdrücklich darüber informiert, dass keine Angemessenheitsprüfung im Sinne des Absatzes 10 vorgenommen wird, wobei diese Information in standardisierter Form erfolgen kann.

(12) [1] Wertpapierdienstleistungsunternehmen müssen ihren Kunden in geeigneter Weise auf einem dauerhaften Datenträger über die erbrachten Wertpapierdienstleistungen berichten; insbesondere müssen sie nach Ausführung eines Geschäftes mitteilen, wo sie den Auftrag ausgeführt haben. [2] Die Pflicht nach Satz 1 beinhaltet einerseits nach den in den Artikeln 59 bis 63 der Delegierten Verordnung (EU) 2017/565 näher bestimmten Fällen regelmäßige Berichte an den Kunden, wobei die Art und Komplexität der jeweiligen Finanzinstrumente sowie die Art der erbrachten Wertpapierdienstleistungen zu berücksichtigen ist, und andererseits, sofern relevant, Informationen zu den angefallenen Kosten. [3] Bei zertifizierten Altersvorsorge- und Basisrentenverträgen im Sinne des Altersvorsorgeverträge-Zertifizierungsgesetzes gilt die Informationspflicht gemäß Satz 1 bei Beachtung der jährlichen Informationspflicht nach § 7a des Altersvorsorgeverträge-Zertifizierungsgesetzes als erfüllt. [4] Dem Kunden sind auf Nachfrage die nach diesem Absatz erforderlichen Informationen über Kosten und Nebenkosten zur Verfügung zu stellen. [5] Der Kunde ist bei Bereitstellung der jährlichen Information nach § 7a des Altersvorsorgeverträge-Zertifizierungsgesetzes ausdrücklich auf dieses Recht hinzuweisen. [6] Die Sätze 1 und 2 gelten nicht für Dienstleistungen, die gegenüber professionellen Kunden erbracht werden, es sei denn, diese Kunden setzen das Wertpapierdienstleistungsunternehmen entweder in elektronischer

Form oder in schriftlicher Form darüber in Kenntnis, dass sie von den durch diese Bestimmungen gewährten Rechten Gebrauch machen möchten.

(13) Nähere Bestimmungen zu den Absätzen 1 bis 3, 6, 7, 10 und 12 ergeben sich aus der Delegierten Verordnung (EU) 2017/565, insbesondere zu

1. der Verpflichtung nach Absatz 1 aus den Artikeln 58, 64, 65 und 67 bis 69,
2. Art, Umfang und Form der Offenlegung nach Absatz 2 aus den Artikeln 34 und 41 bis 43,
3. der Vergütung oder Bewertung nach Absatz 3 aus Artikel 27,
4. den Voraussetzungen, unter denen Informationen im Sinne von Absatz 6 Satz 1 als redlich, eindeutig und nicht irreführend angesehen werden aus den Artikeln 36 und 44,
5. Art, Inhalt, Gestaltung und Zeitpunkt der nach Absatz 7 notwendigen Informationen für die Kunden aus den Artikeln 38, 39, 41, 45 bis 53, 61 und 65,
6. Art, Umfang und Kriterien der nach Absatz 10 von den Kunden einzuholenden Informationen aus den Artikeln 54 bis 56,
7. Art, Inhalt und Zeitpunkt der Berichtspflichten nach Absatz 12 aus den Artikeln 59 bis 63.

(14) [1]Das Bundesministerium der Finanzen kann im Einvernehmen mit dem Bundesministerium der Justiz und für Verbraucherschutz durch Rechtsverordnung, die nicht der Zustimmung des Bundesrates bedarf, nähere Bestimmungen zu Inhalt und Aufbau der formalisierten Kostenaufstellung nach Absatz 7 Satz 11 erlassen. [2]Das Bundesministerium der Finanzen kann die Ermächtigung durch Rechtsverordnung auf die Bundesanstalt übertragen.

§ 64[1)] Besondere Verhaltensregeln bei der Erbringung von Anlageberatung und Finanzportfolioverwaltung; Verordnungsermächtigung.

(1) [1]Erbringt ein Wertpapierdienstleistungsunternehmen Anlageberatung, muss es den Kunden zusätzlich zu den Informationen nach § 63 Absatz 7 rechtzeitig vor der Beratung und in verständlicher Form darüber informieren

1. ob die Anlageberatung unabhängig erbracht wird (Unabhängige Honorar-Anlageberatung) oder nicht;
2. ob sich die Anlageberatung auf eine umfangreiche oder eine eher beschränkte Analyse verschiedener Arten von Finanzinstrumenten stützt, insbesondere, ob die Palette an Finanzinstrumenten auf Finanzinstrumente beschränkt ist, die von Anbietern oder Emittenten stammen, die in einer engen Verbindung zum Wertpapierdienstleistungsunternehmen stehen oder zu denen in sonstiger Weise rechtliche oder wirtschaftliche Verbindungen bestehen, die so eng sind, dass das Risiko besteht, dass die Unabhängigkeit der Anlageberatung beeinträchtigt wird, und

---

1) § 64 eingef. mWv 3.1.2018, Abs. 10 angef. und Abs. 10 Satz 1 Nr. 1 neu gef. mWv 25.6.2017, Abs. 2 Satz 3 eingef., bish. Satz 3 wird Satz 4 mWv 1.7.2018 durch G v. 23.6.2017 (BGBl. I S. 1693); Abs. 10 Satz 1 Nr. 1 geänd. mWv 14.7.2018, Abs. 2 Satz 1 neu gef., Satz 3, Satz 4 Nr. 6–9 geänd., Nr. 10 angef. mWv 21.7.2018 durch G v. 10.7.2018 (BGBl. I S. 1102); Abs. 3 Satz 4 eingef., bish. Satz 4 wird Satz 5 mWv 1.1.2019 durch G v. 18.12.2018 (BGBl. I S. 2626); Abs. 2 Satz 4 Nr. 10 geänd. mWv 21.7.2019 durch G v. 8.7.2019 (BGBl. I S. 1002); Abs. 1 Satz 2 eingef., bish. Satz 2 wird Satz 3, Abs. 7a eingef. und Abs. 8 Satz 2 angef. mWv 2.8.2021 durch G v. 3.6.2021 (BGBl. I S. 1498); Abs. 3 Sätze 6 und 7 und Abs. 4 Sätze 5 und 6 angef. mWv 28.11.2021 durch G v. 3.6.2021 (BGBl. I S. 1568).

3. ob das Wertpapierdienstleistungsunternehmen dem Kunden regelmäßig eine Beurteilung der Geeignetheit der empfohlenen Finanzinstrumente zur Verfügung stellt.

[2] Satz 1 gilt entsprechend für Informationen nach Artikel 6 Absatz 2 der Verordnung (EU) 2019/2088. [3] § 63 Absatz 7 Satz 2 und bei Vorliegen der dort genannten Voraussetzungen die Ausnahme nach § 63 Absatz 8 gelten entsprechend.

(2) [1] Im Falle einer Anlageberatung hat das Wertpapierdienstleistungsunternehmen einem Privatkunden rechtzeitig vor dem Abschluss eines Geschäfts über Finanzinstrumente, für die kein Basisinformationsblatt nach der Verordnung (EU) Nr. 1286/2014 erstellt werden muss,

1. über jedes Finanzinstrument, auf das sich eine Kaufempfehlung bezieht, ein kurzes und leicht verständliches Informationsblatt,
2. in den Fällen des Satzes 3 ein in Nummer 1 genanntes Informationsblatt oder wahlweise ein standardisiertes Informationsblatt oder
3. in den Fällen des Satzes 4 ein dort genanntes Dokument anstelle des in Nummer 1 genannten Informationsblatts

zur Verfügung zu stellen. [2] Die Angaben in den Informationsblättern nach Satz 1 dürfen weder unrichtig noch irreführend sein und müssen mit den Angaben des Prospekts vereinbar sein. [3] Für Aktien, die zum Zeitpunkt der Anlageberatung an einem organisierten Markt gehandelt werden, kann anstelle des Informationsblattes nach Satz 1 Nummer 1 ein standardisiertes Informationsblatt verwendet werden. [4] An die Stelle des Informationsblattes treten

1. bei Anteilen oder Aktien an OGAW oder an offenen Publikums-AIF die wesentlichen Anlegerinformationen nach den §§ 164 und 166 des Kapitalanlagegesetzbuchs,
2. bei Anteilen oder Aktien an geschlossenen Publikums-AIF die wesentlichen Anlegerinformationen nach den §§ 268 und 270 des Kapitalanlagegesetzbuchs,
3. bei Anteilen oder Aktien an Spezial-AIF die wesentlichen Anlegerinformationen nach § 166 oder § 270 des Kapitalanlagegesetzbuchs, sofern die AIF-Kapitalverwaltungsgesellschaft solche gemäß § 307 Absatz 5 des Kapitalanlagegesetzbuchs erstellt hat,
4. bei EU-AIF und ausländischen AIF die wesentlichen Anlegerinformationen nach § 318 Absatz 5 des Kapitalanlagegesetzbuchs,
5. bei EU-OGAW die wesentlichen Anlegerinformationen, die nach § 298 Absatz 1 Satz 2 des Kapitalanlagegesetzbuchs in deutscher Sprache veröffentlicht worden sind,
6. bei inländischen Investmentvermögen im Sinne des Investmentgesetzes in der bis zum 21. Juli 2013 geltenden Fassung, die für den in § 345 Absatz 6 Satz 1 des Kapitalanlagegesetzbuchs genannten Zeitraum noch weiter vertrieben werden dürfen, die wesentlichen Anlegerinformationen, die nach § 42 Absatz 2 des Investmentgesetzes in der bis zum 21. Juli 2013 geltenden Fassung erstellt worden sind,
7. bei ausländischen Investmentvermögen im Sinne des Investmentgesetzes in der bis zum 21. Juli 2013 geltenden Fassung, die für den in § 345 Absatz 8 Satz 2 *oder § 355 Absatz 2 Satz* 10 des Kapitalanlagegesetzbuchs genannten Zeitraum noch weiter vertrieben werden dürfen, die wesentlichen Anlegerinformationen, die nach § 137 Absatz 2 des Investmentgesetzes in der bis zum 21. Juli 2013 geltenden Fassung erstellt worden sind,

8. bei Vermögensanlagen im Sinne des § 1 Absatz 2 des Vermögensanlagengesetzes das Vermögensanlagen-Informationsblatt nach § 13 des Vermögensanlagengesetzes, soweit der Anbieter der Vermögensanlagen zur Erstellung eines solchen Vermögensanlagen-Informationsblatts verpflichtet ist,
9. bei zertifizierten Altersvorsorge- und Basisrentenverträgen im Sinne des Altersvorsorgeverträge-Zertifizierungsgesetzes das individuelle Produktinformationsblatt nach § 7 Absatz 1 des Altersvorsorgeverträge-Zertifizierungsgesetzes sowie zusätzlich die wesentlichen Anlegerinformationen nach Nummer 1, 3 oder Nummer 4, sofern es sich um Anteile an den in Nummer 1, 3 oder Nummer 4 genannten Organismen für gemeinsame Anlagen handelt und
10. bei Wertpapieren im Sinne des § 2 Nummer 1 des Wertpapierprospektgesetzes das Wertpapier-Informationsblatt nach § 4 des Wertpapierprospektgesetzes, soweit der Anbieter der Wertpapiere zur Erstellung eines solchen Wertpapier-Informationsblatts verpflichtet ist.

(3) [1] Das Wertpapierdienstleistungsunternehmen muss von einem Kunden alle Informationen

1. über Kenntnisse und Erfahrungen des Kunden in Bezug auf Geschäfte mit bestimmten Arten von Finanzinstrumenten oder Wertpapierdienstleistungen,
2. über die finanziellen Verhältnisse des Kunden, einschließlich seiner Fähigkeit, Verluste zu tragen, und
3. über seine Anlageziele, einschließlich seiner Risikotoleranz,

einholen, die erforderlich sind, um dem Kunden ein Finanzinstrument oder eine Wertpapierdienstleistung empfehlen zu können, das oder die für ihn geeignet ist und insbesondere seiner Risikotoleranz und seiner Fähigkeit, Verluste zu tragen, entspricht. [2] Ein Wertpapierdienstleistungsunternehmen darf seinen Kunden nur Finanzinstrumente und Wertpapierdienstleistungen empfehlen oder Geschäfte im Rahmen der Finanzportfolioverwaltung tätigen, die nach den eingeholten Informationen für den Kunden geeignet sind. [3] Näheres zur Geeignetheit und den im Zusammenhang mit der Beurteilung der Geeignetheit geltenden Pflichten regeln die Artikel 54 und 55 der Delegierten Verordnung (EU) 2017/565. [4] Näheres zur Geeignetheit von Verbriefungen und den im Zusammenhang mit der Beurteilung der Geeignetheit geltenden Pflichten regelt Artikel 3 der Verordnung (EU) 2017/2402 des Europäischen Parlaments und des Rates vom 12. Dezember 2017 zur Festlegung eines allgemeinen Rahmens für Verbriefungen und zur Schaffung eines spezifischen Rahmens für einfache, transparente und standardisierte Verbriefung und zur Änderung der Richtlinien 2009/65/EG, 2009/138/EG, 2011/61/EU und der Verordnungen (EG) Nr. 1060/2009 und (EU) Nr. 648/2012 (ABl. L 347 vom 28.12.2017, S. 35). [5] Erbringt ein Wertpapierdienstleistungsunternehmen eine Anlageberatung, bei der verbundene Produkte oder Dienstleistungen im Sinne des § 63 Absatz 9 empfohlen werden, gilt Satz 2 für das gesamte verbundene Geschäft entsprechend. [6] Erbringen Wertpapierdienstleistungsunternehmen entweder Anlageberatung oder Finanzportfolioverwaltung, die eine Umschichtung von Finanzinstrumenten umfassen, so haben sie die notwendigen Informationen über die Investition des Kunden einzuholen und die Kosten und den Nutzen der Umschichtung von Finanzinstrumenten zu analysieren. [7] Satz 6 gilt nicht für Dienstleistungen, die gegenüber professionellen Kunden erbracht werden, es sei denn, diese Kunden setzen das Wertpapierdienstleistungsunternehmen entweder in elektronischer Form oder in schriftlicher Form darüber in Kenntnis, dass sie von den durch Satz 6 gewährten Rechten Gebrauch machen möchten.

(4) [1] Ein Wertpapierdienstleistungsunternehmen, das Anlageberatung erbringt, muss dem Privatkunden auf einem dauerhaften Datenträger vor Vertragsschluss eine Erklärung über die Geeignetheit der Empfehlung (Geeignetheitserklärung) zur Verfügung stellen. [2] Die Geeignetheitserklärung muss die erbrachte Beratung nennen sowie erläutern, wie sie auf die Präferenzen, Anlageziele und die sonstigen Merkmale des Kunden abgestimmt wurde. [3] Näheres regelt Artikel 54 Absatz 12 der Delegierten Verordnung (EU) 2017/565. [4] Wird die Vereinbarung über den Kauf oder Verkauf eines Finanzinstruments mittels eines Fernkommunikationsmittels geschlossen, das die vorherige Übermittlung der Geeignetheitserklärung nicht erlaubt, darf das Wertpapierdienstleistungsunternehmen die Geeignetheitserklärung ausnahmsweise unmittelbar nach dem Vertragsschluss zur Verfügung stellen, wenn der Kunde zugestimmt hat, dass ihm die Geeignetheitserklärung unverzüglich nach Vertragsschluss zur Verfügung gestellt wird und das Wertpapierdienstleistungsunternehmen dem Kunden angeboten hat, die Ausführung des Geschäfts zu verschieben, damit der Kunde die Möglichkeit hat, die Geeignetheitserklärung zuvor zu erhalten. [5] Bei der Erbringung von Anlageberatung haben Wertpapierdienstleistungsunternehmen den Kunden darüber zu informieren, ob die Vorteile einer Umschichtung von Finanzinstrumenten die im Rahmen der Umschichtung anfallenden Kosten überwiegen oder nicht. [6] Satz 5 gilt nicht für Dienstleistungen, die gegenüber professionellen Kunden erbracht werden, es sei denn, diese Kunden setzen das Wertpapierdienstleistungsunternehmen entweder in elektronischer Form oder in schriftlicher Form darüber in Kenntnis, dass sie von den durch Satz 5 gewährten Rechten Gebrauch machen möchten.

(5) [1] Ein Wertpapierdienstleistungsunternehmen, das Unabhängige Honorar-Anlageberatung erbringt,

1. muss bei der Beratung eine ausreichende Palette von auf dem Markt angebotenen Finanzinstrumenten berücksichtigen, die
   a) hinsichtlich ihrer Art und des Emittenten oder Anbieters hinreichend gestreut sind und
   b) nicht beschränkt sind auf Finanzinstrumente, die das Wertpapierdienstleistungsunternehmen selbst emittiert oder anbietet oder deren Anbieter oder Emittenten in einer engen Verbindung zum Wertpapierdienstleistungsunternehmen stehen oder in sonstiger Weise so enge rechtliche oder wirtschaftliche Verbindung zu diesem unterhalten, dass die Unabhängigkeit der Beratung dadurch gefährdet werden könnte;
2. darf sich die Unabhängige Honorar-Anlageberatung allein durch den Kunden vergüten lassen.

[2] Es dürfen nach Satz 1 Nummer 2 im Zusammenhang mit der Unabhängigen Honorar-Anlageberatung keinerlei nichtmonetäre Zuwendungen von einem Dritten, der nicht Kunde dieser Dienstleistung ist oder von dem Kunden dazu beauftragt worden ist, angenommen werden. [3] Monetäre Zuwendungen dürfen nur dann angenommen werden, wenn das empfohlene Finanzinstrument oder ein in gleicher Weise geeignetes Finanzinstrument ohne Zuwendung nicht erhältlich ist. [4] In diesem Fall sind die monetären Zuwendungen so schnell wie nach vernünftigem Ermessen möglich, nach Erhalt und in vollem Umfang an den Kunden auszukehren. [5] Vorschriften über die Entrichtung von Steuern und Abgaben bleiben davon unberührt. [6] Das Wertpapierdienstleistungsunternehmen muss Kunden über die ausgekehrten monetären Zuwendungen unterrichten. [7] Im Übrigen gelten die allgemeinen Anforderungen für die Anlageberatung.

(6) [1] Bei der Empfehlung von Geschäftsabschlüssen in Finanzinstrumenten, die auf einer Unabhängigen Honorar-Anlageberatung beruhen, deren Anbieter oder Emittent das Wertpapierdienstleistungsunternehmen selbst ist oder zu deren Anbieter oder Emittenten eine enge Verbindung oder sonstige wirtschaftliche Verflechtung besteht, muss das Wertpapierdienstleistungsunternehmen den Kunden rechtzeitig vor der Empfehlung und in verständlicher Form informieren über

1. die Tatsache, dass es selbst Anbieter oder Emittent der Finanzinstrumente ist,
2. das Bestehen einer engen Verbindung oder einer sonstigen wirtschaftlichen Verflechtung zum Anbieter oder Emittenten sowie
3. das Bestehen eines eigenen Gewinninteresses oder des Interesses eines mit ihm verbundenen oder wirtschaftlich verflochtenen Emittenten oder Anbieters an dem Geschäftsabschluss.

[2] Ein Wertpapierdienstleistungsunternehmen darf einen auf seiner Unabhängigen Honorar-Anlageberatung beruhenden Geschäftsabschluss nicht als Geschäft mit dem Kunden zu einem festen oder bestimmbaren Preis für eigene Rechnung (Festpreisgeschäft) ausführen. [3] Ausgenommen sind Festpreisgeschäfte in Finanzinstrumenten, deren Anbieter oder Emittent das Wertpapierdienstleistungsunternehmen selbst ist.

(7) [1] Ein Wertpapierdienstleistungsunternehmen, das Finanzportfolioverwaltung erbringt, darf im Zusammenhang mit der Finanzportfolioverwaltung keine Zuwendungen von Dritten oder für Dritte handelnder Personen annehmen und behalten. [2] Abweichend von Satz 1 dürfen nichtmonetäre Vorteile nur angenommen werden, wenn es sich um geringfügige nichtmonetäre Vorteile handelt,

1. die geeignet sind, die Qualität der für den Kunden erbrachten Wertpapierdienstleistung und Wertpapiernebendienstleistungen zu verbessern und
2. die hinsichtlich ihres Umfangs, wobei die Gesamthöhe der von einem einzelnen Unternehmen oder einer einzelnen Unternehmensgruppe gewährten Vorteile zu berücksichtigen ist, und ihrer Art vertretbar und verhältnismäßig sind und daher nicht vermuten lassen, dass sie die Pflicht des Wertpapierdienstleistungsunternehmens, im bestmöglichen Interesse ihrer Kunden zu handeln, beeinträchtigen,

wenn diese Zuwendungen dem Kunden unmissverständlich offengelegt werden, bevor die betreffende Wertpapierdienstleistung oder Wertpapiernebendienstleistung für die Kunden erbracht wird. [3] Die Offenlegung kann in Form einer generischen Beschreibung erfolgen. [4] Monetäre Zuwendungen, die im Zusammenhang mit der Finanzportfolioverwaltung angenommen werden, sind so schnell wie nach vernünftigem Ermessen möglich nach Erhalt und in vollem Umfang an den Kunden auszukehren. [5] Vorschriften über die Entrichtung von Steuern und Abgaben bleiben davon unberührt. [6] Das Wertpapierdienstleistungsunternehmen muss den Kunden über die ausgekehrten monetären Zuwendungen unterrichten.

(7a) [1] Erbringt ein Wertpapierdienstleistungsunternehmen Finanzportfolioverwaltung, muss es den Kunden zusätzlich zu den Informationen nach § 63 Absatz 7 rechtzeitig und in verständlicher Form Informationen nach Artikel 6 Absatz 1 und den Artikeln 7 bis 9 der Verordnung (EU) 2019/2088 und nach den Artikeln 5 bis 7 der Verordnung (EU) 2020/852 zur Verfügung stellen. [2] § 63 Absatz 7 Satz 2 und Absatz 8 gilt entsprechend.

(8) [1] Erbringt ein Wertpapierdienstleistungsunternehmen Finanzportfolioverwaltung oder hat es den Kunden nach Absatz 1 Satz 1 Nummer 3 darüber informiert, dass es die Geeignetheit der empfohlenen Finanzinstrumente regel-

mäßig beurteilt, so müssen die regelmäßigen Berichte gegenüber Privatkunden nach § 63 Absatz 12 insbesondere eine Erklärung darüber enthalten, wie die Anlage den Präferenzen, den Anlagezielen und den sonstigen Merkmalen des Kunden entspricht. [2] Erbringt ein Wertpapierdienstleistungsunternehmen Finanzportfolioverwaltung, müssen die regelmäßigen Berichte nach § 63 Absatz 12 auch die Erläuterungen und Informationen nach Artikel 11 Absatz 1 der Verordnung (EU) 2019/2088 und nach den Artikeln 5 bis 7 der Verordnung (EU) 2020/852 enthalten.

(9) Nähere Bestimmungen zu den Absätzen 1, 3, 5 und 8 ergeben sich aus der Delegierten Verordnung (EU) 2017/565, insbesondere zu

1. Art, Inhalt, Gestaltung und Zeitpunkt der nach den Absätzen 1 und 5, auch in Verbindung mit § 63 Absatz 7, notwendigen Informationen für die Kunden aus den Artikeln 52 und 53,
2. der Geeignetheit nach Absatz 3, den im Zusammenhang mit der Beurteilung der Geeignetheit geltenden Pflichten sowie zu Art, Umfang und Kriterien der nach Absatz 3 von den Kunden einzuholenden Informationen aus den Artikeln 54 und 55,
3. der Erklärung nach Absatz 4 aus Artikel 54 Absatz 12,
4. der Anlageberatung nach Absatz 5 aus Artikel 53,
5. Art, Inhalt und Zeitpunkt der Berichtspflichten nach Absatz 8, auch in Verbindung mit § 63 Absatz 12, aus den Artikeln 60 und 62.

(10) [1] Das Bundesministerium der Finanzen kann durch Rechtsverordnung, die nicht der Zustimmung des Bundesrates bedarf, nähere Bestimmungen erlassen

1. im Einvernehmen mit dem Bundesministerium der Justiz und für Verbraucherschutz zu Inhalt und Aufbau sowie zu Art und Weise der Zurverfügungstellung der Informationsblätter im Sinne des Absatzes 2 Satz 1 und zu Inhalt und Aufbau sowie Art und Weise der Zurverfügungstellung des standardisierten Informationsblattes im Sinne des Absatzes 2 Satz 3,
2. zu Art, inhaltlicher Gestaltung, Zeitpunkt und Datenträger der nach Absatz 6 notwendigen Informationen für die Kunden,
3. zu Kriterien dazu, wann geringfügige nichtmonetäre Vorteile im Sinne des Absatzes 7 vorliegen.

[2] Das Bundesministerium der Finanzen kann die Ermächtigung durch Rechtsverordnung auf die Bundesanstalt übertragen.

§ 64a[1)] Form der Kundenkommunikation. [1] Wertpapierdienstleistungsunternehmen stellen ihren Kunden oder potenziellen Kunden alle gemäß diesem Abschnitt zur Verfügung zu stellenden Informationen in elektronischer Form bereit, es sei denn, der Kunde oder potenzielle Kunde ist ein Privatkunde oder potenzieller Privatkunde, der darum gebeten hat, die Informationen in schriftlicher Form zu erhalten. [2] In diesem Fall werden die Informationen kostenlos in schriftlicher Form bereitgestellt. [3] Wertpapierdienstleistungsunternehmen setzen Privatkunden oder potenzielle Privatkunden darüber in Kenntnis, dass sie die Möglichkeit haben, die Informationen in schriftlicher Form zu erhalten.

[1)] § 64a eingef. mWv 28.11.2021 durch G v. 3.6.2021 (BGBl. I S. 1568).

§ 65[1)] Selbstauskunft bei der Vermittlung des Vertragsschlusses über eine Vermögensanlage im Sinne des § 2a des Vermögensanlagengesetzes.

(1) [1] Ein Wertpapierdienstleistungsunternehmen hat vor der Vermittlung des Vertragsschlusses über eine Vermögensanlage im Sinne des § 2a des Vermögensanlagengesetzes von dem Kunden insoweit eine Selbstauskunft über dessen Vermögen oder dessen Einkommen einzuholen, wie dies erforderlich ist, um prüfen zu können, ob der Gesamtbetrag der Vermögensanlagen desselben Emittenten, die von dem Kunden erworben werden, folgende Beträge nicht übersteigt:

1. 10 000 Euro, sofern der jeweilige Anleger nach seiner Selbstauskunft über ein frei verfügbares Vermögen in Form von Bankguthaben und Finanzinstrumenten von mindestens 100 000 Euro verfügt, oder
2. den zweifachen Betrag des durchschnittlichen monatlichen Nettoeinkommens des jeweiligen Anlegers, höchstens jedoch 25 000 Euro.

[2] Satz 1 gilt nicht, wenn der Gesamtbetrag der Vermögensanlagen desselben Emittenten, die von dem Kunden erworben werden, 1 000 Euro nicht überschreitet. [3] Ein Wertpapierdienstleistungsunternehmen darf einen Vertragsschluss über eine Vermögensanlage im Sinne des § 2a des Vermögensanlagengesetzes nur vermitteln, wenn es geprüft hat, dass der Gesamtbetrag der Vermögensanlagen desselben Emittenten, die von dem Kunden erworben werden, 1 000 Euro oder die in Satz 1 Nummer 1 und 2 genannten Beträge nicht übersteigt. [4] Die Sätze 1 und 3 gelten nicht, wenn der Anleger eine Kapitalgesellschaft ist oder eine GmbH & Co. KG, deren Kommanditisten gleichzeitig Gesellschafter der GmbH oder an der Entscheidungsfindung der GmbH beteiligt sind, sofern die GmbH & Co. KG kein Investmentvermögen und keine Verwaltungsgesellschaft nach dem Kapitalanlagegesetzbuch ist.

(2) Soweit die in Absatz 1 genannten Informationen auf Angaben des Kunden beruhen, hat das Wertpapierdienstleistungsunternehmen die Fehlerhaftigkeit oder Unvollständigkeit der Angaben seines Kunden nicht zu vertreten, es sei denn, die Unvollständigkeit oder Unrichtigkeit der Kundenangaben ist ihm bekannt oder infolge grober Fahrlässigkeit unbekannt.

§ 65a[2)] Selbstauskunft bei der Vermittlung des Vertragsschlusses über Wertpapiere im Sinne des § 6 des Wertpapierprospektgesetzes. (1) [1] Ein Wertpapierdienstleistungsunternehmen hat vor der Vermittlung des Vertragsschlusses über Wertpapiere im Sinne des § 6 des Wertpapierprospektgesetzes von dem nicht qualifizierten Anleger eine Selbstauskunft über dessen Vermögen oder dessen Einkommen in dem Umfang einzuholen, wie dies erforderlich ist, um prüfen zu können, ob der Gesamtbetrag der Wertpapiere, die von dem nicht qualifizierten Anleger erworben werden, folgende Beträge nicht übersteigt

1. 10 000 Euro, sofern der jeweilige nicht qualifizierte Anleger nach seiner Selbstauskunft über ein frei verfügbares Vermögen in Form von Bankguthaben und Finanzinstrumenten von mindestens 100 000 Euro verfügt, oder
2. den zweifachen Betrag des durchschnittlichen monatlichen Nettoeinkommens des jeweiligen nicht qualifizierten Anlegers, höchstens jedoch 25 000 Euro.

[1)] § 65 eingef. mWv 3.1.2018 durch G v. 23.6.2017 (BGBl. I S. 1693); Abs. 1 Satz 1 Nr. 2, Sätze 2 und 3 geänd., Satz 4 angef. mWv 21.7.2019 durch G v. 8.7.2019 (BGBl. I S. 1002).

[2)] § 65a eingef. mWv 21.7.2018 durch G v. 10.7.2018 (BGBl. I S. 1102); Überschrift, Abs. 1 Satz 1 einl. Satzteil, Nr. 1 und Satz 3 geänd. mWv 21.7.2019 durch G v. 8.7.2019 (BGBl. I S. 1002).

[2]Satz 1 gilt nicht, wenn der Gesamtbetrag der Wertpapiere, die von dem nicht qualifizierten Anleger erworben werden, 1 000 Euro nicht überschreitet. [3]Ein Wertpapierdienstleistungsunternehmen darf einen Vertragsschluss über Wertpapiere im Sinne des § 6 des Wertpapierprospektgesetzes nur vermitteln, wenn es geprüft hat, dass der Gesamtbetrag der Wertpapiere, die von dem nicht qualifizierten Anleger erworben werden, 1 000 Euro oder die in Satz 1 genannten Beträge nicht übersteigt.

(2) Soweit die in Absatz 1 genannten Informationen auf Angaben des nicht qualifizierten Anlegers beruhen, hat das Wertpapierdienstleistungsunternehmen die Fehlerhaftigkeit oder Unvollständigkeit der Angaben seines nicht qualifizierten Anlegers nicht zu vertreten, es sei denn, die Unvollständigkeit oder Unrichtigkeit der Angaben des nicht qualifizierten Anlegers ist ihm bekannt oder infolge grober Fahrlässigkeit unbekannt.

§ 65b[1)] Veräußerung nachrangiger berücksichtigungsfähiger Verbindlichkeiten und relevanter Kapitalinstrumente an Privatkunden. [1]Unbeschadet der Vorschriften dieses Abschnitts dürfen nachrangige berücksichtigungsfähige Verbindlichkeiten nach § 2 Absatz 3 Nummer 40a des Sanierungs- und Abwicklungsgesetzes sowie relevante Kapitalinstrumente nach § 2 Absatz 2 des Sanierungs- und Abwicklungsgesetzes an Privatkunden nach § 67 Absatz 3 nur mit einer Mindeststückelung von 50 000 Euro veräußert werden. [2]Für relevante Kapitalinstrumente nach § 2 Absatz 2 des Sanierungs- und Abwicklungsgesetzes von kleinen und nicht komplexen Instituten im Sinne des Artikels 4 Absatz 1 Nummer 145 der Verordnung (EU) Nr. 575/2013 gilt Satz 1 mit der Maßgabe, dass diese an Privatkunden nach § 67 Absatz 3 nur mit einer Mindeststückelung von 25 000 Euro veräußert werden dürfen. [3]Die Sätze 1 und 2 gelten nicht für Verbindlichkeiten und relevante Kapitalinstrumente im Sinne dieser Vorschrift, die vor dem 28. Dezember 2020 begeben wurden.

§ 66[2)] Ausnahmen für Immobiliar-Verbraucherdarlehensverträge. § 63 Absatz 10 und 12 sowie § 64 Absatz 3, 4 und 8 gelten nicht für Immobiliar-Verbraucherdarlehensverträge, die an die Vorbedingung geknüpft sind, dass dem Verbraucher eine Wertpapierdienstleistung in Bezug auf gedeckte Schuldverschreibungen, die zur Besicherung der Finanzierung des Kredits begeben worden sind und denen dieselben Konditionen wie dem Immobiliar-Verbraucherdarlehensvertrag zugrunde liegen, erbracht wird, und wenn damit das Darlehen ausgezahlt, refinanziert oder abgelöst werden kann.

§ 67[3)] Kunden; Verordnungsermächtigung. (1) Kunden im Sinne dieses Gesetzes sind alle natürlichen oder juristischen Personen, für die Wertpapierdienstleistungsunternehmen Wertpapierdienstleistungen oder Wertpapiernebendienstleistungen erbringen oder anbahnen.

(2) [1]Professionelle Kunden im Sinne dieses Gesetzes sind Kunden, die über ausreichende Erfahrungen, Kenntnisse und Sachverstand verfügen, um ihre Anla-

---

1) § 65b eingef. mWv 28.12.2020 durch G v. 9.12.2020 (BGBl. I S. 2773).

2) § 66 eingef. mWv 3.1.2018 durch G v. 23.6.2017 (BGBl. I S. 1693).

3) *Früherer § 31a eingef.* mWv 1.11.2007 (Abs. 8 mWv 20.7.2007) durch G v. 16.7.2007 (BGBl. I S. 1330); bish. § 31a wird § 67 und Überschrift, Abs. 2 Satz 1 geänd., Satz 2 Nr. 1 neu gef., Nr. 3 und Abs. 4 Sätze 1 und 2 Nr. 1 und 2 geänd., Abs. 5 aufgeh., bish. Abs. 6 wird Abs. 5 und Sätze 4 und 6 geänd., bish. Abs. 7 wird Abs. 6 mWv 3.1.2018, bish. Abs. 8 wird Abs. 7 und neu gef. mWv 25.6.2017 durch G v. 23.6.2017 (BGBl. I S. 1693).

geentscheidungen zu treffen und die damit verbundenen Risiken angemessen beurteilen zu können. [2] Professionelle Kunden im Sinne des Satzes 1 sind

1. Unternehmen, die als
   a) Wertpapierdienstleistungsunternehmen,
   b) sonstige zugelassene oder beaufsichtigte Finanzinstitute,
   c) Versicherungsunternehmen,
   d) Organismen für gemeinsame Anlagen und ihre Verwaltungsgesellschaften,
   e) Pensionsfonds und ihre Verwaltungsgesellschaften,
   f) Börsenhändler und Warenderivatehändler,
   g) sonstige institutionelle Anleger, deren Haupttätigkeit nicht von den Buchstaben a bis f erfasst wird,

   im Inland oder Ausland zulassungs- oder aufsichtspflichtig sind, um auf den Finanzmärkten tätig werden zu können;
2. nicht im Sinne der Nummer 1 zulassungs- oder aufsichtspflichtige Unternehmen, die mindestens zwei der drei nachfolgenden Merkmale überschreiten:
   a) 20 000 000 Euro Bilanzsumme,
   b) 40 000 000 Euro Umsatzerlöse,
   c) 2 000 000 Euro Eigenmittel;
3. nationale und regionale Regierungen sowie Stellen der öffentlichen Schuldenverwaltung auf nationaler oder regionaler Ebene;
4. Zentralbanken, internationale und überstaatliche Einrichtungen wie die Weltbank, der Internationale Währungsfonds, die Europäische Zentralbank, die Europäische Investmentbank und andere vergleichbare internationale Organisationen;
5. andere nicht im Sinne der Nummer 1 zulassungs- oder aufsichtspflichtige institutionelle Anleger, deren Haupttätigkeit in der Investition in Finanzinstrumente besteht, und Einrichtungen, die die Verbriefung von Vermögenswerten und andere Finanzierungsgeschäfte betreiben.

[3] Sie werden in Bezug auf alle Finanzinstrumente, Wertpapierdienstleistungen und Wertpapiernebendienstleistungen als professionelle Kunden angesehen.

(3) Privatkunden im Sinne dieses Gesetzes sind Kunden, die keine professionellen Kunden sind.

(4) [1] Geeignete Gegenparteien sind Unternehmen im Sinne des Absatzes 2 Satz 2 Nummer 1 Buchstabe a bis e sowie Einrichtungen nach Absatz 2 Nummer 3 und 4. [2] Den geeigneten Gegenparteien stehen gleich

1. Unternehmen im Sinne des Absatzes 2 Nummer 2 mit Sitz im In- oder Ausland,
2. Unternehmen mit Sitz in einem anderen Mitgliedstaat der Europäischen Union *oder einem* anderen Vertragsstaat des Abkommens über den Europäischen Wirtschaftsraum, die nach dem Recht des Herkunftsmitgliedstaates als geeignete Gegenparteien im Sinne des Artikels 30 Absatz 3 Satz 1 der Richtlinie 2014/65/EU anzusehen sind,

wenn diese zugestimmt haben, für alle oder einzelne Geschäfte als geeignete Gegenpartei behandelt zu werden.

(5) [1] Ein professioneller Kunde kann mit dem Wertpapierdienstleistungsunternehmen eine Einstufung als Privatkunde vereinbaren. [2] Die Vereinbarung über die Änderung der Einstufung bedarf der Schriftform. [3] Soll die Änderung nicht alle

Wertpapierdienstleistungen, Wertpapiernebendienstleistungen und Finanzinstrumente betreffen, ist dies ausdrücklich festzulegen. [4] Ein Wertpapierdienstleistungsunternehmen muss professionelle Kunden im Sinne des Absatzes 2 Satz 2 Nummer 2 und des Absatzes 6 am Anfang einer Geschäftsbeziehung darauf hinweisen, dass sie als professionelle Kunden eingestuft sind und die Möglichkeit einer Änderung der Einstufung nach Satz 1 besteht. [5] Hat ein Wertpapierdienstleistungsunternehmen Kunden vor dem 1. November 2007 auf der Grundlage eines Bewertungsverfahrens, das auf den Sachverstand, die Erfahrungen und Kenntnisse der Kunden abstellt, im Sinne des Absatzes 2 Satz 1 eingestuft, hat die Einstufung nach dem 1. November 2007 Bestand. [6] Diese Kunden sind über die Voraussetzungen der Einstufung nach den Absätzen 2 und 5 und die Möglichkeit der Änderung der Einstufung nach Absatz 5 Satz 4 zu informieren.

(6) [1] Ein Privatkunde kann auf Antrag oder durch Festlegung des Wertpapierdienstleistungsunternehmens als professioneller Kunde eingestuft werden. [2] Der Änderung der Einstufung hat eine Bewertung durch das Wertpapierdienstleistungsunternehmen vorauszugehen, ob der Kunde aufgrund seiner Erfahrungen, Kenntnisse und seines Sachverstandes in der Lage ist, generell oder für eine bestimmte Art von Geschäften eine Anlageentscheidung zu treffen und die damit verbundenen Risiken angemessen zu beurteilen. [3] Eine Änderung der Einstufung kommt nur in Betracht, wenn der Privatkunde mindestens zwei der drei folgenden Kriterien erfüllt:

1. der Kunde hat an dem Markt, an dem die Finanzinstrumente gehandelt werden, für die er als professioneller Kunde eingestuft werden soll, während des letzten Jahres durchschnittlich zehn Geschäfte von erheblichem Umfang im Quartal getätigt;
2. der Kunde verfügt über Bankguthaben und Finanzinstrumente im Wert von mehr als 500 000 Euro;
3. der Kunde hat mindestens für ein Jahr einen Beruf am Kapitalmarkt ausgeübt, der Kenntnisse über die in Betracht kommenden Geschäfte, Wertpapierdienstleistungen und Wertpapiernebendienstleistungen voraussetzt.

[4] Das Wertpapierdienstleistungsunternehmen muss den Privatkunden schriftlich darauf hinweisen, dass mit der Änderung der Einstufung die Schutzvorschriften dieses Gesetzes für Privatkunden nicht mehr gelten. [5] Der Kunde muss schriftlich bestätigen, dass er diesen Hinweis zur Kenntnis genommen hat. [6] Informiert ein professioneller Kunde im Sinne des Satzes 1 oder des Absatzes 2 Satz 2 Nr. 2 das Wertpapierdienstleistungsunternehmen nicht über alle Änderungen, die seine Einstufung als professioneller Kunde beeinflussen können, begründet eine darauf beruhende fehlerhafte Einstufung keinen Pflichtverstoß des Wertpapierdienstleistungsunternehmens.

(7) [1] Das Bundesministerium der Finanzen kann durch Rechtsverordnung, die nicht der Zustimmung des Bundesrates bedarf, nähere Bestimmungen erlassen zu den Vorgaben an eine Einstufung gemäß Absatz 2 Satz 2 Nummer 2 und zu den Kriterien, dem Verfahren und den organisatorischen Vorkehrungen bei einer Änderung oder Beibehaltung der Einstufung nach den Absätzen 5 und 6. [2] Das Bundesministerium der Finanzen kann die Ermächtigung durch Rechtsverordnung auf die Bundesanstalt übertragen.

§ 68[1)] Geschäfte mit geeigneten Gegenparteien; Verordnungsermächtigung. (1) [1] Wertpapierdienstleistungsunternehmen, die das Finanzkommissionsgeschäft, die Anlage- und Abschlussvermittlung und den Eigenhandel sowie damit in direktem Zusammenhang stehende Wertpapiernebendienstleistungen gegenüber geeigneten Gegenparteien erbringen, sind nicht an die Vorgaben von § 63 Absatz 1, 3 bis 10, 12 Satz 1 und 2, § 64 Absatz 1 Satz 1, Absatz 3 bis 8, § 69 Absatz 1, der §§ 70, 82, 83 Absatz 2 und § 87 Absatz 1 und 2 gebunden. [2] Satz 1 ist nicht anwendbar, sofern die geeignete Gegenpartei mit dem Wertpapierdienstleistungsunternehmen für alle oder für einzelne Geschäfte vereinbart hat, als professioneller Kunde oder als Privatkunde behandelt zu werden. [3] Wertpapierdienstleistungsunternehmen müssen in ihrer Beziehung mit geeigneten Gegenparteien auf eine Art und Weise kommunizieren, die redlich, eindeutig und nicht irreführend ist und müssen dabei der Form der geeigneten Gegenpartei und deren Geschäftstätigkeit Rechnung tragen.

(2) Nähere Bestimmungen zu Absatz 1, insbesondere zu der Form und dem Inhalt einer Vereinbarung nach Absatz 1 Satz 2 und zur Art und Weise der Zustimmung nach § 67 Absatz 4 Satz 2 ergeben sich aus Artikel 71 der Delegierten Verordnung (EU) 2017/565.

§ 69[2)] Bearbeitung von Kundenaufträgen; Verordnungsermächtigung.

(1) Ein Wertpapierdienstleistungsunternehmen muss geeignete Vorkehrungen treffen, um

1. Kundenaufträge unverzüglich und redlich im Verhältnis zu anderen Kundenaufträgen und den Handelsinteressen des Wertpapierdienstleistungsunternehmens auszuführen oder an Dritte weiterzuleiten und
2. vergleichbare Kundenaufträge der Reihenfolge ihres Eingangs nach auszuführen oder an Dritte zum Zwecke der Ausführung weiterzuleiten.

(2) [1] Können limitierte Kundenaufträge in Bezug auf Aktien, die zum Handel an einem organisierten Markt zugelassen sind oder die an einem Handelsplatz gehandelt werden, aufgrund der Marktbedingungen nicht unverzüglich ausgeführt werden, muss das Wertpapierdienstleistungsunternehmen diese Aufträge unverzüglich so bekannt machen, dass sie anderen Marktteilnehmern leicht zugänglich sind, soweit der Kunde keine andere Weisung erteilt. [2] Die Verpflichtung nach Satz 1 gilt als erfüllt, wenn die Aufträge an einen Handelsplatz weitergeleitet worden sind oder werden, der den Vorgaben des Artikels 70 Absatz 1 der Delegierten Verordnung (EU) 2017/565 entspricht. [3] Die Bundesanstalt kann die Pflicht nach Satz 1 in Bezug auf solche Aufträge, die den marktüblichen Geschäftsumfang erheblich überschreiten, aufheben.

(3) Nähere Bestimmungen zu den Verpflichtungen nach den Absätzen 1 und 2 ergeben sich aus den Artikeln 67 bis 70 der Delegierten Verordnung (EU) 2017/565.

---

1) Früherer § 31b eingef. mWv 1.11.2007 (Abs. 2 mWv 20.7.2007) durch G v. 16.7.2007 (BGBl. I S. 1330); bish. § 31b wird § 6 und Überschrift, Abs. 1 Satz 1 geänd., Satz 3 angef. Abs. 2 neu gef. mWv 3.1.2018 durch G v. 23.6.2017 (BGBl. I S. 1693); Abs. 1 geänd. mWv 28.11.202 durch G v. 3.6.2021 (BGBl. I S. 1568).

2) Früherer § 31c einge mWv 1.11.2007 (Abs. 3 mWv 20.7.2007) durch G v. 16.7.2007 (BGBl. I S. 1330); bish. § 31c wir § 69 und Überschrift, Abs. 1 Nr. 1 und 2 geänd., Nr. 3 bis 6 aufgeh., Abs. 2 Satz 1 geänd., Satz 2 ne gef., Abs. 3 eingef. mWv 3.1.2018, bish. Abs. 3 wird Abs. 4 und neu gef. mWv 25.6.2017 durch G v. 2 6.2017 (BGBl. I S. 1693).

(4) [1] Das Bundesministerium der Finanzen kann durch Rechtsverordnung, die nicht der Zustimmung des Bundesrates bedarf, nähere Bestimmungen zu den Voraussetzungen erlassen, unter denen die Bundesanstalt nach Absatz 2 Satz 3 die Pflicht nach Absatz 2 Satz 1 aufheben kann. [2] Das Bundesministerium der Finanzen kann die Ermächtigung durch Rechtsverordnung auf die Bundesanstalt übertragen.

§ 70[1)] Zuwendungen und Gebühren; Verordnungsermächtigung.

(1) [1] Ein Wertpapierdienstleistungsunternehmen darf im Zusammenhang mit der Erbringung von Wertpapierdienstleistungen oder Wertpapiernebendienstleistungen keine Zuwendungen von Dritten annehmen oder an Dritte gewähren, die nicht Kunden dieser Dienstleistung sind oder nicht im Auftrag des Kunden tätig werden, es sei denn,

1. die Zuwendung ist darauf ausgelegt, die Qualität der für den Kunden erbrachten Dienstleistung zu verbessern und steht der ordnungsgemäßen Erbringung der Dienstleistung im bestmöglichen Interesse des Kunden im Sinne des § 63 Absatz 1 nicht entgegen und
2. Existenz, Art und Umfang der Zuwendung oder, soweit sich der Umfang noch nicht bestimmen lässt, die Art und Weise seiner Berechnung, wird dem Kunden vor der Erbringung der Wertpapierdienstleistung oder Wertpapiernebendienstleistung in umfassender, zutreffender und verständlicher Weise unmissverständlich offen gelegt.

[2] Wertpapierdienstleistungsunternehmen müssen nachweisen können, dass jegliche von ihnen erhaltenen oder gewährten Zuwendungen dazu bestimmt sind, die Qualität der jeweiligen Dienstleistung für den Kunden zu verbessern. [3] Konnte ein Wertpapierdienstleistungsunternehmen den Umfang der Zuwendung noch nicht bestimmen und hat es dem Kunden statt dessen die Art und Weise der Berechnung offengelegt, so muss es den Kunden nachträglich auch über den genauen Betrag der Zuwendung, die es erhalten oder gewährt hat, unterrichten. [4] Solange das Wertpapierdienstleistungsunternehmen im Zusammenhang mit den für die betreffenden Kunden erbrachten Wertpapierdienstleistungen fortlaufend Zuwendungen erhält, muss es seine Kunden mindestens einmal jährlich individuell über die tatsächliche Höhe der angenommenen oder gewährten Zuwendungen unterrichten.

(2) [1] Zuwendungen im Sinne dieser Vorschrift sind Provisionen, Gebühren oder sonstige Geldleistungen sowie alle nichtmonetären Vorteile. [2] Die Bereitstellung von Analysen durch Dritte an das Wertpapierdienstleistungsunternehmen stellt keine Zuwendung dar, wenn sie die Gegenleistung ist für

1. eine direkte Zahlung des Wertpapierdienstleistungsunternehmens aus seinen eigenen Mitteln oder
2. Zahlungen von einem durch das Wertpapierdienstleistungsunternehmen kontrollierten separaten Analysekonto, wenn

---

[1)] Früherer § 31d eingef. mWv 1.11.2007 durch G v. 16.7.2007 (BGBl. I S. 1330); Abs. 4 aufgeh. mWv 8.4.2011 durch G v. 5.4.2011 (BGBl. I S. 538); bish. § 31d wird § 70 und Überschrift neu gef., Abs. 1 Satz 1 einl. Satzteil, Nr. 1 und 2 geänd., Satz 2 neu gef., Sätze 3 und 4 angef., Abs. 2 Satz 1 geänd., Sätze 2–4 angef., Abs. 3 neu gef., Abs. 4–6 eingef., bish. Abs. 5 wird Abs. 7 und geänd., Abs. 8 angef. mWv 3.1.2018, Abs. 9 angef. mWv 25.6.2017 durch G v. 23.6.2017 (BGBl. I S. 1693); Abs. 2 Satz 3 eingef., bish. Sätze 3 und 4 werden Sätze 4 und 5, Abs. 6a eingef. mWv 28.11.2021 durch G v. 3.6.2021 (BGBl. I S. 1568).

a) auf diesem vom Kunden entrichtete spezielle Analysegebühren verbucht werden,

b) das Wertpapierdienstleistungsunternehmen ein Analysebudget als Bestandteil der Einrichtung eines Analysekontos festlegt und dieses einer regelmäßigen Bewertung unterzieht,

c) das Wertpapierdienstleistungsunternehmen für das Analysekonto haftbar ist und

d) das Wertpapierdienstleistungsunternehmen die Analysen regelmäßig anhand belastbarer Qualitätskriterien und dahingehend bewertet, ob sie zu besseren Anlageentscheidungen beitragen können.

[3] Die Bereitstellung von Analysen nach Satz 2 stellt auch dann keine Zuwendung dar, wenn die Voraussetzungen gemäß des Absatzes 6a Satz 1 Nummer 1 bis 3 erfüllt sind. [4] Hat ein Wertpapierdienstleistungsunternehmen ein Analysekonto eingerichtet, muss es den jeweiligen Kunden vor der Erbringung einer Wertpapierdienstleistung Informationen über die für Analysen veranschlagten Mittel und die Höhe der geschätzten Gebühren sowie jährlich Informationen über die Gesamtkosten, die auf jeden Kunden für die Analysen Dritter entfallen, übermitteln. [5] Für die Bewertung nach Satz 2 Nummer 2 Buchstabe c müssen Wertpapierdienstleistungsunternehmen über alle erforderlichen Bestandteile schriftliche Grundsätze aufstellen und diese ihren Kunden übermitteln.

(3) Führt ein Wertpapierdienstleistungsunternehmen ein Analysekonto, ist es verpflichtet, auf Verlangen des Kunden oder der Bundesanstalt eine Zusammenstellung vorzulegen, die Folgendes beinhaltet:

1. die von einem Analysekonto im Sinne des Absatzes 2 Satz 2 Nummer 2 vergüteten Anbieter,
2. den an die Anbieter von Analysen in einem bestimmten Zeitraum gezahlten Gesamtbetrag,
3. die von dem Wertpapierdienstleistungsunternehmen erhaltenen Vorteile und Dienstleistungen und
4. eine Gegenüberstellung des von dem Analysekonto gezahlten Gesamtbetrages mit dem von dem Unternehmen für diesen Zeitraum veranschlagten Analysebudget,

wobei jede Rückerstattung oder jeder Übertrag, falls Mittel auf dem Konto verbleiben, auszuweisen ist.

(4) [1] Die Offenlegung nach Absatz 1 Satz 1 Nummer 2 und Satz 4 kann im Falle geringfügiger nichtmonetärer Vorteile in Form einer generischen Beschreibung erfolgen. [2] Andere nichtmonetäre Vorteile, die das Wertpapierdienstleistungsunternehmen im Zusammenhang mit der für einen Kunden erbrachten Wertpapierdienstleistung oder Wertpapiernebendienstleistung annimmt oder gewährt, sind *der Höhe nach* anzugeben und separat offenzulegen. [3] Nähere Einzelheiten zu den Anforderungen nach diesem Absatz sowie nach Absatz 1 Satz 1 Nummer 2 und Satz 3 und 4 ergeben sich aus Artikel 50 der Delegierten Verordnung (EU) 2017/565; darüber hinaus haben Wertpapierdienstleistungsunternehmen den Vorgaben des § 63 Absatz 7 Satz 3 Nummer 2 Rechnung zu tragen.

(5) Ist ein Wertpapierdienstleistungsunternehmen dazu verpflichtet, Zuwendungen, die es im Zusammenhang mit der Erbringung von Wertpapierdienstleistungen oder Wertpapiernebendienstleistungen erhält, an den Kunden auszukehren, muss es ihn über die diesbezüglichen Verfahren informieren.

(6) [1] Ein Wertpapierdienstleistungsunternehmen muss für jede Wertpapierdienstleistung, durch die Aufträge von Kunden ausgeführt werden, separate Gebühren ausweisen, die nur den Kosten für die Ausführung des Geschäfts entsprechen. [2] Die Gewährung jedes anderen Vorteils oder die Erbringung jeder anderen Dienstleistung durch dasselbe Wertpapierdienstleistungsunternehmen für ein anderes Wertpapierdienstleistungsunternehmen, das seinen Sitz in der Europäischen Union hat, wird mit einer separat erkennbaren Gebühr ausgewiesen. [3] Die Gewährung eines anderen Vorteils oder die Erbringung einer anderen Dienstleistung nach Satz 2 und die dafür verlangten Gebühren dürfen nicht beeinflusst sein oder abhängig gemacht werden von der Höhe der Zahlungen für Wertpapierdienstleistungen, durch die Aufträge von Kunden ausgeführt werden.

(6a) [1] Abweichend von Absatz 6 Satz 1 und 2 ist eine Bereitstellung von Analysen durch Dritte an Wertpapierdienstleistungsunternehmen auch ohne Ausweis einer separaten Gebühr für Analysen und jede Wertpapierdienstleistung, durch die Aufträge von Kunden ausgeführt werden, zulässig, wenn

1. vor der Erbringung der Ausführungs- oder Analysedienstleistungen eine Vereinbarung zwischen dem Wertpapierdienstleistungsunternehmen und dem Analyseanbieter getroffen wurde, in der festgelegt ist, welcher Teil der kombinierten Gebühren oder gemeinsamen Zahlungen für Ausführungs- und Analysedienstleistungen auf Analysedienstleistungen entfallen,
2. die Analysen annehmende Wertpapierdienstleistungsunternehmen seine Kunden über die gemeinsamen Zahlungen für Ausführungs- und Analysedienstleistungen informiert, die an die Drittanbieter von Analysen geleistet werden, und
3. die Analysen, für welche die kombinierten Gebühren geleistet werden oder die gemeinsame Zahlung erfolgt, Emittenten betreffen, die in den 36 Monaten vor der Bereitstellung der Analysen eine Marktkapitalisierung von 1 Milliarde Euro nicht überschritten haben, ausgedrückt durch die Notierungen am Ende der Jahre, in denen sie an einem Handelsplatz notiert sind oder waren, oder durch das Eigenkapital für die Geschäftsjahre, in denen sie nicht an einem Handelsplatz notiert waren.

[2] Analysen im Sinne dieses Absatzes sind Analysematerial und Analysedienstleistungen in Bezug auf ein oder mehrere Finanzinstrumente oder sonstige Vermögenswerte oder in Bezug auf die Emittenten oder potenziellen Emittenten von Finanzinstrumenten oder Analysematerial oder -dienstleistungen, die in engem Zusammenhang mit einem bestimmten Wirtschaftszweig oder Markt stehen, sodass die Analysen die Grundlage für die Einschätzung von Finanzinstrumenten, Vermögenswerten oder Emittenten des Wirtschaftszweigs oder des Marktes liefern. [3] Zu Analysen gehören auch Material oder Dienstleistungen, mit denen eine Anlagestrategie empfohlen oder nahegelegt und eine fundierte Stellungnahme zum aktuellen oder künftigen Wert oder Preis solcher Instrumente oder Vermögenswerte abgegeben oder anderweitig eine Analyse und neuartige Erkenntnisse vermittelt werden und auf der Grundlage neuer oder bereits vorhandener Informationen Schlussfolgerungen gezogen werden, die genutzt werden könnten, um eine Anlagestrategie zu begründen, und die für die Entscheidungen, die das Wertpapierinstitut für die die Analysegebühr entrichtenden Kunden trifft, relevant und von Nutzen sein könnten.

(7) Gebühren und Entgelte, die die Erbringung von Wertpapierdienstleistungen erst ermöglichen oder dafür notwendig sind, und die ihrer Art nach nicht geeignet sind, die Erfüllung der Pflicht nach § 63 Absatz 1 zu gefährden, sind von dem Verbot nach Absatz 1 ausgenommen.

(8) Nähere Bestimmungen betreffend die Annahme von Zuwendungen nach Absatz 1 ergeben sich aus Artikel 40 der Delegierten Verordnung (EU) 2017/565.

(9) [1] Das Bundesministerium der Finanzen kann durch Rechtsverordnung, die nicht der Zustimmung des Bundesrates bedarf, nähere Bestimmungen erlassen zu

1. Kriterien für die Art und Bestimmung einer Verbesserung der Qualität im Sinne des Absatzes 1 Satz 1 Nummer 1,
2. Art und Inhalt des Nachweises nach Absatz 1 Satz 2,
3. Art, Inhalt und Verfahren zur Erhebung einer Analysegebühr sowie der Festlegung, Verwaltung und Verwendung des Analysebudgets nach Absatz 2 Satz 2 Nummer 2 Buchstabe a und b,
4. Art, Inhalt und Verfahren betreffend die Verwaltung und Verwendung des von Wertpapierdienstleistungsunternehmen geführten Analysekontos nach Absatz 2 Nummer 2,
5. Art und Inhalt der schriftlichen Grundsätze nach Absatz 2 Satz 4.

[2] Das Bundesministerium der Finanzen kann die Ermächtigung durch Rechtsverordnung auf die Bundesanstalt übertragen.

§ 71[1)] Erbringung von Wertpapierdienstleistungen und Wertpapiernebendienstleistungen über ein anderes Wertpapierdienstleistungsunternehmen. Erhält ein Wertpapierdienstleistungsunternehmen über ein anderes Wertpapierdienstleistungsunternehmen einen Auftrag, Wertpapierdienstleistungen oder Wertpapiernebendienstleistungen für einen Kunden zu erbringen, ist das entgegennehmende Unternehmen mit folgenden Maßgaben verantwortlich für die Durchführung der Wertpapierdienstleistung oder Wertpapiernebendienstleistung im Einklang mit den Bestimmungen dieses Abschnitts:

1. das entgegennehmende Wertpapierdienstleistungsunternehmen ist nicht verpflichtet, Kundenangaben und Kundenanweisungen, die ihm von dem anderen Wertpapierdienstleistungsunternehmen übermittelt werden, auf ihre Vollständigkeit und Richtigkeit zu überprüfen,
2. das entgegennehmende Wertpapierdienstleistungsunternehmen darf sich darauf verlassen, dass Empfehlungen in Bezug auf die Wertpapierdienstleistung oder Wertpapiernebendienstleistung dem Kunden von dem anderen Wertpapierdienstleistungsunternehmen im Einklang mit den gesetzlichen Vorschriften gegeben wurden.

§ 72[2)] Betrieb eines multilateralen Handelssystems oder eines organisierten Handelssystems. (1) [1] Der Betreiber eines multilateralen oder organisierten Handelssystems ist dazu verpflichtet,

1. nichtdiskriminierende Regelungen für den Zugang zu dem multilateralen oder *organisierten Handelssystem festzulegen, die* kein Ermessen des Betreibers vorsehen;
2. Regelungen für die Einbeziehung von Finanzinstrumenten in den Handel, für die ordnungsgemäße Durchführung des Handels und der Preisermittlung, für die Verwendung von einbezogenen Referenzpreisen und für die vertragsgemäße Abwicklung der abgeschlossenen Geschäfte festzulegen;

[1)] Früherer § 31e eingef. mWv 1.11.2007 durch G v. 16.7.2007 (BGBl. I S. 1330); bish. § 31e wird § 71 mWv 3.1.2018 durch G v. 23.6.2017 (BGBl. I S. 1693).

[2)] Bish. § 31f wird § 72 und neu gef. mWv 3.1.2018 durch G v. 23.6.2017 (BGBl. I S. 1693).

3. über angemessene Verfahren zur Überwachung der Einhaltung der Regelungen nach Nummer 2 und der Verordnung (EU) Nr. 596/2014[1] zu verfügen;
4. alle Informationen zu veröffentlichen, die unter Berücksichtigung der Art der Nutzer und der gehandelten Finanzinstrumente für die Nutzung des multilateralen oder organisierten Handelssystems erforderlich und zweckdienlich sind;
5. separate Entgelte zu verlangen für die übermäßige Nutzung des multilateralen oder organisierten Handelssystems, insbesondere durch unverhältnismäßig viele Auftragseingaben, -änderungen und -löschungen; die Höhe dieser Entgelte ist so zu bemessen, dass einer übermäßigen Nutzung und den damit verbundenen negativen Auswirkungen auf die Systemstabilität oder die Marktintegrität wirksam begegnet wird;
6. geeignete Vorkehrungen zu treffen, um auch bei erheblichen Preisschwankungen eine ordnungsgemäße Preisermittlung sicherzustellen; geeignete Vorkehrungen sind insbesondere kurzfristige Änderungen des Marktmodells, kurzzeitige Volatilitätsunterbrechungen unter Berücksichtigung statischer oder dynamischer Preiskorridore und Limitsysteme der mit der Preisfeststellung betrauten Handelsteilnehmer, wobei es dem Betreiber in Ausnahmefällen möglich sein muss, jedes Geschäft aufzuheben, zu ändern oder zu berichtigen; die Parameter für solche Volatilitätsunterbrechungen müssen der Liquidität der einzelnen Kategorien und Teilkategorien der betreffenden Finanzinstrumente, der Art des Marktmodells und der Art der Nutzer Rechnung tragen und ermöglichen, dass wesentliche Störungen eines ordnungsgemäßen Handels unterbunden werden; der Betreiber hat der Bundesanstalt diese Parameter mitzuteilen;
7. sicherzustellen, dass ein angemessenes Verhältnis zwischen Auftragseingaben, -änderungen und -löschungen und den tatsächlich ausgeführten Geschäften (Order-Transaktions-Verhältnis) besteht, um Risiken für den ordnungsgemäßen Handel im multilateralen oder organisierten Handelssystem zu vermeiden; das Order-Transaktions-Verhältnis ist dabei jeweils für ein Finanzinstrument und anhand des zahlenmäßigen Volumens der Aufträge und Geschäfte innerhalb eines Tages zu bestimmen; ein Order-Transaktions-Verhältnis ist insbesondere angemessen, wenn es auf Grund der Liquidität des betroffenen Finanzinstruments, der konkreten Marktlage oder der Funktion des Handelsteilnehmers wirtschaftlich nachvollziehbar ist;
8. eine angemessene Größe der kleinstmöglichen Preisänderung bei den gehandelten Aktien, Aktienzertifikaten, Exchange Traded Funds, Zertifikaten und anderen vergleichbaren Finanzinstrumenten sowie allen anderen Finanzinstrumenten, die von dem auf der Grundlage von Artikel 49 Absatz 4 der Richtlinie 2014/65/EU erlassenen delegierten Rechtsakt der Europäischen Kommission erfasst werden, festzulegen, um negative Auswirkungen auf die Marktintegrität und -liquidität zu verringern; dabei ist insbesondere zu berücksichtigen, dass diese den Preisfindungsmechanismus und das Ziel eines angemessenen Order-Transaktions-Verhältnisses nicht beeinträchtigt; wegen der einzelnen Anforderungen an die Festlegung der Mindestpreisänderungsgröße wird auf die Delegierte Verordnung (EU) 2017/588 der Kommission vom 14. Juli 2016 zur *Ergänzung* der Richtlinie 2014/65/EU des Europäischen Parlaments und des Rates durch technische Regulierungsstandards für das *Tick-Größen-System*

[1] Nr. **60**.

für Aktien, Aktienzertifikate und börsengehandelte Fonds (ABl. L 87 vom 31.3.2017, S. 411), in der jeweils geltenden Fassung, verwiesen;

9. angemessene Risikokontrollen und Schwellen für den Handel über den direkten elektronischen Zugang festzulegen, insbesondere Regelungen festzulegen über
   a) die Kennzeichnung von Aufträgen, die über einen direkten elektronischen Zugang erteilt werden, und
   b) die Möglichkeit einer jederzeitigen Sperrung oder Beendigung eines direkten elektronischen Zugangs bei Verstößen des Inhabers des direkten Zugangs gegen geltende Rechtsvorschriften;
10. Regelungen festzulegen für die Kennzeichnung aller Aufträge, die durch den algorithmischen Handel im Sinne des § 80 Absatz 2 Satz 1 erzeugt werden, durch die Handelsteilnehmer und für die Offenlegung der hierfür jeweils verwendeten Handelsalgorithmen sowie der Personen, die diese Aufträge initiiert haben;
11. eine zuverlässige Verwaltung der technischen Abläufe des Handelssystems sicherzustellen, insbesondere
   a) wirksame Notfallmaßnahmen bei einem Systemausfall oder bei Störungen in seinen Handelssystemen vorzusehen, um die Kontinuität des Geschäftsbetriebs gewährleisten zu können,
   b) sicherzustellen, dass die Handelssysteme belastbar sind und über ausreichende Kapazitäten für Spitzenvolumina an Aufträgen und Mitteilungen verfügen und
   c) sicherzustellen, dass die Systeme in der Lage sind, auch unter extremen Stressbedingungen auf den Märkten einen ordnungsgemäßen Handel zu gewährleisten, und dass sie für diese Zwecke vollständig geprüft sind;
12. Vorkehrungen zu treffen, mit denen sich mögliche nachteilige Auswirkungen von Interessenkonflikten zwischen dem multilateralen oder organisierten Handelssystem und seinem Eigentümer oder Betreiber einerseits und dem einwandfreien Funktionieren des multilateralen oder organisierten Handelssystems andererseits auf dessen Betrieb oder auf seine Handelsteilnehmer klar erkennen und regeln lassen;
13. sicherzustellen, dass das multilaterale oder organisierte Handelssystem über mindestens drei aktive Mitglieder oder Nutzer verfügt, denen es jeweils möglich ist, mit allen übrigen Mitgliedern und Nutzern zum Zwecke der Preisbildung zu interagieren.

[2] § 5 Absatz 4a, die §§ 22a, 26c und 26d des Börsengesetzes gelten entsprechend.

(2) [1] Die Gebührenstrukturen, einschließlich der Ausführungsgebühren, Nebengebühren und möglichen Rabatte, müssen transparent und diskriminierungsfrei ausgestaltet sein. [2] Die Gebühren dürfen keine Anreize schaffen, Aufträge so zu platzieren, zu ändern oder zu stornieren oder Geschäfte so zu tätigen, dass dies zu marktstörenden Handelsbedingungen oder Marktmissbrauch beiträgt. [3] Insbesondere dürfen Rabatte in Bezug auf einzelne Aktien oder Aktienportfolios nur als Gegenleistung für die Übernahme von Market-Making-Pflichten gewährt werden.

(3) [1] Der Betreiber eines multilateralen oder organisierten Handelssystems hat der Bundesanstalt eine ausführliche Beschreibung der Funktionsweise des Handelssystems vorzulegen. [2] Diese hat auch etwaige Verbindungen des Handelssystems zu Börsen, anderen multilateralen oder organisierten Handelssystemen oder systema-

tischen Internalisierern, deren Träger oder Betreiber im Eigentum des Betreibers des Handelssystems stehen, sowie eine Liste der Mitglieder, Teilnehmer und Nutzer des Handelssystems zu umfassen. [3] Die Bundesanstalt stellt diese Informationen auf Verlangen der Europäischen Wertpapier- und Marktaufsichtsbehörde zur Verfügung. [4] Sie hat der Europäischen Wertpapier- und Marktaufsichtsbehörde jede Erteilung einer Erlaubnis zum Betrieb eines multilateralen oder organisierten Handelssystems mitzuteilen.

(4) Emittenten, deren Finanzinstrumente ohne ihre Zustimmung in den Handel in einem multilateralen oder organisierten Handelssystem einbezogen worden sind, können nicht dazu verpflichtet werden, Informationen in Bezug auf diese Finanzinstrumente für dieses multilaterale oder organisierte Handelssystem zu veröffentlichen.

(5) Der Betreiber eines multilateralen oder organisierten Handelssystems kann von einem Emittenten die Übermittlung von Referenzdaten in Bezug auf dessen Finanzinstrumente verlangen, soweit dies zur Erfüllung der Anforderungen aus Artikel 4 der Verordnung (EU) Nr. 596/2014 erforderlich ist.

(6) [1] Der Betreiber eines multilateralen oder organisierten Handelssystems hat der Bundesanstalt schwerwiegende Verstöße gegen die Handelsregeln, Störungen der Marktintegrität und Anhaltspunkte für einen Verstoß gegen die Vorschriften der Verordnung (EU) Nr. 596/2014 unverzüglich mitzuteilen und diese bei ihren Untersuchungen umfassend zu unterstützen. [2] Die Bundesanstalt hat die Informationen nach Satz 1 der Europäischen Wertpapier- und Marktaufsichtsbehörde und den zuständigen Behörden der anderen Mitgliedstaaten und der Vertragsstaaten des Abkommens über den Europäischen Wirtschaftsraum zu übermitteln. [3] Im Falle von Anhaltspunkten für Verstöße gegen die Vorschriften der Verordnung (EU) Nr. 596/2014 übermittelt die Bundesanstalt Informationen erst dann, wenn sie von einem Verstoß überzeugt ist.

(7) Darüber hinaus hat der Betreiber eines multilateralen oder organisierten Handelssystems der Bundesanstalt unverzüglich mitzuteilen, wenn bei einem an seinem Handelssystem gehandelten Finanzinstrument ein signifikanter Kursverfall im Sinne des Artikels 23 der Verordnung (EU) Nr. 236/2012 eintritt.

(8) [1] Der Betreiber eines multilateralen oder organisierten Handelssystems hat die Bundesanstalt über den Eingang von Anträgen auf Zugang nach den Artikeln 7 und 8 der Verordnung (EU) Nr. 648/2012 unverzüglich schriftlich zu unterrichten. [2] Die Bundesanstalt kann

1. unter den in Artikel 7 Absatz 4 der Verordnung (EU) Nr. 648/2012 genannten Voraussetzungen dem Betreiber eines multilateralen oder organisierten Handelssystems den Zugang zu einer zentralen Gegenpartei im Sinne der genannten Verordnung untersagen sowie
2. unter den in Artikel 8 Absatz 4 der Verordnung (EU) Nr. 648/2012 genannten Voraussetzungen dem Betreiber eines multilateralen oder organisierten Handelssystems untersagen, einer zentralen Gegenpartei im Sinne der genannten Verordnung Zugang zu gewähren.

§ 73[1)] Aussetzung des Handels und Ausschluss von Finanzinstrumenten.

(1) [1] Der Betreiber eines multilateralen oder organisierten Handelssystems kann den Handel mit einem Finanzinstrument aussetzen oder dieses Instrument vom Handel ausschließen, wenn dies zur Sicherung eines ordnungsgemäßen Handels oder zum Schutz des Publikums geboten erscheint, insbesondere, wenn

1. das Finanzinstrument den Regeln des Handelssystems nicht mehr entspricht,
2. der Verdacht eines Marktmissbrauchs im Sinne des Artikels 1 der Verordnung (EU) Nr. 596/2014[2)] oder einer Nichtveröffentlichung von Insiderinformationen entgegen Artikel 17 der Verordnung (EU) Nr. 596/2014 in Bezug auf das Finanzinstrument besteht oder
3. ein Übernahmeangebot in Bezug auf den Emittenten des Finanzinstruments veröffentlicht wurde.

[2] Im Falle einer Maßnahme nach Satz 1 setzt der Betreiber auch den Handel mit Derivaten, die mit diesem Finanzinstrument verbunden sind oder sich auf dieses beziehen, aus oder stellt den Handel mit diesen Finanzinstrumenten ein, wenn dies zur Verwirklichung der Ziele der Maßnahme nach Satz 1 erforderlich ist. [3] Eine Maßnahme nach Satz 1 oder Satz 2 unterbleibt, wenn sie die Interessen der betroffenen Anleger oder das ordnungsgemäße Funktionieren des Marktes erheblich beeinträchtigen könnte. [4] Der Betreiber veröffentlicht Entscheidungen nach den Sätzen 1 und 2 und teilt sie unverzüglich der Bundesanstalt mit.

(2) [1] Wird ein Finanzinstrument, das in den in Absatz 1 Satz 1 Nummer 2 oder Nummer 3 genannten Fällen Gegenstand einer Maßnahme nach Absatz 1 Satz 1 oder Satz 2 ist, oder ein Derivat, das mit einem solchen Finanzinstrument verbunden ist oder sich auf dieses bezieht, auch an einem anderen inländischen multilateralen oder organisierten Handelssystem oder durch einen systematischen Internalisierer gehandelt, so ordnet die Bundesanstalt ebenfalls Maßnahmen nach Absatz 1 Satz 1 oder Satz 2 an. [2] Absatz 1 Satz 3 gilt entsprechend.

(3) [1] Die Bundesanstalt veröffentlicht Maßnahmen nach den Absätzen 1 und 2 unverzüglich und übermittelt diese der Europäischen Wertpapier- und Marktaufsichtsbehörde sowie den zuständigen Behörden der anderen Mitgliedstaaten der Europäischen Union und der Vertragsstaaten des Abkommens über den Europäischen Wirtschaftsraum. [2] Erhält die Bundesanstalt ihrerseits eine solche Mitteilung von einer zuständigen Behörde eines anderen Mitgliedstaats der Europäischen Union oder eines Vertragsstaats des Abkommens über den Europäischen Wirtschaftsraum, teilt sie dies den Geschäftsführungen der Börsen, an denen die betreffenden Finanzinstrumente gehandelt werden, und der jeweiligen Börsenaufsichtsbehörde mit. [3] Sie ordnet gegenüber den Betreibern inländischer multilateraler und organisierter Handelssysteme sowie gegenüber systematischen Internalisierern, die die betreffenden Finanzinstrumente handeln, ebenfalls Maßnahmen nach Absatz 1 Satz 1 oder Satz 2 an. [4] Absatz 1 Satz 3 gilt entsprechend. [5] Die Bundesanstalt informiert die Europäische Wertpapier- und Marktaufsichtsbehörde und die zuständigen Behörden der anderen Mitgliedstaaten der Europäischen Union und der Vertragsstaaten des Abkommens über den Europäischen Wirtschaftsraum über Maßnahmen, die sie nach Satz 3 angeordnet hat, einschließlich einer Erläuterung, falls keine Handelsaussetzung oder Handelseinstellung erfolgt

---

1) § 73 eingef. mWv 3.1.2018 durch G v. 23.6.2017 (BGBl. I S. 1693); Abs. 2 Satz 1 geänd., Satz 2 aufgeh., bish. Satz 3 wird Satz 2 und geänd., Abs. 3 Satz 2 geänd., Sätze 3 und 4 eingef., bish. Sätze 3 und 4 werden Sätze 5 und 6 und geänd. mWv 14.7.2018 durch G v. 10.7.2018 (BGBl. I S. 1102).

2) Nr. **60**.

ist. [6] Die Sätze 1 bis 5 gelten entsprechend für die Aufhebung einer Handelsaussetzung.

§ 74[1)] Besondere Anforderungen an multilaterale Handelssysteme.

(1) Die Regeln für den Zugang zu einem multilateralen Handelssystem müssen mindestens den Anforderungen nach § 19 Absatz 2 und 4 Satz 1 und 2 des Börsengesetzes entsprechen.

(2) Die Regeln für den Handel und die Preisermittlung dürfen dem Betreiber eines multilateralen Handelssystems keinen Ermessensspielraum einräumen; dabei müssen die Preise im multilateralen Handelssystem entsprechend den Regelungen des § 24 Absatz 2 des Börsengesetzes zustande kommen.

(3) Der Betreiber eines multilateralen Handelssystems hat Vorkehrungen zu treffen, um

1. die Risiken, denen das System ausgesetzt ist, angemessen steuern zu können, insbesondere alle für den Betrieb des Handelssystems wesentlichen Risiken ermitteln und wirksam begrenzen zu können, und
2. einen reibungslosen und rechtzeitigen Abschluss der innerhalb seiner Systeme ausgeführten Geschäfte zu erleichtern.

(4) Der Betreiber eines multilateralen Handelssystems muss fortlaufend über ausreichende Finanzmittel verfügen, um ein ordnungsgemäßes Funktionieren des Systems sicherzustellen, wobei der Art und dem Umfang der an dem Handelssystem abgeschlossenen Geschäfte sowie der Art und der Höhe der Risiken, denen es ausgesetzt ist, Rechnung zu tragen ist.

(5) Dem Betreiber eines multilateralen Handelssystems ist es nicht gestattet, an einem multilateralen Handelssystem Kundenaufträge unter Einsatz seines eigenen Kapitals auszuführen oder auf die Zusammenführung sich deckender Kundenaufträge im Sinne von § 2 Absatz 29 zurückzugreifen.

§ 75[2)] Besondere Anforderungen an organisierte Handelssysteme.

(1) Der Betreiber eines organisierten Handelssystems hat geeignete Vorkehrungen zu treffen, durch die die Ausführung von Kundenaufträgen in dem organisierten Handelssystem unter Einsatz des eigenen Kapitals des Betreibers oder eines Mitglieds derselben Unternehmensgruppe verhindert wird.

(2) [1] Der Betreiber eines organisierten Handelssystems darf auf die Zusammenführung sich deckender Kundenaufträge im Sinne von § 2 Absatz 29 für Schuldverschreibungen, strukturierte Finanzprodukte, Emissionszertifikate und bestimmte Derivate zurückgreifen, wenn der Kunde dem zugestimmt hat. [2] Er darf auf die Zusammenführung sich deckender Kundenaufträge über Derivate nicht zurückgreifen, wenn diese der Verpflichtung zum Clearing nach Artikel 4 der Verordnung (EU) Nr. 648/2012 unterliegen.

(3) Der Handel für eigene Rechnung ist einem Betreiber eines organisierten Handelssystems nur gestattet, soweit es sich nicht um die Zusammenführung sich deckender Kundenaufträge im Sinne von § 2 Absatz 29 handelt und nur in Bezug auf öffentliche Schuldtitel, für die kein liquider Markt besteht.

(4) [1] Ein organisiertes Handelssystem darf nicht innerhalb derselben rechtlichen Einheit mit einer systematischen Internalisierung betrieben werden. [2] Ein organisiertes Handelssystem darf keine Verbindung zu einem systematischen Internalisie-

---

1) Bish. § 31g wird § 74 und neu gef. mWv 3.1.2018 durch G v. 23.6.2017 (BGBl. I S. 1693).
2) § 75 eingef. mWv 3.1.2018 durch G v. 23.6.2017 (BGBl. I S. 1693).

rer oder einem anderen organisierten Handelssystem in einer Weise herstellen, die eine Interaktion von Aufträgen in dem organisierten Handelssystem mit den Aufträgen oder Angeboten des systematischen Internalisierers oder in dem organisierten Handelssystem ermöglicht.

(5) [1]Der Betreiber eines organisierten Handelssystems kann ein anderes Wertpapierdienstleistungsunternehmen beauftragen, unabhängig von dem Betreiber an dem organisierten Handelssystem Market-Making zu betreiben. [2]Ein unabhängiges Betreiben liegt nur dann vor, wenn keine enge Verbindung des Wertpapierdienstleistungsunternehmens zu dem Betreiber des organisierten Handelssystems besteht.

(6) [1]Der Betreiber eines organisierten Handelssystems hat die Entscheidung über die Ausführung eines Auftrags in dem organisierten Handelssystem nach Ermessen zu treffen, wenn er darüber entscheidet,

1. einen Auftrag zu platzieren oder zurückzunehmen oder
2. einen bestimmten Kundenauftrag nicht mit anderen zu einem bestimmten Zeitpunkt im System vorhandenen Aufträgen zusammenzuführen.

[2]Im Falle des Satzes 1 Nummer 2 darf eine Zusammenführung nur dann unterbleiben, wenn dies mit etwaigen Anweisungen des Kunden sowie der Verpflichtung zur bestmöglichen Ausführung von Kundenaufträgen im Sinne von § 82 vereinbar ist. [3]Bei einem System, bei dem gegenläufige Kundenaufträge eingehen, kann der Betreiber entscheiden, ob, wann und in welchem Umfang er zwei oder mehr Aufträge innerhalb des Systems zusammenführt. [4]Im Einklang mit den Absätzen 1, 2, 4 und 5 und unbeschadet des Absatzes 3 kann der Betreiber bei einem System, über das Geschäfte mit Nichteigenkapitalinstrumenten in die Wege geleitet werden, die Verhandlungen zwischen den Kunden erleichtern, um so zwei oder mehr möglicherweise kompatible Handelsinteressen in einem Geschäft zusammenzuführen. [5]Diese Verpflichtung gilt unbeschadet der §§ 72 und 82 dieses Gesetzes.

(7) [1]Die Bundesanstalt kann von dem Betreiber eines organisierten Handelssystems jederzeit, insbesondere bei Antrag auf Zulassung des Betriebs, eine ausführliche Erklärung darüber verlangen, warum das organisierte Handelssystem keinem regulierten Markt, multilateralen Handelssystem oder systematischen Internalisierer entspricht und nicht in dieser Form betrieben werden kann. [2]Die Erklärung hat eine ausführliche Beschreibung zu enthalten, wie der Ermessensspielraum genutzt wird, insbesondere, wann ein Auftrag im organisierten Handelssystem zurückgezogen werden kann und wann und wie zwei oder mehr sich deckende Kundenaufträge innerhalb des organisierten Handelssystems zusammengeführt werden. [3]Außerdem hat der Betreiber eines organisierten Handelssystems der Bundesanstalt Informationen zur Verfügung zu stellen, mit denen der Rückgriff auf die Zusammenführung sich deckender Kundenaufträge erklärt wird.

(8) Die Bundesanstalt überwacht den Handel durch Zusammenführung sich deckender Aufträge durch den Betreiber des organisierten Handelssystems, damit sichergestellt ist, dass dieser die hierfür geltenden Anforderungen einhält und dass der von ihm betriebene Handel durch Zusammenführung sich deckender Aufträge nicht zu Interessenkonflikten zwischen dem Betreiber und seinen Kunden führt.

(9) § 63 Absatz 1, 3 bis 7 und 9, § 64 Absatz 1 sowie die §§ 69, 70 und 82 gelten entsprechend für Geschäfte, die über ein organisiertes Handelssystem abgeschlossen wurden.

§ 76[1)] KMU-Wachstumsmärkte; Verordnungsermächtigung. (1) [1]Der Betreiber eines multilateralen Handelssystems kann dieses bei der Bundesanstalt als Wachstumsmarkt für kleine und mittlere Unternehmen (KMU-Wachstumsmarkt) registrieren lassen, sofern folgende Anforderungen erfüllt sind:

1. bei mindestens 50 Prozent der Emittenten, deren Finanzinstrumente zum Handel auf dem multilateralen Handelssystem zugelassen sind, handelt es sich um kleine und mittlere Unternehmen;
2. der Betreiber hat geeignete Kriterien für die Zulassung der Finanzinstrumente zum Handel an dem Markt festgelegt;
3. der Betreiber macht die Zulassung von Finanzinstrumenten zum Handel an dem Markt davon abhängig, dass bei der Zulassung ausreichende Informationen veröffentlicht werden, um dem Publikum eine zutreffende Beurteilung des Emittenten und der Finanzinstrumente zu ermöglichen; bei diesen Informationen handelt es sich entweder um ein Zulassungsdokument oder einen Prospekt, falls auf Basis der Verordnung (EU) 2017/1129 festgelegte Anforderungen im Hinblick auf ein öffentliches Angebot im Zusammenhang mit der ursprünglichen Zulassung des Finanzinstruments zum Handel auf dem multilateralen Handelssystem Anwendung finden;
4. der Betreiber stellt sicher, dass eine geeignete regelmäßige Finanzberichterstattung durch den Emittenten am Markt stattfindet, dessen Finanzinstrumente zum Handel an dem multilateralen Handelssystem zugelassen sind, insbesondere durch geprüfte Jahresberichte;
5. die in Artikel 3 Absatz 1 Nummer 21 der Verordnung (EU) Nr. 596/2014[2)] definierten Emittenten und die in Artikel 3 Absatz 1 Nummer 25 der Verordnung (EU) Nr. 596/2014 definierten Personen, die bei einem Emittenten Führungsaufgaben wahrnehmen, sowie die in Artikel 3 Absatz 1 Nummer 26 der Verordnung (EU) Nr. 596/2014 definierten Personen, die in enger Beziehung zu diesen stehen, erfüllen die jeweiligen Anforderungen, die für sie gemäß der Verordnung (EU) Nr. 596/2014 gelten;
6. der Betreiber erfasst Informationen, die von einem Emittenten auf Grund einer rechtlichen Verpflichtung veröffentlicht wurden, und stellt diese öffentlich zur Verfügung und
7. der Betreiber richtet wirksame Systeme und Kontrollen ein, die geeignet sind, einen Marktmissbrauch an dem betreffenden Markt gemäß der Verordnung (EU) Nr. 596/2014 zu erkennen und zu verhindern.

[2]Die Möglichkeit des Betreibers, zusätzliche Anforderungen festzulegen, bleibt unberührt.

(2) [1]Die Bundesanstalt hebt die Registrierung eines KMU-Wachstumsmarktes auf, wenn dessen Betreiber dies beantragt oder wenn die Voraussetzungen für eine Registrierung nach Absatz 1 nicht mehr vorliegen. [2]Die Bundesanstalt unterrichtet die Europäische Wertpapier- und Marktaufsichtsbehörde unverzüglich über die Registrierung eines KMU-Wachstumsmarktes und über deren Aufhebung.

(3) [1]Ein Finanzinstrument, das zum Handel an einem KMU-Wachstumsmarkt zugelassen ist, kann nur dann in einem anderen KMU-Wachstumsmarkt gehandelt werden, wenn der Emittent des Finanzinstruments hierüber unterrichtet wurde und dem nicht widersprochen hat. [2]In einem solchen Fall entstehen dem Emitten-

---

[1)] § 76 eingef. mWv 3.1.2018, Abs. 4 angef. mWv 25.6.2017 durch G v. 23.6.2017 (BGBl. I S. 1693); Abs. 1 Satz 1 Nr. 3 geänd. mWv 21.7.2019 durch G v. 8.7.2019 (BGBl. I S. 1002).

[2)] Nr. **60**.

ten im Hinblick auf diesen anderen KMU-Wachstumsmarkt keine Verpflichtungen in Bezug auf die Unternehmensführung und -kontrolle oder erstmalige, laufende oder punktuelle Veröffentlichungspflichten.

(4) [1]Das Bundesministerium der Finanzen kann durch Rechtsverordnung, die nicht der Zustimmung des Bundesrates bedarf, nähere Bestimmungen treffen

1. zur Art der Kriterien nach Absatz 1 Nummer 2,
2. zu Inhalt, Art, Umfang und Form der bei Zulassung zu veröffentlichenden Informationen nach Absatz 1 Nummer 3 und
3. zu Inhalt, Art, Umfang und Form der Berichterstattung nach Absatz 1 Nummer 4.

[2]Das Bundesministerium der Finanzen kann die Ermächtigung durch Rechtsverordnung auf die Bundesanstalt übertragen.

§ 77[1)] Direkter elektronischer Zugang. (1) Ein Wertpapierdienstleistungsunternehmen, das einen direkten elektronischen Zugang zu einem Handelsplatz anbietet, muss

1. die Eignung der Kunden, die diesen Dienst nutzen, vor Gewährung des Zugangs beurteilen und regelmäßig überprüfen,
2. die im Zusammenhang mit diesem Dienst bestehenden Rechte und Pflichten des Kunden und des Wertpapierdienstleistungsunternehmens in einem schriftlichen Vertrag festlegen, wobei die Verantwortlichkeit des Wertpapierdienstleistungsunternehmens nach diesem Gesetz nicht auf den Kunden übertragen werden darf,
3. angemessene Handels- und Kreditschwellen für den Handel dieser Kunden festlegen,
4. den Handel dieser Kunden überwachen, um
   a) sicherzustellen, dass die Kunden die nach Nummer 3 festgelegten Schwellen nicht überschreiten,
   b) sicherzustellen, dass der Handel den Anforderungen der Verordnung (EU) Nr. 596/2014[2)], dieses Gesetzes sowie der Vorschriften des Handelsplatzes entspricht,
   c) marktstörende Handelsbedingungen oder auf Marktmissbrauch hindeutende Verhaltensweisen, die an die zuständige Behörde zu melden sind, erkennen zu können und
   d) sicherzustellen, dass durch den Handel keine Risiken für das Wertpapierdienstleistungsunternehmen selbst entstehen.

(2) [1]Ein Wertpapierdienstleistungsunternehmen, das einen direkten elektronischen Zugang zu einem Handelsplatz anbietet, teilt dies der Bundesanstalt und den zuständigen Behörden des Handelsplatzes, an dem sie den direkten elektronischen Zugang anbietet, mit. [2]Die Bundesanstalt kann dem Wertpapierdienstleistungsunternehmen vorschreiben, regelmäßig oder jederzeit auf Anforderung eine Beschreibung der in Absatz 1 genannten Systeme und Kontrollen sowie Nachweise für ihre Anwendung vorzulegen. [3]Auf Ersuchen einer zuständigen Behörde des Handelsplatzes, zu dem ein Wertpapierdienstleistungsunternehmen direkten elektronischen Zugang bietet, leitet die Bundesanstalt diese Informationen unverzüglich an diese Behörde weiter.

[1)] § 77 eingef. mWv 3.1.2018 durch G v. 23.6.2017 (BGBl. I S. 1693).
[2)] Nr. **60**.

(3) Das Wertpapierdienstleistungsunternehmen sorgt dafür, dass Aufzeichnungen zu den in diesem Paragrafen genannten Angelegenheiten mindestens für fünf Jahre aufbewahrt werden, und stellt sicher, dass diese ausreichend sind, um der Bundesanstalt zu ermöglichen, die Einhaltung der Anforderungen dieses Gesetzes zu überprüfen.

§ 78[1)] Handeln als General-Clearing-Mitglied. [1] Ein Wertpapierdienstleistungsunternehmen, das als General-Clearing-Mitglied für andere Personen handelt, muss über wirksame Systeme und Kontrollen verfügen, um sicherzustellen, dass die Clearing-Dienste nur für solche Personen erbracht werden, die dafür geeignet sind und die von dem Wertpapierdienstleistungsunternehmen vorher festgelegte eindeutige Kriterien erfüllen. [2] Es muss diesen Personen geeignete Anforderungen auferlegen, die dafür sorgen, dass die Risiken für das Wertpapierdienstleistungsunternehmen und den Markt verringert werden. [3] Es muss ein schriftlicher Vertrag zwischen dem Wertpapierdienstleistungsunternehmen und der jeweiligen Person bestehen, der die im Zusammenhang mit diesem Dienst bestehenden Rechte und Pflichten regelt.

§ 79[2)] Mitteilungspflicht von systematischen Internalisierern. [1] Wertpapierdienstleistungsunternehmen, die als systematischer Internalisierer tätig sind, haben dies der Bundesanstalt unverzüglich mitzuteilen. [2] Die Bundesanstalt übermittelt diese Information an die Europäische Wertpapier- und Marktaufsichtsbehörde.

§ 80[3)] Organisationspflichten; Verordnungsermächtigung. (1) [1] Ein Wertpapierdienstleistungsunternehmen muss die organisatorischen Pflichten nach § 25a Absatz 1 und § 25e des Kreditwesengesetzes oder, sofern es sich um ein Wertpapierinstitut handelt, nach § 28 Absatz 1 und 2 und § 41 des Wertpapierinstitutsgesetzes einhalten. [2] Darüber hinaus muss es

1. angemessene Vorkehrungen treffen, um die Kontinuität und Regelmäßigkeit der Wertpapierdienstleistungen und Wertpapiernebendienstleistungen zu gewährleisten;
2. auf Dauer wirksame Vorkehrungen für angemessene Maßnahmen treffen, um Interessenkonflikte bei der Erbringung von Wertpapierdienstleistungen und Wertpapiernebendienstleistungen oder einer Kombination davon zwischen einerseits ihm selbst einschließlich seiner Geschäftsleitung, seiner Mitarbeiter, seiner vertraglich gebundenen Vermittler und der mit ihm direkt oder indirekt durch Kontrolle im Sinne des Artikels 4 Absatz 1 Nummer 37 der Verordnung

---

[1)] § 78 eingef. mWv 3.1.2018 durch G v. 23.6.2017 (BGBl. I S. 1693).

[2)] Bish. § 32 wird § 79 und neu gef. mWv 3.1.2018 durch G v. 23.6.2017 (BGBl. I S. 1693).

[3)] Früherer § 33 neu gef. mWv 1.11.2007 (Abs. 4 mWv 20.7.2007) durch G v. 16.7.2007 (BGBl. I S. 1330); Abs. 1 Satz 2 Nr. 3a eingef. mWv 8.4.2011 durch G v. 5.4.2011 (BGBl. I S. 538); Abs. 1a eingef. mWv 14.11.2013 durch G v. 7.5.2013 (BGBl. I S. 1162); Abs. 4 Satz 1 geänd. mWv 19.7.2013 und Abs. 3a eingef. mWv 1.8.2014 durch G v. 15.7.2013 (BGBl. I S. 2390); Abs. 1 Satz 1 und Satz 2 Nr. 3, Abs. 2 Satz 1 geänd. mWv 1.1.2014 durch G v. 28.8.2013 (BGBl. I S. 3395); bish. § 33 wird § 80 und Überschrift, Abs. 1 Satz 1 geänd., Satz 2 Nr. 1 aufgeh., bish. Nr. 2 wird Nr. 1, bish. Nr. 3 wird Nr. 2 und neu gef., bish. Nr. 3a wird Nr. 3 und geänd., Nr. 4–6 aufgeh., neue Nr. 4 angef., Satz 3 neu gef., bish. Abs. 1a wird Abs. 2 und Satz 1 geänd., Satz 5 neu gef., Abs. 3–5 eingef., bish. Abs. 2 wird Abs. 6 und Satz 4 angef., bish. Abs. 3 aufgeh., bish. Abs. 3a wird Abs. 7 und neu gef., Abs. 8–13 eingef. mWv 3.1.2018, bish. Abs. 4 wird Abs. 14 und Satz 1 neu gef. mWv 25.6.2017 durch G v. 23.6.2017 (BGBl. I S. 1693); Abs. 1 Satz 1 und Abs. 6 Sätze 1 und 3 geänd. mWv 26.6.2021 durch G v. 12.5.2021 (BGBl. I S. 990); Abs. 6 Satz 1 geänd. mWv 1.1.2022 durch G v. 3.6.2021 (BGBl. I S. 1534); Abs. 13a eingef. mWv 28.11.2021 durch G v. 3.6.2021 (BGBl. I S. 1568).

(EU) Nr. 575/2013 verbundenen Personen und Unternehmen und andererseits seinen Kunden oder zwischen seinen Kunden untereinander zu erkennen und zu vermeiden oder zu regeln; dies umfasst auch solche Interessenkonflikte, die durch die Annahme von Zuwendungen Dritter sowie durch die eigene Vergütungsstruktur oder sonstige Anreizstrukturen des Wertpapierdienstleistungsunternehmens verursacht werden;

3. im Rahmen der Vorkehrungen nach Nummer 2 Grundsätze oder Ziele, die den Umsatz, das Volumen oder den Ertrag der im Rahmen der Anlageberatung empfohlenen Geschäfte unmittelbar oder mittelbar betreffen (Vertriebsvorgaben), derart ausgestalten, umsetzen und überwachen, dass Kundeninteressen nicht beeinträchtigt werden;

4. über solide Sicherheitsmechanismen verfügen, die die Sicherheit und Authentifizierung der Informationsübermittlungswege gewährleisten, das Risiko der Datenverfälschung und des unberechtigten Zugriffs minimieren und verhindern, dass Informationen bekannt werden, so dass die Vertraulichkeit der Daten jederzeit gewährleistet ist.

[3] Nähere Bestimmungen zur Organisation der Wertpapierdienstleistungsunternehmen enthalten die Artikel 21 bis 26 der Delegierten Verordnung (EU) 2017/565.

(2) [1] Ein Wertpapierdienstleistungsunternehmen muss zusätzlich die in diesem Absatz genannten Bestimmungen einhalten, wenn es in der Weise Handel mit Finanzinstrumenten betreibt, dass ein Computeralgorithmus die einzelnen Auftragsparameter automatisch bestimmt, ohne dass es sich um ein System handelt, das nur zur Weiterleitung von Aufträgen zu einem oder mehreren Handelsplätzen, zur Bearbeitung von Aufträgen ohne die Bestimmung von Auftragsparametern, zur Bestätigung von Aufträgen oder zur Nachhandelsbearbeitung ausgeführter Aufträge verwendet wird (algorithmischer Handel). [2] Auftragsparameter im Sinne des Satzes 1 sind insbesondere Entscheidungen, ob der Auftrag eingeleitet werden soll, über Zeitpunkt, Preis oder Quantität des Auftrags oder wie der Auftrag nach seiner Einreichung mit eingeschränkter oder überhaupt keiner menschlichen Beteiligung bearbeitet wird. [3] Ein Wertpapierdienstleistungsunternehmen, das algorithmischen Handel betreibt, muss über Systeme und Risikokontrollen verfügen, die sicherstellen, dass

1. seine Handelssysteme belastbar sind, über ausreichende Kapazitäten verfügen und angemessenen Handelsschwellen und Handelsobergrenzen unterliegen;

2. die Übermittlung von fehlerhaften Aufträgen oder eine Funktionsweise des Systems vermieden wird, durch die Störungen auf dem Markt verursacht oder ein Beitrag zu diesen geleistet werden könnten;

3. seine Handelssysteme nicht für einen Zweck verwendet werden können, der gegen die europäischen und nationalen Vorschriften gegen Marktmissbrauch oder die Vorschriften des Handelsplatzes verstößt, mit dem es verbunden ist.

[4] Ein Wertpapierdienstleistungsunternehmen, das algorithmischen Handel betreibt, muss ferner über wirksame Notfallvorkehrungen verfügen, um mit unvorgesehenen Störungen in seinen Handelssystemen umzugehen, und sicherstellen, dass seine Systeme vollständig geprüft sind und ordnungsgemäß überwacht werden. [5] Das Wertpapierdienstleistungsunternehmen zeigt der Bundesanstalt und den zuständigen Behörden des Handelsplatzes, dessen Mitglied oder Teilnehmer es ist, an, dass es algorithmischen Handel betreibt.

(3) [1] Ein Wertpapierdienstleistungsunternehmen, das algorithmischen Handel im Sinne des Artikels 18 der Delegierten Verordnung (EU) 2017/565 betreibt, hat

ausreichende Aufzeichnungen zu den in Absatz 2 genannten Angelegenheiten für mindestens fünf Jahre aufzubewahren. [2] Nutzt das Wertpapierdienstleistungsunternehmen eine hochfrequente algorithmische Handelstechnik, müssen diese Aufzeichnungen insbesondere alle von ihm platzierten Aufträge einschließlich Auftragsstornierungen, ausgeführten Aufträge und Kursnotierungen an Handelsplätzen umfassen und chronologisch geordnet aufbewahrt werden. [3] Auf Verlangen der Bundesanstalt sind diese Aufzeichnungen herauszugeben.

(4) Betreibt ein Wertpapierdienstleistungsunternehmen algorithmischen Handel im Sinne des Absatzes 2 unter Verfolgung einer Market-Making-Strategie, hat es unter Berücksichtigung der Liquidität, des Umfangs und der Art des konkreten Marktes und der konkreten Merkmale des gehandelten Instruments

1. dieses Market-Making während eines festgelegten Teils der Handelszeiten des Handelsplatzes kontinuierlich zu betreiben, abgesehen von außergewöhnlichen Umständen, so dass der Handelsplatz regelmäßig und verlässlich mit Liquidität versorgt wird,
2. einen schriftlichen Vertrag mit dem Handelsplatz zu schließen, in dem zumindest die Verpflichtungen nach Nummer 1 festgelegt werden, sofern es nicht den Vorschriften des § 26c des Börsengesetzes unterliegt, und
3. über wirksame Systeme und Kontrollen zu verfügen, durch die gewährleistet wird, dass es jederzeit diesen Verpflichtungen nachkommt.

(5) Ein Wertpapierdienstleistungsunternehmen, das algorithmischen Handel betreibt, verfolgt eine Market-Making-Strategie im Sinne des Absatzes 4, wenn es Mitglied oder Teilnehmer eines oder mehrerer Handelsplätze ist und seine Strategie beim Handel auf eigene Rechnung beinhaltet, dass es in Bezug auf ein oder mehrere Finanzinstrumente an einem einzelnen Handelsplatz oder an verschiedenen Handelsplätzen feste, zeitgleiche Geld- und Briefkurse vergleichbarer Höhe zu wettbewerbsfähigen Preisen stellt.

(6) [1] Ein Wertpapierdienstleistungsunternehmen muss bei einer Auslagerung von Aktivitäten und Prozessen sowie von Finanzdienstleistungen die Anforderungen nach § 24 Absatz 1 Nummer 19, auch in Verbindung mit einer Rechtsverordnung nach Absatz 4, und nach § 25b des Kreditwesengesetzes oder, sofern es sich um ein Wertpapierinstitut handelt, nach den §§ 40 und 64 Absatz 1 Nummer 13 des Wertpapierinstitutsgesetzes einhalten. [2] Die Auslagerung darf nicht die Rechtsverhältnisse des Unternehmens zu seinen Kunden und seine Pflichten, die nach diesem Abschnitt gegenüber den Kunden bestehen, verändern. [3] Die Auslagerung darf die Voraussetzungen, unter denen dem Wertpapierdienstleistungsunternehmen eine Erlaubnis nach § 32 des Kreditwesengesetzes oder nach § 15 des Wertpapierinstitutsgesetzes erteilt worden ist, nicht verändern. [4] Nähere Bestimmungen zu den Anforderungen an die Auslagerung ergeben sich aus den Artikeln 30 bis 32 der Delegierten Verordnung (EU) 2017/565.

(7) [1] Ein Wertpapierdienstleistungsunternehmen darf die Anlageberatung nur dann als Unabhängige Honorar-Anlageberatung erbringen, wenn es ausschließlich Unabhängige Honorar-Anlageberatung erbringt oder wenn es die Unabhängige Honorar-Anlageberatung organisatorisch, funktional und personell von der übrigen Anlageberatung trennt. [2] Wertpapierdienstleistungsunternehmen müssen Vertriebsvorgaben im Sinne des Absatzes 1 Nummer 3 für die Unabhängige Honorar-Anlageberatung so ausgestalten, dass in keinem Falle Interessenkonflikte mit Kundeninteressen entstehen können. [3] Ein Wertpapierdienstleistungsunternehmen, das Unabhängige Honorar-Anlageberatung erbringt, muss auf seiner Internetseite an-

geben, ob die Unabhängige Honorar-Anlageberatung in der Hauptniederlassung und in welchen inländischen Zweigniederlassungen angeboten wird.

(8) Ein Wertpapierdienstleistungsunternehmen, das Finanzportfolioverwaltung oder Unabhängige Honorar-Anlageberatung erbringt, muss durch entsprechende Grundsätze sicherstellen, dass alle monetären Zuwendungen, die im Zusammenhang mit der Finanzportfolioverwaltung oder Unabhängigen Honorar-Anlageberatung von Dritten oder von für Dritte handelnden Personen angenommen werden, dem jeweiligen Kunden zugewiesen und an diesen weitergegeben werden.

(9) [1] Ein Wertpapierdienstleistungsunternehmen, das Finanzinstrumente zum Verkauf konzipiert, hat ein Verfahren für die Freigabe jedes einzelnen Finanzinstruments und jeder wesentlichen Anpassung bestehender Finanzinstrumente zu unterhalten, zu betreiben und zu überprüfen, bevor das Finanzinstrument an Kunden vermarktet oder vertrieben wird (Produktfreigabeverfahren). [2] Das Verfahren muss sicherstellen, dass für jedes Finanzinstrument für Endkunden innerhalb der jeweiligen Kundengattung ein bestimmter Zielmarkt festgelegt wird. [3] Dabei sind alle einschlägigen Risiken für den Zielmarkt zu bewerten. [4] Darüber hinaus ist sicherzustellen, dass die beabsichtigte Vertriebsstrategie dem nach Satz 2 bestimmten Zielmarkt entspricht.

(10) [1] Ein Wertpapierdienstleistungsunternehmen hat von ihm angebotene oder vermarktete Finanzinstrumente regelmäßig zu überprüfen und dabei alle Ereignisse zu berücksichtigen, die wesentlichen Einfluss auf das potentielle Risiko für den bestimmten Zielmarkt haben könnten. [2] Zumindest ist regelmäßig zu beurteilen, ob das Finanzinstrument den Bedürfnissen des nach Absatz 9 Satz 2 bestimmten Zielmarkts weiterhin entspricht und ob die beabsichtigte Vertriebsstrategie zur Erreichung dieses Zielmarkts weiterhin geeignet ist.

(11) [1] Ein Wertpapierdienstleistungsunternehmen, das Finanzinstrumente konzipiert, hat allen Vertriebsunternehmen sämtliche erforderlichen und sachdienlichen Informationen zu dem Finanzinstrument und dem Produktfreigabeverfahren nach Absatz 9 Satz 1, einschließlich des nach Absatz 9 Satz 2 bestimmten Zielmarkts, zur Verfügung zu stellen. [2] Vertreibt ein Wertpapierdienstleistungsunternehmen Finanzinstrumente oder empfiehlt es diese, ohne sie zu konzipieren, muss es über angemessene Vorkehrungen verfügen, um sich die in Satz 1 genannten Informationen vom konzipierenden Wertpapierdienstleistungsunternehmen oder vom Emittenten zu verschaffen und die Merkmale sowie den Zielmarkt des Finanzinstruments zu verstehen.

(12) [1] Ein Wertpapierdienstleistungsunternehmen, das Finanzinstrumente anzubieten oder zu empfehlen beabsichtigt und das von einem anderen Wertpapierdienstleistungsunternehmen konzipierte Finanzinstrumente vertreibt, hat geeignete Verfahren aufrechtzuerhalten und Maßnahmen zu treffen, um sicherzustellen, dass die Anforderungen nach diesem Gesetz eingehalten werden. [2] Dies umfasst auch solche Anforderungen, die für die Offenlegung, für die Bewertung der Eignung und der Angemessenheit, für Anreize und für den ordnungsgemäßen Umgang mit Interessenkonflikten gelten. [3] Das Wertpapierdienstleistungsunternehmen ist zu besonderer Sorgfalt verpflichtet, wenn es als Vertriebsunternehmen ein neues Finanzprodukt anzubieten oder zu empfehlen beabsichtigt oder wenn sich die Dienstleistungen ändern, die es als Vertriebsunternehmen anzubieten oder zu empfehlen beabsichtigt.

(13) [1] Das Wertpapierdienstleistungsunternehmen hat seine Produktfreigabevorkehrungen regelmäßig zu überprüfen, um sicherzustellen, dass diese belastbar und

zweckmäßig sind und zur Umsetzung erforderlicher Änderungen geeignete Maßnahmen zu treffen. [2]Es hat sicherzustellen, dass seine gemäß Artikel 22 Absatz 2 der Delegierten Verordnung (EU) 2017/565 eingerichtete Compliance-Funktion die Entwicklung und regelmäßige Überprüfung der Produktfreigabevorkehrungen überwacht und etwaige Risiken, dass Anforderungen an den Produktüberwachungsprozess nicht erfüllt werden, frühzeitig erkennt.

(13a) Die Absätze 9 bis 12 gelten nicht für Wertpapierdienstleistungsunternehmen, sofern sich ihre Wertpapierdienstleistung auf Anleihen mit einer Make-Whole-Klausel bezieht, die über keine anderen eingebetteten Derivate als eine Make-Whole-Klausel verfügen, oder wenn die Finanzinstrumente ausschließlich an geeignete Gegenparteien vermarktet oder vertrieben werden.

(14) [1]Das Bundesministerium der Finanzen kann durch Rechtsverordnung, die nicht der Zustimmung des Bundesrates bedarf, nähere Bestimmungen zur Anwendung der Delegierten Verordnung (EU) 2017/565 sowie zur Umsetzung der Delegierten Richtlinie (EU) 2017/593 der Kommission vom 7. April 2016 zur Ergänzung der Richtlinie 2014/65/EU des Europäischen Parlaments und des Rates im Hinblick auf den Schutz der Finanzinstrumente und Gelder von Kunden, Produktüberwachungspflichten und Vorschriften für die Entrichtung beziehungsweise Gewährung oder Entgegennahme von Gebühren, Provisionen oder anderen monetären oder nicht-monetären Vorteilen (ABl. L 87 vom 31.3.2017, S. 500), in der jeweils geltenden Fassung, und den organisatorischen Anforderungen nach Absatz 1 Satz 2 und Absatz 7, den Anforderungen an das Produktfreigabeverfahren und den Produktvertrieb nach Absatz 9 und das Überprüfungsverfahren nach Absatz 10 sowie den nach Absatz 11 zur Verfügung zu stellenden Informationen und damit zusammenhängenden Pflichten der Wertpapierdienstleistungsunternehmen erlassen. [2]Das Bundesministerium der Finanzen kann die Ermächtigung durch Rechtsverordnung auf die Bundesanstalt übertragen.

§ 81[1)] Geschäftsleiter. (1) [1]Die Geschäftsleiter eines Wertpapierdienstleistungsunternehmens haben im Rahmen der Pflichten aus § 25c Absatz 3 des Kreditwesengesetzes oder aus § 41 des Wertpapierinstitutsgesetzes ihre Aufgaben in einer Art und Weise wahrzunehmen, die die Integrität des Marktes wahrt und durch die die Interessen der Kunden gefördert werden. [2]Insbesondere müssen die Geschäftsleiter Folgendes festlegen, umsetzen und überwachen:

1. unter Berücksichtigung von Art, Umfang und Komplexität der Geschäftstätigkeit des Wertpapierdienstleistungsunternehmens sowie aller von dem Wertpapierdienstleistungsunternehmen einzuhaltenden Anforderungen
   a) die Organisation zur Erbringung von Wertpapierdienstleistungen und Wertpapiernebendienstleistungen, einschließlich der hierfür erforderlichen Mittel, und organisatorischen Regelungen sowie
   b) ob das Personal über die erforderlichen Fähigkeiten, Kenntnisse und Erfahrungen verfügt,
2. die Geschäftspolitik hinsichtlich
   a) der angebotenen oder erbrachten Wertpapierdienstleistungen und Wertpapiernebendienstleistungen und
   b) der angebotenen oder vertriebenen Produkte,

[1)] § 81 eingef. mWv 3.1.2018 durch G v. 23.6.2017 (BGBl. I S. 1693); Abs. 1 Satz 1 geänd. mWv 26.6.2021 durch G v. 12.5.2021 (BGBl. I S. 990).

die in Einklang stehen muss mit der Risikotoleranz des Wertpapierdienstleistungsunternehmens und etwaigen Besonderheiten und Bedürfnissen seiner Kunden, wobei erforderlichenfalls geeignete Stresstests durchzuführen sind, sowie

3. die Vergütungsregelungen für Personen, die an der Erbringung von Wertpapierdienstleistungen oder Wertpapiernebendienstleistungen für Kunden beteiligt sind, und die ausgerichtet sein müssen auf
   a) eine verantwortungsvolle Unternehmensführung,
   b) die faire Behandlung der Kunden und
   c) die Vermeidung von Interessenkonflikten im Verhältnis zu den Kunden.

(2) [1] Die Geschäftsleiter eines Wertpapierdienstleistungsunternehmens müssen regelmäßig Folgendes überwachen und überprüfen:

1. die Eignung und die Umsetzung der strategischen Ziele des Wertpapierdienstleistungsunternehmens bei der Erbringung von Wertpapierdienstleistungen und Wertpapiernebendienstleistungen,
2. die Wirksamkeit der Unternehmensführungsregelungen des Wertpapierdienstleistungsunternehmens und
3. die Angemessenheit der Unternehmensstrategie hinsichtlich der Erbringung von Wertpapierdienstleistungen und Wertpapiernebendienstleistungen an die Kunden.

[2] Bestehen Mängel, müssen die Geschäftsleiter unverzüglich die erforderlichen Schritte unternehmen, um diese zu beseitigen.

(3) Das Wertpapierdienstleistungsunternehmen hat sicherzustellen, dass die Geschäftsleiter einen angemessenen Zugang zu den Informationen und Dokumenten haben, die für die Beaufsichtigung und Überwachung erforderlich sind.

(4) [1] Die Geschäftsleiter haben den Produktfreigabeprozess wirksam zu überwachen. [2] Sie haben sicherzustellen, dass die Compliance-Berichte an die Geschäftsleiter systematisch Informationen über die von dem Wertpapierdienstleistungsunternehmen konzipierten und empfohlenen Finanzinstrumente enthalten, insbesondere über die jeweilige Vertriebsstrategie. [3] Auf Verlangen sind die Compliance-Berichte der Bundesanstalt zur Verfügung zu stellen.

(5) [1] Das Wertpapierdienstleistungsunternehmen hat einen Beauftragten zu ernennen, der die Verantwortung dafür trägt, dass das Wertpapierdienstleistungsunternehmen seine Verpflichtungen in Bezug auf den Schutz von Finanzinstrumenten und Geldern von Kunden einhält. [2] Der Beauftragte kann daneben auch weitere Aufgaben wahrnehmen.

§ 82[1)] Bestmögliche Ausführung von Kundenaufträgen. (1) Ein Wertpapierdienstleistungsunternehmen, das Aufträge seiner Kunden für den Kauf oder Verkauf von Finanzinstrumenten im Sinne des § 2 Absatz 8 Satz 1 Nummer 1 bis 3 ausführt, muss

1. alle hinreichenden Vorkehrungen treffen, insbesondere Grundsätze zur Auftragsausführung festlegen und regelmäßig, insbesondere unter Berücksichtigung

---

[1)] Früherer § 33a eingef. mWv 1.11.2007 (Abs. 9 mWv 20.7.2007) durch G v. 16.7.2007 (BGBl. I S. 1330); bish. § 33a wird § 82 und Abs. 1 einl. Satzteil und Nr. 1 geänd., Abs. 3 Satz 4 neu gef., Abs. 5 Satz 2 und Abs. 6 Satz 1 Nr. 1 geänd., Nr. 2 aufgeh., bish. Nr. 3 wird Nr. 2 und geänd., Satz 2 angef., Abs. 8 neu gef., Abs. 9–12 eingef., bish. Abs. 9 wird Abs. 13 und neu gef. mWv 3.1.2018 durch G v. 23.6. 2017 (BGBl. I S. 1693); Abs. 1 einl. Satzteil geänd. mWv 14.7.2018 durch G v. 10.7.2018 (BGBl. I S. 1102).

der nach den Absätzen 9 bis 12 und § 26e des Börsengesetzes veröffentlichten Informationen, überprüfen, um das bestmögliche Ergebnis für seine Kunden zu erreichen und

2. sicherstellen, dass die Ausführung jedes einzelnen Kundenauftrags nach Maßgabe dieser Grundsätze vorgenommen wird.

(2) Das Wertpapierdienstleistungsunternehmen muss bei der Aufstellung der Ausführungsgrundsätze alle relevanten Kriterien zur Erzielung des bestmöglichen Ergebnisses, insbesondere die Preise der Finanzinstrumente, die mit der Auftragsausführung verbundenen Kosten, die Geschwindigkeit, die Wahrscheinlichkeit der Ausführung und die Abwicklung des Auftrags sowie den Umfang und die Art des Auftrags berücksichtigen und die Kriterien unter Berücksichtigung der Merkmale des Kunden, des Kundenauftrags, des Finanzinstrumentes und des Ausführungsplatzes gewichten.

(3) [1] Führt das Wertpapierdienstleistungsunternehmen Aufträge von Privatkunden aus, müssen die Ausführungsgrundsätze Vorkehrungen dafür enthalten, dass sich das bestmögliche Ergebnis am Gesamtentgelt orientiert. [2] Das Gesamtentgelt ergibt sich aus dem Preis für das Finanzinstrument und sämtlichen mit der Auftragsausführung verbundenen Kosten. [3] Kann ein Auftrag über ein Finanzinstrument nach Maßgabe der Ausführungsgrundsätze des Wertpapierdienstleistungsunternehmens an mehreren konkurrierenden Plätzen ausgeführt werden, zählen zu den Kosten auch die eigenen Provisionen oder Gebühren, die das Wertpapierdienstleistungsunternehmen dem Kunden für eine Wertpapierdienstleistung in Rechnung stellt. [4] Zu den bei der Berechnung des Gesamtentgelts zu berücksichtigenden Kosten zählen Gebühren und Entgelte des Ausführungsplatzes, an dem das Geschäft ausgeführt wird, Kosten für Clearing und Abwicklung und alle sonstigen Entgelte, die an Dritte gezahlt werden, die an der Auftragsausführung beteiligt sind.

(4) Führt das Wertpapierdienstleistungsunternehmen einen Auftrag gemäß einer ausdrücklichen Kundenweisung aus, gilt die Pflicht zur Erzielung des bestmöglichen Ergebnisses entsprechend dem Umfang der Weisung als erfüllt.

(5) [1] Die Grundsätze zur Auftragsausführung müssen

1. Angaben zu den verschiedenen Ausführungsplätzen in Bezug auf jede Gattung von Finanzinstrumenten und die ausschlaggebenden Faktoren für die Auswahl eines Ausführungsplatzes,
2. mindestens die Ausführungsplätze, an denen das Wertpapierdienstleistungsunternehmen gleichbleibend die bestmöglichen Ergebnisse bei der Ausführung von Kundenaufträgen erzielen kann,

enthalten. [2] Lassen die Ausführungsgrundsätze im Sinne des Absatzes 1 Nummer 1 auch eine Auftragsausführung außerhalb von Handelsplätzen im Sinne von § 2 Absatz 22 zu, muss das Wertpapierdienstleistungsunternehmen seine Kunden auf diesen Umstand gesondert hinweisen und deren ausdrückliche Einwilligung generell oder in Bezug auf jedes Geschäft einholen, bevor die Kundenaufträge an diesen Ausführungsplätzen ausgeführt werden.

(6) [1] Das Wertpapierdienstleistungsunternehmen muss

1. seine Kunden vor der erstmaligen Erbringung von Wertpapierdienstleistungen über seine Ausführungsgrundsätze informieren und ihre Zustimmung zu diesen Grundsätzen einholen, und
2. seinen Kunden wesentliche Änderungen der Vorkehrungen nach Absatz 1 Nummer 1 unverzüglich mitteilen.

[2] Die Informationen über die Ausführungsgrundsätze müssen klar, ausführlich und auf eine für den Kunden verständliche Weise erläutern, wie das Wertpapierdienstleistungsunternehmen die Kundenaufträge ausführt.

(7) Das Wertpapierdienstleistungsunternehmen muss in der Lage sein, einem Kunden auf Anfrage darzulegen, dass sein Auftrag entsprechend den Ausführungsgrundsätzen ausgeführt wurde.

(8) Ein Wertpapierdienstleistungsunternehmen darf sowohl für die Ausführung von Kundenaufträgen an einem bestimmten Handelsplatz oder Ausführungsplatz als auch für die Weiterleitung von Kundenaufträgen an einen bestimmten Handelsplatz oder Ausführungsplatz weder eine Vergütung noch einen Rabatt oder einen nichtmonetären Vorteil annehmen, wenn dies einen Verstoß gegen die Anforderungen nach § 63 Absatz 1 bis 7 und 9, § 64 Absatz 1 und 5, den §§ 70, 80 Absatz 1 Satz 2 Nummer 2, Absatz 9 bis 11 oder die Absätze 1 bis 4 darstellen würde.

(9) Das Wertpapierdienstleistungsunternehmen muss einmal jährlich für jede Gattung von Finanzinstrumenten die fünf Ausführungsplätze, die ausgehend vom Handelsvolumen am wichtigsten sind, auf denen es Kundenaufträge im Vorjahr ausgeführt hat, und Informationen über die erreichte Ausführungsqualität zusammenfassen und nach den Vorgaben der Delegierten Verordnung (EU) 2017/576 der Kommission vom 8. Juni 2016 zur Ergänzung der Richtlinie 2014/65/EU des Europäischen Parlaments und des Rates durch technische Regulierungsstandards für die jährliche Veröffentlichung von Informationen durch Wertpapierfirmen zur Identität von Handelsplätzen und zur Qualität der Ausführung (ABl. L 87 vom 31.3.2017, S. 166), in der jeweils geltenden Fassung, veröffentlichen.

(10) Vorbehaltlich des § 26e des Börsengesetzes müssen Handelsplätze und systematische Internalisierer für jedes Finanzinstrument, das der Handelspflicht nach Artikel 23 oder Artikel 28 der Verordnung (EU) Nr. 600/2014 unterliegt, mindestens einmal jährlich gebührenfrei Informationen über die Ausführungsqualität von Aufträgen veröffentlichen.

(11) Vorbehaltlich des § 26e des Börsengesetzes müssen Ausführungsplätze für jedes Finanzinstrument, das nicht von Absatz 10 erfasst wird, mindestens einmal jährlich gebührenfrei Informationen über die Ausführungsqualität von Aufträgen veröffentlichen.

(12) [1] Die Veröffentlichungen nach den Absätzen 10 und 11 müssen ausführliche Angaben zum Preis, zu den mit einer Auftragsausführung verbundenen Kosten, der Geschwindigkeit und der Wahrscheinlichkeit der Ausführung sowie der Abwicklung eines Auftrags in den einzelnen Finanzinstrumenten enthalten. [2] Das Nähere regelt die Delegierte Verordnung (EU) 2017/575 der Kommission vom 8. Juni 2016 zur Ergänzung der Richtlinie 2014/65/EU des Europäischen Parlaments und des Rates über Märkte für Finanzinstrumente durch technische Regulierungsstandards bezüglich der Daten, die Ausführungsplätze zur Qualität der Ausführung von Geschäften veröffentlichen müssen (ABl. L 87 vom 31.3.2017, S. 152), in der jeweils geltenden Fassung.

(13) Nähere Bestimmungen ergeben sich aus der Delegierten Verordnung (EU) 2017/565, insbesondere zu

1. der Aufstellung der Ausführungsgrundsätze nach den Absätzen 1 bis 5 aus Artikel 64,
2. der Überprüfung der Vorkehrungen nach Absatz 1 aus Artikel 66,
3. Art, Umfang und Datenträger der Informationen über die Ausführungsgrundsätze nach Absatz 6 aus Artikel 66 und

4. den Pflichten von Wertpapierdienstleistungsunternehmen, die Aufträge ihrer Kunden an Dritte zur Ausführung weiterleiten oder die Finanzportfolioverwaltung betreiben, ohne die Aufträge oder Entscheidungen selbst auszuführen, im bestmöglichen Interesse ihrer Kunden zu handeln, aus Artikel 65.

§ 83[1)] Aufzeichnungs- und Aufbewahrungspflicht. (1) Ein Wertpapierdienstleistungsunternehmen muss, unbeschadet der Aufzeichnungspflichten nach den Artikeln 74 und 75 der Delegierten Verordnung (EU) 2017/565, über die von ihm erbrachten Wertpapierdienstleistungen und Wertpapiernebendienstleistungen sowie die von ihm getätigten Geschäfte Aufzeichnungen erstellen, die es der Bundesanstalt ermöglichen, die Einhaltung der in diesem Abschnitt, in der Verordnung (EU) Nr. 600/2014 und der Verordnung (EU) Nr. 596/2014[2)] geregelten Pflichten zu prüfen und durchzusetzen.

(2) [1] Das Wertpapierdienstleistungsunternehmen hat Aufzeichnungen zu erstellen über Vereinbarungen mit Kunden, die die Rechte und Pflichten der Vertragsparteien sowie die sonstigen Bedingungen festlegen, zu denen das Wertpapierdienstleistungsunternehmen Wertpapierdienstleistungen oder Wertpapiernebendienstleistungen für den Kunden erbringt. [2] Hierzu zählen insbesondere Aufzeichnungen über die Kundenmitteilungen nach § 63 Absatz 12 Satz 6 und die Vereinbarungen nach § 64 Absatz 3 Satz 7 und Absatz 4 Satz 6. [3] In anderen Dokumenten oder Rechtstexten normierte oder vereinbarte Rechte und Pflichten können durch Verweis in die Vereinbarungen einbezogen werden. [4] Nähere Bestimmungen zur Aufzeichnungspflicht nach Satz 1 ergeben sich aus Artikel 58 der Delegierten Verordnung (EU) 2017/565.

(3) [1] Hinsichtlich der beim Handel für eigene Rechnung getätigten Geschäfte und der Erbringung von Dienstleistungen, die sich auf die Annahme, Übermittlung und Ausführung von Kundenaufträgen beziehen, hat das Wertpapierdienstleistungsunternehmen für Zwecke der Beweissicherung die Inhalte der Telefongespräche und der elektronischen Kommunikation aufzuzeichnen. [2] Die Aufzeichnung hat insbesondere diejenigen Teile der Telefongespräche und der elektronischen Kommunikation zu beinhalten, in welchen die Risiken, die Ertragschancen oder die Ausgestaltung von Finanzinstrumenten oder Wertpapierdienstleistungen erörtert werden. [3] Hierzu darf das Wertpapierdienstleistungsunternehmen personenbezogene Daten verarbeiten. [4] Dies gilt auch, wenn das Telefongespräch oder die elektronische Kommunikation nicht zum Abschluss eines solchen Geschäftes oder zur Erbringung einer solchen Dienstleistung führt.

(4) [1] Das Wertpapierdienstleistungsunternehmen hat alle angemessenen Maßnahmen zu ergreifen, um einschlägige Telefongespräche und elektronische Kommunikation aufzuzeichnen, die über Geräte erstellt oder von Geräten gesendet oder empfangen werden, die das Wertpapierdienstleistungsunternehmen seinen Mitarbeitern oder beauftragten Personen zur Verfügung stellt oder deren Nutzung

---

1) Früherer § 34 neu gef. mWv 1.1.2008 (Abs. 4 mWv 20.7.2007) durch G v. 16.7.2007 (BGBl. I S. 1330); Abs. 2a und 2b eingef., Abs. 4 Satz 1 geänd. mWv 5.8.2009 durch G v. 31.7.2009 (BGBl. I S. 2512); bish. § 34 wird § 83 und Abs. 1 geänd., Abs. 2 Satz 2 aufgeh., bish. Satz 3 wird Satz 2 und geänd., Sätze 4 und 5 aufgeh., neuer Satz 3 angef., Abs. 2a und 2b aufgeh., Abs. 3 neu gef., Abs. 4–7 eingef., bish. Abs. 3 wird Abs. 8 und neu gef., Abs. 9 eingef., bish. Abs. 5 wird Abs. 11 und geänd., Abs. 12 angef. mWv 3.1.2018, bish. Abs. 4 wird Abs. 10 und Satz 1 geänd. mWv 25.6.2017 durch G v. 23.6.2017 (BGBl. I S. 1693); Abs. 3 Satz 3 geänd. mWv 26.11.2019 durch G v. 20.11.2019 (BGBl. I S. 1626); Abs. 11 geänd. mWv 28.3.2020 durch G v. 19.3.2020 (BGBl. I S. 529); Abs. 2 Satz 2 eingef., bish. Sätze 2 und 3 werden Sätze 3 und 4 mWv 28.11.2021 durch G v. 3.6.2021 (BGBl. I S. 1568).

2) Nr. **60**.

das Wertpapierdienstleistungsunternehmen billigt oder gestattet. [2] Telefongespräche und elektronische Kommunikation, die nach Absatz 3 Satz 1 aufzuzeichnen sind, dürfen über private Geräte oder private elektronische Kommunikation der Mitarbeiter nur geführt werden, wenn das Wertpapierdienstleistungsunternehmen diese mit Zustimmung der Mitarbeiter aufzeichnen oder nach Abschluss des Gesprächs auf einen eigenen Datenspeicher kopieren kann.

(5) [1] Das Wertpapierdienstleistungsunternehmen hat Neu- und Altkunden sowie seine Mitarbeiter und beauftragten Personen vorab in geeigneter Weise über die Aufzeichnung von Telefongesprächen nach Absatz 3 Satz 1 zu informieren. [2] Hat ein Wertpapierdienstleistungsunternehmen seine Kunden nicht vorab über die Aufzeichnung der Telefongespräche oder der elektronischen Kommunikation informiert oder hat der Kunde einer Aufzeichnung widersprochen, darf das Wertpapierdienstleistungsunternehmen für den Kunden keine telefonisch oder mittels elektronischer Kommunikation veranlassten Wertpapierdienstleistungen erbringen, wenn sich diese auf die Annahme, Übermittlung und Ausführung von Kundenaufträgen beziehen. [3] Näheres regelt Artikel 76 der Delegierten Verordnung (EU) 2017/565.

(6) [1] Erteilt der Kunde dem Wertpapierdienstleistungsunternehmen seinen Auftrag im Rahmen eines persönlichen Gesprächs, hat das Wertpapierdienstleistungsunternehmen die Erteilung des Auftrags mittels eines dauerhaften Datenträgers zu dokumentieren. [2] Zu diesem Zweck dürfen auch schriftliche Protokolle oder Vermerke über den Inhalt des persönlichen Gesprächs angefertigt werden. [3] Erteilt der Kunde seinen Auftrag auf andere Art und Weise, müssen solche Mitteilungen auf einem dauerhaften Datenträger erfolgen. [4] Näheres regelt Artikel 76 Absatz 9 der Delegierten Verordnung (EU) 2017/565.

(7) Der Kunde kann von dem Wertpapierdienstleistungsunternehmen bis zur Löschung oder Vernichtung nach Absatz 8 jederzeit verlangen, dass ihm die Aufzeichnungen nach Absatz 3 Satz 1 und der Dokumentation nach Absatz 6 Satz 1 oder eine Kopie zur Verfügung gestellt werden.

(8) [1] Die Aufzeichnungen nach den Absätzen 3 und 6 sind für fünf Jahre aufzubewahren, soweit sie für die dort genannten Zwecke erforderlich sind. [2] Sie sind nach Ablauf der in Satz 1 genannten Frist zu löschen oder zu vernichten. [3] Die Löschung oder Vernichtung ist zu dokumentieren. [4] Erhält die Bundesanstalt vor Ablauf der in Satz 1 genannten Frist Kenntnis von Umständen, die eine über die in Satz 1 genannte Höchstfrist hinausgehende Speicherung der Aufzeichnung insbesondere zur Beweissicherung erfordern, kann die Bundesanstalt die in Satz 1 genannte Höchstfrist zur Speicherung der Aufzeichnung um zwei Jahre verlängern.

(9) [1] Die nach den Absätzen 3 und 6 erstellten Aufzeichnungen sind gegen nachträgliche Verfälschung und unbefugte Verwendung zu sichern und dürfen nicht für andere Zwecke genutzt werden, insbesondere nicht zur Überwachung

(Fortsetzung nächstes Blatt)

der Mitarbeiter durch das Wertpapierdienstleistungsunternehmen. [2] Sie dürfen nur unter bestimmten Voraussetzungen, insbesondere zur Erfüllung eines Kundenauftrags, der Anforderung durch die Bundesanstalt oder eine andere Aufsichts- oder eine Strafverfolgungsbehörde und nur durch einen oder mehrere vom Wertpapierdienstleistungsunternehmen gesondert zu benennende Mitarbeiter ausgewertet werden.

(10) [1] Das Bundesministerium der Finanzen kann durch Rechtsverordnung[1)], die nicht der Zustimmung des Bundesrates bedarf, nähere Bestimmungen zu den Aufzeichnungspflichten und zu der Geeignetheit von Datenträgern nach den Absätzen 1 bis 7 erlassen. [2] Das Bundesministerium der Finanzen kann die Ermächtigung durch Rechtsverordnung auf die Bundesanstalt übertragen.

(11) Die Bundesanstalt veröffentlicht auf ihrer Internetseite ein Verzeichnis der Mindestaufzeichnungen, die die Wertpapierdienstleistungsunternehmen nach diesem Gesetz in Verbindung mit einer Rechtsverordnung nach Absatz 10 vorzunehmen haben.

(12) Absatz 2 gilt nicht für Immobiliar-Verbraucherdarlehensverträge nach § 491 Absatz 3 des Bürgerlichen Gesetzbuchs[2)], die an die Vorbedingung geknüpft sind, dass dem Verbraucher eine Wertpapierdienstleistung in Bezug auf gedeckte Schuldverschreibungen, die zur Besicherung der Finanzierung des Kredits begeben worden sind und denen dieselben Konditionen wie dem Immobiliar-Verbraucherdarlehensvertrag zugrunde liegen, erbracht wird, und wenn damit das Darlehen ausgezahlt, refinanziert oder abgelöst werden kann.

§ 84[3)] Vermögensverwahrung und Finanzsicherheiten; Verordnungsermächtigung. (1) Ein Wertpapierdienstleistungsunternehmen, das nicht über eine Erlaubnis für das Einlagengeschäft nach § 1 Absatz 1 Satz 2 Nummer 1 des Kreditwesengesetzes verfügt und das Gelder von Kunden hält, hat geeignete Vorkehrungen zu treffen, um die Rechte der Kunden zu schützen und zu verhindern, dass die Gelder des Kunden ohne dessen ausdrückliche Zustimmung für eigene Rechnung oder für Rechnung einer anderen Person verwendet werden.

(2) [1] Ein Wertpapierdienstleistungsunternehmen, das über keine Erlaubnis für das Einlagengeschäft im Sinne des § 1 Abs. 1 Satz 2 Nr. 1 des Kreditwesengesetzes verfügt, hat Kundengelder, die es im Zusammenhang mit einer Wertpapierdienstleistung oder einer Wertpapiernebendienstleistung entgegennimmt, unverzüglich getrennt von den Geldern des Unternehmens und von anderen Kundengeldern auf Treuhandkonten bei solchen Kreditinstituten, Unternehmen im Sinne des § 53b Abs. 1 Satz 1 des Kreditwesengesetzes oder vergleichbaren Instituten mit Sitz in einem Drittstaat, welche zum Betreiben des Ein-

---

[1)] Siehe die Wertpapierdienstleistungs-Verhaltens- und OrganisationsVO v. 17.10.2017 (BGBl. I S. 3566), zuletzt geänd. durch G v. 8.7.2019 (BGBl. I S. 1002).

[2)] ***Schönfelder Nr. 20.***

[3)] Früherer § 34a Abs. 3 Satz 2 geänd. mWv 1.5.2002 durch G v. 22.4.2002 (BGBl. I S. 1310), Überschrift geänd. mWv 1.7.2002 durch G v. 21.6.2002 (BGBl. I S. 2010); Abs. 1 neu gef., Abs. 2 Sätze 1 und 2 geänd., Abs. 3 und 4 eingef., bish. Abs. 3 wird Abs. 5 und Satz 1 geänd. mWv 1.11.2007 durch G v. 16.7.2007 (BGBl. I S. 1330); bish. § 34a wird § 84 und Überschrift neu gef., Abs. 1 eingef., bish. Abs. 1 wird Abs. 2 und Satz 4 eingef., bish. Sätze 4 und 5 werden Sätze 5 und 6, Abs. 3 und 4 eingef., bish. Abs. 2 wird Abs. 5 und Sätze 1 und 2 geänd., bish. Abs. 3 und 4 aufgeh., Abs. 6–9 eingef. mWv 3.1.2018, bish. Abs. 5 wird Abs. 10 und Satz 1 geänd. mWv 25.6.2017 durch G v. 23.6.2017 (BGBl. I S. 1693); Abs. 5 Satz 1 neu gef. mWv 26.6.2021 durch G v. 12.5.2021 (BGBl. I S. 990).

lagengeschäftes befugt sind, einer Zentralbank oder einem qualifizierten Geldmarktfonds zu verwahren, bis die Gelder zum vereinbarten Zweck verwendet werden. [2]Der Kunde kann im Wege individueller Vertragsabrede hinsichtlich der Trennung der Kundengelder voneinander anderweitige Weisung erteilen, wenn er über den mit der Trennung der Kundengelder verfolgten Schutzzweck informiert wurde. [3]Zur Verwahrung bei einem qualifizierten Geldmarktfonds hat das Wertpapierdienstleistungsunternehmen die vorherige Zustimmung des Kunden einzuholen. [4]Die Zustimmung ist nur dann wirksam, wenn das Wertpapierdienstleistungsunternehmen den Kunden vor Erteilung der Zustimmung darüber unterrichtet hat, dass die bei dem qualifizierten Geldmarktfonds verwahrten Gelder nicht entsprechend den Schutzstandards dieses Gesetzes und nicht entsprechend der Verordnung zur Konkretisierung der Verhaltensregeln und Organisationsanforderungen für Wertpapierdienstleistungsunternehmen gehalten werden. [5]Das Wertpapierdienstleistungsunternehmen hat dem verwahrenden Institut vor der Verwahrung offen zu legen, dass die Gelder treuhänderisch eingelegt werden. [6]Es hat den Kunden unverzüglich darüber zu unterrichten, bei welchem Institut und auf welchem Konto die Kundengelder verwahrt werden und ob das Institut, bei dem die Kundengelder verwahrt werden, einer Einrichtung zur Sicherung der Ansprüche von Einlegern und Anlegern angehört und in welchem Umfang die Kundengelder durch diese Einrichtung gesichert sind.

(3) [1]Werden die Kundengelder bei einem Kreditinstitut, einem vergleichbaren Institut mit Sitz in einem Drittstaat oder einem Geldmarktfonds, die zur Unternehmensgruppe des Wertpapierdienstleistungsunternehmens gehören, gehalten, dürfen die bei einem solchen Unternehmen oder einer Gemeinschaft von solchen Unternehmen verwahrten Gelder 20 Prozent aller Kundengelder des Wertpapierdienstleistungsunternehmens nicht übersteigen. [2]Die Bundesanstalt kann dem Wertpapierdienstleistungsunternehmen auf Antrag erlauben, die Obergrenze nach Satz 1 zu überschreiten, wenn es nachweist, dass die gemäß Satz 1 geltende Anforderung angesichts der Art, des Umfangs und der Komplexität seiner Tätigkeit sowie angesichts der Sicherheit, die die Verwahrstellen nach Satz 1 bieten sowie angesichts des geringen Saldos an Kundengeldern, das das Wertpapierdienstleistungsunternehmen hält, unverhältnismäßig ist. [3]Das Wertpapierdienstleistungsunternehmen überprüft die nach Satz 2 durchgeführte Bewertung jährlich und leitet der Bundesanstalt seine Ausgangsbewertung sowie die überprüften Bewertungen zur Prüfung zu.

(4) [1]Ein Wertpapierdienstleistungsunternehmen, das Finanzinstrumente von Kunden hält, hat geeignete Vorkehrungen zu treffen, um die Eigentumsrechte der Kunden an diesen Finanzinstrumenten zu schützen. [2]Dies gilt insbesondere für den Fall der Insolvenz des Wertpapierdienstleistungsunternehmens. [3]Das Wertpapierdienstleistungsunternehmen hat durch geeignete Vorkehrungen zu verhindern, dass die Finanzinstrumente eines Kunden ohne dessen ausdrückliche Zustimmung für eigene Rechnung oder für Rechnung einer anderen Person verwendet werden.

(5) [1]Ein Wertpapierdienstleistungsunternehmen ohne eine Erlaubnis zum Betreiben des Depotgeschäftes im Sinne des § 1 Absatz 1 Satz 2 Nummer 5 des Kreditwesengesetzes oder ohne die Erlaubnis zur Verwahrung und Verwaltung *von Finanzins*trumenten für andere gemäß § 2 Absatz 3 Nummer 1 des Wertpapierinstitutsgesetzes hat Wertpapiere, die es im Zusammenhang mit einer Wertpapierdienstleistung oder einer Wertpapiernebendienstleistung entgegen-

nimmt, unverzüglich einem Kreditinstitut, das im Inland zum Betreiben des Depotgeschäftes befugt ist, einem Wertpapierinstitut, das im Inland zur Verwahrung und Verwaltung von Finanzinstrumenten gemäß § 2 Absatz 3 Nummer 1 des Wertpapierinstitutsgesetzes befugt ist, oder einem Institut mit Sitz im Ausland, das zum Betreiben des Depotgeschäftes befugt ist und bei welchem dem Kunden eine Rechtsstellung eingeräumt wird, die derjenigen nach dem Depotgesetz gleichwertig ist, zur Verwahrung weiterzuleiten. [2] Absatz 2 Satz 6 gilt entsprechend.

(6) [1] Das Wertpapierdienstleistungsunternehmen darf die Finanzinstrumente eines Kunden nur unter genau festgelegten Bedingungen für eigene Rechnung oder für Rechnung einer anderen Person verwenden und hat geeignete Vorkehrungen zu treffen, um die unbefugte Verwendung der Finanzinstrumente des Kunden für eigene Rechnung oder für Rechnung einer anderen Person zu verhindern. [2] Der Kunde muss den Bedingungen im Voraus ausdrücklich zugestimmt haben und seine Zustimmung muss durch seine Unterschrift oder eine gleichwertige schriftliche Bestätigung eindeutig dokumentiert sein. [3] Werden die Finanzinstrumente auf Sammeldepots bei einem Dritten verwahrt, sind für eine Verwendung nach Satz 1 zusätzlich die ausdrückliche Zustimmung aller anderen Kunden des Sammeldepots oder Systeme und Kontrolleinrichtungen erforderlich, mit denen die Beschränkung der Verwendung auf Finanzinstrumente gewährleistet ist, für die eine Zustimmung nach Satz 2 vorliegt. [4] In den Fällen des Satzes 3 muss das Wertpapierdienstleistungsunternehmen über Kunden, auf deren Weisung hin eine Nutzung der Finanzinstrumente erfolgt, und über die Zahl der von jedem einzelnen Kunden mit dessen Zustimmung verwendeten Finanzinstrumente Aufzeichnungen führen, die eine eindeutige und zutreffende Zuordnung der im Rahmen der Verwendung eingetretenen Verluste ermöglichen.

(7) Ein Wertpapierdienstleistungsunternehmen darf sich von Privatkunden zur Besicherung oder Deckung von Verpflichtungen der Kunden, auch soweit diese noch nicht bestehen, keine Finanzsicherheiten in Form von Vollrechtsübertragungen im Sinne des Artikels 2 Absatz 1 Buchstabe b der Richtlinie 2002/47/EG des Europäischen Parlaments und des Rates vom 6. Juni 2002 über Finanzsicherheiten (ABl. L 168 vom 27.6.2002, S. 43), die zuletzt durch die Richtlinie 2014/59/EU (ABl. L 173 vom 12.6.2014, S. 190) geändert worden ist, in der jeweils geltenden Fassung, gewähren lassen.

(8) [1] Soweit eine Vollrechtsübertragung zulässig ist, hat das Wertpapierdienstleistungsunternehmen die Angemessenheit der Verwendung eines Finanzinstruments als Finanzsicherheit ordnungsgemäß vor dem Hintergrund der Vertragsbeziehung des Kunden mit dem Wertpapierdienstleistungsunternehmen und den Vermögensgegenständen des Kunden zu prüfen und diese Prüfung zu dokumentieren. [2] Professionelle Kunden und geeignete Gegenparteien sind auf die Risiken und die Folgen der Stellung einer Finanzsicherheit in Form der Vollrechtsübertragung hinzuweisen.

(9) [1] Ein Wertpapierdienstleistungsunternehmen hat im Rahmen von Wertpapierleihgeschäften mit Dritten, die Finanzinstrumente von Kunden zum Gegenstand haben, durch entsprechende Vereinbarungen sicherzustellen, dass der Entleiher der Kundenfinanzinstrumente angemessene Sicherheiten stellt. [2] Das Wertpapierdienstleistungsunternehmen hat die Angemessenheit der gestellten Sicherheiten durch geeignete Vorkehrungen sicherzustellen sowie fort-

laufend zu überwachen und das Gleichgewicht zwischen dem Wert der Sicherheit und dem Wert des Finanzinstruments des Kunden aufrechtzuerhalten.

(10) [1] Das Bundesministerium der Finanzen kann durch Rechtsverordnung, die nicht der Zustimmung des Bundesrates bedarf, zum Schutz der einem Wertpapierdienstleistungsunternehmen anvertrauten Gelder oder Wertpapiere der Kunden nähere Bestimmungen über den Umfang der Verpflichtungen nach den Absätzen 1 bis 9 sowie zu den Anforderungen an qualifizierte Geldmarktfonds im Sinne des Absatzes 2 erlassen. [2] Das Bundesministerium der Finanzen kann die Ermächtigung durch Rechtsverordnung auf die Bundesanstalt übertragen.

§ 85[1)] Anlagestrategieempfehlungen und Anlageempfehlungen; Verordnungsermächtigung. (1) [1] Unternehmen, die Anlagestrategieempfehlungen im Sinne des Artikels 3 Absatz 1 Nummer 34 der Verordnung (EU) Nr. 596/2014[2)] oder Anlageempfehlungen im Sinne des Artikels 3 Absatz 1 Nummer 35 der Verordnung (EU) Nr. 596/2014 erstellen oder verbreiten, müssen so organisiert sein, dass Interessenkonflikte im Sinne des Artikels 20 Absatz 1 der Verordnung (EU) Nr. 596/2014 möglichst gering sind. [2] Sie müssen insbesondere über angemessene Kontrollverfahren verfügen, die geeignet sind, Verstößen gegen die Verpflichtungen nach Artikel 20 Absatz 1 der Verordnung (EU) Nr. 596/2014 entgegenzuwirken.

(2) Die Befugnisse der Bundesanstalt nach § 88 gelten hinsichtlich der Einhaltung der in Absatz 1 genannten Pflichten und der Pflichten, die sich aus Artikel 20 Absatz 1 der Verordnung (EU) Nr. 596/2014 in Verbindung mit einem auf der Grundlage von Artikel 20 Absatz 3 der Verordnung (EU) Nr. 596/2014 erlassenen delegierten Rechtsakt ergeben, entsprechend.

(3) [1] Das Bundesministerium der Finanzen kann durch Rechtsverordnung, die nicht der Zustimmung des Bundesrates bedarf, nähere Bestimmungen über die angemessene Organisation nach Absatz 1 Satz 1 erlassen. [2] Das Bundesministerium der Finanzen kann die Ermächtigung durch Rechtsverordnung auf die Bundesanstalt übertragen.

§ 86[3)] Anzeigepflicht. (1) [1] Andere Personen als Wertpapierdienstleistungsunternehmen, Kapitalverwaltungsgesellschaften, EU-Verwaltungsgesellschaften oder Investmentgesellschaften, die in Ausübung ihres Berufes oder im Rahmen ihrer Geschäftstätigkeit für die Erstellung von Anlagestrategieempfehlungen im Sinne des Artikels 3 Absatz 1 Nummer 34 der Verordnung (EU) Nr. 596/2014[2)] oder von Anlageempfehlungen im Sinne des Artikels 3 Absatz 1 Nummer 35 der Verordnung (EU) Nr. 596/2014 oder deren Weitergabe verantwortlich sind, haben dies der Bundesanstalt vor Erstellung oder Weitergabe der Empfehlungen anzuzeigen. [2] Die Anzeige muss folgende Angaben enthalten:

[1)] Früherer § 34b neu gef. mWv 2.7.2016 durch G v. 30.6.2016 (BGBl. I S. 1514); bish. § 34b wird § 85 und Überschrift geänd., Abs. 1 Sätze 3 und 4 aufgeh., Abs. 2 Satz 1 geänd., Satz 2 aufgeh. mWv 3.1.2018 durch G v. 23.6.2017 (BGBl. I S. 1693).

[2)] Nr. **60**.

[3)] Früherer § 34c neu gef. mWv 2.7.2016 durch G v. 30.6.2016 (BGBl. I S. 1514); Abs. 1 Satz 1 *geänd., Sätze 2 und 3 neu gef., Satz* 4 eingef., bish. Sätze 4 und 5 werden Sätze 5 und 6 und geänd., Abs. 2 angef. mWv 25.6.2017, bish. § 34c wird § 86 mWv 3.1.2018 durch G v. 23.6.2017 (BGBl. I S. 1693).

1. bei einer natürlichen Person Name, Geburtsort, Geburtsdatum, Wohn- und Geschäftsanschrift sowie telefonische und elektronische Kontaktdaten,
2. bei einer juristischen Person oder einer Personenvereinigung Firma, Name oder Bezeichnung, Rechtsform, Registernummer wenn vorhanden, Anschrift des Sitzes oder der Hauptniederlassung, Namen der Mitglieder des Vertretungsorgans oder der gesetzlichen Vertreter und telefonische und elektronische Kontaktdaten; ist ein Mitglied des Vertretungsorgans oder der gesetzliche Vertreter eine juristische Person, so sind deren Firma, Name oder Bezeichnung, Rechtsform, Registernummer wenn vorhanden und Anschrift des Sitzes oder der Hauptniederlassung ebenfalls anzugeben.

[3] Die Angaben nach Satz 2 sind glaubhaft zu machen. [4] Beabsichtigt der Anzeigepflichtige die Verbreitung der Empfehlungen, muss die Anzeige auch eine detaillierte Beschreibung der beabsichtigen Verbreitungswege enthalten. [5] Der Anzeigepflichtige hat weiterhin anzuzeigen, inwiefern bei mit ihm verbundenen Unternehmen Tatsachen vorliegen, die Interessenkonflikte begründen können. [6] Veränderungen der angezeigten Daten und Sachverhalte sowie die Einstellung der in Satz 1 genannten Tätigkeiten sind der Bundesanstalt innerhalb von vier Wochen anzuzeigen.

(2) Die Bundesanstalt veröffentlicht auf ihrer Internetseite den Namen, die Firma oder die Bezeichnung der nach Absatz 1 Satz 2 Nummer 2 ordnungsgemäß angezeigten Personen und Personenvereinigungen sowie den Ort und das Land der Wohn- und Geschäftsanschrift oder des Sitzes oder der Hauptniederlassung.

§ 87[1)] Einsatz von Mitarbeitern in der Anlageberatung, als Vertriebsbeauftragte, in der Finanzportfolioverwaltung oder als Compliance-Beauftragte; Verordnungsermächtigung. (1) [1] Ein Wertpapierdienstleistungsunternehmen darf einen Mitarbeiter nur dann mit der Anlageberatung betrauen, wenn dieser sachkundig ist und über die für die Tätigkeit erforderliche Zuverlässigkeit verfügt. [2] Das Wertpapierdienstleistungsunternehmen muss der Bundesanstalt

1. den Mitarbeiter und,
2. sofern das Wertpapierdienstleistungsunternehmen über Vertriebsbeauftragte im Sinne des Absatzes 4 verfügt, den auf Grund der Organisation des Wertpapierdienstleistungsunternehmens für den Mitarbeiter unmittelbar zuständigen Vertriebsbeauftragten

anzeigen, bevor der Mitarbeiter die Tätigkeit nach Satz 1 aufnimmt. [3] Ändern sich die von dem Wertpapierdienstleistungsunternehmen nach Satz 2 angezeigten Verhältnisse, sind die neuen Verhältnisse unverzüglich der Bundesanstalt anzuzeigen. [4] Ferner sind der Bundesanstalt, wenn auf Grund der Tätigkeit des Mitarbeiters eine oder mehrere Beschwerden im Sinne des Artikels 26 der

---

1) Früherer § 34d eingef. mWv 1.11.2012 durch G v. 5.4.2011 (BGBl. I S. 538), Abs. 6 ist bereits mWv 8.4.2011 in Kraft getreten; Abs. 5a eingef. mWv 16.11.2012 durch G v. 6.11.2012 (BGBl. I S. 2286); bish. § 34d wird § 87 und Überschrift neu gef., Abs. 1 Satz 2 Nr. 2, Satz 4 einl. Satzteil geänd, Abs. 2 und 3 eingef., bish. Abs. 2 und 3 werden Abs. 4 und 5 und jeweils Satz 1 geänd., bish. Abs. 4 wird Abs. 6 und Satz 1 Nr. 1 und 2 einl. Satzteil geänd., bish. Abs. 5 und 5a werden Abs. 7 und 8 und jeweils geänd., Abs. 10 angef. mWv 3.1.2018, bish. Abs. 6 wird Abs. 9 und Satz 1 Nr. 1–3 und Satz 2 geänd. mWv 25.6.2017 durch G v. 23.6.2017 (BGBl. I S. 1693); Abs. 6 Satz 1 Nr. 1 geänd. mWv 28.3.2020 durch G v. 19.3.2020 (BGBl. I S. 529).

Delegierten Verordnung (EU) 2017/565 durch Privatkunden gegenüber dem Wertpapierdienstleistungsunternehmen erhoben werden,

1. jede Beschwerde,
2. der Name des Mitarbeiters, auf Grund dessen Tätigkeit die Beschwerde erhoben wird, sowie,
3. sofern das Wertpapierdienstleistungsunternehmen mehrere Zweigstellen, Zweigniederlassungen oder sonstige Organisationseinheiten hat, die Zweigstelle, Zweigniederlassung oder Organisationseinheit, welcher der Mitarbeiter zugeordnet ist oder für welche er überwiegend oder in der Regel die nach Satz 1 anzuzeigende Tätigkeit ausübt,

anzuzeigen.

(2) Ein Wertpapierdienstleistungsunternehmen darf einen Mitarbeiter nur dann damit betrauen, Kunden über Finanzinstrumente, strukturierte Einlagen, Wertpapierdienstleistungen oder Wertpapiernebendienstleistungen zu informieren (Vertriebsmitarbeiter), wenn dieser sachkundig ist und über die für die Tätigkeit erforderliche Zuverlässigkeit verfügt.

(3) Ein Wertpapierdienstleistungsunternehmen darf einen Mitarbeiter nur dann mit der Finanzportfolioverwaltung betrauen, wenn dieser sachkundig ist und über die für die Tätigkeit erforderliche Zuverlässigkeit verfügt.

(4) [1] Ein Wertpapierdienstleistungsunternehmen darf einen Mitarbeiter mit der Ausgestaltung, Umsetzung oder Überwachung von Vertriebsvorgaben im Sinne des § 80 Absatz 1 Satz 2 Nummer 3 nur dann betrauen (Vertriebsbeauftragter), wenn dieser sachkundig ist und über die für die Tätigkeit erforderliche Zuverlässigkeit verfügt. [2] Das Wertpapierdienstleistungsunternehmen muss der Bundesanstalt den Mitarbeiter anzeigen, bevor dieser die Tätigkeit nach Satz 1 aufnimmt. [3] Ändern sich die von dem Wertpapierdienstleistungsunternehmen nach Satz 2 angezeigten Verhältnisse, sind die neuen Verhältnisse unverzüglich der Bundesanstalt anzuzeigen.

(5) [1] Ein Wertpapierdienstleistungsunternehmen darf einen Mitarbeiter nur dann mit der Verantwortlichkeit für die Compliance-Funktion im Sinne des Artikels 22 Absatz 2 der Delegierten Verordnung (EU) 2017/565 und für die Berichte an die Geschäftsleitung nach Artikel 25 Absatz 2 der Delegierten Verordnung (EU) 2017/565 betrauen (Compliance-Beauftragter), wenn dieser sachkundig ist und über die für die Tätigkeit erforderliche Zuverlässigkeit verfügt. [2] Das Wertpapierdienstleistungsunternehmen muss der Bundesanstalt den Mitarbeiter anzeigen, bevor der Mitarbeiter die Tätigkeit nach Satz 1 aufnimmt. [3] Ändern sich die von dem Wertpapierdienstleistungsunternehmen nach Satz 2 angezeigten Verhältnisse, sind die neuen Verhältnisse unverzüglich der Bundesanstalt anzuzeigen.

(6) [1] Liegen Tatsachen vor, aus denen sich ergibt, dass ein Mitarbeiter

1. nicht oder nicht mehr die Anforderungen nach Absatz 1 Satz 1, Absatz 2, 3, 4 Satz 1, jeweils auch in Verbindung mit § 96, oder Absatz 5 Satz 1 erfüllt, kann die Bundesanstalt unbeschadet ihrer Befugnisse nach § 6 dem Wertpapierdienstleistungsunternehmen untersagen, den Mitarbeiter in der angezeigten Tätigkeit einzusetzen, solange dieser die gesetzlichen Anforderungen nicht erfüllt, oder
2. gegen Bestimmungen dieses Abschnittes verstoßen hat, deren Einhaltung bei der Durchführung seiner Tätigkeit zu beachten sind, kann die Bundesanstalt unbeschadet ihrer Befugnisse nach § 6

a) das Wertpapierdienstleistungsunternehmen und den Mitarbeiter verwarnen oder

b) dem Wertpapierdienstleistungsunternehmen für eine Dauer von bis zu zwei Jahren untersagen, den Mitarbeiter in der angezeigten Tätigkeit einzusetzen.

[2] Die Bundesanstalt kann unanfechtbar gewordene Anordnungen im Sinne des Satzes 1 auf ihrer Internetseite öffentlich bekannt machen, es sei denn, diese Veröffentlichung wäre geeignet, den berechtigten Interessen des Unternehmens zu schaden. [3] Die öffentliche Bekanntmachung nach Satz 2 hat ohne Nennung des Namens des betroffenen Mitarbeiters zu erfolgen. [4] Widerspruch und Anfechtungsklage gegen Maßnahmen nach Satz 1 haben keine aufschiebende Wirkung.

(7) Die Bundesanstalt führt über die nach den Absätzen 1, 4 und 5 anzuzeigenden Mitarbeiter sowie die ihnen zugeordneten Beschwerdeanzeigen nach Absatz 1 und die ihre Tätigkeit betreffenden Anordnungen nach Absatz 6 eine interne Datenbank.

(8) Die Absätze 1 bis 7 sind nicht anzuwenden auf diejenigen Mitarbeiter eines Wertpapierdienstleistungsunternehmens, die ausschließlich in einer Zweigniederlassung im Sinne des § 24a des Kreditwesengesetzes oder in mehreren solcher Zweigniederlassungen tätig sind.

(9) [1] Das Bundesministerium der Finanzen kann durch Rechtsverordnung[1)], die nicht der Zustimmung des Bundesrates bedarf, die näheren Anforderungen an

1. den Inhalt, die Art, die Sprache, den Umfang und die Form der Anzeigen nach den Absätzen 1, 4 oder 5,
2. die Sachkunde und die Zuverlässigkeit nach Absatz 1 Satz 1, den Absätzen 2, 3, 4 Satz 1, jeweils auch in Verbindung mit § 96, sowie Absatz 5 Satz 1 sowie
3. den Inhalt der Datenbank nach Absatz 7 und die Dauer der Speicherung der Einträge

einschließlich des jeweiligen Verfahrens regeln. [2] In der Rechtsverordnung nach Satz 1 kann insbesondere bestimmt werden, dass dem jeweiligen Wertpapierdienstleistungsunternehmen ein schreibender Zugriff auf die für das Unternehmen einzurichtenden Einträge in die Datenbank nach Absatz 7 eingeräumt und ihm die Verantwortlichkeit für die Richtigkeit und Aktualität dieser Einträge übertragen wird. [3] Das Bundesministerium der Finanzen kann die Ermächtigung durch Rechtsverordnung ohne Zustimmung des Bundesrates auf die Bundesanstalt übertragen.

(10) Die Absätze 1 bis 3 gelten nicht für Immobiliar-Verbraucherdarlehensverträge, die an die Vorbedingung geknüpft sind, dass dem Verbraucher eine *Wertpapierdienstleistung in Bezug* auf gedeckte Schuldverschreibungen, die zur Besicherung der Finanzierung des Kredits begeben worden sind und denen dieselben Konditionen wie dem Immobiliar-Verbraucherdarlehensvertrag zugrunde liegen, erbracht wird, und wenn damit das Darlehen ausgezahlt, refinanziert oder abgelöst werden kann.

[1)] Siehe die WpHG-MitarbeiteranzeigeVO v. 21.12.2011 (BGBl. I S. 3116), zuletzt geänd. durch VO v. 24.11.2017 (BGBl. I S. 3810).

§ 88[1] Überwachung der Meldepflichten und Verhaltensregeln.

(1) Die Bundesanstalt kann zur Überwachung der Einhaltung

1. der Meldepflichten nach Artikel 26 der Verordnung (EU) Nr. 600/2014, auch in Verbindung mit gemäß den diesen Artikeln erlassenen technischen Regulierungsstandards,
2. der Verpflichtung zu Positionsmeldungen nach § 57 Absatz 1 bis 4,
3. der Anzeigepflichten nach § 23,
4. der in diesem Abschnitt geregelten Pflichten, auch in Verbindung mit technischen Regulierungsstandards, die gemäß Artikel 17 Absatz 7, Artikel 27 Absatz 10 und Artikel 32 Absatz 2 der Richtlinie 2014/65/EU erlassen wurden, sowie
5. der Pflichten aus
   a) den Artikeln 4, 16 und 20 der Verordnung (EU) Nr. 596/2014[2], auch in Verbindung mit gemäß diesen Artikeln erlassenen technischen Regulierungsstandards,
   b) den Artikeln 3 bis 15, 17, 18, 20 bis 23, 25, 27 und 31 der Verordnung (EU) Nr. 600/2014, auch in Verbindung mit gemäß diesen Artikeln erlassenen technischen Regulierungsstandards,
   c) der Delegierten Verordnung (EU) 2017/565,
   d) der Delegierten Verordnung (EU) 2017/567,
   e) § 29 Absatz 2 in Verbindung mit Artikel 4 Absatz 1 Unterabsatz 1 sowie Artikel 5a Absatz 1 der Verordnung (EG) Nr. 1060/2009,
   f) den Artikeln 3 bis 13 der Verordnung (EU) 2019/2088,
   g) den Artikeln 5 bis 7 der Verordnung (EU) 2020/852

in der jeweils geltenden Fassung, auch ohne besonderen Anlass Prüfungen vornehmen bei den Wertpapierdienstleistungsunternehmen, den mit diesen verbundenen Unternehmen, den Zweigniederlassungen im Sinne des § 53b des Kreditwesengesetzes, den Unternehmen, mit denen eine Auslagerungsvereinbarung im Sinne des § 25b des Kreditwesengesetzes besteht oder bestand, und sonstigen zur Durchführung eingeschalteten dritten Personen oder Unternehmen.

(2) Die Bundesanstalt kann zur Überwachung der Einhaltung der in diesem Abschnitt geregelten Pflichten Auskünfte und die Vorlage von Unterlagen auch von Unternehmen mit Sitz in einem Drittstaat verlangen, die Wertpapierdienstleistungen gegenüber Kunden erbringen, die ihren gewöhnlichen Aufenthalt oder ihre Geschäftsleitung im Inland haben, sofern nicht die Wertpapierdienstleistung einschließlich der damit im Zusammenhang stehenden Wertpapiernebendienstleistungen ausschließlich in einem Drittstaat erbracht wird.

---

[1] Früherer § 35 neu gef. mWv 30.10.2004 durch G v. 28.10.2004 (BGBl. I S. 2630); Abs. 1, 2 und 4 Satz 1 geänd. mWv 1.11.2007 durch G v. 16.7.2007 (BGBl. I S. 1330); Abs. 4 Satz 3 geänd. mWv 1.4.2012 durch G v. 22.12.2011 (BGBl. I S. 3044); Abs. 1 geänd. mWv 1.1.2014 durch G v. 28.8.2013 (BGBl. I S. 3395); bish. § 35 wird § 88 und Abs. 1 und Abs. 4 Satz 1 neu gef. mWv 3.1. 2018 durch G v. 23.6.2017 (BGBl. I S. 1693); Abs. 2a eingef., Abs. 3 geänd. mWv 1.7.2021 durch G v. 3.6.2021 (BGBl. I S. 1534); Abs. 1 Nr. 5 Buchst. e geänd., Buchst. f und g angef. mWv 2.8.2021 durch G v. 3.6.2021 (BGBl. I S. 1498).

[2] Nr. **60**.

(2a) Die Bundesanstalt kann auch Anordnungen, die geeignet und erforderlich sind, um im Einzelfall die Ordnungsmäßigkeit der Tätigkeit nach diesem Gesetz, insbesondere die Einhaltung der Pflichten nach diesem Gesetz, zu gewährleisten unmittelbar treffen gegenüber

1. Unternehmen, mit denen eine Auslagerungsvereinbarung im Sinne des § 25b des Kreditwesengesetzes besteht oder bestanden hat, und
2. sonstigen zur Durchführung eingeschalteten dritten Personen oder Unternehmen.

(3) Widerspruch und Anfechtungsklage gegen Maßnahmen nach den Absätzen 1 bis 2a haben keine aufschiebende Wirkung.

(4) [1]Die Bundesanstalt kann Richtlinien aufstellen, nach denen sie nach Maßgabe der Richtlinie 2014/65/EU und der Delegierten Richtlinie (EU) 2017/593 für den Regelfall beurteilt, ob die Anforderungen dieses Abschnitts erfüllt sind. [2]Die Deutsche Bundesbank sowie die Spitzenverbände der betroffenen Wirtschaftskreise sind vor dem Erlass der Richtlinien anzuhören. [3]Die Richtlinien sind im Bundesanzeiger zu veröffentlichen.

§ 89[1)] Prüfung der Meldepflichten und Verhaltensregeln; Verordnungsermächtigung. (1) [1]Unbeschadet des § 88 ist einmal jährlich durch einen geeigneten Prüfer zu prüfen, ob die folgenden Pflichten eingehalten werden:

1. die Meldepflichten nach Artikel 26 der Verordnung (EU) Nr. 600/2014, auch in Verbindung mit den gemäß diesen Artikeln erlassenen technischen Regulierungsstandards,
2. die Verpflichtung zu Positionsmeldungen nach § 57 Absatz 1 bis 4,
3. die Anzeigepflichten nach § 23,
4. die in diesem Abschnitt geregelten Pflichten, auch in Verbindung mit technischen Regulierungsstandards, die gemäß Artikel 17 Absatz 7, Artikel 27 Absatz 10 und Artikel 32 Absatz 2 der Richtlinie 2014/65/EU erlassen wurden, sowie
5. die Pflichten aus
   a) den Artikeln 4, 16 und 20 der Verordnung (EU) Nr. 596/2014[2)], auch in Verbindung mit den gemäß diesen Artikeln erlassenen technischen Regulierungsstandards,

---

[1)] Früherer § 36 neu gef. mWv 30.10.2004 durch G v. 28.10.2004 (BGBl. I S. 2630); Abs. 1 Satz 2 eingef., bish. Sätze 2–7 werden Sätze 3–8 und Satz 3 neu gef. mWv 1.1.2007 durch G v. 17.11.2006 (BGBl. I S. 2606); Abs. 1 Sätze 1 und 3 geänd. mWv 1.11.2007 durch G v. 16.7.2007 (BGBl. I S. 1330); Abs. 4 Satz 1 geänd. mWv 8.4.2011 durch G v. 5.4.2011 (BGBl. I S. 538); Abs. 1 Satz 1 und Abs. 5 Satz 1 geänd., Abs. 3 Satz 3 neu gef. mWv 16.11.2012 durch G v. 6.11.2012 (BGBl. I S. 2286); *Abs. 1 Satz 2 geänd. mWv 22.7.2013 durch G* v. 4.7.2013 (BGBl. I S. 198[illegible]); Abs. 1 Satz 1 geänd. mWv 19.12.2014 durch G v. 10.12.2014 (BGBl. I S. 2085); Abs. 1 Satz 1 neu gef. mWv 2.7.2016 durch G v. 30.6.2016 (BGBl. I S. 1514); Abs. 1 Satz 1 geänd. mWv 25.6.2017 durch G v. 23.6.2017 (BGBl. I S. 1693), bish. § 36 wird § 89 und Überschrift geänd., Abs. 1 Satz 1 neu gef., Sätze 2 und 3 geänd., Sätze 7 und 8 aufgeh., Abs. 2 eingef., bish. Abs. 2–4 werden Abs. 3–5 bereits mWv 25.6.2017, bish. Abs. 5 wird Abs. 6 und neu gef. mWv 3.1.2018 durch G v. 23.6.2017 (BGBl. I S. 1693); Abs. 1 Satz 2 geänd. mWv 1.1.2020 durch G v. 12.12.2019 (BGBl. I S. 2637); Abs. 1 Satz 2 geänd. mWv 26.6.2021 durch G v. 12.5.2021 (BGBl. I S. 990); Abs. 1 Nr. 5 Buchst. e geänd., Buchst. f und g angef., Satz 3 geänd. mWv 2.8.2021 durch G v. 3.6.2021 (BGBl. I S. 1498).

[2)] Nr. **60**.

b) den Artikeln 3 bis 15, 17, 18, 20 bis 23, 25, 27 und 31 der Verordnung (EU) Nr. 600/2014, auch in Verbindung mit den gemäß diesen Artikeln erlassenen technischen Regulierungsstandards,

c) der Delegierten Verordnung (EU) 2017/565,

d) der Delegierten Verordnung (EU) 2017/567,

e) § 29 Absatz 2 in Verbindung mit Artikel 4 Absatz 1 Unterabsatz 1 sowie Artikel 5a Absatz 1 der Verordnung (EG) Nr. 1060/2009,

f) den Artikeln 3 bis 13 der Verordnung (EU) 2019/2088,

g) den Artikeln 5 bis 7 der Verordnung (EU) 2020/852

in der jeweils geltenden Fassung. ²Bei Kreditinstituten, die das Depotgeschäft im Sinne von § 1 Absatz 1 Satz 2 Nummer 5 des Kreditwesengesetzes betreiben, bei Wertpapierinstituten, die das eingeschränkte Verwahrgeschäft im Sinne des § 2 Absatz 4 Nummer 1 des Wertpapierinstitutsgesetzes betreiben, und bei Finanzdienstleistungsinstituten, die das eingeschränkte Verwahrgeschäft im Sinne des § 1 Absatz 1a Satz 2 Nummer 12 des Kreditwesengesetzes erbringen, hat der Prüfer auch diese Geschäfte besonders zu prüfen; diese Prüfung hat sich auch auf die Einhaltung des § 67a Absatz 3 und des § 67b, jeweils auch in Verbindung mit § 125 Absatz 1, 2 und 5 des Aktiengesetzes[1] über Mitteilungspflichten und des § 135 des Aktiengesetzes über die Ausübung des Stimmrechts zu erstrecken. ³Die Bundesanstalt kann auf Antrag von der jährlichen Prüfung, mit Ausnahme der Prüfung der Einhaltung der Anforderungen nach § 84, auch in Verbindung mit einer Rechtsverordnung nach § 84 Absatz 10, ganz oder teilweise absehen, soweit dies aus besonderen Gründen, insbesondere wegen der Art und des Umfangs der betriebenen Geschäfte angezeigt ist. ⁴Das Wertpapierdienstleistungsunternehmen hat den Prüfer jeweils spätestens zum Ablauf des Geschäftsjahres zu bestellen, auf das sich die Prüfung erstreckt. ⁵Bei Kreditinstituten, die einem genossenschaftlichen Prüfungsverband angehören oder durch die Prüfungsstelle eines Sparkassen- und Giroverbandes geprüft werden, wird die Prüfung durch den zuständigen Prüfungsverband oder die zuständige Prüfungsstelle, soweit hinsichtlich letzterer das Landesrecht dies vorsieht, vorgenommen. ⁶Geeignete Prüfer sind darüber hinaus Wirtschaftsprüfer, vereidigte Buchprüfer sowie Wirtschaftsprüfungs- und Buchprüfungsgesellschaften, die hinsichtlich des Prüfungsgegenstandes über ausreichende Kenntnisse verfügen.

(2) ¹Der Prüfer oder die Prüfungsverbände oder Prüfungsstellen, soweit Prüfungen nach Absatz 1 Satz 5 von genossenschaftlichen Prüfungsverbänden oder Prüfungsstellen von Sparkassen- und Giroverbänden durchgeführt werden, haben über die Prüfung nach Absatz 1 einen Prüfungsbericht zu erstellen und auf Anforderung der Bundesanstalt oder der Deutschen Bundesbank der Bundesanstalt und der Deutschen Bundesbank einzureichen. ²Die wesentlichen Prüfungsergebnisse sind in einem Fragebogen zusammenzufassen, der dem Prüfungsbericht beizufügen ist. ³Der Fragebogen ist auch dann bei der Bundesanstalt und der zuständigen Hauptverwaltung der Deutschen Bundesbank einzureichen, wenn ein Prüfungsbericht nach Satz 1 nicht angefordert wird. ⁴Der Prüfer hat den Fragebogen unverzüglich nach Beendigung der Prüfung einzureichen.

(3) ¹Das Wertpapierdienstleistungsunternehmen hat vor Erteilung des Prüfungsauftrags der Bundesanstalt den Prüfer anzuzeigen. ²Die Bundesanstalt

[1] **Schönfelder Nr. 51.**

kann innerhalb eines Monats nach Zugang der Anzeige die Bestellung eines anderen Prüfers verlangen, wenn dies zur Erreichung des Prüfungszweckes geboten ist; Widerspruch und Anfechtungsklage hiergegen haben keine aufschiebende Wirkung. [3] Die Sätze 1 und 2 gelten nicht für Kreditinstitute, die einem genossenschaftlichen Prüfungsverband angehören oder durch die Prüfungsstelle eines Sparkassen- und Giroverbandes geprüft werden.

(4) [1] Die Bundesanstalt kann gegenüber dem Wertpapierdienstleistungsunternehmen Bestimmungen über den Inhalt der Prüfung treffen, die vom Prüfer zu berücksichtigen sind. [2] Sie kann insbesondere Schwerpunkte für die Prüfungen festlegen. [3] Bei schwerwiegenden Verstößen gegen die Pflichten, deren Einhaltung nach Absatz 1 Satz 1 zu prüfen ist, hat der Prüfer die Bundesanstalt unverzüglich zu unterrichten. [4] Die Bundesanstalt kann an den Prüfungen teilnehmen. [5] Hierfür ist der Bundesanstalt der Beginn der Prüfung rechtzeitig mitzuteilen.

(5) [1] Die Bundesanstalt kann die Prüfung nach Absatz 1 auch ohne besonderen Anlass anstelle des Prüfers selbst oder durch Beauftragte durchführen. [2] Das Wertpapierdienstleistungsunternehmen ist hierüber rechtzeitig zu informieren.

(6) [1] Das Bundesministerium der Finanzen kann durch Rechtsverordnung, die nicht der Zustimmung des Bundesrates bedarf, nähere Bestimmungen über Aufbau, Inhalt und Art und Weise der Einreichung der Prüfungsberichte nach Absatz 2 sowie nähere Bestimmungen über Art, Umfang und Zeitpunkt der Prüfung nach den Absätzen 1 und 2 erlassen, soweit dies zur Erfüllung der Aufgaben der Bundesanstalt erforderlich ist, insbesondere, um Missständen im Handel mit Finanzinstrumenten entgegenzuwirken, um auf die Einhaltung der der Prüfung nach Absatz 1 Satz 1 unterliegenden Pflichten hinzuwirken und um zu diesem Zweck einheitliche Unterlagen zu erhalten. [2] Das Bundesministerium der Finanzen kann die Ermächtigung durch Rechtsverordnung auf die Bundesanstalt übertragen.

§ 90[1)] Unternehmen, organisierte Märkte und multilaterale Handelssysteme mit Sitz in einem anderen Mitgliedstaat der Europäischen Union oder in einem anderen Vertragsstaat des Abkommens über den Europäischen Wirtschaftsraum. (1) [1] Die in diesem Abschnitt und den Artikeln 14 bis 26 der Verordnung (EU) Nr. 600/2014 geregelten Rechte und Pflichten sind mit Ausnahme von § 63 Absatz 2, den §§ 72 bis 78, 80 Absatz 1 bis 6 und 9 bis 13, den §§ 81, 84 bis § 87 Absatz 1 Satz 2 bis 4 und Absatz 3 bis 8 entsprechend anzuwenden auf Zweigniederlassungen und vertraglich gebundene Vermittler mit Sitz oder gewöhnlichem Aufenthalt im Inland im Sinne des § 53b des Kreditwesengesetzes, die Wertpapierdienstleistungen erbringen. [2] Ein Unternehmen mit Sitz in einem anderen Mitgliedstaat der Europäischen Union oder in einem anderen Vertragsstaat des Abkommens über den Europäischen Wirtschaftsraum, das Wertpapierdienstleistungen allein oder zusammen mit Wertpapiernebendienstleistungen erbringt und das beabsichtigt, im Inland eine Zweigniederlassung im Sinne des § 53b des Kreditwesengesetzes

---

[1)] Früherer § 36a neu gef. mWv 1.11.2007 durch G v. 16.7.2007 (BGBl. I S. 1330); Abs. 1 Satz 1 geänd. mWv 8.4.2011 durch G v. 5.4.2011 (BGBl. I S. 538); Abs. 2 Satz 6, Abs. 3 Satz 3 geänd., Abs. 7 angef. mWv 1.1.2012 durch G v. 4.12.2011 (BGBl. I S. 2427); Abs. 1 Satz 1 geänd. mWv 1.8.2014 durch G v. 15.7.2013 (BGBl. I S. 2390); Abs. 1 Satz 1 geänd. mWv 2.7.2016 durch G v. 30.6.2016 (BGBl. I S. 1514); bish. § 36a wird § 90 und Abs. 1 Satz 1 neu gef., Satz 2 geänd., Abs. 3 Satz 1 geänd., Abs. 5 neu gef. mWv 3.1.2018 durch G v. 23.6.2017 (BGBl. I S. 1693).

zu errichten, ist von der Bundesanstalt innerhalb der in § 53b Absatz 2 Satz 1 des Kreditwesengesetzes bestimmten Frist auf die Meldepflichten nach § 22 und die nach Satz 1 für die Zweigniederlassung geltenden Rechte und Pflichten hinzuweisen.

(2) [1] Die Bundesanstalt kann von der Zweigniederlassung Änderungen der getroffenen Vorkehrungen zur Einhaltung der für sie geltenden Pflichten verlangen, soweit die Änderungen notwendig und verhältnismäßig sind, um der Bundesanstalt die Prüfung der Einhaltung der Pflichten zu ermöglichen. [2] Stellt die Bundesanstalt fest, dass das Unternehmen die nach Absatz 1 Satz 1 für seine Zweigniederlassung geltenden Pflichten nicht beachtet, fordert es das Unternehmen auf, seine Verpflichtungen innerhalb einer von der Bundesanstalt zu bestimmenden Frist zu erfüllen. [3] Kommt das Unternehmen der Aufforderung nicht nach, trifft die Bundesanstalt alle geeigneten Maßnahmen, um die Erfüllung der Verpflichtungen sicherzustellen und unterrichtet die zuständigen Behörden des Herkunftsmitgliedstaates über die Art der getroffenen Maßnahmen. [4] Falls das betroffene Unternehmen den Mangel nicht behebt, kann die Bundesanstalt nach Unterrichtung der zuständigen Behörde des Herkunftsmitgliedstaates alle Maßnahmen ergreifen, um weitere Verstöße zu verhindern oder zu ahnden. [5] Soweit erforderlich, kann die Bundesanstalt dem betroffenen Unternehmen die Durchführung neuer Geschäfte im Inland untersagen. [6] Die Bundesanstalt unterrichtet die Europäische Kommission und die Europäische Wertpapier- und Marktaufsichtsbehörde unverzüglich von Maßnahmen nach den Sätzen 4 und 5.

(3) [1] Stellt die Bundesanstalt fest, dass ein Unternehmen im Sinne des Absatzes 1 Satz 2, das im Inland eine Zweigniederlassung errichtet hat, gegen andere als die in Absatz 1 Satz 1 genannten Bestimmungen dieses Gesetzes oder entsprechende ausländische Vorschriften verstößt, so teilt sie dies der zuständigen Stelle des Herkunftsmitgliedstaates nach Maßgabe des § 18 Absatz 8 Satz 1 mit. [2] Sind die daraufhin getroffenen Maßnahmen der zuständigen Behörde des Herkunftsmitgliedstaates unzureichend oder verstößt das Unternehmen aus anderen Gründen weiter gegen die sonstigen Bestimmungen dieses Abschnitts und sind dadurch Anlegerinteressen oder die ordnungsgemäße Funktion des Marktes gefährdet, ergreift die Bundesanstalt nach vorheriger Unterrichtung der zuständigen Behörde des Herkunftsmitgliedstaates alle erforderlichen Maßnahmen, um den Anlegerschutz und die ordnungsgemäße Funktion der Märkte zu gewährleisten. [3] Absatz 2 Satz 4 bis 6 gilt entsprechend.

(4) Absatz 3 gilt entsprechend für ein Unternehmen mit Sitz in einem anderen Mitgliedstaat der Europäischen Union oder in einem anderen Vertragsstaat des Abkommens über den Europäischen Wirtschaftsraum, das Wertpapierdienstleistungen oder Wertpapiernebendienstleistungen im Wege des grenzüberschreitenden Dienstleistungsverkehrs gegenüber Kunden erbringt, die ihren gewöhnlichen Aufenthalt oder ihre Geschäftsleitung im Inland haben, wenn das Unternehmen gegen Bestimmungen dieses Abschnitts oder entsprechende ausländische Vorschriften verstößt.

(5) Absatz 3 gilt für Betreiber organisierter Märkte, multilateraler Handelssysteme und organisierter Handelssysteme entsprechend mit der Maßgabe, dass für Maßnahmen der Bundesanstalt gegenüber einem solchen Betreiber Verstöße gegen Bestimmungen dieses Abschnitts, des Börsengesetzes oder gegen entsprechende ausländische Vorschriften vorliegen müssen und dass zu den Maßnahmen nach Absatz 3 Satz 2 insbesondere auch gehören kann, dem

Betreiber des organisierten Marktes, des multilateralen Handelssystems oder des organisierten Handelssystems zu untersagen, sein System Mitgliedern im Inland zugänglich zu machen.

(6) Die Bundesanstalt unterrichtet die betroffenen Unternehmen oder Märkte von den jeweils nach den Absätzen 2 bis 5 getroffenen Maßnahmen unter Nennung der Gründe.

(7) Die Bundesanstalt kann in den Fällen des Absatzes 2 Satz 2, des Absatzes 3 Satz 1 und des Absatzes 5 die Europäische Wertpapier- und Marktaufsichtsbehörde nach Maßgabe des Artikels 19 der Verordnung (EU) Nr. 1095/2010 um Hilfe ersuchen.

§ 91[1] **Unternehmen mit Sitz in einem Drittstaat.** [1] Vorbehaltlich der Regelungen in Titel VIII der Verordnung (EU) Nr. 600/2014 kann die Bundesanstalt im Einzelfall bestimmen, dass auf ein Unternehmen mit Sitz in einem Drittstaat, das im Inland im Wege des grenzüberschreitenden Dienstleistungsverkehrs gewerbsmäßig oder in einem Umfang, der einen in kaufmännischer Weise eingerichteten Geschäftsbetrieb erfordert, Wertpapierdienstleistungen erbringen will, § 63 Absatz 2, die §§ 72 bis 78, 80 Absatz 1 bis 6 sowie 9 bis 13, die §§ 81, 84 bis 87 Absatz 1 Satz 2 bis 4 und Absatz 3 bis 8 dieses Gesetzes nicht anzuwenden sind, solange das Unternehmen im Hinblick auf seine im Inland betriebenen Wertpapierdienstleistungen wegen seiner Aufsicht durch die zuständige Herkunftsstaatsbehörde insoweit nicht zusätzlich der Aufsicht durch die Bundesanstalt bedarf. [2] Die Befreiung kann mit Auflagen verbunden werden, insbesondere mit der Auflage, dass das Unternehmen eine Überwachung und Prüfung der Einhaltung der Vorschriften ermöglicht, die den §§ 6 bis 15, 88 und 89 gleichwertig ist.

§ 92[2] **Werbung der Wertpapierdienstleistungsunternehmen.** (1) [1] Um Mißständen bei der Werbung für Wertpapierdienstleistungen und Wertpapiernebendienstleistungen zu begegnen, kann die Bundesanstalt den Wertpapierdienstleistungsunternehmen bestimmte Arten der Werbung untersagen. [2] Ein Missstand liegt insbesondere vor, wenn das Wertpapierdienstleistungsunternehmen

1. nicht oder nicht ausreichend auf die mit der von ihm erbrachten Wertpapierdienstleistung verbundenen Risiken hinweist,
2. mit der Sicherheit einer Anlage wirbt, obwohl die Rückzahlung der Anlage nicht oder nicht vollständig gesichert ist,
3. die Werbung mit Angaben insbesondere zu Kosten und Ertrag sowie zur Abhängigkeit vom Verhalten Dritter versieht, durch die in irreführender Weise der Anschein eines besonders günstigen Angebots entsteht,
4. die Werbung mit irreführenden Angaben über die Befugnisse der Bundesanstalt nach diesem Gesetz oder über die Befugnisse der für die Aufsicht zuständigen Stellen in anderen Mitgliedstaaten des Europäischen Wirtschaftsraums oder Drittstaaten versieht.

---

[1] § 91 eingef. mWv 3.1.2018 durch G v. 23.6.2017 (BGBl. I S. 1693).

[2] Früherer § 36b Abs. 1 geänd. mWv 1.5.2002 durch G v. 22.4.2002 (BGBl. I S. 1310); Abs. 1 Satz 2 angef. mWv 10.7.2015 durch G v. 3.7.2015 (BGBl. I S. 1114); bish. § 36b wird § 92 mWv 3.1.2018 durch G v. 23.6.2017 (BGBl. I S. 1693).

(2) Vor allgemeinen Maßnahmen nach Absatz 1 sind die Spitzenverbände der betroffenen Wirtschaftskreise und des Verbraucherschutzes anzuhören.

§ 93[1)] Register Unabhängiger Honorar-Anlageberater; Verordnungsermächtigung. (1) Die Bundesanstalt führt auf ihrer Internetseite ein öffentliches Register Unabhängiger Honorar-Anlageberater über alle Wertpapierdienstleistungsunternehmen, die die Unabhängige Anlageberatung erbringen wollen.

(2) [1] Die Bundesanstalt hat ein Wertpapierdienstleistungsunternehmen auf Antrag in das Register Unabhängiger Honorar-Anlageberater einzutragen, wenn es

1. eine Erlaubnis nach § 32 des Kreditwesengesetzes besitzt oder Zweigniederlassung eines Unternehmens nach § 53b Absatz 1 Satz 1 und 2 oder Absatz 7 des Kreditwesengesetzes ist,
2. die Anlageberatung im Sinne des § 2 Absatz 8 Satz 1 Nummer 10 erbringen darf und
3. der Bundesanstalt durch Bescheinigung eines geeigneten Prüfers nachweist, dass es in der Lage ist, die Anforderungen nach § 80 Absatz 7 zu erfüllen.

[2] Die Prüfung nach Absatz 2 Nummer 3 wird bei Kreditinstituten, die einem genossenschaftlichen Prüfungsverband angehören oder durch die Prüfungsstelle eines Sparkassen- und Giroverbandes geprüft werden, durch den zuständigen Prüfungsverband oder die zuständige Prüfungsstelle, soweit hinsichtlich Letzterer das Landesrecht dies vorsieht, vorgenommen. [3] Geeignete Prüfer sind darüber hinaus Wirtschaftsprüfer, vereidigte Buchprüfer sowie Wirtschaftsprüfungs- und Buchprüfungsgesellschaften, die hinsichtlich des Prüfungsgegenstandes über ausreichende Kenntnisse verfügen.

(3) Die Bundesanstalt hat die Eintragung im Register Unabhängiger Honorar-Anlageberater zu löschen, wenn

1. das Wertpapierdienstleistungsunternehmen gegenüber der Bundesanstalt auf die Eintragung verzichtet oder
2. die Erlaubnis eines Wertpapierdienstleistungsunternehmens nach § 32 des Kreditwesengesetzes insgesamt oder die Erlaubnis zum Erbringen der Anlageberatung erlischt oder aufgehoben wird.

(4) Ein Wertpapierdienstleistungsunternehmen, das die Unabhängige Honorar-Anlageberatung nicht mehr erbringen will, muss dies der Bundesanstalt anzeigen.

(5) Das Bundesministerium der Finanzen wird ermächtigt, durch Rechtsverordnung, die nicht der Zustimmung des Bundesrates bedarf, nähere Bestimmungen zu erlassen

1. zum Inhalt des Registers Unabhängiger Honorar-Anlageberater,
2. zu den Mitwirkungspflichten der Institute bei der Führung des Registers Unabhängiger Honorar-Anlageberater und

---

[1)] Früherer § 36c neu eingef. mWv 1.8.2014 durch G v. 15.7.2013 (BGBl. I S. 2390), wobei Abs. 6 und 7 bereits am 19.7.2013 in Kraft getreten sind; bish. § 36c wird § 93 und Überschrift und Abs. 1 neu gef., Abs. 2 Satz 1 einl. Satzteil, Nr. 2 und 3, Abs. 3 einl. Satzteil geänd., Abs. 4 aufgeh., bish. Abs. 5–7 werden Abs. 4–6 und neuer Abs. 4 und Abs. 5 Nr. 1 und 2 geänd. mWv 3.1.2018 durch G v. 23.6.2017 (BGBl. I S. 1693); Abs. 2 Satz 1 Nr. 2 geänd. mWv 14.7.2018 durch G v. 10.7.2018 (BGBl. I S. 1102).

3. zum Nachweis nach Absatz 2 Satz 1 Nummer 3.

(6) Das Bundesministerium der Finanzen kann die Ermächtigung durch Rechtsverordnung auf die Bundesanstalt übertragen.

§ 94[1)] Bezeichnungen zur Unabhängigen Honorar-Anlageberatung.

(1) Die Bezeichnungen „Unabhängiger Honorar-Anlageberater", „Unabhängige Honorar-Anlageberaterin", „Unabhängige Honorar-Anlageberatung" oder „Unabhängiger Honoraranlageberater", „Unabhängige Honoraranlageberaterin", „Unabhängige Honoraranlageberatung" auch in abweichender Schreibweise oder eine Bezeichnung, in der diese Wörter enthalten sind, dürfen, soweit durch Gesetz nichts anderes bestimmt ist, in der Firma, als Zusatz zur Firma, zur Bezeichnung des Geschäftszwecks oder zu Werbezwecken nur Wertpapierdienstleistungsunternehmen führen, die im Register Unabhängiger Anlageberater nach § 93 eingetragen sind.

(2) [1] Absatz 1 gilt nicht für Unternehmen, die die dort genannten Bezeichnungen in einem Zusammenhang führen, der den Anschein ausschließt, dass sie Wertpapierdienstleistungen erbringen. [2] Wertpapierdienstleistungsunternehmen mit Sitz im Ausland dürfen bei ihrer Tätigkeit im Inland die in Absatz 1 genannten Bezeichnungen in der Firma, als Zusatz zur Firma, zur Bezeichnung des Geschäftszwecks oder zu Werbezwecken führen, wenn sie zur Führung dieser Bezeichnung in ihrem Sitzstaat berechtigt sind und sie die Bezeichnung um einen auf ihren Sitzstaat hinweisenden Zusatz ergänzen.

(3) [1] Die Bundesanstalt entscheidet in Zweifelsfällen, ob ein Wertpapierdienstleistungsunternehmen zur Führung der in Absatz 1 genannten Bezeichnungen befugt ist. [2] Sie hat ihre Entscheidungen dem Registergericht mitzuteilen.

(4) Die Vorschrift des § 43 des Kreditwesengesetzes ist entsprechend anzuwenden mit der Maßgabe, dass an die Stelle der Erlaubnis nach § 32 des Kreditwesengesetzes die Eintragung in das Register Unabhängiger Honorar-Anlageberater nach § 93 tritt.

§ 95[2)] Ausnahmen. [1] § 63 Absatz 1 und 3 bis 7 und 9, § 56 Absatz 1 sowie der §§ 69, 70 und 82 gelten nicht für Geschäfte, die an organisierten Märkten oder in multilateralen Handelssystemen zwischen Wertpapierdienstleistungsunternehmen oder zwischen diesen und sonstigen Mitgliedern oder Teilnehmern dieser Märkte oder Systeme geschlossen werden. [2] Wird ein Geschäft im Sinne des Satzes 1 in Ausführung eines Kundenauftrags abgeschlossen, muss das Wertpapierdienstleistungsunternehmen jedoch den Verpflichtungen des § 63 Absatz 1 und 3 bis 7 und 9, § 56 Absatz 1 sowie der §§ 69, 70 und 82 gegenüber dem Kunden nachkommen.

§ 96[3)] Strukturierte Einlagen. Die §§ 63 und 64, mit Ausnahme von § 64 *Absatz 2, § 67 Absatz 4, die §§ 68 bis 71, 80* Absatz 1 Satz 2 Nummer 2 und 3 und Absatz 7 bis 13, § 81 Absatz 1 bis 4, § 83 Absatz 1 und 2, § 87 Absatz 1

[1)] Früherer § 36d eingef. mWv 1.8.2014 durch G v. 15.7.2013 (BGBl. I S. 2390); bish. § 36d wird § 94 und Überschrift geänd., Abs. 1 neu gef. und Abs. 4 geänd. mWv 3.1.2018 durch G v. 23.6.2017 (BGBl. I S. 1693).

[2)] Früherer § 37 neu gef. mWv 1.11.2007 durch G v. 16.7.2007 (BGBl. I S. 1330); bish. § 37 wird § 95 und Sätze 1 und 2 geänd. mWv 3.1.2018 durch G v. 23.6.2017 (BGBl. I S. 1693).

[3)] § 96 eingef. mWv 3.1.2018 durch G v. 23.6.2017 (BGBl. I S. 1693).

Satz 1, Absatz 2, 3, 4 Satz 1 und Absatz 6 sind auf Wertpapierdienstleistungsunternehmen und Kreditinstitute entsprechend anzuwenden, wenn sie strukturierte Einlagen verkaufen oder über diese beraten.

Abschnitt 12.[1)] Haftung für falsche und unterlassene Kapitalmarktinformationen

§ 97[2)] Schadenersatz wegen unterlassener unverzüglicher Veröffentlichung von Insiderinformationen. (1) Unterlässt es ein Emittent, der für seine Finanzinstrumente die Zulassung zum Handel an einem inländischen Handelsplatz genehmigt oder an einem inländischen regulierten Markt oder multilateralen Handelssystem beantragt hat, unverzüglich eine Insiderinformation, die ihn unmittelbar betrifft, nach Artikel 17 der Verordnung (EU) Nr. 596/2014[3)] zu veröffentlichen, ist er einem Dritten zum Ersatz des durch die Unterlassung entstandenen Schadens verpflichtet, wenn der Dritte

1. die Finanzinstrumente nach der Unterlassung erwirbt und er bei Bekanntwerden der Insiderinformation noch Inhaber der Finanzinstrumente ist oder
2. die Finanzinstrumente vor dem Entstehen der Insiderinformation erwirbt und nach der Unterlassung veräußert.

(2) Nach Absatz 1 kann nicht in Anspruch genommen werden, wer nachweist, dass die Unterlassung nicht auf Vorsatz oder grober Fahrlässigkeit beruht.

(3) Der Anspruch nach Absatz 1 besteht nicht, wenn der Dritte die Insiderinformation im Falle des Absatzes 1 Nr. 1 bei dem Erwerb oder im Falle des Absatzes 1 Nr. 2 bei der Veräußerung kannte.

(4) Weitergehende Ansprüche, die nach Vorschriften des bürgerlichen Rechts auf Grund von Verträgen oder vorsätzlichen unerlaubten Handlungen erhoben werden können, bleiben unberührt.

(5) Eine Vereinbarung, durch die Ansprüche des Emittenten gegen Vorstandsmitglieder wegen der Inanspruchnahme des Emittenten nach Absatz 1 im Voraus ermäßigt oder erlassen werden, ist unwirksam.

§ 98[4)] Schadenersatz wegen Veröffentlichung unwahrer Insiderinformationen. (1) Veröffentlicht ein Emittent, der für seine Finanzinstrumente die Zulassung zum Handel an einem inländischen Handelsplatz genehmigt oder an einem inländischen regulierten Markt oder multilateralen Handelssystem beantragt hat, in einer Mitteilung nach Artikel 17 der Verordnung (EU) Nr. 596/2014[3)] eine unwahre Insiderinformation, die ihn unmittelbar betrifft, ist er einem Dritten zum Ersatz des Schadens verpflichtet, der dadurch entsteht, dass der Dritte auf die Richtigkeit der Insiderinformation vertraut, wenn der Dritte

---

[1)] Früherer Abschnitt 7 (§§ 37b, 37c) neu gef. mWv 30.10.2004 durch G v. 28.10.2004 (BGBl. I S. 2630); bish. Abschnitt 7 wird Abschnitt 12 (§§ 97, 98) mWv 3.1.2018 durch G v. 23.6.2017 (BGBl. I S. 1693).

[2)] § 37b neu gef. mWv 30.10.2004 durch G v. 28.10.2004 (BGBl. I S. 2630); Abs. 4 aufgeh., bish. Abs. 5 und 6 werden Abs. 4 und 5 mWv 10.7.2015 durch G v. 3.7.2015 (BGBl. I S. 1114); bish. § 37b wird § 97 und Abs. 1 neu gef. mWv 3.1.2018 durch G v. 23.6.2017 (BGBl. I S. 1693).

[3)] Nr. **60**.

[4)] Früherer § 37c neu gef. mWv 30.10.2004 durch G v. 28.10.2004 (BGBl. I S. 2630); Abs. 4 aufgeh., bish. Abs. 5 und 6 werden Abs. 4 und 5 mWv 10.7.2015 durch G v. 3.7.2015 (BGBl. I S. 1114); Abs. 1 einl. Satzteil geänd. mWv 2.7.2016 durch G v. 30.6.2016 (BGBl. I S. 1514); bish. § 37c wird § 98 und Abs. 1 neu gef. mWv 3.1.2018 durch G v. 23.6.2017 (BGBl. I S. 1693).

1. die Finanzinstrumente nach der Veröffentlichung erwirbt und er bei dem Bekanntwerden der Unrichtigkeit der Insiderinformation noch Inhaber der Finanzinstrumente ist oder
2. die Finanzinstrumente vor der Veröffentlichung erwirbt und vor dem Bekanntwerden der Unrichtigkeit der Insiderinformation veräußert.

(2) Nach Absatz 1 kann nicht in Anspruch genommen werden, wer nachweist, dass er die Unrichtigkeit der Insiderinformation nicht gekannt hat und die Unkenntnis nicht auf grober Fahrlässigkeit beruht.

(3) Der Anspruch nach Absatz 1 besteht nicht, wenn der Dritte die Unrichtigkeit der Insiderinformation im Falle des Absatzes 1 Nr. 1 bei dem Erwerb oder im Falle des Absatzes 1 Nr. 2 bei der Veräußerung kannte.

(4) Weitergehende Ansprüche, die nach Vorschriften des bürgerlichen Rechts auf Grund von Verträgen oder vorsätzlichen unerlaubten Handlungen erhoben werden können, bleiben unberührt.

(5) Eine Vereinbarung, durch die Ansprüche des Emittenten gegen Vorstandsmitglieder wegen der Inanspruchnahme des Emittenten nach Absatz 1 im Voraus ermäßigt oder erlassen werden, ist unwirksam.

Abschnitt 13.[1] Finanztermingeschäfte

§ 99[2] Ausschluss des Einwands nach § 762 des Bürgerlichen Gesetzbuchs[3]. [1] Gegen Ansprüche aus Finanztermingeschäften, bei denen mindestens ein Vertragsteil ein Unternehmen ist, das gewerbsmäßig oder in einem Umfang, der einen in kaufmännischer Weise eingerichteten Geschäftsbetrieb erfordert, Finanztermingeschäfte abschließt oder deren Abschluss vermittelt oder die Anschaffung, Veräußerung oder Vermittlung von Finanztermingeschäften betreibt, kann der Einwand des § 762 des Bürgerlichen Gesetzbuchs nicht erhoben werden. [2] Finanztermingeschäfte im Sinne des Satzes 1 und der §§ 100 und 101 sind die derivativen Geschäfte im Sinne des § 2 Absatz 3 und Optionsscheine.

§ 100[4] Verbotene Finanztermingeschäfte. (1) Unbeschadet der Befugnisse der Bundesanstalt nach § 15 kann das Bundesministerium der Finanzen durch Rechtsverordnung Finanztermingeschäfte verbieten oder beschränken, soweit dies zum Schutz der Anleger erforderlich ist.

(2) [1] Ein Finanztermingeschäft, das einer Rechtsverordnung nach Absatz 1 widerspricht (verbotenes Finanztermingeschäft), ist nichtig. [2] Satz 1 gilt entsprechend für

1. die Bestellung einer Sicherheit für ein verbotenes Finanztermingeschäft,
2. eine Vereinbarung, durch die der eine Teil zum Zwecke der Erfüllung einer Schuld aus einem verbotenen Finanztermingeschäft dem anderen Teil gegenüber eine Verbindlichkeit eingeht, insbesondere für ein Schuldanerkenntnis,

---

[1] Früherer Abschnitt 8 (§§ 37d–37g) eingef. mWv 1.7.2002 durch G v. 21.6.2002 (BGBl. I S. 2010); bish. Abschnitt 8 wird Abschnitt 13 (§§ 99, 100) mWv 3.1.2018 durch G v. 23.6.2017 (BGBl. I S. 1693).

[2] Früherer § 37e Satz 2 angef. mWv 1.11.2007 durch G v. 16.7.2007 (BGBl. I S. 1330); bish. § 37e wird § 99 und Satz 2 geänd. mWv 3.1.2018 durch G v. 23.6.2017 (BGBl. I S. 1693).

[3] **Habersack, Deutsche Gesetze Nr. 20.**

[4] Früherer § 37g Abs. 1 geänd. mWv 10.7.2015 durch G v. 3.7.2015 (BGBl. I S. 1114); bish. § 37g wird § 100 und Abs. 1 geänd. mWv 3.1.2018 durch G v. 23.6.2017 (BGBl. I S. 1693).

3. die Erteilung und Übernahme von Aufträgen zum Zwecke des Abschlusses von verbotenen Finanztermingeschäften,
4. Vereinigungen zum Zwecke des Abschlusses von verbotenen Finanztermingeschäften.

Abschnitt 14.[1] Schiedsvereinbarungen

§ 101[2] Schiedsvereinbarungen. Schiedsvereinbarungen über künftige Rechtsstreitigkeiten aus Wertpapierdienstleistungen, Wertpapiernebendienstleistungen oder Finanztermingeschäften sind nur verbindlich, wenn beide Vertragsteile Kaufleute oder juristische Personen des öffentlichen Rechts sind.

Abschnitt 15.[3] Märkte für Finanzinstrumente mit Sitz außerhalb der Europäischen Union

§ 102[4] Erlaubnis; Verordnungsermächtigung. (1) [1] Vorbehaltlich der Regelungen in Titel VIII der Verordnung (EU) Nr. 600/2014 sowie von Beschlüssen der Europäischen Kommission gemäß Artikel 25 Absatz 4 Unterabsatz 3 der Richtlinie 2014/65/EU und Artikel 28 Absatz 4 Unterabsatz 1 der Verordnung (EU) Nr. 600/2014 bedürfen Märkte für Finanzinstrumente mit Sitz im Ausland, die keine Handelsplätze im Sinne dieses Gesetzes sind, oder ihre Betreiber der Erlaubnis der Bundesanstalt, wenn sie Handelsteilnehmern mit Sitz im Inland über ein elektronisches Handelssystem einen unmittelbaren Marktzugang gewähren und sie diesbezüglich nicht einer Erlaubnispflicht nach dem Kreditwesengesetz unterliegen. [2] Der Erlaubnisantrag muss enthalten:
1. Name und Anschrift der Geschäftsleitung des Marktes oder des Betreibers,
2. Angaben, die für die Beurteilung der Zuverlässigkeit der Geschäftsleitung erforderlich sind,
3. einen Geschäftsplan, aus dem die Art des geplanten Marktzugangs für die Handelsteilnehmer, der organisatorische Aufbau und die internen Kontrollverfahren des Marktes hervorgehen,
4. Name und Anschrift eines Zustellungsbevollmächtigten im Inland,
5. die Angabe der für die Überwachung des Marktes und seiner Handelsteilnehmer zuständigen Stellen des Herkunftsstaates und deren Überwachungs- und Eingriffskompetenzen,
6. die Angabe der Art der Finanzinstrumente, die von den Handelsteilnehmern über den unmittelbaren Marktzugang gehandelt werden sollen, sowie

---

[1] Früherer Abschnitt 9 (§ 37h) eingef. mWv 1.7.2002 durch G v. 21.6.2002 (BGBl. I S. 2010); bish. Abschnitt 9 wird Abschnitt 14 (§ 101) mWv 3.1.2018 durch G v. 23.6.2017 (BGBl. I S. 1693).

[2] Früherer § 37h eingef. mWv 1.7.2002 durch G v. 21.6.2002 (BGBl. I S. 2010); bish. § 37h wird § 101 mWv 3.1.2018 durch G v. 23.6.2017 (BGBl. I S. 1693).

[3] Abschnitt 10 (§§ 37i–37m) neu gef. mWv 30.10.2004 durch G v. 28.10.2004 (BGBl. I S. 2630); Überschrift geänd. mWv 1.11.2007 durch G v. 16.7.2007 (BGBl. I S. 1330); bish. Abschnitt 10 wird Abschnitt 15 (§§ 102–105) mWv 3.1.2018 durch G v. 23.6.2017 (BGBl. I S. 1693).

[4] Früherer § 37i neu gef. mWv 30.10.2004 durch G v. 28.10.2004 (BGBl. I S. 2630); Abs. 1 Satz 1 neu gef., Satz 2 Nr. 1, 3 und 5 geänd., Abs. 4 aufgeh. mWv 1.11.2007 durch G v. 16.7.2007 (BGBl. I S. 1330); *Abs. 3 geänd.* mWv 1.4.2012 durch G v. 22.12.2011 (BGBl. I S. 3044); bish. § 37i wird § 102 und Überschrift geänd. mWv 3.1.2018 durch G v. 23.6.2017 (BGBl. I S. 1693); Abs. 1 Satz 1 neu gef. mWv 14.7.2018 durch G v. 10.7.2018 (BGBl. I S. 1102); Abs. 1 Satz 1 geänd., Abs. 4 angef. mWv 29.3.2019 durch G v. 25.3.2019 (BGBl. I S. 357); Abs. 1 Satz 1 geänd. mWv 28.3.2020 durch G v. 19.3.2020 (BGBl. I S. 529); Abs. 1 Satz 1 geänd. mWv 15.12.2023 durch G v. 11.12.2023 (BGBl. 2023 I Nr. 354).

7. Namen und Anschrift der Handelsteilnehmer mit Sitz im Inland, denen der unmittelbare Marktzugang gewährt werden soll.

³Das Nähere über die nach Satz 2 erforderlichen Angaben und vorzulegenden Unterlagen bestimmt das Bundesministerium der Finanzen durch Rechtsverordnung[1], die nicht der Zustimmung des Bundesrates bedarf. ⁴Das Bundesministerium der Finanzen kann die Ermächtigung durch Rechtsverordnung auf die Bundesanstalt für Finanzdienstleistungsaufsicht übertragen.

(2) ¹Die Bundesanstalt kann die Erlaubnis unter Auflagen erteilen, die sich im Rahmen des mit diesem Gesetz verfolgten Zweckes halten müssen. ²Vor Erteilung der Erlaubnis gibt die Bundesanstalt den Börsenaufsichtsbehörden der Länder Gelegenheit, innerhalb von vier Wochen zum Antrag Stellung zu nehmen.

(3) Die Bundesanstalt hat die Erlaubnis im Bundesanzeiger bekannt zu machen.

(4) ¹Wird der Austritt des Vereinigten Königreichs Großbritannien und Nordirland aus der Europäischen Union wirksam, ohne dass bis zu diesem Zeitpunkt ein Austrittsabkommen im Sinne von Artikel 50 Absatz 2 Satz 2 des Vertrages über die Europäische Union[2] in Kraft getreten ist, so kann die Bundesanstalt zur Vermeidung von Nachteilen für die Funktionsfähigkeit oder die Stabilität der Finanzmärkte anordnen, dass Märkte für Finanzinstrumente mit Sitz im Vereinigten Königreich Großbritannien und Nordirland, die zum Zeitpunkt des Austritts des Vereinigten Königreichs Großbritannien und Nordirland aus der Europäischen Union als Handelsplätze im Register der Europäischen Wertpapier- und Marktaufsichtsbehörde verzeichnet sind, für einen Übergangszeitraum nach dem Austritt als Handelsplätze im Sinne dieses Gesetzes gelten. ²Der im Zeitpunkt des Austritts beginnende Übergangszeitraum darf eine Dauer von 21 Monaten nicht überschreiten. ³Die Anordnung kann auch durch Allgemeinverfügung ohne vorherige Anhörung getroffen und öffentlich bekannt gegeben werden.

§ 103[3] Versagung der Erlaubnis. Die Erlaubnis ist zu versagen, wenn

1. Tatsachen vorliegen, aus denen sich ergibt, dass die Geschäftsleitung nicht zuverlässig ist,
2. Handelsteilnehmern mit Sitz im Inland der unmittelbare Marktzugang gewährt werden soll, die nicht die Voraussetzungen des § 19 Abs. 2 des Börsengesetzes erfüllen,
3. die Überwachung des Marktes oder der Anlegerschutz im Herkunftsstaat nicht dem deutschen Recht gleichwertig ist oder
4. der Informationsaustausch mit den für die Überwachung des Marktes zuständigen Stellen des Herkunftsstaates nicht gewährleistet erscheint.

§ 104[4] Aufhebung der Erlaubnis. (1) Die Bundesanstalt kann die Erlaubnis außer nach den Vorschriften des Verwaltungsverfahrensgesetzes[5] aufheben, wenn

---

[1] Siehe die MarktzugangsangabenVO v. 30.9.2004 (BGBl. I S. 2576), zuletzt geänd. durch G v. 11.12. 2023 (BGBl. 2023 I Nr. 354).

[2] **Sartorius Nr. 1000.**

[3] Früherer § 37j neu gef. mWv 30.10.2004 durch G v. 28.10.2004 (BGBl. I S. 2630); Nr. 2, 3 und 4 geänd. mWv 1.11.2007 durch G v. 16.7.2007 (BGBl. I S. 1330); bish. § 37j wird § 103 mWv 3.1.2018 durch G v. 23.6.2017 (BGBl. I S. 1693).

[4] Früherer § 37k neu gef. mWv 30.10.2004 durch G v. 28.10.2004 (BGBl. I S. 2630); Abs. 2 geänd. mWv 1.4.2012 durch G v. 22.12.2011 (BGBl. I S. 3044); bish. § 37k wird § 104 Abs. 1 Nr. 1 geänd. mWv 3.1.2018 durch G v. 23.6.2017 (BGBl. I S. 1693); Abs. 1 Nr. 2 neu gef. mWv 28.3.2020 durch G v. 19.3.2020 (BGBl. I S. 529).

[5] **Sartorius Nr. 100.**

1. ihr Tatsachen bekannt werden, welche die Versagung der Erlaubnis nach § 103 rechtfertigen würden, oder
2. der Markt oder sein Betreiber nachhaltig gegen Bestimmungen dieses Gesetzes, der auf Grund dieses Gesetzes erlassenen Rechtsverordnungen, der in § 1 Absatz 1 Nummer 8 aufgeführten europäischen Verordnungen einschließlich der hierzu erlassenen delegierten Rechtsakte und Durchführungsrechtsakte sowie auf Grund dieser Rechtsvorschriften erlassenen Anordnungen verstoßen hat.

(2) Die Bundesanstalt hat die Aufhebung der Erlaubnis im Bundesanzeiger bekannt zu machen.

§ 105[1] Untersagung. Die Bundesanstalt kann Handelsteilnehmern mit Sitz im Inland, die Wertpapierdienstleistungen im Inland erbringen, untersagen, Aufträge für Kunden über ein elektronisches Handelssystem eines ausländischen Marktes auszuführen, wenn diese Märkte oder ihre Betreiber Handelsteilnehmern im Inland einen unmittelbaren Marktzugang über dieses elektronische Handelssystem ohne Erlaubnis gewähren.

Abschnitt 16.[2] Überwachung von Unternehmensabschlüssen, Veröffentlichung von Finanzberichten

Unterabschnitt 1.[3] Überwachung von Unternehmensabschlüssen

§ 106[4] Prüfung von Unternehmensabschlüssen und -berichten. Die Bundesanstalt hat die Aufgabe, nach den Vorschriften dieses Abschnitts zu prüfen, ob folgende Abschlüsse und Berichte, jeweils einschließlich der zugrunde liegenden Buchführung, von Unternehmen, für die als Emittenten von zugelassenen Wertpapieren die Bundesrepublik Deutschland der Herkunftsstaat ist, den gesetzlichen Vorschriften einschließlich der Grundsätze ordnungsmäßiger Buchführung oder den sonstigen durch Gesetz zugelassenen Rechnungslegungsstandards entsprechen:

1. festgestellte Jahresabschlüsse und zugehörige Lageberichte, offengelegte Jahresabschlüsse und zugehörige Lageberichte, offengelegte Einzelabschlüsse nach § 325 Absatz 2a des Handelsgesetzbuchs[5] und zugehörige Lageberichte, gebilligte Konzernabschlüsse und zugehörige Konzernlageberichte oder offengelegte Konzernabschlüsse und zugehörige Konzernlageberichte,
2. veröffentlichte verkürzte Abschlüsse und zugehörige Zwischenlageberichte sowie
3. veröffentlichte Zahlungs- oder Konzernzahlungsberichte.

---

[1] Früherer § 37l neu gef. mWv 30.10.2004 durch G v. 28.10.2004 (BGBl. I S. 2630); geänd. mWv 1.11.2007 durch G v. 16.7.2007 (BGBl. I S. 1330); bish. § 37l wird § 105 mWv 3.1.2018 durch G v. 23.6. 2017 (BGBl. I S. 1693).

[2] Früherer Abschnitt 11 (§§ 37n–37u) eingef. mWv 21.12.2004 durch G v. 15.12.2004 (BGBl. I S. 3408); Überschrift neu gef. mWv 20.1.2007 durch G v. 5.1.2007 (BGBl. I S. 10); bish. Abschnitt 11 wird Abschnitt 16 (§§ 106–118) mWv 3.1.2018 durch G v. 23.6.2017 (BGBl. I S. 1693).

[3] Früherer Abschnitt 11 UAbschnitt 1 Überschrift eingef. mWv 20.1.2007 durch G v. 5.12.2007 (BGBl. I S. 10).

[4] *Früherer* § 37n neu gef. mWv 26.11.2015 durch G v. 20.11.2015 (BGBl. I S. 2029); einl. Satzteil geänd. mWv 18.5.2016 durch G v. 10.5.2016 (BGBl. I S. 1142); bish. § 37n wird § 106 mWv 3.1.2018 durch G v. 23.6.2017 (BGBl. I S. 1693); Nr. 1 neu gef. mWv 19.8.2020 durch G v. 12.8.2020 (BGBl. I S. 1874); einl. Satzteil geänd. mWv 1.1.2022 durch G v. 3.6.2021 (BGBl. I S. 1534).

[5] **Habersack, Deutsche Gesetze Nr. 50.**

§ 107[1)] Anordnung einer Prüfung der Rechnungslegung und Ermittlungsbefugnisse der Bundesanstalt. (1) [1] Die Bundesanstalt ordnet eine Prüfung der Rechnungslegung an, soweit konkrete Anhaltspunkte für einen Verstoß gegen Rechnungslegungsvorschriften vorliegen; die Anordnung unterbleibt, wenn ein öffentliches Interesse an der Klärung offensichtlich nicht besteht. [2] Die Bundesanstalt kann eine Prüfung der Rechnungslegung auch dann anordnen, wenn sie eine Prüfung nach § 44 Absatz 1 Satz 2 des Kreditwesengesetzes, nach § 14 Satz 2 des Kapitalanlagegesetzbuchs oder nach § 306 Absatz 1 Nummer 1 des Versicherungsaufsichtsgesetzes durchführt oder durchgeführt hat und die Prüfungen denselben Gegenstand betreffen. [3] Die Bundesanstalt kann eine Prüfung der Rechnungslegung auch ohne besonderen Anlass anordnen (stichprobenartige Prüfung). [4] Der Umfang der einzelnen Prüfung soll in der Prüfungsanordnung festgelegt werden. [5] Geprüft werden nur folgende Abschlüsse und Berichte:

1. der zuletzt festgestellte Jahresabschluss und der zugehörige Lagebericht,
2. der zuletzt offengelegte Jahresabschluss und der zugehörige Lagebericht,
3. der zuletzt offengelegte Einzelabschluss nach § 325 Absatz 2a des Handelsgesetzbuchs[2)] und der zugehörige Lagebericht,
4. der zuletzt gebilligte Konzernabschluss und der zugehörige Konzernlagebericht,
5. der zuletzt offengelegte Konzernabschluss und der zugehörige Konzernlagebericht,
6. der zuletzt veröffentlichte verkürzte Abschluss und der zugehörige Zwischenlagebericht sowie
7. der zuletzt veröffentlichte Zahlungsbericht oder Konzernzahlungsbericht.

[6] Ordnet die Bundesanstalt eine Prüfung der Rechnungslegung an, so kann sie ihre Anordnung unter Nennung des betroffenen Unternehmens und den Grund für die Anordnung auf ihrer Internetseite bekannt machen, soweit hieran ein öffentliches Interesse besteht. [7] Die Bekanntmachung des Grunds für die Anordnung darf keine personenbezogenen Daten enthalten. [8] Auf die Prüfung des verkürzten Abschlusses und des zugehörigen Zwischenlageberichts sowie des Zahlungsberichts und Konzernzahlungsberichts ist Satz 2 nicht anzuwenden. [9] Die Prüfung kann trotz Wegfalls der Zulassung der Wertpapiere zum Handel im organisierten Markt fortgesetzt werden, insbesondere dann, wenn Gegenstand der Prüfung ein Fehler ist, an dessen Bekanntmachung ein öffentliches Interesse besteht. [10] Die Bekanntmachung nach Satz 6 ist außerdem unverzüglich der das Unternehmensregister führenden Stelle zur Einstellung in das Unternehmensregister zu übermitteln.

(2) Prüfungsgegenstand können auch die Abschlüsse und Berichte sein, die die beiden Geschäftsjahre zum Gegenstand haben, die dem Geschäftsjahr vorausgehen,

---

[1)] Früherer § 37o eingef. mWv 21.12.2004 durch G v. 15.12.2004 (BGBl I S. 3408); Abs. 1 Satz 4 geänd., Satz 6 angef. mWv 20.1.2007 durch G v. 5.1.2007 (BGBl. I S. 10); Abs 1 Satz 5 geänd. mWv 1.4. 2012 durch G v. 22.12.2011 (BGBl. I S. 3044); Abs. 1 Sätze 4 und 6 geänd., Abs. 1a eingef. mWv 26.11. 2015 durch G v. 20.11.2015 (BGBl. I S. 2029); Abs. 1 Satz 7 angef. mWv 18.5.2016 durch G v. 10.5.2016 (BGBl. I S. 1142); bish. § 37o wird § 107, Abs. 1 Satz 5 geänd., bish. Abs. 1a, 2 und 3 werden Abs. 2, 3 und 4, bish. Abs. 4 wird Abs. 5 und Sätze 1, 3 geänd., bish. Abs. 5 wird Abs. 6 und Sätze 1, 2 geänd. mWv 3.1.2018 durch G v. 23.6.2017 (BGBl. I S. 1693); Abs. 1 Satz 4 neu gef., Satz 5 eingef., bish. Sätze 5–7 werden Sätze 6–8, Abs. 2 Satz 1 geänd. mWv 19.8.2020 durch G v. 12.8.2020 (BGBl. I S. 1874); Abs. 1 Satz 2 eingef., bish. Sätze 2–8 werden Sätze 3–9, neue Sätze 6 und 7, Abs. 2, 4 und 5 neu gef., Abs. 7–9 angef. mWv 1.1.2022 durch G v. 3.6.2021 (BGBl. I S. 1534); Abs. 1 Satz 6 geänd., Satz 10 angef. mWv 1.8.2022 durch G v. 5.7.2021 (BGBl. I S. 3338); Abs. 5 Sätze 2 und 3 eingef., bish. Sätze 2–7 werden Sätze 4–9, neue Sätze 5, 6 und 7 geänd. mWv 15.12.2023 durch G v. 11.12.2023 (BGBl. 2023 I Nr. 354).

[2)] **Habersack, Deutsche Gesetze Nr. 50.**

auf das Absatz 1 Satz 5 Bezug nimmt; eine stichprobenartige Prüfung ist hierbei nicht zulässig.

(3) [1] Eine Prüfung des Jahresabschlusses und des zugehörigen Lageberichts durch die Bundesanstalt findet nicht statt, solange eine Klage auf Nichtigkeit gemäß § 256 Abs. 7 des Aktiengesetzes[1)] anhängig ist. [2] Wenn nach § 142 Abs. 1 oder Abs. 2 oder § 258 Abs. 1 des Aktiengesetzes ein Sonderprüfer bestellt worden ist, findet eine Prüfung ebenfalls nicht statt, soweit der Gegenstand der Sonderprüfung, der Prüfungsbericht oder eine gerichtliche Entscheidung über die abschließenden Feststellungen der Sonderprüfer nach § 260 des Aktiengesetzes reichen.

(4) [1] Bei der Durchführung der Prüfung kann sich die Bundesanstalt anderer Einrichtungen und Personen bedienen. [2] Die Bundesanstalt darf anderen Einrichtungen und Personen, derer sie sich nach Satz 1 bedient, Informationen übermitteln, auch wenn diese unter gesetzliche Verschwiegenheitspflichten fallen, soweit die Einrichtungen oder Personen die Informationen zur Durchführung der ihnen nach Satz 1 im Rahmen einer Prüfung übertragenen Aufgaben benötigen. [3] Vor Übermittlung der Informationen anonymisiert die Bundesanstalt darin enthaltene personenbezogene Daten, soweit sie für die Durchführung der übertragenen Aufgaben nicht zwingend erforderlich sind. [4] Die Einrichtungen oder Personen haben ihnen übermittelte personenbezogene Daten spätestens nach Abschluss ihrer übertragenen Aufgaben zu löschen.

(5) [1] Soweit dies zur Wahrnehmung der Aufgaben nach § 106 erforderlich ist, können die Bundesanstalt und die Personen, derer sich die Bundesanstalt bei der Durchführung ihrer Aufgaben bedient, von dem geprüften Unternehmen, von den Mitgliedern seiner Organe, von seinen Beschäftigten sowie von seinen Abschlussprüfern Auskünfte, die Vorlage von Unterlagen oder sonstigen Daten und die Überlassung von Kopien verlangen. [2] Auf Verlangen der Bundesanstalt sind die Informationen nach Satz 1 elektronisch zu übermitteln. [3] Die Bundesanstalt kann die Übermittlung zudem in einem von ihr bestimmten Kommunikationsverfahren und in einem von ihr bestimmten Format verlangen. [4] Die Bundesanstalt kann die nach Satz 1 Verpflichteten laden und vernehmen. [5] Die Sätze 1 bis 4 gelten auch für die nach den Vorschriften des Handelsgesetzbuchs in den Konzernabschluss einzubeziehenden Tochterunternehmen. [6] Die Befugnisse nach den Sätzen 1 und 4 gelten gegenüber jedermann, wenn die Voraussetzungen des Absatzes 1 Satz 1 vorliegen. [7] Soweit im Rahmen von Auskunfts- oder Vorlageverlangen nach Satz 1, auch in Verbindung mit Satz 5 oder Satz 6, oder im Rahmen von Vernehmungen nach Satz 4, auch in Verbindung mit Satz 5 oder Satz 6, erforderlich, haben die ersuchten Unternehmen oder Personen auch personenbezogene Daten gegenüber der Bundesanstalt oder den Personen offenzulegen, derer sich die Bundesanstalt bei der Durchführung ihrer Aufgaben bedient. [8] Die Auskunftspflicht der Abschlussprüfer beschränkt sich auf Tatsachen, die ihnen im Rahmen der Abschlussprüfung bekannt geworden sind. [9] Für das Recht zur Auskunftsverweigerung oder Aussageverweigerung sowie die Belehrungspflicht gilt § 6 Absatz 15 entsprechend.

(6) [1] Die zur Auskunft und Vorlage von Unterlagen nach Absatz 5 Verpflichteten haben den Bediensteten der Bundesanstalt oder den von ihr beauftragten Personen, soweit dies zur Wahrnehmung ihrer Aufgaben erforderlich ist, während der üb-

(Fortsetzung nächstes Blatt)

[1)] **Habersack, Deutsche Gesetze Nr. 51.**

lichen Arbeitszeit das Betreten ihrer Grundstücke und Geschäftsräume zu gestatten. [2] § 6 Absatz 11 Satz 2 gilt entsprechend. [3] Das Grundrecht der Unverletzlichkeit der Wohnung (Artikel 13 des Grundgesetzes[1)]) wird insoweit eingeschränkt.

(7) [1] Bedienstete der Bundesanstalt dürfen Geschäfts- und Wohnräume durchsuchen, wenn dies zur Wahrnehmung der Aufgaben nach § 106 erforderlich ist und konkrete Anhaltspunkte für einen erheblichen Verstoß gegen Rechnungslegungsvorschriften vorliegen. [2] Das Grundrecht des Artikels 13 des Grundgesetzes wird insoweit eingeschränkt. [3] § 105 Absatz 2 der Strafprozessordnung[2)] gilt entsprechend. [4] Im Rahmen der Durchsuchung dürfen Bedienstete der Bundesanstalt Gegenstände sicherstellen, die als Beweismittel für die Ermittlung des Sachverhalts von Bedeutung sein können. [5] Befinden sich die Gegenstände im Gewahrsam einer Person und werden sie nicht freiwillig herausgegeben, können Bedienstete der Bundesanstalt die Gegenstände beschlagnahmen. [6] Durchsuchungen und Beschlagnahmen sind, außer bei Gefahr im Verzug, durch einen Richter anzuordnen. [7] Zuständig ist das Amtsgericht Frankfurt am Main. [8] Gegen die richterliche Entscheidung ist die Beschwerde zulässig. [9] Die §§ 306 bis 310 und 311a der Strafprozessordnung gelten entsprechend. [10] Bei Beschlagnahmen ohne gerichtliche Anordnung gilt § 98 Absatz 2 der Strafprozessordnung entsprechend. [11] Zuständiges Gericht für die nachträglich eingeholte gerichtliche Entscheidung ist das Amtsgericht Frankfurt am Main. [12] Über die Durchsuchung ist eine Niederschrift zu fertigen. [13] Sie muss die verantwortliche Dienststelle, Grund, Zeit und Ort der Durchsuchung und ihr Ergebnis enthalten.

(8) [1] Die Bundesanstalt kann auf ihrer Internetseite wesentliche Verfahrensschritte und im Laufe des Verfahrens gewonnene Erkenntnisse im Zusammenhang mit der Rechnungslegung unter Nennung des betroffenen Unternehmens bekannt machen, soweit hieran ein öffentliches Interesse besteht. [2] Die Bekanntmachung der Verfahrensschritte und Erkenntnisse darf keine personenbezogenen Daten enthalten.

(9) Die Bundesanstalt löscht die nach Absatz 1 Satz 6 und Absatz 8 auf ihrer Internetseite bekannt gemachten Informationen zehn Jahre nach der Bekanntmachung.

§ 108[3)] *(aufgehoben)*

§ 109[4)] **Ergebnis der Prüfung der Bundesanstalt.** (1) [1] Ergibt die Prüfung durch die Bundesanstalt, dass die Rechnungslegung fehlerhaft ist, so stellt die Bundesanstalt den Fehler fest. [2] Die Bundesanstalt kann darüber hinaus feststellen, wie sich die Rechnungslegung ohne den Fehler dargestellt hätte.

(2) [1] Die Bundesanstalt macht den festgestellten Fehler samt einer Feststellung nach Absatz 1 Satz 2 unter Nennung des betroffenen Unternehmens samt den wesentlichen Teilen der Begründung unverzüglich bekannt

1. auf ihrer Internetseite sowie
2. in einem überregionalen Börsenpflichtblatt oder über ein elektronisch betriebenes Informationsverbreitungssystem, das weit verbreitet ist bei Kreditinstituten, bei nach § 53 Absatz 1 Satz 1 des Kreditwesengesetzes tätigen Unternehmen,

---

[1)] Nr. 1.

[2)] **Habersack, Deutsche Gesetze Nr. 90.**

[3)] § 108 aufgeh. mWv 1.1.2022 durch G v. 3.6.2021 (BGBl. I S. 1534).

[4)] § 109 neu gef. mWv 1.1.2022 durch G v. 3.6.2021 (BGBl. I S. 1534); Abs. 2 Satz 1 neu gef., Satz 6 und Abs. 3 Satz 3 angef. mWv 1.8.2022 durch G v. 5.7.2021 (BGBl. I S. 3338).

bei anderen Unternehmen, die ihren Sitz im Inland haben und die an einer inländischen Börse zur Teilnahme am Handel zugelassen sind, und bei Versicherungsunternehmen.

²Die Bekanntmachung der Begründung darf keine personenbezogenen Daten enthalten. ³Die Bundesanstalt sieht von einer Bekanntmachung ab, wenn hieran kein öffentliches Interesse besteht. ⁴Die Bundesanstalt kann im Einklang mit den materiellen Rechnungslegungsvorschriften anordnen, dass der Fehler unter Berücksichtigung der Rechtsauffassung der Bundesanstalt unter Neuaufstellung des Abschlusses oder Berichts für das geprüfte Geschäftsjahr oder im nächsten Abschluss oder Bericht zu berichtigen ist. ⁵Behebt das Unternehmen den nach Satz 1 bekannt gemachten Fehler, macht die Bundesanstalt dies auf die dort genannte Weise ebenfalls bekannt. ⁶Bekanntmachungen nach den Sätzen 1 und 5 sind außerdem unverzüglich der das Unternehmensregister führenden Stelle zur Einstellung in das Unternehmensregister zu übermitteln.

(3) ¹Ergibt die Prüfung durch die Bundesanstalt keine Beanstandungen, so teilt die Bundesanstalt dies dem Unternehmen mit. ²Die Bundesanstalt macht das Prüfungsergebnis gemäß Absatz 2 Satz 1 bekannt, wenn sie zuvor die Prüfung bekannt gemacht hat. ³Die Bekanntmachung nach Satz 2 ist außerdem unverzüglich der das Unternehmensregister führenden Stelle zur Einstellung in das Unternehmensregister zu übermitteln.

(4) Die Bundesanstalt löscht die nach Absatz 2 Satz 1 und 5 sowie nach Absatz 3 Satz 2 auf ihrer Internetseite bekannt gemachten Informationen zehn Jahre nach ihrer Bekanntmachung.

§ 109a[1] Informationsaustausch, Befreiung von Verschwiegenheitspflichten. (1) ¹Soweit

1. der Bundesanstalt,
2. der Abschlussprüferaufsichtsstelle beim Bundesamt für Wirtschafts- und Ausfuhrkontrolle,
3. dem Bundesministerium der Finanzen,
4. dem Bundesministerium der Justiz und für Verbraucherschutz oder
5. dem Bundesministerium für Wirtschaft und Energie

im Rahmen der Wahrnehmung ihrer gesetzlichen Aufgaben Informationen, Tatsachen oder Bewertungen bekannt werden, die von der Bundesanstalt durchgeführte Prüfungen oder die Rechnungslegung von nach § 106 zu prüfenden Unternehmen betreffen, dürfen die genannten Behörden und Stellen diese Informationen untereinander austauschen und im dazu erforderlichen Umfang auch personenbezogene Daten untereinander offenlegen. ²Die empfangende Behörde oder Stelle darf ihr nach Satz 1 übermittelte personenbezogene Daten speichern und verwenden, soweit dies zur Erfüllung ihrer gesetzlichen Aufgaben erforderlich ist.

(2) Im Rahmen eines Informationsaustauschs nach Absatz 1 unterliegen die austauschenden Stellen untereinander keinen gesetzlichen Verschwiegenheits- oder Geheimhaltungspflichten.

§ 110[2] Mitteilungen an andere Stellen. (1) ¹Die Bundesanstalt hat Tatsachen, die den Verdacht einer Straftat im Zusammenhang mit der Rechnungslegung eines

[1] § 109a eingef. mWv 1.1.2022 durch G v. 3.6.2021 (BGBl. I S. 1534).

[2] Früherer § 37r eingef. mWv 21.12.2004 durch G v. 15.12.2004 (BGBl. I S. 3408); Abs. 2 Satz 1 geänd. mWv 17.6.2016 durch G v. 31.3.2016 (BGBl. I S. 518); bish. § 37r wird § 110 mWv 3.1.2018 →

Unternehmens begründen, der für die Verfolgung zuständigen Behörde anzuzeigen. [2] Sie darf diesen Behörden personenbezogene Daten der betroffenen Personen, gegen die sich der Verdacht richtet oder die als Zeugen in Betracht kommen, übermitteln. [3] Die Befugnisse der Bundesanstalt nach § 107 bleiben von Maßnahmen der zuständigen Strafverfolgungsbehörden unberührt, soweit dies zur Prüfung der Rechnungslegung erforderlich ist und soweit eine Gefährdung des Untersuchungszwecks von Ermittlungen der Strafverfolgungsbehörden oder der für Strafsachen zuständigen Gerichte nicht zu besorgen ist. [4] Vor Ausübung der Befugnisse nach § 107 setzt die Bundesanstalt die zuständige Strafverfolgungsbehörde in Kenntnis und stellt Einvernehmen über das Vorliegen der Voraussetzungen nach Satz 3 her.

(2) [1] Tatsachen, die auf das Vorliegen einer Berufspflichtverletzung durch den Abschlussprüfer schließen lassen oder konkrete Anhaltspunkte für einen Verstoß gegen Rechnungslegungsvorschriften begründen, übermittelt die Bundesanstalt der Abschlussprüferaufsichtsstelle beim Bundesamt für Wirtschaft und Ausfuhrkontrolle. [2] Tatsachen, die auf das Vorliegen eines Verstoßes des Unternehmens gegen börsenrechtliche Vorschriften schließen lassen, übermittelt sie der zuständigen Börsenaufsichtsbehörde. [3] Absatz 1 Satz 2 gilt entsprechend.

§ 111[1)] Internationale Zusammenarbeit. (1) [1] Der Bundesanstalt obliegt die Zusammenarbeit mit den Stellen im Ausland, die zuständig sind für die Untersuchung möglicher Verstöße gegen Rechnungslegungsvorschriften durch Unternehmen, deren Wertpapiere zum Handel an einem organisierten Markt zugelassen sind. [2] Dazu kann sie diesen Stellen auch den Wortlaut von Entscheidungen zur Verfügung stellen, die sie in Einzelfällen getroffen hat. [3] Der Wortlaut der Entscheidungen darf den zuständigen Stellen auch zur Veröffentlichung zur Verfügung gestellt werden. [4] § 107 Absatz 5 und 6 findet mit der Maßgabe entsprechende Anwendung, dass die dort geregelten Befugnisse sich auf alle Unternehmen, die von der Zusammenarbeit nach Satz 1 umfasst sind, sowie auf alle Unternehmen, die in den Konzernabschluss eines solchen Unternehmens einbezogen sind, erstrecken.

(2) [1] Die Bundesanstalt kann mit den zuständigen Stellen von Mitgliedstaaten der Europäischen Union oder von Vertragsstaaten des Abkommens über den Europäischen Wirtschaftsraum zusammenarbeiten, um eine einheitliche Durchsetzung internationaler Rechnungslegungsvorschriften grenzüberschreitend gewährleisten zu können. [2] Dazu kann sie diesen Stellen auch den Wortlaut von Entscheidungen zur Verfügung stellen, die sie oder die Prüfstelle in Einzelfällen getroffen haben. [3] Der Wortlaut der Entscheidungen darf nur in anonymisierter Form zur Verfügung gestellt werden.

§ 112[2)] Widerspruchsverfahren. (1) [1] Vor Einlegung der Beschwerde sind Rechtmäßigkeit und Zweckmäßigkeit der Verfügungen, welche die Bundesanstalt

---

(Fortsetzung der Anm. von voriger Seite)
durch G v. 23.6.2017 (BGBl. I S. 1693); Abs. 1 Satz 2 geänd. mWv 26.11.2019 durch G v. 20.11.2019 (BGBl. I S. 1626); Abs. 1 Sätze 3 und 4 angef., Abs. 2 Satz 1 geänd. mWv 1.1.2022 durch G v. 3.6.2021 (BGBl. I S. 1534).

[1)] Früherer § 37s eingef. mWv 21.12.2004 durch G v. 15.12.2004 (BGBl. I S. 3408); Abs. 1 Satz 2 geänd. mWv 20.1.2007 durch G v. 5.1.2007 (BGBl. I S. 10); bish. § 37s wird § 111 und Abs. 1 Sätze 2 und 3 geänd. mWv 3.1.2018 durch G v. 23.6.2017 (BGBl. I S. 1693); Abs. 2 Satz 2 neu gef., Satz 3 eingef., bish. Satz 3 wird Satz 4, Abs. 3 aufgeh. mWv 1.1.2022 durch G v. 3.6.2021 (BGBl. I S. 1534).

[2)] Früherer § 37t eingef. mWv 21.12.2004 durch G v. 15.12.2004 (BGBl. I S. 3408); bish. § 37t wird § 112 und Abs. 2 neu gef. mWv 3.1.2018 durch G v. 23.6.2017 (BGBl. I S. 1693); Abs. 2 geänd. mWv →

nach den Vorschriften dieses Abschnitts erlässt, in einem Widerspruchsverfahren nachzuprüfen. [2]Einer solchen Nachprüfung bedarf es nicht, wenn der Abhilfebescheid oder der Widerspruchsbescheid erstmalig eine Beschwer enthält. [3]Für das Widerspruchsverfahren gelten die §§ 68 bis 73 und 80 Abs. 1 der Verwaltungsgerichtsordnung[1)] entsprechend, soweit in diesem Abschnitt nichts Abweichendes geregelt ist.

(2) Der Widerspruch gegen Maßnahmen der Bundesanstalt nach § 107 Absatz 1 Satz 1, 2 und 6 sowie Absatz 5 bis 8 sowie § 109 Absatz 1 und 2 Satz 1 und 4 einschließlich der Androhung und der Festsetzung von Zwangsmitteln hat keine aufschiebende Wirkung.

§ 113[2)] Beschwerde. (1) [1]Gegen Verfügungen der Bundesanstalt nach diesem Abschnitt ist die Beschwerde statthaft. [2]Die Beschwerde hat keine aufschiebende Wirkung.

(2) Die §§ 43 und 48 Abs. 2 bis 4, § 50 Abs. 3 bis 5 sowie die §§ 51 bis 58 des Wertpapiererwerbs- und Übernahmegesetzes gelten entsprechend.

§ 113a[3)] Evaluierung. Das Bundesministerium der Finanzen berichtet den gesetzgebenden Körperschaften zum 1. Januar 2027 über die Erfahrungen mit den Regelungen von Abschnitt 16 Unterabschnitt 1 in der am 1. Januar 2022 in Kraft getretenen Fassung.

Unterabschnitt 2.[4)] Veröffentlichung und Übermittlung von Finanzberichten an das Unternehmensregister

§ 114[5)] Jahresfinanzbericht; Verordnungsermächtigung. (1) [1]Ein Unternehmen, das als Inlandsemittent Wertpapiere begibt, hat für den Schluss eines jeden Geschäftsjahrs einen Jahresfinanzbericht nach Maßgabe der Delegierten Verordnung (EU) 2019/815 der Kommission vom 17. Dezember 2018 zur Ergänzung der Richtlinie 2004/109/EG des Europäischen Parlaments und des Rates im Hinblick auf technische Regulierungsstandards für die Spezifikation eines einheitlichen elektronischen Berichtsformats (ABl. L 143 vom 29.5.2019, S. 1; L 145 vom 4.6.2019, S. 85) in der jeweils geltenden Fassung zu erstellen und spätestens vier Monate nach Ablauf eines jeden Geschäftsjahrs der Öffentlichkeit zur Verfügung zu stellen, wenn es nicht nach den handelsrechtlichen Vorschriften zur Offenlegung der in Absatz 2 Nummer 1 bis 3 genannten Rechnungslegungs-

---

(Fortsetzung der Anm. von voriger Seite)
19.8.2020 durch G v. 12.8.2020 (BGBl. I S. 1874); Abs. 2 geänd. mWv 1.1.2022 durch G v. 3.6.2021 (BGBl. I S. 1534); Abs. 2 geänd. mWv 10.11.2021 durch G v. 3.6.2021 (BGBl. I S. 1568).

1) **Sartorius Nr. 600.**

2) Früherer § 37u eingef. mWv 21.12.2004 durch G v. 15.12.2004 (BGBl. I S. 3408); bish. § 37u wird § 113 mWv 3.1.2018 durch G v. 23.6.2017 (BGBl. I S. 1693).

3) § 113a eingef. mWv 1.1.2022 durch G v. 3.6.2021 (BGBl. I S. 1534).

4) Früherer Abschnitt 11 UAbschnitt 2 (§§ 37v–37z) eingef. mWv 20.1.2007 durch G v. 5.1.2007 (BGBl. I S. 10).

5) Früherer § 37v eingef. mWv 20.1.2007 durch G v. 5.1.2007 (BGBl. I S. 10); Abs. 2 Nr. 1–3 geänd., Nr. 4 angef. mWv 29.5.2009 durch G v. 25.5.2009 (BGBl. I S. 1102); Abs. 3 Nr. 3 geänd., Nr. 4 aufgeh. mWv 1.7.2012 durch G v. 26.6.2012 (BGBl. I S. 1375); Abs. 3 einl. Satzteil geänd. mWv 8.9.2015 durch VO v. 31.8.2015 (BGBl. I S. 1474); Überschrift neu gef., Abs. 1 Satz 2 geänd., Abs. 2 und Abs. 3 Nr. 3 neu gef. mWv 26.11.2015 durch G v. 20.11.2015 (BGBl. I S. 2029); bish. § 37v wird § 114 mWv 3.1.2018 durch G v. 23.6.2017 (BGBl. I S. 1693); Abs. 1 Satz 1 geänd., Satz 4 neu gef. mWv 19.8.2020 durch G v. 12.8.2020 (BGBl. I S. 1874); Abs. 1 Sätze 3 und 4 geänd. mWv 1.8.2022 durch G v. 5.7.2021 (BGBl. I S. 3338).

unterlagen verpflichtet ist. [2] Außerdem muss jedes Unternehmen, das als Inlandsemittent Wertpapiere begibt, spätestens vier Monate nach Ablauf eines jeden Geschäftsjahres und vor dem Zeitpunkt, zu dem die in Absatz 2 genannten Rechnungslegungsunterlagen erstmals der Öffentlichkeit zur Verfügung stehen, eine Bekanntmachung darüber veröffentlichen, ab welchem Zeitpunkt und unter welcher Internetadresse die in Absatz 2 genannten Rechnungslegungsunterlagen zusätzlich zu ihrer Verfügbarkeit im Unternehmensregister öffentlich zugänglich sind. [3] Das Unternehmen teilt die Bekanntmachung gleichzeitig mit ihrer Veröffentlichung der Bundesanstalt mit und übermittelt sie unverzüglich, jedoch nicht vor ihrer Veröffentlichung der das Unternehmensregister führenden Stelle zur Einstellung in das Unternehmensregister. [4] Ein Unternehmen, das als Inlandsemittent Wertpapiere begibt und der Verpflichtung nach Satz 1 unterliegt, hat außerdem unverzüglich, jedoch nicht vor Veröffentlichung der Bekanntmachung nach Satz 2, den Jahresfinanzbericht an die das Unternehmensregister führende Stelle zur Einstellung in das Unternehmensregister zu übermitteln.

(2) Der Jahresfinanzbericht hat mindestens zu enthalten

1. den Jahresabschluss, der
   a) im Falle eines Unternehmens, das seinen Sitz in einem Mitgliedstaat der Europäischen Union oder einem Vertragsstaat des Abkommens über den Europäischen Wirtschaftsraum hat, gemäß dem nationalen Recht des Sitzstaats des Unternehmens aufgestellt und geprüft wurde oder
   b) im Falle eines Unternehmens, das seinen Sitz in einem Drittstaat hat, nach den Vorgaben des Handelsgesetzbuchs[1)] aufgestellt und geprüft wurde und mit dem Bestätigungsvermerk oder dem Vermerk über dessen Versagung versehen ist,
2. den Lagebericht, der
   a) im Falle eines Unternehmens, das seinen Sitz in einem Mitgliedstaat der Europäischen Union oder einem Vertragsstaat des Abkommens über den Europäischen Wirtschaftsraum hat, gemäß dem nationalen Recht des Sitzstaats des Unternehmens aufgestellt und geprüft wurde oder
   b) im Falle eines Unternehmens, das seinen Sitz in einem Drittstaat hat, nach den Vorgaben des Handelsgesetzbuchs aufgestellt und geprüft wurde,
3. eine den Vorgaben von § 264 Absatz 2 Satz 3, § 289 Absatz 1 Satz 5 des Handelsgesetzbuchs entsprechende Erklärung und
4. eine Bescheinigung der Wirtschaftsprüferkammer gemäß § 134 Absatz 2a der Wirtschaftsprüferordnung über die Eintragung des Abschlussprüfers oder eine Bestätigung der Wirtschaftsprüferkammer gemäß § 134 Absatz 4 Satz 8 der Wirtschaftsprüferordnung über die Befreiung von der Eintragungspflicht.

(3) Das Bundesministerium der Finanzen kann im Einvernehmen mit dem *Bundesministerium der Justiz und für* Verbraucherschutz durch Rechtsverordnung, die nicht der Zustimmung des Bundesrates bedarf, nähere Bestimmungen erlassen über

1. den Mindestinhalt, die Art, die Sprache, den Umfang und die Form der Veröffentlichung nach Absatz 1 Satz 2,
2. den Mindestinhalt, die Art, die Sprache, den Umfang und die Form der Mitteilung nach Absatz 1 Satz 3,

---

[1)] **Habersack, Deutsche Gesetze Nr. 50.**

3. die Sprache, in der die Informationen nach Absatz 2 abzufassen sind, sowie den Zeitraum, für den diese Informationen im Unternehmensregister allgemein zugänglich bleiben müssen und den Zeitpunkt, zu dem diese Informationen zu löschen sind.

§ 115[1)] Halbjahresfinanzbericht; Verordnungsermächtigung. (1) [1] Ein Unternehmen, das als Inlandsemittent Aktien oder Schuldtitel im Sinne des § 2 Absatz 1 begibt, hat für die ersten sechs Monate eines jeden Geschäftsjahrs einen Halbjahresfinanzbericht zu erstellen und diesen unverzüglich, spätestens drei Monate nach Ablauf des Berichtszeitraums der Öffentlichkeit zur Verfügung zu stellen, es sei denn, es handelt sich bei den zugelassenen Wertpapieren um Schuldtitel, die unter § 2 Absatz 1 Nummer 2 fallen oder die ein zumindest bedingtes Recht auf den Erwerb von Wertpapieren nach § 2 Absatz 1 Nummer 1 oder Nummer 2 begründen. [2] Außerdem muss das Unternehmen spätestens drei Monate nach Ablauf des Berichtszeitraums und vor dem Zeitpunkt, zu dem der Halbjahresfinanzbericht erstmals der Öffentlichkeit zur Verfügung steht, eine Bekanntmachung darüber veröffentlichen, ab welchem Zeitpunkt und unter welcher Internetadresse der Bericht zusätzlich zu seiner Verfügbarkeit im Unternehmensregister öffentlich zugänglich ist. [3] Das Unternehmen teilt die Bekanntmachung gleichzeitig mit ihrer Veröffentlichung der Bundesanstalt mit und übermittelt sie unverzüglich, jedoch nicht vor ihrer Veröffentlichung der das Unternehmensregister führenden Stelle zur Einstellung in das Unternehmensregister. [4] Es hat außerdem unverzüglich, jedoch nicht vor Veröffentlichung der Bekanntmachung nach Satz 2 den Halbjahresfinanzbericht an die das Unternehmensregister führende Stelle zur Einstellung in das Unternehmensregister zu übermitteln.

(2) Der Halbjahresfinanzbericht hat mindestens

1. einen verkürzten Abschluss,
2. einen Zwischenlagebericht und
3. eine den Vorgaben des § 264 Abs. 2 Satz 3, § 289 Abs. 1 Satz 5 des Handelsgesetzbuchs entsprechende Erklärung

zu enthalten.

(3) [1] Der verkürzte Abschluss hat mindestens eine verkürzte Bilanz, eine verkürzte Gewinn- und Verlustrechnung und einen Anhang zu enthalten. [2] Auf den verkürzten Abschluss sind die für den Jahresabschluss geltenden Rechnungslegungsgrundsätze anzuwenden. [3] Tritt bei der Offenlegung an die Stelle des Jahresabschlusses ein Einzelabschluss im Sinne des § 325 Abs. 2a des Handelsgesetzbuchs, sind auf den verkürzten Abschluss die in § 315e Absatz 1 des Handelsgesetzbuchs bezeichneten internationalen Rechnungslegungsstandards und Vorschriften anzuwenden.

(4) [1] Im Zwischenlagebericht sind mindestens die wichtigen Ereignisse des Berichtszeitraums im Unternehmen des Emittenten und ihre Auswirkungen auf den verkürzten Abschluss anzugeben sowie die wesentlichen Chancen und Risiken für die dem Berichtszeitraum folgenden sechs Monate des Geschäftsjahrs zu beschrei-

[1)] Früherer § 37w eingef. mWv 20.1.2007 durch G v. 5.1.2007 (BGBl. I S. 10); Abs. 1 Satz 1 geänd. mWv 19.7.2014 durch G v. 15.7.2014 (BGBl. I S. 934); Abs. 6 einl. Satzteil geänd. mWv 8.9.2015 durch *VO v. 31.8.2015 (BGBl. I S. 1474);* Überschrift neu gef., Abs. 1 Sätze 1 und 2 geänd., Abs. 6 Nr. 4 neu gef., Abs. 7 angef. mWv 26.11.2015 durch G v. 20.11.2015 (BGBl. I S. 2029); Abs. 3 Satz 3 geänd. mWv 19.4.2017 durch G v. 11.4.2017 (BGBl. I S. 802); bish. § 37w wird § 115 mWv 3.1.2018 durch G v. 23.6. 2017 (BGBl. I S. 1693); Abs. 1 Sätze 3 und 4 geänd. mWv 1.8.2022 durch G v. 5.7.2021 (BGBl. I S. 3338).

ben. [2] Ferner sind bei einem Unternehmen, das als Inlandsemittent Aktien begibt, die wesentlichen Geschäfte des Emittenten mit nahe stehenden Personen anzugeben; die Angaben können stattdessen im Anhang des Halbjahresfinanzberichts gemacht werden.

(5) [1] Der verkürzte Abschluss und der Zwischenlagebericht kann einer prüferischen Durchsicht durch einen Abschlussprüfer unterzogen werden. [2] Die Vorschriften über die Bestellung des Abschlussprüfers sind auf die prüferische Durchsicht entsprechend anzuwenden. [3] Die prüferische Durchsicht ist so anzulegen, dass bei gewissenhafter Berufsausübung ausgeschlossen werden kann, dass der verkürzte Abschluss und der Zwischenlagebericht in wesentlichen Belangen den anzuwendenden Rechnungslegungsgrundsätzen widersprechen. [4] Der Abschlussprüfer hat das Ergebnis der prüferischen Durchsicht in einer Bescheinigung zum Halbjahresfinanzbericht zusammenzufassen, die mit dem Halbjahresfinanzbericht zu veröffentlichen ist. [5] Sind der verkürzte Abschluss und der Zwischenlagebericht entsprechend § 317 des Handelsgesetzbuchs geprüft worden, ist der Bestätigungsvermerk oder der Vermerk über seine Versagung vollständig wiederzugeben und mit dem Halbjahresfinanzbericht zu veröffentlichen. [6] Sind der verkürzte Abschluss und der Zwischenlagebericht weder einer prüferischen Durchsicht unterzogen noch entsprechend § 317 des Handelsgesetzbuchs geprüft worden, ist dies im Halbjahresfinanzbericht anzugeben. [7] § 320 und § 323 des Handelsgesetzbuchs gelten entsprechend.

(6) Das Bundesministerium der Finanzen kann im Einvernehmen mit dem Bundesministerium der Justiz und für Verbraucherschutz durch Rechtsverordnung[1)], die nicht der Zustimmung des Bundesrates bedarf, nähere Bestimmungen erlassen über

1. den Inhalt und die prüferische Durchsicht des Halbjahresfinanzberichts,
2. den Mindestinhalt, die Art, die Sprache, den Umfang und die Form der Veröffentlichung nach Absatz 1 Satz 2,
3. den Mindestinhalt, die Art, die Sprache, den Umfang und die Form der Mitteilung nach Absatz 1 Satz 3 und
4. die Sprache, in der der Halbjahresfinanzbericht abzufassen ist, sowie den Zeitraum, für den der Halbjahresfinanzbericht im Unternehmensregister allgemein zugänglich bleiben muss, und den Zeitpunkt, zu dem er zu löschen ist.

(7) Erstellt und veröffentlicht ein Unternehmen zusätzliche unterjährige Finanzinformationen, die den Vorgaben des Absatzes 2 Nummer 1 und 2 und der Absätze 3 und 4 entsprechen, gilt für die Prüfung oder prüferische Durchsicht dieser Finanzinformationen durch einen Abschlussprüfer Absatz 5 entsprechend.

§ 116[2)] Zahlungsbericht; Verordnungsermächtigung. (1) [1] Ein Unternehmen, *das als Inlandsemittent Wertpapiere begibt,* hat unter entsprechender Anwendung der §§ 341r bis 341v des Handelsgesetzbuchs[3)] einen Zahlungsbericht beziehungsweise Konzernzahlungsbericht zu erstellen und diesen spätestens sechs

---

[1)] Siehe die Transparenzrichtlinie-DurchführungsVO v. 13.3.2008 (BGBl. I S. 408), zuletzt geänd. durch G v. 23.6.2017 (BGBl. I S. 1693).

[2)] Früherer § 37x neu gef. mWv 26.11.2015 durch G v. 20.11.2015 (BGBl. I S. 2029); Abs. 1 Satz 1 einl. Satzteil und Satz 2 geänd., Abs. 2 Satz 3 angef. mWv 25.6.2017 durch G v. 23.6.2017 (BGBl. I S. 1693); bish. § 37x wird § 116 mWv 3.1.2018 durch G v. 23.6.2017 (BGBl. I S. 1693); Abs. 2 Sätze 2 und 3 geänd. mWv 1.8.2022 durch G v. 5.7.2021 (BGBl. I S. 3338).

[3)] **Habersack, Deutsche Gesetze Nr. 50.**

Monate nach Ablauf des Berichtszeitraums der Öffentlichkeit zur Verfügung zu stellen, wenn

1. das Unternehmen oder eines seiner Tochterunternehmen im Sinne des § 341r Nummer 1 des Handelsgesetzbuchs in der mineralgewinnenden Industrie tätig ist oder Holzeinschlag in Primärwäldern im Sinne des § 341r Nummer 2 des Handelsgesetzbuchs betreibt und
2. auf das Unternehmen § 341q des Handelsgesetzbuchs nicht anzuwenden ist.

[2] Im Falle eines Unternehmens im Sinne des Satzes 1 mit Sitz in einem anderen Mitgliedstaat der Europäischen Union oder in einem anderen Vertragsstaat des Abkommens über den Europäischen Wirtschaftsraum treten anstelle der entsprechenden Anwendung der §§ 341s bis 341v des Handelsgesetzbuchs die in Umsetzung von Kapitel 10 der Richtlinie 2013/34/EU des Europäischen Parlaments und des Rates vom 26. Juni 2013 über den Jahresabschluss, den konsolidierten Abschluss und damit verbundene Berichte von Unternehmen bestimmter Rechtsformen und zur Änderung der Richtlinie 2006/43/EG des Europäischen Parlaments und des Rates und zur Aufhebung der Richtlinien 78/660/EWG und 83/349/EWG des Rates (ABl. L 182 vom 29.6.2013, S. 19) erlassenen nationalen Rechtsvorschriften des Sitzstaats.

(2) [1] Außerdem muss jedes Unternehmen im Sinne des Absatzes 1 Satz 1 Nummer 1 spätestens sechs Monate nach Ablauf des Berichtszeitraums und vor dem Zeitpunkt, zu dem der Zahlungsbericht oder Konzernzahlungsbericht erstmals der Öffentlichkeit zur Verfügung steht, eine Bekanntmachung darüber veröffentlichen, ab welchem Zeitpunkt und unter welcher Internetadresse der Zahlungsbericht oder Konzernzahlungsbericht zusätzlich zu seiner Verfügbarkeit im Unternehmensregister öffentlich zugänglich ist. [2] Das Unternehmen teilt die Bekanntmachung gleichzeitig mit ihrer Veröffentlichung der Bundesanstalt mit und übermittelt sie unverzüglich, jedoch nicht vor ihrer Veröffentlichung der das Unternehmensregister führenden Stelle zur Einstellung in das Unternehmensregister. [3] Ein Unternehmen im Sinne von Satz 1 hat außerdem unverzüglich, jedoch nicht vor Veröffentlichung der Bekanntmachung nach Satz 2 den Zahlungsbericht oder Konzernzahlungsbericht an die das Unternehmensregister führende Stelle zur Einstellung in das Unternehmensregister zu übermitteln, es sei denn, die Übermittlung erfolgt nach § 8b Absatz 2 Nummer 4 in Verbindung mit Absatz 3 Satz 1 Nummer 1 des Handelsgesetzbuchs.

(3) [1] Die Bundesanstalt kann ein Unternehmen zur Erklärung auffordern, ob es im Sinne des § 341r des Handelsgesetzbuchs in der mineralgewinnenden Industrie tätig ist oder Holzeinschlag in Primärwäldern betreibt, und eine angemessene Frist setzen. [2] Die Aufforderung ist zu begründen. [3] Gibt das Unternehmen innerhalb der Frist keine Erklärung ab, so wird vermutet, dass das Unternehmen in den Anwendungsbereich des Absatzes 1 Satz 1 Nummer 1 fällt. [4] Die Sätze 1 und 2 sind entsprechend anzuwenden, wenn die Bundesanstalt Anlass zur Annahme hat, dass ein Tochterunternehmen des Unternehmens in der mineralgewinnenden Industrie tätig ist oder Holzeinschlag in Primärwäldern betreibt.

(4) Das Bundesministerium der Finanzen kann im Einvernehmen mit dem Bundesministerium der Justiz und für Verbraucherschutz durch Rechtsverordnung, *die* nicht der Zustimmung des Bundesrates bedarf, nähere Bestimmungen erlassen über

1. den Mindestinhalt, die Art, die Sprache, den Umfang und die Form der Veröffentlichung nach Absatz 2 Satz 1,

2. den Mindestinhalt, die Art, die Sprache, den Umfang und die Form der Bekanntmachung nach Absatz 2 Satz 2,
3. die Sprache, in der der Zahlungsbericht oder Konzernzahlungsbericht abzufassen ist, sowie den Zeitraum, für den der Zahlungsbericht oder Konzernzahlungsbericht im Unternehmensregister allgemein zugänglich bleiben muss, und den Zeitpunkt, zu dem er zu löschen ist.

§ 117[1)] **Konzernabschluss.** Ist ein Mutterunternehmen verpflichtet, einen Konzernabschluss und einen Konzernlagebericht aufzustellen, gelten die §§ 114 und 115 mit der folgenden Maßgabe:

1. Der Jahresfinanzbericht hat auch den geprüften, im Einklang mit der Verordnung (EG) Nr. 1606/2002 des Europäischen Parlaments und des Rates vom 19. Juli 2002 betreffend die Anwendung internationaler Rechnungslegungsstandards (ABl. EG Nr. L 243 S. 1) aufgestellten Konzernabschluss, den Konzernlagebericht, eine den Vorgaben des § 297 Absatz 2 Satz 4, § 315 Absatz 1 Satz 5 des Handelsgesetzbuchs[2)] entsprechende Erklärung und eine Bescheinigung der Wirtschaftsprüferkammer gemäß § 134 Abs. 2a der Wirtschaftsprüferordnung über die Eintragung des Abschlussprüfers oder eine Bestätigung der Wirtschaftsprüferkammer gemäß § 134 Abs. 4 Satz 8 der Wirtschaftsprüferordnung über die Befreiung von der Eintragungspflicht zu enthalten.
2. Das Mutterunternehmen hat den Halbjahresfinanzbericht für das Mutterunternehmen und die Gesamtheit der einzubeziehenden Tochterunternehmen zu erstellen und zu veröffentlichen. § 115 Absatz 3 gilt entsprechend, wenn das Mutterunternehmen verpflichtet ist, den Konzernabschluss nach den in § 315e Absatz 1 des Handelsgesetzbuchs bezeichneten internationalen Rechnungslegungsstandards und Vorschriften aufzustellen.

§ 118[3)] **Ausnahmen; Verordnungsermächtigung.** (1) [1]Die §§ 114, 115 und 117 sind nicht anzuwenden auf Unternehmen, die ausschließlich

1. zum Handel an einem organisierten Markt zugelassene Schuldtitel mit einer Mindeststückelung von 100 000 Euro oder dem am Ausgabetag entsprechenden Gegenwert einer anderen Währung begeben oder
2. noch ausstehende bereits vor dem 31. Dezember 2010 zum Handel an einem organisierten Markt im Inland oder in einem anderen Mitgliedstaat der Europäischen Union oder einem anderen Vertragsstaat des Abkommens über den Europäischen Wirtschaftsraum zugelassene Schuldtitel mit einer Mindeststückelung von 50 000 Euro oder dem am Ausgabetag entsprechenden Gegenwert einer anderen Währung begeben haben.

---

1) Früherer § 37y eingef. mWv 20.1.2007 durch G v. 5.1.2007 (BGBl. I S. 10); Nr. 1 geänd. mWv 29.5. 2009 durch G v. 25.5.2009 (BGBl. I S. 1102); einl. Satzteil und Nr. 1 geänd. Nr. 3 aufgeh. mWv 26.11. 2015 durch G v. 20.11.2015 (BGBl. I S. 2029); Nr. 1 und 2 geänd. mWv 19.4.2017 durch G v. 11.4.2017 (BGBl. I S. 802); bish. § 37y wird § 117 und einl. Satzteil und Nr. 2 geänd. mWv 3.1.2018 durch G v. 23.6.2017 (BGBl. I S. 1693); Nr. 2 geänd. mWv 28.3.2020 durch G v. 19.3.2020 (BGBl. I S. 529).

2) **Habersack, Deutsche Gesetze Nr. 50.**

3) Früherer § 37z eingef. mWv 20.1.2007 durch G v. 5.1.2007 (BGBl. I S. 10); Abs. 4 Satz 2 eingef., bish. Sätze 2–4 werden 3–5 mWv 1.1.2012 durch G v. 4.12.2011 (BGBl. I S. 2427); Abs. 1 neu gef. mWv 1.7.2012 durch G v. 26.6.2012 (BGBl. I S. 1375); Abs. 1 Satz 2 geänd. mWv 19.7.2014 durch G v. 15.7. 2014 (BGBl. I S. 934); Abs. 1 Satz 1 einl. Satzteil, Abs. 4 Sätze 1 und 3 geänd., Abs. 5 aufgeh. mWv 26.11.2015 durch G v. 20.11.2015 (BGBl. I S. 2029); bish. § 37z wird § 118 und Überschrift, Abs. 1 Satz 1 einl. Satzteil, Abs. 2, 3 und 4 Sätze 1 und 3 geänd. mWv 3.1.2018 durch G v. 23.6.2017 (BGBl. I S. 1693); Abs. 2 geänd. mWv 21.7.2019 durch G v. 8.7.2019 (BGBl. I S. 1002); Abs. 4 Satz 4 geänd. mWv 1.8.2022 durch G v. 5.7.2021 (BGBl. I S. 3338).

[2] Die Ausnahmen nach Satz 1 sind auf Emittenten von Wertpapieren im Sinne des § 2 Absatz 1 Nummer 2 nicht anzuwenden.

(2) § 115 findet keine Anwendung auf Kreditinstitute, die als Inlandsemittenten Wertpapiere begeben, wenn ihre Aktien nicht an einem organisierten Markt zugelassen sind und sie dauernd oder wiederholt ausschließlichSchuldtitel begeben haben, deren Gesamtnennbetrag 100 Millionen Euro nicht erreicht und für die kein Prospekt nach der Verordnung (EU) 2017/1129 veröffentlicht wurde.

(3) § 115 findet ebenfalls keine Anwendung auf Unternehmen, die als Inlandsemittenten Wertpapiere begeben, wenn sie zum 31. Dezember 2003 bereits existiert haben und ausschließlich zum Handel an einem organisierten Markt zugelassene Schuldtitel begeben, die vom Bund, von einem Land oder von einer seiner Gebietskörperschaften unbedingt und unwiderruflich garantiert werden.

(4) [1] Die Bundesanstalt kann ein Unternehmen mit Sitz in einem Drittstaat, das als Inlandsemittent Wertpapiere begibt, von den Anforderungen der §§ 114, 115 und 117, auch in Verbindung mit einer Rechtsverordnung nach § 114 Absatz 3 oder § 115 Absatz 6, ausnehmen, soweit diese Emittenten gleichwertigen Regeln eines Drittstaates unterliegen oder sich solchen Regeln unterwerfen. [2] Die Bundesanstalt unterrichtet die Europäische Wertpapier- und Marktaufsichtsbehörde über die erteilte Freistellung. [3] Die nach den Vorschriften des Drittstaates zu erstellenden Informationen sind jedoch in der in § 114 Absatz 1 Satz 1 und 2 und § 115 Absatz 1 Satz 1 und 2, jeweils auch in Verbindung mit einer Rechtsverordnung nach § 114 Absatz 3 oder § 115 Absatz 6, geregelten Weise der Öffentlichkeit zur Verfügung zu stellen, zu veröffentlichen und gleichzeitig der Bundesanstalt mitzuteilen. [4] Die Informationen sind außerdem unverzüglich, jedoch nicht vor ihrer Veröffentlichung der das Unternehmensregister führenden Stelle zur Einstellung in das Unternehmensregister zu übermitteln. [5] Das Bundesministerium der Finanzen kann durch Rechtsverordnung[1)], die nicht der Zustimmung des Bundesrates bedarf, nähere Bestimmungen über die Gleichwertigkeit von Regeln eines Drittstaates und die Freistellung von Unternehmen nach Satz 1 erlassen.

Abschnitt 17.[2)] Straf- und Bußgeldvorschriften

§ 119[3)] Strafvorschriften. (1) Mit Freiheitsstrafe bis zu fünf Jahren oder mit Geldstrafe wird bestraft, wer eine in § 120 Absatz 2 Nummer 3 oder Absatz 15 Nummer 2 bezeichnete vorsätzliche Handlung begeht und dadurch einwirkt auf

1. den inländischen Börsen- oder Marktpreis eines Finanzinstruments, eines damit verbundenen Waren-Spot-Kontrakts, einer Ware im Sinne des § 2 Absatz 5 oder eines ausländischen Zahlungsmittels im Sinne des § 51 des Börsengesetzes,
2. den Preis eines Finanzinstruments oder eines damit verbundenen Waren-Spot-Kontrakts an einem organisierten Markt, einem multilateralen oder organisierten Handelssystem in einem anderen Mitgliedstaat oder in einem anderen Vertragsstaat des Abkommens über den Europäischen Wirtschaftsraum,

---

[1)] Siehe die Transparenzrichtlinie-DurchführungsVO v. 13.3.2008 (BGBl. I S. 408), zuletzt geänd. durch G v. 23.6.2017 (BGBl. I S. 1693).

[2)] *Früherer Abschnitt 11* (§§ 38–40b) neu gef. mWv 30.10.2004 durch G v. 28.10.2004 (BGBl. I S. 2630); neuer Abschnitt 11 eingef., bish. Abschnitte 11 und 12 werden *Abschnitte 12 und 13* mWv 21.12.2004 durch G v. 15.12.2004 (BGBl. I S. 3408); bish. Abschnitt 12 wird Abschnitt 17 (§§ 119–126) mWv 3.1.2018 durch G v. 23.6.2017 (BGBl. I S. 1693).

[3)] Bish. § 38 wird § 119 und neu gef. mWv 3.1.2018 durch G v. 23.6.2017 (BGBl. I S. 1693).

3. den Preis einer Ware im Sinne des § 2 Absatz 5 oder eines ausländischen Zahlungsmittels im Sinne des § 51 des Börsengesetzes an einem mit einer inländischen Börse vergleichbaren Markt in einem anderen Mitgliedstaat oder in einem anderen Vertragsstaat des Abkommens über den Europäischen Wirtschaftsraum oder
4. die Berechnung eines Referenzwertes im Inland oder in einem anderen Mitgliedstaat oder in einem anderen Vertragsstaat des Abkommens über den Europäischen Wirtschaftsraum.

(2) Ebenso wird bestraft, wer gegen die Verordnung (EU) Nr. 1031/2010 der Kommission vom 12. November 2010 über den zeitlichen und administrativen Ablauf sowie sonstige Aspekte der Versteigerung von Treibhausgasemissionszertifikaten gemäß der Richtlinie 2003/87/EG des Europäischen Parlaments und des Rates über ein System für den Handel mit Treibhausgasemissionszertifikaten in der Gemeinschaft (ABl. L 302 vom 18.11.2010, S. 1), die zuletzt durch die Verordnung (EU) Nr. 176/2014 (ABl. L 56 vom 26.2.2014, S. 11) geändert worden ist, verstößt, indem er

1. entgegen Artikel 38 Absatz 1 Unterabsatz 1, auch in Verbindung mit Absatz 2 oder Artikel 40, ein Gebot einstellt, ändert oder zurückzieht oder
2. als Person nach Artikel 38 Absatz 1 Unterabsatz 2, auch in Verbindung mit Absatz 2,
   a) entgegen Artikel 39 Buchstabe a eine Insiderinformation weitergibt oder
   b) entgegen Artikel 39 Buchstabe b die Einstellung, Änderung oder Zurückziehung eines Gebotes empfiehlt oder eine andere Person hierzu verleitet.

(3) Ebenso wird bestraft, wer gegen die Verordnung (EU) Nr. 596/2014[1)] des Europäischen Parlaments und des Rates vom 16. April 2014 über Marktmissbrauch (Marktmissbrauchsverordnung) und zur Aufhebung der Richtlinie 2003/6/EG des Europäischen Parlaments und des Rates und der Richtlinien 2003/124/EG, 2003/125/EG und 2004/72/EG der Kommission (ABl. L 173 vom 12.6.2014, S. 1; L 287 vom 21.10.2016, S. 320; L 306 vom 15.11.2016, S. 43; L 348 vom 21.12.2016, S. 83), die zuletzt durch die Verordnung (EU) 2016/1033 (ABl. L 175 vom 30.6.2016, S. 1) geändert worden ist, verstößt, indem er

1. entgegen Artikel 14 Buchstabe a ein Insidergeschäft tätigt,
2. entgegen Artikel 14 Buchstabe b einem Dritten empfiehlt, ein Insidergeschäft zu tätigen, oder einen Dritten dazu verleitet oder
3. entgegen Artikel 14 Buchstabe c eine Insiderinformation offenlegt.

(4) Der Versuch ist strafbar.

(5) Mit Freiheitsstrafe von einem Jahr bis zu zehn Jahren wird bestraft, wer in den Fällen des Absatzes 1

1. *gewerbsmäßig oder als Mitglied einer Bande*, die sich zur fortgesetzten Begehung solcher Taten verbunden hat, handelt oder
2. in Ausübung seiner Tätigkeit für eine inländische Finanzaufsichtsbehörde, ein Wertpapierdienstleistungsunternehmen, eine Börse oder einen Betreiber eines Handelsplatzes handelt.

(6) In minder schweren Fällen des Absatzes 5 Nummer 2 ist die Strafe Freiheitsstrafe von sechs Monaten bis zu fünf Jahren.

---

1) Nr. **60**.

(7) Handelt der Täter in den Fällen des Absatzes 2 Nummer 1 leichtfertig, so ist die Strafe Freiheitsstrafe bis zu einem Jahr oder Geldstrafe.

§ 119a[1] Strafvorschriften. (1) Mit Freiheitsstrafe bis zu fünf Jahren oder mit Geldstrafe wird bestraft, wer

1. entgegen § 114 Absatz 2 Nummer 3 oder § 115 Absatz 2 Nummer 3, jeweils in Verbindung mit § 264 Absatz 2 Satz 3 oder § 289 Absatz 1 Satz 5 des Handelsgesetzbuchs[2], oder
2. entgegen § 117 Nummer 1 in Verbindung mit § 297 Absatz 2 Satz 4 oder § 315 Absatz 1 Satz 5 des Handelsgesetzbuchs

eine unrichtige Versicherung abgibt.

(2) Handelt der Täter leichtfertig, so ist die Strafe Freiheitsstrafe bis zu zwei Jahren oder Geldstrafe.

§ 120[3] Bußgeldvorschriften; Verordnungsermächtigung. (1) Ordnungswidrig handelt, wer

1. einer vollziehbaren Anordnung nach § 8 Absatz 2 Satz 1 oder Satz 2 zuwiderhandelt,
2. eine Information entgegen § 26 Absatz 1 oder Absatz 2 nicht oder nicht rechtzeitig übermittelt,
3. eine Mitteilung entgegen § 26 Absatz 1 nicht, nicht richtig, nicht vollständig oder nicht rechtzeitig macht,
4. eine Mitteilung entgegen § 26 Absatz 2 nicht oder nicht rechtzeitig macht oder
5. entgegen § 30 Absatz 3 Clearing-Dienste nutzt.

(2) Ordnungswidrig handelt, wer vorsätzlich oder leichtfertig

1. eine Information entgegen § 5 Absatz 1 Satz 2 nicht oder nicht rechtzeitig übermittelt,
2. entgegen
   a) § 5 Absatz 1 Satz 2,
   b) § 22 Absatz 3,
   c) § 23 Absatz 1 Satz 1, auch in Verbindung mit einer Rechtsverordnung nach Absatz 4 Satz 1,
   d) § 33 Absatz 1 Satz 1 oder 2 oder Absatz 2, jeweils auch in Verbindung mit einer Rechtsverordnung nach § 33 Absatz 5,

---

[1] § 119a eingef. mWv 1.1.2022 durch G v. 3.6.2021 (BGBl. I S. 1534).

[2] **Habersack, Deutsche Gesetze Nr. 50.**

[3] Bish. § 39 wird § 120 und neu gef. mWv 3.1.2018, Abs. 8 Nr. 33 geänd. mWv 1.7.2018 durch G v. 23.6.2017 (BGBl. I S. 1693); Abs. 2 Nr. 4 Buchst. e, Abs. 8 Nr. 73 und 74 geänd., Nr. 74a, Abs. 15a eingef., Abs. 18 Satz 1 und 2 Nr. 2 geänd. mWv 14.7.2018, Abs. 8 Nr. 38 neu gef., Nr. 45a eingef. mWv 21.7.2018 durch G v. 10.7.2018 (BGBl. I S. 1102); Abs. 12 Nr. 1 Buchst. a eingef., bish. Buchst. a–d werden Buchst. b–e, Abs. 22a eingef., Abs. 23 Satz 1 einl. Satzteil geänd. mWv 21.7.2019 durch G v. 8.7.2019 (BGBl. I S. 1002); Abs. 2 Nr. 7 aufgeh., Nr. 14 geänd., Abs. 7 einl. Satzteil geänd., Nr. 1a eingef., Nr. 5 neu gef. mWv 28.3.2020 durch G v. 19.3.2020 (BGBl. I S. 529); Abs. 2 Nr. 15, Abs. 12 Nr. 5 geänd. mWv 19.8.2020 durch G v. 12.8.2020 (BGBl. I S. 1874); Abs. 23 Satz 1 Nr. 1 geänd. mWv 26.6.2021 durch G v. 12.5.2021 (BGBl. I S. 990); Abs. 2 Nr. 14a eingef., Abs. 12 Nr. 1 Buchst. d geänd., Buchst. e aufgeh., Abs. 24 geänd. mWv 1.1.2022 durch G v. 3.6.2021 (BGBl. I S. 1534); Abs. 8 Nr. 34a und 41a eingef., Nr. 135 geänd., Nr. 136 aufgeh., bish. Nr. 137 wird Nr. 136 mWv 28.11.2021, Abs. 8 Nr. 10–26 aufgeh., Abs. 9 einl. Satzteil geänd., Nr. 22a, 22b und Abs. 9a eingef., Abs. 20 Satz 1 geänd. mWv 1.1.2022 durch G v. 3.6.2021 (BGBl. I S. 1568).

e) § 38 Absatz 1 Satz 1, auch in Verbindung mit einer Rechtsverordnung nach § 38 Absatz 5, oder § 39 Absatz 1, auch in Verbindung mit einer Rechtsverordnung nach § 39 Absatz 2,
f) § 40 Absatz 2, auch in Verbindung mit einer Rechtsverordnung nach § 40 Absatz 3 Nummer 2,
g) § 41 Absatz 1 Satz 2, auch in Verbindung mit § 41 Absatz 2,
h) § 46 Absatz 2 Satz 1,
i) § 50 Absatz 1 Satz 1, auch in Verbindung mit einer Rechtsverordnung nach § 50 Absatz 2,
j) § 51 Absatz 2,
k) § 114 Absatz 1 Satz 3, auch in Verbindung mit § 117, jeweils auch in Verbindung mit einer Rechtsverordnung nach § 114 Absatz 3 Nummer 2,
l) § 115 Absatz 1 Satz 3, auch in Verbindung mit § 117, jeweils auch in Verbindung mit einer Rechtsverordnung nach § 115 Absatz 6 Nummer 3,
m) § 116 Absatz 2 Satz 2, auch in Verbindung mit einer Rechtsverordnung nach § 116 Absatz 4 Nummer 2 oder
n) § 118 Absatz 4 Satz 3

eine Mitteilung nicht, nicht richtig, nicht vollständig, nicht in der vorgeschriebenen Weise oder nicht rechtzeitig macht,

2a. entgegen § 12 oder § 23 Absatz 1 Satz 2 eine Person über eine Anzeige, eine eingeleitete Untersuchung oder eine Maßnahme in Kenntnis setzt,

2b. einer vollziehbaren Anordnung nach § 15 Absatz 1 zuwiderhandelt,

3. entgegen § 25 in Verbindung mit Artikel 15 der Verordnung (EU) Nr. 596/2014[1] eine Marktmanipulation begeht,

4. a) § 40 Absatz 1 Satz 1, auch in Verbindung mit einer Rechtsverordnung nach § 40 Absatz 3 Nummer 1, oder entgegen § 41 Absatz 1 Satz 1, auch in Verbindung mit § 41 Absatz 2, oder § 46 Absatz 2 Satz 1,
b) § 40 Absatz 1 Satz 2, in Verbindung mit § 40 Absatz 1 Satz 1, auch in Verbindung mit einer Rechtsverordnung nach § 40 Absatz 3,
c) § 49 Absatz 1 oder 2,
d) § 50 Absatz 1 Satz 1 in Verbindung mit einer Rechtsverordnung nach § 50 Absatz 2 oder entgegen § 51 Absatz 2,
e) § 114 Absatz 1 Satz 2 in Verbindung mit einer Rechtsverordnung nach § 114 Absatz 3 Nummer 1, jeweils auch in Verbindung mit § 117, oder entgegen § 118 Absatz 4 Satz 3,
f) § 115 Absatz 1 Satz 2 in Verbindung mit einer Rechtsverordnung nach § 115 Absatz 6 Nummer 2, jeweils auch in Verbindung mit § 117, oder
g) § 116 Absatz 2 Satz 1 in Verbindung mit einer Rechtsverordnung nach § 116 Absatz 4 Nummer 1

eine Veröffentlichung nicht, nicht richtig, nicht vollständig, nicht in der vorgeschriebenen Weise oder nicht rechtzeitig vornimmt oder nicht oder nicht rechtzeitig nachholt,

5. entgegen § 27 Satz 1 eine Aufzeichnung nicht, nicht richtig, nicht vollständig oder nicht rechtzeitig erstellt,

6. entgegen § 29 Absatz 5 Satz 1 der Stellung eines Billigungsantrags nicht eine dort genannte Erklärung beifügt,

---

[1] Nr. **60**.

7. *(aufgehoben)*
8. entgegen § 32 Absatz 1 Satz 1 die dort genannten Tatsachen nicht oder nicht rechtzeitig prüfen und bescheinigen lässt,
9. entgegen § 32 Absatz 4 Satz 1 eine Bescheinigung nicht oder nicht rechtzeitig übermittelt,
10. entgegen § 40 Absatz 1 Satz 1, § 41 Absatz 1 Satz 3, § 46 Absatz 2 Satz 2, § 50 Absatz 1 Satz 2, § 51 Absatz 2, § 114 Absatz 1 Satz 3, § 115 Absatz 1 Satz 3, § 116 Absatz 2 Satz 2 oder § 118 Absatz 4 Satz 3 eine Information oder eine Bekanntmachung nicht oder nicht rechtzeitig übermittelt,
11. entgegen § 48 Absatz 1 Nummer 2, auch in Verbindung mit § 48 Absatz 3, nicht sicherstellt, dass Einrichtungen und Informationen im Inland öffentlich zur Verfügung stehen,
12. entgegen § 48 Absatz 1 Nummer 3, auch in Verbindung mit § 48 Absatz 3, nicht sicherstellt, dass Daten vor der Kenntnisnahme durch Unbefugte geschützt sind,
13. entgegen § 48 Absatz 1 Nummer 4, auch in Verbindung mit § 48 Absatz 3, nicht sicherstellt, dass eine dort genannte Stelle bestimmt ist,
14. entgegen § 86 Absatz 1 Satz 1, 5 oder 6 eine Anzeige nicht, nicht richtig, nicht vollständig oder nicht rechtzeitig erstattet,

14a. einer vollziehbaren Anordnung nach § 107 Absatz 5 Satz 1 oder § 109 Absatz 2 Satz 4 zuwiderhandelt,

15. entgegen § 114 Absatz 1 Satz 4, § 115 Absatz 1 Satz 4, jeweils auch in Verbindung mit § 117, einen Jahresfinanzbericht einschließlich der Erklärung gemäß § 114 Absatz 2 Nummer 3 und der Eintragungsbescheinigung oder Bestätigung gemäß § 114 Absatz 2 Nummer 4 oder einen Halbjahresfinanzbericht einschließlich der Erklärung gemäß § 115 Absatz 2 Nummer 3 oder entgegen § 116 Absatz 2 Satz 3 einen Zahlungs- oder Konzernzahlungsbericht nicht, nicht in der vorgeschriebenen Weise oder nicht rechtzeitig übermittelt oder
16. einer unmittelbar geltenden Vorschrift in delegierten Rechtsakten der Europäischen Union, die die Verordnung (EG) Nr. 1060/2009 des Europäischen Parlaments und des Rates vom 16. September 2009 über Ratingagenturen (ABl. L 302 vom 17.11.2009, S. 1, L 350 vom 29.12.2009, S. 59, L 145 vom 31.5.2011, S. 57, L 267 vom 6.9.2014, S. 30), die zuletzt durch die Richtlinie 2014/51/EU (ABl. L 153 vom 22.5.2014, S. 1) geändert worden ist, ergänzen, im Anwendungsbereich dieses Gesetzes zuwiderhandelt, soweit eine Rechtsverordnung nach Absatz 28 für einen bestimmten Tatbestand auf diese Bußgeldvorschrift verweist.

(3) Ordnungswidrig handelt, wer vorsätzlich oder leichtfertig entgegen Artikel 74 oder Artikel 75 der Delegierten Verordnung (EU) 2017/565 der Kommission vom 25. April 2016 zur Ergänzung der Richtlinie 2014/65/EU des Europäischen Parlaments und des Rates in Bezug auf die organisatorischen Anforderungen an Wertpapierfirmen und die Bedingungen für die Ausübung ihrer Tätigkeit sowie in Bezug auf die Definition bestimmter Begriffe für die Zwecke der genannten Richtlinie (ABl. L 87 vom 31.3.2017, S. 1) eine Aufzeichnung nicht, nicht richtig, *nicht vollständig oder* nicht rechtzeitig erstellt.

(4) Ordnungswidrig handelt, wer als Person, die für ein Wertpapierdienstleistungsunternehmen handelt, gegen die Verordnung (EG) Nr. 1060/2009 verstößt, indem er vorsätzlich oder leichtfertig

1. entgegen Artikel 4 Absatz 1 Unterabsatz 1 ein Rating verwendet,
2. entgegen Artikel 5a Absatz 1 nicht dafür Sorge trägt, dass das Wertpapierdienstleistungsunternehmen eigene Kreditrisikobewertungen vornimmt,
3. entgegen Artikel 8c Absatz 1 einen Auftrag nicht richtig erteilt,
4. entgegen Artikel 8c Absatz 2 nicht dafür Sorge trägt, dass die beauftragten Ratingagenturen die dort genannten Voraussetzungen erfüllen oder
5. entgegen Artikel 8d Absatz 1 Satz 2 eine dort genannte Dokumentation nicht richtig vornimmt.

(5) Ordnungswidrig handelt, wer gegen die Verordnung (EU) Nr. 1031/2010 verstößt, indem er vorsätzlich oder leichtfertig

1. als Person nach Artikel 40
   a) entgegen Artikel 39 Buchstabe a eine Insiderinformation weitergibt oder
   b) entgegen Artikel 39 Buchstabe b die Einstellung, Änderung oder Zurückziehung eines Gebotes empfiehlt oder eine andere Person hierzu verleitet,
2. entgegen Artikel 42 Absatz 1 Satz 2 oder Satz 3 das Verzeichnis nicht, nicht richtig, nicht vollständig oder nicht rechtzeitig übermittelt,
3. entgegen Artikel 42 Absatz 2 eine Unterrichtung nicht, nicht richtig oder nicht innerhalb von fünf Werktagen vornimmt oder
4. entgegen Artikel 42 Absatz 5 die Behörde nicht, nicht richtig, nicht vollständig oder nicht rechtzeitig informiert.

(6) Ordnungswidrig handelt, wer gegen die Verordnung (EU) Nr. 236/2012 des Europäischen Parlaments und des Rates vom 14. März 2012 über Leerverkäufe und bestimmte Aspekte von Credit Default Swaps (ABl. L 86 vom 24.3.2012, S. 1), die durch die Verordnung (EU) Nr. 909/2014 (ABl. L 257 vom 28.8.2014, S. 1) geändert worden ist, verstößt, indem er vorsätzlich oder leichtfertig

1. entgegen Artikel 5 Absatz 1, Artikel 7 Absatz 1 oder Artikel 8 Absatz 1, jeweils auch in Verbindung mit Artikel 9 Absatz 1 Unterabsatz 1 oder Artikel 10, eine Meldung nicht, nicht richtig, nicht vollständig oder nicht rechtzeitig macht,
2. entgegen Artikel 6 Absatz 1, auch in Verbindung mit Artikel 9 Absatz 1 Unterabsatz 1 oder Artikel 10, eine Einzelheit nicht, nicht richtig, nicht vollständig oder nicht rechtzeitig offenlegt,
3. entgegen Artikel 12 Absatz 1 oder Artikel 13 Absatz 1 eine Aktie oder einen öffentlichen Schuldtitel leer verkauft,
4. entgegen Artikel 14 Absatz 1 eine Transaktion vornimmt oder
5. entgegen Artikel 15 Absatz 1 nicht sicherstellt, dass er über ein dort genanntes Verfahren verfügt.

(7) Ordnungswidrig handelt, wer gegen die Verordnung (EU) Nr. 648/2012 des Europäischen Parlaments und des Rates vom 4. Juli 2012 über OTC-Derivate, zentrale Gegenparteien und Transaktionsregister (ABl. L 201 vom 27.7.2012, S. 1; L 321 vom 30.11.2013, S. 6), die zuletzt durch die Verordnung (EU) 2019/834 (ABl. L 141 vom 28.5.2019, S. 42) geändert worden ist, verstößt, indem er vorsätzlich oder leichtfertig

1. entgegen Artikel 4 Absatz 1 und 3 einen OTC-Derivatekontrakt nicht oder nicht in der vorgeschriebenen Weise cleart,

1a. entgegen Artikel 4a Absatz 1 Unterabsatz 2 Buchstabe a eine Unterrichtung nicht oder nicht rechtzeitig vornimmt,

2. als Betreiber eines multilateralen Handelssystems im Sinne des § 72 Absatz 1 entgegen Artikel 8 Absatz 1 in Verbindung mit Absatz 4 Unterabsatz 1 Handelsdaten nicht, nicht richtig, nicht vollständig, nicht in der vorgeschriebenen Weise oder nicht rechtzeitig zur Verfügung stellt,
3. entgegen Artikel 9 Absatz 1 Satz 2 eine Meldung nicht, nicht richtig, nicht vollständig oder nicht rechtzeitig macht,
4. entgegen Artikel 9 Absatz 2 eine Aufzeichnung nicht oder nicht mindestens fünf Jahre aufbewahrt,
5. entgegen Artikel 10 Absatz 1 Unterabsatz 2 Buchstabe a eine Unterrichtung nicht oder nicht rechtzeitig vornimmt,
6. entgegen Artikel 11 Absatz 1 nicht gewährleistet, dass ein dort genanntes Verfahren oder eine dort genannte Vorkehrung besteht,
7. entgegen Artikel 11 Absatz 2 Satz 1 den Wert ausstehender Kontrakte nicht, nicht richtig oder nicht rechtzeitig ermittelt,
8. entgegen Artikel 11 Absatz 3 kein dort beschriebenes Risikomanagement betreibt,
9. entgegen Artikel 11 Absatz 4 nicht gewährleistet, dass zur Abdeckung der dort genannten Risiken eine geeignete und angemessene Eigenkapitalausstattung vorgehalten wird, oder
10. entgegen Artikel 11 Absatz 11 Satz 1 die Information über eine Befreiung von den Anforderungen des Artikels 11 Absatz 3 nicht oder nicht richtig veröffentlicht.

(8) Ordnungswidrig handelt, wer vorsätzlich oder leichtfertig

1. im Zusammenhang mit einer Untersuchung betreffend die Einhaltung der Pflichten nach den Abschnitten 9 bis 11 einer vollziehbaren Anordnung der Bundesanstalt nach den §§ 6 bis 9 zuwiderhandelt,
2. einer vollziehbaren Anordnung der Bundesanstalt nach § 9 Absatz 2 zuwiderhandelt, auch wenn im Ausland gehandelt wird,
3. als Betreiber eines inländischen Handelsplatzes, der im Namen eines Wertpapierdienstleistungsunternehmens Meldungen nach Artikel 26 Absatz 1 der Verordnung (EU) Nr. 600/2014 des Europäischen Parlaments und des Rates vom 15. Mai 2014 über Märkte für Finanzinstrumente und zur Änderung der Verordnung (EU) Nr. 648/2012 (ABl. L 173 vom 12.6. 2014, S. 84; L 6 vom 10.1.2015, S. 6; L 270 vom 15.10.2015, S. 4), die zuletzt durch die Verordnung (EU) 2016/1033 (ABl. L 175 vom 30.6. 2016, S. 1) geändert worden ist, vornimmt,
   a) entgegen § 22 Absatz 2 Satz 1 dort genannte Sicherheitsmaßnahmen nicht einrichtet oder
   b) entgegen § 22 Absatz 2 Satz 2 dort genannte Mittel nicht vorhält oder dort genannte Notfallsysteme nicht einrichtet,
4. ein von der Bundesanstalt für ein Warenderivat gemäß § 54 Absatz 1, 3, 5 festgelegtes Positionslimit überschreitet,
5. ein von einer ausländischen zuständigen Behörde eines Mitgliedstaates für ein Warenderivat festgelegtes Positionslimit überschreitet,
6. entgegen § 54 Absatz 6 Satz 1 nicht über angemessene Kontrollverfahren zur Überwachung des Positionsmanagements verfügt,
7. entgegen § 54 Absatz 6 Satz 4 eine Unterrichtung nicht, nicht richtig oder nicht vollständig vornimmt,

8. entgegen § 57 Absatz 2, 3 und 4 eine Übermittlung nicht, nicht richtig oder nicht vollständig vornimmt,
9. entgegen § 57 Absatz 1 eine Meldung nicht, nicht richtig, nicht vollständig oder nicht rechtzeitig vornimmt,

10.–26. *(aufgehoben)*

27. entgegen § 63 Absatz 2 Satz 1 in Verbindung mit Satz 2, auch in Verbindung mit dem auf Grundlage von Artikel 23 Absatz 4 in Verbindung mit Artikel 89 der Richtlinie 2014/65/EU des Europäischen Parlaments und des Rates vom 15. Mai 2014 über Märkte für Finanzinstrumente sowie zur Änderung der Richtlinien 2002/92/EG und 2011/61/EU (ABl. L 173 vom 12.6.2014, S. 349; L 74 vom 18.3.2015, S. 38; L 188 vom 13.7.2016, S. 28; L 273 vom 8.10.2016, S. 35; L 64 vom 10.3.2017, S. 116), die zuletzt durch die Richtlinie (EU) 2016/1034 (ABl. L 175 vom 30.6.2016, S. 8) geändert worden ist, erlassenen delegierten Rechtsakt der Europäischen Kommission, eine Darlegung nicht, nicht richtig, nicht vollständig, nicht in der vorgeschriebenen Weise oder nicht rechtzeitig vornimmt,
28. als Wertpapierdienstleistungsunternehmen entgegen § 63 Absatz 3 Satz 1, auch in Verbindung mit dem auf Grundlage von Artikel 24 Absatz 13 in Verbindung mit Artikel 89 der Richtlinie 2014/65/EU erlassenen delegierten Rechtsakt der Europäischen Kommission, keine Sicherstellung trifft,
29. als Wertpapierdienstleistungsunternehmen entgegen § 63 Absatz 3 Satz 2, auch in Verbindung mit dem auf Grundlage von Artikel 24 Absatz 13 in Verbindung mit Artikel 89 der Richtlinie 2014/65/EU erlassenen delegierten Rechtsakt der Europäischen Kommission, einen Anreiz setzt,
30. als Wertpapierdienstleistungsunternehmen ein Finanzinstrument vertreibt, das nicht gemäß den Anforderungen des § 63 Absatz 4, auch in Verbindung mit einer Rechtsverordnung nach § 80 Absatz 14 sowie dem auf Grundlage von Artikel 24 Absatz 13 in Verbindung mit Artikel 89 der Richtlinie 2014/65/EU erlassenen delegierten Rechtsakt der Europäischen Kommission, konzipiert wurde,
31. als Wertpapierdienstleistungsunternehmen entgegen § 63 Absatz 6 Satz 1, auch in Verbindung mit dem auf Grundlage von Artikel 24 Absatz 13 in Verbindung mit Artikel 89 der Richtlinie 2014/65/EU erlassenen delegierten Rechtsakt der Europäischen Kommission, Informationen zugänglich macht, die nicht redlich, nicht eindeutig oder irreführend sind,
32. als Wertpapierdienstleistungsunternehmen einer anderen Person eine Marketingmitteilung zugänglich macht, die entgegen § 63 Absatz 6 Satz 2 nicht eindeutig als solche erkennbar ist,
33. entgegen § 63 Absatz 7 Satz 1 in Verbindung mit den Sätzen 3 und 4, auch in Verbindung mit Satz 11, auch in Verbindung mit einer Rechtsverordnung nach Absatz 14 und auch in Verbindung mit dem auf Grundlage von Artikel 24 Absatz 13 in Verbindung mit Artikel 89 der Richtlinie 2014/65/EU erlassenen delegierten Rechtsakt der Europäischen Kommission, Informationen nicht, nicht richtig, nicht vollständig, nicht in der vorgeschriebenen Weise oder nicht rechtzeitig zur Verfügung stellt,
34. entgegen § 63 Absatz 7 Satz 5, auch in Verbindung mit dem auf Grundlage von Artikel 24 Absatz 13 in Verbindung mit Artikel 89 der Richtlinie 2014/65/EU erlassenen delegierten Rechtsakt der Europäischen Kommis-

sion, eine Aufstellung nicht, nicht richtig oder nicht vollständig zur Verfügung stellt,

34a. entgegen § 63 Absatz 7 Satz 13 eine dort genannte Möglichkeit nicht oder nicht rechtzeitig einräumt,

35. entgegen § 64 Absatz 1, auch in Verbindung mit dem auf Grundlage von Artikel 24 Absatz 3 in Verbindung mit Artikel 89 der Richtlinie 2014/65/EU erlassenen delegierten Rechtsakt der Europäischen Kommission, einen Kunden nicht, nicht richtig, nicht vollständig, nicht in der vorgeschriebenen Weise oder nicht rechtzeitig informiert,

36. entgegen § 63 Absatz 9 Satz 1, auch in Verbindung mit dem auf Grundlage von Artikel 24 Absatz 3 in Verbindung mit Artikel 89 der Richtlinie 2014/65/EU erlassenen delegierten Rechtsakt der Europäischen Kommission, einen Kunden nicht oder nicht richtig informiert oder ihm nicht für jeden Bestandteil getrennt Kosten und Gebühren nachweist,

37. entgegen § 63 Absatz 9 Satz 2, auch in Verbindung mit dem auf Grundlage von Artikel 24 Absatz 3 in Verbindung mit Artikel 89 der Richtlinie 2014/65/EU erlassenen delegierten Rechtsakt der Europäischen Kommission, einen Privatkunden nicht oder nicht in angemessener Weise informiert,

38. entgegen § 64 Absatz 2 Satz 1 in Verbindung mit einer Rechtsverordnung nach § 64 Absatz 10 Satz 1 Nummer 1 ein dort genanntes Dokument nicht, nicht richtig, nicht vollständig oder nicht rechtzeitig zur Verfügung stellt,

39. entgegen § 64 Absatz 3 Satz 1, auch in Verbindung mit dem auf Grundlage von Artikel 25 Absatz 8 in Verbindung mit Artikel 89 der Richtlinie 2014/65/EU erlassenen delegierten Rechtsakt der Europäischen Kommission, die dort genannten Informationen nicht oder nicht vollständig einholt,

40. entgegen § 64 Absatz 3 Satz 2 bis 4 ein Finanzinstrument oder eine Wertpapierdienstleistung empfiehlt oder ein Geschäft tätigt,

41. entgegen § 64 Absatz 4 Satz 1 in Verbindung mit Satz 2, auch in Verbindung mit dem auf Grundlage von Artikel 25 Absatz 8 in Verbindung mit Artikel 89 der Richtlinie 2014/65/EU erlassenen delegierten Rechtsakt der Europäischen Kommission, eine Geeignetheitserklärung nicht, nicht richtig, nicht vollständig, nicht in der vorgeschriebenen Weise oder nicht rechtzeitig zur Verfügung stellt,

41a. entgegen § 64 Absatz 4 Satz 5 oder § 142 Absatz 1 Satz 1, 2 oder 3 eine Information nicht, nicht richtig, nicht vollständig oder nicht rechtzeitig gibt,

42. als Wertpapierdienstleistungsunternehmen, das einem Kunden im Verlauf einer Anlageberatung mitgeteilt hat, dass eine Unabhängige Honorar-Anlageberatung erbracht wird, dem Kunden gegenüber eine Empfehlung eines Finanzinstruments ausspricht, der nicht eine im Sinne von § 64 Absatz 5 Nummer 1, auch in Verbindung mit dem auf Grundlage von Artikel 24 Absatz 3 in Verbindung mit Artikel 89 der Richtlinie 2014/65/EU erlassenen delegierten Rechtsakt der Europäischen Kommission, ausreichende Palette von Finanzinstrumenten zugrunde liegt,

43. entgegen § 64 Absatz 6 Satz 1, auch in Verbindung mit einer Rechtsverordnung nach § 64 Absatz 10 Nummer 2, eine Information nicht, nicht richtig oder nicht vollständig oder nicht rechtzeitig gibt,

44. entgegen § 64 Absatz 6 Satz 2 einen Vertragsschluss als Festpreisgeschäft ausführt,
45. entgegen § 64 Absatz 7, auch in Verbindung mit einer Rechtsverordnung nach § 64 Absatz 10 Nummer 3, eine Zuwendung annimmt oder behält,
45a. entgegen § 65 Absatz 1 Satz 3 oder § 65a Absatz 1 Satz 3 einen Vertragsschluss vermittelt,
46. entgegen § 63 Absatz 10 Satz 1, auch in Verbindung mit Satz 2, jeweils auch in Verbindung mit dem auf Grundlage von Artikel 25 Absatz 8 in Verbindung mit Artikel 89 der Richtlinie 2014/65/EU erlassenen delegierten Rechtsakt der Europäischen Kommission, die dort genannten Informationen nicht oder nicht vollständig einholt,
47. entgegen § 63 Absatz 10 Satz 3 oder 4, auch in Verbindung mit dem auf Grundlage von Artikel 25 Absatz 8 in Verbindung mit Artikel 89 der Richtlinie 2014/65/EU erlassenen delegierten Rechtsakt der Europäischen Kommission, einen Hinweis oder eine Information nicht oder nicht rechtzeitig gibt,
48. entgegen § 63 Absatz 12 Satz 1 in Verbindung mit Satz 2, auch in Verbindung mit § 64 Absatz 8, jeweils auch in Verbindung mit dem auf Grundlage von Artikel 25 Absatz 8 in Verbindung mit Artikel 89 der Richtlinie 2014/65/EU erlassenen delegierten Rechtsakt der Europäischen Kommission, einem Kunden nicht regelmäßig berichtet oder nicht den Ausführungsort eines Auftrags mitteilt,
49. entgegen § 68 Absatz 1 Satz 2 mit einer geeigneten Gegenpartei nicht in der dort beschriebenen Weise kommuniziert,
50. entgegen § 69 Absatz 1 Nummer 1 oder Nummer 2, auch in Verbindung mit dem auf Grundlage von Artikel 28 Absatz 3 in Verbindung mit Artikel 89 der Richtlinie 2014/65/EU erlassenen delegierten Rechtsakt der Europäischen Kommission, keine geeigneten Vorkehrungen in Bezug auf die Ausführung und Weiterleitung von Kundenaufträgen trifft,
51. entgegen § 69 Absatz 2 Satz 1, auch in Verbindung mit dem auf Grundlage von Artikel 28 Absatz 3 in Verbindung mit Artikel 89 der Richtlinie 2014/65/EU erlassenen delegierten Rechtsakt der Europäischen Kommission, einen Auftrag nicht, nicht in der vorgeschriebenen Weise oder nicht rechtzeitig bekannt macht,
52. entgegen § 70 Absatz 1 Satz 1, auch in Verbindung mit einer Rechtsverordnung nach § 70 Absatz 9 Nummer 1, eine Zuwendung annimmt oder gewährt,
53. entgegen § 70 Absatz 5, auch in Verbindung mit dem auf Grundlage von Artikel 24 Absatz 13 in Verbindung mit Artikel 89 der Richtlinie 2014/65/EU erlassenen delegierten Rechtsakt der Europäischen Kommission, einen Kunden nicht über Verfahren betreffend die Auskehrung von Zuwendungen an Kunden informiert,
54. entgegen § 72 Absatz 1 Nummer 1 die dort genannten Regelungen nicht oder nicht im vorgeschriebenen Umfang festlegt,
55. entgegen § 72 Absatz 1 Nummer 2 die dort genannten Regelungen nicht oder nicht im vorgeschriebenen Umfang festlegt,
56. entgegen § 72 Absatz 1 Nummer 3 nicht über angemessene Verfahren verfügt,
57. entgegen § 72 Absatz 1 Nummer 4 eine Veröffentlichung nicht, nicht richtig oder nicht vollständig vornimmt,

58. entgegen § 72 Absatz 1 Nummer 5 Entgelte nicht oder nicht im vorgeschriebenen Umfang verlangt,
59. entgegen § 72 Absatz 1 Nummer 6 die dort benannten Vorkehrungen nicht oder nicht im vorgeschriebenen Umfang trifft,
60. entgegen § 72 Absatz 1 Nummer 7 kein angemessenes Order-Transaktions-Verhältnis sicherstellt,
61. entgegen § 72 Absatz 1 Nummer 8 keine Festlegung über die angemessene Größe der kleinstmöglichen Preisänderung trifft,
62. entgegen § 72 Absatz 1 Nummer 9 die dort genannten Risikokontrollen, Schwellen und Regelungen nicht festlegt,
63. entgegen § 72 Absatz 1 Nummer 10 die dort genannten Regelungen nicht festlegt,
64. entgegen § 72 Absatz 1 Nummer 11 keine zuverlässige Verwaltung der technischen Abläufe des Handelssystems sicherstellt,
65. entgegen § 72 Absatz 1 Nummer 12 die dort genannten Vorkehrungen nicht trifft,
66. entgegen § 72 Absatz 1 Nummer 13 ein multilaterales oder organisiertes Handelssystem betreibt, ohne über mindestens drei Nutzer zu verfügen, die mit allen übrigen Nutzern zum Zwecke der Preisbildung in Verbindung treten können,
67. ein multilaterales oder organisiertes Handelssystem betreibt, ohne über die Systeme im Sinne von § 5 Absatz 4a des Börsengesetzes in Verbindung mit § 72 Absatz 1 zu verfügen,
68. als Betreiber eines multilateralen oder eines organisierten Handelssystems entgegen § 26c Absatz 2 Satz 1 des Börsengesetzes in Verbindung mit § 72 Absatz 1 nicht eine ausreichende Teilnehmerzahl sicherstellt,
69. als Betreiber eines multilateralen oder organisierten Handelssystems einen Vertrag im Sinne des § 26c Absatz 1 des Börsengesetzes in Verbindung mit § 72 Absatz 1 schließt, der nicht sämtliche in § 26c Absatz 3 des Börsengesetzes genannten Bestandteile enthält,
70. entgegen § 72 Absatz 2 Gebührenstrukturen nicht gemäß den dort genannten Anforderungen gestaltet,
71. entgegen § 72 Absatz 3 eine Beschreibung nicht, nicht richtig oder nicht vollständig vorlegt,
72. entgegen § 72 Absatz 6 Satz 1 eine Mitteilung an die Bundesanstalt über schwerwiegende Verstöße gegen Handelsregeln, über Störungen der Marktintegrität und über Anhaltspunkte für einen Verstoß gegen die Vorschriften der Verordnung (EU) Nr. 596/2014 nicht oder nicht rechtzeitig macht,
73. entgegen § 73 Absatz 1 Satz 2 den Handel mit einem Finanzinstrument nicht aussetzt oder einstellt,
74. entgegen § 73 Absatz 1 Satz 4 eine Entscheidung nicht oder nicht richtig veröffentlicht oder die Bundesanstalt über eine Veröffentlichung nicht oder nicht rechtzeitig informiert,
74a. *einer vollziehbaren* Anordnung nach § 73 Absatz 2 Satz 1 oder Absatz 3 Satz 3 zuwiderhandelt,
75. entgegen § 74 Absatz 1 und 2 als Betreiber eines multilateralen Systems nicht dort genannte Regeln vorhält,

76. entgegen § 74 Absatz 3 die dort genannten Vorkehrungen nicht oder nicht im vorgeschriebenen Umfang trifft,
77. entgegen § 74 Absatz 5 einen Kundenauftrag unter Einsatz des Eigenkapitals ausführt,
78. entgegen § 75 Absatz 1 die dort genannten Vorkehrungen nicht trifft,
79. entgegen § 75 Absatz 2 Satz 1 ohne Zustimmung des Kunden auf die Zusammenführung sich deckender Kundenaufträge zurückgreift,
80. entgegen § 75 Absatz 2 Satz 2 Kundenaufträge zusammenführt,
81. entgegen § 75 Absatz 2 Satz 3 bei der Ausführung eines Geschäfts nicht sicherstellt, dass
    a) er während der gesamten Ausführung eines Geschäfts zu keiner Zeit einem Marktrisiko ausgesetzt ist,
    b) beide Vorgänge gleichzeitig ausgeführt werden oder
    c) das Geschäft zu einem Preis abgeschlossen wird, bei dem er, abgesehen von einer vorab offengelegten Provision, Gebühr oder sonstigen Vergütung, weder Gewinn noch Verlust macht,
82. entgegen § 75 Absatz 3 als Betreiber eines organisierten Handelssystems bei dessen Betrieb ein Geschäft für eigene Rechnung abschließt, das nicht in der Zusammenführung von Kundenaufträgen besteht und das ein Finanzinstrument zum Gegenstand hat, bei dem es sich nicht um einen öffentlichen Schuldtitel handelt, für den es keinen liquiden Markt gibt,
83. entgegen § 75 Absatz 4 Satz 1 innerhalb derselben rechtlichen Einheit ein organisiertes Handelssystem und die systematische Internalisierung betreibt,
84. entgegen § 75 Absatz 4 Satz 2 ein organisiertes Handelssystem betreibt, das eine Verbindung zu einem systematischen Internalisierer in einer Weise herstellt, dass die Interaktion von Aufträgen in dem organisierten Handelssystem und Aufträgen oder Offerten in dem systematischen Internalisierer ermöglicht wird,
85. als Betreiber eines organisierten Handelssystems beim Umgang mit Aufträgen in anderen als den in § 75 Absatz 6 Satz 2 genannten Fällen ein Ermessen ausübt,
86. einem vollziehbaren Erklärungsverlangen nach § 75 Absatz 7 Satz 1 zuwiderhandelt,
87. entgegen § 75 Absatz 7 Satz 3 die dort genannten Informationen nicht, nicht richtig oder nicht vollständig zur Verfügung stellt,
88. entgegen § 77 Absatz 1 einen direkten elektronischen Zugang zu einem Handelsplatz anbietet, ohne über die dort genannten Systeme und Kontrollen zu verfügen,
89. entgegen § 77 Absatz 1 nicht sicherstellt, dass seine Kunden die dort genannten Anforderungen erfüllen oder die dort genannten Vorschriften einhalten,
90. entgegen § 77 Absatz 1 Nummer 4 Buchstabe c Geschäfte nicht überwacht, um Verstöße gegen die Regeln des Handelsplatzes, marktstörende Handelsbedingungen oder auf Marktmissbrauch hindeutende Verhaltensweisen zu erkennen,
91. als Wertpapierdienstleistungsunternehmen einem Kunden einen direkten elektronischen Zugang zu einem Handelsplatz anbietet, ohne zuvor einen

schriftlichen Vertrag mit dem Kunden geschlossen zu haben, der den inhaltlichen Anforderungen des § 77 Absatz 1 Nummer 2 entspricht,

92. entgegen § 77 Absatz 2 Satz 1 eine Mitteilung nicht oder nicht richtig macht,
93. einer vollziehbaren Anordnung nach § 77 Absatz 2 Satz 2 zuwiderhandelt,
94. entgegen § 77 Absatz 3 nicht für die Aufbewahrung von Aufzeichnungen sorgt oder nicht sicherstellt, dass die Aufzeichnungen ausreichend sind,
95. als Wertpapierdienstleistungsunternehmen als allgemeines Clearing-Mitglied für andere Personen handelt, ohne über die in § 78 Satz 1 genannten Systeme und Kontrollen zu verfügen,
96. als Wertpapierdienstleistungsunternehmen als allgemeines Clearing-Mitglied für eine andere Person handelt, ohne zuvor mit dieser Person eine nach § 78 Satz 3 erforderliche schriftliche Vereinbarung hinsichtlich der wesentlichen Rechte und Pflichten geschlossen zu haben,
97. entgegen § 80 Absatz 1 Satz 2 Nummer 1, auch in Verbindung mit dem auf Grundlage von Artikel 23 Absatz 4 in Verbindung mit Artikel 89 der Richtlinie 2014/65/EU erlassenen delegierten Rechtsakt der Europäischen Kommission, keine Vorkehrungen trifft,
98. als Wertpapierdienstleistungsunternehmen algorithmischen Handel betreibt, ohne über die in § 80 Absatz 2 Satz 3 genannten Systeme und Risikokontrollen zu verfügen,
99. als Wertpapierdienstleistungsunternehmen algorithmischen Handel betreibt, ohne über die in § 80 Absatz 2 Satz 4 genannten Notfallvorkehrungen zu verfügen,
100. entgegen § 80 Absatz 2 Satz 5 eine Anzeige nicht macht,
101. einer vollziehbaren Anordnung nach § 80 Absatz 3 Satz 3 zuwiderhandelt,
102. entgegen § 80 Absatz 3 Satz 1 in Verbindung mit Satz 2 eine Aufzeichnung nicht, nicht richtig, nicht vollständig oder nicht in der vorgeschriebenen Weise macht oder nicht für die Dauer von fünf Jahren aufbewahrt,
103. entgegen § 80 Absatz 4 Nummer 1 das Market-Making nicht im dort vorgeschriebenen Umfang betreibt,
104. als Wertpapierdienstleistungsunternehmen algorithmischen Handel unter Verfolgung einer Market-Making-Strategie im Sinne des § 80 Absatz 5 betreibt, ohne zuvor einen schriftlichen Vertrag mit dem Handelsplatz geschlossen zu haben, der zumindest die Verpflichtungen im Sinne des § 80 Absatz 4 Nummer 1 beinhaltet,
105. als Wertpapierdienstleistungsunternehmen algorithmischen Handel unter Verfolgung einer Market-Making-Strategie im Sinne des § 80 Absatz 5 betreibt, ohne über die in § 80 Absatz 4 Nummer 3 genannten Systeme und Kontrollen zu verfügen,
106. entgegen § 80 Absatz 9 Satz 1, auch in Verbindung mit einer Rechtsverordnung nach § 80 Absatz 14 Satz 1, ein Produktfreigabeverfahren nicht oder nicht in der vorgeschriebenen Weise unterhält oder betreibt oder nicht regelmäßig überprüft,
107. entgegen § 80 Absatz 10 Satz 1, auch in Verbindung mit einer Rechtsverordnung nach § 80 Absatz 14 Satz 1, die Festlegung eines Zielmarkts nicht regelmäßig überprüft,
108. entgegen § 80 Absatz 11 Satz 1, auch in Verbindung mit einer Rechtsverordnung nach § 80 Absatz 14 Satz 1, die dort genannten Informationen

nicht, nicht richtig, nicht vollständig oder nicht in der vorgeschriebenen Weise zur Verfügung stellt,

109. entgegen § 80 Absatz 11 Satz 2, auch in Verbindung mit einer Rechtsverordnung nach § 80 Absatz 14 Satz 1, nicht über angemessene Vorkehrungen verfügt, um sich die in § 80 Absatz 11 Satz 1 genannten Informationen vom konzipierenden Wertpapierdienstleistungsunternehmen oder vom Emittenten zu verschaffen und die Merkmale und den Zielmarkt des Finanzinstruments zu verstehen,

110. entgegen § 81 Absatz 1 nicht die Organisation, Eignung des Personals, Mittel und Regelungen zur Erbringung von Wertpapierdienstleistungen und Wertpapiernebendienstleistungen, die Firmenpolitik und die Vergütungspolitik festlegt, umsetzt und überwacht,

111. entgegen § 81 Absatz 2 nicht die Eignung und die Umsetzung der strategischen Ziele des Wertpapierdienstleistungsunternehmens, die Wirksamkeit der Unternehmensführungsregelungen und die Angemessenheit der Firmenpolitik überwacht und überprüft oder nicht unverzüglich Schritte einleitet, um bestehende Mängel zu beseitigen,

112. entgegen § 81 Absatz 3 keinen angemessenen Zugang sicherstellt,

113. entgegen § 82 Absatz 1, auch in Verbindung mit dem auf Grundlage von Artikel 27 Absatz 9 in Verbindung mit Artikel 89 der Richtlinie 2014/65/EU erlassenen delegierten Rechtsakt der Europäischen Kommission, nicht sicherstellt, dass ein Kundenauftrag nach den dort benannten Grundsätzen ausgeführt wird,

114. entgegen § 82 Absatz 1 Nummer 1, auch in Verbindung mit dem auf Grundlage von Artikel 27 Absatz 9 in Verbindung mit Artikel 89 der Richtlinie 2014/65/EU erlassenen delegierten Rechtsakt der Europäischen Kommission, keine regelmäßige Überprüfung vornimmt,

115. entgegen § 82 Absatz 5 Satz 2, auch in Verbindung mit dem auf Grundlage von Artikel 27 Absatz 9 in Verbindung mit Artikel 89 der Richtlinie 2014/65/EU erlassenen delegierten Rechtsakt der Europäischen Kommission, einen dort genannten Hinweis nicht oder nicht rechtzeitig gibt oder eine dort genannte Einwilligung nicht oder nicht rechtzeitig einholt,

116. entgegen § 82 Absatz 6 Nummer 1, auch in Verbindung mit dem auf Grundlage von Artikel 27 Absatz 9 in Verbindung mit Artikel 89 der Richtlinie 2014/65/EU erlassenen delegierten Rechtsakt der Europäischen Kommission, einen Kunden nicht, nicht richtig, nicht in der vorgeschriebenen Weise oder nicht rechtzeitig informiert,

117. entgegen § 82 Absatz 6 Nummer 1 eine dort genannte Zustimmung nicht oder nicht rechtzeitig einholt,

118. entgegen § 82 Absatz 6 Nummer 2, auch in Verbindung mit dem auf Grundlage von Artikel 27 Absatz 9 in Verbindung mit Artikel 89 der Richtlinie 2014/65/EU erlassenen delegierten Rechtsakt der Europäischen Kommission, eine dort genannte Mitteilung nicht, nicht richtig, nicht in der vorgeschriebenen Weise oder nicht rechtzeitig macht,

119. entgegen § 82 Absatz 8 eine Vergütung, einen Rabatt oder einen nicht monetären Vorteil annimmt,

120. entgegen § 82 Absatz 9, auch in Verbindung mit einem technischen Regulierungsstandard nach Artikel 27 Absatz 10 Buchstabe b der Richtlinie 2014/65/EU, eine dort genannte Veröffentlichung nicht mindestens einmal jährlich vornimmt,

121. als Betreiber eines Handelsplatzes oder als systematischer Internalisierer, vorbehaltlich der Regelung zu § 26e des Börsengesetzes, entgegen § 82 Absatz 10, auch in Verbindung mit einer delegierten Verordnung nach Artikel 27 Absatz 9 sowie einem technischen Regulierungsstandard nach Artikel 27 Absatz 10 Buchstabe a der Richtlinie 2014/65/EU, eine dort genannte Veröffentlichung nicht mindestens einmal jährlich vornimmt,
122. als Betreiber eines Ausführungsplatzes, vorbehaltlich der Regelung zu § 26e des Börsengesetzes, entgegen § 82 Absatz 11, auch in Verbindung mit einer delegierten Verordnung nach Artikel 27 Absatz 9 sowie einem technischen Regulierungsstandard nach Artikel 27 Absatz 10 Buchstabe a der Richtlinie 2014/65/EU, eine Veröffentlichung nicht mindestens einmal jährlich vornimmt,
123. entgegen § 83 Absatz 1 oder Absatz 2 Satz 1, auch in Verbindung mit einer Rechtsverordnung nach § 83 Absatz 10 Satz 1 und den Artikeln 58 sowie 72 bis 74 der Delegierten Verordnung (EU) 2017/565, eine dort genannte Aufzeichnung nicht, nicht richtig oder nicht vollständig erstellt,
124. entgegen § 83 Absatz 3 Satz 1, auch in Verbindung mit einer Rechtsverordnung nach § 83 Absatz 10 Satz 1 und Artikel 76 der Delegierten Verordnung (EU) 2017/565, ein Telefongespräch oder eine elektronische Kommunikation nicht, nicht richtig, nicht vollständig oder nicht in der vorgeschriebenen Weise aufzeichnet,
125. entgegen § 83 Absatz 4 Satz 1, auch in Verbindung mit einer Rechtsverordnung nach § 83 Absatz 10 Satz 1, nicht alle angemessenen Maßnahmen ergreift, um einschlägige Telefongespräche und elektronische Kommunikation aufzuzeichnen,
126. entgegen § 83 Absatz 5, auch in Verbindung mit einer Rechtsverordnung nach § 83 Absatz 10 Satz 1 und Artikel 76 Absatz 8 der Delegierten Verordnung (EU) 2017/565, einen Kunden nicht oder nicht rechtzeitig vorab in geeigneter Weise über die Aufzeichnung von Telefongesprächen nach § 83 Absatz 3 Satz 1 informiert,
127. entgegen § 84 Absatz 1 Satz 1 oder Absatz 4 Satz 1 keine geeigneten Vorkehrungen trifft, um die Rechte der Kunden an ihnen gehörenden Finanzinstrumenten oder Geldern zu schützen und zu verhindern, dass diese ohne ausdrückliche Zustimmung für eigene Rechnung verwendet werden,
128. entgegen § 84 Absatz 2 Satz 3 die Zustimmung des Kunden zur Verwahrung seiner Vermögensgegenstände bei einem qualifizierten Geldmarktfonds nicht oder nicht rechtzeitig einholt,
129. entgegen § 84 Absatz 2 Satz 5 eine treuhänderische Einlage nicht offenlegt,
130. entgegen § 84 Absatz 2 Satz 6 den Kunden nicht, nicht richtig oder nicht rechtzeitig darüber unterrichtet, bei welchem Institut und auf welchem Konto seine Gelder verwahrt werden,
131. entgegen § 84 Absatz 5 Satz 1 ein Wertpapier nicht oder nicht rechtzeitig zur Verwahrung weiterleitet,
132. entgegen § 84 Absatz 7 mit einem Privatkunden eine Finanzsicherheit in Form einer Vollrechtsübertragung nach Artikel 2 Absatz 1 Buchstabe b der Richtlinie 2002/47/EG abschließt,

133. entgegen § 84 Absatz 6 Satz 1, auch in Verbindung mit § 84 Absatz 6 Satz 2, ein Wertpapier für eigene Rechnung oder für Rechnung eines anderen Kunden nutzt,
134. entgegen § 87 Absatz 1 Satz 1, Absatz 2, 3, 4 Satz 1 oder Absatz 5 Satz 1, jeweils auch in Verbindung mit einer Rechtsverordnung nach § 87 Absatz 9 Satz 1 Nummer 2, einen Mitarbeiter mit einer dort genannten Tätigkeit betraut,
135. entgegen
   a) § 87 Absatz 1 Satz 2 oder Satz 3, Absatz 4 Satz 2 oder Satz 3 oder Absatz 5 Satz 2 oder Satz 3, jeweils auch in Verbindung mit einer Rechtsverordnung nach § 87 Absatz 9 Satz 1 Nummer 1, oder
   b) § 87 Absatz 1 Satz 4 in Verbindung mit einer Rechtsverordnung nach § 87 Absatz 9 Satz 1 Nummer 1

   eine Anzeige nicht, nicht richtig, nicht vollständig oder nicht rechtzeitig erstattet oder
136. entgegen § 94 Absatz 1 eine dort genannte Bezeichnung führt.

(9) Ordnungswidrig handelt, wer gegen die Verordnung (EU) Nr. 600/2014 des Europäischen Parlaments und des Rates vom 15. Mai 2014 über Märkte für Finanzinstrumente und zur Änderung der Verordnung (EU) Nr. 648/2012 (ABl. L 173 vom 12.6.2014, S. 84; L 6 vom 10.1.2015, S. 6; L 270 vom 15.10.2015, S. 4; L 278 vom 27.10.2017, S. 54), die zuletzt durch die Verordnung (EU) 2019/2175 (ABl. L 334 vom 27.12.2019, S. 1) geändert worden ist, verstößt, indem er vorsätzlich oder leichtfertig

1. als Wertpapierdienstleistungsunternehmen im Sinne dieses Gesetzes entgegen
   a) Artikel 3 Absatz 1,
   b) Artikel 6 Absatz 1,
   c) Artikel 8 Absatz 1 Satz 2,
   d) Artikel 8 Absatz 4 Satz 2,
   e) Artikel 10 Absatz 1,
   f) Artikel 11 Absatz 3 Unterabsatz 3 in Verbindung mit Artikel 10 Absatz 1,
   g) Artikel 31 Absatz 2

   eine Veröffentlichung nicht, nicht richtig, nicht vollständig, nicht in der vorgeschriebenen Weise oder nicht rechtzeitig vornimmt,
2. als Wertpapierdienstleistungsunternehmen im Sinne dieses Gesetzes entgegen
   a) Artikel 3 Absatz 3,
   b) Artikel 6 Absatz 2

   nicht in der dort beschriebenen Weise Zugang zu den betreffenden Systemen gewährt,
3. als Wertpapierdienstleistungsunternehmen im Sinne dieses Gesetzes entgegen
   a) Artikel 8 Absatz 3,
   b) Artikel 10 Absatz 2

   nicht in der dort beschriebenen Weise Zugang zu den betreffenden Einrichtungen gewährt,
4. als Wertpapierdienstleistungsunternehmen im Sinne dieses Gesetzes entgegen
   a) Artikel 7 Absatz 1 Unterabsatz 3 Satz 1 eine Genehmigung nicht rechtzeitig einholt oder auf geplante Regelungen für eine Veröffentlichung

nicht, nicht richtig, nicht vollständig, nicht in der vorgeschriebenen Weise oder nicht rechtzeitig hinweist,

b) Artikel 11 Absatz 1 Unterabsatz 3 Satz 1 auf geplante Regelungen für eine Veröffentlichung nicht, nicht richtig, nicht vollständig, nicht in der vorgeschriebenen Weise oder nicht rechtzeitig hinweist,

c) Artikel 12 Absatz 1 eine Information nicht, nicht richtig, nicht vollständig, nicht in der vorgeschriebenen Weise oder nicht rechtzeitig offenlegt,

d) Artikel 13 Absatz 1 Satz 1 in Verbindung mit Satz 2 eine Angabe oder Information nicht, nicht richtig, nicht in der vorgeschriebenen Weise oder nicht rechtzeitig offenlegt oder bereitstellt oder keinen diskriminierungsfreien Zugang zu den Informationen sicherstellt,

e) Artikel 14 Absatz 1 Unterabsatz 1 in Verbindung mit Artikel 14 Absatz 3, 4, 5 und Artikel 15 Absatz 1 Unterabsatz 1 eine Kursofferte nicht, nicht vollständig, nicht in der vorgeschriebenen Weise, nicht rechtzeitig oder nicht im vorgeschriebenen Umfang offenlegt,

f) Artikel 25 Absatz 2 Satz 1 die betreffenden Daten eines Auftrags nicht, nicht richtig, nicht vollständig oder nicht in der vorgeschriebenen Weise aufzeichnet oder die aufgezeichneten Daten nicht für mindestens fünf Jahre zur Verfügung der zuständigen Behörde hält,

g) Artikel 26 Absatz 5 eine Meldung nicht, nicht richtig, nicht vollständig, nicht in der vorgeschriebenen Weise oder nicht rechtzeitig vornimmt,

h) Artikel 31 Absatz 3 Satz 1 eine Aufzeichnung nicht, nicht richtig, nicht vollständig oder nicht in der vorgeschriebenen Weise führt,

i) Artikel 31 Absatz 3 Satz 2 der Europäischen Wertpapier- und Marktaufsichtsbehörde eine Aufzeichnung nicht, nicht vollständig oder nicht rechtzeitig zur Verfügung stellt,

j) Artikel 35 Absatz 1 Unterabsatz 1 Satz 1 das Clearen nicht oder nicht auf nichtdiskriminierender und transparenter Basis übernimmt,

k) Artikel 35 Absatz 2 Satz 1 einen Antrag nicht in der vorgeschriebenen Form übermittelt,

l) Artikel 35 Absatz 3 Satz 1 dem Handelsplatz nicht, nicht in der vorgeschriebenen Weise oder nicht rechtzeitig antwortet,

m) Artikel 35 Absatz 3 Satz 2 einen Antrag ablehnt,

n) Artikel 35 Absatz 3 Satz 3, auch in Verbindung mit Satz 4, eine Untersagung nicht ausführlich begründet oder eine Unterrichtung oder Mitteilung nicht oder nicht in der vorgeschriebenen Weise vornimmt,

o) Artikel 35 Absatz 3 Satz 5 einen Zugang nicht oder nicht rechtzeitig ermöglicht,

p) Artikel 36 Absatz 1 Unterabsatz 1 Satz 1 Handelsdaten nicht auf nichtdiskriminierender und transparenter Basis bereitstellt,

q) Artikel 36 Absatz 3 Satz 1 einer zentralen Gegenpartei nicht, nicht in der vorgeschriebenen Weise oder nicht rechtzeitig antwortet,

r) Artikel 36 Absatz 3 Satz 2 einen Zugang verweigert, ohne dass die dort genannten Voraussetzungen für eine Zugangsverweigerung vorliegen,

s) Artikel 36 Absatz 3 Satz 5 einen Zugang nicht oder nicht rechtzeitig *ermöglicht,*

5. als Wertpapierdienstleistungsunternehmen im Sinne dieses *Gesetzes im Zuge* des Betriebs eines multilateralen Handelssystems oder eines organisierten Handelssystems ein System zur Formalisierung ausgehandelter Geschäfte be-

treibt, das nicht oder nicht vollständig den in Artikel 4 Absatz 3 Unterabsatz 1 beschriebenen Anforderungen entspricht,

6. entgegen Artikel 14 Absatz 1 Unterabsatz 2 in Verbindung mit Artikel 14 Absatz 3, 4 und 5 eine Kursofferte nicht, nicht vollständig, nicht in der vorgeschriebenen Weise oder nicht im vorgeschriebenen Umfang macht,
7. entgegen Artikel 15 Absatz 4 Satz 2 einen Auftrag nicht in der vorgeschriebenen Weise ausführt,
8. als systematischer Internalisierer entgegen Artikel 17 Absatz 1 Satz 2 in Verbindung mit Artikel 17 Absatz 1 Satz 1 nicht über eindeutige Standards für den Zugang zu Kursofferten verfügt,
9. entgegen Artikel 18 Absatz 1 in Verbindung mit Artikel 18 Absatz 9 eine dort genannte Kursofferte nicht veröffentlicht,
10. entgegen Artikel 18 Absatz 2 Satz 1 in Verbindung mit Artikel 18 Absatz 9 keine Kursofferte macht,
11. entgegen Artikel 18 Absatz 5 Satz 1 eine Kursofferte nicht zugänglich macht,
12. entgegen Artikel 18 Absatz 6 Unterabsatz 1 nicht eine Verpflichtung zum Abschluss eines Geschäfts mit einem anderen Kunden eingeht,
13. als systematischer Internalisierer entgegen Artikel 18 Absatz 8 die dort vorgeschriebene Bekanntmachung nicht oder nicht in der dort vorgeschriebenen Weise vornimmt,
14. entgegen
    a) Artikel 20 Absatz 1 Satz 1 in Verbindung mit Artikel 20 Absatz 1 Satz 2 und Absatz 2,
    b) Artikel 21 Absatz 1 Satz 1 in Verbindung mit Artikel 21 Absatz 1 Satz 2, Absatz 2, 3 und Artikel 10

    eine dort vorgeschriebene Veröffentlichung nicht, nicht richtig, nicht vollständig, nicht rechtzeitig oder nicht in der vorgeschriebenen Weise vornimmt,
15. als Wertpapierdienstleistungsunternehmen, als genehmigtes Veröffentlichungssystem oder als Bereitsteller konsolidierter Datenträger entgegen Artikel 22 Absatz 2 erforderliche Daten nicht während eines ausreichenden Zeitraums speichert,
16. entgegen Artikel 23 Absatz 1 ein Handelsgeschäft außerhalb der dort genannten Handelssysteme tätigt,
17. entgegen Artikel 25 Absatz 1 Satz 1 die betreffenden Daten eines Auftrags oder eines Geschäfts nicht, nicht richtig, nicht vollständig oder nicht in der vorgeschriebenen Weise aufzeichnet oder aufgezeichnete Daten nicht für mindestens fünf Jahre zur Verfügung der zuständigen Behörde hält,
18. entgegen Artikel 26 Absatz 1 Unterabsatz 1, auch in Verbindung mit Artikel 26 Absatz 4 Satz 2, eine Meldung nicht, nicht richtig, nicht vollständig, nicht in der vorgeschriebenen Weise oder nicht rechtzeitig vornimmt,
19. entgegen Artikel 26 Absatz 4 Satz 1 einem übermittelten Auftrag nicht sämtliche Einzelheiten beifügt,
20. als genehmigter Meldemechanismus oder als Betreiber eines Handelsplatzes entgegen Artikel 26 Absatz 7 Unterabsatz 1 eine Meldung nicht, nicht richtig oder nicht vollständig übermittelt,
21. als Betreiber eines Handelsplatzes im Sinne des Artikels 4 Absatz 1 Nummer 24 entgegen Artikel 26 Absatz 5 eine Meldung nicht, nicht richtig, nicht

vollständig, nicht in der vorgeschriebenen Weise oder nicht rechtzeitig vornimmt,

22. als Wertpapierdienstleistungsunternehmen, systematischer Internalisierer oder Betreiber eines Handelsplatzes entgegen Artikel 27 Absatz 1 Unterabsatz 1, 2 oder 3 Satz 2 identifizierende Referenzdaten in Bezug auf ein Finanzinstrument nicht, nicht richtig, nicht vollständig, nicht in der vorgeschriebenen Weise oder nicht rechtzeitig zur Verfügung stellt oder aktualisiert,

22a. entgegen Artikel 27g Absatz 1 Satz 2 eine Information nicht, nicht richtig, nicht vollständig oder nicht rechtzeitig zur Verfügung stellt,

22b. entgegen Artikel 27g Absatz 3 Satz 2 oder Artikel 27i Absatz 2 Satz 2 eine Information nicht richtig behandelt,

23. entgegen Artikel 28 Absatz 1, auch in Verbindung mit Artikel 28 Absatz 2 Unterabsatz 1, ein Geschäft an einem anderen als den dort bezeichneten Plätzen abschließt,

24. als zentrale Gegenpartei im Sinne des Artikels 2 Absatz 1 der Verordnung (EU) Nr. 648/2012 oder als Wertpapierdienstleistungsunternehmen im Sinne dieses Gesetzes entgegen Artikel 29 Absatz 2 Unterabsatz 1 nicht über die dort bezeichneten Systeme, Verfahren und Vorkehrungen verfügt,

25. entgegen Artikel 36 Absatz 2 einen Antrag nicht oder nicht in der vorgeschriebenen Weise übermittelt,

26. entgegen Artikel 37 Absatz 1 einen Zugang nicht, nicht in der vorgeschriebenen Weise oder nicht rechtzeitig gewährt,

27. als zentrale Gegenpartei im Sinne des Artikels 2 Absatz 1 der Verordnung (EU) Nr. 648/2012 oder als Wertpapierdienstleistungsunternehmen im Sinne dieses Gesetzes oder als mit einem der beiden Erstgenannten verbundenes Unternehmen entgegen Artikel 37 Absatz 3 eine dort genannte Vereinbarung trifft,

28. einem vollziehbaren Beschluss der Europäischen Wertpapier- und Marktaufsichtsbehörde nach Artikel 40 Absatz 1 zuwiderhandelt,

29. einem vollziehbaren Beschluss der Europäischen Bankenaufsichtsbehörde nach Artikel 41 Absatz 1 zuwiderhandelt oder

30. einer vollziehbaren Anordnung der Bundesanstalt nach Artikel 42 Absatz 1 zuwiderhandelt.

(9a) Ordnungswidrig handelt, wer vorsätzlich oder leichtfertig als Person nach Artikel 2 Absatz 1 Nummer 34 der Verordnung (EU) Nr. 600/2014

1. nicht dafür sorgt, dass sie über Grundsätze und Vorkehrungen nach Artikel 27g Absatz 1 Satz 1 der Verordnung (EU) Nr. 600/2014 verfügt,
2. nicht über die in Artikel 27g Absatz 4 Satz 2 oder Artikel 27i Absatz 3 Satz 2 der Verordnung (EU) Nr. 600/2014 genannten Mittel und Notfallsysteme verfügt,
3. nicht in der Lage ist, Informationen in der in Artikel 27g Absatz 1 Satz 3 der Verordnung (EU) Nr. 600/2014 vorgeschriebenen Weise zu verbreiten,
4. nicht die in Artikel 27g Absatz 3 Satz 1 der Verordnung (EU) Nr. 600/2014 genannten Vorkehrungen trifft und beibehält,
5. nicht die in Artikel 27g Absatz 4 Satz 1 oder Artikel 27i Absatz 3 Satz 1 der Verordnung (EU) Nr. 600/2014 genannten Mechanismen einrichtet,
6. nicht über die in Artikel 27g Absatz 4 Satz 2 oder Artikel 27i Absatz 3 Satz 2 der Verordnung (EU) Nr. 600/2014 genannten Ressourcen und Notfallsysteme verfügt,

7. nicht über die in Artikel 27g Absatz 5 der Verordnung (EU) Nr. 600/2014 genannten Systeme verfügt,
8. nicht über die in Artikel 27i Absatz 1 der Verordnung (EU) Nr. 600/2014 genannten Grundsätze und Vorkehrungen zu deren Einhaltung verfügt,
9. nicht die in Artikel 27i Absatz 2 der Verordnung (EU) Nr. 600/2014 genannten Vorkehrungen trifft oder nicht über die in Artikel 27i Absatz 4 genannten Systeme verfügt.

(10) Ordnungswidrig handelt, wer gegen die Verordnung (EU) 2015/2365 des Europäischen Parlaments und des Rates vom 25. November 2015 über die Transparenz von Wertpapierfinanzierungsgeschäften und der Weiterverwendung sowie zur Änderung der Verordnung (EU) Nr. 648/2012 (ABl. L 337 vom 23.12.2015, S. 1) verstößt, indem er vorsätzlich oder leichtfertig

1. entgegen Artikel 4 Absatz 1 eine Meldung nicht, nicht richtig, nicht vollständig, nicht in der vorgeschriebenen Weise oder nicht rechtzeitig vornimmt,
2. entgegen Artikel 4 Absatz 4 Aufzeichnungen nicht, nicht vollständig oder nicht mindestens für die vorgeschriebene Dauer aufbewahrt,
3. entgegen Artikel 15 Absatz 1 Finanzinstrumente weiterverwendet, ohne dass die dort genannten Voraussetzungen erfüllt sind oder
4. entgegen Artikel 15 Absatz 2 ein Recht auf Weiterverwendung ausübt, ohne dass die dort genannten Voraussetzungen erfüllt sind.

(11) Ordnungswidrig handelt, wer gegen die Verordnung (EU) 2016/1011 des Europäischen Parlaments und des Rates vom 8. Juni 2016 über Indizes, die bei Finanzinstrumenten und Finanzkontrakten als Referenzwert oder zur Messung der Wertentwicklung eines Investmentfonds verwendet werden, und zur Änderung der Richtlinien 2008/48/EG und 2014/17/EU sowie der Verordnung (EU) Nr. 596/2014 (ABl. L 171 vom 29.6.2016, S. 1) verstößt, indem er vorsätzlich oder leichtfertig

1. als Administrator entgegen Artikel 4 Absatz 1 Unterabsatz 1 über keine Regelungen für die Unternehmensführung verfügt oder nur über solche, die nicht den dort genannten Anforderungen entsprechen,
2. als Administrator entgegen Artikel 4 Absatz 1 Unterabsatz 2 keine angemessenen Schritte unternimmt, um Interessenkonflikte zu erkennen, zu vermeiden oder zu regeln,
3. als Administrator entgegen Artikel 4 Absatz 1 Unterabsatz 2 nicht dafür sorgt, dass Beurteilungs- oder Ermessensspielräume unabhängig und redlich ausgeübt werden,
4. als Administrator einen Referenzwert entgegen Artikel 4 Absatz 2 nicht organisatorisch getrennt von den übrigen Geschäftsbereichen bereitstellt,
5. als Administrator einer vollziehbaren Anordnung der Bundesanstalt nach Artikel 4 Absatz 3 oder Absatz 4 zuwiderhandelt,
6. als Administrator Interessenkonflikte entgegen Artikel 4 Absatz 5 nicht, nicht richtig, nicht vollständig oder nicht unverzüglich veröffentlicht oder offenlegt, nachdem er von deren Bestehen Kenntnis erlangt hat,
7. als Administrator entgegen Artikel 4 Absatz 6 die dort genannten Maßnahmen nicht festlegt, nicht anwendet oder nicht regelmäßig überprüft oder aktualisiert,

8. als Administrator entgegen Artikel 4 Absatz 7 nicht dafür sorgt, dass Mitarbeiter und die dort genannten anderen natürlichen Personen die in Artikel 4 Absatz 7 Buchstabe a bis e genannten Anforderungen erfüllen,
9. als Administrator entgegen Artikel 4 Absatz 8 keine spezifischen Verfahren der internen Kontrolle zur Sicherstellung der Integrität und Zuverlässigkeit der Mitarbeiter oder Personen, die den Referenzwert bestimmen, festlegt oder den Referenzwert vor seiner Verbreitung nicht durch die Geschäftsleitung abzeichnen lässt,
10. als Administrator entgegen Artikel 5 Absatz 1 keine ständige und wirksame Aufsichtsfunktion schafft und unterhält,
11. als Administrator entgegen Artikel 5 Absatz 2 keine soliden Verfahren zur Sicherung der Aufsichtsfunktion entwickelt und unterhält oder diese der Bundesanstalt nicht, nicht richtig, nicht vollständig oder nicht unverzüglich nach Fertigstellung der Entwicklung zur Verfügung stellt,
12. als Administrator die Aufsichtsfunktion entgegen Artikel 5 Absatz 3 nicht mit den dort genannten Zuständigkeiten ausstattet oder diese nicht an die Komplexität, Verwendung und Anfälligkeit des Referenzwerts anpasst,
13. als Administrator entgegen Artikel 5 Absatz 4 die Aufsichtsfunktion nicht einem gesonderten Ausschuss überträgt oder durch andere geeignete Regelungen zur Unternehmensführung die Integrität der Funktion sicherstellt und das Auftreten von Interessenkonflikten verhindert,
14. als Administrator entgegen Artikel 6 Absatz 1, 2 oder 3 keinen oder keinen den dort genannten Anforderungen genügenden Kontrollrahmen vorhält,
15. als Administrator entgegen Artikel 6 Absatz 4 die dort genannten Maßnahmen nicht, nicht vollständig oder nicht wirksam trifft,
16. als Administrator entgegen Artikel 6 Absatz 5 den Kontrollrahmen nicht oder nicht vollständig dokumentiert, überprüft oder aktualisiert oder der Bundesanstalt oder seinen Nutzern nicht, nicht richtig, nicht vollständig oder nicht rechtzeitig zur Verfügung stellt,
17. als Administrator entgegen Artikel 7 Absatz 1 nicht über einen den dort genannten Anforderungen genügenden Rahmen für die Rechenschaftslegung verfügt,
18. als Administrator entgegen Artikel 7 Absatz 2 keine interne Stelle benennt, die ausreichend befähigt ist, die Einhaltung der Referenzwert-Methodik und dieser Verordnung durch den Administrator zu überprüfen und darüber Bericht zu erstatten,
19. als Administrator entgegen Artikel 7 Absatz 3 keinen unabhängigen externen Prüfer benennt,
20. als Administrator entgegen Artikel 7 Absatz 4 die dort bestimmten Informationen nicht, nicht richtig, nicht vollständig oder nicht rechtzeitig zur Verfügung stellt oder veröffentlicht,
21. als Administrator entgegen Artikel 8 Absatz 1 eine dort genannte Aufzeichnung nicht oder nicht vollständig führt,
22. als Administrator entgegen Artikel 8 Absatz 2 Satz 1 eine dort genannte Aufzeichnung nicht, nicht vollständig oder nicht mindestens für die Dauer von fünf Jahren aufbewahrt,
23. als Administrator entgegen Artikel 8 Absatz 2 Satz 2 eine dort genannte Aufzeichnung nicht, nicht richtig, nicht vollständig oder nicht rechtzeitig zur

Verfügung stellt oder nicht mindestens für die Dauer von drei Jahren aufbewahrt,

24. als Administrator entgegen Artikel 9 Absatz 1 keine geeigneten Beschwerdeverfahren unterhält und diese nicht unverzüglich nach ihrer Bereitstellung veröffentlicht,
25. als Administrator entgegen Artikel 10 Absatz 1 Aufgaben in einer Weise auslagert, die seine Kontrolle über die Bereitstellung des Referenzwertes oder die Möglichkeit der zuständigen Behörde zur Beaufsichtigung des Referenzwertes wesentlich beeinträchtigt,
26. als Administrator entgegen Artikel 10 Absatz 3 Aufgaben auslagert, ohne dafür zu sorgen, dass die in Artikel 10 Absatz 3 Buchstabe a bis h genannten Bedingungen erfüllt sind,
27. als Administrator entgegen Artikel 11 Absatz 1 einen Referenzwert bereitstellt, ohne dass die in Artikel 11 Absatz 1 Buchstabe a bis c und e genannten Anforderungen erfüllt sind,
28. als Administrator entgegen Artikel 11 Absatz 1 einen Referenzwert bereitstellt, ohne dass die in Artikel 11 Absatz 1 Buchstabe d genannten Anforderungen erfüllt sind,
29. als Administrator entgegen Artikel 11 Absatz 2 nicht für Kontrollen im dort genannten Umfang sorgt,
30. als Administrator entgegen Artikel 11 Absatz 3 nicht auch aus anderen Quellen Daten einholt oder die Einrichtung von Aufsichts- und Verifizierungsverfahren bei den Kontributoren nicht sicherstellt,
31. als Administrator entgegen Artikel 11 Absatz 4 nicht die nach seiner Ansicht erforderlichen Änderungen der Eingabedaten oder der Methoden zur Abbildung des Marktes oder der wirtschaftlichen Realität vornimmt oder die Bereitstellung des Referenzwertes nicht einstellt,
32. als Administrator bei der Bestimmung eines Referenzwertes entgegen Artikel 12 Absatz 1 eine Methodik anwendet, die die dort genannten Anforderungen nicht erfüllt,
33. als Administrator bei der Entwicklung einer Referenzwert-Methodik entgegen Artikel 12 Absatz 2 die dort genannten Anforderungen nicht erfüllt,
34. als Administrator entgegen Artikel 12 Absatz 3 nicht über eindeutige, veröffentlichte Regelungen verfügt, die festlegen, wann Menge oder Qualität der Eingabedaten nicht mehr den festgelegten Standards entspricht und keine zuverlässige Bestimmung des Referenzwertes mehr zulässt,
35. als Administrator entgegen Artikel 13 Absatz 1 Satz 2 oder Absatz 2 die dort genannten Informationen zur Entwicklung, Verwendung, Verwaltung und Änderung des Referenzwertes und der Referenzwert-Methodik nicht, nicht richtig, nicht vollständig oder nicht rechtzeitig veröffentlicht oder zur Verfügung stellt,
36. als Administrator entgegen Artikel 14 Absatz 1 keine angemessenen Systeme und wirksamen Kontrollen zur Sicherstellung der Integrität der Eingabedaten schafft,
37. als Administrator Eingabedaten und Kontributoren entgegen Artikel 14 Absatz 2 Unterabsatz 1 nicht oder nicht wirksam überwacht, damit er die zuständige Behörde benachrichtigen und ihr alle relevanten Informationen mitteilen kann,

38. als Administrator der Bundesanstalt entgegen Artikel 14 Absatz 2 Unterabsatz 1 die dort genannten Informationen nicht, nicht richtig, nicht vollständig oder nicht unverzüglich nach dem Auftreten eines Manipulationsverdachts mitteilt,
39. als Administrator entgegen Artikel 14 Absatz 3 nicht über Verfahren verfügt, um Verstöße seiner Führungskräfte, Mitarbeiter sowie aller anderen natürlichen Personen, von denen er Leistungen in Anspruch nehmen kann, gegen die Verordnung (EU) 2016/1011 intern zu melden,
40. als Administrator einen Verhaltenskodex für auf Eingabedaten von Kontributoren beruhende Referenzwerte entgegen Artikel 15 Absatz 1 Satz 1 in Verbindung mit Absatz 2 nicht oder nicht den dort genannten Anforderungen genügend ausarbeitet,
41. als Administrator die Einhaltung eines Verhaltenskodex entgegen Artikel 15 Absatz 1 Satz 2 nicht oder nicht ausreichend überprüft,
42. als Administrator einen Verhaltenskodex entgegen Artikel 15 Absatz 4 Satz 2 oder Absatz 5 Satz 3 in Verbindung mit Absatz 4 nicht rechtzeitig anpasst,
43. als Administrator die Bundesanstalt entgegen Artikel 15 Absatz 5 Satz 1 nicht, nicht richtig, nicht vollständig oder nicht rechtzeitig von dem Verhaltenskodex in Kenntnis setzt,
44. als beaufsichtigter Kontributor entgegen Artikel 16 Absatz 1 die dort genannten Anforderungen an die Unternehmensführung und Kontrolle nicht erfüllt,
45. als beaufsichtigter Kontributor entgegen Artikel 16 Absatz 2 oder Absatz 3 nicht über wirksame Systeme, Kontrollen und Strategien zur Wahrung der Integrität und Zuverlässigkeit aller Beiträge von Eingabedaten oder Expertenschätzungen nach Absatz 3 für den Administrator verfügt,
46. als beaufsichtigter Kontributor entgegen Artikel 16 Absatz 3 Satz 1 Aufzeichnungen nicht, nicht richtig, nicht vollständig oder nicht für die vorgeschriebene Dauer aufbewahrt,
47. als beaufsichtigter Kontributor entgegen Artikel 16 Absatz 4 bei der Prüfung und Beaufsichtigung der Bereitstellung eines Referenzwertes Informationen oder Aufzeichnungen nicht, nicht richtig oder nicht vollständig zur Verfügung stellt oder nicht uneingeschränkt mit dem Administrator und der Bundesanstalt zusammenarbeitet,
48. als Administrator die Bundesanstalt entgegen Artikel 21 Absatz 1 Unterabsatz 1 Buchstabe a nicht oder nicht rechtzeitig über die Absicht der Einstellung eines kritischen Referenzwertes benachrichtigt oder nicht oder nicht rechtzeitig eine in Buchstabe b genannte Einschätzung vorlegt,
49. als Administrator entgegen Artikel 21 Absatz 1 Unterabsatz 2 in dem dort genannten Zeitraum die Bereitstellung des Referenzwertes einstellt,
50. als Administrator einer vollziehbaren Anordnung der Bundesanstalt nach Artikel 21 Absatz 3 zuwiderhandelt,
51. als Administrator entgegen Artikel 23 Absatz 2 eine Einschätzung nicht, nicht richtig, nicht in der vorgeschriebenen Weise oder nicht rechtzeitig bei der Bundesanstalt einreicht,
52. als beaufsichtigter Kontributor dem Administrator eine Benachrichtigung entgegen Artikel 23 Absatz 3 Satz 1 nicht, nicht richtig, nicht in der vorgeschriebenen Weise oder nicht rechtzeitig mitteilt,
53. als Administrator die Bundesanstalt entgegen Artikel 23 Absatz 3 Satz 1 nicht oder nicht rechtzeitig unterrichtet,

54. als Administrator der Bundesanstalt entgegen Artikel 23 Absatz 3 Satz 3 eine dort bestimmte Einschätzung nicht oder nicht rechtzeitig unterbreitet,
55. als Kontributor einer vollziehbaren Anordnung der Bundesanstalt nach Artikel 23 Absatz 5, als beaufsichtigtes Unternehmen nach Artikel 23 Absatz 6 oder als beaufsichtigter Kontributor nach Artikel 23 Absatz 10 zuwiderhandelt,
56. als Kontributor eine Benachrichtigung entgegen Artikel 23 Absatz 11 nicht oder nicht rechtzeitig vornimmt,
57. als Administrator eine Benachrichtigung entgegen Artikel 24 Absatz 3 nicht oder nicht rechtzeitig vornimmt,
58. als Administrator der Bundesanstalt entgegen Artikel 25 Absatz 2 eine Entscheidung oder Informationen nicht, nicht richtig, nicht vollständig oder nicht rechtzeitig mitteilt,
59. als Administrator einer vollziehbaren Anordnung der Bundesanstalt nach Artikel 25 Absatz 3 Satz 1 zuwiderhandelt,
60. als Administrator eine Konformitätserklärung entgegen Artikel 25 Absatz 7 nicht, nicht richtig, nicht vollständig, nicht in der vorgeschriebenen Weise oder nicht rechtzeitig veröffentlicht oder diese nicht aktualisiert,
61. als Administrator entgegen Artikel 26 Absatz 2 Satz 1 die Bundesanstalt nicht, nicht richtig, nicht vollständig oder nicht rechtzeitig von der Überschreitung des in Artikel 24 Absatz 1 Buchstabe a genannten Schwellenwertes unterrichtet oder die in Satz 2 genannte Frist nicht einhält,
62. als Administrator eine Konformitätserklärung entgegen Artikel 26 Absatz 3
    a) nach der Entscheidung, eine oder mehrere in Artikel 26 Absatz 1 genannte Bestimmungen nicht anzuwenden, nicht, nicht richtig, nicht vollständig oder nicht unverzüglich veröffentlicht oder
    b) nach der Entscheidung, eine oder mehrere in Artikel 26 Absatz 1 genannte Bestimmungen nicht anzuwenden, der Bundesanstalt nicht, nicht vollständig oder nicht unverzüglich vorlegt oder diese nicht aktualisiert,
63. als Administrator einer vollziehbaren Anordnung der Bundesanstalt nach Artikel 26 Absatz 4 zuwiderhandelt,
64. als Administrator eine Referenzwert-Erklärung entgegen Artikel 27 Absatz 1 nicht, nicht richtig, nicht vollständig, nicht in der vorgeschriebenen Weise oder nicht rechtzeitig veröffentlicht,
65. als Administrator eine Referenzwert-Erklärung entgegen Artikel 27 Absatz 1 Unterabsatz 3 nicht oder nicht rechtzeitig überprüft und aktualisiert,
66. als Administrator entgegen Artikel 28 Absatz 1 dort genannte Maßnahmen nicht, nicht richtig, nicht vollständig, nicht in der vorgeschriebenen Weise oder nicht rechtzeitig veröffentlicht oder nicht oder nicht rechtzeitig aktualisiert,
67. als beaufsichtigtes Unternehmen entgegen Artikel 28 Absatz 2 einen den dort genannten Anforderungen genügenden Plan nicht, nicht richtig, nicht vollständig oder nicht in der vorgeschriebenen Weise aufstellt, nicht aktualisiert, ihn der Bundesanstalt nicht, nicht vollständig oder nicht rechtzeitig vorlegt oder sich daran nicht orientiert,
68. als beaufsichtigtes Unternehmen entgegen Artikel 29 Absatz 1 einen Referenzwert verwendet, der die dort genannten Anforderungen nicht erfüllt,
69. als Emittent, Anbieter oder Person, die die Zulassung eines Wertpapiers zum Handel an einem geregelten Markt beantragt, entgegen Artikel 29 Absatz 2 nicht sicherstellt, dass ein Prospekt Informationen enthält, aus denen hervor-

geht, ob der Referenzwert von einem in das Register nach Artikel 36 eingetragenen Administrator bereitgestellt wird,

70. als Administrator entgegen Artikel 34 Absatz 1 tätig wird, ohne zuvor eine Zulassung oder Registrierung nach Absatz 6 erhalten zu haben,
71. als Administrator entgegen Artikel 34 Absatz 2 weiterhin tätig ist, obwohl die Zulassungsvoraussetzungen der Verordnung (EU) 2016/1011 nicht mehr erfüllt sind,
72. als Administrator der Bundesanstalt entgegen Artikel 34 Absatz 2 wesentliche Änderungen nicht, nicht richtig, nicht vollständig oder nicht unverzüglich nach ihrem Auftreten mitteilt,
73. einen Antrag entgegen Artikel 34 Absatz 3 nicht oder nicht rechtzeitig stellt,
74. entgegen Artikel 34 Absatz 4 unrichtige Angaben zu den zum Nachweis der Einhaltung der Anforderungen der Verordnung (EU) 2016/1011 erforderlichen Informationen macht oder
75. im Zusammenhang mit einer Untersuchung hinsichtlich der Einhaltung der Pflichten nach der Verordnung (EU) 2016/1011 einer vollziehbaren Anordnung der Bundesanstalt nach den §§ 6 bis 10 zuwiderhandelt.

(12) Ordnungswidrig handelt, wer vorsätzlich oder fahrlässig

1. einer vollziehbaren Anordnung nach
   a) § 6 Absatz 2a oder 2b,
   b) § 6 Absatz 3 Satz 1,
   c) § 87 Absatz 6 Satz 1 Nummer 1 oder Nummer 2 Buchstabe b,
   d) § 92 Absatz 1

   zuwiderhandelt,
2. entgegen § 6 Absatz 11 Satz 1 oder 2 oder § 107 Absatz 6 Satz 1 ein Betreten nicht gestattet oder nicht duldet,
3. entgegen § 89 Absatz 1 Satz 4 einen Prüfer nicht oder nicht rechtzeitig bestellt,
4. entgegen § 89 Absatz 3 Satz 1 eine Anzeige nicht, nicht richtig, nicht vollständig oder nicht rechtzeitig erstattet oder
5. entgegen § 114 Absatz 1 Satz 1, § 115 Absatz 1 Satz 1, jeweils auch in Verbindung mit § 117, einen Jahresfinanzbericht, einen Halbjahresfinanzbericht oder entgegen § 116 Absatz 1 in Verbindung mit § 341w des Handelsgesetzbuchs[1] einen Zahlungs- oder Konzernzahlungsbericht nicht, nicht in der vorgeschriebenen Weise oder nicht rechtzeitig zur Verfügung stellt.

(13) Ordnungswidrig handelt, wer gegen die Verordnung (EU) Nr. 236/2012 des Europäischen Parlaments und des Rates vom 14. März 2012 über Leerverkäufe und bestimmte Aspekte von Credit Default Swaps (ABl. L 86 vom 24.3.2012, S. 1), die zuletzt durch die Verordnung (EU) Nr. 909/2014 des Europäischen Parlaments und des Rates vom 23. Juli 2014 zur Verbesserung der Wertpapierlieferungen und -abrechnungen in der Europäischen Union und über Zentralverwahrer sowie zur Änderung der Richtlinien 98/26/EG und 2014/65/EU und der Verordnung (EU) Nr. 236/2012 (ABl. L 257 vom 28.8.2014, S. 1) geändert worden ist, verstößt, indem er vorsätzlich oder fahrlässig einer vollziehbaren Anordnung nach Artikel 18 Absatz 2 Satz 2 oder Satz 3, Artikel 19 Absatz 2, Artikel 20 Absatz 2 oder Artikel 21 Absatz 1 oder Artikel 23 Absatz 1 zuwiderhandelt.

---

[1] **Habersack, Deutsche Gesetze Nr. 50.**

(14) Ordnungswidrig handelt, wer eine in § 119 Absatz 3 Nummer 1 bis 3 bezeichnete Handlung leichtfertig begeht.

(15) Ordnungswidrig handelt, wer gegen die Verordnung (EU) Nr 596/2014 verstößt, indem er vorsätzlich oder leichtfertig

1. als Handelsplatzbetreiber entgegen Artikel 4 identifizierende Referenzdaten in Bezug auf ein Finanzinstrument nicht, nicht richtig, nicht vollständig, nicht in der vorgeschriebenen Weise oder nicht rechtzeitig zur Verfügung stellt oder aktualisiert,
2. entgegen Artikel 15 eine Marktmanipulation begeht,
3. entgegen Artikel 16 Absatz 1 Unterabsatz 1 oder Absatz 2 Satz 1 wirksame Regelungen, Systeme und Verfahren nicht schafft oder nicht aufrechterhält,
4. entgegen Artikel 16 Absatz 1 Unterabsatz 2 eine Meldung nicht, nicht richtig, nicht vollständig, nicht in der vorgeschriebenen Weise oder nicht rechtzeitig vornimmt,
5. entgegen Artikel 16 Absatz 2 Satz 2 eine Unterrichtung nicht, nicht richtig, nicht vollständig, nicht in der vorgeschriebenen Weise oder nicht rechtzeitig vornimmt,
6. entgegen Artikel 17 Absatz 1 Unterabsatz 1 oder Artikel 17 Absatz 2 Unterabsatz 1 Satz 1 eine Insiderinformation nicht, nicht richtig, nicht vollständig, nicht in der vorgeschriebenen Weise oder nicht rechtzeitig bekannt gibt,
7. entgegen Artikel 17 Absatz 1 Unterabsatz 2 Satz 1 eine Veröffentlichung nicht sicherstellt,
8. entgegen Artikel 17 Absatz 1 Unterabsatz 2 Satz 2 die Veröffentlichung einer Insiderinformation mit einer Vermarktung seiner Tätigkeiten verbindet,
9. entgegen Artikel 17 Absatz 1 Unterabsatz 2 Satz 3 eine Insiderinformation nicht, nicht richtig, nicht vollständig, nicht in der vorgeschriebenen Weise oder nicht rechtzeitig veröffentlicht oder nicht mindestens fünf Jahre lang auf der betreffenden Website anzeigt,
10. entgegen Artikel 17 Absatz 4 Unterabsatz 3 Satz 1 die zuständige Behörde nicht, nicht richtig, nicht vollständig, nicht in der vorgeschriebenen Weise oder nicht rechtzeitig über den Aufschub einer Offenlegung informiert oder den Aufschub einer Offenlegung nicht, nicht richtig, nicht vollständig nicht in der vorgeschriebenen Weise oder nicht rechtzeitig erläutert,
11. entgegen Artikel 17 Absatz 8 Satz 1 eine Insiderinformation nicht, nicht richtig, nicht vollständig, nicht in der vorgeschriebenen Weise oder nicht rechtzeitig veröffentlicht,
12. entgegen Artikel 18 Absatz 1 Buchstabe a eine Liste nicht nicht richtig, nicht vollständig, nicht in der vorgeschriebenen Weise oder nicht rechtzeitig aufstellt,
13. entgegen Artikel 18 Absatz 1 Buchstabe b in Verbindung mit Artikel 18 Absatz 4 eine Insiderliste nicht, nicht richtig, nicht vollständig, nicht in der vorgeschriebenen Weise oder nicht rechtzeitig aktualisiert,
14. entgegen Artikel 18 Absatz 1 Buchstabe c eine Insiderliste nicht, nicht richtig, nicht vollständig, nicht in der vorgeschriebenen Weise oder nicht rechtzeitig zur Verfügung stellt,
15. entgegen Artikel 18 Absatz 2 Unterabsatz 1 nicht die dort genannten Vorkehrungen trifft,
16. entgegen Artikel 18 Absatz 5 eine Insiderliste nach einer Erstellung oder Aktualisierung nicht oder nicht mindestens fünf Jahre aufbewahrt,

17. entgegen Artikel 19 Absatz 1 Unterabsatz 1, auch in Verbindung mit Artikel 19 Absatz 7 Unterabsatz 1, jeweils auch in Verbindung mit einem technischen Durchführungsstandard nach Artikel 19 Absatz 15, eine Meldung nicht, nicht richtig, nicht vollständig, nicht in der vorgeschriebenen Weise oder nicht rechtzeitig vornimmt,
18. entgegen Artikel 19 Absatz 3 Unterabsatz 1 in Verbindung mit Artikel 19 Absatz 4, auch in Verbindung mit einem technischen Durchführungsstandard nach Artikel 19 Absatz 15, eine Veröffentlichung nicht, nicht richtig, nicht vollständig, nicht in der vorgeschriebenen Weise oder nicht rechtzeitig sicherstellt,
19. entgegen Artikel 19 Absatz 5 Unterabsatz 1 Satz 1 oder Unterabsatz 2 eine dort genannte Person nicht, nicht richtig, nicht vollständig oder nicht in der vorgeschriebenen Weise in Kenntnis setzt,
20. entgegen Artikel 19 Absatz 5 Unterabsatz 1 Satz 2 eine Liste nicht, nicht richtig oder nicht vollständig erstellt,
21. entgegen Artikel 19 Absatz 5 Unterabsatz 2 eine Kopie nicht oder nicht mindestens fünf Jahre aufbewahrt,
22. entgegen Artikel 19 Absatz 11 ein Eigengeschäft oder ein Geschäft für Dritte tätigt oder
23. entgegen Artikel 20 Absatz 1, auch in Verbindung mit einem technischen Regulierungsstandard nach Artikel 20 Absatz 3, nicht oder nicht in der vorgeschriebenen Weise dafür Sorge trägt, dass Informationen objektiv dargestellt oder Interessen oder Interessenkonflikte offengelegt werden.

(15a) Ordnungswidrig handelt, wer vorsätzlich oder leichtfertig entgegen Artikel 5 Absatz 5 der Delegierten Verordnung (EU) 2016/957 der Kommission vom 9. März 2016 zur Ergänzung der Verordnung (EU) Nr. 596/2014 des Europäischen Parlaments und des Rates im Hinblick auf technische Regulierungsstandards für die geeigneten Regelungen, Systeme und Verfahren sowie Mitteilungsmuster zur Vorbeugung, Aufdeckung und Meldung von Missbrauchspraktiken oder verdächtigen Aufträgen oder Geschäften (ABl. L 160 vom 17.6.2016, S. 1) eine Verdachtsmeldung nicht richtig ausfüllt.

(16) Ordnungswidrig handelt, wer gegen die Verordnung (EU) Nr. 1286/2014 des Europäischen Parlaments und des Rates vom 26. November 2014 über Basisinformationsblätter für verpackte Anlageprodukte für Kleinanleger und Versicherungsanlageprodukte (PRIIP) (ABl. L 352 vom 9.12.2014, S. 1; L 358 vom 13.12.2014, S. 50) verstößt, indem er vorsätzlich oder leichtfertig

1. entgegen
   a) Artikel 5 Absatz 1,
   b) Artikel 5 Absatz 1 in Verbindung mit Artikel 6,
   c) Artikel 5 Absatz 1 in Verbindung mit Artikel 7 Absatz 2,
   d) Artikel 5 Absatz 1 in Verbindung mit Artikel 8 Absatz 1 bis 3

   ein Basisinformationsblatt nicht, nicht richtig, nicht vollständig, nicht rechtzeitig oder nicht in der vorgeschriebenen Weise abfasst oder veröffentlicht,
2. entgegen Artikel 5 Absatz 1 in Verbindung mit Artikel 7 Absatz 1 ein Basisinformationsblatt nicht in der vorgeschriebenen Weise abfasst oder übersetzt,
3. entgegen Artikel 10 Absatz 1 Satz 1 ein Basisinformationsblatt nicht oder nicht rechtzeitig überprüft,
4. entgegen Artikel 10 Absatz 1 Satz 1 ein Basisinformationsblatt nicht oder nicht vollständig überarbeitet,

5. entgegen Artikel 10 Absatz 1 Satz 2 ein Basisinformationsblatt nicht oder nicht rechtzeitig zur Verfügung stellt,
6. entgegen Artikel 9 Satz 1 in Werbematerialien Aussagen trifft, die im Widerspruch zu den Informationen des Basisinformationsblattes stehen oder dessen Bedeutung herabstufen,
7. entgegen Artikel 9 Satz 2 die erforderlichen Hinweise in Werbematerialien nicht, nicht richtig oder nicht vollständig aufnimmt,
8. entgegen
   a) Artikel 13 Absatz 1, 3 und 4 oder
   b) Artikel 14

   ein Basisinformationsblatt nicht oder nicht rechtzeitig oder nicht in der vorgeschriebenen Weise zur Verfügung stellt,
9. entgegen Artikel 19 Buchstabe a und b nicht oder nicht in der vorgeschriebenen Weise geeignete Verfahren und Vorkehrungen zur Einreichung und Beantwortung von Beschwerden vorsieht oder
10. entgegen Artikel 19 Buchstabe c nicht oder nicht in der vorgeschriebenen Weise geeignete Verfahren und Vorkehrungen vorsieht, durch die gewährleistet wird, dass Kleinanlegern wirksame Beschwerdeverfahren im Falle von grenzüberschreitenden Streitigkeiten zur Verfügung stehen.

(17) [1] Die Ordnungswidrigkeit kann in den Fällen des Absatzes 2 Nummer 2 Buchstabe d und e, Nummer 4 Buchstabe a, b und e bis g und des Absatzes 12 Nummer 5 mit einer Geldbuße bis zu zwei Millionen Euro geahndet werden. [2] Gegenüber einer juristischen Person oder Personenvereinigung kann über Satz 1 hinaus eine höhere Geldbuße verhängt werden; die Geldbuße darf den höheren der folgenden Beträge nicht übersteigen:

1. zehn Millionen Euro oder
2. 5 Prozent des Gesamtumsatzes, den die juristische Person oder Personenvereinigung im der Behördenentscheidung vorangegangenen Geschäftsjahr erzielt hat.

[3] Über die in den Sätzen 1 und 2 genannten Beträge hinaus kann die Ordnungswidrigkeit mit einer Geldbuße bis zum Zweifachen des aus dem Verstoß gezogenen wirtschaftlichen Vorteils geahndet werden. [4] Der wirtschaftliche Vorteil umfasst erzielte Gewinne und vermiedene Verluste und kann geschätzt werden.

(18) [1] Die Ordnungswidrigkeit kann in den Fällen der Absätze 14 und 15 Nummer 2 mit einer Geldbuße bis zu fünf Millionen Euro, in den Fällen des Absatzes 2 Nummer 3, des Absatzes 15 Nummer 3 bis 11 sowie des Absatzes 15a mit einer Geldbuße bis zu einer Million Euro und in den Fällen des Absatzes 15 Nummer 1 und 12 bis 23 mit einer Geldbuße bis zu fünfhunderttausend Euro geahndet werden. [2] Gegenüber einer juristischen Person oder Personenvereinigung kann über Satz 1 hinaus eine höhere Geldbuße verhängt werden; diese darf

1. in den Fällen der Absätze 14 und 15 Nummer 2 den höheren der Beträge von fünfzehn Millionen Euro und 15 Prozent des Gesamtumsatzes, den die juristische Person oder Personenvereinigung im der Behördenentscheidung vorangegangenen Geschäftsjahr erzielt hat,
2. in den Fällen des Absatzes 15 Nummer 3 bis 11 und des Absatzes 15a den höheren der Beträge von zweieinhalb Millionen Euro und 2 Prozent des Gesamtumsatzes, den die juristische Person oder Personenvereinigung im der Behördenentscheidung vorangegangenen Geschäftsjahr erzielt hat und

3. in den Fällen des Absatzes 15 Nummer 1 und 12 bis 23 eine Million Euro

nicht überschreiten. [3] Über die in den Sätzen 1 und 2 genannten Beträge hinaus kann die Ordnungswidrigkeit mit einer Geldbuße bis zum Dreifachen des aus dem Verstoß gezogenen wirtschaftlichen Vorteils geahndet werden. [4] Der wirtschaftliche Vorteil umfasst erzielte Gewinne und vermiedene Verluste und kann geschätzt werden.

(19) [1] Die Ordnungswidrigkeit kann in den Fällen des Absatzes 16 mit einer Geldbuße von bis zu siebenhunderttausend Euro geahndet werden. [2] Gegenüber einer juristischen Person oder einer Personenvereinigung kann über Satz 1 hinaus eine höhere Geldbuße verhängt werden; diese darf den höheren der Beträge von fünf Millionen Euro und 3 Prozent des Gesamtumsatzes, den die juristische Person oder Personenvereinigung im der Behördenentscheidung vorangegangenen Geschäftsjahr erzielt hat, nicht überschreiten. [3] Über die in den Sätzen 1 und 2 genannten Beträge hinaus kann die Ordnungswidrigkeit mit einer Geldbuße bis zum Zweifachen des aus dem Verstoß gezogenen wirtschaftlichen Vorteils geahndet werden. [4] Der wirtschaftliche Vorteil umfasst erzielte Gewinne und vermiedene Verluste und kann geschätzt werden.

(20) [1] Die Ordnungswidrigkeit kann in den Fällen der Absätze 8 bis 9a mit einer Geldbuße bis zu fünf Millionen Euro geahndet werden. [2] Gegenüber einer juristischen Person oder Personenvereinigung kann über Satz 1 hinaus eine höhere Geldbuße in Höhe von bis zu 10 Prozent des Gesamtumsatzes, den die juristische Person oder Personenvereinigung im der Behördenentscheidung vorangegangenen Geschäftsjahr erzielt hat, verhängt werden. [3] Über die in den Sätzen 1 und 2 genannten Beträge hinaus kann die Ordnungswidrigkeit mit einer Geldbuße bis zum Zweifachen des aus dem Verstoß gezogenen wirtschaftlichen Vorteils geahndet werden. [4] Der wirtschaftliche Vorteil umfasst erzielte Gewinne und vermiedene Verluste und kann geschätzt werden.

(21) [1] Die Ordnungswidrigkeit kann in den Fällen des Absatzes 10 mit einer Geldbuße bis zu fünf Millionen Euro geahndet werden. [2] Gegenüber einer juristischen Person oder Personenvereinigung kann über Satz 1 hinaus eine höhere Geldbuße verhängt werden; diese darf

1. in den Fällen des Absatzes 10 Satz 1 Nummer 1 und 2 den höheren der Beträge von fünf Millionen Euro und 10 Prozent des Gesamtumsatzes, den die juristische Person oder Personenvereinigung im der Behördenentscheidung vorangegangenen Geschäftsjahr erzielt hat,
2. in den Fällen des Absatzes 10 Satz 1 Nummer 3 und 4 den höheren der Beträge von fünfzehn Millionen Euro und 10 Prozent des Gesamtumsatzes, den die juristische Person oder Personenvereinigung im der Behördenentscheidung vorangegangenen Geschäftsjahr erzielt hat,

nicht überschreiten. [3] Über die in den Sätzen 1 und 2 genannten Beträge hinaus kann die Ordnungswidrigkeit mit einer Geldbuße bis zum Dreifachen des aus dem Verstoß gezogenen wirtschaftlichen Vorteils geahndet werden. [4] Der wirtschaftliche Vorteil umfasst erzielte Gewinne und vermiedene Verluste und kann geschätzt werden.

(22) [1] Die Ordnungswidrigkeit kann in den Fällen des Absatzes 11 Satz 1 Nummer 1 bis 27, 29, 30 und 32 bis 74 mit einer Geldbuße bis zu fünfhunderttausend Euro und in den Fällen des Absatzes 11 Satz 1 Nummer 28, 31 und 75 mit einer Geldbuße bis zu einhunderttausend Euro geahndet werden. [2] Gegenüber einer juristischen Person oder Personenvereinigung kann über Satz 1 hinaus eine höhere Geldbuße verhängt werden; diese darf

1. in den Fällen des Absatzes 11 Satz 1 Nummer 27, 29, 30 und 32 bis 74 den höheren der Beträge von einer Million Euro und 10 Prozent des Gesamtumsatzes, den die juristische Person oder Personenvereinigung im der Behördenentscheidung vorangegangenen Geschäftsjahr erzielt hat,
2. in den Fällen des Absatzes 11 Satz 1 Nummer 28, 31 und 75 den höheren der Beträge von zweihundertfünfzigtausend Euro und 2 Prozent des Gesamtumsatzes, den die juristische Person oder Personenvereinigung im der Behördenentscheidung vorangegangenen Geschäftsjahr erzielt hat,

nicht überschreiten. [3] Über die in den Sätzen 1 und 2 genannten Beträge hinaus kann die Ordnungswidrigkeit mit einer Geldbuße bis zum Dreifachen des aus dem Verstoß gezogenen wirtschaftlichen Vorteils geahndet werden. [4] Der wirtschaftliche Vorteil umfasst erzielte Gewinne und vermiedene Verluste und kann geschätzt werden. [5] Die Sätze 1 bis 4 gelten für sonstige Vereinigungen entsprechend mit der Maßgabe, dass der maßgebliche Gesamtumsatz 10 Prozent des aggregierten Umsatzes der Anteilseigner beträgt, wenn es sich bei der sonstigen Vereinigung um ein Mutterunternehmen oder ein Tochterunternehmen handelt.

(22a) [1] Die Ordnungswidrigkeit kann in den Fällen des Absatzes 12 Nummer 1 Buchstabe a mit einer Geldbuße bis zu siebenhunderttausend Euro geahndet werden. [2] Gegenüber einer juristischen Person oder Personenvereinigung kann über Satz 1 hinaus eine höhere Geldbuße verhängt werden; diese darf den höheren der Beträge von fünf Millionen Euro und 3 Prozent des Gesamtumsatzes, den die juristische Person oder Personenvereinigung im der Behördenentscheidung vorangegangenen Geschäftsjahr erzielt hat, nicht überschreiten. [3] Über die in den Sätzen 1 und 2 genannten Beträge hinaus kann die Ordnungswidrigkeit mit einer Geldbuße bis zum Zweifachen des aus dem Verstoß gezogenen wirtschaftlichen Vorteils geahndet werden. [4] Der wirtschaftliche Vorteil umfasst erzielte Gewinne und vermiedene Verluste und kann geschätzt werden.

(23) [1] Gesamtumsatz im Sinne des Absatzes 17 Satz 2 Nummer 2, des Absatzes 18 Satz 2 Nummer 1 und 2, des Absatzes 19 Satz 2, des Absatzes 20 Satz 2, des Absatzes 21 Satz 2, des Absatzes 22 Satz 2 und des Absatzes 22a Satz 2 ist

1. im Falle von Kreditinstituten, Zahlungsinstituten, Finanzdienstleistungsinstituten und Wertpapierinstituten im Sinne des § 340 des Handelsgesetzbuchs der sich aus dem auf das Institut anwendbaren nationalen Recht im Einklang mit Artikel 27 Nummer 1, 3, 4, 6 und 7 oder Artikel 28 Nummer B1, B2, B3, B4 und B7 der Richtlinie 86/635/EWG des Rates vom 8. Dezember 1986 über den Jahresabschluss und den konsolidierten Abschluss von Banken und anderen Finanzinstituten (ABl. L 372 vom 31.12.1986, S. 1) ergebende Gesamtbetrag, abzüglich der Umsatzsteuer und sonstiger direkt auf diese Erträge erhobener Steuern,
2. im Falle von Versicherungsunternehmen der sich aus dem auf das Versicherungsunternehmen anwendbaren nationalen Recht im Einklang mit Artikel 63 der Richtlinie 91/674/EWG des Rates vom 19. Dezember 1991 über den Jahresabschluss und den konsolidierten Abschluss von Versicherungsunternehmen (ABl. L 374 vom 31.12.1991, S. 7) ergebende Gesamtbetrag, abzüglich der Umsatzsteuer und sonstiger direkt auf diese Erträge erhobener Steuern,
3. im Übrigen der Betrag der Nettoumsatzerlöse nach Maßgabe des auf das Unternehmen anwendbaren nationalen Rechts im Einklang mit Artikel 2 Nummer 5 der Richtlinie 2013/34/EU.

[2] Handelt es sich bei der juristischen Person oder Personenvereinigung um ein Mutterunternehmen oder um eine Tochtergesellschaft, so ist anstelle des Gesamt-

umsatzes der juristischen Person oder Personenvereinigung der jeweilige Gesamtbetrag in dem Konzernabschluss des Mutterunternehmens maßgeblich, der für den größten Kreis von Unternehmen aufgestellt wird. [3] Wird der Konzernabschluss für den größten Kreis von Unternehmen nicht nach den in Satz 1 genannten Vorschriften aufgestellt, ist der Gesamtumsatz nach Maßgabe der den in Satz 1 Nummer 1 bis 3 vergleichbaren Posten des Konzernabschlusses zu ermitteln. [4] Ist ein Jahresabschluss oder Konzernabschluss für das maßgebliche Geschäftsjahr nicht verfügbar, ist der Jahres- oder Konzernabschluss für das unmittelbar vorausgehende Geschäftsjahr maßgeblich; ist auch dieser nicht verfügbar, kann der Gesamtumsatz geschätzt werden.

(24) Die Ordnungswidrigkeit kann in den Fällen des Absatzes 2 Nummer 2 Buchstabe f bis h, Nummer 2b und 4 Buchstabe c, Nummer 10 und 15 sowie des Absatzes 6 Nummer 3 bis 5 sowie des Absatzes 7 Nummer 5, 8 und 9 mit einer Geldbuße bis zu fünfhunderttausend Euro, in den Fällen des Absatzes 1 Nummer 2 und 3, des Absatzes 2 Nummer 1, 2 Buchstabe a, b und k bis n, Nummer 2a, 14a und 16, des Absatzes 4 Nummer 5, des Absatzes 6 Nummer 1 und 2, des Absatzes 7 Nummer 1, 3 und 4 und des Absatzes 12 Nummer 1 Buchstabe b mit einer Geldbuße bis zu zweihunderttausend Euro, in den Fällen des Absatzes 1 Nummer 4, des Absatzes 2 Nummer 6 bis 8, 11 bis 13, des Absatzes 7 Nummer 2, 6 und 7 und des Absatzes 12 Nummer 1 Buchstabe c mit einer Geldbuße bis zu hunderttausend Euro, in den übrigen Fällen mit einer Geldbuße bis zu fünfzigtausend Euro geahndet werden.

(25) [1] § 17 Absatz 2 des Gesetzes über Ordnungswidrigkeiten[1)] ist nicht anzuwenden bei Verstößen gegen Gebote und Verbote, die in den Absätzen 17 bis 22 in Bezug genommen werden. [2] Dies gilt nicht für Ordnungswidrigkeiten nach Absatz 2 Nummer 4 Buchstabe a, Absatz 8 Nummer 43 und 44, 134 bis 137 und Absatz 15 Nummer 1. [3] § 30 des Gesetzes über Ordnungswidrigkeiten gilt auch für juristische Personen oder Personenvereinigungen, die über eine Zweigniederlassung oder im Wege des grenzüberschreitenden Dienstleistungsverkehrs im Inland tätig sind.

(26) Die Verfolgung der Ordnungswidrigkeiten nach den Absätzen 17 bis 22 verjährt in drei Jahren.

(27) [1] Absatz 2 Nummer 5 und 14, Absatz 3 sowie Absatz 12 Nummer 1 Buchstabe c, Nummer 3 und 4, jeweils in Verbindung mit Absatz 24, gelten auch für die erlaubnispflichtige Anlageverwaltung im Sinne des § 2 Absatz 13 Satz 3. [2] Absatz 8 Nummer 27 bis 37, 39 bis 53, 97 bis 100, 103 bis 112 und 123, jeweils in Verbindung mit Absatz 20, gilt auch für Wertpapierdienstleistungsunternehmen und Kreditinstitute, wenn sie im Sinne des § 96 strukturierte Einlagen verkaufen oder über diese beraten. [3] Absatz 8 Nummer 88 bis 96 und 98 bis 102, jeweils in Verbindung mit Absatz 20, gilt auch für Unternehmen im Sinne des § 3 Satz 1. [4] Absatz 8 Nummer 2, 27 bis 126 und 134 bis 136, jeweils in Verbindung mit Absatz 20, gilt auch für Unternehmen im Sinne des § 3 Absatz 3 Satz 1 und 2.

(28) Das Bundesministerium der Finanzen wird ermächtigt, soweit dies zur Durchsetzung der Rechtsakte der Europäischen Union erforderlich ist, durch Rechtsverordnung ohne Zustimmung des Bundesrates die Tatbestände zu bezeichnen, die als Ordnungswidrigkeit nach Absatz 2 Nummer 16 geahndet werden können.

[1)] **Habersack, Deutsche Gesetze Nr. 94.**

§ 120a[1)] Bußgeldvorschriften zur Verordnung (EU) 2019/1238.

(1) Ordnungswidrig handelt, wer gegen die Verordnung (EU) 2019/1238 des Europäischen Parlaments und des Rates vom 20. Juni 2019 über ein Paneuropäisches Privates Pensionsprodukt (PEPP) (ABl. L 198 vom 25.7.2019, S. 1) verstößt, indem er vorsätzlich oder leichtfertig

1. entgegen Artikel 5 Absatz 1 ein PEPP anbietet oder vertreibt,
2. entgegen Artikel 6 Absatz 6 Unterabsatz 2 Satz 1 eine Anzeige nicht, nicht richtig, nicht vollständig oder nicht rechtzeitig erstattet,
3. entgegen Artikel 18 Absatz 1 in Verbindung mit Absatz 3 einen Mitnahmeservice nicht oder nicht rechtzeitig bereitstellt,
4. entgegen Artikel 20 Absatz 1 Unterabsatz 1 einen PEPP-Sparer nicht, nicht richtig, nicht vollständig oder nicht rechtzeitig informiert,
5. entgegen Artikel 20 Absatz 1 Unterabsatz 3 den PEPP-Sparer nicht, nicht richtig, nicht vollständig oder nicht unverzüglich nach der Kenntnisnahme von der fehlenden Verfügbarkeit des neuen Unterkontos unterrichtet,
6. entgegen Artikel 21 Absatz 6 Satz 1 eine Mitteilung nicht, nicht richtig, nicht vollständig oder nicht rechtzeitig macht,
7. entgegen Artikel 25 Absatz 1 Unterabsatz 1 in Verbindung mit Unterabsatz 3 ein Produktgenehmigungsverfahren nicht oder nicht richtig unterhält oder nicht oder nicht richtig betreibt,
8. entgegen Artikel 25 Absatz 1 Unterabsatz 5 eine dort genannte Information nicht oder nicht unverzüglich nach Eingang einer diesbezüglichen Anfrage eines PEPP-Vertreibers zur Verfügung stellt,
9. entgegen Artikel 25 Absatz 1 Unterabsatz 6 eine dort genannte Maßnahme nicht oder nicht vor Beginn des Vertriebs eines PEPP trifft,
10. entgegen Artikel 26 Absatz 1 das PEPP-Basisinformationsblatt nicht, nicht richtig, nicht vollständig, nicht in der vorgeschriebenen Weise oder nicht rechtzeitig veröffentlicht,
11. entgegen Artikel 26 Absatz 8 einen Hinweis nicht oder nicht vor dem Abschluss eines PEPP-Vertrags gibt oder nicht dafür sorgt, dass ein potenzieller PEPP-Sparer auf einen dort genannten Bericht zugreifen kann,
12. entgegen Artikel 30 Absatz 1 Satz 1 das PEPP-Basisinformationsblatt nicht oder nicht rechtzeitig überprüft oder nicht oder nicht rechtzeitig überarbeitet,
13. entgegen Artikel 34 Absatz 1 Unterabsatz 1 eine Information nicht oder nicht rechtzeitig erteilt,
14. entgegen Artikel 34 Absatz 2 Unterabsatz 1 eine dort genannte Empfehlung nicht, nicht richtig oder nicht rechtzeitig übermittelt,
15. entgegen Artikel 34 Absatz 2 Unterabsatz 2 Satz 1 eine dort genannte Prognose nicht oder nicht vor dem Abschluss eines PEPP-Vertrags vorlegt oder einen Hinweis nicht oder nicht vor dem Abschluss eines PEPP-Vertrags gibt,
16. entgegen Artikel 34 Absatz 3 Satz 2 eine dort genannte Erläuterung nicht, nicht richtig oder nicht in der vorgeschriebenen Weise oder nicht vor Abschluss eines in Artikel 34 Absatz 3 Satz 1 genannten Vertrags übermittelt,
17. entgegen Artikel 34 Absatz 6 Satz 1 nicht dafür sorgt, dass eine dort genannte Person über die dort genannten Kenntnisse und Fähigkeiten verfügt, oder einen Nachweis nicht oder nicht rechtzeitig erbringt,

---

[1)] § 120a eingef. mWv 1.1.2022 durch G v. 3.6.2021 (BGBl. I S. 1568).

18. entgegen Artikel 35 Absatz 4, auch in Verbindung mit Artikel 38 Absatz 2 Unterabsatz 2, oder entgegen Artikel 40 Absatz 5 Satz 1 eine dort genannte Information nicht, nicht richtig, nicht vollständig oder nicht rechtzeitig übermittelt,
19. entgegen Artikel 35 Absatz 6 einen PEPP-Sparer nicht, nicht richtig, nicht vollständig oder nicht rechtzeitig in Kenntnis setzt,
20. entgegen Artikel 38 Absatz 1 eine dort genannte Information nicht, nicht richtig, nicht vollständig oder nicht rechtzeitig bereitstellt,
21. entgegen Artikel 38 Absatz 2 Unterabsatz 1 eine Auskunft nicht, nicht richtig, nicht vollständig oder nicht rechtzeitig erteilt,
22. entgegen Artikel 39 eine dort genannte Auskunft oder Information nicht, nicht richtig, nicht vollständig oder nicht rechtzeitig zur Verfügung stellt,
23. entgegen Artikel 52 Absatz 1 Unterabsatz 2 Satz 1 eine dort genannte Information nicht, nicht richtig, nicht vollständig oder nicht unverzüglich nach Erhalt der Anweisung des PEPP-Kunden überträgt,
24. entgegen Artikel 53 Absatz 3 den übertragenden PEPP-Anbieter nicht oder nicht rechtzeitig zur Durchführung auffordert,
25. entgegen Artikel 53 Absatz 4 Buchstabe a oder b eine Information oder eine Liste nicht, nicht richtig, nicht vollständig oder nicht rechtzeitig übermittelt,
26. entgegen Artikel 53 Absatz 4 Buchstabe c einen Zahlungseingang annimmt,
27. entgegen Artikel 53 Absatz 4 Buchstabe d einen Betrag oder eine Sacheinlage nicht, nicht vollständig oder nicht rechtzeitig überträgt,
28. entgegen Artikel 53 Absatz 5 eine dort genannte Vorkehrung nicht, nicht vollständig oder nicht rechtzeitig trifft,
29. entgegen Artikel 54 Absatz 3 Unterabsatz 3 eine Gebühr oder ein Entgelt in Rechnung stellt,
30. entgegen Artikel 54 Absatz 4 Kosten in Rechnung stellt oder
31. einer vollziehbaren Anordnung nach Artikel 63 Absatz 1 Satz 1 oder 2 oder Artikel 65 Absatz 2 Unterabsatz 1 zuwiderhandelt.

(2) Ordnungswidrig handelt, wer vorsätzlich oder leichtfertig in einem Antrag nach Artikel 6 Absatz 2 Satz 1 der Verordnung (EU) 2019/1238 eine Angabe nicht richtig oder nicht vollständig macht.

(3) [1] Die Ordnungswidrigkeit kann mit einer Geldbuße bis zu siebenhunderttausend Euro geahndet werden. [2] In den Fällen des Absatzes 1 oder 2, jeweils in Verbindung mit § 30 Absatz 1 des Gesetzes über Ordnungswidrigkeiten[1)] kann die Ordnungswidrigkeit mit einer Geldbuße bis zu fünf Millionen Euro geahndet werden.

(4) Bei einer juristischen Person oder Personenvereinigung mit einem jährlichen Gesamtumsatz von mehr als 50 Millionen Euro kann die Ordnungswidrigkeit abweichend von Absatz 3 Satz 2 mit einer Geldbuße bis zu 10 Prozent des jährlichen Gesamtumsatzes geahndet werden, der im jüngsten verfügbaren vom Leitungs-, Aufsichts- oder Verwaltungsorgan gebilligten Abschluss ausgewiesen ist.

(5) Die Ordnungswidrigkeit kann

1. bei einer natürlichen Person über Absatz 3 Satz 1 hinaus und
2. bei einer juristischen Person über Absatz 3 Satz 2 oder Absatz 4 hinaus

---

[1)] **Habersack, Deutsche Gesetze Nr. 94.**

mit einer Geldbuße bis zum Zweifachen des aus der Zuwiderhandlung gezogenen Vorteils geahndet werden, sofern sich dieser beziffern lässt.

(6) § 120 Absatz 23 und 26 gilt entsprechend.

§ 120b[1] Bußgeldvorschriften zur Verordnung (EU) 2020/1503.

(1) Ordnungswidrig handelt, wer vorsätzlich oder leichtfertig entgegen Artikel 18 Absatz 1 der Verordnung (EU) 2020/1503 des Europäischen Parlaments und des Rates vom 7. Oktober 2020 über Europäische Schwarmfinanzierungsdienstleister für Unternehmen und zur Änderung der Verordnung (EU) 2017/1129 und der Richtlinie (EU) 2019/1937 (ABl. L 347 vom 20.10.2020, S. 1) eine Angabe nicht richtig übermittelt.

(2) Ordnungswidrig handelt, wer gegen die Verordnung (EU) 2020/1503 verstößt, indem er vorsätzlich oder fahrlässig

1. entgegen Artikel 3 Absatz 3 eine Vergütung, einen Rabatt oder einen nichtmonetären Vorteil gewährt oder erhält,
2. entgegen Artikel 4 Absatz 1 oder 2 Unterabsatz 1 die Umsetzung einer dort genannten Regelung, eines dort genannten Verfahrens, eines dort genannten Systems oder einer dort genannten Kontrolle nicht überwacht,
3. entgegen Artikel 4 Absatz 2 Unterabsatz 2 nicht dafür Sorge trägt, dass er über ein dort genanntes System oder eine dort genannte Kontrolle verfügt,
4. entgegen Artikel 4 Absatz 3 eine Überprüfung nicht, nicht richtig, nicht vollständig oder nicht rechtzeitig vornimmt,
5. entgegen Artikel 4 Absatz 4 Buchstabe a eine dort genannte Bewertung nicht, nicht richtig, nicht vollständig oder nicht rechtzeitig durchführt,
6. entgegen Artikel 5 Absatz 1 in Verbindung mit Absatz 2 Buchstabe b für eine dort genannte Prüfung nicht sorgt,
7. entgegen Artikel 6 Absatz 3 eine Aufzeichnung nicht, nicht richtig oder nicht mindestens drei Jahre führt,
8. entgegen Artikel 6 Absatz 4 eine dort genannte Information nicht, nicht richtig, nicht vollständig oder nicht auf Anfrage des Anlegers zur Verfügung stellt,
9. entgegen Artikel 6 Absatz 6 eine dort genannte Information nicht, nicht richtig, nicht vollständig oder nicht rechtzeitig zur Verfügung stellt,
10. entgegen Artikel 7 Absatz 2 nicht dafür sorgt, dass ein Kunde unentgeltlich Beschwerde einreichen kann,
11. entgegen Artikel 7 Absatz 3 eine Aufzeichnung nicht, nicht richtig oder nicht vollständig führt,
12. entgegen Artikel 8 Absatz 1 eine Beteiligung hält,
13. entgegen Artikel 8 Absatz 2 Unterabsatz 1 eine dort genannte Person als Projektträger zulässt,
14. entgegen Artikel 8 Absatz 2 Unterabsatz 2 eine dort genannte Tatsache nicht, nicht richtig, nicht vollständig, nicht in der vorgeschriebenen Weise oder nicht unverzüglich nach der Zulassung der Person als Anleger offenlegt oder nicht sicherstellt, dass eine Person eine Vorzugsbehandlung nicht erhält,
15. entgegen Artikel 15 Absatz 3 eine Unterrichtung nicht, nicht richtig, nicht vollständig oder nicht rechtzeitig vornimmt oder eine Information nicht, nicht richtig, nicht vollständig oder nicht rechtzeitig vorlegt,

[1] § 120b eingef. mWv 10.11.2021 durch G v. 3.6.2021 (BGBl. I S. 1568).

16. entgegen Artikel 16 Absatz 1 eine dort genannte Liste nicht, nicht richtig, nicht vollständig oder nicht rechtzeitig übermittelt,
17. als Schwarmfinanzierungsdienstleister entgegen Artikel 19 Absatz 4 eine Mitteilung nicht, nicht richtig, nicht vollständig oder nicht rechtzeitig macht,
18. entgegen Artikel 20 Absatz 1 Buchstabe a in Verbindung mit Absatz 2 eine Ausfallquote nicht, nicht richtig, nicht vollständig, nicht in der vorgeschriebenen Weise oder nicht rechtzeitig offenlegt,
19. entgegen Artikel 20 Absatz 1 Buchstabe b eine Erklärung nicht, nicht richtig, nicht vollständig oder nicht rechtzeitig veröffentlicht,
20. entgegen Artikel 21 Absatz 1 in Verbindung mit Artikel 21 Absatz 5 eine dort genannte Bewertung nicht, nicht richtig, nicht vollständig oder nicht rechtzeitig vornimmt,
21. entgegen Artikel 21 Absatz 3 eine dort genannte Bewertung nicht, nicht richtig, nicht vollständig oder nicht rechtzeitig überprüft,
22. entgegen Artikel 21 Absatz 6 Unterabsatz 1 eine dort genannte Simulation nicht oder nicht rechtzeitig überprüft,
23. einer Vorschrift des Artikels 21 Absatz 7 Unterabsatz 1 über die Sicherstellung einer dort genannten Pflicht zuwiderhandelt,
24. entgegen Artikel 22 Absatz 2 in Verbindung mit Absatz 3 eine vorvertragliche Bedenkzeit nicht vorsieht,
25. entgegen Artikel 22 Absatz 4 eine Aufzeichnung nicht, nicht richtig oder nicht vollständig führt,
26. entgegen Artikel 22 Absatz 6 Buchstabe a oder b, Artikel 23 Absatz 8 Satz 2 oder Absatz 12 Unterabsatz 3 oder Artikel 24 Absatz 2 Satz 2 einen Anleger nicht, nicht richtig, nicht vollständig oder nicht rechtzeitig unterrichtet,
27. entgegen Artikel 23 Absatz 12 Unterabsatz 1 einen Hinweis nicht, nicht richtig oder nicht rechtzeitig gibt oder eine Information nicht oder nicht rechtzeitig korrigiert,
28. einer vollziehbaren Anordnung nach Artikel 23 Absatz 14 zuwiderhandelt,
29. entgegen Artikel 24 Absatz 2 Satz 1 ein Anlagebasisinformationsblatt nicht auf dem neuesten Stand hält,
30. entgegen Artikel 25 Absatz 2 Satz 1 ein dort genanntes Forum nutzt,
31. entgegen Artikel 25 Absatz 3 Buchstabe d nicht sicherstellt, dass ein Kunde eine dort genannte Information erhält,
32. entgegen Artikel 26 Buchstabe b nicht sicherstellt, dass ein Kunde Zugang zu dort genannten Aufzeichnungen hat,
33. entgegen Artikel 27 Absatz 1 nicht sicherstellt, dass eine Marketingmitteilung als solche erkennbar ist, oder
34. entgegen Artikel 27 Absatz 3 eine dort genannte Sprache nicht verwendet.

(3) Die Ordnungswidrigkeit kann mit einer Geldbuße bis zu fünfhunderttausend Euro geahndet werden.

(4) Bei einer juristischen Person oder einer Personenvereinigung mit einem jährlichen Gesamtumsatz von mehr als 10 Millionen Euro kann die Ordnungswidrigkeit abweichend von Absatz 3 mit einer Geldbuße bis zu 5 Prozent des jährlichen Gesamtumsatzes geahndet werden, der im letzten verfügbaren vom Leitungsorgan gebilligten Abschluss ausgewiesen ist.

(5) Bei einer juristischen Person oder Personenvereinigung kann über Absatz 3 oder 4 hinaus die Ordnungswidrigkeit mit einer Geldbuße bis zum Zweifachen

des aus dem Verstoß gezogenen Nutzens geahndet werden, soweit sich dieser beziffern lässt.

(6) § 120 Absatz 23 und 26 gilt entsprechend.

§ 121[1)] Zuständige Verwaltungsbehörde. Verwaltungsbehörde im Sinne des § 36 Abs. 1 Nr. 1 des Gesetzes über Ordnungswidrigkeiten[2)] ist die Bundesanstalt.

§ 122[3)] Beteiligung der Bundesanstalt und Mitteilungen in Strafsachen.

(1) [1]Die Staatsanwaltschaft informiert die Bundesanstalt über die Einleitung eines Ermittlungsverfahrens, welches Straftaten nach § 119 betrifft. [2]Werden im Ermittlungsverfahren Sachverständige benötigt, können fachkundige Angehörige der Bundesanstalt herangezogen werden. [3]Der Bundesanstalt sind die Anklageschrift, der Antrag auf Erlass eines Strafbefehls und die Einstellung des Verfahrens mitzuteilen. [4]Erwägt die Staatsanwaltschaft, das Verfahren einzustellen, so hat sie die Bundesanstalt zuvor anzuhören.

(2) Das Gericht teilt der Bundesanstalt in einem Verfahren, welches Straftaten nach § 119 betrifft, den Termin der Hauptverhandlung und die Entscheidung, mit der das Verfahren abgeschlossen wird, mit.

(3) Der Bundesanstalt ist auf Antrag Akteneinsicht zu gewähren, sofern nicht schutzwürdige Interessen des Betroffenen entgegenstehen oder der Untersuchungserfolg der Ermittlungen gefährdet wird.

(4) [1]In Strafverfahren gegen Inhaber oder Geschäftsleiter von Wertpapierdienstleistungsunternehmen oder deren gesetzliche Vertreter oder persönlich haftende Gesellschafter wegen Straftaten zum Nachteil von Kunden bei oder im Zusammenhang mit dem Betrieb des Wertpapierdienstleistungsunternehmens, ferner in Strafverfahren, die Straftaten nach § 119 zum Gegenstand haben, sind im Falle der Erhebung der öffentlichen Klage der Bundesanstalt

1. die Anklageschrift oder eine an ihre Stelle tretende Antragsschrift,
2. der Antrag auf Erlass eines Strafbefehls und
3. die das Verfahren abschließende Entscheidung mit Begründung

zu übermitteln; ist gegen die Entscheidung ein Rechtsmittel eingelegt worden, ist die Entscheidung unter Hinweis auf das eingelegte Rechtsmittel zu übermitteln. [2]In Verfahren wegen fahrlässig begangener Straftaten werden die in den Nummern 1 und 2 bestimmten Übermittlungen nur vorgenommen, wenn aus der Sicht der übermittelnden Stelle unverzüglich Entscheidungen oder andere Maßnahmen der Bundesanstalt geboten sind.

(5) [1]Werden sonst in einem Strafverfahren Tatsachen bekannt, die auf Missstände in dem Geschäftsbetrieb eines Wertpapierdienstleistungsunternehmens hindeuten, soll das Gericht, die Strafverfolgungs- oder die Strafvollstreckungsbehörde diese Tatsachen ebenfalls mitteilen, soweit nicht für die übermittelnde Stelle erkennbar ist, dass schutzwürdige Interessen des Betroffenen überwiegen. [2]Dabei ist zu berücksichtigen, wie gesichert die zu übermittelnden Erkenntnisse sind.

[1)] Früherer § 40 neu gef. mWv 30.10.2004 durch G v. 28.10.2004 (BGBl. I S. 2630); bish. § 40 wird § 121 mWv 3.1.2018 durch G v. 23.6.2017 (BGBl. I S. 1693).

[2)] **Habersack, Deutsche Gesetze Nr. 94.**

[3)] Früherer § 40a neu gef. mWv 30.10.2004 durch G v. 28.10.2004 (BGBl. I S. 2630); Abs. 1 Satz 3 und Abs. 2 neu gef. mWv 2.7.2016 durch G v. 30.6.2016 (BGBl. I S. 1514); bish. § 40a wird § 122 und Abs. 1 Satz 1, Abs. 2 und Abs. 4 Satz 1 einl. Satzteil geänd. mWv 3.1.2018 durch G v. 23.6.2017 (BGBl. I S. 1693); Abs. 1 Satz 4 geänd. mWv 21.7.2019 durch G v. 8.7.2019 (BGBl. I S. 1002); Abs. 5 Satz 1 geänd. mWv 28.12.2020 durch G v. 9.12.2020 (BGBl. I S. 2773).

§ 123[1)] Bekanntmachung von Maßnahmen. (1) [1]Die Bundesanstalt kann unanfechtbare Maßnahmen, die sie wegen Verstößen gegen Verbote oder Gebote dieses Gesetzes getroffen hat, auf ihrer Internetseite öffentlich bekannt machen, soweit dies zur Beseitigung oder Verhinderung von Missständen nach § 6 Absatz 1 Satz 2 geeignet und erforderlich ist, es sei denn, diese Veröffentlichung würde die Finanzmärkte erheblich gefährden oder zu einem unverhältnismäßigen Schaden bei den Beteiligten führen. [2]Anordnungen nach § 6 Absatz 2 Satz 4 hat die Bundesanstalt unverzüglich auf ihrer Internetseite zu veröffentlichen.

(2) Zeitgleich mit der Veröffentlichung nach Absatz 1 Satz 1 oder Satz 2 hat die Bundesanstalt die Europäische Wertpapier- und Marktaufsichtsbehörde über die Veröffentlichung zu unterrichten.

(3) Die Bundesanstalt hat unanfechtbare Maßnahmen, die sie wegen Verstößen gegen Artikel 4 Absatz 1 der Verordnung (EG) Nr. 1060/2009 getroffen hat, unverzüglich auf ihrer Internetseite öffentlich bekannt zu machen, es sei denn, diese Veröffentlichung würde die Finanzmärkte erheblich gefährden oder zu einem unverhältnismäßigen Schaden bei den Beteiligten führen.

(4) [1]Die Bundesanstalt hat jede unanfechtbar gewordene Bußgeldentscheidung nach § 120 Absatz 7 unverzüglich auf ihrer Internetseite öffentlich bekannt zu machen, es sei denn, diese Veröffentlichung würde die Finanzmärkte erheblich gefährden oder zu einem unverhältnismäßigen Schaden bei den Beteiligten führen. [2]Die Bekanntmachung darf keine personenbezogenen Daten enthalten.

(5) [1]Eine Bekanntmachung nach den Absätzen 1, 3 und 4 ist fünf Jahre nach ihrer Veröffentlichung zu löschen. [2]Abweichend von Satz 1 sind personenbezogene Daten zu löschen, sobald ihre Bekanntmachung nicht mehr erforderlich ist.

§ 124[2)] Bekanntmachung von Maßnahmen und Sanktionen wegen Verstößen gegen Transparenzpflichten. (1) Die Bundesanstalt macht Entscheidungen über Maßnahmen und Sanktionen, die wegen Verstößen gegen Verbote oder Gebote nach den Abschnitten 6, 7 und 16 Unterabschnitt 2 dieses Gesetzes erlassen oder der Bundesanstalt gemäß § 335 Absatz 1d des Handelsgesetzbuchs[3)] mitgeteilt wurden, auf ihrer Internetseite unverzüglich bekannt.

(2) [1]In der Bekanntmachung benennt die Bundesanstalt die Vorschrift, gegen die verstoßen wurde, und die für den Verstoß verantwortliche natürliche oder juristische Person oder Personenvereinigung. [2]Bei nicht bestands- oder nicht rechtskräftigen Entscheidungen fügt sie einen Hinweis darauf, dass die Entscheidung noch nicht bestandskräftig oder nicht rechtskräftig ist, hinzu. [3]Die Bundesanstalt ergänzt die Bekanntmachung unverzüglich um einen Hinweis auf die Einlegung eines Rechtsbehelfes gegen die Maßnahme oder Sanktion sowie auf das Ergebnis des Rechtsbehelfsverfahrens.

(3) Die Bundesanstalt macht die Entscheidung ohne Nennung personenbezogener Daten bekannt oder schiebt die Bekanntmachung der Entscheidung auf, wenn

1. die Bekanntmachung der personenbezogenen Daten unverhältnismäßig wäre,

---

[1)] Früherer § 40b neu gef. mWv 30.10.2004 durch G v. 28.10.2004 (BGBl. I S. 2630); Satz 1 geänd., Satz 2 angef. mWv 1.11.2007 durch G v. 16.7.2007 (BGBl. I S. 1330); Abs. 1 Satz 2 geänd., Abs. 2 angef. mWv 1.1.2012 durch G v. 4.12.2011 (BGBl. I S. 2427); Abs. 3 angef. mWv 13.12.2011 durch G v. 6.12. 2011 (BGBl. I S. 2481); Abs. 4 angef. mWv 16.2.2013 durch G v. 13.2.2013 (BGBl. I S. 174); bish. § 40b *wird* § 123 und Abs. 1 Sätze 1 und 2, Abs. 4 geänd., Abs. 5 angef. mWv 3.1.2018 durch G v. 23.6.2017 (BGBl. I S. 1693).

[2)] Früherer § 40c eingef. mWv 26.11.2015 durch G v. 20.11.2015 (BGBl. I S. 2029); bish. § 40c wird § 124 und Abs. 1 geänd., Abs. 4 angef. mWv 3.1.2018 durch G v. 23.6.2017 (BGBl. I S. 1693).

[3)] **Habersack, Deutsche Gesetze Nr. 50.**

2. die Bekanntmachung die Stabilität des Finanzsystems ernsthaft gefährden würde,
3. die Bekanntmachung eine laufende Ermittlung ernsthaft gefährden würde oder
4. die Bekanntmachung den Beteiligten einen unverhältnismäßigen Schaden zufügen würde.

(4) [1] Eine Bekanntmachung nach Absatz 1 ist fünf Jahre nach ihrer Veröffentlichung zu löschen. [2] Abweichend von Satz 1 sind personenbezogene Daten zu löschen, sobald ihre Bekanntmachung nicht mehr erforderlich ist.

§ 125[1)] Bekanntmachung von Maßnahmen und Sanktionen wegen Verstößen gegen die Verordnung (EU) Nr. 596/2014[2)], die Verordnung (EU) 2015/2365 und die Verordnung (EU) 2016/1011. (1) [1] Die Bundesanstalt macht Entscheidungen über Maßnahmen und Sanktionen, die wegen Verstößen nach den Artikeln 14, 15, 16 Absatz 1 und 2, Artikel 17 Absatz 1, 2, 4, 5 und 8, Artikel 18 Absatz 1 bis 6, Artikel 19 Absatz 1, 2, 3, 5, 6, 7 und 11 und Artikel 20 Absatz 1 der Verordnung (EU) Nr. 596/2014 sowie den Artikeln 4 und 15 der Verordnung (EU) 2015/2365 erlassen wurden, unverzüglich nach Unterrichtung der natürlichen oder juristischen Person, gegen die die Maßnahme oder Sanktion verhängt wurde, auf ihrer Internetseite bekannt. [2] Dies gilt nicht für Entscheidungen über Ermittlungsmaßnahmen.

(2) In der Bekanntmachung benennt die Bundesanstalt die Vorschrift, gegen die verstoßen wurde, und die für den Verstoß verantwortliche natürliche oder juristische Person oder Personenvereinigung.

(3) [1] Ist die Bekanntmachung der Identität einer von der Entscheidung betroffenen juristischen Person oder der personenbezogenen Daten einer natürlichen Person unverhältnismäßig oder würde die Bekanntmachung laufende Ermittlungen oder die Stabilität der Finanzmärkte gefährden, so

1. schiebt die Bundesanstalt die Bekanntmachung der Entscheidung auf, bis die Gründe für das Aufschieben weggefallen sind,
2. macht die Bundesanstalt die Entscheidung ohne Nennung der Identität oder der personenbezogenen Daten bekannt, wenn hierdurch ein wirksamer Schutz der Identität oder der betreffenden personenbezogenen Daten gewährleistet ist oder
3. macht die Bundesanstalt die Entscheidung nicht bekannt, wenn eine Bekanntmachung gemäß den Nummern 1 und 2 nicht ausreichend wäre, um sicherzustellen, dass
   a) die Stabilität der Finanzmärkte nicht gefährdet wird oder
   b) die Verhältnismäßigkeit der Bekanntmachung gewahrt bleibt.

[2] Im Falle des Satzes 1 Nummer 2 kann die Bundesanstalt die Bekanntmachung der Identität oder der personenbezogenen Daten nachholen, wenn die Gründe für die anonymisierte Bekanntmachung entfallen sind.

(4) [1] Bei nicht bestands- oder nicht rechtskräftigen Entscheidungen fügt die Bundesanstalt einen entsprechenden Hinweis hinzu. [2] Wird gegen die bekanntzumachende Entscheidung ein Rechtsbehelf eingelegt, so ergänzt die Bundesanstalt die Bekanntmachung unverzüglich um einen Hinweis auf den Rechtsbehelf sowie um alle weiteren Informationen über das Ergebnis des Rechtsbehelfsverfahrens.

---

1) Früherer § 40d eingef. mWv 2.7.2016 durch G v. 30.6.2016 (BGBl. I S. 1514); Überschrift und Abs. 1 Satz 1 geänd. mWv 25.6.2017, Überschrift geänd., Abs. 6 angef. mWv 1.1.2018, bish. § 40d wird § 125 und Abs. 6 neu gef. mWv 3.1.2018 durch G v. 23.6.2017 (BGBl. I S. 1693).

2) Nr. **60**.

(5) [1] Eine Bekanntmachung nach Absatz 1 ist fünf Jahre nach ihrer Bekanntmachung zu löschen. [2] Abweichend von Satz 1 sind personenbezogene Daten zu löschen, sobald ihre Bekanntmachung nicht mehr erforderlich ist.

(6) Bei Entscheidungen über Maßnahmen und Sanktionen, die erlassen wurden wegen eines Verstoßes gegen die Artikel 4 bis 16, 21, 23 bis 29 und 34 der Verordnung (EU) 2016/1011 oder wegen eines Verstoßes gegen eine vollziehbare Anordnung, die die Bundesanstalt im Zusammenhang mit einer Untersuchung betreffend die Pflichten nach dieser Verordnung gemäß § 6 Absatz 3 Satz 4 und Absatz 6, 8, 11 bis 13, § 7 Absatz 2, § 10 Absatz 2 Satz 2 Nummer 1 oder 2 erlassen hat, gelten die Absätze 1 bis 5 entsprechend mit der Maßgabe, dass die Aufhebung einer Entscheidung auch dann veröffentlicht wird, wenn sie nicht auf Grund eines Rechtsbehelfs erfolgt ist.

§ 126[1)] Bekanntmachung von Maßnahmen und Sanktionen wegen Verstößen gegen Vorschriften der Abschnitte 9 bis 11 und gegen die Verordnung (EU) Nr. 600/2014. (1) [1] Die Bundesanstalt macht Entscheidungen über Maßnahmen und Sanktionen, die erlassen wurden wegen Verstößen gegen

1. die Verbote oder Gebote der Abschnitte 9 bis 11 dieses Gesetzes,
2. die Rechtsverordnungen, die zur Durchführung dieser Vorschriften erlassen wurden, oder
3. die Verbote oder Gebote der in den Titeln II bis VI enthaltenen Artikel der Verordnung (EU) Nr. 600/2014

auf ihrer Internetseite unverzüglich nach Unterrichtung der natürlichen oder juristischen Person, gegen die die Maßnahme oder Sanktion verhängt wurde, bekannt. [2] Dies gilt nicht für

1. Entscheidungen über Maßnahmen und Sanktionen, die wegen Verstößen gegen § 64 Absatz 6, die §§ 86, 87, 89 oder § 94 verhängt wurden,
2. Entscheidungen, mit denen Maßnahmen mit Ermittlungscharakter verhängt werden sowie
3. Entscheidungen, die gemäß § 50a des Börsengesetzes von den Börsenaufsichtsbehörden bekannt zu machen sind.

(2) Die Bundesanstalt hat in der Bekanntmachung die Vorschrift, gegen die verstoßen wurde, und die für den Verstoß verantwortliche natürliche oder juristische Person oder Personenvereinigung zu benennen.

(3) [1] Ist die Bekanntmachung der Identität der juristischen Person oder der personenbezogenen Daten der natürlichen Person unverhältnismäßig oder gefährdet die Bekanntmachung die Stabilität der Finanzmärkte oder laufende Ermittlungen, so kann die Bundesanstalt

1. die Entscheidung, mit der die Maßnahme oder Sanktion verhängt wird, erst dann bekannt machen, wenn die Gründe für einen Verzicht auf ihre Bekanntmachung nicht mehr bestehen, oder
2. die Entscheidung, mit der die Maßnahme oder Sanktion verhängt wird, ohne Nennung personenbezogener Daten bekannt machen, wenn eine anonymisierte Bekanntmachung einen wirksamen Schutz der betreffenden personenbezogenen Daten gewährleistet, oder

1) § 126 eingef. mWv 3.1.2018 durch G v. 23.6.2017 (BGBl. I S. 1693).

3. gänzlich von der Bekanntmachung der Entscheidung, mit der die Maßnahme oder Sanktion verhängt wird, absehen, wenn die in den Nummern 1 und 2 genannten Möglichkeiten nicht ausreichend gewährleisten, dass
   a) die Stabilität der Finanzmärkte nicht gefährdet wird,
   b) die Bekanntmachung von Entscheidungen über Maßnahmen oder Sanktionen, die als geringfügiger eingestuft werden, verhältnismäßig ist.

2 Liegen die Voraussetzungen vor, unter denen eine Bekanntmachung nur auf anonymisierter Basis zulässig wäre, kann die Bundesanstalt die Bekanntmachung der einschlägigen Daten auch um einen angemessenen Zeitraum aufschieben, wenn vorhersehbar ist, dass die Gründe für die anonyme Bekanntmachung innerhalb dieses Zeitraums wegfallen werden.

(4) 1 Wird gegen die Entscheidung, mit der die Maßnahme oder Sanktion verhängt wird, ein Rechtsbehelf eingelegt, so macht die Bundesanstalt auch diesen Sachverhalt und alle weiteren Informationen über das Ergebnis des Rechtsbehelfsverfahrens umgehend auf ihrer Internetseite bekannt. 2 Ferner wird jede Entscheidung, mit der eine frühere Entscheidung über die Verhängung einer Sanktion oder Maßnahme aufgehoben oder geändert wird, ebenfalls bekannt gemacht.

(5) 1 Eine Bekanntmachung nach Absatz 1 ist fünf Jahre nach ihrer Veröffentlichung zu löschen. 2 Abweichend von Satz 1 sind personenbezogene Daten zu löschen, sobald ihre Bekanntmachung nicht mehr erforderlich ist.

(6) 1 Die Bundesanstalt unterrichtet die Europäische Wertpapier- und Marktaufsichtsbehörde über alle Maßnahmen und Sanktionen, die nach Absatz 3 Satz 1 Nummer 3 nicht bekannt gemacht wurden, sowie über alle Rechtsbehelfsmittel in Verbindung mit diesen Maßnahmen und Sanktionen und über die Ergebnisse der Rechtsmittelverfahren. 2 Hat die Bundesanstalt eine Maßnahme oder Sanktion bekannt gemacht, so unterrichtet sie die Europäische Wertpapier- und Marktaufsichtsbehörde gleichzeitig darüber.

Abschnitt 18.[1] Übergangsbestimmungen

§ 127[2] Erstmalige Mitteilungs- und Veröffentlichungspflichten.

(1) Ein Unternehmen im Sinne des § 9 Absatz 1 Satz 1 in der Fassung dieses Gesetzes vom 26. Juli 1994 (BGBl. I S. 1749), das am 1. August 1997 besteht und nicht bereits vor diesem Zeitpunkt der Meldepflicht nach § 9 Absatz 1 in der Fassung dieses Gesetzes vom 26. Juli 1994 (BGBl. I S. 1749) unterlag, muss Mitteilungen nach § 9 Absatz 1 in der Fassung dieses Gesetzes vom 22. Oktober 1997 (BGBl. I S. 2518) erstmals am 1. Februar 1998 abgeben.

(2) 1 Wem am 1. April 2002 unter Berücksichtigung des § 22 Absatz 1 und 2 in der Fassung dieses Gesetzes vom 20. Dezember 2001 (BGBl. I S. 3822) 5 Prozent oder mehr der Stimmrechte einer börsennotierten Gesellschaft zustehen, hat der *Gesellschaft und der Bund*esanstalt unverzüglich, spätestens innerhalb von sieben Kalendertagen, die Höhe seines Stimmrechtsanteils unter Angabe seiner Anschrift schriftlich mitzuteilen; in der Mitteilung sind die zuzurechnenden Stimmrechte für jeden Zurechnungstatbestand getrennt anzugeben. 2 Eine Verpflichtung nach

[1] Früherer Abschnitt 7 wird Abschnitt 12 mWv 1.7.2002 durch G v. 21.6.2002 (BGBl. I S. 2010); neuer Abschnitt 11 eingef., bish. Abschnitte 11 und 12 werden Abschnitte 12 und 13 mWv 21.12.2004 durch G v. 15.12.2004 (BGBl. I S. 3408); bish. Abschnitt 13 wird Abschnitt 18 (§§ 127–137) mWv 3.1.2018 durch G v. 23.6.2017 (BGBl. I S. 1693).

[2] Bish. § 41 wird § 127 und neu gef. mWv 3.1.2018 durch G v. 23.6.2017 (BGBl. I S. 1693).

Satz 1 besteht nicht, sofern nach dem 1. Januar 2002 und vor dem 1. April 2002 bereits eine Mitteilung gemäß § 21 Absatz 1 oder 1a in der Fassung dieses Gesetzes vom 24. März 1998 (BGBl. I S. 529) abgegeben worden ist.

(3) Die Gesellschaft hat Mitteilungen nach Absatz 2 innerhalb von einem Monat nach Zugang nach Maßgabe des § 25 Absatz 1 Satz 1 in der Fassung dieses Gesetzes vom 24. März 1998 (BGBl. I S. 529) und Satz 2 in der Fassung dieses Gesetzes vom 22. Oktober 1997 (BGBl. I S. 2518) sowie Absatz 2 in der Fassung dieses Gesetzes vom 20. Dezember 2001 (BGBl. I S. 3822) zu veröffentlichen und der Bundesanstalt unverzüglich einen Beleg über die Veröffentlichung zu übersenden.

(4) Auf die Pflichten nach den Absätzen 2 und 3 sind die §§ 23 und 24 in der Fassung dieses Gesetzes vom 24. März 1998 (BGBl. I S. 529), § 25 Absatz 3 Satz 2 und Absatz 4 in der Fassung dieses Gesetzes vom 26. Juli 1994 (BGBl. I S. 1749), § 27 in der Fassung dieses Gesetzes vom 24. März 1998 (BGBl. I S. 529) und § 28 in der Fassung dieses Gesetzes vom 20. Dezember 2001 (BGBl. I S. 3822) sowie die §§ 29 und 30 in der Fassung dieses Gesetzes vom 26. Juli 1994 (BGBl. I S. 1749) entsprechend anzuwenden.

(5) [1] Wer am 20. Januar 2007, auch unter Berücksichtigung des § 22 in der Fassung dieses Gesetzes vom 5. Januar 2007 (BGBl. I S. 10), einen mit Aktien verbundenen Stimmrechtsanteil hält, der die Schwelle von 15, 20 oder 30 Prozent erreicht, überschreitet oder unterschreitet, hat dem Emittenten, für den die Bundesrepublik Deutschland der Herkunftsstaat ist, spätestens am 20. März 2007 seinen Stimmrechtsanteil mitzuteilen. [2] Das gilt nicht, wenn er bereits vor dem 20. Januar 2007 eine Mitteilung mit gleichwertigen Informationen an diesen Emittenten gerichtet hat; der Inhalt der Mitteilung richtet sich nach § 21 Absatz 1 in der Fassung dieses Gesetzes vom 5. Januar 2007 (BGBl. I S. 10), auch in Verbindung mit einer Rechtsverordnung nach § 21 Absatz 2. [3] Wem am 20. Januar 2007 auf Grund einer Zurechnung nach § 22 Absatz 1 Satz 1 Nummer 6 in der Fassung dieses Gesetzes vom 5. Januar 2007 (BGBl. I S. 10) ein Stimmrechtsanteil an einem Emittenten, für den die Bundesrepublik Deutschland der Herkunftsstaat ist, von 5 Prozent oder mehr zusteht, muss diesen dem Emittenten spätestens am 20. März 2007 mitteilen. [4] Dies gilt nicht, wenn er bereits vor dem 20. Januar 2007 eine Mitteilung mit gleichwertigen Informationen an diesen Emittenten gerichtet hat und ihm die Stimmrechtsanteile nicht bereits nach § 22 Absatz 1 Satz 1 Nummer 6 in der Fassung dieses Gesetzes vom 20. Dezember 2001 (BGBl. I S. 3822) zugerechnet werden konnten; der Inhalt der Mitteilung richtet sich nach § 21 Absatz 1 in der Fassung dieses Gesetzes vom 5. Januar 2007 (BGBl. I S. 10), auch in Verbindung mit einer Rechtsverordnung nach § 21 Absatz 2. [5] Wer am 20. Januar 2007 Finanzinstrumente im Sinne des § 25 in der Fassung dieses Gesetzes vom 5. Januar 2007 (BGBl. I S. 10) hält, muss dem Emittenten, für den die Bundesrepublik Deutschland der Herkunftsstaat ist, spätestens am 20. März 2007 mitteilen, wie hoch sein Stimmrechtsanteil wäre, wenn er statt der Finanzinstrumente die Aktien hielte, die auf Grund der rechtlich bindenden Vereinbarung erworben werden können, es sei denn, sein Stimmrechtsanteil läge unter 5 Prozent. [6] Dies gilt nicht, wenn er bereits vor dem 20. Januar 2007 eine Mitteilung mit gleichwertigen Informationen an diesen Emittenten gerichtet hat; der Inhalt der Mitteilung richtet sich nach § 25 Absatz 1 in der Fassung dieses Gesetzes vom 5. Januar 2007 (BGBl. I S. 10), auch in Verbindung mit den §§ 17 und 18 der Wertpapierhandelsanzeige- und Insiderverzeichnisverordnung in der Fassung vom 5. Januar 2007 (BGBl. I S. 10). [7] Erhält ein Inlandsemittent eine Mitteilung nach Satz 1, 3 oder 5, so muss er diese bis spätestens zum 20. April 2007 nach § 26

Absatz 1 Satz 1 in der Fassung dieses Gesetzes vom 5. Januar 2007 (BGBl. I S. 10), auch in Verbindung mit einer Rechtsverordnung nach § 26 Absatz 3, veröffentlichen. [8] Er übermittelt die Information außerdem unverzüglich, jedoch nicht vor ihrer Veröffentlichung dem Unternehmensregister im Sinne des § 8b des Handelsgesetzbuchs[1)] zur Speicherung. [9] Er hat gleichzeitig mit der Veröffentlichung nach Satz 7 diese der Bundesanstalt nach § 26 Absatz 2 in der Fassung dieses Gesetzes vom 5. Januar 2007 (BGBl. I S. 10), auch in Verbindung mit einer Rechtsverordnung nach § 26 Absatz 3 Nummer 2, mitzuteilen. [10] Auf die Pflichten nach den Sätzen 1 bis 9 sind § 23 in der Fassung dieses Gesetzes vom 5. Januar 2007 (BGBl. I S. 10), § 24 in der Fassung dieses Gesetzes vom 24. März 1998 (BGBl. I S. 529), § 27 in der Fassung dieses Gesetzes vom 5. Januar 2007 (BGBl. I S. 10), § 28 in der Fassung dieses Gesetzes vom 20. Dezember 2001 (BGBl. I S. 3822), § 29 in der Fassung dieses Gesetzes vom 28. Oktober 2004 (BGBl. I S. 2630) und § 29a Absatz 3 in der Fassung dieses Gesetzes vom 5. Januar 2007 (BGBl. I S. 10) entsprechend anzuwenden. [11] Auf die Pflichten nach Satz 4 ist § 29a Absatz 1 und 2 in der Fassung dieses Gesetzes vom 5. Januar 2007 (BGBl. I S. 10) entsprechend anzuwenden.

(6) [1] Wer, auch unter Berücksichtigung des § 22 in der Fassung dieses Gesetzes vom 12. August 2008 (BGBl. I S. 1666), einen mit Aktien verbundenen Stimmrechtsanteil sowie Finanzinstrumente im Sinne des § 25 in der Fassung dieses Gesetzes vom 12. August 2008 (BGBl. I S. 1666) hält, muss das Erreichen oder Überschreiten der für § 25 in der Fassung dieses Gesetzes vom 12. August 2008 (BGBl. I S. 1666) geltenden Schwellen, die er am 1. März 2009 ausschließlich auf Grund der Änderung des § 25 in der Fassung dieses Gesetzes vom 12. August 2008 (BGBl. I S. 1666) mit Wirkung vom 1. März 2009 durch Zusammenrechnung nach § 25 Absatz 1 Satz 3 in der Fassung dieses Gesetzes vom 12. August 2008 (BGBl. I S. 1666) erreicht oder überschreitet, nicht mitteilen. [2] Eine solche Mitteilung ist erst dann abzugeben, wenn erneut eine der für § 25 in der Fassung dieses Gesetzes vom 12. August 2008 (BGBl. I S. 1666) geltenden Schwellen erreicht, überschritten oder unterschritten wird. [3] Mitteilungspflichten nach § 25 in der Fassung dieses Gesetzes vom 5. Januar 2007 (BGBl. I S. 10), die nicht, nicht richtig, nicht vollständig oder nicht in der vorgeschriebenen Weise erfüllt wurden, sind unter Berücksichtigung von § 25 Absatz 1 Satz 3 in der Fassung dieses Gesetzes vom 12. August 2008 (BGBl. I S. 1666) zu erfüllen.

(7) [1] Wer, auch unter Berücksichtigung des § 22 in der Fassung dieses Gesetzes vom 12. August 2008 (BGBl. I S. 1666), einen mit Aktien verbundenen Stimmrechtsanteil hält, muss das Erreichen oder Überschreiten der für § 21 in der Fassung dieses Gesetzes vom 21. Dezember 2007 (BGBl. I S. 3089) geltenden Schwellen, die er am 19. August 2008 ausschließlich durch Zurechnung von Stimmrechten auf Grund der Neufassung des § 22 Absatz 2 in der Fassung dieses Gesetzes vom 12. August 2008 (BGBl. I S. 1666) mit Wirkung vom 19. August 2008 erreicht oder überschreitet, nicht mitteilen. [2] Eine solche Mitteilung ist erst dann abzugeben, wenn erneut eine der für § 21 in der Fassung dieses Gesetzes vom 21. Dezember 2007 (BGBl. I S. 3089) geltenden Schwellen erreicht, überschritten oder unterschritten wird. [3] Die Sätze 1 und 2 gelten für die Mitteilungspflicht nach § 25 in der Fassung dieses Gesetzes vom 12. August 2008 (BGBl. I S. 1666) entsprechend mit der Maßgabe, dass die für § 25 in der Fassung dieses Gesetzes vom 12. August 2008 (BGBl. I S. 1666) geltenden Schwellen maßgebend sind.

[1)] **Habersack, Deutsche Gesetze Nr. 50.**

(8) [1] Wer am 1. Februar 2012 Finanzinstrumente oder sonstige Instrumente im Sinne des § 25a Absatz 1 in der Fassung dieses Gesetzes vom 5. April 2011 (BGBl. I S. 538) hält, die es ihrem Inhaber auf Grund ihrer Ausgestaltung ermöglichen, 5 Prozent oder mehr der mit Stimmrechten verbundenen und bereits ausgegebenen Aktien eines Emittenten, für den die Bundesrepublik Deutschland der Herkunftsstaat ist, zu erwerben, hat dem Emittenten und gleichzeitig der Bundesanstalt unverzüglich, spätestens jedoch innerhalb von 30 Handelstagen, die Höhe seines Stimmrechtsanteils nach § 25a Absatz 2 entsprechend § 25a Absatz 1, auch in Verbindung mit einer Rechtsverordnung nach § 25a Absatz 4, jeweils in der Fassung dieses Gesetzes vom 5. April 2011 (BGBl. I S. 538), mitzuteilen. [2] § 24 in der Fassung dieses Gesetzes vom 24. März 1998 (BGBl. I S. 529) gilt entsprechend. [3] Eine Zusammenrechnung mit den Beteiligungen nach § 21 in der Fassung dieses Gesetzes vom 21. Dezember 2007 (BGBl. I S. 3089), § 22 in der Fassung dieses Gesetzes vom 12. August 2008 (BGBl. I S. 1666) und § 25 in der Fassung dieses Gesetzes vom 5. April 2011 (BGBl. I S. 538) findet statt.

(9) [1] Der Inlandsemittent hat die Informationen nach Absatz 8 unverzüglich, spätestens jedoch drei Handelstage nach ihrem Zugang gemäß § 26 Absatz 1 Satz 1 Halbsatz 1 in der Fassung dieses Gesetzes vom 5. April 2011 (BGBl. I S. 538) zu veröffentlichen und dem Unternehmensregister im Sinne des § 8b des Handelsgesetzbuchs unverzüglich, jedoch nicht vor ihrer Veröffentlichung zur Speicherung zu übermitteln. [2] Gleichzeitig mit der Veröffentlichung hat der Inlandsemittent diese der Bundesanstalt mitzuteilen.

(10) [1] Wer, auch unter Berücksichtigung des § 22 in der Fassung dieses Gesetzes vom 20. November 2015 (BGBl. I S. 2029), am 26. November 2015 Stimmrechte im Sinne des § 21 in der Fassung dieses Gesetzes vom 20. November 2015 (BGBl. I S. 2029) hält und ausschließlich auf Grund der Änderung des § 21 mit Wirkung zum 26. November 2015 an einem Emittenten, für den die Bundesrepublik Deutschland der Herkunftsstaat ist, eine der für § 21 in der Fassung dieses Gesetzes vom 20. November 2015 (BGBl. I S. 2029) geltenden Schwellen erreicht, überschreitet oder unterschreitet, hat dies bis zum 15. Januar 2016 nach Maßgabe des § 21 in der Fassung dieses Gesetzes vom 20. November 2015 (BGBl. I S. 2029) mitzuteilen. [2] Wer am 26. November 2015 Instrumente im Sinne des § 25 in der Fassung dieses Gesetzes vom 20. November 2015 (BGBl. I S. 2029) hält, die sich nach Maßgabe des § 25 Absatz 3 und 4 in der Fassung dieses Gesetzes vom 20. November 2015 (BGBl. I S. 2029) auf mindestens 5 Prozent der Stimmrechte an einem Emittenten, für den die Bundesrepublik Deutschland der Herkunftsstaat ist, beziehen, hat dies bis zum 15. Januar 2016 nach Maßgabe des § 25 in der Fassung dieses Gesetzes vom 20. November 2015 (BGBl. I S. 2029) mitzuteilen. [3] Wer eine der für § 25a in der Fassung dieses Gesetzes vom 20. November 2015 (BGBl. I S. 2029) geltenden Schwellen ausschließlich auf Grund der Änderung des § 25a mit Wirkung zum 26. November 2015 erreicht, überschreitet oder unterschreitet, hat dies bis zum 15. Januar 2016 nach Maßgabe des § 25a in der Fassung dieses Gesetzes vom 20. November 2015 (BGBl. I S. 2029) mitzuteilen. [4] Absatz 9 gilt entsprechend.

(11) [1] Wer an einem Emittenten, für den die Bundesrepublik Deutschland der Herkunftsstaat ist, eine der für die §§ 21, 25 oder 25a, jeweils in der Fassung dieses Gesetzes vom 20. November 2015 (BGBl. I S. 2029), geltenden Schwellen ausschließlich auf Grund der Änderung des § 1 Absatz 3 mit Wirkung zum 2. Juli 2016 erreicht, überschreitet oder unterschreitet, hat dies bis zum 23. Juli 2016 nach Maßgabe der §§ 21, 25 und 25a, jeweils in der Fassung dieses Gesetzes vom 20. November 2015 (BGBl. I S. 2029), mitzuteilen. [2] Absatz 10 gilt entsprechend.

(12) Ordnungswidrig handelt, wer vorsätzlich oder leichtfertig

1. entgegen Absatz 5 Satz 7 eine Veröffentlichung nicht, nicht richtig, nicht vollständig, nicht in der vorgeschriebenen Weise oder nicht rechtzeitig vornimmt,
2. entgegen Absatz 5 Satz 8 eine Information nicht oder nicht rechtzeitig übermittelt,
3. entgegen Absatz 5 Satz 1, 3, 5 oder 9, Absatz 8 Satz 1 oder Absatz 10 Satz 1, 2 oder Satz 3 eine Mitteilung nicht, nicht richtig, nicht vollständig, nicht in der vorgeschriebenen Weise oder nicht rechtzeitig macht,
4. entgegen Absatz 9 Satz 1 eine Veröffentlichung nicht, nicht richtig, nicht vollständig, nicht in der vorgeschriebenen Weise oder nicht rechtzeitig vornimmt.

(13) Die Ordnungswidrigkeit kann in den Fällen des Absatzes 12 mit einer Geldbuße bis zu zweihunderttausend Euro geahndet werden.

§ 128[1] Übergangsregelung für die Mitteilungs- und Veröffentlichungspflichten zur Wahl des Herkunftsstaats. Auf einen Emittenten im Sinne des § 2 Absatz 11 Satz 1 Nummer 1 Buchstabe b oder Nummer 2, für den die Bundesrepublik Deutschland am 27. November 2015 Herkunftsstaat ist und der seine Wahl der Bundesanstalt mitgeteilt hat, ist § 5 nicht anzuwenden.

§ 129[2] *(aufgehoben)*

§ 130[3] Übergangsregelung für die Mitteilungs- und Veröffentlichungspflichten für Inhaber von Netto-Leerverkaufspositionen nach § 30i in der Fassung dieses Gesetzes vom 6. Dezember 2011 (BGBl. I S. 2481)

(1) [1] Wer am 26. März 2012 Inhaber einer Netto-Leerverkaufsposition nach § 30i Absatz 1 Satz 1 in der Fassung dieses Gesetzes vom 6. Dezember 2011 (BGBl. I S. 2481) in Höhe von 0,2 Prozent oder mehr ist, hat diese zum Ablauf des nächsten Handelstages der Bundesanstalt nach § 30i Absatz 3 der vorgenannten Fassung dieses Gesetzes, auch in Verbindung mit einer Rechtsverordnung nach § 30i Absatz 5 der vorgenannten Fassung dieses Gesetzes, mitzuteilen. [2] Der Inhaber einer Netto-Leerverkaufsposition nach § 30i Absatz 1 Satz 2 der vorgenannten Fassung dieses Gesetzes in Höhe von 0,5 Prozent oder mehr hat diese zusätzlich zu ihrer Mitteilung nach Satz 1 innerhalb der Frist des Satzes 1 nach § 30i Absatz 3 der vorgenannten Fassung dieses Gesetzes, auch in Verbindung mit einer Rechtsverordnung nach § 30i Absatz 5 der vorgenannten Fassung dieses Gesetzes, im Bundesanzeiger zu veröffentlichen; eine solche Verpflichtung besteht nicht, sofern vor dem 26. März 2012 bereits eine gleichartige Mitteilung abgegeben worden ist.

(2) Ordnungswidrig handelt, wer vorsätzlich oder leichtfertig

1. entgegen Absatz 1 Satz 1 eine Mitteilung nicht, nicht richtig, nicht vollständig, nicht in der vorgeschriebenen Weise oder nicht rechtzeitig macht oder
2. entgegen Absatz 1 Satz 2 erster Halbsatz eine Veröffentlichung nicht, nicht richtig, nicht vollständig, nicht in der vorgeschriebenen Weise oder nicht rechtzeitig vornimmt.

---

[1] Früherer § 41a neu gef. mWv 26.11.2015 durch G v. 20.11.2015 (BGBl. I S. 2029); bish. § 41a wird § 128 und geänd. mWv 3.1.2018 durch G v. 23.6.2017 (BGBl. I S. 1693).

[2] § 129 aufgeh. mWv 28.3.2020 durch G v. 19.3.2020 (BGBl. I S. 529).

[3] Früherer § 42b eingef. mWv 27.7.2010 durch G v. 21.7.2010 (BGBl. I S. 945); Abs. 1 Satz 2 geänd. mWv 1.4.2012 durch G v. 22.12.2011 (BGBl. I S. 3044); bish. § 42b wird § 130 und Überschrift und Abs. 1 Sätze 1 und 2 geänd. mWv 3.1.2018 durch G v. 23.6.2017 (BGBl. I S. 1693).

(3) Die Ordnungswidrigkeit kann in den Fällen des Absatzes 2 mit einer Geldbuße bis zu zweihunderttausend Euro geahndet werden.

§ 131[1)] Übergangsregelung für die Verjährung von Ersatzansprüchen nach § 37a der bis zum 4. August 2009 gültigen Fassung dieses Gesetzes.

§ 37a in der bis zum 4. August 2009 geltenden Fassung ist auf Ansprüche anzuwenden, die in der Zeit vom 1. April 1998 bis zum Ablauf des 4. August 2009 entstanden sind.

§ 132[2)] Anwendungsbestimmung für das Transparenzrichtlinie-Umsetzungsgesetz. (1) § 37n und § 37o Abs. 1 Satz 4 sowie die Bestimmungen des Abschnitts 11 Unterabschnitt 2 in der Fassung des Gesetzes vom 5. Januar 2007 (BGBl. I S. 10) finden erstmals auf Finanzberichte des Geschäftsjahrs Anwendung, das nach dem 31. Dezember 2006 beginnt.

(2) Auf Emittenten, von denen lediglich Schuldtitel zum Handel an einem organisierten Markt im Sinne des Artikels 4 Abs. 1 Nr. 14 der Richtlinie 2004/39/EG des Europäischen Parlaments und des Rates vom 21. April 2004 über Märkte für Finanzinstrumente (ABl. EU Nr. L 145 S. 1) in einem Mitgliedstaat der Europäischen Union oder in einem anderen Vertragsstaat des Abkommens über den Europäischen Wirtschaftsraum zugelassen sind, sowie auf Emittenten, deren Wertpapiere zum Handel in einem Drittstaat zugelassen sind und die zu diesem Zweck seit dem Geschäftsjahr, das vor dem 11. September 2002 begann, international anerkannte Rechnungslegungsstandards anwenden, finden § 37w Abs. 3 Satz 2 und § 37y Nr. 2 in der Fassung des Gesetzes vom 5. Januar 2007 (BGBl. I S. 10) mit der Maßgabe Anwendung, dass der Emittent für vor dem 31. Dezember 2007 beginnende Geschäftsjahre die Rechnungslegungsgrundsätze des jeweiligen Vorjahresabschlusses anwenden kann.

(3) § 30b Abs. 3 Nr. 1 Buchstabe a in der Fassung des Gesetzes vom 5. Januar 2007 (BGBl. I S. 10) findet erstmals auf Informationen Anwendung, die nach dem 31. Dezember 2007 übermittelt werden.

§ 133[3)] Anwendungsbestimmung für § 34 der bis zum 2. Januar 2018 gültigen Fassung dieses Gesetzes. Auf Ansprüche auf Herausgabe einer Ausfertigung des Protokolls nach § 34 Absatz 2a der bis zum 2. Januar 2018 gültigen Fassung dieses Gesetzes, die bis zum Ablauf des 2. Januar 2018 entstanden sind, findet § 34 Absatz 2b in der bis zum 2. Januar 2018 gültigen Fassung dieses Gesetzes weiterhin Anwendung.

§ 134[4)] Anwendungsbestimmung für das Gesetz zur Umsetzung der Transparenzrichtlinie-Änderungsrichtlinie. (1) Die §§ 37n, 37o und 37p in der Fassung des Gesetzes vom 20. November 2015 (BGBl. I S. 2029) sind ab dem 1. Januar 2016 anzuwenden.

[1)] Früherer § 43 neu gef. mWv 5.8.2009 durch G v. 31.7.2009 (BGBl. I S. 2512); bish. § 43 wird § 131 und Überschrift geänd. mWv 3.1.2018 durch G v. 23.6.2017 (BGBl. I S. 1693).

[2)] Früherer § 46 angef. mWv 20.1.2007 durch G v. 5.1.2007 (BGBl. I S. 10); Abs. 4 aufgeh. mWv 1.4. *2012 durch G v. 22.12.2011* (BGBl. I S. 3044); bish. § 46 wird § 132 und Abs. 1–3 geänd. mWv 3.1.2018 durch G v. 23.6.2017 (BGBl. I S. 1693).

[3)] Bish. § 47 wird § 133 und neu gef. mWv 3.1.2018 durch G v. 23.6.2017 (BGBl. I S. 1693).

[4)] Früherer § 49 angef. mWv 26.11.2015 durch G v. 20.11.2015 (BGBl. I S. 2029); bish. § 49 wird § 134 und Abs. 1 und 2 geänd. mWv 3.1.2018 durch G v. 23.6.2017 (BGBl. I S. 1693).

(2) § 37x in der Fassung des Gesetzes vom 20. November 2015 (BGBl. I S. 2029) ist erstmals auf Zahlungsberichte und Konzernzahlungsberichte für ein nach dem 26. November 2015 beginnendes Geschäftsjahr anzuwenden.

§ 135[1)] Übergangsvorschriften zur Verordnung (EU) Nr. 596/2014[2)].

[1] § 39 Absatz 3d Nummer 1 in der Fassung dieses Gesetzes vom 30. Juni 2016 (BGBl. I S. 1514) ist bis zu dem Tag, ab dem die Richtlinie 2014/65/EU des Europäischen Parlaments und des Rates vom 15. Mai 2014 über Märkte für Finanzinstrumente sowie zur Änderung der Richtlinien 2002/92/EG und 2011/61/EU (ABl. L 173 vom 12.6.2014, S. 349, L 74 vom 18.3.2015, S. 38), die durch die Verordnung (EU) Nr. 909/2014 (ABl. L 257 vom 28.8.2014, S. 1) geändert worden ist, nach ihrem Artikel 93 angewendet wird, nicht anzuwenden. [2] Bis zum Ablauf des 2. Januar 2018 ist für die Vorschriften dieses Gesetzes die Verordnung (EU) Nr. 596/2014 mit folgender Maßgabe anwendbar:

1. Handelsplatz im Sinne des Artikels 3 Absatz 1 Nummer 10 dieser Verordnung ist ein geregelter Markt im Sinne des Artikels 4 Absatz 1 Nummer 14 der Richtlinie 2004/39/EG sowie ein multilaterales Handelssystem im Sinne des Artikels 4 Absatz 1 Nummer 15 der Richtlinie 2004/39/EG;
2. algorithmischer Handel im Sinne des Artikels 3 Absatz 1 Nummer 18 dieser Verordnung ist der Handel mit Finanzinstrumenten in der Weise, dass ein Computeralgorithmus die einzelnen Auftragsparameter automatisch bestimmt, ohne dass es sich um ein System handelt, das nur zur Weiterleitung von Aufträgen zu einem oder mehreren Handelsplätzen oder zur Bestätigung von Aufträgen verwendet wird;
3. Hochfrequenzhandel im Sinne des Artikels 3 Absatz 1 Nummer 33 dieser Verordnung ist eine hochfrequente algorithmische Handelstechnik, die gekennzeichnet ist durch die Nutzung von Infrastrukturen, die darauf abzielen, Latenzzeiten zu minimieren, durch die Entscheidung des Systems über die Einleitung, das Erzeugen, das Weiterleiten oder die Ausführung eines Auftrags ohne menschliche Intervention für einzelne Geschäfte oder Aufträge und durch ein hohes untertägiges Mitteilungsaufkommen in Form von Aufträgen, Quotes oder Stornierungen.

§ 136[3)] Übergangsregelung zum CSR-Richtlinie-Umsetzungsgesetz.

[1] Die §§ 37w und 37y in der Fassung des CSR-Richtlinie-Umsetzungsgesetzes vom 11. April 2017 (BGBl. I S. 802) sind erstmals auf Lageberichte und Konzernlageberichte anzuwenden, die sich auf ein nach dem 31. Dezember 2016 beginnendes Geschäftsjahr beziehen. [2] Auf Lage- und Konzernlageberichte, die sich auf vor dem 1. Januar 2017 beginnende Geschäftsjahre beziehen bleiben die §§ 37w *und 37y in der bis zum 18. April 2017 geltenden* Fassung anwendbar.

[1)] Früherer § 50 angef. mWv 2.7.2016 durch G v. 30.6.2016 (BGBl. I S. 1514); bish. § 50 wird § 135 und Sätze 1 und 2 einl. Satzteil geänd., Satz 3 aufgeh. mWv 3.1.2018 durch G v. 23.6.2017 (BGBl. I S. 1693).

[2)] Nr. **60**.

[3)] Früherer § 51 angef. mWv 19.4.2017 durch G v. 11.4.2017 (BGBl. I S. 802); bish. § 51 wird § 136 mWv 3.1.2018 durch G v. 23.6.2017 (BGBl. I S. 1693, geänd. durch G v. 17.7.2017, BGBl. I S. 2446).

§ 137[1] Übergangsvorschrift für Verstöße gegen die §§ 38 und 39 in der bis zum Ablauf des 1. Juli 2016 geltenden Fassung dieses Gesetzes.

(1) Straftaten nach § 119 in der bis zum Ablauf des 1. Juli 2016 geltenden Fassung werden abweichend von § 2 Absatz 3 des Strafgesetzbuches[2] nach den zum Zeitpunkt der Tat geltenden Bestimmungen geahndet.

(2) Ordnungswidrigkeiten nach § 120 in der bis zum Ablauf des 1. Juli 2016 geltenden Fassung können abweichend von § 4 Absatz 3 des Gesetzes über Ordnungswidrigkeiten[3] nach den zum Zeitpunkt der Tat geltenden Bestimmungen geahndet werden.

§ 138[4] Übergangsvorschrift zur Richtlinie 2014/65/EU über Märkte für Finanzinstrumente. (1) C.6-Energiederivatkontrakte, die von einer nichtfinanziellen Gegenpartei im Sinne von Artikel 10 Absatz 1 der Verordnung (EU) Nr. 648/2012 oder von nichtfinanziellen Gegenparteien, die nach dem 3. Januar 2018 erstmals als Wertpapierdienstleistungsunternehmen zugelassen worden sind, eingegangen werden, unterliegen bis zum 3. Januar 2021 weder der Clearing-Pflicht nach Artikel 4 der Verordnung (EU) Nr. 648/2012 noch den Risikominderungstechniken nach Artikel 11 Absatz 3 der vorgenannten Verordnung.

(2) C.6-Energiederivatkontrakte gelten bis zum 3. Januar 2021 nicht als OTC-Derivatkontrakte für die Zwecke des Clearing-Schwellenwerts nach Artikel 10 Absatz 1 der Verordnung (EU) Nr. 648/2012.

(3) C.6-Energiederivatkontrakte unterliegen allen übrigen Anforderungen der Verordnung (EU) Nr. 648/2012.

(4) C.6-Energiederivatkontrakt im Sinne dieser Vorschrift ist eine Option, ein Terminkontrakt (Future), ein Swap oder ein anderer in Anhang I Abschnitt C Nummer 6 der Richtlinie 2014/65/EU, in der jeweils geltenden Fassung, genannter Derivatkontrakt in Bezug auf Kohle oder Öl, der an einem organisierten Handelssystem gehandelt werden und effektiv geliefert werden muss.

(5) [1] Die Ausnahmen nach den Absätzen 1 und 2 sind bei der Bundesanstalt zu beantragen. [2] Die Bundesanstalt teilt der Europäischen Wertpapier- und Marktaufsichtsbehörde mit, für welche C.6-Energiederivatkontrakte Ausnahmen nach den Absätzen 1 und 2 gewährt worden sind.

§ 139[5] Übergangsvorschriften zum Gesetz zur weiteren Ausführung der EU-Prospektverordnung und zur Änderung von Finanzmarktgesetzen.

(1) § 76 Absatz 1 Satz 1 Nummer 3 in der bis zum 20. Juli 2019 geltenden Fassung findet weiterhin Anwendung für den Fall eines Prospekts, der nach dem Wertpapierprospektgesetz in der bis zum 20. Juli 2019 geltenden Fassung gebilligt wurde, solange dieser Prospekt Gültigkeit hat.

(2) Hat ein Kreditinstitut vor dem 21. Juli 2019 Schuldtitel begeben, bei denen es nach dem Wertpapierprospektgesetz in der bis zum 20. Juli 2019 geltenden Fassung nicht zur Veröffentlichung eines Prospekts verpflichtet war, findet insoweit

---

[1] Früherer § 52 angef. mWv 25.6.2017 durch G v. 23.6.2017 (BGBl. I S. 1693); bish. § 52 wird § 137 und Überschrift neu gef., Abs. 1 und 2 geänd. mWv 3.1.2018 durch G v. 23.6.2017 (BGBl. I S. 1693, geänd. durch G v. 17.7.2017, BGBl. I S. 2446).

[2] ***Habersack*, Deutsche Gesetze Nr. 85.**

[3] **Habersack, Deutsche Gesetze Nr. 94.**

[4] § 138 eingef. mWv 3.1.2018 durch G v. 23.6.2017 (BGBl. I S. 1693, geänd. durch G v. 17.7.2017, BGBl. I S. 2446).

[5] § 139 angef. mWv 21.7.2019 durch G v. 8.7.2019 (BGBl. I S. 1002).

§ 118 Absatz 2 in der bis zum 20. Juli 2019 geltenden Fassung weiterhin Anwendung.

§ 140[1)] Übergangsvorschrift zum Gesetz zur weiteren Umsetzung der Transparenzrichtlinie-Änderungsrichtlinie im Hinblick auf ein einheitliches elektronisches Format für Jahresfinanzberichte. [1]Die §§ 106, 107, 114 und 120 in der ab dem 19. August 2020 geltenden Fassung sind erstmals auf Jahres-, Einzel- und Konzernabschlüsse sowie Jahresfinanzberichte mit Abschlüssen für das nach dem 31. Dezember 2019 beginnende Geschäftsjahr anzuwenden. [2]Die in Satz 1 bezeichneten Vorschriften in der bis einschließlich 18. August 2020 geltenden Fassung sind letztmals anzuwenden auf Jahres-, Einzel- und Konzernabschlüsse sowie Jahresfinanzberichte mit Abschlüssen für das vor dem 1. Januar 2020 beginnende Geschäftsjahr.

§ 141[2)] Übergangsvorschrift zum Finanzmarktintegritätsstärkungsgesetz. (1) Bis zum Ablauf des 31. Dezember 2021 nicht abgeschlossene Prüfungen nach § 342b Absatz 2 Satz 3 des Handelsgesetzbuchs[3)] in der bis einschließlich 31. Dezember 2021 geltenden Fassung, die bei einer nach § 342b Absatz 1 des Handelsgesetzbuchs in der bis einschließlich 31. Dezember 2021 geltenden Fassung anerkannten Prüfstelle anhängig sind, werden von der Bundesanstalt fortgeführt.

(2) [1]Die nach § 342b Absatz 1 des Handelsgesetzbuchs in der bis einschließlich 31. Dezember 2021 geltenden Fassung als Prüfstelle anerkannte Einrichtung hat sämtliche ihr zu einer Prüfung nach Absatz 1 vorliegenden Unterlagen unverzüglich nach Ablauf des 31. Dezember 2021 der Bundesanstalt zu übermitteln. [2]Die Bundesanstalt ist befugt, diese Informationen zur Fortführung der jeweiligen Prüfung zu erheben. [3]Auf eine fortgeführte Prüfung nach Absatz 1 sind die §§ 106 bis 113 anzuwenden.

(3) [1]Die nach § 342b Absatz 1 des Handelsgesetzbuchs in der bis einschließlich 31. Dezember 2021 geltenden Fassung als Prüfstelle anerkannte Einrichtung gewährt der Bundesanstalt auf Verlangen Einsicht in bei ihr vorhandene Unterlagen zu Prüfungen, die spätestens bis zum 31. Dezember 2021 abgeschlossen sind, und übermittelt der Bundesanstalt eine physische oder elektronische Ausfertigung von Unterlagen, deren Vernichtung oder Löschung sie beabsichtigt. [2]Die Absicht ist der Bundesanstalt anzuzeigen. [3]Die Bundesanstalt hat die Rechte nach Satz 1 nur, wenn das Unternehmen, auf das sich die Unterlagen beziehen, zustimmt oder ein überwiegendes öffentliches Interesse an der Einsichtnahme oder Übermittlung besteht.

§ 142[4)] Übergangsvorschriften für das Schwarmfinanzierung-Begleitgesetz. (1) [1]Wertpapierdienstleistungsunternehmen haben ihre Kunden (Bestandskunden), die die gemäß Abschnitt 11 zur Verfügung zu stellenden Informationen in schriftlicher Form erhalten haben, spätestens acht Wochen vor dem Versenden der Informationen in elektronischer Form darüber zu informieren, dass sie diese in elektronischer Form gemäß § 64a erhalten werden. [2]Soweit es sich bei den Bestandskunden um Privatkunden handelt, haben Wertpapierdienstleistungsunternehmen diese darüber zu informieren, dass sie die Wahl haben, die Informationen

---

1) § 140 angef. mWv 19.8.2020 durch G v. 12.8.2020 (BGBl. I S. 1874).
2) § 141 angef. mWv 1.7.2021 durch G v. 3.6.2021 (BGBl. I S. 1534).
3) **Habersack, Deutsche Gesetze Nr. 50.**
4) § 142 angef. mWv 28.11.2021 durch G v. 3.6.2021 (BGBl. I S. 1568).

entweder weiterhin in schriftlicher Form oder künftig in elektronischer Form zu erhalten. [3] Wertpapierdienstleistungsunternehmen haben diese Kunden zudem darüber zu informieren, dass ein automatischer Wechsel zur elektronischen Form stattfinden wird, wenn diese innerhalb der Frist von acht Wochen nicht mitteilen, dass sie die Informationen weiterhin in schriftlicher Form erhalten möchten. [4] Bestandskunden, die die gemäß diesem Abschnitt zur Verfügung zu stellenden Informationen bereits in elektronischer Form erhalten, müssen nicht informiert werden.

(2) § 82 Absatz 10 bis 12 findet bis zum 27. Februar 2023 keine Anwendung.

§ 143[1)] Übergangsvorschrift zum Zukunftsfinanzierungsgesetz. Auf die Haftung für fehlerhafte Anlagebasisinformationsblätter sind die §§ 32c bis 32e in der bis einschließlich 14. Dezember 2023 geltenden Fassung weiter anzuwenden, wenn der Vertrag über die Gewährung des Kredits oder den Erwerb des Wertpapiers oder des für Schwarmfinanzierungszwecke verwendeten Instruments oder über die individuelle Kreditportfolioverwaltung vor dem 15. Dezember 2023 zustande gekommen ist.

[1)] § 143 angef. mWv 15.12.2023 durch G v. 11.12.2023 (BGBl. 2023 I Nr. 354).

58a. Wertpapiererwerbs- und Übernahmegesetz (WpÜG)[1)]

Vom 20. Dezember 2001
(BGBl. I S. 3822)

FNA 4110-7

Lfd. Nr.	Änderndes Gesetz	Datum	Fundstelle	Betroffen	Hinweis
1.	Art. 3 VO zur Ersetzung von Zinssätzen	5.4.2002	BGBl. I S. 1250	§ 38	geänd. mWv 12.4.2002
2.	Art. 1 Erste VO zur Anpassung von Bezeichnungen nach dem FinanzdienstleistungsaufsichtsG	29.4.2002	BGBl. I S. 1495	Inhaltsübersicht, §§ 4, 5, 6, 7, 8, 9, 10, 11, 14, 15, 16, 20, 23, 24, 26, 27, 28, 31, 35, 36, 37, 40, 41, 42, 43, 44, 45, 46, 47, 48, 50, 51, 52, 53, 56, 57, 61, 62, 64, 68	geänd. mWv 1.5.2002
3.	Art. 15 OLG-VertretungsänderungsG	23.7.2002	BGBl. I S. 2850	§ 66	geänd. mWv 1.8.2002
4.	Art. 71 Achte ZuständigkeitsanpassungsVO	25.11. 2003	BGBl. I S. 2304	§ 5	geänd. mWv 28.11.2003
5.	Art. 2 Abs. 3 G zur Unternehmensintegrität und Modernisierung des Anfechtungsrechts	22.9.2005	BGBl. I S. 2802	§ 16	geänd. mWv 1.11.2005
6.	Art. 1 Übernahmerichtlinie-UmsetzungsG[2)]	8.7.2006	BGBl. I S. 1426	Inhaltsübersicht, §§ 1, 2, 4, 8, 10, 11, 12, 14, 23, 30, 31, 33, 40, 42, 60, 68	geänd. mWv 14.7.2006
				§§ 11a, 33a, 33b, 33c, 33d, 39a, 39b, 39c	eingef. mWv 14.7.2006
				§§ 14, 16, 27, 43, 44	geänd. mWv 1.1.2007
7.	Art. 101 Neunte ZuständigkeitsanpassungsVO	31.10. 2006	BGBl. I S. 2407	§ 5	geänd. mWv 8.11.2006
8.	Art. 10 Transparenzrichtlinie-UmsetzungsG	5.1.2007	BGBl. I S. 10	§§ 16, 30	geänd. mWv 20.1.2007
9.	Art. 7 Abs. 13 G zur Stärkung der Selbstverwaltung der Rechtsanwaltschaft	26.3.2007	BGBl. I S. 358	§ 53	geänd. mWv 1.6.2007
10.	Art. 4 Finanzmarktrichtlinie-UmsetzungsG	16.7.2007	BGBl. I S. 1330	§ 2	geänd. mWv 1.11.2007
11.	Art. 3a Investmentänderungs G[3)]	21.12. 2007	BGBl. I S. 3089	§ 30	geänd. mWv 28.12.2007
12.	Art. 2 RisikobegrenzungsG	12.8.2008	BGBl. I S. 1666	§§ 30, 68	geänd mWv 19.8.2008
13.	Art. 70 FGG-ReformG	17.12. 2008	BGBl. I S. 2586	§§ 39a, 39b	geänd. mWv 1.9.2009

[1)] Verkündet als Art. 1 G zur Regelung von öffentlichen Angeboten zum Erwerb von Wertpapieren und von Unternehmensübernahmen v. 20.12.2001 (BGBl. I S. 3822); Inkrafttreten gem. Art. 12 dieses G am 1.1.2002.

[2)] **Amtl. Anm.:** Dieses Gesetz dient der Umsetzung der Richtlinie 2004/25/EG des Europäischen Parlaments und des Rates vom 21. April 2004 betreffend Übernahmeangebote (ABl. EU Nr. L 142 S. 12).

[3)] **Amtl. Anm.:** *(abgedruckt in Änderungstabelle Nr. 58)*

Lfd. Nr.	Änderndes Gesetz	Datum	Fundstelle	Betroffen	Hinweis
14.	Art. 3 Dreizehntes G zur Änd. des AußenwirtschaftsG und der AußenwirtschaftsVO	18.4.2009	BGBl. I S. 770	§§ 7, 9	geänd. mWv 24.4.2009
15.	Art. 3 G zur Umsetzung der AktionärsrechteRL[1]	30.7.2009	BGBl. I S. 2479	§§ 16, 68	geänd. mWv 1.9.2009
16.	Art. 2 Anlegerschutz- und FunktionsverbesserungsG	5.4.2011	BGBl. I S. 538	§ 23	geänd. mWv 1.2.2012
17.	Art. 2 Abs. 46 G zur Änd. von Vorschriften über Verkündung und Bekanntmachungen sowie der ZPO, des EGZPO und der AO	22.12. 2011	BGBl. I S. 3044	§§ 14, 16, 39b, 43, 44	geänd. mWv 1.4.2012
18.	Art. 2c G zur Stärkung der deutschen Finanzaufsicht	28.11. 2012	BGBl. I S. 2369	§§ 5, 6	geänd. mWv 1.1.2013
19.	Art. 25 2. KostenrechtsmodernisierungsG	23.7.2013	BGBl. I S. 2586	§ 39b	geänd. mWv 1.8.2013
20.	Art. 2 Abs. 64, Art. 4 Abs. 53 G zur Strukturreform des Gebührenrechts des Bundes	7.8.2013	BGBl. I S. 3154, geänd. 2016, S. 1666	Inhaltsübersicht, § 47	geänd. mWv 15.8.2013
				Inhaltsübersicht	geänd. mWv 14.8.2018, insoweit aufgeh. 2016, S. 1666
				§ 47	aufgeh. mWv 14.8.2018, insoweit aufgeh. 2016, S. 1666
21.	Art. 5 KleinanlegerschutzG	3.7.2015	BGBl. I S. 1114	§ 29	geänd. mWv 10.7.2015
22.	Art. 194 Zehnte ZuständigkeitsanpassungsVO	31.8.2015	BGBl. I S. 1474	§§ 5, 7, 9	geänd. mWv 8.9.2015
23.	Art. 10 AbwicklungsmechanismusG[2]	2.11.2015	BGBl. I S. 1864	§ 9	geänd. mWv 6.11.2015
24.	Art. 6 G zur Umsetzung der TransparenzRL-ÄndRL	20.11. 2015	BGBl. I S. 2029	Inhaltsübersicht, §§ 29, 30, 59	geänd. mWv 26.11.2015

[1] **Amtl. Anm.:** Dieses Gesetz dient der Umsetzung
- der Richtlinie 2006/68/EG des Europäischen Parlaments und des Rates vom 6. September 2006 zur Änderung der Richtlinie 77/91/EWG des Rates in Bezug auf die Gründung von Aktiengesellschaften und die Erhaltung und Änderung ihres Kapitals (ABl. L 264 vom 25.9.2006, S. 32) und
- der Richtlinie 2007/36/EG des Europäischen Parlaments und des Rates vom 11. Juli 2007 über die Ausübung bestimmter Rechte von Aktionären in börsennotierten Gesellschaften (ABl. L 184 vom 14.7. 2007, S. 17).

[2] **Amtl. Anm.:** Dieses Gesetz dient der Anpassung an die Verordnung (EU) Nr. 806/2014 des Europäischen Parlaments und des Rates vom 15. Juli 2014 zur Festlegung einheitlicher Vorschriften und eines einheitlichen Verfahrens für die Abwicklung von Kreditinstituten und bestimmten Wertpapierfirmen im Rahmen eines einheitlichen Abwicklungsmechanismus und eines einheitlichen Abwicklungsfonds sowie zur Änderung der Verordnung (EU) Nr. 1093/2010 (ABl. L 225 vom 30.7.2014, S. 1) sowie an die delegierte Verordnung (EU) 2015/63 der Kommission vom 21. Oktober 2014 zur Ergänzung der Richtlinie 2014/59/EU des Europäischen Parlaments und des Rates im Hinblick auf im Voraus erhobene Beiträge zu Abwicklungsfinanzierungsmechanismen (ABl. L 11 vom 17.1.2015, S. 44) und die Durchführungsverordnung (EU) 2015/81 des Rates vom 19. Dezember 2014 zur Festlegung einheitlicher Modalitäten für die Anwendung der Verordnung (EU) Nr. 806/2014 des Europäischen Parlaments und des Rates im Hinblick auf im Voraus erhobene Beiträge zum einheitlichen Abwicklungsfonds (ABl. L 15 vom 22.1.2015, S. 1).

Lfd. Nr.	Änderndes Gesetz	Datum	Fundstelle	Betroffen	Hinweis
25.	Art. 16 Abs. 6 Erstes FinanzmarktnovellierungsG	30.6.2016	BGBl. I S. 1514	§§ 10, 12	geänd. mWv 2.7.2016
26.	Art. 4 Abs. 50 G zur Aktualisierung der Strukturreform des Gebührenrechts des Bundes	18.7.2016	BGBl. I S. 1666	Inhaltsübersicht § 47	geänd. mWv 1.10.2021 aufgeh. mit Ablauf des 30.9. 2021
27.	Art. 9 Zweites FinanzmarktnovellierungsG	23.6.2017	BGBl. I S. 1693	§§ 5, 10, 23, 30, 60	geänd. mWv 3.1.2018
28.	Art. 59 Zweites Datenschutz-Anpassungs- und UmsetzungsG EU[1)]	20.11. 2019	BGBl. I S. 1626	§§ 7, 8	geänd. mWv 26.11.2019
29.	Art. 18 G zur Umsetzung der ÄndRL zur Vierten EU-GeldwäscheRL[2)]	12.12. 2019	BGBl. I S. 2602	§§ 15, 60 § 26	geänd. mWv 20.12.2019 neu gef. mWv 20.12.2019
30.	Art. 3 G zur Einführung von Sondervorschriften für die Sanierung und Abwicklung von zentralen Gegenparteien und zur Anpassung des WpHG an die Unterrichtungs- und Nachweispflichten nach den Art. 4a und 10 der VO (EU) Nr. 648/2012	19.3.2020	BGBl. I S. 529	§ 10	geänd. mWv 28.3.2020
31.	Art. 7 Abs. 5 G zur Umsetzung der RL (EU) 2019/2034 über die Beaufsichtigung von Wertpapierinstituten[3)]	12.5.2021	BGBl. I S. 990	§§ 9, 10, 60	geänd. mWv 26.6.2021
32.	Art. 20 G zur begleitenden Ausführung der VO (EU) 2020/1503 und der Umsetzung der RL EU 2020/1504[4)]	3.6.2021	BGBl. I S. 1568	Inhaltsübersicht, §§ 9, 28, 41, 47, 68 § 44	geänd. mWv 11.6.2021 neu gef. mWv 11.6.2021

[1)] **Amtl. Anm.:** Dieses Gesetz dient der Umsetzung der Richtlinie (EU) 2016/680 des Europäischen Parlaments und des Rates vom 27. April 2016 zum Schutz natürlicher Personen bei der Verarbeitung personenbezogener Daten durch die zuständigen Behörden zum Zweck der Verhütung, Ermittlung, Aufdeckung oder Verfolgung von Straftaten oder der Strafvollstreckung sowie zum freien Datenverkehr und zur Aufhebung des Rahmenbeschlusses 2008/977/JI des Rates (ABl. L 119 vom 4.5.2016, S. 89; L 127 vom 23.5.2018, S. 9).

[2)] **Amtl. Anm.:** Dieses Gesetz dient der Umsetzung der Richtlinie (EU) 2018/843 des Europäischen Parlaments und des Rates vom 30. Mai 2018 zur Änderung der Richtlinie (EU) 2015/849 zur Verhinderung der Nutzung des Finanzsystems zum Zwecke der Geldwäsche und der Terrorismusfinanzierung und zur Änderung der Richtlinien 2009/138/EG und 2013/36/EU (ABl. L 156 vom 19.6.2018, S. 43).

[3)] **Amtl. Anm.:** Dieses Gesetz dient der Umsetzung der Richtlinie (EU) 2019/2034 des Europäischen Parlaments und des Rates vom 27. November 2019 über die Beaufsichtigung von Wertpapierfirmen und zur Änderung der Richtlinien 2002/87/EG, 2009/65/EG, 2011/61/EU, 2013/36/EU, 2014/59/EU und 2014/65/EU (ABl. L 314 vom 5.12.2019, S. 64) sowie der Anpassung der nationalen Gesetze und Verordnungen an die Verordnung (EU) 2019/2033 des Europäischen Parlaments und des Rates vom 27. November 2019 über die Aufsichtsanforderungen an Wertpapierfirmen und zur Änderung der Verordnungen (EU) Nr. 1093/2010, (EU) Nr. 575/2013, (EU) Nr. 600/2014 und (EU) Nr. 806/2014 (ABl. L 314 vom 5.12.2019, S. 1; L 20 vom 24.1.2020, S. 26).

[4)] **Amtl. Anm.:** Dieses Gesetz dient der Umsetzung der Richtlinie (EU) 2020/1504 des Europäischen Parlaments und des Rates vom 7. Oktober 2020 zur Änderung der Richtlinie 2014/65/EU über Märkte →

Lfd. Nr.	Änderndes Gesetz	Datum	Fundstelle	Betroffen	Hinweis
				§§ 5, 6	aufgeh. mit Ablauf des 10.6. 2021
33.	Art. 58 PersonengesellschaftsrechtsmodernisierungsG (MoPeG)	10.8.2021	BGBl. I S. 3436	§ 2	geänd. mWv 1.1.2024
34.	Art. 1 G zur Einführung virtueller Hauptversammlungen von Aktiengesellschaften und Änderung genossenschafts- sowie insolvenz- und restrukturierungsrechtlicher Vorschriften	20.7.2022	BGBl. I S. 1166	§ 16	geänd. mWv 27.7.2022
35.	Art. 8 ZukunftsfinanzierungsG	11.12. 2023	BGBl. 2023 I Nr. 354	§§ 1, 2, 9, 10, 11, 14, 20, 21, 23, 25, 26, 27, 33c, 35, 36, 37, 40, 60	geänd. mWv 1.1.2024
				§ 45	neu gef. mWv 1.1.2024

(Fortsetzung der Anm. von voriger Seite)
für Finanzinstrumente sowie der Verordnung (EU) 2020/1503 des Europäischen Parlaments und des Rats vom 7. Oktober 2020 über Europäische Schwarmfinanzierungsdienstleister für Unternehmen und zur Änderung der Verordnung (EU) 2017/1129 und der Richtlinie (EU) 2019/1937.

Inhaltsübersicht[1)]

---

1) Inhaltsübersicht geänd. mWv 1.5.2002 durch VO v. 29.4.2002 (BGBl. I S. 1495); mWv 14.7.2006 durch G v. 8.7.2006 (BGBl. I S. 1426); mWv 15.8.2013 durch G v. 7.8.2013 (BGBl. I S. 3154); mWv 26.11.2015 durch G v. 20.11.2015 (BGBl. I S. 2029); mWv 1.10.2021 durch G v. 18.7.2016 (BGBl. I S. 1666); mWv 11.6.2021 durch G v. 3.6.2021 (BGBl. I S. 1568).

Abschnitt 1. Allgemeine Vorschriften

§ 1[1)] Anwendungsbereich (1) Dieses Gesetz ist anzuwenden auf Angebote zum Erwerb von Wertpapieren, die von einer Zielgesellschaft ausgegeben wurden und zum Handel an einem organisierten Markt zugelassen sind.

(2) Auf Übernahme- und Pflichtangebote zum Erwerb von Aktien einer Zielgesellschaft im Sinne des § 2 Abs. 3 Nr. 1, deren stimmberechtigte Aktien nicht im Inland, jedoch in einem anderen Staat des Europäischen Wirtschaftsraums zum Handel an einem organisierten Markt zugelassen sind, ist dieses Gesetz nur anzuwenden, soweit es die Kontrolle, die Verpflichtung zur Abgabe eines Angebots und hiervon abweichende Regelungen, die Unterrichtung der Arbeitnehmer der Zielgesellschaft oder des Bieters, Handlungen des Vorstands der Zielgesellschaft, durch die der Erfolg eines Angebots verhindert werden könnte, oder andere gesellschaftsrechtliche Fragen regelt.

(3) [1] Auf Angebote zum Erwerb von Wertpapieren einer Zielgesellschaft im Sinne des § 2 Abs. 3 Nr. 2 ist dieses Gesetz vorbehaltlich § 11a nur unter folgenden Voraussetzungen anzuwenden:

[1)] § 1 neu gef. mWv 14.7.2006 durch G v. 8.7.2006 (BGBl. I S. 1426); Abs. 5 Satz 2 neu gef. mWv 1.1. 2024 durch G v. 11.12.2023 (BGBl. 2023 I Nr. 354).

1. es handelt sich um ein europäisches Angebot zum Erwerb stimmberechtigter Wertpapiere, und
2. a) die stimmberechtigten Wertpapiere sind nur im Inland zum Handel an einem organisierten Markt zugelassen, oder

   b) die stimmberechtigten Wertpapiere sind sowohl im Inland als auch in einem anderen Staat des Europäischen Wirtschaftsraums, jedoch nicht in dem Staat, in dem die Zielgesellschaft ihren Sitz hat, zum Handel an einem organisierten Markt zugelassen, und

      aa) die Zulassung erfolgte zuerst zum Handel an einem organisierten Markt im Inland, oder

      bb) die Zulassungen erfolgten gleichzeitig, und die Zielgesellschaft hat sich für die Bundesanstalt für Finanzdienstleistungsaufsicht (Bundesanstalt) als zuständige Aufsichtsbehörde entschieden.

²Liegen die in Satz 1 genannten Voraussetzungen vor, ist dieses Gesetz nur anzuwenden, soweit es Fragen der Gegenleistung, des Inhalts der Angebotsunterlage und des Angebotsverfahrens regelt.

(4) Das Bundesministerium der Finanzen wird ermächtigt, durch *Rechtverordnung*[1)2)], die nicht der Zustimmung des Bundesrates bedarf, nähere Bestimmungen darüber, in welchem Umfang Vorschriften dieses Gesetzes in den Fällen des Absatzes 2 und des Absatzes 3 anwendbar sind, zu erlassen.

(5) ¹Eine Zielgesellschaft im Sinne des § 2 Abs. 3 Nr. 2, deren stimmberechtigte Wertpapiere gleichzeitig im Inland und in einem anderen Staat des Europäischen Wirtschaftsraums, jedoch nicht in dem Staat, in dem sie ihren Sitz hat, zum Handel an einem organisierten Markt zugelassen worden sind, hat zu entscheiden, welche der betroffenen Aufsichtsstellen für die Beaufsichtigung eines europäischen Angebots zum Erwerb stimmberechtigter Wertpapiere zuständig sein soll. ²Sie hat ihre Entscheidung zu veröffentlichen und der Bundesanstalt die Veröffentlichung zu übermitteln. ³Das Bundesministerium der Finanzen wird ermächtigt, durch Rechtsverordnung[3)], die nicht der Zustimmung des Bundesrates bedarf, nähere Bestimmungen über den Zeitpunkt sowie Inhalt und Form der Mitteilung und der Veröffentlichung nach Satz 2 zu erlassen. ⁴Das Bundesministerium der Finanzen kann die Ermächtigung durch Rechtsverordnung auf die Bundesanstalt übertragen.

§ 2[4)] Begriffsbestimmungen. (1) Angebote sind freiwillige oder auf Grund einer Verpflichtung nach diesem Gesetz erfolgende öffentliche Kauf- oder Tauschangebote zum Erwerb von Wertpapieren einer Zielgesellschaft.

(1a) Europäische Angebote sind Angebote zum Erwerb von Wertpapieren einer Zielgesellschaft im Sinne des Absatzes 3 Nr. 2, die nach dem Recht des Staates des *Europäischen Wirtschaftsraums, in* dem die Zielgesellschaft ihren Sitz hat, als Angebote im Sinne des Artikels 2 Abs. 1 Buchstabe a der Richtlinie 2004/25/EG

[1)] Richtig wohl: „Rechtsverordnung".

[2)] Siehe die WpÜG-AnwendbarkeitsVO v. 17.7.2006 (BGBl. I S. 1698).

[3)] Siehe die WpÜG-BeaufsichtigungsmitteilungsVO v. 13.10.2006 (BGBl. I S. 2266), geänd. durch G v. 12.5.2021 (BGBl. I S. 990).

[4)] § 2 Abs. 1a eingef., Abs. 3 und 5 neu gef., Abs. 7 geänd. mWv 14.7.2006 durch G v. 8.7.2006 (BGBl. I S. 1426); Abs. 7 geänd. mWv 1.11.2007 durch G v. 16.7.2007 (BGBl. I S. 1330); Abs. 4 geänd. mWv 1.1.2024 durch G v. 10.8.2021 (BGBl. I S. 3436); Abs. 9 angef. mWv 1.1.2024 durch G v. 11.12. 2023 (BGBl. 2023 I Nr. 354).

des Europäischen Parlaments und des Rates vom 21. April 2004 betreffend Übernahmeangebote (ABl. EU Nr. L 142 S. 12) gelten.

(2) Wertpapiere sind, auch wenn für sie keine Urkunden ausgestellt sind,

1. Aktien, mit diesen vergleichbare Wertpapiere und Zertifikate, die Aktien vertreten,
2. andere Wertpapiere, die den Erwerb von Aktien, mit diesen vergleichbaren Wertpapieren oder Zertifikaten, die Aktien vertreten, zum Gegenstand haben.

(3) Zielgesellschaften sind

1. Aktiengesellschaften oder Kommanditgesellschaften auf Aktien mit Sitz im Inland und
2. Gesellschaften mit Sitz in einem anderen Staat des Europäischen Wirtschaftsraums.

(4) Bieter sind natürliche oder juristische Personen oder rechtsfähige Personengesellschaften, die allein oder gemeinsam mit anderen Personen ein Angebot abgeben, ein solches beabsichtigen oder zur Abgabe verpflichtet sind.

(5) [1] Gemeinsam handelnde Personen sind natürliche oder juristische Personen, die ihr Verhalten im Hinblick auf ihren Erwerb von Wertpapieren der Zielgesellschaft oder ihre Ausübung von Stimmrechten aus Aktien der Zielgesellschaft mit dem Bieter auf Grund einer Vereinbarung oder in sonstiger Weise abstimmen. [2] Mit der Zielgesellschaft gemeinsam handelnde Personen sind natürliche oder juristische Personen, die Handlungen zur Verhinderung eines Übernahme- oder Pflichtangebots mit der Zielgesellschaft auf Grund einer Vereinbarung oder in sonstiger Weise abstimmen. [3] Tochterunternehmen gelten mit der sie kontrollierenden Person und untereinander als gemeinsam handelnde Personen.

(6) Tochterunternehmen sind Unternehmen, die als Tochterunternehmen im Sinne des § 290 des Handelsgesetzbuchs[1)] gelten oder auf die ein beherrschender Einfluss ausgeübt werden kann, ohne dass es auf die Rechtsform oder den Sitz ankommt.

(7) Organisierter Markt sind der regulierte Markt an einer Börse im Inland und der geregelte Markt im Sinne des Artikels 4 Abs. 1 Nr. 14 der Richtlinie 2004/39/EG des Europäischen Parlaments und des Rates vom 21. April 2004 über Märkte für Finanzinstrumente, zur Änderung der Richtlinien 85/611/EWG und 93/6/EWG des Rates und der Richtlinie 2000/12/EG des Europäischen Parlaments und des Rates und zur Aufhebung der Richtlinie 93/22/EWG des Rates (ABl. EU Nr. L 145 S. 1) in einem anderen Staat des Europäischen Wirtschaftsraums.

(8) Der Europäische Wirtschaftsraum umfasst die Staaten der Europäischen Gemeinschaften sowie die Staaten des Abkommens über den Europäischen Wirtschaftsraum.

(9) Arbeitstage sind alle Kalendertage mit Ausnahme von Samstagen, Sonntagen und gesetzlichen Feiertagen.

§ 3 Allgemeine Grundsätze. (1) Inhaber von Wertpapieren der Zielgesellschaft, die derselben Gattung angehören, sind gleich zu behandeln.

(2) Inhaber von Wertpapieren der Zielgesellschaft müssen über genügend Zeit und ausreichende Informationen verfügen, um in Kenntnis der Sachlage über das Angebot entscheiden zu können.

[1)] **Habersack, Deutsche Gesetze Nr. 50.**

(3) Vorstand und Aufsichtsrat der Zielgesellschaft müssen im Interesse der Zielgesellschaft handeln.

(4) [1] Der Bieter und die Zielgesellschaft haben das Verfahren rasch durchzuführen. [2] Die Zielgesellschaft darf nicht über einen angemessenen Zeitraum hinaus in ihrer Geschäftstätigkeit behindert werden.

(5) Beim Handel mit Wertpapieren der Zielgesellschaft, der Bietergesellschaft oder anderer durch das Angebot betroffener Gesellschaften dürfen keine Marktverzerrungen geschaffen werden.

Abschnitt 2.[1)] Zuständigkeit der Bundesanstalt für Finanzdienstleistungsaufsicht[2)]

§ 4[3)] Aufgaben und Befugnisse. (1) [1] Die Bundesanstalt übt die Aufsicht bei Angeboten nach den Vorschriften dieses Gesetzes aus. [2] Sie hat im Rahmen der ihr zugewiesenen Aufgaben Missständen entgegenzuwirken, welche die ordnungsmäßige Durchführung des Verfahrens beeinträchtigen oder erhebliche Nachteile für den Wertpapiermarkt bewirken können. [3] Die Bundesanstalt kann Anordnungen treffen, die geeignet und erforderlich sind, diese Missstände zu beseitigen oder zu verhindern.

(2) Die Bundesanstalt nimmt die ihr nach diesem Gesetz zugewiesenen Aufgaben und Befugnisse nur im öffentlichen Interesse wahr.

§§ 5, 6[4)] *(aufgehoben)*

§ 7[5)] Zusammenarbeit mit Aufsichtsbehörden im Inland. (1) [1] Das Bundeskartellamt und die Bundesanstalt haben einander die für die Erfüllung ihrer Aufgaben erforderlichen Informationen mitzuteilen. [2] Die Bundesanstalt übermittelt dem Bundesministerium für Wirtschaft und Energie die ihr nach § 10 Abs. 2 Satz 1 Nr. 3 und § 35 Abs. 1 Satz 4 mitgeteilten Informationen und auf Ersuchen dieser Behörde die ihr nach § 14 Abs. 1 Satz 1 oder § 35 Abs. 2 Satz 1 übermittelte Angebotsunterlage. [3] Bei der Übermittlung personenbezogener Daten ist § 25 Absatz 1 und 3 des Bundesdatenschutzgesetzes[6)] anzuwenden.

(2) Die Bundesanstalt kann sich bei der Durchführung ihrer Aufgaben nach diesem Gesetz privater Personen und Einrichtungen bedienen.

§ 8[7)] Zusammenarbeit mit zuständigen Stellen im Ausland. (1) Der Bundesanstalt obliegt die Zusammenarbeit mit den für die Überwachung von Angeboten zum Erwerb von Wertpapieren, Börsen oder anderen Wertpapier- oder Deri-

---

[1)] Abschnitt 2 Überschrift geänd. mWv 1.5.2002 durch VO v. 29.4.2002 (BGBl. I S. 1495).

[2)] Siehe auch die VO zur Übertragung von Befugnissen zum Erlass von Rechtsverordnungen auf die BAFin v. 13.12.2002 (BGBl. 2003 I S. 3), zuletzt geänd. durch VO v. 24.1.2024 (BGBl. 2024 I Nr. 21).

[3)] § 4 Abs. 1 Sätze 1–3 und Abs. 2 geänd. mWv 1.5.2002 durch VO v. 29.4.2002 (BGBl. I S. 1495); Abs. 1 Satz 1 geänd. mWv 14.7.2006 durch G v. 8.7.2006 (BGBl. I S. 1426).

[4)] §§ 5 und 6 aufgeh. mWv 11.6.2021 durch G v. 3.6.2021 (BGBl. I S. 1568).

[5)] § 7 Abs. 2 geänd., Abs. 1 Satz 1 neu gef. mWv 1.5.2002 durch VO v. 29.4.2002 (BGBl. I S. 1495); Abs. 1 Satz 2 eingef., bish. Satz 2 wird Satz 3 mWv 24.4.2009 durch G v. 18.4.2009 (BGBl. I S. 770); Abs. 1 Satz 2 geänd. mWv 8.9.2015 durch VO v. 31.8.2015 (BGBl. I S. 1474); Abs. 1 Satz 3 neu gef. mWv 26.11.2019 durch G v. 20.11.2019 (BGBl. I S. 1626).

[6)] **Sartorius Nr. 245.**

[7)] § 8 Abs. 1, Abs. 2 Sätze 1 und 2, Abs. 3 Satz 1 geänd., Abs. 3 Satz 2 neu gef. mWv 1.5.2002 durch VO v. 29.4.2002 (BGBl. I S. 1495); Abs. 2 Satz 1 geänd. mWv 14.7.2006 durch G v. 8.7.2006 (BGBl. I S. 1426); Abs. 2 Sätze 2, 3 und 5 geänd., Satz 6 angef., Abs. 3 Satz 1 geänd. mWv 26.11.2019 durch G v. 20.11.2019 (BGBl. I S. 1626).

vatemärkten sowie den Handel in Wertpapieren und Derivaten zuständigen Stellen anderer Staaten.

(2) ¹Im Rahmen der Zusammenarbeit nach Absatz 1 darf die Bundesanstalt Tatsachen übermitteln, die für die Überwachung von Angeboten zum Erwerb von Wertpapieren oder damit zusammenhängender Verwaltungs- oder Gerichtsverfahren erforderlich sind; hierbei kann sie von ihren Befugnissen nach § 40 Abs. 1 und 2 Gebrauch machen. ²Bei der Übermittlung personenbezogener Daten hat die Bundesanstalt den Zweck zu bestimmen, für den diese verarbeitet werden dürfen. ³Der Empfänger ist darauf hinzuweisen, dass die Daten nur zu dem Zweck verarbeitet werden dürfen, zu dessen Erfüllung sie übermittelt wurden. ⁴Eine Übermittlung unterbleibt, soweit Grund zu der Annahme besteht, dass durch sie gegen den Zweck eines deutschen Gesetzes verstoßen wird. ⁵Die Übermittlung unterbleibt außerdem, wenn durch sie schutzwürdige Interessen der betroffenen Person beeinträchtigt würden, insbesondere wenn im Empfängerland ein angemessener Datenschutzstandard nicht gewährleistet wäre. ⁶Die Übermittlung personenbezogener Daten an Drittländer und internationale Organisationen muss im Einklang mit Kapitel V der Verordnung (EU) 2016/679[1] des Europäischen Parlaments und des Rates vom 27. April 2016 zum Schutz natürlicher Personen bei der Verarbeitung personenbezogener Daten, zum freien Datenverkehr und zur Aufhebung der Richtlinie 95/46/EG (Datenschutz-Grundverordnung) (ABl. L 119 vom 4.5.2016, S. 1; L 314 vom 22.11.2016, S. 72; L 127 vom 23.5.2018, S. 2) in der jeweils geltenden Fassung und mit den sonstigen allgemeinen datenschutzrechtlichen Vorschriften stehen.

(3) ¹Werden der Bundesanstalt von einer Stelle eines anderen Staates personenbezogene Daten mitgeteilt, so dürfen diese nur unter Beachtung der Zweckbestimmung durch diese Stelle verarbeitet werden. ²Die Bundesanstalt darf die Daten unter Beachtung der Zweckbestimmung den Börsenaufsichtsbehörden und den Handelsüberwachungsstellen der Börsen mitteilen.

(4) Die Regelungen über die internationale Rechtshilfe in Strafsachen bleiben unberührt.

§ 9[2] Verschwiegenheitspflicht. (1) ¹Die bei der Bundesanstalt und bei Einrichtungen nach § 7 Abs. 2 Beschäftigten und die Personen, derer sich die Bundesanstalt nach § 7 Abs. 2 bedient, dürfen ihnen bei ihrer Tätigkeit bekannt gewordene Tatsachen, deren Geheimhaltung im Interesse eines nach diesem Gesetz Verpflichteten, der zuständigen Behörden oder eines Dritten liegt, insbesondere Geschäfts- und Betriebsgeheimnisse, sowie personenbezogene Daten auch nach Beendigung ihres Dienstverhältnisses oder ihrer Tätigkeit nicht unbefugt offenbaren oder verwerten. ²Dies gilt auch für andere Personen, die durch dienstliche Berichterstattung Kenntnis von den in Satz 1 bezeichneten Tatsachen erhalten. ³Ein unbefugtes Offenbaren oder Verwerten im Sinne des Satzes 1 liegt insbesondere nicht vor, wenn Tatsachen weitergegeben werden an

1. Strafverfolgungsbehörden oder für Straf- und Bußgeldsachen zuständige Gerichte,

---

[1] **Sartorius Nr. 246.**

[2] § 9 Abs. 1 Satz 1 geänd. mWv 1.5.2002 durch VO v. 29.4.2002 (BGBl. I S. 1495); Abs. 1 Nr. 3 angef. *mWv 24.4.2009 durch* G v. 18.4.2009 (BGBl. I S. 770); Abs. 1 Satz 3 Nr. 3 geänd. mWv 8.9.2015 durch VO v. 31.8.2015 (BGBl. I S. 1474); Abs. 2 neu gef. mWv 6.11.2015 durch G v. 2.11.2015 (BGBl. I S. 1864); Abs. 1 Sätze 1 und 3 Nr. 2 geänd. mWv 26.6.2021 durch G v. 12.5.2021 (BGBl. I S. 990); Abs. 1 Satz 1 geänd., Abs. 3 aufgeh. mWv 11.6.2021 durch G v. 3.6.2021 (BGBl. I S. 1568); Abs. 2 Satz 1 geänd. mWv 1.1.2024 durch G v. 11.12.2023 (BGBl. 2023 I Nr. 354).

2. Stellen, die kraft Gesetzes oder im öffentlichen Auftrag mit der Bekämpfung von Wettbewerbsbeschränkungen, der Überwachung von Angeboten zum Erwerb von Wertpapieren oder der Überwachung von Börsen oder anderen Wertpapier- oder Derivatemärkten, des Wertpapier- oder Derivatehandels, von Kreditinstituten, Finanzdienstleistungsinstituten, Wertpapierinstituten, Investmentgesellschaften, Finanzunternehmen oder Versicherungsunternehmen betraut sind, sowie von solchen Stellen beauftragte Personen,
3. das Bundesministerium für Wirtschaft und Energie,

soweit die Tatsachen für die Erfüllung der Aufgaben dieser Stellen oder Personen erforderlich sind. [4] Für die bei den in Satz 3 genannten Stellen beschäftigten oder von ihnen beauftragten Personen gilt die Verschwiegenheitspflicht nach den Sätzen 1 bis 3 entsprechend. [5] An eine ausländische Stelle dürfen die Tatsachen nur weitergegeben werden, wenn diese Stelle und die von ihr beauftragten Personen einer den Sätzen 1 bis 3 entsprechenden Verschwiegenheitspflicht unterliegen.

(2) [1] Die §§ 93, 97 und 105 Absatz 1, § 111 Absatz 5 in Verbindung mit § 105 Absatz 1 sowie § 116 Absatz 1 der Abgabenordnung gelten für die in Absatz 1 Satz 1 und 2 bezeichneten Personen nur, soweit die Finanzbehörden die Kenntnisse für die Durchführung eines Verfahrens wegen einer Steuerstraftat oder eines Besteuerungsverfahrens benötigen, es sei denn, der Weitergabe der Informationen stehen andere Vorschriften entgegen. [2] Die in Satz 1 genannten Vorschriften sind jedoch nicht anzuwenden, soweit Tatsachen betroffen sind,

1. die den in Absatz 1 Satz 1 oder Satz 2 bezeichneten Personen durch eine Stelle eines anderen Staates im Sinne von Absatz 1 Satz 3 Nummer 2 oder durch von dieser Stelle beauftragte Personen mitgeteilt worden sind oder
2. von denen bei der Bundesanstalt beschäftigte Personen dadurch Kenntnis erlangen, dass sie an der Aufsicht über direkt von der Europäischen Zentralbank beaufsichtigte Institute mitwirken, insbesondere in gemeinsamen Aufsichtsteams nach Artikel 2 Nummer 6 der Verordnung (EU) Nr. 468/2014 der Europäischen Zentralbank vom 16. April 2014 zur Einrichtung eines Rahmenwerks für die Zusammenarbeit zwischen der Europäischen Zentralbank und den nationalen zuständigen Behörden und den nationalen benannten Behörden innerhalb des einheitlichen Aufsichtsmechanismus (SSM-Rahmenverordnung) (EZB/2014/17) (ABl. L 141 vom 14.5.2014, S. 1), und die nach den Regeln der Europäischen Zentralbank geheim sind.

Abschnitt 3. Angebote zum Erwerb von Wertpapieren

§ 10[1)] Veröffentlichung der Entscheidung zur Abgabe eines Angebots.

(1) [1] Der Bieter hat seine Entscheidung zur Abgabe eines Angebots unverzüglich gemäß Absatz 3 Satz 1 zu veröffentlichen. [2] Die Verpflichtung nach Satz 1 besteht auch, wenn für die Entscheidung nach Satz 1 der Beschluss der Gesellschafterversammlung des Bieters erforderlich ist und ein solcher Beschluss noch nicht erfolgt ist. [3] Die Bundesanstalt kann dem Bieter auf Antrag abweichend von Satz 2

1) § 10 Abs. 1 Satz 3, Abs. 2 Satz 3, Abs. 4 Satz 1 geänd. mWv 1.5.2002 durch VO v. 29.4.2002 (BGBl. I S. 1495); Abs. 3 Satz 1 Nr. 1 neu gef., Abs. 5 Satz 3 angef. mWv 14.7.2006 durch G v. 8.7.2006 (BGBl. I S. 1426); Abs. 6 geänd. mWv 2.7.2016 durch G v. 30.6.2016 (BGBl. I S. 1514); Abs. 2 Satz 1 Nr. 2 geänd. mWv 3.1.2018 durch G v. 23.6.2017 (BGBl. I S. 1693); Abs. 6 geänd. mWv 28.3.2020 durch G v. 19.3. 2020 (BGBl. I S. 529); Abs. 3 Satz 1 Nr. 2 geänd. mWv 26.6.2021 durch G v. 12.5.2021 (BGBl. I S. 990); Abs. 2 Satz 1 Nr. 1 und 2 geänd., Nr. 3 aufgeh., Abs. 4 Satz 2 neu gef. mWv 1.1.2024 durch G v. 11.12. 2023 (BGBl. 2023 I Nr. 354).

gestatten, eine Veröffentlichung erst nach dem Beschluss der Gesellschafterversammlung vorzunehmen, wenn der Bieter durch geeignete Vorkehrungen sicherstellt, dass dadurch Marktverzerrungen nicht zu befürchten sind.

(2) [1] Der Bieter hat die Entscheidung nach Absatz 1 Satz 1 vor der Veröffentlichung

1. den Geschäftsführungen der Börsen, an denen Wertpapiere des Bieters, der Zielgesellschaft und anderer durch das Angebot unmittelbar betroffener Gesellschaften zum Handel zugelassen sind, und
2. den Geschäftsführungen der Börsen, an denen Derivate im Sinne des § 2 Absatz 3 des Wertpapierhandelsgesetzes[1)] gehandelt werden, sofern die Wertpapiere Gegenstand der Derivate sind,

mitzuteilen. [2] Die Geschäftsführungen dürfen die ihnen nach Satz 1 mitgeteilten Entscheidungen vor der Veröffentlichung nur zum Zwecke der Entscheidung verwenden, ob die Feststellung des Börsenpreises auszusetzen oder einzustellen ist. [3] Die Bundesanstalt kann gestatten, dass Bieter mit Wohnort oder Sitz im Ausland die Mitteilung nach Satz 1 gleichzeitig mit der Veröffentlichung vornehmen, wenn dadurch die Entscheidungen der Geschäftsführungen über die Aussetzung oder Einstellung der Feststellung des Börsenpreises nicht beeinträchtigt werden.

(3) [1] Die Veröffentlichung der Entscheidung nach Absatz 1 Satz 1 ist

1. durch Bekanntgabe im Internet und
2. über ein elektronisch betriebenes Informationsverbreitungssystem, das bei Kreditinstituten, Finanzdienstleistungsinstituten, Wertpapierinstituten, nach § 53 Abs. 1 des Gesetzes über das Kreditwesen tätigen Unternehmen, anderen Unternehmen, die ihren Sitz im Inland haben und an einer inländischen Börse zur Teilnahme am Handel zugelassen sind, und Versicherungsunternehmen weit verbreitet ist,

in deutscher Sprache vorzunehmen. [2] Dabei hat der Bieter auch die Adresse anzugeben, unter der die Veröffentlichung der Angebotsunterlage im Internet nach § 14 Abs. 3 Satz 1 Nr. 1 erfolgen wird. [3] Eine Veröffentlichung in anderer Weise darf nicht vor der Veröffentlichung nach Satz 1 vorgenommen werden.

(4) [1] Der Bieter hat die Veröffentlichung nach Absatz 3 Satz 1 unverzüglich den Geschäftsführungen der in Absatz 2 Satz 1 Nr. 1 und 2 erfassten Börsen und der Bundesanstalt zu übersenden. [2] Dies gilt im Hinblick auf die Geschäftsführungen der in Absatz 2 Satz 1 Nummer 1 und 2 erfassten Börsen nicht, soweit die Bundesanstalt nach Absatz 2 Satz 3 gestattet hat, die Mitteilung nach Absatz 2 Satz 1 gleichzeitig mit der Veröffentlichung vorzunehmen.

(5) [1] Der Bieter hat dem Vorstand der Zielgesellschaft unverzüglich nach der Veröffentlichung nach Absatz 3 Satz 1 die Entscheidung zur Abgabe eines Angebots schriftlich mitzuteilen. [2] Der Vorstand der Zielgesellschaft unterrichtet den zuständigen Betriebsrat oder, sofern ein solcher nicht besteht, unmittelbar die Arbeitnehmer, unverzüglich über die Mitteilung nach Satz 1. [3] Der Bieter hat die Entscheidung zur Abgabe eines Angebots ebenso seinem zuständigen Betriebsrat oder, sofern ein solcher nicht besteht, unmittelbar den Arbeitnehmern unverzüglich nach der Veröffentlichung nach Absatz 3 Satz 1 mitzuteilen.

(6) Artikel 17 der Verordnung (EU) Nr. 596/2014 des Europäischen Parlaments *und des Rates vom* 16. April 2014 über Marktmissbrauch (Marktmissbrauchsverordnung) und zur Aufhebung der Richtlinie 2003/6/EG des Europäischen Par-

[1)] Nr. **58**.

laments und des Rates und der Richtlinien 2003/124/EG, 2003/125/EG und 2004/72/EG der Kommission (ABl. L 173 vom 12.6.2014, S. 1) in der jeweils geltenden Fassung gilt nicht für Entscheidungen zur Abgabe eines Angebots, soweit letztere unter Beachtung des Artikels 2 Absatz 1 der Durchführungsverordnung (EU) 2016/1055 der Kommission vom 29. Juni 2016 zur Festlegung technischer Durchführungsstandards hinsichtlich der technischen Mittel für die angemessene Bekanntgabe von Insiderinformationen und für den Aufschub der Bekanntgabe von Insiderinformationen gemäß Verordnung (EU) Nr. 596/2014 des Europäischen Parlaments und des Rates (ABl. L 173 vom 30.6.2016, S. 47) in der jeweils geltenden Fassung und des § 3a der Wertpapierhandelsanzeigeverordnung veröffentlicht wurden.

§ 11[1)] Angebotsunterlage. (1) [1]Der Bieter hat eine Unterlage über das Angebot (Angebotsunterlage) zu erstellen und zu veröffentlichen. [2]Die Angebotsunterlage muss die Angaben enthalten, die notwendig sind, um in Kenntnis der Sachlage über das Angebot entscheiden zu können. [3]Die Angaben müssen richtig und vollständig sein. [4]Die Angebotsunterlage ist in deutscher Sprache und in einer Form abzufassen, die ihr Verständnis und ihre Auswertung erleichtert.

(2) [1]Die Angebotsunterlage hat den Inhalt des Angebots und ergänzende Angaben zu enthalten. [2]Angaben über den Inhalt des Angebots sind

1. Name oder Firma und Anschrift oder Sitz sowie, wenn es sich um eine Gesellschaft handelt, die Rechtsform des Bieters,
2. Firma, Sitz und Rechtsform der Zielgesellschaft,
3. die Wertpapiere, die Gegenstand des Angebots sind,
4. Art und Höhe der für die Wertpapiere der Zielgesellschaft gebotenen Gegenleistung,

4a. die Höhe der für den Entzug von Rechten gebotenen Entschädigung nach § 33b Abs. 4,

5. die Bedingungen, von denen die Wirksamkeit des Angebots abhängt,
6. der Beginn und das Ende der Annahmefrist.

[3]Ergänzende Angaben sind

1. Angaben zu den notwendigen Maßnahmen, die sicherstellen, dass dem Bieter die zur vollständigen Erfüllung des Angebots notwendigen Mittel zur Verfügung stehen, und zu den erwarteten Auswirkungen eines erfolgreichen Angebots auf die Vermögens-, Finanz- und Ertragslage des Bieters,
2. Angaben über die Absichten des Bieters im Hinblick auf die künftige Geschäftstätigkeit der Zielgesellschaft sowie, soweit von dem Angebot betroffen, des Bieters, insbesondere den Sitz und den Standort wesentlicher Unternehmensteile, die Verwendung des Vermögens, künftige Verpflichtungen, die Arbeitnehmer und deren Vertretungen, die Mitglieder der Geschäftsführungsorgane und wesentliche Änderungen der Beschäftigungsbedingungen einschließlich der insoweit vorgesehenen Maßnahmen,
3. Angaben über Geldleistungen oder andere geldwerte Vorteile, die Vorstands- oder Aufsichtsratsmitgliedern der Zielgesellschaft gewährt oder in Aussicht gestellt werden,

---

1) § 11 Abs. 5 geänd. mWv 1.5.2002 durch VO v. 29.4.2002 (BGBl. I S. 1495); Abs. 2 Satz 2 Nr. 4a eingef., Satz 3 Nr. 2 neu gef. mWv 14.7.2006 durch G v. 8.7.2006 (BGBl. I S. 1426); Abs. 1 Satz 5 aufgeh. mWv 1.1.2024 durch G v. 11.12.2023 (BGBl. 2023 I Nr. 354).

4. die Bestätigung nach § 13 Abs. 1 Satz 2 unter Angabe von Firma, Sitz und Rechtsform des Wertpapierdienstleistungsunternehmens.

(3) Die Angebotsunterlage muss Namen und Anschrift, bei juristischen Personen oder Gesellschaften Firma, Sitz und Rechtsform, der Personen oder Gesellschaften aufführen, die für den Inhalt der Angebotsunterlage die Verantwortung übernehmen; sie muss eine Erklärung dieser Personen oder Gesellschaften enthalten, dass ihres Wissens die Angaben richtig und keine wesentlichen Umstände ausgelassen sind.

(4) Das Bundesministerium der Finanzen kann durch Rechtsverordnung[1]), die nicht der Zustimmung des Bundesrates bedarf,

1. nähere Bestimmungen über die Gestaltung und die in die Angebotsunterlage aufzunehmenden Angaben erlassen und
2. weitere ergänzende Angaben vorschreiben, soweit dies notwendig ist, um den Empfängern des Angebots ein zutreffendes und vollständiges Urteil über den Bieter, die mit ihm gemeinsam handelnden Personen und das Angebot zu ermöglichen.

(5) Das Bundesministerium der Finanzen kann die Ermächtigung nach Absatz 4 durch Rechtsverordnung auf die Bundesanstalt übertragen.

§ 11a[2]) **Europäischer Pass.** Die von der zuständigen Aufsichtsstelle eines anderen Staates des Europäischen Wirtschaftsraums gebilligte Angebotsunterlage über ein europäisches Angebot zum Erwerb von Wertpapieren einer Zielgesellschaft im Sinne des § 2 Abs. 3 Nr. 2, deren Wertpapiere auch im Inland zum Handel an einem organisierten Markt zugelassen sind, wird im Inland ohne zusätzliches Billigungsverfahren anerkannt.

§ 12[3]) **Haftung für die Angebotsunterlage.** (1) Sind für die Beurteilung des Angebots wesentliche Angaben der Angebotsunterlage unrichtig oder unvollständig, so kann derjenige, der das Angebot angenommen hat oder dessen Aktien dem Bieter nach § 39a übertragen worden sind,

1. von denjenigen, die für die Angebotsunterlage die Verantwortung übernommen haben, und
2. von denjenigen, von denen der Erlass der Angebotsunterlage ausgeht,

als Gesamtschuldnern den Ersatz des ihm aus der Annahme des Angebots oder Übertragung der Aktien entstandenen Schadens verlangen.

(2) Nach Absatz 1 kann nicht in Anspruch genommen werden, wer nachweist, dass er die Unrichtigkeit oder Unvollständigkeit der Angaben der Angebotsunterlage nicht gekannt hat und die Unkenntnis nicht auf grober Fahrlässigkeit beruht.

(3) Der Anspruch nach Absatz 1 besteht nicht, sofern

1. die Annahme des Angebots nicht auf Grund der Angebotsunterlage erfolgt ist,
2. derjenige, der das Angebot angenommen hat, die Unrichtigkeit oder Unvollständigkeit der Angaben der Angebotsunterlage bei der Abgabe der Annahmeerklärung kannte oder

---

[1]) *Siehe die WpÜG*-AngebotsVO v. 27.12.2001 (BGBl. I S. 4263), zuletzt geänd. durch G v. 11.12. 2023 (BGBl. 2023 I Nr. 354).

[2]) § 11a eingef. mWv 14.7.2006 durch G v. 8.7.2006 (BGBl. I S. 1426).

[3]) § 12 Abs. 1 und 4 neu gef., Abs. 3 Nr. 3 geänd. mWv 14.7.2006 durch G v. 8.7.2006 (BGBl. I S. 1426); Abs. 3 Nr. 3 geänd. mWv 2.7.2016 durch G v. 30.6.2016 (BGBl. I S. 1514).

3. vor der Annahme des Angebots in einer Veröffentlichung nach Artikel 17 der Verordnung (EU) Nr. 596/2014 oder einer vergleichbaren Bekanntmachung eine deutlich gestaltete Berichtigung der unrichtigen oder unvollständigen Angaben im Inland veröffentlicht wurde.

(4) Der Anspruch nach Absatz 1 verjährt in einem Jahr seit dem Zeitpunkt, zu dem derjenige, der das Angebot angenommen hat oder dessen Aktien dem Bieter nach § 39a übertragen worden sind, von der Unrichtigkeit oder Unvollständigkeit der Angaben der Angebotsunterlage Kenntnis erlangt hat, spätestens jedoch in drei Jahren seit der Veröffentlichung der Angebotsunterlage.

(5) Eine Vereinbarung, durch die der Anspruch nach Absatz 1 im Voraus ermäßigt oder erlassen wird, ist unwirksam.

(6) Weitergehende Ansprüche, die nach den Vorschriften des bürgerlichen Rechts auf Grund von Verträgen oder vorsätzlichen unerlaubten Handlungen erhoben werden können, bleiben unberührt.

§ 13 Finanzierung des Angebots. (1) [1]Der Bieter hat vor der Veröffentlichung der Angebotsunterlage die notwendigen Maßnahmen zu treffen, um sicherzustellen, dass ihm die zur vollständigen Erfüllung des Angebots notwendigen Mittel zum Zeitpunkt der Fälligkeit des Anspruchs auf die Gegenleistung zur Verfügung stehen. [2]Für den Fall, dass das Angebot als Gegenleistung die Zahlung einer Geldleistung vorsieht, ist durch ein vom Bieter unabhängiges Wertpapierdienstleistungsunternehmen schriftlich zu bestätigen, dass der Bieter die notwendigen Maßnahmen getroffen hat, um sicherzustellen, dass die zur vollständigen Erfüllung des Angebots notwendigen Mittel zum Zeitpunkt der Fälligkeit des Anspruchs auf die Geldleistung zur Verfügung stehen.

(2) Hat der Bieter die nach Absatz 1 Satz 2 notwendigen Maßnahmen nicht getroffen und stehen ihm zum Zeitpunkt der Fälligkeit des Anspruchs auf die Geldleistung aus diesem Grunde die notwendigen Mittel nicht zur Verfügung, so kann derjenige, der das Angebot angenommen hat, von dem Wertpapierdienstleistungsunternehmen, das die schriftliche Bestätigung erteilt hat, den Ersatz des ihm aus der nicht vollständigen Erfüllung entstandenen Schadens verlangen.

(3) § 12 Abs. 2 bis 6 gilt entsprechend.

§ 14[1)] Übermittlung und Veröffentlichung der Angebotsunterlage.

(1) [1]Der Bieter hat die Angebotsunterlage innerhalb von vier Wochen nach der Veröffentlichung der Entscheidung zur Abgabe eines Angebots der Bundesanstalt zu übermitteln. [2]Die Bundesanstalt bestätigt dem Bieter den Tag des Eingangs der Angebotsunterlage. [3]Die Bundesanstalt kann die Frist nach Satz 1 auf Antrag um bis zu vier Wochen verlängern, wenn dem Bieter die Einhaltung der Frist nach Satz 1 auf Grund eines grenzüberschreitenden Angebots oder erforderlicher Kapitalmaßnahmen nicht möglich ist.

(2) Die Angebotsunterlage ist unverzüglich nach den Maßgaben des Absatzes 3 Satz 1 zu veröffentlichen, wenn

1. die Bundesanstalt die Veröffentlichung gestattet hat oder

[1)] § 14 Abs. 1 Sätze 1–3 geänd. mWv 1.5.2002 durch VO v. 29.4.2002 (BGBl. I S. 1495); Abs. 4 Satz 3 angef. mWv 14.7.2006, Abs. 3 Satz 1 Nr. 2 geänd., Satz 2 neu gef. mWv 1.1.2007 durch G v. 8.7.2006 (BGBl. I S. 1426); Abs. 3 Satz 1 Nr. 2 geänd. mWv 1.4.2012 durch G v. 22.12.2011 (BGBl. I S. 3044); Abs. 2 neu gef., Abs. 2a eingef., Abs. 3 Satz 2 geänd., Satz 3 angef. mWv 1.1.2024 durch G v. 11.12.2023 (BGBl. 2023 I Nr. 354).

2. seit dem Eingang der Angebotsunterlage zehn Arbeitstage verstrichen sind, ohne dass die Bundesanstalt das Angebot untersagt hat.

(2a) [1]Vor der Veröffentlichung der Angebotsunterlage darf diese nicht bekannt gegeben werden. [2]Die Bundesanstalt kann vor einer Untersagung des Angebots die Frist nach Absatz 2 Nummer 2 um bis zu fünf Arbeitstage verlängern, wenn die Angebotsunterlage nicht vollständig ist oder sonst den Vorschriften dieses Gesetzes oder einer auf Grund dieses Gesetzes erlassenen Rechtsverordnung nicht entspricht. [3]Die Frist nach Absatz 2 Nummer 2 verlängert sich, auch nach einer Verlängerung nach Satz 2, um fünf Kalendertage, nachdem die Bundesanstalt eine Untersagung nach § 4f des Finanzdienstleistungsaufsichtsgesetzes elektronisch oder nach § 4g des Finanzdienstleistungsaufsichtsgesetzes als elektronisches Dokument zum Abruf über das Melde- und Veröffentlichungssystem der Bundesanstalt bereitgestellt, öffentlich bekannt gemacht oder zur Post aufgegeben hat.

(3) [1]Die Angebotsunterlage ist zu veröffentlichen durch

1. Bekanntgabe im Internet und
2. Bekanntgabe im Bundesanzeiger oder durch Bereithalten zur kostenlosen Ausgabe bei einer geeigneten Stelle im Inland; im letzteren Fall ist im Bundesanzeiger bekannt zu machen, bei welcher Stelle die Angebotsunterlage bereit gehalten wird und unter welcher Adresse die Veröffentlichung der Angebotsunterlage im Internet nach Nummer 1 erfolgt ist.

[2]Der Bieter hat der Bundesanstalt die Veröffentlichung nach Satz 1 Nummer 2 unverzüglich unter Übermittlung der veröffentlichten Angebotsunterlage mitzuteilen. [3]Die Verpflichtung des Bieters besteht auch im Fall einer Veröffentlichung oder Bekanntmachung im Sinne des § 12 Absatz 3 Nummer 3.

(4) [1]Der Bieter hat die Angebotsunterlage dem Vorstand der Zielgesellschaft unverzüglich nach der Veröffentlichung nach Absatz 3 Satz 1 zu übermitteln. [2]Der Vorstand der Zielgesellschaft hat die Angebotsunterlage unverzüglich dem zuständigen Betriebsrat oder, sofern ein solcher nicht besteht, unmittelbar den Arbeitnehmern zu übermitteln. [3]Der Bieter hat die Angebotsunterlage ebenso seinem zuständigen Betriebsrat oder, sofern ein solcher nicht besteht, unmittelbar den Arbeitnehmern unverzüglich nach der Veröffentlichung nach Absatz 3 Satz 1 zu übermitteln.

§ 15[1)] Untersagung des Angebots. (1) Die Bundesanstalt untersagt das Angebot, wenn

1. die Angebotsunterlage nicht die Angaben enthält, die nach § 11 Abs. 2 oder einer auf Grund des § 11 Abs. 4 erlassenen Rechtsverordnung erforderlich sind,
2. die in der Angebotsunterlage enthaltenen Angaben offensichtlich gegen Vorschriften dieses Gesetzes oder einer auf Grund dieses Gesetzes erlassenen Rechtsverordnung verstoßen,
3. der Bieter entgegen § 14 Abs. 1 Satz 1 der Bundesanstalt keine Angebotsunterlage übermittelt,
4. der Bieter entgegen § 14 Abs. 2 Satz 1 die Angebotsunterlage nicht veröffentlicht hat oder
5. die Veröffentlichung der Angebotsunterlage gegen die Sperrfristen nach § 26 *Absatz 1 oder 2 verstößt* oder der Bieter entgegen § 26 Absatz 1 oder 2 die

---

[1)] § 15 Abs. 1 und 2 geänd. mWv 1.5.2002 durch VO v. 29.4.2002 (BGBl. I S. 1495); Abs. 1 Nr. 3 und 4 geänd., Nr. 5 angef. mWv 20.12.2019 durch G v. 12.12.2019 (BGBl. I S. 2602).

Entscheidung zur Veröffentlichung eines Angebots nach § 10 Absatz 3 Satz 1 veröffentlicht hat.

(2) Die Bundesanstalt kann das Angebot untersagen, wenn der Bieter die Veröffentlichung nicht in der in § 14 Abs. 3 Satz 1 vorgeschriebenen Form vornimmt.

(3) [1] Ist das Angebot nach Absatz 1 oder 2 untersagt worden, so ist die Veröffentlichung der Angebotsunterlage verboten. [2] Ein Rechtsgeschäft auf Grund eines nach Absatz 1 oder 2 untersagten Angebots ist nichtig.

§ 16[1)] Annahmefristen; Einberufung der Hauptversammlung. (1) [1] Die Frist für die Annahme des Angebots (Annahmefrist) darf nicht weniger als vier Wochen und unbeschadet der Vorschriften des § 21 Abs. 5 und § 22 Abs. 2 nicht mehr als zehn Wochen betragen. [2] Die Annahmefrist beginnt mit der Veröffentlichung der Angebotsunterlage gemäß § 14 Abs. 3 Satz 1.

(2) [1] Bei einem Übernahmeangebot können die Aktionäre der Zielgesellschaft, die das Angebot nicht angenommen haben, das Angebot innerhalb von zwei Wochen nach der in § 23 Abs. 1 Satz 1 Nr. 2 genannten Veröffentlichung (weitere Annahmefrist) annehmen. [2] Satz 1 gilt nicht, wenn der Bieter das Angebot von dem Erwerb eines Mindestanteils der Aktien abhängig gemacht hat und dieser Mindestanteil nach Ablauf der Annahmefrist nicht erreicht wurde.

(3) [1] Wird im Zusammenhang mit dem Angebot nach der Veröffentlichung der Angebotsunterlage eine Hauptversammlung der Zielgesellschaft einberufen, beträgt die Annahmefrist unbeschadet der Vorschriften des § 21 Abs. 5 und § 22 Abs. 2 zehn Wochen ab der Veröffentlichung der Angebotsunterlage. [2] Der Vorstand der Zielgesellschaft hat die Einberufung der Hauptversammlung der Zielgesellschaft unverzüglich dem Bieter und der Bundesanstalt mitzuteilen. [3] Der Bieter hat die Mitteilung nach Satz 2 unter Angabe des Ablaufs der Annahmefrist unverzüglich im Bundesanzeiger zu veröffentlichen. [4] Er hat der Bundesanstalt unverzüglich die Veröffentlichung mitzuteilen.

(4) [1] Die Hauptversammlung nach Absatz 3 ist mindestens 14 Tage vor der Versammlung einzuberufen. [2] Der Tag der Einberufung ist nicht mitzurechnen. [3] § 121 Abs. 7 des Aktiengesetzes gilt entsprechend. [4] Abweichend von § 121 Absatz 5 Satz 1 und 2 des Aktiengesetzes[2)] und etwaigen Bestimmungen der Satzung ist die Gesellschaft bei der Wahl des Versammlungsortes frei. [5] Wird die Frist des § 123 Abs. 1 des Aktiengesetzes unterschritten, so müssen zwischen Anmeldung und Versammlung mindestens vier Tage liegen und sind Mitteilungen nach § 125 Abs. 1 Satz 1 des Aktiengesetzes unverzüglich zu machen; § 121 Abs. 7, § 123 Abs. 2 Satz 4 und § 125 Abs. 1 Satz 2 des Aktiengesetzes gelten entsprechend. [6] Die Gesellschaft hat den Aktionären die Erteilung von Stimmrechtsvollmachten soweit nach Gesetz und Satzung möglich zu erleichtern. [7] Mitteilungen an die Aktionäre, ein Bericht nach § 186 Abs. 4 Satz 2 des Aktiengesetzes und fristgerecht eingereichte Anträge von Aktionären sind allen Aktionären zugänglich und in Kurzfassung bekannt zu machen. [8] Die Zusendung von Mitteilungen kann

---

[1)] § 16 Abs. 3 Satz 2 geänd. mWv 1.5.2002 durch VO v. 29.4.2002 (BGBl. I S. 1495); Abs. 4 Sätze 3 und 6 geänd. mWv 1.11.2005 durch G v. 22.9.2005 (BGBl. I S. 2802); Abs. 3 Sätze 3 und 4 neu gef. mWv 1.1.2007 durch G v. 8.7.2006 (BGBl. I S. 1426); Abs. 4 Satz 3 geänd. mWv 20.1.2007 durch G v. 5.1.2007 (BGBl. I S. 10); Abs. 4 Satz 1 neu gef., Sätze 2 und 3 eingef., bish. Satz 2 wird Satz 4, bish. Satz 3 wird Satz 5 und neu gef., bish. Sätze 4–6 werden Sätze 6–8, bish. Satz 7 aufgeh. mWv 1.9.2009 durch G v. 30.7.2009 (BGBl. I S. 2479); Abs. 3 Satz 3 geänd. mWv 1.4.2012 durch G v. 22.12.2011 (BGBl. I S. 3044); Abs. 4 Satz 4 geänd. mWv 27.7.2022 durch G v. 20.7.2022 (BGBl. I S. 1166).

[2)] **Habersack, Deutsche Gesetze Nr. 51.**

unterbleiben, wenn zur Überzeugung des Vorstands mit Zustimmung des Aufsichtsrats der rechtzeitige Eingang bei den Aktionären nicht wahrscheinlich ist.

§ 17 Unzulässigkeit der öffentlichen Aufforderung zur Abgabe von Angeboten. Eine öffentliche auf den Erwerb von Wertpapieren der Zielgesellschaft gerichtete Aufforderung des Bieters zur Abgabe von Angeboten durch die Inhaber der Wertpapiere ist unzulässig.

§ 18 Bedingungen; Unzulässigkeit des Vorbehalts des Rücktritts und des Widerrufs. (1) Ein Angebot darf vorbehaltlich § 25 nicht von Bedingungen abhängig gemacht werden, deren Eintritt der Bieter, mit ihm gemeinsam handelnde Personen oder deren Tochterunternehmen oder im Zusammenhang mit dem Angebot für diese Personen oder Unternehmen tätige Berater ausschließlich selbst herbeiführen können.

(2) Ein Angebot, das unter dem Vorbehalt des Widerrufs oder des Rücktritts abgegeben wird, ist unzulässig.

§ 19 Zuteilung bei einem Teilangebot. Ist bei einem Angebot, das auf den Erwerb nur eines bestimmten Anteils oder einer bestimmten Anzahl der Wertpapiere gerichtet ist, der Anteil oder die Anzahl der Wertpapiere, die der Bieter erwerben kann, höher als der Anteil oder die Anzahl der Wertpapiere, die der Bieter zu erwerben sich verpflichtet hat, so sind die Annahmeerklärungen grundsätzlich verhältnismäßig zu berücksichtigen.

§ 20[1] Handelsbestand. (1) Die Bundesanstalt lässt auf Antrag des Bieters zu, dass Wertpapiere der Zielgesellschaft bei den ergänzenden Angaben nach § 11 Abs. 4 Nr. 2, den Veröffentlichungspflichten nach § 23, der Berechnung des Stimmrechtsanteils nach § 29 Abs. 2 und der Bestimmung der Gegenleistung nach § 31 Abs. 1, 3 und 4 und der Geldleistung nach § 31 Abs. 5 unberücksichtigt bleiben.

(2) Ein Befreiungsantrag nach Absatz 1 kann gestellt werden, wenn der Bieter, die mit ihm gemeinsam handelnden Personen oder deren Tochterunternehmen

1. die betreffenden Wertpapiere halten oder zu halten beabsichtigen, um bestehende oder erwartete Unterschiede zwischen dem Erwerbspreis und dem Veräußerungspreis kurzfristig zu nutzen und
2. darlegen, dass mit dem Erwerb der Wertpapiere, soweit es sich um stimmberechtigte Aktien handelt, nicht beabsichtigt ist, auf die Geschäftsführung der Gesellschaft Einfluss zu nehmen.

(3) Stimmrechte aus Aktien, die auf Grund einer Befreiung nach Absatz 1 unberücksichtigt bleiben, können nicht ausgeübt werden, wenn im Falle ihrer Berücksichtigung ein Angebot als Übernahmeangebot abzugeben wäre oder eine Verpflichtung nach § 35 Abs. 1 Satz 1 und Abs. 2 Satz 1 bestünde.

(4) [1] Beabsichtigt der Bieter Wertpapiere, für die eine Befreiung nach Absatz 1 erteilt worden ist, nicht mehr zu den in Absatz 1 Nr. 1 genannten Zwecken zu halten oder auf die Geschäftsführung der Gesellschaft Einfluss zu nehmen, ist dies der Bundesanstalt unverzüglich mitzuteilen. [2] Die Bundesanstalt kann die Befrei-

[1] § 20 Abs. 1, 4 Sätze 1 und 2 geänd. mWv 1.5.2002 durch VO v. 29.4.2002 (BGBl. I S. 1495); Abs. 1 geänd. mWv 1.1.2024 durch G v. 11.12.2023 (BGBl. 2023 I Nr. 354).

ung nach Absatz 1 außer nach den Vorschriften des Verwaltungsverfahrensgesetzes[1)] widerrufen, wenn die Verpflichtung nach Satz 1 nicht erfüllt worden ist.

§ 21[2)] Änderung des Angebots. (1) [1] Der Bieter kann bis zu einem Arbeitstag vor Ablauf der Annahmefrist

1. die Gegenleistung erhöhen,
2. wahlweise eine andere Gegenleistung anbieten,
3. den Mindestanteil oder die Mindestzahl der Wertpapiere oder den Mindestanteil der Stimmrechte, von dessen Erwerb der Bieter die Wirksamkeit seines Angebots abhängig gemacht hat, verringern oder
4. auf Bedingungen verzichten.

[2] Für die Wahrung der Frist nach Satz 1 ist auf die Veröffentlichung der Änderung nach Absatz 2 abzustellen.

(2) [1] Der Bieter hat die Änderung des Angebots unter Hinweis auf das Rücktrittsrecht nach Absatz 4 unverzüglich nach Maßgabe des § 14 Absatz 3 Satz 1 zu veröffentlichen. [2] Der Bieter hat der Bundesanstalt die Veröffentlichung nach § 14 Absatz 3 Satz 1 Nummer 2 unverzüglich unter Übermittlung der veröffentlichten Änderung des Angebots mitzuteilen. [3] § 14 Absatz 4 gilt entsprechend.

(3) § 11 Abs. 1 Satz 2 bis 5, Abs. 3, §§ 12, 13 und 15 Abs. 1 Nr. 2 gelten entsprechend.

(4) Im Falle einer Änderung des Angebots können die Inhaber von Wertpapieren der Zielgesellschaft, die das Angebot vor Veröffentlichung der Änderung nach Absatz 2 angenommen haben, von dem Vertrag bis zum Ablauf der Annahmefrist zurücktreten.

(5) [1] Im Falle einer Änderung des Angebots verlängert sich die Annahmefrist um zwei Wochen, sofern die Veröffentlichung der Änderung innerhalb der letzten zwei Wochen vor Ablauf der Angebotsfrist erfolgt. [2] Dies gilt auch, falls das geänderte Angebot gegen Rechtsvorschriften verstößt.

(6) Eine erneute Änderung des Angebots innerhalb der in Absatz 5 genannten Frist von zwei Wochen ist unzulässig.

§ 22 Konkurrierende Angebote. (1) Konkurrierende Angebote sind Angebote, die während der Annahmefrist eines Angebots von einem Dritten abgegeben werden.

(2) [1] Läuft im Falle konkurrierender Angebote die Annahmefrist für das Angebot vor Ablauf der Annahmefrist für das konkurrierende Angebot ab, bestimmt sich der Ablauf der Annahmefrist für das Angebot nach dem Ablauf der Annahmefrist für das konkurrierende Angebot. [2] Dies gilt auch, falls das konkurrierende Angebot geändert oder untersagt wird oder gegen Rechtsvorschriften verstößt.

(3) Inhaber von Wertpapieren der Zielgesellschaft, die das Angebot angenommen haben, können bis zum Ablauf der Annahmefrist vom Vertrag zurücktreten, sofern der Vertragsschluss vor Veröffentlichung der Angebotsunterlage des konkurrierenden Angebots erfolgte.

[1)] **Sartorius Nr. 100.**

[2)] § 21 Abs. 1 Satz 1 einl. Satzteil geänd., Abs. 2 neu gef. mWv 1.1.2024 durch G v. 11.12.2023 (BGBl. 2023 I Nr. 354).

§ 23[1)] Veröffentlichungspflichten des Bieters nach Abgabe des Angebots.

(1) [1] Der Bieter ist verpflichtet, die Anzahl sämtlicher ihm, den mit ihm gemeinsam handelnden Personen und deren Tochterunternehmen zustehenden Wertpapiere der Zielgesellschaft einschließlich der Höhe der jeweiligen Anteile und der ihm zustehenden und nach § 30 zuzurechnenden Stimmrechtsanteile und die Höhe der nach den §§ 38 und 39 des Wertpapierhandelsgesetzes[2)] mitzuteilenden Stimmrechtsanteile sowie die sich aus den ihm zugegangenen Annahmeerklärungen ergebende Anzahl der Wertpapiere, die Gegenstand des Angebots sind, einschließlich der Höhe der Wertpapier- und Stimmrechtsanteile

1. nach Veröffentlichung der Angebotsunterlage wöchentlich sowie in der letzten Woche vor Ablauf der Annahmefrist täglich,
2. unverzüglich nach Ablauf der Annahmefrist,
3. unverzüglich nach Ablauf der weiteren Annahmefrist und
4. unverzüglich nach Erreichen der für einen Ausschluss nach § 39a Abs. 1 und 2 erforderlichen Beteiligungshöhe

gemäß § 14 Abs. 3 Satz 1 zu veröffentlichen und der Bundesanstalt mitzuteilen. [2] § 14 Abs. 3 Satz 2 und § 31 Abs. 6 gelten entsprechend.

(2) [1] Erwerben bei Übernahmeangeboten, bei denen der Bieter die Kontrolle über die Zielgesellschaft erlangt hat, und bei Pflichtangeboten der Bieter, mit ihm gemeinsam handelnde Personen oder deren Tochterunternehmen nach der Veröffentlichung der Angebotsunterlage und vor Ablauf eines Jahres nach der Veröffentlichung gemäß Absatz 1 Nr. 2 außerhalb des Angebotsverfahrens Aktien der Zielgesellschaft, so hat der Bieter die Höhe der erworbenen Aktien- und Stimmrechtsanteile unter Angabe der Art und Höhe der für jeden Anteil gewährten Gegenleistung unverzüglich gemäß § 14 Abs. 3 Satz 1 zu veröffentlichen und der Bundesanstalt mitzuteilen. [2] § 14 Absatz 3 Satz 2 und § 31 Absatz 6 gelten entsprechend.

§ 24[3)] Grenzüberschreitende Angebote. Hat der Bieter bei grenzüberschreitenden Angeboten zugleich die Vorschriften eines anderen Staates außerhalb des Europäischen Wirtschaftsraums einzuhalten und ist dem Bieter deshalb ein Angebot an alle Inhaber von Wertpapieren unzumutbar, kann die Bundesanstalt dem Bieter auf Antrag gestatten, bestimmte Inhaber von Wertpapieren mit Wohnsitz, Sitz oder gewöhnlichem Aufenthalt in dem Staat von dem Angebot auszunehmen.

§ 25[4)] Beschluss der Gesellschafterversammlung des Bieters. Hat der Bieter das Angebot unter der Bedingung eines Beschlusses seiner Gesellschafterversammlung abgegeben, hat er den Beschluss unverzüglich, spätestens bis zum fünften Arbeitstag vor Ablauf der Annahmefrist, herbeizuführen.

[1)] § 23 Abs. 1 Satz 1 und Abs. 2 Satz 1 geänd. mWv 1.5.2002 durch VO v. 29.4.2002 (BGBl. I S. 1495); Abs. 1 Satz 1 Nr. 2 und 3 geänd., Nr. 4 angef. mWv 14.7.2006 durch G v. 8.7.2006 (BGBl. I S. 1426); Abs. 1 Satz 1 geänd. mWv 1.2.2012 durch G v. 5.4.2011 (BGBl. I S. 538); Abs. 1 Satz 1 geänd. mWv 3.1.2018 durch G v. 23.6.2017 (BGBl. I S. 1693); Abs. 2 Satz 2 neu gef. mWv 1.1.2024 durch G v. 11.12.2023 (BGBl. 2023 I Nr. 354).

[2)] Nr. **58**.

[3)] § 24 geänd. mWv 1.5.2002 durch VO v. 29.4.2002 (BGBl. I S. 1495).

[4)] § 25 geänd. mWv 1.1.2024 durch G v. 11.12.2023 (BGBl. 2023 I Nr. 354).

§ 26[1)] Sperrfrist. (1) Ist ein Angebot nach § 15 Absatz 1 oder 2 untersagt worden, ist ein weiteres Angebot an die Aktionäre der Zielgesellschaft sowie die Veröffentlichung einer Entscheidung zur Abgabe eines solchen Angebots gemäß § 10 Absatz 3 Satz 1 vor Ablauf eines Jahres durch folgende Personen unzulässig:

1. den Bieter (des untersagten Angebots),
2. eine zum Zeitpunkt der Untersagung mit dem Bieter gemeinsam handelnde Person oder
3. eine Person, die zum Zeitpunkt der Veröffentlichung nach § 10 Absatz 3 Satz 1 gemeinsam mit dem Bieter oder einer Person nach Nummer 2 gemeinsam handelt.

(2) Hat der Bieter ein Angebot von dem Erwerb eines Mindestanteils der Wertpapiere abhängig gemacht und scheitert dieses Angebot, weil dieser Mindestanteil nach Ablauf der Annahmefrist nicht erreicht wurde, ist ein weiteres Angebot an die Aktionäre der Zielgesellschaft sowie die Veröffentlichung einer Entscheidung zur Abgabe eines solchen Angebots gemäß § 10 Absatz 3 Satz 1 vor Ablauf eines Jahres durch folgende Personen unzulässig:

1. den Bieter (des gescheiterten Angebots),
2. eine Person, die zwischen der Veröffentlichung des gescheiterten Angebots nach § 10 Absatz 3 Satz 1 und dem Ablauf der Annahmefrist mit dem Bieter gemeinsam handelte, oder
3. eine Person, die zum Zeitpunkt der Veröffentlichung nach § 10 Absatz 3 Satz 1 gemeinsam mit dem Bieter oder einer Person nach Nummer 2 gemeinsam handelt.

(3) [1] Die Jahresfrist nach Absatz 1 beginnt mit dem Tag der Bekanntgabe des Untersagungsbescheides. [2] Die Jahresfrist nach Absatz 2 beginnt mit dem Tag nach Ablauf der Annahmefrist des gescheiterten Angebots.

(4) Die Absätze 1 und 2 gelten nicht, wenn der jeweilige Bieter zur Veröffentlichung nach § 35 Absatz 1 Satz 1 und zur Abgabe eines Angebots nach § 35 Absatz 2 Satz 1 verpflichtet ist.

(5) Die Bundesanstalt kann den jeweiligen Bieter auf Antrag von dem Verbot nach den Absätzen 1 oder 2 befreien, wenn die Zielgesellschaft der Befreiung zustimmt.

§ 27[2)] Stellungnahme des Vorstands und Aufsichtsrats der Zielgesellschaft. (1) [1] Der Vorstand und der Aufsichtsrat der Zielgesellschaft haben eine begründete Stellungnahme zu dem Angebot sowie zu jeder seiner Änderungen abzugeben. [2] Die Stellungnahme muss insbesondere eingehen auf

1. die Art und Höhe der angebotenen Gegenleistung,
2. die voraussichtlichen Folgen eines erfolgreichen Angebots für die Zielgesellschaft, die Arbeitnehmer und ihre Vertretungen, die Beschäftigungsbedingungen und die Standorte der Zielgesellschaft,
3. die vom Bieter mit dem Angebot verfolgten Ziele,
4. die Absicht der Mitglieder des Vorstands und des Aufsichtsrats, soweit sie Inhaber von Wertpapieren der Zielgesellschaft sind, das Angebot anzunehmen.

[1)] § 26 neu gef. mWv 20.12.2019 durch G v. 12.12.2019 (BGBl. I S. 2602) Abs. 5 geänd. mWv 1.1. 2024 durch G v. 11.12.2023 (BGBl. 2023 I Nr. 354).

[2)] § 27 Abs. 3 Satz 3 neu gef. mWv 1.1.2024 durch G v. 11.12.2023 (BGBl. 2023 I Nr. 354).

(2) Übermitteln der zuständige Betriebsrat oder, sofern ein solcher nicht besteht, unmittelbar die Arbeitnehmer der Zielgesellschaft dem Vorstand eine Stellungnahme zu dem Angebot, hat der Vorstand unbeschadet seiner Verpflichtung nach Absatz 3 Satz 1 diese seiner Stellungnahme beizufügen.

(3) [1] Der Vorstand und der Aufsichtsrat der Zielgesellschaft haben die Stellungnahme unverzüglich nach Übermittlung der Angebotsunterlage und deren Änderungen durch den Bieter gemäß § 14 Abs. 3 Satz 1 zu veröffentlichen. [2] Sie haben die Stellungnahme gleichzeitig dem zuständigen Betriebsrat oder, sofern ein solcher nicht besteht, unmittelbar den Arbeitnehmern zu übermitteln. [3] Der Vorstand und der Aufsichtsrat der Zielgesellschaft haben der Bundesanstalt die Veröffentlichung nach § 14 Absatz 3 Satz 1 Nummer 2 unverzüglich unter Übermittlung der veröffentlichten Stellungnahme mitzuteilen.

§ 28[1)] Werbung. Um Missständen bei der Werbung im Zusammenhang mit Angeboten zum Erwerb von Wertpapieren zu begegnen, kann die Bundesanstalt bestimmte Arten der Werbung untersagen.

Abschnitt 4. Übernahmeangebote

§ 29[2)] Begriffsbestimmungen. (1) Übernahmeangebote sind Angebote, die auf den Erwerb der Kontrolle gerichtet sind.

(2) [1] Kontrolle ist das Halten von mindestens 30 Prozent der Stimmrechte an der Zielgesellschaft aus dem Bieter gehörenden Aktien der Zielgesellschaft oder dem Bieter nach § 30 zugerechneten Stimmrechten an der Zielgesellschaft. [2] Stimmrechte aus Aktien, die zu einem von einer Kapitalverwaltungsgesellschaft verwalteten Sondervermögen gehören, das kein Spezialsondervermögen ist und dessen Vermögensgegenstände im Miteigentum der Anleger stehen, gelten für die Anwendung von Satz 1 als Stimmrechte der Kapitalverwaltungsgesellschaft.

§ 30[3)] Zurechnung von Stimmrechten; Verordnungsermächtigung.

(1) [1] Stimmrechten des Bieters stehen Stimmrechte aus Aktien der Zielgesellschaft gleich,

1. die einem Tochterunternehmen des Bieters gehören,
2. die einem Dritten gehören und von ihm für Rechnung des Bieters gehalten werden,
3. die der Bieter einem Dritten als Sicherheit übertragen hat, es sei denn, der Dritte ist zur Ausübung der Stimmrechte aus diesen Aktien befugt und bekundet die Absicht, die Stimmrechte unabhängig von den Weisungen des Bieters auszuüben,
4. an denen zugunsten des Bieters ein Nießbrauch bestellt ist,
5. die der Bieter durch eine Willenserklärung erwerben kann,

---

1) § 28 Abs. 1 geänd. mWv 1.5.2002 durch VO v. 29.4.2002 (BGBl. I S. 1495); Abs. 2 aufgeh. mWv 11.6.2021 durch G v. 3.6.2021 (BGBl. I S. 1568).

2) § 29 Abs. 2 geänd. mWv 10.7.2015 durch G v. 3.7.2015 (BGBl. I S. 1114); Abs. 2 Satz 2 angef. mWv 26.11.2015 durch G v. 20.11.2015 (BGBl. I S. 2029).

3) § 30 Abs. 1 Satz 1 Nr. 1 geänd. mWv 14.7.2006 durch G v. 8.7.2006 (BGBl. I S. 1426); Abs. 1 Satz 1 *Nr. 1 geänd. mWv 11.1.2007,* Abs. 1 Satz 1 Nr 6 geänd., Abs. 3 und 4 angef. mWv 20.1.2007 durch G v. 5.1.2007 (BGBl. I S. 10); Abs. 2 neu gef. mWv 19.8.2008 durch G v. 12.8.2008 (BGBl. I S. 1666); Überschrift, Abs. 1 Satz 1 Nr. 6, Satz 2 geänd., Satz 1 Nr. 7, 8 angef., Abs. 3, 4 neu gef., Abs. 5–7 angef. mWv 26.11.2015 durch G v. 20.11.2015 (BGBl. I S. 2029); Abs. 3 geänd. mWv 3.1.2018 durch G v. 23.6.2017 (BGBl. I S. 1693).

6. die dem Bieter anvertraut sind oder aus denen er die Stimmrechte als Bevollmächtigter ausüben kann, sofern er die Stimmrechte aus diesen Aktien nach eigenem Ermessen ausüben kann, wenn keine besonderen Weisungen des Aktionärs vorliegen,
7. aus denen der Bieter die Stimmrechte auf Grund einer Vereinbarung, die eine zeitweilige Übertragung der Stimmrechte ohne die damit verbundenen Aktien gegen Gegenleistung vorsieht, ausüben kann,
8. die bei dem Bieter als Sicherheit verwahrt werden, sofern dieser die Stimmrechte hält und die Absicht bekundet, sie auszuüben.

[2] Für die Zurechnung nach Satz 1 Nummer 2 bis 8 stehen dem Bieter Tochterunternehmen des Bieters gleich. [3] Stimmrechte des Tochterunternehmens werden dem Bieter in voller Höhe zugerechnet.

(2) [1] Dem Bieter werden auch Stimmrechte eines Dritten aus Aktien der Zielgesellschaft in voller Höhe zugerechnet, mit dem der Bieter oder sein Tochterunternehmen sein Verhalten in Bezug auf die Zielgesellschaft auf Grund einer Vereinbarung oder in sonstiger Weise abstimmt; ausgenommen sind Vereinbarungen in Einzelfällen. [2] Ein abgestimmtes Verhalten setzt voraus, dass der Bieter oder sein Tochterunternehmen und der Dritte sich über die Ausübung von Stimmrechten verständigen oder mit dem Ziel einer dauerhaften und erheblichen Änderung der unternehmerischen Ausrichtung der Zielgesellschaft in sonstiger Weise zusammenwirken. [3] Für die Berechnung des Stimmrechtsanteils des Dritten gilt Absatz 1 entsprechend.

(3) Für die Zurechnung nach dieser Vorschrift gilt ein Wertpapierdienstleistungsunternehmen hinsichtlich der Beteiligungen, die von ihm im Rahmen einer Wertpapierdienstleistung nach § 2 Absatz 8 Satz 1 Nummer 7 des Wertpapierhandelsgesetzes[1)] verwaltet werden, unter den folgenden Voraussetzungen nicht als Tochterunternehmen im Sinne des § 2 Absatz 6:
1. das Wertpapierdienstleistungsunternehmen übt die Stimmrechte, die mit den betreffenden Aktien verbunden sind, unabhängig vom Bieter aus,
2. das Wertpapierdienstleistungsunternehmen
   a) darf die Stimmrechte nur aufgrund von in schriftlicher Form oder über elektronische Hilfsmittel erteilten Weisungen ausüben oder
   b) stellt durch geeignete Vorkehrungen sicher, dass die Finanzportfolioverwaltung unabhängig von anderen Dienstleistungen und unter Bedingungen erfolgt, die gleichwertig sind denen der Richtlinie 2009/65/EG des Europäischen Parlaments und des Rates vom 13. Juli 2009 zur Koordinierung der Rechts- und Verwaltungsvorschriften betreffend bestimmte Organismen für gemeinsame Anlagen in Wertpapieren (OGAW) (ABl. L 302 vom 17.11. 2009, S. 32) in der jeweils geltenden Fassung,
3. der Bieter teilt der Bundesanstalt den Namen des Wertpapierdienstleistungsunternehmens und die für dessen Überwachung zuständige Behörde oder das Fehlen einer solchen Behörde mit und
4. der Bieter erklärt gegenüber der Bundesanstalt, dass die Voraussetzungen der Nummer 1 erfüllt sind.

(4) Für die Zurechnung nach dieser Vorschrift gelten Kapitalverwaltungsgesellschaften im Sinne des § 17 Absatz 1 des Kapitalanlagegesetzbuchs und EU-Verwaltungsgesellschaften im Sinne des § 1 Absatz 17 des Kapitalanlagegesetzbuchs

[1)] Nr. **58**.

hinsichtlich der Beteiligungen, die zu den von ihnen verwalteten Investmentvermögen gehören, unter den folgenden Voraussetzungen nicht als Tochterunternehmen im Sinne des § 2 Absatz 6:

1. die Verwaltungsgesellschaft übt ihre Stimmrechte unabhängig vom Bieter aus,
2. die zum verwalteten Investmentvermögen gehörenden Beteiligungen im Sinne der §§ 29 und 30 werden nach Maßgabe der Richtlinie 2009/65/EG des Europäischen Parlaments und des Rates vom 13. Juli 2009 zur Koordinierung der Rechts- und Verwaltungsvorschriften betreffend bestimmte Organismen für gemeinsame Anlagen in Wertpapieren (OGAW) (ABl. L 302 vom 17.11.2009, S. 32), die zuletzt durch die Richtlinie 2014/91/EU (ABl. L 257 vom 28.8. 2014, S. 186) geändert worden ist, verwaltet,
3. das Mutterunternehmen teilt der Bundesanstalt den Namen dieser Verwaltungsgesellschaft und die für deren Überwachung zuständige Behörde oder das Fehlen einer solchen mit und
4. das Mutterunternehmen erklärt gegenüber der Bundesanstalt, dass die Voraussetzungen der Nummer 1 erfüllt sind.

(5) Ein Unternehmen mit Sitz in einem Drittstaat, das nach § 32 Absatz 1 Satz 1 in Verbindung mit § 1 Absatz 1a Satz 2 Nummer 3 des Kreditwesengesetzes einer Zulassung für die Finanzportfolioverwaltung oder einer Erlaubnis nach § 20 oder § 113 des Kapitalanlagegesetzbuchs bedürfte, wenn es seinen Sitz oder seine Hauptverwaltung im Inland hätte, gilt nicht als Tochterunternehmen im Sinne dieses Abschnitts, wenn

1. das Unternehmen bezüglich seiner Unabhängigkeit Anforderungen genügt, die denen nach Absatz 3 oder Absatz 4, auch in Verbindung mit einer Rechtsverordnung nach Absatz 7, jeweils gleichwertig sind,
2. der Bieter der Bundesanstalt den Namen dieses Unternehmens und die für dessen Überwachung zuständige Behörde oder das Fehlen einer solchen Behörde mitteilt und
3. der Bieter gegenüber der Bundesanstalt erklärt, dass die Voraussetzungen der Nummer 1 erfüllt sind.

(6) Abweichend von den Absätzen 3 bis 5 gelten Wertpapierdienstleistungsunternehmen und Verwaltungsgesellschaften jedoch dann als Tochterunternehmen im Sinne des § 2 Absatz 6, wenn

1. der Bieter oder ein anderes Tochterunternehmen des Bieters seinerseits Anteile an der von dem Unternehmen verwalteten Beteiligung hält und
2. das Unternehmen die Stimmrechte, die mit diesen Beteiligungen verbunden sind, nicht nach freiem Ermessen, sondern nur auf Grund unmittelbarer oder mittelbarer Weisungen ausüben kann, die ihm vom Bieter oder von einem anderen Tochterunternehmen des Bieters erteilt werden.

(7) Das Bundesministerium der Finanzen kann durch Rechtsverordnung[1], die nicht der Zustimmung des Bundesrates bedarf, nähere Bestimmungen erlassen über die Umstände, unter denen in den Fällen der Absätze 3 bis 6 eine Unabhängigkeit des Unternehmens vom Bieter gegeben ist.

---

[1] Siehe die Transparenzrichtlinie-DurchführungsVO v. 13.3.2008 (BGBl. I S. 408), zuletzt geänd. durch G v. 23.6.2017 (BGBl. I S. 1693).

§ 31[1)] Gegenleistung. (1) [1] Der Bieter hat den Aktionären der Zielgesellschaft eine angemessene Gegenleistung anzubieten. [2] Bei der Bestimmung der angemessenen Gegenleistung sind grundsätzlich der durchschnittliche Börsenkurs der Aktien der Zielgesellschaft und Erwerbe von Aktien der Zielgesellschaft durch den Bieter, mit ihm gemeinsam handelnder Personen oder deren Tochterunternehmen zu berücksichtigen.

(2) [1] Die Gegenleistung hat in einer Geldleistung in Euro oder in liquiden Aktien zu bestehen, die zum Handel an einem organisierten Markt zugelassen sind. [2] Werden Inhabern stimmberechtigter Aktien als Gegenleistung Aktien angeboten, müssen diese Aktien ebenfalls ein Stimmrecht gewähren.

(3) Der Bieter hat den Aktionären der Zielgesellschaft eine Geldleistung in Euro anzubieten, wenn er, mit ihm gemeinsam handelnde Personen oder deren Tochterunternehmen in den sechs Monaten vor der Veröffentlichung gemäß § 10 Abs. 3 Satz 1 bis zum Ablauf der Annahmefrist insgesamt mindestens 5 Prozent der Aktien oder Stimmrechte an der Zielgesellschaft gegen Zahlung einer Geldleistung erworben haben.

(4) Erwerben der Bieter, mit ihm gemeinsam handelnde Personen oder deren Tochterunternehmen nach Veröffentlichung der Angebotsunterlage und vor der Veröffentlichung gemäß § 23 Abs. 1 Satz 1 Nr. 2 Aktien der Zielgesellschaft und wird hierfür wertmäßig eine höhere als die im Angebot genannte Gegenleistung gewährt oder vereinbart, erhöht sich die den Angebotsempfängern der jeweiligen Aktiengattung geschuldete Gegenleistung wertmäßig um den Unterschiedsbetrag.

(5) [1] Erwerben der Bieter, mit ihm gemeinsam handelnde Personen oder deren Tochterunternehmen innerhalb eines Jahres nach der Veröffentlichung gemäß § 23 Abs. 1 Satz 1 Nr. 2 außerhalb der Börse Aktien der Zielgesellschaft und wird hierfür wertmäßig eine höhere als die im Angebot genannte Gegenleistung gewährt oder vereinbart, ist der Bieter gegenüber den Inhabern der Aktien, die das Angebot angenommen haben, zur Zahlung einer Geldleistung in Euro in Höhe des Unterschiedsbetrages verpflichtet. [2] Satz 1 gilt nicht für den Erwerb von Aktien im Zusammenhang mit einer gesetzlichen Verpflichtung zur Gewährung einer Abfindung an Aktionäre der Zielgesellschaft und für den Erwerb des Vermögens oder von Teilen des Vermögens der Zielgesellschaft durch Verschmelzung, Spaltung oder Vermögensübertragung.

(6) [1] Dem Erwerb im Sinne der Absätze 3 bis 5 gleichgestellt sind Vereinbarungen, auf Grund derer die Übereignung von Aktien verlangt werden kann. [2] Als Erwerb gilt nicht die Ausübung eines gesetzlichen Bezugsrechts auf Grund einer Erhöhung des Grundkapitals der Zielgesellschaft.

(7) [1] Das Bundesministerium der Finanzen kann durch Rechtsverordnung[2)], die nicht der Zustimmung des Bundesrates bedarf, nähere Bestimmungen über die Angemessenheit der Gegenleistung nach Absatz 1, insbesondere die Berücksichtigung des durchschnittlichen Börsenkurses der Aktien der Zielgesellschaft und der Erwerbe von Aktien der Zielgesellschaft durch den Bieter, mit ihm gemeinsam handelnder Personen oder deren Tochterunternehmen und die hierbei maßgeblichen Zeiträume sowie über Ausnahmen von dem in Absatz 1 Satz 2 genannten Grundsatz und die Ermittlung des Unterschiedsbetrages nach den Absätzen 4 und 5

[1)] § 31 Abs. 7 Satz 2 geänd. mWv 1.5.2002 durch VO v. 29.4.2002 (BGBl. I S. 1495); Abs. 3 neu gef. mWv 14.7.2006 durch G v. 8.7.2006 (BGBl. I S. 1426).

[2)] Siehe die WpÜG-AngebotsVO v. 27.12.2001 (BGBl. I S. 4263), zuletzt geänd. durch G v. 11.12. 2023 (BGBl. 2023 I Nr. 354).

erlassen. [2]Das Bundesministerium der Finanzen kann die Ermächtigung durch Rechtsverordnung auf die Bundesanstalt übertragen.

§ 32 Unzulässigkeit von Teilangeboten. Ein Übernahmeangebot, das sich nur auf einen Teil der Aktien der Zielgesellschaft erstreckt, ist unbeschadet der Vorschrift des § 24 unzulässig.

§ 33[1] Handlungen des Vorstands der Zielgesellschaft. (1) [1]Nach Veröffentlichung der Entscheidung zur Abgabe eines Angebots bis zur Veröffentlichung des Ergebnisses nach § 23 Abs. 1 Satz 1 Nr. 2 darf der Vorstand der Zielgesellschaft keine Handlungen vornehmen, durch die der Erfolg des Angebots verhindert werden könnte. [2]Dies gilt nicht für Handlungen, die auch ein ordentlicher und gewissenhafter Geschäftsleiter einer Gesellschaft, die nicht von einem Übernahmeangebot betroffen ist, vorgenommen hätte, für die Suche nach einem konkurrierenden Angebot sowie für Handlungen, denen der Aufsichtsrat der Zielgesellschaft zugestimmt hat.

(2) [1]Ermächtigt die Hauptversammlung den Vorstand vor dem in Absatz 1 Satz 1 genannten Zeitraum zur Vornahme von Handlungen, die in die Zuständigkeit der Hauptversammlung fallen, um den Erfolg von Übernahmeangeboten zu verhindern, sind diese Handlungen in der Ermächtigung der Art nach zu bestimmen. [2]Die Ermächtigung kann für höchstens 18 Monate erteilt werden. [3]Der Beschluss der Hauptversammlung bedarf einer Mehrheit, die mindestens drei Viertel des bei der Beschlussfassung vertretenen Grundkapitals umfasst; die Satzung kann eine größere Kapitalmehrheit und weitere Erfordernisse bestimmen. [4]Handlungen des Vorstands auf Grund einer Ermächtigung nach Satz 1 bedürfen der Zustimmung des Aufsichtsrats.

§ 33a[2] Europäisches Verhinderungsverbot. (1) [1]Die Satzung einer Zielgesellschaft kann vorsehen, dass § 33 keine Anwendung findet. [2]In diesem Fall gelten die Bestimmungen des Absatzes 2.

(2) [1]Nach Veröffentlichung der Entscheidung zur Abgabe eines Angebots bis zur Veröffentlichung des Ergebnisses nach § 23 Abs. 1 Satz 1 Nr. 2 dürfen Vorstand und Aufsichtsrat der Zielgesellschaft keine Handlungen vornehmen, durch die der Erfolg des Angebots verhindert werden könnte. [2]Dies gilt nicht für

1. Handlungen, zu denen die Hauptversammlung den Vorstand oder Aufsichtsrat nach Veröffentlichung der Entscheidung zur Abgabe eines Angebots ermächtigt hat,
2. Handlungen innerhalb des normalen Geschäftsbetriebs,
3. Handlungen außerhalb des normalen Geschäftsbetriebs, sofern sie der Umsetzung von Entscheidungen dienen, die vor der Veröffentlichung der Entscheidung zur Abgabe eines Angebots gefasst und teilweise umgesetzt wurden, und
4. die Suche nach einem konkurrierenden Angebot.

(3) Der Vorstand der Zielgesellschaft hat die Bundesanstalt sowie die Aufsichtsstellen der Staaten des Europäischen Wirtschaftsraums, in denen Wertpapiere der Gesellschaft zum Handel an einem organisierten Markt zugelassen sind, unverzüglich davon zu unterrichten, dass die Zielgesellschaft eine Satzungsbestimmung *nach Absatz 1 Satz 1* beschlossen hat.

---

[1] § 33 Abs. 3 aufgeh. mWv 14.7.2006 durch G v. 8.7.2006 (BGBl. I S. 1426).
[2] § 33a eingef. mWv 14.7.2006 durch G v. 8.7.2006 (BGBl. I S. 1426).

§ 33b[1)] Europäische Durchbrechungsregel. (1) Die Satzung einer Zielgesellschaft kann vorsehen, dass Absatz 2 Anwendung findet.

(2) [1] Nach Veröffentlichung der Angebotsunterlage nach § 14 Abs. 3 Satz 1 gelten die folgenden Bestimmungen:

1. während der Annahmefrist eines Übernahmeangebots gelten satzungsmäßige, zwischen der Zielgesellschaft und Aktionären oder zwischen Aktionären vereinbarte Übertragungsbeschränkungen von Aktien nicht gegenüber dem Bieter,
2. während der Annahmefrist eines Übernahmeangebots entfalten in einer Hauptversammlung, die über Abwehrmaßnahmen beschließt, Stimmbindungsverträge keine Wirkung und Mehrstimmrechtsaktien berechtigen zu nur einer Stimme und
3. in der ersten Hauptversammlung, die auf Verlangen des Bieters einberufen wird, um die Satzung zu ändern oder über die Besetzung der Leitungsorgane der Gesellschaft zu entscheiden, entfalten, sofern der Bieter nach dem Angebot über mindestens 75 Prozent der Stimmrechte der Zielgesellschaft verfügt, Stimmbindungsverträge sowie Entsendungsrechte keine Wirkung und Mehrstimmrechtsaktien berechtigen zu nur einer Stimme.

[2] Satz 1 gilt nicht für Vorzugsaktien ohne Stimmrecht sowie für vor dem 22. April 2004 zwischen der Zielgesellschaft und Aktionären oder zwischen Aktionären vereinbarten Übertragungsbeschränkungen und Stimmbindungen.

(3) Der Vorstand der Zielgesellschaft hat die Bundesanstalt sowie die Aufsichtsstellen der Staaten des Europäischen Wirtschaftsraums, in denen Wertpapiere der Gesellschaft zum Handel an einem organisierten Markt zugelassen sind, unverzüglich davon zu unterrichten, dass die Zielgesellschaft eine Satzungsbestimmung nach Absatz 1 beschlossen hat.

(4) Für die Einberufung und Durchführung der Hauptversammlung im Sinne des Absatzes 2 Satz 1 Nr. 3 gilt § 16 Abs. 4 entsprechend.

(5) [1] Werden Rechte auf der Grundlage des Absatzes 1 entzogen, ist der Bieter zu einer angemessenen Entschädigung in Geld verpflichtet, soweit diese Rechte vor der Veröffentlichung der Entscheidung zur Abgabe des Angebots nach § 10 Abs. 1 Satz 1 begründet wurden und der Zielgesellschaft bekannt sind. [2] Der Anspruch auf Entschädigung nach Satz 1 kann nur bis zum Ablauf von zwei Monaten seit dem Entzug der Rechte gerichtlich geltend gemacht werden.

§ 33c[2)] Vorbehalt der Gegenseitigkeit. (1) Die Hauptversammlung einer Zielgesellschaft, deren Satzung die Anwendbarkeit des § 33 ausschließt, kann beschließen, dass § 33 gilt, wenn der Bieter oder ein ihn beherrschendes Unternehmen einer dem § 33a Abs. 2 entsprechenden Regelung nicht unterliegt.

(2) Die Hauptversammlung einer Zielgesellschaft, deren Satzung eine Bestimmung nach § 33b Abs. 1 enthält, kann beschließen, dass diese Bestimmung keine Anwendung findet, wenn der Bieter oder ein ihn beherrschendes Unternehmen einer dieser Bestimmung entsprechenden Regelung nicht unterliegt.

(3) [1] Der Vorbehalt der Gegenseitigkeit gemäß den Absätzen 1 und 2 kann in einem Beschluss gefasst werden. [2] Der Beschluss der Hauptversammlung gilt für höchstens 18 Monate. [3] Der Vorstand der Zielgesellschaft hat die Bundesanstalt und die Aufsichtsstellen der Staaten des Europäischen Wirtschaftsraums, in denen

---

[1)] § 33b eingef. mWv 14.7.2006 durch G v. 8.7.2006 (BGBl. I S. 1426).

[2)] § 33c eingef. mWv 14.7.2006 durch G v. 8.7.2006 (BGBl. I S. 1426); Abs. 3 Satz 5 angef. mWv 1.1.2024 durch G v. 11.12.2023 (BGBl. 2023 I Nr. 354).

stimmberechtigte Aktien der Gesellschaft zum Handel an einem organisierten Markt zugelassen sind, unverzüglich von der Ermächtigung zu unterrichten. [4] Die Ermächtigung ist unverzüglich auf der Internetseite der Zielgesellschaft zu veröffentlichen. [5] § 14 Absatz 3 Satz 2 gilt entsprechend.

§ 33d[1)] Verbot der Gewährung ungerechtfertigter Leistungen. Dem Bieter und mit ihm gemeinsam handelnden Personen ist es verboten, Vorstands- oder Aufsichtsratsmitgliedern der Zielgesellschaft im Zusammenhang mit dem Angebot ungerechtfertigte Geldleistungen oder andere ungerechtfertigte geldwerte Vorteile zu gewähren oder in Aussicht zu stellen.

§ 34 Anwendung der Vorschriften des Abschnitts 3. Für Übernahmeangebote gelten die Vorschriften des Abschnitts 3, soweit sich aus den vorstehenden Vorschriften nichts anderes ergibt.

Abschnitt 5. Pflichtangebote

§ 35[2)] Verpflichtung zur Veröffentlichung und zur Abgabe eines Angebots. (1) [1] Wer unmittelbar oder mittelbar die Kontrolle über eine Zielgesellschaft erlangt, hat dies unter Angabe der Höhe seines Stimmrechtsanteils unverzüglich, spätestens innerhalb von sieben Arbeitstagen, gemäß § 10 Abs. 3 Satz 1 und 2 zu veröffentlichen. [2] Die Frist beginnt mit dem Zeitpunkt, zu dem der Bieter Kenntnis davon hat oder nach den Umständen haben musste, dass er die Kontrolle über die Zielgesellschaft erlangt hat. [3] In der Veröffentlichung sind die nach § 30 zuzurechnenden Stimmrechte für jeden Zurechnungstatbestand getrennt anzugeben. [4] § 10 Abs. 2, 3 Satz 3 und Abs. 4 bis 6 gilt entsprechend.

(2) [1] Der Bieter hat innerhalb von vier Wochen nach der Veröffentlichung der Erlangung der Kontrolle über eine Zielgesellschaft der Bundesanstalt eine Angebotsunterlage zu übermitteln und nach § 14 Abs. 2 Satz 1 ein Angebot zu veröffentlichen. [2] § 14 Absatz 2 Satz 2 bis 4, Abs. 3 und 4 gilt entsprechend. [3] Ausgenommen von der Verpflichtung nach Satz 1 sind eigene Aktien der Zielgesellschaft, Aktien der Zielgesellschaft, die einem abhängigen oder im Mehrheitsbesitz stehenden Unternehmen der Zielgesellschaft gehören, und Aktien der Zielgesellschaft, die einem Dritten gehören, jedoch für Rechnung der Zielgesellschaft, eines abhängigen oder eines im Mehrheitsbesitz stehenden Unternehmens der Zielgesellschaft gehalten werden.

(3) Wird die Kontrolle über die Zielgesellschaft auf Grund eines Übernahmeangebots erworben, besteht keine Verpflichtung nach Absatz 1 Satz 1 und Absatz 2 Satz 1.

§ 36[3)] Nichtberücksichtigung von Stimmrechten. Die Bundesanstalt lässt auf Antrag zu, dass Stimmrechte aus Aktien der Zielgesellschaft bei der Berechnung des Stimmrechtsanteils unberücksichtigt bleiben, wenn die Aktien erlangt wurden durch

1. Erbgang, Erbauseinandersetzung oder unentgeltliche Zuwendung unter Ehegatten, Lebenspartnern oder Verwandten in gerader Linie und bis zum dritten

---

1) *§ 33d eingef.* mWv 14.7.2006 durch G v. 8.7.2006 (BGBl. I S. 1426).

2) § 35 Abs. 2 Satz 1 geänd. mWv 1.5.2002 durch VO v. 29.4.2002 (BGBl. I S. 1495); *Abs. 1 Satz 1,* Abs. 2 Satz 2 geänd. mWv 1.1.2024 durch G v. 11.12.2023 (BGBl. 2023 I Nr. 354).

3) § 36 geänd. mWv 1.5.2002 durch VO v. 29.4.2002 (BGBl. I S. 1495); einl. Satzteil geänd. mWv 1.1.2024 durch G v. 11.12.2023 (BGBl. 2023 I Nr. 354).

Grade oder durch Vermögensauseinandersetzung aus Anlass der Auflösung einer Ehe oder Lebenspartnerschaft,
2. Rechtsformwechsel oder
3. Umstrukturierungen innerhalb eines Konzerns.

§ 37[1] Befreiung von der Verpflichtung zur Veröffentlichung und zur Abgabe eines Angebots. (1) Die Bundesanstalt kann auf Antrag den Bieter von den Verpflichtungen nach § 35 Abs. 1 Satz 1 und Abs. 2 Satz 1 befreien, sofern dies im Hinblick auf die Art der Erlangung, die mit der Erlangung der Kontrolle beabsichtigte Zielsetzung, ein nach der Erlangung der Kontrolle erfolgendes Unterschreiten der Kontrollschwelle, die Beteiligungsverhältnisse an der Zielgesellschaft oder die tatsächliche Möglichkeit zur Ausübung der Kontrolle unter Berücksichtigung der Interessen des Antragstellers und der Inhaber der Aktien der Zielgesellschaft gerechtfertigt erscheint.

(2) [1] Das Bundesministerium der Finanzen kann durch Rechtsverordnung[2], die nicht der Zustimmung des Bundesrates bedarf, nähere Bestimmungen über die Befreiung von den Verpflichtungen nach § 35 Abs. 1 Satz 1, Abs. 2 Satz 1 erlassen. [2] Das Bundesministerium der Finanzen kann die Ermächtigung durch Rechtsverordnung auf die Bundesanstalt übertragen.

§ 38[3] Anspruch auf Zinsen. Der Bieter ist den Aktionären der Zielgesellschaft für die Dauer des Verstoßes zur Zahlung von Zinsen auf die Gegenleistung in Höhe von fünf Prozentpunkten auf das Jahr über dem jeweiligen Basiszinssatz nach § 247 des Bürgerlichen Gesetzbuchs[4] verpflichtet, wenn
1. er entgegen § 35 Abs. 1 Satz 1 keine Veröffentlichung gemäß § 10 Abs. 3 Satz 1 vornimmt,
2. er entgegen § 35 Abs. 2 Satz 1 kein Angebot gemäß § 14 Abs. 3 Satz 1 abgibt oder
3. ihm ein Angebot im Sinne des § 35 Abs. 2 Satz 1 nach § 15 Abs. 1 Nr. 1, 2 oder 3 untersagt worden ist.

§ 39 Anwendung der Vorschriften des Abschnitts 3 und 4. Für Angebote nach § 35 Abs. 2 Satz 1 gelten mit Ausnahme von § 10 Abs. 1 Satz 1, § 14 Abs. 1 Satz 1, § 16 Abs. 2, § 18 Abs. 1, §§ 19, 25, 26 und 34 die Vorschriften der Abschnitte 3 und 4 sinngemäß.

Abschnitt 5a.[5] Ausschluss, Andienungsrecht

§ 39a[6] Ausschluss der übrigen Aktionäre. (1) [1] Nach einem Übernahme- oder Pflichtangebot sind dem Bieter, dem Aktien der Zielgesellschaft in Höhe von mindestens 95 Prozent des stimmberechtigten Grundkapitals gehören, auf seinen *Antrag die übrigen stimmberechtigten Aktien gegen Gewährung einer angemesse-*

---

[1] § 37 Abs. 1 Satz 1, Abs. 2 Satz 2 geänd. mWv 1.5.2002 durch VO v. 29.4.2002 (BGBl. I S. 1495); Abs. 1 geänd. mWv 1.1.2024 durch G v. 11.12.2023 (BGBl. 2023 I Nr. 354).

[2] Siehe die WpÜG-AngebotsVO v. 27.12.2001 (BGBl. I S. 4263), zuletzt geänd. durch G v. 11.12.2023 (BGBl. 2023 I Nr. 354).

[3] § 38 geänd. mWv 12.4.2002 durch VO v. 5.4.2002 (BGBl. I S. 1495).

[4] **Habersack, Deutsche Gesetze Nr. 20.**

[5] Abschnitt 5a (§§ 39a–39c) eingef. mWv 14.7.2006 durch G v. 8.7.2006 (BGBl. I S. 1426)

[6] § 39a eingef. mWv 14.7.2006 durch G v. 8.7.2006 (BGBl. I S. 1426); Abs. 5 Satz 2 aufgeh. mWv 1.9.2009 durch G v. 17.12.2008 (BGBl. I S. 2586).

nen Abfindung durch Gerichtsbeschluss zu übertragen. [2] Gehören dem Bieter zugleich Aktien in Höhe von 95 Prozent des Grundkapitals der Zielgesellschaft, sind ihm auf Antrag auch die übrigen Vorzugsaktien ohne Stimmrecht zu übertragen.

(2) Für die Feststellung der erforderlichen Beteiligungshöhe nach Absatz 1 gilt § 16 Abs. 2 und 4 des Aktiengesetzes[1)] entsprechend.

(3) [1] Die Art der Abfindung hat der Gegenleistung des Übernahme- oder Pflichtangebots zu entsprechen. [2] Eine Geldleistung ist stets wahlweise anzubieten. [3] Die im Rahmen des Übernahme- oder Pflichtangebots gewährte Gegenleistung ist als angemessene Abfindung anzusehen, wenn der Bieter auf Grund des Angebots Aktien in Höhe von mindestens 90 Prozent des vom Angebot betroffenen Grundkapitals erworben hat. [4] Die Annahmequote ist für stimmberechtigte Aktien und stimmrechtslose Aktien getrennt zu ermitteln.

(4) [1] Ein Antrag auf Übertragung der Aktien nach Absatz 1 muss innerhalb von drei Monaten nach Ablauf der Annahmefrist gestellt werden. [2] Der Bieter kann den Antrag stellen, wenn das Übernahme- oder Pflichtangebot in einem Umfang angenommen worden ist, dass ihm beim späteren Vollzug des Angebots Aktien in Höhe des zum Ausschluss mindestens erforderlichen Anteils am stimmberechtigten oder am gesamten Grundkapital der Zielgesellschaft gehören werden.

(5) Über den Antrag entscheidet ausschließlich das Landgericht Frankfurt am Main.

(6) Die §§ 327a bis 327f des Aktiengesetzes finden nach Stellung eines Antrags bis zum rechtskräftigen Abschluss des Ausschlussverfahrens keine Anwendung.

§ 39b[2)] Ausschlussverfahren. (1) Auf das Verfahren für den Ausschluss nach § 39a ist das Gesetz über das Verfahren in Familiensachen und in den Angelegenheiten der freiwilligen Gerichtsbarkeit[3)] anzuwenden, soweit in den nachfolgenden Absätzen nichts anderes bestimmt ist.

(2) Das Landgericht hat den Antrag auf Ausschluss nach § 39a in den Gesellschaftsblättern bekannt zu machen.

(3) [1] Das Landgericht entscheidet durch einen mit Gründen versehenen Beschluss. [2] Der Beschluss darf frühestens einen Monat seit Bekanntmachung der Antragstellung im Bundesanzeiger und erst dann ergehen, wenn der Bieter glaubhaft gemacht hat, dass ihm Aktien in Höhe des zum Ausschluss mindestens erforderlichen Anteils am stimmberechtigten oder am gesamten Grundkapital der Zielgesellschaft gehören. [3] Gegen die Entscheidung des Landgerichts findet die Beschwerde statt; sie hat aufschiebende Wirkung.

(4) [1] Das Landgericht hat seine Entscheidung dem Antragsteller und der Zielgesellschaft sowie den übrigen Aktionären der Gesellschaft, sofern diese im Beschlussverfahren angehört wurden, zuzustellen. [2] Es hat die Entscheidung ferner ohne Gründe in den Gesellschaftsblättern bekannt zu geben. [3] Die Beschwerde steht dem Antragsteller und den übrigen Aktionären der Zielgesellschaft zu. [4] Die Beschwerdefrist beginnt mit der Bekanntmachung im Bundesanzeiger, für den

---

[1)] **Habersack, Deutsche Gesetze Nr. 51.**

[2)] *§ 39b eingef.* mWv 14.7.2006 durch G v. 8.7.2006 (BGBl. I S. 1426); Abs. 1 geänd., Abs. 3 Satz 3 neu gef., Sätze 4–6 aufgeh. mWv 1.9.2009 durch G v. 17.12.2008 (BGBl. I S. 2586); Abs. 3 Satz 2 und Abs. 4 Satz 4 geänd. mWv 1.4.2012 durch G v. 22.12.2011 (BGBl. I S. 3044); Abs. 1 geänd., Abs. 6 neu gef. mWv 1.8.2013 durch G v. 23.7.2013 (BGBl. I S. 2586).

[3)] **Habersack, Deutsche Gesetze Nr. 112.**

Antragsteller und für die übrigen Aktionäre, denen die Entscheidung zugestellt wurde, jedoch nicht vor Zustellung der Entscheidung.

(5) [1] Die Entscheidung ist erst mit Rechtskraft wirksam. [2] Sie wirkt für und gegen alle Aktionäre. [3] Mit rechtskräftiger Entscheidung gehen alle Aktien der übrigen Aktionäre auf den zum Ausschluss berechtigten Aktionär über. [4] Sind über diese Aktien Aktienurkunden ausgegeben, so verbriefen sie bis zu ihrer Aushändigung nur den Anspruch auf eine angemessene Abfindung. [5] Der Vorstand der Zielgesellschaft hat die rechtskräftige Entscheidung unverzüglich zum Handelsregister einzureichen.

(6) [1] Das Gericht ordnet an, dass die Kosten der Antragsgegner, die zur zweckentsprechenden Erledigung der Angelegenheit notwendig waren, ganz oder zum Teil vom Antragsteller zu erstatten sind, wenn dies der Billigkeit entspricht. [2] Gerichtskosten für das Verfahren erster Instanz können dem Antragsgegner nicht auferlegt werden.

§ 39c[1)] Andienungsrecht. [1] Nach einem Übernahme- oder Pflichtangebot können die Aktionäre einer Zielgesellschaft, die das Angebot nicht angenommen haben, das Angebot innerhalb von drei Monaten nach Ablauf der Annahmefrist annehmen, sofern der Bieter berechtigt ist, einen Antrag nach § 39a zu stellen. [2] Erfüllt der Bieter seine Verpflichtungen nach § 23 Abs. 1 Satz 1 Nr. 4 oder Satz 2 nicht, beginnt die in Satz 1 genannte Dreimonatsfrist erst mit der Erfüllung der Verpflichtungen zu laufen.

Abschnitt 6. Verfahren

§ 40[2)] Ermittlungsbefugnisse der Bundesanstalt. (1) [1] Die Bundesanstalt kann von jedermann Auskünfte, die Vorlage von Unterlagen und die Überlassung von Kopien verlangen sowie Personen laden und vernehmen, soweit dies auf Grund von Anhaltspunkten für die Überwachung der Einhaltung eines Gebots oder Verbots dieses Gesetzes erforderlich ist. [2] Sie kann insbesondere die Angabe von Bestandsveränderungen in Finanzinstrumenten sowie Auskünfte über die Identität weiterer Personen, insbesondere der Auftraggeber und der aus Geschäften berechtigten oder verpflichteten Personen, verlangen. [3] Die Bundesanstalt kann verlangen, dass ihr die Auskünfte, Unterlagen und Kopien nach den Sätzen 1 und 2 in einer von ihr bestimmten Form übermittelt werden. [4] Gesetzliche Auskunfts- oder Aussageverweigerungsrechte sowie gesetzliche Verschwiegenheitspflichten bleiben unberührt.

(2) [1] Während der üblichen Arbeitszeit ist Bediensteten der Bundesanstalt und den von ihr beauftragten Personen, soweit dies zur Wahrnehmung ihrer Aufgaben nach diesem Gesetz erforderlich ist, das Betreten der Grundstücke und Geschäftsräume der nach Absatz 1 auskunftspflichtigen Personen zu gestatten. [2] Das Betreten *außerhalb dieser Zeit* oder das Betreten von Geschäftsräumen, die sich in einer Wohnung befinden, ist ohne Einverständnis nur zulässig und insoweit zu dulden, wie dies zur Verhütung von dringenden Gefahren für die öffentliche Sicherheit und Ordnung erforderlich ist und bei der auskunftspflichtigen Person Anhalts-

---

[1)] Abschnitt 5a (§§ 39a–39c) eingef. mWv 14.7.2006 durch G v. 8.7.2006 (BGBl. I S. 1426).

[2)] § 40 Überschrift geänd. mWv 1.5.2002 durch VO v. 29.4.2002 (BGBl. I S. 1495); Abs. 1 und 2 neu gef., Abs. 3 und 4 aufgeh., bish. Abs. 5 wird Abs. 3 mWv 14.7.2006 durch G v. 8.7.2006 (BGBl. I S. 1426); Abs. 1 Satz 3 eingef., bish. Satz 3 wird Satz 4 mWv 1.1.2024 durch G v. 11.12.2023 (BGBl. 2023 I Nr. 354).

punkte für einen Verstoß gegen ein Verbot oder Gebot dieses Gesetzes vorliegen. [3]Das Grundrecht des Artikels 13 des Grundgesetzes[1)] wird insoweit eingeschränkt.

(3) [1]Der zur Erteilung einer Auskunft Verpflichtete kann die Auskunft auf solche Fragen verweigern, deren Beantwortung ihn selbst oder einen der in § 383 Abs. 1 Nr. 1 bis 3 der Zivilprozessordnung[2)] bezeichneten Angehörigen der Gefahr strafgerichtlicher Verfolgung oder eines Verfahrens nach dem Gesetz über Ordnungswidrigkeiten[3)] aussetzen würde. [2]Der Verpflichtete ist über sein Recht zur Verweigerung der Auskunft zu belehren.

§ 41[4)] Widerspruchsverfahren. (1) [1]Vor Einlegung der Beschwerde sind Rechtmäßigkeit und Zweckmäßigkeit der Verfügungen der Bundesanstalt in einem Widerspruchsverfahren nachzuprüfen. [2]Einer solchen Nachprüfung bedarf es nicht, wenn der Abhilfebescheid oder der Widerspruchsbescheid erstmalig eine Beschwer enthält. [3]Für das Widerspruchsverfahren gelten die §§ 68 bis 73 der Verwaltungsgerichtsordnung[5)], soweit in diesem Gesetz nichts Abweichendes geregelt ist.

(2) [1]Die Bundesanstalt trifft ihre Entscheidung innerhalb einer Frist von zwei Wochen ab Eingang des Widerspruchs. [2]Bei besonderen tatsächlichen oder rechtlichen Schwierigkeiten oder bei einer Vielzahl von Widerspruchsverfahren kann die Bundesanstalt die Frist durch unanfechtbaren Beschluss verlängern.

(3) [1]Die Beteiligten haben an der Aufklärung des Sachverhaltes mitzuwirken, wie es einem auf Förderung und raschen Abschluss des Verfahrens bedachten Vorgehen entspricht. [2]Den Beteiligten können Fristen gesetzt werden, nach deren Ablauf weiterer Vortrag unbeachtet bleibt.

§ 42[6)] Sofortige Vollziehbarkeit. Der Widerspruch gegen Maßnahmen der Bundesanstalt nach § 4 Abs. 1 Satz 3, § 15 Abs. 1 oder 2, § 28 Abs. 1 oder § 40 Abs. 1 und 2 hat keine aufschiebende Wirkung.

§ 43[7)] Bekanntgabe und Zustellung. (1) [1]Verfügungen, die gegenüber einer Person mit Wohnsitz oder einem Unternehmen mit Sitz außerhalb des Geltungsbereichs dieses Gesetzes ergehen, gibt die Bundesanstalt der Person bekannt, die als Bevollmächtigte benannt wurde. [2]Ist kein Bevollmächtigter benannt, so erfolgt die Bekanntgabe durch öffentliche Bekanntmachung im Bundesanzeiger.

(2) [1]Ist die Verfügung zuzustellen, so erfolgt die Zustellung bei Personen mit Wohnsitz oder Unternehmen mit Sitz außerhalb des Geltungsbereichs dieses Gesetzes an die Person, die als Bevollmächtigte benannt wurde. [2]Ist kein Bevollmächtigter benannt, so erfolgt die Zustellung durch öffentliche Bekanntmachung im Bundesanzeiger.

[1)] **Habersack, Deutsche Gesetze Nr. 1.**

[2)] **Habersack, Deutsche Gesetze Nr. 100.**

[3)] **Habersack, Deutsche Gesetze Nr. 94.**

[4)] § 41 Abs. 1 Satz 1, Abs. 2 Sätze 1 und 2 geänd. mWv 1.5.2002 durch VO v. 29.4.2002 (BGBl. I S. 1495); Abs. 4 aufgeh. mWv 11.6.2021 durch G v. 3.6.2021 (BGBl. I S. 1568).

[5)] **Sartorius Nr. 600.**

[6)] *§ 42 geänd.* mWv 1.5.2002 durch VO v. 29.4.2002 (BGBl. I S. 1495); geänd. mWv 14.7.2006 durch G v. 8.7.2006 (BGBl. I S. 1426).

[7)] § 43 Abs. 1 Satz 1 geänd. mWv 1.5.2002 durch VO v. 29.4.2002 (BGBl. I S. 1495); Abs. 1 Satz 2 und Abs. 2 Satz 2 geänd. mWv 1.1.2007 durch G v. 8.7.2006 (BGBl. I S. 1426); Abs. 1 Satz 2 und Abs. 2 Satz 2 geänd. mWv 1.4.2012 durch G v. 22.12.2011 (BGBl. I S. 3044).

§ 44[1)] Veröffentlichungsrecht der Bundesanstalt. Die Bundesanstalt kann ihre Verfügungen nach § 4 Absatz 1 Satz 3, § 10 Absatz 2 Satz 3, § 15 Absatz 1 und 2, § 20 Absatz 1, § 28, § 36 oder § 37 Absatz 1, auch in Verbindung mit einer Rechtsverordnung nach Absatz 2, auf ihrer Internetseite veröffentlichen.

§ 45[2)] Mitteilungen an die Bundesanstalt. Anträge sowie nach diesem Gesetz oder nach einer auf Grundlage dieses Gesetzes erlassenen Rechtsverordnung erforderliche Mitteilungen, Erklärungen, Unterrichtungen oder Übermittlungen an die Bundesanstalt haben ausschließlich elektronisch über das Melde- und Veröffentlichungssystem der Bundesanstalt zu erfolgen.

§ 46[3)] Zwangsmittel. [1] Die Bundesanstalt kann Verfügungen, die nach diesem Gesetz ergehen, mit Zwangsmitteln nach den Bestimmungen des Verwaltungs-Vollstreckungsgesetzes[4)] durchsetzen. [2] Sie kann auch Zwangsmittel gegen juristische Personen des öffentlichen Rechts anwenden. [3] Widerspruch und Beschwerde gegen die Androhung und Festsetzung der Zwangsmittel nach den §§ 13 und 14 des Verwaltungs-Vollstreckungsgesetzes haben keine aufschiebende Wirkung. [4] Die Höhe des Zwangsgeldes beträgt abweichend von § 11 des Verwaltungs-Vollstreckungsgesetzes bis zu 500 000 Euro.

§ 47[5)] *(aufgehoben)*

Abschnitt 7. Rechtsmittel

§ 48[6)] Statthaftigkeit, Zuständigkeit. (1) [1] Gegen Verfügungen der Bundesanstalt ist die Beschwerde statthaft. [2] Sie kann auch auf neue Tatsachen und Beweismittel gestützt werden.

(2) Die Beschwerde steht den am Verfahren vor der Bundesanstalt Beteiligten zu.

(3) [1] Die Beschwerde ist auch gegen die Unterlassung einer beantragten Verfügung der Bundesanstalt statthaft, auf deren Vornahme der Antragsteller ein Recht zu haben behauptet. [2] Als Unterlassung gilt es auch, wenn die Bundesanstalt den Antrag auf Vornahme der Verfügung ohne zureichenden Grund in angemessener Frist nicht beschieden hat. [3] Die Unterlassung ist dann einer Ablehnung gleich zu erachten.

(4) Über die Beschwerde entscheidet ausschließlich das für den Sitz der Bundesanstalt in Frankfurt am Main zuständige Oberlandesgericht.

§ 49 Aufschiebende Wirkung. Die Beschwerde hat aufschiebende Wirkung, soweit durch die angefochtene Verfügung eine Befreiung nach § 10 Abs. 1 Satz 3 oder § 37 Abs. 1, auch in Verbindung mit einer Rechtsverordnung nach Abs. 2, oder eine Nichtberücksichtigung von Stimmrechtsanteilen nach § 36 widerrufen wird.

---

1) § 44 neu gef. mWv 11.6.2021 durch G v. 3.6.2021 (BGBl. I S. 1568).

2) § 45 neu gef. mWv 1.1.2024 durch G v. 11.12.2023 (BGBl. 2023 I Nr. 354).

3) § 46 Sätze 1 und 2 geänd. mWv 1.5.2002 durch VO v. 29.4.2002 (BGBl. I S. 1495).

4) **Sartorius Nr. 112.**

5) § 47 aufgeh. mWv 1.10.2021 durch G v. 18.7.2016 (BGBl. I S. 1666).

6) § 48 Abs. 1 Satz 1, Abs. 2, Abs. 3 Sätze 1 und 2, Abs. 4 geänd. mWv 1.5.2002 durch VO v. 29.4.2002 (BGBl. I S. 1495).

§ 50[1] Anordnung der sofortigen Vollziehung. (1) Die Bundesanstalt kann in den Fällen des § 49 die sofortige Vollziehung der Verfügung anordnen, wenn dies im öffentlichen Interesse oder im überwiegenden Interesse eines Beteiligten geboten ist.

(2) Die Anordnung nach Absatz 1 kann bereits vor der Einreichung der Beschwerde getroffen werden.

(3) Auf Antrag kann das Beschwerdegericht die aufschiebende Wirkung von Widerspruch oder Beschwerde ganz oder teilweise anordnen oder wiederherstellen, wenn

1. die Voraussetzungen für die Anordnung nach Absatz 1 nicht vorgelegen haben oder nicht mehr vorliegen,
2. ernstliche Zweifel an der Rechtmäßigkeit der angefochtenen Verfügung bestehen oder
3. die Vollziehung für den Betroffenen eine unbillige, nicht durch überwiegende öffentliche Interessen gebotene Härte zur Folge hätte.

(4) [1]Der Antrag nach Absatz 3 ist schon vor Einreichung der Beschwerde zulässig. [2]Die Tatsachen, auf die der Antrag gestützt wird, sind vom Antragsteller glaubhaft zu machen. [3]Ist die Verfügung im Zeitpunkt der Entscheidung schon vollzogen, kann das Gericht auch die Aufhebung der Vollziehung anordnen. [4]Die Anordnung der aufschiebenden Wirkung kann von der Leistung einer Sicherheit oder von anderen Auflagen abhängig gemacht werden. [5]Sie kann auch befristet werden.

(5) [1]Beschlüsse über Anträge nach Absatz 3 können jederzeit geändert oder aufgehoben werden. [2]Soweit durch sie den Anträgen entsprochen ist, sind sie unanfechtbar.

§ 51[2] Frist und Form. (1) [1]Die Beschwerde ist binnen einer Notfrist von einem Monat bei dem Beschwerdegericht schriftlich einzureichen. [2]Die Frist beginnt mit der Bekanntgabe oder der Zustellung des Widerspruchsbescheides der Bundesanstalt.

(2) Ergeht auf einen Antrag keine Verfügung, so ist die Beschwerde an keine Frist gebunden.

(3) [1]Die Beschwerde ist zu begründen. [2]Die Frist für die Beschwerdebegründung beträgt einen Monat; sie beginnt mit der Einlegung der Beschwerde und kann auf Antrag von dem Vorsitzenden des Beschwerdegerichts verlängert werden.

(4) Die Beschwerdebegründung muss enthalten

1. die Erklärung, inwieweit die Verfügung angefochten und ihre Abänderung oder Aufhebung beantragt wird, und
2. die Angabe der Tatsachen und Beweismittel, auf die sich die Beschwerde stützt.

§ 52[3] Beteiligte am Beschwerdeverfahren. An dem Verfahren vor dem Beschwerdegericht sind der Beschwerdeführer und die Bundesanstalt beteiligt.

---

[1] § 50 Abs. 1 geänd. mWv 1.5.2002 durch VO v. 29.4.2002 (BGBl. I S. 1495).
[2] § 51 Abs. 1 Satz 2 geänd. mWv 1.5.2002 durch VO v. 29.4.2002 (BGBl. I S. 1495).
[3] § 52 geänd. mWv 1.5.2002 durch VO v. 29.4.2002 (BGBl. I S. 1495).

§ 53[1] **Anwaltszwang.** [1] Vor dem Beschwerdegericht müssen die Beteiligten sich durch einen Rechtsanwalt oder Rechtslehrer an einer deutschen Hochschule im Sinne des Hochschulrahmengesetzes[2] mit Befähigung zum Richteramt als Bevollmächtigten vertreten lassen. [2] Die Bundesanstalt kann sich durch einen Beamten auf Lebenszeit mit Befähigung zum Richteramt vertreten lassen.

§ 54 Mündliche Verhandlung. (1) Das Beschwerdegericht entscheidet über die Beschwerde auf Grund mündlicher Verhandlung; mit Einverständnis der Beteiligten kann ohne mündliche Verhandlung entschieden werden.

(2) Sind die Beteiligten in dem Verhandlungstermin trotz rechtzeitiger Benachrichtigung nicht erschienen oder gehörig vertreten, so kann gleichwohl in der Sache verhandelt und entschieden werden.

§ 55 Untersuchungsgrundsatz. (1) Das Beschwerdegericht erforscht den Sachverhalt von Amts wegen.

(2) Das Gericht hat darauf hinzuwirken, dass Formfehler beseitigt, unklare Anträge erläutert, sachdienliche Anträge gestellt, ungenügende tatsächliche Angaben ergänzt, ferner alle für die Feststellung und Beurteilung des Sachverhalts wesentlichen Erklärungen abgegeben werden.

(3) [1] Das Beschwerdegericht kann den Beteiligten aufgeben, sich innerhalb einer zu bestimmenden Frist über aufklärungsbedürftige Punkte zu äußern, Beweismittel zu bezeichnen und in ihren Händen befindliche Urkunden sowie andere Beweismittel vorzulegen. [2] Bei Versäumung der Frist kann nach Lage der Sache ohne Berücksichtigung der nicht beigebrachten Beweismittel entschieden werden.

§ 56[3] **Beschwerdeentscheidung; Vorlagepflicht.** (1) [1] Das Beschwerdegericht entscheidet durch Beschluss nach seiner freien, aus dem Gesamtergebnis des Verfahrens gewonnenen Überzeugung. [2] Der Beschluss darf nur auf Tatsachen und Beweismittel gestützt werden, zu denen die Beteiligten sich äußern konnten. [3] Das Beschwerdegericht kann hiervon abweichen, soweit Beigeladenen aus berechtigten Interessen der Beteiligten oder dritter Personen Akteneinsicht nicht gewährt und der Akteninhalt aus diesen Gründen auch nicht vorgetragen worden ist. [4] Dies gilt nicht für solche Beigeladene, die an dem streitigen Rechtsverhältnis derart beteiligt sind, dass die Entscheidung auch ihnen gegenüber nur einheitlich ergehen kann.

(2) [1] Hält das Beschwerdegericht die Verfügung der Bundesanstalt für unzulässig oder unbegründet, so hebt es die Verfügung auf. [2] Hat sich die Verfügung vorher durch Zurücknahme oder auf andere Weise erledigt, so spricht das Beschwerdegericht auf Antrag aus, dass die Verfügung der Bundesanstalt unzulässig oder unbegründet gewesen ist, wenn der Beschwerdeführer ein berechtigtes Interesse an dieser Feststellung hat.

(3) Hält das Beschwerdegericht die Ablehnung oder Unterlassung der Verfügung für unzulässig oder unbegründet, so spricht es die Verpflichtung der Bundesanstalt aus, die beantragte Verfügung vorzunehmen.

(4) Die Verfügung ist auch dann unzulässig oder unbegründet, wenn die Bundesanstalt von ihrem Ermessen fehlerhaft Gebrauch gemacht hat, insbesondere

---

[1] § 53 Satz 2 geänd. mWv 1.5.2002 durch VO v. 29.4.2002 (BGBl. I S. 1495); Satz 1 geänd. mWv 1.6. 2007 durch G v. 26.3.2007 (BGBl. I S. 358).

[2] **Sartorius Nr. 500.**

[3] § 56 Abs. 2 Sätze 1 und 2, Abs. 3 und 4 geänd. mWv 1.5.2002 durch VO v. 29.4.2002 (BGBl. I S. 1495).

wenn sie die gesetzlichen Grenzen des Ermessens überschritten oder durch die Ermessensentscheidung Sinn und Zweck dieses Gesetzes verletzt hat.

(5) Der Beschluss ist zu begründen und den Beteiligten zuzustellen.

(6) [1] Will das Beschwerdegericht von einer Entscheidung eines Oberlandesgerichts oder des Bundesgerichtshofs abweichen, so legt es die Sache dem Bundesgerichtshof vor. [2] Der Bundesgerichtshof entscheidet anstelle des Oberlandesgerichts.

§ 57[1)] Akteneinsicht. (1) [1] Die in § 52 bezeichneten Beteiligten können die Akten des Beschwerdegerichts einsehen und sich durch die Geschäftsstelle auf ihre Kosten Ausfertigungen, Auszüge und Abschriften erteilen lassen. [2] § 299 Abs. 3 der Zivilprozessordnung[2)] gilt entsprechend.

(2) [1] Einsicht in Vorakten, Beiakten, Gutachten und Unterlagen über Auskünfte ist nur mit Zustimmung der Stellen zulässig, denen die Akten gehören oder die die Äußerung eingeholt haben. [2] Die Bundesanstalt hat die Zustimmung zur Einsicht in die ihr gehörigen Unterlagen zu versagen, soweit dies aus wichtigen Gründen, insbesondere zur Wahrung von berechtigten Interessen Beteiligter oder dritter Personen, geboten ist. [3] Wird die Einsicht abgelehnt oder ist sie unzulässig, dürfen diese Unterlagen der Entscheidung nur insoweit zugrunde gelegt werden, als ihr Inhalt vorgetragen worden ist. [4] Das Beschwerdegericht kann die Offenlegung von Tatsachen oder Beweismitteln, deren Geheimhaltung aus wichtigen Gründen, insbesondere zur Wahrung von berechtigten Interessen Beteiligter oder Dritter verlangt wird, nach Anhörung des von der Offenlegung Betroffenen durch Beschluss anordnen, soweit es für die Entscheidung auf diese Tatsachen oder Beweismittel ankommt, andere Möglichkeiten der Sachaufklärung nicht bestehen und nach Abwägung aller Umstände des Einzelfalles die Bedeutung der Sache für die Sicherung eines ordnungsgemäßen Verfahrens das Interesse des Betroffenen an der Geheimhaltung überwiegt. [5] Der Beschluss ist zu begründen. [6] In dem Verfahren nach Satz 4 muss sich der Betroffene nicht anwaltlich vertreten lassen.

§ 58 Geltung von Vorschriften des Gerichtsverfassungsgesetzes und der Zivilprozessordnung. Im Verfahren vor dem Beschwerdegericht gelten, soweit nichts anderes bestimmt ist, entsprechend

1. die Vorschriften der §§ 169 bis 197 des Gerichtsverfassungsgesetzes[3)] über Öffentlichkeit, Sitzungspolizei, Gerichtssprache, Beratung und Abstimmung und
2. die Vorschriften der Zivilprozessordnung[2)] über Ausschließung und Ablehnung eines Richters, über Prozessbevollmächtigte und Beistände, über die Zustellung von Amts wegen, über Ladungen, Termine und Fristen, über die Anordnung des persönlichen Erscheinens der Parteien, über die Verbindung mehrerer Prozesse, über die Erledigung des Zeugen- und Sachverständigenbeweises sowie über die sonstigen Arten des Beweisverfahrens, über die Wiedereinsetzung in den vorigen Stand gegen die Versäumung einer Frist.

[1)] § 57 Abs. 2 Satz 2 geänd. mWv 1.5.2002 durch VO v. 29.4.2002 (BGBl. I S. 1495).
[2)] **Habersack, Deutsche Gesetze Nr. 100.**
[3)] **Habersack, Deutsche Gesetze Nr. 95.**

Abschnitt 8. Sanktionen

§ 59[1)] **Rechtsverlust.** [1] Rechte aus Aktien, die dem Bieter, mit ihm gemeinsam handelnden Personen oder deren Tochterunternehmen gehören oder aus denen ihm, mit ihm gemeinsam handelnden Personen oder deren Tochterunternehmen Stimmrechte gemäß § 30 Absatz 1 und 2 zugerechnet werden, bestehen nicht für die Zeit, für welche die Pflichten nach § 35 Abs. 1 oder 2 nicht erfüllt werden. [2] Dies gilt nicht für Ansprüche nach § 58 Abs. 4 des Aktiengesetzes[2)] und § 271 des Aktiengesetzes, wenn die Veröffentlichung oder das Angebot nach § 35 Abs. 1 Satz 1 oder Abs. 2 Satz 1 nicht vorsätzlich unterlassen wurde und nachgeholt worden ist.

§ 60[3)] **Bußgeldvorschriften.** (1) Ordnungswidrig handelt, wer vorsätzlich oder leichtfertig

1. entgegen
   a) § 10 Abs. 1 Satz 1, § 14 Abs. 2 Satz 1 oder § 35 Abs. 1 Satz 1 oder Abs. 2 Satz 1,
   b) § 21 Abs. 2 Satz 1, § 23 Abs. 1 Satz 1 oder Abs. 2 Satz 1 oder § 27 Abs. 3 Satz 1 oder
   c) § 1 Abs. 5 Satz 2 in Verbindung mit einer Rechtsverordnung nach § 1 Abs. 5 Satz 3

   eine Veröffentlichung nicht, nicht richtig, nicht vollständig, nicht in der vorgeschriebenen Weise oder nicht rechtzeitig vornimmt,
2. entgegen
   a) § 10 Abs. 2 Satz 1, auch in Verbindung mit § 35 Abs. 1 Satz 4, § 14 Abs. 1 Satz 1 oder § 35 Abs. 2 Satz 1,
   b) § 10 Abs. 5, auch in Verbindung mit § 35 Abs. 1 Satz 4, oder § 14 Abs. 4, auch in Verbindung mit § 21 Abs. 2 Satz 2 oder § 35 Abs. 2 Satz 2, oder
   c) § 27 Abs. 3 Satz 2

   eine Mitteilung, Unterrichtung oder Übermittlung nicht, nicht richtig, nicht vollständig, nicht in der vorgeschriebenen Weise oder nicht rechtzeitig vornimmt,
3. entgegen § 10 Abs. 3 Satz 3, auch in Verbindung mit § 35 Abs. 1 Satz 4, oder § 14 Abs. 2 Satz 2, auch in Verbindung mit § 35 Abs. 2 Satz 2, eine Veröffentlichung vornimmt oder eine Angebotsunterlage bekannt gibt,
4. entgegen § 10 Abs. 4 Satz 1, auch in Verbindung mit § 35 Abs. 1 Satz 4, eine Veröffentlichung nicht, nicht richtig, nicht vollständig oder nicht rechtzeitig übersendet,
5. entgegen § 14 Abs. 3 Satz 2, auch in Verbindung mit § 14 Absatz 3 Satz 3, § 21 Abs. 2 Satz 2, § 23 Absatz 1 Satz 2 oder Absatz 2 Satz 2, § 33c Absatz 3 Satz 5

[1)] § 59 Satz 1 geänd. mWv 26.11.2015 durch G v. 20.11.2015 (BGBl. I S. 2029).

[2)] **Habersack, Deutsche Gesetze Nr. 51.**

[3)] § 60 Abs. 1 Nr. 1 Buchst. a und b geänd., Buchst. c angef., Nr. 5 neu gef., Nr. 8 geänd., Nr. 9 und 10 angef., Abs. 2 Nr. 1 geänd., Nr. 2 neu gef. mWv 14.7.2006 durch G v. 8.7.2006 (BGBl. I S. 1426); Abs. 3 neu gef., Abs. 4–7 angef. mWv 3.1.2018 durch G v. 23.6.2017 (BGBl. I S. 1693); Abs. 1 Nr 7 neu gef., Nr. 7a eingef. mWv 20.12.2019 durch G v. 12.12.2019 (BGBl. I S. 2602); Abs. 6 Nr. 1 geänd. mWv 26.6.2021 durch G v. 12.5.2021 (BGBl. I S. 990); Abs. 1 Nr. 5 geänd. mWv 1.1.2024 durch G v. 11.12.2023 (BGBl. 2023 I Nr. 354).

oder § 35 Abs. 2 Satz 2, oder entgegen § 27 Abs. 3 Satz 3 eine Mitteilung nicht, nicht richtig oder nicht rechtzeitig macht,

6. entgegen § 15 Abs. 3 eine Veröffentlichung vornimmt,
7. entgegen § 26 Absatz 1 oder 2 ein Angebot abgibt,

7a. entgegen § 26 Absatz 1 oder 2 seine Absicht, ein Angebot abzugeben, gemäß § 10 Absatz 3 Satz 1 veröffentlicht,

8. entgegen § 33 Abs. 1 Satz 1 oder § 33a Abs. 2 Satz 1 eine dort genannte Handlung vornimmt,
9. entgegen § 33a Abs. 3, § 33b Abs. 3 oder § 33c Abs. 3 Satz 3 eine Unterrichtung nicht, nicht richtig, nicht vollständig oder nicht rechtzeitig vornimmt oder
10. entgegen § 33c Abs. 3 Satz 4 eine Veröffentlichung nicht, nicht richtig, nicht vollständig, nicht in der vorgeschriebenen Weise oder nicht rechtzeitig vornimmt.

(2) Ordnungswidrig handelt, wer vorsätzlich oder fahrlässig

1. einer vollziehbaren Anordnung nach § 28 Abs. 1 oder § 40 Abs. 1 Satz 1 zuwiderhandelt oder
2. entgegen § 40 Abs. 2 Satz 1 oder 2 ein Betreten nicht gestattet oder nicht duldet.

(3) Die Ordnungswidrigkeit kann in den Fällen des Absatzes 1 Nummer 1 Buchstabe a, Nummer 3, 6 bis 8 mit einer Geldbuße bis zu fünf Millionen Euro, in den Fällen des Absatzes 1 Nummer 1 Buchstabe b, Nummer 2 Buchstabe a und Nummer 4 mit einer Geldbuße bis zu zweieinhalb Millionen Euro und in den übrigen Fällen mit einer Geldbuße bis zu einer Million Euro geahndet werden.

(4) Gegenüber einer juristischen Person oder Personenvereinigung kann über Absatz 3 hinaus eine höhere Geldbuße verhängt werden; diese darf

1. in den Fällen des Absatzes 1 Nummer 1 Buchstabe a, Nummer 3, 6 bis 8 den höheren der Beträge von zehn Millionen Euro und 5 Prozent des Gesamtumsatzes, den die juristische Person oder Personenvereinigung im der Behördenentscheidung vorausgegangenen Geschäftsjahr erzielt hat,
2. in den Fällen des Absatzes 1 Nummer 1 Buchstabe b, Nummer 2 Buchstabe a und Nummer 4 den höheren der Beträge von fünf Millionen Euro und 2 Prozent des Gesamtumsatzes, den die juristische Person oder Personenvereinigung im der Behördenentscheidung vorangegangenen Geschäftsjahr erzielt hat, und
3. in den übrigen Fällen zwei Millionen Euro nicht überschreiten.

(5) [1] Über die in den Absätzen 3 und 4 genannten Beträge hinaus kann die Ordnungswidrigkeit mit einer Geldbuße bis zum Zweifachen des aus dem Verstoß gezogenen wirtschaftlichen Vorteils geahndet werden. [2] Der wirtschaftliche Vorteil umfasst erzielte Gewinne und vermiedene Verluste und kann geschätzt werden.

(6) Gesamtumsatz im Sinne des Absatzes 4 ist

1. im Falle von Kreditinstituten, Zahlungsinstituten, Wertpapierinstituten und Finanzdienstleistungsinstituten im Sinne des § 340 des Handelsgesetzbuchs[1)] der Gesamtbetrag, der sich aus dem auf das Institut anwendbaren nationalen Recht *im Einklang mit* Artikel 27 Nummer 1, 3, 4, 6 und 7 oder Artikel 28 Nummer B1, B2, B3, B4 und B7 der Richtlinie 86/635/EWG des Rates vom 8. Dezem-

---

[1)] **Habersack, Deutsche Gesetze Nr. 50.**

ber 1986 über den Jahresabschluss und den konsolidierten Abschluss von Banken und anderen Finanzinstituten (ABl. L 372 vom 31.12.1986, S. 1; L 316 vom 23.11.1988, S. 51), die zuletzt durch die Richtlinie 2006/46/EG (ABl. L 224 vom 16.8.2006, S. 1) geändert worden ist, ergibt, abzüglich der Umsatzsteuer und sonstiger direkt auf diese Erträge erhobener Steuern,

2. im Falle von Versicherungsunternehmen der Gesamtbetrag, der sich aus dem auf das Versicherungsunternehmen anwendbaren nationalen Recht im Einklang mit Artikel 63 der Richtlinie 91/674/EWG des Rates vom 19. Dezember 1991 über den Jahresabschluss und den konsolidierten Abschluss von Versicherungsunternehmen (ABl. L 374 vom 31.12.1991, S. 7), die zuletzt durch die Richtlinie 2006/46/EG (ABl. L 224 vom 16.8.2006, S. 1) geändert worden ist, ergibt, abzüglich der Umsatzsteuer und sonstiger direkt auf diese Erträge erhobener Steuern,
3. im Übrigen der Betrag der Nettoumsatzerlöse nach Maßgabe des auf das Unternehmen anwendbaren nationalen Rechts im Einklang mit Artikel 2 Nummer 5 der Richtlinie 2013/34/EU des Europäischen Parlaments und des Rates vom 26. Juni 2013 über den Jahresabschluss, den konsolidierten Abschluss und damit verbundene Berichte von Unternehmen bestimmter Rechtsformen und zur Änderung der Richtlinie 2006/43/EG des Europäischen Parlaments und des Rates und zur Aufhebung der Richtlinien 78/660/EWG und 83/349/EWG des Rates (ABl. L 182 vom 29.6.2013, S. 19; L 369 vom 24.12.2014, S. 79), die zuletzt durch die Richtlinie 2014/102/EU (ABl. L 334 vom 21.11.2014, S. 86) geändert worden ist.

(7) [1] Handelt es sich bei der juristischen Person oder Personenvereinigung nach Absatz 4 um ein Mutterunternehmen oder um eine Tochtergesellschaft, so ist anstelle des Gesamtumsatzes der juristischen Person oder Personenvereinigung der jeweilige Gesamtbetrag in dem Konzernabschluss des Mutterunternehmens maßgeblich, der für den größten Kreis von Unternehmen aufgestellt wird. [2] Wird der Konzernabschluss für den größten Kreis von Unternehmen nicht nach den in Absatz 6 genannten Vorschriften aufgestellt, ist der Gesamtumsatz nach Maßgabe der den in Absatz 6 Nummer 1 bis 3 vergleichbaren Posten des Konzernabschlusses zu ermitteln. [3] Ist ein Jahresabschluss oder Konzernabschluss für das maßgebliche Geschäftsjahr nicht verfügbar, ist der Jahres- oder Konzernabschluss für das unmittelbar vorausgehende Geschäftsjahr maßgeblich; ist auch dieser nicht verfügbar, kann der Gesamtumsatz geschätzt werden.

§ 61[1)] Zuständige Verwaltungsbehörde. Verwaltungsbehörde im Sinne des § 36 Abs. 1 Nr. 1 des Gesetzes über Ordnungswidrigkeiten[2)] ist die Bundesanstalt.

§ 62[3)] Zuständigkeit des Oberlandesgerichts im gerichtlichen Verfahren.

(1) [1] Im gerichtlichen Verfahren wegen einer Ordnungswidrigkeit nach § 60 *entscheidet das für den Sitz der Bundes*anstalt in Frankfurt am Main zuständige Oberlandesgericht; es entscheidet auch über einen Antrag auf gerichtliche Entscheidung (§ 62 des Gesetzes über Ordnungswidrigkeiten[2)]) in den Fällen des § 52 Abs. 2 Satz 3 und des § 69 Abs. 1 Satz 2 des Gesetzes über Ordnungswidrigkeiten.

[1)] § 61 geänd. mWv 1.5.2002 durch VO v. 29.4.2002 (BGBl. I S. 1495).
[2)] **Habersack, Deutsche Gesetze Nr. 94.**
[3)] § 62 Abs. 1 Satz 1 geänd. mWv 1.5.2002 durch VO v. 29.4.2002 (BGBl. I S. 1495).

[2] § 140 Abs. 1 Nr. 1 der Strafprozessordnung[1)] in Verbindung mit § 46 Abs. 1 des Gesetzes über Ordnungswidrigkeiten findet keine Anwendung.

(2) Das Oberlandesgericht entscheidet in der Besetzung von drei Mitgliedern mit Einschluss des vorsitzenden Mitglieds.

§ 63 Rechtsbeschwerde zum Bundesgerichtshof. [1] Über die Rechtsbeschwerde (§ 79 des Gesetzes über Ordnungswidrigkeiten[2)]) entscheidet der Bundesgerichtshof. [2] Hebt er die angefochtene Entscheidung auf, ohne in der Sache selbst zu entscheiden, so verweist er die Sache an das Oberlandesgericht, dessen Entscheidung aufgehoben wird, zurück.

§ 64[3)] Wiederaufnahme gegen Bußgeldbescheid. Im Wiederaufnahmeverfahren gegen den Bußgeldbescheid der Bundesanstalt (§ 85 Abs. 4 des Gesetzes über Ordnungswidrigkeiten[2)]) entscheidet das nach § 62 Abs. 1 zuständige Gericht.

§ 65 Gerichtliche Entscheidung bei der Vollstreckung. Die bei der Vollstreckung notwendig werdenden gerichtlichen Entscheidungen (§ 104 des Gesetzes über Ordnungswidrigkeiten[2)]) werden von dem nach § 62 Abs. 1 zuständigen Gericht erlassen.

Abschnitt 9. Gerichtliche Zuständigkeit; Übergangsregelungen

§ 66[4)] Gerichte für Wertpapiererwerbs- und Übernahmesachen. (1) [1] Für bürgerliche Rechtsstreitigkeiten, die sich aus diesem Gesetz ergeben, sind ohne Rücksicht auf den Wert des Streitgegenstandes die Landgerichte ausschließlich zuständig. [2] Satz 1 gilt auch für die in § 12 Abs. 6 genannten Ansprüche und für den Fall, dass die Entscheidung eines Rechtsstreits ganz oder teilweise von einer Entscheidung abhängt, die nach diesem Gesetz zu treffen ist. [3] Für Klagen, die auf Grund dieses Gesetzes oder wegen der in § 12 Abs. 6 genannten Ansprüche erhoben werden, ist auch das Landgericht zuständig, in dessen Bezirk die Zielgesellschaft ihren Sitz hat.

(2) Die Rechtsstreitigkeiten sind Handelssachen im Sinne der §§ 93 bis 114 des Gerichtsverfassungsgesetzes[5)].

(3) [1] Die Landesregierungen werden ermächtigt, durch Rechtsverordnung bürgerliche Rechtsstreitigkeiten, für die nach Absatz 1 ausschließlich die Landgerichte zuständig sind, einem Landgericht für die Bezirke mehrerer Landgerichte zuzuweisen, wenn eine solche Zusammenfassung der Rechtspflege in Wertpapiererwerbs- und Übernahmesachen dienlich ist. [2] Sie werden ferner ermächtigt, die Entscheidungen über Berufungen und Beschwerden gegen Entscheidungen der nach Absatz 1 zuständigen Landgerichte in bürgerlichen Rechtsstreitigkeiten einem oder einigen der Oberlandesgerichte zuzuweisen, wenn in einem Land mehrere Oberlandesgerichte errichtet sind. [3] Die Landesregierungen können die Ermächtigungen auf die Landesjustizverwaltungen übertragen. [4] Durch Staatsverträge zwischen den Ländern kann die Zuständigkeit eines Landgerichts für einzelne Bezirke oder das gesamte Gebiet mehrerer Länder begründet werden.

[1)] ***Habersack*, Deutsche Gesetze Nr. 90.**
[2)] **Habersack, Deutsche Gesetze Nr. 94.**
[3)] § 64 geänd. mWv 1.5.2002 durch VO v. 29.4.2002 (BGBl. I S. 1495).
[4)] § 66 Abs. 4 aufgeh. mWv 1.8.2002 durch VO v. 23.7.2002 (BGBl. I S. 2850).
[5)] **Habersack, Deutsche Gesetze Nr. 95.**

§ 67 Senat für Wertpapiererwerbs- und Übernahmesachen beim Oberlandesgericht. In den ihm nach § 48 Abs. 4, § 62 Abs. 1, §§ 64 und 65 zugewiesenen Rechtssachen entscheidet das Oberlandesgericht durch einen Wertpapiererwerbs- und Übernahmesenat.

§ 68[1] Übergangsregelungen. (1) Auf Angebote, die vor dem 14. Juli 2006 veröffentlicht worden sind, findet dieses Gesetz in der vor dem 14. Juli 2006 geltenden Fassung Anwendung.

(2) Für Zielgesellschaften im Sinne des § 2 Abs. 3 Nr. 2, deren stimmberechtigte Wertpapiere am 20. Mai 2006 zum Handel an einem organisierten Markt zugelassen waren, ist § 1 Abs. 3 mit der Maßgabe anzuwenden, dass in Nummer 2 Buchstabe b Doppelbuchstabe bb an die Stelle der Entscheidung der Zielgesellschaft die Entscheidung der betroffenen Aufsichtsstellen tritt.

(3) Wird die Kontrolle über die Zielgesellschaft dadurch erlangt, dass ein vor dem 19. August 2008 abgestimmtes Verhalten auf Grund der Neufassung des § 30 Abs. 2 ab dem 19. August 2008 zu einer Zurechnung von Stimmrechten führt, besteht keine Verpflichtung nach § 35 Abs. 1 Satz 1 und Abs. 2 Satz 1.

(4) Auf Angebote, die vor dem 19. August 2008 nach § 14 Abs. 2 Satz 1 veröffentlicht worden sind, findet dieses Gesetz in der vor dem 19. August 2008 geltenden Fassung Anwendung.

(5) § 16 Abs. 4 in der Fassung des Gesetzes zur Umsetzung der Aktionärsrechterichtlinie vom 30. Juli 2009 (BGBl. I S. 2479) ist nicht auf Hauptversammlungen anzuwenden, zu denen vor dem 1. September 2009 einberufen wurde.

(6) Auf Widersprüche, die vor dem 11. Juni 2021 eingelegt wurden, finden dieses Gesetz sowie die WpÜG-Widerspruchsausschuss-Verordnung in der vor dem 11. Juni 2021 geltenden Fassung Anwendung.

---

[1] § 68 neu gef. mWv 14.7.2006 durch G v. 8.7.2006 (BGBl. I S. 1426); Abs. 3 neu gef., Abs. 4 angef. mWv 19.8.2008 durch G v. 12.8.2008 (BGBl. I S. 1666); Abs. 5 angef. mWv 1.9.2009 durch G v. 30.7. 2009 (BGBl. I S. 2479); Abs. 6 angef. mWv 11.6.2021 durch G v. 3.6.2021 (BGBl. I S. 1568).

58c. Gesetz über elektronische Wertpapiere (eWpG)[1)]

Vom 3. Juni 2021
(BGBl. I S. 1423)

FNA 4134-5

Lfd. Nr.	Änderndes Gesetz	Datum	Fundstelle	Betroffen	Hinweis
1.	Art. 16 ZukunftsfinanzierungsG	11.12. 2023	BGBl. 2023 I Nr. 354	§§ 5, 6, 8, 9, 13, 14, 16, 17, 18, 21, 25, Abschnitt 6, 7 und 8, § 33	geänd. mWv 15.12.2023
				§ 1	neu gef. mWv 15.12.2023
				Abschnitt 6 (§§ 30a, 30b)	eingef. mWv 15.12.2023
				§§ 20, 23, 31	geänd. mWv 1.11 2025

Abschnitt 1. Allgemeine Bestimmungen

§ 1[2)] **Anwendungsbereich.** Dieses Gesetz ist anzuwenden auf

1. Schuldverschreibungen auf den Inhaber,
2. Aktien, die auf den Namen lauten, und
3. Aktien, die auf den Inhaber lauten, wenn sie in einem zentralen Register eingetragen sind.

§ 2 Elektronisches Wertpapier. (1) [1] Ein Wertpapier kann auch als elektronisches Wertpapier begeben werden. [2] Ein elektronisches Wertpapier wird dadurch begeben, dass der Emittent an Stelle der Ausstellung einer Wertpapierurkunde eine Eintragung in ein elektronisches Wertpapierregister (§ 4 Absatz 1) bewirkt.

(2) Soweit dieses Gesetz nichts anderes bestimmt, entfaltet ein elektronisches Wertpapier dieselbe Rechtswirkung wie ein Wertpapier, das mittels Urkunde begeben worden ist.

(3) Ein elektronisches Wertpapier gilt als Sache im Sinne des § 90 des Bürgerlichen Gesetzbuchs[3)].

§ 3 Inhaber und Berechtigter. (1) Inhaber eines elektronischen Wertpapiers ist derjenige, der als Inhaber eines elektronischen Wertpapiers oder eines bestimmten Anteils an einer Gesamtemission in einem elektronischen Wertpapierregister eingetragen ist.

(2) Berechtigter im Sinne dieses Gesetzes ist, wer das Recht aus einem Wertpapier innehat.

§ 4 Begriffsbestimmungen. (1) Elektronische Wertpapierregister sind

1. zentrale Register gemäß § 12 und
2. Kryptowertpapierregister gemäß § 16.

[1)] Verkündet als Art. 1 G v. 3.6.2021 (BGBl. I S. 1423); Inkrafttreten gem. Art. 12 dieses G am 10.6. 2021.

[2)] § 1 neu gef. mWv 15.12.2023 durch G v. 11.12.2023 (BGBl. 2023 I Nr. 354).

[3)] **Habersack, Deutsche Gesetze Nr. 20.**

(2) Ein Zentralregisterwertpapier ist ein elektronisches Wertpapier, das in ein zentrales Register eingetragen ist.

(3) Ein Kryptowertpapier ist ein elektronisches Wertpapier, das in ein Kryptowertpapierregister eingetragen ist.

(4) Eintragung eines elektronischen Wertpapiers ist die Aufnahme der für ein elektronisches Wertpapier nach § 13 oder § 17 erforderlichen Registerangaben in ein elektronisches Wertpapierregister unter eindeutiger und unmittelbar erkennbarer Bezugnahme auf die niedergelegten Emissionsbedingungen.

(5) Eine Wertpapiersammelbank ist eine nach Artikel 16 der Verordnung (EU) Nr. 909/2014 des Europäischen Parlaments und des Rates vom 23. Juli 2014 zur Verbesserung der Wertpapierlieferungen und -abrechnungen in der Europäischen Union und über Zentralverwahrer sowie zur Änderung der Richtlinien 98/26/EG und 2014/65/EU und der Verordnung (EU) Nr. 236/2012 (ABl. L 257 vom 28.8. 2014, S. 1; L 349 vom 21.12.2016, S. 5), die zuletzt durch die Delegierte Verordnung (EU) 2018/1229 (ABl. L 230 vom 13.9.2018, S. 1) geändert worden ist, als Zentralverwahrer zugelassene juristische Person, die in Abschnitt A des Anhangs zur Verordnung (EU) Nr. 909/2014 genannte Kerndienstleistungen im Inland erbringt.

(6) Verwahrer ist, wer über die Erlaubnis zum Betreiben des Depotgeschäfts im Inland verfügt.

(7) Emissionsbedingungen sind der niedergelegte Inhalt des Rechts, für das ein elektronisches Wertpapier eingetragen wird, einschließlich der Nebenbestimmungen.

(8) Umtragung ist die Ersetzung des Inhabers eines im elektronischen Wertpapierregister eingetragenen elektronischen Wertpapiers durch einen neuen Inhaber.

(9) Löschung ist die Kenntlichmachung eines eingetragenen elektronischen Wertpapiers und seiner niedergelegten Emissionsbedingungen als gegenstandslos.

(10) Registerführende Stellen sind die in § 12 Absatz 2 und § 16 Absatz 2 bezeichneten Stellen.

(11) Ein Aufzeichnungssystem ist ein dezentraler Zusammenschluss, in dem die Kontrollrechte zwischen den das jeweilige System betreibenden Einheiten nach einem im Vorhinein festgelegten Muster verteilt sind.

§ 5[1)] Niederlegung. (1) [1]Der Emittent hat vor der Eintragung des elektronischen Wertpapiers in einem elektronischen Wertpapierregister die Emissionsbedingungen bei der registerführenden Stelle als beständiges elektronisches Dokument jedermann zur beliebig wiederholbaren unmittelbaren Kenntnisnahme zugänglich zu machen (Niederlegung). [2]Auf Veranlassung des Emittenten kann der Zugang zu den Emissionsbedingungen nach Maßgabe einer Rechtsverordnung nach § 15 oder § 23 beschränkt werden. [3]Wird das elektronische Wertpapier nicht spätestens drei Monate nach der Niederlegung eingetragen, so löscht die registerführende Stelle die niedergelegten Emissionsbedingungen.

(2) [1]Die registerführende Stelle stellt sicher, dass nur Änderungen an den niedergelegten Emissionsbedingungen auf folgenden Grundlagen erfolgen:

1. durch Gesetz,
2. auf Grund eines Gesetzes,

[1)] § 5 Abs. 5 angef. mWv 15.12.2023 durch G v. 11.12.2023 (BGBl. 2023 I Nr. 354).

3. auf Grund eines Rechtsgeschäfts,
4. auf Grund einer gerichtlichen Entscheidung oder
5. auf Grund eines vollstreckbaren Verwaltungsakts.

[2]Satz 1 gilt nicht für die Berichtigung offenbarer Unrichtigkeiten.

(3) Änderungen von bereits niedergelegten Emissionsbedingungen bedürfen zu ihrer Wirksamkeit wiederum der Niederlegung.

(4) [1]Der Emittent hat geänderte Emissionsbedingungen niederzulegen. [2]In den geänderten Emissionsbedingungen müssen die Änderungen nachvollziehbar sein.

(5) Bei elektronischen Aktien ist die Satzung der Aktiengesellschaft nicht niederzulegen.

§ 6[1)] Verhältnis zu Wertpapierurkunden. (1) [1]Ein Anspruch auf Ausreichung einzelner Wertpapierurkunden besteht nicht. [2]Das gilt nicht, wenn die Emissionsbedingungen des elektronischen Wertpapiers oder im Fall von elektronischen Aktien die Satzung der Aktiengesellschaft einen solchen Anspruch ausdrücklich vorsehen.

(2) [1]Der Emittent kann ein elektronisches Wertpapier durch ein inhaltsgleiches mittels Urkunde begebenes Wertpapier ersetzen, wenn
1. der Berechtigte zustimmt oder
2. die Emissionsbedingungen oder im Fall von elektronischen Aktien die Satzung der Aktiengesellschaft eine solche Ersetzung ohne Zustimmung des Berechtigten ausdrücklich zulassen.

[2]Das elektronische Wertpapier ist im Falle einer Ersetzung durch ein mittels Urkunde begebenes Wertpapier aus dem Register zu löschen. [3]An die Stelle der Eintragung im Register tritt die Verkörperung des Rechts in der neu zu begebenden Urkunde, sobald die Löschung vollzogen und die Urkunde ausgestellt ist.

(3) [1]Der Emittent kann ein Wertpapier, das mittels Sammelurkunde begeben wurde oder mittels Einzelurkunden, die in Sammelverwahrung verwahrt werden, jederzeit und ohne Zustimmung der Berechtigten durch ein inhaltsgleiches Zentralregisterwertpapier ersetzen, wenn
1. das Zentralregisterwertpapier in ein bei einer Wertpapiersammelbank geführtes zentrales Register eingetragen wird,
2. für das Zentralregisterwertpapier eine Wertpapiersammelbank als Inhaber eingetragen wird und
3. dies in den Emissionsbedingungen oder im Fall von elektronischen Aktien in der Satzung der Aktiengesellschaft
   a) nicht ausgeschlossen ist oder
   b) nicht von der Zustimmung der Berechtigten abhängig gemacht wird.

[2]Mit der Eintragung des Zentralregisterwertpapiers wird die Urkunde kraftlos.

(4) [1]In allen anderen als den in Absatz 3 geregelten Fällen setzt die Ersetzung eines mittels Urkunde begebenen Wertpapiers durch ein elektronisches Wertpapier die ausdrückliche Zustimmung des Berechtigten voraus. [2]Mit der Eintragung des elektronischen Wertpapiers wird die Urkunde kraftlos.

[1)] § 6 Abs. 1 Satz 2, Abs. 2 Satz 1 Nr. 2, Abs. 3 Satz 1 Nr. 3 geänd., Abs. 5 angef. mWv 15.12.2023 durch G v. 11.12.2023 (BGBl. 2023 I Nr. 354).

(5) [1] Bei elektronischen Aktien setzt die Anwendung des Absatzes 2 voraus, dass die Satzung der Aktiengesellschaft die Verbriefung nicht ausschließt. [2] Die Anwendung der Absätze 3 und 4 setzt voraus, dass die Satzung der Aktiengesellschaft die Verbriefung für solche Aktien ausschließt, die als elektronische Aktien in einem elektronischen Wertpapierregister eingetragen werden.

§ 7 Registerführung; Schadenersatz. (1) Die registerführende Stelle hat ein elektronisches Wertpapierregister so zu führen, dass Vertraulichkeit, Integrität und Authentizität der Daten gewährleistet sind.

(2) [1] Die registerführende Stelle hat sicherzustellen, dass das elektronische Wertpapierregister jederzeit die bestehende Rechtslage zutreffend wiedergibt und Eintragungen sowie Umtragungen vollständig und ordnungsgemäß erfolgen. [2] Sie ist dem Berechtigten zum Ersatz des Schadens verpflichtet, der durch eine Satz 1 nicht entsprechende Registerführung entsteht, es sei denn, sie hat den Fehler nicht zu vertreten.

(3) [1] Die registerführende Stelle hat die erforderlichen technischen und organisatorischen Maßnahmen zu treffen, um einen Datenverlust oder eine unbefugte Datenveränderung über die gesamte Dauer, für die das elektronische Wertpapier eingetragen ist, zu verhindern. [2] Trifft die registerführende Stelle nicht die nach Satz 1 erforderlichen Maßnahmen, so haftet sie dem Berechtigten für den Schaden, der auf Grund des Datenverlustes oder der unbefugten Datenveränderung entsteht. [3] Die registerführende Stelle hat sicherzustellen, dass der Gesamtbestand der vom Emittenten jeweils elektronisch begebenen Wertpapiere durch Eintragungen und Umtragungen nicht verändert wird.

(4) Die Registerführung als solche stellt keine Verwahrung im Sinne des Depotgesetzes[1] dar.

§ 8[2] Sammeleintragung; Einzeleintragung. (1) Auf Veranlassung des Emittenten kann als Inhaber elektronischer Wertpapiere bis zur Höhe des Nennbetrages der jeweiligen Emission, bei Stückaktien bis zur Gesamtzahl der Stücke, eingetragen werden:

1. eine Wertpapiersammelbank oder ein Verwahrer (Sammeleintragung) oder
2. eine natürliche oder juristische Person oder rechtsfähige Personengesellschaft, die das elektronische Wertpapier als Berechtigte hält (Einzeleintragung).

(2) Einzeleintragungen können auf Antrag des Inhabers in eine Sammeleintragung umgewandelt werden, sofern dies nicht in den Emissionsbedingungen, bei Aktien in der Satzung der Aktiengesellschaft ausgeschlossen ist.

§ 9[3] Sondervorschrift für Sammeleintragungen. (1) [1] Elektronische Wertpapiere in Sammeleintragung gelten als Wertpapiersammelbestand. [2] Die Berechtigten der eingetragenen inhaltsgleichen Rechte gelten als Miteigentümer nach Bruchteilen an dem eingetragenen elektronischen Wertpapier. [3] Der jeweilige Anteil bestimmt sich nach dem Nennbetrag der für den Berechtigten in Sammeleintragung genommenen Rechte, bei Stückaktien nach deren Zahl.

(2) [1] Die Wertpapiersammelbank oder ein Verwahrer verwaltet die Sammeleintragung treuhänderisch für die Berechtigten, ohne selbst Berechtigter zu sein. [2] Die

[1] Nr. **59**.

[2] § 8 Abs. 1 einl. Satzteil und Abs. 2 geänd. mWv 15.12.2023 durch G v. 11.12.2023 (BGBl. 2023 I Nr. 354).

[3] § 9 Abs. 1 Satz 3 geänd. mWv 15.12.2023 durch G v. 11.12.2023 (BGBl. 2023 I Nr. 354).

Wertpapiersammelbank oder ein Verwahrer kann die Sammeleintragung für die Berechtigten gemeinsam mit eigenen Anteilen verwalten.

(3) Besteht die Gesamtemission als Mischbestand teils aus einer Sammeleintragung und teils aus mittels Urkunde begebenen Wertpapieren oder Wertpapieren in Einzeleintragung im selben Register, so gelten diese Teile als ein einheitlicher Sammelbestand, wenn dies im Register zur Sammeleintragung vermerkt ist.

§ 10 Publizität; Registergeheimnis. (1) Die registerführende Stelle muss sicherstellen, dass die Teilnehmer des elektronischen Wertpapierregisters elektronische Einsicht in das Register nehmen können.

(2) Die registerführende Stelle hat jedem, der ein berechtigtes Interesse darlegt, die elektronische Einsicht in das elektronische Wertpapierregister zu gewähren.

(3) [1] Auskünfte, die über die Angaben im elektronischen Wertpapierregister zum eingetragenen Wertpapier hinausgehen, einschließlich der Auskunft über die Identität und die Adresse eines Inhabers, darf die registerführende Stelle nur erteilen, soweit

1. derjenige, der Auskunft verlangt, ein besonderes berechtigtes Interesse darlegt,
2. die Erteilung der Auskunft für die Erfüllung des Interesses erforderlich ist und
3. die Interessen des Inhabers am Schutz seiner personenbezogenen Daten das Interesse desjenigen, der Auskunft verlangt, nicht überwiegen.

[2] Für den Inhaber eines elektronischen Wertpapiers besteht in Bezug auf ein für ihn eingetragenes Wertpapier stets ein besonderes berechtigtes Interesse.

(4) [1] Den zuständigen Aufsichts-, Ordnungs- und Strafverfolgungsbehörden ist gemäß Absatz 2 Einsicht in ein elektronisches Wertpapierregister zu gewähren und gemäß Absatz 3 Auskunft zu erteilen, soweit dies jeweils für die Erfüllung der gesetzlichen Aufgaben dieser Behörden erforderlich ist. [2] Die registerführende Stelle hat stets vom Vorliegen dieser Voraussetzungen auszugehen, wenn sie von den in § 34 Absatz 4 Satz 1 des Bundesmeldegesetzes[1)] genannten Behörden um Einsicht oder Auskunft ersucht wird.

(5) [1] Die registerführende Stelle hat über die von ihr nach den Absätzen 2 bis 4 gewährten Einsichten und erteilten Auskünfte ein Protokoll zu führen. [2] Einer Protokollierung bedarf es nicht bei Einsichtnahmen durch oder Auskunftserteilungen an einen Teilnehmer des Registers nach Absatz 1. [3] Den Teilnehmern des Registers ist auf Verlangen Auskunft aus diesem Protokoll zu den sie betreffenden Einsichtnahmen oder Auskunftserteilungen zu geben, es sei denn, die Bekanntgabe würde den Erfolg strafrechtlicher Ermittlungen oder die Aufgabenwahrnehmung einer in § 34 Absatz 4 Satz 1 des Bundesmeldegesetzes genannten Behörde gefährden. [4] Protokolleinträge sind nach Ablauf von zwei Jahren ab dem Eintragungsdatum zu vernichten.

§ 11 Aufsicht. Die Bundesanstalt für Finanzdienstleistungsaufsicht überwacht als Aufsichtsbehörde die Führung eines elektronischen Wertpapierregisters nach diesem Gesetz.

[1)] **Sartorius Nr. 256.**

Abschnitt 2. Zentrale Register

§ 12 Zentrale Register. (1) Zentrale Register dienen der zentralen Eintragung und Publizität von Zentralregisterwertpapieren gemäß den nachfolgenden Bestimmungen.

(2) Zentrale Register können geführt werden von

1. Wertpapiersammelbanken oder
2. einem Verwahrer, sofern der Emittent diesen ausdrücklich und in Textform dazu ermächtigt.

(3) Ein Zentralregisterwertpapier, das in ein durch eine Wertpapiersammelbank geführtes Register eingetragen wird und als dessen Inhaber eine Wertpapiersammelbank eingetragen wird, wird zur Abwicklung im Effektengiro bei einer Wertpapiersammelbank erfasst.

(4) Die registerführende Stelle hat der Aufsichtsbehörde die Einrichtung eines zentralen Registers vor Aufnahme der Eintragungstätigkeit anzuzeigen.

§ 13[1)] Registerangaben in zentralen Registern. (1) Die registerführende Stelle hat sicherzustellen, dass das zentrale Register die folgenden Angaben über das eingetragene Wertpapier enthält:

1. den wesentlichen Inhalt des Rechts einschließlich einer eindeutigen Wertpapierkennnummer,
2. das Emissionsvolumen,
3. den Nennbetrag, bei Stückaktien deren Zahl,
4. den Emittenten,
5. eine Kennzeichnung, ob es sich um eine Einzel- oder eine Sammeleintragung handelt,
6. den Inhaber,
7. Angaben zum Mischbestand nach § 9 Absatz 3 sowie
8. bei Aktien zusätzlich Folgendes:
   a) ob sie auf den Namen oder auf den Inhaber lauten,
   b) im Fall von vor der vollen Leistung des Ausgabebetrags ausgegebenen Namensaktien den Betrag der Teilleistung,
   c) ob sie als Nennbetragsaktien oder als Stückaktien begründet wurden,
   d) die Gattung der Aktien, wenn mehrere Gattungen bestehen,
   e) im Fall von Mehrstimmrechtsaktien die Zahl der auf sie entfallenden Stimmrechte,
   f) ob sie als Aktien ohne Stimmrecht ausgegeben wurden und
   g) ob die Satzung der Aktiengesellschaft die Übertragung an die Zustimmung der Gesellschaft bindet.

(2) [1] Bei einer Einzeleintragung hat die registerführende Stelle sicherzustellen, dass das zentrale Register neben den Angaben nach Absatz 1 auch die folgenden Angaben über das eingetragene Wertpapier enthält:

1. Verfügungsbeschränkungen zugunsten einer bestimmten Person und
2. *Rechte Dritter.*

[1)] § 13 Abs. 1 Nr. 3, 6 und 7 geänd., Nr. 8 angef. mWv 15.12.2023 durch G v. 11.12.2023 (BGBl. 2023 I Nr. 354).

[2] Die Bezeichnung des Inhabers nach Absatz 1 Nummer 6 kann bei einer Einzeleintragung auch durch Zuordnung einer eindeutigen Kennung erfolgen. [3] Die registerführende Stelle hat auf Weisung eines nach § 14 Absatz 1 Satz 1 Nummer 1 oder Nummer 2 Weisungsberechtigten zusätzlich Angaben zu sonstigen Verfügungsbeschränkungen sowie zur Geschäftsfähigkeit des Inhabers aufzunehmen.

(3) Die registerführende Stelle hat sicherzustellen, dass die Angaben nach den Absätzen 1 und 2 Satz 1 in einer Weise verknüpft sind, dass sie nur zusammen abgerufen werden können.

§ 14[1)] Änderungen des Registerinhalts. (1) [1] Die registerführende Stelle darf, soweit gesetzlich nicht anders bestimmt, Änderungen der Angaben nach § 13 Absatz 1 und 2 sowie die Löschung des Wertpapiers und seiner niedergelegten Emissionsbedingungen nur vornehmen auf Grund einer Weisung

1. des Inhabers, es sei denn, der registerführenden Stelle ist bekannt, dass dieser nicht berechtigt ist, oder
2. einer Person oder Stelle, die berechtigt ist
   a) durch Gesetz,
   b) auf Grund eines Gesetzes,
   c) durch Rechtsgeschäft,
   d) durch gerichtliche Entscheidung oder
   e) durch vollstreckbaren Verwaltungsakt.

[2] Im Falle einer Verfügungsbeschränkung nach § 13 Absatz 2 Satz 1 Nummer 1 hat der Inhaber über seine Weisung hinaus der registerführenden Stelle zu versichern, dass die Zustimmung der durch die Verfügungsbeschränkungen begünstigten Personen zu der Änderung vorliegt. [3] Im Falle des § 13 Absatz 2 Satz 1 Nummer 2 tritt an die Stelle des Inhabers der eingetragene Dritte. [4] Die registerführende Stelle versieht den Eingang der Weisungen mit einem Zeitstempel. [5] Die registerführende Stelle darf von einer Weisung des Inhabers ausgehen, wenn die Weisung mittels eines geeigneten Authentifizierungsinstruments erteilt wurde.

(2) [1] Die registerführende Stelle darf Änderungen der Angaben nach § 13 Absatz 1 Nummer 1 bis 5, 7 und 8 sowie die Löschung einer Eintragung und ihrer niedergelegten Emissionsbedingungen, soweit gesetzlich nichts anderes bestimmt ist, nur mit Zustimmung des Emittenten vornehmen. [2] Für die Eintragung des Erlöschens von nach § 13 Absatz 1 Nummer 8 Buchstabe d eingetragenen Mehrstimmrechten ist auch der Emittent allein weisungsbefugt.

(3) [1] Die registerführende Stelle stellt sicher, dass Änderungen des Registerinhalts, insbesondere hinsichtlich des Inhabers, nur in der Reihenfolge vorgenommen werden, in der die diesbezüglichen Weisungen bei der registerführenden Stelle eingehen. [2] Die registerführende Stelle versieht die Änderung des Registerinhalts mit einem Zeitstempel.

(4) Die registerführende Stelle muss sicherstellen, dass Umtragungen eindeutig sind, innerhalb einer angemessenen Zeit erfolgen und die Transaktion nicht wieder ungültig werden kann.

(5) [1] Hat die registerführende Stelle eine Änderung des Registerinhalts ohne eine Weisung nach Absatz 1 oder ohne die Zustimmung des Emittenten nach Absatz 2 vorgenommen, so muss sie die Änderung unverzüglich rückgängig

---

[1)] § 14 Abs. 2 Satz 1 geänd., Satz 2 angef. mWv 15.12.2023 durch G v. 11.12.2023 (BGBl. 2023 I Nr. 354).

machen. ²Die Rechte aus der Verordnung (EU) 2016/679[1] des Europäischen Parlaments und des Rates vom 27. April 2016 zum Schutz natürlicher Personen bei der Verarbeitung personenbezogener Daten, zum freien Datenverkehr und zur Aufhebung der Richtlinie 95/46/EG (Datenschutz-Grundverordnung) (ABl. L 119 vom 4.5.2016, S. 1; L 314 vom 22.11.2016, S. 72; L 127 vom 23.5.2018, S. 2), insbesondere Artikel 17 der Verordnung (EU) 2016/679, bleiben unberührt.

§ 15 Verordnungsermächtigung in Bezug auf zentrale Register. (1) ¹Das Bundesministerium der Justiz und für Verbraucherschutz und das Bundesministerium der Finanzen können für zentrale Register durch gemeinsame Rechtsverordnung, die nicht der Zustimmung des Bundesrates bedarf, die näheren Bestimmungen treffen über

1. die technischen Anforderungen an die Niederlegung der Emissionsbedingungen nach § 5, einschließlich der Darstellung von Änderungen und des Datenzugangs, sowie die Bedingungen für die Beschränkung des Zugangs zu den Emissionsbedingungen nach § 5 Absatz 1 Satz 2,
2. das Verfahren zum Wechsel der Begebungsform oder der Auslieferung von Einzelurkunden nach § 6,
3. die Einrichtung und die Führung des Registers nach § 7, einschließlich der für die zentralen Register vorzusehenden Eintragungsarten nach § 8 Absatz 1,
4. die Vorgaben zur Datenspeicherung und zur Datendarstellung nach § 13,
5. die Anforderungen an die Gewährleistung des Einsichtsrechts gemäß § 10, den Kreis der Einsichtsberechtigten, einschließlich des Umfangs der Einsichtnahme und des jeweiligen Teilnehmerkreises für die zentralen Register, und die Gründe, die ein berechtigtes oder ein besonderes berechtigtes Einsichtsinteresse begründen, sowie die Regelungen zur Darlegung des Interesses und zum Verfahren der Einsichtnahme,
6. den zu erwartenden Sorgfaltsmaßstab für die Abbildung der Rechtslage nach § 7 Absatz 2,
7. die Anforderungen an die Vertraulichkeit, Integrität, Verfügbarkeit und Authentizität der Daten nach § 7 Absatz 3,
8. die Anforderungen an die Zurechnung zu einem Mischbestand nach § 9 Absatz 3,
9. die Anforderungen an die Identifizierung des Weisungsberechtigten und das Authentifizierungsinstrument nach § 14 Absatz 1,
10. die Verfahrensanforderung zur Übermittlung und zur Vollziehung von Weisungen nach § 14 Absatz 1 bis 4,
11. die Anforderungen an den angemessenen Zeitraum für Umtragungen und die Gültigkeit von Transaktionen nach § 14 Absatz 4 und
12. die Modalitäten der Anzeige der Einrichtung eines zentralen Registers gegenüber der Aufsichtsbehörde nach § 12 Absatz 4.

²Das Bundesamt für Sicherheit in der Informationstechnik ist anzuhören, soweit die Sicherheit informationstechnischer Systeme betroffen ist.

(2) Das Bundesministerium der Justiz und für Verbraucherschutz und das Bundesministerium der Finanzen können die Ermächtigung nach Absatz 1 durch *gemeinsame Rechtsverordnung* auf die Bundesanstalt für Finanzdienstleistungsaufsicht übertragen.

---

[1] **Sartorius Nr. 246.**

Abschnitt 3. Kryptowertpapierregister

§ 16[1)] Kryptowertpapierregister. (1) Ein Kryptowertpapierregister muss auf einem fälschungssicheren Aufzeichnungssystem geführt werden, in dem Daten in der Zeitfolge protokolliert und gegen unbefugte Löschung sowie nachträgliche Veränderung geschützt gespeichert werden.

(2) [1] Registerführende Stelle ist, wer vom Emittenten gegenüber dem Inhaber als solche benannt wird. [2] Unterbleibt eine solche Benennung, gilt der Emittent als registerführende Stelle. [3] Ein Wechsel der registerführenden Stelle durch den Emittenten ist ohne Zustimmung des Inhabers oder des Berechtigten zulässig, es sei denn, in den Emissionsbedingungen, bei Aktien in der Satzung der Aktiengesellschaft, ist etwas Abweichendes geregelt.

§ 17[2)] Registerangaben im Kryptowertpapierregister. (1) Die registerführende Stelle hat sicherzustellen, dass das Kryptowertpapierregister folgende Angaben über das eingetragene Kryptowertpapier enthält:

1. den wesentlichen Inhalt des Rechts einschließlich einer eindeutigen Kennnummer und der Kennzeichnung als Wertpapier,
2. das Emissionsvolumen,
3. den Nennbetrag, bei Stückaktien deren Zahl,
4. den Emittenten,
5. eine Kennzeichnung, ob es sich um eine Einzel- oder eine Sammeleintragung handelt,
6. den Inhaber,
7. Angaben zum Mischbestand nach § 9 Absatz 3 sowie
8. bei Aktien zusätzlich Folgendes:
   a) dass sie auf den Namen lauten,
   b) im Fall von vor der vollen Leistung des Ausgabebetrags ausgegebenen Aktien den Betrag der Teilleistung,
   c) ob sie als Nennbetragsaktien oder als Stückaktien begründet wurden,
   d) die Gattung der Aktien, wenn mehrere Gattungen bestehen,
   e) im Fall von Mehrstimmrechtsaktien die Zahl der auf sie entfallenden Stimmrecht,
   f) ob sie als Aktien ohne Stimmrecht ausgegeben wurden und
   g) ob die Satzung der Aktiengesellschaft die Eigentumsübertragung an die Zustimmung der Gesellschaft bindet.

(2) [1] Bei einer Einzeleintragung hat die registerführende Stelle sicherzustellen, dass das Kryptowertpapierregister neben den Angaben nach Absatz 1 auch die folgenden Angaben über das eingetragene Wertpapier enthält:

1. Verfügungsbeschränkungen zugunsten einer bestimmten Person und
2. Rechte Dritter.

[2] Die Bezeichnung des Inhabers nach Absatz 1 Nummer 6 muss bei einer Einzeleintragung durch Zuordnung einer eindeutigen Kennung erfolgen. [3] Die registerführende Stelle hat auf Weisung eines nach § 18 Absatz 1 Satz 1 Nummer 1 oder

---

[1)] § 16 Abs. 2 Satz 3 geänd. mWv 15.12.2023 durch G v. 11.12.2023 (BGBl. 2023 I Nr. 354).

[2)] § 17 Abs. 1 Nr. 3, 6 und 7 geänd., Nr. 8 angef. mWv 15.12.2023 durch G v. 11.12.2023 (BGBl. 2023 I Nr. 354).

Nummer 2 Weisungsberechtigten zusätzlich Angaben zu sonstigen Verfügungsbeschränkungen sowie zur Geschäftsfähigkeit des Inhabers aufzunehmen.

(3) Die registerführende Stelle hat sicherzustellen, dass die Angaben nach den Absätzen 1 und 2 Satz 1 in einer Weise verknüpft sind, dass sie nur zusammen abgerufen werden können.

§ 18[1)] Änderungen des Registerinhalts. (1) [1] Die registerführende Stelle darf Änderungen der Angaben nach § 17 Absatz 1 und 2 sowie die Löschung des Kryptowertpapiers und seiner niedergelegten Emissionsbedingungen nur vornehmen auf Grund einer Weisung

1. des Inhabers, es sei denn, der registerführenden Stelle ist bekannt, dass dieser nicht berechtigt ist, oder
2. einer Person oder Stelle, die hierzu berechtigt ist
   a) durch Gesetz,
   b) auf Grund eines Gesetzes,
   c) durch Rechtsgeschäft,
   d) durch gerichtliche Entscheidung oder
   e) durch vollstreckbaren Verwaltungsakt.

[2] Im Falle einer Verfügungsbeschränkung nach § 17 Absatz 2 Satz 1 Nummer 1 hat der Inhaber über seine Weisung hinaus der registerführenden Stelle zu versichern, dass die Zustimmung der durch die Verfügungsbeschränkungen begünstigten Personen zu der Änderung vorliegt. [3] Im Falle des § 17 Absatz 2 Satz 1 Nummer 2 tritt an die Stelle des Inhabers der eingetragene Dritte. [4] Die registerführende Stelle versieht den Eingang der Weisungen mit einem Zeitstempel. [5] Die registerführende Stelle darf von einer Weisung des Inhabers ausgehen, wenn die Weisung mittels eines geeigneten Authentifizierungsinstruments erteilt wurde.

(2) [1] Die registerführende Stelle darf Änderungen der Angaben nach § 17 Absatz 1 Nummer 1 bis 5, 7 und 8 sowie die Löschung einer Eintragung und ihrer niedergelegten Emissionsbedingungen nur mit Zustimmung des Emittenten vornehmen, soweit gesetzlich nichts anderes bestimmt ist. [2] Für die Eintragung des Erlöschens von nach § 17 Absatz 1 Nummer 8 Buchstabe d eingetragenen Mehrstimmrechten ist auch der Emittent allein weisungsbefugt.

(3) [1] Die registerführende Stelle stellt sicher, dass Änderungen des Registerinhalts, insbesondere hinsichtlich des Inhabers, nur in der Reihenfolge vorgenommen werden, in der die entsprechenden Weisungen bei der registerführenden Stelle eingehen. [2] Die registerführende Stelle versieht die Änderung des Registerinhalts mit einem Zeitstempel.

(4) Die registerführende Stelle muss sicherstellen, dass Umtragungen eindeutig sind, innerhalb einer angemessenen Zeit erfolgen und die Transaktion auf dem Aufzeichnungssystem nicht wieder ungültig werden kann.

(5) [1] Hat die registerführende Stelle eine Änderung des Registerinhalts ohne eine Weisung nach Absatz 1 oder ohne die Zustimmung des Emittenten nach Absatz 2 vorgenommen, so muss sie die Änderung unverzüglich rückgängig machen. [2] Die Rechte aus der Verordnung (EU) 2016/679[2)], insbesondere deren Artikel 17, bleiben unberührt.

[1)] § 18 Abs. 2 Satz 1 geänd., Satz 2 angef. mWv 15.12.2023 durch G v. 11.12.2023 (BGBl. 2023 I Nr. 354).

[2)] **Sartorius Nr. 246.**

§ 19 Registerauszug. (1) Die registerführende Stelle hat dem Inhaber eines einzeln eingetragenen Kryptowertpapiers auf Verlangen einen Registerauszug in Textform zur Verfügung zu stellen, sofern dies zur Wahrnehmung seiner Rechte erforderlich ist.

(2) Ist der Inhaber eines einzeln eingetragenen Kryptowertpapiers ein Verbraucher, so hat die registerführende Stelle dem Inhaber zu folgenden Zeitpunkten einen Registerauszug in Textform zur Verfügung zu stellen:

1. nach Eintragung eines Kryptowertpapiers in das Register zugunsten des Inhabers,
2. bei jeder Veränderung des Registerinhalts, die den Inhaber betrifft, und
3. einmal jährlich.

[§ 20 bis 31.10.2025:]

§ 20 Veröffentlichung im Bundesanzeiger. (1) [1] Der Emittent muss unverzüglich folgende Veröffentlichungen im Bundesanzeiger veranlassen:

1. die Veröffentlichung der Eintragung eines Kryptowertpapiers in ein Kryptowertpapierregister sowie
2. die Veröffentlichung der Änderung der in Absatz 2 genannten Angaben eines eingetragenen Kryptowertpapiers.

[2] Unverzüglich nach der jeweiligen Veröffentlichung hat der Emittent der Aufsichtsbehörde diese Veröffentlichung mitzuteilen.

(2) Die Veröffentlichung im Bundesanzeiger hat folgende Angaben zu enthalten:

1. den Emittenten,
2. Informationen zum Kryptowertpapierregister,
3. die registerführende Stelle,
4. den wesentlichen Inhalt des Rechts einschließlich einer eindeutigen Kennnummer und der Kennzeichnung als Wertpapier,
5. das Datum der Eintragung des Kryptowertpapiers in das Kryptowertpapierregister sowie im Fall einer Änderung das Datum der Änderung und
6. ob es sich um eine Eintragung oder um die Änderung der Angaben nach den Nummern 2 bis 4 handelt.

(3) [1] Die Aufsichtsbehörde führt über die ihr nach Absatz 1 Satz 2 in Verbindung mit Satz 1 Nummer 1 mitgeteilten Kryptowertpapiere eine öffentliche Liste im Internet. [2] Die Liste enthält zu jedem Kryptowertpapier jeweils folgende Angaben:

1. den Emittenten,
2. die registerführende Stelle,
3. das Datum der Eintragung des Kryptowertpapiers in das Kryptowertpapierregister sowie
4. bei nach Absatz 1 Satz 2 in Verbindung mit Satz 1 Nummer 2 mitgeteilten Änderungen das Datum und den wesentlichen Inhalt der jeweiligen Änderungen.

[§ 20 ab 1.11.2025:]

§ 20[1)] ***Liste der Kryptowertpapiere bei der Aufsichtsbehörde.*** *(1) Der Emittent hat der Aufsichtsbehörde unverzüglich mitzuteilen:*

1. die Eintragung eines Kryptowertpapiers in ein Kryptowertpapierregister,

2. die Änderung der in Absatz 2 genannten Angaben eines eingetragenen Kryptowertpapiers sowie

3. die Löschung eines eingetragenen Kryptowertpapiers.

(2) [1]Die Aufsichtsbehörde führt über die ihr nach Absatz 1 Nummer 1 mitgeteilten Kryptowertpapiere eine öffentliche Liste im Internet. [2]Die Liste enthält zu jedem Kryptowertpapier jeweils folgende Angaben:

1. den Emittenten,

2. die registerführende Stelle,

3. Informationen zum Kryptowertpapierregister,

4. den wesentlichen Inhalt des Rechts einschließlich einer eindeutigen Kennnummer und der Kennzeichnung als Wertpapier,

5. das Datum der Eintragung des Kryptowertpapiers in das Kryptowertpapierregister,

6. bei nach Absatz 1 Nummer 2 mitgeteilten Änderungen das Datum und den wesentlichen Inhalt der jeweiligen Änderungen,

7. bei nach Absatz 1 Nummer 3 mitgeteilten Löschungen das Datum der Löschung.

§ 21[2)] **Pflichten des Emittenten.** (1) [1]Der Emittent trifft die erforderlichen technischen und organisatorischen Maßnahmen, um die Integrität und die Authentizität der Kryptowertpapiere für die gesamte Dauer, für die das Kryptowertpapier eingetragen ist, zu gewährleisten. [2]Der Emittent haftet für einen durch die registerführende Stelle verursachten Schaden nur dann, wenn er bei der Auswahl der registerführenden Stelle die im Verkehr erforderliche Sorgfalt nicht angewendet hat, es sei denn, der Schaden würde auch bei Anwendung dieser Sorgfalt entstanden sein.

(2) [1]Ist die Erfüllung der nach diesem Gesetz für das Kryptowertpapierregister geltenden Anforderungen nicht mehr sichergestellt, hat der Emittent in angemessener Zeit Abhilfe zu schaffen. [2]Schafft er keine Abhilfe, so kann die Aufsichtsbehörde vom Emittenten verlangen, das Kryptowertpapier in ein anderes elektronisches Wertpapierregister zu übertragen.

§ 22 Wechsel des Wertpapierregisters. Will der Emittent ein Kryptowertpapier in ein anderes elektronisches Wertpapierregister übertragen, benötigt er hierfür die Zustimmung sämtlicher Inhaber des Kryptowertpapiers oder die Zustimmung der Aufsichtsbehörde.

§ 23[3)] **Verordnungsermächtigung in Bezug auf Kryptowertpapierregister.** (1) [1]Das Bundesministerium der Justiz und für Verbraucherschutz und das Bundesministerium der Finanzen können für Kryptowertpapierregister durch ge-

---

[1)] § 20 Überschrift neu gef., Abs. 1 Satz 1 einl. Satzteil, Nr. 1 und Nr. 2 geänd., Nr. 3 angef., Satz 2 und Abs. 2 aufgeh., bish. Abs. 3 wird Abs. 2 und Satz 1 geänd., Satz 2 Nr. 3 und 4 eingef., bish. Nr. 3 wird Nr. 5 und geänd., bish. Nr. 4 wird Nr. 6 und geänd., Nr. 7 angef. mWv 1.11.2025 durch G v. 11.12.2023 (BGBl. 2023 I Nr. 354).

[2)] § 21 Abs. 1 Satz 2 angef. mWv 15.12.2023 durch G v. 11.12.2023 (BGBl. 2023 I Nr. 354).

[3)] § 23 Abs. 1 Satz 1 Nr. 20 und 21 geänd. mWv 1.11.2025 durch G v. 11.12.2023 (BGBl. 2023 I Nr. 354).

meinsame Rechtsverordnung, die nicht der Zustimmung des Bundesrates bedarf, nähere Bestimmungen erlassen über

1. das Verfahren und die Einzelheiten der Eintragung nach § 4 Absatz 4,
2. die technischen Anforderungen an die Niederlegung der Emissionsbedingungen nach § 5, einschließlich der Darstellung von Änderungen und des Datenzugangs, sowie die Bedingungen für die Beschränkung des Zugangs zu den Emissionsbedingungen nach § 5 Absatz 1 Satz 2,
3. das Verfahren zum Wechsel der Begebungsform oder der Auslieferung von Einzelurkunden nach § 6,
4. die Einrichtung und die Führung des Registers nach § 7, einschließlich der für die Kryptowertpapierregister vorzusehenden Eintragungsarten nach § 8 Absatz 1,
5. den zu erwartenden Sorgfaltsmaßstab für die Abbildung der Rechtslage nach § 7 Absatz 2 sowie die Regelungen zur Rückgängigmachung von Eintragungen nach § 18 Absatz 5,
6. die Anforderungen an die Vertraulichkeit, Integrität, Verfügbarkeit und Authentizität der Daten nach § 7 Absatz 3,
7. die Anforderungen für die Zurechnung zu einem Mischbestand nach § 9 Absatz 3,
8. die Anforderungen an die Gewährleistung des Einsichtsrechts gemäß § 10, den Kreis der Einsichtsberechtigten, einschließlich des Umfangs der Einsichtnahme und des jeweiligen Teilnehmerkreises für die Kryptowertpapierregister, und die Gründe, die ein berechtigtes oder ein besonderes berechtigtes Einsichtsinteresse begründen, sowie die Regelungen zur Darlegung des Interesses und zum Verfahren der Einsichtnahme,
9. die Anforderungen an die Identifizierung des Weisungsberechtigten und an das Authentifizierungsinstrument nach § 18 Absatz 1,
10. die Verfahrensanforderung zur Übermittlung und zur Vollziehung von Weisungen nach § 18 Absatz 1 bis 4,
11. die Anforderungen an den angemessenen Zeitraum für Umtragungen und an die Gültigkeit von Transaktionen auf dem Aufzeichnungssystem nach § 18 Absatz 4,
12. die Anforderungen an den Austausch von Informationen des Registers mit dritten Systemen oder Anwendungen und an die gegenseitige Nutzung ausgetauschter Informationen,
13. die Zugänglichkeit des verwendeten Quellcodes,
14. die verwendeten Steuerungsverfahren und Steuerungsmaßnahmen,
15. die Sicherstellung von Verantwortlichkeiten und Identifizierungsmerkmalen,
16. die Anforderungen an die technische Leistungsfähigkeit und die technische Skalierbarkeit,
17. die Berechtigungskonzepte zur Änderung und Fortschreibung der Daten auf dem Aufzeichnungssystem und der Inhalte des Registers,
18. die verwendeten kryptografischen Verfahren und alle Mittel und Methoden für die Transformation von Daten, um ihren semantischen Inhalt zu verbergen, ihre unbefugte Verwendung zu verhindern oder ihre unbemerkte Veränderung zu verhindern,
19. die Daten, die im Aufzeichnungssystem gespeichert werden müssen,
20. die Art und Weise, das Format und den Inhalt der ***[bis 31.10.2025:*** Veröffentlichung und der***]*** Mitteilung nach § 20 Absatz 1,

21. die Voraussetzungen für die Aufnahme und die Löschung von Kryptowertpapieren, das Format, den Inhalt und die Führung der Liste durch die Aufsichtsbehörde gemäß ***[bis 31.10.2025:*** *§ 20 Absatz 3****][ab 1.11.2025:*** *§ 20 Absatz 2****]***,
22. die Informationen, die die registerführende Stelle mit den Informationen im Aufzeichnungssystem abgleichen oder ergänzen muss und speichern muss,
23. die Kriterien für eine Teilnahme am Register, die einen fairen und offenen Zugang ermöglichen,
24. die Kommunikationsverfahren mit den Teilnehmern einschließlich der Schnittstellen, über die diese mit der registerführenden Stelle sowie dem Aufzeichnungssystem verbunden sind,
25. die Anforderungen an die erforderlichen technischen und organisatorischen Maßnahmen des Emittenten nach § 21 Absatz 1,
26. die Details bezüglich des Verfahrens für den Wechsel des Wertpapierregisters nach § 21 Absatz 2 und § 22,
27. die Dokumentation und die Beschreibung des Registers,
28. die Anforderungen an die Geschäftsorganisation bei der Führung des Registers und
29. die Art, das Format und den Inhalt des Registerauszugs gemäß § 19.

[2] Das Bundesamt für Sicherheit in der Informationstechnik ist anzuhören, soweit die Sicherheit informationstechnischer Systeme betroffen ist.

(2) Das Bundesministerium der Justiz und für Verbraucherschutz und das Bundesministerium der Finanzen können die Ermächtigung nach Absatz 1 durch gemeinsame Rechtsverordnung auf die Bundesanstalt für Finanzdienstleistungsaufsicht übertragen.

Abschnitt 4. Verfügungen über elektronische Wertpapiere in Einzeleintragung

§ 24 Verfügungstransparenz. Folgende Verfügungen bedürfen vorbehaltlich der sonstigen gesetzlichen Anforderungen zu ihrer Wirksamkeit einer Eintragung oder Umtragung in dem elektronischen Wertpapierregister:
1. Verfügungen über ein elektronisches Wertpapier,
2. Verfügungen über ein Recht aus einem elektronischen Wertpapier oder über ein Recht an einem solchen Recht oder
3. Verfügungen über ein Recht an einem elektronischen Wertpapier oder über ein Recht an einem solchen Recht.

§ 25[1)] Übereignung. (1) [1] Zur Übertragung des Eigentums an einem elektronischen Wertpapier ist es erforderlich, dass das elektronische Wertpapier auf Weisung des Berechtigten auf den Erwerber umgetragen wird und beide sich darüber einig sind, dass das Eigentum übergehen soll. [2] Bis zur Umtragung auf den Erwerber verliert der Berechtigte sein Eigentum nicht.

[1)] § 25 Abs. 2 Satz 2 und Abs. 3 angef. mWv 15.12.2023 durch G v. 11.12.2023 (BGBl. 2023 I Nr. 354).

(2) [1]Das Recht aus dem Wertpapier wird mit der Übereignung des elektronischen Wertpapiers nach Absatz 1 übertragen. [2]§ 67 Absatz 2 Satz 1 des Aktiengesetzes[1)] bleibt unberührt.

(3) [1]Wenn bei elektronischen Aktien die Satzung der Aktiengesellschaft die Eigentumsübertragung an die Zustimmung der Gesellschaft bindet, darf die registerführende Stelle die Umtragung erst nach Zustimmung der Gesellschaft vornehmen. [2]Eine Übertragung von elektronischen Namensaktien durch Indossament ist nicht möglich.

§ 26 Gutgläubiger Erwerb. [1]Zugunsten desjenigen, der auf Grund eines Rechtsgeschäfts in ein elektronisches Wertpapierregister eingetragen wird, gilt der Inhalt des elektronischen Wertpapierregisters als vollständig und richtig sowie der Inhaber als Berechtigter, es sei denn, dass dem Erwerber zum Zeitpunkt seiner Eintragung etwas anderes bekannt oder infolge grober Fahrlässigkeit unbekannt ist. [2]Eine Verfügungsbeschränkung im Sinne des § 13 Absatz 2 Satz 1 Nummer 1 oder des § 17 Absatz 2 Satz 1 Nummer 1 ist dem Erwerber gegenüber nur wirksam, wenn sie im elektronischen Wertpapierregister eingetragen ist oder dem Erwerber bekannt ist. [3]Die Sätze 1 und 2 sind nicht anzuwenden auf die Angaben, die unter § 13 Absatz 2 Satz 3 und § 17 Absatz 2 Satz 3 fallen.

§ 27 Eigentumsvermutung für den Inhaber. Sofern dieses Gesetz nichts anderes vorsieht, wird zugunsten des Inhabers eines elektronischen Wertpapiers vermutet, dass er für die Dauer seiner Eintragung als Inhaber Eigentümer des Wertpapiers ist.

Abschnitt 5. Sondervorschriften zu Buch 2 Abschnitt 8 Titel 24 des Bürgerlichen Gesetzbuchs

§ 28 Rechte aus der Schuldverschreibung; Einwendungen des Emittenten. (1) [1]Der Inhaber einer als elektronisches Wertpapier begebenen Schuldverschreibung kann vom Emittenten die in der Schuldverschreibung versprochene Leistung verlangen, es sei denn, dass er hierzu nicht berechtigt ist. [2]Der Emittent wird auch durch die Leistung an den Inhaber befreit.

(2) Der Emittent einer elektronisch begebenen Schuldverschreibung kann nur folgende Einwendungen erheben:
1. Einwendungen, die sich aus der Eintragung ergeben,
2. Einwendungen, die die Gültigkeit der Eintragung betreffen,
3. Einwendungen, die sich aus den Anleihebedingungen ergeben, oder
4. Einwendungen, die ihm zustehen
   a) im Fall einer Einzeleintragung unmittelbar gegen den Inhaber,
   b) im Fall einer Sammeleintragung unmittelbar gegen denjenigen, der auf Grund einer Depotbescheinigung zur Rechtsausübung gemäß § 6 Absatz 2 Satz 3 des Depotgesetzes[2)] als Inhaber gilt.

§ 29 Leistungspflicht nur gegen Umtragung; Erlöschen. (1) Der Emittent einer elektronisch begebenen Schuldverschreibung ist zur Leistung aus der Schuldverschreibung nur verpflichtet, wenn der Inhaber gegenüber der registerführenden

---

[1)] **Habersack, Deutsche Gesetze Nr. 51.**
[2)] Nr. **59.**

Stelle eine Weisung zur Umtragung auf den Emittenten bei Zahlungsnachweis erteilt.

(2) Die Vorlegung einer elektronisch begebenen Schuldverschreibung im Sinne des § 801 des Bürgerlichen Gesetzbuchs[1)] erfolgt durch ausdrückliches Verlangen der Leistung unter Glaubhaftmachung der Berechtigung.

§ 30 Außerordentliche Kündigung. [1] Der Inhaber einer in einem Kryptowertpapierregister eingetragenen Schuldverschreibung ist zur außerordentlichen Kündigung berechtigt, wenn er dem Emittenten erfolglos eine angemessene Frist zur Wiederherstellung der Funktionstüchtigkeit des Kryptowertpapierregisters gesetzt hat. [2] Der Wiederherstellung der Funktionstüchtigkeit des Registers steht die Übertragung der Schuldverschreibung auf ein anderes Wertpapierregister nach § 21 Absatz 2 und § 22 gleich.

Abschnitt 6.[2)] Sondervorschriften für elektronische Aktien

§ 30a[2)] Führung des Aktienregisters. [1] Der Emittent kann die registerführende Stelle auch mit der Führung des Aktienregisters nach § 67 Absatz 1 Satz 1 des Aktiengesetzes[3)] beauftragen. [2] Bei einem Wechsel des Wertpapierregisters kann der Emittent die Vereinbarung mit der bisherigen registerführenden Stelle über die Führung des Aktienregisters außerordentlich zum Zeitpunkt der Beendigung der Registerführung kündigen.

§ 30b[2)] Umtragung bei Ausschluss säumiger Aktionäre. [1] Der Emittent ist berechtigt, die Aktien, die zugunsten eines nach § 64 Absatz 3 des Aktiengesetzes[3)] ausgeschlossenen Aktionärs im elektronischen Wertpapierregister eingetragen sind, auf denjenigen Vormann umtragen zu lassen, der nach § 65 Absatz 1 des Aktiengesetzes den rückständigen Betrag gezahlt hat. [2] Der Emittent hat hierfür gegenüber der registerführenden Stelle den Ausschluss des Aktionärs durch Bekanntmachung in den Gesellschaftsblättern nach § 64 Absatz 3 Satz 1 des Aktiengesetzes nachzuweisen. [3] § 64 Absatz 4 Satz 1 des Aktiengesetzes ist nicht anzuwenden.

Abschnitt 7.[4)] Bußgeldvorschriften

§ 31[5)] Bußgeldvorschriften. (1) Ordnungswidrig handelt, wer

[Nr. 1 bis 31.10.2025:]

1. entgegen § 20 Absatz 1 eine Veröffentlichung nicht, nicht richtig, nicht vollständig oder nicht rechtzeitig vornimmt oder eine Mitteilung nicht, nicht richtig, nicht vollständig oder nicht rechtzeitig macht oder

[Nr. 1 ab 1.11.2025:]

1. entgegen § 20 Absatz 1, auch in Verbindung mit einer Rechtsverordnung nach § 23 Absatz 1 Satz 1 Nummer 20, eine Mitteilung nicht, nicht richtig, nicht vollständig oder nicht rechtzeitig macht oder

2. einer vollziehbaren Anordnung nach § 21 Absatz 2 Satz 2 zuwiderhandelt.

[1)] ***Habersack, Deutsche Gesetze Nr. 20.***
[2)] Abschnitt 6 (§ 30a und 30b) eingef. mWv 15.12.2023 durch G v. 11.12.2023 (BGBl. 2023 I Nr. 354).
[3)] **Habersack, Deutsche Gesetze Nr. 51.**
[4)] Bish. Abschnitt 6 wird Abschnitt 7 mWv 15.12.2023 durch G v. 11.12.2023 (BGBl. 2023 I Nr. 354).
[5)] § 31 Abs. 1 Nr. 1 neu gef. mWv 1.11.2025 durch G v. 11.12.2023 (BGBl. 2023 I Nr. 354).

(2) Ordnungswidrig handelt, wer vorsätzlich oder fahrlässig

1. entgegen § 7 Absatz 1, auch in Verbindung mit einer Rechtsverordnung nach § 15 Absatz 1 Satz 1 Nummer 3 oder § 23 Absatz 1 Satz 1 Nummer 4, ein Register nicht oder nicht richtig führt,
2. entgegen § 7 Absatz 2 Satz 1 in Verbindung mit einer Rechtsverordnung nach § 15 Absatz 1 Satz 1 Nummer 6 oder § 23 Absatz 1 Satz 1 Nummer 5 nicht sicherstellt, dass eine Eintragung oder Umtragung in der dort genannten Weise erfolgt,
3. entgegen § 7 Absatz 3 Satz 1 in Verbindung mit einer Rechtsverordnung nach § 15 Absatz 1 Satz 1 Nummer 7 oder § 23 Absatz 1 Satz 1 Nummer 6 eine dort genannte Maßnahme nicht, nicht richtig oder nicht rechtzeitig trifft,
4. entgegen § 7 Absatz 3 Satz 3, auch in Verbindung mit einer Rechtsverordnung nach § 15 Absatz 1 Satz 1 Nummer 7 oder § 23 Absatz 1 Satz 1 Nummer 6 nicht sicherstellt, dass der dort genannte Gesamtbestand nicht verändert wird,
5. entgegen § 10 Absatz 1, auch in Verbindung mit einer Rechtsverordnung nach § 15 Absatz 1 Satz 1 Nummer 5 oder § 23 Absatz 1 Satz 1 Nummer 8, nicht sicherstellt, dass die Teilnehmer Einsicht nehmen können,
6. entgegen § 10 Absatz 2 in Verbindung mit einer Rechtsverordnung nach § 15 Absatz 1 Satz 1 Nummer 5 oder § 23 Absatz 1 Satz 1 Nummer 8 Einsicht nicht oder nicht rechtzeitig gewährt,
7. entgegen § 10 Absatz 3 Satz 1 in Verbindung mit einer Rechtsverordnung nach § 15 Absatz 1 Satz 1 Nummer 5 oder § 23 Absatz 1 Satz 1 Nummer 8 eine Auskunft erteilt,
8. entgegen § 12 Absatz 4 eine Anzeige nicht, nicht richtig oder nicht rechtzeitig erstattet,
9. entgegen § 13 Absatz 1, auch in Verbindung mit einer Rechtsverordnung nach § 15 Absatz 1 Satz 1 Nummer 4, oder entgegen § 17 Absatz 1 nicht sicherstellt, dass ein dort genanntes Register die dort genannten Angaben enthält,
10. entgegen § 13 Absatz 3, auch in Verbindung mit einer Rechtsverordnung nach § 15 Absatz 1 Satz 1 Nummer 4, oder entgegen § 17 Absatz 3 nicht sicherstellt, dass die Angaben in der dort genannten Weise verknüpft sind,
11. entgegen § 14 Absatz 1 oder 2 oder § 18 Absatz 1 oder 2 eine Änderung oder Löschung vornimmt,
12. entgegen § 14 Absatz 4 in Verbindung mit einer Rechtsverordnung nach § 15 Absatz 1 Satz 1 Nummer 11 oder entgegen § 18 Absatz 4 in Verbindung mit einer Rechtsverordnung nach § 23 Absatz 1 Nummer 11 nicht sicherstellt, dass eine Umtragung oder Transaktion eine dort genannte Anforderung erfüllt,
13. entgegen § 14 Absatz 5 Satz 1 oder entgegen § 18 Absatz 5 Satz 1, auch in Verbindung mit einer Rechtsverordnung nach § 23 Absatz 1 Satz 1 Nummer 5, eine Änderung nicht, nicht richtig, nicht vollständig oder nicht rechtzeitig rückgängig macht,
14. entgegen § 16 Absatz 1 ein Kryptowertpapierregister nicht richtig führt oder
15. entgegen § 19, auch in Verbindung mit einer Rechtsverordnung nach § 23 Absatz 1 Satz 1 Nummer 29, einen Registerauszug nicht, nicht richtig, nicht vollständig oder nicht rechtzeitig zur Verfügung stellt.

(3) Die Ordnungswidrigkeit kann mit einer Geldbuße bis zu einhunderttausend Euro geahndet werden.

(4) Verwaltungsbehörde im Sinne des § 36 Absatz 1 Nummer 1 des Gesetzes über Ordnungswidrigkeiten[1] ist die Bundesanstalt für Finanzdienstleistungsaufsicht.

Abschnitt 8.[2] Schlussvorschriften

§ 32 Anwendbares Recht. (1) Soweit nicht § 17a des Depotgesetzes[3] anzuwenden ist, unterliegen Rechte an einem elektronischen Wertpapier und Verfügungen über ein elektronisches Wertpapier dem Recht des Staates, unter dessen Aufsicht diejenige registerführende Stelle steht, in deren elektronischem Wertpapierregister das Wertpapier eingetragen ist.

(2) [1] Steht die registerführende Stelle nicht unter Aufsicht, so ist der Sitz der registerführenden Stelle maßgebend. [2] Ist der Sitz der registerführenden Stelle nicht bestimmbar, so ist der Sitz des Emittenten des elektronischen Wertpapiers maßgebend.

§ 33[4] Übergangsregelung. [1] § 6 Absatz 3 ist auch auf Schuldverschreibungen, die vor dem 10. Juni 2021 begeben wurden, sowie auf Aktien, die vor dem 15. Dezember 2023 begeben wurden und bei denen die Satzung der Aktiengesellschaft die Verbriefung ausschließt, anzuwenden. [2] Ein nach den Emissionsbedingungen oder im Fall von elektronischen Aktien der Satzung der Aktiengesellschaft bestehender Anspruch auf Ausreichung einzelner Wertpapierurkunden bleibt von einer Ersetzung nach § 6 Absatz 3 Satz 1 unberührt.

---

[1] **Habersack, Deutsche Gesetze Nr. 94.**

[2] Bish. Abschnitt 7 wird Abschnitt 8 mWv 15.12.2023 durch G v. 11.12.2023 (BGBl. 2023 I Nr. 354).

[3] **Nr. 59.**

[4] § 33 Satz 1 neu gef., Satz 2 geänd. mWv 15.12.2023 durch G v. 11.12.2023 (BGBl. 2023 I Nr. 354).

58e. Gesetz über die Erstellung, Billigung und Veröffentlichung des Prospekts, der beim öffentlichen Angebot von Wertpapieren oder bei der Zulassung von Wertpapieren zum Handel an einem organisierten Markt zu veröffentlichen ist (Wertpapierprospektgesetz – WpPG)[1)]

Vom 22. Juni 2005
(BGBl. I S. 1698)

FNA 4110-9

Lfd. Nr.	Änderndes Gesetz	Datum	Fundstelle	Betroffen	Hinweis
1.	Art. 11 TransparenzRL-UmsetzungsG	5.1.2007	BGBl. I S. 10	§ 10	geänd. mWv 20.1.2007
2.	Art. 13b Nr. 2 FinanzmarktRL-UmsetzungsG	16.7.2007	BGBl. I S. 1330	§ 10	geänd. mWv 1.11.2007
3.	Art. 19a Nr. 1 InvestmentänderungsG[2)]	21.12. 2007	BGBl. I S. 3089	§ 2	geänd. mWv 28.12.2007
4.	Art. 36 JahressteuerG 2009	19.12. 2008	BGBl. I S. 2794	§§ 14, 30	geänd. mWv 25.12.2008
5.	Art. 4 OGAW-IV-UmsetzungsG[3)]	22.6.2011	BGBl. I S. 1126	§ 1	geänd. mWv 26.6.2011
6.	Art. 3 G zur Umsetzung der RL 2010/78/EU im Hinblick auf die Errichtung des Europ. Finanzaufsichtssystems[4)]	4.12.2011	BGBl. I S. 2427	Inhaltsübersicht, §§ 13, 16, 17, 18, 22, 23, 24 § 23a	geänd. mWv 1.1.2012 eingef. mWv 1.1.2012
7.	Art. 6 G zur Novellierung des Finanzanlagenvermittler- und Vermögensanlagenrechts	6.12.2011	BGBl. I S. 2481	Inhaltsübersicht, §§ 2, 17, Abschnitt 7, §§ 26–31, Abschnitt 8, §§ 32–36	geänd. mWv 1.6.2012

[1)] Verkündet als Art. 1 des Prospektrichtlinie-UmsetzungsG v. 22.6.2005 (BGBl. I S. 1698); Inkrafttreten gem. Art. 10 dieses G am 1.7.2005 mit Ausnahme des § 4 Abs. 3, des § 20 Abs. 3, des § 27 Abs. 5 und des § 28 Abs. 2, die bereits am 28.6.2005 in Kraft getreten sind.

[2)] **Amtl. Anm.:** *(abgedruckt in Änderungstabelle Nr. 58)*

[3)] **Amtl. Anm.:** Dieses Gesetz dient der Umsetzung
- der Richtlinie 2009/65/EG des Europäischen Parlaments und des Rates vom 13. Juli 2009 zur Koordinierung der Rechts- und Verwaltungsvorschriften betreffend bestimmte Organismen für gemeinsame Anlagen in Wertpapieren (OGAW) (ABl. L 302 vom 17.11.2009, S. 32),
- der Richtlinie 2010/43/EU der Kommission vom 1. Juli 2010 zur Durchführung der Richtlinie 2009/65/EG des Europäischen Parlaments und des Rates im Hinblick auf organisatorische Anforderungen, Interessenkonflikte, Wohlverhalten, Risikomanagement und den Inhalt der Vereinbarung zwischen Verwahrstelle und Verwaltungsgesellschaft (ABl. L 176 vom 10.7.2010, S. 42) und
- der Richtlinie 2010/44/EU der Kommission vom 1. Juli 2010 zur Durchführung der Richtlinie 2009/65/EG des Europäischen Parlaments und des Rates in Bezug auf Bestimmungen über Fondsverschmelzungen, Master-Feeder-Strukturen und das Anzeigeverfahren (ABl. L 176 vom 10.7.2010, S. 28, L 179 vom 14.7.2010, S. 16).

[4)] **Amtl. Anm.:** Dieses Gesetz dient der Umsetzung der Richtlinie 2010/78/EU des Europäischen Parlaments und des Rates vom 24. November 2010 zur Änderung der Richtlinien 98/26/EG, 2002/87/EG, 2003/6/EG, 2003/41/EG, 2003/71/EG, 2004/39/EG, 2004/109/EG, 2005/60/EG, 2006/48/EG, 2006/49/EG und 2009/65/EG im Hinblick auf die Befugnisse der Europäischen Aufsichtsbehörde (Europäische Bankenaufsichtsbehörde), der Europäischen Aufsichtsbehörde (Europäische Aufsichtsbehörde für das Versicherungswesen und die betriebliche Altersversorgung) und der Europäischen Aufsichtsbehörde (Europäische Wertpapier- und Marktaufsichtsbehörde) (ABl. L 331 vom 15.12.2010, S. 120).

Lfd. Nr.	Änderndes Gesetz	Datum	Fundstelle	Betroffen	Hinweis
				Abschnitt 6 (§§ 21–25), § 37	eingef. mWv 1.6.2012
8.	Art. 1 G zur Umsetzung der RL 2010/73/EU und zur Änd. des BörsenG[1]	26.6.2012	BGBl. I S. 1375	Inhaltsübersicht, §§ 1, 2, 4, 5, 6, 7, 8, 9, 11, 12, 13, 14, 16, 18, 19, 23, 29, 35, 36, 37	geänd. mWv 1.7.2012
				§§ 3, 32	neu gef. mWv 1.7.2012
				§ 10	aufgeh. mWv 1.7.2012
9.	Art. 9 AIFM-UmsetzungsG[2]	4.7.2013	BGBl. I S. 1981	§ 1	geänd. mWv 22.7.2013
10.	Art. 2 Abs. 66, Art. 4 Abs. 55 G zur Strukturreform des Gebührenrechts des Bundes	7.8.2013	BGBl. I S. 3154, teilweise aufgeh. 2016, S. 1666	§ 33	geänd. mWv 15.8.2013
11.	Art. 6 Abs. 4 CRD IV-UmsetzungsG	28.8.2013	BGBl. I S. 3395	§§ 1, 2, 6	geänd. mWv 1.1.2014
12.	Art. 11 G zur Umsetzung der VerbraucherrechteRL und zur Änd. des G zur Regelung der Wohnungsvermittlung[3]	20.9.2013	BGBl. I S. 3642	§ 8	geänd. mWv 13.6.2014
13.	Art. 4 KleinanlegerschutzG	3.7.2015	BGBl. I S. 1114	§§ 3, 5, 9, 26, 35, 36	geänd. mWv 10.7.2015
				§ 6	geänd. mWv 1.1.2016
14.	Art. 196 Zehnte ZuständigkeitsanpassungsVO	31.8.2015	BGBl. I S. 1474	§§ 4, 20	geänd. mWv 8.9.2015

[1] **Amtl. Anm.:** Die Artikel 1 bis 4 dieses Gesetzes dienen im Wesentlichen der Umsetzung der Richtlinie 2010/73/EU des Europäischen Parlaments und des Rates vom 24. November 2010 zur Änderung der Richtlinie 2003/71/EG betreffend den Prospekt, der beim öffentlichen Angebot von Wertpapieren oder bei deren Zulassung zum Handel zu veröffentlichen ist, und der Richtlinie 2004/109/EG zur Harmonisierung der Transparenzanforderungen in Bezug auf Informationen über Emittenten, deren Wertpapiere zum Handel auf einem geregelten Markt zugelassen sind (ABl. L 327 vom 11.12.2010, S. 1).

[2] **Amtl. Anm.:** Dieses Gesetz dient der Umsetzung der Richtlinie 2009/65/EG des Europäischen Parlaments und des Rates vom 13. Juli 2009 zur Koordinierung der Rechts- und Verwaltungsvorschriften betreffend bestimmte Organismen für gemeinsame Anlagen in Wertpapieren (OGAW) (ABl. L 302 vom 17.11.2009, S. 1), der Richtlinie 2011/61/EU des Europäischen Parlaments und des Rates vom 8. Juni 2011 über die Verwalter alternativer Investmentfonds und zur Änderung der Richtlinien 2003/41/EG und 2009/65/EG und der Verordnungen (EG) Nr. 1060/2009 und (EU) Nr. 1095/2010 (ABl. L 174 vom 1.7.2011, S. 1) sowie der Anpassung an die Verordnung (EU) Nr. 345/2013 des Europäischen Parlaments und des Rates vom 17. April 2013 über Europäische Risikokapitalfonds (ABl. L 115 vom 25.4.2013, S. 1) und die Verordnung (EU) Nr. 346/2013 des Europäischen Parlaments und des Rates vom 17. April 2013 über Europäische Fonds für soziales Unternehmertum (ABl. L 115 vom 25.4.2013, S. 18).

[3] **Amtl. Anm.:** Dieses Gesetz dient der Umsetzung der Richtlinie 2011/83/EU des Europäischen Parlaments und des Rates vom 25. Oktober 2011 über die Rechte der Verbraucher, zur Abänderung der Richtlinie 93/13/EWG des Rates und der Richtlinie 1999/44/EG des Europäischen Parlaments und des Rates sowie zur Aufhebung der Richtlinie 85/577/EWG des Rates und der Richtlinie 97/7/EG des Europäischen Parlaments und des Rates (ABl. L 304 vom 22.11.2011, S. 64).

Lfd. Nr.	Änderndes Gesetz	Datum	Fundstelle	Betroffen	Hinweis
15.	Art. 12 AbwicklungsmechanismusG[1]	2.11.2015	BGBl. I S. 1864	§ 27	geänd. mWv 6.11.2015
16.	Art. 4 G zur Umsetzung der TransparenzRL-ÄndRL	20.11. 2015	BGBl. I S. 2029	§§ 2, 11	geänd. mWv 26.11.2015
17.	Art. 16 Abs. 7 Erstes FinanzmarktnovellierungsG	30.6.2016	BGBl. I S. 1514	§§ 11, 23	geänd. mWv 2.7.2016
18.	Art. 4 Abs. 52 G zur Aktualisierung der Strukturreform des Gebührenrechts des Bundes	18.7.2016	BGBl. I S. 1666, geänd. 2021, S. 2570	Inhaltsübersicht	geänd. mWv 1.10.2021
				§ 23	aufgeh. mit Ablauf des 30.9. 2021
19.	Art. 24 Abs. 13 Zweites FinanzmarktnovellierungsG	23.6.2017	BGBl. I S. 1693	§§ 2, 11, 32	geänd. mWv 3.1.2018
20.	Art. 6 G zur Umsetzung der Zweiten ZahlungsdiensteRL[2]	17.7.2017	BGBl. I S. 2446	§§ 5, 13	geänd. mWv 22.7.2017
21.	Art. 1 G zur Ausübung von Optionen der EU-Prospekt-VO und zur Anpassung weiterer Finanzmarktgesetze	10.7.2018	BGBl. I S. 1102	Inhaltsübersicht, §§ 1, 3, 4, 13, 15, 19, Abschnitt 6 Überschrift, §§ 23, 25, 26, 35	geänd mWv 21.7.2018
				§§ 3a, 3b, 3c, 22a, 23a, 24a	eingef. mWv 21.7.2018
22.	Art. 1 G zur weiteren Ausführung der EU-Prospekt-VO und zur Änd. von Finanzmarktgesetzen	8.7.2019	BGBl. I S. 1002	§§ 3a, 3b, 3c, 4, 5, 6, Abschnitt 6 (§§ 9–16), Abschnitt 7 (§§ 18–20), Abschnitt 8 (§§ 21–27), §§ 31, 33, 35, 37, Anl.	geänd. mWv 21.7.2019
				Inhaltsübersicht, Abschnitt 1 (§§ 1, 2), §§ 3, 7, 24	neu gef. mWv 21.7.2019
				Abschnitt 2 Überschrift , §§ 8, 17, 21, 22, 25, 26, 28	eingef. mWv 21.7.2019
				Abschnitte 2, 3, 4, 5, §§ 28, § 28a, 29, 30, 34, 36	aufgeh. mit Ablauf des 20.7. 2019

[1] **Amtl. Anm.:** Dieses Gesetz dient der Anpassung an die Verordnung (EU) Nr. 806/2014 des Europäischen Parlaments und des Rates vom 15. Juli 2014 zur Festlegung einheitlicher Vorschriften und eines einheitlichen Verfahrens für die Abwicklung von Kreditinstituten und bestimmten Wertpapierfirmen im Rahmen eines einheitlichen Abwicklungsmechanismus und eines einheitlichen Abwicklungsfonds sowie zur Änderung der Verordnung (EU) Nr. 1093/2010 (ABl. L 225 vom 30.7.2014, S. 1) sowie an die delegierte Verordnung (EU) 2015/63 der Kommission vom 21. Oktober 2014 zur Ergänzung der Richtlinie 2014/59/EU des Europäischen Parlaments und des Rates im Hinblick auf im Voraus erhobene Beiträge zu Abwicklungsfinanzierungsmechanismen (ABl. L 11 vom 17.1.2015, S. 44) und die Durchführungsverordnung (EU) 2015/81 des Rates vom 19. Dezember 2014 zur Festlegung einheitlicher Modalitäten für die Anwendung der Verordnung (EU) Nr. 806/2014 des Europäischen Parlaments und des Rates im Hinblick auf im Voraus erhobene Beiträge zum einheitlichen Abwicklungsfonds (ABl. L 15 vom 22.1.2015, S. 1).

[2] **Amtl. Anm.:** Dieses Gesetz dient der Umsetzung der Richtlinie (EU) 2015/2366 des Europäischen Parlaments und des Rates vom 25. November 2015 über Zahlungsdienste im Binnenmarkt, zur Änderung der Richtlinien 2002/65/EG, 2009/110/EG und 2013/36/EU und der Verordnung (EU) Nr. 1093/2010 sowie zur Aufhebung der Richtlinie 2007/64/EG (ABl. L 337 vom 23.12 2015, S. 35; L 169 vom 28.6. 2016, S. 18).

Lfd. Nr.	Änderndes Gesetz	Datum	Fundstelle	Betroffen	Hinweis
23.	Art. 60 Zweites Datenschutz-Anpassungs- und UmsetzungsG EU[1]	20.11.2019	BGBl. I S. 1626	§§ 26, 28	geänd. mWv 26.11.2019
24.	Art. 7 Abs. 33 G zur Umsetzung der RL (EU) 2019/2034 über die Beaufsichtigung von Wertpapierinstituten[2]	12.5.2021	BGBl. I S. 990	§§ 8, 19	geänd. mWv 26.6.2021
25.	Art. 3 G zur Einführung von elektronischen Wertpapieren	3.6.2021	BGBl. I S. 1423	§ 4	geänd. mWv 10.6.2021
26.	Art. 5 G zur begleitenden Ausführung der VO (EU) 2020/1503 und der Umsetzung der RL EU 2020/1504[3]	3.6.2021	BGBl. I S. 1568	§ 1	geänd. mWv 10.11.2021
27.	Art. 3 G zur weiteren Stärkung des Anlegerschutzes	9.7.2021	BGBl. I S. 2570	Inhaltsübersicht, §§ 5	geänd. mWv 16.8.2021
				§ 32	aufgeh. mit Ablauf des 15.8.2021
				§ 5	geänd. mWv 1.1.2022
28.	Art. 10 ZukunftsfinanzierungsG	11.12.2023	BGBl. 2023 I Nr. 354	§§ 8, 18, 19	geänd. mWv 15.12.2023

[1] **Amtl. Anm.:** Dieses Gesetz dient der Umsetzung der Richtlinie (EU) 2016/680 des Europäischen Parlaments und des Rates vom 27. April 2016 zum Schutz natürlicher Personen bei der Verarbeitung personenbezogener Daten durch die zuständigen Behörden zum Zweck der Verhütung, Ermittlung, Aufdeckung oder Verfolgung von Straftaten oder der Strafvollstreckung sowie zum freien Datenverkehr und zur Aufhebung des Rahmenbeschlusses 2008/977/JI des Rates (ABl. L 119 vom 4.5.2016, S. 89; L 127 vom 23.5.2018, S. 9).

[2] **Amtl. Anm.:** Dieses Gesetz dient der Umsetzung der Richtlinie (EU) 2019/2034 des Europäischen Parlaments und des Rates vom 27. November 2019 über die Beaufsichtigung von Wertpapierfirmen und zur Änderung der Richtlinien 2002/87/EG, 2009/65/EG, 2011/61/EU, 2013/36/EU, 2014/59/EU und 2014/65/EU (ABl. L 314 vom 5.12.2019, S. 64) sowie der Anpassung der nationalen Gesetze und Verordnungen an die Verordnung (EU) 2019/2033 des Europäischen Parlaments und des Rates vom 27. November 2019 über die Aufsichtsanforderungen an Wertpapierfirmen und zur Änderung der Verordnungen (EU) Nr. 1093/2010, (EU) Nr. 575/2013, (EU) Nr. 600/2014 und (EU) Nr. 806/2014 (ABl. L 314 vom 5.12.2019, S. 1; L 20 vom 24.1.2020, S. 26).

[3] **Amtl. Anm.:** Dieses Gesetz dient der Umsetzung der Richtlinie (EU) 2020/1504 des Europäischen Parlaments und des Rates vom 7. Oktober 2020 zur Änderung der Richtlinie 2014/65/EU über Märkte für Finanzinstrumente sowie der Verordnung (EU) 2020/1503 des Europäischen Parlaments und des Rats vom 7. Oktober 2020 über Europäische Schwarmfinanzierungsdienstleister für Unternehmen und zur Änderung der Verordnung (EU) 2017/1129 und der Richtlinie (EU) 2019/1937.

Inhaltsübersicht[1)]

Abschnitt 1. Anwendungsbereich und Begriffsbestimmungen

§ 1[2)] **Anwendungsbereich.** [1] Dieses Gesetz enthält ergänzende Regelungen zu den Vorschriften der Verordnung (EU) 2017/1129 des Europäischen Parlaments und des Rates vom 14. Juni 2017 über den Prospekt, der beim öffentlichen Angebot von Wertpapieren oder bei deren Zulassung zum Handel an einem geregelten Markt zu veröffentlichen ist und zur Aufhebung der Richtlinie 2003/71/EG (ABl. L 168 vom 30.6.2017, S. 12) in Bezug auf

1. Ausnahmen von der Verpflichtung zur Veröffentlichung eines Prospekts;
2. das Wertpapier-Informationsblatt;
3. die Prospekthaftung und die Haftung bei Wertpapier-Informationsblättern;
4. die Zuständigkeiten und Befugnisse der Bundesanstalt für Finanzdienstleistungsaufsicht (Bundesanstalt) und

---

1) Inhaltsübersicht neu gef. mWv 21.7.2019 durch G v. 8.7.2019 (BGBl. I S. 1002); geänd. mWv 16.8.2021 durch G v. 9.7.2021 (BGBl. I S. 2570).

2) § 1 neu gef. mWv 21.7.2019 durch G v. 8.7.2019 (BGBl. I S. 1002); Satz 2 angef. mWv 10.11.2021 durch G v. 3.6.2021 (BGBl. I S. 1568).

5. die Ahndung von Verstößen hinsichtlich
   a) der Vorschriften dieses Gesetzes;
   b) der Verordnung (EU) 2017/1129.

[2] Es gilt nicht für ein öffentliches Angebot der in Artikel 1 Absatz 4 Buchstabe k der Verordnung (EU) 2017/1129 bezeichneten Artikel.

§ 2[1)] Begriffsbestimmungen. Im Sinne dieses Gesetzes ist oder sind
1. Wertpapiere solche im Sinne des Artikels 2 Buchstabe a der Verordnung (EU) 2017/1129;
2. öffentliches Angebot von Wertpapieren eine Mitteilung im Sinne des Artikels 2 Buchstabe d der Verordnung (EU) 2017/1129;
3. qualifizierte Anleger Personen oder Einrichtungen im Sinne des Artikels 2 Buchstabe e der Verordnung (EU) 2017/1129;
4. Kreditinstitut ein solches im Sinne des Artikels 2 Buchstabe g der Verordnung (EU) 2017/1129;
5. Emittent eine Rechtspersönlichkeit im Sinne des Artikels 2 Buchstabe h der Verordnung (EU) 2017/1129;
6. Anbieter eine Rechtspersönlichkeit oder natürliche Person im Sinne des Artikels 2 Buchstabe i der Verordnung (EU) 2017/1129;
7. Zulassungsantragsteller die Personen, die die Zulassung zum Handel an einem geregelten Markt beantragen;
8. geregelter Markt ein solcher im Sinne des Artikels 2 Buchstabe j der Verordnung (EU) 2017/1129;
9. Werbung eine Mitteilung im Sinne des Artikels 2 Buchstabe k der Verordnung (EU) 2017/1129;
10. Bundesanstalt die Bundesanstalt für Finanzdienstleistungsaufsicht.

Abschnitt 2.[2)] Ausnahmen von der Prospektpflicht und Regelungen zum Wertpapier-Informationsblatt

§ 3[3)] Ausnahmen von der Verpflichtung zur Veröffentlichung eines Prospekts. Die Verpflichtung zur Veröffentlichung eines Prospekts gemäß Artikel 3 Absatz 1 der Verordnung (EU) 2017/1129 gilt nicht für ein Angebot von Wertpapieren,
1. die von Kreditinstituten oder von Emittenten, deren Aktien bereits zum Handel an einem geregelten Markt zugelassen sind, ausgegeben werden, wenn der Gesamtgegenwert für alle im Europäischen Wirtschaftsraum angebotenen Wertpapiere nicht mehr als 8 Millionen Euro, berechnet über einen Zeitraum von zwölf Monaten, beträgt, oder
2. deren Gesamtgegenwert im Europäischen Wirtschaftsraum nicht mehr als 8 Millionen Euro, berechnet über einen Zeitraum von zwölf Monaten, beträgt.

---
1) § 2 neu gef. mWv 21.7.2019 durch G v. 8.7.2019 (BGBl. I S. 1002).
2) Abschnitt 2 Überschrift eingef. mWv 21.7.2019 durch G v. 8.7.2019 (BGBl. I S. 1002).
3) § 3 neu gef. mWv 21.7.2019 durch G v. 8.7.2019 (BGBl. I S. 1002).

§ 4[1)] Wertpapier-Informationsblatt; Verordnungsermächtigung. (1) [1] Ein Anbieter, der die Ausnahme nach § 3 Nummer 2 in Anspruch nimmt, darf die Wertpapiere im Inland erst dann öffentlich anbieten, wenn er zuvor ein Wertpapier-Informationsblatt nach den Absätzen 3 bis 5 und 6 Satz 2 sowie Absatz 7 Satz 4 erstellt, bei der Bundesanstalt hinterlegt und veröffentlicht hat. [2] Dies gilt entsprechend für ein öffentliches Angebot im Inland von Wertpapieren mit einem Gesamtgegenwert im Europäischen Wirtschaftsraum von 100 000 Euro bis weniger als 1 Million Euro, für die gemäß Artikel 1 Absatz 3 Unterabsatz 1 der Verordnung (EU) 2017/1129 kein Prospekt zu veröffentlichen ist. [3] Die Untergrenze von 100 000 Euro gemäß Satz 2 ist über einen Zeitraum von zwölf Monaten zu berechnen. [4] Die Verpflichtungen nach den Sätzen 1 und 2 gelten nicht, wenn für die Wertpapiere ein Basisinformationsblatt nach der Verordnung (EU) Nr. 1286/2014 des Europäischen Parlaments und des Rates vom 26. November 2014 über Basisinformationsblätter für verpackte Anlageprodukte für Kleinanleger und Versicherungsanlageprodukte (PRIIP) (ABl. L 352 vom 9.12.2014, S. 1; L 358 vom 13.12.2014, S. 50), die durch die Verordnung (EU) 2016/2340 (ABl. L 354 vom 23.12.2016, S. 35) geändert worden ist, veröffentlicht werden muss oder wesentliche Anlegerinformationen nach § 301 des Kapitalanlagegesetzbuches veröffentlicht werden müssen.

(2) [1] Das Wertpapier-Informationsblatt darf erst veröffentlicht werden, wenn die Bundesanstalt die Veröffentlichung gestattet. [2] Die Gestattung ist zu erteilen, wenn

1. das Wertpapier-Informationsblatt vollständig alle Angaben, Hinweise und Anlagen enthält, die nach den folgenden Absätzen, auch in Verbindung mit der nach Absatz 9 zu erlassenden Rechtsverordnung, erforderlich sind, und diese Angaben, Hinweise und Anlagen in der vorgeschriebenen Reihenfolge erfolgen und
2. das Feststellungsdatum des letzten Jahresabschlusses des Emittenten und im Falle eines Garantiegebers zusätzlich das Feststellungsdatum des letzten Jahresabschlusses des Garantiegebers zum Zeitpunkt der Gestattung nicht länger als 18 Monate zurückliegt.

[3] Die Bundesanstalt hat dem Anbieter innerhalb von zehn Arbeitstagen nach Eingang des Wertpapier-Informationsblatts mitzuteilen, ob sie die Veröffentlichung gestattet. [4] Gelangt die Bundesanstalt zu der Auffassung, dass das ihr zur Gestattung vorgelegte Wertpapier-Informationsblatt unvollständig ist oder die erforderlichen Angaben, Hinweise und Anlagen nicht in der vorgeschriebenen Reihenfolge erfolgen, beginnt die Frist nach Satz 3 erst ab dem Zeitpunkt zu laufen, zu welchem die erforderlichen Angaben, Hinweise und Anlagen vollständig und in der vorgeschriebenen Reihenfolge eingehen. [5] Die Bundesanstalt soll den Anbieter innerhalb von fünf Arbeitstagen nach Eingang des Wertpapier-Informationsblatts unterrichten, wenn sie nach Satz 4 weitere Informationen für erforderlich hält. [6] Dies gilt auch, wenn sie zu dem Ergebnis kommt, dass die erforderlichen Angaben, Hinweise und Anlagen nicht in der vorgeschriebenen Reihenfolge erfolgt sind.

(3) [1] Das Wertpapier-Informationsblatt darf nicht mehr als drei DIN-A4-Seiten umfassen. [2] Es muss mindestens die wesentlichen Informationen über die Wertpapiere, den Anbieter, den Emittenten und etwaige Garantiegeber in übersicht-

---

1) Früherer § 3a eingef. mWv 21.7.2018 durch G v. 10.7.2018 (BGBl. I S. 1102); bish. § 3a wird § 4 und Abs. 1 Satz 1 geänd., Sätze 2 und 3 eingef., bish. Satz 2 wird Satz 4 und geänd., Abs. 2 Sätze 3 und 5, Abs. 8 Sätze 3 und 4 geänd. mWv 21.7.2019 durch G v. 8.7.2019 (BGBl. I S. 1002); Abs. 3a eingef. mWv 10.6.2021 durch G v. 3.6.2021 (BGBl. I S. 1423).

licher und leicht verständlicher Weise in der nachfolgenden Reihenfolge enthalten, so dass das Publikum

1. die Art, die genaue Bezeichnung und die internationale Wertpapier-Identifikationsnummer (ISIN) des Wertpapiers,
2. die Funktionsweise des Wertpapiers einschließlich der mit dem Wertpapier verbundenen Rechte,
3. Angaben zur Identität des Anbieters, des Emittenten einschließlich seiner Geschäftstätigkeit und eines etwaigen Garantiegebers,
4. die mit dem Wertpapier, dem Emittenten und einem etwaigen Garantiegeber verbundenen Risiken,
5. den auf Grundlage des letzten aufgestellten Jahresabschlusses berechneten Verschuldungsgrad des Emittenten und eines etwaigen Garantiegebers,
6. die Aussichten für die Kapitalrückzahlung und Erträge unter verschiedenen Marktbedingungen,
7. die mit dem Wertpapier verbundenen Kosten und Provisionen,
8. die Angebotskonditionen einschließlich des Emissionsvolumens sowie
9. die geplante Verwendung des voraussichtlichen Nettoemissionserlöses

einschätzen und bestmöglich mit den Merkmalen anderer Wertpapiere vergleichen kann.

(3a) Für die Emission eines elektronischen Wertpapiers im Sinne des Gesetzes über elektronische Wertpapiere[1] oder eines digitalen und nicht verbrieften Wertpapiers, das kein elektronisches Wertpapier im Sinne des Gesetzes über elektronische Wertpapiere ist, gilt Absatz 3 mit der Maßgabe, dass

1. das Wertpapier-Informationsblatt abweichend von Absatz 3 Satz 1 bis zu vier DIN-A4-Seiten umfassen darf,
2. die Angaben nach Absatz 3 Satz 2 Nummer 2 auch Angaben zur technischen Ausgestaltung des Wertpapiers, zu den dem Wertpapier zugrunde liegenden Technologien sowie zur Übertragbarkeit und Handelbarkeit des Wertpapiers an den Finanzmärkten zu beinhalten haben,
3. die Angaben nach Absatz 3 Satz 2 Nummer 3 um die Angabe der registerführenden Stelle im Sinne des Gesetzes über elektronische Wertpapiere und die Angabe, wo und auf welche Weise der Anleger in das Register Einsicht nehmen kann, zu ergänzen sind, sofern es sich um ein elektronisches Wertpapier im Sinne des Gesetzes über elektronische Wertpapiere handelt.

(4) Das Wertpapier-Informationsblatt muss den drucktechnisch hervorgehobenen Warnhinweis „Der Erwerb dieses Wertpapiers ist mit erheblichen Risiken verbunden und kann zum vollständigen Verlust des eingesetzten Vermögens führen." auf der ersten Seite, unmittelbar unterhalb der ersten Überschrift enthalten.

(5) Das Wertpapier-Informationsblatt muss im Anschluss an die Angaben nach Absatz 3 dieser Vorschrift zudem in folgender Reihenfolge enthalten:

1. einen Hinweis darauf, dass die inhaltliche Richtigkeit des Wertpapier-Informationsblatts nicht der Prüfung durch die Bundesanstalt unterliegt,
2. einen Hinweis darauf, dass für das Wertpapier kein von der Bundesanstalt gebilligter Wertpapierprospekt hinterlegt wurde und der Anleger weitergehende Informationen *unmittelbar vom* Anbieter oder Emittenten des Wertpapiers erhält,

---

[1] Nr. **58c**.

3. einen Hinweis auf den letzten Jahresabschluss des Emittenten und im Falle eines Garantiegebers zusätzlich auf den letzten Jahresabschluss des Garantiegebers sowie darauf, wo und wie diese Jahresabschlüsse erhältlich sind,
4. einen Hinweis darauf, dass Ansprüche auf der Grundlage einer in dem Wertpapier-Informationsblatt enthaltenen Angabe nur dann bestehen können, wenn die Angabe irreführend oder unrichtig ist oder der Warnhinweis des Absatzes 4 nicht enthalten ist und wenn das Erwerbsgeschäft nach Veröffentlichung des Wertpapier-Informationsblatts und während der Dauer des öffentlichen Angebots, spätestens jedoch innerhalb von sechs Monaten nach dem ersten öffentlichen Angebot der Wertpapiere im Inland, abgeschlossen wurde.

(6) [1] Während der Dauer des öffentlichen Angebots ist der letzte Jahresabschluss des Emittenten den Anlegern auf Anforderung kostenlos in Textform zur Verfügung zu stellen. [2] Ist der Emittent nach den handelsrechtlichen Vorschriften nicht verpflichtet, einen Jahresabschluss offenzulegen, ist der Jahresabschluss dem Wertpapier-Informationsblatt als Anlage beizufügen und mit diesem gemäß Absatz 1 Satz 1 zu hinterlegen und zu veröffentlichen. [3] Im Falle eines Garantiegebers gelten die Sätze 1 und 2 entsprechend.

(7) [1] Der Anleger muss die in Absatz 3 dieser Vorschrift aufgezählten Informationen verstehen können, ohne hierfür zusätzliche Dokumente heranziehen zu müssen. [2] Die Angaben in dem Wertpapier-Informationsblatt sind kurz zu halten und in allgemein verständlicher Sprache abzufassen. [3] Sie müssen redlich und eindeutig und dürfen nicht irreführend sein. [4] Das Wertpapier-Informationsblatt darf sich jeweils nur auf ein bestimmtes Wertpapier beziehen und keine werbenden oder sonstigen Informationen enthalten, die nicht dem in Absatz 3 genannten Zweck dienen.

(8) [1] Tritt nach der Gestattung und vor dem endgültigen Schluss des öffentlichen Angebots ein wichtiger neuer Umstand ein oder wird eine wesentliche Unrichtigkeit in Bezug auf die im Wertpapier-Informationsblatt enthaltenen Angaben festgestellt, die die Beurteilung des Wertpapiers beeinflussen könnten, so sind die in dem Wertpapier-Informationsblatt enthaltenen Angaben während der Dauer des öffentlichen Angebots unverzüglich zu aktualisieren und ist der Bundesanstalt die aktualisierte Fassung des Wertpapier-Informationsblatts zum Zweck der Hinterlegung unverzüglich zu übermitteln. [2] Das Datum der letzten Aktualisierung sowie die Zahl der seit der erstmaligen Erstellung des Wertpapier-Informationsblatts vorgenommenen Aktualisierungen sind im Wertpapier-Informationsblatt zu nennen. [3] Das aktualisierte Wertpapier-Informationsblatt ist unverzüglich entsprechend Artikel 21 Absatz 2 und 3 Unterabsatz 1 der Verordnung (EU) 2017/1129 zu veröffentlichen. [4] § 5 Absatz 1 und 3 Satz 2 gilt entsprechend.

(9) [1] Das Bundesministerium der Finanzen kann durch Rechtsverordnung, die nicht der Zustimmung des Bundesrates bedarf, im Einvernehmen mit dem Bundesministerium der Justiz und für Verbraucherschutz nähere Bestimmungen zu Inhalt und Aufbau der Wertpapier-Informationsblätter erlassen. [2] Das Bundesministerium der Finanzen kann die Ermächtigung durch Rechtsverordnung auf die Bundesanstalt übertragen.

§ 5[1)] Übermittlung des Wertpapier-Informationsblatts an die Bundesanstalt; Frist und Form der Veröffentlichung; Veröffentlichung durch die Bundesanstalt. (1) Das Wertpapier-Informationsblatt ist der Bundesanstalt elektronisch und in elektronisch durchsuchbarem Format über ihr Melde- und Veröffentlichungssystem zu übermitteln.

(2) Hinsichtlich der Aufbewahrung des Wertpapier-Informationsblatts und der aktualisierten Fassungen gilt § 22 Absatz 3 entsprechend.

(3) [1] Das hinterlegte Wertpapier-Informationsblatt muss mindestens einen Werktag vor dem öffentlichen Angebot entsprechend Artikel 21 Absatz 2 und 3 Unterabsatz 1 der Verordnung (EU) 2017/1129 veröffentlicht werden. [2] Der Anbieter hat sicherzustellen, dass das Wertpapier-Informationsblatt ohne Zugangsbeschränkung für jedermann zugänglich ist; die Regelungen des Artikels 21 Absatz 4 der Verordnung (EU) 2017/1129 gelten entsprechend.

(4) [1] Die Bundesanstalt veröffentlicht auf ihrer Webseite die nach § 4 gestatteten Wertpapier-Informationsblätter. [2] Diese bleiben zehn Jahre lang auf der Webseite öffentlich zugänglich. [3] Die Bundesanstalt veröffentlicht auf ihrer Webseite auch die nach § 4 Absatz 8 Satz 1 übermittelten aktualisierten Fassungen der Wertpapier-Informationsblätter; Satz 2 gilt entsprechend.

§ 6[2)] Einzelanlageschwellen für nicht qualifizierte Anleger. [1] Unbeschadet der Vorgaben in den §§ 4 und 5 ist die Befreiung von der Pflicht zur Veröffentlichung eines Prospekts nach § 3 Nummer 2 auf ein Angebot von Wertpapieren nur anwendbar, wenn die angebotenen Wertpapiere ausschließlich im Wege der Anlageberatung oder Anlagevermittlung über ein Wertpapierdienstleistungsunternehmen vermittelt werden, das rechtlich verpflichtet ist, zu prüfen, ob der Gesamtbetrag der Wertpapiere, die von einem nicht qualifizierten Anleger erworben werden können, folgende Beträge nicht übersteigt:

1. 1 000 Euro,
2. 10 000 Euro, sofern der jeweilige nicht qualifizierte Anleger nach einer von ihm zu erteilenden Selbstauskunft über ein frei verfügbares Vermögen in Form von Bankguthaben und Finanzinstrumenten von mindestens 100 000 Euro verfügt, oder
3. den zweifachen Betrag des durchschnittlichen monatlichen Nettoeinkommens des jeweiligen nicht qualifizierten Anlegers nach einer von ihm zu erteilenden Selbstauskunft, höchstens jedoch 25 000 Euro.

[2] Die Einschränkungen nach Satz 1 gelten nicht für Wertpapiere, die den Aktionären im Rahmen einer Bezugsrechtsemission angeboten werden.

§ 7[3)] Werbung für Angebote, für die ein Wertpapier-Informationsblatt zu veröffentlichen ist. (1) Der Anbieter hat bei Angeboten gemäß § 4 Absatz 1 Satz 1 und 2 dafür zu sorgen, dass in der Werbung für diese Angebote darauf hingewiesen wird, dass ein Wertpapier-Informationsblatt veröffentlicht wurde

---

1) Früherer § 3b eingef. mWv 21.7.2018 durch G v. 10.7.2018 (BGBl. I S. 1102); bish. § 3b wird § 5, Abs. 2 und 3 Sätze 1 und 2 geänd. mWv 21.7.2019 durch G v. 8.7.2019 (BGBl. I S. 1002); Überschrift und Abs. 1 geänd., Abs. 4 *angef. mWv 1.1.2022 durch G v. 9.7.2021* (BGBl. I S. 2570).

2) *Früherer* § 3c eingef. mWv 21.7.2018 durch G v. 10.7.2018 (BGBl. I S. 1102); bish. § 3c wird § 6, Satz 1 einl. Satzteil und Nr. 3 geänd., Satz 2 angef. mWv 21.7.2019 durch G v. 8.7.2019 (BGBl. I S. 1002).

3) Bish. § 4 wird § 7 und neu gef. mWv 21.7.2019 durch G v. 8.7.2019 (BGBl. I S. 1002).

oder zur Veröffentlichung ansteht und wo das Wertpapier-Informationsblatt zu erhalten ist.

(2) Der Anbieter hat bei Angeboten nach Absatz 1 dafür zu sorgen, dass die Werbung für diese Angebote klar als solche erkennbar ist.

(3) Der Anbieter hat bei Angeboten nach Absatz 1 dafür zu sorgen, dass die in der Werbung für diese Angebote enthaltenen Informationen weder unrichtig noch irreführend sind und mit den Informationen übereinstimmen, die in einem bereits veröffentlichten Wertpapier-Informationsblatt enthalten sind oder in einem noch zu veröffentlichenden Wertpapier-Informationsblatt enthalten sein müssen.

(4) Der Anbieter hat bei Angeboten nach Absatz 1 dafür zu sorgen, dass alle mündlich oder schriftlich verbreiteten Informationen über diese Angebote, auch wenn sie nicht zu Werbezwecken dienen, mit den im Wertpapier-Informationsblatt enthaltenen Informationen übereinstimmen.

(5) Falls bei Angeboten nach Absatz 1 wesentliche Informationen vom Anbieter oder vom Emittenten offengelegt und mündlich oder schriftlich an einen oder mehrere ausgewählte Anleger gerichtet werden, müssen diese vom Anbieter in das Wertpapier-Informationsblatt oder in eine Aktualisierung des Wertpapier-Informationsblatts gemäß § 4 Absatz 8 aufgenommen werden.

(6) Die Vorgaben in Kapitel IV der Delegierten Verordnung (EU) 2019/979 der Kommission vom 14. März 2019 zur Ergänzung der Verordnung (EU) 2017/1129 des Europäischen Parlaments und des Rates durch technische Regulierungsstandards für wesentliche Finanzinformationen in der Zusammenfassung des Prospekts, die Veröffentlichung und Klassifizierung von Prospekten, die Werbung für Wertpapiere, Nachträge zum Prospekt und das Notifizierungsportal und zur Aufhebung der Delegierten Verordnung (EU) Nr. 382/2014 der Kommission und der Delegierten Verordnung (EU) 2016/301 der Kommission (ABl. L 166 vom 21.6.2019, S. 1) sind auch auf Werbung für Angebote anzuwenden, für die nach § 4 Absatz 1 Satz 1 und 2 ein Wertpapier-Informationsblatt zu veröffentlichen ist.

Abschnitt 3.[1] Prospekthaftung und Haftung bei Wertpapier-Informationsblättern

§ 8[2] Prospektverantwortliche. [1]Die Verantwortung für den Inhalt des Prospekts haben zumindest der Anbieter, der Emittent, der Zulassungsantragsteller oder der Garantiegeber ausdrücklich zu übernehmen. [2]Bei einem Prospekt für das öffentliche Angebot von Wertpapieren nach Artikel 3 Absatz 1 der Verordnung (EU) 2017/1129 hat in jedem Fall der Anbieter die Verantwortung für den Inhalt des Prospekts zu übernehmen. [3]Sollen auf Grund des Prospekts Wertpapiere zum Handel an einem geregelten Markt zugelassen werden, so hat neben dem Emittenten auch das Kreditinstitut, das Finanzdienstleistungsinstitut, das Wertpapierinstitut oder das nach § 53 Absatz 1 Satz 1 oder § 53b Absatz 1 Satz 1 des Kreditwesengesetzes tätige Unternehmen, sofern dieses mit dem Emittenten zusammen die Zulassung der Wertpapiere beantragt, die Verantwortung für den Prospekt zu

[1] Früherer Abschnitt 6 (§§ 21–25) eingef. mWv 1.6.2012 durch G v. 6.12.2011 (BGBl. I S. 2481); Überschrift neu gef. mWv 21.7.2018 durch G v. 10.7.2018 (BGBl. I S. 1102); Abschnitte 2–5 (§§ 5–20) aufgeh., bish. Abschnitt 6 wird Abschnitt 3 (§§ 8–16) mWv 21.7.2019 durch G v. 8.7.2019 (BGBl. I S. 1002); Satz 3 neu gef. mWv 15.12.2023 durch G v. 11.12.2023 (BGBl. 2023 I Nr. 354).

[2] § 8 eingef. mWv 21.7.2019 durch G v. 8.7.2019 (BGBl. I S. 1002); Satz 3 neu gef. mWv 15.12.2023 durch G v. 11.12.2023 (BGBl. 2023 I Nr. 354)

übernehmen. [4] Wenn eine Garantie für die Wertpapiere gestellt wird, hat auch der Garantiegeber die Verantwortung für den Inhalt des Prospekts zu übernehmen.

§ 9[1)] Haftung bei fehlerhaftem Börsenzulassungsprospekt. (1) [1] Der Erwerber von Wertpapieren, die auf Grund eines Prospekts zum Börsenhandel zugelassen sind, in dem für die Beurteilung der Wertpapiere wesentliche Angaben unrichtig oder unvollständig sind, kann

1. von denjenigen, die für den Prospekt die Verantwortung übernommen haben, und
2. von denjenigen, von denen der Erlass des Prospekts ausgeht,

als Gesamtschuldnern die Übernahme der Wertpapiere gegen Erstattung des Erwerbspreises, soweit dieser den ersten Ausgabepreis der Wertpapiere nicht überschreitet, und der mit dem Erwerb verbundenen üblichen Kosten verlangen, sofern das Erwerbsgeschäft nach Veröffentlichung des Prospekts und innerhalb von sechs Monaten nach erstmaliger Einführung der Wertpapiere abgeschlossen wurde. [2] Ist kein Ausgabepreis festgelegt, gilt als Ausgabepreis der erste nach Einführung der Wertpapiere festgestellte oder gebildete Börsenpreis, im Falle gleichzeitiger Feststellung oder Bildung an mehreren inländischen Börsen der höchste erste Börsenpreis. [3] Auf den Erwerb von Wertpapieren desselben Emittenten, die von den in Satz 1 genannten Wertpapieren nicht nach Ausstattungsmerkmalen oder in sonstiger Weise unterschieden werden können, sind die Sätze 1 und 2 entsprechend anzuwenden.

(2) Ist der Erwerber nicht mehr Inhaber der Wertpapiere, so kann er die Zahlung des Unterschiedsbetrags zwischen dem Erwerbspreis, soweit dieser den ersten Ausgabepreis nicht überschreitet, und dem Veräußerungspreis der Wertpapiere sowie der mit dem Erwerb und der Veräußerung verbundenen üblichen Kosten verlangen. Absatz 1 Satz 2 und 3 ist anzuwenden.

(3) Sind Wertpapiere eines Emittenten mit Sitz im Ausland auch im Ausland zum Börsenhandel zugelassen, besteht ein Anspruch nach Absatz 1 oder 2 nur, sofern die Wertpapiere auf Grund eines im Inland abgeschlossenen Geschäfts oder einer ganz oder teilweise im Inland erbrachten Wertpapierdienstleistung erworben wurden.

(4) Einem Prospekt stehen Dokumente gleich, welche gemäß Artikel 1 Absatz 5 Buchstabe e, f, g, h oder j Ziffer v und vi der Verordnung (EU) 2017/1129 zur Verfügung gestellt wurden.

§ 10[2)] Haftung bei sonstigem fehlerhaften Prospekt. Sind in einem nach Artikel 3 Absatz 1 der Verordnung (EU) 2017/1129 veröffentlichten Prospekt, der nicht Grundlage für die Zulassung von Wertpapieren zum Handel an einer inländischen Börse ist, für die Beurteilung der Wertpapiere wesentliche Angaben unrichtig oder unvollständig, ist § 9 entsprechend anzuwenden mit der Maßgabe, dass

1. bei der Anwendung des § 9 Absatz 1 Satz 1 für die Bemessung des Zeitraums von sechs Monaten anstelle der Einführung der Wertpapiere der Zeitpunkt des ersten öffentlichen Angebots im Inland maßgeblich ist und

---

[1)] *Früherer § 21* eingef. mWv 1.6.2012 durch G v. 6.12.2011 (BGBl. I S. 2481); bish. § 21 wird § 9 und Abs. 4 neu gef. mWv 21.7.2019 durch G v. 8.7.2019 (BGBl. I S. 1002).

[2)] Früherer § 22 eingef. mWv 1.6.2012 durch G v. 6.12.2011 (BGBl. I S. 2481); bish. § 22 wird § 10, einl. Satzteil, Nr. 1 und 2 geänd. mWv 21.7.2019 durch G v. 8.7.2019 (BGBl. I S. 1002).

2. § 9 Absatz 3 auf diejenigen Emittenten mit Sitz im Ausland anzuwenden ist, deren Wertpapiere auch im Ausland öffentlich angeboten werden.

§ 11[1] Haftung bei fehlerhaftem Wertpapier-Informationsblatt. (1) Sind in einem veröffentlichten Wertpapier-Informationsblatt nach § 4 Absatz 1 Satz 1 für die Beurteilung der Wertpapiere wesentliche Angaben unrichtig oder irreführend oder ist der Warnhinweis nach § 4 Absatz 4 nicht enthalten, kann der Erwerber dieser Wertpapiere von denjenigen, von denen der Erlass des Wertpapier-Informationsblatts ausgeht, und vom Anbieter als Gesamtschuldnern die Übernahme der Wertpapiere gegen Erstattung des Erwerbspreises, soweit dieser den ersten Ausgabepreis der Wertpapiere nicht überschreitet, und der mit dem Erwerb verbundenen üblichen Kosten verlangen, sofern das Erwerbsgeschäft nach Veröffentlichung des Wertpapier-Informationsblatts und während der Dauer des öffentlichen Angebots, spätestens jedoch innerhalb von sechs Monaten nach dem ersten öffentlichen Angebot der Wertpapiere im Inland abgeschlossen wurde.

(2) Ist der Erwerber nicht mehr Inhaber der Wertpapiere, so kann er die Zahlung des Unterschiedsbetrags zwischen dem Erwerbspreis, soweit dieser den ersten Ausgabepreis nicht überschreitet, und dem Veräußerungspreis der Wertpapiere sowie der mit dem Erwerb und der Veräußerung verbundenen üblichen Kosten verlangen.

(3) Werden Wertpapiere eines Emittenten mit Sitz im Ausland auch im Ausland öffentlich angeboten, besteht ein Anspruch nach Absatz 1 oder Absatz 2 nur, sofern die Wertpapiere auf Grund eines im Inland abgeschlossenen Geschäfts oder einer ganz oder teilweise im Inland erbrachten Wertpapierdienstleistung erworben wurden.

§ 12[2] Haftungsausschluss bei fehlerhaftem Prospekt. (1) Nach den §§ 9 oder 10 kann nicht in Anspruch genommen werden, wer nachweist, dass er die Unrichtigkeit oder Unvollständigkeit der Angaben des Prospekts nicht gekannt hat und dass die Unkenntnis nicht auf grober Fahrlässigkeit beruht.

(2) Ein Anspruch nach den §§ 9 oder 10 besteht nicht, sofern

1. die Wertpapiere nicht auf Grund des Prospekts erworben wurden,
2. der Sachverhalt, über den unrichtige oder unvollständige Angaben im Prospekt enthalten sind, nicht zu einer Minderung des Börsenpreises der Wertpapiere beigetragen hat,
3. der Erwerber die Unrichtigkeit oder Unvollständigkeit der Angaben des Prospekts bei dem Erwerb kannte,
4. vor dem Abschluss des Erwerbsgeschäfts im Rahmen des Jahresabschlusses oder Zwischenberichts des Emittenten, einer Veröffentlichung nach Artikel 17 der Verordnung (EU) Nr. 596/2014 des Europäischen Parlaments und des Rates vom 16. April 2014 über Marktmissbrauch (Marktmissbrauchsverordnung) und zur Aufhebung der Richtlinie 2003/6/EG des Europäischen Parlaments und des Rates und der Richtlinien 2003/124/EG, 2003/125/EG und 2004/72/EG der

[1] Früherer § 22a eingef. mWv 21.7.2018 durch G v. 10.7.2018 (BGBl. I S. 1102); bish. § 22a wird § 11 und Abs. 1 geänd. mWv 21.7.2019 durch G v. 8.7.2019 (BGBl. I S. 1002).

[2] Früherer § 23 eingef. mWv 1.6.2012 durch G v. 6.12.2011 (BGBl. I S. 2481); Abs. 2 Nr. 5 geänd. mWv 1.7.2012 durch G v. 26.6.2012 (BGBl. I S. 1375); Abs. 2 Nr. 4 geänd. mWv 2.7.2016 durch G v. 30.6.2016 (BGBl. I S. 1514); Überschrift geänd. mWv 21.7.2018 durch G v 10.7.2018 (BGBl. I S. 1102); bish. § 23 wird § 12 und Abs. 1, 2 einl. Satzteil geänd., Nr. 5 neu gef. mWv 21.7.2019 durch G v. 8.7. 2019 (BGBl. I S. 1002).

Kommission (ABl. L 173 vom 12.6.2014, S. 1) in der jeweils geltenden Fassung oder einer vergleichbaren Bekanntmachung eine deutlich gestaltete Berichtigung der unrichtigen oder unvollständigen Angaben im Inland veröffentlicht wurde oder

5. er sich ausschließlich auf Grund von Angaben in der Zusammenfassung nach Artikel 7 der Verordnung (EU) 2017/1129 oder in der speziellen Zusammenfassung eines EU-Wachstumsprospekts im Sinne des Artikels 15 Absatz 1 Unterabsatz 2 Satz 2 der Verordnung (EU) 2017/1129 samt etwaiger Übersetzungen ergibt, es sei denn, die Zusammenfassung ist irreführend, unrichtig oder widersprüchlich, wenn sie zusammen mit den anderen Teilen des Prospekts gelesen wird, oder sie enthält, wenn sie zusammen mit den anderen Teilen des Prospekts gelesen wird, nicht alle gemäß Artikel 7 Absatz 1 Unterabsatz 1 in Verbindung mit den Absätzen 5 bis 7 Buchstabe a bis d und Absatz 8 der Verordnung (EU) 2017/1129 erforderlichen Basisinformationen; im Falle der speziellen Zusammenfassung eines EU-Wachstumsprospekts richtet sich die Vollständigkeit der relevanten Informationen nach den Vorgaben in Artikel 33 der Delegierten Verordnung (EU) 2019/980 der Kommission vom 14. März 2019 zur Ergänzung der Verordnung (EU) 2017/1129 des Europäischen Parlaments und des Rates hinsichtlich der Aufmachung, des Inhalts, der Prüfung und der Billigung des Prospekts, der beim öffentlichen Angebot von Wertpapieren oder bei deren Zulassung zum Handel an einem geregelten Markt zu veröffentlichen ist, und zur Aufhebung der Verordnung (EG) Nr. 809/2004 der Kommission (ABl. L 166 vom 21.6.2019, S. 26).

§ 13[1)] Haftungsausschluss bei fehlerhaftem Wertpapier-Informationsblatt. (1) Nach § 11 kann nicht in Anspruch genommen werden, wer nachweist, dass er die Unrichtigkeit der Angaben des Wertpapier-Informationsblatts oder die Irreführung durch diese Angaben nicht gekannt hat und dass die Unkenntnis nicht auf grober Fahrlässigkeit beruht.

(2) Ein Anspruch nach § 11 besteht nicht, sofern

1. die Wertpapiere nicht auf Grund des Wertpapier-Informationsblatts erworben wurden,
2. der Sachverhalt, über den unrichtige oder irreführende Angaben im Wertpapier-Informationsblatt enthalten sind, nicht zu einer Minderung des Börsenpreises der Wertpapiere beigetragen hat,
3. der Erwerber die Unrichtigkeit der Angaben des Wertpapier-Informationsblatts oder die Irreführung durch diese Angaben bei dem Erwerb kannte oder
4. vor dem Abschluss des Erwerbsgeschäfts im Rahmen des Jahresabschlusses oder Zwischenberichts des Emittenten, im Rahmen einer Veröffentlichung nach Artikel 17 der Verordnung (EU) Nr. 596/2014 des Europäischen Parlaments und des Rates vom 16. April 2014 über Marktmissbrauch (Marktmissbrauchsverordnung) und zur Aufhebung der Richtlinie 2003/6/EG des Europäischen Parlaments und des Rates und der Richtlinien 2003/124/EG, 2003/125/EG und 2004/72/EG der Kommission (ABl. L 173 vom 12.6.2014, S. 1; L 287 vom 21.10.2016, S. 320; L 306 vom 15.11.2016, S. 43; L 348 vom 21.12.2016, S. 83), die zuletzt durch die Verordnung (EU) 2016/1033 (ABl. L 175 vom 30.6.2016, S. 1) geändert worden ist, in der jeweils geltenden Fassung oder einer vergleich-

[1)] Früherer § 23a eingef. mWv 21.7.2018 durch G v. 10.7.2018 (BGBl. I S. 1102); bish. § 23a wird § 13, Abs. 1 und 2 einl. Satzteil geänd. mWv 21.7.2019 durch G v. 8.7.2019 (BGBl. I S. 1002).

baren Bekanntmachung eine deutlich gestaltete Berichtigung der unrichtigen oder irreführenden Angaben im Inland veröffentlicht wurde.

§ 14[1)] **Haftung bei fehlendem Prospekt.** (1) [1] Ist ein Prospekt entgegen Artikel 3 Absatz 1 der Verordnung (EU) 2017/1129 nicht veröffentlicht worden, kann der Erwerber von Wertpapieren von dem Emittenten und dem Anbieter als Gesamtschuldnern die Übernahme der Wertpapiere gegen Erstattung des Erwerbspreises, soweit dieser den ersten Erwerbspreis nicht überschreitet, und der mit dem Erwerb verbundenen üblichen Kosten verlangen, sofern das Erwerbsgeschäft vor Veröffentlichung eines Prospekts und innerhalb von sechs Monaten nach dem ersten öffentlichen Angebot im Inland abgeschlossen wurde. [2] Auf den Erwerb von Wertpapieren desselben Emittenten, die von den in Satz 1 genannten Wertpapieren nicht nach Ausstattungsmerkmalen oder in sonstiger Weise unterschieden werden können, ist Satz 1 entsprechend anzuwenden.

(2) [1] Ist der Erwerber nicht mehr Inhaber der Wertpapiere, so kann er die Zahlung des Unterschiedsbetrags zwischen dem Erwerbspreis und dem Veräußerungspreis der Wertpapiere sowie der mit dem Erwerb und der Veräußerung verbundenen üblichen Kosten verlangen. [2] Absatz 1 Satz 1 gilt entsprechend.

(3) Werden Wertpapiere eines Emittenten mit Sitz im Ausland auch im Ausland öffentlich angeboten, besteht ein Anspruch nach Absatz 1 oder Absatz 2 nur, sofern die Wertpapiere auf Grund eines im Inland abgeschlossenen Geschäfts oder einer ganz oder teilweise im Inland erbrachten Wertpapierdienstleistung erworben wurden.

(4) Der Anspruch nach den Absätzen 1 bis 3 besteht nicht, sofern der Erwerber die Pflicht, einen Prospekt zu veröffentlichen, beim Erwerb kannte.

§ 15[2)] **Haftung bei fehlendem Wertpapier-Informationsblatt.** (1) Ist ein Wertpapier-Informationsblatt entgegen § 4 Absatz 1 Satz 1 oder Satz 2 nicht veröffentlicht worden, kann der Erwerber von Wertpapieren von dem Emittenten und dem Anbieter als Gesamtschuldnern die Übernahme der Wertpapiere gegen Erstattung des Erwerbspreises, soweit dieser den ersten Erwerbspreis nicht überschreitet, und der mit dem Erwerb verbundenen üblichen Kosten verlangen, sofern das Erwerbsgeschäft vor Veröffentlichung eines Wertpapier-Informationsblatts und während der Dauer des öffentlichen Angebots, spätestens jedoch innerhalb von sechs Monaten nach dem ersten öffentlichen Angebot der Wertpapiere im Inland abgeschlossen wurde.

(2) [1] Ist der Erwerber nicht mehr Inhaber der Wertpapiere, so kann er die Zahlung des Unterschiedsbetrags zwischen dem Erwerbspreis, soweit dieser den ersten Erwerbspreis nicht überschreitet, und dem Veräußerungspreis der Wertpapiere sowie der mit dem Erwerb und der Veräußerung verbundenen üblichen Kosten verlangen. [2] Absatz 1 gilt entsprechend.

(3) Werden Wertpapiere eines Emittenten mit Sitz im Ausland auch im Ausland öffentlich angeboten, besteht ein Anspruch nach Absatz 1 oder Absatz 2 nur, sofern die Wertpapiere auf Grund eines im Inland abgeschlossenen Geschäfts oder einer ganz oder teilweise im Inland erbrachten Wertpapierdienstleistung erworben wurden.

[1)] Früherer § 24 eingef. mWv 1.6.2012 durch G v. 6.12.2011 (BGBl. I S. 2481); bish. § 24 wird § 14 und Abs. 1 Satz 1 geänd. mWv 21.7.2019 durch G v. 8.7.2019 (BGBl. I S. 1002).

[2)] Früherer § 24a eingef. mWv 21.7.2018 durch G v. 10.7.2018 (BGBl. I S. 1102); bish. § 24a wird § 15 und Abs. 1 geänd. mWv 21.7.2019 durch G v. 8.7.2019 (BGBl. I S. 1002).

(4) Der Anspruch nach den Absätzen 1 bis 3 besteht nicht, sofern der Erwerber die Pflicht, ein Wertpapier-Informationsblatt zu veröffentlichen, beim Erwerb kannte.

§ 16[1)] Unwirksame Haftungsbeschränkung; sonstige Ansprüche. (1) Eine Vereinbarung, durch die Ansprüche nach den §§ 9, 10, 11, 14 oder 15 im Voraus ermäßigt oder erlassen werden, ist unwirksam.

(2) Weitergehende Ansprüche, die nach den Vorschriften des bürgerlichen Rechts auf Grund von Verträgen oder unerlaubten Handlungen erhoben werden können, bleiben unberührt.

Abschnitt 4.[2)] Zuständige Behörde und Verfahren

§ 17[3)] Zuständige Behörde. Die Bundesanstalt ist zuständige Behörde im Sinne des Artikels 31 Absatz 1 Satz 1 der Verordnung (EU) 2017/1129 in der jeweils geltenden Fassung.

§ 18[4)] Befugnisse der Bundesanstalt. (1) Ist bei der Bundesanstalt ein Prospekt zur Billigung eingereicht worden, kann sie vom Emittenten, Anbieter oder Zulassungsantragsteller die Aufnahme zusätzlicher Angaben in den Prospekt verlangen, wenn dies zum Schutz des Publikums geboten erscheint.

(2) [1] Die Bundesanstalt kann von jedermann Auskünfte, die Vorlage von Informationen und Unterlagen und die Überlassung von Kopien verlangen, soweit dies zur Überwachung der Einhaltung der Bestimmungen

1. dieses Gesetzes oder
2. der Verordnung (EU) 2017/1129

erforderlich ist. [2] Diese sind auf ihr Verlangen elektronisch zu übermitteln. [3] Verfügt der Verpflichtete über einen Zugang zum Melde- und Veröffentlichungssystem der Bundesanstalt, so kann sie die Übermittlung auf diesem Wege verlangen. [4] Die Bundesanstalt kann zudem die Übermittlung in einem von ihr bestimmten Format verlangen.

(3) [1] Die Bundesanstalt kann auf ihrer Internetseite öffentlich bekannt machen, dass ein Emittent, Anbieter oder Zulassungsantragsteller seinen Verpflichtungen nach diesem Gesetz oder der Verordnung (EU) 2017/1129 nicht oder nur unvollständig nachkommt oder diesbezüglich ein hinreichend begründeter Verdacht besteht. [2] Dies gilt insbesondere, wenn

1. entgegen Artikel 3, auch in Verbindung mit Artikel 5 der Verordnung (EU) 2017/1129, kein Prospekt veröffentlicht wurde,

---

1) Früherer § 25 eingef. mWv 1.6.2012 durch G v. 6.12.2011 (BGBl. I S. 2481); Abs. 1 neu gef. mWv 21.7.2018 durch G v. 10.7.2018 (BGBl. I S. 1102); bish. § 25 wird § 16 und Abs. 1 geänd. mWv 21.7.2019 durch G v. 8.7.2019 (BGBl. I S. 1002).

2) Früherer Abschnitt 6 wird Abschnitt 7 (§§ 26–31) mWv 1.6.2012 durch G v. 6.12.2011 (BGBl. I S. 2481); bish. Abschnitt 7 wird Abschnitt 4 (§§ 17–20) mWv 21.7.2019 durch G v. 8.7.2019 (BGBl. I S. 1002).

3) § 17 eingef. mWv 21.7.2019 durch G v. 8.7.2019 (BGBl. I S. 1002).

4) Früherer § 21 wird § 26 und Abs. 7 geänd. mWv 1.6.2012 durch G v. 6.12.2011 (BGBl. I S. 2481); Abs. 2a und 2b eingef. *mWv 10.7.2015 durch G v. 3.7.2015* (BGBl. I S. 1114); bish. § 26 wird § 18 und *Abs. 1 geänd.*, Abs. 2 neu gef., Abs. 2a und 2b aufgeh., Abs. 3 und 4 neu gef., Abs. 5 eingef., bish. Abs. 5 wird Abs. 6 und geänd., Abs. 7 und 8 eingef., bish. Abs. 6 wird Abs. 9, bish. Abs. 7 und 8 werden Abs. 10 und 11 und neu gef. mWv 21.7.2019 durch G v. 8.7.2019 (BGBl. I S. 1002); Abs. 2 Sätze 2–4 angef. mWv 15.12.2023 durch G v. 11.12.2023 (BGBl. 2023 I Nr. 354).

2. entgegen Artikel 20 der Verordnung (EU) 2017/1129 in Verbindung mit den Vorgaben in Kapitel V der Delegierten Verordnung (EU) 2019/980 ein Prospekt veröffentlicht wird,
3. der Prospekt nicht mehr nach Artikel 12 der Verordnung (EU) 2017/1129 gültig ist,
4. entgegen den in Artikel 18 der Delegierten Verordnung (EU) 2019/979 bestimmten Fällen kein Nachtrag veröffentlicht wurde,
5. entgegen § 4 Absatz 1 kein Wertpapier-Informationsblatt veröffentlicht wurde,
6. entgegen § 4 Absatz 2 ein Wertpapier-Informationsblatt veröffentlicht wird oder
7. das Wertpapier-Informationsblatt nicht nach § 4 Absatz 8 aktualisiert wurde.

[3] In einem Auskunfts- und Vorlegungsersuchen nach Absatz 2 ist auf die Befugnis nach Satz 1 hinzuweisen. [4] Die Bekanntmachung darf nur diejenigen personenbezogenen Daten enthalten, die zur Identifizierung des Anbieters, Zulassungsantragstellers oder Emittenten erforderlich sind. [5] Bei nicht bestandskräftigen Maßnahmen ist folgender Hinweis hinzuzufügen: „Diese Maßnahme ist noch nicht bestandskräftig." [6] Wurde gegen die Maßnahme ein Rechtsmittel eingelegt, sind der Stand und der Ausgang des Rechtsmittelverfahrens bekannt zu machen. [7] Die Bekanntmachung ist spätestens nach fünf Jahren zu löschen. [8] Die Bundesanstalt sieht von einer Bekanntmachung ab, wenn die Bekanntmachung die Finanzmärkte der Bundesrepublik Deutschland oder eines oder mehrerer Staaten des Europäischen Wirtschaftsraums erheblich gefährden würde. [9] Sie kann von einer Bekanntmachung außerdem absehen, wenn eine Bekanntmachung nachteilige Auswirkungen auf die Durchführung strafrechtlicher, bußgeldrechtlicher oder disziplinarischer Ermittlungen haben kann.

(4) [1] Die Bundesanstalt hat ein öffentliches Angebot zu untersagen, wenn

1. entgegen Artikel 3, auch in Verbindung mit Artikel 5 der Verordnung (EU) 2017/1129, kein Prospekt veröffentlicht wurde,
2. entgegen Artikel 20 der Verordnung (EU) 2017/1129 in Verbindung mit den Vorgaben in Kapitel V der Delegierten Verordnung (EU) 2019/980 ein Prospekt veröffentlicht wird,
3. der Prospekt nicht mehr nach Artikel 12 der Verordnung (EU) 2017/1129 gültig ist,
4. entgegen den in Artikel 18 der Delegierten Verordnung (EU) 2019/979 bestimmten Fällen kein Nachtrag veröffentlicht wurde,
5. entgegen § 4 Absatz 1 kein Wertpapier-Informationsblatt hinterlegt und veröffentlicht wurde oder
6. entgegen § 4 Absatz 2 ein Wertpapier-Informationsblatt veröffentlicht wird.

[2] Die Bundesanstalt kann ein öffentliches Angebot auch untersagen, wenn gegen andere als die in Satz 1 genannten Bestimmungen

1. der Verordnung (EU) 2017/1129 oder
2. dieses Gesetzes

verstoßen wurde. [3] Sie kann ein öffentliches Angebot ebenfalls untersagen, wenn ein hinreichend begründeter Verdacht besteht, dass gegen Bestimmungen

1. der Verordnung (EU) 2017/1129 oder
2. dieses Gesetzes

verstoßen würde. [4] Hat die Bundesanstalt einen hinreichend begründeten Verdacht, dass gegen

1. dieses Gesetz, insbesondere § 4 Absatz 1, 2 oder 8, oder
2. Bestimmungen der Verordnung (EU) 2017/1129, insbesondere die Artikel 3 bis 5, 12, 20, 23, 25 oder 27,

verstoßen wurde, kann sie anordnen, dass ein öffentliches Angebot für höchstens zehn aufeinander folgende Arbeitstage auszusetzen ist. [5]Die nach Satz 4 gesetzte Frist beginnt mit der Bekanntgabe der Entscheidung.

(5) [1]Die Bundesanstalt ist befugt zu kontrollieren, ob bei der Werbung für ein öffentliches Angebot von Wertpapieren oder eine Zulassung zum Handel an einem geregelten Markt die Regelungen in Artikel 22 Absatz 2 bis 5 und in Kapitel IV der Delegierten Verordnung (EU) 2019/979 sowie diejenigen in § 7 beachtet werden. [2]Besteht ein hinreichend begründeter Verdacht für einen Verstoß gegen die Bestimmungen

1. der Verordnung (EU) 2017/1129 oder
2. dieses Gesetzes,

so kann die Bundesanstalt die Werbung untersagen oder für jeweils höchstens zehn aufeinander folgende Arbeitstage aussetzen oder anordnen, dass sie zu unterlassen oder für jeweils höchstens zehn aufeinander folgende Arbeitstage auszusetzen ist. [3]Dies gilt insbesondere bei hinreichend begründetem Verdacht auf Verstöße gegen § 7 oder gegen Artikel 3, auch in Verbindung mit Artikel 5, oder Artikel 22 Absatz 2 bis 5 und Kapitel IV der Delegierten Verordnung (EU) 2019/979.

(6) Die Bundesanstalt kann der Geschäftsführung der Börse und der Zulassungsstelle Daten einschließlich personenbezogener Daten übermitteln, wenn Tatsachen den Verdacht begründen, dass gegen Bestimmungen dieses Gesetzes oder der Verordnung (EU) 2017/1129 verstoßen worden ist und die Daten zur Erfüllung der in der Zuständigkeit der Geschäftsführung der Börse oder der Zulassungsstelle liegenden Aufgaben erforderlich sind.

(7) Verhängt die Bundesanstalt nach Artikel 42 der Verordnung (EU) Nr. 600/2014 des Europäischen Parlaments und des Rates vom 15. Mai 2014 über Märkte für Finanzinstrumente und zur Änderung der Verordnung (EU) Nr. 648/2012 (ABl. L 173 vom 12.6.2014, S. 84) oder die Europäische Wertpapier- und Marktaufsichtsbehörde nach Artikel 40 der Verordnung (EU) Nr. 600/2014 ein Verbot oder eine Beschränkung, so kann die Bundesanstalt die Prüfung eines zur Billigung vorgelegten Prospekts oder zwecks Gestattung der Veröffentlichung vorgelegten Wertpapier-Informationsblatts aussetzen oder ein öffentliches Angebot von Wertpapieren aussetzen oder einschränken, solange dieses Verbot oder diese Beschränkungen gelten.

(8) Die Bundesanstalt kann die Billigung eines Prospekts oder die Gestattung eines Wertpapier-Informationsblatts, der oder das von einem bestimmten Emittenten, Anbieter oder Zulassungsantragsteller erstellt wurde, während höchstens fünf Jahren verweigern, wenn dieser Emittent, Anbieter oder Zulassungsantragsteller wiederholt und schwerwiegend gegen die Verordnung (EU) 2017/1129, insbesondere deren Artikel 3 bis 5, 12 oder 20, oder gegen dieses Gesetz, insbesondere gegen § 4, verstoßen hat.

(9) [1]Der zur Erteilung einer Auskunft Verpflichtete kann die Auskunft auf solche Fragen verweigern, deren Beantwortung ihn selbst oder einen der in § 383 Abs. 1 Nr. *1 bis 3 der Zivilprozessordnung*[1)] bezeichneten Angehörigen der Gefahr strafgerichtlicher Verfolgung oder eines Verfahrens nach dem Gesetz über

[1)] **Habersack, Deutsche Gesetze Nr. 100.**

Ordnungswidrigkeiten[1)] aussetzen würde. [2]Der Verpflichtete ist über sein Recht zur Verweigerung der Auskunft zu belehren.

(10) [1]Die Bundesanstalt kann zur Gewährleistung des Anlegerschutzes oder des reibungslosen Funktionierens des Marktes anordnen, dass der Emittent alle wesentlichen Informationen, welche die Bewertung der öffentlich angebotenen oder zum Handel an einem geregelten Markt zugelassenen Wertpapiere beeinflussen können, bekannt macht. [2]Die Bundesanstalt kann die gebotene Bekanntmachung auch auf Kosten des Emittenten selbst vornehmen.

(11) [1]Bedienstete der Bundesanstalt dürfen Geschäftsräume durchsuchen, soweit dies zur Verfolgung von Verstößen gegen die Verordnung (EU) 2017/1129, insbesondere in Fällen eines öffentlichen Angebots ohne Veröffentlichung eines Prospekts nach Artikel 3 Absatz 1 der Verordnung (EU) 2017/1129, geboten ist und der begründete Verdacht besteht, dass in Zusammenhang mit dem Gegenstand der entsprechenden Überprüfung oder Ermittlung Dokumente und andere Daten vorhanden sind, die als Nachweis für den Verstoß dienen können. [2]Das Grundrecht des Artikels 13 des Grundgesetzes[2)] wird insoweit eingeschränkt. [3]Im Rahmen der Durchsuchung dürfen Bedienstete der Bundesanstalt Gegenstände sicherstellen, die als Beweismittel für die Ermittlung des Sachverhalts von Bedeutung sein können. [4]Befinden sich die Gegenstände im Gewahrsam einer Person und werden sie nicht freiwillig herausgegeben, können Bedienstete der Bundesanstalt sie beschlagnahmen. [5]Durchsuchungen und Beschlagnahmen sind, außer bei Gefahr im Verzug, durch den Richter anzuordnen. [6]Zuständig ist das Amtsgericht Frankfurt am Main. [7]Gegen die richterliche Entscheidung ist die Beschwerde zulässig. [8]Die §§ 306 bis 310 und 311a der Strafprozessordnung[3)] gelten entsprechend. [9]Bei Beschlagnahmen ohne gerichtliche Anordnung gilt § 98 Absatz 2 der Strafprozessordnung entsprechend. [10]Zuständiges Gericht für die nachträglich eingeholte gerichtliche Entscheidung ist das Amtsgericht Frankfurt am Main. [11]Über die Durchsuchung ist eine Niederschrift zu fertigen. [12]Sie muss insbesondere die verantwortliche Dienststelle, Grund, Zeit und Ort der Durchsuchung und ihr Ergebnis enthalten.

§ 19[4)] Verschwiegenheitspflicht. (1) [1]Die bei der Bundesanstalt Beschäftigten und die nach § 4 Abs. 3 des Finanzdienstleistungsaufsichtsgesetzes beauftragten Personen dürfen die ihnen bei ihrer Tätigkeit bekannt gewordenen Tatsachen, deren Geheimhaltung im Interesse eines nach diesem Gesetz Verpflichteten, der zuständigen Behörden oder eines Dritten liegt, insbesondere Geschäfts- und Betriebsgeheimnisse sowie personenbezogene Daten, nicht unbefugt offenbaren oder verwerten, auch wenn sie nicht mehr im Dienst sind oder ihre Tätigkeit beendet ist. [2]Dies gilt auch für andere Personen, die durch dienstliche Berichterstattung Kenntnis von den in Satz 1 bezeichneten Tatsachen erhalten. [3]Ein unbefugtes Offenbaren oder Verwerten im Sinne des Satzes 1 liegt insbesondere nicht vor, wenn Tatsachen weitergegeben werden an

---

[1)] **Habersack, Deutsche Gesetze Nr. 94.**

[2)] **Habersack, Deutsche Gesetze Nr. 1.**

[3)] **Habersack, Deutsche Gesetze Nr. 90.**

[4)] Früherer § 22 Abs. 1 Satz 3 Nr. 3 angef., Sätze 4 und 5 neu gef. mWv 1.1.2012 durch G v. 4.12.2011 (BGBl. I S. 2427); früherer § 22 wird § 27 mWv 1.6.2012 durch G v. 6.12.2011 (BGBl. I S. 2481); Abs. 2 neu gef. mWv 6.11.2015 durch G v. 2.11.2015 (BGBl. I S. 1864); bish. § 27 wird § 19 mWv 21.7.2019 durch G v. 8.7.2019 (BGBl. I S. 1002); Abs. 1 Sätze 1 und 3 Nr. 2 geänd. mWv 26.6.2021 durch G v. 12.5.2021 (BGBl. I S. 990); Abs. 2 Satz 1 geänd. mWv 15.12.2023 durch G v. 11.12.2023 (BGBl. 2023 I Nr. 354).

1. Strafverfolgungsbehörden oder für Straf- und Bußgeldsachen zuständige Gerichte,
2. kraft Gesetzes oder im öffentlichen Auftrag mit der Überwachung von Börsen oder anderen Märkten, an denen Finanzinstrumente gehandelt werden, des Handels mit Finanzinstrumenten oder Devisen, von Kreditinstituten, Finanzdienstleistungsinstituten, Wertpapierinstituten, Investmentgesellschaften, Finanzunternehmen oder Versicherungsunternehmen betraute Stellen sowie von diesen beauftragte Personen,
3. die Europäische Wertpapier- und Marktaufsichtsbehörde, die Europäische Aufsichtsbehörde für das Versicherungswesen und die betriebliche Altersversorgung, die Europäische Bankenaufsichtsbehörde, den Gemeinsamen Ausschuss der Europäischen Finanzaufsichtsbehörden, den Europäischen Ausschuss für Systemrisiken oder die Europäische Kommission,

soweit diese Stellen die Informationen zur Erfüllung ihrer Aufgaben benötigen. [4] Für die bei den in Satz 3 Nummer 1 und 2 genannten Stellen beschäftigten Personen sowie von diesen Stellen beauftragten Personen gilt die Verschwiegenheitspflicht nach Satz 1 entsprechend. [5] Befindet sich eine in Satz 3 Nummer 1 oder 2 genannte Stelle in einem anderen Staat, so dürfen die Tatsachen nur weitergegeben werden, wenn die bei dieser Stelle beschäftigten und die von dieser Stelle beauftragten Personen einer dem Satz 1 entsprechenden Verschwiegenheitspflicht unterliegen.

(2) [1] Die §§ 93, 97 und 105 Absatz 1, § 111 Absatz 5 in Verbindung mit § 105 Absatz 1 sowie § 116 Absatz 1 der Abgabenordnung gelten für die in Absatz 1 Satz 1 und 2 bezeichneten Personen nur, soweit die Finanzbehörden die Kenntnisse für die Durchführung eines Verfahrens wegen einer Steuerstraftat oder eines Besteuerungsverfahrens benötigen, es sei denn, der Weitergabe der Informationen stehen andere Vorschriften entgegen. [2] Die in Satz 1 genannten Vorschriften sind jedoch nicht anzuwenden, soweit Tatsachen betroffen sind,

1. die den in Absatz 1 Satz 1 oder Satz 2 bezeichneten Personen durch eine Stelle eines anderen Staates im Sinne von Absatz 1 Satz 3 Nummer 2 oder durch von dieser Stelle beauftragte Personen mitgeteilt worden sind oder
2. von denen bei der Bundesanstalt beschäftigte Personen dadurch Kenntnis erlangen, dass sie an der Aufsicht über direkt von der Europäischen Zentralbank beaufsichtigte Institute mitwirken, insbesondere in gemeinsamen Aufsichtsteams nach Artikel 2 Nummer 6 der Verordnung (EU) Nr. 468/2014 der Europäischen Zentralbank vom 16. April 2014 zur Einrichtung eines Rahmenwerks für die Zusammenarbeit zwischen der Europäischen Zentralbank und den nationalen zuständigen Behörden und den nationalen benannten Behörden innerhalb des einheitlichen Aufsichtsmechanismus (SSM-Rahmenverordnung) (EZB/2014/17) (ABl. L 141 vom 14.5.2014, S. 1), und die nach den Regeln der Europäischen Zentralbank geheim sind.

§ 20[1)] Sofortige Vollziehung. Keine aufschiebende Wirkung haben

1. Widerspruch und Anfechtungsklage gegen Maßnahmen nach den §§ 18 und 25 sowie
2. Widerspruch und Anfechtungsklage gegen die Androhung oder Festsetzung von *Zwangsmitteln.*

[1)] Früherer § 26 wird § 31 und Nr. 1 geänd. mWv 1.6.2012 durch G v. 6.12.2011 (BGBl. I S. 2481); bish. § 31 wird § 20 und Nr. 1 geänd. mWv 21.7.2019 durch G v. 8.7.2019 (BGBl. I S. 1002).

Abschnitt 5.[1] Sonstige Vorschriften

§ 21[2] Anerkannte Sprache. (1) Anerkannte Sprache im Sinne des Artikels 27 der Verordnung (EU) 2017/1129 ist die deutsche Sprache.

(2) [1]Die englische Sprache wird im Falle des Artikels 27 Absatz 1 und 3 der Verordnung (EU) 2017/1129 anerkannt, sofern der Prospekt auch eine Übersetzung der in Artikel 7 dieser Verordnung genannten Zusammenfassung, oder, im Falle eines EU-Wachstumsprospekts, der speziellen Zusammenfassung gemäß Artikel 15 Absatz 2 dieser Verordnung in die deutsche Sprache enthält. [2]Im Falle von Basisprospekten ist die Zusammenfassung für die einzelne Emission in die deutsche Sprache zu übersetzen. [3]Die englische Sprache wird ohne Übersetzung der Zusammenfassung anerkannt, wenn gemäß Artikel 7 Absatz 1 Unterabsatz 2 der Verordnung (EU) 2017/1129 eine Zusammenfassung nicht erforderlich ist.

§ 22[3] Elektronische Einreichung, Aufbewahrung. (1) [1]Der Prospekt einschließlich der Übersetzung der Zusammenfassung ist der Bundesanstalt ausschließlich elektronisch über das Melde- und Veröffentlichungssystem der Bundesanstalt zu übermitteln. [2]Dies gilt entsprechend für die Übermittlung von Nachträgen und für die Hinterlegung von einheitlichen Registrierungsformularen einschließlich deren Änderungen.

(2) Die endgültigen Bedingungen des Angebots sind ausschließlich elektronisch über das Melde- und Veröffentlichungssystem der Bundesanstalt zu hinterlegen.

(3) [1]Der gebilligte Prospekt wird von der Bundesanstalt zehn Jahre aufbewahrt. [2]Die Aufbewahrungsfrist beginnt mit dem Ablauf des 31. Dezembers des Kalenderjahres, in dem der Prospekt gebilligt wurde. [3]Dies gilt entsprechend für gebilligte Nachträge und einheitliche Registrierungsformulare einschließlich deren Änderungen.

§ 23[4] *(aufgehoben)*

§ 24[5] Bußgeldvorschriften. (1) Ordnungswidrig handelt, wer vorsätzlich oder leichtfertig

1. entgegen § 4 Absatz 1 Satz 1 ein Wertpapier anbietet,
2. entgegen § 4 Absatz 2 Satz 1 ein Wertpapier-Informationsblatt veröffentlicht,
3. entgegen § 4 Absatz 8 Satz 1
   a) eine Angabe nicht, nicht richtig, nicht vollständig oder nicht rechtzeitig aktualisiert oder
   b) eine aktualisierte Fassung des Wertpapier-Informationsblatts nicht oder nicht rechtzeitig übermittelt,
4. entgegen § 4 Absatz 8 Satz 2 das dort genannte Datum nicht oder nicht richtig nennt,

---

[1] Früherer Abschnitt 7 wird Abschnitt 8 (§§ 32–37) mWv 1.6.2012 durch G v. 6.12.2011 (BGBl. I S. 2481); bish. Abschnitt 8 wird Abschnitt 5 (§§ 21–28) mWv 21.7.2019 durch G v. 8.7.2019 (BGBl. I S. 1002).

[2] § 21 eingef. mWv 21.7.2019 durch G v. 8.7.2019 (BGBl. I S. 1002).

[3] § 22 eingef. mWv 21.7.2019 durch G v. 8.7.2019 (BGBl. I S. 1002).

[4] Bish. § 33 wird § 23 mWv 21.7.2019 durch G v. 8.7.2019 (BGBl. I S. 1002); § 23 aufgeh. mWv 1.10.2021 durch G v. 18.7.2016 (BGBl. I S. 1666, geänd. durch G v. 9.7.2021, BGBl. I S. 2570).

[5] Bish. § 34 aufgeh., bish. § 35 wird § 24 und neu gef. mWv 21.7.2019 durch G v. 8.7.2019 (BGBl. I S. 1002).

5. entgegen § 4 Absatz 8 Satz 3 oder § 5 Absatz 3 Satz 1 ein Wertpapier-Informationsblatt nicht, nicht richtig, nicht vollständig, nicht in der vorgeschriebenen Weise oder nicht rechtzeitig veröffentlicht,
6. entgegen § 5 Absatz 3 Satz 2, auch in Verbindung mit § 4 Absatz 8 Satz 4, nicht sicherstellt, dass ein Wertpapier-Informationsblatt zugänglich ist,
7. entgegen § 7 Absatz 1 nicht dafür sorgt, dass ein dort genannter Hinweis erfolgt,
8. entgegen § 7 Absatz 2 nicht dafür sorgt, dass die Werbung klar als solche erkennbar ist,
9. entgegen § 7 Absatz 3 nicht dafür sorgt, dass eine Information weder unrichtig noch irreführend ist oder eine Übereinstimmung mit einer dort genannten Information vorliegt,
10. entgegen § 7 Absatz 4 nicht dafür sorgt, dass eine Information mit der im Wertpapier-Informationsblatt enthaltenen Information übereinstimmt, oder
11. entgegen § 7 Absatz 5 eine Information in das Wertpapier-Informationsblatt oder in eine Aktualisierung nicht, nicht richtig, nicht vollständig oder nicht rechtzeitig aufnimmt.

(2) Ordnungswidrig handelt, wer vorsätzlich oder fahrlässig einer vollziehbaren Anordnung nach

1. § 18 Absatz 2 Nummer 1, Absatz 4 Satz 1 Nummer 5 oder 6, Satz 2 Nummer 2, Satz 3 Nummer 2 oder Satz 4 Nummer 1, Absatz 5 Satz 2 Nummer 2 oder Absatz 10 Satz 1 oder
2. § 18 Absatz 2 Nummer 2, Absatz 4 Satz 1 Nummer 1 bis 3 oder 4, Satz 2 Nummer 1, Satz 3 Nummer 1 oder Satz 4 Nummer 2 oder Absatz 5 Satz 2 Nummer 1

zuwiderhandelt.

(3) Ordnungswidrig handelt, wer gegen die Verordnung (EU) 2017/1129 des Europäischen Parlaments und des Rates vom 14. Juni 2017 über den Prospekt, der beim öffentlichen Angebot von Wertpapieren oder bei deren Zulassung zum Handel an einem geregelten Markt zu veröffentlichen ist und zur Aufhebung der Richtlinie 2003/71/EG (ABl. L 168 vom 30.6.2017, S. 12) verstößt, indem er vorsätzlich oder leichtfertig

1. entgegen Artikel 3 Absatz 1 ein Wertpapier öffentlich anbietet,
2. entgegen Artikel 5 Absatz 2 ein Wertpapier an nicht qualifizierte Anleger weiterveräußert,
3. entgegen Artikel 8 Absatz 5 Unterabsatz 1 die endgültigen Bedingungen nicht, nicht in der vorgeschriebenen Weise oder nicht rechtzeitig der Öffentlichkeit zur Verfügung stellt oder sie nicht oder nicht rechtzeitig bei der Bundesanstalt hinterlegt,
4. entgegen Artikel 9 Absatz 4 das einheitliche Registrierungsformular oder eine Änderung der Öffentlichkeit nicht oder nicht rechtzeitig zur Verfügung stellt,
5. entgegen Artikel 9 Absatz 9 Unterabsatz 2 Satz 2 oder Unterabsatz 3 eine Änderung des einheitlichen Registrierungsformulars bei der Bundesanstalt nicht oder nicht rechtzeitig hinterlegt,
6. einer vollziehbaren Anordnung nach Artikel 9 Absatz 9 Unterabsatz 4 Satz 1 zuwiderhandelt,
7. entgegen Artikel 9 Absatz 12 Unterabsatz 3 Buchstabe b das einheitliche Registrierungsformular nicht oder nicht rechtzeitig bei der Bundesanstalt hin-

terlegt oder es nicht oder nicht rechtzeitig dem Handelsregister nach § 8b des Handelsgesetzbuches[1] zur Verfügung stellt,

8. entgegen Artikel 10 Absatz 1 Unterabsatz 2 bei der Bundesanstalt einen Nachtrag nicht, nicht richtig, nicht vollständig oder nicht rechtzeitig zur Billigung vorlegt,
9. entgegen Artikel 10 Absatz 2 das gebilligte Registrierungsformular der Öffentlichkeit nicht, nicht in der vorgeschriebenen Weise oder nicht rechtzeitig zur Verfügung stellt,
10. entgegen Artikel 19 Absatz 2 Satz 1 die Zugänglichkeit einer mittels Verweis in den Prospekt aufgenommenen Information nicht gewährleistet,
11. entgegen Artikel 19 Absatz 3 der Bundesanstalt eine dort genannte Information nicht, nicht richtig, nicht vollständig, nicht in der vorgeschriebenen Weise oder nicht rechtzeitig vorlegt,
12. entgegen Artikel 20 Absatz 1 einen Prospekt veröffentlicht,
13. entgegen Artikel 21 Absatz 1 oder 3 Unterabsatz 1 einen Prospekt nicht, nicht richtig, nicht vollständig, nicht in der vorgeschriebenen Weise oder nicht rechtzeitig der Öffentlichkeit zur Verfügung stellt,
14. entgegen Artikel 21 Absatz 3 Unterabsatz 2 ein dort genanntes Dokument, einen Nachtrag, eine endgültige Bedingung oder eine Kopie der Zusammenfassung nicht oder nicht rechtzeitig zur Verfügung stellt,
15. entgegen Artikel 21 Absatz 11 Satz 1 oder 2 eine kostenlose Version des Prospekts oder eine gedruckte Fassung nicht oder nicht rechtzeitig zur Verfügung stellt,
16. entgegen Artikel 22 Absatz 5 eine Mitteilung nicht oder nicht rechtzeitig macht oder eine Information nicht oder nicht rechtzeitig aufnimmt oder
17. entgegen Artikel 23 Absatz 1, auch in Verbindung mit Artikel 8 Absatz 10, einen Nachtrag nicht, nicht richtig, nicht vollständig, nicht in der vorgeschriebenen Weise oder nicht rechtzeitig veröffentlicht.

(4) Ordnungswidrig handelt, wer vorsätzlich oder leichtfertig

1. ohne Prospekt Wertpapiere später weiterveräußert oder als Finanzintermediär endgültig platziert, ohne dass die Voraussetzungen für eine prospektfreie Weiterveräußerung oder Platzierung nach Artikel 5 Absatz 1 Unterabsatz 1 Satz 2 oder Unterabsatz 2 der Verordnung (EU) 2017/1129 vorliegen,
2. einen Prospekt veröffentlicht, der die Informationen und Angaben nach Artikel 6 der Verordnung (EU) 2017/1129 nicht oder nicht in der vorgeschriebenen Weise enthält,
3. einen Prospekt veröffentlicht, dessen Zusammenfassung die Informationen und Warnhinweise nach Artikel 7 Absatz 1 bis 8, 10 und 11 der Verordnung (EU) 2017/1129 nicht oder nicht in der vorgeschriebenen Weise enthält,
4. endgültige Bedingungen, auch als Teil eines Basisprospekts oder Nachtrags, der Öffentlichkeit zur Verfügung stellt, die nicht oder nicht in der vorgeschriebenen Weise nach Artikel 8 Absatz 3 der Verordnung (EU) 2017/1129 festlegen, welche der in dem Basisprospekt enthaltenen Optionen in Bezug auf die Angaben, die nach der entsprechenden Wertpapierbeschreibung erforderlich sind, für die einzelne Emission gelten,

---

[1] **Habersack, Deutsche Gesetze Nr. 50.**

5. endgültige Bedingungen der Öffentlichkeit zur Verfügung stellt, die nicht den Anforderungen nach Artikel 8 Absatz 4 Unterabsatz 1 der Verordnung (EU) 2017/1129 an die Präsentationsform oder an die Darlegung entsprechen,
6. endgültige Bedingungen, auch als Teil eines Basisprospekts oder Nachtrags, der Öffentlichkeit zur Verfügung stellt, die nicht den Anforderungen des Artikels 8 Absatz 4 Unterabsatz 2 der Verordnung (EU) 2017/1129 entsprechen, indem sie Angaben enthalten, die nicht die Wertpapierbeschreibung betreffen, oder als Nachtrag zum Basisprospekt dienen,
7. endgültige Bedingungen, auch als Teil eines Basisprospekts oder Nachtrags, der Öffentlichkeit zur Verfügung stellt, die eine eindeutige und deutlich sichtbare Erklärung nach Artikel 8 Absatz 5 Unterabsatz 2 der Verordnung (EU) 2017/1129 nicht oder nicht vollständig enthalten,
8. eine Zusammenfassung für die einzelne Emission veröffentlicht, die nicht nach Artikel 8 Absatz 9 Unterabsatz 1 erster Teilsatz der Verordnung (EU) 2017/1129 den Anforderungen des Artikels 8 der Verordnung (EU) 2017/1129 an endgültige Bedingungen entspricht,
9. endgültige Bedingungen, auch als Teil eines Basisprospekts oder Nachtrags, der Öffentlichkeit zur Verfügung stellt, denen nicht nach Artikel 8 Absatz 9 Unterabsatz 1 zweiter Teilsatz der Verordnung (EU) 2017/1129 die Zusammenfassung für die einzelne Emission angefügt ist,
10. endgültige Bedingungen, auch als Teil eines Basisprospekts oder Nachtrags, der Öffentlichkeit zur Verfügung stellt, denen eine Zusammenfassung für die einzelne Emission angefügt ist, die nicht den in Artikel 8 Absatz 9 Unterabsatz 2 der Verordnung (EU) 2017/1129 genannten Anforderungen entspricht,
11. endgültige Bedingungen, auch als Teil eines Basisprospekts oder Nachtrags, der Öffentlichkeit zur Verfügung stellt, die auf der ersten Seite nicht den in Artikel 8 Absatz 11 Satz 2 der Verordnung (EU) 2017/1129 genannten Warnhinweis enthalten,
12. ein einheitliches Registrierungsformular ohne vorherige Billigung durch die Bundesanstalt veröffentlicht, ohne dass die Voraussetzungen nach Artikel 9 Absatz 2 der Verordnung (EU) 2017/1129 für die Möglichkeit einer Hinterlegung ohne vorherige Billigung vorliegen,
13. einen Prospekt, auch unter Verwendung eines Registrierungsformulars oder eines einheitlichen Registrierungsformulars als Prospektbestandteil, veröffentlicht, der die nach Artikel 11 Absatz 1 der Verordnung (EU) 2017/1129 vorgeschriebenen Angaben und Erklärungen nicht oder nicht in der vorgeschriebenen Weise enthält,
14. einen vereinfachten Prospekt nach Artikel 14 der Verordnung (EU) 2017/1129 veröffentlicht, ohne zu den in Artikel 14 Absatz 1 der Verordnung (EU) 2017/1129 genannten Personen zu gehören, oder einen vereinfachten Prospekt veröffentlicht, der nicht aus den in Artikel 14 Absatz 1 der Verordnung (EU) 2017/1129 genannten Bestandteilen besteht oder die verkürzten Angaben nach Artikel 14 Absatz 2 der Verordnung (EU) 2017/1129 nicht oder nicht in der vorgeschriebenen Weise enthält,
15. einen EU-Wachstumsprospekt veröffentlicht, ohne zu den in Artikel 15 Absatz 1 der Verordnung *(EU) 2017/1129* genannten Personen zu gehören, oder *einen EU-*Wachstumsprospekt veröffentlicht, der die in Artikel 15 Absatz 1 der Verordnung (EU) 2017/1129 genannten Bestandteile und Informationen nicht oder nicht in der vorgeschriebenen Weise enthält,

16. einen Prospekt veröffentlicht, der die Risikofaktoren nach Artikel 16 Absatz 1 bis 3 der Verordnung (EU) 2017/1129 nicht oder nicht in der vorgeschriebenen Weise darstellt,
17. einen Prospekt veröffentlicht, der die nach Artikel 17 Absatz 1 Buchstabe b der Verordnung (EU) 2017/1129 anzugebenden Informationen nicht enthält,
18. als Anbieter oder Zulassungsantragsteller den endgültigen Emissionspreis oder das endgültige Emissionsvolumen nicht spätestens am Tag der Veröffentlichung bei der Bundesanstalt nach Artikel 17 Absatz 2 erste Alternative der Verordnung (EU) 2017/1129 hinterlegt,
19. als Anbieter den endgültigen Emissionspreis oder das endgültige Emissionsvolumen nicht, nicht richtig, nicht in der nach Artikel 17 Absatz 2 zweite Alternative in Verbindung mit Artikel 21 Absatz 2 der Verordnung (EU) 2017/1129 vorgeschriebenen Weise oder nicht unverzüglich nach der Festlegung des endgültigen Emissionspreises und Emissionsvolumens der Öffentlichkeit zur Verfügung stellt,
20. nach der Verordnung (EU) 2017/1129 für einen Prospekt oder seine Bestandteile vorgeschriebene Informationen und Angaben nicht in den Prospekt aufnimmt, ohne dass die Voraussetzungen nach Artikel 18 der Verordnung (EU) 2017/1129 für eine Nichtaufnahme vorliegen,
21. eine Information mittels Verweis in den Prospekt aufnimmt, die einer der in Artikel 19 Absatz 1 der Verordnung (EU) 2017/1129 genannten Anforderungen nicht entspricht,
22. als Emittent, Anbieter oder Zulassungsantragsteller eine gesonderte Kopie der Zusammenfassung zur Verfügung stellt, die nicht nach Artikel 21 Absatz 3 Unterabsatz 3 der Verordnung (EU) 2017/1129 klar angibt, auf welchen Prospekt sie sich bezieht,
23. als Emittent, Anbieter oder Zulassungsantragsteller für den Zugang zu einem gebilligten Prospekt eine Zugangsbeschränkung nach Artikel 21 Absatz 4 der Verordnung (EU) 2017/1129 vorsieht,
24. als Emittent, Anbieter oder Zulassungsantragsteller einen gebilligten Prospekt nach seiner Veröffentlichung gemäß Artikel 21 Absatz 7 Unterabsatz 1 der Verordnung (EU) 2017/1129 nicht mindestens zehn Jahre lang auf den in Artikel 21 Absatz 2 der Verordnung (EU) 2017/1129 genannten Websites in elektronischer Form öffentlich zugänglich macht,
25. als Emittent, Anbieter oder Zulassungsantragsteller Hyperlinks für die mittels Verweis in den Prospekt aufgenommenen Informationen, Nachträge und/oder endgültigen Bedingungen für den Prospekt verwendet und diese nicht gemäß Artikel 21 Absatz 7 Unterabsatz 2 der Verordnung (EU) 2017/1129 funktionsfähig hält,
26. einen gebilligten Prospekt der Öffentlichkeit zur Verfügung stellt, der den Warnhinweis dazu, ab wann der Prospekt nicht mehr gültig ist, nach Artikel 21 Absatz 8 der Verordnung (EU) 2017/1129 nicht, nicht vollständig oder nicht in der vorgeschriebenen Weise enthält,
27. Einzeldokumente eines aus mehreren Einzeldokumenten bestehenden Prospekts im Sinne des Artikels 10 der Verordnung (EU) 2017/1129 veröffentlicht, die den Hinweis darauf, dass es sich bei jedem dieser Einzeldokumente lediglich um einen Teil des Prospekts handelt und wo die übrigen Einzeldokumente erhältlich sind, nach Artikel 21 Absatz 9 Satz 2 der Verordnung (EU) 2017/1129 nicht oder nicht vollständig enthalten,

28. einen Prospekt oder einen Nachtrag der Öffentlichkeit zur Verfügung stellt, dessen Wortlaut und Aufmachung nicht mit der von der zuständigen Behörde gebilligten Fassung des Prospekts oder Nachtrags nach Artikel 21 Absatz 10 der Verordnung (EU) 2017/1129 identisch ist,
29. sich in Werbung auf ein öffentliches Angebot von Wertpapieren oder auf eine Zulassung zum Handel an einem geregelten Markt bezieht, die den nach Artikel 22 Absatz 2 der Verordnung (EU) 2017/1129 vorzusehenden Hinweis nicht oder nicht vollständig enthält,
30. sich in Werbung auf ein öffentliches Angebot von Wertpapieren oder auf eine Zulassung zum Handel an einem geregelten Markt bezieht, ohne sie klar als Werbung erkennbar zu machen oder ohne dass die darin enthaltenen Informationen den Anforderungen nach Artikel 22 Absatz 3 der Verordnung (EU) 2017/1129 entsprechen,
31. nicht nach Artikel 22 Absatz 4 der Verordnung (EU) 2017/1129 sicherstellt, dass mündlich oder schriftlich verbreitete Informationen über das öffentliche Angebot von Wertpapieren oder die Zulassung zum Handel an einem geregelten Markt mit den im Prospekt enthaltenen Informationen übereinstimmen,
32. einen Nachtrag veröffentlicht, in dem die Frist für das Widerrufsrecht des Anlegers und die Erklärung nach Artikel 23 Absatz 2 der Verordnung (EU) 2017/1129, auch in Verbindung mit Artikel 8 Absatz 10 der Verordnung (EU) 2017/1129, nicht oder nicht in der vorgeschriebenen Weise angegeben ist,
33. als Finanzintermediär, über den die Wertpapiere erworben oder gezeichnet werden, oder als Emittent, über den die Wertpapiere unmittelbar erworben oder gezeichnet werden, die Anleger nicht oder nicht rechtzeitig nach Artikel 23 Absatz 3 der Verordnung (EU) 2017/1129 informiert,
34. als Emittent, Anbieter oder Zulassungsantragsteller einen Nachtrag zu einem Registrierungsformular oder zu einem einheitlichen Registrierungsformular, das gleichzeitig als Bestandteil mehrerer Prospekte verwendet wird, veröffentlicht, ohne nach Artikel 23 Absatz 5 der Verordnung (EU) 2017/1129, auch in Verbindung mit Artikel 8 Absatz 10 der Verordnung (EU) 2017/1129, im Nachtrag alle Prospekte zu nennen, auf die er sich bezieht,
35. Wertpapiere nur in seinem Herkunftsmitgliedstaat öffentlich anbietet oder nur dort die Zulassung zum Handel an einem geregelten Markt beantragt und zu diesem Zweck einen Prospekt veröffentlicht, der nicht in einer nach § 21 in Verbindung mit Artikel 27 der Verordnung (EU) 2017/1129 anerkannten Sprache erstellt wurde,
36. Wertpapiere in einem oder mehreren anderen Mitgliedstaaten als seinem Herkunftsmitgliedstaat öffentlich anbietet oder dort die Zulassung zum Handel an einem geregelten Markt beantragt und zu diesem Zweck einen Prospekt veröffentlicht, der nicht in einer nach § 21 in Verbindung mit Artikel 27 Absatz 2 Unterabsatz 1 der Verordnung (EU) 2017/1129 anerkannten oder in einer in internationalen Finanzkreisen gebräuchlichen Sprache erstellt wurde,
37. Wertpapiere in mehr als einem Mitgliedstaat einschließlich des Herkunftsmitgliedstaats öffentlich anbietet oder dort die Zulassung zum Handel an einem geregelten Markt beantragt und zu diesem Zweck einen Prospekt veröffentlicht, der nicht in einer nach § 21 in Verbindung mit Artikel 27 Absatz 3 Unterabsatz 1 der Verordnung (EU) 2017/1129 anerkannten Sprache oder in einer von den zuständigen Behörden der einzelnen Aufnahmemitgliedstaaten anerkannten Sprache oder in einer in internationalen Finanzkreisen gebräuchlichen Sprache erstellt wurde,

38. einen in englischer Sprache erstellten Prospekt veröffentlicht, der keine Übersetzung der in Artikel 7 der Verordnung (EU) 2017/1129 genannten Zusammenfassung oder im Falle eines EU-Wachstumsprospekts der speziellen Zusammenfassung gemäß Artikel 15 Absatz 2 der Verordnung (EU) 2017/1129 oder im Falle eines Basisprospekts der Zusammenfassung für die einzelne Emission in die deutsche Sprache enthält, oder
39. endgültige Bedingungen oder die Zusammenfassung für die einzelne Emission veröffentlicht, ohne dabei der für die endgültigen Bedingungen und die ihnen angefügte Zusammenfassung nach Artikel 27 Absatz 4 Unterabsatz 1 der Verordnung (EU) 2017/1129 geltenden Sprachregelung zu entsprechen.

(5) Die Ordnungswidrigkeit kann in den Fällen des Absatzes 1 Nummer 1 und 2 mit einer Geldbuße bis zu siebenhunderttausend Euro, in den Fällen des Absatzes 1 Nummer 3 Buchstabe a und Nummer 4 bis 6 und des Absatzes 2 Nummer 1 mit einer Geldbuße bis zu zweihunderttausend Euro und in den übrigen Fällen des Absatzes 1 mit einer Geldbuße bis zu hunderttausend Euro geahndet werden.

(6) [1] Die Ordnungswidrigkeit kann in den Fällen des Absatzes 2 Nummer 2, der Absätze 3 und 4 mit einer Geldbuße bis zu siebenhunderttausend Euro geahndet werden. [2] Gegenüber einer juristischen Person oder Personenvereinigung kann über Satz 1 hinaus eine höhere Geldbuße verhängt werden; diese darf den höheren der Beträge von fünf Millionen Euro und 3 Prozent des Gesamtumsatzes, den die juristische Person oder Personenvereinigung im der Behördenentscheidung vorangegangenen Geschäftsjahr erzielt hat, nicht überschreiten. [3] Über die in den Sätzen 1 und 2 genannten Beträge hinaus kann die Ordnungswidrigkeit mit einer Geldbuße bis zum Zweifachen des aus dem Verstoß gezogenen wirtschaftlichen Vorteils geahndet werden. [4] Der wirtschaftliche Vorteil umfasst erzielte Gewinne und vermiedene Verluste und kann geschätzt werden.

(7) Zur Ermittlung des Gesamtumsatzes im Sinne des Absatzes 6 Satz 2 gilt § 120 Absatz 23 Satz 1 des Wertpapierhandelsgesetzes[1)] entsprechend.

(8) § 17 Absatz 2 des Gesetzes über Ordnungswidrigkeiten[2)] ist nicht anzuwenden bei Sanktionstatbeständen, die in Absatz 6 in Bezug genommen werden.

(9) Verwaltungsbehörde im Sinne des § 36 Absatz 1 Nummer 1 des Gesetzes über Ordnungswidrigkeiten ist die Bundesanstalt.

§ 25[3)] Maßnahmen bei Verstößen. (1) Im Falle eines Verstoßes gegen die in § 24 Absatz 1, 3 oder 4 genannten Vorschriften kann die Bundesanstalt zur Verhinderung weiterer Verstöße

1. auf ihrer Internetseite gemäß den Vorgaben des Artikels 42 der Verordnung (EU) 2017/1129 eine Bekanntgabe des Verstoßes unter Nennung der natürlichen oder juristischen Person oder der Personenvereinigung, die den Verstoß begangen hat, sowie der Art des Verstoßes veröffentlichen und
2. gegenüber der für den Verstoß verantwortlichen natürlichen oder juristischen Person oder Personenvereinigung anordnen, dass die den Verstoß begründenden Handlungen oder Verhaltensweisen dauerhaft einzustellen sind.

(2) Die Bekanntmachung nach Absatz 1 Nummer 1 darf nur diejenigen personenbezogenen Daten enthalten, die zur Identifizierung des Anbieters oder Emittenten erforderlich sind.

[1)] Nr. **58**.
[2)] **Habersack, Deutsche Gesetze Nr. 94.**
[3)] § 25 eingef. mWv 21.7.2019 durch G v. 8.7.2019 (BGBl. I S. 1002).

§ 26[1] Datenschutz. Die Bundesanstalt darf personenbezogene Daten nur zur Erfüllung ihrer aufsichtlichen Aufgaben und für Zwecke der Zusammenarbeit nach Maßgabe der Artikel 33 und 34 der Verordnung (EU) 2017/1129 verarbeiten.

§ 27[2] Übergangsbestimmungen zur Aufhebung des Verkaufsprospektgesetzes. [1] Für Ansprüche wegen fehlerhafter Prospekte, die nicht Grundlage für die Zulassung von Wertpapieren zum Handel an einer inländischen Börse sind und die vor dem 1. Juni 2012 im Inland veröffentlicht worden sind, sind das Verkaufsprospektgesetz und die §§ 44 bis 47 des Börsengesetzes jeweils in der bis zum 31. Mai 2012 geltenden Fassung weiterhin anzuwenden. [2] Wurden Prospekte entgegen § 3 Absatz 1 Satz 1 in der bis zum 20. Juli 2019 geltenden Fassung nicht veröffentlicht, ist für daraus resultierende Ansprüche, die bis zum Ablauf des 31. Mai 2012 entstanden sind, das Verkaufsprospektgesetz in der bis zum 31. Mai 2012 geltenden Fassung weiterhin anzuwenden.

§ 28[3] Übergangsbestimmungen zum Gesetz zur weiteren Ausführung der EU-Prospektverordnung und zur Änderung von Finanzmarktgesetzen. (1) Prospekte, die vor dem 21. Juli 2019 gebilligt wurden, unterliegen bis zum Ablauf ihrer Gültigkeit weiterhin dem Wertpapierprospektgesetz in der bis zum 20. Juli 2019 geltenden Fassung.

(2) [1] Wertpapier-Informationsblätter, deren Veröffentlichung vor dem 21. Juli 2019 gestattet wurde, unterliegen weiterhin dem Wertpapierprospektgesetz in der bis zum 20. Juli 2019 geltenden Fassung. [2] Anträge auf Gestattung der Veröffentlichung von Wertpapier-Informationsblättern, die vor dem 21. Juli 2019 gestellt wurden und bis zum 20. Juli 2019 einschließlich nicht beschieden sind, gelten als Anträge auf Gestattung der Veröffentlichung nach § 4 in der nach dem 21. Juli 2019 geltenden Fassung.

---

[1] § 26 eingef. mWv 21.7.2019 durch G v. 8.7.2019 (BGBl. I S. 1002); Änd. durch G v. 20.11.2019 (BGBl. I S. 1626) aufgrund der vorangehenden Änd. nicht ausführbar.

[2] Früherer § 37 angef. mWv 1.6.2012 durch *G v. 6.12.2011* (BGBl. I S. 2481); Abs. 1 aufgeh. mWv 1.7.2012 durch G v. *26.6.2012 (BGBl. I S. 1375)*; bish. § 36 aufgeh., bish. § 37 wird § 27 und Satz 2 *geänd. mWv 21.7.2019* durch G v. 8.7.2019 (BGBl. I S. 1002).

[3] § 28 neu gef. mWv 21.7.2019 durch G v. 8.7.2019 (BGBl. I S. 1002); Änd. durch G v. 20.11.2019 (BGBl. I S. 1626) aufgrund der vorangehenden Änd. nicht ausführbar.

59. Gesetz über die Verwahrung und Anschaffung von Wertpapieren (Depotgesetz – DepotG)

In der Fassung der Bekanntmachung vom 11. Januar 1995[1)]
(BGBl.I S. 34)

FNA 4130-1

Lfd. Nr.	Änderndes Gesetz	Datum	Fundstelle	Betroffen	Hinweis
1.	Art. 51 InsolvenzO-EinführungsG	5.10.1994	BGBl. I S. 2911	3. Abschnitt Überschrift, §§ 32, 33, 37	geänd. mWv 1.1.1999
2.	Art. 12 HandelsrechtsreformG	22.6.1998	BGBl. I S. 1474	§§ 1, 5, 15, 16, 17, 31, 34, 35, 37	geänd. mWv 1.7.1998
				§ 41	aufgeh. mWv 1.7.1998
3.	Art. 1 Nr. 12 G zur Änd. des EinführungsG zur InsolvenzO und anderer Gesetze	19.12.1998	BGBl. I S. 3836	§ 37	geänd. mWv 1.1.1999
4.	Art. 4 G zur Änd. insolvenzrechtlicher und kreditwesenrechtlicher Vorschr.	8.12.1999	BGBl. I S. 2384	§ 17a	eingef. mWv 11.12.1999
5.	Art. 4 G zur Umsetzung der RL 2002/47/EG über Finanzsicherheiten u. zur Änd. des HypothekenbankG u. anderer Gesetze[2)]	5.4.2004	BGBl. I S. 502	§ 16	geänd. mWv 9.4.2004
6.	Art. 36 Zweites G über die Bereinigung von BundesR im Zuständigkeitsbereich des BMJ	23.11.2007	BGBl. I S. 2614	§§ 1, 42	geänd. mWv 30.11.2007
7.	Art. 13 InvestmentänderungsG[3)]	21.12.2007	BGBl. I S. 3089	§ 24	geänd. mWv 28.12.2007
8.	Art. 79 FGG-ReformG	17.12.2008	BGBl. I S. 2586	§ 32	geänd. mWv 1.9.2009
9.	Art. 5 G zur Neuregelung der Rechtsverhältnisse bei Schuldverschreibungen aus Gesamtemissionen und zur verbesserten Durchsetzbarkeit von Ansprüchen von Anlegern aus Falschberatung	31.7.2009	BGBl. I S. 2512	§ 1	geänd. mWv 5.8.2009

[1)] Neubekanntmachung des DepotG v. 4.2.1937 (RGBl. I S. 171) in der ab 1.8.1994 geltenden Fassung.

[2)] **Amtl. Anm.:** Dieses Gesetz dient der Umsetzung der Richtlinie 2002/47/EG des Europäischen Parlaments und des Rates vom 6. Juni 2002 über Finanzsicherheiten (ABl. EG Nr. L 168 S. 43).

[3)] **Amtl. Anm.:** Dieses Gesetz dient auch der Umsetzung der Richtlinie 2007/16/EG der Kommission vom 19. März 2007 zur Durchführung der Richtlinie 85/611/EWG des Rates zur Koordinierung der Rechts- und Verwaltungsvorschriften betreffend bestimmte Organismen für gemeinsame Anlagen in Wertpapieren (OGAW) im Hinblick auf die Erläuterung gewisser Definitionen (ABl. EU Nr. L 79 S. 11) und der Umsetzung der Artikel 6, 9 und 10 der Richtlinie 2007/14/EG der Kommission vom 8. März 2007 mit Durchführungsbestimmungen zu bestimmten Vorschriften der Richtlinie 2004/109/EG zur Harmonisierung der Transparenzanforderungen in Bezug auf Informationen über Emittenten, deren Wertpapiere zum Handel an einem geregelten Markt zugelassen sind (ABl. EU Nr. L 69 S. 27). […]

Lfd. Nr.	Änderndes Gesetz	Datum	Fundstelle	Betroffen	Hinweis
10.	Art. 14 AIFM-UmsetzungsG[1)]	4.7.2013	BGBl. I S. 1981	§ 24	geänd. mWv 22.7.2013
11.	Art. 2 Abs. 38 G zur Modernisierung der Finanzaufsicht über Versicherungen	1.4.2015	BGBl. I S. 434	§ 32	geänd. mWv 1.1.2016
12.	Art. 199 Zehnte ZuständigkeitsanpassungsVO	31.8.2015	BGBl. I S. 1474	§ 42	geänd. mWv 8.9.2015
13.	Art. 12 Erstes FinanzmarktnovellierungsG	30.6.2016	BGBl. I S. 1514; 2017 I S. 559	§ 1 § 43	geänd. mWv 31.3.2017 neu gef. mWv 31.3.2017
14.	Art. 4 G zur Einführung von elektronischen Wertpapieren	3.6.2021	BGBl. I S. 1423	§§ 1, 6, 8, 34 § 9b	geänd. mWv 10.6.2021 eingef. mWv 10.6.2021
15.	Art. 15 ZukunftsfinanzierungsG	11.12.2023	BGBl. 2023 I Nr. 354	§§ 1, 9b, 24 § 9c	geänd. mWv 15.12.2023 eingef. mWv 15.12.2023

[1)] **Amtl. Anm.:** *(abgedruckt in Änderungstabelle Nr. 58)*

§ 1[1)] Allgemeine Vorschriften. (1) [1] Wertpapiere im Sinne dieses Gesetzes sind Aktien, Kuxe, Zwischenscheine, Zins-, Gewinnanteil- und Erneuerungsscheine, auf den Inhaber lautende oder durch Indossament übertragbare Schuldverschreibungen, ferner andere Wertpapiere, wenn diese vertretbar sind, mit Ausnahme von Banknoten und Papiergeld. [2] Wertpapiere im Sinne dieses Gesetzes sind auch Namensschuldverschreibungen, soweit sie auf den Namen einer Wertpapiersammelbank ausgestellt wurden. [3] Wertpapiere im Sinne dieses Gesetzes sind auch elektronisch begebene, vertretbare Wertpapiere.

(2) Verwahrer im Sinne dieses Gesetzes ist, wem im Betrieb seines Gewerbes Wertpapiere unverschlossen zur Verwahrung anvertraut werden.

(3) Wertpapiersammelbanken sind Kreditinstitute, die nach Artikel 16 Absatz 1 der Verordnung (EU) Nr. 909/2014 des Europäischen Parlaments und des Rates vom 23. Juli 2014 zur Verbesserung der Wertpapierlieferungen und -abrechnungen in der Europäischen Union und über Zentralverwahrer sowie zur Änderung der Richtlinien 98/26/EG und 2014/65/EU und der Verordnung (EU) Nr. 236/2012 (ABl. L 257 vom 28.8.2014, S. 1) als Zentralverwahrer zugelassen sind und die die in Abschnitt A Nummer 2 des Anhangs zu dieser Verordnung genannte Kerndienstleistung im Inland erbringen.

1. Abschnitt. Verwahrung

§ 2 Sonderverwahrung. [1] Der Verwahrer ist verpflichtet, die Wertpapiere unter äußerlich erkennbarer Bezeichnung jedes Hinterlegers gesondert von seinen eigenen Beständen und von denen Dritter aufzubewahren, wenn es sich um Wertpapiere handelt, die nicht zur Sammelverwahrung durch eine Wertpapiersammelbank zugelassen sind, oder wenn der Hinterleger die gesonderte Aufbewahrung verlangt. [2] Etwaige Rechte und Pflichten des Verwahrers, für den Hinterleger Verfügungen oder Verwaltungshandlungen vorzunehmen, werden dadurch nicht berührt.

§ 3 Drittverwahrung. (1) [1] Der Verwahrer ist berechtigt, die Wertpapiere unter seinem Namen einem anderen Verwahrer zur Verwahrung anzuvertrauen. [2] Zweigstellen eines Verwahrers gelten sowohl untereinander als auch in ihrem Verhältnis zur Hauptstelle als verschiedene Verwahrer im Sinne dieser Vorschrift.

(2) [1] Der Verwahrer, der Wertpapiere von einem anderen Verwahrer verwahren läßt (Zwischenverwahrer), haftet für ein Verschulden des Drittverwahrers wie für eigenes Verschulden. [2] Für die Beobachtung der erforderlichen Sorgfalt bei der Auswahl des Drittverwahrers bleibt er auch dann verantwortlich, wenn ihm die Haftung für ein Verschulden des Drittverwahrers durch Vertrag erlassen worden ist, es sei denn, daß die Papiere auf ausdrückliche Weisung des Hinterlegers bei einem bestimmten Drittverwahrer verwahrt werden.

§ 4 Beschränkte Geltendmachung von Pfand- und Zurückbehaltungsrechten. (1) [1] Vertraut der Verwahrer die Wertpapiere einem Dritten an, so gilt als dem Dritten bekannt, daß die Wertpapiere dem Verwahrer nicht gehören. [2] Der Dritte kann an den Wertpapieren ein Pfandrecht oder ein Zurückbehaltungsrecht

---

1) § 1 Abs. 2 neu gef. mWv 1.7.1998 durch G v. 22.6.1998 (BGBl. I S. 1474); Abs. 1 geänd. mWv 30.11.2007 durch G v. 23.11.2007 (BGBl. I S. 2614); Abs. 1 Satz 2 angef. mWv 5.8.2009 durch G v. 31.7.2009 (BGBl. I S. 2512); Abs. 3 neu gef. mWv 31.3.2017 durch G v. 30.6.2016 (BGBl. I S. 1514; 2017 I S. 559); Abs. 1 Satz 3 angef. mWv 10.6.2021 durch G v. 3.6.2021 (BGBl. I S. 1423); Abs. 1 Satz 3 neu gef. mWv 15.12.2023 durch G v. 11.12.2023 (BGBl. 2023 I Nr. 354).

nur wegen solcher Forderungen geltend machen, die mit Bezug auf diese Wertpapiere entstanden sind oder für die diese Wertpapiere nach dem einzelnen über sie zwischen dem Verwahrer und dem Dritten vorgenommenen Geschäft haften sollen.

(2) Absatz 1 gilt nicht, wenn der Verwahrer dem Dritten für das einzelne Geschäft ausdrücklich und schriftlich mitteilt, daß er Eigentümer der Wertpapiere sei.

(3) [1] Vertraut ein Verwahrer, der nicht Bankgeschäfte betreibt, Wertpapiere einem Dritten an, so gilt Absatz 1 nicht. [2] Ist er nicht Eigentümer der Wertpapiere, so hat er dies dem Dritten mitzuteilen; in diesem Falle gilt Absatz 1 Satz 2.

§ 5[1)] Sammelverwahrung. (1) [1] Der Verwahrer darf vertretbare Wertpapiere, die zur Sammelverwahrung durch eine Wertpapiersammelbank zugelassen sind, dieser zur Sammelverwahrung anvertrauen, es sei denn, der Hinterleger hat nach § 2 Satz 1 die gesonderte Aufbewahrung der Wertpapiere verlangt. [2] Anstelle der Sammelverwahrung durch eine Wertpapiersammelbank darf der Verwahrer die Wertpapiere ungetrennt von seinen Beständen derselben Art oder von solchen Dritter selbst aufbewahren oder einem Dritten zur Sammelverwahrung anvertrauen, wenn der Hinterleger ihn dazu ausdrücklich und schriftlich ermächtigt hat. [3] Die Ermächtigung darf weder in Geschäftsbedingungen des Verwahrers enthalten sein noch auf andere Urkunden verweisen; sie muß für jedes Verwahrungsgeschäft besonders erteilt werden.

(2) Der Verwahrer kann, anstatt das eingelieferte Stück in Sammelverwahrung zu nehmen, dem Hinterleger einen entsprechenden Sammelbestandanteil übertragen.

(3) Auf die Sammelverwahrung bei einem Dritten ist § 3 anzuwenden.

(4) [1] Wertpapiersammelbanken dürfen einem ausländischen Verwahrer im Rahmen einer gegenseitigen Kontoverbindung, die zur Aufnahme eines grenzüberschreitenden Effektengiroverkehrs vereinbart wird, Wertpapiere zur Sammelverwahrung anvertrauen, sofern

1. der ausländische Verwahrer in seinem Sitzstaat die Aufgaben einer Wertpapiersammelbank wahrnimmt und einer öffentlichen Aufsicht oder einer anderen für den Anlegerschutz gleichwertigen Aufsicht unterliegt,
2. dem Hinterleger hinsichtlich des Sammelbestands dieses Verwahrers eine Rechtsstellung eingeräumt wird, die derjenigen nach diesem Gesetz gleichwertig ist,
3. dem Anspruch der Wertpapiersammelbank gegen den ausländischen Verwahrer auf Auslieferung der Wertpapiere keine Verbote des Sitzstaats dieses Verwahrers entgegenstehen und
4. die Wertpapiere vertretbar und zur Sammelverwahrung durch die Wertpapiersammelbank und den ausländischen Verwahrer im Rahmen ihrer gegenseitigen Kontoverbindung zugelassen sind.

[2] Die Haftung der Wertpapiersammelbanken nach § 3 Abs. 2 Satz 1 für ein Verschulden des ausländischen Verwahrers kann durch Vereinbarung nicht beschränkt werden.

---

1) § 5 Abs. 4 Satz 1 Nr. 4 neu gef. mWv 1.7.1998 durch G v. 22.6.1998 (BGBl. I S. 1474).

§ 6[1)] Miteigentum am Sammelbestand, Verwaltungsbefugnis des Verwahrers bei der Sammelverwahrung. (1) [1] Werden Wertpapiere in Sammelverwahrung genommen, so entsteht mit dem Zeitpunkt des Eingangs beim Sammelverwahrer für die bisherigen Eigentümer Miteigentum nach Bruchteilen an den zum Sammelbestand des Verwahrers gehörenden Wertpapieren derselben Art. [2] Für die Bestimmung des Bruchteils ist der Wertpapiernennbetrag maßgebend, bei Wertpapieren ohne Nennbetrag die Stückzahl.

(2) [1] Der Hinterleger kann zur Ausübung seiner Rechte jederzeit gegen einen angemessenen Aufwendungsersatz vom Verwahrer einen in Schriftform ausgestellten Auszug über den für den Hinterleger in Verwahrung genommenen Anteil am Sammelbestand verlangen (Depotbescheinigung zur Rechtsausübung). [2] Der Verwahrer steht für die Richtigkeit seiner Depotbescheinigung zur Rechtsausübung ein. [3] Wem die Depotbescheinigung zur Rechtsausübung den hinterlegten Anteil am Sammelbestand zuweist, gilt zum Zwecke der Beweisführung als sein Inhaber. [4] Der Leistungsanspruch des Hinterlegers aus seinem Anteil am Sammelbestand ist von vornherein dahingehend beschränkt, dass er gegen die Leistung einen der Leistung entsprechenden Anteil am Sammelbestand auf den Aussteller überträgt.

(3) [1] Der Sammelverwahrer kann aus dem Sammelbestand einem jeden der Hinterleger die diesem gebührende Menge ausliefern oder die ihm selbst gebührende Menge entnehmen, ohne daß er hierzu der Zustimmung der übrigen Beteiligten bedarf. [2] In anderer Weise darf der Sammelverwahrer den Sammelbestand nicht verringern. [3] Diese Vorschriften sind im Falle der Drittverwahrung auf Zwischenverwahrer sinngemäß anzuwenden.

§ 7 Auslieferungsansprüche des Hinterlegers bei der Sammelverwahrung. (1) Der Hinterleger kann im Falle der Sammelverwahrung verlangen, daß ihm aus dem Sammelbestand Wertpapiere in Höhe des Nennbetrags, bei Wertpapieren ohne Nennbetrag in Höhe der Stückzahl der für ihn in Verwahrung genommenen Wertpapiere ausgeliefert werden; die von ihm eingelieferten Stücke kann er nicht zurückfordern.

(2) [1] Der Sammelverwahrer kann die Auslieferung insoweit verweigern, als sich infolge eines Verlustes am Sammelbestand die dem Hinterleger nach § 6 gebührende Menge verringert hat. [2] Er haftet dem Hinterleger für den Ausfall, es sei denn, daß der Verlust am Sammelbestand auf Umständen beruht, die er nicht zu vertreten hat.

§ 8[2)] Ansprüche der Miteigentümer und sonstiger dinglich Berechtigter bei der Sammelverwahrung. Die für Ansprüche des Hinterlegers geltenden Vorschriften von § 6 Absatz 2 und 3 Satz 1 und des § 7 sind sinngemäß auf Ansprüche eines jeden Miteigentümers oder sonst dinglich Berechtigten anzuwenden.

§ 9 Beschränkte Geltendmachung von Pfand- und Zurückbehaltungsrechten bei der Sammelverwahrung. § 4 gilt sinngemäß auch für die Geltendmachung von Pfandrechten und Zurückbehaltungsrechten an Sammelbestandanteilen.

[1)] § 6 Abs. 2 eingef., bish. Abs. 2 wird Abs. 3 mWv 10.6.2021 durch G v. 3.6.2021 (BGBl. I S. 1423).
[2)] § 8 geänd. mWv 10.6.2021 durch G v. 3.6.2021 (BGBl. I S. 1423).

§ 9a Sammelurkunde. (1) [1] Der Verwahrer hat ein Wertpapier, das mehrere Rechte verbrieft, die jedes für sich in vertretbaren Wertpapieren einer und derselben Art verbrieft sein könnten (Sammelurkunde), einer Wertpapiersammelbank zur Verwahrung zu übergeben, es sei denn, der Hinterleger hat nach § 2 Satz 1 die gesonderte Aufbewahrung der Sammelurkunde verlangt. [2] Der Aussteller kann jederzeit und ohne Zustimmung der übrigen Beteiligten

1. eine von der Wertpapiersammelbank in Verwahrung genommene Sammelurkunde ganz oder teilweise durch einzelne in Sammelverwahrung zu nehmende Wertpapiere oder
2. einzelne Wertpapiere eines Sammelbestands einer Wertpapiersammelbank durch eine Sammelurkunde

ersetzen.

(2) Verwahrt eine Wertpapiersammelbank eine Sammelurkunde allein oder zusammen mit einzelnen Wertpapieren, die über Rechte der in der Sammelurkunde verbrieften Art ausgestellt sind, gelten die §§ 6 bis 9 sowie die sonstigen Vorschriften dieses Gesetzes über Sammelverwahrung und Sammelbestandanteile sinngemäß, soweit nicht in Absatz 3 etwas anderes bestimmt ist.

(3) [1] Wird auf Grund der §§ 7 und 8 die Auslieferung von einzelnen Wertpapieren verlangt, so hat der Aussteller die Sammelurkunde insoweit durch einzelne Wertpapiere zu ersetzen, als dies für die Auslieferung erforderlich ist; während des zur Herstellung der einzelnen Wertpapiere erforderlichen Zeitraums darf die Wertpapiersammelbank die Auslieferung verweigern. [2] Ist der Aussteller nach dem zugrunde liegenden Rechtsverhältnis nicht verpflichtet, an die Inhaber der in der Sammelurkunde verbrieften Rechte einzelne Wertpapiere auszugeben, kann auch von der Wertpapiersammelbank die Auslieferung von einzelnen Wertpapieren nicht verlangt werden.

§ 9b[1)] Elektronische Wertpapiere in Sammeleintragung. (1) [1] Für elektronisch begebene Wertpapiere, die in Form einer Sammeleintragung in einem elektronischen Wertpapierregister eingetragen sind und die vom Verwahrer auf einem Depotkonto des Hinterlegers verbucht werden, gelten die Vorschriften dieses Gesetzes über Sammelverwahrung und Sammelbestandanteile sinngemäß, soweit nicht Absatz 2 etwas anderes bestimmt. [2] Der Verwahrer darf Anteile am elektronischen Wertpapier in Sammeleintragung auf den von ihm geführten Depotkonten nur bis zur Höhe der auf ihn lautenden Sammeleintragung gutschreiben.

(2) Wird auf Grund der §§ 7 und 8 die Auslieferung von einzelnen Wertpapieren verlangt, so hat der Verwahrer die Sammeleintragung im Wertpapierregister in Höhe des auf den Hinterleger entfallenden Anteils auf Kosten des Hinterlegers in eine Einzeleintragung überführen zu lassen, wenn nicht in den Emissionsbedingungen anderes geregelt ist.

§ 9c[2)] Elektronische Wertpapiere nach ausländischem Recht. (1) [1] Elektronisch begebene, vertretbare Wertpapiere, die nach ausländischem Recht begeben und von einer Wertpapiersammelbank nach § 5 Absatz 1 zur Sammelverwahrung zugelassen sind, gelten als Sammelbestand. [2] Die Berechtigten an diesen Wertpapieren gelten als Miteigentümer nach Bruchteilen. [3] Die Vorschriften dieses

[1)] § 9b eingef. mWv 10.6.2021 durch G v. 3.6.2021 (BGBl. I S. 1423); Überschrift, Abs. 1 Sätze 1 und 2 geänd. mWv 15.12.2023 durch G v. 11.12.2023 (BGBl. 2023 I Nr. 354).

[2)] § 9c eingef. mWv 15.12.2023 durch G v. 11.12.2023 (BGBl. 2023 I Nr. 354).

Gesetzes über Sammelverwahrung und Sammelbestandanteile gelten sinngemäß, soweit nicht Absatz 2 etwas anderes bestimmt.

(2) Die §§ 7, 8 und 9a finden keine Anwendung.

§ 10 Tauschverwahrung. (1) [1] Eine Erklärung, durch die der Hinterleger den Verwahrer ermächtigt, an Stelle ihm zur Verwahrung anvertrauter Wertpapiere Wertpapiere derselben Art zurückzugewähren, muß für das einzelne Verwahrungsgeschäft ausdrücklich und schriftlich abgegeben werden. [2] Sie darf weder in Geschäftsbedingungen des Verwahrers enthalten sein noch auf andere Urkunden verweisen.

(2) Derselben Form bedarf eine Erklärung, durch die der Hinterleger den Verwahrer ermächtigt, hinterlegte Wertpapiere durch Wertpapiere derselben Art zu ersetzen.

(3) (gegenstandslos)

§ 11 Umfang der Ermächtigung zur Tauschverwahrung. [1] Eine Erklärung, durch die der Hinterleger den Verwahrer ermächtigt, an Stelle ihm zur Verwahrung anvertrauter Wertpapiere Wertpapiere derselben Art zurückzugewähren, umfaßt, wenn dies nicht in der Erklärung ausdrücklich ausgeschlossen ist, die Ermächtigung, die Wertpapiere schon vor der Rückgewähr durch Wertpapiere derselben Art zu ersetzen. [2] Sie umfaßt nicht die Ermächtigung zu Maßnahmen anderer Art und bedeutet nicht, daß schon durch ihre Entgegennahme das Eigentum an den Wertpapieren auf den Verwahrer übergehen soll.

§ 12 Ermächtigungen zur Verpfändung. (1) [1] Der Verwahrer darf die Wertpapiere oder Sammelbestandanteile nur auf Grund einer Ermächtigung und nur im Zusammenhang mit einer Krediteinräumung für den Hinterleger und nur an einen Verwahrer verpfänden. [2] Die Ermächtigung muß für das einzelne Verwahrungsgeschäft ausdrücklich und schriftlich erteilt werden; sie darf weder in Geschäftsbedingungen des Verwahrers enthalten sein noch auf andere Urkunden verweisen.

(2) [1] Der Verwahrer darf auf die Wertpapiere oder Sammelbestandanteile Rückkredit nur bis zur Gesamtsumme der Kredite nehmen, die er für die Hinterleger eingeräumt hat. [2] Die Wertpapiere oder Sammelbestandanteile dürfen nur mit Pfandrechten zur Sicherung dieses Rückkredits belastet werden. [3] Der Wert der verpfändeten Wertpapiere oder Sammelbestandanteile soll die Höhe des für den Hinterleger eingeräumten Kredits mindestens erreichen, soll diese jedoch nicht unangemessen übersteigen.

(3) [1] Ermächtigt der Hinterleger den Verwahrer nur, die Wertpapiere oder Sammelbestandanteile bis zur Höhe des Kredits zu verpfänden, den der Verwahrer für diesen Hinterleger eingeräumt hat (beschränkte Verpfändung), so bedarf die Ermächtigung nicht der Form des Absatzes 1 Satz 2. [2] Absatz 2 Satz 3 bleibt unberührt.

(4) [1] Ermächtigt der Hinterleger den Verwahrer, die Wertpapiere oder Sammelbestandanteile für alle Verbindlichkeiten des Verwahrers und ohne Rücksicht auf die Höhe des für den Hinterleger eingeräumten Kredits zu verpfänden (unbeschränkte Verpfändung), so muß in der Ermächtigung zum Ausdruck kommen, daß der Verwahrer das Pfandrecht unbeschränkt, also für alle seine Verbindlichkeiten und ohne Rücksicht auf die Höhe des für den Hinterleger eingeräumten Kredits bestellen kann. [2] Dies gilt sinngemäß, wenn der Hinterleger den Verwahrer von der Innehaltung einzelner Beschränkungen des Absatzes 2 befreit.

(5) Der Verwahrer, der zur Verpfändung von Wertpapieren oder Sammelbestandanteilen ermächtigt ist, darf die Ermächtigung so, wie sie ihm gegeben ist, weitergeben.

§ 12a Verpfändung als Sicherheit für Verbindlichkeiten aus Börsengeschäften. (1) [1] Abweichend von § 12 darf der Verwahrer die Wertpapiere oder Sammelbestandanteile auf Grund einer ausdrücklichen und schriftlichen Ermächtigung als Sicherheit für seine Verbindlichkeiten aus Geschäften an einer Börse, die einer gesetzlichen Aufsicht untersteht, an diese Börse, deren Träger oder eine von ihr mit der Abwicklung der Geschäfte unter ihrer Aufsicht beauftragte rechtsfähige Stelle, deren Geschäftsbetrieb auf diese Tätigkeit beschränkt ist, verpfänden, sofern aus einem inhaltsgleichen Geschäft des Hinterlegers mit dem Verwahrer Verbindlichkeiten des Hinterlegers bestehen. [2] Der Wert der verpfändeten Wertpapiere oder Sammelbestandanteile soll die Höhe der Verbindlichkeiten des Hinterlegers gegenüber dem Verwahrer aus diesem Geschäft nicht unangemessen übersteigen. [3] Die Ermächtigung des Hinterlegers nach Satz 1 kann im voraus für eine unbestimmte Zahl derartiger Verpfändungen erteilt werden.

(2) [1] Der Verwahrer muß gegenüber dem Pfandgläubiger sicherstellen, daß die verpfändeten Wertpapiere oder Sammelbestandanteile für seine in Absatz 1 genannten Verbindlichkeiten nur insoweit in Anspruch genommen werden dürfen, als Verbindlichkeiten des Hinterlegers gegenüber dem Verwahrer nach Absatz 1 bestehen. [2] Der Verwahrer haftet für ein Verschulden des Pfandgläubigers wie für eigenes Verschulden; diese Haftung kann durch Vereinbarung nicht beschränkt werden.

§ 13 Ermächtigung zur Verfügung über das Eigentum. (1) [1] Eine Erklärung, durch die der Verwahrer ermächtigt wird, sich die anvertrauten Wertpapiere anzueignen oder das Eigentum an ihnen auf einen Dritten zu übertragen, und alsdann nur verpflichtet sein soll, Wertpapiere derselben Art zurückzugewähren, muß für das einzelne Verwahrungsgeschäft ausdrücklich und schriftlich abgegeben werden. [2] In der Erklärung muß zum Ausdruck kommen, daß mit der Ausübung der Ermächtigung das Eigentum auf den Verwahrer oder einen Dritten übergehen soll und mithin für den Hinterleger nur ein schuldrechtlicher Anspruch auf Lieferung nach Art und Zahl bestimmter Wertpapiere entsteht. [3] Die Erklärung darf weder auf andere Urkunden verweisen noch mit anderen Erklärungen des Hinterlegers verbunden sein.

(2) Eignet sich der Verwahrer die Wertpapiere an oder überträgt er das Eigentum an ihnen auf einen Dritten, so sind von diesem Zeitpunkt an die Vorschriften dieses Abschnitts auf ein solches Verwahrungsgeschäft nicht mehr anzuwenden.

§ 14 Verwahrungsbuch. (1) [1] Der Verwahrer ist verpflichtet, ein Handelsbuch zu führen, in das jeder Hinterleger und Art, Nennbetrag oder Stückzahl, Nummern oder sonstige Bezeichnungsmerkmale der für ihn verwahrten Wertpapiere einzutragen sind. [2] Wenn sich die Nummern oder sonstigen Bezeichnungsmerkmale aus Verzeichnissen ergeben, die neben dem Verwahrungsbuch geführt werden, genügt insoweit die Bezugnahme auf diese Verzeichnisse.

(2) Die Eintragung eines Wertpapiers kann unterbleiben, wenn seine Verwahrung beendet ist, bevor die Eintragung bei ordnungsmäßigem Geschäftsgang erfolgen konnte.

(3) Die Vorschriften über die Führung eines Verwahrungsbuchs gelten sinngemäß auch für die Sammelverwahrung.

(4) [1]Vertraut der Verwahrer die Wertpapiere einem Dritten an, so hat er den Ort der Niederlassung des Dritten im Verwahrungsbuch anzugeben. [2]Ergibt sich der Name des Dritten nicht aus der sonstigen Buchführung, aus Verzeichnissen, die neben dem Verwahrungsbuch geführt werden, oder aus dem Schriftwechsel, so ist auch der Name des Dritten im Verwahrungsbuch anzugeben. [3]Ist der Verwahrer zur Sammelverwahrung nach § 5 Abs. 1 Satz 2, zur Tauschverwahrung, zur Verpfändung oder zur Verfügung über das Eigentum ermächtigt, so hat er auch dies in dem Verwahrungsbuch ersichtlich zu machen.

(5) Teilt ein Verwahrer dem Drittverwahrer mit, daß er nicht Eigentümer der von ihm dem Drittverwahrer anvertrauten Wertpapiere ist (§ 4 Abs. 3), so hat der Drittverwahrer dies bei der Eintragung im Verwahrungsbuch kenntlich zu machen.

§ 15[1)] Unregelmäßige Verwahrung, Wertpapierdarlehen. (1) Wird die Verwahrung von Wertpapieren in der Art vereinbart, daß das Eigentum sofort auf den Verwahrer oder einen Dritten übergeht und der Verwahrer nur verpflichtet ist, Wertpapiere derselben Art zurückzugewähren, so sind die Vorschriften dieses Abschnitts auf ein solches Verwahrungsgeschäft nicht anzuwenden.

(2) [1]Eine Vereinbarung der in Absatz 1 bezeichneten Art ist nur gültig, wenn die Erklärung des Hinterlegers für das einzelne Geschäft ausdrücklich und schriftlich abgegeben wird. [2]In der Erklärung muß zum Ausdruck kommen, daß das Eigentum sofort auf den Verwahrer oder einen Dritten übergehen soll und daß mithin für den Hinterleger nur ein schuldrechtlicher Anspruch auf Lieferung nach Art und Zahl bestimmter Wertpapiere entsteht. [3]Die Erklärung darf weder auf andere Urkunden verweisen noch mit anderen Erklärungen des Hinterlegers verbunden sein.

(3) Diese Vorschriften gelten sinngemäß, wenn Wertpapiere jemandem im Betrieb seines Gewerbes als Darlehen gewährt werden.

§ 16[2)] Befreiung von Formvorschriften. Die Formvorschriften des § 4 Abs 2, des § 5 Abs. 1 Satz 2 und 3 und der §§ 10, 12, 13 und 15 Abs. 2 und 3 sind nicht anzuwenden, wenn der Verwahrer einer gesetzlichen Aufsicht untersteht und der Hinterleger ein Kaufmann ist, der

1. in das Handelsregister oder Genossenschaftsregister eingetragen ist oder
2. im Falle einer juristischen Person des öffentlichen Rechts nach der für sie maßgebenden gesetzlichen Regelung, nicht eingetragen zu werden braucht oder
3. nicht eingetragen wird, weil er seinen Sitz oder seine Hauptniederlassung im Ausland hat.

§ 17[3)] Pfandverwahrung. Werden jemandem im Betrieb seines Gewerbes Wertpapiere unverschlossen als Pfand anvertraut, so hat der Pfandgläubiger die Pflichten und Befugnisse eines Verwahrers.

§ 17a[4)] Verfügungen über Wertpapiere. Verfügungen über Wertpapiere oder Sammelbestandanteile, die mit rechtsbegründender Wirkung in ein Register ein-

---

[1)] § 15 Abs. 3 geänd. mWv 1.7.1998 durch G v. 22.6.1998 (BGBl. I S. 1474).

[2)] § 16 Nr. 2 geänd. mWv 1.7.1998 durch G v. 22.6.1998 (BGBl. I S. 1474); einleit. Satzteil geänd. mWv 9.4.2004 durch G v. 5.4.2004 (BGBl. I S. 502).

[3)] § 17 geänd. mWv 1.7.1998 durch G v. 22.6.1998 (BGBl. I S. 1474).

[4)] § 17a eingef. mWv 11.12.1999 durch G v. 8.12.1999 (BGBl. I S. 2384).

getragen oder auf einem Konto verbucht werden, unterliegen dem Recht des Staates, unter dessen Aufsicht das Register geführt wird, in dem unmittelbar zugunsten des Verfügungsempfängers die rechtsbegründende Eintragung vorgenommen wird, oder in dem sich die kontoführende Haupt- oder Zweigstelle des Verwahrers befindet, die dem Verfügungsempfänger die rechtsbegründende Gutschrift erteilt.

2. Abschnitt. Einkaufskommission

§ 18 Stückeverzeichnis. (1) [1] Führt ein Kommissionär (§§ 383, 406 des Handelsgesetzbuchs[1)]) einen Auftrag zum Einkauf von Wertpapieren aus, so hat er dem Kommittenten unverzüglich, spätestens binnen einer Woche ein Verzeichnis der gekauften Stücke zu übersenden. [2] In dem Stückeverzeichnis sind die Wertpapiere nach Gattung, Nennbetrag, Nummern oder sonstigen Bezeichnungsmerkmalen zu bezeichnen.

(2) Die Frist zur Übersendung des Stückeverzeichnisses beginnt, falls der Kommissionär bei der Anzeige über die Ausführung des Auftrags einen Dritten als Verkäufer namhaft gemacht hat, mit dem Erwerb der Stücke, andernfalls beginnt sie mit dem Ablauf des Zeitraums, innerhalb dessen der Kommissionär nach der Erstattung der Ausführungsanzeige die Stücke bei ordnungsmäßigem Geschäftsgang ohne schuldhafte Verzögerung beziehen oder das Stückeverzeichnis von einer zur Verwahrung der Stücke bestimmten dritten Stelle erhalten konnte.

(3) Mit der Absendung des Stückeverzeichnisses geht das Eigentum an den darin bezeichneten Wertpapieren, soweit der Kommissionär über sie zu verfügen berechtigt ist, auf den Kommittenten über, wenn es nicht nach den Bestimmungen des bürgerlichen Rechts schon früher auf ihn übergegangen ist.

§ 19 Aussetzung der Übersendung des Stückeverzeichnisses. (1) [1] Der Kommissionär darf die Übersendung des Stückeverzeichnisses aussetzen, wenn er wegen der Forderungen, die ihm aus der Ausführung des Auftrags zustehen, nicht befriedigt ist und auch nicht Stundung bewilligt hat. [2] Als Stundung gilt nicht die Einstellung des Kaufpreises ins Kontokorrent.

(2) [1] Der Kommissionär kann von der Befugnis des Absatzes 1 nur Gebrauch machen, wenn er dem Kommittenten erklärt, daß er die Übersendung des Stückeverzeichnisses und damit die Übertragung des Eigentums an den Papieren bis zur Befriedigung wegen seiner Forderungen aus der Ausführung des Auftrags aussetzen werde. [2] Die Erklärung muß, für das einzelne Geschäft gesondert, ausdrücklich und schriftlich abgegeben und binnen einer Woche nach Erstattung der Ausführungsanzeige abgesandt werden, sie darf nicht auf andere Urkunden verweisen.

(3) Macht der Kommissionär von der Befugnis des Absatzes 1 Gebrauch, so beginnt die Frist zur Übersendung des Stückeverzeichnisses frühestens mit dem Zeitpunkt, in dem der Kommissionär wegen seiner Forderungen aus der Ausführung des Auftrags befriedigt wird.

(4) [1] Stehen die Parteien miteinander im Kontokorrentverkehr (§ 355 des Handelsgesetzbuchs[1)]), so gilt der Kommissionär wegen der ihm aus der Ausführung des Auftrags zustehenden Forderungen als befriedigt, sobald die Summe der Habenposten die der Sollposten zum erstenmal erreicht oder übersteigt. [2] Hierbei sind alle Posten zu berücksichtigen, die mit Wertstellung auf denselben Tag zu

[1)] **Habersack, Deutsche Gesetze Nr. 50.**

buchen waren. [3] Führt der Kommissionär für den Kommittenten mehrere Konten, so ist das Konto, auf dem das Kommissionsgeschäft zu buchen war, allein maßgebend.

(5) Ist der Kommissionär teilweise befriedigt, so darf er die Übersendung des Stückeverzeichnisses nicht aussetzen, wenn die Aussetzung nach den Umständen, insbesondere wegen verhältnismäßiger Geringfügigkeit des rückständigen Teils, gegen Treu und Glauben verstoßen würde.

§ 20 Übersendung des Stückeverzeichnisses auf Verlangen. (1) Wenn der Kommissionär einem Kommittenten, mit dem er im Kontokorrentverkehr (§ 355 des Handelsgesetzbuchs[1)]) steht, für die Dauer der Geschäftsverbindung oder für begrenzte Zeit zusagt, daß er in bestimmtem Umfang oder ohne besondere Begrenzung für ihn Aufträge zur Anschaffung von Wertpapieren auch ohne alsbaldige Berichtigung des Kaufpreises ausführen werde, so kann er sich dabei vorbehalten, Stückeverzeichnisse erst auf Verlangen des Kommittenten zu übersenden.

(2) Der Kommissionär kann von dem Vorbehalt des Absatzes 1 nur Gebrauch machen, wenn er dem Kommittenten bei der Erstattung der Ausführungsanzeige schriftlich mitteilt, daß er die Übersendung des Stückeverzeichnisses und damit die Übertragung des Eigentums an den Papieren erst auf Verlangen des Kommittenten ausführen werde.

(3) [1] Erklärt der Kommittent, daß er die Übersendung des Stückeverzeichnisses verlange, so beginnt die Frist zur Übersendung des Stückeverzeichnisses frühestens mit dem Zeitpunkt, in dem die Erklärung dem Kommissionär zugeht. [2] Die Aufforderung muß schriftlich erfolgen und die Wertpapiere, die in das Stückeverzeichnis aufgenommen werden sollen, genau bezeichnen.

§ 21 Befugnis zur Aussetzung und Befugnis zur Übersendung auf Verlangen. Will der Kommissionär die Übersendung des Stückeverzeichnisses sowohl deshalb aussetzen, weil er wegen seiner Forderungen nicht befriedigt ist (§ 19), als auch deshalb, weil er sich die Aussetzung mit Rücksicht auf die Besonderheit des Kontokorrentverkehrs mit dem Kommittenten vorbehalten hat (§ 20), so hat er dem Kommittenten bei Erstattung der Ausführungsanzeige schriftlich mitzuteilen, daß er die Übersendung des Stückeverzeichnisses und damit die Übertragung des Eigentums an den Papieren erst auf Verlangen des Kommittenten, frühestens jedoch nach Befriedigung wegen seiner Forderungen aus der Ausführung des Auftrags ausführen werde.

§ 22 Stückeverzeichnis beim Auslandsgeschäft. (1) [1] Wenn die Wertpapiere vereinbarungsgemäß im Ausland angeschafft und aufbewahrt werden, braucht der Kommissionär das Stückeverzeichnis erst auf Verlangen des Kommittenten zu übersenden. [2] Der Kommittent kann die Übersendung jederzeit verlangen, es sei denn, daß ausländisches Recht der Übertragung des Eigentums an den Wertpapieren durch Absendung des Stückeverzeichnisses entgegensteht oder daß der Kommissionär nach § 19 Abs. 1 berechtigt ist, die Übersendung auszusetzen.

(2) [1] Erklärt der Kommittent, daß er die Übersendung des Stückeverzeichnisses verlange, so beginnt die Frist zur Übersendung des Stückeverzeichnisses frühestens mit dem Zeitpunkt, in dem die Erklärung dem Kommissionär zugeht. [2] Die Auf-

---

[1)] **Habersack, Deutsche Gesetze Nr. 50.**

forderung muß schriftlich erfolgen und die Wertpapiere, die in das Stückeverzeichnis aufgenommen werden sollen, genau bezeichnen.

§ 23 Befreiung von der Übersendung des Stückeverzeichnisses. Die Übersendung des Stückeverzeichnisses kann unterbleiben, soweit innerhalb der dafür bestimmten Frist (§§ 18 bis 22) die Wertpapiere dem Kommittenten ausgeliefert sind oder ein Auftrag des Kommittenten zur Wiederveräußerung ausgeführt ist.

§ 24[1] Erfüllung durch Übertragung von Miteigentum am Sammelbestand. (1) Der Kommissionär kann sich von seiner Verpflichtung, dem Kommittenten Eigentum an bestimmten Stücken zu verschaffen, dadurch befreien, daß er ihm Miteigentum an den zum Sammelbestand einer Wertpapiersammelbank gehörenden Wertpapieren verschafft; durch Verschaffung von Miteigentum an den zum Sammelbestand eines anderen Verwahrers gehörenden Wertpapieren kann er sich nur befreien, wenn der Kommittent im einzelnen Falle ausdrücklich und schriftlich zustimmt.

(2) [1] Mit der Eintragung des Übertragungsvermerks im Verwahrungsbuch des Kommissionärs geht, soweit der Kommissionär verfügungsberechtigt ist, das Miteigentum auf den Kommittenten über, wenn es nicht nach den Bestimmungen des bürgerlichen Rechts schon früher auf ihn übergegangen ist. [2] Der Kommissionär hat dem Kommittenten die Verschaffung des Miteigentums unverzüglich mitzuteilen.

(3) Kreditinstitute, Wertpapierinstitute und Kapitalverwaltungsgesellschaften brauchen die Verschaffung des Miteigentums an einem Wertpapiersammelbestand und die Ausführung der Geschäftsbesorgung abweichend von Absatz 2 Satz 2 sowie von den §§ 675 und 666 des Bürgerlichen Gesetzbuchs[2] und von § 384 Abs. 2 des Handelsgesetzbuchs[3] den Kunden erst innerhalb von dreizehn Monaten mitzuteilen, sofern das Miteigentum jeweils auf Grund einer vertraglich vereinbarten gleichbleibenden monatlichen, zweimonatlichen oder vierteljährlichen Zahlung erworben wird und diese Zahlungen jährlich das Dreifache des höchsten Betrags nicht übersteigen, bis zu dem nach dem Fünften Vermögensbildungsgesetz in der jeweils geltenden Fassung vermögenswirksame Leistungen gefördert werden können.

§ 25 Rechte des Kommittenten bei Nichtübersendung des Stückeverzeichnisses. (1) [1] Unterläßt der Kommissionär, ohne hierzu nach den §§ 19 bis 24 befugt zu sein, die Übersendung des Stückeverzeichnisses und holt er das Versäumte auf eine nach Ablauf der Frist zur Übersendung des Stückeverzeichnisses an ihn ergangene Aufforderung des Kommittenten nicht binnen drei Tagen nach, so ist der Kommittent berechtigt, das Geschäft als nicht für seine Rechnung abgeschlossen zurückzuweisen und Schadensersatz wegen Nichterfüllung zu beanspruchen. [2] Dies gilt nicht, wenn die Unterlassung auf einem Umstand beruht, den der Kommissionär nicht zu vertreten hat.

(2) Die Aufforderung des Kommittenten verliert ihre Wirkung, wenn er dem Kommissionär nicht binnen drei Tagen nach dem Ablauf der Nachholungsfrist erklärt, daß er von dem in Absatz 1 bezeichneten Recht Gebrauch machen wolle.

---

[1] *§ 24 Abs. 3 geänd. mWv 28.12.2007 durch G v. 21.12.2007* (BGBl. I S. 3089); Abs. 3 geänd. mWv 22.7.2013 durch G v. 4.7.2013 (BGBl. I S. 1981); Abs. 3 geänd. mWv 15.12.2023 durch G v. 11.12.2023 (BGBl. 2023 I Nr. 354).

[2] **Habersack, Deutsche Gesetze Nr. 20.**

[3] **Habersack, Deutsche Gesetze Nr. 50.**

§ 26 Stückeverzeichnis beim Auftrag zum Umtausch und zur Geltendmachung eines Bezugsrechts. [1]Der Kommissionär, der einen Auftrag zum Umtausch von Wertpapieren oder von Sammelbestandanteilen gegen Wertpapiere oder einen Auftrag zur Geltendmachung eines Bezugsrechts auf Wertpapiere ausführt, hat binnen zwei Wochen nach dem Empfang der neuen Stücke dem Kommittenten ein Verzeichnis der Stücke zu übersenden, soweit er ihm die Stücke nicht innerhalb dieser Frist aushändigt. [2]In dem Stückeverzeichnis sind die Wertpapiere nach Gattung, Nennbetrag, Nummern oder sonstigen Bezeichnungsmerkmalen zu bezeichnen. [3]Im übrigen finden die §§ 18 bis 24 Anwendung; § 25 ist insoweit anzuwenden, als der Kommittent nur Schadensersatz wegen Nichterfüllung verlangen kann.

§ 27 Verlust des Provisionsanspruchs. Der Kommissionär, der den in § 26 ihm auferlegten Pflichten nicht genügt, verliert das Recht, für die Ausführung des Auftrags Provision zu fordern (§ 396 Abs. 1 des Handelsgesetzbuchs[1]).

§ 28 Unabdingbarkeit der Verpflichtungen des Kommissionärs. Die sich aus den §§ 18 bis 27 ergebenden Verpflichtungen des Kommissionärs können durch Rechtsgeschäft weder ausgeschlossen noch beschränkt werden, es sei denn, daß der Kommittent gewerbsmäßig Bankgeschäfte betreibt.

§ 29 Verwahrung durch den Kommissionär. Der Kommissionär hat bezüglich der in seinem Besitz befindlichen, in das Eigentum oder das Miteigentum des Kommittenten übergegangenen Wertpapiere die Pflichten und Befugnisse eines Verwahrers.

§ 30 Beschränkte Geltendmachung von Pfand- und Zurückbehaltungsrechten bei dem Kommissionsgeschäft. (1) Gibt der Kommissionär einen ihm erteilten Auftrag zur Anschaffung von Wertpapieren an einen Dritten weiter, so gilt als dem Dritten bekannt, daß die Anschaffung für fremde Rechnung geschieht.

(2) § 4 gilt sinngemäß.

§ 31[2] Eigenhändler, Selbsteintritt. Die §§ 18 bis 30 gelten sinngemäß, wenn jemand im Betrieb seines Gewerbes Wertpapiere als Eigenhändler verkauft oder umtauscht oder einen Auftrag zum Einkauf oder zum Umtausch von Wertpapieren im Wege des Selbsteintritts ausführt.

3. Abschnitt.[3] Vorrang im Insolvenzverfahren

§ 32[4] Vorrangige Gläubiger. (1) Im Insolvenzverfahren über das Vermögen eines der in den §§ 1, 17, 18 bezeichneten Verwahrer, Pfandgläubiger oder Kommissionäre haben Vorrang nach den Absätzen 3 und 4:

1. Kommittenten, die bei Eröffnung des Insolvenzverfahrens das Eigentum oder Miteigentum an Wertpapieren noch nicht erlangt, aber ihre Verpflichtungen aus dem Geschäft über diese Wertpapiere dem Kommissionär gegenüber vollständig

---

[1] **Habersack, Deutsche Gesetze Nr. 50.**

[2] § 31 geänd. mWv 1.7.1998 durch G v. 22.6.1998 (BGBl. I S. 1474).

[3] 3. Abschnitt Überschrift geänd. mWv 1.1.1999 durch G v. 5.10.1994 (BGBl. I S. 2911).

[4] § 32 neu gef. mWv 1.1.1999 durch G v. 5.10.1994 (BGBl. I S. 2911); Abs. 5 Satz 2 geänd. mWv 1.9.2009 durch G v. 17.12.2008 (BGBl. I S. 2586); Abs. 5 Satz 3 geänd. mWv 1.1.2016 durch G v. 1.4.2015 (BGBl. I S. 434).

erfüllt haben; dies gilt auch dann, wenn im Zeitpunkt der Eröffnung des Insolvenzverfahrens der Kommissionär die Wertpapiere noch nicht angeschafft hat;

2. Hinterleger, Verpfänder und Kommittenten, deren Eigentum oder Miteigentum an Wertpapieren durch eine rechtswidrige Verfügung des Verwahrers, Pfandgläubigers oder Kommissionärs oder ihrer Leute verletzt worden ist, wenn sie bei Eröffnung des Insolvenzverfahrens ihre Verpflichtungen aus dem Geschäft über diese Wertpapiere dem Schuldner gegenüber vollständig erfüllt haben;
3. die Gläubiger der Nummern 1 und 2, wenn der nichterfüllte Teil ihrer dort bezeichneten Verpflichtungen bei Eröffnung des Insolvenzverfahrens zehn vom Hundert des Wertes ihres Wertpapierlieferungsanspruchs nicht überschreitet und wenn sie binnen einer Woche nach Aufforderung des Insolvenzverwalters diese Verpflichtungen vollständig erfüllt haben.

(2) Entsprechendes gilt im Insolvenzverfahren über das Vermögen eines Eigenhändlers, bei dem jemand Wertpapiere gekauft oder erworben hat, und im Insolvenzverfahren über das Vermögen eines Kommissionärs, der den Auftrag zum Einkauf oder zum Umtausch von Wertpapieren im Wege des Selbsteintritts ausgeführt hat (§ 31).

(3) [1] Die nach den Absätzen 1 und 2 vorrangigen Forderungen werden vor den Forderungen aller anderen Insolvenzgläubiger aus einer Sondermasse beglichen; diese wird gebildet aus den in der Masse vorhandenen Wertpapieren derselben Art und aus den Ansprüchen auf Lieferung solcher Wertpapiere. [2] Die vorrangigen Forderungen werden durch Lieferung der vorhandenen Wertpapiere beglichen, soweit diese nach dem Verhältnis der Forderungsbeträge an alle vorrangigen Gläubiger verteilt werden können. [3] Soweit eine solche Verteilung nicht möglich ist, wird der volle Erlös der nichtverteilten Wertpapiere unter die vorrangigen Gläubiger im Verhältnis ihrer Forderungsbeträge verteilt.

(4) [1] Die Gläubiger der Absätze 1 und 2 haben den beanspruchten Vorrang bei der Anmeldung der Forderung nach § 174 der Insolvenzordnung[1)] anzugeben. [2] Sie können aus dem sonstigen Vermögen des Schuldners nur unter entsprechender Anwendung der für die Absonderungsberechtigten geltenden Vorschriften der §§ 52, 190 und 192 der Insolvenzordnung Befriedigung erlangen. [3] Im übrigen bewendet es für sie bei den Vorschriften der Insolvenzordnung über Insolvenzgläubiger.

(5) [1] Das Insolvenzgericht hat, wenn es nach Lage des Falles erforderlich ist, den vorrangigen Gläubigern zur Wahrung der ihnen zustehenden Rechte einen Pfleger zu bestellen. [2] Für die Pflegschaft tritt an die Stelle des Betreuungsgerichts das Insolvenzgericht. [3] § 317 Absatz 2 bis 5 des Versicherungsaufsichtsgesetzes ist sinngemäß anzuwenden.

§ 33[2)] Ausgleichsverfahren bei Verpfändung. (1) Im Insolvenzverfahren über das Vermögen eines Verwahrers, dessen Pfandgläubiger die ihm nach § 12 Abs. 2 verpfändeten Wertpapiere oder Sammelbestandanteile ganz oder zum Teil zu seiner Befriedigung verwertet hat, findet unter den Hinterlegern, die die dem Pfandgläubiger verpfändeten Wertpapiere oder Sammelbestandanteile dem Verwahrer anvertraut haben, ein Ausgleichsverfahren mit dem Ziel der gleichmäßigen Befriedigung statt.

---

1) **Habersack, Deutsche Gesetze Nr. 110.**

2) § 33 Überschrift neu gef., Abs. 1, 3 Sätze 2 und 4, Abs. 4 Satz 1, Abs. 5 geänd. mWv 1.1.1999 durch G v. 5.10.1994 (BGBl. I S. 2911).

(2) [1] Die am Ausgleichsverfahren beteiligten Hinterleger werden aus einer Sondermasse befriedigt. [2] In diese Sondermasse sind aufzunehmen:

1. die Wertpapiere oder Sammelbestandanteile, die dem Pfandgläubiger nach § 12 Abs. 2 verpfändet waren, von diesem aber nicht zu seiner Befriedigung verwertet worden sind;
2. der Erlös aus den Wertpapieren oder Sammelbestandanteilen, die der Pfandgläubiger verwertet hat, soweit er ihm zu seiner Befriedigung nicht gebührt;
3. die Forderungen gegen einen am Ausgleichsverfahren beteiligten Hinterleger aus dem ihm eingeräumten Kredit sowie Leistungen zur Abwendung einer drohenden Pfandverwertung.

(3) [1] Die Sondermasse ist unter den am Ausgleichsverfahren beteiligten Hinterlegern nach dem Verhältnis des Wertes der von ihnen dem Verwahrer anvertrauten Wertpapiere oder Sammelbestandanteile zu verteilen. [2] Maßgebend ist der Wert am Tag der Eröffnung des Insolvenzverfahrens, es sei denn, daß die Wertpapiere oder Sammelbestandanteile erst später verwertet worden sind. [3] In diesem Falle ist der erzielte Erlös maßgebend. [4] Ein nach Befriedigung aller am Ausgleichsverfahren beteiligter Hinterleger in der Sondermasse verbleibender Betrag ist an die Insolvenzmasse abzuführen.

(4) [1] Jeder am Ausgleichsverfahren Beteiligte ist berechtigt und verpflichtet, die von ihm dem Verwahrer anvertrauten und in der Sondermasse vorhandenen Wertpapiere oder Sammelbestandanteile zu dem Schätzungswert des Tages der Eröffnung des Insolvenzverfahrens zu übernehmen. [2] Übersteigt dieser Wert den ihm aus der Sondermasse gebührenden Betrag, so hat er den Unterschied zur Sondermasse einzuzahlen. [3] Die Wertpapiere oder Sammelbestandanteile haften als Pfand für diese Forderung.

(5) Jeder Hinterleger kann seine Forderungen, soweit er mit ihnen bei der Befriedigung aus der Sondermasse ausgefallen ist, zur Insolvenzmasse geltend machen.

(6) § 32 Abs. 4 und 5 ist sinngemäß anzuwenden.

4. Abschnitt. Strafbestimmungen

§ 34[1] **Depotunterschlagung.** Wer, abgesehen von den Fällen der §§ 246 und 266 des Strafgesetzbuchs[2], eigenen oder fremden Vorteils wegen

1. über ein Wertpapier der in § 1 Abs. 1 bezeichneten Art, das ihm als Verwahrer oder Pfandgläubiger anvertraut worden ist oder das er als Kommissionär für den Kommittenten im Besitz hat oder das er im Falle des § 31 für den Kunden im Besitz hat, rechtswidrig verfügt,
2. einen Sammelbestand solcher Wertpapiere oder den Anteil an einem solchen Bestand dem § 6 Absatz 3 Satz 2 zuwider verringert oder darüber rechtswidrig verfügt,

wird mit Freiheitsstrafe bis zu fünf Jahren oder mit Geldstrafe bestraft.

§ 35[3] **Unwahre Angaben über das Eigentum.** Wer eigenen oder fremden Vorteils wegen eine Erklärung nach § 4 Abs. 2 wahrheitswidrig abgibt oder eine

---

[1] § 34 Abs. 1 einl. Satzteil geänd. mWv 1.7.1998 durch G v. 22.6.1998 (BGBl. I S. 1474); Abs. 1 Nr. 2 geänd. mWv 10.6.2021 durch G v. 3.6.2021 (BGBl. I S. 1423).

[2] **Habersack, Deutsche Gesetze Nr. 85.**

[3] § 35 geänd. mWv 1.7.1998 durch G v. 22.6.1998 (BGBl. I S. 1474).

ihm nach § 4 Abs. 3 obliegende Mitteilung unterläßt, wird, wenn die Tat nicht nach anderen Vorschriften mit schwererer Strafe bedroht ist, mit Freiheitsstrafe bis zu einem Jahr oder mit Geldstrafe bestraft.

§ 36 Strafantrag. Ist in den Fällen der §§ 34 und 35 durch die Tat ein Angehöriger (§ 11 Abs. 1 Nr. 1 des Strafgesetzbuchs[1)]) verletzt, so wird sie nur auf Antrag verfolgt.

§ 37[2)] Strafbarkeit im Falle der Zahlungseinstellung oder des Insolvenzverfahrens. Wer einer Vorschrift der §§ 2 und 14 oder einer sich aus den §§ 18 bis 24, 26 ergebenden Pflicht zuwiderhandelt, wird mit Freiheitsstrafe bis zu zwei Jahren oder mit Geldstrafe bestraft, wenn er seine Zahlungen eingestellt hat oder über sein Vermögen das Insolvenzverfahren eröffnet worden ist und wenn durch die Zuwiderhandlung ein Anspruch des Berechtigten auf Aussonderung der Wertpapiere vereitelt oder die Durchführung eines solchen Anspruchs erschwert wird.

§§ 38–40 (weggefallen)

5. Abschnitt. Schlußbestimmungen

§ 41[3)] *(aufgehoben)*

§ 42[4)] Anwendung auf Treuhänder, Erlass weiterer Bestimmungen. Das Bundesministerium der Justiz und für Verbraucherschutz kann im Einvernehmen mit dem Bundesministerium der Finanzen und dem Bundesministerium für Wirtschaft und Energie durch Rechtsverordnung, die nicht der Zustimmung des Bundesrates bedarf, die Anwendung von Vorschriften dieses Gesetzes für Fälle vorschreiben, in denen Kaufleute als Treuhänder für Dritte Wertpapiere besitzen oder erwerben oder Beteiligungen oder Gläubigerrechte ausüben oder erwerben oder in öffentliche Schuldbücher oder sonstige Register eingetragen sind.

§ 43[5)] Übergangsregelung zum Ersten Finanzmarktnovellierungsgesetz.

Ein Kreditinstitut, das am Tag, den die Bundesregierung nach Artikel 17 Absatz 3 Satz 2 des Gesetzes vom 30. Juni 2016 (BGBl. I S. 1514) im Bundesgesetzblatt bekannt gibt, über eine Anerkennung als Wertpapiersammelbank von der nach Landesrecht zuständigen Stelle des Landes, in dessen Gebiet das Kreditinstitut seinen Sitz hat, verfügt, gilt bis zur Bestandskraft der Entscheidung über den Antrag auf Zulassung als Zentralverwahrer nach Artikel 17 Absatz 1 der Verordnung (EU) Nr. 909/2014 weiterhin als Wertpapiersammelbank im Sinne dieses Gesetzes.

---

1) **Habersack, Deutsche Gesetze Nr. 85.**

2) § 37 geänd. mWv. 1.1.1999 durch G v. 5.10.1994 (BGBl. I S. 2911); geänd. mWv 1.7.1998 G v. 22.6.1998 (BGBl. I S. 1474); geänd. mWv 1.1.1999 durch G v. 19.12.1998 (BGBl. I S. 3836).

3) § 41 aufgeh. mWv 1.7.1998 durch G v. 22.6.1998 (BGBl. I S. 1474).

4) § 42 neu gef. mWv 30.11.2007 durch G v. 23.11.2007 (BGBl. I S. 2614); geänd. mWv 8.9.2015 durch VO v. 31.8.2015 (BGBl. I S. 1474).

5) § 43 neu gef. mWv 31.3.2017 durch G v. 30.6.2016 (BGBl. I S. 1514; 2017 I S. 559).

62c. Allgemeine Hausrat Versicherungsbedingungen (VHB 2022 – Quadratmetermodell)

Musterbedingungen des GDV[1]

(Stand: November 2023)

Unverbindliche Bekanntgabe des Gesamtverbandes der Deutschen Versicherungswirtschaft e.V. (GDV) zur fakultativen Verwendung. Abweichende Vereinbarungen sind möglich.

[Inhaltsübersicht]

Präambel zu den Allgemeinen Hausrat Versicherungsbedingungen (VHB 2022 – Quadratmetermodell)

Die Verbundene Hausratversicherung schützt Sie vor den finanziellen Folgen von Sachschäden an Ihrem Hausrat. Versichert sind Schäden durch die in diesen Versicherungsbedingungen zusammengefassten (verbundenen) Gefahren. Wird der Hausrat zerstört oder beschädigt, entschädigen wir Sie nach den unten stehenden Bestimmungen. In der Regel vereinbaren wir mit Ihnen die Wiederbeschaffung in gleicher Art und Güte im neuwertigen Zustand. Wir berechnen Ihre Entschädigung nach dem Neuwert zum Zeitpunkt des Versicherungsfalls. Der Neuwert des zu versichernden Hausrats ist die Grundlage für die Versicherungssumme.

[1] In der jeweils aktuellen Fassung kostenlos abrufbar unter www.gdv.de.

Wir übernehmen auch eine Reihe von Folgekosten (z.B. Schlossänderungskosten, Hotelkosten), die durch ein Schadenereignis entstehen.

Die „Allgemeinen Hausrat Versicherungsbedingungen" sind die Vertragsgrundlage für Ihre Verbundene Hausratversicherung. Auf die gleichzeitige Verwendung männlicher und weiblicher Sprachformen verzichten wir. Personenbezogene Formulierungen sind geschlechtsneutral zu verstehen.

Ihrem besseren Verständnis dieser Versicherungsbedingungen dienen folgende rechtlich unverbindliche Begriffserläuterungen:

Versicherungsnehmer: Das sind Sie als unser Vertragspartner und Käufer des Versicherungsschutzes.

Versicherungsfall: Der Versicherungsfall ist das Ereignis, für das wir Entschädigung leisten.

Ausschlüsse: Ein Ausschluss beschreibt eine Gefahr, eine Schadenart oder eine Sache, für die kein Versicherungsschutz besteht. Ausschlüsse dienen der Abgrenzung des Leistungsversprechens und gewährleisten, dass der Versicherungsschutz kalkulierbar bleibt. Sie finden sie in den Bedingungen entweder als generelle Ausschlüsse (z.B. Krieg) oder in Bestimmungen zu einzelnen Gefahren und Schäden sowie bei der Beschreibung der versicherten Sachen.

Versicherungswert: Der Versicherungswert ist der Wert Ihres Hausrats, nach dem wir im Schadenfall entschädigen. Da die Hausratversicherung im Regelfall zum Neuwert entschädigt, ist dies der Betrag, den Sie aufwenden müssten, um Sachen neu wiederzubeschaffen. Für Kunstgegenstände und Antiquitäten ist es der Betrag, den Sie aufwenden müssten, um Sachen gleicher Art und Güte wiederzubeschaffen. Bei in Ihrem Haushalt nicht mehr zweckgemäß verwendbaren Sachen, ist es der erzielbare Verkaufspreis.

Ausreichende Versicherungssumme und Vorsorge: Die Versicherungssumme ist ausreichend, wenn Sie dem Wert Ihres Hausrats entspricht. Die Versicherungssumme ist maßgeblich für die Höhe des Beitrags. Oftmals erhöht sich der Wert des Hausrats während der Vertragslaufzeit, z.B. durch Neuanschaffungen. Deshalb stellen wir für Sie im Schadenfall noch eine zusätzliche Vorsorgeversicherungssumme in der Höhe von __ Prozent zur Verfügung. Die Versicherungssumme und die Vorsorge zusammen definieren die Höchstleistung im Schadenfall. Damit reduziert sich für Sie das Risiko, nicht ausreichend versichert zu sein.

Unterversicherung: Eine Unterversicherung liegt vor, wenn der tatsächliche Wert des gesamten Hausrats die vereinbarte Versicherungssumme einschließlich des Vorsorgebetrags übersteigt. Im Versicherungsfall kann die Entschädigung dann gekürzt werden. Die Entschädigung kann auch dann gekürzt werden, wenn nur Teile des Hausrats vom Schaden betroffen sind. Die Kürzung erfolgt dann in dem Verhältnis wie Versicherungssumme und der tatsächliche Wert des Hausrats zueinander stehen. Eine Unterversicherung kann leicht entstehen. Entweder, weil Sie nicht alle versicherten Sachen bei der Wertermittlung des Hausrats berücksichtigt, oder Sie deren Zeitwert angesetzt haben. Wenn Sie eine ausreichende Versicherungssumme pro Quadratmeter Wohnfläche wählen, vereinbaren wir in der Regel einen Unterversicherungsverzicht mit Ihnen. Im Schadenfall sehen wir dann von den zuvor beschriebenen Kürzungen ab. Ist Ihr Hausrat mehr wert, sollten Sie eine höhere Versicherungssumme mit uns vereinbaren. Bei einem Totalschaden wären Sie ansonsten auch mit einem Unterversicherungsverzicht *nicht* ausreichend versichert.

Summenanpassung: Die Entschädigung zum Neuwert erfordert eine laufende Aktualisierung Ihrer Versicherungssumme. Die Anpassung der Versicherungssumme richtet sich nach dem Prozentsatz, um den sich der Preisindex für Ihren Hausrat verändert. Das soll Sie im Schadenfall vor einer Unterversicherung durch Preissteigerungen schützen.

Obliegenheiten: Das sind Ihre Verhaltenspflichten vor, während und nach dem Versicherungsfall. Zum Beispiel müssen Sie zur Vermeidung von Frostschäden Ihre Wohnung der kalten Jahreszeit ausreichend beheizen. Wenn Sie Obliegenheiten verletzen, gefährden Sie Ihren Versicherungsschutz.

Teil A

A 1 **Welche Gefahren sind versichert? Welche Gefahren sind zusätzlich versicherbar? Welche Schäden sind versichert?**

Der Versicherer entschädigt für versicherte Sachen, die durch folgende Ereignisse (Gefahren) zerstört oder beschädigt werden oder infolge solcher Ereignisse abhandenkommen:

A 1.1 Brand; Blitzschlag; Überspannung durch Blitz; Explosion; Verpuffung; Implosion; Anprall oder Absturz eines Luftfahrzeugs; Fahrzeuganprall; Sengschäden; Rauch- und Rußschäden;

A.1.2 Einbruchdiebstahl, Vandalismus nach einem Einbruch sowie Raub oder den Versuch einer solchen Tat;

A 1.3 Leitungswasser;

A 1.4 Naturgefahren;

A 1.4.1 Sturm, Hagel;

A 1.4.2 soweit zusätzlich vereinbart:

Die weiteren Naturgefahren (Elementargefahren) Überschwemmung, Rückstau, Erdbeben, Erdsenkung, Erdrutsch, Schneedruck, Lawinen und Vulkanausbruch.

A 2 **Welche generellen Ausschlüsse gibt es?**

A 2.1 **Ausschluss Krieg**

Nicht versichert sind Schäden durch Krieg, kriegsähnliche Ereignisse, Bürgerkrieg, Revolution, Rebellion oder Aufstand. Das gilt ohne Berücksichtigung mitwirkender Ursachen.

A 2.2 **Ausschluss Innere Unruhen**

Nicht versichert sind Schäden durch Innere Unruhen. Das gilt ohne Berücksichtigung mitwirkender Ursachen.

A 2.3 **Ausschluss Kernenergie**

Nicht versichert sind Schäden durch Kernenergie, nukleare Strahlung oder radioaktive Substanzen. Das gilt ohne Berücksichtigung mitwirkender Ursachen.

A 3 Was ist unter Brand; Blitzschlag; Überspannung durch Blitz und Explosion zu verstehen? Welche Schäden sind darüber hinaus versichert? Welche Schäden sind hier nicht versichert?

A 3.1 Brand

Brand ist ein Feuer, das ohne einen bestimmungsgemäßen Herd entstanden ist oder ihn verlassen hat und das sich aus eigener Kraft auszubreiten vermag.

Versichert sind auch Schäden durch einen Brand, der aus einem Nutzfeuer entstanden ist.

A 3.2 Blitzschlag

Blitzschlag ist der unmittelbare Übergang eines Blitzes auf Sachen.

Auch Überspannungs-, Überstrom- oder Kurzschlussschäden an elektrischen Einrichtungen und Geräten können Blitzschlagschäden sein. Das ist der Fall, wenn über diese Schäden hinaus auf dem Grundstück des Versicherungsorts der Einschlag eines Blitzes zumindest durch Spuren nachweisbar ist.

A 3.3 Überspannung durch Blitz

Überspannung durch Blitz ist ein Schaden, der durch Überspannung, Überstrom oder Kurzschluss infolge eines Blitzes oder durch sonstige atmosphärisch bedingte Elektrizität an versicherten elektrischen Einrichtungen und Geräten entsteht.

A 3.4 Explosion, Verpuffung

Explosion und Verpuffung sind plötzlich verlaufende Kraftäußerungen, die auf dem Ausdehnungsbestreben von Gasen oder Dämpfen beruhen. Der Unterschied zwischen Explosion und Verpuffung liegt in der Intensität der Kraftäußerung.

Die Explosion eines Behälters (Kessel, Rohrleitung usw.) liegt nur unter besonderen Voraussetzungen vor. Die Wandung muss in einem solchen Umfang zerrissen werden, dass ein plötzlicher Ausgleich des Druckunterschieds innerhalb und außerhalb des Behälters stattfindet. Wird im Innern eines Behälters eine Explosion durch chemische Reaktion hervorgerufen, so ist ein Zerreißen seiner Wandung nicht erforderlich.

A 3.5 Implosion

Implosion ist ein plötzlicher, unvorhersehbarer Zusammenfall eines Hohlkörpers durch äußeren Überdruck infolge eines inneren Unterdrucks.

A 3.6 Anprall oder Absturz eines Luftfahrzeugs, seiner Teile oder Ladung

Versichert ist der Anprall oder Absturz eines Luftfahrzeugs. Gleiches gilt für den Anprall oder Absturz seiner Teile oder seiner Ladung.

A 3.7 Fahrzeuganprall durch Straßen-, Schienen- oder Wasserfahrzeuge

Versichert ist der Anprall von Straßen-, Schienen- oder Wasserfahrzeugen an versicherten Sachen. Das gilt auch für den Anprall ihrer Teile oder ihrer Ladung.

Nicht versichert sind Schäden, die durch Straßen- oder Wasserfahrzeuge entstehen, deren Halter oder Lenker der Versicherungsnehmer oder ein Bewohner des Gebäudes ist.

A 3.8 Sengschäden

Versichert sind Sengschäden, die aus einem Ereignis nach A 3.1 bis A 3.7 entstanden sind.

Sengschäden aus anderen Ursachen sind bis zu ___ Euro versichert.

A 3.9 Rauch- und Rußschäden

Versichert sind Rauch- und Rußschäden, die aus einem Ereignis nach A 3.1 bis A 3.8 entstanden sind.

Darüber hinaus sind Schäden versichert, die dadurch entstehen, dass Rauch und Ruß versicherte Sachen unmittelbar beschädigt oder zerstört. Voraussetzung ist, dass der Rauch und Ruß plötzlich bestimmungswidrig aus Feuerungs-, Heizungs-, Koch- oder Trocknungsanlagen auf dem Versicherungsgrundstück austritt.

Die Entschädigung ist auf ____ Euro begrenzt.

Nicht versichert sind Schäden, die dadurch entstehen, dass Rauch und Ruß allmählich einwirken (z.B. Fogging).

A 3.10 Nicht versicherte Schäden

Nicht versichert sind

A 3.10.1 Schäden durch Erdbeben. Das gilt ohne Berücksichtigung mitwirkender Ursachen.

A 3.10.2 Schäden an Verbrennungsmotoren durch die im Verbrennungsraum der Maschine auftretenden Explosionen. Ferner Schäden, die an Schaltorganen von elektrischen Schaltern entstehen, und zwar durch den in ihnen auftretenden Gasdruck. Versicherungsschutz besteht aber, wenn diese Schäden Folge eines versicherten Schadenereignisses nach A 3.1 sind.

A 4 Was ist unter Einbruchdiebstahl, Diebstahl, Vandalismus nach einem Einbruch sowie Raub zu verstehen? Welche Schäden sind hier nicht versichert?

A 4.1 Einbruchdiebstahl

Einbruchdiebstahl ist in folgenden Fällen gegeben:

A 4.1.1 Unberechtigtes Eindringen in einen Raum eines Gebäudes

Das liegt vor, wenn der Dieb in einen Raum eines Gebäudes einbricht, einsteigt, mit falschem Schlüssel oder mit Hilfe von anderen Werkzeugen eindringt.

Ein Schlüssel ist falsch, wenn seine Anfertigung für das Schloss nicht von einer dazu berechtigten Person veranlasst oder gebilligt wurde.

Der Gebrauch eines falschen Schlüssels ist nicht schon dann bewiesen, wenn feststeht, dass versicherte Sachen abhandengekommen sind.

A 4.1.2 Aufbrechen eines Behältnisses in einem Raum eines Gebäudes

Das liegt vor, wenn der Dieb das in einem Raum befindliche Behältnis aufbricht. Das gilt auch, wenn er das Behältnis mit falschem Schlüssel oder mit Hilfe von anderen Werkzeugen öffnet.

Ein Schlüssel ist falsch, wenn seine Anfertigung für das Schloss nicht von einer dazu berechtigten Person veranlasst oder gebilligt wurde.

Der Gebrauch eines falschen Schlüssels ist nicht schon dann bewiesen, wenn feststeht, dass versicherte Sachen abhandengekommen sind.

A 4.1.3 Einschleichen oder Verborgenhalten

Das liegt vor, wenn der Dieb Sachen aus einem verschlossenen Raum eines Gebäudes entwendet, in das er sich zuvor eingeschlichen oder in dem er sich verborgen gehalten hatte.

A 4.1.4 Gewaltsame Sicherung des Diebesgutes

Der Dieb wird in einem Raum eines Gebäudes auf frischer Tat angetroffen und wendet Gewalt an, um sich den Besitz gestohlener Sachen zu erhalten. Eine Androhung von Gewalt mit Gefahr für Leib oder Leben ist der Anwendung von Gewalt gleichzusetzen.

A 4.1.5 Unberechtigtes Eindringen mit richtigem Schlüssel

Dies liegt in folgenden Fällen vor:

A 4.1.5.1 Der Dieb dringt in den Raum eines Gebäudes mit einem richtigen Schlüssel ein oder öffnet dort damit ein Behältnis. Den richtigen Schlüssel hat sich der Dieb vorher durch Einbruchdiebstahl oder Raub nach A 4.3 beschafft. Der Einbruchdiebstahl oder Raub dieses Schlüssels kann auch außerhalb des Versicherungsorts erfolgt sein.

A 4.1.5.2 Der Dieb dringt in einen Raum eines Gebäudes mit einem richtigen Schlüssel ein. Den richtigen Schlüssel hat sich der Dieb vorher durch Diebstahl beschafft. Dabei hat weder der Versicherungsnehmer noch der Gewahrsamsinhaber den Diebstahl des Schlüssels durch fahrlässiges Verhalten ermöglicht. Der Diebstahl dieses Schlüssels kann auch außerhalb des Versicherungsorts erfolgt sein.

A 4.2 Diebstahl

A 4.2.1 Diebstahl aus Kraftfahrzeugen

Versicherungsschutz besteht für versicherte Sachen, wenn diese nach dem Aufbrechen eines verschlossenen Kraftfahrzeugs entwendet oder bei diesem Ereignis zerstört oder beschädigt werden. Das gilt auch für mit diesem Fahrzeug verbundene und verschlossene Dachboxen. Versicherungsschutz besteht auch, wenn falsche Schlüssel oder andere nicht zum ordnungsgemäßen Öffnen von Türen oder Behältnissen bestimmte Werkzeuge verwendet werden.

Versichert sind nur Sachen, die Eigentum des Versicherungsnehmers oder einer mit ihm in häuslicher Gemeinschaft lebenden Person sind oder deren Gebrauch dienen.

Nicht versichert sind ______.

Der Versicherungsschutz gilt ______.

Die Entschädigung ist je Versicherungsfall auf ____ Euro begrenzt.

A 4.2.2 Diebstahl aus Schlafwagenabteilen und Schiffskabinen

Versicherungsschutz besteht für versicherte Sachen, die aus einem verschlossenen Schlafwagenabteil oder einer verschlossenen Schiffskabine nach deren Aufbrechen entwendet werden.

Versichert sind nur Sachen, die Eigentum des Versicherungsnehmers oder einer mit ihm in häuslicher Gemeinschaft lebenden Person sind oder deren Gebrauch dienen.

Der Versicherungsschutz gilt ______.

Die Entschädigung für ______ ist auf ______ Euro je Versicherungsfall begrenzt.

Die Gesamtentschädigung ist auf ______ Euro je Versicherungsfall begrenzt.

A 4.2.3 Trickdiebstahl aus der versicherten Wohnung

Versicherungsschutz besteht für versicherte Sachen, die ein Dieb, der durch Täuschung durch ihn oder weitere Mitwirkende in die Wohnung gelangt ist, entwendet.

Die freiwillige Herausgabe von versicherten Sachen nach einer Täuschung stellt keinen versicherten Trickdiebstahl dar und ist nicht versichert.

Die Entschädigung ist je Versicherungsfall auf ____ Euro begrenzt.

A 4.2.4 Diebstahl von Rollstühlen, Rollatoren und Kinderwagen

Versicherungsschutz besteht für den Diebstahl von Rollstühlen, nicht versicherungspflichtigen Krankenfahrstühlen, Rollatoren, Kinderwagen und __________ vom Versicherungsort und dem dazugehörigen Treppenhaus.

Für Gegenstände, die mit den oben genannten Sachen lediglich lose verbunden sind, aber regelmäßig deren Gebrauch dienen, besteht Versicherungsschutz nur, wenn sie zusammen mit diesen entwendet werden.

Die Entschädigung ist je Versicherungsfall auf ____ Euro begrenzt.

A 4.2.5 Diebstahl während eines stationären Aufenthalts

Versicherungsschutz besteht für den Diebstahl von versicherten Sachen aus Patientenzimmern während eines Krankenhaus-, Kur-, Reha- oder Sanatoriumsaufenthalts.

Voraussetzung ist, dass sich der Versicherungsnehmer oder eine mit ihm in häuslicher Gemeinschaft lebende Person als Patient in einer dieser Einrichtungen befindet.

Die Entschädigung für ______ ist auf ______ Euro je Versicherungsfall begrenzt.

Die Gesamtentschädigung ist auf ______ Euro je Versicherungsfall begrenzt.

A 4.2.6 Diebstahl von Gartenmöbeln

Versicherungsschutz besteht für den Diebstahl von Gartenmöbeln und ________, die sich auf dem Versicherungsgrundstück oder in gemeinschaftlich genutzten Räumen befinden.

Die Entschädigung ist je Versicherungsfall auf ____ Euro begrenzt.

Außenversicherungsschutz nach A 12 besteht nicht.

A 4.2.7 Diebstahl von Wäsche

Versicherungsschutz besteht für den Diebstahl von Wäsche und Kleidung, die sich zum Trocknen oder Lüften auf dem Versicherungsgrundstück oder in gemeinschaftlich genutzten Räumen befinden.

Die Entschädigung ist je Versicherungsfall auf ____ Euro begrenzt.

Außenversicherungsschutz nach A 12 besteht nicht.

A 4.3 Vandalismus nach einem Einbruch

Vandalismus nach einem Einbruch liegt vor, wenn der Täter wie in A 4.1.1 oder A 4.1.5 beschrieben in den Versicherungsort eindringt und dort versicherte Sachen vorsätzlich zerstört oder beschädigt.

A 4.4 Raub

Raub ist in folgenden Fällen gegeben:

A 4.4.1 Anwendung von Gewalt

Der Räuber wendet gegen den Versicherungsnehmer Gewalt an, um dessen Widerstand gegen die Wegnahme versicherter Sachen auszuschalten. Gewalt liegt nicht vor, wenn versicherte Sachen ohne Überwindung eines bewussten Widerstandes entwendet werden (einfacher Diebstahl/Trickdiebstahl).

A 4.4.2 Androhung einer Gewalttat mit Gefahr für Leib oder Leben

Der Versicherungsnehmer gibt Sachen heraus oder lässt sie sich wegnehmen, weil der Räuber eine Gewalttat mit Gefahr für Leib oder Leben androht. Dabei soll die angedrohte Gewalttat innerhalb des Versicherungsorts verübt werden. Bei mehreren Versicherungsorten ist der Versicherungsort maßgeblich, an dem die Drohung ausgesprochen wird.

A 4.4.3 Wegnahme nach Verlust der Widerstandskraft

Dem Versicherungsnehmer werden versicherte Sachen weggenommen, weil seine Widerstandskraft ausgeschaltet war. Der Verlust der Widerstandskraft muss seine Ursache in einer Beeinträchtigung des körperlichen Zustands des Versicherungsnehmers haben. Diese Beeinträchtigung muss unmittelbar vor der Wegnahme bestanden haben und durch einen Unfall oder eine sonstige nicht verschuldete Ursache wie z.B. eine Ohnmacht oder ein Herzinfarkt entstanden sein.

Dem Versicherungsnehmer stehen Personen gleich, die mit seiner Zustimmung in der Wohnung anwesend sind.

A 4.5 Nicht versicherte Schäden

A 4.5.1 Nicht versicherte Schäden bei Einbruchdiebstahl, Vandalismus nach einem Einbruch sowie Raub

Versicherungsschutz besteht nicht für Schäden, die durch weitere Naturgefahren (Überschwemmung, Erdbeben, Erdsenkung, Erdrutsch, Schneedruck, Lawinen, Vulkanausbruch) verursacht werden. Das gilt ohne Berücksichtigung mitwirkender Ursachen.

A 4.5.2 Nicht versicherte Schäden bei Raub

Sachen, die erst auf Verlangen des Täters herangeschafft werden, sind nicht versichert. Geschieht dies allerdings innerhalb des Versicherungsorts an dem die Tathandlungen nach A 4.4.1 bis A 4.4.3 verübt werden, sind diese Sachen versichert.

A 5 Was ist unter der Gefahr Leitungswasser zu verstehen? Welche Schäden sind hier nicht versichert?

A 5.1 Versicherte Gefahren und Schäden

Unter die Gefahr Leitungswasser fallen:

A 5.1.1 Leitungswasserschäden

A 5.1.2 Bruchschäden

A 5.2 Leitungswasserschäden

Leitungswasser ist Wasser, das bestimmungswidrig ausgetreten ist aus:

A 5.2.1 Rohren der Wasserversorgung (Zu- und Ableitungen) oder damit verbundenen Schläuchen,

A 5.2.2 den mit diesen Rohren bzw. Schläuchen verbundenen sonstigen Einrichtungen oder deren wasserführenden Teilen,

A 5.2.3 Heizungs- oder Klimaanlagen,

A 5.2.4 Wasserlösch- oder Berieselungsanlagen,

A 5.2.5 Wasserbetten oder Aquarien.

Als Leitungswasser gelten auch Betriebsflüssigkeiten aus Heizungs- oder Klimaanlagen sowie Wasserdampf. Ausgenommen davon sind die Flüssigkeiten, die zur Energieerzeugung bestimmt sind.

Versichert sind auch Schäden, die durch Wasser entstehen, welches aus innerhalb des Gebäudes verlaufender Regenrohren bestimmungswidrig ausgetreten ist. Der Ausschluss von Schäden durch Witterungsniederschläge nach A 5.4.3 gilt nicht.

A 5.3 Bruchschäden

Soweit die folgenden Rohre und Installationen zum versicherten Hausrat gehören, sind folgende Bruchschäden innerhalb von Gebäuden versichert:

A 5.3.1 frostbedingte und sonstige Bruchschäden an Rohren

A 5.3.1.1 der Wasserversorgung (Zu- oder Ableitungen) und der Gasversorgung oder den damit verbundenen Schläuchen;

A 5.3.1.2 von Heizungs- oder Klimaanlagen;

A 5.3.1.3 von Wasserlösch- oder Berieselungsanlagen;

A 5.3.1.4 der Regenentwässerung.

Das setzt voraus, dass diese Rohre nach A 5.3.1 kein Bauteil von Heizkesseln, Boilern oder vergleichbaren Anlagen sind.

A 5.3.2 frostbedingte Bruchschäden an folgenden Installationen:

A 5.3.2.1 Badeeinrichtungen, Waschbecken, Spülklosetts, Armaturen (z.B. Wasser- und Absperrhähne, Ventile, Geruchsverschlüsse, Wassermesser) sowie deren Anschlussschläuche;

A 5.3.2.2 Heizkörper, Heizkessel, Boiler oder vergleichbare Teile von Heizungs- oder Klimaanlagen.

Als innerhalb des Gebäudes gilt der gesamte Baukörper, einschließlich der Bodenplatte.

Rohre von Solarheizungsanlagen auf dem Dach gelten als Rohre innerhalb des Gebäudes.

Soweit nicht etwas anderes vereinbart ist, sind Rohre und Installationen unterhalb der Bodenplatte (tragend oder nicht tragend) nicht versichert.

A 5.4 Nicht versicherte Schäden

Nicht versichert sind ohne Berücksichtigung mitwirkender Ursachen – es sei denn, im Folgenden sind solche genannt – Schäden durch

A 5.4.1 Plansch- oder Reinigungswasser;

A 5.4.2 Schwamm sowie alle Arten von Hausfäulepilzen;

A 5.4.3 Grundwasser, stehendes oder fließendes Gewässer, Überschwemmung oder Witterungsniederschläge oder einen durch diese Ursachen hervorgerufenen Rückstau;

A 5.4.4 Erdbeben, Schneedruck, Lawinen, Vulkanausbruch;

A 5.4.5 Erdsenkung oder Erdrutsch, es sei denn, dass Leitungswasser nach A 5.2 die Erdsenkung oder den Erdrutsch verursacht hat;

A 5.4.6 Öffnen der Sprinkler oder Bedienen der Berieselungsdüsen wegen eines Brandes, durch Druckproben oder durch Umbauten oder Reparaturarbeiten an dem versicherten Gebäude oder an der Wasserlösch- oder Berieselungsanlage.

Nicht versichert sind Schäden an

A 5.4.7 Gebäuden oder an Gebäudeteilen, die nicht bezugsfertig sind. Dies gilt auch für die in diesen Gebäuden oder Gebäudeteilen befindlichen Sachen.

A 5.4.8 dem Inhalt eines Aquariums, die dadurch entstehen, dass Wasser aus dem Aquarium ausgetreten ist.

A 6 Was ist unter Naturgefahren (Sturm, Hagel und weitere Naturgefahren) zu verstehen? Welche Schäden sind versichert? Welche Schäden sind hier nicht versichert?

A 6.1 Sturm

A 6.1.1 Ein Sturm ist eine wetterbedingte Luftbewegung von mindestens Windstärke 8 nach der Beaufortskala (Windgeschwindigkeit mindestens 62 km pro Stunde).

Ist die Windstärke für den Schadenort nicht feststellbar, wird Sturm unterstellt, wenn der Versicherungsnehmer einen der folgenden Sachverhalte nachweist:

A 6.1.1.1 Die Luftbewegung hat in der Umgebung des Versicherungsgrundstücks Schäden an Gebäuden in einwandfreiem Zustand oder an ebenso widerstandsfähigen anderen Sachen angerichtet.

A 6.1.1.2 *Der Schaden* kann wegen des einwandfreien Zustands des versicherten Gebäudes oder des Gebäudes, in dem sich die versicherten Sachen befunden haben, nur durch Sturm entstanden sein. Das gilt auch für Gebäude, die baulich mit dem versicherten Gebäude verbunden sind.

A 6.2 Hagel

Hagel ist ein fester Witterungsniederschlag in Form von Eiskörnern.

A 6.3 Versicherte Sturm-/Hagelereignisse

Versichert sind nur Schäden, die wie folgt entstehen

A 6.3.1 Sturm oder Hagel wirken unmittelbar auf versicherte Sachen oder auf Gebäude ein, in denen sich versicherte Sachen befinden. Daraus entstehende Folgeschäden an versicherten Sachen sind versichert.

A 6.3.2 Sturm oder Hagel wirken unmittelbar auf Gebäude ein, die mit dem versicherten Gebäude baulich verbunden sind.

A 6.3.3 Sturm oder Hagel wirken unmittelbar auf Gebäude ein, die mit Gebäuden, in denen sich versicherte Sachen befinden, baulich verbunden sind.

A 6.3.4 Sturm oder Hagel werfen Gebäudeteile, Bäume oder andere Gegenstände auf versicherte Sachen oder auf Gebäude, in denen sich versicherte Sachen befinden. Daraus entstehende Folgeschäden an versicherten Sachen sind versichert.

A 6.3.5 Sturm oder Hagel werfen Gebäudeteile, Bäume oder andere Gegenstände auf Gebäude, die mit dem versicherten Gebäude baulich verbunden sind.

A 6.3.6 Sturm oder Hagel werfen Gebäudeteile, Bäume oder andere Gegenstände auf Gebäude, die mit Gebäuden, in denen sich versicherte Sachen befinden, baulich verbunden sind.

A 6.4 Weitere Naturgefahren (Elementargefahren)

A 6.4.1 Überschwemmung

Überschwemmung ist die Überflutung von Grund und Boden des Versicherungsgrundstücks oder von unmittelbar angrenzenden Grund- und Bodenflächen, Straßen, Geh- und Radwegen mit erheblichen Mengen von Oberflächenwasser. Dies gilt nur, wenn

A 6.4.1.1 eine Ausuferung von oberirdischen (stehenden oder fließenden) Gewässern,

A 6.4.1.2 Witterungsniederschläge

oder

A 6.4.1.3 ein Austritt von Grundwasser an die Erdoberfläche als Folge von A 6.4.1.1 oder A 6.4.1.2 die Überflutung verursacht haben.

A 6.4.2 Rückstau

Rückstau liegt vor, wenn Wasser aus den gebäudeeigenen Ableitungsrohren oder damit verbundenen Einrichtungen in das Gebäude eindringt. Dies gilt nur, wenn

A 6.4.2.1 eine Ausuferung von oberirdischen (stehenden oder fließenden) Gewässern

oder

A 6.4.2.2 Witterungsniederschläge

den Rückstau verursacht haben.

A 6.4.3 Erdbeben

Erdbeben ist eine naturbedingte Erschütterung des Erdbodens, die durch geophysikalische Vorgänge im Erdinneren ausgelöst wird.

Erdbeben wird unterstellt, wenn der Versicherungsnehmer einen der folgenden Sachverhalte nachweist:

A 6.4.3.1 Die naturbedingte Erschütterung des Erdbodens hat in der Umgebung des Versicherungsorts Schäden an Gebäuden im einwandfreien Zustand oder an ebenso widerstandsfähigen anderen Sachen angerichtet.

A 6.4.3.2 Der Schaden kann wegen des einwandfreien Zustands der versicherten Sachen nur durch ein Erdbeben entstanden sein.

A 6.4.4 Erdsenkung

Erdsenkung ist eine naturbedingte Absenkung des Erdbodens über naturbedingten Hohlräumen.

A 6.4.5 Erdrutsch

Erdrutsch ist ein naturbedingtes Abrutschen oder Abstürzen von Erd- oder Gesteinsmassen.

A 6.4.6 Schneedruck

Schneedruck ist die Wirkung des Gewichts von Schnee- oder Eismassen. Als Schneedruck gilt auch das Abrutschen von Schnee- oder Eismassen von Dächern.

A 6.4.7 Lawinen

Lawinen sind Schnee- oder Eismassen, die an Berghängen niedergehen.

A 6.4.8 Vulkanausbruch

Vulkanausbruch ist eine plötzliche Druckentladung beim Aufreißen der Erdkruste, verbunden mit Lavaergüssen, Asche-Eruptionen oder dem Austritt von sonstigen Materialien und von Gasen.

A 6.5 Nicht versicherte Schäden

Nicht versichert sind ohne Berücksichtigung mitwirkender Ursachen – es sei denn, im Folgenden sind solche genannt – Schäden durch

A 6.5.1 Sturmflut;

A 6.5.2 Eindringen von Regen, Hagel, Schnee oder Schmutz durch nicht ordnungsgemäß geschlossene Fenster, Außentüren oder andere Öffnungen. Dies gilt nicht, wenn diese Öffnungen durch Sturm oder Hagel entstanden sind und einen Gebäudeschaden darstellen;

A 6.5.3 Grundwasser, soweit nicht infolge von Witterungsniederschlägen oder Ausuferung von oberirdischen Gewässern an die Erdoberfläche gedrungen;

A 6.5.4 Brand; Blitzschlag; Überspannung durch Blitz; Explosion; Verpuffung; Implosion; Anprall oder Absturz eines Luftfahrzeugs; Fahrzeu*ganprall; Sengschäden;* Rauch- und Rußschäden. Dies gilt nicht, soweit diese Gefahren durch ein versichertes Erdbeben ausgelöst wurden;

A 6.5.5 Trockenheit oder Austrocknung.

Nicht versichert sind Schäden an

A 6.5.6 Gebäuden oder an Gebäudeteilen, die nicht bezugsfertig sind. Dies gilt auch für die in diesen Gebäuden oder Gebäudeteilen befindlichen Sachen.

A 6.5.7 Sachen, die sich außerhalb von Gebäuden befinden. Ausgenommen hiervon sind Antennenanlagen und Markisen und Balkonkraftwerke (sog. Steckersolaranlagen, steckerfertige Mini PV-Anlagen) nach A 8.3.3.

A 7 Welche Sachen sind versichert?

Versichert ist der gesamte Hausrat innerhalb des im Versicherungsschein bezeichneten Versicherungsorts. Hausrat, der anlässlich eines – auch unmittelbar bevorstehenden – Versicherungsfalls aus dem Versicherungsort entfernt und bei dieser Gelegenheit zerstört oder beschädigt wird oder abhandenkommt, ist versichert. Hausrat außerhalb des im Versicherungsschein bezeichneten Versicherungsorts ist nur im Rahmen der Außenversicherung nach A 12 versichert. Er ist auch versichert, soweit dies zusätzlich vereinbart ist.

A 8 Was gehört zum Hausrat?

A 8.1 Zum Hausrat gehören alle Sachen, die dem Haushalt des Versicherungsnehmers zur privaten Nutzung (Gebrauch bzw. Verbrauch) dienen.

A 8.2 Wertsachen und Bargeld gehören ebenfalls zum Hausrat. Hierfür gelten besondere Voraussetzungen und Entschädigungsgrenzen nach A 18.

A 8.3 Ferner gehören zum Hausrat

A 8.3.1 alle in das Gebäude eingefügten Sachen (z.B. Einbaumöbel und Einbauküchen). Dies gilt aber nur, wenn der Versicherungsnehmer diese als Mieter oder Wohnungseigentümer auf seine Kosten beschafft oder übernommen hat. Er muss aufgrund dessen hierfür die Gefahr tragen.

A 8.3.2 Anbaumöbel und Anbauküchen, die serienmäßig vorgefertigt und lediglich mit geringem Einbauaufwand an die Gebäudeverhältnisse angepasst worden sind.

A 8.3.3 privat genutzte Antennenanlagen und Markisen und Balkonkraftwerke (sog. Steckersolaranlagen, steckerfertige Mini PV-Anlagen), die ausschließlich der versicherten Wohnung nach A 10 dienen. Diese müssen sich auf dem Grundstück befinden, auf dem die versicherte Wohnung liegt.

Die Entschädigung für Balkonkraftwerke ist je Versicherungsfall auf ____ Euro begrenzt.

A 8.3.4 selbstfahrende Krankenfahrstühle, Rasenmäher, Go-Karts, Modell- und Spielfahrzeuge, soweit diese nicht versicherungspflichtig sind.

A 8.3.5 Kanus, Ruder-, Falt- und Schlauchboote einschließlich ihrer Motoren sowie Surfgeräte.

A 8.3.6 Fall- und Gleitschirme sowie nicht motorisierte Flugdrachen.

A 8.3.7 Arbeitsgeräte, Einrichtungsgegenstände, Handelswaren, Musterkollektionen und selbst hergestellte Sachen. Diese Sachen müssen dem Versicherungsnehmer oder einer Person, die mit ihm in häuslicher Gemeinschaft lebt, zu ausschließlich beruflichen oder gewerblichen Zwecken dienen.

Die Entschädigung für Handelswaren, Musterkollektionen und selbst hergestellte Sachen ist je Versicherungsfall auf ____ Euro begrenzt.

A 8.3.8 Haustiere, d.h. Tiere, die regelmäßig artgerecht in Wohnungen nach A 10.1 gehalten werden (z.B. Fische, Katzen, Vögel).

A 8.4 Zum Hausrat gehört auch fremdes Eigentum nach A 8.1 bis A 8.3, das sich im Haushalt des Versicherungsnehmers befindet. Das gilt nicht für Sachen von Mietern bzw. Untermietern des Versicherungsnehmers nach A 9.1.5.

A 9 **Was gehört nicht zum Hausrat?**

A.9.1 Nicht zum Hausrat gehören

A 9.1.1 Gebäudebestandteile, es sei denn, sie sind in A 8.3.1 genannt.

A 9.1.2 vom Gebäudeeigentümer eingebrachte oder in sein Eigentum übergegangene Sachen, für die er die Gefahr trägt. Sofern diese Sachen danach durch den Mieter oder Wohnungseigentümer ersetzt werden, sind diese ebenfalls nicht versichert.

A 9.1.3 Kraftfahrzeuge aller Art und Anhänger, unabhängig von deren Versicherungspflicht, sowie Teile und Zubehör von Kraftfahrzeugen und Anhängern, soweit nicht unter A 8.3.4 genannt.

A 9.1.4 Luft- und Wasserfahrzeuge, unabhängig von deren Versicherungspflicht, einschließlich nicht eingebauter Teile, soweit nicht unter A 8.3.4 bis A 8.3.6 genannt.

A 9.1.5 Hausrat von Mietern und Untermietern in der Wohnung des Versicherungsnehmers, es sei denn, dieser wurde ihnen vom Versicherungsnehmer überlassen.

A 9.1.6 Sachen im Privatbesitz, die durch einen gesonderten Versicherungsvertrag (z.B. für Schmucksachen und Pelze, Kunstgegenstände, Musikinstrumente bzw. Jagd- und Sportwaffen) versichert sind.

A 9.1.7 elektronisch gespeicherte Daten und Programme. Kosten für die technische Wiederherstellung von elektronisch gespeicherten, ausschließlich für die private Nutzung bestimmten Daten und Programme sind nur versichert, soweit dies zusätzlich vereinbart ist.

A 10 **Was ist unter dem Versicherungsort zu verstehen? Was ist das Versicherungsgrundstück?**

A 10.1 Der Versicherungsort ist die im Versicherungsschein bezeichnete Wohnung. Zur Wohnung gehören

A 10.1.1 *diejenigen Räume, die* Wohnzwecken dienen und eine selbständige Lebensführung ermöglichen. Dies sind die ausschließlich vom Versicherungsnehmer privat genutzten Flächen eines Gebäudes. Der Nutzung durch den Versicherungsnehmer steht eine Nutzung durch

Personen, die mit dem Versicherungsnehmer in häuslicher Gemeinschaft leben, gleich. Räume, die ausschließlich beruflich oder gewerblich genutzt werden, gehören nicht zur Wohnung. Davon ausgenommen sind Räume, die ausschließlich über die Wohnung zu betreten sind (sog. Arbeitszimmer in der Wohnung).

A 10.1.2 Loggien, Balkone sowie an das Gebäude unmittelbar anschließende Terrassen. Gleiches gilt für ausschließlich vom Versicherungsnehmer zu privaten Zwecken genutzte Räume in Nebengebäuden einschließlich Garagen. Diese müssen sich auf dem Versicherungsgrundstück befinden, auf dem sich die versicherte Wohnung befindet. Der Nutzung durch den Versicherungsnehmer steht eine Nutzung durch Personen, die mit dem Versicherungsnehmer in häuslicher Gemeinschaft leben, gleich.

A 10.1.3 gemeinschaftlich genutzte, verschließbare Räume, in dem Hausrat bestimmungsgemäß vorgehalten wird (z.B. ausgewiesene Stellflächen in Fluren, Fahrradkeller, Waschkeller). Diese müssen sich auf dem Versicherungsgrundstück befinden, auf dem sich die versicherte Wohnung befindet.

A 10.1.4 privat genutzte Garagen, soweit sich diese in der Nähe des Versicherungsgrundstücks befinden.

A 10.2 Das Versicherungsgrundstück ist das Flurstück/sind die Flurstücke, auf dem die im Versicherungsschein bezeichnete Wohnung liegt. Stehen auf einem Flurstück mehrere Gebäude, ist derjenige Teil des Flurstücks Versicherungsgrundstück, der durch Einfriedung oder anderweitige Abgrenzung ausschließlich zu der versicherten Wohnung gehört.

A 11 Was gilt für Selbstbeteiligungen und Entschädigungsgrenzen im Versicherungsvertrag?

Eine Selbstbeteiligung ist der Anteil der Entschädigung oder der Betrag, den der Versicherungsnehmer je Versicherungsfall selbst zu tragen hat. Eine Entschädigungsgrenze begrenzt die Entschädigungshöhe je Versicherungsfall nach oben.

Selbstbeteiligungen und Entschädigungsgrenzen können individuell vereinbart werden. Sie können sich je nach versicherter Gefahr und Versicherungsleistung voneinander unterscheiden.

A 12 Was ist unter der Außenversicherung zu verstehen? Was beinhaltet sie?

A 12.1 Begriff und Geltungsdauer der Außenversicherung

Außerhalb des Versicherungsorts besteht für versicherte Sachen weltweit Versicherungsschutz unter folgenden Voraussetzungen:

A 12.1.1 Die Sachen sind Eigentum oder dienen dem Gebrauch des Versicherungsnehmers. Dies gilt auch für Sachen der mit ihm in häuslicher Gemeinschaft lebenden Personen.

A 12.1.2 Die Sachen befinden sich nur vorübergehend außerhalb des Versicherungsorts. Zeiträume von mehr als __ Monaten gelten nicht als vorübergehend.

A 12.2 Unselbständiger Hausstand während Ausbildung und Freiwilligendiensten

Hält sich der Versicherungsnehmer oder eine mit ihm in häuslicher Gemeinschaft lebende Person länger außerhalb der Wohnung auf, besteht Versicherungsschutz während:

A 12.2.1 der Ausbildung;

A 12.2.2 einem freiwilligen Wehrdienst;

A 12.2.3 einem sonstigen gesetzlichen Freiwilligendienst (z.B. Freiwilliges Soziales oder Ökologisches Jahr, Bundesfreiwilligendienst).

Das gilt unabhängig von der Dauer des Aufenthalts, solange die Person keinen eigenen Hausstand gründet.

A 12.3 Besonderheit bei Einbruchdiebstahl

Für Schäden durch Einbruchdiebstahl müssen die Voraussetzungen nach A 4.1 erfüllt sein.

A 12.4 Besonderheit bei Raub

Droht der Räuber eine Gewalttat mit Gefahr für Leib oder Leben nach A 4.4.2 an, besteht Außenversicherungsschutz nur unter folgender Voraussetzung:

Die angedrohte Gewalttat soll an Ort und Stelle verübt werden.

Dies gilt auch, wenn der Raub an Personen begangen wird, die mit dem Versicherungsnehmer in häuslicher Gemeinschaft leben.

Sachen, die erst auf Verlangen des Räubers herangeschafft werden, sind nicht versichert.

A 12.5 Besonderheit bei Naturgefahren

Für Schäden durch Naturgefahren besteht Versicherungsschutz nur innerhalb von Gebäuden.

A 12.6 Selbstbeteiligung und Entschädigungsgrenzen

Es gelten die vereinbarten Selbstbeteiligungen und Entschädigungsgrenzen.

A 13 Welche Kosten sind versichert?

A 13.1 Versicherte Kosten

Der Versicherer ersetzt folgende Kosten, die infolge eines Versicherungsfalls erforderlich und tatsächlich angefallen sind:

A 13.1.1 Aufräumungskosten

A 13.1.2 Bewegungs- und Schutzkosten

A 13.1.3 Hotelkosten

A 13.1.4 Transport- und Lagerkosten

A 13.1.5 Schlossänderungskosten

A 13.1.6 Bewachungskosten

A 13.1.7 Reparaturkosten für Gebäudeschäden

A 13.1.8 Reparaturkosten für Leitungswasserschäden in Wohnungen

A 13.1.9 Kosten für provisorische Maßnahmen

A 13.1.10 Kosten für Wasser-, Gas- und Heizölverlust sowie Stromverlust aus Stromspeichern

A 13.1.11 Rückreisekosten aus dem Urlaub

A 13.1.12 Schäden am Tiefkühlgut wegen öffentlichen Stromausfalls

A 13.1.13 Kosten für Telefonmissbrauch nach einem Einbruch

A 13.2 Definition und Umfang der Kosten

A 13.2.1 Aufräumungskosten

Das sind Kosten, die entstehen, um versicherte Sachen aufzuräumen. Dies schließt Aufwendungen ein, um zerstörte und beschädigte Sachen wegzuräumen, zum nächsten Ablagerungsplatz abzutransportieren und sie zu vernichten.

A 13.2.2 Bewegungs- und Schutzkosten

Das sind Kosten, die entstehen, um andere Sachen zu bewegen, zu verändern oder zu schützen. Voraussetzung ist, dass diese Maßnahmen dazu dienen, versicherte Sachen wiederherzustellen oder wiederzubeschaffen.

A 13.2.3 Hotelkosten

Das sind Kosten, die entstehen, um eine Hotel- oder ähnliche Unterbringung ohne Nebenkosten (z.B. Frühstück) vorzunehmen. Voraussetzung ist, dass die ansonsten ständig bewohnte Wohnung unbewohnbar wurde und dem Versicherungsnehmer die Beschränkung auf einen bewohnbaren Teil nicht zumutbar ist.

Die Kosten werden bis zu dem Zeitpunkt ersetzt, in dem die Wohnung wieder bewohnbar ist. Dies gilt längstens für die Dauer von __ Tagen. Die Entschädigung ist pro Tag auf __ Euro begrenzt.

A 13.2.4 Transport- und Lagerkosten

Das sind Kosten, die entstehen, um versicherten Hausrat zu transportieren und zu lagern. Voraussetzung ist, dass die Wohnung unbenutzbar wurde und dem Versicherungsnehmer auch die Lagerung in einem benutzbaren Teil nicht zumutbar ist.

Die Kosten für die Lagerung werden bis zu dem Zeitpunkt ersetzt, in dem die Wohnung wieder benutzbar oder eine Lagerung in einem benutzbaren Teil der Wohnung wieder zumutbar ist. Dies gilt längstens für die Dauer von __ Tagen.

A 13.2.5 Schlossänderungskosten

Das sind Kosten, die entstehen, um Schlossänderungen vorzunehmen. Voraussetzung ist, dass Schlüssel für Türen der Wohnung oder für dort befindliche Wertschutzschränke durch einen Versicherungsfall abhandengekommen sind.

A 13.2.6 Bewachungskosten

Das sind Kosten, die entstehen, um versicherte Sachen zu bewachen, wenn die Wohnung unbewohnbar wurde und Schließvorrichtungen und sonstige Sicherungen keinen ausreichenden Schutz bieten.

Die Kosten werden bis zu dem Zeitpunkt ersetzt, in dem die Schließvorrichtungen oder sonstige Sicherungen wieder voll gebrauchsfähig sind. Dies gilt längstens für die Dauer von __ Stunden.

A 13.2.7 Reparaturkosten für Gebäudeschäden

Das sind Kosten, die entstehen, weil Gebäudeschäden im Bereich der Wohnung repariert werden müssen. Dies setzt voraus, dass die Schäden durch Einbruchdiebstahl, Raub oder den Versuch einer solchen Tat entstanden sind. Schäden innerhalb der Wohnung, die durch Vandalismus nach einem Einbruch oder einem Raub verursacht wurden, zählen ebenfalls dazu.

A 13.2.8 Reparaturkosten für Leitungswasserschäden in Wohnungen

Das sind Kosten, die entstehen, weil Leitungswasserschäden an Bodenbelägen, Innenanstrichen oder Tapeten repariert werden müssen. Dies setzt voraus, dass der Schaden in einer gemieteten oder in Sondereigentum befindlichen Wohnung entstanden ist.

A 13.2.9 Kosten für provisorische Maßnahmen

Das sind Kosten, die für provisorische Maßnahmen entstehen, um versicherte Sachen zu schützen.

A 13.1.10 Kosten für Wasser-, Gas- und Heizölverlust sowie Stromverlust aus Stromspeichern

Das sind Kosten, die dadurch entstehen, dass Wasser, Gas oder Heizöl wegen eines Versicherungsfalls bestimmungswidrig ausgetreten sind. Hierzu gehören auch Mehrkosten für Abwasser.

Erstattet werden auch die Kosten für den Stromverlust aus Stromspeichern.

Die Entschädigung ist je Versicherungsfall auf ___ Euro begrenzt.

A 13.1.11 Rückreisekosten aus dem Urlaub

Das sind zusätzliche Reisekosten, die dadurch entstehen, dass der Versicherungsnehmer oder eine mit ihm in häuslicher Gemeinschaft lebende Person wegen eines erheblichen Versicherungsfalls vorzeitig eine Urlaubsreise abbricht und an den Versicherungsort nach A 10.1 reist. Hierzu zählen auch die Kosten für mitreisende Personen, die mit dem Versicherungsnehmer in häuslicher Gemeinschaft leben.

Erheblich ist ein Versicherungsfall, wenn der Schaden einen Betrag in Höhe von ____ Euro voraussichtlich übersteigt. Weiterhin ist die Anwesenheit des Versicherungsnehmers oder einer mit ihm in häuslicher Gemeinschaft lebenden Person am Versicherungsort erforderlich.

Als Urlaubsreise gilt jede privat veranlasste Abwesenheit von mindestens ____ Tagen bis zu einer Dauer von höchstens ____ Wochen.

Zusätzliche Reisekosten werden nur in angemessener Höhe ersetzt. Dies richtet sich nach dem ursprünglich vorgesehenen Urlaubsreisemittel und der Dringlichkeit der Rückreise an den Versicherungsort.

*Die E*ntschädigung ist je Versicherungsfall auf _____ Euro begrenzt.

A 13.1.12 Schäden an Gefriergut

Versichert sind Schäden an Gefriergut, die dadurch entstehen, dass eine Tiefkühlanlage durch eine Unterbrechung der öffentlichen Stromversorgung ausfällt.

Die Entschädigung ist je Versicherungsfall auf ______ Euro begrenzt.

A 13.1.13 Kosten für Telefonmissbrauch nach einem Einbruch

Das sind Telefonkosten, die dadurch entstehen, dass ein Täter in einer nach A 4.1 beschriebenen Weise in die versicherte Wohnung einbricht und ein dort vorhandenes Telefon verwendet.

Die Entschädigung ist je Versicherungsfall auf ______ Euro begrenzt.

A 14 Was ist der Versicherungswert und die Versicherungssumme? Was sind die Grundlagen der Anpassung der Versicherungssumme? Was ist der Unterversicherungsverzicht?

A 14.1 Versicherungswert

Der Versicherungswert bildet die Grundlage für die Berechnung der Entschädigung.

A 14.1.1 Versicherungswert ist der Neuwert. Das ist der Betrag, der aufzuwenden ist, um Sachen gleicher Art und Güte in neuwertigem Zustand wiederzubeschaffen.

A 14.1.2 Für Kunstgegenstände nach A 18.1.1.5 und Antiquitäten nach A 18.1.1.6 ist der Versicherungswert der Betrag, der aufzuwenden ist, um Sachen gleicher Art und Güte wiederzubeschaffen.

A 14.1.3 Sind Sachen für ihren Zweck in dem versicherten Haushalt nicht mehr zu verwenden, ist der Versicherungswert der gemeine Wert. Das ist der Betrag, den der Versicherungsnehmer dafür bei einem Verkauf erzielen kann.

A 14.1.4 Ist die Entschädigung für Wertsachen auf bestimmte Beträge nach A 18.3 begrenzt, werden höchstens diese berücksichtigt.

A 14.2 Versicherungssumme

A 14.2.1 Die Versicherungssumme wird zwischen Versicherer und Versicherungsnehmer vereinbart. Sie soll dem Versicherungswert nach A 14.1 entsprechen. Ist die Versicherungssumme zu niedrig gewählt, drohen Nachteile bei der Entschädigungsberechnung. Auch bei einem vereinbarten Unterversicherungsverzicht nach A 14.4 erhält der Versicherungsnehmer höchstens die vereinbarte Versicherungssumme (siehe A 17.3).

A 14.2.2 Die Versicherungssumme errechnet sich aus dem bei Vertragsabschluss vereinbarten Betrag pro Quadratmeter Wohnfläche multipliziert mit der im Versicherungsschein genannten Wohnfläche der versicherten Wohnung.

A 14.2.3 Die Versicherungssumme wird nach A 14.3 angepasst.

A 14.2.4 Die Versicherungssumme erhöht sich um einen Vorsorgebetrag von __ Prozent.

A 14.3 Grundlagen der Anpassung von Versicherungssumme und Beitrag

Es gelten folgende Grundlagen:

A 14.3.1 Der Versicherer passt den Versicherungsschutz an die Entwicklung der Verbraucherpreise an. Er verändert hierzu den Betrag pro Quadratmeter Wohnfläche. Für die Anpassung wird der Index „Verbrauchs- und Gebrauchsgüter ohne Nahrungsmittel und ohne die normalerweise nicht in der Wohnung gelagerten Güter" verwendet. Dieser ist Bestandteil des Verbraucherpreisindexes für Deutschland (VPI). Maßgebend ist der jeweils für den Monat September vom Statistischen Bundesamt veröffentlichte Index. Der Betrag pro Quadratmeter erhöht oder vermindert sich entsprechend dem Prozentsatz, um den sich der Index im vergangenen Kalenderjahr gegenüber dem davorliegenden Kalenderjahr verändert hat. Der Veränderungsprozentsatz wird nur bis zur ersten Stelle nach dem Komma berücksichtigt.

Der neue Betrag pro Quadratmeter verändert sich jeweils mit Beginn einer jeden Versicherungsperiode. Er wird auf den nächsten vollen Euro aufgerundet. Der Versicherer gibt dem Versicherungsnehmer den gerundeten Betrag mit der neuen Versicherungssumme bekannt.

A 14.3.2 Aus der neuen Versicherungssumme ergibt sich ein neuer Beitrag.

A 14.3.3 Der Versicherungsnehmer kann der Anpassung der Versicherungssumme durch Erklärung in Textform (z.B. E-Mail, Telefax oder Brief) widersprechen. Dies muss innerhalb eines Monats geschehen, nachdem ihm die Mitteilung über die neue Versicherungssumme zugegangen ist. Um die Frist zu wahren, genügt es, den Widerspruch rechtzeitig abzusenden. Damit wird die Anpassung nicht wirksam. Die möglichen Auswirkungen des Widerspruchs auf einen vereinbarten Unterversicherungsverzicht ergeben sich aus A 14.4.4.

A 14.4 Geltung und Umfang des Unterversicherungsverzichts

A 14.4.1 Unterversicherungsverzicht

Der Unterversicherungsverzicht bedeutet, dass der Versicherer im Schadenfall auf den Einwand einer Unterversicherung verzichtet. Eine Unterversicherung besteht, wenn die vereinbarte Versicherungssumme zum Zeitpunkt des Versicherungsfalls niedriger als der Versicherungswert (siehe A 14.1) ist. Das kann dazu führen, dass der Versicherer die Entschädigung wegen Unterversicherung nach A 17.4 kürzt. Mit dem Verzicht erfolgt bei der Entschädigungsberechnung nach A 17.3 kein Abzug.

A 14.4.2 Voraussetzungen

Der Versicherer verzichtet auf den Einwand einer Unterversicherung, wenn alle folgenden Voraussetzungen vorliegen:

A 14.4.2.1 Die Wohnfläche entspricht zum Zeitpunkt des Versicherungsfalls der im Versicherungsschein genannten Wohnfläche.

A 14.4.2.2 *Die* Versicherungssumme wird auf folgende Weise ermittelt: Die Anzahl der Quadratmeter Wohnfläche wird mit mindestens dem Wert multipliziert, den der Versicherer vorsieht, um den Unterversicherungsverzicht vereinbaren zu können.

A 14.4.2.3 Es besteht kein weiterer Hausratversicherungsvertrag ohne Unterversicherungsverzicht für denselben Versicherungsort.

A 14.4.3 Wohnungswechsel

Wechselt der Versicherungsnehmer die Wohnung, geht ein bisher vereinbarter Unterversicherungsverzicht auf die neue Wohnung über.

Dies gilt dann, wenn die Voraussetzungen für den Unterversicherungsverzicht nach A 14.4.2 für die neue Wohnung vorliegen.

Vergrößert sich die Wohnfläche der neuen Wohnung gilt: Der Unterversicherungsverzicht besteht bis zu zwei Monate nach Umzugsbeginn fort. In dieser Zeit muss der Vertrag an die tatsächliche Anzahl der Quadratmeter angepasst werden. Der Unterversicherungsverzicht entfällt nach Ablauf dieser Frist, wenn bis dahin keine Anpassung erfolgte.

A 14.4.4 Auswirkung eines Widerspruchs gegen die Anpassung der Versicherungssumme

Durch einen Widerspruch entfällt ein vereinbarter Unterversicherungsverzicht.

Dies gilt aber nur, wenn dadurch der Betrag pro Quadratmeter Wohnfläche unterschritten wird, der zum Zeitpunkt der Anpassung vom Versicherer für den Unterversicherungsverzicht vorgegeben ist.

Der Versicherer hat den Versicherungsnehmer über den Wegfall des Unterversicherungsverzichts in Textform (z.B. E-Mail, Telefax oder Brief) zu informieren.

A 14.4.5 Kündigung

Versicherungsnehmer und Versicherer können den Unterversicherungsverzicht mit einer Frist von drei Monaten zum Ende der Versicherungsperiode in Textform (z.B. E-Mail, Telefax oder Brief) kündigen.

Kündigt der Versicherer, kann der Versicherungsnehmer den Vertrag zum Ende der laufenden Versicherungsperiode kündigen. Dafür hat er nach Zugang der Erklärung des Versicherers einen Monat Zeit.

A 15 Was sind die Grundlagen der Berechnung und Anpassung des Beitrags?

[Platzhalter für unternehmensindividuelle Regelungen zur Berechnung und Anpassung des Beitrags.]

A 16 Was gilt bei einem Wohnungswechsel?

A 16.1 Umzug in eine neue Wohnung

Wechselt der Versicherungsnehmer die Wohnung, geht der Versicherungsschutz auf die neue Wohnung über. Während des Wohnungswechsels besteht in beiden Wohnungen Versicherungsschutz. Der Versicherungsschutz in der bisherigen Wohnung erlischt spätestens __ Monate nach Umzugsbeginn. Der Umzug beginnt mit dem Zeitpunkt, in dem erstmals versicherte Sachen dauerhaft in die neue Wohnung gebracht werden.

A 16.2 Mehrere Wohnungen

Bewohnt der Versicherungsnehmer neben der neuen weiterhin seine bisherige Wohnung (Doppelwohnsitz), geht der Versicherungsschutz nicht über. Für eine Übergangszeit von __ Monaten besteht Versicherungsschutz in beiden Wohnungen.

A 16.3 Umzug ins Ausland

Liegt die neue Wohnung nicht innerhalb der Bundesrepublik Deutschland, geht der Versicherungsschutz nicht auf die neue Wohnung über. Der Versicherungsschutz in der bisherigen Wohnung erlischt spätestens __ Monate nach Umzugsbeginn.

A 16.4 Anzeige der neuen Wohnung

A 16.4.1 Ein Wohnungswechsel muss dem Versicherer spätestens bei Umzugsbeginn angezeigt werden. Dabei ist die neue Wohnfläche in Quadratmetern anzugeben.

A 16.4.2 Waren für die bisherige Wohnung besondere Sicherungen vereinbart, ist dem Versicherer mitzuteilen, ob auch in der neuen Wohnung entsprechende Sicherungen vorhanden sind. Die Anzeige muss in Textform (z.B. E-Mail, Telefax oder Brief) erfolgen.

A 16.4.3 Verändert sich nach dem Wohnungswechsel die Wohnfläche oder der Wert des Hausrats, kann das zu Unterversicherung führen, wenn der Versicherungsschutz nicht angepasst wird.

A 16.5 Festlegung des neuen Beitrags, Kündigungsrecht

A 16.5.1 Mit Umzugsbeginn gelten die Tarifbestimmungen des Versicherers, die am Ort der neuen Wohnung gültig sind.

A 16.5.2 Wenn sich der Beitrag aufgrund veränderter Beitragssätze erhöht, kann der Versicherungsnehmer den Vertrag kündigen. Dies gilt auch, wenn die Selbstbeteiligung erhöht wird. Kündigt der Versicherungsnehmer, muss er das in Textform (z.B. E-Mail, Telefax oder Brief) tun. Dafür hat er einen Monat nach Zugang der Mitteilung über die Erhöhung Zeit. Maßgeblich für die Wahrung der Frist ist der Zugang beim Versicherer. Die Kündigung wird einen Monat, nachdem sie dem Versicherer zugegangen ist, wirksam.

A 16.5.3 Dem Versicherer steht im Fall einer Kündigung der Beitrag nur in bisheriger Höhe und zeitanteilig bis zur Wirksamkeit der Kündigung zu.

A 16.6 Aufgabe einer gemeinsamen Ehewohnung

Im Fall einer Trennung von Ehegatten gilt Folgendes:

A 16.6.1 Zieht der Versicherungsnehmer aus der gemeinsamen Ehewohnung aus und bleibt der Ehegatte dort zurück, gelten als Versicherungsort beide Wohnungen: Die bisherige Ehewohnung und die neue Wohnung des Versicherungsnehmers. Dies gilt so lange, bis der Versicherungsvertrag geändert wird, längstens bis zum Ablauf von __ Monaten nach der auf den Auszug folgenden Beitragsfälligkeit. Danach besteht Versicherungsschutz nur noch in der neuen Wohnung des Versicherungsnehmers.

A 16.6.2 Wenn beide Ehegatten Versicherungsnehmer sind und einer von ihnen aus der Ehewohnung auszieht, sind Versicherungsort ebenfalls beide Wohnungen: Die bisherige Ehewohnung und die neue Wohnung des ausziehenden Ehegatten. Dies gilt so lange, bis der Versicherungsvertrag geändert wird, längstens bis zum Ablauf von __ Monaten nach der auf den Auszug folgenden Beitragsfälligkeit. Danach erlischt der Versicherungsschutz für die neue Wohnung.

A 16.6.3 Wenn beide Ehegatten Versicherungsnehmer sind und beide in neue Wohnungen ziehen, gilt A 16.6.2 entsprechend. Nach Ablauf der Frist von __ Monaten nach der auf den Auszug folgenden Beitragsfälligkeit erlischt der Versicherungsschutz für beide neuen Wohnungen.

A 16.7 **Lebensgemeinschaften, Lebenspartnerschaften**

A 16.6 gilt auch für eheähnliche Lebensgemeinschaften und Lebenspartnerschaften, sofern beide Partner am Versicherungsort gemeldet sind.

A 17 **Wie wird die Entschädigung ermittelt? Was gilt bei einer Unterversicherung?**

A 17.1 Der Versicherer ersetzt

A 17.1.1 bei zerstörten oder abhandengekommenen Sachen den Versicherungswert nach A 14.1 zum Zeitpunkt des Versicherungsfalls. Der erzielbare Verkaufspreis von Resten wird bei der Entschädigungsberechnung angerechnet.

A 17.1.2 bei beschädigten Sachen die erforderlichen Reparaturkosten zum Zeitpunkt des Versicherungsfalls. Der Versicherer ersetzt außerdem eine Wertminderung, die durch die Reparatur nicht ausgeglichen wird. Ersetzt wird aber höchstens der Versicherungswert nach A 14.1 zum Zeitpunkt des Versicherungsfalls. Der erzielbare Verkaufspreis von Resten wird bei der Entschädigungsberechnung angerechnet.

A 17.1.3 bei beschädigten Sachen, deren Gebrauchsfähigkeit nicht beeinträchtigt ist (Schönheitsschaden), einen Betrag der dem Minderwert entspricht. Das setzt voraus, dass dem Versicherungsnehmer eine Nutzung dieser Sache ohne Reparatur zumutbar ist.

A 17.2 **Mehrwertsteuer**

Die Mehrwertsteuer wird nur ersetzt, wenn und soweit sie anlässlich der Wiederherstellung oder Wiederbeschaffung tatsächlich angefallen ist. Sie wird nicht ersetzt, wenn der Versicherungsnehmer zum Vorsteuerabzug berechtigt ist.

A 17.3 **Gesamtentschädigung, Kosten auf Weisung des Versicherers**

Die Gesamtentschädigung für versicherte Sachen einschließlich versicherter Kosten ist je Versicherungsfall auf die zum Zeitpunkt des Versicherungsfalls geltende Versicherungssumme einschließlich Vorsorgebetrag nach A 14.2.4 begrenzt.

Schadenabwendungs- und Schadenminderungskosten, die auf Weisung des Versicherers entstanden sind, werden unbegrenzt ersetzt.

Wird die vereinbarte Versicherungssumme einschließlich Vorsorgebetrag für die Entschädigung versicherter Sachen bereits vollständig ausgeschöpft, gilt Folgendes: Versicherte Kosten nach A 13 werden darüber hinaus bis zu __ Prozent der Versicherungssumme nach A 14.2.1 bis A 14.2.3 ersetzt.

A 17.4 Feststellung und Berechnung einer Unterversicherung

Ist die Versicherungssumme zum Zeitpunkt des Versicherungsfalls niedriger als der Versicherungswert nach A 14.1, besteht eine Unterversicherung. In diesem Fall kann die Entschädigung nach A 17.1 in dem Verhältnis von Versicherungssumme zum Versicherungswert gekürzt werden. Es gilt folgende Berechnungsformel: Entschädigung = Schadenbetrag multipliziert mit der Versicherungssumme dividiert durch den Versicherungswert.

Die Erstattung von versicherten Kosten nach A 13 wird nach der gleichen Berechnungsformel in dem Verhältnis von Versicherungssumme zum Versicherungswert gekürzt. Das schließt auch Schadenabwendungs-, Schadenminderungs- und Schadenermittlungskosten ein.

A 17.5 Kosten

Versicherte Kosten nach A 13 werden ersetzt, wenn sie nachweislich tatsächlich angefallen sind. Dabei werden die jeweils vereinbarten Entschädigungsgrenzen berücksichtigt.

A 18 Was sind Wertsachen? Was sind Wertschutzschränke? Welche Entschädigungsgrenzen gelten für Wertsachen?

A 18.1 Wertsachen

A 18.1.1 Versicherte Wertsachen nach A 8.2 sind:

A 18.1.1.1 Bargeld sowie auf Karten oder sonstige Datenträger geladene Geldbeträge;

A 18.1.1.2 Urkunden einschließlich Sparbücher und sonstige Wertpapiere;

A 18.1.1.3 Schmucksachen, Edelsteine, Perlen, Briefmarken, Münzen, Medaillen sowie alle Sachen aus Gold oder Platin;

A 18.1.1.4 Pelze, handgeknüpfte Teppiche, Gobelins und Kunstgegenstände sowie nicht in A 18.1.1.3 genannte Sachen aus Silber;

A 18.1.1.5 Antiquitäten, die über 100 Jahre alt sind, mit Ausnahme von Möbelstücken.

A 18.2 Wertschutzschränke

A 18.2.1 Wertschutzschränke sind Sicherheitsbehältnisse, die durch ________ anerkannt sind.

A 18.2.2 Zusätzlich gilt:

Freistehende Wertschutzschränke müssen ein Mindestgewicht von ___ kg aufweisen. Bei geringerem Gewicht müssen sie nach den Herstellervorschriften fachmännisch verankert oder in der Wand oder im Fußboden bündig eingelassen sein.

A 18.3 Entschädigungsgrenzen

A 18.3.1 Wertsachen werden je Versicherungsfall bis __ Prozent der Versicherungssumme entschädigt, sofern nichts anderes vereinbart ist.

A 18.3.2 Für Wertsachen außerhalb eines verschlossenen Wertschutzschranks nach A 18.2 gelten folgende Entschädigungsgrenzen je Versicherungsfall, höchstens jedoch der jeweils vereinbarte Betrag:

A 18.3.2.1 __ Prozent der Versicherungssumme insgesamt für Bargeld und auf Karten oder sonstige Datenträger geladene Geldbeträge mit Ausnahme von Münzen, deren Versicherungswert den Nennbetrag übersteigt;

A 18.2.2.2 __ Prozent der Versicherungssumme insgesamt für Urkunden einschließlich Sparbücher und sonstige Wertpapiere;

A 18.2.2.3 __ Prozent der Versicherungssumme insgesamt für Schmucksachen, Edelsteine, Perlen, Briefmarken, Münzen, Medaillen sowie alle Sachen aus Gold oder Platin.

A 19 Welche Regeln gelten für das Sachverständigenverfahren?

A 19.1 Feststellung der Schadenhöhe

Der Versicherungsnehmer kann nach Eintritt des Versicherungsfalls verlangen, dass die Höhe des Schadens in einem Sachverständigenverfahren festgestellt wird.

Ein solches Sachverständigenverfahren können der Versicherer und der Versicherungsnehmer auch gemeinsam vereinbaren.

A 19.2 Weitere Feststellungen

Der Versicherungsnehmer und der Versicherer können vereinbaren, das Sachverständigenverfahren auf weitere Feststellungen zum Versicherungsfall auszudehnen.

A 19.3 Verfahren vor der Feststellung

Für das Sachverständigenverfahren gilt:

A 19.3.1 Jede Partei hat in Textform (z.B. E-Mail, Telefax oder Brief) einen Sachverständigen zu benennen. Eine Partei, die ihren Sachverständigen benannt hat, kann die andere Partei in Textform (z.B. E-Mail, Telefax oder Brief) auffordern, den zweiten Sachverständigen zu benennen. Dabei muss sie den von ihr benannten Sachverständigen angeben. Der zweite Sachverständige muss innerhalb von zwei Wochen nach Zugang der Aufforderung benannt werden. Wenn das nicht geschieht, kann die auffordernde Partei den Sachverständigen durch das für den Schadenort zuständige Amtsgericht ernennen lassen. In seiner Aufforderung muss der Versicherer den Versicherungsnehmer auf diese Folge hinweisen.

A 19.3.2 Der Versicherer darf folgende Personen nicht als Sachverständigen benennen:

A 19.3.2.1 Mitbewerber des Versicherungsnehmers,

A 19.3.2.2 Personen, die mit dem Versicherungsnehmer in dauernder Geschäftsverbindung stehen,

A 19.3.2.3 Personen, die bei Mitbewerbern oder Geschäftspartnern des Versicherungsnehmers angestellt sind oder mit ihnen in einem ähnlichen Verhältnis stehen.

A 19.3.3 Beide Sachverständige benennen in Textform (z.B. E-Mail, Telefax oder Brief) vor Beginn ihrer Feststellungen einen dritten Sachverständigen als Obmann. Die Regelung nach A 19.3.2 gilt auch für seine Benennung. Wenn sich die Sachverständigen nicht einigen, wird der Obmann durch das für den Schadenort zuständige Amtsgericht ernannt. Dies geschieht auf Antrag einer der beiden Parteien.

A 19.4 Feststellung

Die Feststellungen der Sachverständigen müssen enthalten:

A 19.4.1 ein Verzeichnis der abhanden gekommenen, der zerstörten und der beschädigten versicherten Sachen mit den dazugehörigen Versicherungswerten zum Zeitpunkt des Versicherungsfalls,

A 19.4.2 die Wiederherstellungs- und Wiederbeschaffungskosten,

A 19.4.3 die Restwerte der vom Schaden betroffenen Sachen,

A 19.4.4 die versicherten Kosten.

Wenn kein Unterversicherungsverzicht gegeben ist, muss zudem der Versicherungswert der nicht vom Schaden betroffenen versicherten Sachen zum Zeitpunkt des Versicherungsfalls enthalten sein.

A 19.5 Verfahren nach der Feststellung

Jeder Sachverständige übermittelt seine Feststellungen beiden Parteien gleichzeitig. Weichen die Feststellungen der Sachverständigen voneinander ab, übergibt der Versicherer sie unverzüglich dem Obmann. Dieser entscheidet über die darin streitig gebliebenen Punkte. Die Feststellungen der Sachverständigen bilden dabei die Grenzen für den Entscheidungsspielraum des Obmanns. Seine Entscheidung übermittelt der Obmann beiden Parteien gleichzeitig.

Die Feststellungen der Sachverständigen bzw. des Obmanns sind für die Vertragsparteien verbindlich. Sie sind unverbindlich, wenn nachgewiesen wird, dass sie offenbar von der wirklichen Sachlage erheblich abweichen.

Aufgrund von verbindlichen Feststellungen berechnet der Versicherer die Entschädigung. Wenn die Feststellungen unverbindlich sind, trifft das Gericht eine verbindliche Feststellung. Dies gilt auch, wenn die Sachverständigen die Feststellung nicht treffen können oder wollen oder sie verzögern.

A 19.6 Kosten

Sofern nicht etwas anderes vereinbart ist, trägt jede Partei die Kosten ihres Sachverständigen. Die Kosten des Obmanns tragen beide Parteien je zur Hälfte.

A 19.7 Obliegenheiten

*Durch das Sach*verständigenverfahren werden die Obliegenheiten des Versicherungsnehmers nicht berührt.

A 20 Wann wird die Entschädigung gezahlt und wie wird sie verzinst?

A 20.1 Fälligkeit der Entschädigung

Die Entschädigung wird fällig, wenn der Versicherer den Anspruch dem Grund und der Höhe nach abschließend festgestellt hat. Der Versicherungsnehmer kann einen Monat nach Meldung des Schadens den Betrag als Abschlagszahlung beanspruchen, der voraussichtlich mindestens zu zahlen ist.

A 20.2 Verzinsung

Für die Verzinsung gelten folgende Regelungen, soweit nicht aus einem anderen Rechtsgrund eine weitergehende Zinspflicht besteht:

A 20.2.1 Entschädigung

Sie ist ab dem Tag der Schadenmeldung zu verzinsen. Dies gilt nicht, soweit die Entschädigung innerhalb eines Monats geleistet wurde.

A 20.2.2 Zinssatz

Der Zinssatz liegt __ Prozentpunkt(e) unter dem jeweiligen Basiszinssatz des Bürgerlichen Gesetzbuchs (§ 247 BGB[1]), mindestens aber bei __ Prozent und höchstens bei __ Prozent Zinsen pro Jahr.

Die Zinsen werden zusammen mit der Entschädigung fällig.

A 20.3 Hemmung

Bei der Berechnung der Fristen nach A 20.1 und A 20.2.1 gilt: Nicht zu berücksichtigen ist der Zeitraum, für den wegen Verschuldens des Versicherungsnehmers die Entschädigung nicht ermittelt oder nicht gezahlt werden kann.

A 20.4 Aufschiebung der Zahlung

Der Versicherer kann die Zahlung aufschieben, solange

A 20.4.1 Zweifel an der Empfangsberechtigung des Versicherungsnehmers bestehen;

A 20.4.2 ein behördliches oder strafgerichtliches Verfahren gegen den Versicherungsnehmer oder seinen Repräsentanten aus Anlass dieses Versicherungsfalls noch läuft.

A 21 Welche vertraglich vereinbarten Sicherheitsvorschriften (zusätzliche Obliegenheiten) hat der Versicherungsnehmer vor dem Versicherungsfall zu erfüllen?

A 21.1 Sicherheitsvorschriften in der kalten Jahreszeit

Als vertraglich vereinbarte, zusätzliche Obliegenheiten gelten folgende Sicherheitsvorschriften:

Der Versicherungsnehmer hat in der kalten Jahreszeit die Wohnung nach A 10 zu beheizen und dies genügend häufig zu kontrollieren. Alternativ sind dort alle wasserführenden Anlagen und Einrichtungen abzusperren, zu entleeren und entleert zu halten.

---

[1] **Habersack, Deutsche Gesetze Nr. 20.**

A 21.2 Folgen einer Obliegenheitsverletzung

Verletzt der Versicherungsnehmer eine der in A 21.1 genannten Obliegenheiten, gilt unter den Voraussetzungen nach Teil B 3.3.1.2 und B 3.3.3 Folgendes: Der Versicherer ist berechtigt zu kündigen. Außerdem kann er ganz oder teilweise leistungsfrei sein.

A 22 Welche besondere Obliegenheit hat der Versicherungsnehmer nach dem Versicherungsfall zu erfüllen?

A 22.1 Besondere Obliegenheit bei Verlust von Wertpapieren und Urkunden

Der Versicherungsnehmer hat bei zerstörten oder abhanden gekommenen Wertpapieren und sonstigen Urkunden etwaige Rechte zu wahren.

Zum Beispiel muss er für aufgebotsfähige Wertpapiere und Urkunden unverzüglich das Aufgebotsverfahren einleiten. Ebenso muss er Sparbücher sowie andere sperrfähige Urkunden unverzüglich sperren lassen.

A 22.2 Folgen der Obliegenheitsverletzung

Verletzt der Versicherungsnehmer diese Obliegenheit, gilt unter den Voraussetzungen nach Teil B 3.3.3 Folgendes: Der Versicherer kann ganz oder teilweise leistungsfrei sein.

A 23 Welche besonderen Umstände erhöhen die Gefahr?

A 23.1 Anzeigepflichtige Gefahrerhöhung

Eine anzeigepflichtige Gefahrerhöhung nach Teil B 3.2 kann insbesondere in den folgenden Fällen vorliegen:

A 23.1.1 Es ändert sich ein Umstand, nach dem der Versicherer vor Vertragsschluss gefragt hat.

A 23.1.2 Anlässlich eines Wohnungswechsels nach A 16 ändert sich ein Umstand, nach dem im Antrag gefragt worden ist.

A 23.1.3 Die ansonsten ständig bewohnte Wohnung bleibt länger als __ Tage oder über eine für den Einzelfall vereinbarte längere Frist hinaus unbewohnt.

Sie ist zudem auch nicht beaufsichtigt oder in geeigneter Weise gesichert. Beaufsichtigt ist eine Wohnung z.B. dann, wenn sich während der Nacht eine dazu berechtigte volljährige Person darin aufhält.

A 23.1.4 Vereinbarte Sicherungen wurden beseitigt, vermindert oder sind in nicht gebrauchsfähigem Zustand. Das gilt auch bei einem Wohnungswechsel.

A 23.2 Folgen einer Gefahrerhöhung

Die Folgen einer Gefahrerhöhung sind in Teil B 3.2.3 bis B 3.2.5 geregelt.

A 24 Was gilt für wiederherbeigeschaffte Sachen?

A 24.1 Anzeigepflicht

Erlangt der Versicherer oder der Versicherungsnehmer Kenntnis über den Verbleib abhandengekommener Sachen, hat er dies dem Vertragspartner unverzüglich anzuzeigen. Die Anzeige muss in Textform (z.B. E-Mail, Telefax oder Brief) erfolgen.

A 24.2 Entschädigung

Hat der Versicherungsnehmer den Besitz einer abhandengekommenen Sache wiedererhalten, so gilt für die Entschädigung dieser Sache:

A 24.2.1 Vor Zahlung der abschließenden Entschädigung

Der Versicherungsnehmer behält den Anspruch auf die Entschädigung. Das setzt voraus, dass er dem Versicherer die Sache innerhalb von zwei Wochen zur Verfügung stellt. Andernfalls ist eine zwischenzeitlich geleistete Entschädigung für diese Sache zurückzuzahlen. Das gilt auch für eine anteilig geleistete Entschädigung.

A 24.2.2 Nach Zahlung der abschließenden Entschädigung

Der Versicherungsnehmer kann innerhalb von zwei Wochen nach Empfang einer Aufforderung des Versicherers wählen, die Entschädigung zurückzuzahlen und die Sache zu behalten. Andernfalls gelten folgende Regelungen:

A 24.2.2.1 Bei Entschädigung der Sache in voller Höhe des Versicherungswerts kann er dem Versicherer die Sache zur Verfügung stellen. Dieses Wahlrecht muss er innerhalb von zwei Wochen nach Empfang der Aufforderung des Versicherers ausüben. Tut der Versicherungsnehmer das nicht, geht das Wahlrecht auf den Versicherer über.

A 24.2.2.2 Bei Entschädigung der Sache in bedingungsgemäß anteiliger Höhe des Versicherungswerts muss er sie im Einvernehmen mit dem Versicherer öffentlich meistbietend verkaufen lassen. Der Versicherer erhält von dem Erlös abzüglich der Verkaufskosten höchstens den Anteil, den er bereits für die Sache entschädigt hat.

A 24.3 Beschädigte Sachen

Behält der Versicherungsnehmer wiederherbeigeschaffte Sachen und sind diese beschädigt worden, kann er auch die bedingungsgemäße Entschädigung in Höhe der Reparaturkosten verlangen oder behalten.

A 24.4 Mögliche Rückerlangung

Ist es dem Versicherungsnehmer möglich, den Besitz einer abhandengekommenen Sache zurück zu erlangen, ohne dass er davon Gebrauch macht, gilt die Sache als zurückerhalten.

A 24.5 Übertragung der Rechte

Muss der Versicherungsnehmer dem Versicherer zurückerlangte Sachen zur Verfügung stellen, gilt:

Er hat dem Versicherer den Besitz, das Eigentum und alle sonstigen Rechte zu übertragen, die ihm an diesen Sachen zustehen.

A 24.6 Rückabwicklung bei kraftlos erklärten Wertpapieren

Ist ein Wertpapier in einem Aufgebotsverfahren für kraftlos erklärt worden, hat der Versicherungsnehmer die gleichen Rechte und Pflichten wie bei Zurückerlangung des Wertpapiers. Er kann die Entschädigung jedoch behalten, soweit ihm bei der Rückabwicklung durch Verzögerung fälliger Leistungen aus den Wertpapieren ein Zinsverlust entstanden ist.

62d. Allgemeine Wohngebäude Versicherungsbedingungen (VGB 2022 – Wohnflächenmodell)

Musterbedingungen des GDV[1)]

(Stand: November 2023)

Unverbindliche Bekanntgabe des Gesamtverbandes der Deutschen Versicherungswirtschaft e.V. (GDV) zur fakultativen Verwendung. Abweichende Vereinbarungen sind möglich.

[Inhaltsübersicht]

Präambel zu den Allgemeinen Wohngebäude Versicherungsbedingungen (VGB 2022 – Wohnflächenmodell)

Die Verbundene Wohngebäudeversicherung schützt Sie vor den finanziellen Folgen von Sachschäden an Ihrem Gebäude. Versicherbar sind Schäden durch die in diesen Versicherungsbedingungen zusammengefassten (verbundenen) Gefahren. Welche der versicherbaren Gefahren (z.B. Brand, Sturm und Hagel, Leitungswasser) tatsächlich versichert sein *sollen*, *vereinbaren* Sie mit uns. Wird das Gebäude zerstört oder beschädigt, entschädigen wir Sie für dessen Wiederherstellung nach den unten stehenden Bestimmungen. In der Regel vereinbaren wir mit Ihnen die Wiederherstellung in gleicher Art und Güte im neuwertigen Zustand in der Form einer Gleitenden Neuwertversicherung Plus. Das „Plus" steht für die Einbeziehung von Mehrkosten, die durch öffentlich-rechtliche Auflagen sowie Preissteigerungen zwischen Versicherungsfall und Wiederherstellung entstehen

[1)] In der jeweils aktuellen Fassung kostenlos abrufbar unter www.gdv.de.

können. Wir übernehmen auch eine Reihe von Folgekosten (z.B. Aufräumungs- und Abbruchkosten), die ein Schadenereignis auslöst.

Die „Allgemeinen Wohngebäude Versicherungsbedingungen" sind die Vertragsgrundlage für Ihre Verbundene Wohngebäudeversicherung. Auf die gleichzeitige Verwendung männlicher und weiblicher Sprachformen verzichten wir. Personenbezogene Formulierungen sind geschlechtsneutral zu verstehen.

Ihrem besseren Verständnis dieser Versicherungsbedingungen dienen folgende rechtlich unverbindliche Begriffserläuterungen:

Versicherungsnehmer: Das sind Sie als unser Vertragspartner und Käufer des Versicherungsschutzes.

Versicherungsfall: Der Versicherungsfall ist das Ereignis, für das wir Entschädigung leisten.

Ausschlüsse: Ein Ausschluss beschreibt eine Gefahr, eine Schadenart oder eine Sache, für die kein Versicherungsschutz besteht. Ausschlüsse dienen der Abgrenzung des Leistungsversprechens und gewährleisten, dass der Versicherungsschutz kalkulierbar bleibt. Sie finden sie in den Bedingungen entweder als generelle Ausschlüsse (z.B. Krieg) oder in Bestimmungen zu einzelnen Gefahren und Schäden sowie bei der Beschreibung der versicherten Sachen.

Gleitende Neuwertversicherung Plus: Die Gleitende Neuwertversicherung Plus geht von einem Betrag aus, der aufzuwenden ist, um ein Gebäude in gleicher Art und Güte wiederherzustellen. Wir berücksichtigen dabei automatisch eventuelle Mehrkosten durch öffentlichrechtliche Wiederherstellungsbeschränkungen. Außerdem passen wir den Versicherungsschutz an die Preisveränderungen der Baukosten für das Gebäude an. Diese Anpassung wirkt sich sowohl auf die Versicherungsleistung als auch Ihren Versicherungsbeitrag aus.

Obliegenheiten: Das sind Ihre Verhaltenspflichten vor, während und nach dem Versicherungsfall. Zum Beispiel müssen Sie Sicherheitsvorschriften zum Brand- oder Frostschutz einhalten. Wenn Sie Obliegenheiten verletzen, gefährden Sie Ihren Versicherungsschutz.

Realgläubiger: Realgläubiger sind Kreditgeber, die ihre Forderung über ein im Grundbuch eingetragenes Grundpfandrecht (z.B. Hypothek, Grundschuld) gesichert haben. Das können z.B. Banken oder Bausparkassen sein. Die Interessen der Realgläubiger sind im Rahmen einer Wohngebäudeversicherung gesetzlich geschützt. Sie müssen u.a. bei Zahlung von Versicherungsleistungen und der Beendigung des Versicherungsvertrages einbezogen werden.

Unverbindliche Bekanntgabe des Gesamtverbandes der Deutschen Versicherungswirtschaft e.V. (GDV) zur fakultativen Verwendung. Abweichende Vereinbarungen sind möglich.

Teil A

A 1 Welche Gefahren sind versicherbar? Welche Schäden sind versichert?

Der Versicherer entschädigt für versicherte Sachen, die durch folgende Ereignisse (Gefahren) zerstört oder beschädigt werden oder infolge solcher Ereignisse abhandenkommen:

A 1.1 Brand; Blitzschlag; Überspannung durch Blitz; Explosion; Verpuffung; Implosion; Anprall oder Absturz eines Luftfahrzeugs; Fahrzeuganprall; Sengschäden; Rauch- und Rußschäden;

A 1.2 Leitungswasser;

A 1.3 Naturgefahren;

A 1.3.1 Sturm, Hagel;

A 1.3.2 die weiteren Naturgefahren (Elementargefahren) Überschwemmung, Rückstau, Erdbeben, Erdsenkung, Erdrutsch, Schneedruck, Lawinen und Vulkanausbruch.

Jede der Gefahrengruppen nach A 1.1, A 1.2 und A 1.3.1 kann auch einzeln versichert werden. Weitere Naturgefahren (Elementargefahren) nach A 1.3.2 können ausschließlich in Verbindung mit einer oder mehreren unter A 1.1, A 1.2 und A 1.3.1 genannten Gefahren versichert werden.

A 2 Welche generellen Ausschlüsse gibt es?

A 2.1 Ausschluss Krieg

Nicht versichert sind Schäden durch Krieg, kriegsähnliche Ereignisse, Bürgerkrieg, Revolution, Rebellion oder Aufstand. Das gilt ohne Berücksichtigung mitwirkender Ursachen.

A 2.2 Ausschluss Innere Unruhen

Nicht versichert sind Schäden durch Innere Unruhen. Das gilt ohne Berücksichtigung mitwirkender Ursachen.

A 2.3 Ausschluss Kernenergie

Nicht versichert sind Schäden durch Kernenergie, nukleare Strahlung oder radioaktive Substanzen. Das gilt ohne Berücksichtigung mitwirkender Ursachen.

A 3 Was ist unter Brand; Blitzschlag; Überspannung durch Blitz und Explosion zu verstehen? Welche Schäden sind darüber hinaus versichert? Welche Schäden sind hier nicht versichert?

A 3.1 Brand

Brand ist ein Feuer, das ohne einen bestimmungsgemäßen Herd entstanden ist oder ihn verlassen hat und das sich aus eigener Kraft auszubreiten vermag.

Versichert sind auch Schäden durch einen Brand, der aus einem Nutzfeuer entstanden ist.

A 3.2 Blitzschlag

Blitzschlag ist der unmittelbare Übergang eines Blitzes auf Sachen.

A 3.3 Überspannung durch Blitz

Überspannung durch Blitz ist ein Schaden, der durch Überspannung, Überstrom oder Kurzschluss infolge eines Blitzes oder durch sonstige atmosphärisch bedingte Elektrizität an versicherten elektrischen Einrichtungen und Geräten entsteht.

A 3.4 Explosion, Verpuffung

Explosion und Verpuffung sind plötzlich verlaufende Kraftäußerungen, die auf dem Ausdehnungsbestreben von Gasen oder Dämpfen beruhen. Der Unterschied zwischen Explosion und Verpuffung liegt in der Intensität der Kraftäußerung.

Die Explosion eines Behälters (Kessel, Rohrleitung usw.) liegt nur unter besonderen Voraussetzungen vor. Die Wandung muss in einem solchen Umfang zerrissen werden, dass ein plötzlicher Ausgleich des Druckunterschieds innerhalb und außerhalb des Behälters stattfindet. Wird im Innern eines Behälters eine Explosion durch chemische Reaktion hervorgerufen, so ist ein Zerreißen seiner Wandung nicht erforderlich.

A 3.5 Implosion

Implosion ist ein plötzlicher, unvorhersehbarer Zusammenfall eines Hohlkörpers durch äußeren Überdruck infolge eines inneren Unterdrucks.

A 3.6 Anprall oder Absturz eines Luftfahrzeugs, seiner Teile oder Ladung

Versichert ist der Anprall oder Absturz eines Luftfahrzeugs. Gleiches gilt für den Anprall oder Absturz seiner Teile oder seiner Ladung.

A 3.7 Fahrzeuganprall durch Straßen-, Schienen- oder Wasserfahrzeuge

Versichert ist der Anprall von Straßen-, Schienen- oder Wasserfahrzeugen an versicherten Sachen. Das gilt auch für den Anprall ihrer Teile oder ihrer Ladung.

Nicht versichert sind Schäden, die durch Straßen- oder Wasserfahrzeuge entstehen, deren Halter oder Lenker der Versicherungsnehmer oder ein Bewohner des Gebäudes ist.

Nicht versichert sind Schäden an Fahrzeugen, Straßen und _____.

A 3.8 Sengschäden

Versichert sind Sengschäden, die aus einem Ereignis nach A 3.1 bis A 3.7 entstanden sind.

Sengschäden aus anderen Ursachen sind bis zu ___ Euro versichert.

A 3.9 Rauch- und Rußschäden

Versichert sind Rauch- und Rußschäden, die aus einem Ereignis nach A 3.1 bis A 3.8 entstanden sind.

Darüber hinaus sind Schäden versichert, die dadurch entstehen, dass Rauch und Ruß versicherte Sachen unmittelbar beschädigt oder zerstört. Voraussetzung ist, dass der Rauch und Ruß plötzlich bestimmungswidrig aus Feuerungs-, Heizungs-, Koch- oder Trocknungsanlagen auf dem Versicherungsgrundstück austritt.

Die Entschädigung ist auf ___ Euro begrenzt.

Nicht versichert sind Schäden, die dadurch entstehen, dass Rauch und Ruß allmählich einwirken (z.B. Fogging).

A 3.10 Nicht versicherte Schäden

Nicht versichert sind

A 3.10.1 Schäden durch Erdbeben. Das gilt ohne Berücksichtigung mitwirkender Ursachen.

A 3.10.2 Schäden an Verbrennungsmotoren durch die im Verbrennungsraum der Maschine auftretenden Explosionen. Ferner Schäden, die an Schaltorganen von elektrischen Schaltern entstehen, und zwar durch den in ihnen auftretenden Gasdruck. Versicherungsschutz besteht aber, wenn diese Schäden Folge eines versicherten Schadenereignisses nach A 3.1 sind.

A 4 Was ist unter der Gefahr Leitungswasser zu verstehen? Welche Schäden sind hier nicht versichert?

A 4.1 Versicherte Gefahren und Schäden

Unter die Gefahr Leitungswasser fallen:

A 4.1.1 Leitungswasserschäden;

A 4.1.2 Bruchschäden innerhalb von Gebäuden;

A 4.1.3 Bruchschäden außerhalb von Gebäuden.

A 4.2 Leitungswasserschäden

Leitungswasser ist Wasser, das bestimmungswidrig ausgetreten ist aus:

A 4.2.1 Rohren der Wasserversorgung (Zu- und Ableitungen) oder damit verbundenen Schläuchen;

A 4.2.2 den mit diesen Rohren bzw. Schläuchen verbundenen sonstigen Einrichtungen oder deren wasserführenden Teilen;

A 4.2.3 Heizungs- oder Klimaanlagen;

A 4.2.4 Wasserlösch- oder Berieselungsanlagen;

A 4.2.5 Wasserbetten oder Aquarien.

Als Leitungswasser gelten auch Betriebsflüssigkeiten aus Heizungs- oder Klimaanlagen sowie Wasserdampf. Ausgenommen davon sind die Flüssigkeiten, die zur Energieerzeugung bestimmt sind.

Versichert sind auch Schäden, die durch Wasser entstehen, welches aus innerhalb des Gebäudes verlaufender Regenrohren bestimmungswidrig ausgetreten ist. Der Ausschluss von Schäden durch Witterungsniederschläge nach A 4.5.3 gilt nicht.

A 4.3 Bruchschäden innerhalb von Gebäuden

Versichert sind innerhalb von Gebäuden:

A 4.3.1 frostbedingte und sonstige Bruchschäden an Rohren

A 4.3.1.1 der Wasserversorgung (Zu- oder Ableitungen) und der Gasversorgung oder den damit verbundenen Schläuchen;

A 4.3.1.2 von Heizungs- oder Klimaanlagen;

A 4.3.1.3 von Wasserlösch- oder Berieselungsanlagen;

A 4.3.1.4 der Regenentwässerung.

Das setzt voraus, dass diese Rohre nach A 4.3.1 kein Bauteil von Heizkesseln, Boilern oder vergleichbaren Anlagen sind.

A 4.3.2 frostbedingte Bruchschäden an folgenden Installationen

A 4.3.2.1 Badeeinrichtungen, Waschbecken, Spülklosetts, Armaturen (z.B. Wasser- und Absperrhähne, Ventile, Geruchsverschlüsse, Wassermesser) sowie deren Anschlussschläuche;

A 4.3.2.2 Heizkörper, Heizkessel, Boiler oder vergleichbare Teile von Heizungs- oder Klimaanlagen.

Als innerhalb des Gebäudes gilt der gesamte Baukörper, einschließlich der Bodenplatte.

Rohre von Solarheizungsanlagen auf dem Dach gelten als Rohre innerhalb des Gebäudes.

Soweit nicht etwas anderes vereinbart ist, sind Rohre und Installationen unterhalb der Bodenplatte (tragend oder nicht tragend) nicht versichert.

A 4.4 Bruchschäden außerhalb von Gebäuden

Versichert sind außerhalb von Gebäuden frostbedingte und sonstige Bruchschäden an Zuleitungsrohren der Wasserversorgung (*alternativ* und ___) oder an Rohren von Heizungs- oder Klimaanlagen. Dies gilt soweit der Versicherungsnehmer die Gefahr für diese Rohre trägt und

A 4.4.1 sie der Versorgung versicherter Gebäude oder Anlagen dienen oder

A 4.4.2 sich auf dem Versicherungsgrundstück befinden.

Die Entschädigung für Bruchschäden an Zuleitungsrohren, die nicht der Versorgung versicherter Gebäude oder Anlagen dienen, ist je Versicherungsfall auf den vereinbarten Betrag begrenzt.

Die Entschädigung für Bruchschäden an Zuleitungsrohren, die sich nicht auf dem Versicherungsgrundstück befinden, ist je Versicherungsfall auf den vereinbarten Betrag begrenzt.

A 4.5 Nicht versicherte Schäden

Nicht versichert sind ohne Berücksichtigung mitwirkender Ursachen – es sei denn, im Folgenden sind solche genannt – Schäden durch

A 4.5.1 Plansch- oder Reinigungswasser;

A 4.5.2 Schwamm sowie alle Arten von Hausfäulepilzen;

A 4.5.3 Grundwasser, stehendes oder fließendes Gewässer, Überschwemmung oder Witterungsniederschläge oder einen durch diese Ursachen hervorgerufenen Rückstau;

A 4.5.4 Erdbeben, Schneedruck, Lawinen, Vulkanausbruch;

A 4.5.5 Erdsenkung oder Erdrutsch, es sei denn, dass Leitungswasser nach A 4.2 die Erdsenkung oder den Erdrutsch verursacht hat;

A 4.5.6 Brand; Blitzschlag; Überspannung durch Blitz; Explosion; Verpuffung; Implosion; Anprall oder Absturz eines Luftfahrzeugs; Fahrzeuganprall; Sengschäden; Rauch- und Rußschäden;

A 4.5.7 *Öffnen der Sprinkl*er oder Bedienen der Berieselungsdüsen wegen eines Brandes, durch Druckproben oder durch Umbauten oder Reparaturarbeiten an dem versicherten Gebäude oder an der Wasserlösch- oder Berieselungsanlage;

A 4.5.8 Sturm, Hagel.

Nicht versichert sind Schäden an Gebäuden oder an Gebäudeteilen, die nicht bezugsfertig sind. Dies gilt auch für die in diesen Gebäuden oder Gebäudeteilen befindlichen Sachen.

A 5 Was ist unter Naturgefahren (Sturm, Hagel und weitere Naturgefahren) zu verstehen? Welche Schäden sind versichert? Welche Schäden sind hier nicht versichert?

A 5.1 Sturm

A 5.1.1 Ein Sturm ist eine wetterbedingte Luftbewegung von mindestens Windstärke 8 nach der Beaufortskala (Windgeschwindigkeit mindestens 62 km pro Stunde).

Ist die Windstärke für den Schadenort nicht feststellbar, wird Sturm unterstellt, wenn der Versicherungsnehmer einen der folgenden Sachverhalte nachweist:

A 5.1.1.1 Die Luftbewegung hat in der Umgebung des Versicherungsgrundstücks Schäden an Gebäuden in einwandfreiem Zustand oder an ebenso widerstandsfähigen anderen Sachen angerichtet.

A 5.1.1.2 Der Schaden kann wegen des einwandfreien Zustands des versicherten Gebäudes oder des Gebäudes, in dem sich die versicherten Sachen befunden haben, nur durch Sturm entstanden sein. Das gilt auch für Gebäude, die baulich mit dem versicherten Gebäude verbunden sind.

A 5.2 Hagel

Hagel ist ein fester Witterungsniederschlag in Form von Eiskörnern.

A 5.3 Versicherte Sturm-/Hagelereignisse

Versichert sind nur Schäden, die wie folgt entstehen:

A 5.3.1 Sturm oder Hagel wirken unmittelbar auf versicherte Sachen oder auf Gebäude ein, in denen sich versicherte Sachen befinden. Daraus entstehende Folgeschäden an versicherten Sachen sind versichert.

A 5.3.2 Sturm oder Hagel wirken unmittelbar auf Gebäude ein, die mit dem versicherten Gebäude baulich verbunden sind.

A 5.3.3 Sturm oder Hagel wirken unmittelbar auf Gebäude ein, die mit Gebäuden, in denen sich versicherte Sachen befinden, baulich verbunden sind.

A 5.3.4 Sturm oder Hagel werfen Gebäudeteile, Bäume oder andere Gegenstände auf versicherte Sachen oder auf Gebäude, in denen sich versicherte Sachen befinden. Daraus entstehende Folgeschäden an versicherten Sachen sind versichert.

A 5.3.5 Sturm oder Hagel werfen Gebäudeteile, Bäume oder andere Gegenstände auf Gebäude, die mit dem versicherten Gebäude baulich verbunden sind.

A 5.3.6 Sturm oder Hagel werfen Gebäudeteile, Bäume oder andere Gegenstände auf Gebäude, die mit Gebäuden, in denen sich versicherte Sachen befinden, baulich verbunden sind.

A 5.4 Weitere Naturgefahren (Elementargefahren)

A 5.4.1 Überschwemmung

Überschwemmung ist die Überflutung von Grund und Boden des Versicherungsgrundstücks oder von unmittelbar angrenzenden Grund- und Bodenflächen, Straßen, Geh- und Radwegen mit erheblichen Mengen von Oberflächenwasser. Dies gilt nur, wenn

A 5.4.1.1 eine Ausuferung von oberirdischen (stehenden oder fließenden) Gewässern,

A 5.4.1.2 Witterungsniederschläge oder

A 5.4.1.3 ein Austritt von Grundwasser an die Erdoberfläche als Folge von A 5.4.1.1 oder A 5.4.1.2

die Überflutung verursacht haben.

A 5.4.2 Rückstau

Rückstau liegt vor, wenn Wasser aus den gebäudeeigenen Ableitungsrohren oder damit verbundenen Einrichtungen in das Gebäude eindringt. Dies gilt nur, wenn

A 5.4.2.1 eine Ausuferung von oberirdischen (stehenden oder fließenden) Gewässern oder

A 5.4.2.2 Witterungsniederschläge

den Rückstau verursacht haben.

A 5.4.3 Erdbeben

Erdbeben ist eine naturbedingte Erschütterung des Erdbodens, die durch geophysikalische Vorgänge im Erdinneren ausgelöst wird.

Erdbeben wird unterstellt, wenn der Versicherungsnehmer einen der folgenden Sachverhalte nachweist:

A 5.4.3.1 Die naturbedingte Erschütterung des Erdbodens hat in der Umgebung des Versicherungsorts Schäden an Gebäuden im einwandfreien Zustand oder an ebenso widerstandsfähigen anderen Sachen angerichtet.

A 5.4.3.2 Der Schaden kann wegen des einwandfreien Zustands der versicherten Sachen nur durch ein Erdbeben entstanden sein.

A 5.4.4 Erdsenkung

Erdsenkung ist eine naturbedingte Absenkung des Erdbodens über naturbedingten Hohlräumen.

A 5.4.5 Erdrutsch

Erdrutsch ist ein naturbedingtes Abrutschen oder Abstürzen von Erd- oder Gesteinsmassen.

A 5.4.6 Schneedruck

Schneedruck ist die Wirkung des Gewichts von Schnee- oder Eismassen. Als Schneedruck gilt auch das Abrutschen von Schnee- oder Eismassen von Dächern.

A 5.4.7 Lawinen

Lawinen sind Schnee- oder Eismassen, die an Berghängen niedergehen.

A 5.4.8 Vulkanausbruch

Vulkanausbruch ist eine plötzliche Druckentladung beim Aufreißen der Erdkruste, verbunden mit Lavaergüssen, Asche-Eruptionen oder dem Austritt von sonstigen Materialien und von Gasen.

A 5.5 Nicht versicherte Schäden

Nicht versichert sind ohne Berücksichtigung mitwirkender Ursachen – es sei denn, im Folgenden sind solche genannt – Schäden durch

A 5.5.1 Sturmflut;

A 5.5.2 Eindringen von Regen, Hagel, Schnee oder Schmutz durch nicht ordnungsgemäß geschlossene Fenster, Außentüren oder andere Öffnungen. Dies gilt nicht, wenn diese Öffnungen durch Sturm oder Hagel entstanden sind und einen Gebäudeschaden darstellen;

A 5.5.3 Grundwasser, soweit nicht infolge von Witterungsniederschlägen oder Ausuferung von oberirdischen Gewässern an die Erdoberfläche gedrungen;

A 5.5.4 Brand; Blitzschlag; Überspannung durch Blitz; Explosion; Verpuffung; Implosion; Anprall oder Absturz eines Luftfahrzeugs; Fahrzeuganprall; Sengschäden; Rauch- und Rußschäden. Dies gilt nicht, soweit diese Gefahren durch ein versichertes Erdbeben ausgelöst wurden;

A 5.5.5 Trockenheit oder Austrocknung.

Nicht versichert sind Schäden an nicht bezugsfertigen Gebäuden und Gebäudeteilen sowie an Sachen, die sich darin befinden. Schäden an Laden- und Schaufensterscheiben sind ebenfalls nicht versichert.

A 6 Welche Sachen sind versichert?

Versicherte Sachen sind:

A 6.1 die im Versicherungsschein bezeichneten Gebäude,

A 6.2 deren Gebäudebestandteile,

A 6.3 deren Gebäudezubehör,

A 6.4 Terrassen auf dem Versicherungsgrundstück, die unmittelbar an das Gebäude anschließen,

A 6.5 Weitere Grundstücksbestandteile.

A 7 Was versteht man unter Gebäuden, Gebäudebestandteilen, Gebäudezubehör, Terrassen und weiteren Grundstücksbestandteilen? Welche Sachen sind nicht versichert und welche zusätzlich versicherbar?

A 7.1 Gebäude

Gebäude sind mit dem Erdboden verbundene Bauwerke. Sie müssen gegen äußere Einflüsse schützen können und im Sinne dieser Versicherungsbedingungen für die überwiegende Nutzung zu Wohnzwecken bestimmt sein.

A 7.2 Gebäudebestandteile

Gebäudebestandteile sind in ein Gebäude eingefügte Sachen, die durch ihre feste Verbindung mit dem Gebäude ihre Selbständigkeit verloren haben. Dazu gehören auch Einbaumöbel bzw. Einbauküchen, die individuell für das Gebäude gefertigt und mit einem großen Einbauaufwand an das Gebäude angepasst sind. Dazu gehören nicht Anbaumöbel oder Anbauküchen, die serienmäßig vorgefertigt sind.

A 7.3 Gebäudezubehör

Gebäudezubehör sind bewegliche Sachen, die sich im Gebäude befinden oder außen am Gebäude angebracht sind. Sie müssen der Instandhaltung bzw. überwiegenden Zweckbestimmung des versicherten Gebäudes dienen. Als Gebäudezubehör gelten auch Müllboxen sowie Klingel- und Briefkastenanlagen sowie Balkonkraftwerke (sog. Steckersolaranlagen, steckerfertige Mini PV-Anlagen) auf dem Versicherungsgrundstück. Der Ausschluss für Photovoltaikanlagen nach A 7.6.1 gilt nicht für Balkonkraftwerke.

A 7.4 Terrassen und weitere Grundstücksbestandteile

Terrassen sind befestigte Flächen, die für den Aufenthalt im Freien vorgesehen sind.

A 7.5 Weitere Grundstücksbestandteile

Als weitere Grundstücksbestandteile gelten *insbesondere/ausschließlich* folgende fest mit dem Grund und Boden des Versicherungsgrundstücks verbundene Sachen:

[Platzhalter für Aufzählung]

A 7.6 Nicht versicherte Sachen

Nicht versichert sind

A 7.6.1 Photovoltaikanlagen sowie deren zugehörige Installationen (z.B. Solarmodule, Montagerahmen, Befestigungselemente, Mess-, Steuer- und Regeltechnik, Wechselrichter und Verkabelung).

A 7.6.2 alle in das Gebäude nachträglich eingefügten Sachen, die ein Mieter oder ein Wohnungseigentümer

A 7.6.2.1 auf seine Kosten beschafft oder übernommen hat und

A 7.6.2.2 für die er die Gefahr trägt.

Werden Sachen dagegen nur ausgetauscht, sind die neu eingefügten Sachen versichert.

Eine anderweitige Vereinbarung über die Gefahrtragung ist vom Versicherungsnehmer nachzuweisen.

A 7.6.3 Elektronisch gespeicherte Daten und Programme. Kosten für die *Wiederherstellung* von elektronisch gespeicherten Daten und Programmen sind nur versichert, soweit dies zusätzlich im Versicherungsvertrag vereinbart ist.

A 7.7 Zusätzlich versicherbar

Abweichend von A 7.6.2 können nachträglich eingefügte Sachen des Mieters/Wohnungseigentümers mitversichert werden, wenn er sie auf seine Kosten beschafft oder übernommen hat und er für diese die Gefahr trägt.

A 8 Was ist unter dem Versicherungsort zu verstehen?

Der Versicherungsort ist das Versicherungsgrundstück. Das Versicherungsgrundstück ist das Flurstück/sind die Flurstücke, auf dem das versicherte Gebäude steht. Stehen auf einem Flurstück mehrere Gebäude, ist derjenige Teil des Flurstücks Versicherungsort, der durch Einfriedung oder anderweitige Abgrenzung ausschließlich zu dem/den versicherten Gebäude(n) gehört.

A 9 Was gilt für Selbstbeteiligungen im Versicherungsvertrag?

Eine Selbstbeteiligung ist der Anteil der Entschädigung oder der Betrag, den der Versicherungsnehmer je Versicherungsfall selbst zu tragen hat. Selbstbeteiligungen können individuell vereinbart werden. Sie können sich je nach versicherter Gefahr und Versicherungsleistung voneinander unterscheiden. Im Versicherungsschein werden sie jeweils ausgewiesen.

A 10 Welche Regelungen gelten für Wohnungs- und Teileigentum?

A 10.1 Bei Verträgen mit Wohnungseigentümergemeinschaften gilt:

Wenn der Versicherer wegen des Verhaltens einzelner Wohnungseigentümer ganz oder teilweise leistungsfrei ist, bleibt er den übrigen Wohnungseigentümern zur Leistung verpflichtet.

Das gilt für deren Sondereigentum und deren Miteigentumsanteile.

A 10.2 Nicht oder teilweise entschädigt wird der Miteigentumsanteil desjenigen, gegenüber dem der Versicherer ganz oder teilweise leistungsfrei ist.

Die übrigen Wohnungseigentümer können dennoch Entschädigung für diesen Miteigentumsanteil verlangen. Das setzt voraus, dass diese zusätzliche Entschädigung verwendet wird, um das gemeinschaftliche Eigentum wiederherzustellen.

Der Wohnungseigentümer, gegenüber dem der Versicherer ganz oder teilweise leistungsfrei ist, muss dem Versicherer diese zusätzliche Entschädigung ersetzen.

A 10.3 Für die Gebäudeversicherung bei Teileigentum gelten A 10.1 und A 10.2 entsprechend.

A 11 Welche Kosten sind versichert?

A 11.1 Versicherte Kosten

Der Versicherer ersetzt folgende Kosten, die infolge eines Versicherungsfalls erforderlich und tatsächlich angefallen sind:

A 11.1.1 Aufräumungs- und Abbruchkosten

A 11.1.2 Bewegungs- und Schutzkosten

A 11.1.3 Kosten für Wasser-, Gas- und Heizölverlust sowie Stromverlust aus Stromspeichern

A 11.1.4 Hotelkosten

A 11.1.5 Rückreisekosten aus dem Urlaub

Der Ersatz versicherter Kosten nach A 11.1.1 bis A 11.1.5 ist auf den jeweils hierfür vereinbarten Betrag begrenzt.

A 11.2 Definition und Umfang der Kosten

A 11.2.1 Aufräumungs- und Abbruchkosten

Das sind Kosten, die entstehen, um versicherte Sachen aufzuräumen und abzubrechen.

Dies schließt Aufwendungen ein, um Schutt und sonstige Reste dieser Sachen wegzuräumen, zum nächsten Ablagerungsplatz abzutransportieren, sie abzulagern und zu vernichten.

A 11.2.2 Bewegungs- und Schutzkosten

Das sind Kosten, die entstehen, um andere Sachen zu bewegen, zu verändern oder zu schützen. Erstattet werden sie, wenn diese Maßnahmen dazu dienen, versicherte Sachen wiederherzustellen oder wiederzubeschaffen.

A 11.2.3 Kosten für Wasser-, Gas- und Heizölverlust sowie Stromverlust aus Stromspeichern

Das sind Kosten, die dadurch entstehen, dass Wasser, Gas oder Heizöl wegen eines Versicherungsfalls bestimmungswidrig ausgetreten sind. Hierzu gehören auch Mehrkosten für Abwasser.

Erstattet werden auch die Kosten für den Stromverlust aus Stromspeichern.

Die Entschädigung ist je Versicherungsfall auf ___ Euro begrenzt.

A 11.2.4 Hotelkosten

Das sind Kosten für eine Hotel- oder ähnliche Unterbringung ohne Nebenkosten (z.B. Frühstück). Voraussetzung ist, dass die vom Versicherungsnehmer ständig bewohnte Wohnung unbewohnbar wurde und ihm die Beschränkung auf einen bewohnbaren Teil nicht zumutbar ist.

Die Kosten für eine Unterbringung werden nur erstattet, wenn eine Entschädigung nicht aus einem anderen Versicherungsvertrag beansprucht werden kann.

Die Kosten für Hotel oder ähnliche Unterbringung werden nur insoweit ersetzt als sie die nach A 17.5 für den Mietwert zu leistende Entschädigung übersteigen.

Die Kosten werden bis zu dem Zeitpunkt ersetzt, in dem die Wohnung wieder bewohnbar ist.

Dies gilt längstens für die Dauer von __ Tagen. Die Entschädigung ist pro Tag auf __ Euro begrenzt.

A 11.2.5 Rückreisekosten aus dem Urlaub

Das sind zusätzliche Reisekosten, die dadurch entstehen, dass der Versicherungsnehmer oder eine mit ihm in häuslicher Gemeinschaft lebende Person wegen eines erheblichen Versicherungsfalls vorzeitig eine Urlaubsreise abbricht und an den Versicherungsort nach A 8 reist. Hierzu zählen auch die Kosten für mitreisende Personen, die mit dem Versicherungsnehmer in häuslicher Gemeinschaft leben.

Erheblich ist ein Versicherungsfall, wenn der Schaden einen Betrag in Höhe von ___ Euro voraussichtlich übersteigt. Weiterhin ist die Anwesenheit des Versicherungsnehmers oder einer mit ihm in häuslicher Gemeinschaft lebenden Person am Versicherungsort erforderlich.

Als Urlaubsreise gilt jede privat veranlasste Abwesenheit von mindestens ____ Tagen bis zu einer Dauer von höchstens ____ Wochen.

Zusätzliche Reisekosten werden nur in angemessener Höhe ersetzt. Dies richtet sich nach dem ursprünglich vorgesehenen Urlaubsreisemittel und der Dringlichkeit der Rückreise an den Versicherungsort.

Die Entschädigung ist je Versicherungsfall auf _____ Euro begrenzt.

A 12 Was ist unter Mietausfall und Mietwert zu verstehen? In welchem Umfang sind sie versichert?

A 12.1 Mietausfall, Mietwert

Der Versicherer ersetzt

A 12.1.1 den Mietausfall, wenn Mieter von Wohnräumen wegen eines Versicherungsfalls zu Recht die Zahlung der Miete ganz oder teilweise eingestellt haben oder das Mietverhältnis kündigen. Das schließt die fortlaufenden Betriebskosten im Sinne des Mietrechts ein.

A 12.1.2 den ortsüblichen Mietwert von Wohnräumen, die der Versicherungsnehmer selbst bewohnt. Das schließt die fortlaufenden Betriebskosten im Sinne des Mietrechts ein.

Voraussetzung für den Ersatz des Mietwerts ist, dass dem Versicherungsnehmer wegen eines Versicherungsfalls nicht zugemutet werden kann, zumindest Teile der Wohnung zu nutzen.

A 12.1.3 auch einen durch öffentlich-rechtliche Wiederherstellungsbeschränkungen verursachten zusätzlichen Mietausfall nach A 12.1.1 bzw. Mietwert nach A 12.1.2.

A 12.2 Zeitraum für Mietausfall oder Mietwert

A 12.2.1 Mietausfall oder Mietwert werden für den Zeitraum ersetzt, in dem Räume nicht benutzbar sind, höchstens aber für __ Monate seit dem Eintritt des Versicherungsfalls.

A 12.2.2 Mietausfall oder Mietwert werden nur insoweit ersetzt, wie der Versicherungsnehmer die mögliche Wiederbenutzung nicht schuldhaft verzögert. Es gelten die Regelungen zur Schadenabwendungs-/-minderungspflicht nach Teil B 3.3.2.1.

A 12.3 Gewerblich genutzte Räume

Für gewerblich genutzte Räume kann die Versicherung des Mietausfalls oder des ortsüblichen Mietwerts vereinbart werden.

A 12.4 Zusätzlich versicherbar

A 12.4.1 Kündigt der Mieter das Mietverhältnis wegen des Versicherungsfalls und kann der Versicherungsnehmer die Wohnung nach Fertigstellung nicht wieder vermieten, ersetzt der Versicherer auch diesen Mietausfall.

Dies setzt voraus, dass der Versicherungsnehmer die Räume zum Zeitpunkt der Wiederherstellung nicht vermieten konnte, obwohl er die im Verkehr erforderliche Sorgfalt angewandt hat.

Das gilt bis zur Neuvermietung, höchstens aber bis zum Ablauf des Zeitraums nach A 12.2.

A 12.4.2 Kann ein Mietverhältnis wegen des Versicherungsfalls nicht angetreten werden, ersetzt der Versicherer den Mietausfall. Das gilt ab dem Zeitpunkt des vertraglich vereinbarten Mietbeginns bis zum Ablauf des Zeitraums nach A 12.2.

Dies setzt voraus, dass der Mietvertrag zum Zeitpunkt des Versicherungsfalls bereits geschlossen war.

A 13 In welchem Umfang besteht Versicherungsschutz?

Der Versicherungswert bildet die Grundlage für die Berechnung der Entschädigung.

Der Versicherungswert für das Gebäude gilt auch für Gebäudezubehör, Terrassen und weitere Grundstücksbestandteile nach A 7.3 bis A 7.5.

A 13.1 Gleitender Neubauwert Plus

A 13.1.1 Versichert ist der ortsübliche Neubauwert der im Versicherungsschein bezeichneten Gebäude zum Zeitpunkt des Versicherungsfalls. Hierzu gehören auch Architektenhonorare sowie sonstige Konstruktions- und Planungskosten.

Werden innerhalb der Versicherungsperiode

A 13.1.1.1 Fläche,

A 13.1.1.2 Gebäudetyp,

A 13.1.1.3 Bauausführung oder

A 13.1.1.4 sonstige vereinbarte Merkmale, die der Beitragsberechnung zugrunde liegen,

durch bauliche Maßnahmen verändert, gilt Folgendes:

Versicherungsschutz besteht bis zum Ende der Versicherungsperiode, auch wenn die getroffene Maßnahme wertsteigernd ist.

A 13.1.2 Im Gleitenden Neubauwert Plus berücksichtigt sind:

Mehrkosten durch öffentlich-rechtliche Wiederherstellungsbeschränkungen, die dadurch entstehen, dass versicherte und vom Schaden betroffene Sachen wegen öffentlich-rechtlicher Vorschriften nicht in derselben Art und Güte wiederhergestellt oder wiederbeschafft werden können.

Preissteigerungen zwischen dem Eintritt des Versicherungsfalls und der unverzüglich veranlassten Wiederherstellung.

A 13.1.3 Der Versicherer passt den Versicherungsschutz nach A 13.1.1 an die Baukostenentwicklung an (siehe A 15). Insoweit besteht Versicherungsschutz auf der Grundlage des ortsüblichen Neubauwerts zum

Zeitpunkt der unverzüglich nach dem Versicherungsfall veranlassten Wiederherstellung.

A 13.2 Gleitender Zeitwert Plus bei unterlassener oder verspäteter Wiederherstellung

Bei Gebäuden, die nicht oder verspätet wiederhergestellt werden (A 17.6), ist nur der Gleitende Zeitwert Plus versichert.

Der Gleitende Zeitwert Plus ist der Neubauwert Plus zum Zeitpunkt des Versicherungsfalls abzüglich der Wertminderung insbesondere durch Alter und Abnutzungsgrad.

A 13.3 Gemeiner Wert bei dauerhaft entwerteten Gebäuden

Bei Gebäuden, die zum Abbruch bestimmt oder sonst dauerhaft entwertet sind, ist nur noch der erzielbare Verkaufspreis ohne Grundstücksanteile versichert (gemeiner Wert). Eine dauerhafte Entwertung liegt insbesondere vor, wenn Gebäude für ihren Zweck nicht mehr zu verwenden sind.

A 14 Wie wird der Beitrag ermittelt?

Grundlagen der Berechnung des Beitrags sind

A 14.1 die Fläche,

A 14.2 der Gebäudetyp,

A 14.3 die Bauausführung und -ausstattung,

A 14.4 die Nutzung,

A 14.5 sonstige vereinbarte Merkmale, die für die Beitragsberechnung erheblich sind und

A 14.6 der Anpassungsfaktor.

Der jeweils zu zahlende Jahresbeitrag wird berechnet durch die Multiplikation folgender Werte:

Anzahl der Quadratmeter Wohn- und Nutzfläche,

Beitrag je Quadratmeter Wohn- und Nutzfläche,

Anpassungsfaktor.

A 15 Was sind die Grundlagen der Anpassung von Versicherungsschutz und Beitrag?

Es gelten folgende Grundlagen:

A 15.1 Wird der Versicherungsschutz nach A 13.1.3 angepasst, verändert sich der Beitrag. Dazu kommt es, wenn sich der Anpassungsfaktor erhöht oder vermindert.

A 15.2 Der Anpassungsfaktor verändert sich jeweils zum 1. Januar eines jeden Jahres für die in diesem Jahr beginnende Versicherungsperiode. Er erhöht oder vermindert sich entsprechend dem Prozentsatz, um den sich folgende Indizes geändert haben:

Der „Baupreisindex für Wohngebäude" für den Monat Mai des Vorjahres

und

der „Tariflohnindex für das Baugewerbe" für das 2. Quartal des Vorjahres.

Beide Indizes gibt das Statistische Bundesamt bekannt.

Bei dieser Anpassung wird die Änderung des Baupreisindex zu 80 Prozent und die des Tariflohnindex zu 20 Prozent berücksichtigt. Bei der Berechnung der Veränderungsraten zum Vorjahr und der anschließenden Gewichtung beider Veränderungsraten wird jeweils auf zwei Stellen nach dem Komma gerundet.

Der Anpassungsfaktor wird auf zwei Stellen nach dem Komma gerundet.

Soweit bei Rundungen die dritte Zahl nach dem Komma eine Fünf oder eine höhere Zahl ist, wird aufgerundet, sonst abgerundet.

A 16 Was geschieht bei einer nachträglichen Änderung eines Beitragsmerkmals?

A 16.1 Beitragserhöhung

Ändert sich nachträglich ein Umstand nach A 14.1 bis A 14.5 und ergibt sich dadurch ein höherer Beitrag, gilt:

Der Versicherer kann den höheren Beitrag ab dem Zeitpunkt verlangen, zu dem die Änderung angezeigt wird.

A 16.2 Beitragsreduzierung

Entfällt nachträglich ein Umstand nach A 14.1 bis A 14.5 und ergibt sich dadurch ein niedrigerer Beitrag, gilt:

Der Versicherer muss den Beitrag ab dem Zeitpunkt reduzieren, ab dem er davon Kenntnis erlangt. Das Gleiche gilt, wenn diese Umstände ihre Bedeutung verloren haben oder der Versicherungsnehmer nur irrtümlich angenommen hatte, dass sie vorliegen.

A 17 Wie wird die Entschädigung ermittelt?

A 17.1 Grundlagen der Entschädigungsberechnung

A 17.1.1 Der Versicherer ersetzt

A 17.1.1.1 bei zerstörten Gebäuden die ortsüblichen Wiederherstellungskosten nach A 13.1.1 zum Zeitpunkt des Versicherungsfalls. Das schließt Mehrkosten nach A 13.1.2 ein. Architektenhonorare sowie sonstige Konstruktions- und Planungskosten gehören auch zur Entschädigung.

A 17.1.1.2 bei beschädigten Gebäuden oder sonstigen beschädigten Sachen die erforderlichen Reparaturkosten zum Zeitpunkt des Versicherungsfalls. Der Versicherer ersetzt außerdem eine Wertminderung, die durch die Reparatur nicht ausgeglichen wird. Ersetzt wird aber höchstens der Versicherungswert zum Zeitpunkt des Versicherungsfalls.

A 17.1.1.3 bei zerstörten oder abhandengekommenen sonstigen Sachen den Wiederbeschaffungspreis für Sachen gleicher Art und Güte im neuwertigen Zustand zum Zeitpunkt des Versicherungsfalls.

A 17.1.2 Wenn *wegen öffentlich*-rechtlicher Vorschriften technisch noch brauchbare Sachsubstanz der versicherten Sachen für die Wiederherstellung nicht verwendet werden darf, dann erhält der Versicherungsnehmer eine entsprechende Entschädigung nach A 17.1.1.

Das setzt voraus, dass

A 17.1.2.1 die behördlichen Anordnungen nicht vor Eintritt des Versicherungsfalls erteilt wurden

oder

A 17.1.2.2 die Nutzung der Sachen zum Zeitpunkt des Versicherungsfalls nicht aufgrund öffentlich-rechtlicher Vorschriften ganz oder teilweise untersagt war.

A 18.1.3 Preissteigerungen zwischen dem Versicherungsfall und der Wiederherstellung werden entschädigt, wenn die Wiederherstellung innerhalb von drei Jahren nach Eintritt des Versicherungsfalls sichergestellt wird.

A 17.1.4 Der erzielbare Verkaufspreis von Resten wird bei der Entschädigungsberechnung nach A 17.1.1 angerechnet.

A 17.2 **Gemeiner Wert**

Soweit ein Gebäude zum Abbruch bestimmt oder sonst dauerhaft entwertet, werden versicherte Sachen zum erzielbaren Verkaufspreis ohne den Grundstücksanteil entschädigt.

A 17.3 **Geringerwertige oder höherwertige Bauausgestaltung**

A 17.3.1 Sind die versicherten Gebäude zum Zeitpunkt des Versicherungsfalls in der tatsächlichen Bauausgestaltung geringerwertig als im Versicherungsvertrag beschrieben, gilt:

Der Versicherer ist nicht verpflichtet, mehr als den tatsächlich eingetretenen Schaden zum ortsüblichen Neubauwert zu ersetzen.

A 17.3.2 Ist zum Zeitpunkt des Versicherungsfalls die tatsächliche Bauausgestaltung höherwertig, gilt:

Dies kann zu einer Kürzung der Entschädigung führen.

Grundlage für die Entschädigung ist dann die im Versicherungsvertrag beschriebene Bauausgestaltung (A 14.1 bis A 14.5). Der Versicherer ersetzt in diesem Fall nur die dafür ortsüblichen Wiederherstellungskosten (A 17.1.1.1) bzw. die notwendigen Reparaturkosten (A 17.1.1.2).

Die folgenden Regelungen bleiben davon unberührt:

Umfang und der Anpassung des Versicherungsschutzes (siehe A 13),

Verletzung der vorvertraglichen Anzeigepflicht nach Teil B 4.9 und

Gefahrerhöhung (siehe A 21 sowie Teil B 3.2).

A 17.4 **Kosten**

Versicherte Kosten nach A 11 werden ersetzt, wenn sie nachweislich tatsächlich angefallen sind. Dabei werden die jeweils vereinbarten Entschädigungsgrenzen berücksichtigt.

A 17.5 **Mietausfall, Mietwert**

Der Versicherer ersetzt den versicherten Mietausfall bzw. Mietwert bis zum Ende des vereinbarten Zeitraums nach A 12.2.

A 17.6 Neuwertanteil

Der Versicherungsnehmer erwirbt den Anspruch auf Zahlung des Teils der Entschädigung, der den Zeitwertschaden übersteigt (Neuwertanteil) nur unter folgenden Voraussetzungen:

A 17.6.1 Der Versicherungsnehmer stellt sicher, dass er die Entschädigung verwenden wird, um versicherte Sachen in gleicher Art und Zweckbestimmung an der bisherigen Stelle wiederherzustellen oder wiederzubeschaffen

und

A 17.6.2 die Wiederherstellung oder Wiederbeschaffung ist innerhalb eines Zeitraums von drei Jahren nach Eintritt des Versicherungsfalls sichergestellt.

Ist die Wiederherstellung an der bisherigen Stelle rechtlich nicht möglich oder wirtschaftlich nicht zu vertreten, genügt es, das Gebäude an anderer Stelle innerhalb der Bundesrepublik Deutschland zu errichten.

Der Versicherungsnehmer muss den Neuwertanteil zurückzahlen, wenn er verschuldet hat, dass die Sache nicht innerhalb einer angemessenen Frist wiederhergestellt oder wiederbeschafft wurde.

A 17.7 Mehrwertsteuer

Die Mehrwertsteuer wird nur ersetzt, wenn und soweit sie anlässlich der Wiederherstellung oder Wiederbeschaffung tatsächlich angefallen ist. Sie wird nicht ersetzt, wenn der Versicherungsnehmer zum Vorsteuerabzug berechtigt ist.

A 17.8 Selbstbeteiligung

Selbstbeteiligungen werden in der vereinbarten Höhe von der Entschädigung abgezogen.

A 18 Welche Regeln gelten für das Sachverständigenverfahren?

A 18.1 Feststellung der Schadenhöhe

Der Versicherungsnehmer kann nach Eintritt des Versicherungsfalls verlangen, dass die Höhe des Schadens in einem Sachverständigenverfahren festgestellt wird.

Ein solches Sachverständigenverfahren können der Versicherer und der Versicherungsnehmer auch gemeinsam vereinbaren.

A 18.2 Weitere Feststellungen

Der Versicherungsnehmer und der Versicherer können vereinbaren, das Sachverständigenverfahren auf weitere Feststellungen zum Versicherungsfall auszudehnen.

A 18.3 Verfahren vor der Feststellung

Für das Sachverständigenverfahren gilt:

A 18.3.1 Jede Partei hat in Textform (z.B. E-Mail, Telefax oder Brief) einen Sachverständigen zu benennen. Eine Partei, die ihren Sachverständigen benannt hat, kann die andere Partei in Textform (z.B. E-Mail, Telefax oder Brief) auffordern, den zweiten Sachverständigen zu benennen. Dabei muss sie den von ihr benannten Sachverständigen angeben. Der zweite Sachverständige muss innerhalb von zwei Wochen nach Zugang der Aufforderung benannt werden. Wenn das nicht geschieht, kann die auffordernde Partei den Sachverständigen durch das für den Schadenort zuständige Amtsgericht ernennen lassen. In seiner Aufforderung muss der Versicherer den Versicherungsnehmer auf diese Folge hinweisen.

A 18.3.2 Der Versicherer darf folgende Personen nicht als Sachverständigen benennen:

A 18.3.2.1 Mitbewerber des Versicherungsnehmers;

A 18.3.2.2 Personen, die mit dem Versicherungsnehmer in dauernder Geschäftsverbindung stehen;

A 18.3.2.3 Personen, die bei Mitbewerbern oder Geschäftspartnern des Versicherungsnehmers angestellt sind oder mit ihnen in einem ähnlichen Verhältnis stehen.

A 18.3.3 Beide Sachverständige benennen in Textform (z.B. E-Mail, Telefax oder Brief) vor Beginn ihrer Feststellungen einen dritten Sachverständigen als Obmann. Die Regelung nach A 18.3.2 gilt auch für seine Benennung. Wenn sich die Sachverständigen nicht einigen, wird der Obmann durch das für den Schadenort zuständige Amtsgericht ernannt. Dies geschieht auf Antrag einer der beiden Parteien.

A 18.4 **Feststellung**

Die Feststellungen der Sachverständigen müssen enthalten:

A 18.4.1 ein Verzeichnis der abhanden gekommenen, der zerstörten und der beschädigten versicherten Sachen mit den dazugehörigen Versicherungswerten zum Zeitpunkt des Versicherungsfalls;

A 18.4.2 die Wiederherstellungs- und Wiederbeschaffungskosten;

A 18.4.3 die Restwerte der vom Schaden betroffenen Sachen;

A 18.4.4 die versicherten Kosten und den versicherten Mietausfall bzw. Mietwert.

A 18.5 **Verfahren nach der Feststellung**

Jeder Sachverständige übermittelt seine Feststellungen beiden Parteien gleichzeitig. Weichen die Feststellungen der Sachverständigen voneinander ab, übergibt der Versicherer sie unverzüglich dem Obmann. Dieser entscheidet über die darin streitig gebliebenen Punkte. Die Feststellungen der Sachverständigen bilden dabei die Grenzen für den Entscheidungsspielraum des Obmanns. Seine Entscheidung übermittelt der Obmann beiden Parteien gleichzeitig.

Die Feststellungen der Sachverständigen bzw. des Obmanns sind für die Vertragsparteien verbindlich. Sie sind unverbindlich, wenn nachgewiesen wird, dass sie offenbar von der wirklichen Sachlage erheblich abweichen.

Aufgrund von verbindlichen Feststellungen berechnet der Versicherer die Entschädigung. Wenn die Feststellungen unverbindlich sind, trifft das Gericht eine verbindliche Feststellung. Dies gilt auch, wenn die Sachverständigen die Feststellung nicht treffen können oder wollen oder sie verzögern.

A 18.6 Kosten

Sofern nicht etwas anderes vereinbart ist, trägt jede Partei die Kosten ihres Sachverständigen. Die Kosten des Obmanns tragen beide Parteien je zur Hälfte.

A 18.7 Obliegenheiten

Durch das Sachverständigenverfahren werden die Obliegenheiten des Versicherungsnehmers nicht berührt.

A 19 Wann wird die Entschädigung gezahlt und wie wird sie verzinst?

A 19.1 Fälligkeit der Entschädigung

A 19.1.1 Die Entschädigung wird fällig, wenn der Versicherer den Anspruch dem Grund und der Höhe nach abschließend festgestellt hat. Der Versicherungsnehmer kann einen Monat nach Meldung des Schadens den Betrag als Abschlagszahlung beanspruchen, der voraussichtlich mindestens zu zahlen ist.

A 19.1.2 Der über den Zeitwertschaden hinausgehende Teil der Entschädigung wird fällig, nachdem der Versicherungsnehmer nachgewiesen hat, dass er die Wiederherstellung oder Wiederbeschaffung sichergestellt hat.

A 19.2 Rückzahlung des Neuwertanteils

Der Versicherungsnehmer ist zur Rückzahlung der nach A 19.1.2 geleisteten Entschädigung verpflichtet, wenn die Sache infolge seines Verschuldens nicht innerhalb einer angemessenen Frist wiederhergestellt oder wiederbeschafft worden ist. Das gilt auch für Zinsen, die der Versicherer nach A 19.3.2 gezahlt hat.

A 19.3 Verzinsung

Für die Verzinsung gelten folgende Regelungen, soweit nicht aus einem anderen Rechtsgrund eine weitergehende Zinspflicht besteht:

A 19.3.1 Entschädigung

Sie ist ab der Anzeige des Schadens zu verzinsen. Dies gilt nicht, soweit die Entschädigung innerhalb eines Monats geleistet wurde.

A 19.3.2 Über den Zeitwertschaden hinausgehender Teil der Entschädigung

Dieser ist ab dem Zeitpunkt zu verzinsen, in dem der Versicherungsnehmer die Sicherstellung für die Wiederherstellung oder Wiederbeschaffung nachgewiesen hat.

A 19.3.3 Zinssatz

Der Zinssatz liegt __ Prozentpunkt(e) unter dem jeweiligen Basiszinssatz des Bürgerlichen Gesetzbuchs (§ 247 BGB[1])), mindestens aber bei __ Prozent und höchstens bei __ Prozent Zinsen pro Jahr.

Die Zinsen werden zusammen mit der Entschädigung fällig.

---

[1]) **Habersack, Deutsche Gesetze Nr. 20.**

A 19.4 Hemmung

Bei der Berechnung der Fristen nach A 19.1 und A 19.3.1 und A 19.3.2 gilt: Nicht zu berücksichtigen ist der Zeitraum, für den wegen Verschuldens des Versicherungsnehmers die Entschädigung nicht ermittelt oder nicht gezahlt werden kann.

A 19.5 Aufschiebung der Zahlung

Der Versicherer kann die Zahlung aufschieben, solange

A 19.5.1 Zweifel an der Empfangsberechtigung des Versicherungsnehmers bestehen;

A 19.5.2 ein behördliches oder strafgerichtliches Verfahren gegen den Versicherungsnehmer oder seinen Repräsentanten aus Anlass dieses Versicherungsfalls noch läuft;

A 19.5.3 eine gesetzlich vorgesehene Mitwirkung des Realgläubigers nicht erfolgte.

A 20 Welche vertraglich vereinbarten Sicherheitsvorschriften (zusätzliche Obliegenheiten) hat der Versicherungsnehmer vor dem Versicherungsfall zu erfüllen?

A 20.1 Sicherheitsvorschriften

Als vertraglich vereinbarte, zusätzliche Obliegenheiten gelten folgende Sicherheitsvorschriften:

A 20.1.1 Versicherte Sachen sind stets in ordnungsgemäßem Zustand zu erhalten. Dies gilt insbesondere für wasserführende Anlagen und Einrichtungen, Dächer und außen angebrachte Sachen Mängel oder Schäden an diesen Sachen müssen unverzüglich beseitigt werden.

A 20.1.2 Nicht genutzte Gebäude oder Gebäudeteile müssen zu jeder Jahreszeit genügend häufig kontrolliert werden. Außerdem sind dort alle wasserführenden Anlagen und Einrichtungen abzusperren, zu entleeren und entleert zu halten.

A 20.1.3 In der kalten Jahreszeit müssen alle Gebäude und Gebäudeteile beheizt werden. Dies ist genügend häufig zu kontrollieren. Alternativ sind dort alle wasserführenden Anlagen und Einrichtungen abzusperren, zu entleeren und entleert zu halten.

A 20.1.4 Zur Vermeidung von Überschwemmungs- bzw. Rückstauschäden gilt:

A 20.1.4.1 Bei rückstaugefährdeten Räumen müssen Rückstausicherungen funktionsbereit gehalten werden.

A 20.1.4.2 Die Abflussleitungen auf dem Versicherungsgrundstück müssen frei gehalten werden.

A 20.2 Folgen einer Obliegenheitsverletzung

Verletzt der Versicherungsnehmer eine der in A 20.1 genannten Obliegenheiten, gilt unter den Voraussetzungen nach Teil B 3.3.3.1 und B 3.3.3 folgendes: Der Versicherer ist berechtigt zu kündigen. Außerdem kann er ganz oder teilweise leistungsfrei sein.

A 21 Welche besonderen Umstände erhöhen die Gefahr?

A 21.1 Anzeigepflichtige Gefahrerhöhung

Eine anzeigepflichtige Gefahrerhöhung nach Teil B 3.2 kann insbesondere in den folgenden Fällen vorliegen:

A 21.1.1 Es ändert sich ein Umstand, nach dem der Versicherer vor Vertragsschluss gefragt hat.

A 21.1.2 Das Gebäude oder der überwiegende Teil des Gebäudes wird nicht mehr genutzt.

A 21.1.3 Am Gebäude werden Baumaßnahmen durchgeführt, in deren Verlauf das Dach ganz oder teilweise entfernt wird.

A 21.1.4 Baumaßnahmen am Gebäude führen dazu, dass es überwiegend unbenutzbar wird.

A 21.1.5 In dem Gebäude wird ein Gewerbebetrieb aufgenommen oder verändert.

A 21.1.6 Das Gebäude wird nach Vertragsschluss unter Denkmalschutz gestellt.

A 21.2 Folgen einer Gefahrerhöhung

Die Folgen einer Gefahrerhöhung sind in Teil B B 3.2.3 bis B 3.2.5 geregelt.

A 22 Welche Besonderheiten gelten bei Kündigungen und angemeldeten Realrechten?

Hat ein Realgläubiger sein Grundpfandrecht angemeldet, ist eine Kündigung des Versicherungsverhältnisses durch den Versicherungsnehmer für die Gefahrengruppe Brand; Blitzschlag; Überspannung durch Blitz; Explosion; Verpuffung; Implosion; Anprall oder Absturz eines Luftfahrzeugs; Fahrzeuganprall; Sengschäden; Rauch- und Rußschäden in folgenden Fällen wirksam:

A 22.1 Der Versicherungsnehmer hat mindestens einen Monat vor Ablauf des Versicherungsvertrags nachgewiesen, dass zu dem Zeitpunkt, zu dem die Kündigung spätestens zulässig war, das Grundstück nicht mehr mit dem Grundpfandrecht belastet war
oder

A 22.2 der Versicherungsnehmer hat mindestens einen Monat vor Ablauf des Versicherungsvertrags nachgewiesen, dass der Realgläubiger der Kündigung zugestimmt hat.

Dies gilt nicht für eine Kündigung nach Veräußerung oder im Versicherungsfall.

A 23 Was gilt, wenn versicherte Sachen veräußert werden?

A 23.1 Rechtsverhältnisse nach Eigentumsübergang

A 23.1.1 Veräußert der Versicherungsnehmer die versicherte Sache, tritt der Erwerber an dessen Stelle in den Versicherungsvertrag ein. Dies geschieht *zum Zeitpunkt* des Eigentumsübergangs. Bei Immobilien erfolgt dieser zum Datum des Grundbucheintrags. Ab diesem Zeitpunkt übernimmt der Erwerber die Rechte und Pflichten des Versicherungsnehmers aus dem Versicherungsverhältnis.

A 23.1.2 Der Veräußerer und der Erwerber haften für den Beitrag als Gesamtschuldner. Das gilt für den Beitrag der Versicherungsperiode, in welcher der Eigentumsübergang erfolgt.

A 22.1.3 Der Versicherer muss den Eintritt des Erwerbers in den Versicherungsvertrag erst gegen sich gelten lassen, wenn er hiervon Kenntnis erlangt.

A 23.2 Kündigungsrechte

A 23.2.1 Der Versicherer ist berechtigt, gegenüber dem Erwerber den Versicherungsvertrag zu kündigen. Dabei muss er eine Frist von einem Monat einhalten. Dieses Kündigungsrecht erlischt, wenn der Versicherer es nicht innerhalb eines Monats ab der Kenntnis von der Veräußerung ausübt.

A 23.2.2 Der Erwerber ist berechtigt, den Versicherungsvertrag mit sofortiger Wirkung oder mit Wirkung zum Ende der laufenden Versicherungsperiode in Textform (z.B. E-Mail, Telefax oder Brief) zu kündigen. Das Kündigungsrecht erlischt, wenn er es nicht innerhalb eines Monats nach dem Erwerb ausübt. Fehlt dem Erwerber die Kenntnis, dass eine Versicherung besteht, erlischt das Kündigungsrecht einen Monat nachdem er die Kenntnis erlangt hat.

A 23.2.3 Im Falle der Kündigung nach A 23.2.1 und A 23.2.2 haftet der Veräußerer allein für die Zahlung des Beitrags.

A 23.3 Anzeigepflichten

A 23.3.1 Die Veräußerung ist dem Versicherer vom Veräußerer oder Erwerber unverzüglich in Textform (z.B. E-Mail, Telefax oder Brief) anzuzeigen.

A 23.3.2 Ist die Anzeige unterblieben, ist der Versicherer nicht verpflichtet im Versicherungsfall zu leisten. Dies gilt nur, wenn die folgenden Voraussetzungen beide vorliegen:

Der Versicherungsfall ist später als einen Monat nach dem Zeitpunkt eingetreten, zu dem die Anzeige hätte zugehen müssen.

Der Versicherer weist nach, dass er den bestehenden Vertrag mit dem Erwerber nicht geschlossen hätte.

A 23.3.3 Abweichend von A 23.3.2 ist der Versicherer in folgenden Fällen verpflichtet zu leisten:

Ihm war die Veräußerung zu dem Zeitpunkt bekannt, zu dem ihm die Anzeige hätte zugehen müssen.

Zum Zeitpunkt des Versicherungsfalls war die Frist für die Kündigung des Versicherers bereits abgelaufen, und er hatte nicht gekündigt.

62e. Allgemeine Bedingungen für die Versicherung von Reisegepäck 1992/2021 (AVB Reisegepäck 1992/2021)

Musterbedingungen des GDV[1]

Stand: August 2021

Unverbindliche Bekanntgabe des Gesamtverbandes der Deutschen Versicherungswirtschaft e. V. (GDV) zur fakultativen Verwendung. Abweichende Vereinbarungen sind möglich.

Inhalt

1 Versicherte Sachen und Personen

1.1 Versichert ist das gesamte Reisegepäck des Versicherungsnehmers, seiner mitreisenden Familienangehörigen sowie seines namentlich im Versicherungsschein aufgeführten Lebensgefährten und dessen Kinder, soweit diese Personen mit dem Versicherungsnehmer in häuslicher Gemeinschaft leben.

Für Reisen, die mit dem Versicherungsnehmer in häuslicher Gemeinschaft lebende Personen gem. Satz 1 getrennt oder allein unternehmen, besteht Versicherungsschutz nur, wenn dies besonders vereinbart ist.

1.2 Als Reisegepäck gelten sämtliche Sachen des persönlichen Reisebedarfs, die während einer Reise mitgeführt, am Körper oder in der Kleidung getragen oder durch ein übliches Transportmittel befördert werden. Als Reisegepäck gelten auch Geschenke und Reiseandenken, die auf der Reise erworben werden. Gegenstände, die üblicherweise nur zu beruflichen Zwecken mitgeführt werden, sind nur gemäß besonderer Vereinbarung versichert.

Sachen, die dauernd außerhalb des Hauptwohnsitzes der Versicherten aufbewahrt werden (z.B. in Zweitwohnungen, Booten, Campingwagen),

[1] In der jeweils aktuellen Fassung kostenlos abrufbar unter www.gdv.de.

gelten nur als Reisegepäck, solange sie von dort aus zu Fahrten, Gängen oder Reisen mitgenommen werden.

1.3 Falt- und Schlauchboote sowie andere Sportgeräte, jeweils mit Zubehör, sind nur versichert, solange sie sich nicht in bestimmungsgemäßem Gebrauch befinden;

– Außenbordmotoren sind stets ausgeschlossen.

1.4 Pelze, Schmucksachen, Gegenstände aus Edelmetall sowie Foto-, Filmapparate und tragbare Videosysteme, jeweils mit Zubehör, sind – unbeschadet der Entschädigungsgrenze in Ziffer 4.1 – nur versichert, solange sie

a) bestimmungsgemäß getragen bzw. benutzt werden

oder

b) in persönlichem Gewahrsam sicher verwahrt mitgeführt werden

oder

c) einem Beherbergungsbetrieb zur Aufbewahrung übergeben sind

oder

d) sich in einem ordnungsgemäß verschlossenen Raum eines Gebäudes, eines Passagierschiffes oder in einer bewachten Garderobe befinden; Schmucksachen und Gegenstände aus Edelmetall jedoch nur, solange sie außerdem in einem verschlossenem Behältnis untergebracht sind, das erhöhte Sicherheit auch gegen die Wegnahme des Behältnisses selbst bietet.
Pelze, Foto-, Filmapparate und tragbare Videosysteme jeweils mit Zubehör sind auch dann versichert, wenn sie in ordnungsgemäß verschlossenen, nicht einsehbaren Behältnissen einem Beförderungsunternehmen oder einer Gepäckaufbewahrung übergeben sind.

1.5 Nicht versichert sind:

Geld, Wertpapiere, Fahrkarten, Urkunden und Dokumente aller Art, Gegenstände mit überwiegendem Kunst- oder Liebhaberwert, Kontaktlinsen, Prothesen jeder Art, sowie Land-, Luft-, und Wasserfahrzeuge jeweils mit Zubehör, einschließlich Fahrräder, Hängegleiter und Segelsurfgeräte (Falt- und Schlauchboote siehe aber Ziffer 1.3). Ausweispapiere (Ziffer 12.1d)) sind jedoch versichert.

2 Versicherte Gefahren und Schäden

Versicherungsschutz besteht

2.1 wenn versicherte Sachen abhanden kommen, zerstört oder beschädigt werden, während sich das Reisegepäck im Gewahrsam eines Beförderungsunternehmens, Beherbergungsbetriebs, Gepäckträgers oder einer Gepäckaufbewahrung befindet;

2.2 während der übrigen Reisezeit für die in Ziffer 2.1 genannten Schäden *durch*

a) Diebstahl, Einbruchdiebstahl, Raub, räuberische Erpressung, Mut- oder Böswilligkeit Dritter (vorsätzliche Sachbeschädigung);

b) Verlieren – hierzu zählen nicht Liegen-, Stehen- oder Hängen lassen – bis zur Entschädigungsgrenze in Ziffer 4.2;

c) Transportmittelunfall oder Unfall eines Versicherten;

d) bestimmungswidrig einwirkendes Wasser, einschließlich Regen und Schnee;

e) Sturm, Brand, Blitzschlag oder Explosion;

f) höhere Gewalt;

2.3 wenn Reisegepäck nicht fristgerecht ausgeliefert wird (den Bestimmungsort nicht am selben Tag wie der Versicherte erreicht).

Ersetzt werden die nachgewiesenen Aufwendungen für Ersatzkäufe bis zu dem vereinbarten Prozentsatz der Versicherungssumme, maximal mit dem vereinbarten Höchstbetrag je Versicherungsfall.

3 Ausschlüsse

3.1 Ausgeschlossen sind die Gefahren

a) des Krieges, Bürgerkrieges oder kriegsähnlicher Ereignisse und solche, die sich unabhängig vom Kriegszustand aus der feindlichen Verwendung von Kriegswerkzeugen sowie aus dem Vorhandensein von Kriegswerkzeugen als Folge einer dieser Gefahren ergeben;

b) von Streik, Aussperrung, Arbeitsunruhen, terroristischen oder politischen Gewalthandlungen, unabhängig von der Anzahl der daran beteiligten Personen, Aufruhr und sonstigen bürgerlichen Unruhen;

c) der Beschlagnahme, Entziehung oder sonstiger Eingriffe von hoher Hand;

d) aus der Verwendung von chemischen, biologischen, biochemischen Substanzen oder elektromagnetischen Wellen als Waffen mit gemeingefährlicher Wirkung, und zwar ohne Rücksicht auf sonstige mitwirkende Ursachen;

e) der Kernenergie oder sonstiger ionisierender Strahlung.

3.2 Der Versicherer leistet keinen Ersatz für Schäden, die

a) verursacht werden durch die natürliche oder mangelhafte Beschaffenheit der versicherten Sachen, Abnutzung oder Verschleiß;

b) während des Zeltens oder Campings innerhalb des hierfür benutzten Geländes eintreten.

4 Begrenzt ersatzpflichtige Schäden

4.1 Schäden an Pelzen, Schmucksachen und Gegenständen aus Edelmetall sowie an Foto-, Filmapparaten und tragbaren Videosystemen jeweils mit Zubehör (Ziffer 1.4) werden je Versicherungsfall insgesamt maximal mit dem vereinbarten Prozentsatz der Versicherungssumme ersetzt. Ziffern 5.1d) und 5.2 Satz 2 bleiben unberührt.

4.2 Schäden

a) durch Verlieren (Ziffer 2.2b)),

b) an Geschenken und Reiseandenken, die auf der Reise erworben wurden, werden jeweils insgesamt mit dem im Versicherungsvertrag vereinbarten Prozentsatz der Versicherungssumme, maximal mit dem vereinbarten Höchstbetrag je Versicherungsfall ersetzt.

5 Versicherungsschutz in Kraftfahrzeugen und Wassersportfahrzeugen

5.1

a) Es besteht Versicherungsschutz gegen Diebstahl oder Einbruchdiebstahl aus unbeaufsichtigt abgestellten Kraftfahrzeugen oder Anhängern nur, soweit sich das Reisegepäck in einem fest umschlossenen und durch Verschluss gesicherten Innen- oder Kofferraum befindet.

b) Der Versicherer haftet im Rahmen der Versicherungssumme in voller Höhe nur, wenn nachweislich

aa) der Schaden tagsüber eingetreten ist. Als Tageszeit gilt allgemein die Zeit zwischen 06.00 Uhr und 22.00 Uhr;

bb) das Kraftfahrzeug oder der Anhänger in einer abgeschlossenen Garage – Parkhäuser oder Tiefgaragen, die zur allgemeinen Benutzung offen stehen, genügen nicht – abgestellt war oder

cc) der Schaden während einer Fahrtunterbrechung von nicht länger als der im Versicherungsvertrag vereinbarten Dauer eingetreten ist.

c) Kann der Versicherungsnehmer keine der unter Ziffer 5.1b) genannten Voraussetzungen nachweisen, so ist die Entschädigung je Versicherungsfall mit dem im Versicherungsvertrag vereinbarten Höchstbetrag begrenzt.

d) In unbeaufsichtigt abgestellten Kraftfahrzeugen oder Anhängern sind Pelze, Schmucksachen und Gegenstände aus Edelmetall sowie Foto-, Filmapparate und tragbare Videosysteme jeweils mit Zubehör nicht versichert.

5.2 Es besteht Versicherungsschutz im unbeaufsichtigten Wassersportfahrzeug gegen Diebstahl, Einbruchdiebstahl sowie Mut- und Böswilligkeit Dritter (vorsätzliche Sachbeschädigung) nur, solange sich die Sachen in einem fest umschlossenen und durch Sicherheitsschloss gesicherten Innenraum (Kajüte, Backskiste o.ä.) des Wassersportfahrzeuges befinden. Pelze, Schmucksachen, Gegenstände aus Edelmetall sowie Foto-, Filmapparate und tragbare Videosysteme jeweils mit Zubehör, sind im unbeaufsichtigten Wassersportfahrzeug nicht versichert.

5.3 Als Beaufsichtigung gilt nur die ständige Anwesenheit eines Versicherten oder einer von ihm beauftragten Vertrauensperson beim zu sichernden Objekt, nicht jedoch z.B. die Bewachung eines zur allgemeinen Benutzung offenstehenden Platzes o.ä.

5.4 Verletzt der Versicherungsnehmer oder Versicherte eine der vorstehenden Obliegenheiten, so richten sich die Rechtsfolgen nach Ziffer 15.4.

6 Anzeigepflicht

6.1 Vollständigkeit und Richtigkeit von Angaben über gefahrerhebliche Umstände

Der Versicherungsnehmer und/oder Versicherte hat bis zur Abgabe seiner Vertragserklärung dem Versicherer alle ihm bekannten Gefahrumstände anzuzeigen, nach denen der Versicherer in Textform gefragt hat und die für den Entschluss des Versicherers erheblich sind, den Vertrag mit dem vereinbarten Inhalt zu schließen. Der Versicherungsnehmer ist auch insoweit zur Anzeige verpflichtet, als nach seiner Vertragserklärung, aber vor Vertragsannahme der Versicherer in Textform Fragen im Sinne des Satzes 1 stellt.

Gefahrerheblich sind die Umstände, die geeignet sind auf den Entschluss des Versicherers Einfluss auszuüben, den Vertrag überhaupt oder mit dem vereinbarten Inhalt abzuschließen.

Wird der Vertrag von einem Vertreter des Versicherungsnehmers geschlossen und kennt dieser den gefahrerheblichen Umstand, muss sich der Versicherungsnehmer so behandeln lassen, als habe er selbst davon Kenntnis gehabt oder dies arglistig verschwiegen.

6.2 Rücktritt

6.2.1 Voraussetzungen des Rücktritts

Unvollständige und unrichtige Angaben zu den gefahrerheblichen Umständen berechtigen den Versicherer, vom Versicherungsvertrag zurückzutreten.

6.2.2 Ausschluss des Rücktrittsrechts

Der Versicherer hat kein Rücktrittsrecht, wenn der Versicherungsnehmer und/oder Versicherte nachweist, dass er die unrichtigen oder unvollständigen Angaben weder vorsätzlich noch grob fahrlässig gemacht hat.

Das Rücktrittsrecht des Versicherers wegen grob fahrlässiger Verletzung der Anzeigepflicht besteht nicht, wenn der Versicherungsnehmer nachweist, dass der Versicherer den Vertrag auch bei Kenntnis der nicht angezeigten Umstände, wenn auch zu anderen Bedingungen, geschlossen hätte.

6.2.3 Folgen des Rücktritts

Im Fall des Rücktritts besteht kein Versicherungsschutz. Tritt der Versicherer nach Eintritt des Versicherungsfalls zurück, darf er den Versicherungsschutz nicht versagen, wenn der Versicherungsnehmer und/oder Versicherte nachweist, dass der unvollständig oder unrichtig angezeigte Umstand weder für den Eintritt des Versicherungsfalls noch für die Feststellung oder den Umfang der Leistung ursächlich war. Auch in diesem Fall besteht aber kein Versicherungsschutz, wenn der Versicherungsnehmer die Anzeigepflicht arglistig verletzt hat. Dem Versicherer steht der Teil der Prämie zu, der der bis zum Wirksamwerden der Rücktrittserklärung abgelaufenen Vertragszeit entspricht.

6.3 Kündigung

Ist das Rücktrittsrecht des Versicherers ausgeschlossen, weil die Verletzung einer Anzeigepflicht weder auf Vorsatz noch auf grober Fahrlässigkeit beruhte, kann der Versicherer den Vertrag unter Einhaltung einer Frist von einem Monat kündigen.

Das Kündigungsrecht ist ausgeschlossen, wenn der Versicherungsnehmer und/oder Versicherte nachweist, dass der Versicherer den Vertrag auch bei Kenntnis der nicht angezeigten Umstände, wenn auch zu anderen Bedingungen, geschlossen hätte.

6.4 Rückwirkende Vertragsanpassung

Kann der Versicherer nicht zurücktreten oder kündigen, weil er den Vertrag auch bei Kenntnis der nicht angezeigten Umstände, aber zu anderen Bedingungen, geschlossen hätte, werden die anderen Bedingungen auf Verlangen des Versicherers rückwirkend Vertragsbestandteil. Hat der Versicherungsnehmer und/oder Versicherte die Pflichtverletzung nicht zu vertreten, werden die anderen Bedingungen ab der laufenden Versicherungsperiode Vertragsbestandteil.

Erhöht sich durch die Vertragsanpassung die Prämie um mehr als 10 Prozent oder schließt der Versicherer die Gefahrabsicherung für den nicht angezeigten Umstand aus, kann der Versicherungsnehmer den Vertrag innerhalb eines Monats nach Zugang der Mitteilung des Versicherers fristlos kündigen.

6.5 Ausübung der Rechte des Versicherers

Der Versicherer muss die ihm nach den Ziffern 6.2 bis 6.4 zustehenden Rechte innerhalb eines Monats schriftlich geltend machen. Die Frist beginnt mit dem Zeitpunkt, zu dem er von der Verletzung der Anzeigepflicht, die das von ihm geltend gemachte Recht begründet, Kenntnis erlangt. Er hat die Umstände anzugeben, auf die er seine Erklärung stützt; er darf nachträglich weitere Umstände zur Begründung seiner Erklärung abgeben, wenn für diese die Monatsfrist nicht verstrichen ist.

Dem Versicherer stehen die Rechte nach den Ziffern 6.2 bis 6.4 nur zu, wenn er den Versicherungsnehmer durch gesonderte Mitteilung in Textform auf die Folgen einer Anzeigepflichtverletzung hingewiesen hat.

Der Versicherer kann sich auf die in den Ziffern 6.2 bis 6.4 genannten Rechte nicht berufen, wenn er den nicht angezeigten Gefahrumstand oder die Unrichtigkeit der Anzeige kannte.

6.6 Anfechtung

Das Recht des Versicherers, den Vertrag wegen arglistiger Täuschung anzufechten, bleibt unberührt.

6.7 Ausübung der Rechte

Der Versicherer darf nur zurücktreten oder kündigen, wenn er den Versicherungsnehmer und/oder Versicherten durch gesonderte Mitteilung in Textform auf diese Rechtsfolgen hingewiesen hat.

7 Gefahrerhöhung

7.1 Begriff der Gefahrerhöhung

7.1.1 Eine Gefahrerhöhung liegt vor, wenn nach Abgabe der Vertragserklärung des Versicherungsnehmers die tatsächlich vorhandenen Umstände so verändert werden, dass der Eintritt des Versicherungsfalls oder eine Vergrößerung des Schadens oder die ungerechtfertigte Inanspruchnahme des Versicherers wahrscheinlicher wären.

7.1.2 Eine Gefahrerhöhung kann insbesondere – aber nicht nur – vorliegen, wenn sich ein gefahrerheblicher Umstand ändert nach dem der Versicherer vor Vertragsschluss gefragt hat.

7.1.3 Eine Gefahrerhöhung nach Ziffer 7.1.1 liegt nicht vor, wenn sich die Gefahr nur unerheblich erhöht hat oder nach den Umständen als mitversichert gelten soll.

7.2. Pflichten des Versicherungsnehmers und/oder Versicherten

7.2.1 Nach Abgabe seiner Vertragserklärung darf der Versicherungsnehmer und/oder Versicherte ohne vorherige Zustimmung des Versicherers keine Gefahrerhöhung vornehmen oder deren Vornahme durch einen Dritten gestatten.

7.2.2 Erkennt der Versicherungsnehmer und/oder Versicherte nachträglich, dass er ohne vorherige Zustimmung des Versicherers eine Gefahrerhöhung vorgenommen oder gestattet hat, so muss er diese dem Versicherer unverzüglich anzeigen.

7.2.3 Eine Gefahrerhöhung, die nach Abgabe seiner Vertragserklärung unabhängig von seinem Willen eintritt, muss der Versicherungsnehmer dem Versicherer unverzüglich anzeigen, nachdem er von ihr Kenntnis erlangt hat.

7.3 Kündigung oder Vertragsanpassung durch den Versicherer

7.3.1 Kündigungsrecht des Versicherers

Verletzt der Versicherungsnehmer und/oder Versicherte seine Verpflichtung nach Ziffer 7.2.1, kann der Versicherer den Vertrag fristlos kündigen, wenn der Versicherungsnehmer seine Verpflichtung vorsätzlich oder grob fahrlässig verletzt hat. Beruht die Verletzung auf einfacher Fahrlässigkeit, kann der Versicherer den Vertrag unter Einhaltung einer Frist von einem Monat kündigen. Der Versicherer kann nicht kündigen, wenn der Versicherungsnehmer nachweist, dass er die Pflichtverletzung nicht zu vertreten hat.

Wird dem Versicherer eine Gefahrerhöhung in den Fällen nach Ziffer 7.2.2 und Ziffer 7.2.3 bekannt, kann er den Vertrag unter Einhaltung einer Frist von einem Monat kündigen.

7.3.2 Vertragsanpassung

Statt der Kündigung kann der Versicherer ab dem Zeitpunkt der Gefahrerhöhung eine seinen Geschäftsgrundsätzen entsprechende erhöhte Prämie verlangen oder die Absicherung der höheren Gefahr ausschließen.

Erhöht sich in diesem Fall die Prämie um mehr als 10 Prozent oder schließt der Versicherer die Absicherung der höheren Gefahr aus, so kann der Versicherungsnehmer den Vertrag innerhalb eines Monats nach Zugang der Mitteilung des Versicherers ohne Einhaltung einer Frist kündigen. In der Mitteilung hat der Versicherer den Versicherungsnehmer auf dieses Kündigungsrecht hinzuweisen.

7.4 Erlöschen der Rechte des Versicherers

Die Rechte des Versicherers zur Kündigung oder Vertragsanpassung nach Ziffer 7.3 erlöschen, wenn diese nicht innerhalb eines Monats ab Kenntnis des Versicherers von der Gefahrerhöhung ausgeübt werden oder wenn der Zustand wiederhergestellt ist, der vor der Gefahrerhöhung bestanden hat.

7.5 Leistungsfreiheit wegen Gefahrerhöhung

7.5.1 Tritt nach einer Gefahrerhöhung der Versicherungsfall ein, so ist der Versicherer nicht zur Leistung verpflichtet, wenn der Versicherungsnehmer und/oder Versicherte seine Pflichten nach Ziffer 7.2.1 vorsätzlich verletzt hat. Verletzt der Versicherungsnehmer und/oder Versicherte diese Pflichten grob fahrlässig, so ist der Versicherer berechtigt, seine Leistung in dem Verhältnis zu kürzen, das der Schwere des Verschuldens des Versicherungsnehmers und/oder Versicherten entspricht. Das Nichtvorliegen einer groben Fahrlässigkeit hat der Versicherungsnehmer und/oder Versicherte zu beweisen.

7.5.2 Bei einer Gefahrerhöhung nach Ziffer 7.2.2 und Ziffer 7.2.3 ist der Versicherer bei vorsätzlicher Verletzung der Pflichten des Versicherungsnehmers nicht zur Leistung verpflichtet, wenn der Versicherungsfall später als einen Monat nach dem Zeitpunkt eintritt, zu dem die Anzeige dem Versicherer hätte zugegangen sein müssen. Verletzt der Versicherungsnehmer und/oder Versicherte seine Pflichten grob fahrlässig, so gelten Ziffer 7.5.1 Satz 2 und Satz 3 entsprechend. Die Leistungspflicht des Versicherers bleibt bestehen, wenn ihm die Gefahrerhöhung zu dem in Satz 1 genannten Zeitpunkt bekannt war.

7.5.3 Die Leistungspflicht des Versicherers bleibt ferner bestehen,

a) soweit der Versicherungsnehmer und/oder Versicherte nachweist, dass die Gefahrerhöhung nicht ursächlich für den Eintritt des Versicherungsfalles oder den Umfang der Leistungspflicht war oder

b) wenn zur Zeit des Eintrittes des Versicherungsfalles die Frist für die Kündigung des Versicherers abgelaufen und eine Kündigung nicht erfolgt war.

8 Beginn und Ende des Versicherungsschutzes, Geltungsbereich

8.1 Innerhalb der vereinbarten Laufzeit des Vertrages beginnt der Versicherungsschutz mit dem Zeitpunkt, an dem zum Zwecke des unverzüglichen Antritts der Reise versicherte Sachen aus der ständigen Wohnung des Versicherten entfernt werden, und endet, sobald die versicherten Sachen dort wieder eintreffen. Wird bei Reisen im Kraftfahrzeug das Reisegepäck nicht unverzüglich nach der Ankunft vor der ständigen Wohnung entladen, so endet der Versicherungsschutz bereits mit dieser Ankunft.

8.2 Bei Versicherungsverträgen von weniger als einjähriger Dauer verlängert sich der Versicherungsschutz über die vereinbarte Laufzeit hinaus bis zum Ende der Reise, wenn sich diese aus vom Versicherten nicht zu vertretenden Gründen verzögert und der Versicherte nicht in der Lage ist, eine Verlängerung zu beantragen.

8.3 Die Versicherung gilt für den vereinbarten Bereich.

8.4 Fahrten, Gänge und Aufenthalte innerhalb des ständigen Wohnorts des Versicherten gelten nicht als Reisen.

9 Versicherungswert, Versicherungssumme

9.1 *D*ie Versicherungssumme soll dem Versicherungswert des gesamten versicherten Reisegepäcks gemäß Ziffer 1 entsprechen. Auf der Reise erworbene Geschenke und Reiseandenken bleiben unberücksichtigt.

9.2 Als Versicherungswert gilt derjenige Betrag, der allgemein erforderlich ist, um neue Sachen gleicher Art und Güte am ständigen Wohnort des Versicherten anzuschaffen, abzüglich eines dem Zustand der versicherten Sachen (Alter, Abnutzung, Gebrauch etc.) entsprechenden Betrages (Zeitwert).

10 Prämie

10.1 Die in Rechnung gestellte Prämie enthält die Versicherungsteuer, die der Versicherungsnehmer in der jeweils vom Gesetz bestimmten Höhe zu entrichten hat.

10.2 Zahlung und Folgen verspäteter Zahlung/Erste oder einmalige Prämie

10.2.1 Fälligkeit und Rechtzeitigkeit der Zahlung

Die erste oder einmalige Prämie wird – wenn nichts anderes vereinbart ist – unverzüglich nach Ablauf von zwei Wochen nach Zugang des Versicherungsscheins fällig. Ist die Zahlung der Jahresprämie in Raten vereinbart, gilt als erste Prämie nur die erste Rate der ersten Jahresprämie.

10.2.2 Späterer Beginn des Versicherungsschutzes

Zahlt der Versicherungsnehmer und/oder Versicherte die erste oder einmalige Prämie nicht rechtzeitig, sondern zu einem späteren Zeitpunkt, beginnt der Versicherungsschutz erst ab diesem Zeitpunkt, sofern der Versicherungsnehmer durch gesonderte Mitteilung in Textform oder durch einen auffälligen Hinweis im Versicherungsschein auf diese Rechtfolge aufmerksam gemacht wurde. Das gilt nicht, wenn der Versicherungsnehmer nachweist, dass er die Nichtzahlung nicht zu vertreten hat.

10.2.3 Rücktritt

Zahlt der Versicherungsnehmer und/oder Versicherte die erste oder einmalige Prämie nicht rechtzeitig, kann der Versicherer vom Vertrag zurücktreten, solange die Prämie nicht gezahlt ist. Der Versicherer kann nicht zurücktreten, wenn der Versicherungsnehmer nachweist, dass er die Nichtzahlung nicht zu vertreten hat.

10.3 Zahlung und Folgen verspäteter Zahlung/Folgeprämie

10.3.1 Fälligkeit und Rechtzeitigkeit der Zahlung

Die Folgeprämien werden zu dem jeweils vereinbarten Zeitpunkt fällig.

Wird eine Folgeprämie nicht rechtzeitig gezahlt, gerät der Versicherungsnehmer ohne Mahnung in Verzug, es sei denn, dass er die verspätete Zahlung nicht zu vertreten hat.

Der Versicherer ist berechtigt, Ersatz des ihm durch den Verzug entstandenen Schadens zu verlangen.

10.3.2 Zahlungsaufforderung

Wird eine Folgeprämie nicht rechtzeitig gezahlt, kann der Versicherer dem Versicherungsnehmer auf dessen Kosten in Textform eine Zahlungsfrist bestimmen, die mindestens zwei Wochen betragen muss. Die Bestimmung ist nur wirksam, wenn sie die rückständigen Beträge der Prämie, Zinsen und Kosten im Einzelnen beziffert und die Rechtsfolgen angibt, die mit dem Fristablauf verbunden sind.

10.3.3 Kein Versicherungsschutz

Ist der Versicherungsnehmer nach Ablauf dieser Zahlungsfrist noch mit der Zahlung in Verzug, besteht ab diesem Zeitpunkt bis zur Zahlung kein Versicherungsschutz, wenn er mit der Zahlungsaufforderung nach Ziffer 10.3.2 darauf hingewiesen wurde.

10.3.4 Kündigung

Ist der Versicherungsnehmer nach Ablauf dieser Zahlungsfrist noch mit der Zahlung in Verzug, kann der Versicherer den Vertrag ohne Einhaltung einer Frist kündigen, wenn er den Versicherungsnehmer mit der Zahlungsaufforderung nach Ziffer 10.3.2 darauf hingewiesen hat.

Hat der Versicherer gekündigt, und zahlt der Versicherungsnehmer danach innerhalb eines Monats den angemahnten Betrag, besteht der Vertrag fort. Für Versicherungsfälle, die zwischen dem Zugang der Kündigung und der Zahlung eingetreten sind, besteht jedoch kein Versicherungsschutz.

10.4 Prämie bei vorzeitiger Vertragsbeendigung

10.4.1 Im Fall der Beendigung des Versicherungsverhältnisses vor Ablauf der Versicherungsperiode steht dem Versicherer für diese Versicherungsperiode nur derjenige Teil der Prämie zu, der dem Zeitraum entspricht, in dem Versicherungsschutz bestanden hat. Wird das Versicherungsverhältnis durch Rücktritt wegen einer Anzeigepflichtverletzung (6.2.) oder durch Anfechtung des Versicherers wegen arglistiger Täuschung (6.6) beendet, steht dem Versicherer die Prämie bis zum Wirksamwerden der Rücktritts- oder Anfechtungserklärung zu. Tritt der Versicherer nach Ziffer 10.2.3 wegen Fälligkeit der Prämie zurück, kann er eine angemessene Geschäftsgebühr verlangen.

10.4.2 Kündigt der Versicherungsnehmer nach Eintritt eines Versicherungsfalls, so hat der Versicherer nur Anspruch auf den Teil der Prämie, der der abgelaufenen Vertragszeit entspricht. Kündigt der Versicherer, so hat er die Prämie für das laufende Versicherungsjahr nach dem Verhältnis der noch nicht abgelaufenen zu der gesamten Zeit des Versicherungsjahres zurückzuzahlen.

11 Vertragsdauer

11.1 Der Vertrag ist für die im Versicherungsschein angegebene Zeit abgeschlossen.

11.2 Stillschweigende Verlängerung

Bei einer Vertragsdauer von mindestens einem Jahr verlängert sich der Vertrag um jeweils ein Jahr, wenn nicht dem Vertragspartner spätestens drei Monate vor dem Ablauf des jeweiligen Versicherungsjahres eine Kündigung zugegangen ist.

11.3 Vertragsbeendigung

Bei einer Vertragsdauer von weniger als einem Jahr endet der Vertrag, ohne dass es einer Kündigung bedarf, zum vorgesehenen Zeitpunkt.

Bei einer Vertragsdauer von mehr als drei Jahren kann der Vertrag schon zum Ablauf des dritten Jahres oder jedes darauffolgenden Jahres gekündigt werden; die Kündigung muss dem Vertragspartner spätestens drei Monate vor dem Ablauf des jeweiligen Versicherungsjahres zugegangen sein.

12 Entschädigung, Unterversicherung

12.1 Der Versicherer ersetzt

a) für zerstörte oder abhanden gekommene Sachen ihren Versicherungswert zur Zeit des Schadeneintritts;

b) für beschädigte reparaturfähige Sachen die notwendigen Reparaturkosten und gegebenenfalls eine bleibende Wertminderung, höchstens jedoch den Versicherungswert;

c) für Filme, Bild-, Ton- und Datenträger nur den Materialwert;

d) für die Wiederbeschaffung von Personal-Ausweisen, Reisepässen, Kraftfahrzeug-Papieren und sonstigen Ausweispapieren die amtlichen Gebühren.

12.2 Vermögensfolgeschäden werden nicht ersetzt.

12.3 Ist die Versicherungssumme gemäß Ziffer 9 bei Eintritt des Versicherungsfalls niedriger als der Versicherungswert (Unterversicherung), so haftet der Versicherer nur nach dem Verhältnis der Versicherungssumme zum Versicherungswert.

13 Überversicherung

13.1 Übersteigt die Versicherungssumme den Wert der versicherten Sachen, so kann sowohl der Versicherer als auch der Versicherungsnehmer verlangen, dass zur Beseitigung der Überversicherung die Versicherungssumme mit sofortiger Wirkung herabgesetzt wird.

13.2 Von diesem Zeitpunkt an ist für die Höhe der Prämie der Betrag maßgebend, den der Versicherer berechnet haben würde, wenn der Vertrag von vornherein mit dem neuen Inhalt geschlossen worden wäre.

13.3 Hat der Versicherungsnehmer eine Überversicherung in der Absicht geschlossen, sich dadurch einen rechtswidrigen Vermögensvorteil zu verschaffen, ist jeder in dieser Absicht geschlossene Vertrag nichtig. Dem Versicherer steht die Prämie bis zu dem Zeitpunkt zu, zu dem er von den die Nichtigkeit begründenden Umständen Kenntnis erlangt. Etwaige Schadensersatzansprüche des Versicherers bleiben unberührt.

14 Mehrfachversicherung

14.1 Eine Mehrfachversicherung liegt vor, wenn ein Interesse gegen dieselbe Gefahr in mehreren Versicherungsverträgen versichert ist und entweder die Versicherungssummen zusammen den Versicherungswert übersteigen oder aus anderen Gründen die Summe der Entschädigungen, die von jedem Versicherer ohne Bestehen der anderen Versicherungen zu zahlen wäre, den Gesamtschaden übersteigt.

14.2 Wenn die Mehrfachversicherung zustande gekommen ist, ohne dass der Versicherungsnehmer dies wusste, kann er die Aufhebung des später geschlossenen Vertrages verlangen.

Er kann auch verlangen, dass die Versicherungssumme auf die Prämie herabgesetzt wird, die durch die früher geschlossene Versicherung nicht gedeckt ist; in diesem Fall ist die Prämie entsprechend zu mindern.

14.3 Das Recht auf Aufhebung oder Herabsetzung erlischt, wenn der Versicherungsnehmer es nicht innerhalb eines Monats geltend macht, nachdem er von der Mehrfachversicherung Kenntnis erlangt hat. Die Aufhebung oder Herabsetzung wird zu dem Zeitpunkt wirksam, zu dem die Erklärung, mit der sie verlangt wird, dem Versicherer zugeht.

14.4 Hat der Versicherungsnehmer eine Mehrfachversicherung in der Absicht abgeschlossen, sich dadurch einen rechtswidrigen Vermögensvorteil zu verschaffen, ist jeder in dieser Absicht geschlossene Vertrag nichtig. Der Versicherer hat, Anspruch auf die Prämie bis zu dem Zeitpunkt, in dem er von den die Nichtigkeit begründenden Umständen Kenntnis erlangt.

15 Obliegenheiten

15.1 Der Versicherungsnehmer oder Versicherte hat

a) jeden Schadenfall unverzüglich dem Versicherer anzuzeigen;

b) Schäden nach Möglichkeit abzuwenden und zu mindern, insbesondere Ersatzansprüche gegen Dritte (z.B. Bahn, Post, Reederei, Fluggesellschaft, Gastwirt) form- und fristgerecht geltend zu machen oder auf andere Weise sicherzustellen und Weisungen des Versicherers zu beachten;

c) alles zu tun, was zur Aufklärung des Tatbestandes dienlich sein kann. Er hat alle Belege, die den Entschädigungsanspruch nach Grund und Höhe beweisen, einzureichen, soweit ihre Beschaffung ihm billigerweise zugemutet werden kann, und auf Verlangen ein Verzeichnis über alle bei Eintritt des Schadens gemäß Ziffer 1 versicherten Sachen vorzulegen.

15.2 Schäden, die im Gewahrsam eines Beförderungsunternehmens (einschließlich Schäden durch nicht fristgerechte Auslieferung gem. Ziffer 2.3) oder Beherbergungsbetriebes eingetreten sind, müssen diesen unverzüglich gemeldet werden. Dem Versicherer ist hierüber eine Bescheinigung einzureichen. Bei äußerlich nicht erkennbaren Schäden ist das Beförderungsunternehmen unverzüglich nach der Entdeckung aufzufordern, den Schaden zu besichtigen und zu bescheinigen. Hierbei sind die jeweiligen Reklamationsfristen zu berücksichtigen.

15.3 Schäden durch strafbare Handlungen (z.B. Diebstahl, Raub, vorsätzliche Sachbeschädigung) sind außerdem unverzüglich der zuständigen Polizeidienststelle unter Einreichung einer Liste aller in Verlust geratenen Sachen anzuzeigen. Der Versicherte hat sich dies polizeilich bescheinigen zu lassen. Bei Schäden durch Verlieren (Ziffer 2.2b)) hat der Versicherte Nachforschungen beim Fundbüro anzustellen.

15.4 Verletzt der Versicherungsnehmer und/oder Versicherte vorsätzlich eine Obliegenheit, die er bei oder nach Eintritt des Versicherungsfalls gegenüber dem *Versicherer zu erfüllen* hat, so ist der Versicherer von der Verpflichtung zur Leistung frei.

Bei grob fahrlässiger Verletzung der Obliegenheit ist der Versicherer berechtigt, seine Leistung in dem Verhältnis zu kürzen, das der Schwere des Verschuldens des Versicherungsnehmers und/oder Versicherten entspricht. Das Nichtvorliegen einer groben Fahrlässigkeit hat der Versicherungsnehmer zu beweisen.

15.5 Außer im Falle der Arglist ist der Versicherer jedoch zur Leistung verpflichtet, soweit der Versicherungsnehmer und/oder Versicherte nachweist, dass die Verletzung der Obliegenheit weder für den Eintritt oder die Feststellung des Versicherungsfalles noch für die Feststellung oder den Umfang der Leistungspflicht des Versicherers ursächlich ist.

15.6 Verletzt der Versicherungsnehmer und/oder Versicherte eine nach Eintritt des Versicherungsfalles bestehende Auskunfts- oder Aufklärungsobliegenheit so ist der Versicherer nur dann vollständig oder teilweise leistungsfrei, wenn er den Versicherungsnehmer durch gesonderte Mitteilung in Textform auf diese Rechtsfolge hingewiesen hat.

16 Besondere Verwirkungsgründe

16.1 Führt der Versicherungsnehmer und/oder Versicherte den Schaden vorsätzlich herbei, so ist der Versicherer von der Entschädigungspflicht frei.

16.2 Führt der Versicherungsnehmer und/oder Versicherte den Schaden grob fahrlässig herbei, so ist der Versicherer berechtigt, seine Leistung in einem der Schwere des Verschuldens des Versicherungsnehmers entsprechenden Verhältnis zu kürzen.

16.3 Versucht der Versicherungsnehmer und/oder Versicherte den Versicherer arglistig über Tatsachen zu täuschen, die für den Grund oder die Höhe der Entschädigung von Bedeutung sind, so ist der Versicherer von der Entschädigungspflicht frei.

17 Zahlung der Entschädigung

17.1 Ist die Leistungspflicht des Versicherers dem Grunde und der Höhe nach festgestellt, so hat die Auszahlung der Entschädigung binnen zwei Wochen zu erfolgen. Jedoch kann ein Monat nach Anzeige des Schadens als Abschlagszahlung der Betrag beansprucht werden, der nach Lage der Sache mindestens zu zahlen ist.

17.2 Der Zinssatz liegt … Prozentpunkt(e) unter dem jeweiligen Basiszinssatz des Bürgerlichen Gesetzbuches, mindestens jedoch bei 4 Prozent und höchstens bei … Prozent Zinsen pro Jahr, soweit nicht aus einem anderen Rechtsgrund ein höherer Zins zu zahlen ist.

17.3 Die Entstehung des Anspruchs auf Abschlagzahlung und der Beginn der Verzinsung verschieben sich um den Zeitraum, um den die Feststellung der Leistungspflicht des Versicherers dem Grunde oder der Höhe nach durch Verschulden des Versicherungsnehmers verzögert wurde.

17.4 Sind im Zusammenhang mit dem Versicherungsfall behördliche Erhebungen oder ein strafgerichtliches Verfahren gegen den Versicherten eingeleitet worden, so kann der Versicherer bis zum rechtskräftigen Abschluss dieser Verfahren die Zahlung aufschieben.

18 Kündigung nach dem Versicherungsfall

Nach Eintritt eines Versicherungsfalls können beide Parteien den Versicherungsvertrag kündigen. Die Kündigung ist in Textform zu erklären. Sie muss spätestens einen Monat nach dem Abschluss der Verhandlungen über die Entschädigung zugehen. Der Versicherer hat eine Kündigungsfrist von einem Monat einzuhalten. Kündigt der Versicherungsnehmer, so kann er bestimmen, dass seine Kündigung sofort oder zu einem späteren Zeitpunkt wirksam wird, jedoch spätestens zum Schluss der laufenden Versicherungsperiode.

19 Verjährung

Die Ansprüche aus dem Versicherungsvertrag verjähren in drei Jahren. Ist ein Anspruch aus dem Versicherungsvertrag bei dem Versicherer angemeldet worden, zählt der Zeitraum von der Anmeldung bis zum Zugang der in Textform mitgeteilten Entscheidung des Versicherers beim Anspruchsteller bei der Fristberechnung nicht mit.

20 Meinungsverschiedenheiten, zuständiges Gericht

20.1 Besteht Unzufriedenheit mit einer Entscheidung des Versicherers oder hat eine Verhandlung mit dem Versicherer nicht zu dem gewünschten Ergebnis geführt, stehen insbesondere die nachfolgenden Beschwerdemöglichkeiten offen.

20.1.1 Versicherungsombudsmann*

Ein Verbraucher, der mit einer Entscheidung des Versicherers nicht zufrieden ist, kann sich an den Ombudsmann für Versicherungen wenden. Dieser ist derzeit wie folgt erreichbar:

Versicherungsombudsmann e.V.

Postfach 080632

10006 Berlin

E-Mail:
beschwerde@versicherungsombudsmann.de

Internet:
www.versicherungsombudsmann.de

Der Ombudsmann für Versicherungen ist eine unabhängige und für Verbraucher kostenfrei arbeitende Schlichtungsstelle. Der Versicherer hat sich verpflichtet, an dem Schlichtungsverfahren teilzunehmen.

Ein Verbraucher, der diesen Vertrag online (z.B. über eine Webseite oder per E-Mail) abgeschlossen hat, kann sich mit seiner Beschwerde auch online an die Plattform: http://ec.europa.eu/consumers/odr/ wenden. Die Beschwerde wird dann über diese Plattform an den Versicherungsombudsmann weitergeleitet.

---

* **Amtl. *Anm*.:**
Baukastensystem: Es ist eine *Mitgliedschaft des verwendenden VU beim Versicherungsombudsmann e.V. erforderlich*. Formulierung beispielhaft und nicht abschließend. Mit * gekennzeichnete Punkte zur individuellen Regelung des verwendenden VU.

20.1.2 Versicherungsaufsicht

Bei Unzufriedenheit mit der Betreuung durch den Versicherer oder bei Meinungsverschiedenheiten bei der Vertragsabwicklung kann sich der Versicherungsnehmer auch an die zuständige Aufsicht wenden. Als Versicherungsunternehmen unterliegt der Versicherer der Aufsicht der Bundesanstalt für Finanzdienstleistungsaufsicht. Die derzeitigen Kontaktdaten sind:

Bundesanstalt für Finanzdienstleistungsaufsicht (BaFin)

Sektor Versicherungsaufsicht

Graurheindorfer Straße 108

53117 Bonn

E-Mail:

poststelle@bafin.de

Internet: www.bafin.de

Hinweis: Die BaFin ist keine Schiedsstelle und kann einzelne Streitfälle nicht verbindlich entscheiden.

20.1.3 Rechtsweg

Außerdem besteht die Möglichkeit, den Rechtsweg zu beschreiten.

20.2 Zuständiges Gericht

20.2.1 Klagen gegen den Versicherer

Für Klagen aus dem Versicherungsvertrag gegen den Versicherer bestimmt sich die gerichtliche Zuständigkeit nach dem Sitz des Versicherers oder seiner für den Versicherungsvertrag zuständigen Niederlassung. Ist der Versicherungsnehmer eine natürliche Person, ist auch das Gericht örtlich zuständig, in dessen Bezirk der Versicherungsnehmer zur Zeit der Klageerhebung seinen Wohnsitz oder, in Ermangelung eines solchen, seinen gewöhnlichen Aufenthalt hat.

20.2.2 Klagen gegen den Versicherungsnehmer und/oder Versicherten

Ist der Versicherungsnehmer und/oder Versicherte eine natürliche Person, müssen Klagen aus dem Versicherungsvertrag gegen ihn bei dem Gericht erhoben werden, das für seinen Wohnsitz oder, in Ermangelung eines solchen, den Ort seines gewöhnlichen Aufenthalts zuständig ist. Ist der Versicherungsnehmer eine juristische Person, bestimmt sich das zuständige Gericht auch nach dem Sitz oder der Niederlassung des Versicherungsnehmers.

20.2.3 Wohnsitzverlegung des Versicherungsnehmers und/oder Versicherten

Hat der Versicherungsnehmer und/oder Versicherte nach Vertragsschluss seinen Wohnsitz oder gewöhnlichen Aufenthaltsort aus dem Geltungsbereich des Versicherungsvertragsgesetzes[1)] verlegt oder sind sein Wohnsitz oder gewöhnlicher Aufenthalt im Zeitpunkt der Klageerhebung nicht bekannt, bestimmt sich die gerichtliche Zuständigkeit für Klagen aus dem Versicherungsvertrag gegen den Versicherer oder den Versicherungsnehmer und/oder Versicherten nach dem Sitz des Versicherers oder seiner für den Versicherungsvertrag zuständigen Niederlassung.

[1)] **Habersack, Deutsche Gesetze Nr. 62.**

21 Schlussbestimmung

Soweit nicht in den Versicherungsbedingungen etwas anderes bestimmt ist, gelten die gesetzlichen Vorschriften. Dies gilt insbesondere für die im Anhang aufgeführten Gesetzesbestimmungen, die nach Maßgabe der Versicherungsbedingungen Inhalt des Versicherungsvertrages sind.

62f. Allgemeine Bedingungen für die Kfz-Versicherung (AKB 2015)

Musterbedingungen des GDV[1)]

Stand: 17.04.2024

Verfasser:
Arbeitsgruppe Bedingungen und betriebliche Grundsatzfragen der Kommission Kraftfahrt Betrieb (KKB)

Unverbindliche Bekanntgabe des Gesamtverbandes der Deutschen Versicherungswirtschaft e.V. (GDV) zur fakultativen Verwendung. Abweichende Vereinbarungen sind möglich.

Inhaltsverzeichnis

[1)] In der jeweils aktuellen Fassung kostenlos abrufbar unter www.gdv.de.

Allgemeine Bedingungen für die Kfz-Versicherung (AKB 2015)

Sie als Versicherungsnehmer sind unser Vertragspartner.

Die Kfz-Versicherung umfasst je nach dem Inhalt des Versicherungsvertrags folgende Versicherungsarten:

- Kfz-Haftpflichtversicherung (A.1)
- Kaskoversicherung (A.2)
- Autoschutzbrief (A.3)
- Kfz-Unfallversicherung (A.4)
- Fahrerschutzversicherung (A.5)

Diese Versicherungen werden als jeweils rechtlich selbstständige Verträge abgeschlossen. Ihrem Versicherungsschein können Sie entnehmen, welche Versicherungen Sie für Ihr Fahrzeug abgeschlossen haben.

Es gilt deutsches Recht. Die Vertragssprache ist deutsch.

Sämtliche Personenbezeichnungen in den AKB gelten gleichermaßen für männliche, weibliche und anderweitige Geschlechter.

A Welche Leistungen umfasst Ihre Kfz-Versicherung?

A.1 Kfz-Haftpflichtversicherung – für Schäden, die Sie mit Ihrem Fahrzeug Anderen zufügen

A.1.1 Was ist versichert?

Sie haben mit Ihrem Fahrzeug einen Anderen geschädigt

A.1.1.1 Wir stellen Sie von Schadenersatzansprüchen frei, wenn durch den Gebrauch des Fahrzeugs

a Personen verletzt oder getötet werden,

b Sachen beschädigt oder zerstört werden oder abhanden kommen,

c Vermögensschäden verursacht werden, die weder mit einem Personen- noch mit einem Sachschaden mittelbar oder unmittelbar zusammenhängen (reine Vermögensschäden),

und deswegen gegen Sie oder uns Schadenersatzansprüche aufgrund von Haftpflichtbestimmungen des Bürgerlichen Gesetzbuchs[1] oder des Straßenverkehrsgesetzes[2] oder aufgrund anderer gesetzlicher Haftpflichtbestimmungen des Privatrechts geltend gemacht werden. Zum Gebrauch des Fahrzeugs gehört neben dem Fahren z.B. das Ein- und Aussteigen sowie das Be- und Entladen.

Begründete und unbegründete Schadenersatzansprüche

A.1.1.2 Sind Schadenersatzansprüche begründet, leisten wir Schadenersatz in Geld.

A.1.1.3 Sind Schadenersatzansprüche unbegründet, wehren wir diese auf unsere Kosten ab. Dies gilt auch, soweit Schadenersatzansprüche der Höhe nach unbegründet sind.

Regulierungsvollmacht

A.1.1.4 Wir sind bevollmächtigt, gegen Sie geltend gemachte Schadenersatzansprüche in Ihrem Namen zu erfüllen oder abzuwehren und alle

[1] **Habersack, Deutsche Gesetze Nr. 20.**
[2] **Habersack, Deutsche Gesetze Nr. 35.**

dafür zweckmäßig erscheinenden Erklärungen im Rahmen pflichtgemäßen Ermessens abzugeben.

Mitversicherung von Anhängern, Aufliegern und abgeschleppten Fahrzeugen

A.1.1.5 Ist mit dem versicherten Kraftfahrzeug ein Anhänger oder Auflieger verbunden, erstreckt sich der Versicherungsschutz auch hierauf. Der Versicherungsschutz umfasst auch Fahrzeuge, die mit dem versicherten Kraftfahrzeug abgeschleppt oder geschleppt werden, wenn für diese kein eigener Haftpflichtversicherungsschutz besteht.

Dies gilt auch, wenn sich der Anhänger oder Auflieger oder das abgeschleppte oder geschleppte Fahrzeug während des Gebrauchs von dem versicherten Kraftfahrzeug löst und sich noch in Bewegung befindet.

A.1.2 **Wer ist versichert?**

Der Schutz der Kfz-Haftpflichtversicherung gilt für Sie und für folgende Personen (mitversicherte Personen):

- den Halter des Fahrzeugs,
- den Eigentümer des Fahrzeugs,
- den Fahrer des Fahrzeugs,
- die Technische Aufsicht für Fahrzeuge mit autonomer Fahrfunktion,
- den Beifahrer, der im Rahmen seines Arbeitsverhältnisses mit Ihnen oder mit dem Halter den berechtigten Fahrer zu seiner Ablösung oder zur Vornahme von Lade- und Hilfsarbeiten nicht nur gelegentlich begleitet,
- Ihren Arbeitgeber oder öffentlichen Dienstherrn, wenn das Fahrzeug mit Ihrer Zustimmung für dienstliche Zwecke gebraucht wird,
- den Omnibusschaffner, der im Rahmen seines Arbeitsverhältnisses mit Ihnen oder mit dem Halter des versicherten Fahrzeugs tätig ist,
- den Halter, Eigentümer, Fahrer, die Technische Aufsicht, den Beifahrer und Omnibusschaffner eines nach A.1.1.5 mitversicherten Fahrzeugs.

Diese Personen können Ansprüche aus dem Versicherungsvertrag selbstständig gegen uns erheben.

A.1.3 **Bis zu welcher Höhe leisten wir (Versicherungssummen)? Höchstzahlung**

A.1.3.1 Unsere Zahlungen für ein Schadenereignis sind jeweils beschränkt auf die Höhe der für Personen-, Sach- und Vermögensschäden vereinbarten Versicherungssummen. Mehrere zeitlich zusammenhängende Schäden, die dieselbe Ursache haben, gelten als ein einziges Schadenereignis. Die Höhe Ihrer Versicherungssummen können Sie dem Versicherungsschein entnehmen.

A.1.3.2 Bei Schäden von Insassen in einem mitversicherten Anhänger gelten *xx <die gesetzlichen Mindestversicherungssummen oder höhere individuell vereinbarte Versicherungssummen; ist keine Begrenzung gewünscht, entfällt Klausel A.1.3.2>*.

Übersteigen der Versicherungssummen

A.1.3.3 Übersteigen die Ansprüche die Versicherungssummen, richten sich unsere Zahlungen nach den Bestimmungen des Versicherungsvertragsgesetzes[1] und der Kfz-Pflichtversicherungsverordnung[2]. In diesem Fall müssen Sie für einen nicht oder nicht vollständig befriedigten Schadenersatzanspruch selbst einstehen.

A.1.4 In welchen Ländern besteht Versicherungsschutz?

Versicherungsschutz in Europa und in der EU

A.1.4.1 Sie haben in der Kfz-Haftpflichtversicherung Versicherungsschutz in den geographischen Grenzen Europas sowie den außereuropäischen Gebieten, die zum Geltungsbereich der Europäischen Union gehören. Ihr Versicherungsschutz richtet sich nach dem im Besuchsland gesetzlich vorgeschriebenen Versicherungsumfang, mindestens jedoch nach dem Umfang Ihres Versicherungsvertrags.

Internationale Versicherungskarte

A.1.4.2 Haben wir Ihnen die Internationale Versicherungskarte ausgehändigt, gilt: Ihr Versicherungsschutz in der Kfz-Haftpflichtversicherung erstreckt sich auch auf die dort genannten nichteuropäischen Länder, soweit Länderbezeichnungen nicht durchgestrichen sind. Hinsichtlich des Versicherungsumfangs gilt A.1.4.1 Satz 2.

A.1.5 Was ist nicht versichert?

Vorsatz

A.1.5.1 Kein Versicherungsschutz besteht für Schäden, die Sie vorsätzlich und widerrechtlich herbeiführen.

Motorsportveranstaltungen oder -aktivitäten

A.1.5.2 Kein Versicherungsschutz besteht für Schäden aus dem Gebrauch des Fahrzeugs bei einer Motorsportveranstaltung oder Motorsportaktivität, einschließlich Rennen, Wettbewerben, Trainings, Tests und Demonstrationen, wenn

- das Fahrzeug in einem hierfür abgegrenzten Gebiet mit Zugangsbeschränkungen gebraucht wird und
- für diesen Gebrauch des Fahrzeugs eine Motorsporthaftpflichtversicherung nach Maßgabe des § 5d des Pflichtversicherungsgesetzes[3] besteht.

Hinweis: Beachten Sie auch Ihre Pflichten nach D.1.1.4 und D.1.2.2.

Beschädigung des versicherten Fahrzeugs

A.1.5.3 Kein Versicherungsschutz besteht für die Beschädigung, die Zerstörung oder das Abhandenkommen des versicherten Fahrzeugs.

---

[1] **Habersack, Deutsche Gesetze Nr. 62.**
[2] **Habersack, Deutsche Gesetze Nr. 63a.**
[3] **Habersack, Deutsche Gesetze Nr. 63.**

Beschädigung von Anhängern oder abgeschleppten Fahrzeugen

A.1.5.4 Kein Versicherungsschutz besteht für die Beschädigung, die Zerstörung oder das Abhandenkommen
- eines mit dem versicherten Fahrzeug verbundenen Anhängers oder Aufliegers
- eines mit dem versicherten Fahrzeug geschleppten oder abgeschleppten Fahrzeugs.

Versicherungsschutz besteht jedoch, wenn mit dem versicherten Kraftfahrzeug ein betriebsunfähiges Fahrzeug im Rahmen üblicher Hilfeleistung ohne gewerbliche Absicht abgeschleppt wird und dabei am abgeschleppten Fahrzeug Schäden verursacht werden.

Beschädigung von beförderten Sachen

A.1.5.5 Kein Versicherungsschutz besteht bei Schadenersatzansprüchen wegen Beschädigung, Zerstörung oder Abhandenkommens von Sachen, die mit dem versicherten Fahrzeug befördert werden.

Versicherungsschutz besteht jedoch für Sachen, die Insassen eines Kraftfahrzeugs üblicherweise mit sich führen (z.B. Kleidung, Brille, Brieftasche). Bei Fahrten, die überwiegend der Personenbeförderung dienen, besteht außerdem Versicherungsschutz für Sachen, die Insassen zum persönlichen Gebrauch üblicherweise mit sich führen (z.B. Reisegepäck, Reiseproviant). Kein Versicherungsschutz besteht für Sachen unberechtigter Insassen.

Ihr Schadenersatzanspruch gegen eine mitversicherte Person

A.1.5.6 Kein Versicherungsschutz besteht für Sach- oder Vermögensschäden, die eine mitversicherte Person Ihnen, dem Halter oder dem Eigentümer durch den Gebrauch des Fahrzeugs zufügt. Versicherungsschutz besteht jedoch für Personenschäden, wenn Sie z.B. als Beifahrer Ihres Fahrzeugs verletzt werden.

Nichteinhaltung von Liefer- und Beförderungsfristen

A.1.5.7 Kein Versicherungsschutz besteht für reine Vermögensschäden, die durch die Nichteinhaltung von Liefer- und Beförderungsfristen entstehen.

Vertragliche Ansprüche

A.1.5.8 Kein Versicherungsschutz besteht für Haftpflichtansprüche, soweit sie aufgrund Vertrags oder besonderer Zusage über den Umfang der gesetzlichen Haftpflicht hinausgehen.

Schäden durch Kernenergie

A.1.5.9 Kein Versicherungsschutz besteht für Schäden durch Kernenergie.

A.2 Kaskoversicherung – für Schäden an Ihrem Fahrzeug

A.2.1 Was ist versichert?

A.2.1.1 Ihr Fahrzeug

Versichert ist Ihr Fahrzeug gegen Beschädigung, Zerstörung, Totalschaden oder Verlust infolge eines Ereignisses nach A.2.2.1 (Teilkasko) oder A.2.2.2 (Vollkasko).

A.2.1.2 Mitversicherte Teile und nicht versicherbare Gegenstände

Versichert sind auch die unter A.2.1.2.1 und A.2.1.2.2 als mitversichert aufgeführten Fahrzeugteile und als mitversichert aufgeführtes Fahrzeugzubehör, sofern sie straßenverkehrsrechtlich zulässig sind (mitversicherte Teile). Bei Beschädigung, Zerstörung, Totalschaden oder Verlust von mitversicherten Teilen gelten die nachfolgenden Regelungen in A.2 entsprechend, soweit nichts anderes geregelt ist.

<Redaktioneller Hinweis: Falls eine Kaskoklausel nicht für mitversicherte Teile gelten soll, müsste dies in der jeweiligen Klausel ausdrücklich ausgeschlossen werden.>

Beitragsfrei mitversicherte Teile

A.2.1.2.1 Soweit in A.2.1.2.2 nicht anders geregelt, sind folgende Fahrzeugteile und folgendes Fahrzeugzubehör des versicherten Fahrzeugs ohne Mehrbeitrag mitversichert:

a Fest im Fahrzeug eingebaute oder fest am Fahrzeug angebaute Fahrzeugteile

b Fest im Fahrzeug eingebautes oder am Fahrzeug angebautes oder im Fahrzeug unter Verschluss verwahrtes Fahrzeugzubehör. Voraussetzung ist, dass es ausschließlich dem Gebrauch des Fahrzeugs dient (z.B. Schonbezüge, Pannenwerkzeug) und nach allgemeiner Verkehrsanschauung nicht als Luxus angesehen wird.

c Im Fahrzeug unter Verschluss verwahrte Fahrzeugteile, die zur Behebung von Betriebsstörungen des Fahrzeugs üblicherweise mitgeführt werden (z.B. Sicherungen und Leuchtmittel)

d Schutzhelme (auch mit Wechselsprechanlage) solange sie bestimmungsgemäß gebraucht werden oder mit dem abgestellten Fahrzeug so fest verbunden sind, dass ein unbefugtes Entfernen ohne Beschädigung nicht möglich ist

e Planen, Gestelle für Planen (Spriegel)

f Folgende außerhalb des Fahrzeugs unter Verschluss gehaltene Teile:
- ein zusätzlicher Satz Räder mit Winter- oder Sommerbereifung,
- Dach-/Heckständer, Hardtop, Schneeketten und Kindersitze,
- nach a bis f mitversicherte Fahrzeugteile und Fahrzeugzubehör während einer Reparatur.

Abhängig vom Gesamtneuwert mitversicherte Teile

A.2.1.2.2 Die nachfolgend unter a bis e aufgeführten Teile sind ohne Beitragszuschlag mitversichert, wenn sie im Fahrzeug fest eingebaut oder am Fahrzeug fest angebaut sind:
- bei Pkw, Krafträdern, xx <Alle gewünschten WKZ auffuhren> bis zu einem Gesamtneuwert der Teile von xx EUR (brutto) und
- bei sonstigen Fahrzeugarten (z.B. Lkw, *xx <Als Beispiele gewünschte WKZ aufführen>*) bis zu einem Gesamtneuwert der Teile von xx EUR (brutto)

a Radio- und sonstige Audiosysteme, Video-, technische Kommunikations- und Leitsysteme (z.B. fest eingebaute Navigationssysteme),

b zugelassene Veränderungen an Fahrwerk, Triebwerk, Auspuff, Innenraum oder Karosserie (Tuning), die der Steigerung der Motorleistung, des Motordrehmoments, der Veränderung des Fahrverhaltens dienen oder zu einer Wertsteigerung des Fahrzeugs führen,

c individuell für das Fahrzeug angefertigte Sonderlackierungen und -beschriftungen sowie besondere Oberflächenbehandlungen,

d Beiwagen und Verkleidungen bei Krafträdern, Leichtkrafträdern, Kleinkrafträdern, Trikes und Quads,

e Spezialaufbauten (z.B. Kran-, Tank-, Silo-, Kühl- und Thermoaufbauten) und Spezialeinrichtungen (z.B. für Werkstattwagen, Messfahrzeuge, Krankenwagen).

Ist der Gesamtneuwert der unter a bis e aufgeführten Teile höher als die genannte Wertgrenze, ist der übersteigende Wert nur mitversichert, wenn dies ausdrücklich vereinbart ist.

Bis zur genannten Wertgrenze verzichten wir auf eine Kürzung der Entschädigung wegen Unterversicherung.

Nicht versicherbare Gegenstände

A.2.1.2.3 Nicht versicherbar sind alle sonstigen Gegenstände, z.B. Mobiltelefone und mobile Navigationsgeräte, auch bei Verbindung mit dem Fahrzeug durch eine Halterung, Reisegepäck, persönliche Gegenstände der Insassen.

A.2.2 Welche Ereignisse sind versichert?

A.2.2.1 Welche Ereignisse sind in der Teilkasko versichert?

Versicherungsschutz besteht bei Beschädigung, Zerstörung, Totalschaden oder Verlust des Fahrzeugs einschließlich seiner mitversicherten Teile durch die nachfolgenden Ereignisse:

Brand und Explosion

A.2.2.1.1 Versichert sind Brand und Explosion. Als Brand gilt ein Feuer mit Flammenbildung, das ohne einen bestimmungsgemäßen Herd entstanden ist oder ihn verlassen hat und sich aus eigener Kraft auszubreiten vermag. Nicht als Brand gelten Schmor- und Sengschäden. Explosion ist eine auf dem Ausdehnungsbestreben von Gasen oder Dämpfen beruhende, plötzlich verlaufende Kraftäußerung.

Entwendung

A.2.2.1.2 Versichert ist die Entwendung in nachfolgenden Fällen:

a Versichert sind Diebstahl und Raub sowie die Herausgabe des Fahrzeugs aufgrund räuberischer Erpressung.

b Unterschlagung ist nur versichert, wenn dem Täter das Fahrzeug weder zum Gebrauch in seinem eigenen Interesse, noch zur Veräußerung noch unter Eigentumsvorbehalt überlassen wird.

c Unbefugter Gebrauch ist nur versichert, wenn der Täter in keiner Weise berechtigt ist, das Fahrzeug zu gebrauchen. Nicht als unbefugter Gebrauch gilt insbesondere, wenn der Täter vom Verfügungsberechtigten mit der Betreuung des Fahrzeugs beauftragt wird (z.B. Werkstatt- oder Hotelmitarbeiter). Außerdem besteht kein Versicherungsschutz, wenn der Täter in einem Näheverhältnis zu dem Verfügungsberechtigten steht, z.B. dessen Arbeitnehmer, Familien- oder Haushaltsangehöriger ist.

Sturm, Hagel, Blitzschlag, Überschwemmung

A.2.2.1.3 Versichert ist die unmittelbare Einwirkung von Sturm, Hagel, Blitzschlag oder Überschwemmung auf das Fahrzeug. Als Sturm gilt eine wetterbedingte Luftbewegung von mindestens Windstärke 8. Eingeschlossen sind Schäden, die dadurch verursacht werden, dass durch diese Naturgewalten Gegenstände auf oder gegen das Fahrzeug geworfen werden. Ausgeschlossen sind Schäden, die auf ein durch diese Naturgewalten veranlasstes Verhalten des Fahrers zurückzuführen sind.

Zusammenstoß mit Haarwild

A.2.2.1.4 Versichert ist der Zusammenstoß des in Fahrt befindlichen Fahrzeugs mit Haarwild im Sinne von § 2 Abs. 1 Nr. 1 des Bundesjagdgesetzes[1)] (z.B. Reh, Wildschwein).

Glasbruch

A.2.2.1.5 Versichert sind Bruchschäden an der Verglasung des Fahrzeugs. Als Verglasung gelten Glas- und Kunststoffscheiben (z.B. Front-, Heck-, Dach-, Seiten- und Trennscheiben), Spiegelglas und Abdeckungen von Leuchten. Nicht zur Verglasung gehören Glas- und Kunststoffteile von Mess-, Assistenz-, Kamera- und Informationssystemen, Solarmodulen, Displays, Monitoren sowie Leuchtmittel. Nicht versichert sind Folgeschäden.

Kurzschlussschäden an der Verkabelung

A.2.2.1.6 Versichert sind Schäden an der Verkabelung des Fahrzeugs durch Kurzschluss. Folgeschäden sind nicht versichert.

A.2.2.2 **Welche Ereignisse sind in der Vollkasko versichert?**

Versicherungsschutz besteht bei Beschädigung, Zerstörung, Totalschaden oder Verlust des Fahrzeugs, einschließlich seiner mitversicherten Teile durch die nachfolgenden Ereignisse:

Ereignisse der Teilkasko

A.2.2.2.1 Versichert sind die Schadenereignisse der Teilkasko nach A.2.2.1.

Unfall

A.2.2.2.2 Versichert sind Schäden am Fahrzeug durch Unfall. Ein Unfall ist ein unmittelbar von außen plötzlich mit mechanischer Gewalt auf das Fahrzeug einwirkendes Ereignis.

Keine Unfallschäden sind deshalb insbesondere:

- Schäden am Fahrzeug, die ihre alleinige Ursache in einem Bremsvorgang haben, z.B. Schäden an der Bremsanlage oder an den Reifen.
- Schäden am Fahrzeug, die ausschließlich aufgrund eines Betriebsvorgangs eintreten, z.B. durch falsches Bedienen, falsches Betanken oder verrutschende Ladung.
- Schäden am Fahrzeug, die ihre alleinige Ursache in einer Materialermüdung, Überbeanspruchung oder Abnutzung haben.

---

1) **Sartorius Nr. 890.**

- Schäden zwischen ziehendem und gezogenem Fahrzeug oder Anhänger ohne Einwirkung von außen, z.B. Rangierschäden am Zugfahrzeug durch den Anhänger.
- Verwindungsschäden.

Vorhersehbare Beschädigungen des Fahrzeugs, die üblicherweise im Rahmen der bestimmungsgemäßen Verwendung des Fahrzeugs entstehen, gelten nicht als Unfallschaden. Beispiel: Schäden an der Ladeoberfläche eines Lkw durch Beladen mit Kies.

Mut- oder böswillige Handlungen

A.2.2.2.3 Versichert sind mut- oder böswillige Handlungen von Personen, die in keiner Weise berechtigt sind, das Fahrzeug zu gebrauchen. Als berechtigt sind insbesondere Personen anzusehen, die vom Verfügungsberechtigten mit der Betreuung des Fahrzeugs beauftragt wurden (z.B. Werkstatt- oder Hotelmitarbeiter) oder in einem Näheverhältnis zu dem Verfügungsberechtigten stehen (z.B. dessen Arbeitnehmer, Familien- oder Haushaltsangehörige).

A.2.3 Wer ist versichert?

Der Schutz der Kaskoversicherung gilt für Sie und, wenn der Vertrag auch im Interesse einer weiteren Person abgeschlossen ist, z.B. des Leasinggebers als Eigentümer des Fahrzeugs, auch für diese Person.

A.2.4 In welchen Ländern besteht Versicherungsschutz?

Sie haben in Kasko Versicherungsschutz in den geographischen Grenzen Europas sowie den außereuropäischen Gebieten, die zum Geltungsbereich der Europäischen Union gehören.

A.2.5 Was zahlen wir im Schadenfall?

Nachfolgende Entschädigungsregeln gelten bei Beschädigung, Zerstörung, Totalschaden oder Verlust des Fahrzeugs. Sie gelten entsprechend auch für mitversicherte Teile, soweit nichts anderes geregelt ist.

<Redaktioneller Hinweis: Falls etwas anderes gewollt ist, z.B. bei Werkstattsteuerung, bitte in der entsprechenden Entschädigungsregelung ergänzen: „Dies gilt nicht für... ">

A.2.5.1 Was zahlen wir bei Totalschaden, Zerstörung oder Verlust?

Wiederbeschaffungswert abzüglich Restwert

A.2.5.1.1 Bei Totalschaden, Zerstörung oder Verlust des Fahrzeugs zahlen wir den Wiederbeschaffungswert unter Abzug eines vorhandenen Restwerts des Fahrzeugs. Lassen Sie Ihr Fahrzeug trotz Totalschadens oder Zerstörung reparieren, gilt A.2.5.2.1.

<Achtung! Es folgen zwei Varianten der Neupreisentschädigung>

Neupreisentschädigung bei Totalschaden, Zerstörung oder Verlust

A.2.5.1.2 Wir zahlen bei Pkw (ausgenommen Mietwagen, Taxen und Selbstfahrervermiet-Pkw) den Neupreis nach A.2.5.1.8 unter folgenden Voraussetzungen:

- Innerhalb von xx Monaten nach Erstzulassung tritt ein Totalschaden, eine Zerstörung oder ein Verlust des Pkw ein und

- der Pkw befindet sich bei Eintritt des Schadenereignisses im Eigentum dessen, der ihn als Neufahrzeug vom Kfz-Händler oder Kfz-Hersteller erworben hat.

Ein vorhandener Restwert des Pkw wird abgezogen.

[xx Neupreisentschädigung

A.2.5.1.2 Wir zahlen bei Pkw (ausgenommen Mietwagen, Taxen und Selbstfahrervermiet-Pkw) den Neupreis nach A.2.5.1.8 unter folgenden Voraussetzungen:

- Innerhalb von xx Monaten nach Erstzulassung tritt eine Zerstörung oder ein Verlust des Pkw ein oder die erforderlichen Reparaturkosten betragen mindestens xx % des Neupreises und
- der Pkw befindet sich bei Eintritt des Schadenereignisses im Eigentum dessen, der ihn als Neufahrzeug vom Kfz-Händler oder Kfz-Hersteller erworben hat.

Ein vorhandener Restwert des Pkw wird abgezogen.]

A.2.5.1.3 Wir zahlen die über den Wiederbeschaffungswert hinausgehende Neupreisentschädigung nur in der Höhe, in der gesichert ist, dass die Entschädigung innerhalb von zwei Jahren nach ihrer Feststellung für die Reparatur des Fahrzeugs oder den Erwerb eines anderen Fahrzeugs verwendet wird.

Abzug bei fehlender Wegfahrsperre im Falle eines Diebstahls

A.2.5.1.4 Bei Totalschaden, Zerstörung oder Verlust eines Pkw, xx <*gewünschte WKZ aufführen*> infolge Diebstahls vermindert sich die Entschädigung um xx %. Dies gilt nicht, wenn das Fahrzeug zum Zeitpunkt des Diebstahls durch eine selbstschärfende elektronische Wegfahrsperre gesichert war.

Die Regelung über die Selbstbeteiligung nach A.2.5.8 bleibt hiervon unberührt.

Was versteht man unter Totalschaden, Wiederbeschaffungswert, Restwert und Neupreis?

A.2.5.1.5 Ein Totalschaden liegt vor, wenn die erforderlichen Kosten der Reparatur des Fahrzeugs dessen Wiederbeschaffungswert übersteigen.

A.2.5.1.6 Wiederbeschaffungswert ist der Preis, den Sie für den Kauf eines gleichwertigen gebrauchten Fahrzeugs am Tag des Schadenereignisses bezahlen müssen.

A.2.5.1.7 Restwert ist der Veräußerungswert des Fahrzeugs im beschädigten oder zerstörten Zustand.

A.2.5.1.8 Neupreis ist der Betrag, der für den Kauf eines neuen Fahrzeugs in der Ausstattung des versicherten Fahrzeugs aufgewendet werden muss. Wird der Typ des versicherten Fahrzeugs nicht mehr hergestellt, gilt der Preis für ein vergleichbares Nachfolgemodell. Maßgeblich ist jeweils die unverbindliche Preisempfehlung des Herstellers am Tag des Schadenereignisses abzüglich orts- und marktüblicher Nachlässe.

A.2.5.2 Was zahlen wir bei Beschädigung?

Reparatur

A.2.5.2.1 Wird das Fahrzeug beschädigt, zahlen wir die für die Reparatur erforderlichen Kosten bis zu folgenden Obergrenzen:

a Wenn das Fahrzeug vollständig und fachgerecht repariert wird, gilt: Wir zahlen die hierfür erforderlichen Kosten bis zur Höhe des Wiederbeschaffungswerts nach A.2.5.1.6, wenn Sie uns dies durch eine Rechnung nachweisen. Fehlt dieser Nachweis, zahlen wir entsprechend A.2.5.2.1.b.

b Wenn das Fahrzeug nicht, nicht vollständig oder nicht fachgerecht repariert wird, gilt:
Wir zahlen die erforderlichen Kosten einer vollständigen Reparatur bis zur Höhe des um den Restwert verminderten Wiederbeschaffungswerts (siehe A.2.5.1.6 und A.2.5.1.7).

<xx Den folgenden Hinweis sollten Verwender der zweiten Variante von A.2.5.1.2 einfügen:>

[Hinweis: Beachten Sie auch die Regelung zur Neupreisentschädigung in A.2.5.1.2]

Abschleppen

A.2.5.2.2 Bei Beschädigung des Fahrzeugs ersetzen wir die Kosten für das Abschleppen vom Schadenort bis zur nächstgelegenen für die Reparatur geeigneten Werkstatt. Dabei darf einschließlich unserer Leistungen wegen der Beschädigung des Fahrzeugs nach A.2.5.2.1 die Obergrenze nach A.2.5.2.1.a oder A.2.5.2.1.b nicht überschritten werden.

Wir zahlen nicht, wenn ein Dritter Ihnen gegenüber verpflichtet ist, diese Kosten zu übernehmen.

Abzug neu für alt

A.2.5.2.3 Wir ziehen von den Kosten der Ersatzteile und der Lackierung einen dem Alter und der Abnutzung der alten Teile entsprechenden Betrag ab (neu für alt), wenn

- bei der Reparatur alte Teile gegen Neuteile ausgetauscht werden oder
- das Fahrzeug ganz oder teilweise neu lackiert wird.

Der Abzug neu für alt ist auf die Bereifung, Batterie und Lackierung beschränkt, wenn das Schadenereignis

- bei Pkw, Krafträdern und Omnibussen in den ersten xx Jahren
- bei den übrigen Fahrzeugarten in den ersten xx Jahren

nach der Erstzulassung eintritt.

A.2.5.3 Sachverständigenkosten

Die Kosten eines Sachverständigen erstatten wir nur, wenn wir dessen Beauftragung veranlasst oder ihr zugestimmt haben.

A.2.5.4 Mehrwertsteuer

Mehrwertsteuer erstatten wir nur, wenn und soweit diese für Sie bei der von Ihnen gewählten Schadenbeseitigung tatsächlich angefallen ist. Die Mehrwertsteuer erstatten wir nicht, soweit Vorsteuerabzugsberechtigung besteht.

A.2.5.5 Zusätzliche Regelungen bei Entwendung

Wiederauffinden des Fahrzeugs

A.2.5.5.1 Wird das entwendete Fahrzeug innerhalb eines Monats nach Eingang der in Textform abgegebenen Schadenanzeige wieder aufgefunden, sind Sie zur Rücknahme des Fahrzeugs verpflichtet. Voraussetzung ist, dass Sie das Fahrzeug innerhalb dieses Zeitraums mit objektiv zumutbaren Anstrengungen wieder in Besitz nehmen können.

A.2.5.5.2 Wir zahlen die Kosten für die Rückholung des Fahrzeugs, wenn es in einer Entfernung von mehr als xx km (Luftlinie) aufgefunden wird. Ersetzt werden die Kosten in Höhe einer Bahnfahrkarte 2. Klasse für Hin- und Rückfahrt bis zu einer Höchstentfernung von xx km (Bahnkilometer). Maßgeblich ist jeweils die Entfernung vom regelmäßigen Standort des Fahrzeugs zum Fundort.

A.2.5.5.3 Haben wir die Versicherungsleistung wegen einer Pflichtverletzung (z.B. nach D.1.1, E.1.1 oder E.1.3 oder wegen grober Fahrlässigkeit nach A.2.9.1 Satz 2) gekürzt und wird das Fahrzeug wieder aufgefunden, gilt: Ihnen steht ein Anteil am erzielbaren Veräußerungserlös nach Abzug der erforderlichen Kosten zu, die im Zusammenhang mit der Rückholung und Verwertung entstanden sind. Der Anteil errechnet sich entsprechend der Quote, um die wir Ihre Entschädigung gekürzt haben.

Eigentumsübergang nach Entwendung

A.2.5.5.4 Müssen Sie das Fahrzeug nicht zurücknehmen, weil die Monatsfrist bereits abgelaufen ist, werden wir dessen Eigentümer.

Wir werden jedoch nicht Eigentümer, wenn

- Sie der Eigentümer des Fahrzeugs bleiben wollen oder
- ein Anderer der Eigentümer des Fahrzeugs ist (z.B. der Leasinggeber) und dieser das Eigentum nicht auf uns übertragen möchte.

Sie müssen uns dies unverzüglich mitteilen, nachdem wir Sie über das Wiederauffinden informiert oder Sie in anderer Weise Kenntnis erlangt haben. Kosten für die Rückholung zahlen wir nicht.

Werden wir nicht Eigentümer, rechnen wir den erzielbaren Veräußerungserlös des wiederaufgefundenen Fahrzeugs auf unsere Entschädigung an. Wenn wir Sie bereits entschädigt haben, müssen sie uns den erzielbaren Veräußerungserlös zurückzahlen.

A.2.5.6 Bis zu welcher Höhe leisten wir (Höchstentschädigung)?

Unsere Höchstentschädigung ist beschränkt auf den Neupreis des Fahrzeugs nach A.2.5.1.8.

A.2.5.7 Was wir nicht ersetzen und Rest- und Altteile

Was wir nicht ersetzen

A.2.5.7.1 Wir zahlen nicht für Veränderungen, Verbesserungen, Alterungs- und Verschleißschäden. Ebenfalls nicht ersetzt werden Folgeschäden wie Verlust von Treibstoff und Betriebsmittel (z.B. Öl, Kühlflüssigkeit), Wertminderung, Zulassungskosten, Überführungskosten, Verwaltungskosten, Nutzungsausfall oder Kosten eines Mietfahrzeugs.

Rest- und Altteile

A.2.5.7.2 Rest- und Altteile sowie das unreparierte Fahrzeug verbleiben bei Ihnen und werden zum Veräußerungswert auf die Entschädigung angerechnet.

A.2.5.8 Selbstbeteiligung

Ist eine Selbstbeteiligung vereinbart, wird diese bei jedem Schadenereignis von der Entschädigung abgezogen. Ihrem Versicherungsschein können Sie entnehmen, ob und in welcher Höhe Sie eine Selbstbeteiligung vereinbart haben.

A.2.6 Sachverständigenverfahren bei Meinungsverschiedenheit über die Schadenhöhe

A.2.6.1 Bei Meinungsverschiedenheiten zur Schadenhöhe einschließlich der Feststellung des Wiederbeschaffungswerts oder über den Umfang der erforderlichen Reparaturarbeiten kann auf Ihren Wunsch vor Klageerhebung ein Sachverständigenausschuss entscheiden.

A.2.6.2 Für den Ausschuss benennen Sie und wir je einen Kraftfahrzeugsachverständigen. Wenn Sie oder wir innerhalb von zwei Wochen nach Aufforderung keinen Sachverständigen benennen, wird dieser von dem jeweils anderen bestimmt.

A.2.6.3 Soweit sich der Ausschuss nicht einigt, entscheidet ein weiterer Kraftfahrzeugsachverständiger als Obmann. Er soll vor Beginn des Verfahrens von dem Ausschuss gewählt werden. Einigt sich der Ausschuss nicht über die Person des Obmanns, wird er über das zuständige Amtsgericht benannt. Die Entscheidung des Obmanns muss zwischen den jeweils von den beiden Sachverständigen geschätzten Beträgen liegen.

A.2.6.4 Die Kosten des Sachverständigenverfahrens sind im Verhältnis des Obsiegens zum Unterliegen von uns bzw. von Ihnen zu tragen.

Hinweis: Außerdem haben Sie die Möglichkeit, den Rechtsweg zu beschreiten.

A.2.7 Fälligkeit unserer Zahlung

A.2.7.1 Sobald wir unsere Zahlungspflicht und die Höhe der Entschädigung festgestellt haben, zahlen wir diese spätestens innerhalb von zwei Wochen.

A.2.7.2 Sie können einen angemessenen Vorschuss auf die Entschädigung verlangen, wenn

- wir unsere Zahlungspflicht festgestellt haben und
- sich die Höhe der Entschädigung nicht innerhalb eines Monats nach Schadenanzeige feststellen lässt.

A.2.7.3 Ist das Fahrzeug entwendet worden, ist zunächst abzuwarten, ob es wieder aufgefunden wird. Deshalb zahlen wir die Entschädigung frühestens nach Ablauf eines Monats nach Eingang der in Textform abgegebenen Schadenanzeige.

A.2.8 Können wir unsere Leistung vom Fahrer zurückfordern, wenn Sie nicht selbst gefahren sind?

Fährt eine andere Person berechtigterweise das Fahrzeug und kommt es zu einem Schadenereignis, fordern wir von dieser Person unsere Leistungen bei schuldloser oder einfach fahrlässiger Herbeiführung des Schadens nicht zurück.

Jedoch sind wir bei grob fahrlässiger Herbeiführung des Schadens berechtigt, unsere Leistung soweit zurückzufordern, wie dies der Schwere des Verschuldens entspricht. Lebt der Fahrer bei Eintritt des Schadens mit Ihnen in häuslicher Gemeinschaft, fordern wir unsere Ersatzleistung selbst bei grob fahrlässiger Herbeiführung des Schadens nicht zurück.

Bei vorsätzlicher Herbeiführung des Schadens sind wir berechtigt, unsere Leistungen in voller Höhe zurückzufordern.

Die Absätze 1 bis 3 gelten entsprechend, wenn eine in der Kfz-Haftpflichtversicherung gemäß A.1.2 mitversicherte Person sowie der Mieter oder der Entleiher einen Schaden herbeiführt.

A.2.9 Was ist nicht versichert?

Vorsatz und grobe Fahrlässigkeit

A.2.9.1 Kein Versicherungsschutz besteht für Schäden, die Sie vorsätzlich herbeiführen. Bei grob fahrlässiger Herbeiführung des Schadens, sind wir berechtigt, unsere Leistung in einem der Schwere Ihres Verschuldens entsprechenden Verhältnis zu kürzen.

Motorsportveranstaltungen oder -aktivitäten

A.2.9.2 Kein Versicherungsschutz besteht für Schäden aus dem Gebrauch des Fahrzeugs bei einer behördlich genehmigten Motorsportveranstaltung oder Motorsportaktivität, bei der es auf die Erzielung einer Höchstgeschwindigkeit ankommt, einschließlich Rennen, Wettbewerben, Trainings, Tests und Demonstrationen.

Hinweis Beachten Sie auch Ihre Pflichten nach D 1.1.4.

Reifenschäden

A.2.9.3 Kein Versicherungsschutz besteht für beschädigte oder zerstörte Reifen. Versicherungsschutz für Reifenschäden besteht jedoch, wenn durch dasselbe Ereignis gleichzeitig andere unter den Schutz der Kaskoversicherung fallende Schäden am Fahrzeug verursacht wurden.

Erdbeben, Kriegsereignisse, innere Unruhen, Maßnahmen der Staatsgewalt

A.2.9.4 Kein Versicherungsschutz besteht für Schäden, die durch Erdbeben, Kriegsereignisse, innere Unruhen oder Maßnahmen der Staatsgewalt unmittelbar oder mittelbar verursacht werden.

Schäden durch Kernenergie

A.2.9.5 Kein Versicherungsschutz besteht für Schäden durch Kernenergie.

A.3 Autoschutzbrief – Hilfe für unterwegs als Service oder Kostenerstattung

A.3.1 Was ist versichert?

Wir erbringen nach Eintritt der in A.3.5 bis A.3.8 genannten Schadenereignisse die dazu im Einzelnen aufgeführten Leistungen als Service oder erstatten die von Ihnen aufgewendeten Kosten im Rahmen dieser Bedingungen.

A.3.2 Wer ist versichert?

Versicherungsschutz besteht für Sie, den berechtigten Fahrer und die berechtigten Insassen, soweit nachfolgend nichts anderes geregelt ist.

A.3.3 Versicherte Fahrzeuge

Versichert ist das im Versicherungsschein bezeichnete Fahrzeug sowie ein mitgeführter Wohnwagen-, Gepäck- oder Bootsanhänger.

A.3.4 In welchen Ländern besteht Versicherungsschutz?

Sie haben mit dem Schutzbrief Versicherungsschutz in den geographischen Grenzen Europas sowie den außereuropäischen Gebieten, die zum Geltungsbereich der Europäischen Union gehören, soweit nachfolgend nicht etwas anderes geregelt ist.

A.3.5 Hilfe bei Panne oder Unfall

Kann das Fahrzeug nach einer Panne oder einem Unfall die Fahrt aus eigener Kraft nicht fortsetzen, erbringen wir folgende Leistungen:

Wiederherstellung der Fahrbereitschaft

A.3.5.1 Wir organisieren für Sie die Wiederherstellung der Fahrbereitschaft an der Schadenstelle durch ein Pannenhilfsfahrzeug und übernehmen die hierdurch entstehenden Kosten. Der Höchstbetrag für diese Leistung beläuft sich einschließlich der vom Pannenhilfsfahrzeug mitgeführten und verwendeten Kleinteile auf xx Euro.

Abschleppen des Fahrzeugs

A.3.5.2 Kann das Fahrzeug an der Schadenstelle nicht wieder fahrbereit gemacht werden, organisieren wir für Sie das Abschleppen des Fahrzeugs. Dies schließt das Gepäck und die nicht gewerblich beförderte Ladung mit ein.

Wir übernehmen die hierdurch entstehenden Kosten. Der Höchstbetrag für diese Leistung beläuft sich auf xx Euro; hierauf werden durch den Einsatz eines Pannenhilfsfahrzeugs entstandene Kosten angerechnet.

Bergen des Fahrzeugs

A.3.5.3 Ist das Fahrzeug von der Straße abgekommen, organisieren wir für Sie die Bergung des Fahrzeugs. Dies schließt das Gepäck und nicht gewerblich beförderte Ladung mit ein.

Wir übernehmen die hierdurch entstehenden Kosten.

Was versteht man unter Panne oder Unfall?

A.3.5.4 *Unter Panne ist* jeder Betriebs-, Bruch- oder Bremsschaden zu verstehen. Unfall ist ein unmittelbar von außen plötzlich mit mechanischer Gewalt auf das Fahrzeug einwirkendes Ereignis.

A.3.6 Zusätzliche Hilfe bei Panne, Unfall oder Diebstahl ab xx km Entfernung

Bei Panne, Unfall oder Diebstahl des Fahrzeugs erbringen wir nachfolgende Leistungen unter den Voraussetzungen, dass

- die Hilfeleistung an einem Ort erfolgt, der mindestens xx km Luftlinie von Ihrem ständigen Wohnsitz in Deutschland entfernt ist und
- das Fahrzeug weder am Schadentag noch am darauf folgenden Tag wieder fahrbereit gemacht werden kann oder es gestohlen worden ist.

Weiter- oder Rückfahrt

A.3.6.1 Folgende Fahrtkosten werden erstattet:

a Eine Rückfahrt vom Schadenort zu Ihrem ständigen Wohnsitz in Deutschland oder

b eine Weiterfahrt vom Schadenort zum Zielort, jedoch höchstens innerhalb des Geltungsbereichs nach A.3.4 und

c eine Rückfahrt vom Zielort zu Ihrem ständigen Wohnsitz in Deutschland,

d eine Fahrt einer Person von Ihrem ständigen Wohnsitz oder vom Zielort zum Schadenort, wenn das Fahrzeug dort fahrbereit gemacht worden ist.

Die Kostenerstattung erfolgt bei einer einfachen Entfernung unter 1.200 Bahnkilometern bis zur Höhe der Bahnkosten 2. Klasse. Bei größerer Entfernung werden diese bis zur Höhe der Bahnkosten 1. Klasse oder der Liegewagenkosten jeweils einschließlich Zuschlägen übernommen. Zusätzlich erstatten wir die Kosten für nachgewiesene Taxifahrten bis zu xx Euro.

Übernachtung

A.3.6.2 Wir helfen Ihnen auf Wunsch bei der Beschaffung einer Übernachtungsmöglichkeit und übernehmen die Kosten für höchstens drei Übernachtungen. Wenn Sie die Leistung Weiter- oder Rückfahrt nach A.3.6.1 in Anspruch nehmen, zahlen wir nur eine Übernachtung. Sobald das Fahrzeug Ihnen wieder fahrbereit zur Verfügung steht, besteht kein Anspruch auf weitere Übernachtungskosten. Wir übernehmen die Kosten bis höchstens xx Euro je Übernachtung und Person.

Mietwagen

A.3.6.3 Wir helfen Ihnen, ein gleichwertiges Fahrzeug anzumieten. Wir übernehmen die Kosten des Mietwagens, bis Ihnen das Fahrzeug wieder fahrbereit zur Verfügung steht. Voraussetzung ist, dass Sie weder die Leistung Weiter- oder Rückfahrt nach A.3.6.1 noch Übernachtung nach A.3.6.2 in Anspruch genommen haben.

Wir zahlen höchstens für sieben Tage und maximal xx Euro je Tag.

Fahrzeugunterstellung

A.3.6.4 Muss das Fahrzeug nach einer Panne oder einem Unfall bis zur Wiederherstellung der Fahrbereitschaft oder bis zur Durchführung des Transports in einer Werkstatt untergestellt werden, sind wir Ihnen hierbei behilflich. Wir übernehmen die hierdurch entstehenden Kosten, jedoch höchstens für zwei Wochen.

A.3.7 Hilfe bei Krankheit, Verletzung oder Tod auf einer Reise

Wir erbringen die nachfolgenden Leistungen unter den Voraussetzungen, dass auf einer Reise mit dem versicherten Fahrzeug

- Sie oder eine mitversicherte Person unvorhersehbar erkranken oder der Fahrer stirbt und
- dies an einem Ort geschieht, der mindestens xx km Luftlinie von Ihrem ständigen Wohnsitz in Deutschland entfernt ist.

Als unvorhersehbar gilt eine Erkrankung, wenn diese nicht bereits innerhalb der letzten sechs Wochen vor Beginn der Reise (erstmalig oder zum wiederholten Male) aufgetreten ist.

Krankenrücktransport

A.3.7.1 Müssen Sie oder eine mitversicherte Person infolge Erkrankung an Ihren ständigen Wohnsitz zurücktransportiert werden, organisieren wir für Sie die Durchführung des Rücktransports. Wir übernehmen dessen Kosten. Art und Zeitpunkt des Rücktransports müssen medizinisch notwendig sein. Unsere Leistung erstreckt sich auch auf die Begleitung des Erkrankten durch einen Arzt oder Sanitäter, wenn diese behördlich vorgeschrieben ist. Außerdem übernehmen wir die bis zum Rücktransport entstehenden Übernachtungskosten. Diese müssen jedoch durch die Erkrankung bedingt sein und sind begrenzt auf höchstens drei Übernachtungen bis zu je xx Euro pro Person.

Rückholung von Kindern

A.3.7.2 Wir organisieren für Sie die Abholung und Rückfahrt mitreisender minderjähriger Kinder mit einer Begleitperson zu ihrem Wohnsitz, wenn

- der Fahrer erkrankt ist oder stirbt und
- die Kinder weder von Ihnen noch von einem anderen Insassen betreut werden können.

Wir übernehmen die hierdurch entstehenden Kosten. Wir erstatten dabei die Bahnkosten 2. Klasse einschließlich Zuschlägen sowie die Kosten für nachgewiesene Taxifahrten bis zu xx Euro.

Fahrzeugabholung

A.3.7.3 Wir organisieren für Sie die Verbringung des Fahrzeugs zu Ihrem ständigen Wohnsitz, wenn

- der Fahrer länger als drei Tage erkrankt oder stirbt und
- das Fahrzeug weder von ihm noch von einem Insassen zurückgefahren werden kann.

Wir übernehmen die hierdurch entstehenden Kosten.

Veranlassen Sie die Verbringung selbst, erhalten Sie als Kostenersatz bis xx Euro je Kilometer zwischen Ihrem Wohnsitz und dem Schadenort. Außerdem erstatten wir in jedem Fall die bis zur Abholung der berechtigten Insassen entstehenden und durch den Fahrerausfall bedingten Übernachtungskosten. Die Leistung ist begrenzt auf drei Übernachtungen bis zu je xx Euro pro Person.

Was versteht man unter einer Reise?

A.3.7.4 Reise ist jede Abwesenheit von Ihrem ständigen Wohnsitz bis zu einer Höchstdauer von fortlaufend xx Wochen. Als Ihr ständiger Wohnsitz gilt der Ort in Deutschland, an dem Sie behördlich gemeldet sind und sich überwiegend aufhalten.

A.3.8 Zusätzliche Leistungen bei einer Auslandsreise

Ereignet sich der Schaden an einem Ort im Ausland (Geltungsbereich nach A.3.4 ohne Deutschland), der mindestens xx km Luftlinie von Ihrem ständigen Wohnsitz in Deutschland entfernt ist, erbringen wir zusätzlich folgende Leistungen:

A.3.8.1 Bei Panne und Unfall:
Ersatzteilversand

a Können Ersatzteile zur Wiederherstellung der Fahrbereitschaft des Fahrzeugs an einem ausländischen Schadenort oder in dessen Nähe nicht beschafft werden, organisieren wir für Sie, dass Sie diese auf schnellstmöglichem Wege erhalten. Wir übernehmen alle entstehenden Versandkosten.

Fahrzeugtransport

b Wir organisieren für Sie den Transport des Fahrzeugs zu einer Werkstatt und übernehmen die hierdurch entstehenden Kosten bis zur Höhe der Rücktransportkosten an Ihren Wohnsitz, wenn

- das Fahrzeug an einem ausländischen Schadenort oder in dessen Nähe nicht innerhalb von drei Werktagen fahrbereit gemacht werden kann und
- die voraussichtlichen Reparaturkosten nicht höher sind als der Kaufpreis für ein gleichwertiges gebrauchtes Fahrzeug.

Mietwagen

c Wir helfen Ihnen, ein gleichwertiges Fahrzeug anzumieten. Mieten Sie ein Fahrzeug nach A.3.6.3 an, übernehmen wir die Kosten hierfür bis Ihr Fahrzeug wieder fahrbereit zur Verfügung steht. Wir leisten bis zu einem Betrag von xx Euro.

Fahrzeugverzollung und -verschrottung

d Muss das Fahrzeug nach einem Unfall im Ausland verzollt werden, helfen wir bei der Verzollung. Wir übernehmen die hierbei anfallenden Verfahrensgebühren mit Ausnahme des Zollbetrags und sonstiger Steuern. Lassen Sie Ihr Fahrzeug verschrotten, um die Verzollung zu vermeiden, übernehmen wir die Verschrottungskosten.

A.3.8.2 Bei Fahrzeugdiebstahl:
Fahrzeugunterstellung

a Wir übernehmen die Kosten für eine Fahrzeugunterstellung, wenn das gestohlene Fahrzeug

- nach dem Diebstahl im Ausland wieder aufgefunden wird und

• bis zur Durchführung des Rücktransports oder der Verzollung bzw. Verschrottung untergestellt werden muss.

Wir übernehmen die Kosten höchstens für xx Wochen.

Mietwagen

b Wir helfen Ihnen, ein gleichwertiges Fahrzeug anzumieten. Mieten Sie ein Fahrzeug nach A.3.6.3 an, übernehmen wir die Kosten hierfür, bis Ihr Fahrzeug wieder fahrbereit zur Verfügung steht. Wir zahlen höchstens xx Euro.

Fahrzeugverzollung und -verschrottung

c Muss das Fahrzeug nach dem Diebstahl im Ausland verzollt werden, helfen wir bei der Verzollung. Wir übernehmen die hierbei anfallenden Verfahrensgebühren mit Ausnahme des Zollbetrags und sonstiger Steuern. Lassen Sie Ihr Fahrzeug verschrotten, um die Verzollung zu vermeiden, übernehmen wir die Verschrottungskosten.

A.3.8.3 Im Todesfall

Im Fall Ihres Todes auf einer Reise mit dem versicherten Fahrzeug im Ausland sorgen wir nach Abstimmung mit den Angehörigen

• für die Bestattung im Ausland oder
• für die Überführung nach Deutschland.

Wir übernehmen hierfür die Kosten.

Diese Leistung gilt nicht bei Tod einer mitversicherten Person.

A.3.9 Was ist nicht versichert?

Vorsatz und grobe Fahrlässigkeit

A.3.9.1 Kein Versicherungsschutz besteht für Schäden, die Sie vorsätzlich herbeiführen. Bei grob fahrlässiger Herbeiführung des Schadens sind wir berechtigt, unsere Leistung in einem der Schwere Ihres Verschuldens entsprechenden Verhältnis zu kürzen.

Motorsportveranstaltungen oder -aktivitäten

A.3.9.2 Kein Versicherungsschutz besteht für Schäden aus dem Gebrauch des Fahrzeugs bei einer behördlich genehmigten Motorsportveranstaltung oder Motorsportaktivität, bei der es auf die Erzielung einer Höchstgeschwindigkeit ankommt, einschließlich Rennen, Wettbewerben, Trainings, Tests und Demonstrationen.

Hinweis Beachten Sie auch Ihre Pflichten nach D 1.1.4.

Erdbeben, Kriegsereignisse, innere Unruhen und Staatsgewalt

A.3.9.3 Kein Versicherungsschutz besteht für Schäden, die durch Erdbeben, Kriegsereignisse, innere Unruhen oder Maßnahmen der Staatsgewalt unmittelbar oder mittelbar verursacht werden.

Schäden durch Kernenergie

A.3.9.4 Kein Versicherungsschutz besteht für Schäden durch Kernenergie.

A.3.10 Anrechnung ersparter Aufwendungen

Haben Sie aufgrund unserer Leistungen Kosten erspart, die Sie ohne das Schadenereignis hätten aufwenden müssen, können wir diese von unserer Zahlung abziehen.

A.3.11 Verpflichtung Dritter

A.3.11.1 Soweit im Schadenfall ein Dritter Ihnen gegenüber aufgrund eines Vertrags oder einer Mitgliedschaft in einem Verband oder Verein zur Leistung oder zur Hilfe verpflichtet ist, gehen diese Ansprüche unseren Leistungsverpflichtungen vor.

A.3.11.2 Wenden Sie sich nach einem Schadenereignis allerdings zuerst an uns, sind wir Ihnen gegenüber abweichend von A.3.11.1 zur Leistung verpflichtet.

A.4 Kfz-Unfallversicherung – wenn Insassen verletzt oder getötet werden

A.4.1 Was ist versichert?

Unfälle bei Gebrauch des Fahrzeugs

A.4.1.1 Wir bieten den vereinbarten Versicherungsschutz bei Unfällen der versicherten Person, die in unmittelbarem Zusammenhang mit dem Gebrauch Ihres Fahrzeugs oder eines damit verbunden Anhängers stehen (z.B. Fahren, Ein- und Aussteigen, Be- und Entladen).

Unfallbegriff

A.4.1.2 Ein Unfall liegt vor, wenn die versicherte Person durch

- ein plötzlich von außen auf ihren Körper wirkendes Ereignis (Unfallereignis)
- unfreiwillig eine Gesundheitsschädigung

erleidet.

Erweiterter Unfallbegriff

A.4.1.3 Als Unfall gilt auch, wenn sich die versicherte Person durch eine erhöhte Kraftanstrengung

- ein Gelenk an Gliedmaßen oder der Wirbelsäule verrenkt,
- Muskeln, Sehnen, Bänder oder Kapseln an Gliedmaßen oder der Wirbelsäule zerrt oder zerreißt.

Meniskus und Bandscheiben sind weder Muskeln, Sehnen, Bänder noch Kapseln. Deshalb werden sie von dieser Regelung nicht erfasst.

Eine erhöhte Kraftanstrengung ist eine Bewegung, deren Muskeleinsatz über die normalen Handlungen des täglichen Lebens hinausgeht. *Maßgeblich* für die Beurteilung des Muskeleinsatzes sind die individuellen körperlichen Verhältnisse der versicherten Person.

A.4.2 Wer ist versichert?

A.4.2.1 Pauschalsystem

Mit der Kfz-Unfallversicherung nach dem Pauschalsystem sind die jeweiligen berechtigten Insassen des Fahrzeugs versichert. Ausgenommen sind bei Ihnen angestellte Berufsfahrer und Beifahrer, wenn sie als solche das Fahrzeug gebrauchen.

Bei zwei und mehr berechtigten Insassen erhöht sich die Versicherungssumme um xx Prozent und teilt sich durch die Gesamtzahl der Insassen, unabhängig davon, ob diese zu Schaden kommen.

A.4.2.2 Kfz-Unfall-Plus-Versicherung

Mit der Kfz-Unfall-Plus-Versicherung sind die jeweiligen berechtigten Insassen des Fahrzeugs mit der für Invalidität und Tod vereinbarten Versicherungssumme versichert. Wird der jeweilige Fahrer verletzt und verbleibt eine unfallbedingte Invalidität von xx Prozent, erhöht sich die für Invalidität vereinbarte Versicherungssumme für ihn um xx Prozent.

A.4.2.3 Platzsystem

Mit der Kfz-Unfallversicherung nach dem Platzsystem sind die im Versicherungsschein bezeichneten Plätze oder eine bestimmte Anzahl von berechtigten Insassen des Fahrzeugs versichert. Ausgenommen sind bei Ihnen angestellte Berufsfahrer und Beifahrer, wenn sie als solche das Fahrzeug gebrauchen. Befinden sich in dem Fahrzeug mehr berechtigte Insassen als Plätze oder Personen im Versicherungsschein angegeben, verringert sich die Versicherungssumme für den einzelnen Insassen entsprechend.

A.4.2.4 Was versteht man unter berechtigten Insassen?

Berechtigte Insassen sind Personen (Fahrer und alle weiteren Insassen), die sich mit Wissen und Willen des Verfügungsberechtigten in oder auf dem versicherten Fahrzeug befinden oder in unmittelbarem Zusammenhang mit ihrer Beförderung beim Gebrauch des Fahrzeugs tätig werden.

A.4.2.5 Berufsfahrerversicherung

Mit der Berufsfahrerversicherung sind versichert

a die Berufsfahrer und Beifahrer des im Versicherungsschein bezeichneten Fahrzeugs,

b die im Versicherungsschein namentlich bezeichneten Berufsfahrer und Beifahrer unabhängig von einem bestimmten Fahrzeug oder

c alle bei Ihnen angestellten Berufsfahrer und Beifahrer unabhängig von einem bestimmten Fahrzeug.

A.4.2.6 Namentliche Versicherung

Mit der namentlichen Versicherung ist die im Versicherungsschein bezeichnete Person unabhängig von einem bestimmten Fahrzeug versichert. Diese Person kann ihre Ansprüche selbstständig gegen uns geltend machen.

A.4.3 In welchen Ländern besteht Versicherungsschutz?

Sie haben in der Kfz-Unfallversicherung Versicherungsschutz in den geographischen Grenzen Europas sowie den außereuropäischen Gebieten, die zum Geltungsbereich der Europäischen Union gehören.

A.4.4 Welche Leistungen umfasst die Kfz-Unfallversicherung?

Ihrem Versicherungsschein können Sie entnehmen, welche der nachstehenden Leistungen mit welchen Versicherungssummen vereinbart sind.

A.4.5 Leistung bei Invalidität

A.4.5.1 Voraussetzungen für die Leistung Invalidität

A.4.5.1.1 Die versicherte Person hat eine Invalidität erlitten.

Eine Invalidität liegt vor, wenn unfallbedingt
- die körperliche oder geistige Leistungsfähigkeit
- dauerhaft

beeinträchtigt ist.

Dauerhaft ist eine Beeinträchtigung, wenn
- sie voraussichtlich länger als drei Jahre bestehen wird und
- eine Änderung dieses Zustands nicht zu erwarten ist.

Eintritt und ärztliche Feststellung der Invalidität

A.4.5.1.2 Die Invalidität ist innerhalb von 15 Monaten nach dem Unfall
- eingetreten und
- von einem Arzt schriftlich festgestellt worden.

Ist eine dieser Voraussetzungen nicht erfüllt, besteht kein Anspruch auf Invaliditätsleistung.

Geltendmachung der Invalidität

A.4.5.1.3 Sie müssen die Invalidität innerhalb von 15 Monaten nach dem Unfall bei uns geltend machen. Geltend machen heißt: Sie teilen uns mit, dass Sie von einer Invalidität ausgehen.

Versäumen Sie diese Frist, ist der Anspruch auf Invaliditätsleistung ausgeschlossen.

Nur in besonderen Ausnahmefällen lässt es sich entschuldigen, wenn Sie die Frist versäumt haben.

Keine Invaliditätsleistung bei Unfalltod im ersten Jahr

A.4.5.1.4 Stirbt die versicherte Person unfallbedingt innerhalb eines Jahres nach dem Unfall, besteht kein Anspruch auf Invaliditätsleistung.

In diesem Fall zahlen wir eine Todesfallleistung (A.4.8), sofern diese vereinbart ist.

A.4.5.2 Art und Höhe der Leistung

Berechnung der Invaliditätsleistung

A.4.5.2.1 Die Invaliditätsleistung erhalten Sie als Einmalzahlung.

Grundlagen für die Berechnung der Leistung sind
- die vereinbarte Versicherungssumme und
- der unfallbedingte Invaliditätsgrad.

Bemessung des Invaliditätsgrads, Zeitraum für die Bemessung

A.4.5.2.2 Der Invaliditätsgrad richtet sich
- nach der Gliedertaxe (A.4.5.2.3), sofern die betroffenen Körperteile oder Sinnesorgane dort genannt sind,
- ansonsten danach, in welchem Umfang die normale körperliche oder geistige Leistungsfähigkeit dauerhaft beeinträchtigt ist (A.4.5.2.4)

Maßgeblich ist der unfallbedingte Gesundheitszustand, der spätestens am Ende des dritten Jahres nach dem Unfall erkennbar ist. Dies gilt sowohl für die erste als auch für spätere Bemessungen der Invalidität (A.4.10.4).

Gliedertaxe

A.4.5.2.3 Bei Verlust oder vollständiger Funktionsunfähigkeit eines der folgenden Körperteile oder Sinnesorgane gelten ausschließlich die hier genannten Invaliditätsgrade:

Arm	xx %
Arm bis oberhalb des Ellenbogengelenks	xx %
Arm unterhalb des Ellenbogengelenks	xx %
Hand	xx %
Daumen	xx %
Zeigefinger	xx %
anderer Finger	xx %
Bein über der Mitte des Oberschenkels	xx %
Bein bis zur Mitte des Oberschenkels	xx %
Bein bis unterhalb des Knies	xx %
Bein bis zur Mitte des Unterschenkels	xx %
Fuß	xx %
große Zehe	xx %
andere Zehe	xx %
Auge	xx %
Gehör auf einem Ohr	xx %
Geruchssinn	xx %
Geschmackssinn	xx %

Bei Teilverlust oder teilweiser Funktionsbeeinträchtigung gilt der entsprechende Teil der genannten Invaliditätsgrade.

Bemessung außerhalb der Gliedertaxe

A.4.5.2.4 Für andere Körperteile oder Sinnesorgane richtet sich der Invaliditätsgrad danach, in welchem Umfang die normale körperliche oder geistige Leistungsfähigkeit insgesamt dauerhaft beeinträchtigt ist. Maßstab ist eine durchschnittliche Person gleichen Alters und Geschlechts.

Die Bemessung erfolgt ausschließlich nach medizinischen Gesichtspunkten.

Minderung bei Vorinvalidität

A.4.5.2.5 Eine Vorinvalidität besteht, wenn betroffene Körperteile oder Sinnesorgane schon vor dem Unfall dauerhaft beeinträchtigt waren. Sie wird nach A.4.5.2.3 und A.4.5.2.4 bemessen.

Der Invaliditätsgrad mindert sich um diese Vorinvalidität.

***Invaliditätsgrad bei Beeinträchtigung* mehrerer Körperteile oder Sinnesorgane**

A.4.5.2.6 Durch einen Unfall können mehrere Körperteile oder Sinnesorgane beeinträchtigt sein.

Dann werden die Invaliditätsgrade, die nach den vorstehenden Bestimmungen ermittelt wurden, zusammengerechnet.

Mehr als 100 % werden jedoch nicht berücksichtigt.

Invaliditätsleistung bei Tod der versicherten Person

A.4.5.2.7 Stirbt die versicherte Person vor der Bemessung der Invalidität, zahlen wir eine Invaliditätsleistung unter folgenden Voraussetzungen:

- Die versicherte Person ist nicht unfallbedingt innerhalb des ersten Jahres nach dem Unfall verstorben und
- die sonstigen Voraussetzungen für die Invaliditätsleistung nach A.4.5.1 sind erfüllt.

Wir leisten nach dem Invaliditätsgrad, mit dem aufgrund der ärztlichen Befunde zu rechnen gewesen wäre.

A.4.6 Tagegeld

Voraussetzungen für die Leistung

A.4.6.1 Die versicherte Person ist unfallbedingt

- in ihrer Arbeitsfähigkeit beeinträchtigt und
- in ärztlicher Behandlung.

Höhe und Dauer der Leistung

A.4.6.2 Grundlagen für die Berechnung der Leistung sind

- die vereinbarte Versicherungssumme und
- der unfallbedingte Grad der Beeinträchtigung der Arbeitsfähigkeit.

Der Grad der Beeinträchtigung bemisst sich

- nach der Fähigkeit der versicherten Person, ihrem bis zu dem Unfall ausgeübten Beruf weiter nachzugehen.
- nach der allgemeinen Fähigkeit der versicherten Person, Arbeit zu leisten, wenn sie zum Zeitpunkt des Unfalls nicht berufstätig war.

Das Tagegeld wird nach dem Grad der Beeinträchtigung abgestuft.

Wir zahlen das Tagegeld für die Dauer der ärztlichen Behandlung, längstens für ein Jahr ab dem Tag des Unfalls.

A.4.7 Krankenhaustagegeld

Voraussetzungen für die Leistung

A.4.7.1 Die versicherte Person

- ist unfallbedingt in medizinisch notwendiger vollstationärer Heilbehandlung oder
- unterzieht sich unfallbedingt einer ambulanten chirurgischen Operation und ist deswegen für mindestens xx Tage ununterbrochen und vollständig in der Ausübung ihres Berufs beeinträchtigt. War die versicherte Person zum Zeitpunkt des Unfalls nicht berufstätig, kommt es auf die allgemeine Fähigkeit an, Arbeit zu leisten.

Kuren oder Aufenthalte in Sanatorien und Erholungsheimen gelten nicht als medizinisch notwendige Heilbehandlung.

Höhe und Dauer der Leistung

A.4.7.2 Wir zahlen das vereinbarte Krankenhaustagegeld

- für jeden Kalendertag der vollstationären Behandlung, längstens für xx Jahre ab dem Tag des Unfalls.
- für xx Tage bei ambulanten chirurgischen Operationen.

<Redaktioneller Hinweis: In den bisherigen AKB war eine Regelung zur Leistung Genesungsgeld enthalten. Entsprechend der Regelungen in den AUB 2014 wurde dieses auch nicht in die Kfz-Unfallversicherung aufgenommen. Versicherer, die diese Leistungsart anbieten wollen, müssen eine entsprechende Regelung aufnehmen.>

A.4.8 Todesfallleistung

Voraussetzungen für die Leistung

A.4.8.1 Die versicherte Person stirbt unfallbedingt innerhalb eines Jahres nach dem Unfall.

Beachten Sie dann die Verhaltensregeln nach E.1.5.1.

Art und Höhe der Leistung

A.4.8.2 Wir zahlen die Todesfallleistung in Höhe der vereinbarten Versicherungssumme.

A.4.9 Was passiert, wenn Unfallfolgen mit Krankheiten oder Gebrechen zusammentreffen?

Krankheiten und Gebrechen

A.4.9.1 Wir leisten ausschließlich für Unfallfolgen. Dies sind Gesundheitsschädigungen und ihre Folgen, die durch das Unfallereignis verursacht wurden.

Wir leisten nicht für Krankheiten oder Gebrechen.

Mitwirkung

A.4.9.2 Treffen Unfallfolgen mit Krankheiten oder Gebrechen zusammen, gilt Folgendes:

A.4.9.2.1 Entsprechend dem Umfang, in dem Krankheiten oder Gebrechen an der Gesundheitsschädigung oder ihren Folgen mitgewirkt haben (Mitwirkungsanteil), mindert sich

- bei der Invaliditätsleistung der Prozentsatz des Invaliditätsgrads.
- bei der Todesfallleistung und, soweit nicht etwas anderes bestimmt ist, bei den anderen Leistungsarten die Leistung selbst.

A.4.9.2.2 Beträgt der Mitwirkungsanteil weniger als 25 %, nehmen wir keine Minderung vor.

A.4.10 Fälligkeit

Wir erbringen unsere Leistungen, nachdem wir die Erhebungen abgeschlossen haben, die zur Feststellung des Versicherungsfalls und des Umfangs unserer Leistungspflicht notwendig sind. Dazu gilt Folgendes:

Erklärung über die Leistungspflicht

A.4.10.1 Wir sind verpflichtet, innerhalb eines Monats in Textform zu erklären, ob und in welchem Umfang wir unsere Leistungspflicht anerkennen. Bei Invaliditätsleistung beträgt die Frist drei Monate.

Die Fristen beginnen, sobald uns folgende Unterlagen zugehen:
- Nachweis des Unfallhergangs und der Unfallfolgen.
- Bei Invaliditätsleistung zusätzlich der Nachweis über den Abschluss des Heilverfahrens, soweit dies für die Bemessung des Invaliditätsgrads notwendig ist.

Beachten Sie dabei auch die Verhaltensregeln nach E.1.5.

Die ärztlichen Gebühren, die Ihnen zur Begründung des Leistungsanspruchs entstehen, übernehmen wir
- bei Invaliditätsleistung bis zu xx % der versicherten Summe.
- bei Tagegeld und Krankenhaustagegeld jeweils bis zu xx Tagessätze.

Sonstige Kosten übernehmen wir nicht.

Leistung innerhalb von zwei Wochen

A.4.10.2 Erkennen wir den Anspruch an oder haben wir uns mit Ihnen über Grund und Höhe geeinigt, leisten wir innerhalb von zwei Wochen.

Vorschüsse

A.4.10.3 Steht die Leistungspflicht zunächst nur dem Grunde nach fest, zahlen wir – auf Ihren Wunsch – angemessene Vorschüsse.

Vor Abschluss des Heilverfahrens kann eine Invaliditätsleistung innerhalb eines Jahres nach dem Unfall nur bis zur Höhe einer vereinbarten Todesfallsumme beansprucht werden.

Neubemessung des Invaliditätsgrads

A.4.10.4 Nach der Bemessung des Invaliditätsgrads können sich Veränderungen des Gesundheitszustands ergeben.

Sie und wir sind berechtigt, den Grad der Invalidität jährlich erneut ärztlich bemessen zu lassen.

Dieses Recht steht Ihnen und uns längstens bis zu drei Jahren nach dem Unfall zu. Bei Kindern bis zur Vollendung des xx. Lebensjahres verlängert sich diese Frist von drei auf xx Jahre.
- Wenn wir eine Neubemessung wünschen, teilen wir Ihnen dies zusammen mit der Erklärung über unsere Leistungspflicht mit.
- Wenn Sie eine Neubemessung wünschen, müssen Sie uns dies vor Ablauf der Frist mitteilen.

Ergibt die endgültige Bemessung eine höhere Invaliditätsleistung, als wir bereits gezahlt haben, ist der Mehrbetrag mit xx % jährlich zu verzinsen.

A.4.11 Zahlung für eine mitversicherte Person

Sie können die Auszahlung der auf eine mitversicherte Person entfallenden Versicherungsleistung an Sie selbst nur mit der Zustimmung der versicherten Person verlangen.

A.4.12 Was ist nicht versichert?

Straftat

A.4.12.1 Kein Versicherungsschutz besteht bei Unfällen, die der versicherten Person dadurch zustoßen, dass sie vorsätzlich eine Straftat begeht oder versucht.

Geistes- oder Bewusstseinsstörungen/Trunkenheit

A.4.12.2 Kein Versicherungsschutz besteht bei Unfällen des Fahrers durch Geistes- oder Bewusstseinsstörungen, auch soweit diese auf Trunkenheit beruhen, sowie durch Schlaganfälle, epileptische Anfälle oder andere Krampfanfälle, die den ganzen Körper des Fahrers ergreifen.

Versicherungsschutz besteht jedoch, wenn diese Störungen oder Anfälle durch ein Unfallereignis verursacht sind, das unter diesen Vertrag oder unter eine für das Vorfahrzeug bei uns abgeschlossene Kfz-Unfallversicherung fällt.

Motorsportveranstaltungen oder -aktivitäten

A.4.12.3 Kein Versicherungsschutz besteht für Schäden aus dem Gebrauch des Fahrzeugs bei einer behördlich genehmigten Motorsportveranstaltung oder Motorsportaktivität, bei der es auf die Erzielung einer Höchstgeschwindigkeit ankommt, einschließlich Rennen, Wettbewerben, Trainings, Tests und Demonstrationen.

Hinweis Beachten Sie auch Ihre Pflichten nach D 1.1.4.

Erdbeben, Kriegsereignisse, innere Unruhen, Maßnahmen der Staatsgewalt

A.4.12.4 Kein Versicherungsschutz besteht bei Unfällen, die durch Erdbeben, Kriegsereignisse, innere Unruhen oder Maßnahmen der Staatsgewalt unmittelbar oder mittelbar verursacht werden.

Kernenergie

A.4.12.5 Kein Versicherungsschutz besteht bei Schäden durch Kernenergie.

Bandscheiben, innere Blutungen

A.4.12.6 Kein Versicherungsschutz besteht bei Schäden an Bandscheiben sowie bei Blutungen aus inneren Organen und Gehirnblutungen. Versicherungsschutz besteht jedoch, wenn überwiegende Ursache ein unter diesen Vertrag fallendes Unfallereignis nach A.4.1.2 ist.

Infektionen

A.4.12.7 Kein Versicherungsschutz besteht bei Infektionen. Bei Wundstarrkrampf und Tollwut besteht jedoch Versicherungsschutz, wenn die Krankheitserreger durch ein versichertes Unfallereignis sofort oder später in den Körper gelangen. Bei anderen Infektionen besteht Versicherungsschutz, wenn die Krankheitserreger durch ein versichertes Unfallereignis, das nicht nur geringfügige Haut- oder Schleimhautverletzungen verursacht, sofort oder später in den Körper gelangen. Bei Infektionen, die durch Heilmaßnahmen verursacht sind, besteht Versicherungsschutz, wenn die Heilmaßnahmen durch ein unter diesen Vertrag fallendes Unfallereignis veranlasst waren.

Psychische Reaktionen

A.4.12.8 Kein Versicherungsschutz besteht bei krankhaften Störungen infolge psychischer Reaktionen, auch wenn diese durch einen Unfall verursacht wurden.

Bauch- und Unterleibsbrüche

A.4.12.9 Kein Versicherungsschutz besteht bei Bauch- oder Unterleibsbrüchen. Versicherungsschutz besteht jedoch, wenn sie durch eine unter diesen Vertrag fallende gewaltsame, von außen kommende Einwirkung entstanden sind.

A.5 Fahrerschutzversicherung – wenn der Fahrer verletzt oder getötet wird

Die Fahrerschutzversicherung ist eine Kfz-Unfallversicherung, deren Leistungen sich nach dem tatsächlich entstandenen Personenschaden richten.

A.5.1 Was ist versichert?

Versichert sind Personenschäden des berechtigten Fahrers, die dadurch entstehen, dass er durch einen Unfall beim Lenken des versicherten Fahrzeugs verletzt oder getötet wird.

Ein Unfall liegt vor, wenn der Fahrer durch ein plötzlich von außen auf seinen Körper wirkendes Ereignis (Unfallereignis) unfreiwillig eine Gesundheitsschädigung erleidet.

Zum Lenken des Fahrzeugs gehört z.B. nicht das Ein- und Aussteigen oder das Be- und Entladen.

A.5.2 Wer ist versichert?

Versichert ist der berechtigte Fahrer des Fahrzeugs. Berechtigter Fahrer ist eine Person, die mit Wissen und Willen des Verfügungsberechtigten das Fahrzeug lenkt.

Im Todesfall des Fahrers sind seine Hinterbliebenen bezüglich ihrer gesetzlichen Unterhaltsansprüche mitversichert.

A.5.3 In welchen Ländern besteht Versicherungsschutz?

In der Fahrerschutzversicherung besteht Versicherungsschutz in den geographischen Grenzen Europas sowie den außereuropäischen Gebieten, die zum Geltungsbereich der Europäischen Union gehören.

<Redaktioneller Hinweis: Alternativ könnte z.B. der Geltungsbereich KH inklusive Internationale Versicherungskarte Geltungsbereich vereinbart werden.>

A.5.4 Was leisten wir in der Fahrerschutzversicherung?

<Achtung! Es folgen zwei Varianten von A.5.4.1>

Was wir ersetzen

A.5.4.1 Wir ersetzen den unfallbedingten Personenschaden (z.B. Verdienstausfall, Hinterbliebenenrente, [Schmerzensgeld]) so, als ob ein Dritter schadenersatzpflichtig wäre. Dabei leisten wir nach den deutschen gesetzlichen Schadenersatzbestimmungen des Privatrechts.

<Redaktioneller Hinweis: Sollen bestimmte Leistungspositionen (z.B. Schmerzensgeld, Rechtsanwaltsgebühren) nicht ersetzt werden, sind diese hier aufzuführen.>

[Wir zahlen nicht für ….]

<Redaktioneller Hinweis: Versicherer, die nicht den vollständigen Leistungsumfang analog Schadenersatzrecht nach KH abdecken wollen, können alternativ die versicherten Leistungspositionen abschließend aufzählen und ggf. limitieren.>

[Was wir ersetzen

A.5.4.1 Wir ersetzen den unfallbedingten Personenschaden so, als ob ein Dritter schadenersatzpflichtig wäre. Dabei leisten wir nach den deutschen gesetzlichen Schadenersatzbestimmungen des Privatrechts in folgendem Umfang:

- Verdienstausfall [bis xx Euro]
- [……….]]

Vorrangige Leistungspflicht Dritter

A.5.4.2 Wir erbringen keine Leistungen, soweit Sie gegenüber Dritten (z.B. Schädiger, Haftpflichtversicherer, Krankenkasse, Rentenversicherungsträger, Berufsgenossenschaft, Arbeitgeber) Anspruch auf Ersatz Ihres Schadens oder Anspruch auf deckungsgleiche (kongruente) Leistungen haben.

Ausnahme: Soweit Sie einen solchen Anspruch nicht erfolgversprechend durchsetzen können, leisten wir dennoch, wenn nachfolgende Voraussetzungen vorliegen:

- Sie haben den Anspruch in Textform geltend gemacht.
- Sie haben weitere zur Durchsetzung Ihres Anspruchs erforderliche Anstrengungen unternommen, die Ihnen billigerweise zumutbar waren.
- Sie haben Ihren Anspruch wirksam an uns abgetreten.

Hinweis: Ansprüche gegen Dritte sind nicht immer wirksam abtretbar. Unter anderem können Ansprüche gegen Sozialversicherungsträger (z.B. Krankenkasse, Rentenversicherungsträger) häufig nicht oder nur mit deren Zustimmung abgetreten werden. In diesen Fällen können wir nicht im Voraus Leistungen erbringen, sondern erst dann, wenn abschließend geklärt ist, dass keine Ansprüche gegenüber Dritten bestehen.

Vereinbarungen, die Sie mit Dritten über diese Ansprüche treffen (z.B. ein Abfindungsvergleich), binden uns nur, wenn wir vorher zugestimmt haben.

Bis zu welcher Höhe leisten wir (Versicherungssumme)?

A.5.4.3 Unsere Leistung für ein Schadenereignis ist beschränkt auf die Höhe der vereinbarten Versicherungssumme. Mehrere zeitlich zusammenhängende Schäden, die dieselbe Ursache haben, gelten als ein einziges Schadenereignis. Die Höhe Ihrer Versicherungssumme können Sie dem Versicherungsschein entnehmen.

<Redaktioneller Hinweis: Wenn unter A.5.4.1 die Leistungspositionen der Höhe nach limitiert sind, kann die Aufführung der Versicherungssumme entbehrlich sein. Sind nur einzelne Leistungspositionen limitiert, sollte nachfolgender Hinweis erfolgen:>

[Hinweis: Beachten Sie zu den Summenbegrenzungen für einzelne Leistungen A.5.4.1.]

A.5.5 Fälligkeit, Abtretung, Zahlung für eine mitversicherte Person

Fälligkeit der Leistung und Vorschusszahlung

A.5.5.1 Wir sind verpflichtet, innerhalb eines Monats in Textform zu erklären, ob und in welchem Umfang wir unsere Leistungspflicht anerkennen. Die Frist beginnt, wenn uns Ihr Leistungsantrag und die zu dessen Beurteilung erforderlichen Unterlagen vorliegen.

Erkennen wir den Anspruch an oder haben wir uns mit Ihnen über Grund und Höhe geeinigt, leisten wir innerhalb von zwei Wochen.

Steht die Leistungspflicht zunächst nur dem Grunde nach fest, zahlen wir – auf Ihren Wunsch – angemessene Vorschüsse.

Zahlung für eine mitversicherte Person

A.5.5.2 Sie als Versicherungsnehmer können unsere Zahlung für eine mitversicherte Person an Sie selbst nur mit Zustimmung der mitversicherten Person verlangen.

A.5.6 Was ist nicht versichert?

Straftat

A.5.6.1 Kein Versicherungsschutz besteht bei Unfällen, die dem Fahrer dadurch zustoßen, dass *er* vorsätzlich eine Straftat begeht oder versucht.

Psychische Reaktionen

A.5.6.2 Kein Versicherungsschutz besteht bei krankhaften Störungen infolge psychischer Reaktionen, auch wenn diese durch einen Unfall verursacht wurden.

Schäden an der Bandscheibe

A.5.6.3 Kein Versicherungsschutz besteht bei Schäden an Bandscheiben. Versicherungsschutz besteht jedoch, wenn ein unter diesen Vertrag fallendes Unfallereignis diese Gesundheitsschäden überwiegend (das heißt: zu mehr als 50 %) verursacht.

Ansprüche Dritter

A.5.6.4 Ansprüche, die von anderen Versicherern, Arbeitgebern, Dienstherrn und Sozialversicherungsträgern gegen uns geltend gemacht werden, sind ausgeschlossen.

Motorsportveranstaltungen oder -aktivitäten

A.5.6.5 Kein Versicherungsschutz besteht für Schäden aus dem Gebrauch des Fahrzeugs bei einer behördlich genehmigten Motorsportveranstaltung oder Motorsportaktivität, bei der es auf die Erzielung einer Höchstgeschwindigkeit ankommt, einschließlich Rennen, Wettbewerben, Trainings, Tests und Demonstrationen.

Hinweis Beachten Sie auch Ihre Pflichten nach D 1.1.4.

Erdbeben, Kriegsereignisse, innere Unruhen, Maßnahmen der Staatsgewalt

A.5.6.6 Kein Versicherungsschutz besteht für Schäden, die durch Erdbeben, Kriegsereignisse, innere Unruhen oder Maßnahmen der Staatsgewalt unmittelbar oder mittelbar verursacht werden.

Schäden durch Kernenergie

A.5.6.7 Kein Versicherungsschutz besteht für Schäden durch Kernenergie.

B Beginn des Vertrags und vorläufiger Versicherungsschutz

Der Versicherungsvertrag kommt dadurch zustande, dass wir Ihren Antrag annehmen. Regelmäßig geschieht dies durch Zugang des Versicherungsscheins bei Ihnen.

B.1 Wann beginnt der Versicherungsschutz?

Der Versicherungsschutz beginnt erst, wenn Sie den in Ihrem Versicherungsschein genannten fälligen Beitrag gezahlt haben, jedoch nicht vor dem vereinbarten Zeitpunkt. Zahlen Sie den ersten oder einmaligen Beitrag nicht rechtzeitig, richten sich die Folgen nach C.1.2 und C.1.3.

B.2 Vorläufiger Versicherungsschutz

Bevor der Beitrag gezahlt ist, haben Sie nach folgenden Bestimmungen vorläufigen Versicherungsschutz:

Kfz-Haftpflichtversicherung und Autoschutzbrief

B.2.1 Händigen wir Ihnen die Versicherungsbestätigung aus oder nennen wir Ihnen bei elektronischer Versicherungsbestätigung die Versicherungsbestätigungs-Nummer, haben Sie in der Kfz-Haftpflichtversicherung und beim Autoschutzbrief vorläufigen Versicherungsschutz zu dem vereinbarten Zeitpunkt, spätestens ab dem Tag, an dem das Fahrzeug unter Verwendung der Versicherungsbestätigung zugelassen wird. Ist das Fahrzeug bereits auf Sie zugelassen, beginnt der vorläufige Versicherungsschutz ab dem vereinbarten Zeitpunkt.

Kasko-, Kfz-Unfall- und Fahrerschutzversicherung

B.2.2 In der Kasko-, Kfz-Unfall- und Fahrerschutzversicherung haben Sie vorläufigen Versicherungsschutz nur, wenn wir dies ausdrücklich zugesagt haben. Der Versicherungsschutz beginnt zum vereinbarten Zeitpunkt.

Übergang des vorläufigen in den endgültigen Versicherungsschutz

B.2.3 Sobald Sie den ersten oder einmaligen Beitrag nach C.1.1 gezahlt haben, geht der vorläufige in den endgültigen Versicherungsschutz über.

Rückwirkender Wegfall des vorläufigen Versicherungsschutzes

B.2.4 Der vorläufige Versicherungsschutz entfällt rückwirkend, wenn

- wir Ihren Antrag unverändert angenommen haben und
- Sie den ersten oder einmaligen Beitrag nicht unverzüglich (d.h. spätestens innerhalb von 14 Tagen) nach Ablauf von zwei Wochen nach Zugang des Versicherungsscheins bezahlt haben.

Sie haben dann von Anfang an keinen Versicherungsschutz. Dies gilt nur, wenn Sie die nicht rechtzeitige Zahlung zu vertreten haben.

Kündigung des vorläufigen Versicherungsschutzes

B.2.5 Sie und wir sind berechtigt, den vorläufigen Versicherungsschutz jederzeit zu kündigen. Unsere Kündigung wird erst nach Ablauf von zwei Wochen ab Zugang der Kündigung bei Ihnen wirksam.

Beendigung des vorläufigen Versicherungsschutzes durch Widerruf

B.2.6 Widerrufen Sie den Versicherungsvertrag nach § 8 Versicherungsvertragsgesetz[1)], endet der vorläufige Versicherungsschutz mit dem Zugang Ihrer Widerrufserklärung bei uns.

Beitrag für vorläufigen Versicherungsschutz

B.2.7 Für den Zeitraum des vorläufigen Versicherungsschutzes haben wir Anspruch auf einen der Laufzeit entsprechenden Teil des Beitrags.

C Beitragszahlung

C.1 Zahlung des ersten oder einmaligen Beitrags

Rechtzeitige Zahlung

C.1.1 Der im Versicherungsschein genannte erste oder einmalige Beitrag wird in 14 Tagen nach Zugang des Versicherungsscheins fällig. Sie haben diesen Beitrag dann unverzüglich (d.h. spätestens innerhalb von 14 Tagen) zu zahlen.

Nicht rechtzeitige Zahlung

C.1.2 Zahlen Sie den ersten oder einmaligen Beitrag nicht rechtzeitig, haben Sie von Anfang an keinen Versicherungsschutz, es sei denn, Sie haben die Nichtzahlung oder verspätete Zahlung nicht zu vertreten. Haben Sie die nicht rechtzeitige Zahlung jedoch zu vertreten, beginnt der Versicherungsschutz erst ab der Zahlung des Beitrags.

C.1.3 Außerdem können wir vom Vertrag zurücktreten, solange der Beitrag nicht gezahlt ist. Der Rücktritt ist ausgeschlossen, wenn Sie die Nichtzahlung nicht zu vertreten haben. Nach dem Rücktritt können wir von Ihnen eine Geschäftsgebühr verlangen. Diese beträgt xx % des Jahresbeitrags für jeden angefangenen Monat ab dem beantragten Beginn des Versicherungsschutzes bis zu unserem Rücktritt, jedoch höchstens bis xx % des Jahresbeitrags.

C.2 Zahlung des Folgebeitrags

Rechtzeitige Zahlung

C.2.1 Ein Folgebeitrag ist zu dem im Versicherungsschein oder in der Beitragsrechnung angegebenen Zeitpunkt fällig und zu zahlen.

Nicht rechtzeitige Zahlung

C.2.2 Zahlen Sie einen Folgebeitrag nicht rechtzeitig, fordern wir Sie auf, den rückständigen Beitrag zuzüglich des Verzugsschadens (Kosten und Zinsen) innerhalb von zwei Wochen ab Zugang unserer Aufforderung zu zahlen.

C.2.3 Tritt ein Schadenereignis nach Ablauf der zweiwöchigen Zahlungsfrist ein und sind zu diesem Zeitpunkt diese Beträge noch nicht

---

[1)] **Habersack, Deutsche Gesetze Nr. 62.**

bezahlt, haben Sie keinen Versicherungsschutz. Wir bleiben jedoch zur Leistung verpflichtet, wenn Sie die verspätete Zahlung nicht zu vertreten haben.

C.2.4 Sind Sie mit der Zahlung dieser Beträge nach Ablauf der zweiwöchigen Zahlungsfrist noch in Verzug, können wir den Vertrag mit sofortiger Wirkung kündigen. Unsere Kündigung wird unwirksam, wenn Sie diese Beträge innerhalb eines Monats ab Zugang der Kündigung zahlen. Haben wir die Kündigung zusammen mit der Mahnung ausgesprochen, wird die Kündigung unwirksam, wenn Sie innerhalb eines Monas nach Ablauf der in der Mahnung genannten Zahlungsfrist zahlen.

Für Schadenereignisse, die in der Zeit nach Ablauf der zweiwöchigen Zahlungsfrist bis zu Ihrer Zahlung eintreten, haben Sie keinen Versicherungsschutz. Versicherungsschutz besteht erst wieder für Schadenereignisse nach Ihrer Zahlung.

C.3 Nicht rechtzeitige Zahlung bei Fahrzeugwechsel

Versichern Sie anstelle Ihres bisher bei uns versicherten Fahrzeugs ein anderes Fahrzeug bei uns (Fahrzeugwechsel), wenden wir für den neuen Vertrag bei nicht rechtzeitiger Zahlung des ersten oder einmaligen Beitrags die für Sie günstigeren Regelungen zum Folgebeitrag nach C.2.2 bis C.2.4 an. Außerdem berufen wir uns nicht auf den rückwirkenden Wegfall des vorläufigen Versicherungsschutzes nach B.2.4. Dafür müssen folgende Voraussetzungen gegeben sein:

- Zwischen dem Ende der Versicherung des bisherigen Fahrzeugs und dem Beginn der Versicherung des anderen Fahrzeugs sind nicht mehr als sechs Monate vergangen,
- Fahrzeugart und Verwendungszweck der Fahrzeuge sind gleich.

Kündigen wir das Versicherungsverhältnis wegen Nichtzahlung, können wir von Ihnen eine Geschäftsgebühr entsprechend C.1.3 verlangen.

C.4 Zahlungsperiode

Beiträge für Ihre Versicherung müssen Sie entsprechend der vereinbarten Zahlungsperiode bezahlen. Die Zahlungsperiode ist die Versicherungsperiode nach § 12 Versicherungsvertragsgesetz[1]. Welche Zahlungsperiode Sie mit uns vereinbart haben, können Sie Ihrem Versicherungsschein entnehmen.

Die Laufzeit des Vertrags, die sich von der Zahlungsperiode unterscheiden kann, ist in Abschnitt G geregelt.

C.5 Beitragspflicht bei Nachhaftung in der Kfz-Haftpflichtversicherung

Bleiben wir in der Kfz-Haftpflichtversicherung aufgrund § 117 Abs. 2 Versicherungsvertragsgesetz[1] gegenüber einem Dritten trotz Beendigung des Versicherungsvertrages zur Leistung verpflichtet, haben wir *Anspruch auf* den Beitrag für die Zeit dieser Verpflichtung. Unsere

[1] **Habersack, Deutsche Gesetze Nr. 62.**

Rechte nach § 116 Abs. 1 Versicherungsvertragsgesetz bleiben unberührt.

D Ihre Pflichten bei Gebrauch des Fahrzeugs und Folgen einer Pflichtverletzung

D.1 Welche Pflichten haben Sie bei Gebrauch des Fahrzeugs?

D.1.1 Bei allen Versicherungsarten

Nutzung nur zum vereinbarten Verwendungszweck

D.1.1.1 Das Fahrzeug darf nur zu dem im Versicherungsvertrag angegebenen Zweck verwendet werden.

<xx Alternativformulierung für die Versicherer, die den Anhang verwenden:>

[xx siehe Tabelle zur Begriffsbestimmung für Art und Verwendung des Fahrzeugs]

Nutzung nur durch den berechtigten Fahrer

D.1.1.2 Das Fahrzeug darf nur von einem berechtigten Fahrer gebraucht werden. Berechtigter Fahrer ist, wer das Fahrzeug mit Wissen und Willen des Verfügungsberechtigten gebraucht. Außerdem dürfen Sie, der Halter oder der Eigentümer des Fahrzeugs es nicht wissentlich ermöglichen, dass das Fahrzeug von einem unberechtigten Fahrer gebraucht wird.

Fahren nur mit Fahrerlaubnis

D.1.1.3 Der Fahrer des Fahrzeugs darf das Fahrzeug auf öffentlichen Wegen oder Plätzen nur mit der erforderlichen Fahrerlaubnis benutzen. Außerdem dürfen Sie, der Halter oder der Eigentümer das Fahrzeug nicht von einem Fahrer benutzen lassen, der nicht die erforderliche Fahrerlaubnis hat.

Nicht genehmigte Rennen

D.1.1.4 Das Fahrzeug darf nicht zu behördlich nicht genehmigten Fahrveranstaltungen verwendet werden, bei denen es auf Erzielung einer Höchstgeschwindigkeit ankommt (Rennen). Dies gilt auch für die dazugehörigen Übungsfahrten.

Hinweis: Beachten Sie auch Ihre Pflichten nach D.1.2.2 und die Ausschlüsse nach A.1.5.2, A.2.9.2, A.3.9.2, A.4 12.3 und A.5.6.5.

Fahrzeuge mit Wechselkennzeichen

D.1.1.5 Der Fahrer darf ein mit einem Wechselkennzeichen zugelassenes Fahrzeug auf öffentlichen Wegen oder Plätzen nur benutzen, wenn das Wechselkennzeichen vollständig angebracht ist. Außerdem dürfen Sie, der Halter oder der Eigentümer das Fahrzeug nur von einem Fahrer benutzen lassen, wenn das Wechselkennzeichen vollständig angebracht ist.

D.1.2 Zusätzlich in der Kfz-Haftpflichtversicherung

Alkohol und andere berauschende Mittel

D.1.2.1 Das Fahrzeug darf nicht gefahren werden, wenn der Fahrer durch alkoholische Getränke oderandere berauschende Mittel nicht in der Lage ist, das Fahrzeug sicher zu führen.

Außerdem dürfen Sie, der Halter oder der Eigentümer des Fahrzeugs dieses nicht von einem Fahrer fahren lassen, der durch alkoholische Getränke oder andere berauschende Mittel nicht in der Lage ist, das Fahrzeug sicher zu führen.

Hinweis: Beachten Sie auch Ihre Pflichten nach D.1.3.1 und die Ausschlüsse nach A.2.9.1, A.3.9.1 und A.4.12.2.

Motorsportveranstaltungen oder -aktivitäten

D.1.2.2 Das Fahrzeug darf nur dann bei einer Motorsportveranstaltung oder Motorsportaktivität, einschließlich Rennen, Wettbewerben, Trainings, Tests und Demonstrationen, gebraucht werden, wenn

- das Fahrzeug in einem hierfür abgegrenzten Gebiet mit Zugangsbeschränkungen gebraucht wird und
- für diesen Gebrauch des Fahrzeugs eine Motorsporthaftpflichtversicherung nach Maßgabe § 5d des Pflichtversicherungsgesetzes[1] besteht.

Außerdem dürfen Sie, der Halter oder der Eigentümer das Fahrzeug nur unter den genannten Voraussetzungen für diese Fahrten gebrauchen lassen.

Hinweis: Beachten Sie auch Ihre Pflichten nach D.1.1.4 und die Ausschlüsse nach A.1.5.2, A.2.9.2, A.3.9.2, A.4.12.3 und A.5.6.5.

D.1.3 Zusätzlich in der Fahrerschutzversicherung

Alkohol und andere berauschende Mittel

D.1.3.1 Das Fahrzeug darf nicht gefahren werden, wenn der Fahrer durch alkoholische Getränke oder andere berauschende Mittel nicht in der Lage ist, das Fahrzeug sicher zu führen.

Hinweis: Beachten Sie auch Ihre Pflichten nach D.1.2.1 und die Ausschlüsse nach A.2.9.1, A.3.9.1 und A.4.12.2.

Gurtpflicht

D.1.3.2 Der Fahrer muss während der Fahrt einen vorgeschriebenen Sicherheitsgurt angelegt haben, es sei denn, das Nichtanlegen ist gesetzlich erlaubt.

D.2 Welche Folgen hat eine Verletzung dieser Pflichten?

Leistungsfreiheit bzw. Leistungskürzung

D.2.1 Verletzen Sie vorsätzlich eine Ihrer in D.1 geregelten Pflichten, haben Sie keinen Versicherungsschutz. Verletzen Sie Ihre Pflichten grob fahrlässig, sind wir berechtigt, unsere Leistung in einem der Schwere Ihres Verschuldens entsprechenden Verhältnis zu kürzen. Weisen Sie nach, dass Sie die Pflicht nicht grob fahrlässig verletzt haben, bleibt der Versicherungsschutz bestehen.

Bei einer Verletzung der Pflicht in der Kfz-Haftpflichtversicherung aus D.1.2 Satz 2 sind wir Ihnen, dem Halter oder Eigentümer gegenüber nicht von der Leistungspflicht befreit, soweit Sie, der Halter oder *Eigentümer als* Fahrzeuginsasse, der das Fahrzeug nicht geführt hat, einen Personenschaden erlitten haben.

---

[1] **Habersack, Deutsche Gesetze Nr. 63.**

D.2.2 Abweichend von D.2.1 sind wir zur Leistung verpflichtet, soweit die Pflichtverletzung weder für den Eintritt des Versicherungsfalls noch für den Umfang unserer Leistungspflicht ursächlich ist. Dies gilt nicht, wenn Sie die Pflicht arglistig verletzen.

Beschränkung der Leistungsfreiheit in der Kfz-Haftpflichtversicherung

D.2.3 In der Kfz-Haftpflichtversicherung ist die sich aus D.2.1 ergebende Leistungsfreiheit bzw.

Leistungskürzung Ihnen und den mitversicherten Personen gegenüber auf den Betrag von höchstens je xx Euro beschränkt.[1)].

Dies gilt entsprechend, wenn wir wegen einer von Ihnen vorgenommenen Gefahrerhöhung (§§ 23, 26 Versicherungsvertragsgesetz[2)]) vollständig oder teilweise von der Leistungspflicht befreit sind.

D.2.4 Gegenüber einem Fahrer, der das Fahrzeug durch eine vorsätzlich begangene Straftat erlangt (z.B. durch Diebstahl), sind wir vollständig von der Verpflichtung zur Leistung frei.

E Ihre Pflichten im Schadenfall und Folgen einer Pflichtverletzung

E.1 Welche Pflichten haben Sie im Schadenfall?

E.1.1 Bei allen Versicherungsarten

Anzeigepflicht

E.1.1.1 Sie sind verpflichtet, uns jedes Schadenereignis, das zu einer Leistung durch uns führen kann, innerhalb einer Woche anzuzeigen.

E.1.1.2 Ermittelt die Polizei, die Staatsanwaltschaft oder eine andere Behörde im Zusammenhang mit dem Schadenereignis, sind Sie verpflichtet, uns dies unverzüglich mitzuteilen. Dies gilt auch, wenn Sie uns das Schadenereignis bereits gemeldet haben.

Aufklärungspflicht

E.1.1.3 Sie müssen alles tun, was zur Aufklärung des Versicherungsfalls und des Umfangs unserer Leistungspflicht erforderlich ist. Sie müssen dabei insbesondere folgende Pflichten beachten:

- Sie dürfen den Unfallort nicht verlassen, ohne die gesetzlich erforderlichen Feststellungen zu ermöglichen oder die dabei erforderliche Wartezeit zu beachten. Ist die erforderliche Wartezeit abgelaufen oder haben Sie sich berechtigt oder entschuldigt vom Unfallort entfernt, müssen Sie die Feststellungen unverzüglich nachträglich ermöglichen (Unfallflucht nach § 142 StGB[3)]).
- Sie müssen unsere Fragen zu den Umständen des Schadenereignisses, zum Umfang des Schadens und zu unserer Leistungspflicht wahrheitsgemäß und vollständig beantworten. Wir können verlangen, dass Sie uns in Textform antworten.

[1)] **Amtl. Anm.:** Gem. § 5 Abs. 3 KfzPflVV ***[Habersack, Deutsche Gesetze Nr. 63a]*** darf die Leistungsfreiheit höchstens auf 5.000 Euro beschränkt werden.

[2)] **Habersack, Deutsche Gesetze Nr. 62.**

[3)] **Habersack, Deutsche Gesetze Nr. 85.**

- Sie müssen uns angeforderte Nachweise vorlegen, soweit es Ihnen billigerweise zugemutet werden kann, diese zu beschaffen.
- Sie müssen unsere für die Aufklärung des Schadens erforderlichen Weisungen befolgen, soweit dies für Sie zumutbar ist.
- Sie müssen uns Untersuchungen zu den Umständen des Schadenereignisses und zu unserer Leistungspflicht ermöglichen, soweit es Ihnen zumutbar ist.

Schadenminderungspflicht

E.1.1.4 Sie sind verpflichtet, bei Eintritt des Schadenereignisses nach Möglichkeit für die Abwendung und Minderung des Schadens zu sorgen.

Sie haben hierbei unsere Weisungen, soweit für Sie zumutbar, zu befolgen.

E.1.2 Zusätzlich in der Kfz-Haftpflichtversicherung

Bei außergerichtlich geltend gemachten Ansprüchen

E.1.2.1 Werden gegen Sie Ansprüche geltend gemacht, sind Sie verpflichtet, uns dies innerhalb einer Woche nach der Erhebung des Anspruchs mitzuteilen.

Anzeige von Kleinschäden

E.1.2.2 Wenn Sie einen Sachschaden, der voraussichtlich nicht mehr als xx Euro beträgt, selbst regulieren oder regulieren wollen, müssen Sie uns den Schadenfall erst anzeigen, wenn Ihnen die Selbstregulierung nicht gelingt.

Bei gerichtlich geltend gemachten Ansprüchen

E.1.2.3 Wird ein Anspruch gegen Sie gerichtlich geltend gemacht (z.B. Klage, Mahnbescheid), haben Sie uns dies unverzüglich anzuzeigen.

E.1.2.4 Sie müssen uns die Führung des Rechtsstreits überlassen. Wir sind berechtigt, auch in Ihrem Namen einen Rechtsanwalt zu beauftragen. Diesem müssen Sie Vollmacht sowie alle erforderlichen Auskünfte erteilen und angeforderte Unterlagen zur Verfügung stellen.

Bei drohendem Fristablauf

E.1.2.5 Wenn Ihnen bis spätestens zwei Tage vor Fristablauf keine Weisung von uns vorliegt, müssen Sie gegen einen Mahnbescheid oder einen Bescheid einer Behörde fristgerecht den erforderlichen Rechtsbehelf (z.B. Widerspruch) einlegen.

E.1.3 Zusätzlich in der Kaskoversicherung

Anzeige des Versicherungsfalls bei Entwendung des Fahrzeugs

E.1.3.1 Bei Entwendung des Fahrzeugs oder mitversicherter Teile sind Sie abweichend von E.1.1.1 verpflichtet, uns dies unverzüglich in Textform anzuzeigen.

Einholen unserer Weisung

E.1.3.2 Vor Beginn der Verwertung oder der Reparatur des Fahrzeugs bzw. mitversicherter Teile müssen Sie unsere Weisungen einholen, soweit die Umstände dies gestatten. Sie müssen unsere Weisungen befolgen, soweit Ihnen dies zumutbar ist.

Anzeige bei der Polizei

E.1.3.3 Übersteigt ein Entwendungs-, Brand- oder Wildschaden den Betrag von xx Euro, sind Sie verpflichtet, das Schadenereignis der Polizei unverzüglich anzuzeigen.

E.1.4 Zusätzlich beim Autoschutzbrief

Einholen unserer Weisung

E.1.4.1 Vor Inanspruchnahme einer unserer Leistungen müssen Sie unsere Weisungen einholen, soweit die Umstände dies gestatten, und befolgen, soweit Ihnen dies zumutbar ist.

Untersuchung, Belege, ärztliche Schweigepflicht

E.1.4.2 Sie müssen uns jede zumutbare Untersuchung über die Ursache und Höhe des Schadens und über den Umfang unserer Leistungspflicht gestatten. Außerdem müssen Sie Originalbelege zum Nachweis der Schadenhöhe vorlegen und die behandelnden Ärzte im Rahmen von § 213 Versicherungsvertragsgesetz[1] von der Schweigepflicht entbinden.

E.1.5 Zusätzlich in der Kfz-Unfallversicherung

Anzeige des Todesfalls innerhalb 48 Stunden

E.1.5.1 Hat der Unfall den Tod einer versicherten Person zur Folge, müssen die aus dem Versicherungsvertrag Begünstigten uns dies innerhalb von 48 Stunden melden. Dies gilt auch, wenn der Unfall schon angezeigt ist. Uns ist das Recht zu verschaffen, eine Obduktion durch einen von uns beauftragten Arzt vornehmen zu lassen.

Medizinische Versorgung

E.1.5.2 Nach einem Unfall, der zu einer Leistung durch uns führen kann, müssen Sie unverzüglich einen Arzt hinzuziehen, seine Anordnungen befolgen und uns unterrichten.

Medizinische Aufklärung

E.1.5.3 Für die Prüfung unserer Leistungspflicht benötigen wir möglicherweise Auskünfte von

- Ärzten, die Sie vor oder nach dem Unfall behandelt oder untersucht haben.
- anderen Versicherern, Versicherungsträgern und Behörden.

Sie müssen es uns ermöglichen, die erforderlichen Auskünfte zu erhalten. Dazu können Sie den Ärzten und den genannten Stellen erlauben, uns die Auskünfte direkt zu erteilen. Ansonsten müssen Sie die Auskünfte selbst einholen und uns zur Verfügung stellen.

Wir beauftragen Ärzte, falls dies für die Prüfung unserer Leistungspflicht erforderlich ist. Von diesen Ärzten müssen Sie sich untersuchen lassen. Wir tragen die notwendigen Kosten und den Verdienstausfall, der durch die Untersuchung entsteht.

Sie haben erforderlichenfalls darauf hinzuwirken, dass angeforderte Berichte alsbald erstellt werden.

[1] **Habersack, Deutsche Gesetze Nr. 62.**

Frist zur Feststellung und Geltendmachung der Invalidität

E.1.5.4 Beachten Sie auch die 15-Monatsfrist für die Feststellung und Geltendmachung der Invalidität nach A.4.5.1.3.

E.1.6 Zusätzlich in der Fahrerschutzversicherung

Medizinische Versorgung

E.1.6.1 Nach einem Unfall, der zu einer Leistung durch uns führen kann, müssen Sie unverzüglich einen Arzt hinzuziehen, seine Anordnungen befolgen und uns unterrichten.

Medizinische Aufklärung

E.1.6.2 Für die Prüfung unserer Leistungspflicht benötigen wir möglicherweise Auskünfte von

- Ärzten, die Sie vor oder nach dem Unfall behandelt oder untersucht haben.
- anderen Versicherern, Versicherungsträgern und Behörden.

Sie müssen es uns ermöglichen, die erforderlichen Auskünfte zu erhalten. Dazu können Sie den Ärzten und den genannten Stellen erlauben, uns die Auskünfte direkt zu erteilen. Ansonsten müssen Sie die Auskünfte selbst einholen und uns zur Verfügung stellen.

Wir beauftragen Ärzte, falls dies für die Prüfung unserer Leistungspflicht erforderlich ist. Von diesen Ärzten müssen Sie sich untersuchen lassen. Wir tragen die notwendigen Kosten und den Verdienstausfall, der durch die Untersuchung entsteht.

Sie haben erforderlichenfalls darauf hinzuwirken, dass angeforderte Berichte alsbald erstellt werden.

Aufklärung Ihrer Ansprüche gegen Dritte

E.1.6.3 Sie müssen alles tun, was der Aufklärung möglicher Ansprüche gegen Dritte dienen kann. Insbesondere müssen Sie unsere Fragen zu möglichen Ansprüchen gegen Dritte, die sich auf den Umfang unserer Leistungspflicht auswirken können, wahrheitsgemäß und vollständig beantworten. Entsprechende Nachweise müssen Sie uns vorlegen.

Wahrung Ihrer Ansprüche gegen Dritte

E.1.6.4 Sie haben Ihren Anspruch gegen den Dritten unter Beachtung der Form- und Fristvorschriften zu wahren, soweit Ihnen dies zumutbar ist.

E.2 Welche Folgen hat eine Verletzung dieser Pflichten?

Leistungsfreiheit bzw. Leistungskürzung

E.2.1 Verletzen Sie vorsätzlich eine Ihrer in E.1.1 bis E.1.6 geregelten Pflichten, haben Sie keinen Versicherungsschutz. Verletzen Sie Ihre Pflichten grob fahrlässig, sind wir berechtigt, unsere Leistung in einem der Schwere Ihres Verschuldens entsprechenden Verhältnis zu kürzen. Weisen Sie nach, dass Sie die Pflicht nicht grob fahrlässig verletzt haben, bleibt der Versicherungsschutz bestehen.

Für die vollständige oder teilweise Leistungsfreiheit bei Verletzung einer Auskunfts- oder Aufklärungspflicht im Schadenfall gilt folgende weitere Voraussetzung: Wir haben Sie durch gesonderte Mitteilung in Textform auf diese Rechtsfolge hingewiesen.

E.2.2 Abweichend von E.2.1 sind wir zur Leistung verpflichtet, soweit Sie nachweisen, dass die Pflichtverletzung weder für die Feststellung des Versicherungsfalls noch für die Feststellung oder den Umfang unserer Leistungspflicht ursächlich war. Dies gilt nicht, wenn Sie die Pflicht arglistig verletzen.

Beschränkung der Leistungsfreiheit in der Kfz-Haftpflichtversicherung

E.2.3 In der Kfz-Haftpflichtversicherung ist die sich aus E.2.1 ergebende Leistungsfreiheit bzw. Leistungskürzung Ihnen und den mitversicherten Personen gegenüber auf den Betrag von höchstens je xx Euro[1)] beschränkt.

E.2.4 Die Leistungsfreiheit erweitert sich auf einen Betrag von höchstens je xx Euro[2)], wenn Sie die Aufklärungs- oder Schadenminderungspflicht nach E.1.1.3 und E.1.1.4

- vorsätzlich und
- in besonders schwerwiegender Weise

verletzt haben. Dies ist z.B. bei unerlaubtem Entfernen vom Unfallort trotz eines Personen- oder schweren Sachschadens der Fall.

Vollständige Leistungsfreiheit in der Kfz-Haftpflichtversicherung

E.2.5 Verletzen Sie Ihre Pflichten in der Absicht, sich oder einem Anderen einen rechtswidrigen Vermögensvorteil zu verschaffen, sind wir von unserer Leistungspflicht hinsichtlich des erlangten Vermögensvorteils vollständig frei.

Besonderheiten in der Kfz-Haftpflichtversicherung bei Rechtsstreitigkeiten

E.2.6 Verletzen Sie Ihre Pflichten nach

- E.1.2.1 (Anzeige außergerichtlich geltend gemachter Ansprüche),
- E.1.2.3 (Anzeige gerichtlich geltend gemachter Ansprüche) oder
- E.1.2.4 (Prozessführung durch uns)

und führt dies zu einer rechtskräftigen Entscheidung, die über den Umfang der nach Sach- und Rechtslage geschuldeten Entschädigung erheblich hinausgeht, gilt:

- Bei vorsätzlicher Verletzung sind wir hinsichtlich des von uns zu zahlenden Mehrbetrags vollständig von unserer Leistungspflicht frei.
- Bei grob fahrlässiger Verletzung sind wir berechtigt, unsere Leistung hinsichtlich dieses Mehrbetrags in einem der Schwere Ihres Verschuldens entsprechenden Verhältnis zu kürzen.

---

1) **Amtl. Anm.:** Gem. § 6 Abs. 1 KfzPflVV ***[Habersack, Deutsche Gesetze Nr. 63a]*** darf die Leistungsfreiheit höchstens auf 2.500 Euro beschränkt werden.

2) **Amtl. Anm.:** Gem. § 6 Abs. 3 KfzPflVV ***[Habersack, Deutsche Gesetze Nr. 63a]*** darf die Leistungsfreiheit höchstens auf 5.000 Euro beschränkt werden.

F Rechte und Pflichten der mitversicherten Personen

Pflichten mitversicherter Personen

F.1 Für mitversicherte Personen finden die Regelungen zu Ihren Pflichten sinngemäße Anwendung. Dies gilt für die Technische Aufsicht nur insoweit, wie es nach der Kraftfahrzeug-Pflichtversicherungsverordnung[1)] zulässig ist.

Ausübung der Rechte

F.2 Die Ausübung der Rechte der mitversicherten Personen aus dem Versicherungsvertrag steht nur Ihnen als Versicherungsnehmer zu, soweit nichts anderes geregelt ist. Andere Regelungen sind:

- Geltendmachen von Ansprüchen in der Kfz-Haftpflichtversicherung nach A.1.2,
- Geltendmachen von Ansprüchen durch namentlich Versicherte in der Kfz-Unfallversicherung nach A.4.2.6.

Auswirkungen einer Pflichtverletzung auf mitversicherte Personen

F.3 Sind wir Ihnen gegenüber von der Verpflichtung zur Leistung frei, so gilt dies auch gegenüber allen mitversicherten Personen.

Eine Ausnahme hiervon gilt in der Kfz-Haftpflichtversicherung:

Gegenüber mitversicherten Personen können wir uns auf die Leistungsfreiheit nur berufen, wenn

- die der Leistungsfreiheit zugrunde liegenden Umstände in der Person des Mitversicherten vorliegen oder
- diese Umstände der mitversicherten Person bekannt oder infolge grober Fahrlässigkeit nicht bekannt waren.

G Laufzeit und Kündigung des Vertrags, Veräußerung des Fahrzeugs, Wagniswegfall

G.1 Wie lange läuft der Versicherungsvertrag?

Vertragsdauer

G.1.1 Die Laufzeit Ihres Vertrags ergibt sich aus Ihrem Versicherungsschein.

Automatische Verlängerung

G.1.2 Ist der Vertrag mit einer Laufzeit von einem Jahr abgeschlossen, verlängert er sich zum Ablauf um jeweils ein weiteres Jahr, wenn nicht Sie oder wir den Vertrag kündigen.

Dies gilt auch, wenn für die erste Laufzeit nach Abschluss des Vertrags deshalb weniger als ein Jahr vereinbart ist, um die folgenden Versicherungsjahre zu einem bestimmten Kalendertag beginnen zu lassen.

Verträge mit einer Laufzeit unter einem Jahr

G.1.3 Ist die Laufzeit ausdrücklich mit weniger als einem Jahr vereinbart, *endet der Vertrag* zu dem vereinbarten Zeitpunkt, ohne dass es einer Kündigung bedarf.

[1)] **Habersack, Deutsche Gesetze Nr. 63a.**

G.2 Wann und aus welchem Anlass können Sie den Versicherungsvertrag kündigen?

Kündigung zum Ablauf des Versicherungsjahres

G.2.1 Sie können den Vertrag zum Ablauf des Versicherungsjahres kündigen. Die Kündigung ist nur wirksam, wenn sie uns spätestens einen Monat vor Ablauf zugeht.

Kündigung des vorläufigen Versicherungsschutzes

G.2.2 Sie sind berechtigt, einen vorläufigen Versicherungsschutz zu kündigen. Die Kündigung wird sofort mit ihrem Zugang bei uns wirksam.

Kündigung nach einem Schadenereignis

G.2.3 Nach dem Eintritt eines Schadenereignisses können Sie den Vertrag kündigen. Die Kündigung muss uns innerhalb eines Monats nach Beendigung der Verhandlungen über die Entschädigung zugehen oder innerhalb eines Monats zugehen, nachdem wir in der Kfz-Haftpflichtversicherung unsere Leistungspflicht anerkannt oder zu Unrecht abgelehnt haben. Das gleiche gilt, wenn wir Ihnen in der Kfz-Haftpflichtversicherung die Weisung erteilen, es über den Anspruch des Dritten zu einem Rechtsstreit kommen zu lassen. Außerdem können Sie in der Kfz-Haftpflichtversicherung den Vertrag bis zum Ablauf eines Monats seit der Rechtskraft des im Rechtsstreit mit dem Dritten ergangenen Urteils kündigen.

G.2.4 Sie können bestimmen, ob die Kündigung sofort oder zu einem späteren Zeitpunkt, spätestens jedoch zum Ablauf des Vertrags, wirksam werden soll.

Kündigung bei Veräußerung oder Zwangsversteigerung des Fahrzeugs

G.2.5 Veräußern Sie das Fahrzeug oder wird es zwangsversteigert, geht der Vertrag nach G.7.1 oder G.7.6 auf den Erwerber über. Der Erwerber ist berechtigt, den Vertrag innerhalb eines Monats nach dem Erwerb zu kündigen. Bei fehlender Kenntnis vom Bestehen der Versicherung beginnt die Kündigungsfrist des Erwerbers erst ab Kenntnis.

Der Erwerber kann bestimmen, ob der Vertrag mit sofortiger Wirkung oder spätestens zum Ablauf des Vertrags endet.

G.2.6 Schließt der Erwerber für das Fahrzeug eine neue Versicherung ab und legt er bei der Zulassungsbehörde eine Versicherungsbestätigung vor, gilt dies automatisch als Kündigung des übergegangenen Vertrages. Die Kündigung wird zum Beginn der neuen Versicherung wirksam.

Kündigung bei Beitragserhöhung

G.2.7 Erhöhen wir aufgrund unseres Beitragsanpassungsrechts nach J.1 bis J.3 den Beitrag, können Sie den Vertrag innerhalb eines Monats nach Zugang unserer Mitteilung über die Beitragserhöhung kündigen. Die Kündigung ist sofort wirksam, frühestens jedoch zu dem Zeitpunkt, zu dem die Beitragserhöhung wirksam geworden wäre. Wir teilen ihnen die Beitragserhöhung spätestens einen Monat vor dem Wirksamwerden mit und weisen Sie auf Ihr Kündigungsrecht hin.

Kündigung bei geänderter Verwendung des Fahrzeugs

G.2.8 Ändert sich die Art und Verwendung des Fahrzeugs nach K.5 und erhöht sich der Beitrag dadurch um mehr als 10 %, können Sie den Vertrag innerhalb eines Monats nach Zugang unserer Mitteilung ohne Einhaltung einer Frist kündigen.

[xx Kündigung bei Bedingungsänderung <Achtung! Nur, wenn Bedingungsänderung gem. N vereinbart>

G.2.9 Machen wir von unserem Recht zur Bedingungsanpassung nach N Gebrauch, können Sie den Vertrag innerhalb von sechs Wochen nach Zugang unserer Mitteilung über die Bedingungsanpassung kündigen. Die Kündigung ist sofort wirksam, frühestens jedoch zum Zeitpunkt des Wirksamwerdens der Bedingungsänderung. Wir teilen Ihnen die Änderung spätestens sechs Wochen vor dem Wirksamwerden mit und weisen Sie auf Ihr Kündigungsrecht hin.]

G.3 Wann und aus welchem Anlass können wir den Versicherungsvertrag kündigen?

Kündigung zum Ablauf

G.3.1 Wir können den Vertrag zum Ablauf des Versicherungsjahres kündigen. Die Kündigung ist nur wirksam, wenn sie Ihnen spätestens einen Monat vor Ablauf zugeht.

Kündigung des vorläufigen Versicherungsschutzes

G.3.2 Wir sind berechtigt, einen vorläufigen Versicherungsschutz zu kündigen. Die Kündigung wird nach Ablauf von zwei Wochen nach ihrem Zugang bei Ihnen wirksam.

Kündigung nach einem Schadenereignis

G.3.3 Nach dem Eintritt eines Schadenereignisses können wir den Vertrag kündigen. Die Kündigung muss Ihnen innerhalb eines Monats nach Beendigung der Verhandlungen über die Entschädigung oder innerhalb eines Monats zugehen, nachdem wir in der Kfz-Haftpflichtversicherung unsere Leistungspflicht anerkannt oder zu Unrecht abgelehnt haben. Das gleiche gilt, wenn wir Ihnen in der Kfz-Haftpflichtversicherung die Weisung erteilen, es über den Anspruch des Dritten zu einem Rechtsstreit kommen zu lassen. Außerdem können wir in der Kfz-Haftpflichtversicherung den Vertrag bis zum Ablauf eines Monats seit der Rechtskraft des im Rechtsstreit mit dem Dritten ergangenen Urteils kündigen.

Unsere Kündigung wird einen Monat nach ihrem Zugang bei Ihnen wirksam.

Kündigung bei Nichtzahlung des Folgebeitrags

G.3.4 Haben Sie einen ausstehenden Folgebeitrag zuzüglich Kosten und Zinsen trotz unserer Zahlungsaufforderung nach C.2.2 nicht innerhalb der zweiwöchigen Frist gezahlt, können wir den Vertrag mit sofortiger Wirkung kündigen. Unsere Kündigung wird unwirksam, wenn Sie diese Beträge innerhalb eines Monats ab Zugang der Kündigung zahlen (siehe auch C.2.4).

Kündigung bei Verletzung Ihrer Pflichten bei Gebrauch des Fahrzeugs

G.3.5 Haben Sie eine Ihrer Pflichten bei Gebrauch des Fahrzeugs nach D verletzt, können wir innerhalb eines Monats, nachdem wir von der Pflichtverletzung Kenntnis erlangt haben, den Vertrag mit sofortiger Wirkung kündigen. Dies gilt nicht, wenn Sie nachweisen, dass Sie die Pflicht weder vorsätzlich noch grob fahrlässig verletzt haben.

Kündigung bei geänderter Verwendung des Fahrzeugs

G.3.6 Ändert sich die Art oder Verwendung des Fahrzeugs nach K.5, können wir den Vertrag mit sofortiger Wirkung kündigen. Können Sie nachweisen, dass die Änderung weder auf Vorsatz noch auf grober Fahrlässigkeit beruht, wird die Kündigung nach Ablauf von einem Monat nach ihrem Zugang bei Ihnen wirksam.

Kündigung bei Veräußerung oder Zwangsversteigerung des Fahrzeugs

G.3.7 Bei Veräußerung oder Zwangsversteigerung des Fahrzeugs nach G.7 können wir dem Erwerber gegenüber kündigen. Wir haben die Kündigung innerhalb eines Monats ab dem Zeitpunkt auszusprechen, zu dem wir von der Veräußerung oder Zwangsversteigerung Kenntnis erlangt haben. Unsere Kündigung wird einen Monat nach ihrem Zugang beim Erwerber wirksam.

G.4 Kündigung einzelner Versicherungsarten

G.4.1 Die Kfz-Haftpflicht-, Kasko-, Autoschutzbrief-, Kfz-Unfall- und Fahrerschutzversicherung sind jeweils rechtlich selbstständige Verträge. Die Kündigung eines dieser Verträge berührt das Fortbestehen anderer nicht.

G.4.2 Sie und wir sind berechtigt, bei Vorliegen eines Kündigungsanlasses zu einem dieser Verträge die gesamte Kfz-Versicherung für das Fahrzeug zu kündigen.

G.4.3 Kündigen wir von mehreren für das Fahrzeug abgeschlossenen Verträgen nur einen, können Sie die Kündigung auf die gesamte Kfz-Versicherung ausdehnen. Hierzu müssen Sie uns innerhalb von zwei Wochen nach Zugang unserer Kündigung mitteilen, dass Sie mit einer Fortsetzung der anderen Verträge nicht einverstanden sind. Entsprechend haben wir das Recht, die gesamte Kfz-Versicherung zu kündigen, wenn Sie von mehreren nur einen Vertrag kündigen.

G.4.4 Kündigen Sie oder wir nur den Autoschutzbrief, gelten G.4.2 und G.4.3 nicht.

G.5 Zugang der Kündigung

Eine Kündigung ist nur wirksam, wenn sie innerhalb der jeweiligen Frist zugeht.

G.6 Beitragsabrechnung nach Kündigung

Bei einer Kündigung vor Ablauf des Versicherungsjahres steht uns der auf die Zeit des Versicherungsschutzes entfallende Beitrag anteilig zu.

G.7 Was ist bei Veräußerung des Fahrzeugs zu beachten?

Übergang der Versicherung auf den Erwerber

G.7.1 Veräußern Sie Ihr Fahrzeug, geht die Versicherung auf den Erwerber über. Dies gilt nicht für die Kfz-Unfall- und die Fahrerschutzversicherung.

G.7.2 Wir sind berechtigt und verpflichtet, den Beitrag entsprechend den Angaben des Erwerbers, wie wir sie bei einem Neuabschluss des Vertrags verlangen würden, anzupassen. Das gilt auch für die SF-Klasse des Erwerbers, die entsprechend seines bisherigen Schadenverlaufs ermittelt wird. Der neue Beitrag gilt ab dem Tag, der auf den Übergang der Versicherung folgt.

G.7.3 Den Beitrag für die laufende Zahlungsperiode können wir entweder von Ihnen oder vom Erwerber verlangen.

Anzeige der Veräußerung

G.7.4 Sie und der Erwerber sind verpflichtet, uns die Veräußerung des Fahrzeugs unverzüglich anzuzeigen. Unterbleibt die Mitteilung, droht unter den Voraussetzungen des § 97 Versicherungsvertragsgesetz[1)] der Verlust des Versicherungsschutzes.

Kündigung des Vertrags

G.7.5 Im Falle der Veräußerung können der Erwerber nach G.2.5 und G.2.6 oder wir nach G.3.7 den Vertrag kündigen. Dann können wir den Beitrag nur von Ihnen verlangen.

Zwangsversteigerung

G.7.6 Die Regelungen G.7.1 bis G.7.5 sind entsprechend anzuwenden, wenn Ihr Fahrzeug zwangsversteigert wird.

G.8 Wagniswegfall (z.B. durch Fahrzeugverschrottung)

Fällt das versicherte Wagnis endgültig weg, steht uns der Beitrag bis zu dem Zeitpunkt zu, zu dem wir vom Wagniswegfall Kenntnis erlangen.

H Außerbetriebsetzung, Saisonkennzeichen, Fahrten mit ungestempelten Kennzeichen

H.1 Was ist bei Außerbetriebsetzung zu beachten?

Ruheversicherung

H.1.1 Wird das versicherte Fahrzeug außer Betrieb gesetzt und soll es zu einem späteren Zeitpunkt wieder zugelassen werden, wird dadurch der Vertrag nicht beendet.

H.1.2 Der Vertrag geht in eine beitragsfreie Ruheversicherung über, wenn die Zulassungsbehörde uns die Außerbetriebsetzung mitteilt. Dies gilt nicht, wenn die Außerbetriebsetzung weniger als zwei Wochen beträgt oder Sie die uneingeschränkte Fortführung des bisherigen Versicherungsschutzes verlangen.

---

1) Habersack, Deutsche Gesetze Nr. 62.

H.1.3 Die Regelungen nach H.1.1 und H.1.2 gelten nicht für Wohnwagenanhänger sowie bei Verträgen mit ausdrücklich kürzerer Vertragsdauer als ein Jahr.

Umfang der Ruheversicherung

H.1.4 Mit der beitragsfreien Ruheversicherung gewähren wir Ihnen während der Dauer der Außerbetriebsetzung eingeschränkten Versicherungsschutz.

Der Ruheversicherungsschutz umfasst

- die Kfz-Haftpflichtversicherung,
- die Teilkaskoversicherung, wenn für das Fahrzeug im Zeitpunkt der Außerbetriebsetzung eine Voll- oder eine Teilkaskoversicherung bestand.

Ihre Pflichten bei der Ruheversicherung

H.1.5 Während der Dauer der Ruheversicherung sind Sie verpflichtet, das Fahrzeug

- in einem Einstellraum (z.B. einer Einzel- oder Sammelgarage) oder
- auf einem umfriedeten Abstellplatz (z.B. durch Zaun, Hecke, Mauer umschlossen)

nicht nur vorübergehend abzustellen. Sie dürfen das Fahrzeug außerhalb dieser Räumlichkeiten auch nicht gebrauchen. Verletzen Sie Ihre Pflichten, sind wir unter den Voraussetzungen nach D.2 leistungsfrei.

Wiederanmeldung

H.1.6 Wird das Fahrzeug wieder zum Verkehr zugelassen (Ende der Außerbetriebsetzung), lebt der ursprüngliche Versicherungsschutz wieder auf. Das Ende der Außerbetriebsetzung haben Sie uns unverzüglich mitzuteilen.

Ende des Vertrags und der Ruheversicherung

H.1.7 Der Vertrag und damit auch die Ruheversicherung enden xx Monate nach der Außerbetriebsetzung des Fahrzeugs, ohne dass es einer Kündigung bedarf.

H.1.8 Melden Sie das Fahrzeug während des Bestehens der Ruheversicherung mit einer Versicherungsbestätigung eines anderen Versicherers wieder an, haben wir das Recht, den Vertrag fortzusetzen und den anderen Versicherer zur Aufhebung des Vertrags aufzufordern.

H.2 Welche Besonderheiten gelten bei Saisonkennzeichen?

H.2.1 Für Fahrzeuge, die mit einem Saisonkennzeichen zugelassen sind, gewähren wir den vereinbarten Versicherungsschutz während des auf dem amtlichen Kennzeichen dokumentierten Zeitraums (Saison).

H.2.2 Außerhalb der Saison haben Sie Ruheversicherungsschutz nach H.1.4 und H.1.5.

H.2.3 Für Fahrten außerhalb der Saison haben Sie innerhalb des für den Halter zuständigen Zulassungsbezirks und eines angrenzenden Bezirks in der Kfz-Haftpflichtversicherung Versicherungsschutz, wenn diese Fahrten

- im Zusammenhang mit dem Zulassungsverfahren oder

- wegen der Hauptuntersuchung, Sicherheitsprüfung oder Abgasuntersuchung

durchgeführt werden.

H.3 Fahrten mit ungestempelten Kennzeichen

Versicherungsschutz in der Kfz-Haftpflichtversicherung und beim Autoschutzbrief

H.3.1 In der Kfz-Haftpflichtversicherung und beim Autoschutzbrief besteht Versicherungsschutz auch für Zulassungsfahrten mit ungestempelten Kennzeichen. Dies gilt nicht für Fahrten, für die ein rotes Kennzeichen oder ein Kurzzeitkennzeichen geführt werden muss.

Was sind Zulassungsfahrten?

H.3.2 Zulassungsfahrten sind Fahrten, die im Zusammenhang mit dem Zulassungsverfahren stehen. Dies sind:

- Fahrten zur Zulassungsstelle zur Anbringung der Stempelplakette sowie Fahrten zur Durchführung einer Hauptuntersuchung oder einer Sicherheitsprüfung innerhalb des zuständigen Zulassungsbezirks und eines angrenzenden Bezirks mit ungestempelten Kennzeichen, wenn die Zulassungsbehörde vorab ein solches erteilt hat.
- Fahrten nach Entfernung der Stempelplakette mit dem bisher zugeteilten Kennzeichen bis zum Ablauf des Tages der Außerbetriebsetzung des Fahrzeugs.

I Schadenfreiheitsrabatt-System

I.1 Einstufung in Schadenfreiheitsklassen (SF-Klassen)

In der Kfz-Haftpflicht- und der Vollkaskoversicherung richtet sich die Einstufung Ihres Vertrags in eine SF-Klasse und der sich daraus ergebende Beitragssatz nach Ihrem Schadenverlauf. Siehe dazu die Tabellen in Anhang 1.

Dies gilt nicht für Fahrzeuge ... <xx *alle gewünschten WKZ und Kennzeichenarten aufführen*>

I.2 Ersteinstufung

I.2.1 Ersteinstufung in SF-Klasse 0

Beginnt Ihr Vertrag ohne Übernahme eines Schadenverlaufs nach I.6, wird er in die SF-Klasse 0 eingestuft.

I.2.2 Sondereinstufung eines Pkw in SF-Klasse ½, 1 oder 3

I.2.2.1 Sondereinstufung in SF-Klasse ½ aufgrund Führerscheins

Beginnt Ihr Vertrag für einen Pkw ohne Übernahme eines Schadenverlaufs nach I.6, wird er in die SF-Klasse ½ eingestuft, wenn

- Sie seit mindestens drei Jahren eine Fahrerlaubnis für Pkw oder Krafträder besitzen, die von einem Mitgliedstaat des Europäischen Wirtschaftsraums erteilt wurde oder nach I.2.5 gleichgestellt ist.

I.2.2.2 Sondereinstufung in SF-Klasse 1 bei Zweitwagen

Beginnt Ihr Vertrag für einen Pkw ohne Übernahme eines Schadenverlaufs nach I.6, wird er in die SF-Klasse 1 eingestuft, wenn

- auf Sie, Ihren Ehepartner, Ihren eingetragenen Lebenspartner oder Ihren mit Ihnen in häuslicher Gemeinschaft lebenden Lebenspartner bereits ein Pkw zugelassen ist, der zu diesem Zeitpunkt in der Kfz-Haftpflichtversicherung mindestens in die SF-Klasse 1 eingestuft ist, und
- Sie seit mindestens einem Jahr eine Fahrerlaubnis für Pkw oder Krafträder besitzen, die von einem Mitgliedstaat des Europäischen Wirtschaftsraums erteilt wurde oder nach I.2.5 gleichgestellt ist.

I.2.2.3 Sondereinstufung in SF-Klasse 3 bei Zweitwagen und Fahreralter mindestens xx Jahre

Beginnt Ihr Vertrag für einen Pkw ohne Übernahme eines Schadenverlaufs nach I.6, wird er in die SF-Klasse 3 eingestuft, wenn

- auf Sie, Ihren Ehepartner, Ihren eingetragenen Lebenspartner oder Ihren mit Ihnen in häuslicher Gemeinschaft lebenden Lebenspartner bereits ein Pkw zugelassen ist, der zu diesem Zeitpunkt in der Kfz-Haftpflichtversicherung mindestens in die SF-Klasse 3 eingestuft ist, und
- Sie seit mindestens einem Jahr eine Fahrerlaubnis für Pkw oder Krafträder besitzen, die von einem Mitgliedstaat des Europäischen Wirtschaftsraums erteilt wurde oder nach I.2.5 gleichgestellt ist, und
- der hinzukommende Pkw ausschließlich von Ihnen und Ihrem Ehepartner, Ihrem eingetragenen Lebenspartner oder Ihrem mit Ihnen in häuslicher Gemeinschaft lebenden Lebenspartner gefahren wird und Sie und der jeweilige Fahrer mindestens das xx. Lebensjahr vollendet haben. Liegen diese Voraussetzungen nicht mehr vor, wird Ihr Vertrag ab diesem Zeitpunkt in diejenige SF-Klasse eingestuft, die sich ergeben hätte, wenn der Vertrag bei Beginn nach I.2.2.2 eingestuft worden wäre.

I.2.3 Anrechnung des Schadenverlaufs der Kfz-Haftpflichtversicherung in der Vollkaskoversicherung

Ist das versicherte Fahrzeug ein Pkw, ein Kraftrad oder ein Campingfahrzeug und schließen Sie neben der Kfz-Haftpflichtversicherung eine Vollkaskoversicherung mit einer Laufzeit von einem Jahr ab (siehe G.1.2), können Sie verlangen, dass die Einstufung nach dem Schadenverlauf der Kfz-Haftpflichtversicherung erfolgt. Dies gilt nicht, wenn für das versicherte Fahrzeug oder für ein Vorfahrzeug im Sinne von I.6.1.1 innerhalb der letzten 12 Monate vor Abschluss der Vollkaskoversicherung bereits eine Vollkaskoversicherung bestanden hat; in diesem Fall übernehmen wir den Schadenverlauf der Vollkaskoversicherung nach I.6.

I.2.4 Führerscheinsonderregelung

Hat Ihr Vertrag für einen Pkw oder ein Kraftrad in der Klasse SF 0 begonnen, stufen wir ihn auf Ihren Antrag besser ein, sobald Sie drei Jahre im Besitz einer Fahrerlaubnis für Pkw oder Krafträder sind und folgende Voraussetzungen gegeben sind:

- Der Vertrag ist schadenfrei verlaufen und

• Ihre Fahrerlaubnis ist von einem Mitgliedsstaat des Europäischen Wirtschaftsraums (EWR) ausgestellt worden oder dieser nach I.2.5. gleichgestellt.

I.2.5 Gleichgestellte Fahrerlaubnisse

Fahrerlaubnisse aus Staaten außerhalb des Europäischen Wirtschaftsraums (EWR) sind Fahrerlaubnissen aus einem Mitgliedsstaat des EWR gleichgestellt, wenn diese nach der Fahrerlaubnisverordnung[1)]

• ohne weitere theoretische oder praktische Fahrprüfung umgeschrieben werden können oder

• nach Erfüllung der Auflagen umgeschrieben sind.

I.3 Jährliche Neueinstufung

Wir stufen Ihren Vertrag zum 1. Januar eines jeden Jahres nach seinem Schadenverlauf im vergangenen Kalenderjahr neu ein.

Bei einem Schadenereignis ist der Tag der Schadenmeldung maßgeblich dafür, welchem Kalenderjahr der Schaden zugeordnet wird.

I.3.1 Wirksamwerden der Neueinstufung

Die Neueinstufung gilt ab der ersten Beitragsfälligkeit im neuen Kalenderjahr.

I.3.2 Besserstufung bei schadenfreiem Verlauf

Ist Ihr Vertrag während eines Kalenderjahres schadenfrei verlaufen und hat der Versicherungsschutz während dieser Zeit ununterbrochen bestanden, wird Ihr Vertrag in die nächst bessere SF-Klasse nach der jeweiligen Tabelle im Anhang 1 eingestuft.

I.3.3 Besserstufung bei Saisonkennzeichen

Ist das versicherte Fahrzeug mit einem Saisonkennzeichen zugelassen (siehe H.2), nehmen wir bei schadenfreiem Verlauf des Vertrags eine Besserstufung nach I.3.2 nur vor, wenn die Saison mindestens sechs Monate beträgt.

I.3.4 Besserstufung bei Verträgen mit SF-Klassen 3, 1, ½, 0 oder M

I.3.4.1 Besserstufung nach SF 1 nach einem vollen Kalenderjahr aus der SF-Klasse ½, 0 oder M

Hat der Versicherungsschutz während des gesamten Kalenderjahres ununterbrochen bestanden, stufen wir Ihren Vertrag aus der SF-Klasse, ½, 0 oder M bei schadenfreiem Verlauf in die SF-Klasse 1 ein.

I.3.4.2 Besserstufung nach einem halben Kalenderjahr aus der SF-Ersteinstufung 3, 1, ½ oder 0

Hat Ihr Vertrag in der Zeit vom 2. Januar bis 1. Juli eines Kalenderjahres mit einer Einstufung nach I.2 in SF-Klasse 3, 1, ½ oder 0 begonnen und bestand bis zum 31. Dezember mindestens sechs Monate Versicherungsschutz, wird er bei schadenfreiem Verlauf zum 1. Januar des folgenden Kalenderjahres wie folgt eingestuft:

von SF-Klasse 3	nach	SF-Klasse 4,
von SF-Klasse 1	nach	SF-Klasse 2,

---

1) Nr. **35d**.

von SF-Klasse ½ nach SF-Klasse 1,
von SF-Klasse 0 nach SF-Klasse ½.

I.3.5 Rückstufung bei schadenbelastetem Verlauf

Ist Ihr Vertrag während eines Kalenderjahres schadenbelastet verlaufen, wird er nach der jeweiligen Tabelle in Anhang 1 zurückgestuft.

I.4 Was bedeutet schadenfreier oder schadenbelasteter Verlauf?

I.4.1 Schadenfreier Verlauf

I.4.1.1 Ein schadenfreier Verlauf des Vertrags liegt unter folgenden Voraussetzungen vor:

- Der Versicherungsschutz hat von Anfang bis Ende eines Kalenderjahres ununterbrochen bestanden und
- uns wurde in dieser Zeit kein Schadenereignis gemeldet, für das wir Entschädigungen leisten oder Rückstellungen bilden mussten. Dazu zählen nicht Kosten für Gutachter, Rechtsberatung und Prozesse.

I.4.1.2 Trotz Meldung eines Schadenereignisses gilt der Vertrag jeweils als schadenfrei, wenn eine der folgenden Voraussetzungen vorliegt:

a Wir leisten Entschädigungen oder bilden Rückstellungen nur:
- aufgrund von Abkommen der Versicherungsunternehmen untereinander oder mit Sozialversicherungsträgern oder
- wegen der Ausgleichspflicht aufgrund einer Mehrfachversicherung.

b Wir lösen Rückstellungen für das Schadenereignis in den drei auf die Schadenmeldung folgenden Kalenderjahren auf, ohne eine Entschädigung geleistet zu haben.

c Der Schädiger oder dessen Haftpflichtversicherung erstatten uns unsere Entschädigung in vollem Umfang.

d Wir leisten Entschädigungen in der Vollkaskoversicherung oder bilden Rückstellungen für ein Schadenereignis, das unter die Teilkaskoversicherung fällt.

e Sie nehmen Ihre Vollkaskoversicherung nur deswegen in Anspruch, weil:
- eine Person mit einer gesetzlich vorgeschriebenen Haftpflichtversicherung für das Schadenereignis zwar in vollem Umfang haftet,
- Sie aber gegenüber dem Haftpflichtversicherer keinen Anspruch haben, weil dieser den Versicherungsschutz ganz oder teilweise versagt hat.

I.4.2 Schadenbelasteter Verlauf

I.4.2.1 Ein schadenbelasteter Verlauf des Vertrags liegt vor, wenn Sie uns während eines Kalenderjahres ein oder mehrere Schadenereignisse melden, für die wir Entschädigungen leisten oder Rückstellungen bilden müssen. Hiervon ausgenommen sind die Fälle nach I.4.1.2.

I.4.2.2 Gilt der Vertrag trotz einer Schadenmeldung zunächst als schadenfrei, leisten wir jedoch in einem folgenden Kalenderjahr Entschädigungen oder bilden Rückstellungen für diesen Schaden, stufen wir Ihren Vertrag zum 1. Januar des dann folgenden Kalenderjahres zurück.

I.5 Wie Sie eine Rückstufung in der Kfz-Haftpflichtversicherung vermeiden können

Sie können eine Rückstufung in der Kfz-Haftpflichtversicherung vermeiden, wenn Sie uns unsere Entschädigung freiwillig, also ohne vertragliche oder gesetzliche Verpflichtung erstatten.

Um Ihnen hierzu Gelegenheit zu geben, unterrichten wir Sie nach Abschluss der Schadenregulierung über die Höhe unserer Entschädigung. Voraussetzung ist, dass unsere Entschädigung nicht mehr als 500 Euro beträgt.

Erstatten Sie uns die Entschädigung innerhalb von sechs Monaten nach unserer Mitteilung, wird Ihr Kfz-Haftpflichtversicherungsvertrag als schadenfrei behandelt.

Haben wir Sie über den Abschluss der Schadenregulierung und über die Höhe des Erstattungsbetrags unterrichtet und müssen wir eine weitere Entschädigung leisten, führt dies nicht zu einer Erhöhung des Erstattungsbetrags.

I.6 Übernahme eines Schadenverlaufs

I.6.1 In welchen Fällen wird ein Schadenverlauf übernommen?

Der Schadenverlauf eines anderen Vertrags – auch wenn dieser bei einem anderen Versicherer bestanden hat – wird auf den Vertrag des versicherten Fahrzeugs unter den Voraussetzungen nach I.6.2 und I.6.3 in folgenden Fällen übernommen:

Fahrzeugwechsel

I.6.1.1 Sie haben das versicherte Fahrzeug anstelle eines anderen Fahrzeugs angeschafft.

Rabatt-Tausch

I.6.1.2a Sie besitzen neben dem versicherten Fahrzeug noch ein anderes Fahrzeug. Sie veräußern dieses oder setzen es ohne Ruheversicherung außer Betrieb und beantragen die Übernahme des Schadenverlaufs.

I.6.1.2b Sie versichern ein weiteres Fahrzeug. Dieses soll überwiegend von demselben Personenkreis benutzt werden, wie das bereits versicherte Fahrzeug. Sie beantragen, dass der Schadenverlauf von dem bisherigen auf das weitere Fahrzeug übertragen wird.

Schadenverlauf einer anderen Person

I.6.1.3 Das Fahrzeug einer anderen Person wurde überwiegend von Ihnen gefahren und Sie beantragen die Übernahme des Schadenverlaufs.

Versichererwechsel

I.6.1.4 Sie sind mit Ihrem Fahrzeug von einem anderen Versicherer zu uns gewechselt.

I.6.2 Welche Voraussetzungen gelten für die Übernahme?

Für die Übernahme eines Schadenverlaufs gelten folgende Voraussetzungen:

Fahrzeuggruppe

I.6.2.1 Die Fahrzeuge, zwischen denen der Schadenverlauf übertragen wird, gehören derselben Fahrzeuggruppe an, oder das Fahrzeug, von dem der Schadenverlauf übernommen wird, gehört einer höheren Fahrzeuggruppe an als das Fahrzeug, auf das übertragen wird.

a Untere Fahrzeuggruppe:
Pkw, Leichtkrafträder, Krafträder, Campingfahrzeuge, Lieferwagen, Gabelstapler, Kranken- und Leichenwagen.

b Mittlere Fahrzeuggruppe:
Taxen, Mietwagen, Lkw und Zugmaschinen im Werkverkehr.

c Obere Fahrzeuggruppe:
Lkw und Zugmaschinen im gewerblichen Güterverkehr, Kraftomnibusse sowie Abschleppwagen.

Eine Übertragung ist zudem möglich

- von einem Lieferwagen auf einen Lkw oder eine Zugmaschine im Werkverkehr bis xx kW,
- von einem Pkw mit 7 bis 9 Plätzen einschließlich Mietwagen und Taxen auf einen Kraftomnibus mit nicht mehr als xx Plätzen (ohne Fahrersitz).

Gemeinsame Übernahme des Schadenverlaufs in der Kfz-Haftpflicht- und der Vollkaskoversicherung

I.6.2.2 Wir übernehmen die Schadenverläufe in der Kfz-Haftpflicht- und in der Vollkaskoversicherung nur zusammen.

Dies gilt nicht, wenn der Versicherungsnehmer die Vollkaskoversicherung aus einem anderen für ihn bestehenden Vertrag aufgibt, um den Schadenverlauf für das versicherte Fahrzeug zu nutzen.

Zusätzliche Regelung für die Übernahme des Schadenverlaufs von einer anderen Person nach I.6.1.3

I.6.2.3 Wir übernehmen den Schadenverlauf von einer anderen Person nur für den Zeitraum, in dem das Fahrzeug der anderen Person überwiegend von Ihnen gefahren wurde. Zusätzlich müssen folgende Voraussetzungen erfüllt sein:

a Es handelt sich bei der anderen Person um Ihren Ehepartner, Ihren eingetragenen Lebenspartner, Ihren mit Ihnen in häuslicher Gemeinschaft lebenden Lebenspartner, ein Elternteil, Ihr Kind oder Ihren Arbeitgeber;

b Sie machen den Zeitraum, in dem das Fahrzeug der anderen Person überwiegend von Ihnen gefahren wurde glaubhaft; hierzu gehört insbesondere

- eine Erklärung in Textform von Ihnen und der anderen Person; ist die andere Person verstorben, ist die Erklärung durch Sie ausreichend;
- die Vorlage einer Kopie Ihres Führerscheins zum Nachweis dafür, dass Sie für den entsprechenden Zeitraum im Besitz einer gültigen Fahrerlaubnis waren;

c die andere Person ist mit der Übertragung ihres Schadenverlaufs an Sie einverstanden und gibt damit ihren Schadenfreiheitsrabatt in vollem Umfang auf;

d die Nutzung des Fahrzeugs der anderen Person durch Sie liegt bei der Übernahme nicht mehr als xx Monate zurück.

I.6.3 Wie wirkt sich eine Unterbrechung des Versicherungsschutzes auf den Schadenverlauf aus?

Im Jahr der Übernahme

I.6.3.1 Nach einer Unterbrechung des Versicherungsschutzes (Außerbetriebsetzung, Saisonkennzeichen außerhalb der Saison, Vertragsbeendigung, Veräußerung, Wagniswegfall) gilt:

a Beträgt die Unterbrechung höchstens sechs Monate, übernehmen wir den Schadenverlauf, als wäre der Versicherungsschutz nicht unterbrochen worden.

b Beträgt die Unterbrechung mehr als sechs und höchstens zwölf Monate, übernehmen wir den Schadenverlauf, wie er vor der Unterbrechung bestand.

c Beträgt die Unterbrechung mehr als zwölf Monate, ziehen wir beim Schadenverlauf für jedes weitere angefangene Kalenderjahr seit der Unterbrechung ein schadenfreies Jahr ab.

d Beträgt die Unterbrechung mehr als sieben Jahre, übernehmen wir den schadenfreien Verlauf nicht.

Sofern neben einer Rückstufung aufgrund einer Unterbrechung von mehr als einem Jahr gleichzeitig eine Rückstufung aufgrund einer Schadenmeldung zu erfolgen hat, gilt Folgendes: Zunächst ist die Rückstufung aufgrund des Schadens, danach die Rückstufung aufgrund der Unterbrechung vorzunehmen.

Im Folgejahr nach der Übernahme

I.6.3.2 In dem auf die Übernahme folgenden Kalenderjahr richtet sich die Einstufung des Vertrags nach dessen Schadenverlauf und danach, wie lange der Versicherungsschutz in dem Kalenderjahr der Übernahme bestand:

a Bestand der Versicherungsschutz im Kalenderjahr der Übernahme mindestens sechs Monate, wird der Vertrag entsprechend seines Verlaufs so eingestuft, als hätte er ein volles Kalenderjahr bestanden.

b Bestand der Versicherungsschutz im Kalenderjahr der Übernahme weniger als sechs Monate, unterbleibt eine Besserstufung trotz schadenfreien Verlaufs.

I.6.4 Übernahme des Schadenverlaufs nach Betriebsübergang

Haben Sie einen Betrieb und dessen zugehörige Fahrzeuge übernommen, übernehmen wir den Schadenverlauf dieser Fahrzeuge unter folgenden Voraussetzungen:

- Der bisherige Betriebsinhaber ist mit der Übernahme des Schadenverlaufs durch Sie einverstanden und gibt damit den Schadenfreiheitsrabatt in vollem Umfang auf,
- Sie machen glaubhaft, dass sich durch die Übernahme des Betriebs die bisherige Risikosituation nicht verändert hat.

I.7 Einstufung nach Abgabe des Schadenverlaufs

I.7.1 Die Schadenverläufe in der Kfz-Haftpflicht- und der Vollkaskoversicherung können nur zusammen abgegeben werden.

I.7.2 Nach einer Abgabe des Schadenverlaufs Ihres Vertrags stufen wir diesen in die SF-Klasse ein, die Sie bei Ersteinstufung Ihres Vertrages nach I.2 bekommen hätten. Befand sich Ihr Vertrag in der SF-Klasse M, bleibt diese Einstufung bestehen.

I.7.3 Wir sind berechtigt, den Mehrbeitrag aufgrund der Umstellung Ihres Vertrags nachzuerheben.

I.8 Auskünfte über den Schadenverlauf

I.8.1 Wir sind berechtigt, uns bei Übernahme eines Schadenverlaufs folgende Auskünfte vom Vorversicherer geben zu lassen:

- Art und Verwendung des Fahrzeugs,
- Beginn und Ende des Vertrags für das Fahrzeug,
- Schadenverlauf des Fahrzeugs in der Kfz-Haftpflicht- und der Vollkaskoversicherung,
- Unterbrechungen des Versicherungsschutzes des Fahrzeugs, die sich noch nicht auf dessen letzte Neueinstufung ausgewirkt haben,
- ob für ein Schadenereignis Rückstellungen innerhalb von drei Jahren nach deren Bildung aufgelöst worden sind, ohne dass Zahlungen geleistet worden sind und
- ob Ihnen oder einem anderen Versicherer bereits entsprechende Auskünfte erteilt worden sind.

I.8.2 Versichern Sie nach Beendigung Ihres Vertrags in der Kfz-Haftpflicht- und der Vollkaskoversicherung Ihr Fahrzeug bei einem anderen Versicherer, sind wir berechtigt und verpflichtet, diesem auf Anfrage Auskünfte zu Ihrem Vertrag und dem versicherten Fahrzeug nach I.8.1 zu geben.

Unsere Auskunft bezieht sich nur auf den tatsächlichen Schadenverlauf. Sondereinstufungen – mit Ausnahme der Regelung nach I.2.2.1 und I.2.2.2 – werden nicht berücksichtigt. Sondereinstufungen aufgrund der Regelung nach I.2.2.3 werden so bestätigt, als wäre der Vertrag bei Beginn nach I.2.2.2 eingestuft worden.

J Beitragsänderung aufgrund tariflicher Maßnahmen

J.1 Typklasse

Richtet sich der Versicherungsbeitrag nach dem Typ Ihres Fahrzeugs, können Sie Ihrem Versicherungsschein entnehmen, welcher Typklasse Ihr Fahrzeug zu Beginn des Vertrags zugeordnet worden ist.

Ein unabhängiger Treuhänder ermittelt jährlich, ob und in welchem Umfang sich der Schadenbedarf Ihres Fahrzeugtyps im Verhältnis zu dem aller Fahrzeugtypen erhöht oder verringert hat. Ändert sich der Schadenbedarf Ihres Fahrzeugtyps im Verhältnis zu dem aller Fahrzeugtypen, kann dies zu einer Zuordnung in eine andere Typklasse führen. Die damit verbundene Beitragsänderung wird mit Beginn des nächsten Versicherungsjahres wirksam.

[xx Die Klassengrenzen können Sie der Tabelle im Anhang 3 entnehmen.]

J.2 Regionalklasse

Richtet sich der Versicherungsbeitrag nach dem Wohnsitz des Halters, wird Ihr Fahrzeug einer Regionalklasse zugeordnet. Maßgeblich ist der Wohnsitz, den uns die Zulassungsbehörde zu Ihrem Fahrzeug mitteilt. Ihrem Versicherungsschein können Sie entnehmen, welcher Regionalklasse Ihr Fahrzeug zu Beginn des Vertrags zugeordnet worden ist.

Ein unabhängiger Treuhänder ermittelt jährlich, ob und in welchem Umfang sich der Schadenbedarf der Region, in welcher der Wohnsitz des Halters liegt, im Verhältnis zu allen Regionen erhöht oder verringert hat. Ändert sich der Schadenbedarf Ihrer Region im Verhältnis zu dem aller Regionen, kann dies zu einer Zuordnung in eine andere Regionalklasse führen. Die damit verbundene Beitragsänderung wird mit Beginn des nächsten Versicherungsjahres wirksam.

[xx Die Klassengrenzen können Sie der Tabelle im Anhang 4 entnehmen.]

J.3 Tarifänderung

<xx *Redaktioneller Hinweis: Ein Mustertext wie zu § 9a AKB a.F. wird nicht bekannt gemacht.*>

J.4 Kündigungsrecht

Führt eine Änderung nach J.1 bis J.3 in der Kfz-Haftpflichtversicherung zu einer Beitragserhöhung, so haben Sie nach G.2.7 ein Kündigungsrecht. Werden mehrere Änderungen gleichzeitig wirksam, so besteht Ihr Kündigungsrecht nur, wenn die Änderungen in Summe zu einer Beitragserhöhung führen.

Dies gilt für die Kaskoversicherung [und xxx] entsprechend.

<Redaktioneller Hinweis: Ist auch in weiteren Sparten ein Tarifänderungsrecht nach J.3 vorgesehen, ist dies hier aufzunehmen.>

J.5 Gesetzliche Änderung des Leistungsumfangs in der Kfz-Haftpflichtversicherung

In der Kfz-Haftpflichtversicherung sind wir berechtigt, den Beitrag zu erhöhen, sobald wir aufgrund eines Gesetzes, einer Verordnung oder einer EU-Richtlinie dazu verpflichtet werden, den Leistungsumfang oder die Versicherungssummen zu erhöhen.

K Beitragsänderung aufgrund eines bei Ihnen eingetretenen Umstands

K.1 Änderung des Schadenfreiheitsrabatts

Ihr Beitrag kann sich aufgrund der Regelungen zum Schadenfreiheitsrabatt-System nach Abschnitt I ändern.

K.2 Änderung von Merkmalen zur Beitragsberechnung

Welche Änderungen werden berücksichtigt?

K.2.1 *Ändert sich* während der Laufzeit des Vertrags ein im Versicherungsschein unter der Überschrift xx aufgeführtes Merkmal zur Beitragsberechnung, berechnen wir den Beitrag neu.

Dies kann zu einer Beitragssenkung oder zu einer Beitragserhöhung führen.

<xx Alternativformulierung für Versicherer, die die Anhänge 2 und 5 verwenden:

K.2.1 Ändert sich während der Laufzeit des Vertrags ein Merkmal zur Beitragsberechnung gemäß Anhang 2 „Merkmale zur Beitragsberechnung" und Anhang 5 „Berufsgruppen (Tarifgruppen)" berechnen wir den Beitrag neu. Dies kann zu einer Beitragssenkung oder zu einer Beitragserhöhung führen.>

Auswirkung auf den Beitrag

K.2.2 Der neue Beitrag gilt ab dem Tag der Änderung.

K.2.3 Ändert sich die im Versicherungsschein aufgeführte Jahresfahrleistung, gilt abweichend von K.2.2 der neue Beitrag rückwirkend ab Beginn des laufenden Versicherungsjahres.

K.3 Änderung der Regionalklasse wegen Wohnsitzwechsels

Wechselt der Halter seinen Wohnsitz und wird dadurch Ihr Fahrzeug einer anderen Regionalklasse zugeordnet, richtet sich der Beitrag ab der Ummeldung bei der Zulassungsbehörde nach der neuen Regionalklasse.

K.4 Ihre Mitteilungspflichten zu den Merkmalen zur Beitragsberechnung

Anzeige von Änderungen

K.4.1 Die Änderung eines im Versicherungsschein unter der Überschrift <xx *konkrete Bezeichnung eintragen*> aufgeführten Merkmals zur Beitragsberechnung müssen Sie uns unverzüglich anzeigen.

Überprüfung der Merkmale zur Beitragsberechnung

K.4.2 Wir sind berechtigt zu überprüfen, ob die bei Ihrem Vertrag berücksichtigten Merkmale zur Beitragsberechnung zutreffen. Auf Anforderung haben Sie uns entsprechende Bestätigungen oder Nachweise vorzulegen.

Folgen von unzutreffenden Angaben

K.4.3 Haben Sie unzutreffende Angaben zu Merkmalen zur Beitragsberechnung gemacht oder Änderungen nicht angezeigt und ist deshalb ein zu niedriger Beitrag berechnet worden, gilt rückwirkend ab Beginn des laufenden Versicherungsjahres der Beitrag, der den tatsächlichen Merkmalen zur Beitragsberechnung entspricht.

K.4.4 Haben Sie vorsätzlich unzutreffende Angaben gemacht oder Änderungen vorsätzlich nicht angezeigt und ist deshalb ein zu niedriger Beitrag berechnet worden, ist zusätzlich zur Beitragserhöhung eine Vertragsstrafe in Höhe von xx zu zahlen.

Folgen von Nichtangaben

K.4.5 Kommen Sie unserer Aufforderung schuldhaft nicht nach, Bestätigungen oder Nachweise vorzulegen, sind wir berechtigt, den Beitrag rückwirkend ab Beginn des laufenden Versicherungsjahres nach den für Sie ungünstigsten Annahmen zu berechnen, wenn

- wir Sie in Textform auf den dann zu zahlenden Beitrag und die dabei zugrunde gelegten Annahmen hingewiesen haben
- und Sie auch innerhalb einer von uns gesetzten Antwortfrist von mindestens X [nicht weniger als 4] Wochen die zur Überprüfung der Beitragsberechnung angeforderten Bestätigungen oder Nachweise nicht nachreichen.

K.5 Änderung der Art oder Verwendung des Fahrzeugs

Ändert sich die im Versicherungsschein ausgewiesene Art oder Verwendung des Fahrzeugs <xx *bei Verwendung des Anhangs: „gemäß der Tabelle in Anhang 6“*>, müssen Sie uns dies anzeigen. Bei der Zuordnung nach der Verwendung des Fahrzeugs gelten ziehendes Fahrzeug und Anhänger als Einheit, wobei das höhere Wagnis maßgeblich ist.

Wir können in diesem Fall den Versicherungsvertrag nach G.3.6 kündigen oder den Beitrag ab der Änderung anpassen.

Erhöhen wir den Beitrag um mehr als 10 %, haben Sie ein Kündigungsrecht nach G.2.8.

L Meinungsverschiedenheiten und Gerichtsstände

L.1 Wenn Sie mit uns einmal nicht zufrieden sind

Wir möchten, dass Sie mit uns zufrieden sind. Sollte dies einmal nicht der Fall sein, nehmen Sie bitte direkt Kontakt mit uns auf, damit wir die Angelegenheit klären können.

Darüber hinaus haben Sie auch folgende Möglichkeiten:

Versicherungsombudsmann

L.1.1 Wenn Sie als Verbraucher mit unserer Entscheidung nicht zufrieden sind oder eine Verhandlung mit uns einmal nicht zu dem von Ihnen gewünschten Ergebnis geführt hat, können Sie sich an den Ombudsmann für Versicherungen wenden.

Versicherungsombudsmann e.V.
Postfach 080632
10006 Berlin
E-Mail: beschwerde@versicherungsombudsmann.de
Internet: www.versicherungsombudsmann.de
Telefon 0800 3696000, Fax 0800 3699000 (kostenfrei aus dem deutschen Telefonnetz) Der Ombudsmann für Versicherungen ist eine unabhängige und für Verbraucher kostenfrei arbeitende Schlichtungsstelle. Wir haben uns verpflichtet, an dem Schlichtungsverfahren teilzunehmen

Verbraucher, die diesen Vertrag online (z.B. über eine Webseite oder per E-Mail) abgeschlossen haben, können sich mit ihrer Beschwerde auch online an die Plattform http://ec.europa.eu/consumers/odr/ wenden. Ihre Beschwerde wird dann über diese Plattform an den Versicherungsombudsmann weitergeleitet. Für Fragen können Sie sich auch per E-Mail an uns wenden: xxxx@xxx.xx.

Versicherungsaufsicht

L.1.2 Sind Sie mit unserer Betreuung nicht zufrieden oder treten Meinungsverschiedenheiten bei der Vertragsabwicklung auf, können Sie sich auch an die für uns zuständige Aufsicht wenden. Als Versicherungsunternehmen unterliegen wir der Aufsicht der Bundesanstalt für Finanzdienstleistungsaufsicht.

Bundesanstalt für Finanzdienstleistungsaufsicht (BaFin)

Sektor Versicherungsaufsicht

Graurheindorfer Straße 108

53117 Bonn

E-Mail: poststelle@bafin.de

Telefon 0228 4108-0, Fax 0228 4108 – 1550 Bitte beachten Sie, dass die BaFin keine Schiedsstelle ist und einzelne Streitfälle nicht verbindlich entscheiden kann.

Rechtsweg

L.1.3 Außerdem haben Sie die Möglichkeit, den Rechtsweg zu beschreiten.

Hinweis: Bei Meinungsverschiedenheiten zur Schadenhöhe in der Kaskoversicherung können Sie auch das Sachverständigenverfahren nach A.2.6 nutzen.

L.2 Gerichtsstände

Wenn Sie uns verklagen

L.2.1 Ansprüche aus Ihrem Versicherungsvertrag können Sie insbesondere bei folgenden Gerichten geltend machen:

- dem Gericht, das für Ihren Wohnsitz örtlich zuständig ist,
- dem Gericht, das für unseren Geschäftssitz oder für die Sie betreuende Niederlassung örtlich zuständig ist.

Wenn wir Sie verklagen

L.2.2 Wir können Ansprüche aus dem Versicherungsvertrag insbesondere bei folgenden Gerichten geltend machen:

- dem Gericht, das für Ihren Wohnsitz örtlich zuständig ist,
- dem Gericht des Ortes, an dem sich der Sitz oder die Niederlassung Ihres Betriebs befindet, wenn Sie den Versicherungsvertrag für Ihren Geschäfts- oder Gewerbebetrieb abgeschlossen haben.

Sie haben Ihren Wohnsitz oder Geschäftssitz ins Ausland verlegt

L.2.3 Für den Fall, dass Sie Ihren Wohnsitz, Geschäftssitz oder gewöhnlichen Aufenthalt außerhalb Deutschlands verlegt haben oder Ihr Wohnsitz, Geschäftssitz oder gewöhnlicher Aufenthalt im Zeitpunkt der Klageerhebung nicht bekannt ist, gilt abweichend der Regelungen nach L.2.2 das Gericht als vereinbart, das für unseren Geschäftssitz zuständig ist.

M – Abschnitt gestrichen –

N Bedingungsänderung

<xx *Redaktioneller Hinweis: Ein Mustertext wird nicht bekannt gemacht.*>

Anhang 1: Tabellen zum Schadenfreiheitsrabatt-System

1 Pkw

1.1 Einstufung von Pkw in Schadenfreiheitsklassen (SF-Klassen) und Beitragssätze

[Anpassung der SF-Klassen in allen nachfolgenden Tabellen]-…
… *<xx Tabelle>*

1.2 Rückstufung im Schadenfall bei Pkw

1.2.1 Kfz-Haftpflichtversicherung

Aus SF Klasse Nach Klasse	1 Schaden	2 Schäden	3 Schäden	4 und mehr Schäden
xx	xx	xx	xx	xx
	…			

1.2.2 Vollkaskoversicherung

Aus SF Klasse Nach Klasse	1 Schaden	2 Schäden	3 Schäden	4 und mehr Schäden
xx	xx	xx	xx	xx
	…			

2 Krafträder

2.1 Einstufung von Krafträdern in Schadenfreiheitsklassen (SF-Klassen) und Beitragssätze

... <xx Tabelle>

2.2 Rückstufung im Schadenfall bei Krafträdern

2.2.1 Kfz-Haftpflichtversicherung

... <xx Tabelle>

2.2.2 Vollkaskoversicherung

... <xx Tabelle>

3 Leichtkrafträder

3.1 Einstufung von Leichtkrafträdern in Schadenfreiheitsklassen (SF-Klassen) und Beitragssätze

... <xx Tabelle>

3.2 Rückstufung im Schadenfall bei Leichtkrafträdern

3.2.1 Kfz-Haftpflichtversicherung

... <xx Tabelle>

3.2.2 Vollkaskoversicherung

... <xx *Tabelle*>

4 Taxen und Mietwagen

4.1 Einstufung von Taxen und Mietwagen in Schadenfreiheitsklassen (SF-Klassen) und Beitragssätze

... <xx Tabelle>

4.2 Rückstufung im Schadenfall bei Taxen und Mietwagen

4.2.1 Kfz-Haftpflichtversicherung

... <xx Tabelle>

4.2.2 Vollkaskoversicherung

... <xx Tabelle>

5 Campingfahrzeuge

5.1 Einstufung von Campingfahrzeugen in Schadenfreiheitsklassen (SF-Klassen) und Beitragssätze

... <xx Tabelle>

5.2 Rückstufung im Schadenfall bei Campingfahrzeugen

5.2.1 Kfz-Haftpflichtversicherung

... <xx Tabelle>

5.2.2 Vollkaskoversicherung

... <xx Tabelle>

6 Lieferwagen, Lkw, Zugmaschinen, Krankenwagen, Leichenwagen, Busse (nur Kfz-Haftpflicht), Abschleppwagen (nur Kfz-Haftpflicht) und Stapler (nur Kfz-Haftpflicht)

6.1 Einstufung von Lieferwagen, Lkw, Zugmaschinen, Krankenwagen, Leichenwagen, Busse (nur Kfz-Haftpflicht), Abschleppwagen (nur Kfz-Haftpflicht) und Stapler (nur Kfz-Haftpflicht) in Schadenfreiheitsklassen (SF-Klassen) und Beitragssätze

... <xx Tabelle>

6.2 Rückstufung im Schadenfall bei Lieferwagen, Lkw, Zugmaschinen, Krankenwagen, Leichenwagen, Busse, Abschleppwagen und Stapler

6.2.1 Kfz-Haftpflichtversicherung

... <xx Tabelle>

6.2.2 Vollkaskoversicherung (nur Lieferwagen, Lkw, Zugmaschinen, Krankenwagen, Leichenwagen)

... <xx Tabelle>

Anhang 2: Merkmale zur Beitragsberechnung

1 Individuelle Merkmale zur Beitragsberechnung bei Pkw

1.1 Abstellort

Regelmäßiger nächtlicher Abstellort:

- abschließbare Einzelgarage
- abschließbare Doppelgarage

- Mehrfachtiefgarage
- gesichertes Grundstück
- Carport

1.2 Jährliche Fahrleistung
Fahrleistungsklassen:

1.2.1 Kfz-Haftpflichtversicherung:
Fahrleistungsklasse
von XX km bis XX km

1.2.2 Vollkaskoversicherung:
Fahrleistungsklasse
von XX km bis XX km

1.2.3 Teilkaskoversicherung:
Fahrleistungsklasse
von XX km bis XX km
Unabhängig von der Fahrleistung gilt bei Verträgen für Pkw, die mit einem Saison-, Oldtimer-, Ausfuhr, Kurzzeit- oder roten Kennzeichen zugelassen sind, die Fahrleistungsklasse xx als vereinbart.

1.3 Weitere Merkmale zur Beitragsberechnung

- Selbstgenutztes Wohneigentum
- Nutzerkreis
- Nutzeralter
- Fahrzeugalter beim Erwerb durch Sie
- ... xx

2 Merkmale zur Beitragsberechnung bei Krafträdern und Leichtkrafträdern

- Nutzeralter
- Motorleistung
- ... xx

3 Merkmale zur Beitragsberechnung bei Lkw, Zugmaschinen, Bussen, Anhängern

Bei der Beitragsberechnung werden die nachfolgenden Merkmale berücksichtigt:

- Aufbau
- Motorleistung
- Anzahl der Plätze
- zulässiges Gesamtgewicht

Anhang 3: Tabellen zu den Typklassen

Für Pkw, Taxen, Mietwagen und Selbstfahrervermiet-Pkw gelten folgende Typklassen:

1 Kfz-Haftpflichtversicherung:

Typklasse	Schadenbedarfs-Indexwerte	
	von	bis unter

2 Vollkaskoversicherung:

Typklasse	Schadenbedarfs-Indexwerte	
	von	bis unter

3 Teilkaskoversicherung:

Typklasse	Schadenbedarfs-Indexwerte	
	von	bis unter

Anhang 4: Tabellen zu den Regionalklassen

Es gelten folgende Regionalklassen:

1 Für Pkw

1.1 In der Kfz-Haftpflichtversicherung:

Regionalklasse	Schadenbedarfs-Indexwerte	
	von	bis unter

1.2 In der Vollkaskoversicherung:

Regionalklasse	Schadenbedarfs-Indexwerte	
	von	bis unter

1.3 In der Teilkaskoversicherung:

Regionalklasse	Schadenbedarfs-Indexwerte	
	von	bis unter

2 Für Krafträder, Leichtkrafträder, Quads und Trikes

2.1 In der Kfz-Haftpflichtversicherung:

Regionalklasse	Schadenbedarfs-Indexwerte	
	von	bis unter

2.2 In der Vollkaskoversicherung:

Regionalklasse	Schadenbedarfs-Indexwerte	
	von	bis unter

2.3 In der Teilkaskoversicherung:

Regionalklasse	Schadenbedarfs-Indexwerte	
	von	bis unter

3 Für Lkw im Werkverkehr

3.1 In der Kfz-Haftpflichtversicherung:

Regionalklasse	Schadenbedarfs-Indexwerte	
	von	bis unter

3.2 In der Vollkaskoversicherung:

Regionalklasse	Schadenbedarfs-Indexwerte	
	von	bis unter

3.3 In der Teilkaskoversicherung:

Regionalklasse	Schadenbedarfs-Indexwerte	
	von	bis unter

4 Für landwirtschaftliche Zugmaschinen

4.1 In der Kfz-Haftpflichtversichrung:

Regionalklasse	Schadenbedarfs-Indexwerte	
	von	bis unter

4.2 In der Teilkaskoversicherung:

Regionalklasse	Schadenbedarfs-Indexwerte	
	von	bis unter

5 Für Campingfahrzeuge

5.1 In der Kfz-Haftpflichtversicherung

Regionalklasse	Schadenbedarfs-Indexwerte	
	von....	bis unter

5.2 In der Vollkaskoversicherung

Regionalklasse	Schadenbedarfs-Indexwerte	
	von....	bis unter

5.3 In der Teilkaskoversicherung

Regionalklasse	Schadenbedarfs-Indexwerte	
	von....	bis unter

Anhang 5: Berufsgruppen (Tarifgruppen)

1 Berufsgruppe A

Die Beiträge der Berufsgruppe A gelten in der Kfz-Haftpflichtversicherung bei Pkw für

a Landwirte und Gartenbaubetriebe
landwirtschaftliche Unternehmer im Sinne des § 123 Abs. 1 Nr. 1 Sozialgesetzbuch VII, die Mitglieder einer landwirtschaftlichen Berufsgenossenschaft oder der Gartenbauberufsgenossenschaft sind, deren Betrieb eine Mindestgröße von 1/2 ha – bei einem Gartenbaubetrieb jedoch eine Mindestgröße von 2 ha – hat, und die diesen Betrieb selbst bewirtschaften;

b Ehemalige Landwirte
ehemalige landwirtschaftliche Unternehmer, wenn sie die Voraussetzungen nach 1.a unmittelbar vor Übergabe des Betriebes erfüllt haben und nicht anderweitig berufstätig sind;

c Witwen und Witwer
nicht berufstätige Witwen/Witwer von Personen, die bei ihrem Tod die Voraussetzungen nach 1.a oder 1.b erfüllt haben.

2 Berufsgruppe B

*Die B*eiträge der Berufsgruppe B gelten in der Kfz-Haftpflicht-, Vollkasko- und in der Teilkaskoversicherung beschränkt auf Pkw, Campingfahrzeuge, Krafträder und Leichtkrafträder – für Versicherungsverträge von Kraftfahrzeugen, die zugelassen sind auf a Gebietskörperschaften, Körperschaften, Anstalten und Stiftungen des öffentlichen Rechts;

b juristische Personen des Privatrechts, wenn sie im Hauptzweck Aufgaben wahrnehmen, die sonst der öffentlichen Hand obliegen würden, und wenn

- an ihrem Grundkapital juristische Personen des öffentlichen Rechts mit mindestens 50 % beteiligt sind oder
- sie Zuwendungen aus öffentlichen Haushalten zu mehr als der Hälfte ihrer Haushaltsmittel erhalten (§ 23 Bundeshaushaltsordnung[1]) oder die entsprechenden haushaltsrechtlichen Vorschriften der Länder);

c mildtätige und kirchliche Einrichtungen (§§ 53, 54 Abgabenordnung);

d als gemeinnützig anerkannte Einrichtungen (§ 52 Abgabenordnung), die im Hauptzweck der Gesundheitspflege und Fürsorge oder der Jugend- und Altenpflege dienen oder die im Hauptzweck durch Förderung der Wissenschaft, Kunst, Religion, der Erziehung oder der Volks- und Berufsbildung dem Allgemeinwohl auf materiellem, geistigem oder sittlichem Gebiet nutzen;

e Selbsthilfeeinrichtungen der Angehörigen des öffentlichen Dienstes;

f Beamte, Richter, Angestellte und Arbeiter der unter 2.a bis 2.e genannten juristischen Personen und Einrichtungen, sofern ihre nicht selbstständige und der Lohnsteuer unterliegende Tätigkeit für diese mindestens 50 % der normalen Arbeitszeit beansprucht und sofern sie von ihnen besoldet oder entlohnt werden, sowie die bei diesen juristischen Personen und Einrichtungen in einem anerkannten Ausbildungsverhältnis stehenden Personen, ferner Berufssoldaten und Soldaten auf Zeit der Bundeswehr (nicht Wehr- bzw. Zivildienstpflichtige und freiwillige Helfer);

g Beamte, Angestellte und Arbeiter überstaatlicher oder zwischenstaatlicher Einrichtungen; für sie gilt das gleiche wie für die nach 2.f genannten Beamten, Angestellten und Arbeiter;

h Pensionäre, Rentner und beurlaubte Angehörige des öffentlichen Dienstes, wenn sie die Voraussetzungen von 2.f oder 2.g unmittelbar vor ihrem Eintritt in den Ruhestand bzw. vor ihrer Beurlaubung erfüllt haben und nicht anderweitig berufstätig sind, sowie nicht berufstätige versorgungsberechtigte Witwen/Witwer von Beamten, Richtern, Angestellten, Arbeitern, Berufssoldaten und Soldaten auf Zeit der Bundeswehr, Pensionären und Rentnern, die jeweils bei ihrem Tode die Voraussetzungen von 2.f, 2.g oder 2.h erfüllt haben;

i Familienangehörige von Beamten, Richtern, Angestellten, Arbeitern, Berufssoldaten und Soldaten auf Zeit der Bundeswehr, Pensionären und Rentnern, die die Voraussetzungen von 2.f, 2.g oder 2.h erfüllen. Voraussetzung ist, dass die Familienangehörigen nicht erwerbstätig sind und mit den vorher genannten Personen in häuslicher Gemeinschaft leben und von ihnen unterhalten werden.

3 Berufsgruppe D

Die Beiträge der Berufsgruppe D gelten in der Kfz-Haftpflicht- und der Kaskoversicherung – in der Teilkaskoversicherung beschränkt auf Pkw, Campingfahrzeuge, Krafträder und Leichtkrafträder – für Verträge von

---

[1] **Sartorius Nr. 700.**

Kraftfahrzeugen, die zugelassen sind auf privatisierte, ehemals öffentlich-rechtliche Banken und Sparkassen, andere privatisierte, ehemals öffentlich-rechtliche Einrichtungen (z.B. Telekom, Deutsche Bahn, Deutsche Post, Postbank, Lufthansa) und deren Tochterunternehmen, sonstige Finanzdienstleistungs-, Wohnungsbau- oder Energieversorgungsunternehmen, Krankenhäuser, Kliniken, Sanatorien, Pflegeheime, kirchliche Einrichtungen, sonstige mildtätige oder gemeinnützige Einrichtungen und deren Beschäftigte, wenn sie nicht bereits die Voraussetzungen der Berufsgruppe B erfüllen.

Anhang 6: Art und Verwendung von Fahrzeugen

1 Leichtkrafträder

Leichtkrafträder sind Krafträder und Kraftroller mit einem Hubraum von mehr als 50 ccm und nicht mehr als 125 ccm und einer Nennleistung von nicht mehr als 11 kW.

2 < – entfällt – >

3 Krafträder

Krafträder sind alle Krafträder und Kraftroller, die ein amtliches Kennzeichen führen müssen, mit Ausnahme von Leichtkrafträdern.

4 Pkw

Pkw sind als Personenkraftwagen zugelassene Kraftfahrzeuge mit höchstens acht Sitzplätzen außer dem Fahrersitz, mit Ausnahme von Mietwagen, Taxen und Selbstfahrervermietfahrzeugen.

5 Mietwagen

Mietwagen sind Pkw, mit denen ein genehmigungspflichtiger Gelegenheitsverkehr gewerbsmäßig betrieben wird (unter Ausschluss der Taxen, Kraftomnibusse, Güterfahrzeuge und Selbstfahrervermietfahrzeuge).

6 Taxen

Taxen sind Pkw, die der Unternehmer an behördlich zugelassenen Stellen bereithält und mit denen er – auch am Betriebssitz oder während der Fahrt entgegengenommene – Beförderungsaufträge zu einem vom Fahrgast bestimmten Ziel ausführt.

7 Selbstfahrvermietfahrzeuge

Selbstfahrvermietfahrzeuge sind Kraftfahrzeuge und Anhänger, die gewerbsmäßig ohne Gestellung eines Fahrers vermietet werden.

8 Leasingfahrzeuge

Leasingfahrzeuge sind Kraftfahrzeuge und Anhänger, die gewerbsmäßig ohne Gestellung eines Fahrers vermietet werden und auf den Mieter zugelassen sind oder bei Zulassung auf den Vermieter dem Mieter durch Vertrag mindestens sechs Monate überlassen werden.

9 Kraftomnibusse

Kraftomnibusse sind Kraftfahrzeuge und Anhänger, die nach ihrer Bauart und Ausstattung zur Beförderung von mehr als neun Personen (einschließlich Fahrer) geeignet und bestimmt sind.

10.1[1] Linienverkehr ist eine zwischen bestimmten Ausgangs- und Endpunkten eingerichtete regelmäßige Verkehrsverbindung, auf der Fahrgäste an bestimmten Haltestellen ein- und aussteigen können, sowie Verkehr, der unter Ausschluss anderer Fahrgäste der regelmäßigen Beförderung von Personen zum Besuch von Märkten und Theatern dient.

10.2[1] Gelegenheitsverkehr sind Ausflugsfahrten und Ferienziel-Reisen sowie Verkehr mit Mietomnibussen.

10.3[1] Nicht unter 10.1 oder 10.2 fallen sonstige Busse, insbesondere Hotelomnibusse, Werkomnibusse, Schul-, Lehr- und Krankenomnibusse.

10 Campingfahrzeuge

Campingfahrzeuge sind als Wohnmobil zugelassene Fahrzeuge.

11 Werkverkehr

Werkverkehr ist die Güterbeförderung mit Kraftfahrzeugen, Anhängern und Aufliegern nur für eigene Zwecke durch Personal eines Unternehmens oder von Personal, das dem Unternehmen im Rahmen einer vertraglichen Verpflichtung zur Verfügung gestellt worden ist.

12 Gewerblicher Güterverkehr

Gewerblicher Güterverkehr ist die geschäftsmäßige, entgeltliche Beförderung von Gütern mit Kraftfahrzeugen, Anhängern und Aufliegern für andere.

13 Umzugsverkehr

Umzugsverkehr ist die ausschließliche Beförderung von Umzugsgut.

14 Wechselaufbauten

Wechselaufbauten sind Aufbauten von Kraftfahrzeugen, Anhängern und Aufliegern, die zur Güterbeförderung bestimmt sind und mittels mechanischer Vorrichtungen an diesen Fahrzeugen ausgewechselt werden können.

15 Landwirtschaftliche Zugmaschinen

Landwirtschaftliche Zugmaschinen oder Anhänger sind Zugmaschinen und Raupenschlepper oder Anhänger, die wegen ihrer Verwendung in der Land- und Forstwirtschaft von der Kraftfahrzeugsteuer freigestellt sind und ein amtliches grünes Kennzeichen führen.

---

[1] Nummerierung amtlich.

16 Melkwagen und Milchsammel-Tankwagen

Melkwagen und Milchsammel-Tankwagen sind Fahrzeuge mit Vorrichtungen zur mechanischen Milchentnahme, die dem Transport der Milch von Weiden und Gehöften zu den Molkereien der Einzugsgebiete dienen.

17 Sonstige landwirtschaftliche Sonderfahrzeuge

Sonstige landwirtschaftliche Sonderfahrzeuge sind Fahrzeuge, die als Sonderfahrzeuge für die Land- und Forstwirtschaft zugelassen werden und ein amtliches grünes Kennzeichen führen.

18 Milchtankwagen

Milchtankwagen sind Fahrzeuge, die dem Transport der Milch zwischen Molkereien oder von Molkereien zum Verteiler oder Verbraucher dienen. Sie gelten nicht als landwirtschaftliche Sonderfahrzeuge, sondern als Güterfahrzeuge.

19 Selbstfahrende Arbeitsmaschinen

Selbstfahrende Arbeitsmaschinen sind Fahrzeuge, die nach ihrer Bauart und ihren besonderen mit dem Fahrzeug fest verbundenen Einrichtungen zur Verrichtung von Arbeit – nicht zur Beförderung von Personen oder Gütern – bestimmt und geeignet sind und die zu einer vom Bundesminister für Verkehr bestimmten Art solcher Fahrzeuge gehören (z.B. Selbstlader, Bagger, Greifer, Kran-Lkw sowie Räum- und Bergungsfahrzeuge, auch wenn sie zu Abschleppzwecken mitverwendet werden).

20 Lkw bis 3,5 t zulässige Gesamtmasse

Lkw bis 3,5 t zulässige Gesamtmasse sind zur Güterbeförderung zugelassene Kraftfahrzeuge mit einer Gesamtmasse von bis zu 3,5 t.

21 Lkw über 3,5 t zulässige Gesamtmasse

Lkw über 3,5 t zulässige Gesamtmasse sind zur Güterbeförderung zugelassene Kraftfahrzeuge mit einer zulässigen Gesamtmasse von mehr als 3,5 t.

22 Zugmaschinen

Zugmaschinen sind Kraftfahrzeuge, die ausschließlich oder überwiegend zum Ziehen von Anhängern oder Aufliegern gebaut sind, mit Ausnahme von landwirtschaftlichen Zugmaschinen.

62g. Allgemeine Bedingungen für die Rechtsschutzversicherung (ARB 2021)

Musterbedingungen des GDV[1)]

(Stand: August 2022)

Unverbindliche Bekanntgabe des Gesamtverbandes der Deutschen Versicherungswirtschaft e.V. (GDV) Zur fakultativen Verwendung/Abweichende Vereinbarungen sind möglich

Inhaltsverzeichnis

[1)] In der jeweils aktuellen Fassung kostenlos abrufbar unter www.gdv.de.
[2)] Zählung amtlich.

Die unverbindlichen Muster-ARB 2021 sind nach dem Bausteinprinzip aufgebaut. Die Klauseln sind den einzelnen Vertragsarten (Privat, Unternehmen, Verein, Landwirte, Beruf, Verkehr, Fahrzeug und Wohnen) durch den nachfolgenden Buchstabenschlüssel zugeordnet. Klauseln bzw. Abschnitte, die für alle Vertragsarten einschlägig sind, haben die Zuordnung A:

Allgemein	**A**	Landwirte	**L**
Privat	**P**	Beruf	**B**
Optional: Cyber-Privat	**CP**	Verkehr	**Vk**
Unternehmen	**U**	Fahrzeug	**F**
Verein	**Ver**	Wohnen	**W**

1. Aufgaben der Rechtsschutzversicherung **A**

Sie möchten Ihre rechtlichen Interessen wahrnehmen. Wir erbringen die dafür erforderlichen Leistungen und sichern Ihnen so den Zugang zum Recht. Der Umfang unserer Leistungen ist im Versicherungsantrag, im Versicherungsschein und in diesen Versicherungsbedingungen beschrieben. Gerne unterstützen wir Sie, Ihren Konflikt schnell und nachhaltig zu lösen. Fragen Sie uns nach Ihren Möglichkeiten.

2. Welchen Rechtsschutz haben Sie? **A**

Sie haben folgenden Bereich *(Vertragsform)* versichert: **A**

- Privat-Rechtsschutz **P**
- *Optional*: Cyber-Rechtsschutz als Ergänzung für den Privat-Rechtsschutz, **CP**
- Rechtsschutz für Selbstständige oder Firmen, **U**
- Rechtsschutz für Vereine, **Ver**
- Rechtsschutz für Landwirte, **L**
- Berufs-Rechtsschutz, **B**
- Verkehrs-Rechtsschutz, **Vk**
- Fahrzeug-Rechtsschutz, **F**
- Wohnungs- und Grundstücks-Rechtsschutz. **W**

2.1 Wer/was ist versichert? **A**

Aus rechtlichen Gründen weisen wir Sie auf Folgendes hin:

Es besteht – unbeschadet der übrigen Vertragsbestimmungen – Versicherungsschutz nur, soweit und solange dem keine auf die Vertragsparteien direkt anwendbaren Wirtschafts-, Handels- oder Finanzsanktionen bzw. Embargos der Europäischen Union oder der Bundesrepublik Deutschland entgegenstehen.

Dies gilt auch für Wirtschafts-, Handels- oder Finanzsanktionen bzw. Embargos der Vereinigten Staaten von Amerika, soweit dem nicht Rechtsvorschriften der Europäischen Union oder der Bundesrepublik Deutschland entgegenstehen.

2.1.1 Versicherte Lebensbereiche **A**

Im Privat-Rechtsschutz: **P**

Sie haben Versicherungsschutz für Ihren *privaten* Bereich. Sie haben hier *keinen* Versicherungsschutz, wenn Sie rechtliche Interessen im Zusammenhang mit einer der folgenden Tätigkeiten wahrnehmen:
• eine gewerbliche Tätigkeit,
• eine freiberufliche Tätigkeit,
• eine sonstige selbstständige Tätigkeit.

Wann liegt eine sonstige selbstständige Tätigkeit vor?

Wenn Einkünfte im steuerrechtlichen Sinne erzielt werden oder werden sollen, die keine Einkünfte aus nichtselbstständiger Tätigkeit (zum Beispiel Löhne oder Gehälter) oder Einkünfte aus Rente sind.

Optional:

Cyber-Rechtsschutz als Ergänzung für den Privat-Rechtsschutz **CP**

Sie haben Versicherungsschutz in Ihrem *privaten Bereich* im Zusammenhang mit der Nutzung *elektronischer Daten/Medien (zum Beispiel im Internet, in einem Intranet, in digitalen Kurznachrichten- oder Messengerdiensten, … [ggf. unternehmensindividuell zu ergänzen])*.

Folgende Bereiche sind mit einem extra Baustein zu versichern und nicht im Privat-Rechtsschutz enthalten: **P**
• Rechtsschutz für Selbstständige oder Firmen,
• Rechtsschutz für Vereine,
• Berufs-Rechtsschutz,
• Verkehrs-Rechtsschutz und Fahrzeug-Rechtsschutz,
• Wohnungs- und Grundstücks-Rechtsschutz.

Im Rechtsschutz für Selbstständige oder Firmen: **U**

Sie haben Versicherungsschutz für Ihre im Versicherungsschein bezeichnete gewerbliche, freiberufliche oder sonstige selbstständige Tätigkeit.

Im Rechtsschutz für Vereine: **Ver**

Sie haben Versicherungsschutz für den im Versicherungsschein bezeichneten Verein.

Im Rechtsschutz für Landwirte: L

Sie haben Versicherungsschutz
- als Inhaber für Ihren im Versicherungsschein bezeichneten land- oder forstwirtschaftlichen Betrieb,
- für den privaten Bereich und
- für die Ausübung nichtselbstständiger Tätigkeiten.

Versicherungsschutz besteht für Sie als
- Eigentümer,
- Halter,
- Erwerber,
- Leasingnehmer/Mieter,
- Fahrer

von Motorfahrzeugen sowie Anhängern.

Versichert sind folgende Fahrzeuge:
- Pkw oder Kombiwagen,
- Krafträder oder
- land- bzw. forstwirtschaftlich genutzte Fahrzeuge.

Für andere Fahrzeuge besteht *kein* Versicherungsschutz (zum Beispiel nicht land- oder forstwirtschaftlich genutzte Lkws).

Als Fahrer und Mitfahrer sind Sie *unabhängig* von der Fahrzeugart *versichert* (zum Beispiel: Sie kaufen sich ein privates Motorboot; der Kauf ist nicht versichert, wohl aber das Führen des Bootes).

Im Berufs-Rechtsschutz: B

Sie haben Versicherungsschutz für Ihre berufliche, nichtselbstständige Tätigkeit (zum Beispiel als Arbeitnehmer, Beamter, Richter).

Sie haben keinen Versicherungsschutz, wenn Sie rechtliche Interessen wahrnehmen als: **P U Ver B**
- Eigentümer,
- Halter,
- Erwerber,
- Leasingnehmer/Mieter,
- Fahrer

von Motorfahrzeugen sowie Anhängern.

Der Verkehrs-Rechtsschutz und der Fahrzeug-Rechtsschutz sind mit einem extra Baustein zu versichern.

Im Verkehrs-Rechtsschutz Vk

Sie haben Versicherungsschutz, wenn Sie rechtliche Interessen wahrnehmen als
- Eigentümer,
- Halter,
- Erwerber,
- Leasingnehmer/Mieter,
- Fahrer

von Kraftfahrzeugen sowie Anhängern.

Die Kraftfahrzeuge oder Anhänger müssen entweder:
- bei Vertragsabschluss oder während der Vertragsdauer auf Sie zugelassen sein oder
- auf Ihren Namen mit einem Versicherungskennzeichen (sogenanntes Nummernschild) versehen sein oder
- zum vorübergehenden Gebrauch von Ihnen gemietet sein.

Sie sind ferner als Fahrer und Mitfahrer fremder oder eigener Kraftfahrzeuge, Motorfahrzeuge zu Wasser oder in der Luft versichert.

Versicherungsschutz haben Sie auch, wenn Sie am öffentlichen Straßenverkehr teilnehmen, und zwar
- als Fahrgast,
- als Fußgänger oder
- als Radfahrer.

Im Fahrzeug-Rechtsschutz F

Sie haben Versicherungsschutz für die im Versicherungsschein genannten Kraftfahrzeuge, Motorfahrzeuge zu Wasser oder in der Luft sowie für Anhänger.

Dabei kommt es nicht darauf an, ob
- das Fahrzeug auf Ihren Namen zugelassen ist oder
- das Fahrzeug mit einem Versicherungskennzeichen (sogenanntes Nummernschild) auf Ihren Namen versehen ist.

Im Wohnungs- und Grundstücks-Rechtsschutz W

Sie haben Versicherungsschutz, wenn Sie Grundstücke, Gebäude oder Gebäudeteile in folgenden Eigenschaften nutzen: als
- Eigentümer,
- Vermieter,
- Verpächter,
- Mieter,
- Pächter,
- sonstiger Nutzungsberechtigter.

Die Eigenschaften und das Grundstück, Gebäude oder Gebäudeteil müssen im Versicherungsschein angegeben sein. Einer Wohneinheit zuzurechnende Garagen oder Kraftfahrzeug-Abstellplätze sind eingeschlossen.

Wenn Sie das im Versicherungsschein bezeichnete, selbst genutzte Wohnobjekt wechseln, geht der Versicherungsschutz auf das neue Wohnobjekt über und umfasst auch *Versicherungsfälle*,
- die erst *nach* dem Auszug aus dem bisherigen Wohnobjekt eintreten oder
- die sich auf das neue Wohnobjekt beziehen und *vor* dessen geplantem oder tatsächlichem Bezug eintreten.

Wenn Sie ein Objekt wechseln, das Sie für Ihre gewerbliche, freiberufliche oder sonstige selbstständige Tätigkeit selbst nutzen, dann gilt dies nur unter **folgender Voraussetzung**:

Das neue Objekt darf nach unserem Tarif weder nach Größe noch nach Miet- oder Pachthöhe einen höheren als den vereinbarten Beitrag ausmachen.

2.1.2 Mitversicherung **P U Ver L B Vk F**

Mitversichert sind:

- die von Ihnen beschäftigten Mitarbeiter, soweit sie für Sie beruflich im versicherten Betrieb tätig sind, **U L**
- die gesetzlichen Vertreter, Angestellten und Mitglieder des Vereins im Rahmen der Aufgaben, die sie nach der Satzung zu erfüllen haben, **Ver**
- Ihr ehelicher/eingetragener Lebenspartner, **P L B**
- im Versicherungsschein genannte sonstige Lebenspartner,
- Ihre minderjährigen Kinder,
- Ihre unverheirateten volljährigen Kinder bis zur Vollendung des 25. Lebensjahrs.
  Die Kinder dürfen allerdings nicht in einer eigenen eingetragenen oder sonstigen Lebenspartnerschaft leben.

Ausnahme: Volljährige Kinder sind nicht mitversichert, wenn sie rechtliche Interessen wahrnehmen als **L**
- Eigentümer,
- Halter,
- Erwerber,
- Leasingnehmer/Mieter,
- Fahrer,

von Kraftfahrzeugen, Motorfahrzeugen zu Wasser oder in der Luft sowie Anhänger.

Die Mitversicherung von volljährigen Kindern endet in jedem Fall zu dem Zeitpunkt, zu dem sie erstmalig eine auf Dauer angelegte, berufliche Tätigkeit ausüben und hierfür ein Einkommen erhalten. **P L B**

- alle Personen in ihrer Eigenschaft als berechtigte Fahrer und berechtigte Mitfahrer eines Kraftfahrzeugs sowie eines Anhängers. **L**
  Voraussetzung ist:
  das Kraftfahrzeug oder der Anhänger ist im Zeitpunkt des Versicherungsfalls
  - auf Sie, Ihren mitversicherten Lebenspartner oder Ihre minderjährigen Kinder zugelassen oder
  - auf Ihren Namen mit einem Versicherungskennzeichen (sogenanntes Nummernschild) versehen oder
  - von Ihnen, Ihrem mitversicherten Lebenspartner oder Ihren minderjährigen Kindern zum vorübergehenden Gebrauch angemietet.
- im Versicherungsschein genannte Mitinhaber sowie deren eheliche/eingetragene oder im Versicherungsschein genannte sonstige Lebenspartner, sofern diese **L**

– in Ihrem Betrieb tätig und
– in Ihrem Betrieb wohnhaft sind.

• im Versicherungsschein genannte Altenteiler sowie deren eheliche/eingetragene oder im Versicherungsschein genannte sonstige Lebenspartner, sofern diese in Ihrem Betrieb wohnhaft sind. **L**

Im Verkehrs-Rechtsschutz: **VK**

Im Fahrzeug-Rechtsschutz: **F**

Versichert sind alle Personen (mitversicherte Personen) in ihrer Eigenschaft als berechtigte Fahrer oder berechtigte Mitfahrer des Kraftfahrzeugs. (Berechtigt ist jede Person, die das Kraftfahrzeug mit Ihrem Einverständnis führt oder nutzt.) **Vk F**

Alle Bestimmungen aus diesem Rechtsschutzvertrag gelten auch für diese mitversicherten Personen. **P U Ver L B Vk F**

Wenn eine mitversicherte Person Versicherungsschutz verlangt, können Sie dem widersprechen. (Warum können Sie widersprechen, wenn eine mitversicherte Person Versicherungsschutz verlangt? Sie sind unser Versicherungsnehmer und können zum Beispiel bestimmen, ob wir Kosten für mitversicherte Personen bezahlen sollen.)

Ausnahme: Bei Ihrem ehelichen/eingetragenen Lebenspartnerkönnen Sie nicht widersprechen. **P U Ver L B Vk F**

Versicherungsschutz besteht außerdem für Ansprüche, die natürlichen Personen kraft Gesetzes dann zustehen, wenn Sie oder eine mitversicherte Person verletzt oder getötet wurden. **P L Vk F**

(Beispiel: Wenn Sie bei einem Verkehrsunfall schwer verletzt werden, haben Ihre nächsten Angehörigen Versicherungsschutz und können damit Unterhaltsansprüche gegen den Unfallgegner geltend machen. Eine „natürliche Person" ist ein Mensch, im Gegensatz zur „juristischen Person": das ist zum Beispiel eine GmbH, eine AG oder ein Verein.)

2.2 In welchen Rechtsbereichen sind Sie versichert (Leistungsarten)? **A**

Je nach Vereinbarung umfasst der Versicherungsschutz folgende Leistungsarten:

2.2.1 Schadenersatz-Rechtsschutz **P U Ver L Vk F**

für die *Durchsetzung* Ihrer Schadenersatzansprüche.

Solche Schadenersatzansprüche dürfen allerdings nicht auch auf einer Vertragsverletzung oder einer Verletzung eines dinglichen Rechts an Grundstücken, Gebäuden oder Gebäudeteilen beruhen (dingliche Rechte sind Rechte, die gegenüber jedermann wirken und von jedem respektiert werden müssen, zum Beispiel Eigentum).

(Das bedeutet zum Beispiel, dass wir Schadenersatzansprüche wegen der Beschädigung eines Fernsehers gegen den Schädiger abdecken, nicht aber Ansprüche bei einer mangelhaften **P U Ver L**

Fernseherreparatur. Diese können über den Vertrags-Rechtsschutz versichert werden; siehe 2.2.4)

(Das bedeutet zum Beispiel, dass wir Schadenersatzansprüche wegen eines Autounfalls gegen den Unfallgegner abdecken, nicht aber Ansprüche bei einer mangelhaften Handwerkerleistung – wie aus einer Autoreparatur. Diese können über den Vertrags-Rechtsschutz nach 2.2.4 versichert werden.) **Vk F**

Optional:

für die Durchsetzung **Ihrer** vorbeugenden Unterlassungsansprüche wegen der Verletzung des Persönlichkeitsrechts in unmittelbarem Zusammenhang mit der Nutzung elektronischer Daten/Medien (zum Beispiel im Internet, in einem Intranet, in digitalen Kurznachrichten- oder Messengerdiensten, ... *[ggf. unternehmensindividuell zu ergänzen]*). **CP**

(Beispiel: Sie wurden in einem Gruppen-Chat beleidigt oder es wurden widerrechtlich Fotos von Ihnen im Internet veröffentlicht, und es drohen hieraus weitere gleichartige Rechtsverletzungen.)

Wir erstatten hier Kosten bis zu maximal ... EUR je Kalenderjahr.

2.2.2 Arbeits-Rechtsschutz **U Ver L B**

um Ihre rechtlichen Interessen wahrzunehmen, aus

- Arbeitsverhältnissen,
- öffentlich-rechtlichen Dienstverhältnissen hinsichtlich dienstrechtlicher und versorgungsrechtlicher Ansprüche.

2.2.3 Wohnungs- und Grundstücks-Rechtsschutz **L W**

für land- und forstwirtschaftlich genutzte Grundstücke, Gebäude oder Gebäudeteile. Um Ihre rechtlichen Interessen wahrzunehmen, aus **L**

- Miet- und Pachtverhältnissen (zum Beispiel Streitigkeiten wegen Mieterhöhung), **L W**
- sonstigen Nutzungsverhältnissen (zum Beispiel Streitigkeit um ein Wohnrecht),
- dinglichen Rechten, die Grundstücke, Gebäude oder Gebäudeteile betreffen (zum Beispiel Streitigkeit um den Verlauf der Grundstücksgrenze).

2.2.4 Rechtsschutz im Vertrags- und Sachenrecht **P L Vk F**

um Ihre rechtlichen Interessen wahrzunehmen, aus privatrechtlichen Schuldverhältnissen und dinglichen Rechten.

(„Ein Schuldverhältnis" besteht zum Beispiel zwischen Käufer und Verkäufer. Ein Streit über ein dingliches Recht kann beispielsweise zwischen dem Eigentümer und dem Besitzer *auf Herausgabe* einer Sache bestehen.)

Dieser Versicherungsschutz gilt nicht, soweit es sich um eine Angelegenheit aus folgenden Bereichen handelt:

- Schadenersatz-Rechtsschutz (siehe 2.2.1),

- Arbeits-Rechtsschutz (zum Beispiel Streit aus oder um Ihr Arbeitsverhältnis)
  oder
- Wohnungs- oder Grundstücks-Rechtsschutz (zum Beispiel Streit aus Ihrem Mietverhältnis oder wenn Sie als Eigentümer oder Besitzer eines Grundstücks oder Gebäudes betroffen sind).

Es besteht auch Versicherungsschutz für Verträge, mit denen Sie Kraftfahrzeuge und Anhänger zur Eigennutzung erwerben wollen, auch wenn diese später nicht auf Sie zugelassen werden. **L Vk F**

Ausnahme: Sie haben keinen Versicherungsschutz im Vertrags- und Sachenrecht, wenn Sie Teilnehmer im öffentlichen Straßenverkehr sind (Beispiel: Streit um eine Taxirechnung). **Vk F**

2.2.5 Steuer-Rechtsschutz vor Gerichten **P L Vk F W**

um Ihre rechtlichen Interessen im Zusammenhang mit Steuern und Abgaben vor deutschen Finanz- und Verwaltungsgerichten wahrzunehmen, aber erst ab dem gerichtlichen Verfahren.

Dieser Versicherungsschutz gilt für folgende Lebensbereiche (2.1.1) **U**
- Privat-Rechtsschutz,
- Verkehrs-Rechtsschutz und
- Berufs-Rechtsschutz

(Das bedeutet, es besteht beim Steuer-Rechtsschutz vor Gerichten **kein Versicherungsschutz im Bereich Rechtsschutz für Selbstständige oder Firmen**).

2.2.6 Sozialgerichts-Rechtsschutz **P U Ver L**

um Ihre rechtlichen Interessen vor deutschen Sozialgerichten wahrzunehmen, aber erst ab dem gerichtlichen Verfahren.

2.2.7 Verwaltungs-Rechtsschutz in Verkehrssachen **L Vk F**

um Ihre rechtlichen Interessen in verkehrsrechtlichen Angelegenheiten vor Verwaltungsbehörden und Verwaltungsgerichten wahrzunehmen.

2.2.8 Disziplinar- und Standes-Rechtsschutz **U Ver L B**

für die Verteidigung in Disziplinar- und Standesrechtsverfahren (Disziplinarrecht: es geht um Dienstvergehen von zum Beispiel Beamten oder Soldaten; Standesrecht: berufsrechtliche Belange von freien Berufen, zum Beispiel von Ärzten oder Rechtsanwälten).

2.2.9 Straf-Rechtsschutz **P U Ver L Vk F**

für die Verteidigung, wenn Ihnen ein strafrechtliches Vergehen vorgeworfen wird. (Vergehen sind Straftaten, die im Mindestmaß mit einer Freiheitsstrafe von unter einem Jahr oder Geldstrafe bedroht sind.) **P U Ver L**

Sie haben Versicherungsschutz unter **folgenden Voraussetzungen**:

- das Vergehen ist vorsätzlich *und* fahrlässig nach dem Gesetz strafbar
- und Ihnen wird ein fahrlässiges Verhalten vorgeworfen.

Wird Ihnen jedoch ein vorsätzliches Verhalten vorgeworfen, erhalten Sie zunächst keinen Versicherungsschutz. Wenn Sie nicht wegen vorsätzlichen Verhaltens verurteilt werden, erhalten Sie rückwirkend Versicherungsschutz. Ändert sich der Vorwurf während des Verfahrens auf fahrlässiges Verhalten, besteht ab diesem Zeitpunkt Versicherungsschutz.

In folgenden Fällen haben Sie also keinen Versicherungsschutz: **P U Ver L**

- Ihnen wird ein *Verbrechen* vorgeworfen (Straftat, die im Mindestmaß mit einer Freiheitsstrafe von einem Jahr bedroht ist).
- Ihnen wird ein *Vergehen* vorgeworfen, das nur vorsätzlich begangen werden kann (zum Beispiel Beleidigung, Diebstahl, Betrug).

Dabei ist es egal, ob der Vorwurf berechtigt ist oder wie das Strafverfahren ausgeht.

Optional:
für die Verteidigung, wenn Ihnen ein vorsätzliches Vergehen in unmittelbarem Zusammenhang mit der Nutzung *elektronischer Daten/Medien* (zum Beispiel im Internet, in einem Intranet, in digitalen Kurznachrichten- oder Messengerdiensten, ... [ggf. unternehmensindividuell zu ergänzen]) vorgeworfen wird (Beispiel: Sie werden angezeigt, eine andere Person in einem sozialen Netzwerk beleidigt zu haben). **CP**

Wir erstatten hier Kosten bis zu maximal ... EUR je Kalenderjahr.

Ausnahme: Ein Gericht stellt rechtskräftig fest, dass Sie das Vergehen *vorsätzlich* begangen haben. In diesem Fall sind Sie verpflichtet, uns die entstandenen Kosten zu erstatten.

Sie haben *keinen* Versicherungsschutz, wenn Ihnen ein *Verbrechen* vorgeworfen wird (Ein Verbrechen ist eine Straftat, die im Mindestmaß mit einer Freiheitsstrafe von einem Jahr bedroht ist).

Optional: Sie haben jedoch keinen Versicherungsschutz, wenn Ihnen eine der folgenden Straftaten vorgeworfen wird: ... (ggfls. unternehmensindividuell zu ergänzen)

für die Verteidigung, wenn Ihnen ein verkehrsrechtliches Vergehen vorgeworfen wird (das ist eine Straftat, die die Verletzung der Sicherheit und Ordnung im Straßenverkehr unter Strafe stellt und im Mindestmaß mit einer Freiheitsstrafe von unter einem Jahr oder Geldstrafe bedroht ist). **Vk F**

Ausnahme: Ein Gericht stellt rechtskräftig fest, dass Sie das Vergehen *vorsätzlich* begangen haben. In diesem Fall sind Sie verpflichtet, uns die entstandenen Kosten zu erstatten. **L Vk F**

Sie haben *keinen* Versicherungsschutz, wenn Ihnen ein *Verbrechen* vorgeworfen wird (Ein Verbrechen ist eine Straftat, die im Mindestmaß mit einer Freiheitsstrafe von einem Jahr bedroht ist).

2.2.10 Ordnungswidrigkeiten-Rechtsschutz **P U Ver L Vk F**

für Ihre Verteidigung, wenn Ihnen eine Ordnungswidrigkeit vorgeworfen wird. (Beispiel: Sie verstoßen gegen die Gurtplicht oder verursachen unzulässigen Lärm.)

2.2.11 Beratungs-Rechtsschutz im Familien-, Lebenspartnerschafts- und Erbrecht **P L**

für einen Rat oder eine Auskunft eines in Deutschland zugelassenen Rechtsanwalts in Familien-, Lebenspartnerschafts- und erbrechtlichen Angelegenheiten. Wird der Rechtsanwalt darüber hinaus tätig, erstatten wir insgesamt keine Kosten.

2.2.12 Opfer-Rechtsschutz **P U Ver L**

als Nebenkläger für eine erhobene öffentliche Klage vor einem deutschen Strafgericht. Voraussetzung ist, dass Sie oder eine mitversicherte Person als **Opfer einer Gewaltstraftat** verletzt wurden.

Eine Gewaltstraftat liegt vor bei Verletzung der sexuellen Selbstbestimmung, schwerer Verletzung der körperlichen Unversehrtheit und der persönlichen Freiheit sowie bei Mord und Totschlag.

Sie haben Versicherungsschutz für die Beistandsleistung eines Rechtsanwalts im:
- Ermittlungsverfahren,
- Nebenklageverfahren,
- für den Antrag nach § 1 Gewaltschutzgesetz[1)],
- für den so genannten Täter-Opfer-Ausgleich nach § 46a Ziffer 1 Strafgesetzbuch[2)] in nicht vermögensrechtlichen Angelegenheiten.

Sie haben zusätzlich Versicherungsschutz für die außergerichtliche Durchsetzung von Ansprüchen nach dem Sozialgesetzbuch und dem Opferentschädigungsgesetz[3)].

Aber nur unter **folgenden Voraussetzungen**:
- Sie sind nebenklageberechtigt und
- Sie wurden durch eine der oben genannten Straftaten verletzt und
- es sind dadurch dauerhafte Körperschäden eingetreten.

[1)] Nr. **49**.
[2)] **Habersack, Deutsche Gesetze Nr. 85.**
[3)] Nr. **93a**.

Ausnahme: Wenn Sie die kostenlose Beiordnung eines Rechtsanwalts als Beistand gemäß §§ 397a Abs. 1, 406g Abs. 3 Strafprozessordnung[1)] in Anspruch nehmen können, besteht kein Versicherungsschutz.

Optional: **CP**

2.2.13 Aktiver Straf-Rechtsschutz

für die Erstattung einer Strafanzeige bei Straftaten, die in unmittelbarem Zusammenhang mit der Nutzung *elektronischer Daten/Medien* (zum Beispiel im Internet, in einem Intranet, in digitalen Kurznachrichten- oder Messengerdiensten, ... [ggf. unternehmensindividuell zu ergänzen]) begangen wurden.

Voraussetzung ist, dass Sie oder eine mitversicherte Person als Opfer der Straftat betroffen sind. Sie haben Versicherungsschutz für die Beistandsleistung eines Rechtsanwalts zur Erstattung einer Strafanzeige.

(Beispiel: In einem Gruppen-Chat sind Sie über einen längeren Zeitraum belästigt worden. Sie stellen mit anwaltlicher Unterstützung Strafanzeige gegen diese Person.)

Wir erstatten hier Kosten bis zum maximal ... EUR je Kalenderjahr

Optional: **CP**

2.2.14 Rechtsschutz bei Urheberrechtsverstößen

um Ihre rechtlichen Interessen wahrzunehmen, wenn Ihnen ein Urheberrechtsverstoß in unmittelbarem Zusammenhang mit der Nutzung elektronischer Daten/Medien (zum Beispiel im Internet, in einem Intranet, in digitalen Kurznachrichten- oder Messengerdiensten, ... [ggf. unternehmensindividuell zu ergänzen]) vorgeworfen wird (Beispiel: Für Ihre private Homepage verwenden Sie Fotos aus dem Internet, welche urheberrechtlich geschützt sind. Sie werden aufgrund dessen von dem Inhaber der Bildrechte abgemahnt).

Wir erstatten hier Kosten bis zu maximal ... EUR je Kalenderjahr.

2.3 Leistungsumfang **A**

Wir erbringen und vermitteln Dienstleistungen, damit Sie Ihre Interessen im nachfolgend erläuterten Umfang wahrnehmen können.

Wir zahlen in jedem Versicherungsfall höchstens die in unserem Vertrag vereinbarte Versicherungssumme.

Zahlungen für Sie selbst und für mitversicherte Personen in demselben Versicherungsfall rechnen wir zusammen. Dies gilt auch für Zahlungen aufgrund mehrerer Versicherungsfälle, die zeitlich und ursächlich zusammenhängen.

[1)] **Habersack, Deutsche Gesetze Nr. 90.**

2.3.1 Leistungsumfang im Inland **A**

Wir übernehmen folgende Kosten:

2.3.1.1 Um Ihnen eine einvernehmliche und nachhaltige Konfliktbeilegung zu ermöglichen, tragen wir die Kosten bis zu ... EUR je Mediation für einen von uns vorgeschlagenen Mediator. (Mediation ist ein vertrauliches und strukturiertes Verfahren. Angestrebt wird eine einvernehmliche Beilegung des Konflikts durch die Parteien. Diese erhalten hierzu die Hilfe eines Mediators. Eine Mediation erfolgt freiwillig und eigenverantwortlich.)

Ausnahme: Sie und die andere Partei haben sich bereits auf einen anderen Mediator geeinigt. Dann tragen wir dessen Kosten bis zu ... EUR je Mediation.

Die Mediation kann in Anwesenheit der Beteiligten, telefonisch oder auch online erfolgen.

Die Kosten für den Mediator übernehmen wir in folgenden Leistungsarten:

- ...
- ...

Nehmen an der Mediation nicht versicherte Personen teil, übernehmen wir anteilig die Kosten, die auf Sie und mitversicherte Personen entfallen (Beispiel: Sie und Ihr Ehepartner haben einen Konflikt mit einem Dritten. Die Kosten des Mediators werden hälftig zwischen den Parteien geteilt. Die Kosten, die auf Sie und Ihren Ehepartner entfallen, tragen wir. Der Dritte muss seinen Kostenanteil, also 50 %, selbst bezahlen).

Für die Tätigkeit des Mediators sind wir nicht verantwortlich.

2.3.1.2 Die Vergütung *eines* Rechtsanwalts, der Ihre Interessen vertritt (Wenn Sie mehr als einen Rechtsanwalt beauftragen, tragen wir die dadurch entstehenden Mehrkosten nicht. Auch Mehrkosten aufgrund eines Anwaltswechsels tragen wir nicht). **A**

Wir erstatten maximal die gesetzliche Vergütung eines Rechtsanwalts, der am Ort des zuständigen Gerichts ansässig ist oder wäre. Die gesetzliche Vergütung richtet sich nach dem Rechtsanwaltsvergütungsgesetz[1]). **A**

Wohnen Sie mehr als 100 km Luftlinie vom zuständigen *Gericht entfernt? D*ann übernehmen wir bei Ihrer gerichtlichen Streitigkeit weitere anwaltliche Kosten, und zwar bis zur Höhe der gesetzlichen Vergütung eines anderen Rechtsanwalts, der nur den Schriftverkehr mit dem Anwalt am Ort des zuständigen Gerichts führt (sogenannter Verkehrsanwalt). Dies gilt nur für die erste Instanz. **A**

---

[1]) **Habersack, Deutsche Gesetze Nr. 117.**

Ausnahme: Im Straf-, Ordnungswidrigkeiten- und Disziplinar- und Standes-Rechtsschutz tragen wir diese weiteren Kosten nicht. **P U Ver L B Vk F**

Wenn sich die Tätigkeit des Anwalts auf die folgenden Leistungen beschränkt, dann tragen wir je Versicherungsfall Kosten von höchstens ... EUR: **A**

- Ihr Anwalt erteilt Ihnen einen mündlichen oder schriftlichen Rat,
- er gibt Ihnen eine Auskunft oder
- er erarbeitet für Sie ein Gutachten.

2.3.1.3 Wir übernehmen Ihre Kosten für einen Sachverständigen, wenn folgende Voraussetzungen erfüllt sind: **L Vk F**

Alternative 1:
- Der Sachverständige verfügt über die erforderliche technische Sachkunde. Als technisch sachkundig gelten Sachverständige, die von einer staatlichen oder staatlich anerkannten Stelle bestellt oder von einer nach den jeweils gültigen DIN/ISO-Normen akkreditierten Stelle zertifiziert worden sind.

oder

Alternative 2:
- Der Sachverständige verfügt über die erforderliche technische Sachkunde. Als technisch sachkundig gelten Sachverständige, die von einer staatlichen oder staatlich anerkannten Stelle bestellt oder von einer nach den jeweils gültigen DIN/ISO-Normen akkreditierten Stelle zertifiziert worden sind.
- Wir haben der Beauftragung des Sachverständigen zuvor in Textform (Beispiel: Brief oder E-Mail) zugestimmt.

oder

Alternative 3:
- Der Sachverständige verfügt über die erforderliche technische Sachkunde. Als technisch sachkundig gelten Sachverständige, die von einer staatlichen oder staatlich anerkannten Stelle bestellt oder von einer nach den jeweils gültigen DIN/ISO-Normen akkreditierten Stelle zertifiziert worden sind.
- Wir haben der Beauftragung des Sachverständigen zuvor in Textform (Beispiel: Brief oder E-Mail) zugestimmt. Unserer vorherigen Zustimmung bedarf es nicht, wenn der Sachverständige auf der Liste der von unserem Unternehmen empfohlenen Sachverständigen aufgeführt ist. Diese Liste erhalten Sie auf Anfrage.

oder

Alternative 4:
- Der Sachverständige verfügt über die erforderliche technische Sachkunde. Als technisch sachkundig gelten Sachverständige, die von einer staatlichen oder staatlich anerkannten Stelle bestellt oder von einer nach den jeweils

gültigen DIN/ISO-Normen akkreditierten Stelle zertifiziert worden sind.
- Der Sachverständige wurde Ihnen durch uns vermittelt.

Die Kostenübernahme gilt für folgende Fälle:
- In Fällen der Verteidigung in einem verkehrsrechtlichen Straf- und Ordnungswidrigkeitenverfahren.
- Wenn Sie Ihre rechtlichen Interessen aus Kauf- und Reparaturverträgen von Kraftfahrzeugen und Anhängern wahrnehmen.

2.3.1.4 Alle Bestimmungen, die den Rechtsanwalt betreffen, gelten auch **P L Vk F W**
- im Steuer-Rechtsschutz vor Gerichten (siehe 2.2.5) für Angehörige der steuerberatenden Berufe (Beispiel: Steuerberater),
- in Angelegenheiten der freiwilligen Gerichtsbarkeit sowie im Beratungs-Rechtsschutz im Familien-, Lebenspartnerschafts- und Erbrecht (siehe 2.2.11) für Notare.

2.3.2 Leistungsumfang im Ausland **A**

2.3.2.1 Bei einem Versicherungsfall im Ausland tragen wir die Kosten für einen Rechtsanwalt, der für Sie am zuständigen Gericht im Ausland tätig wird.

Dies kann sein entweder:
- ein am Ort des zuständigen Gerichts ansässiger, *ausländischer* Rechtsanwalt oder
- ein Rechtsanwalt in Deutschland.

Den Rechtsanwalt in Deutschland vergüten wir so, als wäre der Rechtsstreit am Ort seines Anwaltsbüros in Deutschland.

Diese Vergütung ist begrenzt auf die gesetzliche Vergütung.

Ist ein ausländischer Rechtsanwalt für Sie tätig und wohnen Sie mehr als 100 km Luftlinie vom zuständigen Gericht (im Ausland) entfernt? Dann übernehmen wir **zusätzlich** die Kosten eines Rechtsanwalts an Ihrem Wohnort. Diesen Rechtsanwalt bezahlen wir dann bis zur Höhe der gesetzlichen Vergütung eines Rechtsanwalts, der den Schriftverkehr mit dem Anwalt am Ort des zuständigen Gerichts führt (sogenannter Verkehrsanwalt).

Dies gilt nur für die erste Instanz.

Wenn sich die Tätigkeit des Anwalts auf die folgenden Leistungen beschränkt, dann tragen wir je Versicherungsfall Kosten von höchstens ... EUR: **A**
- Ihr Anwalt erteilt Ihnen einen mündlichen oder schriftlichen Rat,
- er gibt Ihnen eine Auskunft,
- er erarbeitet für Sie ein Gutachten.

Haben Sie einen Versicherungsfall, der aufgrund eines Verkehrsunfalls im europäischen Ausland eingetreten ist, und haben Sie daraus Ansprüche? **L Vk F**

Dann muss zunächst eine Regulierung mit dem Schadenregulierungsbeauftragten bzw. mit der Entschädigungsstelle im Inland erfolgen. Erst wenn diese Regulierung erfolglos geblieben ist, tragen wir auch Kosten für eine Rechtsverfolgung im Ausland.

Die zusätzlichen Kosten der Regulierung im Inland übernehmen wir im Rahmen der gesetzlichen Gebühren, und zwar bis zur Höhe von ... EUR.

2.3.2.2 Wir tragen die übliche Vergütung eines im Ausland ansässigen Sachverständigen. Dies tun wir, wenn Sie Ersatzansprüche wegen der im Ausland eingetretenen Beschädigung eines Kraftfahrzeugs oder eines Anhängers geltend machen wollen. **L Vk F**

2.3.2.3 Wir tragen Ihre Kosten für eine Reise zu einem ausländischen Gericht, wenn: **A**

- Sie dort als Beschuldigter oder Prozesspartei erscheinen müssen
  und
- Sie Rechtsnachteile nur durch Ihr persönliches Erscheinen vermeiden können.

Wir übernehmen die tatsächlich entstehenden Kosten bis zur Höhe der für Geschäftsreisen von deutschen Rechtsanwälten geltenden Sätze.

2.3.2.4 Wir sorgen für die Übersetzung der Unterlagen, wenn dies notwendig ist, um Ihre rechtlichen Interessen im Ausland wahrzunehmen. Wir übernehmen dabei auch die Kosten, die für die Übersetzung anfallen. **A**

2.3.2.5 Alle Bestimmungen, die den Rechtsanwalt betreffen, gelten auch für dort ansässige rechts- und sachkundige Bevollmächtigte. **A**

2.3.2.6 Wenn Sie diese Kosten in fremder Währung bezahlt haben, erstatten wir Ihnen diese in EUR. Als Abrechnungsgrundlage benutzen wir den Wechselkurs des Tages, an dem Sie die Kosten vorgestreckt haben. **A**

2.3.3 Darüber hinaus leisten wir im In- und Ausland Folgendes: **A**

2.3.3.1 Wir tragen

- die Gerichtskosten, einschließlich der Entschädigung für Zeugen und Sachverständige, die vom Gericht herangezogen werden,
- die Kosten des Gerichtsvollziehers,
- die Verfahrenskosten vor Verwaltungsbehörden, die Ihnen von der Behörde in Rechnung gestellt werden.

2.3.3.2 Wir übernehmen die Gebühren eines Schieds- oder Schlichtungsverfahrens. Und zwar bis zur Höhe der Gebühren, die im Falle der Anrufung eines zuständigen staatlichen Gerichts erster Instanz entstünden. **A**

Versicherungsschutz für Mediation besteht nur nach 2.3.1.1 und beschränkt auf das Inland.

2.3.3.3 Wir übernehmen die Anwalts- und Gerichtskosten Ihres Prozessgegners, wenn Sie zur Erstattung dieser Verfahrenskosten aufgrund gerichtlicher Festsetzung verpflichtet sind.

2.3.3.4 Wir erstatten die von uns zu tragenden Kosten, wenn Sie nachweisen, dass Sie
- zu deren Zahlung verpflichtet sind oder
- diese Kosten bereits gezahlt haben.

2.3.3.5 Um Sie vorübergehend von Strafverfolgungsmaßnahmen zu verschonen, zahlen wir für Sie – wenn nötig – eine Kaution. Dies geschieht in Form eines zinslosen Darlehens bis zu der in unserem Vertrag vereinbarten Höhe. **P L Vk F**

2.4 Voraussetzungen für den Anspruch auf Versicherungsschutz **A**

Sie haben Anspruch auf Versicherungsschutz, wenn ein Versicherungsfall eingetreten ist. **A**

Diesen Anspruch haben Sie aber nur, wenn der Versicherungsfall nach Beginn des Versicherungsschutzes und vor dessen Ende eingetreten ist.

Ausnahme: Endet Ihr Versicherungsvertrag durch Berufsaufgabe oder Tod, besteht für Sie oder Ihre Erben Versicherungsschutz auch für Versicherungsfälle, die **U**
- innerhalb eines Jahres nach der Beendigung des Versicherungsvertrags eintreten und
- im Zusammenhang mit Ihrer im Versicherungsschein genannten Tätigkeit stehen.

Der Versicherungsfall ist: **A**

2.4.1 Im Beratungs-Rechtsschutz für Familien-, Lebenspartnerschafts- und Erbrecht (siehe 2.2.11) das Ereignis, das zur Änderung Ihrer Rechtslage oder der Rechtslage einer mitversicherten Person geführt hat. **P L**

2.4.2 Im Schadenersatz-Rechtsschutz das erste Ereignis, bei dem der Schaden eingetreten ist oder eingetreten sein soll. **P U Ver L Vk F**

2.4.3 Soweit keine andere Regelung besteht, der Zeitpunkt, zu dem Sie oder ein anderer (zum Beispiel der Gegner oder ein Dritter) gegen Rechtspflichten oder Rechtsvorschriften verstoßen hat oder verstoßen haben soll. **A**

2.4.4 Wenn sich Ihr Versicherungsfall über einen *Zeitraum* erstreckt, ist dessen *Beginn* maßgeblich. **A**

2.4.5 Sind mehrere Versicherungsfälle für Ihren Anspruch auf Versicherungsschutz ursächlich, ist der erste entscheidend. Wenn dieser erste Versicherungsfall innerhalb der Vertragslaufzeit eintritt, erhalten Sie Versicherungsschutz. Wenn dieser erste Versicherungsfall vor Vertragsbeginn eingetreten ist, haben Sie keinen Anspruch auf Versicherungsschutz. **A**

Optional: Zu Ihren Gunsten bleiben Versicherungsfälle unberücksichtigt, die länger als ein Jahr vor Beginn des Versicherungsschutzes eingetreten sind.

3.	**Was ist nicht versichert?**	**A**
3.1	**Zeitliche Ausschlüsse**	**A**
	In folgenden Fällen haben Sie *keinen* Versicherungsschutz:	
3.1.1	Der Versicherungsfall ist **innerhalb von drei Monaten nach Versicherungsbeginn** eingetreten (Das ist die sogenannte Wartezeit. Während der Wartezeit besteht kein Versicherungsschutz).	
	Ausnahme: Auch in den ersten drei Monaten haben Sie Versicherungsschutz	**A**
	• im Schadenersatz-Rechtsschutz (2.2.1),	**P U Ver L Vk F**
	• im Disziplinar- und Standes-Rechtsschutz (2.2.8),	**U Ver L B**
	• im Straf-Rechtsschutz (2.2.9),	**P U Ver L Vk F**
	• im Ordnungswidrigkeiten-Rechtsschutz (2.2.10),	**P U Ver L Vk F**
	• bei Streitigkeiten aus Kauf- und Leasingverträgen über ein fabrikneues Kraftfahrzeug,	**L Vk F**
	• im Beratungs-Rechtsschutz im Familien- und Erbrecht (2.2.11),	**P L**
	• im Opfer-Rechtsschutz (2.2.12).	**P U Ver L**
3.1.2	Der Versicherungsfall liegt zwar nach Beginn des Versicherungsschutzes. Diesem ging jedoch voraus, dass Sie vor Versicherungsbeginn • Einen Antrag bei einer Behörde gestellt haben (Beispiel: Bestimmung des Grades einer Behinderung, Unfallanzeige bei einer Berufsgenossenschaft, Wiedererteilung der Fahrerlaubnis). • Einen Antrag auf Leistung aus einem anderen Versicherungsvertrag gestellt haben (Beispiel: Anspruch auf Berufsunfähigkeits-Rente oder Unfall-Invaliditätsleistung) • ***Optional***: ein Kündigungsrecht ausgeübt haben und der Versicherungsfall hängt mit der Beendigung des gekündigten Vertrages zusammen (Beispiel: Sie haben einen Mietvertrag gekündigt und nach Versicherungsbeginn gibt es Streit um die Kaution oder Schönheitsreparaturen) • ***Optional***: ... ***Optional***: Zu Ihren Gunsten bleiben Anträge [und Kündigungen] unberücksichtigt, die länger als ein Jahr vor Beginn des Versicherungsschutzes gestellt [oder ausgeübt] wurden.	**A**
3.1.3	Sie melden uns einen Versicherungsfall, sind aber zu diesem *Zeitpunkt länger* als drei Jahre für den betroffenen Bereich nicht mehr bei uns versichert.	**A**
3.1.4	Im Steuer-Rechtsschutz vor Gerichten (siehe 2.2.5) liegen die tatsächlichen oder behaupteten Voraussetzungen für die	**P L Vk F W**

Festsetzung Ihrer Abgaben (zum Beispiel: Steuern, Gebühren) vor Vertragsbeginn.

3.2 Inhaltliche Ausschlüsse **A**

In folgenden Fällen haben Sie *keinen* Versicherungsschutz:

3.2.1 Jede Interessenwahrnehmung in ursächlichem Zusammenhang mit **A**

- Krieg, feindseligen Handlungen, Aufruhr, inneren Unruhen, Streik, Aussperrung oder Erdbeben, **A**
- Nuklearschäden und genetischen Schäden. Dieser Ausschluss gilt nicht für Schäden aus einer medizinischen Behandlung, **A**
- Bergbauschäden und Beeinträchtigungen aufgrund von bergbaubedingten Immissionen (das sind Einwirkungen, wie zum Beispiel Erschütterungen) an Grundstücken, Gebäuden oder Gebäudeteilen. **L W**

3.2.2 Jede Interessenwahrnehmung in ursächlichem Zusammenhang mit **P L W**

- dem Kauf oder Verkauf eines Grundstücks, das bebaut werden soll,
- der Planung oder Errichtung eines Gebäudes oder Gebäudeteils, das sich in Ihrem Eigentum oder Besitz befindet oder das Sie erwerben oder in Besitz nehmen möchten,
- der genehmigungs-/anzeigepflichtigen baulichen Veränderung eines Grundstücks, Gebäudes oder Gebäudeteils. Dieses Grundstück, Gebäude oder Gebäudeteil befindet sich in Ihrem Eigentum oder Besitz oder Sie möchten es erwerben oder in Besitz nehmen.

Auch bei der *Finanzierung* eines der unter 3.2.2 genannten Vorhaben haben Sie keinen Versicherungsschutz.

3.2.3 Sie wollen Schadenersatzansprüche abwehren. (Beispiel: Sie haben einen Verkehrsunfall und der Gegner will Schadenersatz von Ihnen. Dies ist nicht durch die Rechtsschutzversicherung, sondern im Rahmen der Haftpflichtversicherung versichert.) **A**

Ausnahme: der Schadenersatzanspruch beruht auf einer Vertragsverletzung. (Beispiel: Der Vermieter des Mietfahrzeugs verlangt Schadenersatz wegen verspäteter Rückgabe. Dies ist aufgrund des Mietvertrags über den Vertrags-Rechtsschutz versichert.)

3.2.4 Streitigkeiten aus kollektivem Arbeits- oder Dienstrecht (zum Beispiel das Mitbestimmungsrecht in Unternehmen und Betrieben). **U L B**

3.2.5 Streitigkeiten aus dem Recht der Handelsgesellschaften oder aus Anstellungsverhältnissen gesetzlicher Vertreter juristischer Personen (zum Beispiel: Geschäftsführer einer GmbH oder Vorstände einer Aktiengesellschaft). **P U Ver L B**

3.2.6	Streitigkeiten in ursächlichem Zusammenhang mit Patent-, Urheber-, Marken-, Geschmacksmuster-/Gebrauchsmusterrechten oder sonstigen Rechten aus geistigem Eigentum.	**P U Ver L B**
	Optional: Ausnahme: Rechtsschutz bei dem Vorwurf von Urheberrechtsverstößen gemäß 2.2.14.	**CP**
3.2.7	Streitigkeiten aus dem Kartell- oder sonstigem Wettbewerbsrecht.	**P U Ver L B**
3.2.8	Streitigkeiten in ursächlichem Zusammenhang mit dem Erwerb, der Veräußerung, der Verwaltung und der Finanzierung von Kapitalanlagen. **Ausgenommen hiervon sind:** • Güter zum eigenen Ge- oder Verbrauch, • Gebäude oder Gebäudeteile, soweit diese zu eigenen Wohnzwecken genutzt werden oder genutzt werden sollen, • sowie ... [*Aufzählung von bestimmten Kapitalanlagen möglich*][1]	**P U Ver L B**
3.2.9	Streitigkeiten in ursächlichem Zusammenhang mit • der Vergabe von Darlehen, • Spiel- oder Wettverträgen, • Gewinnzusagen	**P U Ver L B**
3.2.10	Streitigkeiten aus dem Bereich des Familien-, Lebenspartnerschafts- und Erbrechts. **Ausnahme**: Sie haben Beratungs-Rechtsschutz (siehe 2.2.11) vereinbart.	**P L**
3.2.11	Sie wollen gegen uns oder unser Schadenabwicklungsunternehmen vorgehen.	**A**
3.2.12	Streitigkeiten wegen • der steuerlichen Bewertung von Grundstücken, Gebäuden oder Gebäudeteilen, • Erschließungs- und sonstiger Anliegerabgaben. Ausnahme: Es handelt sich um laufend erhobene Gebühren für die Grundstücksversorgung.	**L W**
3.2.13	Sie nehmen Ihre rechtlichen Interessen wahr • vor Verfassungsgerichten oder • vor internationalen oder supranationalen Gerichtshöfen (zum Beispiel dem Europäischen Gerichtshof).	**A**
	Ausnahme: Sie nehmen Ihre rechtlichen Interessen wahr, als Bediensteter internationaler oder supranationaler Organisationen aus Arbeitsverhältnissen oder öffentlich-rechtlichen Dienstverhältnissen.	**L B**
3.2.14	Jede Interessenwahrnehmung in ursächlichem Zusammenhang mit einem Insolvenzverfahren, das über Ihr Vermögen	**A**

[1] **Amtl. Anm.:** Die Deckung kann an dieser Stelle für in der Bevölkerung weit verbreitete und/oder im Risiko gut einschätzbare Anlageformen geöffnet werden. Auch bei nicht selbst zu Wohnzwecken genutzten Gebäuden ist eine Öffnung denkbar. Diese Öffnung kann an weitere Voraussetzungen geknüpft werden, etwa eine bestimmte Form der Finanzierung (zum Beispiel: Fremdfinanzierungsanteil) oder eine maximale Kaufpreishöhe.

eröffnet wurde oder eröffnet werden soll (zum Beispiel: Zwangsversteigerung des Fahrzeugs infolge Ihres Insolvenzantrags).

3.2.15 Streitigkeiten **L W**
- in Enteignungs-, Planfeststellungs-, Flurbereinigungs-Angelegenheiten,
- in Angelegenheiten, die im Baugesetzbuch[1] geregelt sind.

3.2.16 Gegen Sie wird ein Ordnungswidrigkeiten- bzw. Verwaltungsverfahren wegen eines Halt- oder Parkverstoßes geführt. **L Vk F**

3.2.17 Es bestehen Streitigkeiten **A**
- zwischen Ihnen und weiteren Versicherungsnehmern desselben Versicherungsvertrags,
- von Mitversicherten gegen Sie,
- von Mitversicherten untereinander.

3.2.18 Streitigkeiten sonstiger Lebenspartner (nicht eheliche und nicht eingetragene Lebenspartner gleich welchen Geschlechts) untereinander, wenn diese Streitigkeiten in ursächlichem Zusammenhang mit der Partnerschaft stehen. Dies gilt auch, wenn die Partnerschaft beendet ist. **P L Vk F W**

3.2.19 Ansprüche oder Verbindlichkeiten werden auf Sie übertragen oder sind auf Sie übergegangen, nachdem ein Versicherungsfall bereits eingetreten ist. (Beispiel: Ihr Arbeitskollege hat einen Verkehrsunfall und überträgt seine Schadenersatzansprüche auf Sie. Diese wollen Sie gegenüber dem Unfallgegner geltend machen. Dies ist nicht versichert.) **A**

3.2.20 Sie wollen die Ansprüche eines anderen geltend machen (Beispiel: Sie lassen sich die Schadenersatzansprüche eines Freundes gegen einen Dritten abtreten, um diese geltend zu machen. Dies ist nicht versichert.) **A**

oder

Sie sollen für Verbindlichkeiten eines anderen einstehen.

(Beispiel: Ihr Arbeitskollege kauft ein Fahrzeug. Sie bürgen für den Darlehensvertrag mit dem Autoverkäufer. Streitigkeiten aus dem Bürgschaftsvertrag sind nicht versichert.)

3.2.21 Es besteht in den Rechtsbereichen nach 2.2.1 bis 2.2.8 ein ursächlicher Zusammenhang mit einer von Ihnen oder einer mitversicherten Person vorsätzlichen begangenen Straftat. **A**

Wird dies erst später bekannt, sind Sie verpflichtet, die von uns erbrachten Leistungen zurückzuzahlen.

3.2.22 Jegliche Interessenwahrnehmung in ursächlichem Zusammenhang mit einer geplanten oder ausgeübten gewerblichen, freiberuflichen oder sonstigen selbstständigen Tätigkeit. **P L B Vk F W**

Ausnahme: Der Versicherungsschein umfasst ausdrücklich Streitigkeiten im Zusammenhang mit dieser Tätigkeit.

[1] **Sartorius Nr. 300.**

3.2.23 Sie wollen Interessen wahrnehmen im Zusammenhang mit dem Erwerb oder der Veräußerung von Teilnutzungsrechten (Timesharing) an: **P L**
- Grundstücken,
- Gebäuden,
- Gebäudeteilen.

3.3 Einschränkung unserer Leistungspflicht **A**

Wir können folgende Kosten *nicht* erstatten: **A**

3.3.1 Kosten, die Sie übernommen haben, ohne rechtlich dazu verpflichtet zu sein. **A**

3.3.2 Kosten, die bei einer gütlichen Einigung entstanden sind und die nicht dem Verhältnis des von Ihnen angestrebten Ergebnisses zum erzielten Ergebnis entsprechen. (Beispiel: Sie verlangen Schadenersatz in Höhe von 10.000 EUR. In einem Vergleich mit dem Gegner erlangen Sie einen Betrag von 8.000 EUR = 80 % des angestrebten Ergebnisses. In diesem Fall übernehmen wir 20 % der entstandenen Kosten – nämlich für den Teil, den Sie nicht durchsetzen konnten.) Dies bezieht sich auf die **gesamten Kosten der Streitigkeit**. **A**

Ausnahme: Es ist gesetzlich eine andere Kostenregelung vorgeschrieben.

3.3.3 Sie einigen sich auch über unstrittige oder nicht versicherte Ansprüche. In diesem Fall zahlen wir die darauf entfallenden Kosten nicht. **A**

3.3.4 Von den von uns zu tragenden Kosten ziehen wir die vereinbarte Selbstbeteiligung je Versicherungsfall ab. **A**

Ausnahme: Hängen mehrere Versicherungsfälle zeitlich und ursächlich zusammen, ziehen wir zu Ihren Gunsten die Selbstbeteiligung nur einmal ab.

3.3.5 Kosten von Zwangsvollstreckungsmaßnahmen (zum Beispiel: Kosten eines Gerichtsvollziehers), **A**
- die aufgrund der vierten oder jeder weiteren Zwangsvollstreckungsmaßnahme je Vollstreckungstitel entstehen,
- die später als fünf Jahre nach Rechtskraft des Vollstreckungstitels eingeleitet werden („Vollstreckungstitel" sind zum Beispiel ein Vollstreckungsbescheid und ein Urteil).

3.3.6 Kosten für Strafvollstreckungsverfahren jeder Art, bei denen vom Gericht eine Geldstrafe oder Geldbuße unter ... EUR verhängt wurde. **P L Vk F**

3.3.7 Kosten, zu deren Übernahme ein anderer verpflichtet wäre, wenn der Rechtsschutzversicherungsvertrag nicht bestünde. **A**

3.4 Ablehnung des Versicherungsschutzes wegen mangelnder Erfolgsaussichten oder wegen Mutwilligkeit/ Schiedsgutachter **A**

3.4.1 Wir können den Versicherungsschutz **ablehnen**, wenn unserer Auffassung nach

3.4.1.1 die Wahrnehmung Ihrer rechtlichen Interessen nach 2.2.1 bis 2.2.7 **keine hinreichende Aussicht auf Erfolg** hat oder

3.4.1.2 Sie Ihre rechtlichen Interessen **mutwillig** wahrnehmen wollen. Mutwilligkeit liegt dann vor, wenn die voraussichtlich entstehenden Kosten in einem groben Missverhältnis zum angestrebten Erfolg stehen. In diesem Fall können wir nicht zahlen, weil die berechtigten Interessen der Versichertengemeinschaft beeinträchtigt würden.

Die Ablehnung müssen wir Ihnen in diesen beiden Fällen unverzüglich schriftlich mitteilen, und zwar mit Begründung. („Unverzüglich" heißt nicht unbedingt „sofort", sondern „ohne schuldhaftes Zögern bzw. so schnell wie eben möglich".)

3.4.2 Wenn wir den Versicherungsschutz ablehnen, können Sie von uns die Einleitung eines Schiedsgutachterverfahrens verlangen. Wir sind verpflichtet, Sie auf diese Möglichkeit und die voraussichtlichen Kosten hinzuweisen. Mit diesem Hinweis müssen wir Sie auffordern, uns alle nach unserer Auffassung für die Durchführung des **Schiedsgutachterverfahrens** wesentlichen Mitteilungen und Unterlagen zuzusenden.

3.4.3 Wenn Sie die Durchführung eines Schiedsgutachterverfahrens verlangen, haben wir dieses Verfahren innerhalb eines Monats einzuleiten und Sie hierüber zu unterrichten. Wenn zur Durchsetzung Ihrer rechtlichen Interessen Fristen einzuhalten sind, müssen wir die zur Fristwahrung notwendigen Kosten tragen und dies bis zum Abschluss des Schiedsgutachterverfahrens. (Beispiele für das Einhalten von Fristen: Berufungsfrist droht abzulaufen, Verjährung droht einzutreten.) Dies ist unabhängig davon, wie das Schiedsgutachterverfahren ausgeht. Wenn wir das Schiedsgutachterverfahren nicht innerhalb eines Monats einleiten, besteht für Sie Versicherungsschutz in beantragtem Umfang.

3.4.4 Der Schiedsgutachter ist ein seit mindestens fünf Jahren zugelassener Rechtsanwalt. Er wird vom Präsidenten der für Ihren Wohnsitz zuständigen Rechtsanwaltskammer benannt. Dem Schiedsgutachter müssen wir alle uns vorliegenden Mitteilungen und Unterlagen zur Verfügung stellen, die für die Durchführung des Schiedsgutachterverfahrens wesentlich sind. Der Schiedsgutachter entscheidet schriftlich, ob Versicherungsschutz besteht.

Diese Entscheidung ist für den Rechtsschutzversicherer verbindlich.

3.4.5 Wenn der Schiedsgutachter feststellt, dass unsere Leistungsverweigerung ganz oder teilweise *unberechtigt* war, tragen *wir* die Kosten des Schiedsgutachterverfahrens.

Wenn die Leistungsverweigerung nach dem Schiedsspruch berechtigt war, tragen *Sie* die Kosten des Verfahrens und die des Schiedsgutachters. Die Kosten, die *uns* durch das Schiedsgutachterverfahren entstanden sind, tragen wir selbst.

3.4[1)] Ablehnung des Versicherungsschutzes wegen mangelnder Erfolgsaussichten oder wegen Mutwilligkeit/ Stichentscheidverfahren **A**

3.4.1 Wir können den Versicherungsschutz **ablehnen**, wenn unserer Auffassung nach

3.4.1.1 die Wahrnehmung Ihrer rechtlichen Interessen nach 2.2.1 bis 2.2.7 **keine hinreichende Aussicht auf Erfolg** hat oder

3.4.1.2 Sie Ihre rechtlichen Interessen **mutwillig** wahrnehmen wollen. Mutwilligkeit liegt dann vor, wenn die voraussichtlich entstehenden Kosten in einem groben Missverhältnis zum angestrebten Erfolg stehen. In diesem Fall können wir nicht zahlen, weil die berechtigten Interessen der Versichertengemeinschaft beeinträchtigt würden.

Die Ablehnung müssen wir Ihnen in diesen Fällen unverzüglich schriftlich mitteilen, und zwar mit Begründung. („Unverzüglich" heißt nicht unbedingt „sofort", sondern „ohne schuldhaftes Zögern bzw. so schnell wie eben möglich".)

3.4.2 Was geschieht, wenn wir eine Leistungspflicht nach 3.4.1 ablehnen und Sie damit *nicht* einverstanden sind?

In diesem Fall können Sie den für Sie tätigen oder noch zu beauftragenden Rechtsanwalt veranlassen, eine begründete Stellungnahme abzugeben, und zwar zu folgenden Fragen:

- Besteht eine hinreichende Aussicht auf Erfolg und
- steht die Durchsetzung Ihrer rechtlichen Interessen in einem angemessenen Verhältnis zum angestrebten Erfolg?

Die Kosten für diese Stellungnahme übernehmen wir.

Die Entscheidung des Rechtsanwalts ist für Sie und uns bindend, es sei denn, dass diese Entscheidung offenbar von der tatsächlichen Sach- oder Rechtslage erheblich abweicht.

3.4.3 Damit der Rechtsanwalt die Stellungnahme abgeben kann, müssen Sie ihn vollständig und wahrheitsgemäß über die Sachlage unterrichten. Außerdem müssen Sie die Beweismittel angeben. Wenn Sie diesen Verpflichtungen nicht nachkommen, entfällt Ihr Versicherungsschutz.

4. Was müssen Sie beachten? **A**

4.1 Verhalten im Versicherungsfall/Erfüllung von Obliegenheiten

Obliegenheiten bezeichnen sämtliche Verhaltensregeln, die Sie und die versicherten Personen beachten müssen, um den Anspruch auf Versicherungsschutz zu erhalten.

4.1.1 Was müssen Sie tun, wenn ein Versicherungsfall eintritt und Sie Versicherungsschutz brauchen?

4.1.1.1 Sie müssen uns den Versicherungsfall *unverzüglich* mitteilen, gegebenenfalls auch telefonisch. („Unverzüglich" heißt nicht *unbedingt* „*sofort*", sondern „ohne schuldhaftes Zögern bzw. so schnell wie eben möglich".)

[1)] Zählung amtlich.

4.1.1.2 Sie müssen uns
- *vollständig und wahrheitsgemäß* über *sämtliche* Umstände des Versicherungsfalls unterrichten und
- alle Beweismittel angeben und
- uns Unterlagen auf Verlangen zur Verfügung stellen.

4.1.1.3 Kosten verursachende Maßnahmen müssen Sie nach Möglichkeit mit uns abstimmen, soweit dies für Sie zumutbar ist. (Beispiele für kostenverursachende Maßnahmen: die Beauftragung eines Rechtsanwalts, Erhebung einer Klage oder Einlegung eines Rechtsmittels)

4.1.1.4 Sie haben bei Eintritt des Versicherungsfalles nach Möglichkeit für die Abwendung und Minderung des Schadens zu sorgen, siehe § 82 VVG[1)].

4.1.2 Wir bestätigen Ihnen den Umfang des Versicherungsschutzes, der für den konkreten Versicherungsfall besteht.

Ergreifen Sie jedoch Maßnahmen zur Durchsetzung Ihrer rechtlichen Interessen,
- *bevor* wir den Umfang des Versicherungsschutzes bestätigt haben
  und
- entstehen durch solche Maßnahmen Kosten?

Dann tragen wir nur *die Kosten,* die wir bei einer Bestätigung des Versicherungsschutzes *vor* Einleitung dieser Maßnahmen zu tragen gehabt hätten.

4.1.3 Den Rechtsanwalt können *Sie* auswählen.
Wir wählen den Rechtsanwalt aus,
- wenn Sie das verlangen oder
- wenn Sie keinen Rechtsanwalt benennen und uns die umgehende Beauftragung eines Rechtsanwalts notwendig erscheint.

Wenn *wir* den Rechtsanwalt auswählen, beauftragen wir ihn in Ihrem Namen. Für die Tätigkeit des Rechtsanwalts sind wir nicht verantwortlich.

4.1.4 Sie müssen nach der Beauftragung des Rechtsanwalts Folgendes tun:
Ihren Rechtsanwalt
- vollständig und wahrheitsgemäß unterrichten,
- die Beweismittel angeben,
- die möglichen Auskünfte erteilen,
- *die notwendigen Unterlagen* beschaffen und

uns auf Verlangen Auskunft über den Stand Ihrer Angelegenheit geben.

4.1.5 Wenn Sie eine der in 4.1.1 und 4.1.4 genannten Obliegenheiten *vorsätzlich* verletzen, **verlieren Sie Ihren Versicherungsschutz**.

[1)] **Habersack, Deutsche Gesetze Nr. 62.**

Bei grob fahrlässiger Verletzung einer Obliegenheit sind wir berechtigt, unsere Leistung zu kürzen, und zwar in einem der Schwere Ihres Verschuldens entsprechenden Verhältnis. (Beispiel für „grob fahrlässiges Verhalten“: Jemand verletzt die erforderliche Sorgfalt in ungewöhnlich hohem Maße.)

Wenn Sie eine Auskunfts- oder Aufklärungsobliegenheit *nach* Eintritt des Versicherungsfalls verletzen, kann auch dies zum vollständigen oder teilweisen Wegfall des Versicherungsschutzes führen. Dies setzt jedoch voraus, dass wir Sie vorher durch gesonderte Mitteilung in Textform (Beispiel: Brief oder E-Mail) über diese Pflichten informiert haben.

Der Versicherungsschutz bleibt bestehen, wenn Sie nachweisen, dass Sie die Obliegenheiten nicht grob fahrlässig verletzt haben.

Der Versicherungsschutz bleibt auch in folgendem Fall bestehen:

Sie weisen nach, dass die Obliegenheitsverletzung nicht die Ursache war
- für den Eintritt des Versicherungsfalls,
- für die Feststellung des Versicherungsfalls oder
- für die Feststellung oder den Umfang unserer Leistung (zum Beispiel: Sie haben die Einlegung des Rechtsmittels mit uns nicht abgestimmt. Bei nachträglicher Prüfung hätten wir jedoch auch bei rechtzeitiger Abstimmung die Kostenübernahme bestätigt.)

Der Versicherungsschutz bleibt *nicht* bestehen, wenn Sie Ihre Obliegenheit *arglistig* verletzt haben.

4.1.6 gelöscht

4.1.7 Ihre Ansprüche auf Versicherungsleistungen können Sie nur mit unserem Einverständnis abtreten. („Abtreten“ heißt: Sie übertragen Ihre Ansprüche auf Versicherungsleistung, die Sie uns gegenüber haben, auf Ihren Rechtsanwalt oder eine andere Person.). Unser Einverständnis bedarf der Textform.

Ausnahme: Das Zustimmungserfordernis entfällt, wenn Sie auf Geld gerichtete Ansprüche gegen uns haben (zum Beispiel: Sie sind mit der Bezahlung einer Gerichtskostenrechnung ausnahmsweise in Vorleistung getreten.).

Wenn wir Sie von noch nicht bezahlten Kostenrechnungen freistellen sollen, liegt kein auf Geld gerichteter Anspruch vor.

4.1.8 Wenn ein anderer (zum Beispiel: Ihr Prozessgegner) Ihnen Kosten der Rechtsverfolgung erstatten muss, dann geht dieser Anspruch auf uns über. Aber nur dann, wenn wir die Kosten bereits beglichen haben.

Sie müssen uns die Unterlagen aushändigen, die wir brauchen, um diesen Anspruch durchzusetzen. Bei der Durchsetzung des Anspruchs müssen Sie auch mitwirken, wenn wir das verlangen.

Wenn Sie diese Pflicht vorsätzlich verletzen und wir deshalb diese Kosten von den anderen nicht erstattet bekommen, dann müssen wir über die geleisteten Kosten hinaus keine weiteren Kosten mehr erstatten. Wenn Sie *grob fahrlässig* gehandelt haben, sind wir berechtigt, die Kosten in einem der Schwere Ihres Verschuldens entsprechenden Verhältnis zu kürzen. Sie müssen beweisen, dass Sie nicht grob fahrlässig gehandelt haben. (Beispiel für „grob fahrlässiges Verhalten": Jemand verletzt die im Verkehr erforderliche Sorgfalt in ungewöhnlich hohem Maße).

4.1.9 Hat Ihnen ein anderer (zum Beispiel: Ihr Prozessgegner) Kosten der Rechtsverfolgung erstattet und wurden diese zuvor von uns gezahlt? Dann müssen Sie *uns* diese Kosten zurückzahlen.

4.2 Weitere besondere Verhaltensregeln/Obliegenheiten **L Vk F**

im Verkehrs-Rechtsschutz **Vk**

im Fahrzeug-Rechtsschutz **F**

Wenn wir einen Versicherungsfall für Sie übernehmen sollen, müssen folgende Bedingungen erfüllt sein: **L Vk F**

- Der Fahrer muss bei Eintritt des Versicherungsfalls die vorgeschriebene Fahrerlaubnis haben.
- Der Fahrer muss berechtigt sein, das Fahrzeug zu führen.
- Das Fahrzeug muss zugelassen sein oder ein Versicherungskennzeichen (sogenanntes Nummernschild) haben.

Was geschieht, wenn gegen diese Bedingungen verstoßen wird?

Dann besteht Versicherungsschutz nur für diejenigen versicherten Personen, die von diesem Verstoß nichts wussten. Das heißt, die Personen haben *ohne Verschulden* oder höchstens *leicht fahrlässig* gehandelt. Wenn der Verstoß *grob fahrlässig* war, sind wir berechtigt, unsere Leistung zu kürzen, und zwar entsprechend der Schwere des Verschuldens. (Beispiel für „grob fahrlässiges Verhalten":

Jemand verletzt die allgemein übliche Sorgfalt in ungewöhnlich hohem Maße.)

Wenn die versicherte Person nachweist, dass ihre Unkenntnis nicht grob fahrlässig war, bleibt der Versicherungsschutz bestehen.

Der Versicherungsschutz bleibt auch in folgenden Fällen *bestehen:*

Die versicherte Person oder der Fahrer weist nach, dass der Verstoß nicht ursächlich war für

- den Eintritt des Versicherungsfalls,
- die Feststellung des Versicherungsfalls oder
- den Umfang der von uns zu erbringenden Leistung.

4.3 Besonderheiten im Fahrzeug-Rechtsschutz bei Fahrzeugwechsel oder Verkauf F

Sie haben Versicherungsschutz auch für ein Folgefahrzeug. Wir gehen davon aus, dass Sie ein Folgefahrzeug haben, wenn Sie innerhalb eines Monats vor oder nach dem Verkauf Ihres bei uns versicherten Fahrzeugs ein neues Fahrzeug erwerben. Ihr altes Fahrzeug versichern wir maximal einen Monat ohne zusätzlichen Beitrag mit.

Versicherungsschutz besteht auch für die Durchsetzung Ihrer Interessen im Zusammenhang mit dem beabsichtigten Fahrzeugkauf. (Beispiel: Sie machen eine Anzahlung für ein Kfz, der Verkäufer weigert sich aber, dieses auszuliefern.)

Sie müssen uns den Verkauf oder Verlust Ihres Fahrzeugs innerhalb von zwei Monaten melden. Außerdem müssen Sie uns über Ihr Folgefahrzeug informieren.

Bei Verstoß gegen diese Obliegenheiten haben Sie Versicherungsschutz nur dann, wenn Sie die Meldung ohne Verschulden oder leicht fahrlässig versäumt haben. Wenn Sie grob fahrlässig gehandelt haben, sind wir berechtigt, unsere Leistungen zu kürzen, und zwar je nach Schwere des Verschuldens. Wenn Sie nachweisen, dass Sie nicht grob fahrlässig gehandelt haben, bleibt Ihr Versicherungsschutz bestehen. (Beispiel für „grob fahrlässiges Verhalten“: Jemand verletzt die im Verkehr erforderliche Sorgfalt in ungewöhnlich hohem Maße.)

Der Versicherungsschutz bleibt auch in folgendem Fall bestehen:

Sie weisen nach, dass der Verstoß gegen die genannten Obliegenheiten nicht die Ursache war
- für den Eintritt des Versicherungsfalls oder
- für die Feststellung des Versicherungsfalls oder
- für den Umfang unserer Leistung.

Unter zwei Bedingungen können Sie Ihren Versicherungsvertrag mit uns *sofort* kündigen:
- Es ist seit mindestens sechs Monaten kein Fahrzeug (im Sinne 2.1) auf Ihren Namen zugelassen.

Es ist auch kein Fahrzeug mit einem Versicherungskennzeichen (sogenanntes Nummernschild) auf Ihren Namen versehen. Unabhängig davon haben Sie das Recht, von uns eine Herabsetzung Ihres Versicherungsbeitrags nach 7.9.2 zu verlangen.

5. In welchen Ländern sind Sie versichert? A

5.1 Hier haben Sie Versicherungsschutz

Sie haben Versicherungsschutz, wenn ein Gericht oder eine Behörde in folgenden Gebieten gesetzlich zuständig ist oder wäre und Sie Ihre Rechtsinteressen dort verfolgen:
- in Europa,
- in den Anliegerstaaten des Mittelmeers,
- auf den Kanarischen Inseln,

• auf Madeira.

Ausnahme: Haben Sie Steuer-, Sozialgerichts- oder Opfer-Rechtsschutz (siehe 2.2.5, 2.2.6, 2.2.12) versichert, gilt dieser nur vor deutschen Gerichten.

5.2 Hier haben Sie Versicherungsschutz mit Einschränkungen

Für die Wahrnehmung Ihrer rechtlichen Interessen außerhalb des Geltungsbereichs nach 5.1 tragen wir die Kosten bis zu einem Höchstbetrag von ... EUR.

Dies tun wir unter **folgenden Voraussetzungen**: **A**

Ihr Versicherungsfall muss dort während eines höchstens sechswöchigen nicht beruflich bedingten Aufenthalts eingetreten sein

Optional:
oder die Interessenwahrnehmung muss dort notwendig sein, weil Sie einen Vertrag über das Internet oder ... [ggf. unternehmensindividuell zu ergänzen] geschlossen haben (Beispiel: Sie bestellen eine Kamera über das Internet in Japan. Sie haben den Kaufpreis gezahlt, aber die Ware wird nicht geliefert.) **CP**

• der Versicherungsschutz darf nicht auf deutsche Gerichte beschränkt sein (siehe Ausnahme zu 5.1). **A**

• Sie nehmen nicht Interessen im Zusammenhang mit dem Erwerb oder der Veräußerungen von dinglichen Rechten an Grundstücken, Gebäuden oder Gebäudeteilen wahr. **A**

6. Wann beginnt und endet Ihre Rechtsschutzversicherung? **A**

6.1 Beginn des Versicherungsschutzes

Der Versicherungsschutz beginnt zu dem im Versicherungsschein angegebenen Zeitpunkt. Voraussetzung für den Versicherungsschutz ist, dass Sie den ersten oder den einmaligen Beitrag unverzüglich nach Ablauf von 14 Tagen nach Zugang des Versicherungsscheins zahlen (siehe 7.4.1).

Eine vereinbarte Wartezeit bleibt unberührt (das heißt: sie gilt in jedem Fall).

6.2 Dauer und Ende des Vertrages

6.2.1 Vertragsdauer

Der Vertrag ist für die im Versicherungsschein angegebene Zeit abgeschlossen.

6.2.2 Stillschweigende Verlängerung

Bei einer Vertragsdauer von mindestens einem Jahr verlängert sich der Vertrag um jeweils ein weiteres Jahr, wenn der Vertrag nicht gekündigt wird. Kündigen können sowohl Sie als auch wir. Die Kündigung muss Ihnen oder uns spätestens drei Monate vor dem Ablauf der Vertragszeit zugehen.

6.2.3 Vertragsbeendigung

Bei einer Vertragsdauer von weniger als einem Jahr endet der Vertrag zum vorgesehenen Zeitpunkt, ohne dass es einer Kündigung bedarf.

Bei einer Vertragsdauer von mehr als drei Jahren können Sie den Vertrag schon zum Ablauf des dritten Jahres oder jedes darauf folgenden Jahres kündigen. Ihre Kündigung muss uns spätestens drei Monate vor Ablauf des jeweiligen Jahres zugehen.

6.2.4 Ist der Versicherungsschutz nicht mehr nötig, weil sich die äußeren Umstände geändert haben? (Beispiel: Sie teilen uns mit, dass Sie kein Auto mehr haben.) Dann gilt Folgendes (sofern nichts anderes vereinbart ist):

6.2.4.1 Der Vertrag endet, sobald wir erfahren haben, dass sich die äußeren Umstände geändert haben.

Beiträge stehen uns nur anteilig bis zu diesem Zeitpunkt zu.

6.2.4.2 Der Versicherungsschutz besteht über Ihren Tod hinaus bis zum Ende der Versicherungsperiode. Dies gilt, wenn der Beitrag am Todestag gezahlt war und die Versicherung nicht aus sonstigen Gründen beendet ist. Wenn der nächste fällige Beitrag bezahlt wird, bleibt der Versicherungsschutz bestehen.

Derjenige, der den Beitrag gezahlt hat oder für den gezahlt wurde, wird anstelle des Verstorbenen Versicherungsnehmer. Er kann innerhalb eines Jahres nach dem Todestag verlangen, dass der Versicherungsvertrag vom Todestag an beendet wird.

6.2.5 Kündigung nach Versicherungsfall

6.2.5.1 Wenn wir Ihren Versicherungsschutz ablehnen, obwohl wir zur Leistung verpflichtet sind, können Sie den Vertrag vorzeitig kündigen. Die Kündigung muss uns innerhalb eines Monats zugehen, nachdem Sie unsere Ablehnung erhalten haben.

6.2.5.2 Sind mindestens zwei Versicherungsfälle innerhalb von zwölf Monaten eingetreten und besteht für diese Versicherungsschutz? In diesem Fall können sowohl Sie als auch wir den Vertrag vorzeitig kündigen.

Wann müssen *Sie* oder wir kündigen? Die Kündigung muss uns beziehungsweise Ihnen innerhalb eines Monats zugehen, nachdem wir unsere Leistungspflicht für den zweiten Versicherungsfall bestätigt haben. Die Kündigung muss in Textform (Beispiel: Brief oder E-Mail) erfolgen.

Wenn Sie kündigen, wird Ihre Kündigung wirksam, sobald sie uns zugeht. Sie können jedoch bestimmen, dass die Kündigung zu einem späteren Zeitpunkt wirksam wird; spätestens jedoch am Ende des Versicherungsjahrs. *Unsere* Kündigung wird einen Monat, nachdem Sie sie erhalten haben, wirksam.

6.2.6 Versichererwechsel

Damit Sie bei einem Versichererwechsel möglichst keine Nachteile haben, haben Sie uns gegenüber Anspruch auf Versicherungsschutz in folgenden Fällen (dies gilt abweichend von den Regelungen unter 3.1.2 bis 3.1.4):

- Der Versicherungsfall ist in unserer Vertragslaufzeit eingetreten. Der Versicherungsschutz gilt auch dann, wenn ein Fall von 3.1.2 vorliegt und Ihre Handlung nach 3.1.2 in die Zeit des Vorversicherers fällt.
- Der Versicherungsfall liegt zwar in der Vertragslaufzeit des Vorversicherers, der Anspruch wird aber erstmals später als drei Jahre nach Beendigung der Vorversicherung geltend gemacht. Die Meldung beim Vorversicherer darf jedoch nicht vorsätzlich oder grob fahrlässig versäumt worden sein. (Beispiel für „grob fahrlässiges Verhalten“: Jemand verletzt die im Verkehr erforderliche Sorgfalt in ungewöhnlich hohem Maße.)
- Der Versicherungsfall im Steuer-Rechtsschutz vor Gerichten (Beispiel: Steuerbescheid) fällt in unsere Vertragslaufzeit, die Grundlagen für Ihre Steuer- oder Abgabenfestsetzung sind aber in der Vertragslaufzeit des Vorversicherers eingetreten (Beispiel: Sie erhalten in unserer Vertragslaufzeit einen Steuerbescheid, der ein Steuerjahr in der Vertragszeit des Vorversicherers betrifft.)
- Der Vorversicherer und wir haben unterschiedliche Regelungen zur Bestimmung des Versicherungsfalls: Der Versicherungsfall ist nach den Bedingungen des Vorversicherers nach Beendigung seines Vertrages eingetreten. Nach unseren Bedingungen ist der Versicherungsfall in der Vertragslaufzeit des Vorversicherers eingetreten.

Voraussetzung für Versicherungsschutz ist in allen eben genannten Fällen, dass

- Sie bei Ihrer vorherigen Versicherung gegen dieses Risiko versichert waren,
- ***Optional:***
  Sie bei uns zum Zeitpunkt der Inanspruchnahme gegen dieses Risiko versichert sind und
- der Wechsel zu uns lückenlos erfolgt ist.

In diesen Fällen haben Sie Versicherungsschutz in genau dem Umfang, den Sie bei Ihrem Vorversicherer versichert hatten; höchstens jedoch im Umfang des von Ihnen mit uns geschlossenen Vertrages.

7. Wann und wie müssen Sie Ihren Beitrag zahlen? A

7.1 Beitragszahlung

Die Beiträge können Sie je nach Vereinbarung monatlich, vierteljährlich, halbjährlich oder jährlich bezahlen. Die Versicherungsperiode umfasst dementsprechend

- bei Monatsbeiträgen einen Monat,
- bei Vierteljahresbeiträgen ein Vierteljahr,
- bei Halbjahresbeiträgen ein Halbjahr und

• bei Jahresbeiträgen ein Jahr.

7.2 Versicherungsjahr

Das Versicherungsjahr dauert grundsätzlich zwölf Monate. Besteht die vereinbarte Vertragsdauer jedoch nicht aus *ganzen* Jahren, wird das erste Versicherungsjahr entsprechend verkürzt. Die folgenden Versicherungsjahre bis zum vereinbarten Vertragsablauf sind jeweils ganze Jahre. (Beispiel: Bei einer Vertragsdauer von 15 Monaten beträgt das erste Versicherungsjahr 3 Monate, das folgende Versicherungsjahr 12 Monate.)

7.3 Versicherungssteuer

Der Versicherungsbeitrag enthält die Versicherungssteuer, die Sie in der jeweils vom Gesetz bestimmten Höhe zu entrichten haben.

7.4 Zahlung und Folgen verspäteter Zahlung/Erster Beitrag

7.4.1 Fälligkeit der Zahlung

Wenn Sie den Versicherungsschein von uns erhalten, müssen Sie den ersten Beitrag unverzüglich nach Ablauf von 14 Tagen bezahlen. („Unverzüglich" heißt nicht unbedingt „sofort", sondern „ohne schuldhaftes Zögern bzw. so schnell wie eben möglich".)

7.4.2 Späterer Beginn des Versicherungsschutzes

Wenn Sie den ersten Beitrag zu einem späteren Zeitpunkt bezahlen, beginnt der Versicherungsschutz erst ab diesem späteren Zeitpunkt. Auf diese Folge einer verspäteten Zahlung müssen wir Sie allerdings aufmerksam gemacht haben, und zwar in Textform (Beispiel: Brief oder E-Mail) oder durch einen auffallenden Hinweis im Versicherungsschein.

Wenn Sie uns nachweisen, dass Sie die verspätete Zahlung nicht verschuldet haben, beginnt der Versicherungsschutz zum vereinbarten Zeitpunkt.

7.4.3 Rücktritt

Wenn Sie den ersten Beitrag nicht rechtzeitig bezahlen, können wir vom Vertrag zurücktreten, solange der Beitrag nicht bezahlt ist. Wir können nicht zurücktreten, wenn Sie nachweisen, dass Sie die verspätete Zahlung nicht verschuldet haben.

7.5 Zahlung und Folgen verspäteter Zahlung/Folgebeitrag

7.5.1 Die Folgebeiträge werden zu dem jeweils vereinbarten Zeitpunkt fällig.

7.5.2 Verzug

Wenn Sie einen Folgebeitrag nicht rechtzeitig bezahlen, geraten Sie in Verzug, auch ohne dass Sie eine Mahnung von uns erhalten haben. Wir sind dann berechtigt, Ersatz für den Schaden zu verlangen, der uns durch den Verzug entstanden ist (siehe 7.5.3).

Sie geraten *nicht* in Verzug, wenn Sie die verspätete Zahlung nicht verschuldet haben.

7.5.3 Zahlungsaufforderung

Wenn Sie einen Folgebeitrag nicht rechtzeitig bezahlen, können wir Ihnen eine Zahlungsfrist einräumen. Das geschieht in Textform (Beispiel: Brief oder E-Mail) und auf Ihre Kosten. Diese Zahlungsfrist muss mindestens zwei Wochen betragen.

Unsere Zahlungsaufforderung ist nur wirksam, wenn sie folgende Informationen enthält:
- Die ausstehenden Beträge, die Zinsen und die Kosten müssen im Einzelnen beziffert sein und
- die Rechtsfolgen müssen angegeben sein, die nach 7.5.4 mit der Fristüberschreitung verbunden sind.

7.5.4 Welche rechtlichen Folgen hat die Fristüberschreitung?

- Verlust des Versicherungsschutzes
  Wenn Sie nach Ablauf der Zahlungsfrist immer noch nicht bezahlt haben, haben Sie ab diesem Zeitpunkt bis zur Zahlung **keinen Versicherungsschutz.** Allerdings müssen wir Sie bei unserer Zahlungsaufforderung nach 7.5.3 auf den Verlust des Versicherungsschutzes hingewiesen haben.
- Kündigung des Versicherungsvertrags
  Wenn Sie nach Ablauf der Zahlungsfrist immer noch nicht bezahlt haben, können wir den Vertrag kündigen, ohne eine Frist einzuhalten. Allerdings müssen wir Sie bei unserer Zahlungsaufforderung nach 7.5.3 auf die fristlose Kündigungsmöglichkeit hingewiesen haben.
  Wenn wir Ihren Vertrag gekündigt haben und Sie danach innerhalb eines Monats den angemahnten Betrag bezahlen, besteht der Vertrag fort. Dann aber haben Sie für Versicherungsfälle, die zwischen dem Ablauf der Zahlungsfrist und Ihrer Zahlung eingetreten sind, **keinen Versicherungsschutz.**

7.6 Rechtzeitige Zahlung bei Sepa-Lastschriftmandat

7.6.1 Wenn wir die Einziehung des Beitrags von einem Konto vereinbart haben, gilt die Zahlung als rechtzeitig, wenn
- **der Beitrag zu dem Fälligkeitstag eingezogen werden kann und**
- **Sie der Einziehung nicht widersprechen.**

Was geschieht, wenn der fällige Beitrag ohne Ihr Verschulden nicht eingezogen werden kann? In diesem Fall ist die Zahlung auch dann noch rechtzeitig, wenn Sie nach einer Aufforderung in Textform (Beispiel: Brief oder E-Mail) unverzüglich zahlen. („Unverzüglich" heißt nicht unbedingt „sofort", sondern „ohne schuldhaftes Zögern bzw. so schnell wie eben möglich".)

7.6.2 Beendigung des Lastschriftverfahrens

Wenn Sie dafür verantwortlich sind, dass der fällige Beitrag nicht eingezogen werden kann, sind wir berechtigt, künftig eine andere Zahlungsweise zu verlangen. Sie müssen allerdings erst dann zahlen, wenn wir Sie hierzu in Textform (Beispiel: Brief oder E-Mail) aufgefordert haben.

7.7 Beitrag bei *vorzeitiger* Vertragsbeendigung

In diesem Fall haben wir nur Anspruch auf den Teil des Beitrags, der dem Zeitraum des Versicherungsschutzes entspricht. Das gilt, soweit nicht etwas anderes bestimmt ist.

7.8 Beitragsanpassung

7.8.1 Warum nehmen wir eine Beitragsanpassung vor?

Die Beiträge sind Ihre Gegenleistung für unser Leistungsversprechen. Wir benötigen die Beiträge, damit wir unsere Leistungsverpflichtungen in allen versicherten Schadensfällen erfüllen können. Wir prüfen deshalb jährlich, ob der Beitrag wegen einer Veränderung des Schadensbedarfs anzupassen ist.

Die Ermittlung des Veränderungswerts (siehe 7.8.2) kann dazu führen, dass der Beitrag erhöht oder gesenkt wird oder in der bisherigen Höhe bestehen bleibt.

7.8.2 Ermittlung des Veränderungswerts als Grundlage der Beitragsanpassung

Der ermittelte Veränderungswert ist maßgeblich für die Frage, ob der Beitrag in der bisherigen Höhe bestehen bleibt.

7.8.2.1 Statistische Ermittlung durch einen unabhängigen Treuhänder

Ein unabhängiger Treuhänder ermittelt bis zum 1. Juli eines jeden Jahres einen **Veränderungswert** für die Beitragsanpassung. Der Treuhänder legt bei seiner Ermittlung die Daten einer möglichst großen Zahl von Unternehmen, die die Rechtsschutzversicherung anbieten, zugrunde, so dass der von ihm ermittelte Wert den gesamten Markt der Rechtsschutzversicherung bestmöglich widerspiegelt.

Der Ermittlung des Veränderungswerts liegt folgende Fragestellung (Berechnungsmethode) zugrunde:

Um wie viel Prozent hat sich im letzten Kalenderjahr der Bedarf für Zahlungen (das heißt: das Produkt von Schadenhäufigkeit und Durchschnitt der Schadenzahlungen) gegenüber dem vorletzten Kalenderjahr (Bezugsjahre) erhöht oder vermindert?

(Als Schadenhäufigkeit eines Kalenderjahres gilt die Anzahl der in diesem Jahr gemeldeten Versicherungsfälle, geteilt durch die Anzahl der im Jahresmittel versicherten Risiken. Mit anderen Worten: die Schadenhäufigkeit gibt an, für wie viel Prozent der versicherten Verträge ein Schaden gemeldet worden ist. Um den Durchschnitt der Schadenzahlungen *eines* Kalenderjahres zu berechnen, werden alle in diesem Jahr erledigten Versicherungsfälle betrachtet. Die Summe der insgesamt geleisteten Zahlungen für diese Versicherungsfälle wird durch deren Anzahl geteilt.)

Veränderungen, die aus Leistungsverbesserungen (zum Beispiel: Einschluss einer neuen Leistungsart) herrühren, berücksichtigt der Treuhänder nur, wenn die Leistungsverbesserungen in beiden Vergleichsjahren zum Leistungsinhalt gehörten.

Der Treuhänder ermittelt den Veränderungswert getrennt für folgende **Vertragsgruppen**:
- Verkehrs-, Fahrzeug- und Fahrer-Rechtsschutz,
- Privat- und Berufs-Rechtsschutz, Rechtsschutz für Selbstständige oder Firmen, Vereins-, sowie Wohnungs- und Grundstücks-Rechtsschutz,
- Privat-, Berufs- und Verkehrs-Rechtsschutz sowie Rechtsschutz für Landwirte,
- Rechtsschutz für Selbstständige oder Firmen mit Privat-, Berufs-, Verkehrs- sowie Wohnungs- und Grundstücks-Rechtsschutz.

Innerhalb jeder Vertragsgruppe wird der Veränderungswert getrennt für Verträge mit und ohne Selbstbeteiligung ermittelt. Die so ermittelten Veränderungswerte gelten jeweils einheitlich für alle in der Gruppe zusammengefassten Verträge mit bzw. ohne Selbstbeteiligung.

Der Treuhänder **rundet** einen nicht durch 2,5 teilbaren Veränderungswert auf die nächst geringere positive durch 2,5 teilbare Zahl ab (Beispielsweise wird 8,4 % auf 7,5 % abgerundet.) bzw. auf die nächst größere negative durch 2,5 teilbare Zahl auf (Beispielsweise wird –8,4 % auf –7,5 % aufgerundet.). Veränderungswerte im Bereich von –5 % bis +5 % werden nicht gerundet.

7.8.2.2 Ermittlung aufgrund unternehmenseigener Zahlen

Auf der Grundlage unserer unternehmenseigenen Zahlen ermitteln wir bis zum 1. Juli eines jeden Jahres den für unser Unternehmen individuellen Veränderungswert. Dabei wenden wir die für die Ermittlung durch den unabhängigen Treuhänder geltenden Regeln (siehe 7.8.2.1) entsprechend an.

7.8.3 Welches ist der für die Anpassung des Beitrags maßgebliche Veränderungswert?

Grundsatz: Für die Beitragsanpassung (Erhöhung oder Senkung) ist grundsätzlich der Veränderungswert maßgeblich, den der unabhängige Treuhänder ermittelt hat (siehe 7.8.2.1).

Ausnahme: Wir vergleichen unseren unternehmensindividuellen Veränderungswert mit dem vom Treuhänder nach 7.8.2.1 ermittelten Wert. Unser unternehmensindividueller Wert ist dann für die Beitragsanpassung maßgeblich, wenn dieser Vergleich ergibt,
- dass unser Wert unter dem vom Treuhänder ermittelten Wert liegt und
- dies auch in den zwei letzten Kalenderjahren der Fall ist, in denen eine Beitragsanpassung zulässig war.

Die zu betrachtenden Kalenderjahre müssen nicht notwendig unmittelbar aufeinander folgen.

7.8.4 Unterbleiben einer Beitragsanpassung

Eine Beitragsanpassung unterbleibt, wenn der vom unabhängigen Treuhänder ermittelte Veränderungswert (siehe 7.8.2.1) geringer +5 % und größer –5 % ist. Dieser Veränderungswert wird bei der Ermittlung der Voraussetzungen für die nächste Beitragsanpassung mit berücksichtigt (Dies geschieht, indem das Bezugsjahr solange beibehalten wird, bis die 5 %-Grenze erreicht wird. Es wird immer der Bedarf für Zahlungen aus dem jeweiligen Vorjahr mit dem Bedarf für Zahlungen aus dem „festgehaltenen" Bezugsjahr verglichen.)

Unabhängig von der Höhe des Veränderungswerts unterbleibt eine Beitragsanpassung bei Verträgen, bei denen seit dem Versicherungsbeginn noch nicht 12 Monate abgelaufen sind.

7.8.5 Erhöhung oder Senkung des Beitrags

Wenn der maßgebliche Veränderungswert +5 % oder mehr beträgt, sind wir berechtigt, den Beitrag entsprechend zu **erhöhen**. Der angepasste Beitrag darf nicht höher sein als der für Neuverträge geltende Tarifbeitrag.

Wenn der maßgebliche Veränderungswert –5 % oder weniger beträgt, sind wir verpflichtet, den Beitrag entsprechend zu **senken**.

7.8.6 Wann wird die Beitragsanpassung wirksam?

Die Beitragsanpassung wird zu Beginn des zweiten Monats wirksam, der auf unsere Mitteilung über die Beitragsanpassung folgt. Sie gilt für alle Beiträge, die nach unserer Mitteilung ab einschließlich 1. Oktober fällig werden.

In der Mitteilung weisen wir Sie auf Ihr außerordentliches Kündigungsrecht hin (siehe 7.8.7).

7.8.7 Ihr außerordentliches Kündigungsrecht

Wenn sich der Beitrag erhöht, können Sie den Versicherungsvertrag mit sofortiger Wirkung kündigen. Sie können frühestens jedoch zu dem Zeitpunkt kündigen, an dem die Beitragserhöhung wirksam wird (siehe 7.8.5). Ihre Kündigung muss uns innerhalb eines Monats zugehen, nachdem Ihnen unsere Mitteilung über die Beitragsanpassung zugegangen ist.

Wenn sich der Beitrag ausschließlich wegen einer Erhöhung der Versicherungssteuer erhöht, steht Ihnen das Recht zur außerordentlichen Kündigung nicht zu.

7.9 Änderung wesentlicher Umstände der Beitragsfestsetzung

7.9.1 *Wenn nach Vertragsabschluss* ein Umstand eintritt, der einen höheren als den vereinbarten Versicherungsbeitrag rechtfertigt, können wir von da ab diesen höheren Beitrag verlangen. Denn damit sichern wir eine höhere Gefahr ab (Beispiel: Sie haben ein Auto bei uns versichert und schaffen sich jetzt zusätzlich ein Motorrad an.).

Wenn wir diese höhere Gefahr auch gegen einen höheren Beitrag nicht versichern können, müssen wir die Absicherung gegen diese Gefahr ausschließen.

In folgenden Fällen können Sie den Versicherungsvertrag kündigen:

- Ihr Beitrag erhöht sich um mehr als 10 % oder
- wir lehnen die Absicherung der höheren Gefahr ab.

In diesen Fällen können Sie den Vertrag innerhalb eines Monats, nachdem Ihnen unsere Mitteilung zugegangen ist, ohne eine Frist kündigen. In unserer Mitteilung müssen wir Sie auf Ihr Kündigungsrecht hinweisen.

Nachdem wir von der Erhöhung der Gefahr Kenntnis erhalten haben, müssen wir unser Recht auf Beitragsänderung innerhalb eines Monats ausüben.

7.9.2 Wenn nach Vertragsabschluss ein Umstand eintritt, der einen niedrigeren als den vereinbarten Versicherungsbeitrag rechtfertigt, können wir von da ab nur noch diesen niedrigeren Beitrag verlangen. Sie müssen uns diesen Umstand innerhalb von zwei Monaten anzeigen. Wenn Sie uns nach Ablauf von zwei Monaten informieren, wird Ihr Versicherungsbeitrag erst zu dem Zeitpunkt herabgesetzt, zu dem Sie uns informiert haben.

7.9.3 Wenn wir Sie auffordern, uns die zur Beitragsberechnung erforderlichen Angaben zu machen, müssen Sie uns diese innerhalb eines Monats zuschicken. Wenn Sie dieser Verpflichtung nicht nachkommen, können wir den Versicherungsvertrag mit einer Frist von einem Monat kündigen. Es sei denn, Sie weisen uns nach, dass Sie nicht vorsätzlich oder grob fahrlässig gehandelt haben. (Beispiel für „grob fahrlässiges Verhalten“: Jemand verletzt die im Verkehr erforderliche Sorgfalt in ungewöhnlich hohem Maße.)

In folgenden Fällen haben Sie *keinen* Versicherungsschutz:

- Sie machen innerhalb der Frist vorsätzlich falsche Angaben.
- Sie unterlassen vorsätzlich erforderliche Angaben.
- Der Versicherungsfall tritt später als einen Monat nach dem Zeitpunkt ein, zu dem Sie uns über die Gefahrerhöhung hätten informieren müssen. Ihr Versicherungsschutz entfällt *nicht,* wenn uns die zur Beitragsberechnung erforderlichen Angaben bereits bekannt waren.

Wenn **Sie grob fahrlässig Angaben verschwiegen** oder **unrichtige Angaben gemacht** haben, können wir den Umfang unserer Leistungen kürzen, und zwar in einem der Schwere Ihres Verschuldens entsprechendem Verhältnis.

Sie müssen nachweisen, dass Sie nicht grob fahrlässig gehandelt haben. (Beispiel für „grob fahrlässiges Verhalten“: Jemand verletzt die im Verkehr erforderliche Sorgfalt in ungewöhnlich hohem Maße.)

Ausnahme: In folgenden Fällen haben Sie trotzdem Versicherungsschutz:
- Sie weisen uns nach, dass die Veränderung weder den Eintritt des Versicherungsfalls beeinflusst noch den Umfang unserer Leistung erhöht hat.
- Die Frist für unsere Kündigung ist abgelaufen und wir haben nicht gekündigt.

Die soeben beschriebenen Regelungen werden nicht angewandt, wenn
- die Veränderung so unerheblich ist, dass diese nicht zu einer Erhöhung der Beiträge führen würde oder
- ersichtlich ist, dass diese Veränderung mitversichert sein soll.

8. Wann verjähren Ansprüche aus dem Versicherungsvertrag? A

8.1 Gesetzliche Verjährung

Die Ansprüche aus dem Versicherungsvertrag verjähren in drei Jahren. Die Fristberechnung richtet sich nach den allgemeinen Vorschriften des Bürgerlichen Gesetzbuchs[1].

8.2 Die Verjährung wird ausgesetzt

Wenn Sie einen Anspruch aus Ihrem Versicherungsvertrag bei uns angemeldet haben, ist die Verjährung ausgesetzt. Die Aussetzung wirkt von der Anmeldung bis zu dem Zeitpunkt, zu dem Ihnen unsere Entscheidung in Textform zugeht (Das heißt: bei der Berechnung der Verjährungsfrist berücksichtigen wir zu Ihren Gunsten den Zeitraum von der Meldung bis zum Eintreffen unserer Entscheidung bei Ihnen nicht).

9. Wenn Sie mit uns einmal nicht zufrieden sind

Unser Interesse ist es, Sie mit unseren Leistungen zufrieden zu stellen. Sollte uns das einmal nicht gelingen, nehmen Sie am besten direkt Kontakt zu uns auf, um die Sache zu klären: (Kontaktdaten des Rechtsschutzversicherers oder ggf. des Schadenabwicklungsunternehmens)

Darüber hinaus haben Sie auch folgende Möglichkeiten:

9.1 Versicherungsombudsmann

Wenn Sie als Verbraucher mit unserer Entscheidung nicht zufrieden sind, können Sie sich an den Ombudsmann für Versicherungen wenden:

Versicherungsombudsmann e.V.

Postfach 080632

10006 Berlin

Tel.: 0800 3696000 Fax.: 0800 3699000

E-Mail: beschwerde@versicherungsombudsmann.de

Internet: www.versicherungsombudsmann.de

---

[1] **Habersack, Deutsche Gesetze Nr. 20.**

Der Ombudsmann für Versicherungen ist eine unabhängige und für Verbraucher kostenfrei arbeitende Schlichtungsstelle. Wir haben uns verpflichtet, an dem Schlichtungsverfahren teilzunehmen.

Verbraucher, die diesen Vertrag online (zum Beispiel über eine Webseite oder per E-Mail) abgeschlossen haben, können sich mit ihrer Beschwerde auch online an die Plattform wenden: http://ec.europa.eu/consumers/odr/. Ihre Beschwerde wird dann über diese Plattform an den Versicherungsombudsmann weitergeleitet.

9.2 Versicherungsaufsicht

Sind Sie mit unserer Betreuung nicht zufrieden, können Sie sich auch an die für uns zuständige Aufsicht wenden. Als Versicherungsunternehmen unterliegen wir der Aufsicht der Bundesanstalt für Finanzdienstleistungsaufsicht:

Bundesanstalt für Finanzdienstleistungsaufsicht (BaFin)

Sektor Versicherungsaufsicht

Graurheindorfer Straße 108

53117 Bonn

Tel.: 0800 2 100 500

E-Mail: poststelle@bafin.de

Internet: https://www.bafin.de

Bitte beachten Sie, dass die BaFin keine Schiedsstelle ist und einzelne Streitfälle nicht verbindlich entscheiden kann.

9.3 Rechtsweg

Außerdem haben Sie die Möglichkeit, den Rechtsweg zu beschreiten. Bitte beachten Sie jedoch, dass hierfür kein Versicherungsschutz besteht (siehe 3.2.11).

10. Welches Recht ist anzuwenden und wo ist der Gerichtsstand? A

10.1 Anzuwendendes Recht

Für diesen Versicherungsvertrag gilt deutsches Recht.

10.2 Klagen gegen das Versicherungsunternehmen

Wenn Sie uns verklagen wollen, können Sie die Klage an folgenden Orten einreichen:

- Am Sitz des Versicherungsunternehmens oder am Sitz der für Ihren Vertrag zuständigen Niederlassung,
- oder, wenn Sie eine natürliche Person sind, auch am Gericht Ihres Wohnsitzes. (Eine „natürliche Person" ist ein Mensch, im Gegensatz zur „juristischen Person"; das ist zum Beispiel eine GmbH, eine AG oder ein Verein). Haben Sie keinen Wohnsitz, können Sie die Klage am Gericht Ihres gewöhnlichen Aufenthalts einreichen.

10.3 Klagen gegen den Versicherungsnehmer

Wenn wir Sie verklagen müssen, können wir die Klage an folgenden Orten einreichen:

- Wenn Sie eine natürliche Person sind, am Gericht Ihres Wohnsitzes. (Eine „natürliche Person" ist ein Mensch, im Gegensatz zur „juristischen Person"; das ist zum Beispiel eine GmbH, eine AG oder ein Verein). Haben Sie keinen Wohnsitz, können wir die Klage am Gericht Ihres gewöhnlichen Aufenthalts einreichen.
- Wenn Ihr Wohnsitz oder Ihr gewöhnlicher Aufenthalt zum Zeitpunkt der Klageerhebung nicht bekannt ist, am Sitz unseres Versicherungsunternehmens oder am Sitz der für Ihren Vertrag zuständigen Niederlassung.
- Wenn Sie eine juristische Person sind oder eine Offene Handelsgesellschaft, Kommanditgesellschaft, Gesellschaft bürgerlichen Rechts oder eine eingetragene Partnerschaftsgesellschaft, ist das Gericht an Ihrem Sitz oder Ihrer Niederlassung zuständig.

Anhang: Beitragsfreiheit bei Arbeitslosigkeit (Zahlungspause) A

1. Wir bieten Ihnen die Möglichkeit, Ihren Versicherungsschutz aufrechtzuerhalten, ohne dass Sie Ihren Versicherungsbeitrag zahlen müssen.

Die Voraussetzungen hierfür sind:
- Die Regelung muss zwischen uns vereinbart sein.
- Sie sind arbeitslos gemeldet (§ 137 Sozialgesetzbuch III) bzw. berufs- oder erwerbsunfähig (§ 43 Sozialgesetzbuch VI).

Die Regelung gilt höchstens für ... Jahre. Dies gilt auch dann, wenn während der Zahlungspause mehrere dieser Voraussetzungen gegeben sind (Beispiel: erst Arbeitslosigkeit, dann Erwerbsunfähigkeit).

Nach Ihrem Tod gilt die Zahlungspause für die Person, die den Versicherungsvertrag mit uns fortführt.

2. Eine Zahlungspause nach 1. tritt nicht ein,

2.1 wenn eine andere Person verpflichtet ist oder verpflichtet wäre, den Beitrag zu zahlen – davon ausgenommen ist eine gesetzliche Unterhaltspflicht – oder

2.2 wenn Sie bereits vor Versicherungsbeginn arbeitslos bzw. berufs- oder erwerbsunfähig geworden sind oder

2.3 wenn die Arbeitslosigkeit oder die Berufs- bzw. Erwerbsunfähigkeit innerhalb von 6 Monaten nach Versicherungsbeginn eintritt. Dies gilt nicht, wenn die Berufs- bzw. Erwerbsunfähigkeit *Folge eines Unfalls* innerhalb dieses Zeitraums ist oder

2.4 wenn die Arbeitslosigkeit oder Berufs- bzw. Erwerbsunfähigkeit verursacht ist durch • militärische Konflikte,
- innere Unruhen,
- Streiks oder
- Nuklearschäden – ausgenommen durch eine medizinische Behandlung

oder

2.5 wenn die Arbeitslosigkeit oder Berufs- bzw. Erwerbsunfähigkeit von Ihnen vorsätzlich verursacht wurde oder im ursächlichen Zusammenhang mit einer von Ihnen begangenen vorsätzlichen Straftat steht.

3. Den Anspruch auf Zahlungspause müssen Sie unverzüglich geltend machen. („Unverzüglich" heißt nicht unbedingt „sofort", sondern „ohne schuldhaftes Zögern bzw. so schnell wie eben möglich".)

Sie müssen
- uns Auskunft über alle Umstände Ihres Anspruchs erteilen und
- uns nachweisen, dass die Voraussetzung für eine Zahlungspause nach 1. gegeben ist. Zum Nachweis müssen Sie eine amtliche Bescheinigung vorlegen.

4. Wir können Sie höchstens alle drei Monate auffordern, aktuelle Nachweise dafür vorzulegen, ob Sie noch die Voraussetzung für eine Zahlungspause erfüllen.

Wenn Sie dieser Aufforderung nicht unverzüglich nachkommen, beenden wir die Zahlungspause. („Unverzüglich" heißt nicht unbedingt „sofort", sondern „ohne schuldhaftes Zögern bzw. so schnell wie eben möglich".) Diese Zahlungspause tritt jedoch mit sofortiger Wirkung wieder in Kraft, wenn die Auskünfte und Nachweise nachgereicht werden.

1. bis 3. gelten nicht im Todesfall oder solange ein anderer bereits erbrachter Nachweis für die Zahlungspause noch vorliegt.

5. Diese Zusatzvereinbarung können wir oder Sie kündigen, und zwar drei Monate vor dem Ende jedes Versicherungsjahrs.

Die Zusatzvereinbarung endet automatisch, wenn
- Sie das 60. Lebensjahr erreichen,
- Sie sterben oder
- die Person, die nach Ihrem Tod Ihren Versicherungsvertrag mit uns fortführt, zum Zeitpunkt Ihres Todes das 60. Lebensjahr beendet hat.

Für Mitversicherte aus Ihrem Versicherungsvertrag gilt diese Zusatzvereinbarung nicht.

62h. Allgemeine Bedingungen für die kapitalbildende Lebensversicherung[1)]

Musterbedingungen des GDV[2)]

Stand: 28.04.2021

Diese Bedingungen sind für die Versicherer unverbindlich; ihre Verwendung ist rein fakultativ. Abweichende Bedingungen können vereinbart werden.

Sehr geehrte Kundin, sehr geehrter Kunde,
mit diesen Versicherungsbedingungen wenden wir uns an Sie als unseren Versicherungsnehmer und Vertragspartner.

Inhaltsverzeichnis

§ 1 Welche Leistungen erbringen wir?

• Kapitalversicherung auf den Todes- und Erlebensfall

Unsere Leistung zum vereinbarten Ablauftermin oder bei Tod der versicherten Person

(1) Wenn die versicherte Person *(das ist die Person, auf deren Leben die Versicherung abgeschlossen ist)* den vereinbarten Ablauftermin erlebt oder wenn sie vor diesem Termin stirbt, zahlen wir die vereinbarte Versicherungssumme.

Bemerkung:

§ 1 Abs. 1 ist bei anderer Leistungsbeschreibung entsprechend zu ändern, z.B. wie folgt:

[1)] Sofern von der Möglichkeit des § 1 Abs. 2 VVG-InfoV Gebrauch gemacht wird, ist darauf zu achten, dass die danach notwendige Hervorhebung des Textes sich von der vereinzelten Kenntlichmachung durch Fettdruck in diesen Bedingungen unterscheidet.

[2)] In der jeweils aktuellen Fassung kostenlos abrufbar unter www.gdv.de.

• Kapitalversicherung auf den Todes- und Erlebensfall mit Teilauszahlung

Unsere Leistung zu den vereinbarten Auszahlungsterminen oder bei Tod der versicherten Person

(1) [1] Wenn die versicherte Person *(das ist die Person, auf deren Leben die Versicherung abgeschlossen ist)* die vereinbarten Auszahlungstermine erlebt, erbringen wir die vereinbarten Teilauszahlungen. [2] Wenn die versicherte Person vor dem letzten Auszahlungstermin stirbt, zahlen wir die vereinbarte Versicherungssumme.

• Kapitalversicherung auf den Todes- und Erlebensfall von zwei Personen

Unsere Leistung zum vereinbarten Ablauftermin oder bei Tod einer der versicherten Personen

(1) [1] Wenn beide versicherte Personen *(das sind die Personen, auf deren Leben die Versicherung abgeschlossen ist)* den vereinbarten Ablauftermin erleben oder wenn eine der versicherten Personen vor diesem Termin stirbt, zahlen wir die vereinbarte Versicherungssumme. [2] Auch bei gleichzeitigem Tod beider versicherter Personen zahlen wir die vereinbarte Versicherungssumme nur einmal.

• Kapitalversicherung mit festem Auszahlungszeitpunkt, Termfixversicherung

Unsere Leistung zum vereinbarten Ablauftermin oder bei Tod der versicherten Person

(1) [1] Wir zahlen die vereinbarte Versicherungssumme zu dem vereinbarten Ablauftermin, unabhängig davon, ob die versicherte Person *(das ist die Person, auf deren Leben die Versicherung abgeschlossen ist)* diesen Zeitpunkt erlebt. [2] Die Beitragszahlung endet, wenn die versicherte Person stirbt, spätestens mit Ablauf der vereinbarten Versicherungsdauer.

• Kapitalversicherung auf den Todesfall

Unsere Leistung bei Tod der versicherten Person

(1) Wenn die versicherte Person *(das ist die Person, auf deren Leben die Versicherung abgeschlossen ist)* stirbt, zahlen wir die vereinbarte Versicherungssumme.

Unsere Leistung aus der Überschussbeteiligung

(2) Es kann sich eine Leistung aus der Überschussbeteiligung ergeben (siehe § 2).

§ 2 Wie erfolgt die Überschussbeteiligung? (1) [1] Wir beteiligen Sie an dem Überschuss und an den Bewertungsreserven (Überschussbeteiligung). [2] Die Leistung aus der Überschussbeteiligung kann auch Null Euro betragen. [3] In den nachfolgenden Absätzen erläutern wir Ihnen,

- wie wir den in einem Geschäftsjahr entstandenen Überschuss unseres Unternehmens ermitteln und wie wir diesen verwenden (Absatz 2),
- wie Ihr Vertrag an dem Überschuss beteiligt wird (Absätze 3 und 4),
- wie Bewertungsreserven entstehen und wie wir diese Ihrem Vertrag zuordnen (Absätze 5 und 6),
- warum wir die Höhe der Überschussbeteiligung Ihres Vertrages nicht garantieren können (Absatz 7) und
- wie wir Sie über die Überschussbeteiligung informieren (Absätze 8 und 9).

Wie ermitteln wir den in einem Geschäftsjahr entstandenen Überschuss unseres Unternehmens und wie verwenden wir diesen?

(2) [1]Den in einem Geschäftsjahr entstandenen Überschuss unseres Unternehmens (Rohüberschuss) ermitteln wir nach handels- und aufsichtsrechtlichen Vorschriften. [2]Mit der Feststellung des Jahresabschlusses legen wir fest, welcher Teil des Rohüberschusses für die Überschussbeteiligung aller überschussberechtigten Verträge zur Verfügung steht. [3]Dabei beachten wir die aufsichtsrechtlichen Vorgaben, derzeit insbesondere die Verordnung über die Mindestbeitragsrückerstattung in der Lebensversicherung (Mindestzuführungsverordnung). [4]Den danach zur Verfügung stehenden Teil des Rohüberschusses führen wir der Rückstellung für Beitragsrückerstattung zu, soweit wir ihn nicht als Direktgutschrift unmittelbar den überschussberechtigten Versicherungsverträgen gutgeschrieben haben. [5]Sinn der Rückstellung für Beitragsrückerstattung ist es, Schwankungen des Überschusses über die Jahre auszugleichen. [6]Die Rückstellung für Beitragsrückerstattung dürfen wir grundsätzlich nur für die Überschussbeteiligung der Versicherungsnehmer verwenden. [7]Nur in gesetzlich festgelegten Ausnahmefällen können wir hiervon mit Zustimmung der Aufsichtsbehörde abweichen.

Ansprüche auf eine bestimmte Höhe der Beteiligung Ihres Vertrages am Überschuss ergeben sich aus der Zuführung zur Rückstellung für Beitragsrückerstattung nicht.

[1]Wir haben gleichartige Versicherungen (z.B. Rentenversicherungen, Risikolebensversicherungen, Berufsunfähigkeitsversicherungen)[1)] zu Bestandsgruppen zusammengefasst. [2]Bestandsgruppen bilden wir, um die Unterschiede bei den versicherten Risiken zu berücksichtigen.[2)]

Wie wird Ihr Vertrag an dem Überschuss beteiligt?

(3) [1]Bei der Verteilung des Überschusses auf die einzelnen Verträge wenden wir ein verursachungsorientiertes Verfahren an. [2]Hierzu bilden wir innerhalb der Bestandsgruppen Gewinnverbände[3) 4)].
[3]Ihr Vertrag ist dem in Ihrem Versicherungsschein genannten Gewinnverband zugeordnet. [4]Wir verteilen den Überschuss in dem Maß, wie die Bestandsgruppen und Gewinnverbände zu seiner Entstehung beigetragen haben. [5]Hat eine Bestandsgruppe oder ein Gewinnverband nicht zur Entstehung des Überschusses beigetragen, besteht insoweit kein Anspruch auf Überschussbeteiligung.
[6]…[5)]

[1)] Ggf. unternehmensindividuell anzupassen.

[2)] Sollte innerhalb der Gewinngruppen weiter differenziert werden, sind diese Untergruppen in den Bedingungen näher zu definieren.

[3)] Ggf. unternehmensindividuell anpassen. Die im Versicherungsschein verwendeten Begriffe sollten die leichte Auffindbarkeit der entsprechenden Angaben im Geschäftsbericht gewährleisten (vergl. *Abs. 8). Die verwendeten Begriffe sollten* sich auch an den entsprechenden Stellen im weiteren Dokument wiederfinden.

[4)] Ggf. weitere Untergruppen benennen.

[5)] Hier oder in einer Anlage zu den Bedingungen sind folgende unternehmensindividuelle Angaben zur Überschussbeteiligung zu machen:
a) Voraussetzung für die Fälligkeit der Überschussanteile (Wartezeit, Stichtag für die Zuteilung u.ä.)
b) Form und Verwendung der Überschussanteile (laufende Überschussanteile, Schlussüberschussanteile, Bonus, Ansammlung, Verrechnung, Barauszahlung u.ä.)
c) Bemessungsgrößen für die Überschussanteile
d) Rechnungsgrundlagen für die Ermittlung der Beiträge

(4) [1] Der Vorstand legt jedes Jahr auf Vorschlag des Verantwortlichen Aktuars fest, wie der Überschuss auf die Gewinnverbände verteilt wird und setzt die entsprechenden Überschussanteilsätze fest (Überschussdeklaration). [2] Dabei achtet er darauf, dass die Verteilung verursachungsorientiert erfolgt.
[3] Ihr Vertrag erhält auf der Grundlage der Überschussdeklaration Anteile an dem auf Ihren Gewinnverband entfallenden Teil des Überschusses. [4] Die Mittel hierfür werden bei der Direktgutschrift zulasten des Ergebnisses des Geschäftsjahres finanziert, ansonsten der Rückstellung für Beitragsrückerstattung entnommen.

Wie entstehen Bewertungsreserven und wie ordnen wir diese Ihrem Vertrag zu?

(5) [1] Bewertungsreserven entstehen, wenn der Marktwert der Kapitalanlagen über ihrem jeweiligen handelsrechtlichen Buchwert liegt.
[2] Die Bewertungsreserven, die nach den maßgebenden rechtlichen Vorschriften für die Beteiligung der Verträge zu berücksichtigen sind, ordnen wir den Verträgen anteilig rechnerisch zu. [3] Dabei wenden wir ein verursachungsorientiertes Verfahren an.
[4] … [1)]
[5] Die Höhe der Bewertungsreserven ermitteln wir jährlich neu, zusätzlich auch für den Zeitpunkt der Beendigung eines Vertrages.

(6) [1] Bei Beendigung des Vertrages[2)] (durch Tod, Kündigung oder Erleben des vereinbarten Ablauftermins) gilt Folgendes: Wir teilen Ihrem Vertrag dann den für diesen Zeitpunkt zugeordneten Anteil an den Bewertungsreserven gemäß der jeweils geltenden gesetzlichen Regelung zu.
[2] … [3)]
[3] Aufsichtsrechtliche Regelungen können dazu führen, dass die Beteiligung an den Bewertungsreserven ganz oder teilweise entfällt.

Warum können wir die Höhe der Überschussbeteiligung nicht garantieren?

(7) [1] Die Höhe der Überschussbeteiligung hängt von vielen Einflüssen ab, die nicht vorhersehbar und von uns nur begrenzt beeinflussbar sind. [2] Einflussfaktoren sind insbesondere die Entwicklung des Kapitalmarkts, des versicherten Risikos und der Kosten.
[3] Die Höhe der künftigen Überschussbeteiligung kann also nicht garantiert werden. [4] Sie kann auch Null Euro betragen.

Wie informieren wir über die Überschussbeteiligung?

(8) [1] Die festgelegten Überschussanteilsätze veröffentlichen wir jährlich in unserem Geschäftsbericht. [2] Diesen finden Sie auf unserer Internetseite unter …[4)].

[1)] Hier oder in einer Anlage zu den Bedingungen sind unternehmensindividuelle Angaben zur Beteiligung der Gesamtheit der anspruchsberechtigten Verträge an den Bewertungsreserven zu machen. Vgl. hierzu auch Gesamtgeschäftsplan für die Überschussbeteiligung, Abschnitt 3.11.1 bis 3.11.11.

[2)] Ggf. unternehmensindividuellen früheren Zeitpunkt verwenden.

[3)] Hier oder in einer Anlage zu den Bedingungen sind unternehmensindividuelle Angaben zur Beteiligung an den Bewertungsreserven zu machen: Anzugeben sind der Verteilungsmechanismus, d.h. die Schlüsselung der ermittelten, verteilungsfähigen Bewertungsreserven auf den einzelnen Vertrag und *die Bewertungsstichtage*. Vgl. hierzu auch Gesamtgeschäftsplan für die Überschussbeteiligung, Abschnitt 3.11.1 und 3.11.11.

[4)] Unternehmensindividuell zu ergänzen

(9) [1]Über den Stand Ihrer Ansprüche unterrichten wir Sie jährlich. [2]Dabei berücksichtigen wir die Überschussbeteiligung Ihres Vertrages.

§ 3 Wann beginnt Ihr Versicherungsschutz? [1]Ihr Versicherungsschutz beginnt, wenn Sie den Vertrag mit uns abgeschlossen haben. [2]Jedoch besteht vor dem im Versicherungsschein angegebenen Versicherungsbeginn kein Versicherungsschutz. [3]Allerdings kann unsere Leistungspflicht entfallen, wenn Sie den Beitrag nicht rechtzeitig zahlen (siehe § 10 Absätze 2 und 3 und § 11).

§ 4 Was gilt bei Polizei- oder Wehrdienst, Unruhen, Krieg oder Einsatz bzw. Freisetzen von ABC-Waffen/-Stoffen? (1) [1]Grundsätzlich leisten wir unabhängig davon, auf welcher Ursache der Versicherungsfall beruht. [2]Wir leisten auch dann, wenn die versicherte Person *(das ist die Person, auf deren Leben die Versicherung abgeschlossen ist)* in Ausübung des Polizei- oder Wehrdienstes oder bei inneren Unruhen gestorben ist.

(2) [1]Stirbt die versicherte Person in unmittelbarem oder mittelbarem Zusammenhang mit kriegerischen Ereignissen, ist unsere Leistung eingeschränkt. [2]In diesem Fall vermindert sich die Auszahlung auf den für den Todestag berechneten Rückkaufswert (siehe § 12 Absätze 3 bis 6), ohne den dort vorgesehenen Abzug. [3]Unsere Leistung vermindert sich nicht, wenn die versicherte Person in unmittelbarem oder mittelbarem Zusammenhang mit kriegerischen Ereignissen stirbt, denen sie während eines Aufenthaltes außerhalb der Bundesrepublik Deutschland ausgesetzt und an denen sie nicht aktiv beteiligt war.

(3) [1]In folgenden Fällen vermindern sich unsere Leistungen auf die in Absatz 2 Satz 2 und 3 genannten Leistungen: Die versicherte Person stirbt in unmittelbarem oder mittelbarem Zusammenhang mit

- dem vorsätzlichen Einsatz von atomaren, biologischen oder chemischen Waffen oder
- dem vorsätzlichen Einsatz oder der vorsätzlichen Freisetzung von radioaktiven, biologischen oder chemischen Stoffen.

[2]Der Einsatz bzw. das Freisetzen muss dabei darauf gerichtet gewesen sein, das Leben einer Vielzahl von Personen zu gefährden. [3]Unsere Leistung vermindert sich nicht, wenn die versicherte Person in unmittelbarem oder mittelbarem Zusammenhang mit kriegerischen Ereignissen stirbt, denen sie während eines Aufenthaltes außerhalb der Bundesrepublik Deutschland ausgesetzt und an denen sie nicht aktiv beteiligt war.

§ 5 Was gilt bei Selbsttötung der versicherten Person? (1) Bei vorsätzlicher Selbsttötung erbringen wir eine für den Todesfall vereinbarte Leistung, wenn seit Abschluss des Vertrages **drei Jahre vergangen** sind.

(2) [1]*Bei vorsätzlicher* Selbsttötung **vor** Ablauf der Dreijahresfrist besteht kein Versicherungsschutz. [2]In diesem Fall zahlen wir den für den Todestag berechneten Rückkaufswert Ihres Vertrages (siehe § 12 Absätze 3 bis 6), ohne den dort vorgesehenen Abzug.
[3]Wenn uns nachgewiesen wird, dass sich die versicherte Person *(das ist die Person, auf deren Leben die Versicherung abgeschlossen ist)* in einem die freie Willensbestimmung ausschließenden Zustand krankhafter Störung der Geistestätigkeit selbst getötet hat, besteht Versicherungsschutz.

(3) Wenn unsere Leistungspflicht durch eine Änderung des Vertrages erweitert wird oder der Vertrag wiederhergestellt wird, beginnt die Dreijahresfrist bezüglich des geänderten oder wiederhergestellten Teils neu.

§ 6 Was bedeutet die vorvertragliche Anzeigepflicht und welche Folgen hat ihre Verletzung?

Vorvertragliche Anzeigepflicht

(1) [1] Sie sind bis zur Abgabe Ihrer Vertragserklärung verpflichtet, alle Ihnen bekannten gefahrerheblichen Umstände, nach denen wir in Textform (*z.B. Papierform oder E-Mail*) gefragt haben, wahrheitsgemäß und vollständig anzuzeigen. [2] Gefahrerheblich sind die Umstände, die für unsere Entscheidung, den Vertrag überhaupt oder mit dem vereinbarten Inhalt zu schließen, erheblich sind. [3] Diese Anzeigepflicht gilt auch für Fragen nach gefahrerheblichen Umständen, die wir Ihnen nach Ihrer Vertragserklärung, aber vor Vertragsannahme, in Textform stellen.

(2) Soll das Leben einer anderen Person versichert werden, ist auch diese – neben Ihnen – zu wahrheitsgemäßer und vollständiger Beantwortung der Fragen verpflichtet.

(3) Wenn eine andere Person die Fragen nach gefahrerheblichen Umständen für Sie beantwortet und wenn diese Person den gefahrerheblichen Umstand kennt oder arglistig handelt, werden Sie behandelt, als hätten Sie selbst davon Kenntnis gehabt oder arglistig gehandelt.

Rechtsfolgen der Anzeigepflichtverletzung

(4) Nachfolgend informieren wir Sie, unter welchen Voraussetzungen wir bei einer Verletzung der Anzeigepflicht

- vom Vertrag zurücktreten,
- den Vertrag kündigen,
- den Vertrag ändern oder
- den Vertrag wegen arglistiger Täuschung anfechten

können.

Rücktritt

(5) [1] Wenn die vorvertragliche Anzeigepflicht verletzt wird, können wir vom Vertrag zurücktreten. [2] Das Rücktrittsrecht besteht nicht, wenn weder eine vorsätzliche noch eine grob fahrlässige Anzeigepflichtverletzung vorliegt. [3] Selbst wenn die Anzeigepflicht grob fahrlässig verletzt wird, haben wir trotzdem kein Rücktrittsrecht, falls wir den Vertrag – möglicherweise zu anderen Bedingungen (*z.B. höherer Beitrag oder eingeschränkter Versicherungsschutz*) – auch bei Kenntnis der nicht angezeigten gefahrerheblichen Umstände geschlossen hätten.

(6) [1] Im Fall des Rücktritts haben Sie keinen Versicherungsschutz. [2] Wenn wir nach Eintritt des Versicherungsfalles zurücktreten, bleibt unsere Leistungspflicht unter folgender Voraussetzung trotzdem bestehen: Die Verletzung der Anzeigepflicht bezieht sich auf einen gefahrerheblichen Umstand, der

- weder für den Eintritt oder die Feststellung des Versicherungsfalles
- noch für die Feststellung oder den Umfang unserer Leistungspflicht ursächlich

war.

[3] Unsere Leistungspflicht entfällt jedoch auch im vorstehend genannten Fall, wenn die Anzeigepflicht arglistig verletzt worden ist.

(7) [1] Wenn der Vertrag durch Rücktritt aufgehoben wird, zahlen wir den Rückkaufswert gemäß § 12 Absätze 3 bis 5; die Regelung des § 12 Absatz 3 Satz 2 bis 4 gilt nicht. [2] Die Rückzahlung der Beiträge können Sie nicht verlangen.

Kündigung

(8) Wenn unser Rücktrittsrecht ausgeschlossen ist, weil die Verletzung der Anzeigepflicht weder vorsätzlich noch grob fahrlässig erfolgt ist, können wir den Vertrag unter Einhaltung einer Frist von einem Monat kündigen.

(9) Unser Kündigungsrecht ist ausgeschlossen, wenn wir den Vertrag – möglicherweise zu anderen Bedingungen (*z.B. höherer Beitrag oder eingeschränkter Versicherungsschutz*) – auch bei Kenntnis der nicht angezeigten gefahrerheblichen Umstände geschlossen hätten.

(10) Wenn wir den Vertrag kündigen, wandelt er sich nach Maßgabe des § 13 in einen beitragsfreien Vertrag um.

Vertragsänderung

(11) [1] Können wir nicht zurücktreten oder kündigen, weil wir den Vertrag – möglicherweise zu anderen Bedingungen (*z.B. höherer Beitrag oder eingeschränkter Versicherungsschutz*) – auch bei Kenntnis der nicht angezeigten gefahrerheblichen Umstände geschlossen hätten (Absatz 5 Satz 3 und Absatz 9), werden die anderen Bedingungen auf unser Verlangen rückwirkend Vertragsbestandteil. [2] Haben Sie die Anzeigepflichtverletzung nicht zu vertreten, werden die anderen Bedingungen erst ab der laufenden Versicherungsperiode (siehe § 10 Absatz 2 Satz 3) Vertragsbestandteil.

(12) [1] Sie können den Vertrag innerhalb eines Monats, nachdem Sie unsere Mitteilung über die Vertragsänderung erhalten haben, fristlos kündigen, wenn

- wir im Rahmen einer Vertragsänderung den Beitrag um mehr als 10 % erhöhen oder
- wir die Gefahrabsicherung für einen nicht angezeigten Umstand ausschließen.

[2] Auf dieses Recht werden wir Sie in der Mitteilung über die Vertragsänderung hinweisen.

Voraussetzungen für die Ausübung unserer Rechte

(13) Unsere Rechte zum Rücktritt, zur Kündigung oder zur Vertragsänderung stehen uns nur zu, wenn wir Sie durch gesonderte Mitteilung in Textform auf die Folgen einer Anzeigepflichtverletzung hingewiesen haben.

(14) Wir haben kein Recht zum Rücktritt, zur Kündigung oder zur Vertragsänderung, wenn wir den nicht angezeigten Umstand oder die Unrichtigkeit der Anzeige kannten.

(15) [1] Wir können unsere Rechte zum Rücktritt, zur Kündigung oder zur Vertragsänderung nur innerhalb eines Monats geltend machen. [2] Die Frist beginnt mit dem Zeitpunkt, zu dem wir von der Verletzung der Anzeigepflicht, die das von uns geltend gemachte Recht begründet, Kenntnis erlangen. [3] Bei Ausübung unserer Rechte müssen wir die Umstände angeben, auf die wir unsere Erklärung stützen. [4] Zur Begründung können wir nachträglich weitere Umstände angeben, wenn für diese die Frist nach Satz 1 nicht verstrichen ist.

(16) [1] Nach Ablauf von fünf Jahren seit Vertragsschluss erlöschen unsere Rechte zum Rücktritt, zur Kündigung oder zur Vertragsänderung. [2] Ist der Versicherungsfall vor Ablauf dieser Frist eingetreten, können wir die Rechte auch nach

Ablauf der Frist geltend machen. [3]Ist die Anzeigepflicht vorsätzlich oder arglistig verletzt worden, beträgt die Frist zehn Jahre.

Anfechtung

(17) [1]Wir können den Vertrag auch anfechten, falls unsere Entscheidung zur Annahme des Vertrages durch unrichtige oder unvollständige Angaben bewusst und gewollt beeinflusst worden ist. [2]Handelt es sich um Angaben der **versicherten Person** *(das ist die Person, auf deren Leben die Versicherung abgeschlossen ist)*, können wir **Ihnen** gegenüber die Anfechtung erklären, auch wenn Sie von der Verletzung der vorvertraglichen Anzeigepflicht keine Kenntnis hatten. [3]Absatz 7 gilt entsprechend.

Leistungserweiterung/Wiederherstellung des Vertrages

(18) [1]Die Absätze 1 bis 17 gelten entsprechend, wenn der Versicherungsschutz nachträglich erweitert oder wiederhergestellt wird und deshalb eine erneute Risikoprüfung vorgenommen wird. [2]Die Fristen nach Absatz 16 beginnen mit der Änderung oder Wiederherstellung des Vertrages bezüglich des geänderten oder wiederhergestellten Teils neu.

Erklärungsempfänger

(19) [1]Unsere Rechte zum Rücktritt, zur Kündigung, zur Vertragsänderung sowie zur Anfechtung üben wir durch eine schriftliche Erklärung aus, die wir Ihnen gegenüber abgeben. [2]Sofern Sie uns keine andere Person als Bevollmächtigten benannt haben, gilt nach Ihrem Tod ein Bezugsberechtigter als bevollmächtigt, diese Erklärung entgegenzunehmen. [3]Ist kein Bezugsberechtigter vorhanden oder kann sein Aufenthalt nicht ermittelt werden, können wir den Inhaber des Versicherungsscheins als bevollmächtigt ansehen, die Erklärung entgegenzunehmen.

§ 7 Was ist zu beachten, wenn eine Leistung verlangt wird? (1) Wird eine Leistung aus dem Vertrag beansprucht, können wir verlangen, dass uns der Versicherungsschein und ein Zeugnis über den Tag der Geburt der versicherten Person *(das ist die Person, auf deren Leben die Versicherung abgeschlossen ist)* vorgelegt sowie die Auskunft nach § 16 gegeben werden.

(2) [1]Der Tod der versicherten Person muss uns unverzüglich *(d.h. ohne schuldhaftes Zögern)* mitgeteilt werden. [2]Außerdem muss uns eine amtliche Sterbeurkunde mit Angabe von Alter und Geburtsort vorgelegt werden. [3]Zusätzlich muss uns eine ausführliche ärztliche oder amtliche Bescheinigung über die Todesursache vorgelegt werden. [4]Aus der Bescheinigung müssen sich Beginn und Verlauf der Krankheit, die zum Tod der versicherten Person geführt hat, ergeben.

(3) [1]Wir können weitere Nachweise und Auskünfte verlangen, wenn dies erforderlich ist, um unsere Leistungspflicht zu klären. [2]Die Kosten hierfür muss diejenige Person tragen, die die Leistung beansprucht.

(4) [1]Unsere Leistungen werden fällig, nachdem wir die Erhebungen abgeschlossen haben, die zur Feststellung des Versicherungsfalls und des Umfangs unserer Leistungspflicht notwendig sind. [2]Wenn eine der in den Absätzen 1 bis 3 genannten Pflichten nicht erfüllt wird, kann dies zur Folge haben, dass wir nicht *feststellen* können, ob oder in welchem Umfang wir leistungspflichtig sind. [3]Eine solche Pflichtverletzung kann somit dazu führen, dass unsere Leistung nicht fällig wird.

(5) Bei Überweisung von Leistungen in Länder außerhalb des Europäischen Wirtschaftsraumes trägt die empfangsberechtigte Person die damit verbundene Gefahr.

§ 8 Welche Bedeutung hat der Versicherungsschein? (1) [1]Wir können Ihnen den Versicherungsschein in Textform (*z.B. Papierform, E-Mail*) übermitteln. [2]Stellen wir diesen als Dokument in Papierform aus, dann liegt eine Urkunde vor. [3]Sie können die Ausstellung als Urkunde verlangen.

(2) [1]Den Inhaber der Urkunde können wir als berechtigt ansehen, über die Rechte aus dem Vertrag zu verfügen, insbesondere Leistungen in Empfang zu nehmen. [2]Wir können aber verlangen, dass uns der Inhaber der Urkunde seine Berechtigung nachweist.

§ 9 Wer erhält die Leistung? (1) [1]Als unser Versicherungsnehmer können Sie bestimmen, wer die Leistung erhält. [2]Gegebenenfalls bedarf es hierzu zusätzlich einer Zustimmung Dritter. [3]Wenn Sie keine Bestimmung treffen, leisten wir an Sie.

Bezugsberechtigung

(2) [1]Sie können uns widerruflich oder unwiderruflich eine andere Person benennen, die die Leistung erhalten soll (Bezugsberechtigter).
[2]Wenn Sie ein Bezugsrecht **widerruflich** bestimmen, erwirbt der Bezugsberechtigte das Recht auf die Leistung erst mit dem Eintritt des Versicherungsfalls. [3]Deshalb können Sie Ihre Bestimmung bis zum Eintritt des Versicherungsfalls jederzeit widerrufen.
[4]Sie können ausdrücklich bestimmen, dass der Bezugsberechtigte sofort und **unwiderruflich** das Recht auf die Leistung erhält. [5]Sobald uns Ihre Erklärung zugegangen ist, kann dieses Bezugsrecht nur noch mit Zustimmung des unwiderruflich Bezugsberechtigten geändert werden.

Abtretung und Verpfändung

(3) Sie können das Recht auf die Leistung bis zum Eintritt des Versicherungsfalls grundsätzlich ganz oder teilweise an Dritte abtreten und verpfänden, soweit derartige Verfügungen rechtlich möglich sind.

Anzeige

(4) [1]Die Einräumung und der Widerruf eines Bezugsrechts (Absatz 2) sowie die Abtretung und die Verpfändung (Absatz 3) sind uns gegenüber nur und erst dann wirksam, wenn sie uns vom bisherigen Berechtigten in Textform (*z.B. Papierform, E-Mail*) angezeigt worden sind. [2]Der bisherige Berechtigte sind im Regelfall Sie als unser Versicherungsnehmer. [3]Es können aber auch andere Personen sein, sofern Sie bereits zuvor Verfügungen (z.B. unwiderrufliche Bezugsberechtigung, Abtretung, Verpfändung) getroffen haben.

§ 10 *Was müssen Sie bei der Beitragszahlung beachten?* (1) Die Beiträge zu Ihrem Vertrag können Sie je nach Vereinbarung in einem Betrag (Einmalbeitrag), monatlich, viertel-, halbjährlich oder jährlich zahlen.

(2) [1]Den ersten Beitrag oder den Einmalbeitrag müssen Sie unverzüglich (*d.h. ohne schuldhaftes Zögern*) nach Abschluss des Vertrages zahlen, jedoch nicht vor dem mit Ihnen vereinbarten, im Versicherungsschein angegebenen Versicherungsbeginn. [2]Alle weiteren Beiträge (Folgebeiträge) werden jeweils zu Beginn der vereinbarten Versicherungsperiode fällig. [3]Die Versicherungsperiode umfasst

bei Einmalbeitrags- und Jahreszahlung ein Jahr, ansonsten entsprechend der Zahlungsweise einen Monat, ein Vierteljahr bzw. ein halbes Jahr.

(3) [1] Sie haben den Beitrag **rechtzeitig** gezahlt, wenn Sie bis zum Fälligkeitstag (Absatz 2) alles getan haben, damit der Beitrag bei uns eingeht. [2] Wenn die Einziehung des Beitrags von einem Konto vereinbart wurde, gilt die Zahlung in folgendem Fall als rechtzeitig:

- Der Beitrag konnte am Fälligkeitstag eingezogen werden und
- Sie haben einer berechtigten Einziehung nicht widersprochen.

[3] Konnten wir den fälligen Beitrag ohne Ihr Verschulden nicht einziehen, ist die Zahlung auch dann noch rechtzeitig, wenn sie unverzüglich nach unserer Zahlungsaufforderung erfolgt. [4] Haben Sie zu vertreten, dass der Beitrag wiederholt nicht eingezogen werden kann, sind wir berechtigt, künftig die Zahlung außerhalb des Lastschriftverfahrens zu verlangen.

(4) Sie müssen die Beiträge auf Ihre Gefahr und Ihre Kosten zahlen.

(5) Bei Fälligkeit einer Leistung werden wir etwaige Beitragsrückstände verrechnen.

§ 11 Was geschieht, wenn Sie einen Beitrag nicht rechtzeitig zahlen?

Erster Beitrag oder Einmalbeitrag

(1) [1] Wenn Sie den ersten Beitrag oder den Einmalbeitrag nicht rechtzeitig zahlen, können wir – solange die Zahlung nicht bewirkt ist – vom Vertrag zurücktreten. [2] In diesem Fall können wir von Ihnen die Kosten für ärztliche Untersuchungen im Rahmen einer Gesundheitsprüfung verlangen. [3] Wir sind nicht zum Rücktritt berechtigt, wenn uns nachgewiesen wird, dass Sie die nicht rechtzeitige Zahlung nicht zu vertreten haben.

(2) [1] Ist der erste Beitrag oder der Einmalbeitrag bei Eintritt des Versicherungsfalles noch nicht gezahlt, sind wir nicht zur Leistung verpflichtet. [2] Dies gilt nur, wenn wir Sie durch gesonderte Mitteilung in Textform (*z.B. Papierform, E-Mail*) oder durch einen auffälligen Hinweis im Versicherungsschein auf diese Rechtsfolge aufmerksam gemacht haben. [3] Unsere Leistungspflicht bleibt jedoch bestehen, wenn Sie uns nachweisen, dass Sie das Ausbleiben der Zahlung nicht zu vertreten haben.

Folgebeitrag

(3) [1] Zahlen Sie einen Folgebeitrag nicht rechtzeitig, können wir Ihnen auf Ihre Kosten in Textform eine Zahlungsfrist setzen. [2] Die Zahlungsfrist muss mindestens zwei Wochen betragen.

(4) [1] Für einen Versicherungsfall, der nach Ablauf der gesetzten Zahlungsfrist eintritt, entfällt oder vermindert sich der Versicherungsschutz, wenn Sie sich bei Eintritt des Versicherungsfalles noch mit der Zahlung in Verzug befinden. [2] Voraussetzung ist, dass wir Sie bereits mit der Fristsetzung auf diese Rechtsfolge hingewiesen haben.

(5) [1] Nach Ablauf der gesetzten Zahlungsfrist können wir den Vertrag ohne Einhaltung einer Kündigungsfrist kündigen, wenn Sie sich noch immer mit den Beiträgen, Zinsen oder Kosten in Verzug befinden. [2] Voraussetzung ist, dass wir Sie bereits mit der Fristsetzung auf diese Rechtsfolge hingewiesen haben. [3] Wir können die Kündigung bereits mit der Fristsetzung erklären. [4] Sie wird dann automatisch mit Ablauf der Frist wirksam, wenn Sie zu diesem Zeitpunkt noch

immer mit der Zahlung in Verzug sind. [5] Auf diese Rechtsfolge müssen wir Sie ebenfalls hinweisen.

(6) [1] Sie können den angeforderten Betrag auch dann noch nachzahlen, wenn unsere Kündigung wirksam geworden ist. [2] Nachzahlen können Sie nur

- innerhalb eines Monats nach der Kündigung
- oder, wenn die Kündigung bereits mit der Fristsetzung verbunden worden ist, innerhalb eines Monats nach Fristablauf.

[3] Zahlen Sie innerhalb dieses Zeitraums, wird die Kündigung unwirksam, und der Vertrag besteht fort. [4] Für Versicherungsfälle, die zwischen dem Ablauf der Zahlungsfrist und der Zahlung eintreten, besteht kein oder nur ein verminderter Versicherungsschutz.

§ 12 Wann können Sie Ihren Vertrag kündigen und welche Leistungen erbringen wir?

Kündigung

(1) [1] Sie können Ihren Vertrag jederzeit zum Schluss der laufenden Versicherungsperiode (siehe § 10 Absatz 2 Satz 3) in Textform (*z.B. Papierform, E-Mail*) kündigen.
[2] Sie können Ihren Vertrag auch **teilweise** kündigen, wenn die verbleibende Versicherungssumme mindestens …[1)] beträgt. [3] Bei teilweiser Kündigung gelten die folgenden Regelungen nur für den gekündigten Vertragsteil.

Auszahlungsbetrag

(2) [1] Nach Kündigung zahlen wir

- den Rückkaufswert (Absätze 3 und 5),
- vermindert um den Abzug (Absatz 4) sowie
- die Überschussbeteiligung (Absatz 6).

[2] Beitragsrückstände werden von dem Auszahlungsbetrag abgezogen.

Rückkaufswert

(3) [1] Der Rückkaufswert ist nach § 169 des Versicherungsvertragsgesetzes (VVG[2)]) das nach anerkannten Regeln der Versicherungsmathematik mit den Rechnungsgrundlagen der Beitragskalkulation zum Schluss der laufenden Versicherungsperiode berechnete Deckungskapital des Vertrages. [2] Bei einem Vertrag mit laufender Beitragszahlung ist der Rückkaufswert mindestens jedoch der Betrag des Deckungskapitals, das sich bei gleichmäßiger Verteilung der angesetzten Abschluss- und Vertriebskosten auf die ersten fünf Vertragsjahre ergibt. [3] Ist die vereinbarte Beitragszahlungsdauer kürzer als fünf Jahre, verteilen wir diese Kosten auf die Beitragszahlungsdauer. [4] In jedem Fall beachten wir die aufsichtsrechtlichen Höchstzillmersätze (siehe § 14 Absatz 2 Satz 4).

Abzug

(4) [1] Von dem nach Absatz 3 ermittelten Wert nehmen wir einen Abzug in Höhe von …[3)] vor. [2] Der Abzug ist zulässig, wenn er angemessen ist. [3] Dies ist im Zweifel von uns nachzuweisen. [4] Wir halten den Abzug für angemessen, weil mit

---

[1)] Unternehmensindividuell zu ergänzen.

[2)] **Habersack, Deutsche Gesetze Nr. 62.**

[3)] Ggf. sind die Bezugsgröße und die Auswirkungen des Abzugs etwa in einer schriftlichen Erläuterung bzw. in einer Tabelle darzustellen, sofern der in Satz 3 definierte Abzug hierfür Anlass bietet.

ihm die Veränderung der Risikolage des verbleibenden Versichertenbestandes[1] ausgeglichen wird. [5] Zudem wird damit ein Ausgleich für kollektiv gestelltes Risikokapital vorgenommen.[2] [6] Wenn Sie uns nachweisen, dass der aufgrund Ihrer Kündigung von uns vorgenommene Abzug wesentlich niedriger liegen muss, wird er entsprechend herabgesetzt. [7] Wenn Sie uns nachweisen, dass der Abzug überhaupt nicht gerechtfertigt ist, entfällt er.

Herabsetzung des Rückkaufswertes im Ausnahmefall

(5) [1] Wir sind nach § 169 Absatz 6 VVG berechtigt, den nach Absatz 3 Satz 1 bis 3 ermittelten Wert angemessen herabzusetzen, soweit dies erforderlich ist, um eine Gefährdung der Belange der Versicherungsnehmer, insbesondere durch eine Gefährdung der dauernden Erfüllbarkeit der sich aus den Versicherungsverträgen ergebenden Verpflichtungen, auszuschließen. [2] Die Herabsetzung ist jeweils auf ein Jahr befristet.

Überschussbeteiligung

(6) Für die Ermittlung des Auszahlungsbetrages setzt sich die Überschussbeteiligung zusammen aus:

- den Ihrem Vertrag bereits zugeteilten Überschussanteilen, soweit sie nicht in dem nach den Absätzen 3 bis 5 berechneten Betrag enthalten sind,[3]
- dem Schlussüberschussanteil[4] nach § 2 Absatz 3 und
- den Ihrem Vertrag gemäß § 2 Absatz 6 zuzuteilenden Bewertungsreserven, soweit bei Kündigung vorhanden.

(7) [1] Wenn Sie Ihren Vertrag kündigen, kann das für Sie Nachteile haben. [2] In der Anfangszeit Ihres Vertrages ist wegen der Verrechnung von Abschluss- und Vertriebskosten (siehe § 14) nur der Mindestwert gemäß Absatz 3 Satz 2 als Rückkaufswert vorhanden. [3] Der Rückkaufswert erreicht auch in den Folgejahren nicht unbedingt die Summe der gezahlten Beiträge. [4] Nähere Informationen zum Rückkaufswert vor und nach Abzug und darüber, in welchem Ausmaß er garantiert ist, können Sie der Tabelle …[5] entnehmen.

[5] Keine Beitragsrückzahlung

(8) Die Rückzahlung der Beiträge können Sie nicht verlangen.

§ 13 Wann können Sie Ihren Vertrag beitragsfrei stellen und welche Folgen hat dies auf unsere Leistungen? (1) [1] Anstelle einer Kündigung nach § 12 können Sie zu dem dort genannten Termin in Textform (*z.B. Papierform, E-Mail*) verlangen, ganz oder teilweise von der Beitragszahlungspflicht befreit zu werden. [2] In diesem Fall setzen wir die vereinbarte Versicherungssumme ganz oder teilweise auf eine beitragsfreie Versicherungssumme herab. [3] Diese wird nach folgenden Gesichtspunkten berechnet:

- nach anerkannten Regeln der Versicherungsmathematik mit den Rechnungsgrundlagen der Beitragskalkulation,
- für den Schluss der laufenden Versicherungsperiode und

---

[1] Ggf. unternehmensindividuell anzupassen, wenn im Bedingungswerk eine andere Diktion veranlasst ist.

[2] Unternehmensindividuell zu erläutern und ggf. anzupassen, wenn auch aus anderen Gründen oder nur in eingeschränktem Umfang, also nicht aus allen oben genannten Gründen, ein Abzug erfolgen soll.

[3] *Ggf. unternehmensindividuell* entsprechend der Überschussverwendung anzupassen.

[4] Soweit ein solcher für den Fall einer Kündigung vorgesehen ist.

[5] Unternehmensindividuell zu ergänzen.

• unter Zugrundelegung des Rückkaufswertes nach § 12 Absatz 3.

(2) [1] Der aus Ihrem Vertrag für die Bildung der beitragsfreien Versicherungssumme zur Verfügung stehende Betrag mindert sich um rückständige Beiträge. [2] Außerdem nehmen wir einen Abzug in Höhe von …[1)] vor. [3] Der Abzug ist zulässig, wenn er angemessen ist. [4] Dies ist im Zweifel von uns nachzuweisen. [5] Wir halten den Abzug für angemessen, weil mit ihm die Veränderung der Risikolage des verbleibenden Versichertenbestandes[2)] ausgeglichen wird. [6] Zudem wird damit ein Ausgleich für kollektiv gestelltes Risikokapital vorgenommen.[3)] [7] Wenn Sie uns nachweisen, dass der aufgrund Ihres Verlangens der Beitragsfreistellung von uns vorgenommene Abzug wesentlich niedriger liegen muss, wird er entsprechend herabgesetzt. [8] Wenn Sie uns nachweisen, dass der Abzug überhaupt nicht gerechtfertigt ist, entfällt er.

(3) [1] Wenn Sie Ihren Vertrag beitragsfrei stellen, kann das für Sie Nachteile haben. [2] In der Anfangszeit Ihres Vertrages sind wegen der Verrechnung von Abschluss- und Vertriebskosten (siehe § 14) nur der Mindestwert gemäß § 12 Absatz 3 Satz 2 zur Bildung einer beitragsfreien Versicherungssumme vorhanden. [3] Auch in den Folgejahren stehen nicht unbedingt Mittel in Höhe der gezahlten Beiträge für die Bildung einer beitragsfreien Versicherungssumme zur Verfügung. [4] Nähere Informationen zur beitragsfreien Versicherungssumme und ihrer Höhe können Sie der Tabelle …[1)] entnehmen.

(4) [1] Haben Sie die vollständige Befreiung von der Beitragszahlungspflicht verlangt und erreicht die nach Absatz 1 zu berechnende beitragsfreie Versicherungssumme den Mindestbetrag von …[1)] nicht, erhalten Sie den Auszahlungsbetrag nach § 12 Absatz 2 und der Vertrag endet. [2] Eine teilweise Befreiung von der Beitragszahlungspflicht können Sie nur verlangen, wenn die verbleibende beitragspflichtige Versicherungssumme mindestens …[1)] beträgt und die beitragsfreie Versicherungssumme den Mindestbetrag von …[1)] erreicht.

§ 14 Wie werden die Kosten Ihres Vertrages verrechnet? (1) [1] Mit Ihrem Vertrag sind Kosten verbunden. [2] Diese sind in Ihren Beitrag einkalkuliert. [3] Es handelt sich um Abschluss- und Vertriebskosten sowie übrige Kosten.
[4] Zu den **Abschluss- und Vertriebskosten** gehören insbesondere Abschlussprovisionen für den Versicherungsvermittler. [5] Außerdem umfassen die Abschluss- und Vertriebskosten die Kosten für die Antragsprüfung und Ausfertigung der Vertragsunterlagen, Sachaufwendungen, die im Zusammenhang mit der Antragsbearbeitung stehen, sowie Werbeaufwendungen. [6] Zu den **übrigen Kosten** gehören insbesondere die Verwaltungskosten.
[7] Die Höhe der einkalkulierten Abschluss- und Vertriebskosten sowie der übrigen Kosten und der darin enthaltenen Verwaltungskosten können Sie dem …[4)] entnehmen.

(2) [1] Wir wenden auf Ihren Vertrag das Verrechnungsverfahren nach § 4 der Deckungsrückstellungsverordnung an. [2] Dies bedeutet, dass wir die ersten Beiträge zur Tilgung eines Teils der Abschluss- und Vertriebskosten heranziehen. [3] Dies gilt jedoch nicht für den Teil der ersten Beiträge, der für Leistungen im Ver-

---

1) Unternehmensindividuell zu ergänzen.

2) Ggf. unternehmensindividuell anzupassen, wenn im Bedingungswerk eine andere Diktion veranlasst ist.

3) Unternehmensindividuell zu erläutern und ggf. anzupassen, wenn auch aus anderen Gründen oder nur in eingeschränktem Umfang, also nicht aus allen oben genannten Gründen, ein Abzug erfolgen soll.

4) Unternehmensindividuell anzupassen.

sicherungsfall, Kosten des Versicherungsbetriebs in der jeweiligen Versicherungsperiode und aufgrund von gesetzlichen Regelungen für die Bildung einer Deckungsrückstellung bestimmt ist. [4] Der auf diese Weise zu tilgende Betrag ist nach der Deckungsrückstellungsverordnung auf 2,5 % der von Ihnen während der Laufzeit des Vertrages zu zahlenden Beiträge beschränkt.[1)]

(3) Die restlichen Abschluss- und Vertriebskosten werden über die gesamte Beitragszahlungsdauer verteilt, die übrigen Kosten über die gesamte Vertragslaufzeit.

(4) [1] Die beschriebene Kostenverrechnung hat zur Folge, dass in der Anfangszeit Ihres Vertrages nur geringe Beträge für einen Rückkaufswert oder zur Bildung der beitragsfreien Versicherungssumme vorhanden sind (siehe §§ 12 und 13). [2] Nähere Informationen zu den Rückkaufswerten und beitragsfreien Versicherungssumme sowie ihren jeweiligen Höhen können Sie der Tabelle …[2)] entnehmen.

§ 15 Was gilt bei Änderung Ihrer Postanschrift und Ihres Namens?

(1) [1] Eine Änderung Ihrer Postanschrift müssen Sie uns unverzüglich (*d.h. ohne schuldhaftes Zögern*) mitteilen. [2] Anderenfalls können für Sie Nachteile entstehen. [3] Wir sind berechtigt, eine an Sie zu richtende Erklärung (*z.B. Setzen einer Zahlungsfrist*) mit eingeschriebenem Brief an Ihre uns zuletzt bekannte Anschrift zu senden. [4] In diesem Fall gilt unsere Erklärung drei Tage nach Absendung des eingeschriebenen Briefes als zugegangen. [5] Dies gilt auch, wenn Sie den Vertrag für Ihren Gewerbebetrieb abgeschlossen und Ihre gewerbliche Niederlassung verlegt haben.

(2) Bei Änderung Ihres Namens gilt Absatz 1 entsprechend.

§ 16 Welche weiteren Auskunftspflichten haben Sie? (1) [1] Sofern wir aufgrund gesetzlicher Regelungen zur Erhebung, Speicherung, Verarbeitung und Meldung von Informationen und Daten zu Ihrem Vertrag verpflichtet sind, müssen Sie uns die hierfür notwendigen Informationen, Daten und Unterlagen

- bei Vertragsabschluss,
- bei Änderung nach Vertragsabschluss oder
- auf Nachfrage

unverzüglich – d.h. ohne schuldhaftes Zögern – zur Verfügung stellen. [2] Sie sind auch zur Mitwirkung verpflichtet, soweit der Status dritter Personen, die Rechte an ihrem Vertrag haben, für Datenerhebungen und Meldungen maßgeblich ist.

(2) [1] Notwendige Informationen im Sinne von Absatz 1 sind beispielsweise Umstände, die für die Beurteilung

- Ihrer persönlichen steuerlichen Ansässigkeit,
- der steuerlichen Ansässigkeit dritter Personen, die Rechte an ihrem Vertrag haben und
- der steuerlichen Ansässigkeit des Leistungsempfängers

maßgebend sein können.

[2] Dazu zählen insbesondere die deutsche oder ausländische(n) Steueridentifikationsnummer(n), das Geburtsdatum, der Geburtsort und der Wohnsitz. [3] Welche

---

1) Diese Bestimmung ist nur bei der Verwendung des Zillmerverfahrens aufzunehmen.

2) Unternehmensindividuell zu ergänzen.

Umstände dies nach derzeitiger Gesetzeslage im Einzelnen sind, können Sie der ...[1)] entnehmen.

(3) [1] Falls Sie uns die notwendigen Informationen, Daten und Unterlagen nicht oder nicht rechtzeitig zur Verfügung stellen, gilt Folgendes: Bei einer entsprechenden gesetzlichen Verpflichtung melden wir Ihre Vertragsdaten an die zuständigen in- oder ausländischen Steuerbehörden. [2] Dies gilt auch dann, wenn ggf. keine steuerliche Ansässigkeit im Ausland besteht.

(4) [1] Eine Verletzung Ihrer Auskunftspflichten gemäß den Absätzen 1 und 2 kann dazu führen, dass wir unsere Leistung nicht zahlen. [2] Dies gilt solange, bis Sie uns die für die Erfüllung unserer gesetzlichen Pflichten notwendigen Informationen zur Verfügung gestellt haben.

§ 17 Welche Kosten stellen wir Ihnen gesondert in Rechnung? (1) In folgenden Fällen stellen wir Ihnen pauschal zusätzliche Kosten gesondert in Rechnung: ...[2)]

(2) [1] Wir haben uns bei der Bemessung der Pauschale an dem bei uns regelmäßig entstehenden Aufwand orientiert. [2] Sofern Sie uns nachweisen, dass die der Bemessung zugrunde liegenden Annahmen in Ihrem Fall dem Grunde nach nicht zutreffen, entfällt die Pauschale. [3] Sofern Sie uns nachweisen, dass die Pauschale der Höhe nach wesentlich niedriger zu beziffern ist, wird sie entsprechend herabgesetzt.

§ 18 Welches Recht findet auf Ihren Vertrag Anwendung? Auf Ihren Vertrag findet das Recht der Bundesrepublik Deutschland Anwendung.

§ 19 Wo ist der Gerichtsstand? (1) [1] Für Klagen aus dem Vertrag **gegen uns** ist das Gericht zuständig, in dessen Bezirk unser Sitz oder die für den Vertrag zuständige Niederlassung liegt. [2] Zuständig ist auch das Gericht, in dessen Bezirk Sie zur Zeit der Klageerhebung Ihren Wohnsitz haben. [3] Wenn Sie keinen Wohnsitz haben, ist der Ort Ihres gewöhnlichen Aufenthalts maßgeblich. [4] Wenn Sie eine juristische Person sind, ist auch das Gericht zuständig, in dessen Bezirk Sie Ihren Sitz oder Ihre Niederlassung haben.[3)]

(2) [1] Klagen aus dem Vertrag **gegen Sie** müssen wir bei dem Gericht erheben, das für Ihren Wohnsitz zuständig ist. [2] Wenn Sie keinen Wohnsitz haben, ist der Ort Ihres gewöhnlichen Aufenthalts maßgeblich. [3] Wenn Sie eine juristische Person sind, ist das Gericht zuständig, in dessen Bezirk Sie Ihren Sitz oder Ihre Niederlassung haben.

(3) [1] Verlegen Sie Ihren Wohnsitz oder den Ort Ihres gewöhnlichen Aufenthalts in das Ausland, sind für Klagen aus dem Vertrag die Gerichte des Staates zuständig, in dem wir unseren Sitz haben. [2] Dies gilt ebenso, wenn Sie eine juristische Person sind und Ihren Sitz oder Ihre Niederlassung ins Ausland verlegen.

[1)] Unternehmensindividuell zu ergänzen. Hierbei ist darauf zu achten, dass die Bereitstellung nur solcher Daten verlangt wird, die zur Erfüllung der gesetzlich geregelten Verpflichtungen des Unternehmens erforderlich sind. Diese sollten ausdrücklich genannt werden.

[2)] Unternehmensindividuell auszufüllen (z.B. Kosten für die Ausstellung eines Ersatz-Versicherungsscheins, Fristsetzung in Textform bei Nichtzahlung von Folgebeiträgen, Rückläufer im Lastschriftverfahren).

[3)] Die Einbeziehung juristischer Personen gründet auf § 215 VVG bzw. § 38 Abs. 1 ZPO.

§ 20 An wen können Sie sich wenden, wenn Sie mit uns einmal nicht zufrieden sind? (1) Wenn Sie mit unserer Entscheidung nicht zufrieden sind oder eine Verhandlung mit uns einmal nicht zu dem von Ihnen gewünschten Ergebnis geführt hat, stehen Ihnen insbesondere die nachfolgenden Beschwerdemöglichkeiten offen.

Versicherungsombudsmann

(2) [1] Wenn Sie Verbraucher sind, können Sie sich an den Ombudsmann für Versicherungen wenden. [2] Diesen erreichen Sie derzeit wie folgt:

Versicherungsombudsmann e.V.

Postfach 080632

10006 Berlin

E-Mail: beschwerde@versicherungsombudsmann.de

Internet: www.versicherungsombudsmann.de

[3] Der Ombudsmann für Versicherungen ist eine unabhängige und für Verbraucher kostenfrei arbeitende Schlichtungsstelle. [4] Wir haben uns verpflichtet, an dem Schlichtungsverfahren teilzunehmen.

(3) [1] Wenn Sie Verbraucher sind und diesen Vertrag online (z.B. über eine Webseite oder per E-Mail) abgeschlossen haben, können Sie sich mit ihrer Beschwerde auch online an die Plattform http://ec.europa.eu/consumers/odr/ wenden. [2] Ihre Beschwerde wird dann über diese Plattform an den Versicherungsombudsmann weitergeleitet.

Versicherungsaufsicht

(4) [1] Sind Sie mit unserer Betreuung nicht zufrieden oder treten Meinungsverschiedenheiten bei der Vertragsabwicklung auf, können Sie sich auch an die für uns zuständige Aufsicht wenden. [2] Als Versicherungsunternehmen unterliegen wir der Aufsicht der Bundesanstalt für Finanzdienstleistungsaufsicht. [3] Die derzeitigen Kontaktdaten sind:

Bundesanstalt für Finanzdienstleistungsaufsicht (BaFin)

Sektor Versicherungsaufsicht

Graurheindorfer Straße 108

53117 Bonn

E-Mail: poststelle@bafin.de

[4] Bitte beachten Sie, dass die BaFin keine Schiedsstelle ist und einzelne Streitfälle nicht verbindlich entscheiden kann.

Rechtsweg

(5) Außerdem haben Sie die Möglichkeit, den Rechtsweg zu beschreiten.

Unser Beschwerdemanagement

(6) [1] Unabhängig hiervon können Sie sich jederzeit auch an uns wenden. [2] Unsere interne Beschwerdestelle steht Ihnen hierzu zur Verfügung. [3] Sie erreichen diese derzeit wie folgt:

[1)]

[1)] **Amtl. Anm.:** Unternehmensindividuell zu ergänzen

62i. Allgemeine Unfallversicherungsbedingungen (AUB 2020)

Musterbedingungen des GDV[1]

Stand: Dezember 2020

Unverbindliche Bekanntgabe des Gesamtverbandes der Deutschen Versicherungswirtschaft e.V. (GDV) zur fakultativen Verwendung. Abweichende Vereinbarungen sind möglich.

Sehr geehrte Kundin, sehr geehrter Kunde,

Unfälle passieren im Haushalt, im Beruf und in der Freizeit. Dann hilft Ihre Unfallversicherung. Egal, wo und wann sich der Unfall ereignet.

Grundlage für Ihren Vertrag sind diese Allgemeinen Unfallversicherungsbedingungen (AUB) und – wenn mit Ihnen vereinbart – weitere Bedingungen. Zusammen mit dem Antrag und dem Versicherungsschein legen diese den Inhalt Ihrer Unfallversicherung fest. Sie sind wichtige Dokumente.

Bitte lesen Sie die AUB daher vollständig und gründlich durch und bewahren Sie sie sorgfältig auf. So können Sie auch später, besonders nach einem Unfall, alles Wichtige noch einmal nachlesen.

Wenn ein Unfall passiert ist, benachrichtigen Sie uns bitte möglichst schnell. Wir klären dann mit Ihnen das weitere Vorgehen.

Auch wir als Versicherer kommen nicht ganz ohne Fachbegriffe aus. Diese sind nicht immer leicht verständlich. Wir möchten aber, dass Sie Ihre Versicherung gut verstehen. Deshalb erklären wir bestimmte Fachbegriffe oder erläutern sie durch Beispiele. Wenn wir Beispiele verwenden, sind diese nicht abschließend.

Ihre Unfallversicherung

Wer ist wer?

- Sie sind unser Versicherungsnehmer und damit unser Vertragspartner.
- Versicherte Person ist jeder, für den Sie Versicherungsschutz mit uns vereinbart haben. Das können Sie selbst und andere Personen sein.

Inhaltsverzeichnis

[1] In der jeweils aktuellen Fassung kostenlos abrufbar unter www.gdv.de.

Der Vesicherungsumfang

1. Was ist versichert?

1.1 Grundsatz

Wir bieten den vereinbarten Versicherungsschutz bei Unfällen der versicherten Person.

1.2 Geltungsbereich

Versicherungsschutz besteht während der Wirksamkeit des Vertrags

- weltweit und
- rund um die Uhr.

1.3 Unfallbegriff

Ein Unfall liegt vor, wenn die versicherte Person durch

- ein plötzlich von außen auf ihren Körper wirkendes Ereignis (Unfallereignis)
- unfreiwillig eine Gesundheitsschädigung

erleidet.

1.4 Erweiterter Unfallbegriff

1.4.1 Erhöhte Kraftanstrengung

Als Unfall gilt auch, wenn sich die versicherte Person durch eine erhöhte Kraftanstrengung

- ein Gelenk an Gliedmaßen oder der Wirbelsäule verrenkt.

  Beispiel: Die versicherte Person stützt einen schweren Gegenstand ab und verrenkt sich dabei das Ellenbogengelenk.

- Muskeln, Sehnen, Bänder oder Kapseln an Gliedmaßen oder der Wirbelsäule zerrt oder zerreißt.

  Beispiel: Die versicherte Person zerrt sich bei einem Klimmzug die Muskulatur am Unterarm.

  Meniskus und Bandscheiben sind weder Muskeln, Sehnen, Bänder noch Kapseln. Deshalb werden sie von dieser Regelung nicht erfasst.

Eine erhöhte Kraftanstrengung ist eine Bewegung, deren Muskeleinsatz über die normalen Handlungen des täglichen Lebens hinausgeht. Maßgeblich für die Beurteilung des Muskeleinsatzes sind die individuellen körperlichen Verhältnisse der versicherten Person.

1.4.2 Dämpfe und Gase

Als Unfall gelten auch Gesundheitsschäden durch ausströmende gasförmige Stoffe, wenn die versicherte Person unbewusst oder unentrinnbar den Einwirkungen innerhalb eines Zeitraumes bis zu X ausgesetzt war.

Berufs- und Gewerbekrankheiten bleiben ausgeschlossen.

1.4.3 Unfälle unter Wasser

Als Unfall gilt auch, wenn die versicherte Person unter Wasser unfreiwillig

- erstickt, ertrinkt oder
- einen tauchtypischen Gesundheitsschaden erleidet.

  Beispiele: Caissonkrankheit, Trommelfellverletzungen

1.4.4 Gesundheitsschäden bei Rettungsmaßnahmen

Als Unfall gilt auch, wenn die versicherte Person Gesundheitsschäden bewusst in Kauf nimmt, die sie bei (rechtmäßiger Verteidigung oder) der Bemühung zur Rettung von Menschen, Tieren oder Sachen erleidet.

1.4.5 Einschränkungen unserer Leistungspflicht

Für bestimmte Unfälle und Gesundheitsschädigungen können wir keine oder nur eingeschränkt Leistungen erbringen.

Bitte beachten Sie daher die Regelungen zur Mitwirkung von Krankheiten und Gebrechen (Ziffer 3) und zu den Ausschlüssen (Ziffer 5).

2. Welche Leistungsarten können vereinbart werden? Welche Fristen und sonstigen Voraussetzungen gelten für die einzelnen Leistungsarten?

Im Folgenden beschreiben wir verschiedene Arten von Leistungen und deren Voraussetzungen.

Es gelten immer nur die Leistungsarten und Versicherungssummen, die Sie mit uns vereinbart haben, und die in Ihrem Versicherungsschein und dessen Nachträgen genannt sind.

2.1 Invaliditätsleistung

2.1.1 Voraussetzungen für die Leistung

2.1.1.1 Invalidität

Die versicherte Person hat eine Invalidität erlitten. Eine Invalidität liegt vor, wenn unfallbedingt

- die körperliche oder geistige Leistungsfähigkeit
- dauerhaft

beeinträchtigt ist.

Dauerhaft ist eine Beeinträchtigung, wenn

- sie voraussichtlich länger als drei Jahre bestehen wird und
- eine Änderung dieses Zustands nicht zu erwarten ist.

Beispiel: Eine Beeinträchtigung ist nicht dauerhaft, wenn die versicherte Person einen Knochenbruch erleidet, der innerhalb eines Jahres folgenlos ausheilt.

2.1.1.2 Eintritt und ärztliche Feststellung der Invalidität

Die Invalidität ist innerhalb von 15 Monaten nach dem Unfall

- eingetreten und
- von einem Arzt schriftlich festgestellt worden.

Ist eine dieser Voraussetzungen nicht erfüllt, besteht kein Anspruch auf Invaliditätsleistung.

2.1.1.3 Geltendmachung der Invalidität

Sie müssen die Invalidität innerhalb von 15 Monaten nach dem Unfall *bei uns geltend* machen. Geltend machen heißt: Sie teilen uns mit, dass Sie von einer Invalidität ausgehen.

Versäumen Sie diese Frist, ist der Anspruch auf Invaliditätsleistung ausgeschlossen.

Nur in besonderen Ausnahmefällen lässt es sich entschuldigen, wenn Sie die Frist versäumt haben. Dann müssen Sie die Geltendmachung unverzüglich nachholen.

Beispiel: *Sie haben durch den Unfall schwere Kopfverletzungen erlitten und waren deshalb nicht in der Lage, mit uns Kontakt aufzunehmen.*

2.1.1.4 Keine Invaliditätsleistung bei Unfalltod im ersten Jahr

Stirbt die versicherte Person unfallbedingt innerhalb eines Jahres nach dem Unfall, besteht kein Anspruch auf Invaliditätsleistung.

In diesem Fall zahlen wir eine Todesfallleistung (Ziffer 2.6), sofern diese vereinbart ist.

2.1.2 Art und Höhe der Leistung

2.1.2.1 Berechnung der Invaliditätsleistung

Die Invaliditätsleistung erhalten Sie als Einmalzahlung. Grundlagen für die Berechnung der Leistung sind

- die vereinbarte Versicherungssumme und
- der unfallbedingte Invaliditätsgrad.

Beispiel: *Bei einer Versicherungssumme von 100.000 Euro und einem unfallbedingten Invaliditätsgrad von 20 % zahlen wir 20.000 Euro.*

2.1.2.2 Bemessung des Invaliditätsgrads, Zeitraum für die Bemessung

Der Invaliditätsgrad richtet sich

- nach der Gliedertaxe (Ziffer 2.1.2.2.1), sofern die betroffenen Körperteile oder Sinnesorgane dort genannt sind,
- ansonsten danach, in welchem Umfang die normale körperliche oder geistige Leistungsfähigkeit dauerhaft beeinträchtigt ist (Ziffer 2.1.2.2.2).

Maßgeblich ist der unfallbedingte Gesundheitszustand, der spätestens am Ende des dritten Jahres nach dem Unfall erkennbar ist. Dies gilt sowohl für die erste als auch für spätere Bemessungen der Invalidität (Ziffer 9.4).

2.1.2.2.1 Gliedertaxe

Bei Verlust oder vollständiger Funktionsunfähigkeit der folgenden Körperteile oder Sinnesorgane gelten ausschließlich die hier genannten Invaliditätsgrade.

• Arm	70 %
• Arm bis oberhalb des Ellenbogengelenks	65 %
• Arm unterhalb des Ellenbogengelenks	60 %
• Hand	55 %
• *Daumen*	20 %
• Zeigefinger	10 %
• anderer Finger	5 %
• Bein über der Mitte des Oberschenkels	70 %
• Bein bis zur Mitte des Oberschenkels	60 %
• Bein bis unterhalb des Knies	50 %
• Bein bis zur Mitte des Unterschenkels	45 %

- Fuß 40 %
- große Zehe 5 %
- andere Zehe 2 %

- Auge 50 %
- Gehör auf einem Ohr 30 %
- Geruchssinn 10 %
- Geschmackssinn 5 %

Bei Teilverlust oder teilweiser Funktionsbeeinträchtigung gilt der entsprechende Teil der genannten Invaliditätsgrade.

Beispiel: *Ist ein Arm vollständig funktionsunfähig, ergibt das einen Invaliditätsgrad von 70 %. Ist er um ein Zehntel in seiner Funktion beeinträchtigt, ergibt das einen Invaliditätsgrad von 7 % (= ein Zehntel von 70 %).*

2.1.2.2.2 Bemessung außerhalb der Gliedertaxe

Für andere Körperteile oder Sinnesorgane richtet sich der Invaliditätsgrad danach, in welchem Umfang die normale körperliche oder geistige Leistungsfähigkeit insgesamt dauerhaft beeinträchtigt ist. Maßstab ist eine durchschnittliche Person gleichen Alters und Geschlechts.

Die Bemessung erfolgt ausschließlich nach medizinischen Gesichtspunkten.

2.1.2.2.3 Minderung bei Vorinvalidität

Eine Vorinvalidität besteht, wenn betroffene Körperteile oder Sinnesorgane schon vor dem Unfall dauerhaft beeinträchtigt waren. Sie wird nach Ziffer 2.1.2.2.1 und Ziffer 2.1.2.2.2 bemessen.

Der Invaliditätsgrad mindert sich um diese Vorinvalidität.

Beispiel: *Ist ein Arm vollständig funktionsunfähig, beträgt der Invaliditätsgrad 70 %. War dieser Arm schon vor dem Unfall um ein Zehntel in seiner Funktion beeinträchtigt, beträgt die Vorinvalidität 7 % (= ein Zehntel von 70 %). Diese 7 % Vorinvalidität werden abgezogen. Es verbleibt ein unfallbedingter Invaliditätsgrad von 63 %.*

2.1.2.2.4 Invaliditätsgrad bei Beeinträchtigung mehrerer Körperteile oder Sinnesorgane

Durch einen Unfall können mehrere Körperteile oder Sinnesorgane beeinträchtigt sein. Dann werden die Invaliditätsgrade, die nach den vorstehenden Bestimmungen ermittelt wurden, zusammengerechnet.

Mehr als 100 % werden jedoch nicht berücksichtigt.

Beispiel: *Durch einen Unfall ist ein Arm vollständig funktionsunfähig (70 %) und ein Bein zur Hälfte in seiner Funktion beeinträchtigt (35 %). Auch wenn die Addition der Invaliditätsgrade 105 % ergibt, ist die Invalidität auf 100 % begrenzt.*

2.1.2.3 Invaliditätsleistung bei Tod der versicherten Person

Stirbt die versicherte Person vor der Bemessung der Invalidität, zahlen wir eine Invaliditätsleistung unter folgenden Voraussetzungen:

- Die versicherte Person ist nicht unfallbedingt innerhalb des ersten *Jahres nach dem Unfall* verstorben (Ziffer 2.1.1.4), und
- die sonstigen Voraussetzungen für die Invaliditätsleistung nach Ziffer 2.1.1 sind erfüllt.

Wir leisten nach dem Invaliditätsgrad, mit dem aufgrund der ärztlichen Befunde zu rechnen gewesen wäre.

2.2 Unfallrente

2.2.1 Voraussetzungen für die Leistung

Der unfallbedingte Invaliditätsgrad beträgt mindestens X %.

Für die Voraussetzungen und die Bemessung der Invalidität gelten die Ziffern 2.1.1 und 2.1.2.2.

Verstirbt die versicherte Person vor der Bemessung der Invalidität, gilt Ziffer 2.1.2.3.

2.2.2 Art und Höhe der Leistung

Wir zahlen die Unfallrente monatlich in Höhe der vereinbarten Versicherungssumme.

2.2.3 Beginn und Dauer der Leistung

2.2.3.1 Wir zahlen die Unfallrente

- rückwirkend ab Beginn des Monats, in dem sich der Unfall ereignet hat, und danach
- monatlich im Voraus.

2.2.3.2 Wir zahlen die Unfallrente bis zum Ende des Monats, in dem

- die versicherte Person stirbt oder
- wir Ihnen mitteilen, dass aufgrund einer Neubemessung nach Ziffer 9.4 der unfallbedingte Invaliditätsgrad unter X % gesunken ist.

Wir sind berechtigt die Voraussetzungen für den Rentenbezug zu prüfen. Dazu können wir Lebensbescheinigungen von Ihnen anfordern.

Wenn Sie uns die Bescheinigungen nicht unverzüglich zusenden, ruht die Rentenzahlung ab der nächsten Fälligkeit so lange, bis uns die Bescheinigung vorliegt.

2.3 Gestrichen

2.4 Tagegeld

2.4.1 Voraussetzungen für die Leistung

Die versicherte Person ist unfallbedingt

- in ihrer Arbeitsfähigkeit beeinträchtigt und
- in ärztlicher Behandlung.

2.4.2 Höhe und Dauer der Leistung

Grundlagen für die Berechnung der Leistung sind

- die *vereinbarte Versicherungssumme* und
- der unfallbedingte Grad der Beeinträchtigung der Arbeitsfähigkeit.

Der Grad der Beeinträchtigung bemisst sich

- nach der Fähigkeit der versicherten Person, ihrem bis zu dem Unfall ausgeübten Beruf weiter nachzugehen.
- nach der allgemeinen Fähigkeit der versicherten Person, Arbeit zu leisten, wenn sie zum Zeitpunkt des Unfalls nicht berufstätig war.

Das Tagegeld wird nach dem Grad der Beeinträchtigung abgestuft.

Beispiel: Bei einer Beeinträchtigung der Arbeitsfähigkeit von 100 % zahlen wir das vereinbarte Tagegeld in voller Höhe. Bei einem ärztlich festgestellten Grad der Beeinträchtigung von 50 % zahlen wir die Hälfte des Tagegelds.

Wir zahlen das Tagegeld für die Dauer der ärztlichen Behandlung, längstens für ein Jahr ab dem Tag des Unfalls.

2.5 Krankenhaustagegeld

2.5.1 Voraussetzungen für die Leistung

Die versicherte Person

- ist unfallbedingt in medizinisch notwendiger vollstationärer Heilbehandlung.
  Es besteht kein Versicherungsschutz für stationäre Aufenthalte, bei denen nicht die akute Heilbehandlung im Vordergrund steht, sondern die medizinische Rehabilitation.

oder

- unterzieht sich unfallbedingt einer ambulanten Operation.
  Eine ambulante Operation ist ein chirurgischer Eingriff zur Vermeidung einer vollstationären Heilbehandlung.
  Beispiel: Ambulante Operation eines Kreuzbandrisses

Aufenthalte in Sanatorien und Erholungsheimen gelten nicht als medizinisch notwendige Heilbehandlung.

2.5.2 Höhe und Dauer der Leistung

Wir zahlen das vereinbarte Krankenhaustagegeld

- für jeden Kalendertag der vollstationären Behandlung, längstens für X Jahre ab dem Tag des Unfalls.
- für X Tage bei ambulanten chirurgischen Operationen.

2.6 Todesfallleistung

2.6.1 Voraussetzungen für die Leistung

Die versicherte Person stirbt unfallbedingt innerhalb eines Jahres nach dem Unfall. Beachten Sie dann die Verhaltensregeln nach Ziff. 7.5.

2.6.2 Art und Höhe der Leistung

Wir zahlen die Todesfallleistung in Höhe der vereinbarten Versicherungssumme.

2.7 Kosten für kosmetische Operationen

2.7.1 Voraussetzungen für die Leistung

Die versicherte Person hat sich einer kosmetischen Operation unterzogen, um eine unfallbedingte Beeinträchtigung des äußeren Erscheinungsbilds zu beheben.

Soweit Zähne betroffen sind, gehören nur Schneide- und Eckzähne zum äußeren Erscheinungsbild.

Die kosmetische Operation erfolgt

- durch einen Arzt,
- nach Abschluss der Heilbehandlung und
- bei Erwachsenen innerhalb von drei Jahren nach dem Unfall, bei Minderjährigen vor Vollendung des 21. Lebensjahres.

Voraussetzung ist auch, dass ein Dritter (z.B. Krankenkasse, Haftpflichtversicherer) nicht zu einer Kostenerstattung verpflichtet ist oder seine Leistungspflicht bestreitet.

2.7.2 Art und Höhe der Leistung

Wir erstatten nachgewiesene und nicht von Dritten übernommene

- Arzthonorare und sonstige Operationskosten,
- notwendige Kosten für Unterbringung und Verpflegung in einem Krankenhaus,
- Zahnbehandlungs- und Zahnersatzkosten

insgesamt bis zur Höhe der vereinbarten Versicherungssumme.

2.8 Kosten für Such-, Rettungs- und Bergungseinsätze

2.8.1 Voraussetzungen für die Leistung

Der versicherten Person sind nach einem Unfall Kosten

- für Such-, Bergungs- oder Rettungseinsätze von öffentlich- oder privatrechtlich organisierten Rettungsdiensten (dabei steht einem Unfall gleich, wenn ein solcher unmittelbar drohte oder nach den konkreten Umständen zu vermuten war) oder
- für den ärztlich angeordneten Transport der verletzten Person zum Krankenhaus oder zur Spezialklinik oder
- für den Mehraufwand bei der Rückkehr der verletzten Person zu ihrem ständigen Wohnsitz, soweit die Mehrkosten auf ärztliche Anordnung zurückgehen oder nach der Verletzungsart unvermeidbar waren oder
- bei einem Unfall im Ausland für die zusätzliche Heimfahrt oder Unterbringung für mitreisende minderjährige Kinder und den mitreisenden Partner der versicherten Person oder
- bei einem unfallbedingten Todesfall im Ausland für die Bestattung im Ausland oder für die Überführung zum letzten ständigen Wohnsitz

entstanden.

Voraussetzung ist auch, dass ein Dritter (z.B. Krankenkasse, Haftpflichtversicherer) nicht zu einer Kostenerstattung verpflichtet ist oder seine Leistungspflicht bestreitet.

2.8.2 Art und Höhe der Leistung

Wir erstatten nachgewiesene und nicht von Dritten übernommene Kosten insgesamt bis zur Höhe der vereinbarten Versicherungssumme.

3. Was passiert, wenn Unfallfolgen mit Krankheiten oder Gebrechen zusammentreffen?

3.1 Krankheiten und Gebrechen

Wir leisten ausschließlich für Unfallfolgen. Dies sind Gesundheitsschädigungen und ihre Folgen, die durch das Unfallereignis verursacht wurden.

Wir leisten nicht für Krankheiten oder Gebrechen.

Beispiele: Krankheiten sind z.B. Diabetes oder Gelenkserkrankungen; Gebrechen sind z.B. Fehlstellungen der Wirbelsäule, angeborene Sehnenverkürzung.

3.2 Mitwirkung

Treffen Unfallfolgen mit Krankheiten oder Gebrechen zusammen, gilt Folgendes:

3.2.1 Entsprechend dem Umfang, in dem Krankheiten oder Gebrechen an der Gesundheitsschädigung oder ihren Folgen mitgewirkt haben (Mitwirkungsanteil), mindert sich

- bei den Leistungsarten Invaliditätsleistung und Unfallrente der Prozentsatz des Invaliditätsgrads.
- bei der Todesfallleistung und, soweit nicht etwas anderes bestimmt ist, bei den anderen Leistungsarten die Leistung selbst.

Beispiel: *Nach einer Beinverletzung besteht ein Invaliditätsgrad von 10 %. Dabei hat eine Rheumaerkrankung zu 50 % mitgewirkt. Der unfallbedingte Invaliditätsgrad beträgt daher 5 %.*

3.2.2 Beträgt der Mitwirkungsanteil weniger als 25 %, nehmen wir keine Minderung vor.

4. Gestrichen

5. Was ist nicht versichert?

5.1 Ausgeschlossene Unfälle

Kein Versicherungsschutz besteht für folgende Unfälle:

5.1.1 Unfälle der versicherten Person durch Bewusstseinsstörungen sowie durch Schlaganfälle, epileptische Anfälle oder andere Krampfanfälle, die den ganzen Körper der versicherten Person ergreifen.

Eine Bewusstseinsstörung liegt vor, wenn die versicherte Person in ihrer Aufnahme- und Reaktionsfähigkeit so beeinträchtigt ist, dass sie den Anforderungen der konkreten Gefahrenlage nicht mehr gewachsen ist.

Ursachen für die Bewusstseinsstörung können sein:

- eine gesundheitliche Beeinträchtigung,
- die Einnahme von Medikamenten,
- Alkoholkonsum,
- Konsum von Drogen oder sonstigen Mitteln, die das Bewusstsein beeinträchtigen.

Beispiele: Die versicherte Person

– stürzt infolge einer Kreislaufstörung die Treppe hinunter.

– kommt unter Alkoholeinfluss mit dem Fahrzeug von der Straße ab.

– torkelt alkoholbedingt auf dem Heimweg von der Gaststätte und fällt in eine Baugrube.

– balanciert aufgrund Drogenkonsums auf einem Geländer und stürzt ab.

Ausnahme:

Die Bewusstseinsstörung oder der Anfall wurde durch ein Unfallereignis nach Ziffer 1.3 verursacht, für das nach diesem Vertrag Versicherungsschutz besteht.

In diesen Fällen gilt der Ausschluss nicht.

Beispiel: *Die versicherte Person hatte während der Vertragslaufzeit einen Unfall mit einer Hirnschädigung. Ein neuer Unfall ereignet sich durch einen epileptischen Anfall, der auf die alte Hirnschädigung zurückzuführen ist. Wir zahlen für die Folgen des neuen Unfalls.*

5.1.2 Unfälle, die der versicherten Person dadurch zustoßen, dass sie vorsätzlich eine Straftat ausführt oder versucht.

5.1.3 Unfälle, die unmittelbar oder mittelbar durch Kriegs- oder Bürgerkriegsereignisse verursacht sind.

Ausnahme:

Die versicherte Person wird auf Reisen im Ausland überraschend von Kriegs- oder Bürgerkriegsereignissen betroffen.

In diesem Fall gilt der Ausschluss nicht.

Der Versicherungsschutz erlischt dann am Ende des siebten Tages nach Beginn eines Krieges oder Bürgerkrieges auf dem Gebiet des Staats, in dem sich die versicherte Person aufhält.

Diese Ausnahme gilt nicht

- bei Reisen in oder durch Staaten, auf deren Gebiet bereits Krieg oder Bürgerkrieg herrscht,
- für die aktive Teilnahme am Krieg oder Bürgerkrieg,
- für Unfälle durch atomare, biologische oder chemische Waffen.

In diesen Fällen gilt der Ausschluss.

5.1.4 **Unfälle der versicherten Person**

- als Führer eines Luftfahrzeugs oder Luftsportgeräts, soweit er nach deutschem Recht dafür eine Erlaubnis benötigt,

  Beispiel: Pilot, Gleitschirm- oder Drachenflieger

- als sonstiges Besatzungsmitglied eines Luftfahrzeugs,

  Beispiel: Funker, Bordmechaniker, Flugbegleiter

- bei beruflichen Tätigkeiten, die mit Hilfe eines Luftfahrzeugs auszuüben sind.

  Beispiel: Luftfotograf, Sprühflüge zur Schädlingsbekämpfung.

5.1.5 Unfälle der versicherten Person durch die Teilnahme an Rennen mit Motorfahrzeugen. Teilnehmer ist jeder Fahrer, Beifahrer oder Insasse des Motorfahrzeugs.

Rennen sind solche Wettfahrten oder dazugehörige Übungsfahrten, bei denen es auf die Erzielung von Höchstgeschwindigkeiten ankommt.

Ausnahme:

- Der Unfall wurde durch eine Fahrt auf einer öffentlichen Kartbahn in Deutschland verursacht,
- die Veranstaltung hatte reinen Freizeitcharakter, und
- die versicherte Person ist kein Berufs-, Lizenz- oder Vertragssportler, Vertragsamateur oder Vereinsmitglied im Bereich Motorsport.

In diesem Fall gilt der Ausschluss nicht.

5.1.6 Unfälle, die unmittelbar oder mittelbar durch Kernenergie verursacht sind.

5.2 Ausgeschlossene Gesundheitsschäden

Kein Versicherungsschutz besteht außerdem für folgende Gesundheitsschäden:

5.2.1 Schäden an Bandscheiben sowie Blutungen aus inneren Organen und Gehirnblutungen.

Ausnahme:

- Ein Unfallereignis nach Ziffer 1.3 hat diese Gesundheitsschäden überwiegend (das heißt: zu mehr als 50 %) verursacht, und
- für dieses Unfallereignis besteht Versicherungsschutz nach diesem Vertrag.

In diesem Fall gilt der Ausschluss nicht.

5.2.2 Gesundheitsschäden durch Strahlen.

5.2.3 Gesundheitsschäden durch Heilmaßnahmen oder Eingriffe am Körper der versicherten Person. Als Heilmaßnahmen oder Eingriffe gelten auch strahlendiagnostische und strahlentherapeutische Handlungen.

Ausnahme:

- Die Heilmaßnahmen oder Eingriffe waren durch einen Unfall veranlasst, und
- für diesen Unfall besteht Versicherungsschutz nach diesem Vertrag.

In diesem Fall gilt der Ausschluss nicht.

Beispiel: Die versicherte Person erleidet einen Unfall und lässt die Unfallverletzung ärztlich behandeln. Ein Behandlungsfehler führt dabei zu weiteren Schädigungen.

5.2.4 **Infektionen.**

Ausnahme:

Die versicherte Person infiziert sich

- mit Tollwut oder Wundstarrkrampf.
- mit anderen Krankheitserregern, die durch nicht nur geringfügige Unfallverletzungen in den Körper gelangten.
  Geringfügig sind Unfallverletzungen, die ohne die Infektion und ihre Folgen keiner ärztlichen Behandlung bedürfen.
- durch einen Zeckenstich mit FSME
- durch solche Heilmaßnahmen oder Eingriffe, für die ausnahmsweise Versicherungsschutz besteht (Ziffer 5.2.3).

In diesen Fällen gilt der Ausschluss nicht.

5.2.5 Vergiftungen infolge Einnahme fester oder flüssiger Stoffe durch den Schlund (Eingang der Speiseröhre).

Ausnahme:

Die versicherte Person hat zum Zeitpunkt des Unfalls das X. Lebensjahr noch nicht vollendet.

Für diesen Fall gilt der Ausschluss nicht, es sei denn, die Vergiftung ist durch Nahrungsmittel verursacht.

5.2.6 Krankhafte Störungen infolge psychischer Reaktionen, auch wenn diese durch einen Unfall verursacht wurden.

Beispiele:

- *Posttraumatische Belastungsstörung nach Beinbruch durch einen Verkehrsunfall*
- *Angstzustände des Opfers einer Straftat*

5.2.7 Bauch- oder Unterleibsbrüche.

Ausnahme:

- Sie sind durch eine gewaltsame, von außen kommende Einwirkung entstanden, und
- für die Einwirkung besteht Versicherungsschutz nach diesem Vertrag.

In diesem Fall gilt der Ausschluss nicht.

6. Was müssen Sie bei einem Kinder-Tarif und bei Änderungen der Berufstätigkeit oder Beschäftigung beachten?

6.1 Umstellung des Kindertarifs

6.1.1 Nach Ablauf des Versicherungsjahres (Ziffer 10.4), in dem das Kind das X. Lebensjahr vollendet, stellen wir die Versicherung auf den bei Abschluss des Vertrags gültigen Erwachsenentarif um.

Dabei haben Sie folgendes Wahlrecht:

- Sie zahlen den bisherigen Beitrag, und wir reduzieren die Versicherungssummen entsprechend, oder
- Sie behalten die bisherigen Versicherungssummen, und wir berechnen einen entsprechend höheren Beitrag.

6.1.2 Wir werden Sie rechtzeitig über Ihr Wahlrecht informieren. Haben Sie bis spätestens zwei Monate nach Beginn des neuen Versicherungsjahres noch keine Wahl getroffen, führen wir den Vertrag mit reduzierten Versicherungssummen fort.

6.2 Änderung der Berufstätigkeit oder Beschäftigung

Die Höhe des Beitrags hängt maßgeblich von der Berufstätigkeit oder der Beschäftigung der versicherten Person ab.

Grundlage für die Bemessung des Beitrags ist das für Ihren Vertrag geltende Berufsgruppenverzeichnis *(unternehmensindividueller Text zur Fundstelle)*.

6.2.1 Mitteilung der Änderung

Eine Änderung der Berufstätigkeit oder Beschäftigung der versicherten Person müssen Sie uns unverzüglich mitteilen. Freiwilliger Wehrdienst, militärische Reserveübungen und befristete freiwillige soziale Dienste (z.B. Bundesfreiwilligendienst) fallen nicht darunter.

6.2.2 Auswirkungen der Änderung

Errechnen sich für die neue Berufstätigkeit oder Beschäftigung bei gleich bleibendem Beitrag nach dem vereinbarten Tarif niedrigere Versicherungssummen, gelten diese nach Ablauf eines Monats ab der Änderung.

Errechnen sich dagegen höhere Versicherungssummen, gelten diese, sobald uns Ihre Mitteilung zugeht, spätestens jedoch nach Ablauf eines Monats ab der Änderung.

Auch die neu errechneten Versicherungssummen gelten für berufliche und außerberufliche Unfälle.

Auf Ihren Wunsch führen wir den Vertrag auch mit den bisherigen Versicherungssummen bei erhöhtem oder gesenktem Beitrag weiter, sobald uns Ihre Mitteilung zugeht.

Der Leistungsfall

7. Was ist nach einem Unfall zu beachten (Obliegenheiten)?

Die Fristen und sonstigen Voraussetzungen für die einzelnen Leistungsarten sind in Ziffer 2 geregelt.

Im Folgenden beschreiben wir Verhaltensregeln (Obliegenheiten). Sie oder die versicherte Person müssen diese nach einem Unfall beachten, denn ohne Ihre Mithilfe können wir unsere Leistung nicht erbringen.

7.1 Nach einem Unfall, der voraussichtlich zu einer Leistung führt, müssen Sie oder die versicherte Person unverzüglich einen Arzt hinzuziehen, seine Anordnungen befolgen und uns unterrichten.

7.2 Sämtliche Angaben, um die wir Sie oder die versicherte Person bitten, müssen wahrheitsgemäß, vollständig und unverzüglich erteilt werden.

7.3 Wir beauftragen Ärzte, falls dies für die Prüfung unserer Leistungspflicht erforderlich ist. Von diesen Ärzten muss sich die versicherte Person untersuchen lassen.

Wir tragen die notwendigen Kosten und den Verdienstausfall, der durch die Untersuchung entsteht.

7.4 Für die Prüfung unserer Leistungspflicht benötigen wir möglicherweise Auskünfte von

- Ärzten, die die versicherte Person vor oder nach dem Unfall behandelt oder untersucht haben.
- anderen Versicherern, Versicherungsträgern und Behörden.

Sie oder die versicherte Person müssen es uns ermöglichen, die erforderlichen Auskünfte zu erhalten.

Dazu kann die versicherte Person die Ärzte und die genannten Stellen ermächtigen, uns die Auskünfte direkt zu erteilen. Ansonsten kann die versicherte Person die Auskünfte selbst einholen und uns zur Verfügung stellen.

7.5 Wenn der Unfall zum Tod der versicherten Person führt, ist uns dies innerhalb von 48 Stunden zu melden.

Soweit zur Prüfung unserer Leistungspflicht erforderlich, ist uns das Recht zu verschaffen, eine Obduktion – durch einen von uns beauftragten Arzt – durchführen zu lassen.

8. Welche Folgen hat die Nichtbeachtung von Obliegenheiten?

Wenn Sie oder die versicherte Person eine der in Ziffer 7 genannten Obliegenheiten vorsätzlich verletzen, verlieren Sie den Versicherungsschutz.

Bei grob fahrlässiger Verletzung einer Obliegenheit sind wir berechtigt, unsere Leistung in einem der Schwere Ihres Verschuldens entsprechenden Verhältnis zu kürzen.

Beides gilt nur, wenn wir Sie durch gesonderte Mitteilung in Textform auf diese Rechtsfolgen hingewiesen haben.

Weisen Sie nach, dass die Obliegenheit nicht grob fahrlässig verletzt wurde, bleibt der Versicherungsschutz bestehen.

Der Versicherungsschutz bleibt auch bestehen, wenn Sie nachweisen, dass die Verletzung der Obliegenheit weder für den Eintritt oder die

Feststellung des Versicherungsfalls noch für die Feststellung oder den Umfang der Leistung ursächlich war.

Das gilt für vorsätzliche und grob fahrlässige Obliegenheitsverletzungen, nicht aber, wenn Sie oder die versicherte Person die Obliegenheit arglistig verletzt haben.

9. Wann sind die Leistungen fällig?

Wir erbringen unsere Leistungen, nachdem wir die Erhebungen abgeschlossen haben, die zur Feststellung des Versicherungsfalls und des Umfangs unserer Leistungspflicht notwendig sind. Dazu gilt Folgendes:

9.1 Erklärung über die Leistungspflicht

Wir sind verpflichtet, innerhalb eines Monats in Textform zu erklären, ob und in welchem Umfang wir unsere Leistungspflicht anerkennen. Bei Invaliditätsleistung und Unfallrente beträgt die Frist drei Monate.

Die Fristen beginnen, sobald uns folgende Unterlagen zugehen:

- Nachweis des Unfallhergangs und der Unfallfolgen.
- Bei Invaliditätsleistung und Unfallrente zusätzlich der Nachweis über den Abschluss des Heilverfahrens, soweit dies für die Bemessung des Invaliditätsgrads notwendig ist.

Beachten Sie dabei auch die Verhaltensregeln nach Ziffer 7.

Die ärztlichen Gebühren, die Ihnen zur Begründung des Leistungsanspruchs entstehen, übernehmen wir

- bei Invaliditätsleistung bis zu X ‰ der versicherten Summe.
- bei Unfallrente bis zu X Monatsrenten.
- bei Tagegeld und Krankenhaustagegeld jeweils bis zu X Tagessätze.
- bei Kosten für kosmetische Operationen sowie für Such-, Bergungs- und Rettungseinsätze bis zu X % der jeweils versicherten Summe.

Sonstige Kosten übernehmen wir nicht.

9.2 Fälligkeit der Leistung

Erkennen wir den Anspruch an oder haben wir uns mit Ihnen über Grund und Höhe geeinigt, leisten wir innerhalb von zwei Wochen.

9.3 Vorschüsse

Steht die Leistungspflicht zunächst nur dem Grunde nach fest, zahlen wir – auf Ihren Wunsch – angemessene Vorschüsse.

Beispiel: Es steht fest, dass Sie von uns eine Invaliditätsleistung erhalten. Allerdings ist die Höhe der Leistung noch nicht bestimmbar.

Vor Abschluss des Heilverfahrens kann eine Invaliditätsleistung innerhalb eines Jahres nach dem Unfall nur bis zur Höhe einer vereinbarten Todesfallsumme (Ziffer 2.6) beansprucht werden.

9.4 Neubemessung des Invaliditätsgrads

Nach der Bemessung des Invaliditätsgrads können sich Veränderungen des Gesundheitszustands ergeben.

Sie und wir sind berechtigt, den Grad der Invalidität jährlich erneut ärztlich bemessen zu lassen.

Dieses Recht steht Ihnen und uns längstens bis zu drei Jahren nach dem Unfall zu. Bei Kindern bis zur Vollendung des X. Lebensjahres verlängert sich diese Frist von drei auf X Jahre.

- Wenn wir eine Neubemessung wünschen, teilen wir Ihnen dies zusammen mit der Erklärung über unsere Leistungspflicht mit.
- Wenn Sie eine Neubemessung wünschen, müssen Sie uns dies vor Ablauf der Frist mitteilen.

Ergibt die endgültige Bemessung eine niedrigere Invaliditätsleistung, als wir bereits gezahlt haben, fordern wir den überzahlten Betrag zurück.

Die Vertragsdauer

10. Wann beginnt und wann endet der Vertrag?

10.1 Beginn des Versicherungsschutzes

Der Versicherungsschutz beginnt zu dem im Versicherungsschein angegebenen Zeitpunkt. Voraussetzung für den Versicherungsschutz ist, dass Sie den ersten oder den einmaligen Beitrag unverzüglich nach Ablauf von 14 Tagen nach Zugang des Versicherungsscheins zahlen.

10.2 Dauer und Ende des Vertrags

10.2.1 Vertragsdauer

Der Vertrag ist für die im Versicherungsschein angegebene Zeit abgeschlossen.

10.2.2 Stillschweigende Verlängerung

Bei einer Vertragsdauer von mindestens einem Jahr verlängert sich der Vertrag um jeweils ein weiteres Jahr, wenn der Vertrag nicht gekündigt wird. Kündigen können sowohl Sie als auch wir. Die Kündigung muss Ihnen oder uns spätestens drei Monate vor dem Ablauf der Vertragszeit zugehen.

10.2.3 Vertragsbeendigung

Bei einer Vertragsdauer von weniger als einem Jahr endet der Vertrag zum vorgesehenen Zeitpunkt, ohne dass es einer Kündigung bedarf.

Bei einer Vertragsdauer von mehr als drei Jahren können Sie den Vertrag schon zum Ablauf des dritten Jahres oder jedes darauf folgenden Jahres kündigen. Ihre Kündigung muss uns spätestens drei Monate vor Ablauf des jeweiligen Versicherungsjahres zugehen.

10.3 Kündigung nach Versicherungsfall

Nach einem Versicherungsfall können Sie oder wir den Vertrag kündigen,

- wenn wir erstmals eine Leistung erbracht haben.
  oder
- wenn wir erstmals eine Invaliditätsleistung oder die Unfallrente gezahlt haben,
  oder
- wenn Sie gegen uns *Klage auf eine Leistung* erhoben haben.

Die Kündigung muss Ihnen oder uns spätestens einen Monat nach Leistung oder Beendigung des Rechtsstreits zugegangen sein.

Wenn Sie kündigen, wird Ihre Kündigung wirksam, sobald sie uns zugeht. Sie können jedoch bestimmen, dass die Kündigung zu einem späteren Zeitpunkt wirksam wird; spätestens jedoch am Ende des Versicherungsjahres. Unsere Kündigung wird einen Monat, nachdem Sie sie erhalten haben, wirksam.

10.4 Versicherungsjahr

Das Versicherungsjahr dauert zwölf Monate.

Ausnahme:

Besteht die vereinbarte Vertragsdauer nicht aus ganzen Jahren, wird das erste Versicherungsjahr entsprechend verkürzt. Die folgenden Versicherungsjahre bis zum vereinbarten Vertragsablauf sind jeweils ganze Jahre.

Beispiel: Bei einer Vertragsdauer von 15 Monaten beträgt das erste Versicherungsjahr 3 Monate, das folgende Versicherungsjahr 12 Monate.

Der Versicherungsbeitrag

11. Was müssen Sie bei der Beitragszahlung beachten? Was geschieht, wenn Sie einen Beitrag nicht rechtzeitig zahlen?

11.1 Beitrag und Versicherungsteuer

11.1.1 Beitragszahlung und Versicherungsperiode

Die Beiträge können Sie je nach Vereinbarung monatlich, vierteljährlich, halbjährlich oder jährlich bezahlen. Danach bestimmt sich die Dauer der Versicherungsperiode: Sie beträgt

- bei Monatsbeiträgen einen Monat,
- bei Vierteljahresbeiträgen ein Vierteljahr,
- bei Halbjahresbeiträgen ein Halbjahr und
- bei Jahresbeiträgen ein Jahr.

11.1.2 Versicherungsteuer

Der in Rechnung gestellte Beitrag enthält die Versicherungsteuer. Diese haben Sie in der jeweils vom Gesetz bestimmten Höhe zu zahlen.

11.2 Zahlung und Folgen verspäteter Zahlung/Erster Beitrag

11.2.1 Fälligkeit der Zahlung

Wenn Sie den Versicherungsschein von uns erhalten, müssen Sie den ersten Beitrag unverzüglich nach Ablauf von 14 Tagen bezahlen.

11.2.2 Späterer Beginn des Versicherungsschutzes

Wenn Sie den ersten Beitrag zu einem späteren Zeitpunkt bezahlen, beginnt der Versicherungsschutz erst ab diesem späteren Zeitpunkt. Darauf müssen wir Sie durch gesonderte Mitteilung in Textform oder durch einen auffälligen Hinweis im Versicherungsschein aufmerksam gemacht haben.

Wenn Sie uns nachweisen, dass Sie die verspätete Zahlung nicht verschuldet haben, beginnt der Versicherungsschutz zum vereinbarten Zeitpunkt.

11.2.3 Rücktritt

Wenn Sie den ersten Beitrag nicht rechtzeitig bezahlen, können wir vom Vertrag zurücktreten, solange der Beitrag nicht bezahlt ist. Wir können nicht zurücktreten, wenn Sie nachweisen, dass Sie die verspätete Zahlung nicht verschuldet haben.

11.3 Zahlung und Folgen verspäteter Zahlung/Folgebeitrag

11.3.1 Fälligkeit und Rechtzeitigkeit der Zahlung

Die Folgebeiträge werden zu dem jeweils vereinbarten Zeitpunkt fällig.

11.3.2 Verzug

Wenn Sie einen Folgebeitrag nicht rechtzeitig bezahlen, geraten Sie in Verzug, auch ohne dass Sie eine Mahnung von uns erhalten haben.

Dies gilt nicht, wenn Sie die verspätete Zahlung nicht verschuldet haben.

Bei Verzug sind wir berechtigt, Ersatz für den Schaden zu verlangen, der uns durch den Verzug entstanden ist (Ziffer 11.3.3).

11.3.3 Zahlungsfrist

Wenn Sie einen Folgebeitrag nicht rechtzeitig bezahlen, können wir Ihnen auf Ihre Kosten in Textform eine Zahlungsfrist setzen. Die Zahlungsfrist muss mindestens zwei Wochen betragen.

Unsere Zahlungsaufforderung ist nur wirksam, wenn sie folgende Informationen enthält:

- Die ausstehenden Beträge, die Zinsen und die Kosten müssen im Einzelnen beziffert sein und
- die Rechtsfolgen müssen angegeben sein, die nach Ziffer 11.3.4 mit der Fristüberschreitung verbunden sind.

11.3.4 Verlust des Versicherungsschutzes und Kündigung

Wenn Sie nach Ablauf der Zahlungsfrist den angemahnten Betrag nicht bezahlt haben,

- besteht ab diesem Zeitpunkt bis zur Zahlung kein Versicherungsschutz.
- können wir den Vertrag kündigen, ohne eine Frist einzuhalten.

Wenn Sie nach unserer Kündigung innerhalb eines Monats den angemahnten Betrag bezahlen, besteht der Vertrag fort. Für Versicherungsfälle zwischen dem Ablauf der Zahlungsfrist und Ihrer Zahlung besteht kein Versicherungsschutz.

11.4 Rechtzeitige Zahlung bei SEPA-Lastschriftmandat

Wenn wir die Einziehung des Beitrags von einem Konto vereinbart haben, gilt die Zahlung als rechtzeitig, wenn der Beitrag zu dem Fälligkeitstag eingezogen werden kann und Sie der Einziehung nicht widersprechen.

Die Zahlung gilt auch als rechtzeitig, wenn der fällige Beitrag ohne Ihr Verschulden nicht eingezogen werden kann und Sie nach einer Aufforderung in Textform unverzüglich zahlen.

Wenn Sie es zu vertreten haben, dass der fällige Beitrag nicht eingezogen werden kann, sind wir berechtigt, künftig eine andere Zahlungsweise zu verlangen.

Sie müssen allerdings erst dann zahlen, wenn wir Sie hierzu in Textform aufgefordert haben.

11.5 Beitrag bei vorzeitiger Vertragsbeendigung

Bei vorzeitiger Beendigung des Vertrags haben wir nur Anspruch auf den Teil des Beitrags, der dem Zeitraum des Versicherungsschutzes entspricht.

11.6 Beitragsbefreiung bei der Versicherung von Kindern

Wenn Sie während der Versicherungsdauer sterben und

- Sie bei Versicherungsbeginn das X. Lebensjahr noch nicht vollendet hatten,
- die Versicherung nicht gekündigt war und
- Ihr Tod nicht durch Kriegs- oder Bürgerkriegsereignisse verursacht wurde,

gilt Folgendes:

11.6.1 Wir führen die Versicherung mit dem zu diesem Zeitpunkt geltenden Leistungsumfang bis zum Ablauf des Versicherungsjahres beitragsfrei weiter, in dem das versicherte Kind das X. Lebensjahr vollendet.

11.6.2 Der gesetzliche Vertreter des Kindes wird neuer Versicherungsnehmer, wenn nichts anderes vereinbart ist.

Weitere Bestimmungen

12. Wie sind die Rechtsverhältnisse der am Vertrag beteiligten Personen zueinander?

12.1 Fremdversicherung

Die Ausübung der Rechte aus diesem Vertrag steht ausschließlich Ihnen als Versicherungsnehmer zu. Das gilt auch, wenn die Versicherung gegen Unfälle abgeschlossen ist, die einem anderen zustoßen (Fremdversicherung).

Wir zahlen Leistungen aus dem Versicherungsvertrag auch dann an Sie aus, wenn der Unfall nicht Ihnen, sondern einer anderen versicherten Person zugestoßen ist.

Sie sind neben der versicherten Person für die Erfüllung der Obliegenheiten verantwortlich.

12.2 Rechtsnachfolger und sonstige Anspruchsteller

Alle für Sie geltenden Bestimmungen sind auf Ihren Rechtsnachfolger und sonstige Anspruchsteller entsprechend anzuwenden.

13. Was bedeutet die vorvertragliche Anzeigepflicht und welche Folgen hat ihre Verletzung?

13.1 Vorvertragliche Anzeigepflicht

Sie sind bis zur Abgabe Ihrer Vertragserklärung verpflichtet, alle Ihnen bekannten gefahrerheblichen Umstände, nach denen wir in Textform gefragt haben, wahrheitsgemäß und vollständig anzuzeigen. Gefahrerheblich sind die Umstände, die für unsere Entscheidung, den Vertrag überhaupt oder mit dem vereinbarten Inhalt zu schließen, erheblich sind.

Diese Anzeigepflicht gilt auch für Fragen nach gefahrerheblichen Umständen, die wir

- nach Ihrer Vertragserklärung,
- aber noch vor Vertragsannahme in Textform stellen.

Soll eine andere Person als Sie selbst versichert werden, ist auch diese – neben Ihnen – zu wahrheitsgemäßer und vollständiger Beantwortung der Fragen verpflichtet.

Wenn eine andere Person die Fragen nach gefahrerheblichen Umständen für Sie beantwortet und wenn diese Person den gefahrerheblichen Umstand kennt oder arglistig handelt, werden Sie so behandelt, als hätten Sie selbst davon Kenntnis gehabt oder arglistig gehandelt.

13.2 Mögliche Folgen einer Anzeigepflichtverletzung

Eine Verletzung der Anzeigepflicht kann erhebliche Auswirkungen auf Ihren Versicherungsschutz haben. Wir können in einem solchen Fall

• vom Vertrag zurücktreten,

• den Vertrag kündigen,

• den Vertrag ändern oder

• den Vertrag wegen arglistiger Täuschung anfechten.

13.2.1 Rücktritt

Wird die vorvertragliche Anzeigepflicht verletzt, können wir vom Vertrag zurücktreten. Kein Rücktrittsrecht besteht, wenn

• weder eine vorsätzliche,

• noch eine grob fahrlässige

Anzeigepflichtverletzung vorliegt.

Auch wenn die Anzeigepflicht grob fahrlässig verletzt wird, haben wir trotzdem kein Rücktrittsrecht, wenn wir den Vertrag – möglicherweise zu anderen Bedingungen (z.B. höherer Beitrag oder eingeschränkter Versicherungsschutz) – auch bei Kenntnis der nicht angezeigten gefahrerheblichen Umstände geschlossen hätten.

Im Fall des Rücktritts haben Sie keinen Versicherungsschutz.

Wenn wir nach Eintritt des Versicherungsfalls zurücktreten, bleibt unsere Leistungspflicht unter folgender Voraussetzung bestehen:

Die Verletzung der Anzeigepflicht bezieht sich auf einen gefahrerheblichen Umstand, der

• weder für den Eintritt oder die Feststellung des Versicherungsfalls,

• noch für die Feststellung oder den Umfang unserer Leistungspflicht

ursächlich war.

Wird die Anzeigepflicht arglistig verletzt, entfällt unsere Leistungspflicht.

13.2.2 Kündigung

Wenn unser Rücktrittsrecht ausgeschlossen ist, weil die Verletzung der Anzeigepflicht weder vorsätzlich noch grob fahrlässig erfolgte, können wir den Vertrag unter Einhaltung einer Frist von einem Monat kündigen.

Unser Kündigungsrecht ist ausgeschlossen, wenn wir den Vertrag – möglicherweise zu anderen Bedingungen (z.B. höherer Beitrag oder eingeschränkter Versicherungsschutz) – auch bei Kenntnis der nicht angezeigten gefahrerheblichen Umstände geschlossen hätten.

13.2.3 Vertragsänderung

Können wir nicht zurücktreten oder kündigen, weil wir den Vertrag – möglicherweise zu anderen Bedingungen (z.B. höherer Beitrag oder eingeschränkter Versicherungsschutz) – auch bei Kenntnis der nicht angezeigten gefahrerheblichen Umstände geschlossen hätten, werden die anderen Bedingungen auf unser Verlangen hin rückwirkend Vertragsbestandteil.

Haben Sie die Anzeigepflichtverletzung nicht zu vertreten, werden die anderen Bedingungen erst ab der laufenden Versicherungsperiode (Ziffer 11.1.1) Vertragsbestandteil.

Sie können den Vertrag innerhalb eines Monats, nachdem Sie unsere Mitteilung erhalten haben, fristlos kündigen, wenn

- wir im Rahmen einer Vertragsänderung den Beitrag um mehr als 10 % erhöhen oder
- wir die Gefahrabsicherung für einen nicht angezeigten Umstand ausschließen.

Auf dieses Recht werden wir Sie in der Mitteilung über die Vertragsänderung hinweisen.

13.3 Voraussetzungen für die Ausübung unserer Rechte

Unsere Rechte zum Rücktritt, zur Kündigung oder zur Vertragsänderung stehen uns nur zu, wenn wir Sie durch gesonderte Mitteilung in Textform auf die Folgen einer Anzeigepflichtverletzung hingewiesen haben.

Wir haben kein Recht zum Rücktritt, zur Kündigung oder zur Vertragsänderung, wenn wir den nicht angezeigten Umstand oder die Unrichtigkeit der Anzeige kannten.

Wir können unsere Rechte zum Rücktritt, zur Kündigung oder zur Vertragsänderung nur innerhalb eines Monats schriftlich geltend machen. Die Frist beginnt mit dem Zeitpunkt, zu dem wir von der Verletzung der Anzeigepflicht, die das von uns geltend gemachte Recht begründet, Kenntnis erlangen.

Bei Ausübung unserer Rechte müssen wir die Umstände angeben, auf die wir unsere Erklärung stützen. Zur Begründung können wir nachträglich weitere Umstände angeben, wenn für diese die Monatsfrist noch nicht verstrichen ist.

Nach Ablauf von fünf Jahren seit Vertragsschluss erlöschen unsere Rechte zum Rücktritt, zur Kündigung oder zur Vertragsänderung. Ist der Versicherungsfall vor Ablauf dieser Frist eingetreten, können wir die Rechte auch nach Ablauf der Frist geltend machen.

Ist die Anzeigepflicht vorsätzlich oder arglistig verletzt worden, beträgt die Frist zehn Jahre.

13.4 Anfechtung

Wir können den Vertrag auch anfechten, falls unsere Entscheidung zur Annahme des Vertrags durch unrichtige oder unvollständige Angaben bewusst und gewollt beeinflusst worden ist.

Im Fall der Anfechtung steht uns der Teil des Beitrags zu, der der bis zum Wirksamwerden der Anfechtungserklärung abgelaufenen Vertragszeit entspricht.

13.5 Erweiterung des Versicherungsschutzes

Die Absätze 13.1. bis 13.4 gelten entsprechend, wenn der Versicherungsschutz nachträglich erweitert wird und deshalb eine erneute Risikoprüfung erforderlich ist.

14. Gestrichen

15. Wann verjähren die Ansprüche aus diesem Vertrag?

15.1 Gesetzliche Verjährung

Die Ansprüche aus dem Versicherungsvertrag verjähren in drei Jahren. Die Fristberechnung richtet sich nach den allgemeinen Vorschriften des Bürgerlichen Gesetzbuchs.

15.2 Aussetzung der Verjährung

Ist ein Anspruch aus dem Versicherungsvertrag bei uns geltend gemacht worden, ist die Verjährung gehemmt. Dies gilt von der Geltendmachung bis zu dem Zeitpunkt, zu dem Ihnen unsere Entscheidung in Textform zugeht.

16. An wen können Sie sich wenden, wenn Sie mit uns einmal nicht zufrieden sind?

16.1 Ihre Beschwerdemöglichkeiten

Wenn Sie mit unserer Entscheidung nicht zufrieden sind oder eine Verhandlung mit uns einmal nicht zu dem von Ihnen gewünschten Ergebnis geführt hat, stehen Ihnen insbesondere die nachfolgenden Beschwerdemöglichkeiten offen.

16.1.1 Versicherungsombudsmann

Wenn Sie Verbraucher sind, können Sie sich an den Ombudsmann für Versicherungen wenden. Diesen erreichen Sie derzeit wie folgt:

Versicherungsombudsmann e.V.

Postfach 080632

10006 Berlin

E-Mail: beschwerde@versicherungsombudsmann.de

Internet: www.versicherungsombudsmann.de Der Ombudsmann für Versicherungen ist eine unabhängige und für Verbraucher kostenfrei arbeitende Schlichtungsstelle. Wir haben uns verpflichtet, an dem Schlichtungsverfahren teilzunehmen.

Wenn Sie Verbraucher sind und diesen Vertrag online (z.B. über eine Webseite oder per E-Mail) abgeschlossen haben, können Sie sich mit ihrer Beschwerde auch online an die Plattform http://ec.europa.eu/consumers/odr/ wenden. Ihre Beschwerde wird dann über diese Plattform an den Versicherungsombudsmann weitergeleitet.

16.1.2 Versicherungsaufsicht

Sind Sie mit unserer Betreuung nicht zufrieden oder treten Meinungsverschiedenheiten bei der Vertragsabwicklung auf, können Sie sich auch an die für uns zuständige Aufsicht wenden. Als Versicherungsunternehmen unterliegen wir der Aufsicht der Bundesanstalt für Finanzdienstleistungsaufsicht. Die derzeitigen Kontaktdaten sind:

Bundesanstalt für Finanzdienstleistungsaufsicht (BaFin)

Sektor Versicherungsaufsicht

Graurheindorfer Straße 108

53117 Bonn

E-Mail: poststelle@bafin.de Bitte beachten Sie, dass die BaFin keine Schiedsstelle ist und einzelne Streitfälle nicht verbindlich entscheiden kann.

16.1.3 Unser Beschwerdemanagement

Unabhängig hiervon können Sie sich jederzeit auch an uns wenden. Unsere interne Beschwerdestelle steht Ihnen hierzu zur Verfügung. Sie erreichen diese derzeit wie folgt:

16.2 Zuständige Gerichte

Außerdem haben Sie die Möglichkeit, den Rechtsweg zu beschreiten:

16.2.1 Für Klagen aus dem Versicherungsvertrag gegen uns sind folgende Gerichte zuständig:

- das Gericht am Sitz unseres Unternehmens oder unserer Niederlassung, die für Ihren Vertrag zuständig ist.
- das Gericht Ihres Wohnorts oder, wenn Sie keinen festen Wohnsitz haben, am Ort Ihres gewöhnlichen Aufenthalts.

16.2.2 Für Klagen aus dem Versicherungsvertrag gegen Sie ist das Gericht Ihres Wohnorts oder, wenn Sie keinen festen Wohnsitz haben, das Gericht Ihres gewöhnlichen Aufenthalts zuständig.

17. Was ist bei Mitteilungen an uns zu beachten? Was gilt bei Änderung Ihrer Anschrift?

17.1 Anzeigen oder Erklärungen sollen an folgende Stellen gerichtet werden:

- an unsere Hauptverwaltung oder
- an die Geschäftsstelle, die für Sie zuständig ist. Welche Geschäftsstelle dies ist, ergibt sich aus Ihrem Versicherungsschein oder aus dessen Nachträgen.

17.2 Änderungen Ihrer Anschrift müssen Sie uns mitteilen.

Wenn Sie dies nicht tun und wir Ihnen gegenüber eine rechtliche Erklärung abgeben wollen, gilt Folgendes:

Die Erklärung gilt drei Tage nach der Absendung als zugegangen, wenn wir sie per Einschreiben an Ihre letzte uns bekannte Anschrift geschickt haben.

Das gilt auch, wenn Sie uns eine Änderung Ihres Namens nicht mitteilen.

18. Welches Recht findet Anwendung?

Für diesen Vertrag gilt deutsches Recht.

62j. Gemeinsamer Allgemeiner Teil für die Allgemeine Haftpflichtversicherung, die Sachversicherung und die Technischen Versicherungen (ohne Projektgeschäft) Monoline-Variante

Musterbedingungen des GDV[1)]

(Stand: Mai 2022)

Unverbindliche Bekanntgabe des Gesamtverbandes der Deutschen Versicherungswirtschaft e.V. (GDV) zur fakultativen Verwendung. Abweichende Vereinbarungen sind möglich.

Inhaltsverzeichnis

Abschnitt B1. Beginn des Versicherungsschutzes, **Beitragszahlung**

B1.1 Beginn des Versicherungsschutzes

Der Versicherungsschutz beginnt zu dem im Versicherungsschein angegebenen Zeitpunkt. Dies gilt vorbehaltlich der Regelungen über die Folgen verspäteter Zahlung oder Nichtzahlung des Erst- oder Einmalbeitrags.

[1)] In der jeweils aktuellen Fassung kostenlos abrufbar unter www.gdv.de.

B1.2 Beitragszahlung, Versicherungsperiode

B1.2.1 Beitragszahlung

Je nach Vereinbarung werden die Beiträge entweder durch laufende Zahlungen monatlich, vierteljährlich, halbjährlich, jährlich oder als Einmalbeitrag im Voraus gezahlt.

B1.2.2 Versicherungsperiode

Die Versicherungsperiode beträgt ein Jahr. Das gilt auch, wenn die vereinbarte Vertragsdauer länger als ein Jahr ist. Ist die vereinbarte Vertragsdauer kürzer als ein Jahr, so entspricht die Versicherungsperiode der Vertragsdauer.

B1.3 Fälligkeit des Erst- oder Einmalbeitrags, Folgen verspäteter Zahlung oder Nichtzahlung

B1.3.1 Fälligkeit des Erst- oder Einmalbeitrags

Der erste oder einmalige Beitrag ist unverzüglich nach dem Zeitpunkt des vereinbarten und im Versicherungsschein angegebenen Versicherungsbeginns zu zahlen. Dies gilt unabhängig von dem Bestehen eines Widerrufrechts.

Liegt der vereinbarte Zeitpunkt des Versicherungsbeginns vor Vertragsschluss, ist der erste oder einmalige Beitrag unverzüglich nach Vertragsschluss zu zahlen.

Zahlt der Versicherungsnehmer nicht unverzüglich nach dem in Absatz 1 oder 2 bestimmten Zeitpunkt, beginnt der Versicherungsschutz erst, nachdem die Zahlung veranlasst ist.

Weicht der Versicherungsschein vom Antrag des Versicherungsnehmers oder getroffenen Vereinbarungen ab, ist der erste oder einmalige Beitrag frühestens einen Monat nach Zugang des Versicherungsscheins zu zahlen.

B1.3.2 Rücktrittsrecht des Versicherers bei Zahlungsverzug

Wird der erste oder einmalige Beitrag nicht rechtzeitig nach B1.3.1 gezahlt, so kann der Versicherer vom Vertrag zurücktreten, solange die Zahlung nicht veranlasst ist.

Der Rücktritt ist ausgeschlossen, wenn der Versicherungsnehmer die Nichtzahlung nicht zu vertreten hat.

B1.3.3 Leistungsfreiheit des Versicherers

Wenn der Versicherungsnehmer den ersten oder einmaligen Beitrag nicht rechtzeitig nach B1.3.1 zahlt, so ist der Versicherer für einen vor Zahlung des Beitrags eingetretenen Versicherungsfall nicht zur Leistung verpflichtet. Voraussetzung ist, dass er den Versicherungsnehmer durch gesonderte Mitteilung in Textform (z.B. E-Mail, Telefax oder Brief) oder durch einen auffälligen Hinweis im Versicherungsschein auf diese Rechtsfolge der Nichtzahlung des Beitrags aufmerksam gemacht hat.

Die Leistungsfreiheit tritt nur ein, wenn der Versicherungsnehmer die Nichtzahlung zu vertreten hat.

B1.4 Folgebeitrag

B1.4.1 Fälligkeit

Ein Folgebeitrag wird entsprechend der vereinbarten Zahlungsweise jeweils zu Monats-, Vierteljahres-, Halbjahres- oder Jahresbeginn oder zu einem anderen vereinbarten Zeitpunkt fällig.

Die Zahlung gilt als rechtzeitig, wenn sie zur Fälligkeit veranlasst wird.

B1.4.2 Verzug und Schadensersatz

Wird ein Folgebeitrag nicht rechtzeitig gezahlt, gerät der Versicherungsnehmer ohne Mahnung in Verzug. Dies gilt nur, wenn er die verspätete Zahlung zu vertreten hat.

Ist der Versicherungsnehmer mit der Zahlung eines Folgebeitrags in Verzug, ist der Versicherer berechtigt, Ersatz des ihm durch den Verzug entstandenen Schadens zu verlangen.

B1.4.3 Mahnung

Wird ein Folgebeitrag nicht rechtzeitig gezahlt, kann der Versicherer den Versicherungsnehmer auf dessen Kosten in Textform (z.B. E-Mail, Telefax oder Brief) zur Zahlung auffordern und eine Zahlungsfrist bestimmen (Mahnung). Die Zahlungsfrist muss mindestens zwei Wochen ab Zugang der Zahlungsaufforderung betragen.

Die Mahnung ist nur wirksam, wenn der Versicherer je Vertrag die rückständigen Beträge des Beitrags sowie der Zinsen und Kosten im Einzelnen beziffert und auf die Rechtsfolgen (Leistungsfreiheit und Kündigungsrecht) hinweist.

B1.4.4 Leistungsfreiheit nach Mahnung

Tritt nach Ablauf der in der Mahnung gesetzten Zahlungsfrist ein Versicherungsfall ein und ist der Versicherungsnehmer bei Eintritt des Versicherungsfalles mit der Zahlung des Beitrags oder der Zinsen oder Kosten in Verzug, so ist der Versicherer von der Verpflichtung zur Leistung frei.

B1.4.5 Kündigung nach Mahnung

Ist der Versicherungsnehmer mit der Zahlung der geschuldeten Beträge in Verzug, kann der Versicherer nach Ablauf der in der Mahnung gesetzten Zahlungsfrist den Vertrag ohne Einhaltung einer Kündigungsfrist mit sofortiger Wirkung kündigen.

Die Kündigung kann mit der Bestimmung der Zahlungsfrist verbunden werden. Mit Fristablauf wird die Kündigung wirksam, wenn der Versicherungsnehmer zu diesem Zeitpunkt mit der Zahlung in Verzug ist. Hierauf ist der Versicherungsnehmer bei der Kündigung ausdrücklich hinzuweisen.

B1.4.6 Zahlung des Beitrags nach Kündigung

Die Kündigung wird unwirksam, wenn die Zahlung innerhalb eines Monats nach der Kündigung veranlasst wird. Wenn die Kündigung mit der Zahlungsfrist verbunden worden ist, wird sie unwirksam, wenn die Zahlung innerhalb eines Monats nach Fristablauf veranlasst wird.

Die Leistungsfreiheit des Versicherers nach B1.4.4 bleibt bis zur Zahlung bestehen.

B1.5 Lastschriftverfahren

B1.5.1 Pflichten des Versicherungsnehmers

Ist zur Einziehung des Beitrags das Lastschriftverfahren vereinbart worden, hat der Versicherungsnehmer zum Zeitpunkt der Fälligkeit des Beitrags für eine ausreichende Deckung des Kontos zu sorgen.

Konnte der fällige Beitrag ohne Verschulden des Versicherungsnehmers vom Versicherer nicht eingezogen werden, ist die Zahlung auch dann noch rechtzeitig, wenn sie unverzüglich nach einer in Textform (z.B. E-Mail, Telefax oder Brief) abgegebenen Zahlungsaufforderung des Versicherers erfolgt.

B1.5.2 Fehlgeschlagener Lastschrifteinzug

Hat es der Versicherungsnehmer zu vertreten, dass ein oder mehrere Beiträge, trotz wiederholtem Einziehungsversuch, nicht eingezogen werden können, ist der Versicherer berechtigt, das SEPA-Lastschriftmandat in Textform (z.B. E-Mail, Telefax oder Brief) zu kündigen.

Der Versicherer hat in der Kündigung darauf hinzuweisen, dass der Versicherungsnehmer verpflichtet ist, den ausstehenden Beitrag und zukünftige Beiträge selbst zu übermitteln.

Von Kreditinstituten erhobene Bearbeitungsgebühren für fehlgeschlagenen Lastschrifteinzug können dem Versicherungsnehmer in Rechnung gestellt werden.

B1.6 Beitrag bei vorzeitiger Vertragsbeendigung

B1.6.1 Allgemeiner Grundsatz

Bei vorzeitiger Beendigung des Vertrags steht dem Versicherer nur derjenige Teil des Beitrags zu, der dem Zeitraum entspricht, in dem der Versicherungsschutz bestanden hat.

B1.6.2 Beitrag oder Geschäftsgebühr bei Widerruf, Rücktritt, Anfechtung und fehlendem versicherten Interesse

B1.6.2.1 Widerruft der Versicherungsnehmer seine Vertragserklärung innerhalb von 14 Tagen, hat der Versicherer nur den auf die Zeit nach Zugang der Widerrufserklärung entfallenden Teil der Beiträge zu erstatten. Voraussetzung ist, dass der Versicherer in der Widerrufsbelehrung auf das Widerrufsrecht, die Rechtsfolgen des Widerrufs und den zu zahlenden Betrag hingewiesen und der Versicherungsnehmer zugestimmt hat, dass der Versicherungsschutz vor Ende der Widerrufsfrist beginnt.

Ist die Widerrufsbelehrung nach Satz 2 unterblieben, hat der Versicherer zusätzlich den für das erste Versicherungsjahr gezahlten Beitrag zu erstatten. Dies gilt nicht, wenn der Versicherungsnehmer Leistungen aus dem Versicherungsvertrag in Anspruch genommen hat.

B1.6.2.2 Tritt der Versicherer wegen Verletzung einer vorvertraglichen Anzeigepflicht vom Versicherungsvertrag zurück, so steht ihm der Beitrag bis zum Zugang der Rücktrittserklärung zu.

Wird der Versicherungsvertrag durch Rücktritt des Versicherers beendet, weil der einmalige oder der erste Beitrag nicht rechtzeitig gezahlt worden ist, so steht dem Versicherer eine angemessene Geschäftsgebühr zu.

B1.6.2.3 Wird der Versicherungsvertrag durch Anfechtung des Versicherers wegen arglistiger Täuschung beendet, so steht dem Versicherer der Beitrag bis zum Zugang der Anfechtungserklärung zu.

B1.6.2.4 Fällt das versicherte Interesse nach dem Beginn der Versicherung vollständig und dauerhaft weg, steht dem Versicherer der Beitrag zu, den er hätte beanspruchen können, wenn die Versicherung nur bis zu dem Zeitpunkt beantragt worden wäre, zu dem der Versicherer vom Wegfall des Interesses Kenntnis erlangt hat.

B1.6.2.5 Der Versicherungsnehmer ist nicht zur Zahlung des Beitrags verpflichtet, wenn das versicherte Interesse bei Beginn der Versicherung nicht besteht, oder wenn das Interesse bei einer Versicherung, die für ein künftiges Unternehmen oder für ein anderes künftiges Interesse genommen ist, nicht entsteht. Der Versicherer kann jedoch eine angemessene Geschäftsgebühr verlangen.

Hat der Versicherungsnehmer ein nicht bestehendes Interesse in der Absicht versichert, sich dadurch einen rechtswidrigen Vermögensvorteil zu verschaffen, ist der Vertrag nichtig. Dem Versicherer steht in diesem Fall der Beitrag bis zu dem Zeitpunkt zu, zu dem er von den die Nichtigkeit begründenden Umständen Kenntnis erlangt.

Abschnitt B2. Dauer und Ende des Vertrags, Kündigung

B2.1 Dauer und Ende des Vertrags

B2.1.1 Vertragsdauer

Der Vertrag ist für den im Versicherungsschein angegebenen Zeitraum abgeschlossen.

B2.1.2 Stillschweigende Verlängerung

Bei einer Vertragsdauer von mindestens einem Jahr verlängert sich der Vertrag um jeweils ein Jahr. Er verlängert sich nicht, wenn einer der Vertragsparteien spätestens drei Monate vor dem Ablauf der jeweiligen Vertragslaufzeit eine Kündigung zugegangen ist.

B2.1.3 Vertragsdauer von weniger als einem Jahr

Bei einer Vertragsdauer von weniger als einem Jahr endet der Vertrag zum vereinbarten Zeitpunkt, ohne dass es einer Kündigung bedarf.

B2.1.4 Kündigung bei mehrjährigen Verträgen

Bei einer Vertragsdauer von mehr als drei Jahren kann der Versicherungsnehmer den Vertrag zum Ablauf des dritten Jahres oder jedes *darauf folgenden Jahres* kündigen; die Kündigung muss dem Versicherer spätestens drei Monate vor dem Ablauf des jeweiligen Jahres zugegangen sein.

B2.1.5 Wegfall des versicherten Interesses

Fällt ein versichertes Interesse nach dem Beginn der Versicherung vollständig und dauerhaft weg, endet der Vertrag bezüglich dieses Interesses zu dem Zeitpunkt, zu dem der Versicherer vom Wegfall des Interesses Kenntnis erlangt.

<u>*Für die Hausratversicherung gilt:*</u>

Als Wegfall des versicherten Interesses gilt die vollständige und dauerhafte Auflösung des versicherten Hausrats. Dazu zählt auch

a) die Aufnahme des Versicherungsnehmers in eine stationäre Pflegeeinrichtung
oder

b) die Aufgabe einer Zweit- oder Ferienwohnung.

Wohnungswechsel gilt nicht als Wegfall des versicherten Interesses.

Das Versicherungsverhältnis endet bei Tod des Versicherungsnehmers zum Zeitpunkt der Kenntniserlangung des Versicherers über die vollständige und dauerhafte Haushaltsauflösung, spätestens jedoch _____ Monate nach dem Tod des Versicherungsnehmers, wenn nicht bis zu diesem Zeitpunkt ein Erbe die Wohnung in derselben Weise nutzt wie der verstorbene Versicherungsnehmer.

B2.2 Kündigung nach Versicherungsfall

B2.2.1 Kündigungsrecht

Nach dem Eintritt eines Versicherungsfalles kann jede der Vertragsparteien den Versicherungsvertrag kündigen. Die Kündigung ist in Textform (z.B. E-Mail, Telefax oder Brief) zu erklären. Die Kündigung ist nur bis zum Ablauf eines Monats seit dem Abschluss der Verhandlungen über die Entschädigung zulässig.

B2.2.2 Kündigung durch Versicherungsnehmer

Kündigt der Versicherungsnehmer, wird seine Kündigung mit ihrem Zugang beim Versicherer wirksam. Der Versicherungsnehmer kann jedoch bestimmen, dass die Kündigung zu einem späteren Zeitpunkt, spätestens jedoch zum Ende der laufenden Versicherungsperiode, wirksam wird.

B2.2.3 Kündigung durch Versicherer

Eine Kündigung des Versicherers wird einen Monat nach ihrem Zugang beim Versicherungsnehmer wirksam.

Abschnitt B3. Anzeigepflicht, Gefahrerhöhung, andere Obliegenheiten

B3.1 Anzeigepflichten des Versicherungsnehmers oder seines Vertreters bis zum Vertragsschluss

B3.1.1 Vollständigkeit und Richtigkeit von Angaben über gefahrerhebliche Umstände

Der Versicherungsnehmer hat bis zur Abgabe seiner Vertragserklärung dem Versicherer alle ihm bekannten Gefahrumstände anzuzeigen, nach denen der Versicherer in Textform (z.B. E-Mail, Telefax oder Brief) gefragt hat und die für den Entschluss des Versicherers erheblich sind, den Vertrag mit dem vereinbarten Inhalt zu schließen. Diese Anzeigepflicht gilt auch dann, wenn der Versicherer dem Versicherungsnehmer nach seiner Vertragserklärung, aber vor der Vertragsannahme Fragen im Sinn von Satz 1 in Textform stellt.

Wird der Vertrag von einem Vertreter des Versicherungsnehmers geschlossen, so sind bei der Anwendung von Absatz 1 und B3.1.2 sowohl die Kenntnis und die Arglist des Vertreters als auch die Kenntnis und die Arglist des Versicherungsnehmers zu berücksichtigen.

Der Versicherungsnehmer kann sich darauf, dass die Anzeigepflicht nicht vorsätzlich oder grob fahrlässig verletzt worden ist, nur berufen, wenn weder dem Vertreter noch dem Versicherungsnehmer Vorsatz oder grobe Fahrlässigkeit zur Last fällt.

B3.1.2 Rechtsfolgen der Verletzung der Anzeigepflicht

B3.1.2.1 Rücktritt und Wegfall des Versicherungsschutzes

Verletzt der Versicherungsnehmer seine Anzeigepflicht nach B3.1.1 Absatz 1, kann der Versicherer vom Vertrag zurücktreten. Im Fall des Rücktritts besteht auch für die Vergangenheit kein Versicherungsschutz.

Der Versicherer hat jedoch kein Rücktrittsrecht, wenn der Versicherungsnehmer nachweist, dass er die unrichtigen oder unvollständigen Angaben weder vorsätzlich noch grob fahrlässig gemacht hat.

Das Rücktrittsrecht des Versicherers wegen grob fahrlässiger Verletzung der Anzeigepflicht besteht nicht, wenn der Versicherungsnehmer nachweist, dass der Versicherer den Vertrag auch bei Kenntnis der nicht angezeigten Umstände zu gleichen oder anderen Bedingungen geschlossen hätte.

Tritt der Versicherer nach Eintritt des Versicherungsfalles zurück, darf er den Versicherungsschutz nicht versagen, wenn der Versicherungsnehmer nachweist, dass der unvollständig oder unrichtig angezeigte Umstand weder für den Eintritt des Versicherungsfalles noch für die Feststellung oder den Umfang der Leistung ursächlich war. Auch in diesem Fall besteht aber kein Versicherungsschutz, wenn der Versicherungsnehmer die Anzeigepflicht arglistig verletzt hat.

B3.1.2.2 Kündigung

Verletzt der Versicherungsnehmer seine Anzeigepflicht nach B3.1.1 Absatz 1 leicht fahrlässig oder schuldlos, kann der Versicherer den Vertrag kündigen. Das Kündigungsrecht ist ausgeschlossen, wenn der Versicherungsnehmer nachweist, dass der Versicherer den Vertrag auch bei Kenntnis der nicht angezeigten Umstände zu gleichen oder anderen Bedingungen geschlossen hätte.

B3.1.2.3 Vertragsänderung

Hat der Versicherungsnehmer seine Anzeigepflicht nach B3.1.1 Absatz 1 nicht vorsätzlich verletzt und hätte der Versicherer bei Kenntnis *der nicht angezeigten* Gefahrumstände den Vertrag auch zu anderen Bedingungen geschlossen, so werden die anderen Bedingungen auf Verlangen des Versicherers rückwirkend Vertragsbestandteil. Bei einer vom Versicherungsnehmer unverschuldeten Pflichtverletzung werden die anderen Bedingungen ab der laufenden Versicherungsperiode Vertragsbestandteil.

Erhöht sich durch eine Vertragsänderung der Beitrag um mehr als 10 Prozent oder schließt der Versicherer die Gefahrabsicherung für den nicht angezeigten Umstand aus, so kann der Versicherungsnehmer den

Vertrag innerhalb eines Monats nach Zugang der Mitteilung des Versicherers ohne Einhaltung einer Frist kündigen. In dieser Mitteilung hat der Versicherer den Versicherungsnehmer auf dessen Kündigungsrecht hinzuweisen.

B3.1.3 Frist und Form für die Ausübung der Rechte des Versicherers

Die Rechte zum Rücktritt, zur Kündigung oder zur Vertragsänderung muss der Versicherer innerhalb eines Monats schriftlich geltend machen. Dabei hat er die Umstände anzugeben, auf die er seine Erklärung stützt. Zur Begründung kann er nachträglich weitere Umstände innerhalb eines Monats nach deren Kenntniserlangung angeben. Die Monatsfrist beginnt mit dem Zeitpunkt, zu dem der Versicherer von der Verletzung der Anzeigepflicht und der Umstände Kenntnis erlangt, die das von ihm jeweils geltend gemachte Recht begründen.

B3.1.4 Hinweispflicht des Versicherers

Die Rechte zum Rücktritt, zur Kündigung oder zur Vertragsänderung stehen dem Versicherer nur zu, wenn er den Versicherungsnehmer durch gesonderte Mitteilung in Textform (z.B. E-Mail, Telefax oder Brief) auf die Folgen der Verletzung der Anzeigepflicht hingewiesen hat.

B3.1.5 Ausschluss von Rechten des Versicherers

Der Versicherer kann sich auf seine Rechte zum Rücktritt, zur Kündigung oder zur Vertragsänderung nicht berufen, wenn er den nicht angezeigten Gefahrumstand oder die Unrichtigkeit der Anzeige kannte.

B3.1.6 Anfechtung

Das Recht des Versicherers, den Vertrag wegen arglistiger Täuschung anzufechten, bleibt bestehen.

B3.1.7 Erlöschen der Rechte des Versicherers

Die Rechte des Versicherers zum Rücktritt, zur Kündigung und zur Vertragsänderung erlöschen mit Ablauf von fünf Jahren nach Vertragsschluss. Diese Rechte erlöschen nicht für Versicherungsfälle, die vor Ablauf dieser Frist eingetreten sind. Die Frist beträgt zehn Jahre, wenn der Versicherungsnehmer oder sein Vertreter die Anzeigepflicht vorsätzlich oder arglistig verletzt hat.

B3.2 Gefahrerhöhung

B3.2.1 Begriff der Gefahrerhöhung

B3.2.1.1 Eine Gefahrerhöhung liegt vor, wenn nach Abgabe der Vertragserklärung des Versicherungsnehmers die tatsächlich vorhandenen Umstände so verändert werden, dass der Eintritt des Versicherungsfalles oder eine Vergrößerung des Schadens oder die ungerechtfertigte Inanspruchnahme des Versicherers wahrscheinlicher wird.

B3.2.1.2 Eine Gefahrerhöhung kann insbesondere – aber nicht nur – vorliegen, wenn sich ein gefahrerheblicher Umstand ändert, nach dem der Versicherer vor Vertragsschluss gefragt hat.

B3.2.1.3 Eine Gefahrerhöhung nach B3.2.1.1 liegt nicht vor, wenn sich die Gefahr nur unerheblich erhöht hat oder nach den Umständen als mitversichert gelten soll.

B3.2.2 Pflichten des Versicherungsnehmers

B3.2.2.1 Nach Abgabe seiner Vertragserklärung darf der Versicherungsnehmer ohne vorherige Zustimmung des Versicherers keine Gefahrerhöhung vornehmen oder deren Vornahme durch einen Dritten gestatten.

B3.2.2.2 Erkennt der Versicherungsnehmer nachträglich, dass er ohne vorherige Zustimmung des Versicherers eine Gefahrerhöhung vorgenommen oder gestattet hat, so muss er diese dem Versicherer unverzüglich anzeigen.

B3.2.2.3 Eine Gefahrerhöhung, die nach Abgabe seiner Vertragserklärung unabhängig von seinem Willen eintritt, muss der Versicherungsnehmer dem Versicherer unverzüglich anzeigen, nachdem er von ihr Kenntnis erlangt hat.

B3.2.3 Kündigung oder Vertragsänderung durch den Versicherer

B3.2.3.1 Kündigungsrecht

Verletzt der Versicherungsnehmer seine Verpflichtung nach B3.2.2.1, kann der Versicherer den Vertrag fristlos kündigen, wenn der Versicherungsnehmer seine Verpflichtung vorsätzlich oder grob fahrlässig verletzt hat. Das Nichtvorliegen von Vorsatz oder grober Fahrlässigkeit hat der Versicherungsnehmer zu beweisen.

Beruht die Verletzung auf einfacher Fahrlässigkeit, kann der Versicherer unter Einhaltung einer Frist von einem Monat kündigen.

Wird dem Versicherer eine Gefahrerhöhung in den Fällen nach B3.2.2.2 und B3.2.2.3 bekannt, kann er den Vertrag unter Einhaltung einer Frist von einem Monat kündigen.

B3.2.3.2 Vertragsänderung

Statt der Kündigung kann der Versicherer ab dem Zeitpunkt der Gefahrerhöhung einen seinen Geschäftsgrundsätzen entsprechenden erhöhten Beitrag verlangen oder die Absicherung der erhöhten Gefahr ausschließen.

Erhöht sich der Beitrag als Folge der Gefahrerhöhung um mehr als 10 Prozent oder schließt der Versicherer die Absicherung der erhöhten Gefahr aus, so kann der Versicherungsnehmer den Vertrag innerhalb eines Monats nach Zugang der Mitteilung des Versicherers ohne Einhaltung einer Frist kündigen. In der Mitteilung hat der Versicherer den Versicherungsnehmer auf dieses Kündigungsrecht hinzuweisen.

B3.2.4 Erlöschen der Rechte des Versicherers

Die Rechte des Versicherers zur Kündigung oder Vertragsanpassung nach B.3.2.3 erlöschen, wenn diese nicht innerhalb eines Monats ab Kenntnis des Versicherers von der Gefahrerhöhung ausgeübt werden oder wenn der Zustand wiederhergestellt ist, der vor der Gefahrerhöhung bestanden hat.

B3.2.5 Leistungsfreiheit wegen Gefahrerhöhung

B3.2.5.1 Tritt nach einer Gefahrerhöhung der Versicherungsfall ein, so ist der Versicherer nicht zur Leistung verpflichtet, wenn der Versicherungsnehmer seine Pflichten nach B3.2.2.1 vorsätzlich verletzt hat. Verletzt der Versicherungsnehmer diese Pflichten grob fahrlässig, so ist der Versicherer berechtigt, seine Leistung in dem Verhältnis zu kürzen, das der Schwere des Verschuldens des Versicherungsnehmers entspricht. Das Nichtvorliegen einer groben Fahrlässigkeit hat der Versicherungsnehmer zu beweisen.

B3.2.5.2 Nach einer Gefahrerhöhung nach B3.2.2.2 und B3.2.2.3 ist der Versicherer für einen Versicherungsfall, der später als einen Monat nach dem Zeitpunkt eintritt, zu dem die Anzeige dem Versicherer hätte zugegangen sein müssen, leistungsfrei, wenn der Versicherungsnehmer seine Anzeigepflicht vorsätzlich verletzt hat. Hat der Versicherungsnehmer seine Pflicht grob fahrlässig verletzt, so gilt B3.2.5.1 Satz 2 und 3 entsprechend. Die Leistungspflicht des Versicherers bleibt bestehen, wenn ihm die Gefahrerhöhung zu dem Zeitpunkt, zu dem ihm die Anzeige hätte zugegangen sein müssen, bekannt war.

B3.2.5.3 Die Leistungspflicht des Versicherers bleibt bestehen,

a) soweit der Versicherungsnehmer nachweist, dass die Gefahrerhöhung nicht ursächlich für den Eintritt des Versicherungsfalles oder den Umfang der Leistungspflicht war oder

b) wenn zur Zeit des Eintrittes des Versicherungsfalles die Frist für die Kündigung des Versicherers abgelaufen und eine Kündigung nicht erfolgt war oder

c) wenn der Versicherer statt der Kündigung ab dem Zeitpunkt der Gefahrerhöhung einen seinen Geschäftsgrundsätzen entsprechend erhöhten Beitrag verlangt.

B3.3 Obliegenheiten des Versicherungsnehmers

B3.3.1 Obliegenheiten vor Eintritt des Versicherungsfalles

B3.3.1.1 Vertraglich vereinbarte Obliegenheiten, die der Versicherungsnehmer vor Eintritt des Versicherungsfalles zu erfüllen hat, sind:

a) die Einhaltung aller gesetzlichen, behördlichen sowie vertraglich vereinbarten Sicherheitsvorschriften;

b) die Einhaltung aller sonstigen vertraglich vereinbarten Obliegenheiten.

B3.3.1.2 Rechtsfolgen

Verletzt der Versicherungsnehmer vorsätzlich oder grob fahrlässig eine Obliegenheit, die er vor Eintritt des Versicherungsfalles gegenüber dem Versicherer zu erfüllen hat, so kann der Versicherer innerhalb eines Monats, nachdem er von der Verletzung Kenntnis erlangt hat, den Vertrag fristlos kündigen.

Der Versicherer hat kein Kündigungsrecht, wenn der Versicherungsnehmer nachweist, dass er die Obliegenheit weder vorsätzlich noch grob fahrlässig verletzt hat.

B3.3.2 Obliegenheiten bei und nach Eintritt des Versicherungsfalles

Der Versicherungsnehmer hat bei und nach Eintritt des Versicherungsfalles folgende Obliegenheiten zu erfüllen:

B3.3.2.1 Er hat nach Möglichkeit für die Abwendung und Minderung des Schadens zu sorgen. Dabei hat der Versicherungsnehmer Weisungen des Versicherers, soweit für ihn zumutbar, zu befolgen sowie Weisungen – ggf. auch mündlich oder telefonisch – einzuholen, wenn die Umstände dies gestatten. Erteilen mehrere an dem Versicherungsvertrag beteiligte Versicherer unterschiedliche Weisungen, hat der Versicherungsnehmer nach pflichtgemäßem Ermessen zu handeln.

B3.3.2.2 zusätzlich zu B3.3.2.1 gilt:

Der Versicherungsnehmer hat

a) dem Versicherer den Schadeneintritt, nachdem er von ihm Kenntnis erlangt hat, unverzüglich – ggf. auch mündlich oder telefonisch – anzuzeigen;

b) Schäden durch strafbare Handlungen gegen das Eigentum unverzüglich der Polizei anzuzeigen;

c) dem Versicherer und der Polizei unverzüglich ein Verzeichnis der abhanden gekommenen Sachen einzureichen;

d) das Schadenbild so lange unverändert zu lassen, bis die Schadenstelle oder die beschädigten Sachen durch den Versicherer freigegeben worden sind. Sind Veränderungen unumgänglich, sind das Schadenbild nachvollziehbar zu dokumentieren (z.B. durch Fotos) und die beschädigten Sachen bis zu einer Besichtigung durch den Versicherer aufzubewahren;

e) soweit möglich dem Versicherer unverzüglich jede Auskunft in Textform (z.B. E-Mail, Telefax oder Brief) zu erteilen, die zur Feststellung des Versicherungsfalles oder des Umfanges der Leistungspflicht des Versicherers erforderlich ist sowie jede Untersuchung über Ursache und Höhe des Schadens und über den Umfang der Entschädigungspflicht zu gestatten;

f) vom Versicherer angeforderte Belege beizubringen, deren Beschaffung ihm billigerweise zugemutet werden kann.

g) Steht das Recht auf die vertragliche Leistung des Versicherers einem anderen als dem Versicherungsnehmer zu, so hat dieser die Obliegenheiten nach B3.3.2.1 und B3.3.2.2 ebenfalls zu erfüllen – soweit ihm dies nach den tatsächlichen und rechtlichen Umständen möglich ist.

B3.3.3 ***Leistungsfreiheit bei Obliegenheitsverletzung***

B3.3.3.1 Verletzt der Versicherungsnehmer eine Obliegenheit nach B3.3.1 oder B3.3.2 vorsätzlich, so ist der Versicherer von der Verpflichtung zur Leistung frei. Bei grob fahrlässiger Verletzung der Obliegenheit ist der Versicherer berechtigt, seine Leistung in dem Verhältnis zu kürzen, das der Schwere des Verschuldens des Versicherungsnehmers entspricht.

B3.3.3.2 Verletzt der Versicherungsnehmer eine nach Eintritt des Versicherungsfalles bestehende Auskunfts- oder Aufklärungsobliegenheit, ist der Versicherer nur dann vollständig oder teilweise leistungsfrei, wenn er den

Versicherungsnehmer durch gesonderte Mitteilung in Textform (z.B. E-Mail, Telefax oder Brief) auf diese Rechtsfolge hingewiesen hat.

B3.3.3.3 Der Versicherer bleibt zur Leistung verpflichtet, wenn der Versicherungsnehmer nachweist, dass er die Obliegenheit nicht grob fahrlässig verletzt hat. Dies gilt auch, wenn der Versicherungsnehmer nachweist, dass die Verletzung der Obliegenheit weder für den Eintritt oder die Feststellung des Versicherungsfalles noch für die Feststellung oder den Umfang der dem Versicherer obliegenden Leistung ursächlich war. Das gilt nicht, wenn der Versicherungsnehmer die Obliegenheit arglistig verletzt hat.

Abschnitt B4. Weitere Regelungen

B4.1 Mehrere Versicherer, Mehrfachversicherung

B4.1.1 Anzeigepflicht

Wer bei mehreren Versicherern ein Interesse gegen dieselbe Gefahr versichert, ist verpflichtet, dem Versicherer die andere Versicherung unverzüglich mitzuteilen. In der Mitteilung sind der andere Versicherer und die Versicherungssumme anzugeben.

B4.1.2 Rechtsfolgen der Verletzung der Anzeigepflicht

Verletzt der Versicherungsnehmer die Anzeigepflicht nach B4.1.1. vorsätzlich oder grob fahrlässig, ist der Versicherer unter den in B3.3 beschriebenen Voraussetzungen zur Kündigung berechtigt oder auch ganz oder teilweise leistungsfrei. Leistungsfreiheit tritt nicht ein, wenn der Versicherer vor Eintritt des Versicherungsfalles Kenntnis von der anderen Versicherung erlangt hat.

B4.1.3 Haftung und Entschädigung bei Mehrfachversicherung

a) Ist bei mehreren Versicherern ein Interesse gegen dieselbe Gefahr versichert und übersteigen die Versicherungssummen zusammen den Versicherungswert oder übersteigt aus anderen Gründen die Summe der Entschädigungen, die von jedem Versicherer ohne Bestehen der anderen Versicherung zu zahlen wären, den Gesamtschaden, liegt eine Mehrfachversicherung vor.

b) Die Versicherer sind in der Weise als Gesamtschuldner verpflichtet, dass jeder für den Betrag aufzukommen hat, dessen Zahlung ihm nach seinem Vertrage obliegt; der Versicherungsnehmer kann aber im Ganzen nicht mehr als den Betrag des ihm entstandenen Schadens verlangen. Satz 1 gilt entsprechend, wenn die Verträge bei demselben Versicherer bestehen.

Erlangt der Versicherungsnehmer oder der Versicherte aus anderen Versicherungsverträgen Entschädigung für denselben Schaden, so ermäßigt sich der Anspruch aus dem vorliegenden Vertrag in der Weise, dass die Entschädigung aus allen Verträgen insgesamt nicht höher ist, als wenn der Gesamtbetrag der Versicherungssummen, aus denen die Beiträge errechnet wurde, nur in diesem Vertrag in Deckung gegeben worden wäre. Bei Vereinbarung von Entschädigungsgrenzen ermäßigt sich der Anspruch in der Weise, dass aus allen Verträgen insgesamt keine höhere Entschädigung zu leisten ist, als wenn der Gesamtbetrag der Versicherungssummen in diesem Vertrag in Deckung gegeben worden wäre.

c) Hat der Versicherungsnehmer eine Mehrfachversicherung in der Absicht geschlossen, sich dadurch einen rechtswidrigen Vermögensvorteil zu verschaffen, ist jeder in dieser Absicht geschlossene Vertrag nichtig.
Dem Versicherer steht der Beitrag bis zu dem Zeitpunkt zu, zu dem er von den die Nichtigkeit begründenden Umständen Kenntnis erlangt.

B4.1.4 Beseitigung der Mehrfachversicherung

a) Hat der Versicherungsnehmer den Vertrag, durch den die Mehrfachversicherung entstanden ist, ohne Kenntnis von dem Entstehen der Mehrfachversicherung geschlossen, kann er verlangen, dass der später geschlossene Vertrag aufgehoben oder die Versicherungssumme unter verhältnismäßiger Minderung des Beitrags auf den Teilbetrag herabgesetzt wird, der durch die frühere Versicherung nicht gedeckt ist.
Die Aufhebung des Vertrages oder die Herabsetzung der Versicherungssumme und Anpassung des Beitrags werden zu dem Zeitpunkt wirksam, zu dem die Erklärung dem Versicherer zugeht.

b) Die Regelungen nach a) sind auch anzuwenden, wenn die Mehrfachversicherung dadurch entstanden ist, dass nach Abschluss der mehreren Versicherungsverträge der Versicherungswert gesunken ist. Sind in diesem Fall die mehreren Versicherungsverträge gleichzeitig oder im Einvernehmen der Versicherer geschlossen worden, kann der Versicherungsnehmer nur die verhältnismäßige Herabsetzung der Versicherungssummen und der Beiträge verlangen.

B4.2 Erklärungen und Anzeigen, Anschriftenänderung

B4.2.1 Form, zuständige Stelle

Die für den Versicherer bestimmten Erklärungen und Anzeigen, die den Versicherungsvertrag betreffen und die unmittelbar gegenüber dem Versicherer erfolgen, sind in Textform (z.B. E-Mail, Telefax oder Brief) abzugeben. Dies gilt nicht, soweit gesetzlich Schriftform oder in diesem Vertrag etwas anderes bestimmt ist.

Erklärungen und Anzeigen sollen an die Hauptverwaltung des Versicherers oder an die im Versicherungsschein oder in dessen Nachträgen als zuständig bezeichnete Stelle gerichtet werden. Die gesetzlichen Regelungen über den Zugang von Erklärungen und Anzeigen bleiben bestehen.

B4.2.2 Nichtanzeige einer Anschriften- oder Namensänderung

Hat der Versicherungsnehmer eine Änderung seiner Anschrift dem Versicherer nicht mitgeteilt, genügt für eine Willenserklärung, die dem Versicherungsnehmer gegenüber abzugeben ist, die Absendung eines eingeschriebenen Briefes an die letzte dem Versicherer bekannte Anschrift. Die Erklärung gilt drei Tage nach der Absendung des Briefes als zugegangen. Dies gilt entsprechend für den Fall einer dem Versicherer nicht angezeigten Namensänderung des Versicherungsnehmers.

B4.2.3 Nichtanzeige der Verlegung der gewerblichen Niederlassung

Hat der Versicherungsnehmer die Versicherung unter der Anschrift seines Gewerbebetriebs abgeschlossen, finden bei einer Verlegung der gewerblichen Niederlassung die Bestimmungen nach B4.2.2 entsprechend Anwendung.

B4.3 Vollmacht des Versicherungsvertreters

B4.3.1 Erklärungen des Versicherungsnehmers

Der Versicherungsvertreter gilt als bevollmächtigt, vom Versicherungsnehmer abgegebene Erklärungen entgegenzunehmen betreffend

a) den Abschluss bzw. den Widerruf eines Versicherungsvertrages;
b) ein bestehendes Versicherungsverhältnis einschließlich dessen Beendigung;
c) Anzeige- und Informationspflichten vor Abschluss des Vertrages und während des Versicherungsverhältnisses.

B4.3.2 Erklärungen des Versicherers

Der Versicherungsvertreter gilt als bevollmächtigt, vom Versicherer ausgefertigte Versicherungsscheine oder deren Nachträge dem Versicherungsnehmer zu übermitteln.

B4.3.3 Zahlungen an den Versicherungsvertreter

Der Versicherungsvertreter gilt als bevollmächtigt, Zahlungen anzunehmen, die der Versicherungsnehmer im Zusammenhang mit der Vermittlung oder dem Abschluss eines Versicherungsvertrags an ihn leistet. Eine Beschränkung dieser Vollmacht muss der Versicherungsnehmer nur gegen sich gelten lassen, wenn er die Beschränkung bei der Vornahme der Zahlung kannte oder in Folge grober Fahrlässigkeit nicht kannte.

B4.4 Verjährung

Die Ansprüche aus dem Versicherungsvertrag verjähren in drei Jahren. Die Verjährung beginnt mit dem Schluss des Jahres, in dem der Anspruch entstanden ist und der Gläubiger von den Anspruch begründenden Umständen und der Person des Schuldners Kenntnis erlangt. Die grob fahrlässige Unkenntnis steht der Kenntnis gleich.

Ist ein Anspruch aus dem Versicherungsvertrag bei dem Versicherer angemeldet worden, zählt bei der Fristberechnung der Zeitraum zwischen Anmeldung und Zugang der in Textform (z.B. E-Mail, Telefax oder Brief) mitgeteilten Entscheidung des Versicherers beim Anspruchsteller nicht mit.

Im Übrigen richtet sich die Verjährung nach den allgemeinen Vorschriften des Bürgerlichen Gesetzbuchs[1)].

B4.5 Meinungsverschiedenheiten und Gerichtsstände

Treten Meinungsverschiedenheiten zwischen dem Versicherungsnehmer und dem Versicherer auf, kann sich der Versicherungsnehmer *jederzeit an die* Beschwerdestelle des Versicherers wenden.

[1)] **Habersack, Deutsche Gesetze Nr. 20.**

[Kontaktdaten Beschwerdestelle]

Außerdem stehen dem Versicherungsnehmer insbesondere folgende weitere Beschwerdemöglichkeiten zu:

B4.5.1 Versicherungsombudsmann

Wenn es sich beim Versicherungsnehmer um einen Verbraucher oder um eine Person handelt, die sich in verbraucherähnlicher Lage befindet, gilt:

Bei Streitigkeiten in Versicherungsangelegenheiten kann sich der Versicherungsnehmer an den Ombudsmann für Versicherungen wenden.

Versicherungsombudsmann e.V.
Postfach 080632
10006 Berlin
Telefon: 0800 3696000
E-Mail: beschwerde@versicherungsombudsmann.de
Internet: www.versicherungsombudsmann.de

Der Ombudsmann für Versicherungen ist eine unabhängige und kostenfrei arbeitende Schlichtungsstelle. Der Versicherer hat sich verpflichtet, an dem Schlichtungsverfahren teilzunehmen.

Versicherungsnehmer, die diesen Vertrag online (z.B. über eine Webseite oder per E-Mail) abgeschlossen haben, können sich mit ihrer Beschwerde auch online an die Plattform http://ec.europa.eu/consumers/odr/ wenden. Ihre Beschwerde wird dann über diese Plattform an den Versicherungsombudsmann weitergeleitet.

B4.5.2 Versicherungsaufsicht

Wenn der Versicherungsnehmer mit der Betreuung des Versicherers nicht zufrieden ist oder Meinungsverschiedenheiten bei der Vertragsabwicklung auftreten, kann er sich auch an die Bundesanstalt für Finanzdienstleistungsaufsicht wenden. Der Versicherer unterliegt der Aufsicht der Bundesanstalt für Finanzdienstleistungsaufsicht.

Bundesanstalt für Finanzdienstleistungsaufsicht (BaFin)
Sektor Versicherungsaufsicht
Graurheindorfer Straße 108
53117 Bonn
Telefon: 0800 2 100 500
E-Mail: poststelle@bafin.de
Internet: https://www.bafin.de

Hinweis: Die BaFin ist keine Schiedsstelle und kann einzelne Streitfälle *nicht verbindlich entscheiden*.

B4.5.3 Rechtsweg

Es besteht zudem die Möglichkeit, den Rechtsweg zu beschreiten.

B4.5.3.1 Örtlich zuständiges Gericht für Klagen gegen den Versicherer

Für Klagen aus dem Versicherungsvertrag gegen den Versicherer bestimmt sich die gerichtliche Zuständigkeit nach dem Sitz des Versicherers oder seiner für den Versicherungsvertrag zuständigen Niederlassung.

Ferner ist auch das Gericht zuständig, in dessen Bezirk der Versicherungsnehmer zur Zeit der Klageerhebung seinen Sitz, den Sitz seiner Niederlassung oder seinen Wohnsitz oder, in Ermangelung eines solchen, seinen gewöhnlichen Aufenthalt hat.

Verlegt jedoch der Versicherungsnehmer nach Vertragsschluss seinen Sitz, den Sitz seiner Niederlassung, seinen Wohnsitz oder, in Ermangelung eines solchen, seinen gewöhnlichen Aufenthalt ins Ausland, sind die Gerichte des Staates zuständig, in dem der Versicherer seinen Sitz hat.

B4.5.3.2 Örtlich zuständiges Gericht für Klagen gegen Versicherungsnehmer

Für Klagen aus dem Versicherungsvertrag gegen den Versicherungsnehmer bestimmt sich die gerichtliche Zuständigkeit nach dem Sitz, dem Sitz der Niederlassung oder dem Wohnsitz des Versicherungsnehmers; fehlt ein solcher, nach seinem gewöhnlichen Aufenthalt.

Ist der Wohnsitz oder gewöhnliche Aufenthalt im Zeitpunkt der Klageerhebung nicht bekannt, bestimmt sich die gerichtliche Zuständigkeit für Klagen aus dem Versicherungsvertrag gegen den Versicherungsnehmer nach dem Sitz des Versicherers oder seiner für den Versicherungsvertrag zuständigen Niederlassung.

B4.6 Anzuwendendes Recht

Für diesen Vertrag gilt deutsches Recht.

B4.7 Embargobestimmung

Es besteht – unbeschadet der übrigen Vertragsbestimmungen – Versicherungsschutz nur, soweit und solange dem keine auf die Vertragsparteien direkt anwendbaren Wirtschafts-, Handels- oder Finanzsanktionen bzw. Embargos der Europäischen Union oder der Bundesrepublik Deutschland entgegenstehen.

Dies gilt auch für Wirtschafts-, Handels- oder Finanzsanktionen bzw. Embargos der Vereinigten Staaten von Amerika, soweit dem nicht Rechtsvorschriften der Europäischen Union oder der Bundesrepublik Deutschland entgegenstehen.

B4.8 Überversicherung

Übersteigt die Versicherungssumme den Wert des versicherten Interesses erheblich, so kann sowohl der Versicherer als auch der Versicherungsnehmer verlangen, dass zur Beseitigung der Überversicherung die Versicherungssumme mit sofortiger Wirkung herabgesetzt wird. Ab Zugang des Herabsetzungsverlangens, ist für die Höhe des Beitrags der Betrag maßgebend, den der Versicherer berechnet haben würde, wenn der Vertrag von vornherein mit dem neuen Inhalt geschlossen worden wäre.

Hat der Versicherungsnehmer die Überversicherung in der Absicht geschlossen, sich dadurch einen rechtswidrigen Vermögensvorteil zu verschaffen, ist der Vertrag nichtig. Dem Versicherer steht der Beitrag bis zu dem Zeitpunkt zu, zu dem er von den die Nichtigkeit begründenden Umständen Kenntnis erlangt.

B4.9 Versicherung für fremde Rechnung

B4.9.1 Rechte aus dem Vertrag

Der Versicherungsnehmer kann den Versicherungsvertrag im eigenen Namen für das Interesse eines Dritten (Versicherten) schließen. Die Ausübung der Rechte aus diesem Vertrag steht nur dem Versicherungsnehmer und nicht auch dem Versicherten zu. Das gilt auch, wenn der Versicherte den Versicherungsschein besitzt.

B4.9.2 Zahlung der Entschädigung

Der Versicherer kann vor Zahlung der Entschädigung an den Versicherungsnehmer den Nachweis verlangen, dass der Versicherte seine Zustimmung dazu erteilt hat. Der Versicherte kann die Zahlung der Entschädigung nur mit Zustimmung des Versicherungsnehmers verlangen.

B4.9.3 Kenntnis und Verhalten

B4.9.3.1 Soweit die Kenntnis und das Verhalten des Versicherungsnehmers von rechtlicher Bedeutung sind, sind bei der Versicherung für fremde Rechnung auch die Kenntnis und das Verhalten des Versicherten zu berücksichtigen.

Soweit der Vertrag Interessen des Versicherungsnehmers und des Versicherten umfasst, muss sich der Versicherungsnehmer für sein Interesse das Verhalten und die Kenntnis des Versicherten nur zurechnen lassen, wenn der Versicherte Repräsentant des Versicherungsnehmers ist.

B4.9.3.2 Auf die Kenntnis des Versicherten kommt es nicht an, wenn der Vertrag ohne sein Wissen abgeschlossen worden ist oder ihm eine rechtzeitige Benachrichtigung des Versicherungsnehmers nicht möglich oder nicht zumutbar war.

B4.9.3.3 Auf die Kenntnis des Versicherten kommt es dagegen an, wenn der Versicherungsnehmer den Vertrag ohne Auftrag des Versicherten geschlossen und den Versicherer nicht darüber informiert hat.

B4.10 Aufwendungsersatz

B4.10.1 Aufwendungen zur Abwendung und Minderung des Schadens

B4.10.1.1 Versichert sind Aufwendungen, auch erfolglose, die der Versicherungsnehmer bei Eintritt des Versicherungsfalles den Umständen nach zur Abwendung und Minderung des Schadens für geboten halten durfte oder die er auf Weisung des Versicherers macht.

B4.10.1.2 Macht der Versicherungsnehmer Aufwendungen, um einen unmittelbar bevorstehenden Versicherungsfall abzuwenden oder in seinen Auswirkungen zu mindern, geltend, so leistet der Versicherer Aufwendungsersatz *nur, wenn diese* Aufwendungen bei einer nachträglichen objektiven Betrachtung der Umstände verhältnismäßig und erfolgreich waren oder die Aufwendungen auf Weisung des Versicherers erfolgten.

B4.10.1.3 Ist der Versicherer berechtigt, seine Leistung zu kürzen, kann er auch den Aufwendungsersatz nach B4.10.1.1 und B4.10.1.2 entsprechend kürzen; dies gilt jedoch nicht, soweit Aufwendungen auf Weisung des Versicherers entstanden sind.

B4.10.1.4 Der Ersatz dieser Aufwendungen und die sonstige Entschädigung betragen zusammen höchstens die Versicherungssumme je vereinbarter

Position; dies gilt jedoch nicht, soweit Aufwendungen auf Weisung des Versicherers entstanden sind.

B4.10.1.5 Der Versicherer hat den für die Aufwendungen gemäß B4.10.1.1 erforderlichen Betrag auf Verlangen des Versicherungsnehmers vorzuschießen.

B4.10.1.6 Nicht versichert sind Aufwendungen für Leistungen der Feuerwehr oder anderer Institutionen, wenn diese Leistungen im öffentlichen Interesse kostenfrei zu erbringen sind.

B4.10.2 Kosten der Ermittlung und Feststellung des Schadens

B4.10.2.1 Der Versicherer ersetzt bis zur vereinbarten Höhe die Kosten für die Ermittlung und Feststellung eines von ihm zu ersetzenden Schadens, sofern diese den Umständen nach geboten waren.

Zieht der Versicherungsnehmer einen Sachverständigen oder Beistand hinzu, so werden diese Kosten nur ersetzt, soweit er zur Zuziehung vertraglich verpflichtet ist oder vom Versicherer aufgefordert wurde.

B4.10.2.2 Ist der Versicherer berechtigt, seine Leistung zu kürzen, kann er auch den Kostenersatz nach B4.10.2.1 entsprechend kürzen.

B4.11 Übergang von Ersatzansprüchen

B4.11.1 Übergang von Ersatzansprüchen

Steht dem Versicherungsnehmer ein Ersatzanspruch gegen einen Dritten zu, geht dieser Anspruch auf den Versicherer über, soweit der Versicherer den Schaden ersetzt.

Der Übergang kann nicht zum Nachteil des Versicherungsnehmers geltend gemacht werden.

Richtet sich der Ersatzanspruch des Versicherungsnehmers gegen eine Person, mit der er bei Eintritt des Schadens in häuslicher Gemeinschaft lebt, kann der Übergang nicht geltend gemacht werden, es sei denn, diese Person hat den Schaden vorsätzlich verursacht.

B4.11.2 Obliegenheiten zur Sicherung von Ersatzansprüchen

Der Versicherungsnehmer hat seinen Ersatzanspruch oder ein zur Sicherung dieses Anspruchs dienendes Recht unter Beachtung der geltenden Form- und Fristvorschriften zu wahren, und nach Übergang des Ersatzanspruchs auf den Versicherer bei dessen Durchsetzung durch den Versicherer soweit erforderlich mitzuwirken.

Verletzt der Versicherungsnehmer diese Obliegenheit vorsätzlich, ist der Versicherer zur Leistung insoweit nicht verpflichtet, als er infolge dessen keinen Ersatz von dem Dritten erlangen kann. Im Fall einer grob fahrlässigen Verletzung der Obliegenheit ist der Versicherer berechtigt, seine Leistung in einem der Schwere des Verschuldens des Versicherungsnehmers entsprechenden Verhältnis zu kürzen; die Beweislast für das Nichtvorliegen einer groben Fahrlässigkeit trägt der Versicherungsnehmer.

B4.12 Keine Leistungspflicht aus besonderen Gründen

B4.12.1 Vorsätzliche oder grob fahrlässige Herbeiführung des Versicherungsfalles

B4.12.1.1 Führt der Versicherungsnehmer den Versicherungsfall vorsätzlich herbei, so ist der Versicherer von der Entschädigungspflicht frei.

Ist die Herbeiführung des Schadens durch rechtskräftiges Strafurteil wegen Vorsatzes in der Person des Versicherungsnehmers festgestellt, so gilt die vorsätzliche Herbeiführung des Schadens als bewiesen.

B4.12.1.2 Führt der Versicherungsnehmer den Schaden grob fahrlässig herbei, so ist der Versicherer berechtigt, seine Leistung in einem der Schwere des Verschuldens des Versicherungsnehmers entsprechenden Verhältnis zu kürzen.

B4.12.1.3 *Für die Wohngebäudeversicherung gilt:*

Der Versicherer verzichtet auf den Einwand der grob fahrlässigen Herbeiführung des Versicherungsfalles, wenn die Schadenhöhe den Betrag von Euro nicht übersteigt. Die Schadenhöhe ist die Entschädigung einschließlich Kosten, die sich nach Teil A, A 18 VGB 2022[1] ergibt.

Dieser Verzicht gilt nicht, wenn der Versicherungsnehmer gesetzliche oder vertraglich vereinbarte Obliegenheiten nach B 3.3 AT AH/Sach Monoline Privat und nach Teil A, A 20 und 21 VGB 2022 grob fahrlässig verletzt hat.

B4.12.1.4 *Für die Hausratversicherung gilt:*

Der Versicherer verzichtet auf den Einwand der grob fahrlässigen Herbeiführung des Versicherungsfalles, wenn die Schadenhöhe den Betrag von Euro nicht übersteigt. Die Schadenhöhe ist die Entschädigung einschließlich Kosten, die sich nach Teil A, A 17 VHB 2022 ergibt.

Dieser Verzicht gilt nicht, wenn der Versicherungsnehmer gesetzliche oder vertraglich vereinbarte Obliegenheiten nach B 3.3 AT AH/Sach Monoline Privat und nach Teil A, A 21 bis 23 VHB 2022 grob fahrlässig grob fahrlässig verletzt hat.

B4.12.2 Arglistige Täuschung nach Eintritt des Versicherungsfalles

Der Versicherer ist von der Entschädigungspflicht frei, wenn der Versicherungsnehmer den Versicherer arglistig über Tatsachen, die für den Grund oder die Höhe der Entschädigung von Bedeutung sind, täuscht oder zu täuschen versucht.

Ist die Täuschung oder der Täuschungsversuch durch rechtskräftiges *Strafurteil* gegen den Versicherungsnehmer wegen Betruges oder Betrugsversuches festgestellt, so gelten die Voraussetzungen des Satzes 1 als bewiesen.

B4.13 Repräsentanten

Der Versicherungsnehmer muss sich die Kenntnis und das Verhalten seiner Repräsentanten zurechnen lassen.

---

[1] Nr. **62d**.

65a. Gesetz über die Wahrnehmung von Urheberrechten und verwandten Schutzrechten durch Verwertungsgesellschaften (Verwertungsgesellschaftengesetz – VGG)[1) 2)]

Vom 24. Mai 2016

(BGBl. I S. 1190)

FNA 440-18

Lfd. Nr.	Änderndes Gesetz	Datum	Fundstelle	Betroffen	Hinweis
1.	Art. 2 G zur verbesserten Durchsetzung des Anspruchs der Urheber und ausübenden Künstler auf angemessene Vergütung und zur Regelung von Fragen der Verlegerbeteiligung	20.12.2016	BGBl. I S. 3037	Inhaltsübersicht, § 27	geänd. mWv 24.12. 2016
				§ 27a	eingef. mWv 24.12. 2016
2.	Art. 4 Neuntes G zur Änd. des G gegen Wettbewerbsbeschränkungen[3)]	1.6.2017	BGBl. I S. 1416	§ 110	geänd. mWv 9.6.2017
3.	Art. 14 G zur Änd. des BundesversorgungsG und anderer Vorschriften	17.7.2017	BGBl. I S. 2541	Inhaltsübersicht	geänd. mWv 25.5.2018
				§ 52a	eingef. mWv 25.5.2018
4.	Art. 15 Abs. 24 G zur Reform des Vormundschafts- und Betreuungsrechts	4.5.2021	BGBl. I S. 882	§ 25	geänd. mWv 1.1.2023
5.	Art. 2 G zur Anpassung des Urheberrechts an die Erfordernisse des digitalen Binnenmarktes[4)]	31.5.2021	BGBl. I S. 1204	Inhaltsübersicht, §§ 19, 27, 27a, 41, 50, 77, 92, 105	geänd. mWv 7.6.2021
				Teil 2 Abschnitt 4 Überschrift, Teil 2 Abschnitt 5 (§§ 51, 51a, 51b, 52, 52a, 52b, 52c, 52d, 52e)	neu gef. mWv 7.6.2021
				§§ 7a, 27b, 140, 141	eingef. mWv 7.6.2021

[1)] **Amtl. Anm.:** Dieses Gesetz dient der Umsetzung der Richtlinie 2014/26/EU des Europäischen Parlaments und des Rates vom 26. Februar 2014 über die kollektive Wahrnehmung von Urheber- und verwandten Schutzrechten und die Vergabe von Mehrgebietslizenzen für Rechte an Musikwerken für die Online-Nutzung im Binnenmarkt (ABl. L 84 vom 20.3.2014, S. 72).

[2)] Verkündet als Art. 1 G v. 24.5.2016 (BGBl. I S. 1190); Inkrafttreten gem. Art. 7 dieses G am 1.6. 2016.

[3)] **Amtl. Anm.:** Dieses Gesetz dient der Umsetzung der Richtlinie 2014/104/EU des Europäischen Parlaments und des Rates vom 26. November 2014 über bestimmte Vorschriften für Schadensersatzklagen nach nationalem Recht wegen Zuwiderhandlungen gegen wettbewerbsrechtliche Bestimmungen der Mitgliedstaaten und der Europäischen Union (ABl. L 349 vom 5.12.2014, S. 1).

[4)] **Amtl. Anm.:** Dieses Gesetz dient der Umsetzung der Richtlinie (EU) 2019/790 des Europäischen Parlaments und des Rates vom 17. April 2019 über das Urheberrecht und die verwandten Schutzrechte im digitalen Binnenmarkt und zur Änderung der Richtlinien 96/9/EG und 2001/29/EG (ABl. L 130 vom 17.5.2019, S. 92; L 259 vom 10.10.2019, S. 86). Die Artikel 1 und 2 dienen zudem der Umsetzung der Richtlinie (EU) 2019/789 des Europäischen Parlaments und des Rates vom 17. April 2019 mit Vorschriften für die Ausübung von Urheberrechten und verwandten Schutzrechten in Bezug auf bestimmte Online-Übertragungen von Sendeunternehmen und die Weiterverbreitung von Fernseh- und Hörfunkprogrammen und zur Änderung der Richtlinie 93/83/EWG des Rates (ABl. L 130 vom 17.5.2019, S. 82; L 296 vom 15.11.2019, S. 63). *[…]*

Inhaltsübersicht[1)]

[1)] Inhaltsübersicht geänd. mWv 24.12.2016 durch G v. 20.12.2016 (BGBl. I S. 3037); mWv 25.5. 2018 durch G v. 17.7.2017 (BGBl. I S. 2541); mWv 7.6.2021 durch G v. 31.5.2021 (BGBl. I S. 1204).

Teil 1. Gegenstand des Gesetzes; Begriffsbestimmungen

§ 1 Anwendungsbereich. Dieses Gesetz regelt die Wahrnehmung von Urheberrechten und verwandten Schutzrechten durch Verwertungsgesellschaften, abhängige und unabhängige Verwertungseinrichtungen.

§ 2 Verwertungsgesellschaft. (1) Eine Verwertungsgesellschaft ist eine Organisation, die gesetzlich oder auf Grundlage einer vertraglichen Vereinbarung berechtigt ist und deren ausschließlicher oder hauptsächlicher Zweck es ist, für Rechnung mehrerer Rechtsinhaber Urheberrechte oder verwandte Schutzrechte zu deren kollektiven Nutzen wahrzunehmen, gleichviel, ob in eigenem oder in fremdem Namen.

(2) Um eine Verwertungsgesellschaft zu sein, muss die Organisation darüber hinaus mindestens eine der folgenden Bedingungen erfüllen:
1. ihre Anteile werden von ihren Mitgliedern (§ 7) gehalten oder sie wird von ihren Mitgliedern beherrscht;
2. sie ist nicht auf Gewinnerzielung ausgerichtet.

§ 3 Abhängige Verwertungseinrichtung. (1) Eine abhängige Verwertungseinrichtung ist eine Organisation, deren Anteile zumindest indirekt oder teilweise von mindestens einer Verwertungsgesellschaft gehalten werden oder die zumindest indirekt oder teilweise von mindestens einer Verwertungsgesellschaft beherrscht wird.

(2) [1] Soweit die abhängige Verwertungseinrichtung Tätigkeiten einer Verwertungsgesellschaft ausübt, sind die für diese Tätigkeiten geltenden Bestimmungen dieses Gesetzes entsprechend anzuwenden. [2] Die Vorschriften über die Geschäftsführung in § 21 Absatz 1 und 2 gelten entsprechend, und zwar unabhängig davon, welche Tätigkeiten einer Verwertungsgesellschaft die abhängige Verwertungseinrichtung ausübt. [3] Für die Aufsicht ist § 90 maßgeblich.

§ 4 Unabhängige Verwertungseinrichtung. (1) Eine unabhängige Verwertungseinrichtung ist eine Organisation, die über die Voraussetzungen einer Verwertungsgesellschaft gemäß § 2 Absatz 1 hinaus auch noch die folgenden Merkmale aufweist:

1. ihre Anteile werden weder direkt noch indirekt, weder vollständig noch teilweise von ihren Berechtigten (§ 6) gehalten oder die Verwertungseinrichtung wird weder direkt noch indirekt, weder vollständig noch teilweise von ihren Berechtigten beherrscht und
2. die Verwertungseinrichtung ist auf Gewinnerzielung ausgerichtet.

(2) [1] Für die unabhängige Verwertungseinrichtung gelten die §§ 36, 54, 55 und 56 Absatz 1 Nummer 1 bis 4 und 7 bis 9 entsprechend. [2] Für die Aufsicht ist § 91 maßgeblich.

§ 5 Rechtsinhaber. (1) Rechtsinhaber im Sinne dieses Gesetzes ist jede natürliche oder juristische Person, die Inhaber eines Urheberrechts oder verwandten Schutzrechts ist oder die gesetzlich oder aufgrund eines Rechteverwertungsvertrags Anspruch auf einen Anteil an den Einnahmen aus diesen Rechten hat.

(2) Verwertungsgesellschaften sind keine Rechtsinhaber im Sinne dieses Gesetzes.

§ 6 Berechtigter. Berechtigter im Sinne dieses Gesetzes ist jeder Rechtsinhaber, der auf gesetzlicher oder vertraglicher Grundlage in einem unmittelbaren Wahrnehmungsverhältnis zu einer der in § 1 genannten Organisationen steht.

§ 7 Mitglieder. Mitglieder im Sinne dieses Gesetzes sind von der Verwertungsgesellschaft als Mitglied aufgenommene

1. Berechtigte und
2. Einrichtungen, die Rechtsinhaber vertreten.

§ 7a[1)] Außenstehender. Außenstehender im Sinne dieses Gesetzes ist ein Rechtsinhaber, der im Hinblick auf die betreffende Nutzung nicht in einem vertraglichen Wahrnehmungsverhältnis zu einer Verwertungsgesellschaft steht.

§ 8 Nutzer. Nutzer im Sinne dieses Gesetzes ist jede natürliche oder juristische Person, die eine Handlung vornimmt, die der Erlaubnis des Rechtsinhabers bedarf, oder die zur Zahlung einer Vergütung an den Rechtsinhaber verpflichtet ist.

Teil 2. Rechte und Pflichten der Verwertungsgesellschaft

Abschnitt 1. Innenverhältnis

Unterabschnitt 1. Rechtsinhaber, Berechtigte und Mitglieder

§ 9 Wahrnehmungszwang. [1] Die Verwertungsgesellschaft ist verpflichtet, auf Verlangen des Rechtsinhabers Rechte seiner Wahl an Arten von Werken und sonstigen Schutzgegenständen seiner Wahl in Gebieten seiner Wahl wahrzunehmen, wenn

1. die Rechte, die Werke und sonstigen Schutzgegenstände sowie die Gebiete zum Tätigkeitsbereich der Verwertungsgesellschaft gehören und
2. der Wahrnehmung keine objektiven Gründe entgegenstehen.

[2] Die Bedingungen, zu denen die Verwertungsgesellschaft die Rechte des Berechtigten wahrnimmt (Wahrnehmungsbedingungen), müssen angemessen sein.

[1)] § 7a eingef. mWv 7.6.2021 durch G v. 31.5.2021 (BGBl. I S. 1204).

§ 10 Zustimmung zur Rechtswahrnehmung. [1]Nimmt eine Verwertungsgesellschaft auf Grundlage einer vertraglichen Vereinbarung mit dem Rechtsinhaber Urheberrechte oder verwandte Schutzrechte wahr, holt sie dessen Zustimmung zur Wahrnehmung für jedes einzelne Recht ein und dokumentiert diese. [2]Die Vereinbarung bedarf, auch soweit Rechte an künftigen Werken eingeräumt werden, der Textform.

§ 11 Nutzungen für nicht kommerzielle Zwecke. Die Verwertungsgesellschaft legt Bedingungen fest, zu denen der Berechtigte jedermann das Recht einräumen kann, seine Werke oder sonstigen Schutzgegenstände für nicht kommerzielle Zwecke zu nutzen, auch wenn er die entsprechenden Rechte daran der Verwertungsgesellschaft zur Wahrnehmung eingeräumt oder übertragen hat.

§ 12 Beendigung der Rechtswahrnehmung; Entzug von Rechten.

(1) Die Verwertungsgesellschaft regelt in den Wahrnehmungsbedingungen, dass der Berechtigte unter Einhaltung einer angemessenen Frist von höchstens sechs Monaten das Wahrnehmungsverhältnis insgesamt beenden oder der Verwertungsgesellschaft Rechte seiner Wahl an Arten von Werken und sonstigen Schutzgegenständen seiner Wahl entziehen kann, und zwar jeweils für Gebiete seiner Wahl.

(2) Die Wahrnehmungsbedingungen können bestimmen, dass die Beendigung des Wahrnehmungsverhältnisses oder der Rechteentzug erst zum Ende des Geschäftsjahres wirksam werden.

(3) Die Verwertungsgesellschaft hat die Einnahmen aus den Rechten auch dann weiterhin nach den allgemeinen Vorschriften einzuziehen, zu verwalten und zu verteilen, wenn dem Berechtigten Einnahmen aus den Rechten zustehen

1. für Nutzungen aus einem Zeitraum, bevor das Wahrnehmungsverhältnis wirksam beendet oder der Rechteentzug wirksam war, oder
2. aus einem Nutzungsrecht, das die Verwertungsgesellschaft vergeben hat, bevor das Wahrnehmungsverhältnis wirksam beendet oder der Rechteentzug wirksam war.

§ 13 Bedingungen für die Mitgliedschaft. (1) [1]Die Verwertungsgesellschaft regelt in der Satzung, im Gesellschaftsvertrag oder in sonstigen Gründungsbestimmungen (Statut), dass Berechtigte und Einrichtungen, die Rechtsinhaber vertreten, als Mitglieder aufzunehmen sind, wenn sie die Bedingungen für die Mitgliedschaft erfüllen. [2]Die Bedingungen müssen objektiv, transparent und nichtdiskriminierend sein und sind im Statut zu regeln.

(2) Lehnt eine Verwertungsgesellschaft einen Antrag auf Aufnahme als Mitglied ab, so sind dem Antragsteller die Gründe verständlich zu erläutern.

§ 14 Elektronische Kommunikation. Die Verwertungsgesellschaft eröffnet allen Mitgliedern und Berechtigten einen Zugang für die elektronische Kommunikation.

§ 15 Mitglieder- und Berechtigtenverzeichnis. Die Verwertungsgesellschaft führt ein aktuelles Mitglieder- und Berechtigtenverzeichnis.

§ 16 Grundsatz der Mitwirkung. [1]Die Verwertungsgesellschaft sieht in dem Statut angemessene und wirksame Verfahren der Mitwirkung von Mitgliedern und von Berechtigten an den Entscheidungen der Verwertungsgesellschaft vor.

[2]Die verschiedenen Kategorien von Mitgliedern und Berechtigten, wie beispielsweise Urheber von Werken der Musik, Tonträgerhersteller oder ausübende Künstler, müssen dabei fair und ausgewogen vertreten sein.

§ 17 Allgemeine Befugnisse der Mitgliederhauptversammlung.

(1) [1]Die Mitgliederhauptversammlung ist das Organ, in dem die Mitglieder mitwirken und ihr Stimmrecht ausüben. [2]Die Verwertungsgesellschaft regelt in dem Statut, dass die Mitgliederhauptversammlung mindestens beschließt über:

1. das Statut der Verwertungsgesellschaft (§ 13);
2. den jährlichen Transparenzbericht (§ 58);
3. die Bestellung und Abberufung des Abschlussprüfers oder die Mitgliedschaft in einem genossenschaftlichen Prüfungsverband;
4. Zusammenschlüsse und Bündnisse unter Beteiligung der Verwertungsgesellschaft, die Gründung von Tochtergesellschaften, die Übernahme anderer Organisationen und den Erwerb von Anteilen oder Rechten an anderen Organisationen durch die Verwertungsgesellschaft;
5. die Grundsätze des Risikomanagements;
6. den Verteilungsplan (§ 27);
7. die Verwendung der nicht verteilbaren Einnahmen aus den Rechten (§ 30);
8. die allgemeine Anlagepolitik in Bezug auf die Einnahmen aus den Rechten (§ 25);
9. die allgemeinen Grundsätze für die Abzüge von den Einnahmen aus den Rechten (§ 31 Absatz 1), einschließlich der allgemeinen Grundsätze für Abzüge zur Deckung der Verwaltungskosten (§ 31 Absatz 2) und gegebenenfalls der Abzüge für die Förderung kulturell bedeutender Werke und Leistungen und für die Einrichtung und den Betrieb von Vorsorge- und Unterstützungseinrichtungen (§ 32);
10. den Erwerb, den Verkauf und die Beleihung unbeweglicher Sachen;
11. die Aufnahme und die Vergabe von Darlehen sowie die Stellung von Darlehenssicherheiten;
12. den Abschluss, den Inhalt und die Beendigung von Repräsentationsvereinbarungen (§ 44);
13. die Wahrnehmungsbedingungen (§ 9 Satz 2);
14. die Tarife (§§ 38 bis 40);
15. die zum Tätigkeitsbereich gehörenden Rechte;
16. die Bedingungen, zu denen der Berechtigte jedermann das Recht einräumen kann, seine Werke oder sonstige Schutzgegenstände für nicht kommerzielle Zwecke zu nutzen (§ 11).

(2) Die Mitgliederhauptversammlung kann beschließen, dass die Befugnisse nach Absatz 1 Satz 2 Nummer 3 bis 5 und 10 bis 14 dem Aufsichtsgremium nach § 22 übertragen werden.

§ 18 Befugnisse der Mitgliederhauptversammlung in Bezug auf die Organe. (1) Die Verwertungsgesellschaft regelt in dem Statut, dass die Mitgliederhauptversammlung beschließt über die Ernennung und Entlassung sowie über die Vergütung und sonstigen Leistungen

1. der Personen, die kraft Gesetzes oder nach dem Statut zur Vertretung der Verwertungsgesellschaft berechtigt sind,

2. der Mitglieder des Aufsichtsrats,
3. der Mitglieder des Verwaltungsrats,
4. der Mitglieder des Aufsichtsgremiums (§ 22), sofern dessen Befugnisse nicht von dem Aufsichts- oder Verwaltungsrat wahrgenommen werden.

(2) Die Mitgliederhauptversammlung kann beschließen, dass die Befugnisse nach Absatz 1 hinsichtlich der Personen, die kraft Gesetzes oder nach dem Statut zur Vertretung berechtigt sind, dem Aufsichtsrat oder dem Aufsichtsgremium nach § 22 übertragen werden.

§ 19[1] **Durchführung der Mitgliederhauptversammlung; Vertretung.**

(1) Die Mitgliederhauptversammlung ist mindestens einmal jährlich einzuberufen.

(2) Alle Mitglieder der Verwertungsgesellschaft sind sowohl zur Teilnahme an der Mitgliederhauptversammlung als auch zur Abstimmung berechtigt.

(3) [1]Die Verwertungsgesellschaft regelt in dem Statut die Voraussetzungen, unter denen die Mitglieder an der Mitgliederhauptversammlung auch ohne Anwesenheit vor Ort und ohne einen Vertreter teilnehmen können und ihr Stimmrecht im Wege elektronischer Kommunikation ausüben können. [2]Die Verwertungsgesellschaft kann die elektronische Ausübung weiterer Mitgliedschaftsrechte zulassen.

(4) [1]Jedes Mitglied muss nach Gesetz oder nach dem Statut berechtigt sein, seine Rechte in der Mitgliederhauptversammlung auch durch einen Vertreter ausüben zu lassen, sofern die Vertretung nicht zu einem Interessenkonflikt führt. [2]Ein Interessenkonflikt liegt insbesondere darin, dass derselbe Vertreter Mitglieder verschiedener im Statut festgelegter Kategorien vertritt. [3]Die Verwertungsgesellschaft kann in dem Statut die Anzahl der durch denselben Vertreter vertretenen Mitglieder beschränken, wobei diese Anzahl zehn nicht unterschreiten darf. [4]Eine Vollmacht zur Vertretung eines Mitglieds in einer Mitgliederhauptversammlung ist nur wirksam, wenn sie auf die Vertretung des Mitglieds in dieser Mitgliederhauptversammlung beschränkt ist. [5]Der Vertreter ist verpflichtet, entsprechend den Anweisungen des Mitglieds abzustimmen, das ihn bestellt hat.

§ 20 Mitwirkung der Berechtigten, die nicht Mitglied sind. (1) Die Berechtigten, die nicht Mitglied sind, wählen mindestens alle vier Jahre aus ihrer Mitte Delegierte.

(2) In dem Statut der Verwertungsgesellschaft ist mindestens zu regeln:
1. die Anzahl und Zusammensetzung der Delegierten;
2. das Verfahren zur Wahl der Delegierten;
3. dass die Delegierten zur Teilnahme an der Mitgliederhauptversammlung berechtigt sind;
4. dass die Delegierten stimmberechtigt mindestens an Entscheidungen über die in § 17 Absatz 1 Satz 2 Nummer 6 bis 9 und 12 bis 16, Absatz 2 sowie die in § 18 genannten Angelegenheiten, mit Ausnahme der Entscheidungen über die Ernennung und Entlassung der in § 18 Absatz 1 genannten Personen, mitwirken können und

[1] § 19 Abs. 3 Satz 1 geänd. mWv 7.6.2021 durch G v. 31.5.2021 (BGBl. I S. 1204).

5. dass die Delegierten an Entscheidungen der Mitgliederhauptversammlung, an denen sie nicht stimmberechtigt mitwirken, jedenfalls beratend mitwirken können.

(3) Für die Mitwirkung der Delegierten an der Mitgliederhauptversammlung gilt § 19 Absatz 3 entsprechend.

Unterabschnitt 2. Geschäftsführung und Aufsicht

§ 21 Geschäftsführung. (1) Die Verwertungsgesellschaft trifft Vorkehrungen dafür, dass die Personen, die kraft Gesetzes oder nach dem Statut zur Vertretung der Verwertungsgesellschaft berechtigt sind, ihre Aufgaben solide, umsichtig und angemessen erfüllen.

(2) [1] Damit Interessenkonflikte von Personen, die kraft Gesetzes oder nach dem Statut zur Vertretung der Verwertungsgesellschaft berechtigt sind, erkannt und vermieden werden, legt die Verwertungsgesellschaft Verfahren fest und wendet diese an, um Nachteile für Mitglieder und Berechtigte zu verhindern. [2] Dabei legt die Verwertungsgesellschaft auch fest, dass unvermeidbare Interessenkonflikte offenzulegen, zu überwachen und baldmöglichst zu beenden sind.

(3) Die Personen, die kraft Gesetzes oder nach dem Statut zur Vertretung der Verwertungsgesellschaft berechtigt sind, geben gegenüber der Mitgliederhauptversammlung mindestens einmal jährlich eine persönliche Erklärung mit folgendem Inhalt ab:

1. ihre Beteiligungen an der Verwertungsgesellschaft,
2. die Höhe ihrer Vergütung und sonstigen Leistungen, die von der Verwertungsgesellschaft im abgelaufenen Geschäftsjahr bezogen wurden,
3. die Höhe der Beträge, die sie in der Eigenschaft als Berechtigter (§ 6) von der Verwertungsgesellschaft im abgelaufenen Geschäftsjahr erhalten haben, und
4. Art und Umfang eines tatsächlichen oder möglichen Konflikts zwischen ihren persönlichen Interessen und den Interessen der Verwertungsgesellschaft oder zwischen ihren Pflichten gegenüber der Verwertungsgesellschaft und ihren Pflichten gegenüber einer anderen natürlichen oder juristischen Person.

(4) Für die Zwecke der persönlichen Erklärung über die Höhe der in Absatz 3 Nummer 3 genannten Beträge kann die Verwertungsgesellschaft angemessene Stufen festlegen.

§ 22 Aufsichtsgremium. (1) Die Verwertungsgesellschaft verfügt über ein Gremium, das mit der kontinuierlichen Überwachung derjenigen Personen betraut ist, die kraft Gesetzes oder nach dem Statut zur Vertretung der Verwertungsgesellschaft berechtigt sind (Aufsichtsgremium).

(2) In dem Aufsichtsgremium müssen die verschiedenen Kategorien von Mitgliedern fair und ausgewogen vertreten sein.

(3) Das Aufsichtsgremium hat mindestens folgende Befugnisse und Aufgaben:

1. die Befugnisse, die ihm von der Mitgliederhauptversammlung übertragen werden;
2. die Tätigkeit und die Aufgabenerfüllung derjenigen Personen zu überwachen, die kraft Gesetzes oder nach dem Statut zur Vertretung der Verwertungsgesellschaft berechtigt sind;
3. die Tätigkeit und die Aufgabenerfüllung derjenigen Personen zu überwachen, die kraft Gesetzes oder nach dem Statut zur Vertretung einer von der Ver-

wertungsgesellschaft abhängigen Verwertungseinrichtung berechtigt sind, soweit die abhängige Verwertungseinrichtung Tätigkeiten einer Verwertungsgesellschaft ausübt.

(4) Das Aufsichtsgremium tritt regelmäßig zusammen und berichtet der Mitgliederhauptversammlung mindestens einmal im Jahr über seine Tätigkeit.

(5) [1] Die Mitglieder des Aufsichtsgremiums geben mindestens einmal jährlich gegenüber der Mitgliederhauptversammlung eine Erklärung nach § 21 Absatz 3 ab. [2] § 21 Absatz 4 gilt entsprechend.

Unterabschnitt 3. Einnahmen aus den Rechten

§ 23 Einziehung, Verwaltung und Verteilung der Einnahmen aus den Rechten. [1] Die Verwertungsgesellschaft hat die Einnahmen aus den Rechten, einschließlich der Einnahmen aus den Rechten, die sie auf Grundlage einer Repräsentationsvereinbarung (§ 44) wahrnimmt, nach Maßgabe dieses Unterabschnitts mit der gebotenen Sorgfalt einzuziehen, zu verwalten und zu verteilen, soweit dieses Gesetz nichts anderes bestimmt. [2] Zu den Einnahmen aus den Rechten im Sinne dieses Gesetzes zählen auch die Erträge aus der Anlage dieser Einnahmen.

§ 24 Getrennte Konten. Die Verwertungsgesellschaft weist in der Buchführung getrennt aus:

1. die Einnahmen aus den Rechten,
2. ihr eigenes Vermögen, die Erträge aus dem eigenen Vermögen sowie die Einnahmen zur Deckung der Verwaltungskosten und aus sonstiger Tätigkeit.

§ 25[1] Anlage der Einnahmen aus den Rechten. (1) [1] Legt die Verwertungsgesellschaft Einnahmen aus den Rechten an, so erfolgt dies im ausschließlichen und besten Interesse der Berechtigten. [2] Die Verwertungsgesellschaft stellt für die Zwecke der Anlage der Einnahmen aus den Rechten eine Richtlinie auf (Anlagerichtlinie) und beachtet diese bei der Anlage.

(2) Die Anlagerichtlinie muss

1. der allgemeinen Anlagepolitik (§ 17 Absatz 1 Satz 2 Nummer 8) und den Grundsätzen des Risikomanagements (§ 17 Absatz 1 Satz 2 Nummer 5) entsprechen;
2. gewährleisten, dass die Anlage der Rechtsverordnung nach § 240a Absatz 1 Nummer 2 des Bürgerlichen Gesetzbuchs[2] entsprechend oder in anderen Anlageformen unter Beachtung der Grundsätze einer wirtschaftlichen Vermögensverwaltung gemäß § 1798 Absatz 1 Satz 1 des Bürgerlichen Gesetzbuchs erfolgt;
3. gewährleisten, dass die Anlagen in angemessener Weise so gestreut werden, dass *eine zu große Abhängigkeit* von einem bestimmten Vermögenswert und eine Risikokonzentration im Portfolio insgesamt vermieden werden.

(3) Die Verwertungsgesellschaft lässt die Vereinbarkeit der Anlagerichtlinie und jeder Änderung der Anlagerichtlinie mit den Vorgaben nach Absatz 2 durch einen Wirtschaftsprüfer oder eine Wirtschaftsprüfungsgesellschaft unverzüglich prüfen und bestätigen.

---

[1] § 25 Abs. 2 Nr. 2 geänd. mWv 1.1.2023 durch G v. 4.5.2021 (BGBl. I S. 882).
[2] **Habersack, Deutsche Gesetze Nr. 20.**

§ 26 Verwendung der Einnahmen aus den Rechten. Die Verwertungsgesellschaft darf die Einnahmen aus den Rechten nur zu folgenden Zwecken verwenden:

1. zur Verteilung an die Berechtigten (§ 27) und an andere Verwertungsgesellschaften im Rahmen von Repräsentationsvereinbarungen (§ 46);
2. gemäß einem nach § 17 Absatz 1 Satz 2 Nummer 7 gefassten Beschluss, soweit die Einnahmen aus den Rechten nicht verteilbar sind;
3. gemäß einem nach § 17 Absatz 1 Satz 2 Nummer 9 gefassten Beschluss über Abzüge zur Deckung der Verwaltungskosten;
4. gemäß einem nach § 17 Absatz 1 Satz 2 Nummer 9 gefassten Beschluss über Abzüge zur Förderung kulturell bedeutender Werke und Leistungen und für die Einrichtung und den Betrieb von Vorsorge- und Unterstützungseinrichtungen (§ 32).

§ 27[1] Verteilungsplan. (1) Die Verwertungsgesellschaft stellt feste Regeln auf, die ein willkürliches Vorgehen bei der Verteilung der Einnahmen aus den Rechten ausschließen (Verteilungsplan).

(2) Nimmt die Verwertungsgesellschaft Rechte für mehrere Gruppen von Rechtsinhabern gemeinsam wahr, kann sie im Verteilungsplan regeln, dass die Einnahmen aus der Wahrnehmung dieser Rechte unabhängig davon, wer die Rechte eingebracht hat, nach festen Anteilen verteilt werden.

§ 27a[2] Einnahmen aus gesetzlichen Vergütungsansprüchen des Urhebers. (1) Nach der Veröffentlichung eines verlegten Werks oder mit der Anmeldung des Werks bei der Verwertungsgesellschaft kann der Urheber gegenüber der Verwertungsgesellschaft zustimmen, dass der Verleger an den Einnahmen aus den in § 63a Absatz 1 des Urheberrechtsgesetzes[3] genannten gesetzlichen Vergütungsansprüchen beteiligt wird.

(2) Die Verwertungsgesellschaft legt die Höhe des Verlegeranteils nach Absatz 1 fest.

(3) Die Absätze 1 und 2 sind auf Einnahmen aus dem Vergütungsanspruch nach § 27 Absatz 2 des Urheberrechtsgesetzes entsprechend anzuwenden.

§ 27b[4] Mindestbeteiligung des Urhebers. Ist der Verleger nach § 63a Absatz 2 und 3 des Urheberrechtsgesetzes[3] oder nach § 27a an der angemessenen Vergütung zu beteiligen, so stehen dem Urheber mindestens zwei Drittel der Einnahmen zu, sofern die Verwertungsgesellschaft keine andere Verteilung festlegt.

(Fortsetzung nächstes Blatt)

---

[1] § 27 Abs. 2 angef. mWv 24.12.2016 durch G v. 20.12.2016 (BGBl. I S. 3037); Abs. 2 geänd. mWv 7.6.2021 durch G v. 31.5.2021 (BGBl. I S. 1204).

[2] § 27a eingef. mWv 24.12.2016 durch G v. 20.12.2016 (BGBl. I S. 3037); Abs. 1 geänd., Abs. 3 angef. mWv 7.6.2021 durch G v. 31.5.2021 (BGBl. I S. 1204).

[3] **Habersack, Deutsche Gesetze Nr. 65.**

[4] § 27b eingef. mWv 7.6.2021 durch G v. 31.5.2021 (BGBl. I S. 1204).

§ 28 Verteilungsfrist. (1) Die Verwertungsgesellschaft bestimmt im Verteilungsplan oder in den Wahrnehmungsbedingungen Fristen, binnen derer die Einnahmen aus den Rechten verteilt werden.

(2) Die Verwertungsgesellschaft bestimmt die Fristen so, dass die Einnahmen aus den Rechten spätestens neun Monate nach Ablauf des Geschäftsjahres, in dem sie eingezogen wurden, verteilt werden.

(3) Die Verwertungsgesellschaft kann vorsehen, dass eine Frist nicht abläuft, solange die Verwertungsgesellschaft aus sachlichen Gründen an der Durchführung der Verteilung gehindert ist.

(4) Einnahmen aus den Rechten, die nicht innerhalb der Fristen ausgeschüttet werden, weil der Berechtigte nicht festgestellt oder ausfindig gemacht werden kann, weist die Verwertungsgesellschaft in der Buchführung getrennt aus.

§ 29 Feststellung der Berechtigten. (1) Können Einnahmen aus den Rechten nicht innerhalb der Verteilungsfrist (§ 28) verteilt werden, weil ein Berechtigter nicht festgestellt oder ausfindig gemacht werden kann, trifft die Verwertungsgesellschaft angemessene Maßnahmen, um den Berechtigten festzustellen oder ausfindig zu machen.

(2) Insbesondere stellt die Verwertungsgesellschaft ihren Mitgliedern, ihren Berechtigten und allen Verwertungsgesellschaften, für die sie im Rahmen einer Repräsentationsvereinbarung Rechte wahrnimmt, spätestens drei Monate nach Ablauf der Verteilungsfrist (§ 28), soweit verfügbar, folgende Angaben über die Werke und sonstigen Schutzgegenstände, deren Berechtigte nicht festgestellt oder ausfindig gemacht werden konnten, zur Verfügung:

1. den Titel des Werks oder sonstigen Schutzgegenstands,
2. den Namen des Berechtigten, der nicht festgestellt oder ausfindig gemacht werden kann,
3. den Namen des betreffenden Verlegers oder Herstellers und
4. alle sonstigen erforderlichen Informationen, die zur Feststellung des Berechtigten beitragen könnten.

(3) Die Verwertungsgesellschaft veröffentlicht die Angaben nach Absatz 2 spätestens ein Jahr nach Ablauf der Dreimonatsfrist, wenn der Berechtigte nicht inzwischen festgestellt oder ausfindig gemacht werden konnte.

§ 30 Nicht verteilbare Einnahmen aus den Rechten. (1) Einnahmen aus den Rechten gelten als nicht verteilbar, wenn der Berechtigte nicht innerhalb von drei Jahren nach Ablauf des Geschäftsjahres, in dem die Einnahmen aus den Rechten eingezogen wurden, festgestellt oder ausfindig gemacht werden konnte und die Verwertungsgesellschaft die erforderlichen Maßnahmen nach § 29 ergriffen hat.

(2) Die Verwertungsgesellschaft stellt allgemeine Regeln über die Verwendung der nicht verteilbaren Einnahmen aus den Rechten auf.

(3) Die Ansprüche des Berechtigten aus dem Wahrnehmungsverhältnis bleiben unberührt.

§ 31 Abzüge von den Einnahmen aus den Rechten. (1) Abzüge von den Einnahmen aus den Rechten müssen im Verhältnis zu den Leistungen der Verwertungsgesellschaft an die Berechtigten angemessen sein und anhand von objektiven Kriterien festgelegt werden.

(2) Soweit die Verwertungsgesellschaft zur Deckung der Kosten, die ihr für die Wahrnehmung von Urheberrechten und verwandten Schutzrechten entstehen (Verwaltungskosten), Abzüge von den Einnahmen aus den Rechten vornimmt, dürfen die Abzüge die gerechtfertigten und belegten Verwaltungskosten nicht übersteigen.

§ 32 Kulturelle Förderung; Vorsorge- und Unterstützungseinrichtungen. (1) Die Verwertungsgesellschaft soll kulturell bedeutende Werke und Leistungen fördern.

(2) Die Verwertungsgesellschaft soll Vorsorge- und Unterstützungseinrichtungen für ihre Berechtigten einrichten.

(3) Werden kulturelle Förderungen und Vorsorge- und Unterstützungseinrichtungen durch Abzüge von den Einnahmen aus den Rechten finanziert, so hat die Verwertungsgesellschaft die kulturellen Förderungen und die Leistungen der Vorsorge- und Unterstützungseinrichtungen nach festen Regeln, die auf fairen Kriterien beruhen, zu erbringen.

Unterabschnitt 4. Beschwerdeverfahren

§ 33 Beschwerdeverfahren. (1) Die Verwertungsgesellschaft regelt wirksame und zügige Beschwerdeverfahren.

(2) Als Gegenstand einer Beschwerde sind dabei insbesondere zu benennen:
1. die Aufnahme und die Beendigung der Rechtewahrnehmung oder der Entzug von Rechten,
2. die Bedingungen für die Mitgliedschaft und die Wahrnehmungsbedingungen,
3. die Einziehung, Verwaltung und Verteilung der Einnahmen aus den Rechten,
4. die Abzüge von den Einnahmen aus den Rechten.

(3) [1] Die Verwertungsgesellschaft entscheidet über Beschwerden in Textform. [2] Soweit die Verwertungsgesellschaft der Beschwerde nicht abhilft, hat sie dies zu begründen.

Abschnitt 2. Außenverhältnis

Unterabschnitt 1. Verträge und Tarife

§ 34 Abschlusszwang. (1) [1] Die Verwertungsgesellschaft ist verpflichtet, aufgrund der von ihr wahrgenommenen Rechte jedermann auf Verlangen zu angemessenen Bedingungen Nutzungsrechte einzuräumen. [2] Die Bedingungen müssen insbesondere objektiv und nichtdiskriminierend sein und eine angemessene Vergütung vorsehen.

(2) [1] Die Verwertungsgesellschaft verstößt nicht bereits deshalb gegen ihre Verpflichtung zur Nichtdiskriminierung, weil sie die zwischen ihr und dem Anbieter eines neuartigen Online-Dienstes vereinbarten Bedingungen nicht auch einem anderen Anbieter eines gleichartigen neuartigen Online-Dienstes gewährt. [2] Neuartig ist ein Online-Dienst, der seit weniger als drei Jahren der Öffentlichkeit in der Europäischen Union oder einem anderen Vertragsstaat des Abkommens über den Europäischen Wirtschaftsraum zur Verfügung steht.

***§ 35 Gesamt*verträge.** Die Verwertungsgesellschaft ist verpflichtet, über die von ihr wahrgenommenen Rechte mit Nutzervereinigungen *einen* Gesamtvertrag zu angemessenen Bedingungen abzuschließen, es sei denn, der Verwertungsgesellschaft ist der Abschluss des Gesamtvertrags nicht zuzumuten, insbesondere weil die Nutzervereinigung eine zu geringe Mitgliederzahl hat.

§ 36 Verhandlungen. (1) [1] Verwertungsgesellschaft und Nutzer oder Nutzervereinigung verhandeln nach Treu und Glauben über die von der Verwertungsgesellschaft wahrgenommenen Rechte. [2] Die Beteiligten stellen sich gegenseitig alle für die Verhandlungen notwendigen Informationen zur Verfügung.

(2) [1] Die Verwertungsgesellschaft antwortet unverzüglich auf Anfragen des Nutzers oder der Nutzervereinigung und teilt mit, welche Angaben sie für ein Vertragsangebot benötigt. [2] Sie unterbreitet dem Nutzer unverzüglich nach Eingang aller erforderlichen Informationen ein Angebot über die Einräumung der von ihr wahrgenommenen Rechte oder gibt eine begründete Erklärung ab, warum sie kein solches Angebot unterbreitet.

§ 37 Hinterlegung; Zahlung unter Vorbehalt. Kommt eine Einigung über die Höhe der Vergütung für die Einräumung von Nutzungsrechten nicht zustande, so gelten die Nutzungsrechte als eingeräumt, wenn die Vergütung

1. in Höhe des vom Nutzer anerkannten Betrages an die Verwertungsgesellschaft gezahlt worden ist und
2. in Höhe der darüber hinausgehenden Forderung der Verwertungsgesellschaft unter Vorbehalt an die Verwertungsgesellschaft gezahlt oder zu ihren Gunsten hinterlegt worden ist.

§ 38 Tarifaufstellung. [1] Die Verwertungsgesellschaft stellt Tarife auf über die Vergütung, die sie aufgrund der von ihr wahrgenommenen Rechte fordert. [2] Soweit Gesamtverträge abgeschlossen sind, gelten die dort vereinbarten Vergütungssätze als Tarife.

§ 39 Tarifgestaltung. (1) [1] Berechnungsgrundlage für die Tarife sollen in der Regel die geldwerten Vorteile sein, die durch die Verwertung erzielt werden. [2] Die Tarife können sich auch auf andere Berechnungsgrundlagen stützen, wenn diese ausreichende, mit einem wirtschaftlich vertretbaren Aufwand zu erfassende Anhaltspunkte für die durch die Verwertung erzielten Vorteile ergeben.

(2) Bei der Tarifgestaltung ist auf den Anteil der Werknutzung am Gesamtumfang des Verwertungsvorgangs und auf den wirtschaftlichen Wert der von der Verwertungsgesellschaft erbrachten Leistungen angemessen Rücksicht zu nehmen.

(3) Die Verwertungsgesellschaft soll bei der Tarifgestaltung und bei der Einziehung der tariflichen Vergütung auf religiöse, kulturelle und soziale Belange der Nutzer, einschließlich der Belange der Jugendhilfe, angemessen Rücksicht nehmen.

(4) Die Verwertungsgesellschaft informiert die betroffenen Nutzer über die Kriterien, die der Tarifaufstellung zugrunde liegen.

§ 40 Gestaltung der Tarife für Geräte und Speichermedien. (1) [1] Die Höhe der Vergütung für Geräte und Speichermedien bestimmt sich nach § 54a des Urheberrechtsgesetzes[1)]. [2] Die Verwertungsgesellschaften stellen hierfür Tari-

---

[1)] **Schönfelder Nr. 65.**

fe auf Grundlage einer empirischen Untersuchung aus einem Verfahren gemäß § 93 auf. [3] § 38 Satz 2 bleibt unberührt.

(2) Die Pflicht zur Tarifaufstellung entfällt, wenn zu erwarten ist, dass der dafür erforderliche wirtschaftliche Aufwand außer Verhältnis zu den zu erwartenden Einnahmen stehen würde.

Unterabschnitt 2. Mitteilungspflichten

§ 41[1)] Auskunftspflicht der Nutzer. (1) [1] Die Verwertungsgesellschaft kann von dem Nutzer Auskunft über die Nutzung derjenigen Werke und sonstiger Schutzgegenstände verlangen, an denen sie dem Nutzer die Nutzungsrechte eingeräumt hat oder für deren Nutzung sie nach dem Urheberrechts-Diensteanbieter-Gesetz Vergütungsansprüche geltend macht, soweit die Auskunft für die Einziehung der Einnahmen aus den Rechten oder für deren Verteilung erforderlich ist. [2] Dies gilt nicht, soweit dem Nutzer die Erteilung der Auskunft nur mit unangemessen hohem Aufwand möglich ist.

(2) Die Verwertungsgesellschaft vereinbart mit dem Nutzer in den Nutzungsverträgen angemessene Regelungen über die Erteilung der Auskunft.

(3) Hinsichtlich des Formats von Meldungen sollen die Verwertungsgesellschaft und der Nutzer branchenübliche Standards berücksichtigen.

§ 42 Meldepflicht der Nutzer. (1) Veranstalter von öffentlichen Wiedergaben urheberrechtlich geschützter Werke haben vor der Veranstaltung die Einwilligung der Verwertungsgesellschaft einzuholen, welche die Nutzungsrechte an diesen Werken wahrnimmt.

(2) [1] Nach der Veranstaltung hat der Veranstalter der Verwertungsgesellschaft eine Aufstellung über die bei der Veranstaltung genutzten Werke zu übersenden. [2] Dies gilt nicht für

1. die Wiedergabe eines Werkes mittels Tonträger,
2. die Wiedergabe von Funksendungen eines Werkes sowie
3. Veranstaltungen, auf denen in der Regel nicht geschützte oder nur unwesentlich bearbeitete nicht geschützte Werke der Musik aufgeführt werden.

(3) Soweit für die Verteilung von Einnahmen aus der Wahrnehmung von Rechten zur Wiedergabe von Funksendungen Auskünfte der Sendeunternehmen erforderlich sind, die die Funksendungen veranstaltet haben, erteilen diese Sendeunternehmen der Verwertungsgesellschaft die Auskünfte gegen Erstattung der Unkosten.

§ 43 Elektronische Kommunikation. Die Verwertungsgesellschaft eröffnet allen Nutzern einen Zugang für die elektronische Kommunikation, einschließlich zur Meldung über die Nutzung der Rechte.

Abschnitt 3. Besondere Vorschriften für die Wahrnehmung von Rechten auf Grundlage von Repräsentationsvereinbarungen

§ 44 Repräsentationsvereinbarung; Diskriminierungsverbot. Beauftragt eine Verwertungsgesellschaft eine andere Verwertungsgesellschaft, die von ihr wahrgenommenen Rechte wahrzunehmen (Repräsentationsvereinbarung), so darf die beauftragte Verwertungsgesellschaft die Rechtsinhaber, deren Rechte sie

---

1) § 41 Abs. 1 Satz 1 geänd. mWv 7.6.2021 durch G v. 31.5.2021 (BGBl. I S. 1204).

auf Grundlage der Repräsentationsvereinbarung wahrnimmt, nicht diskriminieren.

§ 45 Abzüge. Die beauftragte Verwertungsgesellschaft darf von den Einnahmen aus den Rechten, die sie auf Grundlage einer Repräsentationsvereinbarung wahrnimmt, andere Abzüge als zur Deckung der Verwaltungskosten nur vornehmen, soweit die beauftragende Verwertungsgesellschaft ausdrücklich zugestimmt hat.

§ 46 Verteilung. (1) [1] Für die Verteilung der Einnahmen aus den Rechten, die die beauftragte Verwertungsgesellschaft auf Grundlage einer Repräsentationsvereinbarung wahrnimmt, ist der Verteilungsplan der beauftragten Verwertungsgesellschaft maßgeblich, soweit die Verwertungsgesellschaften in der Repräsentationsvereinbarung keine abweichenden Vereinbarungen treffen. [2] Abweichende Vereinbarungen in der Repräsentationsvereinbarung müssen ein willkürliches Vorgehen bei der Verteilung ausschließen.

(2) Von den Vorschriften über die Verteilungsfrist (§ 28) kann in der Repräsentationsvereinbarung nicht zum Nachteil der beauftragenden Verwertungsgesellschaft abgewichen werden.

(3) Bezieht sich die Repräsentationsvereinbarung auf Rechte und Werke oder sonstige Schutzgegenstände, die zum Tätigkeitsbereich beider Verwertungsgesellschaften zählen, so hat die beauftragende Verwertungsgesellschaft die Verteilungsfrist (§ 28) so zu bestimmen, dass die Einnahmen aus den Rechten spätestens sechs Monate nach Erhalt an die von ihr vertretenen Berechtigten verteilt werden.

§ 47 Informationspflichten. Die beauftragte Verwertungsgesellschaft informiert spätestens zwölf Monate nach Ablauf eines jeden Geschäftsjahres die Verwertungsgesellschaften, für die sie in diesem Geschäftsjahr auf Grundlage einer Repräsentationsvereinbarung Rechte wahrgenommen hat, elektronisch mindestens über:

1. die in diesem Geschäftsjahr der beauftragenden Verwertungsgesellschaft zugewiesenen Einnahmen aus denjenigen Rechten, die von der Repräsentationsvereinbarung umfasst sind, aufgeschlüsselt nach Kategorie der Rechte und Art der Nutzung;
2. die in diesem Geschäftsjahr an die beauftragende Verwertungsgesellschaft ausgeschütteten Einnahmen aus denjenigen Rechten, die von der Repräsentationsvereinbarung umfasst sind, aufgeschlüsselt nach Kategorie der Rechte und Art der Nutzung;
3. sämtliche der beauftragenden Verwertungsgesellschaft zugewiesenen, aber noch nicht ausgeschütteten Einnahmen aus den Rechten;
4. die in diesem Geschäftsjahr zur Deckung der Verwaltungskosten vorgenommenen Abzüge von den Einnahmen aus den Rechten;
5. die in diesem Geschäftsjahr für andere Zwecke als zur Deckung der Verwaltungskosten vorgenommenen Abzüge aus den Einnahmen von den Rechten;
6. Informationen zu den mit Nutzern abgeschlossenen Verträgen sowie zu Vertragsanfragen von Nutzern, die abgelehnt wurden, soweit sich die Verträge und Vertragsanfragen auf Werke und andere Schutzgegenstände beziehen, die von der Repräsentationsvereinbarung umfasst sind, und

7. die Beschlüsse der Mitgliederhauptversammlung, sofern die Beschlüsse für die Wahrnehmung der unter die Repräsentationsvereinbarung fallenden Rechte maßgeblich sind.

Abschnitt 4.[1] Vermutungen; Außenstehende bei Weitersendung und Direkteinspeisung

§ 48 Vermutung bei Auskunftsansprüchen. Macht die Verwertungsgesellschaft einen Auskunftsanspruch geltend, der nur durch eine Verwertungsgesellschaft geltend gemacht werden kann, so wird vermutet, dass sie die Rechte aller Rechtsinhaber wahrnimmt.

§ 49 Vermutung bei gesetzlichen Vergütungsansprüchen. (1) Macht die Verwertungsgesellschaft einen Vergütungsanspruch nach § 27, § 54 Absatz 1, § 54c Absatz 1, § 77 Absatz 2, § 85 Absatz 4, § 94 Absatz 4 oder § 137l Absatz 5 des Urheberrechtsgesetzes[2] geltend, so wird vermutet, dass sie die Rechte aller Rechtsinhaber wahrnimmt.

(2) Ist mehr als eine Verwertungsgesellschaft zur Geltendmachung des Anspruchs berechtigt, so gilt die Vermutung nur, wenn der Anspruch von allen berechtigten Verwertungsgesellschaften gemeinsam geltend gemacht wird.

(3) Soweit die Verwertungsgesellschaft Zahlungen auch für die Rechtsinhaber erhält, deren Rechte sie nicht wahrnimmt, hat sie den Nutzer von den Vergütungsansprüchen dieser Rechtsinhaber freizustellen.

§ 50[3] Außenstehende bei Weitersendung und Direkteinspeisung.

(1) [1]Hat ein Rechtsinhaber die Wahrnehmung seines Rechts der Weitersendung im Sinne des § 20b Absatz 1 Satz 1 des Urheberrechtsgesetzes[2] oder der Direkteinspeisung im Sinne des § 20d Absatz 1 des Urheberrechtsgesetzes keiner Verwertungsgesellschaft übertragen, so gilt die Verwertungsgesellschaft, die Rechte dieser Art wahrnimmt und der eine Erlaubnis (§ 77) erteilt wurde, als berechtigt, seine Rechte wahrzunehmen. [2]Kommen dafür mehrere Verwertungsgesellschaften in Betracht, so gelten sie gemeinsam als berechtigt; wählt der Rechtsinhaber eine von ihnen aus, so gilt nur diese als berechtigt. [3]Die Sätze 1 und 2 gelten nicht für Rechte, die das Sendeunternehmen innehat, dessen Sendung weitergesendet wird.

(2) [1]Hat die Verwertungsgesellschaft, die nach Absatz 1 als berechtigt gilt, eine Vereinbarung über die Weitersendung oder Direkteinspeisung getroffen, so hat der Rechtsinhaber im Verhältnis zu dieser Verwertungsgesellschaft die gleichen Rechte und Pflichten, wie wenn er ihr seine Rechte zur Wahrnehmung übertragen hätte. [2]Seine Ansprüche verjähren in drei Jahren von dem Zeitpunkt an, in dem die Verwertungsgesellschaft nach dem Verteilungsplan oder den Wahrnehmungsbedingungen die Abrechnung der Weitersendung oder Direkteinspeisung vorzunehmen hat; die Verwertungsgesellschaft kann ihm eine Verkürzung durch Meldefristen oder auf ähnliche Weise nicht entgegenhalten.

---

[1] Teil 2 Abschnitt 4 Überschrift neu gef. mWv 7.6.2021 durch G v. 31.5.2021 (BGBl. I S. 1204).
[2] **Schönfelder Nr. 65.**
[3] § 50 Überschrift neu gef., Abs. 1 Satz 1, Abs. 2 Sätze 1 und 2 geänd. mWv 7.6.2021 durch G v. 31.5.2021 (BGBl. I S. 1204).

Abschnitt 5.[1] Kollektive Lizenzen mit erweiterter Wirkung

§ 51[1] Kollektive Lizenzen mit erweiterter Wirkung. (1) Schließt eine Verwertungsgesellschaft einen Vertrag über die Nutzung ihres Repertoires, so kann sie nach Maßgabe dieses Abschnitts entsprechende Nutzungsrechte auch am Werk eines Außenstehenden (§ 7a) einräumen.

(2) Der Außenstehende kann der Rechtseinräumung nach Absatz 1 jederzeit gegenüber der Verwertungsgesellschaft widersprechen.

(3) In Bezug auf die Rechtseinräumung hat der Außenstehende im Verhältnis zur Verwertungsgesellschaft die gleichen Rechte und Pflichten wie bei einer Wahrnehmung auf vertraglicher Grundlage.

§ 51a[1] Wirksamkeit der Rechtseinräumung und dauerhafte Information. (1) Die Einräumung von Rechten am Werk eines Außenstehenden ist unter folgenden Voraussetzungen wirksam:
1. die Verwertungsgesellschaft ist repräsentativ (§ 51b),
2. die Einholung der Nutzungserlaubnis von allen betroffenen Außenstehenden durch den Nutzer oder die Verwertungsgesellschaft ist unzumutbar,
3. die Rechtseinräumung beschränkt sich auf Nutzungen im Inland,
4. die Verwertungsgesellschaft informiert während einer angemessen Frist von mindestens drei Monaten vor der Rechtseinräumung auf ihrer Internetseite
   a) darüber, dass sie in der Lage ist, kollektive Lizenzen mit erweiterter Wirkung zu erteilen,
   b) über die Wirkungen kollektiver Lizenzen mit erweiterter Wirkung für Außenstehende,
   c) über die Nutzungsarten, Werkarten und Gruppen von Rechtsinhabern, die in die kollektiven Lizenzen mit erweiterter Wirkung einbezogen werden sollen,
   d) über das Recht der Außenstehenden zum Widerspruch,
5. der Außenstehende hat innerhalb der in Nummer 4 bestimmten Frist der Rechtseinräumung nicht widersprochen.

(2) Die Verwertungsgesellschaft stellt die Informationen gemäß Absatz 1 Nummer 4 dauerhaft auf ihrer Internetseite zur Verfügung.

§ 51b[1] Repräsentativität der Verwertungsgesellschaft. (1) Eine Verwertungsgesellschaft ist repräsentativ, wenn sie für eine ausreichend große Zahl von Rechtsinhabern Rechte, die Gegenstand der kollektiven Lizenz sein sollen, auf vertraglicher Grundlage wahrnimmt.

(2) Nimmt nur eine Verwertungsgesellschaft, der eine Erlaubnis (§ 77) erteilt wurde, Rechte nach Absatz 1 wahr, so wird widerleglich vermutet, dass sie repräsentativ ist.

§ 52[1] Kollektive Lizenzen mit erweiterter Wirkung für nicht verfügbare Werke. (1) Schließt eine Verwertungsgesellschaft einen Vertrag über Nutzungen von Werken ihres Repertoires, die nicht verfügbar sind (§ 52b), mit einer inländischen Kulturerbe-Einrichtung (§ 60d des Urheberrechtsgesetzes[2]), so hat

[1] Teil 2 Abschnitt 5 (§§ 51–52e) neu gef. mWv 7.6.2021 durch G v. 31.5.2021 (BGBl. I S. 1204).
[2] **Schönfelder Nr. 65.**

sie entsprechende Nutzungsrechte nach Maßgabe der nachfolgenden Bestimmungen auch am Werk eines Außenstehenden (§ 7a) einzuräumen.

(2) Der Außenstehende kann der Rechtseinräumung jederzeit gegenüber dem Amt der Europäischen Union für geistiges Eigentum widersprechen.

(3) In Bezug auf die Rechtseinräumung hat der Außenstehende im Verhältnis zur Verwertungsgesellschaft die gleichen Rechte und Pflichten wie bei einer Wahrnehmung auf vertraglicher Grundlage.

§ 52a[1] Wirksamkeit der Rechtseinräumung und dauerhafte Information bei nicht verfügbaren Werken. (1) [1]Die Einräumung von Rechten am Werk eines Außenstehenden nach § 52 ist unter folgenden Voraussetzungen wirksam:

1. die Verwertungsgesellschaft ist repräsentativ (§ 51b),
2. die Rechtseinräumung beschränkt sich auf die Vervielfältigung, Verbreitung, öffentliche Zugänglichmachung und sonstige öffentliche Wiedergabe zu nicht kommerziellen Zwecken,
3. das betreffende Werk befindet sich im Bestand der Kulturerbe-Einrichtung,
4. die Verwertungsgesellschaft informiert sechs Monate vor Beginn der Rechtseinräumung im Online-Portal des Amtes der Europäischen Union für geistiges Eigentum über
   a) das betreffende Werk,
   b) die Vertragsparteien, die betroffenen Nutzungsrechte, deren Geltungsbereich,
   c) das Recht des Außenstehenden zum Widerspruch,
5. der Außenstehende hat innerhalb der in Nummer 4 bestimmten Frist der Rechtseinräumung nicht widersprochen.

[2]Die Einräumung des Rechts der Vervielfältigung ist abweichend von Satz 1 Nummer 5 bereits mit Beginn der Bekanntgabe der Informationen im Online-Portal des Amtes der Europäischen Union für geistiges Eigentum zulässig.

(2) Die Verwertungsgesellschaft belässt die Informationen gemäß Absatz 1 Satz 1 Nummer 4 dauerhaft im Online-Portal des Amtes der Europäischen Union für geistiges Eigentum.

§ 52b[1] Nicht verfügbare Werke. (1) Nicht verfügbar ist ein Werk, das der Allgemeinheit auf keinem üblichen Vertriebsweg in einer vollständigen Fassung angeboten wird.

(2) Es wird unwiderleglich vermutet, dass ein Werk nicht verfügbar ist, wenn die Kulturerbe-Einrichtung zeitnah vor der Information gemäß § 52a Absatz 1 Satz 1 Nummer 4 mit einem vertretbaren Aufwand, aber ohne Erfolg versucht hat, Angebote nach Maßgabe des Absatzes 1 zu ermitteln.

(3) Werke, die in Büchern, Fachzeitschriften, Zeitungen, Zeitschriften oder in anderen verlegten Schriften veröffentlicht wurden, sind über die Anforderungen von Absatz 1 hinaus nur dann nicht verfügbar, wenn sie außerdem mindestens 30 Jahre vor Beginn der Bekanntgabe der Informationen gemäß § 52a Absatz 1 Satz 1 Nummer 4 letztmalig veröffentlicht wurden.

---

[1] Teil 2 Abschnitt 5 (§§ 51–52e) neu gef. mWv 7.6.2021 durch G v. 31.5.2021 (BGBl. I S. 1204).

§ 52c[1)] Repräsentativität der Verwertungsgesellschaft bei Werkreihen aus Drittstaaten. Soll die beabsichtigte Nutzung Werkreihen umfassen, die überwiegend Werke aus Staaten enthalten, die weder Mitgliedstaaten der Europäischen Union noch Vertragsstaaten des Abkommens über den Europäischen Wirtschaftsraum sind (Drittstaaten), so ist die Rechtseinräumung nach § 52 nur wirksam, wenn die Verwertungsgesellschaft repräsentativ auch für Rechtsinhaber des jeweiligen Drittstaates ist.

§ 52d[1)] Verordnungsermächtigung. Das Bundesministerium der Justiz und für Verbraucherschutz wird ermächtigt, durch Rechtsverordnung ohne Zustimmung des Bundesrates Folgendes näher zu regeln:

1. Ausübung und Rechtsfolgen des Widerspruchs des Außenstehenden (§ 51 Absatz 2 und § 52 Absatz 2),
2. Unzumutbarkeit des Rechteerwerbs (§ 51a Absatz 1 Nummer 2),
3. Informationspflichten (§ 51a Absatz 1 Nummer 4 und § 52a Absatz 1 Satz 1 Nummer 4),
4. Angemessenheit der Frist (§ 51a Absatz 1 Nummer 4),
5. Repräsentativität von Verwertungsgesellschaften, einschließlich Vermutungswirkung und gemeinsamem Handeln mehrerer Verwertungsgesellschaften (§ 51b),
6. weitere Anforderungen zur Verfügbarkeit von Werken, einschließlich des zur Ermittlung der Verfügbarkeit erforderlichen vertretbaren Aufwands und der Wahrung der Urheberpersönlichkeitsrechte insbesondere bei nicht veröffentlichten Werken (§ 52b),
7. Nutzung von Werkreihen aus Drittstaaten (§ 52c).

§ 52e[1)] Anwendung auf verwandte Schutzrechte. Die Bestimmungen dieses Abschnitts sind auch auf verwandte Schutzrechte im Sinne des Urheberrechtsgesetzes[2)] und ihre Inhaber anzuwenden.

Abschnitt 6. Informationspflichten; Rechnungslegung und Transparenzbericht

Unterabschnitt 1. Informationspflichten

§ 53 Information der Rechtsinhaber vor Zustimmung zur Wahrnehmung. (1) Bevor die Verwertungsgesellschaft die Zustimmung des Rechtsinhabers zur Wahrnehmung seiner Rechte einholt, informiert sie den Rechtsinhaber über:

1. die ihm nach den §§ 9 bis 12 zustehenden Rechte einschließlich der in § 11 genannten Bedingungen sowie
2. die Abzüge von den Einnahmen aus den Rechten, einschließlich der Abzüge zur Deckung der Verwaltungskosten.

(2) Die Verwertungsgesellschaft führt die Rechte nach den §§ 9 bis 12 in dem Statut oder in den Wahrnehmungsbedingungen auf.

[1)] Teil 2 Abschnitt 5 (§§ 51–52e) neu gef. mWv 7.6.2021 durch G v. 31.5.2021 (BGBl. I S. 1204).
[2)] **Schönfelder Nr. 65.**

§ 54 Informationen für Berechtigte. Die Verwertungsgesellschaft informiert spätestens zwölf Monate nach Ablauf eines jeden Geschäftsjahres alle Berechtigten, an die sie in diesem Geschäftsjahr Einnahmen aus den Rechten verteilt hat, mindestens über:

1. alle Kontaktdaten, die von der Verwertungsgesellschaft mit Zustimmung des Berechtigten dazu verwendet werden können, den Berechtigten festzustellen und ausfindig zu machen,
2. die in diesem Geschäftsjahr dem Berechtigten zugewiesenen Einnahmen aus den Rechten,
3. die in diesem Geschäftsjahr an den Berechtigten ausgeschütteten Einnahmen aus den Rechten nach Kategorien der wahrgenommenen Rechte und Art der Nutzungen,
4. den Zeitraum, in dem die Nutzungen, für die Einnahmen aus den Rechten an den Berechtigten verteilt wurden, stattgefunden haben, sofern nicht sachliche Gründe im Zusammenhang mit Meldungen von Nutzern die Verwertungsgesellschaft daran hindern, diese Angaben zur Verfügung zu stellen,
5. die in diesem Geschäftsjahr zur Deckung der Verwaltungskosten vorgenommenen Abzüge von den Einnahmen aus den Rechten,
6. die in diesem Geschäftsjahr für andere Zwecke als zur Deckung der Verwaltungskosten vorgenommenen Abzüge von den Einnahmen aus den Rechten, einschließlich gegebenenfalls vorgenommener Abzüge zur Förderung kulturell bedeutender Werke und Leistungen, und für die Einrichtung und den Betrieb von Vorsorge- und Unterstützungseinrichtungen und
7. sämtliche dem Berechtigten zugewiesenen, aber noch nicht ausgeschütteten Einnahmen aus den Rechten.

§ 55 Informationen zu Werken und sonstigen Schutzgegenständen.

(1) Die Verwertungsgesellschaft informiert die Rechtsinhaber, die Verwertungsgesellschaften, für die sie auf der Grundlage einer Repräsentationsvereinbarung Rechte wahrnimmt, und die Nutzer jeweils auf hinreichend begründete Anfrage unverzüglich und elektronisch mindestens über:

(Fortsetzung nächstes Blatt)

1. die Werke oder sonstigen Schutzgegenstände sowie die Rechte, die sie unmittelbar oder auf Grundlage von Repräsentationsvereinbarungen wahrnimmt, und die jeweils umfassten Gebiete oder
2. die Arten von Werken oder sonstigen Schutzgegenständen sowie die Rechte, die sie unmittelbar oder auf Grundlage einer Repräsentationsvereinbarung wahrnimmt, und die jeweils umfassten Gebiete, wenn aufgrund des Tätigkeitsbereichs der Verwertungsgesellschaft Werke und sonstige Schutzgegenstände nicht bestimmt werden können.

(2) Die Verwertungsgesellschaft darf, soweit dies erforderlich ist, angemessene Maßnahmen ergreifen, um die Richtigkeit und Integrität der Informationen zu schützen, um ihre Weiterverwendung zu kontrollieren und um wirtschaftlich sensible Informationen zu schützen.

(3) Die Verwertungsgesellschaft kann die Erteilung der Informationen von der Erstattung der damit verbundenen Kosten abhängig machen, soweit dies angemessen ist.

§ 56 Informationen für die Allgemeinheit. (1) Die Verwertungsgesellschaft veröffentlicht mindestens die folgenden Informationen auf ihrer Internetseite:

1. das Statut,
2. die Wahrnehmungsbedingungen, einschließlich der Bedingungen für die Beendigung des Wahrnehmungsverhältnisses und den Entzug von Rechten,
3. die Standardnutzungsverträge,
4. die Tarife und die Standardvergütungssätze, jeweils einschließlich Ermäßigungen,
5. die von ihr geschlossenen Gesamtverträge,
6. eine Liste der Personen, die kraft Gesetzes oder nach dem Statut zur Vertretung der Verwertungsgesellschaft berechtigt sind,
7. den Verteilungsplan,
8. die allgemeinen Grundsätze für die zur Deckung der Verwaltungskosten vorgenommenen Abzüge von den Einnahmen aus den Rechten,
9. die allgemeinen Grundsätze für die für andere Zwecke als zur Deckung der Verwaltungskosten vorgenommenen Abzüge von den Einnahmen aus den Rechten, einschließlich gegebenenfalls vorgenommener Abzüge zur Förderung kulturell bedeutender Werke und Leistungen, und für die Einrichtung und den Betrieb von Vorsorge- und Unterstützungseinrichtungen,
10. die allgemeinen Grundsätze für die Verwendung der nicht verteilbaren Einnahmen aus den Rechten,
11. eine Aufstellung der von ihr geschlossenen Repräsentationsvereinbarungen und die Namen der Verwertungsgesellschaften, mit denen die Verträge geschlossen wurden,
12. die Regelungen zum Beschwerdeverfahren nach § 33 sowie die Angabe, in welchen Streitfällen die Schiedsstelle nach den §§ 92 bis 94 angerufen werden kann,

13. die Regelungen gemäß § 63 zur Berichtigung der Daten, auf die in § 61 Absatz 2 Bezug genommen wird, und zur Berichtigung der Informationen nach § 62 Absatz 1.

(2) Die Verwertungsgesellschaft hält die Informationen auf dem aktuellen Stand.

Unterabschnitt 2. Rechnungslegung und Transparenzbericht

§ 57 Jahresabschluss und Lagebericht. (1) [1] Die Verwertungsgesellschaft hat, auch wenn sie nicht in der Rechtsform einer Kapitalgesellschaft betrieben wird, einen aus Bilanz, Gewinn- und Verlustrechnung, Kapitalflussrechnung und Anhang bestehenden Jahresabschluss und einen Lagebericht nach den für große Kapitalgesellschaften geltenden Bestimmungen des Handelsgesetzbuchs aufzustellen, prüfen zu lassen und offenzulegen. [2] Die Offenlegung ist spätestens zum Ablauf von acht Monaten nach dem Schluss des Geschäftsjahres zu bewirken. [3] Der Bestätigungsvermerk ist mit seinem vollen Wortlaut wiederzugeben.

(2) [1] Die Prüfung des Jahresabschlusses umfasst auch die Prüfung, ob die Pflichten nach den §§ 24 und 28 Absatz 4 erfüllt und die Wertansätze und die Zuordnung der Konten unter Beachtung des Grundsatzes der Stetigkeit sachgerecht und nachvollziehbar erfolgt sind, sowie die Prüfung, ob bei der Anlage der Einnahmen aus den Rechten die Anlagerichtlinie beachtet worden ist (§ 25 Absatz 1 Satz 2). [2] Das Ergebnis ist in den Prüfungsbericht aufzunehmen.

(3) Weiter gehende gesetzliche Vorschriften über die Rechnungslegung und Prüfung bleiben unberührt.

§ 58 Jährlicher Transparenzbericht. (1) Die Verwertungsgesellschaft erstellt spätestens acht Monate nach dem Schluss des Geschäftsjahres einen Transparenzbericht (jährlicher Transparenzbericht) für dieses Geschäftsjahr.

(2) Der jährliche Transparenzbericht muss mindestens die in der Anlage aufgeführten Angaben enthalten.

(3) [1] Die Finanzinformationen nach Nummer 1 Buchstabe g der Anlage sowie der Inhalt des gesonderten Berichts nach Nummer 1 Buchstabe h der Anlage sind einer prüferischen Durchsicht durch einen Abschlussprüfer zu unterziehen. [2] Die Vorschriften über die Bestellung des Abschlussprüfers sind auf die prüferische Durchsicht entsprechend anzuwenden. [3] Der Abschlussprüfer fasst das Ergebnis der prüferischen Durchsicht in einer Bescheinigung zum jährlichen Transparenzbericht zusammen.

(4) [1] Die Verwertungsgesellschaft veröffentlicht innerhalb der Frist nach Absatz 1 den jährlichen Transparenzbericht einschließlich des Bestätigungsvermerks über den Jahresabschluss und der Bescheinigung zum jährlichen Transparenzbericht nach Absatz 3 oder etwaiger Beanstandungen, jeweils *im vollen Wortlaut, auf ihrer* Internetseite. [2] Der jährliche Transparenzbericht muss dort mindestens fünf Jahre lang öffentlich zugänglich bleiben.

Teil 3. Besondere Vorschriften für die gebietsübergreifende Vergabe von Online-Rechten an Musikwerken

§ 59 Anwendungsbereich. (1) Die besonderen Vorschriften dieses Teils gelten für die gebietsübergreifende Vergabe von Online-Rechten an Musikwerken durch Verwertungsgesellschaften.

(2) Online-Rechte im Sinne dieses Gesetzes sind die Rechte, die für die Bereitstellung eines Online-Dienstes erforderlich sind und die dem Urheber nach den Artikeln 2 und 3 der Richtlinie 2001/29/EG des Europäischen Parlaments und des Rates vom 22. Mai 2001 zur Harmonisierung bestimmter Aspekte des Urheberrechts und der verwandten Schutzrechte in der Informationsgesellschaft (ABl. L 167 vom 22. 6. 2001, S. 10) zustehen.

(3) Gebietsübergreifend im Sinne dieses Gesetzes ist eine Vergabe, wenn sie das Gebiet von mehr als einem Mitgliedstaat der Europäischen Union oder anderen Vertragsstaat des Abkommens über den Europäischen Wirtschaftsraum umfasst.

§ 60 Nicht anwendbare Vorschriften. (1) Im Verhältnis zum Rechtsinhaber ist § 9 Satz 2 nicht anzuwenden.

(2) [1] Im Verhältnis zum Nutzer sind § 34 Absatz 1 Satz 1 sowie die §§ 35, 37 und 38 nicht anzuwenden. [2] Für die Vergütung, die die Verwertungsgesellschaft aufgrund der von ihr wahrgenommenen Rechte fordert, gilt § 39 entsprechend.

§ 61 Besondere Anforderungen an Verwertungsgesellschaften.

(1) Die Verwertungsgesellschaft muss über ausreichende Kapazitäten verfügen, um die Daten, die für die Verwaltung von gebietsübergreifend vergebenen Online-Rechten an Musikwerken erforderlich sind, effizient und transparent elektronisch verarbeiten zu können.

(2) Die Verwertungsgesellschaft muss insbesondere

1. jedes Musikwerk, an dem sie Online-Rechte wahrnimmt, korrekt bestimmen können;
2. für jedes Musikwerk und jeden Teil eines Musikwerks, an dem sie Online-Rechte wahrnimmt, die Online-Rechte, und zwar vollständig oder teilweise und in Bezug auf jedes umfasste Gebiet, sowie den zugehörigen Rechtsinhaber bestimmen können;
3. eindeutige Kennungen verwenden, um Rechtsinhaber und Musikwerke zu bestimmen, unter möglichst weitgehender Berücksichtigung der freiwilligen branchenüblichen Standards und Praktiken, die auf internationaler Ebene entwickelt wurden;
4. geeignete Mittel verwenden, um Unstimmigkeiten in den Daten anderer Verwertungsgesellschaften, die gebietsübergreifend Online-Rechte an Musikwerken vergeben, unverzüglich und wirksam erkennen und klären zu können.

§ 62 Informationen zu Musikwerken und Online-Rechten. (1) Die Verwertungsgesellschaft informiert auf hinreichend begründete Anfrage Anbieter von Online-Diensten, Berechtigte, Rechtsinhaber, deren Rechte sie auf Grundlage einer Repräsentationsvereinbarung wahrnimmt, und andere Verwertungsgesellschaften elektronisch über:

1. die Musikwerke, an denen sie aktuell Online-Rechte wahrnimmt,
2. die aktuell vollständig oder teilweise von ihr wahrgenommenen Online-Rechte und
3. die aktuell von der Wahrnehmung umfassten Gebiete.

(2) Die Verwertungsgesellschaft darf, soweit dies erforderlich ist, angemessene Maßnahmen ergreifen, um die Richtigkeit und Integrität der Daten zu schützen, um ihre Weiterverwendung zu kontrollieren und um wirtschaftlich sensible Informationen zu schützen.

§ 63 Berichtigung der Informationen. (1) Die Verwertungsgesellschaft verfügt über Regelungen, wonach Anbieter von Online-Diensten, Rechtsinhaber und andere Verwertungsgesellschaften die Berichtigung der Daten, auf die in § 61 Absatz 2 Bezug genommen wird, und die Berichtigung der Informationen nach § 62 Absatz 1 beantragen können.

(2) Ist ein Antrag begründet, berichtigt die Verwertungsgesellschaft die Daten oder die Informationen unverzüglich.

§ 64 Elektronische Übermittlung von Informationen. (1) [1]Die Verwertungsgesellschaft ermöglicht jedem Berechtigten, elektronisch Informationen zu seinen Musikwerken und zu Online-Rechten an diesen Werken sowie zu den Gebieten zu übermitteln, für die er die Verwertungsgesellschaft mit der Wahrnehmung beauftragt hat. [2]Dabei berücksichtigen die Verwertungsgesellschaft und die Berechtigten so weit wie möglich die freiwilligen branchenüblichen Standards und Praktiken für den Datenaustausch, die auf internationaler Ebene entwickelt wurden.

(2) Im Rahmen von Repräsentationsvereinbarungen gilt Absatz 1 auch für die Berechtigten der beauftragenden Verwertungsgesellschaft, soweit die Verwertungsgesellschaften keine abweichende Vereinbarung treffen.

§ 65 Überwachung von Nutzungen. Die Verwertungsgesellschaft überwacht die Nutzung von Musikwerken durch den Anbieter eines Online-Dienstes, soweit sie an diesen Online-Rechte für die Musikwerke gebietsübergreifend vergeben hat.

§ 66 Elektronische Nutzungsmeldung. (1) [1]Die Verwertungsgesellschaft ermöglicht dem Anbieter eines Online-Dienstes, elektronisch die Nutzung von Musikwerken zu melden. [2]Sie bietet dabei mindestens eine Meldemethode an, die freiwilligen branchenüblichen und auf internationaler Ebene entwickelten Standards und Praktiken für den elektronischen Datenaustausch entspricht.

(2) Die Verwertungsgesellschaft kann eine Meldung ablehnen, wenn sie nicht einer nach Absatz 1 Satz 2 angebotenen Meldemethode entspricht.

§ 67 Abrechnung gegenüber Anbietern von Online-Diensten.

(1) Die Verwertungsgesellschaft rechnet gegenüber dem Anbieter eines Online-Dienstes nach dessen Meldung der tatsächlichen Nutzung der Mu-

sikwerke unverzüglich ab, es sei denn, dies ist aus Gründen, die dem Anbieter des Online-Dienstes zuzurechnen sind, nicht möglich.

(2) [1] Die Verwertungsgesellschaft rechnet elektronisch ab. [2] Sie bietet dabei mindestens ein Abrechnungsformat an, das freiwilligen branchenüblichen und auf internationaler Ebene entwickelten Standards und Praktiken entspricht.

(3) Der Anbieter eines Online-Dienstes kann die Annahme einer Abrechnung aufgrund ihres Formats nicht ablehnen, wenn die Abrechnung einem nach Absatz 2 Satz 2 angebotenen Abrechnungsformat entspricht.

(4) Bei der Abrechnung sind auf Grundlage der Daten nach § 61 Absatz 2 die Werke und Online-Rechte sowie deren tatsächliche Nutzung anzugeben, soweit dies auf der Grundlage der Meldung möglich ist.

(5) Die Verwertungsgesellschaft sieht geeignete Regelungen vor, nach denen der Anbieter eines Online-Dienstes die Abrechnung beanstanden kann.

§ 68 Verteilung der Einnahmen aus den Rechten; Informationen.

(1) Die Verwertungsgesellschaft verteilt die Einnahmen aus der gebietsübergreifenden Vergabe von Online-Rechten an Musikwerken nach deren Einziehung unverzüglich nach Maßgabe des Verteilungsplans an die Berechtigten, es sei denn, dies ist aus Gründen, die dem Anbieter eines Online-Dienstes zuzurechnen sind, nicht möglich.

(2) Bei jeder Ausschüttung informiert die Verwertungsgesellschaft den Berechtigten mindestens über:

1. den Zeitraum der Nutzungen, für die dem Berechtigten eine Vergütung zusteht, sowie die Gebiete, in denen seine Musikwerke genutzt wurden;
2. die eingezogenen Beträge, die Abzüge sowie die von der Verwertungsgesellschaft verteilten Beträge für jedes Online-Recht an einem Musikwerk, mit dessen Wahrnehmung der Berechtigte die Verwertungsgesellschaft beauftragt hat;
3. die für den Berechtigten eingezogenen Beträge, die Abzüge sowie die von der Verwertungsgesellschaft verteilten Beträge, aufgeschlüsselt nach den einzelnen Anbietern eines Online-Dienstes.

(3) [1] Im Rahmen von Repräsentationsvereinbarungen gelten die Absätze 1 und 2 für die Verteilung an die beauftragende Verwertungsgesellschaft entsprechend. [2] Die beauftragende Verwertungsgesellschaft ist für die Verteilung der Beträge und die Weiterleitung der Informationen an ihre Berechtigten verantwortlich, soweit die Verwertungsgesellschaften keine abweichende Vereinbarung treffen.

§ 69 Repräsentationszwang. (1) [1] Eine Verwertungsgesellschaft, die bereits gebietsübergreifend Online-Rechte an Musikwerken für mindestens eine andere Verwertungsgesellschaft vergibt oder anbietet, ist verpflichtet, auf Verlangen einer Verwertungsgesellschaft, die selbst keine gebietsübergreifenden Online-Rechte an ihren Musikwerken vergibt oder anbietet, eine Repräsentationsvereinbarung abzuschließen. [2] Die Verpflichtung besteht nur hinsichtlich der Kategorie von Online-Rechten an Musikwerken, die die Verwertungsgesellschaft bereits gebietsübergreifend vergibt.

(2) Die Verwertungsgesellschaft antwortet auf ein Verlangen nach Absatz 1 schriftlich und unverzüglich und teilt dabei die zentralen Bedingungen mit, zu denen sie gebietsübergreifend Online-Rechte an Musikwerken vergibt oder anbietet.

(3) Repräsentationsvereinbarungen, in denen eine Verwertungsgesellschaft mit der exklusiven gebietsübergreifenden Vergabe von Online-Rechten an Musikwerken beauftragt wird, sind unzulässig.

§ 70 Informationen der beauftragenden Verwertungsgesellschaft.

(1) Die beauftragende Verwertungsgesellschaft stellt der beauftragten Verwertungsgesellschaft diejenigen Informationen über ihre Musikwerke zur Verfügung, die für die gebietsübergreifende Vergabe von Online-Rechten erforderlich sind.

(2) Sind die Informationen nach Absatz 1 unzureichend oder stellt die beauftragende Verwertungsgesellschaft die Informationen in einer Weise zur Verfügung, dass die beauftragte Verwertungsgesellschaft die Anforderungen dieses Teils nicht erfüllen kann, so ist die beauftragte Verwertungsgesellschaft berechtigt,

1. der beauftragenden Verwertungsgesellschaft die Kosten in Rechnung zu stellen, die für die Erfüllung der Anforderungen vernünftigerweise entstanden sind, oder
2. diejenigen Werke von der Wahrnehmung auszuschließen, zu denen nur unzureichende oder nicht verwendbare Informationen vorliegen.

§ 71 Informationen der Mitglieder und Berechtigten bei Repräsentation. Die beauftragende Verwertungsgesellschaft informiert ihre Mitglieder und ihre Berechtigten über die zentralen Bedingungen der von ihr abgeschlossenen Repräsentationsvereinbarungen.

§ 72 Zugang zur gebietsübergreifenden Vergabe von Online-Rechten an Musikwerken. [1] Eine Verwertungsgesellschaft, die bis zum 10. April 2017 Online-Rechte an Musikwerken gebietsübergreifend weder vergibt noch anbietet und auch keine Repräsentationsvereinbarung nach § 69 abgeschlossen hat, ermöglicht es dem Berechtigten, seine Online-Rechte gebietsübergreifend anderweitig zu vergeben. [2] Die Verwertungsgesellschaft ist dabei verpflichtet, auf Verlangen des Berechtigten Online-Rechte an Musikwerken weiterhin zur Vergabe in einzelnen Gebieten wahrzunehmen.

§ 73 Wahrnehmung bei Repräsentation. (1) Die beauftragte Verwertungsgesellschaft nimmt die Online-Rechte an den Musikwerken der beauftragenden Verwertungsgesellschaft zu denselben Bedingungen wahr, wie die Online-Rechte ihrer Berechtigten.

(2) Die beauftragte Verwertungsgesellschaft nimmt die Musikwerke der beauftragenden Verwertungsgesellschaft in alle Angebote auf, die sie an den Anbieter eines Online-Dienstes richtet.

(3) Verwaltungskosten dürfen die Kosten nicht übersteigen, die der beauftragten Verwertungsgesellschaft vernünftigerweise entstanden sind.

§ 74 Ausnahme für Hörfunk- und Fernsehprogramme. Dieser Teil findet keine Anwendung, soweit die Verwertungsgesellschaft auf der Grundlage einer freiwilligen Bündelung der notwendigen Online-Rechte und unter Beachtung der Wettbewerbsregeln gemäß den Artikeln 101 und 102 des Vertrages über die Arbeitsweise der Europäischen Union[1)] gebietsübergreifend Online-Rechte an Musikwerken an Sendeunternehmen vergibt, die diese benötigen, um ihre Hörfunk- oder Fernsehprogramme zeitgleich mit der Sendung oder danach sowie sonstige Online-Inhalte, einschließlich Vorschauen, die ergänzend zur ersten Sendung von dem oder für das Sendeunternehmen produziert wurden, öffentlich wiederzugeben oder zugänglich zu machen.

Teil 4. Aufsicht

§ 75 Aufsichtsbehörde. (1) Aufsichtsbehörde ist das Deutsche Patent- und Markenamt.

(2) Die Aufsichtsbehörde nimmt ihre Aufgaben und Befugnisse nur im öffentlichen Interesse wahr.

§ 76 Inhalt der Aufsicht. (1) Die Aufsichtsbehörde achtet darauf, dass die Verwertungsgesellschaft den ihr nach diesem Gesetz obliegenden Verpflichtungen ordnungsgemäß nachkommt.

(2) Hat die Verwertungsgesellschaft ihren Sitz in einem anderen Mitgliedstaat der Europäischen Union oder anderen Vertragsstaat des Abkommens über den Europäischen Wirtschaftsraum und ist sie im Inland tätig, so achtet die Aufsichtsbehörde darauf, dass die Verwertungsgesellschaft die Vorschriften dieses anderen Mitgliedstaates oder Vertragsstaates zur Umsetzung der Richtlinie 2014/26/EU des Europäischen Parlaments und des Rates vom 26. Februar 2014 über die kollektive Wahrnehmung von Urheber- und verwandten Schutzrechten und die Vergabe von Mehrgebietslizenzen für Rechte an Musikwerken für die Online-Nutzung im Binnenmarkt (ABl. L 84 vom 20.3.2014, S. 72) ordnungsgemäß einhält.

(3) [1] Soweit eine Aufsicht über die Verwertungsgesellschaft aufgrund anderer gesetzlicher Vorschriften ausgeübt wird, ist sie im Benehmen mit der Aufsichtsbehörde nach § 75 Absatz 1 auszuüben. [2] Die Unabhängigkeit der für den Datenschutz zuständigen Aufsichtsbehörden bleibt unberührt.

§ 77[2)] Erlaubnis. (1) Eine Verwertungsgesellschaft bedarf der Erlaubnis, wenn sie Urheberrechte oder verwandte Schutzrechte wahrnimmt, die sich aus dem Urheberrechtsgesetz ergeben.

(2) Eine Verwertungsgesellschaft mit Sitz in einem anderen Mitgliedstaat der Europäischen Union oder anderen Vertragsstaat des Abkommens über den Europäischen Wirtschaftsraum bedarf abweichend von Absatz 1 einer Erlaubnis nur für die Wahrnehmung

1. der in § 49 Absatz 1 genannten Vergütungsansprüche,
2. des in § 50 genannten Rechts oder
3. der in den §§ 51 und 52 genannten Rechte von Außenstehenden.

[1)] **Sartorius Nr. 1001.**
[2)] § 77 Abs. 2 Nr. 3 neu gef. mWv 7.6.2021 durch G v. 31.5.2021 (BGBl. I S. 1204).

§ 78 Antrag auf Erlaubnis. [1] Die Erlaubnis wird auf schriftlichen Antrag der Verwertungsgesellschaft von der Aufsichtsbehörde erteilt. [2] Dem Antrag sind beizufügen:

1. das Statut der Verwertungsgesellschaft,
2. Namen und Anschrift der nach Gesetz oder Statut zur Vertretung der Verwertungsgesellschaft berechtigten Personen,
3. eine Erklärung über die Zahl der Berechtigten sowie über Zahl und wirtschaftliche Bedeutung der der Verwertungsgesellschaft zur Wahrnehmung anvertrauten Rechte und
4. ein tragfähiger Geschäftsplan für die ersten drei vollen Geschäftsjahre nach Aufnahme des Geschäftsbetriebs, aus dem insbesondere die erwarteten Einnahmen und Ausgaben sowie der organisatorische Aufbau der Verwertungsgesellschaft hervorgehen.

§ 79 Versagung der Erlaubnis. (1) Die Erlaubnis nach § 77 Absatz 1 darf nur versagt werden, wenn

1. das Statut der Verwertungsgesellschaft nicht den Vorschriften dieses Gesetzes entspricht,
2. Tatsachen die Annahme rechtfertigen, dass eine nach Gesetz oder Statut zur Vertretung der Verwertungsgesellschaft berechtigte Person die für die Ausübung ihrer Tätigkeit erforderliche Zuverlässigkeit nicht besitzt, oder
3. die wirtschaftliche Grundlage der Verwertungsgesellschaft eine wirksame Wahrnehmung der Rechte nicht erwarten lässt.

(2) Für die Erlaubnis nach § 77 Absatz 2 gilt Absatz 1 entsprechend; die Versagungsgründe nach Absatz 1 Nummer 1 und 2 sind nicht anzuwenden.

§ 80 Widerruf der Erlaubnis. (1) Die Aufsichtsbehörde kann die Erlaubnis nach § 77 Absatz 1 widerrufen, wenn

1. einer der Versagungsgründe des § 79 Absatz 1 bei Erteilung der Erlaubnis der Aufsichtsbehörde nicht bekannt war oder nachträglich eingetreten ist und dem Mangel nicht innerhalb einer von der Aufsichtsbehörde zu setzenden Frist abgeholfen wird oder
2. die Verwertungsgesellschaft einer der ihr nach diesem Gesetz obliegenden Verpflichtungen trotz Abmahnung durch die Aufsichtsbehörde wiederholt zuwiderhandelt.

(2) Die Erlaubnis nach § 77 Absatz 2 kann die Aufsichtsbehörde nicht nach Absatz 1 Nummer 2 widerrufen.

§ 81 Zusammenarbeit bei Erlaubnis und Widerruf der Erlaubnis. [1] Über Anträge auf Erteilung der Erlaubnis und über den Widerruf der Erlaubnis entscheidet die Aufsichtsbehörde im Einvernehmen mit dem Bundeskartellamt. [2] Gelingt es nicht, Einvernehmen herzustellen, so legt die Aufsichtsbehörde die Sache dem Bundesministerium der Justiz und für Verbraucherschutz vor; dessen Weisungen, die im Benehmen mit dem Bundesministerium für Wirtschaft und Energie erteilt werden, ersetzen das Einvernehmen.

§ 82 Anzeige. Bedarf die Verwertungsgesellschaft keiner Erlaubnis nach § 77, so zeigt sie der Aufsichtsbehörde die Aufnahme einer Wahrnehmungstätigkeit unverzüglich schriftlich an, wenn sie

1. ihren Sitz in einem anderen Mitgliedstaat der Europäischen Union oder anderen Vertragsstaat des Abkommens über den Europäischen Wirtschaftsraum hat und Urheberrechte oder verwandte Schutzrechte wahrnimmt, die sich aus dem Urheberrechtsgesetz ergeben, oder
2. ihren Sitz im Inland hat und in einem anderen Mitgliedstaat der Europäischen Union oder anderen Vertragsstaat des Abkommens über den Europäischen Wirtschaftsraum tätig ist.

§ 83 Bekanntmachung. Die Erteilung der Erlaubnis und ein unanfechtbar gewordener Widerruf der Erlaubnis sowie Anzeigen nach § 82 sind im Bundesanzeiger bekanntzumachen.

§ 84 Wahrnehmungstätigkeit ohne Erlaubnis oder Anzeige. [1] Wird eine Verwertungsgesellschaft ohne die erforderliche Erlaubnis oder Anzeige tätig, so kann sie die von ihr wahrgenommenen Urheberrechte und verwandten Schutzrechte, die sich aus dem Urheberrechtsgesetz ergeben, nicht geltend machen. [2] Das Strafantragsrecht (§ 109 des Urheberrechtsgesetzes[1)]) steht ihr nicht zu.

§ 85 Befugnisse der Aufsichtsbehörde. (1) Die Aufsichtsbehörde kann alle erforderlichen Maßnahmen ergreifen, um sicherzustellen, dass die Verwertungsgesellschaft die ihr nach diesem Gesetz obliegenden Verpflichtungen ordnungsgemäß erfüllt.

(2) Die Aufsichtsbehörde kann einer Verwertungsgesellschaft die Fortsetzung des Geschäftsbetriebs untersagen, wenn die Verwertungsgesellschaft
1. ohne Erlaubnis tätig wird oder
2. einer der ihr nach diesem Gesetz obliegenden Verpflichtungen trotz Abmahnung durch die Aufsichtsbehörde wiederholt zuwiderhandelt.

(3) Die Aufsichtsbehörde kann von der Verwertungsgesellschaft jederzeit Auskunft über alle die Geschäftsführung betreffenden Angelegenheiten sowie die Vorlage der Geschäftsbücher und anderer geschäftlicher Unterlagen verlangen.

(4) [1] Die Aufsichtsbehörde ist berechtigt, durch Beauftragte an der Mitgliederhauptversammlung sowie den Sitzungen des Aufsichtsrats, des Verwaltungsrats, des Aufsichtsgremiums, der Vertretung der Delegierten (§ 20) sowie aller Ausschüsse dieser Gremien teilzunehmen. [2] Die Verwertungsgesellschaft hat die Aufsichtsbehörde rechtzeitig über Termine nach Satz 1 zu informieren.

(5) [1] Rechtfertigen Tatsachen die Annahme, dass ein nach Gesetz oder Statut zur Vertretung der Verwertungsgesellschaft Berechtigter die für die Ausübung seiner Tätigkeit erforderliche Zuverlässigkeit nicht besitzt, so setzt die Aufsichtsbehörde der Verwertungsgesellschaft eine Frist zu seiner Abberufung. [2] *Die Aufsichtsbehörde kann ihm bis zum* Ablauf dieser Frist die weitere Ausübung seiner Tätigkeit untersagen, wenn dies zur Abwendung schwerer Nachteile erforderlich ist.

(6) Liegen Anhaltspunkte dafür vor, dass eine Organisation einer Erlaubnis nach § 77 bedarf, so kann die Aufsichtsbehörde von ihr die zur Prüfung der Erlaubnispflichtigkeit erforderlichen Auskünfte und Unterlagen verlangen.

[1)] **Schönfelder Nr. 65.**

§ 86 Befugnisse der Aufsichtsbehörde bei Verwertungsgesellschaften mit Sitz in einem anderen Mitgliedstaat der Europäischen Union oder anderen Vertragsstaat des Abkommens über den Europäischen Wirtschaftsraum. (1) [1] Verstößt eine Verwertungsgesellschaft, die ihren Sitz in einem anderen Mitgliedstaat der Europäischen Union oder anderen Vertragsstaat des Abkommens über den Europäischen Wirtschaftsraum hat, bei ihrer Tätigkeit im Inland gegen eine in Umsetzung der Richtlinie 2014/26/EU erlassene Vorschrift dieses anderen Mitgliedstaates oder anderen Vertragsstaates, kann die Aufsichtsbehörde alle einschlägigen Informationen an die Aufsichtsbehörde dieses Mitgliedstaates oder Vertragsstaates übermitteln. [2] Sie kann die Aufsichtsbehörde dieses Mitgliedstaates oder Vertragsstaates ersuchen, im Rahmen ihrer Befugnisse Maßnahmen zu ergreifen.

(2) Die Aufsichtsbehörde kann sich in den Fällen des Absatzes 1 auch an die gemäß Artikel 41 der Richtlinie 2014/26/EU eingerichtete Sachverständigengruppe wenden.

§ 87 Informationsaustausch mit Aufsichtsbehörden anderer Mitgliedstaaten der Europäischen Union oder anderer Vertragsstaaten des Abkommens über den Europäischen Wirtschaftsraum. (1) Die Aufsichtsbehörde beantwortet ein begründetes Auskunftsersuchen der Aufsichtsbehörde eines anderen Mitgliedstaates der Europäischen Union oder anderen Vertragsstaates des Abkommens über den Europäischen Wirtschaftsraum, das im Zusammenhang mit einer in Umsetzung der Richtlinie 2014/26/EU erlassenen Vorschrift dieses Gesetzes steht, unverzüglich.

(2) Die Aufsichtsbehörde reagiert auf ein Ersuchen der Aufsichtsbehörde eines anderen Mitgliedstaates der Europäischen Union oder anderen Vertragsstaates des Abkommens über den Europäischen Wirtschaftsraum, Maßnahmen gegen eine im Inland ansässige Verwertungsgesellschaft wegen ihrer Tätigkeit in diesem Mitgliedstaat oder Vertragsstaat zu ergreifen, binnen drei Monaten mit einer begründeten Antwort.

§ 88 Unterrichtungspflicht der Verwertungsgesellschaft. (1) Die Verwertungsgesellschaft, die Urheberrechte oder verwandte Schutzrechte wahrnimmt, die sich aus dem Urheberrechtsgesetz ergeben, zeigt der Aufsichtsbehörde unverzüglich jeden Wechsel der nach Gesetz oder Statut zu ihrer Vertretung berechtigten Personen an.

(2) Die Verwertungsgesellschaft, die Urheberrechte oder verwandte Schutzrechte wahrnimmt, die sich aus dem Urheberrechtsgesetz ergeben, übermittelt der Aufsichtsbehörde unverzüglich abschriftlich

1. das Statut und dessen Änderung,
2. die Tarife, die Standardvergütungssätze und die Standardnutzungsverträge sowie deren Änderung,
3. die Gesamtverträge und deren Änderung,
4. die Repräsentationsvereinbarungen und deren Änderung,
5. die Beschlüsse der Mitgliederhauptversammlung, des Aufsichtsrats, des Verwaltungsrats, des Aufsichtsgremiums sowie des Gremiums, in dem die Berechtigten, die nicht Mitglied sind, gemäß § 20 Absatz 2 Nummer 4 stimmberechtigt mitwirken, und aller Ausschüsse dieser Gremien,
6. die Anlagerichtlinie und deren Änderung sowie die Bestätigung des Wirtschaftsprüfers oder der Wirtschaftsprüfervereinigung gemäß § 25 Absatz 3,

7. den Jahresabschluss, den Lagebericht, den Prüfungsbericht und den jährlichen Transparenzbericht sowie
8. die Entscheidungen in gerichtlichen oder behördlichen Verfahren, in denen die Verwertungsgesellschaft Partei ist, soweit die Aufsichtsbehörde dies verlangt.

(3) Die Absätze 1 und 2 gelten nicht für eine Verwertungsgesellschaft mit Sitz in einem anderen Mitgliedstaat der Europäischen Union oder anderen Vertragsstaat des Abkommens über den Europäischen Wirtschaftsraum.

§ 89 Anzuwendendes Verfahrensrecht. (1) Für die Verwaltungstätigkeit der Aufsichtsbehörde gilt, soweit in diesem Gesetz nichts anderes bestimmt ist, das Verwaltungsverfahrensgesetz.

(2) Jedermann kann die Aufsichtsbehörde darüber informieren, dass die Verwertungsgesellschaft seiner Ansicht nach gegen eine ihr nach diesem Gesetz obliegende Verpflichtung verstößt.

(3) Auf die Vollstreckung von Verwaltungsakten, die aufgrund dieses Gesetzes erlassen werden, findet das Verwaltungs-Vollstreckungsgesetz mit der Maßgabe Anwendung, dass die Höhe des Zwangsgeldes bis zu einhunderttausend Euro betragen kann.

(4) Soweit ein berechtigtes Interesse besteht, kann die Aufsichtsbehörde einen Verstoß gegen dieses Gesetz auch feststellen, nachdem dieser beendet ist.

(5) [1] Die Aufsichtsbehörde kann Entscheidungen über Maßnahmen nach diesem Gesetz einschließlich Entscheidungen, denen gemäß im Einzelfall kein Anlass für Maßnahmen besteht, auf ihrer Internetseite veröffentlichen. [2] Dies gilt auch für die Begründung dieser Maßnahmen und Entscheidungen.

§ 90 Aufsicht über abhängige Verwertungseinrichtungen. (1) [1] Eine abhängige Verwertungseinrichtung (§ 3) bedarf der Erlaubnis nur, wenn sie die in § 77 Absatz 2 genannten Rechte wahrnimmt. [2] Das gilt nicht, wenn alle Verwertungsgesellschaften, die Anteile an dieser Einrichtung halten oder sie beherrschen, über eine Erlaubnis verfügen.

(2) Die abhängige Verwertungseinrichtung hat der Aufsichtsbehörde die Aufnahme einer Wahrnehmungstätigkeit unverzüglich schriftlich anzuzeigen, wenn sie keiner Erlaubnis bedarf und

1. Urheberrechte oder verwandte Schutzrechte wahrnimmt, die sich aus dem Urheberrechtsgesetz ergeben, oder
2. ihren Sitz im Inland hat und in einem anderen Mitgliedstaat der Europäischen Union oder anderen Vertragsstaat des Abkommens über den Europäischen Wirtschaftsraum tätig ist.

(3) Im Übrigen gelten für die abhängige Verwertungseinrichtung die Vorschriften dieses Teils entsprechend.

§ 91 Aufsicht über unabhängige Verwertungseinrichtungen. (1) Für unabhängige Verwertungseinrichtungen (§ 4) gelten die §§ 75, 76, 85 Absatz 1 bis 3 sowie die §§ 86 und 87 entsprechend.

(2) [1] Die unabhängige Verwertungseinrichtung, die ihren Sitz im Inland hat oder die solche Urheberrechte oder verwandten Schutzrechte wahrnimmt, die sich aus dem Urheberrechtsgesetz ergeben, zeigt der Aufsichtsbehörde die Auf-

nahme der Wahrnehmungstätigkeit unverzüglich schriftlich an. [2] § 84 gilt entsprechend.

Teil 5. Schiedsstelle und gerichtliche Geltendmachung

Abschnitt 1. Schiedsstelle

Unterabschnitt 1. Allgemeine Verfahrensvorschriften

§ 92[1)] Zuständigkeit für Streitfälle nach dem Urheberrechtsgesetz und für Gesamtverträge. (1) Die Schiedsstelle (§ 124) kann von jedem Beteiligten bei einem Streitfall angerufen werden, an dem eine Verwertungsgesellschaft beteiligt ist und der eine der folgenden Angelegenheiten betrifft:

1. die Nutzung von Werken oder Leistungen, die nach dem Urheberrechtsgesetz geschützt sind,
2. die Vergütungspflicht für Geräte und Speichermedien nach § 54 des Urheberrechtsgesetzes[2)] oder die Betreibervergütung nach § 54c des Urheberrechtsgesetzes,
3. den Abschluss oder die Änderung eines Gesamtvertrags.

(2) Die Schiedsstelle kann von jedem Beteiligten auch bei einem Streitfall angerufen werden, an dem ein Sendeunternehmen und ein Weitersendedienst beteiligt sind, wenn der Streit die Verpflichtung zum Abschluss eines Vertrages über die Weitersendung betrifft (§ 87 Absatz 5 des Urheberrechtsgesetzes).

§ 93 Zuständigkeit für empirische Untersuchungen. Verwertungsgesellschaften können die Schiedsstelle anrufen, um eine selbständige empirische Untersuchung zur Ermittlung der nach § 54a Absatz 1 des Urheberrechtsgesetzes[2)] maßgeblichen Nutzung durchführen zu lassen.

§ 94 Zuständigkeit für Streitfälle über die gebietsübergreifende Vergabe von Online-Rechten an Musikwerken. Die Schiedsstelle kann von jedem Beteiligten angerufen werden in Streitfällen zwischen einer im Inland ansässigen Verwertungsgesellschaft, die gebietsübergreifend Online-Rechte an Musikwerken vergibt, und Anbietern von Online-Diensten, Rechtsinhabern oder anderen Verwertungsgesellschaften, soweit Rechte und Pflichten der Beteiligten nach Teil 3 oder nach § 34 Absatz 1 Satz 2, Absatz 2, § 36, § 39 oder § 43 betroffen sind.

§ 95 Allgemeine Verfahrensregeln. (1) [1] Soweit dieses Gesetz keine abweichenden Regelungen enthält, bestimmt die Schiedsstelle das Verfahren nach billigem Ermessen. [2] Sie wirkt jederzeit auf eine sachgerechte Beschleunigung des Verfahrens hin.

(2) [1] Die Beteiligten sind gleichzubehandeln. [2] Jedem Beteiligten ist rechtliches Gehör zu gewähren.

§ 96 Berechnung von Fristen. Auf die Berechnung der Fristen dieses Abschnitts ist § 222 Absatz 1 und 2 der Zivilprozessordnung[3)] entsprechend anzuwenden.

---

1) *§ 92 Abs. 2 geänd. mWv 7.6.2021 durch G v. 31.5.2021 (BGBl. I S. 1204).*
2) **Schönfelder Nr. 65.**
3) **Schönfelder Nr. 100.**

§ 97 Verfahrenseinleitender Antrag. (1) [1]Die Schiedsstelle wird durch schriftlichen Antrag angerufen. [2]Er muss zumindest den Namen und die Anschrift des Antragsgegners sowie eine Darstellung des Sachverhalts enthalten. [3]Er soll in zwei Exemplaren eingereicht werden.

(2) Die Schiedsstelle stellt dem Antragsgegner den Antrag mit der Aufforderung zu, sich innerhalb eines Monats schriftlich zu äußern.

§ 98 Zurücknahme des Antrags. (1) Der Antragsteller kann den Antrag zurücknehmen, ohne Einwilligung des Antragsgegners in Verfahren mit mündlicher Verhandlung jedoch nur bis zu deren Beginn.

(2) Wird der Antrag zurückgenommen, so trägt der Antragsteller die Kosten des Verfahrens und die notwendigen Auslagen des Antragsgegners.

§ 99 Schriftliches Verfahren und mündliche Verhandlung. (1) Das Verfahren wird vorbehaltlich des Absatzes 2 schriftlich durchgeführt.

(2) Die Schiedsstelle beraumt eine mündliche Verhandlung an, wenn einer der Beteiligten dies beantragt und die anderen Beteiligten zustimmen, oder wenn sie dies zur Aufklärung des Sachverhalts oder zur gütlichen Beilegung des Streitfalls für zweckmäßig hält.

§ 100 Verfahren bei mündlicher Verhandlung. (1) [1]Zu der mündlichen Verhandlung sind die Beteiligten zu laden. [2]Die Ladungsfrist beträgt mindestens zwei Wochen.

(2) [1]Die mündliche Verhandlung vor der Schiedsstelle ist nicht öffentlich. [2]Beauftragte des Bundesministeriums der Justiz und für Verbraucherschutz, der Aufsichtsbehörde und des Bundeskartellamts sind zur Teilnahme befugt.

(3) Die Schiedsstelle kann Bevollmächtigten oder Beiständen, die nicht Rechtsanwälte sind, den weiteren Vortrag untersagen, wenn sie nicht in der Lage sind, das Sach- und Streitverhältnis sachgerecht darzustellen.

(4) Über die Verhandlung ist eine Niederschrift zu fertigen, die vom Vorsitzenden und vom Schriftführer zu unterzeichnen ist.

§ 101 Nichterscheinen in der mündlichen Verhandlung. (1) [1]Erscheint der Antragsteller nicht zur mündlichen Verhandlung, so gilt der Antrag als zurückgenommen. [2]War der Antragsteller ohne sein Verschulden verhindert, zur mündlichen Verhandlung zu erscheinen, so ist ihm auf Antrag Wiedereinsetzung in den vorigen Stand zu gewähren. [3]Über den Antrag entscheidet die Schiedsstelle, ihre Entscheidung ist unanfechtbar. [4]Im Übrigen sind die Vorschriften der Zivilprozessordnung über die Wiedereinsetzung in den vorigen Stand entsprechend anzuwenden.

(2) Erscheint der Antragsgegner nicht zur mündlichen Verhandlung, so kann die Schiedsstelle einen Einigungsvorschlag nach Lage der Akten unterbreiten.

(3) Unentschuldigt nicht erschienene Beteiligte tragen die durch ihr Nichterscheinen verursachten Kosten.

(4) Die Beteiligten sind in der Ladung zur mündlichen Verhandlung auf die Folgen ihres Nichterscheinens hinzuweisen.

§ 102 Gütliche Streitbeilegung; Vergleich. (1) Die Schiedsstelle wirkt auf eine gütliche Beilegung des Streitfalls hin.

(2) [1] Kommt ein Vergleich zustande, so muss er in einem besonderen Schriftstück niedergelegt und unter Angabe des Tages seines Zustandekommens von dem Vorsitzenden und den Beteiligten unterschrieben werden. [2] Aus einem vor der Schiedsstelle geschlossenen Vergleich findet die Zwangsvollstreckung statt; § 797a der Zivilprozessordnung[1)] gilt entsprechend.

(3) [1] Der Vorsitzende kann die Beteiligten mit ihrem Einverständnis zu einem Vergleichsversuch ohne Zuziehung der Beisitzer laden. [2] Er ist dazu verpflichtet, wenn beide Beteiligte dies beantragen.

§ 103 Aussetzung des Verfahrens. (1) Die Schiedsstelle kann ein Verfahren aussetzen, wenn zu erwarten ist, dass ein anderes bei ihr anhängiges Verfahren von Bedeutung für den Ausgang des Verfahrens sein wird.

(2) Während der Aussetzung ist die Frist zur Unterbreitung eines Einigungsvorschlags nach § 105 Absatz 1 gehemmt.

§ 104 Aufklärung des Sachverhalts. (1) [1] Die Schiedsstelle kann erforderliche Beweise in geeigneter Form erheben. [2] Sie ist an Beweisanträge nicht gebunden.

(2) Sie kann die Ladung von Zeugen und den Beweis durch Sachverständige von der Zahlung eines hinreichenden Vorschusses zur Deckung der Auslagen abhängig machen.

(3) Den Beteiligten ist Gelegenheit zu geben, sich zu den Ermittlungs- und Beweisergebnissen zu äußern.

(4) Die §§ 1050 und 1062 Absatz 4 der Zivilprozessordnung[1)] sind entsprechend anzuwenden.

§ 105[2)] Einigungsvorschlag der Schiedsstelle; Widerspruch. (1) [1] Die Schiedsstelle unterbreitet den Beteiligten innerhalb eines Jahres nach Zustellung des Antrags einen Einigungsvorschlag. [2] Die Frist kann mit Zustimmung aller Beteiligten um jeweils ein halbes Jahr verlängert werden.

(2) [1] Der Einigungsvorschlag ist zu begründen und von sämtlichen für den Streitfall zuständigen Mitgliedern der Schiedsstelle zu unterschreiben. [2] In dem Einigungsvorschlag ist auf die Möglichkeit des Widerspruchs und auf die Folgen bei Versäumung der Widerspruchsfrist hinzuweisen. [3] Der Einigungsvorschlag ist den Beteiligten zuzustellen. [4] Zugleich ist der Aufsichtsbehörde eine Abschrift des Einigungsvorschlags zu übermitteln.

(3) [1] Der Einigungsvorschlag gilt als angenommen und eine dem Inhalt des Vorschlags entsprechende Vereinbarung als zustande gekommen, wenn nicht innerhalb eines Monats nach Zustellung des Vorschlags ein schriftlicher Widerspruch bei der Schiedsstelle eingeht. [2] Betrifft der Streitfall die Einräumung oder Übertragung von Nutzungsrechten der Weitersendung, so beträgt die Frist drei Monate.

(4) [1] War einer der Beteiligten ohne sein Verschulden gehindert, den Widerspruch rechtzeitig einzulegen, so ist ihm auf Antrag Wiedereinsetzung in den vorigen Stand zu gewähren. [2] Über den Wiedereinsetzungsantrag entscheidet die Schiedsstelle. [3] Gegen die ablehnende Entscheidung der Schiedsstelle ist die sofortige Beschwerde an das für den Sitz des Antragstellers zuständige Land-

---

[1)] **Schönfelder Nr. 100.**
[2)] § 105 Abs. 3 Satz 2 geänd. mWv 7.6.2021 durch G v. 31.5.2021 (BGBl. I S. 1204).

gericht möglich. [4]Die Vorschriften der Zivilprozessordnung über die Wiedereinsetzung in den vorigen Stand und die sofortige Beschwerde sind entsprechend anzuwenden.

(5) [1]Aus dem angenommenen Einigungsvorschlag findet die Zwangsvollstreckung statt. [2]§ 797a der Zivilprozessordnung[1)] gilt entsprechend.

Unterabschnitt 2. Besondere Verfahrensvorschriften

§ 106 Einstweilige Regelungen. [1]Auf Antrag eines Beteiligten kann die Schiedsstelle eine einstweilige Regelung vorschlagen. [2]§ 105 Absatz 2 und 3 Satz 1 ist anzuwenden. [3]Die einstweilige Regelung gilt, wenn nichts anderes vereinbart wird, bis zum Abschluss des Verfahrens vor der Schiedsstelle.

§ 107 Sicherheitsleistung. (1) [1]In Verfahren nach § 92 Absatz 1 Nummer 2 über die Vergütungspflicht für Geräte und Speichermedien kann die Schiedsstelle auf Antrag der Verwertungsgesellschaft anordnen, dass der beteiligte Hersteller, Importeur oder Händler für die Erfüllung des Anspruchs aus § 54 Absatz 1 des Urheberrechtsgesetzes[2)] Sicherheit zu leisten hat. [2]Von der Anordnung nach Satz 1 hat sie abzusehen, wenn angemessene Teilleistungen erbracht sind.

(2) Der Antrag muss die Höhe der begehrten Sicherheit enthalten.

(3) [1]Über Art und Höhe der Sicherheitsleistung entscheidet die Schiedsstelle nach billigem Ermessen. [2]Bei der Höhe der Sicherheit kann sie nicht über den Antrag hinausgehen.

(4) [1]Das zuständige Oberlandesgericht (§ 129 Absatz 1) kann auf Antrag der Verwertungsgesellschaft durch Beschluss die Vollziehung einer Anordnung nach Absatz 1 zulassen, sofern nicht schon eine entsprechende Maßnahme des einstweiligen Rechtsschutzes bei einem Gericht beantragt worden ist. [2]Das zuständige Oberlandesgericht kann die Anordnung abweichend fassen, wenn dies zur Vollziehung notwendig ist.

(5) Auf Antrag kann das zuständige Oberlandesgericht den Beschluss nach Absatz 4 aufheben oder ändern.

§ 108 Schadensersatz. Erweist sich die Anordnung einer Sicherheitsleistung nach § 107 Absatz 1 als von Anfang an ungerechtfertigt, so ist die Verwertungsgesellschaft, welche die Vollziehung der Anordnung erwirkt hat, verpflichtet, dem Antragsgegner den Schaden zu ersetzen, der ihm aus der Vollziehung entsteht.

§ 109 Beschränkung des Einigungsvorschlags; Absehen vom Einigungsvorschlag. (1) Sind bei Streitfällen nach § 92 Absatz 1 Nummer 1 und 2 die Anwendbarkeit oder die Angemessenheit eines Tarifs bestritten und ist der Sachverhalt auch im Übrigen streitig, so kann sich die Schiedsstelle in ihrem Einigungsvorschlag auf eine Stellungnahme zur Anwendbarkeit oder Angemessenheit des Tarifs beschränken.

(2) Sind bei Streitfällen nach § 92 Absatz 1 Nummer 1 und 2 die Anwendbarkeit und die Angemessenheit eines Tarifs nicht bestritten, so kann die Schiedsstelle von einem Einigungsvorschlag absehen.

[1)] **Schönfelder Nr. 100.**
[2)] **Schönfelder Nr. 65.**

§ 110[1] **Streitfälle über Gesamtverträge.** (1) [1]Bei Streitfällen nach § 92 Absatz 1 Nummer 3 enthält der Einigungsvorschlag den Inhalt des Gesamtvertrags. [2]Die Schiedsstelle kann einen Gesamtvertrag nur mit Wirkung vom 1. Januar des Jahres vorschlagen, in dem der Antrag bei der Schiedsstelle gestellt wird.

(2) [1]Die Schiedsstelle unterrichtet das Bundeskartellamt über das Verfahren. [2]§ 90 Absatz 1 Satz 4 und Absatz 2 des Gesetzes gegen Wettbewerbsbeschränkungen[2] ist entsprechend anzuwenden.

§ 111 Streitfälle über Rechte der Kabelweitersendung. Bei Streitfällen nach § 92 Absatz 2 gilt § 110 entsprechend.

§ 112 Empirische Untersuchung zu Geräten und Speichermedien.

(1) In Verfahren nach § 93 muss der Antrag, mit dem die Schiedsstelle angerufen wird, eine Auflistung der Verbände der betroffenen Hersteller, Importeure und Händler enthalten, soweit diese dem Antragsteller bekannt sind.

(2) [1]Die Schiedsstelle stellt den Antrag den darin benannten Verbänden mit der Aufforderung zu, binnen eines Monats schriftlich zu erklären, ob sie sich an dem Verfahren beteiligen wollen. [2]Gleichzeitig veröffentlicht die Schiedsstelle den Antrag in geeigneter Form, verbunden mit dem Hinweis, dass sich betroffene Verbände von Herstellern, Importeuren und Händlern, denen der Antrag nicht zugestellt worden ist, binnen eines Monats ab Veröffentlichung des Antrags durch schriftliche Erklärung gegenüber der Schiedsstelle an dem Verfahren beteiligen können.

§ 113 Durchführung der empirischen Untersuchung. [1]Für die Durchführung der empirischen Untersuchung gemäß § 93 gilt § 104 mit der Maßgabe, dass die Schiedsstelle die Durchführung der empirischen Untersuchung nicht ablehnen kann. [2]Die Schiedsstelle soll den Auftrag zur Durchführung dieser Untersuchung erst erteilen, wenn die Verwertungsgesellschaft einen Vorschuss gezahlt hat. [3]Sie soll darauf hinwirken, dass das Ergebnis der empirischen Untersuchung spätestens ein Jahr nach Eingang des Antrags nach § 112 Absatz 1 vorliegt.

§ 114 Ergebnis der empirischen Untersuchung. (1) [1]Die Schiedsstelle stellt fest, dass das Ergebnis der empirischen Untersuchung den Anforderungen entspricht, die im Hinblick auf die Aufstellung eines Tarifes gemäß § 40 zu stellen sind. [2]Andernfalls veranlasst sie seine Ergänzung oder Änderung.

(2) [1]Sie stellt das den Anforderungen entsprechende Ergebnis den Beteiligten zu und veröffentlicht es in geeigneter Form. [2]§ 105 ist nicht anzuwenden.

§ 115 Verwertung von Untersuchungsergebnissen. In Verfahren nach § 92 Absatz 1 Nummer 2 und 3 kann zur Sachverhaltsaufklärung (§ 104) das Ergebnis einer empirischen Untersuchung herangezogen werden, das aus einem Verfahren nach § 93 stammt.

§ 116 Beteiligung von Verbraucherverbänden. [1]In Verfahren nach § 92 Absatz 1 Nummer 2 und 3 und § 93 gibt die Schiedsstelle den bundesweiten

---

[1] § 110 Abs. 2 Satz 2 geänd. mWv 9.6.2017 durch G v. 1.6.2017 (BGBl. I S. 1416).
[2] **Schönfelder Nr. 74.**

Dachorganisationen der mit öffentlichen Mitteln geförderten Verbraucherverbände Gelegenheit zur schriftlichen Stellungnahme. [2] Im Fall einer Stellungnahme ist § 114 Absatz 2 Satz 1 entsprechend anwendbar.

Unterabschnitt 3. Kosten sowie Entschädigung und Vergütung Dritter

§ 117 Kosten des Verfahrens. (1) Für das Verfahren vor der Schiedsstelle erhebt die Aufsichtsbehörde Gebühren und Auslagen (Kosten).

(2) [1] Die Gebühren richten sich nach dem Streitwert. [2] Ihre Höhe bestimmt sich nach § 34 des Gerichtskostengesetzes. [3] Der Streitwert wird von der Schiedsstelle festgesetzt. [4] Er bemisst sich nach den Vorschriften, die für das Verfahren nach der Zivilprozessordnung vor den ordentlichen Gerichten gelten.

(3) [1] Für Verfahren nach § 92 Absatz 1 Nummer 2, 3 und Absatz 2 sowie nach § 94 wird eine Gebühr mit einem Gebührensatz von 3,0 erhoben. [2] Wird das Verfahren anders als durch einen Einigungsvorschlag der Schiedsstelle beendet, ermäßigt sich die Gebühr auf einen Gebührensatz von 1,0. [3] Dasselbe gilt, wenn die Beteiligten den Einigungsvorschlag der Schiedsstelle annehmen.

(4) Für Verfahren nach § 92 Absatz 1 Nummer 1 und § 93 wird eine Gebühr mit einem Gebührensatz von 1,0 erhoben.

(5) Auslagen werden in entsprechender Anwendung der Nummern 9000 bis 9009 und 9013 des Kostenverzeichnisses zum Gerichtskostengesetz erhoben.

§ 118 Fälligkeit und Vorschuss. (1) Die Gebühr wird mit der Beendigung des Verfahrens, Auslagen werden sofort nach ihrer Entstehung fällig.

(2) Die Zustellung des verfahrenseinleitenden Antrags soll von der Zahlung eines Vorschusses durch den Antragsteller in Höhe eines Drittels der Gebühr abhängig gemacht werden.

§ 119 Entsprechende Anwendung des Gerichtskostengesetzes. § 2 Absatz 1, 3 und 5 des Gerichtskostengesetzes[1)], soweit diese Vorschriften für Verfahren vor den ordentlichen Gerichten anzuwenden sind, die §§ 5, 17 Absatz 1 bis 3, die §§ 20, 21, 22 Absatz 1, § 28 Absatz 1 und 2, die §§ 29, 31 Absatz 1 und 2 und § 32 des Gerichtskostengesetzes über die Kostenfreiheit, die Verjährung und die Verzinsung der Kosten, die Abhängigmachung der Tätigkeit der Schiedsstelle von der Zahlung eines Auslagenvorschusses, die Nachforderung und die Nichterhebung der Kosten sowie den Kostenschuldner sind entsprechend anzuwenden.

§ 120 Entscheidung über Einwendungen. [1] Über Einwendungen gegen Verwaltungsakte beim Vollzug der Kostenvorschriften entscheidet das Amtsgericht, in dessen Bezirk die Aufsichtsbehörde ihren Sitz hat. [2] Die Einwendungen sind bei der Schiedsstelle oder der Aufsichtsbehörde zu erheben. [3] § 19 Absatz 5 und § 66 Absatz 5 Satz 1, 5 und Absatz 8 des Gerichtskostengesetzes[1)] sind entsprechend anzuwenden; über die Beschwerde entscheidet das im Rechtszug nächsthöhere Gericht. [4] Die Erhebung von Einwendungen und die Beschwerde haben keine aufschiebende Wirkung.

[1)] **Schönfelder Nr. 115.**

§ 121 Entscheidung über die Kostenpflicht. (1) [1] Die Schiedsstelle entscheidet über die Verteilung der Kosten des Verfahrens nach billigem Ermessen, soweit nichts anderes bestimmt ist. [2] Die Schiedsstelle kann anordnen, dass die einem Beteiligten erwachsenen notwendigen Auslagen ganz oder teilweise von einem gegnerischen Beteiligten zu erstatten sind, wenn dies der Billigkeit entspricht.

(2) [1] Die Entscheidung über die Kosten kann durch Antrag auf gerichtliche Entscheidung angefochten werden, auch wenn der Einigungsvorschlag der Schiedsstelle angenommen wird. [2] Über den Antrag entscheidet das Amtsgericht, in dessen Bezirk die Schiedsstelle ihren Sitz hat.

§ 122 Festsetzung der Kosten. (1) [1] Die Kosten des Verfahrens (§ 117) und die einem Beteiligten zu erstattenden notwendigen Auslagen (§ 121 Absatz 1 Satz 2) werden von der Aufsichtsbehörde festgesetzt. [2] Die Festsetzung ist dem Kostenschuldner und, wenn nach § 121 Absatz 1 Satz 2 zu erstattende notwendige Auslagen festgesetzt worden sind, auch dem Erstattungsberechtigten zuzustellen.

(2) [1] Jeder Beteiligte kann innerhalb einer Frist von zwei Wochen nach der Zustellung die gerichtliche Festsetzung der Kosten und der zu erstattenden notwendigen Auslagen beantragen. [2] Zuständig ist das Amtsgericht, in dessen Bezirk die Aufsichtsbehörde ihren Sitz hat. [3] Der Antrag ist bei der Aufsichtsbehörde einzureichen. [4] Die Aufsichtsbehörde kann dem Antrag abhelfen.

(3) Aus dem Kostenfestsetzungsbeschluss findet die Zwangsvollstreckung in entsprechender Anwendung der Zivilprozessordnung statt.

§ 123 Entschädigung von Zeugen und Vergütung der Sachverständigen. (1) Zeugen erhalten eine Entschädigung und Sachverständige eine Vergütung nach Maßgabe der §§ 3, 5 bis 10, 12 und 19 bis 22 des Justizvergütungs- und -entschädigungsgesetzes[1)]; die §§ 2 und 13 Absatz 1 und 2 Satz 1 bis 3 des Justizvergütungs- und -entschädigungsgesetzes sind entsprechend anzuwenden.

(2) Die Aufsichtsbehörde setzt die Entschädigung fest.

(3) [1] Zeugen und Sachverständige können die gerichtliche Festsetzung beantragen. [2] Über den Antrag entscheidet das Amtsgericht, in dessen Bezirk die Schiedsstelle ihren Sitz hat. [3] Der Antrag ist bei der Aufsichtsbehörde einzureichen oder zu Protokoll der Geschäftsstelle des Amtsgerichts zu erklären. [4] Die Aufsichtsbehörde kann dem Antrag abhelfen. [5] Kosten werden nicht erstattet.

Unterabschnitt 4. Organisation und Beschlussfassung der Schiedsstelle

§ 124 Aufbau und Besetzung der Schiedsstelle. (1) [1] Die Schiedsstelle wird bei der Aufsichtsbehörde (§ 75) gebildet. [2] Sie besteht aus dem Vorsitzenden oder seinem Vertreter und zwei Beisitzern.

(2) [1] Die Mitglieder der Schiedsstelle müssen die Befähigung zum Richteramt nach dem Deutschen Richtergesetz besitzen. [2] Sie werden vom Bundesministerium der Justiz und für Verbraucherschutz für einen bestimmten Zeitraum, der mindestens ein Jahr beträgt, berufen; Wiederberufung ist zulässig.

(3) [1] Bei der Schiedsstelle können mehrere Kammern gebildet werden. [2] Die Besetzung der Kammern bestimmt sich nach Absatz 1 Satz 2 und Absatz 2.

[1)] **Schönfelder Nr. 116.**

(4) Die Geschäftsverteilung zwischen den Kammern wird durch den Präsidenten oder die Präsidentin des Deutschen Patent- und Markenamtes geregelt.

§ 125 Aufsicht. (1) Die Mitglieder der Schiedsstelle sind nicht an Weisungen gebunden.

(2) Die Dienstaufsicht über die Schiedsstelle führt der Präsident oder die Präsidentin des Deutschen Patent- und Markenamtes.

§ 126 Beschlussfassung der Schiedsstelle. [1]Die Schiedsstelle fasst ihre Beschlüsse mit Stimmenmehrheit. [2]§ 196 Absatz 2 des Gerichtsverfassungsgesetzes[1)] ist anzuwenden.

§ 127 Ausschließung und Ablehnung von Mitgliedern der Schiedsstelle. [1]Über die Ausschließung und Ablehnung von Mitgliedern der Schiedsstelle entscheidet das Amtsgericht, in dessen Bezirk die Schiedsstelle ihren Sitz hat. [2]Das Ablehnungsgesuch ist bei der Schiedsstelle anzubringen. [3]Im Übrigen gelten die §§ 41 bis 48 der Zivilprozessordnung[2)] entsprechend.

Abschnitt 2. Gerichtliche Geltendmachung

§ 128 Gerichtliche Geltendmachung. (1) [1]Bei Streitfällen nach § 92 Absatz 1 und 2 ist die Erhebung der Klage erst zulässig, wenn ein Verfahren vor der Schiedsstelle vorausgegangen ist oder nicht innerhalb der Frist gemäß § 105 Absatz 1 abgeschlossen wurde. [2]Auf die Frist ist § 103 Absatz 2 anzuwenden.

(2) [1]Bei Streitfällen nach § 92 Absatz 1 Nummer 1 und 2 ist Absatz 1 nur anzuwenden, wenn die Anwendbarkeit oder die Angemessenheit des Tarifs bestritten ist. [2]Stellt sich erst nach Eintritt der Rechtshängigkeit heraus, dass die Anwendbarkeit oder die Angemessenheit des Tarifs bestritten ist, setzt das Gericht den Rechtsstreit durch Beschluss aus, um den Parteien die Anrufung der Schiedsstelle zu ermöglichen. [3]Weist die Partei, die die Anwendbarkeit oder die Angemessenheit des Tarifs bestreitet, nicht innerhalb von zwei Monaten ab Verkündung oder Zustellung des Beschlusses über die Aussetzung nach, dass ein Antrag bei der Schiedsstelle gestellt ist, so wird der Rechtsstreit fortgesetzt; in diesem Fall gelten die Anwendbarkeit und die Angemessenheit des streitigen Tarifs als zugestanden.

(3) [1]Absatz 1 ist nicht anzuwenden auf Anträge auf Anordnung eines Arrests oder einer einstweiligen Verfügung. [2]Nach Erlass eines Arrests oder einer einstweiligen Verfügung ist die Klage ohne die Beschränkung des Absatzes 1 zulässig, wenn der Partei nach den §§ 926 und 936 der Zivilprozessordnung[2)] eine Frist zur Erhebung der Klage bestimmt worden ist.

§ 129 Zuständigkeit des Oberlandesgerichts. (1) In Streitfällen nach § 92 Absatz 1 Nummer 2 und 3 sowie Absatz 2, nach § 94 sowie über Ansprüche nach § 108 entscheidet ausschließlich das für den Sitz der Schiedsstelle zuständige Oberlandesgericht im ersten Rechtszug.

(2) [1]Für das Verfahren gilt der Erste Abschnitt des Zweiten Buchs der Zivilprozessordnung entsprechend. [2]§ 411a der Zivilprozessordnung[2)] ist mit der

---

[1)] **Schönfelder Nr. 95.**
[2)] **Schönfelder Nr. 100.**

Maßgabe anwendbar, dass die schriftliche Begutachtung auch durch das Ergebnis einer empirischen Untersuchung aus einem Verfahren nach § 93 ersetzt werden kann.

(3) Gegen die von dem Oberlandesgericht erlassenen Endurteile findet die Revision nach Maßgabe der Zivilprozessordnung statt.

(4) [1] In den Fällen des § 107 Absatz 4 und 5 entscheidet das für den Sitz der Schiedsstelle zuständige Oberlandesgericht durch unanfechtbaren Beschluss. [2] Vor der Entscheidung ist der Gegner zu hören.

§ 130 Entscheidung über Gesamtverträge. [1] Das Oberlandesgericht setzt den Inhalt der Gesamtverträge, insbesondere Art und Höhe der Vergütung, nach billigem Ermessen fest. [2] Die Festsetzung ersetzt die entsprechende Vereinbarung der Beteiligten. [3] Die Festsetzung eines Vertrags ist nur mit Wirkung vom 1. Januar des Jahres an möglich, in dem der Antrag bei der Schiedsstelle gestellt wird.

§ 131 Ausschließlicher Gerichtsstand. (1) [1] Für Rechtsstreitigkeiten über Ansprüche einer Verwertungsgesellschaft wegen Verletzung eines von ihr wahrgenommenen Nutzungsrechts oder Einwilligungsrechts ist das Gericht ausschließlich zuständig, in dessen Bezirk die Verletzungshandlung begangen worden ist oder der Verletzer seinen allgemeinen Gerichtsstand hat. [2] § 105 des Urheberrechtsgesetzes[1)] bleibt unberührt.

(2) Sind nach Absatz 1 Satz 1 für mehrere Rechtsstreitigkeiten gegen denselben Verletzer verschiedene Gerichte zuständig, so kann die Verwertungsgesellschaft alle Ansprüche bei einem dieser Gerichte geltend machen.

Teil 6. Übergangs- und Schlussvorschriften

§ 132 Übergangsvorschrift für Erlaubnisse. (1) Verwertungsgesellschaften, denen bei Inkrafttreten dieses Gesetzes bereits eine Erlaubnis nach dem ersten Abschnitt des Urheberrechtswahrnehmungsgesetzes in der bis zum 31. Mai 2016 geltenden Fassung erteilt ist, gilt die Erlaubnis nach § 77 als erteilt.

(2) Organisationen, die bei Inkrafttreten dieses Gesetzes bereits Urheberrechte und verwandte Schutzrechte wahrnehmen und die nach § 77 erstmalig einer Erlaubnis bedürfen, sind berechtigt, ihre Wahrnehmungstätigkeit ohne die erforderliche Erlaubnis bis zur Rechtskraft der Entscheidung über den Antrag auf Erteilung der Erlaubnis fortzusetzen, wenn sie

1. der Aufsichtsbehörde die Wahrnehmungstätigkeit unverzüglich schriftlich anzeigen und
2. bis spätestens 31. Dezember 2016 einen Antrag auf Erteilung der Erlaubnis (§ 78) stellen.

§ 133 Anzeigefrist. Ist eine Organisation gemäß den §§ 82, 90 oder 91 verpflichtet, die Aufnahme einer Wahrnehmungstätigkeit anzuzeigen, so zeigt sie dies der Aufsichtsbehörde spätestens am 1. Dezember 2016 an.

[1)] **Schönfelder Nr. 65.**

§ 134 Übergangsvorschrift zur Anpassung des Statuts an die Vorgaben dieses Gesetzes. Die Verwertungsgesellschaft passt das Statut, die Wahrnehmungsbedingungen und den Verteilungsplan unverzüglich, spätestens am 31. Dezember 2016, an die Vorgaben dieses Gesetzes an.

§ 135 Informationspflichten der Verwertungsgesellschaft bei Inkrafttreten dieses Gesetzes. (1) Die Verwertungsgesellschaft informiert ihre Berechtigten spätestens am 1. Dezember 2016 über die Rechte, die ihnen nach den §§ 9 bis 12 zustehen, einschließlich der in § 11 genannten Bedingungen.

(2) Die §§ 47 und 54 sind erstmals auf Geschäftsjahre anzuwenden, die nach dem 31. Dezember 2015 beginnen.

§ 136 Übergangsvorschrift für Erklärungen der Geschäftsführung und des Aufsichtsgremiums. Erklärungen nach den §§ 21 und 22 sind erstmals für Geschäftsjahre abzugeben, die nach dem 31. Dezember 2015 beginnen.

§ 137 Übergangsvorschrift für Rechnungslegung und Transparenzbericht. (1) Die §§ 57 und 58 über die Rechnungslegung und den jährlichen Transparenzbericht sind erstmals auf Geschäftsjahre anzuwenden, die nach dem 31. Dezember 2015 beginnen.

(2) Für die Rechnungslegung und Prüfung für Geschäftsjahre, die vor dem 1. Januar 2016 enden, ist § 9 des Urheberrechtswahrnehmungsgesetzes in der bis zum 31. Mai 2016 geltenden Fassung weiterhin anzuwenden.

§ 138 Übergangsvorschrift für Verfahren der Aufsichtsbehörde. Verfahren der Aufsichtsbehörde, die bei Inkrafttreten dieses Gesetzes nicht abgeschlossen sind, sind nach den Bestimmungen dieses Gesetzes weiterzuführen.

§ 139 Übergangsvorschrift für Verfahren vor der Schiedsstelle und für die gerichtliche Geltendmachung. (1) Die §§ 92 bis 127 sind auf Verfahren, die am 1. Juni 2016 bei der Schiedsstelle anhängig sind, nicht anzuwenden; für diese Verfahren sind die §§ 14 bis 15 des Urheberrechtswahrnehmungsgesetzes und die Urheberrechtsschiedsstellenverordnung, jeweils in der bis zum 31. Mai 2016 geltenden Fassung, weiter anzuwenden.

(2) [1] Abweichend von § 40 Absatz 1 Satz 2 können die Verwertungsgesellschaften Tarife auch auf Grundlage einer empirischen Untersuchung aufstellen, die bereits vor dem 1. Juni 2016 in einem Verfahren vor der Schiedsstelle durchgeführt worden ist, sofern das Untersuchungsergebnis den Anforderungen des § 114 Absatz 1 Satz 1 entspricht. [2] Gleiches gilt für empirische Untersuchungen, die in einem Verfahren durchgeführt werden, das gemäß Absatz 1 noch auf Grundlage des bisherigen Rechts durchgeführt wird.

(3) Die §§ 128 bis 131 sind auf Verfahren, die am 1. Juni 2016 bei einem Gericht anhängig sind, nicht anzuwenden; für diese Verfahren sind die §§ 16, 17 und 27 Absatz 3 des Urheberrechtswahrnehmungsgesetzes in der bis zum 31. Mai 2016 geltenden Fassung weiter anzuwenden.

§ 140[1)] Übergangsvorschrift zur Regelung der Verlegerbeteiligung ab dem 7. Juni 2021. § 27b gilt nur für Einnahmen, die Verwertungsgesellschaften ab dem 7. Juni 2021 erhalten.

[1)] § 140 angef. mWv 7.6.2021 durch G v. 31.5.2021 (BGBl. I S. 1204).

§ 141[1] Übergangsvorschrift für vergriffene Werke; Verordnungsermächtigung. (1) Die §§ 51 bis 52a in der bis einschließlich 6. Juni 2021 geltenden Fassung sind nach Maßgabe der Absätze 2 bis 4 bis einschließlich 31. Dezember 2025 weiter anzuwenden.

(2) Ab dem 7. Juni 2021 sind Anträge auf Eintragung von Werken in das Register vergriffener Werke beim Deutschen Patent- und Markenamt unzulässig.

(3) Nutzungsrechte, die nach den §§ 51 bis 52a in der bis einschließlich 6. Juni 2021 geltenden Fassung eingeräumt worden sind, enden spätestens mit Ablauf des 31. Dezember 2025.

(4) [1] Sind Nutzungen, die nach den §§ 51 bis 52a in der bis einschließlich 6. Juni 2021 geltenden Fassung erlaubt worden sind, auch nach Maßgabe der §§ 52 bis 52e erlaubt worden oder nach den §§ 61d und 61e des Urheberrechtsgesetzes[2] gesetzlich erlaubt, so ist dies dem Deutschen Patent- und Markenamt mitzuteilen und im Register zu vermerken. [2] Zuständig für die Mitteilung ist die Verwertungsgesellschaft (§ 52a Absatz 1 Satz 1 Nummer 4) oder die Kulturerbe-Einrichtung (§ 61d Absatz 3 des Urheberrechtsgesetzes).

(5) Das Bundesministerium der Justiz und für Verbraucherschutz wird ermächtigt, durch Rechtsverordnung ohne Zustimmung des Bundesrates die Übermittlung von Einträgen aus dem Register vergriffener Werke beim Deutschen Patent- und Markenamt an das Online-Portal des Amtes der Europäischen Union für geistiges Eigentum näher zu regeln.

(6) Das Register ist mit Ablauf des 31. Dezember 2025 zu schließen und die Bekanntmachung auf der Internetseite zu beenden.

(Fortsetzung nächstes Blatt)

[1] § 141 angef. mWv 7.6.2021 durch G v. 31.5.2021 (BGBl. I S. 1204).
[2] **Schönfelder Nr. 65.**

Anlage
(zu § 58 Absatz 2)

Inhalt des jährlichen Transparenzberichts

1. Der jährliche Transparenzbericht gemäß § 58 Absatz 1 muss enthalten:
   a) den Jahresabschluss einschließlich der Kapitalflussrechnung;
   b) einen Bericht über die Tätigkeiten im abgelaufenen Geschäftsjahr;
   c) Angaben zu abgelehnten Anfragen von Nutzern betreffend die Einräumung von Nutzungsrechten;
   d) eine Beschreibung von Rechtsform und Organisationsstruktur;
   e) Angaben zu den von der Verwertungsgesellschaft abhängigen Verwertungseinrichtungen, einschließlich der diese Einrichtungen betreffenden Informationen nach Nummer 1 Buchstabe b bis d;
   f) Angaben zum Gesamtbetrag der im Vorjahr an die in § 18 Absatz 1 genannten Personen gezahlten Vergütungen und sonstigen Leistungen;
   g) die Finanzinformationen nach Nummer 2, jeweils aufgeschlüsselt nach Verwertungsgesellschaft und von der Verwertungsgesellschaft abhängigen Verwertungseinrichtungen (§ 3);
   h) einen gesonderten Bericht nach Nummer 3, jeweils aufgeschlüsselt nach Verwertungsgesellschaft und von der Verwertungsgesellschaft abhängige Verwertungseinrichtungen (§ 3).
2. Finanzinformationen im Sinne der Nummer 1 Buchstabe g sind:
   a) Informationen über die Einnahmen aus den Rechten nach Kategorien der wahrgenommenen Rechte und Art der Nutzung (beispielsweise Hörfunk und Fernsehen, Online-Nutzung, Aufführung) und die Verwendung dieser Einnahmen, d.h. ob diese an die Berechtigten oder andere Verwertungsgesellschaften verteilt oder anderweitig verwendet wurden;
   b) umfassende Informationen zu den Kosten der Rechtewahrnehmung und zu den Kosten für sonstige Leistungen, die die Verwertungsgesellschaft für die Berechtigten und Mitglieder erbringt, insbesondere:
      aa) sämtliche Betriebs- und Finanzkosten, aufgeschlüsselt nach Kategorien der wahrgenommenen Rechte und, wenn sich die Kosten nicht direkt einer oder mehreren Kategorien von Rechten zuordnen lassen, eine Erläuterung, wie diese Kosten auf die Rechtekategorien umgelegt wurden;
      bb) Betriebs- und Finanzkosten im Zusammenhang mit der Rechtewahrnehmung, einschließlich der von den Einnahmen aus den Rechten abgezogenen Verwaltungskosten, aufgeschlüsselt nach Kategorien der wahrgenommenen Rechte und, wenn sich die Kosten nicht direkt einer oder mehreren Kategorien von Rechten zuordnen lassen, eine Erläuterung, wie diese Kosten auf die Rechtekategorien umgelegt wurden;

cc) Betriebs- und Finanzkosten, die nicht im Zusammenhang mit der Rechtewahrnehmung stehen, einschließlich solcher für soziale und kulturelle Leistungen;

dd) Mittel zur Deckung der Kosten, insbesondere Angaben dazu, inwieweit Kosten aus den Einnahmen aus den Rechten, aus dem eigenen Vermögen oder aus sonstigen Mitteln gedeckt wurden;

ee) Abzüge von den Einnahmen aus den Rechten, aufgeschlüsselt nach Kategorien der wahrgenommenen Rechte und Art der Nutzung, sowie den Zweck der Abzüge, beispielsweise Kosten für die Rechtewahrnehmung oder für soziale und kulturelle Leistungen;

ff) prozentualer Anteil sämtlicher Kosten für die Rechtewahrnehmung und für sonstige an Berechtigte und Mitglieder erbrachte Leistungen im Verhältnis zu den Einnahmen aus den Rechten im jeweiligen Geschäftsjahr, aufgeschlüsselt nach Kategorien der wahrgenommenen Rechte und, wenn sich die Kosten nicht direkt einer oder mehreren Kategorien von Rechten zuordnen lassen, eine Erläuterung, wie diese Kosten auf die Rechtekategorien umgelegt wurden;

c) umfassende Informationen zu den Beträgen, die den Berechtigten zustehen, insbesondere:

aa) Gesamtsumme der den Berechtigten zugewiesenen Beträge, aufgeschlüsselt nach Kategorien der wahrgenommenen Rechte und Art der Nutzung;

bb) Gesamtsumme der an die Berechtigten ausgeschütteten Beträge, aufgeschlüsselt nach Kategorien der wahrgenommenen Rechte und Art der Nutzung;

cc) Ausschüttungstermine, aufgeschlüsselt nach Kategorien der wahrgenommenen Rechte und Art der Nutzung;

dd) Gesamtsumme der Beträge, die noch nicht den Berechtigten zugewiesen wurden, aufgeschlüsselt nach Kategorien der wahrgenommenen Rechte und Art der Nutzung, unter Angabe des Geschäftsjahres, in dem die Beträge eingenommen wurden;

ee) Gesamtsumme der den Berechtigten zugewiesenen, aber noch nicht an sie ausgeschütteten Beträge, aufgeschlüsselt nach Kategorien der wahrgenommenen Rechte und Art der Nutzung, unter Angabe des Geschäftsjahres, in dem die Beträge eingenommen wurden;

ff) Gründe für Zahlungsverzögerungen, wenn die Verwertungsgesellschaft die Verteilung nicht innerhalb der Verteilungsfrist (§ 28) durchgeführt hat;

gg) Gesamtsumme der nicht verteilbaren Beträge mit einer Erläuterung zu ihrer Verwendung;

d) Informationen zu Beziehungen zu anderen Verwertungsgesellschaften, insbesondere:

aa) jeweils von anderen Verwertungsgesellschaften erhaltene oder an diese gezahlte Beträge, aufgeschlüsselt nach Kategorien der wahrgenommenen Rechte und Art der Nutzung;

bb) Verwaltungskosten und sonstige Abzüge von den jeweils anderen Verwertungsgesellschaften zustehenden Einnahmen aus den Rechten, aufgeschlüsselt nach Kategorien der wahrgenommenen Rechte und Art der Nutzung;

cc) Verwaltungskosten und sonstige Abzüge von den jeweils von anderen Verwertungsgesellschaften empfangenen Beträgen, aufgeschlüsselt nach Kategorien der wahrgenommenen Rechte;

dd) Beträge, die die Verwertungsgesellschaft unmittelbar an die von der jeweils anderen Verwertungsgesellschaft vertretenen Rechtsinhaber verteilt hat, aufgeschlüsselt nach Kategorien der wahrgenommenen Rechte.

3. Der gesonderte Bericht gemäß Nummer 1 Buchstabe h muss folgende Informationen enthalten:

a) die im Geschäftsjahr von den Einnahmen aus den Rechten für soziale und kulturelle Leistungen abgezogenen Beträge, aufgeschlüsselt nach Verwendungszweck, und für jeden einzelnen Verwendungszweck aufgeschlüsselt nach Kategorien der wahrgenommenen Rechte und Art der Nutzung;

b) eine Erläuterung, wie diese Beträge verwendet wurden, aufgeschlüsselt nach dem Verwendungszweck, einschließlich

aa) der Beträge, die zur Deckung der Kosten verwendet werden, die im Zusammenhang mit der Verwaltung sozialer und kultureller Leistungen entstehen, und

bb) der tatsächlich für soziale oder kulturelle Leistungen verwendeten Beträge.

66. Gesetz über das Verlagsrecht

Vom 19. Juni 1901 (RGBl. S. 217)

BGBl. III/FNA 441-1

Änderungen des Gesetzes

Lfd. Nr.	Änderndes Gesetz	Datum	Fundstelle	Geänderte Paragraphen	Art der Änderg.
1.	Gesetz zur Ausführung der revidierten Berner Übereinkunft zum Schutze von Werken der Literatur und Kunst vom 13. November 1908	22. 5. 1910	RGBl. 793	2 Abs. 2 Nr. 4 und 5	eingef.
2.	Gesetz über Urheberrecht und verwandte Schutzrechte (Urheberrechtsgesetz)	9. 9. 1965	BGBl. I 1273	3, 13, 42	aufgeh.
3.	Einführungsgesetz zur Insolvenzordnung (EGInsO)	5. 10. 1994	BGBl. I 2911	36 Abs. 1 und 2	geänd.
4.[1]	Gesetz zur Modernisierung des Schuldrechts	26. 11. 2001	BGBl. I 3138	37 Satz 1 37 Satz 2	geänd. aufgeh.
5.	Gesetz zur Stärkung der vertraglichen Stellung von Urhebern und ausübenden Künstlern	22. 3. 2002	BGBl. I 1155	28	aufgeh.

§ 1. [Verlagsvertrag] [1]Durch den Verlagsvertrag über ein Werk der Literatur oder der Tonkunst wird der Verfasser verpflichtet, dem Verleger das Werk zur Vervielfältigung und Verbreitung für eigene Rechnung zu überlassen. [2]Der Verleger ist verpflichtet, das Werk zu vervielfältigen und zu verbreiten.

§ 2.[2] **[Vervielfältigungsrechte]** (1) Der Verfasser hat sich während der Dauer des Vertragsverhältnisses jeder Vervielfältigung und Verbreitung des Werkes zu enthalten, die einem Dritten während der Dauer des Urheberrechts untersagt ist.

(2) Dem Verfasser verbleibt jedoch die Befugnis zur Vervielfältigung und Verbreitung:

1. für die Übersetzung in eine andere Sprache oder in eine andere Mundart;
2. für die Wiedergabe einer Erzählung in dramatischer Form oder eines Bühnenwerkes in der Form einer Erzählung;
3. für die Bearbeitung eines Werkes der Tonkunst, soweit sie nicht bloß ein Auszug oder eine Übertragung in eine andere Tonart oder Stimmlage ist;
4. für die Benutzung des Werkes zum Zwecke der mechanischen Wiedergabe *für das Gehör;*
5. für die Benutzung eines Schriftwerkes oder einer Abbildung zu einer bildlichen Darstellung, welche das Originalwerk seinem Inhalt nach im Wege der Kinematographie oder eines ihr ähnlichen Verfahrens wiedergibt.

(3) Auch ist der Verfasser zur Vervielfältigung und Verbreitung in einer Gesamtausgabe befugt, wenn seit dem Ablaufe des Kalenderjahrs, in welchem das Werk erschienen ist, zwanzig Jahre verstrichen sind.

[1] Beachte zu diesem Änderungsgesetz amtl. Anm., abgedruckt in Nr. **20**, Änderungstabelle Nr. 159.

[2] § 2 Abs. 2 Nr. 4 und 5 eingef. durch G v. 22. 5. 1910 (RGBl. S. 793).

§ 3.[1] *(aufgehoben)*

§ 4. [Sonderausgaben] [1]Der Verleger ist nicht berechtigt, ein Einzelwerk für eine Gesamtausgabe oder ein Sammelwerk sowie Teile einer Gesamtausgabe oder eines Sammelwerkes für eine Sonderausgabe zu verwerten. [2]Soweit jedoch eine solche Verwertung auch während der Dauer des Urheberrechts einem jeden freisteht, bleibt sie dem Verleger gleichfalls gestattet.

§ 5. [Auflage] (1) [1]Der Verleger ist nur zu einer Auflage berechtigt. [2]Ist ihm das Recht zur Veranstaltung mehrerer Auflagen eingeräumt, so gelten im Zweifel für jede neue Auflage die gleichen Abreden wie für die vorhergehende.

(2) [1]Ist die Zahl der Abzüge nicht bestimmt, so ist der Verleger berechtigt, tausend Abzüge herzustellen. [2]Hat der Verleger durch eine vor dem Beginne der Vervielfältigung dem Verfasser gegenüber abgegebene Erklärung die Zahl der Abzüge niedriger bestimmt, so ist er nur berechtigt, die Auflage in der angegebenen Höhe herzustellen.

§ 6. [Zuschuß- und Freiexemplare] (1) [1]Die üblichen Zuschußexemplare werden in die Zahl der zulässigen Abzüge nicht eingerechnet. [2]Das gleiche gilt von Freiexemplaren, soweit ihre Zahl den zwanzigsten Teil der zulässigen Abzüge nicht übersteigt.

(2) Zuschußexemplare, die nicht zum Ersatz oder zur Ergänzung beschädigter Abzüge verwendet worden sind, dürfen von dem Verleger nicht verbreitet werden.

§ 7. [Verlust von Abzügen] Gehen Abzüge unter, die der Verleger auf Lager hat, so darf er sie durch andere ersetzen; er hat vorher dem Verfasser Anzeige zu machen.

§ 8. [Verlagsrecht] In dem Umfang, in welchem der Verfasser nach den §§ 2 bis 7 verpflichtet ist, sich der Vervielfältigung und Verbreitung zu enthalten und sie dem Verleger zu gestatten, hat er, soweit nicht aus dem Vertrage sich ein anderes ergibt, dem Verleger das ausschließliche Recht zur Vervielfältigung und Verbreitung (Verlagsrecht) zu verschaffen.

§ 9. [Dauer und Schutz des Verlagsrechts] (1) Das Verlagsrecht entsteht mit der Ablieferung des Werkes an den Verleger und erlischt mit der Beendigung des Vertragsverhältnisses.

(2) Soweit der Schutz des Verlagsrechts es erfordert, kann der Verleger gegen den Verfasser sowie gegen Dritte die Befugnisse ausüben, die zum Schutze des Urheberrechts durch das Gesetz vorgesehen sind.

§ 10. [Ablieferung des Werkes] Der Verfasser ist verpflichtet, dem Verleger das Werk in einem für die Vervielfältigung geeigneten Zustand abzuliefern.

§ 11. [Frist für Ablieferung] (1) Ist der Verlagsvertrag über ein bereits vollendetes Werk geschlossen, so ist das Werk sofort abzuliefern.

---

[1] § 3 aufgeh. durch G v. 9. 9. 1965 (BGBl. I S. 1273).

(2) [1]Soll das Werk erst nach dem Abschlusse des Verlagsvertrags hergestellt werden, so richtet sich die Frist der Ablieferung nach dem Zwecke, welchem das Werk dienen soll. [2]Soweit sich hieraus nichts ergibt, richtet sich die Frist nach dem Zeitraum, innerhalb dessen der Verfasser das Werk bei einer seinen Verhältnissen entsprechenden Arbeitsleistung herstellen kann; eine anderweitige Tätigkeit des Verfassers bleibt bei der Bemessung der Frist nur dann außer Betracht, wenn der Verleger die Tätigkeit bei dem Abschlusse des Vertrags weder kannte noch kennen mußte.

§ 12. [Änderungsrecht des Verfassers] (1) [1]Bis zur Beendigung der Vervielfältigung darf der Verfasser Änderungen an dem Werke vornehmen. [2]Vor der Veranstaltung einer neuen Auflage hat der Verleger dem Verfasser zur Vornahme von Änderungen Gelegenheit zu geben. [3]Änderungen sind nur insoweit zulässig, als nicht durch sie ein berechtigtes Interesse des Verlegers verletzt wird.

(2) Der Verfasser darf die Änderungen durch einen Dritten vornehmen lassen.

(3) Nimmt der Verfasser nach dem Beginne der Vervielfältigung Änderungen vor, welche das übliche Maß übersteigen, so ist er verpflichtet, die hieraus entstehenden Kosten zu ersetzen; die Ersatzpflicht liegt ihm nicht ob, wenn Umstände, die inzwischen eingetreten sind, die Änderung rechtfertigen.

§ 13.[1)] *(aufgehoben)*

§ 14. [Vervielfältigung und Verbreitung] [1]Der Verleger ist verpflichtet, das Werk in der zweckentsprechenden und üblichen Weise zu vervielfältigen und zu verbreiten. [2]Die Form und Ausstattung der Abzüge wird unter Beobachtung der im Verlagshandel herrschenden Übung sowie mit Rücksicht auf Zweck und Inhalt des Werkes von dem Verleger bestimmt.

§ 15. [Beginn der Vervielfältigung] [1]Der Verleger hat mit der Vervielfältigung zu beginnen, sobald ihm das vollständige Werk zugegangen ist. [2]Erscheint das Werk in Abteilungen, so ist mit der Vervielfältigung zu beginnen, sobald der Verfasser eine Abteilung abgeliefert hat, die nach ordnungsmäßiger Folge zur Herausgabe bestimmt ist.

§ 16. [Zahl der Abzüge] [1]Der Verleger ist verpflichtet, diejenige Zahl von Abzügen herzustellen, welche er nach dem Vertrag oder gemäß dem § 5 herzustellen berechtigt ist. [2]Er hat rechtzeitig dafür zu sorgen, daß der Bestand nicht vergriffen wird.

§ 17. [Neuauflage] [1]Ein Verleger, der das Recht hat, eine neue Auflage zu veranstalten, ist nicht verpflichtet, von diesem Rechte Gebrauch zu machen. [2]Zur Ausübung des Rechtes kann ihm der Verfasser eine angemessene Frist bestimmen. [3]Nach dem Ablaufe der Frist ist der Verfasser berechtigt, von dem Vertrage zurückzutreten, wenn nicht die Veranstaltung rechtzeitig erfolgt ist. [4]Der Bestimmung einer Frist bedarf es nicht, wenn die Veranstaltung von dem Verleger verweigert wird.

[1)] § 13 aufgeh. durch G v. 9. 9. 1965 (BGBl. I S. 1273).

§ 18. [Kündigungsrecht des Verlegers] (1) Fällt der Zweck, welchem das Werk dienen sollte, nach dem Abschlusse des Vertrags weg, so kann der Verleger das Vertragsverhältnis kündigen; der Anspruch des Verfassers auf die Vergütung bleibt unberührt.

(2) Das gleiche gilt, wenn Gegenstand des Verlagsvertrags ein Beitrag zu einem Sammelwerk ist und die Vervielfältigung des Sammelwerkes unterbleibt.

§ 19. [Beiträge zu Sammelwerken] Werden von einem Sammelwerke neue Abzüge hergestellt, so ist der Verleger im Einverständnisse mit dem Herausgeber berechtigt, einzelne Beiträge wegzulassen.

§ 20. [Korrektur] (1) [1]Der Verleger hat für die Korrektur zu sorgen. [2]Einen Abzug hat er rechtzeitig dem Verfasser zur Durchsicht vorzulegen.

(2) Der Abzug gilt als genehmigt, wenn der Verfasser ihn nicht binnen einer angemessenen Frist dem Verleger gegenüber beanstandet.

§ 21. [Ladenpreis] [1]Die Bestimmung des Ladenpreises, zu welchem das Werk verbreitet wird, steht für jede Auflage dem Verleger zu. [2]Er darf den Ladenpreis ermäßigen, soweit nicht berechtigte Interessen des Verfassers verletzt werden. [3]Zur Erhöhung dieses Preises bedarf es stets der Zustimmung des Verfassers.

§ 22. [Honorar] (1) [1]Der Verleger ist verpflichtet, dem Verfasser die vereinbarte Vergütung zu zahlen. [2]Eine Vergütung gilt als stillschweigend vereinbart, wenn die Überlassung des Werkes den Umständen nach nur gegen eine Vergütung zu erwarten ist.

(2) Ist die Höhe der Vergütung nicht bestimmt, so ist eine angemessene Vergütung in Geld als vereinbart anzusehen.

§ 23. [Fälligkeit des Honorars] [1]Die Vergütung ist bei der Ablieferung des Werkes zu entrichten. [2]Ist die Höhe der Vergütung unbestimmt oder hängt sie von dem Umfange der Vervielfältigung, insbesondere von der Zahl der Druckbogen, ab, so wird die Vergütung fällig, sobald das Werk vervielfältigt ist.

§ 24. [Absatzhonorar] Bestimmt sich die Vergütung nach dem Absatze, so hat der Verleger jährlich dem Verfasser für das vorangegangene Geschäftsjahr Rechnung zu legen und ihm, soweit es für die Prüfung erforderlich ist, die Einsicht seiner Geschäftsbücher zu gestatten.

§ 25.[1)] **[Freiexemplare]** (1) [1]Der Verleger eines Werkes der Literatur ist verpflichtet, dem Verfasser auf je hundert Abzüge ein Freiexemplar, jedoch im ganzen nicht weniger als fünf und nicht mehr als fünfzehn zu liefern. [2]Auch hat er dem Verfasser auf dessen Verlangen ein Exemplar in Aushängebogen zu überlassen.

---

1) Die Ablieferung eines Pflichtstücks an die Deutsche Bibliothek ist in §§ 18 ff. G über die *Deutsche Bibliothek v. 31. 3. 1969* (BGBl. I S. 265), geänd. aufgrund EVertr. v. 31. 8. 1990 (BGBl. II S. 889, 913) geregelt. Vgl. auch VO über die Pflichtablieferung von Druckwerken an die Deutsche Bibliothek (PflichtstückVO – PflStV) v. 14. 12. 1982 (BGBl. I S. 1739), geänd. durch Art. 6 G v. 25. 10. 1994 (BGBl. I S. 3082).

(2) Der Verleger eines Werkes der Tonkunst ist verpflichtet, dem Verfasser die übliche Zahl von Freiexemplaren zu liefern.

(3) Von Beiträgen, die in Sammelwerken erscheinen, dürfen Sonderabzüge als Freiexemplare geliefert werden.

§ 26. [Überlassung von Abzügen zum Vorzugspreis] Der Verleger hat die zu seiner Verfügung stehenden Abzüge des Werkes zu dem niedrigsten Preise, für welchen er das Werk im Betriebe seines Verlagsgeschäfts abgibt, dem Verfasser, soweit dieser es verlangt, zu überlassen.

§ 27. [Rückgabe des Manuskripts] Der Verleger ist verpflichtet, das Werk, nachdem es vervielfältigt worden ist, zurückzugeben, sofern der Verfasser sich vor dem Beginne der Vervielfältigung die Rückgabe vorbehalten hat.

§ 28.[1)] *(aufgehoben)*

§ 29. [Beendigung des Vertragsverhältnisses] (1) Ist der Verlagsvertrag auf eine bestimmte Zahl von Auflagen oder von Abzügen beschränkt, so endigt das Vertragsverhältnis, wenn die Auflagen oder Abzüge vergriffen sind.

(2) Der Verleger ist verpflichtet, dem Verfasser auf Verlangen Auskunft darüber zu erteilen, ob die einzelne Auflage oder die bestimmte Zahl von Abzügen vergriffen ist.

(3) Wird der Verlagsvertrag für eine bestimmte Zeit geschlossen, so ist nach dem Ablaufe der Zeit der Verleger nicht mehr zur Verbreitung der noch vorhandenen Abzüge berechtigt.

§ 30. [Rücktrittsrecht des Verlegers wegen nicht rechtzeitiger Ablieferung des Werkes] (1) [1] Wird das Werk ganz oder zum Teil nicht rechtzeitig abgeliefert, so kann der Verleger, statt den Anspruch auf Erfüllung geltend zu machen, dem Verfasser eine angemessene Frist zur Ablieferung mit der Erklärung bestimmen, daß er die Annahme der Leistung nach dem Ablaufe der Frist ablehne. [2] Zeigt sich schon vor dem Zeitpunkt, in welchem das Werk nach dem Vertrag abzuliefern ist, daß das Werk nicht rechtzeitig abgeliefert werden wird, so kann der Verleger die Frist sofort bestimmen; die Frist muß so bemessen werden, daß sie nicht vor dem bezeichneten Zeitpunkt abläuft. [3] Nach dem Ablaufe der Frist ist der Verleger berechtigt, von dem Vertrage zurückzutreten, wenn nicht das Werk rechtzeitig abgeliefert worden ist; der Anspruch auf Ablieferung des Werkes ist ausgeschlossen.

(2) Der Bestimmung einer Frist bedarf es nicht, wenn die rechtzeitige Herstellung des Werkes unmöglich ist oder von dem Verfasser verweigert wird oder wenn der sofortige Rücktritt von dem Vertrage durch ein besonderes Interesse des Verlegers gerechtfertigt wird.

(3) Der Rücktritt ist ausgeschlossen, wenn die nicht rechtzeitige Ablieferung des Werkes für den Verleger nur einen unerheblichen Nachteil mit sich bringt.

(4) Durch diese Vorschriften werden die im Falle des Verzugs des Verfassers dem Verleger zustehenden Rechte nicht berührt.

---

1) § 28 aufgeh. **mWv 1. 7. 2002** durch Art. 2 G v. 22. 3. 2002 (BGBl. I S. 1155).

§ 31. [Rücktrittsrecht wegen nicht vertragsmäßiger Beschaffenheit des Werkes] (1) Die Vorschriften des § 30 finden entsprechende Anwendung, wenn das Werk nicht von vertragsmäßiger Beschaffenheit ist.

(2) Beruht der Mangel auf einem Umstande, den der Verfasser zu vertreten hat, so kann der Verleger statt des in § 30 vorgesehenen Rücktrittsrechts den Anspruch auf Schadensersatz wegen Nichterfüllung geltend machen.

§ 32. [Rücktrittsrecht des Verfassers] Wird das Werk nicht vertragsmäßig vervielfältigt oder verbreitet, so finden zugunsten des Verfassers die Vorschriften des § 30 entsprechende Anwendung.

§ 33. [Zufälliger Untergang des Werkes] (1) 1 Geht das Werk nach der Ablieferung an den Verleger durch Zufall unter, so behält der Verfasser den Anspruch auf die Vergütung. 2 Im übrigen werden beide Teile von der Verpflichtung zur Leistung frei.

(2) 1 Auf Verlangen des Verlegers hat jedoch der Verfasser gegen eine angemessene Vergütung ein anderes im wesentlichen übereinstimmendes Werk zu liefern, sofern dies auf Grund vorhandener Vorarbeiten oder sonstiger Unterlagen mit geringer Mühe geschehen kann; erbietet sich der Verfasser, ein solches Werk innerhalb einer angemessenen Frist kostenfrei zu liefern, so ist der Verleger verpflichtet, das Werk an Stelle des untergegangenen zu vervielfältigen und zu verbreiten. 2 Jeder Teil kann diese Rechte auch geltend machen, wenn das Werk nach der Ablieferung infolge eines Umstandes untergegangen ist, den der andere Teil zu vertreten hat.

(3) Der Ablieferung steht es gleich, wenn der Verleger in Verzug der Annahme kommt.

§ 34. [Vorzeitiger Tod des Verfassers] (1) Stirbt der Verfasser vor der Vollendung des Werkes, so ist, wenn ein Teil des Werkes dem Verleger bereits abgeliefert worden war, der Verleger berechtigt, in Ansehung des gelieferten Teiles den Vertrag durch eine dem Erben des Verfassers gegenüber abzugebende Erklärung aufrechtzuerhalten.

(2) 1 Der Erbe kann dem Verleger zur Ausübung des in Absatz 1 bezeichneten Rechtes eine angemessene Frist bestimmen. 2 Das Recht erlischt, wenn sich der Verleger nicht vor dem Ablaufe der Frist für die Aufrechterhaltung des Vertrags erklärt.

(Fortsetzung nächste Seite)

(3) Diese Vorschriften finden entsprechende Anwendung, wenn die Vollendung des Werkes infolge eines sonstigen nicht von dem Verfasser zu vertretenden Umstandes unmöglich wird.

§ 35. [Rücktrittsrecht des Verfassers wegen veränderter Umstände]

(1) [1]Bis zum Beginne der Vervielfältigung ist der Verfasser berechtigt, von dem Verlagsvertrage zurückzutreten, wenn sich Umstände ergeben, die bei dem Abschlusse des Vertrags nicht vorauszusehen waren und den Verfasser bei Kenntnis der Sachlage und verständiger Würdigung des Falles von der Herausgabe des Werkes zurückgehalten haben würden. [2]Ist der Verleger befugt, eine neue Auflage zu veranstalten, so findet für die Auflage diese Vorschrift entsprechende Anwendung.

(2) [1]Erklärt der Verfasser auf Grund der Vorschrift des Absatzes 1 den Rücktritt, so ist er dem Verleger zum Ersatze der von diesem gemachten Aufwendungen verpflichtet. [2]Gibt er innerhalb eines Jahres seit dem Rücktritte das Werk anderweit heraus, so ist er zum Schadensersatze wegen Nichterfüllung verpflichtet; diese Ersatzpflicht tritt nicht ein, wenn der Verfasser dem Verleger den Antrag, den Vertrag nachträglich zur Ausführung zu bringen, gemacht und der Verleger den Antrag nicht angenommen hat.

§ 36.[1] **[Insolvenzverfahren des Verlegers]** (1) Wird über das Vermögen des Verlegers das Insolvenzverfahren eröffnet, so finden die Vorschriften des § 103 der Insolvenzordnung[2] auch dann Anwendung, wenn das Werk bereits vor der Eröffnung des Verfahrens abgeliefert worden war.

(2) [1]Besteht der Insolvenzverwalter auf der Erfüllung des Vertrags, so tritt, wenn er die Rechte des Verlegers auf einen anderen überträgt, dieser an Stelle der Insolvenzmasse in die sich aus dem Vertragsverhältnis ergebenden Verpflichtungen ein. [2]Die Insolvenzmasse haftet jedoch, wenn der Erwerber die Verpflichtungen nicht erfüllt, für den von dem Erwerber zu ersetzenden Schaden wie ein Bürge, der auf die Einrede der Vorausklage verzichtet hat. [3]Wird das Insolvenzverfahren aufgehoben, so sind die aus dieser Haftung sich ergebenden Ansprüche des Verfassers gegen die Masse sicherzustellen.

(3) War zur Zeit der Eröffnung des Verfahrens mit der Vervielfältigung noch nicht begonnen, so kann der Verfasser von dem Vertrage zurücktreten.

§ 37.[3] **[Auf Rücktrittsrecht anzuwendende Vorschriften]** Auf das in den §§ 17, 30, 35, 36 bestimmte Rücktrittsrecht finden die für das Rücktrittsrecht geltenden Vorschriften der §§ 346 bis 351 des Bürgerlichen Gesetzbuchs[4] entsprechende Anwendung.

§ 38. [Teilweise Aufrechterhaltung des Vertrages] (1) [1]Wird der Rücktritt von dem Verlagsvertrag erklärt, nachdem das Werk ganz oder zum Teil abgeliefert worden ist, so hängt es von den Umständen ab, ob der Vertrag

[1] § 36 Abs. 1 und 2 geänd. durch Art. 59 EGInsO v. 5. 10. 1994 (BGBl. I S. 2911).
[2] Nr. **110**.
[3] § 37 Satz 1 geänd., Satz 2 aufgeh. durch Art. 5 Abs. 26 SchuModG v. 26. 11. 2001 (BGBl. I S. 3138).
[4] Nr. **20**.

teilweise aufrechterhalten bleibt. [2]Es begründet keinen Unterschied, ob der Rücktritt auf Grund des Gesetzes oder eines Vorbehalts im Vertrag erfolgt.

(2) Im Zweifel bleibt der Vertrag insoweit aufrechterhalten, als er sich auf die nicht mehr zur Verfügung des Verlegers stehenden Abzüge, auf frühere Abteilungen des Werkes oder auf ältere Auflagen erstreckt.

(3) Soweit der Vertrag aufrechterhalten bleibt, kann der Verfasser einen entsprechenden Teil der Vergütung verlangen.

(4) Diese Vorschriften finden auch Anwendung, wenn der Vertrag in anderer Weise rückgängig wird.

§ 39. [Gemeinfreie Werke] (1) Soll Gegenstand des Vertrags ein Werk sein, an dem ein Urheberrecht nicht besteht, so ist der Verfasser zur Verschaffung des Verlagsrechts nicht verpflichtet.

(2) Verschweigt der Verfasser arglistig, daß das Werk bereits anderweit in Verlag gegeben oder veröffentlicht worden ist, so finden die Vorschriften des bürgerlichen Rechtes, welche für die dem Verkäufer wegen eines Mangels im Rechte obliegende Gewährleistungspflicht gelten, entsprechende Anwendung.

(3) [1]Der Verfasser hat sich der Vervielfältigung und Verbreitung des Werkes gemäß den Vorschriften des § 2 in gleicher Weise zu enthalten, wie wenn an dem Werke ein Urheberrecht bestände. [2]Diese Beschränkung fällt weg, wenn seit der Veröffentlichung des Werkes durch den Verleger sechs Monate abgelaufen sind.

§ 40. [Befugnisse des Verlegers bei gemeinfreien Werken] [1]Im Falle des § 39 verbleibt dem Verleger die Befugnis, das von ihm veröffentlichte Werk gleich jedem Dritten von neuem unverändert oder mit Änderungen zu vervielfältigen. [2]Diese Vorschrift findet keine Anwendung, wenn nach dem Vertrage die Herstellung neuer Auflagen oder weiterer Abzüge von der Zahlung einer besonderen Vergütung abhängig ist.

§ 41. [Beiträge zu periodischen Sammelwerken] Werden für eine Zeitung, eine Zeitschrift oder ein sonstiges periodisches Sammelwerk Beiträge zur Veröffentlichung angenommen, so finden die Vorschriften dieses Gesetzes Anwendung, soweit sich nicht aus den §§ 42 bis 46 ein anderes ergibt.

§ 42.[1] *(aufgehoben)*

§ 43. [Abzüge bei Sammelwerken] [1]Der Verleger ist in der Zahl der von dem Sammelwerke herzustellenden Abzüge, die den Beitrag enthalten, nicht beschränkt. [2]Die Vorschrift des § 20 Abs. 1 Satz 2 findet keine Anwendung.

§ 44. [Änderungen bei Sammelwerken] Soll der Beitrag ohne den Namen des Verfassers erscheinen, so ist der Verleger befugt, an der Fassung solche Änderungen vorzunehmen, welche bei Sammelwerken derselben Art üblich sind.

[1] § 42 aufgeh. durch G v. 9. 9. 1965 (BGBl. I S. 1273).

§ 45. [Kündigungsrecht des Verfassers bei Sammelwerken] (1) [1]Wird der Beitrag nicht innerhalb eines Jahres nach der Ablieferung an den Verleger veröffentlicht, so kann der Verfasser das Vertragsverhältnis kündigen. [2]Der Anspruch auf die Vergütung bleibt unberührt.

(2) Ein Anspruch auf Vervielfältigung und Verbreitung des Beitrags oder auf Schadensersatz wegen Nichterfüllung steht dem Verfasser nur zu, wenn ihm der Zeitpunkt, in welchem der Beitrag erscheinen soll, von dem Verleger bezeichnet worden ist.

§ 46. [Keine Freiexemplare bei Zeitungen] (1) Erscheint der Beitrag in einer Zeitung, so kann der Verfasser Freiexemplare nicht verlangen.

(2) Der Verleger ist nicht verpflichtet, dem Verfasser Abzüge zum Buchhändlerpreise zu überlassen.

§ 47. [Bestellvertrag] (1) Übernimmt jemand die Herstellung eines Werkes nach einem Plane, in welchem ihm der Besteller den Inhalt des Werkes sowie die Art und Weise der Behandlung genau vorschreibt, so ist der Besteller im Zweifel zur Vervielfältigung und Verbreitung nicht verpflichtet.

(2) Das gleiche gilt, wenn sich die Tätigkeit auf die Mitarbeit an enzyklopädischen Unternehmungen oder auf Hilfs- oder Nebenarbeiten für das Werk eines anderen oder für ein Sammelwerk beschränkt.

§ 48. [Verlaggeber] Die Vorschriften dieses Gesetzes finden auch dann Anwendung, wenn derjenige, welcher mit dem Verleger den Vertrag abschließt, nicht der Verfasser ist.

§ 49.[1] *(gegenstandslos)*

§ 50. [Inkrafttreten] Dieses Gesetz tritt am 1. Januar 1902 in Kraft.

---

[1] § 49 gegenstandslos infolge Neufassung des § 8 EGGVG durch G v. 12. 9. 1950 (BGBl. I S. 455).

66a. Gesetz über die Preisbindung für Bücher (Buchpreisbindungsgesetz)[1)]

Vom 2. September 2002
(BGBl. I S. 3448, 3670)

FNA 703-6

Lfd. Nr.	Änderndes Gesetz	Datum	Fundstelle	Betroffen	Hinweis
1.	Art. 32 G zur Umbenennung des Bundesgrenzschutzes in Bundespolizei	21.6.2005	BGBl. I S. 1818	§ 7	
2.	Art. 1 ÄndG	14.7.2006	BGBl. I S. 1530	§§ 7, 8	
3.	Art. 1 Zweites G zur Änd. des BuchpreisbindungsG	31.7.2016	BGBl. I S. 1937	§§ 2, 3, 5	geänd. mWv 1.9.2016
				§§ 4, 11	aufgeh. mit Ablauf des 31.8. 2016
4.	Art. 8 G zur Stärkung des fairen Wettbewerbs	26.11. 2020	BGBl. I S. 2568	§ 9	geänd. mWv 1.12.2021
5.	Art. 23 Verbandsklagenrichtlinienumsetzungs G (VRUG)[2)]	8.10.2023	BGBl. 2023 I Nr. 272	§ 9	geänd. mWv 13.10.2023

§ 1 Zweck des Gesetzes. [1]Das Gesetz dient dem Schutz des Kulturgutes Buch. [2]Die Festsetzung verbindlicher Preise beim Verkauf an Letztabnehmer sichert den Erhalt eines breiten Buchangebots. [3]Das Gesetz gewährleistet zugleich, dass dieses Angebot für eine breite Öffentlichkeit zugänglich ist, indem es die Existenz einer großen Zahl von Verkaufsstellen fördert.

§ 2[3)] Anwendungsbereich. (1) Bücher im Sinne dieses Gesetzes sind auch
1. Musiknoten,
2. kartographische Produkte,
3. Produkte, die Bücher, Musiknoten oder kartographische Produkte reproduzieren oder substituieren, wie zum Beispiel zum dauerhaften Zugriff angebotene elektronische Bücher, und bei Würdigung der Gesamtumstände als überwiegend verlags- oder buchhandelstypisch anzusehen sind sowie
4. kombinierte Objekte, bei denen eines der genannten Erzeugnisse die Hauptsache bildet.

(2) Fremdsprachige Bücher fallen nur dann unter dieses Gesetz, wenn sie überwiegend für den Absatz in Deutschland bestimmt sind.

(3) Letztabnehmer im Sinne dieses Gesetzes ist, wer Bücher zu anderen Zwecken als dem Weiterverkauf erwirbt.

---

1) Verkündet als Art. 1 G v. 2.9.2002 (BGBl. I S. 3448); Inkrafttreten gem. Art. 3 dieses G am 1.10. 2002.

2) **Amtl. Anm.:** Dieses Gesetz dient der Umsetzung der Richtlinie (EU) 2020/1828 des Europäischen Parlaments und des Rates vom 25. November 2020 über Verbandsklagen zum Schutz der Kollektivinteressen der Verbraucher und zur Aufhebung der Richtlinie 2009/22/EG (ABl. L 409 vom 4.12.2020, S. 1).

3) § 2 Abs. 1 Nr. 3 geänd. mWv 1.9.2016 durch G v. 31.7.2016 (BGBl. I S. 1937).

§ 3[1)] Preisbindung. [1] Wer gewerbs- oder geschäftsmäßig Bücher an Letztabnehmer in Deutschland verkauft, muss den nach § 5 festgesetzten Preis einhalten. [2] Dies gilt nicht für den Verkauf gebrauchter Bücher.

§ 4[2)] *(aufgehoben)*

§ 5[3)] Preisfestsetzung. (1) [1] Wer Bücher für den Verkauf an Letztabnehmer in Deutschland verlegt oder importiert, ist verpflichtet, einen Preis einschließlich Umsatzsteuer (Endpreis) für die Ausgabe eines Buches für den Verkauf an Letztabnehmer in Deutschland festzusetzen und in geeigneter Weise zu veröffentlichen. [2] Entsprechendes gilt für Änderungen des Endpreises.

(2) [1] Wer Bücher importiert, darf zur Festsetzung des Endpreises den vom Verleger des Verlagsstaates für Deutschland empfohlenen Letztabnehmerpreis einschließlich der in Deutschland jeweils geltenden Mehrwertsteuer nicht unterschreiten. [2] Hat der Verleger keinen Preis für Deutschland empfohlen, so darf der Importeur zur Festsetzung des Endpreises den für den Verlagsstaat festgesetzten oder empfohlenen Nettopreis des Verlegers für Endabnehmer zuzüglich der in Deutschland jeweils geltenden Mehrwertsteuer nicht unterschreiten.

(3) Wer als Importeur Bücher in einem Vertragsstaat des Abkommens über den Europäischen Wirtschaftsraum zu einem von den üblichen Einkaufspreisen im Einkaufsstaat abweichenden niedrigeren Einkaufspreis kauft, kann den gemäß Absatz 2 festzulegenden Endpreis in dem Verhältnis herabsetzen, wie es dem Verhältnis des erzielten Handelsvorteils zu den üblichen Einkaufspreisen im Einkaufsstaat entspricht; dabei gelten branchentypische Mengennachlässe und entsprechende Verkaufskonditionen als Bestandteile der üblichen Einkaufspreise.

(4) Verleger oder Importeure können folgende Endpreise festsetzen:

1. Serienpreise,
2. Mengenpreise,
3. Subskriptionspreise,
4. Sonderpreise für Institutionen, die bei der Herausgabe einzelner bestimmter Verlagswerke vertraglich in einer für das Zustandekommen des Werkes ausschlaggebenden Weise mitgewirkt haben,
5. Sonderpreise für Abonnenten einer Zeitschrift beim Bezug eines Buches, das die Redaktion dieser Zeitschrift verfasst oder herausgegeben hat, und
6. Teilzahlungszuschläge.

(5) Die Festsetzung unterschiedlicher Endpreise für einen bestimmten Titel durch einen Verleger oder Importeur oder deren Lizenznehmer ist zulässig, wenn dies sachlich gerechtfertigt ist.

§ 6 Vertrieb. (1) [1] Verlage müssen bei der Festsetzung ihrer Verkaufspreise und sonstigen Verkaufskonditionen gegenüber Händlern den von kleineren Buchhandlungen erbrachten Beitrag zur flächendeckenden Versorgung mit Büchern sowie ihren buchhändlerischen Service angemessen berücksichtigen. [2] Sie dürfen ihre Rabatte nicht allein an dem mit einem Händler erzielten Umsatz ausrichten.

(2) Verlage dürfen branchenfremde Händler nicht zu niedrigeren Preisen oder günstigeren Konditionen beliefern als den Buchhandel.

---

1) § 3 Satz 1 geänd. mWv 1.9.2016 durch G v. 31.7.2016 (BGBl. I S. 1937).
2) § 4 aufgeh. mWv 1.9.2016 durch G v. 31.7.2016 (BGBl. I S. 1937).
3) § 5 Abs. 1 Satz 1 neu gef. mWv 1.9.2016 durch G v. 31.7.2016 (BGBl. I S. 1937).

(3) Verlage dürfen für Zwischenbuchhändler keine höheren Preise oder schlechteren Konditionen festsetzen als für Letztverkäufer, die sie direkt beliefern.

§ 7[1)] Ausnahmen. (1) § 3 gilt nicht beim Verkauf von Büchern

1. an Verleger oder Importeure von Büchern, Buchhändler oder deren Angestellte und feste Mitarbeiter für deren Eigenbedarf,
2. an Autoren selbständiger Publikationen eines Verlages für deren Eigenbedarf,
3. an Lehrer zum Zwecke der Prüfung einer Verwendung im Unterricht,
4. die auf Grund einer Beschädigung oder eines sonstigen Fehlers als Mängelexemplare gekennzeichnet sind,
5. im Rahmen eines auf einen Zeitraum von 30 Tagen begrenzten Räumungsverkaufs anlässlich der endgültigen Schließung einer Buchhandlung, sofern die Bücher aus den gewöhnlichen Beständen des schließenden Unternehmens stammen und den Lieferanten zuvor mit angemessener Frist zur Rücknahme angeboten wurden.

(2) Beim Verkauf von Büchern können wissenschaftlichen Bibliotheken, die jedem auf ihrem Gebiet wissenschaftlich Arbeitenden zugänglich sind, bis zu 5 Prozent, jedermann zugänglichen kommunalen Büchereien, Landesbüchereien und Schülerbüchereien sowie konfessionellen Büchereien und Truppenbüchereien der Bundeswehr und der Bundespolizei bis zu 10 Prozent Nachlass gewährt werden.

(3) [1]Bei Sammelbestellungen von Büchern für den Schulunterricht, die zu Eigentum der öffentlichen Hand, eines Beliehenen oder allgemein bildender Privatschulen, die den Status staatlicher Ersatzschulen besitzen, angeschafft werden, gewähren die Verkäufer folgende Nachlässe:

1. bei einem Auftrag im Gesamtwert bis zu 25 000 Euro für Titel mit

mehr als 10 Stück	8 Prozent Nachlass,
mehr als 25 Stück	10 Prozent Nachlass,
mehr als 100 Stück	12 Prozent Nachlass,
mehr als 500 Stück	13 Prozent Nachlass,

2. bei einem Auftrag im Gesamtwert von mehr als

25 000 Euro	13 Prozent Nachlass,
38 000 Euro	14 Prozent Nachlass,
50 000 Euro	15 Prozent Nachlass.

[2]Soweit Schulbücher von den Schulen im Rahmen eigener Budgets angeschafft werden, ist stattdessen ein genereller Nachlass von 12 Prozent für alle Sammelbestellungen zu gewähren.

(4) Der Letztverkäufer verletzt seine Pflicht nach § 3 nicht, wenn er anlässlich des Verkaufs eines Buches

1. Waren von geringem Wert oder Waren, die im Hinblick auf den Wert des gekauften Buches wirtschaftlich nicht ins Gewicht fallen, abgibt,
2. geringwertige Kosten der Letztabnehmer für den Besuch der Verkaufsstelle übernimmt,

---

[1)] § 7 Abs. 2 geänd. mWv 1.7.2005 durch G v. 21.6.2005 (BGBl. I S. 1818); Abs. 1 Nr. 4 neu gef., Nr. 5 angef., Abs. 3 Satz 1 geänd. mWv 20.7.2006 durch G v. 14.7.2006 (BGBl. I S. 1530).

3. Versand- oder besondere Beschaffungskosten übernimmt oder
4. andere handelsübliche Nebenleistungen erbringt.

§ 8[1)] Dauer der Preisbindung. (1) Verleger und Importeure sind berechtigt, durch Veröffentlichung in geeigneter Weise die Preisbindung für Buchausgaben aufzuheben, deren erstes Erscheinen länger als 18 Monate zurückliegt.

(2) Bei Büchern, die in einem Abstand von weniger als 18 Monaten wiederkehrend erscheinen oder deren Inhalt mit dem Erreichen eines bestimmten Datums oder Ereignisses erheblich an Wert verliert, ist eine Beendigung der Preisbindung durch den Verleger oder Importeur ohne Beachtung der Frist gemäß Absatz 1 nach Ablauf eines angemessenen Zeitraums seit Erscheinen möglich.

§ 9[2)] Schadensersatz- und Unterlassungsansprüche. (1) [1] Wer den Vorschriften dieses Gesetzes zuwiderhandelt, kann auf Unterlassung in Anspruch genommen werden. [2] Wer vorsätzlich oder fahrlässig handelt, ist zum Ersatz des durch die Zuwiderhandlung entstandenen Schadens verpflichtet.

(2) [1] Der Anspruch auf Unterlassung kann nur geltend gemacht werden

1. von Gewerbetreibenden, die Bücher vertreiben,
2. von rechtsfähigen Verbänden zur Förderung gewerblicher oder selbstständiger beruflicher Interessen, die in der Liste der qualifizierten Wirtschaftsverbände nach § 8b des Gesetzes gegen den unlauteren Wettbewerb[3)] eingetragen sind,
3. von einem Rechtsanwalt, der von Verlegern, Importeuren oder Unternehmen, die Verkäufe an Letztabnehmer tätigen, gemeinsam als Treuhänder damit beauftragt worden ist, ihre Preisbindung zu betreuen (Preisbindungstreuhänder),
4. von Stellen nach § 3 Absatz 1 Satz 1 Nummer 1 des Unterlassungsklagengesetzes[4)].

[2] Die Stellen nach Satz 1 Nr. 4 können den Anspruch auf Unterlassung nur geltend machen, soweit der Anspruch eine Handlung betrifft, durch die wesentliche Belange der Letztabnehmer berührt werden.

(3) Für das Verfahren gelten bei den Anspruchsberechtigten nach Absatz 2 Nr. 1 bis 3 die Vorschriften des Gesetzes gegen den unlauteren Wettbewerb und bei Einrichtungen nach Absatz 2 Nr. 4 die Vorschriften des Unterlassungsklagegesetzes.

§ 10 Bucheinsicht. (1) [1] Sofern der begründete Verdacht vorliegt, dass ein Unternehmen gegen § 3 verstoßen hat, kann ein Gewerbetreibender, der ebenfalls Bücher vertreibt, verlangen, dass dieses Unternehmen einem von Berufs wegen zur Verschwiegenheit verpflichteten Angehörigen der wirtschafts- oder steuerberatenden Berufe Einblick in seine Bücher und Geschäftsunterlagen gewährt. [2] Der Bericht des Buchprüfers darf sich ausschließlich auf die ihm bekannt gewordenen Verstöße gegen die Vorschriften dieses Gesetzes beziehen.

[1)] *§ 8 Abs. 1* geänd. mWv 20.7.2006 durch G v. 14.7.2006 (BGBl. I S. 1530).

[2)] § 9 Abs. 2 Satz 1 Nr. 2 neu gef. mWv 1.12.2021 durch G v. 26.11.2020 (BGBl. I S. 2568); Abs. 2 Satz 1 Nr. 4 neu gef., Satz 2 geänd. mWv 13.10.2023 durch G v. 8.10.2023 (BGBl. 2023 I Nr. 272).

[3)] **Habersack, Deutsche Gesetze Nr. 73.**

[4)] **Habersack, Deutsche Gesetze Nr. 105.**

(2) Liegt eine Zuwiderhandlung vor, kann der Gewerbetreibende von dem zuwiderhandelnden Unternehmen die Erstattung der notwendigen Kosten der Buchprüfung verlangen.

§ 11[1] *(aufgehoben)*

[1] § 11 aufgeh. mWv 1.9.2016 durch G v. 31.7.2016 (BGBl. I S. 1937).

69. Gesetz über den rechtlichen Schutz von Design (Designgesetz – DesignG)

In der Fassung der Bekanntmachung vom 24. Februar 2014[1)]
(BGBl. I S. 122)

FNA 442-5

Lfd. Nr.	Änderndes Gesetz	Datum	Fundstelle	Betroffen	Hinweis
1.	Art. 8 Abs. 8 G zur Neuorganisation der Zollverwaltung	3.12.2015	BGBl. I S. 2178	§ 57	geänd. mWv 1.1.2016
2.	Art. 1 G zur Änd. des DesignG und weiterer Vorschriften des gewerblichen Rechtsschutzes	4.4.2016	BGBl. I S. 558	Inhaltsübersicht, §§ 13, 15, 16, 19, 20, 21, 23, 24, 25, 26, 33, 34a, 35, 36, 52a, 52b, 55, 60, 62a, Überschrift Abschnitt 13, §§ 67, 68, 69, 74	geänd. mWv 1.7.2016
				§§ 57a, 66	neu gef. mWv 1.7.2016
3.	Art. 6 Abs. 27 G zur Reform der strafrechtlichen Vermögensabschöpfung	13.4.2017	BGBl. I S. 872	§ 51	geänd. mWv 1.7.2017
4.	Art. 16 G zur Umsetzung der BerufsanerkennungsRL und zur Änd. weiterer Vorschriften im Bereich der rechtsberatenden Berufe[2)]	12.5.2017	BGBl. I S. 1121	§ 58	geänd. mWv 18.5.2017
5.	Art. 15 G zur Änd. des BundesversorgungsG und anderer Vorschriften	17.7.2017	BGBl. I S. 2541	Inhaltsübersicht, § 22	geänd. mWv 25.5.2018
				§ 22a	eingef. mWv 25.5.2018
6.	Art. 5 Gesetz zur Stärkung des fairen Wettbewerbs	26.11.2020	BGBl. I S. 2568	Inhaltsübersicht, §§ 73, 74	geänd. mWv 2.12.2020
				§ 40a	eingef. mWv 2.12.2020
7.	Art. 26 TelekommunikationsmodernisierungsG[3)]	23.6.2021	BGBl. I S. 1858	§ 46	geänd. mWv 1.12.2021
8.	Art. 10 Zweites G zur Vereinfachung und Modernisierung des Patentrechts	10.8.2021	BGBl. I S. 3490	§§ 22, 26, 34a	geänd. mWv 18.8.2021
				§ 34a	geänd. mWv 1.5.2022

[1)] Neubekanntmachung des GeschmacksmusterG v. 12.3.2004 (BGBl. I S. 390) in der ab 1.1.2014 geltenden Fassung.

[2)] **Amtl. Anm.:** Dieses Gesetz dient der Umsetzung der Richtlinie 2005/36/EG des Europäischen Parlaments und des Rates vom 7. September 2005 über die Anerkennung von Berufsqualifikationen (ABl. L 255 vom 30.9.2005, S. 22; L 271 vom 16.10.2007, S. 18; L 93 vom 4.4.2008, S. 28; L 33 vom 3.2.2009, S. 49; L 305 vom 24.10.2014, S. 115), die zuletzt durch die Richtlinie 2013/55/EU (ABl. L 354 vom 28.12.2013, S. 132; L 268 vom 15.10.2015, S. 35; L 95 vom 9.4.2016, S. 20) geändert worden ist, sowie der Umsetzung der Richtlinie 2013/55/EU des Europäischen Parlaments und des Rates vom 20. November 2013 zur Änderung der Richtlinie 2005/36/EG über die Anerkennung von Berufsqualifikationen und der Verordnung (EU) Nr. 1024/2012 über die Verwaltungszusammenarbeit mit Hilfe des Binnenmarkt-Informationssystems („IMI-Verordnung") (ABl. L 354 vom 28.12.2013, S. 132; L 268 vom 15.10.2015, S. 35; L 95 vom 9.4.2016, S. 20).

[3)] **Amtl. Anm.:** Dieses Gesetz dient der Umsetzung der Richtlinie (EU) 2018/1972 des Europäischen Parlaments und des Rates vom 11. Dezember 2018 über den europäischen Kodex für die elektronische Kommunikation (Neufassung) (ABl. L 321 vom 17.12.2018, S. 36).

Inhaltsübersicht[1]

Abschnitt 1. Schutzvoraussetzungen

Abschnitt 2. Berechtigte

Abschnitt 3. Eintragungsverfahren

Abschnitt 4. Entstehung und Dauer des Schutzes

Abschnitt 5. Eingetragenes Design als Gegenstand des Vermögens

Abschnitt 6. Nichtigkeit und Löschung

Abschnitt 7. Schutzwirkungen und Schutzbeschränkungen

[1] Inhaltsübersicht geänd. mWv 1.7.2016 durch G v. 4.4.2016 (BGBl. I S. 558); mWv 25.5.2018 durch G v. 17.7.2017 (BGBl. I S. 2541); mWv 2.12.2020 durch G v. 26.11.2020 (BGBl. I S. 2568).

(Fortsetzung nächstes Blatt)

Abschnitt 1. Schutzvoraussetzungen

§ 1 Begriffsbestimmungen. Im Sinne dieses Gesetzes

1. ist ein Design die zweidimensionale oder dreidimensionale Erscheinungsform eines ganzen Erzeugnisses oder eines Teils davon, die sich insbesondere aus den Merkmalen der Linien, Konturen, Farben, der Gestalt, Oberflächenstruktur oder der Werkstoffe des Erzeugnisses selbst oder seiner Verzierung ergibt;
2. ist ein Erzeugnis jeder industrielle oder handwerkliche Gegenstand, einschließlich Verpackung, Ausstattung, grafischer Symbole und typografischer Schriftzeichen sowie von Einzelteilen, die zu einem komplexen Erzeugnis zusammengebaut werden sollen; ein Computerprogramm gilt nicht als Erzeugnis;
3. ist ein komplexes Erzeugnis ein Erzeugnis aus mehreren Bauelementen, die sich ersetzen lassen, so dass das Erzeugnis auseinander- und wieder zusammengebaut werden kann;
4. ist eine bestimmungsgemäße Verwendung die Verwendung durch den Endbenutzer, ausgenommen Maßnahmen der Instandhaltung, Wartung oder Reparatur;
5. gilt als Rechtsinhaber der in das Register eingetragene Inhaber des eingetragenen Designs.

§ 2 Designschutz. (1) Als eingetragenes Design wird ein Design geschützt, das neu ist und Eigenart hat.

(2) [1] Ein Design gilt als neu, wenn vor dem Anmeldetag kein identisches Design offenbart worden ist. [2] Designs gelten als identisch, wenn sich ihre Merkmale nur in unwesentlichen Einzelheiten unterscheiden.

(3) [1] Ein Design hat Eigenart, wenn sich der Gesamteindruck, den es beim informierten Benutzer hervorruft, von dem Gesamteindruck unterscheidet, den ein anderes Design bei diesem Benutzer hervorruft, das vor dem Anmeldetag offenbart worden ist. [2] Bei der Beurteilung der Eigenart wird der Grad der Gestaltungsfreiheit des Entwerfers bei der Entwicklung des Designs berücksichtigt.

§ 3 Ausschluss vom Designschutz. (1) Vom Designschutz ausgeschlossen sind

1. Erscheinungsmerkmale von Erzeugnissen, die ausschließlich durch deren technische Funktion bedingt sind;
2. Erscheinungsmerkmale von Erzeugnissen, die zwangsläufig in ihrer genauen Form und ihren genauen Abmessungen nachgebildet werden müssen, damit das Erzeugnis, in das das Design aufgenommen oder bei dem es verwendet wird, mit einem anderen Erzeugnis mechanisch zusammengebaut oder verbunden oder in diesem, an diesem oder um dieses herum angebracht werden kann, so dass beide Erzeugnisse ihre Funktion erfüllen;
3. Designs, die gegen die öffentliche Ordnung oder gegen die guten Sitten verstoßen;
4. Designs, die eine missbräuchliche Benutzung eines der in Artikel 6ter der Pariser Verbandsübereinkunft zum Schutz des gewerblichen Eigentums aufgeführten Zeichen oder von sonstigen Abzeichen, Emblemen und Wappen von öffentlichem Interesse darstellen.

(2) Erscheinungsmerkmale im Sinne von Absatz 1 Nummer 2 sind vom Designschutz nicht ausgeschlossen, wenn sie dem Zweck dienen, den Zusammenbau oder die Verbindung einer Vielzahl von untereinander austauschbaren Teilen innerhalb eines Bauteilesystems zu ermöglichen.

§ 4 Bauelemente komplexer Erzeugnisse. Ein Design, das bei einem Erzeugnis, das Bauelement eines komplexen Erzeugnisses ist, benutzt oder in dieses Erzeugnis eingefügt wird, gilt nur dann als neu und hat nur dann Eigenart, wenn das Bauelement, das in ein komplexes Erzeugnis eingefügt ist, bei dessen bestimmungsgemäßer Verwendung sichtbar bleibt und diese sichtbaren Merkmale des Bauelements selbst die Voraussetzungen der Neuheit und Eigenart erfüllen.

§ 5 Offenbarung. [1] Ein Design ist offenbart, wenn es bekannt gemacht, ausgestellt, im Verkehr verwendet oder auf sonstige Weise der Öffentlichkeit zugänglich gemacht wurde, es sei denn, dass dies den in der Gemeinschaft tätigen Fachkreisen des betreffenden Sektors im normalen Geschäftsverlauf vor dem Anmeldetag des Designs nicht bekannt sein konnte. [2] Ein Design gilt nicht als offenbart, wenn es einem Dritten lediglich unter der ausdrücklichen oder stillschweigenden Bedingung der Vertraulichkeit bekannt gemacht wurde.

§ 6 Neuheitsschonfrist. [1] Eine Offenbarung bleibt bei der Anwendung des § 2 Absatz 2 und 3 unberücksichtigt, wenn ein Design während der zwölf Monate vor dem Anmeldetag durch den Entwerfer oder seinen Rechtsnachfolger oder durch einen Dritten als Folge von Informationen oder Handlungen des Entwerfers oder seines Rechtsnachfolgers der Öffentlichkeit zugänglich gemacht wurde. [2] Dasselbe gilt, wenn das Design als Folge einer missbräuchlichen Handlung gegen den Entwerfer oder seinen Rechtsnachfolger offenbart wurde.

Abschnitt 2. Berechtigte

§ 7 Recht auf das eingetragene Design. (1) [1] Das Recht auf das eingetragene Design steht dem Entwerfer oder seinem Rechtsnachfolger zu. [2] Haben mehrere Personen gemeinsam ein Design entworfen, so steht ihnen das Recht auf das eingetragene Design gemeinschaftlich zu.

(2) Wird ein Design von einem Arbeitnehmer in Ausübung seiner Aufgaben oder nach den Weisungen seines Arbeitgebers entworfen, so steht das Recht an dem eingetragenen Design dem Arbeitgeber zu, sofern vertraglich nichts anderes vereinbart wurde.

§ 8 Formelle Berechtigung. Anmelder und Rechtsinhaber gelten in Verfahren, die ein eingetragenes Design betreffen, als berechtigt und verpflichtet.

§ 9 Ansprüche gegenüber Nichtberechtigten. (1) [1] Ist ein eingetragenes Design auf den Namen eines nicht nach § 7 Berechtigten eingetragen, kann der Berechtigte unbeschadet anderer Ansprüche die Übertragung des eingetragenen Designs oder die Einwilligung in dessen Löschung verlangen. [2] Soweit in die Löschung eingewilligt wird, gelten die Schutzwirkungen des eingetragenen Designs in diesem Umfang als von Anfang an nicht eingetreten. [3] Wer von mehreren Berechtigten nicht als Rechtsinhaber eingetragen ist, kann die Einräumung seiner Mitinhaberschaft verlangen.

(2) [1] Die Ansprüche nach Absatz 1 können nur innerhalb einer Ausschlussfrist von drei Jahren ab Bekanntmachung des eingetragenen Designs durch Klage geltend gemacht werden. [2] Das gilt nicht, wenn der Rechtsinhaber bei der Anmeldung oder bei einer Übertragung des eingetragenen Designs bösgläubig war.

(3) [1] Bei einem vollständigen Wechsel der Rechtsinhaberschaft nach Absatz 1 Satz 1 erlöschen mit der Eintragung des Berechtigten in das Register Lizenzen und sonstige Rechte. [2] Wenn der frühere Rechtsinhaber oder ein Lizenznehmer das eingetragene Design verwertet oder dazu tatsächliche und ernsthafte Anstalten getroffen hat, kann er diese Verwertung fortsetzen, wenn er bei dem neuen Rechtsinhaber innerhalb einer Frist von einem Monat nach dessen Eintragung eine einfache Lizenz beantragt. [3] Die Lizenz ist für einen angemessenen Zeitraum zu angemessenen Bedingungen zu gewähren. [4] Die Sätze 2 und 3 finden keine Anwendung, wenn der Rechtsinhaber oder der Lizenznehmer zu dem Zeitpunkt, als er mit der Verwertung begonnen oder Anstalten dazu getroffen hat, bösgläubig war.

(4) Die Einleitung eines gerichtlichen Verfahrens gemäß Absatz 2, die rechtskräftige Entscheidung in diesem Verfahren sowie jede andere Beendigung dieses Verfahrens und jede Änderung der Rechtsinhaberschaft als Folge dieses Verfahrens werden in das Register für eingetragene Designs (Register) eingetragen.

§ 10 Entwerferbenennung. [1] Der Entwerfer hat gegenüber dem Anmelder oder dem Rechtsinhaber das Recht, im Verfahren vor dem Deutschen Patent- und Markenamt und im Register als Entwerfer benannt zu werden. [2] Wenn das Design das Ergebnis einer Gemeinschaftsarbeit ist, kann jeder einzelne Entwerfer seine Nennung verlangen.

Abschnitt 3. Eintragungsverfahren

§ 11 Anmeldung. (1) [1] Die Anmeldung zur Eintragung eines Designs in das Register ist beim Deutschen Patent- und Markenamt einzureichen. [2] Die Anmeldung kann auch über ein Patentinformationszentrum[1)] eingereicht werden, wenn diese Stelle durch Bekanntmachung des Bundesministeriums der Justiz und für Verbraucherschutz im Bundesgesetzblatt dazu bestimmt ist, Designanmeldungen entgegenzunehmen.

(2) [1] Die Anmeldung muss enthalten:

1. einen Antrag auf Eintragung,
2. Angaben, die es erlauben, die Identität des Anmelders festzustellen und
3. eine zur Bekanntmachung geeignete Wiedergabe des Designs.

[2] Wird ein Antrag nach § 21 Absatz 1 Satz 1 gestellt, kann die Wiedergabe durch einen flächenmäßigen Designabschnitt ersetzt werden.

(3) Die Anmeldung muss eine Angabe der Erzeugnisse enthalten, in die das Design aufgenommen oder bei denen es verwendet werden soll.

(4) Die Anmeldung muss den weiteren Anmeldungserfordernissen entsprechen, die in einer Rechtsverordnung nach § 26 bestimmt worden sind.

(5) Die Anmeldung kann zusätzlich enthalten:

1. eine Beschreibung zur Erläuterung der Wiedergabe,
2. einen Antrag auf Aufschiebung der Bildbekanntmachung nach § 21 Absatz 1 Satz 1,
3. ein Verzeichnis mit der Warenklasse oder den Warenklassen, in die das Design einzuordnen ist,
4. die Angabe des Entwerfers oder der Entwerfer,
5. die Angabe eines Vertreters.

(6) Die Angaben nach den Absätzen 3 und 5 Nummer 3 haben keinen Einfluss auf den Schutzumfang des eingetragenen Designs.

(7) Der Anmelder kann die Anmeldung jederzeit zurücknehmen.

---

1) *Siehe hierzu* ua:
Bek. der Änd. der zur Entgegennahme von Patent-, Gebrauchsmuster-, Marken- und Designanmeldungen befugten Patentinformationszentren v. 2. 5. 2016 (BGBl. I S. 1137).

§ 12 Sammelanmeldung. (1) [1] Mehrere Designs können in einer Anmeldung zusammengefasst werden (Sammelanmeldung). [2] Die Sammelanmeldung darf nicht mehr als 100 Designs umfassen.

(2) [1] Der Anmelder kann eine Sammelanmeldung durch Erklärung gegenüber dem Deutschen Patent- und Markenamt teilen. [2] Die Teilung lässt den Anmeldetag unberührt. [3] Ist die Summe der Gebühren, die nach dem Patentkostengesetz[1)] für jede Teilanmeldung zu entrichten wären, höher als die gezahlten Anmeldegebühren, so ist der Differenzbetrag nachzuentrichten.

§ 13[2)] Anmeldetag. (1) Der Anmeldetag eines Designs ist der Tag, an dem die Unterlagen mit den Angaben nach § 11 Absatz 2

1. beim Deutschen Patent- und Markenamt
2. oder, wenn diese Stelle durch Bekanntmachung des Bundesministeriums der Justiz und für Verbraucherschutz im Bundesgesetzblatt dazu bestimmt ist, bei einem Patentinformationszentrum[3)]

eingegangen sind.

(2) Wird wirksam eine Priorität nach § 14 oder § 15 in Anspruch genommen, tritt bei der Anwendung der §§ 2 bis 6, 12 Absatz 2 Satz 2, § 21 Absatz 1 Satz 1, § 33 Absatz 2 Nummer 2 und § 41 der Prioritätstag an die Stelle des Anmeldetages.

§ 14 Ausländische Priorität. (1) [1] Wer nach einem Staatsvertrag die Priorität einer früheren ausländischen Anmeldung desselben Designs in Anspruch nimmt, hat vor Ablauf des 16. Monats nach dem Prioritätstag Zeit, Land und Aktenzeichen der früheren Anmeldung anzugeben und eine Abschrift der früheren Anmeldung einzureichen. [2] Innerhalb der Frist können die Angaben geändert werden.

(2) Ist die frühere Anmeldung in einem Staat eingereicht worden, mit dem kein Staatsvertrag über die Anerkennung der Priorität besteht, so kann der Anmelder ein dem Prioritätsrecht nach der Pariser Verbandsübereinkunft entsprechendes Prioritätsrecht in Anspruch nehmen, soweit nach einer Bekanntmachung des Bundesministeriums der Justiz und für Verbraucherschutz im Bundesgesetzblatt der andere Staat auf Grund einer ersten Anmeldung beim Deutschen Patent- und Markenamt ein Prioritätsrecht gewährt, das nach Voraussetzungen und Inhalt dem Prioritätsrecht nach der Pariser Verbandsübereinkunft vergleichbar ist; Absatz 1 ist anzuwenden.

(3) [1] Werden die Angaben nach Absatz 1 rechtzeitig gemacht und wird die Abschrift rechtzeitig eingereicht, so trägt das Deutsche Patent- und Markenamt die Priorität in das Register ein. [2] Hat der Anmelder eine Priorität erst nach der Bekanntmachung der Eintragung eines Designs in Anspruch genommen oder Angaben geändert, wird die Bekanntmachung insofern nachgeholt. [3] Werden die Angaben nach Absatz 1 nicht rechtzeitig gemacht oder wird die Abschrift nicht rechtzeitig eingereicht, so gilt die Erklärung über die In-

---

1) Nr. **70 b**.

2) § 13 Abs. 2 geänd. mWv 1. 7. 2016 durch G v. 4. 4. 2016 (BGBl. I S. 558).

3) Siehe hierzu ua:
Bek. der Änd. der zur Entgegennahme von Patent-, Gebrauchsmuster-, Marken- und Designanmeldungen befugten Patentinformationszentren v. 2. 5. 2016 (BGBl. I S. 1137).

anspruchnahme der Priorität als nicht abgegeben. [4] Das Deutsche Patent- und Markenamt stellt dies fest.

§ 15[1)] Ausstellungspriorität. (1) Hat der Anmelder ein Design
1. auf einer amtlichen oder amtlich anerkannten internationalen Ausstellung im Sinne des am 22. November 1928 in Paris unterzeichneten Abkommens über internationale Ausstellungen oder
2. auf einer sonstigen inländischen oder ausländischen Ausstellung

zur Schau gestellt, kann er, wenn er die Anmeldung innerhalb einer Frist von sechs Monaten seit der erstmaligen Zurschaustellung einreicht, von diesem Tag an ein Prioritätsrecht in Anspruch nehmen.

(2) Die in Absatz 1 Nummer 1 bezeichneten Ausstellungen werden vom Bundesministerium der Justiz und für Verbraucherschutz im Bundesanzeiger bekanntgemacht.

(3) Die Ausstellungen im Sinne des Absatzes 1 Nummer 2 werden im Einzelfall vom Bundesministerium der Justiz und für Verbraucherschutz bestimmt und im Bundesanzeiger bekanntgemacht.

(4) [1] Wer eine Priorität nach Absatz 1 in Anspruch nimmt, hat vor Ablauf des 16. Monats nach dem Tag der erstmaligen Zurschaustellung des Designs diesen Tag und die Ausstellung anzugeben sowie einen Nachweis für die Zurschaustellung einzureichen. [2] § 14 Absatz 3 gilt entsprechend.

(5) Die Ausstellungspriorität nach Absatz 1 verlängert die Prioritätsfristen nach § 14 Absatz 1 nicht.

§ 16[2)] Prüfung der Anmeldung. (1) Das Deutsche Patent- und Markenamt prüft, ob
1. die Anmeldegebühren nach § 5 Absatz 1 Satz 1 des Patentkostengesetzes[3)] und
2. die Voraussetzungen für die Zuerkennung des Anmeldetages nach § 11 Absatz 2 vorliegen und
3. die Anmeldung den sonstigen Anmeldungserfordernissen entspricht.

(2) [1] Werden bei nicht ausreichender Gebührenzahlung innerhalb einer vom Deutschen Patent- und Markenamt gesetzten Frist die Anmeldegebühren für eine Sammelanmeldung nicht in ausreichender Menge nachgezahlt oder wird vom Anmelder keine Bestimmung darüber getroffen, welche Designs durch den gezahlten Gebührenbetrag gedeckt werden sollen, so bestimmt das Deutsche Patent- und Markenamt, welche Designs berücksichtigt werden. [2] Im Übrigen gilt die Anmeldung als zurückgenommen. [3] Das Deutsche Patent- und Markenamt stellt dies fest.

(3) [1] Das Deutsche Patent- und Markenamt fordert bei Mängeln nach Absatz 1 Nummer 2 und 3 den Anmelder auf, innerhalb einer bestimmten Frist die festgestellten Mängel zu beseitigen. [2] Kommt der Anmelder der Aufforderung des Deutschen Patent- und Markenamts nach, so erkennt das

---

1) § 15 Abs. 4 Satz 1 geänd. mWv 1. 7. 2016 durch G v. 4. 4. 2016 (BGBl. I S. 558).

2) *§ 16 Abs. 2 aufgeh., bish. Abs. 3 und 4* werden Abs. 2 und 3 mWv 1. 7. 2016 durch G v. 4. 4. 2016 (BGBl. I S. 558).

3) Nr. **70 b**.

Deutsche Patent- und Markenamt bei Mängeln nach Absatz 1 Nummer 2 als Anmeldetag nach § 13 Absatz 1 den Tag an, an dem die festgestellten Mängel beseitigt werden. [3] Werden die Mängel nicht fristgerecht beseitigt, so weist das Deutsche Patent- und Markenamt die Anmeldung durch Beschluss zurück.

§ 17 Weiterbehandlung der Anmeldung. (1) Ist nach Versäumung einer vom Deutschen Patent- und Markenamt bestimmten Frist die Designanmeldung zurückgewiesen worden, so wird der Beschluss über die Zurückweisung wirkungslos, ohne dass es seiner ausdrücklichen Aufhebung bedarf, wenn der Anmelder die Weiterbehandlung der Anmeldung beantragt und die versäumte Handlung nachholt.

(2) [1] Der Antrag zur Weiterbehandlung ist innerhalb einer Frist von einem Monat nach Zustellung des Beschlusses über die Zurückweisung der Designanmeldung einzureichen. [2] Die versäumte Handlung ist innerhalb dieser Frist nachzuholen.

(3) Gegen die Versäumung der Frist nach Absatz 2 und der Frist zur Zahlung der Weiterbehandlungsgebühr nach § 6 Absatz 1 Satz 1 des Patentkostengesetzes[1)] ist eine Wiedereinsetzung nicht gegeben.

(4) Über den Antrag beschließt die Stelle, die über die nachgeholte Handlung zu beschließen hat.

§ 18 Eintragungshindernisse. Ist der Gegenstand der Anmeldung kein Design im Sinne des § 1 Nummer 1 oder ist ein Design nach § 3 Absatz 1 Nummer 3 oder Nummer 4 vom Designschutz ausgeschlossen, so weist das Deutsche Patent- und Markenamt die Anmeldung zurück.

§ 19[2)] Führung des Registers, Eintragung und Designinformation.

(1) Das Register für eingetragene Designs wird vom Deutschen Patent- und Markenamt geführt.

(2) Das Deutsche Patent- und Markenamt trägt die eintragungspflichtigen Angaben des Anmelders in das Register ein, ohne dessen Berechtigung zur Anmeldung und die Richtigkeit der in der Anmeldung gemachten Angaben zu prüfen, und bestimmt, welche Warenklassen einzutragen sind.

(3) [1] Zur weiteren Verarbeitung oder Nutzung zu Zwecken der Designinformation kann das Deutsche Patent- und Markenamt die in das Register eingetragenen Angaben an Dritte in elektronischer Form übermitteln. [2] Die Übermittlung erfolgt nicht, soweit die Einsicht nach § 22 Absatz 3 ausgeschlossen ist.

§ 20[3)] Bekanntmachung. (1) [1] Die Eintragung in das Register wird mit einer Wiedergabe des eingetragenen Designs durch das Deutsche Patent- und Markenamt bekannt gemacht. [2] Sie erfolgt ohne Gewähr für die Vollständigkeit der Abbildung und die Erkennbarkeit der Erscheinungsmerkmale des Designs.

(2) Die Bekanntmachung kann in elektronischer Form erfolgen.

---

1) Nr. **70b**.
2) § 19 Überschrift neu gef., Abs. 3 angef. mWv 1.7.2016 durch G v. 4.4.2016 (BGBl. I S. 558).
3) § 20 Abs. 2 angef. mWv 1.7.2016 durch G v. 4.4.2016 (BGBl. I S. 558).

§ 21[1] Aufschiebung der Bekanntmachung. (1) [1]Mit der Anmeldung kann für die Wiedergabe die Aufschiebung der Bekanntmachung um 30 Monate ab dem Anmeldetag beantragt werden. [2]Wird der Antrag gestellt, so beschränkt sich die Bekanntmachung auf die Eintragung des Designs in das Register.

(2) [1]Der Schutz kann auf die Schutzdauer nach § 27 Absatz 2 erstreckt werden, wenn der Rechtsinhaber innerhalb der Aufschiebungsfrist die Erstreckungsgebühr nach § 5 Absatz 1 Satz 1 des Patentkostengesetzes[2] entrichtet. [2]Sofern von der Möglichkeit des § 11 Absatz 2 Satz 2 Gebrauch gemacht worden ist, ist innerhalb der Aufschiebungsfrist auch eine Wiedergabe des Designs einzureichen.

(3) Die Bekanntmachung mit der Wiedergabe nach § 20 wird unter Hinweis auf die Bekanntmachung nach Absatz 1 Satz 2 bei Ablauf der Aufschiebungsfrist oder auf Antrag auch zu einem früheren Zeitpunkt nachgeholt.

(4) [1]Die Schutzdauer endet mit dem Ablauf der Aufschiebungsfrist, wenn der Schutz nicht nach Absatz 2 erstreckt wird. [2]Bei eingetragenen Designs, die auf Grund einer Sammelanmeldung eingetragen worden sind, kann die nachgeholte Bekanntmachung auf einzelne eingetragene Designs beschränkt werden.

§ 22[3] Einsichtnahme in das Register. (1) [1]Die Einsicht in das Register steht jedermann frei. [2]Das Recht, die Wiedergabe eines eingetragenen Designs und die vom Deutschen Patent- und Markenamt über das eingetragene Design geführten Akten einzusehen, besteht, wenn

1. die Wiedergabe bekannt gemacht worden ist,
2. der Anmelder oder Rechtsinhaber seine Zustimmung erteilt hat oder
3. ein berechtigtes Interesse glaubhaft gemacht wird.

(2) Die Einsicht in die Akten nach Absatz 1 Satz 2 kann bei elektronisch geführten Akten auch über das Internet gewährt werden.

(3) Die Akteneinsicht nach den Absätzen 1 und 2 ist ausgeschlossen, soweit

1. ihr eine Rechtsvorschrift entgegensteht,
2. das schutzwürdige Interesse der betroffenen Person im Sinne des Artikels 4 Nummer 1 der Verordnung (EU) 679/2016[4] des Europäischen Parlaments und des Rates vom 27. April 2016 zum Schutz natürlicher Personen bei der Verarbeitung personenbezogener Daten, zum freien Datenverkehr und zur Aufhebung der Richtlinie 95/46/EG (Datenschutz-Grundverordnung) (ABl. L 119 vom 4.5.2016, S. 1; L 314 vom 22.11.2016, S. 72; L 127 vom 23.5.2018, S. 2) in der jeweils geltenden Fassung offensichtlich überwiegt oder
3. sie auf Akteninhalte bezogen ist, die offensichtlich gegen die öffentliche Ordnung oder die guten Sitten verstoßen.

---

[1] § 21 Abs. 1 Satz 2 und Abs. 2 Satz 2 geänd. mWv 1.7.2016 durch G v. 4.4.2016 (BGBl. I S. 558).
[2] Nr. **70b**.
[3] *§ 22 Abs. 3* geänd. mWv 25.5.2018 durch G v. 17.7.2017 (BGBl. I S. 2541); Abs. 3 neu gef. mWv 18.8.2021 durch G v. 10.8.2021 (BGBl. I S. 3490).
[4] **Sartorius Nr. 246.**

§ 22a[1] **Datenschutz.** [1]Soweit personenbezogene Daten im Register oder in öffentlich zugänglichen elektronischen Informationsdiensten des Deutschen Patent- und Markenamtes enthalten sind, bestehen nicht

1. die Rechte auf Auskunft gemäß Artikel 15 Absatz 1 Buchstabe c der Verordnung (EU) 2016/679[2],
2. die Mitteilungspflicht gemäß Artikel 19 Satz 2 der Verordnung (EU) 2016/679 und
3. das Recht auf Widerspruch gemäß Artikel 21 Absatz 1 der Verordnung (EU) 2016/679.

[2]Das Recht auf Erhalt einer Kopie nach Artikel 15 Absatz 3 der Verordnung (EU) 2016/679 wird dadurch erfüllt, dass die betroffene Person Einsicht in das Register oder in öffentlich zugängliche elektronische Informationsdienste des Deutschen Patent- und Markenamtes nehmen kann.

§ 23[3] **Verfahrensvorschriften, Beschwerde und Rechtsbeschwerde.**

(1) [1]Im Deutschen Patent- und Markenamt werden zur Durchführung der Verfahren in Designangelegenheiten eine oder mehrere Designstellen und Designabteilungen gebildet. [2]Die Designstellen sind für die Entscheidungen im Verfahren nach diesem Gesetz mit Ausnahme des Nichtigkeitsverfahrens nach § 34a zuständig und sind mit einem rechtskundigen Mitglied im Sinne des § 26 Absatz 2 Satz 2 des Patentgesetzes[4] zu besetzen. [3]§ 47 des Patentgesetzes gilt entsprechend.

(2) [1]Im Nichtigkeitsverfahren nach § 34a beschließt eine der Designabteilungen des Deutschen Patent- und Markenamts, die jeweils mit drei rechtskundigen Mitgliedern im Sinne des § 26 Absatz 2 Satz 2 des Patentgesetzes zu besetzen sind. [2]Wirft die Sache besondere technische Fragen auf, so soll ein technisches Mitglied im Sinne des § 26 Absatz 2 Satz 2 des Patentgesetzes hinzugezogen werden. [3]Über die Zuziehung eines technischen Mitglieds entscheidet der Vorsitzende der zuständigen Designabteilung durch nicht selbständig anfechtbaren Beschluss.

(3) [1]Für die Ausschließung und Ablehnung der Mitglieder der Designstellen und der Designabteilungen gelten die §§ 41 bis 44, 45 Absatz 2 Satz 2 und die §§ 47 bis 49 der Zivilprozessordnung[5] über die Ausschließung und Ablehnung der Gerichtspersonen entsprechend. [2]Über das Ablehnungsgesuch entscheidet, soweit es einer Entscheidung bedarf, ein anderes rechtskundiges Mitglied des Deutschen Patent- und Markenamts, das der Präsident oder die Präsidentin des Deutschen Patent- und Markenamts allgemein für Entscheidungen dieser Art bestimmt hat. [3]§ 123 Absatz 1 bis 5 und 7 und die §§ 124, 126 bis 128a des Patentgesetzes sind entsprechend anzuwenden.

(4) [1]Gegen die Beschlüsse des Deutschen Patent- und Markenamts im Verfahren nach diesem Gesetz findet die Beschwerde an das Bundespatentgericht statt. [2]Über die Beschwerde entscheidet ein Beschwerdesenat des Bundespatentgerichts in der Besetzung mit drei rechtskundigen Mitgliedern. [3]Absatz 2 Satz 2 und 3 gilt mit der Maßgabe, dass der Beschwerdesenat in der Besetzung

---

[1] § 22a eingef. mWv 25.5.2018 durch G v. 17.7.2017 (BGBl. I S. 2541).
[2] **Sartorius Nr. 246.**
[3] § 23 Abs. 3 Satz 2 geänd., Abs. 4 neu gef. mWv 1.7.2016 durch G v. 4.4.2016 (BGBl. I S. 558).
[4] Nr. **70.**
[5] **Habersack, Deutsche Gesetze Nr. 100.**

mit drei rechtskundigen Mitgliedern durch unanfechtbaren Beschluss über die Erweiterung des Spruchkörpers entscheidet; auf eine erfolgte oder unterlassene Spruchkörpererweiterung findet § 100 Absatz 3 Nummer 1 des Patentgesetzes keine Anwendung. [4] Die §§ 69, 70 Absatz 2, § 73 Absatz 2 bis 4, § 74 Absatz 1, § 75 Absatz 1, die §§ 76 bis 80 und 86 bis 99, 123 Absatz 1 bis 5 und 7 und die §§ 124, 126 bis 128b des Patentgesetzes gelten entsprechend. [5] Im Beschwerdeverfahren gegen Beschlüsse, die im Nichtigkeitsverfahren nach § 34a ergangen sind, gilt § 84 Absatz 2 Satz 2 und 3 des Patentgesetzes entsprechend.

(5) [1] Gegen die Beschlüsse des Beschwerdesenats über eine Beschwerde nach Absatz 2 findet die Rechtsbeschwerde an den Bundesgerichtshof statt, wenn der Beschwerdesenat die Rechtsbeschwerde zugelassen hat. [2] § 100 Absatz 2 und 3, die §§ 101 bis 109, 123 Absatz 1 bis 5 und 7 sowie die §§ 124 und 128b des Patentgesetzes finden entsprechende Anwendung.

§ 24[1)] Verfahrenskostenhilfe. [1] In Verfahren nach § 23 Absatz 1 erhält der Anmelder auf Antrag unter entsprechender Anwendung der §§ 114 bis 116 der Zivilprozessordnung[2)] Verfahrenskostenhilfe, wenn hinreichende Aussicht auf Eintragung des Designs in das Register besteht. [2] Auf Antrag ist einem Beteiligten im Verfahren nach § 34a unter entsprechender Anwendung des § 132 Absatz 2 des Patentgesetzes[3)] Verfahrenskostenhilfe zu gewähren. [3] Auf Antrag des Rechtsinhabers kann Verfahrenskostenhilfe auch für die Kosten der Erstreckung des Schutzes nach § 21 Absatz 2 Satz 1 und für die Aufrechterhaltungsgebühren nach § 28 Absatz 1 Satz 1 gewährt werden. [4] § 130 Absatz 2 und 3 sowie die §§ 133 bis 138 des Patentgesetzes finden entsprechende Anwendung.

§ 25[4)] Elektronische Verfahrensführung, Verordnungsermächtigung. (1) Soweit in Verfahren vor dem Deutschen Patent- und Markenamt für Anmeldungen, Anträge oder sonstige Handlungen die Schriftform vorgesehen ist, gelten die Regelungen des § 130a Absatz 1, 2 Satz 1, Absatz 5 und 6 der Zivilprozessordnung[2)] entsprechend.

(2) [1] Die Prozessakten des Bundespatentgerichts und des Bundesgerichtshofs können elektronisch geführt werden. [2] Die Vorschriften der Zivilprozessordnung über elektronische Dokumente, die elektronische Akte und die elektronische Verfahrensführung im Übrigen gelten entsprechend, soweit sich aus diesem Gesetz nichts anderes ergibt.

(3) Das Bundesministerium der Justiz und für Verbraucherschutz bestimmt durch Rechtsverordnung ohne Zustimmung des Bundesrates

1. den Zeitpunkt, von dem an elektronische Dokumente bei dem Deutschen Patent- und Markenamt und den Gerichten eingereicht werden können, die für die Bearbeitung der Dokumente geeignete Form, ob eine elektronische Signatur zu verwenden ist und wie diese Signatur beschaffen ist;
2. den Zeitpunkt, von dem an die Prozessakten nach Absatz 2 elektronisch geführt werden können, sowie die hierfür geltenden organisatorisch-technischen Rahmenbedingungen für die Bildung, Führung und Aufbewahrung der elektronischen Prozessakten.

---

1) § 24 Satz 1 geänd., Satz 4 neu gef. mWv 1.7.2016 durch G v. 4.4.2016 (BGBl. I S. 558).

2) **Habersack, Deutsche Gesetze Nr. 100.**

3) *Nr. 70.*

4) § 25 Abs. 1 geänd. mWv 1.1.2018 durch G v. 10.10.2013 (BGBl. I S. 3786); Abs. 3 Nr. 1 geänd. mWv 1.7.2016 durch G v. 4.4.2016 (BGBl. I S. 558).

§ 26[1)] Verordnungsermächtigungen. (1) Das Bundesministerium der Justiz und für Verbraucherschutz regelt durch Rechtsverordnung, die nicht der Zustimmung des Bundesrates bedarf,

1. die Einrichtung und den Geschäftsgang des Deutschen Patent- und Markenamts sowie die Form des Verfahrens in Designangelegenheiten, soweit nicht durch Gesetz Bestimmungen darüber getroffen sind,
2. die Form und die sonstigen Erfordernisse der Anmeldung und der Wiedergabe des Designs,
3. die zulässigen Abmessungen eines nach § 11 Absatz 2 Satz 2 der Anmeldung beigefügten Designabschnitts,
4. den Inhalt und Umfang einer der Anmeldung beigefügten Beschreibung zur Erläuterung der Wiedergabe,
5. die Einteilung der Warenklassen,
6. die Führung und Gestaltung des Registers einschließlich der in das Register einzutragenden Tatsachen sowie die Einzelheiten der Bekanntmachung,
7. die Behandlung der einer Anmeldung zur Wiedergabe des eingetragenen Designs beigefügten Erzeugnisse nach Löschung der Eintragung in das Register,
8. das Verfahren beim Deutschen Patent- und Markenamt für den Schutz von Designs nach dem Haager Abkommen,
9. das Verfahren vor dem Deutschen Patent- und Markenamt zur Feststellung oder Erklärung der Nichtigkeit eines eingetragenen Designs nach § 34a und
10. für alle Dienststellen des Deutschen Patent- und Markenamts die Berücksichtigung von gesetzlichen Feiertagen bei Fristen.

(2) [1] Das Bundesministerium der Justiz und für Verbraucherschutz wird ermächtigt, durch Rechtsverordnung, die nicht der Zustimmung des Bundesrates bedarf, Beamte des gehobenen und mittleren Dienstes sowie vergleichbare Angestellte mit der Wahrnehmung von Geschäften im Verfahren in Registersachen zu betrauen, die ihrer Art nach keine besonderen rechtlichen Schwierigkeiten bieten. [2] Ausgeschlossen davon sind jedoch

1. die Zurückweisung nach § 18 und die Verweigerung des Schutzes einer internationalen Eintragung nach § 69,
2. die Entscheidungen im Nichtigkeitsverfahren nach § 34a und
3. die Abhilfe oder Vorlage der Beschwerde (§ 23 Absatz 4 Satz 4) gegen einen Beschluss im Verfahren nach diesem Gesetz.

(3) Für die Ausschließung und Ablehnung einer nach Maßgabe des Absatzes 2 Satz 1 betrauten Person findet § 23 Absatz 3 Satz 1 und 2 entsprechende Anwendung.

(4) Das Bundesministerium der Justiz und für Verbraucherschutz kann die Ermächtigungen nach den Absätzen 1 und 2 durch Rechtsverordnung, die nicht der Zustimmung des Bundesrates bedarf, ganz oder teilweise auf das Deutsche Patent- und Markenamt übertragen.

[1)] § 26 Abs. 1 Nr. 7 und 8 geänd., Nr. 9 angef., Abs. 2 Satz 2 Nr. 3 geänd. mWv 1.7.2016 durch G v. 4.4.2016 (BGBl. I S. 558); Abs. 1 Nr. 8 und 9 geänd., Nr. 10 angef. mWv 18.8.2021 durch G v. 10.8.2021 (BGBl. I S. 3490).

Abschnitt 4. Entstehung und Dauer des Schutzes

§ 27 Entstehung und Dauer des Schutzes. (1) Der Schutz entsteht mit der Eintragung in das Register.

(2) Die Schutzdauer des eingetragenen Designs beträgt 25 Jahre, gerechnet ab dem Anmeldetag.

§ 28 Aufrechterhaltung. (1) [1]Die Aufrechterhaltung des Schutzes wird durch Zahlung einer Aufrechterhaltungsgebühr jeweils für das 6. bis 10., 11. bis 15., 16. bis 20. und für das 21. bis 25. Jahr der Schutzdauer bewirkt. [2]Sie wird in das Register eingetragen und bekannt gemacht.

(2) Wird bei eingetragenen Designs, die auf Grund einer Sammelanmeldung eingetragen worden sind, die Aufrechterhaltungsgebühr ohne nähere Angaben nur für einen Teil der eingetragenen Designs gezahlt, so werden diese in der Reihenfolge der Anmeldung berücksichtigt.

(3) Wird der Schutz nicht aufrechterhalten, so endet die Schutzdauer.

Abschnitt 5. Eingetragenes Design als Gegenstand des Vermögens

§ 29 Rechtsnachfolge. (1) Das Recht an einem eingetragenen Design kann auf andere übertragen werden oder übergehen.

(2) Gehört das eingetragene Design zu einem Unternehmen oder zu einem Teil eines Unternehmens, so wird das eingetragene Design im Zweifel von der Übertragung oder dem Übergang des Unternehmens oder des Teils des Unternehmens, zu dem das eingetragene Design gehört, erfasst.

(3) Der Übergang des Rechts an dem eingetragenen Design wird auf Antrag des Rechtsinhabers oder des Rechtsnachfolgers in das Register eingetragen, wenn er dem Deutschen Patent- und Markenamt nachgewiesen wird.

§ 30 Dingliche Rechte, Zwangsvollstreckung, Insolvenzverfahren.

(1) Das Recht an einem eingetragenen Design kann

1. Gegenstand eines dinglichen Rechts sein, insbesondere verpfändet werden, oder
2. Gegenstand von Maßnahmen der Zwangsvollstreckung sein.

(2) Die in Absatz 1 Nummer 1 genannten Rechte oder die in Absatz 1 Nummer 2 genannten Maßnahmen werden auf Antrag eines Gläubigers oder eines anderen Berechtigten in das Register eingetragen, wenn sie dem Deutschen Patent- und Markenamt nachgewiesen werden.

(3) [1]Wird das Recht an einem eingetragenen Design durch ein Insolvenzverfahren erfasst, so wird das auf Antrag des Insolvenzverwalters oder auf Ersuchen des Insolvenzgerichts in das Register eingetragen. [2]Für den Fall der Mitinhaberschaft an einem eingetragenen Design findet Satz 1 auf den Anteil des Mitinhabers entsprechende Anwendung. [3]Im Fall der Eigenverwaltung (§ 270 der Insolvenzordnung[1]) tritt der Sachwalter an die Stelle des Insolvenzverwalters.

---

[1] **Habersack, Deutsche Gesetze Nr. 110.**

§ 31 Lizenz. (1) [1] Der Rechtsinhaber kann Lizenzen für das gesamte Gebiet oder einen Teil des Gebiets der Bundesrepublik Deutschland erteilen. [2] Eine Lizenz kann ausschließlich oder nicht ausschließlich sein.

(2) Der Rechtsinhaber kann die Rechte aus dem eingetragenen Design gegen einen Lizenznehmer geltend machen, der hinsichtlich

1. der Dauer der Lizenz,
2. der Form der Nutzung des eingetragenen Designs,
3. der Auswahl der Erzeugnisse, für die die Lizenz erteilt worden ist,
4. des Gebiets, für das die Lizenz erteilt worden ist, oder
5. der Qualität der vom Lizenznehmer hergestellten Erzeugnisse

gegen eine Bestimmung des Lizenzvertrags verstößt.

(3) [1] Unbeschadet der Bestimmungen des Lizenzvertrags kann der Lizenznehmer ein Verfahren wegen Verletzung eines eingetragenen Designs nur mit Zustimmung des Rechtsinhabers anhängig machen. [2] Dies gilt nicht für den Inhaber einer ausschließlichen Lizenz, wenn der Rechtsinhaber, nachdem er dazu aufgefordert wurde, innerhalb einer angemessenen Frist nicht selbst ein Verletzungsverfahren anhängig macht.

(4) Jeder Lizenznehmer kann als Streitgenosse einer vom Rechtsinhaber erhobenen Verletzungsklage beitreten, um den Ersatz seines eigenen Schadens geltend zu machen.

(5) Die Rechtsnachfolge nach § 29 oder die Erteilung einer Lizenz im Sinne des Absatzes 1 berührt nicht Lizenzen, die Dritten vorher erteilt worden sind.

§ 32 Angemeldete Designs. Die Vorschriften dieses Abschnitts gelten entsprechend für die Rechte, die durch die Anmeldung von Designs begründet werden.

Abschnitt 6. Nichtigkeit und Löschung[1)]

§ 33[2)] Nichtigkeit. (1) Ein eingetragenes Design ist nichtig, wenn

1. die Erscheinungsform des Erzeugnisses kein Design im Sinne des § 1 Nummer 1 ist,
2. das Design nicht neu ist oder keine Eigenart hat,
3. das Design vom Designschutz nach § 3 ausgeschlossen ist.

(2) Ein eingetragenes Design wird für nichtig erklärt, wenn

1. es eine unerlaubte Benutzung eines durch das Urheberrecht geschützten Werkes darstellt,
2. es in den Schutzumfang eines eingetragenen Designs mit älterem Zeitrang fällt, auch wenn dieses eingetragene Design erst nach dem Anmeldetag des für nichtig zu erklärenden eingetragenen Designs offenbart wurde,
3. in ihm ein Zeichen mit Unterscheidungskraft älteren Zeitrangs verwendet wird und der Inhaber des Zeichens berechtigt ist, die Verwendung zu untersagen.

---

1) Siehe hierzu Übergangsvorschriften in § 74 Abs. 2.

2) § 33 Abs. 2 Satz 2 aufgeh., Abs. 6 angef. mWv 1.7.2016 durch G v. 4.4.2016 (BGBl. I S. 558).

(3) Die Nichtigkeit wird durch Beschluss des Deutschen Patent- und Markenamts oder durch Urteil auf Grund Widerklage im Verletzungsverfahren festgestellt oder erklärt.

(4) Die Schutzwirkungen der Eintragung eines Designs gelten mit Unanfechtbarkeit des Beschlusses des Deutschen Patent- und Markenamts oder der Rechtskraft des Urteils, mit dem die Nichtigkeit festgestellt oder erklärt wird, als von Anfang an nicht eingetreten.

(5) Die Nichtigkeit kann auch nach Beendigung der Schutzdauer des eingetragenen Designs oder nach einem Verzicht auf das eingetragene Design festgestellt oder erklärt werden.

(6) [1] Der Inhaber des eingetragenen Designs kann in den Fällen der Nichtigkeit nach den Absätzen 1 und 2 durch Erklärung gegenüber dem Deutschen Patent- und Markenamt in die Löschung einwilligen. [2] Die Schutzwirkungen der Eintragung eines zu löschenden Designs gelten als von Anfang an nicht eingetreten.

§ 34 Antragsbefugnis. [1] Zur Stellung des Antrags auf Feststellung der Nichtigkeit nach § 33 Absatz 1 ist jedermann befugt. [2] Zur Stellung des Antrags auf Erklärung der Nichtigkeit nach § 33 Absatz 2 ist nur der Inhaber des betroffenen Rechts befugt. [3] Den Nichtigkeitsgrund gemäß § 33 Absatz 1 Nummer 3 in Verbindung mit § 3 Absatz 1 Nummer 4 kann nur derjenige geltend machen, der von der Benutzung betroffen ist; eine Geltendmachung von Amts wegen durch die zuständige Behörde bleibt unberührt.

§ 34a[1] Nichtigkeitsverfahren vor dem Deutschen Patent- und Markenamt. (1) [1] Der Antrag ist schriftlich beim Deutschen Patent- und Markenamt einzureichen. [2] Die zur Begründung dienenden Tatsachen und Beweismittel sind anzugeben. [3] § 81 Absatz 6 und § 125 des Patentgesetzes[2] gelten entsprechend. [4] Der Antrag ist unzulässig, soweit über denselben Streitgegenstand zwischen den Parteien durch unanfechtbaren Beschluss oder rechtskräftiges Urteil entschieden wurde.

(2) [1] Das Deutsche Patent- und Markenamt stellt dem Inhaber des eingetragenen Designs den Antrag zu und fordert ihn auf, sich innerhalb eines Monats nach Zustellung zu dem Antrag zu erklären. [2] Widerspricht der Inhaber dem Antrag nicht innerhalb dieser Frist, wird die Nichtigkeit festgestellt oder erklärt. [3] Soweit die Beteiligten das Verfahren in der Hauptsache für erledigt erklären oder der Antragsteller seinen Antrag zurücknimmt, wird das Verfahren durch Beschluss eingestellt; der Beschluss ist mit Ausnahme der Kostenentscheidung nach Absatz 5 unanfechtbar.

(3) [1] Wird dem Antrag rechtzeitig widersprochen, teilt das Deutsche Patent- und Markenamt dem Antragsteller den Widerspruch mit und trifft die zur Vorbereitung der Entscheidung erforderlichen Verfügungen. [2] Eine Anhörung findet statt, wenn ein Beteiligter dies beantragt oder das Deutsche Patent- und Markenamt dies für sachdienlich erachtet. [3] Zum Zweck der Beweiserhebung

---

[1] § 34a Abs. 2 Satz 3 angef., Abs. 3 Satz 3 neu gef., Abs. 4 Satz 1 geänd., Satz 3 neu gef., Satz 4 eingef., bish. Satz 4 wird Satz 5, Abs. 5 Sätze 4–6 angef. mWv 1.7.2016 durch G v. 4.4.2016 (BGBl. I S. 558); Abs. 5 Sätze 2 und 3 aufgeh., bish. Sätze 4–6 werden Sätze 2–4, Abs. 6 angef. mWv 18.8. *2021, Abs. 3 Satz 4 eingef., bish. Satz 4* wird Satz 5 mWv 1.5.2022 durch G v. 10.8.2021 (BGBl. I S. 3490).

[2] Nr. **70**.

kann die Vernehmung von Zeugen und Sachverständigen sowie die Vernehmung oder Anhörung der Beteiligten angeordnet, Augenschein eingenommen oder die Beweiskraft einer vorgelegten Urkunde gewürdigt werden; die Vorschriften des Zweiten Buches der Zivilprozessordnung zu diesen Beweismitteln sind entsprechend anzuwenden. [4] § 128a der Zivilprozessordnung[1)] ist entsprechend anzuwenden. [5] Über Anhörungen und Vernehmungen ist eine Niederschrift zu fertigen, die den wesentlichen Gang der Verhandlung wiedergibt und die rechtserheblichen Erklärungen der Beteiligten enthält; die §§ 160a, 162 und 163 der Zivilprozessordnung gelten entsprechend.

(4) [1] Die Entscheidung ergeht durch Beschluss. [2] Der Tenor kann am Ende der Anhörung verkündet werden. [3] Der Beschluss ist zu begründen und den Beteiligten von Amts wegen in Abschrift zuzustellen; eine Beglaubigung der Abschrift ist nicht erforderlich. [4] Ausfertigungen werden nur auf Antrag eines Beteiligten und nur in Papierform erteilt. [5] § 47 Absatz 2 des Patentgesetzes gilt entsprechend.

(5) [1] In dem Beschluss ist über die Kosten des Verfahrens zu entscheiden; § 62 Absatz 2 und § 84 Absatz 2 Satz 2 des Patentgesetzes gelten entsprechend. [2] In den Fällen des Absatzes 2 Satz 2 und 3 entscheidet das Deutsche Patent- und Markenamt nur auf Antrag über die Kosten des Verfahrens; die Entscheidung über die Kosten kann durch gesonderten Beschluss ergehen. [3] Der Kostenantrag kann wie folgt gestellt werden:

1. im Falle des Absatzes 2 Satz 2 bis zum Ablauf von einem Monat nach der Unanfechtbarkeit des Beschlusses über die Feststellung oder Erklärung der Nichtigkeit,
2. im Falle des Absatzes 2 Satz 3 bis zum Ablauf von einem Monat nach Zustellung des Beschlusses über die Einstellung des Verfahrens.

[4] Soweit eine Entscheidung über die Kosten nicht getroffen wird, trägt jeder Beteiligte die ihm erwachsenen Kosten selbst.

(6) [1] Der Gegenstandswert wird auf Antrag durch Beschluss festgesetzt. [2] Wird eine Entscheidung über die Kosten getroffen, kann von Amts wegen über den Gegenstandswert entschieden werden. [3] Der Beschluss über den Gegenstandswert kann mit der Kostenentscheidung verbunden werden. [4] Für die Festsetzung des Gegenstandswertes gelten § 23 Absatz 3 Satz 2 und § 33 Absatz 1 des Rechtsanwaltsvergütungsgesetzes[2)] entsprechend.

§ 34b Aussetzung. [1] Ist oder wird während des Nichtigkeitsverfahrens ein Rechtsstreit anhängig, dessen Entscheidung vom Rechtsbestand des eingetragenen Designs abhängt, kann das Gericht die Aussetzung des Rechtsstreits anordnen. [2] Die Aussetzung ist anzuordnen, wenn das Gericht das eingetragene Design für nichtig hält. [3] Ist der Nichtigkeitsantrag unanfechtbar zurückgewiesen worden, ist das Gericht an diese Entscheidung nur gebunden, wenn sie zwischen denselben Parteien ergangen ist. [4] § 52b Absatz 3 Satz 3 gilt entsprechend.

§ 34c Beitritt zum Nichtigkeitsverfahren. (1) [1] Ein Dritter kann einem Nichtigkeitsverfahren beitreten, wenn über den Antrag auf Feststellung oder Erklärung der Nichtigkeit noch keine unanfechtbare Entscheidung getroffen wurde und er glaubhaft machen kann, dass

---

[1)] **Habersack, Deutsche Gesetze Nr. 100.**
[2)] **Habersack, Deutsche Gesetze Nr. 117.**

1. gegen ihn ein Verfahren wegen Verletzung desselben eingetragenen Designs anhängig ist oder
2. er aufgefordert wurde, eine behauptete Verletzung desselben eingetragenen Designs zu unterlassen.

[2] Der Beitritt kann innerhalb von drei Monaten ab Einleitung des Verfahrens nach Satz 1 Nummer 1 oder ab Zugang der Unterlassungsaufforderung nach Satz 1 Nummer 2 erklärt werden.

(2) [1] Der Beitritt erfolgt durch Antragstellung; die §§ 34 und 34a gelten entsprechend. [2] Erfolgt der Beitritt im Beschwerdeverfahren vor dem Bundespatentgericht, erhält der Beitretende die Stellung eines Beschwerdeführers.

§ 35[1)] Teilweise Aufrechterhaltung. (1) Ein eingetragenes Design kann in geänderter Form bestehen bleiben,

1. durch Feststellung der Teilnichtigkeit oder im Wege der Erklärung eines Teilverzichts durch den Rechtsinhaber, wenn die Nichtigkeit nach § 33 Absatz 1 wegen mangelnder Neuheit oder Eigenart (§ 2 Absatz 2 oder Abs. 3) oder wegen Ausschlusses vom Designschutz (§ 3) festzustellen ist, oder
2. durch Erklärung der Teilnichtigkeit sowie Einwilligung in die teilweise Löschung oder Erklärung eines Teilverzichts, wenn die Erklärung der Nichtigkeit nach § 33 Absatz 2 Nummer 1 oder 3 verlangt werden kann,

sofern dann die Schutzvoraussetzungen erfüllt werden und das eingetragene Design seine Identität behält.

(2) Eine Wiedergabe des Designs in geänderter Form im Sinne des § 11 Absatz 2 Satz 1 Nummer 3 ist beim Deutschen Patent- und Markenamt einzureichen.

§ 36[2)] Löschung. (1) [1] Ein eingetragenes Design wird gelöscht

1. bei Beendigung der Schutzdauer;
2. bei Verzicht auf Antrag des Rechtsinhabers, wenn die Zustimmung anderer im Register eingetragener Inhaber von Rechten am eingetragenen Design sowie des Klägers im Falle eines Verfahrens nach § 9 vorgelegt wird;
3. auf Antrag eines Dritten, wenn dieser mit dem Antrag eine öffentliche oder öffentlich beglaubigte Urkunde mit Erklärungen nach Nummer 2 vorlegt;
4. bei Einwilligung in die Löschung nach § 9 oder § 33 Absatz 6 Satz 1;
5. auf Grund eines unanfechtbaren Beschlusses oder rechtskräftigen Urteils über die Feststellung oder Erklärung der Nichtigkeit.

[2] Über die Ablehnung der Löschung entscheidet das Deutsche Patent- und Markenamt durch Beschluss.

(2) Verzichtet der Rechtsinhaber nach Absatz 1 Nummer 2 und 3 nur teilweise auf das eingetragene Design, erklärt er nach Absatz 1 Nummer 4 seine Einwilligung in die Löschung eines Teils des eingetragenen Designs oder wird nach Absatz 1 Nummer 5 eine Teilnichtigkeit festgestellt, so erfolgt statt der Löschung des eingetragenen Designs eine entsprechende Eintragung in das Register.

[1)] § 35 Abs. 1 Nr. 2 geänd. mWv 1.7.2016 durch G v. 4.4.2016 (BGBl. I S. 558).
[2)] § 36 Abs. 1 Satz 1 Nr. 4 geänd. mWv 1.7.2016 durch G v. 4.4.2016 (BGBl. I S. 558).

Abschnitt 7. Schutzwirkungen und Schutzbeschränkungen

§ 37 Gegenstand des Schutzes. (1) Der Schutz wird für diejenigen Merkmale der Erscheinungsform eines eingetragenen Designs begründet, die in der Anmeldung sichtbar wiedergegeben sind.

(2) Enthält für die Zwecke der Aufschiebung der Bekanntmachung eine Anmeldung nach § 11 Absatz 2 Satz 2 einen flächenmäßigen Designabschnitt, so bestimmt sich bei ordnungsgemäßer Erstreckung mit Ablauf der Aufschiebung nach § 21 Absatz 2 der Schutzgegenstand nach der eingereichten Wiedergabe des eingetragenen Designs.

(Fortsetzung nächstes Blatt)

§ 38 Rechte aus dem eingetragenen Design und Schutzumfang.

(1) [1]Das eingetragene Design gewährt seinem Rechtsinhaber das ausschließliche Recht, es zu benutzen und Dritten zu verbieten, es ohne seine Zustimmung zu benutzen. [2]Eine Benutzung schließt insbesondere die Herstellung, das Anbieten, das Inverkehrbringen, die Einfuhr, die Ausfuhr, den Gebrauch eines Erzeugnisses, in das das eingetragene Design aufgenommen oder bei dem es verwendet wird, und den Besitz eines solchen Erzeugnisses zu den genannten Zwecken ein.

(2) [1]Der Schutz aus einem eingetragenen Design erstreckt sich auf jedes Design, das beim informierten Benutzer keinen anderen Gesamteindruck erweckt. [2]Bei der Beurteilung des Schutzumfangs wird der Grad der Gestaltungsfreiheit des Entwerfers bei der Entwicklung seines Designs berücksichtigt.

(3) Während der Dauer der Aufschiebung der Bekanntmachung (§ 21 Absatz 1 Satz 1) setzt der Schutz nach den Absätzen 1 und 2 voraus, dass das Design das Ergebnis einer Nachahmung des eingetragenen Designs ist.

§ 39 Vermutung der Rechtsgültigkeit. Zugunsten des Rechtsinhabers wird vermutet, dass die an die Rechtsgültigkeit eines eingetragenen Designs zu stellenden Anforderungen erfüllt sind.

§ 40 Beschränkungen der Rechte aus dem eingetragenen Design.

Rechte aus einem eingetragenen Design können nicht geltend gemacht werden gegenüber

1. Handlungen, die im privaten Bereich zu nichtgewerblichen Zwecken vorgenommen werden;
2. Handlungen zu Versuchszwecken;
3. Wiedergaben zum Zwecke der Zitierung oder der Lehre, vorausgesetzt, solche Wiedergaben sind mit den Gepflogenheiten des redlichen Geschäftsverkehrs vereinbar, beeinträchtigen die normale Verwertung des eingetragenen Designs nicht über Gebühr und geben die Quelle an;
4. Einrichtungen in Schiffen und Luftfahrzeugen, die im Ausland zugelassen sind und nur vorübergehend in das Inland gelangen;
5. der Einfuhr von Ersatzteilen und von Zubehör für die Reparatur sowie für die Durchführung von Reparaturen an Schiffen und Luftfahrzeugen im Sinne von Nummer 4.

§ 40a[1)] Reparaturklausel. (1) [1]Es besteht kein Designschutz für ein in ein Erzeugnis eingebautes oder darauf angewandtes Design, das ein Bauelement eines komplexen Erzeugnisses ist und das allein mit dem Ziel verwendet wird, die Reparatur dieses komplexen Erzeugnisses zu ermöglichen, um ihm wieder sein ursprüngliches Erscheinungsbild zu verleihen. [2]Dies gilt nicht, wenn der vorrangige Zweck, zu dem das genannte Bauelement auf den Markt gebracht wird, ein anderer als die Reparatur des komplexen Erzeugnisses ist.

(2) Absatz 1 findet nur Anwendung, sofern die Verbraucher ordnungsgemäß über den Ursprung des zu Reparaturzwecken verwendeten Erzeugnisses durch Verwendung einer Kennzeichnung oder in einer anderen geeigneten Form

[1)] § 40a eingef. mWv 2.12.2020 durch G v. 26.11.2020 (BGBl. I S. 2568).

unterrichtet werden, so dass diese in Kenntnis der Sachlage unter miteinander im Wettbewerb stehenden Erzeugnissen für Reparaturzwecke wählen können.

§ 41 Vorbenutzungsrecht. (1) [1] Rechte nach § 38 können gegenüber einem Dritten, der vor dem Anmeldetag im Inland ein identisches Design, das unabhängig von einem eingetragenen Design entwickelt wurde, gutgläubig in Benutzung genommen oder wirkliche und ernsthafte Anstalten dazu getroffen hat, nicht geltend gemacht werden. [2] Der Dritte ist berechtigt, das Design zu verwerten. [3] Die Vergabe von Lizenzen (§ 31) ist ausgeschlossen.

(2) Die Rechte des Dritten sind nicht übertragbar, es sei denn, der Dritte betreibt ein Unternehmen und die Übertragung erfolgt zusammen mit dem Unternehmensteil, in dessen Rahmen die Benutzung erfolgte oder die Anstalten getroffen wurden.

Abschnitt 8. Rechtsverletzungen

§ 42 Beseitigung, Unterlassung und Schadenersatz. (1) [1] Wer entgegen § 38 Absatz 1 Satz 1 ein eingetragenes Design benutzt (Verletzer), kann von dem Rechtsinhaber oder einem anderen Berechtigten (Verletzten) auf Beseitigung der Beeinträchtigung und bei Wiederholungsgefahr auf Unterlassung in Anspruch genommen werden. [2] Der Anspruch auf Unterlassung besteht auch dann, wenn eine Zuwiderhandlung erstmalig droht.

(2) [1] Handelt der Verletzer vorsätzlich oder fahrlässig, ist er zum Ersatz des daraus entstandenen Schadens verpflichtet. [2] Bei der Bemessung des Schadensersatzes kann auch der Gewinn, den der Verletzer durch die Verletzung des Rechts erzielt hat, berücksichtigt werden. [3] Der Schadensersatzanspruch kann auch auf der Grundlage des Betrages berechnet werden, den der Verletzer als angemessene Vergütung hätte entrichten müssen, wenn er die Erlaubnis zur Nutzung des eingetragenen Designs eingeholt hätte.

§ 43 Vernichtung, Rückruf und Überlassung. (1) [1] Der Verletzte kann den Verletzer auf Vernichtung der im Besitz oder Eigentum des Verletzers befindlichen rechtswidrig hergestellten, verbreiteten oder zur rechtswidrigen Verbreitung bestimmten Erzeugnisse in Anspruch nehmen. [2] Satz 1 ist entsprechend auf die im Eigentum des Verletzers stehenden Vorrichtungen anzuwenden, die vorwiegend zur Herstellung dieser Erzeugnisse gedient haben.

(2) Der Verletzte kann den Verletzer auf Rückruf von rechtswidrig hergestellten, verbreiteten oder zur rechtswidrigen Verbreitung bestimmten Erzeugnissen oder auf deren endgültiges Entfernen aus den Vertriebswegen in Anspruch nehmen.

(3) Statt der in Absatz 1 vorgesehenen Maßnahmen kann der Verletzte verlangen, dass ihm die Erzeugnisse, die im Eigentum des Verletzers stehen, gegen eine angemessene Vergütung, welche die Herstellungskosten nicht übersteigen darf, überlassen werden.

(4) [1] Die Ansprüche nach den Absätzen 1 bis 3 sind ausgeschlossen, wenn die Maßnahme im Einzelfall unverhältnismäßig ist. [2] Bei der Prüfung der Verhältnismäßigkeit sind auch die berechtigten Interessen Dritter zu berücksichtigen.

(5) Wesentliche Bestandteile von Gebäuden nach § 93 des Bürgerlichen Gesetzbuchs[1)] sowie ausscheidbare Teile von Erzeugnissen und Vorrichtungen, deren Herstellung und Verbreitung nicht rechtswidrig ist, unterliegen nicht den in den Absätzen 1 bis 3 vorgesehenen Maßnahmen.

§ 44 Haftung des Inhabers eines Unternehmens. Ist in einem Unternehmen von einem Arbeitnehmer oder Beauftragten ein eingetragenes Design widerrechtlich verletzt worden, so hat der Verletzte die Ansprüche aus den §§ 42 und 43 mit Ausnahme des Anspruchs auf Schadenersatz auch gegen den Inhaber des Unternehmens.

§ 45 Entschädigung. [1] Handelt der Verletzer weder vorsätzlich noch fahrlässig, so kann er zur Abwendung der Ansprüche nach den §§ 42 und 43 den Verletzten in Geld entschädigen, wenn ihm durch die Erfüllung der Ansprüche ein unverhältnismäßig großer Schaden entstehen würde und dem Verletzten die Abfindung in Geld zuzumuten ist. [2] Als Entschädigung ist der Betrag zu zahlen, der im Falle einer vertraglichen Einräumung des Rechts als Vergütung angemessen gewesen wäre. [3] Mit der Zahlung der Entschädigung gilt die Einwilligung des Verletzten zur Verwertung im üblichen Umfang als erteilt.

§ 46[2)] Auskunft. (1) Der Verletzte kann den Verletzer auf unverzügliche Auskunft über die Herkunft und den Vertriebsweg der rechtsverletzenden Erzeugnisse in Anspruch nehmen.

(2) [1] In Fällen offensichtlicher Rechtsverletzung oder in Fällen, in denen der Verletzte gegen den Verletzer Klage erhoben hat, besteht der Anspruch unbeschadet von Absatz 1 auch gegen eine Person, die in gewerblichem Ausmaß

1. rechtsverletzende Erzeugnisse in ihrem Besitz hatte,
2. rechtsverletzende Dienstleistungen in Anspruch nahm,
3. für rechtsverletzende Tätigkeiten genutzte Dienstleistungen erbrachte oder
4. nach den Angaben einer in Nummer 1, 2 oder Nummer 3 genannten Person an der Herstellung, Erzeugung oder am Vertrieb solcher Erzeugnisse beteiligt war,

es sei denn, die Person wäre nach den §§ 383 bis 385 der Zivilprozessordnung[3)] im Prozess gegen den Verletzer zur Zeugnisverweigerung berechtigt. [2] Im Fall der gerichtlichen Geltendmachung des Anspruchs nach Satz 1 kann das Gericht den gegen den Verletzer anhängigen Rechtsstreit auf Antrag bis zur Erledigung des wegen des Auskunftsanspruchs geführten Rechtsstreits aussetzen. [3] Der zur Auskunft Verpflichtete kann von dem Verletzten den Ersatz der für die Auskunftserteilung erforderlichen Aufwendungen verlangen.

(3) Der zur Auskunft Verpflichtete hat Angaben zu machen über

1. Namen und Anschrift der Hersteller, Lieferanten und anderer Vorbesitzer der Erzeugnisse oder Dienstleistungen sowie der gewerblichen Abnehmer und Verkaufsstellen, für die sie bestimmt waren, und

---

[1)] **Schönfelder Nr. 20.**
[2)] § 46 Abs. 9 Satz 1 geänd. mWv 1.12.2021 durch G v. 23.6.2021 (BGBl. I S. 1858).
[3)] **Schönfelder Nr. 100.**

2. die Menge der hergestellten, ausgelieferten, erhaltenen oder bestellten Erzeugnisse sowie über die Preise, die für die betreffenden Erzeugnisse oder Dienstleistungen bezahlt wurden.

(4) Die Ansprüche nach den Absätzen 1 und 2 sind ausgeschlossen, wenn die Inanspruchnahme im Einzelfall unverhältnismäßig ist.

(5) Erteilt der zur Auskunft Verpflichtete die Auskunft vorsätzlich oder grob fahrlässig falsch oder unvollständig, so ist er dem Verletzten zum Ersatz des daraus entstehenden Schadens verpflichtet.

(6) Wer eine wahre Auskunft erteilt hat, ohne dazu nach Absatz 1 oder Absatz 2 verpflichtet gewesen zu sein, haftet Dritten gegenüber nur, wenn er wusste, dass er zur Auskunftserteilung nicht verpflichtet war.

(7) In Fällen offensichtlicher Rechtsverletzung kann die Verpflichtung zur Erteilung der Auskunft im Wege der einstweiligen Verfügung nach den §§ 935 bis 945 der Zivilprozessordnung angeordnet werden.

(8) Die Erkenntnisse dürfen in einem Strafverfahren oder in einem Verfahren nach dem Gesetz über Ordnungswidrigkeiten wegen einer vor der Erteilung der Auskunft begangenen Tat gegen den Verpflichteten oder gegen einen in § 52 Absatz 1 der Strafprozessordnung[1)] bezeichneten Angehörigen nur mit Zustimmung des Verpflichteten verwertet werden.

(9) [1] Kann die Auskunft nur unter Verwendung von Verkehrsdaten (***[bis 30.11.2021:*** § 3 Nummer 30 des Telekommunikationsgesetzes***][ab 1.12.2021:*** *§ 3 Nummer 70 des Telekommunikationsgesetzes****]***) erteilt werden, ist für ihre Erteilung eine vorherige richterliche Anordnung über die Zulässigkeit der Verwendung der Verkehrsdaten erforderlich, die von dem Verletzten zu beantragen ist. [2] Für den Erlass dieser Anordnung ist das Landgericht, in dessen Bezirk der zur Auskunft Verpflichtete seinen Wohnsitz, seinen Sitz oder eine Niederlassung hat, ohne Rücksicht auf den Streitwert ausschließlich zuständig. [3] Die Entscheidung trifft die Zivilkammer. [4] Für das Verfahren gelten die Vorschriften des Gesetzes über das Verfahren in Familiensachen und in den Angelegenheiten der freiwilligen Gerichtsbarkeit[2)] entsprechend. [5] Die Kosten der richterlichen Anordnung trägt der Verletzte. [6] Gegen die Entscheidung des Landgerichts ist die Beschwerde statthaft. [7] Die Beschwerde ist binnen einer Frist von zwei Wochen einzulegen. [8] Die Vorschriften zum Schutz personenbezogener Daten bleiben im Übrigen unberührt.

(10) Durch Absatz 2 in Verbindung mit Absatz 9 wird das Grundrecht des Fernmeldegeheimnisses (Artikel 10 des Grundgesetzes[3)]) eingeschränkt.

§ 46a Vorlage und Besichtigung. (1) [1] Bei hinreichender Wahrscheinlichkeit einer Rechtsverletzung kann der Rechtsinhaber oder ein anderer Berechtigter den vermeintlichen Verletzer auf Vorlage einer Urkunde oder Besichtigung einer Sache in Anspruch nehmen, die sich in dessen Verfügungsgewalt befindet, wenn dies zur Begründung seiner Ansprüche erforderlich ist. [2] Besteht die hinreichende Wahrscheinlichkeit einer in gewerblichem Ausmaß

[1)] ***Schönfelder Nr. 90.***
[2)] **Schönfelder Nr. 112.**
[3)] Nr. **1**.

begangenen Rechtsverletzung, so erstreckt sich der Anspruch auch auf die Vorlage von Bank-, Finanz- oder Handelsunterlagen. [3] Soweit der vermeintliche Verletzer geltend macht, dass es sich um vertrauliche Informationen handelt, trifft das Gericht die erforderlichen Maßnahmen, um den im Einzelfall gebotenen Schutz zu gewährleisten.

(2) Der Anspruch nach Absatz 1 ist ausgeschlossen, wenn die Inanspruchnahme im Einzelfall unverhältnismäßig ist.

(3) [1] Die Verpflichtung zur Vorlage einer Urkunde oder zur Duldung der Besichtigung einer Sache kann im Wege der einstweiligen Verfügung nach den §§ 935 bis 945 der Zivilprozessordnung[1)] angeordnet werden. [2] Das Gericht trifft die erforderlichen Maßnahmen, um den Schutz vertraulicher Informationen zu gewährleisten. [3] Dies gilt insbesondere in den Fällen, in denen die einstweilige Verfügung ohne vorherige Anhörung des Gegners erlassen wird.

(4) § 811 des Bürgerlichen Gesetzbuchs[2)] sowie § 46 Absatz 8 gelten entsprechend.

(5) Wenn keine Verletzung vorlag oder drohte, kann der vermeintliche Verletzer von demjenigen, der die Vorlage oder Besichtigung nach Absatz 1 begehrt hat, den Ersatz des ihm durch das Begehren entstandenen Schadens verlangen.

§ 46b Sicherung von Schadensersatzansprüchen. (1) [1] Der Verletzte kann den Verletzer bei einer in gewerblichem Ausmaß begangenen Rechtsverletzung in den Fällen des § 42 Absatz 2 auch auf Vorlage von Bank-, Finanz- oder Handelsunterlagen oder einen geeigneten Zugang zu den entsprechenden Unterlagen in Anspruch nehmen, die sich in der Verfügungsgewalt des Verletzers befinden und die für die Durchsetzung des Schadensersatzanspruchs erforderlich sind, wenn ohne die Vorlage die Erfüllung des Schadensersatzanspruchs fraglich ist. [2] Soweit der Verletzer geltend macht, dass es sich um vertrauliche Informationen handelt, trifft das Gericht die erforderlichen Maßnahmen, um den im Einzelfall gebotenen Schutz zu gewährleisten.

(2) Der Anspruch nach Absatz 1 ist ausgeschlossen, wenn die Inanspruchnahme im Einzelfall unverhältnismäßig ist.

(3) [1] Die Verpflichtung zur Vorlage der in Absatz 1 bezeichneten Urkunden kann im Wege der einstweiligen Verfügung nach den §§ 935 bis 945 der Zivilprozessordnung[1)] angeordnet werden, wenn der Schadensersatzanspruch offensichtlich besteht. [2] Das Gericht trifft die erforderlichen Maßnahmen, um den Schutz vertraulicher Informationen zu gewährleisten. [3] Dies gilt insbesondere in den Fällen, in denen die einstweilige Verfügung ohne vorherige Anhörung des Gegners erlassen wird.

(4) § 811 des Bürgerlichen Gesetzbuchs[2)] sowie § 46 Absatz 8 gelten entsprechend.

§ 47 Urteilsbekanntmachung. [1] Ist eine Klage auf Grund dieses Gesetzes erhoben worden, kann der obsiegenden Partei im Urteil die Befugnis zugesprochen werden, das Urteil auf Kosten der unterliegenden Partei öffentlich

---

[1)] **Schönfelder Nr. 100.**
[2)] **Schönfelder Nr. 20.**

bekannt zu machen, wenn sie ein berechtigtes Interesse darlegt. [2] Art und Umfang der Bekanntmachung werden im Urteil bestimmt. [3] Die Befugnis erlischt, wenn von ihr nicht innerhalb von drei Monaten nach Eintritt der Rechtskraft des Urteils Gebrauch gemacht worden ist. [4] Der Ausspruch nach Satz 1 ist nicht vorläufig vollstreckbar.

§ 48 Erschöpfung. Die Rechte aus einem eingetragenen Design erstrecken sich nicht auf Handlungen, die ein Erzeugnis betreffen, in das ein unter den Schutzumfang des Rechts an einem eingetragenen Design fallendes Design eingefügt oder bei dem es verwendet wird, wenn das Erzeugnis vom Rechtsinhaber oder mit seiner Zustimmung in einem Mitgliedstaat der Europäischen Union oder in einem anderen Vertragsstaat des Abkommens über den Europäischen Wirtschaftsraum in den Verkehr gebracht worden ist.

§ 49 Verjährung. [1] Auf die Verjährung der in den §§ 42 bis 47 genannten Ansprüche finden die Vorschriften des Abschnitts 5 des Buches 1 des Bürgerlichen Gesetzbuchs[1)] entsprechende Anwendung. [2] Hat der Verpflichtete durch die Verletzung auf Kosten des Berechtigten etwas erlangt, findet § 852 des Bürgerlichen Gesetzbuchs entsprechende Anwendung.

§ 50 Ansprüche aus anderen gesetzlichen Vorschriften. Ansprüche aus anderen gesetzlichen Vorschriften bleiben unberührt.

§ 51[2)] Strafvorschriften. (1) Wer entgegen § 38 Absatz 1 Satz 1 ein eingetragenes Design benutzt, obwohl der Rechtsinhaber nicht zugestimmt hat, wird mit Freiheitsstrafe bis zu drei Jahren oder mit Geldstrafe bestraft.

(2) Handelt der Täter gewerbsmäßig, so ist die Strafe Freiheitsstrafe bis zu fünf Jahren oder Geldstrafe.

(3) Der Versuch ist strafbar.

(4) In den Fällen des Absatzes 1 wird die Tat nur auf Antrag verfolgt, es sei denn, dass die Strafverfolgungsbehörde wegen des besonderen öffentlichen Interesses an der Strafverfolgung ein Einschreiten von Amts wegen für geboten hält.

(5) [1] Gegenstände, auf die sich die Straftat bezieht, können eingezogen werden. [2] § 74a des Strafgesetzbuchs[3)] ist anzuwenden. [3] Soweit den in § 43 bezeichneten Ansprüchen im Verfahren nach den Vorschriften der Strafprozessordnung[4)] über die Entschädigung des Verletzten (§§ 403 bis 406c) stattgegeben wird, sind die Vorschriften über die Einziehung (§§ 74 bis 74f des Strafgesetzbuches) nicht anzuwenden.

(6) [1] Wird auf Strafe erkannt, so ist, wenn der Rechtsinhaber es beantragt und ein berechtigtes Interesse daran dartut, anzuordnen, dass die Verurteilung auf Verlangen öffentlich bekannt gemacht wird. [2] Die Art der Bekanntmachung ist im Urteil zu bestimmen.

---

1) **Schönfelder Nr. 20.**

2) *§ 51 Abs. 5 Satz 3 geänd. mWv 1.7.2017 durch G v. 13.4.2017 (BGBl. I S. 872).*

3) **Schönfelder Nr. 85.**

4) **Schönfelder Nr. 90.**

Abschnitt 9. Verfahren in Designstreitsachen

§ 52 Designstreitsachen. (1) Für alle Klagen, durch die ein Anspruch aus einem der in diesem Gesetz geregelten Rechtsverhältnisse geltend gemacht wird (Designstreitsachen), sind die Landgerichte mit Ausnahme der Feststellung oder Erklärung der Nichtigkeit nach § 33 ohne Rücksicht auf den Streitwert ausschließlich zuständig.

(2) [1] Die Landesregierungen werden ermächtigt, durch Rechtsverordnung[1)] die Designstreitsachen für die Bezirke mehrerer Landgerichte einem von ihnen zuzuweisen, sofern dies der sachlichen Förderung oder schnelleren Erledigung der Verfahren dient. [2] Die Landesregierungen können diese Ermächtigungen auf die Landesjustizverwaltungen übertragen.

(3) Die Länder können durch Vereinbarung den Designgerichten eines Landes obliegende Aufgaben ganz oder teilweise dem zuständigen Designgericht eines anderen Landes übertragen.

(4) Von den Kosten, die durch die Mitwirkung eines Patentanwalts in einer Designstreitsache entstehen, sind die Gebühren nach § 13 des Rechtsanwaltsvergütungsgesetzes[2)] und außerdem die notwendigen Auslagen des Patentanwalts zu erstatten.

§ 52a[3)] Geltendmachung der Nichtigkeit. [1] Eine Partei kann sich auf die fehlende Rechtsgültigkeit eines eingetragenen Designs nur durch Erhebung einer Widerklage auf Feststellung oder Erklärung der Nichtigkeit oder durch Stellung eines Antrags nach § 34 berufen. [2] Satz 1 gilt nicht für die Geltendmachung der Nichtigkeit eines eingetragenen Designs im einstweiligen Verfügungsverfahren nach den §§ 935 bis 945 der Zivilprozessordnung[4)].

[1)] Die Länder haben hierzu ua folgende Vorschriften erlassen: **Baden-Württemberg:** Zuständig für Geschmacksmusterstreitsachen des OLG-Bezirks Karlsruhe ist das LG Mannheim, des OLG-Bezirks Stuttgart das LG Stuttgart (§ 13 VO v. 20.11.1998, GBl. S. 680). **Bayern:** Zuständig für Geschmacksmusterstreitsachen des OLG-Bezirks München ist das LG München I, für die OLG-Bezirke Nürnberg und Bamberg das LG Nürnberg-Fürth (VO v. 11.6.2012, GVBl S. 295). **Brandenburg:** Zuständig für Geschmacksmusterstreitsachen für das Gebiet des Landes Brandenburg ist das LG Berlin (Staatsvertrag v. 20.11.1995, GVBl. I S. 288). **Hessen:** Zuständig für Geschmacksmusterstreitsachen ist das LG Frankfurt (VO v. 3.6.2013, GVBl. S. 386). **Mecklenburg-Vorpommern:** Zuständig für Geschmacksmusterstreitsachen des OLG-Bezirks Rostock ist das LG Rostock (VO v. 28.3.1994, GVOBl. M-V S. 514). **Niedersachsen:** Zuständig für Geschmacksmusterstreitsachen ist das LG Braunschweig (VO v. 18.12.2009, Nds. GVBl. S. 506, ber. S. 283). **Nordrhein-Westfalen:** Zuständig für Geschmacksmusterstreitsachen des OLG-Bezirks ist das LG Düsseldorf, für die Landgerichtsbezirke Bielefeld, Detmold, Münster und Paderborn das LG Bielefeld, für die Landgerichtsbezirke Arnsberg, Bochum, Dortmund, Essen, Hagen und Siegen das LG Bochum und für den OLG-Bezirk Köln das LG Köln (VO v. 30.8.2011, GV. NRW. S. 468). **Rheinland-Pfalz:** Zuständig für Geschmacksmusterstreitsachen für die OLG-Bezirke Koblenz und Zweibrücken ist das LG Frankenthal (Pfalz) (§ 11 VO v. 22.11.1985, GVBl. S. 267). **Sachsen:** Zuständig für Geschmacksmusterstreitsachen ist das LG Leipzig (Sächsische JustizorganisationsVO idF der Bek. v. 7.3.2016, SächsGVBl. S. 103). **Sachsen-Anhalt:** Zuständig für Geschmacksmusterstreitsachen ist das LG Magdeburg (VO v. 1.9.1992, GVBl. LSA S. 664). **Thüringen:** Zuständig für Geschmacksmusterstreitsachen ist das LG Erfurt (VO v. 17.11.2011, GVBl. S. 511). Alle mit späteren Änderungen.

[2)] **Schönfelder Nr. 117.**

[3)] § 52a Satz 2 angef. mWv 1.7.2016 durch G v. 4.4.2016 (BGBl. I S. 558).

[4)] **Schönfelder Nr. 100.**

§ 52b[1)] Widerklage auf Feststellung oder Erklärung der Nichtigkeit.

(1) [1] Die Designgerichte sind für Widerklagen auf Feststellung oder Erklärung der Nichtigkeit eines eingetragenen Designs zuständig, sofern diese im Zusammenhang mit Klagen wegen der Verletzung desselben eingetragenen Designs erhoben werden. [2] § 34 gilt entsprechend.

(2) Die Widerklage ist unzulässig, soweit im Nichtigkeitsverfahren (§ 34a) über denselben Streitgegenstand zwischen denselben Parteien durch unanfechtbaren Beschluss entschieden wurde.

(3) [1] Auf Antrag des Inhabers des eingetragenen Designs kann das Gericht nach Anhörung der weiteren Beteiligten das Verfahren aussetzen und den Widerkläger auffordern, innerhalb einer vom Gericht zu bestimmenden Frist beim Deutschen Patent- und Markenamt die Feststellung oder Erklärung der Nichtigkeit dieses eingetragenen Designs zu beantragen. [2] Wird der Antrag nicht innerhalb der Frist gestellt, wird das Verfahren fortgesetzt; die Widerklage gilt als zurückgenommen. [3] Das Gericht kann für die Dauer der Aussetzung einstweilige Verfügungen erlassen und Sicherheitsmaßnahmen treffen.

(4) [1] Das Gericht teilt dem Deutschen Patent- und Markenamt den Tag der Erhebung der Widerklage mit. [2] Das Deutsche Patent- und Markenamt vermerkt den Tag der Erhebung im Register. [3] Das Gericht übermittelt dem Deutschen Patent- und Markenamt eine Ausfertigung des rechtskräftigen Urteils. [4] Das Deutsche Patent- und Markenamt trägt das Ergebnis des Verfahrens mit dem Datum der Entscheidung in das Register ein.

§ 53 Gerichtsstand bei Ansprüchen nach diesem Gesetz und dem Gesetz gegen den unlauteren Wettbewerb. Ansprüche, welche die in diesem Gesetz geregelten Rechtsverhältnisse betreffen und auch auf Vorschriften des Gesetzes gegen den unlauteren Wettbewerb[2)] gegründet werden, können abweichend von § 14 des Gesetzes gegen den unlauteren Wettbewerb vor dem für die Designstreitsache zuständigen Gericht geltend gemacht werden.

§ 54 Streitwertbegünstigung. (1) Macht in bürgerlichen Rechtsstreitigkeiten, in denen durch Klage ein Anspruch aus einem der in diesem Gesetz geregelten Rechtsverhältnisse geltend gemacht wird, eine Partei glaubhaft, dass die Belastung mit den Prozesskosten nach dem vollen Streitwert ihre wirtschaftliche Lage erheblich gefährden würde, so kann das Gericht auf ihren Antrag anordnen, dass die Verpflichtung dieser Partei zur Zahlung von Gerichtskosten sich nach einem ihrer Wirtschaftslage angepassten Teil des Streitwerts bemisst.

(2) [1] Die Anordnung nach Absatz 1 hat zur Folge, dass die begünstigte Partei die Gebühren ihres Rechtsanwalts ebenfalls nur nach diesem Teil des Streitwerts zu entrichten hat. [2] Soweit ihr Kosten des Rechtsstreits auferlegt werden oder soweit sie diese übernimmt, hat sie die von dem Gegner entrichteten Gerichtsgebühren und die Gebühren seines Rechtsanwalts nur nach dem Teil des Streitwerts zu erstatten. [3] Soweit die außergerichtlichen Kosten dem Gegner auferlegt oder von ihm übernommen werden, kann der

---

1) § 52b Abs. 4 Satz 4 geänd. mWv 1.7.2016 durch G v. 4.4.2016 (BGBl. I S. 558).
2) **Schönfelder Nr. 73.**

Rechtsanwalt der begünstigten Partei seine Gebühren von dem Gegner nach dem für diesen geltenden Streitwert beitreiben.

(3) [1] Der Antrag nach Absatz 1 kann vor der Geschäftsstelle des Gerichts zur Niederschrift erklärt werden. [2] Er ist vor der Verhandlung zur Hauptsache zu stellen. [3] Danach ist er nur zulässig, wenn der angenommene oder festgesetzte Streitwert später durch das Gericht heraufgesetzt wird. [4] Vor der Entscheidung über den Antrag ist der Gegner zu hören.

Abschnitt 10. Vorschriften über Maßnahmen der Zollbehörde

§ 55[1)] Beschlagnahme bei der Ein- und Ausfuhr. (1) [1] Liegt eine Rechtsverletzung nach § 38 Absatz 1 Satz 1 offensichtlich vor, so unterliegt das jeweilige Erzeugnis auf Antrag und gegen Sicherheitsleistung des Rechtsinhabers bei seiner Einfuhr oder Ausfuhr der Beschlagnahme durch die Zollbehörde, soweit nicht die Verordnung (EU) Nr. 608/2013 des Europäischen Parlaments und des Rates vom 12. Juni 2013 zur Durchsetzung der Rechte geistigen Eigentums durch die Zollbehörden und zur Aufhebung der Verordnung (EG) Nr. 1383/2003 des Rates (ABl. L 181 vom 29.6.2013, S. 15) in ihrer jeweils geltenden Fassung anzuwenden ist. [2] Das gilt für den Verkehr mit anderen Mitgliedstaaten der Europäischen Union sowie mit den anderen Vertragsstaaten des Abkommens über den Europäischen Wirtschaftsraum nur, soweit Kontrollen durch die Zollbehörden stattfinden.

(2) [1] Ordnet die Zollbehörde die Beschlagnahme an, so unterrichtet sie unverzüglich den Verfügungsberechtigten sowie den Rechtsinhaber. [2] Diesem sind Herkunft, Menge und Lagerort der Erzeugnisse sowie Name und Anschrift des Verfügungsberechtigten mitzuteilen; das Brief- und Postgeheimnis (Artikel 10 des Grundgesetzes[2)]) wird insoweit eingeschränkt. [3] Dem Rechtsinhaber ist Gelegenheit zu geben, die Erzeugnisse zu besichtigen, soweit hierdurch nicht in Geschäfts- oder Betriebsgeheimnisse eingegriffen wird.

§ 56 Einziehung, Widerspruch. (1) Wird der Beschlagnahme nicht spätestens nach Ablauf von zwei Wochen nach Zustellung der Mitteilung nach § 55 Absatz 2 Satz 1 widersprochen, so ordnet die Zollbehörde die Einziehung der beschlagnahmten Erzeugnisse an.

(2) [1] Widerspricht der Verfügungsberechtigte der Beschlagnahme, so unterrichtet die Zollbehörde hiervon unverzüglich den Rechtsinhaber. [2] Dieser hat gegenüber der Zollbehörde unverzüglich zu erklären, ob er den Antrag nach § 55 Absatz 1 in Bezug auf die beschlagnahmten Erzeugnisse aufrechterhält.

(3) [1] Nimmt der Rechtsinhaber den Antrag zurück, hebt die Zollbehörde die Beschlagnahme unverzüglich auf. [2] Hält der Rechtsinhaber den Antrag aufrecht und legt er eine vollziehbare gerichtliche Entscheidung vor, die die Verwahrung der beschlagnahmten Erzeugnisse oder eine Verfügungsbeschränkung anordnet, trifft die Zollbehörde die erforderlichen Maßnahmen.

(4) [1] Liegen die Fälle des Absatzes 3 nicht vor, hebt die Zollbehörde die Beschlagnahme nach Ablauf von zwei Wochen nach Zustellung der Mittei-

---

1) § 55 Abs. 1 Satz 1 geänd. mWv 1.7.2016 durch G v. 4.4.2016 (BGBl. I S. 558).

2) Nr. **1**.

lung an den Rechtsinhaber nach Absatz 2 Satz 1 auf. [2] Weist der Rechtsinhaber nach, dass die gerichtliche Entscheidung nach Absatz 3 Satz 2 beantragt, ihm aber noch nicht zugegangen ist, wird die Beschlagnahme für längstens zwei weitere Wochen aufrechterhalten.

(5) Erweist sich die Beschlagnahme als von Anfang an ungerechtfertigt und hat der Rechtsinhaber den Antrag nach § 55 Abs. 1 in Bezug auf die beschlagnahmten Erzeugnisse aufrechterhalten oder sich nicht unverzüglich erklärt (Absatz 2 Satz 2), so ist er verpflichtet, den dem Verfügungsberechtigten durch die Beschlagnahme entstandenen Schaden zu ersetzen.

§ 57[1)] Zuständigkeiten, Rechtsmittel. (1) [1] Der Antrag nach § 55 Absatz 1 ist bei der Generalzolldirektion zu stellen und hat Wirkung für ein Jahr, sofern keine kürzere Geltungsdauer beantragt wird; er kann wiederholt werden. [2] Für die mit dem Antrag verbundenen Amtshandlungen werden vom Rechtsinhaber Kosten nach Maßgabe des § 178 der Abgabenordnung erhoben.

(2) [1] Die Beschlagnahme und die Einziehung können mit den Rechtsmitteln angefochten werden, die im Bußgeldverfahren nach dem Gesetz über Ordnungswidrigkeiten[2)] gegen die Beschlagnahme und Einziehung zulässig sind. [2] Im Rechtsmittelverfahren ist der Rechtsinhaber zu hören. [3] Gegen die Entscheidung des Amtsgerichts ist die sofortige Beschwerde zulässig; über sie entscheidet das Oberlandesgericht.

§ 57a[3)] Verfahren nach der Verordnung (EU) Nr. 608/2013. Für das Verfahren nach der Verordnung (EU) Nr. 608/2013 gilt § 56 Absatz 5 und § 57 Absatz 1 entsprechend, soweit die Verordnung keine Bestimmungen enthält, die dem entgegenstehen.

Abschnitt 11. Besondere Bestimmungen

§ 58[4)] Inlandsvertreter. (1) Wer im Inland weder Wohnsitz, Sitz noch Niederlassung hat, kann an einem in diesem Gesetz geregelten Verfahren vor dem Deutschen Patent- und Markenamt oder dem Bundespatentgericht nur teilnehmen und die Rechte aus einem eingetragenen Design nur geltend machen, wenn er einen Rechtsanwalt oder Patentanwalt als Vertreter bestellt hat, der zur Vertretung im Verfahren vor dem Deutschen Patent- und Markenamt, dem Bundespatentgericht und in bürgerlichen Rechtsstreitigkeiten, die das eingetragene Design betreffen, sowie zur Stellung von Strafanträgen befugt und bevollmächtigt ist.

(2) Der Ort, an dem ein nach Absatz 1 bestellter Vertreter seinen Geschäftsraum hat, gilt im Sinne des § 23 der Zivilprozessordnung[5)] als der Ort, an dem sich der Vermögensgegenstand befindet; fehlt ein solcher Geschäfts-

---

[1)] § 57 Abs. 1 Satz 1 geänd. mWv 1.1.2016 durch G v. 3.12.2015 (BGBl. I S. 2178).

[2)] **Schönfelder Nr. 94.**

[3)] § 57a neu gef. mWv 1.7.2016 durch G v. 4.4.2016 (BGBl. I S. 558).

[4)] *§ 58 Abs. 1 geänd., Abs. 2 aufgeh.*, bish. Abs. 3 und 4 werden Abs. 2 und 3 mWv 18.5.2017 durch G v. 12.5.2017 (BGBl. I S. 1121).

[5)] **Schönfelder Nr. 100.**

raum, so ist der Ort maßgebend, an dem der Vertreter im Inland seinen Wohnsitz, und in Ermangelung eines solchen der Ort, an dem das Deutsche Patent- und Markenamt seinen Sitz hat.

(3) Die rechtsgeschäftliche Beendigung der Bestellung eines Vertreters nach Absatz 1 wird erst wirksam, wenn sowohl diese Beendigung als auch die Bestellung eines anderen Vertreters gegenüber dem Deutschen Patent- und Markenamt oder dem Bundespatentgericht angezeigt wird.

§ 59 Berühmung eines eingetragenen Designs. Wer eine Bezeichnung verwendet, die geeignet ist, den Eindruck zu erwecken, dass ein Erzeugnis durch ein eingetragenes Design geschützt sei, ist verpflichtet, jedem, der ein berechtigtes Interesse an der Kenntnis der Rechtslage hat, auf Verlangen Auskunft darüber zu geben, auf welches eingetragene Design sich die Verwendung der Bezeichnung stützt.

§ 60[1] Eingetragene Designs nach dem Erstreckungsgesetz. (1) Für alle nach dem Erstreckungsgesetz vom 23. April 1992 (BGBl. I S. 938), zuletzt geändert durch Artikel 2 Absatz 10 des Gesetzes vom 12. März 2004 (BGBl. I S. 390), erstreckten eingetragene Designs gelten die Vorschriften dieses Gesetzes, soweit in den Absätzen 2 bis 7 nichts Abweichendes bestimmt ist.

(2) [1] Die Schutzdauer für eingetragene Designs, die am 28. Oktober 2001 nicht erloschen sind, endet 25 Jahre nach Ablauf des Monats, in den der Anmeldetag fällt. [2] Die Aufrechterhaltung des Schutzes wird durch Zahlung einer Aufrechterhaltungsgebühr für das 16. bis 20. Jahr und für das 21. bis 25. Jahr, gerechnet vom Anmeldetag an, bewirkt.

(3) Ist der Anspruch auf Vergütung wegen der Benutzung eines eingetragenen Designs nach den bis zum Inkrafttreten des Erstreckungsgesetzes anzuwendenden Rechtsvorschriften bereits entstanden, so ist die Vergütung noch nach diesen Vorschriften zu zahlen.

(4) [1] Wer ein eingetragenes Design, das durch einen nach § 4 des Erstreckungsgesetzes in der Fassung vom 31. Mai 2004 erstreckten Urheberschein geschützt war oder das zur Erteilung eines Urheberscheins angemeldet worden war, nach den bis zum Inkrafttreten des Erstreckungsgesetzes anzuwendenden Rechtsvorschriften rechtmäßig in Benutzung genommen hat, kann dieses im gesamten Bundesgebiet weiterbenutzen. [2] Der Inhaber des Schutzrechts kann von dem Benutzungsberechtigten eine angemessene Vergütung für die Weiterbenutzung verlangen.

(5) Ist eine nach § 4 des Erstreckungsgesetzes in der Fassung vom 31. Mai 2004 erstreckte Anmeldung eines Patents für ein industrielles Muster nach *§ 10 Absatz 1* der Verordnung über industrielle Muster vom 17. Januar 1974 (GBl. I Nr. 15 S. 140), die durch die Verordnung vom 9. Dezember 1988 (GBl. I Nr. 28 S. 333) geändert worden ist, bekannt gemacht worden, so steht dies der Bekanntmachung der Eintragung der Anmeldung in das Musterregister nach § 8 Absatz 2 des Geschmacksmustergesetzes in der bis zum Ablauf des 31. Mai 2004 geltenden Fassung gleich.

---

[1] § 60 Abs. 5 geänd. mWv 1.7.2016 durch G v. 4.4.2016 (BGBl. I S. 558).

(6) [1] Soweit eingetragene Designs, die nach dem Erstreckungsgesetz auf das in Artikel 3 des Einigungsvertrages genannte Gebiet oder das übrige Bundesgebiet erstreckt worden sind, in ihrem Schutzbereich übereinstimmen und infolge der Erstreckung zusammentreffen, können die Inhaber dieser Schutzrechte oder Schutzrechtsanmeldungen ohne Rücksicht auf deren Zeitrang Rechte aus den Schutzrechten oder Schutzrechtsanmeldungen weder gegeneinander noch gegen die Personen, denen der Inhaber des anderen Schutzrechts oder der anderen Schutzrechtsanmeldung die Benutzung gestattet hat, geltend machen. [2] Der Gegenstand des Schutzrechts oder der Schutzrechtsanmeldung darf jedoch in dem Gebiet, auf das das Schutzrecht oder die Schutzrechtsanmeldung erstreckt worden ist, nicht oder nur unter Einschränkungen benutzt werden, soweit die uneingeschränkte Benutzung zu einer wesentlichen Beeinträchtigung des Inhabers des anderen Schutzrechts oder der anderen Schutzrechtsanmeldung oder der Personen, denen er die Benutzung des Gegenstands seines Schutzrechts oder seiner Schutzrechtsanmeldung gestattet hat, führen würde, die unter Berücksichtigung aller Umstände des Falles und bei Abwägung der berechtigten Interessen der Beteiligten unbillig wäre.

(7) [1] Die Wirkung eines nach § 1 oder § 4 des Erstreckungsgesetzes in der Fassung vom 31. Mai 2004 erstreckten eingetragenen Designs tritt gegen denjenigen nicht ein, der das eingetragene Design in dem Gebiet, in dem es bis zum Inkrafttreten des Erstreckungsgesetzes nicht galt, nach dem für den Zeitrang der Anmeldung maßgeblichen Tag und vor dem 1. Juli 1990 rechtmäßig in Benutzung genommen hat. [2] Dieser ist befugt, das eingetragene Design im gesamten Bundesgebiet für die Bedürfnisse seines eigenen Betriebs in eigenen oder fremden Werkstätten mit den sich in entsprechender Anwendung des § 12 des Patentgesetzes[1)] ergebenden Schranken auszunutzen, soweit die Benutzung nicht zu einer wesentlichen Beeinträchtigung des Inhabers des Schutzrechts oder der Personen, denen er die Benutzung des Gegenstands seines Schutzrechts gestattet hat, führt, die unter Berücksichtigung aller Umstände des Falles und bei Abwägung der berechtigten Interessen der Beteiligten unbillig wäre. [3] Bei einem im Ausland hergestellten Erzeugnis steht dem Benutzer ein Weiterbenutzungsrecht nach Satz 1 nur zu, wenn durch die Benutzung im Inland ein schutzwürdiger Besitzstand begründet worden ist, dessen Nichtanerkennung unter Berücksichtigung aller Umstände des Falles für den Benutzer eine unbillige Härte darstellen würde.

§ 61 Typografische Schriftzeichen. (1) Für die nach Artikel 2 des Schriftzeichengesetzes in der bis zum Ablauf des 1. Juni 2004 geltenden Fassung angemeldeten typografischen Schriftzeichen wird rechtlicher Schutz nach diesem Gesetz gewährt, soweit in den Absätzen 2 bis 5 nichts Abweichendes bestimmt ist.

(2) Für die bis zum Ablauf des 31. Mai 2004 eingereichten Anmeldungen nach Artikel 2 des Schriftzeichengesetzes finden weiterhin die für sie zu diesem Zeitpunkt geltenden Bestimmungen über die Voraussetzungen der Schutzfähigkeit Anwendung.

(3) Rechte aus eingetragenen Designs können gegenüber Handlungen nicht geltend gemacht werden, die vor dem 1. Juni 2004 begonnen wurden

---

[1)] Nr. **70**.

und die der Inhaber des typografischen Schriftzeichens nach den zu diesem Zeitpunkt geltenden Vorschriften nicht hätte verbieten können.

(4) Bis zur Eintragung der in Absatz 1 genannten Schriftzeichen richten sich ihre Schutzwirkungen nach dem Schriftzeichengesetz in der bis zum Ablauf des 31. Mai 2004 geltenden Fassung.

(5) Für die Aufrechterhaltung der Schutzdauer für die in Absatz 1 genannten Schriftzeichen sind abweichend von § 28 Absatz 1 Satz 1 erst ab dem elften Jahr der Schutzdauer Aufrechterhaltungsgebühren zu zahlen.

Abschnitt 12. Gemeinschaftsgeschmacksmuster

§ 62 Weiterleitung der Anmeldung. Werden beim Deutschen Patent- und Markenamt Anmeldungen von Gemeinschaftsgeschmacksmustern nach Artikel 35 Absatz 2 der Verordnung (EG) Nr. 6/2002 des Rates vom 12. Dezember 2001 über das Gemeinschaftsgeschmacksmuster (ABl. EG 2002 Nr. L 3 S. 1) eingereicht, so vermerkt das Deutsche Patent- und Markenamt auf der Anmeldung den Tag des Eingangs und leitet die Anmeldung ohne Prüfung unverzüglich an das Harmonisierungsamt für den Binnenmarkt (Marken, Muster und Modelle) weiter.

§ 62 a[1] Anwendung der Vorschriften dieses Gesetzes auf Gemeinschaftsgeschmacksmuster. Soweit deutsches Recht anwendbar ist, sind folgende Vorschriften dieses Gesetzes auf Ansprüche des Inhabers eines Gemeinschaftsgeschmacksmusters, das nach der Verordnung (EG) Nr. 6/2002 Schutz genießt, entsprechend anzuwenden:

1. die Vorschriften zu Ansprüchen auf Beseitigung der Beeinträchtigung (§ 42 Absatz 1 Satz 1), auf Schadensersatz (§ 42 Absatz 2), auf Vernichtung, auf Rückruf und Überlassung (§ 43), auf Auskunft (§ 46), auf Vorlage und Besichtigung (§ 46 a), auf Sicherung von Schadensersatzansprüchen (§ 46 b) und auf Urteilsbekanntmachung (§ 47) neben den Ansprüchen nach Artikel 89 Absatz 1 Buchstabe a bis c der Verordnung (EG) Nr. 6/2002;
2. die Vorschriften zur Haftung des Inhabers eines Unternehmens (§ 44), Entschädigung (§ 45), Verjährung (§ 49) und zu Ansprüchen aus anderen gesetzlichen Vorschriften (§ 50);
3. die Vorschriften zur Beschlagnahme bei der Einfuhr und Ausfuhr (§§ 55 bis 57).

§ 63 Gemeinschaftsgeschmacksmusterstreitsachen. (1) Für alle Klagen, für die die Gemeinschaftsgeschmacksmustergerichte im Sinne des Artikels 80 Absatz 1 der Verordnung (EG) Nr. 6/2002 zuständig sind (Gemeinschaftsgeschmacksmusterstreitsachen), sind als Gemeinschaftsgeschmacksmustergerichte erster Instanz die Landgerichte ohne Rücksicht auf den Streitwert ausschließlich zuständig.

(2) [1]Die Landesregierungen werden ermächtigt, durch Rechtsverordnung die Gemeinschaftsgeschmacksmusterstreitverfahren für die Bezirke mehrerer

---

[1] § 62 a Nr. 3 neu gef. mWv 1. 7. 2016 durch G v. 4. 4. 2016 (BGBl. I S. 558).

Gemeinschaftsgeschmacksmustergerichte einem dieser Gerichte zuzuweisen. [2] Die Landesregierungen können diese Ermächtigung durch Rechtsverordnung auf die Landesjustizverwaltungen übertragen.

(3) Die Länder können durch Vereinbarung den Gemeinschaftsgeschmacksmustergerichten eines Landes obliegende Aufgaben ganz oder teilweise dem zuständigen Gemeinschaftsgeschmacksmustergericht eines anderen Landes übertragen.

(4) Auf Verfahren vor den Gemeinschaftsgeschmacksmustergerichten sind § 52 Absatz 4 sowie die §§ 53 und 54 entsprechend anzuwenden.

§ 63 a Unterrichtung der Kommission. Das Bundesministerium der Justiz und für Verbraucherschutz teilt der Kommission der Europäischen Gemeinschaften die nach Artikel 80 Absatz 1 der Verordnung (EG) Nr. 6/2002 benannten Gemeinschaftsgeschmacksmustergerichte erster und zweiter Instanz sowie jede Änderung der Anzahl, der Bezeichnung oder der örtlichen Zuständigkeit dieser Gerichte mit.

§ 63 b Örtliche Zuständigkeit der Gemeinschaftsgeschmacksmustergerichte. [1] Sind nach Artikel 82 der Verordnung (EG) Nr. 6/2002 deutsche Gemeinschaftsgeschmacksmustergerichte international zuständig, so gelten für die örtliche Zuständigkeit dieser Gerichte die Vorschriften entsprechend, die anzuwenden wären, wenn es sich um eine beim Deutschen Patent- und Markenamt eingereichte Anmeldung eines Designs oder um ein im Register des Deutschen Patent- und Markenamts eingetragenes Design handelte. [2] Ist eine Zuständigkeit danach nicht begründet, so ist das Gericht örtlich zuständig, bei dem der Kläger seinen allgemeinen Gerichtsstand hat.

§ 63 c Insolvenzverfahren. (1) Ist dem Insolvenzgericht bekannt, dass zur Insolvenzmasse ein angemeldetes oder eingereichtes Gemeinschaftsgeschmacksmuster gehört, so ersucht es das Harmonisierungsamt für den Binnenmarkt (Marken, Muster und Modelle) im unmittelbaren Verkehr, folgende Angaben in das Register für Gemeinschaftsgeschmacksmuster oder, wenn es sich um eine Anmeldung handelt, in die Akten der Anmeldung einzutragen:

1. zur Eröffnung des Verfahrens und, soweit nicht bereits im Register enthalten, die Anordnung einer Verfügungsbeschränkung,
2. zur Freigabe oder Veräußerung des Gemeinschaftsgeschmacksmusters oder der Anmeldung des Gemeinschaftsgeschmacksmusters,
3. zur rechtskräftigen Einstellung des Verfahrens,
4. zur rechtskräftigen Aufhebung des Verfahrens, im Falle einer Überwachung des Schuldners jedoch erst nach Beendigung dieser Überwachung, und zu einer Verfügungsbeschränkung.

(2) Die Eintragung in das Register für Gemeinschaftsgeschmacksmuster oder in die Akten der Anmeldung kann auch vom Insolvenzverwalter beantragt werden. Im Falle der Eigenverwaltung tritt der Sachverwalter an die Stelle des Insolvenzverwalters.

§ 64 Erteilung der Vollstreckungsklausel. [1] Für die Erteilung der Vollstreckungsklausel nach Artikel 71 Absatz 2 Satz 2 der Verordnung (EG) Nr.

6/2002 ist das Bundespatentgericht zuständig. [2] Die vollstreckbare Ausfertigung wird vom Urkundsbeamten der Geschäftsstelle des Bundespatentgerichts erteilt.

§ 65 Strafbare Verletzung eines Gemeinschaftsgeschmacksmusters.

(1) Wer entgegen Artikel 19 Absatz 1 der Verordnung (EG) Nr. 6/2002 ein Gemeinschaftsgeschmacksmuster benutzt, obwohl der Inhaber nicht zugestimmt hat, wird mit Freiheitsstrafe bis zu drei Jahren oder mit Geldstrafe bestraft.

(2) § 51 Absatz 2 bis 6 gilt entsprechend.

Abschnitt 13.[1] Schutz eingetragener Designs nach dem Haager Abkommen

§ 66[2] Anwendung dieses Gesetzes. Dieses Gesetz ist auf Eintragungen oder Registrierungen von Designs nach dem Haager Abkommen vom 6. November 1925 über die internationale Eintragung von Designs (Haager Abkommen) (RGBl. 1928 II S. 175, 203) und dessen am 2. Juni 1934 in London (RGBl. 1937 II S. 583, 617), am 28. November 1960 in Den Haag (BGBl. 1962 II S. 774) und am 2. Juli 1999 in Genf (BGBl. 2009 II S. 837 und 2016 II S. 59) unterzeichneten Fassungen (internationale Eintragungen), deren Schutz sich auf das Gebiet der Bundesrepublik Deutschland bezieht, entsprechend anzuwenden, soweit in diesem Abschnitt, dem Haager Abkommen oder dessen Fassungen nichts anderes bestimmt ist.

§ 67[3] Einreichung der internationalen Anmeldung. Die internationale Anmeldung von Designs kann nach Wahl des Anmelders entweder direkt beim Internationalen Büro der Weltorganisation für geistiges Eigentum (Internationales Büro) oder über das Deutsche Patent- und Markenamt eingereicht werden.

§ 68[4] Weiterleitung der internationalen Anmeldung. Werden beim Deutschen Patent- und Markenamt internationale Anmeldungen von Designs eingereicht, so vermerkt das Deutsche Patent- und Markenamt auf der Anmeldung den Tag des Eingangs und leitet die Anmeldung ohne Prüfung unverzüglich an das Internationale Büro weiter.

§ 69[5] Prüfung auf Eintragungshindernisse. (1) [1] Internationale Eintragungen werden in gleicher Weise wie Designs, die zur Eintragung in das vom Deutschen Patent- und Markenamt geführte Register angemeldet sind, nach *§ 18 auf Eintragungshindernisse* geprüft. [2] An die Stelle der Zurückweisung der Anmeldung tritt die Schutzverweigerung.

---

[1] Überschrift geänd. mWv 1. 7. 2016 durch G v. 4. 4. 2016 (BGBl. I S. 558).
[2] § 66 neu gef. mWv 1. 7. 2016 durch G v. 4. 4. 2016 (BGBl. I S. 558).
[3] § 67 geänd. mWv 1. 7. 2016 durch G v. 4. 4. 2016 (BGBl. I S. 558).
[4] § 68 geänd. mWv 1. 7. 2016 durch G v. 4. 4. 2016 (BGBl. I S. 558).
[5] § 69 Abs. 1 Satz 1 und Abs. 3 Satz 3 geänd. mWv 1. 7. 2016 durch G v. 4. 4. 2016 (BGBl. I S. 558).

(2) [1] Stellt das Deutsche Patent- und Markenamt bei der Prüfung fest, dass Eintragungshindernisse nach § 18 vorliegen, so übermittelt es dem Internationalen Büro innerhalb einer Frist von sechs Monaten ab Veröffentlichung der internationalen Eintragung eine Mitteilung über die Schutzverweigerung. [2] In der Mitteilung werden alle Gründe für die Schutzverweigerung angeführt.

(3) [1] Nachdem das Internationale Büro an den Inhaber der internationalen Eintragung eine Kopie der Mitteilung über die Schutzverweigerung abgesandt hat, hat das Deutsche Patent- und Markenamt dem Inhaber Gelegenheit zu geben, innerhalb einer Frist von vier Monaten zu der Schutzverweigerung Stellung zu nehmen und auf den Schutz zu verzichten. [2] Nach Ablauf dieser Frist entscheidet das Deutsche Patent- und Markenamt über die Aufrechterhaltung der Schutzverweigerung durch Beschluss. [3] Soweit das Deutsche Patent- und Markenamt die Schutzverweigerung aufrechterhält, stehen dem Inhaber gegenüber dem Beschluss die gleichen Rechtsbehelfe zu wie bei der Zurückweisung einer Anmeldung zur Eintragung eines Designs in das vom Deutschen Patent- und Markenamt geführte Register. [4] Soweit das Deutsche Patent- und Markenamt die Schutzverweigerung nicht aufrechterhält oder soweit rechtskräftig festgestellt wird, dass der Schutz zu Unrecht verweigert wurde, nimmt das Deutsche Patent- und Markenamt die Schutzverweigerung unverzüglich zurück.

§ 70 Nachträgliche Schutzentziehung. (1) [1] An die Stelle des Antrags oder der Widerklage auf Feststellung oder Erklärung der Nichtigkeit nach § 33 Absatz 1 oder 2 tritt der Antrag oder die Widerklage auf Feststellung der Unwirksamkeit für das Gebiet der Bundesrepublik Deutschland. [2] An die Stelle der Klage auf Einwilligung in die Löschung nach § 9 Absatz 1 tritt die Klage auf Schutzentziehung. [3] Das Gericht übermittelt dem Deutschen Patent- und Markenamt eine Ausfertigung des rechtskräftigen Urteils. [4] § 35 gilt entsprechend.

(2) Ist dem Deutschen Patent- und Markenamt mitgeteilt worden, dass die Unwirksamkeit einer internationalen Eintragung für das Gebiet der Bundesrepublik Deutschland festgestellt worden oder ihr der Schutz entzogen worden ist, setzt es das Internationale Büro unverzüglich davon in Kenntnis.

§ 71 Wirkung der internationalen Eintragung. (1) Eine internationale Eintragung, deren Schutz sich auf das Gebiet der Bundesrepublik Deutschland bezieht, hat ab dem Tag ihrer Eintragung dieselbe Wirkung, wie wenn sie an diesem Tag beim Deutschen Patent- und Markenamt als eingetragenes Design angemeldet und in dessen Register eingetragen worden wäre.

(2) Die in Absatz 1 bezeichnete Wirkung gilt als nicht eingetreten, wenn der internationalen Eintragung der Schutz verweigert (§ 69 Absatz 2), deren Unwirksamkeit für das Gebiet der Bundesrepublik Deutschland festgestellt (§ 70 Absatz 1 Satz 1) oder ihr nach § 9 Absatz 1 oder § 34 Satz 1 der Schutz entzogen worden ist (§ 70 Absatz 1 Satz 2).

(3) Nimmt das Deutsche Patent- und Markenamt die Mitteilung der Schutzverweigerung zurück, wird die internationale Eintragung für die Bundesrepublik Deutschland rückwirkend ab dem Tag ihrer Eintragung wirksam.

Abschnitt 14. Übergangsvorschriften

§ 72 Anzuwendendes Recht. (1) Auf eingetragene Designs, die vor dem 1. Juli 1988 nach dem Geschmacksmustergesetz in der im Bundesgesetzblatt Teil III, Gliederungsnummer 442-1, veröffentlichten bereinigten Fassung, zuletzt geändert durch Artikel 8 des Gesetzes vom 23. Juli 2002 (BGBl. I S. 2850), angemeldet worden sind, finden die bis zu diesem Zeitpunkt geltenden Vorschriften weiterhin Anwendung.

(2) [1] Auf eingetragene Designs, die vor dem 28. Oktober 2001 angemeldet oder eingetragen worden sind, finden weiterhin die für sie zu diesem Zeitpunkt geltenden Bestimmungen über die Voraussetzungen der Schutzfähigkeit Anwendung. [2] Rechte aus diesen eingetragenen Designs können nicht geltend gemacht werden, soweit sie Handlungen im Sinne von § 38 Absatz 1 betreffen, die vor dem 28. Oktober 2001 begonnen wurden und die der Verletzte vor diesem Tag nach den Vorschriften des Geschmacksmustergesetzes in der im Bundesgesetzblatt Teil III, Gliederungsnummer 442-1, veröffentlichten bereinigten Fassung in der zu diesem Zeitpunkt geltenden Fassung nicht hätte verbieten können.

(3) Für eingetragene Designs, die vor dem 1. Juni 2004 angemeldet, aber noch nicht eingetragen worden sind, richten sich die Schutzwirkungen bis zur Eintragung nach den Bestimmungen des Geschmacksmustergesetzes in der im Bundesgesetzblatt Teil III, Gliederungsnummer 442-1, veröffentlichten bereinigten Fassung in der bis zum Ablauf des 31. Mai 2004 geltenden Fassung.

(4) Artikel 229 § 6 des Einführungsgesetzes zum Bürgerlichen Gesetzbuche [1] findet mit der Maßgabe entsprechende Anwendung, dass § 14a Absatz 3 des Geschmacksmustergesetzes in der im Bundesgesetzblatt Teil III, Gliederungsnummer 442-1, veröffentlichten bereinigten Fassung in der bis zum 1. Januar 2002 geltenden Fassung den Vorschriften des Bürgerlichen Gesetzbuchs [2] über die Verjährung in der bis zum 1. Januar 2002 geltenden Fassung gleichgestellt ist.

§ 73 [3] Rechtsbeschränkungen. (1) Rechte aus einem eingetragenen Design können gegenüber Handlungen nicht geltend gemacht werden, die die Benutzung eines Bauelements zur Reparatur eines komplexen Erzeugnisses im Hinblick auf die Wiederherstellung von dessen ursprünglicher Erscheinungsform betreffen, wenn diese Handlungen nach dem Geschmacksmustergesetz in der im Bundesgesetzblatt Teil III, Gliederungsnummer 442-1, veröffentlichten bereinigten Fassung in der bis zum Ablauf des 31. Mai 2004 geltenden Fassung nicht verhindert werden konnten.

(2) § 40a gilt nicht für bestehende Rechte aus einem eingetragenen Design, das vor dem 2. Dezember 2020 angemeldet wurde.

(3) Für bestehende Lizenzen an dem durch die Anmeldung oder Eintragung eines eingetragenen Designs begründeten Recht, die vor dem 1. Juni 2004 erteilt wurden, gilt § 31 Absatz 5 nur, wenn das Recht ab dem 1. Juni 2004 übergegangen oder die Lizenz ab diesem Zeitpunkt erteilt worden ist.

---

[1] **Schönfelder Nr. 21.**
[2] **Schönfelder Nr. 20.**
[3] § 73 Abs. 2 eingef., bish. Abs. 2–4 werden Abs. 3–5 mWv 2.12.2020 durch G v. 26.11.2020 (BGBl. I S. 2568).

(4) Ansprüche auf Entwerferbenennung nach § 10 können nur für eingetragene Designs geltend gemacht werden, die ab dem 1. Juni 2004 angemeldet werden.

(5) [1] Die Schutzwirkung von Abwandlungen von Grundmustern nach § 8a des Geschmacksmustergesetzes in der bis zum Ablauf des 31. Mai 2004 geltenden Fassung richtet sich nach den Bestimmungen des Geschmacksmustergesetzes in der im Bundesgesetzblatt Teil III, Gliederungsnummer 442-1, veröffentlichten bereinigten Fassung in der bis zum Ablauf des 31. Mai 2004 geltenden Fassung. [2] § 28 Absatz 2 ist für die Aufrechterhaltung von Abwandlungen eines Grundmusters mit der Maßgabe anzuwenden, dass zunächst die Grundmuster berücksichtigt werden.

§ 74[1)] Übergangsvorschriften zum Gesetz zur Modernisierung des Geschmacksmustergesetzes sowie zur Änderung der Regelungen über die Bekanntmachungen zum Ausstellungsschutz. (1) Geschmacksmuster, die bis zum Inkrafttreten des Gesetzes vom 10. Oktober 2013 (BGBl. I S. 3799) am 1. Januar 2014 angemeldet oder eingetragen worden sind, werden ab diesem Zeitpunkt als eingetragene Designs bezeichnet.

(2) [1] Die Vorschriften über das Nichtigkeitsverfahren vor dem Deutschen Patent- und Markenamt in Abschnitt 6 gelten ab Inkrafttreten des Gesetzes vom 10. Oktober 2013 (BGBl. I S. 3799), am 1. Januar 2014 auch für eingetragene Designs im Sinne des § 72 Absatz 3 entsprechend. [2] Für die Beurteilung der Schutzfähigkeit dieser Designs gilt weiterhin § 72 Absatz 3.

(3) § 52a gilt nur für Designstreitigkeiten, die nach dem 31. Dezember 2013 anhängig geworden sind.

[1)] *§ 74 Überschrift geänd.*, Abs. 2 eingef., bish. Abs. 2 wird Abs. 3 mWv 1.7.2016 durch G v. 4.4. 2016 (BGBl. I S. 558); Abs. 2 Sätze 1 und 2 geänd. mWv 2.12.2020 durch G v. 26.11.2020 (BGBl. I S. 2568).

69a. Verordnung zur Ausführung des Designgesetzes (Designverordnung – DesignV)[1]

Vom 2. Januar 2014
(BGBl. I S. 18)

FNA 442-5-2

Lfd. Nr.	Änderndes Gesetz	Datum	Fundstelle	Betroffen	Hinweis
1.	Art. 14 Abs. 3 G zur Änd. des DesignG und weiterer Vorschriften des gewerblichen Rechtsschutzes	4.4.2016	BGBl. I S. 558	§§ 4, 15, 21, 22	geänd. mWv 1.7.2016
2.	Art. 17 G zur Umsetzung der BerufsanerkennungsRL und zur Änd. weiterer Vorschriften im Bereich der rechtsberatenden Berufe[2]	12.5.2017	BGBl. I S. 1121	§ 6	geänd. mWv 18.5.2017
3.	Art. 7 VO zur Änd. der PatentVO und anderer Verordnungen des gewerblichen Rechtsschutzes	12.12.2018	BGBl. I S. 2446	§§ 4, 6, 15	geänd. mWv 1.4.2019
4.	Art. 75 PersonengesellschaftsrechtsmodernisierungsG (MoPeG)	10.8.2021	BGBl. I S. 3436	§§ 6, 15	geänd. mWv 1.1.2024
5.	Art. 11 Abs. 2 Zweites G zur Vereinfachung und Modernisierung des Patentrechts	10.8.2021	BGBl. I S. 3490	§ 21	geänd. mWv 18.8.2021

Inhaltsübersicht

Abschnitt 1. Allgemeines

Abschnitt 2. Eintragungsverfahren

[1] Verkündet als Art. 1 VO v. 2.1.2014 (BGBl. I S. 18); Inkrafttreten gem. Art. 6 Abs. 1 Satz 1 dieser VO am 10.1.2014.

[2] ***Amtl. Anm.:*** *Dieses Gesetz dient der Umsetzung* der Richtlinie 2005/36/EG des Europäischen Parlaments und des Rates vom 7. September 2005 über die Anerkennung von Berufsqualifikationen (ABl. L 255 vom 30.9.2005, S. 22; L 271 vom 16.10.2007, S. 18; L 93 vom 4.4.2008, S. 28; L 33 vom 3.2.2009, S. 49; L 305 vom 24.10.2014, S. 115), die zuletzt durch die Richtlinie 2013/55/EU (ABl. L 354 vom 28.12.2013, S. 132; L 268 vom 15.10.2015, S. 35; L 95 vom 9.4.2016, S. 20) geändert worden ist, sowie der Umsetzung der Richtlinie 2013/55/EU des Europäischen Parlaments und des Rates vom 20. November 2013 zur Änderung der Richtlinie 2005/36/EG über die Anerkennung von Berufsqualifikationen und der Verordnung (EU) Nr. 1024/2012 über die Verwaltungszusammenarbeit mit Hilfe des Binnenmarkt-Informationssystems („IMI-Verordnung") (ABl. L 354 vom 28.12.2013, S. 132; L 268 vom 15.10.2015, S. 35; L 95 vom 9.4.2016, S. 20).

Abschnitt 1. Allgemeines

§ 1 Anwendungsbereich. Die Bestimmungen dieser Verordnung gelten für die im Designgesetz geregelten Verfahren vor dem Deutschen Patent- und Markenamt neben den Bestimmungen des Designgesetzes und der DPMA-Verordnung.

§ 2 Formblätter. Formblätter, auf die in dieser Verordnung verwiesen wird, können beim Deutschen Patent- und Markenamt angefordert oder von der Internetseite des Deutschen Patent- und Markenamts (www.dpma.de) heruntergeladen werden.

Abschnitt 2. Eintragungsverfahren

§ 3 Inhalt der Anmeldung. (1) Die Anmeldung zur Eintragung eines Designs in das Designregister muss nach § 11 Absatz 2 und 3 des Designgesetzes[1] enthalten:

1. den Antrag auf Eintragung (§ 5),
2. Angaben, die erlauben, die Identität des Anmelders festzustellen (§ 6 Absatz 1 bis 3),
3. die Wiedergabe des Designs (§ 7) oder im Fall des § 11 Absatz 2 Satz 2 des Designgesetzes den flächenmäßigen Designabschnitt (§ 8) und
4. die Angabe der Erzeugnisse, in die das Design aufgenommen oder bei denen es verwendet werden soll (§ 9).

(2) Die Anmeldung kann ferner enthalten:

1. eine Beschreibung zur Erläuterung der Wiedergabe (§ 10),
2. einen Antrag auf Aufschiebung der Bekanntmachung der Wiedergabe nach § 21 Absatz 1 Satz 1 des Designgesetzes,
3. die Angabe der Warenklasse, in die das Design einzuordnen ist (§ 9),

---

[1] Nr. **69**.

4. die Angabe eines Vertreters (§ 6 Absatz 4),
5. die Angabe des Entwerfers (§ 6 Absatz 5),
6. eine Erklärung, dass die Priorität einer früheren ausländischen Anmeldung desselben Designs oder eine Ausstellungspriorität in Anspruch genommen wird (§ 11), und
7. die unverbindliche Erklärung des Anmelders, ob ein Interesse an der Vergabe von Lizenzen besteht.

§ 4[1)] Einreichung der Anmeldung. (1) [1]Die Anmeldung kann schriftlich oder elektronisch eingereicht werden. [2]Für die elektronische Einreichung ist die Verordnung über den elektronischen Rechtsverkehr beim Deutschen Patent- und Markenamt maßgebend. [3]§ 7 Absatz 5 und § 10 Absatz 3 bleiben unberührt.

(2) Abweichend von § 11 Absatz 1 der DPMA-Verordnung ist die Einreichung von Wiedergaben eines Designs zum Zwecke der Anmeldung oder der nachträglichen Einreichung (§ 16 Absatz 3 Satz 1 des Designgesetzes[2)]) per Telefax nicht zulässig.

§ 5 Antrag auf Eintragung. (1) Für den schriftlichen Antrag auf Eintragung eines Designs gemäß § 11 Absatz 2 Satz 1 Nummer 1 des Designgesetzes[2)] muss das vom Deutschen Patent- und Markenamt herausgegebene Formblatt verwendet werden.

(2) [1]Der Antrag auf Eintragung von Designs in einer Sammelanmeldung (§ 12 des Designgesetzes) muss zusätzlich zu dem in § 11 Absatz 2 und 3 des Designgesetzes vorgeschriebenen Inhalt enthalten:

1. eine Erklärung, für wie viele Designs die Eintragung in das Designregister beantragt wird, und
2. ein Anlageblatt mit folgenden Angaben:
   a) eine in arabischen Ziffern fortlaufend nummerierte Liste der in der Anmeldung zusammengefassten Designs,
   b) die Zahl der zu den einzelnen Designs eingereichten Darstellungen und
   c) die Erklärung, dass die Erzeugnisangabe für alle Designs gilt, oder bei jedem Design die Angabe der Erzeugnisse, in die es aufgenommen oder bei denen es verwendet werden soll.

[2]Als Anlageblatt muss das vom Deutschen Patent- und Markenamt herausgegebene Formblatt verwendet werden.

(3) Wird mit der Anmeldung beantragt, die Bekanntmachung der Wiedergabe aufzuschieben (§ 21 Absatz 1 Satz 1 des Designgesetzes), so bezieht sich dieser Antrag auf alle in der Sammelanmeldung zusammengefassten Designs.

§ 6[3)] Angaben zum Anmelder, Vertreter und Entwerfer. (1) [1]Die Anmeldung muss folgende Angaben zum Anmelder enthalten:

[1)] § 4 Abs. 2 geänd. mWv 1.7.2016 durch G v. 4.4.2016 (BGBl. I S. 558); Abs. 1 Satz 2 neu gef., Satz 3 angef. mWv 1.4.2019 durch VO v. 12.12.2018 (BGBl. I S. 2446).

[2)] Nr. **69**.

[3)] § 6 Abs. 4 Satz 1 geänd., Satz 3 aufgeh. mWv 18.5.2017 durch G v. 12.5.2017 (BGBl. I S. 1121); Abs. 1 Satz 1 Nr. 1 geänd., Nr. 2 und Satz 2 neu gef., Abs. 2 geänd., Abs. 4 neu gef. mWv 1.4.2019 durch VO v. 12.12.2018 (BGBl. I S. 2446); Abs. 1 Satz 1 Nr. 2 Buchst. b geänd. mWv 1.1.2024 durch G v. 10.8.2021 (BGBl. I S. 3436).

1. wenn der Anmelder eine natürliche Person ist: Vornamen und Namen oder, falls die Eintragung unter der Firma des Anmelders erfolgen soll, die Firma, wie sie im Handelsregister eingetragen ist, sowie die Anschrift des Wohn- oder Firmensitzes mit Angabe von Straße, Hausnummer, Postleitzahl und Ort,
2. wenn der Anmelder eine juristische Person oder eine Personengesellschaft ist:
   a) Name oder Firma, Rechtsform sowie Anschrift mit Angabe von Straße, Hausnummer, Postleitzahl und Ort des Sitzes; die Bezeichnung der Rechtsform kann auf übliche Weise abgekürzt werden; wenn die juristische Person oder Personengesellschaft in einem Register eingetragen ist, müssen die Angaben dem Registereintrag entsprechen;
   b) bei einer Gesellschaft bürgerlichen Rechts ***[ab 1.1.2024:*** *, die nicht im Gesellschaftsregister eingetragen ist,]* zusätzlich Name und Anschrift mit Angabe von Straße, Hausnummer, Postleitzahl und Ort mindestens eines vertretungsberechtigten Gesellschafters.

[2] Wenn der Anmelder seinen Wohnsitz oder Sitz im Ausland hat, so ist bei der Angabe der Anschrift nach Satz 1 außer dem Ort auch der Staat anzugeben. [3] Weitere Angaben zum Bezirk, zur Provinz oder zum Bundesstaat, in dem der Anmelder seinen Wohnsitz oder Sitz hat oder dessen Rechtsordnung er unterliegt, sind freiwillig.

(2) In der Anmeldung können zusätzlich eine von der Anschrift des Anmelders abweichende Postanschrift, eine Postfachanschrift sowie Telefonnummern, Telefaxnummern und E-Mail-Adressen angegeben werden.

(3) Wird die Anmeldung von mehreren Personen oder Personengesellschaften eingereicht, so gelten die Absätze 1 und 2 für alle anmeldenden Personen oder Personengesellschaften.

(4) Ist ein Vertreter bestellt, so gelten hinsichtlich der Angaben zum Vertreter die Absätze 1 und 2 entsprechend.

(5) Für die Benennung des Entwerfers gelten Absatz 1 Satz 1 Nummer 1, Satz 2 und 3 sowie die Absätze 2 und 3 entsprechend.

§ 7 Wiedergabe des Designs. (1) [1] Die Wiedergabe des Designs erfolgt mit Hilfe von fotografischen oder sonstigen grafischen Darstellungen. [2] Pro Design sind bis zu zehn Darstellungen zulässig, jede darüber hinausgehende Darstellung bleibt unberücksichtigt.

(2) [1] Mehrere Darstellungen sind nach der Dezimalklassifikation zu gliedern und mit arabischen Ziffern fortlaufend zu nummerieren. [2] Die Ziffer links vom Punkt bezeichnet die Nummer des Designs und die Ziffer rechts vom Punkt die Nummer der Darstellung. [3] Die Nummerierung ist neben den Darstellungen auf den Formblättern anzubringen. [4] Für die Reihenfolge der Darstellungen ist die Nummerierung durch den Anmelder ausschlaggebend.

(3) [1] Das Design ist auf neutralem Hintergrund in einer Bildgröße von mindestens 3 × 3 Zentimeter darzustellen. [2] Die Darstellungen sollen das zum Schutz angemeldete Design ohne Beiwerk zeigen und dürfen keine Erläuterung, Nummerierung oder Maßangabe enthalten. [3] Eine Darstellung darf nur eine Ansicht des Designs zeigen. [4] Die Darstellungen müssen dauerhaft und unverwischbar sein.

(4) [1]Die Darstellungen sind auf den vom Deutschen Patent- und Markenamt herausgegebenen Formblättern aufzudrucken oder aufzukleben. [2]Bei Sammelanmeldungen (§ 12 des Designgesetzes[1)]) ist für jedes Design ein gesondertes Formblatt zu verwenden. [3]Auf den Formblättern dürfen zur Erläuterung keinerlei Texte, Bezeichnungen, Symbole oder Bemaßungen neben den Darstellungen angebracht werden.

(5) [1]Die Darstellungen können statt auf einem Formblatt auf einem digitalen Datenträger eingereicht werden. [2]Der Datenträger muss vom Deutschen Patent- und Markenamt auslesbar sein. [3]Die beim Deutschen Patent- und Markenamt lesbaren Datenträgertypen und Formatierungen werden auf der Internetseite www.dpma.de bekannt gegeben. [4]Ist der Datenträger nicht lesbar, gilt die Wiedergabe als nicht eingereicht. [5]Jede Darstellung ist im Grafikformat JPEG (*.jpg) als separate Datei im Stammverzeichnis eines leeren Datenträgers abzulegen. [6]Die Auflösung der Darstellung muss mindestens 300 dpi betragen. [7]Eine Datei darf nicht größer als 2 Megabyte sein. [8]Die Dateinamen sind entsprechend Absatz 2 Satz 1 und 2 zu wählen. [9]Absatz 2 Satz 4 gilt entsprechend.

(6) Betrifft die Anmeldung ein Design, das aus einem sich wiederholenden Flächendesign besteht, so muss die Wiedergabe das vollständige Design und einen hinreichend großen Teil der Fläche mit dem sich wiederholenden Design zeigen.

(7) Betrifft die Anmeldung ein Design, das aus typografischen Schriftzeichen besteht, so muss die Wiedergabe des Designs einen vollständigen Zeichensatz sowie fünf Zeilen Text, jeweils in Schriftgröße 16 Punkt, umfassen.

§ 8 Flächenmäßige Designabschnitte. (1) Flächenmäßige Designabschnitte (§ 11 Absatz 2 Satz 2 des Designgesetzes[1)]) sind in zwei übereinstimmenden Exemplaren einzureichen.

(2) [1]Werden mehrere Designabschnitte eingereicht, sind diese auf der Rückseite fortlaufend zu nummerieren. [2]Ein Designabschnitt soll das Format von 21 × 29,7 Zentimeter (DIN A4) nicht überschreiten. [3]Ein größerer Designabschnitt darf ein Format von 50 ×100 × 2,5 Zentimeter oder 75 × 100 × 1,5 Zentimeter nicht überschreiten und muss so beschaffen sein, dass er auf das Format 21 × 29,7 Zentimeter (DIN A4) zusammenlegbar ist. [4]Die mit einer Anmeldung eingereichten flächenmäßigen Designabschnitte dürfen einschließlich Verpackung insgesamt nicht schwerer als 15 Kilogramm sein. [5]Es dürfen keine Designabschnitte eingereicht werden, die verderblich sind oder deren Aufbewahrung gefährlich ist, insbesondere, weil sie leicht entflammbar, explosiv, giftig oder mit Schädlingen behaftet sind.

(3) Wird die Eintragung eines Designs beantragt, das aus einem sich wiederholenden Flächendesign besteht, muss der Designabschnitt zusätzlich zu den Anforderungen nach den Absätzen 1 und 2 das vollständige Design und einen der Länge und Breite nach ausreichenden Teil der Fläche mit dem sich wiederholenden Design zeigen.

§ 9 Erzeugnisangabe und Klassifizierung. (1) [1]Die Angabe der Erzeugnisse, in die das Design aufgenommen oder bei denen es verwendet werden soll (§ 11 Absatz 3 des Designgesetzes[1)]), richtet sich nach der amtlichen Warenliste für eingetragene Designs auf Grundlage des Abkommens von Locarno zur Er-

[1)] Nr. **69**.

richtung einer Internationalen Klassifikation von gewerblichen Mustern und Modellen (BGBl. 1990 II S. 1677, 1679). [2]Die Klassifizierung des einzutragenden Designs richtet sich nach der Einteilung der Klassen und Unterklassen für eingetragene Designs. [3]Die jeweils gültigen Fassungen der Warenliste und der Einteilung der Klassen und Unterklassen werden vom Deutschen Patent- und Markenamt im Bundesanzeiger bekannt gemacht.[1)]

(2) [1]Die Erzeugnisangabe muss eine sachgerechte Recherche des mit der Wiedergabe dargestellten Designs ermöglichen. [2]Sie soll nicht mehr als fünf Warenbegriffe umfassen. [3]Stellt das Deutsche Patent- und Markenamt im Rahmen der Prüfung nach § 16 des Designgesetzes fest, dass die in der Anmeldung enthaltene Erzeugnisangabe eine sachgerechte Recherche nicht zulässt, so kann das Deutsche Patent- und Markenamt der Erzeugnisangabe einen zusätzlichen Warenbegriff hinzufügen.

(3) Ändert sich die Klasseneinteilung nach der Eintragung des Designs, so wird die Klassifizierung der Erzeugnisse auf Antrag des Rechtsinhabers oder bei der Eintragung der Aufrechterhaltung des Schutzes von Amts wegen angepasst und dem Rechtsinhaber mitgeteilt.

§ 10 Beschreibung zur Erläuterung der Wiedergabe. (1) [1]Wird zur Erläuterung der Wiedergabe eine Beschreibung eingereicht (§ 11 Absatz 5 Nummer 1 des Designgesetzes[2)]), so darf sie sich nur auf diejenigen Merkmale beziehen, die aus der Wiedergabe des Designs oder dem flächenmäßigen Designabschnitt ersichtlich sind. [2]Insbesondere darf sie keine Angaben über die Neuheit oder Eigenart des Designs oder seine technische Funktion enthalten.

(2) [1]Die Beschreibung zur Erläuterung der Wiedergabe eines Designs darf bis zu 100 Wörter enthalten und ist auf einem gesonderten Blatt einzureichen. [2]Die Beschreibung muss aus fortlaufendem Text bestehen und darf keine grafischen oder sonstigen Gestaltungselemente enthalten. [3]Bei Sammelanmeldungen (§ 12 des Designgesetzes) können die Beschreibungen nach Designnummern geordnet in einem Dokument zusammengefasst werden.

(3) [1]Bei Verwendung eines digitalen Datenträgers zur Einreichung der Wiedergabe (§ 7 Absatz 5) kann die Beschreibung im Format „*.txt" auf dem Datenträger gespeichert werden. [2]Bei Sammelanmeldungen sind die Beschreibungen nach Designnummern geordnet in einem elektronischen Dokument zusammenzufassen.

§ 11 Angaben bei Inanspruchnahme einer Priorität. (1) Wird in der Anmeldung die Inanspruchnahme der Priorität einer früheren ausländischen Anmeldung erklärt, so sind Zeit, Land und Aktenzeichen dieser Anmeldung anzugeben und eine Abschrift dieser Anmeldung einzureichen (§ 14 Absatz 1 Satz 1 des Designgesetzes[2)]).

(2) [1]Wird die Inanspruchnahme einer Ausstellungspriorität erklärt, so sind der Tag der erstmaligen Zurschaustellung sowie die Bezeichnung der Ausstellung anzugeben. [2]Zum Nachweis der Zurschaustellung (§ 15 Absatz 4 Satz 1 des

---

[1)] Siehe hierzu
– Bek. der Einteilung der Klassen und Unterklassen und der Warenliste gemäß § 9 Abs. 1 Satz 3 DesignVO v. 17.12.2019 (BAnz AT 27.12.2019 B7)
– *Bek. der Einteilung* der Klassen und Unterklassen und der Warenliste gemäß § 9 Abs. 1 Satz 3 DesignVO 2021 v. 15.12.2020 (BAnz AT 22.12.2020 B9)

[2)] Nr. **69**.

Designgesetzes) ist eine Bescheinigung einzureichen, die während der Ausstellung von der für den Schutz des geistigen Eigentums auf dieser Ausstellung zuständigen Stelle erteilt worden ist. [3] In der Bescheinigung muss bestätigt werden,

1. dass das Design auf der Ausstellung offenbart wurde,
2. der Tag der Eröffnung der Ausstellung und
3. der Tag, an dem das Design erstmals offenbart wurde, wenn die erstmalige Offenbarung nicht mit dem Eröffnungstag der Ausstellung zusammenfällt.

[4] Für die Bescheinigung soll das vom Deutschen Patent- und Markenamt herausgegebene Formblatt benutzt werden. [5] Die Bescheinigung muss eine von der genannten Stelle beglaubigte Darstellung der tatsächlichen Offenbarung des Designs enthalten.

(3) Die Möglichkeit, die Angaben nach § 14 Absatz 1 Satz 2 des Designgesetzes zu ändern oder die Prioritätserklärung innerhalb von 16 Monaten nach dem Prioritätstag oder dem Tag der erstmaligen Zurschaustellung abzugeben (§ 14 Absatz 1 Satz 1 und § 15 Absatz 4 Satz 1 des Designgesetzes), bleibt unberührt.

§ 12 Teilung einer Sammelanmeldung. (1) Eine Sammelanmeldung kann nach § 12 Absatz 2 des Designgesetzes[1)] in zwei oder mehrere Anmeldungen geteilt werden.

(2) In der Teilungserklärung sind anzugeben:

1. das Aktenzeichen der Sammelanmeldung und
2. die Nummern der Designs, die abgeteilt werden sollen.

(3) Die Teilung wird vorgenommen, sobald der nach § 12 Absatz 2 Satz 3 des Designgesetzes zu entrichtende Differenzbetrag gezahlt wurde.

(4) Ändern sich die Angaben nach § 6 Absatz 1 und 4 infolge einer Änderung der Angaben zum Anmelder oder Vertreter hinsichtlich einzelner Designs, so wird die Sammelanmeldung von Amts wegen geteilt.

§ 13 Weiterbehandlung der Anmeldung. Ein Antrag auf Weiterbehandlung der infolge Fristversäumnisses zurückgewiesenen Anmeldung (§ 17 Absatz 1 des Designgesetzes[1)]) muss folgende Angaben enthalten:

1. das Aktenzeichen der Anmeldung,
2. den Namen des Anmelders und
3. das Datum des Beschlusses, auf den sich der Antrag bezieht.

§ 14 Deutsche Übersetzungen. (1) [1] Wird ein fremdsprachiges Schriftstück eingereicht, kann das Deutsche Patent- und Markenamt den Anmelder auffordern, innerhalb einer angemessenen Frist eine deutsche Übersetzung nachzureichen. [2] Die Übersetzung muss von einem Rechtsanwalt oder Patentanwalt beglaubigt oder von einem öffentlich bestellten Übersetzer angefertigt sein.

(2) [1] Wird die Übersetzung nach Ablauf der Frist eingereicht, so gilt das fremdsprachige Schriftstück als zum Zeitpunkt des Eingangs der Übersetzung eingegangen. [2] Wird keine Übersetzung eingereicht, so gilt das fremdsprachige Schriftstück als nicht eingegangen.

[1)] Nr. **69**.

Abschnitt 3. Designregister, Verfahren nach Eintragung

§ 15[1] **Inhalt des Designregisters.** (1) Bei der Eintragung der Anmeldung wird Folgendes in das Designregister aufgenommen:

1. das Aktenzeichen der Anmeldung,
2. die Wiedergabe des eingetragenen Designs,
3. die jeweilige Designnummer, bei Sammelanmeldungen entsprechend der fortlaufend nummerierten Liste nach § 5 Absatz 2 Satz 1 Nummer 2 Buchstabe a,
4. der Name, gegebenenfalls die Firma einschließlich der Rechtsform, und der Wohnsitz oder Sitz des Anmelders, bei ausländischen Orten auch der Staat (§ 6 Absatz 1 und 3),
5. die Anschrift des Anmelders unter Angabe des Empfangsberechtigten,
6. der Anmeldetag (§ 13 Absatz 1 und § 16 Absatz 3 Satz 2 des Designgesetzes[2]),
7. der Tag der Eintragung,
8. die Erzeugnisangabe (§ 9) und
9. die Warenklassen (§ 19 Absatz 2 des Designgesetzes), bestehend aus der Angabe der Klassen und Unterklassen.

(2) Gegebenenfalls werden folgende Angaben zusätzlich zu der Anmeldung in das Designregister aufgenommen:

1. dass eine unverbindliche Erklärung des Anmelders über das Interesse an der Vergabe von Lizenzen abgegeben wurde (§ 3 Absatz 2 Nummer 7),
2. der Name und der Wohnsitz aller benannten vertretungsberechtigten Gesellschafter ***[bis 31.12.2023:*** einer Gesellschaft bürgerlichen Rechts***][ab 1.1. 2024:*** *einer nicht im Gesellschaftsregister eingetragenen Gesellschaft bürgerlichen Rechts****]*** (§ 6 Absatz 1 Satz 1 Nummer 2 Buchstabe b),
3. der Name und die Anschrift des Vertreters (§ 6 Absatz 4),
4. der Name und die Anschrift des Entwerfers (§ 6 Absatz 5),
5. die Beschreibung zur Erläuterung der Wiedergabe des Designs (§ 10),
6. ein Hinweis auf die Ersetzung der Wiedergabe durch einen flächenmäßigen Designabschnitt (§ 11 Absatz 2 Satz 2 des Designgesetzes),
7. ein Hinweis, ob die Eintragung die Anmeldung eines einzelnen Designs oder eine Sammelanmeldung (§ 12 des Designgesetzes) betrifft, sowie bei einer Sammelanmeldung die Zahl der in der Anmeldung zusammengefassten Designs (§ 5 Absatz 2 Satz 1 Nummer 1),
8. Zeit, Land und Aktenzeichen der früheren Anmeldung desselben Designs bei Inanspruchnahme einer ausländischen Priorität nach § 14 des Designgesetzes,
9. der Tag der erstmaligen Zurschaustellung und die Bezeichnung der Ausstellung bei Inanspruchnahme einer Ausstellungspriorität nach § 15 des Designgesetzes,
10. dass ein Antrag auf Aufschiebung der Bekanntmachung der Wiedergabe gestellt wurde (§ 21 Absatz 1 Satz 1 des Designgesetzes),

---

[1] § 15 Abs. 1 Nr. 6 geänd. mWv 1.7.2016 durch G v. 4.4.2016 (BGBl. I S. 558); Abs. 2 Nr. 2 geänd. *mWv 1.4.2019 durch* VO v. 12.12.2018 (BGBl. I S. 2446); Abs. 2 Nr. 2 geänd. mWv 1.1.2024 durch G v. 10.8.2021 (BGBl. I S. 3436).

[2] Nr. **69**.

11. dass dingliche Rechte an dem angemeldeten oder eingetragenen Design bestehen (§ 30 Absatz 1 Nummer 1 und § 32 des Designgesetzes),
12. dass das angemeldete oder eingetragene Design Gegenstand einer Maßnahme der Zwangsvollstreckung geworden ist (§ 30 Absatz 1 Nummer 2 und § 32 des Designgesetzes) und
13. dass das Recht am angemeldeten oder eingetragenen Design von einem Insolvenzverfahren erfasst worden ist (§ 30 Absatz 3 und § 32 des Designgesetzes).

(3) Im Fall von Rechtsübergängen vor der Eintragung des bereits angemeldeten Designs wird nur derjenige in das Designregister eingetragen, der zum Zeitpunkt der Eintragung der Inhaber des durch die Anmeldung begründeten Rechts ist.

(4) [1] Ist die Aufschiebung der Bekanntmachung der Wiedergabe nach § 21 Absatz 1 Satz 1 des Designgesetzes beantragt worden, so beschränkt sich die Eintragung der Anmeldung auf die Angaben nach Absatz 1 Nummer 1, 4 bis 7, nach Absatz 2 Nummer 1 bis 3, 10 bis 13, sowie auf den Prioritätstag nach Absatz 2 Nummer 8 und 9. [2] Wird der Schutz auf die Schutzdauer nach § 27 Absatz 2 des Designgesetzes erstreckt (§ 21 Absatz 2 Satz 1 des Designgesetzes), so werden die übrigen Angaben nach Maßgabe der Absätze 1 und 2 in das Designregister aufgenommen.

§ 16 Weitere Eintragungen in das Designregister. Neben den Eintragungen nach § 15 sind gegebenenfalls folgende Angaben in das Designregister aufzunehmen:

1. dass der Schutz auf die Schutzdauer nach § 27 Absatz 2 des Designgesetzes[1)] erstreckt wurde (§ 21 Absatz 2 Satz 1 des Designgesetzes),
2. bei nachgeholter Bekanntmachung der Wiedergabe (§ 21 Absatz 3 des Designgesetzes) der Tag der Bekanntmachung sowie der Hinweis auf die Bekanntmachung nach § 21 Absatz 1 Satz 2 des Designgesetzes,
3. Änderungen der in § 15 Absatz 1 Nummer 4 und 5 sowie Absatz 2 Nummer 3 und 4 aufgeführten Angaben,
4. dass ein Antrag auf Wiedereinsetzung in den vorigen Stand gestellt wurde (§ 23 Absatz 3 Satz 3 des Designgesetzes) sowie das Ergebnis dieses Verfahrens,
5. dass eine Sammeleintragung geteilt wurde (§ 18),
6. dass ein gerichtliches Verfahren gemäß § 9 Absatz 1 des Designgesetzes eingeleitet wurde sowie die weiteren Angaben nach § 9 Absatz 4 des Designgesetzes,
7. dass ein Antrag auf Feststellung oder Erklärung der Nichtigkeit gestellt wurde (§ 34a Absatz 1 des Designgesetzes) sowie das Ergebnis des Nichtigkeitsverfahrens,
8. *der Tag der Erhebung* der Widerklage auf Feststellung oder Erklärung der Nichtigkeit sowie das Ergebnis des Verfahrens (§ 52b Absatz 4 des Designgesetzes) und
9. der Tag und der Grund der Löschung des eingetragenen Designs (§ 36 Absatz 1 des Designgesetzes).

---

1) Nr. **69**.

§ 17 Eintragungsurkunde. Der Inhaber des eingetragenen Designs erhält vom Deutschen Patent- und Markenamt eine Urkunde über die Eintragung des Designs, sofern er hierauf nicht ausdrücklich verzichtet hat.

§ 18 Teilung einer Sammeleintragung. (1) Für die Teilung einer Sammeleintragung gilt § 12 Absatz 1, 2 und 4 entsprechend.

(2) [1] Betrifft ein Antrag auf Eintragung eines Rechtsübergangs nach § 28 der DPMA-Verordnung nur einen Teil der aufgrund einer Sammelanmeldung eingetragenen Designs, so sind die jeweiligen Designnummern in dem Antrag anzugeben. [2] Die eingetragenen Designs, die von dem Rechtsübergang erfasst sind, werden abgetrennt und in einer Teilungsakte weitergeführt.

§ 19 Angaben bei Erstreckung und Aufrechterhaltung. (1) Bei der Zahlung der Gebühr zur Erstreckung des Schutzes auf die Schutzdauer nach § 27 Absatz 2 des Designgesetzes[1)] (§ 21 Absatz 2 Satz 1 des Designgesetzes) sind anzugeben:

1. das Aktenzeichen der Eintragung,
2. der Verwendungszweck der Zahlung und
3. der Name des Rechtsinhabers nach § 6 Absatz 1.

(2) Soll die Erstreckung des Schutzes nur für einzelne eingetragene Designs innerhalb einer Sammeleintragung bewirkt werden, so ist ein Antrag einzureichen, der folgende Angaben enthält:

1. das Aktenzeichen der Eintragung,
2. der Name des Rechtsinhabers nach § 6 Absatz 1 sowie
3. die Nummern der eingetragenen Designs, deren Schutz erstreckt werden soll.

(3) Beantragt der Rechtsinhaber die Nachholung der Bekanntmachung der Wiedergabe (§ 21 Absatz 3 des Designgesetzes) vor Ablauf der Frist nach § 21 Absatz 1 Satz 1 des Designgesetzes, sind in dem Antrag anzugeben:

1. das Aktenzeichen der Eintragung,
2. der Name des Rechtsinhabers nach § 6 Absatz 1 und
3. der Zeitpunkt, zu dem die Bekanntmachung erfolgen soll.

(4) Bei der Zahlung der Aufrechterhaltungsgebühr sind die Absätze 1 und 2 entsprechend anzuwenden.

§ 20 Verzicht auf das eingetragene Design. (1) In der Erklärung über den Verzicht auf das eingetragene Design nach § 36 Absatz 1 Satz 1 Nummer 2 und Absatz 2 des Designgesetzes[1)] sind anzugeben:

1. die Nummer des eingetragenen Designs, auf das verzichtet wird, sowie
2. der Name und die Anschrift des Rechtsinhabers nach § 6 Absatz 1.

(2) [1] Wird auf ein eingetragenes Design teilweise verzichtet, so ist mit der Erklärung eine Wiedergabe des geänderten Designs nach § 7, im Fall des § 11 Absatz 2 Satz 2 des Designgesetzes des geänderten flächenmäßigen Designabschnitts nach § 8, einzureichen. [2] Die Teilverzichtserklärung soll nicht mehr als 100 Wörter umfassen. [3] Sie wird im Designregister eingetragen und mit der Wiedergabe des geänderten Designs bekannt gemacht. [4] Bei Sammeleintragun-

---

[1)] Nr. **69**.

gen ist für jedes eingetragene Design, auf das teilweise verzichtet wird, eine gesonderte Teilverzichtserklärung abzugeben.

(3) [1]Für die nach § 36 Absatz 1 Satz 1 Nummer 2 des Designgesetzes erforderliche Zustimmung eines im Designregister eingetragenen Inhabers eines Rechts an dem eingetragenen Design reicht die Abgabe einer von dieser Person oder ihrem Vertreter unterschriebenen Zustimmungserklärung aus. [2]Eine Beglaubigung der Erklärung oder der Unterschrift ist nicht erforderlich.

Abschnitt 4. Verfahren zur Feststellung oder Erklärung der Nichtigkeit

§ 21[1)] Antragstellung. (1) Für den Antrag auf Feststellung oder Erklärung der Nichtigkeit eines eingetragenen Designs (§ 34a Absatz 1 des Designgesetzes[2)]) soll das vom Deutschen Patent- und Markenamt herausgegebene Formblatt verwendet werden.

(2) In dem Antrag sind anzugeben:

1. die Nummer des eingetragenen Designs,
2. der Name und die Anschrift des Antragstellers,
3. der Nichtigkeitsgrund nach § 33 Absatz 1 oder Absatz 2 des Designgesetzes,
4. die zur Begründung dienenden Tatsachen und Beweismittel,
5. bei einem Antrag auf Teilnichtigkeit (§ 35 Absatz 1 des Designgesetzes) der Umfang des Nichtigkeitsbegehrens.

(3) [1]Ein Antrag kann auf mehrere in § 33 Absatz 1 oder Absatz 2 des Designgesetzes genannte Nichtigkeitsgründe gestützt werden. [2]Im Antrag können Angaben zum Gegenstandswert gemacht werden, wenn dieser nach § 34a Absatz 6 des Designgesetzes festgesetzt werden soll.

§ 22[3)] Verfahrensgrundsätze. (1) [1]Das Deutsche Patent- und Markenamt kann bei ihm anhängige Nichtigkeitsverfahren zur gemeinsamen Behandlung und Entscheidung verbinden. [2]Es kann ein Nichtigkeitsverfahren aussetzen, wenn dies sachdienlich ist. [3]Eine Aussetzung kommt insbesondere in Betracht, wenn es dasselbe eingetragene Design in einem anderen Verfahren für nichtig hält. [4]Das Deutsche Patent- und Markenamt kann eine von ihm erlassene Anordnung, die die Verbindung mehrerer Verfahren oder die Aussetzung eines Verfahrens betrifft, wieder aufheben.

(2) [1]Das Deutsche Patent- und Markenamt weist die Beteiligten auf Gesichtspunkte hin, die für die Entscheidung voraussichtlich von besonderer Bedeutung sein werden oder die der Konzentration des Verfahrens auf die für die Entscheidung wesentlichen Fragen dienlich sind. [2]Dieser Hinweis erfolgt so früh wie möglich, im Fall der Anhörung nach § 34a Absatz 3 Satz 2 des Designgesetzes[2)] spätestens mit der Ladung zur Anhörung. [3]Eines Hinweises bedarf es nicht, wenn die zu erörternden Gesichtspunkte nach dem Vorbringen der Beteiligten offensichtlich erscheinen.

[1)] § 21 Abs. 2 Nr. 3 und Abs. 3 Satz 1 geänd. mWv 1.7.2016 durch G v. 4.4.2016 (BGBl. I S. 558); Abs. 3 Satz 2 geänd. mWv 18.8.2021 durch G v. 10.8.2021 (BGBl. I S. 3490).

[2)] Nr. **69**.

[3)] § 22 Abs. 4 aufgeh. mWv 1.7.2016 durch G v. 4.4.2016 (BGBl. I S. 558).

(3) [1]Das Deutsche Patent- und Markenamt hat darauf hinzuwirken, dass die Beteiligten sich rechtzeitig und vollständig über alle erheblichen Tatsachen erklären, insbesondere ungenügende Angaben zu Tatsachen und Beweismitteln ergänzen sowie sachdienliche Anträge stellen. [2]Das Deutsche Patent- und Markenamt kann Tatsachen und Beweismittel berücksichtigen, die ihm anderweitig bekannt geworden sind oder deren Berücksichtigung im öffentlichen Interesse liegt, wenn es hierauf hingewiesen und den Beteiligten eine angemessene Frist zur Stellungnahme eingeräumt hat.

Abschnitt 5. Internationale Eintragungen

§ 23 Stellungnahme zur Schutzverweigerung bei internationalen Eintragungen. Der Inhaber einer internationalen Eintragung nach § 66 des Designgesetzes[1)] kann zu der Mitteilung über die Schutzverweigerung (§ 69 Absatz 2 des Designgesetzes) innerhalb einer Frist von vier Monaten ab dem Tag, an dem das Internationale Büro der Weltorganisation für geistiges Eigentum die Mitteilung absendet, gegenüber dem Deutschen Patent- und Markenamt Stellung nehmen.

§ 24 Umschreibung internationaler Eintragungen. [1]Das Deutsche Patent- und Markenamt bestätigt auf Antrag des neuen Eigentümers des eingetragenen Designs die Eintragung des Inhaberwechsels nach Regel 21 Absatz 1 Buchstabe b Ziffer ii der Gemeinsamen Ausführungsordnung zu den Fassungen des Haager Abkommens von 1999, 1960 und 1934 (BGBl. 2008 II S. 1341, 1342) für die Umschreibung der internationalen Eintragung, sofern der neue Eigentümer die Rechtsnachfolge nachweist. [2]§ 28 Absatz 3 der DPMA-Verordnung gilt für den Nachweis des Rechtsübergangs entsprechend.

§ 25 Nachträgliche Schutzentziehung. Für den Antrag auf Feststellung der Unwirksamkeit einer internationalen Eintragung für das Gebiet der Bundesrepublik Deutschland (§ 70 Absatz 1 Satz 1 des Designgesetzes[1)]) gelten die §§ 21 und 22 entsprechend.

Abschnitt 6. Schlussvorschriften

§ 26 Aufbewahrung der Wiedergabe des eingetragenen Designs. Das Deutsche Patent- und Markenamt bewahrt die Wiedergabe des eingetragenen Designs (§ 7) auch nach der Löschung der Eintragung im Designregister dauerhaft auf.

§ 27 Übergangsregelungen. (1) § 4 Absatz 2 findet auf bis zum 9. Januar 2014 eingegangene Wiedergaben keine Anwendung.

(2) § 22 findet Anwendung auf alle Anträge zur Feststellung oder Erklärung der Nichtigkeit eines eingetragenen Designs, die ab dem 1. Januar 2014 bei dem Deutschen Patent- und Markenamt eingegangen sind.

[1)] Nr. **69**.

70. Patentgesetz

In der Fassung der Bekanntmachung vom 16. Dezember 1980[1)]
(BGBl. 1981 I S. 1)

FNA 420-1

Lfd. Nr.	Änderndes Gesetz	Datum	Fundstelle	Betroffen	Hinweis
1.	Art. 2 Abs. 9 G zur Änd. des GebrauchsmusterG	15.8.1986	BGBl. I S. 1446	§ 15	geänd. mWv 1.1.1987
2.	Art. 7 § 4 G zur Änd. von Kostengesetzen	9.12.1986	BGBl. I S. 2326	§§ 135, 136	geänd. mWv 1.1.1987
3.	Art. 4 G zur Stärkung des Schutzes des geistigen Eigentums und zur Bekämpfung der Produktpiraterie	7.3.1990	BGBl. I S. 422	§§ 142 §§ 140a, 140b, 142a	geänd. mWv 1.7.1990 eingef. mWv 1.7.1990
4.	Art. 7 Zweites G über das Gemeinschaftspatent	20.12.1991	BGBl. II S. 1354	§§ 23, 40	geänd. mWv 1.6.1992
5.	Art. 3 Erstes G zur Änd. des SortenschutzG	27.3.1992	BGBl. I S. 727	§ 2	geänd. mWv 8.4.1992
6.	Art. 1 G zur Änd. des PatentG und anderer Gesetze	23.3.1993	BGBl. I S. 366	§§ 27, 30, 81, 142 §§ 16a, 49a	geänd. mWv 1.4.1993 eingef. mWv 1.4.1993
7.	Art. 12 G zur Neuordnung des Berufsrecht der Rechtsanwälte und der Patentanwälte	2.9.1994	BGBl. I S. 2278	§ 143	geänd. mWv 1.1.2000
8.	Art. 13 MarkenrechtsreformG	25.10.1994	BGBl. I S. 3082	§ 41	geänd. mWv 1.1.1995
9.	Art. 3 Abs. 13 G zur Abschaffung der Gerichtsferien	28.10.1996	BGBl. I S. 1546	§ 99	geänd. mWv 1.1.1997
10.	Art. 2 Zweites G zur Änd. des PatentG und anderer Gesetze	16.7.1998	BGBl. I S. 1827	Inhaltsübers., §§ 3, 16, 16a, 17, 23, 24, 26, 27, 30, 30, 30, 31, 32, 32, 34, 35, 36, 37, 39, 40, 41, 42, 44, 45, 48, 49, 49a, 62, 65, 66, 73, 80, 81, 81, 85, 100, 102, 106, 110, 111, 112, 113, 114, 122, 122, 123, 126, 127, 129, 132, 135, 136, 142a	geänd. mWv 1.11.1998
11.	Art. 2f Drittes G zur Änd. des RechtspflegerG und anderer G	6.8.1998	BGBl. I S. 2030	§ 81	geänd. mWv 1.10.1998
12.	Art. 1 G zur Änd. des G zur Neuordnung des Berufsrechts der Rechtsanwälte und der Patentanwälte	17.12.1999	BGBl. I S. 2448	§ 143 (Inkrafttreten)	geänd. mWv 23.12. 1999
13.	Art. 4 G zur Stärkung der Unabhängigkeit der Richter und Gerichte	22.12.1999	BGBl. I S. 2598	§ 68	geänd. mWv 30.12. 1999
14.	Art. 2 Abs. 26 ZustellungsreformG	25.6.2001	BGBl. I S. 1206	§ 127	geänd. mWv 1.7.2002
15.	Art. 42 ZivilprozessreformG	27.7.2001	BGBl. I S. 1887	§§ 101, 136	geänd. mWv 1.1.2002
16.	Art. 5 Abs. 20 SchuldrechtsmodernisierungsG	26.11.2001	BGBl. I S. 3138	§§ 33, 141 § 147	geänd. mWv 1.1.2002 eingef. mWv 1.1.2002

[1)] Neubekanntmachung des PatentG v. 26.7.1979 (BGBl. I S. 1269) in der ab 1.1.1981 geltenden Fassung.

Lfd. Nr.	Änderndes Gesetz	Datum	Fundstelle	Betroffen	Hinweis
17.	Art. 7 Geistiges Eigentum-Kostenregelungs-BereinigungsG	13.12.2001	BGBl. I S. 3656	Inhaltsübers., §§ 13, 16a, 17, 20, 23, 25, 27, 29, 30, 31, 32, 34, 39, 42, 43, 44, 47, 49a, 54, 58, 62, 63, 64, 67, 73, 80, 81, 85, 130, 143, 147	geänd. mWv 1.1.2002
				§§ 18, 19, 57, 98	aufgeh. mWv 1.1.2002
18.	Art. 21 Abs. 2 Geistiges Eigentum-Kostenregelungs-BereinigungsG	13.12.2001	BGBl. I S. 3656	§ 123a	eingef. mWv 1.1.2005
19.	Art. 4 Abs. 1 Transparenz- und PublizitätsG	19.7.2002	BGBl. I S. 2681	§§ 16a, 135, 147	geänd. mWv 26.7.2002
				§ 125a	eingef. mWv 26.7.2002
20.	Art. 3 OLG-VertretungsänderungsG	23.7.2002	BGBl. I S. 2850	§ 143	geänd. mWv 1.8.2002
21.	Art. 2 Abs. 7 GeschmacksmusterreformG	12.3.2004	BGBl. I S. 390	§§ 28, 44, 102, 143	geänd. mWv 19.3.2004
22.	Art. 4 Abs. 41 KostenrechtsmodernisierungsG	5.5.2004	BGBl. I S. 718	§ 143	geänd. mWv 1.7.2004
				§ 128a	eingef. mWv 1.7.2004
23.	Art. 1 G zur Änd. des PatentG und anderer Vorschriften des gewerbl. Rechtsschutzes	9.12.2004	BGBl. I S. 3232	§§ 27, 147	geänd. mWv 15.12.2004
24.	Art. 1 G zur Umsetzung der RL über den rechtlichen Schutz biotechnologischer Erfindungen[1]	21.1.2005	BGBl. I S. 146	§§ 1, 2, 9, 11, 24, 39, 85	geänd. mWv 28.2.2005
				§§ 1a, 2a, 9a–9c, 34a	eingef. mWv 28.2.2005
25.	Art. 3 14. ÄndG	29.8.2005	BGBl. I S. 2570	§ 11	geänd. mWv 6.9.2005
26.	Art. 1 G zur Änd. des patentrechtlichen Einspruchsverfahrens und des PatentkostenG	21.6.2006	BGBl. I S. 1318, ber. S. 2737	Inhaltsübers., §§ 16a, 21, 31, 32, 59, 61, 62, 67, 80, 100, 123, 123a, 127, 133, 147	geänd. mWv 1.7.2006
				§ 122a	eingef. mWv 1.7.2006
				§ 60	aufgeh. mWv 1.7.2006
27.	Art. 2 Patentabkommen Revisions-UmsetzungsG	24.8.2007	BGBl. I S. 2166 iVm Bek. v. 19.2.2008, BGBl I S. 254	§§ 1, 2, 2a, 3, 5, 14, 16a, 31, 64, 131	geänd. mWv 13.12.2007
28.	Art. 40 Zweites G über die Bereinigung von BundesR im Zuständigkeitsbereich des BMJ	23.11.2007	BGBl. I S. 2614	§§ 22, 26, 49a, 65	geänd. mWv 30.11.2007
29.	Art. 15 G Neuregelung des Rechtsberatungsrechts[2]	12.12.2007	BGBl. I S. 2840	§§ 97, 102	geänd. mWv 1.7.2008
30.	Art. 12 Abs. 1 Zweites G zur Änd. d. FinanzverwaltungsG und anderer Gesetze	13.12.2007	BGBl. I S. 2897	§ 142a	geänd. mWv 1.1.2008
31.	Art. 2 G geistiges Eigentum	7.7.2008	BGBl. I S. 1191	Inhaltsübers., §§ 16a, 139, 140a, 140b, , 142a	geänd. mWv 1.9.2008
				§ 140c, 140d, 140e, 141a, 142b	eingef. mWv 1.9.2008
32.	Art. 83a FGG-ReformG	17.12.2008	BGBl. I S. 2586	§ 140b	geänd. mWv 1.9.2009

[1] **Amtl. Anm.:** Dieses Gesetz dient der Umsetzung der Richtlinie 98/44/EG des Europäischen Parlaments und des Rates vom 6. Juli 1998 über den rechtlichen Schutz biotechnologischer Erfindungen (ABl. EG Nr. L 213 S. 13).

[2] ***Amtl. Anm.:*** Dieses Gesetz dient der Umsetzung der Richtlinie 2005/36/EG des Europäischen Parlaments und des Rates vom 7. September 2005 über die Anerkennung von Berufsqualifikationen (ABl. EU Nr. L 255 S. 22).

Lfd. Nr.	Änderndes Gesetz	Datum	Fundstelle	Betroffen	Hinweis
33.	Art. 1 G zur Vereinfachung und Modernisierung des Patentrechts	31.7.2009	BGBl. I S. 2521	§§ 16a, 25, 30, 49a, 65, 81, 82, 85, 110, 122, 132, 136, 147	geänd. mWv 1.10.2009
				§§ 83, 111, 112, 113, 114, 115, 116, 117, 118, 119, 120, 125a,	neu gef. mWv 1.10.2009
				§ 85a	eingef. mWv 1.10.2009
34.	Art. 13 G über den Rechtsschutz bei überlangen Gerichtsverfahren und strafrechtl. Ermittlungsverfahren	24.11. 2011	BGBl. I S. 2302	Inhaltsübersicht	geänd. mWv 3.12.2011
				§ 128b	eingef. mWv 3.12.2011
35.	Art. 15 G zur Änd. des Prozesskostenhilfe- und Beratungshilferechts	31.8.2013	BGBl. I S. 3533	§§ 136, 137	geänd. mWv 1.1.2014
36.	Art. 9 G zur Förderung des elektronischen Rechtsverkehrs mit den Gerichten	10.10. 2013	BGBl. I S. 3786	§ 125a	geänd. mWv 1.1.2018
37.	Art. 2 G zur Modernisierung des GeschmacksmusterG sowie zur Änderung der Regelungen über die Bekanntmachungen zum Ausstellungsschutz	10.10. 2013	BGBl. I S. 3799	§ 3	geänd. mWv 1.1.2014
38.	Art. 1 G zur Novellierung patentrechtlicher Vorschriften und anderer Gesetze des gewerblichen Rechtsschutzes	19.10. 2013	BGBl. I S. 3830	§§ 2a, 31, 32, 69, 125a, 147	geänd. mWv 25.10.2013
				Inhaltsübersicht	neu gef. mWv 25.10.2013
				§§ 16, 16a, 17, 20, 23, 31, 32, 35, 37, 39, 42, 46, 59, 130	geänd. mWv 1.4.2014
				§§ 43, 44	neu gef. mWv 1.4.2014
				§ 35a	eingef. mWv 1.4.2014
39.	Art. 204 Zehnte ZuständigkeitsanpassungsVO	31.8.2015	BGBl. I S. 1474	§§ 3, 26, 27, 28, 29, 34, 35, 41, 43, 63, 66, 68, 72, 125a	geänd. mWv 8.9.2015
40.	Art. 2 G zur Umsetzung der Verpflichtungen nach dem Nagoya-Protokoll, zur Durchführung der VO (EU) Nr. 511/2014 und zur Änd. des PatentG sowie zur Änd. des UmweltauditG	25.11. 2015	BGBl. I S. 2092	§ 34a	geänd. mWv 1.7.2016
41.	Art. 8 Abs. 4 G zur Neuorganisation der Zollverwaltung	3.12.2015	BGBl. I S. 2178	§ 142a	geänd. mWv 1.1.2016
42.	Art. 2 G zur Änd. des DesignG und weiterer Vorschriften des gewerblichen Rechtsschutzes	4.4.2016	BGBl. I S. 558	§§ 31, 35a, 142a	geänd. mWv 1.7.2016
				§ 142b	neu gef. mWv 1.7.2016
				§§ 47, 127	geänd. mWv 1.10.2016

Lfd. Nr.	Änderndes Gesetz	Datum	Fundstelle	Betroffen	Hinweis
43.	Art. 13 G zur Umsetzung der BerufsanerkennungsRL und zur Änd. weiterer Vorschriften im Bereich der rechtsberatenden Berufe[1]	12.5.2017	BGBl. I S. 1121	§ 25	geänd. mWv 18.5.2017
44.	Art. 9 G zur Änd. des BundesversorgungsG und anderer Vorschriften	17.7.2017	BGBl. I S. 2541	§ 31	geänd. mWv 25.5.2018
				§ 31a	eingef. mWv 25.5.2018
45.	Art. 3 Urheberrechts-Wissensgesellschafts-G[2]	1.9.2017	BGBl. I S. 3346	§ 29a	eingef. mWv 1.3.2018
46.	Art. 4 G über die Erweiterung der Medienöffentlichkeit in Gerichtsverfahren	8.10.2017	BGBl. I S. 3546	§ 59	geänd. mWv 18.4.2018
47.	Art. 22 TelekommunikationsmodernisierungsG[3]	23.6.2021	BGBl. I S. 1858	§ 140b	§ 30
48.	Art. 23 G zur Neuregelung des Berufsrechts der anwaltlichen und steuerberatenden Berufsausübungsgesellschaften sowie zur Änd. weiterer Vorschriften im Bereich der rechtsberatenden Berufe	7.7.2021	BGBl. I S. 2363	§§ 130, 135	geänd. mWv 1.8.2022
49.	Art. 1 Zweites G zur Vereinfachung und Modernisierung des Patentrechts	10.8.2021	BGBl. I S. 3490	Inhaltsübersicht, §§ 3, 6, 7, 16a, 20, 23, 25, 26, 27, 29, 29a, 30, 31, 32, 3. Abschnitt Überschrift, §§ 34, 34a, 35, 35a, 37, 40, 41, 42, 43, 44, 49, 51, 53, 55, 62, 63, 65, 67, 73, 74, 76, 77, 79, 80, 81, 82, 85, 86, 105, 109, 123, 123a, 124, 125, 125a, 126, 127, 128, 129, 130, 135, 139, 142, 147	geänd. mWv 18.8.2021
				2. Abschnitt Überschrift, § 28	neu gef. mWv 18.8.2021
				§ 145a	eingef. mWv 18.8.2021
				§§ 30, 36, 46, 61, 63, 83	geänd. mWv 1.5.2022

[1] **Amtl. Anm.:** *(abgedruckt in Änderungstabelle Nr. **69**)*

[2] **Amtl. Anm.:** Die Artikel 1 bis 3 dieses Gesetzes dienen der Umsetzung der Richtlinie 96/9/EG des Europäischen Parlaments und des Rates vom 11. März 1996 über den rechtlichen Schutz von Datenbanken (ABl. L 77 vom 27.3.1996, S. 20), der Richtlinie 2001/29/EG des Europäischen Parlaments und des Rates vom 22. Mai 2001 zur Harmonisierung bestimmter Aspekte des Urheberrechts und der verwandten Schutzrechte in der Informationsgesellschaft (ABl. L 167 vom 22.6.2001, S. 10; L 6 vom 10.1. 2002, S. 71), der Richtlinie 2006/115/EG des Europäischen Parlaments und des Rates vom 12. Dezember 2006 zum Vermietrecht und Verleihrecht sowie zu bestimmten dem Urheberrecht verwandten Schutzrechten im Bereich des geistigen Eigentums (ABl. L 376 vom 27.12.2006, S. 28). Artikel 1 dient der Umsetzung der Richtlinie 2012/28/EU des Europäischen Parlaments und des Rates vom 25. Oktober 2012 über bestimmte zulässige Formen der Nutzung verwaister Werke (ABl. L 299 vom 27.10.2012, S. 5).

[3] **Amtl. Anm.:** Dieses Gesetz dient der Umsetzung der Richtlinie (EU) 2018/1972 des Europäischen Parlaments und des Rates vom 11. Dezember 2018 über den europäischen Kodex für die elektronische Kommunikation (Neufassung) (ABl. L 321 vom 17.12.2018, S. 36).

Lfd. Nr.	Änderndes Gesetz	Datum	Fundstelle	Betroffen	Hinweis
50.	Art. 2 G zur Anpassung patentrechtlicher Vorschriften auf Grund der europäischen Patentreform	20.8.2021	BGBl. I S. 3914; 2023 I Nr. 175	§ 30	geänd. mWv 1.6.2023
51.	Art. 1 G über weitere Aufgaben des Deutschen Patent- und Markenamts und zur Änd. des PatentkostenG	30.8.2021	BGBl. I S. 4074	§ 26a	eingef. mWv 1.1.2022
52.	Art. 16 G zur Förderung des Einsatzes von Videokonferenztechnik in der Zivilgerichtsbarkeit und den Fachgerichtsbarkeiten	15.7.2024	BGBl. 2024 I Nr. 237	§§ 46, 136	geänd. mWv 19.7.2024

Inhaltsübersicht[1)]

Erster Abschnitt. Das Patent

§ 1[2)] **[Voraussetzungen der Erteilung]** (1) Patente werden für Erfindungen auf allen Gebieten der Technik erteilt, sofern sie neu sind, auf einer erfinderischen Tätigkeit beruhen und gewerblich anwendbar sind.

(2) [1] Patente werden für Erfindungen im Sinne von Absatz 1 auch dann erteilt, wenn sie ein Erzeugnis, das aus biologischem Material besteht oder dieses enthält, oder wenn sie ein Verfahren, mit dem biologisches Material hergestellt oder bearbeitet wird oder bei dem es verwendet wird, zum Gegenstand haben. [2] Biologisches Material, das mit Hilfe eines technischen Verfahrens aus seiner natürlichen Umgebung isoliert oder hergestellt wird, kann auch dann Gegenstand einer Erfindung sein, wenn es in der Natur schon vorhanden war.

(3) Als Erfindungen im Sinne des Absatzes 1 werden insbesondere nicht angesehen:

1. Entdeckungen sowie wissenschaftliche Theorien und mathematische Methoden;
2. ästhetische Formschöpfungen;
3. Pläne, Regeln und Verfahren für gedankliche Tätigkeiten, für Spiele oder für geschäftliche Tätigkeiten sowie Programme für Datenverarbeitungsanlagen;
4. die Wiedergabe von Informationen.

(4) Absatz 3 steht der Patentfähigkeit nur insoweit entgegen, als für die genannten Gegenstände oder Tätigkeiten als solche Schutz begehrt wird.

[1)] Inhaltsübersicht neu gef. mWv 25.10.2013 durch G v. 19.10.2013 (BGBl. I S. 3830); geänd. mWv 18.8.2021 durch G v. 10.8.2021 (BGBl. I S. 3490).

[2)] § 1 Abs. 2 eingef., bish. Abs. 2 und 3 werden Abs. 3 und 4, neuer Abs. 4 geänd. mWv 28.2.2005 durch G v. 21.1.2005 (BGBl. I S. 146); Abs. 1 geänd. mWv 13.12.2007 durch G v. 24.8.2007 (BGBl. I S. 2166).

§ 1a[1)] **[Menschliche Gene]** (1) Der menschliche Körper in den einzelnen Phasen seiner Entstehung und Entwicklung, einschließlich der Keimzellen, sowie die bloße Entdeckung eines seiner Bestandteile, einschließlich der Sequenz oder Teilsequenz eines Gens, können keine patentierbaren Erfindungen sein.

(2) Ein isolierter Bestandteil des menschlichen Körpers oder ein auf andere Weise durch ein technisches Verfahren gewonnener Bestandteil, einschließlich der Sequenz oder Teilsequenz eines Gens, kann eine patentierbare Erfindung sein, selbst wenn der Aufbau dieses Bestandteils mit dem Aufbau eines natürlichen Bestandteils identisch ist.

(3) Die gewerbliche Anwendbarkeit einer Sequenz oder Teilsequenz eines Gens muss in der Anmeldung konkret unter Angabe der von der Sequenz oder Teilsequenz erfüllten Funktion beschrieben werden.

(4) Ist Gegenstand der Erfindung eine Sequenz oder Teilsequenz eines Gens, deren Aufbau mit dem Aufbau einer natürlichen Sequenz oder Teilsequenz eines menschlichen Gens übereinstimmt, so ist deren Verwendung, für die die gewerbliche Anwendbarkeit nach Absatz 3 konkret beschrieben ist, in den Patentanspruch aufzunehmen.

§ 2[2)] **[Keine Erteilung]** (1) Für Erfindungen, deren gewerbliche Verwertung gegen die öffentliche Ordnung oder die guten Sitten verstoßen würde, werden keine Patente erteilt; ein solcher Verstoß kann nicht allein aus der Tatsache hergeleitet werden, dass die Verwertung durch Gesetz oder Verwaltungsvorschrift verboten ist.

(2) [1] Insbesondere werden Patente nicht erteilt für
1. Verfahren zum Klonen von menschlichen Lebewesen;
2. Verfahren zur Veränderung der genetischen Identität der Keimbahn des menschlichen Lebewesens;
3. die Verwendung von menschlichen Embryonen zu industriellen oder kommerziellen Zwecken;
4. Verfahren zur Veränderung der genetischen Identität von Tieren, die geeignet sind, Leiden dieser Tiere ohne wesentlichen medizinischen Nutzen für den Menschen oder das Tier zu verursachen, sowie die mit Hilfe solcher Verfahren erzeugten Tiere.

[2] Bei der Anwendung der Nummern 1 bis 3 sind die entsprechenden Vorschriften des Embryonenschutzgesetzes maßgeblich.

§ 2a[3)] **[Pflanzen und Tiere]** (1) Patente werden nicht erteilt für
1. Pflanzensorten und Tierrassen sowie im Wesentlichen biologische Verfahren zur Züchtung von Pflanzen und Tieren und die ausschließlich durch solche Verfahren gewonnenen Pflanzen und Tiere;
2. Verfahren zur chirurgischen oder therapeutischen Behandlung des menschlichen oder tierischen Körpers und Diagnostizierverfahren, die am mensch-

---

[1)] § 1a eingef. mWv 28.2.2005 durch G v. 21.1.2005 (BGBl. I S. 146).

[2)] § 2 neu gef. mWv 28.2.2005 durch G v. 21.1.2005 (BGBl. I S. 146); Abs. 1 geänd. mWv 13.12. 2007 durch G v. 24.8.2007 (BGBl. I S. 2166).

[3)] § 2a eingef. mWv 28.2.2005 durch G v. 21.1.2005 (BGBl. I S. 146); Abs. 1 neu gef. mWv 13.12. 2007 durch G v. 24.8.2007 (BGBl. I S. 2166); Abs. 1 Nr. 1 geänd. mWv 25.10.2013 durch G v. 19.10.2013 (BGBl. I S. 3830).

lichen oder tierischen Körper vorgenommen werden. Dies gilt nicht für Erzeugnisse, insbesondere Stoffe oder Stoffgemische, zur Anwendung in einem der vorstehend genannten Verfahren.

(2) [1] Patente können erteilt werden für Erfindungen,

1. deren Gegenstand Pflanzen oder Tiere sind, wenn die Ausführung der Erfindung technisch nicht auf eine bestimmte Pflanzensorte oder Tierrasse beschränkt ist;
2. die ein mikrobiologisches oder ein sonstiges technisches Verfahren oder ein durch ein solches Verfahren gewonnenes Erzeugnis zum Gegenstand haben, sofern es sich dabei nicht um eine Pflanzensorte oder Tierrasse handelt.

[2] § 1a Abs. 3 gilt entsprechend.

(3) Im Sinne dieses Gesetzes bedeuten:

1. „biologisches Material" ein Material, das genetische Informationen enthält und sich selbst reproduzieren oder in einem biologischen System reproduziert werden kann;
2. „mikrobiologisches Verfahren" ein Verfahren, bei dem mikrobiologisches Material verwendet, ein Eingriff in mikrobiologisches Material durchgeführt oder mikrobiologisches Material hervorgebracht wird;
3. „im Wesentlichen biologisches Verfahren" ein Verfahren zur Züchtung von Pflanzen oder Tieren, das vollständig auf natürlichen Phänomenen wie Kreuzung oder Selektion beruht;
4. „Pflanzensorte" eine Sorte im Sinne der Definition der Verordnung (EG) Nr. 2100/94 des Rates vom 27. Juli 1994 über den gemeinschaftlichen Sortenschutz (ABl. EG Nr. L 227 S. 1) in der jeweils geltenden Fassung.

§ 3[1)] [Begriff der Neuheit] (1) [1] Eine Erfindung gilt als neu, wenn sie nicht zum Stand der Technik gehört. [2] Der Stand der Technik umfaßt alle Kenntnisse, die vor dem für den Zeitrang der Anmeldung maßgeblichen Tag durch schriftliche oder mündliche Beschreibung, durch Benutzung oder in sonstiger Weise der Öffentlichkeit zugänglich gemacht worden sind.

(2) [1] Als Stand der Technik gilt auch der Inhalt folgender Patentanmeldungen mit älterem Zeitrang, die erst an oder nach dem für den Zeitrang der jüngeren Anmeldung maßgeblichen Tag der Öffentlichkeit zugänglich gemacht worden sind:

1. der nationalen Anmeldungen in der beim Deutschen Patent- und Markenamt ursprünglich eingereichten Fassung;
2. der europäischen Anmeldungen in der bei der zuständigen Behörde ursprünglich eingereichten Fassung, wenn mit der Anmeldung für die Bundesrepublik Deutschland Schutz begehrt wird und die Benennungsgebühr für die Bundesrepublik Deutschland nach Artikel 79 Abs. 2 des Europäischen Patentübereinkommens gezahlt ist und, wenn es sich um eine Euro-PCT-Anmeldung (Artikel 153 Abs. 2 des Europäischen Patentübereinkommens)

[1)] § 3 Abs 3 angef. durch G v. 15.8.1986 (BGBl. I S. 1146); Abs. 2 Satz 1 Nr. 2 neu gef. durch G v. 16.7.1998 (BGBl. I S. 1827); Abs. 2 Satz 1 Nr. 2 neu gef., Abs. 2 Satz 3 und Abs. 3 geänd. sowie Abs. 4 eingef., bish. Abs. 4 wird Abs. 5 mWv 13.12.2007 durch G v. 24.8.2007 (BGBl. I S. 2166); Abs. 5 Satz 3 geänd. mWv 1.1.2014 durch G v. 10.10.2013 (BGBl. I S. 3799); Abs. 5 Satz 3 geänd. mWv 8.9.2015 durch VO v. 31.8.2015 (BGBl. I S. 1474); Abs. 2 Satz 1 Nr. 1 und 3 geänd. mWv 18.8.2021 durch G v. 10.8.2021 (BGBl. I S. 3490).

handelt, die in Artikel 153 Abs. 5 des Europäischen Patentübereinkommens genannten Voraussetzungen erfüllt sind;

3. der internationalen Anmeldungen nach dem Patentzusammenarbeitsvertrag in der beim Anmeldeamt ursprünglich eingereichten Fassung, wenn für die Anmeldung das Deutsche Patent- und Markenamt Bestimmungsamt ist.

[2] Beruht der ältere Zeitrang einer Anmeldung auf der Inanspruchnahme der Priorität einer Voranmeldung, so ist Satz 1 nur insoweit anzuwenden, als die danach maßgebliche Fassung nicht über die Fassung der Voranmeldung hinausgeht. [3] Patentanmeldungen nach Satz 1 Nr. 1, für die eine Anordnung nach § 50 Abs. 1 oder Abs. 4 erlassen worden ist, gelten vom Ablauf des achtzehnten Monats nach ihrer Einreichung an als der Öffentlichkeit zugänglich gemacht.

(3) Gehören Stoffe oder Stoffgemische zum Stand der Technik, so wird ihre Patentfähigkeit durch die Absätze 1 und 2 nicht ausgeschlossen, sofern sie zur Anwendung in einem der in § 2a Abs. 1 Nr. 2 genannten Verfahren bestimmt sind und ihre Anwendung zu einem dieser Verfahren nicht zum Stand der Technik gehört.

(4) Ebenso wenig wird die Patentfähigkeit der in Absatz 3 genannten Stoffe oder Stoffgemische zur spezifischen Anwendung in einem der in § 2a Abs. 1 Nr. 2 genannten Verfahren durch die Absätze 1 und 2 ausgeschlossen, wenn diese Anwendung nicht zum Stand der Technik gehört.

(5) [1] Für die Anwendung der Absätze 1 und 2 bleibt eine Offenbarung der Erfindung außer Betracht, wenn sie nicht früher als sechs Monate vor Einreichung der Anmeldung erfolgt ist und unmittelbar oder mittelbar zurückgeht

1. auf einen offensichtlichen Mißbrauch zum Nachteil des Anmelders oder seines Rechtsvorgängers oder
2. auf die Tatsache, daß der Anmelder oder sein Rechtsvorgänger die Erfindung auf amtlichen oder amtlich anerkannten Ausstellungen im Sinne des am 22. November 1928 in Paris unterzeichneten Abkommens über internationale Ausstellungen zur Schau gestellt hat.

[2] Satz 1 Nr. 2 ist nur anzuwenden, wenn der Anmelder bei Einreichung der Anmeldung angibt, daß die Erfindung tatsächlich zur Schau gestellt worden ist und er innerhalb von vier Monaten nach der Einreichung hierüber eine Bescheinigung einreicht. [3] Die in Satz 1 Nr. 2 bezeichneten Ausstellungen werden vom Bundesminister der Justiz und für Verbraucherschutz im Bundesanzeiger bekanntgemacht.

§ 4 [Erfindung auf Grund erfinderischer Tätigkeit] [1] Eine Erfindung gilt als auf einer erfinderischen Tätigkeit beruhend, wenn sie sich für den Fachmann nicht in naheliegender Weise aus dem Stand der Technik ergibt. [2] Gehören zum Stand der Technik auch Unterlagen im Sinne des § 3 Abs. 2, so werden diese bei der Beurteilung der erfinderischen Tätigkeit nicht in Betracht gezogen.

§ 5[1)] [Gewerblich anwendbare Erfindung] Eine Erfindung gilt als gewerblich anwendbar, wenn ihr Gegenstand auf irgendeinem gewerblichen Gebiet einschließlich der Landwirtschaft hergestellt oder benutzt werden kann.

---

1) § 5 Abs. 2 aufgeh. mWv 13.12.2007 durch G v. 24.8.2007 (BGBl. I S. 2166).

§ 6[1] **[Recht des Erfinders]** [1]Das Recht auf das Patent hat der Erfinder[2] oder sein Rechtsnachfolger. [2]Haben mehrere gemeinsam eine Erfindung gemacht, so steht ihnen das Recht auf das Patent gemeinschaftlich zu. [3]Haben mehrere die Erfindung unabhängig voneinander gemacht, so steht das Recht dem zu, der die Erfindung zuerst beim Deutschen Patent- und Markenamt angemeldet hat.

§ 7[3] **[Recht des Anmelders; älteres Recht]** (1) Damit die sachliche Prüfung der Patentanmeldung durch die Feststellung des Erfinders nicht verzögert wird, gilt im Verfahren vor dem Deutschen Patent- und Markenamt der Anmelder als berechtigt, die Erteilung des Patents zu verlangen.

(2) Wird ein Patent auf Grund eines auf widerrechtliche Entnahme (§ 21 Abs. 1 Nr. 3) gestützten Einspruchs widerrufen oder führt der Einspruch zum Verzicht auf das Patent, so kann der Einsprechende innerhalb eines Monats nach der amtlichen Mitteilung hierüber die Erfindung selbst anmelden und die Priorität des früheren Patents in Anspruch nehmen.

§ 8 [Patentvindikation] [1]Der Berechtigte, dessen Erfindung von einem Nichtberechtigten angemeldet ist, oder der durch widerrechtliche Entnahme Verletzte kann vom Patentsucher verlangen, daß ihm der Anspruch auf Erteilung des Patents abgetreten wird. [2]Hat die Anmeldung bereits zum Patent geführt, so kann er vom Patentinhaber die Übertragung des Patents verlangen. [3]Der Anspruch kann vorbehaltlich der Sätze 4 und 5 nur innerhalb einer Frist von zwei Jahren nach der Veröffentlichung der Erteilung des Patents (§ 58 Abs. 1) durch Klage geltend gemacht werden. [4]Hat der Verletzte Einspruch wegen widerrechtlicher Entnahme (§ 21 Abs. 1 Nr. 3) erhoben, so kann er die Klage noch innerhalb eines Jahres nach rechtskräftigem Abschluß des Einspruchsverfahrens erheben. [5]Die Sätze 3 und 4 sind nicht anzuwenden, wenn der Patentinhaber beim Erwerb des Patents nicht in gutem Glauben war.

§ 9[4] **[Wirkung des Patents]** [1]Das Patent hat die Wirkung, dass allein der Patentinhaber befugt ist, die patentierte Erfindung im Rahmen des geltenden Rechts zu benutzen. [2]Jedem Dritten ist es verboten, ohne seine Zustimmung

1. ein Erzeugnis, das Gegenstand des Patents ist, herzustellen, anzubieten, in Verkehr zu bringen oder zu gebrauchen oder zu den genannten Zwecken entweder einzuführen oder zu besitzen;
2. ein Verfahren, das Gegenstand des Patents ist, anzuwenden oder, wenn der Dritte weiß oder es auf Grund der Umstände offensichtlich ist, daß die Anwendung des Verfahrens ohne Zustimmung des Patentinhabers verboten ist, zur Anwendung im Geltungsbereich dieses Gesetzes anzubieten;
3. das durch ein Verfahren, das Gegenstand des Patents ist, unmittelbar hergestellte Erzeugnis anzubieten, in Verkehr zu bringen oder zu gebrauchen oder zu den genannten Zwecken entweder einzuführen oder zu besitzen.

---

[1] § 6 Satz 3 geänd. mWv 18.8.2021 durch G v. 10.8.2021 (BGBl. I S. 3490).

[2] Siehe dazu G über Arbeitnehmererfindungen v. 25.7.1957 (BGBl. I S. 756), zuletzt geänd. durch G v. 7.7.2021 (BGBl. I S. 2363).

[3] § 7 Abs. 1 geänd. mWv 18.8.2021 durch G v. 10.8.2021 (BGBl. I S. 3490).

[4] § 9 Abs. 1 Satz 1 neu gef. mWv 28.2.2005 durch G v. 21.1.2005 (BGBl. I S. 146).

§ 9a[1] **[Biologisches Material]** (1) Betrifft das Patent biologisches Material, das auf Grund einer Erfindung mit bestimmten Eigenschaften ausgestattet ist, so erstrecken sich die Wirkungen von § 9 auf jedes biologische Material, das aus diesem biologischen Material durch generative oder vegetative Vermehrung in gleicher oder abweichender Form gewonnen wird und mit denselben Eigenschaften ausgestattet ist.

(2) Betrifft das Patent ein Verfahren, das es ermöglicht, biologisches Material zu gewinnen, das auf Grund einer Erfindung mit bestimmten Eigenschaften ausgestattet ist, so erstrecken sich die Wirkungen von § 9 auf das mit diesem Verfahren unmittelbar gewonnene biologische Material und jedes andere mit denselben Eigenschaften ausgestattete biologische Material, das durch generative oder vegetative Vermehrung in gleicher oder abweichender Form aus dem unmittelbar gewonnenen Material gewonnen wird.

(3) [1] Betrifft das Patent ein Erzeugnis, das auf Grund einer Erfindung aus einer genetischen Information besteht oder sie enthält, so erstrecken sich die Wirkungen von § 9 auf jedes Material, in das dieses Erzeugnis Eingang findet und in dem die genetische Information enthalten ist und ihre Funktion erfüllt. [2] § 1a Abs. 1 bleibt unberührt.

§ 9b[2] **[Vermehrung des biologischen Materials]** [1] Bringt der Patentinhaber oder mit seiner Zustimmung ein Dritter biologisches Material, das auf Grund der Erfindung mit bestimmten Eigenschaften ausgestattet ist, im Hoheitsgebiet eines Mitgliedstaates der Europäischen Union oder in einem Vertragsstaat des Abkommens über den Europäischen Wirtschaftsraum in Verkehr und wird aus diesem biologischen Material durch generative oder vegetative Vermehrung weiteres biologisches Material gewonnen, so treten die Wirkungen von § 9 nicht ein, wenn die Vermehrung des biologischen Materials der Zweck war, zu dem es in den Verkehr gebracht wurde. [2] Dies gilt nicht, wenn das auf diese Weise gewonnene Material anschließend für eine weitere generative oder vegetative Vermehrung verwendet wird.

§ 9c[3] **[Verwendung zu landwirtschaftlichen Zwecken]** (1) [1] Wird pflanzliches Vermehrungsmaterial durch den Patentinhaber oder mit dessen Zustimmung durch einen Dritten an einen Landwirt zum Zweck des landwirtschaftlichen Anbaus in Verkehr gebracht, so darf dieser entgegen den §§ 9, 9a und 9b Satz 2 sein Erntegut für die generative oder vegetative Vermehrung durch ihn selbst im eigenen Betrieb verwenden. [2] Für Bedingungen und Ausmaß dieser Befugnis gelten Artikel 14 der Verordnung (EG) Nr. 2100/94 in seiner jeweils geltenden Fassung sowie die auf dessen Grundlage erlassenen Durchführungsbestimmungen entsprechend. [3] Soweit sich daraus Ansprüche des Patentinhabers ergeben, sind diese entsprechend den auf Grund Artikel 14 Abs. 3 der Verordnung (EG) Nr. 2100/94 erlassenen Durchführungsbestimmungen geltend zu machen.

(2) [1] Werden landwirtschaftliche Nutztiere oder tierisches Vermehrungsmaterial durch den Patentinhaber oder mit dessen Zustimmung durch einen Dritten an einen Landwirt in Verkehr gebracht, so darf der Landwirt die landwirtschaftlichen Nutztiere oder das tierische Vermehrungsmaterial entgegen

---

[1] § 9a eingef. mWv 28.2.2005 durch G v. 21.1.2005 (BGBl. I S. 146).
[2] § 9b eingef. mWv 28.2.2005 durch G v. 21.1.2005 (BGBl. I S. 146).
[3] § 9c eingef. mWv 28.2.2005 durch G v. 21.1.2005 (BGBl. I S. 146).

den §§ 9, 9a und 9b Satz 2 zu landwirtschaftlichen Zwecken verwenden. [2] Diese Befugnis erstreckt sich auch auf die Überlassung der landwirtschaftlichen Nutztiere oder anderen tierischen Vermehrungsmaterials zur Fortführung seiner landwirtschaftlichen Tätigkeit, jedoch nicht auf den Verkauf mit dem Ziel oder im Rahmen einer Vermehrung zu Erwerbszwecken.

(3) [1] § 9a Abs. 1 bis 3 gilt nicht für biologisches Material, das im Bereich der Landwirtschaft zufällig oder technisch nicht vermeidbar gewonnen wurde. [2] Daher kann ein Landwirt im Regelfall nicht in Anspruch genommen werden, wenn er nicht diesem Patentschutz unterliegendes Saat- oder Pflanzgut angebaut hat.

§ 10 [Verbotene Verwendung von Mitteln zur Benutzung der Erfindung] (1) Das Patent hat ferner die Wirkung, daß es jedem Dritten verboten ist, ohne Zustimmung des Patentinhabers im Geltungsbereich dieses Gesetzes anderen als zur Benutzung der patentierten Erfindung berechtigten Personen Mittel, die sich auf ein wesentliches Element der Erfindung beziehen, zur Benutzung der Erfindung im Geltungsbereich dieses Gesetzes anzubieten oder zu liefern, wenn der Dritte weiß oder es auf Grund der Umstände offensichtlich ist, daß diese Mittel dazu geeignet und bestimmt sind, für die Benutzung der Erfindung verwendet zu werden.

(2) Absatz 1 ist nicht anzuwenden, wenn es sich bei den Mitteln um allgemein im Handel erhältliche Erzeugnisse handelt, es sei denn, daß der Dritte den Belieferten bewußt veranlaßt, in einer nach § 9 Satz 2 verbotenen Weise zu handeln.

(3) Personen, die die in § 11 Nr. 1 bis 3 genannten Handlungen vornehmen, gelten im Sinne des Absatzes 1 nicht als Personen, die zur Benutzung der Erfindung berechtigt sind.

§ 11[1] [Erlaubte Handlungen] Die Wirkung des Patents erstreckt sich nicht auf

1. Handlungen, die im privaten Bereich zu nicht gewerblichen Zwecken vorgenommen werden;
2. Handlungen zu Versuchszwecken, die sich auf den Gegenstand der patentierten Erfindung beziehen;

2a. die Nutzung biologischen Materials zum Zweck der Züchtung, Entdeckung und Entwicklung einer neuen Pflanzensorte;

2b. Studien und Versuche und die sich daraus ergebenden praktischen Anforderungen, die für die Erlangung einer arzneimittelrechtlichen Genehmigung für das Inverkehrbringen in der Europäischen Union oder einer arzneimittelrechtlichen Zulassung in den Mitgliedstaaten der Europäischen Union oder in Drittstaaten erforderlich sind;

3. die unmittelbare Einzelzubereitung von Arzneimitteln in Apotheken auf Grund ärztlicher Verordnung sowie auf Handlungen, welche die auf diese Weise zubereiteten Arzneimittel betreffen;
4. den an Bord von Schiffen eines anderen Mitgliedstaates der Pariser Verbandsübereinkunft zum Schutz des gewerblichen Eigentums stattfindenden Gebrauch des Gegenstands der patentierten Erfindung im Schiffskörper, in

[1] § 11 Nr. 2a eingef. mWv 28.2.2005 durch G v. 21.1.2005 (BGBl. I S. 146); Nr. 2b eingef. mWv 6.9.2005 durch G v. 29.8.2005 (BGBl. I S. 2570).

den Maschinen, im Takelwerk, an den Geräten und sonstigem Zubehör, wenn die Schiffe vorübergehend oder zufällig in die Gewässer gelangen, auf die sich der Geltungsbereich dieses Gesetzes erstreckt, vorausgesetzt, daß dieser Gegenstand dort ausschließlich für die Bedürfnisse des Schiffes verwendet wird;

5. den Gebrauch des Gegenstandes der patentierten Erfindung in der Bauausführung oder für den Betrieb der Luft- oder Landfahrzeuge eines anderen Mitgliedstaates der Pariser Verbandsübereinkunft zum Schutz des gewerblichen Eigentums oder des Zubehörs solcher Fahrzeuge, wenn diese vorübergehend oder zufällig in den Geltungsbereich dieses Gesetzes gelangen;
6. die in Artikel 27 des Abkommens vom 7. Dezember 1944 über die internationale Zivilluftfahrt (BGBl. 1956 II S. 411) vorgesehenen Handlungen, wenn diese Handlungen ein Luftfahrzeug eines anderen Staates betreffen, auf den dieser Artikel anzuwenden ist.

§ 12 [Beschränkung der Wirkung gegenüber Benutzer] (1) [1]Die Wirkung des Patents tritt gegen den nicht ein, der zur Zeit der Anmeldung bereits im Inland die Erfindung in Benutzung genommen oder die dazu erforderlichen Veranstaltungen getroffen hatte. [2]Dieser ist befugt, die Erfindung für die Bedürfnisse seines eigenen Betriebs in eigenen oder fremden Werkstätten auszunutzen. [3]Die Befugnis kann nur zusammen mit dem Betrieb vererbt oder veräußert werden. [4]Hat der Anmelder oder sein Rechtsvorgänger die Erfindung vor der Anmeldung anderen mitgeteilt und sich dabei seine Rechte für den Fall der Patenterteilung vorbehalten, so kann sich der, welcher die Erfindung infolge der Mitteilung erfahren hat, nicht auf Maßnahmen nach Satz 1 berufen, die er innerhalb von sechs Monaten nach der Mitteilung getroffen hat.

(2) [1]Steht dem Patentinhaber ein Prioritätsrecht zu, so ist an Stelle der in Absatz 1 bezeichneten Anmeldung die frühere Anmeldung maßgebend. [2]Dies gilt jedoch nicht für Angehörige eines ausländischen Staates, der hierin keine Gegenseitigkeit verbürgt, soweit sie die Priorität einer ausländischen Anmeldung in Anspruch nehmen.

§ 13[1)] [Beschränkung der Wirkung für öffentliche Wohlfahrt und Staatssicherheit] (1) [1]Die Wirkung des Patents tritt insoweit nicht ein, als die Bundesregierung anordnet, daß die Erfindung im Interesse der öffentlichen Wohlfahrt benutzt werden soll. [2]Sie erstreckt sich ferner nicht auf eine Benutzung der Erfindung, die im Interesse der Sicherheit des Bundes von der zuständigen obersten Bundesbehörde oder in deren Auftrag von einer nachgeordneten Stelle angeordnet wird.

(2) Für die Anfechtung einer Anordnung nach Absatz 1 ist das Bundesverwaltungsgericht zuständig, wenn sie von der Bundesregierung oder der zuständigen obersten Bundesbehörde getroffen ist.

(3) [1]Der Patentinhaber hat in den Fällen des Absatzes 1 gegen den Bund Anspruch auf angemessene Vergütung. [2]Wegen deren Höhe steht im Streitfall der Rechtsweg vor den ordentlichen Gerichten offen. [3]Eine Anordnung der Bundesregierung nach Absatz 1 Satz 1 ist dem im Register (§ 30 Abs. 1) als Patentinhaber Eingetragenen vor Benutzung der Erfindung mitzuteilen. [4]Er-

---

1) § 13 Abs. 3 Satz 3 geänd. mWv 1.1.2002 durch G v. 13.12.2001 (BGBl. I S. 3656).

langt die oberste Bundesbehörde, von der eine Anordnung oder ein Auftrag nach Absatz 1 Satz 2 ausgeht, Kenntnis von der Entstehung eines Vergütungsanspruchs nach Satz 1, so hat sie dem als Patentinhaber Eingetragenen davon Mitteilung zu machen.

§ 14[1)] **[Schutzbereich]** [1] Der Schutzbereich des Patents und der Patentanmeldung wird durch die Patentansprüche bestimmt. [2] Die Beschreibung und die Zeichnungen sind jedoch zur Auslegung[2)] der Patentansprüche heranzuziehen.

§ 15 [Übertragbarkeit des Rechts; Lizenzen] (1) [1] Das Recht auf das Patent, der Anspruch auf Erteilung des Patents und das Recht aus dem Patent gehen auf die Erben über. [2] Sie können beschränkt oder unbeschränkt auf andere übertragen werden.

(2) [1] Die Rechte nach Absatz 1 können ganz oder teilweise Gegenstand von ausschließlichen oder nicht ausschließlichen Lizenzen für den Geltungsbereich dieses Gesetzes oder einen Teil desselben sein. [2] Soweit ein Lizenznehmer gegen eine Beschränkung seiner Lizenz nach Satz 1 verstößt, kann das Recht aus dem Patent gegen ihn geltend gemacht werden.

(3) Ein Rechtsübergang oder die Erteilung einer Lizenz berührt nicht Lizenzen, die Dritten vorher erteilt worden sind.

§ 16[3)] **[Schutzdauer]** Das Patent dauert zwanzig Jahre, die mit dem Tag beginnen, der auf die Anmeldung der Erfindung folgt.

§ 16a[4)] [5)] **[Ergänzende Schutzzertifikate]** (1) [1] Für das Patent kann nach Maßgabe von Verordnungen der Europäischen Gemeinschaften über die Schaffung von ergänzenden Schutzzertifikaten, auf die im Bundesgesetzblatt hinzuweisen ist, ein ergänzender Schutz beantragt werden, der sich an den Ablauf des Patents nach § 16 unmittelbar anschließt. [2] Für den ergänzenden Schutz sind Jahresgebühren zu zahlen.

(2) Soweit das Recht der Europäischen Gemeinschaften nichts anderes bestimmt, gelten die Vorschriften dieses Gesetzes über die Berechtigung des

---

[1)] § 14 Satz 1 geänd. mWv 13.12.2007 durch G v. 24.8.2007 (BGBl. I S. 2166).

[2)] Siehe Protokoll über die Auslegung des Artikels 69 des Europäischen Patentübereinkommens v. 5.10.1973 (BGBl. 1976 II S. 826).

[3)] § 16 Abs. 2 Satz 1 geänd. durch G v. 16.7.1998 (BGBl. I S. 1827); Satz 2 und Abs. 2 aufgeh. mWv 1.4.2014 durch G v. 19.10.2013 (BGBl. I S. 3830).

[4)] § 16a eingef. durch G v. 23.3.1993 (BGBl. I S. 366); Abs. 2 geänd. durch G v. 16.7.1998 (BGBl. I S. 1827); s. dazu die VO 1768/92 des Rates über die Schaffung eines ergänzenden Schutzzertifikats für Arzneimittel (ABl. 1992 L 182 S. 1); VO(EG) 1610/96 über die Schaffung eines ergänzenden Schutzzertifikats für Pflanzenschutzmittel (ABl. 1996 L 198/30); s. auch Bek. v. 11.9.1996 (BGBl. I S. 1495); Abs. 1 Satz 2, Abs. 2 geänd. mWv 1.1.2002 durch G v. 13.12.2001 (BGBl. I S. 3656); Abs. 2 geänd. mWv 26.7.2002 durch G v. 19.7.2002 (BGBl I S. 2681); Abs. 2 geänd. mWv 28.2.2005 durch G v. 21.1.2005 *(BGBl. I S. 146); Abs. 2 geänd.* mWv 1.7.2006 durch G v. 21.6.2006 (BGBl. I S. 1318); *Abs. 2 und 3* geänd. mWv 13.12.2007 durch G v. 24.8.2007 (BGBl. I S. 2166); Abs. 2 geänd. mWv 1.9.2008 durch G v. 7.7.2008 (BGBl. I S. 1191); Abs. 1 Satz 1 und Abs. 2 geänd. mWv 1.10.2009 durch G v. 31.7.2009 (BGBl. I S. 2521); Abs. 1 Satz 1 geänd. mWv 1.4.2014 durch G v. 19.10.2013 (BGBl. I S. 3830); Abs. 2 geänd. mWv 18.8.2021 durch G v. 10.8.2021 (BGBl. I S. 3490).

[5)] VO 1768/92 v. 18.6.1992 (ABl. L 182 S. 1), aufgeh. durch VO v. 6.5.2009 (ABl. L 152 S. 1) des Rates vom 18. Juni 1992 über die Schaffung eines ergänzenden Schutzzertifikats für Arzneimittel; VO (EG) 1610/96 v. 23.7.1996 (ABl. L 198 S. 30), zuletzt geänd. durch Akte v. 9.12.2011 (ABl. 2012 L 112 S. 21) vom 23. Juli 1996 über die Schaffung eines ergänzenden Schutzzertifikats für Pflanzenschutzmittel.

Anmelders (§§ 6 bis 8), über die Wirkungen des Patents und die Ausnahmen davon (§§ 9 bis 12), über die Benutzungsanordnung und die Zwangslizenz (§§ 13, 24), über den Schutzbereich (§ 14), über Lizenzen und deren Eintragung (§§ 15, 30), über das Erlöschen des Patents (§ 20), über die Nichtigkeit (§ 22), über die Lizenzbereitschaft (§ 23), über den Inlandsvertreter (§ 25), über den Widerruf (§ 64 Absatz 1 erste Alternative, Absatz 2 und 3 Satz 1 bis 3), über das Patentgericht und das Verfahren vor dem Patentgericht (§§ 65 bis 99), über das Verfahren vor dem Bundesgerichtshof (§§ 100 bis 122a), über die Wiedereinsetzung (§ 123), über die Weiterbehandlung (§ 123a), über die Wahrheitspflicht (§ 124), über das elektronische Dokument (§ 125a), über die Amtssprache, die Zustellungen und die Rechtshilfe (§§ 126 bis 128), über die Rechtsverletzungen (§§ 139 bis 141a, 142a und 142b), über die Klagenkonzentration und über die Patentberühmung (§§ 145 und 146) für den ergänzenden Schutz entsprechend.

(3) Lizenzen und Erklärungen nach § 23, die für ein Patent wirksam sind, gelten auch für den ergänzenden Schutz.

§ 17[1)] [Gebühren] Für jede Anmeldung und jedes Patent ist für das dritte und jedes folgende Jahr, gerechnet vom Anmeldetag an, eine Jahresgebühr zu entrichten.

§§ 18, 19[2)] *(aufgehoben)*

§ 20[3)] [Erlöschen des Patents] (1) Das Patent erlischt, wenn

1. der Patentinhaber darauf durch schriftliche Erklärung an das Deutsche Patent- und Markenamt verzichtet oder
2. die Jahresgebühr oder der Unterschiedsbetrag nicht rechtzeitig (§ 7 Abs. 1, § 13 Absatz 4 oder § 14 Abs. 2 und 5 des Patentkostengesetzes[4)], § 23 Abs. 7 Satz 4 dieses Gesetzes) gezahlt wird.

(2) Über die Rechtzeitigkeit der Zahlung entscheidet nur das Deutsche Patent- und Markenamt; die §§ 73 und 100 bleiben unberührt.

§ 21[5)] [Widerruf des Patents] (1) Das Patent wird widerrufen (§ 61), wenn sich ergibt, daß

1. der Gegenstand des Patents nach den §§ 1 bis 5 nicht patentfähig ist,
2. das Patent die Erfindung nicht so deutlich und vollständig offenbart, daß ein Fachmann sie ausführen kann,
3. der wesentliche Inhalt des Patents den Beschreibungen, Zeichnungen, Modellen, Gerätschaften oder Einrichtungen eines anderen oder einem von diesem angewendeten Verfahren ohne dessen Einwilligung entnommen worden ist (widerrechtliche Entnahme),

---

[1)] § 17 Abs. 3 Satz 2 neu gef. durch G v. 16.7.1998 (BGBl. I S. 1827); Abs. 1 geänd., Abs. 3–6 aufgeh. mWv 1.1.2002 durch G v. 13.12.2001 (BGBl. I S. 3656); Abs. 2 aufgeh. mWv 1.4.2014 durch G v. 19.10.2013 (BGBl. I S. 3830).

[2)] §§ 18 und 19 aufgeh. mWv 1.1.2002 durch G v. 13.12.2001 (BGBl. I S. 3656).

[3)] § 20 Abs. 1 Nr. 3 neu gef. mWv 1.1.2002 durch G v. 13.12.2001 (BGBl. I S. 3656); Abs. 1 Nr. 1 geänd., Nr. 2 aufgeh., bish. Nr. 3 wird Nr. 2, Abs. 2 geänd. mWv 1.4.2014 durch G v. 19.10.2013 (BGBl. I S. 3830); Abs. 1 Nr. 1, 2, Abs. 2 geänd. mWv 18.8.2021 durch G v. 10.8.2021 (BGBl. I *S. 3490).*

[4)] Nr. **70b**.

[5)] § 21 Abs. 3 Satz 2 geänd. mWv 1.7.2006 durch G v. 21.6.2006 (BGBl. I S. 1318).

4. der Gegenstand des Patents über den Inhalt der Anmeldung in der Fassung hinausgeht, in der sie bei der für die Einreichung der Anmeldung zuständigen Behörde ursprünglich eingereicht worden ist; das gleiche gilt, wenn das Patent auf einer Teilanmeldung oder einer nach § 7 Abs. 2 eingereichten neuen Anmeldung beruht und der Gegenstand des Patents über den Inhalt der früheren Anmeldung in der Fassung hinausgeht, in der sie bei der für die Einreichung der früheren Anmeldung zuständigen Behörde ursprünglich eingereicht worden ist.

(2) [1] Betreffen die Widerrufsgründe nur einen Teil des Patents, so wird es mit einer entsprechenden Beschränkung aufrechterhalten. [2] Die Beschränkung kann in Form einer Änderung der Patentansprüche, der Beschreibung oder der Zeichnungen vorgenommen werden.

(3) [1] Mit dem Widerruf gelten die Wirkungen des Patents und der Anmeldung als von Anfang an nicht eingetreten. [2] Bei beschränkter Aufrechterhaltung ist diese Bestimmung entsprechend anzuwenden.

§ 22[1)] [Nichtigerklärung] (1) Das Patent wird auf Antrag (§ 81) für nichtig erklärt, wenn sich ergibt, daß einer der in § 21 Abs. 1 aufgezählten Gründe vorliegt oder der Schutzbereich des Patents erweitert worden ist.

(2) § 21 Abs. 2 und 3 ist entsprechend anzuwenden.

§ 23[2)] [Lizenzbereitschaft] (1) [1] Erklärt sich der Patentanmelder oder der im Register (§ 30 Abs. 1) als Patentinhaber Eingetragene dem Deutschen Patent- und Markenamt gegenüber schriftlich bereit, jedermann die Benutzung der Erfindung gegen angemessene Vergütung zu gestatten, so ermäßigen sich die für das Patent nach Eingang der Erklärung fällig werdenden Jahresgebühren auf die Hälfte. [2] Die Erklärung ist im Register einzutragen und im Patentblatt zu veröffentlichen.

(2) Die Erklärung ist unzulässig, solange im Register ein Vermerk über die Einräumung einer ausschließlichen Lizenz (§ 30 Abs. 4) eingetragen ist oder ein Antrag auf Eintragung eines solchen Vermerks dem Deutschen Patent- und Markenamt vorliegt.

(3) [1] Wer nach Eintragung der Erklärung die Erfindung benutzen will, hat seine Absicht dem Patentinhaber anzuzeigen. [2] Die Anzeige gilt als bewirkt, wenn sie durch Aufgabe eines eingeschriebenen Briefes an den im Register als Patentinhaber Eingetragenen oder seinen eingetragenen Vertreter oder Zustellungsbevollmächtigten (§ 25) abgesandt worden ist. [3] In der Anzeige ist anzugeben, wie die Erfindung benutzt werden soll. [4] Nach der Anzeige ist der Anzeigende zur Benutzung in der von ihm angegebenen Weise berechtigt. [5] Er ist verpflichtet, dem Patentinhaber nach Ablauf jedes Kalendervierteljahres Auskunft über die erfolgte Benutzung zu geben und die Vergütung dafür zu entrichten. [6] Kommt er dieser Verpflichtung nicht in gehöriger Zeit nach, so *kann der als Patentinhaber* Eingetragene ihm hierzu eine angemessene Nach-

---

[1)] § 22 Abs. 2 geänd. mWv 30.11.2007 durch G v. 23.11.2007 (BGBl. I S. 2614).

[2)] § 23 Abs. 1 geänd., Abs. 7 eingef. durch G v. 20.12.1991 (BGBl. I S. 1354); Abs. 2 geänd. durch G v. 16.7.1998 (BGBl. I S. 1827); Abs. 1, Abs. 3 Sat 2, Abs. 4, Abs. 7 Satz 4 neu gef., Abs. 2, Abs. 5 neuer Satz 2 geänd., Abs. 5 bish. Satz 2 aufgeh., bish. Satz 3 wird Satz 2 mWv 1.1.2002 durch G v. 13.12.2001 (BGBl. I S. 3656); Abs. 1 Satz 2 aufgeh., bish. Satz 3 wird Satz 2 mWv 1.4.2014 durch G v. 19.10.2013 (BGBl. I S. 3830); Abs. 1 Satz 1, Abs. 2, Abs. 4 Satz 4, Abs. 7 Satz 1 geänd. mWv 18.8. 2021 durch G v. 10.8.2021 (BGBl. I S. 3490).

frist setzen und nach fruchtlosem Ablauf die Weiterbenutzung der Erfindung untersagen.

(4) [1] Die Vergütung wird auf schriftlichen Antrag eines Beteiligten durch die Patentabteilung festgesetzt. [2] Für das Verfahren sind die §§ 46, 47 und 62 entsprechend anzuwenden. [3] Der Antrag kann gegen mehrere Beteiligte gerichtet werden. [4] Das Deutsche Patent- und Markenamt kann bei der Festsetzung der Vergütung anordnen, dass die Kosten des Festsetzungsverfahrens ganz oder teilweise vom Antragsgegner zu erstatten sind.

(5) [1] Nach Ablauf eines Jahres seit der letzten Festsetzung kann jeder davon Betroffene ihre Änderung beantragen, wenn inzwischen Umstände eingetreten oder bekanntgeworden sind, welche die festgesetzte Vergütung offenbar unangemessen erscheinen lassen. [2] Im übrigen gilt Absatz 4 entsprechend.

(6) Wird die Erklärung für eine Anmeldung abgegeben, so sind die Bestimmungen der Absätze 1 bis 5 entsprechend anzuwenden.

(7) [1] Die Erklärung kann jederzeit gegenüber dem Deutschen Patent- und Markenamt schriftlich zurückgenommen werden, solange dem Patentinhaber noch nicht die Absicht angezeigt worden ist, die Erfindung zu benutzen. [2] Die Zurücknahme wird mit ihrer Einreichung wirksam. [3] Der Betrag, um den sich die Jahresgebühren ermäßigt haben, ist innerhalb eines Monats nach der Zurücknahme der Erklärung zu entrichten. [4] Wird der Unterschiedsbetrag nicht innerhalb der Frist des Satzes 3 gezahlt, so kann er mit dem Verspätungszuschlag noch bis zum Ablauf einer Frist von weiteren vier Monaten gezahlt werden.

§ 24[1)] [Zwangslizenz; Patentrücknahme] (1) Die nicht ausschließliche Befugnis zur gewerblichen Benutzung einer Erfindung wird durch das Patentgericht im Einzelfall nach Maßgabe der nachfolgenden Vorschriften erteilt (Zwangslizenz), sofern

1. der Lizenzsucher sich innerhalb eines angemessenen Zeitraumes erfolglos bemüht hat, vom Patentinhaber die Zustimmung zu erhalten, die Erfindung zu angemessenen geschäftsüblichen Bedingungen zu benutzen, und
2. das öffentliche Interesse die Erteilung einer Zwangslizenz gebietet.

(2) [1] Kann der Lizenzsucher eine ihm durch Patent mit jüngerem Zeitrang geschützte Erfindung nicht verwerten, ohne das Patent mit älterem Zeitrang zu verletzen, so hat er gegenüber dem Inhaber des Patents mit dem älteren Zeitrang Anspruch auf Einräumung einer Zwangslizenz, sofern

1. die Voraussetzung des Absatzes 1 Nr. 1 erfüllt ist und
2. seine eigene Erfindung im Vergleich mit derjenigen des Patents mit dem älteren Zeitrang einen wichtigen technischen Fortschritt von erheblicher wirtschaftlicher Bedeutung aufweist.

[2] Der Patentinhaber kann verlangen, dass ihm der Lizenzsucher eine Gegenlizenz zu angemessenen Bedingungen für die Benutzung der patentierten Erfindung mit dem jüngeren Zeitrang einräumt.

(3) Absatz 2 gilt entsprechend, wenn ein Pflanzenzüchter ein Sortenschutzrecht nicht erhalten oder verwerten kann, ohne ein früheres Patent zu verletzen.

[1)] § 24 neu gef. durch G v. 16.7.1998 (BGBl. I S. 1827); Abs. 2 neu gef., Abs. 3 eingef., bish. Abs. 3–6 werden Abs. 4–7 mWv 28.2.2005 durch G v. 21.1.2005 (BGBl. I S. 146).

(4) Für eine patentierte Erfindung auf dem Gebiet der Halbleitertechnologie darf eine Zwangslizenz im Rahmen des Absatzes 1 nur erteilt werden, wenn dies zur Behebung einer in einem Gerichts- oder Verwaltungsverfahren festgestellten wettbewerbswidrigen Praxis des Patentinhabers erforderlich ist.

(5) [1] Übt der Patentinhaber die patentierte Erfindung nicht oder nicht überwiegend im Inland aus, so können Zwangslizenzen im Rahmen des Absatzes 1 erteilt werden, um eine ausreichende Versorgung des Inlandsmarktes mit dem patentierten Erzeugnis sicherzustellen. [2] Die Einfuhr steht insoweit der Ausübung des Patents im Inland gleich.

(6) [1] Die Erteilung einer Zwangslizenz an einem Patent ist erst nach dessen Erteilung zulässig. [2] Sie kann eingeschränkt erteilt und von Bedingungen abhängig gemacht werden. [3] Umfang und Dauer der Benutzung sind auf den Zweck zu begrenzen, für den sie gestattet worden ist. [4] Der Patentinhaber hat gegen den Inhaber der Zwangslizenz Anspruch auf eine Vergütung, die nach den Umständen des Falles angemessen ist und den wirtschaftlichen Wert der Zwangslizenz in Betracht zieht. [5] Tritt bei den künftig fällig werdenden wiederkehrenden Vergütungsleistungen eine wesentliche Veränderung derjenigen Verhältnisse ein, die für die Bestimmung der Höhe der Vergütung maßgebend waren, so ist jeder Beteiligte berechtigt, eine entsprechende Anpassung zu verlangen. [6] Sind die Umstände, die der Erteilung der Zwangslizenz zugrunde lagen, entfallen und ist ihr Wiedereintritt unwahrscheinlich, so kann der Patentinhaber die Rücknahme der Zwangslizenz verlangen.

(7) [1] Die Zwangslizenz an einem Patent kann nur zusammen mit dem Betrieb übertragen werden, der mit der Auswertung der Erfindung befaßt ist. [2] Die Zwangslizenz an einer Erfindung, die Gegenstand eines Patents mit älterem Zeitrang ist, kann nur zusammen mit dem Patent mit jüngerem Zeitrang übertragen werden.

§ 25[1)] [Inlandsvertreter] (1) Wer im Inland weder Wohnsitz, Sitz noch Niederlassung hat, kann an einem in diesem Gesetz geregelten Verfahren vor dem Deutschen Patent- und Markenamt oder dem Patentgericht nur teilnehmen und die Rechte aus einem Patent nur geltend machen, wenn er einen Rechtsanwalt oder Patentanwalt als Vertreter bestellt hat, der zur Vertretung im Verfahren vor dem Deutschen Patent- und Markenamt, dem Patentgericht und in bürgerlichen Rechtsstreitigkeiten, die das Patent betreffen, sowie zur Stellung von Strafanträgen befugt und bevollmächtigt ist.

(2) Der Ort, an dem ein nach Absatz 1 bestellter Vertreter seinen Geschäftsraum hat, gilt im Sinne des § 23 der Zivilprozessordnung[2)] als der Ort, an dem sich der Vermögensgegenstand befindet; fehlt ein solcher Geschäftsraum, so ist der Ort maßgebend, an dem der Vertreter im Inland seinen Wohnsitz, und in Ermangelung eines solchen der Ort, an dem das Deutsche Patent- und Markenamt seinen Sitz hat.

(3) Die rechtsgeschäftliche Beendigung der Bestellung eines Vertreters nach Absatz 1 wird erst wirksam, wenn sowohl diese Beendigung als auch die Bestellung

---

[1)] § 25 neu gef. mWv 1.1.2002 durch G v. 13.12.2001 (BGBl. I S. 3656); Abs. 2 Satz 2 aufgeh. mWv 1.10.2009 durch G v. 31.7.2009 (BGBl. I S. 2521); Abs. 1 geänd., Abs. 2 aufgeh., bish. Abs. 3 und 4 werden Abs. 2 und 3 mWv 18.5.2017 durch G v. 12.5.2017 (BGBl. I S. 1121); Abs. 1–3 geänd. mWv 18.8.2021 durch G v. 10.8.2021 (BGBl. I S. 3490).

[2)] **Habersack, Deutsche Gesetze Nr. 100.**

eines anderen Vertreters gegenüber dem Deutschen Patent- und Markenamt oder dem Patentgericht angezeigt wird.

Zweiter Abschnitt.[1] Deutsches Patent- und Markenamt

§ 26[2] **[Besetzung]** (1) [1]Das Deutsche Patent- und Markenamt ist eine selbständige Bundesoberbehörde im Geschäftsbereich des Bundesministeriums der Justiz und für Verbraucherschutz. [2]Es hat seinen Sitz in München.

(2) [1]Das Deutsche Patent- und Markenamt besteht aus einem Präsidenten und weiteren Mitgliedern. [2]Sie müssen die Befähigung zum Richteramt nach dem Deutschen Richtergesetz[3] besitzen (rechtskundige Mitglieder) oder in einem Zweig der Technik sachverständig sein (technische Mitglieder). [3]Die Mitglieder werden auf Lebenszeit berufen.

(3) [1]Als technisches Mitglied soll in der Regel nur angestellt werden, wer im Inland an einer Universität, einer technischen oder landwirtschaftlichen Hochschule oder einer Bergakademie in einem technischen oder naturwissenschaftlichen Fach eine staatliche oder akademische Abschlußprüfung bestanden hat, danach mindestens fünf Jahre im Bereich der Naturwissenschaften oder Technik beruflich tätig war und im Besitz der erforderlichen Rechtskenntnisse ist. [2]Abschlußprüfungen in einem anderen Mitgliedstaat der Europäischen Union oder in einem anderen Vertragsstaat des Abkommens über den Europäischen Wirtschaftsraum stehen der inländischen Abschlußprüfung nach Maßgabe des Rechts der Europäischen Gemeinschaften gleich.

(4) [1]Wenn ein voraussichtlich zeitlich begrenztes Bedürfnis besteht, kann der Präsident des Deutschen Patent- und Markenamts Personen, welche die für die Mitglieder geforderte Vorbildung haben (Absatz 2 und 3), mit den Verrichtungen eines Mitglieds des Deutschen Patent- und Markenamts beauftragen (Hilfsmitglieder). [2]Der Auftrag kann auf eine bestimmte Zeit oder für die Dauer des Bedürfnisses erteilt werden und ist so lange nicht widerruflich. [3]Im übrigen gelten die Vorschriften über Mitglieder auch für die Hilfsmitglieder.

§ 26a[4] **[Information der Öffentlichkeit; Zusammenarbeit]** (1) Das Deutsche Patent- und Markenamt hat die Aufgabe, die Öffentlichkeit, insbesondere auch kleine und mittlere Unternehmen, in allgemeiner Form über Rechte des geistigen Eigentums und deren Schranken sowie über die Wahrnehmung und Durchsetzung dieser Rechte zu informieren.

(2) [1]Das Deutsche Patent- und Markenamt arbeitet bei der Erfüllung seiner Aufgaben mit Ämtern für geistiges Eigentum anderer Länder und Regionen, der Europäischen Patentorganisation, dem Amt der Europäischen Union für geistiges Eigentum und der Weltorganisation für geistiges Eigentum zusammen. [2]Die Zusammenarbeit umfasst auch urheberrechtliche Belange. [3]§ 65a des Markengesetzes[5] bleibt unberührt.

---

[1] 2. Abschnitt Überschrift neu gef. mWv 18.8.2021 durch G v. 10.8.2021 (BGBl. I S. 3490).

[2] § 26 Abs. 2 neu gef. durch G v. 16.7.1998 (BGBl. I S. 1827); neuer Abs. 1 eingef., bish. Abs. 1 bis 3 werden Abs. 2 bis 4 und neuer Abs. 4 Satz 1 geänd. mWv 30.11.2007 durch G v. 23.11.2007 (BGBl. I S. 2614); Abs. 1 Satz 1 geänd. mWv 8.9.2015 durch VO v. 31.8.2015 (BGBl. I S. 1474); Abs. 2 Satz 1, Abs. 4 Satz 1 geänd. mWv 18.8.2021 durch G v. 10.8.2021 (BGBl. I S. 3490).

[3] Nr. **97**.

[4] § 26a eingef. mWv 1.1.2022 durch G v. 30.8.2021 (BGBl. I S. 4074).

[5] **Habersack, Deutsche Gesetze Nr. 72.**

§ 27[1)] **[Prüfungsstellen; Patentabteilungen]** (1) Im Deutschen Patent- und Markenamt werden gebildet

1. Prüfungsstellen für die Bearbeitung der Patentanmeldungen und für die Erteilung von Auskünften zum Stand der Technik (§ 29 Abs. 3);
2. Patentabteilungen für alle Angelegenheiten, die die erteilten Patente betreffen, für die Festsetzung der Vergütung (§ 23 Abs. 4 und 6) und für die Bewilligung der Verfahrenskostenhilfe im Verfahren vor dem Deutschen Patent- und Markenamt. Innerhalb ihres Geschäftskreises obliegt jeder Patentabteilung auch die Abgabe von Gutachten (§ 29 Abs. 1 und 2).

(2) Die Obliegenheiten der Prüfungsstelle nimmt ein technisches Mitglied der Patentabteilung (Prüfer) wahr.

(3) [1]Die Patentabteilung ist bei Mitwirkung von mindestens drei Mitgliedern beschlußfähig, unter denen sich, soweit die Abteilung im Einspruchsverfahren tätig wird, zwei technische Mitglieder befinden müssen. [2]Bietet die Sache besondere rechtliche Schwierigkeiten und gehört keiner der Mitwirkenden zu den rechtskundigen Mitgliedern, so soll bei der Beschlußfassung ein der Patentabteilung angehörendes rechtskundiges Mitglied hinzutreten. [3]Ein Beschluß, durch den ein Antrag auf Zuziehung eines rechtskundigen Mitglieds abgelehnt wird, ist selbständig nicht anfechtbar.

(4) Der Vorsitzende der Patentabteilung kann alle Angelegenheiten der Patentabteilung mit Ausnahme der Beschlußfassung über die Aufrechterhaltung, den Widerruf oder die Beschränkung des Patents sowie über die Festsetzung der Vergütung (§ 23 Abs. 4) allein bearbeiten oder diese Aufgaben einem technischen Mitglied der Abteilung übertragen; dies gilt nicht für eine Anhörung.

(5) [1]Das Bundesministerium der Justiz und für Verbraucherschutz wird ermächtigt, durch Rechtsverordnung Beamte des gehobenen und des mittleren Dienstes sowie vergleichbare Angestellte mit der Wahrnehmung von Geschäften zu betrauen, die den Prüfungsstellen oder Patentabteilungen obliegen und die ihrer Art nach keine besonderen technischen oder rechtlichen Schwierigkeiten bieten; ausgeschlossen davon sind jedoch die Erteilung des Patents und die Zurückweisung der Anmeldung aus Gründen, denen der Anmelder widersprochen hat. [2]Das Bundesministerium der Justiz und für Verbraucherschutz kann diese Ermächtigung durch Rechtsverordnung auf das Deutsche Patent- und Markenamt übertragen.

(6) [1]Für die Ausschließung und Ablehnung der Prüfer und der übrigen Mitglieder der Patentabteilungen gelten die §§ 41 bis 44, 45 Abs. 2 Satz 2, §§ 47 bis 49 der Zivilprozeßordnung[2)] über Ausschließung und Ablehnung der Gerichtspersonen sinngemäß. [2]Das gleiche gilt für die Beamten des gehobenen und des mittleren Dienstes und Angestellten, soweit sie nach Absatz 5 mit der Wahrnehmung einzelner den Prüfungsstellen oder Patentabteilungen obliegender Geschäfte betraut worden sind. [3]Über das Ablehnungsgesuch entscheidet, soweit es einer Entscheidung bedarf, die Patentabteilung.

[1)] § 27 Abs. 5 Satz 1 und Abs. 6 Satz 2 geänd. durch G v. 23.3.1993 (BGBl. I S. 366); Abs. 5 neu gef. durch G v. 16.7.1998 (BGBl. I S. 1827); Abs. 5 Satz 2 geänd. mWv 1.1.2002 durch G v. 13.12.2001 (BGBl I S. 3656); Abs. 4 geänd. mWv 15.12.2004 durch G v. 9.12.2004 (BGBl. I S. 3232); Abs. 5 Sätze 1 und 2 geänd. mWv 8.9.2015 durch VO v. 31.8.2015 (BGBl. I S. 1474); Abs. 1 einl Satzteil und Nr. 2 geänd. mWv 18.8.2021 durch G v. 10.8.2021 (BGBl. I S. 3490).

[2)] **Habersack, Deutsche Gesetze Nr. 100.**

(7) Zu den Beratungen in den Patentabteilungen können Sachverständige, die nicht Mitglieder sind, zugezogen werden; sie dürfen an den Abstimmungen nicht teilnehmen.

§ 28[1] **[Rechtsverordnungen]** (1) Das Bundesministerium der Justiz und für Verbraucherschutz wird ermächtigt, durch Rechtsverordnung, die nicht der Zustimmung des Bundesrates bedarf,

1. die Einrichtung und den Geschäftsgang des Deutschen Patent- und Markenamts sowie die Form des Verfahrens in Patentangelegenheiten zu regeln, soweit nicht durch Gesetz Bestimmungen darüber getroffen sind,[2]
2. für Fristen in Patentangelegenheiten eine für alle Dienststellen des Deutschen Patent- und Markenamts geltende Regelung über die zu berücksichtigenden gesetzlichen Feiertage zu treffen.

(2) Das Bundesministerium der Justiz und für Verbraucherschutz kann die Ermächtigung nach Absatz 1 durch Rechtsverordnung ohne Zustimmung des Bundesrates ganz oder teilweise auf das Deutsche Patent- und Markenamt übertragen.

§ 29[3] **[Gutachten; Auskünfte zum Stand der Technik]** (1) Das Deutsche Patent- und Markenamt ist verpflichtet, auf Ersuchen der Gerichte oder der Staatsanwaltschaften über Fragen, die Patente betreffen, Gutachten abzugeben, wenn in dem Verfahren voneinander abweichende Gutachten mehrerer Sachverständiger vorliegen.

(2) Im übrigen ist das Deutsche Patent- und Markenamt nicht befugt, ohne Genehmigung des Bundesministers der Justiz und für Verbraucherschutz außerhalb seines gesetzlichen Geschäftskreises Beschlüsse zu fassen oder Gutachten abzugeben.

(3) [1] Das Bundesministerium der Justiz und für Verbraucherschutz wird ermächtigt, zur Nutzbarmachung der Dokumentation des Deutschen Patent- und Markenamts für die Öffentlichkeit durch Rechtsverordnung ohne Zustimmung des Bundesrates zu bestimmen, dass das Deutsche Patent- und Markenamt ohne Gewähr für Vollständigkeit Auskünfte zum Stand der Technik erteilt. [2] Dabei kann es insbesondere die Voraussetzungen, die Art und den Umfang der Auskunftserteilung sowie die Gebiete der Technik bestimmen, für die eine Auskunft erteilt werden kann. [3] Das Bundesministerium der Justiz und für Verbraucherschutz kann diese Ermächtigung durch Rechtsverordnung ohne Zustimmung des Bundesrates auf das Deutsche Patent- und Markenamt übertragen.

§ 29a[4] **[Schutzgegenstände]** (1) Das Deutsche Patent- und Markenamt darf Werke oder andere nach dem Urheberrechtsgesetz geschützte Schutzgegenstände für seine Beschäftigten vervielfältigen und öffentlich zugänglich machen, soweit dies dazu dient, den darin dokumentierten Stand der Technik in Verfahren vor dem Deutschen Patent- und Markenamt berücksichtigen zu können.

---

[1] § 28 neu gef. mWv 18.8.2021 durch G v. 10.8.2021 (BGBl. I S. 3490).

[2] Siehe VO über das Deutsche Patent- und Markenamt v. 1.4.2004 (BGBl. I S. 514), zuletzt geänd. durch G v. 10.8.2021 (BGBl. I S. 3490).

[3] § 29 Abs. 3 neu gef. mWv 1.1.2002 durch G v. 13.12.2001 (BGBl. I S. 3656); Abs. 2, Abs. 3 Sätze 1 und 3 geänd. mWv *8.9.2015 durch VO v. 31.8.2015* (BGBl. I S. 1474); Abs. 1 und 2, Abs. 3 Satz 1 geänd. mWv 18.8.2021 durch G v. 10.8.2021 (BGBl. I S. 3490).

[4] § 29a eingef. mWv 1.3.2018 durch G v. 1.9.2017 (BGBl. I S. 3346); Abs. 1 geänd. mWv 18.8.2021 durch G v. 10.8.2021 (BGBl. I S. 3490).

(2) § 60g Absatz 1 und § 95b des Urheberrechtsgesetzes[1)] sind entsprechend anzuwenden.

(3) [1] Für die Nutzung nach Absatz 1 ist eine angemessene Vergütung zu zahlen, soweit der jeweilige Rechtsinhaber das Werk oder den sonstigen Schutzgegenstand der Öffentlichkeit nur gegen Entgelt anbietet. [2] § 60h Absatz 3 bis 5 des Urheberrechtsgesetzes ist entsprechend anzuwenden.

§ 30[2)] [Patentrolle] (1) [1] Das Deutsche Patent- und Markenamt führt ein Register, das die Bezeichnung der Patentanmeldungen, in deren Akten jedermann Einsicht gewährt wird, und der erteilten Patente und ergänzender Schutzzertifikate (§ 16a) sowie Namen und Wohnort der Anmelder oder Patentinhaber und ihrer etwa nach § 25 bestellten Vertreter oder Zustellungsbevollmächtigten angibt, wobei die Eintragung eines Vertreters oder Zustellungsbevollmächtigten genügt. [2] Auch sind darin Anfang, Ablauf, Erlöschen, Anordnung der Beschränkung, Widerruf, Erklärung der Nichtigkeit der Patente und ergänzender Schutzzertifikate (§ 16a) sowie die Erhebung eines Einspruchs und einer Nichtigkeitsklage zu vermerken. [3] In dem Register sind ferner der vom Europäischen Patentamt mitgeteilte Tag der Eintragung der einheitlichen Wirkung des europäischen Patents sowie der mitgeteilte Tag des Eintritts der Wirkung des europäischen Patents mit einheitlicher Wirkung nach Maßgabe des Artikels 4 Absatz 1 der Verordnung (EU) Nr. 1257/2012 des Europäischen Parlaments und des Rates vom 17. Dezember 2012 über die Umsetzung der Verstärkten Zusammenarbeit im Bereich der Schaffung eines einheitlichen Patentschutzes (ABl. L 361 vom 31.12.2012, S. 1; L 307 vom 28.10.2014, S. 83) zu vermerken.

(2) Der Präsident des Deutschen Patent- und Markenamts kann bestimmen, daß weitere Angaben in das Register eingetragen werden.

(3) [1] Das Deutsche Patent- und Markenamt vermerkt im Register eine Änderung in der Person, im Namen oder im Wohnort des Anmelders oder Patentinhabers und seines Vertreters sowie Zustellungsbevollmächtigten, wenn sie ihm nachgewiesen wird. [2] Solange die Änderung nicht eingetragen ist, bleibt der frühere Anmelder, Patentinhaber, Vertreter oder Zustellungsbevollmächtigte nach Maßgabe dieses Gesetzes berechtigt und verpflichtet. [3] Übernimmt der neu im Register als Anmelder oder als Patentinhaber Eingetragene ein Einspruchsverfahren vor dem Deutschen Patent- und Markenamt, ein Einspruchs- oder Beschwerdeverfahren vor dem Bundespatentgericht oder ein Rechtsbeschwerdeverfahren vor dem Bundesgerichtshof, so ist dafür die Zustimmung der übrigen Verfahrensbeteiligten nicht erforderlich.

(4) [1] Das Deutsche Patent- und Markenamt trägt auf Antrag des Patentinhabers oder des Lizenznehmers die Erteilung einer ausschließlichen Lizenz in das Register ein, wenn ihm die Zustimmung des anderen Teils nachgewiesen wird. [2] Der Antrag nach Satz 1 ist unzulässig, solange eine Lizenzbereitschaft (§ 23 Abs. 1) erklärt ist. [3] Die Eintragung wird auf Antrag des Patentinhabers oder des Lizenznehmers gelöscht. [4] Der Löschungsantrag des Patentinhabers bedarf des Nachweises

---

[1)] **Habersack, Deutsche Gesetze Nr. 65.**

[2)] § 30 Abs. 1 geänd. durch G v. 23.3.1993 (BGBl. I S. 366); Abs. 1 und 2 neu gef., Abs. 3 Satz 1 geänd., Abs. 4 und 5 angef. durch G v. 16.7.1998 (BGBl. I S. 1827); Abs. 1 Satz 1, Abs. 3 neu gef., Abs. 2, Abs. 4 Satz 1 geänd., Abs. 5 aufgeh. mWv 1.1.2002 durch G v. 13.12.2001 (BGBl. I S. 3656); Abs. 1 Satz 2 geänd. mWv 1.10.2009 durch G v. 31.7.2009 (BGBl. I S. 2521); Abs. 1 Satz 1, Abs. 2, Abs. 3 Satz 1, Abs. 4 Satz 1 geänd. mWv 18.8.2021, Abs. 3 Satz 3 angef. mWv 1.5.2022 durch G v. 10.8.2021 (BGBl. I S. 3490); Abs. 1 Satz 3 angef. mWv 1.6.2023 durch G v. 20.8.2021 (BGBl. I S. 3914) iVm Bek. v. 27.6. 2023 (BGBl. 2023 I Nr. 175).

der Zustimmung des bei der Eintragung benannten Lizenznehmers oder seines Rechtsnachfolgers.

§ 31[1)] **[Akteneinsicht]** (1) [1]Das Deutsche Patent- und Markenamt gewährt jedermann auf Antrag Einsicht in die Akten sowie in die zu den Akten gehörenden Modelle und Probestücke, wenn und soweit ein berechtigtes Interesse glaubhaft gemacht wird. [2]Jedoch steht die Einsicht in das Register und die Akten von Patenten einschließlich der Akten von Beschränkungs- oder Widerrufsverfahren (§ 64) jedermann frei.

(2) [1]In die Akten von Patentanmeldungen steht die Einsicht jedermann frei,

1. wenn der Anmelder sich gegenüber dem Deutschen Patent- und Markenamt mit der Akteneinsicht einverstanden erklärt und den Erfinder benannt hat oder
2. wenn seit dem Anmeldetag (§ 35) oder, sofern für die Anmeldung ein früherer Zeitpunkt als maßgebend in Anspruch genommen wird, seit diesem Zeitpunkt achtzehn Monate verstrichen sind

und ein Hinweis nach § 32 Abs. 5 veröffentlicht worden ist. [2]Bei Anmeldungen, die nicht oder teilweise nicht in deutscher Sprache abgefasst sind, gilt § 35a Absatz 4.

(3) Soweit die Einsicht in die Akten jedermann freisteht, steht die Einsicht auch in die zu den Akten gehörenden Modelle und Probestücke jedermann frei.

(3a) Soweit die Einsicht in die Akten jedermann freisteht, kann die Einsichtnahme bei elektronischer Führung der Akten auch über das Internet gewährt werden.

(3b) Die Akteneinsicht nach den Absätzen 1 bis 3a ist ausgeschlossen, soweit

1. ihr eine Rechtsvorschrift entgegensteht,
2. das schutzwürdige Interesse der betroffenen Person im Sinne des Artikels 4 Nummer 1 der Verordnung (EU) 679/2016[2)] des Europäischen Parlaments und des Rates vom 27. April 2016 zum Schutz natürlicher Personen bei der Verarbeitung personenbezogener Daten, zum freien Datenverkehr und zur Aufhebung der Richtlinie 95/46/EG (Datenschutz-Grundverordnung) (ABl. L 119 vom 4.5.2016, S. 1; L 314 vom 22.11.2016, S. 72; L 127 vom 23.5.2018, S. 2) in der jeweils geltenden Fassung offensichtlich überwiegt oder
3. in den Akten Angaben oder Zeichnungen enthalten sind, die offensichtlich gegen die öffentliche Ordnung oder die guten Sitten verstoßen.

(4) In die Benennung des Erfinders (§ 37 Abs. 1) wird, wenn der vom Anmelder angegebene Erfinder es beantragt, Einsicht nur nach Absatz 1 Satz 1 gewährt; § 63 Abs. 1 Satz 4 und 5 ist entsprechend anzuwenden.

(Fortsetzung nächstes Blatt)

[1)] § 31 Abs. 2 Nr. 2 geänd. durch G v. 16.7.1998 (BGBl. I S. 1827); Abs. 1 Satz 2 geänd. mWv 1.1.2002 durch G v. 13.12.2001 (BGBl. I S. 3656); Abs. 1 Satz 2 geänd. mWv 1.7.2006 durch G v. 21.6.2006 (BGBl. I S. 1318); Abs. 1 Satz 2 geänd. mWv 13.12.2007 durch G v. 24.8.2007 (BGBl. I S. 2166); Abs. 3a *und 3b eingef.* mWv 25.10.2013, Abs. 2 Nr. 2 geänd. mWv 1.4.2014 durch G v. 19.10.2013 (BGBl. I S. 3830); Abs. 2 Satz 2 angef. mWv 1.7.2016 durch G v. 4.4.2016 (BGBl. I S. 558); Abs. 1 Satz 1, Abs. 2 Satz 1 Nr. 1, Abs. 5 Satz 1 geänd., Abs. 3b neu gef. mWv 18.8.2021 durch G v. 10.8.2021 (BGBl. I S. 3490).

[2)] **Sartorius Nr. 246.**

(5) [1]In die Akten von Patentanmeldungen und Patenten, für die gemäß § 50 jede Veröffentlichung unterbleibt, kann das Deutsche Patent- und Markenamt nur nach Anhörung der zuständigen obersten Bundesbehörde Einsicht gewähren, wenn und soweit ein besonderes schutzwürdiges Interesse des Antragstellers die Gewährung der Einsicht geboten erscheinen läßt und hierdurch die Gefahr eines schweren Nachteils für die äußere Sicherheit der Bundesrepublik Deutschland nicht zu erwarten ist. [2]Wird in einem Verfahren eine Patentanmeldung oder ein Patent nach § 3 Abs. 2 Satz 3 als Stand der Technik entgegengehalten, so ist auf den diese Entgegenhaltung betreffenden Teil der Akten Satz 1 entsprechend anzuwenden.

§ 31a[1)] Datenschutz. [1]Soweit personenbezogene Daten im Register oder in öffentlich zugänglichen elektronischen Informationsdiensten des Deutschen Patent- und Markenamtes enthalten sind, bestehen nicht

1. das Recht auf Auskunft gemäß Artikel 15 Absatz 1 Buchstabe c der Verordnung (EU) 2016/679[2)],
2. die Mitteilungspflicht gemäß Artikel 19 Satz 2 der Verordnung (EU) 2016/679 und
3. das Recht auf Widerspruch gemäß Artikel 21 Absatz 1 der Verordnung (EU) 2016/679.

[2]Das Recht auf Erhalt einer Kopie nach Artikel 15 Absatz 3 der Verordnung (EU) 2016/679 wird dadurch erfüllt, dass die betroffene Person Einsicht in das Register oder in öffentlich zugängliche elektronische Informationsdienste des Deutschen Patent- und Markenamtes nehmen kann.

§ 32[3)] [Offenlegungsschrift; Patentschrift; Patentblatt] (1) [1]Das Deutsche Patent- und Markenamt veröffentlicht

1. die Offenlegungsschriften,
2. die Patentschriften und
3. das Patentblatt.

[2]Die Veröffentlichung kann in elektronischer Form erfolgen. [3]Zur weiteren Verarbeitung oder Nutzung zu Zwecken der Patentinformation kann das Deutsche Patent- und Markenamt Angaben aus den in Satz 1 genannten Dokumenten an Dritte in elektronischer Form übermitteln. [4]Die Übermittlung erfolgt nicht, soweit die Einsicht ausgeschlossen ist (§ 31 Absatz 3b).

(2) [1]Die Offenlegungsschrift enthält die nach § 31 Abs. 2 jedermann zur Einsicht freistehenden Unterlagen der Anmeldung und die Zusammenfassung (§ 36) in der ursprünglich eingereichten oder vom Deutschen Patent- und Markenamt zur Veröffentlichung zugelassenen geänderten Form. [2]Die Offenlegungsschrift wird nicht veröffentlicht, wenn die Patentschrift bereits veröffentlicht worden ist. [3]Das Deutsche Patent- und Markenamt kann von einer Veröffentlichung der Offenlegungsschrift absehen, soweit die Anmeldung Angaben oder

---

1) § 31a eingef. mWv 25.5.2018 durch G v. 17.7.2017 (BGBl. I S. 2541).

2) **Sartorius Nr. 246.**

3) § 32 Abs. 2 Satz 1 und Abs. 5 geänd., Abs. 2 Satz 2 aufgeh. durch G v. 16.7.1998 (BGBl. I S. 1827); Abs. 1 Satz 2 angef., Abs 5 geänd. mWv 1.1.2002 durch G v. 13.12.2001 (BGBl. I S. 3656); Abs. 5 geänd. mWv 1.7.2006 durch G v. 21.6.2006 (BGBl. I S. 1318); Abs. 1 Sätze 3 und 4 angef. mWv 25.10.2013, Abs. 3 Satz 2 neu gef. mWv 1.4.2014 durch G v. 19.10.2013 (BGBl. I S. 3830); Abs. 1 Satz 1 einl. Satzteil und Satz 3, Abs. 2 Satz 1, Abs. 3 Satz 2 geänd., Abs. 2 Satz 3 angef. mWv 18.8.2021 durch G v. 10.8.2021 (BGBl. I S. 3490).

Zeichnungen enthält, die offensichtlich gegen die öffentliche Ordnung oder die guten Sitten verstoßen.

(3) [1] Die Patentschrift enthält die Patentansprüche, die Beschreibung und die Zeichnungen, auf Grund deren das Patent erteilt worden ist. [2] Außerdem ist in der Patentschrift der Stand der Technik anzugeben, den das Deutsche Patent- und Markenamt für die Beurteilung der Patentfähigkeit der angemeldeten Erfindung in Betracht gezogen hat (§ 43 Absatz 1). [3] Ist die Zusammenfassung (§ 36) noch nicht veröffentlicht worden, so ist sie in die Patentschrift aufzunehmen.

(4) Die Offenlegungs- oder Patentschrift wird unter den Voraussetzungen des § 31 Abs. 2 auch dann veröffentlicht, wenn die Anmeldung zurückgenommen oder zurückgewiesen wird oder als zurückgenommen gilt oder das Patent erlischt, nachdem die technischen Vorbereitungen für die Veröffentlichung abgeschlossen waren.

(5) Das Patentblatt enthält regelmäßig erscheinende Übersichten über die Eintragungen im Register, soweit sie nicht nur den regelmäßigen Ablauf der Patente oder die Eintragung und Löschung ausschließlicher Lizenzen betreffen, und Hinweise auf die Möglichkeit der Einsicht in die Akten von Patentanmeldungen.

§ 33[1)] [Entschädigung für angemeldete Erfindungen] (1) Von der Veröffentlichung des Hinweises gemäß § 32 Abs. 5 an kann der Anmelder von demjenigen, der den Gegenstand der Anmeldung benutzt hat, obwohl er wußte oder wissen mußte, daß die von ihm benutzte Erfindung Gegenstand der Anmeldung war, eine nach den Umständen angemessene Entschädigung verlangen; weitergehende Ansprüche sind ausgeschlossen.

(2) Der Anspruch besteht nicht, wenn der Gegenstand der Anmeldung offensichtlich nicht patentfähig ist.

(3) [1] Auf die Verjährung finden die Vorschriften des Abschnitts 5 des Buches 1 des Bürgerlichen Gesetzbuchs[2)] entsprechende Anwendung mit der Maßgabe, dass die Verjährung frühestens ein Jahr nach Erteilung des Patents eintritt. [2] Hat der Verpflichtete durch die Verletzung auf Kosten des Berechtigten etwas erlangt, findet § 852 des Bürgerlichen Gesetzbuchs entsprechende Anwendung.

Dritter Abschnitt.[3)] Verfahren vor dem Deutschen Patent- und Markenamt

§ 34[4)] [Patentanmeldung] (1) Eine Erfindung ist zur Erteilung eines Patents beim Deutschen Patent- und Markenamt anzumelden.

(2) [1] Die Anmeldung kann auch über ein Patentinformationszentrum eingereicht werden, wenn diese Stelle durch Bekanntmachung[5)] des Bundesministeriums der Justiz und für Verbraucherschutz im Bundesgesetzblatt dazu bestimmt ist, Patentanmeldungen entgegenzunehmen. [2] Eine Anmeldung, die ein Staatsgeheim-

[1)] § 33 Abs. 3 neu gef. mWv 1.1.2002 durch G v. 26.11.2001 (BGBl. I S. 3138).

[2)] **Habersack, Deutsche Gesetze Nr. 20.**

[3)] 3. Abschnitt Überschrift geänd. mWv 18.8.2021 durch G v. 10.8.2021 (BGBl. I S. 3490).

[4)] § 34 neu gef. durch G v. 16.7.1998 (BGBl. I S. 1827); Abs. 6 aufgeh., bish. Abs. 7–9 werden Abs. 6 bi 8, neuer Abs. 6 Satz 2, neuer Abs. 8 Satz 2 geänd. mWv 1.1.2002 durch G v. 13.12.2001 (BGBl. I S. 3656); Abs. 2 Satz 1, Abs. 6 Satz 1 und Abs. 8 Satz 1 geänd. mWv 8.9.2015 durch VO v. 31.8.2015 (BGBl. I S. 1474); Abs. 1 und 7 geänd. mWv 18.8.2021 durch G v. 10.8.2021 (BGBl. I S. 3490).

[5)] Siehe Bek. der zur Entgegennahme von Patent-, Gebrauchsmuster-, Marken- und Geschmacksmusteranmeldungen befugten Patentinformationszentren idF der Bek. v. 5.10.2004 (BGBl. I S. 2599), zuletzt geänd. durch Bek. v. 29.10.2020 (BGBl. I S. 2336).

nis (§ 93 Strafgesetzbuch[1]) enthalten kann, darf bei einem Patentinformationszentrum nicht eingereicht werden.

(3) Die Anmeldung muß enthalten:

1. den Namen des Anmelders;
2. einen Antrag auf Erteilung des Patents, in dem die Erfindung kurz und genau bezeichnet ist;
3. einen oder mehrere Patentansprüche, in denen angegeben ist, was als patentfähig unter Schutz gestellt werden soll;
4. eine Beschreibung der Erfindung;
5. die Zeichnungen, auf die sich die Patentansprüche oder die Beschreibung beziehen.

(4) Die Erfindung ist in der Anmeldung so deutlich und vollständig zu offenbaren, daß ein Fachmann sie ausführen kann.

(5) Die Anmeldung darf nur eine einzige Erfindung enthalten oder eine Gruppe von Erfindungen, die untereinander in der Weise verbunden sind, daß sie eine einzige allgemeine erfinderische Idee verwirklichen.

(6) [1] Das Bundesministerium der Justiz und für Verbraucherschutz wird ermächtigt, durch Rechtsverordnung Bestimmungen über die Form und die sonstigen Erfordernisse der Anmeldung zu erlassen. [2] Es kann diese Ermächtigung durch Rechtsverordnung auf das Deutsche Patent- und Markenamt übertragen.

(7) Auf Verlangen des Deutschen Patent- und Markenamts hat der Anmelder den Stand der Technik nach seinem besten Wissen vollständig und wahrheitsgemäß anzugeben und in die Beschreibung (Absatz 3) aufzunehmen.

(8) [1] Das Bundesministerium der Justiz und für Verbraucherschutz wird ermächtigt, durch Rechtsverordnung Bestimmungen über die Hinterlegung von biologischem Material, den Zugang hierzu einschließlich des zum Zugang berechtigten Personenkreises und die erneute Hinterlegung von biologischem Material zu erlassen, sofern die Erfindung die Verwendung biologischen Materials beinhaltet oder sie solches Material betrifft, das der Öffentlichkeit nicht zugänglich ist und das in der Anmeldung nicht so beschrieben werden kann, daß ein Fachmann die Erfindung danach ausführen kann (Absatz 4). [2] Es kann diese Ermächtigung durch Rechtsverordnung auf das Deutsche Patent- und Markenamt übertragen.

§ 34a[2] [Angaben bei biologischem Material] (1) [1] Hat eine Erfindung biologisches Material pflanzlichen oder tierischen Ursprungs zum Gegenstand oder wird dabei derartiges Material verwendet, so soll die Anmeldung Angaben zum geographischen Herkunftsort dieses Materials umfassen, soweit dieser bekannt ist. [2] Die Prüfung der Anmeldungen und die Gültigkeit der Rechte auf Grund der erteilten Patente bleiben hiervon unberührt.

(2) Enthält die Anmeldung Angaben zum geographischen Herkunftsort nach *Absatz 1 Satz 1, teilt das Deutsche Patent*- und Markenamt diese Anmeldung dem Bundesamt für Naturschutz als zuständige Behörde im Sinne von § 6 Absatz 1 des Gesetzes zur Umsetzung der Verpflichtungen nach dem Nagoya-Protokoll und zur Durchführung der Verordnung (EU) Nr. 511/2014 vom 25. November 2015 (BGBl. I S. 2092) nach Veröffentlichung des Hinweises gemäß § 32 Absatz 5 mit.

[1] **Habersack, Deutsche Gesetze Nr. 85.**

[2] § 34a eingef. mWv 28.2.2005 durch G v. 21.1.2005 (BGBl. I S. 146); Abs. 2 angef. mWv 1.7.2016 durch G v. 25.11.2015 (BGBl. I S. 2092); Abs. 2 geänd. mWv 18.8.2021 durch G v. 10.8.2021 (BGBl. I S. 3490).

§ 35[1] [Übersetzungen; Zeichnungen] (1) Der Anmeldetag der Patentanmeldung ist der Tag, an dem die Unterlagen nach § 34 Abs. 3 Nr. 1 und 2 und, soweit sie jedenfalls Angaben enthalten, die dem Anschein nach als Beschreibung anzusehen sind, nach § 34 Abs. 3 Nr. 4

1. beim Deutschen Patent- und Markenamt
2. oder, wenn diese Stelle durch Bekanntmachung[2] des Bundesministeriums der Justiz und für Verbraucherschutz im Bundesgesetzblatt dazu bestimmt ist, bei einem Patentinformationszentrum

eingegangen sind.

(2) [1] Wenn die Anmeldung eine Bezugnahme auf Zeichnungen enthält und der Anmeldung keine Zeichnungen beigefügt sind oder wenn mindestens ein Teil einer Zeichnung fehlt, so fordert das Deutsche Patent- und Markenamt den Anmelder auf, innerhalb einer Frist von einem Monat nach Zustellung der Aufforderung entweder die Zeichnungen nachzureichen oder zu erklären, dass die Bezugnahme als nicht erfolgt gelten soll. [2] Reicht der Anmelder auf diese Aufforderung die fehlenden Zeichnungen oder die fehlenden Teile nach, so wird der Tag des Eingangs der Zeichnungen oder der fehlenden Teile beim Deutschen Patent- und Markenamt Anmeldetag; anderenfalls gilt die Bezugnahme auf die Zeichnungen als nicht erfolgt.

(3) Absatz 2 gilt entsprechend für fehlende Teile der Beschreibung.

§ 35a[3] [Übersetzung der Anmeldung; Frist] (1) [1] Ist die Anmeldung nicht oder teilweise nicht in deutscher Sprache abgefasst, so hat der Anmelder eine deutsche Übersetzung innerhalb einer Frist von drei Monaten nach Einreichung der Anmeldung nachzureichen. [2] Wird die deutsche Übersetzung nicht innerhalb der Frist eingereicht, so gilt die Anmeldung als zurückgenommen.

(2) [1] Ist die Anmeldung ganz oder teilweise in englischer oder französischer Sprache abgefasst, verlängert sich die Frist nach Absatz 1 Satz 1 auf zwölf Monate. [2] Wird anstelle des Anmeldetages für die Anmeldung ein früherer Zeitpunkt als maßgebend in Anspruch genommen, endet die Frist nach Satz 1 jedoch spätestens mit Ablauf von 15 Monaten nach diesem Zeitpunkt.

(3) Ist für die Anmeldung ein Antrag nach § 43 Absatz 1 oder § 44 Absatz 1 gestellt worden, so kann die Prüfungsstelle den Anmelder auffordern, eine deutsche Übersetzung der Anmeldungsunterlagen vor Ablauf der in Absatz 2 genannten Frist einzureichen.

(4) [1] Erklärt sich der Anmelder vor Ablauf der Frist nach den Absätzen 1 und 2 gegenüber dem Deutschen Patent- und Markenamt mit der Akteneinsicht in seine Anmeldung nach § 31 Absatz 2 Satz 1 Nummer 1 einverstanden, hat er eine deutsche Übersetzung der Anmeldungsunterlagen einzureichen. [2] Das Einverständnis gilt erst mit Eingang der Übersetzung beim Deutschen Patent- und Markenamt als erteilt.

---

[1] § 35 neu gef. durch G v. 16.7.1998 (BGBl I S. 1827); Abs. 1 aufgeh., bish. Abs. 2 wird Abs. 1, Sätze 2 und 3 aufgeh., Abs. 2 und 3 angef. mWv 1.4.2014 durch G v. 19.10.2013 (BGBl. I S. 3830); Abs. 1 Nr. 2 geänd. mWv 8.9.2015 durch VO v. 31.8.2015 (BGBl. I S. 1474); Abs. 1 Nr. 1, Abs. 2 Sätze 1 und 2 geänd. mWv 18.8.2021 durch G v. 10.8.2021 (BGBl. I S. 3490).

[2] Siehe Bek. der zur Entgegennahme von Patent-, Gebrauchsmuster-, Marken- und Geschmacks*musteranmeldungen* befugten Patentinformationszentren idF der Bek. v. 5.10.2004 (BGBl. I S. 2599), zuletzt geänd. durch Bek. v. 29.10.2020 (BGBl. I S. 2336).

[3] § 35a eingef. mWv 1.4.2014 durch G v. 19.10.2013 (BGBl. I S. 3830); Abs. 4 angef. mWv 1.7.2016 durch G v. 4.4.2016 (BGBl. I S. 558); Abs. 4 Sätze 1 und 2 geänd. mWv 18.8.2021 durch G v. 10.8.2021 (BGBl. I S. 3490).

§ 36[1)] **[Anmeldungsunterlagen]** (1) Der Anmeldung ist eine Zusammenfassung beizufügen, die noch bis zum Ablauf von fünfzehn Monaten nach dem Anmeldetag oder, sofern für die Anmeldung ein früherer Zeitpunkt als maßgebend in Anspruch genommen wird, bis zum Ablauf von fünfzehn Monaten nach diesem Zeitpunkt nachgereicht werden kann.

(2) [1] Die Zusammenfassung dient ausschließlich der technischen Unterrichtung. [2] Sie muß enthalten:

1. die Bezeichnung der Erfindung;
2. eine Kurzfassung der in der Anmeldung enthaltenen Offenbarung, die das technische Gebiet der Erfindung angeben und so gefaßt sein soll, daß sie ein klares Verständnis des technischen Problems, seiner Lösung und der hauptsächlichen Verwendungsmöglichkeit der Erfindung erlaubt;
3. eine in der Kurzfassung erwähnte Zeichnung; sind mehrere Zeichnungen erwähnt, so ist die Zeichnung beizufügen, die die Erfindung nach Auffassung des Anmelders am deutlichsten kennzeichnet.

[3] Sind in der Kurzfassung mehrere Zeichnungen erwähnt und ist nicht eindeutig, welche Zeichnung die Erfindung nach Auffassung des Anmelders am deutlichsten kennzeichnet, so bestimmt die Prüfungsstelle diejenige Zeichnung, die die Erfindung am deutlichsten kennzeichnet.

§ 37[2)] **[Benennung des Erfinders]** (1) [1] Der Anmelder hat innerhalb von fünfzehn Monaten nach dem Anmeldetag oder, sofern für die Anmeldung ein früherer Zeitpunkt als maßgebend in Anspruch genommen wird, innerhalb von fünfzehn Monaten nach diesem Zeitpunkt den oder die Erfinder zu benennen und zu versichern, daß weitere Personen seines Wissens an der Erfindung nicht beteiligt sind. [2] Ist der Anmelder nicht oder nicht allein der Erfinder, so hat er auch anzugeben, wie das Recht auf das Patent an ihn gelangt ist. [3] Die Richtigkeit der Angaben wird vom Deutschen Patent- und Markenamt nicht geprüft.

(2) [1] Macht der Anmelder glaubhaft, daß er durch außergewöhnliche Umstände verhindert ist, die in Absatz 1 vorgeschriebenen Erklärungen rechtzeitig abzugeben, so hat ihm das Deutsche Patent- und Markenamt eine angemessene Fristverlängerung zu gewähren. [2] Die Frist kann nicht über den Erlaß des Beschlusses über die Erteilung des Patents hinaus verlängert werden.

§ 38 [Änderung der Anmeldung] [1] Bis zum Beschluß über die Erteilung des Patents sind Änderungen der in der Anmeldung enthaltenen Angaben, die den Gegenstand der Anmeldung nicht erweitern, zulässig, bis zum Eingang des Prüfungsantrags (§ 44) jedoch nur, soweit es sich um die Berichtigung offensichtlicher Unrichtigkeiten, um die Beseitigung der von der Prüfungsstelle bezeichneten Mängel oder um Änderungen des Patentanspruchs handelt. [2] Aus Änderungen, die *den Gegenstand der Anmeldung* erweitern, können Rechte nicht hergeleitet werden.

[1)] § 36 Abs 1 geänd. durch G v. 16.7.1998 (BGBl. I S. 1827); Abs. 2 Satz 3 angef. mWv 1.5.2022 durch G v. 10.8.2021 (BGBl. I S. 3490).

[2)] § 37 Abs. 1 Satz 1 geänd. durch G v. 16.7.1998 (BGBl. I S. 1827); Abs. 2 Satz 2 geänd., Sätze 3 und 4 aufgeh. mWv 1.4.2014 durch G v. 19.10.2013 (BGBl. I S. 3830); Abs. 1 Satz 3, Abs. 2 Satz 1 geänd. mWv 18.8.2021 durch G v. 10.8.2021 (BGBl. I S. 3490).

§ 39[1)] [Teilung der Anmeldung] (1) [1]Der Anmelder kann die Anmeldung jederzeit teilen. [2]Die Teilung ist schriftlich zu erklären. [3]Wird die Teilung nach Stellung des Prüfungsantrags (§ 44) erklärt, so gilt der abgetrennte Teil als Anmeldung, für die ein Prüfungsantrag gestellt worden ist. [4]Für jede Teilanmeldung bleiben der Zeitpunkt der ursprünglichen Anmeldung und eine dafür in Anspruch genommene Priorität erhalten.

(2) [1]Für die abgetrennte Anmeldung sind für die Zeit bis zur Teilung die gleichen Gebühren zu entrichten, die für die ursprüngliche Anmeldung zu entrichten waren. [2]Dies gilt nicht für die Gebühr nach dem Patentkostengesetz[2)] für die Recherche nach § 43, wenn die Teilung vor der Stellung des Prüfungsantrags (§ 44) erklärt worden ist, es sei denn, daß auch für die abgetrennte Anmeldung ein Antrag nach § 43 gestellt wird.

(3) Werden für die abgetrennte Anmeldung die nach den §§ 34, 35, 35a und 36 erforderlichen Anmeldungsunterlagen nicht innerhalb von drei Monaten nach Eingang der Teilungserklärung eingereicht oder werden die Gebühren für die abgetrennte Anmeldung nicht innerhalb dieser Frist entrichtet, so gilt die Teilungserklärung als nicht abgegeben.

§ 40[3)] [Prioritätsrecht des Anmelders] (1) Dem Anmelder steht innerhalb einer Frist von zwölf Monaten nach dem Anmeldetag einer beim Deutschen Patent- und Markenamt eingereichten früheren Patent- oder Gebrauchsmusteranmeldung für die Anmeldung derselben Erfindung zum Patent ein Prioritätsrecht zu, es sei denn, daß für die frühere Anmeldung schon eine inländische oder ausländische Priorität in Anspruch genommen worden ist.

(2) Für die Anmeldung kann die Priorität mehrerer beim Deutschen Patent- und Markenamt eingereichter Patent- oder Gebrauchsmusteranmeldungen in Anspruch genommen werden.

(3) Die Priorität kann nur für solche Merkmale der Anmeldung in Anspruch genommen werden, die in der Gesamtheit der Anmeldungsunterlagen der früheren Anmeldung deutlich offenbart sind.

(4) Die Priorität kann nur innerhalb von zwei Monaten nach dem Anmeldetag der späteren Anmeldung in Anspruch genommen werden; die Prioritätserklärung gilt erst als abgegeben, wenn das Aktenzeichen der früheren Anmeldung angegeben worden ist.

(5) [1]Ist die frühere Anmeldung noch beim Deutschen Patent- und Markenamt anhängig, so gilt sie mit der Abgabe der Prioritätserklärung nach Absatz 4 als zurückgenommen. [2]Dies gilt nicht, wenn die frühere Anmeldung ein Gebrauchsmuster betrifft.

(6) Wird die Einsicht in die Akte einer späteren Anmeldung beantragt (§ 31), die die Priorität einer früheren Patent- und Gebrauchsmusteranmeldung in Anspruch nimmt, so nimmt das Deutsche Patent- und Markenamt eine Abschrift der früheren Patent- oder Gebrauchsmusteranmeldung zu den Akten der späteren Anmeldung.

[1)] § 39 Abs. 3 geänd. durch G v. 16.7.1998 (BGBl I S. 1827); Abs. 2 Satz 2 geänd. mWv 1.1.2002 durch G v. 13.12.2001 (BGBl. I S. 3656); Abs. 3 geänd. mWv 28.2.2005 durch G v. 21.1.2005 (BGBl. I S. 146); Abs. 3 geänd. mWv 1.4.2014 durch G v. 19.10.2013 (BGBl. I S. 3830).

[2)] Nr. **70b**.

[3)] § 40 Abs. 4 Halbsatz 2 geänd., Abs. 6 angef. durch G v. 16.7.1998 (BGBl. I S. 1827); Abs. 1, 2, 5 Satz 1 und Abs. 6 geänd. mWv 18.8.2021 durch G v. 10.8.2021 (BGBl. I S. 3490).

§ 41[1)] **[Prioritätserklärung]** (1) [1]Wer nach einem Staatsvertrag die Priorität einer früheren ausländischen Anmeldung derselben Erfindung in Anspruch nimmt, hat vor Ablauf des 16. Monats nach dem Prioritätstag Zeit, Land und Aktenzeichen der früheren Anmeldung anzugeben und eine Abschrift der früheren Anmeldung einzureichen, soweit dies nicht bereits geschehen ist. [2]Innerhalb der Frist können die Angaben geändert werden. [3]Werden die Angaben nicht rechtzeitig gemacht, so wird der Prioritätsanspruch für die Anmeldung verwirkt.

(2) Ist die frühere ausländische Anmeldung in einem Staat eingereicht worden, mit dem kein Staatsvertrag über die Anerkennung der Priorität besteht, so kann der Anmelder ein dem Prioritätsrecht nach der Pariser Verbandsübereinkunft entsprechendes Prioritätsrecht in Anspruch nehmen, soweit nach einer Bekanntmachung des Bundesministeriums der Justiz und für Verbraucherschutz im Bundesgesetzblatt der andere Staat aufgrund einer ersten Anmeldung beim Deutschen Patent- und Markenamt ein Prioritätsrecht gewährt, das nach Voraussetzungen und Inhalt dem Prioritätsrecht nach der Pariser Verbandsübereinkunft vergleichbar ist; Absatz 1 ist anzuwenden.

§ 42[2)] **[Mängel der Anmeldung]** (1) [1]Genügt die Anmeldung den Anforderungen der §§ 34, 36, 37 und 38 offensichtlich nicht, so fordert die Prüfungsstelle den Anmelder auf, die Mängel innerhalb einer bestimmten Frist zu beseitigen. [2]Entspricht die Anmeldung nicht den Bestimmungen über die Form und über die sonstigen Erfordernisse der Anmeldung (§ 34 Abs. 6), so kann die Prüfungsstelle bis zum Beginn des Prüfungsverfahrens (§ 44) von der Beanstandung dieser Mängel absehen.

(2) Ist offensichtlich, daß der Gegenstand der Anmeldung

1. seinem Wesen nach keine Erfindung ist,
2. nicht gewerblich anwendbar ist oder
3. nach § 1a Absatz 1, § 2 oder § 2a Absatz 1 von der Patenterteilung ausgeschlossen ist,

so benachrichtigt die Prüfungsstelle den Anmelder hiervon unter Angabe der Gründe und fordert ihn auf, sich innerhalb einer bestimmten Frist zu äußern.

(3) [1]Die Prüfungsstelle weist die Anmeldung zurück, wenn die nach Absatz 1 gerügten Mängel nicht beseitigt werden oder wenn die Anmeldung aufrechterhalten wird, obgleich eine patentfähige Erfindung offensichtlich nicht vorliegt (Absatz 2 Nr. 1 bis 3). [2]Soll die Zurückweisung auf Umstände gegründet werden, die dem Patentsucher noch nicht mitgeteilt waren, so ist ihm vorher Gelegenheit zu geben, sich dazu innerhalb einer bestimmten Frist zu äußern.

§ 43[3)] **[Antrag auf Recherche]** (1) [1]Das Deutsche Patent- und Markenamt ermittelt auf Antrag den Stand der Technik, der für die Beurteilung der Patentfähigkeit der angemeldeten Erfindung in Betracht zu ziehen ist, und beurteilt

---

[1)] § 41 geänd. durch G. v. 25.10.1994 (BGBl. I S. 3082); Abs. 1 neu gef. durch G v. 16.7.1998 (BGBl. I S. 1827); Abs. 2 geänd. mWv 8.9.2015 durch VO v. 31.8.2015 (BGBl. I S. 1474); Abs. 2 geänd. mWv 18.8.2021 durch G v. 10.8.2021 (BGBl. I S. 3490).

[2)] § 42 Abs. 1 neu gef. durch G v. 16.7.1998 (BGBl. I S. 1827); Abs. 1 Satz 2 geänd. mWv 1.1.2002 durch G v. 13.12.2001 (BGBl. I S. 3656); Abs. 2 Satz 1 Nr. 2 und 3 geänd., Nr. 4 und Satz 2 aufgeh., Abs. 3 Satz 1 geänd. mWv 1.4.2014 durch G v. 19.10.2013 (BGBl. I S. 3830); Abs. 2 Nr. 3 geänd. mWv 18.8.2021 durch G v. 10.8.2021 (BGBl. I S. 3490).

[3)] § 43 neu gef. mWv 1.4.2014 durch G v. 19.10.2013 (BGBl. I S. 3830); Abs. 8 einl. Satzteil geänd. mWv 8.9.2015 durch VO v. 31.8.2015 (BGBl. I S. 1474); Abs. 1 Satz 1, Abs. 3 Satz 2, Abs. 4 Satz 2, Abs. 6, 7 Satz 1, Abs. 8 Nr. 1–3 geänd. mWv 18.8.2021 durch G v. 10.8.2021 (BGBl. I S. 3490).

vorläufig die Schutzfähigkeit der angemeldeten Erfindung nach den §§ 1 bis 5 und ob die Anmeldung den Anforderungen des § 34 Absatz 3 bis 5 genügt (Recherche). [2] Soweit die Ermittlung des Standes der Technik einer zwischenstaatlichen Einrichtung vollständig oder für bestimmte Sachgebiete der Technik ganz oder teilweise übertragen worden ist (Absatz 8 Nummer 1), kann beantragt werden, die Ermittlungen in der Weise durchführen zu lassen, dass der Anmelder das Ermittlungsergebnis auch für eine europäische Anmeldung verwenden kann.

(2) [1] Der Antrag kann nur von dem Patentanmelder gestellt werden. [2] Er ist schriftlich einzureichen. [3] § 25 ist entsprechend anzuwenden.

(3) [1] Der Eingang des Antrags wird im Patentblatt veröffentlicht, jedoch nicht vor der Veröffentlichung des Hinweises gemäß § 32 Absatz 5. [2] Jedermann ist berechtigt, dem Deutschen Patent- und Markenamt Hinweise zum Stand der Technik zu geben, die der Erteilung eines Patents entgegenstehen könnten.

(4) [1] Der Antrag gilt als nicht gestellt, wenn bereits ein Antrag nach § 44 gestellt worden ist. [2] In diesem Fall teilt das Deutsche Patent- und Markenamt dem Patentanmelder mit, zu welchem Zeitpunkt der Antrag nach § 44 eingegangen ist. [3] Die für die Recherche nach § 43 gezahlte Gebühr nach dem Patentkostengesetz wird zurückgezahlt.

(5) [1] Ist ein Antrag nach Absatz 1 eingegangen, so gelten spätere Anträge als nicht gestellt. [2] Absatz 4 Satz 2 und 3 ist entsprechend anzuwenden.

(6) Stellt das Deutsche Patent- und Markenamt nach einem Antrag auf Recherche fest, dass die Anmeldung die Anforderung des § 34 Absatz 5 nicht erfüllt, so führt es die Recherche für den Teil der Anmeldung durch, der sich auf die in den Patentansprüchen als erste beschriebene Erfindung oder Gruppe von Erfindungen bezieht, die untereinander in der Weise verbunden sind, dass sie eine einzige allgemeine erfinderische Idee verwirklichen.

(7) [1] Das Deutsche Patent- und Markenamt teilt dem Anmelder das Ergebnis der Recherche nach Absatz 1 unter Berücksichtigung des Absatzes 6 ohne Gewähr für Vollständigkeit mit (Recherchebericht). [2] Es veröffentlicht im Patentblatt, dass diese Mitteilung ergangen ist. [3] Gegen den Recherchebericht ist ein Rechtsbehelf nicht gegeben. [4] Ist der Stand der Technik von einer zwischenstaatlichen Einrichtung ermittelt worden und hat der Anmelder einen Antrag im Sinne von Absatz 1 Satz 2 gestellt, so wird dies in der Mitteilung angegeben.

(8) Das Bundesministerium der Justiz und für Verbraucherschutz wird ermächtigt, zur beschleunigten Erledigung der Patenterteilungsverfahren durch Rechtsverordnung zu bestimmen, dass

1. die Ermittlung des in Absatz 1 bezeichneten Standes der Technik einer anderen Stelle des Deutschen Patent- und Markenamts als der Prüfungsstelle (§ 27 Absatz 1), einer anderen staatlichen oder einer zwischenstaatlichen Einrichtung vollständig oder für bestimmte Sachgebiete der Technik oder für bestimmte Sprachen übertragen wird, soweit diese Einrichtung für die Ermittlung des in Betracht zu ziehenden Standes der Technik geeignet erscheint;
2. das Deutsche Patent- und Markenamt ausländischen oder zwischenstaatlichen Behörden Auskünfte aus Akten von Patentanmeldungen zur gegenseitigen Unterrichtung über das Ergebnis von Prüfungsverfahren und von Ermittlungen zum Stand der Technik erteilt, soweit es sich um Anmeldungen von Erfindungen handelt, für die auch bei diesen ausländischen oder zwischenstaatlichen Behörden die Erteilung eines Patents beantragt worden ist;
3. die Prüfung der Patentanmeldungen nach § 42 sowie die Kontrolle der Gebühren und Fristen ganz oder teilweise anderen Stellen des Deutschen Patent- und

Markenamts als den Prüfungsstellen oder Patentabteilungen (§ 27 Absatz 1) übertragen werden.

§ 44[1)] [Prüfungsantrag] (1) Das Deutsche Patent- und Markenamt prüft auf Antrag, ob die Anmeldung den Anforderungen der §§ 34, 37 und 38 genügt und ob der Gegenstand der Anmeldung nach den §§ 1 bis 5 patentfähig ist.

(2) [1] Der Antrag kann von dem Anmelder und jedem Dritten, der jedoch hierdurch nicht an dem Prüfungsverfahren beteiligt wird, bis zum Ablauf von sieben Jahren nach Einreichung der Anmeldung gestellt werden. [2] Die Zahlungsfrist für die Prüfungsgebühr nach dem Patentkostengesetz beträgt drei Monate ab Fälligkeit (§ 3 Absatz 1 des Patentkostengesetzes[2)]). [3] Diese Frist endet spätestens mit Ablauf von sieben Jahren nach Einreichung der Anmeldung.

(3) [1] Ist bereits ein Antrag nach § 43 gestellt worden, so beginnt das Prüfungsverfahren erst nach Erledigung des Antrags nach § 43. [2] Hat ein Dritter den Antrag nach Absatz 1 gestellt, so wird der Eingang des Antrags dem Anmelder mitgeteilt. [3] Im Übrigen ist § 43 Absatz 2 Satz 2 und 3, Absatz 3 und 5 entsprechend anzuwenden.

(4) [1] Erweist sich ein von einem Dritten gestellter Antrag nach der Mitteilung an den Anmelder (Absatz 3 Satz 2) als unwirksam, so teilt das Deutsche Patent- und Markenamt dies außer dem Dritten auch dem Anmelder mit. [2] Im Fall der Unwirksamkeit des von einem Dritten gestellten Antrags kann der Anmelder noch bis zum Ablauf von drei Monaten nach der Zustellung der Mitteilung, sofern diese Frist später als die in Absatz 2 bezeichnete Frist abläuft, selbst einen Antrag stellen. [3] Stellt er den Antrag nicht, wird im Patentblatt unter Hinweis auf die Veröffentlichung des von dem Dritten gestellten Antrags veröffentlicht, dass dieser Antrag unwirksam ist.

(5) [1] Das Prüfungsverfahren wird auch dann fortgesetzt, wenn der Antrag auf Prüfung zurückgenommen wird. [2] Im Fall des Absatzes 4 Satz 2 wird das Verfahren in dem Zustand fortgesetzt, in dem es sich im Zeitpunkt des vom Anmelder gestellten Antrags auf Prüfung befindet.

§ 45[3)] [Beseitigung von Mängeln] (1) [1] Genügt die Anmeldung den Anforderungen der §§ 34, 37 und 38 nicht oder sind die Anforderungen des § 36 offensichtlich nicht erfüllt, so fordert die Prüfungsstelle den Anmelder auf, die Mängel innerhalb einer bestimmten Frist zu beseitigen. [2] Satz 1 gilt nicht für Mängel, die sich auf die Zusammenfassung beziehen, wenn die Zusammenfassung bereits veröffentlicht worden ist.

(2) Kommt die Prüfungsstelle zu dem Ergebnis, daß eine nach den §§ 1 bis 5 patentfähige Erfindung nicht vorliegt, so benachrichtigt sie den Patentsucher hiervon unter Angabe der Gründe und fordert ihn auf, sich innerhalb einer bestimmten Frist zu äußern.

§ 46[4)] [Anhörungen und Vernehmungen] (1) [1] Die Prüfungsstelle kann jederzeit die Beteiligten laden und anhören, Zeugen, Sachverständige und Beteiligte

---

[1)] § 44 neu gef. mWv 1.4.2014 durch G v. 19.10.2013 (BGBl. I S. 3830); Abs. 1 und 4 Satz 1 geänd. mWv 18.8.2021 durch G v. 10.8.2021 (BGBl. I S. 3490).

[2)] Nr. **70b**.

[3)] § 45 Abs. 1 Satz 1 geänd., Satz 2 aufgeh. durch G v. 16.7.1998 (BGBl. I S. 1827).

[4)] § 46 Abs. 1 Sätze 2 und 4 geänd. mWv 1.4.2014 durch G v. 19.10.2013 (BGBl. I S. 3830); Abs. 1 Satz 2 eingef., bish. Sätze 2–5 werden Sätze 3–6 mWv 1.5.2022 durch G v. 10.8.2021 (BGBl. I S. 3490); Abs. 1 Satz 2 neu gef. mWv 19.7.2024 durch G v. 15.7.2024 (BGBl. 2024 I Nr. 237).

eidlich oder uneidlich vernehmen sowie andere zur Aufklärung der Sache erforderliche Ermittlungen anstellen. [2]Die §§ 128a und 284 Absatz 2 und 3 der Zivilprozessordnung[1)] sind entsprechend anzuwenden. [3]Bis zum Beschluß über die Erteilung ist der Anmelder auf Antrag zu hören. [4]Der Antrag ist schriftlich einzureichen. [5]Wird der Antrag nicht in der vorgeschriebenen Form eingereicht, so weist sie den Antrag zurück. [6]Der Beschluß, durch den der Antrag zurückgewiesen wird, ist selbständig nicht anfechtbar.

(2) [1]Über die Anhörungen und Vernehmungen ist eine Niederschrift zu fertigen, die den wesentlichen Gang der Verhandlung wiedergeben und die rechtserheblichen Erklärungen der Beteiligten enthalten soll. [2]Die §§ 160a, 162 und 163 der Zivilprozeßordnung sind entsprechend anzuwenden. [3]Die Beteiligten erhalten eine Abschrift der Niederschrift.

§ 47[2)] [Form der Beschlüsse der Prüfungsstelle] (1) [1]Die Beschlüsse der Prüfungsstelle sind zu begründen und den Beteiligten von Amts wegen in Abschrift zuzustellen; eine Beglaubigung der Abschrift ist nicht erforderlich. [2]Ausfertigungen werden nur auf Antrag eines Beteiligten und nur in Papierform erteilt. [3]Am Ende einer Anhörung können die Beschlüsse auch verkündet werden; die Sätze 1 und 2 bleiben unberührt. [4]Einer Begründung bedarf es nicht, wenn am Verfahren nur der Anmelder beteiligt ist und seinem Antrag stattgegeben wird.

(2) [1]Mit Zustellung des Beschlusses sind die Beteiligten über die Beschwerde, die gegen den Beschluss gegeben ist, über die Stelle, bei der die Beschwerde einzulegen ist, über die Beschwerdefrist und über die Beschwerdegebühr zu belehren. [2]Die Frist für die Beschwerde (§ 73 Abs. 2) beginnt nur zu laufen, wenn die Beteiligten nach Satz 1 belehrt worden sind. [3]Ist die Belehrung unterblieben oder unrichtig erteilt, so ist die Einlegung der Beschwerde nur innerhalb eines Jahres seit Zustellung des Beschlusses zulässig, außer wenn eine schriftliche Belehrung dahin erfolgt ist, daß eine Beschwerde nicht gegeben sei; § 123 ist entsprechend anzuwenden.

§ 48[3)] [Zurückweisung der Anmeldung] [1]Die Prüfungsstelle weist die Anmeldung zurück, wenn die nach § 45 Abs. 1 gerügten Mängel nicht beseitigt werden oder wenn die Prüfung ergibt, daß eine nach den §§ 1 bis 5 patentfähige Erfindung nicht vorliegt. [2]§ 42 Abs. 3 Satz 2 ist anzuwenden.

§ 49[4)] [Beschluß der Erteilung des Patents] (1) Genügt die Anmeldung den Anforderungen der §§ 34, 37 und 38, sind nach § 45 Abs. 1 gerügte Mängel der Zusammenfassung beseitigt und ist der Gegenstand der Anmeldung nach den §§ 1 bis 5 patentfähig, so beschließt die Prüfungsstelle die Erteilung des Patents.

(2) Der Erteilungsbeschluß wird auf Antrag des Anmelders bis zum Ablauf einer Frist von fünfzehn Monaten ausgesetzt, die mit dem Tag der Einreichung der Anmeldung beim Deutschen Patent- und Markenamt oder, falls für die Anmeldung ein früherer Zeitpunkt als maßgebend in Anspruch genommen wird, mit diesem Zeitpunkt beginnt.

[1)] **Habersack, Deutsche Gesetze Nr. 100.**

[2)] *§ 47 Abs. 1 und 2 Satz* 1 neu gef., Satz 2 geänd. mWv 1.10.2016 durch G v. 4.4.2016 (BGBl. I S. 558).

[3)] § 48 Satz 1 geänd. durch G v. 16.7.1998 (BGBl. I S. 1827).

[4)] § 49 Abs. 1 geänd. durch G v. 16.7.1998 (BGBl. I S. 1827); Abs. 2 geänd. mWv 18.8.2021 durch G v. 10.8.2021 (BGBl. I S. 3490).

§ 49a[1] **[Erteilung des ergänzenden Schutzzertifikats, Anmeldungszurückweisung, Gebühr]** (1) Beantragt der als Patentinhaber Eingetragene einen ergänzenden Schutz, so prüft die Patentabteilung, ob die Anmeldung der entsprechenden Verordnung der Europäischen Gemeinschaften sowie dem Absatz 5 und dem § 16a entspricht.

(2) [1] Genügt die Anmeldung diesen Voraussetzungen, so erteilt die Patentabteilung das ergänzende Schutzzertifikat für die Dauer seiner Laufzeit. [2] Andernfalls fordert sie den Anmelder auf, etwaige Mängel innerhalb einer von ihr festzusetzenden, mindestens zwei Monate betragenden Frist zu beheben. [3] Werden die Mängel nicht behoben, so weist sie die Anmeldung durch Beschluß zurück.

(3) Soweit eine Verordnung der Europäischen Gemeinschaften die Verlängerung der Laufzeit eines ergänzenden Schutzzertifikats vorsieht, gelten die Absätze 1 und 2 entsprechend.

(4) Die Patentabteilung entscheidet durch Beschluss über die in Verordnungen der Europäischen Gemeinschaften vorgesehenen Anträge,

1. die Laufzeit eines ergänzenden Schutzzertifikats zu berichtigen, wenn der in der Zertifikatsanmeldung enthaltene Zeitpunkt der ersten Genehmigung für das Inverkehrbringen unrichtig ist;
2. die Verlängerung der Laufzeit eines ergänzenden Schutzzertifikats zu widerrufen.

(5) [1] § 34 Abs. 6 ist anwendbar. [2] Die §§ 46 und 47 sind auf das Verfahren vor der Patentabteilung anzuwenden.

§ 50[2] **[Geheimpatente]** (1) [1] Wird ein Patent für eine Erfindung nachgesucht, die ein Staatsgeheimnis (§ 93 des Strafgesetzbuches[3]) ist, so ordnet die Prüfungsstelle von Amts wegen an, daß jede Veröffentlichung unterbleibt. [2] Die zuständige oberste Bundesbehörde ist vor der Anordnung zu hören. [3] Sie kann den Erlaß einer Anordnung beantragen.

(2) [1] Die Prüfungsstelle hebt von Amts wegen oder auf Antrag der zuständigen obersten Bundesbehörde, des Anmelders oder des Patentinhabers eine Anordnung nach Absatz 1 auf, wenn deren Voraussetzungen entfallen sind. [2] Die Prüfungsstelle prüft in jährlichen Abständen, ob die Voraussetzungen der Anordnung nach Absatz 1 fortbestehen. [3] Vor der Aufhebung einer Anordnung nach Absatz 1 ist die zuständige oberste Bundesbehörde zu hören.

(3) Die Prüfungsstelle gibt den Beteiligten Nachricht, wenn gegen einen Beschluß der Prüfungsstelle, durch den ein Antrag auf Erlaß einer Anordnung nach Absatz 1 zurückgewiesen oder eine Anordnung nach Absatz 1 aufgehoben worden ist, innerhalb der Beschwerdefrist (§ 73 Abs. 2) keine Beschwerde eingegangen ist.

(4) Die Absätze 1 bis 3 sind auf eine Erfindung entsprechend anzuwenden, die von einem fremden Staat aus Verteidigungsgründen geheimgehalten und der Bundesregierung mit deren Zustimmung unter der Auflage anvertraut wird, die Geheimhaltung zu wahren.

---

[1] § 49a eingef. durch G v. 23.3.1993 (BGBl. I S. 366); Abs. 3 Satz 1 geänd. durch G v. 16.7.1998 (BGBl I S. 1827); Abs. 3 Satz 1 neu gef., Abs. 4 aufgeh. mWv 1.1.2002 durch G v. 13.12.2001 (BGBl. I S. 3656); Abs. 1 geänd. mWv 30.11.2007 durch G v. 23.11.2007 (BGBl. I S. 2614); Abs. 1 geänd., Abs. 3 und 4 eingef., bish. Abs. 3 wird Abs. 5 mWv 1.10.2009 durch G v. 31.7.2009 (BGBl. I S. 2521

[2] Siehe Übereinkommen über die wechselseitige Geheimbehandlung v. 21.9.1960 (BGBl. 1964 II S. 773).

[3] **Habersack, Deutsche Gesetze Nr. 85.**

§ 51[1] **[Akteneinsicht]** Das Deutsche Patent- und Markenamt hat der zuständigen obersten Bundesbehörde zur Prüfung der Frage, ob jede Veröffentlichung gemäß § 50 Abs. 1 zu unterbleiben hat oder ob eine gemäß § 50 Abs. 1 ergangene Anordnung aufzuheben ist, Einsicht in die Akten zu gewähren.

§ 52 [Anmeldung außerhalb der Bundesrepublik] (1) [1] Eine Patentanmeldung, die ein Staatsgeheimnis (§ 93 des Strafgesetzbuches[2]) enthält, darf außerhalb des Geltungsbereichs dieses Gesetzes nur eingereicht werden, wenn die zuständige oberste Bundesbehörde hierzu die schriftliche Genehmigung erteilt. [2] Die Genehmigung kann unter Auflagen erteilt werden.

(2) Mit Freiheitsstrafe bis zu fünf Jahren oder mit Geldstrafe wird bestraft, wer

1. entgegen Absatz 1 Satz 1 eine Patentanmeldung einreicht oder
2. einer Auflage nach Absatz 1 Satz 2 zuwiderhandelt.

§ 53[3] **[Keine Anordnung über Geheimhaltung]** (1) Wird dem Anmelder innerhalb von vier Monaten seit der Anmeldung der Erfindung beim Deutschen Patent- und Markenamt keine Anordnung nach § 50 Abs. 1 zugestellt, so können der Anmelder und jeder andere, der von der Erfindung Kenntnis hat, sofern sie im Zweifel darüber sind, ob die Geheimhaltung der Erfindung erforderlich ist (§ 93 des Strafgesetzbuches[2]), davon ausgehen, daß die Erfindung nicht der Geheimhaltung bedarf.

(2) Kann die Prüfung, ob jede Veröffentlichung gemäß § 50 Abs. 1 zu unterbleiben hat, nicht innerhalb der in Absatz 1 genannten Frist abgeschlossen werden, so kann das Deutsche Patent- und Markenamt diese Frist durch eine Mitteilung, die dem Anmelder innerhalb der in Absatz 1 genannten Frist zuzustellen ist, um höchstens zwei Monate verlängern.

§ 54[4] **[Erteilung eines Geheimpatents]** [1] Ist auf eine Anmeldung, für die eine Anordnung nach § 50 Abs. 1 ergangen ist, ein Patent erteilt worden, so ist das Patent in ein besonderes Register einzutragen. [2] Auf die Einsicht in das besondere Register ist § 31 Abs. 5 Satz 1 entsprechend anzuwenden.

§ 55[5] **[Entschädigung für Unterlassung der Verwertung]** (1) [1] Ein Anmelder, Patentinhaber oder sein Rechtsnachfolger, der die Verwertung einer nach den §§ 1 bis 5 patentfähigen Erfindung für friedliche Zwecke mit Rücksicht auf eine Anordnung nach § 50 Abs. 1 unterläßt, hat wegen des ihm hierdurch entstehenden Vermögensschadens einen Anspruch auf Entschädigung gegen den Bund, wenn und soweit ihm nicht zugemutet werden kann, den Schaden selbst zu tragen. [2] Bei Beurteilung der Zumutbarkeit sind insbesondere die wirtschaftliche Lage des Geschädigten, die Höhe seiner für die Erfindung oder für den Erwerb der Rechte an der Erfindung gemachten Aufwendungen, der bei Entstehung der Aufwendungen für ihn erkennbare Grad der Wahrscheinlichkeit einer Geheimhaltungsbedürftigkeit der Erfindung sowie der Nutzen zu berücksichtigen, der dem Geschädigten aus einer sonstigen Verwertung der Erfindung zufließt. [3] Der Anspruch kann erst nach der Erteilung des Patents geltend gemacht werden. [4] Die Entschädigung kann

[1] *§ 51 geänd.* mWv 18.8.2021 durch G v. 10.8.2021 (BGBl. I S. 3490).
[2] **Habersack, Deutsche Gesetze Nr. 85.**
[3] § 53 Abs. 1 und 2 geänd. mWv 18.8.2021 durch G v. 10.8.2021 (BGBl. I S. 3490).
[4] § 54 Satz 1 und 2 geänd. mWv 1.1.2002 durch G v. 13.12.2001 (BGBl. I S. 3656).
[5] § 55 Abs. 3 geänd. mWv 18.8.2021 durch G v. 10.8.2021 (BGBl. I S. 3490).

nur jeweils nachträglich und für Zeitabschnitte, die nicht kürzer als ein Jahr sind, verlangt werden.

(2) [1] Der Anspruch ist bei der zuständigen obersten Bundesbehörde geltend zu machen. [2] Der Rechtsweg vor den ordentlichen Gerichten steht offen.

(3) Eine Entschädigung gemäß Absatz 1 wird nur gewährt, wenn die erste Anmeldung der Erfindung beim Deutschen Patent- und Markenamt eingereicht und die Erfindung nicht schon vor dem Erlaß einer Anordnung nach § 50 Abs. 1 von einem fremden Staat aus Verteidigungsgründen geheimgehalten worden ist.

§ 56 [Bestimmung der zuständigen obersten Bundesbehörde] Die Bundesregierung wird ermächtigt, die zuständige oberste Bundesbehörde im Sinne des § 31 Abs. 5 und der §§ 50 bis 55 und 74 Abs. 2 durch Rechtsverordnung[1)] zu bestimmen.

§ 57[2)] *(aufgehoben)*

§ 58[3)] [Veröffentlichung der Patenterteilung] (1) [1] Die Erteilung des Patents wird im Patentblatt veröffentlicht. [2] Gleichzeitig wird die Patentschrift veröffentlicht. [3] Mit der Veröffentlichung im Patentblatt treten die gesetzlichen Wirkungen des Patents ein.

(2) Wird die Anmeldung nach der Veröffentlichung des Hinweises auf die Möglichkeit der Einsicht in die Akten (§ 32 Abs. 5) zurückgenommen oder zurückgewiesen oder gilt sie als zurückgenommen, so gilt die Wirkung nach § 33 Abs. 1 als nicht eingetreten.

(3) Wird bis zum Ablauf der in § 44 Abs. 2 bezeichneten Frist ein Antrag auf Prüfung nicht gestellt oder wird eine für die Anmeldung zu entrichtende Jahresgebühr nicht rechtzeitig entrichtet (§ 7 Abs. 1 des Patentkostengesetzes[4)]), so gilt die Anmeldung als zurückgenommen.

§ 59[5)] [Einspruch] (1) [1] Innerhalb von neun Monaten nach der Veröffentlichung der Erteilung kann jeder, im Falle der widerrechtlichen Entnahme nur der Verletzte, gegen das Patent Einspruch erheben. [2] Der Einspruch ist schriftlich zu erklären und zu begründen. [3] Er kann nur auf die Behauptung gestützt werden, daß einer der in § 21 genannten Widerrufsgründe vorliege. [4] Die Tatsachen, die den Einspruch rechtfertigen, sind im einzelnen anzugeben. [5] Die Angaben müssen, soweit sie nicht schon in der Einspruchsschrift enthalten sind, bis zum Ablauf der Einspruchsfrist schriftlich nachgereicht werden.

(2) [1] Ist gegen ein Patent Einspruch erhoben worden, so kann jeder Dritte, der nachweist, daß gegen ihn Klage wegen Verletzung des Patents erhoben worden ist, nach Ablauf der Einspruchsfrist dem Einspruchsverfahren als Einsprechender beitreten, wenn er den Beitritt innerhalb von drei Monaten nach dem Tag erklärt, an dem die Verletzungsklage erhoben worden ist. [2] Das gleiche gilt für jeden Dritten, der nachweist, daß er nach einer Aufforderung des Patentinhabers, eine angebliche

---

[1)] Siehe VO zur Ausführung des § 56 des Patentgesetzes und des § 9 des Gebrauchsmustergesetzes (PatG/GebrMGAV) v. 24.5.1961 (BGBl. I S. 595), zuletzt geänd. durch G v. 16.7.1998 (BGBl. I S. 1827).

[2)] § 57 aufgeh. mWv 1.1.2002 durch G v. 13.12.2001 (BGBl. I S. 3656).

[3)] § 58 Abs. 3 geänd. mWv 1.1.2002 durch G v. 13.12.2001 (BGBl. I S. 3656).

[4)] Nr. **70b**.

[5)] § 59 Abs. 3 neu gef., Abs. 4 angef. mWv 1.7.2006 durch G v. 21.6.2006 (BGBl. I S. 1318); Abs. 1 Satz 1 geänd., Abs. 3 Sätze 3 und 4 angef., Abs. 4 eingef., bish. Abs. 4 wird Abs. 5 und geänd. mWv 1.4.2014 durch G v. 19.10.2013 (BGBl. I S. 3830); Abs. 3 Satz 4 geänd. mWv 18.4.2018 durch G v. 8.10.2017 (BGBl. I S. 3546).

Patentverletzung zu unterlassen, gegen diesen Klage auf Feststellung erhoben hat, daß er das Patent nicht verletze. 3 Der Beitritt ist schriftlich zu erklären und bis zum Ablauf der in Satz 1 genannten Frist zu begründen. 4 Absatz 1 Satz 3 bis 5 ist entsprechend anzuwenden.

(3) 1 Eine Anhörung findet im Einspruchsverfahren statt, wenn ein Beteiligter dies beantragt oder die Patentabteilung dies für sachdienlich erachtet. 2 Mit der Ladung soll die Patentabteilung auf die Punkte hinweisen, die sie für die zu treffende Entscheidung als erörterungsbedürftig ansieht. 3 Die Anhörung einschließlich der Verkündung der Entscheidung ist öffentlich. 4 § 169 Absatz 1 Satz 2 sowie die §§ 171b bis 175 des Gerichtsverfassungsgesetzes[1] sind entsprechend anzuwenden mit der Maßgabe, dass die Öffentlichkeit von der Anhörung auf Antrag eines Beteiligten auch dann ausgeschlossen werden kann, wenn sie eine Gefährdung schutzwürdiger Interessen des Antragstellers besorgen lässt.

(4) Der Vorsitzende der Patentabteilung sorgt für die Aufrechterhaltung der Ordnung in der Anhörung und übt insoweit das Hausrecht aus.

(5) Im Übrigen sind § 43 Absatz 3 Satz 2 und die §§ 46 und 47 im Einspruchsverfahren entsprechend anzuwenden.

§ 60[2] *(aufgehoben)*

§ 61[3] **[Aufrechterhaltung oder Widerruf des Patents]** (1) 1 Die Patentabteilung entscheidet durch Beschluss. 2 Auf einen zulässigen Einspruch hin entscheidet die Patentabteilung, ob und in welchem Umfang das Patent aufrechterhalten oder widerrufen wird. 3 Nimmt der Einsprechende den Einspruch zurück, so wird das Verfahren von Amts wegen ohne den Einsprechenden fortgesetzt. 4 Abweichend von Satz 3 ist das Verfahren beendet, wenn sich der zurückgenommene Einspruch ausschließlich auf den Widerrufsgrund der widerrechtlichen Entnahme nach § 21 Absatz 1 Nummer 3 gestützt hat. 5 In diesem Fall oder wenn das Verfahren in der Hauptsache erledigt ist, wird die Beendigung des Verfahrens durch Beschluss festgestellt.

(2) 1 Abweichend von Absatz 1 entscheidet der Beschwerdesenat des Bundespatentgerichts,

1. wenn ein Beteiligter dies beantragt und kein anderer Beteiligter innerhalb von zwei Monaten nach Zustellung des Antrags widerspricht, oder
2. auf Antrag nur eines Beteiligten, wenn mindestens 15 Monate seit Ablauf der Einspruchsfrist, im Fall des Antrags eines Beigetretenen seit Erklärung des Beitritts, vergangen sind.

2 Dies gilt nicht, wenn die Patentabteilung eine Ladung zur Anhörung oder die Entscheidung über den Einspruch innerhalb von drei Monaten nach Zugang des Antrags auf patentgerichtliche Entscheidung zugestellt hat. 3 Im Übrigen sind die §§ 59 bis 62, 69 bis 71 und 86 bis 99 entsprechend anzuwenden.

(3) Wird das Patent widerrufen oder nur beschränkt aufrechterhalten, so wird dies im Patentblatt veröffentlicht.

(4) 1 Wird das Patent beschränkt aufrechterhalten, so ist die Patentschrift entsprechend zu ändern. 2 Die Änderung der Patentschrift ist zu veröffentlichen.

---

[1] **Habersack, Deutsche Gesetze Nr. 95.**

[2] § 60 aufgeh. mWv 1.7.2006 durch G v. 21.6.2006 (BGBl. I S. 1318).

[3] § 61 Abs. 2 eingef., bish. Abs. 2 und 3 werden Abs. 3 und 4 mWv 1.7.2006 durch G v. 21.6.2006 (BGBl. I S. 1318); Abs. 1 neu gef. mWv 1.5.2022 durch G v. 10.8.2021 (BGBl. I S. 3490).

§ 62[1)] **[Kosten des Einspruchsverfahrens]** (1) [1] In dem Beschluß nach § 61 Abs. 1 kann die Patentabteilung nach billigem Ermessen bestimmen, inwieweit einem Beteiligten die durch eine Anhörung oder eine Beweisaufnahme verursachten Kosten zur Last fallen. [2] Die Bestimmung kann auch getroffen werden, wenn ganz oder teilweise der Einspruch zurückgenommen oder auf das Patent verzichtet wird. [3] Die Patentabteilung kann anordnen, dass die Einspruchsgebühr nach dem Patentkostengesetz[2)] ganz oder teilweise zurückgezahlt wird, wenn es der Billigkeit entspricht.

(2) [1] Zu den Kosten gehören außer den Auslagen des Deutschen Patent- und Markenamts auch die den Beteiligten erwachsenen Kosten, soweit sie zur zweckentsprechenden Wahrung der Ansprüche und Rechte notwendig waren. [2] Der Betrag der zu erstattenden Kosten wird auf Antrag durch das Deutsche Patent- und Markenamt festgesetzt. [3] Die Vorschriften der Zivilprozessordnung[3)] über das Kostenfestsetzungsverfahren (§§ 103 bis 107) und die Zwangsvollstreckung aus Kostenfestsetzungsbeschlüssen (§§ 724 bis 802) sind entsprechend anzuwenden. [4] An die Stelle der Erinnerung tritt die Beschwerde gegen den Kostenfestsetzungsbeschluß; § 73 ist mit der Maßgabe anzuwenden, daß die Beschwerde innerhalb von zwei Wochen einzulegen ist. [5] Die vollstreckbare Ausfertigung wird vom Urkundsbeamten der Geschäftsstelle des Patentgerichts erteilt.

§ 63[4)] **[Nennung des Erfinders]** (1) [1] Auf der Offenlegungsschrift (§ 32 Abs. 2), auf der Patentschrift (§ 32 Abs. 3) sowie in der Veröffentlichung der Erteilung des Patents (§ 58 Abs. 1) ist der Erfinder mit Namen und Ortsangabe zu nennen, sofern er bereits benannt worden ist. [2] Die Nennung ist mit Namen und Ortsangabe im Register (§ 30 Abs. 1) zu vermerken. [3] Sie unterbleibt vollständig oder hinsichtlich der Ortsangabe, wenn der vom Anmelder angegebene Erfinder es beantragt. [4] Der Antrag kann jederzeit widerrufen werden; im Falle des Widerrufs wird die Nennung nachträglich vorgenommen. [5] Ein Verzicht des Erfinders auf Nennung ist ohne rechtliche Wirksamkeit.

(2) [1] Ist die Person des Erfinders unrichtig oder im Falle des Absatzes 1 Satz 3 überhaupt nicht angegeben, so sind der Patentsucher oder Patentinhaber sowie der zu Unrecht Benannte dem Erfinder verpflichtet, dem Deutschen Patent- und Markenamt gegenüber die Zustimmung dazu zu erklären, daß die in Absatz 1 Satz 1 und 2 vorgesehene Nennung berichtigt oder nachgeholt wird. [2] Die Zustimmung ist unwiderruflich. [3] Durch die Erhebung einer Klage auf Erklärung der Zustimmung wird das Verfahren zur Erteilung des Patents nicht aufgehalten.

(3) Auf amtlichen Druckschriften, die bereits veröffentlicht sind, wird die nachträgliche Nennung des Erfinders (Absatz 1 Satz 4, Absatz 2) oder die Berichtigung (Absatz 2) nicht vorgenommen.

(4) [1] Das Bundesministerium der Justiz und für Verbraucherschutz wird ermächtigt, durch Rechtsverordnung[5)] Bestimmungen zur Ausführung der vorstehenden

---

[1)] *62 Abs. 2 Satz 1* geänd. durch G v. 16.7.1998 (BGBl I S. 1827); Abs. 1 Satz 3 angef. mWv 1.1.2002 durch G v. 13.12.2001 (BGBl I S. 3656); Abs. 1 Satz 1 geänd., Abs. 2 Satz 3 neu gef. mWv 1.7.2006 durch G v. 21.6.2006 (BGBl. I S. 1318); Abs. 2 Sätze 1 und 2 geänd. mWv 18.8.2021 durch G v. 10.8.2021 (BGBl. I S. 3490).

[2)] Nr. **70b**.

[3)] **Habersack, Deutsche Gesetze Nr. 100.**

[4)] § 63 Abs. 1 Satz 2, Abs. 4 Sätze 1 und 2 geänd. mWv 1.1.2002 durch G v. 13.12.2001 (BGBl I S. 3656); Abs. 4 Satz 1 geänd. mWv 8.9.2015 durch VO v. 31.8.2015 (BGBl. I S. 1474); Abs. 2 Satz 1 geänd. mWv 18.8.2021, Abs. 1 Sätze 1–3 geänd. mWv 1.5.2022 durch G v. 10.8.2021 (BGBl. I S. 3490).

[5)] Siehe VO über das Deutsche Patent- und Markenamt v. 1.4.2004 (BGBl. I S. 514), zuletzt geänd. durch G v. 10.8.2021 (BGBl. I S. 3490).

Vorschriften zu erlassen. [2]Es kann diese Ermächtigung durch Rechtsverordnung auf das Deutsche Patent- und Markenamt übertragen.

§ 64[1)] [Beschränkung des Patents] (1) Das Patent kann auf Antrag des Patentinhabers widerrufen oder durch Änderung der Patentansprüche mit rückwirkender Kraft beschränkt werden.

(2) Der Antrag ist schriftlich einzureichen und zu begründen.

(3) [1]Über den Antrag entscheidet die Patentabteilung. [2]§ 44 Abs. 1 und die §§ 45 bis 48 sind entsprechend anzuwenden. [3]Wird das Patent widerrufen, so wird dies im Patentblatt veröffentlicht. [4]Wird das Patent beschränkt, ist in dem Beschluss, durch den dem Antrag stattgegeben wird, die Patentschrift der Beschränkung anzupassen; die Änderung der Patentschrift ist zu veröffentlichen.

Vierter Abschnitt. Patentgericht

§ 65[2)] [Errichtung; Zuständigkeit; Besetzung] (1) [1]Für die Entscheidungen über Beschwerden gegen Beschlüsse der Prüfungsstellen oder Patentabteilungen des Deutschen Patent- und Markenamts sowie über Klagen auf Erklärung der Nichtigkeit von Patenten und in Zwangslizenzverfahren (§§ 81, 85 und 85a) wird das Patentgericht als selbständiges und unabhängiges Bundesgericht errichtet. [2]Es hat seinen Sitz am Sitz des Deutschen Patent- und Markenamts. [3]Es führt die Bezeichnung „Bundespatentgericht“.

(2) [1]Das Patentgericht besteht aus einem Präsidenten, den Vorsitzenden Richtern und weiteren Richtern. [2]Sie müssen die Befähigung zum Richteramt nach dem Deutschen Richtergesetz[3)] besitzen (rechtskundige Mitglieder) oder in einem Zweig der Technik sachverständig sein (technische Mitglieder). [3]Für die technischen Mitglieder gilt § 26 Abs. 3 entsprechend mit der Maßgabe, daß sie eine staatliche oder akademische Abschlußprüfung bestanden haben müssen.

(3) Die Richter werden vom Bundespräsidenten auf Lebenszeit ernannt, soweit nicht in § 71 Abweichendes bestimmt ist.

(4) Der Präsident des Patentgerichts übt die Dienstaufsicht über die Richter, Beamte, Angestellten und Arbeiter aus.

§ 66[4)] [Beschwerdesenate; Nichtigkeitssenate] (1) Im Patentgericht werden gebildet

1. Senate für die Entscheidung über Beschwerden (Beschwerdesenate);
2. Senate für die Entscheidung über Klagen auf Erklärung der Nichtigkeit von Patenten und in Zwangslizenzverfahren (Nichtigkeitssenate).

(2) Die Zahl der Senate bestimmt der Bundesminister der Justiz und für Verbraucherschutz.

[1)] § 64 Abs. 2 Satz 2 aufgeh. mWv 1.1.2002 durch G v. 13.12.2001 (BGBl. I S. 3656); Abs. 1 geänd., Abs. 3 Sätze 3 und 4 neu gef. mWv 13.12.2007 durch G v. 24.8.2007 (BGBl. I S. 2166).

[2)] § 65 Abs. 1 Sat 1 neu gef. durch G v. 16 7. 1998 (BGBl. I S. 1827); Abs. 2 Satz 3 geänd. mWv 30.11. 2007 durch G v. 23.11.2007 (BGBl. I S. 2614); Abs. 1 Satz 1 geänd. mWv 1.10.2009 durch G v. 31.7. *2009* (BGBl. I S. 2521); Abs. 1 Sätze 1 und 2 geänd. mWv 18.8.2021 durch G v. 10.8.2021 (BGBl. I S. 3490).

[3)] Nr. **97**.

[4)] § 66 Abs. 1 Nr. 2 neu gef. durch G v. 16.7.1998 (BGBl. I S. 1827); Abs. 2 geänd. mWv 8.9.2015 durch VO v. 31.8.2015 (BGBl. I S. 1474).

§ 67[1] **[Besetzung der Senate]** (1) Der Beschwerdesenat entscheidet in der Besetzung mit

1. einem rechtskundigen Mitglied als Vorsitzendem und zwei technischen Mitgliedern in den Fällen des § 23 Abs. 4 und des § 50 Abs. 1 und 2;
2. einem technischen Mitglied als Vorsitzendem, zwei weiteren technischen Mitgliedern sowie einem rechtskundigen Mitglied in den Fällen,
   a) in denen die Anmeldung zurückgewiesen wurde,
   b) in denen der Einspruch als unzulässig verworfen wurde,
   c) des § 61 Absatz 1 und des § 64 Abs. 1,
   d) des § 61 Abs. 2 sowie
   e) der §§ 130, 131 und 133;
3. einem rechtskundigen Mitglied als Vorsitzendem, einem weiteren rechtskundigen Mitglied und einem technischen Mitglied in den Fällen des § 31 Abs. 5;
4. drei rechtskundigen Mitgliedern in allen übrigen Fällen.

(2) Der Nichtigkeitssenat entscheidet in den Fällen der §§ 84 und 85 Abs. 3 in der Besetzung mit einem rechtskundigen Mitglied als Vorsitzendem, einem weiteren rechtskundigen Mitglied und drei technischen Mitgliedern, im übrigen in der Besetzung mit drei Richtern, unter denen sich ein rechtskundiges Mitglied befinden muß.

§ 68[2] **[Geschäftsverteilung; Präsidium; Vertreter des Präsidenten]** Für das Patentgericht gelten die Vorschriften des Zweiten Titels des Gerichtsverfassungsgesetzes[3] nach folgender Maßgabe entsprechend:

1. In den Fällen, in denen auf Grund des Wahlergebnisses ein rechtskundiger Richter dem Präsidium nicht angehören würde, gilt der rechtskundige Richter als gewählt, der von den rechtskundigen Mitgliedern die höchste Stimmenzahl erreicht hat.
2. Über die Wahlanfechtung (§ 21b Abs. 6 des Gerichtsverfassungsgesetzes[4]) entscheidet ein Senat des Patentgerichts in der Besetzung mit drei rechtskundigen Richtern.
3. Den ständigen Vertreter des Präsidenten ernennt der Bundesminister der Justiz und für Verbraucherschutz.

§ 69[5] **[Öffentlichkeit der Verhandlungen; Sitzungspolizei]** (1) [1]Die Verhandlung vor den Beschwerdesenaten ist öffentlich, sofern ein Hinweis auf die Möglichkeit der Akteneinsicht nach § 32 Abs. 5 oder die Patentschrift nach § 58 Abs. 1 veröffentlicht worden ist. [2]Die §§ 171b bis 175 des Gerichtsverfassungsgesetzes[4] sind entsprechend anzuwenden mit der Maßgabe, daß

1. die Öffentlichkeit für die Verhandlung auf Antrag eines Beteiligten auch dann *ausgeschlossen werden* kann, wenn sie eine Gefährdung schutzwürdiger Interessen des Antragstellers besorgen läßt,

---

[1] § 67 Abs. 1 neu gef. mWv 1.7.2006 durch G v. 21.6.2006 (BGBl. I S. 1318 ber. S. 2737); Abs. 1 Nr. 2 Buchst. c geänd. mWv 18.8.2021 durch G v. 10.8.2021 (BGBl. I S. 3490).

[2] § 68 Nr. 1 geänd. durch G v. 22.12.1999 (BGBl. I S. 2598); Nr. 3 geänd. mWv 8.9.2015 durch VO v. 31.8.2015 (BGBl. I S. 1474).

[3] Siehe §§ 21a bis 21i GVG **(Habersack, Deutsche Gesetze Nr. 95)**.

[4] **Habersack, Deutsche Gesetze Nr. 95.**

[5] § 69 Abs. 1 Satz 2 geänd. mWv 25.10.2013 durch G v. 19.10.2013 (BGBl. I S. 3830).

2. die Öffentlichkeit für die Verkündung der Beschlüsse bis zur Veröffentlichung eines Hinweises auf die Möglichkeit der Akteneinsicht nach § 32 Abs. 5 oder bis zur Veröffentlichung der Patentschrift nach § 58 Abs. 1 ausgeschlossen ist.

(2) [1] Die Verhandlung vor den Nichtigkeitssenaten einschließlich der Verkündung der Entscheidungen ist öffentlich. [2] Absatz 1 Satz 2 Nr. 1 gilt entsprechend.

(3) [1] Die Aufrechterhaltung der Ordnung in den Sitzungen der Senate obliegt dem Vorsitzenden. [2] Die §§ 177 bis 180, 182 und 183 des Gerichtsverfassungsgesetzes über die Sitzungspolizei gelten entsprechend.

§ 70 [Beratung und Abstimmung] (1) [1] Für die Beschlußfassung in den Senaten bedarf es der Beratung und Abstimmung. [2] Hierbei darf nur die gesetzlich bestimmte Anzahl der Mitglieder der Senate mitwirken. [3] Bei der Beratung und Abstimmung dürfen außer den zur Entscheidung berufenen Mitgliedern der Senate nur die beim Patentgericht zur Ausbildung beschäftigten Personen zugegen sein, soweit der Vorsitzende deren Anwesenheit gestattet.

(2) Die Senate entscheiden nach Stimmenmehrheit; bei Stimmengleichheit gibt die Stimme des Vorsitzenden den Ausschlag.

(3) [1] Die Mitglieder der Senate stimmen nach dem Dienstalter, bei gleichem Dienstalter nach dem Lebensalter; der Jüngere stimmt vor dem Älteren. [2] Wenn ein Berichterstatter ernannt ist, so stimmt er zuerst. [3] Zuletzt stimmt der Vorsitzende.

§ 71 [Richter kraft Auftrags] (1) [1] Beim Patentgericht können Richter kraft Auftrags verwendet werden. [2] § 65 Abs. 2 Satz 3 ist anzuwenden.

(2) Richter kraft Auftrags und abgeordnete Richter können nicht den Vorsitz führen.

§ 72[1)] [Geschäftsstelle] [1] Beim Patentgericht wird eine Geschäftsstelle eingerichtet, die mit der erforderlichen Anzahl von Urkundsbeamten besetzt wird. [2] Die Einrichtung der Geschäftsstelle bestimmt der Bundesminister der Justiz und für Verbraucherschutz.[2)]

Fünfter Abschnitt. Verfahren vor dem Patentgericht

1. Beschwerdeverfahren

§ 73[3)] [Zulässigkeit; Form; Frist; Gebühren] (1) Gegen die Beschlüsse der Prüfungsstellen und Patentabteilungen findet die Beschwerde statt.

(2) [1] Die Beschwerde ist innerhalb eines Monats nach Zustellung schriftlich beim Deutschen Patent- und Markenamt einzulegen. [2] Der Beschwerde und allen Schriftsätzen sollen Abschriften für die übrigen Beteiligten beigefügt werden. [3] Die Beschwerde und alle Schriftsätze, die Sachanträge oder die Erklärung der Zurücknahme der Beschwerde oder eines Antrags enthalten, sind den übrigen Beteiligten von Amts wegen zuzustellen; andere Schriftsätze sind ihnen formlos mitzuteilen, sofern nicht die Zustellung angeordnet wird.

---

1) § 72 Satz 2 geänd. mWv 8.9.2015 durch VO v. 31.8.2015 (BGBl. I S. 1474).

2) Siehe AnO über die Einrichtung der Geschäftsstelle bei dem Bundespatentgericht v. 10.12.1980 (BAnz. Nr. 239 S. 3).

3) § 73 Abs. 4 Satz 3 geänd. durch G v. 16.7.1998 (BGBl. I S. 1827); Abs. 3 aufgeh., bish. Abs. 4 und 5 werden Abs. 3 und 4, neuer Abs. 3 Satz 2, neuer Abs. 4 geänd. mWv 1.1.2002 durch G v. 13.12.2001 (BGBl. I S. 3656); Abs. 2 Satz 1 geänd. mWv 18.8.2021 durch G v. 10.8.2021 (BGBl. I S. 3490).

(3) [1] Erachtet die Stelle, deren Beschluß angefochten wird, die Beschwerde für begründet, so hat sie ihr abzuhelfen. [2] Sie kann anordnen, daß die Beschwerdegebühr nach dem Patentkostengesetz[1)] zurückgezahlt wird. [3] Wird der Beschwerde nicht abgeholfen, so ist sie vor Ablauf von einem Monat ohne sachliche Stellungnahme dem Patentgericht vorzulegen.

(4) Steht dem Beschwerdeführer ein anderer an dem Verfahren Beteiligter gegenüber, so gilt die Vorschrift des Absatzes 3 Satz 1 nicht.

§ 74[2)] [Beschwerdeberechtigte] (1) Die Beschwerde steht den am Verfahren vor dem Deutschen Patent- und Markenamt Beteiligten zu.

(2) In den Fällen des § 31 Abs. 5 und des § 50 Abs. 1 und 2 steht die Beschwerde auch der zuständigen obersten Bundesbehörde zu.

§ 75 [Aufschiebende Wirkung] (1) Die Beschwerde hat aufschiebende Wirkung.

(2) Die Beschwerde hat jedoch keine aufschiebende Wirkung, wenn sie sich gegen einen Beschluß der Prüfungsstelle richtet, durch den eine Anordnung nach § 50 Abs. 1 erlassen worden ist.

§ 76[3)] [Befugnisse des Präsidenten des Deutschen Patent- und Markenamts] [1] Der Präsident des Deutschen Patent- und Markenamts kann, wenn er dies zur Wahrung des öffentlichen Interesses als angemessen erachtet, im Beschwerdeverfahren dem Patentgericht gegenüber schriftliche Erklärungen abgeben, den Terminen beiwohnen und in ihnen Ausführungen machen. [2] Schriftliche Erklärungen des Präsidenten des Deutschen Patent- und Markenamts sind den Beteiligten von dem Patentgericht mitzuteilen.

§ 77[4)] [Beitritt des Präsidenten des Deutschen Patent- und Markenamts]
[1] Das Patentgericht kann, wenn es dies wegen einer Rechtsfrage von grundsätzlicher Bedeutung als angemessen erachtet, dem Präsidenten des Deutschen Patent- und Markenamts anheimgeben, dem Beschwerdeverfahren beizutreten. [2] Mit dem Eingang der Beitrittserklärung erlangt der Präsident des Deutschen Patent- und Markenamts die Stellung eines Beteiligten.

§ 78 [Mündliche Verhandlung] Eine mündliche Verhandlung findet statt, wenn

1. einer der Beteiligten sie beantragt,
2. vor dem Patentgericht Beweis erhoben wird (§ 88 Abs. 1) oder
3. das Patentgericht sie für sachdienlich erachtet.

§ 79[5)] [Beschwerdeentscheidung] (1) Über die Beschwerde wird durch Beschluß entschieden.

(2) [1] Ist die Beschwerde nicht statthaft oder nicht in der gesetzlichen Form und Frist eingelegt, so wird sie als unzulässig verworfen. [2] Der Beschluß kann ohne mündliche Verhandlung ergehen.

[1)] Nr. **70b**.
[2)] § 74 Abs. 1 geänd. mWv 18.8.2021 durch G v. 10.8.2021 (BGBl. I S. 3490).
[3)] § 76 Sätze 1 und 2 geänd. mWv 18.8.2021 durch G v. 10.8.2021 (BGBl. I S. 3490).
[4)] § 77 Sätze 1 und 2 geänd. mWv 18.8.2021 durch G v. 10.8.2021 (BGBl. I S. 3490).
[5)] § 79 Abs. 3 Satz 1 Nr. 1 und 2, Satz 2 geänd. mWv 18.8.2021 durch G v. 10.8.2021 (BGBl. I S. 3490).

(3) [1]Das Patentgericht kann die angefochtene Entscheidung aufheben, ohne in der Sache selbst zu entscheiden, wenn

1. das Deutsche Patent- und Markenamt noch nicht in der Sache selbst entschieden hat,
2. das Verfahren vor dem Deutschen Patent- und Markenamt an einem wesentlichen Mangel leidet,
3. neue Tatsachen oder Beweismittel bekannt werden, die für die Entscheidung wesentlich sind.

[2]Das Deutsche Patent- und Markenamt hat die rechtliche Beurteilung, die der Aufhebung zugrunde liegt, auch seiner Entscheidung zugrunde zu legen.

§ 80[1)] **[Kostenentscheidung]** (1) [1]Sind an dem Verfahren mehrere Personen beteiligt, so kann das Patentgericht bestimmen, daß die Kosten des Verfahrens einem Beteiligten ganz oder teilweise zur Last fallen, wenn dies der Billigkeit entspricht. [2]Es kann insbesondere auch bestimmen, daß die den Beteiligten erwachsenen Kosten, soweit sie zur zweckentsprechenden Wahrung der Ansprüche und Rechte notwendig waren, von einem Beteiligten ganz oder teilweise zu erstatten sind.

(2) Dem Präsidenten des Deutschen Patent- und Markenamts können Kosten nur auferlegt werden, wenn er nach seinem Beitritt in dem Verfahren Anträge gestellt hat.

(3) Das Patentgericht kann anordnen, daß die Beschwerdegebühr nach dem Patentkostengesetz[2)] zurückgezahlt wird.

(4) Die Absätze 1 bis 3 sind auch anzuwenden, wenn ganz oder teilweise die Beschwerde, die Anmeldung oder der Einspruch zurückgenommen oder auf das Patent verzichtet wird.

(5) Im Übrigen sind die Vorschriften der Zivilprozessordnung[3)] über das Kostenfestsetzungsverfahren (§§ 103 bis 107) und die Zwangsvollstreckung aus Kostenfestsetzungsbeschlüssen (§§ 724 bis 802) entsprechend anzuwenden.

2. Nichtigkeits- und Zwangslizenzverfahren[4)]

§ 81[5)] **[Klage]** (1) [1]Das Verfahren wegen Erklärung der Nichtigkeit des Patents oder des ergänzenden Schutzzertifikats oder wegen Erteilung oder Rücknahme der Zwangslizenz oder wegen der Anpassung der durch Urteil festgesetzten Vergütung für eine Zwangslizenz wird durch Klage eingeleitet. [2]Die Klage ist gegen den im Register als Patentinhaber Eingetragenen oder gegen den Inhaber der Zwangslizenz zu richten. [3]Die Klage gegen das ergänzende Schutzzertifikat kann mit der Klage gegen das zugrundeliegende Patent verbunden werden und auch

[1)] § 80 Abs. 1 Satz 2 geänd. durch G v. 16.7.1998 (BGBl. I S. 1827); Abs. 3 geänd. mWv 1.1.2002 durch G v. 13.12.2001 (BGBl. I S. 3656); Abs. 5 neu gef. mWv 1.7.2006 durch G v. 21.6.2006 (BGBl. I S. 1318); Abs. 2 geänd. mWv 18.8.2021 durch G v. 10.8.2021 (BGBl. I S. 3490).

[2)] Nr. **70b**.

[3)] **Habersack, Deutsche Gesetze Nr. 100.**

[4)] Überschrift vor § 81 geänd. durch G v. 16.7.1998 (BGBl. I S. 1827).

[5)] *§ 81* Abs. 1 Satz 1 geänd., Satz 3 angef. durch G v. 23.3.1993 (BGBl. I S. 366); Abs. 1 Sätze 1 und 2 neu gef. durch G v. *16.7.1998 (BGBl. I S. 1827)*; Abs. 7 Satz 1 neu gef. durch G v. 6.8.1998 (BGBl. I S. 2030); Abs. 1 Satz 2 geänd., Abs. 6 aufgeh., bish. Abs. 7 wird Abs. 6 mWv 1.1.2002 *durch G v. 13.12.*2001 (BGBl. I S. 3656); Abs. 2 Satz 2 angef. mWv 1.10.2009 durch G v. 31.7.2009 (BGBl. I S. 2521); Abs. 5 Satz 4 angef. mWv 18.8.2021 durch G v. 10.8.2021 (BGBl. I S. 3490).

darauf gestützt werden, daß ein Nichtigkeitsgrund (§ 22) gegen das zugrundeliegende Patent vorliegt.

(2) [1] Klage auf Erklärung der Nichtigkeit des Patents kann nicht erhoben werden, solange ein Einspruch noch erhoben werden kann oder ein Einspruchsverfahren anhängig ist. [2] Klage auf Erklärung der Nichtigkeit des ergänzenden Schutzzertifikats kann nicht erhoben werden, soweit Anträge nach § 49a Abs. 4 gestellt werden können oder Verfahren zur Entscheidung über diese Anträge anhängig sind.

(3) Im Falle der widerrechtlichen Entnahme ist nur der Verletzte zur Erhebung der Klage berechtigt.

(4) [1] Die Klage ist beim Patentgericht schriftlich zu erheben. [2] Der Klage und allen Schriftsätzen sollen Abschriften für die Gegenpartei beigefügt werden. [3] Die Klage und alle Schriftsätze sind der Gegenpartei von Amts wegen zuzustellen.

(5) [1] Die Klage muß den Kläger, den Beklagten und den Streitgegenstand bezeichnen und soll einen bestimmten Antrag enthalten. [2] Die zur Begründung dienenden Tatsachen und Beweismittel sind anzugeben. [3] Entspricht die Klage diesen Anforderungen nicht in vollem Umfang, so hat der Vorsitzende den Kläger zu der erforderlichen Ergänzung innerhalb einer bestimmten Frist aufzufordern. [4] Das gerichtliche Aktenzeichen eines das Streitpatent betreffenden Patentstreits und dessen Streitwert sollen angegeben werden.

(6) [1] Kläger, die ihren gewöhnlichen Aufenthalt nicht in einem Mitgliedstaat der Europäischen Union oder einem Vertragsstaat des Abkommens über den Europäischen Wirtschaftsraum haben, leisten auf Verlangen des Beklagten wegen der Kosten des Verfahrens Sicherheit; § 110 Abs. 2 Nr. 1 bis 3 der Zivilprozeßordnung[1)] gilt entsprechend. [2] Das Patentgericht setzt die Höhe der Sicherheit nach billigem Ermessen fest und bestimmt eine Frist, innerhalb welcher sie zu leisten ist. [3] Wird die Frist versäumt, so gilt die Klage als zurückgenommen.

§ 82[2)] [Zustellung der Klage; Erklärungsfrist] (1) Das Patentgericht stellt dem Beklagten die Klage unverzüglich zu und fordert ihn auf, sich darüber innerhalb eines Monats zu erklären.

(2) Erklärt sich der Beklagte nicht rechtzeitig, so kann ohne mündliche Verhandlung sofort nach der Klage entschieden und dabei jede vom Kläger behauptete Tatsache für erwiesen angenommen werden.

(3) [1] Widerspricht der Beklagte rechtzeitig, so teilt das Patentgericht dem Kläger den Widerspruch mit. [2] Der Beklagte kann den Widerspruch innerhalb von zwei Monaten nach Zustellung der Klage begründen. [3] Der Vorsitzende kann auf Antrag die Frist um bis zu einem Monat verlängern, wenn der Beklagte hierfür erhebliche Gründe darlegt. [4] Diese sind glaubhaft zu machen. [5] § 81 Absatz 5 Satz 3 gilt entsprechend, soweit sich die betreffenden Informationen nicht schon aus der Klageschrift ergeben.

(4) [1] Der Vorsitzende bestimmt einen möglichst frühen Termin zur mündlichen Verhandlung. [2] Mit Zustimmung der Parteien kann von einer mündlichen Verhandlung abgesehen werden. [3] Absatz 2 bleibt unberührt.

[1)] **Habersack, Deutsche Gesetze Nr. 100.**

[2)] § 82 Abs. 3 angef. mWv 1.10.2009 durch G v. 31.7.2009 (BGBl. I S. 2521); Abs. 1 geänd., Abs. 3 neu gef., Abs. 4 angef. mWv 18.8.2021 durch G v. 10.8.2021 (BGBl. I S. 3490).

§ 83[1)] **[Widerspruch]** (1) [1] In dem Verfahren wegen Erklärung der Nichtigkeit des Patents oder des ergänzenden Schutzzertifikats weist das Patentgericht die Parteien so früh wie möglich auf Gesichtspunkte hin, die für die Entscheidung voraussichtlich von besonderer Bedeutung sein werden oder der Konzentration der Verhandlung auf die für die Entscheidung wesentlichen Fragen dienlich sind. [2] Dieser Hinweis soll innerhalb von sechs Monaten nach Zustellung der Klage erfolgen. [3] Ist eine Patentstreitsache anhängig, soll der Hinweis auch dem anderen Gericht von Amts wegen übermittelt werden. [4] Das Patentgericht kann den Parteien zur Vorbereitung des Hinweises nach Satz 1 eine Frist für eine abschließende schriftliche Stellungnahme setzen. [5] Setzt das Patentgericht keine Frist, darf der Hinweis nicht vor Ablauf der Frist nach § 82 Absatz 3 Satz 2 und 3 erfolgen. [6] Stellungnahmen der Parteien, die nach Fristablauf eingehen, muss das Patentgericht für den Hinweis nicht berücksichtigen. [7] Eines Hinweises nach Satz 1 bedarf es nicht, wenn die zu erörternden Gesichtspunkte nach dem Vorbringen der Parteien offensichtlich erscheinen. [8] § 139 der Zivilprozessordnung[2)] ist ergänzend anzuwenden.

(2) [1] Das Patentgericht kann den Parteien eine Frist setzen, binnen welcher sie zu dem Hinweis nach Absatz 1 durch sachdienliche Anträge oder Ergänzungen ihres Vorbringens und auch im Übrigen abschließend Stellung nehmen können. [2] Die Frist kann verlängert werden, wenn die betroffene Partei hierfür erhebliche Gründe darlegt. [3] Diese sind glaubhaft zu machen.

(3) Die Befugnisse nach den Absätzen 1 und 2 können auch von dem Vorsitzenden oder einem von ihm zu bestimmenden Mitglied des Senats wahrgenommen werden.

(4) [1] Das Patentgericht kann Angriffs- und Verteidigungsmittel einer Partei oder eine Klageänderung oder eine Verteidigung des Beklagten mit einer geänderten Fassung des Patents, die erst nach Ablauf einer hierfür nach Absatz 2 gesetzten Frist vorgebracht werden, zurückweisen und ohne weitere Ermittlungen entscheiden, wenn

1. die Berücksichtigung des neuen Vortrags eine Vertagung des bereits anberaumten Termins zur mündlichen Verhandlung erforderlich machen würde und
2. die betroffene Partei die Verspätung nicht genügend entschuldigt und
3. die betroffene Partei über die Folgen einer Fristversäumung belehrt worden ist.

[2] Der Entschuldigungsgrund ist glaubhaft zu machen.

§ 84 [Urteil; Kostenentscheidung] (1) [1] Über die Klage wird durch Urteil entschieden. [2] Über die Zulässigkeit der Klage kann durch Zwischenurteil vorab entschieden werden.

(2) [1] In dem Urteil ist auch über die Kosten des Verfahrens zu entscheiden. [2] Die Vorschriften der Zivilprozeßordnung über die Prozeßkosten sind entsprechend anzuwenden, soweit nicht die Billigkeit eine andere Entscheidung erfordert; die Vorschriften der Zivilprozeßordnung[2)] über das Kostenfestsetzungsverfahren und die Zwangsvollstreckung aus Kostenfestsetzungsbeschlüssen sind entsprechend anzuwenden. [3] § 99 Abs. 2 bleibt unberührt.

[1)] § 83 neu gef. mWv *1.10.2009 durch G v. 31.7.2009* (BGBl. I S. 2521); Abs. 1 Sätze 2–6 eingef., bish. Satz 2 wird Satz 7 und geänd., bish. Satz 3 wird Satz 8 mWv 1.5.2022 durch *G v. 10.8.2021* (BGBl. I S. 3490).

[2)] **Habersack, Deutsche Gesetze Nr. 100.**

§ 85[1] **[Verfahren wegen Erteilung der Zwangslizenz]** (1) In dem Verfahren wegen Erteilung der Zwangslizenz kann dem Kläger auf seinen Antrag die Benutzung der Erfindung durch einstweilige Verfügung gestattet werden, wenn er glaubhaft macht, daß die Voraussetzungen des § 24 Abs. 1 bis 6 vorliegen und daß die alsbaldige Erteilung der Erlaubnis im öffentlichen Interesse dringend geboten ist.

(Fortsetzung nächstes Blatt)

[1] § 85 Abs. 1 geänd. durch G v. 16.7.1998 (BGBl. I S. 1827); Abs. 2 Satz 1 aufgeh. mWv 1.1.2002 durch G v. 13.12.2001 (BGBl. I S. 3656); Abs. 1 geänd. mWv 28.2.2005 durch G v. 21.1.2005 (BGBl. I S. 146); Abs. 3 Satz 2 und Abs. 4 geänd. mWv 1.10.2009 durch G v. 31.7.2009 (BGBl. I S. 2521); Abs. 3 Satz 2 geänd. mWv 18.8.2021 durch G v. 10.8.2021 (BGBl. I S. 3490).

(2) Der Erlaß der einstweiligen Verfügung kann davon abhängig gemacht werden, daß der Antragsteller wegen der dem Antragsgegner drohenden Nachteile Sicherheit leistet.

(3) [1] Das Patentgericht entscheidet auf Grund mündlicher Verhandlung. [2] Die Bestimmungen des § 82 Absatz 4 Satz 2 und des § 84 gelten entsprechend.

(4) Mit der Zurücknahme oder der Zurückweisung der Klage auf Erteilung der Zwangslizenz (§§ 81 und 85a) endet die Wirkung der einstweiligen Verfügung; ihre Kostenentscheidung kann geändert werden, wenn eine Partei innerhalb eines Monats nach der Zurücknahme oder nach Eintritt der Rechtskraft der Zurückweisung die Änderung beantragt.

(5) Erweist sich die Anordnung der einstweiligen Verfügung als von Anfang an ungerechtfertigt, so ist der Antragsteller verpflichtet, dem Antragsgegner den Schaden zu ersetzen, der ihm aus der Durchführung der einstweiligen Verfügung entstanden ist.

(6) [1] Das Urteil, durch das die Zwangslizenz zugesprochen wird, kann auf Antrag gegen oder ohne Sicherheitsleistung für vorläufig vollstreckbar erklärt werden, wenn dies im öffentlichen Interesse liegt. [2] Wird das Urteil aufgehoben oder geändert, so ist der Antragsteller zum Ersatz des Schadens verpflichtet, der dem Antragsgegner durch die Vollstreckung entstanden ist.

§ 85a[1)] [Verfahren nach Verordnung (EG) Nr. 816/2006] (1) Die Verfahren nach Artikel 5 Buchstabe c, Artikel 6, 10 Abs. 8 und Artikel 16 Abs. 1 und 4 der Verordnung (EG) Nr. 816/2006 des Europäischen Parlaments und des Rates vom 17. Mai 2006 über Zwangslizenzen für Patente an der Herstellung von pharmazeutischen Erzeugnissen für die Ausfuhr in Länder mit Problemen im Bereich der öffentlichen Gesundheit (ABl. EU Nr. L 157 S. 1) werden durch Klage nach § 81 Abs. 1 Satz 1 eingeleitet.

(2) Die §§ 81 bis 85 sind entsprechend anzuwenden, soweit die Verfahren nicht durch die Verordnung (EG) Nr. 816/2006 bestimmt sind.

3. Gemeinsame Verfahrensvorschriften

§ 86[2)] [Ausschließung und Ablehnung von Gerichtspersonen]

(1) Für die Ausschließung und Ablehnung der Gerichtspersonen gelten die §§ 41 bis 44, 47 bis 49 der Zivilprozeßordnung[3)] entsprechend.

(2) Von der Ausübung des Amtes als Richter ist auch ausgeschlossen

1. im Beschwerdeverfahren, wer bei dem vorausgegangenen Verfahren vor dem Deutschen Patent- und Markenamt mitgewirkt hat;
2. im Verfahren über die Erklärung der Nichtigkeit des Patents, wer bei dem Verfahren vor dem Deutschen Patent- und Markenamt oder dem Patentgericht über die Erteilung des Patents oder den Einspruch mitgewirkt hat.

(3) [1] Über die Ablehnung eines Richters entscheidet der Senat, dem der Abgelehnte angehört. [2] Wird der Senat durch das Ausscheiden des abgelehnten Mitglieds beschlußunfähig, so entscheidet ein Beschwerdesenat des Patentgerichts in der Besetzung mit drei rechtskundigen Mitgliedern.

---

1) § 85a eingef. mWv 1.10.2009 durch G v. 31.7.2009 (BGBl. I S. 2521).

2) § 86 Abs. 2 Nr. 1 und 2 geänd. mWv 18.8.2021 durch G v. 10.8.2021 (BGBl. I S. 3490).

3) **Habersack, Deutsche Gesetze Nr. 100.**

(4) Über die Ablehnung eines Urkundsbeamten entscheidet der Senat, in dessen Geschäftsbereich die Sache fällt.

§ 87 [Untersuchungsgrundsatz; Vorbereitung der Verhandlung]

(1) [1] Das Patentgericht erforscht den Sachverhalt von Amts wegen. [2] Es ist an das Vorbringen und die Beweisanträge der Beteiligten nicht gebunden.

(2) [1] Der Vorsitzende oder ein von ihm zu bestimmendes Mitglied hat schon vor der mündlichen Verhandlung oder, wenn eine solche nicht stattfindet, vor der Entscheidung des Patentgerichts alle Anordnungen zu treffen, die notwendig sind, um die Sache möglichst in einer mündlichen Verhandlung oder in einer Sitzung zu erledigen. [2] Im übrigen gilt § 273 Abs. 2, 3 Satz 1 und Abs. 4 Satz 1 der Zivilprozeßordnung[1)] entsprechend.

§ 88 [Beweiserhebung] (1) [1] Das Patentgericht erhebt Beweis in der mündlichen Verhandlung. [2] Es kann insbesondere Augenschein einnehmen, Zeugen, Sachverständige und Beteiligte vernehmen und Urkunden heranziehen.

(2) Das Patentgericht kann in geeigneten Fällen schon vor der mündlichen Verhandlung durch eines seiner Mitglieder als beauftragten Richter Beweis erheben lassen oder unter Bezeichnung der einzelnen Beweisfragen ein anderes Gericht um die Beweisaufnahme ersuchen.

(3) [1] Die Beteiligten werden von allen Beweisterminen benachrichtigt und können der Beweisaufnahme beiwohnen. [2] Sie können an Zeugen und Sachverständige sachdienliche Fragen richten. [3] Wird eine Frage beanstandet, so entscheidet das Patentgericht.

§ 89 [Ladungen] (1) [1] Sobald der Termin zur mündlichen Verhandlung bestimmt ist, sind die Beteiligten mit einer Ladungsfrist von mindestens zwei Wochen zu laden. [2] In dringenden Fällen kann der Vorsitzende die Frist abkürzen.

(2) Bei der Ladung ist darauf hinzuweisen, daß beim Ausbleiben eines Beteiligten auch ohne ihn verhandelt und entschieden werden kann.

§ 90 [Gang der Verhandlung] (1) Der Vorsitzende eröffnet und leitet die mündliche Verhandlung.

(2) Nach Aufruf der Sache trägt der Vorsitzende oder der Berichterstatter den wesentlichen Inhalt der Akten vor.

(3) Hierauf erhalten die Beteiligten das Wort, um ihre Anträge zu stellen und zu begründen.

§ 91 [Richterliche Fragepflicht] (1) Der Vorsitzende hat die Sache mit den Beteiligten tatsächlich und rechtlich zu erörtern.

(2) [1] Der Vorsitzende hat jedem Mitglied des Senats auf Verlangen zu gestatten, Fragen zu stellen. [2] Wird eine Frage beanstandet, so entscheidet der Senat.

(3) [1] Nach Erörterung der Sache erklärt der Vorsitzende die mündliche Verhandlung für geschlossen. [2] Der Senat kann die Wiedereröffnung beschließen.

§ 92 [Verhandlungsniederschrift] (1) [1] Zur mündlichen Verhandlung und zu jeder Beweisaufnahme wird ein Urkundsbeamter der Geschäftsstelle als

---

[1)] **Habersack, Deutsche Gesetze Nr. 100.**

Schriftführer zugezogen. [2] Wird auf Anordnung des Vorsitzenden von der Zuziehung des Schriftführers abgesehen, dann besorgt ein Richter die Niederschrift.

(2) [1] Über die mündliche Verhandlung und jede Beweisaufnahme ist eine Niederschrift aufzunehmen. [2] Die §§ 160 bis 165 der Zivilprozeßordnung[1)] sind entsprechend anzuwenden.

§ 93 [Freie Beweiswürdigung; erkennende Richter] (1) [1] Das Patentgericht entscheidet nach seiner freien, aus dem Gesamtergebnis des Verfahrens gewonnenen Überzeugung. [2] In der Entscheidung sind die Gründe anzugeben, die für die richterliche Überzeugung leitend gewesen sind.

(2) Die Entscheidung darf nur auf Tatsachen und Beweisergebnisse gestützt werden, zu denen die Beteiligten sich äußern konnten.

(3) Ist eine mündliche Verhandlung vorhergegangen, so kann ein Richter, der bei der letzten mündlichen Verhandlung nicht zugegen war, bei der Beschlußfassung nur mitwirken, wenn die Beteiligten zustimmen.

§ 94 [Verkündung; Zustellung; Begründung] (1) [1] Die Endentscheidungen des Patentgerichts werden, wenn eine mündliche Verhandlung stattgefunden hat, in dem Termin, in dem die mündliche Verhandlung geschlossen wird, oder in einem sofort anzuberaumenden Termin verkündet. [2] Dieser soll nur dann über drei Wochen hinaus angesetzt werden, wenn wichtige Gründe, insbesondere der Umfang oder die Schwierigkeit der Sache, dies erfordern. [3] Die Endentscheidungen sind den Beteiligten von Amts wegen zuzustellen. [4] Statt der Verkündung ist die Zustellung der Endentscheidung zulässig. [5] Entscheidet das Patentgericht ohne mündliche Verhandlung, so wird die Verkündung durch Zustellung an die Beteiligten ersetzt.

(2) Die Entscheidungen des Patentgerichts, durch die ein Antrag zurückgewiesen oder über ein Rechtsmittel entschieden wird, sind zu begründen.

§ 95 [Berichtigung der Entscheidung] (1) Schreibfehler, Rechenfehler und ähnliche offenbare Unrichtigkeiten in der Entscheidung sind jederzeit vom Patentgericht zu berichtigen.

(2) [1] Über die Berichtigung kann ohne vorgängige mündliche Verhandlung entschieden werden. [2] Der Berichtigungsbeschluß wird auf der Entscheidung und den Ausfertigungen vermerkt.

§ 96 [Antrag auf Berichtigung] (1) Enthält der Tatbestand der Entscheidung andere Unrichtigkeiten oder Unklarheiten, so kann die Berichtigung innerhalb von zwei Wochen nach Zustellung der Entscheidung beantragt werden.

(2) [1] Das Patentgericht entscheidet ohne Beweisaufnahme durch Beschluß. [2] Hierbei wirken nur die Richter mit, die bei der Entscheidung, deren Berichtigung beantragt ist, mitgewirkt haben. [3] Der Berichtigungsbeschluß wird auf der Entscheidung und den Ausfertigungen vermerkt.

[1)] **Habersack, Deutsche Gesetze Nr. 100.**

§ 97[1)] [Vertretung] (1) [1]Die Beteiligten können vor dem Patentgericht den Rechtsstreit selbst führen. [2]§ 25 bleibt unberührt.

(2) [1]Die Beteiligten können sich durch einen Rechtsanwalt oder Patentanwalt als Bevollmächtigten vertreten lassen. [2]Darüber hinaus sind als Bevollmächtigte vor dem Patentgericht vertretungsbefugt nur

1. Beschäftigte des Beteiligten oder eines mit ihm verbundenen Unternehmens (§ 15 des Aktiengesetzes[2)]); Behörden und juristische Personen des öffentlichen Rechts einschließlich der von ihnen zur Erfüllung ihrer öffentlichen Aufgaben gebildeten Zusammenschlüsse können sich auch durch Beschäftigte anderer Behörden oder juristischer Personen des öffentlichen Rechts einschließlich der von ihnen zur Erfüllung ihrer öffentlichen Aufgaben gebildeten Zusammenschlüsse vertreten lassen,
2. volljährige Familienangehörige (§ 15 der Abgabenordnung, § 11 des Lebenspartnerschaftsgesetzes[3)]), Personen mit Befähigung zum Richteramt und Streitgenossen, wenn die Vertretung nicht im Zusammenhang mit einer entgeltlichen Tätigkeit steht.

[3]Bevollmächtigte, die keine natürlichen Personen sind, handeln durch ihre Organe und mit der Prozessvertretung beauftragten Vertreter.

(3) [1]Das Gericht weist Bevollmächtigte, die nicht nach Maßgabe des Absatzes 2 vertretungsbefugt sind, durch unanfechtbaren Beschluss zurück. [2]Prozesshandlungen eines nicht vertretungsbefugten Bevollmächtigten und Zustellungen oder Mitteilungen an diesen Bevollmächtigten sind bis zu seiner Zurückweisung wirksam. [3]Das Gericht kann den in Absatz 2 Satz 2 bezeichneten Bevollmächtigten durch unanfechtbaren Beschluss die weitere Vertretung untersagen, wenn sie nicht in der Lage sind, das Sach- und Streitverhältnis sachgerecht darzustellen.

(4) Richter dürfen nicht als Bevollmächtigte vor dem Gericht auftreten, dem sie angehören.

(5) [1]Die Vollmacht ist schriftlich zu den Gerichtsakten einzureichen. [2]Sie kann nachgereicht werden; hierfür kann das Patentgericht eine Frist bestimmen.

(6) [1]Der Mangel der Vollmacht kann in jeder Lage des Verfahrens geltend gemacht werden. [2]Das Patentgericht hat den Mangel der Vollmacht von Amts wegen zu berücksichtigen, wenn nicht als Bevollmächtigter ein Rechtsanwalt oder ein Patentanwalt auftritt.

§ 98[4)] *(aufgehoben)*

§ 99[5)] [Entsprechende Anwendung des GVG und der ZPO] (1) Soweit dieses Gesetz keine Bestimmungen über das Verfahren vor dem Patentgericht enthält, sind das Gerichtsverfassungsgesetz[6)] und die Zivilprozeßordnung[7)] ent-

[1)] § 97 Abs. 1 neu gef., Abs. 2–4 eingef., bish. Abs. 2 und 3 werden Abs. 5 und 6 mWv 1.7.2008 durch G v. 12.12.2007 (BGBl. I S. 2840).

[2)] **Habersack, Deutsche Gesetze Nr. 51.**

[3)] Nr. 43.

[4)] § 98 aufgeh. mWv 1.1.2002 durch G v. 13.12.2001 (BGBl. I S. 3656).

[5)] *§ 99 Abs. 4 neu gef.* durch G v. 28.10.1996 (BGBl. I S. 1546).

[6)] **Habersack, Deutsche Gesetze Nr. 95.**

[7)] **Habersack, Deutsche Gesetze Nr. 100.**

sprechend anzuwenden, wenn die Besonderheiten des Verfahrens vor dem Patentgericht dies nicht ausschließen.

(2) Eine Anfechtung der Entscheidungen des Patentgerichts findet nur statt, soweit dieses Gesetz sie zuläßt.

(3) [1] Für die Gewährung der Akteneinsicht an dritte Personen ist § 31 entsprechend anzuwenden. [2] Über den Antrag entscheidet das Patentgericht. [3] Die Einsicht in die Akten von Verfahren wegen Erklärung der Nichtigkeit des Patents wird nicht gewährt, wenn und soweit der Patentinhaber ein entgegenstehendes schutzwürdiges Interesse dartut.

(4) § 227 Abs. 3 Satz 1 der Zivilprozeßordnung ist nicht anzuwenden.

Sechster Abschnitt. Verfahren vor dem Bundesgerichtshof

1. Rechtsbeschwerdeverfahren

§ 100[1)] [Zulassung der Rechtsbeschwerde] (1) Gegen die Beschlüsse der Beschwerdesenate des Patentgerichts, durch die über eine Beschwerde nach § 73 oder über die Aufrechterhaltung oder den Widerruf eines Patents nach § 61 Abs. 2 entschieden wird, findet die Rechtsbeschwerde an den Bundesgerichtshof statt, wenn der Beschwerdesenat die Rechtsbeschwerde in dem Beschluß zugelassen hat.

(2) Die Rechtsbeschwerde ist zuzulassen, wenn

1. eine Rechtsfrage von grundsätzlicher Bedeutung zu entscheiden ist oder
2. die Fortbildung des Rechts oder die Sicherung einer einheitlichen Rechtsprechung eine Entscheidung des Bundesgerichtshofs erfordert.

(3) Einer Zulassung zur Einlegung der Rechtsbeschwerde gegen Beschlüsse der Beschwerdesenate des Patentgerichts bedarf es nicht, wenn einer der folgenden Mängel des Verfahrens vorliegt und gerügt wird:

1. wenn das beschließende Gericht nicht vorschriftsmäßig besetzt war,
2. wenn bei dem Beschluß ein Richter mitgewirkt hat, der von der Ausübung des Richteramtes kraft Gesetzes ausgeschlossen oder wegen Besorgnis der Befangenheit mit Erfolg abgelehnt war,
3. wenn einem Beteiligten das rechtliche Gehör versagt war,
4. wenn ein Beteiligter im Verfahren nicht nach Vorschrift des Gesetzes vertreten war, sofern er nicht der Führung des Verfahrens ausdrücklich oder stillschweigend zugestimmt hat,
5. wenn der Beschluß auf Grund einer mündlichen Verhandlung ergangen ist, bei der die Vorschriften über die Öffentlichkeit des Verfahrens verletzt worden sind, oder
6. wenn der Beschluß nicht mit Gründen versehen ist.

§ 101[2)] [Beschwerdeberechtigt; Beschwerdegründe] (1) Die Rechtsbeschwerde steht den am Beschwerdeverfahren Beteiligten zu.

[1)] § 100 Abs. 3 Nr. 3 eingef., bish. Nr. 3–5 werden Nr. 4–6 durch G v. 16.7.1998 (BGBl. I S. 1827); Abs. 1 geänd. mWv 1.7.2006 durch G v. 21.6.2006 (BGBl. I S. 1318).

[2)] § 101 Abs. 2 neu gef. mWv 1.1.2002 durch G v. 27.7.2001 (BGBl. I S. 1887).

(2) [1]Die Rechtsbeschwerde kann nur darauf gestützt werden, dass der Beschluss auf einer Verletzung des Rechts beruht. [2]Die §§ 546 und 547 der Zivilprozessordnung[1)] gelten entsprechend.

§ 102[2)] **[Frist; Form; Gebühren; Begründung]** (1) Die Rechtsbeschwerde ist innerhalb eines Monats nach Zustellung des Beschlusses beim Bundesgerichtshof schriftlich einzulegen.

(2) In dem Rechtsbeschwerdeverfahren vor dem Bundesgerichtshof gelten die Bestimmungen des § 144 über die Streitwertfestsetzung entsprechend.

(3) [1]Die Rechtsbeschwerde ist zu begründen. [2]Die Frist für die Begründung beträgt einen Monat; sie beginnt mit der Einlegung der Rechtsbeschwerde und kann auf Antrag von dem Vorsitzenden verlängert werden.

(4) Die Begründung der Rechtsbeschwerde muß enthalten

1. die Erklärung, inwieweit der Beschluß angefochten und seine Abänderung oder Aufhebung beantragt wird;
2. die Bezeichnung der verletzten Rechtsnorm;
3. insoweit die Rechtsbeschwerde darauf gestützt wird, daß das Gesetz in bezug auf das Verfahren verletzt sei, die Bezeichnung der Tatsachen, die den Mangel ergeben.

(5) [1]Vor dem Bundesgerichtshof müssen sich die Beteiligten durch einen beim Bundesgerichtshof zugelassenen Rechtsanwalt als Bevollmächtigten vertreten lassen. [2]Auf Antrag eines Beteiligten ist seinem Patentanwalt das Wort zu gestatten. [3]§ 143 Abs. 3 gilt entsprechend.

§ 103 [Aufschiebende Wirkung] [1]Die Rechtsbeschwerde hat aufschiebende Wirkung. [2]§ 75 Abs. 2 gilt entsprechend.

§ 104 [Prüfung der Zulässigkeit] [1]Der Bundesgerichtshof hat von Amts wegen zu prüfen, ob die Rechtsbeschwerde an sich statthaft und ob sie in der gesetzlichen Form und Frist eingelegt und begründet ist. [2]Mangelt es an einem dieser Erfordernisse, so ist die Rechtsbeschwerde als unzulässig zu verwerfen.

§ 105[3)] **[Mehrere Beteiligte]** (1) [1]Sind an dem Verfahren über die Rechtsbeschwerde mehrere Personen beteiligt, so sind die Beschwerdeschrift und die Beschwerdebegründung den anderen Beteiligten mit der Aufforderung zuzustellen, etwaige Erklärungen innerhalb einer bestimmten Frist nach Zustellung beim Bundesgerichtshof schriftlich einzureichen. [2]Mit der Zustellung der Beschwerdeschrift ist der Zeitpunkt mitzuteilen, in dem die Rechtsbeschwerde eingelegt ist. [3]Die erforderliche Zahl von beglaubigten Abschriften soll der Beschwerdeführer mit der Beschwerdeschrift oder der Beschwerdebegründung einreichen.

(2) Ist der Präsident des Deutschen Patent- und Markenamts nicht am Verfahren über die Rechtsbeschwerde beteiligt, so ist § 76 entsprechend anzuwenden.

[1)] **Habersack, Deutsche Gesetze Nr. 100.**

[2)] § 102 Abs. 2 neu gef. durch G v. 16.7.1998 (BGBl. I S. 1827); Abs. 5 Satz 4 geänd. mWv 19.3. *2004 durch G v. 12.3.2004* (BGBl. I S. 390); Abs. 5 Satz 3 aufgeh., bish. Satz 4 wird Satz 3 mWv 1.7. 2008 durch G v. 12.12.2007 (BGBl. I S. 2840).

[3)] § 105 Abs. 2 geänd. mWv 18.8.2021 durch G v. 10.8.2021 (BGBl. I S. 3490).

§ 106[1] **[Anzuwendende Vorschriften]** (1) [1]Im Verfahren über die Rechtsbeschwerde gelten die Vorschriften der Zivilprozeßordnung[2] über Ausschließung und Ablehnung der Gerichtspersonen, über Prozeßbevollmächtigte und Beistände, über Zustellungen von Amts wegen, über Ladungen, Termine und Fristen und über Wiedereinsetzung in den vorigen Stand entsprechend. [2]Im Falle der Wiedereinsetzung in den vorigen Stand gilt § 123 Abs. 5 bis 7 entsprechend.

(2) Für die Öffentlichkeit des Verfahrens gilt § 69 Abs. 1 entsprechend.

§ 107 [Entscheidung durch Beschluß] (1) Die Entscheidung über die Rechtsbeschwerde ergeht durch Beschluß; sie kann ohne mündliche Verhandlung getroffen werden.

(2) Der Bundesgerichtshof ist bei seiner Entscheidung an die in dem angefochtenen Beschluß getroffenen tatsächlichen Feststellungen gebunden, außer wenn in bezug auf diese Feststellungen zulässige und begründete Rechtsbeschwerdegründe vorgebracht sind.

(3) Die Entscheidung ist zu begründen und den Beteiligten von Amts wegen zuzustellen.

§ 108 [Zurückverweisung an das Patentgericht] (1) Im Falle der Aufhebung des angefochtenen Beschlusses ist die Sache zur anderweiten Verhandlung und Entscheidung an das Patentgericht zurückzuverweisen.

(2) Das Patentgericht hat die rechtliche Beurteilung, die der Aufhebung zugrunde gelegt ist, auch seiner Entscheidung zugrunde zu legen.

§ 109[3] **[Kostenentscheidung]** (1) [1]Sind an dem Verfahren über die Rechtsbeschwerde mehrere Personen beteiligt, so kann der Bundesgerichtshof bestimmen, daß die Kosten, die zur zweckentsprechenden Erledigung der Angelegenheit notwendig waren, von einem Beteiligten ganz oder teilweise zu erstatten sind, wenn dies der Billigkeit entspricht. [2]Wird die Rechtsbeschwerde zurückgewiesen oder als unzulässig verworfen, so sind die durch die Rechtsbeschwerde veranlaßten Kosten dem Beschwerdeführer aufzuerlegen. [3]Hat ein Beteiligter durch grobes Verschulden Kosten veranlaßt, so sind ihm diese aufzuerlegen.

(2) Dem Präsidenten des Deutschen Patent- und Markenamts können Kosten nur auferlegt werden, wenn er die Rechtsbeschwerde eingelegt oder in dem Verfahren Anträge gestellt hat.

(3) Im übrigen gelten die Vorschriften der Zivilprozeßordnung[2] über das Kostenfestsetzungsverfahren und die Zwangsvollstreckung aus Kostenfestsetzungsbeschlüssen entsprechend.

---

[1] § 106 Abs. 1 Satz 2 geänd. durch G v. 16.7.1998 (BGBl. I S. 1827).
[2] **Habersack, Deutsche Gesetze Nr. 100.**
[3] § 109 Abs. 2 geänd. mWv 18.8.2021 durch G v. 10.8.2021 (BGBl. I S. 3490).

2. Berufungsverfahren

§ 110[1] **[Statthaftigkeit der Berufung]** (1) Gegen die Urteile der Nichtigkeitssenate des Patentgerichts (§ 84) findet die Berufung an den Bundesgerichtshof statt.

(2) Die Berufung wird durch Einreichung der Berufungsschrift beim Bundesgerichtshof eingelegt.

(3) [1] Die Berufungsfrist beträgt einen Monat. [2] Sie beginnt mit der Zustellung des in vollständiger Form abgefaßten Urteils, spätestens aber mit dem Ablauf von fünf Monaten nach der Verkündung.

(4) Die Berufungsschrift muß enthalten:

1. die Bezeichnung des Urteils, gegen das die Berufung gerichtet wird;
2. die Erklärung, daß gegen dieses Urteil Berufung eingelegt werde.

(5) Die allgemeinen Vorschriften der Zivilprozessordnung über die vorbereitenden Schriftsätze sind auch auf die Berufungsschrift anzuwenden.

(6) Mit der Berufungsschrift soll eine Ausfertigung oder beglaubigte Abschrift des angefochtenen Urteils vorgelegt werden.

(7) Beschlüsse der Nichtigkeitssenate sind nur zusammen mit ihren Urteilen (§ 84) anfechtbar; § 71 Abs. 3 der Zivilprozeßordnung[2] ist nicht anzuwenden.

(8) Die §§ 515, 516 und 521 Abs. 1 und 2 Satz 1 der Zivilprozessordnung gelten entsprechend.

§ 111[3] **[Verletzung des Bundesrechts]** (1) Die Berufung kann nur darauf gestützt werden, dass die Entscheidung des Patentgerichts auf der Verletzung des Bundesrechts beruht oder nach § 117 zugrunde zu legende Tatsachen eine andere Entscheidung rechtfertigen.

(2) Das Recht ist verletzt, wenn eine Rechtsnorm nicht oder nicht richtig angewendet worden ist.

(3) Eine Entscheidung ist stets als auf einer Verletzung des Rechts beruhend anzusehen,

1. wenn das Patentgericht nicht vorschriftsmäßig besetzt war;
2. wenn bei der Entscheidung ein Richter mitgewirkt hat, der von der Ausübung des Richteramts kraft Gesetzes ausgeschlossen war, sofern nicht dieses Hindernis mittels eines Ablehnungsgesuchs ohne Erfolg geltend gemacht ist;
3. wenn bei der Entscheidung ein Richter mitgewirkt hat, obgleich er wegen Besorgnis der Befangenheit abgelehnt und das Ablehnungsgesuch für begründet erklärt war;
4. wenn eine Partei in dem Verfahren nicht nach Vorschrift der Gesetze vertreten war, sofern sie nicht die Prozessführung ausdrücklich oder stillschweigend genehmigt hat;
5. wenn die Entscheidung auf Grund einer mündlichen Verhandlung ergangen ist, bei der die Vorschriften über die Öffentlichkeit des Verfahrens verletzt sind;

---

[1] § 110 neu gef. durch G v. 16.7.1998 (BGBl I S. 1827); Abs. 5 eingef., bish. Abs. 5 und 6 werden *Abs. 6 und 7, Abs. 8 angef.* mWv 1.10.2009 durch G v. 31.7.2009 (BGBl. I S. 2521).

[2] **Habersack, Deutsche Gesetze Nr. 100.**

[3] § 111 neu gef. mWv 1.10.2009 durch G v. 31.7.2009 (BGBl. I S. 2521).

6. wenn die Entscheidung entgegen den Bestimmungen des Gesetzes nicht mit Gründen versehen ist.

§ 112[1)] **[Berufungsbegründung]** (1) Der Berufungskläger muss die Berufung begründen.

(2) [1] Die Berufungsbegründung ist, sofern sie nicht bereits in der Berufungsschrift enthalten ist, in einem Schriftsatz beim Bundesgerichtshof einzureichen. [2] Die Frist für die Berufungsbegründung beträgt drei Monate. [3] Sie beginnt mit der Zustellung des in vollständiger Form abgefassten Urteils, spätestens aber mit Ablauf von fünf Monaten nach der Verkündung. [4] Die Frist kann auf Antrag von dem Vorsitzenden verlängert werden, wenn der Gegner einwilligt. [5] Ohne Einwilligung kann die Frist um bis zu einen Monat verlängert werden, wenn nach freier Überzeugung des Vorsitzenden der Rechtsstreit durch die Verlängerung nicht verzögert wird oder wenn der Berufungskläger erhebliche Gründe darlegt. [6] Kann dem Berufungskläger innerhalb dieser Frist Einsicht in die Prozessakten nicht für einen angemessenen Zeitraum gewährt werden, kann der Vorsitzende auf Antrag die Frist um bis zu zwei Monate nach Übersendung der Prozessakten verlängern.

(3) Die Berufungsbegründung muss enthalten:

1. die Erklärung, inwieweit das Urteil angefochten und dessen Aufhebung beantragt wird (Berufungsanträge);
2. die Angabe der Berufungsgründe, und zwar:
   a) die Bezeichnung der Umstände, aus denen sich die Rechtsverletzung ergibt;
   b) soweit die Berufung darauf gestützt wird, dass das Gesetz in Bezug auf das Verfahren verletzt sei, die Bezeichnung der Tatsachen, die den Mangel ergeben;
   c) die Bezeichnung neuer Angriffs- und Verteidigungsmittel sowie der Tatsachen, aufgrund deren die neuen Angriffs- und Verteidigungsmittel nach § 117 zuzulassen sind.

(4) § 110 Abs. 5 ist auf die Berufungsbegründung entsprechend anzuwenden.

§ 113[2)] **[Vertretung]** [1] Vor dem Bundesgerichtshof müssen sich die Parteien durch einen Rechtsanwalt oder einen Patentanwalt als Bevollmächtigten vertreten lassen. [2] Dem Bevollmächtigten ist es gestattet, mit einem technischen Beistand zu erscheinen.

§ 114[3)] **[Zulässigkeitsprüfung; Zurückweisungsbeschluss]** (1) [1] Der Bundesgerichtshof prüft von Amts wegen, ob die Berufung an sich statthaft und ob sie in der gesetzlichen Form und Frist eingelegt und begründet ist. [2] Mangelt es an einem dieser Erfordernisse, so ist die Berufung als unzulässig zu verwerfen.

(2) Die Entscheidung kann durch Beschluss ergehen.

[1)] § 112 neu gef. mWv 1.10.2009 durch G v. 31.7.2009 (BGBl. I S. 2521).
[2)] § 113 neu gef. mWv 1.10.2009 durch G v. 31.7.2009 (BGBl. I S. 2521).
[3)] § 114 neu gef. mWv 1.10.2009 durch G v. 31.7.2009 (BGBl. I S. 2521).

(3) Wird die Berufung nicht durch Beschluss als unzulässig verworfen, so ist Termin zur mündlichen Verhandlung zu bestimmen und den Parteien bekannt zu machen.

(4) 1 § 525 der Zivilprozessordnung[1)] gilt entsprechend. 2 Die §§ 348 bis 350 der Zivilprozessordnung sind nicht anzuwenden.

§ 115[2)] [Anschließung des Berufungsbeklagten] (1) 1 Der Berufungsbeklagte kann sich der Berufung anschließen. 2 Die Anschließung ist auch statthaft, wenn der Berufungsbeklagte auf die Berufung verzichtet hat oder die Berufungsfrist verstrichen ist.

(2) 1 Die Anschließung erfolgt durch Einreichung der Berufungsanschlussschrift bei dem Bundesgerichtshof und ist bis zum Ablauf von zwei Monaten nach der Zustellung der Berufungsbegründung zu erklären. 2 Ist dem Berufungsbeklagten eine Frist zur Berufungserwiderung gesetzt, ist die Anschließung bis zum Ablauf dieser Frist zulässig.

(3) 1 Die Anschlussberufung muss in der Anschlussschrift begründet werden. 2 § 110 Abs. 4, 5 und 8 sowie § 112 Abs. 3 gelten entsprechend.

(4) Die Anschließung verliert ihre Wirkung, wenn die Berufung zurückgenommen oder verworfen wird.

§ 116[3)] [Prüfungsumfang] (1) Der Prüfung des Bundesgerichtshofs unterliegen nur die von den Parteien gestellten Anträge.

(2) Eine Klageänderung und in dem Verfahren wegen Erklärung der Nichtigkeit des Patents oder des ergänzenden Schutzzertifikats eine Verteidigung mit einer geänderten Fassung des Patents sind nur zulässig, wenn

1. der Gegner einwilligt oder der Bundesgerichtshof die Antragsänderung für sachdienlich hält und
2. die geänderten Anträge auf Tatsachen gestützt werden können, die der Bundesgerichtshof seiner Verhandlung und Entscheidung über die Berufung nach § 117 zugrunde zu legen hat.

§ 117[4)] [Anwendung der ZPO] 1 Auf den Prüfungsumfang des Berufungsgerichts, die verspätet vorgebrachten, die zurückgewiesenen und die neuen Angriffs- und Verteidigungsmittel sind die §§ 529, 530 und 531 der Zivilprozessordnung[1)] entsprechend anzuwenden. 2 Dabei tritt an die Stelle des § 520 der Zivilprozessordnung der § 112.

§ 118[5)] [Mündliche Verhandlung; Ladungsfrist] (1) 1 Das Urteil des Bundesgerichtshofs ergeht auf Grund mündlicher Verhandlung. 2 § 69 Abs. 2 gilt entsprechend.

(2) Die Ladungsfrist beträgt mindestens zwei Wochen.

(3) Von der mündlichen Verhandlung kann abgesehen werden, wenn

1. die Parteien zustimmen oder
2. nur über die Kosten entschieden werden soll.

---

1) **Habersack, Deutsche Gesetze Nr. 100.**
2) § 115 neu gef. mWv 1.10.2009 durch G v. 31.7.2009 (BGBl. I S. 2521).
3) § 116 neu gef. mWv 1.10.2009 durch G v. 31.7.2009 (BGBl. I S. 2521).
4) § 117 neu gef. mWv 1.10.2009 durch G v. 31.7.2009 (BGBl. I S. 2521).
5) § 118 neu gef. mWv 1.10.2009 durch G v. 31.7.2009 (BGBl. I S. 2521).

(4) [1] Erscheint eine Partei im Termin nicht, so kann ohne sie verhandelt und durch streitiges Urteil entschieden werden. [2] Erscheint keine der Parteien, ergeht das Urteil auf Grund der Akten.

§ 119[1)] **[Zurückweisung der Berufung]** (1) Ergibt die Begründung des angefochtenen Urteils zwar eine Rechtsverletzung, stellt die Entscheidung selbst aber aus anderen Gründen sich als richtig dar, so ist die Berufung zurückzuweisen.

(2) [1] Insoweit die Berufung für begründet erachtet wird, ist das angefochtene Urteil aufzuheben. [2] Wird das Urteil wegen eines Mangels des Verfahrens aufgehoben, so ist zugleich das Verfahren insoweit aufzuheben, als es durch den Mangel betroffen wird.

(3) [1] Im Falle der Aufhebung des Urteils ist die Sache zur neuen Verhandlung und Entscheidung an das Patentgericht zurückzuverweisen. [2] Die Zurückverweisung kann an einen anderen Nichtigkeitssenat erfolgen.

(4) Das Patentgericht hat die rechtliche Beurteilung, die der Aufhebung zugrunde gelegt ist, auch seiner Entscheidung zugrunde zu legen.

(5) [1] Der Bundesgerichtshof kann in der Sache selbst entscheiden, wenn dies sachdienlich ist. [2] Er hat selbst zu entscheiden, wenn die Sache zur Endentscheidung reif ist.

§ 120[2)] **[Begründung der Entscheidung]** [1] Die Entscheidung braucht nicht begründet zu werden, soweit der Bundesgerichtshof Rügen von Verfahrensmängeln nicht für durchgreifend erachtet. [2] Dies gilt nicht für Rügen nach § 111 Abs. 3.

§ 121[3)] **[Streitwert; Kosten des Verfahrens]** (1) In dem Verfahren vor dem Bundesgerichtshof gelten die Bestimmungen des § 144 über die Streitwertfestsetzung entsprechend.

(2) [1] In dem Urteil ist auch über die Kosten des Verfahrens zu entscheiden. [2] Die Vorschriften der Zivilprozeßordnung[4)] über die Prozeßkosten (§§ 91 bis 101) sind entsprechend anzuwenden, soweit nicht die Billigkeit eine andere Entscheidung erfordert; die Vorschriften der Zivilprozeßordnung über das Kostenfestsetzungsverfahren (§§ 103 bis 107) und die Zwangsvollstreckung aus Kostenfestsetzungsbeschlüssen (§§ 724 bis 802) sind entsprechend anzuwenden.

3. Beschwerdeverfahren

§ 122[5)] **[Beschwerdeverfahren]** (1) [1] Gegen die Urteile der Nichtigkeitssenate des Patentgerichts über den Erlaß einstweiliger Verfügungen im Verfahren wegen Erteilung einer Zwangslizenz (§§ 85 und 85a) findet die Beschwerde an den Bundesgerichtshof statt. [2] § 110 Abs. 7 gilt entsprechend.

(2) Die Beschwerde ist innerhalb eines Monats schriftlich beim Bundesgerichtshof einzulegen.

---

1) § 119 neu gef. mWv 1.10.2009 durch G v. 31.7.2009 (BGBl. I S. 2521).
2) § 120 neu gef. mWv 1.10.2009 durch G v. 31.7.2009 (BGBl. I S. 2521).
3) § 121 neu gef. durch G v. 16.7.1998 (BGBl. I S. 1827).
4) **Habersack, Deutsche Gesetze Nr. 100.**
5) § 122 Abs. 1 Satz 2 geänd., Abs. 2–4 neu gef. durch G v. 16.7.1998 (BGBl. I S. 1827); Abs. 1 Satz 1 und Satz 2 geänd. mWv 1.10.2009 durch G v. 31.7.2009 (BGBl. I S. 2521).

(3) Die Beschwerdefrist beginnt mit der Zustellung des in vollständiger Form abgefaßten Urteils, spätestens aber mit dem Ablauf von fünf Monaten nach der Verkündung.

(4) Für das Verfahren vor dem Bundesgerichtshof gelten § 74 Abs. 1, §§ 84, 110 bis 121 entsprechend.

4.[1] Gemeinsame Verfahrensvorschriften

§ 122a[2] [Verletzung des Anspruchs auf rechtliches Gehör] [1] Auf die Rüge der durch die Entscheidung beschwerten Partei ist das Verfahren fortzuführen, wenn das Gericht den Anspruch dieser Partei auf rechtliches Gehör in entscheidungserheblicher Weise verletzt hat. [2] Gegen eine der Endentscheidung vorausgehende Entscheidung findet die Rüge nicht statt. [3] § 321a Abs. 2 bis 5 der Zivilprozessordnung[3] ist entsprechend anzuwenden.

Siebenter Abschnitt. Gemeinsame Vorschriften

§ 123[4] [Wiedereinsetzung in den vorigen Stand] (1) [1] Wer ohne Verschulden verhindert war, dem Deutschen Patent- und Markenamt oder dem Patentgericht gegenüber eine Frist einzuhalten, deren Versäumung nach gesetzlicher Vorschrift einen Rechtsnachteil zur Folge hat, ist auf Antrag wieder in den vorigen Stand einzusetzen. [2] Dies gilt nicht für die Frist

1. zur Erhebung des Einspruchs (§ 59 Abs. 1) und zur Zahlung der Einspruchsgebühr (§ 6 Abs. 1 Satz 1 des Patentkostengesetzes[5]),
2. für den Einsprechenden zur Einlegung der Beschwerde gegen die Aufrechterhaltung des Patents (§ 73 Abs. 2) und zur Zahlung der Beschwerdegebühr (§ 6 Abs. 1 Satz 1 des Patentkostengesetzes) und
3. zur Einreichung von Anmeldungen, für die eine Priorität nach § 7 Abs. 2 und § 40 in Anspruch genommen werden kann.

(2) [1] Die Wiedereinsetzung muß innerhalb von zwei Monaten nach Wegfall des Hindernisses schriftlich beantragt werden. [2] Der Antrag muß die Angabe der die Wiedereinsetzung begründenden Tatsachen enthalten; diese sind bei der Antragstellung oder im Verfahren über den Antrag glaubhaft zu machen. [3] Innerhalb der Antragsfrist ist die versäumte Handlung nachzuholen; ist dies geschehen, so kann Wiedereinsetzung auch ohne Antrag gewährt werden. [4] Ein Jahr nach Ablauf der versäumten Frist kann die Wiedereinsetzung nicht mehr beantragt und die versäumte Handlung nicht mehr nachgeholt werden.

(3) Über den Antrag beschließt die Stelle, die über die nachgeholte Handlung zu beschließen hat.

(4) Die Wiedereinsetzung ist unanfechtbar.

(5) [1] Wer im Inland in gutem Glauben den Gegenstand eines Patents, das infolge der Wiedereinsetzung wieder in Kraft tritt, in der Zeit zwischen dem

---

[1] 6. Abschn. 4. Unterabschn. (§ 122a) eingef. mWv 1.7.2006 durch G v. 21.6.2006 (BGBl. I S. 1318).

[2] § 122a eingef. mWv 1.7.2006 durch G v. 21.6.2006 (BGBl. I S. 1318).

[3] **Habersack, Deutsche Gesetze Nr. 100.**

[4] § 123 Abs. 7 angef. durch G v. 16.7.1998 (BGBl. I S. 1827); Abs. 1 Satz 2 neu gef. mWv 1.7.2006 durch G v. 21.6.2006 (BGBl. I S. 1318); Abs. 1 Satz 1 geänd. mWv 18.8.2021 durch G v. 10.8.2021 (BGBl. I S. 3490).

[5] Nr. **70b**.

Erlöschen und dem Wiederinkrafttreten des Patents in Benutzung genommen oder in dieser Zeit die dazu erforderlichen Veranstaltungen getroffen hat, ist befugt, den Gegenstand des Patents für die Bedürfnisse seines eigenen Betriebs in eigenen oder fremden Werkstätten weiterzubenutzen. 2 Diese Befugnis kann nur zusammen mit dem Betrieb vererbt oder veräußert werden.

(6) Absatz 5 ist entsprechend anzuwenden, wenn die Wirkung nach § 33 Abs. 1 infolge der Wiedereinsetzung wieder in Kraft tritt.

(7) Ein Recht nach Absatz 5 steht auch demjenigen zu, der im Inland in gutem Glauben den Gegenstand einer Anmeldung, die infolge der Wiedereinsetzung die Priorität einer früheren ausländischen Anmeldung in Anspruch nimmt (§ 41), in der Zeit zwischen dem Ablauf der Frist von zwölf Monaten und dem Wiederinkrafttreten des Prioritätsrechts in Benutzung genommen oder in dieser Zeit die dazu erforderlichen Veranstaltungen getroffen hat.

§ 123a[1)] [Weiterbehandlung der Anmeldung] (1) Ist nach Versäumung einer vom Deutschen Patent- und Markenamt bestimmten Frist die Patentanmeldung zurückgewiesen worden, so wird der Beschluss wirkungslos, ohne dass es seiner ausdrücklichen Aufhebung bedarf, wenn der Anmelder die Weiterbehandlung der Anmeldung beantragt und die versäumte Handlung nachholt.

(2) 1 Der Antrag ist innerhalb einer Frist von einem Monat nach Zustellung der Entscheidung über die Zurückweisung der Patentanmeldung einzureichen. 2 Die versäumte Handlung ist innerhalb dieser Frist nachzuholen.

(3) Gegen die Versäumung der Frist nach Absatz 2 und der Frist zur Zahlung der Weiterbehandlungsgebühr nach § 6 Abs. 1 Satz 1 des Patentkostengesetzes[2)] ist eine Wiedereinsetzung nicht gegeben.

(4) Über den Antrag beschließt die Stelle, die über die nachgeholte Handlung zu beschließen hat.

§ 124[3)] [Wahrheitspflicht] Im Verfahren vor dem Deutschen Patent- und Markenamt, dem Patentgericht und dem Bundesgerichtshof haben die Beteiligten ihre Erklärungen über tatsächliche Umstände vollständig und der Wahrheit gemäß abzugeben.

§ 125[4)] [Anforderung von Unterlagen] (1) Wird der Einspruch oder die Klage auf Erklärung der Nichtigkeit des Patents auf die Behauptung gestützt, dass der Gegenstand des Patents nach § 3 nicht patentfähig sei, so kann das Deutsche Patent- und Markenamt oder das Patentgericht verlangen, dass Urschriften, Ablichtungen oder beglaubigte Abschriften der im Einspruch oder in der Klage erwähnten Druckschriften, die im Deutschen Patent- und Markenamt und im Patentgericht nicht vorhanden sind, in je einem Stück für das *Deutsche Patent- und Markenamt* oder das Patentgericht und für die am Verfahren Beteiligten eingereicht werden.

[1)] § 123a eingef. mWv 1.1.2005 durch G v. 13.12.2001 (BGBl. I S. 3656); Abs. 3 neu gef. mWv 1.7.2006 durch G v. 21.6.2006 (BGBl. I S. 1318); Abs. 1 geänd. mWv 18.8.2021 durch G v. 10.8.2021 (BGBl. I S. 3490).

[2)] Nr. **70b**.

[3)] § 124 geänd. mWv 18.8.2021 durch G v. 10.8.2021 (BGBl. I S. 3490).

[4)] § 125 Abs. 1 neu gef., Abs. 2 geänd. mWv 18.8.2021 durch G v. 10.8.2021 (BGBl. I S. 3490).

(2) Von Druckschriften in fremder Sprache sind auf Verlangen des Deutschen Patent- und Markenamts oder des Patentgerichts einfache oder beglaubigte Übersetzungen beizubringen.

§ 125a[1)] [Elektronische Signatur] (1) Soweit in Verfahren vor dem Deutschen Patent- und Markenamt für Anmeldungen, Anträge oder sonstige Handlungen die Schriftform vorgesehen ist, gelten die Regelungen des § 130a Absatz 1, 2 Satz 1, Absatz 5 und 6 der Zivilprozessordnung[2)] entsprechend.

(2) [1] Die Prozessakten des Patentgerichts und des Bundesgerichtshofs können elektronisch geführt werden. [2] Die Vorschriften der Zivilprozessordnung über elektronische Dokumente, die elektronische Akte und die elektronische Verfahrensführung im Übrigen gelten entsprechend, soweit sich aus diesem Gesetz nichts anderes ergibt.

(3) Das Bundesministerium der Justiz und für Verbraucherschutz bestimmt durch Rechtsverordnung ohne Zustimmung des Bundesrates

1. den Zeitpunkt, von dem an elektronische Dokumente bei dem Deutschen Patent- und Markenamt und den Gerichten eingereicht werden können, die für die Bearbeitung der Dokumente geeignete Form, ob eine elektronische Signatur zu verwenden ist und wie diese Signatur beschaffen ist;
2. den Zeitpunkt, von dem an die Prozessakten nach Absatz 2 elektronisch geführt werden können, sowie die hierfür geltenden organisatorisch-technischen Rahmenbedingungen für die Bildung, Führung und Aufbewahrung der elektronischen Prozessakten.

§ 126[3)] [Amtssprache] Die Sprache vor dem Deutschen Patent- und Markenamt und dem Patentgericht ist deutsch, sofern nichts anderes bestimmt ist.

§ 127[4)] [Anwendung des Verwaltungszustellungsgesetzes] (1) Für Zustellungen im Verfahren vor dem Deutschen Patent- und Markenamt gelten die Vorschriften des Verwaltungszustellungsgesetzes[5)] mit folgenden Maßgaben:

1. Wird die Annahme der Zustellung durch eingeschriebenen Brief ohne gesetzlichen Grund verweigert, so gilt die Zustellung gleichwohl als bewirkt.
2. An Empfänger, die sich im Ausland aufhalten und die entgegen dem Erfordernis des § 25 keinen Inlandsvertreter bestellt haben, kann mit eingeschriebenem Brief durch Aufgabe zur Post zugestellt werden. Gleiches gilt

---

[1)] § 125a neu gef. mWv 1.10.2009 durch G v. 31.7.2009 (BGBl. I S. 2521); Abs. 1 geänd. mWv 1.1.2018 durch G v. 10.10.2013 (BGBl. I S. 3786); Abs. 3 Nr. 1 neu gef. mWv 25.10.2013 durch G v. 19.10.2013 (BGBl. I S. 3830); Abs. 3 einl. Satzteil geänd. mWv 8.9.2015 durch VO v. 31.8.2015 (BGBl. I S. 1474); Abs. 1 und 3 Nr. 1 geänd. mWv 18.8.2021 durch G v. 10.8.2021 (BGBl. I S. 3490).

[2)] **Habersack, Deutsche Gesetze Nr. 100.**

[3)] § 126 bish. Satz 1 neu gef., Satz 2 aufgeh. durch G v. 16.7.1998 (BGBl. I S. 1827); geänd. mWv 18.8.2021 durch G v. 10.8.2021 (BGBl. I S. 3490).

[4)] § 127 Abs. 1 Nr. 5 aufgeh., Abs. 2 geänd. durch G v. 16 7. 1998 (BGBl. I S. 1827); Abs. 1, Abs. 1 Nr. 4 geänd., Abs. 1 Nr. 2 und Abs. 2 neu gef. mWv 1.7.2002 durch G v. 25.6.2001 (BGBl. I S. 1206); Abs. 1 Nr. 3 geänd. mWv 1.7.2006 durch G v. 21.6.2006 (BGBl. I S. 1318); Abs. 1 Nr. 2 neu gef. mWv 1.10.2009 durch G v. 31.7.2009 (BGBl. I S. 2521); Abs. 1 Nr. 4 Satz 2 geänd., Nr. 5 angef. *mWv 1.10.2016 durch G v. 4.4.2016* (BGBl. I S. 558); Abs. 1 einl. Satzteil und Nr. 4 geänd. mWv 18.8.2021 durch G v. 10.8.2021 (BGBl. I S. 3490).

[5)] **Sartorius Nr. 110.**

für Empfänger, die selbst Inlandsvertreter im Sinne des § 25 Abs. 2 sind. § 184 Abs. 2 Satz 1 und 4 der Zivilprozessordnung[1)] gilt entsprechend.

3. Für Zustellungen an Erlaubnisscheininhaber (§ 177 der Patentanwaltsordnung) ist § 5 Abs. 4 des Verwaltungszustellungsgesetzes entsprechend anzuwenden.
4. An Empfänger, denen beim Deutschen Patent- und Markenamt ein Abholfach eingerichtet worden ist, kann auch dadurch zugestellt werden, daß das Schriftstück im Abholfach des Empfängers niedergelegt wird. Über die Niederlegung ist eine Mitteilung zu den Akten zu geben. Auf dem Schriftstück ist zu vermerken, wann es niedergelegt worden ist. Die Zustellung gilt als am dritten Tag nach der Niederlegung im Abholfach bewirkt.
5. Für die Zustellung von elektronischen Dokumenten ist ein Übermittlungsweg zu verwenden, bei dem die Authentizität und Integrität der Daten gewährleistet ist und der bei Nutzung allgemein zugänglicher Netze die Vertraulichkeit der zu übermittelnden Daten durch ein Verschlüsselungsverfahren sicherstellt. Das Bundesministerium der Justiz und für Verbraucherschutz erlässt durch Rechtsverordnung, die nicht der Zustimmung des Bundesrates bedarf, nähere Bestimmungen über die nach Satz 1 geeigneten Übermittlungswege sowie die Form und den Nachweis der elektronischen Zustellung.

(2) Für Zustellungen im Verfahren vor dem Bundespatentgericht gelten die Vorschriften der Zivilprozessordnung.

§ 128[2)] [Rechtshilfe] (1) Die Gerichte sind verpflichtet, dem Deutschen Patent- und Markenamt und dem Patentgericht Rechtshilfe zu leisten.

(2) [1] Im Verfahren vor dem Deutschen Patent- und Markenamt setzt das Patentgericht Ordnungs- oder Zwangsmittel gegen Zeugen oder Sachverständige, die nicht erscheinen oder ihre Aussage oder deren Beeidigung verweigern, auf Ersuchen des Deutschen Patent- und Markenamts fest. [2] Ebenso ist die Vorführung eines nicht erschienenen Zeugen anzuordnen.

(3) [1] Über das Ersuchen nach Absatz 2 entscheidet ein Beschwerdesenat des Patentgerichts in der Besetzung mit drei rechtskundigen Mitgliedern. [2] Die Entscheidung ergeht durch Beschluß.

§ 128a[3)] [Anwendung des Justizvergütungs- und entschädigungsgesetzes] Zeugen erhalten eine Entschädigung und Sachverständige eine Vergütung nach dem Justizvergütungs- und -entschädigungsgesetz[4)].

§ 128b[5)] [Anwendung des Gerichtsverfassungsgesetzes] Die Vorschriften des Siebzehnten Titels des Gerichtsverfassungsgesetzes sind auf Verfahren vor dem Patentgericht und dem Bundesgerichtshof entsprechend anzuwenden.

---

1) **Habersack, Deutsche Gesetze Nr. 100.**
2) § 128 Abs. 1, Abs. 2 Satz 1 geänd. mWv 18.8.2021 durch G v. 10.8.2021 (BGBl. I S. 3490).
3) § 128a eingef. mWv 1.7.2004 durch G v. 5.5.2004 (BGBl. I S. 718).
4) **Habersack, Deutsche Gesetze Nr. 116.**
5) § 128b eingef. mWv 3.12.2011 durch G v. 24.11.2011 (BGBl. I S. 2302).

Achter Abschnitt. Verfahrenskostenhilfe

§ 129[1)] [Verfahrenskostenhilfe] Im Verfahren vor dem Deutschen Patent- und Markenamt, dem Patentgericht und dem Bundesgerichtshof erhält ein Beteiligter Verfahrenskostenhilfe nach Maßgabe der Vorschriften der §§ 130 bis 138.

§ 130[2)] [Patenterteilungsverfahren] (1) [1] Im Verfahren zur Erteilung des Patents erhält der Anmelder auf Antrag unter entsprechender Anwendung der §§ 114 bis 116 der Zivilprozeßordnung[3)] Verfahrenskostenhilfe, wenn hinreichende Aussicht auf Erteilung des Patents besteht. [2] Auf Antrag des Anmelders oder des Patentinhabers kann Verfahrenskostenhilfe auch für die Jahresgebühren gemäß § 17 gewährt werden. [3] Die Zahlungen sind an die Bundeskasse zu leisten.

(2) [1] Die Bewilligung der Verfahrenskostenhilfe bewirkt, daß bei den Gebühren, die Gegenstand der Verfahrenskostenhilfe sind, die für den Fall der Nichtzahlung vorgesehenen Rechtsfolgen nicht eintreten. [2] Im übrigen ist § 122 Abs. 1 der Zivilprozeßordnung entsprechend anzuwenden.

(3) Beantragen mehrere gemeinsam das Patent, so erhalten sie die Verfahrenskostenhilfe nur, wenn alle Anmelder die Voraussetzungen des Absatzes 1 erfüllen.

(4) Ist der Anmelder oder Patentinhaber nicht der Erfinder oder dessen Gesamtrechtsnachfolger, so erhält er die Verfahrenskostenhilfe nur, wenn auch der Erfinder die Voraussetzungen des Absatzes 1 erfüllt.

(5) [1] Auf Antrag können so viele Jahresgebühren in die Verfahrenskostenhilfe einbezogen werden, wie erforderlich ist, um die einer Bewilligung der Verfahrenskostenhilfe nach § 115 Absatz 4 der Zivilprozessordnung entgegenstehende Beschränkung auszuschließen. [2] Die gezahlten Raten sind erst dann auf die Jahresgebühren zu verrechnen, wenn die Kosten des Patenterteilungsverfahrens einschließlich etwa entstandener Kosten einer beigeordneten Vertretung durch die Ratenzahlungen gedeckt sind. [3] Soweit die Jahresgebühren durch die gezahlten Raten als entrichtet angesehen werden können, ist § 5 Abs. 2 des Patentkostengesetzes[4)] entsprechend anzuwenden.

(6) Die Absätze 1 bis 3 sind im Fall des § 44 auf den antragstellenden Dritten entsprechend anzuwenden, wenn dieser ein eigenes schutzwürdiges Interesse glaubhaft macht.

§ 131[5)] [Patentbeschränkungsverfahren] Im Verfahren zur Beschränkung oder zum Widerruf des Patents (§ 64) sind die Bestimmungen des § 130 Abs. 1, 2 und 5 entsprechend anzuwenden.

---

1) § 129 Satz 2 aufgeh. durch G v. 16.7.1998 (BGBl I S. 1827); geänd. mWv 18.8.2021 durch G v. 10.8.2021 (BGBl. I S. 3490).

2) § 130 Abs. 1 Satz 2 eingef., bish. Satz 2 wird Satz 3, Abs. 4 geänd., Abs. 5 neu gef. mWv 1.1.2002 durch G v. 13.12.2001 (BGBl. I S. 3656); Abs. 1 Satz 2 und Abs. 6 geänd. mWv 1.4.2014 durch G v. *19.10.2013 (BGBl. I S. 3830); Abs. 5 Satz 2* geänd. mWv 1.8.2022 durch G v. 7.7.2021 (BGBl. I S. 2363); Abs. 5 Satz 1 geänd. mWv 18.8.2021 durch G v. 10.8.2021 (BGBl. I S. 3490).

3) **Habersack, Deutsche Gesetze Nr. 100.**

4) Nr. **70b**.

5) § 131 geänd. mWv 13.12.2007 durch G v. 24.8.2007 (BGBl. I S. 2166).

§ 132[1)] [Einspruchsverfahren] (1) [1]Im Einspruchsverfahren (§§ 59 bis 62) erhält der Patentinhaber auf Antrag unter entsprechender Anwendung der §§ 114 bis 116 der Zivilprozeßordnung[2)] und des § 130 Abs. 1 Satz 2 und Abs. 2, 4 und 5 Verfahrenskostenhilfe. [2]Hierbei ist nicht zu prüfen, ob die Rechtsverteidigung hinreichende Aussicht auf Erfolg bietet.

(2) Absatz 1 Satz 1 ist auf den Einsprechenden und den gemäß § 59 Abs. 2 beitretenden Dritten sowie auf die Beteiligten im Verfahren wegen Erklärung der Nichtigkeit des Patents oder in Zwangslizenzverfahren (§§ 81, 85 und 85a) entsprechend anzuwenden, wenn der Antragsteller ein eigenes schutzwürdiges Interesse glaubhaft macht.

§ 133[3)] [Beiordnung eines Patentanwalts oder Rechtsanwalts] [1]Einem Beteiligten, dem die Verfahrenskostenhilfe nach den Vorschriften der §§ 130 bis 132 bewilligt worden ist, wird auf Antrag ein zur Übernahme der Vertretung bereiter Patentanwalt oder Rechtsanwalt seiner Wahl oder auf ausdrückliches Verlangen ein Erlaubnisscheininhaber beigeordnet, wenn die Vertretung zur sachdienlichen Erledigung des Verfahrens erforderlich erscheint oder ein Beteiligter mit entgegengesetzten Interessen durch einen Patentanwalt, einen Rechtsanwalt oder einen Erlaubnisscheininhaber vertreten ist. [2]§ 121 Abs. 4 und 5 der Zivilprozessordnung[2)] ist entsprechend anzuwenden.

§ 134 [Hemmung von Gebührenfristen] Wird das Gesuch um Bewilligung der Verfahrenskostenhilfe nach den §§ 130 bis 132 vor Ablauf einer für die Zahlung einer Gebühr vorgeschriebenen Frist eingereicht, so wird der Lauf dieser Frist bis zum Ablauf von einem Monat nach Zustellung des auf das Gesuch ergehenden Beschlusses gehemmt.

§ 135[4)] [Gesuch um Bewilligung der Verfahrenskostenhilfe] (1) [1]Das Gesuch um Bewilligung der Verfahrenskostenhilfe ist schriftlich beim Deutschen Patent- und Markenamt, beim Patentgericht oder beim Bundesgerichtshof einzureichen. [2]§ 125a gilt entsprechend. [3]In Verfahren nach den §§ 110 und 122 kann das Gesuch auch vor der Geschäftsstelle des Bundesgerichtshofs zu Protokoll erklärt werden.

(2) Über das Gesuch beschließt die Stelle, die für das Verfahren zuständig ist, für welches die Verfahrenskostenhilfe nachgesucht wird.

(3) [1]Die nach den §§ 130 bis 133 ergehenden Beschlüsse sind unanfechtbar, soweit es sich nicht um einen Beschluß der Patentabteilung handelt, durch den die Patentabteilung die Verfahrenskostenhilfe oder die Beiordnung einer Vertretung nach § 133 verweigert; die Rechtsbeschwerde ist ausgeschlossen. [2]§ 127 Abs. 3 der Zivilprozeßordnung[2)] ist auf das Verfahren vor dem Patentgericht entsprechend anzuwenden.

[1)] § 132 Abs. 2 neu gef. durch G v. 16.7.1998 (BGBl. I S. 1827); Abs. 2 geänd. mWv 1.10.2009 durch G v. 31.7.2009 (BGBl. I S. 2521).

[2)] **Habersack, Deutsche Gesetze Nr. 100.**

[3)] § 133 Satz 2 neu gef. mWv 1.7.2006 durch G v. 21.6.2006 (BGBl. I S. 1318).

[4)] § 135 Abs. 3 Satz 2 angef. durch G v. 9.12.1986 (BGBl. I S. 2326); Abs. 1 neu gef., Abs. 2 Satz 2 aufgeh. durch G v. 16.7.1998 (BGBl I S. 1827); Abs. 1 Satz 2 eingef., bish. Satz 2 wird Satz 3 mWv 26. . 2002 durch G v. 19.7.2002 (BGBl. I S. 2681); Abs. 3 Satz 1 geänd. mWv 1.8.2022 durch G v. 7.7.2021 (BGBl. I S. 2363); Abs. 1 Satz 1 geänd. mWv 18.8.2021 durch G v. 10.8.2021 (BGBl. I S. 3490).

§ 136[1)] [Anwendung von Vorschriften der ZPO] [1]Die Vorschriften des § 117 Absatz 2 bis 4 Satz 1, des § 118 Abs. 2 und 3, der §§ 119 und 120 Absatz 1 und 3, des § 120a Absatz 1, 2 und 4 sowie der §§ 124 und 127 Abs. 1 und 2 der Zivilprozeßordnung[2)] sind entsprechend anzuwenden, § 127 Abs. 2 der Zivilprozessordnung mit der Maßgabe, dass die Beschwerde unabhängig von dem Verfahrenswert stattfindet. [2]Im Einspruchsverfahren sowie in den Verfahren wegen Erklärung der Nichtigkeit des Patents oder in Zwangslizenzverfahren (§§ 81, 85 und 85a) gilt dies auch für § 117 Abs. 1 Satz 2, § 118 Abs. 1, § 122 Abs. 2 sowie die §§ 123, 125 und 126 der Zivilprozeßordnung.

§ 137[3)] [Aufhebung der Verfahrenskostenhilfe] [1]Die Verfahrenskostenhilfe kann aufgehoben werden, wenn die angemeldete oder durch ein Patent geschützte Erfindung, hinsichtlich deren Verfahrenskostenhilfe gewährt worden ist, durch Veräußerung, Benutzung, Lizenzvergabe oder auf sonstige Weise wirtschaftlich verwertet wird und die hieraus fließenden Einkünfte die für die Bewilligung der Verfahrenskostenhilfe maßgeblichen Verhältnisse so verändern, daß dem betroffenen Beteiligten die Zahlung der Verfahrenskosten zugemutet werden kann; dies gilt auch nach Ablauf der Frist des § 124 Absatz 1 Nr. 3 der Zivilprozeßordnung[2)]. [2]Der Beteiligte, dem Verfahrenskostenhilfe gewährt worden ist, hat jede wirtschaftliche Verwertung dieser Erfindung derjenigen Stelle anzuzeigen, die über die Bewilligung entschieden hat.

§ 138 [Rechtsbeschwerdeverfahren] (1) Im Verfahren über die Rechtsbeschwerde (§ 100) ist einem Beteiligten auf Antrag unter entsprechender Anwendung der §§ 114 bis 116 der Zivilprozeßordnung[2)] Verfahrenskostenhilfe zu bewilligen.

(2) [1]Das Gesuch um die Bewilligung von Verfahrenskostenhilfe ist schriftlich beim Bundesgerichtshof einzureichen; es kann auch vor der Geschäftsstelle zu Protokoll erklärt werden. [2]Über das Gesuch beschließt der Bundesgerichtshof.

(3) Im übrigen sind die Bestimmungen des § 130 Abs. 2, 3, 5 und 6 sowie der §§ 133, 134, 136 und 137 entsprechend anzuwenden mit der Maßgabe, daß einem Beteiligten, dem Verfahrenskostenhilfe bewilligt worden ist, nur ein beim Bundesgerichtshof zugelassener Rechtsanwalt beigeordnet werden kann.

Neunter Abschnitt. Rechtsverletzungen

§ 139[4)] [Unterlassungs- und Schadensersatzanspruch] (1) [1]Wer entgegen den §§ 9 bis 13 eine patentierte Erfindung benutzt, kann von dem Verletzten bei Wiederholungsgefahr auf Unterlassung in Anspruch genommen werden. [2]Der Anspruch besteht auch dann, wenn eine Zuwiderhandlung erstmalig droht. [3]Der Anspruch ist ausgeschlossen, soweit die Inanspruchnahme aufgrund der besonderen Umstände des Einzelfalls und der Gebote von Treu und Glauben für den Verletzer oder Dritte zu einer unverhältnismäßigen, durch

---

[1)] § 136 Satz 1 geänd. durch G v. 9.12.1986 (BGBl. I S. 2326); Satz 2 neu gef. durch G v. 16.7.1998 (BGBl. I S. 1827); Satz 1 geänd. mWv 1.1.2002 durch G v. 27.7.2001 (BGBl. I S. 1887); Satz 2 geänd. mWv 1.10.2009 durch G v. 31.7.2009 (BGBl. I S. 2521); Satz 1 geänd. mWv 1.1.2014 durch G v. 31.8. 2013 (BGBl. I S. 3533); Satz 1 geänd. mWv 19.7.2024 durch G v. 15.7.2024 (BGBl. 2024 I Nr. 237).

[2)] **Habersack, Deutsche Gesetze Nr. 100.**

[3)] § 137 Satz 1 geänd. mWv 1.1.2014 durch G v. 31.8.2013 (BGBl. I S. 3533).

[4)] § 139 Abs. 1 und 2 neu gef. mWv 1.9.2008 durch G v. 7.7.2008 (BGBl. I S. 1191); Abs. 1 Sätze 3–5 angef. mWv 18.8.2021 durch G v. 10.8.2021 (BGBl. I S. 3490).

das Ausschließlichkeitsrecht nicht gerechtfertigten Härte führen würde. [4]In diesem Fall ist dem Verletzten ein angemessener Ausgleich in Geld zu gewähren. [5]Der Schadensersatzanspruch nach Absatz 2 bleibt hiervon unberührt.

(2) [1]Wer die Handlung vorsätzlich oder fahrlässig vornimmt, ist dem Verletzten zum Ersatz des daraus entstehenden Schadens verpflichtet. [2]Bei der Bemessung des Schadensersatzes kann auch der Gewinn, den der Verletzer durch die Verletzung des Rechts erzielt hat, berücksichtigt werden. [3]Der Schadensersatzanspruch kann auch auf der Grundlage des Betrages berechnet werden, den der Verletzer als angemessene Vergütung hätte entrichten müssen, wenn er die Erlaubnis zur Benutzung der Erfindung eingeholt hätte.

(3) [1]Ist Gegenstand des Patents ein Verfahren zur Herstellung eines neuen Erzeugnisses, so gilt bis zum Beweis des Gegenteils das gleiche Erzeugnis, das von einem anderen hergestellt worden ist, als nach dem patentierten Verfahren hergestellt. [2]Bei der Erhebung des Beweises des Gegenteils sind die berechtigten Interessen des Beklagten an der Wahrung seiner Herstellungs- und Betriebsgeheimnisse zu berücksichtigen.

§ 140 [Verletzung des einstweiligen Schutzes] [1]Werden vor der Erteilung des Patents Rechte aus einer Anmeldung, in deren Akten die Einsicht jedermann freisteht (§ 31 Abs. 1 Satz 2 Halbsatz 2 und Abs. 2), gerichtlich geltend gemacht und kommt es für die Entscheidung des Rechtsstreits darauf an, daß ein Anspruch nach § 33 Abs. 1 besteht, so kann das Gericht anordnen, daß die Verhandlung bis zur Entscheidung über die Erteilung des Patents auszusetzen ist. [2]Ist ein Antrag auf Prüfung gemäß § 44 nicht gestellt worden, so hat das Gericht der Partei, die Rechte aus der Anmeldung geltend macht, auf Antrag des Gegners eine Frist zur Stellung des Antrags auf Prüfung zu setzen. [3]Wird der Antrag auf Prüfung nicht innerhalb der Frist gestellt, so können in dem Rechtsstreit Rechte aus der Anmeldung nicht geltend gemacht werden.

§ 140a[1)] [Vernichtungs- und Rückrufansprüche] (1) [1]Wer entgegen den §§ 9 bis 13 eine patentierte Erfindung benutzt, kann von dem Verletzten auf Vernichtung der im Besitz oder Eigentum des Verletzers befindlichen Erzeugnisse, die Gegenstand des Patents sind, in Anspruch genommen werden. [2]Satz 1 ist auch anzuwenden, wenn es sich um Erzeugnisse handelt, die durch ein Verfahren, das Gegenstand des Patents ist, unmittelbar hergestellt worden sind.

(2) Absatz 1 ist entsprechend auf die im Eigentum des Verletzers stehenden Materialien und Geräte anzuwenden, die vorwiegend zur Herstellung dieser Erzeugnisse gedient haben.

(3) [1]Wer entgegen den §§ 9 bis 13 eine patentierte Erfindung benutzt, kann von dem Verletzten auf Rückruf der Erzeugnisse, die Gegenstand des Patents sind, *oder auf deren endgültiges Entfernen* aus den Vertriebswegen in Anspruch genommen werden. [2]Satz 1 ist auch anzuwenden, wenn es sich um Erzeugnisse handelt, die durch ein Verfahren, das Gegenstand des Patents ist, unmittelbar hergestellt worden sind.

(4) [1]Die Ansprüche nach den Absätzen 1 bis 3 sind ausgeschlossen, wenn die Inanspruchnahme im Einzelfall unverhältnismäßig ist. [2]Bei der Prüfung der

[1)] § 140a neu gef. mWv 1.9.2008 durch G v. 7.7.2008 (BGBl. I S. 1191).

Verhältnismäßigkeit sind auch die berechtigten Interessen Dritter zu berücksichtigen.

§ 140b[1] [Auskunftsanspruch] (1) Wer entgegen den §§ 9 bis 13 eine patentierte Erfindung benutzt, kann von dem Verletzten auf unverzügliche Auskunft über die Herkunft und den Vertriebsweg der benutzten Erzeugnisse in Anspruch genommen werden.

(2) [1] In Fällen offensichtlicher Rechtsverletzung oder in Fällen, in denen der Verletzte gegen den Verletzer Klage erhoben hat, besteht der Anspruch unbeschadet von Absatz 1 auch gegen eine Person, die in gewerblichem Ausmaß

1. rechtsverletzende Erzeugnisse in ihrem Besitz hatte,
2. rechtsverletzende Dienstleistungen in Anspruch nahm,
3. für rechtsverletzende Tätigkeiten genutzte Dienstleistungen erbrachte oder
4. nach den Angaben einer in Nummer 1, 2 oder Nummer 3 genannten Person an der Herstellung, Erzeugung oder am Vertrieb solcher Erzeugnisse oder an der Erbringung solcher Dienstleistungen beteiligt war,

es sei denn, die Person wäre nach den §§ 383 bis 385 der Zivilprozessordnung[2] im Prozess gegen den Verletzer zur Zeugnisverweigerung berechtigt. [2] Im Fall der gerichtlichen Geltendmachung des Anspruchs nach Satz 1 kann das Gericht den gegen den Verletzer anhängigen Rechtsstreit auf Antrag bis zur Erledigung des wegen des Auskunftsanspruchs geführten Rechtsstreits aussetzen. [3] Der zur Auskunft Verpflichtete kann von dem Verletzten den Ersatz der für die Auskunftserteilung erforderlichen Aufwendungen verlangen.

(3) Der zur Auskunft Verpflichtete hat Angaben zu machen über

1. Namen und Anschrift der Hersteller, Lieferanten und anderer Vorbesitzer der Erzeugnisse oder der Nutzer der Dienstleistungen sowie der gewerblichen Abnehmer und Verkaufsstellen, für die sie bestimmt waren, und
2. die Menge der hergestellten, ausgelieferten, erhaltenen oder bestellten Erzeugnisse sowie über die Preise, die für die betreffenden Erzeugnisse oder Dienstleistungen bezahlt wurden.

(4) Die Ansprüche nach den Absätzen 1 und 2 sind ausgeschlossen, wenn die Inanspruchnahme im Einzelfall unverhältnismäßig ist.

(5) Erteilt der zur Auskunft Verpflichtete die Auskunft vorsätzlich oder grob fahrlässig falsch oder unvollständig, so ist er dem Verletzten zum Ersatz des daraus entstehenden Schadens verpflichtet.

(6) Wer eine wahre Auskunft erteilt hat, ohne dazu nach Absatz 1 oder Absatz 2 verpflichtet gewesen zu sein, haftet Dritten gegenüber nur, wenn er wusste, dass er zur Auskunftserteilung nicht verpflichtet war.

(7) In Fällen offensichtlicher Rechtsverletzung kann die Verpflichtung zur Erteilung der Auskunft im Wege der einstweiligen Verfügung nach den §§ 935 bis 945 der Zivilprozessordnung angeordnet werden.

(8) Die Erkenntnisse dürfen in einem Strafverfahren oder in einem Verfahren nach dem Gesetz über Ordnungswidrigkeiten[3] wegen einer vor der Erteilung

---

[1] § 140b eingef. mWv 1.9.2008 durch G v. 7.7.2008 (BGBl. I S. 1191); Abs. 9 Sätze 4 und 6 geänd., Satz 7 neu gef., Satz 8 aufgeh., bish. Satz 9 wird Satz 8 mWv 1.9.2009 durch G v. 17.12.2008 (BGBl. I S. 2586); Abs. 9 Satz 1 geänd. mWv 1.12.2021 durch G v. 23.6.2021 (BGBl. I S. 1858).

[2] **Habersack, Deutsche Gesetze Nr. 100.**

[3] **Habersack, Deutsche Gesetze Nr. 94.**

der Auskunft begangenen Tat gegen den Verpflichteten oder gegen einen in § 52 Abs. 1 der Strafprozessordnung[1] bezeichneten Angehörigen nur mit Zustimmung des Verpflichteten verwertet werden.

(9) [1] Kann die Auskunft nur unter Verwendung von Verkehrsdaten (§ 3 Nummer 70 des Telekommunikationsgesetzes) erteilt werden, ist für ihre Erteilung eine vorherige richterliche Anordnung über die Zulässigkeit der Verwendung der Verkehrsdaten erforderlich, die von dem Verletzten zu beantragen ist. [2] Für den Erlass dieser Anordnung ist das Landgericht, in dessen Bezirk der zur Auskunft Verpflichtete seinen Wohnsitz, seinen Sitz oder eine Niederlassung hat, ohne Rücksicht auf den Streitwert ausschließlich zuständig. [3] Die Entscheidung trifft die Zivilkammer. [4] Für das Verfahren gelten die Vorschriften des Gesetzes über das Verfahren in Familiensachen und in den Angelegenheiten der freiwilligen Gerichtsbarkeit[2] entsprechend. [5] Die Kosten der richterlichen Anordnung trägt der Verletzte. [6] Gegen die Entscheidung des Landgerichts ist die Beschwerde statthaft. [7] Die Beschwerde ist binnen einer Frist von zwei Wochen einzulegen. [8] Die Vorschriften zum Schutz personenbezogener Daten bleiben im Übrigen unberührt.

(10) Durch Absatz 2 in Verbindung mit Absatz 9 wird das Grundrecht des Fernmeldegeheimnisses (Artikel 10 des Grundgesetzes[3]) eingeschränkt.

§ 140c[4] [Vorlage und Besichtigungsansprüche] (1) [1] Wer mit hinreichender Wahrscheinlichkeit entgegen den §§ 9 bis 13 eine patentierte Erfindung benutzt, kann von dem Rechtsinhaber oder einem anderen Berechtigten auf Vorlage einer Urkunde oder Besichtigung einer Sache, die sich in seiner Verfügungsgewalt befindet, oder eines Verfahrens, das Gegenstand des Patents ist, in Anspruch genommen werden, wenn dies zur Begründung von dessen Ansprüchen erforderlich ist. [2] Besteht die hinreichende Wahrscheinlichkeit einer in gewerblichem Ausmaß begangenen Rechtsverletzung, erstreckt sich der Anspruch auch auf die Vorlage von Bank-, Finanz- oder Handelsunterlagen. [3] Soweit der vermeintliche Verletzer geltend macht, dass es sich um vertrauliche Informationen handelt, trifft das Gericht die erforderlichen Maßnahmen, um den im Einzelfall gebotenen Schutz zu gewährleisten.

(2) Der Anspruch nach Absatz 1 ist ausgeschlossen, wenn die Inanspruchnahme im Einzelfall unverhältnismäßig ist.

(3) [1] Die Verpflichtung zur Vorlage einer Urkunde oder zur Duldung der Besichtigung einer Sache kann im Wege der einstweiligen Verfügung nach den §§ 935 bis 945 der Zivilprozessordnung[5] angeordnet werden. [2] Das Gericht trifft die erforderlichen Maßnahmen, um den Schutz vertraulicher Informationen zu gewährleisten. [3] Dies gilt insbesondere in den Fällen, in denen die einstweilige Verfügung ohne vorherige Anhörung des Gegners erlassen wird.

(4) § 811 des Bürgerlichen Gesetzbuchs[6] sowie § 140b Abs. 8 gelten entsprechend.

(5) *Wenn keine Verletzung vorlag* oder drohte, kann der vermeintliche Verletzer von demjenigen, der die Vorlage oder Besichtigung nach Absatz 1 be-

[1] **Habersack, Deutsche Gesetze Nr. 90.**
[2] **Habersack, Deutsche Gesetze Nr. 112.**
[3] Nr. 1.
[4] § 140c eingef. mWv 1.9.2008 durch G v. 7.7.2008 (BGBl. I S. 1191).
[5] **Habersack, Deutsche Gesetze Nr. 100.**
[6] **Habersack, Deutsche Gesetze Nr. 20.**

gehrt hat, den Ersatz des ihm durch das Begehren entstandenen Schadens verlangen.

§ 140d[1] **[Sicherung von Schadenersatzansprüchen]** (1) [1] Der Verletzte kann den Verletzer bei einer in gewerblichem Ausmaß begangenen Rechtsverletzung in den Fällen des § 139 Abs. 2 auch auf Vorlage von Bank-, Finanz- oder Handelsunterlagen oder einen geeigneten Zugang zu den entsprechenden Unterlagen in Anspruch nehmen, die sich in der Verfügungsgewalt des Verletzers befinden und die für die Durchsetzung des Schadensersatzanspruchs erforderlich sind, wenn ohne die Vorlage die Erfüllung des Schadensersatzanspruchs fraglich ist. [2] Soweit der Verletzer geltend macht, dass es sich um vertrauliche Informationen handelt, trifft das Gericht die erforderlichen Maßnahmen, um den im Einzelfall gebotenen Schutz zu gewährleisten.

(2) Der Anspruch nach Absatz 1 ist ausgeschlossen, wenn die Inanspruchnahme im Einzelfall unverhältnismäßig ist.

(3) [1] Die Verpflichtung zur Vorlage der in Absatz 1 bezeichneten Urkunden kann im Wege der einstweiligen Verfügung nach den §§ 935 bis 945 der Zivilprozessordnung[2] angeordnet werden, wenn der Schadensersatzanspruch offensichtlich besteht. [2] Das Gericht trifft die erforderlichen Maßnahmen, um den Schutz vertraulicher Informationen zu gewährleisten. [3] Dies gilt insbesondere in den Fällen, in denen die einstweilige Verfügung ohne vorherige Anhörung des Gegners erlassen wird.

(4) § 811 des Bürgerlichen Gesetzbuchs[3] sowie § 140b Abs. 8 gelten entsprechend.

§ 140e[4] **[Urteilsbekanntmachung]** [1] Ist eine Klage auf Grund dieses Gesetzes erhoben worden, so kann der obsiegenden Partei im Urteil die Befugnis zugesprochen werden, das Urteil auf Kosten der unterliegenden Partei öffentlich bekannt zu machen, wenn sie ein berechtigtes Interesse darlegt. [2] Art und Umfang der Bekanntmachung werden im Urteil bestimmt. [3] Die Befugnis erlischt, wenn von ihr nicht innerhalb von drei Monaten nach Eintritt der Rechtskraft des Urteils Gebrauch gemacht wird. [4] Der Ausspruch nach Satz 1 ist nicht vorläufig vollstreckbar.

§ 141[5] **[Verjährung]** [1] Auf die Verjährung der Ansprüche wegen Verletzung des Patentrechts finden die Vorschriften des Abschnitts 5 des Buches 1 des Bürgerlichen Gesetzbuchs[3] entsprechende Anwendung. [2] Hat der Verpflichtete durch die Verletzung auf Kosten des Berechtigten etwas erlangt, findet § 852 des Bürgerlichen Gesetzbuchs entsprechende Anwendung.

§ 141a[6] **[Ansprüche aus anderen gesetzlichen Vorschriften]** Ansprüche aus anderen gesetzlichen Vorschriften bleiben unberührt.

---

[1] § 140d eingef. mWv 1.9.2008 durch G v. 7.7.2008 (BGBl. I S. 1191).
[2] **Habersack, Deutsche Gesetze Nr. 100.**
[3] **Habersack, Deutsche Gesetze Nr. 20.**
[4] § 140e eingef. mWv 1.9.2008 durch G v. 7.7.2008 (BGBl. I S. 1191).
[5] § 141 neu gef. mWv 1.1.2002 durch G v. 26.11.2001 (BGBl. I S. 3138).
[6] § 141a eingef. mWv 1.9.2008 durch G v. 7.7.2008 (BGBl. I S. 1191).

§ 142[1] [Strafvorschriften] (1) [1] Mit Freiheitsstrafe bis zu drei Jahren oder mit Geldstrafe wird bestraft, wer ohne die erforderliche Zustimmung des Patentinhabers oder des Inhabers eines ergänzenden Schutzzertifikats (§§ 16a, 49a)

1. ein Erzeugnis, das Gegenstand des Patents oder des ergänzenden Schutzzertifikats ist (§ 9 Satz 2 Nr. 1), herstellt oder anbietet, in Verkehr bringt, gebraucht oder zu einem der genannten Zwecke entweder einführt oder besitzt oder
2. ein Verfahren, das Gegenstand des Patents oder des ergänzenden Schutzzertifikats ist (§ 9 Satz 2 Nr. 2), anwendet oder zur Anwendung im Geltungsbereich dieses Gesetzes anbietet.

[2] Satz 1 Nr. 1 ist auch anzuwenden, wenn es sich um ein Erzeugnis handelt, das durch ein Verfahren, das Gegenstand des Patents oder des ergänzenden Schutzzertifikats ist, unmittelbar hergestellt worden ist (§ 9 Satz 2 Nr. 3).

(2) Handelt der Täter gewerbsmäßig, so ist die Strafe Freiheitsstrafe bis zu fünf Jahren oder Geldstrafe.

(3) Der Versuch ist strafbar.

(4) In den Fällen des Absatzes 1 wird die Tat nur auf Antrag verfolgt, es sei denn, daß die Strafverfolgungsbehörde wegen des besonderen öffentlichen Interesses an der Strafverfolgung ein Einschreiten von Amts wegen für geboten hält.

(5) [1] Gegenstände, auf die sich die Straftat bezieht, können eingezogen werden. [2] § 74a des Strafgesetzbuches[2] ist anzuwenden. [3] Soweit den in § 140a bezeichneten Ansprüchen im Verfahren nach den Vorschriften der Strafprozeßordnung über die Entschädigung des Verletzten (§§ 403 bis 406c) stattgegeben wird, sind die Vorschriften über die Einziehung nicht anzuwenden.

(6) [1] Wird auf Strafe erkannt, so ist, wenn der Verletzte es beantragt und ein berechtigtes Interesse daran dartut, anzuordnen, daß die Verurteilung auf Verlangen öffentlich bekanntgemacht wird. [2] Die Art der Bekanntmachung ist im Urteil zu bestimmen.

(7) Soweit nach § 139 Absatz 1 Satz 3 ein Unterlassungsanspruch ausgeschlossen ist, wird der Verletzer nicht nach den Absätzen 1, 2 oder 3 bestraft.

(8) Das Strafverfahren ist nach § 262 Absatz 2 der Strafprozessordnung[3] auszusetzen, wenn ein Einspruchsverfahren oder ein Nichtigkeitsverfahren gegen das streitgegenständliche Patent anhängig ist.

§ 142a[4] [Beschlagnahme] (1) [1] Ein Erzeugnis, das ein nach diesem Gesetz geschütztes Patent verletzt, unterliegt auf Antrag und gegen Sicherheitsleistung des Rechtsinhabers bei seiner Einfuhr oder Ausfuhr der Beschlagnahme durch

---

[1] § 142 Abs. 1 geänd., Abs. 2 uud 3 neu gef., Abs. 4–6 eingef. durch G v. 7.3.1990 (BGBl. I S. 422); Abs. 1 geänd. durch G v. 23.3.1993 (BGBl I S. 366); Abs. 7 und 8 angef. mWv 18.8.2021 durch G v. 10.8.2021 (BGBl. I S. 3490).

[2] **Habersack, Deutsche Gesetze Nr. 85.**

[3] **Habersack, Deutsche Gesetze Nr. 90.**

[4] § 142a eingef. durch G v. 7.3.1990 (BGBl. I S. 422); Abs. 1 Satz 2 neu gef. durch G v. 16.7.1998 (BGBl. I S. 1827); Abs. 6 Satz 1 geänd. mWv 1.1.2008 durch G v. 13.12.2007 (BGBl. I S. 2897); Abs. 1 neu gef., Abs. 6 Satz 1 geänd. mWv 1.9.2008 durch G v. 7.7.2008 (BGBl. I S. 1191); Abs. 6 Satz 1 geänd. mWv 1.1.2016 durch G v. 3.12.2015 (BGBl. I S. 2178); Abs. 1 Satz 1 geänd. mWv 1.7.2016 durch G v. 4.4.2016 (BGBl. I S. 558).

die Zollbehörde, soweit die Rechtsverletzung offensichtlich ist und soweit nicht die Verordnung (EU) Nr. 608/2013 des Europäischen Parlaments und des Rates vom 12. Juni 2013 zur Durchsetzung der Rechte geistigen Eigentums durch die Zollbehörden und zur Aufhebung der Verordnung (EG) Nr. 1383/2003 des Rates (ABl. L 181 vom 29.6.2013, S. 15), in ihrer jeweils geltenden Fassung anzuwenden ist. [2]Dies gilt für den Verkehr mit anderen Mitgliedstaaten der Europäischen Union sowie mit den anderen Vertragsstaaten des Abkommens über den Europäischen Wirtschaftsraum nur, soweit Kontrollen durch die Zollbehörden stattfinden.

(2) [1]Ordnet die Zollbehörde die Beschlagnahme an, so unterrichtet sie unverzüglich den Verfügungsberechtigten sowie den Antragsteller. [2]Dem Antragsteller sind Herkunft, Menge und Lagerort des Erzeugnisses sowie Name und Anschrift des Verfügungsberechtigten mitzuteilen; das Brief- und Postgeheimnis (Artikel 10 des Grundgesetzes[1)]) wird insoweit eingeschränkt. [3]Dem Antragsteller wird Gelegenheit gegeben, das Erzeugnis zu besichtigen, soweit hierdurch nicht in Geschäfts- oder Betriebsgeheimnisse eingegriffen wird.

(3) Wird der Beschlagnahme nicht spätestens nach Ablauf von zwei Wochen nach Zustellung der Mitteilung nach Absatz 2 Satz 1 widersprochen, so ordnet die Zollbehörde die Einziehung des beschlagnahmten Erzeugnisses an.

(4) [1]Widerspricht der Verfügungsberechtigte der Beschlagnahme, so unterrichtet die Zollbehörde hiervon unverzüglich den Antragsteller. [2]Dieser hat gegenüber der Zollbehörde unverzüglich zu erklären, ob er den Antrag nach Absatz 1 in bezug auf das beschlagnahmte Erzeugnis aufrechterhält.

1. Nimmt der Antragsteller den Antrag zurück, hebt die Zollbehörde die Beschlagnahme unverzüglich auf.
2. Hält der Antragsteller den Antrag aufrecht und legt er eine vollziehbare gerichtliche Entscheidung vor, die die Verwahrung des beschlagnahmten Erzeugnisses oder eine Verfügungsbeschränkung anordnet, trifft die Zollbehörde die erforderlichen Maßnahmen.

[3]Liegen die Fälle der Nummern 1 oder 2 nicht vor, hebt die Zollbehörde die Beschlagnahme nach Ablauf von zwei Wochen nach Zustellung der Mitteilung an den Antragsteller nach Satz 1 auf; weist der Antragsteller nach, daß die gerichtliche Entscheidung nach Nummer 2 beantragt, ihm aber noch nicht zugegangen ist, wird die Beschlagnahme für längstens zwei weitere Wochen aufrechterhalten.

(5) Erweist sich die Beschlagnahme als von Anfang an ungerechtfertigt und hat der Antragsteller den Antrag nach Absatz 1 in bezug auf das beschlagnahmte Erzeugnis aufrechterhalten oder sich nicht unverzüglich erklärt (Absatz 4 Satz 2), so ist er verpflichtet, den dem Verfügungsberechtigten durch die Beschlagnahme entstandenen Schaden zu ersetzen.

(6) [1]Der Antrag nach Absatz 1 ist bei der Generalzolldirektion zu stellen und hat Wirkung für ein Jahr, sofern keine kürzere Geltungsdauer beantragt wird; er kann wiederholt werden. [2]Für die mit dem Antrag verbundenen Amtshandlungen werden vom Antragsteller Kosten nach Maßgabe des § 178 der Abgabenordnung erhoben.

(7) [1]Die Beschlagnahme und die Einziehung können mit den Rechtsmitteln *angefochten* werden, die im Bußgeldverfahren nach dem Gesetz über Ord-

---

[1)] Nr. **1**.

nungswidrigkeiten[1] gegen die Beschlagnahme und Einziehung zulässig sind. [2]Im Rechtsmittelverfahren ist der Antragsteller zu hören. [3]Gegen die Entscheidung des Amtsgerichts ist die sofortige Beschwerde zulässig. über sie entscheidet das Oberlandesgericht.

§ 142b[2] **[Verfahren nach der Verordnung (EU) Nr. 608/2013]** Für das Verfahren nach der Verordnung (EU) Nr. 608/2013 gilt § 142a Absatz 5 und 6 entsprechend, soweit die Verordnung keine Bestimmungen enthält, die dem entgegenstehen.

Zehnter Abschnitt. Verfahren in Patentstreitsachen

§ 143[3] **[Gerichte für Patentstreitsachen]** (1) Für alle Klagen, durch die ein Anspruch aus einem der in diesem Gesetz geregelten Rechtsverhältnisse geltend gemacht wird (Patentstreitsachen), sind die Zivilkammern der Landgerichte ohne Rücksicht auf den Streitwert ausschließlich zuständig.

(2) [1]Die Landesregierungen werden ermächtigt, durch Rechtsverordnung die Patentstreitsachen für die Bezirke mehrerer Landgerichte einem von ihnen zuzuweisen.[4] [2]Die Landesregierungen können diese Ermächtigungen auf die Landesjustizverwaltungen übertragen. [3]Die Länder können außerdem durch Vereinbarung den Gerichten eines Landes obliegende Aufgaben insgesamt oder teilweise dem zuständigen Gericht eines anderen Landes übertragen.

(3) Von den Kosten, die durch die Mitwirkung eines Patentanwalts in dem Rechtsstreit entstehen, sind die Gebühren nach § 13 des Rechtsanwaltsvergütungsgesetzes[5] und außerdem die notwendigen Auslagen des Patentanwalts[6] zu erstatten.

---

[1] **Habersack, Deutsche Gesetze Nr. 94.**

[2] § 142b neu gef. mWv 1.7.2016 durch G v. 4.4.2016 (BGBl. I S. 558).

[3] § 143 Abs. 5 geänd. mWv 1.1.2002 durch G v. 13.12.2001 (BGBl. I S. 3656); Abs. 3 und 4 aufgeh., bish. Abs. 5 wird Abs. 3 mWv 1.8.2002 durch G v. 23.7.2002 (BGBl. I S. 2850); Abs. 2 Satz 3 angef. mWv 1.6.2004 durch G v. 12.3.2004 (BGBl. I S. 390); Abs. 3 geänd. mWv 1.7.2004 durch G v. 5.5.2004 (BGBl. I S. 718).

[4] Die Länder haben hierzu ua folgende Vorschriften erlassen: **Baden-Württemberg:** Zuständig für Patentstreitsachen dieses Landes ist das LG Mannheim (§ 14 ZuVOJu v. 20.11.1998 (GBl. S. 680), zuletzt geänd. durch VO v. 21.12.2021 (GBl. 2022 S. 1)). **Bayern:** Zuständig für Patentstreitsachen des OLG-Bezirks München ist das LG München I, für die OLG-Bezirke Nürnberg und Bamberg das LG Nürnberg-Fürth (§ 38 GZVJu v. 11.6.2012 (GVBl. S. 295), zuletzt geänd. durch V v. 6.7.2022 (GVBl. S. 408)). **Bremen, Hamburg und Schleswig-Holstein:** Zuständig für Patentstreitsachen dieser Länder ist das LG Hamburg (Staatsvertrag v. 1.10.1949 – BremGBl. 1950 S. 17, HambAmtlAnz. 1950 S. 73, SchlHGVOBl. 1949 S. 221). **Hessen:** Zuständig für Patentstreitsachen dieses Landes ist das LG Frankfurt (Main) (§ 37 JuZuV v. 3.6.2013 (GVBl. S. 386), zuletzt geänd. durch VO v. 17.5.2022 (GVBl. S. 360)). **Mecklenburg-Vorpommern:** Zuständig für Patentstreitsachen des OLG-Bezirks ist das LG Rostock (VO v. 10.6.1992 (*GVOBl. M-V S. 335*)). **Niedersachsen:** Zuständig für Patentstreitsachen dieses Landes ist das LG Braunschweig (VO v. 18.3.1988 (GVBl. S 39), geänd. durch VO v. 21.6.1991 (GVBl. S. 217)). **Nordrhein-Westfalen:** Zuständig für Patentstreitsachen dieses Landes ist das LG Düsseldorf (VO v. 13.1. 1998 (GV. NRW. S. 106), geänd. durch G v. 5.4.2005 (GV. NRW. S. 332)). **Rheinland-Pfalz:** Zuständig für Patentstreitsachen, für welche die Landgerichte des Landes Rheinland-Pfalz zuständig sind, ist das LG Frankfurt (Main) (Staatsvertrag zwischen den Ländern Rheinland-Pfalz und Hessen v. 4.8.1950 – RhPfGVBl. S. 316, HessGVBl. S. 250). **Thüringen:** Zuständig für Patentstreitsachen des OLG-Bezirks ist das LG Erfurt (§ 5 VO v. 17.11.2011 (GVBl. S. 511), zuletzt geänd. durch VO v. 6.12.2019 (GVBl. S. 562)).

[5] **Habersack, Deutsche Gesetze Nr. 117.**

[6] Vgl. hierzu die PatentanwaltsO v. 7.9.1966 (BGBl. I S. 557), zuletzt geänd. durch G v. 5.10.2021 (BGBl. I S. 4607). **Beachte** dabei insbesondere § 4a PatentanwaltsO: →

§ 144 [Herabsetzung des Streitwerts] (1) [1] Macht in einer Patentstreitsache eine Partei glaubhaft, daß die Belastung mit den Prozeßkosten nach dem vollen Streitwert ihre wirtschaftliche Lage erheblich gefährden würde, so kann das Gericht auf ihren Antrag anordnen, daß die Verpflichtung dieser Partei zur Zahlung von Gerichtskosten sich nach einem ihrer Wirtschaftslage angepaßten Teil des Streitwerts bemißt. [2] Die Anordnung hat zur Folge, daß die begünstigte Partei die Gebühren ihres Rechtsanwalts ebenfalls nur nach diesem Teil des Streitwerts zu entrichten hat. [3] Soweit ihr Kosten des Rechtsstreits auferlegt werden oder soweit sie diese übernimmt, hat sie die von dem Gegner entrichteten Gerichtsgebühren und die Gebühren seines Rechtsanwalts nur nach dem Teil des Streitwerts zu erstatten. [4] Soweit die außergerichtlichen Kosten dem Gegner auferlegt oder von ihm übernommen werden, kann der Rechtsanwalt der begünstigten Partei seine Gebühren von dem Gegner nach dem für diesen geltenden Streitwert beitreiben.

(2) [1] Der Antrag nach Absatz 1 kann vor der Geschäftsstelle des Gerichts zur Niederschrift erklärt werden. [2] Er ist vor der Verhandlung zur Hauptsache anzubringen. [3] Danach ist er nur zulässig, wenn der angenommene oder festgesetzte Streitwert später durch das Gericht heraufgesetzt wird. [4] Vor der Entscheidung über den Antrag ist der Gegner zu hören.

§ 145 [Weitere Klage wegen eines anderen Patents] Wer eine Klage nach § 139 erhoben hat, kann gegen den Beklagten wegen derselben oder einer gleichartigen Handlung auf Grund eines anderen Patents nur dann eine weitere Klage erheben, wenn er ohne sein Verschulden nicht in der Lage war, auch dieses Patent in dem früheren Rechtsstreit geltend zu machen.

§ 145a[1)] [Patentstreitsachen, Zwangslizenzverfahren] [1] In Patentstreitsachen mit Ausnahme von selbstständigen Beweisverfahren sowie in Zwangslizenzverfahren gemäß § 81 Absatz 1 Satz 1 sind die §§ 16 bis 20 des Gesetzes zum Schutz von Geschäftsgeheimnissen[2)] vom 18. April 2019 (BGBl. I S. 466) entsprechend anzuwenden. [2] Als streitgegenständliche Informationen im Sinne des

---

(Fortsetzung der Anm. von voriger Seite)

„**§ 4a Beiordnung von Patentanwälten bei Prozesskostenhilfe.** (1) Wird in einem Rechtsstreit, in dem ein Anspruch aus einem der in § 4 Absatz 1 genannten Gesetze geltend gemacht wird oder für dessen Entscheidung eine der in § 3 Absatz 3 Nummer 1 genannten Fragen oder Rechtsfragen von Bedeutung ist, einer Partei Prozesskostenhilfe bewilligt, so kann ihr auf Antrag zu ihrer Beratung und zur Unterstützung eines Rechtsanwalts ein zur Vertretung bereiter Patentanwalt beigeordnet werden, wenn dies zur sachgemäßen Rechtsverfolgung oder Rechtsverteidigung erforderlich erscheint.

(2) § 117 Absatz 1 Satz 1 und 2, die §§ 118 und 119 Absatz 1 Satz 1, § 121 Absatz 3 und 5, § 122 Absatz 1 Nummer 1 Buchstabe b und Nummer 3 sowie die §§ 124, 126 und 127 der Zivilprozessordnung gelten entsprechend.

(3) Auf die Erstattung der Gebühren und Auslagen des beigeordneten Patentanwalts sind die Vorschriften des Rechtsanwaltsvergütungsgesetzes, die für die Vergütung bei Prozesskostenhilfe gelten, sinngemäß mit folgenden Maßgaben anzuwenden:

1. der Patentanwalt erhält eine Gebühr mit einem Gebührensatz von 1,0 und, wenn er eine mündliche Verhandlung oder einen Beweistermin wahrgenommen hat, eine Gebühr mit einem Gebührensatz von 2,0 nach § 49 des Rechtsanwaltsvergütungsgesetzes;
2. Reisekosten für die Wahrnehmung einer mündlichen Verhandlung oder eines Beweistermins werden nur ersetzt, wenn das Prozessgericht vor dem Termin die Teilnahme des Patentanwalts für geboten erklärt hat.“

***Beachte** auch das G über die* Erstattung von Gebühren der beigeordneten Vertretung in Patent-, Gebrauchsmuster-, Marken-, Design-, Topographieschutz- und Sortenschutzsachen (Vertretungsgebühren-Erstattungsgesetz – VertrGebErstG) (Nr. **70c**).

1) § 145a eingef. mWv 18.8.2021 durch G v. 10.8.2021 (BGBl. I S. 3490).

2) Nr. **75**.

§ 16 Absatz 1 des Gesetzes zum Schutz von Geschäftsgeheimnissen gelten sämtliche von Kläger und Beklagtem in das Verfahren eingeführten Informationen.

Elfter Abschnitt. Patentberühmung

§ 146 [Patentberühmung] Wer Gegenstände oder ihre Verpackung mit einer Bezeichnung versieht, die geeignet ist, den Eindruck zu erwecken, daß die Gegenstände durch ein Patent oder eine Patentanmeldung nach diesem Gesetz geschützt seien, oder wer in öffentlichen Anzeigen, auf Aushängeschildern, auf Empfehlungskarten oder in ähnlichen Kundgebungen eine Bezeichnung solcher Art verwendet, ist verpflichtet, jedem, der ein berechtigtes Interesse an der Kenntnis der Rechtslage hat, auf Verlangen Auskunft darüber zu geben, auf welches Patent oder auf welche Patentanmeldung sich die Verwendung der Bezeichnung stützt.

Zwölfter Abschnitt.[1] Übergangsvorschriften

§ 147[2] [Übergangsvorschriften] (1) Artikel 229 § 6 des Einführungsgesetzes zum Bürgerlichen Gesetzbuche[3] findet mit der Maßgabe entsprechende Anwendung, dass § 33 Abs. 3 und § 141 in der bis zum 1. Januar 2002 geltenden Fassung den Vorschriften des Bürgerlichen Gesetzbuchs[4] über die Verjährung in der bis zum 1. Januar 2002 geltenden Fassung gleichgestellt ist.

(2) Für Verfahren wegen Erklärung der Nichtigkeit des Patents oder des ergänzenden Schutzzertifikats oder wegen Erteilung oder Rücknahme der Zwangslizenz oder wegen der Anpassung der durch Urteil festgesetzten Vergütung für eine Zwangslizenz, die vor dem 18. August 2021 durch Klage beim Bundespatentgericht eingeleitet wurden, sind die Vorschriften dieses Gesetzes in der bis zum 17. August 2021 geltenden Fassung weiter anzuwenden.

(3) Für Verfahren, in denen ein Antrag auf ein Zusatzpatent gestellt worden ist oder nach § 16 Absatz 1 Satz 2 dieses Gesetzes in der vor dem 1. April 2014 geltenden Fassung noch gestellt werden kann oder ein Zusatzpatent in Kraft ist, sind § 16 Absatz 1 Satz 2, Absatz 2, § 17 Absatz 2, § 23 Absatz 1, § 42 Absatz 2 Satz 1 Nummer 4, Satz 2 und Absatz 3 Satz 1 sowie § 43 Absatz 2 Satz 4 dieses Gesetzes in ihrer bis zum 1. April 2014 geltenden Fassung weiter anzuwenden.

(4) Für Anträge auf Verlängerung der Frist zur Benennung des Erfinders sind § 37 Absatz 2 Satz 2 bis 4 und § 20 Absatz 1 Nummer 2 dieses Gesetzes in der vor dem 1. April 2014 geltenden Fassung weiter anzuwenden, wenn die Anträge vor dem 1. April 2014 beim Deutschen Patent- und Markenamt eingegangen sind und das Patent bereits erteilt worden ist.

(5) Für Anträge auf Anhörung nach § 46 Absatz 1, die vor dem 1. April 2014 beim Deutschen Patent- und Markenamt eingegangen sind, ist § 46 dieses Gesetzes in der bis dahin geltenden Fassung weiter anzuwenden.

---

[1] Zwölfter Abschnitt (§ 147) angef. mWv 1.1.2002 durch G v. 26.11.2001 (BGBl. I S. 3138).

[2] § 147 angef. mWv 1.1.2002 durch G v. 26.11.2001 (BGBl. I S. 3138); Abs. 2 und 3 angef. mWv 1.1.2002 durch G v. 13.12.2001 (BGBl. I S. 3656); Abs. 2 und 3 aufgeh. mWv 1.7.2006 durch G v. 21.6.2006 (BGBl. I S. 1318); Abs. 2 angef. mWv 1.10.2009 durch G v. 31.7.2009 (BGBl. I S. 2521); Abs. 3–5 angef. mWv 25.10.2013 durch G v. 19.10.2013 (BGBl. I S. 3830); Abs. 2 geänd. mWv 18.8.2021 durch G v. 10.8.2021 (BGBl. I S. 3490).

[3] **Habersack, Deutsche Gesetze Nr. 21.**

[4] **Habersack, Deutsche Gesetze Nr. 20.**

70a. Verordnung zum Verfahren in Patentsachen vor dem Deutschen Patent- und Markenamt (Patentverordnung – PatV)

Vom 1. September 2003
(BGBl. I S. 1702)

FNA 420-1-13

Lfd. Nr.	Änderndes Gesetz	Datum	Fundstelle	Betroffen	Hinweis
1.	Art. 1 VO zur Änd. der PatentVO und der WahrnehmungsVO	11.5.2004	BGBl. I S. 897	Inhaltsübersicht, §§ 1, 3, 4, 6, 11, 14, 18, 22, Anlage 1 und 2	
2.	Art. 2 ÄndVO	17.12.2004	BGBl. I S. 3532	Inhaltsübersicht, §§ 4, 6, 11, 15, 19, Anlage 1	
3.	Art. 1 VO zur Änd. der PatentVO und der GebrauchsmusterVO	26.5.2011	BGBl. I S. 996	Inhaltsübers., §§ 4, 6, 7, 9, 11, 15, 19, 21	geänd. mWv 31.5.2011
				§ 20	neu gef. mWv 31.5.2011
4.	Art. 3 Dritte VO zur Änd. der MarkenVO und anderer Verordnungen	10.12.2012	BGBl. I S. 2630	§§ 2, 3, 4, 11	geänd. mWv 1.1.2013
5.	Art. 1 VO zur Änd. der PatentVO und anderer Verordnungen des gewerblichen Rechtsschutzes	12.12.2018	BGBl. I S. 2446	Inhaltsverzeichnis, §§ 3, 5, 6, 7, 9, 10, 13, 16, 19, Anl. 2	geänd. mWv 1.4.2019
				§§ 4, 14	neu gef. mWv 1.4.2019
6.	Art. 71 PersonengesellschaftsrechtsmodernisierungsG (MoPeG)	10.8.2021	BGBl. I S. 3436	§ 4	geänd. mWv 1.1.2024
7.	Art. 1 VO zur Änd. der PatentVO und der GebrauchsmusterVO im Hinblick auf Nukleotid- und Aminosäuresequenzprotokolle[1]	14.6.2022	BGBl. I S. 878	Inhaltsverzeichnis, § 15	geänd. mWv 1.7.2022
				§ 11	neu gef. mWv 1.7.2022
				§§ 11a, 11b	eingef. mWv 1.7.2022
				Anl. 1	aufgeh. mit Ablauf des 30.6.2022

Auf Grund des § 34 Abs. 6 und des § 63 Abs. 4 des Patentgesetzes[2] in der Fassung der Bekanntmachung vom 16. Dezember 1980 (BGBl. 1981 I S. 1), von denen *§ 34 Abs. 6 zuletzt* durch Artikel 7 Nr. 16 Buchstabe b und § 63 Abs. 4 durch Artikel 7 Nr. 27 Buchstabe b des Gesetzes vom 13. Dezember 2001 (BGBl. I S. 3656) geändert worden sind, jeweils in Verbindung mit § 20 der Verordnung über das Deutsche Patent- und Markenamt vom 5. September 1968 (BGBl. I

[1] **Amtl. Anm.:** Notifiziert gemäß der Richtlinie (EU) 2015/1535 des Europäischen Parlaments und des Rates vom 9. September 2015 über ein Informationsverfahren auf dem Gebiet der technischen Vorschriften und der Vorschriften für die Dienste der Informationsgesellschaft (ABl. L 241 vom 17.9.2015, S. 1).

[2] Nr. **70**.

S. 997), der durch Artikel 24 Nr. 2 des Gesetzes vom 13. Dezember 2001 (BGBl. I S. 3656) neu gefasst worden ist, verordnet das Deutsche Patent- und Markenamt:

Inhaltsübersicht[1)]

Abschnitt 1. Allgemeines

§ 1[2)] **Anwendungsbereich.** Für die im Patentgesetz[3)] geregelten Verfahren vor dem Deutschen Patent- und Markenamt gelten ergänzend zu den Bestimmungen des Patentgesetzes und der DPMA-Verordnung die Bestimmungen dieser Verordnung.

[1)] Inhaltsübersicht geänd. mWv 1.6.2004 durch VO v. 11.5.2004 (BGBl. I S. 897); mWv 1.1.2005 *durch VO v. 17.12.2004* (BGBl. I S. 3532); mWv 31.5.2011 durch VO v. 26.5.2011 (BGBl. I S. 996); mWv 1.4.2019 durch VO v. 12.12.2018 (BGBl. I S. 2446); mWv 1.7.2022 durch VO v. 14.6.2022 (BGBl. I S. 878).

[2)] § 1 geänd. mWv 1.6.2004 durch VO v. 11.5.2004 (BGBl. I S. 897).

[3)] Nr. **70**.

§ 2[1)] DIN-Normen, Einheiten im Messwesen, Symbole und Zeichen.

(1) DIN-Normen, auf die in dieser Verordnung verwiesen wird, sind im Beuth-Verlag GmbH, Berlin und Köln, erschienen und beim Deutschen Patent- und Markenamt in München archivmäßig gesichert niedergelegt.

(2) [1] Einheiten im Messwesen sind in Übereinstimmung mit dem Gesetz über die Einheiten im Messwesen und die Zeitbestimmung und der hierzu erlassenen Ausführungsverordnung in den jeweils geltenden Fassungen anzugeben. [2] Bei chemischen Formeln sind die auf dem Fachgebiet national oder international anerkannten Zeichen und Symbole zu verwenden.

Abschnitt 2. Patentanmeldungen; Patentverfahren

§ 3[2)] Form der Einreichung. [1] Die Anmeldung (§ 34 des Patentgesetzes[3)]) und die Zusammenfassung (§ 36 des Patentgesetzes) sind beim Deutschen Patent- und Markenamt schriftlich oder elektronisch einzureichen. [2] Für die elektronische Einreichung ist die Verordnung über den elektronischen Rechtsverkehr beim Deutschen Patent- und Markenamt maßgebend.

§ 4[4)] Anmeldung zur Erteilung eines Patents. (1) Für die schriftliche Anmeldung zur Erteilung eines Patents ist für die nachfolgend genannten Angaben das vom Deutschen Patent- und Markenamt herausgegebene Formblatt zu verwenden, sofern diese Verordnung nichts anderes bestimmt.

(2) Die Anmeldung muss enthalten:

1. folgende Angaben zum Anmelder:
   a) wenn der Anmelder eine natürliche Person ist: Vornamen und Namen oder, falls die Eintragung unter der Firma des Anmelders erfolgen soll, die Firma, wie sie im Handelsregister eingetragen ist, sowie die Anschrift des Wohn- oder Firmensitzes mit Angabe von Straße, Hausnummer, Postleitzahl und Ort,
   b) wenn der Anmelder eine juristische Person oder eine ***[ab 1.1.2024:** rechtsfähige**]*** Personengesellschaft ist:
      aa) Name oder Firma, Rechtsform sowie Anschrift mit Angabe von Straße, Hausnummer, Postleitzahl und Ort des Sitzes; die Bezeichnung der Rechtsform kann auf übliche Weise abgekürzt werden; wenn die juristische Person oder ***[ab 1.1.2024:** rechtsfähige**]*** Personengesellschaft in einem Register eingetragen ist, müssen die Angaben dem Registereintrag entsprechen;
      bb) bei einer Gesellschaft bürgerlichen Rechts ***[ab 1.1.2024:** , die nicht im Gesellschaftsregister eingetragen ist,**]*** zusätzlich Name und Anschrift mit Angabe von Straße, Hausnummer, Postleitzahl und Ort mindestens eines vertretungsberechtigten Gesellschafters;
2. eine kurze und genaue Bezeichnung der Erfindung;
3. die Erklärung, dass für die Erfindung die Erteilung eines Patents beantragt wird;

[1)] § 2 Abs. 2 Satz 1 geänd. mWv 1.1.2013 durch VO v. 10.12.2012 (BGBl. I S. 2630).

[2)] § 3 Abs. 1 neu gef., Abs. 3 aufgeh. mWv 1.6.2004 durch VO v. 11.5.2004 (BGBl. I S. 897); Abs. 2 aufgeh. mWv 1.1.2013 durch VO v. 10.12.2012 (BGBl. I S. 2630); Sätze 1 und 2 geänd. mWv 1.4.2019 durch VO v. 12.12.2018 (BGBl. I S. 2446).

[3)] Nr. **70**.

[4)] § 4 neu gef. mWv 1.4.2019 durch VO v. 12.12.2018 (BGBl. I S. 2446); Abs. 2 Nr. 1 Buchst. b einl. Satzteil, Doppelbuchst. aa und bb, Abs. 5 geänd. mWv 1.1.2024 durch G v. 10.8.2021 (BGBl. I S. 3436).

4. gegebenenfalls die Angabe eines Vertreters;
5. die Unterschrift aller Anmelder oder deren Vertreter.

(3) [1] Wenn der Anmelder seinen Wohnsitz oder Sitz im Ausland hat, so ist bei der Angabe der Anschrift nach Absatz 2 Nummer 1 außer dem Ort auch der Staat anzugeben. [2] Weitere Angaben zum Bezirk, zur Provinz oder zum Bundesstaat, in dem der Anmelder seinen Wohnsitz oder Sitz hat oder dessen Rechtsordnung er unterliegt, sind freiwillig.

(4) Hat das Deutsche Patent- und Markenamt dem Anmelder eine Kennnummer zugeteilt, so soll diese in der Anmeldung genannt werden. In der Anmeldung können zusätzlich eine von der Anschrift des Anmelders abweichende Postanschrift, eine Postfachanschrift sowie Telefonnummern, Telefaxnummern und E-Mail-Adressen angegeben werden.

(5) Wird die Anmeldung von mehreren Personen oder ***[ab 1.1.2024:** rechtsfähigen]* Personengesellschaften eingereicht, so gelten Absatz 2 Nummer 1 und die Absätze 3 und 4 für alle anmeldenden Personen oder ***[ab 1.1.2024:** rechtsfähigen]* Personengesellschaften.

(6) [1] Ist ein Vertreter bestellt, so gelten hinsichtlich der Angaben zum Vertreter Absatz 2 Nummer 1 und die Absätze 3 und 4 Satz 2 entsprechend. [2] Hat das Deutsche Patent- und Markenamt dem Vertreter eine Kennnummer oder die Nummer einer allgemeinen Vollmacht zugeteilt, so soll diese zusätzlich angegeben werden.

(7) [1] Unterzeichnen Angestellte für ihren anmeldenden Arbeitgeber, so ist auf Anforderung der Nachweis der Zeichnungsbefugnis vorzulegen. [2] Auf beim Deutschen Patent- und Markenamt für die Unterzeichner hinterlegte Angestelltenvollmachten ist unter Angabe der hierfür mitgeteilten Kennnummer hinzuweisen.

(8) Die Angaben zum geographischen Herkunftsort biologischen Materials nach § 34a Absatz 1 Satz 1 des Patentgesetzes[1)] sind auf einem gesonderten Blatt anzugeben.

§ 5[2)] Anmeldungsunterlagen. (1) [1] Die Anmeldungsunterlagen und die Zusammenfassung dürfen im Text keine bildlichen Darstellungen enthalten. [2] Ausgenommen sind chemische und mathematische Formeln sowie Tabellen. [3] Phantasiebezeichnungen, Marken oder andere Bezeichnungen, die zur eindeutigen Angabe der Beschaffenheit eines Gegenstands nicht geeignet sind, dürfen nicht verwendet werden. [4] Kann eine Angabe ausnahmsweise nur durch Verwendung einer Marke eindeutig bezeichnet werden, so ist die Bezeichnung als Marke kenntlich zu machen.

(2) Technische Begriffe und Bezeichnungen sowie Bezugszeichen sind in der gesamten Anmeldung einheitlich zu verwenden, sofern nicht die Verwendung verschiedener Ausdrücke sachdienlich ist.

§ 6[3)] Formerfordernisse der Anmeldung. (1) Die Anmeldungsunterlagen sind in einer Form einzureichen, die eine elektronische Erfassung gestattet.

[1)] Nr. **70.**

[2)] § 5 Abs. 2 Satz 2 aufgeh. mWv 1.4.2019 durch VO v. 12.12.2018 (BGBl. I S. 2446).

[3)] § 6 Abs. 4 Satz 3 aufgeh., Abs. 5 Satz 2 eingef., bish. Sätze 2–9 werden Sätze 3–10 mWv 1.6.2004 durch VO v. 11.5.2004 (BGBl. I S. 897); Abs. 1, Abs. 3 Sätze 5, 6 neu gef., Abs. 4 Satz 1, Abs. 5 Satz 2 geänd. mWv 1.1.2005 durch VO v. 17.12.2004 (BGBl. I S. 3532); Überschrift, Abs. 1 Satz 2 neu gef., Sätze 3, 4 und Abs. 2 Satz 1 geänd. mWv 31.5.2011 durch VO v. 26.5.2011 (BGBl. I S. 996); Abs. 1 Sätze →

(2) [1] Die Patentansprüche, die Beschreibung, die Zeichnungen sowie der Text und die Zeichnung der Zusammenfassung sind auf gesonderten Blättern einzureichen. [2] Die Blätter müssen das Format 21 × 29,7 Zentimeter (DIN A4) haben und im Hochformat verwendet werden. [3] Für die Zeichnungen können die Blätter auch im Querformat verwendet werden, wenn dies sachdienlich ist; in diesem Fall ist der Kopf der Abbildungen auf der linken Seite des Blattes im Hochformat anzuordnen. [4] Entsprechendes gilt für die Darstellung chemischer und mathematischer Formeln sowie für Tabellen. [5] Alle Blätter müssen frei von Knicken und Rissen und dürfen nicht gefaltet oder gefalzt sein. [6] Sie müssen aus nicht durchscheinendem, biegsamem, festem, glattem, mattem und widerstandsfähigem Papier sein.

(3) [1] Die Blätter dürfen nur einseitig beschriftet oder mit Zeichnungen versehen sein. [2] Sie müssen so miteinander verbunden sein, dass sie leicht voneinander getrennt und wieder zusammengefügt werden können. [3] Die Patentansprüche, die Beschreibung, die Zeichnungen sowie der Text und die Zeichnung der Zusammenfassung sind jeweils auf einem gesonderten Blatt anzugeben. [4] Die Blätter der Beschreibung sind in arabischen Ziffern mit einer fortlaufenden Nummerierung zu versehen. [5] Die Blattnummern sind unterhalb des oberen Rands in der Mitte anzubringen. [6] Zeilen- und Absatzzähler oder ähnliche Nummerierungen sollen nicht verwendet werden.

(4) [1] Als Mindestränder sind auf den Blättern der Patentansprüche, der Beschreibung und der Zusammenfassung folgende Flächen unbeschriftet zu lassen:

Oberer Rand:	2 Zentimeter
Linker Seitenrand:	2,5 Zentimeter
Rechter Seitenrand:	2 Zentimeter
Unterer Rand:	2 Zentimeter.

[2] Die Mindestränder können den Namen, die Firma oder die sonstige Bezeichnung des Anmelders und das Aktenzeichen der Anmeldung enthalten.

(5) [1] Die Patentansprüche, die Beschreibung und die Zusammenfassung müssen einspaltig mit Maschine geschrieben oder gedruckt sein. [2] Blocksatz soll nicht verwendet werden. [3] Die Buchstaben der verwendeten Schrift müssen deutlich voneinander getrennt sein und dürfen sich nicht berühren. [4] Graphische Symbole und Schriftzeichen, chemische oder mathematische Formeln können handgeschrieben oder gezeichnet sein, wenn dies notwendig ist. [5] Der Zeilenabstand muss 1½-zeilig sein. [6] Die Texte müssen mit Schriftzeichen, deren Großbuchstaben eine Mindesthöhe von 0,21 Zentimeter (Schriftgrad mindestens 10 Punkt) besitzen, und mit dunkler, unauslöschlicher Farbe geschrieben sein. [7] Das Schriftbild muss scharfe Konturen aufweisen und kontrastreich sein. [8] Jedes Blatt muss weitgehend frei von Radierstellen, Änderungen, Überschreibungen und Zwischenbeschriftungen sein. [9] Von diesem Erfordernis kann abgesehen werden, wenn es sachdienlich ist. [10] Der Text soll keine Unterstreichungen, Kursivschreibungen, Fettdruck oder Sperrungen beinhalten.

(6) Die Anmeldungsunterlagen sollen deutlich erkennen lassen, zu welcher Anmeldung sie gehören.

(Fortsetzung der Anm. von voriger Seite)
2–4 aufgeh., Abs. 2 Satz 2 geänd., Abs. 3 Satz 3 neu gef., Abs. 4 Satz 1, Abs. 5 geänd. mWv 1.4.2019 durch VO v. 12.12.2018 (BGBl. I S. 2446).

§ 7[1)] Benennung des Erfinders. (1) Der Anmelder muss bei schriftlicher Benennung des Erfinders das vom Deutschen Patent- und Markenamt herausgegebene Formblatt verwenden.

(2) Die Benennung muss enthalten:
1. die Vornamen, den Namen und die Anschrift mit Angabe von Straße, Hausnummer, Postleitzahl und Ort des Erfinders; § 4 Absatz 3 gilt entsprechend;
2. die Versicherung des Anmelders, dass weitere Personen seines Wissens an der Erfindung nicht beteiligt sind (§ 37 Abs. 1 des Patentgesetzes[2)]);
3. falls der Anmelder nicht oder nicht allein der Erfinder ist, die Erklärung darüber, wie das Recht auf das Patent an ihn gelangt ist (§ 37 Abs. 1 Satz 2 des Patentgesetzes);
4. die Bezeichnung der Erfindung und soweit bereits bekannt das amtliche Aktenzeichen;
5. die Unterschrift des Anmelders oder seines Vertreters; ist das Patent von mehreren Personen beantragt, so hat jede von ihnen oder ihr Vertreter die Benennung zu unterzeichnen.

§ 8 Nichtnennung des Erfinders; Änderungen der Erfindernennung.

(1) [1]Der Antrag des Erfinders, ihn nicht als Erfinder zu nennen, der Widerruf dieses Antrags (§ 63 Abs. 1 Satz 3 und 4 des Patentgesetzes[2)]) sowie Anträge auf Berichtigung oder Nachholung der Nennung (§ 63 Abs. 2 des Patentgesetzes) sind schriftlich einzureichen. [2]Die Schriftstücke müssen vom Erfinder unterzeichnet sein und die Bezeichnung der Erfindung sowie das amtliche Aktenzeichen enthalten.

(2) Die Zustimmung des Anmelders oder Patentinhabers sowie des zu Unrecht Benannten zur Berichtigung oder Nachholung der Nennung (§ 63 Abs. 2 des Patentgesetzes) hat schriftlich zu erfolgen.

§ 9[3)] Patentansprüche. (1) [1]In den Patentansprüchen kann das, was als patentfähig unter Schutz gestellt werden soll (§ 34 Abs. 3 Nr. 3 des Patentgesetzes[2)]), einteilig oder nach Oberbegriff und kennzeichnendem Teil geteilt (zweiteilig) gefasst sein. [2]In beiden Fällen kann die Fassung nach Merkmalen gegliedert sein.

(2) [1]Wird die zweiteilige Anspruchsfassung gewählt, sind in den Oberbegriff die durch den Stand der Technik bekannten Merkmale der Erfindung aufzunehmen; in den kennzeichnenden Teil sind die Merkmale der Erfindung aufzunehmen, für die in Verbindung mit den Merkmalen des Oberbegriffs Schutz begehrt wird. [2]Der kennzeichnende Teil ist mit den Worten „dadurch gekennzeichnet, dass" oder „gekennzeichnet durch" oder einer sinngemäßen Wendung einzuleiten.

(3) [1]Werden Patentansprüche nach Merkmalen oder Merkmalsgruppen gegliedert, so ist die Gliederung dadurch äußerlich hervorzuheben, dass jedes Merkmal oder jede Merkmalsgruppe mit einer neuen Zeile beginnt. [2]Den Merkmalen oder Merkmalsgruppen sind deutlich vom Text abzusetzende Gliederungszeichen voranzustellen.

[1)] § 7 Abs. 1 und 2 Nr. 1 neu gef. mWv 1.4.2019 durch VO v. 12.12.2018 (BGBl. I S. 2446).
[2)] Nr. **70**.
[3)] § 9 Abs. 9 geänd. mWv 31.5.2011 durch VO v. 26.5.2011 (BGBl. I S. 996); Abs. 10 aufgeh. mWv 1.4.2019 durch VO v. 12.12.2018 (BGBl. I S. 2446).

(4) Im ersten Patentanspruch (Hauptanspruch) sind die wesentlichen Merkmale der Erfindung anzugeben.

(5) [1] Eine Anmeldung kann mehrere unabhängige Patentansprüche (Nebenansprüche) enthalten, soweit der Grundsatz der Einheitlichkeit gewahrt ist (§ 34 Abs. 5 des Patentgesetzes). [2] Absatz 4 ist entsprechend anzuwenden. [3] Nebenansprüche können eine Bezugnahme auf mindestens einen der vorangehenden Patentansprüche enthalten.

(6) [1] Zu jedem Haupt- bzw. Nebenanspruch können ein oder mehrere Patentansprüche (Unteransprüche) aufgestellt werden, die sich auf besondere Ausführungsarten der Erfindung beziehen. [2] Unteransprüche müssen eine Bezugnahme auf mindestens einen der vorangehenden Patentansprüche enthalten. [3] Sie sind so weit wie möglich und auf die zweckmäßigste Weise zusammenzufassen.

(7) Werden mehrere Patentansprüche aufgestellt, so sind sie fortlaufend mit arabischen Ziffern zu nummerieren.

(8) Die Patentansprüche dürfen, wenn dies nicht unbedingt erforderlich ist, im Hinblick auf die technischen Merkmale der Erfindung keine Bezugnahmen auf die Beschreibung oder die Zeichnungen enthalten, z.B. „wie beschrieben in Teil … der Beschreibung" oder „ wie in Abbildung … der Zeichnung dargestellt".

(9) Enthält die Anmeldung Zeichnungen, so sollen die in den Patentansprüchen angegebenen Merkmale mit ihren Bezugszeichen versehen sein.

§ 10[1)] Beschreibung. (1) Am Anfang der Beschreibung nach § 34 Abs. 3 Nr. 4 des Patentgesetzes[2)] ist als Titel die in der Anmeldung nach § 4 Absatz 2 Nummer 2 angegebene Bezeichnung der Erfindung anzugeben.

(2) Ferner sind anzugeben:

1. das technische Gebiet, zu dem die Erfindung gehört, soweit es sich nicht aus den Ansprüchen oder den Angaben zum Stand der Technik ergibt;
2. der dem Anmelder bekannte Stand der Technik, der für das Verständnis der Erfindung und deren Schutzfähigkeit in Betracht kommen kann, unter Angabe der dem Anmelder bekannten Fundstellen;
3. das der Erfindung zugrunde liegende Problem, sofern es sich nicht aus der angegebenen Lösung oder den zu Nummer 6 gemachten Angaben ergibt, insbesondere dann, wenn es zum Verständnis der Erfindung oder für ihre nähere inhaltliche Bestimmung unentbehrlich ist;
4. die Erfindung, für die in den Patentansprüchen Schutz begehrt wird;
5. in welcher Weise der Gegenstand der Erfindung gewerblich anwendbar ist, wenn es sich aus der Beschreibung oder der Art der Erfindung nicht offensichtlich ergibt;
6. gegebenenfalls vorteilhafte Wirkungen der Erfindung unter Bezugnahme auf den bisherigen Stand der Technik;
7. *wenigstens ein* Weg zum Ausführen der beanspruchten Erfindung im Einzelnen, gegebenenfalls erläutert durch Beispiele und anhand der Zeichnungen unter Verwendung der entsprechenden Bezugszeichen.

(3) [1] In die Beschreibung sind keine Angaben aufzunehmen, die zum Erläutern der Erfindung offensichtlich nicht notwendig sind. [2] Wiederholungen von Ansprüchen oder Anspruchsteilen können durch Bezugnahme auf diese ersetzt werden.

---

1) § 10 Abs. 1 geänd., Abs. 4 aufgeh. mWv 1.4.2019 durch VO v. 12.12.2018 (BGBl. I S. 2446).
2) Nr. **70**.

§ 11[1)] Darstellung von Nukleotid- und Aminosäuresequenzen; Sequenzprotokolle. (1) [1] Sind in der Patentanmeldung Nukleotid- oder Aminosäuresequenzen offenbart, die nach Satz 2 in ein Sequenzprotokoll aufgenommen werden müssen, so muss die Beschreibung nach § 34 Absatz 3 Nummer 4 des Patentgesetzes[2)] neben dem Hauptteil der Beschreibung (§ 10) als separaten Teil ein Sequenzprotokoll enthalten. [2] In ein Sequenzprotokoll aufgenommen werden muss jede Sequenz, die an einer beliebigen Stelle in der Anmeldung durch Aufzählung der Reste offenbart wird und dargestellt werden kann

1. als unverzweigte Sequenz oder lineare Region einer verzweigten Sequenz aus zehn oder mehr spezifisch definierten Nukleotiden, wobei benachbarte Nukleotide verbunden sind durch
   a) eine 3'-5'- (oder 5'-3'-)Phosphodiesterbindung oder
   b) eine beliebige chemische Bindung, die zu einer Anordnung benachbarter Nukleinbasen führt, mit der die Anordnung der Nukleinbasen in natürlich vorkommenden Nukleinsäuren nachgeahmt wird, oder
2. als unverzweigte Sequenz oder lineare Region einer verzweigten Sequenz, die vier oder mehr spezifisch definierte Aminosäuren enthält, die ein einziges Peptid-Rückgrat bilden, das heißt, benachbarte Aminosäuren werden durch Peptidbindungen zusammengehalten.

(2) [1] Das Sequenzprotokoll muss dem Standard für die Darstellung von Nukleotid- und Aminosäuresequenzprotokollen in XML in seiner jeweils geltenden Fassung entsprechen, den das Deutsche Patent- und Markenamt im Bundesanzeiger bekannt macht. [2] Das Deutsche Patent- und Markenamt macht neue Fassungen des Standards im Bundesanzeiger gemeinsam mit dem Zeitpunkt ihres Inkrafttretens und etwaigen Übergangsregelungen bekannt.

(3) Die in den §§ 11 bis 11b verwendeten Begriffe sind entsprechend ihrer Bedeutung in dem in Absatz 2 Satz 1 bezeichneten Standard zu verstehen.

(4) In den Patentansprüchen, dem Hauptteil der Beschreibung (§ 10) und den Zeichnungen soll auf die im Sequenzprotokoll dargestellten Sequenzen unter Verwendung der dort jeweils zugewiesenen Sequenzkennzahlen verwiesen werden.

§ 11a[3)] Einreichung des Sequenzprotokolls als elektronisches Dokument; sprachbezogene Anforderungen an Sequenzprotokolle. (1) [1] Abweichend von § 3 Satz 1 ist das Sequenzprotokoll nach den Vorgaben des in § 11 Absatz 2 Satz 1 bezeichneten Standards in einer einzigen Datei im XML-Format als elektronisches Dokument beim Deutschen Patent- und Markenamt einzureichen. [2] Für die Einreichung als elektronisches Dokument ist die Verordnung über den elektronischen Rechtsverkehr beim Deutschen Patent- und Markenamt maßgebend.

(2) [1] Die Bezeichnung der Erfindung im Sequenzprotokoll ist in deutscher Sprache anzugeben. [2] Sie kann zusätzlich auch in weiteren Sprachen angegeben werden.

(3) [1] Sofern nach dem in § 11 Absatz 2 Satz 1 bezeichneten Standard Angaben im Sequenzprotokoll als sprachabhängiger Freitext vorgesehen sind, ist dieser sprachabhängige Freitext in deutscher Sprache abzufassen. [2] Er kann zusätzlich auch in englischer Sprache abgefasst werden.

[1)] § 11 neu gef. mWv 1.7.2022 durch VO v. 14.6.2022 (BGBl. I S. 878).
[2)] Nr. **70**.
[3)] § 11a eingef. mWv 1.7.2022 durch VO v. 14.6.2022 (BGBl. I S. 878).

(4) [1] Eine deutsche Übersetzung des Sequenzprotokolls ist in Form eines vollständigen neuen Sequenzprotokolls einzureichen, das die Bezeichnung der Erfindung und den sprachabhängigen Freitext in deutscher Sprache enthält und das Sequenzprotokoll im Übrigen vorbehaltlich des Satzes 3 unverändert wiedergibt. [2] Absatz 2 Satz 2 und Absatz 3 Satz 2 gelten entsprechend. [3] Die Angaben im allgemeinen Informationsteil des Sequenzprotokolls sollen bei der Übersetzung nach den Vorgaben des in § 11 Absatz 2 Satz 1 bezeichneten Standards ergänzt und gegebenenfalls aktualisiert werden.

§ 11b[1)] Geänderte und nachgereichte Sequenzprotokolle. (1) [1] Eine Änderung des Sequenzprotokolls ist in Form eines vollständigen neuen Sequenzprotokolls einzureichen. [2] Die Änderungen sind in einem separaten Begleitschreiben im Einzelnen zu erläutern. [3] Der Anmelder hat eine Erklärung beizufügen, dass das geänderte Sequenzprotokoll keinen Gegenstand umfasst, der über den Inhalt der Anmeldung in der ursprünglich eingereichten Fassung hinausgeht. [4] Er hat in der Erklärung im Einzelnen anzugeben, an welcher Stelle die in dem geänderten Sequenzprotokoll beschriebenen Erfindungsmerkmale in den ursprünglichen Anmeldungsunterlagen offenbart sind. [5] In dem geänderten Sequenzprotokoll ist die in dem ursprünglich eingereichten Sequenzprotokoll verwendete Nummerierung der Sequenzen beizubehalten. [6] Soweit dies nicht möglich ist, sind die Sequenzen in der Reihenfolge zu nummerieren, in der sie in den ursprünglichen Anmeldungsunterlagen offenbart wurden.

(2) [1] Wird ein Sequenzprotokoll erstmalig nach dem Anmeldetag eingereicht, so stellt dies eine Änderung der Beschreibung nach § 34 Absatz 3 Nummer 4 des Patentgesetzes[2)] dar. [2] Für diese Änderung gilt Absatz 1 Satz 2 bis 4 und 6 entsprechend. [3] § 35 Absatz 3 des Patentgesetzes bleibt unberührt.

§ 12 Zeichnungen. Eingereichte Zeichnungen müssen den in der Anlage 2 enthaltenen Standards entsprechen.

§ 13[3)] Zusammenfassung. (1) Die Zusammenfassung nach § 36 des Patentgesetzes[2)] soll aus nicht mehr als 1 500 Zeichen bestehen.

(2) In der Zusammenfassung kann auch die chemische Formel angegeben werden, die die Erfindung am deutlichsten kennzeichnet.

(3) § 9 Abs. 8 ist sinngemäß anzuwenden.

§ 14[4)] Fremdsprachige Dokumente. (1) Deutsche Übersetzungen von fremdsprachigen Dokumenten müssen von einem Rechtsanwalt oder Patentanwalt beglaubigt oder von einem öffentlich bestellten Übersetzer angefertigt sein.

(2) [1] Deutsche Übersetzungen von fremdsprachigen Prioritätsbelegen und Abschriften früherer Anmeldungen (§ 41 Absatz 1 des Patentgesetzes[2)]) sind nur auf Anforderung des Deutschen Patent- und Markenamtes nachzureichen. [2] Das Deutsche Patent- und Markenamt setzt für die Nachreichung eine angemessene Frist.

(3) [1] Deutsche Übersetzungen von sonstigen Dokumenten, die

1. nicht zu den Unterlagen der Anmeldung zählen und

[1)] § 11b eingef. mWv 1.7.2022 durch VO v. 14.6.2022 (BGBl. I S. 878).

[2)] Nr. **70**.

[3)] § 13 Abs. 4 aufgeh. mWv 1.4.2019 durch VO v. 12.12.2018 (BGBl. I S. 2446).

[4)] § 14 neu gef. mWv 1.4.2019 durch VO v. 12.12.2018 (BGBl. I S. 2446).

2. in englischer, französischer, italienischer oder spanischer Sprache eingereicht wurden,

sind nur auf Anforderung des Deutschen Patent- und Markenamts nachzureichen. 2 Das Deutsche Patent- und Markenamt setzt für die Nachreichung eine angemessene Frist.

(4) Werden sonstige Dokumente, die nicht zu den Unterlagen der Anmeldung zählen, in anderen Sprachen eingereicht als in Absatz 3 Satz 1 Nummer 2 aufgeführt, so sind Übersetzungen in die deutsche Sprache innerhalb eines Monats nach Eingang der Dokumente nachzureichen.

(5) 1 Wird die Übersetzung im Sinne der Absätze 2 bis 4 nach Ablauf der Frist eingereicht, so gilt das fremdsprachige Dokument als zum Zeitpunkt des Eingangs der Übersetzung eingegangen. 2 Wird keine Übersetzung eingereicht, so gilt das fremdsprachige Dokument als nicht eingegangen.

Abschnitt 3. Sonstige Formerfordernisse

§ 15[1] Nachgereichte Anmeldungsunterlagen; Änderung von Anmeldungsunterlagen. (1) 1 Auf allen nach Mitteilung des amtlichen Aktenzeichens eingereichten Schriftstücken ist dieses vollständig anzubringen. 2 Werden die Anmeldungsunterlagen im Laufe des Verfahrens geändert, so hat der Anmelder eine Reinschrift der Anmeldungsunterlagen einzureichen, die die Änderungen berücksichtigt. 3 § 6 Abs. 1 gilt entsprechend.

(2) Werden weitere Exemplare von Anmeldungsunterlagen vom Anmelder nachgereicht, so ist eine Erklärung beizufügen, dass die nachgereichten Unterlagen mit den ursprünglich eingereichten Unterlagen übereinstimmen.

(3) 1 Der Anmelder hat, sofern die Änderungen nicht vom Deutschen Patent- und Markenamt vorgeschlagen worden sind, im Einzelnen anzugeben, an welcher Stelle die in den neuen Unterlagen beschriebenen Erfindungsmerkmale in den ursprünglichen Unterlagen offenbart sind. 2 Die vorgenommenen Änderungen sind zusätzlich entweder auf einem Doppel der geänderten Unterlagen, durch gesonderte Erläuterungen oder in der Reinschrift zu kennzeichnen. 3 Wird die Kennzeichnung in der Reinschrift vorgenommen, sind die Änderungen fett hervorzuheben.

(4) Der Anmelder hat, sofern die Änderungen vom Deutschen Patent- und Markenamt vorgeschlagen und vom Anmelder ohne weitere Änderungen angenommen worden sind, der Reinschrift nach Absatz 1 Satz 2 eine Erklärung beizufügen, dass die Reinschrift keine über die vom Deutschen Patent- und Markenamt vorgeschlagenen Änderungen hinausgehenden Änderungen enthält.

§ 16[2] Modelle und Proben. (1) 1 Modelle und Proben sind nur auf Anforderung des Deutschen Patent- und Markenamts einzureichen. 2 Sie sind mit einer dauerhaften Beschriftung zu versehen, aus der Inhalt und Zugehörigkeit zu der entsprechenden Anmeldung hervorgehen. 3 Dabei ist gegebenenfalls der Bezug zum Patentanspruch und der Beschreibung genau anzugeben.

[1] § 15 neu gef. mWv 1.1.2005 durch VO v. 17.12.2004 (BGBl. I S. 3532); Abs. 1 Satz 2 geänd., Satz 3 aufgeh., bish. Satz 4 wird Satz 3, Abs. 3 Sätze 2, 3 und Abs. 4 geänd. mWv 31.5.2011 durch VO v. 26.5. 2011 (BGBl. I S. 996); Abs. 1 Satz 3 geänd. mWv 1.7.2022 durch VO v. 14.6.2022 (BGBl. I S. 878).

[2] § 16 Abs. 4 Satz 1 geänd. mWv 1.4.2019 durch VO v. 12.12.2018 (BGBl. I S. 2446).

(2) [1] Modelle und Proben, die leicht beschädigt werden können, sind unter Hinweis hierauf in festen Hüllen einzureichen. [2] Kleine Gegenstände sind auf steifem Papier zu befestigen.

(3) [1] Proben chemischer Stoffe sind in widerstandsfähigen, zuverlässig geschlossenen Behältern einzureichen. [2] Sofern sie giftig, ätzend oder leicht entzündlich sind oder in sonstiger Weise gefährliche Eigenschaften aufweisen, sind sie mit einem entsprechenden Hinweis zu versehen.

(4) [1] Ausfärbungen, Gerbproben und andere flächige Proben müssen auf steifem Papier im Format 21 × 29,7 Zentimeter (DIN A4) dauerhaft befestigt sein. [2] Sie sind durch eine genaue Beschreibung des angewandten Herstellungs- oder Verwendungsverfahrens zu erläutern.

§ 17 Öffentliche Beglaubigung von Unterschriften. Auf Anforderung des Deutschen Patent- und Markenamts sind die in § 7 Abs. 2 Nr. 5 und in § 8 genannten Unterschriften öffentlich beglaubigen zu lassen (§ 129 des Bürgerlichen Gesetzbuchs[1]).

§ 18[2] *(aufgehoben)*

Abschnitt 4. Ergänzende Schutzzertifikate

§ 19[3] **Form der Einreichung.** (1) [1] Der Antrag auf Erteilung eines ergänzenden Schutzzertifikats und der Antrag auf Verlängerung der Laufzeit eines ergänzenden Schutzzertifikats (§ 49a des Patentgesetzes[4]) sind auf den vom Deutschen Patent- und Markenamt herausgegebenen Formblättern einzureichen. [2] § 4 Absatz 2 Nummer 1, 4 und 5, Absatz 3, 5 und 6 sowie § 14 Absatz 1, 3 bis 5 sind entsprechend anzuwenden.

(2) Dem Antrag auf Erteilung eines ergänzenden Schutzzertifikats sind Angaben zur Erläuterung des durch das Grundpatent vermittelten Schutzes beizufügen.

§ 20[5] **Ergänzende Schutzzertifikate für Arzneimittel.** Der Antrag auf Erteilung eines ergänzenden Schutzzertifikats für Arzneimittel und der Antrag auf Verlängerung der Laufzeit eines ergänzenden Schutzzertifikats für Arzneimittel müssen jeweils die Angaben und Unterlagen enthalten, die in Artikel 8 der Verordnung (EG) Nr. 469/2009 des Europäischen Parlaments und des Rates vom 6. Mai 2009 über das ergänzende Schutzzertifikat für Arzneimittel (ABl. L 152 vom 16.6.2009, S. 1) bezeichnet sind.

§ 21[6] **Ergänzende Schutzzertifikate für Pflanzenschutzmittel.** Der Antrag auf Erteilung eines ergänzenden Schutzzertifikats für Pflanzenschutzmittel muss die Angaben und Unterlagen enthalten, die in Artikel 8 der Verordnung (EG) Nr. 1610/96 des Europäischen Parlaments und des Rates vom 23. Juli 1996 über die Schaffung eines ergänzenden Schutzzertifikats für Pflanzenschutzmittel (ABl. L 198 vom 8.8.1996, S. 30) bezeichnet sind.

---

[1] **Habersack, Deutsche Gesetze Nr. 20.**
[2] § 18 aufgeh. mWv 1.6.2004 durch VO v. 11.5.2004 (BGBl. I S. 897).
[3] § 19 Abs. 1 Satz 1 neu gef., Abs. 2 geänd. mWv 31.5.2011 durch VO v. 26.5.2011 (BGBl. I S. 996); Abs. 1 Satz 2 neu gef. mWv 1.4.2019 durch VO v. 12.12.2018 (BGBl. I S. 2446).
[4] Nr. **70**.
[5] § 20 neu gef. mWv 31.5.2011 durch VO v. 26.5.2011 (BGBl. I S. 996).
[6] § 21 geänd. mWv 31.5.2011 durch VO v. 26.5.2011 (BGBl. I S. 996).

Abschnitt 5. Übergangs- und Schlussbestimmungen

§ 22[1] **Übergangsregelung.** Für Patentanmeldungen, Erfinderbenennungen und Anträge auf Erteilung eines ergänzenden Schutzzertifikats, die vor Inkrafttreten von Änderungen dieser Verordnung eingereicht worden sind, sind die bisherigen Vorschriften in ihrer bis dahin geltenden Fassung anzuwenden.

§ 23 Inkrafttreten; Außerkrafttreten. [1] Diese Verordnung tritt am 15. Oktober 2003 in Kraft. [2] Gleichzeitig treten

1. die Patentanmeldeverordnung vom 29. Mai 1981 (BGBl. I S. 521), zuletzt geändert durch die Verordnung vom 1. Januar 2002 (BGBl. I S. 32), und
2. die Erfinderbenennungsverordnung vom 29. Mai 1981 (BGBl. I S. 525)

außer Kraft.

Anlage 1[2]
(aufgehoben)

Anlage 2
(hier nicht wiedergegeben)

[1] § 22 geänd. mWv 1.6.2004 durch VO v. 11.5.2004 (BGBl. I S. 897).
[2] Anl. 1 aufgeh. mWv 1.7.2022 durch VO v. 14.6.2022 (BGBl. I S. 878).

70b. Gesetz über die Kosten des Deutschen Patent- und Markenamts und des Bundespatentgerichts (Patentkostengesetz – PatKostG)[1)]

Vom 13. Dezember 2001
(BGBl. I S. 3656)

FNA 424-4-9

Lfd. Nr.	Änderndes Gesetz	Datum	Fundstelle	Betroffen	Hinweis
1.	Art. 21 Abs. 1 Geistiges Eigentum-Kostenregelungs-BereinigungsG	13.12. 2001	BGBl. I S. 3656, geänd. 2004, S. 390	Anl.	geänd. mWv 1.1.2005
2.	Art. 4 Abs. 4 Transparenz- und PublizitätsG	19.7.2002	BGBl. I S. 2681	§§ 3, 7, 8, Anl.	geänd. mWv 26.7.2002
3.	Art. 2 Abs. 12 GeschmacksmusterreformG	12.3.2004	BGBl. I S. 390	§§ 3, 5, 6, 7, 10, Anl.	geänd. mWv 1.6.2004
				§ 15	eingef. mWv 1.6.2004
4.	Art. 4 Abs. 47 KostenrechtsmodernisierungsG	5.5.2004	BGBl. I S. 718	§§ 2, 12	geänd. mWv 1.7.2004
5.	Art. 3 G zur Änd. des PatentG und anderer Vorschr.	9.12.2004	BGBl. I S. 3232	Anl.	geänd. mWv 15.12.2004
6.	Art. 6 G zur Änd. des patentrechtl. Einspruchsverfahrens und des PatKostG	21.6.2006	BGBl. I S. 1318	§§ 3, 5, 8, 10, 11, Anl.	geänd. mWv 1.7.2006
7.	Art. 3 Patentabkommen-Revisions-UmsetzungsG	24.8.2007	BGBl. I S. 2166; 2008 I S. 254	Anl.	geänd. mWv 13.12.2007
8.	Art. 8b Nr. 1 G zur Verbesserung der Durchsetzung von Rechten des geistigen Eigentums[2)]	7.7.2008	BGBl. I S. 1191	Anl.	geänd. mWv 1.5.2008
9.	Art. 2 Erstes G zur Änd. des GeschmacksmusterG	29.7.2009	BGBl. I S. 2446; 2010 I S. 326	§§ 5, 6, Anl.	geänd. mWv 13.2.2010
10.	Art. 4 G zur Vereinf. u. Modernisierung des PatentR	31.7.2009	BGBl. I S. 2521	§§ 3, 5, 6, 13, Anl.	geänd. mWv 1.10.2009
11.	Art. 5 Abs. 11 G zur Modernisierung des GeschmacksmusterG sowie zur Änd. der Regelungen über die Bekanntmachungen zum Ausstellungsschutz	10.10. 2013	BGBl. I S. 3799	§§ 3, 5, 7, 14, Anl.	geänd. mWv 1.1.2014
				§ 15	aufgeh. mWv 1.1.2014

[1)] Verkündet als Art. 1 G v. 13.12.2001 (BGBl. I S. 3656); Inkrafttreten gem. Art. 30 Abs. 1 dieses G am 1.1.2002; Vorschriften, die zum Erlass von Rechtsverordnungen ermächtigen, traten gem. Art. 30 Abs. 2 Nr. 5 dieses G bereits am 20.12.2001 in Kraft.

[2)] **Amtl. Anm.:** Dieses Gesetz dient der Umsetzung der Richtlinie 2004/48/EG des Europäischen Parlaments und des Rates vom 29. April 2004 zur Durchsetzung der Rechte des geistigen Eigentums (ABl. EU Nr. L 195 S. 16).

Lfd. Nr.	Änderndes Gesetz	Datum	Fundstelle	Betroffen	Hinweis
12.	Art. 4 G zur Novellierung patentrechtlicher Vorschriften und anderer Gesetze des gewerblichen Rechtsschutzes	19.10. 2013	BGBl. I S. 3830	Anl.	geänd. mWv 25.10.2013
				Anl.	geänd. mWv 1.4.2014
13.	Art. 210 Zehnte ZuständigkeitsanpassungsVO	31.8.2015	BGBl. I S. 1474	§ 1	geänd. mWv 8.9.2015
14.	Art. 13 G zur Änd. des DesignG und weiterer Vorschriften des gewerblichen Rechtsschutzes	4.4.2016	BGBl. I S. 558	§§ 3, 5, Anl.	geänd. mWv 1.7.2016
15.	Art. 3 MarkenrechtsmodernisierungsG[1]	11.12. 2018	BGBl. I S. 2357	§§ 3, 5, 13, Anl.	geänd. mWv 14.1.2019
				§ 7	neu gef. mWv 14.1.2019
16.	Art. 8 Zweites G zur Vereinfachung und Modernisierung des Patentrechts	10.8.2021	BGBl. I S. 3490	Anl.	geänd. mWv 18.8.2021
				§§ 3, 5, Anl.	geänd. mWv 1.5.2022
17.	Art. 2 G über weitere Aufgaben des Deutschen Patent- und Markenamts und zur Änd. des PatentkostenG	30.8.2021	BGBl. I S. 4074	§ 5	geänd. mWv 1.1.2022
				Anl.	geänd. mWv 1.7.2022

[1] Das G dient der Umsetzung der Richtlinie (EU) 2015/2436 des Europäischen Parlaments und des Rates vom 16. Dezember 2015 zur Angleichung der Rechtsvorschriften der Mitgliedstaaten über die Marken (ABl. L 336 vom 23.12.2015, S. 1).

§ 1[1]) Geltungsbereich, Verordnungsermächtigungen. (1) [1] Die Gebühren des Deutschen Patent- und Markenamts und des Bundespatentgerichts werden, soweit gesetzlich nichts anderes bestimmt ist, nach diesem Gesetz erhoben. [2] Für Auslagen in Verfahren vor dem Bundespatentgericht ist das Gerichtskostengesetz anzuwenden.

(2) [1] Das Bundesministerium der Justiz und für Verbraucherschutz wird ermächtigt, durch Rechtsverordnung, die nicht der Zustimmung des Bundesrates bedarf, zu bestimmen,

1. dass in Verfahren vor dem Deutschen Patent- und Markenamt neben den nach diesem Gesetz erhobenen Gebühren auch Auslagen sowie Verwaltungskosten (Gebühren und Auslagen für Bescheinigungen, Beglaubigungen, Akteneinsicht und Auskünfte und sonstige Amtshandlungen) erhoben werden und
2. welche Zahlungswege für die an das Deutsche Patent- und Markenamt und das Bundespatentgericht zu zahlenden Kosten (Gebühren und Auslagen) gelten und Bestimmungen über den Zahlungstag zu treffen.[2])

§ 2[3]) Höhe der Gebühren. (1) Gebühren werden nach dem Gebührenverzeichnis der Anlage zu diesem Gesetz erhoben.

(2) [1] Für Klagen und einstweilige Verfügungen vor dem Bundespatentgericht richten sich die Gebühren nach dem Streitwert. [2] Die Höhe der Gebühr bestimmt sich nach § 34 des Gerichtskostengesetzes. [3] Der Mindestbetrag einer Gebühr beträgt 121 Euro. [4] Für die Festsetzung des Streitwerts gelten die Vorschriften des Gerichtskostengesetzes entsprechend. [5] Die Regelungen über die Streitwertherabsetzung (§ 144 des Patentgesetzes und § 26 des Gebrauchsmustergesetzes) sind entsprechend anzuwenden.

§ 3[4]) Fälligkeit der Gebühren. (1) [1] Die Gebühren werden mit der Einreichung einer Anmeldung, eines Antrags oder durch die Vornahme einer sonstigen Handlung oder mit der Abgabe der entsprechenden Erklärung zu Protokoll fällig, soweit gesetzlich nichts anderes bestimmt ist. [2] Eine sonstige Handlung im Sinn dieses Gesetzes ist insbesondere

1. die Einlegung von Rechtsbehelfen und Rechtsmitteln;
2. der Antrag auf gerichtliche Entscheidung nach § 61 Abs. 2 des Patentgesetzes;
3. die Erklärung eines Beitritts zum Einspruchsverfahren;
4. die Einreichung einer Klage;
5. die Änderung einer Anmeldung oder eines Antrags, wenn sich dadurch eine höhere Gebühr für das Verfahren oder die Entscheidung ergibt.

[3] Die Gebühr für die erfolglose Rüge wegen Verletzung des Anspruchs auf rechtliches Gehör wird mit der Bekanntgabe der Entscheidung fällig. [4] Ein hilfsweise gestellter Antrag wird zur Bemessung der Gebührenhöhe dem Hauptantrag hinzugerechnet, soweit eine Entscheidung über ihn ergeht; soweit Haupt- und Hilfs-

---

[1]) § 1 Abs. 2 geänd. mWv 8.9.2015 durch VO v. 31.8.2015 (BGBl. I S. 1474).

[2]) Siehe die VO über die Zahlung der Kosten des Deutschen Patent- und Markenamtes und des Bundespatentgerichts (Patentkostenzahlungsverordnung – PatKostZV) v. 15.10.2003 (BGBl. I S. 2083), zuletzt geänd. durch VO v. 7.2.2022 (BGBl. I S. 171).

[3]) § 2 Abs. 2 Satz 2 geänd. mWv 1.7.2004 durch G v. 5.5.2004 (BGBl. I S. 718)

[4]) § 3 Abs. 1 neu gef. mWv 1.7.2006 durch G v. 21.6.2006 (BGBl. I S. 1318); Abs. 1 Satz 2 Nr. 4 geänd., Nr. 5, Sätze 4 und 5 angef. mWv 1.10.2009 durch G v. 31.7.2009 (BGBl. I S. 2521); Abs. 2 neu gef., Abs. 3 angef. mWv 14.1.2019 durch G v. 11.12.2018 (BGBl. I S. 2357); Abs. 2 Satz 1 geänd., Sätze 3 und 4 angef. mWv 1.5.2022 durch G v. 10.8.2021 (BGBl. I S. 3490).

antrag denselben Gegenstand betreffen, wird die Höhe der Gebühr nur nach dem Antrag bemessen, der zur höheren Gebühr führt. [5] Legt der Erinnerungsführer gemäß § 64 Abs. 6 Satz 2 des Markengesetzes Beschwerde ein, hat er eine Beschwerdegebühr nicht zu entrichten.

(2) [1] Die Jahresgebühren für Patente und Patentanmeldungen und die Aufrechterhaltungsgebühren für Gebrauchsmuster und eingetragene Designs sind jeweils für die folgende Schutzfrist am letzten Tag des Monats fällig, der durch seine Benennung dem Monat entspricht, in den der Anmeldetag fällt. [2] Wird ein Gebrauchsmuster oder ein Design erst nach Beendigung der ersten oder einer folgenden Schutzfrist eingetragen, so ist die Aufrechterhaltungsgebühr am letzten Tag des Monats fällig, in dem die Eintragung in das Register erfolgt ist. [3] Die Jahresgebühren für Schutzzertifikate werden am letzten Tag des Monats fällig, der durch seine Benennung dem Monat entspricht, in den der Laufzeitbeginn fällt. [4] Wird das Schutzzertifikat erst nach Ablauf des Grundpatents erteilt, wird die Jahresgebühr für die bis dahin abgelaufenen Schutzfristen am letzten Tag des Monats fällig, in den der Tag der Erteilung fällt; die Fälligkeit der Jahresgebühren für nachfolgende Schutzfristen richtet sich nach Satz 3.

(3) [1] Die Verlängerungsgebühren für Marken sind jeweils für die folgende Schutzfrist sechs Monate vor dem Ablauf der Schutzdauer gemäß § 47 Absatz 1 des Markengesetzes fällig. [2] Wird eine Marke erst nach Beendigung der ersten oder einer folgenden Schutzfrist eingetragen, so ist die Verlängerungsgebühr am letzten Tag des Monats fällig, in dem die Eintragung in das Register erfolgt ist.

§ 4 Kostenschuldner. (1) Zur Zahlung der Kosten ist verpflichtet,

1. wer die Amtshandlung veranlasst oder zu wessen Gunsten sie vorgenommen wird;
2. wem durch Entscheidung des Deutschen Patent- und Markenamts oder des Bundespatentgerichts die Kosten auferlegt sind;
3. wer die Kosten durch eine gegenüber dem Deutschen Patent- und Markenamt oder dem Bundespatentgericht abgegebene oder dem Deutschen Patent- und Markenamt oder dem Bundespatentgericht mitgeteilte Erklärung übernommen hat;
4. wer für die Kostenschuld eines anderen kraft Gesetzes haftet.

(2) Mehrere Kostenschuldner haften als Gesamtschuldner.

(3) [1] Soweit ein Kostenschuldner auf Grund von Absatz 1 Nr. 2 und 3 haftet, soll die Haftung eines anderen Kostenschuldners nur geltend gemacht werden, wenn eine Zwangsvollstreckung in das bewegliche Vermögen des ersteren erfolglos geblieben ist oder aussichtslos erscheint. [2] Soweit einem Kostenschuldner, der auf Grund von Absatz 1 Nr. 2 haftet, Verfahrenskostenhilfe bewilligt ist, soll die Haftung eines anderen Kostenschuldners nicht geltend gemacht werden. [3] Bereits gezahlte Beträge sind zu erstatten.

§ 5[1] Vorauszahlung, Vorschuss. (1) [1] In Verfahren vor dem Deutschen Patent- und Markenamt soll die Bearbeitung erst nach Zahlung der Gebühr für das Verfahren erfolgen; das gilt auch, wenn Anträge geändert werden. [2] Satz 1 gilt nicht für

[1] § 5 Abs. 1 Satz 2 neu gef. mWv 13.2.2010 durch G v. 29.7.2009 (BGBl. I S. 2446; 2010 I S. 326); Abs. 1 *Satz 1 neu gef. mWv 1.10.2009 durch G v. 31.7.2009* (BGBl. I S. 2521); Abs. 1 Satz 2 geänd. mWv 1.1.2014 durch G v. 10.10.2013 (BGBl. I S. 3799); Abs. 1 Satz 1 geänd. mWv 1.7.2016 durch G v. 4.4.2016 (BGBl. I S. 558); Abs. 1 Satz 2 geänd., Abs. 2 neu gef. mWv 14.1.2019 durch G v. 11.12.2018 (BGBl. I S. 2357); Abs. 2 Satz 1 geänd., Satz 3 angef. mWv 1.5.2022 durch G v. 10.8.2021 (BGBl. I S. 3490); Abs. 1 Satz 3 neu gef., Satz 4 angef. mWv 1.1.2022 durch G v. 30.8.2021 (BGBl. I S. 4074).

die Anträge auf Weiterleitung einer Anmeldung an das Amt der Europäischen Union für geistiges Eigentum nach § 62 des Designgesetzes[1)] und die Anträge auf Weiterleitung internationaler Anmeldungen an das Internationale Büro der Weltorganisation für geistiges Eigentum nach § 68 des Designgesetzes. [3]In Verfahren vor dem Bundespatentgericht soll die Klage erst nach Zahlung der Gebühr für das Verfahren zugestellt werden; bei Vorliegen eines gültigen SEPA-Basislastschriftmandats mit Angaben zum Verwendungszweck soll die Klage sofort zugestellt werden. [4]Im Fall eines Beitritts zum Einspruch im Beschwerdeverfahren oder eines Beitritts zum Einspruch im Fall der gerichtlichen Entscheidung nach § 61 Absatz 2 des Patentgesetzes[2)] soll vor Zahlung der Gebühr keine gerichtliche Handlung vorgenommen werden.

(2) [1]Die Jahresgebühren für Patente und Patentanmeldungen und die Aufrechterhaltungsgebühren für Gebrauchsmuster und eingetragene Designs dürfen frühestens ein Jahr vor Eintritt der Fälligkeit vorausgezahlt werden, soweit nichts anderes bestimmt ist. [2]Die Verlängerungsgebühren für Marken dürfen frühestens sechs Monate vor Eintritt der Fälligkeit vorausgezahlt werden. [3]Die Jahresgebühren für Schutzzertifikate dürfen schon früher als ein Jahr vor Eintritt der Fälligkeit vorausgezahlt werden.

§ 6[3)] Zahlungsfristen, Folgen der Nichtzahlung. (1) [1]Ist für die Stellung eines Antrags oder die Vornahme einer sonstigen Handlung durch Gesetz eine Frist bestimmt, so ist innerhalb dieser Frist auch die Gebühr zu zahlen. [2]Alle übrigen Gebühren sind innerhalb von drei Monaten ab Fälligkeit (§ 3 Abs. 1) zu zahlen, soweit gesetzlich nichts anderes bestimmt ist.

(2) Wird eine Gebühr nach Absatz 1 nicht, nicht vollständig oder nicht rechtzeitig gezahlt, so gilt die Anmeldung oder der Antrag als zurückgenommen, oder die Handlung als nicht vorgenommen, soweit gesetzlich nichts anderes bestimmt ist.

(3) Absatz 2 ist auf Weiterleitungsgebühren (Nummern 335 100, 344 100 und 345 100) nicht anwendbar.

(4) Zahlt der Erinnerungsführer die Gebühr für das Erinnerungsverfahren nicht, nicht rechtzeitig oder nicht vollständig, so gilt auch die von ihm nach § 64 Abs. 6 Satz 2 des Markengesetzes eingelegte Beschwerde als zurückgenommen.

§ 7[4)] Zahlungsfristen für Jahres-, Aufrechterhaltungs- und Schutzrechtsverlängerungsgebühren, Verspätungszuschlag. (1) [1]Die Jahresgebühren für Patente, Schutzzertifikate und Patentanmeldungen und die Aufrechterhaltungsgebühren für Gebrauchsmuster und eingetragene Designs sind bis zum Ablauf des zweiten Monats nach Fälligkeit zu zahlen. [2]Wird die Gebühr innerhalb dieser Frist nicht gezahlt, so kann sie mit dem Verspätungszuschlag noch bis zum Ablauf des sechsten Monats nach Fälligkeit gezahlt werden.

(2) Für eingetragene Designs ist bei Aufschiebung der Bildbekanntmachung die Erstreckungsgebühr innerhalb der Aufschiebungsfrist (§ 21 Absatz 1 Satz 1 des Designgesetzes[1)]) zu zahlen.

(3) [1]Die Verlängerungsgebühren für Marken sind innerhalb eines Zeitraums von sechs Monaten nach Fälligkeit zu zahlen. [2]Wird die Gebühr nicht innerhalb dieser

---

[1)] Nr. **69**.
[2)] Nr. **70**.
[3)] § 6 Abs. 3 angef. mWv 1.6.2004 durch G v. 12.3.2004 (BGBl. I S. 390); Abs. 3 geänd. mWv 13.2.2010 durch G v. 29.7.2009 (BGBl. I S. 2446; 2010 I S. 326); Abs. 4 angef. mWv 1.10.2009 durch G v. 31.7.2009 (BGBl. I S. 2521).
[4)] § 7 neu gef. mWv 14.1.2019 durch G v. 11.12.2018 (BGBl. I S. 2357).

Frist gezahlt, so kann die Gebühr mit dem Verspätungszuschlag noch innerhalb einer Nachfrist von sechs Monaten nach Ablauf der Schutzdauer gemäß § 47 Absatz 1 des Markengesetzes[1] gezahlt werden.

§ 8[2] **Kostenansatz.** (1) Die Kosten werden angesetzt:

1. beim Deutschen Patent- und Markenamt
   a) bei Einreichung einer Anmeldung,
   b) bei Einreichung eines Antrags,
   c) im Fall eines Beitritts zum Einspruchsverfahren,
   d) bei Einreichung eines Antrags auf gerichtliche Entscheidung nach § 61 Abs. 2 des Patentgesetzes[3] sowie
   e) bei Einlegung eines Rechtsbehelfs oder Rechtsmittels,
2. beim Bundespatentgericht
   a) bei Einreichung einer Klage,
   b) bei Einreichung eines Antrags auf Erlass einer einstweiligen Verfügung,
   c) im Fall eines Beitritts zum Einspruch im Beschwerdeverfahren oder im Verfahren nach § 61 Abs. 2 des Patentgesetzes sowie
   d) bei einer erfolglosen Rüge wegen Verletzung des Anspruchs auf rechtliches Gehör,

auch wenn sie bei einem ersuchten Gericht oder einer ersuchten Behörde entstanden sind.

(2) Die Stelle, die die Kosten angesetzt hat, trifft auch die Entscheidungen nach den §§ 9 und 10.

§ 9 Unrichtige Sachbehandlung. Kosten, die bei richtiger Behandlung der Sache nicht entstanden wären, werden nicht erhoben.

§ 10[4] **Rückzahlung von Kosten, Wegfall der Gebühr.** (1) [1] Vorausgezahlte Gebühren, die nicht mehr fällig werden können, und nicht verbrauchte Auslagenvorschüsse werden erstattet. [2] Die Rückerstattung von Teilbeträgen der Jahresgebühr Nummer 312 205 bis 312 207 des Gebührenverzeichnisses ist ausgeschlossen.

(2) Gilt eine Anmeldung oder ein Antrag als zurückgenommen (§ 6 Abs. 2) oder auf Grund anderer gesetzlicher Bestimmungen als zurückgenommen oder erlischt ein Schutzrecht, weil die Gebühr nicht oder nicht vollständig gezahlt wurde, so entfällt die Gebühr, wenn die beantragte Amtshandlung nicht vorgenommen wurde.

§ 11[5] **Erinnerung, Beschwerde.** (1) [1] Über Erinnerungen des Kostenschuldners gegen den Kostenansatz oder gegen Maßnahmen nach § 5 Abs. 1 entscheidet die Stelle, die die Kosten angesetzt hat. [2] Sie kann ihre Entscheidung von Amts wegen ändern. [3] Die Erinnerung ist schriftlich oder zu Protokoll der Geschäftsstelle bei der Stelle einzulegen, die die Kosten angesetzt hat.

(2) [1] Gegen die Entscheidung des Deutschen Patent- und Markenamts über die Erinnerung kann der Kostenschuldner Beschwerde einlegen. [2] Die Beschwerde ist

---

[1] **Habersack, Deutsche Gesetze Nr. 72.**

[2] *§ 8 Abs. 1 neu gef. mWv 1.7.2006 durch G v. 21.6.2006* (BGBl. I S. 1318).

[3] Nr. **70**.

[4] § 10 Abs. 2 Satz 2 aufgeh. mWv 19.3.2004 durch G v. 12.3.2004 (BGBl. I S. 390); Abs. 2 geänd. mWv 1.7.2006 durch G v. 21.6.2006 (BGBl. I S. 1318).

[5] § 11 Abs. 2 Satz 1 geänd. mWv 1.7.2006 durch G v. 21.6.2006 (BGBl. I S. 1318).

nicht an eine Frist gebunden und ist schriftlich oder zu Protokoll der Geschäftsstelle beim Deutschen Patent- und Markenamt einzulegen. [3] Erachtet das Deutsche Patent- und Markenamt die Beschwerde für begründet, so hat es ihr abzuhelfen. [4] Wird der Beschwerde nicht abgeholfen, so ist sie dem Bundespatentgericht vorzulegen.

(3) Eine Beschwerde gegen die Entscheidungen des Bundespatentgerichts über den Kostenansatz findet nicht statt.

§ 12[1)] Verjährung, Verzinsung. Für die Verjährung und Verzinsung der Kostenforderungen und der Ansprüche auf Erstattung von Kosten gilt § 5 des Gerichtskostengesetzes[2)] entsprechend.

§ 13[3)] Anwendung der bisherigen Gebührensätze. (1) Auch nach dem Inkrafttreten eines geänderten Gebührensatzes sind die vor diesem Zeitpunkt geltenden Gebührensätze weiter anzuwenden,

1. wenn die Fälligkeit der Gebühr vor dem Inkrafttreten des geänderten Gebührensatzes liegt oder
2. wenn für die Zahlung einer Gebühr durch Gesetz eine Zahlungsfrist festgelegt ist und das für den Beginn der Frist maßgebliche Ereignis vor dem Inkrafttreten des geänderten Gebührensatzes liegt oder
3. wenn die Zahlung einer nach dem Inkrafttreten des geänderten Gebührensatzes fälligen Gebühr auf Grund bestehender Vorauszahlungsregelungen vor Inkrafttreten des geänderten Gebührensatzes erfolgt ist.

(2) Bei Prüfungsanträgen nach § 44 des Patentgesetzes[4)] und Rechercheanträgen nach § 43 des Patentgesetzes, § 11 des Erstreckungsgesetzes und § 7 des Gebrauchsmustergesetzes[5)] sind die bisherigen Gebührensätze nur weiter anzuwenden, wenn der Antrag und die Gebührenzahlung vor Inkrafttreten eines geänderten Gebührensatzes eingegangen sind.

(3) Bei Widersprüchen nach § 42 des Markengesetzes[6)] findet Absatz 1 Nummer 2 und 3 keine Anwendung.

(4) [1] Wird eine innerhalb von drei Monaten nach dem Inkrafttreten eines geänderten Gebührensatzes fällig werdende Gebühr nach den bisherigen Gebührensätzen rechtzeitig gezahlt, so kann der Unterschiedsbetrag bis zum Ablauf einer vom Deutschen Patent- und Markenamt oder Bundespatentgericht zu setzenden Frist nachgezahlt werden. [2] Wird der Unterschiedsbetrag innerhalb der gesetzten Frist nachgezahlt, so gilt die Gebühr als rechtzeitig gezahlt. [3] Ein Verspätungszuschlag wird in diesen Fällen nicht erhoben.

(5) Verfahrenshandlungen, die eine Anmeldung oder einen Antrag ändern, wirken sich nicht auf die Höhe der Gebühr aus, wenn die Gebühr zur Zeit des verfahrenseinleitenden Antrages nicht nach dessen Umfang bemessen wurde.

[1)] § 12 geänd. mWv 1.7.2004 durch G v. 5.5.2004 (BGBl. I S. 718).

[2)] **Habersack, Deutsche Gesetze Nr. 115.**

[3)] § 13 Abs. 4 angef. mWv 1.10.2009 durch G v. 31.7.2009 (BGBl. I S. 2521); Abs. 3 eingef., bish. Abs. 3 und 4 werden Abs. 4 und 5 mWv 14.1.2019 durch G v. 11.12.2018 (BGBl. I S. 2357).

[4)] Nr. **70**.

[5)] Nr. **71**.

[6)] **Habersack, Deutsche Gesetze Nr. 72.**

§ 14[1] Übergangsvorschrift aus Anlass des Inkrafttretens dieses Gesetzes.

(1) [1] Die bisherigen Gebührensätze der Anlage zu § 1 (Gebührenverzeichnis) des Patentgebührengesetzes vom 18. August 1976 in der durch Artikel 10 des Gesetzes vom 22. Dezember 1999 (BGBl. I S. 2534) geänderten Fassung, sind auch nach dem 1. Januar 2002 weiter anzuwenden,

1. wenn die Fälligkeit der Gebühr vor dem 1. Januar 2002 liegt oder
2. wenn für die Zahlung einer Gebühr durch Gesetz eine Zahlungsfrist festgelegt ist und das für den Beginn der Frist maßgebliche Ereignis vor dem 1. Januar 2002 liegt oder
3. wenn die Zahlung einer nach dem 1. Januar 2002 fälligen Gebühr auf Grund bestehender Vorauszahlungsregelungen vor dem 1. Januar 2002 erfolgt ist.

[2] Ist in den Fällen des Satzes 1 Nr. 1 nach den bisher geltenden Vorschriften für den Beginn der Zahlungsfrist die Zustellung einer Gebührenbenachrichtigung erforderlich und ist diese vor dem 1. Januar 2002 nicht erfolgt, so kann die Gebühr noch bis zum 31. März 2002 gezahlt werden.

(2) In den Fällen, in denen am 1. Januar 2002 nach den bisher geltenden Vorschriften lediglich die Jahres-, Aufrechterhaltungs- und Schutzrechtsverlängerungsgebühren, aber noch nicht die Verspätungszuschläge fällig sind, richtet sich die Höhe und die Fälligkeit des Verspätungszuschlages nach § 7 Abs. 1 mit der Maßgabe, dass die Gebühren mit dem Verspätungszuschlag noch bis zum 30. Juni 2002 gezahlt werden können.

(3) Die bisher geltenden Gebührensätze sind für eingetragene Designs und typographische Schriftzeichen, die vor dem 1. Januar 2002 angemeldet worden sind, nur dann weiter anzuwenden, wenn zwar die jeweilige Schutzdauer oder Frist nach § 8b Abs. 2 Satz 1 des Geschmacksmustergesetzes[2] vor dem 1. Januar 2002 abgelaufen ist, jedoch noch nicht die Frist zur Zahlung der Verlängerungs- oder Erstreckungsgebühr mit Verspätungszuschlag, mit der Maßgabe, dass die Gebühren mit dem Verspätungszuschlag noch bis zum 30. Juni 2002 gezahlt werden können.

(4) Bei Prüfungsanträgen nach § 44 des Patentgesetzes[3] und Rechercheanträgen nach § 43 des Patentgesetzes, § 11 des Erstreckungsgesetzes und § 7 des Gebrauchsmustergesetzes[4] sind die bisherigen Gebührensätze nur weiter anzuwenden, wenn der Antrag und die Gebührenzahlung vor dem 1. Januar 2002 eingegangen sind.

(5) [1] Wird eine innerhalb von drei Monaten nach dem 1. Januar 2002 fällig werdende Gebühr nach den bisherigen Gebührensätzen rechtzeitig gezahlt, so kann der Unterschiedsbetrag bis zum Ablauf einer vom Deutschen Patent- und Markenamt oder Bundespatentgericht zu setzenden Frist nachgezahlt werden. [2] Wird der Unterschiedsbetrag innerhalb der gesetzten Frist nachgezahlt, so gilt die Gebühr als rechtzeitig gezahlt. [3] Ein Verspätungszuschlag wird in diesen Fällen nicht erhoben.

§ 15[5] *(aufgehoben)*

---

[1] *§ 14 Abs. 3 geänd.* mWv 1.1.2014 durch G v. 10.10.2013 (BGBl. I S. 3799).
[2] Nr. **69**.
[3] Nr. **70**.
[4] Nr. **71**.
[5] § 15 aufgeh. mWv 1.1.2014 durch G v. 10.10.2013 (BGBl. I S. 3799).

Anlage[1)]
(zu § 2 Abs. 1)

Gebührenverzeichnis

Nr.	Gebührentatbestand	Gebühr in Euro
A. Gebühren des Deutschen Patent- und Markenamts		
(1) Sind für eine elektronische Anmeldung geringere Gebühren bestimmt als für eine Anmeldung in Papierform, werden die geringeren Gebühren nur erhoben, wenn die elektronische Anmeldung nach der jeweiligen Verordnung des Deutschen Patent- und Markenamts zulässig ist.		
(2) Die Gebühren Nummer 313 600, 323 100, 331 600, 331 610, 333 000, 333 300, 333 350, 333 400, 333 450, 346 100 und 362 100 werden für jeden Antragsteller gesondert erhoben. Für die Gebühren Nummer 331 600, 331 610, 333 000, 333 300, 333 350 und 346 100 gelten auch gemeinschaftliche Inhaber oder Anmelder eines Schutzrechtes als ein Antragsteller, wenn sie einen auf dieses Schutzrecht gestützten gemeinsamen Antrag stellen.		
I. Patentsachen		
1. Erteilungsverfahren		
	Anmeldeverfahren Nationale Anmeldung (§ 34 PatG) – bei elektronischer Anmeldung	
311 000	– die bis zu zehn Patentansprüche enthält	40
311 050	– die mehr als zehn Patentansprüche enthält: Die Gebühr 311 000 erhöht sich für jeden weiteren Anspruch um jeweils	20
311 100	bei Anmeldung in Papierform: Die Gebühren 311 000 und 311 050 erhöhen sich jeweils auf das 1,5fache.	
	Internationale Anmeldung (Artikel III § 4 Abs. 2 Satz 1 IntPatÜbkG)	
311 150	– die bis zu zehn Patentansprüche enthält	60
311 160	– die mehr als zehn Patentansprüche enthält: Die Gebühr 311 150 erhöht sich für jeden weiteren Anspruch um jeweils	30
311 200	Recherche (§ 43 PatG)	300
	Prüfungsverfahren (§ 44 PatG)	
311 300	– wenn ein Antrag nach § 43 PatG[2)] bereits gestellt worden ist	150
311 400	– wenn ein Antrag nach § 43 PatG[2)] nicht gestellt worden ist	350
311 500	Anmeldeverfahren für ein ergänzendes Schutzzertifikat (§ 49a PatG[2)])	300
	Verlängerung der Laufzeit eines ergänzenden Schutzzertifikats (§ 49a Abs. 3 PatG)	
311 600	– wenn der Antrag zusammen mit dem Antrag auf Erteilung des ergänzenden Schutzzertifikats gestellt wird	100
311 610	– wenn der Antrag nach dem Antrag auf Erteilung des ergänzenden Schutzzertifikats gestellt wird	200
2. Aufrechterhaltung eines Patents oder einer Anmeldung		
	Jahresgebühren gemäß § 17 Abs. 1 PatG[2)]	
312 030	für das 3. Patentjahr	70
312 031	– bei Lizenzbereitschaftserklärung (§ 23 Abs. 1 PatG[2)])	35

[1)] *Anl. geänd. mWv 1.1.2005 durch G v. 13.12.2001* (BGBl. I S. 3656, insoweit geänd. durch G v. 12.3. 2004, BGBl. I. S. 390); mWv 26.7.2002 durch G v. 19.7.2002 (BGBl. I S. 2681); mWv 1.6.2004 durch G v. 12.3.2004 (BGBl. I S. 390); mWv 15.12.2004 durch G v. 9.12.2004 (BGBl. I S. 3232); mWv 15.12. 2004 und mWv 1.1.2005 durch G v. 9.12.2004 (BGBl. I S. 3232); mWv 1.7.2006 durch G v. 21.6.2006 (BGBl. I S. 1318); mWv 13.12.2007 durch G v. 24.8.2007 (BGBl. I S. 2166); mWv 1.5.2008 durch G v. 7.7.2008 (BGBl. I S. 1191); mWv 13.2.2010 durch G v. 29.7.2009 (BGBl. I S. 2446), vgl. Bek. v. 1.3. 2010 (BGBl. II S. 190); mWv 1.10.2009 durch G v. 31.7.2009 (BGBl. I S. 2521); mWv 1.1.2014 durch G v. 10.10.2013 (BGBl. I S. 3799); mWv 25.10.2013 und mWv 1.4.2014 durch G v. 19.10.2013 (BGBl. I S. 3830); mWv 1.7.2016 durch G v. 4.4.2016 (BGBl. I S. 558); mWv 14.1.2019 durch G v. 11.12.2018 (BGBl. I S. 2357); mWv 18.8.2021 und mWv 1.5.2022 durch G v. 10.8.2021 (BGBl. I S. 3490); mWv 1.7.2022 durch G v. 30.8.2021 (BGBl. I S. 4074).

[2)] Nr. **70**.

Nr.	Gebührentatbestand	Gebühr in Euro
312 032	– Verspätungszuschlag (§ 7 Abs. 1 Satz 2)	50
312 040	für das 4. Patentjahr	70
312 041	– bei Lizenzbereitschaftserklärung (§ 23 Abs. 1 PatG[1])	35
312 042	– Verspätungszuschlag (§ 7 Abs. 1 Satz 2)	50
312 050	für das 5. Patentjahr	100
312 051	– bei Lizenzbereitschaftserklärung (§ 23 Abs. 1 PatG[1])	50
312 052	– Verspätungszuschlag (§ 7 Abs. 1 Satz 2)	50
312 060	für das 6. Patentjahr	150
312 061	– bei Lizenzbereitschaftserklärung (§ 23 Abs. 1 PatG[1])	75
312 062	– Verspätungszuschlag (§ 7 Abs. 1 Satz 2)	50
312 070	für das 7. Patentjahr	210
312 071	– bei Lizenzbereitschaftserklärung (§ 23 Abs. 1 PatG[1])	105
312 072	– Verspätungszuschlag (§ 7 Abs. 1 Satz 2)	50
312 080	für das 8. Patentjahr	280
312 081	– bei Lizenzbereitschaftserklärung (§ 23 Abs. 1 PatG[1])	140
312 082	– Verspätungszuschlag (§ 7 Abs. 1 Satz 2)	50
312 090	für das 9. Patentjahr	350
312 091	– bei Lizenzbereitschaftserklärung (§ 23 Abs. 1 PatG[1])	175
312 092	– Verspätungszuschlag (§ 7 Abs. 1 Satz 2)	50
312 100	für das 10. Patentjahr	430
312 101	– bei Lizenzbereitschaftserklärung (§ 23 Abs. 1 PatG[1])	215
312 102	– Verspätungszuschlag (§ 7 Abs. 1 Satz 2)	50
312 110	für das 11. Patentjahr	540
312 111	– bei Lizenzbereitschaftserklärung (§ 23 Abs. 1 PatG[1])	270
312 112	– Verspätungszuschlag (§ 7 Abs. 1 Satz 2)	50
312 120	für das 12. Patentjahr	680
312 121	– bei Lizenzbereitschaftserklärung (§ 23 Abs. 1 PatG[1])	340
312 122	– Verspätungszuschlag (§ 7 Abs. 1 Satz 2)	50
312 130	für das 13. Patentjahr	830
312 131	– bei Lizenzbereitschaftserklärung (§ 23 Abs. 1 PatG[1])	415
312 132	– Verspätungszuschlag (§ 7 Abs. 1 Satz 2)	50
312 140	für das 14. Patentjahr	980
312 141	– bei Lizenzbereitschaftserklärung (§ 23 Abs. 1 PatG[1])	490
312 142	– Verspätungszuschlag (§ 7 Abs. 1 Satz 2)	50
312 150	für das 15. Patentjahr	1 130
312 151	– bei Lizenzbereitschaftserklärung (§ 23 Abs. 1 PatG[1])	565
312 152	– Verspätungszuschlag (§ 7 Abs. 1 Satz 2)	50
312 160	für das 16. Patentjahr	1 310
312 161	– bei Lizenzbereitschaftserklärung (§ 23 Abs. 1 PatG[1])	655
312 162	– Verspätungszuschlag (§ 7 Abs. 1 Satz 2)	50
312 170	für das 17. Patentjahr	1 490
312 171	– bei Lizenzbereitschaftserklärung (§ 23 Abs. 1 PatG[1])	745
312 172	– Verspätungszuschlag (§ 7 Abs. 1 Satz 2)	50
312 180	für das 18. Patentjahr	1 670
312 181	– bei Lizenzbereitschaftserklärung (§ 23 Abs. 1 PatG[1])	835
312 182	– Verspätungszuschlag (§ 7 Abs. 1 Satz 2)	50
312 190	für das 19. Patentjahr	1 840
312 191	– bei Lizenzbereitschaftserklärung (§ 23 Abs. 1 PatG[1])	920
312 192	– Verspätungszuschlag (§ 7 Abs. 1 Satz 2)	50
312 200	für das 20. Patentjahr	2 030

[1] Nr. **70**.

Nr.	Gebührentatbestand	Gebühr in Euro
312 201	– bei Lizenzbereitschaftserklärung (§ 23 Abs. 1 PatG[1])	1 015
312 202	– Verspätungszuschlag (§ 7 Abs. 1 Satz 2)	50
	Zahlung der 3. bis 5. Jahresgebühr bei Fälligkeit der 3. Jahresgebühr:	
312 205	Die Gebühren 312 030 bis 312 050 ermäßigen sich auf	210
312 206	– bei Lizenzbereitschaftserklärung (§ 23 Abs. 1 PatG[1])	105
312 207	– Verspätungszuschlag (§ 7 Abs. 1 Satz 2)	50
	Jahresgebühren gemäß § 16a PatG[1])	
312 210	für das 1. Jahr des ergänzenden Schutzes	2 920
312 211	– bei Lizenzbereitschaftserklärung (§ 23 Abs. 1 PatG[1])	1 460
312 212	– Verspätungszuschlag (§ 7 Abs. 1 Satz 2)	50
312 220	für das 2. Jahr des ergänzenden Schutzes	3 240
312 221	– bei Lizenzbereitschaftserklärung (§ 23 Abs. 1 PatG[1])	1 620
312 222	– Verspätungszuschlag (§ 7 Abs. 1 Satz 2)	50
312 230	für das 3. Jahr des ergänzenden Schutzes	3 620
312 231	– bei Lizenzbereitschaftserklärung (§ 23 Abs. 1 PatG[1])	1 810
312 232	– Verspätungszuschlag (§ 7 Abs. 1 Satz 2)	50
312 240	für das 4. Jahr des ergänzenden Schutzes	4 020
312 241	– bei Lizenzbereitschaftserklärung (§ 23 Abs. 1 PatG[1])	2 010
312 242	– Verspätungszuschlag (§ 7 Abs. 1 Satz 2)	50
312 250	für das 5. Jahr des ergänzenden Schutzes	4 540
312 251	– bei Lizenzbereitschaftserklärung (§ 23 Abs. 1 PatG[1])	2 270
312 252	– Verspätungszuschlag (§ 7 Abs. 1 Satz 2)	50
312 260	für das 6. Jahr des ergänzenden Schutzes	4 980
312 261	– bei Lizenzbereitschaftserklärung (§ 23 Abs. 1 PatG[1])	2 490
312 262	– Verspätungszuschlag (§ 7 Abs. 1 Satz 2)	50
3. Sonstige Anträge		
	Erfindervergütung	
313 000	Weiterbehandlungsgebühr (§ 123a PatG[1])	100
313 200	– Festsetzungsverfahren (§ 23 Abs. 4 PatG[1])	60
313 300	– Verfahren bei Änderung der Festsetzung (§ 23 Abs. 5 PatG[1])	120
	Recht zur ausschließlichen Benutzung der Erfindung	
313 400	– Eintragung der Einräumung (§ 30 Abs. 4 Satz 1 PatG[1])	25
313 500	– Löschung dieser Eintragung (§ 30 Abs. 4 Satz 3 PatG[1])	25
313 600	Einspruchsverfahren (§ 59 Abs. 1 und Abs. 2 PatG[1])	200
313 700	Beschränkungs- oder Widerrufsverfahren (§ 64 PatG[1])	120
	Veröffentlichung von Übersetzungen oder berichtigten Übersetzungen	
313 800	– der Patentansprüche europäischer Patentanmeldungen (Artikel II § 2 Abs. 1 IntPatÜbkG)	60
313 810	– der Patentansprüche europäischer Patentanmeldungen, in denen die Vertragsstaaten der Vereinbarung über Gemeinschaftspatente benannt sind (Artikel 4 Abs. 2 Satz 2 des Zweiten Gesetzes über das Gemeinschaftspatent)	60
313 900	*Übermittlung der internationalen Anmeldung* (Artikel III § 1 Abs. 2 IntPatÜbkG)	90
4. Anträge im Zusammenhang mit der Erstreckung gewerblicher Schutzrechte		
314 100	Veröffentlichung von Übersetzungen oder berichtigten Übersetzungen von erstreckten Patenten (§ 8 Abs. 1 und 3 ErstrG)	150
314 200	Recherche für ein erstrecktes Patent (§ 11 ErstrG)	250

[1]) Nr. **70**.

Nr.	Gebührentatbestand	Gebühr in Euro
5. Anträge im Zusammenhang mit ergänzenden Schutzzertifikaten		
315 100	Antrag auf Berichtigung der Laufzeit	150
315 200	Antrag auf Widerruf der Verlängerung der Laufzeit	200
II. Gebrauchsmustersachen		
1. Eintragungsverfahren		
	Anmeldeverfahren Nationale Anmeldung (§ 4 GebrMG[1])	
321 000	– bei elektronischer Anmeldung	30
321 100	– bei Anmeldung in Papierform	40
321 150	Internationale Anmeldung (Artikel III § 4 Abs. 2 Satz 1 IntPatÜbkG)	40
321 200	Recherche (§ 7 GebrMG[1])	250
2. Aufrechterhaltung eines Gebrauchsmusters		
	Aufrechterhaltungsgebühren gemäß § 23 Abs. 2 GebrMG[1]	
322 100	für das 4. bis 6. Schutzjahr	210
322 101	– Verspätungszuschlag (§ 7 Abs. 1 Satz 2)	50
322 200	für das 7. und 8. Schutzjahr	350
322 201	– Verspätungszuschlag (§ 7 Abs. 1 Satz 2)	50
322 300	für das 9. und 10. Schutzjahr	530
322 301	– Verspätungszuschlag (§ 7 Abs. 1 Satz 2)	50
3. Sonstige Anträge		
323 000	Weiterbehandlungsgebühr (§ 21 Abs. 1 GebrMG[1] i.V.m. § 123a PatG[2])	100
323 100	Löschungsverfahren (§ 16 GebrMG[1])	300
III. Marken; geografische Angaben und Ursprungsbezeichnungen		
1. Eintragungsverfahren		
	Anmeldeverfahren einschließlich der Klassengebühr bis zu drei Klassen	
	– für eine Marke (§ 32 MarkenG)	
331 000	– bei elektronischer Anmeldung	290
331 100	– bei Anmeldung in Papierform	300
331 200	– für eine Kollektiv- oder Gewährleistungsmarke (§§ 97 und 106a MarkenG)	900
	Klassengebühr ab der vierten Klasse pro Klasse	
331 300	– für eine Marke (§ 32 MarkenG)	100
331 400	– für eine Kollektiv- oder Gewährleistungsmarke (§§ 97 und 106a MarkenG)	150
331 500	Beschleunigte Prüfung der Anmeldung (§ 38 MarkenG)	200
	Widerspruchsverfahren (§ 42 MarkenG)	
331 600	– Grundbetrag für ein Widerspruchszeichen	250
331 610	– für jedes weitere Widerspruchszeichen	50
331 700	Verfahren bei Teilung einer Anmeldung (§ 40 MarkenG)	300
331 800	Verfahren bei Teilübertragung einer Anmeldung (§ 27 Abs. 4, § 31 MarkenG)	300
2. Verlängerung der Schutzdauer		
	Verlängerungsgebühr einschließlich der Klassengebühr bis zu drei Klassen	
332 100	– für eine Marke (§ 47 Abs. 2 und 3 MarkenG)	750
332 101	– Verspätungszuschlag (§ 7 Abs. 3 Satz 2)	50
332 200	– für eine Kollektiv- oder Gewährleistungsmarke (§§ 97 und 106a MarkenG)	1 800

[1] Nr. **71**.
[2] Nr. **70**.

Nr.	Gebührentatbestand	Gebühr in Euro
332 201	– Verspätungszuschlag (§ 7 Abs. 3 Satz 2)	50
	Klassengebühr bei Verlängerung für jede Klasse ab der vierten Klasse	
332 300	– für eine Marke, Kollektiv- oder Gewährleistungsmarke (§ 47 Abs. 2 und 3, §§ 97, 106a MarkenG)	260
332 301	– Verspätungszuschlag (§ 7 Abs. 3 Satz 2)	50
3. Sonstige Anträge		
333 000	Erinnerungsverfahren (§ 64 MarkenG)	150
333 050	Weiterbehandlungsgebühr (§ 91a MarkenG)	100
333 100	Verfahren bei Teilung einer Eintragung (§ 46 MarkenG)	300
333 200	Verfahren bei Teilübertragung einer Eintragung (§§ 46 und 27 Abs. 4 MarkenG)	300
	Verfalls- und Nichtigkeitsverfahren (§ 53 MarkenG)	
333 300	– Nichtigkeit wegen absoluter Schutzhindernisse (§ 50 MarkenG) und älterer Rechte (§ 51 MarkenG)	400
333 350	– wird der Antrag nach § 51 MarkenG auf mehr als ein älteres Recht gestützt, erhöht sich die Gebühr nach Nummer 333 300 für jedes weitere geltend gemachte Recht um jeweils	100
333 400	– Verfall (§ 49 MarkenG)	100
333 450	– Weiterverfolgung des Verfallsantrags nach Widerspruch des Markeninhabers	300
	Recht zur Benutzung der Marke	
333 500	– Eintragung einer Lizenz (§ 30 Abs. 6 Satz 1 MarkenG)	50
333 600	– Änderung einer Lizenz (§ 30 Abs. 6 Satz 2 MarkenG)	50
333 700	– Löschung einer Lizenz (§ 30 Abs. 6 Satz 3 MarkenG)	50
4. International registrierte Marken		
334 100	Nationale Gebühr für die internationale Registrierung nach dem Protokoll zum Madrider Markenabkommen (§ 108 MarkenG)	180
334 300	Nationale Gebühr für die nachträgliche Schutzerstreckung nach Artikel 3ter Abs. 2 des Protokolls zum Madrider Markenabkommen (§ 111 Abs. 1 MarkenG)	120
	Umwandlungsverfahren einschließlich der Klassengebühr bis zu drei Klassen (§ 118 Abs. 1 MarkenG)	
334 500	– für eine Marke (§ 32 MarkenG)	300
334 600	– für eine Kollektiv- oder Gewährleistungsmarke (§§ 97 und 106a MarkenG)	900
	Klassengebühr bei Umwandlung für jede Klasse ab der vierten Klasse	
334 700	– für eine Marke (§ 32 MarkenG)	100
334 800	– für eine Kollektiv- oder Gewährleistungsmarke (§§ 97 und 106a MarkenG)	150
5. Unionsmarken		
	Umwandlungsverfahren (§ 122 Abs. 1 MarkenG)	
335 200	– für eine Marke (§ 32 MarkenG)	300
335 300	– für eine Kollektiv- oder Gewährleistungsmarke (§§ 97 und 106a MarkenG)	900
	Klassengebühr bei Umwandlung für jede Klasse ab der vierten Klasse	
335 400	– für eine Marke (§ 32 MarkenG)	100
335 500	– für eine Kollektiv- oder Gewährleistungsmarke (§§ 97 und 106a MarkenG)	150
6. Geografische Angaben und Ursprungsbezeichnungen		
336 100	Eintragungsverfahren (§ 130 MarkenG)	900
336 150	Nationales Einspruchsverfahren (§ 130 Abs. 4 MarkenG)	120
336 200	Zwischenstaatliches Einspruchsverfahren (§ 131 MarkenG)	120

Nr.	Gebührentatbestand	Gebühr in Euro
336 250	Antrag auf Änderung der Spezifikation (§ 132 Abs. 1 MarkenG)	200
336 300	Löschungsverfahren (§ 132 Abs. 2 MarkenG)	120
IV. Designsachen		
1. Anmeldeverfahren		
Ein Satz typografischer Schriftzeichen gilt als ein Design.		
	Anmeldeverfahren	
	– für ein Design (§ 11 DesignG)	
341 000	– bei elektronischer Anmeldung	60
341 100	– bei Anmeldung in Papierform	70
	– für jedes Design einer Sammelanmeldung (§ 12 Absatz 1 DesignG)	
341 200	– bei elektronischer Anmeldung	
	für 2 bis 10 Designs	60
	für jedes weitere Design	6
341 300	– bei Anmeldung in Papierform	
	für 2 bis 10 Designs	70
	für jedes weitere Design	7
341 400	– für ein Design bei Aufschiebung der Bildbekanntmachung (§ 21 DesignG)	30
341 500	– für jedes Design einer Sammelanmeldung bei Aufschiebung der Bildbekanntmachung (§§ 12, 21 DesignG)	
	– für 2 bis 10 Designs	30
	– für jedes weitere Design	3
Erstreckung des Schutzes auf die Schutzdauer des § 27 Absatz 2 DesignG bei Aufschiebung der Bildbekanntmachung gemäß § 21 Absatz 2 DesignG		
	Erstreckungsgebühr	
341 600	– für ein Design	40
341 700	– für jedes einzutragende Design einer Sammelanmeldung	
	– für 2 bis 10 Designs	40

(Fortsetzung nächstes Blatt)

Nr.	Gebührentatbestand	Gebühr in Euro
	– für jedes weitere Design	4
2. Aufrechterhaltung der Schutzdauer		
	Aufrechterhaltungsgebühren gemäß § 28 Absatz 1 DesignG	
	für das 6. bis 10. Schutzjahr	
342 100	– für jedes eingetragene Design, auch in einer Sammelanmeldung	90
342 101	– Verspätungszuschlag für jedes eingetragene Design, auch in einer Sammelanmeldung (§ 7 Absatz 1 Satz 2 DesignG)	50
	für das 11. bis 15. Schutzjahr	
342 200	– für jedes eingetragene Design, auch in einer Sammelanmeldung	120
342 201	– Verspätungszuschlag für jedes eingetragene Design, auch in einer Sammelanmeldung (§ 7 Absatz 1 Satz 2 DesignG)	50
	für das 16. bis 20. Schutzjahr	
342 300	– für jedes eingetragene Design, auch in einer Sammelanmeldung	150
342 301	– Verspätungszuschlag für jedes eingetragene Design, auch in einer Sammelanmeldung (§ 7 Absatz 1 Satz 2 DesignG)	50
	für das 21. bis 25. Schutzjahr	
342 400	– für jedes eingetragene Design, auch in einer Sammelanmeldung	180
342 401	– Verspätungszuschlag für jedes eingetragene Design, auch in einer Sammelanmeldung (§ 7 Absatz 1 Satz 2 DesignG)	50
3. Aufrechterhaltung von eingetragenen Designs, die gemäß § 7 Absatz 6 GeschmMG in der bis zum Ablauf des 31. Mai 2004 geltenden Fassung im Original hinterlegt worden sind		
343 100	Aufrechterhaltungsgebühren für das 6. bis 10. Schutzjahr	330
343 101	– Verspätungszuschlag für jedes eingetragene Design, auch in einer Sammelanmeldung (§ 7 Absatz 1 Satz 2 DesignG)	50
343 200	Aufrechterhaltungsgebühren für das 11. bis 15. Schutzjahr	360
343 201	– Verspätungszuschlag für jedes eingetragene Design, auch in einer Sammelanmeldung (§ 7 Absatz 1 Satz 2 DesignG)	50
343 300	Aufrechterhaltungsgebühren für das 16. bis 20. Schutzjahr	390
343 301	– Verspätungszuschlag für jedes eingetragene Design, auch in einer Sammelanmeldung (§ 7 Absatz 1 Satz 2 DesignG)	50
343 400	Aufrechterhaltungsgebühren für das 21. bis 25. Schutzjahr	420
343 401	– Verspätungszuschlag für jedes eingetragene Design, auch in einer Sammelanmeldung (§ 7 Absatz 1 Satz 2 DesignG)	50
4. Gemeinschaftsgeschmacksmuster		
	Weiterleitung einer Gemeinschaftsgeschmacksmusteranmeldung (§ 62 DesignG)	
344 100	für jede Anmeldung	25
	Eine Sammelanmeldung gilt als eine Anmeldung.	
5. Designs nach dem Haager Abkommen		
	Weiterleitung einer Designanmeldung nach dem Haager Abkommen (§ 68 DesignG)	
345 100	für jede Anmeldung	25
	Eine Sammelanmeldung gilt als eine Anmeldung.	
6. Sonstige Anträge		
346 000	Weiterbehandlungsgebühr (§ 17 DesignG)	100
346 100	Nichtigkeitsverfahren (§ 34a DesignG) für jedes eingetragene Design	300
V. Topografieschutzsachen[1]		
1. Anmeldeverfahren		
	Anmeldeverfahren (§ 3 HalblSchG)	

[1] Bei der Neufassung von Abschnitt IV durch G v. 10.10.2013 (BGBl. I S. 3799, 3809) wurde der ursprüngliche Abschnitt VI als Abschnitt V angefügt.

Nr.	Gebührentatbestand	Gebühr in Euro
361 000	– bei elektronischer Anmeldung	290
361 100	– bei Anmeldung in Papierform	300
2. Sonstige Anträge		
362 000	Weiterbehandlungsgebühr (§ 11 Abs. 1 HalblSchG i.V.m. § 123a PatG[1])	100
362 100	Löschungsverfahren (§ 8 HalblSchG)	300

Nr.	Gebührentatbestand	Gebührenbetrag/ Gebührensatz nach § 2 Abs. 2 i.V.m. § 2 Abs. 1
B. Gebühren des Bundespatentgerichts		
(1) Die Gebühren Nummer 400 000 bis 401 300 werden für jeden Antragsteller gesondert erhoben. Gemeinschaftliche Inhaber oder Anmelder eines betroffenen Schutzrechts gelten als ein Antragsteller, wenn sie in den in Satz 1 genannten Fällen gemeinsam Beschwerde einlegen.		
(2) Die Gebühr Nummer 400 000 ist zusätzlich zur Gebühr für das Einspruchsverfahren vor dem Deutschen Patent- und Markenamt (Nummer 313 600) zu zahlen.		
400 000	Antrag auf gerichtliche Entscheidung nach § 61 Abs. 2 PatG[1]	300 EUR
I. Beschwerdeverfahren		
	Beschwerdeverfahren	
401 100	1. gemäß § 73 Abs. 1 PatG[1] gegen die Entscheidung der Patentabteilung über den Einspruch, 2. gemäß § 18 Abs. 1 GebrMG[2] gegen die Entscheidung der Gebrauchsmusterabteilung über den Löschungsantrag, 3. gemäß § 66 MarkenG[3] in Verfalls- und Nichtigkeitsverfahren, 4. gemäß § 4 Abs. 4 Satz 3 HalblSchG i.V.m. § 18 Abs. 1 GebrMG[2] gegen die Entscheidung der Topografieabteilung, 5. gemäß § 34 Abs. 1 SortSchG gegen die Entscheidung des Widerspruchsausschusses in den Fällen des § 18 Abs. 2 Nr. 1, 2, 5 und 6 SortSchG, 6. gemäß § 23 Abs. 4 Satz 1 DesignG gegen die Entscheidung der Designabteilung über den Antrag auf Feststellung oder Erklärung der Nichtigkeit	500 EUR
401 200	gegen einem Kostenfestsetzungsbeschluss	50 EUR
401 300	in anderen Fällen	200 EUR
	Beschwerden in Verfahrenskostenhilfesachen, Beschwerden nach § 11 Abs. 2 PatKostG und nach § 11 Abs. 2 DPMAVwKostV sind gebührenfrei.	
II. Klageverfahren		
1. Klageverfahren gemäß § 81 PatG[1], § 85a in Verbindung mit § 81 PatG und § 20 GebrMG[2] in Verbindung mit § 81 PatG[1]		
402 100	Verfahren im Allgemeinen	4,5
402 110	Beendigung des gesamten Verfahrens durch a) Zurücknahme der Klage – vor dem Schluss der mündlichen Verhandlung, – im Falle des § 83 Abs. 2 Satz 2 PatG[1] i.V.m. § 81 PatG[1], in dem eine mündliche Verhandlung nicht stattfindet, vor Ablauf des Tages, an dem die Ladung zum Termin zur Verkündung des Urteils zugestellt oder das schriftliche Urteil der Geschäftsstelle übergeben wird,	

[1] **Nr. 70.**
[2] **Nr. 71.**
[3] **Habersack, Deutsche Gesetze Nr. 72.**

Nr.	Gebührentatbestand	Gebührenbetrag/ Gebührensatz nach § 2 Abs. 2 i.V.m. § 2 Abs. 1
	– im Falle des § 82 Abs. 2 PatG[4] i.V.m. § 81 PatG[4] vor Ablauf des Tages, an dem das Urteil der Geschäftsstelle übergeben wird, b) Anerkenntnis- und Verzichtsurteil, c) Abschluss eines Vergleichs vor Gericht, wenn nicht bereits ein Urteil vorausgegangen ist: Die Gebühr 402 100 ermäßigt sich auf:	1,5
	Erledigungserklärungen stehen der Zurücknahme nicht gleich. Die Ermäßigung tritt auch ein, wenn mehrere Ermäßigungstatbestände erfüllt sind.	
2. Sonstige Klageverfahren		
402 200	Verfahren im Allgemeinen	4,5
402 210	Beendigung des gesamten Verfahrens durch a) Zurücknahme der Klage vor dem Schluss der mündlichen Verhandlung, b) Anerkenntnis- und Verzichtsurteil, c) Abschluss eines Vergleichs vor Gericht, wenn nicht bereits ein Urteil vorausgegangen ist: Die Gebühr 402 200 ermäßigt sich auf:	1,5
	Erledigungserklärungen stehen der Zurücknahme nicht gleich. Die Ermäßigung tritt auch ein, wenn mehrere Ermäßigungstatbestände erfüllt sind.	
3. Erlass einer einstweiligen Verfügung wegen Erteilung einer Zwangslizenz (§ 85 PatG[4], § 85a in Verbindung mit § 85 PatG und § 20 GebrMG[1] in Verbindung mit § 81 PatG[4])		
402 300	Verfahren über den Antrag	1,5
402 310	In dem Verfahren findet eine mündliche Verhandlung statt: die Gebühr 402 300 erhöht sich auf	4,5
402 320	Beendigung des gesamten Verfahrens durch a) Zurücknahme des Antrags vor dem Schluss der mündlichen Verhandlung, b) Anerkenntnis- und Verzichtsurteil, c) Abschluss eines Vergleichs vor Gericht, wenn nicht bereits ein Urteil vorausgegangen ist: Die Gebühr 402 310 ermäßigt sich auf:	1,5
	Erledigungserklärungen stehen der Zurücknahme nicht gleich. Die Ermäßigung tritt auch ein, wenn mehrere Ermäßigungstatbestände erfüllt sind.	
III. Rüge wegen Verletzung des Anspruchs auf rechtliches Gehör		
403 100	Verfahren über die Rüge wegen Verletzung des Anspruchs auf rechtliches Gehör nach § 321a ZPO[2] i.V.m. § 99 Abs. 1 PatG[4], § 82 Abs. 1 MarkenG[3] Die Rüge wird in vollem Umfang verworfen oder zurückgewiesen	50 EUR

[4] Nr. **70**.
[1] Nr. **71**.
[2] **Habersack, Deutsche Gesetze Nr. 100.**
[3] **Habersack, Deutsche Gesetze Nr. 72.**

70c. Gesetz über die Erstattung von Gebühren der beigeordneten Vertretung in Patent-, Gebrauchsmuster-, Marken-, Design-, Topographieschutz- und Sortenschutzsachen (Vertretungsgebühren-Erstattungsgesetz – VertrGebErstG)[1)]

Vom 7. Juli 2021

(BGBl. I S. 2363, 2432)

FNA 424-5-8

§ 1 Gegenstand des Gesetzes. Im Fall der Bewilligung von Verfahrenskostenhilfe werden der beigeordneten Vertretung in den folgenden Sachen die Gebühren und Auslagen nach Maßgabe dieses Gesetzes erstattet:

1. in Patentsachen,
2. in Gebrauchsmustersachen,
3. in Markensachen,
4. in Designsachen,
5. in Topographieschutzsachen und
6. in Sortenschutzsachen.

§ 2 Gebührensatz. [1]In Verfahren vor dem Deutschen Patent- und Markenamt und dem Bundespatentgericht beträgt der Gebührensatz 360 Euro. [2]Dieser steht der beigeordneten Vertretung nach Maßgabe der §§ 3 bis 11 als Verfahrensgebühr zu.

§ 3 Patentsachen. In Patentsachen steht der Gebührensatz wie folgt zu:

1. für die Anmeldung eines Patents oder im Verfahren nach § 42 des Patentgesetzes[2)]: zu 13/10,
2. im Prüfungsverfahren: zu 7/10,
3. im Einspruchsverfahren: zu 10/10,
4. im Verfahren wegen Beschränkung des Patents: zu 10/10,
5. im Beschwerdeverfahren gegen eine Entscheidung über den Widerruf oder die Beschränkung des Patents: zu 13/10,
6. in anderen Beschwerdeverfahren: zu 3/10.

§ 4 Gebrauchsmustersachen. In Gebrauchsmustersachen steht der Gebührensatz wie folgt zu:

1. im Eintragungsverfahren: zu 10/10,
2. im Beschwerdeverfahren gegen die Versagung der Eintragung: zu 13/10,
3. im Löschungsverfahren: zu 15/10,

[1)] Verkündet als Art. 26 G v. 7.7.2021 (BGBl. I S. 2363); Inkrafttreten gem. Art. 36 Abs. 1 dieses G am 1.8.2022.

[2)] Nr. **70**.

4. im Beschwerdeverfahren gegen eine Entscheidung über den Löschungsantrag: zu 20/10,
5. in anderen Beschwerdeverfahren: zu 3/10.

§ 5 Markensachen. In Markensachen steht der Gebührensatz wie folgt zu:
1. im Beschwerdeverfahren gegen die Versagung der Eintragung: zu 13/10,
2. im Beschwerdeverfahren gegen eine Entscheidung über einen Antrag auf Erklärung des Verfalls oder der Nichtigkeit: zu 20/10,
3. in anderen Beschwerdeverfahren: zu 3/10.

§ 6 Designsachen. In Designsachen steht der Gebührensatz wie folgt zu:
1. im Eintragungsverfahren: zu 10/10,
2. im Beschwerdeverfahren gegen die Versagung der Eintragung: zu 13/10,
3. im Nichtigkeitsverfahren: zu 15/10,
4. im Beschwerdeverfahren gegen eine Entscheidung über den Antrag auf Feststellung oder Erklärung der Nichtigkeit: zu 20/10,
5. in anderen Beschwerdeverfahren: zu 3/10.

§ 7 Topographieschutzsachen. In Topographieschutzsachen steht der Gebührensatz wie folgt zu:
1. im Eintragungsverfahren: zu 10/10,
2. im Beschwerdeverfahren gegen die Versagung der Eintragung: zu 13/10,
3. im Löschungsverfahren: zu 15/10,
4. im Beschwerdeverfahren gegen eine Entscheidung über den Löschungsantrag: zu 20/10,
5. in anderen Beschwerdeverfahren: zu 3/10.

§ 8 Sortenschutzsachen. In Sortenschutzsachen steht der Gebührensatz im Beschwerdeverfahren zu 13/10 zu.

§ 9 Gegenstand der Gebühren. [1]Die in den §§ 3 bis 8 genannten Gebühren umfassen die gesamte Tätigkeit der Vertretung von der Beiordnung bis zur Beendigung des Rechtszuges. [2]Die Vertretung kann jede der Gebühren in jedem Rechtszug nur einmal beanspruchen.

§ 10 Erledigung der Beiordnung. Wenn sich die Beiordnung erledigt, ohne dass die Vertretung eine Anmeldung oder einen die Sache betreffenden Schriftsatz eingereicht hat, erhält sie die Verfahrensgebühr für den Verfahrensabschnitt, in dem die Erledigung eingetreten ist, zur Hälfte.

§ 11 Vertretung bei bestimmten Terminen. Die Vertretung, deren Tätigkeit sich auf die Vertretung in einem nur zur Beweisaufnahme bestimmten Termin oder auf die Wahrnehmung eines anberaumten Termins zur Anhörung eines Beteiligten beschränkt, erhält die Verfahrensgebühr für den Verfahrensabschnitt, in dem die Wahrnehmung des Termins erfolgte, zur Hälfte.

§ 12 Geltung des Rechtsanwaltsvergütungsgesetzes. Auf die Erstattung der Gebühren und Auslagen der Vertretung in Verfahren vor dem Deutschen Patent- und Markenamt und dem Bundespatentgericht sind im Übrigen die Vorschriften des Rechtsanwaltsvergütungsgesetzes[1], die für die Vergütung bei Prozesskostenhilfe gelten, sinngemäß mit folgenden Maßgaben anzuwenden:

1. im Prüfungsverfahren entsteht eine Verfahrensgebühr mit einem Gebührensatz von 0,5, im Übrigen mit einem Gebührensatz von 1,0;
2. im Verfahren vor dem Deutschen Patent- und Markenamt sind an Stelle der §§ 55 und 56 des Rechtsanwaltsvergütungsgesetzes § 62 Absatz 2 Satz 2 und 4 des Patentgesetzes[2] sowie § 104 Absatz 2 der Zivilprozessordnung[3] entsprechend anzuwenden.

§ 13 Verfahren über die Erklärung der Nichtigkeit von Patenten und über Zwangslizenzen. Abweichend von den §§ 2 bis 12 werden der beigeordneten Vertretung in Verfahren vor dem Deutschen Patent- und Markenamt und dem Bundespatentgericht über die Erklärung der Nichtigkeit von Patenten und über Zwangslizenzen Gebühren und Auslagen in entsprechender Anwendung der Vorschriften des Rechtsanwaltsvergütungsgesetzes[1], die für die Vergütung bei Prozesskostenhilfe gelten, erstattet.

§ 14 Verfahren vor dem Bundesgerichtshof. In Verfahren vor dem Bundesgerichtshof werden der beigeordneten Vertretung Gebühren und Auslagen in entsprechender Anwendung der Vorschriften des Rechtsanwaltsvergütungsgesetzes[1], die für die Vergütung bei Prozesskostenhilfe gelten, erstattet.

---

[1] **Habersack, Deutsche Gesetze Nr. 117.**
[2] Nr. **70**.
[3] **Habersack, Deutsche Gesetze Nr. 100.**

71. Gebrauchsmustergesetz (GebrMG)[1]

In der Fassung der Bekanntmachung vom 28. August 1986[2]
(BGBl. I S. 1455)

FNA 421-1

Lfd. Nr.	Änderndes Gesetz	Datum	Fundstelle	Betroffen	Hinweis
1.	Art. 5 G zur Stärkung des Schutzes des geistigen Eigentums und zur Bekämpfung der Produktpiraterie	7.3.1990	BGBl. I S. 422	§§ 1, 2, 4, 5, 6, 23, 24, 25	geänd. mWv 1.7.1990
				§§ 12a, 24a, 24b, 24c, 25a	eingef. mWv 1.7.1990
2.	Art. 8 Zweites G über das Gemeinschaftspatent	20.12.1991	BGBl. 1991 II S. 1354	§ 6	geänd. mWv 1.6.1992
3.	Art. 3 G zur Änd. des PatentG und anderer Gesetze	23.3.1993	BGBl. I S. 366	§ 10	geänd. mWv 1.4.1993
4.	Art. 13 G zur Neuordnung des Berufsrechts der Rechtsanwälte und der Patentanwälte	2.9.1994	BGBl. I S. 2278, geänd. 1999, S. 2448	§ 27	geänd. mWv 1.1.2000
5.	Art. 3 Zweites G zur Änd. des PatentG und anderer Gesetze	16.7.1998	BGBl. I S. 1827	Überschrift, §§ 4, 6, 8, 10, 20, 25a	geänd. mWv 1.11.1998
				§ 4a	eingef. mWv 1.1.1998
6.	Art. 5 Abs. 21 SchuldrechtsmodernisierungsG	26.11.2001	BGBl. I S. 3138	§ 24c	geänd. mWv 1.1.2002
				§ 31	eingef. mWv 1.1.2002
7.	Art. 8 Geistiges Eigentum-Kostenregelungs-BereinigungsG	13.12.2001	BGBl. I S. 3656	§§ 4, 5, 7, 8, 9, 10, 16 18, 21, 23, 27, 28, 29	geänd. mWv 1.1.2002
8.	Art. 4 Abs. 2 Transparenz- und PublizitätsG	19.7.2002	BGBl. I S. 2681	§ 21	geänd. mWv 26.7.2002
9.	Art. 4 OLG-VertretungsänderungsG	23.7.2002	BGBl. I S. 2850	§ 27	geänd. mWv 1.8.2002
10.	Art. 2 Abs. 8 GeschmacksmusterreformG	12.3.2004	BGBl. I S. 390	§§ 27, 29	geänd. mWv 1.6.2004
				§ 6a	eingef. mWv 1.6.2004
11.	Art. 4 Abs. 42 KostenrechtsmodernisierungsG	5.5.2004	BGBl. I S. 718	§§ 21, 27	geänd. mWv 1.7.2004
12.	*Art. 2 G zur Umsetzung der* RL über den rechtlichen Schutz biotechnologischer Erfindungen[3]	*21.1.2005*	BGBl. I S. 146	§§ 1, 2	geänd. mWv 28.2.2005

[1] Überschrift geänd. durch G v. 16.7.1998 (BGBl. I S. 1827).

[2] Neubekanntmachung des GebrauchsmusterG idF v. 2.1.1968 (BGBl. I S. 24) in der ab 1.1.1987 geltenden Fassung.

[3] **Amtl. Anm.:** Dieses Gesetz dient der Umsetzung der Richtlinie 98/44/EG des Europäischen Parlaments und des Rates vom 6. Juli 1998 über den rechtlichen Schutz biotechnologischer Erfindungen (ABl. EG Nr. L 213 S. 13).

Lfd. Nr.	Änderndes Gesetz	Datum	Fundstelle	Betroffen	Hinweis
13.	Art. 4 G zur Änd. des patentrechtlichen Einspruchsverfahrens und des PatentkostenG	21.6.2006	BGBl. I S. 1318	§§ 17, 20	geänd. mWv 1.7.2006
14.	Art. 12 Abs. 2 Zweites G zur Änd. des FinanzverwaltungsG und anderer Gesetze	13.12. 2007	BGBl. I S. 2897	§ 25a	geänd. mWv 1.1.2008
15.	Art. 3 G geistiges Eigentum[1)]	7.7.2008	BGBl. I S. 1191	§§ 24, 24a, 24b, 24f, 25a	geänd. mWv 1.9.2008
				§§ 24c, 24d, 24e, 24g	eingef. mWv 1.9.2008
16.	Art. 83b FGG-ReformG	17.12. 2008	BGBl. I S. 2586	§ 24b	geänd. mWv 1.9.2009
17.	Art. 2 G zur Vereinfachung und Modernisierung des Patentrechts	31.7.2009	BGBl. I S. 2521	§§ 21, 28	geänd. mWv 1.10.2009
18.	Art. 14 G über den Rechtsschutz bei überlangen Gerichtsverfahren und strafrechtlichen Ermittlungsverfahren	24.11. 2011	BGBl. I S. 2302	§ 21	geänd. mWv 3.12.2011
19.	Art. 3 G zur Modernisierung des GeschmacksmusterG sowie zur Änderung der Regelungen über die Bekanntmachungen zum Ausstellungsschutz	10.10. 2013	BGBl. I S. 3799	§ 6a	geänd. mWv 1.1.2014
20.	Art. 2 G zur Novellierung patentrechtlicher Vorschriften und anderer Gesetze des gewerblichen Rechtsschutzes	19.10. 2013	BGBl. I S. 3830	§ 8	geänd. mWv 25.10.2013
				§§ 4a, 8	geänd. mWv 1.4.2014
				§ 4b	eingef. mWv 1.4.2014
				§ 7	neu gef. mWv 1.4.2014
21.	Art. 205 Zehnte ZuständigkeitsanpassungsVO	31.8.2015	BGBl. I S. 1474	§§ 4, 4a, 6a, 10, 29	geän. mWv 8.9. 2015
22.	Art. 8 Abs. 5 G zur Neuorganisation der Zollverwaltung	3.12.2015	BGBl. I S. 2178	§ 25a	geänd. mWv 1.1.2016
23.	Art. 3 G zur Änd. des DesignG und weiterer Vorschriften des gewerblichen Rechtsschutzes	4.4.2016	BGBl. I S. 558	§ 25a	geänd. mWv 1.7.2016
				§ 25b	eingef. mWv 1.7.2016
				§ 17	geänd. mWv 1.10.2016
24.	Art. 6 Abs. 25 G zur Reform der strafrechtlichen Vermögensabschöpfung	13.4.2017	BGBl. I S. 872	§ 25	geänd. mWv 1.7.2017

[1)] **Amtl. Anm.:** Dieses Gesetz dient der Umsetzung der Richtlinie 2004/48/EG des Europäischen Parlaments und des Rates vom 29. April 2004 zur Durchsetzung der Rechte des geistigen Eigentums (ABl. EU Nr. L 195 S. 16).

Lfd. Nr.	Änderndes Gesetz	Datum	Fundstelle	Betroffen	Hinweis
25.	Art. 14 G zur Umsetzung der BerufsanerkennungsRL und zur Änd. weiterer Vorschriften im Bereich der rechtsberatenden Berufe[1]	12.5.2017	BGBl. I S. 1121	§ 28	geänd. mWv 18.5.2017
26.	Art. 10 G zur Änd. des BundesversorgungsG und anderer Vorschriften	17.7.2017	BGBl. I S. 2541	§ 8	geänd. mWv 25.5.2018
27.	Art. 23 TelekommunikationsmodernisierungsG[2]	23.6.2021	BGBl. I S. 1858	§ 24b	geänd. mWv 1.12.2021
28.	Art. 24 G zur Neuregelung des Berufsrechts der anwaltlichen und steuerberatenden Berufsausübungsgesellschaften sowie zur Änd. weiterer Vorschriften im Bereich der rechtsberatenden Berufe	7.7.2021	BGBl. I S. 2363	§ 21	geänd. mWv 1.8.2022
29.	Art. 3 Zweites G zur Vereinfachung und Modernisierung des Patentrechts	10.8.2021	BGBl. I S. 3490	§§ 4, 4a, 5, 6, 7, 8, 10, 16, 17, 23, 24, 25, 28	geänd. mWv 18.8.2021
				§ 29	neu gef. mWv 18.8.2021
				§ 26a	eingef. mWv 18.8.2021
				§§ 5, 17, 21	geänd. mWv 1.5.2022
30.	Art. 17 G zur Förderung des Einsatzes von Videokonferenztechnik in der Zivilgerichtsbarkeit und den Fachgerichtsbarkeiten	15.7.2024	BGBl. 2024 I Nr. 237	§ 17	geänd. mWv 19.7.2024

[1] **Amtl. Anm.:** Dieses Gesetz dient der Umsetzung der Richtlinie 2005/36/EG des Europäischen Parlaments und des Rates vom 7. September 2005 über die Anerkennung von Berufsqualifikationen (ABl. L 255 vom 30.9.2005, S. 22; L 271 vom 16.10.2007, S. 18; L 93 vom 4.4.2008, S. 28; L 33 vom 3.2. 2009, S. 49; L 305 vom 24.10.2014, S. 115), die zuletzt durch die Richtlinie 2013/55/EU (ABl. L 354 vom 28.12.2013, S. 132; L 268 vom 15.10.2015, S. 35; L 95 vom 9.4.2016, S. 20) geändert worden ist, sowie der Umsetzung der Richtlinie 2013/55/EU des Europäischen Parlaments und des Rates vom 20. November 2013 zur Änderung der Richtlinie 2005/36/EG über die Anerkennung von Berufsqualifikationen und der Verordnung (EU) Nr. 1024/2012 über die Verwaltungszusammenarbeit mit Hilfe des Binnenmarkt-Informationssystems („IMI-Verordnung“) (ABl. L 354 vom 28.12.2013, S. 132; L 268 vom 15.10.2015, S. 35; L 95 vom 9.4.2016, S. 20).

[2] **Amtl. Anm.:** Dieses Gesetz dient der Umsetzung der Richtlinie (EU) 2018/1972 des Europäischen Parlaments und des Rates vom 11. Dezember 2018 über den europäischen Kodex für die elektronische Kommunikation (Neufassung) (ABl. L 321 vom 17.12.2018, S. 36).

§ 1[1)] [Voraussetzungen des Schutzes] (1) Als Gebrauchsmuster werden Erfindungen geschützt, die neu sind, auf einem erfinderischen Schritt beruhen und gewerblich anwendbar sind.

(2) Als Gegenstand eines Gebrauchsmusters im Sinne des Absatzes 1 werden insbesondere nicht angesehen:

1. Entdeckungen sowie wissenschaftliche Theorien und mathematische Methoden;
2. ästhetische Fomschöpfungen;
3. Pläne, Regeln und Verfahren für gedankliche Tätigkeiten, für Spiele oder für geschäftliche Tätigkeiten sowie Programme für Datenverarbeitungsanlagen;
4. die Wiedergabe von Informationen,
5. biotechnologische Erfindungen (§ 1 Abs. 2 des Patentgesetzes[2)]).

(3) Absatz 2 steht dem Schutz als Gebrauchsmuster nur insoweit entgegen, als für die genannten Gegenstände oder Tätigkeiten als solche Schutz begehrt wird.

§ 2[3)] [Kein Schutz] Als Gebrauchsmuster werden nicht geschützt:

1. Erfindungen, deren Verwertung gegen die öffentliche Ordnung oder die guten Sitten verstoßen würde; ein solcher Verstoß kann nicht allein aus der Tatsache hergeleitet werden, daß die Verwertung der Erfindung durch Gesetz oder Verwaltungsvorschrift verboten ist.
2. Pflanzensorten oder Tierarten;
3. Verfahren.

§ 3 [Begriff der Neuheit] (1) [1]Der Gegenstand eines Gebrauchsmusters gilt als neu, wenn er nicht zum Stand der Technik gehört. [2]Der Stand der Technik umfaßt alle Kenntnisse, die vor dem für den Zeitrang der Anmeldung maßgeblichen Tag durch schriftliche Beschreibung oder durch eine im Geltungsbereich dieses Gesetzes erfolgte Benutzung der Öffentlichkeit zugänglich gemacht worden sind. [3]Eine innerhalb von sechs Monaten vor dem für den Zeitrang der Anmeldung maßgeblichen Tag erfolgte Beschreibung oder Benutzung bleibt außer Betracht, wenn sie auf der Ausarbeitung des Anmelders oder seines Rechtsvorgängers beruht.

(2) Der Gegenstand eines Gebrauchsmusters gilt als gewerblich anwendbar, wenn er auf irgendeinem gewerblichen Gebiet einschließlich der Landwirtschaft hergestellt oder benutzt werden kann.

§ 4[4)] [Erfordernisse der Anmeldung] (1) [1]Erfindungen, für die der Schutz als Gebrauchsmuster verlangt wird, sind beim Deutschen Patent- und Markenamt anzumelden. [2]Für jede Erfindung ist eine besondere Anmeldung erforderlich.

[1)] § 1 Abs. 1 neu gef. durch G v. 7.3.1990 (BGBl. I S. 422); Abs. 2 Nr. 5 angef. mWv 28.2.2005 durch G v. 21.1.2005 (BGBl. I S. 146).

[2)] Nr. **70**.

[3)] § 2 neu gef. durch G v. 7.3.1990 (BGBl. I S. 422); Nr. 1 geänd. mWv 28.2.2005 durch G v. 21.1. 2005 (BGBl. I S. 146).

[4)] § 4 Abs. 1 und 2 Nr. 4 neu gef. durch G v. 7.3.1990 (BGBl. I S. 422); Abs. 1 Satz 1 geänd., Abs. 2 eingef., bish. Abs. 2–6 werden Abs. 3–7, neuer Abs. 3 und 4 neu gef., Abs. 8 angef. durch G v. 16.7.1998 (BGBl. I S. 1827); Abs. 4 Satz 2, neuer Abs. 7 Satz 2 geänd., Abs. 5 aufgeh. bish. Abs. 6–8 werden Abs. 5–7 mWv 1.1.2002 durch G v. 13.12.2001 (BGBl. I S. 3656); Abs. 2 Satz 1, Abs. 4 Satz 1 und Abs. 7 Satz 1 geänd. mWv 8.9.2015 durch VO v. 31.8.2015 (BGBl. I S. 1474); Abs. 1 Satz 1 geänd. mWv 18.8. 2021 durch G v. 10.8.2021 (BGBl. I S. 3490).

(2) [1] Die Anmeldung kann auch über ein Patentinformationszentrum eingereicht werden, wenn diese Stelle durch Bekanntmachung[1)] des Bundesministeriums der Justiz und für Verbraucherschutz im Bundesgesetzblatt dazu bestimmt ist, Gebrauchsmusteranmeldungen entgegenzunehmen. [2] Eine Anmeldung, die ein Staatsgeheimnis (§ 93 Strafgesetzbuch[2)]) enthalten kann, darf bei einem Patentinformationszentrum nicht eingereicht werden.

(3) Die Anmeldung muß enthalten:

1. den Namen des Anmelders;
2. einen Antrag auf Eintragung des Gebrauchsmusters, in dem der Gegenstand des Gebrauchsmusters kurz und genau bezeichnet ist;
3. einen oder mehrere Schutzansprüche, in denen angegeben ist, was als schutzfähig unter Schutz gestellt werden soll;
4. eine Beschreibung des Gegenstandes des Gebrauchsmusters;
5. die Zeichnungen, auf die sich die Schutzansprüche oder die Beschreibung beziehen.

(4) [1] Das Bundesministerium der Justiz und für Verbraucherschutz wird ermächtigt, durch Rechtsverordnung Bestimmungen über die Form und die sonstigen Erfordernisse der Anmeldung zu erlassen.[3)] [2] Es kann diese Ermächtigung durch Rechtsverordnung auf das Deutsche Patent- und Markenamt übertragen.

(5) [1] Bis zur Verfügung über die Eintragung des Gebrauchsmusters sind Änderungen der Anmeldung zulässig, soweit sie den Gegenstand der Anmeldung nicht erweitern. [2] Aus Änderungen, die den Gegenstand der Anmeldung erweitern, können Rechte nicht hergeleitet werden.

(6) [1] Der Anmelder kann die Anmeldung jederzeit teilen. [2] Die Teilung ist schriftlich zu erklären. [3] Für jede Teilanmeldung bleiben der Zeitpunkt der ursprünglichen Anmeldung und eine dafür in Anspruch genommene Priorität erhalten. [4] Für die abgetrennte Anmeldung sind für die Zeit bis zur Teilung die gleichen Gebühren zu entrichten, die für die ursprüngliche Anmeldung zu entrichten waren.

(7) [1] Das Bundesministerium der Justiz und für Verbraucherschutz wird ermächtigt, durch Rechtsverordnung Bestimmungen über die Hinterlegung, den Zugang einschließlich des zum Zugang berechtigten Personenkreises und die erneute Hinterlegung von biologischem Material zu erlassen, sofern die Erfindung die Verwendung biologischen Materials beinhaltet oder sie solches Material betrifft, das der Öffentlichkeit nicht zugänglich ist und das in der Anmeldung nicht so beschrieben werden kann, daß ein Fachmann die Erfindung danach ausführen kann (Absatz 3). [2] Es kann diese Ermächtigung durch Rechtsverordnung auf das Deutsche Patent- und Markenamt übertragen.

[1)] Siehe Bek. der zur Entgegennahme von Patent-, Gebrauchsmuster-, Marken- und Geschmacksmusteranmeldungen befugten Patentinformationszentren idF der Bek. v. 5.10.2004 (BGBl. I S. 2599), zuletzt geänd. durch Bek. v. 29.10.2020 (BGBl. I S. 2336).

[2)] ***Habersack, Deutsche Gesetze Nr. 85.***

[3)] Verordnung über das Deutsche Patent- und Markenamt (DPMA-Verordnung – DPMAV) v. 1.4.2004 (BGBl. I S. 514), zuletzt geänd. durch G v. 10.8.2021 (BGBl. I S. 3490); Verordnung zur Ausführung des Gebrauchsmustergesetzes (Gebrauchsmusterverordnung – GebrMV) v. 11.5.2004 (BGBl. I S. 890), zuletzt geänd. durch VO v. 14.6.2022 (BGBl. I S. 878).

§ 4a[1)] [Weitere Erfordernisse der Anmeldung] (1) Der Anmeldetag der Gebrauchsmusteranmeldung ist der Tag, an dem die Unterlagen nach § 4 Abs. 3 Nr. 1 und 2 und, soweit sie jedenfalls Angaben enthalten, die dem Anschein nach als Beschreibung anzusehen sind, nach § 4 Abs. 3 Nr. 4

1. beim Deutschen Patent- und Markenamt
2. oder, wenn diese Stelle durch Bekanntmachung[2)] des Bundesministeriums der Justiz und für Verbraucherschutz im Bundesgesetzblatt dazu bestimmt ist, bei einem Patentinformationszentrum

eingegangen sind.

(2) [1] Wenn die Anmeldung eine Bezugnahme auf Zeichnungen enthält und der Anmeldung keine Zeichnungen beigefügt sind oder wenn mindestens ein Teil einer Zeichnung fehlt, so fordert das Deutsche Patent- und Markenamt den Anmelder auf, innerhalb einer Frist von einem Monat nach Zustellung der Aufforderung entweder die Zeichnungen nachzureichen oder zu erklären, dass die Bezugnahme als nicht erfolgt gelten soll. [2] Reicht der Anmelder auf diese Aufforderung die fehlenden Zeichnungen oder die fehlenden Teile nach, so wird der Tag des Eingangs der Zeichnungen oder der fehlenden Teile beim Deutschen Patent- und Markenamt Anmeldetag; anderenfalls gilt die Bezugnahme auf die Zeichnungen als nicht erfolgt.

(3) Absatz 2 gilt entsprechend für fehlende Teile der Beschreibung.

§ 4b[3)] [Frist der Übersetzung] [1] Ist die Anmeldung nicht oder teilweise nicht in deutscher Sprache abgefasst, so hat der Anmelder eine deutsche Übersetzung innerhalb einer Frist von drei Monaten nach Einreichung der Anmeldung nachzureichen. [2] Wird die deutsche Übersetzung nicht innerhalb der Frist eingereicht, so gilt die Anmeldung als zurückgenommen.

§ 5[4)] [Für frühere Patentanmeldung beanspruchtes Prioritätsrecht]

(1) [1] Hat der Anmelder mit Wirkung für die Bundesrepublik Deutschland für dieselbe Erfindung bereits früher ein Patent nachgesucht, so kann er mit der Gebrauchsmusteranmeldung die Erklärung abgeben, daß der für die Patentanmeldung maßgebende Anmeldetag in Anspruch genommen wird. [2] Ein für die Patentanmeldung beanspruchtes Prioritätsrecht bleibt für die Gebrauchsmusteranmeldung erhalten. [3] Das Recht nach Satz 1 kann bis zum Ablauf von zwei Monaten nach dem Ende des Monats, in dem die Patentanmeldung erledigt oder ein etwaiges Einspruchsverfahren abgeschlossen ist, jedoch längstens bis zum Ablauf des zehnten Jahres nach dem Anmeldetag der Patentanmeldung, ausgeübt werden.

(2) [1] Hat der Anmelder eine Erklärung nach Absatz 1 Satz 1 abgegeben, so fordert ihn das Deutsche Patent- und Markenamt auf, innerhalb von zwei Monaten nach Zustellung der Aufforderung das Aktenzeichen und den Anmeldetag

---

[1)] § 4a eingef. durch G v. 16.7.1998 (BGBl. I S. 1827); Abs. 1 aufgeh., bish. Abs. 2 wird Abs. 1, Sätze 2 und 3 aufgeh., Abs. 2 und 3 angef. mWv 1.4.2014 durch G v. 19.10.2013 (BGBl. I S. 3830); Abs. 1 Nr. 2 geänd. mWv 8.9.2015 durch VO v. 31.8.2015 (BGBl. I S. 1474); Abs. 1 Nr. 1 und Abs. 2 Sätze 1 und 2 geänd. mWv 18.8.2021 durch G v. 10.8.2021 (BGBl. I S. 3490).

[2)] Siehe Bek. der zur Entgegennahme von Patent-, Gebrauchsmuster-, Marken- und Geschmacksmusteranmeldungen befugten Patentinformationszentren idF der Bek. v. 5.10.2004 (BGBl. I S. 2599), zuletzt geänd. durch Bek. v. 29.10.2020 (BGBl. I S. 2336).

[3)] § 4b eingef. mWv 1.4.2014 durch G v. 19.10.2013 (BGBl. I S. 3830).

[4)] § 5 Abs. 1 Sätze 1 und 3 geänd. durch G v. 7.3.1990 (BGBl. I S. 422); Abs. 2 Satz 1 geänd. mWv 18.8.2021, Abs. 2 Satz 2 eingef., bish. Satz 2 wird Satz 3 und geänd. mWv 1.5.2022 durch G v. 10.8.2021 (BGBl. I S. 3490).

anzugeben und eine Abschrift der Patentanmeldung einzureichen. [2] Eine Abschrift wird nicht angefordert, wenn die Patentanmeldung beim Deutschen Patent- und Markenamt eingereicht worden ist. [3] Werden die nach diesem Absatz geforderten Angaben nicht rechtzeitig gemacht, so wird das Recht nach Absatz 1 Satz 1 verwirkt.

§ 6[1)] [Prioritätsrecht des Anmelders] (1) [1] Dem Anmelder steht innerhalb einer Frist von zwölf Monaten nach dem Anmeldetag einer beim Deutschen Patent- und Markenamt eingereichten früheren Patent- oder Gebrauchsmusteranmeldung für die Anmeldung derselben Erfindung zum Gebrauchsmuster ein Prioritätsrecht zu, es sei denn, daß für die frühere Anmeldung schon eine inländische oder ausländische Priorität in Anspruch genommen worden ist. [2] § 40 Abs. 2 bis 4, Abs. 5 Satz 1, Abs. 6 des Patentgesetzes[2)] ist entsprechend anzuwenden, § 40 Abs. 5 Satz 1 mit der Maßgabe, daß eine frühere Patentanmeldung nicht als zurückgenommen gilt.

(2) Die Vorschriften des Patentgesetzes über die ausländische Priorität (§ 41) sind entsprechend anzuwenden.

§ 6a[3)] [Inanspruchnahme des Prioritätsrechts] (1) Hat der Anmelder eine Erfindung

1. auf einer amtlichen oder amtlich anerkannten internationalen Ausstellung im Sinne des am 22. November 1928 in Paris unterzeichneten Abkommens über internationale Ausstellungen oder
2. auf einer sonstigen inländischen oder ausländischen Ausstellung

zur Schau gestellt, kann er, wenn er die Erfindung innerhalb einer Frist von sechs Monaten seit der erstmaligen Zurschaustellung zum Gebrauchsmuster anmeldet, von diesem Tag an ein Prioritätsrecht in Anspruch nehmen.

(2) Die in Absatz 1 Nummer 1 bezeichneten Ausstellungen werden vom Bundesministerium der Justiz und für Verbraucherschutz im Bundesanzeiger bekanntgemacht.

(3) Die Ausstellungen nach Absatz 1 Nummer 2 werden im Einzelfall vom Bundesministerium der Justiz und für Verbraucherschutz bestimmt und im Bundesanzeiger bekanntgemacht.

(4) Wer eine Priorität nach Absatz 1 in Anspruch nimmt, hat vor Ablauf des 16. Monats nach dem Tag der erstmaligen Zurschaustellung der Erfindung diesen Tag und die Ausstellung anzugeben sowie einen Nachweis für die Zurschaustellung einzureichen.

(5) Die Ausstellungspriorität nach Absatz 1 verlängert die Prioritätsfristen nach § 6 Abs. 1 nicht.

§ 7[4)] [Stand der Technik] (1) Das Deutsche Patent- und Markenamt ermittelt auf Antrag den Stand der Technik, der für die Beurteilung der Schutzfähigkeit des

---

[1)] § 6 Abs. 1 Satz 1 geänd. durch G v. 7.3.1990 (BGBl. I S. 422); Abs. 1 Satz 2 geänd. durch G v. 20.12. 1991 (BGBl. 1991 II S. 1354); Abs. 1 Satz 2 geänd. durch G v. 16.7.1998 (BGBl. I S. 1827); Abs. 1 Satz 1 geänd. mWv 18.8.2021 durch G v. 10.8.2021 (BGBl. I S. 3490).

[2)] Nr. **70**.

[3)] *§ 6a eingef. mWv 1.6.2004* durch G v. 12.3.2004 (BGBl. I S. 390); Abs. 1 und 2 neu gef., Abs. 3 eingef., bish. Abs. 3 und 4 werden Abs. 4 und 5 mWv 1.1.2014 durch G v. 10.10.2013 (BGBl. I S. 3799); Abs. 2 und 3 geänd. mWv 8.9.2015 durch VO v. 31.8.2015 (BGBl. I S. 1474).

[4)] § 7 neu gef. mWv 1.4.2014 durch G v. 19.10.2013 (BGBl. I S. 3830); Abs. 1 und 3 Satz 3, Abs. 5 und 6 geänd. mWv 18.8.2021 durch G v. 10.8.2021 (BGBl. I S. 3490).

Gegenstandes der Gebrauchsmusteranmeldung oder des Gebrauchsmusters in Betracht zu ziehen ist (Recherche).

(2) [1]Der Antrag kann von dem Anmelder oder dem als Inhaber Eingetragenen und jedem Dritten gestellt werden. [2]Er ist schriftlich einzureichen. [3]§ 28 ist entsprechend anzuwenden.

(3) [1]Der Eingang des Antrags wird im Patentblatt veröffentlicht, jedoch nicht vor der Eintragung des Gebrauchsmusters. [2]Hat ein Dritter den Antrag gestellt, so wird der Eingang des Antrags außerdem dem Anmelder oder dem als Inhaber Eingetragenen mitgeteilt. [3]Jedermann ist berechtigt, dem Deutschen Patent- und Markenamt Hinweise zum Stand der Technik zu geben, der für die Beurteilung der Schutzfähigkeit des Gegenstandes der Gebrauchsmusteranmeldung oder des Gebrauchsmusters in Betracht zu ziehen ist.

(4) [1]Ist ein Antrag nach Absatz 1 eingegangen, so gelten spätere Anträge als nicht gestellt. [2]§ 43 Absatz 4 Satz 2 und 3 des Patentgesetzes[1)] ist entsprechend anzuwenden.

(5) Erweist sich ein von einem Dritten gestellter Antrag nach der Mitteilung an den Anmelder oder den als Inhaber Eingetragenen als unwirksam, so teilt das Deutsche Patent- und Markenamt dies außer dem Dritten auch dem Anmelder oder dem als Inhaber Eingetragenen mit.

(6) Das Deutsche Patent- und Markenamt teilt den nach Absatz 1 ermittelten Stand der Technik dem Anmelder oder dem als Inhaber Eingetragenen und, wenn der Antrag von einem Dritten gestellt worden ist, diesem und dem Anmelder oder dem als Inhaber Eingetragenen ohne Gewähr für die Vollständigkeit mit und veröffentlicht im Patentblatt, dass diese Mitteilung ergangen ist.

§ 8[2)] [Rolle für Gebrauchsmuster] (1) [1]Entspricht die Anmeldung den Anforderungen des §§ 4, 4a, 4b, so verfügt das Deutsche Patent- und Markenamt die Eintragung in das Register für Gebrauchsmuster. [2]Eine Prüfung des Gegenstandes der Anmeldung auf Neuheit, erfinderischen Schritt und gewerbliche Anwendbarkeit findet nicht statt. [3]§ 49 Abs. 2 des Patentgesetzes[1)] ist entsprechend anzuwenden.

(2) Die Eintragung muss Namen und Wohnsitz des Anmelders sowie seines etwa nach § 28 bestellten Vertreters und Zustellungsbevollmächtigten sowie die Zeit der Anmeldung angeben.

(3) [1]Die Eintragungen sind im Patentblatt in regelmäßig erscheinenden Übersichten bekanntzumachen. [2]Die Veröffentlichung kann in elektronischer Form erfolgen. [3]Zur weiteren Verarbeitung oder Nutzung zu Zwecken der Gebrauchsmusterinformation kann das Deutsche Patent- und Markenamt Angaben aus dem Patentblatt an Dritte in elektronischer Form übermitteln. [4]Die Übermittlung erfolgt nicht, soweit eine Einsicht nach Absatz 7 ausgeschlossen ist.

(4) [1]Das Deutsche Patent- und Markenamt vermerkt im Register eine Änderung in der Person des Inhabers des Gebrauchsmusters, seines Vertreters oder seines Zustellungsbevollmächtigten, wenn sie ihm nachgewiesen wird. [2]Solange

---

[1)] Nr. **70**.

[2)] § 8 Abs. 1 Satz 1 geänd. durch G v. 16.7.1998 (BGBl. I S. 1827); Abs. 1 Satz 1, Abs. 5 geänd., Abs. 2 und 4 neu gef., Abs. 3 Satz 2 angef. mWv 1.1.2002 durch G v. 13.12.2001 (BGBl. I S. 3656); Abs. 3 Sätze 3 und 4, Abs. 6 und 7 angef. mWv 25.10.2013, Abs. 1 Satz 1 geänd. mWv 1.4.2014 durch G v. 19.10.2013 (BGBl. I S. 3830); Abs. 8 angef. mWv 25.5.2018 durch G v. 17.7.2017 (BGBl. I S. 2541); Abs. 1 Satz 1, Abs. 3 Satz 3, Abs. 4 Satz 1, Abs. 5 Satz 2 geänd., Abs. 7 neu gef. mWv 18.8.2021 durch G v. 10.8.2021 (BGBl. I S. 3490).

die Änderung nicht eingetragen ist, bleiben der frühere Rechtsinhaber und sein früherer Vertreter oder Zustellungsbevollmächtigter nach Maßgabe dieses Gesetzes berechtigt und verpflichtet.

(5) 1 Die Einsicht in das Register sowie in die Akten eingetragener Gebrauchsmuster einschließlich der Akten von Löschungsverfahren steht jedermann frei. 2 Im übrigen gewährt das Deutsche Patent- und Markenamt jedermann auf Antrag Einsicht in die Akten, wenn und soweit ein berechtigtes Interesse glaubhaft gemacht wird.

(6) Soweit die Einsicht in das Register und die Akten nach Absatz 5 Satz 1 jedermann freisteht, kann die Einsichtnahme bei elektronischer Führung des Registers und der Akten auch über das Internet gewährt werden.

(7) Die Einsicht nach den Absätzen 5 und 6 ist ausgeschlossen, soweit

1. ihr eine Rechtsvorschrift entgegensteht,
2. das schutzwürdige Interesse der betroffenen Person im Sinne des Artikels 4 Nummer 1 der Verordnung (EU) 679/2016[1)] des Europäischen Parlaments und des Rates vom 27. April 2016 zum Schutz natürlicher Personen bei der Verarbeitung personenbezogener Daten, zum freien Datenverkehr und zur Aufhebung der Richtlinie 95/46/EG (Datenschutz-Grundverordnung) (ABl. L 119 vom 4.5.2016, S. 1; L 314 vom 22.11.2016, S. 72; L 127 vom 23.5.2018, S. 2) in der jeweils geltenden Fassung offensichtlich überwiegt oder
3. in den Akten Angaben oder Zeichnungen enthalten sind, die offensichtlich gegen die öffentliche Ordnung oder die guten Sitten verstoßen.

(8) 1 Soweit personenbezogene Daten im Register oder in öffentlich zugänglichen elektronischen Informationsdiensten des Deutschen Patent- und Markenamtes enthalten sind, bestehen nicht

1. das Recht auf Auskunft gemäß Artikel 15 Absatz 1 Buchstabe c der Verordnung (EU) 2016/679,
2. die Mitteilungspflicht gemäß Artikel 19 Satz 2 der Verordnung (EU) 2016/679 und
3. das Recht auf Widerspruch gemäß Artikel 21 Absatz 1 der Verordnung (EU) 2016/679.

2 Das Recht auf Erhalt einer Kopie nach Artikel 15 Absatz 3 der Verordnung (EU) 2016/679 wird dadurch erfüllt, dass die betroffene Person Einsicht in das Register oder in öffentlich zugängliche elektronische Informationsdienste des Deutschen Patent- und Markenamtes nehmen kann.

§ 9[2)] [Geheime Gebrauchsmuster] (1) 1 Wird ein Gebrauchsmuster angemeldet, dessen Gegenstand ein Staatsgeheimnis (§ 93 des Strafgesetzbuches[3)]) ist, so ordnet die für die Anordnung gemäß § 50 des Patentgesetzes[4)] zuständige Prüfungsstelle von Amts wegen an, daß die Offenlegung (§ 8 Abs. 5) und die Bekanntmachung im Patentblatt (§ 8 Abs. 3) unterbleiben. 2 Die zuständige oberste Bundesbehörde[5)] ist vor der Anordnung zu hören. 3 Sie kann den Erlaß einer

---

1) **Sartorius Nr. 246.**

2) *§ 9 Abs. 1 Satz 4 geänd. mWv 1.1.2002* durch G v. 13.12.2001 (BGBl. I S. 3656).

3) **Habersack, Deutsche Gesetze Nr. 85.**

4) Nr. **70**.

5) Siehe VO zur Ausführung des § 56 des Patentgesetzes und des § 9 des Gebrauchsmustergesetzes (PatG/GebrMGAV) v. 24.5.1961 (BGBl. I S. 595), zuletzt geänd. durch G v. 16.7.1998 (BGBl. I S. 1827).

Anordnung beantragen. [4]Das Gebrauchsmuster ist in ein besonderes Register einzutragen.

(2) [1]Im übrigen sind die Vorschriften des § 31 Abs. 5, des § 50 Abs. 2 bis 4 und der §§ 51 bis 56 des Patentgesetzes entsprechend anzuwenden. [2]Die nach Absatz 1 zuständige Prüfungsstelle ist auch für die in entsprechender Anwendung von § 50 Abs. 2 des Patentgesetzes zu treffenden Entscheidungen und für die in entsprechender Anwendung von § 50 Abs. 3 und § 53 Abs. 2 des Patentgesetzes vorzunehmenden Handlungen zuständig.

§ 10[1)] [Gebrauchsmusterstelle] (1) Für Anträge in Gebrauchsmustersachen mit Ausnahme der Löschungsanträge (§§ 15 bis 17) wird im Deutschen Patent- und Markenamt eine Gebrauchsmusterstelle errichtet, die von einem vom Präsidenten des Deutschen Patent- und Markenamts bestimmten rechtskundigen Mitglied geleitet wird.

(2) [1]Das Bundesministerium der Justiz und für Verbraucherschutz wird ermächtigt, durch Rechtsverordnung Beamte des gehobenen und des mittleren Dienstes oder vergleichbare Angestellte mit der Wahrnehmung von Geschäften zu betrauen, die den Gebrauchsmusterstellen oder Gebrauchsmusterabteilungen obliegen und die ihrer Art nach keine besonderen technischen oder rechtlichen Schwierigkeiten bieten;[2)] ausgeschlossen davon sind jedoch Zurückweisungen von Anmeldungen aus Gründen, denen der Anmelder widersprochen hat. [2]Das Bundesministerium der Justiz und für Verbraucherschutz kann diese Ermächtigung durch Rechtsverordnung auf das Deutsche Patent- und Markenamt übertragen.

(3) [1]Über Löschungsanträge (§§ 15 bis 17) beschließt eine der im Deutschen Patent- und Markenamt zu bildenden Gebrauchsmusterabteilungen, die mit zwei technischen Mitgliedern und einem rechtskundigen Mitglied zu besetzen ist. [2]Die Bestimmungen des § 27 Abs. 7 des Patentgesetzes[3)] gelten entsprechend. [3]Innerhalb ihres Geschäftskreises obliegt jeder Gebrauchsmusterabteilung auch die Abgabe von Gutachten.

(4) [1]Für die Ausschließung und Ablehnung der Mitglieder der Gebrauchsmusterstelle und der Gebrauchsmusterabteilungen gelten die §§ 41 bis 44, 45 Abs. 2 Satz 2, §§ 47 bis 49 der Zivilprozeßordnung[4)] über Ausschließung und Ablehnung der Gerichtspersonen sinngemäß. [2]Das gleiche gilt für die Beamten des gehobenen und des mittleren Dienstes und Angestellten, soweit sie nach Absatz 2 mit der Wahrnehmung einzelner der Gebrauchsmusterstelle oder den Gebrauchsmusterabteilungen obliegender Geschäfte betraut worden sind. [3]§ 27 Abs. 6 Satz 3 des Patentgesetzes gilt entsprechend.

§ 11 [Wirkung der Eintragung] (1) [1]Die Eintragung eines Gebrauchsmusters hat die Wirkung, daß allein der Inhaber befugt ist, den Gegenstand des Gebrauchsmusters zu benutzen. [2]Jedem Dritten ist es verboten, ohne seine Zustimmung ein

---

[1)] § 10 Abs. 4 Satz 2 geänd. durch G v. 23.3.1993 (BGBl. I S. 366); Abs. 2 neu gef. durch G v. 16.7. 1998 (BGBl. I S. 1827); Abs. 2 Satz 2 geänd. mWv 1.1.2002 durch G v. 13.12.2001 (BGBl. I S. 3656); Abs. 2 Sätze 1 und 2 geänd. mWv 8.9.2015 durch VO v. 31.8.2015 (BGBl. I S. 1474); Abs. 1 und 3 Satz 1 geänd. mWv 18.8.2021 durch G v. 10.8.2021 (BGBl. I S. 3490).

[2)] DPMA-Verordnung v. 1.4.2004 (BGBl. I S. 514), zuletzt geänd. durch G v. 10.8.2021 (BGBl. I S. 3490); Verordnung über die Wahrnehmung einzelner den Prüfungsstellen, der Gebrauchsmusterstelle, den Markenstellen und den Abteilungen des Patentamts obliegender Geschäfte (Wahrnehmungsverordnung – WahrnV) v. 14.12.1994 (BGBl. I S. 3812), zuletzt geänd. durch VO v. 24.6.2024 (BGBl. 2024 I Nr. 215).

[3)] Nr. **70**.

[4)] **Habersack, Deutsche Gesetze Nr. 100.**

Erzeugnis, das Gegenstand des Gebrauchsmusters ist, herzustellen, anzubieten, in Verkehr zu bringen oder zu gebrauchen oder zu den genannten Zwecken entweder einzuführen oder zu besitzen.

(2) [1] Die Eintragung hat ferner die Wirkung, daß es jedem Dritten verboten ist, ohne Zustimmung des Inhabers im Geltungsbereich dieses Gesetzes anderen als zur Benutzung des Gegenstandes des Gebrauchsmusters berechtigten Personen Mittel, die sich auf ein wesentliches Element des Gegenstandes des Gebrauchsmusters beziehen, zu dessen Benutzung im Geltungsbereich dieses Gesetzes anzubieten oder zu liefern, wenn der Dritte weiß oder es auf Grund der Umstände offensichtlich ist, daß diese Mittel dazu geeignet und bestimmt sind, für die Benutzung des Gegenstandes des Gebrauchsmusters verwendet zu werden. [2] Satz 1 ist nicht anzuwenden, wenn es sich bei den Mitteln um allgemein im Handel erhältliche Erzeugnisse handelt, es sei denn, daß der Dritte den Belieferten bewußt veranlaßt, in einer nach Absatz 1 Satz 2 verbotenen Weise zu handeln. [3] Personen, die die in § 12 Nr. 1 und 2 genannten Handlungen vornehmen, gelten im Sinne des Satzes 1 nicht als Personen, die zur Benutzung des Gegenstandes des Gebrauchsmusters berechtigt sind.

§ 12 [Erlaubte Handlungen] Die Wirkung des Gebrauchsmusters erstreckt sich nicht auf

1. Handlungen, die im privaten Bereich zu nichtgewerblichen Zwecken vorgenommen werden;
2. Handlungen zu Versuchszwecken, die sich auf den Gegenstand des Gebrauchsmusters beziehen;
3. Handlungen der in § 11 Nr. 4 bis 6 des Patentgesetzes[1)] bezeichneten Art.

§ 12a[2)] [Schutzbereich] [1] Der Schutzbereich des Gebrauchsmusters wird durch den Inhalt der Schutzansprüche bestimmt. [2] Die Beschreibung und die Zeichnungen sind jedoch zur Auslegung der Schutzansprüche heranzuziehen.

§ 13 [Kein Gebrauchsmusterschutz] (1) Der Gebrauchsmusterschutz wird durch die Eintragung nicht begründet, soweit gegen den als Inhaber Eingetragenen für jedermann ein Anspruch auf Löschung besteht (§ 15 Abs. 1 und 3).

(2) Wenn der wesentliche Inhalt der Eintragung den Beschreibungen, Zeichnungen, Modellen, Gerätschaften oder Einrichtungen eines anderen ohne dessen Einwilligung entnommen ist, tritt dem Verletzten gegenüber der Schutz des Gesetzes nicht ein.

(3) Die Vorschriften des Patentgesetzes[1)] über das Recht auf den Schutz (§ 6), über den Anspruch auf Erteilung des Schutzrechts (§ 7 Abs. 1), über den Anspruch auf Übertragung (§ 8), über das Vorbenutzungsrecht (§ 12) und über die staatliche Benutzungsanordnung (§ 13) sind entsprechend anzuwenden.

§ 14 [Später angemeldetes Patent] Soweit ein später angemeldetes Patent in ein nach § 11 begründetes Recht eingreift, darf das Recht aus diesem Patent ohne Erlaubnis des Inhabers des Gebrauchsmusters nicht ausgeübt werden.

§ 15 [Löschungsanspruch] (1) Jedermann hat gegen den als Inhaber Eingetragenen Anspruch auf Löschung des Gebrauchsmusters, wenn

---

1) Nr. **70**.
2) § 12a eingef. durch G v. 7.3.1990 (BGBl. I S. 422).

1. der Gegenstand des Gebrauchsmusters nach den §§ 1 bis 3 nicht schutzfähig ist,
2. der Gegenstand des Gebrauchsmusters bereits auf Grund einer früheren Patent- oder Gebrauchsmusteranmeldung geschützt worden ist oder
3. der Gegenstand des Gebrauchsmusters über den Inhalt der Anmeldung in der Fassung hinausgeht, in der sie ursprünglich eingereicht worden ist.

(2) Im Falle des § 13 Abs. 2 steht nur dem Verletzten ein Anspruch auf Löschung zu.

(3) [1]Betreffen die Löschungsgründe nur einen Teil des Gebrauchsmusters, so erfolgt die Löschung nur in diesem Umfang. [2]Die Beschränkung kann in Form einer Änderung der Schutzansprüche vorgenommen werden.

§ 16[1)] [Löschungsantrag] [1]Die Löschung des Gebrauchsmusters nach § 15 ist beim Deutschen Patent- und Markenamt schriftlich zu beantragen. [2]Der Antrag muß die Tatsachen angeben, auf die er gestützt wird. [3]Die Vorschriften des § 81 Abs. 6 und des § 125 des Patentgesetzes[2)] gelten entsprechend.

§ 17[3)] [Löschungsverfahren] (1) [1]Das Deutsche Patent- und Markenamt teilt dem Inhaber des Gebrauchsmusters den Antrag mit und fordert ihn auf, sich dazu innerhalb eines Monats zu erklären. [2]Widerspricht er nicht rechtzeitig, so erfolgt die Löschung.

(2) [1]Andernfalls teilt das Deutsche Patent- und Markenamt den Widerspruch dem Antragsteller mit und trifft die zur Aufklärung der Sache erforderlichen Verfügungen. [2]Es kann die Vernehmung von Zeugen und Sachverständigen anordnen. [3]Für sie gelten die Vorschriften der Zivilprozeßordnung[4)] (§§ 373 bis 401 sowie 402 bis 414) entsprechend. [4]Die Beweisverhandlungen sind unter Zuziehung eines beeidigten Protokollführers aufzunehmen. [5]Eine mündliche Verhandlung findet nur statt, wenn ein Beteiligter dies beantragt oder das Deutsche Patent- und Markenamt dies für sachdienlich erachtet. [6]Die §§ 128a und 284 Absatz 2 und 3 der Zivilprozessordnung sind entsprechend anzuwenden.

(3) [1]Die Gebrauchsmusterabteilung entscheidet durch Beschluss über den Antrag. [2]Der Beschluss ist zu begründen. [3]Er ist den Beteiligten von Amts wegen in Abschrift zuzustellen. [4]Eine Beglaubigung der Abschrift ist nicht erforderlich. [5]Ausfertigungen werden nur auf Antrag eines Beteiligten und nur in Papierform erteilt. [6]Wird über den Antrag auf Grund mündlicher Verhandlung entschieden, kann der Beschluss in dem Termin, in dem die mündliche Verhandlung geschlossen wird, verkündet werden; die Sätze 2 bis 5 bleiben unberührt. [7]§ 47 Absatz 2 des Patentgesetzes[2)] ist entsprechend anzuwenden.

(4) [1]Das Deutsche Patent- und Markenamt hat in dem Beschluss nach Absatz 3 Satz 1 zu bestimmen, zu welchem Anteil die Kosten des Verfahrens den Beteiligten zur Last fallen. [2]Ergeht keine Entscheidung in der Hauptsache, wird über die Kosten des Verfahrens nur auf Antrag entschieden. [3]Der Kostenantrag kann bis *zum Ablauf eines Monats* nach Zustellung der Mitteilung des Deutschen Patent- und Markenamts über die Beendigung des Verfahrens in der Hauptsache gestellt

---

[1)] § 16 Satz 3 aufgeh., bish. Satz 4 wird Satz 3 und geänd. mWv 1.1.2002 durch G v. 13.12.2001 (BGBl. I S. 3656); Satz 1 geänd. mWv 18.8.2021 durch G v. 10.8.2021 (BGBl. I S. 3490).

[2)] Nr. **70**.

[3)] § 17 Abs. 2 Satz 3 geänd. mWv 1.7.2006 durch G v. 21.6.2006 (BGBl. I S. 1318); Abs. 1 Satz 1, Abs. 2 Satz 1 geänd. mWv 18.8.2021, Abs. 2 Sätze 5 und 6 angef., Abs. 3 und 4 neu gef., Abs. 5 angef. mWv 1.5.2022 durch G v. 10.8.2021 (BGBl. I S. 3490); Abs. 2 Satz 6 neu gef. mWv 19.7.2024 durch G v. 15.7. 2024 (BGBl. 2024 I Nr. 237).

[4)] **Habersack, Deutsche Gesetze Nr. 100.**

werden. [4]Im Übrigen sind § 62 Absatz 2 und § 84 Absatz 2 Satz 2 und 3 des Patentgesetzes entsprechend anzuwenden. [5]Sofern über die Kosten nicht entschieden wird, trägt jeder Beteiligte seine Kosten selbst.

(5) [1]Der Gegenstandswert wird auf Antrag durch Beschluss festgesetzt. [2]Wird eine Entscheidung über die Kosten getroffen, so kann der Gegenstandswert von Amts wegen festgesetzt werden. [3]Der Beschluss über den Gegenstandswert kann mit der Entscheidung nach Absatz 4 Satz 1 und 2 verbunden werden. [4]Für die Festsetzung des Gegenstandswerts gelten § 23 Absatz 3 Satz 2 und § 33 Absatz 1 des Rechtsanwaltsvergütungsgesetzes[1)] entsprechend.

§ 18[2)] [Beschwerde] (1) Gegen die Beschlüsse der Gebrauchsmusterstelle und der Gebrauchsmusterabteilungen findet die Beschwerde an das Patentgericht statt.

(2) [1]Im übrigen sind die Vorschriften des Patentgesetzes[3)] über das Beschwerdeverfahren entsprechend anzuwenden. [2]Betrifft die Beschwerde einen Beschluß, der in einem Löschungsverfahren ergangen ist, so ist für die Entscheidung über die Kosten des Verfahrens § 84 Abs. 2 des Patentgesetzes entsprechend anzuwenden.

(3) [1]Über Beschwerden gegen Beschlüsse der Gebrauchsmusterstelle sowie gegen Beschlüsse der Gebrauchsmusterabteilungen entscheidet ein Beschwerdesenat des Patentgerichts. [2]Über Beschwerden gegen die Zurückweisung der Anmeldung eines Gebrauchsmusters entscheidet der Senat in der Besetzung mit zwei rechtskundigen Mitgliedern und einem technischen Mitglied, über Beschwerden gegen Beschlüsse der Gebrauchsmusterabteilungen über Löschungsanträge in der Besetzung mit einem rechtskundigen Mitglied und zwei technischen Mitgliedern. [3]Für Beschwerden gegen Entscheidungen über Anträge auf Bewilligung von Verfahrenskostenhilfe ist Satz 2 entsprechend anzuwenden. [4]Der Vorsitzende muß ein rechtskundiges Mitglied sein. [5]Auf die Verteilung der Geschäfte innerhalb des Beschwerdesenats ist § 21g Abs. 1 und 2 des Gerichtsverfassungsgesetzes[4)] anzuwenden. [6]Für die Verhandlung über Beschwerden gegen die Beschlüsse der Gebrauchsmusterstelle gilt § 69 Abs. 1 des Patentgesetzes, für die Verhandlung über Beschwerden gegen die Beschlüsse der Gebrauchsmusterabteilungen § 69 Abs. 2 des Patentgesetzes entsprechend.

(4) [1]Gegen den Beschluß des Beschwerdesenats des Patentgerichts, durch den über eine Beschwerde nach Absatz 1 entschieden wird, findet die Rechtsbeschwerde an den Bundesgerichtshof statt, wenn der Beschwerdesenat in dem Beschluß die Rechtsbeschwerde zugelassen hat. [2]§ 100 Abs. 2 und 3 sowie die §§ 101 bis 109 des Patentgesetzes sind anzuwenden.

§ 19 [Wirkung auf einen Rechtsstreit] [1]Ist während des Löschungsverfahrens ein Rechtsstreit anhängig, dessen Entscheidung von dem Bestehen des Gebrauchsmusterschutzes abhängt, so kann das Gericht anordnen, daß die Verhandlung bis zur Erledigung des Löschungsverfahrens auszusetzen ist. [2]Es hat die Aussetzung anzuordnen, wenn es die Gebrauchsmustereintragung für unwirksam hält. [3]Ist der Löschungsantrag zurückgewiesen worden, so ist das Gericht an diese Entscheidung nur dann gebunden, wenn sie zwischen denselben Parteien ergangen ist.

[1)] ***Habersack, Deutsche Gesetze Nr. 117.***

[2)] § 18 Abs. 2 aufgeh., bish. Abs. 3–5 werden Abs. 2–4, neuer Abs. 3 Satz 3 eingef., bish. Sätze 3–5 werden Sätze 4–6 mWv 1.1.2002 durch G v. 13.12.2001 (BGBl. I S. 3656).

[3)] Nr. **70**.

[4)] **Habersack, Deutsche Gesetze Nr. 95.**

§ 20[1] **[Zwangslizenz]** Die Vorschriften des Patentgesetzes[2] über die Erteilung oder Zurücknahme einer Zwangslizenz oder wegen der Anpassung der durch Urteil festgesetzten Vergütung für eine Zwangslizenz (§ 24) und über das Verfahren (§§ 81 bis 99, 110 bis 122a) gelten für eingetragene Gebrauchsmuster entsprechend.

§ 21[3] **[Anwendung von Vorschriften des Patentgesetzes]** (1) Die Vorschriften des Patentgesetzes über die Erstattung von Gutachten (§ 29 Abs. 1 und 2), über die Nutzung von urheberrechtlich geschützten Werken und sonstigen Schutzgegenständen (§ 29a), über die Wiedereinsetzung in den vorigen Stand (§ 123), über die Weiterbehandlung der Anmeldung (§ 123a), über die Wahrheitspflicht im Verfahren (§ 124), über die elektronische Verfahrensführung (§ 125a), über die Amtssprache (§ 126), über Zustellungen (§ 127), über die Rechtshilfe der Gerichte (§ 128), über die Entschädigung von Zeugen und die Vergütung von Sachverständigen (§ 128a) und über den Rechtsschutz bei überlangen Gerichtsverfahren (§ 128b) sind auch für Gebrauchsmustersachen anzuwenden.

(2) Die Vorschriften des Patentgesetzes[2] über die Bewilligung von Verfahrenskostenhilfe (§§ 129 bis 138) sind in Gebrauchsmustersachen entsprechend anzuwenden, § 135 Abs. 3 mit der Maßgabe, daß der nach § 133 beigeordneten Vertretung ein Beschwerderecht zusteht.

§ 22 [Übertragbarkeit des Rechts] (1) [1]Das Recht auf das Gebrauchsmuster, der Anspruch auf seine Eintragung und das durch die Eintragung begründete Recht gehen auf die Erben über. [2]Sie können beschränkt oder unbeschränkt auf andere übertragen werden.

(2) [1]Die Rechte nach Absatz 1 können ganz oder teilweise Gegenstand von ausschließlichen oder nicht ausschließlichen Lizenzen für den Geltungsbereich dieses Gesetzes oder einen Teil desselben sein. [2]Soweit ein Lizenznehmer gegen eine Beschränkung seiner Lizenz nach Satz 1 verstößt, kann das durch die Eintragung begründete Recht gegen ihn geltend gemacht werden.

(3) Ein Rechtsübergang oder die Erteilung einer Lizenz berührt nicht Lizenzen, die Dritten vorher erteilt worden sind.

(Fortsetzung nächstes Blatt)

---

[1] § 20 neu gef. durch G v. 16.7.1998 (BGBl. I S. 1827); geänd. mWv 1.7.2006 durch G v. 21.6.2006 (BGBl. I S. 1318).

[2] Nr. **70**.

[3] § 21 Abs. 1 geänd. mWv 1.1.2005 durch G v. 13.12.2001 (BGBl. I S. 3656); Abs. 1 geänd. mWv 26.7.2002 durch G v. 19.7.2002 (BGBl. I S. 2681); Abs. 1 geänd. mWv 1.7.2004 durch G v. 5.5.2004 (BGBl. I S. 718); Abs. 1 geänd. mWv 1.10.2009 durch G v. 31.7.2009 (BGBl. I S. 2521); Abs. 1 geänd. mWv 3.12.2011 durch G v. 24.11.2011 (BGBl. I S. 2302); Abs. 2 geänd. mWv 1.8.2022 durch G v. 7.7.2021 (BGBl. I S. 2363); Abs. 1 geänd. mWv 1.5.2022 durch G v. 10.8.2021 (BGBl. I S. 3490).

§ 23[1)] [Schutzdauer] (1) Die Schutzdauer eines eingetragenen Gebrauchsmusters beginnt mit dem Anmeldetag und endet zehn Jahre nach Ablauf des Monats, in den der Anmeldetag fällt.

(2) [1]Die Aufrechterhaltung des Schutzes wird durch Zahlung einer Aufrechterhaltungsgebühr für das vierte bis sechste, siebte und achte sowie für das neunte und zehnte Jahr, gerechnet vom Anmeldetag an, bewirkt. [2]Die Aufrechterhaltung wird im Register vermerkt.

(3) Das Gebrauchsmuster erlischt, wenn

1. der als Inhaber Eingetragene durch schriftliche Erklärung an das Deutsche Patent- und Markenamt auf das Gebrauchsmuster verzichtet oder
2. die Aufrechterhaltungsgebühr nicht rechtzeitig (§ 7 Abs. 1, § 13 Abs. 3 oder § 14 Abs. 2 und 5 des Patentkostengesetzes[2)]) gezahlt wird.

§ 24[3)] [Unterlassungs- und Schadenersatzanspruch] (1) [1]Wer entgegen den §§ 11 bis 14 ein Gebrauchsmuster benutzt, kann von dem Verletzten bei Wiederholungsgefahr auf Unterlassung in Anspruch genommen werden. [2]Der Anspruch besteht auch dann, wenn eine Zuwiderhandlung erstmalig droht. [3]Der Anspruch ist ausgeschlossen, soweit die Inanspruchnahme aufgrund der besonderen Umstände des Einzelfalls und der Gebote von Treu und Glauben für den Verletzer oder Dritte zu einer unverhältnismäßigen, durch das Ausschließlichkeitsrecht nicht gerechtfertigten Härte führen würde. [4]In diesem Fall ist dem Verletzten ein angemessener Ausgleich in Geld zu gewähren. [5]Der Schadensersatzanspruch nach Absatz 2 bleibt hiervon unberührt.

(2) [1]Wer die Handlung vorsätzlich oder fahrlässig vornimmt, ist dem Verletzten zum Ersatz des daraus entstehenden Schadens verpflichtet. [2]Bei der Bemessung des Schadensersatzes kann auch der Gewinn, den der Verletzer durch die Verletzung des Rechts erzielt hat, berücksichtigt werden. [3]Der Schadensersatzanspruch kann auch auf der Grundlage des Betrages berechnet werden, den der Verletzer als angemessene Vergütung hätte entrichten müssen, wenn er die Erlaubnis zur Nutzung der Erfindung eingeholt hätte.

§ 24a[4)] [Vernichtung] (1) [1]Wer entgegen den §§ 11 bis 14 ein Gebrauchsmuster benutzt, kann von dem Verletzten auf Vernichtung der im Besitz oder Eigentum des Verletzers befindlichen Erzeugnisse, die Gegenstand des Gebrauchsmusters sind, in Anspruch genommen werden. [2]Satz 1 ist entsprechend auf die im Eigentum des Verletzers stehenden Materialien und Geräte anzuwenden, die vorwiegend zur Herstellung dieser Erzeugnisse gedient haben.

(2) Wer entgegen den §§ 11 bis 14 ein Gebrauchsmuster benutzt, kann von dem Verletzten auf Rückruf der Erzeugnisse, die Gegenstand des Gebrauchsmusters sind, oder auf deren endgültiges Entfernen aus den Vertriebswegen in Anspruch genommen werden.

(3) [1]Die Ansprüche nach den Absätzen 1 und 2 sind ausgeschlossen, wenn die Inanspruchnahme im Einzelfall unverhältnismäßig ist. [2]Bei der Prüfung der

---

[1)] § 23 neu gef. mWv 1.1.2002 durch G v. 13.12.2001 (BGBl. I S. 3656); Abs. 3 Nr. 1 geänd. mWv 18.8.2021 durch G v. 10.8.2021 (BGBl. I S. 3490).

[2)] Nr. **70b**.

[3)] § 24 neu gef. mWv 1.9.2008 durch G v. 7.7.2008 (BGBl. I S. 1191); Abs. 1 Sätze 3–5 angef. mWv 18.8.2021 durch G v. 10.8.2021 (BGBl. I S. 3490).

[4)] § 24a neu gef. mWv 1.9.2008 durch G v. 7.7.2008 (BGBl. I S. 1191).

Verhältnismäßigkeit sind auch die berechtigten Interessen Dritter zu berücksichtigen.

§ 24b[1)] **[Auskunftsanspruch]** (1) Wer entgegen den §§ 11 bis 14 ein Gebrauchsmuster benutzt, kann von dem Verletzten auf unverzügliche Auskunft über die Herkunft und den Vertriebsweg der benutzten Erzeugnisse in Anspruch genommen werden.

(2) [1] In Fällen offensichtlicher Rechtsverletzung oder in Fällen, in denen der Verletzte gegen den Verletzer Klage erhoben hat, besteht der Anspruch unbeschadet von Absatz 1 auch gegen eine Person, die in gewerblichem Ausmaß

1. rechtsverletzende Erzeugnisse in ihrem Besitz hatte,
2. rechtsverletzende Dienstleistungen in Anspruch nahm,
3. für rechtsverletzende Tätigkeiten genutzte Dienstleistungen erbrachte oder
4. nach den Angaben einer in Nummer 1, 2 oder Nummer 3 genannten Person an der Herstellung, Erzeugung oder am Vertrieb solcher Erzeugnisse oder an der Erbringung solcher Dienstleistungen beteiligt war,

es sei denn, die Person wäre nach den §§ 383 bis 385 der Zivilprozessordnung[2)] im Prozess gegen den Verletzer zur Zeugnisverweigerung berechtigt. [2] Im Fall der gerichtlichen Geltendmachung des Anspruchs nach Satz 1 kann das Gericht den gegen den Verletzer anhängigen Rechtsstreit auf Antrag bis zur Erledigung des wegen des Auskunftsanspruchs geführten Rechtsstreits aussetzen. [3] Der zur Auskunft Verpflichtete kann von dem Verletzten den Ersatz der für die Auskunftserteilung erforderlichen Aufwendungen verlangen.

(3) Der zur Auskunft Verpflichtete hat Angaben zu machen über

1. Namen und Anschrift der Hersteller, Lieferanten und anderer Vorbesitzer der Erzeugnisse oder der Nutzer der Dienstleistungen sowie der gewerblichen Abnehmer und Verkaufsstellen, für die sie bestimmt waren, und
2. die Menge der hergestellten, ausgelieferten, erhaltenen oder bestellten Erzeugnisse sowie über die Preise, die für die betreffenden Erzeugnisse oder Dienstleistungen bezahlt wurden.

(4) Die Ansprüche nach den Absätzen 1 und 2 sind ausgeschlossen, wenn die Inanspruchnahme im Einzelfall unverhältnismäßig ist.

(5) Erteilt der zur Auskunft Verpflichtete die Auskunft vorsätzlich oder grob fahrlässig falsch oder unvollständig, so ist er dem Verletzten zum Ersatz des daraus entstehenden Schadens verpflichtet.

(6) Wer eine wahre Auskunft erteilt hat, ohne dazu nach Absatz 1 oder Absatz 2 verpflichtet gewesen zu sein, haftet Dritten gegenüber nur, wenn er wusste, dass er zur Auskunftserteilung nicht verpflichtet war.

(7) In Fällen offensichtlicher Rechtsverletzung kann die Verpflichtung zur Erteilung der Auskunft im Wege der einstweiligen Verfügung nach den §§ 935 bis 945 der Zivilprozessordnung angeordnet werden.

(8) Die Erkenntnisse dürfen in einem Strafverfahren oder in einem Verfahren nach dem Gesetz über Ordnungswidrigkeiten wegen einer vor der Erteilung

---

[1)] § 24b neu gef. mWv 1.9.2008 durch G v. 7.7.2008 (BGBl. I S. 1191); Abs. 9 Sätze 4 und 6 geänd., Satz 7 neu gef., Satz 8 aufgeh., bish. Satz 9 wird Satz 8 mWv 1.9.2009 durch G v. 17.12.2008 (BGBl. I S. 2586); Abs. 9 Satz 1 geänd. mWv 1.12.2021 durch G v. 23.6.2021 (BGBl. I S. 1858).

[2)] **Habersack, Deutsche Gesetze Nr. 100.**

der Auskunft begangenen Tat gegen den Verpflichteten oder gegen einen in § 52 Abs. 1 der Strafprozessordnung[1] bezeichneten Angehörigen nur mit Zustimmung des Verpflichteten verwertet werden.

(9) [1] Kann die Auskunft nur unter Verwendung von Verkehrsdaten (§ 3 Nummer 70 des Telekommunikationsgesetzes) erteilt werden, ist für ihre Erteilung eine vorherige richterliche Anordnung über die Zulässigkeit der Verwendung der Verkehrsdaten erforderlich, die von dem Verletzten zu beantragen ist. [2] Für den Erlass dieser Anordnung ist das Landgericht, in dessen Bezirk der zur Auskunft Verpflichtete seinen Wohnsitz, seinen Sitz oder eine Niederlassung hat, ohne Rücksicht auf den Streitwert ausschließlich zuständig. [3] Die Entscheidung trifft die Zivilkammer. [4] Für das Verfahren gelten die Vorschriften des Gesetzes über das Verfahren in Familiensachen und in den Angelegenheiten der freiwilligen Gerichtsbarkeit[2] entsprechend. [5] Die Kosten der richterlichen Anordnung trägt der Verletzte. [6] Gegen die Entscheidung des Landgerichts ist die Beschwerde statthaft. [7] Die Beschwerde ist binnen einer Frist von zwei Wochen einzulegen. [8] Die Vorschriften zum Schutz personenbezogener Daten bleiben im Übrigen unberührt.

(10) Durch Absatz 2 in Verbindung mit Absatz 9 wird das Grundrecht des Fernmeldegeheimnisses (Artikel 10 des Grundgesetzes[3]) eingeschränkt.

§ 24c[4] [Rechtsverletzung] (1) [1] Wer mit hinreichender Wahrscheinlichkeit entgegen den §§ 11 bis 14 ein Gebrauchsmuster benutzt, kann von dem Rechtsinhaber oder einem anderen Berechtigten auf Vorlage einer Urkunde oder Besichtigung einer Sache, die sich in seiner Verfügungsgewalt befindet, in Anspruch genommen werden, wenn dies zur Begründung von dessen Ansprüchen erforderlich ist. [2] Besteht die hinreichende Wahrscheinlichkeit einer in gewerblichem Ausmaß begangenen Rechtsverletzung, erstreckt sich der Anspruch auch auf die Vorlage von Bank-, Finanz- oder Handelsunterlagen. [3] Soweit der vermeintliche Verletzer geltend macht, dass es sich um vertrauliche Informationen handelt, trifft das Gericht die erforderlichen Maßnahmen, um den im Einzelfall gebotenen Schutz zu gewährleisten.

(2) Der Anspruch nach Absatz 1 ist ausgeschlossen, wenn die Inanspruchnahme im Einzelfall unverhältnismäßig ist.

(3) [1] Die Verpflichtung zur Vorlage einer Urkunde oder zur Duldung der Besichtigung einer Sache kann im Wege der einstweiligen Verfügung nach den §§ 935 bis 945 der Zivilprozessordnung[5] angeordnet werden. [2] Das Gericht trifft die erforderlichen Maßnahmen, um den Schutz vertraulicher Informationen zu gewährleisten. [3] Dies gilt insbesondere in den Fällen, in denen die einstweilige Verfügung ohne vorherige Anhörung des Gegners erlassen wird.

(4) § 811 des Bürgerlichen Gesetzbuchs[6] sowie § 24b Abs. 8 gelten entsprechend.

(5) Wenn keine Verletzung vorlag oder drohte, kann der vermeintliche Verletzer von demjenigen, der die Vorlage oder Besichtigung nach Absatz 1 be-

[1] **Habersack, Deutsche Gesetze Nr. 90.**
[2] **Habersack, Deutsche Gesetze Nr. 112.**
[3] Nr. **1.**
[4] § 24c eingef. mWv 1.9.2008 durch G v. 7.7.2008 (BGBl. I S. 1191).
[5] **Habersack, Deutsche Gesetze Nr. 100.**
[6] **Habersack, Deutsche Gesetze Nr. 20.**

gehrt hat, den Ersatz des ihm durch das Begehren entstandenen Schadens verlangen.

§ 24d[1] [Anspruch auf Vorlage von Bank-, Finanz- und Handelsunterlagen] (1) [1]Der Verletzte kann den Verletzer bei einer in gewerblichem Ausmaß begangenen Rechtsverletzung in den Fällen des § 24 Abs. 2 auch auf Vorlage von Bank-, Finanz- oder Handelsunterlagen oder einen geeigneten Zugang zu den entsprechenden Unterlagen in Anspruch nehmen, die sich in der Verfügungsgewalt des Verletzers befinden und die für die Durchsetzung des Schadensersatzanspruchs erforderlich sind, wenn ohne die Vorlage die Erfüllung des Schadensersatzanspruchs fraglich ist. [2]Soweit der Verletzer geltend macht, dass es sich um vertrauliche Informationen handelt, trifft das Gericht die erforderlichen Maßnahmen, um den im Einzelfall gebotenen Schutz zu gewährleisten.

(2) Der Anspruch nach Absatz 1 ist ausgeschlossen, wenn die Inanspruchnahme im Einzelfall unverhältnismäßig ist.

(3) [1]Die Verpflichtung zur Vorlage der in Absatz 1 bezeichneten Urkunden kann im Wege der einstweiligen Verfügung nach den §§ 935 bis 945 der Zivilprozessordnung[2] angeordnet werden, wenn der Schadensersatzanspruch offensichtlich besteht. [2]Das Gericht trifft die erforderlichen Maßnahmen, um den Schutz vertraulicher Informationen zu gewährleisten. [3]Dies gilt insbesondere in den Fällen, in denen die einstweilige Verfügung ohne vorherige Anhörung des Gegners erlassen wird.

(4) § 811 des Bürgerlichen Gesetzbuchs[3] sowie § 24b Abs. 8 gelten entsprechend.

§ 24e[4] [Urteilsbekanntmachung] [1]Ist eine Klage auf Grund dieses Gesetzes erhoben worden, kann der obsiegenden Partei im Urteil die Befugnis zugesprochen werden, das Urteil auf Kosten der unterliegenden Partei öffentlich bekannt zu machen, wenn sie ein berechtigtes Interesse darlegt. [2]Art und Umfang der Bekanntmachung werden im Urteil bestimmt. [3]Die Befugnis erlischt, wenn von ihr nicht innerhalb von drei Monaten nach Eintritt der Rechtskraft des Urteils Gebrauch gemacht wird. [4]Der Ausspruch nach Satz 1 ist nicht vorläufig vollstreckbar.

§ 24f[5] [Verjährung] [1]Auf die Verjährung der Ansprüche wegen Verletzung des Schutzrechts finden die Vorschriften des Abschnitts 5 des Buches 1 des Bürgerlichen Gesetzbuchs[3] entsprechende Anwendung. [2]Hat der Verpflichtete durch die Verletzung auf Kosten des Berechtigten etwas erlangt, findet § 852 Abs. 2 des Bürgerlichen Gesetzbuchs entsprechende Anwendung.

§ 24g[6] [Ansprüche] Ansprüche aus anderen gesetzlichen Vorschriften bleiben unberührt.

---

[1] § 24d eingef. mWv 1.9.2008 durch G v. 7.7.2008 (BGBl. I S. 1191).
[2] **Habersack, Deutsche Gesetze Nr. 100.**
[3] **Habersack, Deutsche Gesetze Nr. 20.**
[4] § 24e eingef. mWv 1.9.2008 durch G v. 7.7.2008 (BGBl. I S. 1191).
[5] Bish. § 24c wird § 24f mWv 1.9.2008 durch G v. 7.7.2008 (BGBl. I S. 1191).
[6] § 24g eingef. mWv 1.9.2008 durch G v. 7.7.2008 (BGBl. I S. 1191).

§ 25[1)] [Strafvorschriften] (1) Mit Freiheitsstrafe bis zu drei Jahren oder mit Geldstrafe wird bestraft, wer ohne die erforderliche Zustimmung des Inhabers des Gebrauchsmusters

1. ein Erzeugnis, das Gegenstand des Gebrauchsmusters ist (§ 11 Abs. 1 Satz 2), herstellt, anbietet, in Verkehr bringt, gebraucht oder zu einem der genannten Zwecke entweder einführt oder besitzt oder
2. das Recht aus einem Patent entgegen § 14 ausübt.

(2) Handelt der Täter gewerbsmäßig, so ist die Strafe Freiheitsstrafe bis zu fünf Jahren oder Geldstrafe.

(3) Der Versuch ist strafbar.

(4) In den Fällen des Absatzes 1 wird die Tat nur auf Antrag verfolgt, es sei denn, daß die Strafverfolgungsbehörde wegen des besonderen öffentlichen Interesses an der Strafverfolgung ein Einschreiten von Amts wegen für geboten hält.

(5) [1] Gegenstände, auf die sich die Straftat bezieht, können eingezogen werden. [2] § 74a des Strafgesetzbuches[2)] ist anzuwenden. [3] Soweit den in § 24a bezeichneten Ansprüchen im Verfahren nach den Vorschriften der Strafprozeßordnung über die Entschädigung des Verletzten (§§ 403 bis 406c) stattgegeben wird, sind die Vorschriften über die Einziehung (§§ 74 bis 74f des Strafgesetzbuches) nicht anzuwenden.

(6) [1] Wird auf Strafe erkannt, so ist, wenn der Verletzte es beantragt und ein berechtigtes Interesse daran dartut, anzuordnen, daß die Verurteilung auf Verlangen öffentlich bekanntgemacht wird. [2] Die Art der Bekanntmachung ist im Urteil zu bestimmen.

(7) Soweit nach § 24 Absatz 1 Satz 3 ein Unterlassungsanspruch ausgeschlossen ist, wird der Verletzer nicht nach den Absätzen 1, 2 oder 3 bestraft.

(8) Das Strafverfahren ist nach § 262 Absatz 2 der Strafprozessordnung[3)] auszusetzen, wenn ein Löschungsverfahren gegen das streitgegenständliche Gebrauchsmuster anhängig ist.

§ 25a[4)] [Beschlagnahme] (1) [1] Ein Erzeugnis, das ein nach diesem Gesetz geschütztes Gebrauchsmuster verletzt, unterliegt auf Antrag und gegen Sicherheitsleistung des Rechtsinhabers bei seiner Einfuhr oder Ausfuhr der Beschlagnahme durch die Zollbehörde, sofern die Rechtsverletzung offensichtlich ist und soweit nicht die Verordnung (EU) Nr. 608/2013 des Europäischen Parlaments und des Rates vom 12. Juni 2013 zur Durchsetzung der Rechte geistigen Eigentums durch die Zollbehörden und zur Aufhebung der Verord-

---

[1)] § 25 Abs. 1 geänd., Abs. 2 und 3 neu gef., Abs. 4–6 angef. durch G v. 7.3.1990 (BGBl. I S. 422). War bei Inkrafttreten des Gesetzes vom 7.3.1990 (BGBl. I S. 422) das Recht, bei einer Straftat nach § 25 des Gebrauchsmustergesetzes einen Strafantrag zu stellen, bereits erloschen, so bleibt die Strafverfolgung gemäß Art. 12 Nr. 2 dieses Gesetzes ausgeschlossen; Abs. 5 Satz 3 geänd. mWv 1.7.2017 durch G v. 13.4.2017 (BGBl. I S. 872); Abs. 7 und 8 angef. mWv 18.8.2021 durch G v. 10.8.2021 (BGBl. I S. 3490).

[2)] **Habersack, Deutsche Gesetze Nr. 85.**

[3)] **Habersack, Deutsche Gesetze Nr. 90.**

[4)] § 25a eingef. durch G v 7.3.1990 (BGBl. I S. 422); Abs. 1 Satz 2 neu gef. durch G v. 16.7.1998 (BGBl. I S. 1827); Abs. 6 geänd. mWv 1.1.2008 durch G v. 13.12.2007 (BGBl. I S. 2897); Abs. 6 Satz 1 geänd. mWv 1.9.2008 durch G v. 7.7.2008 (BGBl. I S. 1191); Abs. 6 Satz 1 geänd. mWv 1.1.2016 durch G v. 3.12.2015 (BGBl. I S. 2178); Abs. 1 Satz 1 geänd. mWv 1.7.2016 durch G v. 4.4.2016 (BGBl. I S. 558).

nung (EG) Nr. 1383/2003 des Rates (ABl. L 181 vom 29.6.2013, S. 15) in ihrer jeweils geltenden Fassung anzuwenden ist. [2]Dies gilt für den Verkehr mit anderen Mitgliedstaaten der Europäischen Union sowie mit den anderen Vertragsstaaten des Abkommens über den Europäischen Wirtschaftsraum nur, soweit Kontrollen durch die Zollbehörden stattfinden.

(2) [1]Ordnet die Zollbehörde die Beschlagnahme an, so unterrichtet sie unverzüglich den Verfügungsberechtigten sowie den Antragsteller. [2]Dem Antragsteller sind Herkunft, Menge und Lagerort des Erzeugnisses sowie Name und Anschrift des Verfügungsberechtigten mitzuteilen; das Brief- und Postgeheimnis (Artikel 10 des Grundgesetzes[1)]) wird insoweit eingeschränkt. [3]Dem Antragsteller wird Gelegenheit gegeben, das Erzeugnis zu besichtigen, soweit hierdurch nicht in Geschäfts- oder Betriebsgeheimnisse eingegriffen wird.

(3) Wird der Beschlagnahme nicht spätestens nach Ablauf von zwei Wochen nach Zustellung der Mitteilung nach Absatz 2 Satz 1 widersprochen, so ordnet die Zollbehörde die Einziehung des beschlagnahmten Erzeugnisses an.

(4) [1]Widerspricht der Verfügungsberechtigte der Beschlagnahme, so unterrichtet die Zollbehörde hiervon unverzüglich den Antragsteller. [2]Dieser hat gegenüber der Zollbehörde unverzüglich zu erklären, ob er den Antrag nach Absatz 1 in bezug auf das beschlagnahmte Erzeugnis aufrechterhält.

1. [3]Nimmt der Antragsteller den Antrag zurück, hebt die Zollbehörde die Beschlagnahme unverzüglich auf.
2. [4]Hält der Antragsteller den Antrag aufrecht und legt er eine vollziehbare gerichtliche Entscheidung vor, die die Verwahrung des beschlagnahmten Erzeugnisses oder eine Verfügungsbeschränkung anordnet, trifft die Zollbehörde die erforderlichen Maßnahmen.

[5]Liegen die Fälle der Nummern 1 oder 2 nicht vor, hebt die Zollbehörde die Beschlagnahme nach Ablauf von zwei Wochen nach Zustellung der Mitteilung an den Antragsteller nach Satz 1 auf; weist der Antragsteller nach, daß die gerichtliche Entscheidung nach Nummer 2 beantragt, ihm aber noch nicht zugegangen ist, wird die Beschlagnahme für längstens zwei weitere Wochen aufrechterhalten.

(5) Erweist sich die Beschlagnahme als von Anfang an ungerechtfertigt und hat der Antragsteller den Antrag nach Absatz 1 in bezug auf das beschlagnahmte Erzeugnis aufrechterhalten oder sich nicht unverzüglich erklärt (Absatz 4 Satz 2), so ist er verpflichtet, den dem Verfügungsberechtigten durch die Beschlagnahme entstandenen Schaden zu ersetzen.

(6) [1]Der Antrag nach Absatz 1 ist bei der Generalzolldirektion zu stellen und hat Wirkung für ein Jahr, sofern keine kürzere Geltungsdauer beantragt wird; er kann wiederholt werden. [2]Für die mit dem Antrag verbundenen Amtshandlungen werden vom Antragsteller Kosten nach Maßgabe des § 178 der Abgabenordnung erhoben.

(7) [1]Die Beschlagnahme und die Einziehung können mit den Rechtsmitteln angefochten werden, die im Bußgeldverfahren nach dem Gesetz über Ordnungswidrigkeiten[2)] gegen die Beschlagnahme und Einziehung zulässig sind. [2]Im Rechtsmittelverfahren ist der Antragsteller zu hören. [3]Gegen die Ent-

---

1) Nr. 1.
2) **Habersack, Deutsche Gesetze Nr. 94.**

scheidung des Amtsgerichts ist die sofortige Beschwerde zulässig; über sie entscheidet das Oberlandesgericht.

§ 25b[1)] **[Verfahren nach der Verordnung (EU) Nr. 608/2013]** Für das Verfahren nach der Verordnung (EU) Nr. 608/2013 gilt § 25a Absatz 5 und 6 entsprechend, soweit die Verordnung keine Bestimmungen enthält, die dem entgegenstehen.

§ 26 [Herabsetzung des Streitwerts] (1) [1] Macht in bürgerlichen Rechtsstreitigkeiten, in denen durch Klage ein Anspruch aus einem der in diesem Gesetz geregelten Rechtsverhältnisse geltend gemacht wird eine Partei glaubhaft, daß die Belastung mit den Prozeßkosten nach dem vollen Streitwert ihre wirtschaftliche Lage erheblich gefährden würde, so kann das Gericht auf ihren Antrag anordnen, daß die Verpflichtung dieser Partei zur Zahlung von Gerichtskosten sich nach einem ihrer Wirtschaftslage angepaßten Teil des Streitwerts bemißt. [2] Die Anordnung hat zur Folge, daß die begünstigte Partei die Gebühren ihres Rechtsanwalts ebenfalls nur nach diesem Teil des Streitwerts zu entrichten hat. [3] Soweit ihr Kosten des Rechtsstreits auferlegt werden oder soweit sie diese übernimmt, hat sie die von dem Gegner entrichteten Gerichtsgebühren und die Gebühren seines Rechtsanwalts nur nach dem Teil des Streitwerts zu erstatten. [4] Soweit die außergerichtlichen Kosten dem Gegner auferlegt oder von ihm übernommen werden, kann der Rechtsanwalt der begünstigten Partei seine Gebühren von dem Gegner nach dem für diesen geltenden Streitwert beitreiben.

(2) [1] Der Antrag nach Absatz 1 kann vor der Geschäftsstelle des Gerichts zur Niederschrift erklärt werden. [2] Er ist vor der Verhandlung zur Hauptsache anzubringen. [3] Danach ist er nur zulässig, wenn der angenommene oder festgesetzte Streitwert später durch das Gericht heraufgesetzt wird. [4] Vor der Entscheidung über den Antrag ist der Gegner zu hören.

§ 26a[2)] **[Anwendung von Vorschriften des Gesetzes zum Schutz von Geschäftsgeheimnissen]** [1] In Gebrauchsmusterstreitsachen mit Ausnahme von selbstständigen Beweisverfahren sowie in Zwangslizenzverfahren gemäß § 20 in Verbindung mit § 81 Absatz 1 Satz 1 des Patentgesetzes[3)] sind die §§ 16 bis 20 des Gesetzes zum Schutz von Geschäftsgeheimnissen[4)] vom 18. April 2019 (BGBl. I S. 466) entsprechend anzuwenden. [2] Als streitgegenständliche Informationen im Sinne des § 16 Absatz 1 des Gesetzes zum Schutz von Geschäftsgeheimnissen gelten sämtliche von Kläger und Beklagtem in das Verfahren eingeführten Informationen.

§ 27[5)] **[Gerichte für Gebrauchsmusterstreitsachen]** (1) Für alle Klagen, durch die ein Anspruch aus einem der in diesem Gesetz geregelten Rechtsverhältnisse geltend gemacht wird (Gebrauchsmusterstreitsachen), sind die Zi-

---

[1)] § 25b eingef. mWv 1.7.2016 durch G v. 4.4.2016 (BGBl. I S. 558).

[2)] § 26a eingef. mWv 18.8.2021 durch G v. 10.8.2021 (BGBl. I S. 3490).

[3)] Nr. **70**.

[4)] Nr. **75**.

[5)] § 27 Abs. 3 neu gef. mWv 1.1.2000 durch G v. 2.9.1994 (BGBl. I S. 2278) und Inkrafttreten geänd. durch G v. 17.12.1999 (BGBl. I S. 2448); Abs. 5 geänd. mWv 1.1.2002 durch G v. 13.12.2001 (BGBl. I S. 3656); Abs. 3 und 4 aufgeh., bish. Abs. 5 wird Abs. 3 mWv 1.8.2002 durch G v. 23.7.2002 (BGBl. I S. 2850); Abs. 2 Satz 3 angef. mWv 1.6.2004 durch G v. 12.3.2004 (BGBl. I S. 390); Abs. 3 geänd. mWv 1.7.2004 durch G v. 5.5.2004 (BGBl. I S. 718).

vilkammern der Landgerichte ohne Rücksicht auf den Streitwert ausschließlich zuständig.

(2) [1] Die Landesregierungen werden ermächtigt, durch Rechtsverordnung die Gebrauchsmusterstreitsachen für die Bezirke mehrerer Landgerichte einem von ihnen zuzuweisen, sofern dies der sachlichen Förderung der Verfahren dient.[1)] [2] Die Landesregierungen können diese Ermächtigungen auf die Landesjustizverwaltungen übertragen. [3] Die Länder können außerdem durch Vereinbarung den Gerichten eines Landes obliegende Aufgaben insgesamt oder teilweise dem zuständigen Gericht eines anderen Landes übertragen.

(3) Von den Kosten, die durch die Mitwirkung eines Patentanwalts in einer Gebrauchsmusterstreitsache entstehen, sind die Gebühren nach § 13 des Rechtsanwaltsvergütungsgesetzes[2)] und außerdem die notwendigen Auslagen des Patentanwalts[3)] zu erstatten.

§ 28[4)] [Inlandsvertreter] (1) Wer im Inland weder Wohnsitz, Sitz noch Niederlassung hat, kann an einem in diesem Gesetz geregelten Verfahren vor dem Deutschen Patent- und Markenamt oder dem Patentgericht nur teilnehmen und die Rechte aus einem Gebrauchsmuster nur geltend machen, wenn er einen Rechtsanwalt oder Patentanwalt als Vertreter bestellt hat, der zur Vertretung im Verfahren vor dem Deutschen Patent- und Markenamt, dem Patentgericht und in bürgerlichen Rechtsstreitigkeiten, die das Gebrauchsmuster betreffen, sowie zur Stellung von Strafanträgen befugt und bevollmächtigt ist.

(2) Der Ort, an dem ein nach Absatz 1 bestellter Vertreter seinen Geschäftsraum hat, gilt im Sinne des § 23 der Zivilprozessordnung[5)] als der Ort, an dem sich der Vermögensgegenstand befindet; fehlt ein solcher Geschäftsraum, so ist der Ort maßgebend, an dem der Vertreter im Inland seinen Wohnsitz, und in Ermangelung eines solchen der Ort, an dem das Deutsche Patent- und Markenamt seinen Sitz hat.

(3) Die rechtsgeschäftliche Beendigung der Bestellung eines Vertreters nach Absatz 1 wird erst wirksam, wenn sowohl diese Beendigung als auch die Bestellung eines anderen Vertreters gegenüber dem Deutschen Patent- und Markenamt oder dem Patentgericht angezeigt wird.

[1)] Die Länder haben hierzu ua folgende Vorschriften erlassen: **Baden-Württemberg:** Zuständig für die Gebrauchsmusterstreitsachen ist das LG Mannheim (VO v. 18.1.1988, GBl. S. 67). **Bayern:** Zuständig für die Gebrauchsmusterstreitsachen des OLG-Bezirks München ist das LG München I, für die OLG-Bezirke Nürnberg und Bamberg das LG Nürnberg-Fürth (VO v. 11.6.2012, GVBl. S. 295). **Mecklenburg-Vorpommern:** Zuständig für die Gebrauchsmusterstreitsachen des OLG-Bezirks ist das LG Rostock (VO v. 10.6.1992, GVOBl. M-V S. 335). **Niedersachsen:** Zuständig für die Gebrauchsmusterstreitsachen ist das LG Braunschweig (VO v. 22.1.1998, GVBl. S. 66 mit Änderungen). **Nordrhein-Westfalen:** Zuständig für die Gebrauchsmusterstreitsachen ist das LG Düsseldorf (VO v. 30.8.2011, GV NW S. 468). **Rheinland-Pfalz:** Zuständig für die Gebrauchsmusterstreitsachen ist das LG Frankenthal (Pfalz) (VO v. 22.11.1985, GVBl. S. 267).

[2)] **Habersack, Deutsche Gesetze Nr. 117.**

[3)] Vgl. Anm. zu § 143 Abs. 3 PatG (Nr. **70**).

[4)] § 28 neu gef. mWv 1.1.2002 durch G v. 13.12.2001 (BGBl. I S. 3656); Abs. 2 Satz 2 aufgeh. mWv 1.10.2009 durch G v. 31.7.2009 (BGBl. I S. 2521); Abs. 1 geänd., Abs. 2 aufgeh., bish. Abs. 3 und 4 werden Abs. 2 und 3 mWv 18.5.2017 durch G v. 12.5.2017 (BGBl. I S. 1121); Abs. 1–3 geänd. mWv 18.8.2021 durch G v. 10.8.2021 (BGBl. I S. 3490).

[5)] **Habersack, Deutsche Gesetze Nr. 100.**

§ 29[1] **[Durchführungsverordnungen]** (1) Das Bundesministerium der Justiz und für Verbraucherschutz wird ermächtigt, durch Rechtsverordnung, die nicht der Zustimmung des Bundesrates bedarf,

1. die Einrichtung und den Geschäftsgang des Deutschen Patent- und Markenamts[2] sowie die Form des Verfahrens in Gebrauchsmusterangelegenheiten zu regeln, soweit nicht durch Gesetz Bestimmungen darüber getroffen sind,
2. für Fristen in Gebrauchsmusterangelegenheiten eine für alle Dienststellen des Deutschen Patent- und Markenamts geltende Regelung über die zu berücksichtigenden gesetzlichen Feiertage zu treffen.

(2) Das Bundesministerium der Justiz und für Verbraucherschutz kann die Ermächtigung nach Absatz 1 durch Rechtsverordnung ohne Zustimmung des Bundesrates ganz oder teilweise auf das Deutsche Patent- und Markenamt übertragen.

§ 30 [Gebrauchsmusterberühmung] Wer Gegenstände oder ihre Verpackung mit einer Bezeichnung versieht, die geeignet ist, den Eindruck zu erwecken, daß die Gegenstände als Gebrauchsmuster nach diesem Gesetz geschützt seien, oder wer in öffentlichen Anzeigen, auf Aushängeschildern, auf Empfehlungskarten oder in ähnlichen Kundgebungen eine Bezeichnung solcher Art verwendet, ist verpflichtet, jedem, der ein berechtigtes Interesse an der Kenntnis der Rechtslage hat, auf Verlangen Auskunft darüber zu geben, auf welches Gebrauchsmuster sich die Verwendung der Bezeichnung stützt.

§ 31[3] **[Übergangsvorschriften]** Artikel 229 § 6 des Einführungsgesetzes zum Bürgerlichen Gesetzbuche[4] findet mit der Maßgabe entsprechende Anwendung, dass § 24c in der bis zum 1. Januar 2002 geltenden Fassung den Vorschriften des Bürgerlichen Gesetzbuchs[5] über die Verjährung in der bis zum 1. Januar 2002 geltenden Fassung gleichgestellt ist.

---

[1] § 29 neu gef. mWv 18.8.2021 durch G v. 10.8.2021 (BGBl. I S. 3490).

[2] Siehe DPMA-Verordnung v. 1.4.2004 (BGBl. I S. 514), zuletzt geänd. durch G v. 10.8.2021 (BGBl. I S. 3490).

[3] § 31 angef. mWv 1.1.2002 durch G v. 26.11.2001 (BGBl. I S. 3138).

[4] **Habersack, Deutsche Gesetze Nr. 21.**

[5] **Habersack, Deutsche Gesetze Nr. 20.**

72a. Verordnung zur Ausführung des Markengesetzes (Markenverordnung – MarkenV)

Vom 11. Mai 2004
(BGBl. I S. 872)

FNA 423-5-2-5

Lfd. Nr.	Änderndes Gesetz	Datum	Fundstelle	Betroffen	Hinweis
1.	Art. 1 ÄndVO	17.12.2004	BGBl. I S. 3532	Inhaltsübersicht, §§ 5, 8, 11, 25, Teil 6 (§§ 47–54)	
2.	Art. 4 VO über die Neuregelung des elektronischen Rechtsverkehrs beim Deutschen Patent- und Markenamt[1]	26.9.2006	BGBl. I S. 2159	§ 2	
3.	Art. 1 ÄndVO	22.11.2006	BGBl. I S. 2660	§§ 9, 11, 12, 14, 25, Anh.	
4.	Art. 1 VO zur Änd. der MarkenV und anderer Verordnungen	15.10.2008	BGBl. I S. 1995	Inhaltsübersicht, §§ 8, 9, 11, 12, 20, 23, 25, 43, 44, 45, Teil 6 (§§ 47–55)	
5.	Art. 1 VO zur Änd. der MarkenV und der GeschmacksmusterVO	6.12.2010	BGBl. I S. 1763	§§ 29, 30	geänd. mWv 9.12.2010
6.	Art. 1 Zweite ÄndVO	6.12.2011	BGBl. I S. 2629	Anl. 1–3	neu gef. mWv 1.1.2012
7.	Art. 1 Dritte VO zur Änd. der MarkenV und anderer Verordnungen	10.12.2012	BGBl. I S. 2630	Inhaltsübersicht, §§ 2, 5, 15, 20	geänd. mWv 1.1.2013
				Anl. 1–3	aufgeh. mWv 1.1.2013
8.	Art. 3 VO zur weiteren Modernisierung des Designrechts und zur Einführung des Nichtigkeitsverfahrens in Designangelegenheiten	2.1.2014	BGBl. I S. 18	§ 14	geänd. mWv 10.1.2014
9.	Art. 207 Zehnte ZuständigkeitsanpassungsVO	31.8.2015	BGBl. I S. 1474	§ 51	geänd. mWv 8.9.2015
10.	Art. 5 G zur Änd. des DesignG und weiterer Vorschriften des gewerblichen Rechtsschutzes	4.4.2016	BGBl. I S. 558	Inhaltsübersicht, §§ 34, 35, 47, 48, 49, 50, 51, 52, 53	geänd. mWv 1.7.2016
				6. Teil Überschrift, 6. Teil 2. Abschnitt Überschrift, § 54	neu gef. mWv 1.7.2016
11.	Art. 1 Vierte ÄndVO	2.6.2016	BGBl. I S. 1354	Inhaltsübersicht, §§ 2, 3, 5, 6, 7, 10, 20, 22, 23, 25, 33, 34, 36	geänd. mWv 24.6.2016
				§§ 8, 9, 11, 12, 15, 16, 27	neu gef. mWv 24.6.2016
				§§ 6a, 10a	eingef. mWv 24.6.2016

[1] **Amtl. Anm.:** Die Verpflichtungen aus der Richtlinie 98/34/EG des Europäischen Parlaments und des Rates vom 22. Juni 1998 über ein Informationsverfahren auf dem Gebiet der Normen und technischen Vorschriften und der Vorschriften für die Dienste der Informationsgesellschaft (ABl. EG Nr. L 204 S. 37), geändert durch die Richtlinie 98/48/EG des Europäischen Parlaments und des Rates vom 20. Juli 1998 (ABl. EG Nr. L 217 S. 18), sind beachtet worden.

Lfd. Nr.	Änderndes Gesetz	Datum	Fundstelle	Betroffen	Hinweis
				§§ 14, 28	aufgeh. mit Ablauf des 23.6. 2016
12.	Art. 2 MarkenrechtsmodernisierungsG[1]	11.12. 2018	BGBl. I S. 2357	Inhaltsübersicht, §§ 3, 8, 15, 25, 27, 29, 30, 32	geänd. mWv 14.1.2019
				§§ 4, 6, 6a, 9, 10, 11, 12, 13, 19, 20, 26, 31, 41, 42	neu gef. mWv 14.1.2019
				§§ 6b, 12a, Abschnitt 6 (§§ 42a–42c)	eingef. mWv 14.1.2019
				§ 10a, 22	aufgeh. mit Ablauf des 13.1. 2019
13.	Art. 4 VO zur Änd. der PatentVO und anderer Verordnungen des gewerblichen Rechtsschutzes	12.12. 2018	BGBl. I S. 2446	§ 2	geänd. mWv 1.4.2019
14.	Art. 73 PersonengesellschaftsrechtsmodernisierungsG (MoPeG)	10.8.2021	BGBl. I S. 3436	§§ 5, 25	geänd. mWv 1.1.2024
15.	Art. 6 Zweites G zur Vereinfachung und Modernisierung des Patentrechts	10.8.2021	BGBl. I S. 3490	Inhaltsübersicht, §§ 25, 46	geänd. mWv 1.5.2022
				§§ 43, 45	aufgeh. mit Ablauf des 30.4. 2022
16.	Art. 4 Agrargeoschutz-VerweisanpassungsVO	24.6.2024	BGBl. 2024 I Nr. 215	Inhaltsübersicht, Teil 6 Überschrift, §§ 47, 48, 49, 50, 52, 53, 54	geänd. mWv 28.6.2024
				§ 57a	eingef. mWv 28.6.2024

[1] Das G dient der Umsetzung der Richtlinie (EU) 2015/2436 des Europäischen Parlaments und des Rates vom 16. Dezember 2015 zur Angleichung der Rechtsvorschriften der Mitgliedstaaten über die Marken (ABl. L 336 vom 23.12.2015, S. 1).

Auf Grund des § 65 Abs. 1 Nr. 2 bis 10 und 13 sowie des § 138 Abs. 1 des Markengesetzes[1] vom 25. Oktober 1994 (BGBl. 1994 I S. 3084, 1995 I S. 156), von denen § 65 Abs. 1 zuletzt durch Artikel 2 Abs. 9 des Gesetzes vom 12. März 2004 (BGBl. I S. 390) geändert worden ist, in Verbindung mit § 1 Abs. 2 der DPMA-Verordnung vom 1. April 2004 (BGBl. I S. 514) verordnet das Deutsche Patent- und Markenamt:

Inhaltsübersicht[2]

---

[1] **Habersack, Deutsche Gesetze Nr. 72.**

[2] Inhaltsübersicht geänd. mWv 1.1.2005 durch VO v. 17.12.2004 (BGBl. I S. 3532); mWv 1.11.2008 durch VO v. 15.10.2008 (BGBl. I S. 1995); mWv 1.1.2013 durch VO v. 10.12.2012 (BGBl. I S. 2630); mWv 1.7.2016 durch G v. 4.4.2016 (BGBl. I S. 558); mWv 24.6.2016 durch VO v. 2.6.2016 (BGBl. I S. 1354); mWv 14.1.2019 durch G v. 11.12.2018 (BGBl. I S. 2357); mWv 1.5.2022 durch G v. 10.8.2021 (BGBl. I S. 3490); mWv 28.6.2024 durch VO v. 24.6.2024 (BGBl. 2024 I Nr. 215); sie wurde nichtamtlich an die Änderungen mWv 28.6.2024 durch VO v. 24.6.2024 (BGBl. 2024 I Nr. 215) angepasst.

Teil 1. Anwendungsbereich

§ 1 Verfahren in Markenangelegenheiten (1) Für die im Markengesetz[1)] geregelten Verfahren vor dem Deutschen Patent- und Markenamt (*Markenangelegenheiten) gelten* ergänzend zu den Bestimmungen des Markengesetzes und der DPMA-Verordnung die Bestimmungen dieser Verordnung.

[1)] **Habersack, Deutsche Gesetze Nr. 72.**

(2) DIN-Normen, auf die in dieser Verordnung verwiesen wird, sind im Beuth-Verlag GmbH, Berlin und Köln, erschienen und beim Deutschen Patent- und Markenamt archivmäßig gesichert niedergelegt.

Teil 2. Verfahren bis zur Eintragung

Abschnitt 1. Anmeldungen

§ 2[1)] Form der Anmeldung. (1) [1]Die Anmeldung kann schriftlich oder elektronisch eingereicht werden. [2]Für die schriftliche Anmeldung ist das vom Deutschen Patent- und Markenamt herausgegebene Formblatt zu verwenden. [3]Für die elektronische Einreichung ist die Verordnung über den elektronischen Rechtsverkehr beim Deutschen Patent- und Markenamt maßgebend.

(2) Für jede Marke ist eine gesonderte Anmeldung erforderlich.

(Fortsetzung nächstes Blatt)

[1)] § 2 Abs. 1 neu gef., Abs. 2 aufgeh., bish. Abs. 3 wird Abs. 2 mWv 24.6.2016 durch VO v. 2.6.2016 (BGBl. I S. 1354); Abs. 1 Satz 3 geänd. mWv 1.4.2019 durch VO v. 12.12.2018 (BGBl. I S. 2446).

§ 3[1] Inhalt der Anmeldung. (1) Die Anmeldung muss enthalten:

1. Angaben zum Anmelder und gegebenenfalls zu seinem Vertreter nach § 5,
2. eine Angabe zur Form der Marke nach § 6, eine Darstellung der Marke nach den §§ 7 bis 12 sowie in den Fällen des § 6b Absatz 2 eine Markenbeschreibung und
3. das Verzeichnis der Waren und Dienstleistungen, für die die Marke eingetragen werden soll, nach § 20.

(2) Wird in der Anmeldung

1. die Priorität einer früheren ausländischen Anmeldung in Anspruch genommen, so ist eine entsprechende Erklärung abzugeben sowie der Tag und der Staat dieser Anmeldung anzugeben,
2. eine Ausstellungspriorität in Anspruch genommen, so ist eine entsprechende Erklärung abzugeben sowie der Tag der erstmaligen Zurschaustellung und die Ausstellung anzugeben.

§ 4[2] Anmeldung von Kollektiv- oder Gewährleistungsmarken. (1) Falls die Eintragung als Kollektiv- oder Gewährleistungsmarke beantragt wird, muss eine entsprechende Erklärung bei der Anmeldung abgegeben werden.

(2) Kollektivmarken- oder Gewährleistungsmarkensatzungen in Papier sind ungebunden einzureichen.

(3) Im Fall von Änderungen von Kollektivmarken- oder Gewährleistungsmarkensatzungen ist jeweils eine aktuelle Fassung der Satzung einzureichen.

(4) Die Absätze 2 und 3 gelten auch für Satzungsänderungen nach Eintragung.

§ 5[3] Angaben zum Anmelder und zu seinem Vertreter. (1) [1]Die Anmeldung muss zum Anmelder folgende Angaben enthalten:

1. wenn der Anmelder eine natürliche Person ist: Vornamen und Namen oder, falls die Eintragung unter der Firma des Anmelders erfolgen soll, die Firma, wie sie im Handelsregister eingetragen ist, sowie die Anschrift des Wohn- oder Firmensitzes (Straße, Hausnummer, Postleitzahl, Ort),
2. wenn der Anmelder eine juristische Person oder eine Personengesellschaft ist:
   a) Name oder Firma, Rechtsform sowie Anschrift (Straße, Hausnummer, Postleitzahl, Ort) des Sitzes der juristischen Person oder Personengesellschaft; die Bezeichnung der Rechtsform kann auf übliche Weise abgekürzt werden; wenn die juristische Person oder Personengesellschaft in einem Register eingetragen ist, müssen die Angaben dem Registereintrag entsprechen;

---

[1] § 3 Abs. 1 Nr. 2 neu gef. mWv 24.6.2016 durch VO v. 2.6.2016 (BGBl. I S. 1354); Abs. 1 Nr. 2 geänd. mWv 14.1.2019 durch G v. 11.12.2018 (BGBl. I S. 2357).

[2] § 4 neu gef. mWv 14.1.2019 durch G v. 11.12.2018 (BGBl. I S. 2357).

[3] § 5 Abs. 1 Nr. 2 geänd., Abs. 3 Satz 2 aufgeh. mWv 1.1.2005 durch VO v. 17.12.2004 (BGBl. I S. 3532); Abs. 1 Nr. 3, Abs. 2 geänd. mWv 1.1.2013 durch VO v. 10.12.2012 (BGBl. I S. 2630); Abs. 1 neu gef., Abs. 2 und 3 geänd., Abs. 4 und 5 aufgeh., bish. Abs. 6 wird Abs. 4 und neu gef. mWv 24.6. 2016 durch VO v. 2.6.2016 (BGBl. I S. 1354); Abs. 1 Satz 1 Nr. 2 Buchst. b geänd. mWv 1.1.2024 durch G v. 10.8.2021 (BGBl. I S. 3436).

b) bei einer Gesellschaft bürgerlichen Rechts***[ab 1.1.2024:** , die nicht im Gesellschaftsregister eingetragen ist,**]*** zusätzlich Name und Anschrift (Straße, Hausnummer, Postleitzahl, Ort) mindestens eines vertretungsberechtigten Gesellschafters.

[2] Wenn der Anmelder seinen Wohnsitz oder Sitz im Ausland hat, so ist bei der Angabe der Anschrift nach Satz 1 außer dem Ortsnamen auch der Staat anzugeben. [3] Weitere Angaben zum Bezirk, zur Provinz oder zum Bundesstaat, in dem der Anmelder seinen Wohnsitz oder Sitz hat oder dessen Rechtsordnung er unterliegt, sind freiwillig.

(2) In der Anmeldung können zusätzlich eine von der Anschrift des Anmelders abweichende Postanschrift, eine Postfachanschrift sowie Telefonnummern, Telefaxnummern und E-Mail-Adressen angegeben werden.

(3) Wird die Anmeldung von mehreren Personen oder Personengesellschaften eingereicht, so gelten die Absätze 1 und 2 für alle anmeldenden Personen oder Personengesellschaften.

(4) [1] Ist ein Vertreter bestellt, so gelten hinsichtlich der Angaben zum Vertreter die Absätze 1 und 2 entsprechend. [2] Hat das Deutsche Patent- und Markenamt dem Vertreter die Nummer einer allgemeinen Vollmacht zugeteilt, so soll diese zusätzlich angegeben werden.

§ 6[1)] Angaben zur Markenform. In der Anmeldung ist anzugeben, ob die Marke als

1. Wortmarke (§ 7),
2. Bildmarke (§ 8),
3. dreidimensionale Marke (§ 9),
4. Farbmarke (§ 10),
5. Klangmarke (§ 11),
6. Positionsmarke, Kennfadenmarke, Mustermarke, Bewegungsmarke, Multimediamarke, Hologrammmarke (§ 12) oder
7. sonstige Marke (§ 12a)

in das Register eingetragen werden soll.

§ 6a[2)] Markendarstellung. (1) [1] Die Marke bedarf einer Darstellung, die den Erfordernissen des § 8 Absatz 1 des Markengesetzes[3)] genügt. [2] Die Darstellung kann in Papierform oder auf einem Datenträger eingereicht werden. [3] Der Datenträger muss vom Deutschen Patent- und Markenamt auslesbar sein. [4] Die beim Deutschen Patent- und Markenamt lesbaren Datenträgertypen und Formatierungen werden auf der Internetseite www.dpma.de bekannt gegeben. [5] Ist nach Maßgabe dieser Verordnung die Einreichung mehrerer Ansichten möglich, müssen alle Ansichten in einer einzigen Datei enthalten sein. [6] Ist der Datenträger nicht lesbar, gilt die Darstellung als nicht eingereicht.

(2) [1] Bei sonstigen Marken, die sich nicht anderweitig darstellen lassen, ist eine Darstellung durch Text als alleiniges Darstellungsmittel möglich, wenn der Text den Gegenstand des Schutzes der Marke nach § 8 Absatz 1 des

(Fortsetzung nächstes Blatt)

[1)] § 6 neu gef. mWv 14.1.2019 durch G v. 11.12.2018 (BGBl. I S. 2357).
[2)] § 6a neu gef. mWv 14.1.2019 durch G v. 11.12.2018 (BGBl. I S. 2357).
[3)] **Habersack, Deutsche Gesetze Nr. 72.**

Markengesetzes klar und eindeutig bestimmbar macht. [2] Der Text darf bis zu 150 Wörter umfassen, muss fortlaufend sein und darf keine grafischen oder sonstigen Gestaltungselemente enthalten.

(3) [1] Ist die Darstellung einer Markenform durch verschiedene Mittel möglich, entscheidet der Anmelder über die Art der Darstellung. [2] Wird die gleiche Darstellung der Marke auf Papier und auf einem Datenträger eingereicht, ist die Darstellung auf einem Datenträger für den Schutzgegenstand maßgeblich. [3] Für die Bestimmung des Anmeldetages ist in den Fällen des Satzes 2 das zuerst eingereichte Darstellungsmittel maßgeblich.

§ 6b[1)] Markenbeschreibung. (1) Für alle Markenformen außer Wortmarken im Sinne des § 7 kann mit der Markenanmeldung zur Erläuterung der Markendarstellung eine Markenbeschreibung eingereicht werden.

(2) [1] Eine Markenbeschreibung muss mit der Markenanmeldung eingereicht werden, wenn der Gegenstand des Schutzes der Marke erst dadurch bestimmbar wird. [2] Dies gilt insbesondere für die Markenformen nach § 12 und für sonstige Markenformen nach § 12a.

(3) Die Markenbeschreibung muss den Gegenstand des Schutzes der Marke in objektiver Weise konkretisieren.

(4) [1] Die Markenbeschreibung darf bis zu 150 Wörter enthalten und ist auf einem gesonderten Blatt im Format 21 x 29,7 Zentimeter (DIN A4) einzureichen. [2] Sie muss aus einem fortlaufenden Text bestehen und darf keine grafischen oder sonstigen Gestaltungselemente enthalten.

§ 7[2)] Wortmarken. [1] Wenn der Anmelder angibt, dass die Marke in der vom Deutschen Patent- und Markenamt verwendeten üblichen Druckschrift eingetragen werden soll, so ist die Marke in der Anmeldung in üblichen Schriftzeichen (Buchstaben, Zahlen oder sonstige Zeichen) wiederzugeben. [2] Die beim Deutschen Patent- und Markenamt üblichen Schriftzeichen werden auf der Internetseite www.dpma.de bekannt gegeben.

§ 8[3)] Bildmarken. (1) [1] Wenn der Anmelder angibt, dass die Marke als Wort-Bild-Marke oder reine Bildmarke eingetragen werden soll, so ist der Anmeldung eine grafische Darstellung der Marke beizufügen. [2] Soll die Marke in Schwarz-Weiß eingetragen werden, so ist die grafische Darstellung in Schwarz-Weiß einzureichen. [3] Soll die Marke in Farbe eingetragen werden, so ist die grafische Darstellung in Farbe einzureichen und die Farben sind in der Anmeldung zu bezeichnen.

(2) [1] Die Darstellung der Marke muss auf Papier dauerhaft wiedergegeben und in Farbtönen und Ausführung so beschaffen sein, dass sie die Bestandteile der Marke in allen Einzelheiten deutlich erkennen lässt. [2] Überklebungen, Durchstreichungen und mit nicht dauerhafter Farbe hergestellte Überdeckungen sind unzulässig.

[1)] § 6b eingef. mWv 14.1.2019 durch G v. 11.12.2018 (BGBl. I S. 2357).

[2)] § 7 Satz 2 angef. mWv 24.6.2016 durch VO v. 2.6.2016 (BGBl. I S. 1354).

[3)] § 8 neu gef. mWv 24.6.2016 durch VO v. 2.6.2016 (BGBl. I S. 1354); Abs. 1 neu gef., Abs. 2 Satz 1 und Abs. 3 Sätze 1–3 geänd., Abs. 4 Satz 1 und Abs. 5 geänd., Abs. 6 neu gef., Abs. 7 aufgeh. mWv 14.1.2019 durch G v. 11.12.2018 (BGBl. I S. 2357).

(3) [1] Für die Darstellung der Marke soll das vom Deutschen Patent- und Markenamt herausgegebene Formblatt verwendet werden, auf das die Darstellung der Marke aufzudrucken oder aufzukleben ist. [2] Die Darstellung der Marke darf nicht kleiner als 8 Zentimeter in der Breite oder 8 Zentimeter in der Höhe sein. [3] In dem für die Darstellung der Marke vorgesehenen Feld dürfen sich lediglich die Markendarstellung und die Angaben nach Absatz 5 befinden. [4] Sonstiger erläuternder Text, erläuternde Bezeichnungen, Symbole oder Bemaßungen dürfen in dem Wiedergabefeld nicht enthalten sein.

(4) [1] Wird für die Darstellung der Marke das Formblatt nach Absatz 3 nicht verwendet, so muss ein Blatt im Format 21×29,7 Zentimeter (DIN-A4) verwendet werden. [2] Die für die Darstellung benutzte Fläche (Satzspiegel) darf nicht größer als 26,2×17 Zentimeter und nicht kleiner als 8 Zentimeter in der Breite oder 8 Zentimeter in der Höhe sein. [3] Das Blatt ist nur einseitig zu bedrucken. [4] Vom oberen und vom linken Seitenrand jedes Blattes ist ein Randabstand von mindestens 2,5 Zentimetern einzuhalten.

(5) Die richtige Stellung der Marke ist durch den Vermerk „oben" abgesetzt oberhalb der Darstellung zu kennzeichnen, soweit sich dies nicht von selbst ergibt.

(6) § 6a bleibt unberührt.

§ 9[1)] Dreidimensionale Marken. (1) [1] Wenn der Anmelder angibt, dass die Marke als dreidimensionale Marke eingetragen werden soll, so ist der Anmeldung eine Darstellung der Marke beizufügen, die den Erfordernissen des § 8 Absatz 1 des Markengesetzes[2)] genügt. [2] Soll die Marke in Schwarz-Weiß eingetragen werden, so ist die Darstellung in Schwarz-Weiß einzureichen. [3] Soll die Marke in Farbe eingetragen werden, so ist die Darstellung in Farbe einzureichen und die Farben sind in der Anmeldung zu bezeichnen.

(2) Wird der Anmeldung eine grafische Darstellung beigefügt, kann die Darstellung bis zu sechs verschiedene Ansichten enthalten und ist auf einem Blatt Papier in dem Format des § 8 Absatz 3 oder Absatz 4 einzureichen.

(3) [1] Wird die grafische Darstellung mittels einer Strichzeichnung dargestellt, so muss diese in nicht verwischbaren und scharf begrenzten Linien ausgeführt sein. [2] Sie kann Schraffuren und Schattierungen zur Darstellung plastischer Einzelheiten enthalten.

(4) Für die Form der Darstellung gilt im Übrigen § 8 Absatz 2 bis 6 entsprechend.

§ 10[3)] Farbmarken. (1) [1] Wenn der Anmelder angibt, dass die Marke als Farbmarke eingetragen werden soll, so ist der Anmeldung einer einfarbigen abstrakten Farbmarke ein Farbmuster beizufügen. [2] Die Farbe ist mit der Nummer eines international anerkannten Farbklassifikationssystems zu bezeichnen.

(2) Bei einer aus mehreren Farben bestehenden abstrakten Farbmarke muss die Anmeldung zusätzlich zu den Erfordernissen nach Absatz 1 die systemati-

---

[1)] *§ 9* neu gef. mWv 14.1.2019 durch G v. 11.12.2018 (BGBl. I S. 2357).
[2)] **Schönfelder Nr. 72.**
[3)] § 10 neu gef. mWv 14.1.2019 durch G v. 11.12.2018 (BGBl. I S. 2357).

sche Anordnung enthalten, in der die betreffenden Farben in festgelegter und beständiger Weise verbunden sind.

(3) Für die Form der Darstellung des Farbmusters gilt § 8 Absatz 2 bis 6 entsprechend.

§ 10a[1] *(aufgehoben)*

§ 11[2] **Klangmarken.** (1) Wenn der Anmelder angibt, dass die Marke als Klangmarke eingetragen werden soll, so ist der Anmeldung eine Darstellung auf einem Datenträger oder eine grafische Darstellung der Klangmarke beizufügen.

(2) Die grafische Darstellung hat in einer üblichen Notenschrift zu erfolgen.

(3) Für die Form der Darstellung gilt im Übrigen § 8 Absatz 2 bis 6 entsprechend.

§ 12[3] **Positionsmarken, Kennfadenmarken, Mustermarken, Bewegungsmarken, Multimediamarken, Hologrammmarken.** (1) Wenn der Anmelder angibt, dass die Marke als Positionsmarke, Kennfadenmarke, Mustermarke, Bewegungsmarke, Multimediamarke oder als Hologrammmarke eingetragen werden soll, so ist der Anmeldung eine Darstellung der Marke beizufügen, die den Erfordernissen des § 8 Absatz 1 des Markengesetzes genügt.

(2) Für die Form der Darstellung gelten die §§ 8 bis 11 entsprechend.

§ 12a[4] **Sonstige Markenformen.** (1) [1] Meldet der Anmelder eine Marke an, die nicht unter die Markenformen der §§ 7 bis 12 fällt, kann die Marke als sonstige Marke eingetragen werden. [2] Der Anmeldung ist eine Darstellung der Marke beizufügen, die den Erfordernissen des § 8 Absatz 1 des Markengesetzes[5] genügt. [3] Unter den Voraussetzungen des § 6a Absatz 2 kann die Darstellung auch durch Text erfolgen.

(2) Für die Form der Darstellung gelten im Übrigen die §§ 8 bis 11 entsprechend.

§ 13[6] **Muster und Modelle.** Der Anmeldung dürfen keine Muster oder Modelle der mit der Marke versehenen Gegenstände oder der Marke selbst beigefügt werden.

§ 14[7] *(aufgehoben)*

---

[1] § 10a aufgeh. mWv 14.1.2019 durch G v. 11.12.2018 (BGBl. I S. 2357).
[2] § 11 neu gef. mWv 14.1.2019 durch G v. 11.12.2018 (BGBl. I S. 2357).
[3] § 12 neu gef. mWv 14.1.2019 durch G v. 11.12.2018 (BGBl. I S. 2357).
[4] § 12a eingef. mWv 14.1.2019 durch G v. 11.12.2018 (BGBl. I S. 2357).
[5] **Schönfelder Nr. 72.**
[6] § 13 neu gef. mWv 14.1.2019 durch G v. 11.12.2018 (BGBl. I S. 2357).
[7] § 14 aufgeh. mWv 24.6.2016 durch VO v. 2.6.2016 (BGBl. I S. 1354).

§ 15[1] Fremdsprachige Anmeldungen, Darstellungen mit nichtlateinischen Schriftzeichen. (1) Anmeldungen, die in fremder Sprache eingereicht werden, wird ein Anmeldetag nach § 33 Absatz 1 des Markengesetzes[2] zuerkannt, sofern die Voraussetzungen des § 32 Absatz 2 des Markengesetzes erfüllt sind.

(2) [1] Enthält die Darstellung der Marke nichtlateinische Schriftzeichen, ist eine deutsche Übersetzung, eine Transliteration und eine Transkription des nichtlateinischen Markentextes beizufügen. [2] Das Deutsche Patent- und Markenamt kann den Anmelder unter Setzung einer angemessenen Frist auffordern, die Übersetzung, die Transliteration und die Transkription durch einen Rechtsanwalt oder Patentanwalt beglaubigen oder von einem öffentlich bestellten Übersetzer anfertigen zu lassen.

(3) [1] Eine deutsche Übersetzung des sonstigen fremdsprachigen Inhalts der Anmeldung, insbesondere des Verzeichnisses der Waren und Dienstleistungen, ist abweichend von Absatz 2 innerhalb von drei Monaten ab Eingang der Anmeldung beim Deutschen Patent- und Markenamt einzureichen. [2] Das Deutsche Patent- und Markenamt kann den Anmelder unter Setzung einer angemessenen Frist auffordern, die Übersetzung durch einen Rechtsanwalt oder Patentanwalt beglaubigen oder von einem öffentlich bestellten Übersetzer anfertigen zu lassen.

(4) [1] Wird die Übersetzung nach Absatz 3 Satz 1 nicht fristgerecht eingereicht, so gilt die Anmeldung als zurückgenommen. [2] Wird die Übersetzung, die Transliteration oder die Transkription nach Absatz 2 Satz 2 oder Absatz 3 Satz 2 nicht fristgerecht eingereicht, so wird die Anmeldung zurückgewiesen.

(5) Die Prüfung der Anmeldung und alle weiteren Verfahren vor dem Deutschen Patent- und Markenamt finden auf Grundlage der deutschen Übersetzung statt.

§ 16[3] Fremdsprachige Dokumente. (1) Deutsche Übersetzungen von fremdsprachigen Dokumenten müssen von einem Rechtsanwalt oder Patentanwalt beglaubigt oder von einem öffentlich bestellten Übersetzer angefertigt sein.

(2) [1] Deutsche Übersetzungen von fremdsprachigen Prioritätsbelegen und Abschriften früherer Anmeldungen (§ 34 Absatz 3 Satz 2 des Markengesetzes[2]) sind nur auf Anforderung des Deutschen Patent- und Markenamts nachzureichen. [2] Das Deutsche Patent- und Markenamt setzt für die Nachreichung eine angemessene Frist.

(3) [1] Deutsche Übersetzungen von sonstigen Dokumenten, die

1. nicht zu den Unterlagen der Anmeldung zählen und
2. in englischer, französischer, italienischer oder spanischer Sprache eingereicht wurden,

sind nur auf Anforderung des Deutschen Patent- und Markenamts nachzureichen. [2] Das Deutsche Patent- und Markenamt setzt für die Nachreichung eine angemessene Frist.

---

[1] § 15 neu gef. mWv 24.6.2016 durch VO v. 2.6.2016 (BGBl. I S. 1354); Überschrift und Abs. 2 Satz 1 geänd. mWv 14.1.2019 durch G v. 11.12.2018 (BGBl. I S. 2357).
[2] **Schönfelder Nr. 72.**
[3] § 16 neu gef. mWv 24.6.2016 durch VO v. 2.6.2016 (BGBl. I S. 1354).

(4) Werden sonstige Dokumente, die nicht zu den Unterlagen der Anmeldung zählen, in anderen Sprachen eingereicht als in Absatz 3 Satz 1 Nummer 2 aufgeführt, so sind Übersetzungen in die deutsche Sprache innerhalb eines Monats nach Eingang der Dokumente nachzureichen.

(5) [1] Wird die Übersetzung im Sinne der Absätze 2 bis 4 nach Ablauf der Frist eingereicht, so gilt das fremdsprachige Dokument als zum Zeitpunkt des Eingangs der Übersetzung eingegangen. [2] Wird keine Übersetzung eingereicht, so gilt das fremdsprachige Dokument als nicht eingegangen.

§ 17 Berufung auf eine im Ursprungsland eingetragene Marke.

(1) Beruft sich der Anmelder auf eine im Ursprungsland eingetragene Marke nach Artikel 6^quinquies^ der Pariser Verbandsübereinkunft, so kann die entsprechende Erklärung auch noch nach der Anmeldung abgegeben werden.

(2) Der Anmelder hat eine von der zuständigen Behörde ausgestellte Bescheinigung über die Eintragung im Ursprungsland vorzulegen.

§ 18 Verschiebung des Zeitrangs bei Verkehrsdurchsetzung. [1] Ergibt sich bei der Prüfung, dass die Voraussetzungen für die Verschiebung des Zeitrangs nach § 37 Abs. 2 des Markengesetzes[1)] gegeben sind, so unterrichtet das Deutsche Patent- und Markenamt den Anmelder entsprechend. [2] In den Akten der Anmeldung wird der Tag vermerkt, der für die Bestimmung des Zeitrangs maßgeblich ist. [3] Der Anmeldetag nach § 33 Abs. 1 des Markengesetzes bleibt im Übrigen unberührt.

Abschnitt 2. Klasseneinteilung von Waren und Dienstleistungen

§ 19[2)] [3)] Klassifizierung. Die Klassifizierung der Waren und Dienstleistungen richtet sich nach der vom Deutschen Patent- und Markenamt im Bundesanzeiger bekannt gemachten jeweils gültigen Fassung der Klasseneinteilung und der alphabetischen Listen der Waren und Dienstleistungen gemäß dem in der Genfer Fassung vom 13. Mai 1977 des Abkommens vom 15. Juni 1957 von Nizza über die internationale Klassifikation von Waren und Dienstleistungen für die Eintragung von Marken (BGBl. 1981 II S. 358, 359) festgelegten Klassifikationssystem (Nizza-Klassifikation).

§ 20[4)] Verzeichnis der Waren und Dienstleistungen. (1) Die Waren und Dienstleistungen sind so zu bezeichnen, dass die Klassifizierung jeder einzelnen Ware oder Dienstleistung in eine Klasse der Klasseneinteilung nach § 19 möglich ist.

(2) Die Waren und Dienstleistungen, für die Markenschutz beantragt wird, sind vom Anmelder so klar und eindeutig anzugeben, dass die zuständigen Behörden und das Publikum allein auf dieser Grundlage den beantragten Schutzumfang bestimmen können.

[1)] **Schönfelder Nr. 72.**

[2)] § 19 neu gef. mWv 14.1.2019 durch G v. 11.12.2018 (BGBl. I S. 2357).

[3)] Siehe hierzu ua die Bek. der Klasseneinteilung und der alphabetischen Listen der Waren und Dienstleistungen gemäß § 19 MarkenVO v. 17.12.2018 (BAnz AT 27.12.2018 B11).

[4)] § 20 neu gef. mWv 14.1.2019 durch G v. 11.12.2018 (BGBl. I S. 2357).

(3) Für die Angaben nach Absatz 2 können die in den Klassenüberschriften der Nizza-Klassifikation enthaltenen Oberbegriffe oder andere allgemeine Begriffe verwendet werden, sofern sie klar und eindeutig sind.

(4) Die Waren und Dienstleistungen sind nach Klassen geordnet in der Reihenfolge der Klasseneinteilung anzugeben.

(5) Die Verwendung allgemeiner Begriffe schließt alle Waren oder Dienstleistungen ein, die eindeutig von der wörtlichen Bedeutung des Begriffs erfasst sind.

(6) Das Verzeichnis der Waren und Dienstleistungen ist bei der schriftlichen Anmeldung in Schriftgrad 11 Punkt und mit einem Zeilenabstand von eineinhalb Zeilen abzufassen.

§ 21 Entscheidung über die Klassifizierung. (1) Sind die Waren und Dienstleistungen in der Anmeldung nicht zutreffend klassifiziert, so entscheidet das Deutsche Patent- und Markenamt über die Klassifizierung.

(2) [1] Das Deutsche Patent- und Markenamt legt als Leitklasse die Klasse der Klasseneinteilung fest, auf der der Schwerpunkt der Anmeldung liegt. [2] Es ist insoweit an eine Angabe des Anmelders über die Leitklasse nicht gebunden. [3] Das Deutsche Patent- und Markenamt berücksichtigt eine vom Anmelder angegebene Leitklasse bei der Gebührenzahlung.

§ 22[1] *(aufgehoben)*

Abschnitt 3. Veröffentlichung der Anmeldung

§ 23[2] **Veröffentlichungen zur Anmeldung.** (1) Die Veröffentlichung der Anmeldung einer Marke umfasst folgende Angaben:

1. das Aktenzeichen der Anmeldung,
2. das Datum des Eingangs der Anmeldung,
3. Angaben über die Marke,
4. Angaben zu einer vom Anmelder beanspruchten ausländischen Priorität (§ 34 des Markengesetzes[3]), Ausstellungspriorität (§ 35 des Markengesetzes) oder zu einem nach Artikel 35 der Verordnung (EG) Nr. 207/2009 des Rates vom 26. Februar 2009 über die Unionsmarke (ABl. L 78 vom 24.3. 2009, S. 1), die durch die Verordnung (EU) 2015/2424 (ABl. L 341 vom 24.12.2015, S. 21) geändert worden ist, in Anspruch genommenen Zeitrang,
5. den Namen, gegebenenfalls die Rechtsform, den Wohnsitz oder Sitz des Anmelders,
6. wenn ein Vertreter bestellt ist, den Namen und Sitz des Vertreters,
7. die Anschrift mit einer Angabe zum Empfänger sowie

---

[1] § 22 aufgeh. mWv 14.1.2019 durch G v. 11.12.2018 (BGBl. I S. 2357).

[2] § 23 Überschrift neu gef., Abs. 2 eingef., bish. Abs. 2 wird Abs. 3 mWv 1.11.2008 durch VO v. 15.10.2008 (BGBl. I S. 1995); Abs. 1 einl. Satzteil, Nr. 4 und 7 geänd., Nr. 5 neu gef. mWv 24.6.2016 durch VO v. 2.6.2016 (BGBl. I S. 1354).

[3] **Schönfelder Nr. 72.**

8. die Leitklasse und gegebenenfalls weitere Klassen des Verzeichnisses der Waren und Dienstleistungen.

(2) Wird eine angemeldete Marke nicht in das Register eingetragen, so umfasst die Veröffentlichung zusätzlich folgende Angaben:

1. bei vollständiger oder teilweiser Zurückweisung einer angemeldeten Marke eine entsprechende Angabe unter Bezeichnung des Zurückweisungsgrundes und der Waren und Dienstleistungen sowie der Klassen, auf die sich die Zurückweisung bezieht;
2. bei vollständiger oder teilweiser Rücknahme einer Markenanmeldung eine entsprechende Angabe unter Bezeichnung der Waren und Dienstleistungen sowie der Klassen, auf die sich die Rücknahme bezieht;
3. wenn eine Anmeldung wegen Nichtzahlung der Gebühr (§ 6 Abs. 2 des Patentkostengesetzes[1)]) oder wegen fehlender Mindestvoraussetzungen für die Zuerkennung eines Anmeldetages (§ 36 Abs. 2 Satz 1 in Verbindung mit § 36 Abs. 1 Nr. 1, § 33 Abs. 1 des Markengesetzes) als zurückgenommen gilt, eine entsprechende Angabe;
4. bei geschlossenen Mehrfachanmeldungen eine entsprechende Angabe.

(3) Die Veröffentlichung kann in elektronischer Form erfolgen.

Teil 3. Register, Urkunde, Veröffentlichung

§ 24 Ort und Form des Registers. (1) Das Register wird beim Deutschen Patent- und Markenamt geführt.

(2) Seit dem 1. August 1999 wird das Register in Form einer elektronischen Datenbank betrieben.

§ 25[2)] Inhalt des Registers. In das Register werden eingetragen:

1. die Registernummer der Marke,
2. das Aktenzeichen der Anmeldung, sofern es nicht mit der Registernummer übereinstimmt,
3. die Darstellung der Marke,
4. die Angabe der Markenform,
5. bei farbig eingetragenen Marken die entsprechende Angabe und die Bezeichnung der Farben,
6. gegebenenfalls eine Beschreibung der Marke,
7. bei Marken, die wegen nachgewiesener Verkehrsdurchsetzung (§ 8 Abs. 3 des Markengesetzes[3)]) eingetragen sind, die entsprechende Angabe,

---

[1)] Nr. **70b**.

[2)] § 25 Nr. 15 neu gef., Nr. 24 geänd. mWv 1.1.2005 durch VO v. 17.12.2004 (BGBl. I S. 3532); Nr. 18 geänd. mWv 1.1.2007 durch VO v. 22.11.2006 (BGBl. I S. 2660); Nr. 4 und 6 neu gef. mWv 1.7.2009 durch VO v. 15.10.2008 (BGBl. I S. 1995); Nr. 6 neu gef., Nr. 10 15 und 17 geänd. mWv 24.6.2016 durch VO v. 2.6.2016 (BGBl. I S. 1354); Nr. 3 geänd., Nr. 9 und Nr. 10 neu gef., Nr. 20a eingef., Nr. 22, 24 und Nr. 25 neu gef., Nr. 34a–34c eingef. mWv 14.1.2019 durch G v. 11.12.2018 (BGBl. I S. 2357); Nr. 15 geänd. mWv 1.1.2024 durch G v. 10.8.2021 (BGBl. I S. 3436); Nr. 31 geänd. mWv 1.5.2022 durch G v. 10.8.2021 (BGBl. I S. 3490).

[3)] **Habersack, Deutsche Gesetze Nr. 72.**

8. bei Marken, die auf Grund einer im Ursprungsland eingetragenen Marke gemäß Artikel 6quinquies der Pariser Verbandsübereinkunft eingetragen sind, eine entsprechende Angabe,
9. gegebenenfalls die Angabe, dass es sich um eine Kollektiv- oder Gewährleistungsmarke handelt,
10. bei einer Marke, deren Zeitrang nach Artikel 34 oder Artikel 35 der Verordnung (EG) Nr. 207/2009 des Rates vom 26. Februar 2009 über die Unionsmarke (ABl. L 78 vom 24.3.2009, S. 1), die durch die Verordnung (EU) 2015/2424 (ABl. L 341 vom 24.12.2015, S. 21) geändert worden ist, für eine angemeldete oder eingetragene Unionsmarke in Anspruch genommen wurde, die Angabe des entsprechenden Aktenzeichens und im Fall der Löschung der Marke die Bezeichnung des Verfalls- oder Nichtigkeitsgrundes,
11. der Anmeldetag der Marke,
12. gegebenenfalls der Tag, der für die Bestimmung des Zeitrangs einer Marke nach § 37 Abs. 2 des Markengesetzes maßgeblich ist,
13. der Tag, der Staat und das Aktenzeichen einer vom Markeninhaber beanspruchten ausländischen Priorität (§ 34 des Markengesetzes),
14. Angaben zu einer vom Markeninhaber beanspruchten Ausstellungspriorität (§ 35 des Markengesetzes),
15. der Name, gegebenenfalls die Rechtsform und der Wohnsitz oder Sitz des Inhabers der Marke; bei einer Gesellschaft bürgerlichen Rechts ***[ab 1.1. 2024:** , die nicht im Gesellschaftsregister eingetragen ist,**]*** auch der Name und Wohnsitz des benannten vertretungsberechtigten Gesellschafters,
16. wenn ein Vertreter bestellt ist, der Name und Sitz des Vertreters,
17. die Anschrift mit einer Angabe zum Empfänger,
18. das Verzeichnis der Waren und Dienstleistungen unter Angabe der Leitklasse und der weiteren Klassen in gruppierter Form,
19. der Tag der Eintragung in das Register,
20. der Tag der Veröffentlichung der Eintragung,
20a. der Beginn und das Ende der Benutzungsschonfrist nach den §§ 26 und 43 Absatz 1 des Markengesetzes,
21. wenn nach Ablauf der Widerspruchsfrist kein Widerspruch gegen die Eintragung der Marke erhoben worden ist, eine entsprechende Angabe,
22. wenn Widerspruch erhoben worden ist,
    a) eine entsprechende Angabe,
    b) Angaben zum Widerspruchszeichen, auf das der Widerspruch gestützt wird,
    c) der Status des Widerspruchs,
    d) der Tag des Abschlusses des Widerspruchsverfahrens,
    e) bei vollständiger Löschung der Marke eine entsprechende Angabe,
    f) bei teilweiser Löschung der Marke die Waren und Dienstleistungen, auf die sich die Löschung bezieht,
23. die Verlängerung der Schutzdauer,
24. wenn ein Dritter Antrag auf Erklärung des Verfalls oder der Nichtigkeit einer eingetragenen Marke gestellt oder Klage auf Erklärung des Verfalls oder der Nichtigkeit einer eingetragenen Marke erhoben hat,

a) im Fall eines Antrags auf Erklärung des Verfalls oder der Nichtigkeit nach den §§ 49 bis 51 des Markengesetzes eine entsprechende Angabe,

b) im Fall einer Klage auf Erklärung des Verfalls oder der Nichtigkeit einer eingetragenen Marke der Tag der Erhebung,

c) im Fall eines Antrags auf Erklärung des Verfalls oder der Nichtigkeit nach den §§ 49 bis 51 des Markengesetzes der Abschluss des Verfalls- oder Nichtigkeitsverfahrens,

d) im Fall einer Klage auf Erklärung des Verfalls oder der Nichtigkeit einer eingetragenen Marke das Ergebnis des Verfahrens mit dem Datum der Rechtskraft,

e) bei vollständiger Verfalls- oder Nichtigkeitserklärung und Löschung der Marke eine entsprechende Angabe unter Bezeichnung des Verfalls- oder Nichtigkeitsgrundes,

f) bei teilweiser Verfalls- oder Nichtigkeitserklärung und Löschung der Marke eine entsprechende Angabe unter Bezeichnung des Verfalls- oder Nichtigkeitsgrundes und der Waren und Dienstleistungen, auf die sich die Löschung bezieht,

25. wenn ein Nichtigkeitsverfahren von Amts wegen eingeleitet wird,

a) bei vollständiger Nichtigkeitserklärung und Löschung der Marke eine entsprechende Angabe unter Bezeichnung des Nichtigkeitsgrundes,

b) bei teilweiser Nichtigkeitserklärung und Löschung der Marke eine entsprechende Angabe unter Bezeichnung des Nichtigkeitsgrundes und die Waren und Dienstleistungen, auf die sich die Löschung bezieht,

26. bei vollständiger oder teilweiser Löschung der Marke auf Grund einer entsprechenden Erklärung des Inhabers der Marke, wie insbesondere eines Antrags auf teilweise Verlängerung der Schutzdauer oder einem Teilverzicht, die entsprechende Angabe unter Bezeichnung des Löschungsgrundes und, soweit es sich um eine teilweise Löschung handelt, das Verzeichnis der Waren und Dienstleistungen in der Fassung, wie es sich nach dem Vollzug der Löschung ergibt,

27. Angaben über eine Eintragungsbewilligungsklage nach § 44 des Markengesetzes, soweit sie dem Deutschen Patent- und Markenamt mitgeteilt worden sind,

28. der Tag des Eingangs einer Teilungserklärung,

29. bei der Stammeintragung der Hinweis auf die Registernummer der infolge einer Teilungserklärung abgetrennten Eintragung,

30. bei der infolge einer Teilungserklärung abgetrennten Eintragung die entsprechende Angabe und die Registernummer der Stammeintragung,

31. der Tag und die Nummer der internationalen Registrierung (§ 110 Absatz 2 des Markengesetzes),

32. der Rechtsübergang einer Marke zusammen mit Angaben über den Rechtsnachfolger und gegebenenfalls seinen Vertreter gemäß den Nummern 15, 16 und 17,

33. bei einem Rechtsübergang der Marke für einen Teil der Waren und Dienstleistungen außerdem die Angaben nach den Nummern 29 und 30,

34. Angaben über dingliche Rechte (§ 29 des Markengesetzes),

34a. Angaben über Lizenzen, einschließlich den Namen, die Rechtsform sowie die Anschrift des Wohnsitzes oder Sitzes des Lizenznehmers,

34b. Erklärungen über die Lizenz- oder Veräußerungsbereitschaft,

34c. Angaben über Markensatzungen von Kollektiv- oder Gewährleistungsmarken,
35. Angaben über Maßnahmen der Zwangsvollstreckung (§ 29 Abs. 1 Nr. 2 des Markengesetzes) und die Erfassung der Marke durch ein Insolvenzverfahren (§ 29 Abs. 3 des Markengesetzes),
36. Änderungen der in den Nummern 15, 16 und 17 aufgeführten Angaben und
37. Berichtigungen von Eintragungen im Register (§ 45 Abs. 1 des Markengesetzes).

§ 26[1)] Urkunde, Bescheinigungen. [1]Der Inhaber einer Marke erhält neben der Urkunde über die Eintragung der Marke in das Register nach § 25 der DPMA-Verordnung eine Bescheinigung über die in das Register eingetragenen Angaben. [2]Nicht grafische Markendarstellungen und Markensatzungen werden dabei durch einen Verweis auf das Markenregister ersetzt.

§ 27[2)] Veröffentlichungen zu Eintragungen im Register. (1) Eintragungen im Register gemäß § 25 werden in regelmäßig erscheinenden Übersichten vom Deutschen Patent- und Markenamt veröffentlicht.

(2) Die Veröffentlichung kann in elektronischer Form erfolgen.

(3) Die Veröffentlichung der Eintragung umfasst alle in das Register eingetragenen Angaben mit Ausnahme der in § 25 Nummer 20a, 22 Buchstabe b und c, Nummer 24 Buchstabe b und d, Nummer 31 und 34a bis 34c bezeichneten Angaben.

(4) [1]Der erstmaligen Veröffentlichung einer eingetragenen Marke ist ein Hinweis auf die Möglichkeit des Widerspruchs (§ 42 des Markengesetzes[3)]) beizufügen. [2]Dieser Hinweis wird wiederholt, wenn die eingetragene Marke wegen erheblicher Mängel der Erstveröffentlichung erneut veröffentlicht wird. [3]Der Hinweis kann für alle Marken, die nach den Sätzen 1 und 2 veröffentlicht werden, gemeinsam erfolgen.

§ 28[4)] *(aufgehoben)*

Teil 4. Einzelne Verfahren

Abschnitt 1. Widerspruchsverfahren

§ 29[5)] Form des Widerspruchs. (1) [1]Für jede Marke, geschäftliche Bezeichnung, geschützte Ursprungsbezeichnung oder geografische Angabe, wegen der gegen die Eintragung einer Marke Widerspruch erhoben wird (Widerspruchskennzeichen), ist ein gesonderter Widerspruch erforderlich. [2]Gehören alle Widerspruchskennzeichen demselben Inhaber, so liegt nur ein Widerspruch vor.

(2) Der Widerspruch soll unter Verwendung des vom Deutschen Patent- und Markenamt herausgegebenen Formblatts eingereicht werden.

---

1) § 26 neu gef. mWv 14.1.2019 durch G v. 11.12.2018 (BGBl. I S. 2357).

2) § 27 neu gef. mWv 24.6.2016 durch VO v. 2.6.2016 (BGBl. I S. 1354); Abs. 3 neu gef. mWv 14.1. 2019 durch G v. 11.12.2018 (BGBl. I S. 2357).

3) **Habersack, Deutsche Gesetze Nr. 72.**

4) § 28 aufgeh. mWv 24.6.2016 durch VO v. 2.6.2016 (BGBl. I S. 1354).

5) § 29 Abs. 1 Sätze 1 und 2 geänd. mWv 9.12.2010 durch VO v. 6.12.2010 (BGBl. I S. 1763); Abs. 1 neu gef. mWv 14.1.2019 durch G v. 11.12.2018 (BGBl. I S. 2357).

§ 30[1] **Inhalt des Widerspruchs.** (1) [1]Der Widerspruch muss Angaben enthalten, die es erlauben, die Identität der angegriffenen Marke, des Widerspruchskennzeichens sowie des oder der Widersprechenden festzustellen. [2]Bei den weder angemeldeten noch eingetragenen Widerspruchskennzeichen sind zu deren Identifizierung die Art, die Darstellung, die Form, der Zeitrang, der Gegenstand sowie der Inhaber des geltend gemachten Kennzeichenrechts anzugeben.

(2) In dem Widerspruch sollen, soweit nicht bereits zur Identitätsfeststellung nach Absatz 1 erforderlich, angegeben werden:

1. die Registernummer der Marke, gegen deren Eintragung der Widerspruch sich richtet,
2. die Registriernummer der eingetragenen Widerspruchsmarke oder das Aktenzeichen der angemeldeten Widerspruchsmarke oder die Dossier-Nummer der geschützten Ursprungsbezeichnung oder der geografischen Angabe,
3. die Darstellung und die Bezeichnung der Form des Widerspruchskennzeichens,
4. falls es sich bei der Widerspruchsmarke um eine international registrierte Marke handelt, die Registernummer der Widerspruchsmarke sowie bei international registrierten Widerspruchsmarken, die vor dem 3. Oktober 1990 mit Wirkung sowohl für die Bundesrepublik Deutschland als auch für die Deutsche Demokratische Republik registriert worden sind, die Erklärung, auf welchen Länderteil der Widerspruch gestützt wird,
5. der Name und die Anschrift des Inhabers des Widerspruchskennzeichens,
6. falls der Widerspruch aus einer angemeldeten oder eingetragenen Marke von einer Person erhoben wird, die nicht als Anmelder in den Akten der Anmeldung vermerkt oder im Register als Inhaber eingetragen ist, der Name und die Anschrift des oder der Widersprechenden sowie der Zeitpunkt, zu dem ein Antrag auf Vermerk oder Eintragung des Rechtsübergangs gestellt worden ist,
7. falls der oder die Widersprechende einen Vertreter bestellt hat, der Name und die Anschrift des Vertreters,
8. der Name des Inhabers der Marke, gegen deren Eintragung der Widerspruch sich richtet,
9. die Waren und Dienstleistungen, auf die der Widerspruch gestützt wird,
10. die Waren und Dienstleistungen, gegen die der Widerspruch sich richtet.

§ 31[2] **Gemeinsame Entscheidung über mehrere Widersprüche.** Über mehrere Widersprüche kann gemeinsam entschieden werden.

§ 32[3] **Aussetzung.** (1) Das Deutsche Patent- und Markenamt kann das Verfahren über einen Widerspruch außer in den in § 43 Abs. 3 des Markengesetzes[4] genannten Fällen auch dann aussetzen, wenn dies sachdienlich ist.

(2) Eine Aussetzung kommt insbesondere in Betracht, wenn dem Widerspruch voraussichtlich stattzugeben wäre und der Widerspruch auf eine angemeldete

[1] § 30 Abs. 1 Satz 1 geänd., Satz 2 angef., Abs. 2 einleit. Satzteil geänd., Nr. 3 und 6 neu gef., Nr. 5 und 7 geänd., Nr. 9 aufgeh., bish. Nr. 10 und 11 werden Nr. 9 und 10 mWv 9.12.2010 durch VO v. 6.12. 2010 (BGBl. I S. 1763); Abs. 1 Satz 2 geänd., Abs. 2 Nr. 2 neu gef., Nr. 3 geänd. mWv 14.1.2019 durch G v. 11.12.2018 (BGBl. I S. 2357).

[2] § 31 neu gef. mWv 14.1.2019 durch G v. 11.12.2018 (BGBl. I S. 2357).

[3] § 32 Abs. 2 geänd. mWv 14.1.2019 durch G v. 11.12.2018 (BGBl. I S. 2357).

[4] **Habersack, Deutsche Gesetze Nr. 72.**

Marke gestützt worden ist oder vor dem Deutschen Patent- und Markenamt ein Verfalls- und Nichtigkeitsverfahren anhängig ist.

Abschnitt 2. Teilübergang, Teilung von Anmeldungen und Eintragungen

§ 33[1)] Teilübergang einer eingetragenen Marke. (1) Betrifft der Übergang des durch die Eintragung einer Marke begründeten Rechts nur einen Teil der eingetragenen Waren und Dienstleistungen, so sind in dem Antrag auf Eintragung des Rechtsübergangs nach § 28 der DPMA-Verordnung die Waren und Dienstleistungen anzugeben, auf die sich der Rechtsübergang bezieht.

(2) Im Übrigen ist § 36 Absatz 1 bis 4 und 6 entsprechend anzuwenden.

§ 34[2)] Rechtsübergang, dingliche Rechte, Insolvenzverfahren und Maßnahmen der Zwangsvollstreckung bei Anmeldungen. (1) Der Übergang von Rechten, dingliche Rechte, Maßnahmen der Zwangsvollstreckung oder Insolvenzverfahren werden in den Akten der Anmeldung vermerkt.

(2) [1]Im Fall von Rechtsübergängen wird nur diejenige Person in das Register eingetragen, die zum Zeitpunkt der Eintragung Inhaberin der Marke ist. [2]Ein zum Zeitpunkt der Eintragung bestehendes dingliches Recht, eine zu diesem Zeitpunkt bestehende Maßnahme der Zwangsvollstreckung oder ein zu diesem Zeitpunkt anhängiges Insolvenzverfahren wird auch in das Register eingetragen.

(3) [1]Betrifft der Übergang des durch die Anmeldung einer Marke begründeten Rechts nur einen Teil der Waren und Dienstleistungen, für die die Marke angemeldet worden ist, so sind in dem Antrag auf Vermerk eines Teilübergangs die Waren und Dienstleistungen anzugeben, auf die sich der Rechtsübergang bezieht. [2]Im Übrigen ist § 35 Absatz 1 bis 4 und 6 entsprechend anzuwenden.

§ 35[3)] Teilung von Anmeldungen. (1) [1]Eine angemeldete Marke kann nach § 40 Abs. 1 des Markengesetzes[4)] in zwei oder mehrere Anmeldungen geteilt werden. [2]Für jeden abgetrennten Teil ist eine gesonderte Teilungserklärung erforderlich. [3]Die Teilungserklärung soll unter Verwendung des vom Deutschen Patent- und Markenamt herausgegebenen Formblatts eingereicht werden.

(2) In der Teilungserklärung sind die Waren und Dienstleistungen anzugeben, die in die abgetrennte Anmeldung aufgenommen werden.

(3) [1]Das Verzeichnis der Waren und Dienstleistungen der verbleibenden Stammanmeldung und das Verzeichnis der Waren und Dienstleistungen der abgetrennten Anmeldung müssen insgesamt mit dem im Zeitpunkt des Zugangs der Teilungserklärung bestehenden Verzeichnis der Waren und Dienstleistungen der Ausgangsanmeldung deckungsgleich sein. [2]Betrifft die Teilung Waren und Dienstleistungen, die unter einen Oberbegriff fallen, so ist der Oberbegriff sowohl in der Stammanmeldung als auch in der abgetrennten Anmeldung zu verwenden und durch entsprechende Zusätze so einzuschränken, dass sich keine Überschneidungen der Verzeichnisse der Waren und Dienstleistungen ergeben.

(4) [1]Das Deutsche Patent- und Markenamt fertigt eine vollständige Kopie der Akten der Ausgangsanmeldung. [2]Diese Kopie wird zusammen mit der Teilungs-

---

1) § 33 Abs. 2 neu gef. mWv 24.6.2016 durch VO v. 2.6.2016 (BGBl. I S. 1354).

2) *§ 34 Abs. 3 Satz 2 neu gef. mWv 1.7.2016* durch G v. 4.4.2016 (BGBl. I S. 558); Abs. 1 neu gef. mWv 24.6.2016 durch VO v. 2.6.2016 (BGBl. I S. 1354).

3) § 35 Abs. 5 aufgeh., bish. Abs. 6 und 7 werden Abs. 5 und 6 mWv 1.7.2016 durch G v. 4.4.2016 (BGBl. I S. 558).

4) **Habersack, Deutsche Gesetze Nr. 72.**

erklärung Bestandteil der Akten der abgetrennten Anmeldung. [3] Die abgetrennte Anmeldung erhält ein neues Aktenzeichen. [4] Eine Kopie der Teilungserklärung wird zu den Akten der Stammanmeldung genommen.

(5) [1] Ein für die Ausgangsanmeldung benannter Vertreter des Anmelders gilt auch als Vertreter des Anmelders für die abgetrennte Anmeldung. [2] Die Vorlage einer neuen Vollmacht ist nicht erforderlich.

(6) In Bezug auf die ursprüngliche Anmeldung gestellte Anträge gelten auch für die abgetrennte Anmeldung fort.

§ 36[1)] Teilung von Eintragungen. (1) [1] Eine eingetragene Marke kann nach § 46 Abs. 1 des Markengesetzes[2)] in zwei oder mehrere Eintragungen geteilt werden. [2] Für jeden abgetrennten Teil ist eine gesonderte Teilungserklärung einzureichen. [3] Die Teilungserklärung soll unter Verwendung des vom Deutschen Patent- und Markenamt herausgegebenen Formblatts eingereicht werden.

(2) In der Teilungserklärung sind die Waren und Dienstleistungen anzugeben, die in die abgetrennte Eintragung aufgenommen werden.

(3) [1] Das Verzeichnis der Waren und Dienstleistungen der verbleibenden Stammeintragung und das Verzeichnis der Waren und Dienstleistungen der abgetrennten Eintragung müssen insgesamt mit dem im Zeitpunkt des Zugangs der Teilungserklärung bestehenden Verzeichnis der Waren und Dienstleistungen der Ausgangseintragung deckungsgleich sein. [2] Betrifft die Teilung Waren und Dienstleistungen, die unter einen Oberbegriff fallen, so ist der Oberbegriff sowohl in der Stammeintragung als auch in der abgetrennten Eintragung zu verwenden und durch entsprechende Zusätze so einzuschränken, dass sich keine Überschneidungen der Verzeichnisse der Waren und Dienstleistungen ergeben.

(4) [1] Das Deutsche Patent- und Markenamt fertigt eine vollständige Kopie der Akten der Ausgangseintragung. [2] Diese Kopie wird zusammen mit der Teilungserklärung Bestandteil der Akten der abgetrennten Eintragung. [3] Die abgetrennte Eintragung erhält eine neue Registernummer. [4] Eine Kopie der Teilungserklärung wird zu den Akten der Stammeintragung genommen.

(5) [1] Ein für die Ausgangseintragung benannter Vertreter des Inhabers der Marke gilt auch als Vertreter des Inhabers der Marke für die abgetrennte Eintragung. [2] Die Vorlage einer neuen Vollmacht ist nicht erforderlich.

(6) In Bezug auf die ursprüngliche Eintragung gestellte Anträge gelten auch für die abgetrennte Eintragung fort.

(7) [1] Ist gegen die Eintragung einer Marke, deren Teilung nach § 46 des Markengesetzes erklärt worden ist, Widerspruch erhoben worden, so fordert das Deutsche Patent- und Markenamt den Widersprechenden zu einer Erklärung darüber auf, gegen welche Teile der ursprünglichen Eintragung der Widerspruch sich richtet. [2] Der Inhaber der eingetragenen Marke kann auch von sich aus eine entsprechende Erklärung des Widersprechenden beibringen. [3] Wird eine solche Erklärung nicht abgegeben, so wird die Teilungserklärung als unzulässig zurückgewiesen.

---

1) § 36 Abs. 5 aufgeh., bish. Abs. 6–8 werden Abs. 5–7 mWv 24.6.2016 durch VO v. 2.6.2016 (BGBl. I S. 1354).

2) **Habersack, Deutsche Gesetze Nr. 72.**

Abschnitt 3. Verlängerung

§ 37 Verlängerung durch Gebührenzahlung. Bei der Zahlung der Verlängerungsgebühren nach § 47 Abs. 3 des Markengesetzes[1)] sind die Registernummer und der Name des Inhabers der Marke sowie der Verwendungszweck anzugeben.

§ 38 Antrag auf teilweise Verlängerung. (1) Soll die Verlängerung der Schutzdauer einer eingetragenen Marke nur für einen Teil der Waren und Dienstleistungen bewirkt werden, für die die Marke eingetragen ist, so kann der Inhaber der Marke einen entsprechenden Antrag stellen.

(2) In dem Antrag sind anzugeben:

1. die Registernummer der Marke, deren Schutzdauer verlängert werden soll,
2. der Name und die Anschrift des Inhabers der Marke,
3. falls ein Vertreter bestellt ist, der Name und die Anschrift des Vertreters,
4. die Waren und Dienstleistungen, für die die Schutzdauer verlängert werden soll.

Abschnitt 4. Verzicht

§ 39 Verzicht. (1) Der Antrag auf vollständige oder teilweise Löschung einer Marke nach § 48 Abs. 1 des Markengesetzes[1)] soll unter Verwendung des vom Deutschen Patent- und Markenamt herausgegebenen Formblatts gestellt werden.

(2) In dem Antrag sind anzugeben:

1. die Registernummer der Marke, die ganz oder teilweise gelöscht werden soll,
2. der Name und die Anschrift des Inhabers der Marke,
3. falls ein Vertreter bestellt ist, der Name und die Anschrift des Vertreters,
4. falls eine Teillöschung beantragt wird, entweder die Waren und Dienstleistungen, die gelöscht werden sollen, oder die Waren und Dienstleistungen, für die die Marke nicht gelöscht werden soll.

§ 40 Zustimmung Dritter. [1] Für die nach § 48 Abs. 2 des Markengesetzes[1)] erforderliche Zustimmung eines im Register eingetragenen Inhabers eines Rechts an der Marke reicht die Abgabe einer von dieser Person oder ihrem Vertreter unterschriebenen Zustimmungserklärung aus. [2] Eine Beglaubigung der Erklärung oder der Unterschrift ist nicht erforderlich. [3] Die Zustimmung kann auch auf andere Weise nachgewiesen werden.

Abschnitt 5. Löschung

§ 41[2)] Verfall. (1) Der Antrag auf Erklärung des Verfalls einer Marke nach § 53 Absatz 1 des Markengesetzes[1)] soll unter Verwendung des vom Deutschen Patent- und Markenamt herausgegebenen Formblatts gestellt werden.

(2) In dem Antrag sind anzugeben:

1. die Registernummer der Marke, deren Erklärung des Verfalls beantragt wird,
2. der Name und die Anschrift des Antragstellers,
3. falls der Antragsteller einen Vertreter bestellt hat, der Name und die Anschrift *des Vertreters,*

[1)] **Habersack, Deutsche Gesetze Nr. 72.**

[2)] § 41 neu gef. mWv 14.1.2019 durch G v. 11.12.2018 (BGBl. I S. 2357).

4. falls die Erklärung des Verfalls nur für einen Teil der Waren und Dienstleistungen beantragt wird, für die die Marke eingetragen ist, entweder die Waren und Dienstleistungen, für die die Erklärung der Nichtigkeit beantragt wird, oder die Waren und Dienstleistungen, für die die Erklärung der Nichtigkeit nicht beantragt wird, und
5. der Verfallsgrund nach § 49 des Markengesetzes.

§ 42[1)] Nichtigkeit wegen absoluter Schutzhindernisse und älterer Rechte.

(1) Für den Antrag auf Nichtigkeit wegen absoluter Schutzhindernisse und älterer Rechte nach § 53 Absatz 1 des Markengesetzes[2)] gilt § 41 dieser Verordnung entsprechend.

(2) [1] Zusätzlich zu den Angaben nach § 41 Absatz 2 sind folgende Angaben zu machen:
1. bei einem Antrag auf Nichtigkeit wegen älterer Rechte nach § 53 Absatz 1 des Markengesetzes: Angaben, die es erlauben, die Identität des älteren Rechts festzustellen, und
2. bei einem Antrag nach § 53 Absatz 3 des Markengesetzes: Angaben, die es erlauben, den Inhaber des älteren Rechts festzustellen.

[2] Bei weder angemeldeten noch eingetragenen älteren Rechten sind zumindest die Art, die Wiedergabe, die Form, der Zeitrang, der Gegenstand sowie der Inhaber anzugeben.

(3) Für den Antrag auf Nichtigkeit wegen älterer Rechte nach § 53 Absatz 1 des Markengesetzes sind des Weiteren die zur Begründung dienenden Tatsachen und Beweismittel anzugeben.

(4) Sofern nicht bereits zur Identitätsfeststellung des älteren Rechts nach Absatz 2 Satz 1 Nummer 1 oder zur Feststellung des Inhabers nach Absatz 2 Satz 1 Nummer 2 erforderlich, sind bei sämtlichen Anträgen anzugeben:
1. die Registernummer einer eingetragenen älteren Marke, das Aktenzeichen einer angemeldeten älteren Marke oder die Dossier-Nummer der geschützten Ursprungsbezeichnung oder geografischen Angabe,
2. Angaben, die belegen, dass der Antragsteller, der nicht nach § 53 Absatz 3 des Markengesetzes Inhaber des älteren Rechts ist, berechtigt ist, dieses im Nichtigkeitsverfahren geltend zu machen,
3. die Wiedergabe und die Bezeichnung der Form des älteren Rechts,
4. falls es sich bei dem älteren Recht um eine international registrierte Marke handelt, deren Registernummer sowie bei international registrierten älteren Marken, die vor dem 3. Oktober 1990 mit Wirkung sowohl für die Bundesrepublik Deutschland als auch für die Deutsche Demokratische Republik registriert worden sind, die Erklärung, auf welche dieser Registrierungen der Antrag gestützt wird,
5. der Name und die Anschrift des Inhabers des älteren Rechts.

[1)] § 42 neu gef. mWv 14.1.2019 durch G v. 11.12.2018 (BGBl. I S. 2357).
[2)] **Habersack, Deutsche Gesetze Nr. 72.**

Abschnitt 6.[1] Lizenz

§ 42a[1] Eintragung einer Lizenz. (1) Der Antrag auf Eintragung der Erteilung einer Lizenz nach § 30 Absatz 6 Satz 1 des Markengesetzes[2] soll unter Verwendung des vom Deutschen Patent- und Markenamt bereitgestellten Formblatts gestellt werden.

(2) In dem Antrag sind anzugeben:

1. die Registernummer der Marke, bei der die Lizenz erfasst werden soll,
2. der Name des Markeninhabers,
3. Angaben zum Lizenznehmer entsprechend § 5,
4. Angaben, ob es sich um eine ausschließliche oder einfache Lizenz handelt,
5. Angaben, ob es sich um eine Unterlizenz des im Register eingetragenen Lizenznehmers handelt,
6. Angaben zu einer zeitlichen, räumlichen oder gegenständlichen Beschränkung; falls die Lizenz auf einen Teil der Waren und Dienstleistungen beschränkt wurde, die Waren und Dienstleistungen, für die die Lizenz gewährt wurde.

(3) Die nach § 30 Absatz 6 des Markengesetzes erforderliche Zustimmung des Markeninhabers oder des Lizenznehmers bedarf der Schriftform.

§ 42b[1] Änderung oder Löschung einer Lizenz. Der Antrag auf Änderung oder Löschung einer nach § 30 Absatz 6 des Markengesetzes[2] eingetragenen Lizenz muss die Registernummer der Marke und die Bezeichnung der Lizenz, die geändert oder gelöscht werden soll, enthalten.

§ 42c[1] Erklärung der Lizenzierungs- oder Veräußerungsbereitschaft.

(1) [1] Der Anmelder oder der im Register eingetragene Markeninhaber kann gegenüber dem Deutschen Patent- und Markenamt seine unverbindliche Bereitschaft zur Vergabe von Lizenzen oder zur Veräußerung des Markenrechts schriftlich erklären. [2] Die Erklärung wird in das Register eingetragen.

(2) Die Erklärung der Bereitschaft zur Vergabe von Lizenzen ist unzulässig, solange im Register ein Vermerk über die Einräumung einer ausschließlichen Lizenz eingetragen ist oder dem Deutschen Patent- und Markenamt ein Antrag auf Eintragung eines solchen Vermerks vorliegt.

(3) Erklärungen nach Absatz 1 können jederzeit gegenüber dem Deutschen Patent- und Markenamt schriftlich zurückgenommen werden.

Teil 5. Internationale Registrierungen

§ 43[3] *(aufgehoben)*

§ 44[4] Anträge und sonstige Mitteilungen im Verfahren der internationalen Registrierung nach dem Protokoll zum Madrider Markenabkommen.

Für Anträge und für sonstige Mitteilungen im Verfahren der internationalen Registrierung einer beim Deutschen Patent- und Markenamt angemeldeten oder in das Register eingetragenen Marke nach Artikel 3 des Protokolls zum Madrider

---

[1] 6. Abschnitt (§§ 42a–42c) eingef. mWv 14.1.2019 durch G v. 11.12.2018 (BGBl. I S. 2357).
[2] **Habersack, Deutsche Gesetze Nr. 72.**
[3] § 43 aufgeh. mWv 1.5.2022 durch G v. 10.8.2021 (BGBl. I S. 3490).
[4] § 44 neu gef. mWv 1.11.2008 durch VO v. 15.10.2008 (BGBl. I S. 1995).

Markenabkommen sind die vom Internationalen Büro der Weltorganisation für geistiges Eigentum herausgegebenen amtlichen Formblätter zu verwenden.

§ 45[1)] *(aufgehoben)*

§ 46[2)] **Schutzverweigerung.** (1) Wird einer international registrierten Marke, deren Schutz nach Artikel 3ter des Protokolls zum Madrider Markenabkommen auf das Gebiet der Bundesrepublik Deutschland erstreckt worden ist, der Schutz ganz oder teilweise verweigert und wird diese Schutzverweigerung dem Internationalen Büro der Weltorganisation für geistiges Eigentum zur Weiterleitung an den Inhaber der internationalen Registrierung übermittelt, so wird die Frist, innerhalb derer ein Inlandsvertreter bestellt werden muss, damit der Schutz nicht endgültig verweigert wird, auf vier Monate ab dem Tag der Absendung der Mitteilung der Schutzverweigerung durch das Internationale Büro der Weltorganisation für geistiges Eigentum festgesetzt.

(2) [1] Wird die Schutzverweigerung endgültig, weil der Inhaber der international registrierten Marke keinen Inlandsvertreter bestellt hat, so ist eine gegen die Schutzverweigerung gegebene Erinnerung oder Beschwerde beim Deutschen Patent- und Markenamt innerhalb eines weiteren Monats nach Ablauf der in Absatz 1 genannten Frist einzulegen. [2] Der Schutzverweigerung muss eine entsprechende Rechtsmittelbelehrung beigefügt sein. [3] § 61 Abs. 2 des Markengesetzes[3)] ist entsprechend anzuwenden.

Teil 6.[4)] Verfahren nach der Verordnung (EU) 2024/1143

Abschnitt 1. Eintragungsverfahren

§ 47[5)] **Eintragungsantrag.** (1) Der Antrag auf Eintragung einer geografischen Angabe oder einer Ursprungsbezeichnung nach Artikel 9 der Verordnung (EU) 2024/1143 des Europäischen Parlaments und des Rates vom 11. April 2024 über geografische Angaben für Wein, Spirituosen und landwirtschaftliche Erzeugnisse und über garantiert traditionelle Spezialitäten und fakultative Qualitätsangaben für landwirtschaftliche Erzeugnisse sowie zur Änderung der Verordnungen (EU) Nr. 1308/2013, (EU) 2019/787 und (EU) 2019/1753 und zur Aufhebung der Verordnung (EU) Nr. 1151/2012 (ABl. L, 2024/1143, 23.4.2024) in der jeweils geltenden Fassung muss unter Verwendung des vom Deutschen Patent- und Markenamt herausgegebenen Formblatts eingereicht werden.

(2) In dem Antrag sind anzugeben:

1. der Name und die Anschrift des Antragstellers,
2. die Rechtsform, Größe und Zusammensetzung der den Antrag stellenden Vereinigung,
3. falls ein Vertreter bestellt worden ist, der Name und die Anschrift des Vertreters,
4. der als geografische Angabe oder Ursprungsbezeichnung zu schützende Name,

---

1) § 45 aufgeh. mWv 1.5.2022 durch G v. 10.8.2021 (BGBl. I S. 3490).

2) § 46 Abs. 1 geänd. mWv 1.5.2022 durch G v. 10.8.2021 (BGBl. I S. 3490).

3) **Habersack, Deutsche Gesetze Nr. 72.**

4) Teil 6 (§§ 47–55) neu gef. mWv 1.11.2008 durch VO v. 15.10.2008 (BGBl. I S. 1995); Überschrift neu gef. mWv 1.7.2016 durch G v. 4.4.2016 (BGBl. I S. 558); Überschrift geänd. mWv 28.6.2024 durch VO v. 24.6.2024 (BGBl. 2024 I Nr. 215).

5) § 47 neu gef. mWv 1.11.2008 durch VO v. 15.10.2008 (BGBl. I S. 1995); Abs. 1, 2 Nr. 1 und 6 geänd. mWv 1.7.2016 durch G v. 4.4.2016 (BGBl. I S. 558); Abs. 1 und 2 Nr. 6 geänd. mWv 28.6.2024 durch VO v. 24.6.2024 (BGBl. 2024 I Nr. 215).

5. die Art des Agrarerzeugnisses oder Lebensmittels,
6. die Spezifikation nach Artikel 49 Absatz 1 der Verordnung (EU) 2024/1143 gemäß Formblatt.

§ 48[1)] Veröffentlichung des Antrags. (1) In der Veröffentlichung des Antrags (§ 130 Abs. 4 des Markengesetzes[2)]) sind mindestens anzugeben:
1. der Name und die Anschrift des Antragstellers,
2. falls ein Vertreter bestellt worden ist, der Name und die Anschrift des Vertreters,
3. der als geografische Angabe oder als Ursprungsbezeichnung zu schützende Name,
4. die Art des Agrarerzeugnisses oder Lebensmittels,
5. die Spezifikation nach Artikel 49 Absatz 1 der Verordnung (EU) 2024/1143.

(2) In der Veröffentlichung ist auf die Möglichkeit des Einspruchs nach § 130 Abs. 4 des Markengesetzes in Verbindung mit Artikel 10 Absatz 4 der Verordnung (EU) 2024/1143 hinzuweisen.

§ 49[3)] Nationaler Einspruch. (1) Der Einspruch nach § 130 Abs. 4 des Markengesetzes[2)] in Verbindung mit Artikel 10 Absatz 4 der Verordnung (EU) 2024/1143 soll unter Verwendung des vom Deutschen Patent- und Markenamt herausgegebenen Formblatts eingereicht werden.

(2) In der Einspruchsschrift sind anzugeben:
1. die geografische Angabe oder Ursprungsbezeichnung, gegen deren Eintragung sich der Einspruch richtet,
2. der Name und die Anschrift des Einsprechenden,
3. falls ein Vertreter bestellt worden ist, der Name und die Anschrift des Vertreters,
4. die Umstände, aus denen sich das berechtigte Interesse des Einsprechenden ergibt,
5. die Gründe, auf die sich der Einspruch stützt.

Abschnitt 2.[4)] Zwischenstaatliches Einspruchsverfahren nach § 131 des Markengesetzes

§ 50[5)] Einspruch. (1) Der Einspruch nach § 131 des Markengesetzes[2)] in Verbindung mit Artikel 17 Absatz 2 der Verordnung (EU) 2024/1143 soll unter Verwendung des vom Deutschen Patent- und Markenamt herausgegebenen Formblatts eingereicht werden.

(2) In der Einspruchsschrift sind anzugeben:
1. die geografische Angabe oder Ursprungsbezeichnung, gegen deren Eintragung sich der Einspruch richtet,

---

1) § 48 neu gef. mWv 1.11.2008 durch VO v. 15.10.2008 (BGBl. I S. 1995); Abs. 1 einl. Satzteil und Nr. 5, Abs. 2 geänd. mWv 1.7.2016 durch G v. 4.4.2016 (BGBl. I S. 558); Abs. 1 Nr. 5, Abs. 2 geänd. mWv 28.6.2024 durch VO v. 24.6.2024 (BGBl. 2024 I Nr. 215).

2) **Habersack, Deutsche Gesetze Nr. 72.**

3) § 49 neu gef. mWv 1.11.2008 durch VO v. 15.10.2008 (BGBl. I S. 1995); Abs. 1 und 2 Nr. 5 geänd. mWv 1.7.2016 durch G v. 4.4.2016 (BGBl. I S. 558); Abs. 1 geänd. mWv 28.6.2024 durch VO v. 24.6.*2024 (BGBl. 2024 I Nr. 215).*

4) 2. Abschnitt Überschrift neu gef. mWv 1.7.2016 durch G v. 4.4.2016 (BGBl. I S. 558).

5) § 50 neu gef. mWv 1.11.2008 durch VO v. 15.10.2008 (BGBl. I S. 1995); Abs. 1 geänd., Abs. 3 neu gef. mWv 1.7.2016 durch G v. 4.4.2016 (BGBl. I S. 558); Abs. 1 und 3 Satz 2 geänd. mWv 28.6.2024 durch VO v. 24.6.2024 (BGBl. 2024 I Nr. 215).

2. die EG-Nummer und das Datum der Veröffentlichung im Amtsblatt der Europäischen Union,
3. der Name und die Anschrift des Einsprechenden,
4. falls ein Vertreter bestellt worden ist, der Name und die Anschrift des Vertreters,
5. die Umstände, aus denen sich das berechtigte Interesse des Einsprechenden ergibt.

(3) [1]Der Einspruch ist innerhalb von zwei Monaten nach Einreichung zu begründen. [2]Die Gründe nach Artikel 19 Absatz 1 der Verordnung (EU) 2024/1143, auf welche der Einspruch gestützt wird, sind anzugeben.

§ 51[1)] Einspruchsverfahren. [1]Das Deutsche Patent- und Markenamt unterrichtet unverzüglich nach Ablauf der Einspruchsfrist das Bundesministerium der Justiz und für Verbraucherschutz über die eingegangenen Einsprüche durch Übersendung der Einsprüche mit den erforderlichen Unterlagen. [2]Nachgereichte Einspruchsbegründungen werden unverzüglich weitergeleitet.

Abschnitt 3. Änderungen der Spezifikation; Löschung; Akteneinsicht

§ 52[2)] Änderungen der Spezifikation. (1) Der Antrag auf Änderung der Spezifikation gemäß Artikel 24 der Verordnung (EU) 2024/1143 soll unter Verwendung des vom Deutschen Patent- und Markenamt herausgegebenen Formblatts eingereicht werden.

(2) In dem Antrag sind anzugeben:
1. die eingetragene geografische Angabe oder Ursprungsbezeichnung,
2. der Name und die Anschrift des Antragstellers,
3. Rechtsform, Größe und Zusammensetzung der den Antrag stellenden Vereinigung,
4. falls ein Vertreter bestellt worden ist, der Name und die Anschrift des Vertreters,
5. Umstände, aus denen sich das berechtigte Interesse des Antragstellers ergibt,
6. die Rubriken der Spezifikation, auf die sich die Änderungen beziehen,
7. die beabsichtigten Änderungen und deren Begründung.

(3) Für Anträge nach Artikel 24 Absatz 2 der Verordnung (EU) 2024/1143 gelten im Übrigen die §§ 48 bis 51 entsprechend.

§ 53[3)] Löschungsantrag. (1) Der Antrag auf Löschung einer eingetragenen geografischen Angabe oder Ursprungsbezeichnung nach Artikel 25 Absatz 1 und 2 der Verordnung (EU) 2024/1143 soll unter Verwendung des vom Deutschen Patent- und Markenamt herausgegebenen Formblatts eingereicht werden.

(2) In dem Antrag sind anzugeben:
1. die geografische Angabe oder die Ursprungsbezeichnung, die gelöscht werden *soll,*

[1)] § 51 neu gef. mWv 1.11.2008 durch VO v. 15.10.2008 (BGBl. I S. 1995); geänd. mWv 8.9.2015 durch VO v. 31.8.2015 (BGBl. I S. 1474); Satz 2 angef. mWv 1.7.2016 durch G v. 4.4.2016 (BGBl. I S. 558).

[2)] § 52 neu gef. mWv 1.11.2008 durch VO v. 15.10.2008 (BGBl. I S. 1995); Abs. 1 und 2 Nr. 2, Abs. 3 geänd. mWv 1.7.2016 durch G v. 4.4.2016 (BGBl. I S. 558); Abs. 1 und 3 geänd. mWv 28.6.2024 durch VO v. 24.6.2024 (BGBl. 2024 I Nr. 215).

[3)] § 53 neu gef. mWv 1.11.2008 durch VO v. 15.10.2008 (BGBl. I S. 1995); Abs. 1 geänd. mWv 1.7.2016 durch G v. 4.4.2016 (BGBl. I S. 558); Abs. 1 geänd. mWv 28.6.2024 durch VO v. 24.6.2024 (BGBl. 2024 I Nr. 215).

2. der Name und die Anschrift des Antragstellers,
3. falls ein Vertreter bestellt ist, der Name und die Anschrift des Vertreters,
4. Umstände, aus denen sich das berechtigte Interesse des Antragstellers ergibt,
5. Gründe für die Löschung.

§ 54[1)] Akteneinsicht. In den Verfahren nach der Verordnung (EU) 2024/1143 gewährt das Deutsche Patent- und Markenamt Einsicht in die Akten.

§ 55[2)] (weggefallen)

Teil 7. Schlussvorschriften

§ 56 Übergangsregelung aus Anlass des Inkrafttretens dieser Verordnung.

Für Markenanmeldungen, die vor Inkrafttreten dieser Verordnung eingereicht worden sind, gelten die Vorschriften der Markenverordnung vom 30. November 1994 (BGBl. I S. 3555), zuletzt geändert durch die Verordnung vom 1. September 2003 (BGBl. I S. 1701).

§ 57 Übergangsregelung für künftige Änderungen. Für Markenanmeldungen, die vor Inkrafttreten von Änderungen dieser Verordnung eingereicht worden sind, gelten die Vorschriften dieser Verordnung in ihrer bis dahin geltenden Fassung.

§ 57a[3)] Übergangsregelung aus Anlass der Verordnung (EU) 2024/1143.

Soweit nach den in den Artikeln 90 und 91 der Verordnung (EU) 2024/1143 enthaltenen Übergangsbestimmungen Vorschriften der Verordnung (EU) Nr. 1151/2012 des Europäischen Parlaments und des Rates vom 21. November 2012 über Qualitätsregelungen für Agrarerzeugnisse und Lebensmittel (ABl. L 343 vom 14.12.2012, S. 1) in der jeweils in Bezug genommenen Fassung weiterhin Anwendung finden, sind die Überschrift zu Teil 6, die §§ 47, 48 und § 49 Absatz 1, § 50 Absatz 1 und 3, § 52 Absatz 1 und 3, § 53 Absatz 1 sowie § 54 in der bis zum 27. Juni 2024 geltenden Fassung weiter anzuwenden.

§ 58 Inkrafttreten, Außerkrafttreten. [1] Diese Verordnung tritt am 1. Juni 2004 in Kraft. [2] Gleichzeitig tritt die Markenverordnung vom 30. November 1994 (BGBl. I S. 3555), zuletzt geändert durch die Verordnung vom 1. September 2003 (BGBl. I S. 1701), außer Kraft.

Anhang[4)]
(aufgehoben)

---

1) *§ 54 neu gef. mWv 1.7.2016 durch* G v. 4.4.2016 (BGBl. I S. 558); geänd. mWv 28.6.2024 durch VO v. 24.6.2024 (BGBl. 2024 I Nr. 215).
2) § 55 aufgeh. mWv 1.1.2005 durch VO v. 17.12.2004 (BGBl. I S. 3532).
3) § 57a eingef. mWv 28.6.2024 durch VO v. 24.6.2024 (BGBl. 2024 I Nr. 215).
4) Anh. (Anl. 1–3) aufgeh. mWv 1.1.2013 durch VO v. 10.12.2012 (BGBl. I S. 2630).

73a. Preisangabenverordnung (PAngV)[1) 2)]

Vom 12. November 2021

(BGBl. I S. 4921)

FNA 720-17-3

Inhaltsübersicht

Abschnitt 1. Allgemeine Bestimmungen

[1)] Verkündet als Art. 1 VO v. 12.11.2021 (BGBl. I S. 4921); Inkrafttreten gem. Art. 3 Satz 1 dieser VO am 28.5.2022.

Es verordnen auf Grund
- des § 6c der Gewerbeordnung in der Fassung der Bekanntmachung vom 22. Februar 1999 (BGBl. I S. 202), der durch Artikel 1 des Gesetzes vom 17. Juli 2009 (BGBl. I S. 2091) eingefügt worden ist, die Bundesregierung,
- des § 1 des Preisangabengesetzes vom 3. Dezember 1984 (BGBl. I S. 1429), der zuletzt durch Artikel 296 der Verordnung vom 31. August 2015 (BGBl. I S. 1474) geändert worden ist, das Bundesministerium für Wirtschaft und Energie, [...]

[2)] **Amtl. Anm. an der Überschrift der Mantelverordnung:** „Diese Verordnung dient der Umsetzung
- der Richtlinie 98/6/EG des Europäischen Parlaments und des Rates vom 16. Februar 1998 über den Schutz der Verbraucher bei der Angabe der Preise der ihnen angebotenen Erzeugnisse (ABl. L 80 vom 18.3.1998, S. 27),
- der Richtlinie 2000/31/EG des Europäischen Parlaments und des Rates vom 8. Juni 2000 über bestimmte rechtliche Aspekte der Dienste der Informationsgesellschaft, insbesondere des elektronischen Geschäftsverkehrs, im Binnenmarkt (ABl. L 178 vom 17.7.2000, S. 1),
- der Richtlinie 2005/29/EG des Europäischen Parlaments und des Rates vom 11. Mai 2005 über unlautere Geschäftspraktiken im binnenmarktinternen Geschäftsverkehr zwischen Unternehmen und Verbrauchern und zur Änderung der Richtlinie 84/450/EWG des Rates, der Richtlinien 97/7/EG, 98/27/EG und 2002/65/EG des Europäischen Parlaments und des Rates sowie der Verordnung (EG) Nr. 2006/2004 des Europäischen Parlaments und des Rates (ABl. L 149 vom 11.6.2005, S. 22),
- der Richtlinie 2006/123/EG des Europäischen Parlaments und des Rates vom 12. Dezember 2006 über Dienstleistungen im Binnenmarkt (ABl. L 376 vom 27.12.2006, S. 36),
- der Richtlinie 2007/64/EG des Europäischen Parlaments und des Rates vom 13. November 2007 über Zahlungsdienste im Binnenmarkt, zur Änderung der Richtlinien 97/7/EG, 2002/65/EG, 2005/60/EG und 2006/48/EG sowie zur Aufhebung der Richtlinie 97/5/EG (ABl. L 319 vom 5.12.2007, S. 1),
- der Richtlinie 2008/48/EG des Europäischen Parlaments und des Rates vom 23. April 2008 über Verbraucherkreditverträge und zur Aufhebung der Richtlinie 87/102/EWG des Rates (ABl. L 133 vom 22.5.2008, S. 66),
- der Richtlinie 2011/83/EU des Europäischen Parlaments und des Rates vom 25. Oktober 2011 über die Rechte der Verbraucher, zur Abänderung der Richtlinie 93/13/EWG des Rates und der Richtlinie 1999/44/EG des Europäischen Parlaments und des Rates sowie zur Aufhebung der Richtlinie 85/577/EWG des Rates und der Richtlinie 97/7/EG des Europäischen Parlaments und des Rates (ABl. L 304 vom 22.11.2011, S. 64),
- der Richtlinie 2011/90/EU der Kommission vom 14. November 2011 zur Änderung von Anhang I Teil II der Richtlinie 2008/48/EG des Europäischen Parlaments und des Rates mit zusätzlichen Annahmen für die Berechnung des effektiven Jahreszinses (ABl. L 296 vom 15.11.2011, S. 35),
- der Richtlinie 2014/17/EU des Europäischen Parlaments und des Rates vom 4. Februar 2014 über Wohnimmobilienkreditverträge für Verbraucher und zur Änderung der Richtlinien 2008/48/EG und 2013/36/EU und der Verordnung (EU) Nr. 1093/2010 (ABl. L 60 vom 28.2.2014, S. 34),
- der Richtlinie (EU) 2015/2302 des Europäischen Parlaments und des Rates vom 25. November 2015 über Pauschalreisen und verbundene Reiseleistungen, zur Änderung der Verordnung (EG) Nr. 2006/2004 und der Richtlinie 2011/83/EU des Europäischen Parlaments und des Rates sowie zur Aufhebung der Richtlinie 90/314/EWG des Rates (ABl. L 326 vom 11.12.2015, S. 1),
- der Richtlinie (EU) 2019/2161 des Europäischen Parlaments und des Rates vom 27. November 2019 zur Änderung der Richtlinie 93/13/EWG des Rates und der Richtlinien 98/6/EG, 2005/29/EG und →

Abschnitt 1. Allgemeine Bestimmungen

§ 1 Anwendungsbereich; Grundsatz. (1) Diese Verordnung regelt die Angabe von Preisen für Waren oder Leistungen von Unternehmern gegenüber Verbrauchern.

(2) Diese Verordnung gilt nicht für

1. Leistungen von Gebietskörperschaften des öffentlichen Rechts, soweit es sich nicht um Leistungen handelt, für die Benutzungsgebühren oder privatrechtliche Entgelte zu entrichten sind;
2. Waren und Leistungen, soweit für sie auf Grund von Rechtsvorschriften eine Werbung untersagt ist;
3. mündliche Angebote, die ohne Angabe von Preisen abgegeben werden;
4. Warenangebote bei Versteigerungen.

(3) [1] Wer zu Angaben nach dieser Verordnung verpflichtet ist, hat diese

1. dem Angebot oder der Werbung eindeutig zuzuordnen sowie
2. leicht erkennbar und deutlich lesbar oder sonst gut wahrnehmbar zu machen.

[2] Angaben über Preise müssen der allgemeinen Verkehrsauffassung und den Grundsätzen von Preisklarheit und Preiswahrheit entsprechen.

§ 2 Begriffsbestimmungen. Im Sinne dieser Verordnung bedeutet

1. „Arbeits- oder Mengenpreis" den verbrauchsabhängigen Preis je Mengeneinheit einschließlich der Umsatzsteuer und aller besonderen Verbrauchssteuern für die leitungsgebundene Abgabe von Elektrizität, Gas, Fernwärme oder Wasser;

(Fortsetzung der Anm. von voriger Seite)
2011/83/EU des Europäischen Parlaments und des Rates zur besseren Durchsetzung und Modernisierung der Verbraucherschutzvorschriften der Union (ABl. L 328 vom 18.12.2019, S. 7)."

2. „Fertigpackung“ eine Verpackung im Sinne des § 42 Absatz 1 des Mess- und Eichgesetzes;
3. „Gesamtpreis“ den Preis, der einschließlich der Umsatzsteuer und sonstiger Preisbestandteile für eine Ware oder eine Leistung zu zahlen ist;
4. „Grundpreis“ den Preis je Mengeneinheit einer Ware einschließlich der Umsatzsteuer und sonstiger Preisbestandteile;
5. „lose Ware“ unverpackte Ware, die durch den Unternehmer in Anwesenheit der Verbraucher, durch die Verbraucher selbst oder auf deren Veranlassung abgemessen wird;
6. „offene Packung“ eine Verkaufseinheit im Sinne des § 42 Absatz 2 Nummer 1 des Mess- und Eichgesetzes;
7. „Selbstabfüllung“ die Abgabe von flüssiger loser Ware, die durch die Verbraucher selbst in die jeweilige Umverpackung abgefüllt wird;
8. „Unternehmer“ jede natürliche oder juristische Person im Sinne des § 2 Absatz 1 Nummer 8 des Gesetzes gegen den unlauteren Wettbewerb[1)] in der Fassung der Bekanntmachung vom 3. März 2010 (BGBl. I S. 254), das zuletzt durch Artikel 1 des Gesetzes vom 10. August 2021 (BGBl. I S. 3504) geändert worden ist, in der am 28. Mai 2022 geltenden Fassung;
9. „Verbraucher“ jede natürliche Person im Sinne des § 13 des Bürgerlichen Gesetzbuchs[2)].

Abschnitt 2. Grundvorschriften

§ 3 Pflicht zur Angabe des Gesamtpreises. (1) Wer als Unternehmer Verbrauchern Waren oder Leistungen anbietet oder als Anbieter von Waren oder Leistungen gegenüber Verbrauchern unter Angabe von Preisen wirbt, hat die Gesamtpreise anzugeben.

(2) [1]Soweit es der allgemeinen Verkehrsauffassung entspricht, sind auch die Verkaufs- oder Leistungseinheit und die Gütebezeichnung anzugeben, auf die sich die Preise beziehen. [2]Auf die Bereitschaft, über den angegebenen Preis zu verhandeln, kann hingewiesen werden, soweit es der allgemeinen Verkehrsauffassung entspricht und Rechtsvorschriften nicht entgegenstehen.

(3) Wird ein Preis aufgegliedert, ist der Gesamtpreis hervorzuheben.

§ 4 Pflicht zur Angabe des Grundpreises. (1) [1]Wer als Unternehmer Verbrauchern Waren in Fertigpackungen, offenen Packungen oder als Verkaufseinheiten ohne Umhüllung nach Gewicht, Volumen, Länge oder Fläche anbietet oder als Anbieter dieser Waren gegenüber Verbrauchern unter Angabe von Preisen wirbt, hat neben dem Gesamtpreis auch den Grundpreis unmissverständlich, klar erkennbar und gut lesbar anzugeben. [2]Auf die Angabe des Grundpreises kann verzichtet werden, wenn dieser mit dem Gesamtpreis identisch ist.

(2) Wer als Unternehmer Verbrauchern lose Ware nach Gewicht, Volumen, Länge oder Fläche anbietet oder als Anbieter dieser Waren gegenüber Verbrauchern unter Angabe von Preisen wirbt, hat lediglich den Grundpreis anzugeben.

[1)] **Habersack, Deutsche Gesetze Nr. 73.**
[2)] **Habersack, Deutsche Gesetze Nr. 20.**

(3) Absatz 1 ist nicht anzuwenden auf

1. Waren, die über ein Nenngewicht oder Nennvolumen von weniger als 10 Gramm oder 10 Milliliter verfügen;
2. Waren, die verschiedenartige Erzeugnisse enthalten, die nicht miteinander vermischt oder vermengt sind;
3. Waren, die von kleinen Direktvermarktern, insbesondere Hofläden, Winzerbetrieben oder Imkern, sowie kleinen Einzelhandelsgeschäften, insbesondere Kiosken, mobilen Verkaufsstellen oder Ständen auf Märkten oder Volksfesten, angeboten werden, bei denen die Warenausgabe überwiegend im Wege der Bedienung erfolgt, es sei denn, dass das Warensortiment im Rahmen eines Vertriebssystems bezogen wird;
4. Waren, die im Rahmen einer Dienstleistung angeboten werden;
5. Waren, die in Getränke- und Verpflegungsautomaten angeboten werden;
6. Kau- und Schnupftabak mit einem Nenngewicht bis 25 Gramm;
7. kosmetische Mittel, die ausschließlich der Färbung oder Verschönerung der Haut, des Haares oder der Nägel dienen;
8. Parfüms und parfümierte Duftwässer, die mindestens 3 Volumenprozent Duftöl und mindestens 70 Volumenprozent reinen Ethylalkohol enthalten.

§ 5 Mengeneinheit für die Angabe des Grundpreises. (1) [1] Die Mengeneinheit für den Grundpreis ist jeweils 1 Kilogramm, 1 Liter, 1 Kubikmeter, 1 Meter oder 1 Quadratmeter der Ware. [2] Bei Waren, die üblicherweise in Mengen von 100 Liter und mehr, 50 Kilogramm und mehr oder 100 Meter und mehr abgegeben werden, ist für den Grundpreis die Mengeneinheit zu verwenden, die der allgemeinen Verkehrsauffassung entspricht.

(2) Bei nach Gewicht oder nach Volumen angebotener loser Ware ist als Mengeneinheit für den Grundpreis entsprechend der allgemeinen Verkehrsauffassung entweder 1 Kilogramm oder 100 Gramm oder 1 Liter oder 100 Milliliter zu verwenden.

(3) Bei zur Selbstabfüllung angebotener flüssiger loser Ware kann abweichend von der allgemeinen Verkehrsauffassung zusätzlich zum Grundpreis nach Absatz 2 der Grundpreis nach Gewicht angegeben werden.

(4) Bei Waren, bei denen das Abtropfgewicht anzugeben ist, ist der Grundpreis auf das angegebene Abtropfgewicht zu beziehen.

(5) [1] Bei Haushaltswaschmitteln kann als Mengeneinheit für den Grundpreis eine übliche Anwendung verwendet werden. [2] Dies gilt auch für Wasch- und Reinigungsmittel, sofern sie einzeln portioniert sind und die Zahl der Portionen zusätzlich zur Gesamtfüllmenge angegeben ist.

§ 6 Preisangaben bei Fernabsatzverträgen. (1) Wer als Unternehmer Verbrauchern Waren oder Leistungen zum Abschluss eines Fernabsatzvertrages anbietet, hat zusätzlich zu den nach § 3 Absatz 1 und 2 und § 4 Absatz 1 und 2 verlangten Angaben anzugeben,

1. dass die für Waren oder Leistungen geforderten Preise die Umsatzsteuer und sonstige Preisbestandteile enthalten und
2. ob zusätzlich Fracht-, Liefer- oder Versandkosten oder sonstige Kosten anfallen.

(2) Fallen zusätzliche Fracht-, Liefer- oder Versandkosten oder sonstige Kosten an, so ist deren Höhe anzugeben, soweit diese Kosten vernünftigerweise im Voraus berechnet werden können.

(3) Die Absätze 1 und 2 sind nicht anzuwenden auf die in § 312 Absatz 2 Nummer 2, 3, 6, 9 und 10 und Absatz 6 des Bürgerlichen Gesetzbuchs[1] genannten Verträge.

§ 7 Rückerstattbare Sicherheit. [1] Wer neben dem Gesamtpreis für eine Ware oder Leistung eine rückerstattbare Sicherheit fordert, insbesondere einen Pfandbetrag, hat deren Höhe neben dem Gesamtpreis anzugeben und nicht in diesen einzubeziehen. [2] Der für die rückerstattbare Sicherheit zu entrichtende Betrag hat bei der Berechnung des Grundpreises unberücksichtigt zu bleiben.

§ 8 Preisangaben mit Änderungsvorbehalt; Reisepreisänderungen.

(1) Die Angabe von Preisen mit einem Änderungsvorbehalt ist nur zulässig

1. bei Waren oder Leistungen, für die Liefer- oder Leistungsfristen von mehr als vier Monaten bestehen, soweit zugleich die voraussichtlichen Liefer- und Leistungsfristen angegeben werden, oder
2. bei Waren oder Leistungen, die im Rahmen von Dauerschuldverhältnissen erbracht werden.

(2) Der in der Werbung, auf der Webseite oder in Prospekten eines Reiseveranstalters angegebene Reisepreis darf nach Maßgabe des § 651d Absatz 3 Satz 1 des Bürgerlichen Gesetzbuchs[1] und des Artikels 250 § 1 Absatz 2 des Einführungsgesetzes zum Bürgerlichen Gesetzbuche[2] geändert werden.

§ 9 Preisermäßigungen. (1) Die Pflicht zur Angabe eines neuen Gesamtpreises oder Grundpreises gilt nicht bei

1. individuellen Preisermäßigungen;
2. nach Kalendertagen zeitlich begrenzten und durch Werbung oder in sonstiger Weise bekannt gemachten generellen Preisermäßigungen;
3. schnell verderblichen Waren oder Waren mit kurzer Haltbarkeit, wenn der geforderte Gesamtpreis wegen einer drohenden Gefahr des Verderbs oder eines drohenden Ablaufs der Haltbarkeit herabgesetzt wird und dies für die Verbraucher in geeigneter Weise kenntlich gemacht wird.

(2) Die Pflicht zur Angabe eines neuen Grundpreises gilt nicht bei Waren ungleichen Nenngewichts oder -volumens oder ungleicher Nennlänge oder -fläche mit gleichem Grundpreis, wenn der geforderte Gesamtpreis um einen einheitlichen Betrag oder Prozentsatz ermäßigt wird.

Abschnitt 3. Besondere Bestimmungen

§ 10 Preisangaben im Handel. (1) [1] Wer Verbrauchern Waren, die von diesen *unmittelbar entnommen* werden können, anbietet, hat die Waren durch Preisschilder oder Beschriftung der Waren auszuzeichnen. [2] Satz 1 gilt auch für das sichtbare Anbieten von Waren innerhalb oder außerhalb des Verkaufsraumes in Schaufenstern, Schaukästen, auf Regalen, Verkaufsständen oder in sonstiger Weise.

(2) Wer Verbrauchern Waren nicht unter den in Absatz 1 genannten Voraussetzungen im Verkaufsraum anbietet, hat diese Waren durch Preisschilder, Beschriftung der Ware, Anbringung oder Auslage von Preisverzeichnissen oder Be-

---

[1] **Habersack, Deutsche Gesetze Nr. 20.**
[2] **Habersack, Deutsche Gesetze Nr. 21.**

schriftung der Behältnisse oder Regale, in denen sich die Waren befinden, auszuzeichnen.

(3) Wer Waren nach Musterbüchern anbietet, hat diese Waren durch Angabe der Preise für die Verkaufseinheit auf den Mustern oder damit verbundenen Preisschildern oder in Preisverzeichnissen auszuzeichnen.

(4) Wer Waren nach Katalogen oder Warenlisten oder auf Bildschirmen anbietet, hat diese Waren durch unmittelbare Angabe der Preise bei den Abbildungen oder Beschreibungen der Waren oder in Preisverzeichnissen, die mit den Katalogen oder Warenlisten im Zusammenhang stehen, auszuzeichnen.

(5) Wer Waren anbietet, deren Preise üblicherweise auf Grund von Tarifen oder Gebührenregelungen bemessen werden, hat Preisverzeichnisse nach Maßgabe des § 12 Absatz 1 und 2 aufzustellen und bekannt zu machen.

(6) Die Absätze 1 bis 5 sind nicht anzuwenden auf

1. Kunstgegenstände, Sammlungsstücke und Antiquitäten im Sinne des Kapitels 97 des Anhangs I der Verordnung (EWG) Nr. 2658/87 des Rates vom 23. Juli 1987 über die zolltarifliche und statistische Nomenklatur sowie den Gemeinsamen Zolltarif (ABl. L 256 vom 7.9.1987, S. 1), die zuletzt durch die Durchführungsverordnung (EU) 2020/2159 (ABl. L 431 vom 21.12.2020, S. 34) geändert worden ist;
2. Waren, die in Werbevorführungen angeboten werden, sofern der Preis der jeweiligen Ware bei deren Vorführung und unmittelbar vor Abschluss des Kaufvertrags genannt wird;
3. Blumen und Pflanzen, die unmittelbar vom Freiland, Treibbeet oder Treibhaus verkauft werden.

§ 11 Zusätzliche Preisangabenpflicht bei Preisermäßigungen für Waren.

(1) Wer zur Angabe eines Gesamtpreises verpflichtet ist, hat gegenüber Verbrauchern bei jeder Bekanntgabe einer Preisermäßigung für eine Ware den niedrigsten Gesamtpreis anzugeben, den er innerhalb der letzten 30 Tage vor der Anwendung der Preisermäßigung gegenüber Verbrauchern angewendet hat.

(2) Im Fall einer schrittweisen, ohne Unterbrechung ansteigenden Preisermäßigung des Gesamtpreises einer Ware kann während der Dauer der Preisermäßigung der niedrigste Gesamtpreis nach Absatz 1 angegeben werden, der vor Beginn der schrittweisen Preisermäßigung gegenüber Verbrauchern für diese Ware angewendet wurde.

(3) Die Absätze 1 und 2 gelten entsprechend für nach § 4 Absatz 2 lediglich zur Angabe des Grundpreises Verpflichtete.

(4) Die Absätze 1 bis 3 gelten nicht bei der Bekanntgabe von

1. individuellen Preisermäßigungen oder
2. Preisermäßigungen für schnell verderbliche Waren oder Waren mit kurzer Haltbarkeit, wenn der geforderte Preis wegen einer drohenden Gefahr des Verderbs oder eines drohenden Ablaufs der Haltbarkeit herabgesetzt wird und dies für die Verbraucher in geeigneter Weise kenntlich gemacht wird.

§ 12 Preisangaben für Leistungen. (1) [1] Wer Verbrauchern Leistungen anbietet, hat ein Preisverzeichnis über die Preise für seine wesentlichen Leistungen oder über seine Verrechnungssätze nach Maßgabe der Sätze 2 bis 4 aufzustellen. [2] Soweit üblich, können für Leistungen Stundensätze, Kilometersätze und andere Verrechnungssätze angegeben werden. [3] Diese müssen alle Leistungselemente einschließlich der anteiligen Umsatzsteuer enthalten. [4]Die Materialkosten können in die Verrechnungssätze einbezogen werden.

(2) [1]Das Preisverzeichnis nach Absatz 1 ist in den Geschäftsräumen oder am sonstigen Ort des Leistungsangebots anzubringen. [2]Ist ein Schaufenster oder Schaukasten vorhanden, ist es auch dort anzubringen. [3]Werden die Leistungen in Fachabteilungen von Handelsbetrieben angeboten, so genügt das Anbringen der Preisverzeichnisse in den Fachabteilungen. [4]Ist das Anbringen des Preisverzeichnisses wegen des Umfangs nicht zumutbar, so ist es zur Einsichtnahme am Ort des Leistungsangebots bereitzuhalten.

(3) Wer eine Leistung über Bildschirmanzeige erbringt und nach Einheiten berechnet, hat eine gesonderte Anzeige über den Preis der fortlaufenden Nutzung unentgeltlich anzubieten.

(4) Die Absätze 1 bis 3 sind nicht anzuwenden auf

1. Leistungen, die üblicherweise aufgrund von schriftlichen Angeboten oder schriftlichen Voranschlägen erbracht werden, die auf den Einzelfall abgestellt sind;
2. künstlerische, wissenschaftliche und pädagogische Leistungen, sofern diese Leistungen nicht in Konzertsälen, Theatern, Filmtheatern, Schulen, Instituten oder dergleichen erbracht werden;
3. Leistungen, bei denen in Gesetzen oder Rechtsverordnungen die Angabe von Preisen besonders geregelt ist.

§ 13 Gaststätten, Beherbergungsbetriebe. (1) [1]Wer in Gaststätten und ähnlichen Betrieben Speisen oder Getränke anbietet, hat deren Preise in einem Preisverzeichnis anzugeben. [2]Wer Speisen und Getränke sichtbar ausstellt oder Speisen und Getränke zur unmittelbaren Entnahme anbietet, hat diese während des Angebotes durch Preisschilder oder Beschriftung der Ware auszuzeichnen. [3]Werden Speisen und Getränke nach Satz 2 angeboten, kann die Preisangabe alternativ auch nach Satz 1 erfolgen. [4]§ 11 ist nicht anzuwenden auf die Bekanntgabe von Preisermäßigungen in Betrieben nach diesem Absatz.

(2) [1]Die Preisverzeichnisse sind zum Zeitpunkt des Angebotes entweder gut lesbar anzubringen, auf Tischen auszulegen oder jedem Gast vor Entgegennahme von Bestellungen und auf Verlangen bei der Abrechnung der Bestellung vorzulegen. [2]Neben dem Eingang der Gaststätte ist ein Preisverzeichnis anzubringen, aus dem die Preise für die wesentlichen angebotenen Speisen und Getränke ersichtlich sind. [3]Ist der Gaststättenbetrieb Teil eines anderen Betriebes, so genügt das Anbringen des Preisverzeichnisses am Eingang des Gaststättenteils.

(3) [1]Wer in Beherbergungsbetrieben Zimmer anbietet, hat beim Eingang oder bei der Anmeldestelle des Betriebes an gut sichtbarer Stelle ein Verzeichnis anzubringen oder auszulegen, aus dem die Preise der im Wesentlichen angebotenen Zimmer ersichtlich sind. [2]Satz 1 ist im Fall des Angebots eines Frühstückes für den Frühstückspreis entsprechend anzuwenden.

(4) Kann in Gaststätten- und Beherbergungsbetrieben eine Telekommunikationsanlage benutzt werden, so ist der bei Benutzung geforderte Preis in den Preisverzeichnissen nach Absatz 1 Satz 1 oder Absatz 3 anzugeben.

(5) Die in den Preisverzeichnissen nach den Absätzen 1 bis 3 aufgeführten Preise müssen das Bedienungsgeld und alle sonstigen Zuschläge einschließen.

§ 14 Elektrizität, Gas, Fernwärme und Wasser. (1) Wer als Unternehmer Verbrauchern Elektrizität, Gas, Fernwärme oder Wasser leitungsgebunden anbietet oder als Anbieter dieser Waren gegenüber Verbrauchern unter Angabe von Preisen wirbt, hat den Arbeits- oder Mengenpreis im Angebot oder in der Werbung anzugeben.

(2) [1] Wer an einem öffentlich zugänglichen Ladepunkt Verbrauchern das punktuelle Aufladen von elektrisch betriebenen Fahrzeugen nach der Ladesäulenverordnung anbietet, hat beim Einsatz eines für das punktuelle Aufladen vorgesehenen Bezahlverfahrens den für den jeweiligen Ladepunkt geltenden Arbeitspreis an dem Ladepunkt oder in dessen unmittelbarer Nähe anzugeben. [2] Die Preisangabe hat mindestens zu erfolgen mittels

1. eines Aufdrucks, Aufklebers oder Preisaushangs,
2. einer Anzeige auf einem Display des Ladepunktes oder
3. einer registrierungsfreien und kostenlosen mobilen Webseite oder Abrufoption für eine Anzeige auf dem Display eines mobilen Endgerätes, auf die am Ladepunkt oder in dessen unmittelbarer Nähe hingewiesen wird.

[3] Wird für das punktuelle Aufladen von Verbrauchern ein webbasiertes System verwendet, so hat der Anbieter den Arbeitspreis für das punktuelle Laden über dieses webbasierte System spätestens vor dem Start des Ladevorgangs anzugeben.

(3) Wer in den Fällen des Absatzes 1 oder 2 zusätzlich leistungsabhängige oder nicht verbrauchsabhängige Preise fordert, hat diese vollständig in unmittelbarer Nähe der Angabe des Arbeits- oder Mengenpreises oder des Ladepunktes anzugeben.

(4) Als Mengeneinheit ist für die Angabe des Arbeitspreises bei Elektrizität, Gas und Fernwärme 1 Kilowattstunde und für die Angabe des Mengenpreises bei Wasser 1 Kubikmeter zu verwenden.

§ 15 Tankstellen, Parkplätze. (1) [1] Wer an einer Tankstelle Kraftstoffe anbietet, hat die Kraftstoffpreise so auszuzeichnen, dass sie deutlich lesbar für Kraftfahrer sind, die

1. auf der Straße heranfahren oder
2. auf Bundesautobahnen in den Tankstellenbereich einfahren.

[2] Satz 1 gilt nicht für die Preise von Kraftstoffmischungen, die erst in der Tankstelle hergestellt werden.

(2) Wer für einen kürzeren Zeitraum als einen Monat Garagen, Einstellplätze oder Parkplätze vermietet oder bewacht oder Kraftfahrzeuge verwahrt, hat zum Zeitpunkt des Angebotes am Anfang der Zufahrt ein Preisverzeichnis anzubringen, aus dem die von ihm geforderten Preise ersichtlich sind.

Abschnitt 4. Bestimmungen zu Finanzdienstleistungen

§ 16 Verbraucherdarlehen. (1) Wer als Unternehmer den Abschluss von Verbraucherdarlehen im Sinne des § 491 des Bürgerlichen Gesetzbuchs[1)] anbietet, hat als Preis die nach den Absätzen 2 bis 6 und 8 berechneten Gesamtkosten des Verbraucherdarlehens für den Verbraucher, ausgedrückt als jährlicher Prozentsatz des Nettodarlehensbetrags, soweit zutreffend, einschließlich der Kosten gemäß Absatz 3 Satz 2 Nummer 2, anzugeben und als effektiven Jahreszins zu bezeichnen.

(2) [1] Der effektive Jahreszins ist mit der in der Anlage angegebenen mathematischen Formel und nach den in der Anlage zugrunde gelegten Vorgehensweisen zu

1) Habersack, Deutsche Gesetze Nr. 20.

berechnen. [2] Bei der Berechnung des effektiven Jahreszinses wird von der Annahme ausgegangen, dass der Verbraucherdarlehensvertrag für den vereinbarten Zeitraum gilt und dass Darlehensgeber und Verbraucher ihren Verpflichtungen zu den im Verbraucherdarlehensvertrag niedergelegten Bedingungen und Terminen nachkommen.

(3) [1] In die Berechnung des effektiven Jahreszinses sind als Gesamtkosten die vom Verbraucher zu entrichtenden Zinsen und alle sonstigen Kosten einzubeziehen, die der Verbraucher im Zusammenhang mit dem Verbraucherdarlehensvertrag zu entrichten hat und die dem Darlehensgeber bekannt sind. [2] Zu den sonstigen Kosten nach Satz 1 gehören:

1. Kosten für die Vermittlung des Verbraucherdarlehens;
2. Kosten für die Eröffnung und Führung eines spezifischen Kontos, Kosten für die Verwendung eines Zahlungsmittels, mit dem sowohl Geschäfte auf diesem Konto getätigt als auch Verbraucherdarlehensbeträge in Anspruch genommen werden können, sowie sonstige Kosten für Zahlungsgeschäfte, wenn die Eröffnung oder Führung eines Kontos Voraussetzung dafür ist, dass das Verbraucherdarlehen überhaupt oder nach den vorgesehenen Vertragsbedingungen gewährt wird;
3. Kosten für die Immobilienbewertung, sofern eine solche Bewertung für die Gewährung des Verbraucherdarlehens erforderlich ist.

(4) Nicht in die Berechnung der Gesamtkosten einzubeziehen sind:

1. Kosten, die vom Verbraucher bei Nichterfüllung seiner Verpflichtungen aus dem Verbraucherdarlehensvertrag zu tragen sind;
2. Kosten für solche Versicherungen und für solche anderen Zusatzleistungen, die keine Voraussetzung für die Verbraucherdarlehensvergabe überhaupt oder zu den vorgesehenen Vertragsbedingungen sind;
3. Kosten mit Ausnahme des Kaufpreises, die vom Verbraucher beim Erwerb von Waren oder Dienstleistungen unabhängig davon zu tragen sind, ob es sich um ein Bar- oder Verbraucherdarlehensgeschäft handelt;
4. Gebühren für die Eintragung der Eigentumsübertragung oder der Übertragung eines grundstücksgleichen Rechts in das Grundbuch;
5. Notarkosten.

(5) Ist eine Änderung des Zinssatzes oder sonstiger in die Berechnung des effektiven Jahreszinses einzubeziehender Kosten vorbehalten und ist ihre zahlenmäßige Bestimmung im Zeitpunkt der Berechnung des effektiven Jahreszinses nicht möglich, so wird bei der Berechnung von der Annahme ausgegangen, dass der Sollzinssatz und die sonstigen Kosten gemessen an der ursprünglichen Höhe fest bleiben und bis zum Ende des Verbraucherdarlehensvertrags gelten.

(6) Soweit die in der Anlage niedergelegten Annahmen zutreffend sind, sind diese bei der Berechnung des effektiven Jahreszinses zu berücksichtigen.

(7) Ist der Abschluss eines Vertrags über die Inanspruchnahme einer Nebenleistung, insbesondere eines Versicherungsvertrags oder allgemein einer Mitgliedschaft, zwingende Voraussetzung dafür, dass das Verbraucherdarlehen überhaupt oder nach den vorgesehenen Vertragsbedingungen gewährt wird, und können die Kosten der Nebenleistung nicht im Voraus bestimmt werden, so ist in klarer, eindeutiger und auffallender Art und Weise darauf hinzuweisen,

1. dass eine Verpflichtung zum Abschluss des Vertrages über die Nebenleistung besteht und

2. wie hoch der effektive Jahreszins des Verbraucherdarlehens ist.

(8) [1] Bei Bauspardarlehen ist bei der Berechnung des effektiven Jahreszinses davon auszugehen, dass im Zeitpunkt der Auszahlung des Verbraucherdarlehens das vertragliche Mindestsparguthaben angespart ist. [2] Von der Abschlussgebühr ist im Zweifel lediglich der Teil zu berücksichtigen, der auf den Verbraucherdarlehensanteil der Bausparvertragssumme entfällt. [3] Bei Verbraucherdarlehen, die der Vor- oder Zwischenfinanzierung von Leistungen einer Bausparkasse aus Bausparverträgen dienen und deren preisbestimmende Faktoren bis zur Zuteilung unveränderbar sind, ist als Laufzeit von den Zuteilungsfristen auszugehen, die sich aus der Zielbewertungszahl für Bausparverträge gleicher Art ergeben. [4] Bei vor- oder zwischenfinanzierten Bausparverträgen nach Satz 3 ist für das Gesamtprodukt aus Vor- oder Zwischenfinanzierungsdarlehen und Bausparvertrag der effektive Jahreszins für die Gesamtlaufzeit anzugeben.

§ 17 Werbung für Verbraucherdarlehen. (1) [1] Jegliche Kommunikation für Werbe- und Marketingzwecke, die Verbraucherdarlehen betrifft, hat den Kriterien der Redlichkeit und Eindeutigkeit zu genügen und darf nicht irreführend sein. [2] Insbesondere sind Formulierungen unzulässig, die bei Verbrauchern falsche Erwartungen wecken über die Kosten eines Verbraucherdarlehens oder in Bezug auf die Möglichkeit, ein Verbraucherdarlehen zu erhalten.

(2) [1] Wer gegenüber Verbrauchern für den Abschluss eines Verbraucherdarlehensvertrags mit Zinssätzen oder sonstigen Zahlen, die die Kosten betreffen, wirbt, hat in klarer, eindeutiger und auffallender Art und Weise anzugeben:

1. die Identität und Anschrift des Darlehensgebers oder gegebenenfalls des Darlehensvermittlers,
2. den Nettodarlehensbetrag,
3. den Sollzinssatz und die Auskunft, ob es sich um einen festen oder einen variablen Zinssatz oder um eine Kombination aus beiden handelt, sowie Einzelheiten aller für den Verbraucher anfallenden, in die Gesamtkosten einbezogenen Kosten,
4. den effektiven Jahreszins.

[2] In der Werbung ist der effektive Jahreszins mindestens genauso hervorzuheben wie jeder andere Zinssatz.

(3) In der Werbung nach Absatz 2 sind ferner, soweit zutreffend, folgende Angaben zu machen:

1. der vom Verbraucher zu zahlende Gesamtbetrag,
2. die Laufzeit des Verbraucherdarlehensvertrags,
3. die Höhe der Raten,
4. die Anzahl der Raten,
5. bei Immobiliar-Verbraucherdarlehen der Hinweis, dass der Verbraucherdarlehensvertrag durch ein Grundpfandrecht oder eine Reallast besichert wird,
6. bei Immobiliar-Verbraucherdarlehen in Fremdwährung ein Warnhinweis, dass sich mögliche Wechselkursschwankungen auf die Höhe des vom Verbraucher zu zahlenden Gesamtbetrags auswirken könnten.

(4) [1] Die in den Absätzen 2 und 3 genannten Angaben sind mit Ausnahme der Angaben nach Absatz 2 Satz 1 Nummer 1 und Absatz 3 Nummer 5 und 6 mit einem Beispiel zu versehen. [2] Bei der Auswahl des Beispiels muss der Werbende von einem effektiven Jahreszins ausgehen, von dem der Werbende erwarten darf,

dass mindestens zwei Drittel der auf Grund der Werbung zustande kommenden Verträge zu dem angegebenen oder einem niedrigeren effektiven Jahreszins abgeschlossen werden.

(5) Verlangt der Werbende den Abschluss eines Versicherungsvertrags oder eines Vertrags über andere Zusatzleistungen und können die Kosten für diesen Vertrag nicht im Voraus bestimmt werden, ist auf die Verpflichtung zum Abschluss dieses Vertrags klar und verständlich an gestalterisch hervorgehobener Stelle zusammen mit dem effektiven Jahreszins hinzuweisen.

(6) Die Informationen nach den Absätzen 2, 3 und 5 müssen in Abhängigkeit vom Medium, das für die Werbung gewählt wird, akustisch gut verständlich oder deutlich lesbar sein.

(7) Auf Immobiliar-Verbraucherdarlehensverträge nach § 491 Absatz 2 Satz 2 Nummer 5 des Bürgerlichen Gesetzbuchs[1] sind die Absätze 2 bis 6 nicht anwendbar.

§ 18 Überziehungsmöglichkeiten. Bei Überziehungsmöglichkeiten im Sinne des § 504 Absatz 2 des Bürgerlichen Gesetzbuchs[1] hat der Darlehensgeber statt des effektiven Jahreszinses den Sollzinssatz pro Jahr und die Zinsbelastungsperiode anzugeben, wenn diese nicht kürzer als drei Monate ist und der Darlehensgeber außer den Sollzinsen keine weiteren Kosten verlangt.

§ 19 Entgeltliche Finanzierungshilfen. Die §§ 16 und 17 sind auf Verträge entsprechend anzuwenden, durch die ein Unternehmer einem Verbraucher einen entgeltlichen Zahlungsaufschub oder eine sonstige entgeltliche Finanzierungshilfe im Sinne des § 506 des Bürgerlichen Gesetzbuchs[1] gewährt.

Abschnitt 5. Ordnungswidrigkeiten

§ 20 Ordnungswidrigkeiten. Ordnungswidrig im Sinne des § 3 Absatz 1 Satz 1 Nummer 2 des Wirtschaftsstrafgesetzes 1954[2] handelt, wer vorsätzlich oder fahrlässig

1. entgegen § 1 Absatz 3 Satz 1 Nummer 2, § 3 Absatz 1, auch in Verbindung mit Absatz 2 Satz 1 oder Absatz 3, entgegen § 4 Absatz 1 Satz 1 oder Absatz 2, § 6 Absatz 1 oder 2, § 7 Satz 1, § 10 Absatz 1 Satz 1, auch in Verbindung mit Satz 2, entgegen § 10 Absatz 2, 3 oder 4, § 11 Absatz 1, auch in Verbindung mit Absatz 3, entgegen § 13 Absatz 1 Satz 1 oder Absatz 4, § 14 Absatz 1, 2 oder 3, § 15 Absatz 1 Satz 1, § 17 Absatz 2 Satz 1, auch in Verbindung mit Absatz 3, oder entgegen § 18 eine Angabe oder Auszeichnung nicht, nicht richtig oder nicht vollständig macht,
2. entgegen § 12 Absatz 2 Satz 4, auch in Verbindung mit § 10 Absatz 5, ein Preisverzeichnis nicht, nicht richtig oder nicht vollständig bereithält,
3. entgegen § 12 Absatz 3 ein Angebot nicht, nicht richtig, nicht vollständig oder nicht in der vorgeschriebenen Weise macht,
4. entgegen § 13 Absatz 2 Satz 1 ein Preisverzeichnis nicht, nicht richtig, nicht vollständig oder nicht rechtzeitig vorlegt oder
5. entgegen § 16 Absatz 7 einen Hinweis nicht, nicht richtig oder nicht vollständig gibt.

---

[1] **Habersack, Deutsche Gesetze Nr. 20.**
[2] **Habersack, Deutsche Gesetze Nr. 88.**

Anlage
(zu § 16)

Berechnung des effektiven Jahreszinses

1. Grundgleichung zur Darstellung der Gleichheit zwischen Verbraucherdarlehens-Auszahlungsbeträgen einerseits und Rückzahlungen (Tilgung, Zinsen und Verbraucherdarlehenskosten) andererseits.
Die nachstehende Gleichung zur Ermittlung des effektiven Jahreszinses drückt auf jährlicher Basis die rechnerische Gleichheit zwischen der Summe der Gegenwartswerte der in Anspruch genommenen Verbraucherdarlehens-Auszahlungsbeträge einerseits und der Summe der Gegenwartswerte der Rückzahlungen (Tilgung, Zinsen und Verbraucherdarlehenskosten) andererseits aus:

$$\sum_{k=1}^{m} C_k (1+X)^{-t_k} = \sum_{l=1}^{m'} D_l (1+X)^{-s_l}$$

Hierbei ist
– X der effektive Jahreszins;
– m die laufende Nummer des letzten Verbraucherdarlehens-Auszahlungsbetrags;
– k die laufende Nummer eines Verbraucherdarlehens-Auszahlungsbetrags, wobei $1 \leq k \leq m$;
– C_k die Höhe des Verbraucherdarlehens-Auszahlungsbetrags mit der Nummer k;
– t_k der in Jahren oder Jahresbruchteilen ausgedrückte Zeitraum zwischen der ersten Verbraucherdarlehensvergabe und dem Zeitpunkt der einzelnen nachfolgenden in Anspruch genommenen Verbraucherdarlehens-Auszahlungsbeträge, wobei $t_1 = 0$;
– m' die laufende Nummer der letzten Tilgungs-, Zins- oder Kostenzahlung;
– l die laufende Nummer einer Tilgungs-, Zins- oder Kostenzahlung;
– D_l der Betrag einer Tilgungs-, Zins- oder Kostenzahlung;
– s_l der in Jahren oder Jahresbruchteilen ausgedrückte Zeitraum zwischen dem Zeitpunkt der Inanspruchnahme des ersten Verbraucherdarlehens-Auszahlungsbetrags und dem Zeitpunkt jeder einzelnen Tilgungs-, Zins- oder Kostenzahlung.

Anmerkungen:
a) Die von beiden Seiten zu unterschiedlichen Zeitpunkten gezahlten Beträge sind nicht notwendigerweise gleich groß und werden nicht notwendigerweise in gleichen Zeitabständen entrichtet.
b) Anfangszeitpunkt ist der Tag der Auszahlung des ersten Verbraucherdarlehensbetrags.
c) Der Zeitraum zwischen diesen Zeitpunkten wird in Jahren oder Jahresbruchteilen ausgedrückt. Zugrunde gelegt werden für ein Jahr 365 Tage (bzw. für ein Schaltjahr 366 Tage), 52 Wochen oder 12 Standardmonate. Ein Standardmonat hat 30,41666 Tage (d.h. 365/12), unabhängig davon, ob es sich um ein Schaltjahr handelt oder nicht.
Können die Zeiträume zwischen den in den Berechnungen verwendeten Zeitpunkten nicht als ganze Zahl von Wochen, Monaten oder Jahren ausgedrückt werden, so sind sie als ganze Zahl eines dieser Zeitabschnitte in

Kombination mit einer Anzahl von Tagen auszudrücken. Bei der Verwendung von Tagen

aa) werden alle Tage einschließlich Wochenenden und Feiertage gezählt;

bb) werden gleich lange Zeitabschnitte und dann Tage bis zur Inanspruchnahme des ersten Verbraucherdarlehensbetrags zurückgezählt;

cc) wird die Länge des in Tagen bemessenen Zeitabschnitts ohne den ersten und einschließlich des letzten Tages berechnet und in Jahren ausgedrückt, indem dieser Zeitabschnitt durch die Anzahl von Tagen des gesamten Jahres (365 oder 366 Tage), zurückgezählt ab dem letzten Tag bis zum gleichen Tag des Vorjahres, geteilt wird.

d) Das Rechenergebnis wird auf zwei Dezimalstellen genau angegeben. Ist die Ziffer der dritten Dezimalstelle größer als oder gleich 5, so erhöht sich die Ziffer der zweiten Dezimalstelle um den Wert 1.

e) Mathematisch darstellen lässt sich diese Gleichung durch eine einzige Summation unter Verwendung des Faktors „Ströme" (A_k), die entweder positiv oder negativ sind, je nachdem, ob sie für Auszahlungen oder für Rückzahlungen innerhalb der Perioden 1 bis n, ausgedrückt in Jahren, stehen:

$$S = \sum_{k=1}^{n} A_k (1 + X)^{-t_k}$$

dabei ist S der Saldo der Gegenwartswerte aller „Ströme", deren Wert gleich Null sein muss, damit die Gleichheit zwischen den „Strömen" gewahrt bleibt.

2. Es gelten die folgenden zusätzlichen Annahmen für die Berechnung des effektiven Jahreszinses:

a) Ist dem Verbraucher nach dem Verbraucherdarlehensvertrag freigestellt, wann er das Verbraucherdarlehen in Anspruch nehmen will, so gilt das gesamte Verbraucherdarlehen als sofort in voller Höhe in Anspruch genommen.

b) Ist dem Verbraucher nach dem Verbraucherdarlehensvertrag generell freigestellt, wann er das Verbraucherdarlehen in Anspruch nehmen will, sind jedoch je nach Art der Inanspruchnahme Beschränkungen in Bezug auf Verbraucherdarlehensbetrag und Zeitraum vorgesehen, so gilt das gesamte Verbraucherdarlehen als zu dem im Verbraucherdarlehensvertrag vorgesehenen frühestmöglichen Zeitpunkt mit den entsprechenden Beschränkungen in Anspruch genommen.

c) Sieht der Verbraucherdarlehensvertrag verschiedene Arten der Inanspruchnahme mit unterschiedlichen Kosten oder Sollzinssätzen vor, so gilt das gesamte Verbraucherdarlehen als zu den höchsten Kosten und zum höchsten Sollzinssatz in Anspruch genommen, wie sie für die Kategorie von Geschäften gelten, die bei dieser Art von Verbraucherdarlehensverträgen am häufigsten vorkommt.

d) Bei einer Überziehungsmöglichkeit gilt das gesamte Verbraucherdarlehen als in voller Höhe und für die gesamte Laufzeit des Verbraucherdarlehensvertrags in Anspruch genommen. Ist die Dauer der Überziehungsmöglichkeit nicht bekannt, so ist bei der Berechnung des effektiven Jahreszinses von der Annahme auszugehen, dass die Laufzeit des Verbraucherdarlehensvertrags drei Monate beträgt.

e) Bei einem Überbrückungsdarlehen gilt das gesamte Verbraucherdarlehen als in voller Höhe und für die gesamte Laufzeit des Verbraucherdarlehensvertrags in Anspruch genommen. Ist die Laufzeit des Verbraucherdarlehensvertrags nicht bekannt, so wird bei der Berechnung des effektiven Jahreszinses von der Annahme ausgegangen, dass sie 12 Monate beträgt.

f) Bei einem unbefristeten Verbraucherdarlehensvertrag, der weder eine Überziehungsmöglichkeit noch ein Überbrückungsdarlehen beinhaltet, wird angenommen, dass

aa) das Verbraucherdarlehen bei Immobiliar-Verbraucherdarlehensverträgen für einen Zeitraum von 20 Jahren ab der ersten Inanspruchnahme gewährt wird und dass mit der letzten Zahlung des Verbrauchers der Saldo, die Zinsen und etwaige sonstige Kosten ausgeglichen sind; bei Allgemein-Verbraucherdarlehensverträgen, die nicht für den Erwerb oder die Erhaltung von Rechten an Immobilien bestimmt sind oder bei denen das Verbraucherdarlehen im Rahmen von Debit-Karten mit Zahlungsaufschub oder Kreditkarten in Anspruch genommen wird, dieser Zeitraum ein Jahr beträgt und dass mit der letzten Zahlung des Verbrauchers der Saldo, die Zinsen und etwaige sonstige Kosten ausgeglichen sind;

bb) der Verbraucherdarlehensbetrag in gleich hohen monatlichen Zahlungen, beginnend einen Monat nach dem Zeitpunkt der ersten Inanspruchnahme, zurückgezahlt wird; muss der Verbraucherdarlehensbetrag jedoch vollständig, in Form einer einmaligen Zahlung, innerhalb jedes Zahlungszeitraums zurückgezahlt werden, so ist anzunehmen, dass spätere Inanspruchnahmen und Rückzahlungen des gesamten Verbraucherdarlehensbetrags durch den Verbraucher innerhalb eines Jahres stattfinden; Zinsen und sonstige Kosten werden entsprechend diesen Inanspruchnahmen und Tilgungszahlungen und nach den Bestimmungen des Verbraucherdarlehensvertrags festgelegt.

Als unbefristete Verbraucherdarlehensverträge gelten für die Zwecke dieses Buchstabens Verbraucherdarlehensverträge ohne feste Laufzeit, einschließlich solcher Verbraucherdarlehen, bei denen der Verbraucherdarlehensbetrag innerhalb oder nach Ablauf eines Zeitraums vollständig zurückgezahlt werden muss, dann aber erneut in Anspruch genommen werden kann.

g) Bei Verbraucherdarlehensverträgen, die weder Überziehungsmöglichkeiten beinhalten noch Überbrückungsdarlehen, Verbraucherdarlehensverträge mit Wertbeteiligung, Eventualverpflichtungen oder Garantien sind, und bei unbefristeten Verbraucherdarlehensverträgen (siehe die Annahmen unter den Buchstaben d, e, f, l und m) gilt Folgendes:

aa) Lassen sich der Zeitpunkt oder die Höhe einer vom Verbraucher zu leistenden Tilgungszahlung nicht feststellen, so ist anzunehmen, dass die Rückzahlung zu dem im Verbraucherdarlehensvertrag genannten frühestmöglichen Zeitpunkt und in der darin festgelegten geringsten Höhe erfolgt.

bb) Lässt sich der Zeitraum zwischen der ersten Inanspruchnahme und der ersten vom Verbraucher zu leistenden Zahlung nicht feststellen, so wird der kürzest mögliche Zeitraum angenommen.

cc) Ist der Zeitpunkt des Abschlusses des Verbraucherdarlehensvertrags nicht bekannt, so ist anzunehmen, dass das Verbraucherdarlehen erstmals zu dem Zeitpunkt in Anspruch genommen wurde, der sich aus dem kürzesten zeitlichen Abstand zwischen diesem Zeitpunkt und der Fälligkeit der ersten vom Verbraucher zu leistenden Zahlung ergibt.

h) Lassen sich der Zeitpunkt oder die Höhe einer vom Verbraucher zu leistenden Zahlung nicht anhand des Verbraucherdarlehensvertrags oder der Annahmen nach den Buchstaben d, e, f, g, l oder m feststellen, so ist anzunehmen, dass die Zahlung in Übereinstimmung mit den vom Darlehensgeber bestimmten Fristen und Bedingungen erfolgt, und dass, falls diese nicht bekannt sind,

  aa) die Zinszahlungen zusammen mit den Tilgungszahlungen erfolgen,

  bb) Zahlungen für Kosten, die keine Zinsen sind und die als Einmalbetrag ausgedrückt sind, bei Abschluss des Verbraucherdarlehensvertrags erfolgen,

  cc) Zahlungen für Kosten, die keine Zinsen sind und die als Mehrfachzahlungen ausgedrückt sind, beginnend mit der ersten Tilgungszahlung in regelmäßigen Abständen erfolgen, und es sich, falls die Höhe dieser Zahlungen nicht bekannt ist, um jeweils gleich hohe Beträge handelt,

  dd) mit der letzten Zahlung der Saldo, die Zinsen und etwaige sonstige Kosten ausgeglichen sind.

i) Ist keine Verbraucherdarlehensobergrenze vereinbart, ist anzunehmen, dass die Obergrenze des gewährten Verbraucherdarlehens 170 000 EUR beträgt. Bei Verbraucherdarlehensverträgen, die weder Eventualverpflichtungen noch Garantien sind und die nicht für den Erwerb oder die Erhaltung eines Rechts an Wohnimmobilien oder Grundstücken bestimmt sind, sowie bei Überziehungsmöglichkeiten, Debit-Karten mit Zahlungsaufschub oder Kreditkarten ist anzunehmen, dass die Obergrenze des gewährten Verbraucherdarlehens 1 500 EUR beträgt.

j) Werden für einen begrenzten Zeitraum oder Betrag verschiedene Sollzinssätze und Kosten angeboten, so sind während der gesamten Laufzeit des Verbraucherdarlehensvertrags der höchste Sollzinssatz und die höchsten Kosten anzunehmen.

k) Bei Verbraucherdarlehensverträgen, bei denen für den Anfangszeitraum ein fester Sollzinssatz vereinbart wurde, nach dessen Ablauf ein neuer Sollzinssatz festgelegt wird, der anschließend in regelmäßigen Abständen nach einem vereinbarten Indikator oder einem internen Referenzzinssatz angepasst wird, wird bei der Berechnung des effektiven Jahreszinses von der Annahme ausgegangen, dass der Sollzinssatz ab dem Ende der Festzinsperiode dem Sollzinssatz entspricht, der sich aus dem Wert des vereinbarten Indikators oder des internen Referenzzinssatzes zum Zeitpunkt der Berechnung des effektiven Jahreszinses ergibt, die Höhe des festen Sollzinssatzes jedoch nicht unterschreitet.

l) Bei Eventualverpflichtungen oder Garantien wird angenommen, dass das gesamte Verbraucherdarlehen zum früheren der beiden folgenden Zeitpunkte als einmaliger Betrag vollständig in Anspruch genommen wird:

  aa) zum letztzulässigen Zeitpunkt nach dem Verbraucherdarlehensvertrag, welcher die potenzielle Quelle der Eventualverbindlichkeit oder Garantie ist, oder

  bb) bei einem Roll-over-Verbraucherdarlehensvertrag am Ende der ersten Zinsperiode vor der Erneuerung der Vereinbarung.

m) Bei Verbraucherdarlehensverträgen mit Wertbeteiligung wird angenommen, dass

aa) die Zahlungen der Verbraucher zu den letzten nach dem Verbraucherdarlehensvertrag möglichen Zeitpunkten geleistet werden;

bb) die prozentuale Wertsteigerung der Immobilie, die die Sicherheit für den Vertrag darstellt, und ein in dem Vertrag genannter Inflationsindex ein Prozentsatz ist, der – je nachdem, welcher Satz höher ist – dem aktuellen Inflationsziel der Zentralbank oder der Höhe der Inflation in dem Mitgliedstaat, in dem die Immobilie belegen ist, zum Zeitpunkt des Abschlusses des Verbraucherdarlehensvertrags oder dem Wert 0 %, falls diese Prozentsätze negativ sind, entspricht.

73 b. Gesetz über das Verbot der Verwendung von Preisklauseln bei der Bestimmung von Geldschulden (Preisklauselgesetz)[1)]

Vom 7. September 2007
(BGBl. I S. 2246)

FNA 720-18

Lfd. Nr.	Änderndes Gesetz	Datum	Fundstelle	Betroffen	Hinweis
1.	Art. 3 G zur Förderung der Kraft-Wärme-Kopplung	25. 10. 2008	BGBl. I S. 2101	§ 3	geänd. mWv 1. 11. 2008
2.	Art. 8 Abs. 8 G zur Umsetzung der Verbraucherkre- ditRL, des zivilrechtlichen Teils der Zahlungsdiens- teRL sowie zur Neuordnung der Vorschriften über das Widerrufs- und Rückgaberecht[2)]	29. 7. 2009	BGBl. I S. 2355	§ 2	geänd. mWv 11. 6. 2010

§ 1 Preisklauselverbot. (1) Der Betrag von Geldschulden darf nicht unmittelbar und selbsttätig durch den Preis oder Wert von anderen Gütern oder Leistungen bestimmt werden, die mit den vereinbarten Gütern oder Leistungen nicht vergleichbar sind.

(2) Das Verbot nach Absatz 1 gilt nicht für Klauseln,

1. die hinsichtlich des Ausmaßes der Änderung des geschuldeten Betrages einen Ermessensspielraum lassen, der es ermöglicht, die neue Höhe der Geldschuld nach Billigkeitsgrundsätzen zu bestimmen (Leistungsvorbehaltsklauseln),
2. bei denen die in ein Verhältnis zueinander gesetzten Güter oder Leistungen im Wesentlichen gleichartig oder zumindest vergleichbar sind (Spannungsklauseln),
3. nach denen der geschuldete Betrag insoweit von der Entwicklung der Preise oder Werte für Güter oder Leistungen abhängig gemacht wird, als diese die Selbstkosten des Gläubigers bei der Erbringung der Gegenleistung unmittelbar beeinflussen (Kostenelementeklauseln),
4. die lediglich zu einer Ermäßigung der Geldschuld führen können.

[1)] *Verkündet als Art. 2 G v. 7. 9. 2007* (BGBl. I S. 2246); Inkrafttreten gem. Art. 30 Abs. 1 Satz 1 dieses G am 14. 9. 2007.

[2)] **Amtl. Anm.:** Dieses Gesetz dient der Umsetzung folgender Richtlinien:

1. Richtlinie 2007/64/EG des Europäischen Parlaments und des Rates vom 13. November 2007 über Zahlungsdienste im Binnenmarkt, zur Änderung der Richtlinien 97/7/EG, 2002/65/EG, 2005/ 60/EG und 2006/48/EG sowie zur Aufhebung der Richtlinie 97/5/EG (Zahlungsdiensterichtlinie – ABl. EU Nr. L 319 S. 1),
2. Richtlinie 2008/48/EG des Europäischen Parlaments und des Rates vom 23. April 2008 über Verbraucherkreditverträge und zur Aufhebung der Richtlinie 87/102/EWG des Rates (Verbraucherkreditrichtlinie – ABl. EU Nr. L 133 S. 66).

(3) Die Vorschriften über die Indexmiete nach § 557 b des Bürgerlichen Gesetzbuches[1] und über die Zulässigkeit von Preisklauseln in Wärmelieferungsverträgen nach der Verordnung über Allgemeine Bedingungen für die Versorgung mit Fernwärme bleiben unberührt.

§ 2[2] Ausnahmen vom Verbot. (1) [1] Von dem Verbot nach § 1 Abs. 1 ausgenommen sind die in den §§ 3 bis 7 genannten zulässigen Preisklauseln. [2] Satz 1 gilt im Fall

1. der in § 3 genannten Preisklauseln,
2. von in Verbraucherkreditverträgen im Sinne der §§ 491 und 506 des Bürgerlichen Gesetzbuches[1] verwendeten Preisklauseln (§ 5)

nur, wenn die Preisklausel im Einzelfall hinreichend bestimmt ist und keine Vertragspartei unangemessen benachteiligt.

(2) Eine Preisklausel ist nicht hinreichend bestimmt, wenn ein geschuldeter Betrag allgemein von der künftigen Preisentwicklung oder von einem anderen Maßstab abhängen soll, der nicht erkennen lässt, welche Preise oder Werte bestimmend sein sollen.

(3) Eine unangemessene Benachteiligung liegt insbesondere vor, wenn

1. einseitig ein Preis- oder Wertanstieg eine Erhöhung, nicht aber umgekehrt ein Preis- oder Wertrückgang eine entsprechende Ermäßigung des Zahlungsanspruchs bewirkt,
2. nur eine Vertragspartei das Recht hat, eine Anpassung zu verlangen, oder
3. der geschuldete Betrag sich gegenüber der Entwicklung der Bezugsgröße unverhältnismäßig ändern kann.

§ 3[3] Langfristige Verträge. (1) Preisklauseln in Verträgen

1. über wiederkehrende Zahlungen, die zu erbringen sind
   a) auf Lebenszeit des Gläubigers, Schuldners oder eines Beteiligten,
   b) bis zum Erreichen der Erwerbsfähigkeit oder eines bestimmten Ausbildungszieles des Empfängers,
   c) bis zum Beginn der Altersversorgung des Empfängers,
   d) für die Dauer von mindestens zehn Jahren, gerechnet vom Vertragsabschluss bis zur Fälligkeit der letzten Zahlung, oder
   e) auf Grund von Verträgen, bei denen der Gläubiger auf die Dauer von mindestens zehn Jahren auf das Recht zur ordentlichen Kündigung verzichtet oder der Schuldner das Recht hat, die Vertragsdauer auf mindestens zehn Jahre zu verlängern,
2. über Zahlungen, die zu erbringen sind
   a) auf Grund einer Verbindlichkeit aus der Auseinandersetzung zwischen Miterben, Ehegatten, Eltern und Kindern, auf Grund einer Verfügung von Todes wegen oder
   b) von dem Übernehmer eines Betriebes oder eines sonstigen Sachvermögens zur Abfindung eines Dritten,

---

[1] *Schönfelder Nr. 20.*
[2] § 2 Abs. 1 Satz 2 Nr. 2 geänd. mWv 11. 6. 2010 durch G v. 29. 7. 2009 (BGBl. I S. 2355).
[3] § 3 Abs. 1 neu gef. mWv 1. 11. 2008 durch G v. 25. 10. 2008 (BGBl. I S. 2101).

sind zulässig, wenn der geschuldete Betrag durch die Änderung eines von dem Statistischen Bundesamt oder einem Statistischen Landesamt ermittelten Preisindexes für die Gesamtlebenshaltung oder eines vom Statistischen Amt der Europäischen Gemeinschaft ermittelten Verbraucherpreisindexes bestimmt werden soll und in den Fällen der Nummer 2 zwischen der Begründung der Verbindlichkeit und der Endfälligkeit ein Zeitraum von mindestens zehn Jahren liegt oder die Zahlungen nach dem Tode des Beteiligten zu erfolgen haben.

(2) Preisklauseln in Verträgen über wiederkehrende Zahlungen, die für die Lebenszeit, bis zum Erreichen der Erwerbsfähigkeit oder eines bestimmten Ausbildungszieles oder bis zum Beginn der Altersversorgung des Empfängers zu erbringen sind, sind zulässig, wenn der geschuldete Betrag von der künftigen Einzel- oder Durchschnittsentwicklung von Löhnen, Gehältern, Ruhegehältern oder Renten abhängig sein soll.

(3) Preisklauseln in Verträgen über wiederkehrende Zahlungen, die zu erbringen sind

1. für die Dauer von mindestens zehn Jahren, gerechnet vom Vertragsabschluss bis zur Fälligkeit der letzten Zahlung, oder
2. auf Grund von Verträgen, bei denen der Gläubiger für die Dauer von mindestens zehn Jahren auf das Recht zur ordentlichen Kündigung verzichtet, oder der Schuldner das Recht hat, die Vertragsdauer auf mindestens zehn Jahre zu verlängern,

sind zulässig, wenn der geschuldete Betrag von der künftigen Einzel- oder Durchschnittsentwicklung von Preisen oder Werten für Güter oder Leistungen abhängig gemacht wird, die der Schuldner in seinem Betrieb erzeugt, veräußert oder erbringt, oder wenn der geschuldete Betrag von der künftigen Einzel- oder Durchschnittsentwicklung von Preisen oder Werten von Grundstücken abhängig sein soll und das Schuldverhältnis auf die land- oder forstwirtschaftliche Nutzung beschränkt ist.

§ 4 Erbbaurechtsverträge. [1] Zulässig sind Preisklauseln in Erbbaurechtsbestellungsverträgen und Erbbauzinsreallasten mit einer Laufzeit von mindestens 30 Jahren. [2] § 9 a der Verordnung über das Erbbaurecht, § 46 des Sachenrechtsbereinigungsgesetzes und § 4 des Erholungsnutzungsrechtsgesetzes bleiben unberührt.

§ 5 Geld- und Kapitalverkehr. Zulässig sind Preisklauseln im Geld- und Kapitalverkehr, einschließlich der Finanzinstrumente im Sinne des § 1 Abs. 11 des Kreditwesengesetzes sowie die hierauf bezogenen Pensions- und Darlehensgeschäfte.

§ 6 Verträge mit Gebietsfremden. Zulässig sind Preisklauseln in Verträgen von gebietsansässigen Unternehmern (§ 14 des Bürgerlichen Gesetzbuches[1]) mit Gebietsfremden.

---

[1] **Schönfelder Nr. 20.**

§ 7 Verträge zur Deckung des Bedarfs der Streitkräfte. Zulässig sind Preisklauseln bei Verträgen, die der Deckung des Bedarfs der Streitkräfte dienen, wenn der geschuldete Betrag durch die Änderung eines von dem Statistischen Bundesamt, einem Statistischen Landesamt oder dem Statistischen Amt der Europäischen Gemeinschaften ermittelten Preisindex bestimmt wird.

§ 8 Unwirksamkeit der Preisklausel. [1] Die Unwirksamkeit der Preisklausel tritt zum Zeitpunkt des rechtskräftig festgestellten Verstoßes gegen dieses Gesetz ein, soweit nicht eine frühere Unwirksamkeit vereinbart ist. [2] Die Rechtswirkungen der Preisklausel bleiben bis zum Zeitpunkt der Unwirksamkeit unberührt.

§ 9 Übergangsvorschrift. (1) Nach § 2 des Preisangaben- und Preisklauselgesetzes in der bis zum 13. September 2007 geltenden Fassung erteilte Genehmigungen gelten fort.

(2) Auf Preisklauseln, die bis zum 13. September 2007 vereinbart worden sind und deren Genehmigung bis dahin beim Bundesamt für Wirtschaft und Ausfuhrkontrolle beantragt worden ist, sind die bislang geltenden Vorschriften weiter anzuwenden.

75. Gesetz zum Schutz von Geschäftsgeheimnissen (GeschGehG)[1) 2)]

Vom 18. April 2019
(BGBl. I S. 466)

FNA 427-1

Inhaltsübersicht

---

1) Verkündet als Art. 1 G v. 18.4.2019 (BGBl. I S. 466); Inkrafttreten gem. Art. 6 dieses G am 26.4.2019.

2) **Amtl. Anm. am Titel des ArtikelG:** Artikel 1 dieses Gesetzes dient der Umsetzung der Richtlinie (EU) 2016/943 des Europäischen Parlaments und des Rates vom 8. Juni 2016 über den Schutz vertraulichen Know-hows und vertraulicher Geschäftsinformationen (Geschäftsgeheimnisse) vor rechtswidrigem Erwerb sowie rechtswidriger Nutzung und Offenlegung (ABl. L 157 vom 15.6.2016, S. 1).

Abschnitt 1. Allgemeines

§ 1 Anwendungsbereich. (1) Dieses Gesetz dient dem Schutz von Geschäftsgeheimnissen vor unerlaubter Erlangung, Nutzung und Offenlegung.

(2) Öffentlich-rechtliche Vorschriften zur Geheimhaltung, Erlangung, Nutzung oder Offenlegung von Geschäftsgeheimnissen gehen vor.

(3) Es bleiben unberührt:

1. der berufs- und strafrechtliche Schutz von Geschäftsgeheimnissen, deren unbefugte Offenbarung von § 203 des Strafgesetzbuches[1] erfasst wird,
2. die Ausübung des Rechts der freien Meinungsäußerung und der Informationsfreiheit nach der Charta der Grundrechte der Europäischen Union[2] (ABl. C 202 vom 7.6.2016, S. 389), einschließlich der Achtung der Freiheit und der Pluralität der Medien,
3. die Autonomie der Sozialpartner und ihr Recht, Kollektivverträge nach den bestehenden europäischen und nationalen Vorschriften abzuschließen,
4. die Rechte und Pflichten aus dem Arbeitsverhältnis und die Rechte der Arbeitnehmervertretungen.

§ 2 Begriffsbestimmungen. Im Sinne dieses Gesetzes ist

1. Geschäftsgeheimnis
   eine Information
   a) die weder insgesamt noch in der genauen Anordnung und Zusammensetzung ihrer Bestandteile den Personen in den Kreisen, die üblicherweise mit dieser Art von Informationen umgehen, allgemein bekannt oder ohne Weiteres zugänglich ist und daher von wirtschaftlichem Wert ist und
   b) die Gegenstand von den Umständen nach angemessenen Geheimhaltungsmaßnahmen durch ihren rechtmäßigen Inhaber ist und
   c) bei der ein berechtigtes Interesse an der Geheimhaltung besteht;
2. Inhaber eines Geschäftsgeheimnisses
   jede natürliche oder juristische Person, die die rechtmäßige Kontrolle über ein Geschäftsgeheimnis hat;
3. Rechtsverletzer
   jede natürliche oder juristische Person, die entgegen § 4 ein Geschäftsgeheimnis rechtswidrig erlangt, nutzt oder offenlegt; Rechtsverletzer ist nicht, wer sich auf eine Ausnahme nach § 5 berufen kann;
4. rechtsverletzendes Produkt
   ein Produkt, dessen Konzeption, Merkmale, Funktionsweise, Herstellungsprozess oder Marketing in erheblichem Umfang auf einem rechtswidrig erlangten, genutzten oder offengelegten Geschäftsgeheimnis beruht.

---

[1] **Schönfelder Nr. 85.**
[2] **Sartorius Nr. 1002.**

§ 3 Erlaubte Handlungen. (1) Ein Geschäftsgeheimnis darf insbesondere erlangt werden durch

1. eine eigenständige Entdeckung oder Schöpfung;
2. ein Beobachten, Untersuchen, Rückbauen oder Testen eines Produkts oder Gegenstands, das oder der
   a) öffentlich verfügbar gemacht wurde oder
   b) sich im rechtmäßigen Besitz des Beobachtenden, Untersuchenden, Rückbauenden oder Testenden befindet und dieser keiner Pflicht zur Beschränkung der Erlangung des Geschäftsgeheimnisses unterliegt;
3. ein Ausüben von Informations- und Anhörungsrechten der Arbeitnehmer oder Mitwirkungs- und Mitbestimmungsrechte der Arbeitnehmervertretung.

(2) Ein Geschäftsgeheimnis darf erlangt, genutzt oder offengelegt werden, wenn dies durch Gesetz, aufgrund eines Gesetzes oder durch Rechtsgeschäft gestattet ist.

§ 4 Handlungsverbote. (1) Ein Geschäftsgeheimnis darf nicht erlangt werden durch

1. unbefugten Zugang zu, unbefugte Aneignung oder unbefugtes Kopieren von Dokumenten, Gegenständen, Materialien, Stoffen oder elektronischen Dateien, die der rechtmäßigen Kontrolle des Inhabers des Geschäftsgeheimnisses unterliegen und die das Geschäftsgeheimnis enthalten oder aus denen sich das Geschäftsgeheimnis ableiten lässt, oder
2. jedes sonstige Verhalten, das unter den jeweiligen Umständen nicht dem Grundsatz von Treu und Glauben unter Berücksichtigung der anständigen Marktgepflogenheit entspricht.

(2) Ein Geschäftsgeheimnis darf nicht nutzen oder offenlegen, wer

1. das Geschäftsgeheimnis durch eine eigene Handlung nach Absatz 1
   a) Nummer 1 oder
   b) Nummer 2

   erlangt hat,
2. gegen eine Verpflichtung zur Beschränkung der Nutzung des Geschäftsgeheimnisses verstößt oder
3. gegen eine Verpflichtung verstößt, das Geschäftsgeheimnis nicht offenzulegen.

(3) [1] Ein Geschäftsgeheimnis darf nicht erlangen, nutzen oder offenlegen, wer das Geschäftsgeheimnis über eine andere Person erlangt hat und zum Zeitpunkt der Erlangung, Nutzung oder Offenlegung weiß oder wissen müsste, dass diese das Geschäftsgeheimnis entgegen Absatz 2 genutzt oder offengelegt hat. [2] Das gilt insbesondere, wenn die Nutzung in der Herstellung, dem Anbieten, dem Inverkehrbringen oder der Einfuhr, der Ausfuhr oder der Lagerung für diese Zwecke von rechtsverletzenden Produkten besteht.

§ 5 Ausnahmen. Die Erlangung, die Nutzung oder die Offenlegung eines Geschäftsgeheimnisses fällt nicht unter die Verbote des § 4, wenn dies zum Schutz eines berechtigten Interesses erfolgt, insbesondere

1. zur Ausübung des Rechts der freien Meinungsäußerung und der Informationsfreiheit, einschließlich der Achtung der Freiheit und der Pluralität der Medien;
2. zur Aufdeckung einer rechtswidrigen Handlung oder eines beruflichen oder sonstigen Fehlverhaltens, wenn die Erlangung, Nutzung oder Offenlegung geeignet ist, das allgemeine öffentliche Interesse zu schützen;
3. im Rahmen der Offenlegung durch Arbeitnehmer gegenüber der Arbeitnehmervertretung, wenn dies erforderlich ist, damit die Arbeitnehmervertretung ihre Aufgaben erfüllen kann.

Abschnitt 2. Ansprüche bei Rechtsverletzungen

§ 6 Beseitigung und Unterlassung. [1] Der Inhaber des Geschäftsgeheimnisses kann den Rechtsverletzer auf Beseitigung der Beeinträchtigung und bei Wiederholungsgefahr auch auf Unterlassung in Anspruch nehmen. [2] Der Anspruch auf Unterlassung besteht auch dann, wenn eine Rechtsverletzung erstmalig droht.

§ 7 Vernichtung; Herausgabe; Rückruf; Entfernung und Rücknahme vom Markt. Der Inhaber des Geschäftsgeheimnisses kann den Rechtsverletzer auch in Anspruch nehmen auf

1. Vernichtung oder Herausgabe der im Besitz oder Eigentum des Rechtsverletzers stehenden Dokumente, Gegenstände, Materialien, Stoffe oder elektronischen Dateien, die das Geschäftsgeheimnis enthalten oder verkörpern,
2. Rückruf des rechtsverletzenden Produkts,
3. dauerhafte Entfernung der rechtsverletzenden Produkte aus den Vertriebswegen,
4. Vernichtung der rechtsverletzenden Produkte oder
5. Rücknahme der rechtsverletzenden Produkte vom Markt, wenn der Schutz des Geschäftsgeheimnisses hierdurch nicht beeinträchtigt wird.

§ 8 Auskunft über rechtsverletzende Produkte; Schadensersatz bei Verletzung der Auskunftspflicht. (1) Der Inhaber des Geschäftsgeheimnisses kann vom Rechtsverletzer Auskunft über Folgendes verlangen:

1. Name und Anschrift der Hersteller, Lieferanten und anderer Vorbesitzer der rechtsverletzenden Produkte sowie der gewerblichen Abnehmer und Verkaufsstellen, für die sie bestimmt waren,
2. die Menge der hergestellten, bestellten, ausgelieferten oder erhaltenen rechtsverletzenden Produkte sowie über die Kaufpreise,
3. diejenigen im Besitz oder Eigentum des Rechtsverletzers stehenden Dokumente, Gegenstände, Materialien, Stoffe oder elektronischen Dateien, die das Geschäftsgeheimnis enthalten oder verkörpern, und
4. die Person, von der sie das Geschäftsgeheimnis erlangt haben und der gegenüber sie es offenbart haben.

(2) Erteilt der Rechtsverletzer vorsätzlich oder grob fahrlässig die Auskunft nicht, verspätet, falsch oder unvollständig, ist er dem Inhaber des Geschäftsgeheimnisses zum Ersatz des daraus entstehenden Schadens verpflichtet.

§ 9 Anspruchsausschluss bei Unverhältnismäßigkeit. Die Ansprüche nach den §§ 6 bis 8 Absatz 1 sind ausgeschlossen, wenn die Erfüllung im Einzelfall unverhältnismäßig wäre, unter Berücksichtigung insbesondere

1. des Wertes oder eines anderen spezifischen Merkmals des Geschäftsgeheimnisses,
2. der getroffenen Geheimhaltungsmaßnahmen,
3. des Verhaltens des Rechtsverletzers bei Erlangung, Nutzung oder Offenlegung des Geschäftsgeheimnisses,
4. der Folgen der rechtswidrigen Nutzung oder Offenlegung des Geschäftsgeheimnisses,
5. der berechtigten Interessen des Inhabers des Geschäftsgeheimnisses und des Rechtsverletzers sowie der Auswirkungen, die die Erfüllung der Ansprüche für beide haben könnte,
6. der berechtigten Interessen Dritter oder
7. des öffentlichen Interesses.

§ 10 Haftung des Rechtsverletzers. (1) [1] Ein Rechtsverletzer, der vorsätzlich oder fahrlässig handelt, ist dem Inhaber des Geschäftsgeheimnisses zum Ersatz des daraus entstehenden Schadens verpflichtet. [2] § 619a des Bürgerlichen Gesetzbuchs[1)] bleibt unberührt.

(2) [1] Bei der Bemessung des Schadensersatzes kann auch der Gewinn, den der Rechtsverletzer durch die Verletzung des Rechts erzielt hat, berücksichtigt werden. [2] Der Schadensersatzanspruch kann auch auf der Grundlage des Betrages bestimmt werden, den der Rechtsverletzer als angemessene Vergütung hätte entrichten müssen, wenn er die Zustimmung zur Erlangung, Nutzung oder Offenlegung des Geschäftsgeheimnisses eingeholt hätte.

(3) Der Inhaber des Geschäftsgeheimnisses kann auch wegen des Schadens, der nicht Vermögensschaden ist, von dem Rechtsverletzer eine Entschädigung in Geld verlangen, soweit dies der Billigkeit entspricht.

§ 11 Abfindung in Geld. (1) Ein Rechtsverletzer, der weder vorsätzlich noch fahrlässig gehandelt hat, kann zur Abwendung der Ansprüche nach den §§ 6 oder 7 den Inhaber des Geschäftsgeheimnisses in Geld abfinden, wenn dem Rechtsverletzer durch die Erfüllung der Ansprüche ein unverhältnismäßig großer Nachteil entstehen würde und wenn die Abfindung in Geld als angemessen erscheint.

(2) [1] Die Höhe der Abfindung in Geld bemisst sich nach der Vergütung, die im Falle einer vertraglichen Einräumung des Nutzungsrechts angemessen wäre. [2] Sie darf den Betrag nicht übersteigen, der einer Vergütung im Sinne von Satz 1 für die Länge des Zeitraums entspricht, in dem dem Inhaber des Geschäftsgeheimnisses ein Unterlassungsanspruch zusteht.

[1)] **Schönfelder Nr. 20.**

§ 12 Haftung des Inhabers eines Unternehmens. [1] Ist der Rechtsverletzer Beschäftigter oder Beauftragter eines Unternehmens, so hat der Inhaber des Geschäftsgeheimnisses die Ansprüche nach den §§ 6 bis 8 auch gegen den Inhaber des Unternehmens. [2] Für den Anspruch nach § 8 Absatz 2 gilt dies nur, wenn der Inhaber des Unternehmens vorsätzlich oder grob fahrlässig die Auskunft nicht, verspätet, falsch oder unvollständig erteilt hat.

§ 13 Herausgabeanspruch nach Eintritt der Verjährung. [1] Hat der Rechtsverletzer ein Geschäftsgeheimnis vorsätzlich oder fahrlässig erlangt, offengelegt oder genutzt und durch diese Verletzung eines Geschäftsgeheimnisses auf Kosten des Inhabers des Geschäftsgeheimnisses etwas erlangt, so ist er auch nach Eintritt der Verjährung des Schadensersatzanspruchs nach § 10 zur Herausgabe nach den Vorschriften des Bürgerlichen Gesetzbuchs[1)] über die Herausgabe einer ungerechtfertigten Bereicherung verpflichtet. [2] Dieser Anspruch verjährt sechs Jahre nach seiner Entstehung.

§ 14 Missbrauchsverbot. [1] Die Geltendmachung der Ansprüche nach diesem Gesetz ist unzulässig, wenn sie unter Berücksichtigung der gesamten Umstände missbräuchlich ist. [2] Bei missbräuchlicher Geltendmachung kann der Anspruchsgegner Ersatz der für seine Rechtsverteidigung erforderlichen Aufwendungen verlangen. [3] Weitergehende Ersatzansprüche bleiben unberührt.

Abschnitt 3. Verfahren in Geschäftsgeheimnisstreitsachen

§ 15 Sachliche und örtliche Zuständigkeit; Verordnungsermächtigung. (1) Für Klagen vor den ordentlichen Gerichten, durch die Ansprüche nach diesem Gesetz geltend gemacht werden, sind die Landgerichte ohne Rücksicht auf den Streitwert ausschließlich zuständig.

(2) [1] Für Klagen nach Absatz 1 ist das Gericht ausschließlich zuständig, in dessen Bezirk der Beklagte seinen allgemeinen Gerichtsstand hat. [2] Hat der Beklagte im Inland keinen allgemeinen Gerichtsstand, ist nur das Gericht zuständig, in dessen Bezirk die Handlung begangen worden ist.

(3) [1] Die Landesregierungen werden ermächtigt, durch Rechtsverordnung einem Landgericht die Klagen nach Absatz 1 der Bezirke mehrerer Landgerichte zuzuweisen. [2] Die Landesregierungen können diese Ermächtigung durch Rechtsverordnung auf die Landesjustizverwaltungen übertragen. [3] Die Länder können außerdem durch Vereinbarung die den Gerichten eines Landes obliegenden Klagen nach Absatz 1 insgesamt oder teilweise dem zuständigen Gericht eines anderen Landes übertragen.

§ 16 Geheimhaltung. (1) Bei Klagen, durch die Ansprüche nach diesem Gesetz geltend gemacht werden (Geschäftsgeheimnisstreitsachen) kann das Gericht der Hauptsache auf Antrag einer Partei streitgegenständliche Informationen ganz oder teilweise als geheimhaltungsbedürftig einstufen, wenn diese ein Geschäftsgeheimnis sein können.

[1)] **Schönfelder Nr. 20.**

(2) Die Parteien, ihre Prozessvertreter, Zeugen, Sachverständige, sonstige Vertreter und alle sonstigen Personen, die an Geschäftsgeheimnisstreitsachen beteiligt sind oder die Zugang zu Dokumenten eines solchen Verfahrens haben, müssen als geheimhaltungsbedürftig eingestufte Informationen vertraulich behandeln und dürfen diese außerhalb eines gerichtlichen Verfahrens nicht nutzen oder offenlegen, es sei denn, dass sie von diesen außerhalb des Verfahrens Kenntnis erlangt haben.

(3) Wenn das Gericht eine Entscheidung nach Absatz 1 trifft, darf Dritten, die ein Recht auf Akteneinsicht haben, nur ein Akteninhalt zur Verfügung gestellt werden, in dem die Geschäftsgeheimnisse enthaltenden Ausführungen unkenntlich gemacht wurden.

§ 17 Ordnungsmittel. [1] Das Gericht der Hauptsache kann auf Antrag einer Partei bei Zuwiderhandlungen gegen die Verpflichtungen nach § 16 Absatz 2 ein Ordnungsgeld bis zu 100 000 Euro oder Ordnungshaft bis zu sechs Monaten festsetzen und sofort vollstrecken. [2] Bei der Festsetzung von Ordnungsgeld ist zugleich für den Fall, dass dieses nicht beigetrieben werden kann, zu bestimmen, in welchem Maße Ordnungshaft an seine Stelle tritt. [3] Die Beschwerde gegen ein nach Satz 1 verhängtes Ordnungsmittel entfaltet aufschiebende Wirkung.

§ 18 Geheimhaltung nach Abschluss des Verfahrens. [1] Die Verpflichtungen nach § 16 Absatz 2 bestehen auch nach Abschluss des gerichtlichen Verfahrens fort. [2] Dies gilt nicht, wenn das Gericht der Hauptsache das Vorliegen des streitgegenständlichen Geschäftsgeheimnisses durch rechtskräftiges Urteil verneint hat oder sobald die streitgegenständlichen Informationen für Personen in den Kreisen, die üblicherweise mit solchen Informationen umgehen, bekannt oder ohne Weiteres zugänglich werden.

§ 19 Weitere gerichtliche Beschränkungen. (1) [1] Zusätzlich zu § 16 Absatz 1 beschränkt das Gericht der Hauptsache zur Wahrung von Geschäftsgeheimnissen auf Antrag einer Partei den Zugang ganz oder teilweise auf eine bestimmte Anzahl von zuverlässigen Personen

1. zu von den Parteien oder Dritten eingereichten oder vorgelegten Dokumenten, die Geschäftsgeheimnisse enthalten können, oder
2. zur mündlichen Verhandlung, bei der Geschäftsgeheimnisse offengelegt werden könnten, und zu der Aufzeichnung oder dem Protokoll der mündlichen Verhandlung.

[2] Dies gilt nur, soweit nach Abwägung aller Umstände das Geheimhaltungsinteresse das Recht der Beteiligten auf rechtliches Gehör auch unter Beachtung ihres Rechts auf effektiven Rechtsschutz und ein faires Verfahren übersteigt. [3] Es ist jeweils mindestens einer natürlichen Person jeder Partei und ihren Prozessvertretern oder sonstigen Vertretern Zugang zu gewähren. [4] Im Übrigen bestimmt das Gericht nach freiem Ermessen, welche Anordnungen zur Erreichung des Zwecks erforderlich sind.

(2) Wenn das Gericht Beschränkungen nach Absatz 1 Satz 1 trifft,

1. kann die Öffentlichkeit auf Antrag von der mündlichen Verhandlung ausgeschlossen werden und
2. gilt § 16 Absatz 3 für nicht zugelassene Personen.

(3) Die §§ 16 bis 19 Absatz 1 und 2 gelten entsprechend im Verfahren der Zwangsvollstreckung, wenn das Gericht der Hauptsache Informationen nach § 16 Absatz 1 als geheimhaltungsbedürftig eingestuft oder zusätzliche Beschränkungen nach Absatz 1 Satz 1 getroffen hat.

§ 20 Verfahren bei Maßnahmen nach den §§ 16 bis 19. (1) Das Gericht der Hauptsache kann eine Beschränkung nach § 16 Absatz 1 und § 19 Absatz 1 ab Anhängigkeit des Rechtsstreits anordnen.

(2) [1] Die andere Partei ist spätestens nach Anordnung der Maßnahme vom Gericht zu hören. [2] Das Gericht kann die Maßnahmen nach Anhörung der Parteien aufheben oder abändern.

(3) Die den Antrag nach § 16 Absatz 1 oder § 19 Absatz 1 stellende Partei muss glaubhaft machen, dass es sich bei der streitgegenständlichen Information um ein Geschäftsgeheimnis handelt.

(4) [1] Werden mit dem Antrag oder nach einer Anordnung nach § 16 Absatz 1 oder einer Anordnung nach § 19 Absatz 1 Satz 1 Nummer 1 Schriftstücke und sonstige Unterlagen eingereicht oder vorgelegt, muss die den Antrag stellende Partei diejenigen Ausführungen kennzeichnen, die nach ihrem Vorbringen Geschäftsgeheimnisse enthalten. [2] Im Fall des § 19 Absatz 1 Satz 1 Nummer 1 muss sie zusätzlich eine Fassung ohne Preisgabe von Geschäftsgeheimnissen vorlegen, die eingesehen werden kann. [3] Wird keine solche um die Geschäftsgeheimnisse reduzierte Fassung vorgelegt, kann das Gericht von der Zustimmung zur Einsichtnahme ausgehen, es sei denn, ihm sind besondere Umstände bekannt, die eine solche Vermutung nicht rechtfertigen.

(5) [1] Das Gericht entscheidet über den Antrag durch Beschluss. [2] Gibt es dem Antrag statt, hat es die Beteiligten auf die Wirkung der Anordnung nach § 16 Absatz 2 und § 18 und Folgen der Zuwiderhandlung nach § 17 hinzuweisen. [3] Beabsichtigt das Gericht die Zurückweisung des Antrags, hat es die den Antrag stellende Partei darauf und auf die Gründe hierfür hinzuweisen und ihr binnen einer zu bestimmenden Frist Gelegenheit zur Stellungnahme zu geben. [4] Die Einstufung als geheimhaltungsbedürftig nach § 16 Absatz 1 und die Anordnung der Beschränkung nach § 19 Absatz 1 können nur gemeinsam mit dem Rechtsmittel in der Hauptsache angefochten werden. [5] Im Übrigen findet die sofortige Beschwerde statt.

(6) Gericht der Hauptsache im Sinne dieses Abschnitts ist

1. das Gericht des ersten Rechtszuges oder
2. das Berufungsgericht, wenn die Hauptsache in der Berufungsinstanz anhängig ist.

§ 21 Bekanntmachung des Urteils. (1) [1] Der obsiegenden Partei einer Geschäftsgeheimnisstreitsache kann auf Antrag in der Urteilsformel die Befugnis zugesprochen werden, das Urteil oder Informationen über das Urteil auf Kosten der unterliegenden Partei öffentlich bekannt zu machen, wenn die obsiegende Partei hierfür ein berechtigtes Interesse darlegt. [2] Form und Umfang der öffentlichen Bekanntmachung werden unter Berücksichtigung der berechtigten Interessen der im Urteil genannten Personen in der Urteilsformel bestimmt.

(2) Bei den Entscheidungen über die öffentliche Bekanntmachung nach Absatz 1 Satz 1 ist insbesondere zu berücksichtigen:

1. der Wert des Geschäftsgeheimnisses,
2. das Verhalten des Rechtsverletzers bei Erlangung, Nutzung oder Offenlegung des Geschäftsgeheimnisses,
3. die Folgen der rechtswidrigen Nutzung oder Offenlegung des Geschäftsgeheimnisses und
4. die Wahrscheinlichkeit einer weiteren rechtswidrigen Nutzung oder Offenlegung des Geschäftsgeheimnisses durch den Rechtsverletzer.

(3) Das Urteil darf erst nach Rechtskraft bekannt gemacht werden, es sei denn, das Gericht bestimmt etwas anderes.

§ 22 Streitwertbegünstigung. (1) Macht bei Geschäftsgeheimnisstreitsachen eine Partei glaubhaft, dass die Belastung mit den Prozesskosten nach dem vollen Streitwert ihre wirtschaftliche Lage erheblich gefährden würde, so kann das Gericht auf ihren Antrag anordnen, dass die Verpflichtung dieser Partei zur Zahlung von Gerichtskosten sich nach dem ihrer Wirtschaftslage angepassten Teil des Streitwerts bemisst.

(2) Die Anordnung nach Absatz 1 bewirkt auch, dass

1. die begünstigte Partei die Gebühren ihres Rechtsanwalts ebenfalls nur nach diesem Teil des Streitwerts zu entrichten hat,
2. die begünstigte Partei, soweit ihr Kosten des Rechtsstreits auferlegt werden oder soweit sie diese übernimmt, die von dem Gegner entrichteten Gerichtsgebühren und die Gebühren seines Rechtsanwalts nur nach diesem Teil des Streitwerts zu erstatten hat und
3. der Rechtsanwalt der begünstigten Partei seine Gebühren von dem Gegner nach dem für diesen geltenden Streitwert beitreiben kann, soweit die außergerichtlichen Kosten dem Gegner auferlegt oder von ihm übernommen werden.

(3) [1] Der Antrag nach Absatz 1 ist vor der Verhandlung zur Hauptsache zu stellen. [2] Danach ist er nur zulässig, wenn der angenommene oder festgesetzte Streitwert durch das Gericht heraufgesetzt wird. [3] Der Antrag kann vor der Geschäftsstelle des Gerichts zur Niederschrift erklärt werden. [4] Vor der Entscheidung über den Antrag ist der Gegner zu hören.

Abschnitt 4. Strafvorschriften

§ 23 Verletzung von Geschäftsgeheimnissen. (1) Mit Freiheitsstrafe bis zu drei Jahren oder mit Geldstrafe wird bestraft, wer zur Förderung des eigenen oder fremden Wettbewerbs, aus Eigennutz, zugunsten eines Dritten oder in der Absicht, dem Inhaber eines Unternehmens Schaden zuzufügen,

1. entgegen § 4 Absatz 1 Nummer 1 ein Geschäftsgeheimnis erlangt,
2. entgegen § 4 Absatz 2 Nummer 1 Buchstabe a ein Geschäftsgeheimnis nutzt oder offenlegt oder

3. entgegen § 4 Absatz 2 Nummer 3 als eine bei einem Unternehmen beschäftigte Person ein Geschäftsgeheimnis, das ihr im Rahmen des Beschäftigungsverhältnisses anvertraut worden oder zugänglich geworden ist, während der Geltungsdauer des Beschäftigungsverhältnisses offenlegt.

(2) Ebenso wird bestraft, wer zur Förderung des eigenen oder fremden Wettbewerbs, aus Eigennutz, zugunsten eines Dritten oder in der Absicht, dem Inhaber eines Unternehmens Schaden zuzufügen, ein Geschäftsgeheimnis nutzt oder offenlegt, das er durch eine fremde Handlung nach Absatz 1 Nummer 2 oder Nummer 3 erlangt hat.

(3) Mit Freiheitsstrafe bis zu zwei Jahren oder mit Geldstrafe wird bestraft, wer zur Förderung des eigenen oder fremden Wettbewerbs oder aus Eigennutz entgegen § 4 Absatz 2 Nummer 2 oder Nummer 3 ein Geschäftsgeheimnis, das eine ihm im geschäftlichen Verkehr anvertraute geheime Vorlage oder Vorschrift technischer Art ist, nutzt oder offenlegt.

(4) Mit Freiheitsstrafe bis zu fünf Jahren oder mit Geldstrafe wird bestraft, wer

1. in den Fällen des Absatzes 1 oder des Absatzes 2 gewerbsmäßig handelt,
2. in den Fällen des Absatzes 1 Nummer 2 oder Nummer 3 oder des Absatzes 2 bei der Offenlegung weiß, dass das Geschäftsgeheimnis im Ausland genutzt werden soll, oder
3. in den Fällen des Absatzes 1 Nummer 2 oder des Absatzes 2 das Geschäftsgeheimnis im Ausland nutzt.

(5) Der Versuch ist strafbar.

(6) Beihilfehandlungen einer in § 53 Absatz 1 Satz 1 Nummer 5 der Strafprozessordnung[1)] genannten Person sind nicht rechtswidrig, wenn sie sich auf die Entgegennahme, Auswertung oder Veröffentlichung des Geschäftsgeheimnisses beschränken.

(7) [1] § 5 Nummer 7 des Strafgesetzbuches[2)] gilt entsprechend. [2] Die §§ 30 und 31 des Strafgesetzbuches gelten entsprechend, wenn der Täter zur Förderung des eigenen oder fremden Wettbewerbs oder aus Eigennutz handelt.

(8) Die Tat wird nur auf Antrag verfolgt, es sei denn, dass die Strafverfolgungsbehörde wegen des besonderen öffentlichen Interesses an der Strafverfolgung ein Einschreiten von Amts wegen für geboten hält.

[1)] **Schönfelder Nr. 90.**
[2)] **Schönfelder Nr. 85.**

78. Arbeitszeitgesetz (ArbZG)[1]

Vom 6. Juni 1994

(BGBl. I S. 1170)

FNA 8050-21

Lfd. Nr.	Änderndes Gesetz	Datum	Fundstelle	Betroffen	Hinweis
1.	Art. 2 Gesetz zur Änd. d. G über den Ladenschluß und zur Neuregelung der Arbeitszeit in Bäckereien und Konditoreien	30.7.1996	BGBl. I S. 1186	§§ 2, 10, 18	geänd. mWv 1.11.1996
2.	Art. 14a Euro-EinführungsG	9.6.1998	BGBl. I S. 1242	§ 10	geänd. mWv 1.1.1999
3.	Art. 35 4. Euro-EinführungsG	21.12.2000	BGBl. I S. 1983	§ 22	geänd. mWv 1.1.2002
4.	Art. 180 Achte ZuständigkeitsanpassungsVO	25.11.2003	BGBl. I S. 2304	§ 15	geänd. mWv 28.11. 2003
5.	Art. 4b G zu Reformen am Arbeitsmarkt[2]	24.12.2003	BGBl. I S. 3002	Inhaltsübersicht, §§ 5, 7, 12, 14, 15, 16, 17, 25	geänd. mWv 1.1.2004
				§ 26	aufgeh. mWv 1.1.2004
6.	Art. 5 Fünftes G zur Änd. des SGB III und anderer Gesetze	22.12.2005	BGBl. I S. 3676	§ 25	geänd. mWv 31.12. 2005
7.	Art. 5 G zur Änd. personenbeförderungsrechtlicher Vorschriften und arbeitszeitrechtlicher Vorschriften für Fahrpersonal	14.8.2006	BGBl. I S. 1962	§§ 5, 11, 16, 17, 22 § 21a	geänd. mWv 1.9.2006 eingef. mWv 1.9.2006
8.	Art. 6 G zur Änd. personenbeförderungsrechtlicher Vorschriften und arbeitszeitrechtlicher Vorschriften für Fahrpersonal	14.8.2006	BGBl. I S. 1962	§ 21a	geänd. mWv 11.4.2007
9.	Art. 229 Neunte ZuständigkeitsanpassungsVO	31.10.2006	BGBl. I S. 2407	§ 15	geänd. mWv 8.11.2006
10.	Art. 7 G zur Änd. des SGB IV, zur Errichtung einer Versorgungsausgleichskasse und anderer Gesetze	15.7.2009	BGBl. I S. 1939	§ 21	geänd. mWv 22.7.2009
11.	Art. 15 Bundeswehrreform-BegleitG	21.7.2012	BGBl. I S. 1583	§ 15	geänd. mWv 26.7.2012
12.	Art. 3 Abs. 6 G zur Umsetzung des Seearbeitsübereinkommens 2006 der Internationalen Arbeitsorganisation[3]	20.4.2013	BGBl. I S. 868	§§ 1, 15, 18, 22	geänd. mWv 1.8.2013

[1] Verkündet als Art. 1 ArbeitszeitrechtsG vom 6.6.1994 (BGBl. I S. 1170); Inkrafttreten gem. Art. 21 Satz 2 dieses G am 1.7.1994.

[2] **Amtl. Anm.:** Artikel 4b dient der Restumsetzung der Richtlinie 93/104/EG des Rates vom 23. November 1993 über bestimmte Aspekte der Arbeitszeitgestaltung (ABl. EG Nr. L 307 S. 18) unter Gebrauchmachung von Artikel 18 Abs. 1 Buchstabe b der Richtlinie 93/104/EG.

[3] **Amtl. Anm.:** Dieses Gesetz dient der Umsetzung der Richtlinie 2009/13/EG des Rates vom 16. Februar 2009 zur Durchführung der Vereinbarung zwischen dem Verband der Reeder in der Europäischen Gemeinschaft (ECSA) und der Europäischen Transportarbeiter-Föderation (ETF) über das Seearbeitsübereinkommen 2006 und zur Änderung der Richtlinie 1999/63/EG (ABl. L 124 vom 20.5.2009, S. 30).

Lfd. Nr.	Änderndes Gesetz	Datum	Fundstelle	Betroffen	Hinweis
13.	Art. 12a 6. SGB IV-ÄndG	11.11.2016	BGBl. I S. 2500	§ 22	geänd. mWv 17.11. 2016
				§ 21	neu gef. mWv 17.11. 2016
14.	Art. 8, 11 Sozialschutz-Paket	27.3.2020	BGBl. I S. 575	§ 14	geänd. mWv 28.3.2020
				§ 14	geänd. mWv 1.1.2021
15.	Art. 6 ArbeitsschutzkontrollG	22.12.2020	BGBl. I S. 3334	§§ 17, 22	geänd. mWv 1.1.2021

Inhaltsübersicht[1]

[1] Die Inhaltsübersicht wurde nichtamtlich an die nachträglichen Änderungen angepasst.

Erster Abschnitt. Allgemeine Vorschriften

§ 1[1] **Zweck des Gesetzes.** Zweck des Gesetzes ist es,

1. die Sicherheit und den Gesundheitsschutz der Arbeitnehmer in der Bundesrepublik Deutschland und in der ausschließlichen Wirtschaftszone bei der Arbeitszeitgestaltung zu gewährleisten und die Rahmenbedingungen für flexible Arbeitszeiten zu verbessern sowie
2. den Sonntag und die staatlich anerkannten Feiertage als Tage der Arbeitsruhe und der seelischen Erhebung der Arbeitnehmer zu schützen.

§ 2[2] **Begriffsbestimmungen.** (1) [1] Arbeitszeit im Sinne dieses Gesetzes ist die Zeit vom Beginn bis zum Ende der Arbeit ohne die Ruhepausen; Arbeitszeiten bei mehreren Arbeitgebern sind zusammenzurechnen. [2] Im Bergbau unter Tage zählen die Ruhepausen zur Arbeitszeit.

(Fortsetzung nächstes Blatt)

---

[1] § 1 Nr. 1 geänd. mWv 1. 8. 2013 durch G v. 20. 4. 2013 (BGBl. I S. 868).
[2] § 2 Abs. 3 geänd. durch G v. 30. 7. 1996 (BGBl. I S. 1186).

(2) Arbeitnehmer im Sinne dieses Gesetzes sind Arbeiter und Angestellte sowie die zu ihrer Berufsbildung Beschäftigten.

(3) Nachtzeit im Sinne dieses Gesetzes ist die Zeit von 23 bis 6 Uhr, in Bäckereien und Konditoreien die Zeit von 22 bis 5 Uhr.

(4) Nachtarbeit im Sinne dieses Gesetzes ist jede Arbeit, die mehr als zwei Stunden der Nachtzeit umfaßt.

(5) Nachtarbeitnehmer im Sinne dieses Gesetzes sind Arbeitnehmer, die

1. auf Grund ihrer Arbeitszeitgestaltung normalerweise Nachtarbeit in Wechselschicht zu leisten haben oder
2. Nachtarbeit an mindestens 48 Tagen im Kalenderjahr leisten.

Zweiter Abschnitt. Werktägliche Arbeitszeit und arbeitsfreie Zeiten

§ 3. Arbeitszeit der Arbeitnehmer. [1]Die werktägliche Arbeitszeit der Arbeitnehmer darf acht Stunden nicht überschreiten. [2]Sie kann auf bis zu zehn Stunden nur verlängert werden, wenn innerhalb von sechs Kalendermonaten oder innerhalb von 24 Wochen im Durchschnitt acht Stunden werktäglich nicht überschritten werden.

§ 4. Ruhepausen. [1]Die Arbeit ist durch im voraus feststehende Ruhepausen von mindestens 30 Minuten bei einer Arbeitszeit von mehr als sechs bis zu neun Stunden und 45 Minuten bei einer Arbeitszeit von mehr als neun Stunden insgesamt zu unterbrechen. [2]Die Ruhepausen nach Satz 1 können in Zeitabschnitte von jeweils mindestens 15 Minuten aufgeteilt werden. [3]Länger als sechs Stunden hintereinander dürfen Arbeitnehmer nicht ohne Ruhepause beschäftigt werden.

§ 5.[1] Ruhezeit. (1) Die Arbeitnehmer müssen nach Beendigung der täglichen Arbeitszeit eine ununterbrochene Ruhezeit von mindestens elf Stunden haben.

(2) Die Dauer der Ruhezeit des Absatzes 1 kann in Krankenhäusern und anderen Einrichtungen zur Behandlung, Pflege und Betreuung von Personen, in Gaststätten und anderen Einrichtungen zur Bewirtung und Beherbergung, in Verkehrsbetrieben, beim Rundfunk sowie in der Landwirtschaft und in der Tierhaltung um bis zu eine Stunde verkürzt werden, wenn jede Verkürzung der Ruhezeit innerhalb eines Kalendermonats oder innerhalb von vier Wochen durch Verlängerung einer anderen Ruhezeit auf mindestens zwölf Stunden ausgeglichen wird.

(3) Abweichend von Absatz 1 können in Krankenhäusern und anderen Einrichtungen zur Behandlung, Pflege und Betreuung von Personen Kürzungen der Ruhezeit durch Inanspruchnahmen während der Rufbereitschaft, die nicht mehr als die Hälfte der Ruhezeit betragen, zu anderen Zeiten ausgeglichen werden.

---

[1] § 5 Abs. 3 geänd. durch Art. 4b G v. 24. 12. 2003 (BGBl. I S. 3002), Abs. 4 aufgeh. mWv 1. 9. 2006 durch Art. 5 G v. 14. 8. 2006 (BGBl. I S. 1962).

§ 6. Nacht- und Schichtarbeit. (1) Die Arbeitszeit der Nacht- und Schichtarbeitnehmer ist nach den gesicherten arbeitswissenschaftlichen Erkenntnissen über die menschengerechte Gestaltung der Arbeit festzulegen.

(2) [1]Die werktägliche Arbeitszeit der Nachtarbeitnehmer darf acht Stunden nicht überschreiten. [2]Sie kann auf bis zu zehn Stunden nur verlängert werden, wenn abweichend von § 3 innerhalb von einem Kalendermonat oder innerhalb von vier Wochen im Durchschnitt acht Stunden werktäglich nicht überschritten werden. [3]Für Zeiträume, in denen Nachtarbeitnehmer im Sinne des § 2 Abs. 5 Nr. 2 nicht zur Nachtarbeit herangezogen werden, findet § 3 Satz 2 Anwendung.

(3) [1]Nachtarbeitnehmer sind berechtigt, sich vor Beginn der Beschäftigung und danach in regelmäßigen Zeitabständen von nicht weniger als drei Jahren arbeitsmedizinisch untersuchen zu lassen. [2]Nach Vollendung des 50. Lebensjahres steht Nachtarbeitnehmern dieses Recht in Zeitabständen von einem Jahr zu. [3]Die Kosten der Untersuchungen hat der Arbeitgeber zu tragen, sofern er die Untersuchungen den Nachtarbeitnehmern nicht kostenlos durch einen Betriebsarzt oder einen überbetrieblichen Dienst von Betriebsärzten anbietet.

(4) [1]Der Arbeitgeber hat den Nachtarbeitnehmer auf dessen Verlangen auf einen für ihn geeigneten Tagesarbeitsplatz umzusetzen, wenn

a) nach arbeitsmedizinischer Feststellung die weitere Verrichtung von Nachtarbeit den Arbeitnehmer in seiner Gesundheit gefährdet oder
b) im Haushalt des Arbeitnehmers ein Kind unter zwölf Jahren lebt, das nicht von einer anderen im Haushalt lebenden Person betreut werden kann, oder
c) der Arbeitnehmer einen schwerpflegebedürftigen Angehörigen zu versorgen hat, der nicht von einem anderen im Haushalt lebenden Angehörigen versorgt werden kann,

sofern dem nicht dringende betriebliche Erfordernisse entgegenstehen. [2]Stehen der Umsetzung des Nachtarbeitnehmers auf einen für ihn geeigneten Tagesarbeitsplatz nach Auffassung des Arbeitgebers dringende betriebliche Erfordernisse entgegen, so ist der Betriebs- oder Personalrat zu hören. [3]Der Betriebs- oder Personalrat kann dem Arbeitgeber Vorschläge für eine Umsetzung unterbreiten.

(5) Soweit keine tarifvertraglichen Ausgleichsregelungen bestehen, hat der Arbeitgeber dem Nachtarbeitnehmer für die während der Nachtzeit geleisteten Arbeitsstunden eine angemessene Zahl bezahlter freier Tage oder einen angemessenen Zuschlag auf das ihm hierfür zustehende Bruttoarbeitsentgelt zu gewähren.

(6) Es ist sicherzustellen, daß Nachtarbeitnehmer den gleichen Zugang zur betrieblichen Weiterbildung und zu aufstiegsfördernden Maßnahmen haben wie die übrigen Arbeitnehmer.

§ 7.[1)] Abweichende Regelungen. (1) In einem Tarifvertrag oder auf Grund eines Tarifvertrags in einer Betriebs- oder Dienstvereinbarung kann zugelassen werden,

---

[1)] § 7 Abs. 1 Einleitungssatz, Nr. 1 Buchst. a und Nr. 4 Buchst. a, Abs. 2 Einleitungssatz, Nr. 1, Abs. 3 Sätze 1 und 2, Abs. 4 und 5 geänd., Abs. 2a eingef., Abs. 7 bis 9 angef., Abs. 1 Nr. 1 Buchst. c aufgeh. durch Art. 4b G v. 24. 12. 2003 (BGBl. I S. 3002).

1. abweichend von § 3
   a) die Arbeitszeit über zehn Stunden werktäglich zu verlängern, wenn in die Arbeitszeit regelmäßig und in erheblichem Umfang Arbeitsbereitschaft oder Bereitschaftsdienst fällt,
   b) einen anderen Ausgleichszeitraum festzulegen,
2. abweichend von § 4 Satz 2 die Gesamtdauer der Ruhepausen in Schichtbetrieben und Verkehrsbetrieben auf Kurzpausen von angemessener Dauer aufzuteilen,
3. abweichend von § 5 Abs. 1 die Ruhezeit um bis zu zwei Stunden zu kürzen, wenn die Art der Arbeit dies erfordert und die Kürzung der Ruhezeit innerhalb eines festzulegenden Ausgleichszeitraums ausgeglichen wird,
4. abweichend von § 6 Abs. 2
   a) die Arbeitszeit über zehn Stunden werktäglich hinaus zu verlängern, wenn in die Arbeitszeit regelmäßig und in erheblichem Umfang Arbeitsbereitschaft oder Bereitschaftsdienst fällt,
   b) einen anderen Ausgleichszeitraum festzulegen,
5. den Beginn des siebenstündigen Nachtzeitraums des § 2 Abs. 3 auf die Zeit zwischen 22 und 24 Uhr festzulegen.

(2) Sofern der Gesundheitsschutz der Arbeitnehmer durch einen entsprechenden Zeitausgleich gewährleistet wird, kann in einem Tarifvertrag oder auf Grund eines Tarifvertrags in einer Betriebs- oder Dienstvereinbarung ferner zugelassen werden,

1. abweichend von § 5 Abs. 1 die Ruhezeiten bei Rufbereitschaft den Besonderheiten dieses Dienstes anzupassen, insbesondere Kürzungen der Ruhezeit infolge von Inanspruchnahmen während dieses Dienstes zu anderen Zeiten auszugleichen,
2. die Regelungen der §§ 3, 5 Abs. 1 und § 6 Abs. 2 in der Landwirtschaft der Bestellungs- und Erntezeit sowie den Witterungseinflüssen anzupassen,
3. die Regelungen der §§ 3, 4, 5 Abs. 1 und § 6 Abs. 2 bei der Behandlung, Pflege und Betreuung von Personen der Eigenart dieser Tätigkeit und dem Wohl dieser Personen entsprechend anzupassen,
4. die Regelungen der §§ 3, 4, 5 Abs. 1 und § 6 Abs. 2 bei Verwaltungen und Betrieben des Bundes, der Länder, der Gemeinden und sonstigen Körperschaften, Anstalten und Stiftungen des öffentlichen Rechts sowie bei anderen Arbeitgebern, die der Tarifbindung eines für den öffentlichen Dienst geltenden oder eines im wesentlichen inhaltsgleichen Tarifvertrags unterliegen, der Eigenart der Tätigkeit bei diesen Stellen anzupassen.

(2a) In einem Tarifvertrag oder auf Grund eines Tarifvertrags in einer Betriebs- oder Dienstvereinbarung kann abweichend von den §§ 3, 5 Abs. 1 und § 6 Abs. 2 zugelassen werden, die werktägliche Arbeitszeit auch ohne Ausgleich über acht Stunden zu verlängern, wenn in die Arbeitszeit regelmäßig und in erheblichem Umfang Arbeitsbereitschaft oder Bereitschaftsdienst fällt und durch besondere Regelungen sichergestellt wird, dass die Gesundheit der Arbeitnehmer nicht gefährdet wird.

(3) [1] Im Geltungsbereich eines Tarifvertrags nach Absatz 1, 2 oder 2a können abweichende tarifvertragliche Regelungen im Betrieb eines nicht tarifgebundenen Arbeitgebers durch Betriebs- oder Dienstvereinbarung oder, wenn ein Betriebs- oder Personalrat nicht besteht, durch schriftliche Vereinbarung

zwischen dem Arbeitgeber und dem Arbeitnehmer übernommen werden. [2]Können auf Grund eines solchen Tarifvertrags abweichende Regelungen in einer Betriebs- oder Dienstvereinbarung getroffen werden, kann auch in Betrieben eines nicht tarifgebundenen Arbeitgebers davon Gebrauch gemacht werden. [3]Eine nach Absatz 2 Nr. 4 getroffene abweichende tarifvertragliche Regelung hat zwischen nicht tarifgebundenen Arbeitgebern und Arbeitnehmern Geltung, wenn zwischen ihnen die Anwendung der für den öffentlichen Dienst geltenden tarifvertraglichen Bestimmungen vereinbart ist und die Arbeitgeber die Kosten des Betriebs überwiegend mit Zuwendungen im Sinne des Haushaltsrechts decken.

(4) Die Kirchen und die öffentlich-rechtlichen Religionsgesellschaften können die in Absatz 1, 2 oder 2a genannten Abweichungen in ihren Regelungen vorsehen.

(5) In einem Bereich, in dem Regelungen durch Tarifvertrag üblicherweise nicht getroffen werden, können Ausnahmen im Rahmen des Absatzes 1, 2 oder 2a durch die Aufsichtsbehörde bewilligt werden, wenn dies aus betrieblichen Gründen erforderlich ist und die Gesundheit der Arbeitnehmer nicht gefährdet wird.

(6) Die Bundesregierung kann durch Rechtsverordnung mit Zustimmung des Bundesrates Ausnahmen im Rahmen des Absatzes 1 oder 2 zulassen, sofern dies aus betrieblichen Gründen erforderlich ist und die Gesundheit der Arbeitnehmer nicht gefährdet wird.

(7) [1]Auf Grund einer Regelung nach Absatz 2a oder den Absätzen 3 bis 5 jeweils in Verbindung mit Absatz 2a darf die Arbeitszeit nur verlängert werden, wenn der Arbeitnehmer schriftlich eingewilligt hat. [2]Der Arbeitnehmer kann die Einwilligung mit einer Frist von sechs Monaten schriftlich widerrufen. [3]Der Arbeitgeber darf einen Arbeitnehmer nicht benachteiligen, weil dieser die Einwilligung zur Verlängerung der Arbeitszeit nicht erklärt oder die Einwilligung widerrufen hat.

(8) [1]Werden Regelungen nach Absatz 1 Nr. 1 und 4, Absatz 2 Nr. 2 bis 4 oder solche Regelungen auf Grund der Absätze 3 und 4 zugelassen, darf die Arbeitzeit 48 Stunden wöchentlich im Durchschnitt von zwölf Kalendermonaten nicht überschreiten. [2]Erfolgt die Zulassung auf Grund des Absatzes 5, darf die Arbeitszeit 48 Stunden wöchentlich im Durchschnitt von sechs Kalendermonaten oder 24 Wochen nicht überschreiten.

(9) Wird die werktägliche Arbeitszeit über zwölf Stunden hinaus verlängert, muss im unmittelbaren Anschluss an die Beendigung der Arbeitszeit eine Ruhezeit von mindestens elf Stunden gewährt werden.

§ 8. Gefährliche Arbeiten. [1]Die Bundesregierung kann durch Rechtsverordnung mit Zustimmung des Bundesrates für einzelne Beschäftigungsbereiche, für bestimmte Arbeiten oder für bestimmte Arbeitnehmergruppen, bei denen besondere Gefahren für die Gesundheit der Arbeitnehmer zu erwarten sind, die Arbeitszeit über § 3 hinaus beschränken, die Ruhepausen und Ruhezeiten über die §§ 4 und 5 hinaus ausdehnen, die Regelungen zum Schutz der Nacht- und Schichtarbeitnehmer in § 6 erweitern und die Abweichungsmöglichkeiten nach § 7 beschränken, soweit dies zum Schutz der Gesundheit der Arbeitnehmer erforderlich ist. [2]Satz 1 gilt nicht für Beschäftigungsbereiche und Arbeiten in Betrieben, die der Bergaufsicht unterliegen.

Dritter Abschnitt. Sonn- und Feiertagsruhe

§ 9. Sonn- und Feiertagsruhe. (1) Arbeitnehmer dürfen an Sonn- und gesetzlichen Feiertagen von 0 bis 24 Uhr nicht beschäftigt werden.

(2) In mehrschichtigen Betrieben mit regelmäßiger Tag- und Nachtschicht kann Beginn oder Ende der Sonn- und Feiertagsruhe um bis zu sechs Stunden vor- oder zurückverlegt werden, wenn für die auf den Beginn der Ruhezeit folgenden 24 Stunden der Betrieb ruht.

(3) Für Kraftfahrer und Beifahrer kann der Beginn der 24stündigen Sonn- und Feiertagsruhe um bis zu zwei Stunden vorverlegt werden.

§ 10.[1] **Sonn- und Feiertagsbeschäftigung.** (1) Sofern die Arbeiten nicht an Werktagen vorgenommen werden können, dürfen Arbeitnehmer an Sonn- und Feiertagen abweichend von § 9 beschäftigt werden

1. in Not- und Rettungsdiensten sowie bei der Feuerwehr,
2. zur Aufrechterhaltung der öffentlichen Sicherheit und Ordnung sowie der Funktionsfähigkeit von Gerichten und Behörden und für Zwecke der Verteidigung,
3. in Krankenhäusern und anderen Einrichtungen zur Behandlung, Pflege und Betreuung von Personen,
4. in Gaststätten und anderen Einrichtungen zur Bewirtung und Beherbergung sowie im Haushalt,
5. bei Musikaufführungen, Theatervorstellungen, Filmvorführungen, Schaustellungen, Darbietungen und anderen ähnlichen Veranstaltungen,
6. bei nichtgewerblichen Aktionen und Veranstaltungen der Kirchen, Religionsgesellschaften, Verbände, Vereine, Parteien und anderer ähnlicher Vereinigungen,
7. beim Sport und in Freizeit-, Erholungs- und Vergnügungseinrichtungen, beim Fremdenverkehr sowie in Museen und wissenschaftlichen Präsenzbibliotheken,
8. beim Rundfunk, bei der Tages- und Sportpresse, bei Nachrichtenagenturen sowie bei den der Tagesaktualität dienenden Tätigkeiten für andere Presseerzeugnisse einschließlich des Austragens, bei der Herstellung von Satz, Filmen und Druckformen für tagesaktuelle Nachrichten und Bilder, bei tagesaktuellen Aufnahmen auf Ton- und Bildträger sowie beim Transport und Kommisionieren von Presseerzeugnissen, deren Erscheinungstag am Montag oder am Tag nach einem Feiertag liegt,
9. bei Messen, Ausstellungen und Märkten im Sinne des Titels IV der Gewerbeordnung sowie bei Volksfesten,
10. in Verkehrsbetrieben sowie beim Transport und Kommissionieren von leichtverderblichen Waren im Sinne des § 30 Abs. 3 Nr. 2 der Straßenverkehrsordnung,
11. in den Energie- und Wasserversorgungsbetrieben sowie in Abfall- und Abwasserentsorgungsbetrieben,

---

[1] § 10 Abs. 3 angef. durch G v. 30. 7. 1996 (BGBl. I S. 1186); Abs. 4 angef. durch G v. 9. 6. 1998 (BGBl. I S. 1242).

12. in der Landwirtschaft und in der Tierhaltung sowie in Einrichtungen zur Behandlung und Pflege von Tieren,
13. im Bewachungsgewerbe und bei der Bewachung von Betriebsanlagen,
14. bei der Reinigung und Instandhaltung von Betriebseinrichtungen, soweit hierdurch der regelmäßige Fortgang des eigenen oder eines fremden Betriebs bedingt ist, bei der Vorbereitung der Wiederaufnahme des vollen werktägigen Betriebs sowie bei der Aufrechterhaltung der Funktionsfähigkeit von Datennetzen und Rechnersystemen,
15. zur Verhütung des Verderbens von Naturerzeugnissen oder Rohstoffen oder des Mißlingens von Arbeitsergebnissen sowie bei kontinuierlich durchzuführenden Forschungsarbeiten,
16. zur Vermeidung einer Zerstörung oder erheblichen Beschädigung der Produktionseinrichtungen.

(2) Abweichend von § 9 dürfen Arbeitnehmer an Sonn- und Feiertagen mit den Produktionsarbeiten beschäftigt werden, wenn die infolge der Unterbrechung der Produktion nach Absatz 1 Nr. 14 zulässigen Arbeiten den Einsatz von mehr Arbeitnehmern als bei durchgehender Produktion erfordern.

(3) Abweichend von § 9 dürfen Arbeitnehmer an Sonn- und Feiertagen in Bäckereien und Konditoreien für bis zu drei Stunden mit der Herstellung und dem Austragen oder Ausfahren von Konditorwaren und an diesem Tag zum Verkauf kommenden Bäckerwaren beschäftigt werden.

(4) Sofern die Arbeiten nicht an Werktagen vorgenommen werden können, dürfen Arbeitnehmer zur Durchführung des Eil- und Großbetragszahlungsverkehrs und des Geld-, Devisen-, Wertpapier- und Derivatehandels abweichend von § 9 Abs. 1 an den auf einen Werktag fallenden Feiertagen beschäftigt werden, die nicht in allen Mitgliedstaaten der Europäischen Union Feiertage sind.

§ 11.[1] **Ausgleich für Sonn- und Feiertagsbeschäftigung.** (1) Mindestens 15 Sonntage im Jahr müssen beschäftigungsfrei bleiben.

(2) Für die Beschäftigung an Sonn- und Feiertagen gelten die §§ 3 bis 8 entsprechend, jedoch dürfen durch die Arbeitszeit an Sonn- und Feiertagen die in den §§ 3, 6 Abs. 2, §§ 7 und 21 a Abs. 4 bestimmten Höchstarbeitszeiten und Ausgleichszeiträume nicht überschritten werden.

(3) [1] Werden Arbeitnehmer an einem Sonntag beschäftigt, müssen sie einen Ersatzruhetag haben, der innerhalb eines den Beschäftigungstag einschließenden Zeitraums von zwei Wochen zu gewähren ist. [2] Werden Arbeitnehmer an einem auf einen Werktag fallenden Feiertag beschäftigt, müssen sie einen Ersatzruhetag haben, der innerhalb eines den Beschäftigungstag einschließenden Zeitraums von acht Wochen zu gewähren ist.

(4) Die Sonn- oder Feiertagsruhe des § 9 oder der Ersatzruhetag des Absatzes 3 ist den Arbeitnehmern unmittelbar in Verbindung mit einer Ruhezeit nach § 5 zu gewähren, soweit dem technische oder arbeitsorganisatorische *Gründe nicht entgegenstehen.*

[1] § 11 Abs. 2 geänd. mWv 1. 9. 2006 durch Art. 5 G v. 14. 8. 2006 (BGBl. I S. 1962).

§ 12[1] Abweichende Regelungen. [1] In einem Tarifvertrag oder auf Grund eines Tarifvertrags in einer Betriebs- oder Dienstvereinbarung kann zugelassen werden,

1. abweichend von § 11 Abs. 1 die Anzahl der beschäftigungsfreien Sonntage in den Einrichtungen des § 10 Abs. 1 Nr. 2, 3, 4 und 10 auf mindestens zehn Sonntage, im Rundfunk, in Theaterbetrieben, Orchestern sowie bei Schaustellungen auf mindestens acht Sonntage, in Filmtheatern und in der Tierhaltung auf mindestens sechs Sonntage im Jahr zu verringern,
2. abweichend von § 11 Abs. 3 den Wegfall von Ersatzruhetagen für auf Werktage fallende Feiertage zu vereinbaren oder Arbeitnehmer innerhalb eines festzulegenden Ausgleichszeitraums beschäftigungsfrei zu stellen,
3. abweichend von § 11 Abs. 1 bis 3 in der Seeschiffahrt die den Arbeitnehmern nach diesen Vorschriften zustehenden freien Tage zusammenhängend zu geben,
4. abweichend von § 11 Abs. 2 die Arbeitszeit in vollkontinuierlichen Schichtbetrieben an Sonn- und Feiertagen auf bis zu zwölf Stunden zu verlängern, wenn dadurch zusätzliche freie Schichten an Sonn- und Feiertagen erreicht werden.[2]

[2] § 7 Abs. 3 bis 6 findet Anwendung.

§ 13 Ermächtigung, Anordnung, Bewilligung. (1) Die Bundesregierung kann durch Rechtsverordnung mit Zustimmung des Bundesrates zur Vermeidung erheblicher Schäden unter Berücksichtigung des Schutzes der Arbeitnehmer und der Sonn- und Feiertagsruhe

1. die Bereiche mit Sonn- und Feiertagsbeschäftigung nach § 10 sowie die dort zugelassenen Arbeiten näher bestimmen,
2. über die Ausnahmen nach § 10 hinaus weitere Ausnahmen abweichend von § 9
   a) für Betriebe, in denen die Beschäftigung von Arbeitnehmern an Sonn- oder Feiertagen zur Befriedigung täglicher oder an diesen Tagen besonders hervortretender Bedürfnisse der Bevölkerung erforderlich ist,
   b) für Betriebe, in denen Arbeiten vorkommen, deren Unterbrechung oder Aufschub
      aa) nach dem Stand der Technik ihrer Art nach nicht oder nur mit erheblichen Schwierigkeiten möglich ist,
      bb) besondere Gefahren für Leben oder Gesundheit der Arbeitnehmer zur Folge hätte,
      cc) zu erheblichen Belastungen der Umwelt oder der Energie- oder Wasserversorgung führen würde,
   c) aus Gründen des Gemeinwohls, insbesondere auch zur Sicherung der Beschäftigung,

   zulassen und die zum Schutz der Arbeitnehmer und der Sonn- und Feiertagsruhe notwendigen Bedingungen bestimmen.

(2) [1] Soweit die Bundesregierung von der Ermächtigung des Absatzes 1 Nr. 2 Buchstabe a keinen Gebrauch gemacht hat, können die Landesregierungen

---

[1] § 12 Einleitung geänd. mWv 1.1.2004 durch G v. 24.12.2003 (BGBl. I S. 3002).
[2] Übergangsregelung für Tarifverträge in § 25.

durch Rechtsverordnung entsprechende Bestimmungen erlassen. [2] Die Landesregierungen können diese Ermächtigung durch Rechtsverordnung auf oberste Landesbehörden übertragen.

(3) Die Aufsichtsbehörde kann

1. feststellen, ob eine Beschäftigung nach § 10 zulässig ist,
2. abweichend von § 9 bewilligen, Arbeitnehmer zu beschäftigen
   a) im Handelsgewerbe an bis zu zehn Sonn- und Feiertagen im Jahr, an denen besondere Verhältnisse einen erweiterten Geschäftsverkehr erforderlich machen,
   b) an bis zu fünf Sonn- und Feiertagen im Jahr, wenn besondere Verhältnisse zur Verhütung eines unverhältnismäßigen Schadens dies erfordern,
   c) an einem Sonntag im Jahr zur Durchführung einer gesetzlich vorgeschriebenen Inventur,

   und Anordnungen über die Beschäftigungszeit unter Berücksichtigung der für den öffentlichen Gottesdienst bestimmten Zeit treffen.

(4) Die Aufsichtsbehörde soll abweichend von § 9 bewilligen, daß Arbeitnehmer an Sonn- und Feiertagen mit Arbeiten beschäftigt werden, die aus chemischen, biologischen, technischen oder physikalischen Gründen einen ununterbrochenen Fortgang auch an Sonn- und Feiertagen erfordern.

(5) Die Aufsichtsbehörde hat abweichend von § 9 die Beschäftigung von Arbeitnehmern an Sonn- und Feiertagen zu bewilligen, wenn bei einer weitgehenden Ausnutzung der gesetzlich zulässigen wöchentlichen Betriebszeiten und bei längeren Betriebszeiten im Ausland die Konkurrenzfähigkeit unzumutbar beeinträchtigt ist und durch die Genehmigung von Sonn- und Feiertagsarbeit die Beschäftigung gesichert werden kann.

Vierter Abschnitt. Ausnahmen in besonderen Fällen

§ 14[1)] Außergewöhnliche Fälle. (1) Von den §§ 3 bis 5, 6 Abs. 2, §§ 7, 9 bis 11 darf abgewichen werden bei vorübergehenden Arbeiten in Notfällen und in außergewöhnlichen Fällen, die unabhängig vom Willen der Betroffenen eintreten und deren Folgen nicht auf andere Weise zu beseitigen sind, besonders wenn Rohstoffe oder Lebensmittel zu verderben oder Arbeitsergebnisse zu mißlingen drohen.

(2) Von den §§ 3 bis 5, 6 Abs. 2, §§ 7, 11 Abs. 1 bis 3 und § 12 darf ferner abgewichen werden,

1. wenn eine verhältnismäßig geringe Zahl von Arbeitnehmern vorübergehend mit Arbeiten beschäftigt wird, deren Nichterledigung das Ergebnis der Arbeiten gefährden oder einen unverhältnismäßigen Schaden zur Folge haben würden,
2. bei Forschung und Lehre, bei unaufschiebbaren Vor- und Abschlußarbeiten sowie bei unaufschiebbaren Arbeiten zur Behandlung, Pflege und Betreuung von Personen oder zur Behandlung und Pflege von Tieren an einzelnen Tagen,

wenn dem Arbeitgeber andere Vorkehrungen nicht zugemutet werden können.

[1)] § 14 Abs. 3 angef. mWv 1.1.2004 durch G v. 24.12.2003 (BGBl. I S. 3002); Abs. 4 angef. mWv 28.3.2020 und aufgeh. mWv 1.1.2021 durch G v. 27.3.2020 (BGBl. I S. 575).

(3) Wird von den Befugnissen nach Absatz 1 oder 2 Gebrauch gemacht, darf die Arbeitszeit 48 Stunden wöchentlich im Durchschnitt von sechs Kalendermonaten oder 24 Wochen nicht überschreiten.

§ 15[1)] Bewilligung, Ermächtigung. (1) Die Aufsichtsbehörde kann

1. eine von den §§ 3, 6 Abs. 2 und § 11 Abs. 2 abweichende längere tägliche Arbeitszeit bewilligen
   a) für kontinuierliche Schichtbetriebe zur Erreichung zusätzlicher Freischichten,
   b) für Bau- und Montagestellen,
2. eine von den §§ 3, 6 Abs. 2 und § 11 Abs. 2 abweichende längere tägliche Arbeitszeit für Saison- und Kampagnebetriebe für die Zeit der Saison oder Kampagne bewilligen, wenn die Verlängerung der Arbeitszeit über acht Stunden werktäglich durch eine entsprechende Verkürzung der Arbeitszeit zu anderen Zeiten ausgeglichen wird,
3. eine von den §§ 5 und 11 Abs. 2 abweichende Dauer und Lage der Ruhezeit bei Arbeitsbereitschaft, Bereitschaftsdienst und Rufbereitschaft den Besonderheiten dieser Inanspruchnahmen im öffentlichen Dienst entsprechend bewilligen,
4. eine von den §§ 5 und 11 Abs. 2 abweichende Ruhezeit zur Herbeiführung eines regelmäßigen wöchentlichen Schichtwechsels zweimal innerhalb eines Zeitraums von drei Wochen bewilligen.

(2) Die Aufsichtsbehörde kann über die in diesem Gesetz vorgesehenen Ausnahmen hinaus weitergehende Ausnahmen zulassen, soweit sie im öffentlichen Interesse dringend nötig werden.

(2a) Die Bundesregierung kann durch Rechtsverordnung mit Zustimmung des Bundesrates

1. Ausnahmen von den §§ 3, 4, 5 und 6 Absatz 2 sowie von den §§ 9 und 11 für Arbeitnehmer, die besondere Tätigkeiten zur Errichtung, zur Änderung oder zum Betrieb von Bauwerken, künstlichen Inseln oder sonstigen Anlagen auf See (Offshore-Tätigkeiten) durchführen, zulassen und
2. die zum Schutz der in Nummer 1 genannten Arbeitnehmer sowie der Sonn- und Feiertagsruhe notwendigen Bedingungen bestimmen.

(3) Das Bundesministerium der Verteidigung kann in seinem Geschäftsbereich durch Rechtsverordnung mit Zustimmung des Bundesministeriums für Arbeit und Soziales aus zwingenden Gründen der Verteidigung Arbeitnehmer verpflichten, über die in diesem Gesetz und in den auf Grund dieses Gesetzes erlassenen Rechtsverordnungen und Tarifverträgen festgelegten Arbeitszeitgrenzen und -beschränkungen hinaus Arbeit zu leisten.

(3a) Das Bundesministerium der Verteidigung kann in seinem Geschäftsbereich durch Rechtsverordnung im Einvernehmen mit dem Bundesministerium für Arbeit und Soziales für besondere Tätigkeiten der Arbeitnehmer bei den Streitkräften Abweichungen von in diesem Gesetz sowie von in den auf Grund dieses Gesetzes erlassenen Rechtsverordnungen bestimmten Arbeitszeitgrenzen

---

1) § 15 Abs. 3 geänd. mWv 28.11.2003 durch VO v. 25.11.2003 (BGBl. I S. 2304); Abs. 4 angef. mWv 1.1.2004 durch G v. 24.12.2003 (BGBl. I S. 3002); Abs. 3 geänd. mWv 8.11.2006 durch VO v. 31.10.2006 (BGBl. I S. 2407); Abs. 3a eingef. mWv 26.7.2012 durch G v. 21.7.2012 (BGBl. I S. 1583); Abs. 2a eingef. mWv 1.8.2013 durch G v. 20.4.2013 (BGBl. I S. 868).

und -beschränkungen zulassen, soweit die Abweichungen aus zwingenden Gründen erforderlich sind und die größtmögliche Sicherheit und der bestmögliche Gesundheitsschutz der Arbeitnehmer gewährleistet werden.

(4) Werden Ausnahmen nach Absatz 1 oder 2 zugelassen, darf die Arbeitszeit 48 Stunden wöchentlich im Durchschnitt von sechs Kalendermonaten oder 24 Wochen nicht überschreiten.

Fünfter Abschnitt. Durchführung des Gesetzes

§ 16[1)] Aushang und Arbeitszeitnachweise. (1) Der Arbeitgeber ist verpflichtet, einen Abdruck dieses Gesetzes, der auf Grund dieses Gesetzes erlassenen, für den Betrieb geltenden Rechtsverordnungen und der für den Betrieb geltenden Tarifverträge und Betriebs- oder Dienstvereinbarungen im Sinne des § 7 Abs. 1 bis 3, §§ 12 und 21a Abs. 6 an geeigneter Stelle im Betrieb zur Einsichtnahme auszulegen oder auszuhängen.

(2) [1] Der Arbeitgeber ist verpflichtet, die über die werktägliche Arbeitszeit des § 3 Satz 1 hinausgehende Arbeitszeit der Arbeitnehmer aufzuzeichnen und ein Verzeichnis der Arbeitnehmer zu führen, die in eine Verlängerung der Arbeitszeit gemäß § 7 Abs. 7 eingewilligt haben. [2] Die Nachweise sind mindestens zwei Jahre aufzubewahren.

§ 17[2)] Aufsichtsbehörde. (1) Die Einhaltung dieses Gesetzes und der auf Grund dieses Gesetzes erlassenen Rechtsverordnungen wird von den nach Landesrecht zuständigen Behörden (Aufsichtsbehörden) überwacht.

(2) Die Aufsichtsbehörde kann die erforderlichen Maßnahmen anordnen, die der Arbeitgeber zur Erfüllung der sich aus diesem Gesetz und den auf Grund dieses Gesetzes erlassenen Rechtsverordnungen ergebenden Pflichten zu treffen hat.

(3) Für den öffentlichen Dienst des Bundes sowie für die bundesunmittelbaren Körperschaften, Anstalten und Stiftungen des öffentlichen Rechts werden die Aufgaben und Befugnisse der Aufsichtsbehörde vom zuständigen Bundesministerium oder den von ihm bestimmten Stellen wahrgenommen; das gleiche gilt für die Befugnisse nach § 15 Abs. 1 und 2.

(4) [1] Die Aufsichtsbehörde kann vom Arbeitgeber die für die Durchführung dieses Gesetzes und der auf Grund dieses Gesetzes erlassenen Rechtsverordnungen erforderlichen Auskünfte verlangen. [2] Sie kann ferner vom Arbeitgeber verlangen, die Arbeitszeitnachweise und Tarifverträge oder Betriebs- oder Dienstvereinbarungen im Sinne des § 7 Abs. 1 bis 3, §§ 12 und 21a Abs. 6 sowie andere Arbeitszeitnachweise oder Geschäftsunterlagen, die mittelbar oder unmittelbar Auskunft über die Einhaltung des Arbeitszeitgesetzes geben, vorzulegen oder zur Einsicht einzusenden.

(5) [1] Die Beauftragten der Aufsichtsbehörde sind berechtigt, die Arbeitsstätten während der Betriebs- und Arbeitszeit zu betreten und zu besichtigen; außerhalb dieser Zeit oder wenn sich die Arbeitsstätten in einer Wohnung befinden, dürfen

---

1) § 16 Abs. 1, Abs. 2 Sätze 1 und 2 geänd. mWv 1.1.2004 durch G v. 24.12.2003 (BGBl. I S. 3002); Abs. 1 geänd. mWv 1.9.2006 durch G v. 14.8.2006 (BGBl. I S. 1962).

2) § 17 Abs. 4 Satz 2 geänd. mWv 1.1.2004 durch G v. 24.12.2003 (BGBl. I S. 3002); Abs. 4 geänd. mWv 1.9.2006 durch G v. 14.8.2006 (BGBl. I S. 1962); Abs. 4 Satz 2 geänd. mWv 1.1.2021 durch G v. 22.12.2020 (BGBl. I S. 3334).

sie ohne Einverständnis des Inhabers nur zur Verhütung von dringenden Gefahren für die öffentliche Sicherheit und Ordnung betreten und besichtigt werden. [2] Der Arbeitgeber hat das Betreten und Besichtigen der Arbeitsstätten zu gestatten. [3] Das Grundrecht der Unverletzlichkeit der Wohnung (Artikel 13 des Grundgesetzes[1)]) wird insoweit eingeschränkt.

(6) Der zur Auskunft Verpflichtete kann die Auskunft auf solche Fragen verweigern, deren Beantwortung ihn selbst oder einen der in § 383 Abs. 1 Nr. 1 bis 3 der Zivilprozeßordnung[2)] bezeichneten Angehörigen der Gefahr strafrechtlicher Verfolgung oder eines Verfahrens nach dem Gesetz über Ordnungswidrigkeiten[3)] aussetzen würde.

Sechster Abschnitt. Sonderregelungen

§ 18[4)] Nichtanwendung des Gesetzes. (1) Dieses Gesetz ist nicht anzuwenden auf

1. leitende Angestellte im Sinne des § 5 Abs. 3 des Betriebsverfassungsgesetzes[5)] sowie Chefärzte,
2. Leiter von öffentlichen Dienststellen und deren Vertreter sowie Arbeitnehmer im öffentlichen Dienst, die zu selbständigen Entscheidungen in Personalangelegenheiten befugt sind,
3. Arbeitnehmer, die in häuslicher Gemeinschaft mit den ihnen anvertrauten Personen zusammenleben und sie eigenverantwortlich erziehen, pflegen oder betreuen,
4. den liturgischen Bereich der Kirchen und der Religionsgemeinschaften.

(2) Für die Beschäftigung von Personen unter 18 Jahren gilt anstelle dieses Gesetzes das Jugendarbeitsschutzgesetz.

(3) Für die Beschäftigung von Arbeitnehmern als Besatzungsmitglieder auf Kauffahrteischiffen im Sinne des § 3 des Seearbeitsgesetzes gilt anstelle dieses Gesetzes das Seearbeitsgesetz.

§ 19 Beschäftigung im öffentlichen Dienst. Bei der Wahrnehmung hoheitlicher Aufgaben im öffentlichen Dienst können, soweit keine tarifvertragliche Regelung besteht, durch die zuständige Dienstbehörde die für Beamte geltenden Bestimmungen über die Arbeitszeit auf die Arbeitnehmer übertragen werden; insoweit finden die §§ 3 bis 13 keine Anwendung.

§ 20 Beschäftigung in der Luftfahrt. Für die Beschäftigung von Arbeitnehmern als Besatzungsmitglieder von Luftfahrzeugen gelten anstelle der Vorschriften dieses Gesetzes über Arbeits- und Ruhezeiten die Vorschriften über Flug-, Flugdienst- und Ruhezeiten der Zweiten Durchführungsverordnung zur Betriebsordnung für Luftfahrtgerät in der jeweils geltenden Fassung.

[1)] Nr. **1**.
[2)] **Schönfelder Nr. 100.**
[3)] **Schönfelder Nr. 94.**
[4)] § 18 Abs. 4 aufgeh. mWv 1.11.1996 durch G v. 30.7.1996 (BGBl. I S. 1186); Abs. 3 neu gef. mWv 1.8.2013 durch G v. 20.4.2013 (BGBl. I S. 868).
[5)] Nr. **82**.

§ 21[1)] Beschäftigung in der Binnenschiffahrt. (1) [1] Die Bundesregierung kann durch Rechtsverordnung mit Zustimmung des Bundesrates, auch zur Umsetzung zwischenstaatlicher Vereinbarungen oder Rechtsakten der Europäischen Union, abweichend von den Vorschriften dieses Gesetzes die Bedingungen für die Arbeitszeitgestaltung von Arbeitnehmern, die als Mitglied der Besatzung oder des Bordpersonals an Bord eines Fahrzeugs in der Binnenschifffahrt beschäftigt sind, regeln, soweit dies erforderlich ist, um den besonderen Bedingungen an Bord von Binnenschiffen Rechnung zu tragen. [2] Insbesondere können in diesen Rechtsverordnungen die notwendigen Bedingungen für die Sicherheit und den Gesundheitsschutz im Sinne des § 1, einschließlich gesundheitlicher Untersuchungen hinsichtlich der Auswirkungen der Arbeitszeitbedingungen auf einem Schiff in der Binnenschifffahrt, sowie die notwendigen Bedingungen für den Schutz der Sonn- und Feiertagsruhe bestimmt werden. [3] In Rechtsverordnungen nach Satz 1 kann ferner bestimmt werden, dass von den Vorschriften der Rechtsverordnung durch Tarifvertrag abgewichen werden kann.

(2) [1] Soweit die Bundesregierung von der Ermächtigung des Absatzes 1 keinen Gebrauch macht, gelten die Vorschriften dieses Gesetzes für das Fahrpersonal auf Binnenschiffen, es sei denn, binnenschifffahrtsrechtliche Vorschriften über Ruhezeiten stehen dem entgegen. [2] Bei Anwendung des Satzes 1 kann durch Tarifvertrag von den Vorschriften dieses Gesetzes abgewichen werden, um der Eigenart der Binnenschifffahrt Rechnung zu tragen.

§ 21a[2)] Beschäftigung im Straßentransport. (1) [1] Für die Beschäftigung von Arbeitnehmern als Fahrer oder Beifahrer bei Straßenverkehrstätigkeiten im Sinne der Verordnung (EG) Nr. 561/2006 des Europäischen Parlaments und des Rates vom 15. März 2006 zur Harmonisierung bestimmter Sozialvorschriften im Straßenverkehr und zur Änderung der Verordnungen (EWG) Nr. 3821/85 und (EG) Nr. 2135/98 des Rates sowie zur Aufhebung der Verordnung (EWG) Nr. 3820/85 des Rates (ABl. EG Nr. L 102 S. 1) oder des Europäischen Übereinkommens über die Arbeit des im internationalen Straßenverkehr beschäftigten Fahrpersonals (AETR) vom 1. Juli 1970 (BGBl. II 1974 S. 1473) in ihren jeweiligen Fassungen gelten die Vorschriften dieses Gesetzes, soweit nicht die folgenden Absätze abweichende Regelungen enthalten. [2] Die Vorschriften der Verordnung (EG) Nr. 561/2006 und des AETR bleiben unberührt.

(2) Eine Woche im Sinne dieser Vorschriften ist der Zeitraum von Montag 0 Uhr bis Sonntag 24 Uhr.

(3) [1] Abweichend von § 2 Abs. 1 ist keine Arbeitszeit:

1. die Zeit, während derer sich ein Arbeitnehmer am Arbeitsplatz bereithalten muss, um seine Tätigkeit aufzunehmen,
2. die Zeit, während derer sich ein Arbeitnehmer bereithalten muss, um seine Tätigkeit auf Anweisung aufnehmen zu können, ohne sich an seinem Arbeitsplatz aufhalten zu müssen;
3. für Arbeitnehmer, die sich beim Fahren abwechseln, die während der Fahrt neben dem Fahrer oder in einer Schlafkabine verbrachte Zeit.

[2] Für die Zeiten nach Satz 1 Nr. 1 und 2 gilt dies nur, wenn der Zeitraum und dessen voraussichtliche Dauer im Voraus, spätestens unmittelbar vor Beginn des

---

1) § 21 neu gef. mWv 17.11.2016 durch G v. 11.11.2016 (BGBl. I S. 2500).

2) § 21a eingef. mWv 1.9.2006 durch G v. 14.8.2006 (BGBl. I S. 1962); Abs. 1 Sätze 1 und 2 geänd. mWv 11.4.2007 durch G v. 14.8.2006 (BGBl. I S. 1962).

betreffenden Zeitraums bekannt ist. [3]Die in Satz 1 genannten Zeiten sind keine Ruhezeiten. [4]Die in Satz 1 Nr. 1 und 2 genannten Zeiten sind keine Ruhepausen.

(4) [1]Die Arbeitszeit darf 48 Stunden wöchentlich nicht überschreiten. [2]Sie kann auf bis zu 60 Stunden verlängert werden, wenn innerhalb von vier Kalendermonaten oder 16 Wochen im Durchschnitt 48 Stunden wöchentlich nicht überschritten werden.

(5) [1]Die Ruhezeiten bestimmen sich nach den Vorschriften der Europäischen Gemeinschaften für Kraftfahrer und Beifahrer sowie nach dem AETR. [2]Dies gilt auch für Auszubildende und Praktikanten.

(6) [1]In einem Tarifvertrag oder auf Grund eines Tarifvertrags in einer Betriebs- oder Dienstvereinbarung kann zugelassen werden,

1. nähere Einzelheiten zu den in Absatz 3 Satz 1 Nr. 1, 2 und Satz 2 genannten Voraussetzungen zu regeln,
2. abweichend von Absatz 4 sowie den §§ 3 und 6 Abs. 2 die Arbeitszeit festzulegen, wenn objektive, technische oder arbeitszeitorganisatorische Gründe vorliegen. Dabei darf die Arbeitszeit 48 Stunden wöchentlich im Durchschnitt von sechs Kalendermonaten nicht überschreiten.

[2]§ 7 Abs. 1 Nr. 2 und Abs. 2a gilt nicht. [3]§ 7 Abs. 3 gilt entsprechend.

(7) [1]Der Arbeitgeber ist verpflichtet, die Arbeitszeit der Arbeitnehmer aufzuzeichnen. [2]Die Aufzeichnungen sind mindestens zwei Jahre aufzubewahren. [3]Der Arbeitgeber hat dem Arbeitnehmer auf Verlangen eine Kopie der Aufzeichnungen seiner Arbeitszeit auszuhändigen.

(8) [1]Zur Berechnung der Arbeitszeit fordert der Arbeitgeber den Arbeitnehmer schriftlich auf, ihm eine Aufstellung der bei einem anderen Arbeitgeber geleisteten Arbeitszeit vorzulegen. [2]Der Arbeitnehmer legt diese Angaben schriftlich vor.

Siebter Abschnitt. Straf- und Bußgeldvorschriften

§ 22[1)] Bußgeldvorschriften. (1) Ordnungswidrig handelt, wer als Arbeitgeber vorsätzlich oder fahrlässig

1. entgegen §§ 3, 6 Abs. 2 oder § 21a Abs. 4, jeweils auch in Verbindung mit § 11 Abs. 2, einen Arbeitnehmer über die Grenzen der Arbeitszeit hinaus beschäftigt,
2. entgegen § 4 Ruhepausen nicht, nicht mit der vorgeschriebenen Mindestdauer oder nicht rechtzeitig gewährt,
3. entgegen § 5 Abs. 1 die Mindestruhezeit nicht gewährt oder entgegen § 5 Abs. 2 die Verkürzung der Ruhezeit durch Verlängerung einer anderen Ruhezeit nicht oder nicht rechtzeitig ausgleicht,
4. einer Rechtsverordnung nach § 8 Satz 1, § 13 Abs. 1 oder 2, § 15 Absatz 2a Nummer 2, § 21 Absatz 1 oder § 24 zuwiderhandelt, soweit sie für einen bestimmten Tatbestand auf diese Bußgeldvorschrift verweist,

---

[1)] § 22 Abs. 2 geänd. mWv 1.1.2002 durch G v. 21.12.2000 (BGBl. I S. 1983); Abs. 1 Nr. 1 und 9 geänd. mWv 1.9.2006 durch G v. 14.8.2006 (BGBl. I S. 1962); Abs. 1 Nr 4 geänd. mWv 1.8.2013 durch G v. 20.4.2013 (BGBl. I S. 868); Abs. 1 Nr. 4 geänd. mWv 17.11.2016 durch G v. 11.11.2016 (BGBl. I S. 2500); Abs. 2 Nr. 2 geänd. mWv 1.1.2021 durch G v. 22.12.2020 (BGBl. I S. 3334).

5. entgegen § 9 Abs. 1 einen Arbeitnehmer an Sonn- oder Feiertagen beschäftigt,
6. entgegen § 11 Abs. 1 einen Arbeitnehmer an allen Sonntagen beschäftigt oder entgegen § 11 Abs. 3 einen Ersatzruhetag nicht oder nicht rechtzeitig gewährt,
7. einer vollziehbaren Anordnung nach § 13 Abs. 3 Nr. 2 zuwiderhandelt,
8. entgegen § 16 Abs. 1 die dort bezeichnete Auslage oder den dort bezeichneten Aushang nicht vornimmt,
9. entgegen § 16 Abs. 2 oder § 21a Abs. 7 Aufzeichnungen nicht oder nicht richtig erstellt oder nicht für die vorgeschriebene Dauer aufbewahrt oder
10. entgegen § 17 Abs. 4 eine Auskunft nicht, nicht richtig oder nicht vollständig erteilt, Unterlagen nicht oder nicht vollständig vorlegt oder nicht einsendet oder entgegen § 17 Abs. 5 Satz 2 eine Maßnahme nicht gestattet.

(2) Die Ordnungswidrigkeit kann in den Fällen des Absatzes 1 Nr. 1 bis 7, 9 und 10 mit einer Geldbuße bis zu dreißigtausend Euro, in den Fällen des Absatzes 1 Nr. 8 mit einer Geldbuße bis zu fünftausend Euro geahndet werden.

§ 23 Strafvorschriften. (1) Wer eine der in § 22 Abs. 1 Nr. 1 bis 3, 5 bis 7 bezeichneten Handlungen

1. vorsätzlich begeht und dadurch Gesundheit oder Arbeitskraft eines Arbeitnehmers gefährdet oder
2. beharrlich wiederholt,

wird mit Freiheitsstrafe bis zu einem Jahr oder mit Geldstrafe bestraft.

(2) Wer in den Fällen des Absatzes 1 Nr. 1 die Gefahr fahrlässig verursacht, wird mit Freiheitsstrafe bis zu sechs Monaten oder mit Geldstrafe bis zu 180 Tagessätzen bestraft.

Achter Abschnitt. Schlußvorschriften

§ 24 Umsetzung von zwischenstaatlichen Vereinbarungen und Rechtsakten der EG. Die Bundesregierung kann mit Zustimmung des Bundesrates zur Erfüllung von Verpflichtungen aus zwischenstaatlichen Vereinbarungen oder zur Umsetzung von Rechtsakten des Rates oder der Kommission der Europäischen Gemeinschaften, die Sachbereiche dieses Gesetzes betreffen, Rechtsverordnungen nach diesem Gesetz erlassen.

§ 25[1] Übergangsregelung für Tarifverträge. [1] Enthält ein am 1. Januar 2004 bestehender oder nachwirkender Tarifvertrag abweichende Regelungen nach § 7 Abs. 1 oder 2 oder § 12 Satz 1, die den in diesen Vorschriften festgelegten Höchstrahmen überschreiten, bleiben diese tarifvertraglichen Bestimmungen bis zum 31. Dezember 2006 unberührt. [2] Tarifverträgen nach Satz 1 stehen durch Tarifvertrag zugelassene Betriebsvereinbarungen sowie Regelungen nach § 7 Abs. 4 gleich.

§ 26[2] *(aufgehoben)*

---

[1] § 25 neu gef. mWv *1.1.2004 durch* G v. 24.12.2003 (BGBl. I S. 3002); Satz 1 geänd. mWv 31.12. 2005 durch G v. 22.12.2005 (BGBl. I S. 3676).

[2] § 26 aufgeh. mWv 1.1.2004 durch G v. 24.12.2003 (BGBl. I S. 3002).

78a. Gesetz über den Nachweis der für ein Arbeitsverhältnis geltenden wesentlichen Bedingungen (Nachweisgesetz – NachwG)[1)]

Vom 20. Juli 1995

(BGBl. I S. 946)

FNA 800-25

Lfd. Nr.	Änderndes Gesetz	Datum	Fundstelle	Betroffen	Hinweis
1.	Art. 2a G zur Änd. des BGB und des ArbeitsgerichtsG	29.6.1998	BGBl. I S. 1694	§ 2	geänd. mWv 3.7.1998
2.	Art. 7 Beschäftigungsneuregelungs G	24.3.1999	BGBl. I S. 388	§§ 1, 2	geänd. mWv 1.4.1999
3.	Art. 32 Rechtsgeschäftsmodernisierungs G	13.7.2001	BGBl. I S. 1542	§ 2	geänd. mWv 1.8.2001
4.	Art. 6 G zu Änd. im Bereich der geringfügigen Beschäftigung	5.12.2012	BGBl. I S. 2474	§ 2	geänd. mWv 1.1.2013
5.	Art. 3a Tarifautonomiestärkungs G	11.8.2014	BGBl. I S. 1348	§§ 1, 2	geänd. mWv 16.8.2014
6.	Art. 1 G zur Umsetzung der RL (EU) 2019/1152[2)]	20.7.2022	BGBl. I S. 1174	§§ 1, 2, 3, 5, 6	geänd. mWv 1.8.2022
				§ 4	eingef. mWv 1.8.2022

§ 1[3)] **Anwendungsbereich.** [1]Dieses Gesetz gilt für alle Arbeitnehmer. [2]Praktikanten, die gemäß § 22 Absatz 1 des Mindestlohngesetzes[4)] als Arbeitnehmer gelten, sind Arbeitnehmer im Sinne dieses Gesetzes.

§ 2[5)] **Nachweispflicht.** (1) [1]Der Arbeitgeber hat die wesentlichen Vertragsbedingungen des Arbeitsverhältnisses innerhalb der Fristen des Satzes 4 schriftlich niederzulegen, die Niederschrift zu unterzeichnen und dem Arbeitnehmer auszuhändigen. [2]In die Niederschrift sind mindestens aufzunehmen:

1. der Name und die Anschrift der Vertragsparteien,
2. der Zeitpunkt des Beginns des Arbeitsverhältnisses,

[1)] Verkündet als Art. 1 des Gesetzes zur Anpassung arbeitsrechtlicher Bestimmungen an das EG-Recht vom 20.7.1995 (BGBl. I S. 946); Inkrafttreten gem. Art. 6 dieses G am 28.7.1995.

[2)] **Amtl. Anm.:** Die Artikel 1 bis 11 dieses Gesetzes dienen der Umsetzung der Richtlinie (EU) 2019/1152 des Europäischen Parlaments und des Rates vom 20. Juni 2019 über transparente und vorhersehbare *Arbeitsbedingungen in* der Europäischen Union (ABl. L 186 vom 11.7.2019, S. 105).

[3)] § 1 neu gef. durch G v. 24.3.1999 (BGBl. I S. 388); Satz 2 angef. mWv 16.8.2014 durch G v. 11.8.2014 (BGBl. I S. 1348); Satz 1 geänd. mWv 1.8.2022 durch G v. 20.7.2022 (BGBl. I S. 1174).

[4)] Nr. **80c**.

[5)] § 2 Abs. 1 Satz 2 Nr. 5 geänd. durch G v. 29.6.1998 (BGBl. I S. 1694); Abs. 1 Satz 3 angef. durch G v. 24.3.1999 (BGBl. I S. 388), Abs. 1 Satz 3 eingef., bish. Satz 3 wird Satz 4 mWv 1.8.2001 durch G v. 13.7.2001 (BGBl. I S. 1542); Abs. 1 Satz 4 aufgeh. mWv 1.1.2013 durch G v. 5.12.2012 (BGBl. I S. 2474); Abs. 1a eingef. mWv 16.8.2014 durch G v. 11.8.2014 (BGBl. I S. 1348); Abs. 1 Satz 1 neu gef., Satz 2 Nr. 3, 4 geänd., Nr. 6 eingef., bish. Nr. 6, 7 werden Nr. 7, 8 und neu gef., Nr. 9, 10 eingef., bish. Nr. 8 wird Nr. 11, Nr. 12, 13 eingef., bish. Nr. 9, 10 werden Nr. 14, 15 und neu gef., Satz 4 angef., Abs. 2 neu gef., Abs. 3 eingef., bish. Abs. 3 wird Abs. 4 und neu gef., bish. Abs. 4 wird Abs. 5 und geänd. mWv 1.8.2022 durch G v. 20.7.2022 (BGBl. I S. 1174).

3. bei befristeten Arbeitsverhältnissen: das Enddatum oder die vorhersehbare Dauer des Arbeitsverhältnisses,
4. der Arbeitsort oder, falls der Arbeitnehmer nicht nur an einem bestimmten Arbeitsort tätig sein soll, ein Hinweis darauf, daß der Arbeitnehmer an verschiedenen Orten beschäftigt werden oder seinen Arbeitsort frei wählen kann,
5. eine kurze Charakterisierung oder Beschreibung der vom Arbeitnehmer zu leistenden Tätigkeit,
6. sofern vereinbart, die Dauer der Probezeit,
7. die Zusammensetzung und die Höhe des Arbeitsentgelts einschließlich der Vergütung von Überstunden, der Zuschläge, der Zulagen, Prämien und Sonderzahlungen sowie anderer Bestandteile des Arbeitsentgelts, die jeweils getrennt anzugeben sind, und deren Fälligkeit sowie die Art der Auszahlung,
8. die vereinbarte Arbeitszeit, vereinbarte Ruhepausen und Ruhezeiten sowie bei vereinbarter Schichtarbeit das Schichtsystem, der Schichtrhythmus und Voraussetzungen für Schichtänderungen,
9. bei Arbeit auf Abruf nach § 12 des Teilzeit- und Befristungsgesetzes[1]:
   a) die Vereinbarung, dass der Arbeitnehmer seine Arbeitsleistung entsprechend dem Arbeitsanfall zu erbringen hat,
   b) die Zahl der mindestens zu vergütenden Stunden,
   c) der Zeitrahmen, bestimmt durch Referenztage und Referenzstunden, der für die Erbringung der Arbeitsleistung festgelegt ist, und
   d) die Frist, innerhalb derer der Arbeitgeber die Lage der Arbeitszeit im Voraus mitzuteilen hat,
10. sofern vereinbart, die Möglichkeit der Anordnung von Überstunden und deren Voraussetzungen,
11. die Dauer des jährlichen Erholungsurlaubs,
12. ein etwaiger Anspruch auf vom Arbeitgeber bereitgestellte Fortbildung,
13. wenn der Arbeitgeber dem Arbeitnehmer eine betriebliche Altersversorgung über einen Versorgungsträger zusagt, der Name und die Anschrift dieses Versorgungsträgers; die Nachweispflicht entfällt, wenn der Versorgungsträger zu dieser Information verpflichtet ist,
14. das bei der Kündigung des Arbeitsverhältnisses von Arbeitgeber und Arbeitnehmer einzuhaltende Verfahren, mindestens das Schriftformerfordernis und die Fristen für die Kündigung des Arbeitsverhältnisses, sowie die Frist zur Erhebung einer Kündigungsschutzklage; § 7 des Kündigungsschutzgesetzes[2] ist auch bei einem nicht ordnungsgemäßen Nachweis der Frist zur Erhebung einer Kündigungsschutzklage anzuwenden,
15. ein in allgemeiner Form gehaltener Hinweis auf die auf das Arbeitsverhältnis anwendbaren Tarifverträge, Betriebs- oder Dienstvereinbarungen sowie Regelungen paritätisch besetzter Kommissionen, die auf der Grundlage kirchlichen Rechts Arbeitsbedingungen für den Bereich kirchlicher Arbeitgeber festlegen.

[3] Der Nachweis der wesentlichen Vertragsbedingungen in elektronischer Form ist ausgeschlossen. [4] Dem Arbeitnehmer ist die Niederschrift mit den Angaben nach Satz 2 Nummer 1, 7 und 8 spätestens am ersten Tag der Arbeitsleistung, die Niederschrift mit den Angaben nach Satz 2 Nummer 2 bis 6, 9 und 10 spätestens *am siebten Kalendertag nach dem* vereinbarten Beginn des Arbeitsverhältnisses

---

[1] Nr. **78b**.
[2] **Habersack, Deutsche Gesetze Nr. 84.**

und die Niederschrift mit den übrigen Angaben nach Satz 2 spätestens einen Monat nach dem vereinbarten Beginn des Arbeitsverhältnisses auszuhändigen.

(1a) [1] Wer einen Praktikanten einstellt, hat unverzüglich nach Abschluss des Praktikumsvertrages, spätestens vor Aufnahme der Praktikantentätigkeit, die wesentlichen Vertragsbedingungen schriftlich niederzulegen, die Niederschrift zu unterzeichnen und dem Praktikanten auszuhändigen. [2] In die Niederschrift sind mindestens aufzunehmen:

1. der Name und die Anschrift der Vertragsparteien,
2. die mit dem Praktikum verfolgten Lern- und Ausbildungsziele,
3. Beginn und Dauer des Praktikums,
4. Dauer der regelmäßigen täglichen Praktikumszeit,
5. Zahlung und Höhe der Vergütung,
6. Dauer des Urlaubs,
7. ein in allgemeiner Form gehaltener Hinweis auf die Tarifverträge, Betriebs- oder Dienstvereinbarungen, die auf das Praktikumsverhältnis anzuwenden sind.

[3] Absatz 1 Satz 3 gilt entsprechend.

(2) Hat der Arbeitnehmer seine Arbeitsleistung länger als vier aufeinanderfolgende Wochen außerhalb der Bundesrepublik Deutschland zu erbringen, so hat der Arbeitgeber dem Arbeitnehmer vor dessen Abreise die Niederschrift nach Absatz 1 Satz 1 mit allen wesentlichen Angaben nach Absatz 1 Satz 2 und folgenden zusätzlichen Angaben auszuhändigen:

1. das Land oder die Länder, in dem oder in denen die Arbeit im Ausland geleistet werden soll, und die geplante Dauer der Arbeit,
2. die Währung, in der die Entlohnung erfolgt,
3. sofern vereinbart, mit dem Auslandsaufenthalt verbundene Geld- oder Sachleistungen, insbesondere Entsendezulagen und zu erstattende Reise-, Verpflegungs- und Unterbringungskosten,
4. die Angabe, ob eine Rückkehr des Arbeitnehmers vorgesehen ist, und gegebenenfalls die Bedingungen der Rückkehr.

(3) Fällt ein Auslandsaufenthalt nach Absatz 2 in den Anwendungsbereich der Richtlinie 96/71/EG des Europäischen Parlaments und des Rates vom 16. Dezember 1996 über die Entsendung von Arbeitnehmern im Rahmen der Erbringung von Dienstleistungen (ABl. L 18 vom 21.1.1997, S. 1), die durch die Richtlinie (EU) 2018/957 (ABl. L 173 vom 9.7.2018, S. 16) geändert worden ist, muss die Niederschrift nach Absatz 1 Satz 1 neben den Angaben nach Absatz 2 auch folgende zusätzliche Angaben enthalten:

1. die Entlohnung, auf die der Arbeitnehmer nach dem Recht des Mitgliedstaats oder der Mitgliedstaaten, in dem oder in denen der Arbeitnehmer seine Arbeit leisten soll, Anspruch hat,
2. den Link zu der einzigen offiziellen nationalen Website, die der Mitgliedstaat, in dem der Arbeitnehmer seine Arbeit leisten soll, betreibt nach Artikel 5 Absatz 2 Buchstabe a der Richtlinie 2014/67/EU des Europäischen Parlaments und des Rates vom 15. Mai 2014 zur Durchsetzung der Richtlinie 96/71/EG über die Entsendung von Arbeitnehmern im Rahmen der Erbringung von Dienstleistungen und zur Änderung der Verordnung (EU) Nr. 1024/2012 über die Verwaltungszusammenarbeit mit Hilfe des Binnenmarkt-Informationssystems – („IMI-Verordnung“) (ABl. L 159 vom 28.5.2014, S. 11).

(4) [1]Die Angaben nach Absatz 1 Satz 2 Nummer 6 bis 8 und 10 bis 14 können ersetzt werden durch einen Hinweis auf die auf das Arbeitsverhältnis anwendbaren Tarifverträge, Betriebs- oder Dienstvereinbarungen sowie Regelungen paritätisch besetzter Kommissionen, die auf der Grundlage kirchlichen Rechts Arbeitsbedingungen für den Bereich kirchlicher Arbeitgeber festlegen. [2]Ist in den Fällen des Absatzes 1 Satz 2 Nummer 11 und 14 die jeweilige gesetzliche Regelung maßgebend, so kann hierauf verwiesen werden. [3]Die Angaben nach Absatz 2 Nummer 2 und Absatz 3 Nummer 1 können ersetzt werden durch einen Hinweis auf konkrete Bestimmungen der einschlägigen Rechts- und Verwaltungsvorschriften und Satzungen oder Tarifverträge, Betriebs- oder Dienstvereinbarungen sowie Regelungen paritätisch besetzter Kommissionen, die auf der Grundlage kirchlichen Rechts Arbeitsbedingungen für den Bereich kirchlicher Arbeitgeber festlegen.

(5) Wenn dem Arbeitnehmer ein schriftlicher Arbeitsvertrag ausgehändigt worden ist, entfällt die Verpflichtung nach den Absätzen 1, 2 und 3, soweit der Vertrag die in den Absätzen 1 bis 4 geforderten Angaben enthält.

§ 3[1)] Änderung der Angaben. [1]Eine Änderung der wesentlichen Vertragsbedingungen ist dem Arbeitnehmer spätestens an dem Tag, an dem sie wirksam wird, schriftlich mitzuteilen. [2]Satz 1 gilt nicht bei einer Änderung der auf das Arbeitsverhältnis anwendbaren gesetzlichen Vorschriften, Tarifverträge, Betriebs- oder Dienstvereinbarungen sowie Regelungen paritätisch besetzter Kommissionen, die auf der Grundlage kirchlichen Rechts Arbeitsbedingungen für den Bereich kirchlicher Arbeitgeber festlegen.

§ 4[1)] Bußgeldvorschriften. (1) Ordnungswidrig handelt, wer

1. entgegen § 2 Absatz 1 Satz 1 eine in § 2 Absatz 1 Satz 2 genannte wesentliche Vertragsbedingung nicht, nicht richtig, nicht vollständig, nicht in der vorgeschriebenen Weise oder nicht rechtzeitig aushändigt,
2. entgegen § 2 Absatz 2, auch in Verbindung mit Absatz 3, eine dort genannte Niederschrift nicht, nicht richtig, nicht vollständig oder nicht rechtzeitig aushändigt oder
3. entgegen § 3 Satz 1 eine Mitteilung nicht, nicht richtig, nicht vollständig, nicht in der vorgeschriebenen Weise oder nicht rechtzeitig macht.

(2) Die Ordnungswidrigkeit kann mit einer Geldbuße bis zu zweitausend Euro geahndet werden.

§ 5[1)] Übergangsvorschrift. [1]Hat das Arbeitsverhältnis bereits vor dem 1. August 2022 bestanden, so ist dem Arbeitnehmer auf sein Verlangen spätestens am siebten Tag nach Zugang der Aufforderung beim Arbeitgeber die Niederschrift mit den Angaben nach § 2 Absatz 1 Satz 2 Nummer 1 bis 10 auszuhändigen; die Niederschrift mit den übrigen Angaben nach § 2 Absatz 1 Satz 2 ist spätestens einen Monat nach Zugang der Aufforderung auszuhändigen. [2]Soweit eine früher ausgestellte Niederschrift oder ein schriftlicher Arbeitsvertrag die nach diesem Gesetz erforderlichen Angaben enthält, entfällt diese Verpflichtung.

§ 6[1)] Unabdingbarkeit. Von den Vorschriften dieses Gesetzes kann nicht *zuungunsten des Arbeitnehmers* abgewichen werden.

[1)] § 3 Satz 1 geänd., Satz 2 neu gef., § 4 eingef., bish. §§ 4 und 5 werden §§ 5 und 6, neuer § 5 Satz 1 neu gef. mWv 1.8.2022 durch G v. 20.7.2022 (BGBl. I S. 1174).

78b. Gesetz über Teilzeitarbeit und befristete Arbeitsverträge (Teilzeit- und Befristungsgesetz – TzBfG)[1) 2)]

Vom 21. Dezember 2000

(BGBl. I S. 1966)

FNA 800-26

Lfd. Nr.	Änderndes Gesetz	Datum	Fundstelle	Betroffen	Hinweis
1.	Art. 7 Erstes Dienstleistungs-ModernisierungsG	23.12. 2002	BGBl. I S. 4607	§ 14	geänd. mWv 1.1.2003
2.	Art. 2 G zu Reformen am Arbeitsmarkt	24.12. 2003	BGBl. I S. 3002	§ 14	geänd. mWv 1.1.2004
3.	Art. 1 G zur Verbesserung der Beschäftigungschancen älterer Menschen	19.4.2007	BGBl. I S. 538	§ 14	geänd. mWv 1.5.2007
4.	Art. 23 G zur Verbesserung der Eingliederungschancen am Arbeitsmarkt	20.12. 2011	BGBl. I S. 2854	§ 14	geänd. mWv 1.4.2012
5.	Art. 1 Brückenteilzeit-EinführungsG	11.12. 2018	BGBl. I S. 2384	§§ 7, 8, 12	geänd. mWv 1.1.2019
				§ 9a	eingef. mWv 1.1.2019
				§§ 9, 22	neu gef. mWv 1.1.2019
6.	Art. 10 Drittes Bürokratieentlastungs G	22.11. 2019	BGBl. I S. 1746	§ 8	geänd. mWv 1.1.2020
7.	Art. 7 G zur Umsetzung der RL (EU) 2019/1152[3)]	20.7.2022	BGBl. I S. 1174	§§ 7, 12, 15, 16, 18, 21, 22	geänd. mWv 1.8.2022

Erster Abschnitt. Allgemeine Vorschriften

§ 1 Zielsetzung. Ziel des Gesetzes ist, Teilzeitarbeit zu fördern, die Voraussetzungen für die Zulässigkeit befristeter Arbeitsverträge festzulegen und die Diskriminierung von teilzeitbeschäftigten und befristet beschäftigten Arbeitnehmern zu verhindern.

§ 2 Begriff des teilzeitbeschäftigten Arbeitnehmers. (1) [1] Teilzeitbeschäftigt ist ein Arbeitnehmer, dessen regelmäßige Wochenarbeitszeit kürzer ist als die eines

[1)] ***Amtl. Anm.:*** *Dieses Gesetz dient der Umsetzung*
– der Richtlinie 97/81/EG des Rates vom 15. Dezember 1997 zu der von UNICE, CEEP und EGB geschlossenen Rahmenvereinbarung über Teilzeitarbeit (ABl. EG 1998 Nr. L 14 S. 9)
und
– der Richtlinie 1999/70/EG des Rates vom 28. Juni 1999 zu der EGB-UNICE-CEEP-Rahmenvereinbarung über befristete Arbeitsverträge (ABl. EG 1999 Nr. L 175 S. 43).

[2)] Verkündet als Art. 1 G über Teilzeitarbeit und befristete Arbeitsverträge und zur Änd. und Aufhebung arbeitsrechtlicher Bestimmungen v. 21.12.2000 (BGBl. I S. 1966); Inkrafttreten gem. Art. 4 dieses G am 1.1.2001.

[3)] **Amtl. Anm.:** Die Artikel 1 bis 11 dieses Gesetzes dienen der Umsetzung der Richtlinie (EU) 2019/1152 des Europäischen Parlaments und des Rates vom 20. Juni 2019 über transparente und vorhersehbare Arbeitsbedingungen in der Europäischen Union (ABl. L 186 vom 11.7 2019, S. 105).

vergleichbaren vollzeitbeschäftigten Arbeitnehmers. [2] Ist eine regelmäßige Wochenarbeitszeit nicht vereinbart, so ist ein Arbeitnehmer teilzeitbeschäftigt, wenn seine regelmäßige Arbeitszeit im Durchschnitt eines bis zu einem Jahr reichenden Beschäftigungszeitraums unter der eines vergleichbaren vollzeitbeschäftigten Arbeitnehmers liegt. [3] Vergleichbar ist ein vollzeitbeschäftigter Arbeitnehmer des Betriebes mit derselben Art des Arbeitsverhältnisses und der gleichen oder einer ähnlichen Tätigkeit. [4] Gibt es im Betrieb keinen vergleichbaren vollzeitbeschäftigten Arbeitnehmer, so ist der vergleichbare vollzeitbeschäftigte Arbeitnehmer auf Grund des anwendbaren Tarifvertrages zu bestimmen; in allen anderen Fällen ist darauf abzustellen, wer im jeweiligen Wirtschaftszweig üblicherweise als vergleichbarer vollzeitbeschäftigter Arbeitnehmer anzusehen ist.

(2) Teilzeitbeschäftigt ist auch ein Arbeitnehmer, der eine geringfügige Beschäftigung nach § 8 Abs. 1 Nr. 1 des Vierten Buches Sozialgesetzbuch ausübt.

§ 3 Begriff des befristet beschäftigten Arbeitnehmers. (1) [1] Befristet beschäftigt ist ein Arbeitnehmer mit einem auf bestimmte Zeit geschlossenen Arbeitsvertrag. [2] Ein auf bestimmte Zeit geschlossener Arbeitsvertrag (befristeter Arbeitsvertrag) liegt vor, wenn seine Dauer kalendermäßig bestimmt ist (kalendermäßig befristeter Arbeitsvertrag) oder sich aus Art, Zweck oder Beschaffenheit der Arbeitsleistung ergibt (zweckbefristeter Arbeitsvertrag).

(2) [1] Vergleichbar ist ein unbefristet beschäftigter Arbeitnehmer des Betriebes mit der gleichen oder einer ähnlichen Tätigkeit. [2] Gibt es im Betrieb keinen vergleichbaren unbefristet beschäftigten Arbeitnehmer, so ist der vergleichbare unbefristet beschäftigte Arbeitnehmer auf Grund des anwendbaren Tarifvertrages zu bestimmen; in allen anderen Fällen ist darauf abzustellen, wer im jeweiligen Wirtschaftszweig üblicherweise als vergleichbarer unbefristet beschäftigter Arbeitnehmer anzusehen ist.

§ 4 Verbot der Diskriminierung. (1) [1] Ein teilzeitbeschäftigter Arbeitnehmer darf wegen der Teilzeitarbeit nicht schlechter behandelt werden als ein vergleichbarer vollzeitbeschäftigter Arbeitnehmer, es sei denn, dass sachliche Gründe eine unterschiedliche Behandlung rechtfertigen. [2] Einem teilzeitbeschäftigten Arbeitnehmer ist Arbeitsentgelt oder eine andere teilbare geldwerte Leistung mindestens in dem Umfang zu gewähren, der dem Anteil seiner Arbeitszeit an der Arbeitszeit eines vergleichbaren vollzeitbeschäftigten Arbeitnehmers entspricht.

(2) [1] Ein befristet beschäftigter Arbeitnehmer darf wegen der Befristung des Arbeitsvertrages nicht schlechter behandelt werden als ein vergleichbarer unbefristet beschäftigter Arbeitnehmer, es sei denn, dass sachliche Gründe eine unterschiedliche Behandlung rechtfertigen. [2] Einem befristet beschäftigten Arbeitnehmer ist Arbeitsentgelt oder eine andere teilbare geldwerte Leistung, die für einen bestimmten Bemessungszeitraum gewährt wird, mindestens in dem Umfang zu gewähren, der dem Anteil seiner Beschäftigungsdauer am Bemessungszeitraum entspricht. [3] Sind bestimmte Beschäftigungsbedingungen von der Dauer des Bestehens des Arbeitsverhältnisses in demselben Betrieb oder Unternehmen abhängig, so sind für befristet beschäftigte Arbeitnehmer dieselben Zeiten zu berücksichtigen wie für unbefristet beschäftigte Arbeitnehmer, es sei denn, dass eine unterschiedliche Berücksichtigung aus sachlichen Gründen gerechtfertigt ist.

§ 5 Benachteiligungsverbot. Der Arbeitgeber darf einen Arbeitnehmer nicht wegen der Inanspruchnahme von Rechten nach diesem Gesetz benachteiligen.

Zweiter Abschnitt. Teilzeitarbeit

§ 6 Förderung von Teilzeitarbeit. Der Arbeitgeber hat den Arbeitnehmern, auch in leitenden Positionen, Teilzeitarbeit nach Maßgabe dieses Gesetzes zu ermöglichen.

§ 7[1] Ausschreibung; Erörterung; Information über freie Arbeitsplätze.

(1) Der Arbeitgeber hat einen Arbeitsplatz, den er öffentlich oder innerhalb des Betriebes ausschreibt, auch als Teilzeitarbeitsplatz auszuschreiben, wenn sich der Arbeitsplatz hierfür eignet.

(2) [1]Der Arbeitgeber hat mit dem Arbeitnehmer dessen Wunsch nach Veränderung von Dauer oder Lage oder von Dauer und Lage seiner vertraglich vereinbarten Arbeitszeit zu erörtern und den Arbeitnehmer über entsprechende Arbeitsplätze zu informieren, die im Betrieb oder Unternehmen besetzt werden sollen. [2]Dies gilt unabhängig vom Umfang der Arbeitszeit. [3]Der Arbeitnehmer kann ein Mitglied der Arbeitnehmervertretung zur Unterstützung oder Vermittlung hinzuziehen.

(3) [1]Der Arbeitgeber hat einem Arbeitnehmer, dessen Arbeitsverhältnis länger als sechs Monate bestanden und der ihm in Textform den Wunsch nach Absatz 2 Satz 1 angezeigt hat, innerhalb eines Monats nach Zugang der Anzeige eine begründete Antwort in Textform mitzuteilen. [2]Hat der Arbeitgeber in den letzten zwölf Monaten vor Zugang der Anzeige bereits einmal einen in Textform geäußerten Wunsch nach Absatz 2 Satz 1 in Textform begründet beantwortet, ist eine mündliche Erörterung nach Absatz 2 ausreichend.

(4) [1]Der Arbeitgeber hat die Arbeitnehmervertretung über angezeigte Arbeitszeitwünsche nach Absatz 2 sowie über Teilzeitarbeit im Betrieb und Unternehmen zu informieren, insbesondere über vorhandene oder geplante Teilzeitarbeitsplätze und über die Umwandlung von Teilzeitarbeitsplätzen in Vollzeitarbeitsplätze oder umgekehrt. [2]Der Arbeitnehmervertretung sind auf Verlangen die erforderlichen Unterlagen zur Verfügung zu stellen; § 92 des Betriebsverfassungsgesetzes[2] bleibt unberührt.

§ 8[3] Zeitlich nicht begrenzte Verringerung der Arbeitszeit. (1) Ein Arbeitnehmer, dessen Arbeitsverhältnis länger als sechs Monate bestanden hat, kann verlangen, dass seine vertraglich vereinbarte Arbeitszeit verringert wird.

(2) [1]Der Arbeitnehmer muss die Verringerung seiner Arbeitszeit und den Umfang der Verringerung spätestens drei Monate vor deren Beginn in Textform geltend machen. [2]Er soll dabei die gewünschte Verteilung der Arbeitszeit angeben.

(3) [1]Der Arbeitgeber hat mit dem Arbeitnehmer die gewünschte Verringerung der Arbeitszeit mit dem Ziel zu erörtern, zu einer Vereinbarung zu gelangen. [2]Er hat mit dem Arbeitnehmer Einvernehmen über die von ihm festzulegende Verteilung der Arbeitszeit zu erzielen.

(4) [1]Der Arbeitgeber hat der Verringerung der Arbeitszeit zuzustimmen und ihre Verteilung entsprechend den Wünschen des Arbeitnehmers festzulegen, so-

---

[1] § 7 Überschrift geänd., Abs. 2 eingef., bish. Abs. 2 und 3 werden Abs. 3 und 4 und geänd. mWv 1.1. 2019 durch G v. 11.12.2018 (BGBl. I S. 2384); Abs. 2 Satz 1 geänd., Abs. 3 neu gef. mWv 1.8.2022 durch G v. 20.7.2022 (BGBl. I S. 1174).

[2] Nr. **82**.

[3] § 8 Überschrift neu gef., Abs. 2 Satz 1 geänd. mWv 1.1.2019 durch G v. 11.12.2018 (BGBl. I S. 2384); Abs. 5 Sätze 1–3 geänd. mWv 1.1.2020 durch G v. 22.11.2019 (BGBl. I S. 1746).

weit betriebliche Gründe nicht entgegenstehen. [2]Ein betrieblicher Grund liegt insbesondere vor, wenn die Verringerung der Arbeitszeit die Organisation, den Arbeitsablauf oder die Sicherheit im Betrieb wesentlich beeinträchtigt oder unverhältnismäßige Kosten verursacht. [3]Die Ablehnungsgründe können durch Tarifvertrag festgelegt werden. [4]Im Geltungsbereich eines solchen Tarifvertrages können nicht tarifgebundene Arbeitgeber und Arbeitnehmer die Anwendung der tariflichen Regelungen über die Ablehnungsgründe vereinbaren.

(5) [1]Die Entscheidung über die Verringerung der Arbeitszeit und ihre Verteilung hat der Arbeitgeber dem Arbeitnehmer spätestens einen Monat vor dem gewünschten Beginn der Verringerung in Textform mitzuteilen. [2]Haben sich Arbeitgeber und Arbeitnehmer nicht nach Absatz 3 Satz 1 über die Verringerung der Arbeitszeit geeinigt und hat der Arbeitgeber die Arbeitszeitverringerung nicht spätestens einen Monat vor deren gewünschtem Beginn in Textform abgelehnt, verringert sich die Arbeitszeit in dem vom Arbeitnehmer gewünschten Umfang. [3]Haben Arbeitgeber und Arbeitnehmer über die Verteilung der Arbeitszeit kein Einvernehmen nach Absatz 3 Satz 2 erzielt und hat der Arbeitgeber nicht spätestens einen Monat vor dem gewünschten Beginn der Arbeitszeitverringerung die gewünschte Verteilung der Arbeitszeit in Textform abgelehnt, gilt die Verteilung der Arbeitszeit entsprechend den Wünschen des Arbeitnehmers als festgelegt. [4]Der Arbeitgeber kann die nach Satz 3 oder Absatz 3 Satz 2 festgelegte Verteilung der Arbeitszeit wieder ändern, wenn das betriebliche Interesse daran das Interesse des Arbeitnehmers an der Beibehaltung erheblich überwiegt und der Arbeitgeber die Änderung spätestens einen Monat vorher angekündigt hat.

(6) Der Arbeitnehmer kann eine erneute Verringerung der Arbeitszeit frühestens nach Ablauf von zwei Jahren verlangen, nachdem der Arbeitgeber einer Verringerung zugestimmt oder sie berechtigt abgelehnt hat.

(7) Für den Anspruch auf Verringerung der Arbeitszeit gilt die Voraussetzung, dass der Arbeitgeber, unabhängig von der Anzahl der Personen in Berufsbildung, in der Regel mehr als 15 Arbeitnehmer beschäftigt.

§ 9[1)] Verlängerung der Arbeitszeit. [1]Der Arbeitgeber hat einen teilzeitbeschäftigten Arbeitnehmer, der ihm in Textform den Wunsch nach einer Verlängerung seiner vertraglich vereinbarten Arbeitszeit angezeigt hat, bei der Besetzung eines Arbeitsplatzes bevorzugt zu berücksichtigen, es sei denn, dass

1. es sich dabei nicht um einen entsprechenden freien Arbeitsplatz handelt oder
2. der teilzeitbeschäftigte Arbeitnehmer nicht mindestens gleich geeignet ist wie ein anderer vom Arbeitgeber bevorzugter Bewerber oder
3. Arbeitszeitwünsche anderer teilzeitbeschäftigter Arbeitnehmer oder
4. dringende betriebliche Gründe entgegenstehen.

[2]Ein freier zu besetzender Arbeitsplatz liegt vor, wenn der Arbeitgeber die Organisationsentscheidung getroffen hat, diesen zu schaffen oder einen unbesetzten Arbeitsplatz neu zu besetzen.

§ 9a[2)] Zeitlich begrenzte Verringerung der Arbeitszeit. (1) [1]Ein Arbeitnehmer, dessen Arbeitsverhältnis länger als sechs Monate bestanden hat, kann verlangen, dass seine vertraglich vereinbarte Arbeitszeit für einen im Voraus zu bestimmenden Zeitraum verringert wird. [2]Der begehrte Zeitraum muss mindes-

[1)] § 9 neu gef. mWv 1.1.2019 durch G v. 11.12.2018 (BGBl. I S. 2384).
[2)] § 9a eingef. mWv 1.1.2019 durch G v. 11.12.2018 (BGBl. I S. 2384).

tens ein Jahr und darf höchstens fünf Jahre betragen. [3]Der Arbeitnehmer hat nur dann einen Anspruch auf zeitlich begrenzte Verringerung der Arbeitszeit, wenn der Arbeitgeber in der Regel mehr als 45 Arbeitnehmer beschäftigt.

(2) [1]Der Arbeitgeber kann das Verlangen des Arbeitnehmers nach Verringerung der Arbeitszeit ablehnen, soweit betriebliche Gründe entgegenstehen; § 8 Absatz 4 gilt entsprechend. [2]Ein Arbeitgeber, der in der Regel mehr als 45, aber nicht mehr als 200 Arbeitnehmer beschäftigt, kann das Verlangen eines Arbeitnehmers auch ablehnen, wenn zum Zeitpunkt des begehrten Beginns der verringerten Arbeitszeit bei einer Arbeitnehmerzahl von in der Regel

1. mehr als 45 bis 60 bereits mindestens vier,
2. mehr als 60 bis 75 bereits mindestens fünf,
3. mehr als 75 bis 90 bereits mindestens sechs,
4. mehr als 90 bis 105 bereits mindestens sieben,
5. mehr als 105 bis 120 bereits mindestens acht,
6. mehr als 120 bis 135 bereits mindestens neun,
7. mehr als 135 bis 150 bereits mindestens zehn,
8. mehr als 150 bis 165 bereits mindestens elf,
9. mehr als 165 bis 180 bereits mindestens zwölf,
10. mehr als 180 bis 195 bereits mindestens 13,
11. mehr als 195 bis 200 bereits mindestens 14

andere Arbeitnehmer ihre Arbeitszeit nach Absatz 1 verringert haben.

(3) [1]Im Übrigen gilt für den Umfang der Verringerung der Arbeitszeit und für die gewünschte Verteilung der Arbeitszeit § 8 Absatz 2 bis 5. [2]Für den begehrten Zeitraum der Verringerung der Arbeitszeit sind § 8 Absatz 2 Satz 1, Absatz 3 Satz 1, Absatz 4 sowie Absatz 5 Satz 1 und 2 entsprechend anzuwenden.

(4) Während der Dauer der zeitlich begrenzten Verringerung der Arbeitszeit kann der Arbeitnehmer keine weitere Verringerung und keine Verlängerung seiner Arbeitszeit nach diesem Gesetz verlangen; § 9 findet keine Anwendung.

(5) [1]Ein Arbeitnehmer, der nach einer zeitlich begrenzten Verringerung der Arbeitszeit nach Absatz 1 zu seiner ursprünglichen vertraglich vereinbarten Arbeitszeit zurückgekehrt ist, kann eine erneute Verringerung der Arbeitszeit nach diesem Gesetz frühestens ein Jahr nach der Rückkehr zur ursprünglichen Arbeitszeit verlangen. [2]Für einen erneuten Antrag auf Verringerung der Arbeitszeit nach berechtigter Ablehnung auf Grund entgegenstehender betrieblicher Gründe nach Absatz 2 Satz 1 gilt § 8 Absatz 6 entsprechend. [3]Nach berechtigter Ablehnung auf Grund der Zumutbarkeitsregelung nach Absatz 2 Satz 2 kann der Arbeitnehmer frühestens nach Ablauf von einem Jahr nach der Ablehnung erneut eine Verringerung der Arbeitszeit verlangen.

(6) Durch Tarifvertrag kann der Rahmen für den Zeitraum der Arbeitszeitverringerung abweichend von Absatz 1 Satz 2 auch zuungunsten des Arbeitnehmers festgelegt werden.

(7) Bei der Anzahl der Arbeitnehmer nach Absatz 1 Satz 3 und Absatz 2 sind Personen in Berufsbildung nicht zu berücksichtigen.

§ 10 Aus- und Weiterbildung. Der Arbeitgeber hat Sorge zu tragen, dass auch teilzeitbeschäftigte Arbeitnehmer an Aus- und Weiterbildungsmaßnahmen zur Förderung der beruflichen Entwicklung und Mobilität teilnehmen können, es sei denn, dass dringende betriebliche Gründe oder Aus- und Weiterbildungswünsche anderer teilzeit- oder vollzeitbeschäftigter Arbeitnehmer entgegenstehen.

§ 11 Kündigungsverbot. [1]Die Kündigung eines Arbeitsverhältnisses wegen der Weigerung eines Arbeitnehmers, von einem Vollzeit- in ein Teilzeitarbeitsverhältnis oder umgekehrt zu wechseln, ist unwirksam. [2]Das Recht zur Kündigung des Arbeitsverhältnisses aus anderen Gründen bleibt unberührt.

§ 12[1)] Arbeit auf Abruf. (1) [1]Arbeitgeber und Arbeitnehmer können vereinbaren, dass der Arbeitnehmer seine Arbeitsleistung entsprechend dem Arbeitsanfall zu erbringen hat (Arbeit auf Abruf). [2]Die Vereinbarung muss eine bestimmte Dauer der wöchentlichen und täglichen Arbeitszeit festlegen. [3]Wenn die Dauer der wöchentlichen Arbeitszeit nicht festgelegt ist, gilt eine Arbeitszeit von 20 Stunden als vereinbart. [4]Wenn die Dauer der täglichen Arbeitszeit nicht festgelegt ist, hat der Arbeitgeber die Arbeitsleistung des Arbeitnehmers jeweils für mindestens drei aufeinander folgende Stunden in Anspruch zu nehmen.

(2) [1]Ist für die Dauer der wöchentlichen Arbeitszeit nach Absatz 1 Satz 2 eine Mindestarbeitszeit vereinbart, darf der Arbeitgeber nur bis zu 25 Prozent der wöchentlichen Arbeitszeit zusätzlich abrufen. [2]Ist für die Dauer der wöchentlichen Arbeitszeit nach Absatz 1 Satz 2 eine Höchstarbeitszeit vereinbart, darf der Arbeitgeber nur bis zu 20 Prozent der wöchentlichen Arbeitszeit weniger abrufen.

(3) [1]Der Arbeitgeber ist verpflichtet, den Zeitrahmen, bestimmt durch Referenzstunden und Referenztage, festzulegen, in dem auf seine Aufforderung hin Arbeit stattfinden kann. [2]Der Arbeitnehmer ist nur zur Arbeitsleistung verpflichtet, wenn der Arbeitgeber ihm die Lage seiner Arbeitszeit jeweils mindestens vier Tage im Voraus mitteilt und die Arbeitsleistung im Zeitrahmen nach Satz 1 zu erfolgen hat.

(4) [1]Zur Berechnung der Entgeltfortzahlung im Krankheitsfall ist die maßgebende regelmäßige Arbeitszeit im Sinne von § 4 Absatz 1 des Entgeltfortzahlungsgesetzes die durchschnittliche Arbeitszeit der letzten drei Monate vor Beginn der Arbeitsunfähigkeit (Referenzzeitraum). [2]Hat das Arbeitsverhältnis bei Beginn der Arbeitsunfähigkeit keine drei Monate bestanden, ist der Berechnung des Entgeltfortzahlungsanspruchs die durchschnittliche Arbeitszeit dieses kürzeren Zeitraums zugrunde zu legen. [3]Zeiten von Kurzarbeit, unverschuldeter Arbeitsversäumnis, Arbeitsausfällen und Urlaub im Referenzzeitraum bleiben außer Betracht. [4]Für den Arbeitnehmer günstigere Regelungen zur Berechnung der Entgeltfortzahlung im Krankheitsfall finden Anwendung.

(5) Für die Berechnung der Entgeltzahlung an Feiertagen nach § 2 Absatz 1 des Entgeltfortzahlungsgesetzes gilt Absatz 4 entsprechend.

(6) [1]Durch Tarifvertrag kann von Absatz 1 und von der Vorankündigungsfrist nach Absatz 3 Satz 2 auch zuungunsten des Arbeitnehmers abgewichen werden, wenn der Tarifvertrag Regelungen über die tägliche und wöchentliche Arbeitszeit und die Vorankündigungsfrist vorsieht. [2]Im Geltungsbereich eines solchen Tarifvertrages können nicht tarifgebundene Arbeitgeber und Arbeitnehmer die Anwendung der tariflichen Regelungen über die Arbeit auf Abruf vereinbaren.

§ 13 Arbeitsplatzteilung. (1) [1]Arbeitgeber und Arbeitnehmer können vereinbaren, dass mehrere Arbeitnehmer sich die Arbeitszeit an einem Arbeitsplatz teilen (Arbeitsplatzteilung). [2]Ist einer dieser Arbeitnehmer an der Arbeitsleistung verhindert, sind die anderen Arbeitnehmer zur Vertretung verpflichtet, wenn sie der

---

[1)] § 12 Abs. 1 Satz 3 geänd., Abs. 2, 4 und 5 eingef., bish. Abs. 2 und 3 werden Abs. 3 und 6, neuer Abs. 6 Satz 1 geänd. mWv 1.1.2019 durch G v. 11.12.2018 (BGBl. I S. 2384); Abs. 3 neu gef., Abs. 6 Satz 1 geänd. mWv 1.8.2022 durch G v. 20.7.2022 (BGBl. I S. 1174).

Vertretung im Einzelfall zugestimmt haben. [3]Eine Pflicht zur Vertretung besteht auch, wenn der Arbeitsvertrag bei Vorliegen dringender betrieblicher Gründe eine Vertretung vorsieht und diese im Einzelfall zumutbar ist.

(2) [1]Scheidet ein Arbeitnehmer aus der Arbeitsplatzteilung aus, so ist die darauf gestützte Kündigung des Arbeitsverhältnisses eines anderen in die Arbeitsplatzteilung einbezogenen Arbeitnehmers durch den Arbeitgeber unwirksam. [2]Das Recht zur Änderungskündigung aus diesem Anlass und zur Kündigung des Arbeitsverhältnisses aus anderen Gründen bleibt unberührt.

(3) Die Absätze 1 und 2 sind entsprechend anzuwenden, wenn sich Gruppen von Arbeitnehmern auf bestimmten Arbeitsplätzen in festgelegten Zeitabschnitten abwechseln, ohne dass eine Arbeitsplatzteilung im Sinne des Absatzes 1 vorliegt.

(4) [1]Durch Tarifvertrag kann von den Absätzen 1 und 3 auch zuungunsten des Arbeitnehmers abgewichen werden, wenn der Tarifvertrag Regelungen über die Vertretung der Arbeitnehmer enthält. [2]Im Geltungsbereich eines solchen Tarifvertrages können nicht tarifgebundene Arbeitgeber und Arbeitnehmer die Anwendung der tariflichen Regelungen über die Arbeitsplatzteilung vereinbaren.

Dritter Abschnitt. Befristete Arbeitsverträge

§ 14[1)] Zulässigkeit der Befristung. (1) [1]Die Befristung eines Arbeitsvertrages ist zulässig, wenn sie durch einen sachlichen Grund gerechtfertigt ist. [2]Ein sachlicher Grund liegt insbesondere vor, wenn

1. der betriebliche Bedarf an der Arbeitsleistung nur vorübergehend besteht,
2. die Befristung im Anschluss an eine Ausbildung oder ein Studium erfolgt, um den Übergang des Arbeitnehmers in eine Anschlussbeschäftigung zu erleichtern,
3. der Arbeitnehmer zur Vertretung eines anderen Arbeitnehmers beschäftigt wird,
4. die Eigenart der Arbeitsleistung die Befristung rechtfertigt,
5. die Befristung zur Erprobung erfolgt,
6. in der Person des Arbeitnehmers liegende Gründe die Befristung rechtfertigen,
7. der Arbeitnehmer aus Haushaltsmitteln vergütet wird, die haushaltsrechtlich für eine befristete Beschäftigung bestimmt sind, und er entsprechend beschäftigt wird oder
8. die Befristung auf einem gerichtlichen Vergleich beruht.

(2) [1]Die kalendermäßige Befristung eines Arbeitsvertrages ohne Vorliegen eines sachlichen Grundes ist bis zur Dauer von zwei Jahren zulässig; bis zu dieser Gesamtdauer von zwei Jahren ist auch die höchstens dreimalige Verlängerung eines kalendermäßig befristeten Arbeitsvertrages zulässig. [2]Eine Befristung nach Satz 1 ist nicht zulässig, wenn mit demselben Arbeitgeber bereits zuvor ein befristetes oder unbefristetes Arbeitsverhältnis bestanden hat.[2)] [3]Durch Tarifvertrag kann die *Anzahl der Verlängerungen oder die Höchstdauer* der Befristung abweichend von Satz 1 festgelegt werden. [4]Im Geltungsbereich eines solchen Tarifvertrages können nicht tarifgebundene Arbeitgeber und Arbeitnehmer die Anwendung der tariflichen Regelungen vereinbaren.

[1)] § 14 Abs. 3 Satz 4 angef. mWv 1.1.2003 durch G v. 23.12.2002 (BGBl. I S. 4607); Abs. 2a eingef. mWv 1.1.2004 durch G v. 24.12.2003 (BGBl. I S 3002) ; Abs. 3 neu gef. mWv 1.5.2007 durch G v. 19.4. 2007 (BGBl. I S. 538); Abs. 3 Satz 1 geänd. mWv 1.4.2012 durch G v. 20.12.2011 (BGBl. I S. 2854)..

[2)] § 14 Abs. 2 Satz 2 ist nach Maßgabe der Gründe mit dem GG vereinbar, vgl. Beschl. des BVerfG – 1 BvL 7/14, 1 BvR 1375/14 – v. 6.6.2018 (BGBl. I S. 882).

(2a) [1] In den ersten vier Jahren nach der Gründung eines Unternehmens ist die kalendermäßige Befristung eines Arbeitsvertrages ohne Vorliegen eines sachlichen Grundes bis zur Dauer von vier Jahren zulässig; bis zu dieser Gesamtdauer von vier Jahren ist auch die mehrfache Verlängerung eines kalendermäßig befristeten Arbeitsvertrages zulässig. [2] Dies gilt nicht für Neugründungen im Zusammenhang mit der rechtlichen Umstrukturierung von Unternehmen und Konzernen. [3] Maßgebend für den Zeitpunkt der Gründung des Unternehmens ist die Aufnahme einer Erwerbstätigkeit, die nach § 138 der Abgabenordnung der Gemeinde oder dem Finanzamt mitzuteilen ist. [4] Auf die Befristung eines Arbeitsvertrages nach Satz 1 findet Absatz 2 Satz 2 bis 4 entsprechende Anwendung.

(3) [1] Die kalendermäßige Befristung eines Arbeitsvertrages ohne Vorliegen eines sachlichen Grundes ist bis zu einer Dauer von fünf Jahren zulässig, wenn der Arbeitnehmer bei Beginn des befristeten Arbeitsverhältnisses das 52. Lebensjahr vollendet hat und unmittelbar vor Beginn des befristeten Arbeitsverhältnisses mindestens vier Monate beschäftigungslos im Sinne des § 138 Absatz 1 Nummer 1 des Dritten Buches Sozialgesetzbuch gewesen ist, Transferkurzarbeitergeld bezogen oder an einer öffentlich geförderten Beschäftigungsmaßnahme nach dem Zweiten oder Dritten Buch Sozialgesetzbuch teilgenommen hat. [2] Bis zu der Gesamtdauer von fünf Jahren ist auch die mehrfache Verlängerung des Arbeitsvertrages zulässig.

(4) Die Befristung eines Arbeitsvertrages bedarf zu ihrer Wirksamkeit der Schriftform.

§ 15[1)] Ende des befristeten Arbeitsvertrages. (1) Ein kalendermäßig befristeter Arbeitsvertrag endet mit Ablauf der vereinbarten Zeit.

(2) Ein zweckbefristeter Arbeitsvertrag endet mit Erreichen des Zwecks, frühestens jedoch zwei Wochen nach Zugang der schriftlichen Unterrichtung des Arbeitnehmers durch den Arbeitgeber über den Zeitpunkt der Zweckerreichung.

(3) Wird für ein befristetes Arbeitsverhältnis eine Probezeit vereinbart, so muss diese im Verhältnis zu der erwarteten Dauer der Befristung und der Art der Tätigkeit stehen.

(4) Ein befristetes Arbeitsverhältnis unterliegt nur dann der ordentlichen Kündigung, wenn dies einzelvertraglich oder im anwendbaren Tarifvertrag vereinbart ist.

(5) [1] Ist das Arbeitsverhältnis für die Lebenszeit einer Person oder für längere Zeit als fünf Jahre eingegangen, so kann es von dem Arbeitnehmer nach Ablauf von fünf Jahren gekündigt werden. [2] Die Kündigungsfrist beträgt sechs Monate.

(6) Wird das Arbeitsverhältnis nach Ablauf der Zeit, für die es eingegangen ist, oder nach Zweckerreichung mit Wissen des Arbeitgebers fortgesetzt, so gilt es als auf unbestimmte Zeit verlängert, wenn der Arbeitgeber nicht unverzüglich widerspricht oder dem Arbeitnehmer die Zweckerreichung nicht unverzüglich mitteilt.

§ 16[2)] Folgen unwirksamer Befristung. [1] Ist die Befristung rechtsunwirksam, so gilt der befristete Arbeitsvertrag als auf unbestimmte Zeit geschlossen; er kann vom Arbeitgeber frühestens zum vereinbarten Ende ordentlich gekündigt werden, sofern nicht nach § 15 Absatz 4 die ordentliche Kündigung zu einem früheren Zeitpunkt möglich ist. [2] Ist die Befristung nur wegen des Mangels der Schriftform

---

1) § 15 Abs. 3 eingef., bish. Abs. 3–5 werden Abs. 4–6 mWv 1.8.2022 durch G v. 20.7.2022 (BGBl. I S. 1174).

2) § 16 Satz 1 geänd. mWv 1.8.2022 durch G v. 20.7.2022 (BGBl. I S. 1174).

unwirksam, kann der Arbeitsvertrag auch vor dem vereinbarten Ende ordentlich gekündigt werden.

§ 17 Anrufung des Arbeitsgerichts. [1] Will der Arbeitnehmer geltend machen, dass die Befristung eines Arbeitsvertrages rechtsunwirksam ist, so muss er innerhalb von drei Wochen nach dem vereinbarten Ende des befristeten Arbeitsvertrages Klage beim Arbeitsgericht auf Feststellung erheben, dass das Arbeitsverhältnis auf Grund der Befristung nicht beendet ist. [2] Die §§ 5 bis 7 des Kündigungsschutzgesetzes[1)] gelten entsprechend. [3] Wird das Arbeitsverhältnis nach dem vereinbarten Ende fortgesetzt, so beginnt die Frist nach Satz 1 mit dem Zugang der schriftlichen Erklärung des Arbeitgebers, dass das Arbeitsverhältnis auf Grund der Befristung beendet sei.

§ 18[2)] Information über unbefristete Arbeitsplätze. (1) [1] Der Arbeitgeber hat die befristet beschäftigten Arbeitnehmer über entsprechende unbefristete Arbeitsplätze zu informieren, die besetzt werden sollen. [2] Die Information kann durch allgemeine Bekanntgabe an geeigneter, den Arbeitnehmern zugänglicher Stelle im Betrieb und Unternehmen erfolgen.

(2) [1] Der Arbeitgeber hat einem Arbeitnehmer, dessen Arbeitsverhältnis länger als sechs Monate bestanden und der ihm in Textform den Wunsch nach einem auf unbestimmte Zeit geschlossenen Arbeitsvertrag angezeigt hat, innerhalb eines Monats nach Zugang der Anzeige eine begründete Antwort in Textform mitzuteilen. [2] Satz 1 gilt nicht, sofern der Arbeitnehmer dem Arbeitgeber diesen Wunsch in den letzten zwölf Monaten vor Zugang der Anzeige bereits einmal angezeigt hat.

§ 19 Aus- und Weiterbildung. Der Arbeitgeber hat Sorge zu tragen, dass auch befristet beschäftigte Arbeitnehmer an angemessenen Aus- und Weiterbildungsmaßnahmen zur Förderung der beruflichen Entwicklung und Mobilität teilnehmen können, es sei denn, dass dringende betriebliche Gründe oder Aus- und Weiterbildungswünsche anderer Arbeitnehmer entgegenstehen.

§ 20 Information der Arbeitnehmervertretung. Der Arbeitgeber hat die Arbeitnehmervertretung über die Anzahl der befristet beschäftigten Arbeitnehmer und ihren Anteil an der Gesamtbelegschaft des Betriebes und des Unternehmens zu informieren.

§ 21[3)] Auflösend bedingte Arbeitsverträge. Wird der Arbeitsvertrag unter einer auflösenden Bedingung geschlossen, gelten § 4 Absatz 2, § 5, § 14 Absatz 1 und 4, § 15 Absatz 2, 4 und 6 sowie die §§ 16 bis 20 entsprechend.

Vierter Abschnitt. Gemeinsame Vorschriften

§ 22[4)] Abweichende Vereinbarungen. (1) Außer in den Fällen des § 9a Absatz 6, § 12 Absatz 6, § 13 Absatz 4 und § 14 Absatz 2 Satz 3 und 4 kann von den Vorschriften dieses Gesetzes nicht zuungunsten des Arbeitnehmers abgewichen werden.

[1)] **Habersack, Deutsche Gesetze Nr. 84.**

[2)] § 18 Abs. 2 angef. mWv 1.8.2022 durch G v. 20.7.2022 (BGBl. I S. 1174).

[3)] § 21 geänd. mWv 1.8.2022 durch G v. 20.7.2022 (BGBl. I S. 1174).

[4)] § 22 neu gef. mWv 1.1.2019 durch G v. 11.12.2018 (BGBl. I S. 2384); Abs. 2 geänd. mWv 1.8.2022 durch G v. 20.7.2022 (BGBl. I S. 1174).

(2) Enthält ein Tarifvertrag für den öffentlichen Dienst Bestimmungen im Sinne des § 8 Absatz 4 Satz 3 und 4, auch in Verbindung mit § 9a Absatz 2, des § 9a Absatz 6, § 12 Absatz 6, § 13 Absatz 4, § 14 Absatz 2 Satz 3 und 4 oder § 15 Absatz 4, so gelten diese Bestimmungen auch zwischen nicht tarifgebundenen Arbeitgebern und Arbeitnehmern außerhalb des öffentlichen Dienstes, wenn die Anwendung der für den öffentlichen Dienst geltenden tarifvertraglichen Bestimmungen zwischen ihnen vereinbart ist und die Arbeitgeber die Kosten des Betriebes überwiegend mit Zuwendungen im Sinne des Haushaltsrechts decken.

§ 23 Besondere gesetzliche Regelungen. Besondere Regelungen über Teilzeitarbeit und über die Befristung von Arbeitsverträgen nach anderen gesetzlichen Vorschriften bleiben unberührt.

79. Gesetz zum Schutz von Müttern bei der Arbeit, in der Ausbildung und im Studium (Mutterschutzgesetz – MuSchG)[1)]

Vom 23. Mai 2017
(BGBl. I S. 1228)

FNA 8052-5

Lfd. Nr.	Änderndes Gesetz	Datum	Fundstelle	Betroffen	Hinweis
1.	Art. 57 Abs. 8 G zur Regelung des Sozialen Entschädigungsrechts	12.12.2019	BGBl.I S. 2652	§ 19	geänd. mWv 1.1.2020

Inhaltsübersicht

[1)] *Verkündet als Art. 1 G zur* Neuregelung des Mutterschutzrechts v. 23.5.2017 (BGBl. I S. 1228); **Inkrafttreten am 1.1.2018** gem. Art. 10 Abs. 1 Satz 1 dieses G mit Ausnahme von § 32 Abs. 1 Nr. 6 (Inkrafttreten gem. Art. 10 Abs. 1 Satz 3 am 1.1.2019). Siehe bis zum 31.12.2017 das Mutterschutzgesetz idF der Bek. v. 20.6.2002 (BGBl. I S. 2318).
Amtl. Anm. zum ArtikelG: „Dieses Gesetz dient der Umsetzung der Richtlinie 92/85/EWG des Rates vom 19.Oktober 1992 über die Durchführung von Maßnahmen zur Verbesserung der Sicherheit und des Gesundheitsschutzes von schwangeren Arbeitnehmerinnen, Wöchnerinnen und stillenden Arbeitnehmerinnen am Arbeitsplatz (zehnte Einzelrichtlinie im Sinne des Artikels 16 Absatz 1 der Richtlinie 89/391/EWG) (ABl. L 348 vom 28.11.1992, S. 1), die zuletzt durch die Richtlinie 2014/27/EU (ABl. L 65 vom 5.3.2014, S. 1) geändert worden ist."

Abschnitt 1. Allgemeine Vorschriften

§ 1 Anwendungsbereich, Ziel des Mutterschutzes. (1) [1] Dieses Gesetz schützt die Gesundheit der Frau und ihres Kindes am Arbeits-, Ausbildungs- und Studienplatz während der Schwangerschaft, nach der Entbindung und in der Stillzeit. [2] Das Gesetz ermöglicht es der Frau, ihre Beschäftigung oder sonstige Tätigkeit in dieser Zeit ohne Gefährdung ihrer Gesundheit oder der ihres Kindes fortzusetzen und wirkt Benachteiligungen während der Schwangerschaft, nach der Entbindung und in der Stillzeit entgegen. [3] Regelungen in anderen Arbeitsschutzgesetzen bleiben unberührt.

(2) [1] Dieses Gesetz gilt für Frauen in einer Beschäftigung im Sinne von § 7 Absatz 1 des Vierten Buches Sozialgesetzbuch. [2] Unabhängig davon, ob ein solches Beschäftigungsverhältnis vorliegt, gilt dieses Gesetz auch für

1. Frauen in betrieblicher Berufsbildung und Praktikantinnen im Sinne von § 26 des Berufsbildungsgesetzes,
2. Frauen mit Behinderung, die in einer Werkstatt für behinderte Menschen beschäftigt sind,
3. Frauen, die als Entwicklungshelferinnen im Sinne des Entwicklungshelfer-Gesetzes tätig sind, jedoch mit der Maßgabe, dass die §§ 18 bis 22 auf sie nicht anzuwenden sind,
4. Frauen, die als Freiwillige im Sinne des Jugendfreiwilligendienstegesetzes oder des Bundesfreiwilligendienstgesetzes tätig sind,
5. Frauen, die als Mitglieder einer geistlichen Genossenschaft, Diakonissen oder Angehörige einer ähnlichen Gemeinschaft auf einer Planstelle oder aufgrund eines Gestellungsvertrages für diese tätig werden, auch während der Zeit ihrer dortigen außerschulischen Ausbildung,

6. Frauen, die in Heimarbeit beschäftigt sind, und ihnen Gleichgestellte im Sinne von § 1 Absatz 1 und 2 des Heimarbeitsgesetzes, soweit sie am Stück mitarbeiten, jedoch mit der Maßgabe, dass die §§ 10 und 14 auf sie nicht anzuwenden sind und § 9 Absatz 1 bis 5 auf sie entsprechend anzuwenden ist,
7. Frauen, die wegen ihrer wirtschaftlichen Unselbstständigkeit als arbeitnehmerähnliche Person anzusehen sind, jedoch mit der Maßgabe, dass die §§ 18, 19 Absatz 2 und § 20 auf sie nicht anzuwenden sind, und
8. Schülerinnen und Studentinnen, soweit die Ausbildungsstelle Ort, Zeit und Ablauf der Ausbildungsveranstaltung verpflichtend vorgibt oder die ein im Rahmen der schulischen oder hochschulischen Ausbildung verpflichtend vorgegebenes Praktikum ableisten, jedoch mit der Maßgabe, dass die §§ 17 bis 24 auf sie nicht anzuwenden sind.

(3) [1] Das Gesetz gilt nicht für Beamtinnen und Richterinnen. [2] Das Gesetz gilt ebenso nicht für Soldatinnen, auch soweit die Voraussetzungen des Absatzes 2 erfüllt sind, es sei denn, sie werden aufgrund dienstlicher Anordnung oder Gestattung außerhalb des Geschäftsbereiches des Bundesministeriums der Verteidigung tätig.

(4) [1] Dieses Gesetz gilt für jede Person, die schwanger ist, ein Kind geboren hat oder stillt. [2] Die Absätze 2 und 3 gelten entsprechend.

§ 2 Begriffsbestimmungen. (1) [1] Arbeitgeber im Sinne dieses Gesetzes ist die natürliche oder juristische Person oder die rechtsfähige Personengesellschaft, die Personen nach § 1 Absatz 2 Satz 1 beschäftigt. [2] Dem Arbeitgeber stehen gleich:

1. die natürliche oder juristische Person oder die rechtsfähige Personengesellschaft, die Frauen im Fall von § 1 Absatz 2 Satz 2 Nummer 1 ausbildet oder für die Praktikantinnen im Fall von § 1 Absatz 2 Satz 2 Nummer 1 tätig sind,
2. der Träger der Werkstatt für behinderte Menschen im Fall von § 1 Absatz 2 Satz 2 Nummer 2,
3. der Träger des Entwicklungsdienstes im Fall von § 1 Absatz 2 Satz 2 Nummer 3,
4. die Einrichtung, in der der Freiwilligendienst nach dem Jugendfreiwilligendienstegesetz[1)] oder nach dem Bundesfreiwilligendienstgesetz[2)] im Fall von § 1 Absatz 2 Satz 2 Nummer 4 geleistet wird,
5. die geistliche Genossenschaft und ähnliche Gemeinschaft im Fall von § 1 Absatz 2 Satz 2 Nummer 5,
6. der Auftraggeber und der Zwischenmeister von Frauen im Fall von § 1 Absatz 2 Satz 2 Nummer 6,
7. die natürliche oder juristische Person oder die rechtsfähige Personengesellschaft, für die Frauen im Sinne von § 1 Absatz 2 Satz 2 Nummer 7 tätig sind, und

---

[1)] **Sartorius Nr. 390.**
[2)] **Sartorius Nr. 627.**

8. die natürliche oder juristische Person oder die rechtsfähige Personengesellschaft, mit der das Ausbildungs- oder Praktikumsverhältnis im Fall von § 1 Absatz 2 Satz 2 Nummer 8 besteht (Ausbildungsstelle).

(2) Eine Beschäftigung im Sinne der nachfolgenden Vorschriften erfasst jede Form der Betätigung, die eine Frau im Rahmen eines Beschäftigungsverhältnisses nach § 1 Absatz 2 Satz 1 oder die eine Frau im Sinne von § 1 Absatz 2 Satz 2 im Rahmen ihres Rechtsverhältnisses zu ihrem Arbeitgeber nach § 2 Absatz 1 Satz 2 ausübt.

(3) [1] Ein Beschäftigungsverbot im Sinne dieses Gesetzes ist nur ein Beschäftigungsverbot nach den §§ 3 bis 6, 10 Absatz 3, § 13 Absatz 1 Nummer 3 und § 16. [2] Für eine in Heimarbeit beschäftigte Frau und eine ihr Gleichgestellte tritt an die Stelle des Beschäftigungsverbots das Verbot der Ausgabe von Heimarbeit nach den §§ 3, 8, 13 Absatz 2 und § 16. [3] Für eine Frau, die wegen ihrer wirtschaftlichen Unselbstständigkeit als arbeitnehmerähnliche Person anzusehen ist, tritt an die Stelle des Beschäftigungsverbots nach Satz 1 die Befreiung von der vertraglich vereinbarten Leistungspflicht; die Frau kann sich jedoch gegenüber der dem Arbeitgeber gleichgestellten Person oder Gesellschaft im Sinne von Absatz 1 Satz 2 Nummer 7 dazu bereit erklären, die vertraglich vereinbarte Leistung zu erbringen.

(4) Alleinarbeit im Sinne dieses Gesetzes liegt vor, wenn der Arbeitgeber eine Frau an einem Arbeitsplatz in seinem räumlichen Verantwortungsbereich beschäftigt, ohne dass gewährleistet ist, dass sie jederzeit den Arbeitsplatz verlassen oder Hilfe erreichen kann.

(5) [1] Arbeitsentgelt im Sinne dieses Gesetzes ist das Arbeitsentgelt, das nach § 14 des Vierten Buches Sozialgesetzbuch in Verbindung mit einer aufgrund des § 17 des Vierten Buches Sozialgesetzbuch erlassenen Verordnung bestimmt wird. [2] Für Frauen im Sinne von § 1 Absatz 2 Satz 2 gilt als Arbeitsentgelt ihre jeweilige Vergütung.

Abschnitt 2. Gesundheitsschutz

Unterabschnitt 1. Arbeitszeitlicher Gesundheitsschutz

§ 3 Schutzfristen vor und nach der Entbindung. (1) [1] Der Arbeitgeber darf eine schwangere Frau in den letzten sechs Wochen vor der Entbindung nicht beschäftigen (Schutzfrist vor der Entbindung), soweit sie sich nicht zur Arbeitsleistung ausdrücklich bereit erklärt. [2] Sie kann die Erklärung nach Satz 1 jederzeit mit Wirkung für die Zukunft widerrufen. [3] Für die Berechnung der Schutzfrist vor der Entbindung ist der voraussichtliche Tag der Entbindung maßgeblich, wie er sich aus dem ärztlichen Zeugnis oder dem Zeugnis einer Hebamme oder eines Entbindungspflegers ergibt. [4] Entbindet eine Frau nicht am voraussichtlichen Tag, verkürzt oder verlängert sich die Schutzfrist vor der Entbindung entsprechend.

(2) [1] Der Arbeitgeber darf eine Frau bis zum Ablauf von acht Wochen nach der Entbindung nicht beschäftigen (Schutzfrist nach der Entbindung). [2] Die Schutzfrist nach der Entbindung verlängert sich auf zwölf Wochen

1. bei Frühgeburten,
2. bei Mehrlingsgeburten und,[1)]
3. wenn vor Ablauf von acht Wochen nach der Entbindung bei dem Kind eine Behinderung im Sinne von § 2 Absatz 1 Satz 1 des Neunten Buches Sozialgesetzbuch ärztlich festgestellt wird.

[3] Bei vorzeitiger Entbindung verlängert sich die Schutzfrist nach der Entbindung nach Satz 1 oder nach Satz 2 um den Zeitraum der Verkürzung der Schutzfrist vor der Entbindung nach Absatz 1 Satz 4. [4] Nach Satz 2 Nummer 3 verlängert sich die Schutzfrist nach der Entbindung nur, wenn die Frau dies beantragt.

(3) [1] Die Ausbildungsstelle darf eine Frau im Sinne von § 1 Absatz 2 Satz 2 Nummer 8 bereits in der Schutzfrist nach der Entbindung im Rahmen der schulischen oder hochschulischen Ausbildung tätig werden lassen, wenn die Frau dies ausdrücklich gegenüber ihrer Ausbildungsstelle verlangt. [2] Die Frau kann ihre Erklärung jederzeit mit Wirkung für die Zukunft widerrufen.

(4) [1] Der Arbeitgeber darf eine Frau nach dem Tod ihres Kindes bereits nach Ablauf der ersten zwei Wochen nach der Entbindung beschäftigen, wenn

1. die Frau dies ausdrücklich verlangt und
2. nach ärztlichem Zeugnis nichts dagegen spricht.

[2] Sie kann ihre Erklärung nach Satz 1 Nummer 1 jederzeit mit Wirkung für die Zukunft widerrufen.

§ 4 Verbot der Mehrarbeit; Ruhezeit. (1) [1] Der Arbeitgeber darf eine schwangere oder stillende Frau, die 18 Jahre oder älter ist, nicht mit einer Arbeit beschäftigen, die die Frau über achteinhalb Stunden täglich oder über 90 Stunden in der Doppelwoche hinaus zu leisten hat. [2] Eine schwangere oder stillende Frau unter 18 Jahren darf der Arbeitgeber nicht mit einer Arbeit beschäftigen, die die Frau über acht Stunden täglich oder über 80 Stunden in der Doppelwoche hinaus zu leisten hat. [3] In die Doppelwoche werden die Sonntage eingerechnet. [4] Der Arbeitgeber darf eine schwangere oder stillende Frau nicht in einem Umfang beschäftigen, der die vertraglich vereinbarte wöchentliche Arbeitszeit im Durchschnitt des Monats übersteigt. [5] Bei mehreren Arbeitgebern sind die Arbeitszeiten zusammenzurechnen.

(2) Der Arbeitgeber muss der schwangeren oder stillenden Frau nach Beendigung der täglichen Arbeitszeit eine ununterbrochene Ruhezeit von mindestens elf Stunden gewähren.

§ 5 Verbot der Nachtarbeit. (1) [1] Der Arbeitgeber darf eine schwangere oder stillende Frau nicht zwischen 20 Uhr und 6 Uhr beschäftigen. [2] Er darf sie bis 22 Uhr beschäftigen, wenn die Voraussetzungen des § 28 erfüllt sind.

(2) [1] Die Ausbildungsstelle darf eine schwangere oder stillende Frau im Sinne von § 1 Absatz 2 Satz 2 Nummer 8 nicht zwischen 20 Uhr und 6 Uhr im Rahmen der schulischen oder hochschulischen Ausbildung tätig werden lassen. [2] Die Ausbildungsstelle darf sie an Ausbildungsveranstaltungen bis 22 Uhr teilnehmen lassen, wenn

---

[1)] Zeichensetzung amtlich.

1. sich die Frau dazu ausdrücklich bereit erklärt,
2. die Teilnahme zu Ausbildungszwecken zu dieser Zeit erforderlich ist und
3. insbesondere eine unverantwortbare Gefährdung für die schwangere Frau oder ihr Kind durch Alleinarbeit ausgeschlossen ist.

[3] Die schwangere oder stillende Frau kann ihre Erklärung nach Satz 2 Nummer 1 jederzeit mit Wirkung für die Zukunft widerrufen.

§ 6 Verbot der Sonn- und Feiertagsarbeit. (1) [1] Der Arbeitgeber darf eine schwangere oder stillende Frau nicht an Sonn- und Feiertagen beschäftigen. [2] Er darf sie an Sonn- und Feiertagen nur dann beschäftigen, wenn

1. sich die Frau dazu ausdrücklich bereit erklärt,
2. eine Ausnahme vom allgemeinen Verbot der Arbeit an Sonn- und Feiertagen nach § 10 des Arbeitszeitgesetzes[1)] zugelassen ist,
3. der Frau in jeder Woche im Anschluss an eine ununterbrochene Nachtruhezeit von mindestens elf Stunden ein Ersatzruhetag gewährt wird und
4. insbesondere eine unverantwortbare Gefährdung für die schwangere Frau oder ihr Kind durch Alleinarbeit ausgeschlossen ist.

[3] Die schwangere oder stillende Frau kann ihre Erklärung nach Satz 2 Nummer 1 jederzeit mit Wirkung für die Zukunft widerrufen.

(2) [1] Die Ausbildungsstelle darf eine schwangere oder stillende Frau im Sinne von § 1 Absatz 2 Satz 2 Nummer 8 nicht an Sonn- und Feiertagen im Rahmen der schulischen oder hochschulischen Ausbildung tätig werden lassen. [2] Die Ausbildungsstelle darf sie an Ausbildungsveranstaltungen an Sonn- und Feiertagen teilnehmen lassen, wenn

1. sich die Frau dazu ausdrücklich bereit erklärt,
2. die Teilnahme zu Ausbildungszwecken zu dieser Zeit erforderlich ist,
3. der Frau in jeder Woche im Anschluss an eine ununterbrochene Nachtruhezeit von mindestens elf Stunden ein Ersatzruhetag gewährt wird und
4. insbesondere eine unverantwortbare Gefährdung für die schwangere Frau oder ihr Kind durch Alleinarbeit ausgeschlossen ist.

[3] Die schwangere oder stillende Frau kann ihre Erklärung nach Satz 2 Nummer 1 jederzeit mit Wirkung für die Zukunft widerrufen.

§ 7 Freistellung für Untersuchungen und zum Stillen. (1) [1] Der Arbeitgeber hat eine Frau für die Zeit freizustellen, die zur Durchführung der Untersuchungen im Rahmen der Leistungen der gesetzlichen Krankenversicherung bei Schwangerschaft und Mutterschaft erforderlich sind. [2] Entsprechendes gilt zugunsten einer Frau, die nicht in der gesetzlichen Krankenversicherung versichert ist.

(2) [1] Der Arbeitgeber hat eine stillende Frau auf ihr Verlangen während der ersten zwölf Monate nach der Entbindung für die zum Stillen erforderliche Zeit freizustellen, mindestens aber zweimal täglich für eine halbe Stunde oder einmal täglich für eine Stunde. [2] Bei einer zusammenhängenden Arbeitszeit von mehr als acht Stunden soll auf Verlangen der Frau zweimal eine Stillzeit von mindestens 45 Minuten oder, wenn in der Nähe der Arbeitsstätte keine

---

[1)] Nr. **78**.

Stillgelegenheit vorhanden ist, einmal eine Stillzeit von mindestens 90 Minuten gewährt werden. 3 Die Arbeitszeit gilt als zusammenhängend, wenn sie nicht durch eine Ruhepause von mehr als zwei Stunden unterbrochen wird.

§ 8 Beschränkung von Heimarbeit. (1) Der Auftraggeber oder Zwischenmeister darf Heimarbeit an eine schwangere in Heimarbeit beschäftigte Frau oder an eine ihr Gleichgestellte nur in solchem Umfang und mit solchen Fertigungsfristen ausgeben, dass die Arbeit werktags während einer achtstündigen Tagesarbeitszeit ausgeführt werden kann.

(2) Der Auftraggeber oder Zwischenmeister darf Heimarbeit an eine stillende in Heimarbeit beschäftigte Frau oder an eine ihr Gleichgestellte nur in solchem Umfang und mit solchen Fertigungsfristen ausgeben, dass die Arbeit werktags während einer siebenstündigen Tagesarbeitszeit ausgeführt werden kann.

Unterabschnitt 2. Betrieblicher Gesundheitsschutz

§ 9 Gestaltung der Arbeitsbedingungen; unverantwortbare Gefährdung. (1) 1 Der Arbeitgeber hat bei der Gestaltung der Arbeitsbedingungen einer schwangeren oder stillenden Frau alle aufgrund der Gefährdungsbeurteilung nach § 10 erforderlichen Maßnahmen für den Schutz ihrer physischen und psychischen Gesundheit sowie der ihres Kindes zu treffen. 2 Er hat die Maßnahmen auf ihre Wirksamkeit zu überprüfen und erforderlichenfalls den sich ändernden Gegebenheiten anzupassen. 3 Soweit es nach den Vorschriften dieses Gesetzes verantwortbar ist, ist der Frau auch während der Schwangerschaft, nach der Entbindung und in der Stillzeit die Fortführung ihrer Tätigkeiten zu ermöglichen. 4 Nachteile aufgrund der Schwangerschaft, der Entbindung oder der Stillzeit sollen vermieden oder ausgeglichen werden.

(2) 1 Der Arbeitgeber hat die Arbeitsbedingungen so zu gestalten, dass Gefährdungen einer schwangeren oder stillenden Frau oder ihres Kindes möglichst vermieden werden und eine unverantwortbare Gefährdung ausgeschlossen wird. 2 Eine Gefährdung ist unverantwortbar, wenn die Eintrittswahrscheinlichkeit einer Gesundheitsbeeinträchtigung angesichts der zu erwartenden Schwere des möglichen Gesundheitsschadens nicht hinnehmbar ist. 3 Eine unverantwortbare Gefährdung gilt als ausgeschlossen, wenn der Arbeitgeber alle Vorgaben einhält, die aller Wahrscheinlichkeit nach dazu führen, dass die Gesundheit einer schwangeren oder stillenden Frau oder ihres Kindes nicht beeinträchtigt wird.

(3) 1 Der Arbeitgeber hat sicherzustellen, dass die schwangere oder stillende Frau ihre Tätigkeit am Arbeitsplatz, soweit es für sie erforderlich ist, kurz unterbrechen kann. 2 Er hat darüber hinaus sicherzustellen, dass sich die schwangere oder stillende Frau während der Pausen und Arbeitsunterbrechungen unter geeigneten Bedingungen hinlegen, hinsetzen und ausruhen kann.

(4) 1 Alle Maßnahmen des Arbeitgebers nach diesem Unterabschnitt sowie die Beurteilung der Arbeitsbedingungen nach § 10 müssen dem Stand der Technik, der Arbeitsmedizin und der Hygiene sowie den sonstigen gesicherten wissenschaftlichen Erkenntnissen entsprechen. 2 Der Arbeitgeber hat bei seinen Maßnahmen die vom Ausschuss für Mutterschutz ermittelten und nach § 30 Absatz 4 im Gemeinsamen Ministerialblatt veröffentlichten Regeln und

Erkenntnisse zu berücksichtigen; bei Einhaltung dieser Regeln und bei Beachtung dieser Erkenntnisse ist davon auszugehen, dass die in diesem Gesetz gestellten Anforderungen erfüllt sind.

(5) Der Arbeitgeber kann zuverlässige und fachkundige Personen schriftlich damit beauftragen, ihm obliegende Aufgaben nach diesem Unterabschnitt in eigener Verantwortung wahrzunehmen.

(6) [1] Kosten für Maßnahmen nach diesem Gesetz darf der Arbeitgeber nicht den Personen auferlegen, die bei ihm beschäftigt sind. [2] Die Kosten für Zeugnisse und Bescheinigungen, die die schwangere oder stillende Frau auf Verlangen des Arbeitgebers vorzulegen hat, trägt der Arbeitgeber.

§ 10 Beurteilung der Arbeitsbedingungen; Schutzmaßnahmen.

(1) [1] Im Rahmen der Beurteilung der Arbeitsbedingungen nach § 5 des Arbeitsschutzgesetzes hat der Arbeitgeber für jede Tätigkeit

1. die Gefährdungen nach Art, Ausmaß und Dauer zu beurteilen, denen eine schwangere oder stillende Frau oder ihr Kind ausgesetzt ist oder sein kann, und
2. unter Berücksichtigung des Ergebnisses der Beurteilung der Gefährdung nach Nummer 1 zu ermitteln, ob für eine schwangere oder stillende Frau oder ihr Kind voraussichtlich
   a) keine Schutzmaßnahmen erforderlich sein werden,
   b) eine Umgestaltung der Arbeitsbedingungen nach § 13 Absatz 1 Nummer 1 erforderlich sein wird oder
   c) eine Fortführung der Tätigkeit der Frau an diesem Arbeitsplatz nicht möglich sein wird.

[2] Bei gleichartigen Arbeitsbedingungen ist die Beurteilung eines Arbeitsplatzes oder einer Tätigkeit ausreichend.

(2) [1] Sobald eine Frau dem Arbeitgeber mitgeteilt hat, dass sie schwanger ist oder stillt, hat der Arbeitgeber unverzüglich die nach Maßgabe der Gefährdungsbeurteilung nach Absatz 1 erforderlichen Schutzmaßnahmen festzulegen. [2] Zusätzlich hat der Arbeitgeber der Frau ein Gespräch über weitere Anpassungen ihrer Arbeitsbedingungen anzubieten.

(3) Der Arbeitgeber darf eine schwangere oder stillende Frau nur diejenigen Tätigkeiten ausüben lassen, für die er die erforderlichen Schutzmaßnahmen nach Absatz 2 Satz 1 getroffen hat.

§ 11 Unzulässige Tätigkeiten und Arbeitsbedingungen für schwangere Frauen. (1) [1] Der Arbeitgeber darf eine schwangere Frau keine Tätigkeiten ausüben lassen und sie keinen Arbeitsbedingungen aussetzen, bei denen sie in einem Maß Gefahrstoffen ausgesetzt ist oder sein kann, dass dies für sie oder für ihr Kind eine unverantwortbare Gefährdung darstellt. [2] Eine unverantwortbare Gefährdung im Sinne von Satz 1 liegt insbesondere vor, wenn die schwangere Frau Tätigkeiten ausübt oder Arbeitsbedingungen ausgesetzt ist, bei denen sie folgenden Gefahrstoffen ausgesetzt ist oder sein kann:

1. Gefahrstoffen, die nach den Kriterien des Anhangs I zur Verordnung (EG) *Nr. 1272/2008 des Europäischen* Parlaments und des Rates vom 16. Dezember 2008 über die Einstufung, Kennzeichnung und Verpackung von Stoffen und Gemischen, zur Änderung und Aufhebung der Richtlinien

67/548/EWG und 1999/45/EG und zur Änderung der Verordnung (EG) Nr. 1907/2006 (ABl. L 353 vom 31.12.2008, S. 1) zu bewerten sind

a) als reproduktionstoxisch nach der Kategorie 1A, 1B oder 2 oder nach der Zusatzkategorie für Wirkungen auf oder über die Laktation,

b) als keimzellmutagen nach der Kategorie 1A oder 1B,

c) als karzinogen nach der Kategorie 1A oder 1B,

d) als spezifisch zielorgantoxisch nach einmaliger Exposition nach der Kategorie 1 oder

e) als akut toxisch nach der Kategorie 1, 2 oder 3,

2. Blei und Bleiderivaten, soweit die Gefahr besteht, dass diese Stoffe vom menschlichen Körper aufgenommen werden, oder

3. Gefahrstoffen, die als Stoffe ausgewiesen sind, die auch bei Einhaltung der arbeitsplatzbezogenen Vorgaben möglicherweise zu einer Fruchtschädigung führen können.

[3] Eine unverantwortbare Gefährdung im Sinne von Satz 1 oder 2 gilt insbesondere als ausgeschlossen,

1. wenn

a) für den jeweiligen Gefahrstoff die arbeitsplatzbezogenen Vorgaben eingehalten werden und es sich um einen Gefahrstoff handelt, der als Stoff ausgewiesen ist, der bei Einhaltung der arbeitsplatzbezogenen Vorgaben hinsichtlich einer Fruchtschädigung als sicher bewertet wird, oder

b) der Gefahrstoff nicht in der Lage ist, die Plazentaschranke zu überwinden, oder aus anderen Gründen ausgeschlossen ist, dass eine Fruchtschädigung eintritt, und

2. wenn der Gefahrstoff nach den Kriterien des Anhangs I zur Verordnung (EG) Nr. 1272/2008 nicht als reproduktionstoxisch nach der Zusatzkategorie für Wirkungen auf oder über die Laktation zu bewerten ist.

[4] Die vom Ausschuss für Mutterschutz ermittelten wissenschaftlichen Erkenntnisse sind zu beachten.

(2) [1] Der Arbeitgeber darf eine schwangere Frau keine Tätigkeiten ausüben lassen und sie keinen Arbeitsbedingungen aussetzen, bei denen sie in einem Maß mit Biostoffen der Risikogruppe 2, 3 oder 4 im Sinne von § 3 Absatz 1 der Biostoffverordnung in Kontakt kommt oder kommen kann, dass dies für sie oder für ihr Kind eine unverantwortbare Gefährdung darstellt. [2] Eine unverantwortbare Gefährdung im Sinne von Satz 1 liegt insbesondere vor, wenn die schwangere Frau Tätigkeiten ausübt oder Arbeitsbedingungen ausgesetzt ist, bei denen sie mit folgenden Biostoffen in Kontakt kommt oder kommen kann:

1. mit Biostoffen, die in die Risikogruppe 4 im Sinne von § 3 Absatz 1 der Biostoffverordnung einzustufen sind, oder

2. mit Rötelnvirus oder mit Toxoplasma.

[3] Die Sätze 1 und 2 gelten auch, wenn der Kontakt mit Biostoffen im Sinne von Satz 1 oder 2 therapeutische Maßnahmen erforderlich macht oder machen kann, die selbst eine unverantwortbare Gefährdung darstellen. [4] Eine unverantwortbare Gefährdung im Sinne von Satz 1 oder 2 gilt insbesondere als ausgeschlossen, wenn die schwangere Frau über einen ausreichenden Immunschutz verfügt.

(3) [1] Der Arbeitgeber darf eine schwangere Frau keine Tätigkeiten ausüben lassen und sie keinen Arbeitsbedingungen aussetzen, bei denen sie physikalischen Einwirkungen in einem Maß ausgesetzt ist oder sein kann, dass dies für sie oder für ihr Kind eine unverantwortbare Gefährdung darstellt. [2] Als physikalische Einwirkungen im Sinne von Satz 1 sind insbesondere zu berücksichtigen:

1. ionisierende und nicht ionisierende Strahlungen,
2. Erschütterungen, Vibrationen und Lärm sowie
3. Hitze, Kälte und Nässe.

(4) [1] Der Arbeitgeber darf eine schwangere Frau keine Tätigkeiten ausüben lassen und sie keinen Arbeitsbedingungen aussetzen, bei denen sie einer belastenden Arbeitsumgebung in einem Maß ausgesetzt ist oder sein kann, dass dies für sie oder für ihr Kind eine unverantwortbare Gefährdung darstellt. [2] Der Arbeitgeber darf eine schwangere Frau insbesondere keine Tätigkeiten ausüben lassen

1. in Räumen mit einem Überdruck im Sinne von § 2 der Druckluftverordnung,
2. in Räumen mit sauerstoffreduzierter Atmosphäre oder
3. im Bergbau unter Tage.

(5) [1] Der Arbeitgeber darf eine schwangere Frau keine Tätigkeiten ausüben lassen und sie keinen Arbeitsbedingungen aussetzen, bei denen sie körperlichen Belastungen oder mechanischen Einwirkungen in einem Maß ausgesetzt ist oder sein kann, dass dies für sie oder für ihr Kind eine unverantwortbare Gefährdung darstellt. [2] Der Arbeitgeber darf eine schwangere Frau insbesondere keine Tätigkeiten ausüben lassen, bei denen

1. sie ohne mechanische Hilfsmittel regelmäßig Lasten von mehr als 5 Kilogramm Gewicht oder gelegentlich Lasten von mehr als 10 Kilogramm Gewicht von Hand heben, halten, bewegen oder befördern muss,
2. sie mit mechanischen Hilfsmitteln Lasten von Hand heben, halten, bewegen oder befördern muss und dabei ihre körperliche Beanspruchung der von Arbeiten nach Nummer 1 entspricht,
3. sie nach Ablauf des fünften Monats der Schwangerschaft überwiegend bewegungsarm ständig stehen muss und wenn diese Tätigkeit täglich vier Stunden überschreitet,
4. sie sich häufig erheblich strecken, beugen, dauernd hocken, sich gebückt halten oder sonstige Zwangshaltungen einnehmen muss,
5. sie auf Beförderungsmitteln eingesetzt wird, wenn dies für sie oder für ihr Kind eine unverantwortbare Gefährdung darstellt,
6. Unfälle, insbesondere durch Ausgleiten, Fallen oder Stürzen, oder Tätlichkeiten zu befürchten sind, die für sie oder für ihr Kind eine unverantwortbare Gefährdung darstellen,
7. sie eine Schutzausrüstung tragen muss und das Tragen eine Belastung darstellt oder
8. eine Erhöhung des Drucks im Bauchraum zu befürchten ist, insbesondere bei Tätigkeiten mit besonderer Fußbeanspruchung.

(6) Der Arbeitgeber darf eine schwangere Frau folgende Arbeiten nicht ausüben lassen:

1. Akkordarbeit oder sonstige Arbeiten, bei denen durch ein gesteigertes Arbeitstempo ein höheres Entgelt erzielt werden kann,
2. Fließarbeit oder
3. getaktete Arbeit mit vorgeschriebenem Arbeitstempo, wenn die Art der Arbeit oder das Arbeitstempo für die schwangere Frau oder für ihr Kind eine unverantwortbare Gefährdung darstellt.

§ 12 Unzulässige Tätigkeiten und Arbeitsbedingungen für stillende Frauen. (1) [1] Der Arbeitgeber darf eine stillende Frau keine Tätigkeiten ausüben lassen und sie keinen Arbeitsbedingungen aussetzen, bei denen sie in einem Maß Gefahrstoffen ausgesetzt ist oder sein kann, dass dies für sie oder für ihr Kind eine unverantwortbare Gefährdung darstellt. [2] Eine unverantwortbare Gefährdung im Sinne von Satz 1 liegt insbesondere vor, wenn die stillende Frau Tätigkeiten ausübt oder Arbeitsbedingungen ausgesetzt ist, bei denen sie folgenden Gefahrstoffen ausgesetzt ist oder sein kann:

1. Gefahrstoffen, die nach den Kriterien des Anhangs I zur Verordnung (EG) Nr. 1272/2008 als reproduktionstoxisch nach der Zusatzkategorie für Wirkungen auf oder über die Laktation zu bewerten sind oder
2. Blei und Bleiderivaten, soweit die Gefahr besteht, dass diese Stoffe vom menschlichen Körper aufgenommen werden.

(2) [1] Der Arbeitgeber darf eine stillende Frau keine Tätigkeiten ausüben lassen und sie keinen Arbeitsbedingungen aussetzen, bei denen sie in einem Maß mit Biostoffen der Risikogruppe 2, 3 oder 4 im Sinne von § 3 Absatz 1 der Biostoffverordnung in Kontakt kommt oder kommen kann, dass dies für sie oder für ihr Kind eine unverantwortbare Gefährdung darstellt. [2] Eine unverantwortbare Gefährdung im Sinne von Satz 1 liegt insbesondere vor, wenn die stillende Frau Tätigkeiten ausübt oder Arbeitsbedingungen ausgesetzt ist, bei denen sie mit Biostoffen in Kontakt kommt oder kommen kann, die in die Risikogruppe 4 im Sinne von § 3 Absatz 1 der Biostoffverordnung einzustufen sind. [3] Die Sätze 1 und 2 gelten auch, wenn der Kontakt mit Biostoffen im Sinne von Satz 1 oder 2 therapeutische Maßnahmen erforderlich macht oder machen kann, die selbst eine unverantwortbare Gefährdung darstellen. [4] Eine unverantwortbare Gefährdung im Sinne von Satz 1 oder 2 gilt als ausgeschlossen, wenn die stillende Frau über einen ausreichenden Immunschutz verfügt.

(3) [1] Der Arbeitgeber darf eine stillende Frau keine Tätigkeiten ausüben lassen und sie keinen Arbeitsbedingungen aussetzen, bei denen sie physikalischen Einwirkungen in einem Maß ausgesetzt ist oder sein kann, dass dies für sie oder für ihr Kind eine unverantwortbare Gefährdung darstellt. [2] Als physikalische Einwirkungen im Sinne von Satz 1 sind insbesondere ionisierende und nicht ionisierende Strahlungen zu berücksichtigen.

(4) [1] Der Arbeitgeber darf eine stillende Frau keine Tätigkeiten ausüben lassen und sie keinen Arbeitsbedingungen aussetzen, bei denen sie einer belastenden Arbeitsumgebung in einem Maß ausgesetzt ist oder sein kann, dass dies für sie oder für ihr Kind eine unverantwortbare Gefährdung darstellt. [2] Der Arbeitgeber darf eine stillende Frau insbesondere keine Tätigkeiten ausüben lassen

1. in Räumen mit einem Überdruck im Sinne von § 2 der Druckluftverordnung oder

2. im Bergbau unter Tage.

(5) Der Arbeitgeber darf eine stillende Frau folgende Arbeiten nicht ausüben lassen:

1. Akkordarbeit oder sonstige Arbeiten, bei denen durch ein gesteigertes Arbeitstempo ein höheres Entgelt erzielt werden kann,
2. Fließarbeit oder
3. getaktete Arbeit mit vorgeschriebenem Arbeitstempo, wenn die Art der Arbeit oder das Arbeitstempo für die stillende Frau oder für ihr Kind eine unverantwortbare Gefährdung darstellt.

§ 13 Rangfolge der Schutzmaßnahmen: Umgestaltung der Arbeitsbedingungen, Arbeitsplatzwechsel und betriebliches Beschäftigungsverbot. (1) Werden unverantwortbare Gefährdungen im Sinne von § 9, § 11 oder § 12 festgestellt, hat der Arbeitgeber für jede Tätigkeit einer schwangeren oder stillenden Frau Schutzmaßnahmen in folgender Rangfolge zu treffen:

1. Der Arbeitgeber hat die Arbeitsbedingungen für die schwangere oder stillende Frau durch Schutzmaßnahmen nach Maßgabe des § 9 Absatz 2 umzugestalten.
2. Kann der Arbeitgeber unverantwortbare Gefährdungen für die schwangere oder stillende Frau nicht durch die Umgestaltung der Arbeitsbedingungen nach Nummer 1 ausschließen oder ist eine Umgestaltung wegen des nachweislich unverhältnismäßigen Aufwandes nicht zumutbar, hat der Arbeitgeber die Frau an einem anderen geeigneten Arbeitsplatz einzusetzen, wenn er einen solchen Arbeitsplatz zur Verfügung stellen kann und dieser Arbeitsplatz der schwangeren oder stillenden Frau zumutbar ist.
3. Kann der Arbeitgeber unverantwortbare Gefährdungen für die schwangere oder stillende Frau weder durch Schutzmaßnahmen nach Nummer 1 noch durch einen Arbeitsplatzwechsel nach Nummer 2 ausschließen, darf er die schwangere oder stillende Frau nicht weiter beschäftigen.

(2) Der Auftraggeber oder Zwischenmeister darf keine Heimarbeit an schwangere oder stillende Frauen ausgeben, wenn unverantwortbare Gefährdungen nicht durch Schutzmaßnahmen nach Absatz 1 Nummer 1 ausgeschlossen werden können.

§ 14 Dokumentation und Information durch den Arbeitgeber.

(1) [1] Der Arbeitgeber hat die Beurteilung der Arbeitsbedingungen nach § 10 durch Unterlagen zu dokumentieren, aus denen Folgendes ersichtlich ist:

1. das Ergebnis der Gefährdungsbeurteilung nach § 10 Absatz 1 Satz 1 Nummer 1 und der Bedarf an Schutzmaßnahmen nach § 10 Absatz 1 Satz 1 Nummer 2,
2. die Festlegung der erforderlichen Schutzmaßnahmen nach § 10 Absatz 2 Satz 1 sowie das Ergebnis ihrer Überprüfung nach § 9 Absatz 1 Satz 2 und
3. *das Angebot eines Gesprächs* mit der Frau über weitere Anpassungen ihrer Arbeitsbedingungen nach § 10 Absatz 2 Satz 2 oder der Zeitpunkt eines solchen Gesprächs.

[2] Wenn die Beurteilung nach § 10 Absatz 1 ergibt, dass die schwangere oder stillende Frau oder ihr Kind keiner Gefährdung im Sinne von § 9 Absatz 2 ausgesetzt ist oder sein kann, reicht es aus, diese Feststellung in einer für den Arbeitsplatz der Frau oder für die Tätigkeit der Frau bereits erstellten Dokumentation der Beurteilung der Arbeitsbedingungen nach § 5 des Arbeitsschutzgesetzes zu vermerken.

(2) Der Arbeitgeber hat alle Personen, die bei ihm beschäftigt sind, über das Ergebnis der Gefährdungsbeurteilung nach § 10 Absatz 1 Satz 1 Nummer 1 und über den Bedarf an Schutzmaßnahmen nach § 10 Absatz 1 Satz 1 Nummer 2 zu informieren.

(3) Der Arbeitgeber hat eine schwangere oder stillende Frau über die Gefährdungsbeurteilung nach § 10 Absatz 1 Satz 1 Nummer 1 und über die damit verbundenen für sie erforderlichen Schutzmaßnahmen nach § 10 Absatz 2 Satz 1 in Verbindung mit § 13 zu informieren.

§ 15 Mitteilungen und Nachweise der schwangeren und stillenden Frauen. (1) [1] Eine schwangere Frau soll ihrem Arbeitgeber ihre Schwangerschaft und den voraussichtlichen Tag der Entbindung mitteilen, sobald sie weiß, dass sie schwanger ist. [2] Eine stillende Frau soll ihrem Arbeitgeber so früh wie möglich mitteilen, dass sie stillt.

(2) [1] Auf Verlangen des Arbeitgebers soll eine schwangere Frau als Nachweis über ihre Schwangerschaft ein ärztliches Zeugnis oder das Zeugnis einer Hebamme oder eines Entbindungspflegers vorlegen. [2] Das Zeugnis über die Schwangerschaft soll den voraussichtlichen Tag der Entbindung enthalten.

Unterabschnitt 3. Ärztlicher Gesundheitsschutz

§ 16 Ärztliches Beschäftigungsverbot. (1) Der Arbeitgeber darf eine schwangere Frau nicht beschäftigen, soweit nach einem ärztlichen Zeugnis ihre Gesundheit oder die ihres Kindes bei Fortdauer der Beschäftigung gefährdet ist.

(2) Der Arbeitgeber darf eine Frau, die nach einem ärztlichen Zeugnis in den ersten Monaten nach der Entbindung nicht voll leistungsfähig ist, nicht mit Arbeiten beschäftigen, die ihre Leistungsfähigkeit übersteigen.

Abschnitt 3. Kündigungsschutz

§ 17 Kündigungsverbot. (1) [1] Die Kündigung gegenüber einer Frau ist unzulässig

1. während ihrer Schwangerschaft,
2. bis zum Ablauf von vier Monaten nach einer Fehlgeburt nach der zwölften Schwangerschaftswoche und
3. bis zum Ende ihrer Schutzfrist nach der Entbindung, mindestens jedoch bis zum Ablauf von vier Monaten nach der Entbindung,

wenn dem Arbeitgeber zum Zeitpunkt der Kündigung die Schwangerschaft, die Fehlgeburt nach der zwölften Schwangerschaftswoche oder die Entbindung bekannt ist oder wenn sie ihm innerhalb von zwei Wochen nach Zugang der Kündigung mitgeteilt wird. [2] Das Überschreiten dieser Frist ist unschädlich, wenn die Überschreitung auf einem von der Frau nicht zu vertretenden Grund beruht und die Mitteilung unverzüglich nachgeholt wird. [3] Die Sätze 1 und 2 gelten entsprechend für Vorbereitungsmaßnahmen des Arbeitgebers, die er im Hinblick auf eine Kündigung der Frau trifft.

(2) [1] Die für den Arbeitsschutz zuständige oberste Landesbehörde oder die von ihr bestimmte Stelle kann in besonderen Fällen, die nicht mit dem Zustand der Frau in der Schwangerschaft, nach einer Fehlgeburt nach der zwölften Schwangerschaftswoche oder nach der Entbindung in Zusammenhang stehen, ausnahmsweise die Kündigung für zulässig erklären. [2] Die Kündigung bedarf der Schriftform und muss den Kündigungsgrund angeben.

(3) [1] Der Auftraggeber oder Zwischenmeister darf eine in Heimarbeit beschäftigte Frau in den Fristen nach Absatz 1 Satz 1 nicht gegen ihren Willen bei der Ausgabe von Heimarbeit ausschließen; die §§ 3, 8, 11, 12, 13 Absatz 2 und § 16 bleiben unberührt. [2] Absatz 1 gilt auch für eine Frau, die der in Heimarbeit beschäftigten Frau gleichgestellt ist und deren Gleichstellung sich auch auf § 29 des Heimarbeitsgesetzes erstreckt. [3] Absatz 2 gilt für eine in Heimarbeit beschäftigte Frau und eine ihr Gleichgestellte entsprechend.

Abschnitt 4. Leistungen

§ 18 Mutterschutzlohn. [1] Eine Frau, die wegen eines Beschäftigungsverbots außerhalb der Schutzfristen vor oder nach der Entbindung teilweise oder gar nicht beschäftigt werden darf, erhält von ihrem Arbeitgeber Mutterschutzlohn. [2] Als Mutterschutzlohn wird das durchschnittliche Arbeitsentgelt der letzten drei abgerechneten Kalendermonate vor dem Eintritt der Schwangerschaft gezahlt. [3] Dies gilt auch, wenn wegen dieses Verbots die Beschäftigung oder die Entlohnungsart wechselt. [4] Beginnt das Beschäftigungsverhältnis erst nach Eintritt der Schwangerschaft, ist das durchschnittliche Arbeitsentgelt aus dem Arbeitsentgelt der ersten drei Monate der Beschäftigung zu berechnen.

§ 19[1)] Mutterschaftsgeld. (1) Eine Frau, die Mitglied einer gesetzlichen Krankenkasse ist, erhält für die Zeit der Schutzfristen vor und nach der Entbindung sowie für den Entbindungstag Mutterschaftsgeld nach den Vorschriften des Fünften Buches Sozialgesetzbuch oder nach den Vorschriften des Zweiten Gesetzes über die Krankenversicherung der Landwirte.

(2) [1] Eine Frau, die nicht Mitglied einer gesetzlichen Krankenkasse ist, erhält für die Zeit der Schutzfristen vor und nach der Entbindung sowie für den Entbindungstag Mutterschaftsgeld zu Lasten des Bundes in entsprechender Anwendung der Vorschriften des Fünften Buches Sozialgesetzbuch über das Mutterschaftsgeld, jedoch insgesamt höchstens 210 Euro. [2] Das Mutterschaftsgeld wird dieser Frau auf Antrag vom Bundesamt für Soziale Sicherung gezahlt. [3] Endet das Beschäftigungsverhältnis nach Maßgabe von § 17 Absatz 2 durch eine Kündigung, erhält die Frau Mutterschaftsgeld in entsprechender Anwendung der Sätze 1 und 2 für die Zeit nach dem Ende des Beschäftigungsverhältnisses.

§ 20 Zuschuss zum Mutterschaftsgeld. (1) [1] Eine Frau erhält während ihres bestehenden Beschäftigungsverhältnisses für die Zeit der Schutzfristen vor und nach der Entbindung sowie für den Entbindungstag von ihrem

---

1) § 19 Abs. 2 Satz 2 geänd. mWv 1.1.2020 durch G v. 12.12.2019 (BGBl. I S. 2652).

Arbeitgeber einen Zuschuss zum Mutterschaftsgeld. [2] Als Zuschuss zum Mutterschaftsgeld wird der Unterschiedsbetrag zwischen 13 Euro und dem um die gesetzlichen Abzüge verminderten durchschnittlichen kalendertäglichen Arbeitsentgelt der letzten drei abgerechneten Kalendermonate vor Beginn der Schutzfrist vor der Entbindung gezahlt. [3] Einer Frau, deren Beschäftigungsverhältnis während der Schutzfristen vor oder nach der Entbindung beginnt, wird der Zuschuss zum Mutterschaftsgeld von Beginn des Beschäftigungsverhältnisses an gezahlt.

(2) [1] Ist eine Frau für mehrere Arbeitgeber tätig, sind für die Berechnung des Arbeitgeberzuschusses nach Absatz 1 die durchschnittlichen kalendertäglichen Arbeitsentgelte aus diesen Beschäftigungsverhältnissen zusammenzurechnen. [2] Den sich daraus ergebenden Betrag zahlen die Arbeitgeber anteilig im Verhältnis der von ihnen gezahlten durchschnittlichen kalendertäglichen Arbeitsentgelte.

(3) [1] Endet das Beschäftigungsverhältnis nach Maßgabe von § 17 Absatz 2 durch eine Kündigung, erhält die Frau für die Zeit nach dem Ende des Beschäftigungsverhältnisses den Zuschuss zum Mutterschaftsgeld nach Absatz 1 von der für die Zahlung des Mutterschaftsgeldes zuständigen Stelle. [2] Satz 1 gilt entsprechend, wenn der Arbeitgeber wegen eines Insolvenzereignisses im Sinne von § 165 Absatz 1 Satz 2 des Dritten Buches Sozialgesetzbuch den Zuschuss nach Absatz 1 nicht zahlen kann.

§ 21 Ermittlung des durchschnittlichen Arbeitsentgelts. (1) [1] Bei der Bestimmung des Berechnungszeitraumes für die Ermittlung des durchschnittlichen Arbeitsentgelts für die Leistungen nach den §§ 18 bis 20 bleiben Zeiten unberücksichtigt, in denen die Frau infolge unverschuldeter Fehlzeiten kein Arbeitsentgelt erzielt hat. [2] War das Beschäftigungsverhältnis kürzer als drei Monate, ist der Berechnung der tatsächliche Zeitraum des Beschäftigungsverhältnisses zugrunde zu legen.

(2) Für die Ermittlung des durchschnittlichen Arbeitsentgelts für die Leistungen nach den §§ 18 bis 20 bleiben unberücksichtigt:

1. einmalig gezahltes Arbeitsentgelt im Sinne von § 23a des Vierten Buches Sozialgesetzbuch,
2. Kürzungen des Arbeitsentgelts, die im Berechnungszeitraum infolge von Kurzarbeit, Arbeitsausfällen oder unverschuldetem Arbeitsversäumnis eintreten, und
3. im Fall der Beendigung der Elternzeit nach dem Bundeselterngeld- und Elternzeitgesetz[1)] das Arbeitsentgelt aus Teilzeitbeschäftigung, das vor der Beendigung der Elternzeit während der Elternzeit erzielt wurde, soweit das *durchschnittliche* Arbeitsentgelt ohne die Berücksichtigung der Zeiten, in denen dieses Arbeitsentgelt erzielt wurde, höher ist.

(3) Ist die Ermittlung des durchschnittlichen Arbeitsentgelts entsprechend den Absätzen 1 und 2 nicht möglich, ist das durchschnittliche kalendertägliche Arbeitsentgelt einer vergleichbar beschäftigten Person zugrunde zu legen.

---

1) Nr. **45e**.

(4) Bei einer dauerhaften Änderung der Arbeitsentgelthöhe ist die geänderte Arbeitsentgelthöhe bei der Ermittlung des durchschnittlichen Arbeitsentgelts für die Leistungen nach den §§ 18 bis 20 zugrunde zu legen, und zwar

1. für den gesamten Berechnungszeitraum, wenn die Änderung während des Berechnungszeitraums wirksam wird,
2. ab Wirksamkeit der Änderung der Arbeitsentgelthöhe, wenn die Änderung der Arbeitsentgelthöhe nach dem Berechnungszeitraum wirksam wird.

§ 22 Leistungen während der Elternzeit. [1] Während der Elternzeit sind Ansprüche auf Leistungen nach den §§ 18 und 20 aus dem wegen der Elternzeit ruhenden Arbeitsverhältnis ausgeschlossen. [2] Übt die Frau während der Elternzeit eine Teilzeitarbeit aus, ist für die Ermittlung des durchschnittlichen Arbeitsentgelts nur das Arbeitsentgelt aus dieser Teilzeitarbeit zugrunde zu legen.

§ 23 Entgelt bei Freistellung für Untersuchungen und zum Stillen.

(1) [1] Durch die Gewährung der Freistellung nach § 7 darf bei der schwangeren oder stillenden Frau kein Entgeltausfall eintreten. [2] Freistellungszeiten sind weder vor- noch nachzuarbeiten. [3] Sie werden nicht auf Ruhepausen angerechnet, die im Arbeitszeitgesetz[1)] oder in anderen Vorschriften festgelegt sind.

(2) [1] Der Auftraggeber oder Zwischenmeister hat einer in Heimarbeit beschäftigten Frau und der ihr Gleichgestellten für die Stillzeit ein Entgelt zu zahlen, das nach der Höhe des durchschnittlichen Stundenentgelts für jeden Werktag zu berechnen ist. [2] Ist eine Frau für mehrere Auftraggeber oder Zwischenmeister tätig, haben diese das Entgelt für die Stillzeit zu gleichen Teilen zu zahlen. [3] Auf das Entgelt finden die Vorschriften der §§ 23 bis 25 des Heimarbeitsgesetzes über den Entgeltschutz Anwendung.

§ 24 Fortbestehen des Erholungsurlaubs bei Beschäftigungsverboten. [1] Für die Berechnung des Anspruchs auf bezahlten Erholungsurlaub gelten die Ausfallzeiten wegen eines Beschäftigungsverbots als Beschäftigungszeiten. [2] Hat eine Frau ihren Urlaub vor Beginn eines Beschäftigungsverbots nicht oder nicht vollständig erhalten, kann sie nach dem Ende des Beschäftigungsverbots den Resturlaub im laufenden oder im nächsten Urlaubsjahr beanspruchen.

§ 25 Beschäftigung nach dem Ende des Beschäftigungsverbots. Mit dem Ende eines Beschäftigungsverbots im Sinne von § 2 Absatz 3 hat eine Frau das Recht, entsprechend den vertraglich vereinbarten Bedingungen beschäftigt zu werden.

Abschnitt 5. Durchführung des Gesetzes

§ 26 Aushang des Gesetzes. (1) [1] In Betrieben und Verwaltungen, in denen regelmäßig mehr als drei Frauen beschäftigt werden, hat der Arbeitgeber eine Kopie dieses Gesetzes an geeigneter Stelle zur Einsicht auszulegen *oder auszuhängen.* [2] *Dies gilt nicht*, wenn er das Gesetz für die Personen, die

1) Nr. **78**.

bei ihm beschäftigt sind, in einem elektronischen Verzeichnis jederzeit zugänglich gemacht hat.

(2) [1] Für eine in Heimarbeit beschäftigte Frau oder eine ihr Gleichgestellte muss der Auftraggeber oder Zwischenmeister in den Räumen der Ausgabe oder Abnahme von Heimarbeit eine Kopie dieses Gesetzes an geeigneter Stelle zur Einsicht auslegen oder aushängen. [2] Absatz 1 Satz 2 gilt entsprechend.

§ 27 Mitteilungs- und Aufbewahrungspflichten des Arbeitgebers, Offenbarungsverbot der mit der Überwachung beauftragten Personen. (1) [1] Der Arbeitgeber hat die Aufsichtsbehörde unverzüglich zu benachrichtigen,

1. wenn eine Frau ihm mitgeteilt hat,
   a) dass sie schwanger ist oder
   b) dass sie stillt, es sei denn, er hat die Aufsichtsbehörde bereits über die Schwangerschaft dieser Frau benachrichtigt, oder
2. wenn er beabsichtigt, eine schwangere oder stillende Frau zu beschäftigen
   a) bis 22 Uhr nach den Vorgaben des § 5 Absatz 2 Satz 2 und 3,
   b) an Sonn- und Feiertagen nach den Vorgaben des § 6 Absatz 1 Satz 2 und 3 oder Absatz 2 Satz 2 und 3 oder
   c) mit getakteter Arbeit im Sinne von § 11 Absatz 6 Nummer 3 oder § 12 Absatz 5 Nummer 3.

[2] Er darf diese Informationen nicht unbefugt an Dritte weitergeben.

(2) [1] Der Arbeitgeber hat der Aufsichtsbehörde auf Verlangen die Angaben zu machen, die zur Erfüllung der Aufgaben dieser Behörde erforderlich sind. [2] Er hat die Angaben wahrheitsgemäß, vollständig und rechtzeitig zu machen.

(3) Der Arbeitgeber hat der Aufsichtsbehörde auf Verlangen die Unterlagen zur Einsicht vorzulegen oder einzusenden, aus denen Folgendes ersichtlich ist:

1. die Namen der schwangeren oder stillenden Frauen, die bei ihm beschäftigt sind,
2. die Art und der zeitliche Umfang ihrer Beschäftigung,
3. die Entgelte, die an sie gezahlt worden sind,
4. die Ergebnisse der Beurteilung der Arbeitsbedingungen nach § 10 und
5. alle sonstigen nach Absatz 2 erforderlichen Angaben.

(4) [1] Die auskunftspflichtige Person kann die Auskunft auf solche Fragen oder die Vorlage derjenigen Unterlagen verweigern, deren Beantwortung oder Vorlage sie selbst oder einen ihrer in § 383 Absatz 1 Nummer 1 bis 3 der Zivilprozessordung bezeichneten Angehörigen der Gefahr der Verfolgung wegen einer Straftat oder Ordnungswidrigkeit aussetzen würde. [2] Die auskunftspflichtige Person ist darauf hinzuweisen.

(5) Der Arbeitgeber hat die in Absatz 3 genannten Unterlagen mindestens bis zum Ablauf von zwei Jahren nach der letzten Eintragung aufzubewahren.

(6) [1] Die mit der Überwachung beauftragten Personen der Aufsichtsbehörde dürfen die ihnen bei ihrer Überwachungstätigkeit zur Kenntnis gelangten Geschäfts- und Betriebsgeheimnisse nur in den gesetzlich geregelten Fällen

oder zur Verfolgung von Rechtsverstößen oder zur Erfüllung von gesetzlich geregelten Aufgaben zum Schutz der Umwelt den dafür zuständigen Behörden offenbaren. [2] Soweit es sich bei Geschäfts- und Betriebsgeheimnissen um Informationen über die Umwelt im Sinne des Umweltinformationsgesetzes handelt, richtet sich die Befugnis zu ihrer Offenbarung nach dem Umweltinformationsgesetz[1)].

§ 28 Behördliches Genehmigungsverfahren für eine Beschäftigung zwischen 20 Uhr und 22 Uhr. (1) [1] Die Aufsichtsbehörde kann abweichend von § 5 Absatz 1 Satz 1 auf Antrag des Arbeitgebers genehmigen, dass eine schwangere oder stillende Frau zwischen 20 Uhr und 22 Uhr beschäftigt wird, wenn

1. sich die Frau dazu ausdrücklich bereit erklärt,
2. nach ärztlichem Zeugnis nichts gegen die Beschäftigung der Frau bis 22 Uhr spricht und
3. insbesondere eine unverantwortbare Gefährdung für die schwangere Frau oder ihr Kind durch Alleinarbeit ausgeschlossen ist.

[2] Dem Antrag ist die Dokumentation der Beurteilung der Arbeitsbedingungen nach § 14 Absatz 1 beizufügen. [3] Die schwangere oder stillende Frau kann ihre Erklärung nach Satz 1 Nummer 1 jederzeit mit Wirkung für die Zukunft widerrufen.

(2) [1] Solange die Aufsichtsbehörde den Antrag nicht ablehnt oder die Beschäftigung zwischen 20 Uhr und 22 Uhr nicht vorläufig untersagt, darf der Arbeitgeber die Frau unter den Voraussetzungen des Absatzes 1 beschäftigen. [2] Die Aufsichtsbehörde hat dem Arbeitgeber nach Eingang des Antrags unverzüglich eine Mitteilung zu machen, wenn die für den Antrag nach Absatz 1 erforderlichen Unterlagen unvollständig sind. [3] Die Aufsichtsbehörde kann die Beschäftigung vorläufig untersagen, soweit dies erforderlich ist, um den Schutz der Gesundheit der Frau oder ihres Kindes sicherzustellen.

(3) [1] Lehnt die Aufsichtsbehörde den Antrag nicht innerhalb von sechs Wochen nach Eingang des vollständigen Antrags ab, gilt die Genehmigung als erteilt. [2] Auf Verlangen ist dem Arbeitgeber der Eintritt der Genehmigungsfiktion (§ 42a des Verwaltungsverfahrensgesetzes[2)]) zu bescheinigen.

(4) Im Übrigen gelten die Vorschriften des Verwaltungsverfahrensgesetzes.

§ 29 Zuständigkeit und Befugnisse der Aufsichtsbehörden, Jahresbericht. (1) Die Aufsicht über die Ausführung der Vorschriften dieses Gesetzes und der aufgrund dieses Gesetzes erlassenen Vorschriften obliegt den nach Landesrecht zuständigen Behörden (Aufsichtsbehörden).

(2) [1] Die Aufsichtsbehörden haben dieselben Befugnisse wie die nach § 22 Absatz 2 und 3 des Arbeitsschutzgesetzes mit der Überwachung beauftragten Personen. [2] Das Grundrecht der Unverletzlichkeit der Wohnung (Artikel 13 des Grundgesetzes[3)]) wird insoweit eingeschränkt.

(3) [1] Die Aufsichtsbehörde kann in Einzelfällen die erforderlichen Maßnahmen anordnen, die der Arbeitgeber zur Erfüllung derjenigen Pflichten zu

---

[1)] *Sartorius Nr. 294.*
[2)] **Sartorius Nr. 100.**
[3)] Nr. **1**.

treffen hat, die sich aus Abschnitt 2 dieses Gesetzes und aus den aufgrund des § 31 Nummer 1 bis 5 erlassenen Rechtsverordnungen ergeben. [2] Insbesondere kann die Aufsichtsbehörde:

1. in besonders begründeten Einzelfällen Ausnahmen vom Verbot der Mehrarbeit nach § 4 Absatz 1 Satz 1, 2 oder 4 sowie vom Verbot der Nachtarbeit auch zwischen 22 Uhr und 6 Uhr nach § 5 Absatz 1 Satz 1 oder Absatz 2 Satz 1 bewilligen, wenn
   a) sich die Frau dazu ausdrücklich bereit erklärt,
   b) nach ärztlichem Zeugnis nichts gegen die Beschäftigung spricht und
   c) in den Fällen des § 5 Absatz 1 Satz 1 oder Absatz 2 Satz 1 insbesondere eine unverantwortbare Gefährdung für die schwangere Frau oder ihr Kind durch Alleinarbeit ausgeschlossen ist,
2. verbieten, dass ein Arbeitgeber eine schwangere oder stillende Frau
   a) nach § 5 Absatz 2 Satz 2 zwischen 20 Uhr und 22 Uhr beschäftigt oder
   b) nach § 6 Absatz 1 Satz 2 oder nach § 6 Absatz 2 Satz 2 an Sonn- und Feiertagen beschäftigt,
3. Einzelheiten zur Freistellung zum Stillen nach § 7 Absatz 2 und zur Bereithaltung von Räumlichkeiten, die zum Stillen geeignet sind, anordnen,
4. Einzelheiten zur zulässigen Arbeitsmenge nach § 8 anordnen,
5. Schutzmaßnahmen nach § 9 Absatz 1 bis 3 und nach § 13 anordnen,
6. Einzelheiten zu Art und Umfang der Beurteilung der Arbeitsbedingungen nach § 10 anordnen,
7. bestimmte Tätigkeiten oder Arbeitsbedingungen nach § 11 oder nach § 12 verbieten,
8. Ausnahmen von den Vorschriften des § 11 Absatz 6 Nummer 1 und 2 und des § 12 Absatz 5 Nummer 1 und 2 bewilligen, wenn die Art der Arbeit und das Arbeitstempo keine unverantwortbare Gefährdung für die schwangere oder stillende Frau oder für ihr Kind darstellen, und
9. Einzelheiten zu Art und Umfang der Dokumentation und Information nach § 14 anordnen.

[3] Die schwangere oder stillende Frau kann ihre Erklärung nach Satz 2 Nummer 1 Buchstabe a jederzeit mit Wirkung für die Zukunft widerrufen.

(4) Die Aufsichtsbehörde berät den Arbeitgeber bei der Erfüllung seiner Pflichten nach diesem Gesetz sowie die bei ihm beschäftigten Personen zu ihren Rechten und Pflichten nach diesem Gesetz; dies gilt nicht für die Rechte und Pflichten nach den §§ 18 bis 22.

(5) Für Betriebe und Verwaltungen im Geschäftsbereich des Bundesministeriums der Verteidigung wird die Aufsicht nach Absatz 1 durch das Bundesministerium der Verteidigung oder die von ihm bestimmte Stelle in eigener Zuständigkeit durchgeführt.

(6) [1] Die zuständigen obersten Landesbehörden haben über die Überwachungstätigkeit der ihnen unterstellten Behörden einen Jahresbericht zu veröffentlichen. [2] Der Jahresbericht umfasst auch Angaben zur Erfüllung von Unterrichtungspflichten aus internationalen Übereinkommen oder Rechtsakten der Europäischen Union, soweit sie den Mutterschutz betreffen.

§ 30 Ausschuss für Mutterschutz. (1) [1] Beim Bundesministerium für Familie, Senioren, Frauen und Jugend wird ein Ausschuss für Mutterschutz gebildet, in dem geeignete Personen vonseiten der öffentlichen und privaten Arbeitgeber, der Ausbildungsstellen, der Gewerkschaften, der Studierendenvertretungen und der Landesbehörden sowie weitere geeignete Personen, insbesondere aus der Wissenschaft, vertreten sein sollen. [2] Dem Ausschuss sollen nicht mehr als 15 Mitglieder angehören. [3] Für jedes Mitglied ist ein stellvertretendes Mitglied zu benennen. [4] Die Mitgliedschaft im Ausschuss für Mutterschutz ist ehrenamtlich.

(2) [1] Das Bundesministerium für Familie, Senioren, Frauen und Jugend beruft im Einvernehmen mit dem Bundesministerium für Arbeit und Soziales, dem Bundesministerium für Gesundheit und dem Bundesministerium für Bildung und Forschung die Mitglieder des Ausschusses für Mutterschutz und die stellvertretenden Mitglieder. [2] Der Ausschuss gibt sich eine Geschäftsordnung und wählt die Vorsitzende oder den Vorsitzenden aus seiner Mitte. [3] Die Geschäftsordnung und die Wahl der oder des Vorsitzenden bedürfen der Zustimmung des Bundesministeriums für Familie, Senioren, Frauen und Jugend. [4] Die Zustimmung erfolgt im Einvernehmen mit dem Bundesministerium für Arbeit und Soziales und dem Bundesministerium für Gesundheit.

(3) [1] Zu den Aufgaben des Ausschusses für Mutterschutz gehört es,

1. Art, Ausmaß und Dauer der möglichen unverantwortbaren Gefährdungen einer schwangeren oder stillenden Frau und ihres Kindes nach wissenschaftlichen Erkenntnissen zu ermitteln und zu begründen,
2. sicherheitstechnische, arbeitsmedizinische und arbeitshygienische Regeln zum Schutz der schwangeren oder stillenden Frau und ihres Kindes aufzustellen und
3. das Bundesministerium für Familie, Senioren, Frauen und Jugend in allen mutterschutzbezogenen Fragen zu beraten.

[2] Der Ausschuss arbeitet eng mit den Ausschüssen nach § 18 Absatz 2 Nummer 5 des Arbeitsschutzgesetzes zusammen.

(4) Nach Prüfung durch das Bundesministerium für Familie, Senioren, Frauen und Jugend, durch das Bundesministerium für Arbeit und Soziales, durch das Bundesministerium für Gesundheit und durch das Bundesministerium für Bildung und Forschung kann das Bundesministerium für Familie, Senioren, Frauen und Jugend im Einvernehmen mit den anderen in diesem Absatz genannten Bundesministerien die vom Ausschuss für Mutterschutz nach Absatz 3 aufgestellten Regeln und Erkenntnisse im Gemeinsamen Ministerialblatt veröffentlichen.

(5) [1] Die Bundesministerien sowie die obersten Landesbehörden können zu den Sitzungen des Ausschusses für Mutterschutz Vertreterinnen oder Vertreter entsenden. [2] Auf Verlangen ist ihnen in der Sitzung das Wort zu erteilen.

(6) Die Geschäfte des Ausschusses für Mutterschutz werden vom Bundesamt für Familie und zivilgesellschaftliche Aufgaben geführt.

§ 31 Erlass von Rechtsverordnungen. Die Bundesregierung wird ermächtigt, durch Rechtsverordnung mit Zustimmung des Bundesrates Folgendes zu regeln:

1. nähere Bestimmungen zum Begriff der unverantwortbaren Gefährdung nach § 9 Absatz 2 Satz 2 und 3,
2. nähere Bestimmungen zur Durchführung der erforderlichen Schutzmaßnahmen nach § 9 Absatz 1 und 2 und nach § 13,
3. nähere Bestimmungen zu Art und Umfang der Beurteilung der Arbeitsbedingungen nach § 10,
4. Festlegungen von unzulässigen Tätigkeiten und Arbeitsbedingungen im Sinne von § 11 oder § 12 oder von anderen nach diesem Gesetz unzulässigen Tätigkeiten und Arbeitsbedingungen,
5. nähere Bestimmungen zur Dokumentation und Information nach § 14,
6. nähere Bestimmungen zur Ermittlung des durchschnittlichen Arbeitsentgelts im Sinne der §§ 18 bis 22 und
7. nähere Bestimmungen zum erforderlichen Inhalt der Benachrichtigung, ihrer Form, der Art und Weise der Übermittlung sowie die Empfänger der vom Arbeitgeber nach § 27 zu meldenden Informationen.

Abschnitt 6. Bußgeldvorschriften, Strafvorschriften

§ 32 Bußgeldvorschriften. (1) Ordnungswidrig handelt, wer vorsätzlich oder fahrlässig

1. entgegen § 3 Absatz 1 Satz 1, auch in Verbindung mit Satz 4, entgegen § 3 Absatz 2 Satz 1, auch in Verbindung mit Satz 2 oder 3, entgegen § 3 Absatz 3 Satz 1, § 4 Absatz 1 Satz 1, 2 oder 4 oder § 5 Absatz 1 Satz 1, § 6 Absatz 1 Satz 1, § 13 Absatz 1 Nummer 3 oder § 16 eine Frau beschäftigt,
2. entgegen § 4 Absatz 2 eine Ruhezeit nicht, nicht richtig oder nicht rechtzeitig gewährt,
3. entgegen § 5 Absatz 2 Satz 1 oder § 6 Absatz 2 Satz 1 eine Frau tätig werden lässt,
4. entgegen § 7 Absatz 1 Satz 1, auch in Verbindung mit Satz 2, oder entgegen § 7 Absatz 2 Satz 1 eine Frau nicht freistellt,
5. entgegen § 8 oder § 13 Absatz 2 Heimarbeit ausgibt,

6.[1] entgegen § 10 Absatz 1 Satz 1, auch in Verbindung mit einer Rechtsverordnung nach § 31 Nummer 3, eine Gefährdung nicht, nicht richtig oder nicht rechtzeitig beurteilt oder eine Ermittlung nicht, nicht richtig oder nicht rechtzeitig durchführt,

7. entgegen § 10 Absatz 2 Satz 1, auch in Verbindung mit einer Rechtsverordnung nach § 31 Nummer 3, eine Schutzmaßnahme nicht, nicht richtig oder nicht rechtzeitig festlegt,
8. entgegen § 10 Absatz 3 eine Frau eine andere als die dort bezeichnete Tätigkeit ausüben lässt,

---

[1] § 32 Abs. 1 Nr. 6 tritt gem. Art. 10 Abs. 1 Satz 3 G zur Neuregelung des Mutterschutzrechts v. 23.5.2017 (BGBl. I S. 1228) erst **am 1.1.2019 in Kraft**.

9. entgegen § 14 Absatz 1 Satz 1 in Verbindung mit einer Rechtsverordnung nach § 31 Nummer 5 eine Dokumentation nicht, nicht richtig, nicht vollständig oder nicht rechtzeitig erstellt,
10. entgegen § 14 Absatz 2 oder 3, jeweils in Verbindung mit einer Rechtsverordnung nach § 31 Nummer 5, eine Information nicht, nicht richtig, nicht vollständig oder nicht rechtzeitig gibt,
11. entgegen § 27 Absatz 1 Satz 1 die Aufsichtsbehörde nicht, nicht richtig oder nicht rechtzeitig benachrichtigt,
12. entgegen § 27 Absatz 1 Satz 2 eine Information weitergibt,
13. entgegen § 27 Absatz 2 eine Angabe nicht, nicht richtig, nicht vollständig oder nicht rechtzeitig macht,
14. entgegen § 27 Absatz 3 eine Unterlage nicht, nicht richtig oder nicht rechtzeitig vorlegt oder nicht oder nicht rechtzeitig einsendet,
15. entgegen § 27 Absatz 5 eine Unterlage nicht oder nicht mindestens zwei Jahre aufbewahrt,
16. einer vollziehbaren Anordnung nach § 29 Absatz 3 Satz 1 zuwiderhandelt oder
17. einer Rechtsverordnung nach § 31 Nummer 4 oder einer vollziehbaren Anordnung aufgrund einer solchen Rechtsverordnung zuwiderhandelt, soweit die Rechtsverordnung für einen bestimmten Tatbestand auf diese Bußgeldvorschrift verweist.

(2) Die Ordnungswidrigkeit kann in den Fällen des Absatzes 1 Nummer 1 bis 5, 8, 16 und 17 mit einer Geldbuße bis zu dreißigtausend Euro, in den übrigen Fällen mit einer Geldbuße bis zu fünftausend Euro geahndet werden.

§ 33 Strafvorschriften. Wer eine in § 32 Absatz 1 Nummer 1 bis 5, 8, 16 und 17 bezeichnete vorsätzliche Handlung begeht und dadurch die Gesundheit der Frau oder ihres Kindes gefährdet, wird mit Freiheitsstrafe bis zu einem Jahr oder mit Geldstrafe bestraft.

Abschnitt 7. Schlussvorschriften

§ 34 Evaluationsbericht. [1] Die Bundesregierung legt dem Deutschen Bundestag zum 1. Januar 2021 einen Evaluationsbericht über die Auswirkungen des Gesetzes vor. [2] Schwerpunkte des Berichts sollen die Handhabbarkeit der gesetzlichen Regelung in der betrieblichen und behördlichen Praxis, die Wirksamkeit und die Auswirkungen des Gesetzes im Hinblick auf seinen Anwendungsbereich, die Auswirkungen der Regelungen zum Verbot der Mehr- und Nachtarbeit sowie zum Verbot der Sonn- und Feiertagsarbeit und die Arbeit des Ausschusses für Mutterschutz sein. [3] Der Bericht darf keine personenbezogenen Daten enthalten.

80. Gesetz über die Zahlung des Arbeitsentgelts an Feiertagen und im Krankheitsfall (Entgeltfortzahlungsgesetz)[1]

Vom 26. Mai 1994
(BGBl. I S. 1014)

FNA 800-19-3

Lfd. Nr.	Änderndes Gesetz	Datum	Fundstelle	Betroffen	Hinweis
1.	Art. 3 Arbeitsrechtliches BeschäftungsförderungsG	25.9.1996	BGBl. I S. 1476	§§ 3, 4, 9	geänd. mWv 1.10.1996
				§§ 4a, 4b, 13	eingef. mWv 1.10.1996
2.	Art. 12 G zur sozialrechtlichen Behandlung von einmalig gezahltem Arbeitsentgelt	12.12.1996	BGBl. I S. 1859	§ 4	geänd. mWv 1.1.1997
3.	Art. 7 G zu Korrekturen in der Sozialversicherung und zur Sicherung der Arbeitnehmerrechte	19.12.1998	BGBl. I S. 3843	§§ 4, 4a, 9, 13	geänd. mWv 1.1.1999
				§§ 4b	aufgeh. mWv 1.1.1999
4.	Art. 38 SGB IX	19.6.2001	BGBl. I S. 1046	§ 9	geänd. mWv 1.7.2001
5.	Art. 80 Drittes G für moderne Dienstleistungen am Arbeitsmarkt	23.12.2003	BGBl. I S. 2848	§§ 6, 10	geänd. mWv 1.1.2004
6.	Art. 1a G zur Änd. des TransplantationsG[2]	21.7.2012	BGBl. I S. 1601	§§ 4, 8	geänd. mWv 1.8.2012
				§ 3a	eingef. mWv 1.8.2012
7.	Art. 7 GKV-VersorgungsstärkungsG	16.7.2015	BGBl. I S. 1211	§ 3a	geänd. mWv 23.7.2015
8.	Art. 9 Drittes Bürokratieentlastungs G	22.11.2019	BGBl. I S. 1746, geänd. durch G v. 11.2.2021, BGBl. I S. 154 und G v. 23.3.2022, BGBl. I S. 482	§ 5	geänd. mWv 1.1.2023

[1] Verkündet als Art. 53 des Pflege-VersicherungsG v. 26.5.1994 (BGBl. I S. 1014); Inkrafttreten gem. Art. 68 Abs. 4 dieses G am 1.6.1994.

[2] **Amtl. Anm.:** Dieses Gesetz dient der Umsetzung der Richtlinie 2010/53/EU des Europäischen Parlaments und des Rates vom 7. Juli 2010 über Qualitäts- und Sicherheitsstandards für zur Transplantation bestimmte menschliche Organe (ABl. L 207 vom 6.8.2010, S. 14, L 243 vom 16.9.2010, S. 68).

§ 1 Anwendungsbereich. (1) Dieses Gesetz regelt die Zahlung des Arbeitsentgelts an gesetzlichen Feiertagen und die Fortzahlung des Arbeitsentgelts im Krankheitsfall an Arbeitnehmer sowie die wirtschaftliche Sicherung im Bereich der Heimarbeit[1] für gesetzliche Feiertage und im Krankheitsfall.

(2) Arbeitnehmer im Sinne dieses Gesetzes sind Arbeiter und Angestellte sowie die zu ihrer Berufsbildung Beschäftigten.

---

[1] §§ 1 und 2 HeimarbeitsG v. 14.3.1951 (BGBl. I S. 191), zuletzt geänd. durch G v. 10.12.2021 (BGBl. I S. 5162) lauten:
„**§ 1 Geltungsbereich.** (1) In Heimarbeit Beschäftigte sind
a) die Heimarbeiter (§ 2 Abs. 1);
b) die Hausgewerbetreibenden (§ 2 Abs. 2).

(2) [1] Ihnen können, wenn dieses wegen ihrer Schutzbedürftigkeit gerechtfertigt erscheint, gleichgestellt werden
a) Personen, die in der Regel allein oder mit ihren Familienangehörigen (§ 2 Abs. 5) in eigener Wohnung oder selbstgewählter Betriebsstätte eine sich in regelmäßigen Arbeitsvorgängen wiederholende Arbeit im Auftrage eines anderen gegen Entgelt ausüben, ohne daß ihre Tätigkeit als gewerblich anzusehen oder daß der Auftraggeber ein Gewerbetreibender oder Zwischenmeister (§ 2 Abs. 3) ist;
b) Hausgewerbetreibende, die mit mehr als zwei fremden Hilfskräften (§ 2 Abs. 6) oder Heimarbeitern (§ 2 Abs. 1) arbeiten;
c) andere im Lohnauftrag arbeitende Gewerbetreibende, die infolge ihrer wirtschaftlichen Abhängigkeit eine ähnliche Stellung wie Hausgewerbetreibende einnehmen;
d) Zwischenmeister (§ 2 Abs. 3).

[2] Für die Feststellung der Schutzbedürftigkeit ist das Ausmaß der wirtschaftlichen Abhängigkeit maßgebend. [3] Dabei sind insbesondere die Zahl der fremden Hilfskräfte, die Abhängigkeit von einem oder mehreren Auftraggebern, die Möglichkeiten des unmittelbaren Zugangs zum Absatzmarkt, die Höhe und die Art der Eigeninvestitionen sowie der Umsatz zu berücksichtigen.

(3) [1] Die Gleichstellung erstreckt sich, wenn in ihr nichts anderes bestimmt ist, auf die allgemeinen Schutzvorschriften und die Vorschriften über die Entgeltregelung, den Entgeltschutz und die Auskunftspflicht über Entgelte (Dritter, Sechster, Siebenter und Achter Abschnitt). [2] Die Gleichstellung kann auf einzelne dieser Vorschriften beschränkt oder auf weitere Vorschriften des Gesetzes ausgedehnt werden. [3] Sie kann für bestimmte Personengruppen oder Gewerbezweige oder Beschäftigungsarten allgemein oder räumlich begrenzt ergehen; auch bestimmte einzelne Personen können gleichgestellt werden.

(4) [1] Die Gleichstellung erfolgt durch widerrufliche Entscheidung des zuständigen Heimarbeitsausschusses (§ 4) nach Anhörung der Beteiligten. [2] Sie ist vom Vorsitzenden zu unterschreiben und bedarf der Zustimmung der zuständigen Arbeitsbehörde (§ 3 Abs. 1) und der Veröffentlichung im Wortlaut an der von der zuständigen Arbeitsbehörde bestimmten Stelle. [3] Sie tritt am Tage nach der Veröffentlichung in Kraft, wenn in ihr nicht ein anderer Zeitpunkt bestimmt ist. [4] Die Veröffentlichung kann unterbleiben, wenn die Gleichstellung nur bestimmte einzelne Personen betrifft; in diesem Falle ist in der Gleichstellung der Zeitpunkt ihres Inkrafttretens festzusetzen.

(5) [1] Besteht ein Heimarbeitsausschuß für den Gewerbezweig oder die Beschäftigungsart nicht, so entscheidet über die Gleichstellung die zuständige Arbeitsbehörde nach Anhörung der Beteiligten. [2] Die Entscheidung ergeht unter Mitwirkung der zuständigen Gewerkschaften und Vereinigungen der Auftraggeber, soweit diese zur Mitwirkung bereit sind. [3] Die Vorschriften des Absatzes 4 über die Veröffentlichung und das Inkrafttreten finden entsprechende Anwendung.

(6) Gleichgestellte haben bei Entgegennahme von Heimarbeit auf Befragen des Auftraggebers ihre Gleichstellung bekanntzugeben.

§ 2 Begriffe. (1) [1] Heimarbeiter im Sinne dieses Gesetzes ist, wer in selbstgewählter Arbeitsstätte (eigener Wohnung oder selbstgewählter Betriebsstätte) allein oder mit seinen Familienangehörigen (Absatz 5) im Auftrag von Gewerbetreibenden oder Zwischenmeistern erwerbsmäßig arbeitet, jedoch die Verwertung der Arbeitsergebnisse dem unmittelbar oder mittelbar auftraggebenden Gewerbetreibenden überläßt. [2] Beschafft der Heimarbeiter die Roh- und Hilfsstoffe selbst, so wird hierdurch seine Eigenschaft als Heimarbeiter nicht beeinträchtigt.

(2) [1] Hausgewerbetreibender im Sinne dieses Gesetzes ist, wer in eigener Arbeitsstätte (eigener Wohnung oder Betriebsstätte) mit nicht mehr als zwei fremden Hilfskräften (Absatz 6) oder Heimarbeitern (Absatz 1) im Auftrag von Gewerbetreibenden oder Zwischenmeistern Waren herstellt, bearbeitet oder verpackt, wobei er selbst →

§ 2 Entgeltzahlung an Feiertagen. (1) Für Arbeitszeit, die infolge eines gesetzlichen Feiertages ausfällt, hat der Arbeitgeber dem Arbeitnehmer das Arbeitsentgelt zu zahlen, das er ohne den Arbeitsausfall erhalten hätte.

(2) Die Arbeitszeit, die an einem gesetzlichen Feiertag gleichzeitig infolge von Kurzarbeit ausfällt und für die an anderen Tagen als an gesetzlichen Feiertagen Kurzarbeitergeld geleistet wird, gilt als infolge eines gesetzlichen Feiertages nach Absatz 1 ausgefallen.

(3) Arbeitnehmer, die am letzten Arbeitstag vor oder am ersten Arbeitstag nach Feiertagen unentschuldigt der Arbeit fernbleiben, haben keinen Anspruch auf Bezahlung für diese Feiertage.

§ 3 Anspruch auf Entgeltfortzahlung im Krankheitsfall. (1) [1] Wird ein Arbeitnehmer durch Arbeitsunfähigkeit infolge Krankheit an seiner Arbeitsleistung verhindert, ohne daß ihn ein Verschulden trifft, so hat er Anspruch auf Entgeltfortzahlung im Krankheitsfall durch den Arbeitgeber für die Zeit der Arbeitsunfähigkeit bis zur Dauer von sechs Wochen. [2] Wird der Arbeitnehmer infolge derselben Krankheit erneut arbeitsunfähig, so verliert er wegen der erneuten Arbeitsunfähigkeit den Anspruch nach Satz 1 für einen weiteren Zeitraum von höchstens sechs Wochen nicht, wenn

1. er vor der erneuten Arbeitsunfähigkeit mindestens sechs Monate nicht infolge derselben Krankheit arbeitsunfähig war oder
2. seit Beginn der ersten Arbeitsunfähigkeit infolge derselben Krankheit eine Frist von zwölf Monaten abgelaufen ist.

(2) [1] Als unverschuldete Arbeitsunfähigkeit im Sinne des Absatzes 1 gilt auch eine Arbeitsverhinderung, die infolge einer nicht rechtswidrigen Sterilisation oder eines nicht rechtswidrigen Abbruchs der Schwangerschaft eintritt. [2] Dasselbe gilt für einen Abbruch der Schwangerschaft, wenn die Schwangerschaft innerhalb von zwölf Wochen nach der Empfängnis durch einen Arzt abgebrochen wird, die schwangere Frau den Abbruch verlangt und dem Arzt durch eine Bescheinigung nachgewiesen hat, daß sie

---

(Fortsetzung der Anm. von voriger Seite)
wesentlich am Stück mitarbeitet, jedoch die Verwertung der Arbeitsergebnisse dem unmittelbar oder mittelbar auftraggebenden Gewerbetreibenden überläßt. [2] Beschafft der Hausgewerbetreibende die Roh- und Hilfsstoffe selbst oder arbeitet er vorübergehend unmittelbar für den Absatzmarkt, so wird hierdurch seine Eigenschaft als Hausgewerbetreibender nicht beeinträchtigt.

(3) Zwischenmeister im Sinne dieses Gesetzes ist, wer, ohne Arbeitnehmer zu sein, die ihm von Gewerbetreibenden übertragene Arbeit an Heimarbeiter oder Hausgewerbetreibende weitergibt.

(4) Die Eigenschaft als Heimarbeiter, Hausgewerbetreibender und Zwischenmeister ist auch dann gegeben, wenn Personen, Personenvereinigungen oder Körperschaften des privaten oder öffentlichen Rechts, welche die Herstellung, Bearbeitung oder Verpackung von Waren nicht zum Zwecke der Gewinnerzielung betreiben, die Auftraggeber sind.

(5) Als Familienangehörige im Sinne dieses Gesetzes gelten, wenn sie Mitglieder der häuslichen Gemeinschaft sind:

a) Ehegatten und Lebenspartner der in Heimarbeit Beschäftigten (§ 1 Abs. 1) oder der nach § 1 Abs. 2 Buchstabe a Gleichgestellten;
b) Personen, die mit dem in Heimarbeit Beschäftigten oder nach § 1 Abs. 2 Buchstabe a Gleichgestellten oder deren Ehegatten oder Lebenspartner bis zum dritten Grade verwandt oder verschwägert sind;
c) Mündel, Betreute und Pflegekinder des in Heimarbeit Beschäftigten oder nach § 1 Absatz 2 Buchstabe a Gleichgestellten oder deren Ehegatten oder Lebenspartner sowie Mündel, Betreute und Pflegekinder des Ehegatten oder Lebenspartners des in Heimarbeit Beschäftigten oder nach § 1 Absatz 2 Buchstabe a Gleichgestellten.

(6) Fremde Hilfskraft im Sinne dieses Gesetzes ist, wer als Arbeitnehmer eines Hausgewerbetreibenden oder nach § 1 Abs. 2 Buchstaben b und c Gleichgestellten in deren Arbeitsstätte beschäftigt ist."

sich mindestens drei Tage vor dem Eingriff von einer anerkannten Beratungsstelle hat beraten lassen.

(3) Der Anspruch nach Absatz 1 entsteht nach vierwöchiger ununterbrochener Dauer des Arbeitsverhältnisses.

§ 3a[1] Anspruch auf Entgeltfortzahlung bei Spende von Organen, Geweben oder Blut zur Separation von Blutstammzellen oder anderen Blutbestandteilen. (1) [1] Ist ein Arbeitnehmer durch Arbeitsunfähigkeit infolge der Spende von Organen oder Geweben, die nach den §§ 8 und 8a des Transplantationsgesetzes erfolgt, oder einer Blutspende zur Separation von Blutstammzellen oder anderen Blutbestandteilen im Sinne von § 9 des Transfusionsgesetzes an seiner Arbeitsleistung verhindert, hat er Anspruch auf Entgeltfortzahlung durch den Arbeitgeber für die Zeit der Arbeitsunfähigkeit bis zur Dauer von sechs Wochen. [2] § 3 Absatz 1 Satz 2 gilt entsprechend.

(2) [1] Dem Arbeitgeber sind von der gesetzlichen Krankenkasse des Empfängers von Organen, Geweben oder Blut zur Separation von Blutstammzellen oder anderen Blutbestandteilen das an den Arbeitnehmer nach Absatz 1 fortgezahlte Arbeitsentgelt sowie die hierauf entfallenden vom Arbeitgeber zu tragenden Beiträge zur Sozialversicherung und zur betrieblichen Alters- und Hinterbliebenenversorgung auf Antrag zu erstatten. [2] Ist der Empfänger von Organen, Geweben oder Blut zur Separation von Blutstammzellen oder anderen Blutbestandteilen gemäß § 193 Absatz 3 des Versicherungsvertragsgesetzes[2] bei einem privaten Krankenversicherungsunternehmen versichert, erstattet dieses dem Arbeitgeber auf Antrag die Kosten nach Satz 1 in Höhe des tariflichen Erstattungssatzes. [3] Ist der Empfänger von Organen, Geweben oder Blut zur Separation von Blutstammzellen oder anderen Blutbestandteilen bei einem Beihilfeträger des Bundes beihilfeberechtigt oder berücksichtigungsfähiger Angehöriger, erstattet der zuständige Beihilfeträger dem Arbeitgeber auf Antrag die Kosten nach Satz 1 zum jeweiligen Bemessungssatz des Empfängers von Organen, Geweben oder Blut zur Separation von Blutstammzellen oder anderen Blutbestandteilen; dies gilt entsprechend für sonstige öffentlich-rechtliche Träger von Kosten in Krankheitsfällen auf Bundesebene. [4] Unterliegt der Empfänger von Organen, Geweben oder Blut zur Separation von Blutstammzellen oder anderen Blutbestandteilen der Heilfürsorge im Bereich des Bundes oder der truppenärztlichen Versorgung, erstatten die zuständigen Träger auf Antrag die Kosten nach Satz 1. [5] Mehrere Erstattungspflichtige haben die Kosten nach Satz 1 anteilig zu tragen. [6] Der Arbeitnehmer hat dem Arbeitgeber unverzüglich die zur Geltendmachung des Erstattungsanspruches erforderlichen Angaben zu machen.

§ 4[3] Höhe des fortzuzahlenden Arbeitsentgelts. (1) Für den in § 3 Abs. 1 oder in § 3a Absatz 1 bezeichneten Zeitraum ist dem Arbeitnehmer das ihm bei der für ihn maßgebenden regelmäßigen Arbeitszeit zustehende Arbeitsentgelt fortzuzahlen.

(1a) [1] Zum Arbeitsentgelt nach Absatz 1 gehören nicht das zusätzlich für Überstunden gezahlte Arbeitsentgelt und Leistungen für Aufwendungen des Arbeitnehmers, soweit der Anspruch auf sie im Falle der Arbeitsfähigkeit davon abhängig ist, daß dem Arbeitnehmer entsprechende Aufwendungen tatsächlich entstanden sind, und dem Arbeitnehmer solche Aufwendungen während der Arbeitsunfähigkeit nicht entstehen. [2] Erhält der Arbeitnehmer eine auf das Ergebnis der Arbeit abgestellte Vergütung, so ist

---

[1] *§ 3a eingef. mWv 1.8.2012 durch G v. 21.7.2012* (BGBl. I S. 1601); Überschrift, Abs. 1 Satz 1, Abs. 2 Sätze 1–4 geänd. mWv 23.7.2015 durch G v. 16.7.2015 (BGBl. I S. 1211).

[2] **Habersack, Deutsche Gesetze Nr. 62.**

[3] § 4 Abs. 1 neu gef., Abs. 1a Satz 1 geänd. durch G v. 19.12.1998 (BGBl. I S. 3843); Abs. 1 und 2 geänd. mWv 1.8.2012 durch G v. 21.7.2012 (BGBl. I S. 1601).

der von dem Arbeitnehmer in der für ihn maßgebenden regelmäßigen Arbeitszeit erzielbare Durchschnittsverdienst der Berechnung zugrunde zu legen.

(2) Ist der Arbeitgeber für Arbeitszeit, die gleichzeitig infolge eines gesetzlichen Feiertages ausgefallen ist, zur Fortzahlung des Arbeitsentgelts nach § 3 oder nach § 3a verpflichtet, bemißt sich die Höhe des fortzuzahlenden Arbeitsentgelts für diesen Feiertag nach § 2.

(3) [1] Wird in dem Betrieb verkürzt gearbeitet und würde deshalb das Arbeitsentgelt des Arbeitnehmers im Falle seiner Arbeitsfähigkeit gemindert, so ist die verkürzte Arbeitszeit für ihre Dauer als die für den Arbeitnehmer maßgebende regelmäßige Arbeitszeit im Sinne des Absatzes 1 anzusehen. [2] Dies gilt nicht im Falle des § 2 Abs. 2.

(4) [1] Durch Tarifvertrag kann eine von den Absätzen 1, 1a und 3 abweichende Bemessungsgrundlage des fortzuzahlenden Arbeitsentgelts festgelegt werden. [2] Im Geltungsbereich eines solchen Tarifvertrages kann zwischen nichttarifgebundenen Arbeitgebern und Arbeitnehmern die Anwendung der tarifvertraglichen Regelung über die Fortzahlung des Arbeitsentgelts im Krankheitsfalle vereinbart werden.

§ 4a[1)] Kürzung von Sondervergütungen. [1] Eine Vereinbarung über die Kürzung von Leistungen, die der Arbeitgeber zusätzlich zum laufenden Arbeitsentgelt erbringt (Sondervergütungen), ist auch für Zeiten der Arbeitsunfähigkeit infolge Krankheit zulässig. [2] Die Kürzung darf für jeden Tag der Arbeitsunfähigkeit infolge Krankheit ein Viertel des Arbeitsentgelts, das im Jahresdurchschnitt auf einen Arbeitstag entfällt, nicht überschreiten.

§ 5[2)] Anzeige- und Nachweispflichten. (1) [1] Der Arbeitnehmer ist verpflichtet, dem Arbeitgeber die Arbeitsunfähigkeit und deren voraussichtliche Dauer unverzüglich mitzuteilen. [2] Dauert die Arbeitsunfähigkeit länger als drei Kalendertage, hat der Arbeitnehmer eine ärztliche Bescheinigung über das Bestehen der Arbeitsunfähigkeit sowie deren voraussichtliche Dauer spätestens an dem darauffolgenden Arbeitstag vorzulegen. [3] Der Arbeitgeber ist berechtigt, die Vorlage der ärztlichen Bescheinigung früher zu verlangen. [4] Dauert die Arbeitsunfähigkeit länger als in der Bescheinigung angegeben, ist der Arbeitnehmer verpflichtet, eine neue ärztliche Bescheinigung vorzulegen. [5] Ist der Arbeitnehmer Mitglied einer gesetzlichen Krankenkasse, muß die ärztliche Bescheinigung einen Vermerk des behandelnden Arztes darüber enthalten, daß der Krankenkasse unverzüglich eine Bescheinigung über die Arbeitsunfähigkeit mit Angaben über den Befund und die voraussichtliche Dauer der Arbeitsunfähigkeit übersandt wird.

(1a) [1] Absatz 1 Satz 2 bis 5 gilt nicht für Arbeitnehmer, die Versicherte einer gesetzlichen Krankenkasse sind. [2] Diese sind verpflichtet, zu den in Absatz 1 Satz 2 bis 4 genannten Zeitpunkten das Bestehen einer Arbeitsunfähigkeit sowie deren voraussichtliche Dauer feststellen und sich eine ärztliche Bescheinigung nach Absatz 1 Satz 2 oder 4 aushändigen zu lassen. [3] *Die Sätze 1 und 2 gelten nicht*

1. für Personen, die eine geringfügige Beschäftigung in Privathaushalten ausüben (§ 8a des Vierten Buches Sozialgesetzbuch), und
2. in Fällen der Feststellung der Arbeitsunfähigkeit durch einen Arzt, der nicht an der vertragsärztlichen Versorgung teilnimmt.

[1)] Bish. § 4a aufgeh., § 4b wird § 4a durch G v. 19.12.1998 (BGBl. I S. 3843).

[2)] § 5 Abs. 1a eingef. mWv 1.1.2023 durch G v. 22.11.2019 (BGBl. I S. 1746, geänd. durch G v. 11.2.2021, BGBl. I S. 154 und G v. 23.3.2022, BGBl. I S. 482).

(2) [1] Hält sich der Arbeitnehmer bei Beginn der Arbeitsunfähigkeit im Ausland auf, so ist er verpflichtet, dem Arbeitgeber die Arbeitsunfähigkeit, deren voraussichtliche Dauer und die Adresse am Aufenthaltsort in der schnellstmöglichen Art der Übermittlung mitzuteilen. [2] Die durch die Mitteilung entstehenden Kosten hat der Arbeitgeber zu tragen. [3] Darüber hinaus ist der Arbeitnehmer, wenn er Mitglied einer gesetzlichen Krankenkasse ist, verpflichtet, auch dieser die Arbeitsunfähigkeit und deren voraussichtliche Dauer unverzüglich anzuzeigen. [4] Dauert die Arbeitsunfähigkeit länger als angezeigt, so ist der Arbeitnehmer verpflichtet, der gesetzlichen Krankenkasse die voraussichtliche Fortdauer der Arbeitsunfähigkeit mitzuteilen. [5] Die gesetzlichen Krankenkassen können festlegen, daß der Arbeitnehmer Anzeige- und Mitteilungspflichten nach den Sätzen 3 und 4 auch gegenüber einem ausländischen Sozialversicherungsträger erfüllen kann. [6] Absatz 1 Satz 5 gilt nicht. [7] Kehrt ein arbeitsunfähig erkrankter Arbeitnehmer in das Inland zurück, so ist er verpflichtet, dem Arbeitgeber und der Krankenkasse seine Rückkehr unverzüglich anzuzeigen.

§ 6[1)] Forderungsübergang bei Dritthaftung. (1) Kann der Arbeitnehmer auf Grund gesetzlicher Vorschriften von einem Dritten Schadensersatz wegen des Verdienstausfalls beanspruchen, der ihm durch die Arbeitsunfähigkeit entstanden ist, so geht dieser Anspruch insoweit auf den Arbeitgeber über, als dieser dem Arbeitnehmer nach diesem Gesetz Arbeitsentgelt fortgezahlt und darauf entfallende vom Arbeitgeber zu tragende Beiträge zur Bundesagentur für Arbeit, Arbeitgeberanteile an Beiträgen zur Sozialversicherung und zur Pflegeversicherung sowie zu Einrichtungen der zusätzlichen Alters- und Hinterbliebenenversorgung abgeführt hat.

(2) Der Arbeitnehmer hat dem Arbeitgeber unverzüglich die zur Geltendmachung des Schadensersatzanspruchs erforderlichen Angaben zu machen.

(3) Der Forderungsübergang nach Absatz 1 kann nicht zum Nachteil des Arbeitnehmers geltend gemacht werden.

§ 7 Leistungsverweigerungsrecht des Arbeitgebers. (1) Der Arbeitgeber ist berechtigt, die Fortzahlung des Arbeitsentgelts zu verweigern,

1. solange der Arbeitnehmer die von ihm nach § 5 Abs. 1 vorzulegende ärztliche Bescheinigung nicht vorlegt oder den ihm nach § 5 Abs. 2 obliegenden Verpflichtungen nicht nachkommt;
2. wenn der Arbeitnehmer den Übergang eines Schadensersatzanspruchs gegen einen Dritten auf den Arbeitgeber (§ 6) verhindert.

(2) Absatz 1 gilt nicht, wenn der Arbeitnehmer die Verletzung dieser ihm obliegenden Verpflichtungen nicht zu vertreten hat.

§ 8[2)] Beendigung des Arbeitsverhältnisses. (1) [1] Der Anspruch auf Fortzahlung des Arbeitsentgelts wird nicht dadurch berührt, daß der Arbeitgeber das Arbeitsverhältnis aus Anlaß der Arbeitsunfähigkeit kündigt. [2] Das gleiche gilt, wenn der Arbeitnehmer das Arbeitsverhältnis aus einem vom Arbeitgeber zu vertretenden Grunde kündigt, der den Arbeitnehmer zur Kündigung aus wichtigem Grund ohne Einhaltung einer Kündigungsfrist berechtigt.

(2) Endet das Arbeitsverhältnis vor Ablauf der in § 3 Abs. 1 oder in § 3a Absatz 1 bezeichneten Zeit nach dem Beginn der Arbeitsunfähigkeit, ohne daß es einer

---

[1)] § 6 Abs. 1 geänd. mWv 1.1.2004 durch G v. 23.12.2003 (BGBl. I S. 2848).
[2)] § 8 Abs. 2 geänd. mWv 1.8.2012 durch G v. 21.7.2012 (BGBl. I S. 1601).

Kündigung bedarf, oder infolge einer Kündigung aus anderen als den in Absatz 1 bezeichneten Gründen, so endet der Anspruch mit dem Ende des Arbeitsverhältnisses.

§ 9[1] Maßnahmen der medizinischen Vorsorge und Rehabilitation.

(1) [1] Die Vorschriften der §§ 3 bis 4a und 6 bis 8 gelten entsprechend für die Arbeitsverhinderung infolge einer Maßnahme der medizinischen Vorsorge oder Rehabilitation, die ein Träger der gesetzlichen Renten-, Kranken- oder Unfallversicherung, eine Verwaltungsbehörde der Kriegsopferversorgung oder ein sonstiger Sozialleistungsträger bewilligt hat und die in einer Einrichtung der medizinischen Vorsorge oder Rehabilitation durchgeführt wird. [2] Ist der Arbeitnehmer nicht Mitglied einer gesetzlichen Krankenkasse oder nicht in der gesetzlichen Rentenversicherung versichert, gelten die §§ 3 bis 4a und 6 bis 8 entsprechend, wenn eine Maßnahme der medizinischen Vorsorge oder Rehabilitation ärztlich verordnet worden ist und in einer Einrichtung der medizinischen Vorsorge oder Rehabilitation oder einer vergleichbaren Einrichtung durchgeführt wird.

(2) Der Arbeitnehmer ist verpflichtet, dem Arbeitgeber den Zeitpunkt des Antritts der Maßnahme, die voraussichtliche Dauer und die Verlängerung der Maßnahme im Sinne des Absatzes 1 unverzüglich mitzuteilen und ihm

a) eine Bescheinigung über die Bewilligung der Maßnahme durch einen Sozialleistungsträger nach Absatz 1 Satz 1 oder

b) eine ärztliche Bescheinigung über die Erforderlichkeit der Maßnahme im Sinne des Absatzes 1 Satz 2

unverzüglich vorzulegen.

§ 10[2] Wirtschaftliche Sicherung für den Krankheitsfall im Bereich der Heimarbeit. (1) [1] In Heimarbeit Beschäftigte (§ 1 Abs. 1 des Heimarbeitsgesetzes) und ihnen nach § 1 Abs. 2 Buchstabe a bis c des Heimarbeitsgesetzes Gleichgestellte haben gegen ihren Auftraggeber oder, falls sie von einem Zwischenmeister beschäftigt werden, gegen diesen Anspruch auf Zahlung eines Zuschlags zum Arbeitsentgelt. [2] Der Zuschlag beträgt

1. für Heimarbeiter, für Hausgewerbetreibende ohne fremde Hilfskräfte und die nach § 1 Abs. 2 Buchstabe a des Heimarbeitsgesetzes Gleichgestellten 3,4 vom Hundert,
2. für Hausgewerbetreibende mit nicht mehr als zwei fremden Hilfskräften und die nach § 1 Abs. 2 Buchstabe b und c des Heimarbeitsgesetzes Gleichgestellten 6,4 vom Hundert

des Arbeitsentgelts vor Abzug der Steuern, des Beitrags zur Bundesagentur für Arbeit und der Sozialversicherungsbeiträge ohne Unkostenzuschlag und ohne die *für den Lohnausfall* an gesetzlichen Feiertagen, den Urlaub und den Arbeitsausfall infolge Krankheit zu leistenden Zahlungen. [3] Der Zuschlag für die unter Nummer 2 aufgeführten Personen dient zugleich zur Sicherung der Ansprüche der von ihnen Beschäftigten.

(2) Zwischenmeister, die den in Heimarbeit Beschäftigten nach § 1 Abs. 2 Buchstabe d des Heimarbeitsgesetzes gleichgestellt sind, haben gegen ihren Auf-

[1] § 9 Abs. 1 Satz 1 und 2 geänd. durch G v. 19.12.1998 (BGBl. I S. 3843), Abs. 1 Sätze 1 und 2 geänd. mWv 1.7.2001 durch G v. 19.6.2001 (BGBl. I S. 1046).

[2] § 10 Abs. 1 Satz 2 geänd. mWv 1.1.2004 durch G v. 23.12.2003 (BGBl. I S. 2848).

traggeber Anspruch auf Vergütung der von ihnen nach Absatz 1 nachweislich zu zahlenden Zuschläge.

(3) Die nach den Absätzen 1 und 2 in Betracht kommenden Zuschläge sind gesondert in den Entgeltbeleg einzutragen.

(4) [1] Für Heimarbeiter (§ 1 Abs. 1 Buchstabe a des Heimarbeitsgesetzes) kann durch Tarifvertrag bestimmt werden, daß sie statt der in Absatz 1 Satz 2 Nr. 1 bezeichneten Leistungen die den Arbeitnehmern im Falle ihrer Arbeitsunfähigkeit nach diesem Gesetz zustehenden Leistungen erhalten. [2] Bei der Bemessung des Anspruchs auf Arbeitsentgelt bleibt der Unkostenzuschlag außer Betracht.

(5) [1] Auf die in den Absätzen 1 und 2 vorgesehenen Zuschläge sind die §§ 23 bis 25, 27 und 28 des Heimarbeitsgesetzes, auf die in Absatz 1 dem Zwischenmeister gegenüber vorgesehenen Zuschläge außerdem § 21 Abs. 2 des Heimarbeitsgesetzes entsprechend anzuwenden. [2] Auf die Ansprüche der fremden Hilfskräfte der in Absatz 1 unter Nummer 2 genannten Personen auf Entgeltfortzahlung im Krankheitsfall ist § 26 des Heimarbeitsgesetzes entsprechend anzuwenden.

§ 11 Feiertagsbezahlung der in Heimarbeit Beschäftigten. (1) [1] Die in Heimarbeit Beschäftigten (§ 1 Abs. 1 des Heimarbeitsgesetzes) haben gegen den Auftraggeber oder Zwischenmeister Anspruch auf Feiertagsbezahlung nach Maßgabe der Absätze 2 bis 5. [2] Den gleichen Anspruch haben die in § 1 Abs. 2 Buchstabe a bis d des Heimarbeitsgesetzes bezeichneten Personen, wenn sie hinsichtlich der Feiertagsbezahlung gleichgestellt werden; die Vorschriften des § 1 Abs. 3 Satz 3 und Abs. 4 und 5 des Heimarbeitsgesetzes finden Anwendung. [3] Eine Gleichstellung, die sich auf die Entgeltregelung erstreckt, gilt auch für die Feiertagsbezahlung, wenn diese nicht ausdrücklich von der Gleichstellung ausgenommen ist.

(2) [1] Das Feiertagsgeld beträgt für jeden Feiertag im Sinne des § 2 Abs. 1 0,72 vom Hundert des in einem Zeitraum von sechs Monaten ausgezahlten reinen Arbeitsentgelts ohne Unkostenzuschläge. [2] Bei der Berechnung des Feiertagsgeldes ist für die Feiertage, die in den Zeitraum vom 1. Mai bis 31. Oktober fallen, der vorhergehende Zeitraum vom 1. November bis 30. April und für die Feiertage, die in den Zeitraum vom 1. November bis 30. April fallen, der vorhergehende Zeitraum vom 1. Mai bis 31. Oktober zugrunde zu legen. [3] Der Anspruch auf Feiertagsgeld ist unabhängig davon, ob im laufenden Halbjahreszeitraum noch eine Beschäftigung in Heimarbeit für den Auftraggeber stattfindet.

(3) [1] Das Feiertagsgeld ist jeweils bei der Entgeltzahlung vor dem Feiertag zu zahlen. [2] Ist die Beschäftigung vor dem Feiertag unterbrochen worden, so ist das Feiertagsgeld spätestens drei Tage vor dem Feiertag auszuzahlen. [3] Besteht bei der Einstellung der Ausgabe von Heimarbeit zwischen den Beteiligten Einvernehmen, das Heimarbeitsverhältnis nicht wieder fortzusetzen, so ist dem Berechtigten bei der letzten Entgeltzahlung das Feiertagsgeld für die noch übrigen Feiertage des laufenden sowie für die Feiertage des folgenden Halbjahreszeitraumes zu zahlen. [4] Das Feiertagsgeld ist jeweils bei der Auszahlung in die Entgeltbelege (§ 9 des Heimarbeitsgesetzes) einzutragen.

(4) [1] Übersteigt das Feiertagsgeld, das der nach Absatz 1 anspruchsberechtigte Hausgewerbetreibende oder im Lohnauftrag arbeitende Gewerbetreibende (Anspruchsberechtigte) für einen Feiertag auf Grund des § 2 seinen fremden Hilfskräften (§ 2 Abs. 6 des Heimarbeitsgesetzes) gezahlt hat, den Betrag, den er auf Grund der Absätze 2 und 3 für diesen Feiertag erhalten hat, so haben ihm auf Verlangen seine Auftraggeber oder Zwischenmeister den Mehrbetrag anteilig zu erstatten. [2] Ist der Anspruchsberechtigte gleichzeitig Zwischenmeister, so bleibt

hierbei das für die Heimarbeiter oder Hausgewerbetreibenden empfangene und weiter gezahlte Feiertagsgeld außer Ansatz. [3] Nimmt ein Anspruchsberechtigter eine Erstattung nach Satz 1 in Anspruch, so können ihm bei Einstellung der Ausgabe von Heimarbeit die erstatteten Beträge auf das Feiertagsgeld angerechnet werden, das ihm auf Grund des Absatzes 2 und des Absatzes 3 Satz 3 für die dann noch übrigen Feiertage des laufenden sowie für die Feiertage des folgenden Halbjahreszeitraumes zu zahlen ist.

(5) Das Feiertagsgeld gilt als Entgelt im Sinne der Vorschriften des Heimarbeitsgesetzes über Mithaftung des Auftraggebers (§ 21 Abs. 2), über Entgeltschutz (§§ 23 bis 27) und über Auskunftspflicht über Entgelte (§ 28); hierbei finden die §§ 24 bis 26 des Heimarbeitsgesetzes Anwendung, wenn ein Feiertagsgeld gezahlt ist, das niedriger ist als das in diesem Gesetz festgesetzte.

§ 12 Unabdingbarkeit. Abgesehen von § 4 Abs. 4 kann von den Vorschriften dieses Gesetzes nicht zuungunsten des Arbeitnehmers oder der nach § 10 berechtigten Personen abgewichen werden.

§ 13[1] Übergangsvorschrift. Ist der Arbeitnehmer von einem Tag nach dem 9. Dezember 1998 bis zum 1. Januar 1999 oder darüber hinaus durch Arbeitsunfähigkeit infolge Krankheit oder infolge einer Maßnahme der medizinischen Vorsorge oder Rehabilitation an seiner Arbeitsleistung verhindert, sind für diesen Zeitraum die seit dem 1. Januar 1999 geltenden Vorschriften maßgebend, es sei denn, daß diese für den Arbeitnehmer ungünstiger sind.

[1] § 13 neu gef. durch G v. 19.12.1998 (BGBl. I S. 3843).

80a. Gesetz über den Ausgleich der Arbeitgeberaufwendungen für Entgeltfortzahlung (Aufwendungsausgleichsgesetz – AAG)[1)]

Vom 22. Dezember 2005
(BGBl. I S. 3686)

FNA 800-19-4

Lfd. Nr.	Änderndes Gesetz	Datum	Fundstelle	Betroffen	Hinweis
1.	Art. 10 G zur Förderung ganzjähriger Beschäftigung	24.4.2006	BGBl. I S. 926	§ 7	
2.	Art. 41 GKV-WettbewerbsstärkungsG	26.3.2007	BGBl. I S. 378	§§ 2, 3, 9	
3.	Art. 4d G zur Verbesserung der Rahmenbedingungen für die Absicherung flexibler Arbeitszeitregelungen und zur Änd. anderer G	21.12.2008	BGBl. I S. 2940	§ 2	
4.	Art. 22 G zur Verbesserung der Eingliederungschancen am Arbeitsmarkt	20.12.2011	BGBl. I S. 2854	§ 11	geänd. mWv 1.4.2012
5.	Art. 7 Viertes G zur Änderung des Vierten Buches Sozialgesetzbuch und anderer Gesetze	22.12.2011	BGBl. I S. 3057	§§ 1, 11	geänd. mWv 1.1.2012
6.	Art. 13 Abs. 6 LSV-NeuordnungsG	12.4.2012	BGBl. I S. 579	§ 1	geänd. mWv 1.1.2013
7.	Art. 6 Fünftes G zur Änd. des Vierten Buches Sozialgesetzbuch und anderer Gesetze	15.4.2015	BGBl. I S. 583	§ 2	geänd. mWv 1.1.2016
8.	Art. 13 6. SGB IV-ÄnderungsG	11.11.2016	BGBl. I S. 2500	§ 2	geänd. mWv 1.1.2017
9.	Art. 6 Abs. 10 G zur Neuregelung des Mutterschutzrechts[2)]	23.5.2017	BGBl. I S. 1228	§§ 1, 2, 4, 9	geänd. mWv 1.1.2018
10.	Art. 5 Terminservice- und VersorgungsG	6.5.2019	BGBl. I S. 646	§ 11	geänd. mWv 1.1.2018
11.	Art. 15 Covid-19-G zur Förderung der berufl. Weiterbildung im Strukturwandel und zur Weiterentwicklung der Ausbildungsförderung	20.5.2020	BGBl. I S. 1044	§ 11	geänd. mWv 29.5.2020

[1)] Verkündet als Art. 1 G v. 22.12.2005 (BGBl. I S. 3686); Inkrafttreten gem. Art. 4 Satz 2 dieses G am 1.1.2006, mit Ausnahme von § 2 Abs. 2 Satz 3, § 3 Abs. 3, § 7, § 8 Abs. 2 und § 9, die gem. Art. 4 Satz 1 dieses G am 1.10.2005 in Kraft treten.

[2)] **Amtl. Anm.:** Dieses Gesetz dient der Umsetzung der Richtlinie 92/85/EWG des Rates vom 19. Oktober 1992 über die Durchführung von Maßnahmen zur Verbesserung der Sicherheit und des Gesundheitsschutzes von schwangeren Arbeitnehmerinnen, Wöchnerinnen und stillenden Arbeitnehmerinnen am Arbeitsplatz (zehnte Einzelrichtlinie im Sinne des Artikels 16 Absatz 1 der Richtlinie 89/391/EWG) (ABl. L 348 vom 28.11.1992, S. 1), die zuletzt durch die Richtlinie 2014/27/EU (ABl. L 65 vom 5.3.2014, S. 1) geändert worden ist.

Lfd. Nr.	Änderndes Gesetz	Datum	Fundstelle	Betroffen	Hinweis
12.	Art. 11 Siebtes G zur Änd. des Vierten Buches SGB und anderer G	12.6.2020	BGBl. I S. 1248	§ 2	geänd. mWv 1.1.2021
13.	Art. 15 8. SGB IV-ÄnderungsG	20.12.2022	BGBl. I S. 2759	§ 2	geänd. mWv 1.1.2023

§ 1[1] **Erstattungsanspruch.** (1) Die Krankenkassen mit Ausnahme der landwirtschaftlichen Krankenkasse erstatten den Arbeitgebern, die in der Regel ausschließlich der zu ihrer Berufsausbildung Beschäftigten nicht mehr als 30 Arbeitnehmer und Arbeitnehmerinnen beschäftigen, 80 Prozent

1. des für den in § 3 Abs. 1 und 2 und den in § 9 Abs. 1 des Entgeltfortzahlungsgesetzes[2] bezeichneten Zeitraum an Arbeitnehmer und Arbeitnehmerinnen fortgezahlten Arbeitsentgelts,
2. der auf die Arbeitsentgelte nach der Nummer 1 entfallenden von den Arbeitgebern zu tragenden Beiträge zur Bundesagentur für Arbeit und der Arbeitgeberanteile an Beiträgen zur gesetzlichen Kranken- und Rentenversicherung, zur sozialen Pflegeversicherung und die Arbeitgeberzuschüsse nach § 172a des Sechsten Buches Sozialgesetzbuch sowie der Beitragszuschüsse nach § 257 des Fünften und nach § 61 des Elften Buches Sozialgesetzbuch.

(2) Die Krankenkassen mit Ausnahme der landwirtschaftlichen Krankenkasse erstatten den Arbeitgebern in vollem Umfang

1. den vom Arbeitgeber nach § 20 Absatz 1 des Mutterschutzgesetzes[3] gezahlten Zuschuss zum Mutterschaftsgeld,
2. das vom Arbeitgeber nach § 18 des Mutterschutzgesetzes bei Beschäftigungsverboten gezahlte Arbeitsentgelt,
3. die auf die Arbeitsentgelte nach der Nummer 2 entfallenden von den Arbeitgebern zu tragenden Beiträge zur Bundesagentur für Arbeit und die Arbeitgeberanteile an Beiträgen zur gesetzlichen Kranken- und Rentenversicherung, zur sozialen Pflegeversicherung und die Arbeitgeberzuschüsse nach § 172a des Sechsten Buches Sozialgesetzbuch sowie der Beitragszuschüsse nach § 257 des Fünften und nach § 61 des Elften Buches Sozialgesetzbuch.

(3) Am Ausgleich der Arbeitgeberaufwendungen nach den Absätzen 1 (U1-Verfahren) und 2 (U2-Verfahren) nehmen auch die Arbeitgeber teil, die nur Auszubildende beschäftigen.

§ 2[4] **Erstattung.** (1) [1]Die zu gewährenden Beträge werden dem Arbeitgeber von der Krankenkasse ausgezahlt, bei der die Arbeitnehmer und Arbeitnehmerinnen, die Auszubildenden oder die nach § 18 oder § 20 Absatz 1 des Mutter-

[1] § 1 Abs. 1 Nr. 2, Abs. 2 Nr. 3 geänd. mWv 1.1.2012 durch G v. 22.12.2011 (BGBl. I S. 3057); Abs. 1 und 2 geänd. mWv 1.1.2013 durch G v. 12.4.2012 (BGBl. I S. 579); Abs. 2 Nr. 1 und 2 geänd. mWv 1.1. 2018 durch G v. 23.5.2017 (BGBl. I S. 1228).

[2] Nr. **80**.

[3] Nr. **79**.

[4] § 2 Abs. 2 Satz 3 aufgeh. mWv 1.4.2007 durch G v. 26.3.2007 (BGBl. I S. 378); Abs. 2 Sätze 3 und 4 *angef., Abs. 3 neu gef. mWv 1.1.2016 durch G v. 15.4.2015* (BGBl. I S. 583); Abs. 2 Satz 3 geänd., Abs. 3 Satz 3 aufgeh., Abs. 4 angef. mWv 1.1.2017 durch G v. 11.11.2016 (BGBl. I S. 2500); Abs. 1 Satz 1, Abs. 2 Satz 2 geänd. mWv 1.1.2018 durch G v. 23.5.2017 (BGBl. I S. 1228); Abs. 2 Satz 3, Abs. 3 Satz 1 geänd. mWv 1.1.2021 durch G v. 12.6.2020 (BGBl. I S. 1248); Abs. 2 Satz 3, Abs. 3 Satz 1 geänd. mWv 1.1. 2023 durch G v. 20.12.2022 (BGBl. I S. 2759).

schutzgesetzes[1)] anspruchsberechtigten Frauen versichert sind. [2]Für geringfügig Beschäftigte nach dem Vierten Buch Sozialgesetzbuch ist zuständige Krankenkasse die Deutsche Rentenversicherung Knappschaft-Bahn-See als Träger der knappschaftlichen Krankenversicherung. [3]Für Arbeitnehmer und Arbeitnehmerinnen, die nicht Mitglied einer Krankenkasse sind, gilt § 175 Abs. 3 Satz 2 des Fünften Buches Sozialgesetzbuch entsprechend.

(2) [1]Die Erstattung wird auf Antrag erbracht. [2]Sie ist zu gewähren, sobald der Arbeitgeber Arbeitsentgelt nach § 3 Abs. 1 und 2 und § 9 Abs. 1 des Entgeltfortzahlungsgesetzes[2)], Arbeitsentgelt nach § 18 des Mutterschutzgesetzes oder Zuschuss zum Mutterschaftsgeld nach § 20 Absatz 1 des Mutterschutzgesetzes gezahlt hat. [3]Stellt die Krankenkasse eine inhaltliche Abweichung zwischen ihrer Berechnung der Erstattung und dem Antrag des Arbeitgebers fest, hat sie diese Abweichung und die Gründe hierfür dem Arbeitgeber durch Datenübertragung nach § 95 Absatz 1 Satz 1 des Vierten Buches Sozialgesetzbuch unverzüglich zu melden; dies gilt auch, wenn dem Antrag vollständig entsprochen wird. [4]§ 28a Absatz 1 Satz 2 des Vierten Buches Sozialgesetzbuch gilt entsprechend.

(3) [1]Der Arbeitgeber hat einen Antrag nach Absatz 2 Satz 1 durch Datenübertragung nach § 95 Absatz 1 Satz 1 und § 95b Absatz 1 Satz 1 des Vierten Buches Sozialgesetzbuch an die zuständige Krankenkasse zu übermitteln. [2]§ 28a Absatz 1 Satz 2 des Vierten Buches Sozialgesetzbuch gilt für die Meldung nach Satz 1 entsprechend.

(4) Den Übertragungsweg und die Einzelheiten des Verfahrens wie den Aufbau der Datensätze für die maschinellen Meldungen der Krankenkassen nach Absatz 2 und die maschinellen Anträge der Arbeitgeber nach Absatz 3 legt der Spitzenverband Bund der Krankenkassen in Grundsätzen fest, die vom Bundesministerium für Arbeit und Soziales im Einvernehmen mit dem Bundesministerium für Gesundheit zu genehmigen sind; die Bundesvereinigung der Deutschen Arbeitgeberverbände ist anzuhören.

§ 3[3)] Feststellung der Umlagepflicht. (1) [1]Die zuständige Krankenkasse hat jeweils zum Beginn eines Kalenderjahrs festzustellen, welche Arbeitgeber für die Dauer dieses Kalenderjahrs an dem Ausgleich der Arbeitgeberaufwendungen nach § 1 Abs. 1 teilnehmen. [2]Ein Arbeitgeber beschäftigt in der Regel nicht mehr als 30 Arbeitnehmer und Arbeitnehmerinnen, wenn er in dem letzten Kalenderjahr, das demjenigen, für das die Feststellung nach Satz 1 zu treffen ist, vorausgegangen ist, für einen Zeitraum von mindestens acht Kalendermonaten nicht mehr als 30 Arbeitnehmer und Arbeitnehmerinnen beschäftigt hat. [3]Hat ein Betrieb nicht während des ganzen nach Satz 2 maßgebenden Kalenderjahrs bestanden, so nimmt der Arbeitgeber am Ausgleich der Arbeitgeberaufwendungen teil, wenn er während des Zeitraums des Bestehens des Betriebs in der überwiegenden Zahl der Kalendermonate nicht mehr als 30 Arbeitnehmer und Arbeitnehmerinnen beschäftigt hat. [4]Wird ein Betrieb im Laufe des Kalenderjahrs errichtet, für das die Feststellung nach Satz 1 getroffen ist, so nimmt der Arbeitgeber am Ausgleich der Arbeitgeberaufwendungen teil, wenn nach der Art des Betriebs anzunehmen ist, dass die Zahl der beschäftigten Arbeitnehmer und Arbeitnehmerinnen während der überwiegenden Kalendermonate dieses Kalenderjahrs 30 nicht überschreiten wird. [5]Bei der Errechnung der Gesamtzahl der beschäftigten Arbeitnehmer und

---

[1)] Nr. **79**.
[2)] Nr. **80**.
[3)] § 3 Abs. 3 geänd. mWv 1.7.2008 durch G v. 26.3.2007 (BGBl. I S. 378).

Arbeitnehmerinnen bleiben schwerbehinderte Menschen im Sinne des Neunten Buches Sozialgesetzbuch außer Ansatz. [6] Arbeitnehmer und Arbeitnehmerinnen, die wöchentlich regelmäßig nicht mehr als 10 Stunden zu leisten haben, werden mit 0,25, diejenigen, die nicht mehr als 20 Stunden zu leisten haben, mit 0,5 und diejenigen, die nicht mehr als 30 Stunden zu leisten haben, mit 0,75 angesetzt.

(2) Der Arbeitgeber hat der nach § 2 Abs. 1 zuständigen Krankenkasse die für die Durchführung des Ausgleichs erforderlichen Angaben zu machen.

(3)[1)] Der Spitzenverband Bund der Krankenkassen regelt das Nähere über die Durchführung des Feststellungsverfahrens nach Absatz 1.

§ 4[2)] Versagung und Rückforderung der Erstattung. (1) Die Erstattung kann im Einzelfall versagt werden, solange der Arbeitgeber die nach § 3 Abs. 2 erforderlichen Angaben nicht oder nicht vollständig macht.

(2) [1] Die Krankenkasse hat Erstattungsbeträge vom Arbeitgeber insbesondere zurückzufordern, soweit der Arbeitgeber

1. schuldhaft falsche oder unvollständige Angaben gemacht hat oder
2. Erstattungsbeträge gefordert hat, obwohl er wusste oder wissen musste, dass ein Anspruch nach § 3 Abs. 1 und 2 oder § 9 Abs. 1 des Entgeltfortzahlungsgesetzes[3)] oder nach § 18 oder § 20 Absatz 1 des Mutterschutzgesetzes[4)] nicht besteht.

[2] Der Arbeitgeber kann sich nicht darauf berufen, dass er durch die zu Unrecht gezahlten Beträge nicht mehr bereichert sei. [3] Von der Rückforderung kann abgesehen werden, wenn der zu Unrecht gezahlte Betrag gering ist und der entstehende Verwaltungsaufwand unverhältnismäßig groß sein würde.

§ 5 Abtretung. Ist auf den Arbeitgeber ein Anspruch auf Schadenersatz nach § 6 des Entgeltfortzahlungsgesetzes[3)] übergegangen, so ist die Krankenkasse zur Erstattung nur verpflichtet, wenn der Arbeitgeber den auf ihn übergegangenen Anspruch bis zur anteiligen Höhe des Erstattungsbetrags an die Krankenkasse abtritt.

§ 6 Verjährung und Aufrechnung. (1) Der Erstattungsanspruch verjährt in vier Jahren nach Ablauf des Kalenderjahrs, in dem er entstanden ist.

(2) Gegen Erstattungsansprüche dürfen nur Ansprüche aufgerechnet werden auf

1. Zahlung von Umlagebeträgen, Beiträge zur gesetzlichen Krankenversicherung und solche Beiträge, die die Einzugsstelle für andere Träger der Sozialversicherung und die Bundesagentur für Arbeit einzuziehen hat,
2. Rückzahlung von Vorschüssen,
3. Rückzahlung von zu Unrecht gezahlten Erstattungsbeträgen,
4. Erstattung von Verfahrenskosten,
5. Zahlung von Geldbußen,
6. Herausgabe einer von einem Dritten an den Berechtigten bewirkten Leistung, die der Krankenkasse gegenüber wirksam ist.

---

1) § 3 Abs. 3 ist **mWv 1.10.2005** in Kraft getreten, vgl. die Anm. zum Gesetzestitel.
2) § 4 Abs. 2 Satz 1 Nr. 2 geänd. mWv 1.1.2018 durch G v. 23.5.2017 (BGBl. I S. 1228).
3) Nr. **80**.
4) Nr. **79**.

§ 7 [1)2)] **Aufbringung der Mittel.** (1) Die Mittel zur Durchführung der U1- und U2-Verfahren werden von den am Ausgleich beteiligten Arbeitgebern jeweils durch gesonderte Umlagen aufgebracht, die die erforderlichen Verwaltungskosten angemessen berücksichtigen.

(2) [1] Die Umlagen sind jeweils in einem Prozentsatz des Entgelts (Umlagesatz) festzusetzen, nach dem die Beiträge zur gesetzlichen Rentenversicherung für die im Betrieb beschäftigten Arbeitnehmer, Arbeitnehmerinnen und Auszubildenden bemessen werden oder bei Versicherungspflicht in der gesetzlichen Rentenversicherung zu bemessen wären. [2] Bei der Berechnung der Umlage für Aufwendungen nach § 1 Abs. 1 sind Entgelte von Arbeitnehmern und Arbeitnehmerinnen, deren Beschäftigungsverhältnis bei einem Arbeitgeber nicht länger als vier Wochen besteht und bei denen wegen der Art des Beschäftigungsverhältnisses auf Grund des § 3 Abs. 3 des Entgeltfortzahlungsgesetzes[3)] kein Anspruch auf Entgeltfortzahlung im Krankheitsfall entstehen kann, sowie einmalig gezahlte Arbeitsentgelte nach § 23a des Vierten Buches Sozialgesetzbuch nicht zu berücksichtigen. [3] Für die Zeit des Bezugs von Kurzarbeitergeld bemessen sich die Umlagen nach dem tatsächlich erzielten Arbeitsentgelt bis zur Beitragsbemessungsgrenze in der gesetzlichen Rentenversicherung.

§ 8 Verwaltung der Mittel. (1) [1] Die Krankenkassen verwalten die Mittel für den Ausgleich der Arbeitgeberaufwendungen als Sondervermögen. [2] Die Mittel dürfen nur für die gesetzlich vorgeschriebenen oder zugelassenen Zwecke verwendet werden.

(2)[4)] [1] Die Krankenkasse kann durch Satzungsregelung die Durchführung der U1- und U2-Verfahren auf eine andere Krankenkasse oder einen Landes- oder Bundesverband übertragen. [2] Der Einzug der Umlagen obliegt weiterhin der übertragenden Krankenkasse, die die von den Arbeitgebern gezahlten Umlagen an die durchführende Krankenkasse oder den Verband weiterzuleiten hat. [3] § 90 des Vierten Buches Sozialgesetzbuch gilt entsprechend.

§ 9 [5)6)] **Satzung.** (1) Die Satzung der Krankenkasse muss insbesondere Bestimmungen enthalten über die

1. Höhe der Umlagesätze,
2. Bildung von Betriebsmitteln,
3. Aufstellung des Haushalts,
4. Prüfung und Abnahme des Rechnungsabschlusses.

(2) Die Satzung kann

1. die Höhe der Erstattung nach § 1 Abs. 1 beschränken und verschiedene Erstattungssätze, die 40 vom Hundert nicht unterschreiten, vorsehen,

---

[1)] § 7 Abs. 2 Satz 3 geänd. mWv 1.1.2007 durch G v. 24.4.2006 (BGBl. I S. 926).

[2)] § 7 ist **mWv 1.10.2005** in Kraft getreten, vgl. die Anm. zum Gesetzestitel.

[3)] Nr. **80**.

[4)] § 8 Abs. 2 ist **mWv 1.10.2005** in Kraft getreten, vgl. die Anm. zum Gesetzestitel.

[5)] § 9 Abs. 2 Nr. 1 geänd., Nr. 4 aufgeh. mWv 1.4.2007 durch G v. 26.3.2007 (BGBl. I S. 378); Abs. 2 Nr. 2 geänd. mWv 1.1.2018 durch G v. 23.5.2017 (BGBl. I S. 1228).

[6)] § 9 ist **mWv 1.10.2005** in Kraft getreten, vgl. die Anm. zum Gesetzestitel.

2. eine pauschale Erstattung des von den Arbeitgebern zu tragenden Teils des Gesamtsozialversicherungsbeitrags für das nach § 18 des Mutterschutzgesetzes[1] gezahlte Arbeitsentgelt vorsehen,
3. die Zahlung von Vorschüssen vorsehen,
4. *(aufgehoben)*
5. die Übertragung nach § 8 Abs. 2 enthalten.

(3) Die Betriebsmittel dürfen den Betrag der voraussichtlichen Ausgaben für drei Monate nicht übersteigen.

(4) In Angelegenheiten dieses Gesetzes wirken in den Selbstverwaltungsorganen nur die Vertreter der Arbeitgeber mit; die Selbstverwaltungsorgane der Ersatzkassen haben Einvernehmen mit den für die Vertretung der Interessen der Arbeitgeber maßgeblichen Spitzenorganisationen herzustellen.

(5) Die Absätze 1 bis 4 gelten auch für die durchführende Krankenkasse oder den Verband nach § 8 Abs. 2 Satz 1.

§ 10 Anwendung sozialversicherungsrechtlicher Vorschriften. Die für die gesetzliche Krankenversicherung geltenden Vorschriften finden entsprechende Anwendung, soweit dieses Gesetz nichts anderes bestimmt.

§ 11[2] Ausnahmevorschriften. (1) § 1 Abs. 1 ist nicht anzuwenden auf

1. den Bund, die Länder, die Gemeinden und Gemeindeverbände sowie sonstige Körperschaften, Anstalten und Stiftungen des öffentlichen Rechts sowie die Vereinigungen, Einrichtungen und Unternehmungen, die hinsichtlich der für die Beschäftigten des Bundes, der Länder oder der Gemeinden geltenden Tarifverträge tarifgebunden sind, sowie die Verbände von Gemeinden, Gemeindeverbänden und kommunalen Unternehmen einschließlich deren Spitzenverbände,
2. zivile Arbeitskräfte, die bei Dienststellen und diesen gleichgestellten Einrichtungen der in der Bundesrepublik Deutschland stationierten ausländischen Truppen und der dort auf Grund des Nordatlantikpaktes errichteten internationalen militärischen Hauptquartiere beschäftigt sind,
3. Hausgewerbetreibende (§ 1 Abs. 1 Buchstabe b des Heimarbeitsgesetzes) sowie die in § 1 Abs. 2 Satz 1 Buchstabe b und c des Heimarbeitsgesetzes bezeichneten Personen, wenn sie hinsichtlich der Entgeltregelung gleichgestellt sind,
4. die Spitzenverbände der freien Wohlfahrtspflege (Arbeiterwohlfahrt, Diakonisches Werk der Evangelischen Kirche in Deutschland, Deutscher Caritasverband, Deutscher Paritätischer Wohlfahrtsverband, Deutsches Rotes Kreuz und Zentralwohlfahrtsstelle der Juden in Deutschland) einschließlich ihrer selbstständigen und nichtselbstständigen Untergliederungen, Einrichtungen und Anstalten, es sei denn, sie erklären schriftlich und unwiderruflich gegenüber einer Krankenkasse mit Wirkung für alle durchführenden Krankenkassen und Verbände ihre Teilnahme am Umlageverfahren nach § 1 Abs. 1.

---

[1] Nr. **79**.

[2] § 11 Abs. 2 Nr. 2 geänd., Nr. 3 angef. mWv 1.1.2012 durch G v. 22.12.2011 (BGBl. I S. 3057); Abs. 2 Nr. 3 geänd. mWv 1.4.2012 durch G v. 20.12.2011 (BGBl. I S. 2854); Abs. 2 Nr. 3 geänd., Nr. 4 angef. mWv 1.1.2018 durch G v. 6.5.2019 (BGBl. I S. 646); Abs. 2 Nr. 3 geänd. mWv 29.5.2020 durch G v. 20.5.2020 (BGBl. I S. 1044).

(2) § 1 ist nicht anzuwenden auf

1. die nach § 2 Abs. 1 Nr. 3 des Zweiten Gesetzes über die Krankenversicherung der Landwirte versicherten mitarbeitenden Familienangehörigen eines landwirtschaftlichen Unternehmers,
2. Dienststellen und diesen gleichgestellte Einrichtungen der in der Bundesrepublik Deutschland stationierten ausländischen Truppen und der dort auf Grund des Nordatlantikpaktes errichteten internationalen militärischen Hauptquartiere mit Ausnahme der in Absatz 1 Nr. 2 genannten zivilen Arbeitskräfte,
3. im Rahmen des § 54a des Dritten Buches Sozialgesetzbuch bezuschusste betriebliche Einstiegsqualifizierungen und im Rahmen des § 76 Absatz 7 des Dritten Buches Sozialgesetzbuch geförderte Berufsausbildungen in außerbetrieblichen Einrichtungen,
4. Menschen mit Behinderungen im Arbeitsbereich anerkannter Werkstätten, die zu den Werkstätten in einem arbeitnehmerähnlichen Rechtsverhältnis stehen.

§ 12 Freiwilliges Ausgleichsverfahren. (1) [1] Für Betriebe eines Wirtschaftszweigs können Arbeitgeber Einrichtungen zum Ausgleich der Arbeitgeberaufwendungen errichten, an denen auch Arbeitgeber teilnehmen, die die Voraussetzungen des § 1 nicht erfüllen. [2] Die Errichtung und die Regelung des Ausgleichsverfahrens bedürfen der Genehmigung des Bundesministeriums für Gesundheit.

(2) Auf Arbeitgeber, deren Aufwendungen durch eine Einrichtung nach Absatz 1 ausgeglichen werden, finden die Vorschriften dieses Gesetzes keine Anwendung.

(3) Körperschaften, Personenvereinigungen und Vermögensmassen im Sinne des § 1 Abs. 1 des Körperschaftsteuergesetzes, die als Einrichtung der in Absatz 1 bezeichneten Art durch das Bundesministerium für Gesundheit genehmigt sind, sind von der Körperschaftsteuer, Gewerbesteuer und Vermögensteuer befreit.

80 b. Mindesturlaubsgesetz für Arbeitnehmer (Bundesurlaubsgesetz)

Vom 8. Januar 1963 (BGBl. I S. 2)

BGBl. III/FNA 800-4

Änderungen des Gesetzes

Lfd. Nr.	Änderndes Gesetz	Datum	Fundstelle	Geänderte Paragraphen	Art der Änderg.
1.	Gesetz über die Fortzahlung des Arbeitsentgelts im Krankheitsfalle und über Änderungen des Rechts der gesetzlichen Krankenversicherung	27. 7. 1969	BGBl. I 946	10	geänd.
2.	Gesetz zur Änderung des Heimarbeitsgesetzes und anderer arbeitsrechtlicher Vorschriften (Heimarbeitsänderungsgesetz)	29. 10. 1974	BGBl. I 2879	3 Abs. 1, 12 Nr. 1, 13 Abs. 1 Satz 3 7 Abs. 2 Satz 2, 11 Abs. 1 Satz 4 7 Abs. 4 Satz 2	geänd. eingef. aufgeh.
3.	Gesetz zur Neuordnung des Eisenbahnwesens (Eisenbahnneuordnungsgesetz – ENeuOG)	27. 12. 1993	BGBl. I 2378	13 Abs. 3	geänd.
4.	Gesetz zur sozialen Absicherung des Risikos der Pflegebedürftigkeit (Pflege-Versicherungsgesetz – PflegeVG)	26. 5. 1994	BGBl. I 1014	10 7 Abs. 1 Satz 2	geänd. eingef.
5.	Gesetz zur Vereinheitlichung und Flexibilisierung des Arbeitszeitrechts (Arbeitszeitrechtsgesetz – ArbZRG)	6. 6. 1994	BGBl. I 1170	3 Abs. 1 12 Einleitungssatz, Nrn. 1 und 4	geänd.
6.	Arbeitsrechtliches Gesetz zur Förderung von Wachstum und Beschäftigung (Arbeitsrechtliches Beschäftigungsförderungsgesetz)	25. 9. 1996	BGBl. I 1476	10 11 Abs. 1 Satz 1 Halbs. 2, 15 a	geänd. eingef.
7.	Gesetz zu Korrekturen in der Sozialversicherung und zur Sicherung der Arbeitnehmerrechte	19. 12. 1998	BGBl. I 3843	10, 15 a	geänd.
8.	Sozialgesetzbuch – Neuntes Buch – (SGB IX) Rehabilitation und Teilhabe behinderter Menschen	19. 6. 2001	BGBl. I 1046	15 Abs. 1	geänd.
9.	Post- und telekommunikationsrechtliches Bereinigungsgesetz	7. 5. 2002	BGBl. I 1529	13 Abs. 3	geänd.
10.[1]	Gesetz zur Umsetzung des Seearbeitsübereinkommens	20. 4. 2013	BGBl. I 868	15 Abs. 1	geänd.

[1] **Amtl. Anm.:** Dieses Gesetz dient der Umsetzung der Richtlinie 2009/13/EG des Rates vom 16. Februar 2009 zur Durchführung der Vereinbarung zwischen dem Verband der Reeder in der Europäischen Gemeinschaft (ECSA) und der Europäischen Transportarbeiter-Föderation (ETF) über das Seearbeitsübereinkommen 2006 und zur Änderung der Richtlinie 1999/63/EG (ABl. L 124 vom 20. 5. 2009, S. 30).

Lfd. Nr.	Änderndes Gesetz	Datum	Fundstelle	Geänderte Paragraphen	Art der Änderg.
	2006 der Internationalen Arbeitsorganisation				

§ 1. Urlaubsanspruch. Jeder Arbeitnehmer hat in jedem Kalenderjahr Anspruch auf bezahlten Erholungsurlaub.

§ 2. Geltungsbereich. [1]Arbeitnehmer im Sinne des Gesetzes sind Arbeiter und Angestellte sowie die zu ihrer Berufsausbildung Beschäftigten. [2]Als Arbeitnehmer gelten auch Personen, die wegen ihrer wirtschaftlichen Unselbständigkeit als arbeitnehmerähnliche Personen anzusehen sind; für den Bereich der Heimarbeit gilt § 12.

§ 3.[1)] **Dauer des Urlaubs.** (1) Der Urlaub beträgt jährlich mindestens 24 Werktage.

(2) Als Werktage gelten alle Kalendertage, die nicht Sonn- oder gesetzliche Feiertage sind.

§ 4. Wartezeit. Der volle Urlaubsanspruch wird erstmalig nach sechsmonatigem Bestehen des Arbeitsverhältnisses erworben.

§ 5. Teilurlaub. (1) Anspruch auf ein Zwölftel des Jahresurlaubs für jeden vollen Monat des Bestehens des Arbeitsverhältnisses hat der Arbeitnehmer

a) für Zeiten eines Kalenderjahres, für die er wegen Nichterfüllung der Wartezeit in diesem Kalenderjahr keinen vollen Urlaubsanspruch erwirbt;

b) wenn er vor erfüllter Wartezeit aus dem Arbeitsverhältnis ausscheidet;

c) wenn er nach erfüllter Wartezeit in der ersten Hälfte eines Kalenderjahres aus dem Arbeitsverhältnis ausscheidet.

(2) Bruchteile von Urlaubstagen, die mindestens einen halben Tag ergeben, sind auf volle Urlaubstage aufzurunden.

(3) Hat der Arbeitnehmer im Falle des Absatzes 1 Buchstabe c bereits Urlaub über den ihm zustehenden Umfang hinaus erhalten, so kann das dafür gezahlte Urlaubsentgelt nicht zurückgefordert werden.

§ 6. Ausschluß von Doppelansprüchen. (1) Der Anspruch auf Urlaub besteht nicht, soweit dem Arbeitnehmer für das laufende Kalenderjahr bereits von einem früheren Arbeitgeber Urlaub gewährt worden ist.

(2) Der Arbeitgeber ist verpflichtet, bei Beendigung des Arbeitsverhältnisses dem Arbeitnehmer eine Bescheinigung über den im laufenden Kalenderjahr gewährten oder abgegoltenen Urlaub auszuhändigen.

[1)] *§ 3 Abs. 1 zuletzt geänd.* mWv 1. 1. 1995 durch Art. 2 G v. 6. 6. 1994 (BGBl. I S. 1170). Bis dahin galt in den neuen Bundesländern, daß der Urlaub jährlich mindestens 20 Arbeitstage beträgt. Dabei ist von fünf Arbeitstagen je Woche auszugehen.

In Abs. 1 wurde die Zahl „18“ durch die Zahl „24“ ersetzt.

§ 7.[1] **Zeitpunkt, Übertragbarkeit und Abgeltung des Urlaubs.** (1) [1]Bei der zeitlichen Festlegung des Urlaubs sind die Urlaubswünsche des Arbeitnehmers zu berücksichtigen, es sei denn, daß ihrer Berücksichtigung dringende betriebliche Belange oder Urlaubswünsche anderer Arbeitnehmer, die unter sozialen Gesichtspunkten den Vorrang verdienen, entgegenstehen. [2]Der Urlaub ist zu gewähren, wenn der Arbeitnehmer dies im Anschluß an eine Maßnahme der medizinischen Vorsorge oder Rehabilitation verlangt.

(2) [1]Der Urlaub ist zusammenhängend zu gewähren, es sei denn, daß dringende betriebliche oder in der Person des Arbeitnehmers liegende Gründe eine Teilung des Urlaubs erforderlich machen. [2]Kann der Urlaub aus diesen Gründen nicht zusammenhängend gewährt werden, und hat der Arbeitnehmer Anspruch auf Urlaub von mehr als zwölf Werktagen, so muß einer der Urlaubsteile mindestens zwölf aufeinanderfolgende Werktage umfassen.

(3) [1]Der Urlaub muß im laufenden Kalenderjahr gewährt und genommen werden. [2]Eine Übertragung des Urlaubs auf das nächste Kalenderjahr ist nur statthaft, wenn dringende betriebliche oder in der Person des Arbeitnehmers liegende Gründe dies rechtfertigen. [3]Im Fall der Übertragung muß der Urlaub in den ersten drei Monaten des folgenden Kalenderjahres gewährt und genommen werden. [4]Auf Verlangen des Arbeitnehmers ist ein nach § 5 Abs. 1 Buchstabe a entstehender Teilurlaub jedoch auf das nächste Kalenderjahr zu übertragen.

(4) Kann der Urlaub wegen Beendigung des Arbeitsverhältnisses ganz oder teilweise nicht mehr gewährt werden, so ist er abzugelten.

§ 8. Erwerbstätigkeit während des Urlaubs. Während des Urlaubs darf der Arbeitnehmer keine dem Urlaubszweck widersprechende Erwerbstätigkeit leisten.

§ 9. Erkrankung während des Urlaubs. Erkrankt ein Arbeitnehmer während des Urlaubs, so werden die durch ärztliches Zeugnis nachgewiesenen Tage der Arbeitsunfähigkeit auf den Jahresurlaub nicht angerechnet.

§ 10.[2] **Maßnahmen der medizinischen Vorsorge oder Rehabilitation.** Maßnahmen der medizinischen Vorsorge oder Rehabilitation dürfen nicht auf den Urlaub angerechnet werden, soweit ein Anspruch auf Fortzahlung des Arbeitsentgelts nach den gesetzlichen Vorschriften über die Entgeltfortzahlung im Krankheitsfall besteht.

§ 11.[3] **Urlaubsentgelt.** (1) [1]Das Urlaubsentgelt bemißt sich nach dem durchschnittlichen Arbeitsverdienst, das der Arbeitnehmer in den letzten dreizehn Wochen vor dem Beginn des Urlaubs erhalten hat, mit Ausnahme des zusätzlich für Überstunden gezahlten Arbeitsverdienstes. [2]Bei Verdiensterhöhungen nicht nur vorübergehender Natur, die während des Berechnungszeitraums oder des Urlaubs eintreten, ist von dem erhöhten Verdienst auszugehen. [3]Verdienstkürzungen, die im Berechnungszeitraum infolge von Kurzarbeit,

[1] § 7 Abs. 2 Satz 2 angef. und Abs. 4 Satz 2 aufgeh. durch Art. 3 § 8 G v. 29. 10. 1974 (BGBl. I S. 2879), Abs. 1 Satz 2 angef. durch Art. 57 G v. 26. 5. 1994 (BGBl. I S. 1014).

[2] § 10 neugef. durch Art. 8 G v. 19. 12. 1998 (BGBl. I S. 3843).

[3] § 11 Abs. 1 Satz 4 angef. durch Art. 3 § 8 G v. 29. 10. 1974 (BGBl. I S. 2879); Abs. 1 Satz 1 2. Halbs. angef. durch Art. 2 G v. 25. 9. 1996 (BGBl. I S. 1476).

Arbeitsausfällen oder unverschuldeter Arbeitsversäumnis eintreten, bleiben für die Berechnung des Urlaubsentgelts außer Betracht. [4] Zum Arbeitsentgelt gehörende Sachbezüge, die während des Urlaubs nicht weitergewährt werden, sind für die Dauer des Urlaubs angemessen in bar abzugelten.

(2) Das Urlaubsentgelt ist vor Antritt des Urlaubs auszuzahlen.

§ 12.[1)] **Urlaub im Bereich der Heimarbeit.** Für die in Heimarbeit Beschäftigten und die ihnen nach § 1 Abs. 2 Buchstaben a bis c des Heimarbeitsgesetzes[2)] Gleichgestellten, für die die Urlaubsregelung nicht ausdrücklich von der Gleichstellung ausgenommen ist, gelten die vorstehenden Bestimmungen mit Ausnahme der §§ 4 bis 6, 7 Abs. 3 und 4 und § 11 nach Maßgabe der folgenden Bestimmungen:

1. Heimarbeiter (§ 1 Abs. 1 Buchstabe a des Heimarbeitsgesetzes) und nach § 1 Abs. 2 Buchstabe a des Heimarbeitsgesetzes Gleichgestellte erhalten von ihrem Auftraggeber oder, falls sie von einem Zwischenmeister beschäftigt werden, von diesem
   bei einem Anspruch auf 24 Werktage
   ein Urlaubsentgelt von 9,1 vom Hundert
   des in der Zeit vom 1. Mai bis zum 30. April des folgenden Jahres oder bis zur Beendigung des Beschäftigungsverhältnisses verdienten Arbeitsentgelts vor Abzug der Steuern und Sozialversicherungsbeiträge ohne Unkostenzuschlag und ohne die für den Lohnausfall an Feiertagen, den Arbeitsausfall infolge Krankheit und den Urlaub zu leistenden Zahlungen.
2. War der Anspruchsberechtigte im Berechnungszeitraum nicht ständig beschäftigt, so brauchen unbeschadet des Anspruches auf Urlaubsentgelt nach Nummer 1 nur so viele Urlaubstage gegeben zu werden, wie durchschnittliche Tagesverdienste, die er in der Regel erzielt hat, in dem Urlaubsentgelt nach Nummer 1 enthalten sind.
3. Das Urlaubsentgelt für die in Nummer 1 bezeichneten Personen soll erst bei der letzten Entgeltzahlung vor Antritt des Urlaubs ausgezahlt werden.
4. Hausgewerbetreibende (§ 1 Abs. 1 Buchstabe b des Heimarbeitsgesetzes[2)]) und nach § 1 Abs. 2 Buchstaben b und c des Heimarbeitsgesetzes Gleichgestellte erhalten von ihrem Auftraggeber oder, falls sie von einem Zwischenmeister beschäftigt werden, von diesem als eigenes Urlaubsentgelt und zur Sicherung der Urlaubsansprüche der von ihnen Beschäftigten einen Betrag von 9,1 vom Hundert des an sie ausgezahlten Arbeitsentgelts vor Abzug der Steuern und Sozialversicherungsbeiträge ohne Unkostenzuschlag und ohne die für den Lohnausfall an Feiertagen, den Arbeitsausfall infolge Krankheit und den Urlaub zu leistenden Zahlungen.
5. Zwischenmeister, die den in Heimarbeit Beschäftigten nach § 1 Abs. 2 Buchstabe d des Heimarbeitsgesetzes[2)] gleichgestellt sind, haben gegen ihren Auftraggeber Anspruch auf die von ihnen nach den Nummern 1 und 4 nachweislich zu zahlenden Beträge.

[1)] § 12 Nr. 1 geänd. durch Art. 3 § 8 G v. 29. 10. 1974 (BGBl. I S. 2879), Einleitungssatz, Nr. 1 und Nr. 4 geänd. mWv 1. 1. 1995 durch Art. 2 G v. 6. 6. 1994 (BGBl. I S. 1170). In der Nr. 1 wurde die Zahl „18" durch die Zahl „24" und das Wort „Urlaubstage" durch das Wort „Werktage" sowie die Zahl „6¾" durch die Zahl „9,1" ersetzt.
In der Nr. 4 wurde die Zahl „6¾" durch die Zahl „9,1" ersetzt.

[2)] Abgedruckt in **Nipperdey I; Nr. 450.**

6. Die Beträge nach den Nummern 1, 4 und 5 sind gesondert im Entgeltbeleg auszuweisen.

7. Durch Tarifvertrag kann bestimmt werden, daß Heimarbeiter (§ 1 Abs. 1 Buchstabe a des Heimarbeitsgesetzes,[1] die nur für einen Auftraggeber tätig sind und tariflich allgemein wie Betriebsarbeiter behandelt werden, Urlaub nach den allgemeinen Urlaubsbestimmungen erhalten.

8. [1] Auf die in den Nummern 1, 4 und 5 vorgesehenen Beträge finden die §§ 23 bis 25, 27 und 28 und auf die in den Nummern 1 und 4 vorgesehenen Beträge außerdem § 21 Abs. 2 des Heimarbeitsgesetzes entsprechende Anwendung. [2] Für die Urlaubsansprüche der fremden Hilfskräfte der in Nummer 4 genannten Personen gilt § 26 des Heimarbeitsgesetzes[1] entsprechend.

§ 13.[2] **Unabdingbarkeit.** (1) [1] Von den vorstehenden Vorschriften mit Ausnahme der §§ 1, 2 und 3 Abs. 1 kann in Tarifverträgen abgewichen werden. [2] Die abweichenden Bestimmungen haben zwischen nichttarifgebundenen Arbeitgebern und Arbeitnehmern Geltung, wenn zwischen diesen die Anwendung der einschlägigen tariflichen Urlaubsregelung vereinbart ist. [3] Im übrigen kann, abgesehen von § 7 Abs. 2 Satz 2, von den Bestimmungen dieses Gesetzes nicht zuungunsten des Arbeitnehmers abgewichen werden.

(2) [1] Für das Baugewerbe oder sonstige Wirtschaftszweige, in denen als Folge häufigen Ortswechsel, der von den Betrieben zu leistenden Arbeit Arbeitsverhältnisse von kürzerer Dauer als einem Jahr in erheblichem Umfange üblich sind, kann durch Tarifvertrag von den vorstehenden Vorschriften über die in Absatz 1 Satz 1 vorgesehene Grenze hinaus abgewichen werden, soweit dies zur Sicherung eines zusammenhängenden Jahresurlaubs für alle Arbeitnehmer erforderlich ist. [2] Absatz 1 Satz 2 findet entsprechende Anwendung.

(3) Für den Bereich der Deutsche Bahn Aktiengesellschaft sowie einer gemäß § 2 Abs. 1 und § 3 Abs. 3 des Deutsche Bahn Gründungsgesetzes vom 27. Dezember 1993 (BGBl. I S. 2378, 2386) ausgegliederten Gesellschaft und für den Bereich der Nachfolgeunternehmen der Deutschen Bundespost kann von der Vorschrift über das Kalenderjahr als Urlaubsjahr (§ 1) in Tarifverträgen abgewichen werden.

§ 14. Berlin-Klausel. *(gegenstandslos)*

§ 15.[3] **Änderung und Aufhebung von Gesetzen.** (1) Unberührt bleiben die urlaubsrechtlichen Bestimmungen des Arbeitsplatzschutzgesetzes vom 30. März 1957 (Bundesgesetzbl. I S. 293),[4] geändert durch Gesetz vom 22. März 1962 (Bundesgesetzbl. I S. 169), des Neunten Buches Sozialgesetzbuch[5] des Jugendarbeitsschutzgesetzes vom 9. August 1960 (Bundesgesetzbl. I S. 665),[6] geändert durch Gesetz vom 20. Juli 1962 (Bundesge-

---

[1] Abgedruckt in **Nipperdey I; Nr. 450.**

[2] § 13 Abs. 1 Satz 3 geänd. durch Art. 3 § 8 G v. 29. 10. 1974 (BGBl. I S. 2879), Abs. 3 geänd. durch Art. 6 Abs. 86 ENeuOG v. 27. 12. 1993 (BGBl. I S. 2378) und Art. 7 G v. 7. 5. 2002 (BGBl. I S. 1529).

[3] § 15 Abs. 1 geänd. durch Art. 34 G v. 19. 6. 2001 (BGBl. I S. 1046), Abs. 1 geänd. mWv 1. 8. 2013 durch Art. 3 G v. 20. 4. 2013 (BGBl. I S. 868).

[4] Abgedruckt in **Nipperdey I; Nr. 156.**

[5] Abgedruckt in **Nipperdey I; Nr. 698.**

[6] Abgedruckt in **Nipperdey I; Nr. 420.**

setzbl. I S. 449), und des Seearbeitsgesetzes vom 20. April 2013 (BGBl. I S. 868),[1] jedoch wird

a) in § 19 Abs. 6 Satz 2 des Jugendarbeitsschutzgesetzes[2] der Punkt hinter dem letzten Wort durch ein Komma ersetzt und folgender Satzteil angefügt: „und in diesen Fällen eine grobe Verletzung der Treuepflicht aus dem Beschäftigungsverhältnis vorliegt.“;

b) § 53 Abs. 2 des Seemannsgesetzes[1] durch folgende Bestimmung ersetzt: „Das Bundesurlaubsgesetz vom 8. Januar 1963 (Bundesgesetzbl. I S. 2) findet auf den Urlaubsanspruch des Besatzungsmitglieds nur insoweit Anwendung, als es Vorschriften über die Mindestdauer des Urlaubs enthält.“

(2) [1] Mit dem Inkrafttreten dieses Gesetzes treten die landesrechtlichen Vorschriften über den Erholungsurlaub außer Kraft. [2] In Kraft bleiben jedoch die landesrechtlichen Bestimmungen über den Urlaub für Opfer des Nationalsozialismus und für solche Arbeitnehmer, die geistig oder körperlich in ihrer Erwerbsfähigkeit behindert sind.

§ 15 a.[3] **Übergangsvorschrift.** Befindet sich der Arbeitnehmer von einem Tag nach dem 9. Dezember 1998 bis zum 1. Januar 1999 oder darüber hinaus in einer Maßnahme der medizinischen Vorsorge oder Rehabilitation, sind für diesen Zeitraum die seit dem 1. Januar 1999 geltenden Vorschriften maßgebend, es sei denn, daß diese für den Arbeitnehmer ungünstiger sind.

§ 16. Inkrafttreten. Dieses Gesetz tritt mit Wirkung vom 1. Januar 1963 in Kraft.

---

[1] Abgedruckt in **Nipperdey I; Nr. 114.**

[2] Abgedruckt in **Nipperdey I; Nr. 420.**

[3] § 15 a eingef. durch Art. 2 G v. 25. 9. 1996 (BGBl. I S. 1476) und neugef. mWv 1. 1. 1999 durch Art. 2 G v. 19. 12. 1998 (BGBl. I S. 3843). Die bis zum 31. 12. 1998 geltende Fassung lautete wie folgt:

„**§ 15 a Überleitungsvorschrift.** Befindet sich der Arbeitnehmer am 1. Oktober 1996 in einer Maßnahme der medizinischen Vorsorge oder Rehabilitation, bleiben die bisherigen Vorschriften maßgebend.“

80c. Gesetz zur Regelung eines allgemeinen Mindestlohns (Mindestlohngesetz – MiLoG)[1) 2)]

Vom 11. August 2014
(BGBl. I S. 1348)

FNA 802-5

Lfd. Nr.	Änderndes Gesetz	Datum	Fundstelle	Betroffen	Hinweis
1.	Art. 2 Abs. 10 VergaberechtsmodernisierungsG	17.2.2016	BGBl. I S. 203	§ 19	geänd. mWv 18.4.2016
2.	Art. 6 Abs. 39 G zur Reform der strafrechtlichen Vermögensabschöpfung	13.4.2017	BGBl. I S. 872	§ 21	geänd. mWv 1.7.2017
3.	Art. 2 Abs. 4 G zur Einführung eines Wettbewerbsregisters und zur Änd. des G gegen Wettbewerbsbeschränkungen	18.7.2017	BGBl. I S. 2739, geänd. 2021, S. 2 iVm BAnz AT 29.10. 2021 B3 und 2022, S. 306	§ 19	geänd. mWv 1.6.2022
4.	Art. 14 G gegen illegale Beschäftigung und Sozialleistungsmissbrauch	11.7.2019	BGBl. I S. 1066	§ 21	geänd. mWv 18.7.2019
5.	Art. 9 Sozialschutz-Paket II	20.5.2020	BGBl. I S. 1055	§ 10	geänd. mWv 29.5.2020
6.	Art. 2 Abs. 1 G zur Umsetzung der RL (EU) 2018/957 des Europäischen Parlaments und des Rates v. 28.6.2018 zur Änd. der RL 96/71/EG über die Entsendung von Arbeitnehmern im Rahmen der Erbringung von Dienstleistungen[3)]	10.7.2020	BGBl. I S. 1657	§ 1	geänd. mWv 30.7.2020
7.	Art. 1 G zur Erhöhung des Schutzes durch den gesetzlichen Mindestlohn und zu Änderungen im Bereich der geringfügigen Beschäftigung	28.6.2022	BGBl. I S. 969	§§ 1, 9	geänd. mWv 1.7.2022

[1)] Verkündet als Art. 1 TarifautonomiestärkungsG v. 11.8.2014 (BGBl. I S. 1348); Inkrafttreten gem. Art. 15 Abs. 1 dieses G am 16.8.2014.

[2)] Siehe zum MiLoG ua die VO zur Bestimmung der zuständigen Behörde nach § 16 Absatz 6 MiLoG v. 24.11.2014 (BGBl. I S. 1823), zuletzt geänd. durch G v. 28.6.2023 (BGBl. 2023 I Nr. 172), die MindestlohnaufzeichnungsVO v. 26.11.2014 (BGBl. I S. 1824), die MindestlohnmeldeVO v. 26.11.2014 (BGBl. I S. 1825), zuletzt geänd. durch G v. 28.6.2023 (BGBl. 2023 I Nr. 172) und die MindestlohndokumentationspflichtenVO v. 29.7.2015 (BAnz AT 31.07.2015 V1), zuletzt geänd. durch G v. 28.6.2023 (BGBl. 2023 I Nr. 172).

[3)] **Amtl. Anm.:** (ABl. L 173 vom 9.7.2018, S. 16)

Lfd. Nr.	Änderndes Gesetz	Datum	Fundstelle	Betroffen	Hinweis
8.	Art. 2 G zur Regelung der Entsendung von Kraftfahrern und Kraftfahrerinnen im Straßenverkehrssektor und zur grenzüberschreitenden Durchsetzung des Entsenderechts[1]	28.6.2023	BGBl. 2023 I Nr. 172	§§ 16, 17, 18, 19, 21	geänd. mWv 1.7.2023

Inhaltsübersicht

---

[1] **Amtl. Anm.:** Dieses Gesetz dient […] in Artikel 2 Nummer 1 Buchstabe b, Nummer 2 Buchstabe a, Nummer 3 und 5 Buchstabe a Doppelbuchstabe aa, bb und ff […] der Umsetzung von Artikel 1 der Richtlinie (EU) 2020/1057 des Europäischen Parlaments und des Rates vom 15. Juli 2020 zur Festlegung besonderer Regeln im Zusammenhang mit der Richtlinie 96/71/EG und der Richtlinie 2014/67/EU für die Entsendung von Kraftfahrern im Straßenverkehrssektor und zur Änderung der Richtlinie 2006/22/EG bezüglich der Durchsetzungsanforderungen und der Verordnung (EU) Nr. 1024/2012 (ABl. L 249 vom 31.7.2020, S. 49) und […] in Artikel 2 Nummer 1 Buchstabe c Doppelbuchstabe aa und cc sowie Buchstabe d, Nummer 2 Buchstabe b und Nummer 5 Buchstabe a Doppelbuchstabe cc […] der Umsetzung von Artikel 9 und Kapitel VI der Richtlinie 2014/67/EU des Europäischen Parlaments und des Rates vom 15. Mai 2014 zur Durchsetzung der Richtlinie 96/71/EG über die Entsendung von Arbeitnehmern im Rahmen der Erbringung von Dienstleistungen und zur Änderung der Verordnung (EU) Nr. 1024/2012 über die Verwaltungszusammenarbeit mit Hilfe des Binnenmarkt-Informationssystems („IMI-Verordnung“) (ABl. L 159 vom 28.5.2014, S. 11).

Abschnitt 1. Festsetzung des allgemeinen Mindestlohns

Unterabschnitt 1. Inhalt des Mindestlohns

§ 1[1] Mindestlohn. (1) Jede Arbeitnehmerin und jeder Arbeitnehmer hat Anspruch auf Zahlung eines Arbeitsentgelts mindestens in Höhe des Mindestlohns durch den Arbeitgeber.

(2) [1] Die Höhe des Mindestlohns beträgt ab dem 1. Oktober 2022 brutto 12 Euro je Zeitstunde. [2] Die Höhe des Mindestlohns kann auf Vorschlag einer ständigen Kommission der Tarifpartner (Mindestlohnkommission) durch Rechtsverordnung der Bundesregierung geändert werden.

(3) Die Regelungen des Arbeitnehmer-Entsendegesetzes, des Arbeitnehmerüberlassungsgesetzes[2] und der auf ihrer Grundlage erlassenen Rechtsverordnungen gehen den Regelungen dieses Gesetzes vor, soweit die Höhe der auf ihrer Grundlage festgesetzten Branchenmindestlöhne die Höhe des Mindestlohns nicht unterschreitet.

§ 2 Fälligkeit des Mindestlohns. (1) [1] Der Arbeitgeber ist verpflichtet, der Arbeitnehmerin oder dem Arbeitnehmer den Mindestlohn

1. zum Zeitpunkt der vereinbarten Fälligkeit,
2. spätestens am letzten Bankarbeitstag (Frankfurt am Main) des Monats, der auf den Monat folgt, in dem die Arbeitsleistung erbracht wurde,

zu zahlen. [2] Für den Fall, dass keine Vereinbarung über die Fälligkeit getroffen worden ist, bleibt § 614 des Bürgerlichen Gesetzbuchs[3] unberührt.

(2) [1] Abweichend von Absatz 1 Satz 1 sind bei Arbeitnehmerinnen und Arbeitnehmern die über die vertraglich vereinbarte Arbeitszeit hinausgehenden und auf einem schriftlich vereinbarten Arbeitszeitkonto eingestellten Arbeitsstunden spätestens innerhalb von zwölf Kalendermonaten nach ihrer monatlichen Erfassung durch bezahlte Freizeitgewährung oder Zahlung des Mindestlohns auszugleichen, soweit der Anspruch auf den Mindestlohn für die geleisteten Arbeitsstunden nach § 1 Absatz 1 nicht bereits durch Zahlung des verstetigten Arbeitsentgelts erfüllt ist. [2] Im Falle der Beendigung des Arbeitsverhältnisses hat der Arbeitgeber nicht ausgeglichene Arbeitsstunden spätestens in dem auf die Beendigung des Arbeitsverhältnisses folgenden Kalendermonat auszugleichen. [3] Die auf das Arbeitszeitkonto eingestellten Arbeitsstunden dürfen monatlich jeweils 50 Prozent der vertraglich vereinbarten Arbeitszeit nicht übersteigen.

(3) [1] Die Absätze 1 und 2 gelten nicht für Wertguthabenvereinbarungen im Sinne des Vierten Buches Sozialgesetzbuch. [2] Satz 1 gilt entsprechend für eine im Hinblick auf den Schutz der Arbeitnehmerinnen und Arbeitnehmer vergleichbare ausländische Regelung.

§ 3 Unabdingbarkeit des Mindestlohns. [1] Vereinbarungen, die den Anspruch auf Mindestlohn unterschreiten oder seine Geltendmachung beschränken oder ausschließen, sind insoweit unwirksam. [2] Die Arbeitnehmerin oder der Arbeitnehmer kann auf den entstandenen Anspruch nach § 1 Absatz 1 nur durch gericht-

---

[1] § 1 Abs. 3 Satz 2 aufgeh. mWv 30.7.2020 durch G v. 10.7.2020 (BGBl. I S. 1657); Abs. 2 Satz 1 neu gef. mWv 1.7.2022 durch G v. 28.6.2022 (BGBl. I S. 969).

[2] Nr. **84a**.

[3] **Habersack, Deutsche Gesetze Nr. 20.**

lichen Vergleich verzichten; im Übrigen ist ein Verzicht ausgeschlossen. [3] Die Verwirkung des Anspruchs ist ausgeschlossen.

Unterabschnitt 2. Mindestlohnkommission

§ 4 Aufgabe und Zusammensetzung. (1) Die Bundesregierung errichtet eine ständige Mindestlohnkommission, die über die Anpassung der Höhe des Mindestlohns befindet.

(2) [1] Die Mindestlohnkommission wird alle fünf Jahre neu berufen. [2] Sie besteht aus einer oder einem Vorsitzenden, sechs weiteren stimmberechtigten ständigen Mitgliedern und zwei Mitgliedern aus Kreisen der Wissenschaft ohne Stimmrecht (beratende Mitglieder).

§ 5 Stimmberechtigte Mitglieder. (1) [1] Die Bundesregierung beruft je drei stimmberechtigte Mitglieder auf Vorschlag der Spitzenorganisationen der Arbeitgeber und der Arbeitnehmer aus Kreisen der Vereinigungen von Arbeitgebern und Gewerkschaften. [2] Die Spitzenorganisationen der Arbeitgeber und Arbeitnehmer sollen jeweils mindestens eine Frau und einen Mann als stimmberechtigte Mitglieder vorschlagen. [3] Werden auf Arbeitgeber- oder auf Arbeitnehmerseite von den Spitzenorganisationen mehr als drei Personen vorgeschlagen, erfolgt die Auswahl zwischen den Vorschlägen im Verhältnis zur Bedeutung der jeweiligen Spitzenorganisationen für die Vertretung der Arbeitgeber- oder Arbeitnehmerinteressen im Arbeitsleben des Bundesgebietes. [4] Übt eine Seite ihr Vorschlagsrecht nicht aus, werden die Mitglieder dieser Seite durch die Bundesregierung aus Kreisen der Vereinigungen von Arbeitgebern oder Gewerkschaften berufen.

(2) Scheidet ein Mitglied aus, wird nach Maßgabe des Absatzes 1 Satz 1 und 4 ein neues Mitglied berufen.

§ 6 Vorsitz. (1) Die Bundesregierung beruft die Vorsitzende oder den Vorsitzenden auf gemeinsamen Vorschlag der Spitzenorganisationen der Arbeitgeber und der Arbeitnehmer.

(2) [1] Wird von den Spitzenorganisationen kein gemeinsamer Vorschlag unterbreitet, beruft die Bundesregierung jeweils eine Vorsitzende oder einen Vorsitzenden auf Vorschlag der Spitzenorganisationen der Arbeitgeber und der Arbeitnehmer. [2] Der Vorsitz wechselt zwischen den Vorsitzenden nach jeder Beschlussfassung nach § 9. [3] Über den erstmaligen Vorsitz entscheidet das Los. [4] § 5 Absatz 1 Satz 3 und 4 gilt entsprechend.

(3) Scheidet die Vorsitzende oder der Vorsitzende aus, wird nach Maßgabe der Absätze 1 und 2 eine neue Vorsitzende oder ein neuer Vorsitzender berufen.

§ 7 Beratende Mitglieder. (1) [1] Die Bundesregierung beruft auf Vorschlag der Spitzenorganisationen der Arbeitgeber und Arbeitnehmer zusätzlich je ein beratendes Mitglied aus Kreisen der Wissenschaft. [2] Die Bundesregierung soll darauf hinwirken, dass die Spitzenorganisationen der Arbeitgeber und Arbeitnehmer eine Frau und einen Mann als beratendes Mitglied vorschlagen. [3] Das beratende Mitglied soll in keinem Beschäftigungsverhältnis stehen zu

1. einer Spitzenorganisation der Arbeitgeber oder Arbeitnehmer,
2. einer Vereinigung der Arbeitgeber oder einer Gewerkschaft oder
3. einer Einrichtung, die von den in der Nummer 1 oder Nummer 2 genannten Vereinigungen getragen wird.

[4] § 5 Absatz 1 Satz 3 und 4 und Absatz 2 gilt entsprechend.

(2) [1]Die beratenden Mitglieder unterstützen die Mindestlohnkommission insbesondere bei der Prüfung nach § 9 Absatz 2 durch die Einbringung wissenschaftlichen Sachverstands. [2]Sie haben das Recht, an den Beratungen der Mindestlohnkommission teilzunehmen.

§ 8 Rechtsstellung der Mitglieder. (1) Die Mitglieder der Mindestlohnkommission unterliegen bei der Wahrnehmung ihrer Tätigkeit keinen Weisungen.

(2) Die Tätigkeit der Mitglieder der Mindestlohnkommission ist ehrenamtlich.

(3) [1]Die Mitglieder der Mindestlohnkommission erhalten eine angemessene Entschädigung für den ihnen bei der Wahrnehmung ihrer Tätigkeit erwachsenden Verdienstausfall und Aufwand sowie Ersatz der Fahrtkosten entsprechend den für ehrenamtliche Richterinnen und Richter der Arbeitsgerichte geltenden Vorschriften. [2]Die Entschädigung und die erstattungsfähigen Fahrtkosten setzt im Einzelfall die oder der Vorsitzende der Mindestlohnkommission fest.

§ 9[1)] Beschluss der Mindestlohnkommission. (1) [1]Die Mindestlohnkommission hat über eine Anpassung der Höhe des Mindestlohns bis zum 30. Juni 2023 mit Wirkung zum 1. Januar 2024 zu beschließen. [2]Danach hat die Mindestlohnkommission alle zwei Jahre über Anpassungen der Höhe des Mindestlohns zu beschließen.

(2) [1]Die Mindestlohnkommission prüft im Rahmen einer Gesamtabwägung, welche Höhe des Mindestlohns geeignet ist, zu einem angemessenen Mindestschutz der Arbeitnehmerinnen und Arbeitnehmer beizutragen, faire und funktionierende Wettbewerbsbedingungen zu ermöglichen sowie Beschäftigung nicht zu gefährden. [2]Die Mindestlohnkommission orientiert sich bei der Festsetzung des Mindestlohns nachlaufend an der Tarifentwicklung.

(3) Die Mindestlohnkommission hat ihren Beschluss schriftlich zu begründen.

(4) Die Mindestlohnkommission evaluiert laufend die Auswirkungen des Mindestlohns auf den Schutz der Arbeitnehmerinnen und Arbeitnehmer, die Wettbewerbsbedingungen und die Beschäftigung in Bezug auf bestimmte Branchen und Regionen sowie die Produktivität und stellt ihre Erkenntnisse der Bundesregierung in einem Bericht alle zwei Jahre gemeinsam mit ihrem Beschluss zur Verfügung.

§ 10[2)] Verfahren der Mindestlohnkommission. (1) Die Mindestlohnkommission ist beschlussfähig, wenn mindestens die Hälfte ihrer stimmberechtigten Mitglieder anwesend ist.

(2) [1]Die Beschlüsse der Mindestlohnkommission werden mit einfacher Mehrheit der Stimmen der anwesenden Mitglieder gefasst. [2]Bei der Beschlussfassung hat sich die oder der Vorsitzende zunächst der Stimme zu enthalten. [3]Kommt eine Stimmenmehrheit nicht zustande, macht die oder der Vorsitzende einen Vermittlungsvorschlag. [4]Kommt nach Beratung über den Vermittlungsvorschlag keine Stimmenmehrheit zustande, übt die oder der Vorsitzende ihr oder sein Stimmrecht aus.

[1)] § 9 Abs. 1 Satz 1, Abs. 4 geänd. mWv 1.7.2022 durch G v. 28.6.2022 (BGBl. I S. 969).

[2)] § 10 Abs. 4 Satz 2 eingef., bish. Satz 2 wird Satz 3 mWv 29.5.2020 durch G v. 20.5.2020 (BGBl. I S. 1055).

(3) [1] Die Mindestlohnkommission kann Spitzenorganisationen der Arbeitgeber und Arbeitnehmer, Vereinigungen von Arbeitgebern und Gewerkschaften, öffentlich-rechtliche Religionsgesellschaften, Wohlfahrtsverbände, Verbände, die wirtschaftliche und soziale Interessen organisieren, sowie sonstige von der Anpassung des Mindestlohns Betroffene vor Beschlussfassung anhören. [2] Sie kann Informationen und fachliche Einschätzungen von externen Stellen einholen.

(4) [1] Die Sitzungen der Mindestlohnkommission sind nicht öffentlich; der Inhalt ihrer Beratungen ist vertraulich. [2] Die Teilnahme an Sitzungen der Mindestlohnkommission sowie die Beschlussfassung können in begründeten Ausnahmefällen auf Vorschlag der oder des Vorsitzenden mittels einer Videokonferenz erfolgen, wenn

1. kein Mitglied diesem Verfahren unverzüglich widerspricht und
2. sichergestellt ist, dass Dritte vom Inhalt der Sitzung keine Kenntnis nehmen können.

[3] Die übrigen Verfahrensregelungen trifft die Mindestlohnkommission in einer Geschäftsordnung.

§ 11 Rechtsverordnung. (1) [1] Die Bundesregierung kann die von der Mindestlohnkommission vorgeschlagene Anpassung des Mindestlohns durch Rechtsverordnung ohne Zustimmung des Bundesrates für alle Arbeitgeber sowie Arbeitnehmerinnen und Arbeitnehmer verbindlich machen. [2] Die Rechtsverordnung tritt am im Beschluss der Mindestlohnkommission bezeichneten Tag, frühestens aber am Tag nach Verkündung in Kraft. [3] Die Rechtsverordnung gilt, bis sie durch eine neue Rechtsverordnung abgelöst wird.

(2) [1] Vor Erlass der Rechtsverordnung erhalten die Spitzenorganisationen der Arbeitgeber und Arbeitnehmer, die Vereinigungen von Arbeitgebern und Gewerkschaften, die öffentlich-rechtlichen Religionsgesellschaften, die Wohlfahrtsverbände sowie die Verbände, die wirtschaftliche und soziale Interessen organisieren, Gelegenheit zur schriftlichen Stellungnahme. [2] Die Frist zur Stellungnahme beträgt drei Wochen; sie beginnt mit der Bekanntmachung des Verordnungsentwurfs.

§ 12 Geschäfts- und Informationsstelle für den Mindestlohn; Kostenträgerschaft. (1) [1] Die Mindestlohnkommission wird bei der Durchführung ihrer Aufgaben von einer Geschäftsstelle unterstützt. [2] Die Geschäftsstelle untersteht insoweit fachlich der oder dem Vorsitzenden der Mindestlohnkommission.

(2) Die Geschäftsstelle wird bei der Bundesanstalt für Arbeitsschutz und Arbeitsmedizin als selbständige Organisationeinheit eingerichtet.

(3) Die Geschäftsstelle informiert und berät als Informationsstelle für den Mindestlohn Arbeitnehmerinnen und Arbeitnehmer sowie Unternehmen zum Thema Mindestlohn.

(4) Die durch die Tätigkeit der Mindestlohnkommission und der Geschäftsstelle anfallenden Kosten trägt der Bund.

Abschnitt 2. Zivilrechtliche Durchsetzung

§ 13 Haftung des Auftraggebers. § 14 des Arbeitnehmer-Entsendegesetzes findet entsprechende Anwendung.

Abschnitt 3. Kontrolle und Durchsetzung durch staatliche Behörden

§ 14 Zuständigkeit. Für die Prüfung der Einhaltung der Pflichten eines Arbeitgebers nach § 20 sind die Behörden der Zollverwaltung zuständig.

§ 15 Befugnisse der Behörden der Zollverwaltung und anderer Behörden; Mitwirkungspflichten des Arbeitgebers. [1]Die §§ 2 bis 6, 14, 15, 20, 22 und 23 des Schwarzarbeitsbekämpfungsgesetzes sind entsprechend anzuwenden mit der Maßgabe, dass

1. die dort genannten Behörden auch Einsicht in Arbeitsverträge, Niederschriften nach § 2 des Nachweisgesetzes und andere Geschäftsunterlagen nehmen können, die mittelbar oder unmittelbar Auskunft über die Einhaltung des Mindestlohns nach § 20 geben, und
2. die nach § 5 Absatz 1 des Schwarzarbeitsbekämpfungsgesetzes zur Mitwirkung Verpflichteten diese Unterlagen vorzulegen haben.

[2]§ 6 Absatz 3 sowie die §§ 16 bis 19 des Schwarzarbeitsbekämpfungsgesetzes finden entsprechende Anwendung.

§ 16[1)] Meldepflicht. (1) [1]Ein Arbeitgeber mit Sitz im Ausland, der eine Arbeitnehmerin oder einen Arbeitnehmer oder mehrere Arbeitnehmerinnen oder Arbeitnehmer in den in § 2a des Schwarzarbeitsbekämpfungsgesetzes genannten Wirtschaftsbereichen oder Wirtschaftszweigen im Anwendungsbereich dieses Gesetzes beschäftigt, ist verpflichtet, vor Beginn jeder Werk- oder Dienstleistung eine schriftliche Anmeldung in deutscher Sprache bei der zuständigen Behörde der Zollverwaltung nach Absatz 6 vorzulegen, die die für die Prüfung wesentlichen Angaben enthält. [2]Wesentlich sind die Angaben über

1. den Familiennamen, den Vornamen und das Geburtsdatum der von ihm im Geltungsbereich dieses Gesetzes beschäftigten Arbeitnehmerinnen und Arbeitnehmer,
2. den Beginn und die voraussichtliche Dauer der Beschäftigung,
3. den Ort der Beschäftigung,
4. den Ort im Inland, an dem die nach § 17 erforderlichen Unterlagen bereitgehalten werden,
5. den Familiennamen, den Vornamen, das Geburtsdatum und die Anschrift in Deutschland der oder des verantwortlich Handelnden,
6. die Branche, in die die Arbeitnehmerinnen und Arbeitnehmer entsandt werden sollen, und
7. den Familiennamen, den Vornamen und die Anschrift in Deutschland einer oder eines Zustellungsbevollmächtigten, soweit diese oder dieser nicht mit der oder dem in Nummer 5 genannten verantwortlich Handelnden identisch ist.

[3]Änderungen bezüglich dieser Angaben hat der Arbeitgeber im Sinne des Satzes 1 unverzüglich zu melden.

(2) [1]Abweichend von Absatz 1 ist ein Arbeitgeber mit Sitz in einem anderen Mitgliedstaat der Europäischen Union oder des Europäischen Wirtschaftsraums verpflichtet, der zuständigen Behörde der Zollverwaltung vor Beginn der Beschäf-

---

1) § 16 Abs. 1 Satz 2 Nr. 5 geänd., Nr. 6 eingef., bish. Nr. 6 wird Nr. 7, Abs. 2 neu gef., Abs. 3 Satz 1 einl. Satzteil geänd., Nr. 6 eingef., bish. Nr. 6 wird Nr. 7 und geänd., Abs. 4 aufgeh., bish. Abs. 5 und 6 werden Abs. 4 und 5 mWv 1.7.2023 durch G v. 28.6.2023 (BGBl. 2023 I Nr. 172).

tigung einer Kraftfahrerin oder eines Kraftfahrers für die Durchführung von Güter- oder Personenbeförderungen im Inland nach § 36 Absatz 1 des Arbeitnehmer-Entsendegesetzes eine Anmeldung mit folgenden Angaben elektronisch zuzuleiten:

1. die Identität des Unternehmens, sofern diese verfügbar ist in Form der Nummer der Gemeinschaftslizenz,
2. den Familiennamen und den Vornamen sowie die Anschrift im Niederlassungsstaat eines oder einer Zustellungsbevollmächtigten,
3. den Familiennamen, den Vornamen, das Geburtsdatum, die Anschrift und die Führerscheinnummer der Kraftfahrerin oder des Kraftfahrers,
4. den Beginn des Arbeitsvertrags der Kraftfahrerin oder des Kraftfahrers und das auf diesen Vertrag anwendbare Recht,
5. den voraussichtlichen Beginn und das voraussichtliche Ende der Beschäftigung der Kraftfahrerin oder des Kraftfahrers im Inland,
6. die amtlichen Kennzeichen der für die Beschäftigung im Inland einzusetzenden Kraftfahrzeuge,
7. ob es sich bei den von der Kraftfahrerin oder dem Kraftfahrer zu erbringenden Verkehrsdienstleistungen um Güterbeförderung oder Personenbeförderung und grenzüberschreitende Beförderung oder Kabotage handelt;

die Anmeldung ist mittels der elektronischen Schnittstelle des Binnenmarkt-Informationssystems nach Artikel 1 in Verbindung mit Artikel 5 Buchstabe a der Verordnung (EU) Nr. 1024/2012 des Europäischen Parlaments und des Rates vom 25. Oktober 2012 über die Verwaltungszusammenarbeit mit Hilfe des Binnenmarkt-Informationssystems und zur Aufhebung der Entscheidung 2008/49/EG der Kommission („IMI-Verordnung") (ABl. L 316 vom 14.11.2012, S. 1), die zuletzt durch die Verordnung (EU) 2020/1055 (ABl. L 249 vom 31.7.2020, S. 17) geändert worden ist, zuzuleiten. [2] Absatz 1 Satz 3 gilt entsprechend.

(3) [1] Überlässt ein Verleiher mit Sitz im Ausland eine Arbeitnehmerin oder einen Arbeitnehmer oder mehrere Arbeitnehmerinnen oder Arbeitnehmer zur Arbeitsleistung einem Entleiher, hat der Verleiher in den in § 2a des Schwarzarbeitsbekämpfungsgesetzes genannten Wirtschaftsbereichen oder Wirtschaftszweigen unter den Voraussetzungen des Absatzes 1 Satz 1 vor Beginn jeder Werk- oder Dienstleistung der zuständigen Behörde der Zollverwaltung eine schriftliche Anmeldung in deutscher Sprache mit folgenden Angaben zuzuleiten:

1. den Familiennamen, den Vornamen und das Geburtsdatum der überlassenen Arbeitnehmerinnen und Arbeitnehmer,
2. den Beginn und die Dauer der Überlassung,
3. den Ort der Beschäftigung,
4. den Ort im Inland, an dem die nach § 17 erforderlichen Unterlagen bereitgehalten werden,
5. den Familiennamen, den Vornamen und die Anschrift in Deutschland einer oder eines Zustellungsbevollmächtigten des Verleihers,
6. die Branche, in die die Arbeitnehmerinnen und Arbeitnehmer entsandt werden sollen,
7. den Familiennamen, den Vornamen oder die Firma sowie die Anschrift des Entleihers.

[2] Absatz 1 Satz 3 gilt entsprechend.

(4) Das Bundesministerium der Finanzen kann durch Rechtsverordnung[1)] im Einvernehmen mit dem Bundesministerium für Arbeit und Soziales ohne Zustimmung des Bundesrates bestimmen,

1. dass, auf welche Weise und unter welchen technischen und organisatorischen Voraussetzungen eine Anmeldung, eine Änderungsmeldung und die Versicherung abweichend von Absatz 1 Satz 1 und 3, Absatz 2 und 3 Satz 1 und 2 und Absatz 4 elektronisch übermittelt werden kann,
2. unter welchen Voraussetzungen eine Änderungsmeldung ausnahmsweise entfallen kann, und
3. wie das Meldeverfahren vereinfacht oder abgewandelt werden kann, sofern die entsandten Arbeitnehmerinnen und Arbeitnehmer im Rahmen einer regelmäßig wiederkehrenden Werk- oder Dienstleistung eingesetzt werden oder sonstige Besonderheiten der zu erbringenden Werk- oder Dienstleistungen dies erfordern.

(5) Das Bundesministerium der Finanzen kann durch Rechtsverordnung[2)] ohne Zustimmung des Bundesrates die zuständige Behörde nach Absatz 1 Satz 1 und Absatz 3 Satz 1 bestimmen.

§ 17[3)] Erstellen und Bereithalten von Dokumenten. (1) [1] Ein Arbeitgeber, der Arbeitnehmerinnen und Arbeitnehmer nach § 8 Absatz 1 des Vierten Buches Sozialgesetzbuch oder in den in § 2a des Schwarzarbeitsbekämpfungsgesetzes[4)] genannten Wirtschaftsbereichen oder Wirtschaftszweigen beschäftigt, ist verpflichtet, Beginn, Ende und Dauer der täglichen Arbeitszeit dieser Arbeitnehmerinnen und Arbeitnehmer spätestens bis zum Ablauf des siebten auf den Tag der Arbeitsleistung folgenden Kalendertages aufzuzeichnen und diese Aufzeichnungen mindestens zwei Jahre beginnend ab dem für die Aufzeichnung maßgeblichen Zeitpunkt aufzubewahren. [2] Satz 1 gilt entsprechend für einen Entleiher, dem ein Verleiher eine Arbeitnehmerin oder einen Arbeitnehmer oder mehrere Arbeitnehmerinnen oder Arbeitnehmer zur Arbeitsleistung in einem der in § 2a des Schwarzarbeitsbekämpfungsgesetzes genannten Wirtschaftszweige überlässt. [3] Satz 1 gilt nicht für Beschäftigungsverhältnisse nach § 8a des Vierten Buches Sozialgesetzbuch.

(2) [1] Arbeitgeber im Sinne des Absatzes 1 haben die für die Kontrolle der Einhaltung der Verpflichtungen nach § 20 in Verbindung mit § 2 erforderlichen Unterlagen im Inland in deutscher Sprache für die gesamte Dauer der tatsächlichen Beschäftigung der Arbeitnehmerinnen und Arbeitnehmer im Geltungsbereich dieses Gesetzes, mindestens für die Dauer der gesamten Werk- oder Dienstleistung, insgesamt jedoch nicht länger als zwei Jahre, bereitzuhalten. [2] Auf Verlangen der Prüfbehörde sind die Unterlagen auch am Ort der Beschäftigung bereitzuhalten.

(2a) [1] Abweichend von Absatz 2 hat der Arbeitgeber mit Sitz in einem anderen Mitgliedstaat der Europäischen Union oder des Europäischen Wirtschaftsraums sicherzustellen, dass der Kraftfahrerin oder dem Kraftfahrer, die oder der von ihm für die Durchführung von Güter- oder Personenbeförderungen im Inland nach

---

[1)] Siehe hierzu ua die MindestlohnmeldeVO v. 26.11.2014 (BGBl. I S. 1825), zuletzt geänd. durch G v. 28.6.2023 (BGBl. 2023 I Nr. 172).

[2)] Siehe hierzu ua die VO zur Bestimmung der zuständigen Behörde nach § 16 Absatz 6 MiLoG v. 24.11.2014 (BGBl. I S. 1823), zuletzt geänd. durch G v. 28.6.2023 (BGBl. 2023 I Nr. 172).

[3)] § 17 Abs. 2a und 2b eingef., Abs. 3 geänd. mWv 1.7.2023 durch G v. 28.6.2023 (BGBl. 2023 I Nr. 172).

[4)] Nr. **94b**.

§ 36 Absatz 1 des Arbeitnehmer-Entsendegesetzes beschäftigt wird, die folgenden Unterlagen als Schriftstück oder in einem elektronischen Format zur Verfügung stehen:

1. eine Kopie der nach § 16 Absatz 2 zugeleiteten Anmeldung,
2. die Nachweise über die Beförderungen, insbesondere elektronische Frachtbriefe oder die in Artikel 8 Absatz 3 der Verordnung (EG) Nr. 1072/2009 des Europäischen Parlaments und des Rates vom 21. Oktober 2009 über gemeinsame Regeln für den Zugang zum Markt des grenzüberschreitenden Güterkraftverkehrs (ABl. L 300 vom 14.11.2009, S. 72), die zuletzt durch die Verordnung (EU) 2020/1055 (ABl. L 249 vom 31.7.2020, S. 17) geändert worden ist, genannten Belege und
3. alle Aufzeichnungen des Fahrtenschreibers, insbesondere die in Artikel 34 Absatz 6 Buchstabe f und Absatz 7 der Verordnung (EU) Nr. 165/2014 des Europäischen Parlaments und des Rates vom 4. Februar 2014 über Fahrtenschreiber im Straßenverkehr, zur Aufhebung der Verordnung (EWG) Nr. 3821/85 des Rates über das Kontrollgerät im Straßenverkehr und zur Änderung der Verordnung (EG) Nr. 561/2006 des Europäischen Parlaments und des Rates zur Harmonisierung bestimmter Sozialvorschriften im Straßenverkehr (ABl. L 60 vom 28.2.2014, S. 1; L 93 vom 9.4.2015, S. 103; L 246 vom 23.9.2015, S. 11), die zuletzt durch die Verordnung (EU) 2020/1054 (ABl. L 249 vom 31.7.2020, S. 1) geändert worden ist, genannten Ländersymbole der Mitgliedstaaten, in denen sich der Kraftfahrer oder die Kraftfahrerin bei grenzüberschreitenden Beförderungen und Kabotagebeförderungen aufgehalten hat, oder die Aufzeichnungen nach § 1 Absatz 6 Satz 1 und 2 der Fahrpersonalverordnung vom 27. Juni 2005 (BGBl. I S. 1882), die zuletzt durch Artikel 1 der Verordnung vom 8. August 2017 (BGBl. I S. 3158) geändert worden ist.

[2] Die Kraftfahrerin oder der Kraftfahrer hat im Falle einer Beschäftigung im Inland nach § 36 Absatz 1 des Arbeitnehmer-Entsendegesetzes die ihm oder ihr nach Satz 1 zur Verfügung gestellten Unterlagen mit sich zu führen und den Behörden der Zollverwaltung auf Verlangen als Schriftstück oder in einem elektronischen Format vorzulegen; liegt keine Beschäftigung im Inland nach § 36 Absatz 1 des Arbeitnehmer-Entsendegesetzes vor, gilt die Pflicht nach dem ersten Halbsatz nur im Rahmen einer auf der Straße vorgenommenen Kontrolle für die Unterlagen nach Satz 1 Nummer 2 und 3.

(2b) [1] Nach Beendigung der Beschäftigung der Kraftfahrerin oder des Kraftfahrers im Inland nach § 36 Absatz 1 des Arbeitnehmer-Entsendegesetzes hat der Arbeitgeber mit Sitz in einem anderen Mitgliedstaat der Europäischen Union oder des Europäischen Wirtschaftsraums den Behörden der Zollverwaltung auf Verlangen über die mit dem Binnenmarkt-Informationssystem verbundene elektronische Schnittstelle folgende Unterlagen innerhalb von acht Wochen ab dem Tag des Verlangens zu übermitteln:

1. Kopien der Unterlagen nach Absatz 2a Satz 1 Nummer 2 und 3,
2. Unterlagen über die Entlohnung der Kraftfahrerin oder des Kraftfahrers einschließlich der Zahlungsbelege,
3. den Arbeitsvertrag oder gleichwertige Unterlagen im Sinne des Artikels 3 Absatz 1 der Richtlinie 91/533/EWG des Rates vom 14. Oktober 1991 über die Pflicht des Arbeitgebers zur Unterrichtung des Arbeitnehmers über die für seinen Arbeitsvertrag oder sein Arbeitsverhältnis geltenden Bedingungen (ABl. L 288 vom 18.10.1991, S. 32) und

4. Unterlagen über die Zeiterfassung, die sich auf die Arbeit der Kraftfahrerin oder des Kraftfahrers beziehen, insbesondere die Aufzeichnungen des Fahrtenschreibers.

2 Die Behörden der Zollverwaltung dürfen die Unterlagen nach Satz 1 nur für den Zeitraum der Beschäftigung nach § 36 Absatz 1 des Arbeitnehmer-Entsendegesetzes verlangen, der zum Zeitpunkt des Verlangens beendet ist.
3 Soweit eine Anmeldung nach § 16 Absatz 2 nicht zugeleitet wurde, obwohl eine Beschäftigung im Inland nach § 36 Absatz 1 des Arbeitnehmer-Entsendegesetzes vorliegt, hat der Arbeitgeber mit Sitz in einem anderen Mitgliedstaat der Europäischen Union oder des Europäischen Wirtschaftsraums den Behörden der Zollverwaltung auf Verlangen die Unterlagen nach Satz 1 außerhalb der mit dem Binnenmarkt-Informationssystem verbundenen elektronischen Schnittstelle als Schriftstück oder in einem elektronischen Format zu übermitteln.

(3) Das Bundesministerium für Arbeit und Soziales kann durch Rechtsverordnung[1)] ohne Zustimmung des Bundesrates die Verpflichtungen des Arbeitgebers, des Verleihers oder eines Entleihers nach § 16 und den Absätzen 1 und 2 hinsichtlich bestimmter Gruppen von Arbeitnehmerinnen und Arbeitnehmern oder der Wirtschaftsbereiche oder den Wirtschaftszweigen einschränken oder erweitern.

(4) Das Bundesministerium der Finanzen kann durch Rechtsverordnung[2)] im Einvernehmen mit dem Bundesministerium für Arbeit und Soziales ohne Zustimmung des Bundesrates bestimmen, wie die Verpflichtung des Arbeitgebers, die tägliche Arbeitszeit bei ihm beschäftigter Arbeitnehmerinnen und Arbeitnehmer aufzuzeichnen und diese Aufzeichnungen aufzubewahren, vereinfacht oder abgewandelt werden kann, sofern Besonderheiten der zu erbringenden Werk- oder Dienstleistungen oder Besonderheiten des jeweiligen Wirtschaftsbereiches oder Wirtschaftszweiges dies erfordern.

§ 18[3)] Zusammenarbeit der in- und ausländischen Behörden. (1) 1 Die Behörden der Zollverwaltung unterrichten die zuständigen örtlichen Landesfinanzbehörden über Meldungen nach § 16 Absatz 1 und 3. 2 Auf die Informationen zu den Meldungen nach § 16 Absatz 2 können die Landesfinanzbehörden über das Binnenmarkt-Informationssystem zugreifen.

(2) 1 Die Behörden der Zollverwaltung und die übrigen in § 2 des Schwarzarbeitsbekämpfungsgesetzes[4)] genannten Behörden dürfen nach Maßgabe der datenschutzrechtlichen Vorschriften auch mit Behörden anderer Vertragsstaaten des Abkommens über den Europäischen Wirtschaftsraum zusammenarbeiten, die diesem Gesetz entsprechende Aufgaben durchführen oder für die Bekämpfung illegaler Beschäftigung zuständig sind oder Auskünfte geben können, ob ein Arbeitgeber seine Verpflichtungen nach § 20 erfüllt. 2 Die Regelungen über die internationale Rechtshilfe in Strafsachen bleiben hiervon unberührt.

(3) Die Behörden der Zollverwaltung unterrichten das Gewerbezentralregister über rechtskräftige Bußgeldentscheidungen nach § 21 Absatz 1 bis 3, sofern die Geldbuße mehr als zweihundert Euro beträgt.

---

1) Siehe hierzu ua die MindestlohndokumentationspflichtenVO v. 29.7.2015 (BAnz AT 31.07.2015 V1), zuletzt geänd. durch G v. 28.6.2023 (BGBl. 2023 I Nr. 172).
2) Siehe hierzu ua die MindestlohnaufzeichnungsVO v. 26.11.2014 (BGBl. I S. 1824).
3) § 18 Abs. 1 Satz 2 angef. mWv 1.7.2023 durch G v. 28.6.2023 (BGBl. 2023 I Nr. 172).
4) Nr. **94b**.

§ 19[1] **Ausschluss von der Vergabe öffentlicher Aufträge.** (1) Von der Teilnahme an einem Wettbewerb um einen Liefer-, Bau- oder Dienstleistungsauftrag der in §§ 99 und 100 des Gesetzes gegen Wettbewerbsbeschränkungen[2] genannten Auftraggeber sollen Bewerberinnen oder Bewerber für eine angemessene Zeit bis zur nachgewiesenen Wiederherstellung ihrer Zuverlässigkeit ausgeschlossen werden, die wegen eines Verstoßes nach § 21 Absatz 1 Nummer 1 bis 8, 10 und 11 oder Absatz 2 mit einer Geldbuße von wenigstens zweitausendfünfhundert Euro belegt worden sind.

(2) Die für die Verfolgung oder Ahndung der Ordnungswidrigkeiten nach § 21 Absatz 1 Nummer 1 bis 8, 10 und 11 oder Absatz 2 zuständigen Behörden dürfen öffentlichen Auftraggebern nach § 99 des Gesetzes gegen Wettbewerbsbeschränkungen und solchen Stellen, die von öffentlichen Auftraggebern zugelassene Präqualifikationsverzeichnisse oder Unternehmer- und Lieferantenverzeichnisse führen, auf Verlangen die erforderlichen Auskünfte geben.

(3) [1] Öffentliche Auftraggeber nach Absatz 2 fordern im Rahmen ihrer Tätigkeit beim Wettbewerbsregister Auskünfte über rechtskräftige Bußgeldentscheidungen wegen einer Ordnungswidrigkeit nach § 21 Absatz 1 Nummer 1 bis 8, 10 und 11 oder Absatz 2 an oder verlangen von Bewerberinnen oder Bewerbern eine Erklärung, dass die Voraussetzungen für einen Ausschluss nach Absatz 1 nicht vorliegen. [2] Im Falle einer Erklärung der Bewerberin oder des Bewerbers können öffentliche Auftraggeber nach Absatz 2 jederzeit zusätzlich Auskünfte des Wettbewerbsregisters anfordern.

(4) Bei Aufträgen ab einer Höhe von 30 000 Euro fordert der öffentliche Auftraggeber nach Absatz 2 für die Bewerberin oder den Bewerber, die oder der den Zuschlag erhalten soll, vor der Zuschlagserteilung eine Auskunft aus dem Wettbewerbsregister an.

(5) Vor der Entscheidung über den Ausschluss ist die Bewerberin oder der Bewerber zu hören.

§ 20 Pflichten des Arbeitgebers zur Zahlung des Mindestlohns. Arbeitgeber mit Sitz im In- oder Ausland sind verpflichtet, ihren im Inland beschäftigten Arbeitnehmerinnen und Arbeitnehmern ein Arbeitsentgelt mindestens in Höhe des Mindestlohns nach § 1 Absatz 2 spätestens zu dem in § 2 Absatz 1 Satz 1 Nummer 2 genannten Zeitpunkt zu zahlen.

§ 21[3] **Bußgeldvorschriften.** (1) Ordnungswidrig handelt, wer vorsätzlich oder fahrlässig

1. entgegen § 15 Satz 1 in Verbindung mit § 5 Absatz 1 Satz 1 Nummer 1 oder 3 des Schwarzarbeitsbekämpfungsgesetzes[4] eine Prüfung nicht duldet oder bei einer Prüfung nicht mitwirkt,

---

[1] § 19 Abs. 1 und 2 geänd. mWv 18.4.2016 durch G v. 17.2.2016 (BGBl. I S. 203); Abs. 3 Sätze 1, 2 und Abs. 4 geänd. mWv 1.6.2022 durch G v. 18.7.2017 (BGBl. I S. 2739, geänd. durch G v. 18.1.2021, BGBl. I S. 2) iVm Bek. v. 18.10.2021 (BAnz AT 29.10.2021 B3) und Bek. v. 16.2.2022 (BGBl. I S. 306); Abs. 1, 2 und 3 Satz 1 geänd. mWv 1.7.2023 durch G v. 28.6.2023 (BGBl. 2023 I Nr. 172).

[2] **Habersack, Deutsche Gesetze Nr. 74.**

[3] *§ 21 Abs. 5 geänd. mWv 1.7.2017* durch G v. 13.4.2017 (BGBl. I S. 872); Abs. 1 Nr. 1–3 geänd. mWv 18.7.2019 durch G v. 11.7.2019 (BGBl. I S. 1066); Abs. 1 Nr. 4 und 5 geänd., Nr. 6 aufgeh., bish. Nr. 7 und 8 werden Nr. 6 und 7, neue Nr. 7 geänd., Nr. 8–10 eingef., bish. Nr. 9 wird Nr. 11, Abs. 3 geänd. mWv 1.7.2023 durch G v. 28.6.2023 (BGBl. 2023 I Nr. 172).

[4] Nr. **94b**.

2. entgegen § 15 Satz 1 in Verbindung mit § 5 Absatz 1 Satz 1 Nummer 2 des Schwarzarbeitsbekämpfungsgesetzes das Betreten eines Grundstücks oder Geschäftsraums nicht duldet,
3. entgegen § 15 Satz 1 in Verbindung mit § 5 Absatz 5 Satz 1 des Schwarzarbeitsbekämpfungsgesetzes Daten nicht, nicht richtig, nicht vollständig, nicht in der vorgeschriebenen Weise oder nicht rechtzeitig übermittelt,
4. entgegen § 16 Absatz 1 Satz 1, Absatz 2 Satz 1 oder Absatz 3 Satz 1 eine Anmeldung nicht, nicht richtig, nicht vollständig, nicht in der vorgeschriebenen Weise oder nicht rechtzeitig vorlegt oder nicht, nicht richtig, nicht vollständig, nicht in der vorgeschriebenen Weise oder nicht rechtzeitig zuleitet,
5. entgegen § 16 Absatz 1 Satz 3, auch in Verbindung mit Absatz 2 Satz 2 oder Absatz 3 Satz 2, eine Änderungsmeldung nicht, nicht richtig, nicht vollständig, nicht in der vorgeschriebenen Weise oder nicht rechtzeitig macht,
6. entgegen § 17 Absatz 1 Satz 1, auch in Verbindung mit Satz 2, eine Aufzeichnung nicht, nicht richtig, nicht vollständig oder nicht rechtzeitig erstellt oder nicht oder nicht mindestens zwei Jahre aufbewahrt,
7. entgegen § 17 Absatz 2 eine Unterlage nicht, nicht richtig, nicht vollständig oder nicht in der vorgeschriebenen Weise bereithält,
8. entgegen § 17 Absatz 2a Satz 1 nicht sicherstellt, dass die dort genannten Unterlagen zur Verfügung stehen,
9. entgegen § 17 Absatz 2a Satz 2 eine Unterlage nicht, nicht richtig, nicht vollständig, nicht in der vorgeschriebenen Weise oder nicht rechtzeitig vorlegt,
10. entgegen § 17 Absatz 2b Satz 1 oder 3 eine Unterlage nicht, nicht richtig, nicht vollständig, nicht in der vorgeschriebenen Weise oder nicht rechtzeitig übermittelt oder
11. entgegen § 20 das dort genannte Arbeitsentgelt nicht oder nicht rechtzeitig zahlt.

(2) Ordnungswidrig handelt, wer Werk- oder Dienstleistungen in erheblichem Umfang ausführen lässt, indem er als Unternehmer einen anderen Unternehmer beauftragt, von dem er weiß oder fahrlässig nicht weiß, dass dieser bei der Erfüllung dieses Auftrags

1. entgegen § 20 das dort genannte Arbeitsentgelt nicht oder nicht rechtzeitig zahlt oder
2. einen Nachunternehmer einsetzt oder zulässt, dass ein Nachunternehmer tätig wird, der entgegen § 20 das dort genannte Arbeitsentgelt nicht oder nicht rechtzeitig zahlt.

(3) Die Ordnungswidrigkeit kann in den Fällen des Absatzes 1 Nummer 11 und des Absatzes 2 mit einer Geldbuße bis zu fünfhunderttausend Euro, in den übrigen Fällen mit einer Geldbuße bis zu dreißigtausend Euro geahndet werden.

(4) Verwaltungsbehörden im Sinne des § 36 Absatz 1 Nummer 1 des Gesetzes über Ordnungswidrigkeiten[1] sind die in § 14 genannten Behörden jeweils für ihren Geschäftsbereich.

(5) Für die Vollstreckung zugunsten der Behörden des Bundes und der bundesunmittelbaren juristischen Personen des öffentlichen Rechts sowie für die Vollziehung des Vermögensarrestes nach § 111e der Strafprozessordnung[2] in Ver-

[1] **Habersack, Deutsche Gesetze Nr. 94.**
[2] **Habersack, Deutsche Gesetze Nr. 90.**

bindung mit § 46 des Gesetzes über Ordnungswidrigkeiten durch die in § 14 genannten Behörden gilt das Verwaltungs-Vollstreckungsgesetz des Bundes[1].

Abschnitt 4. Schlussvorschriften

§ 22 Persönlicher Anwendungsbereich. (1) [1]Dieses Gesetz gilt für Arbeitnehmerinnen und Arbeitnehmer. [2]Praktikantinnen und Praktikanten im Sinne des § 26 des Berufsbildungsgesetzes gelten als Arbeitnehmerinnen und Arbeitnehmer im Sinne dieses Gesetzes, es sei denn, dass sie

1. ein Praktikum verpflichtend auf Grund einer schulrechtlichen Bestimmung, einer Ausbildungsordnung, einer hochschulrechtlichen Bestimmung oder im Rahmen einer Ausbildung an einer gesetzlich geregelten Berufsakademie leisten,
2. ein Praktikum von bis zu drei Monaten zur Orientierung für eine Berufsausbildung oder für die Aufnahme eines Studiums leisten,
3. ein Praktikum von bis zu drei Monaten begleitend zu einer Berufs- oder Hochschulausbildung leisten, wenn nicht zuvor ein solches Praktikumsverhältnis mit demselben Ausbildenden bestanden hat, oder
4. an einer Einstiegsqualifizierung nach § 54a des Dritten Buches Sozialgesetzbuch oder an einer Berufsausbildungsvorbereitung nach §§ 68 bis 70 des Berufsbildungsgesetzes teilnehmen.

[3]Praktikantin oder Praktikant ist unabhängig von der Bezeichnung des Rechtsverhältnisses, wer sich nach der tatsächlichen Ausgestaltung und Durchführung des Vertragsverhältnisses für eine begrenzte Dauer zum Erwerb praktischer Kenntnisse und Erfahrungen einer bestimmten betrieblichen Tätigkeit zur Vorbereitung auf eine berufliche Tätigkeit unterzieht, ohne dass es sich dabei um eine Berufsausbildung im Sinne des Berufsbildungsgesetzes oder um eine damit vergleichbare praktische Ausbildung handelt.

(2) Personen im Sinne von § 2 Absatz 1 und 2 des Jugendarbeitsschutzgesetzes ohne abgeschlossene Berufsausbildung gelten nicht als Arbeitnehmerinnen und Arbeitnehmer im Sinne dieses Gesetzes.

(3) Von diesem Gesetz nicht geregelt wird die Vergütung von zu ihrer Berufsausbildung Beschäftigten sowie ehrenamtlich Tätigen.

(4) [1]Für Arbeitsverhältnisse von Arbeitnehmerinnen und Arbeitnehmern, die unmittelbar vor Beginn der Beschäftigung langzeitarbeitslos im Sinne des § 18 Absatz 1 des Dritten Buches Sozialgesetzbuch waren, gilt der Mindestlohn in den ersten sechs Monaten der Beschäftigung nicht. [2]Die Bundesregierung hat den gesetzgebenden Körperschaften zum 1. Juni 2016 darüber zu berichten, inwieweit die Regelung nach Satz 1 die Wiedereingliederung von Langzeitarbeitslosen in den Arbeitsmarkt gefördert hat, und eine Einschätzung darüber abzugeben, ob diese Regelung fortbestehen soll.

§ 23 Evaluation. Dieses Gesetz ist im Jahr 2020 zu evaluieren.

§ 24 *(außer Kraft)*[2]

---

[1] **Sartorius Nr. 100.**

[2] § 24 ist gem. Art. 15 Abs. 2 G v. 11.8.2014 (BGBl. I S. 1348) mit Ablauf des 31.12.2017 außer Kraft getreten.

81. Tarifvertragsgesetz (TVG)[1)]

In der Fassung der Bekanntmachung vom 25. August 1969[2)]
(BGBl. I S. 1323)

FNA 802-1

Lfd. Nr.	Änderndes Gesetz	Datum	Fundstelle	Betroffen	Hinweis
1.	Art. II § 1 G zur Änd. des HeimarbeitsG und anderer arbeitsrechtlicher Vorschriften	29.10.1974	BGBl. I S. 2879	§§ 12a, 12b	eingef. mWv 1.11.1974
2.	Art. 175 Achte ZuständigkeitsanpassungsVO	25.11.2003	BGBl. I S. 2304	§§ 5, 6, 7, 10, 11	geänd. mWv 28.11. 2003
3.	Art. 223 Neunte ZuständigkeitsanpassungsVO	31.10.2006	BGBl. I S. 2407	§§ 5, 6, 7, 10, 11	geänd. mWv 8.11.2006
4.	Art. 88 Bundesrecht-BereinigungsG	8.12.2010	BGBl. I S. 1864	§ 10	geänd. mWv 15.12. 2010
5.	Art. 5 TarifautonomiestärkungsG	11.8.2014	BGBl. I S. 1348	§ 5 § 12b	geänd. mWv 16.8.2014 aufgeh. mWv 16.8.2014
6.	Art. 1 TarifeinheitsG	3.7.2015	BGBl. I S. 1130	§ 13 § 4a § 8	geänd. mWv 10.7.2015 eingef. mWv 10.7.2015 neu gef. mWv 10.7. 2015
7.	Urt. des BVerfG – 1 BvR 1571/15 u. a. –	11.7.2017	BGBl. I S. 2663	§ 4a	unvereinbar mit Art. 9 Abs. 3 GG
8.	Art. 4f QualifizierungschancenG	18.12.2018	BGBl. I S. 2651	§ 4a	geänd. mWv 1.1.2019
9.	Art. 8 Sozialschutz-Paket II	20.5.2020	BGBl. I S. 1055	§ 5	geänd. mWv 29.5.2020

§ 1 Inhalt und Form des Tarifvertrages. (1) Der Tarifvertrag regelt die Rechte und Pflichten der Tarifvertragsparteien und enthält Rechtsnormen, die den Inhalt, den Abschluß und die Beendigung von Arbeitsverhältnissen sowie betriebliche und betriebsverfassungsrechtliche Fragen ordnen können.

(2) Tarifverträge bedürfen der Schriftform.

§ 2 Tarifvertragsparteien. (1) Tarifvertragsparteien sind Gewerkschaften, einzelne Arbeitgeber sowie Vereinigungen von Arbeitgebern.

(2) Zusammenschlüsse von Gewerkschaften und von Vereinigungen von Arbeitgebern (Spitzenorganisationen) können im Namen der ihnen angeschlossenen Verbände Tarifverträge abschließen, wenn sie eine entsprechende Vollmacht haben.

(3) Spitzenorganisationen können selbst Parteien eines Tarifvertrages sein, wenn der Abschluß von Tarifverträgen zu ihren satzungsgemäßen Aufgaben gehört.

(4) In den Fällen der Absätze 2 und 3 haften sowohl die Spitzenorganisationen wie die ihnen angeschlossenen Verbände für die Erfüllung der gegenseitigen Verpflichtungen der Tarifvertragsparteien.

[1)] Für das Gebiet der ehem. DDR beachte zum TVG aufgrund Einigungsvertrag v. 31.8.1990 (BGBl. II S. 885, 889), zuletzt geänd. durch G v. 8.7.2016 (BGBl. I S. 1594), geltende Maßgaben.

[2)] Neubekanntmachung des TVG idF v. 9.4.1949 (WiGBl. S. 55) in der ab 1.9.1969 geltenden Fassung.

§ 3 Tarifgebundenheit. (1) Tarifgebunden sind die Mitglieder der Tarifvertragsparteien und der Arbeitgeber, der selbst Partei des Tarifvertrages ist.

(2) Rechtsnormen des Tarifvertrages über betriebliche und betriebsverfassungsrechtliche Fragen gelten für alle Betriebe, deren Arbeitgeber tarifgebunden ist.

(3) Die Tarifgebundenheit bleibt bestehen, bis der Tarifvertrag endet.

§ 4 Wirkung der Rechtsnormen. (1) [1] Die Rechtsnormen des Tarifvertrages, die den Inhalt, den Abschluß oder die Beendigung von Arbeitsverhältnissen ordnen, gelten unmittelbar und zwingend zwischen den beiderseits Tarifgebundenen, die unter den Geltungsbereich des Tarifvertrages fallen. [2] Diese Vorschrift gilt entsprechend für Rechtsnormen des Tarifvertrages über betriebliche und betriebsverfassungsrechtliche Fragen.

(2) Sind im Tarifvertrag gemeinsame Einrichtungen der Tarifvertragsparteien vorgesehen und geregelt (Lohnausgleichskassen, Urlaubskassen usw.), so gelten diese Regelungen auch unmittelbar und zwingend für die Satzung dieser Einrichtung und das Verhältnis der Einrichtung zu den tarifgebundenen Arbeitgebern und Arbeitnehmern.

(3) Abweichende Abmachungen sind nur zulässig, soweit sie durch den Tarifvertrag gestattet sind oder eine Änderung der Regelungen zugunsten des Arbeitnehmers enthalten.

(4) [1] Ein Verzicht auf entstandene tarifliche Rechte ist nur in einem von den Tarifvertragsparteien gebilligten Vergleich zulässig. [2] Die Verwirkung von tariflichen Rechten ist ausgeschlossen. [3] Ausschlußfristen für die Geltendmachung tariflicher Rechte können nur im Tarifvertrag vereinbart werden.

(5) Nach Ablauf des Tarifvertrages gelten seine Rechtsnormen weiter, bis sie durch eine andere Abmachung ersetzt werden.

§ 4a[1)] Tarifkollision. (1) Zur Sicherung der Schutzfunktion, Verteilungsfunktion, Befriedungsfunktion sowie Ordnungsfunktion von Rechtsnormen des Tarifvertrags werden Tarifkollisionen im Betrieb vermieden.

(2) [1] Der Arbeitgeber kann nach § 3 an mehrere Tarifverträge unterschiedlicher Gewerkschaften gebunden sein. [2] Soweit sich die Geltungsbereiche nicht inhaltsgleicher Tarifverträge verschiedener Gewerkschaften überschneiden (kollidierende Tarifverträge), sind im Betrieb nur die Rechtsnormen des Tarifvertrags derjenigen Gewerkschaft anwendbar, die zum Zeitpunkt des Abschlusses des zuletzt abgeschlossenen kollidierenden Tarifvertrags im Betrieb die meisten in einem Arbeitsverhältnis stehenden Mitglieder hat (Mehrheitstarifvertrag); wurden beim Zustandekommen des Mehrheitstarifvertrags die Interessen von Arbeitnehmergruppen, die auch von dem nach dem ersten Halbsatz nicht anzuwendenden Tarifvertrag erfasst werden, nicht ernsthaft und wirksam berücksichtigt, sind auch die Rechtsnormen dieses Tarifvertrags anwendbar. [3] Kollidieren die Tarifverträge erst zu einem späteren Zeitpunkt, ist dieser für die Mehrheitsfeststellung maßgeblich. [4] Als Betriebe gelten auch ein Betrieb nach § 1 Absatz 1 Satz 2 des Betriebsverfassungsgesetzes[2)] und ein durch Tarifvertrag nach § 3 Absatz 1 Nummer 1 bis 3 des Betriebsverfassungsgesetzes

---

[1)] § 4a eingef. mWv 10.7.2015 durch G v. 3.7.2015 (BGBl. I S. 1130); Abs. 2 Satz 2 geänd. mWv 1.1.2019 durch G v. 18.12.2018 (BGBl. I S. 2651).

[2)] Nr. **82**.

errichteter Betrieb, es sei denn, dies steht den Zielen des Absatzes 1 offensichtlich entgegen. [5] Dies ist insbesondere der Fall, wenn die Betriebe von Tarifvertragsparteien unterschiedlichen Wirtschaftszweigen oder deren Wertschöpfungsketten zugeordnet worden sind.

(3) Für Rechtsnormen eines Tarifvertrags über eine betriebsverfassungsrechtliche Frage nach § 3 Absatz 1 und § 117 Absatz 2 des Betriebsverfassungsgesetzes gilt Absatz 2 Satz 2 nur, wenn diese betriebsverfassungsrechtliche Frage bereits durch Tarifvertrag einer anderen Gewerkschaft geregelt ist.

(4) [1] Eine Gewerkschaft kann vom Arbeitgeber oder von der Vereinigung der Arbeitgeber die Nachzeichnung der Rechtsnormen eines mit ihrem Tarifvertrag kollidierenden Tarifvertrags verlangen. [2] Der Anspruch auf Nachzeichnung beinhaltet den Abschluss eines die Rechtsnormen des kollidierenden Tarifvertrags enthaltenden Tarifvertrags, soweit sich die Geltungsbereiche und Rechtsnormen der Tarifverträge überschneiden. [3] Die Rechtsnormen eines nach Satz 1 nachgezeichneten Tarifvertrags gelten unmittelbar und zwingend, soweit der Tarifvertrag der nachzeichnenden Gewerkschaft nach Absatz 2 Satz 2 nicht zur Anwendung kommt.

(5) [1] Nimmt ein Arbeitgeber oder eine Vereinigung von Arbeitgebern mit einer Gewerkschaft Verhandlungen über den Abschluss eines Tarifvertrags auf, ist der Arbeitgeber oder die Vereinigung von Arbeitgebern verpflichtet, dies rechtzeitig und in geeigneter Weise bekanntzugeben. [2] Eine andere Gewerkschaft, zu deren satzungsgemäßen Aufgaben der Abschluss eines Tarifvertrags nach Satz 1 gehört, ist berechtigt, dem Arbeitgeber oder der Vereinigung von Arbeitgebern ihre Vorstellungen und Forderungen mündlich vorzutragen.

§ 5 [1)2)] Allgemeinverbindlichkeit. (1) [1] Das Bundesministerium für Arbeit und Soziales kann einen Tarifvertrag im Einvernehmen mit einem aus je drei Vertretern der Spitzenorganisationen der Arbeitgeber und der Arbeitnehmer bestehenden Ausschuss (Tarifausschuss) auf gemeinsamen Antrag der Tarifvertragsparteien für allgemeinverbindlich erklären, wenn die Allgemeinverbindlicherklärung im öffentlichen Interesse geboten erscheint. [2] Die Allgemeinverbindlicherklärung erscheint in der Regel im öffentlichen Interesse geboten, wenn

1. der Tarifvertrag in seinem Geltungsbereich für die Gestaltung der Arbeitsbedingungen überwiegende Bedeutung erlangt hat oder
2. die Absicherung der Wirksamkeit der tarifvertraglichen Normsetzung gegen die Folgen wirtschaftlicher Fehlentwicklung eine Allgemeinverbindlicherklärung verlangt.

(1a) [1] Das Bundesministerium für Arbeit und Soziales kann einen Tarifvertrag über eine gemeinsame Einrichtung zur Sicherung ihrer Funktionsfähigkeit im Einvernehmen mit dem Tarifausschuss auf gemeinsamen Antrag der Tarifvertragsparteien für allgemeinverbindlich erklären, wenn der Tarifvertrag die

---

1) § 5 Abs. 1 Satz 1, Abs. 3, Abs. 5 Satz 1, Abs. 6 geänd. mWv 28.11.2003 durch VO v. 25.11.2003 (BGBl. I S. 2304); Abs. 1 Satz 1, Abs. 3, Abs. 5 Satz 1 und Abs. 6 geänd. mWv 8.11.2006 durch VO v. 31.10.2006 (BGBl. I S. 2407); Abs. 1 neu gef., Abs. 1a eingef., Abs. 4 Satz 2 und Abs. 7 Satz 2 angef. mWv 16.8.2014 durch G v. 11.8.2014 (BGBl. I S. 1348); Abs. 2 Satz 2 angef. mWv 29.5.2020 durch G v. 20.5.2020 (BGBl. I S. 1055).

2) § 5 Abs. 1–5 und 7 idF d. Bek. 25.8.1969 ist mit dem GG vereinbar, soweit er sich auf Rechtsnormen bezieht, die den Inhalt von Arbeitsverhältnissen ordnen (BVerfGE v. 24.5.1977, BGBl. I S. 1547).

Einziehung von Beiträgen und die Gewährung von Leistungen durch eine gemeinsame Einrichtung mit folgenden Gegenständen regelt:

1. den Erholungsurlaub, ein Urlaubsgeld oder ein zusätzliches Urlaubsgeld,
2. eine betriebliche Altersversorgung im Sinne des Betriebsrentengesetzes,
3. die Vergütung der Auszubildenden oder die Ausbildung in überbetrieblichen Bildungsstätten,
4. eine zusätzliche betriebliche oder überbetriebliche Vermögensbildung der Arbeitnehmer,
5. Lohnausgleich bei Arbeitszeitausfall, Arbeitszeitverkürzung oder Arbeitszeitverlängerung.

[2] Der Tarifvertrag kann alle mit dem Beitragseinzug und der Leistungsgewährung in Zusammenhang stehenden Rechte und Pflichten einschließlich der dem Verfahren zugrunde liegenden Ansprüche der Arbeitnehmer und Pflichten der Arbeitgeber regeln. [3] § 7 Absatz 2 des Arbeitnehmer-Entsendegesetzes findet entsprechende Anwendung.

(2) [1] Vor der Entscheidung über den Antrag ist Arbeitgebern und Arbeitnehmern, die von der Allgemeinverbindlicherklärung betroffen werden würden, den am Ausgang des Verfahrens interessierten Gewerkschaften und Vereinigungen der Arbeitgeber sowie den obersten Arbeitsbehörden der Länder, auf deren Bereich sich der Tarifvertrag erstreckt, Gelegenheit zur schriftlichen Stellungnahme sowie zur Äußerung in einer mündlichen und öffentlichen Verhandlung zu geben. [2] In begründeten Fällen kann das Bundesministerium für Arbeit und Soziales eine Teilnahme an der Verhandlung mittels Video- oder Telefonkonferenz vorsehen.

(3) Erhebt die oberste Arbeitsbehörde eines beteiligten Landes Einspruch gegen die beantragte Allgemeinverbindlicherklärung, so kann das Bundesministerium für Arbeit und Soziales dem Antrag nur mit Zustimmung der Bundesregierung stattgeben.

(4) [1] Mit der Allgemeinverbindlicherklärung erfassen die Rechtsnormen des Tarifvertrages in seinem Geltungsbereich auch die bisher nicht tarifgebundenen Arbeitgeber und Arbeitnehmer. [2] Ein nach Absatz 1a für allgemeinverbindlich erklärter Tarifvertrag ist vom Arbeitgeber auch dann einzuhalten, wenn er nach § 3 an einen anderen Tarifvertrag gebunden ist.

(5) [1] Das Bundesministerium für Arbeit und Soziales kann die Allgemeinverbindlicherklärung eines Tarifvertrages im Einvernehmen mit dem in Absatz 1 genannten Ausschuß aufheben, wenn die Aufhebung im öffentlichen Interesse geboten erscheint. [2] Die Absätze 2 und 3 gelten entsprechend. [3] Im übrigen endet die Allgemeinverbindlichkeit eines Tarifvertrages mit dessen Ablauf.

(6) Das Bundesministerium für Arbeit und Soziales kann der obersten Arbeitsbehörde eines Landes für einzelne Fälle das Recht zur Allgemeinverbindlicherklärung sowie zur Aufhebung der Allgemeinverbindlichkeit übertragen.

(7) [1] Die Allgemeinverbindlicherklärung und die Aufhebung der Allgemeinverbindlichkeit bedürfen der öffentlichen Bekanntmachung. [2] Die Bekanntmachung umfasst auch die von der Allgemeinverbindlicherklärung erfassten *Rechtsnormen des Tarifvertrages.*

§ 6[1] Tarifregister. Bei dem Bundesministerium für Arbeit und Soziales wird ein Tarifregister geführt, in das der Abschluß, die Änderung und die Aufhebung der Tarifverträge sowie der Beginn und die Beendigung der Allgemeinverbindlichkeit eingetragen werden.

§ 7[2] Übersendungs- und Mitteilungspflicht. (1) [1] Die Tarifvertragsparteien sind verpflichtet, dem Bundesministerium für Arbeit und Soziales innerhalb eines Monats nach Abschluß kostenfrei die Urschrift oder eine beglaubigte Abschrift sowie zwei weitere Abschriften eines jeden Tarifvertrages und seiner Änderungen zu übersenden; sie haben ihm das Außerkrafttreten eines jeden Tarifvertrages innerhalb eines Monats mitzuteilen. [2] Sie sind ferner verpflichtet, den obersten Arbeitsbehörden der Länder, auf deren Bereich sich der Tarifvertrag erstreckt, innerhalb eines Monats nach Abschluß kostenfrei je drei Abschriften des Tarifvertrages und seiner Änderungen zu übersenden und auch das Außerkrafttreten des Tarifvertrages innerhalb eines Monats mitzuteilen. [3] Erfüllt eine Tarifvertragspartei die Verpflichtungen, so werden die übrigen Tarifvertragsparteien davon befreit.

(2) [1] Ordnungswidrig handelt, wer vorsätzlich oder fahrlässig entgegen Absatz 1 einer Übersendungs- oder Mitteilungspflicht nicht, unrichtig, nicht vollständig oder nicht rechtzeitig genügt. [2] Die Ordnungswidrigkeit kann mit einer Geldbuße geahndet werden.

(3) Verwaltungsbehörde im Sinne des § 36 Abs. 1 Nr. 1 des Gesetzes über Ordnungswidrigkeiten[3] ist die Behörde, der gegenüber die Pflicht nach Absatz 1 zu erfüllen ist.

§ 8[4] Bekanntgabe des Tarifvertrags. Der Arbeitgeber ist verpflichtet, die im Betrieb anwendbaren Tarifverträge sowie rechtskräftige Beschlüsse nach § 99 des Arbeitsgerichtsgesetzes[5] über den nach § 4a Absatz 2 Satz 2 anwendbaren Tarifvertrag im Betrieb bekanntzumachen.

§ 9 Feststellung der Rechtswirksamkeit. Rechtskräftige Entscheidungen der Gerichte für Arbeitssachen, die in Rechtsstreitigkeiten zwischen Tarifvertragsparteien aus dem Tarifvertrag oder über das Bestehen oder Nichtbestehen des Tarifvertrages ergangen sind, sind in Rechtsstreitigkeiten zwischen tarifgebundenen Parteien sowie zwischen diesen und Dritten für die Gerichte und Schiedsgerichte bindend.

§ 10[6] Tarifvertrag und Tarifordnungen. (1) Mit dem Inkrafttreten eines Tarifvertrages treten Tarifordnungen, die für den Geltungsbereich des Tarifvertrages oder Teile desselben erlassen worden sind, außer Kraft, mit Ausnahme solcher Bestimmungen, die durch den Tarifvertrag nicht geregelt worden sind.

---

[1] § 6 geänd. mWv 28.11.2003 durch VO v. 25.11.2003 (BGBl. I S. 2304); geänd. mWv 8.11.2006 durch VO v. 31.10.2006 (BGBl. I S. 2407).

[2] § 7 Abs. 1 Satz 1 erster Halbsatz geänd. mWv 28.11.2003 durch VO v. 25.11.2003 (BGBl. I S. 2304); Abs. 1 Satz 1 erster Halbs. geänd. mWv 8.11.2006 durch VO v. 31.10.2006 (BGBl. I S. 2407).

[3] **Schönfelder Nr. 94.**

[4] § 8 neu gef. mWv 10.7.2015 durch G v. 3.7.2015 (BGBl. I S. 1130).

[5] **Schönfelder Nr. 83.**

[6] § 10 Abs. 2 geänd. mWv 28.11.2003 durch VO v. 25.11.2003 (BGBl. I S. 2304); Abs. 2 geänd. mWv 8.11.2006 durch VO v. 31.10.2006 (BGBl. I S. 2407); Abs. 1, 2 erster Halbs. geänd. mWv 15.12.2010 durch G v. 8.12.2010 (BGBl. I S. 1864).

(2) Das Bundesministerium für Arbeit und Soziales kann Tarifordnungen aufheben; die Aufhebung bedarf der öffentlichen Bekanntmachung.

§ 11[1] Durchführungsbestimmungen. Das Bundesministerium für Arbeit und Soziales kann unter Mitwirkung der Spitzenorganisationen der Arbeitgeber und der Arbeitnehmer die zur Durchführung des Gesetzes erforderlichen Verordnungen[2] erlassen, insbesondere über

1. die Errichtung und die Führung des Tarifregisters und des Tarifarchivs;
2. das Verfahren bei der Allgemeinverbindlicherklärung von Tarifverträgen und der Aufhebung von Tarifordnungen und Anordnungen, die öffentlichen Bekanntmachungen bei der Antragsstellung, der Erklärung und Beendigung der Allgemeinverbindlichkeit und der Aufhebung von Tarifordnungen und Anordnungen sowie die hierdurch entstehenden Kosten;
3. den in § 5 genannten Ausschuß.

§ 12 Spitzenorganisationen. [1] Spitzenorganisationen im Sinne dieses Gesetzes sind – unbeschadet der Regelung in § 2 – diejenigen Zusammenschlüsse von Gewerkschaften oder von Arbeitgebervereinigungen, die für die Vertretung der Arbeitnehmer- oder der Arbeitgeberinteressen im Arbeitsleben des Bundesgebietes wesentliche Bedeutung haben. [2] Ihnen stehen gleich Gewerkschaften und Arbeitgebervereinigungen, die keinem solchen Zusammenschluß angehören, wenn sie die Voraussetzungen des letzten Halbsatzes in Satz 1 erfüllen.

§ 12a Arbeitnehmerähnliche Personen. (1) Die Vorschriften dieses Gesetzes gelten entsprechend

1. für Personen, die wirtschaftlich abhängig und vergleichbar einem Arbeitnehmer sozial schutzbedürftig sind (arbeitnehmerähnliche Personen), wenn sie auf Grund von Dienst- oder Werkverträgen für andere Personen tätig sind, die geschuldeten Leistungen persönlich und im wesentlichen ohne Mitarbeit von Arbeitnehmern erbringen und
   a) überwiegend für eine Person tätig sind oder
   b) ihnen von einer Person im Durchschnitt mehr als die Hälfte des Entgelts zusteht, das ihnen für ihre Erwerbstätigkeit insgesamt zusteht; ist dies nicht voraussehbar, so sind für die Berechnung, soweit im Tarifvertrag nichts anderes vereinbart ist, jeweils die letzten sechs Monate, bei kürzerer Dauer der Tätigkeit dieser Zeitraum, maßgebend,
2. für die in Nummer 1 genannten Personen, für die die arbeitnehmerähnlichen Personen tätig sind, sowie für die zwischen ihnen und den arbeitnehmerähnlichen Personen durch Dienst- oder Werkverträge begründeten Rechtsverhältnisse.

---

[1] § 11 geänd. mWv 28.11.2003 durch VO v. 25.11.2003 (BGBl. I S. 2304); geänd. mWv 8.11. 2006 durch VO v. 31.10.2006 (BGBl. I S. 2407).

[2] Siehe hierzu die VO zur Durchführung des TVG v. 16.1.1989 (BGBl. I S. 76), zuletzt geänd. durch G v. 18.7.2017 (BGBl. I S. 2745).

(2) Mehrere Personen, für die arbeitnehmerähnliche Personen tätig sind, gelten als eine Person, wenn diese mehreren Personen nach der Art eines Konzerns (§ 18 des Aktiengesetzes[1]) zusammengefaßt sind oder zu einer zwischen ihnen bestehenden Organisationsgemeinschaft oder nicht nur vorübergehenden Arbeitsgemeinschaft gehören.

(3) Die Absätze 1 und 2 finden auf Personen, die künstlerische, schriftstellerische oder journalistische Leistungen erbringen, sowie auf Personen, die an der Erbringung, insbesondere der technischen Gestaltung solcher Leistungen unmittelbar mitwirken, auch dann Anwendung, wenn ihnen abweichend von Absatz 1 Nr. 1 Buchstabe b erster Halbsatz von einer Person im Durchschnitt mindestens ein Drittel des Entgelts zusteht, das ihnen für ihre Erwerbstätigkeit insgesamt zusteht.

(4) Die Vorschrift findet keine Anwendung auf Handelsvertreter im Sinne des § 84 des Handelsgesetzbuchs[2].

§ 12b[3] *(aufgehoben)*

§ 13[4] **Inkrafttreten.** (1) Dieses Gesetz tritt mit seiner Verkündung in Kraft.[5]

(2) Tarifverträge, die vor dem Inkrafttreten dieses Gesetzes abgeschlossen sind, unterliegen diesem Gesetz.

(3) § 4a ist nicht auf Tarifverträge anzuwenden, die am 10. Juli 2015 gelten.

---

[1] **Schönfelder Nr. 51.**

[2] **Schönfelder Nr. 50.**

[3] § 12b aufgeh. mWv 16.8.2014 durch G v. 11.8.2014 (BGBl. I S. 1348).

[4] § 13 Abs. 3 angef. mWv 10.7.2015 durch G v. 3.7.2015 (BGBl. I S. 1130).

[5] **Amtl. Anm.:** Die Vorschrift betrifft das Inkrafttreten des Gesetzes in der Fassung vom 9. April 1949 (Gesetzblatt der Verwaltung des Vereinigten Wirtschaftsgebietes S. 55). Der Zeitpunkt des Inkrafttretens der späteren Änderungen und Ergänzungen ergibt sich aus den in der vorangestellten Bekanntmachung bezeichneten Vorschriften.

[5] Amtl. Anm.: Die Verkündung erfolgte durch Ausgabe des Gesetzblattes der ... am 22. April 1949 ... [illegible]

82. Betriebsverfassungsgesetz

In der Fassung der Bekanntmachung vom 25. September 2001[1)]
(BGBl. I S. 2518)

FNA 801-7

Lfd. Nr.	Änderndes Gesetz	Datum	Fundstelle	Betroffen	Hinweis
1.	Art. 8 Job-AQTIV-G	10.12. 2001	BGBl. I S. 3443	§ 76	geänd. mWv 1.1.2002
2.	Art. 173 Achte ZuständigkeitsanpassungsVO	25.11. 2003	BGBl. I S. 2304	§§ 76a, 126	geänd. mWv 28.11.2003
3.	Art. 81 Drittes G für moderne Dienstleistungen am Arbeitsmarkt	23.12. 2003	BGBl. I S. 2848	§§ 92a, 112	geänd. mWv 1.1.2004
4.	Art. 5 Nr. 2 Zweites G zur Vereinfachung der Wahl der Arbeitnehmervertreter in den Aufsichtsrat	18.5.2004	BGBl. I S. 974	§ 129	aufgeh. mWv 1.7.2004
5.	Art. 3 Abs. 3 G zur Umsetzung europäischer Richtlinien zur Verwirklichung des Grundsatzes der Gleichbehandlung[2)]	14.8.2006	BGBl. I S. 1897	§ 75	geänd. mWv 18.8.2006
6.	Art. 221 Neunte ZuständigkeitsanpassungsVO	31.10. 2006	BGBl. I S. 2407	§§ 76a, 126	geänd. mWv 8.11.2006
7.	Art. 4 RisikobegrenzungsG	12.8.2008	BGBl. I S. 1666	§ 106	geänd. mWv 19.8.2008
				§ 109a	eingef. mWv 19.8.2008
8.	Art. 9 G zur Errichtung eines Bundesaufsichtsamtes für Flugsicherung und zur Änd. und Anpassung weiterer Vorschriften	29.7.2009	BGBl. I S. 2424	§ 5	geänd. mWv 4.8.2009
9.	Art. 3 Abs. 4 G zur Umsetzung des Seearbeitsübereinkommens 2006 der Internationalen Arbeitsorganisation[3)]	20.4.2013	BGBl. I S. 868	§ 114	geänd. mWv 1.8.2013

[1)] Neubekanntmachung des BetrVG idF der Bek. v. 23.12.1988 (BGBl. 1989 I S. 1, 902) in der ab 28. Juli 2001 geltenden Fassung.

[2)] **Amtl. Anm.:** Dieses Gesetz dient der Umsetzung der Richtlinien:
– 2000/43/EG des Rates vom 29. Juni 2000 zur Anwendung des Gleichbehandlungsgrundsatzes ohne Unterschied der Rasse oder der ethnischen Herkunft (ABl. EG Nr. L 180 S. 22),
– 2000/78/EG des Rates vom 27. November 2000 zur Festlegung eines allgemeinen Rahmens für die Verwirklichung der Gleichbehandlung in Beschäftigung und Beruf (ABl. EG Nr. L 303 S. 16),
– 2002/73/EG des Europäischen Parlaments und des Rates vom 23. September 2002 zur Änderung der Richtlinie 76/207/EWG des Rates zur Verwirklichung des Grundsatzes der Gleichbehandlung von Männern und Frauen hinsichtlich des Zugangs zur Beschäftigung, zur Berufsbildung und zum beruflichen Aufstieg sowie in Bezug auf die Arbeitsbedingungen (ABl. EG Nr. L 269 S. 15) und
– 2004/113/EG des Rates vom 13. Dezember 2004 zur Verwirklichung des Grundsatzes der Gleichbehandlung von Männern und Frauen beim Zugang zu und bei der Versorgung mit Gütern und Dienstleistungen (ABl. EU Nr. L 373 S. 37).

[3)] **Amtl. Anm.:** Dieses Gesetz dient der Umsetzung der Richtlinie 2009/13/EG des Rates vom 16. Februar 2009 zur Durchführung der Vereinbarung zwischen dem Verband der Reeder in der →

Lfd. Nr.	Änderndes Gesetz	Datum	Fundstelle	Betroffen	Hinweis
10.	Art. 18 Abs. 1, Art. 19 Abs. 5 BundesteilhabeG	23.12. 2016	BGBl. I S. 3234	§§ 80, 88, 92	geänd. mWv 30.12.2016
				§§ 32, 52, 59a	geänd. mWv 1.1.2018
11.	Art. 3 G zur Änd. des ArbeitnehmerüberlassungsG und anderer Gesetze	21.2.2017	BGBl. I S. 258	§§ 78, 80, 92, 119, 120	geänd. mWv 1.4.2017
12.	Art. 6 EM-LeistungsverbesserungsG	17.7.2017	BGBl. I S. 2509	§ 80	geänd. mWv 1.1.2018
13.	Art. 4e QualifizierungschancenG	18.12. 2018	BGBl. I S. 2651	§ 117	geänd. mWv 1.5.2019
14.	Art. 5 und 6 G zur Förderung der berufl. Weiterbildung im Strukturwandel und zur Weiterentwicklung der Ausbildungsförderung	20.5.2020	BGBl. I S. 1044, geänd. 2020, S. 2691	§ 129	neu gef. mWv 1.3.2020
				§ 129	aufgeh. mit Ablauf des 30.6. 2021
15.	Art. 1 BetriebsrätemodernisierungsG	14.6.2021	BGBl. I S. 1762	§§ 7, 8, 14, 14a, 19, 30, 33, 34, 51, 60, 61, 63, 64, 76, 77, 80, 87, 90, 95, 96, 103, 112	geänd. mWv 18.6.2021
				§ 79a	eingef. mWv 18.6.2021
16.	Art. 4 G über die unternehmerischen Sorgfaltspflichten in Lieferketten	16.7.2021	BGBl. I S. 2959	§ 106	geänd. mWv 1.1.2023
17.	Art. 5 G zur Stärkung der Impfprävention gegen COVID-19 und zur Änd. weiterer Vorschriften im Zusammenhang mit der COVID-19-Pandemie	10.12. 2021	BGBl. I S. 5162	§ 129	neu gef. mWv 12.12.2021
18.	Art. 6d G zur Stärkung des Schutzes der Bevölkerung und insbesondere vulnerabler Personengruppen vor COVID-19	16.9.2022	BGBl. I S. 1454	§ 129	geänd. mWv 17.9.2022
19.	Art. 1 Zweites ÄndG	19.7.2024	BGBl. 2024 I Nr. 248	§§ 37, 78	geänd. mWv 25.7.2024

(Fortsetzung der Anm. von voriger Seite)
Europäischen Gemeinschaft (ECSA) und der Europäischen Transportarbeiter-Föderation (ETF) über das Seearbeitsübereinkommen 2006 und zur Änderung der Richtlinie 1999/63/EG (ABl. L 124 vom 20.5. 2009, S. 30).

Inhaltsübersicht

(Fortsetzung nächstes Blatt)

Erster Teil. Allgemeine Vorschriften

§ 1 Errichtung von Betriebsräten. (1) [1]In Betrieben mit in der Regel mindestens fünf ständigen wahlberechtigten Arbeitnehmern, von denen drei wählbar sind, werden Betriebsräte gewählt. [2]Dies gilt auch für gemeinsame Betriebe mehrerer Unternehmen.

(2) Ein gemeinsamer Betrieb mehrerer Unternehmen wird vermutet, wenn

1. zur Verfolgung arbeitstechnischer Zwecke die Betriebsmittel sowie die Arbeitnehmer von den Unternehmen gemeinsam eingesetzt werden oder
2. die Spaltung eines Unternehmens zur Folge hat, dass von einem Betrieb ein oder mehrere Betriebsteile einem an der Spaltung beteiligten anderen Unternehmen zugeordnet werden, ohne dass sich dabei die Organisation des betroffenen Betriebs wesentlich ändert.

§ 2 Stellung der Gewerkschaften und Vereinigungen der Arbeitgeber.

(1) Arbeitgeber und Betriebsrat arbeiten unter Beachtung der geltenden Tarifverträge vertrauensvoll und im Zusammenwirken mit den im Betrieb vertretenen Gewerkschaften und Arbeitgebervereinigungen zum Wohl der Arbeitnehmer und des Betriebs zusammen.

(2) Zur Wahrnehmung der in diesem Gesetz genannten Aufgaben und Befugnisse der im Betrieb vertretenen Gewerkschaften ist deren Beauftragten nach Unterrichtung des Arbeitgebers oder seines Vertreters Zugang zum Betrieb zu gewähren, soweit dem nicht unumgängliche Notwendigkeiten des Betriebsablaufs, zwingende Sicherheitsvorschriften oder der Schutz von Betriebsgeheimnissen entgegenstehen.

(3) Die Aufgaben der Gewerkschaften und der Vereinigungen der Arbeitgeber, insbesondere die Wahrnehmung der Interessen ihrer Mitglieder, werden durch dieses Gesetz nicht berührt.

§ 3 Abweichende Regelungen. (1) Durch Tarifvertrag können bestimmt werden:

1. für Unternehmen mit mehreren Betrieben
   a) die Bildung eines unternehmenseinheitlichen Betriebsrats oder
   b) die Zusammenfassung von Betrieben,

   wenn dies die Bildung von Betriebsräten erleichtert oder einer sachgerechten Wahrnehmung der Interessen der Arbeitnehmer dient;
2. für Unternehmen und Konzerne, soweit sie nach produkt- oder projektbezogenen Geschäftsbereichen (Sparten) organisiert sind und die Leitung der Sparte auch Entscheidungen in beteiligungspflichtigen Angelegenheiten trifft, die Bildung von Betriebsräten in den Sparten (Spartenbetriebsräte), wenn dies der sachgerechten Wahrnehmung der Aufgaben des Betriebsrats dient;
3. andere Arbeitnehmervertretungsstrukturen, soweit dies insbesondere aufgrund der Betriebs-, Unternehmens- oder Konzernorganisation oder aufgrund anderer Formen der Zusammenarbeit von Unternehmen einer wirksamen und zweckmäßigen Interessenvertretung der Arbeitnehmer dient;

4. zusätzliche betriebsverfassungsrechtliche Gremien (Arbeitsgemeinschaften), die der unternehmensübergreifenden Zusammenarbeit von Arbeitnehmervertretungen dienen;
5. zusätzliche betriebsverfassungsrechtliche Vertretungen der Arbeitnehmer, die die Zusammenarbeit zwischen Betriebsrat und Arbeitnehmern erleichtern.

(2) Besteht in den Fällen des Absatzes 1 Nr. 1, 2, 4 oder 5 keine tarifliche Regelung und gilt auch kein anderer Tarifvertrag, kann die Regelung durch Betriebsvereinbarung getroffen werden.

(3) [1]Besteht im Fall des Absatzes 1 Nr. 1 Buchstabe a keine tarifliche Regelung und besteht in dem Unternehmen kein Betriebsrat, können die Arbeitnehmer mit Stimmenmehrheit die Wahl eines unternehmenseinheitlichen Betriebsrats beschließen. [2]Die Abstimmung kann von mindestens drei wahlberechtigten Arbeitnehmern des Unternehmens oder einer im Unternehmen vertretenen Gewerkschaft veranlasst werden.

(4) [1]Sofern der Tarifvertrag oder die Betriebsvereinbarung nichts anderes bestimmt, sind Regelungen nach Absatz 1 Nr. 1 bis 3 erstmals bei der nächsten regelmäßigen Betriebsratswahl anzuwenden, es sei denn, es besteht kein Betriebsrat oder es ist aus anderen Gründen eine Neuwahl des Betriebsrats erforderlich. [2]Sieht der Tarifvertrag oder die Betriebsvereinbarung einen anderen Wahlzeitpunkt vor, endet die Amtszeit bestehender Betriebsräte, die durch die Regelungen nach Absatz 1 Nr. 1 bis 3 entfallen, mit Bekanntgabe des Wahlergebnisses.

(5) [1]Die aufgrund eines Tarifvertrages oder einer Betriebsvereinbarung nach Absatz 1 Nr. 1 bis 3 gebildeten betriebsverfassungsrechtlichen Organisationseinheiten gelten als Betriebe im Sinne dieses Gesetzes. [2]Auf die in ihnen gebildeten Arbeitnehmervertretungen finden die Vorschriften über die Rechte und Pflichten des Betriebsrats und die Rechtsstellung seiner Mitglieder Anwendung.

§ 4 Betriebsteile, Kleinstbetriebe. (1) [1]Betriebsteile gelten als selbständige Betriebe, wenn sie die Voraussetzungen des § 1 Abs. 1 Satz 1 erfüllen und

1. räumlich weit vom Hauptbetrieb entfernt oder
2. durch Aufgabenbereich und Organisation eigenständig sind.

[2]Die Arbeitnehmer eines Betriebsteils, in dem kein eigener Betriebsrat besteht, können mit Stimmenmehrheit formlos beschließen, an der Wahl des Betriebsrats im Hauptbetrieb teilzunehmen; § 3 Abs. 3 Satz 2 gilt entsprechend. [3]Die Abstimmung kann auch vom Betriebsrat des Hauptbetriebs veranlasst werden. [4]Der Beschluss ist dem Betriebsrat des Hauptbetriebs spätestens zehn Wochen vor Ablauf seiner Amtszeit mitzuteilen. [5]Für den Widerruf des Beschlusses gelten die Sätze 2 bis 4 entsprechend.

(2) Betriebe, die die Voraussetzungen des § 1 Abs. 1 Satz 1 nicht erfüllen, sind dem Hauptbetrieb zuzuordnen.

§ 5[1)] Arbeitnehmer. (1) [1]Arbeitnehmer (Arbeitnehmerinnen und Arbeitnehmer) im Sinne dieses Gesetzes sind Arbeiter und Angestellte einschließlich der zu ihrer Berufsausbildung Beschäftigten, unabhängig davon, ob sie im

---

[1)] § 5 Abs. 1 Satz 3 und Abs. 3 Satz 3 angef. mWv 4.8.2009 durch G v. 29.7.2009 (BGBl. I S. 2424).

Betrieb, im Außendienst oder mit Telearbeit beschäftigt werden. [2] Als Arbeitnehmer gelten auch die in Heimarbeit Beschäftigten, die in der Hauptsache für den Betrieb arbeiten. [3] Als Arbeitnehmer gelten ferner Beamte (Beamtinnen und Beamte), Soldaten (Soldatinnen und Soldaten) sowie Arbeitnehmer des öffentlichen Dienstes einschließlich der zu ihrer Berufsausbildung Beschäftigten, die in Betrieben privatrechtlich organisierter Unternehmen tätig sind.

(2) Als Arbeitnehmer im Sinne dieses Gesetzes gelten nicht

1. in Betrieben einer juristischen Person die Mitglieder des Organs, das zur gesetzlichen Vertretung der juristischen Person berufen ist;
2. die Gesellschafter einer offenen Handelsgesellschaft oder die Mitglieder einer anderen Personengesamtheit, soweit sie durch Gesetz, Satzung oder Gesellschaftsvertrag zur Vertretung der Personengesamtheit oder zur Geschäftsführung berufen sind, in deren Betrieben;
3. Personen, deren Beschäftigung nicht in erster Linie ihrem Erwerb dient, sondern vorwiegend durch Beweggründe karitativer oder religiöser Art bestimmt ist;
4. Personen, deren Beschäftigung nicht in erster Linie ihrem Erwerb dient und die vorwiegend zu ihrer Heilung, Wiedereingewöhnung, sittlichen Besserung oder Erziehung beschäftigt werden;
5. der Ehegatte, der Lebenspartner, Verwandte und Verschwägerte ersten Grades, die in häuslicher Gemeinschaft mit dem Arbeitgeber leben.

(3) [1] Dieses Gesetz findet, soweit in ihm nicht ausdrücklich etwas anderes bestimmt ist, keine Anwendung auf leitende Angestellte. [2] Leitender Angestellter ist, wer nach Arbeitsvertrag und Stellung im Unternehmen oder im Betrieb

1. zur selbständigen Einstellung und Entlassung von im Betrieb oder in der Betriebsabteilung beschäftigten Arbeitnehmern berechtigt ist oder
2. Generalvollmacht oder Prokura hat und die Prokura auch im Verhältnis zum Arbeitgeber nicht unbedeutend ist oder
3. regelmäßig sonstige Aufgaben wahrnimmt, die für den Bestand und die Entwicklung des Unternehmens oder eines Betriebs von Bedeutung sind und deren Erfüllung besondere Erfahrungen und Kenntnisse voraussetzt, wenn er dabei entweder die Entscheidungen im Wesentlichen frei von Weisungen trifft oder sie maßgeblich beeinflusst; dies kann auch bei Vorgaben insbesondere auf Grund von Rechtsvorschriften, Plänen oder Richtlinien sowie bei Zusammenarbeit mit anderen leitenden Angestellten gegeben sein.

[3] Für die in Absatz 1 Satz 3 genannten Beamten und Soldaten gelten die Sätze 1 und 2 entsprechend.

(4) Leitender Angestellter nach Absatz 3 Nr. 3 ist im Zweifel, wer

1. aus Anlass der letzten Wahl des Betriebsrats, des Sprecherausschusses oder von Aufsichtsratsmitgliedern der Arbeitnehmer oder durch rechtskräftige gerichtliche Entscheidung den leitenden Angestellten zugeordnet worden ist oder
2. einer Leitungsebene angehört, auf der in dem Unternehmen überwiegend leitende Angestellte vertreten sind, oder
3. ein regelmäßiges Jahresarbeitsentgelt erhält, das für leitende Angestellte in dem Unternehmen üblich ist, oder

4. falls auch bei der Anwendung der Nummer 3 noch Zweifel bleiben, ein regelmäßiges Jahresarbeitsentgelt erhält, das das Dreifache der Bezugsgröße nach § 18 des Vierten Buches Sozialgesetzbuch überschreitet.

§ 6 (weggefallen)

Zweiter Teil. Betriebsrat, Betriebsversammlung, Gesamt- und Konzernbetriebsrat

Erster Abschnitt. Zusammensetzung und Wahl des Betriebsrats

§ 7[1] Wahlberechtigung. [1] Wahlberechtigt sind alle Arbeitnehmer des Betriebs, die das 16. Lebensjahr vollendet haben. [2] Werden Arbeitnehmer eines anderen Arbeitgebers zur Arbeitsleistung überlassen, so sind diese wahlberechtigt, wenn sie länger als drei Monate im Betrieb eingesetzt werden.

§ 8[2] Wählbarkeit. (1) [1] Wählbar sind alle Wahlberechtigten, die das 18. Lebensjahr vollendet haben und sechs Monate dem Betrieb angehören oder als in Heimarbeit Beschäftigte in der Hauptsache für den Betrieb gearbeitet haben. [2] Auf diese sechsmonatige Betriebszugehörigkeit werden Zeiten angerechnet, in denen der Arbeitnehmer unmittelbar vorher einem anderen Betrieb desselben Unternehmens oder Konzerns (§ 18 Abs. 1 des Aktiengesetzes[3]) angehört hat. [3] Nicht wählbar ist, wer infolge strafgerichtlicher Verurteilung die Fähigkeit, Rechte aus öffentlichen Wahlen zu erlangen, nicht besitzt.

(2) Besteht der Betrieb weniger als sechs Monate, so sind abweichend von der Vorschrift in Absatz 1 über die sechsmonatige Betriebszugehörigkeit diejenigen Arbeitnehmer wählbar, die bei der Einleitung der Betriebsratswahl im Betrieb beschäftigt sind und die übrigen Voraussetzungen für die Wählbarkeit erfüllen.

§ 9[4] Zahl der Betriebsratsmitglieder. [1] Der Betriebsrat besteht in Betrieben mit in der Regel

5 bis	20 wahlberechtigten Arbeitnehmern aus einer Person,			
21 bis	50 wahlberechtigten Arbeitnehmern aus 3 Mitgliedern,			
51 wahlberechtigten Arbeitnehmern				
bis	100	Arbeitnehmern	aus	5 Mitgliedern,
101 bis	200	Arbeitnehmern	aus	7 Mitgliedern,
201 bis	400	Arbeitnehmern	aus	9 Mitgliedern,
401 bis	700	Arbeitnehmern	aus	11 Mitgliedern,
701 bis	1 000	Arbeitnehmern	aus	13 Mitgliedern,
1 001 bis	1 500	Arbeitnehmern	aus	15 Mitgliedern,
1 501 bis	2 000	Arbeitnehmern	aus	17 Mitgliedern,
2 001 bis	2 500	Arbeitnehmern	aus	19 Mitgliedern,

[1] § 7 Satz 1 geänd. mWv 18.6.2021 durch G v. 14.6.2021 (BGBl. I S. 1762).
[2] § 8 Abs. 1 Satz 1 geänd. mWv 18.6.2021 durch G v. 14.6.2021 (BGBl. I S. 1762).
[3] **Schönfelder Nr. 51.**
[4] ***Amtl. Anm.:*** Gemäß Artikel 14 Satz 2 des Gesetzes zur Reform des Betriebsverfassungsgesetzes (BetrVerf-Reformgesetz) vom 23. Juli 2001 (BGBl. I S. 1852) gilt § 9 (Artikel 1 Nr. 8 des BetrVerf-Reformgesetzes) für im Zeitpunkt des Inkrafttretens bestehende Betriebsräte erst bei deren Neuwahl.

2 501	bis	3 000 Arbeitnehmern	aus	21 Mitgliedern,
3 001	bis	3 500 Arbeitnehmern	aus	23 Mitgliedern,
3 501	bis	4 000 Arbeitnehmern	aus	25 Mitgliedern,
4 001	bis	4 500 Arbeitnehmern	aus	27 Mitgliedern,
4 501	bis	5 000 Arbeitnehmern	aus	29 Mitgliedern,
5 001	bis	6 000 Arbeitnehmern	aus	31 Mitgliedern,
6 001	bis	7 000 Arbeitnehmern	aus	33 Mitgliedern,
7 001	bis	9 000 Arbeitnehmern	aus	35 Mitgliedern.

[2] In Betrieben mit mehr als 9 000 Arbeitnehmern erhöht sich die Zahl der Mitglieder des Betriebsrats für je angefangene weitere 3 000 Arbeitnehmer um 2 Mitglieder.

§ 10 (weggefallen)

§ 11 Ermäßigte Zahl der Betriebsratsmitglieder. Hat ein Betrieb nicht die ausreichende Zahl von wählbaren Arbeitnehmern, so ist die Zahl der Betriebsratsmitglieder der nächstniedrigeren Betriebsgröße zugrunde zu legen.

§ 12 (weggefallen)

§ 13 Zeitpunkt der Betriebsratswahlen. (1) [1] Die regelmäßigen Betriebsratswahlen finden alle vier Jahre in der Zeit vom 1. März bis 31. Mai statt. [2] Sie sind zeitgleich mit den regelmäßigen Wahlen nach § 5 Abs. 1 des Sprecherausschussgesetzes einzuleiten.

(2) Außerhalb dieser Zeit ist der Betriebsrat zu wählen, wenn

1. mit Ablauf von 24 Monaten, vom Tage der Wahl an gerechnet, die Zahl der regelmäßig beschäftigten Arbeitnehmer um die Hälfte, mindestens aber um fünfzig, gestiegen oder gesunken ist,
2. die Gesamtzahl der Betriebsratsmitglieder nach Eintreten sämtlicher Ersatzmitglieder unter die vorgeschriebene Zahl der Betriebsratsmitglieder gesunken ist,
3. der Betriebsrat mit der Mehrheit seiner Mitglieder seinen Rücktritt beschlossen hat,
4. die Betriebsratswahl mit Erfolg angefochten worden ist,
5. der Betriebsrat durch eine gerichtliche Entscheidung aufgelöst ist oder
6. im Betrieb ein Betriebsrat nicht besteht.

(3) [1] Hat außerhalb des für die regelmäßigen Betriebsratswahlen festgelegten Zeitraums eine Betriebsratswahl stattgefunden, so ist der Betriebsrat in dem auf die Wahl folgenden nächsten Zeitraum der regelmäßigen Betriebsratswahlen neu zu wählen. [2] Hat die Amtszeit des Betriebsrats zu Beginn des für die regelmäßigen Betriebsratswahlen festgelegten Zeitraums noch nicht ein Jahr betragen, so ist der Betriebsrat in dem übernächsten Zeitraum der regelmäßigen Betriebsratswahlen neu zu wählen.

§ 14[1)] Wahlvorschriften. (1) Der Betriebsrat wird in geheimer und unmittelbarer Wahl gewählt.

---

1) § 14 Abs. 4 neu gef. mWv 18.6.2021 durch G v. 14.6.2021 (BGBl. I S. 1762).

(2) [1] Die Wahl erfolgt nach den Grundsätzen der Verhältniswahl. [2] Sie erfolgt nach den Grundsätzen der Mehrheitswahl, wenn nur ein Wahlvorschlag eingereicht wird oder wenn der Betriebsrat im vereinfachten Wahlverfahren nach § 14a zu wählen ist.

(3) Zur Wahl des Betriebsrats können die wahlberechtigten Arbeitnehmer und die im Betrieb vertretenen Gewerkschaften Wahlvorschläge machen.

(4) [1] In Betrieben mit in der Regel bis zu 20 wahlberechtigten Arbeitnehmern bedarf es keiner Unterzeichnung von Wahlvorschlägen. [2] Wahlvorschläge sind in Betrieben mit in der Regel 21 bis 100 wahlberechtigten Arbeitnehmern von mindestens zwei wahlberechtigten Arbeitnehmern und in Betrieben mit in der Regel mehr als 100 wahlberechtigten Arbeitnehmern von mindestens einem Zwanzigstel der wahlberechtigten Arbeitnehmer zu unterzeichnen. [3] In jedem Fall genügt die Unterzeichnung durch 50 wahlberechtigte Arbeitnehmer.

(5) Jeder Wahlvorschlag einer Gewerkschaft muss von zwei Beauftragten unterzeichnet sein.

§ 14a[1)] Vereinfachtes Wahlverfahren für Kleinbetriebe. (1) [1] In Betrieben mit in der Regel fünf bis 100 wahlberechtigten Arbeitnehmern wird der Betriebsrat in einem zweistufigen Verfahren gewählt. [2] Auf einer ersten Wahlversammlung wird der Wahlvorstand nach § 17a Nr. 3 gewählt. [3] Auf einer zweiten Wahlversammlung wird der Betriebsrat in geheimer und unmittelbarer Wahl gewählt. [4] Diese Wahlversammlung findet eine Woche nach der Wahlversammlung zur Wahl des Wahlvorstands statt.

(2) Wahlvorschläge können bis zum Ende der Wahlversammlung zur Wahl des Wahlvorstands nach § 17a Nr. 3 gemacht werden; für Wahlvorschläge der Arbeitnehmer gilt § 14 Abs. 4 mit der Maßgabe, dass für Wahlvorschläge, die erst auf dieser Wahlversammlung gemacht werden, keine Schriftform erforderlich ist.

(3) [1] Ist der Wahlvorstand in Betrieben mit in der Regel fünf bis 100 wahlberechtigten Arbeitnehmern nach § 17a Nr. 1 in Verbindung mit § 16 vom Betriebsrat, Gesamtbetriebsrat oder Konzernbetriebsrat oder nach § 17a Nr. 4 vom Arbeitsgericht bestellt, wird der Betriebsrat abweichend von Absatz 1 Satz 1 und 2 auf nur einer Wahlversammlung in geheimer und unmittelbarer Wahl gewählt. [2] Wahlvorschläge können bis eine Woche vor der Wahlversammlung zur Wahl des Betriebsrats gemacht werden; § 14 Abs. 4 gilt unverändert.

(4) Wahlberechtigten Arbeitnehmern, die an der Wahlversammlung zur Wahl des Betriebsrats nicht teilnehmen können, ist Gelegenheit zur schriftlichen Stimmabgabe zu geben.

(5) In Betrieben mit in der Regel 101 bis 200 wahlberechtigten Arbeitnehmern können der Wahlvorstand und der Arbeitgeber die Anwendung des vereinfachten Wahlverfahrens vereinbaren.

[1)] § 14a Abs. 1 Satz 1, Abs. 3 Satz 1 und Abs. 5 geänd. mWv 18.6.2021 durch G v. 14.6.2021 (BGBl. I S. 1762).

§ 15[1)] Zusammensetzung nach Beschäftigungsarten und Geschlechter. (1) Der Betriebsrat soll sich möglichst aus Arbeitnehmern der einzelnen Organisationsbereiche und der verschiedenen Beschäftigungsarten der im Betrieb tätigen Arbeitnehmer zusammensetzen.

(2) Das Geschlecht, das in der Belegschaft in der Minderheit ist, muss mindestens entsprechend seinem zahlenmäßigen Verhältnis im Betriebsrat vertreten sein, wenn dieser aus mindestens drei Mitgliedern besteht.

§ 16 Bestellung des Wahlvorstands. (1) [1]Spätestens zehn Wochen vor Ablauf seiner Amtszeit bestellt der Betriebsrat einen aus drei Wahlberechtigten bestehenden Wahlvorstand und einen von ihnen als Vorsitzenden. [2]Der Betriebsrat kann die Zahl der Wahlvorstandsmitglieder erhöhen, wenn dies zur ordnungsgemäßen Durchführung der Wahl erforderlich ist. [3]Der Wahlvorstand muss in jedem Fall aus einer ungeraden Zahl von Mitgliedern bestehen. [4]Für jedes Mitglied des Wahlvorstands kann für den Fall seiner Verhinderung ein Ersatzmitglied bestellt werden. [5]In Betrieben mit weiblichen und männlichen Arbeitnehmern sollen dem Wahlvorstand Frauen und Männer angehören. [6]Jede im Betrieb vertretene Gewerkschaft kann zusätzlich einen dem Betrieb angehörenden Beauftragten als nicht stimmberechtigtes Mitglied in den Wahlvorstand entsenden, sofern ihr nicht ein stimmberechtigtes Wahlvorstandsmitglied angehört.

(2) [1]Besteht acht Wochen vor Ablauf der Amtszeit des Betriebsrats kein Wahlvorstand, so bestellt ihn das Arbeitsgericht auf Antrag von mindestens drei Wahlberechtigten oder einer im Betrieb vertretenen Gewerkschaft; Absatz 1 gilt entsprechend. [2]In dem Antrag können Vorschläge für die Zusammensetzung des Wahlvorstands gemacht werden. [3]Das Arbeitsgericht kann für Betriebe mit in der Regel mehr als zwanzig wahlberechtigten Arbeitnehmern auch Mitglieder einer im Betrieb vertretenen Gewerkschaft, die nicht Arbeitnehmer des Betriebs sind, zu Mitgliedern des Wahlvorstands bestellen, wenn dies zur ordnungsgemäßen Durchführung der Wahl erforderlich ist.

(3) [1]Besteht acht Wochen vor Ablauf der Amtszeit des Betriebsrats kein Wahlvorstand, kann auch der Gesamtbetriebsrat oder, falls ein solcher nicht besteht, der Konzernbetriebsrat den Wahlvorstand bestellen. [2]Absatz 1 gilt entsprechend.

§ 17 Bestellung des Wahlvorstands in Betrieben ohne Betriebsrat.

(1) [1]Besteht in einem Betrieb, der die Voraussetzungen des § 1 Abs. 1 Satz 1 erfüllt, kein Betriebsrat, so bestellt der Gesamtbetriebsrat oder, falls ein solcher nicht besteht, der Konzernbetriebsrat einen Wahlvorstand. [2]§ 16 Abs. 1 gilt entsprechend.

(2) [1]Besteht weder ein Gesamtbetriebsrat noch ein Konzernbetriebsrat, so wird in einer Betriebsversammlung von der Mehrheit der anwesenden Arbeitnehmer ein Wahlvorstand gewählt; § 16 Abs. 1 gilt entsprechend. [2]Gleiches gilt, wenn der Gesamtbetriebsrat oder Konzernbetriebsrat die Bestellung des Wahlvorstands nach Absatz 1 unterlässt.

[1)] **Amtl. Anm.:** Gemäß Artikel 14 Satz 2 des Gesetzes zur Reform des Betriebsverfassungsgesetzes (BetrVerf-Reformgesetz) vom 23. Juli 2001 (BGBl. I S. 1852) gilt §15 (Artikel 1 Nr. 13 des BetrVerf-Reformgesetzes) für im Zeitpunkt des Inkrafttretens bestehende Betriebsräte erst bei deren Neuwahl.

(3) Zu dieser Betriebsversammlung können drei wahlberechtigte Arbeitnehmer des Betriebs oder eine im Betrieb vertretene Gewerkschaft einladen und Vorschläge für die Zusammensetzung des Wahlvorstands machen.

(4) [1] Findet trotz Einladung keine Betriebsversammlung statt oder wählt die Betriebsversammlung keinen Wahlvorstand, so bestellt ihn das Arbeitsgericht auf Antrag von mindestens drei wahlberechtigten Arbeitnehmern oder einer im Betrieb vertretenen Gewerkschaft. [2] § 16 Abs. 2 gilt entsprechend.

§ 17a Bestellung des Wahlvorstands im vereinfachten Wahlverfahren.
Im Fall des § 14a finden die §§ 16 und 17 mit folgender Maßgabe Anwendung:

1. Die Frist des § 16 Abs. 1 Satz 1 wird auf vier Wochen und die des § 16 Abs. 2 Satz 1, Abs. 3 Satz 1 auf drei Wochen verkürzt.
2. § 16 Abs. 1 Satz 2 und 3 findet keine Anwendung.
3. In den Fällen des § 17 Abs. 2 wird der Wahlvorstand in einer Wahlversammlung von der Mehrheit der anwesenden Arbeitnehmer gewählt. Für die Einladung zu der Wahlversammlung gilt § 17 Abs. 3 entsprechend.
4. § 17 Abs. 4 gilt entsprechend, wenn trotz Einladung keine Wahlversammlung stattfindet oder auf der Wahlversammlung kein Wahlvorstand gewählt wird.

§ 18 Vorbereitung und Durchführung der Wahl. (1) [1] Der Wahlvorstand hat die Wahl unverzüglich einzuleiten, sie durchzuführen und das Wahlergebnis festzustellen. [2] Kommt der Wahlvorstand dieser Verpflichtung nicht nach, so ersetzt ihn das Arbeitsgericht auf Antrag des Betriebsrats, von mindestens drei wahlberechtigten Arbeitnehmern oder einer im Betrieb vertretenen Gewerkschaft. [3] § 16 Abs. 2 gilt entsprechend.

(2) Ist zweifelhaft, ob eine betriebsratsfähige Organisationseinheit vorliegt, so können der Arbeitgeber, jeder beteiligte Betriebsrat, jeder beteiligte Wahlvorstand oder eine im Betrieb vertretene Gewerkschaft eine Entscheidung des Arbeitsgerichts beantragen.

(3) [1] Unverzüglich nach Abschluss der Wahl nimmt der Wahlvorstand öffentlich die Auszählung der Stimmen vor, stellt deren Ergebnis in einer Niederschrift fest und gibt es den Arbeitnehmern des Betriebs bekannt. [2] Dem Arbeitgeber und den im Betrieb vertretenen Gewerkschaften ist eine Abschrift der Wahlniederschrift zu übersenden.

§ 18a Zuordnung der leitenden Angestellten bei Wahlen. (1) [1] Sind die Wahlen nach § 13 Abs. 1 und nach § 5 Abs. 1 des Sprecherausschussgesetzes zeitgleich einzuleiten, so haben sich die Wahlvorstände unverzüglich nach Aufstellung der Wählerlisten, spätestens jedoch zwei Wochen vor Einleitung der Wahlen, gegenseitig darüber zu unterrichten, welche Angestellten sie den leitenden Angestellten zugeordnet haben; dies gilt auch, wenn die Wahlen ohne Bestehen einer gesetzlichen Verpflichtung zeitgleich eingeleitet werden. [2] Soweit zwischen den Wahlvorständen kein Einvernehmen über die Zuordnung besteht, haben sie in gemeinsamer Sitzung eine Einigung zu versuchen. [3] Soweit eine Einigung zustande kommt, sind die Angestellten entsprechend ihrer Zuordnung in die jeweilige Wählerliste einzutragen.

(2) [1] *Soweit eine Einigung nicht zustande* kommt, hat ein Vermittler spätestens eine Woche vor Einleitung der Wahlen erneut eine Verständigung der Wahlvorstände über die Zuordnung zu versuchen. [2] Der Arbeitgeber hat den

Vermittler auf dessen Verlangen zu unterstützen, insbesondere die erforderlichen Auskünfte zu erteilen und die erforderlichen Unterlagen zur Verfügung zu stellen. [3]Bleibt der Verständigungsversuch erfolglos, so entscheidet der Vermittler nach Beratung mit dem Arbeitgeber. [4]Absatz 1 Satz 3 gilt entsprechend.

(3) [1]Auf die Person des Vermittlers müssen sich die Wahlvorstände einigen. [2]Zum Vermittler kann nur ein Beschäftigter des Betriebs oder eines anderen Betriebs des Unternehmens oder Konzerns oder der Arbeitgeber bestellt werden. [3]Kommt eine Einigung nicht zustande, so schlagen die Wahlvorstände je eine Person als Vermittler vor; durch Los wird entschieden, wer als Vermittler tätig wird.

(4) [1]Wird mit der Wahl nach § 13 Abs. 1 oder 2 nicht zeitgleich eine Wahl nach dem Sprecherausschussgesetz eingeleitet, so hat der Wahlvorstand den Sprecherausschuss entsprechend Absatz 1 Satz 1 erster Halbsatz zu unterrichten. [2]Soweit kein Einvernehmen über die Zuordnung besteht, hat der Sprecherausschuss Mitglieder zu benennen, die anstelle des Wahlvorstands an dem Zuordnungsverfahren teilnehmen. [3]Wird mit der Wahl nach § 5 Abs. 1 oder 2 des Sprecherausschussgesetzes nicht zeitgleich eine Wahl nach diesem Gesetz eingeleitet, so gelten die Sätze 1 und 2 für den Betriebsrat entsprechend.

(5) [1]Durch die Zuordnung wird der Rechtsweg nicht ausgeschlossen. [2]Die Anfechtung der Betriebsratswahl oder der Wahl nach dem Sprecherausschussgesetz ist ausgeschlossen, soweit sie darauf gestützt wird, die Zuordnung sei fehlerhaft erfolgt. [3]Satz 2 gilt nicht, soweit die Zuordnung offensichtlich fehlerhaft ist.

§ 19[1)] Wahlanfechtung. (1) Die Wahl kann beim Arbeitsgericht angefochten werden, wenn gegen wesentliche Vorschriften über das Wahlrecht, die Wählbarkeit oder das Wahlverfahren verstoßen worden ist und eine Berichtigung nicht erfolgt ist, es sei denn, dass durch den Verstoß das Wahlergebnis nicht geändert oder beeinflusst werden konnte.

(2) [1]Zur Anfechtung berechtigt sind mindestens drei Wahlberechtigte, eine im Betrieb vertretene Gewerkschaft oder der Arbeitgeber. [2]Die Wahlanfechtung ist nur binnen einer Frist von zwei Wochen, vom Tage der Bekanntgabe des Wahlergebnisses an gerechnet, zulässig.

(3) [1]Die Anfechtung durch die Wahlberechtigten ist ausgeschlossen, soweit sie darauf gestützt wird, dass die Wählerliste unrichtig ist, wenn nicht zuvor aus demselben Grund ordnungsgemäß Einspruch gegen die Richtigkeit der Wählerliste eingelegt wurde. [2]Dies gilt nicht, wenn die anfechtenden Wahlberechtigten an der Einlegung eines Einspruchs gehindert waren. [3]Die Anfechtung durch den Arbeitgeber ist ausgeschlossen, soweit sie darauf gestützt wird, dass die Wählerliste unrichtig ist und wenn diese Unrichtigkeit auf seinen Angaben beruht.

§ 20 Wahlschutz und Wahlkosten. (1) [1]Niemand darf die Wahl des Betriebsrats behindern. [2]Insbesondere darf kein Arbeitnehmer in der Ausübung des aktiven und passiven Wahlrechts beschränkt werden.

(2) Niemand darf die Wahl des Betriebsrats durch Zufügung oder Androhung von Nachteilen oder durch Gewährung oder Versprechen von Vorteilen beeinflussen.

[1)] § 19 Abs. 3 angef. mWv 18.6.2021 durch G v. 14.6.2021 (BGBl. I S. 1762).

(3) [1] Die Kosten der Wahl trägt der Arbeitgeber. [2] Versäumnis von Arbeitszeit, die zur Ausübung des Wahlrechts, zur Betätigung im Wahlvorstand oder zur Tätigkeit als Vermittler (§ 18a) erforderlich ist, berechtigt den Arbeitgeber nicht zur Minderung des Arbeitsentgelts.

Zweiter Abschnitt. Amtszeit des Betriebsrats

§ 21 Amtszeit. [1] Die regelmäßige Amtszeit des Betriebsrats beträgt vier Jahre. [2] Die Amtszeit beginnt mit der Bekanntgabe des Wahlergebnisses oder, wenn zu diesem Zeitpunkt noch ein Betriebsrat besteht, mit Ablauf von dessen Amtszeit. [3] Die Amtszeit endet spätestens am 31. Mai des Jahres, in dem nach § 13 Abs. 1 die regelmäßigen Betriebsratswahlen stattfinden. [4] In dem Fall des § 13 Abs. 3 Satz 2 endet die Amtszeit spätestens am 31. Mai des Jahres, in dem der Betriebsrat neu zu wählen ist. [5] In den Fällen des § 13 Abs. 2 Nr. 1 und 2 endet die Amtszeit mit der Bekanntgabe des Wahlergebnisses des neu gewählten Betriebsrats.

§ 21a[1] Übergangsmandat. (1) [1] Wird ein Betrieb gespalten, so bleibt dessen Betriebsrat im Amt und führt die Geschäfte für die ihm bislang zugeordneten Betriebsteile weiter, soweit sie die Voraussetzungen des § 1 Abs. 1 Satz 1 erfüllen und nicht in einen Betrieb eingegliedert werden, in dem ein Betriebsrat besteht (Übergangsmandat). [2] Der Betriebsrat hat insbesondere unverzüglich Wahlvorstände zu bestellen. [3] Das Übergangsmandat endet, sobald in den Betriebsteilen ein neuer Betriebsrat gewählt und das Wahlergebnis bekanntgegeben ist, spätestens jedoch sechs Monate nach Wirksamwerden der Spaltung. [4] Durch Tarifvertrag oder Betriebsvereinbarung kann das Übergangsmandat um weitere sechs Monate verlängert werden.

(2) [1] Werden Betriebe oder Betriebsteile zu einem Betrieb zusammengefasst, so nimmt der Betriebsrat des nach der Zahl der wahlberechtigten Arbeitnehmer größten Betriebs oder Betriebsteils das Übergangsmandat wahr. [2] Absatz 1 gilt entsprechend.

(3) Die Absätze 1 und 2 gelten auch, wenn die Spaltung oder Zusammenlegung von Betrieben und Betriebsteilen im Zusammenhang mit einer Betriebsveräußerung oder einer Umwandlung nach dem Umwandlungsgesetz[2] erfolgt.

§ 21b Restmandat. Geht ein Betrieb durch Stilllegung, Spaltung oder Zusammenlegung unter, so bleibt dessen Betriebsrat so lange im Amt, wie dies zur Wahrnehmung der damit im Zusammenhang stehenden Mitwirkungs- und Mitbestimmungsrechte erforderlich ist.

§ 22 Weiterführung der Geschäfte des Betriebsrats. In den Fällen des § 13 Abs. 2 Nr. 1 bis 3 führt der Betriebsrat die Geschäfte weiter, bis der neue Betriebsrat gewählt und das Wahlergebnis bekanntgegeben ist.

§ 23[3] Verletzung gesetzlicher Pflichten. (1) [1] Mindestens ein Viertel der wahlberechtigten Arbeitnehmer, der Arbeitgeber oder eine im Betrieb ver-

[1] **Amtl. Anm.:** Diese Vorschrift dient der Umsetzung des Artikels 6 der Richtlinie 2001/23/EG des Rates vom 12. März 2001 zur Angleichung der Rechtsvorschriften der Mitgliedstaaten über die Wahrung von Ansprüchen der Arbeitnehmer beim Übergang von Unternehmen, Betrieben oder *Betriebsteilen (ABl. EG Nr. L 82 S. 16).*

[2] **Schönfelder Nr. 52a.**

[3] § 23 Abs. 3 Satz 5 geänd. durch G v. 21.12.2000 (BGBl. I S. 1983).

tretene Gewerkschaft können beim Arbeitsgericht den Ausschluss eines Mitglieds aus dem Betriebsrat oder die Auflösung des Betriebsrats wegen grober Verletzung seiner gesetzlichen Pflichten beantragen. [2] Der Ausschluss eines Mitglieds kann auch vom Betriebsrat beantragt werden.

(2) [1] Wird der Betriebsrat aufgelöst, so setzt das Arbeitsgericht unverzüglich einen Wahlvorstand für die Neuwahl ein. [2] § 16 Abs. 2 gilt entsprechend.

(3) [1] Der Betriebsrat oder eine im Betrieb vertretene Gewerkschaft können bei groben Verstößen des Arbeitgebers gegen seine Verpflichtungen aus diesem Gesetz beim Arbeitsgericht beantragen, dem Arbeitgeber aufzugeben, eine Handlung zu unterlassen, die Vornahme einer Handlung zu dulden oder eine Handlung vorzunehmen. [2] Handelt der Arbeitgeber der ihm durch rechtskräftige gerichtliche Entscheidung auferlegten Verpflichtung zuwider, eine Handlung zu unterlassen oder die Vornahme einer Handlung zu dulden, so ist er auf Antrag vom Arbeitsgericht wegen einer jeden Zuwiderhandlung nach vorheriger Androhung zu einem Ordnungsgeld zu verurteilen. [3] Führt der Arbeitgeber die ihm durch eine rechtskräftige gerichtliche Entscheidung auferlegte Handlung nicht durch, so ist auf Antrag vom Arbeitsgericht zu erkennen, dass er zur Vornahme der Handlung durch Zwangsgeld anzuhalten sei. [4] Antragsberechtigt sind der Betriebsrat oder eine im Betrieb vertretene Gewerkschaft. [5] Das Höchstmaß des Ordnungsgeldes und Zwangsgeldes beträgt 10 000 Euro.

§ 24 Erlöschen der Mitgliedschaft. Die Mitgliedschaft im Betriebsrat erlischt durch

1. Ablauf der Amtszeit,
2. Niederlegung des Betriebsratsamtes,
3. Beendigung des Arbeitsverhältnisses,
4. Verlust der Wählbarkeit,
5. Ausschluss aus dem Betriebsrat oder Auflösung des Betriebsrats auf Grund einer gerichtlichen Entscheidung,
6. gerichtliche Entscheidung über die Feststellung der Nichtwählbarkeit nach Ablauf der in § 19 Abs. 2 bezeichneten Frist, es sei denn, der Mangel liegt nicht mehr vor.

§ 25 Ersatzmitglieder. (1) [1] Scheidet ein Mitglied des Betriebsrats aus, so rückt ein Ersatzmitglied nach. [2] Dies gilt entsprechend für die Stellvertretung eines zeitweilig verhinderten Mitglieds des Betriebsrats.

(2) [1] Die Ersatzmitglieder werden unter Berücksichtigung des § 15 Abs. 2 der Reihe nach aus den nichtgewählten Arbeitnehmern derjenigen Vorschlagslisten entnommen, denen die zu ersetzenden Mitglieder angehören. [2] Ist eine Vorschlagsliste erschöpft, so ist das Ersatzmitglied derjenigen Vorschlagsliste zu entnehmen, auf die nach den Grundsätzen der Verhältniswahl der nächste Sitz *entfallen würde.* [3] Ist das ausgeschiedene oder verhinderte Mitglied nach den Grundsätzen der Mehrheitswahl gewählt, so bestimmt sich die Reihenfolge der Ersatzmitglieder unter Berücksichtigung des § 15 Abs. 2 nach der Höhe der erreichten Stimmenzahlen.

Dritter Abschnitt. Geschäftsführung des Betriebsrats

§ 26 Vorsitzender. (1) Der Betriebsrat wählt aus seiner Mitte den Vorsitzenden und dessen Stellvertreter.

(2) [1] Der Vorsitzende des Betriebsrats oder im Fall seiner Verhinderung sein Stellvertreter vertritt den Betriebsrat im Rahmen der von ihm gefassten Beschlüsse. [2] Zur Entgegennahme von Erklärungen, die dem Betriebsrat gegenüber abzugeben sind, ist der Vorsitzende des Betriebsrats oder im Fall seiner Verhinderung sein Stellvertreter berechtigt.

§ 27 Betriebsausschuss. (1) [1] Hat ein Betriebsrat neun oder mehr Mitglieder, so bildet er einen Betriebsausschuss. [2] Der Betriebsausschuss besteht aus dem Vorsitzenden des Betriebsrats, dessen Stellvertreter und bei Betriebsräten mit

9 bis 15 Mitgliedern aus 3 weiteren Ausschussmitgliedern,
17 bis 23 Mitgliedern aus 5 weiteren Ausschussmitgliedern,
25 bis 35 Mitgliedern aus 7 weiteren Ausschussmitgliedern,
37 oder mehr Mitgliedern aus 9 weiteren Ausschussmitgliedern.

[3] Die weiteren Ausschussmitglieder werden vom Betriebsrat aus seiner Mitte in geheimer Wahl und nach den Grundsätzen der Verhältniswahl gewählt. [4] Wird nur ein Wahlvorschlag gemacht, so erfolgt die Wahl nach den Grundsätzen der Mehrheitswahl. [5] Sind die weiteren Ausschussmitglieder nach den Grundsätzen der Verhältniswahl gewählt, so erfolgt die Abberufung durch Beschluss des Betriebsrats, der in geheimer Abstimmung gefasst wird und einer Mehrheit von drei Vierteln der Stimmen der Mitglieder des Betriebsrats bedarf.

(2) [1] Der Betriebsausschuss führt die laufenden Geschäfte des Betriebsrats. [2] Der Betriebsrat kann dem Betriebsausschuss mit der Mehrheit der Stimmen seiner Mitglieder Aufgaben zur selbständigen Erledigung übertragen; dies gilt nicht für den Abschluss von Betriebsvereinbarungen. [3] Die Übertragung bedarf der Schriftform. [4] Die Sätze 2 und 3 gelten entsprechend für den Widerruf der Übertragung von Aufgaben.

(3) Betriebsräte mit weniger als neun Mitgliedern können die laufenden Geschäfte auf den Vorsitzenden des Betriebsrats oder andere Betriebsratsmitglieder übertragen.

§ 28 Übertragung von Aufgaben auf Ausschüsse. (1) [1] Der Betriebsrat kann in Betrieben mit mehr als 100 Arbeitnehmern Ausschüsse bilden und ihnen bestimmte Aufgaben übertragen. [2] Für die Wahl und Abberufung der Ausschussmitglieder gilt § 27 Abs. 1 Satz 3 bis 5 entsprechend. [3] Ist ein Betriebsausschuss gebildet, kann der Betriebsrat den Ausschüssen Aufgaben zur selbständigen Erledigung übertragen; § 27 Abs. 2 Satz 2 bis 4 gilt entsprechend.

(2) Absatz 1 gilt entsprechend für die Übertragung von Aufgaben zur selbständigen Entscheidung auf Mitglieder des Betriebsrats in Ausschüssen, deren Mitglieder vom Betriebsrat und vom Arbeitgeber benannt werden.

§ 28a Übertragung von Aufgaben auf Arbeitsgruppen. (1) [1] In Betrieben mit mehr als 100 Arbeitnehmern kann der Betriebsrat mit der Mehrheit der Stimmen seiner Mitglieder bestimmte Aufgaben auf Arbeitsgruppen übertragen; dies erfolgt nach Maßgabe einer mit dem Arbeitgeber abzuschließenden Rahmenvereinbarung. [2] Die Aufgaben müssen im Zusammenhang mit den von der Arbeitsgruppe zu erledigenden Tätigkeiten stehen. [3] Die Übertragung bedarf der Schriftform. [4] Für den Widerruf der Übertragung gelten Satz 1 erster Halbsatz und Satz 3 entsprechend.

(2) [1]Die Arbeitsgruppe kann im Rahmen der ihr übertragenen Aufgaben mit dem Arbeitgeber Vereinbarungen schließen; eine Vereinbarung bedarf der Mehrheit der Stimmen der Gruppenmitglieder. [2]§ 77 gilt entsprechend. [3]Können sich Arbeitgeber und Arbeitsgruppe in einer Angelegenheit nicht einigen, nimmt der Betriebsrat das Beteiligungsrecht wahr.

§ 29 Einberufung der Sitzungen. (1) [1]Vor Ablauf einer Woche nach dem Wahltag hat der Wahlvorstand die Mitglieder des Betriebsrats zu der nach § 26 Abs. 1 vorgeschriebenen Wahl einzuberufen. [2]Der Vorsitzende des Wahlvorstands leitet die Sitzung, bis der Betriebsrat aus seiner Mitte einen Wahlleiter bestellt hat.

(2) [1]Die weiteren Sitzungen beruft der Vorsitzende des Betriebsrats ein. [2]Er setzt die Tagesordnung fest und leitet die Verhandlung. [3]Der Vorsitzende hat die Mitglieder des Betriebsrats zu den Sitzungen rechtzeitig unter Mitteilung der Tagesordnung zu laden. [4]Dies gilt auch für die Schwerbehindertenvertretung sowie für die Jugend- und Auszubildendenvertreter, soweit sie ein Recht auf Teilnahme an der Betriebsratssitzung haben. [5]Kann ein Mitglied des Betriebsrats oder der Jugend- und Auszubildendenvertretung an der Sitzung nicht teilnehmen, so soll es dies unter Angabe der Gründe unverzüglich dem Vorsitzenden mitteilen. [6]Der Vorsitzende hat für ein verhindertes Betriebsratsmitglied oder für einen verhinderten Jugend- und Auszubildendenvertreter das Ersatzmitglied zu laden.

(3) Der Vorsitzende hat eine Sitzung einzuberufen und den Gegenstand, dessen Beratung beantragt ist, auf die Tagesordnung zu setzen, wenn dies ein Viertel der Mitglieder des Betriebsrats oder der Arbeitgeber beantragt.

(4) [1]Der Arbeitgeber nimmt an den Sitzungen, die auf sein Verlangen anberaumt sind, und an den Sitzungen, zu denen er ausdrücklich eingeladen ist, teil. [2]Er kann einen Vertreter der Vereinigung der Arbeitgeber, der er angehört, hinzuziehen.

§ 30[1)] Betriebsratssitzungen. (1) [1]Die Sitzungen des Betriebsrats finden in der Regel während der Arbeitszeit statt. [2]Der Betriebsrat hat bei der Ansetzung von Betriebsratssitzungen auf die betrieblichen Notwendigkeiten Rücksicht zu nehmen. [3]Der Arbeitgeber ist vom Zeitpunkt der Sitzung vorher zu verständigen. [4]Die Sitzungen des Betriebsrats sind nicht öffentlich. [5]Sie finden als Präsenzsitzung statt.

(2) [1]Abweichend von Absatz 1 Satz 5 kann die Teilnahme an einer Betriebsratssitzung mittels Video- und Telefonkonferenz erfolgen, wenn

1. die Voraussetzungen für eine solche Teilnahme in der Geschäftsordnung unter Sicherung des Vorrangs der Präsenzsitzung festgelegt sind,
2. *nicht* mindestens ein Viertel der Mitglieder des Betriebsrats binnen einer von dem Vorsitzenden zu bestimmenden Frist diesem gegenüber widerspricht und
3. sichergestellt ist, dass Dritte vom Inhalt der Sitzung keine Kenntnis nehmen können.

[2]Eine Aufzeichnung der Sitzung ist unzulässig.

[1)] § 30 Abs. 1 Satz 5 und Abs. 2, 3 angef. mWv 18.6.2021 durch G v. 14.6.2021 (BGBl. I S. 1762).

(3) Erfolgt die Betriebsratssitzung mit der zusätzlichen Möglichkeit der Teilnahme mittels Video- und Telefonkonferenz, gilt auch eine Teilnahme vor Ort als erforderlich.

§ 31 Teilnahme der Gewerkschaften. Auf Antrag von einem Viertel der Mitglieder des Betriebsrats kann ein Beauftragter einer im Betriebsrat vertretenen Gewerkschaft an den Sitzungen beratend teilnehmen; in diesem Fall sind der Zeitpunkt der Sitzung und die Tagesordnung der Gewerkschaft rechtzeitig mitzuteilen.

§ 32[1)] Teilnahme der Schwerbehindertenvertretung. Die Schwerbehindertenvertretung (§ 177 des Neunten Buches Sozialgesetzbuch) kann an allen Sitzungen des Betriebsrats beratend teilnehmen.

§ 33[2)] Beschlüsse des Betriebsrats. (1) [1] Die Beschlüsse des Betriebsrats werden, soweit in diesem Gesetz nichts anderes bestimmt ist, mit der Mehrheit der Stimmen der anwesenden Mitglieder gefasst. [2] Betriebsratsmitglieder, die mittels Video- und Telefonkonferenz an der Beschlussfassung teilnehmen, gelten als anwesend. [3] Bei Stimmengleichheit ist ein Antrag abgelehnt.

(2) Der Betriebsrat ist nur beschlussfähig, wenn mindestens die Hälfte der Betriebsratsmitglieder an der Beschlussfassung teilnimmt; Stellvertretung durch Ersatzmitglieder ist zulässig.

(3) Nimmt die Jugend- und Auszubildendenvertretung an der Beschlussfassung teil, so werden die Stimmen der Jugend- und Auszubildendenvertreter bei der Feststellung der Stimmenmehrheit mitgezählt.

§ 34[3)] Sitzungsniederschrift. (1) [1] Über jede Verhandlung des Betriebsrats ist eine Niederschrift aufzunehmen, die mindestens den Wortlaut der Beschlüsse und die Stimmenmehrheit, mit der sie gefasst sind, enthält. [2] Die Niederschrift ist von dem Vorsitzenden und einem weiteren Mitglied zu unterzeichnen. [3] Der Niederschrift ist eine Anwesenheitsliste beizufügen, in die sich jeder Teilnehmer eigenhändig einzutragen hat. [4] Nimmt ein Betriebsratsmitglied mittels Video- und Telefonkonferenz an der Sitzung teil, so hat es seine Teilnahme gegenüber dem Vorsitzenden in Textform zu bestätigen. [5] Die Bestätigung ist der Niederschrift beizufügen.

(2) [1] Hat der Arbeitgeber oder ein Beauftragter einer Gewerkschaft an der Sitzung teilgenommen, so ist ihm der entsprechende Teil der Niederschrift abschriftlich auszuhändigen. [2] Einwendungen gegen die Niederschrift sind unverzüglich schriftlich zu erheben; sie sind der Niederschrift beizufügen.

(3) Die Mitglieder des Betriebsrats haben das Recht, die Unterlagen des Betriebsrats und seiner Ausschüsse jederzeit einzusehen.

§ 35 Aussetzung von Beschlüssen. (1) Erachtet die Mehrheit der Jugend- und Auszubildendenvertretung oder die Schwerbehindertenvertretung einen Beschluss des Betriebsrats als eine erhebliche Beeinträchtigung wichtiger Interessen der durch sie vertretenen Arbeitnehmer, so ist auf ihren Antrag der Beschluss auf die Dauer von einer Woche vom Zeitpunkt der Beschlussfassung

---

1) § 32 geänd. mWv 1.1.2018 durch G v. 23.12.2016 (BGBl. I S. 3234).

2) *§ 33 Abs. 1 Satz 2 eingef.*, bish. Satz 2 wird Satz 3 mWv 18.6.2021 durch G v. 14.6.2021 (BGBl. I S. 1762).

3) § 34 Abs. 1 Sätze 4 und 5 angef. mWv 18.6.2021 durch G v. 14.6.2021 (BGBl. I S. 1762).

an auszusetzen, damit in dieser Frist eine Verständigung, gegebenenfalls mit Hilfe der im Betrieb vertretenen Gewerkschaften, versucht werden kann.

(2) [1] Nach Ablauf der Frist ist über die Angelegenheit neu zu beschließen. [2] Wird der erste Beschluss bestätigt, so kann der Antrag auf Aussetzung nicht wiederholt werden; dies gilt auch, wenn der erste Beschluss nur unerheblich geändert wird.

§ 36 Geschäftsordnung. Sonstige Bestimmungen über die Geschäftsführung sollen in einer schriftlichen Geschäftsordnung getroffen werden, die der Betriebsrat mit der Mehrheit der Stimmen seiner Mitglieder beschließt.

§ 37[1)] Ehrenamtliche Tätigkeit, Arbeitsversäumnis. (1) Die Mitglieder des Betriebsrats führen ihr Amt unentgeltlich als Ehrenamt.

(2) Mitglieder des Betriebsrats sind von ihrer beruflichen Tätigkeit ohne Minderung des Arbeitsentgelts zu befreien, wenn und soweit es nach Umfang und Art des Betriebs zur ordnungsgemäßen Durchführung ihrer Aufgaben erforderlich ist.

(3) [1] Zum Ausgleich für Betriebsratstätigkeit, die aus betriebsbedingten Gründen außerhalb der Arbeitszeit durchzuführen ist, hat das Betriebsratsmitglied Anspruch auf entsprechende Arbeitsbefreiung unter Fortzahlung des Arbeitsentgelts. [2] Betriebsbedingte Gründe liegen auch vor, wenn die Betriebsratstätigkeit wegen der unterschiedlichen Arbeitszeiten der Betriebsratsmitglieder nicht innerhalb der persönlichen Arbeitszeit erfolgen kann. [3] Die Arbeitsbefreiung ist vor Ablauf eines Monats zu gewähren; ist dies aus betriebsbedingten Gründen nicht möglich, so ist die aufgewendete Zeit wie Mehrarbeit zu vergüten.

(4) [1] Das Arbeitsentgelt von Mitgliedern des Betriebsrats darf einschließlich eines Zeitraums von einem Jahr nach Beendigung der Amtszeit nicht geringer bemessen werden als das Arbeitsentgelt vergleichbarer Arbeitnehmer mit betriebsüblicher beruflicher Entwicklung. [2] Dies gilt auch für allgemeine Zuwendungen des Arbeitgebers. [3] Zur Bestimmung der vergleichbaren Arbeitnehmer nach Satz 1 ist auf den Zeitpunkt der Übernahme des Betriebsratsamtes abzustellen, soweit nicht ein sachlicher Grund für eine spätere Neubestimmung vorliegt. [4] Arbeitgeber und Betriebsrat können in einer Betriebsvereinbarung ein Verfahren zur Festlegung vergleichbarer Arbeitnehmer regeln. [5] Die Konkretisierung der Vergleichbarkeit in einer solchen Betriebsvereinbarung kann nur auf grobe Fehlerhaftigkeit überprüft werden; Gleiches gilt für die Festlegung der Vergleichspersonen, soweit sie einvernehmlich zwischen Arbeitgeber und Betriebsrat erfolgt und in Textform dokumentiert ist.

(5) Soweit nicht zwingende betriebliche Notwendigkeiten entgegenstehen, dürfen Mitglieder des Betriebsrats einschließlich eines Zeitraums von einem Jahr nach Beendigung der Amtszeit nur mit Tätigkeiten beschäftigt werden, die den Tätigkeiten der in Absatz 4 genannten Arbeitnehmer gleichwertig sind.

(6) [1] Die Absätze 2 und 3 gelten entsprechend für die Teilnahme an Schulungs- und Bildungsveranstaltungen, soweit diese Kenntnisse vermitteln, die für die Arbeit des Betriebsrats erforderlich sind. [2] Betriebsbedingte Gründe im Sinne des Absatzes 3 liegen auch vor, wenn wegen Besonderheiten der betrieblichen Arbeitszeitgestaltung die Schulung des Betriebsratsmitglieds außerhalb seiner Arbeitszeit erfolgt; in diesem Fall ist der Umfang des Ausgleichsanspruchs unter Einbeziehung der Arbeitsbefreiung nach Absatz 2 pro Schulungstag begrenzt auf

---

[1)] § 37 Abs. 4 Sätze 3–5 angef. mWv 25.7.2024 durch G v. 19.7.2024 (BGBl. 2024 I Nr. 248).

die Arbeitszeit eines vollzeitbeschäftigten Arbeitnehmers. [3]Der Betriebsrat hat bei der Festlegung der zeitlichen Lage der Teilnahme an Schulungs- und Bildungsveranstaltungen die betrieblichen Notwendigkeiten zu berücksichtigen. [4]Er hat dem Arbeitgeber die Teilnahme und die zeitliche Lage der Schulungs- und Bildungsveranstaltungen rechtzeitig bekannt zu geben. [5]Hält der Arbeitgeber die betrieblichen Notwendigkeiten für nicht ausreichend berücksichtigt, so kann er die Einigungsstelle anrufen. [6]Der Spruch der Einigungsstelle ersetzt die Einigung zwischen Arbeitgeber und Betriebsrat.

(7) [1]Unbeschadet der Vorschrift des Absatzes 6 hat jedes Mitglied des Betriebsrats während seiner regelmäßigen Amtszeit Anspruch auf bezahlte Freistellung für insgesamt drei Wochen zur Teilnahme an Schulungs- und Bildungsveranstaltungen, die von der zuständigen obersten Arbeitsbehörde des Landes nach Beratung mit den Spitzenorganisationen der Gewerkschaften und der Arbeitgeberverbände als geeignet anerkannt sind. [2]Der Anspruch nach Satz 1 erhöht sich für Arbeitnehmer, die erstmals das Amt eines Betriebsratsmitglieds übernehmen und auch nicht zuvor Jugend- und Auszubildendenvertreter waren, auf vier Wochen. [3]Absatz 6 Satz 2 bis 6 findet Anwendung.

§ 38 Freistellungen. (1) [1]Von ihrer beruflichen Tätigkeit sind mindestens freizustellen in Betrieben mit in der Regel

200	bis	500	Arbeitnehmern	ein Betriebsratsmitglied,
501	bis	900	Arbeitnehmern	2 Betriebsratsmitglieder,
901	bis	1 500	Arbeitnehmern	3 Betriebsratsmitglieder,
1 501	bis	2 000	Arbeitnehmern	4 Betriebsratsmitglieder,
2 001	bis	3 000	Arbeitnehmern	5 Betriebsratsmitglieder,
3 001	bis	4 000	Arbeitnehmern	6 Betriebsratsmitglieder,
4 001	bis	5 000	Arbeitnehmern	7 Betriebsratsmitglieder,
5 001	bis	6 000	Arbeitnehmern	8 Betriebsratsmitglieder,
6 001	bis	7 000	Arbeitnehmern	9 Betriebsratsmitglieder,
7 001	bis	8 000	Arbeitnehmern	10 Betriebsratsmitglieder,
8 001	bis	9 000	Arbeitnehmern	11 Betriebsratsmitglieder,
9 001	bis	10 000	Arbeitnehmern	12 Betriebsratsmitglieder.

[2]In Betrieben mit über 10 000 Arbeitnehmern ist für je angefangene weitere 2 000 Arbeitnehmer ein weiteres Betriebsratsmitglied freizustellen. [3]Freistellungen können auch in Form von Teilfreistellungen erfolgen. [4]Diese dürfen zusammengenommen nicht den Umfang der Freistellungen nach den Sätzen 1 und 2 überschreiten. [5]Durch Tarifvertrag oder Betriebsvereinbarung können anderweitige Regelungen über die Freistellung vereinbart werden.

(2) [1]Die freizustellenden Betriebsratsmitglieder werden nach Beratung mit dem Arbeitgeber vom Betriebsrat aus seiner Mitte in geheimer Wahl und nach den Grundsätzen der Verhältniswahl gewählt. [2]Wird nur ein Wahlvorschlag gemacht, so erfolgt die Wahl nach den Grundsätzen der Mehrheitswahl; ist nur ein Betriebsratsmitglied freizustellen, so wird dieses mit einfacher Stimmenmehrheit gewählt. [3]Der Betriebsrat hat die Namen der Freizustellenden dem Arbeitgeber bekannt zu geben. [4]Hält der Arbeitgeber eine Freistellung für sachlich nicht vertretbar, so kann er innerhalb einer Frist von zwei Wochen nach der Bekanntgabe die Einigungsstelle anrufen. [5]Der Spruch der Einigungsstelle ersetzt die Einigung zwischen Arbeitgeber und Betriebsrat. [6]Bestätigt die Einigungsstelle die Bedenken des Arbeitgebers, so hat sie bei der Bestimmung eines

anderen freizustellenden Betriebsratsmitglieds auch den Minderheitenschutz im Sinne des Satzes 1 zu beachten. [7] Ruft der Arbeitgeber die Einigungsstelle nicht an, so gilt sein Einverständnis mit den Freistellungen nach Ablauf der zweiwöchigen Frist als erteilt. [8] Für die Abberufung gilt § 27 Abs. 1 Satz 5 entsprechend.

(3) Der Zeitraum für die Weiterzahlung des nach § 37 Abs. 4 zu bemessenden Arbeitsentgelts und für die Beschäftigung nach § 37 Abs. 5 erhöht sich für

(Fortsetzung nächstes Blatt)

Mitglieder des Betriebsrats, die drei volle aufeinanderfolgende Amtszeiten freigestellt waren, auf zwei Jahre nach Ablauf der Amtszeit.

(4) [1]Freigestellte Betriebsratsmitglieder dürfen von inner- und außerbetrieblichen Maßnahmen der Berufsbildung nicht ausgeschlossen werden. [2]Innerhalb eines Jahres nach Beendigung der Freistellung eines Betriebsratsmitglieds ist diesem im Rahmen der Möglichkeiten des Betriebs Gelegenheit zu geben, eine wegen der Freistellung unterbliebene betriebsübliche berufliche Entwicklung nachzuholen. [3]Für Mitglieder des Betriebsrats, die drei volle aufeinanderfolgende Amtszeiten freigestellt waren, erhöht sich der Zeitraum nach Satz 2 auf zwei Jahre.

§ 39 Sprechstunden. (1) [1]Der Betriebsrat kann während der Arbeitszeit Sprechstunden einrichten. [2]Zeit und Ort sind mit dem Arbeitgeber zu vereinbaren. [3]Kommt eine Einigung nicht zustande, so entscheidet die Einigungsstelle. [4]Der Spruch der Einigungsstelle ersetzt die Einigung zwischen Arbeitgeber und Betriebsrat.

(2) Führt die Jugend- und Auszubildendenvertretung keine eigenen Sprechstunden durch, so kann an den Sprechstunden des Betriebsrats ein Mitglied der Jugend- und Auszubildendenvertretung zur Beratung der in § 60 Abs. 1 genannten Arbeitnehmer teilnehmen.

(3) Versäumnis von Arbeitszeit, die zum Besuch der Sprechstunden oder durch sonstige Inanspruchnahme des Betriebsrats erforderlich ist, berechtigt den Arbeitgeber nicht zur Minderung des Arbeitsentgelts des Arbeitnehmers.

§ 40 Kosten und Sachaufwand des Betriebsrats. (1) Die durch die Tätigkeit des Betriebsrats entstehenden Kosten trägt der Arbeitgeber.

(2) Für die Sitzungen, die Sprechstunden und die laufende Geschäftsführung hat der Arbeitgeber in erforderlichem Umfang Räume, sachliche Mittel, Informations- und Kommunikationstechnik sowie Büropersonal zur Verfügung zu stellen.

§ 41 Umlageverbot. Die Erhebung und Leistung von Beiträgen der Arbeitnehmer für Zwecke des Betriebsrats ist unzulässig.

Vierter Abschnitt. Betriebsversammlung

§ 42 Zusammensetzung, Teilversammlung, Abteilungsversammlung.

(1) [1]Die Betriebsversammlung besteht aus den Arbeitnehmern des Betriebs; sie wird von dem Vorsitzenden des Betriebsrats geleitet. [2]Sie ist nicht öffentlich. [3]Kann wegen der Eigenart des Betriebs eine Versammlung aller Arbeitnehmer zum gleichen Zeitpunkt nicht stattfinden, so sind Teilversammlungen durchzuführen.

(2) [1]Arbeitnehmer organisatorisch oder räumlich abgegrenzter Betriebsteile sind vom Betriebsrat zu Abteilungsversammlungen zusammenzufassen, wenn dies für die Erörterung der besonderen Belange der Arbeitnehmer erforderlich ist. [2]Die Abteilungsversammlung wird von einem Mitglied des Betriebsrats geleitet, das möglichst einem beteiligten Betriebsteil als Arbeitnehmer angehört. [3]Absatz 1 Satz 2 und 3 gilt entsprechend.

§ 43 Regelmäßige Betriebs- und Abteilungsversammlungen. (1) [1]Der Betriebsrat hat einmal in jedem Kalendervierteljahr eine Betriebsversammlung einzuberufen und in ihr einen Tätigkeitsbericht zu erstatten. [2]Liegen die Voraussetzungen des § 42 Abs. 2 Satz 1 vor, so hat der Betriebsrat in jedem Kalenderjahr zwei der in Satz 1 genannten Betriebsversammlungen als Abteilungsversammlungen durchzuführen. [3]Die Abteilungsversammlungen sollen möglichst gleichzeitig stattfinden. [4]Der Betriebsrat kann in jedem Kalenderhalbjahr eine weitere Betriebsversammlung oder, wenn die Voraussetzungen des § 42 Abs. 2 Satz 1 vorliegen, einmal weitere Abteilungsversammlungen durchführen, wenn dies aus besonderen Gründen zweckmäßig erscheint.

(2) [1]Der Arbeitgeber ist zu den Betriebs- und Abteilungsversammlungen unter Mitteilung der Tagesordnung einzuladen. [2]Er ist berechtigt, in den Versammlungen zu sprechen. [3]Der Arbeitgeber oder sein Vertreter hat mindestens einmal in jedem Kalenderjahr in einer Betriebsversammlung über das Personal- und Sozialwesen einschließlich des Stands der Gleichstellung von Frauen und Männern im Betrieb sowie der Integration der im Betrieb beschäftigten ausländischen Arbeitnehmer, über die wirtschaftliche Lage und Entwicklung des Betriebs sowie über den betrieblichen Umweltschutz zu berichten, soweit dadurch nicht Betriebs- oder Geschäftsgeheimnisse gefährdet werden.

(3) [1]Der Betriebsrat ist berechtigt und auf Wunsch des Arbeitgebers oder von mindestens einem Viertel der wahlberechtigten Arbeitnehmer verpflichtet, eine Betriebsversammlung einzuberufen und den beantragten Beratungsgegenstand auf die Tagesordnung zu setzen. [2]Vom Zeitpunkt der Versammlungen, die auf Wunsch des Arbeitgebers stattfinden, ist dieser rechtzeitig zu verständigen.

(4) Auf Antrag einer im Betrieb vertretenen Gewerkschaft muss der Betriebsrat vor Ablauf von zwei Wochen nach Eingang des Antrags eine Betriebsversammlung nach Absatz 1 Satz 1 einberufen, wenn im vorhergegangenen Kalenderhalbjahr keine Betriebsversammlung und keine Abteilungsversammlungen durchgeführt worden sind.

§ 44 Zeitpunkt und Verdienstausfall. (1) [1]Die in den §§ 14a, 17 und 43 Abs. 1 bezeichneten und die auf Wunsch des Arbeitgebers einberufenen Versammlungen finden während der Arbeitszeit statt, soweit nicht die Eigenart des Betriebs eine andere Regelung zwingend erfordert. [2]Die Zeit der Teilnahme an diesen Versammlungen einschließlich der zusätzlichen Wegezeiten ist den Arbeitnehmern wie Arbeitszeit zu vergüten. [3]Dies gilt auch dann, wenn die Versammlungen wegen der Eigenart des Betriebs außerhalb der Arbeitszeit stattfinden; Fahrkosten, die den Arbeitnehmern durch die Teilnahme an diesen Versammlungen entstehen, sind vom Arbeitgeber zu erstatten.

(2) [1]Sonstige Betriebs- oder Abteilungsversammlungen finden außerhalb der Arbeitszeit statt. [2]Hiervon kann im Einvernehmen mit dem Arbeitgeber abgewichen werden; im Einvernehmen mit dem Arbeitgeber während der Arbeitszeit durchgeführte Versammlungen berechtigen den Arbeitgeber nicht, das Arbeitsentgelt der Arbeitnehmer zu mindern.

§ 45 Themen der Betriebs- und Abteilungsversammlungen. [1]Die Betriebs- und Abteilungsversammlungen können Angelegenheiten einschließlich solcher tarifpolitischer, sozialpolitischer, umweltpolitischer und wirtschaftlicher Art sowie Fragen der Förderung der Gleichstellung von Frauen und Männern *und der Vereinbarkeit von Familie* und Erwerbstätigkeit sowie der Integration der im Betrieb beschäftigten ausländischen Arbeitnehmer behandeln, die den Betrieb oder seine Arbeitnehmer unmittelbar betreffen; die Grundsätze des

§ 74 Abs. 2 finden Anwendung. [2]Die Betriebs- und Abteilungsversammlungen können dem Betriebsrat Anträge unterbreiten und zu seinen Beschlüssen Stellung nehmen.

§ 46 Beauftragte der Verbände. (1) [1]An den Betriebs- oder Abteilungsversammlungen können Beauftragte der im Betrieb vertretenen Gewerkschaften beratend teilnehmen. [2]Nimmt der Arbeitgeber an Betriebs- oder Abteilungsversammlungen teil, so kann er einen Beauftragten der Vereinigung der Arbeitgeber, der er angehört, hinzuziehen.

(2) Der Zeitpunkt und die Tagesordnung der Betriebs- oder Abteilungsversammlungen sind den im Betriebsrat vertretenen Gewerkschaften rechtzeitig schriftlich mitzuteilen.

Fünfter Abschnitt. Gesamtbetriebsrat

§ 47[1)] Voraussetzungen der Errichtung, Mitgliederzahl, Stimmengewicht. (1) Bestehen in einem Unternehmen mehrere Betriebsräte, so ist ein Gesamtbetriebsrat zu errichten.

(2) [1]In den Gesamtbetriebsrat entsendet jeder Betriebsrat mit bis zu drei Mitgliedern eines seiner Mitglieder; jeder Betriebsrat mit mehr als drei Mitgliedern entsendet zwei seiner Mitglieder. [2]Die Geschlechter sollen angemessen berücksichtigt werden.

(3) Der Betriebsrat hat für jedes Mitglied des Gesamtbetriebsrats mindestens ein Ersatzmitglied zu bestellen und die Reihenfolge des Nachrückens festzulegen.

(4) Durch Tarifvertrag oder Betriebsvereinbarung kann die Mitgliederzahl des Gesamtbetriebsrats abweichend von Absatz 2 Satz 1 geregelt werden.

(5) Gehören nach Absatz 2 Satz 1 dem Gesamtbetriebsrat mehr als vierzig Mitglieder an und besteht keine tarifliche Regelung nach Absatz 4, so ist zwischen Gesamtbetriebsrat und Arbeitgeber eine Betriebsvereinbarung über die Mitgliederzahl des Gesamtbetriebsrats abzuschließen, in der bestimmt wird, dass Betriebsräte mehrerer Betriebe eines Unternehmens, die regional oder durch gleichartige Interessen miteinander verbunden sind, gemeinsam Mitglieder in den Gesamtbetriebsrat entsenden.

(6) [1]Kommt im Fall des Absatzes 5 eine Einigung nicht zustande, so entscheidet eine für das Gesamtunternehmen zu bildende Einigungsstelle. [2]Der Spruch der Einigungsstelle ersetzt die Einigung zwischen Arbeitgeber und Gesamtbetriebsrat.

(7) [1]Jedes Mitglied des Gesamtbetriebsrats hat so viele Stimmen, wie in dem Betrieb, in dem es gewählt wurde, wahlberechtigte Arbeitnehmer in der Wählerliste eingetragen sind. [2]Entsendet der Betriebsrat mehrere Mitglieder, so stehen ihnen die Stimmen nach Satz 1 anteilig zu.

(8) Ist ein Mitglied des Gesamtbetriebsrats für mehrere Betriebe entsandt worden, so hat es so viele Stimmen, wie in den Betrieben, für die es entsandt

[1)] **Amtl. Anm.:** Gemäß Artikel 14 Satz 2 des Gesetzes zur Reform des Betriebsverfassungsgesetzes (BetrVerf-Reformgesetz) vom 23. Juli 2001 (BGBl. I S. 1852) gilt § 47 Abs. 2 (Artikel 1 Nr. 35 Buchstabe a des BetrVerf-Reformgesetzes) für im Zeitpunkt des Inkrafttretens bestehende Betriebsräte erst bei deren Neuwahl.

ist, wahlberechtigte Arbeitnehmer in den Wählerlisten eingetragen sind; sind mehrere Mitglieder entsandt worden, gilt Absatz 7 Satz 2 entsprechend.

(9) Für Mitglieder des Gesamtbetriebsrats, die aus einem gemeinsamen Betrieb mehrerer Unternehmen entsandt worden sind, können durch Tarifvertrag oder Betriebsvereinbarung von den Absätzen 7 und 8 abweichende Regelungen getroffen werden.

§ 48 Ausschluss von Gesamtbetriebsratsmitgliedern. Mindestens ein Viertel der wahlberechtigten Arbeitnehmer des Unternehmens, der Arbeitgeber, der Gesamtbetriebsrat oder eine im Unternehmen vertretene Gewerkschaft können beim Arbeitsgericht den Ausschluss eines Mitglieds aus dem Gesamtbetriebsrat wegen grober Verletzung seiner gesetzlichen Pflichten beantragen.

§ 49 Erlöschen der Mitgliedschaft. Die Mitgliedschaft im Gesamtbetriebsrat endet mit dem Erlöschen der Mitgliedschaft im Betriebsrat, durch Amtsniederlegung, durch Ausschluss aus dem Gesamtbetriebsrat aufgrund einer gerichtlichen Entscheidung oder Abberufung durch den Betriebsrat.

§ 50 Zuständigkeit. (1) [1] Der Gesamtbetriebsrat ist zuständig für die Behandlung von Angelegenheiten, die das Gesamtunternehmen oder mehrere Betriebe betreffen und nicht durch die einzelnen Betriebsräte innerhalb ihrer Betriebe geregelt werden können; seine Zuständigkeit erstreckt sich insoweit auch auf Betriebe ohne Betriebsrat. [2] Er ist den einzelnen Betriebsräten nicht übergeordnet.

(2) [1] Der Betriebsrat kann mit der Mehrheit der Stimmen seiner Mitglieder den Gesamtbetriebsrat beauftragen, eine Angelegenheit für ihn zu behandeln. [2] Der Betriebsrat kann sich dabei die Entscheidungsbefugnis vorbehalten. [3] § 27 Abs. 2 Satz 3 und 4 gilt entsprechend.

§ 51[1)] Geschäftsführung. (1) [1] Für den Gesamtbetriebsrat gelten § 25 Abs. 1, die §§ 26, 27 Abs. 2 und 3, § 28 Abs. 1 Satz 1 und 3, Abs. 2, die §§ 30, 31, 34, 35, 36, 37 Abs. 1 bis 3 sowie die §§ 40 und 41 entsprechend. [2] § 27 Abs. 1 gilt entsprechend mit der Maßgabe, dass der Gesamtbetriebsausschuss aus dem Vorsitzenden des Gesamtbetriebsrats, dessen Stellvertreter und bei Gesamtbetriebsräten mit

9 bis 16 Mitgliedern aus 3 weiteren Ausschussmitgliedern,
17 bis 24 Mitgliedern aus 5 weiteren Ausschussmitgliedern,
25 bis 36 Mitgliedern aus 7 weiteren Ausschussmitgliedern,
mehr als 36 Mitgliedern aus 9 weiteren Ausschussmitgliedern

besteht.

(2) [1] Ist ein Gesamtbetriebsrat zu errichten, so hat der Betriebsrat der Hauptverwaltung des Unternehmens oder, soweit ein solcher Betriebsrat nicht besteht, der Betriebsrat des nach der Zahl der wahlberechtigten Arbeitnehmer größten Betriebs zu der Wahl des Vorsitzenden und des stellvertretenden Vorsitzenden des Gesamtbetriebsrats einzuladen. [2] Der Vorsitzende des einladenden

[1)] § 51 Abs. 3 Satz 2 eingef., bish. Sätze 2–4 werden Sätze 3–5 mWv 18.6.2021 durch G v. 14.6. 2021 (BGBl. I S. 1762).

Betriebsrats hat die Sitzung zu leiten, bis der Gesamtbetriebsrat aus seiner Mitte einen Wahlleiter bestellt hat. [3] § 29 Abs. 2 bis 4 gilt entsprechend.

(3) [1] Die Beschlüsse des Gesamtbetriebsrats werden, soweit nichts anderes bestimmt ist, mit Mehrheit der Stimmen der anwesenden Mitglieder gefasst. [2] Mitglieder des Gesamtbetriebsrats, die mittels Video- und Telefonkonferenz an der Beschlussfassung teilnehmen, gelten als anwesend. [3] Bei Stimmengleichheit ist ein Antrag abgelehnt. [4] Der Gesamtbetriebsrat ist nur beschlussfähig, wenn mindestens die Hälfte seiner Mitglieder an der Beschlussfassung teilnimmt und die Teilnehmenden mindestens die Hälfte aller Stimmen vertreten; Stellvertretung durch Ersatzmitglieder ist zulässig. [5] § 33 Abs. 3 gilt entsprechend.

(4) Auf die Beschlussfassung des Gesamtbetriebsausschusses und weiterer Ausschüsse des Gesamtbetriebsrats ist § 33 Abs. 1 und 2 anzuwenden.

(5) Die Vorschriften über die Rechte und Pflichten des Betriebsrats gelten entsprechend für den Gesamtbetriebsrat, soweit dieses Gesetz keine besonderen Vorschriften enthält.

§ 52[1)] Teilnahme der Gesamtschwerbehindertenvertretung. Die Gesamtschwerbehindertenvertretung (§ 180 Absatz 1 des Neunten Buches Sozialgesetzbuch) kann an allen Sitzungen des Gesamtbetriebsrats beratend teilnehmen.

§ 53 Betriebsräteversammlung. (1) [1] Mindestens einmal in jedem Kalenderjahr hat der Gesamtbetriebsrat die Vorsitzenden und die stellvertretenden Vorsitzenden der Betriebsräte sowie die weiteren Mitglieder der Betriebsausschüsse zu einer Versammlung einzuberufen. [2] Zu dieser Versammlung kann der Betriebsrat abweichend von Satz 1 aus seiner Mitte andere Mitglieder entsenden, soweit dadurch die Gesamtzahl der sich für ihn nach Satz 1 ergebenden Teilnehmer nicht überschritten wird.

(2) In der Betriebsräteversammlung hat

1. der Gesamtbetriebsrat einen Tätigkeitsbericht,
2. der Unternehmer einen Bericht über das Personal- und Sozialwesen einschließlich des Stands der Gleichstellung von Frauen und Männern im Unternehmen, der Integration der im Unternehmen beschäftigten ausländischen Arbeitnehmer, über die wirtschaftliche Lage und Entwicklung des Unternehmens sowie über Fragen des Umweltschutzes im Unternehmen, soweit dadurch nicht Betriebs- und Geschäftsgeheimnisse gefährdet werden,

zu erstatten.

(3) [1] Der Gesamtbetriebsrat kann die Betriebsräteversammlung in Form von Teilversammlungen durchführen. [2] Im Übrigen gelten § 42 Abs. 1 Satz 1 zweiter Halbsatz und Satz 2, § 43 Abs. 2 Satz 1 und 2 sowie die §§ 45 und 46 *entsprechend.*

Sechster Abschnitt. Konzernbetriebsrat

§ 54 Errichtung des Konzernbetriebsrats. (1) [1] Für einen Konzern (§ 18 Abs. 1 des Aktiengesetzes[2)]) kann durch Beschlüsse der einzelnen Gesamt-

---

[1)] § 52 geänd. mWv 1.1.2018 durch G v. 23.12.2016 (BGBl. I S. 3234).

[2)] **Schönfelder Nr. 51.**

betriebsräte ein Konzernbetriebsrat errichtet werden. [2] Die Errichtung erfordert die Zustimmung der Gesamtbetriebsräte der Konzernunternehmen, in denen insgesamt mehr als 50 vom Hundert der Arbeitnehmer der Konzernunternehmen beschäftigt sind.

(2) Besteht in einem Konzernunternehmen nur ein Betriebsrat, so nimmt dieser die Aufgaben eines Gesamtbetriebsrats nach den Vorschriften dieses Abschnitts wahr.

§ 55 Zusammensetzung des Konzernbetriebsrats, Stimmengewicht. (1) [1] In den Konzernbetriebsrat entsendet jeder Gesamtbetriebsrat zwei seiner Mitglieder. [2] Die Geschlechter sollen angemessen berücksichtigt werden.

(2) Der Gesamtbetriebsrat hat für jedes Mitglied des Konzernbetriebsrats mindestens ein Ersatzmitglied zu bestellen und die Reihenfolge des Nachrückens festzulegen.

(3) Jedem Mitglied des Konzernbetriebsrats stehen die Stimmen der Mitglieder des entsendenden Gesamtbetriebsrats je zur Hälfte zu.

(4) [1] Durch Tarifvertrag oder Betriebsvereinbarung kann die Mitgliederzahl des Konzernbetriebsrats abweichend von Absatz 1 Satz 1 geregelt werden. [2] § 47 Abs. 5 bis 9 gilt entsprechend.

§ 56 Ausschluss von Konzernbetriebsratsmitgliedern. Mindestens ein Viertel der wahlberechtigten Arbeitnehmer der Konzernunternehmen, der Arbeitgeber, der Konzernbetriebsrat oder eine im Konzern vertretene Gewerkschaft können beim Arbeitsgericht den Ausschluss eines Mitglieds aus dem Konzernbetriebsrat wegen grober Verletzung seiner gesetzlichen Pflichten beantragen.

§ 57 Erlöschen der Mitgliedschaft. Die Mitgliedschaft im Konzernbetriebsrat endet mit dem Erlöschen der Mitgliedschaft im Gesamtbetriebsrat, durch Amtsniederlegung, durch Ausschluss aus dem Konzernbetriebsrat auf Grund einer gerichtlichen Entscheidung oder Abberufung durch den Gesamtbetriebsrat.

§ 58 Zuständigkeit. (1) [1] Der Konzernbetriebsrat ist zuständig für die Behandlung von Angelegenheiten, die den Konzern oder mehrere Konzernunternehmen betreffen und nicht durch die einzelnen Gesamtbetriebsräte innerhalb ihrer Unternehmen geregelt werden können; seine Zuständigkeit erstreckt sich insoweit auch auf Unternehmen, die einen Gesamtbetriebsrat nicht gebildet haben, sowie auf Betriebe der Konzernunternehmen ohne Betriebsrat. [2] Er ist den einzelnen Gesamtbetriebsräten nicht übergeordnet.

(2) [1] Der Gesamtbetriebsrat kann mit der Mehrheit der Stimmen seiner Mitglieder den Konzernbetriebsrat beauftragen, eine Angelegenheit für ihn zu behandeln. [2] Der Gesamtbetriebsrat kann sich dabei die Entscheidungsbefugnis vorbehalten. [3] § 27 Abs. 2 Satz 3 und 4 gilt entsprechend.

§ 59 Geschäftsführung. (1) Für den Konzernbetriebsrat gelten § 25 Abs. 1, die §§ 26, 27 Abs. 2 und 3, § 28 Abs. 1 Satz 1 und 3, Abs. 2, die §§ 30, 31, 34, 35, 36, 37 Abs. 1 bis 3 sowie die §§ 40, 41 und 51 Abs. 1 Satz 2 und Abs. 3 *bis 5 entsprechend.*

(2) [1] Ist ein Konzernbetriebsrat zu errichten, so hat der Gesamtbetriebsrat des herrschenden Unternehmens oder, soweit ein solcher Gesamtbetriebsrat

nicht besteht, der Gesamtbetriebsrat des nach der Zahl der wahlberechtigten Arbeitnehmer größten Konzernunternehmens zu der Wahl des Vorsitzenden und des stellvertretenden Vorsitzenden des Konzernbetriebsrats einzuladen. [2] Der Vorsitzende des einladenden Gesamtbetriebsrats hat die Sitzung zu leiten, bis der Konzernbetriebsrat aus seiner Mitte einen Wahlleiter bestellt hat. [3] § 29 Abs. 2 bis 4 gilt entsprechend.

§ 59a[1)] Teilnahme der Konzernschwerbehindertenvertretung. Die Konzernschwerbehindertenvertretung (§ 180 Absatz 2 des Neunten Buches Sozialgesetzbuch) kann an allen Sitzungen des Konzernbetriebsrats beratend teilnehmen.

Dritter Teil. Jugend- und Auszubildendenvertretung

Erster Abschnitt. Betriebliche Jugend- und Auszubildendenvertretung

§ 60[2)] Errichtung und Aufgabe. (1) In Betrieben mit in der Regel mindestens fünf Arbeitnehmern, die das 18. Lebensjahr noch nicht vollendet haben (jugendliche Arbeitnehmer) oder die zu ihrer Berufsausbildung beschäftigt sind, werden Jugend- und Auszubildendenvertretungen gewählt.

(2) Die Jugend- und Auszubildendenvertretung nimmt nach Maßgabe der folgenden Vorschriften die besonderen Belange der in Absatz 1 genannten Arbeitnehmer wahr.

§ 61[3)] Wahlberechtigung und Wählbarkeit. (1) Wahlberechtigt sind alle in § 60 Abs. 1 genannten Arbeitnehmer des Betriebs.

(2) [1] Wählbar sind alle Arbeitnehmer des Betriebs, die das 25. Lebensjahr noch nicht vollendet haben oder die zu ihrer Berufsausbildung beschäftigt sind; § 8 Abs. 1 Satz 3 findet Anwendung. [2] Mitglieder des Betriebsrats können nicht zu Jugend- und Auszubildendenvertretern gewählt werden.

§ 62 Zahl der Jugend- und Auszubildendenvertreter, Zusammensetzung der Jugend- und Auszubildendenvertretung. (1) Die Jugend- und Auszubildendenvertretung besteht in Betrieben mit in der Regel

5	bis	20	der in § 60 Abs. 1 genannten Arbeitnehmer	aus einer Person,
21	bis	50	der in § 60 Abs. 1 genannten Arbeitnehmer	aus 3 Mitgliedern,
51	bis	150	der in § 60 Abs. 1 genannten Arbeitnehmer	aus 5 Mitgliedern,
151	bis	300	der in § 60 Abs. 1 genannten Arbeitnehmer	aus 7 Mitgliedern,
301	bis	500	der in § 60 Abs. 1 genannten Arbeitnehmer	aus 9 Mitgliedern,
501	bis	700	der in § 60 Abs. 1 genannten Arbeitnehmer	aus 11 Mitgliedern,
701	bis	1000	der in § 60 Abs. 1 genannten Arbeitnehmer	aus 13 Mitgliedern,
mehr	als	1000	der in § 60 Abs. 1 genannten Arbeitnehmer	aus 15 Mitgliedern.

(2) Die Jugend- und Auszubildendenvertretung soll sich möglichst aus Vertretern der verschiedenen Beschäftigungsarten und Ausbildungsberufe der im Betrieb tätigen in § 60 Abs. 1 genannten Arbeitnehmer zusammensetzen.

(3) Das Geschlecht, das unter den in § 60 Abs. 1 genannten Arbeitnehmern in der Minderheit ist, muss mindestens entsprechend seinem zahlenmäßigen

---

[1)] § 59a geänd. mWv 1.1.2018 durch G v. 23.12.2016 (BGBl. I S. 3234).
[2)] § 60 Abs. 1 geänd. mWv 18.6.2021 durch G v. 14.6.2021 (BGBl. I S. 1762).
[3)] § 61 Abs. 2 Satz 1 geänd. mWv 18.6.2021 durch G v. 14.6.2021 (BGBl. I S. 1762).

Verhältnis in der Jugend- und Auszubildendenvertretung vertreten sein, wenn diese aus mindestens drei Mitgliedern besteht.

§ 63[1] Wahlvorschriften. (1) Die Jugend- und Auszubildendenvertretung wird in geheimer und unmittelbarer Wahl gewählt.

(2) [1] Spätestens acht Wochen vor Ablauf der Amtszeit der Jugend- und Auszubildendenvertretung bestellt der Betriebsrat den Wahlvorstand und seinen Vorsitzenden. [2] Für die Wahl der Jugend- und Auszubildendenvertreter gelten § 14 Abs. 2 bis 5, § 16 Abs. 1 Satz 4 bis 6, § 18 Abs. 1 Satz 1 und Abs. 3 sowie die §§ 19 und 20 entsprechend.

(3) Bestellt der Betriebsrat den Wahlvorstand nicht oder nicht spätestens sechs Wochen vor Ablauf der Amtszeit der Jugend- und Auszubildendenvertretung oder kommt der Wahlvorstand seiner Verpflichtung nach § 18 Abs. 1 Satz 1 nicht nach, so gelten § 16 Abs. 2 Satz 1 und 2, Abs. 3 Satz 1 und § 18 Abs. 1 Satz 2 entsprechend; der Antrag beim Arbeitsgericht kann auch von jugendlichen Arbeitnehmern gestellt werden.

(4) [1] In Betrieben mit in der Regel fünf bis 100 der in § 60 Abs. 1 genannten Arbeitnehmer gilt auch § 14a entsprechend. [2] Die Frist zur Bestellung des Wahlvorstands wird im Fall des Absatzes 2 Satz 1 auf vier Wochen und im Fall des Absatzes 3 Satz 1 auf drei Wochen verkürzt.

(5) In Betrieben mit in der Regel 101 bis 200 der in § 60 Abs. 1 genannten Arbeitnehmer gilt § 14a Abs. 5 entsprechend.

§ 64[2] [3] Zeitpunkt der Wahlen und Amtszeit. (1) [1] Die regelmäßigen Wahlen der Jugend- und Auszubildendenvertretung finden alle zwei Jahre in der Zeit vom 1. Oktober bis 30. November statt. [2] Für die Wahl der Jugend- und Auszubildendenvertretung außerhalb dieser Zeit gilt § 13 Abs. 2 Nr. 2 bis 6 und Abs. 3 entsprechend.

(2) [1] Die regelmäßige Amtszeit der Jugend- und Auszubildendenvertretung beträgt zwei Jahre. [2] Die Amtszeit beginnt mit der Bekanntgabe des Wahlergebnisses oder, wenn zu diesem Zeitpunkt noch eine Jugend- und Auszubildendenvertretung besteht, mit Ablauf von deren Amtszeit. [3] Die Amtszeit endet spätestens am 30. November des Jahres, in dem nach Absatz 1 Satz 1 die regelmäßigen Wahlen stattfinden. [4] In dem Fall des § 13 Abs. 3 Satz 2 endet die Amtszeit spätestens am 30. November des Jahres, in dem die Jugend- und Auszubildendenvertretung neu zu wählen ist. [5] In dem Fall des § 13 Abs. 2 Nr. 2 endet die Amtszeit mit der Bekanntgabe des Wahlergebnisses der neu gewählten Jugend- und Auszubildendenvertretung.

(3) Ein Mitglied der Jugend- und Auszubildendenvertretung, das im Laufe der Amtszeit das 25. Lebensjahr vollendet oder sein Berufsausbildungsverhältnis beendet, bleibt bis zum Ende der Amtszeit Mitglied der Jugend- und Auszubildendenvertretung.

§ 65 Geschäftsführung. (1) Für die Jugend- und Auszubildendenvertretung gelten § 23 Abs. 1, die §§ 24, 25, 26, 28 Abs. 1 Satz 1 und 2, die §§ 30, 31, 33 Abs.1 und 2 sowie die §§ 34, 36, 37, 40 und 41 entsprechend.

---

[1] § 63 Abs. 4 Satz 1 und Abs. 5 geänd. mWv 18.6.2021 durch G v. 14.6.2021 (BGBl. I S. 1762).

[2] § 64 Abs. 3 geänd. mWv 18.6.2021 durch G v. 14.6.2021 (BGBl. I S. 1762).

[3] Siehe hierzu auch das G zur Verlängerung der Amtszeit der Jugendvertretungen in den Betrieben v. 18.12.1987 (BGBl. I S. 2792).

(2) [1]Die Jugend- und Auszubildendenvertretung kann nach Verständigung des Betriebsrats Sitzungen abhalten; § 29 gilt entsprechend. [2]An diesen Sitzungen kann der Betriebsratsvorsitzende oder ein beauftragtes Betriebsratsmitglied teilnehmen.

§ 66 Aussetzung von Beschlüssen des Betriebsrats. (1) Erachtet die Mehrheit der Jugend- und Auszubildendenvertreter einen Beschluss des Betriebsrats als eine erhebliche Beeinträchtigung wichtiger Interessen der in § 60 Abs. 1 genannten Arbeitnehmer, so ist auf ihren Antrag der Beschluss auf die Dauer von einer Woche auszusetzen, damit in dieser Frist eine Verständigung, gegebenenfalls mit Hilfe der im Betrieb vertretenen Gewerkschaften, versucht werden kann.

(2) Wird der erste Beschluss bestätigt, so kann der Antrag auf Aussetzung nicht wiederholt werden; dies gilt auch, wenn der erste Beschluss nur unerheblich geändert wird.

§ 67 Teilnahme an Betriebsratssitzungen. (1) [1]Die Jugend- und Auszubildendenvertretung kann zu allen Betriebsratssitzungen einen Vertreter entsenden. [2]Werden Angelegenheiten behandelt, die besonders die in § 60 Abs. 1 genannten Arbeitnehmer betreffen, so hat zu diesen Tagesordnungspunkten die gesamte Jugend- und Auszubildendenvertretung ein Teilnahmerecht.

(2) Die Jugend- und Auszubildendenvertreter haben Stimmrecht, soweit die zu fassenden Beschlüsse des Betriebsrats überwiegend die in § 60 Abs. 1 genannten Arbeitnehmer betreffen.

(3) [1]Die Jugend- und Auszubildendenvertretung kann beim Betriebsrat beantragen, Angelegenheiten, die besonders die in § 60 Abs. 1 genannten Arbeitnehmer betreffen und über die sie beraten hat, auf die nächste Tagesordnung zu setzen. [2]Der Betriebsrat soll Angelegenheiten, die besonders die in § 60 Abs. 1 genannten Arbeitnehmer betreffen, der Jugend- und Auszubildendenvertretung zur Beratung zuleiten.

§ 68 Teilnahme an gemeinsamen Besprechungen. Der Betriebsrat hat die Jugend- und Auszubildendenvertretung zu Besprechungen zwischen Arbeitgeber und Betriebsrat beizuziehen, wenn Angelegenheiten behandelt werden, die besonders die in § 60 Abs. 1 genannten Arbeitnehmer betreffen.

§ 69 Sprechstunden. [1]In Betrieben, die in der Regel mehr als fünfzig der in § 60 Abs. 1 genannten Arbeitnehmer beschäftigen, kann die Jugend- und Auszubildendenvertretung Sprechstunden während der Arbeitszeit einrichten. [2]Zeit und Ort sind durch Betriebsrat und Arbeitgeber zu vereinbaren. [3]§ 39 Abs. 1 Satz 3 und 4 und Abs. 3 gilt entsprechend. [4]An den Sprechstunden der Jugend- und Auszubildendenvertretung kann der Betriebsratsvorsitzende oder ein beauftragtes Betriebsratsmitglied beratend teilnehmen.

§ 70 Allgemeine Aufgaben. (1) Die Jugend- und Auszubildendenvertretung hat folgende allgemeine Aufgaben:

1. Maßnahmen, die den in § 60 Abs. 1 genannten Arbeitnehmern dienen, insbesondere in Fragen der Berufsbildung und der Übernahme der zu ihrer Berufsausbildung Beschäftigten in ein Arbeitsverhältnis, beim Betriebsrat zu beantragen;

1a. Maßnahmen zur Durchsetzung der tatsächlichen Gleichstellung der in § 60 Abs. 1 genannten Arbeitnehmer entsprechend § 80 Abs. 1 Nr. 2a und 2b beim Betriebsrat zu beantragen;
2. darüber zu wachen, dass die zugunsten der in § 60 Abs. 1 genannten Arbeitnehmer geltenden Gesetze, Verordnungen, Unfallverhütungsvorschriften, Tarifverträge und Betriebsvereinbarungen durchgeführt werden;
3. Anregungen von in § 60 Abs. 1 genannten Arbeitnehmern, insbesondere in Fragen der Berufsbildung, entgegenzunehmen und, falls sie berechtigt erscheinen, beim Betriebsrat auf eine Erledigung hinzuwirken. Die Jugend- und Auszubildendenvertretung hat die betroffenen in § 60 Abs. 1 genannten Arbeitnehmer über den Stand und das Ergebnis der Verhandlungen zu informieren;
4. die Integration ausländischer, in § 60 Abs. 1 genannter Arbeitnehmer im Betrieb zu fördern und entsprechende Maßnahmen beim Betriebsrat zu beantragen.

(2) [1] Zur Durchführung ihrer Aufgaben ist die Jugend- und Auszubildendenvertretung durch den Betriebsrat rechtzeitig und umfassend zu unterrichten. [2] Die Jugend- und Auszubildendenvertretung kann verlangen, dass ihr der Betriebsrat die zur Durchführung ihrer Aufgaben erforderlichen Unterlagen zur Verfügung stellt.

§ 71 Jugend- und Auszubildendenversammlung. [1] Die Jugend- und Auszubildendenvertretung kann vor oder nach jeder Betriebsversammlung im Einvernehmen mit dem Betriebsrat eine betriebliche Jugend- und Auszubildendenversammlung einberufen. [2] Im Einvernehmen mit Betriebsrat und Arbeitgeber kann die betriebliche Jugend- und Auszubildendenversammlung auch zu einem anderen Zeitpunkt einberufen werden. [3] § 43 Abs. 2 Satz 1 und 2, die §§ 44 bis 46 und § 65 Abs. 2 Satz 2 gelten entsprechend.

Zweiter Abschnitt. Gesamt-Jugend- und Auszubildendenvertretung

§ 72 Voraussetzungen der Errichtung, Mitgliederzahl, Stimmengewicht. (1) Bestehen in einem Unternehmen mehrere Jugend- und Auszubildendenvertretungen, so ist eine Gesamt-Jugend- und Auszubildendenvertretung zu errichten.

(2) In die Gesamt-Jugend- und Auszubildendenvertretung entsendet jede Jugend- und Auszubildendenvertretung ein Mitglied.

(3) Die Jugend- und Auszubildendenvertretung hat für das Mitglied der Gesamt-Jugend- und Auszubildendenvertretung mindestens ein Ersatzmitglied zu bestellen und die Reihenfolge des Nachrückens festzulegen.

(4) Durch Tarifvertrag oder Betriebsvereinbarung kann die Mitgliederzahl der Gesamt-Jugend- und Auszubildendenvertretung abweichend von Absatz 2 geregelt werden.

(5) Gehören nach Absatz 2 der Gesamt-Jugend- und Auszubildendenvertretung mehr als zwanzig Mitglieder an und besteht keine tarifliche Regelung nach Absatz 4, so ist zwischen Gesamtbetriebsrat und Arbeitgeber eine Betriebsvereinbarung über die Mitgliederzahl der Gesamt-Jugend- und Auszubildendenvertretung abzuschließen, in der bestimmt wird, dass Jugend- und Auszubildendenvertretungen mehrerer Betriebe eines Unternehmens, die regional

oder durch gleichartige Interessen miteinander verbunden sind, gemeinsam Mitglieder in die Gesamt-Jugend- und Auszubildendenvertretung entsenden.

(6) [1]Kommt im Fall des Absatzes 5 eine Einigung nicht zustande, so entscheidet eine für das Gesamtunternehmen zu bildende Einigungsstelle. [2]Der Spruch der Einigungsstelle ersetzt die Einigung zwischen Arbeitgeber und Gesamtbetriebsrat.

(7) [1]Jedes Mitglied der Gesamt-Jugend- und Auszubildendenvertretung hat so viele Stimmen, wie in dem Betrieb, in dem es gewählt wurde, in § 60 Abs. 1 genannte Arbeitnehmer in der Wählerliste eingetragen sind. [2]Ist ein Mitglied der Gesamt-Jugend- und Auszubildendenvertretung für mehrere Betriebe entsandt worden, so hat es so viele Stimmen, wie in den Betrieben, für die es entsandt ist, in § 60 Abs. 1 genannte Arbeitnehmer in den Wählerlisten eingetragen sind. [3]Sind mehrere Mitglieder der Jugend- und Auszubildendenvertretung entsandt worden, so stehen diesen die Stimmen nach Satz 1 anteilig zu.

(8) Für Mitglieder der Gesamt-Jugend- und Auszubildendenvertretung, die aus einem gemeinsamen Betrieb mehrerer Unternehmen entsandt worden sind, können durch Tarifvertrag oder Betriebsvereinbarung von Absatz 7 abweichende Regelungen getroffen werden.

§ 73 Geschäftsführung und Geltung sonstiger Vorschriften. (1) [1]Die Gesamt-Jugend- und Auszubildendenvertretung kann nach Verständigung des Gesamtbetriebsrats Sitzungen abhalten. [2]An den Sitzungen kann der Vorsitzende des Gesamtbetriebsrats oder ein beauftragtes Mitglied des Gesamtbetriebsrats teilnehmen.

(2) Für die Gesamt-Jugend- und Auszubildendenvertretung gelten § 25 Abs. 1, die §§ 26, 28 Abs. 1 Satz 1, die §§ 30, 31, 34, 36, 37 Abs. 1 bis 3, die §§ 40, 41, 48, 49, 50, 51 Abs. 2 bis 5 sowie die §§ 66 bis 68 entsprechend.

Dritter Abschnitt. Konzern-Jugend- und Auszubildendenvertretung

§ 73a Voraussetzung der Errichtung, Mitgliederzahl, Stimmengewicht. (1) [1]Bestehen in einem Konzern (§ 18 Abs. 1 des Aktiengesetzes[1)]) mehrere Gesamt-Jugend- und Auszubildendenvertretungen, kann durch Beschlüsse der einzelnen Gesamt-Jugend- und Auszubildendenvertretungen eine Konzern-Jugend- und Auszubildendenvertretung errichtet werden. [2]Die Errichtung erfordert die Zustimmung der Gesamt-Jugend- und Auszubildendenvertretungen der Konzernunternehmen, in denen insgesamt mindestens 75 vom Hundert der in § 60 Abs. 1 genannten Arbeitnehmer beschäftigt sind. [3]Besteht in einem Konzernunternehmen nur eine Jugend- und Auszubildendenvertretung, so nimmt diese die Aufgaben einer Gesamt-Jugend- und Auszubildendenvertretung nach den Vorschriften dieses Abschnitts wahr.

(2) [1]In die Konzern-Jugend- und Auszubildendenvertretung entsendet jede Gesamt-Jugend- und Auszubildendenvertretung eines ihrer Mitglieder. [2]Sie hat für jedes Mitglied mindestens ein Ersatzmitglied zu bestellen und die Reihenfolge des Nachrückens festzulegen.

(3) Jedes Mitglied der Konzern-Jugend- und Auszubildendenvertretung hat so viele Stimmen, wie die Mitglieder der entsendenden Gesamt-Jugend- und Auszubildendenvertretung insgesamt Stimmen haben.

[1)] **Schönfelder Nr. 51.**

(4) § 72 Abs. 4 bis 8 gilt entsprechend.

§ 73b Geschäftsführung und Geltung sonstiger Vorschriften. (1) [1]Die Konzern-Jugend- und Auszubildendenvertretung kann nach Verständigung des Konzernbetriebsrats Sitzungen abhalten. [2]An den Sitzungen kann der Vorsitzende oder ein beauftragtes Mitglied des Konzernbetriebsrats teilnehmen.

(2) Für die Konzern-Jugend- und Auszubildendenvertretung gelten § 25 Abs. 1, die §§ 26, 28 Abs. 1 Satz 1, die §§ 30, 31, 34, 36, 37 Abs. 1 bis 3, die §§ 40, 41, 51 Abs. 3 bis 5, die §§ 56, 57, 58, 59 Abs. 2 und die §§ 66 bis 68 entsprechend.

Vierter Teil. Mitwirkung und Mitbestimmung der Arbeitnehmer

Erster Abschnitt. Allgemeines

§ 74 Grundsätze für die Zusammenarbeit. (1) [1]Arbeitgeber und Betriebsrat sollen mindestens einmal im Monat zu einer Besprechung zusammentreten. [2]Sie haben über strittige Fragen mit dem ernsten Willen zur Einigung zu verhandeln und Vorschläge für die Beilegung von Meinungsverschiedenheiten zu machen.

(2) [1]Maßnahmen des Arbeitskampfes zwischen Arbeitgeber und Betriebsrat sind unzulässig; Arbeitskämpfe tariffähiger Parteien werden hierdurch nicht berührt. [2]Arbeitgeber und Betriebsrat haben Betätigungen zu unterlassen, durch die der Arbeitsablauf oder der Frieden des Betriebs beeinträchtigt werden. [3]Sie haben jede parteipolitische Betätigung im Betrieb zu unterlassen; die Behandlung von Angelegenheiten tarifpolitischer, sozialpolitischer, umweltpolitischer und wirtschaftlicher Art, die den Betrieb oder seine Arbeitnehmer unmittelbar betreffen, wird hierdurch nicht berührt.

(3) Arbeitnehmer, die im Rahmen dieses Gesetzes Aufgaben übernehmen, werden hierdurch in der Betätigung für ihre Gewerkschaft auch im Betrieb nicht beschränkt.

§ 75[1)] Grundsätze für die Behandlung der Betriebsangehörigen.

(1) Arbeitgeber und Betriebsrat haben darüber zu wachen, dass alle im Betrieb tätigen Personen nach den Grundsätzen von Recht und Billigkeit behandelt werden, insbesondere, dass jede Benachteiligung von Personen aus Gründen ihrer Rasse oder wegen ihrer ethnischen Herkunft, ihrer Abstammung oder sonstigen Herkunft, ihrer Nationalität, ihrer Religion oder Weltanschauung, ihrer Behinderung, ihres Alters, ihrer politischen oder gewerkschaftlichen Betätigung oder Einstellung oder wegen ihres Geschlechts oder ihrer sexuellen Identität unterbleibt.

(2) [1]Arbeitgeber und Betriebsrat haben die freie Entfaltung der Persönlichkeit der im Betrieb beschäftigten Arbeitnehmer zu schützen und zu fördern. [2]Sie haben die Selbständigkeit und Eigeninitiative der Arbeitnehmer und Arbeitsgruppen zu fördern.

[1)] § 75 Abs. 1 neu gef. mWv 18.8.2006 durch G v. 14.8.2006 (BGBl. I S. 1897).

§ 76[1)] Einigungsstelle. (1) [1] Zur Beilegung von Meinungsverschiedenheiten zwischen Arbeitgeber und Betriebsrat, Gesamtbetriebsrat oder Konzernbetriebsrat ist bei Bedarf eine Einigungsstelle zu bilden. [2] Durch Betriebsvereinbarung kann eine ständige Einigungsstelle errichtet werden.

(2) [1] Die Einigungsstelle besteht aus einer gleichen Anzahl von Beisitzern, die vom Arbeitgeber und Betriebsrat bestellt werden, und einem unparteiischen Vorsitzenden, auf dessen Person sich beide Seiten einigen müssen. [2] Kommt eine Einigung über die Person des Vorsitzenden nicht zustande, so bestellt ihn das Arbeitsgericht. [3] Dieses entscheidet auch, wenn kein Einverständnis über die Zahl der Beisitzer erzielt wird.

(3) [1] Die Einigungsstelle hat unverzüglich tätig zu werden. [2] Sie fasst ihre Beschlüsse nach mündlicher Beratung mit Stimmenmehrheit. [3] Bei der Beschlussfassung hat sich der Vorsitzende zunächst der Stimme zu enthalten; kommt eine Stimmenmehrheit nicht zustande, so nimmt der Vorsitzende nach weiterer Beratung an der erneuten Beschlussfassung teil. [4] Die Beschlüsse der Einigungsstelle sind schriftlich niederzulegen und vom Vorsitzenden zu unterschreiben oder in elektronischer Form niederzulegen und vom Vorsitzenden mit seiner qualifizierten elektronischen Signatur zu versehen sowie Arbeitgeber und Betriebsrat zuzuleiten.

(4) Durch Betriebsvereinbarung können weitere Einzelheiten des Verfahrens vor der Einigungsstelle geregelt werden.

(5) [1] In den Fällen, in denen der Spruch der Einigungsstelle die Einigung zwischen Arbeitgeber und Betriebsrat ersetzt, wird die Einigungsstelle auf Antrag einer Seite tätig. [2] Benennt eine Seite keine Mitglieder oder bleiben die von einer Seite genannten Mitglieder trotz rechtzeitiger Einladung der Sitzung fern, so entscheiden der Vorsitzende und die erschienenen Mitglieder nach Maßgabe des Absatzes 3 allein. [3] Die Einigungsstelle fasst ihre Beschlüsse unter angemessener Berücksichtigung der Belange des Betriebs und der betroffenen Arbeitnehmer nach billigem Ermessen. [4] Die Überschreitung der Grenzen des Ermessens kann durch den Arbeitgeber oder den Betriebsrat nur binnen einer Frist von zwei Wochen, vom Tage der Zuleitung des Beschlusses an gerechnet, beim Arbeitsgericht geltend gemacht werden.

(6) [1] Im Übrigen wird die Einigungsstelle nur tätig, wenn beide Seiten es beantragen oder mit ihrem Tätigwerden einverstanden sind. [2] In diesen Fällen ersetzt ihr Spruch die Einigung zwischen Arbeitgeber und Betriebsrat nur, wenn beide Seiten sich dem Spruch im Voraus unterworfen oder ihn nachträglich angenommen haben.

(7) Soweit nach anderen Vorschriften der Rechtsweg gegeben ist, wird er durch den Spruch der Einigungsstelle nicht ausgeschlossen.

(8) Durch Tarifvertrag kann bestimmt werden, dass an die Stelle der in Absatz 1 bezeichneten Einigungsstelle eine tarifliche Schlichtungsstelle tritt.

§ 76a[2)] Kosten der Einigungsstelle. (1) Die Kosten der Einigungsstelle trägt der Arbeitgeber.

[1)] § 76 Abs. 3 Satz 1 eingef., bish. Sätze 1 bis 3 werden Sätze 2 bis 4, neuer Satz 2 geänd. mWv 1.1. 2002 durch G v. 10.12.2001 (BGBl. I S. 3443); Abs. 3 Satz 4 neu gef. mWv 18.6.2021 durch G v. 14.6.2021 (BGBl. I S. 1762).

[2)] § 76a Abs. 4 Satz 1 geänd. mWv 28.11.2003 durch VO v. 25.11.2003 (BGBl. I S. 2304); Abs. 4 Satz 1 geänd. mWv 8.11.2006 durch VO v. 31.10.2006 (BGBl. I S. 2407).

(2) [1]Die Beisitzer der Einigungsstelle, die dem Betrieb angehören, erhalten für ihre Tätigkeit keine Vergütung; § 37 Abs. 2 und 3 gilt entsprechend. [2]Ist die Einigungsstelle zur Beilegung von Meinungsverschiedenheiten zwischen Arbeitgeber und Gesamtbetriebsrat oder Konzernbetriebsrat zu bilden, so gilt Satz 1 für die einem Betrieb des Unternehmens oder eines Konzernunternehmens angehörenden Beisitzer entsprechend.

(3) [1]Der Vorsitzende und die Beisitzer der Einigungsstelle, die nicht zu den in Absatz 2 genannten Personen zählen, haben gegenüber dem Arbeitgeber Anspruch auf Vergütung ihrer Tätigkeit. [2]Die Höhe der Vergütung richtet sich nach den Grundsätzen des Absatzes 4 Satz 3 bis 5.

(4) [1]Das Bundesministerium für Arbeit und Soziales kann durch Rechtsverordnung die Vergütung nach Absatz 3 regeln. [2]In der Vergütungsordnung sind Höchstsätze festzusetzen. [3]Dabei sind insbesondere der erforderliche Zeitaufwand, die Schwierigkeit der Streitigkeit sowie ein Verdienstausfall zu berücksichtigen. [4]Die Vergütung der Beisitzer ist niedriger zu bemessen als die des Vorsitzenden. [5]Bei der Festsetzung der Höchstsätze ist den berechtigten Interessen der Mitglieder der Einigungsstelle und des Arbeitgebers Rechnung zu tragen.

(5) Von Absatz 3 und einer Vergütungsordnung nach Absatz 4 kann durch Tarifvertrag oder in einer Betriebsvereinbarung, wenn ein Tarifvertrag dies zulässt oder eine tarifliche Regelung nicht besteht, abgewichen werden.

§ 77[1)] Durchführung gemeinsamer Beschlüsse, Betriebsvereinbarungen. (1) [1]Vereinbarungen zwischen Betriebsrat und Arbeitgeber, auch soweit sie auf einem Spruch der Einigungsstelle beruhen, führt der Arbeitgeber durch, es sei denn, dass im Einzelfall etwas anderes vereinbart ist. [2]Der Betriebsrat darf nicht durch einseitige Handlungen in die Leitung des Betriebs eingreifen.

(2) [1]Betriebsvereinbarungen sind von Betriebsrat und Arbeitgeber gemeinsam zu beschließen und schriftlich niederzulegen. [2]Sie sind von beiden Seiten zu unterzeichnen; dies gilt nicht, soweit Betriebsvereinbarungen auf einem Spruch der Einigungsstelle beruhen. [3]Werden Betriebsvereinbarungen in elektronischer Form geschlossen, haben Arbeitgeber und Betriebsrat abweichend von § 126a Absatz 2 des Bürgerlichen Gesetzbuchs[2)] dasselbe Dokument elektronisch zu signieren. [4]Der Arbeitgeber hat die Betriebsvereinbarungen an geeigneter Stelle im Betrieb auszulegen.

(3) [1]Arbeitsentgelte und sonstige Arbeitsbedingungen, die durch Tarifvertrag geregelt sind oder üblicherweise geregelt werden, können nicht Gegenstand einer Betriebsvereinbarung sein. [2]Dies gilt nicht, wenn ein Tarifvertrag den Abschluss ergänzender Betriebsvereinbarungen ausdrücklich zulässt.

(4) [1]Betriebsvereinbarungen gelten unmittelbar und zwingend. [2]Werden Arbeitnehmern durch die Betriebsvereinbarung Rechte eingeräumt, so ist ein Verzicht auf sie nur mit Zustimmung des Betriebsrats zulässig. [3]Die Verwirkung dieser Rechte ist ausgeschlossen. [4]Ausschlussfristen für ihre Geltendmachung sind nur insoweit zulässig, als sie in einem Tarifvertrag oder einer Betriebsvereinbarung vereinbart werden; dasselbe gilt für die Abkürzung der Verjährungsfristen.

[1)] § 77 Abs. 2 Satz 3 eingef., bish. Satz 3 wird Satz 4 mWv 18.6.2021 durch G v. 14.6.2021 (BGBl. I S. 1762).

[2)] **Schönfelder Nr. 20.**

(5) Betriebsvereinbarungen können, soweit nichts anderes vereinbart ist, mit einer Frist von drei Monaten gekündigt werden.

(6) Nach Ablauf einer Betriebsvereinbarung gelten ihre Regelungen in Angelegenheiten, in denen ein Spruch der Einigungsstelle die Einigung zwischen Arbeitgeber und Betriebsrat ersetzen kann, weiter, bis sie durch eine andere Abmachung ersetzt werden.

§ 78[1)] Schutzbestimmungen. [1]Die Mitglieder des Betriebsrats, des Gesamtbetriebsrats, des Konzernbetriebsrats, der Jugend- und Auszubildendenvertretung, der Gesamt-Jugend- und Auszubildendenvertretung, der Konzern-Jugend- und Auszubildendenvertretung, des Wirtschaftsausschusses, der Bordvertretung, des Seebetriebsrats, der in § 3 Abs. 1 genannten Vertretungen der Arbeitnehmer, der Einigungsstelle, einer tariflichen Schlichtungsstelle (§ 76 Abs. 8) und einer betrieblichen Beschwerdestelle (§ 86) sowie Auskunftspersonen (§ 80 Absatz 2 Satz 4) dürfen in der Ausübung ihrer Tätigkeit nicht gestört oder behindert werden. [2]Sie dürfen wegen ihrer Tätigkeit nicht benachteiligt oder begünstigt werden; dies gilt auch für ihre berufliche Entwicklung. [3]Eine Begünstigung oder Benachteiligung liegt im Hinblick auf das gezahlte Arbeitsentgelt nicht vor, wenn das Mitglied einer in Satz 1 genannten Vertretung in seiner Person die für die Gewährung des Arbeitsentgelts erforderlichen betrieblichen Anforderungen und Kriterien erfüllt und die Festlegung nicht ermessensfehlerhaft erfolgt.

§ 78a Schutz Auszubildender in besonderen Fällen. (1) Beabsichtigt der Arbeitgeber, einen Auszubildenden, der Mitglied der Jugend- und Auszubildendenvertretung, des Betriebsrats, der Bordvertretung oder des Seebetriebsrats ist, nach Beendigung des Berufsausbildungsverhältnisses nicht in ein Arbeitsverhältnis auf unbestimmte Zeit zu übernehmen, so hat er dies drei Monate vor Beendigung des Berufsausbildungsverhältnisses dem Auszubildenden schriftlich mitzuteilen.

(2) [1]Verlangt ein in Absatz 1 genannter Auszubildender innerhalb der letzten drei Monate vor Beendigung des Berufsausbildungsverhältnisses schriftlich vom Arbeitgeber die Weiterbeschäftigung, so gilt zwischen Auszubildendem und Arbeitgeber im Anschluss an das Berufsausbildungsverhältnis ein Arbeitsverhältnis auf unbestimmte Zeit als begründet. [2]Auf dieses Arbeitsverhältnis ist insbesondere § 37 Abs. 4 und 5 entsprechend anzuwenden.

(3) Die Absätze 1 und 2 gelten auch, wenn das Berufsausbildungsverhältnis vor Ablauf eines Jahres nach Beendigung der Amtszeit der Jugend- und Auszubildendenvertretung, des Betriebsrats, der Bordvertretung oder des Seebetriebsrats endet.

(4) [1]Der Arbeitgeber kann spätestens bis zum Ablauf von zwei Wochen nach Beendigung des Berufsausbildungsverhältnisses beim Arbeitsgericht beantragen,

1. festzustellen, dass ein Arbeitsverhältnis nach Absatz 2 oder 3 nicht begründet wird, oder
2. das bereits nach Absatz 2 oder 3 begründete Arbeitsverhältnis aufzulösen,

wenn Tatsachen vorliegen, aufgrund derer dem Arbeitgeber unter Berücksichtigung aller Umstände die Weiterbeschäftigung nicht zugemutet werden kann. [2]In dem Verfahren vor dem Arbeitsgericht sind der Betriebsrat, die Bordvertretung, der Seebetriebsrat, bei Mitgliedern der Jugend- und Auszubildendenvertretung auch diese Beteiligte.

[1)] § 78 Satz 1 geänd. mWv 1.4.2017 durch G v. 21.2.2017 (BGBl. I S. 258); Satz 3 angef. mWv 25.7.2024 durch G v. 19.7.2024 (BGBl. 2024 I Nr. 248).

(5) Die Absätze 2 bis 4 finden unabhängig davon Anwendung, ob der Arbeitgeber seiner Mitteilungspflicht nach Absatz 1 nachgekommen ist.

§ 79 Geheimhaltungspflicht. (1) [1]Die Mitglieder und Ersatzmitglieder des Betriebsrats sind verpflichtet, Betriebs- oder Geschäftsgeheimnisse, die ihnen wegen ihrer Zugehörigkeit zum Betriebsrat bekannt geworden und vom Arbeitgeber ausdrücklich als geheimhaltungsbedürftig bezeichnet worden sind, nicht zu offenbaren und nicht zu verwerten. [2]Dies gilt auch nach dem Ausscheiden aus dem Betriebsrat. [3]Die Verpflichtung gilt nicht gegenüber Mitgliedern des Betriebsrats. [4]Sie gilt ferner nicht gegenüber dem Gesamtbetriebsrat, dem Konzernbetriebsrat, der Bordvertretung, dem Seebetriebsrat und den Arbeitnehmervertretern im Aufsichtsrat sowie im Verfahren vor der Einigungsstelle, der tariflichen Schlichtungsstelle (§ 76 Abs. 8) oder einer betrieblichen Beschwerdestelle (§ 86).

(2) Absatz 1 gilt sinngemäß für die Mitglieder und Ersatzmitglieder des Gesamtbetriebsrats, des Konzernbetriebsrats, der Jugend- und Auszubildendenvertretung, der Gesamt-Jugend- und Auszubildendenvertretung, der Konzern-Jugend- und Auszubildendenvertretung, des Wirtschaftsausschusses, der Bordvertretung, des Seebetriebsrats, der gemäß § 3 Abs. 1 gebildeten Vertretungen der Arbeitnehmer, der Einigungsstelle, der tariflichen Schlichtungsstelle (§ 76 Abs. 8) und einer betrieblichen Beschwerdestelle (§ 86) sowie für die Vertreter von Gewerkschaften oder von Arbeitgebervereinigungen.

§ 79a[1)] Datenschutz. [1]Bei der Verarbeitung personenbezogener Daten hat der Betriebsrat die Vorschriften über den Datenschutz einzuhalten. [2]Soweit der Betriebsrat zur Erfüllung der in seiner Zuständigkeit liegenden Aufgaben personenbezogene Daten verarbeitet, ist der Arbeitgeber der für die Verarbeitung Verantwortliche im Sinne der datenschutzrechtlichen Vorschriften. [3]Arbeitgeber und Betriebsrat unterstützen sich gegenseitig bei der Einhaltung der datenschutzrechtlichen Vorschriften. [4]Die oder der Datenschutzbeauftragte ist gegenüber dem Arbeitgeber zur Verschwiegenheit verpflichtet über Informationen, die Rückschlüsse auf den Meinungsbildungsprozess des Betriebsrats zulassen. [5]§ 6 Absatz 5 Satz 2, § 38 Absatz 2 des Bundesdatenschutzgesetzes[2)] gelten auch im Hinblick auf das Verhältnis der oder des Datenschutzbeauftragten zum Arbeitgeber.

§ 80[3)] Allgemeine Aufgaben. (1) Der Betriebsrat hat folgende allgemeine Aufgaben:

1. darüber zu wachen, dass die zugunsten der Arbeitnehmer geltenden Gesetze, Verordnungen, Unfallverhütungsvorschriften, Tarifverträge und Betriebsvereinbarungen durchgeführt werden;
2. Maßnahmen, die dem Betrieb und der Belegschaft dienen, beim Arbeitgeber zu beantragen;

[1)] § 79a eingef. mWv 18.6.2021 durch G v. 14.6.2021 (BGBl. I S. 1762).

[2)] ***Sartorius Nr. 245.***

[3)] § 80 Abs. 1 Nr. 4 geänd. mWv 30.12.2016 durch G v. 23.12.2016 (BGBl. I S. 3234); Abs. 2 Satz 1 geänd., Satz 3 eingef., bish. Satz 3 wird Satz 4 mWv 1.4.2017 durch G v. 21.2.2017 (BGBl. I S. 258); Abs. 1 Nr. 4 geänd. mWv 1.1.2018 durch G v. 17.7.2017 (BGBl. I S. 2509); Abs. 3 Sätze 2 und 3 angef. mWv 18.6.2021 durch G v. 14.6.2021 (BGBl. I S. 1762).

2a. die Durchsetzung der tatsächlichen Gleichstellung von Frauen und Männern, insbesondere bei der Einstellung, Beschäftigung, Aus-, Fort- und Weiterbildung und dem beruflichen Aufstieg, zu fördern;

2b. die Vereinbarkeit von Familie und Erwerbstätigkeit zu fördern;

3. Anregungen von Arbeitnehmern und der Jugend- und Auszubildendenvertretung entgegenzunehmen und, falls sie berechtigt erscheinen, durch Verhandlungen mit dem Arbeitgeber auf eine Erledigung hinzuwirken; er hat die betreffenden Arbeitnehmer über den Stand und das Ergebnis der Verhandlungen zu unterrichten;

4. die Eingliederung schwerbehinderter Menschen einschließlich der Förderung des Abschlusses von Inklusionsvereinbarungen nach § 166 des Neunten Buches Sozialgesetzbuch und sonstiger besonders schutzbedürftiger Personen zu fördern;

5. die Wahl einer Jugend- und Auszubildendenvertretung vorzubereiten und durchzuführen und mit dieser zur Förderung der Belange der in § 60 Abs. 1 genannten Arbeitnehmer eng zusammenzuarbeiten; er kann von der Jugend- und Auszubildendenvertretung Vorschläge und Stellungnahmen anfordern;

6. die Beschäftigung älterer Arbeitnehmer im Betrieb zu fördern;

7. die Integration ausländischer Arbeitnehmer im Betrieb und das Verständnis zwischen ihnen und den deutschen Arbeitnehmern zu fördern sowie Maßnahmen zur Bekämpfung von Rassismus und Fremdenfeindlichkeit im Betrieb zu beantragen;

8. die Beschäftigung im Betrieb zu fördern und zu sichern;

9. Maßnahmen des Arbeitsschutzes und des betrieblichen Umweltschutzes zu fördern.

(2) [1] Zur Durchführung seiner Aufgaben nach diesem Gesetz ist der Betriebsrat rechtzeitig und umfassend vom Arbeitgeber zu unterrichten; die Unterrichtung erstreckt sich auch auf die Beschäftigung von Personen, die nicht in einem Arbeitsverhältnis zum Arbeitgeber stehen, und umfasst insbesondere den zeitlichen Umfang des Einsatzes, den Einsatzort und die Arbeitsaufgaben dieser Personen. [2] Dem Betriebsrat sind auf Verlangen jederzeit die zur Durchführung seiner Aufgaben erforderlichen Unterlagen zur Verfügung zu stellen; in diesem Rahmen ist der Betriebsausschuss oder ein nach § 28 gebildeter Ausschuss berechtigt, in die Listen über die Bruttolöhne und -gehälter Einblick zu nehmen. [3] Zu den erforderlichen Unterlagen gehören auch die Verträge, die der Beschäftigung der in Satz 1 genannten Personen zugrunde liegen. [4] Soweit es zur ordnungsgemäßen Erfüllung der Aufgaben des Betriebsrats erforderlich ist, hat der Arbeitgeber ihm sachkundige Arbeitnehmer als Auskunftspersonen zur Verfügung zu stellen; er hat hierbei die Vorschläge des Betriebsrats zu berücksichtigen, soweit betriebliche Notwendigkeiten nicht entgegenstehen.

(3) [1] Der Betriebsrat kann bei der Durchführung seiner Aufgaben nach näherer Vereinbarung mit dem Arbeitgeber Sachverständige hinzuziehen, soweit dies zur ordnungsgemäßen Erfüllung seiner Aufgaben erforderlich ist. [2] Muss der Betriebsrat zur Durchführung seiner Aufgaben die Einführung oder Anwendung von Künstlicher Intelligenz beurteilen, gilt insoweit die Hinzuziehung eines Sachverständigen als erforderlich. [3] Gleiches gilt, wenn sich Arbeit-

geber und Betriebsrat auf einen ständigen Sachverständigen in Angelegenheiten nach Satz 2 einigen.

(4) Für die Geheimhaltungspflicht der Auskunftspersonen und der Sachverständigen gilt § 79 entsprechend.

Zweiter Abschnitt. Mitwirkungs- und Beschwerderecht des Arbeitnehmers

§ 81 Unterrichtungs- und Erörterungspflicht des Arbeitgebers.

(1) [1] Der Arbeitgeber hat den Arbeitnehmer über dessen Aufgabe und Verantwortung sowie über die Art seiner Tätigkeit und ihre Einordnung in den Arbeitsablauf des Betriebs zu unterrichten. [2] Er hat den Arbeitnehmer vor Beginn der Beschäftigung über die Unfall- und Gesundheitsgefahren, denen dieser bei der Beschäftigung ausgesetzt ist, sowie über die Maßnahmen und Einrichtungen zur Abwendung dieser Gefahren und die nach § 10 Abs. 2 des Arbeitsschutzgesetzes getroffenen Maßnahmen zu belehren.

(2) [1] Über Veränderungen in seinem Arbeitsbereich ist der Arbeitnehmer rechtzeitig zu unterrichten. [2] Absatz 1 gilt entsprechend.

(3) In Betrieben, in denen kein Betriebsrat besteht, hat der Arbeitgeber die Arbeitnehmer zu allen Maßnahmen zu hören, die Auswirkungen auf Sicherheit und Gesundheit der Arbeitnehmer haben können.

(4) [1] Der Arbeitgeber hat den Arbeitnehmer über die aufgrund einer Planung von technischen Anlagen, von Arbeitsverfahren und Arbeitsabläufen oder der Arbeitsplätze vorgesehenen Maßnahmen und ihre Auswirkungen auf seinen Arbeitsplatz, die Arbeitsumgebung sowie auf Inhalt und Art seiner Tätigkeit zu unterrichten. [2] Sobald feststeht, dass sich die Tätigkeit des Arbeitnehmers ändern wird und seine beruflichen Kenntnisse und Fähigkeiten zur Erfüllung seiner Aufgaben nicht ausreichen, hat der Arbeitgeber mit dem Arbeitnehmer zu erörtern, wie dessen berufliche Kenntnisse und Fähigkeiten im Rahmen der betrieblichen Möglichkeiten den künftigen Anforderungen angepasst werden können. [3] Der Arbeitnehmer kann bei der Erörterung ein Mitglied des Betriebsrats hinzuziehen.

§ 82 Anhörungs- und Erörterungsrecht des Arbeitnehmers. (1) [1] Der Arbeitnehmer hat das Recht, in betrieblichen Angelegenheiten, die seine Person betreffen, von den nach Maßgabe des organisatorischen Aufbaus des Betriebs hierfür zuständigen Personen gehört zu werden. [2] Er ist berechtigt, zu Maßnahmen des Arbeitgebers, die ihn betreffen, Stellung zu nehmen sowie Vorschläge für die Gestaltung des Arbeitsplatzes und des Arbeitsablaufs zu machen.

(2) [1] Der Arbeitnehmer kann verlangen, dass ihm die Berechnung und Zusammensetzung seines Arbeitsentgelts erläutert und dass mit ihm die Beurteilung seiner Leistungen sowie die Möglichkeiten seiner beruflichen Entwicklung im Betrieb erörtert werden. [2] Er kann ein Mitglied des Betriebsrats hinzuziehen. [3] Das Mitglied des Betriebsrats hat über den Inhalt dieser Verhandlungen Stillschweigen zu bewahren, soweit es vom Arbeitnehmer im Einzelfall nicht von dieser Verpflichtung entbunden wird.

§ 83 *Einsicht in die* Personalakten. (1) [1] Der Arbeitnehmer hat das Recht, in die über ihn geführten Personalakten Einsicht zu nehmen. [2] Er kann hierzu ein Mitglied des Betriebsrats hinzuziehen. [3] Das Mitglied des Betriebsrats hat über den Inhalt der Personalakte Stillschweigen zu bewahren, soweit es vom Arbeitnehmer im Einzelfall nicht von dieser Verpflichtung entbunden wird.

(2) Erklärungen des Arbeitnehmers zum Inhalt der Personalakte sind dieser auf sein Verlangen beizufügen.

§ 84 Beschwerderecht. (1) [1]Jeder Arbeitnehmer hat das Recht, sich bei den zuständigen Stellen des Betriebs zu beschweren, wenn er sich vom Arbeitgeber oder von Arbeitnehmern des Betriebs benachteiligt oder ungerecht behandelt oder in sonstiger Weise beeinträchtigt fühlt. [2]Er kann ein Mitglied des Betriebsrats zur Unterstützung oder Vermittlung hinzuziehen.

(2) Der Arbeitgeber hat den Arbeitnehmer über die Behandlung der Beschwerde zu bescheiden und, soweit er die Beschwerde für berechtigt erachtet, ihr abzuhelfen.

(3) Wegen der Erhebung einer Beschwerde dürfen dem Arbeitnehmer keine Nachteile entstehen.

§ 85 Behandlung von Beschwerden durch den Betriebsrat. (1) Der Betriebsrat hat Beschwerden von Arbeitnehmern entgegenzunehmen und, falls er sie für berechtigt erachtet, beim Arbeitgeber auf Abhilfe hinzuwirken.

(2) [1]Bestehen zwischen Betriebsrat und Arbeitgeber Meinungsverschiedenheiten über die Berechtigung der Beschwerde, so kann der Betriebsrat die Einigungsstelle anrufen. [2]Der Spruch der Einigungsstelle ersetzt die Einigung zwischen Arbeitgeber und Betriebsrat. [3]Dies gilt nicht, soweit Gegenstand der Beschwerde ein Rechtsanspruch ist.

(3) [1]Der Arbeitgeber hat den Betriebsrat über die Behandlung der Beschwerde zu unterrichten. [2]§ 84 Abs. 2 bleibt unberührt.

§ 86 Ergänzende Vereinbarungen. [1]Durch Tarifvertrag oder Betriebsvereinbarung können die Einzelheiten des Beschwerdeverfahrens geregelt werden. [2]Hierbei kann bestimmt werden, dass in den Fällen des § 85 Abs. 2 an die Stelle der Einigungsstelle eine betriebliche Beschwerdestelle tritt.

§ 86a Vorschlagsrecht der Arbeitnehmer. [1]Jeder Arbeitnehmer hat das Recht, dem Betriebsrat Themen zur Beratung vorzuschlagen. [2]Wird ein Vorschlag von mindestens 5 vom Hundert der Arbeitnehmer des Betriebs unterstützt, hat der Betriebsrat diesen innerhalb von zwei Monaten auf die Tagesordnung einer Betriebsratssitzung zu setzen.

Dritter Abschnitt. Soziale Angelegenheiten

§ 87[1)] Mitbestimmungsrechte. (1) Der Betriebsrat hat, soweit eine gesetzliche oder tarifliche Regelung nicht besteht, in folgenden Angelegenheiten *mitzubestimmen:*

1. Fragen der Ordnung des Betriebs und des Verhaltens der Arbeitnehmer im Betrieb;
2. Beginn und Ende der täglichen Arbeitszeit einschließlich der Pausen sowie Verteilung der Arbeitszeit auf die einzelnen Wochentage;

[1)] § 87 Abs. 1 Nr. 13 geänd., Nr. 14 angef. mWv 18.6.2021 durch G v. 14.6.2021 (BGBl. I S. 1762).

3. vorübergehende Verkürzung oder Verlängerung der betriebsüblichen Arbeitszeit;
4. Zeit, Ort und Art der Auszahlung der Arbeitsentgelte;
5. Aufstellung allgemeiner Urlaubsgrundsätze und des Urlaubsplans sowie die Festsetzung der zeitlichen Lage des Urlaubs für einzelne Arbeitnehmer, wenn zwischen dem Arbeitgeber und den beteiligten Arbeitnehmern kein Einverständnis erzielt wird;
6. Einführung und Anwendung von technischen Einrichtungen, die dazu bestimmt sind, das Verhalten oder die Leistung der Arbeitnehmer zu überwachen;
7. Regelungen über die Verhütung von Arbeitsunfällen und Berufskrankheiten sowie über den Gesundheitsschutz im Rahmen der gesetzlichen Vorschriften oder der Unfallverhütungsvorschriften;
8. Form, Ausgestaltung und Verwaltung von Sozialeinrichtungen, deren Wirkungsbereich auf den Betrieb, das Unternehmen oder den Konzern beschränkt ist;
9. Zuweisung und Kündigung von Wohnräumen, die den Arbeitnehmern mit Rücksicht auf das Bestehen eines Arbeitsverhältnisses vermietet werden, sowie die allgemeine Festlegung der Nutzungsbedingungen;
10. Fragen der betrieblichen Lohngestaltung, insbesondere die Aufstellung von Entlohnungsgrundsätzen und die Einführung und Anwendung von neuen Entlohnungsmethoden sowie deren Änderung;
11. Festsetzung der Akkord- und Prämiensätze und vergleichbarer leistungsbezogener Entgelte, einschließlich der Geldfaktoren;
12. Grundsätze über das betriebliche Vorschlagswesen;
13. Grundsätze über die Durchführung von Gruppenarbeit; Gruppenarbeit im Sinne dieser Vorschrift liegt vor, wenn im Rahmen des betrieblichen Arbeitsablaufs eine Gruppe von Arbeitnehmern eine ihr übertragene Gesamtaufgabe im Wesentlichen eigenverantwortlich erledigt;
14. Ausgestaltung von mobiler Arbeit, die mittels Informations- und Kommunikationstechnik erbracht wird.

(2) [1] Kommt eine Einigung über eine Angelegenheit nach Absatz 1 nicht zustande, so entscheidet die Einigungsstelle. [2] Der Spruch der Einigungsstelle ersetzt die Einigung zwischen Arbeitgeber und Betriebsrat.

§ 88[1)] Freiwillige Betriebsvereinbarungen. Durch Betriebsvereinbarung können insbesondere geregelt werden

1. zusätzliche Maßnahmen zur Verhütung von Arbeitsunfällen und Gesundheitsschädigungen;

1a. Maßnahmen des betrieblichen Umweltschutzes;

2. die Errichtung von Sozialeinrichtungen, deren Wirkungsbereich auf den Betrieb, das Unternehmen oder den Konzern beschränkt ist;
3. Maßnahmen zur Förderung der Vermögensbildung;
4. Maßnahmen zur Integration ausländischer Arbeitnehmer sowie zur Bekämpfung von Rassismus und Fremdenfeindlichkeit im Betrieb;
5. Maßnahmen zur Eingliederung schwerbehinderter Menschen.

[1)] § 88 Nr. 4 geänd., Nr. 5 angef. mWv 30.12.2016 durch G v. 23.12.2016 (BGBl. I S. 3234).

§ 89 Arbeits- und betrieblicher Umweltschutz. (1) [1]Der Betriebsrat hat sich dafür einzusetzen, dass die Vorschriften über den Arbeitsschutz und die Unfallverhütung im Betrieb sowie über den betrieblichen Umweltschutz durchgeführt werden. [2]Er hat bei der Bekämpfung von Unfall- und Gesundheitsgefahren die für den Arbeitsschutz zuständigen Behörden, die Träger der gesetzlichen Unfallversicherung und die sonstigen in Betracht kommenden Stellen durch Anregung, Beratung und Auskunft zu unterstützen.

(2) [1]Der Arbeitgeber und die in Absatz 1 Satz 2 genannten Stellen sind verpflichtet, den Betriebsrat oder die von ihm bestimmten Mitglieder des Betriebsrats bei allen im Zusammenhang mit dem Arbeitsschutz oder der Unfallverhütung stehenden Besichtigungen und Fragen und bei Unfalluntersuchungen hinzuzuziehen. [2]Der Arbeitgeber hat den Betriebsrat auch bei allen im Zusammenhang mit dem betrieblichen Umweltschutz stehenden Besichtigungen und Fragen hinzuzuziehen und ihm unverzüglich die den Arbeitsschutz, die Unfallverhütung und den betrieblichen Umweltschutz betreffenden Auflagen und Anordnungen der zuständigen Stellen mitzuteilen.

(3) Als betrieblicher Umweltschutz im Sinne dieses Gesetzes sind alle personellen und organisatorischen Maßnahmen sowie alle die betrieblichen Bauten, Räume, technische Anlagen, Arbeitsverfahren, Arbeitsabläufe und Arbeitsplätze betreffenden Maßnahmen zu verstehen, die dem Umweltschutz dienen.

(4) An Besprechungen des Arbeitgebers mit den Sicherheitsbeauftragten im Rahmen des § 22 Abs. 2 des Siebten Buches Sozialgesetzbuch nehmen vom Betriebsrat beauftragte Betriebsratsmitglieder teil.

(5) Der Betriebsrat erhält vom Arbeitgeber die Niederschriften über Untersuchungen, Besichtigungen und Besprechungen, zu denen er nach den Absätzen 2 und 4 hinzuzuziehen ist.

(6) Der Arbeitgeber hat dem Betriebsrat eine Durchschrift der nach § 193 Abs. 5 des Siebten Buches Sozialgesetzbuch vom Betriebsrat zu unterschreibenden Unfallanzeige auszuhändigen.

Vierter Abschnitt. Gestaltung von Arbeitsplatz, Arbeitsablauf und Arbeitsumgebung

§ 90[1)] Unterrichtungs- und Beratungsrechte. (1) Der Arbeitgeber hat den Betriebsrat über die Planung

1. von Neu-, Um- und Erweiterungsbauten von Fabrikations-, Verwaltungs- und sonstigen betrieblichen Räumen,
2. von technischen Anlagen,
3. von Arbeitsverfahren und Arbeitsabläufen einschließlich des Einsatzes von Künstlicher Intelligenz oder
4. der Arbeitsplätze

rechtzeitig unter Vorlage der erforderlichen Unterlagen zu unterrichten.

(2) [1]Der Arbeitgeber hat mit dem Betriebsrat die vorgesehenen Maßnahmen und ihre Auswirkungen auf die Arbeitnehmer, insbesondere auf die Art ihrer Arbeit sowie die sich daraus ergebenden Anforderungen an die Arbeitnehmer so rechtzeitig zu beraten, dass Vorschläge und Bedenken des Betriebsrats bei der Planung berücksichtigt werden können. [2]Arbeitgeber und Betriebsrat sol-

---

[1)] § 90 Abs. 1 Nr. 3 geänd. mWv 18.6.2021 durch G v. 14.6.2021 (BGBl. I S. 1762).

len dabei auch die gesicherten arbeitswissenschaftlichen Erkenntnisse über die menschengerechte Gestaltung der Arbeit berücksichtigen.

§ 91 Mitbestimmungsrecht. [1] Werden die Arbeitnehmer durch Änderungen der Arbeitsplätze, des Arbeitsablaufs oder der Arbeitsumgebung, die den gesicherten arbeitswissenschaftlichen Erkenntnissen über die menschengerechte Gestaltung der Arbeit offensichtlich widersprechen, in besonderer Weise belastet, so kann der Betriebsrat angemessene Maßnahmen zur Abwendung, Milderung oder zum Ausgleich der Belastung verlangen. [2] Kommt eine Einigung nicht zustande, so entscheidet die Einigungsstelle. [3] Der Spruch der Einigungsstelle ersetzt die Einigung zwischen Arbeitgeber und Betriebsrat.

Fünfter Abschnitt. Personelle Angelegenheiten

Erster Unterabschnitt. Allgemeine personelle Angelegenheiten

§ 92[1)] Personalplanung. (1) [1] Der Arbeitgeber hat den Betriebsrat über die Personalplanung, insbesondere über den gegenwärtigen und künftigen Personalbedarf sowie über die sich daraus ergebenden personellen Maßnahmen einschließlich der geplanten Beschäftigung von Personen, die nicht in einem Arbeitsverhältnis zum Arbeitgeber stehen, und Maßnahmen der Berufsbildung an Hand von Unterlagen rechtzeitig und umfassend zu unterrichten. [2] Er hat mit dem Betriebsrat über Art und Umfang der erforderlichen Maßnahmen und über die Vermeidung von Härten zu beraten.

(2) Der Betriebsrat kann dem Arbeitgeber Vorschläge für die Einführung einer Personalplanung und ihre Durchführung machen.

(3) [1] Die Absätze 1 und 2 gelten entsprechend für Maßnahmen im Sinne des § 80 Abs. 1 Nr. 2a und 2b, insbesondere für die Aufstellung und Durchführung von Maßnahmen zur Förderung der Gleichstellung von Frauen und Männern. [2] Gleiches gilt für die Eingliederung schwerbehinderter Menschen nach § 80 Absatz 1 Nummer 4.

§ 92a[2)] Beschäftigungssicherung. (1) [1] Der Betriebsrat kann dem Arbeitgeber Vorschläge zur Sicherung und Förderung der Beschäftigung machen. [2] Diese können insbesondere eine flexible Gestaltung der Arbeitszeit, die Förderung von Teilzeitarbeit und Altersteilzeit, neue Formen der Arbeitsorganisation, Änderungen der Arbeitsverfahren und Arbeitsabläufe, die Qualifizierung der Arbeitnehmer, Alternativen zur Ausgliederung von Arbeit oder ihrer Vergabe an andere Unternehmen sowie zum Produktions- und Investitionsprogramm zum Gegenstand haben.

(2) [1] Der Arbeitgeber hat die Vorschläge mit dem Betriebsrat zu beraten. [2] Hält der Arbeitgeber die Vorschläge des Betriebsrats für ungeeignet, hat er dies zu begründen; in Betrieben mit mehr als 100 Arbeitnehmern erfolgt die Begründung schriftlich. [3] Zu den Beratungen kann der Arbeitgeber oder der Betriebsrat einen Vertreter der Bundesagentur für Arbeit hinzuziehen.

§ 93 Ausschreibung von Arbeitsplätzen. Der Betriebsrat kann verlangen, dass Arbeitsplätze, die besetzt werden sollen, allgemein oder für bestimmte

---

[1)] § 92 Abs. 3 Satz 2 angef. mWv 30.12.2016 durch G v. 23.12.2016 (BGBl. I S. 3234); Abs. 1 Satz 1 geänd. mWv 1.4.2017 durch G v. 21.2.2017 (BGBl. I S. 258).

[2)] § 92a Abs. 2 Satz 3 geänd. mWv 1.1.2004 durch G v. 23.12.2003 (BGBl. I S. 2848).

Arten von Tätigkeiten vor ihrer Besetzung innerhalb des Betriebs ausgeschrieben werden.

§ 94 Personalfragebogen, Beurteilungsgrundsätze. (1) [1]Personalfragebogen bedürfen der Zustimmung des Betriebsrats. [2]Kommt eine Einigung über ihren Inhalt nicht zustande, so entscheidet die Einigungsstelle. [3]Der Spruch der Einigungsstelle ersetzt die Einigung zwischen Arbeitgeber und Betriebsrat.

(2) Absatz 1 gilt entsprechend für persönliche Angaben in schriftlichen Arbeitsverträgen, die allgemein für den Betrieb verwendet werden sollen, sowie für die Aufstellung allgemeiner Beurteilungsgrundsätze.

§ 95[1)] Auswahlrichtlinien. (1) [1]Richtlinien über die personelle Auswahl bei Einstellungen, Versetzungen, Umgruppierungen und Kündigungen bedürfen der Zustimmung des Betriebsrats. [2]Kommt eine Einigung über die Richtlinien oder ihren Inhalt nicht zustande, so entscheidet auf Antrag des Arbeitgebers die Einigungsstelle. [3]Der Spruch der Einigungsstelle ersetzt die Einigung zwischen Arbeitgeber und Betriebsrat.

(2) [1]In Betrieben mit mehr als 500 Arbeitnehmern kann der Betriebsrat die Aufstellung von Richtlinien über die bei Maßnahmen des Absatzes 1 Satz 1 zu beachtenden fachlichen und persönlichen Voraussetzungen und sozialen Gesichtspunkte verlangen. [2]Kommt eine Einigung über die Richtlinien oder ihren Inhalt nicht zustande, so entscheidet die Einigungsstelle. [3]Der Spruch der Einigungsstelle ersetzt die Einigung zwischen Arbeitgeber und Betriebsrat.

(2a) Die Absätze 1 und 2 finden auch dann Anwendung, wenn bei der Aufstellung der Richtlinien nach diesen Absätzen Künstliche Intelligenz zum Einsatz kommt.

(3) [1]Versetzung im Sinne dieses Gesetzes ist die Zuweisung eines anderen Arbeitsbereichs, die voraussichtlich die Dauer von einem Monat überschreitet, oder die mit einer erheblichen Änderung der Umstände verbunden ist, unter denen die Arbeit zu leisten ist. [2]Werden Arbeitnehmer nach der Eigenart ihres Arbeitsverhältnisses üblicherweise nicht ständig an einem bestimmten Arbeitsplatz beschäftigt, so gilt die Bestimmung des jeweiligen Arbeitsplatzes nicht als Versetzung.

Zweiter Unterabschnitt. Berufsbildung

§ 96[2)] Förderung der Berufsbildung. (1) [1]Arbeitgeber und Betriebsrat haben im Rahmen der betrieblichen Personalplanung und in Zusammenarbeit mit den für die Berufsbildung und den für die Förderung der Berufsbildung zuständigen Stellen die Berufsbildung der Arbeitnehmer zu fördern. [2]Der Arbeitgeber hat auf Verlangen des Betriebsrats den Berufsbildungsbedarf zu ermitteln und mit ihm Fragen der Berufsbildung der Arbeitnehmer des Betriebs zu beraten. [3]Hierzu kann der Betriebsrat Vorschläge machen.

(1a) [1]Kommt im Rahmen der Beratung nach Absatz 1 eine Einigung über Maßnahmen der Berufsbildung nicht zustande, können der Arbeitgeber oder der Betriebsrat die Einigungsstelle um Vermittlung anrufen. [2]Die Einigungsstelle hat eine Einigung der Parteien zu versuchen.

[1)] § 95 Abs. 2a eingef. mWv 18.6.2021 durch G v. 14.6.2021 (BGBl. I S. 1762).
[2)] § 96 Abs. 1a eingef. mWv 18.6.2021 durch G v. 14.6.2021 (BGBl. I S. 1762).

(2) [1] Arbeitgeber und Betriebsrat haben darauf zu achten, dass unter Berücksichtigung der betrieblichen Notwendigkeiten den Arbeitnehmern die Teilnahme an betrieblichen oder außerbetrieblichen Maßnahmen der Berufsbildung ermöglicht wird. [2] Sie haben dabei auch die Belange älterer Arbeitnehmer, Teilzeitbeschäftigter und von Arbeitnehmern mit Familienpflichten zu berücksichtigen.

§ 97 Einrichtungen und Maßnahmen der Berufsbildung. (1) Der Arbeitgeber hat mit dem Betriebsrat über die Errichtung und Ausstattung betrieblicher Einrichtungen zur Berufsbildung, die Einführung betrieblicher Berufsbildungsmaßnahmen und die Teilnahme an außerbetrieblichen Berufsbildungsmaßnahmen zu beraten.

(2) [1] Hat der Arbeitgeber Maßnahmen geplant oder durchgeführt, die dazu führen, dass sich die Tätigkeit der betroffenen Arbeitnehmer ändert und ihre beruflichen Kenntnisse und Fähigkeiten zur Erfüllung ihrer Aufgaben nicht mehr ausreichen, so hat der Betriebsrat bei der Einführung von Maßnahmen der betrieblichen Berufsbildung mitzubestimmen. [2] Kommt eine Einigung nicht zustande, so entscheidet die Einigungsstelle. [3] Der Spruch der Einigungsstelle ersetzt die Einigung zwischen Arbeitgeber und Betriebsrat.

§ 98 Durchführung betrieblicher Bildungsmaßnahmen. (1) Der Betriebsrat hat bei der Durchführung von Maßnahmen der betrieblichen Berufsbildung mitzubestimmen.

(2) Der Betriebsrat kann der Bestellung einer mit der Durchführung der betrieblichen Berufsbildung beauftragten Person widersprechen oder ihre Abberufung verlangen, wenn diese die persönliche oder fachliche, insbesondere die berufs- und arbeitspädagogische Eignung im Sinne des Berufsbildungsgesetzes nicht besitzt oder ihre Aufgaben vernachlässigt.

(3) Führt der Arbeitgeber betriebliche Maßnahmen der Berufsbildung durch oder stellt er für außerbetriebliche Maßnahmen der Berufsbildung Arbeitnehmer frei oder trägt er die durch die Teilnahme von Arbeitnehmern an solchen Maßnahmen entstehenden Kosten ganz oder teilweise, so kann der Betriebsrat Vorschläge für die Teilnahme von Arbeitnehmern oder Gruppen von Arbeitnehmern des Betriebs an diesen Maßnahmen der beruflichen Bildung machen.

(4) [1] Kommt im Fall des Absatzes 1 oder über die nach Absatz 3 vom Betriebsrat vorgeschlagenen Teilnehmer eine Einigung nicht zustande, so entscheidet die Einigungsstelle. [2] Der Spruch der Einigungsstelle ersetzt die Einigung zwischen Arbeitgeber und Betriebsrat.

(5) [1] Kommt im Fall des Absatzes 2 eine Einigung nicht zustande, so kann der Betriebsrat beim Arbeitsgericht beantragen, dem Arbeitgeber aufzugeben, die Bestellung zu unterlassen oder die Abberufung durchzuführen. [2] Führt der Arbeitgeber die Bestellung einer rechtskräftigen gerichtlichen Entscheidung zuwider durch, so ist er auf Antrag des Betriebsrats vom Arbeitsgericht wegen der Bestellung nach vorheriger Androhung zu einem Ordnungsgeld zu verurteilen; das Höchstmaß des Ordnungsgeldes beträgt 10 000 Euro. [3] Führt der Arbeitgeber die Abberufung einer rechtskräftigen gerichtlichen Entscheidung *zuwider nicht durch*, so ist auf Antrag des Betriebsrats vom Arbeitsgericht zu erkennen, dass der Arbeitgeber zur Abberufung durch Zwangsgeld anzuhalten sei; das Höchstmaß des Zwangsgeldes beträgt für jeden Tag der Zuwiderhand-

lung 250 Euro. [4] Die Vorschriften des Berufsbildungsgesetzes über die Ordnung der Berufsbildung bleiben unberührt.

(6) Die Absätze 1 bis 5 gelten entsprechend, wenn der Arbeitgeber sonstige Bildungsmaßnahmen im Betrieb durchführt.

Dritter Unterabschnitt. Personelle Einzelmaßnahmen

§ 99 Mitbestimmung bei personellen Einzelmaßnahmen. (1) [1] In Unternehmen mit in der Regel mehr als zwanzig wahlberechtigten Arbeitnehmern hat der Arbeitgeber den Betriebsrat vor jeder Einstellung, Eingruppierung, Umgruppierung und Versetzung zu unterrichten, ihm die erforderlichen Bewerbungsunterlagen vorzulegen und Auskunft über die Person der Beteiligten zu geben; er hat dem Betriebsrat unter Vorlage der erforderlichen Unterlagen Auskunft über die Auswirkungen der geplanten Maßnahme zu geben und die Zustimmung des Betriebsrats zu der geplanten Maßnahme einzuholen. [2] Bei Einstellungen und Versetzungen hat der Arbeitgeber insbesondere den in Aussicht genommenen Arbeitsplatz und die vorgesehene Eingruppierung mitzuteilen. [3] Die Mitglieder des Betriebsrats sind verpflichtet, über die ihnen im Rahmen der personellen Maßnahmen nach den Sätzen 1 und 2 bekannt gewordenen persönlichen Verhältnisse und Angelegenheiten der Arbeitnehmer, die ihrer Bedeutung oder ihrem Inhalt nach einer vertraulichen Behandlung bedürfen, Stillschweigen zu bewahren; § 79 Abs. 1 Satz 2 bis 4 gilt entsprechend.

(2) Der Betriebsrat kann die Zustimmung verweigern, wenn

1. die personelle Maßnahme gegen ein Gesetz, eine Verordnung, eine Unfallverhütungsvorschrift oder gegen eine Bestimmung in einem Tarifvertrag oder in einer Betriebsvereinbarung oder gegen eine gerichtliche Entscheidung oder eine behördliche Anordnung verstoßen würde,
2. die personelle Maßnahme gegen eine Richtlinie nach § 95 verstoßen würde,
3. die durch Tatsachen begründete Besorgnis besteht, dass infolge der personellen Maßnahme im Betrieb beschäftigte Arbeitnehmer gekündigt werden oder sonstige Nachteile erleiden, ohne dass dies aus betrieblichen oder persönlichen Gründen gerechtfertigt ist; als Nachteil gilt bei unbefristeter Einstellung auch die Nichtberücksichtigung eines gleich geeigneten befristet Beschäftigten,
4. der betroffene Arbeitnehmer durch die personelle Maßnahme benachteiligt wird, ohne dass dies aus betrieblichen oder in der Person des Arbeitnehmers liegenden Gründen gerechtfertigt ist,
5. eine nach § 93 erforderliche Ausschreibung im Betrieb unterblieben ist oder
6. die durch Tatsachen begründete Besorgnis besteht, dass der für die personelle Maßnahme in Aussicht genommene Bewerber oder Arbeitnehmer den Betriebsfrieden durch gesetzwidriges Verhalten oder durch grobe Verletzung der in § 75 Abs. 1 enthaltenen Grundsätze, insbesondere durch rassistische oder fremdenfeindliche Betätigung, stören werde.

(3) [1] Verweigert der Betriebsrat seine Zustimmung, so hat er dies unter Angabe von Gründen innerhalb einer Woche nach Unterrichtung durch den Arbeitgeber diesem schriftlich mitzuteilen. [2] Teilt der Betriebsrat dem Arbeitgeber die Verweigerung seiner Zustimmung nicht innerhalb der Frist schriftlich mit, so gilt die Zustimmung als erteilt.

(4) Verweigert der Betriebsrat seine Zustimmung, so kann der Arbeitgeber beim Arbeitsgericht beantragen, die Zustimmung zu ersetzen.

§ 100 Vorläufige personelle Maßnahmen. (1) [1]Der Arbeitgeber kann, wenn dies aus sachlichen Gründen dringend erforderlich ist, die personelle Maßnahme im Sinne des § 99 Abs. 1 Satz 1 vorläufig durchführen, bevor der Betriebsrat sich geäußert oder wenn er die Zustimmung verweigert hat. [2]Der Arbeitgeber hat den Arbeitnehmer über die Sach- und Rechtslage aufzuklären.

(2) [1]Der Arbeitgeber hat den Betriebsrat unverzüglich von der vorläufigen personellen Maßnahme zu unterrichten. [2]Bestreitet der Betriebsrat, dass die Maßnahme aus sachlichen Gründen dringend erforderlich ist, so hat er dies dem Arbeitgeber unverzüglich mitzuteilen. [3]In diesem Fall darf der Arbeitgeber die vorläufige personelle Maßnahme nur aufrechterhalten, wenn er innerhalb von drei Tagen beim Arbeitsgericht die Ersetzung der Zustimmung des Betriebsrats und die Feststellung beantragt, dass die Maßnahme aus sachlichen Gründen dringend erforderlich war.

(3) [1]Lehnt das Gericht durch rechtskräftige Entscheidung die Ersetzung der Zustimmung des Betriebsrats ab oder stellt es rechtskräftig fest, dass offensichtlich die Maßnahme aus sachlichen Gründen nicht dringend erforderlich war, so endet die vorläufige personelle Maßnahme mit Ablauf von zwei Wochen nach Rechtskraft der Entscheidung. [2]Von diesem Zeitpunkt an darf die personelle Maßnahme nicht aufrechterhalten werden.

§ 101 Zwangsgeld. [1]Führt der Arbeitgeber eine personelle Maßnahme im Sinne des § 99 Abs. 1 Satz 1 ohne Zustimmung des Betriebsrats durch oder hält er eine vorläufige personelle Maßnahme entgegen § 100 Abs. 2 Satz 3 oder Abs. 3 aufrecht, so kann der Betriebsrat beim Arbeitsgericht beantragen, dem Arbeitgeber aufzugeben, die personelle Maßnahme aufzuheben. [2]Hebt der Arbeitgeber entgegen einer rechtskräftigen gerichtlichen Entscheidung die personelle Maßnahme nicht auf, so ist auf Antrag des Betriebsrats vom Arbeitsgericht zu erkennen, dass der Arbeitgeber zur Aufhebung der Maßnahme durch Zwangsgeld anzuhalten sei. [3]Das Höchstmaß des Zwangsgeldes beträgt für jeden Tag der Zuwiderhandlung 250 Euro.

§ 102 Mitbestimmung bei Kündigungen. (1) [1]Der Betriebsrat ist vor jeder Kündigung zu hören. [2]Der Arbeitgeber hat ihm die Gründe für die Kündigung mitzuteilen. [3]Eine ohne Anhörung des Betriebsrats ausgesprochene Kündigung ist unwirksam.

(2) [1]Hat der Betriebsrat gegen eine ordentliche Kündigung Bedenken, so hat er diese unter Angabe der Gründe dem Arbeitgeber spätestens innerhalb einer Woche schriftlich mitzuteilen. [2]Äußert er sich innerhalb dieser Frist nicht, gilt seine Zustimmung zur Kündigung als erteilt. [3]Hat der Betriebsrat gegen eine außerordentliche Kündigung Bedenken, so hat er diese unter Angabe der Gründe dem Arbeitgeber unverzüglich, spätestens jedoch innerhalb von drei Tagen, schriftlich mitzuteilen. [4]Der Betriebsrat soll, soweit dies erforderlich erscheint, vor seiner Stellungnahme den betroffenen Arbeitnehmer *hören.* [5]§ 99 Abs. 1 Satz 3 gilt entsprechend.

(3) Der Betriebsrat kann innerhalb der Frist des Absatzes 2 Satz 1 der ordentlichen Kündigung widersprechen, wenn

1. der Arbeitgeber bei der Auswahl des zu kündigenden Arbeitnehmers soziale Gesichtspunkte nicht oder nicht ausreichend berücksichtigt hat,
2. die Kündigung gegen eine Richtlinie nach § 95 verstößt,
3. der zu kündigende Arbeitnehmer an einem anderen Arbeitsplatz im selben Betrieb oder in einem anderen Betrieb des Unternehmens weiterbeschäftigt werden kann,
4. die Weiterbeschäftigung des Arbeitnehmers nach zumutbaren Umschulungs- oder Fortbildungsmaßnahmen möglich ist oder
5. eine Weiterbeschäftigung des Arbeitnehmers unter geänderten Vertragsbedingungen möglich ist und der Arbeitnehmer sein Einverständnis hiermit erklärt hat.

(4) Kündigt der Arbeitgeber, obwohl der Betriebsrat nach Absatz 3 der Kündigung widersprochen hat, so hat er dem Arbeitnehmer mit der Kündigung eine Abschrift der Stellungnahme des Betriebsrats zuzuleiten.

(5) [1] Hat der Betriebsrat einer ordentlichen Kündigung frist- und ordnungsgemäß widersprochen und hat der Arbeitnehmer nach dem Kündigungsschutzgesetz[1)] Klage auf Feststellung erhoben, dass das Arbeitsverhältnis durch die Kündigung nicht aufgelöst ist, so muss der Arbeitgeber auf Verlangen des Arbeitnehmers diesen nach Ablauf der Kündigungsfrist bis zum rechtskräftigen Abschluss des Rechtsstreits bei unveränderten Arbeitsbedingungen weiterbeschäftigen. [2] Auf Antrag des Arbeitgebers kann das Gericht ihn durch einstweilige Verfügung von der Verpflichtung zur Weiterbeschäftigung nach Satz 1 entbinden, wenn

1. die Klage des Arbeitnehmers keine hinreichende Aussicht auf Erfolg bietet oder mutwillig erscheint oder
2. die Weiterbeschäftigung des Arbeitnehmers zu einer unzumutbaren wirtschaftlichen Belastung des Arbeitgebers führen würde oder
3. der Widerspruch des Betriebsrats offensichtlich unbegründet war.

(6) Arbeitgeber und Betriebsrat können vereinbaren, dass Kündigungen der Zustimmung des Betriebsrats bedürfen und dass bei Meinungsverschiedenheiten über die Berechtigung der Nichterteilung der Zustimmung die Einigungsstelle entscheidet.

(7) Die Vorschriften über die Beteiligung des Betriebsrats nach dem Kündigungsschutzgesetz bleiben unberührt.

§ 103[2)] Außerordentliche Kündigung und Versetzung in besonderen Fällen. (1) Die außerordentliche Kündigung[3)] von Mitgliedern des Betriebsrats, der Jugend- und Auszubildendenvertretung, der Bordvertretung und des Seebetriebsrats, des Wahlvorstands sowie von Wahlbewerbern bedarf der Zustimmung des Betriebsrats.

(2) [1] Verweigert der Betriebsrat seine Zustimmung, so kann das Arbeitsgericht sie auf Antrag des Arbeitgebers ersetzen, wenn die außerordentliche Kündigung unter Berücksichtigung aller Umstände gerechtfertigt ist. [2] In dem Verfahren vor dem Arbeitsgericht ist der betroffene Arbeitnehmer Beteiligter.

(2a) Absatz 2 gilt entsprechend, wenn im Betrieb kein Betriebsrat besteht.

---

1) **Habersack, Deutsche Gesetze Nr. 84.**
2) § 103 Abs. 2a eingef. mWv 18.6.2021 durch G v. 14.6.2021 (BGBl. I S. 1762).
3) Wegen ordentlicher Kündigungen siehe § 15 KSchG **(Habersack, Deutsche Gesetze Nr. 84)**.

(3) [1]Die Versetzung der in Absatz 1 genannten Personen, die zu einem Verlust des Amtes oder der Wählbarkeit führen würde, bedarf der Zustimmung des Betriebsrats; dies gilt nicht, wenn der betroffene Arbeitnehmer mit der Versetzung einverstanden ist. [2]Absatz 2 gilt entsprechend mit der Maßgabe, dass das Arbeitsgericht die Zustimmung zu der Versetzung ersetzen kann, wenn diese auch unter Berücksichtigung der betriebsverfassungsrechtlichen Stellung des betroffenen Arbeitnehmers aus dringenden betrieblichen Gründen notwendig ist.

§ 104 Entfernung betriebsstörender Arbeitnehmer. [1]Hat ein Arbeitnehmer durch gesetzwidriges Verhalten oder durch grobe Verletzung der in § 75 Abs. 1 enthaltenen Grundsätze, insbesondere durch rassistische oder fremdenfeindliche Betätigungen, den Betriebsfrieden wiederholt ernstlich gestört, so kann der Betriebsrat vom Arbeitgeber die Entlassung oder Versetzung verlangen. [2]Gibt das Arbeitsgericht einem Antrag des Betriebsrats statt, dem Arbeitgeber aufzugeben, die Entlassung oder Versetzung durchzuführen, und führt der Arbeitgeber die Entlassung oder Versetzung einer rechtskräftigen gerichtlichen Entscheidung zuwider nicht durch, so ist auf Antrag des Betriebsrats vom Arbeitsgericht zu erkennen, dass er zur Vornahme der Entlassung oder Versetzung durch Zwangsgeld anzuhalten sei. [3]Das Höchstmaß des Zwangsgeldes beträgt für jeden Tag der Zuwiderhandlung 250 Euro.

§ 105 Leitende Angestellte. Eine beabsichtigte Einstellung oder personelle Veränderung eines in § 5 Abs. 3 genannten leitenden Angestellten ist dem Betriebsrat rechtzeitig mitzuteilen.

Sechster Abschnitt. Wirtschaftliche Angelegenheiten

Erster Unterabschnitt. Unterrichtung in wirtschaftlichen Angelegenheiten

§ 106[1)] Wirtschaftsausschuss. (1) [1]In allen Unternehmen mit in der Regel mehr als einhundert ständig beschäftigten Arbeitnehmern ist ein Wirtschaftsausschuss zu bilden. [2]Der Wirtschaftsausschuss hat die Aufgabe, wirtschaftliche Angelegenheiten mit dem Unternehmer zu beraten und den Betriebsrat zu unterrichten.

(2) [1]Der Unternehmer hat den Wirtschaftsausschuss rechtzeitig und umfassend über die wirtschaftlichen Angelegenheiten des Unternehmens unter Vorlage der erforderlichen Unterlagen zu unterrichten, soweit dadurch nicht die Betriebs- und Geschäftsgeheimnisse des Unternehmens gefährdet werden, sowie die sich daraus ergebenden Auswirkungen auf die Personalplanung darzustellen. [2]Zu den erforderlichen Unterlagen gehört in den Fällen des Absatzes 3 Nr. 9a insbesondere die Angabe über den potentiellen Erwerber und dessen Absichten im Hinblick auf die künftige Geschäftstätigkeit des Unternehmens sowie die sich daraus ergebenden Auswirkungen auf die Arbeitnehmer; Gleiches gilt, wenn im Vorfeld der Übernahme des Unternehmens ein Bieterverfahren durchgeführt wird.

(3) Zu den wirtschaftlichen Angelegenheiten im Sinne dieser Vorschrift gehören insbesondere

1. die wirtschaftliche und finanzielle Lage des Unternehmens;

[1)] § 106 Abs. 2 Satz 2 angef., Abs. 3 Nr. 9 geänd., Nr. 9a eingef. mWv 19.8.2008 durch G v. 12.8. 2008 (BGBl. I S. 1666); Abs. 3 Nr. 5b eingef. mWv 1.1.2023 durch G v. 16.7.2021 (BGBl. I S. 2959).

2. die Produktions- und Absatzlage;
3. das Produktions- und Investitionsprogramm;
4. Rationalisierungsvorhaben;
5. Fabrikations- und Arbeitsmethoden, insbesondere die Einführung neuer Arbeitsmethoden;

5a. Fragen des betrieblichen Umweltschutzes;

5b. Fragen der unternehmerischen Sorgfaltspflichten in Lieferketten gemäß dem Lieferkettensorgfaltspflichtengesetz;

6. die Einschränkung oder Stilllegung von Betrieben oder von Betriebsteilen;
7. die Verlegung von Betrieben oder Betriebsteilen;
8. der Zusammenschluss oder die Spaltung von Unternehmen oder Betrieben;
9. die Änderung der Betriebsorganisation oder des Betriebszwecks;

9a. die Übernahme des Unternehmens, wenn hiermit der Erwerb der Kontrolle verbunden ist, sowie

10. sonstige Vorgänge und Vorhaben, welche die Interessen der Arbeitnehmer des Unternehmens wesentlich berühren können.

§ 107 Bestellung und Zusammensetzung des Wirtschaftsausschusses.

(1) [1] Der Wirtschaftsausschuss besteht aus mindestens drei und höchstens sieben Mitgliedern, die dem Unternehmen angehören müssen, darunter mindestens einem Betriebsratsmitglied. [2] Zu Mitgliedern des Wirtschaftsausschusses können auch die in § 5 Abs. 3 genannten Angestellten bestimmt werden. [3] Die Mitglieder sollen die zur Erfüllung ihrer Aufgaben erforderliche fachliche und persönliche Eignung besitzen.

(2) [1] Die Mitglieder des Wirtschaftsausschusses werden vom Betriebsrat für die Dauer seiner Amtszeit bestimmt. [2] Besteht ein Gesamtbetriebsrat, so bestimmt dieser die Mitglieder des Wirtschaftsausschusses; die Amtszeit der Mitglieder endet in diesem Fall in dem Zeitpunkt, in dem die Amtszeit der Mehrheit der Mitglieder des Gesamtbetriebsrats, die an der Bestimmung mitzuwirken berechtigt waren, abgelaufen ist. [3] Die Mitglieder des Wirtschaftsausschusses können jederzeit abberufen werden; auf die Abberufung sind die Sätze 1 und 2 entsprechend anzuwenden.

(3) [1] Der Betriebsrat kann mit der Mehrheit der Stimmen seiner Mitglieder beschließen, die Aufgaben des Wirtschaftsausschusses einem Ausschuss des Betriebsrats zu übertragen. [2] Die Zahl der Mitglieder des Ausschusses darf die Zahl der Mitglieder des Betriebsausschusses nicht überschreiten. [3] Der Betriebsrat kann jedoch weitere Arbeitnehmer einschließlich der in § 5 Abs. 3 genannten leitenden Angestellten bis zur selben Zahl, wie der Ausschuss Mitglieder hat, in den Ausschuss berufen; für die Beschlussfassung gilt Satz 1. [4] Für die Verschwiegenheitspflicht der in Satz 3 bezeichneten weiteren Arbeitnehmer gilt § 79 entsprechend. [5] Für die Abänderung und den Widerruf der Beschlüsse nach den Sätzen 1 bis 3 sind die gleichen Stimmenmehrheiten erforderlich wie für die Beschlüsse nach den Sätzen 1 bis 3. [6] Ist in einem Unternehmen ein Gesamtbetriebsrat errichtet, so beschließt dieser über die anderweitige Wahrnehmung der Aufgaben des Wirtschaftsausschusses; die Sätze 1 bis 5 gelten entsprechend.

§ 108 Sitzungen. (1) Der Wirtschaftsausschuss soll monatlich einmal zusammentreten.

(2) [1] An den Sitzungen des Wirtschaftsausschusses hat der Unternehmer oder sein Vertreter teilzunehmen. [2] Er kann sachkundige Arbeitnehmer des Unternehmens einschließlich der in § 5 Abs. 3 genannten Angestellten hinzuziehen. [3] Für die Hinzuziehung und die Verschwiegenheitspflicht von Sachverständigen gilt § 80 Abs. 3 und 4 entsprechend.

(3) Die Mitglieder des Wirtschaftsausschusses sind berechtigt, in die nach § 106 Abs. 2 vorzulegenden Unterlagen Einsicht zu nehmen.

(4) Der Wirtschaftsausschuss hat über jede Sitzung dem Betriebsrat unverzüglich und vollständig zu berichten.

(5) Der Jahresabschluss ist dem Wirtschaftsausschuss unter Beteiligung des Betriebsrats zu erläutern.

(6) Hat der Betriebsrat oder der Gesamtbetriebsrat eine anderweitige Wahrnehmung der Aufgaben des Wirtschaftsausschusses beschlossen, so gelten die Absätze 1 bis 5 entsprechend.

§ 109 Beilegung von Meinungsverschiedenheiten. [1] Wird eine Auskunft über wirtschaftliche Angelegenheiten des Unternehmens im Sinne des § 106 entgegen dem Verlangen des Wirtschaftsausschusses nicht, nicht rechtzeitig oder nur ungenügend erteilt und kommt hierüber zwischen Unternehmer und Betriebsrat eine Einigung nicht zustande, so entscheidet die Einigungsstelle. [2] Der Spruch der Einigungsstelle ersetzt die Einigung zwischen Arbeitgeber und Betriebsrat. [3] Die Einigungsstelle kann, wenn dies für ihre Entscheidung erforderlich ist, Sachverständige anhören; § 80 Abs. 4 gilt entsprechend. [4] Hat der Betriebsrat oder der Gesamtbetriebsrat eine anderweitige Wahrnehmung der Aufgaben des Wirtschaftsausschusses beschlossen, so gilt Satz 1 entsprechend.

§ 109a[1] Unternehmensübernahme. In Unternehmen, in denen kein Wirtschaftsausschuss besteht, ist im Fall des § 106 Abs. 3 Nr. 9a der Betriebsrat entsprechend § 106 Abs. 1 und 2 zu beteiligen; § 109 gilt entsprechend.

§ 110 Unterrichtung der Arbeitnehmer. (1) In Unternehmen mit in der Regel mehr als 1 000 ständig beschäftigten Arbeitnehmern hat der Unternehmer mindestens einmal in jedem Kalendervierteljahr nach vorheriger Abstimmung mit dem Wirtschaftsausschuss oder den in § 107 Abs. 3 genannten Stellen und dem Betriebsrat die Arbeitnehmer schriftlich über die wirtschaftliche Lage und Entwicklung des Unternehmens zu unterrichten.

(2) [1] In Unternehmen, die die Voraussetzungen des Absatzes 1 nicht erfüllen, aber in der Regel mehr als zwanzig wahlberechtigte ständige Arbeitnehmer beschäftigen, gilt Absatz 1 mit der Maßgabe, dass die Unterrichtung der Arbeitnehmer mündlich erfolgen kann. [2] Ist in diesen Unternehmen ein Wirtschaftsausschuss nicht zu errichten, so erfolgt die Unterrichtung nach vorheriger Abstimmung mit dem Betriebsrat.

Zweiter Unterabschnitt. Betriebsänderungen

§ 111 Betriebsänderungen. [1] In Unternehmen mit in der Regel mehr als *zwanzig wahlberechtigten* Arbeitnehmern hat der Unternehmer den Betriebsrat über geplante Betriebsänderungen, die wesentliche Nachteile für die Belegschaft

[1] § 109a eingef. mWv 19.8.2008 durch G v. 12.8.2008 (BGBl. I S. 1666).

oder erhebliche Teile der Belegschaft zur Folge haben können, rechtzeitig und umfassend zu unterrichten und die geplanten Betriebsänderungen mit dem Betriebsrat zu beraten. [2]Der Betriebsrat kann in Unternehmen mit mehr als 300 Arbeitnehmern zu seiner Unterstützung einen Berater hinzuziehen; § 80 Abs. 4 gilt entsprechend; im Übrigen bleibt § 80 Abs. 3 unberührt. [3]Als Betriebsänderungen im Sinne des Satzes 1 gelten

1. Einschränkung und Stilllegung des ganzen Betriebs oder von wesentlichen Betriebsteilen,
2. Verlegung des ganzen Betriebs oder von wesentlichen Betriebsteilen,
3. Zusammenschluss mit anderen Betrieben oder die Spaltung von Betrieben,
4. grundlegende Änderungen der Betriebsorganisation, des Betriebszwecks oder der Betriebsanlagen,
5. Einführung grundlegend neuer Arbeitsmethoden und Fertigungsverfahren.

§ 112[1)] Interessenausgleich über die Betriebsänderung, Sozialplan.

(1) [1]Kommt zwischen Unternehmer und Betriebsrat ein Interessenausgleich über die geplante Betriebsänderung zustande, so ist dieser schriftlich niederzulegen und vom Unternehmer und Betriebsrat zu unterschreiben; § 77 Absatz 2 Satz 3 gilt entsprechend. [2]Das Gleiche gilt für eine Einigung über den Ausgleich oder die Milderung der wirtschaftlichen Nachteile, die den Arbeitnehmern infolge der geplanten Betriebsänderung entstehen (Sozialplan). [3]Der Sozialplan hat die Wirkung einer Betriebsvereinbarung. [4]§ 77 Abs. 3 ist auf den Sozialplan nicht anzuwenden.

(2) [1]Kommt ein Interessenausgleich über die geplante Betriebsänderung oder eine Einigung über den Sozialplan nicht zustande, so können der Unternehmer oder der Betriebsrat den Vorstand der Bundesagentur für Arbeit um Vermittlung ersuchen, der Vorstand kann die Aufgabe auf andere Bedienstete der Bundesagentur für Arbeit übertragen. [2]Erfolgt kein Vermittlungsersuchen oder bleibt der Vermittlungsversuch ergebnislos, so können der Unternehmer oder der Betriebsrat die Einigungsstelle anrufen. [3]Auf Ersuchen des Vorsitzenden der Einigungsstelle nimmt ein Mitglied des Vorstands der Bundesagentur für Arbeit oder ein vom Vorstand der Bundesagentur für Arbeit benannter Bediensteter der Bundesagentur für Arbeit an der Verhandlung teil.

(3) [1]Unternehmer und Betriebsrat sollen der Einigungsstelle Vorschläge zur Beilegung der Meinungsverschiedenheiten über den Interessenausgleich und den Sozialplan machen. [2]Die Einigungsstelle hat eine Einigung der Parteien zu versuchen. [3]Kommt eine Einigung zustande, so ist sie schriftlich niederzulegen und von den Parteien und vom Vorsitzenden zu unterschreiben.

(4) [1]Kommt eine Einigung über den Sozialplan nicht zustande, so entscheidet die Einigungsstelle über die Aufstellung eines Sozialplans. [2]Der Spruch der Einigungsstelle ersetzt die Einigung zwischen Arbeitgeber und Betriebsrat.

(5) [1]Die Einigungsstelle hat bei ihrer Entscheidung nach Absatz 4 sowohl die sozialen Belange der betroffenen Arbeitnehmer zu berücksichtigen als auch auf die wirtschaftliche Vertretbarkeit ihrer Entscheidung für das Unternehmen zu achten. [2]Dabei hat die Einigungsstelle sich im Rahmen billigen Ermessens insbesondere von folgenden Grundsätzen leiten zu lassen:

[1)] § 112 Abs. 2 Sätze 1 bis 3 geänd. mWv 1.1.2004 durch G v. 23.12.2003 (BGBl. I S. 2848); Abs. 1 Satz 1 geänd. mWv 18.6.2021 durch G v. 14.6.2021 (BGBl. I S. 1762).

1. Sie soll beim Ausgleich oder bei der Milderung wirtschaftlicher Nachteile, insbesondere durch Einkommensminderung, Wegfall von Sonderleistungen oder Verlust von Anwartschaften auf betriebliche Altersversorgung, Umzugskosten oder erhöhte Fahrtkosten, Leistungen vorsehen, die in der Regel den Gegebenheiten des Einzelfalles Rechnung tragen.
2. Sie hat die Aussichten der betroffenen Arbeitnehmer auf dem Arbeitsmarkt zu berücksichtigen. Sie soll Arbeitnehmer von Leistungen ausschließen, die in einem zumutbaren Arbeitsverhältnis im selben Betrieb oder in einem anderen Betrieb des Unternehmens oder eines zum Konzern gehörenden Unternehmens weiterbeschäftigt werden können und die Weiterbeschäftigung ablehnen; die mögliche Weiterbeschäftigung an einem anderen Ort begründet für sich allein nicht die Unzumutbarkeit.

2a. Sie soll insbesondere die im Dritten Buch des Sozialgesetzbuches vorgesehenen Förderungsmöglichkeiten zur Vermeidung von Arbeitslosigkeit berücksichtigen.

3. Sie hat bei der Bemessung des Gesamtbetrages der Sozialplanleistungen darauf zu achten, dass der Fortbestand des Unternehmens oder die nach Durchführung der Betriebsänderung verbleibenden Arbeitsplätze nicht gefährdet werden.

§ 112a Erzwingbarer Sozialplan bei Personalabbau, Neugründungen.

(1) [1] Besteht eine geplante Betriebsänderung im Sinne des § 111 Satz 3 Nr. 1 allein in der Entlassung von Arbeitnehmern, so findet § 112 Abs. 4 und 5 nur Anwendung, wenn

1. in Betrieben mit in der Regel weniger als 60 Arbeitnehmern 20 vom Hundert der regelmäßig beschäftigten Arbeitnehmer, aber mindestens 6 Arbeitnehmer,
2. in Betrieben mit in der Regel mindestens 60 und weniger als 250 Arbeitnehmern 20 vom Hundert der regelmäßig beschäftigten Arbeitnehmer oder mindestens 37 Arbeitnehmer,
3. in Betrieben mit in der Regel mindestens 250 und weniger als 500 Arbeitnehmern 15 vom Hundert der regelmäßig beschäftigten Arbeitnehmer oder mindestens 60 Arbeitnehmer,
4. in Betrieben mit in der Regel mindestens 500 Arbeitnehmern 10 vom Hundert der regelmäßig beschäftigten Arbeitnehmer, aber mindestens 60 Arbeitnehmer

aus betriebsbedingten Gründen entlassen werden sollen. [2] Als Entlassung gilt auch das vom Arbeitgeber aus Gründen der Betriebsänderung veranlasste Ausscheiden von Arbeitnehmern aufgrund von Aufhebungsverträgen.

(2) [1] § 112 Abs. 4 und 5 findet keine Anwendung auf Betriebe eines Unternehmens in den ersten vier Jahren nach seiner Gründung. [2] Dies gilt nicht für Neugründungen im Zusammenhang mit der rechtlichen Umstrukturierung von Unternehmen und Konzernen. [3] Maßgebend für den Zeitpunkt der Gründung ist die Aufnahme einer Erwerbstätigkeit, die nach § 138 der Abgabenordnung dem Finanzamt mitzuteilen ist.

§ 113 Nachteilsausgleich. (1) Weicht der Unternehmer von einem Interessenausgleich über die geplante Betriebsänderung ohne zwingenden Grund ab, so können Arbeitnehmer, die infolge dieser Abweichung entlassen werden, beim Arbeitsgericht Klage erheben mit dem Antrag, den Arbeitgeber zur Zahlung von

Abfindungen zu verurteilen; § 10 des Kündigungsschutzgesetzes[1] gilt entsprechend.

(2) Erleiden Arbeitnehmer infolge einer Abweichung nach Absatz 1 andere wirtschaftliche Nachteile, so hat der Unternehmer diese Nachteile bis zu einem Zeitraum von zwölf Monaten auszugleichen.

(3) Die Absätze 1 und 2 gelten entsprechend, wenn der Unternehmer eine geplante Betriebsänderung nach § 111 durchführt, ohne über sie einen Interessenausgleich mit dem Betriebsrat versucht zu haben, und infolge der Maßnahme Arbeitnehmer entlassen werden oder andere wirtschaftliche Nachteile erleiden.

Fünfter Teil. Besondere Vorschriften für einzelne Betriebsarten

Erster Abschnitt. Seeschifffahrt

§ 114[2] Grundsätze. (1) Auf Seeschifffahrtsunternehmen und ihre Betriebe ist dieses Gesetz anzuwenden, soweit sich aus den Vorschriften dieses Abschnitts nichts anderes ergibt.

(2) [1] Seeschifffahrtsunternehmen im Sinne dieses Gesetzes ist ein Unternehmen, das Handelsschifffahrt betreibt und seinen Sitz im Geltungsbereich dieses Gesetzes hat. [2] Ein Seeschifffahrtsunternehmen im Sinne dieses Abschnitts betreibt auch, wer als Korrespondenzreeder, Vertragsreeder, Ausrüster oder aufgrund eines ähnlichen Rechtsverhältnisses Schiffe zum Erwerb durch die Seeschifffahrt verwendet, wenn er Arbeitgeber des Kapitäns und der Besatzungsmitglieder ist oder überwiegend die Befugnisse des Arbeitgebers ausübt.

(3) Als Seebetrieb im Sinne dieses Gesetzes gilt die Gesamtheit der Schiffe eines Seeschifffahrtsunternehmens einschließlich der in Absatz 2 Satz 2 genannten Schiffe.

(4) [1] Schiffe im Sinne dieses Gesetzes sind Kauffahrteischiffe, die nach dem Flaggenrechtsgesetz die Bundesflagge führen. [2] Schiffe, die in der Regel binnen 24 Stunden nach dem Auslaufen an den Sitz eines Landbetriebs zurückkehren, gelten als Teil dieses Landbetriebs des Seeschifffahrtsunternehmens.

(5) Jugend- und Auszubildendenvertretungen werden nur für die Landbetriebe von Seeschifffahrtsunternehmen gebildet.

(6) [1] Besatzungsmitglieder im Sinne dieses Gesetzes sind die in einem Heuer- oder Berufsausbildungsverhältnis zu einem Seeschifffahrtsunternehmen stehenden im Seebetrieb beschäftigten Personen mit Ausnahme des Kapitäns. [2] Leitende Angestellte im Sinne des § 5 Abs. 3 dieses Gesetzes sind nur die Kapitäne.

§ 115 Bordvertretung. (1) [1] Auf Schiffen, die mit in der Regel mindestens fünf wahlberechtigten Besatzungsmitgliedern besetzt sind, von denen drei wählbar sind, wird eine Bordvertretung gewählt. [2] Auf die Bordvertretung finden, soweit sich aus diesem Gesetz oder aus anderen gesetzlichen Vorschriften nicht etwas anderes ergibt, die Vorschriften über die Rechte und Pflichten des Betriebsrats und die Rechtsstellung seiner Mitglieder Anwendung.

(2) Die Vorschriften über die Wahl und Zusammensetzung des Betriebsrats finden mit folgender Maßgabe Anwendung:

1. Wahlberechtigt sind alle Besatzungsmitglieder des Schiffes.

---

[1] **Habersack, Deutsche Gesetze Nr. 84.**

[2] § 114 Abs. 6 Satz 1 neu gef. mWv 1.8.2013 durch G v. 20.4.2013 (BGBl. I S. 868).

2. Wählbar sind die Besatzungsmitglieder des Schiffes, die am Wahltag das 18. Lebensjahr vollendet haben und ein Jahr Besatzungsmitglied eines Schiffes waren, das nach dem Flaggenrechtsgesetz die Bundesflagge führt. § 8 Abs. 1 Satz 3 bleibt unberührt.
3. Die Bordvertretung besteht auf Schiffen mit in der Regel
   5 bis 20 wahlberechtigten Besatzungsmitgliedern aus einer Person,
   21 bis 75 wahlberechtigten Besatzungsmitgliedern aus drei Mitgliedern,
   über 75 wahlberechtigten Besatzungsmitgliedern aus fünf Mitgliedern.
4. (weggefallen)
5. § 13 Abs. 1 und 3 findet keine Anwendung. Die Bordvertretung ist vor Ablauf ihrer Amtszeit unter den in § 13 Abs. 2 Nr. 2 bis 5 genannten Voraussetzungen neu zu wählen.
6. Die wahlberechtigten Besatzungsmitglieder können mit der Mehrheit aller Stimmen beschließen, die Wahl der Bordvertretung binnen 24 Stunden durchzuführen.
7. Die in § 16 Abs. 1 Satz 1 genannte Frist wird auf zwei Wochen, die in § 16 Abs. 2 Satz 1 genannte Frist wird auf eine Woche verkürzt.
8. Bestellt die im Amt befindliche Bordvertretung nicht rechtzeitig einen Wahlvorstand oder besteht keine Bordvertretung, wird der Wahlvorstand in einer Bordversammlung von der Mehrheit der anwesenden Besatzungsmitglieder gewählt; § 17 Abs. 3 gilt entsprechend. Kann aus Gründen der Aufrechterhaltung des ordnungsgemäßen Schiffsbetriebs eine Bordversammlung nicht stattfinden, so kann der Kapitän auf Antrag von drei Wahlberechtigten den Wahlvorstand bestellen. Bestellt der Kapitän den Wahlvorstand nicht, so ist der Seebetriebsrat berechtigt, den Wahlvorstand zu bestellen. Die Vorschriften über die Bestellung des Wahlvorstands durch das Arbeitsgericht bleiben unberührt.
9. Die Frist für die Wahlanfechtung beginnt für Besatzungsmitglieder an Bord, wenn das Schiff nach Bekanntgabe des Wahlergebnisses erstmalig einen Hafen im Geltungsbereich dieses Gesetzes oder einen Hafen, in dem ein Seemannsamt seinen Sitz hat, anläuft. Die Wahlanfechtung kann auch zu Protokoll des Seemannsamtes erklärt werden. Wird die Wahl zur Bordvertretung angefochten, zieht das Seemannsamt die an Bord befindlichen Wahlunterlagen ein. Die Anfechtungserklärung und die eingezogenen Wahlunterlagen sind vom Seemannsamt unverzüglich an das für die Anfechtung zuständige Arbeitsgericht weiterzuleiten.

(3) Auf die Amtszeit der Bordvertretung finden die §§ 21, 22 bis 25 mit der Maßgabe Anwendung, dass
1. die Amtszeit ein Jahr beträgt,
2. die Mitgliedschaft in der Bordvertretung auch endet, wenn das Besatzungsmitglied den Dienst an Bord beendet, es sei denn, dass es den Dienst an Bord vor Ablauf der Amtszeit nach Nummer 1 wieder antritt.

(4) [1] *Für die Geschäftsführung* der Bordvertretung gelten die §§ 26 bis 36, § 37 Abs. 1 bis 3 sowie die §§ 39 bis 41 entsprechend. [2] § 40 Abs. 2 ist mit der Maßgabe anzuwenden, dass die Bordvertretung in dem für ihre Tätigkeit erforderlichen Umfang auch die für die Verbindung des Schiffes zur Reederei eingerichteten

Mittel zur beschleunigten Übermittlung von Nachrichten in Anspruch nehmen kann.

(5) [1] Die §§ 42 bis 46 über die Betriebsversammlung finden für die Versammlung der Besatzungsmitglieder eines Schiffes (Bordversammlung) entsprechende Anwendung. [2] Auf Verlangen der Bordvertretung hat der Kapitän der Bordversammlung einen Bericht über die Schiffsreise und die damit zusammenhängenden Angelegenheiten zu erstatten. [3] Er hat Fragen, die den Schiffsbetrieb, die Schiffsreise und die Schiffssicherheit betreffen, zu beantworten.

(6) Die §§ 47 bis 59 über den Gesamtbetriebsrat und den Konzernbetriebsrat finden für die Bordvertretung keine Anwendung.

(7) Die §§ 74 bis 105 über die Mitwirkung und Mitbestimmung der Arbeitnehmer finden auf die Bordvertretung mit folgender Maßgabe Anwendung:

1. Die Bordvertretung ist zuständig für die Behandlung derjenigen nach diesem Gesetz der Mitwirkung und Mitbestimmung des Betriebsrats unterliegenden Angelegenheiten, die den Bordbetrieb oder die Besatzungsmitglieder des Schiffes betreffen und deren Regelung dem Kapitän aufgrund gesetzlicher Vorschriften oder der ihm von der Reederei übertragenen Befugnisse obliegt.
2. Kommt es zwischen Kapitän und Bordvertretung in einer der Mitwirkung oder Mitbestimmung der Bordvertretung unterliegenden Angelegenheit nicht zu einer Einigung, so kann die Angelegenheit von der Bordvertretung an den Seebetriebsrat abgegeben werden. Der Seebetriebsrat hat die Bordvertretung über die weitere Behandlung der Angelegenheit zu unterrichten. Bordvertretung und Kapitän dürfen die Einigungsstelle oder das Arbeitsgericht nur anrufen, wenn ein Seebetriebsrat nicht gewählt ist.
3. Bordvertretung und Kapitän können im Rahmen ihrer Zuständigkeiten Bordvereinbarungen abschließen. Die Vorschriften über Betriebsvereinbarungen gelten für Bordvereinbarungen entsprechend. Bordvereinbarungen sind unzulässig, soweit eine Angelegenheit durch eine Betriebsvereinbarung zwischen Seebetriebsrat und Arbeitgeber geregelt ist.
4. In Angelegenheiten, die der Mitbestimmung der Bordvertretung unterliegen, kann der Kapitän, auch wenn eine Einigung mit der Bordvertretung noch nicht erzielt ist, vorläufige Regelungen treffen, wenn dies zur Aufrechterhaltung des ordnungsgemäßen Schiffsbetriebs dringend erforderlich ist. Den von der Anordnung betroffenen Besatzungsmitgliedern ist die Vorläufigkeit der Regelung bekannt zu geben. Soweit die vorläufige Regelung der endgültigen Regelung nicht entspricht, hat das Schifffahrtsunternehmen Nachteile auszugleichen, die den Besatzungsmitgliedern durch die vorläufige Regelung entstanden sind.
5. Die Bordvertretung hat das Recht auf regelmäßige und umfassende Unterrichtung über den Schiffsbetrieb. Die erforderlichen Unterlagen sind der Bordvertretung vorzulegen. Zum Schiffsbetrieb gehören insbesondere die Schiffssicherheit, die Reiserouten, die voraussichtlichen Ankunfts- und Abfahrtszeiten sowie die zu befördernde Ladung.
6. Auf Verlangen der Bordvertretung hat der Kapitän ihr Einsicht in die an Bord befindlichen Schiffstagebücher zu gewähren. In den Fällen, in denen der Kapitän eine Eintragung über Angelegenheiten macht, die der Mitwirkung oder Mitbestimmung der Bordvertretung unterliegen, kann diese eine Abschrift der Eintragung verlangen und Erklärungen zum Schiffstagebuch abgeben. In den Fällen, in denen über eine der Mitwirkung oder Mitbestimmung der Bordvertretung unterliegenden Angelegenheit eine Einigung zwischen Kapitän und

Bordvertretung nicht erzielt wird, kann die Bordvertretung dies zum Schiffstagebuch erklären und eine Abschrift dieser Eintragung verlangen.

7. Die Zuständigkeit der Bordvertretung im Rahmen des Arbeitsschutzes bezieht sich auch auf die Schiffssicherheit und die Zusammenarbeit mit den insoweit zuständigen Behörden und sonstigen in Betracht kommenden Stellen.

§ 116 Seebetriebsrat. (1) [1] In Seebetrieben werden Seebetriebsräte gewählt. [2] Auf die Seebetriebsräte finden, soweit sich aus diesem Gesetz oder aus anderen gesetzlichen Vorschriften nicht etwas anderes ergibt, die Vorschriften über die Rechte und Pflichten des Betriebsrats und die Rechtsstellung seiner Mitglieder Anwendung.

(2) Die Vorschriften über die Wahl, Zusammensetzung und Amtszeit des Betriebsrats finden mit folgender Maßgabe Anwendung:

1. Wahlberechtigt zum Seebetriebsrat sind alle zum Seeschifffahrtsunternehmen gehörenden Besatzungsmitglieder.
2. Für die Wählbarkeit zum Seebetriebsrat gilt § 8 mit der Maßgabe, dass
   a) in Seeschifffahrtsunternehmen, zu denen mehr als acht Schiffe gehören oder in denen in der Regel mehr als 250 Besatzungsmitglieder beschäftigt sind, nur nach § 115 Abs. 2 Nr. 2 wählbare Besatzungsmitglieder wählbar sind;
   b) in den Fällen, in denen die Voraussetzungen des Buchstabens a nicht vorliegen, nur Arbeitnehmer wählbar sind, die nach § 8 die Wählbarkeit im Landbetrieb des Seeschifffahrtsunternehmens besitzen, es sei denn, dass der Arbeitgeber mit der Wahl von Besatzungsmitgliedern einverstanden ist.
3. Der Seebetriebsrat besteht in Seebetrieben mit in der Regel
   5 bis 400 wahlberechtigten Besatzungsmitgliedern aus einer Person,
   401 bis 800 wahlberechtigten Besatzungsmitgliedern aus drei Mitgliedern,
   über 800 wahlberechtigten Besatzungsmitgliedern aus fünf Mitgliedern.
4. Ein Wahlvorschlag ist gültig, wenn er im Fall des § 14 Abs. 4 Satz 1 erster Halbsatz und Satz 2 mindestens von drei wahlberechtigten Besatzungsmitgliedern unterschrieben ist.
5. § 14a findet keine Anwendung.
6. Die in § 16 Abs. 1 Satz 1 genannte Frist wird auf drei Monate, die in § 16 Abs. 2 Satz 1 genannte Frist auf zwei Monate verlängert.
7. Zu Mitgliedern des Wahlvorstands können auch im Landbetrieb des Seeschifffahrtsunternehmens beschäftigte Arbeitnehmer bestellt werden. § 17 Abs. 2 bis 4 findet keine Anwendung. Besteht kein Seebetriebsrat, so bestellt der Gesamtbetriebsrat oder, falls ein solcher nicht besteht, der Konzernbetriebsrat den Wahlvorstand. Besteht weder ein Gesamtbetriebsrat noch ein Konzernbetriebsrat, wird der Wahlvorstand gemeinsam vom Arbeitgeber und den im Seebetrieb vertretenen Gewerkschaften bestellt; Gleiches gilt, wenn der Gesamtbetriebsrat oder der Konzernbetriebsrat die Bestellung des Wahlvorstands nach Satz 3 unterlässt. Einigen sich Arbeitgeber und Gewerkschaften nicht, so bestellt ihn das Arbeitsgericht auf Antrag des Arbeitgebers, einer im Seebetrieb vertretenen Gewerkschaft oder von mindestens drei wahlberechtigten Besatzungsmitgliedern. § 16 Abs. 2 Satz 2 und 3 gilt entsprechend.
8. Die Frist für die Wahlanfechtung nach § 19 Abs. 2 beginnt für Besatzungsmitglieder an Bord, wenn das Schiff nach Bekanntgabe des Wahlergebnisses erstmalig einen Hafen im Geltungsbereich dieses Gesetzes oder einen Hafen, in dem ein Seemannsamt seinen Sitz hat, anläuft. Nach Ablauf von drei Monaten seit Bekanntgabe des Wahlergebnisses ist eine Wahlanfechtung unzulässig. Die

Wahlanfechtung kann auch zu Protokoll des Seemannsamtes erklärt werden. Die Anfechtungserklärung ist vom Seemannsamt unverzüglich an das für die Anfechtung zuständige Arbeitsgericht weiterzuleiten.

9. Die Mitgliedschaft im Seebetriebsrat endet, wenn der Seebetriebsrat aus Besatzungsmitgliedern besteht, auch, wenn das Mitglied des Seebetriebsrats nicht mehr Besatzungsmitglied ist. Die Eigenschaft als Besatzungsmitglied wird durch die Tätigkeit im Seebetriebsrat oder durch eine Beschäftigung gemäß Absatz 3 Nr. 2 nicht berührt.

(3) Die §§ 26 bis 41 über die Geschäftsführung des Betriebsrats finden auf den Seebetriebsrat mit folgender Maßgabe Anwendung:

1. In Angelegenheiten, in denen der Seebetriebsrat nach diesem Gesetz innerhalb einer bestimmten Frist Stellung zu nehmen hat, kann er, abweichend von § 33 Abs. 2, ohne Rücksicht auf die Zahl der zur Sitzung erschienenen Mitglieder einen Beschluss fassen, wenn die Mitglieder ordnungsgemäß geladen worden sind.
2. Soweit die Mitglieder des Seebetriebsrats nicht freizustellen sind, sind sie so zu beschäftigen, dass sie durch ihre Tätigkeit nicht gehindert sind, die Aufgaben des Seebetriebsrats wahrzunehmen. Der Arbeitsplatz soll den Fähigkeiten und Kenntnissen des Mitglieds des Seebetriebsrats und seiner bisherigen beruflichen Stellung entsprechen. Der Arbeitsplatz ist im Einvernehmen mit dem Seebetriebsrat zu bestimmen. Kommt eine Einigung über die Bestimmung des Arbeitsplatzes nicht zustande, so entscheidet die Einigungsstelle. Der Spruch der Einigungsstelle ersetzt die Einigung zwischen Arbeitgeber und Seebetriebsrat.
3. Den Mitgliedern des Seebetriebsrats, die Besatzungsmitglieder sind, ist die Heuer auch dann fortzuzahlen, wenn sie im Landbetrieb beschäftigt werden. Sachbezüge sind angemessen abzugelten. Ist der neue Arbeitsplatz höherwertig, so ist das diesem Arbeitsplatz entsprechende Arbeitsentgelt zu zahlen.
4. Unter Berücksichtigung der örtlichen Verhältnisse ist über die Unterkunft der in den Seebetriebsrat gewählten Besatzungsmitglieder eine Regelung zwischen dem Seebetriebsrat und dem Arbeitgeber zu treffen, wenn der Arbeitsplatz sich nicht am Wohnort befindet. Kommt eine Einigung nicht zustande, so entscheidet die Einigungsstelle. Der Spruch der Einigungsstelle ersetzt die Einigung zwischen Arbeitgeber und Seebetriebsrat.
5. Der Seebetriebsrat hat das Recht, jedes zum Seebetrieb gehörende Schiff zu betreten, dort im Rahmen seiner Aufgaben tätig zu werden sowie an den Sitzungen der Bordvertretung teilzunehmen. § 115 Abs. 7 Nr. 5 Satz 1 gilt entsprechend.
6. Liegt ein Schiff in einem Hafen innerhalb des Geltungsbereichs dieses Gesetzes, so kann der Seebetriebsrat nach Unterrichtung des Kapitäns Sprechstunden an Bord abhalten und Bordversammlungen der Besatzungsmitglieder durchführen.
7. Läuft ein Schiff innerhalb eines Kalenderjahres keinen Hafen im Geltungsbereich dieses Gesetzes an, so gelten die Nummern 5 und 6 für europäische Häfen. Die Schleusen des Nordostseekanals gelten nicht als Häfen.
8. Im Einvernehmen mit dem Arbeitgeber können Sprechstunden und Bordversammlungen, abweichend von den Nummern 6 und 7, auch in anderen Liegehäfen des Schiffes durchgeführt werden, wenn ein dringendes Bedürfnis hierfür besteht. Kommt eine Einigung nicht zustande, so entscheidet die Einigungsstelle. Der Spruch der Einigungsstelle ersetzt die Einigung zwischen Arbeitgeber und Seebetriebsrat.

(4) Die §§ 42 bis 46 über die Betriebsversammlung finden auf den Seebetrieb keine Anwendung.

(5) Für den Seebetrieb nimmt der Seebetriebsrat die in den §§ 47 bis 59 dem Betriebsrat übertragenen Aufgaben, Befugnisse und Pflichten wahr.

(6) Die §§ 74 bis 113 über die Mitwirkung und Mitbestimmung der Arbeitnehmer finden auf den Seebetriebsrat mit folgender Maßgabe Anwendung:

1. Der Seebetriebsrat ist zuständig für die Behandlung derjenigen nach diesem Gesetz der Mitwirkung oder Mitbestimmung des Betriebsrats unterliegenden Angelegenheiten,
   a) die alle oder mehrere Schiffe des Seebetriebs oder die Besatzungsmitglieder aller oder mehrerer Schiffe des Seebetriebs betreffen,
   b) die nach § 115 Abs. 7 Nr. 2 von der Bordvertretung abgegeben worden sind oder
   c) für die nicht die Zuständigkeit der Bordvertretung nach § 115 Abs. 7 Nr. 1 gegeben ist.
2. Der Seebetriebsrat ist regelmäßig und umfassend über den Schiffsbetrieb des Seeschifffahrtsunternehmens zu unterrichten. Die erforderlichen Unterlagen sind ihm vorzulegen.

Zweiter Abschnitt. Luftfahrt

§ 117[1)] Geltung für die Luftfahrt. (1) [1] Auf Landbetriebe von Luftfahrtunternehmen ist dieses Gesetz anzuwenden. [2] Auf im Flugbetrieb beschäftigte Arbeitnehmer von Luftfahrtunternehmen ist dieses Gesetz anzuwenden, wenn keine Vertretung durch Tarifvertrag nach Absatz 2 Satz 1 errichtet ist.

(2) [1] Für im Flugbetrieb beschäftigte Arbeitnehmer von Luftfahrtunternehmen kann durch Tarifvertrag eine Vertretung errichtet werden. [2] Über die Zusammenarbeit dieser Vertretung mit den nach diesem Gesetz zu errichtenden Vertretungen der Arbeitnehmer der Landbetriebe des Luftfahrtunternehmens kann der Tarifvertrag von diesem Gesetz abweichende Regelungen vorsehen. [3] Auf einen Tarifvertrag nach den Sätzen 1 und 2 ist § 4 Absatz 5 des Tarifvertragsgesetzes[2)] anzuwenden.

Dritter Abschnitt. Tendenzbetriebe und Religionsgemeinschaften

§ 118 Geltung für Tendenzbetriebe und Religionsgemeinschaften.

(1) [1] Auf Unternehmen und Betriebe, die unmittelbar und überwiegend

1. politischen, koalitionspolitischen, konfessionellen, karitativen, erzieherischen, wissenschaftlichen oder künstlerischen Bestimmungen oder
2. Zwecken der Berichterstattung oder Meinungsäußerung, auf die Artikel 5 Abs. 1 Satz 2 des Grundgesetzes[3)] Anwendung findet,

dienen, finden die Vorschriften dieses Gesetzes keine Anwendung, soweit die Eigenart des Unternehmens oder des Betriebs dem entgegensteht. [2] Die §§ 106 bis 110 sind nicht, die §§ 111 bis 113 nur insoweit anzuwenden, als sie den Ausgleich oder die Milderung wirtschaftlicher Nachteile für die Arbeitnehmer infolge von Betriebsänderungen regeln.

[1)] § 117 Abs. 1 Satz 2, Abs. 2 Satz 3 angef. mWv 1.5.2019 durch G v. 18.12.2018 (BGBl. I S. 2651).
[2)] Nr. **81**.
[3)] Nr. **1**.

(2) Dieses Gesetz findet keine Anwendung auf Religionsgemeinschaften und ihre karitativen und erzieherischen Einrichtungen unbeschadet deren Rechtsform.

Sechster Teil. Straf- und Bußgeldvorschriften

§ 119[1] Straftaten gegen Betriebsverfassungsorgane und ihre Mitglieder.

(1) Mit Freiheitsstrafe bis zu einem Jahr oder mit Geldstrafe wird bestraft, wer

1. eine Wahl des Betriebsrats, der Jugend- und Auszubildendenvertretung, der Bordvertretung, des Seebetriebsrats oder der in § 3 Abs. 1 Nr. 1 bis 3 oder 5 bezeichneten Vertretungen der Arbeitnehmer behindert oder durch Zufügung oder Androhung von Nachteilen oder durch Gewährung oder Versprechen von Vorteilen beeinflusst,
2. die Tätigkeit des Betriebsrats, des Gesamtbetriebsrats, des Konzernbetriebsrats, der Jugend- und Auszubildendenvertretung, der Gesamt-Jugend- und Auszubildendenvertretung, der Konzern-Jugend- und Auszubildendenvertretung, der Bordvertretung, des Seebetriebsrats, der in § 3 Abs. 1 bezeichneten Vertretungen der Arbeitnehmer, der Einigungsstelle, der in § 76 Abs. 8 bezeichneten tariflichen Schlichtungsstelle, der in § 86 bezeichneten betrieblichen Beschwerdestelle oder des Wirtschaftsausschusses behindert oder stört, oder
3. ein Mitglied oder ein Ersatzmitglied des Betriebsrats, des Gesamtbetriebsrats, des Konzernbetriebsrats, der Jugend- und Auszubildendenvertretung, der Gesamt-Jugend- und Auszubildendenvertretung, der Konzern-Jugend- und Auszubildendenvertretung, der Bordvertretung, des Seebetriebsrats, der in § 3 Abs. 1 bezeichneten Vertretungen der Arbeitnehmer, der Einigungsstelle, der in § 76 Abs. 8 bezeichneten Schlichtungsstelle, der in § 86 bezeichneten betrieblichen Beschwerdestelle oder des Wirtschaftsausschusses um seiner Tätigkeit willen oder eine Auskunftsperson nach § 80 Absatz 2 Satz 4 um ihrer Tätigkeit willen benachteiligt oder begünstigt.

(2) Die Tat wird nur auf Antrag des Betriebsrats, des Gesamtbetriebsrats, des Konzernbetriebsrats, der Bordvertretung, des Seebetriebsrats, einer der in § 3 Abs. 1 bezeichneten Vertretungen der Arbeitnehmer, des Wahlvorstands, des Unternehmers oder einer im Betrieb vertretenen Gewerkschaft verfolgt.

§ 120[2] Verletzung von Geheimnissen. (1) Wer unbefugt ein fremdes Betriebs- oder Geschäftsgeheimnis offenbart, das ihm in seiner Eigenschaft als

1. Mitglied oder Ersatzmitglied des Betriebsrats oder einer der in § 79 Abs. 2 bezeichneten Stellen,
2. Vertreter einer Gewerkschaft oder Arbeitgebervereinigung,
3. Sachverständiger, der vom Betriebsrat nach § 80 Abs. 3 hinzugezogen oder *von der Einigungsstelle* nach § 109 Satz 3 angehört worden ist,

3a. Berater, der vom Betriebsrat nach § 111 Satz 2 hinzugezogen worden ist,

3b. Auskunftsperson, die dem Betriebsrat nach § 80 Absatz 2 Satz 4 zur Verfügung gestellt worden ist, oder

4. Arbeitnehmer, der vom Betriebsrat nach § 107 Abs. 3 Satz 3 oder vom Wirtschaftsausschuss nach § 108 Abs. 2 Satz 2 hinzugezogen worden ist,

---

[1] § 119 Abs. 1 Nr. 3 geänd. mWv 1.4.2017 durch G v. 21.2.2017 (BGBl. I S. 258).
[2] § 120 Abs. 1 Nr. 3b geänd. mWv 1.4.2017 durch G v. 21.2.2017 (BGBl. I S. 258).

bekannt geworden und das vom Arbeitgeber ausdrücklich als geheimhaltungsbedürftig bezeichnet worden ist, wird mit Freiheitsstrafe bis zu einem Jahr oder mit Geldstrafe bestraft.

(2) Ebenso wird bestraft, wer unbefugt ein fremdes Geheimnis eines Arbeitnehmers, namentlich ein zu dessen persönlichen Lebensbereich gehörendes Geheimnis, offenbart, das ihm in seiner Eigenschaft als Mitglied oder Ersatzmitglied des Betriebsrats oder einer der in § 79 Abs. 2 bezeichneten Stellen bekannt geworden ist und über das nach den Vorschriften dieses Gesetzes Stillschweigen zu bewahren ist.

(3) [1] Handelt der Täter gegen Entgelt oder in der Absicht, sich oder einen anderen zu bereichern oder einen anderen zu schädigen, so ist die Strafe Freiheitsstrafe bis zu zwei Jahren oder Geldstrafe. [2] Ebenso wird bestraft, wer unbefugt ein fremdes Geheimnis, namentlich ein Betriebs- oder Geschäftsgeheimnis, zu dessen Geheimhaltung er nach den Absätzen 1 oder 2 verpflichtet ist, verwertet.

(4) Die Absätze 1 bis 3 sind auch anzuwenden, wenn der Täter das fremde Geheimnis nach dem Tode des Betroffenen unbefugt offenbart oder verwertet.

(5) [1] Die Tat wird nur auf Antrag des Verletzten verfolgt. [2] Stirbt der Verletzte, so geht das Antragsrecht nach § 77 Abs. 2 des Strafgesetzbuches[1)] auf die Angehörigen über, wenn das Geheimnis zum persönlichen Lebensbereich des Verletzten gehört; in anderen Fällen geht es auf die Erben über. [3] Offenbart der Täter das Geheimnis nach dem Tode des Betroffenen, so gilt Satz 2 singgemäß.

§ 121 Bußgeldvorschriften. (1) Ordnungswidrig handelt, wer eine der in § 90 Abs. 1, 2 Satz 1, § 92 Abs. 1 Satz 1 auch in Verbindung mit Abs. 3, § 99 Abs. 1, § 106 Abs. 2, § 108 Abs. 5, § 110 oder § 111 bezeichneten Aufklärungs- oder Auskunftspflichten nicht, wahrheitswidrig, unvollständig oder verspätet erfüllt.

(2) Die Ordnungswidrigkeit kann mit einer Geldbuße bis zu zehntausend Euro geahndet werden.

Siebenter Teil. Änderung von Gesetzen

§ 122 (Änderung des Bürgerlichen Gesetzbuchs[2)]). (gegenstandslos)

§ 123 (Änderung des Kündigungsschutzgesetzes[3)]). (gegenstandslos)

§ 124 (Änderung des Arbeitsgerichtsgesetzes[4)]). (gegenstandslos)

Achter Teil. Übergangs- und Schlussvorschriften

§ 125 Erstmalige Wahlen nach diesem Gesetz. (1) Die erstmaligen Betriebsratswahlen nach § 13 Abs. 1 finden im Jahre 1972 statt.

(2) [1] Die erstmaligen Wahlen der Jugend- und Auszubildendenvertretung nach § 64 Abs. 1 Satz 1 finden im Jahre 1988 statt. [2] Die Amtszeit der Jugendvertretung endet mit der Bekanntgabe des Wahlergebnisses der neu gewählten Jugend- und Auszubildendenvertretung, spätestens am 30. November 1988.

[1)] **Habersack, Deutsche Gesetze Nr. 85.**
[2)] **Habersack, Deutsche Gesetze Nr. 20.**
[3)] **Habersack, Deutsche Gesetze Nr. 84.**
[4)] **Habersack, Deutsche Gesetze Nr. 83.**

(3) Auf Wahlen des Betriebsrats, der Bordvertretung, des Seebetriebsrats und der Jugend- und Auszubildendenvertretung, die nach dem 28. Juli 2001 eingeleitet werden, finden die Erste Verordnung zur Durchführung des Betriebsverfassungsgesetzes vom 16. Januar 1972 (BGBl. I S. 49), zuletzt geändert durch die Verordnung vom 16. Januar 1995 (BGBl. I S. 43), die Zweite Verordnung zur Durchführung des Betriebsverfassungsgesetzes vom 24. Oktober 1972 (BGBl. I S. 2029), zuletzt geändert durch die Verordnung vom 28. September 1989 (BGBl. I S. 1795) und die Verordnung zur Durchführung der Betriebsratswahlen bei den Postunternehmen vom 26. Juni 1995 (BGBl. I S. 871) bis zu deren Änderung entsprechende Anwendung.

(4) Ergänzend findet für das vereinfachte Wahlverfahren nach § 14a die Erste Verordnung zur Durchführung des Betriebsverfassungsgesetzes bis zu deren Änderung mit folgenden Maßgaben entsprechende Anwendung:

1. Die Frist für die Einladung zur Wahlversammlung zur Wahl des Wahlvorstands nach § 14a Abs. 1 des Gesetzes beträgt mindestens sieben Tage. Die Einladung muss Ort, Tag und Zeit der Wahlversammlung sowie den Hinweis enthalten, dass bis zum Ende dieser Wahlversammlung Wahlvorschläge zur Wahl des Betriebsrats gemacht werden können (§ 14a Abs. 2 des Gesetzes).
2. § 3 findet wie folgt Anwendung:
   a) Im Fall des § 14a Abs. 1 des Gesetzes erlässt der Wahlvorstand auf der Wahlversammlung das Wahlausschreiben. Die Einspruchsfrist nach § 3 Abs. 2 Nr. 3 verkürzt sich auf drei Tage. Die Angabe nach § 3 Abs. 2 Nr. 4 muss die Zahl der Mindestsitze des Geschlechts in der Minderheit (§ 15 Abs. 2 des Gesetzes) enthalten. Die Wahlvorschläge sind abweichend von § 3 Abs. 2 Nr. 7 bis zum Abschluss der Wahlversammlung zur Wahl des Wahlvorstands bei diesem einzureichen. Ergänzend zu § 3 Abs. 2 Nr. 10 gibt der Wahlvorstand den Ort, Tag und Zeit der nachträglichen Stimmabgabe an (§ 14a Abs. 4 des Gesetzes).
   b) Im Fall des § 14a Abs. 3 des Gesetzes erlässt der Wahlvorstand unverzüglich das Wahlausschreiben mit den unter Buchstabe a genannten Maßgaben zu § 3 Abs. 2 Nr. 3, 4 und 10. Abweichend von § 3 Abs. 2 Nr. 7 sind die Wahlvorschläge spätestens eine Woche vor der Wahlversammlung zur Wahl des Betriebsrats (§ 14a Abs. 3 Satz 2 des Gesetzes) beim Wahlvorstand einzureichen.
3. Die Einspruchsfrist des § 4 Abs. 1 verkürzt sich auf drei Tage.
4. Die §§ 6 bis 8 und § 10 Abs. 2 finden entsprechende Anwendung mit der Maßgabe, dass die Wahl aufgrund von Wahlvorschlägen erfolgt. Im Fall des § 14a Abs. 1 des Gesetzes sind die Wahlvorschläge bis zum Abschluss der Wahlversammlung zur Wahl des Wahlvorstands bei diesem einzureichen; im Fall des § 14a Abs. 3 des Gesetzes sind die Wahlvorschläge spätestens eine Woche vor der Wahlversammlung zur Wahl des Betriebsrats (§ 14a Abs. 3 Satz 2 des Gesetzes) beim Wahlvorstand einzureichen.
5. § 9 findet keine Anwendung.
6. Auf das Wahlverfahren finden die §§ 21 ff. entsprechende Anwendung. Auf den Stimmzetteln sind die Bewerber in alphabetischer Reihenfolge unter Angabe von Familienname, Vorname und Art der Beschäftigung im Betrieb aufzuführen.
7. § 25 Abs. 5 bis 8 findet keine Anwendung.
8. § 26 Abs. 1 findet mit der Maßgabe Anwendung, dass der Wahlberechtigte sein Verlangen auf schriftliche Stimmabgabe spätestens drei Tage vor dem Tag der

Wahlversammlung zur Wahl des Betriebsrats dem Wahlvorstand mitgeteilt haben muss.

9. § 31 findet entsprechende Anwendung mit der Maßgabe, dass die Wahl der Jugend- und Auszubildendenvertretung aufgrund von Wahlvorschlägen erfolgt.

§ 126[1)] Ermächtigung zum Erlass von Wahlordnungen. Das Bundesministerium für Arbeit und Soziales wird ermächtigt, mit Zustimmung des Bundesrates Rechtsverordnungen zu erlassen zur Regelung der in den §§ 7 bis 20, 60 bis 63, 115 und 116 bezeichneten Wahlen über

1. die Vorbereitung der Wahl, insbesondere die Aufstellung der Wählerlisten und die Errechnung der Vertreterzahl;
2. die Frist für die Einsichtnahme in die Wählerlisten und die Erhebung von Einsprüchen gegen sie;
3. die Vorschlagslisten und die Frist für ihre Einreichung;
4. das Wahlausschreiben und die Fristen für seine Bekanntmachung;
5. die Stimmabgabe;

5a. die Verteilung der Sitze im Betriebsrat, in der Bordvertretung, im Seebetriebsrat sowie in der Jugend- und Auszubildendenvertretung auf die Geschlechter, auch soweit die Sitze nicht gemäß § 15 Abs. 2 und § 62 Abs. 3 besetzt werden können;

6. die Feststellung des Wahlergebnisses und die Fristen für seine Bekanntmachung;
7. die Aufbewahrung der Wahlakten.

§ 127 Verweisungen. Soweit in anderen Vorschriften auf Vorschriften verwiesen wird oder Bezeichnungen verwendet werden, die durch dieses Gesetz aufgehoben oder geändert werden, treten an ihre Stelle die entsprechenden Vorschriften oder Bezeichnungen dieses Gesetzes.

§ 128 Bestehende abweichende Tarifverträge. Die im Zeitpunkt des Inkrafttretens dieses Gesetzes nach § 20 Abs. 3 des Betriebsverfassungsgesetzes vom 11. Oktober 1952 geltenden Tarifverträge über die Errichtung einer anderen Vertretung der Arbeitnehmer für Betriebe, in denen wegen ihrer Eigenart der Errichtung von Betriebsräten besondere Schwierigkeiten entgegenstehen, werden durch dieses Gesetz nicht berührt.

§ 129[2)] Sonderregelungen aus Anlass der COVID-19-Pandemie.

(1) [1] Versammlungen nach den §§ 42, 53 und 71 können bis zum Ablauf des 7. April 2023 auch mittels audiovisueller Einrichtungen durchgeführt werden, wenn sichergestellt ist, dass nur teilnahmeberechtigte Personen Kenntnis von dem Inhalt der Versammlung nehmen können. [2] Eine Aufzeichnung ist unzulässig.

(2) [1] Die Teilnahme an Sitzungen der Einigungsstelle sowie die Beschlussfassung können bis zum Ablauf des 7. April 2023 auch mittels einer Video- und Telefonkonferenz erfolgen, wenn sichergestellt ist, dass Dritte vom Inhalt der Sitzung keine Kenntnis nehmen können. [2] Eine Aufzeichnung ist unzulässig. [3] Die Teil-

---

[1)] § 126 Einleitungssatz geänd. mWv 28.11.2003 durch VO v. 25.11.2003 (BGBl. I S. 2304); geänd. mWv 8.11.2006 durch VO v. 31.10.2006 (BGBl. I S. 2407).

[2)] § 129 neu gef. mWv 12.12.2021 durch G v. 10.12.2021 (BGBl. I S. 5162); Abs. 1 Satz 1, Abs. 2 Satz 1 geänd., Abs. 3 aufgeh. mWv 17.9.2022 durch G v. 16.9.2022 (BGBl. I S. 1454).

nehmer, die mittels Video- und Telefonkonferenz teilnehmen, bestätigen ihre Anwesenheit gegenüber dem Vorsitzenden der Einigungsstelle in Textform.

§ 130 Öffentlicher Dienst. Dieses Gesetz findet keine Anwendung auf Verwaltungen und Betriebe des Bundes, der Länder, der Gemeinden und sonstiger Körperschaften, Anstalten und Stiftungen des öffentlichen Rechts.

§ 131 Berlin-Klausel. (gegenstandslos)

§ 132 (Inkrafttreten)

82a. Gesetz über die Mitbestimmung der Arbeitnehmer (Mitbestimmungsgesetz – MitbestG)

Vom 4. Mai 1976
(BGBl. I S. 1153)

FNA 801-8

Lfd. Nr.	Änderndes Gesetz	Datum	Fundstelle	Betroffen	Hinweis
1.	Art. 5 Arbeitsgerichts-ÄndG	26.6.1990	BGBl. I S. 1206	§§ 9, 10, 11, 12, 13, 14, 15, 16, 18, 21, 23, 34, 39	geänd. mWv 1.7.1990
2.	Art. 12 UmwBerG	28.10.1994	BGBl. I S. 3210	§ 32	geänd. mWv 1.1.1995
3.	Art. 12 BetrVerf-ReformG	23.7.2001	BGBl. I S. 1852	§§ 1, 3, 10 11, 12, 15, 16, 17, 18, 23, 24, 34, 36, 39, 40	geänd. mWv 28.7.2001
				§§ 35, 38	aufgeh. mWv 28.7.2001
4.	Art. 1 Aufsichtsratswahl-VereinfachungsG	23.3.2002	BGBl. I S. 1130	§§ 1, 2, 7, 11, 15, 19, 21, 22, 25, 37, 40	geänd. mWv 27.3.2002
5.	Art. 3 Zweites G zur Vereinfachung der Wahl der Arbeitnehmervertreter in den Aufsichtsrat	18.5.2004	BGBl. I S. 974	§§ 1, 19, 22, 25, 34	geänd. mWv 30.6.2004
6.	BVerG-Entscheidung – 1 BvR 2130/98 –	12.10.2004	BGBl. I S. 3343	§ 12	geänd. mWv 24.11. 2004
7.	Art. 4 Zweites G zur Änd. des SeemannsG und anderer G	8.6.2005	BGBl. I S. 1530	§ 12	geänd. mWv 1.7.2005
8.	Art. 18 G zur Einführung der Europäischen Genossenschaft und zur Änd. des Genossenschaftsrechts	14.8.2006	BGBl. I S. 1911	§§ 1, 2, 6, 7, 8, 15, 25, 33, 37	geänd. mWv 18.8.2006
9.	Art. 9 G zur Umsetzung der AktionärsrechteRL (ARUG)[1]	30.7.2009	BGBl. I S. 2479	§ 25	geänd. mWv 1.9.2009
10.	Art. 2 Abs. 113 G zur Änd. von Vorschriften über Verkündung und Bekanntmachungen sowie der ZPO, des EGZPO und der AO	22.12.2011	BGBl. I S. 3044	§§ 19, 22	geänd. mWv 1.4.2012
11.	Art. 7 G für die gleichberechtigte Teilhabe von Frauen und Männern an Führungspositionen in der Privatwirtschaft und im öffentlichen Dienst	24.4.2015	BGBl. I S. 642	§§ 6, 7, 16, 17, Sechster Unterabschnitt, § 39	geänd. mWv 1.5.2015
				Fünfter Unterabschnitt § 18a	eingef. mWv 1.5.2015
				§ 40	neu gef. mWv 1.5.2015
12.	Art. 17 G zur Ergänzung und Änd. der Regelungen für die gleichberechtigte Teilhabe von Frauen an Führungspositionen in der	7.8.2021	BGBl. I S. 3311	§§ 7, 40	geänd. mWv 12.8.2021

[1] **Amtl. Anm.:** Dieses Gesetz dient der Umsetzung
- der Richtlinie 2006/68/EG des Europäischen Parlaments und des Rates vom 6. September 2006 zur Änderung der Richtlinie 77/91/EWG des Rates in Bezug auf die Gründung von Aktiengesellschaften und die Erhaltung und Änderung ihres Kapitals (ABl. L 264 vom 25.9.2006, S. 32) und
- der Richtlinie 2007/36/EG des Europäischen Parlaments und des Rates vom 11. Juli 2007 über die Ausübung bestimmter Rechte von Aktionären in börsennotierten Gesellschaften (ABl. L 184 vom 14.7.2007, S. 17).

Lfd. Nr.	Änderndes Gesetz	Datum	Fundstelle	Betroffen	Hinweis
	Privatwirtschaft und im öffentlichen Dienst				

Erster Teil. Geltungsbereich

§ 1[1] Erfaßte Unternehmen. (1) In Unternehmen, die

1. in der Rechtsform einer Aktiengesellschaft, einer Kommanditgesellschaft auf Aktien, einer Gesellschaft mit beschränkter Haftung oder einer Genossenschaft betrieben werden und
2. in der Regel mehr als 2 000 Arbeitnehmer beschäftigen,

haben die Arbeitnehmer ein Mitbestimmungsrecht nach Maßgabe dieses Gesetzes.

(2) Dieses Gesetz ist nicht anzuwenden auf die Mitbestimmung in Organen von Unternehmen, in denen die Arbeitnehmer nach

1. dem Gesetz über die Mitbestimmung der Arbeitnehmer in den Aufsichtsräten und Vorständen der Unternehmen des Bergbaus und der Eisen und Stahl erzeugenden Industrie[2] vom 21. Mai 1951 (Bundesgesetzbl. I S. 347) – Montan-Mitbestimmungsgesetz –, oder
2. dem Gesetz zur Ergänzung des Gesetzes über die Mitbestimmung der Arbeitnehmer in den Aufsichtsräten und Vorständen der Unternehmen des Bergbaus und der Eisen und Stahl erzeugenden Industrie[3] vom 7. August 1956 (Bundesgesetzbl. I S. 707) – Mitbestimmungsergänzungsgesetz –

ein Mitbestimmungsrecht haben.

(3) Die Vertretung der Arbeitnehmer in den Aufsichtsräten von Unternehmen, in denen die Arbeitnehmer nicht nach Absatz 1 oder nach den in Absatz 2 bezeichneten Gesetzen ein Mitbestimmungsrecht haben, bestimmt sich nach den Vorschriften des Drittelbeteiligungsgesetzes[4] (BGBl. 2004 I S. 974).

(4) [1] Dieses Gesetz ist nicht anzuwenden auf Unternehmen, die unmittelbar und überwiegend

1. politischen, koalitionspolitischen, konfessionellen, karitativen, erzieherischen, wissenschaftlichen oder künstlerischen Bestimmungen oder
2. Zwecken der Berichterstattung oder Meinungsäußerung, auf die Artikel 5 Abs. 1 Satz 2 des Grundgesetzes[5] anzuwenden ist,

dienen. [2] Dieses Gesetz ist nicht anzuwenden auf Religionsgemeinschaften und ihre karitativen und erzieherischen Einrichtungen unbeschadet deren Rechtsform.

---

[1] § 1 Abs. 2 Nr. 1 und 2, Abs. 3 geänd. mWv 28.7.2001 durch G v. 23.7.2001 (BGBl. I S. 1852); Abs. 1 Nr. 1 geänd. mWv 27. 3. 2002 durch G v. 23.3.2002 (BGBl. I S. 1130); Abs. 3 geänd. mWv 1.7.2004 durch G v. 18.5.2004 (BGBl. I S. 974); Abs. 1 Nr. 1 geänd. mWv 18.8.2006 durch G v. 14.8.2006 (BGBl. I S. 1911).

[2] Nr. **82b**.

[3] Nr. **82c**.

[4] Nr. **82d**.

[5] Nr. **1**.

§ 2[1] Anteilseigner. Anteilseigner im Sinne dieses Gesetzes sind je nach der Rechtsform der in § 1 Abs. 1 Nr. 1 bezeichneten Unternehmen Aktionäre, Gesellschafter oder Mitglieder einer Genossenschaft.

§ 3[2] Arbeitnehmer und Betrieb. (1) [1]Arbeitnehmer im Sinne dieses Gesetzes sind

1. die in § 5 Abs. 1 des Betriebsverfassungsgesetzes[3] bezeichneten Personen mit Ausnahme der in § 5 Abs. 3 des Betriebsverfassungsgesetzes bezeichneten leitenden Angestellten,
2. die in § 5 Abs. 3 des Betriebsverfassungsgesetzes bezeichneten leitenden Angestellten.

[2]Keine Arbeitnehmer im Sinne dieses Gesetzes sind die in § 5 Abs. 2 des Betriebsverfassungsgesetzes bezeichneten Personen.

(2) [1]Betriebe im Sinne dieses Gesetzes sind solche des Betriebsverfassungsgesetzes. [2]§ 4 Abs. 2 des Betriebsverfassungsgesetzes ist anzuwenden.

§ 4 Kommanditgesellschaft. (1) [1]Ist ein in § 1 Abs. 1 Nr. 1 bezeichnetes Unternehmen persönlich haftender Gesellschafter einer Kommanditgesellschaft und hat die Mehrheit der Kommanditisten dieser Kommanditgesellschaft, berechnet nach der Mehrheit der Anteile oder der Stimmen, die Mehrheit der Anteile oder der Stimmen in dem Unternehmen des persönlich haftenden Gesellschafters inne, so gelten für die Anwendung dieses Gesetzes auf den persönlich haftenden Gesellschafter die Arbeitnehmer der Kommanditgesellschaft als Arbeitnehmer des persönlich haftenden Gesellschafters, sofern nicht der persönlich haftende Gesellschafter einen eigenen Geschäftsbetrieb mit in der Regel mehr als 500 Arbeitnehmern hat. [2]Ist die Kommanditgesellschaft persönlich haftender Gesellschafter einer anderen Kommanditgesellschaft, so gelten auch deren Arbeitnehmer als Arbeitnehmer des in § 1 Abs. 1 Nr. 1 bezeichneten Unternehmens. [3]Dies gilt entsprechend, wenn sich die Verbindung von Kommanditgesellschaften in dieser Weise fortsetzt.

(2) Das Unternehmen kann von der Führung der Geschäfte der Kommanditgesellschaft nicht ausgeschlossen werden.

§ 5 Konzern. (1) [1]Ist ein in § 1 Abs. 1 Nr. 1 bezeichnetes Unternehmen herrschendes Unternehmen eines Konzerns (§ 18 Abs. 1 des Aktiengesetzes[4]), so gelten für die Anwendung dieses Gesetzes auf das herrschende Unternehmen die Arbeitnehmer der Konzernunternehmen als Arbeitnehmer des herrschenden Unternehmens. [2]Dies gilt auch für die Arbeitnehmer eines in § 1 Abs. 1 Nr. 1 bezeichneten Unternehmens, das persönlich haftender Gesellschafter eines abhängigen Unternehmens (§ 18 Abs. 1 des Aktiengesetzes) in der Rechtsform einer Kommanditgesellschaft ist.

(2) [1]Ist eine Kommanditgesellschaft, bei der für die Anwendung dieses Gesetzes auf den persönlich haftenden Gesellschafter die Arbeitnehmer der Kommanditgesellschaft nach § 4 Abs. 1 als Arbeitnehmer des persönlich haftenden Gesellschafters gelten, herrschendes Unternehmen eines Konzerns (§ 18 Abs. 1

---

[1] § 2 geänd. mWv 27.3.2002 durch G v. 23.3.2002 (BGBl. I S. 1130); geänd. mWv 18.8.2006 durch G v. 14.8.2006 (BGBl. I S. 1911).
[2] § 3 neu gef. mWv 28.7.2001 durch G v. 23.7.2001 (BGBl. I S. 1852).
[3] Nr. **82.**
[4] **Habersack, Deutsche Gesetze Nr. 51.**

des Aktiengesetzes), so gelten für die Anwendung dieses Gesetzes auf den persönlich haftenden Gesellschafter der Kommanditgesellschaft die Arbeitnehmer der Konzernunternehmen als Arbeitnehmer des persönlich haftenden Gesellschafters. [2] Absatz 1 Satz 2 sowie § 4 Abs. 2 sind entsprechend anzuwenden.

(3) Stehen in einem Konzern die Konzernunternehmen unter der einheitlichen Leitung eines anderen als eines in Absatz 1 oder 2 bezeichneten Unternehmens, beherrscht aber die Konzernleitung über ein in Absatz 1 oder 2 bezeichnetes Unternehmen oder über mehrere solcher Unternehmen andere Konzernunternehmen, so gelten die in Absatz 1 oder 2 bezeichneten und der Konzernleitung am nächsten stehenden Unternehmen, über die die Konzernleitung andere Konzernunternehmen beherrscht, für die Anwendung dieses Gesetzes als herrschende Unternehmen.

Zweiter Teil. Aufsichtsrat

Erster Abschnitt. Bildung und Zusammensetzung

§ 6[1)] Grundsatz. (1) Bei den in § 1 Abs. 1 bezeichneten Unternehmen ist ein Aufsichtsrat zu bilden, soweit sich dies nicht schon aus anderen gesetzlichen Vorschriften ergibt.

(2) [1] Die Bildung und die Zusammensetzung des Aufsichtsrats sowie die Bestellung und die Abberufung seiner Mitglieder bestimmen sich nach den §§ 7 bis 24 dieses Gesetzes und, soweit sich dies nicht schon aus anderen gesetzlichen Vorschriften ergibt, nach § 96 Absatz 4, den §§ 97 bis 101 Abs. 1 und 3 und den §§ 102 bis 106 des Aktiengesetzes[2)] mit der Maßgabe, daß die Wählbarkeit eines Prokuristen als Aufsichtsratsmitglied der Arbeitnehmer nur ausgeschlossen ist, wenn dieser dem zur gesetzlichen Vertretung des Unternehmens befugten Organ unmittelbar unterstellt und zur Ausübung der Prokura für den gesamten Geschäftsbereich des Organs ermächtigt ist. [2] Andere gesetzliche Vorschriften und Bestimmungen der Satzung (des Gesellschaftsvertrags, des Statuts) über die Zusammensetzung des Aufsichtsrats sowie über die Bestellung und die Abberufung seiner Mitglieder bleiben unberührt, soweit Vorschriften dieses Gesetzes dem nicht entgegenstehen.

(3) [1] Auf Genossenschaften sind die §§ 100, 101 Abs. 1 und 3 und die §§ 103 und 106 des Aktiengesetzes nicht anzuwenden. [2] Auf die Aufsichtsratsmitglieder der Arbeitnehmer ist § 9 Abs. 2 des Genossenschaftsgesetzes[3)] nicht anzuwenden.

§ 7[4)] Zusammensetzung des Aufsichtsrats. (1) [1] Der Aufsichtsrat eines Unternehmens

---

[1)] § 6 Abs. 3 Sätze 1 und 2 geänd. mWv 18.8.2006 durch G v. 14.8.2006 (BGBl. I S. 1911); Abs. 2 Satz 1 geänd. mWv 1.5.2015 durch G v. 24.4.2015 (BGBl. I S. 642).

[2)] **Habersack, Deutsche Gesetze Nr. 51.**

[3)] **Habersack, Deutsche Gesetze Nr. 53.**

[4)] § 7 Abs. 3 neu gef. mWv 27.3.2002 durch G v. 23.3.2002 (BGBl. I S. 1130); Abs. 1 Sätze 2 und 3 geänd. mWv 18.8.2006 durch G v. 14.8.2006 (BGBl. I S. 1911); Abs. 3 eingef., bish. Abs. 3 und 4 werden Abs. 4 und 5 mWv 1.5.2015 durch G v. 24.4.2015 (BGBl. I S. 642); Abs. 3 Satz 2 angef. mWv 12.8.2021 durch G v. 7.8.2021 (BGBl. I S. 3311).

1. mit in der Regel nicht mehr als 10 000 Arbeitnehmern setzt sich zusammen aus je sechs Aufsichtsratsmitgliedern der Anteilseigner und der Arbeitnehmer;
2. mit in der Regel mehr als 10 000, jedoch nicht mehr als 20 000 Arbeitnehmern setzt sich zusammen aus je acht Aufsichtsratsmitgliedern der Anteilseigner und der Arbeitnehmer;
3. mit in der Regel mehr als 20 000 Arbeitnehmern setzt sich zusammen aus je zehn Aufsichtsratsmitgliedern der Anteilseigner und der Arbeitnehmer.

[2]Bei den in Satz 1 Nr. 1 bezeichneten Unternehmen kann die Satzung (der Gesellschaftsvertrag) bestimmen, daß Satz 1 Nr. 2 oder 3 anzuwenden ist. [3]Bei den in Satz 1 Nr. 2 bezeichneten Unternehmen kann die Satzung (der Gesellschaftsvertrag) bestimmen, daß Satz 1 Nr. 3 anzuwenden ist.

(2) Unter den Aufsichtsratsmitgliedern der Arbeitnehmer müssen sich befinden

1. in einem Aufsichtsrat, dem sechs Aufsichtsratsmitglieder der Arbeitnehmer angehören, vier Arbeitnehmer des Unternehmens und zwei Vertreter von Gewerkschaften;
2. in einem Aufsichtsrat, dem acht Aufsichtsratsmitglieder der Arbeitnehmer angehören, sechs Arbeitnehmer des Unternehmens und zwei Vertreter von Gewerkschaften;
3. in einem Aufsichtsrat, dem zehn Aufsichtsratsmitglieder der Arbeitnehmer angehören, sieben Arbeitnehmer des Unternehmens und drei Vertreter von Gewerkschaften.

(3) [1]Unter den Aufsichtsratsmitgliedern der Arbeitnehmer eines in § 1 Absatz 1 genannten, börsennotierten Unternehmens müssen im Fall des § 96 Absatz 2 Satz 3 des Aktiengesetzes[1)] Frauen und Männer jeweils mit einem Anteil von mindestens 30 Prozent vertreten sein. [2]Satz 1 gilt auch für ein nicht börsennotiertes Unternehmen mit Mehrheitsbeteiligung des Bundes im Sinne des § 393a Absatz 1 des Aktiengesetzes oder des § 77a Absatz 1 des Gesetzes betreffend die Gesellschaften mit beschränkter Haftung[2)].

(4) [1]Die in Absatz 2 bezeichneten Arbeitnehmer des Unternehmens müssen das 18. Lebensjahr vollendet haben und ein Jahr dem Unternehmen angehören. [2]Auf die einjährige Unternehmensangehörigkeit werden Zeiten der Angehörigkeit zu einem anderen Unternehmen, dessen Arbeitnehmer nach diesem Gesetz an der Wahl von Aufsichtsratsmitgliedern des Unternehmens teilnehmen, angerechnet. [3]Diese Zeiten müssen unmittelbar vor dem Zeitpunkt liegen, ab dem die Arbeitnehmer zur Wahl von Aufsichtsratsmitgliedern des Unternehmens berechtigt sind. [4]Die weiteren Wählbarkeitsvoraussetzungen des § 8 Abs. 1 des Betriebsverfassungsgesetzes[3)] müssen erfüllt sein.

(5) *Die* in Absatz 2 bezeichneten Gewerkschaften müssen in dem Unternehmen selbst oder in einem anderen Unternehmen vertreten sein, dessen Arbeitnehmer nach diesem Gesetz an der Wahl von Aufsichtsratsmitgliedern des Unternehmens teilnehmen.

[1)] **Habersack, Deutsche Gesetze Nr. 51.**
[2)] **Habersack, Deutsche Gesetze Nr. 52.**
[3)] Nr. **82.**

Zweiter Abschnitt. Bestellung der Aufsichtsratsmitglieder

Erster Unterabschnitt. Aufsichtsratsmitglieder der Anteilseigner

§ 8[1)] [Aufsichtsratsmitglieder der Anteilseigner] (1) Die Aufsichtsratsmitglieder der Anteilseigner werden durch das nach Gesetz, Satzung oder Gesellschaftsvertrag zur Wahl von Mitgliedern des Aufsichtsrats befugte Organ (Wahlorgan) und, soweit gesetzliche Vorschriften dem nicht entgegenstehen, nach Maßgabe der Satzung oder des Gesellschaftsvertrags bestellt.

(2) § 101 Abs. 2 des Aktiengesetzes[2)] bleibt unberührt.

Zweiter Unterabschnitt. Aufsichtsratsmitglieder der Arbeitnehmer, Grundsatz

§ 9[3)] [Aufsichtsratsmitglieder der Arbeitnehmer, Grundsatz] (1) Die Aufsichtsratsmitglieder der Arbeitnehmer (§ 7 Abs. 2) eines Unternehmens mit in der Regel mehr als 8 000 Arbeitnehmern werden durch Delegierte gewählt, sofern nicht die wahlberechtigten Arbeitnehmer die unmittelbare Wahl beschließen.

(2) Die Aufsichtsratsmitglieder der Arbeitnehmer (§ 7 Abs. 2) eines Unternehmens mit in der Regel nicht mehr als 8 000 Arbeitnehmern werden in unmittelbarer Wahl gewählt, sofern nicht die wahlberechtigten Arbeitnehmer die Wahl durch Delegierte beschließen.

(3) [1] Zur Abstimmung darüber, ob die Wahl durch Delegierte oder unmittelbar erfolgen soll, bedarf es eines Antrags, der von einem Zwanzigstel der wahlberechtigten Arbeitnehmer des Unternehmens unterzeichnet sein muß. [2] Die Abstimmung ist geheim. [3] Ein Beschluß nach Absatz 1 oder 2 kann nur unter Beteiligung von mindestens der Hälfte der wahlberechtigten Arbeitnehmer und nur mit der Mehrheit der abgegebenen Stimmen gefaßt werden.

Dritter Unterabschnitt.[4)] Wahl der Aufsichtsratsmitglieder der Arbeitnehmer durch Delegierte

§ 10[5)] Wahl der Delegierten. (1) In jedem Betrieb des Unternehmens wählen die Arbeitnehmer in geheimer Wahl und nach den Grundsätzen der Verhältniswahl Delegierte.

(Fortsetzung nächstes Blatt)

[1)] § 8 Abs. 1 geänd. mWv 18.8.2006 durch G v. 14.8.2006 (BGBl. I S. 1911).

[2)] **Habersack, Deutsche Gesetze Nr. 51.**

[3)] § 9 geänd. durch G v. 26.6.1990 (BGBl. I S. 1206).

[4)] Überschrift Dritter Unterabschnitt geänd. durch G v. 26.6.1990 (BGBl. I S. 1206).

[5)] § 10 Überschrift, Abs. 1 Satz 1, Abs. 2 Satz 1, Abs. 3 und 4 geänd. durch G v. 26.6.1990 (BGBl. I S. 1206), Abs. 1 Satz 2, Abs. 2 aufgeh., bish. Abs. 1 Satz 1 wird alleiniger Wortlaut und geänd., bish. Abs. 3 bis 5 werden Abs. 2 bis 4, neuer Abs. 2 Satz 2 angef., neuer Abs. 2 bish. Wortlaut wird Satz 1, neuer Abs. 3 geänd. mWv 28.7.2001 durch G v. 23.7.2001 (BGBl. I S. 1852).

(2) [1] Wahlberechtigt für die Wahl von Delegierten sind die Arbeitnehmer des Unternehmens, die das 18. Lebensjahr vollendet haben. [2] § 7 Satz 2 des Betriebsverfassungsgesetzes[1)] gilt entsprechend.

(3) Zu Delegierten wählbar sind die in Absatz 2 Satz 1 bezeichneten Arbeitnehmer, die die weiteren Wählbarkeitsvoraussetzungen des § 8 des Betriebsverfassungsgesetzes erfüllen.

(4) [1] Wird für einen Wahlgang nur ein Wahlvorschlag gemacht, so gelten die darin aufgeführten Arbeitnehmer in der angegebenen Reihenfolge als gewählt. [2] § 11 Abs. 2 ist anzuwenden.

§ 11[2)] Errechnung der Zahl der Delegierten. (1) [1] In jedem Betrieb entfällt auf je 90 wahlberechtigte Arbeitnehmer ein Delegierter. [2] Ergibt die Errechnung nach Satz 1 in einem Betrieb mehr als

1. 25 Delegierte, so vermindert sich die Zahl der zu wählenden Delegierten auf die Hälfte; diese Delegierten erhalten je zwei Stimmen;
2. 50 Delegierte, so vermindert sich die Zahl der zu wählenden Delegierten auf ein Drittel; diese Delegierten erhalten je drei Stimmen;
3. 75 Delegierte, so vermindert sich die Zahl der zu wählenden Delegierten auf ein Viertel; diese Delegierten erhalten je vier Stimmen;
4. 100 Delegierte, so vermindert sich die Zahl der zu wählenden Delegierten auf ein Fünftel; diese Delegierten erhalten je fünf Stimmen;
5. 125 Delegierte, so vermindert sich die Zahl der zu wählenden Delegierten auf ein Sechstel; diese Delegierten erhalten je sechs Stimmen;
6. 150 Delegierte, so vermindert sich die Zahl der zu wählenden Delegierten auf ein Siebtel; diese Delegierten erhalten je sieben Stimmen.

[3] Bei der Errechnung der Zahl der Delegierten werden Teilzahlen voll gezählt, wenn sie mindestens die Hälfte der vollen Zahl betragen.

(2) [1] Unter den Delegierten müssen in jedem Betrieb die in § 3 Abs. 1 Nr. 1 bezeichneten Arbeitnehmer und die leitenden Angestellten entsprechend ihrem zahlenmäßigen Verhältnis vertreten sein. [2] Sind in einem Betrieb mindestens neun Delegierte zu wählen, so entfällt auf die in § 3 Abs. 1 Nr. 1 bezeichneten Arbeitnehmer und die leitenden Angestellten mindestens je ein Delegierter; dies gilt nicht, soweit in dem Betrieb nicht mehr als fünf in § 3 Abs. 1 Nr. 1 bezeichnete Arbeitnehmer oder leitende Angestellte wahlberechtigt sind. [3] Soweit auf die in § 3 Abs. 1 Nr. 1 bezeichneten Arbeitnehmer und die leitenden Angestellten lediglich nach Satz 2 Delegierte entfallen, vermehrt sich die nach Absatz 1 errechnete Zahl der Delegierten des Betriebs entsprechend.

(3) [1] Soweit nach Absatz 2 auf die in § 3 Abs. 1 Nr. 1 bezeichneten Arbeitnehmer und die leitenden Angestellten eines Betriebs nicht mindestens je ein Delegierter entfällt, gelten diese für die Wahl der Delegierten als Arbeitnehmer des Betriebs der Hauptniederlassung des Unternehmens. [2] Soweit nach

---

[1)] Nr. **82**.

[2)] § 11 neu gef. durch G v. 26. 6. 1990 (BGBl. I S. 1206); Abs. 2 Satz 1 aufgeh., Abs. 2 bish. Sätze 2 bis 4 werden Sätze 1 bis 3, Abs. 1 Satz 2, Abs. 2 neue Sätze 1 bis 3, Abs. 3 geänd., Abs. 5 neu gef. mWv. 28. 7. 2001 durch G v. 23. 7. 2001 (BGBl. I S. 1852); Abs. 1 Satz 1 und Abs. 4 geänd., Abs. 1 Satz 2 neu gef. mWv 27. 3. 2002 durch G v. 23. 3. 2002 (BGBl. I S. 1130).

Absatz 2 und nach Satz 1 auf die in § 3 Abs. 1 Nr. 1 bezeichneten Arbeitnehmer und die leitenden Angestellten des Betriebs der Hauptniederlassung nicht mindestens je ein Delegierter entfällt, gelten diese für die Wahl der Delegierten als Arbeitnehmer des nach der Zahl der wahlberechtigten Arbeitnehmer größten Betriebs des Unternehmens.

(4) Entfällt auf einen Betrieb oder auf ein Unternehmen, dessen Arbeitnehmer nach diesem Gesetz an der Wahl von Aufsichtsratsmitgliedern des Unternehmens teilnehmen, kein Delegierter, so ist Absatz 3 entsprechend anzuwenden.

(5) Die Eigenschaft eines Delegierten als Delegierter der Arbeitnehmer nach § 3 Abs. 1 Nr. 1 oder § 3 Abs. 1 Nr. 2 bleibt bei einem Wechsel der Eigenschaft als Arbeitnehmer nach § 3 Abs. 1 Nr. 1 oder § 3 Abs. 1 Nr. 2 erhalten.

§ 12[1)] Wahlvorschläge für Delegierte. (1) [1] Zur Wahl der Delegierten können die wahlberechtigten Arbeitnehmer des Betriebs Wahlvorschläge machen. [2] Jeder Wahlvorschlag muss von einem Zwanzigstel oder 50 der jeweils wahlberechtigten in § 3 Abs. 1 Nr. 1 bezeichneten Arbeitnehmer oder der leitenden Angestellten des Betriebs unterzeichnet sein.

(2) Jeder Wahlvorschlag soll mindestens doppelt so viele Bewerber enthalten, wie in dem Wahlgang Delegierte zu wählen sind.

§ 13[2)] Amtszeit der Delegierten. (1) [1] Die Delegierten werden für eine Zeit gewählt, die der Amtszeit der von ihnen zu wählenden Aufsichtsratsmitglieder entspricht. [2] Sie nehmen die ihnen nach den Vorschriften dieses Gesetzes zustehenden Aufgaben und Befugnisse bis zur Einleitung der Neuwahl der Aufsichtsratsmitglieder der Arbeitnehmer wahr.

(2) In den Fällen des § 9 Abs. 1 endet die Amtszeit der Delegierten, wenn

1. die wahlberechtigten Arbeitnehmer nach § 9 Abs. 1 die unmittelbare Wahl beschließen;
2. das Unternehmen nicht mehr die Voraussetzungen für die Anwendung des § 9 Abs. 1 erfüllt, es sei denn, die wahlberechtigten Arbeitnehmer beschließen, daß die Amtszeit bis zu dem in Absatz 1 genannten Zeitpunkt fortdauern soll; § 9 Abs. 3 ist entsprechend anzuwenden.

(3) In den Fällen des § 9 Abs. 2 endet die Amtszeit der Delegierten, wenn die wahlberechtigten Arbeitnehmer die unmittelbare Wahl beschließen; § 9 Abs. 3 ist anzuwenden.

(4) Abweichend von Absatz 1 endet die Amtszeit der Delegierten eines Betriebs, wenn nach Eintreten aller Ersatzdelegierten des Wahlvorschlags, dem die zu ersetzenden Delegierten angehören, die Gesamtzahl der Delegierten des Betriebs unter die im Zeitpunkt ihrer Wahl vorgeschriebene Zahl der auf den Betrieb entfallenden Delegierten gesunken ist.

[1)] § 12 Überschrift, Abs. 1 Sätze 1 und 2, Abs. 2 geänd. durch G v. 26. 6. 1990 (BGBl. I S. 1206), *Abs. 1 Satz 2* neu gef. mWv 28. 7. 2001 durch G v. 23. 7. 2001 (BGBl. I S. 1852); Abs. 1 Satz 2 geänd. mWv 1. 7. 2005 durch G v. 8. 6. 2005 (BGBl. I S. 1530).

[2)] § 13 und Abs. 4 geänd. durch G v. 26. 6. 1990 (BGBl. I S. 1206).

§ 14[1)] Vorzeitige Beendigung der Amtszeit oder Verhinderung von Delegierten. (1) Die Amtszeit eines Delegierten endet vor dem in § 13 bezeichneten Zeitpunkt

1. durch Niederlegung des Amtes,
2. durch Beendigung der Beschäftigung des Delegierten in dem Betrieb, dessen Delegierter er ist,
3. durch Verlust der Wählbarkeit.

(2) [1] Endet die Amtszeit eines Delegierten vorzeitig oder ist er verhindert, so tritt an seine Stelle ein Ersatzdelegierter. [2] Die Ersatzdelegierten werden der Reihe nach aus den nicht gewählten Arbeitnehmern derjenigen Wahlvorschläge entnommen, denen die zu ersetzenden Delegierten angehören.

§ 15[2)] Wahl der unternehmensangehörigen Aufsichtsratsmitglieder der Arbeitnehmer. (1) [1] Die Delegierten wählen die Aufsichtsratsmitglieder, die nach § 7 Abs. 2 Arbeitnehmer des Unternehmens sein müssen, geheim und nach den Grundsätzen der Verhältniswahl für die Zeit, die im Gesetz oder in der Satzung (im Gesellschaftsvertrag) für die durch das Wahlorgan der Anteilseigner zu wählenden Mitglieder des Aufsichtsrats bestimmt ist. [2] Dem Aufsichtsrat muss ein leitender Angestellter angehören.

(2) [1] Die Wahl erfolgt auf Grund von Wahlvorschlägen. [2] Jeder Wahlvorschlag für

1. Aufsichtsratsmitglieder der Arbeitnehmer nach § 3 Abs. 1 Nr. 1 muss von einem Fünftel oder 100 der wahlberechtigten Arbeitnehmer des Unternehmens unterzeichnet sein;
2. das Aufsichtsratsmitglied der leitenden Angestellten wird auf Grund von Abstimmungsvorschlägen durch Beschluß der wahlberechtigten leitenden Angestellten aufgestellt. Jeder Abstimmungsvorschlag muß von einem Zwanzigstel oder 50 der wahlberechtigten leitenden Angestellten unterzeichnet sein. Der Beschluß wird in geheimer Abstimmung gefaßt. Jeder leitende Angestellte hat so viele Stimmen, wie für den Wahlvorschlag nach Absatz 3 Satz 2 Bewerber zu benennen sind. In den Wahlvorschlag ist die nach Absatz 3 Satz 2 vorgeschriebene Anzahl von Bewerbern in der Reihenfolge der auf sie entfallenden Stimmenzahlen aufzunehmen.

(3) [1] Abweichend von Absatz 1 findet Mehrheitswahl statt, soweit nur ein Wahlvorschlag gemacht wird. [2] In diesem Fall muss der Wahlvorschlag doppelt so viele Bewerber enthalten, wie Aufsichtsratsmitglieder auf die Arbeitnehmer nach § 3 Abs. 1 Nr. 1 und auf die leitenden Angestellten entfallen.

[1)] § 14 neu gef. durch G v. 26. 6. 1990 (BGBl. I S. 1206).

[2)] § 15 Abs. 1 , Abs. 3 Sätze 1 und 2 geänd. durch G v. 26. 6. 1990 (BGBl. I S. 1206); Abs. 1 Satz 2 angef., Abs. 1 bish. Wortlaut wird Satz 1, Abs. 2 und 3 aufgeh., bish. Abs. 4 und 5 werden Abs. 2 und 3, neuer Abs. 2 Satz 2 Nr. 1, neuer Abs. 3 neu gef., Abs. 2 Satz 2 Nr. 2 aufgeh., Abs. 2 Satz 2 bish. Nr. 3 wird Nr. 2 und geänd. mWv 28. 7. 2001 durch G v. 23. 7. 2001 (BGBl. I S. 1852); Abs. 2 Satz 2 Nr. 2 Satz 3 geänd., Abs. 2 Satz 2 Nr. 2 Sätze 4 und 5 neu gef., Abs. 2 Satz 2 Nr. 2 Satz 6 aufgeh. mWv 27. 3. 2002 durch G v. 23. 3. 2002 (BGBl. I S. 1130); Abs. 1 Satz 1 geänd. mWv 18. 8. 2006 durch G v. 14. 8. 2006 (BGBl. I S. 1911).

§ 16[1)] Wahl der Vertreter von Gewerkschaften in den Aufsichtsrat.

(1) Die Delegierten wählen die Aufsichtsratsmitglieder, die nach § 7 Abs. 2 Vertreter von Gewerkschaften sind, in geheimer Wahl und nach den Grundsätzen der Verhältniswahl für die in § 15 Abs. 1 bestimmte Zeit.

(2) [1] Die Wahl erfolgt auf Grund von Wahlvorschlägen der Gewerkschaften, die in dem Unternehmen selbst oder in einem anderen Unternehmen vertreten sind, dessen Arbeitnehmer nach diesem Gesetz an der Wahl von Aufsichtsratsmitgliedern des Unternehmens teilnehmen. [2] Wird nur ein Wahlvorschlag gemacht, so findet abweichend von Absatz 1 Mehrheitswahl statt. [3] In diesem Falle muß der Wahlvorschlag mindestens doppelt so viele Bewerber enthalten, wie Vertreter von Gewerkschaften in den Aufsichtsrat zu wählen sind.

§ 17[2)] Ersatzmitglieder. (1) [1] In jedem Wahlvorschlag kann zusammen mit jedem Bewerber für diesen ein Ersatzmitglied des Aufsichtsrats vorgeschlagen werden. [2] Für einen Bewerber, der Arbeiternehmer nach § 3 Abs. 1 Nr. 1 ist, kann nur ein Arbeitnehmer nach § 3 Abs. 1 Nr. 1 und für einen leitenden Angestellten nach § 3 Abs. 1 Nr. 2 nur ein leitender Angestellter als Ersatzmitglied vorgeschlagen werden. [3] Ein Bewerber kann nicht zugleich als Ersatzmitglied vorgeschlagen werden.

(2) Wird ein Bewerber als Aufsichtsratsmitglied gewählt, so ist auch das zusammen mit ihm vorgeschlagene Ersatzmitglied gewählt.

(3) Im Fall des § 96 Absatz 2 Satz 3 des Aktiengesetzes[3)] ist das Nachrücken eines Ersatzmitgliedes ausgeschlossen, wenn dadurch der Anteil von Frauen und Männern unter den Aufsichtsratsmitgliedern der Arbeitnehmer nicht mehr den Vorgaben des § 7 Absatz 3 entspricht; § 18 a Absatz 2 Satz 2 gilt entsprechend.

Vierter Unterabschnitt. Unmittelbare Wahl der Aufsichtsratsmitglieder der Arbeitnehmer

§ 18[4)] [Unmittelbare Wahl] [1] Sind nach § 9 die Aufsichtsratsmitglieder der Arbeitnehmer in unmittelbarer Wahl zu wählen, so sind die Arbeitnehmer des Unternehmens, die das 18. Lebensjahr vollendet haben, wahlberechtigt. [2] § 7 Satz 2 des Betriebsverfassungsgesetzes[5)] gilt entsprechend. [3] Für die Wahl sind die §§ 15 bis 17 mit der Maßgabe anzuwenden, daß an die Stelle der Delegierten die wahlberechtigten Arbeitnehmer des Unternehmens treten.

[1)] § 16 Abs. 1 geänd. durch G v. 26. 6. 1990 (BGBl. I S. 1206), Abs. 1 geänd. mWv 28. 7. 2001 durch G v. 23. 7. 2001 (BGBl. I S. 1852); Abs. 2 Satz 2 geänd. mWv 1. 5. 2015 durch G v. 24. 4. 2015 (BGBl. I S. 642).

[2)] § 17 Abs. 1 Satz 2 geänd. mWv 28. 7. 2001 durch G v. 23. 7. 2001 (BGBl. I S. 1852); Abs. 3 angef. mWv 1. 5. 2015 durch G v. 24. 4. 2015 (BGBl. I S. 642).

[3)] **Schönfelder Nr. 51.**

[4)] *§ 18 Satz 2 geänd. durch* G v. 26. 6. 1990 (BGBl. I S. 1206), Satz 2 eingef., bish. Satz 2 wird Satz 3 und geänd. mWv 28. 7. 2001 durch G v. 23. 7. 2001 (BGBl. I S. 1852).

[5)] Nr. **82**.

Fünfter Unterabschnitt.[1] Nichterreichen des Geschlechteranteils durch die Wahl

§ 18 a[1] [Nichterreichen des Geschlechteranteils] (1) Ergibt im Fall des § 96 Absatz 2 Satz 3 des Aktiengesetzes[2] die Auszählung der Stimmen und ihre Verteilung auf die Bewerber, dass die Vorgaben des § 7 Absatz 3 nicht erreicht worden sind, ist folgendes Geschlechterverhältnis für die Aufsichtsratssitze der Arbeitnehmer herzustellen:

1. in Aufsichtsräten nach § 7 Absatz 2 Nummer 1 und 2 müssen unter den Aufsichtsratsmitgliedern der Arbeitnehmer nach § 3 Absatz 1 Nummer 1 jeweils mindestens eine Frau und mindestens ein Mann und unter den Aufsichtsratsmitgliedern der Gewerkschaften jeweils eine Frau und ein Mann vertreten sein;
2. in einem Aufsichtsrat nach § 7 Absatz 2 Nummer 3 müssen unter den Aufsichtsratsmitgliedern der Arbeitnehmer nach § 3 Absatz 1 Nummer 1 mindestens zwei Frauen und mindestens zwei Männer und unter den Aufsichtsratsmitgliedern der Gewerkschaften eine Frau und ein Mann vertreten sein.

(2) [1] Um die Verteilung der Geschlechter nach Absatz 1 zu erreichen, ist die Wahl derjenigen Bewerber um einen Aufsichtsratssitz der Arbeitnehmer unwirksam, deren Geschlecht in dem jeweiligen Wahlgang nach der Verteilung der Stimmen auf die Bewerber mehrheitlich vertreten ist und die

1. bei einer Mehrheitswahl in dem jeweiligen Wahlgang nach der Reihenfolge der auf die Bewerber entfallenden Stimmenzahlen die niedrigsten Stimmenzahlen erhalten haben oder
2. bei einer Verhältniswahl in dem jeweiligen Wahlgang nach der Reihenfolge der auf die Bewerber entfallenden Höchstzahlen die niedrigsten Höchstzahlen erhalten haben.

[2] Die durch unwirksame Wahl nach Satz 1 nicht besetzten Aufsichtsratssitze werden im Wege der gerichtlichen Ersatzbestellung nach § 104 des Aktiengesetzes oder der Nachwahl besetzt.

Sechster Unterabschnitt.[3] Weitere Vorschriften über das Wahlverfahren sowie über die Bestellung und Abberufung von Aufsichtsratsmitgliedern

§ 19[4] Bekanntmachung der Mitglieder des Aufsichtsrats. [1] Das zur gesetzlichen Vertretung des Unternehmens befugte Organ hat die Namen der Mitglieder und der Ersatzmitglieder des Aufsichtsrats unverzüglich nach ihrer Bestellung in den Betrieben des Unternehmens bekanntzumachen und im Bundesanzeiger zu veröffentlichen. [2] Nehmen an der Wahl der Aufsichtsratsmitglieder des Unternehmens auch die Arbeitnehmer eines anderen Unternehmens teil, so ist daneben das zur gesetzlichen Vertretung des anderen

---

[1] Fünfter Unterabschnitt (§ 18 a) eingef. mWv 1. 5. 2015 durch G v. 24. 4. 2015 (BGBl. I S. 642).

[2] **Schönfelder Nr. 51.**

[3] Bish. Fünfter Unterabschnitt wird Sechster Unterabschnitt mWv 1. 5. 2015 durch G v. 24. 4. 2015 (BGBl. I S. 642).

[4] § 19 Sätze 1 und 2 geänd. mWv 27. 3. 2002 durch G v. 23. 3. 2002 (BGBl. I S. 1130); Satz 1 geänd. mWv 1. 7. 2004 durch G v. 18. 5. 2004 (BGBl. I S. 974); Satz 1 geänd. mWv 1. 4. 2012 durch G v. 22. 12. 2011 (BGBl. I S. 3044).

Unternehmens befugte Organ zur Bekanntmachung in seinen Betrieben verpflichtet.

§ 20 Wahlschutz und Wahlkosten. (1) [1] Niemand darf die Wahlen nach den §§ 10, 15, 16 und 18 behindern. [2] Insbesondere darf niemand in der Ausübung des aktiven und passiven Wahlrechts beschränkt werden.

(2) Niemand darf die Wahlen durch Zufügung oder Androhung von Nachteilen oder durch Gewährung oder Versprechen von Vorteilen beeinflussen.

(3) [1] Die Kosten der Wahlen trägt das Unternehmen. [2] Versäumnis von Arbeitszeit, die zur Ausübung des Wahlrechts oder der Betätigung im Wahlvorstand erforderlich ist, berechtigt den Arbeitgeber nicht zur Minderung des Arbeitsentgelts.

§ 21[1)] Anfechtung der Wahl von Delegierten. (1) Die Wahl der Delegierten eines Betriebs kann beim Arbeitsgericht angefochten werden, wenn gegen wesentliche Vorschriften über das Wahlrecht, die Wählbarkeit oder das Wahlverfahren verstoßen worden und eine Berichtigung nicht erfolgt ist, es sei denn, daß durch den Verstoß das Wahlergebnis nicht geändert oder beeinflußt werden konnte.

(2) [1] Zur Anfechtung berechtigt sind

1. mindestens drei wahlberechtigte Arbeitnehmer des Betriebs,
2. der Betriebsrat,
3. der Sprecherausschuss,
4. das zur gesetzlichen Vertretung des Unternehmens befugte Organ.

[2] Die Anfechtung ist nur binnen einer Frist von zwei Wochen, vom Tage der Bekanntgabe des Wahlergebnisses an gerechnet, zulässig.

§ 22[2)] Anfechtung der Wahl von Aufsichtsratsmitgliedern der Arbeitnehmer. (1) Die Wahl eines Aufsichtsratsmitglieds oder eines Ersatzmitglieds der Arbeitnehmer kann beim Arbeitsgericht angefochten werden, wenn gegen wesentliche Vorschriften über das Wahlrecht, die Wählbarkeit oder das Wahlverfahren verstoßen worden und eine Berichtigung nicht erfolgt ist, es sei denn, daß durch den Verstoß das Wahlergebnis nicht geändert oder beeinflußt werden konnte.

(2) [1] Zur Anfechtung berechtigt sind

1. mindestens drei wahlberechtigte Arbeitnehmer des Unternehmens,
2. der Gesamtbetriebsrat des Unternehmens oder, wenn in dem Unternehmen nur ein Betriebsrat besteht, der Betriebsrat sowie, wenn das Unternehmen herrschendes Unternehmen eines Konzerns ist, der Konzernbetriebsrat, soweit ein solcher besteht,

---

[1)] § 21 Überschrift, Abs. 1 geänd. durch G v. 26. 6. 1990 (BGBl. I S. 1206); Abs. 2 Nr. 3 eingef., bish. Nr. 3 wird Nr. 4 mWv 27. 3. 2002 durch G v. 23. 3. 2002 (BGBl. I S. 1130).

[2)] § 22 Abs. 2 Nr. 3 und 5 eingef., bish. Nr. 3 wird Nr. 4, bish. Nrn. 4 und 5 werden Nrn. 6 und 7 mWv 27. 3. 2002 durch G v. 23. 3. 2002 (BGBl. I S. 1130); Abs. 2 Satz 2 geänd. mWv 1. 7. 2004 durch G v. 18. 5. 2004 (BGBl. I S. 974); Abs. 2 Satz 2 geänd. mWv 1. 4. 2012 durch G v. 22. 12. 2011 (BGBl. I S. 3044).

3. der Gesamt- oder Unternehmenssprecherausschuss des Unternehmens oder, wenn in dem Unternehmen nur ein Sprecherausschuss besteht, der Sprecherausschuss sowie, wenn das Unternehmen herrschendes Unternehmen eines Konzerns ist, der Konzernsprecherausschuss, soweit ein solcher besteht,
4. der Gesamtbetriebsrat eines anderen Unternehmens, dessen Arbeitnehmer nach diesem Gesetz an der Wahl der Aufsichtsratsmitglieder des Unternehmens teilnehmen, oder, wenn in dem anderen Unternehmen nur ein Betriebsrat besteht, der Betriebsrat,
5. der Gesamt- oder Unternehmenssprecherausschuss eines anderen Unternehmens, dessen Arbeitnehmer nach diesem Gesetz an der Wahl der Aufsichtsratsmitglieder des Unternehmens teilnehmen, oder, wenn in dem anderen Unternehmen nur ein Sprecherausschuss besteht, der Sprecherausschuss,
6. jede nach § 16 Abs. 2 vorschlagsberechtigte Gewerkschaft,
7. das zur gesetzlichen Vertretung des Unternehmens befugte Organ.

[2] Die Anfechtung ist nur binnen einer Frist von zwei Wochen, vom Tage der Veröffentlichung im Bundesanzeiger an gerechnet, zulässig.

§ 23[1)] Abberufung von Aufsichtsratsmitgliedern der Arbeitnehmer.

(1) [1] Ein Aufsichtsratsmitglied der Arbeitnehmer kann vor Ablauf der Amtszeit auf Antrag abberufen werden. [2] Antragsberechtigt sind für die Abberufung eines

1. Aufsichtsratsmitglieds der Arbeitnehmer nach § 3 Abs. 1 Nr. 1 drei Viertel der wahlberechtigten Arbeitnehmer nach § 3 Abs. 1 Nr. 1,
2. Aufsichtsratsmitglieds der leitenden Angestellten drei Viertel der wahlberechtigten leitenden Angestellten,
3. Aufsichtsratsmitglieds, das nach § 7 Abs. 2 Vertreter einer Gewerkschaft ist, die Gewerkschaft, die das Mitglied vorgeschlagen hat.

(2) [1] Ein durch Delegierte gewähltes Aufsichtsratsmitglied wird durch Beschluß der Delegierten abberufen. [2] Dieser Beschluss wird in geheimer Abstimmung gefasst; er bedarf einer Mehrheit von drei Vierteln der abgegebenen Stimmen.

(3) [1] Ein von den Arbeitnehmern unmittelbar gewähltes Aufsichtsratsmitglied wird durch Beschluß der wahlberechtigten Arbeitnehmer abberufen. [2] Dieser Beschluss wird in geheimer, unmittelbarer Abstimmung gefasst; er bedarf einer Mehrheit von drei Vierteln der abgegebenen Stimmen.

(4) Die Absätze 1 bis 3 sind für die Abberufung von Ersatzmitgliedern entsprechend anzuwenden.

---

1) § 23 Abs. 2 Sätze 1 und 2 neu gef. durch G v. 26. 6. 1990 (BGBl. I S. 1206), Abs. 1 Satz 2 Nr. 2, Abs. 2 Satz 1, Abs. 3 Satz 1 aufgeh., Abs. 1 Satz 2 bish. Nrn. 3 und 4 werden Nrn. 2 und 3, Abs. 2 bish. Sätze 2 und 3 werden Sätze 1 und 2, Abs. 3 bish. Sätze 2 und 3 werden Sätze 1 und 2, Abs. 1 Satz 2 Nr. 1, neue Nr. 2, Abs. 2 neuer Satz 1, Abs. 3 neuer Satz 1 geänd., Abs. 2 neuer Satz 2, Abs. 3 neuer Satz 2 neu gef. mWv 28. 7. 2001 durch G v. 23. 7. 2001 (BGBl. I S. 1852).

§ 24[1] Verlust der Wählbarkeit und Änderung der Zuordnung unternehmensangehöriger Aufsichtsratsmitglieder. (1) Verliert ein Aufsichtsratsmitglied, das nach § 7 Abs. 2 Arbeitnehmer des Unternehmens sein muß, die Wählbarkeit, so erlischt sein Amt.

(2) Die Änderung der Zuordnung eines Aufsichtsratsmitglieds zu den in § 3 Abs. 1 Nr. 1 oder § 3 Abs. 1 Nr. 2 genannten Arbeitnehmern führt nicht zum Erlöschen seines Amtes.

Dritter Abschnitt. Innere Ordnung, Rechte und Pflichten des Aufsichtsrats

§ 25[2] Grundsatz. (1) [1] Die innere Ordnung, die Beschlußfassung sowie die Rechte und Pflichten des Aufsichtsrats bestimmen sich nach den §§ 27 bis 29, den §§ 31 und 32 und, soweit diese Vorschriften dem nicht entgegenstehen,

1. für Aktiengesellschaften und Kommanditgesellschaften auf Aktien nach dem Aktiengesetz[3],
2. für Gesellschaften mit beschränkter Haftung nach § 90 Abs. 3, 4 und 5 Satz 1 und 2, den §§ 107 bis 116, 118 Abs. 3, § 125 Abs. 3 und 4 und den §§ 170, 171 und 268 Abs. 2 des Aktiengesetzes,
3. für Genossenschaften nach dem Genossenschaftsgesetz[4].

[2] § 4 Abs. 2 des Gesetzes über die Überführung der Anteilsrechte an der Volkswagenwerk Gesellschaft mit beschränkter Haftung in private Hand vom 21. Juli 1960 (Bundesgesetzbl. I S. 585), zuletzt geändert durch das Zweite Gesetz zur Änderung des Gesetzes über die Überführung der Anteilsrechte an der Volkswagenwerk Gesellschaft mit beschränkter Haftung in private Hand vom 31. Juli 1970 (Bundesgesetzbl. I S. 1149), bleibt unberührt.

(2) Andere gesetzliche Vorschriften und Bestimmungen der Satzung (des Gesellschaftsvertrags) oder der Geschäftsordnung des Aufsichtsrats über die innere Ordnung, die Beschlußfassung sowie die Rechte und Pflichten des Aufsichtsrats bleiben unberührt, soweit Absatz 1 dem nicht entgegensteht.

§ 26 Schutz von Aufsichtsratsmitgliedern vor Benachteiligung. [1] Aufsichtsratsmitglieder der Arbeitnehmer dürfen in der Ausübung ihrer Tätigkeit nicht gestört oder behindert werden. [2] Sie dürfen wegen ihrer Tätigkeit im Aufsichtsrat eines Unternehmens, dessen Arbeitnehmer sie sind oder als dessen Arbeitnehmer sie nach § 4 oder § 5 gelten, nicht benachteiligt werden. [3] Dies gilt auch für ihre berufliche Entwicklung.

§ 27 Vorsitz im Aufsichtsrat. (1) Der Aufsichtsrat wählt mit einer Mehrheit von zwei Dritteln der Mitglieder, aus denen er insgesamt zu bestehen hat, aus seiner Mitte einen Aufsichtsratsvorsitzenden und einen Stellvertreter.

---

[1] § 24 Überschrift geänd., Abs. 2 neu gef. mWv 28. 7. 2001 durch G v. 23. 7. 2001 (BGBl. I S. 1852).

[2] § 25 Abs. 1 Nr. 2 geänd. mWv 27. 3. 2002 durch G v. 23. 3. 2002 (BGBl. I S. 1130); Abs. 1 Nr. 2 geänd. mWv 1. 7. 2004 durch G v. 18. 5. 2004 (BGBl. I S. 974); Abs. 1 Satz 1 Nr. 3 neu gef., Abs. 2 geänd. mWv 18. 8. 2006 durch G v. 14. 8. 2006 (BGBl. I S. 1911); Abs. 1 Satz 1 Nr. 2 *geänd. mWv 1. 9. 2009 durch G* v. 30. 7. 2009 (BGBl. I S. 2479).

[3] **Schönfelder Nr. 51.**

[4] **Schönfelder Nr. 53.**

(2) [1] Wird bei der Wahl des Aufsichtsratsvorsitzenden oder seines Stellvertreters die nach Absatz 1 erforderliche Mehrheit nicht erreicht, so findet für die Wahl des Aufsichtsratsvorsitzenden und seines Stellvertreters ein zweiter Wahlgang statt. [2] In diesem Wahlgang wählen die Aufsichtsratsmitglieder der Anteilseigner den Aufsichtsratsvorsitzenden und die Aufsichtsratsmitglieder der Arbeitnehmer den Stellvertreter jeweils mit der Mehrheit der abgegebenen Stimmen.

(3) Unmittelbar nach der Wahl des Aufsichtsratsvorsitzenden und seines Stellvertreters bildet der Aufsichtsrat zur Wahrnehmung der in § 31 Abs. 3 Satz 1 bezeichneten Aufgabe einen Ausschuß, dem der Aufsichtsratsvorsitzende, sein Stellvertreter sowie je ein von den Aufsichtsratsmitgliedern der Arbeitnehmer und von den Aufsichtsratsmitgliedern der Anteilseigner mit der Mehrheit der abgegebenen Stimmen gewähltes Mitglied angehören.

§ 28 Beschlußfähigkeit. [1] Der Aufsichtsrat ist nur beschlußfähig, wenn mindestens die Hälfte der Mitglieder, aus denen er insgesamt zu bestehen hat, an der Beschlußfassung teilnimmt. [2] § 108 Abs. 2 Satz 4 des Aktiengesetzes[1)] ist anzuwenden.

§ 29 Abstimmungen. (1) Beschlüsse des Aufsichtsrats bedürfen der Mehrheit der abgegebenen Stimmen, soweit nicht in Absatz 2 und in den §§ 27, 31 und 32 etwas anderes bestimmt ist.

(2) [1] Ergibt eine Abstimmung im Aufsichtsrat Stimmengleichheit, so hat bei einer erneuten Abstimmung über denselben Gegenstand, wenn auch sie Stimmengleichheit ergibt, der Aufsichtsratsvorsitzende zwei Stimmen. [2] § 108 Abs. 3 des Aktiengesetzes[1)] ist auch auf die Abgabe der zweiten Stimme anzuwenden. [3] Dem Stellvertreter steht die zweite Stimme nicht zu.

Dritter Teil. Gesetzliches Vertretungsorgan

§ 30 Grundsatz. Die Zusammensetzung, die Rechte und Pflichten des zur gesetzlichen Vertretung des Unternehmens befugten Organs sowie die Bestellung seiner Mitglieder bestimmen sich nach den für die Rechtsform des Unternehmens geltenden Vorschriften, soweit sich aus den §§ 31 bis 33 nichts anderes ergibt.

§ 31 Bestellung und Widerruf. (1) [1] Die Bestellung der Mitglieder des zur gesetzlichen Vertretung des Unternehmens befugten Organs und der Widerruf der Bestellung bestimmen sich nach den §§ 84 und 85 des Aktiengesetzes[1)], soweit sich nicht aus den Absätzen 2 bis 5 etwas anderes ergibt. [2] Dies *gilt nicht für* Kommanditgesellschaften auf Aktien.

(2) Der Aufsichtsrat bestellt die Mitglieder des zur gesetzlichen Vertretung des Unternehmens befugten Organs mit einer Mehrheit, die mindestens zwei Drittel der Stimmen seiner Mitglieder umfaßt.

(3) [1] Kommt eine Bestellung nach Absatz 2 nicht zustande, so hat der in § 27 Abs. 3 bezeichnete Ausschuß des Aufsichtsrats innerhalb eines Monats

---

[1)] **Schönfelder Nr. 51.**

nach der Abstimmung, in der die in Absatz 2 vorgeschriebene Mehrheit nicht erreicht worden ist, dem Aufsichtsrat einen Vorschlag für die Bestellung zu machen; dieser Vorschlag schließt andere Vorschläge nicht aus. [2] Der Aufsichtsrat bestellt die Mitglieder des zur gesetzlichen Vertretung des Unternehmens befugten Organs mit der Mehrheit der Stimmen seiner Mitglieder.

(4) [1] Kommt eine Bestellung nach Absatz 3 nicht zustande, so hat bei einer erneuten Abstimmung der Aufsichtsratsvorsitzende zwei Stimmen; Absatz 3 Satz 2 ist anzuwenden. [2] Auf die Abgabe der zweiten Stimme ist § 108 Abs. 3 des Aktiengesetzes anzuwenden. [3] Dem Stellvertreter steht die zweite Stimme nicht zu.

(5) Die Absätze 2 bis 4 sind für den Widerruf der Bestellung eines Mitglieds des zur gesetzlichen Vertretung des Unternehmens befugten Organs entsprechend anzuwenden.

§ 32[1)] Ausübung von Beteiligungsrechten. (1) [1] Die einem Unternehmen, in dem die Arbeitnehmer nach diesem Gesetz ein Mitbestimmungsrecht haben, auf Grund von Beteiligungen an einem anderen Unternehmen, in dem die Arbeitnehmer nach diesem Gesetz ein Mitbestimmungsrecht haben, zustehenden Rechte bei der Bestellung, dem Widerruf der Bestellung oder der Entlastung von Verwaltungsträgern sowie bei der Beschlußfassung über die Auflösung oder Umwandlung des anderen Unternehmens, den Abschluß von Unternehmensverträgen (§§ 291, 292 des Aktiengesetzes[2)]) mit dem anderen Unternehmen, über dessen Fortsetzung nach seiner Auflösung oder über die Übertragung seines Vermögens können durch das zur gesetzlichen Vertretung des Unternehmens befugte Organ nur auf Grund von Beschlüssen des Aufsichtsrats ausgeübt werden. [2] Diese Beschlüsse bedürfen nur der Mehrheit der Stimmen der Aufsichtsratsmitglieder der Anteilseigner; sie sind für das zur gesetzlichen Vertretung des Unternehmens befugte Organ verbindlich.

(2) Absatz 1 ist nicht anzuwenden, wenn die Beteiligung des Unternehmens an dem anderen Unternehmen weniger als ein Viertel beträgt.

§ 33[3)] Arbeitsdirektor. (1) [1] Als gleichberechtigtes Mitglied des zur gesetzlichen Vertretung des Unternehmens befugten Organs wird ein Arbeitsdirektor bestellt. [2] Dies gilt nicht für Kommanditgesellschaften auf Aktien.

(2) [1] Der Arbeitsdirektor hat wie die übrigen Mitglieder des zur gesetzlichen Vertretung des Unternehmens befugten Organs seine Aufgaben im engsten Einvernehmen mit dem Gesamtorgan auszuüben. [2] Das Nähere bestimmt die Geschäftsordnung.

(3) Bei Genossenschaften ist auf den Arbeitsdirektor § 9 Abs. 2 des Genossenschaftsgesetzes[4)] nicht anzuwenden.

---

1) § 32 Abs. 1 Satz 1 geänd. durch G v. 28. 10. 1994 (BGBl. I S. 3210).
2) **Schönfelder Nr. 51.**
3) § 33 Abs. 3 geänd. mWv 18. 8. 2006 durch G v. 14. 8. 2006 (BGBl. I S. 1911).
4) **Schönfelder Nr. 53.**

Vierter Teil. Seeschiffahrt

§ 34[1] **[Schiffe]** (1) Die Gesamtheit der Schiffe eines Unternehmens gilt für die Anwendung dieses Gesetzes als ein Betrieb.

(2) [1] Schiffe im Sinne dieses Gesetzes sind Kauffahrteischiffe, die nach dem Flaggenrechtsgesetz die Bundesflagge führen. [2] Schiffe, die in der Regel binnen 48 Stunden nach dem Auslaufen an den Sitz eines Landbetriebs zurückkehren, gelten als Teil dieses Landbetriebs.

(3) Leitende Angestellte im Sinne des § 3 Abs. 1 Nr. 2 dieses Gesetzes sind in einem in Absatz 1 bezeichneten Betrieb nur die Kapitäne.

(4) Die Arbeitnehmer eines in Absatz 1 bezeichneten Betriebs nehmen an einer Abstimmung nach § 9 nicht teil und bleiben für die Errechnung der für die Antragstellung und für die Beschlußfassung erforderlichen Zahl von Arbeitnehmern außer Betracht.

(5) [1] Werden die Aufsichtsratsmitglieder der Arbeitnehmer durch Delegierte gewählt, so werden abweichend von § 10 in einem in Absatz 1 bezeichneten Betrieb keine Delegierten gewählt. [2] Abweichend von § 15 Abs. 1 nehmen die Arbeitnehmer dieses Betriebs unmittelbar an der Wahl der Aufsichtsratsmitglieder der Arbeitnehmer teil mit der Maßgabe, daß die Stimme eines dieser Arbeitnehmer als ein Neunzigstel der Stimme eines Delegierten zu zählen ist; § 11 Abs. 1 Satz 3 ist entsprechend anzuwenden.

Fünfter Teil. Übergangs- und Schlußvorschriften

§ 35[2] *(aufgehoben)*

§ 36[3] **Verweisungen.** (1) Soweit in anderen Vorschriften auf Vorschriften des Betriebsverfassungsgesetzes 1952 über die Vertretung der Arbeitnehmer in den Aufsichtsräten von Unternehmen verwiesen wird, gelten diese Verweisungen für die in § 1 Abs. 1 dieses Gesetzes bezeichneten Unternehmen als Verweisungen auf dieses Gesetz.

(2) Soweit in anderen Vorschriften für das Gesetz über die Mitbestimmung der Arbeitnehmer in den Aufsichtsräten und Vorständen der Unternehmen des Bergbaus und der Eisen und Stahl erzeugenden Industrie[4] vom 21. Mai 1951 (Bundesgesetzbl. I S. 347) die Bezeichnung „Mitbestimmungsgesetz" verwendet wird, tritt an ihre Stelle die Bezeichnung „Montan-Mitbestimmungsgesetz".

---

[1] § 34 Abs. 5 neu gef. durch G v. 26. 6. 1990 (BGBl. I S. 1206), Abs. 3, Abs. 5 Satz 2 Nr. 1 geänd., Abs. 5 Satz 2 Nr. 2, Abs. 6 aufgeh. mWv 28. 7. 2001 durch G v. 23. 7. 2001 (BGBl. I S. 1852); Abs. 5 Satz 2 geänd. mWv 1. 7. 2004 durch G v. 18. 5. 2004 (BGBl. I S. 974).

[2] § 35 aufgeh. mWv 28. 7. 2001 durch G v. 23. 7. 2001 (BGBl. I S. 1852).

[3] § 36 Abs. 2 geänd. mWv 28. 7. 2001 durch G v. 23. 7. 2001 (BGBl. I S. 1852).

[4] Nr. **82 b**.

§ 37[1)] Erstmalige Anwendung des Gesetzes auf ein Unternehmen.

(1) [1] Andere als die in § 97 Abs. 2 Satz 2 des Aktiengesetzes[2)] bezeichneten Bestimmungen der Satzung (des Gesellschaftsvertrags), die mit den Vorschriften dieses Gesetzes nicht vereinbar sind, treten mit dem in § 97 Abs. 2 Satz 2 des Aktiengesetzes bezeichneten Zeitpunkt oder, im Falle einer gerichtlichen Entscheidung, mit dem in § 98 Abs. 4 Satz 2 des Aktiengesetzes bezeichneten Zeitpunkt außer Kraft. [2] Eine Hauptversammlung (Gesellschafterversammlung, Generalversammlung), die bis zu diesem Zeitpunkt stattfindet, kann an Stelle der außer Kraft tretenden Satzungsbestimmungen mit einfacher Mehrheit neue Satzungsbestimmungen beschließen.

(2) Die §§ 25 bis 29, 31 bis 33 sind erstmalig anzuwenden, wenn der Aufsichtsrat nach den Vorschriften dieses Gesetzes zusammengesetzt ist.

(3) [1] Die Bestellung eines vor dem Inkrafttreten dieses Gesetzes bestellten Mitglieds des zur gesetzlichen Vertretung befugten Organs eines Unternehmens, auf das dieses Gesetz bereits bei seinem Inkrafttreten anzuwenden ist, kann, sofern die Amtszeit dieses Mitglieds nicht aus anderen Gründen früher endet, nach Ablauf von fünf Jahren seit dem Inkrafttreten dieses Gesetzes von dem nach diesem Gesetz gebildeten Aufsichtsrat jederzeit widerrufen werden. [2] Für den Widerruf bedarf es der Mehrheit der abgegebenen Stimmen der Aufsichtsratsmitglieder, aller Stimmen der Aufsichtsratsmitglieder der Anteilseigner oder aller Stimmen der Aufsichtsratsmitglieder der Arbeitnehmer. [3] Für die Ansprüche aus dem Anstellungsvertrag gelten die allgemeinen Vorschriften. [4] Bis zum Widerruf bleiben für diese Mitglieder Satzungsbestimmungen über die Amtszeit abweichend von Absatz 1 Satz 1 in Kraft. [5] Diese Vorschriften sind entsprechend anzuwenden, wenn dieses Gesetz auf ein Unternehmen erst nach dem Zeitpunkt des Inkrafttretens dieses Gesetzes erstmalig anzuwenden ist.

(4) Absatz 3 gilt nicht für persönlich haftende Gesellschafter einer Kommanditgesellschaft auf Aktien.

§ 38[3)] *(aufgehoben)*

§ 39[4)] Ermächtigung zum Erlaß von Rechtsverordnungen. Die Bundesregierung wird ermächtigt, durch Rechtsverordnung[5)] Vorschriften über das Verfahren für die Wahl und die Abberufung von Aufsichtsratsmitgliedern der Arbeitnehmer zu erlassen, insbesondere über

---

[1)] § 37 Abs. 1 Satz 2 geänd. mWv 27. 3. 2002 durch G v. 23. 3. 2002 (BGBl. I S. 1130); Abs. 1 Satz 1 geänd. mWv 18. 8. 2006 durch G v. 14. 8. 2006 (BGBl. I S. 1911).

[2)] **Schönfelder Nr. 51.**

[3)] § 38 aufgeh. mWv 28. 7. 2001 durch G v. 23. 7. 2001 (BGBl. I S. 1852).

[4)] § 39 Nr. 2, Nr. 5 geänd. durch G v. 26. 6. 1990 (BGBl. I S. 1206), Nrn. 2, 4 und 5 geänd. mWv 28. 7. 2001 durch G v. 23. 7. 2001 (BGBl. I S. 1852); Nr. 4 geänd. mWv 1. 5. 2015 durch G v. 24. 4. 2015 (BGBl. I S. 642).

[5)] Siehe die Erste WahlO zum MitbestimmungsG v. 27. 5. 2002 (BGBl. I S. 1682), geänd. durch WahlO v. 10. 10. 2005 (BGBl. I S. 2927), die Zweite WahlO zum MitbestimmungsG v. 27. 5. 2002 (BGBl. I S. 1708), geänd. durch WahlO v. 10. 10. 2005 (BGBl. I S. 2927) und die Dritte WahlO zum MitbestimmungsG v. 27. 5. 2002 (BGBl. I S. 1741), geänd. durch WahlO v. 10. 10. 2005 (BGBl. I S. 2927).

1. die Vorbereitung der Wahl oder Abstimmung, die Bestellung der Wahlvorstände und Abstimmungsvorstände sowie die Aufstellung der Wählerlisten,
2. die Abstimmungen darüber, ob die Wahl der Aufsichtsratsmitglieder in unmittelbarer Wahl oder durch Delegierte erfolgen soll,
3. die Frist für die Einsichtnahme in die Wählerlisten und die Erhebung von Einsprüchen,
4. die Errechnung der Zahl der Aufsichtsratsmitglieder der Arbeitnehmer sowie ihre Verteilung auf die in § 3 Abs. 1 Nr. 1 bezeichneten Arbeitnehmer, die leitenden Angestellten und die Gewerkschaftsvertreter sowie das Verfahren zur Berücksichtigung der Geschlechter,
5. die Errechnung der Zahl der Delegierten,
6. die Wahlvorschläge und die Frist für ihre Einreichung,
7. die Ausschreibung der Wahl oder der Abstimmung und die Fristen für die Bekanntmachung des Ausschreibens,
8. die Teilnahme von Arbeitnehmern eines in § 34 Abs. 1 bezeichneten Betriebs an Wahlen und Abstimmungen,
9. die Stimmabgabe,
10. die Feststellung des Ergebnisses der Wahl oder der Abstimmung und die Fristen für seine Bekanntmachung,
11. die Aufbewahrung der Wahlakten und der Abstimmungsakten.

§ 40[1)] **Übergangsregelung.** (1) Auf Wahlen von Aufsichtsratsmitgliedern der Arbeitnehmer, die bis einschließlich 31. März 2022 abgeschlossen sind, ist dieses Gesetz in der bis zum 11. August 2021 geltenden Fassung anzuwenden.

(2) Eine Wahl von Aufsichtsratsmitgliedern der Arbeitnehmer gilt als abgeschlossen, wenn die Bekanntmachung der Mitglieder des Aufsichtsrates nach § 19 Satz 1 durch das zur gesetzlichen Vertretung des Unternehmens befugte Organ erfolgt ist.

§ 41 Inkrafttreten. Dieses Gesetz tritt am 1. Juli 1976 in Kraft.

[1)] § 40 neu gef. mWv 1.5.2015 durch G v. 24.4.2015 (BGBl. I S. 642); Abs. 1 neu gef., Abs. 2 aufgeh., bish. Abs. 3 wird Abs. 2 mWv 12.8.2021 durch G v. 7.8.2021 (BGBl. I S. 3311).

82b. Gesetz über die Mitbestimmung der Arbeitnehmer in den Aufsichtsräten und Vorständen der Unternehmen des Bergbaus und der Eisen und Stahl erzeugenden Industrie

Vom 21. Mai 1951
(BGBl. I S. 347)

BGBl. III/FNA 801-2

Lfd. Nr.	Änderndes Gesetz	Datum	Fundstelle	Betroffen	Hinweis
1.	Art. 2 § 20 G zur Erg. des G über die Mitbestimmung der Arbeitnehmer in den Aufsichtsräten und Vorständen der Unternehmen des Bergbaus und der Eisen und Stahl erzeugenden Industrie	7.8.1956	BGBl. I S. 707	§ 11	
2.	Art. 2 Gesetz zur Änd. von Vorschriften des Aktienrechts und des Mitbestimmungsrechts	15.7.1957	BGBl. I S. 714	§§ 7, 10	
3.	§ 40 Abs. 2 Einführungsgesetz zum AktienG	6.9.1965	BGBl. I S. 1185	§ 5	
4.	Art. 1 G zur Änd. des Montan-MitbestimmungsG und des MitbestimmungsergänzungsG	21.5.1981	BGBl. I S. 441	§§ 1, 6, 11	
5.	Art. 10 Abs. 22 Bilanzrichtlinien-Gesetz	19.12.1985	BGBl. I S. 2355	§§ 10, 11, 12, 14a	
6.	Art. 57 Fünfte Zuständigkeitsanpassungs-Verordnung	26.2.1993	BGBl. I S. 278	§ 6	
7.	Art. 3 § 8 Euro-Einführungsgesetz	9.6.1998	BGBl. I S. 1242	§ 9	
8.	Art. 8 BetrVerf-Reformgesetz	23.7.2001	BGBl. I S. 1852	§§ 6, 9	
9.	Art. 172 Achte ZuständigkeitsanpassungsVO	25.11.2003	BGBl. I S. 2304	§ 6	
10.	Art. 4 Zweites G zur Vereinfachung der Wahl der Arbeitnehmervertreter in den Aufsichtsrat	18.5.2004	BGBl. I S. 974	§§ 1, 3	
11.	Art. 220 Neunte ZuständigkeitsanpassungsVO	31.10.2006	BGBl. I S. 2407	§ 6	
12.	Art. 5 G für die gleichberechtigte Teilhabe von Frauen und Männern an Führungspositionen in der Privatwirtschaft und im öffentlichen Dienst	24.4.2015	BGBl. I S. 642	§§ 5, 15 §§ 14, 14a § 6 § 5a	geänd. mWv 1.5.2015 aufgeh. mWv 1.5.2015 geänd. mWv 1.1.2016 eingef. mWv 1.1.2016
13.	Art. 14 G zur Ergänzung und Änd. der Regelungen für die gleichberechtigte Teilhabe von Frauen an Führungspositionen in der Privatwirtschaft und im öffentlichen Dienst	7.8.2021	BGBl. I S. 3311	§ 5a	geänd. mWv 12.8.2021

Erster Teil. Allgemeines

§ 1[1) 2)] [Arbeitnehmermitbestimmung in den Aufsichtsräten. Anwendungsbereich] (1) [1]Die Arbeitnehmer haben ein Mitbestimmungsrecht in den Aufsichtsräten und in den zur gesetzlichen Vertretung berufenen Organen nach Maßgabe dieses Gesetzes in

a) den Unternehmen, deren überwiegender Betriebszweck in der Förderung von Steinkohle, Braunkohle oder Eisenerz oder in der Aufbereitung, Verkokung, Verschwelung oder Brikettierung dieser Grundstoffe liegt und deren Betrieb unter der Aufsicht der Bergbehörden steht,

b) den Unternehmen der Eisen und Stahl erzeugenden Industrie in dem Umfang, wie er in Gesetz Nr. 27 der Alliierten Hohen Kommission vom 16. Mai 1950 (Amtsblatt der Alliierten Hohen Kommission für Deutschland S. 299) bezeichnet ist, soweit diese Unternehmen in „Einheitsgesellschaften" im Sinne des Gesetzes Nr. 27 überführt oder in anderer Form weiterbetrieben und nicht liquidiert werden,

c) den Unternehmen, die von einem vorstehend bezeichneten oder nach Gesetz Nr. 27 der Alliierten Hohen Kommission zu liquidierenden Unternehmen abhängig sind, wenn sie die Voraussetzungen nach Buchstabe a erfüllen oder überwiegend Eisen und Stahl erzeugen.

[2]Die Herstellung von Walzwerkserzeugnissen einschließlich Walzdraht, Röhren, Walzen, rollendem Eisenbahnmaterial, Freiformschmiedestücken und Gießereierzeugnissen aus Eisen oder Stahl ist als Erzeugung von Eisen und Stahl im Sinne von Satz 1 Buchstabe b und c anzusehen

1. in einem Unternehmen, dessen Aufsichtsrat am 1. Juli 1981 nach § 4 oder § 9 zusammengesetzt ist, oder

---

[1)] § 1 Abs. 1 Sätze 2 und 3 angef. sowie Abs. 3 und 4 angef. durch G v. 21.5.1981 (BGBl. I S. 441); Abs. 2 geänd. mWv 1.7.2004 durch G v. 18.5.2004 (BGBl. I S. 974).

[2)] Im Gebiet der ehem. DDR ist § 1 Abs. 1 ab 1. April 1991 in folgender Fassung anzuwenden:

„„(1) [1]Die Arbeitnehmer haben ein Mitbestimmungsrecht in den Aufsichtsräten und in den zur gesetzlichen Vertretung berufenen Organen nach Maßgabe dieses Gesetzes in

a) den Unternehmen, deren überwiegender Betriebszweck in der Förderung von Steinkohle, Braunkohle oder Eisenerz oder in der Aufbereitung, Verkokung, Verschwelung oder Brikettierung dieser Grundstoffe liegt und deren Betrieb unter der Aufsicht der Bergbehörden steht,

b) den Unternehmen, deren überwiegender Betriebszweck in der Erzeugung von Eisen und Stahl besteht. Die Herstellung von Walzwerkserzeugnissen einschließlich Walzdraht, Röhren, Walzen, rollendem Eisenbahnmaterial, Freiformschmiedestücken und Gießereierzeugnissen aus Eisen oder Stahl ist als Erzeugung von Eisen und Stahl anzusehen

1. in einem Unternehmen, dessen Aufsichtsrat am 1. April 1991 nach §§ 4 oder 9 zusammengesetzt ist, oder
2. in einem anderen Unternehmen nach der Verschmelzung mit einem in Nummer 1 bezeichneten Unternehmen oder nach dem Übergang von Betrieben oder Betriebsteilen eines in Nummer 1 bezeichneten Unternehmens, die die genannten Erzeugnisse herstellen oder Roheisen oder Rohstahl erzeugen, auf das andere Unternehmen, wenn dieses mit dem in Nummer 1 bezeichneten Unternehmen verbunden ist (§ 15 des Aktiengesetzes), und solange nach der Verschmelzung oder dem Übergang der überwiegende Betriebszweck des anderen Unternehmens die Herstellung der genannten Erzeugnisse oder die Erzeugung von Roheisen oder Rohstahl ist.

[2]*Satz 2 Nr. 2 gilt entsprechend* für die weitere Verschmelzung sowie für den weiteren Übergang von Betrieben oder Betriebsteilen.""

Vgl. Einigungsvertrag v. 31.8.1990 (BGBl. II S. 889, 1022).

2. in einem anderen Unternehmen nach der Verschmelzung mit einem in Nummer 1 bezeichneten Unternehmen oder nach dem Übergang von Betrieben oder Betriebsteilen eines in Nummer 1 bezeichneten Unternehmens, die die genannten Erzeugnisse herstellen oder Roheisen oder Rohstahl erzeugen, auf das andere Unternehmen, wenn dieses mit dem in Nummer 1 bezeichneten Unternehmen verbunden ist (§ 15 des Aktiengesetzes[1]) und solange nach der Verschmelzung oder dem Übergang der überwiegende Betriebszweck des anderen Unternehmens die Herstellung der genannten Erzeugnisse oder die Erzeugung von Roheisen oder Rohstahl ist.

[3] Satz 2 Nr. 2 gilt entsprechend für die weitere Verschmelzung sowie für den weiteren Übergang von Betrieben oder Betriebsteilen.

(2) Dieses Gesetz findet nur auf diejenigen in Absatz 1 bezeichneten Unternehmen Anwendung, welche in Form einer Aktiengesellschaft oder einer Gesellschaft mit beschränkter Haftung betrieben werden und in der Regel mehr als eintausend Arbeitnehmer beschäftigten oder „Einheitsgesellschaften" sind.

(3) Erfüllt ein Unternehmen die in Absatz 1 bezeichneten Voraussetzungen nicht mehr oder beschäftigt es nicht mehr die nach Absatz 2 erforderliche Zahl von Arbeitnehmern, so sind die Vorschriften dieses Gesetzes über das Mitbestimmungsrecht erst dann nicht mehr anzuwenden, wenn in sechs aufeinanderfolgenden Geschäftsjahren eine dieser Voraussetzungen nicht mehr vorgelegen hat.

(4) [1] Ist ein Unternehmen, dessen Aufsichtsrat nach § 4 oder § 9 zusammenzusetzen ist, herrschendes Unternehmen eines Konzerns (§ 18 Abs. 1 des Aktiengesetzes) und ist für diesen Konzern ein Konzernbetriebsrat errichtet, so gelten für die Anwendung der §§ 4, 6 und 9 auf das herrschende Unternehmen die Arbeitnehmer der Konzernunternehmen als Arbeitnehmer des herrschenden Unternehmens und die in Konzernunternehmen vertretenen Gewerkschaften als im herrschenden Unternehmen vertreten. [2] Liegen die Voraussetzungen des Satzes 1 vor, so tritt für die Anwendung der §§ 6 und 11 auf das herrschende Unternehmen der Konzernbetriebsrat an die Stelle der Betriebsräte.

§ 2 [Vorrang des Montan-Mitbestimmungsgesetzes] Auf die in § 1 bezeichneten Unternehmen finden die Vorschriften des Aktiengesetzes[1], des Gesetzes betreffend die Gesellschaften mit beschränkter Haftung[2], der Berggesetze und des Betriebsverfassungsrechts insoweit keine Anwendung, als sie den Vorschriften dieses Gesetzes widersprechen.

Zweiter Teil. Aufsichtsrat

§ 3[3] [Aufsichtsrat bei GmbH] (1) Betreibt eine Gesellschaft mit beschränkter Haftung ein Unternehmen im Sinne des § 1, so ist nach Maßgabe dieses Gesetzes ein Aufsichtsrat zu bilden.

(2) Auf den Aufsichtsrat, seine Rechte und Pflichten finden die Vorschriften des Aktienrechts sinngemäß Anwendung.

---

[1] **Habersack, Deutsche Gesetze Nr. 51.**

[2] **Habersack, Deutsche Gesetze Nr. 52.**

[3] § 3 Abs. 1 geänd. mWv 1.7.2004 durch G v. 18.5.2004 (BGBl. I S. 974).

§ 4 [Zusammensetzung. Rechte und Pflichten der Mitglieder]

(1) [1]Der Aufsichtsrat besteht aus elf Mitgliedern. [2]Er setzt sich zusammen aus

a) vier Vertretern der Anteilseigner und einem weiteren Mitglied,
b) vier Vertretern der Arbeitnehmer und einem weiteren Mitglied,
c) einem weiteren Mitglied.

(2) Die in Absatz 1 bezeichneten weiteren Mitglieder dürfen nicht

a) Repräsentant einer Gewerkschaft oder einer Vereinigung der Arbeitgeber oder einer Spitzenorganisation dieser Verbände sein oder zu diesen in einem ständigen Dienst- oder Geschäftsbesorgungsverhältnis stehen,
b) im Laufe des letzten Jahres vor der Wahl eine unter Buchstabe a bezeichnete Stellung innegehabt haben,
c) in den Unternehmen als Arbeitnehmer oder Arbeitgeber tätig sein,
d) an dem Unternehmen wirtschaftlich wesentlich interessiert sein.

(3) [1]Alle Aufsichtsratsmitglieder haben die gleichen Rechte und Pflichten. [2]Sie sind an Aufträge und Weisungen nicht gebunden.

§ 5[1)] [Wahl der Vertreter der Anteilseigner] Die in § 4 Abs. 1 Buchstabe a bezeichneten Mitglieder des Aufsichtsrats werden durch das nach Gesetz, Satzung oder Gesellschaftsvertrag zur Wahl von Aufsichtsratsmitgliedern berufene Organ (Wahlorgan) nach Maßgabe der Satzung oder des Gesellschaftsvertrags gewählt oder entsandt.

§ 5a[2)] [Geschlechteranteil] [1]Unter den in § 4 Absatz 1 Buchstabe b bezeichneten Mitgliedern des Aufsichtsrates eines in § 1 genannten, börsennotierten Unternehmens müssen im Fall des § 96 Absatz 2 Satz 3 des Aktiengesetzes[3)] Frauen und Männer jeweils mit einem Anteil von mindestens 30 Prozent vertreten sein. [2]Satz 1 gilt auch für ein nicht börsennotiertes Unternehmen mit Mehrheitsbeteiligung des Bundes im Sinne des § 393a Absatz 1 des Aktiengesetzes oder des § 77a Absatz 1 des Gesetzes betreffend die Gesellschaften mit beschränkter Haftung[4)].

§ 6[5)] [Wahl der Vertreter der Arbeitnehmer] (1) [1]Unter den in § 4 Abs. 1 Buchstabe b bezeichneten Mitgliedern des Aufsichtsrats müssen sich zwei Arbeitnehmer befinden, die in einem Betriebe des Unternehmens beschäftigt sind. [2]Diese Mitglieder werden durch die Betriebsräte der Betriebe des Unternehmens in geheimer Wahl gewählt und dem Wahlorgan nach Beratung mit

---

1) § 5 Satz 2 aufgeh. mWv 1.1.1966 durch G v. 6.9.1965 (BGBl. I S. 1185); geänd. mWv 1.5.2015 durch G v. 24.4.2015 (BGBl. I S. 642).

2) § 5a eingef. mWv 1.1.2016 durch G v. 24.4.2015 (BGBl. I S. 642); Satz 2 angef. mWv 12.8.2021 durch G v. 7.8.2021 (BGBl. I S. 3311).

3) **Habersack, Deutsche Gesetze Nr. 51.**

4) **Habersack, Deutsche Gesetze Nr. 52.**

5) § 6 Abs. 3 Satz 1 geänd., Abs. 5 eingef., bish. Abs. 5 als Abs. 6 neu gef. durch G v. 21.5.1981, Abs. 2 Satz 3 geänd. durch G v. 26.2.1993 (BGBl. I S. 278); Abs. 1 Sätze 1 und 2, Abs. 5 Satz 1 geänd. mWv 28.7.2001 durch G v. 23.7.2001 (BGBl. I S. 1852); Abs. 2 Satz 3 geänd. mWv 28.11.2003 durch VO v. 25.11.2003 (BGBl. I S. 2304); Abs. 2 Satz 3 erster Halbs. geänd. mWv 8.11.2006 durch VO v. 31.10.2006 (BGBl. I S. 2407); Abs. 6 eingef., bish. Abs. 6 wird Abs. 7 mWv 1.1.2016 durch G v. 24.4.2015 (BGBl. I S. 642).

den in den Betrieben des Unternehmens vertretenen Gewerkschaften und deren Spitzenorganisationen vorgeschlagen.

(2) [1] Die nach Absatz 1 gewählten Personen sind vor Weiterleitung der Vorschläge an das Wahlorgan innerhalb von zwei Wochen nach der Wahl den Spitzenorganisationen mitzuteilen, denen die in den Betrieben des Unternehmens vertretenen Gewerkschaften angehören. [2] Jede Spitzenorganisation kann binnen zwei Wochen nach Zugang der Mitteilung Einspruch bei den Betriebsräten einlegen, wenn der begründete Verdacht besteht, daß ein Vorgeschlagener nicht die Gewähr bietet, zum Wohle des Unternehmens und der gesamten Volkswirtschaft verantwortlich im Aufsichtsrat mitzuarbeiten. [3] Lehnen die Betriebsräte den Einspruch mit einfacher Stimmenmehrheit ab, so können die Betriebsräte oder die Spitzenorganisation, welche den Einspruch eingelegt hat, das Bundesministerium für Arbeit und Soziales anrufen; dieses entscheidet endgültig.

(3) [1] Zwei der in § 4 Abs. 1 Buchstabe b bezeichneten Mitglieder werden von den Spitzenorganisationen nach vorheriger Beratung mit den im Betriebe vertretenen Gewerkschaften den Betriebsräten vorgeschlagen. [2] Die Spitzenorganisationen sind nach dem Verhältnis ihrer Vertretung in den Betrieben vorschlagsberechtigt; sie sollen bei ihren Vorschlägen die innerhalb der Belegschaften bestehenden Minderheiten in angemessener Weise berücksichtigen.

(4) Für das in § 4 Abs. 1 Buchstabe b bezeichnete weitere Mitglied gilt Absatz 3 entsprechend.

(5) [1] Die Mitglieder der Betriebsräte der Betriebe des Unternehmens wählen in geheimer Wahl auf Grund der nach den Absätzen 3 und 4 gemachten Vorschläge die Bewerber und schlagen diese dem Wahlorgan vor. [2] Wird von einer Spitzenorganisation nur ein Bewerber für ein Aufsichtsratsmitglied vorgeschlagen, so bedarf der Vorschlag gegenüber dem Wahlorgan der Mehrheit der Stimmen der Mitglieder der Betriebsräte.

(6) Bei börsennotierten Unternehmen kann im Fall des § 96 Absatz 2 Satz 3 des Aktiengesetzes[1)] ein Vorschlag an das Wahlorgan nur erfolgen, wenn die Vorgaben des § 5a durch eine Wahl nach den Absätzen 1 und 5 erfüllt worden sind.

(7) Das Wahlorgan ist an die Vorschläge der Betriebsräte gebunden.

§ 7[2)] *(aufgehoben)*

§ 8 [Wahl des weiteren Mitglieds. Vermittlungsausschuss] (1) [1] Das in § 4 Abs. 1 Buchstabe c bezeichnete weitere Mitglied des Aufsichtsrats wird durch das Wahlorgan auf Vorschlag der übrigen Aufsichtsratsmitglieder gewählt. [2] Der Vorschlag wird durch diese Aufsichtsratsmitglieder mit Mehrheit aller Stimmen beschlossen. [3] Er bedarf jedoch der Zustimmung von mindestens je drei Mitgliedern, die nach § 5 und die nach § 6 gewählt sind.

(2) [1] Kommt ein Vorschlag nach Absatz 1 nicht zustande oder wird eine vorgeschlagene Person nicht gewählt, so ist ein Vermittlungsausschuß zu bilden, der aus vier Mitgliedern besteht. [2] Je zwei Mitglieder werden von den nach § 5 und den nach § 6 gewählten Aufsichtsratsmitgliedern gewählt.

---

1) **Habersack, Deutsche Gesetze Nr. 51.**
2) § 7 aufgeh. durch G v. 15.7.1957 (BGBl. I S. 714).

(3) [1]Der Vermittlungsausschuß schlägt innerhalb eines Monats dem Wahlorgan drei Personen zur Wahl vor, aus denen das Wahlorgan das Aufsichtsratsmitglied wählen soll. [2]Kommt die Wahl auf Grund des Vorschlages des Vermittlungsausschusses aus wichtigen Gründen nicht zustande, insbesondere dann, wenn keiner der Vorgeschlagenen die Gewähr für ein gedeihliches Wirken für das Unternehmen bietet, so muß die Ablehnung durch Beschluß festgestellt werden. [3]Dieser Beschluß muß mit Gründen versehen sein. [4]Über die Berechtigung der Ablehnung der Wahl entscheidet auf Antrag des Vermittlungsausschusses das für das Unternehmen zuständige Oberlandesgericht. [5]Im Falle der Bestätigung der Ablehung hat der Vermittlungsausschuß dem Wahlorgan drei weitere Personen vorzuschlagen; für diesen zweiten Vorschlag gilt die vorstehende Regelung (Sätze 2 bis 4) entsprechend. [6]Wird die Ablehnung der Wahl von dem Gericht für unberechtigt erklärt, so hat das Wahlorgan einen der Vorgeschlagenen zu wählen. [7]Wird die Ablehnung der Wahl aus dem zweiten Wahlvorschlag von dem Gericht für berechtigt erklärt, oder erfolgt kein Wahlvorschlag, so wählt das Wahlorgan von sich aus das weitere Mitglied.

(4) Wird die in Absatz 2 vorgesehene Anzahl von Mitgliedern des Vermittlungsausschusses nicht gewählt, oder bleiben Mitglieder des Vermittlungsausschusses trotz rechtzeitiger Einladung ohne genügende Entschuldigung einer Sitzung fern, so kann der Vermittlungsausschuß tätig werden, wenn wenigstens zwei Mitglieder mitwirken.

§ 9[1)] [Größerer Aufsichtsrat] (1) [1]Bei Gesellschaften mit einem Nennkapital von mehr als zehn Millionen Euro kann durch Satzung oder Gesellschaftsvertrag bestimmt werden, daß der Aufsichtsrat aus fünfzehn Mitgliedern besteht. [2]Die Vorschriften der §§ 4 bis 8 finden sinngemäß Anwendung mit der Maßgabe, daß die Zahl der gemäß § 6 Abs. 1 und 2 zu wählenden Arbeitnehmer und die Zahl der in § 6 Abs. 3 bezeichneten Vertreter der Arbeitnehmer je drei beträgt.

(2) [1]Bei Gesellschaften mit einem Nennkapital von mehr als fünfundzwanzig Millionen Euro kann durch Satzung oder Gesellschaftsvertrag bestimmt werden, daß der Aufsichtsrat aus einundzwanzig Mitgliedern besteht. [2]Die Vorschriften der §§ 4 bis 8 finden sinngemäß Anwendung mit der Maßgabe,

(Fortsetzung nächstes Blatt)

[1)] § 9 Abs. 1 Satz 1 und Abs. 2 Satz 1 geänd. durch G v. 9.6.1998 (BGBl. I S. 1242); Abs. 1 Satz 2, Abs. 2 Satz 2 geänd. mWv 28.7.2001 durch G v. 23.7.2001 (BGBl. I S. 1852).

daß die Zahl der in § 4 Abs. 1 Buchstaben a und b bezeichneten weiteren Mitglieder je zwei, die Zahl der gemäß § 6 Abs. 1 und 2 zu wählenden Arbeitnehmer und die Zahl der in § 6 Abs. 3 bezeichneten Vertreter der Arbeitnehmer je vier beträgt.

§ 10[1)] **[Beschlussfähigkeit]** [1] Der Aufsichtsrat ist beschlußfähig, wenn mindestens die Hälfte der Mitglieder, aus denen er nach diesem Gesetz oder der Satzung insgesamt zu bestehen hat, an der Beschlußfassung teilnimmt. [2] § 108 Abs. 2 Satz 4 des Aktiengesetzes[2)] findet Anwendung.

§ 11[3)] **[Abberufung eines Aufsichtsratsmitglieds]** (1) Auf die in § 5 bezeichneten Mitglieder des Aufsichtsrats findet § 103 des Aktiengesetzes[2)] Anwendung.

(2) [1] Auf die Abberufung eines in § 6 bezeichneten Mitglieds des Aufsichtsrats durch das Wahlorgan findet Absatz 1 entsprechende Anwendung mit der Maßgabe, daß die Abberufung auf Vorschlag der Betriebsräte der Betriebe des Unternehmens erfolgt. [2] Die Abberufung eines in § 6 Abs. 3 oder 4 bezeichneten Mitglieds kann nur auf Antrag der Spitzenorganisation, die das Mitglied vorgeschlagen hat, von den Betriebsräten vorgeschlagen werden.

(3) Eine Abberufung des in § 8 bezeichneten Mitgliedes des Aufsichtsrats kann auf Antrag von mindestens drei Aufsichtsratsmitgliedern durch das Gericht aus wichtigem Grunde erfolgen.

Dritter Teil. Vorstand

§ 12[4)] **[Bestellung durch Aufsichtsrat]** Die Bestellung der Mitglieder des zur gesetzlichen Vertretung berufenen Organs und der Widerruf ihrer Bestellung erfolgen nach Maßgabe des § 76 Abs. 3 und des § 84 des Aktiengesetzes[2)] durch den Aufsichtsrat.

§ 13 [Arbeitsdirektor] (1) [1] Als gleichberechtigtes Mitglied des zur gesetzlichen Vertretung berufenen Organs wird ein Arbeitsdirektor bestellt. [2] Der Arbeitsdirektor kann nicht gegen die Stimmen der Mehrheit der nach § 6 gewählten Aufsichtsratsmitglieder bestellt werden. [3] Das gleiche gilt für den Widerruf der Bestellung.

(2) [1] Der Arbeitsdirektor hat wie die übrigen Mitglieder des zur gesetzlichen Vertretung berufenen Organs seine Aufgaben im engsten Einvernehmen mit dem Gesamtorgan auszuüben. [2] Das Nähere bestimmt die Geschäftsordnung.

---

1) § 10 Satz 2 neu gef. durch G v. 19. 12. 1985 (BGBl. I S. 2355).

2) **Schönfelder Nr. 51.**

3) § 11 Abs. 2 neu gef. durch G v. 21. 5. 1981 (BGBl. I S. 441); Abs. 1 neu gef. durch G v. 19. 12. 1985 (BGBl. I S. 2355).

4) § 12 geänd. durch G v. 19. 12. 1985 (BGBl. I S. 2355).

Vierter Teil. Schlußvorschriften

§ 14[1] [Ermächtigung zum Erlass von Rechtsverordnungen] Die Bundesregierung wird ermächtigt, durch Rechtsverordnung Vorschriften zu erlassen über

a) die Anpassung von Satzungen und Gesellschaftsverträgen an die Vorschriften dieses Gesetzes,

b) das Verfahren für die Aufstellung der in § 6 bezeichneten Wahlvorschläge.

---

[1] Bish. § 14 aufgeh., bish. § 15 wird § 14 mWv 1. 5. 2015 durch G v. 24. 4. 2015 (BGBl. I S. 642).

82c. Gesetz zur Ergänzung des Gesetzes über die Mitbestimmung der Arbeitnehmer in den Aufsichtsräten und Vorständen der Unternehmen des Bergbaus und der Eisen und Stahl erzeugenden Industrie

Vom 7. August 1956

(BGBl. I S. 707)

BGBl. III/FNA 801-3

Lfd. Nr.	Änderndes Gesetz	Datum	Fundstelle	Betroffen	Hinweis
8.	Art. 3 § 9 Euro-EinführungsG	9.6.1998	BGBl. I S. 1242	§ 5	
9.	Art. 10 Betriebsverfassungs-ReformG	23.7.2001	BGBl. I S. 1852	§§ 5, 8, 9, 10, 10c, 10d, 10e, 10g, 10h, 10m, 10n, 17, 19. 20, 22	
10.	Art. 2 Zweites G zur Vereinfachung der Wahl der Arbeitnehmervertreter in den Aufsichtsrat	18.5.2004	BGBl. I S. 974	§§ 1, 3, 6, 9, 10f, 10h, 10k, 10l, 22	
11.	Art. 8 Abs. 18 BilanzrechtsreformG	4.12.2004	BGBl. I S. 3166	§ 4	
12.	Art. 5 Zweites ÄndG	8.6.2005	BGBl. I S. 1530	§ 10	
13.	Art. 194 Erstes G über die Bereinigung von Bundesrecht im Zuständigkeitsbereich des BMJ	19.4.2006	BGBl. I S. 866	Überschrift Art. 2, § 18	
14.	Art. 100 FGG-ReformG	17.12.2008	BGBl. I S. 2586	Art. 2	
15.	Art. 13 Abs. 16 BilanzrechtsmodernisierungsG	25.5.2009	BGBl. I S. 1102	Art. 1	
16.	Art. 2 Abs. 112 G zur Änd. von Vorschriften über Verkündung und Bekanntmachungen sowie der ZPO, des EGZPO und der AO	22.12.2011	BGBl. I S. 3044	§§ 10f, 10l	geänd. mWv 1.4.2012
17.	Art. 34 2. KostenrechtsmodernisierungsG	23.7.2013	BGBl. I S. 2586	§ 18	geänd. mWv 1.8.2013
18.	Art. 6 G für die gleichberechtigte Teilhabe von Frauen und Männern an Führungspositionen in der Privatwirtschaft und im öffentlichen Dienst	24.4.2015	BGBl. I S. 642	Inhaltsübersicht, §§ 4, 5, 7, 10e, 10g, 10h, 10i, 10k, 10l, 10m, 10n, 10o, 17	geänd. mWv 1.5.2015
				§§ 5a, 10f	eingef. mWv 1.5.2015
				§ 22	neu gef. mWv 1.5.2015
19.	Art. 26 Abs. 3 FinanzmarktintegritätsstärkungsG	3.6.2021	BGBl. I S. 1534	§ 4	geänd. mWv 1.7.2021
20.	Art. 15 G zur Ergänzung und Änd. der Regelungen für die gleichberechtigte Teilhabe von Frauen an Führungspositionen in der Privatwirtschaft und im öffentlichen Dienst	7.8.2021	BGBl. I S. 3311	§§ 5a, 22	geänd. mWv 12.8.2021

Art. 1. Mitbestimmung in herrschenden Unternehmen

§ 1[1] **[Begriff]** Die Mitbestimmung der Arbeitnehmer in den Aufsichtsräten und den zur gesetzlichen Vertretung berufenen Organen von Unternehmen in der Rechtsform einer Aktiengesellschaft oder einer Gesellschaft mit beschränkter Haftung, die ein Unternehmen beherrschen, in dem die Arbeitnehmer nach den Vorschriften des Gesetzes über die Mitbestimmung der Arbeitnehmer in den Aufsichtsräten und Vorständen der Unternehmen des Bergbaus und der Eisen und Stahl erzeugenden Industrie[2] vom 21. Mai 1951 – Bundesgesetzbl. I S. 347 – (Montan-Mitbestimmungsgesetz) ein Mitbestimmungsrecht haben, regelt sich nach den Vorschriften dieses Gesetzes.

§ 2 [Anwendung des Montan-Mitbestimmungsgesetzes] [1] Liegen bei dem herrschenden Unternehmen nach seinem eigenen überwiegenden Betriebszweck die Voraussetzungen für die Anwendung des Montan-Mitbestimmungsgesetzes[2] vor, so gilt für das herrschende Unternehmen das Montan-Mitbestimmungsgesetz. [2] Dies gilt auch, solange in dem herrschenden Unternehmen das Mitbestimmungsrecht nach § 1 Abs. 3 des Montan-Mitbestimmungsgesetzes fortbesteht.

§ 3[3] **[Unternehmenszweck]** (1) [1] Liegen bei dem herrschenden Unternehmen die Voraussetzungen für die Anwendung des Montan-Mitbestimmungsgesetzes[2] nach § 2 nicht vor, wird jedoch der Unternehmenszweck des Konzerns durch Konzernunternehmen und abhängige Unternehmen gekennzeichnet, die unter das Montan-Mitbestimmungsgesetz fallen, so gelten für das herrschende Unternehmen die §§ 5 bis 13. [2] Ist das herrschende Unternehmen eine Gesellschaft mit beschränkter Haftung, so findet § 3 des Montan-Mitbestimmungsgesetzes entsprechende Anwendung.

(2) [1] Der Unternehmenszweck des Konzerns wird durch die unter das Montan-Mitbestimmungsgesetz fallenden Konzernunternehmen und abhängigen Unternehmen gekennzeichnet, wenn diese Konzernunternehmen und abhängigen Unternehmen insgesamt

1. mindestens ein Fünftel der Umsätze sämtlicher Konzernunternehmen und abhängigen Unternehmen erzielen, jeweils vermindert um die in den Umsätzen enthaltenen Kosten für fremdbezogene Roh-, Hilfs- und Betriebsstoffe und für Fremdleistungen, oder
2. in der Regel mehr als ein Fünftel der Arbeitnehmer sämtlicher Konzernunternehmen und abhängigen Unternehmen beschäftigen.

[2] Soweit Konzernunternehmen und abhängige Unternehmen Umsätze erzielen, die nicht auf der Veräußerung selbsterzeugter, bearbeiteter oder verarbeiteter Waren beruhen, ist ein Fünftel der unverminderten Umsätze anzurechnen.

§ 4[4] **[Maßgebliches Umsatzverhältnis]** (1) [1] Das nach § 3 maßgebliche Umsatzverhältnis hat der Abschlußprüfer des herrschenden Unternehmens zu

---

[1] § 1 geänd. mWv 1.7.2004 durch G v. 18.5.2004 (BGBl. I S. 974).

[2] Nr. **82b**.

[3] § 3 Abs. 1 Satz 2, Abs. 2 Satz 1 Nr. 2 geänd. mWv 1.7.2004 durch G v. 18.5.2004 (BGBl. I S. 974).

[4] § 4 Abs. 1 Satz 2 geänd. mWv 10.12.2004 durch G v. 4.12.2004 (BGBl. I S. 3166); Abs. 1 Satz 2 geänd. mWv 29.5.2009 durch G v. 25.5.2009 (BGBl. I S. 1102); Abs. 5 geänd. mWv 1.5.2015 durch →

ermitteln. [2] Ist der Jahresabschluß des herrschenden Unternehmens nicht auf Grund gesetzlicher Vorschriften durch Abschlußprüfer zu prüfen, so wird das Umsatzverhältnis von einem in entsprechender Anwendung der §§ 318, 319 Absatz 1 bis 4 und § 319b des Handelsgesetzbuchs[1)] sowie des Artikels 5 Absatz 1 der Verordnung (EU) Nr. 537/2014 des Europäischen Parlaments und des Rates vom 16. April 2014 über spezifische Anforderungen an die Abschlussprüfung bei Unternehmen von öffentlichem Interesse und zur Aufhebung des Beschlusses 2005/909/EG der Kommission (ABl. L 158 vom 27.5. 2014, S. 77; L 170 vom 11.6.2014, S. 66) zu bestellenden Prüfer ermittelt.

(2) [1] Der Prüfer hat für jedes Geschäftsjahr vor Ablauf von fünf Monaten nach dessen Ende über das Ergebnis seiner Ermittlungen schriftlich zu berichten. [2] Der Bericht ist den Verwaltungsträgern des herrschenden Unternehmens vorzulegen.

(3) [1] Der Prüfer hat, soweit dies für seine Ermittlungen erforderlich ist, gegenüber sämtlichen Konzernunternehmen und abhängigen Unternehmen die ihm nach § 320 Abs. 1 Satz 2, Abs. 2 des Handelsgesetzbuchs zustehenden Rechte. [2] § 323 des Handelsgesetzbuchs ist anzuwenden.

(4) Hat der Aufsichtsrat Bedenken gegen die von dem Prüfer getroffenen Feststellungen, so hat der Prüfer auf Verlangen des Aufsichtsrats die beanstandeten Feststellungen zu überprüfen und über das Ergebnis zu berichten.

(5) Das zur gesetzlichen Vertretung berufene Organ des herrschenden Unternehmens hat das festgestellte Umsatzverhältnis und die abschließende Stellungnahme des Aufsichtsrats unverzüglich den Betriebsräten (Gesamtbetriebsräten) der Konzernunternehmen und abhängigen Unternehmen sowie den nach § 10d Absatz 2 Satz 1 im Konzern vertretenen Gewerkschaften mitzuteilen.

(6) Die Absätze 1 bis 5 sind nicht anzuwenden, wenn die Voraussetzungen des § 3 Abs. 2 Satz 1 Nr. 2 vorliegen.

§ 5[2)] [Zusammensetzung des Aufsichtsrats] (1) [1] Der Aufsichtsrat besteht aus fünfzehn Mitgliedern. [2] Er setzt sich zusammen aus

a) sieben Vertretern der Anteilseigner,

b) sieben Vertretern der Arbeitnehmer,

c) einem weiteren Mitglied.

[3] Bei Unternehmen mit einem Gesellschaftskapital von mehr als fünfundzwanzig Millionen Euro kann durch Satzung oder Gesellschaftsvertrag bestimmt werden, daß der Aufsichtsrat aus einundzwanzig Mitgliedern besteht. [4] In diesem Fall beträgt die Zahl der in Satz 2 Buchstabe a und b bezeichneten Mitglieder je zehn.

(Fortsetzung der Anm. von voriger Seite)
G v. 24.4.2015 (BGBl. I S. 642); Abs. 1 Satz 2 geänd. mWv 1.7.2021 durch G v. 3.6.2021 (BGBl. I S. 1534).

[1)] **Habersack, Deutsche Gesetze Nr. 50.**

[2)] § 5 Abs. 1 Satz 3 geänd. durch G v. 9.6.1998 (BGBl. I S. 1242). Abs. 5 Satz 1 geänd, Abs. 5 Sätze 3 und 4 aufgeh., Abs. 6 angef. mWv 28.7.2001 durch G v. 23.7.2001 (BGBl. I S. 1852); Abs. 3 Satz 2 geänd. mWv 1.5.2015 durch G v. 24.4.2015 (BGBl. I S. 642).

(2) Für die Bestellung der in Absatz 1 Satz 2 Buchstabe a genannten Mitglieder gilt § 5 des Montan-Mitbestimmungsgesetzes[1]; für ihre Abberufung gilt § 103 des Aktiengesetzes[2].

(3) [1] Auf das in Absatz 1 Satz 2 Buchstabe c genannte Mitglied findet § 4 Abs. 2 des Montan-Mitbestimmungsgesetzes Anwendung. [2] Für seine Bestellung gilt § 8 des Montan-Mitbestimmungsgesetzes, wobei an die Stelle des § 6 des Montan-Mitbestimmungsgesetzes die §§ 6 bis 10i dieses Gesetzes treten; für seine Abberufung gilt § 11 Abs. 3 des Montan-Mitbestimmungsgesetzes.

(4) § 4 Abs. 3 des Montan-Mitbestimmungsgesetzes findet Anwendung.

(5) [1] Arbeitnehmer im Sinne dieses Gesetzes sind die in § 5 Abs. 1 des Betriebsverfassungsgesetzes[3] bezeichneten Personen. [2] Die in § 5 Abs. 2 des Betriebsverfassungsgesetzes bezeichneten Personen sind keine Arbeitnehmer im Sinne dieses Gesetzes.

(6) [1] Betriebe im Sinne dieses Gesetzes sind solche des Betriebsverfassungsgesetzes. [2] § 4 Abs. 2 des Betriebsverfassungsgesetzes ist anzuwenden.

§ 5a[4] [Anteil von Aufsichtsratsmitgliedern] [1] Unter den Aufsichtsratsmitgliedern der Arbeitnehmer eines in § 1 genannten, börsennotierten Unternehmens müssen im Fall des § 96 Absatz 2 Satz 3 des Aktiengesetzes[2] Frauen und Männer jeweils mit einem Anteil von mindestens 30 Prozent vertreten sein. [2] Satz 1 gilt auch für ein nicht börsennotiertes Unternehmen mit Mehrheitsbeteiligung des Bundes im Sinne des § 393a Absatz 1 des Aktiengesetzes oder des § 77a Absatz 1 des Gesetzes betreffend die Gesellschaften mit beschränkter Haftung[5].

§ 6[6] [Arbeitnehmervertreter] (1) [1] Unter den Aufsichtsratsmitgliedern der Arbeitnehmer müssen sich fünf Arbeitnehmer von Konzernunternehmen und zwei Vertreter von Gewerkschaften befinden. [2] Besteht der Aufsichtsrat aus einundzwanzig Mitgliedern, so müssen sich unter den Aufsichtsratsmitgliedern der Arbeitnehmer sieben Arbeitnehmer von Konzernunternehmen und drei Vertreter von Gewerkschaften befinden.

(2) [1] Die in Absatz 1 bezeichneten Arbeitnehmer müssen das 18. Lebensjahr vollendet haben und ein Jahr einem Konzernunternehmen angehören. [2] Auf die einjährige Angehörigkeit zu einem Konzernunternehmen werden Zeiten der Angehörigkeit zu einem anderen Unternehmen, dessen Arbeitnehmer nach diesem Gesetz an der Wahl von Aufsichtsratsmitgliedern des Konzerns

(Fortsetzung nächstes Blatt)

---

[1] Nr. **82b**.

[2] **Habersack, Deutsche Gesetze Nr. 51.**

[3] Nr. **82**.

[4] § 5a eingef. mWv 1.5.2015 durch G v. 24.4.2015 (BGBl. I S. 642); Satz 2 angef. mWv 12.8.2021 durch G v. 7.8.2021 (BGBl. I S. 3311).

[5] **Habersack, Deutsche Gesetze Nr. 52.**

[6] § 6 Abs. 2 neu gef. mWv 1.7.2004 durch G v. 18.5.2004 (BGBl. I S. 974).

teilnehmen, angerechnet. [3] Diese Zeiten müssen unmittelbar vor dem Zeitpunkt liegen, ab dem die Arbeitnehmer zur Wahl von Aufsichtsratsmitgliedern des Konzerns berechtigt sind. [4] Die weiteren Wählbarkeitsvoraussetzungen des § 8 Abs. 1 des Betriebsverfassungsgesetzes[1)] müssen erfüllt sein.

(3) Die in Absatz 1 bezeichneten Gewerkschaften müssen im Konzern vertreten sein.

§ 7[2)] [Wahl durch Delegierte] (1) [1] Die Aufsichtsratsmitglieder der Arbeitnehmer eines Konzerns mit in der Regel mehr als 8 000 Arbeitnehmern werden durch Delegierte gewählt, sofern nicht die wahlberechtigten Arbeitnehmer die unmittelbare Wahl beschließen. [2] Für die Wahl der Aufsichtsratsmitglieder der Arbeitnehmer durch Delegierte gelten die §§ 8 bis 10 g und 10 i.

(2) [1] Die Aufsichtsratsmitglieder der Arbeitnehmer eines Konzerns mit in der Regel nicht mehr als 8 000 Arbeitnehmern werden in unmittelbarer Wahl gewählt, sofern nicht die wahlberechtigten Arbeitnehmer die Wahl durch Delegierte beschließen. [2] Für die unmittelbare Wahl der Aufsichtsratsmitglieder der Arbeitnehmer gelten die §§ 10 h und 10 i.

(3) [1] Zur Abstimmung darüber, ob die Wahl durch Delegierte oder unmittelbar erfolgen soll, bedarf es eines Antrags, der von einem Zwanzigstel der wahlberechtigten Arbeitnehmer des Konzerns unterzeichnet sein muß. [2] Die Abstimmung ist geheim. [3] Ein Beschluß nach Absatz 1 oder 2 kann nur unter Beteiligung von mindestens der Hälfte der wahlberechtigten Arbeitnehmer und nur mit der Mehrheit der abgegebenen Stimmen gefaßt werden.

§ 8[3)] [Wahl der Delegierten] (1) Sind nach § 7 die Aufsichtsratsmitglieder der Arbeitnehmer durch Delegierte zu wählen, so wählen in jedem Betrieb des Konzerns die Arbeitnehmer in geheimer Wahl und nach den Grundsätzen der Verhältniswahl Delegierte.

(2) [1] Wahlberechtigt für die Wahl von Delegierten sind diejenigen Arbeitnehmer der Konzernunternehmen, die das 18. Lebensjahr vollendet haben. [2] § 7 Satz 2 des Betriebsverfassungsgesetzes[1)] gilt entsprechend.

(3) Zu Delegierten wählbar sind die in Absatz 2 Satz 1 bezeichneten Arbeitnehmer, die die weiteren Wählbarkeitsvoraussetzungen des § 8 des Betriebsverfassungsgesetzes erfüllen.

(4) Wird für einen Wahlgang nur ein Wahlvorschlag gemacht, so gelten die darin aufgeführten Arbeitnehmer in der angegebenen Reihenfolge als gewählt.

[1)] Nr. **82**.

[2)] § 7 Abs. 1 Satz 2 und Abs. 2 Satz 2 geänd. mWv 1. 5. 2015 durch G v. 24. 4. 2015 (BGBl. I S. 642).

[3)] § 8 Abs. 1 Satz 2, Abs. 2 aufgeh., bish. Abs. 1 Satz 1 wird alleiniger Wortlaut und geänd., bish. Abs. 3, 4 und 5 werden Abs. 2, 3 und 4, neuer Abs. 2 Satz 2 angef., neuer Abs. 2 bish. Wortlaut wird Satz 1, neuer Abs. 3 geänd., neuer Abs. 4 Satz 2 aufgeh., neuer Abs. 4 bish. Satz 1 wird alleiniger Wortlaut mWv 28. 7. 2001 durch G v. 23. 7. 2001 (BGBl. I S. 1852).

§ 9[1)] **[Anzahl der Delegierten]** (1) [1] In jedem Betrieb entfällt auf je 90 wahlberechtigte Arbeitnehmer ein Delegierter. [2] Ergibt die Berechnung nach Satz 1 in einem Betrieb mehr als

1. 25 Delegierte, so vermindert sich die Zahl der zu wählenden Delegierten auf die Hälfte; diese Delegierten erhalten je zwei Stimmen;
2. 50 Delegierte, so vermindert sich die Zahl der zu wählenden Delegierten auf ein Drittel; diese Delegierten erhalten je drei Stimmen;
3. 75 Delegierte, so vermindert sich die Zahl der zu wählenden Delegierten auf ein Viertel; diese Delegierten erhalten je vier Stimmen;
4. 100 Delegierte, so vermindert sich die Zahl der zu wählenden Delegierten auf ein Fünftel; diese Delegierten erhalten je fünf Stimmen;
5. 125 Delegierte, so vermindert sich die Zahl der zu wählenden Delegierten auf ein Sechstel; diese Delegierten erhalten je sechs Stimmen;
6. 150 Delegierte, so vermindert sich die Zahl der zu wählenden Delegierten auf ein Siebtel; diese Delegierten erhalten je sieben Stimmen.

[3] Bei der Errechnung der Zahl der Delegierten werden Teilzahlen voll gezählt, wenn sie mindestens die Hälfte der vollen Zahl betragen.

(2) [1] Entfällt auf einen Betrieb kein Delegierter, gelten die Arbeitnehmer dieses Betriebs für die Wahl der Delegierten als Arbeitnehmer des Betriebs der Hauptniederlassung des betreffenden Konzernunternehmens. [2] Soweit auf die Arbeitnehmer des Betriebs der Hauptniederlassung kein Delegierter entfällt, gelten diese für die Wahl der Delegierten als Arbeitnehmer des nach der Zahl der wahlberechtigten Arbeitnehmer größten Betriebs des betreffenden Konzernunternehmens.

(3) [1] Entfällt auf ein Konzernunternehmen kein Delegierter, gelten die Arbeitnehmer dieses Unternehmens für die Wahl der Delegierten als Arbeitnehmer des nach der Zahl der wahlberechtigten Arbeitnehmer größten Betriebs des herrschenden Unternehmens. [2] Soweit auf die Arbeitnehmer des herrschenden Unternehmens kein Delegierter entfällt, gelten diese für die Wahl der Delegierten als Arbeitnehmer des nach der Zahl der wahlberechtigten Arbeitnehmer größten Betriebs der Konzernunternehmen.

§ 10[2)] **[Wahlvorschläge]** (1) [1] Zur Wahl der Delegierten können die wahlberechtigten Arbeitnehmer des Betriebs Wahlvorschläge machen. [2] Jeder Wahlvorschlag für Delegierte muss von einem Zwanzigstel oder 50 der wahlberechtigten Arbeitnehmer des Betriebs unterzeichnet sein.

(2) Jeder Wahlvorschlag soll mindestens doppelt so viele Bewerber enthalten, wie in dem Wahlgang Delegierte zu wählen sind.

§ 10 a [Amtszeit der Delegierten] (1) [1] Die Delegierten werden für eine Zeit gewählt, die der Amtszeit der von ihnen zu wählenden Aufsichtsratsmitglieder entspricht. [2] Sie nehmen die ihnen nach den Vorschriften dieses

---

[1)] § 9 Abs. 1 Satz 2 geänd., Abs. 2, 4 und 5 aufgeh., bish. Abs. 3 wird Abs. 2 und neu gef. mWv 28. 7. 2001 durch G v. 23. 7. 2001 (BGBl. I S. 1852); Abs. 1 Satz 1 geänd., Satz 2 neu gef., Abs. 3 angef. mWv 1. 7. 2004 durch G v. 18. 5. 2004 (BGBl. I S. 974).

[2)] § 10 Abs. 1 Satz 2 neu gef. mWv 28. 7. 2001 durch G v. 23. 7. 2001 (BGBl. I S. 1852); Abs. 1 Satz 2 geänd. mWv 1. 7. 2005 durch G v. 8. 6. 2005 (BGBl. I S. 1530).

Gesetzes zustehenden Aufgaben und Befugnisse bis zur Einleitung der Neuwahl der Aufsichtsratsmitglieder der Arbeitnehmer wahr.

(2) In den Fällen des § 7 Abs. 1 endet die Amtszeit der Delegierten, wenn

1. die wahlberechtigten Arbeitnehmer nach § 7 Abs. 1 die unmittelbare Wahl beschließen;
2. der Konzern nicht mehr die Voraussetzungen für die Anwendung des § 7 Abs. 1 erfüllt, es sei denn, die wahlberechtigten Arbeitnehmer beschließen, daß die Amtszeit bis zu dem in Absatz 1 genannten Zeitpunkt fortdauern soll; § 7 Abs. 3 ist entsprechend anzuwenden.

(3) In den Fällen des § 7 Abs. 2 endet die Amtszeit der Delegierten, wenn die wahlberechtigten Arbeitnehmer die unmittelbare Wahl beschließen; § 7 Abs. 3 ist anzuwenden.

(4) Abweichend von Absatz 1 endet die Amtszeit der Delegierten eines Betriebs, wenn nach Eintreten aller Ersatzdelegierten des Wahlvorschlags, dem die zu ersetzenden Delegierten angehören, die Gesamtzahl der Delegierten des Betriebs unter die im Zeitpunkt ihrer Wahl vorgeschriebene Zahl der auf den Betrieb entfallenden Delegierten gesunken ist.

§ 10 b [Ende der Amtszeit der Delegierten] (1) Die Amtszeit eines Delegierten endet vor dem in § 10 a bezeichneten Zeitpunkt

1. durch Niederlegung des Amtes,
2. durch Beendigung der Beschäftigung des Delegierten in dem Betrieb, dessen Delegierter er ist,
3. durch Verlust der Wählbarkeit.

(2) [1] Endet die Amtszeit eines Delegierten vorzeitig oder ist er verhindert, so tritt an seine Stelle ein Ersatzdelegierter. [2] Die Ersatzdelegierten werden der Reihe nach aus den nicht gewählten Arbeitnehmern derjenigen Wahlvorschläge entnommen, denen die zu ersetzenden Delegierten angehören.

§ 10 c[1)] [Wahl der Arbeitnehmervertreter] (1) Die Delegierten wählen die Aufsichtsratsmitglieder, die nach § 6 Abs. 1 Arbeitnehmer von Konzernunternehmen sein müssen, geheim und nach den Grundsätzen der Verhältniswahl für die Zeit, die im Gesetz oder in der Satzung (im Gesellschaftsvertrag, im Statut) für die durch das Wahlorgan der Anteilseigner zu wählenden Mitglieder des Aufsichtsrats bestimmt ist.

(2) [1] Die Wahl erfolgt aufgrund von Wahlvorschlägen. [2] Jeder Wahlvorschlag muss von einem Fünftel oder 100 der wahlberechtigten Arbeitnehmer des *Konzerns unterzeichnet* sein.

(3) [1] Abweichend von Absatz 1 findet Mehrheitswahl statt, soweit nur ein Wahlvorschlag gemacht wird. [2] In diesem Fall muss der Wahlvorschlag mindestens doppelt so viele Bewerber enthalten, wie Aufsichtsratsmitglieder auf die Arbeitnehmer entfallen.

[1)] § 10 c Abs. 2 und 3 aufgeh., bish. Abs. 4 und 5 werden Abs. 2 und 3, neuer Abs. 2 Satz 2, neuer Abs. 3 neu gef. mWv 28. 7. 2001 durch G v. 23. 7. 2001 (BGBl. I S. 1852).

§ 10 d[1)] [Wahl der Gewerkschaftsvertreter] (1) Die Delegierten wählen die Aufsichtsratsmitglieder, die nach § 6 Abs. 1 Vertreter von Gewerkschaften sind, in geheimer Wahl und nach den Grundsätzen der Verhältniswahl für die in § 10 c Abs. 1 bestimmte Zeit.

(2) [1] Die Wahl erfolgt aufgrund von Wahlvorschlägen der Gewerkschaften, die im Konzern vertreten sind. [2] Wird nur ein Wahlvorschlag gemacht, so findet abweichend von Absatz 1 Mehrheitswahl statt. [3] In diesem Falle muß der Wahlvorschlag mindestens doppelt so viele Bewerber enthalten, wie Vertreter von Gewerkschaften in den Aufsichtsrat zu wählen sind.

§ 10 e[2)] [Ersatzmitglieder des Aufsichtsrats] (1) [1] In jedem Wahlvorschlag kann zusammen mit jedem Bewerber für diesen ein Ersatzmitglied des Aufsichtsrats vorgeschlagen werden. [2] Ein Bewerber kann nicht zugleich als Ersatzmitglied vorgeschlagen werden.

(2) Wird ein Bewerber als Aufsichtsratsmitglied gewählt, so ist auch das zusammen mit ihm vorgeschlagene Ersatzmitglied gewählt.

(3) Im Fall des § 96 Absatz 2 Satz 3 des Aktiengesetzes ist das Nachrücken eines Ersatzmitgliedes ausgeschlossen, wenn dadurch der Anteil von Frauen und Männern unter den Aufsichtsratsmitgliedern der Arbeitnehmer nicht mehr den Vorgaben des § 5 a entspricht; § 10 f Absatz 2 Satz 2 gilt entsprechend.

§ 10 f[3)] [Auszählung der Stimmen; Geschlechteranteil] (1) Ergibt im Fall des § 96 Absatz 2 Satz 3 des Aktiengesetzes die Auszählung der Stimmen und ihre Verteilung auf die Bewerber, dass die Vorgaben des § 5 a nicht erreicht worden sind, ist zu gewährleisten, dass unter den Aufsichtsratsmitgliedern der Arbeitnehmer, die Arbeitnehmer von Konzernunternehmen sind, in einem Aufsichtsrat mit 15 Mitgliedern mindestens eine Frau und mindestens ein Mann und in einem Aufsichtsrat mit 21 Mitgliedern mindestens zwei Frauen und mindestens zwei Männer sowie unter den Aufsichtsratsmitgliedern der Gewerkschaften jeweils eine Frau und ein Mann vertreten sind.

(2) [1] Um diese Verteilung der Geschlechter nach Absatz 1 zu erreichen, ist die Wahl derjenigen Bewerber um einen Aufsichtsratssitz der Arbeitnehmer unwirksam, deren Geschlecht in dem jeweiligen Wahlgang nach der Verteilung der Stimmen auf die Bewerber mehrheitlich vertreten ist und die

1. bei einer Mehrheitswahl in dem jeweiligen Wahlgang nach der Reihenfolge der auf die Bewerber entfallenden Stimmenzahlen die niedrigsten Stimmenzahlen erhalten haben oder
2. bei einer Verhältniswahl in dem jeweiligen Wahlgang nach der Reihenfolge der auf die Bewerber entfallenden Höchstzahlen die niedrigsten Höchstzahlen erhalten haben.

[2] Die durch unwirksame Wahl nach Satz 1 nicht besetzten Aufsichtsratssitze werden im Wege der gerichtlichen Ersatzbestellung nach § 104 des Aktiengesetzes oder der Nachwahl besetzt.

---

1) § 10 d Abs. 1 geänd. mWv 28. 7. 2001 durch G v. 23. 7. 2001 (BGBl. I S. 1852).

2) *§ 10 e Abs. 1 Satz 2* aufgeh., bish. Satz 3 wird Satz 2 mWv 28. 7. 2001 durch G v. 23. 7. 2001 (BGBl. I S. 1852); Abs. 3 angef. mWv 1. 5. 2015 durch G v. 24. 4. 2015 (BGBl. I S. 642).

3) § 10 f eingef. mWv 1. 5. 2015 durch G v. 24. 4. 2015 (BGBl. I S. 642).

§ 10 g[1)] **[Bekanntmachung des Wahlergebnisses]** [1] Das zur gesetzlichen Vertretung berufene Organ des herrschenden Unternehmens hat die Namen der Mitglieder und der Ersatzmitglieder des Aufsichtsrats unverzüglich nach ihrer Bestellung in den Betrieben des Unternehmens bekanntzumachen und im Bundesanzeiger zu veröffentlichen. [2] Daneben ist in jedem abhängigen Konzernunternehmen das zur gesetzlichen Vertretung berufene Organ zur Bekanntmachung in dessen Betrieben verpflichtet.

§ 10 h[2)] **[Direkte Wahl]** [1] Sind nach § 7 die Aufsichtsratsmitglieder der Arbeitnehmer in unmittelbarer Wahl zu wählen, so sind diejenigen Arbeitnehmer der Konzernunternehmen, die das 18. Lebensjahr vollendet haben, wahlberechtigt. [2] § 7 Satz 2 des Betriebsverfassungsgesetzes[3)] gilt entsprechend. [3] Für die Wahl sind die §§ 10 c bis 10 g mit der Maßgabe anzuwenden, daß an die Stelle der Delegierten die wahlberechtigten Arbeitnehmer der Konzernunternehmen treten.

§ 10 i[4)] **[Schiffe]** (1) Die Gesamtheit der Schiffe eines Unternehmens gilt für die Anwendung dieses Gesetzes als ein Betrieb.

(2) [1] Schiffe im Sinne dieses Gesetzes sind Kauffahrteischiffe, die nach dem Flaggenrechtsgesetz die Bundesflagge führen. [2] Schiffe, die in der Regel binnen 48 Stunden nach dem Auslaufen an den Sitz eines Landbetriebs zurückkehren, gelten als Teil dieses Landbetriebs.

(3) Die Arbeitnehmer eines in Absatz 1 bezeichneten Betriebs nehmen an einer Abstimmung nach § 7 nicht teil und bleiben für die Errechnung der für die Antragstellung und für die Beschlußfassung erforderlichen Zahlen von Arbeitnehmern außer Betracht.

(4) [1] Werden die Aufsichtsratsmitglieder der Arbeitnehmer durch Delegierte gewählt, so werden abweichend von § 8 in einem in Absatz 1 bezeichneten Betrieb keine Delegierten gewählt. [2] Abweichend von § 10 c Abs. 1 nehmen die Arbeitnehmer dieses Betriebs unmittelbar an der Wahl der Aufsichtsratsmitglieder der Arbeitnehmer teil mit der Maßgabe, dass die Stimme eines dieser Arbeitnehmer als ein Neunzigstel der Stimme eines Delegierten zu zählen ist; § 9 Abs. 1 Satz 3 ist entsprechend anzuwenden.

§ 10 k[5)] **[Freie Wahl, Kosten]** (1) [1] Niemand darf die Wahlen nach den §§ 8, 10 c, 10 d und 10 h behindern. [2] Insbesondere darf niemand in der Ausübung des aktiven und passiven Wahlrechts beschränkt werden.

---

1) Früherer § 10 f Sätze 1 und 2 geänd. mWv 1. 7. 2004 durch G v. 18. 5. 2004 (BGBl. I S. 974); Satz 1 geänd. mWv 1. 4. 2012 durch G v. 22. 12. 2011 (BGBl. I S. 3044); bish. § 10 f wird § 10 g mWv 1. 5. 2015 durch G v. 24. 4. 2015 (BGBl. I S. 642).

2) Früherer § 10 g Satz 2 eingef., bish. Satz 2 wird Satz 3 und geänd. mWv 28. 7. 2001 durch G v. 23. 7. 2001 (BGBl. I S. 1852); bish. § 10 g wird § 10 h sowie Satz 3 geänd. mWv 1. 5. 2015 durch G v. 24. 4. 2015 (BGBl. I S. 642).

3) Nr. **82**.

4) Früherer § 10 h Abs. 4 Nr. 2, Abs. 5 geänd. mWv 28. 7. 2001 durch G v. 23. 7. 2001 (BGBl. I S. 1852); Abs. 4 Satz 2 neu gef., Abs. 5 aufgeh. mWv 1. 7. 2004 durch G v. 18. 5. 2004 (BGBl. I S. 974); bish. § 10 h wird § 10 i mWv 1. 5. 2015 durch G v. 24. 4. 2015 (BGBl. I S. 642).

5) Bish. § 10 i wird § 10 k und Abs. 1 Satz 1 geänd. mWv 1. 5. 2015 durch G v. 24. 4. 2015 (BGBl. I S. 642).

(2) Niemand darf die Wahlen durch Zufügung oder Androhung von Nachteilen oder durch Gewährung oder Versprechen von Vorteilen beeinflussen.

(3) [1] Die Kosten der Wahlen trägt das herrschende Unternehmen. [2] Versäumnis von Arbeitszeit, die zur Ausübung des Wahlrechts oder der Betätigung im Wahlvorstand erforderlich ist, berechtigt den Arbeitgeber nicht zur Minderung des Arbeitsentgelts.

§ 10l[1)] [Anfechtung der Delegiertenwahl] (1) Die Wahl der Delegierten eines Betriebs kann beim Arbeitsgericht angefochten werden, wenn gegen wesentliche Vorschriften über das Wahlrecht, die Wählbarkeit oder das Wahlverfahren verstoßen worden und eine Berichtigung nicht erfolgt ist, es sei denn, daß durch den Verstoß das Wahlergebnis nicht geändert oder beeinflußt werden konnte.

(2) [1] Zur Anfechtung berechtigt sind

1. mindestens drei wahlberechtigte Arbeitnehmer des Betriebs,
2. der Betriebsrat,
3. der Sprecherausschuss,
4. das zur gesetzlichen Vertretung berufene Organ des Unternehmens.

[2] Die Anfechtung ist nur binnen einer Frist von zwei Wochen, vom Tage der Bekanntgabe des Wahlergebnisses an gerechnet, zulässig.

§ 10m[2)] [Anfechtung der Wahl von Aufsichtsratsmitgliedern] (1) Die Wahl eines Aufsichtsratsmitglieds oder eines Ersatzmitglieds der Arbeitnehmer kann beim Arbeitsgericht angefochten werden, wenn gegen wesentliche Vorschriften über das Wahlrecht, die Wählbarkeit oder das Wahlverfahren verstoßen worden und eine Berichtigung nicht erfolgt ist, es sei denn, daß durch den Verstoß das Wahlergebnis nicht geändert oder beeinflußt werden konnte.

(2) [1] Zur Anfechtung berechtigt sind

1. mindestens drei wahlberechtigte Arbeitnehmer von Konzernunternehmen,
2. der Gesamtbetriebsrat des herrschenden Unternehmens oder, wenn in dem herrschenden Unternehmen nur ein Betriebsrat besteht, der Betriebsrat sowie der Konzernbetriebsrat, soweit ein solcher besteht,
3. der Gesamt- oder Unternehmenssprecherausschuss des herrschenden Unternehmens oder, wenn in dem herrschenden Unternehmen nur ein Sprecherausschuss besteht, der Sprecherausschuss sowie der Konzernsprecherausschuss, soweit ein solcher besteht,
4. der Gesamtbetriebsrat eines anderen Konzernunternehmens oder, wenn in dem anderen Konzernunternehmen nur ein Betriebsrat besteht, der Betriebsrat,

---

1) Früherer § 10k Abs. 2 Nr. 3 eingef., bish. Nr. 3 wird Nr. 4 mWv 1. 7. 2004 durch G v. 18. 5. 2004 (BGBl. I S. 974); bish. § 10k wird § 10l mWv 1. 5. 2015 durch G v. 24. 4. 2015 (BGBl. I S. 642).

2) Früherer § 10l Abs. 2 Satz 1 neue Nrn. 3 und 5 eingef., bish. Nr. 3 wird Nr. 4, bish. Nrn. 4 und 5 werden Nrn. 6 und 7, Abs. 2 Satz 2 geänd. mWv 1. 7. 2004 durch G v. 18. 5. 2004 (BGBl. I S. 974); Abs. 2 Satz 2 geänd. mWv 1. 4. 2012 durch G v. 22. 12. 2011 (BGBl. I S. 3044); bish. § 10l wird § 10m mWv 1. 5. 2015 durch G v. 24. 4. 2015 (BGBl. I S. 642).

5. der Gesamt- oder Unternehmenssprecherausschuss eines anderen Konzernunternehmens oder, wenn in dem anderen Konzernunternehmen nur ein Sprecherausschuss besteht, der Sprecherausschuss,
6. jede nach § 10 d Abs. 2 vorschlagsberechtigte Gewerkschaft,
7. das zur gesetzlichen Vertretung berufene Organ des herrschenden Unternehmens.

[2] Die Anfechtung ist nur binnen einer Frist von zwei Wochen, vom Tage der Veröffentlichung im Bundesanzeiger an gerechnet, zulässig.

§ 10 n[1)] [Abberufung eines Aufsichtsratsmitglieds] (1) [1] Ein Aufsichtsratsmitglied der Arbeitnehmer kann vor Ablauf der Amtszeit auf Antrag abberufen werden. [2] Antragsberechtigt für die Abberufung eines Aufsichtsratsmitglieds, das nach

1. § 6 Abs. 1 Arbeitnehmer eines Konzernunternehmens ist, sind drei Viertel der wahlberechtigten Arbeitnehmer,
2. § 6 Abs. 1 Vertreter einer Gewerkschaft ist, ist die Gewerkschaft, die das Mitglied vorgeschlagen hat.

(2) [1] Ein durch Delegierte gewähltes Aufsichtsratsmitglied wird durch Beschluss der Delegierten abberufen. [2] Dieser Beschluss wird in geheimer Abstimmung gefasst und bedarf einer Mehrheit von drei Vierteln der abgegebenen Stimmen.

(3) [1] Ein von den Arbeitnehmern unmittelbar gewähltes Aufsichtsratsmitglied wird durch Beschluss der wahlberechtigten Arbeitnehmer abberufen. [2] Dieser Beschluss wird in geheimer, unmittelbarer Abstimmung gefasst und bedarf einer Mehrheit von drei Vierteln der abgegebenen Stimmen.

(4) Die Absätze 1 bis 3 sind für die Abberufung von Ersatzmitgliedern entsprechend anzuwenden.

§ 10 o[2)] [Erlöschen des Amtes] Verliert ein Aufsichtsratsmitglied, das nach § 6 Abs. 1 Arbeitnehmer eines Konzernunternehmens sein muß, die Wählbarkeit, so erlischt sein Amt.

§ 11 [Beschlussfähigkeit des Aufsichtsrats] [1] Der Aufsichtsrat ist beschlußfähig, wenn mindestens die Hälfte der Mitglieder, aus denen er nach diesem Gesetz oder der Satzung insgesamt zu bestehen hat, an der Beschlußfassung teilnimmt. [2] § 108 Abs. 2 Satz 4 des Aktiengesetzes[3)] findet Anwendung.

§ 12 *(aufgehoben)*

§ 13 [Organvertretung, Bestellung und Widerruf] [1] Für die Bestellung der Mitglieder des zur gesetzlichen Vertretung berufenen Organs und für den

---

[1)] Früherer § 10 m Abs. 1 Satz 2, Abs. 2 und 3 neu gef. mWv 28. 7. 2001 durch G v. 23. 7. 2001 (BGBl. I S. 1852); bish. § 10 m wird § 10 n mWv 1. 5. 2015 durch G v. 24. 4. 2015 (BGBl. I S. 642).

[2)] Früherer § 10 n Abs. 2 aufgeh. mWv 28. 7. 2001 durch G v 23. 7. 2001 (BGBl. I S. 1852); bish. § 10 n wird § 10 o mWv 1. 5. 2015 durch G v. 24. 4. 2015 (BGBl. I S. 642).

[3)] **Schönfelder Nr. 51.**

Widerruf ihrer Bestellung gelten § 76 Abs. 3 und § 84 des Aktiengesetzes[1] und § 13 Abs. 1 Satz 1 des Montan-Mitbestimmungsgesetzes[2]. [2] § 13 Abs. 2 des Montan-Mitbestimmungsgesetzes findet Anwendung.

§ 14 *(aufgehoben)*

§ 15 [Zuständigkeit des Aufsichtsrats] (1) [1] Die einem Unternehmen, in dem die Arbeitnehmer nach dem Montan-Mitbestimmungsgesetz[2] oder nach § 2 oder § 3 dieses Gesetzes ein Mitbestimmungsrecht haben, auf Grund von Beteiligungen an einem anderen Unternehmen zustehenden Rechte bei der Bestellung, dem Widerruf der Bestellung oder der Entlastung von Verwaltungsträgern sowie bei der Beschlußfassung über die Auflösung oder Umwandlung des anderen Unternehmens, über dessen Fortsetzung nach seiner Auflösung, über die Übertragung seines Vermögens können durch das zur gesetzlichen Vertretung berufene Organ nur auf Grund von Beschlüssen des Aufsichtsrats ausgeübt werden. [2] Diese Beschlüsse bedürfen nur der Mehrheit der Stimmen der nach § 5 des Montan-Mitbestimmungsgesetzes oder der nach § 5 Abs. 2 dieses Gesetzes bestellten Mitglieder; sie sind für das zur gesetzlichen Vertretung berufene Organ verbindlich.

(2) Absatz 1 gilt nicht, wenn die Beteiligung des Unternehmens an dem anderen Unternehmen weniger als ein Viertel beträgt.

§ 16 [Voraussetzung für die Anwendung der §§ 5 bis 13] (1) Die §§ 5 bis 13 sind auf das herrschende Unternehmen erst anzuwenden,

1. wenn in sechs aufeinanderfolgenden Geschäftsjahren der nach § 3 berechnete Anteil der unter das Montan-Mitbestimmungsgesetz[2] fallenden Unternehmen an den Umsätzen sämtlicher Konzernunternehmen und abhängigen Unternehmen mehr als die Hälfte betragen hat oder
2. wenn auf dieses Unternehmen das Montan-Mitbestimmungsgesetz, nach dem die Arbeitnehmer bisher ein Mitbestimmungsrecht hatten, nicht mehr anwendbar ist.

(2) Die §§ 5 bis 13 sind auf das herrschende Unternehmen nicht mehr anzuwenden, wenn in sechs aufeinanderfolgenden Geschäftsjahren

1. die Voraussetzungen des § 3 nicht mehr vorliegen oder
2. kein Unternehmen, in dem die Arbeitnehmer nach den Vorschriften des Montan-Mitbestimmungsgesetzes ein Mitbestimmungsrecht haben, beherrscht wird.

§ 17[3] [Ermächtigung] Die Bundesregierung wird ermächtigt, durch Rechtsverordnung Vorschriften über das Verfahren für die Wahl und die Abberufung von Aufsichtsratsmitgliedern der Arbeitnehmer zu erlassen, insbesondere über

1. die Vorbereitung der Wahl oder Abstimmung, die Bestellung der Wahlvorstände und die Aufstellung der Wählerlisten,

---

[1] **Schönfelder Nr. 51.**

[2] *Nr.* ***82 b.***

[3] § 17 Nr. 2, 4 und 5 geänd. mWv 28. 7. 2001 durch G v. 23. 7. 2001 (BGBl. I S. 1852); Nr. 4 und 8 geänd. mWv 1. 5. 2015 durch G v. 24. 4. 2015 (BGBl. I S. 642).

2. die Abstimmungen darüber, ob die Wahl der Aufsichtsratsmitglieder in unmittelbarer Wahl oder durch Delegierte erfolgen soll,
3. die Frist für die Einsichtnahme in die Wählerlisten und die Erhebung von Einsprüchen,
4. die Verteilung der Aufsichtsratsmitglieder der Arbeitnehmer auf diejenigen, die Arbeitnehmer eines Konzernunternehmens sein müssen, und die Gewerkschaftsvertreter sowie das Verfahren zur Berücksichtigung der Geschlechter,
5. die Errechnung der Zahl der Delegierten,
6. die Wahlvorschläge und die Frist für ihre Einreichung,
7. die Ausschreibung der Wahl oder der Abstimmung und die Fristen für die Bekanntmachung des Ausschreibens,
8. die Teilnahme von Arbeitnehmern eines in § 10i Absatz 1 bezeichneten Betriebs an Wahlen und Abstimmungen,
9. die Stimmabgabe,
10. die Feststellung des Ergebnisses der Wahl oder der Abstimmung und die Fristen für seine Bekanntmachung,
11. die Aufbewahrung der Wahlakten und der Abstimmungsakten.

Art. 2.[1] Anwendung und Änderung des Gesetzes über das Verfahren in Familiensachen und in den Angelegenheiten der freiwilligen Gerichtsbarkeit

§ 18[2] **[Anwendung des FamFG]** [1]Im Falle des § 8 Abs. 3 Satz 4 des Montan-Mitbestimmungsgesetzes[3] sind auf das Verfahren des Oberlandesgerichts die Vorschriften des Gesetzes über das Verfahren in Familiensachen und in den Angelegenheiten der freiwilligen Gerichtsbarkeit[4] entsprechend anzuwenden. [2]Gegen die Entscheidung des Oberlandesgerichts findet ein Rechtsmittel nicht statt.

§§ 19–20[5] *(aufgehoben)*

Art. 3. Übergangs- und Schlußvorschriften

§ 21 *(gegenstandslose Übergangsvorschrift)*

§ 22[6] **[Übergangsregelung]** (1) Auf Wahlen von Aufsichtsratsmitgliedern der Arbeitnehmer, die bis einschließlich 31. März 2022 abgeschlossen sind, ist dieses Gesetz in der bis zum 11. August 2021 geltenden Fassung anzuwenden.

---

[1] Art. 2 Überschrift geänd. mWv 25.4.2006 durch G v. 19.4.2006 (BGBl. I S. 866); geänd. mWv 1.9.2009 durch G v. 17.12.2008 (BGBl. I S. 2586).

[2] § 18 Abs. 1 Satz 1 geänd. mWv 25.4.2006 durch G v. 19.4.2006 (BGBl. I S. 866); Abs. 1 Satz 1 geänd. mWv 1.9.2009 durch G v. 17.12.2008 (BGBl. I S. 2586); Abs. 2 aufgeh. mWv 1.8.2013 durch G v. 23.7.2013 (BGBl. I S. 2586).

[3] Nr. **82b**.

[4] **Habersack, Deutsche Gesetze Nr. 112.**

[5] §§ 19 und 20 aufgeh. mWv 28.7.2001 durch G v. 23.7.2001 (BGBl. I S. 1852).

[6] § 22 neu gef. mWv 1.5.2015 durch G v. 24.4.2015 (BGBl. I S. 642); Abs. 1 neu gef., Abs. 2 aufgeh., bish. Abs. 3 wird Abs. 2 mWv 12.8.2021 durch G v. 7.8.2021 (BGBl. I S. 3311).

(2) Eine Wahl von Aufsichtsratsmitgliedern der Arbeitnehmer gilt als abgeschlossen, wenn die Bekanntmachung der Mitglieder des Aufsichtsrates nach § 10g Satz 1 durch das zur gesetzlichen Vertretung des herrschenden Unternehmens befugte Organ erfolgt ist.

§ 23 [Inkrafttreten] Dieses Gesetz tritt am Tage nach seiner Verkündung[1] in Kraft.

---

[1] Verkündet am 8.8.1956.

82d. Gesetz über die Drittelbeteiligung der Arbeitnehmer im Aufsichtsrat (Drittelbeteiligungsgesetz – DrittelbG)[1)]

Vom 18. Mai 2004
(BGBl. I S. 974)

FNA 801-14

Lfd. Nr.	Änderndes Gesetz	Datum	Fundstelle	Betroffen	Hinweis
1.	Art. 19 G zur Einführung der Europäischen Genossenschaft u. zur Änd. des GenossenschaftsR	14.8.2006	BGBl. I S. 1911	§ 1	geänd. mWv 18.8.2006
2.	Art. 10 G zur Umsetzung der AktionärsrechteRL[2)]	30.7.2009	BGBl. I S. 2479	§ 1	geänd. mWv 1.9.2009
3.	Art. 2 Abs. 114 G zur Änd. von Vorschriften über Verkündung und Bekanntmachungen sowie der ZPO, des EGZPO und der AO	22.12.2011	BGBl. I S. 3044	§§ 8, 11	geänd. mWv 1.4.2012
4.	Art. 8 G für die gleichberechtigte Teilhabe von Frauen und Männern an Führungspositionen in der Privatwirtschaft und im öffentlichen Dienst	24.4.2015	BGBl. I S. 642	§ 1 § 15	geänd. mWv 1.5.2015 aufgeh. mWv 1.5.2015
5.	Art. 21 G zur Ergänzung und Änd. der Regelungen für die gleichberechtigte Teilhabe von Frauen an Führungspositionen in der Privatwirtschaft und im öffentlichen Dienst	7.8.2021	BGBl. I S. 3311	§§ 4, 7, 13 § 7a, 15	geänd. mWv 12.8.2021 eingef. mWv 12.8.2021

Teil 1. Geltungsbereich

§ 1[3)] Erfasste Unternehmen. (1) Die Arbeitnehmer haben ein Mitbestimmungsrecht im Aufsichtsrat nach Maßgabe dieses Gesetzes in

1. einer Aktiengesellschaft mit in der Regel mehr als 500 Arbeitnehmern. Ein Mitbestimmungsrecht im Aufsichtsrat besteht auch in einer Aktiengesellschaft mit in der Regel weniger als 500 Arbeitnehmern, die vor dem 10. August 1994 eingetragen worden ist und keine Familiengesellschaft ist. Als Familiengesellschaften gelten solche Aktiengesellschaften, deren Aktionär

---

[1)] Verkündet als Art. 1 G v. 18.5.2004 (BGBl. I S. 974); Inkrafttreten gem. Art. 6 Abs. 2 dieses G am 1.7.2004, mit Ausnahme von § 13, der gem. § 6 Abs. 1 dieses G bereits am 28.5.2004 in Kraft getreten ist.

[2)] **Amtl. Anm.:** Dieses Gesetz dient der Umsetzung
- der Richtlinie 2006/68/EG des Europäischen Parlaments und des Rates vom 6. September 2006 zur Änderung der Richtlinie 77/91/EWG des Rates in Bezug auf die Gründung von Aktiengesellschaften und die Erhaltung und Änderung ihres Kapitals (ABl. L 264 vom 25.9.2006, S. 32) und
- der Richtlinie 2007/36/EG des Europäischen Parlaments und des Rates vom 11. Juli 2007 über die Ausübung bestimmter Rechte von Aktionären in börsennotierten Gesellschaften (ABl. L 184 vom 14.7.2007, S. 17).

[3)] § 1 Abs. 1 Nr. 5 Sätze 1 und 3 geänd. mWv 18.8.2006 durch G v. 14.8.2006 (BGBl. I S. 1911); Abs. 1 Nr. 3 Satz 2 geänd. mWv 1.9.2009 durch G v. 30.7.2009 (BGBl. I S. 2479); Abs. 1 Nummer 5 Satz 2 geänd. mWv 1.5.2015 durch G v. 24.4.2015 (BGBl. I S. 642).

eine einzelne natürliche Person ist oder deren Aktionäre untereinander im Sinne von § 15 Abs. 1 Nr. 2 bis 8, Abs. 2 der Abgabenordnung verwandt oder verschwägert sind;

2. einer Kommanditgesellschaft auf Aktien mit in der Regel mehr als 500 Arbeitnehmern. Nummer 1 Satz 2 und 3 gilt entsprechend;
3. einer Gesellschaft mit beschränkter Haftung mit in der Regel mehr als 500 Arbeitnehmern. Die Gesellschaft hat einen Aufsichtsrat zu bilden; seine Zusammensetzung sowie seine Rechte und Pflichten bestimmen sich nach § 90 Abs. 3, 4, 5 Satz 1 und 2, nach den §§ 95 bis 114, 116, 118 Abs. 3, § 125 Abs. 3 und 4 und nach den §§ 170, 171, 268 Abs. 2 des Aktiengesetzes[1];
4. einem Versicherungsverein auf Gegenseitigkeit mit in der Regel mehr als 500 Arbeitnehmern, wenn dort ein Aufsichtsrat besteht;
5. einer Genossenschaft mit in der Regel mehr als 500 Arbeitnehmern. § 96 Absatz 4 und die §§ 97 bis 99 des Aktiengesetzes sind entsprechend anzuwenden. Die Satzung kann nur eine durch drei teilbare Zahl von Aufsichtsratsmitgliedern festsetzen. Der Aufsichtsrat muss zwei Sitzungen im Kalenderhalbjahr abhalten.

(2) [1] Dieses Gesetz findet keine Anwendung auf

1. die in § 1 Abs. 1 des Mitbestimmungsgesetzes[2], die in § 1 des Montan-Mitbestimmungsgesetzes[3] und die in den §§ 1 und 3 Abs. 1 des Montan-Mitbestimmungsergänzungsgesetzes[4] bezeichneten Unternehmen;
2. Unternehmen, die unmittelbar und überwiegend
   a) politischen, koalitionspolitischen, konfessionellen, karitativen, erzieherischen, wissenschaftlichen oder künstlerischen Bestimmungen oder
   b) Zwecken der Berichterstattung oder Meinungsäußerung, auf die Artikel 5 Abs. 1 Satz 2 des Grundgesetzes[5] anzuwenden ist,

   dienen.

[2] Dieses Gesetz ist nicht anzuwenden auf Religionsgemeinschaften und ihre karitativen und erzieherischen Einrichtungen unbeschadet deren Rechtsform.

(3) Die Vorschriften des Genossenschaftsgesetzes[6] über die Zusammensetzung des Aufsichtsrats sowie über die Wahl und die Abberufung von Aufsichtsratsmitgliedern gelten insoweit nicht, als sie den Vorschriften dieses Gesetzes widersprechen.

§ 2 Konzern. (1) An der Wahl der Aufsichtsratsmitglieder der Arbeitnehmer des herrschenden Unternehmens eines Konzerns (§ 18 Abs. 1 des Aktiengesetzes[1]) nehmen auch die Arbeitnehmer der übrigen Konzernunternehmen teil.

(2) Soweit nach § 1 die Beteiligung der Arbeitnehmer im Aufsichtsrat eines herrschenden Unternehmens von dem Vorhandensein oder der Zahl von Arbeitnehmern abhängt, gelten die Arbeitnehmer eines Konzernunternehmens

---

[1] **Habersack, Deutsche Gesetze Nr. 51.**
[2] Nr. **82a**.
[3] Nr. **82b**.
[4] *Nr. 82c.*
[5] Nr. **1**.
[6] **Habersack, Deutsche Gesetze Nr. 53.**

als solche des herrschenden Unternehmens, wenn zwischen den Unternehmen ein Beherrschungsvertrag besteht oder das abhängige Unternehmen in das herrschende Unternehmen eingegliedert ist.

§ 3 Arbeitnehmer, Betrieb. (1) Arbeitnehmer im Sinne dieses Gesetzes sind die in § 5 Abs. 1 des Betriebsverfassungsgesetzes[1)] bezeichneten Personen mit Ausnahme der in § 5 Abs. 3 des Betriebsverfassungsgesetzes bezeichneten leitenden Angestellten.

(2) [1] Betriebe im Sinne dieses Gesetzes sind solche des Betriebsverfassungsgesetzes. [2] § 4 Abs. 2 des Betriebsverfassungsgesetzes ist anzuwenden.

(3) [1] Die Gesamtheit der Schiffe eines Unternehmens gilt für die Anwendung dieses Gesetzes als ein Betrieb. [2] Schiffe im Sinne dieses Gesetzes sind Kauffahrteischiffe, die nach dem Flaggenrechtsgesetz die Bundesflagge führen. [3] Schiffe, die in der Regel binnen 48 Stunden nach dem Auslaufen an den Sitz eines Landbetriebs zurückkehren, gelten als Teil dieses Landbetriebs.

Teil 2. Aufsichtsrat

§ 4[2)] Zusammensetzung. (1) Der Aufsichtsrat eines in § 1 Abs. 1 bezeichneten Unternehmens muss zu einem Drittel aus Arbeitnehmervertretern bestehen.

(2) [1] Ist ein Aufsichtsratsmitglied der Arbeitnehmer oder sind zwei Aufsichtsratsmitglieder der Arbeitnehmer zu wählen, so müssen diese als Arbeitnehmer im Unternehmen beschäftigt sein. [2] Sind mehr als zwei Aufsichtsratsmitglieder der Arbeitnehmer zu wählen, so müssen mindestens zwei Aufsichtsratsmitglieder als Arbeitnehmer im Unternehmen beschäftigt sein.

(3) [1] Die Aufsichtsratsmitglieder der Arbeitnehmer, die Arbeitnehmer des Unternehmens sind, müssen das 18. Lebensjahr vollendet haben und ein Jahr dem Unternehmen angehören. [2] Auf die einjährige Unternehmensangehörigkeit werden Zeiten der Angehörigkeit zu einem anderen Unternehmen, dessen Arbeitnehmer nach diesem Gesetz an der Wahl von Aufsichtsratsmitgliedern des Unternehmens teilnehmen, angerechnet. [3] Diese Zeiten müssen unmittelbar vor dem Zeitpunkt liegen, ab dem die Arbeitnehmer zur Wahl von Aufsichtsratsmitgliedern des Unternehmens berechtigt sind. [4] Die weiteren Wählbarkeitsvoraussetzungen des § 8 Abs. 1 des Betriebsverfassungsgesetzes[1)] müssen erfüllt sein.

(4) Unter den Aufsichtsratsmitgliedern der Arbeitnehmer sollen Frauen und Männer entsprechend ihrem zahlenmäßigen Verhältnis im Unternehmen vertreten sein.

(5) Unter den Aufsichtsratsmitgliedern der Arbeitnehmer eines in § 1 Absatz 1 Nummer 1 und 3 bezeichneten Unternehmens mit Mehrheitsbeteiligung des Bundes im Sinne des § 393a Absatz 1 des Aktiengesetzes[3)] oder des § 77a Absatz 1 des Gesetzes betreffend die Gesellschaften mit beschränkter Haftung[4)] müssen im Fall der Getrennterfüllung entsprechend § 96 Absatz 2 Satz 3 des

---

[1)] Nr. **82**.
[2)] § 4 Abs. 5 angef. mWv 12.8.2021 durch G v. 7.8.2021 (BGBl. I S. 3311).
[3)] **Habersack, Deutsche Gesetze Nr. 51.**
[4)] **Habersack, Deutsche Gesetze Nr. 52.**

Aktiengesetzes Frauen und Männer jeweils mit einem Anteil von mindestens 30 Prozent vertreten sein.

§ 5 Wahl der Aufsichtsratsmitglieder der Arbeitnehmer. (1) Die Aufsichtsratsmitglieder der Arbeitnehmer werden nach den Grundsätzen der Mehrheitswahl in allgemeiner, geheimer, gleicher und unmittelbarer Wahl für die Zeit gewählt, die im Gesetz oder in der Satzung für die von der Hauptversammlung zu wählenden Aufsichtsratsmitglieder bestimmt ist.

(2) [1] Wahlberechtigt sind die Arbeitnehmer des Unternehmens, die das 18. Lebensjahr vollendet haben. [2] § 7 Satz 2 des Betriebsverfassungsgesetzes[1)] gilt entsprechend.

§ 6 Wahlvorschläge. [1] Die Wahl erfolgt auf Grund von Wahlvorschlägen der Betriebsräte und der Arbeitnehmer. [2] Die Wahlvorschläge der Arbeitnehmer müssen von mindestens einem Zehntel der Wahlberechtigten oder von mindestens 100 Wahlberechtigten unterzeichnet sein.

§ 7[2)] Ersatzmitglieder. (1) [1] In jedem Wahlvorschlag kann zusammen mit jedem Bewerber für diesen ein Ersatzmitglied des Aufsichtsrats vorgeschlagen werden. [2] Ein Bewerber kann nicht zugleich als Ersatzmitglied vorgeschlagen werden.

(2) Wird ein Bewerber als Aufsichtsratsmitglied gewählt, so ist auch das zusammen mit ihm vorgeschlagene Ersatzmitglied gewählt.

(3) Im Fall des § 4 Absatz 5 in Verbindung mit § 96 Absatz 2 Satz 3 des Aktiengesetzes[3)] ist das Nachrücken eines Ersatzmitglieds ausgeschlossen, wenn dadurch der Anteil von Frauen und Männern unter den Aufsichtsratsmitgliedern der Arbeitnehmer nicht mehr den Vorgaben des § 4 Absatz 5 entspricht; § 7a Absatz 2 Satz 2 gilt entsprechend.

§ 7a[4)] Nichterreichen des Geschlechteranteils. (1) Ergibt im Fall des § 4 Absatz 5 in Verbindung mit § 96 Absatz 2 Satz 3 des Aktiengesetzes[3)] die Auszählung der Stimmen und ihre Verteilung auf die Bewerber, dass die Vorgaben des § 4 Absatz 5 nicht erfüllt wurden, ist folgendes Geschlechterverhältnis für die Aufsichtsratssitze der Arbeitnehmer herzustellen:

1. in Aufsichtsräten mit einer Größe von sechs, neun oder zwölf Mitgliedern müssen unter den Aufsichtsratsmitgliedern der Arbeitnehmer jeweils mindestens eine Frau und mindestens ein Mann vertreten sein;
2. in Aufsichtsräten mit einer Größe von 15, 18 und 21 Mitgliedern müssen unter den Aufsichtsratsmitgliedern der Arbeitnehmer jeweils mindestens zwei Frauen und mindestens zwei Männer vertreten sein.

(2) [1] Um die Verteilung der Geschlechter nach Absatz 1 zu erreichen, ist die Wahl derjenigen Bewerber um einen Aufsichtsratssitz der Arbeitnehmer unwirksam, deren Geschlecht nach der Verteilung der Stimmen auf die Bewerber mehrheitlich vertreten ist und die nach der Reihenfolge der auf die Bewerber entfallenden Stimmenzahlen die niedrigsten Stimmenzahlen erhalten haben. [2] Die durch unwirksame Wahl nach Satz 1 nicht besetzten Aufsichtsratssitze

---

1) Nr. **82**.
2) *§ 7 Abs. 3 angef.* mWv *12.8.2021* durch G v. 7.8.2021 (BGBl. I S. 3311).
3) **Habersack, Deutsche Gesetze Nr. 51.**
4) § 7a eingef. mWv 12.8.2021 durch G v. 7.8.2021 (BGBl. I S. 3311).

werden im Wege der gerichtlichen Ersatzbestellung nach § 104 des Aktiengesetzes oder der Nachwahl besetzt; § 4 Absatz 2 Satz 2 ist zu beachten.

§ 8[1)] Bekanntmachung der Mitglieder des Aufsichtsrats. [1] Das zur gesetzlichen Vertretung des Unternehmens befugte Organ hat die Namen der Mitglieder und der Ersatzmitglieder des Aufsichtsrats unverzüglich nach ihrer Bestellung in den Betrieben des Unternehmens bekannt zu machen und im Bundesanzeiger zu veröffentlichen. [2] Nehmen an der Wahl der Aufsichtsratsmitglieder des Unternehmens auch die Arbeitnehmer eines anderen Unternehmens teil, so ist daneben das zur gesetzlichen Vertretung des anderen Unternehmens befugte Organ zur Bekanntmachung in seinen Betrieben verpflichtet.

§ 9 Schutz von Aufsichtsratsmitgliedern vor Benachteiligung. [1] Aufsichtsratsmitglieder der Arbeitnehmer dürfen in der Ausübung ihrer Tätigkeit nicht gestört oder behindert werden. [2] Sie dürfen wegen ihrer Tätigkeit im Aufsichtsrat nicht benachteiligt oder begünstigt werden. [3] Dies gilt auch für ihre berufliche Entwicklung.

§ 10 Wahlschutz und Wahlkosten. (1) [1] Niemand darf die Wahl der Aufsichtsratsmitglieder der Arbeitnehmer behindern. [2] Insbesondere darf niemand in der Ausübung des aktiven und passiven Wahlrechts beschränkt werden.

(2) Niemand darf die Wahlen durch Zufügung oder Androhung von Nachteilen oder durch Gewährung oder Versprechen von Vorteilen beeinflussen.

(3) [1] Die Kosten der Wahlen trägt das Unternehmen. [2] Versäumnis von Arbeitszeit, die zur Ausübung des Wahlrechts oder der Betätigung im Wahlvorstand erforderlich ist, berechtigt nicht zur Minderung des Arbeitsentgelts.

§ 11[2)] Anfechtung der Wahl von Aufsichtsratsmitgliedern der Arbeitnehmer. (1) Die Wahl eines Aufsichtsratsmitglieds oder eines Ersatzmitglieds der Arbeitnehmer kann beim Arbeitsgericht angefochten werden, wenn gegen wesentliche Vorschriften über das Wahlrecht, die Wählbarkeit oder das Wahlverfahren verstoßen worden und eine Berichtigung nicht erfolgt ist, es sei denn, dass durch den Verstoß das Wahlergebnis nicht geändert oder beeinflusst werden konnte.

(2) [1] Zur Anfechtung berechtigt sind

1. mindestens drei Wahlberechtigte,
2. die Betriebsräte,
3. das zur gesetzlichen Vertretung des Unternehmens befugte Organ.

[2] Die Anfechtung ist nur binnen einer Frist von zwei Wochen, vom Tag der Veröffentlichung im Bundesanzeiger an gerechnet, zulässig.

§ 12 Abberufung von Aufsichtsratsmitgliedern der Arbeitnehmer.

(1) [1] Ein Aufsichtsratsmitglied der Arbeitnehmer kann vor Ablauf der Amtszeit auf Antrag eines Betriebsrats oder von mindestens einem Fünftel der Wahlberechtigten durch Beschluss abberufen werden. [2] Der Beschluss der Wahlberechtigten wird in allgemeiner, geheimer, gleicher und unmittelbarer Ab-

---

1) § 8 Satz 1 geänd. mWv 1.4.2012 durch G v. 22.12.2011 (BGBl. I S. 3044).
2) § 11 Abs. 2 Satz 2 geänd. mWv 1.4.2012 durch G v. 22.12.2011 (BGBl. I S. 3044).

stimmung gefasst; er bedarf einer Mehrheit von drei Vierteln der abgegebenen Stimmen. [3] Auf die Beschlussfassung findet § 2 Abs. 1 Anwendung.

(2) Absatz 1 ist für die Abberufung von Ersatzmitgliedern entsprechend anzuwenden.

Teil 3. Übergangs- und Schlussvorschriften

§ 13[1)] Ermächtigung zum Erlass von Rechtsverordnungen. Die Bundesregierung wird ermächtigt, durch Rechtsverordnung Vorschriften über das Verfahren für die Wahl und die Abberufung von Aufsichtsratsmitgliedern der Arbeitnehmer zu erlassen, insbesondere über

1. die Vorbereitung der Wahl, insbesondere die Aufstellung der Wählerlisten und die Errechnung der Zahl der Aufsichtsratsmitglieder der Arbeitnehmer;
2. die Frist für die Einsichtnahme in die Wählerlisten und die Erhebung von Einsprüchen gegen sie;
3. die Wahlvorschläge und die Frist für ihre Einreichung;

3a. das Verfahren zur Berücksichtigung der Geschlechter;

4. das Wahlausschreiben und die Frist für seine Bekanntmachung;
5. die Teilnahme von Arbeitnehmern eines in § 3 Abs. 3 bezeichneten Betriebs an der Wahl;
6. die Stimmabgabe;
7. die Feststellung des Wahlergebnisses und die Fristen für seine Bekanntmachung;
8. die Anfechtung der Wahl;
9. die Aufbewahrung der Wahlakten.

§ 14 Verweisungen. Soweit in anderen Gesetzen auf Vorschriften verwiesen wird, die durch Artikel 6 Abs. 2 des Zweiten Gesetzes zur Vereinfachung der Wahl der Arbeitnehmervertreter in den Aufsichtsrat aufgehoben werden, treten an ihre Stelle die entsprechenden Vorschriften dieses Gesetzes.

§ 15[2)] Übergangsregelung. (1) Auf Wahlen von Aufsichtsratsmitgliedern der Arbeitnehmer, die bis einschließlich 31. März 2022 abgeschlossen sind, ist dieses Gesetz in der bis zum 11. August 2021 geltenden Fassung anzuwenden.

(2) Eine Wahl von Aufsichtsratsmitgliedern der Arbeitnehmer gilt als abgeschlossen, wenn die Bekanntmachung der Mitglieder des Aufsichtsrats nach § 8 Satz 1 durch das zur gesetzlichen Vertretung des Unternehmens befugte Organ erfolgt ist.

[1)] § 13 Nr. 3a eingef. mWv 12.8.2021 durch G v. 7.8.2021 (BGBl. I S. 3311).

[2)] § 15 angef. mWv 12.8.2021 durch G v. 7.8.2021 (BGBl. I S. 3311).

84a. Gesetz zur Regelung der Arbeitnehmerüberlassung (Arbeitnehmerüberlassungsgesetz – AÜG)[1) 2)]

In der Fassung der Bekanntmachung vom 3. Februar 1995[3)]

(BGBl. I S. 158)

FNA 810-31

Lfd. Nr.	Änderndes Gesetz	Datum	Fundstelle	Betroffen	Hinweis
1.	Art. 2 G zur Anpassung arbeitsrechtlicher Bestimmungen an das EG-Recht	20.7.1995	BGBl. I S. 946	§ 11	geänd. mWv 28.7.1995
				§ 3b	eingef. mWv 28.7.1995
2.	Art. 5 EG-ArbeitsschutzrahmenRL-UmsetzungsG[4)]	7.8.1996	BGBl. I S. 1246	§§ 11, 12	geänd. mWv 21.8.1996
3.	Art. 63 Arbeitsförderungs-ReformG	24.3.1997	BGBl. I S. 594	Titel, §§ 1, 1a, 2, 3, 9, 16	geänd. mWv 1.4.1997
				§§ 1, 3, 15, 15a, 16, 18	geänd. mWv 1.1.1998
				§ 1b	eingef. mWv 1.1.1998
				§ 13	aufgeh. mWv 1.4.1997
				§ 19	aufgeh. mWv 1.1.1998
4.	Art. 29 JustizmitteilungsG und G zur Änd. kostenrechtlicher Vorschriften und anderer Gesetze	18.6.1997	BGBl. I S. 1430	§ 18	geänd. mWv 1.6.1998
5.	Art. 19 Erstes SGB III-ÄndG	16.12.1997	BGBl. I S. 2970	§§ 1, 16, 18	geänd. mWv 1.1.1998
6.	Art. 2b G zur Änd. des BGB und des ArbeitsgerichtsG	29.6.1998	BGBl. I S. 1694	§ 11	geänd. mWv 3.7.1998
7.	Art. 41 Viertes Euro-EinführungsG	21.12.2000	BGBl. I S. 1983	§ 16	geänd. mWv 1.1.2002
8.	Art. 2 G zur Reform des BetriebsverfassungsG	23.7.2001	BGBl. I S. 1852	§ 14	geänd. mWv 28.7.2001

[1)] Verkündet als Art. 1 G zur Regelung der gewerbsmäßigen Arbeitnehmerüberlassung (ArbeitnehmerüberlassungsG) und zur Änd. anderer Gesetze v. 3.2.1995 (BGBl. I S. 158).

[2)] Titel neu gef. durch G v. 24.3.1997 (BGBl. I S. 594); geänd. mWv 1.12.2011 durch G v. 28.4.2011 (BGBl. I S. 642).

[3)] Neubekanntmachung des ArbeitnehmerüberlassungsG vom 7.8.1972 (BGBl. I S. 1393) in der ab 1.8.1994 geltenden Fassung.

[4)] **Amtl. Anm.:** Dieses Gesetz dient der Umsetzung folgender EG-Richtlinien:
- Richtlinie 89/391/EWG des Rates vom 12. Juni 1989 über die Durchführung von Maßnahmen zur Verbesserung der Sicherheit und des Gesundheitsschutzes der Arbeitnehmer bei der Arbeit (ABl. EG Nr. L 183 S. 1) und
- Richtlinie 91/383/EWG des Rates vom 25. Juni 1991 zur Ergänzung der Maßnahmen zur Verbesserung der Sicherheit und des Gesundheitsschutzes von Arbeitnehmern mit befristetem Arbeitsverhältnis oder Leiharbeitsverhältnis (ABl. EG Nr. L 206 S. 19).

Lfd. Nr.	Änderndes Gesetz	Datum	Fundstelle	Betroffen	Hinweis
9.	Art. 7 Job-AQTIV-G	10.12. 2001	BGBl. I S. 3443	§§ 3, 10, 14, 16	geänd. mWv 1.1.2002
10.	Art. 3 Nr. 3 G zur Änd. des GaststättenG und der GewerbeO	13.12. 2001	BGBl. I S. 3584	§ 2a	geänd. mWv 1.1.2002
11.	Art. 11 Nr. 20 ZuwanderungsG	20.6.2002	BGBl. I S. 1946, nichtig gem. Urt. des BVerfG v. 18.12. 2002 – 2 BvF 1/02 –	§§ 15, 15a, 16, 18	geänd. mWv 26.6.2002
12.	Art. 13 G zur Erleichterung der Bekämpfung von illegaler Beschäftigung und Schwarzarbeit	23.7.2002	BGBl. I S. 2787	§§ 11, 15a, 16, 18	geänd. mWv 1.8.2002
13.	Art. 6 Erstes G für moderne Dienstleistungen am Arbeitsmarkt	23.12. 2002	BGBl. I S. 4607	§§ 1, 1b, 3, 9, 10, 11, 12, 16 §§ 13, 19	geänd. mWv 1.1.2003 eingef. mWv 1.1.2003
14.	Art. 93 Drittes G für moderne Dienstleistungen am Arbeitsmarkt	23.12. 2003	BGBl. I S. 2848	§§ 1a, 9, 12, 13, 16, 17, 18	geänd. mWv 1.1.2004
15.	Art. 2c G über den Arbeitsmarktzugang im Rahmen der EU-Erweiterung	23.4.2004	BGBl. I S. 602	§ 18	geänd. mWv 1.5.2004
16.	Art. 17 G zur Intensivierung der Bekämpfung der Schwarzarbeit und damit zusammenhängender Steuerhinterziehung	23.7.2004	BGBl. I S. 1842	§ 18	geänd. mWv 1.8.2004
17.	Art. 11 Nr. 21 ZuwanderungsG	30.7.2004	BGBl. I S. 1950	§§ 15, 15a, 16, 18	geänd. mWv 1.1.2005
18.	Art. 7 Viertes G zur Änd. des SGB III und anderer Gesetze	19.11. 2004	BGBl. I S. 2902	§ 18	geänd. mWv 27.11.2004
19.	Art. 6 Nr. 4 G zur Änd. des AufenthaltsG und weiterer Gesetze	14.3.2005	BGBl. I S. 721	§ 18	geänd. mWv 18.3.2005
20.	Art. 233 Neunte ZuständigkeitsanpassungsVO	31.10. 2006	BGBl. I S. 2407	§ 17	geänd. mWv 8.11.2006
21.	Art. 16, 19 Abs. 6 G zur Sicherung von Beschäftigung und Stabilität in Deutschland	2.3.2009	BGBl. I S. 416	§ 11 § 11	geänd. mWv 1.2.2009 geänd. mWv 31.12.2010
22.	Art. 2 BeschäftigungschancenG	24.10. 2010	BGBl. I S. 1417, ber. *S. 2329*	§ 11	geänd. mWv 1.1.2011

Lfd. Nr.	Änderndes Gesetz	Datum	Fundstelle	Betroffen	Hinweis
23.	Art. 1 Erstes ÄndG[1]	28.4.2011	BGBl. I S. 642	§§ 3, 9, 10	geänd. mWv 30.4.2011
				§ 19	neu gef. mWv 30.4.2011
				§ 3a	eingef. mWv 30.4.2011
				Titel, §§ 1, 1a, 1b, 12, 13, 16	geänd. mWv 1.12.2011
				§§ 13a, 13b	eingef. mWv 1.12.2011
24.	Art. 1 G zur Änd. des ArbeitnehmerüberlassungsG und des SchwarzarbeitsbekämpfungsG	20.7.2011	BGBl. I S. 1506	§§ 16, 18	geänd. mWv 30.7.2011
				§§ 17, 19	neu gef. mWv 30.7.2011
				§§ 17a, 17b, 17c, 18a	eingef. mWv 30.7.2011
25.	Art. 26 G zur Verbesserung der Eingliederungschancen am Arbeitsmarkt	20.12. 2011	BGBl. I S. 2854	§ 11	geänd. mWv 28.12.2011
26.	Art. 2 Abs. 61, Art. 4 Abs. 46 G zur Strukturreform des Gebührenrechts des Bundes	7.8.2013	BGBl. I S. 3154, geänd. 2016, S. 1666	§ 2a	geänd. mWv 15.8.2013
				§ 2a	aufgeh. mWv 1.8.2018, insoweit aufgeh. 2016, S. 1666
27.	Art. 7 TarifautonomiestärkungsG	11.8.2014	BGBl. I S. 1348	§§ 3a, 16, 17c, 18	geänd. mWv 16.8.2014
				§ 18a	aufgeh. mWv 16.8.2014
28.	Art. 4 Abs. 43 G zur Aktualisierung der Strukturreform des Gebührenrechts des Bundes	18.7.2016	BGBl. I S. 1666	§ 2a	aufgeh. mit Ablauf des 30.9. 2021
29.	Art. 1 G zur Änd. des ArbeitnehmerüberlassungsG und anderer Gesetze	21.2.2017	BGBl. I S. 258	§§ 1, 3, 9, 10, 11, 12, 13, 14, 16, 17, 17a, 17b, 18, 19	geänd. mWv 1.4.2017
				§ 8	neu gef. mWv 1.4.2017
				§§ 10a, 20	eingef. mWv 1.4.2017
30.	Art. 13 G gegen illegale Beschäftigung und Sozialleistungsmissbrauch	11.7.2019	BGBl. I S. 1066	§ 16	geänd. mWv 18.7.2019
31.	Art. 48 FachkräfteeinwanderungsG[2]	15.8.2019	BGBl. I S. 1307	§§ 14, 15, 15a, 16, 18	geänd. mWv 1.3.2020

[1] **Amtl. Anm.:** Dieses Gesetz dient der Umsetzung der Richtlinie 2008/104/EG des Europäischen Parlaments und des Rates vom 19. November 2008 über Leiharbeit (ABl. L 327 vom 5.12.2008, S. 9).

[2] **Amtl. Anm.:** Dieses Gesetz dient der Umsetzung der Richtlinie 2009/50/EG des Rates vom 25. Mai 2009 über die Bedingungen für die Einreise und den Aufenthalt von Drittstaatsangehörigen zur Ausübung einer hochqualifizierten Beschäftigung (ABl. L 155 vom 18.6.2009, S. 17), der Richtlinie 2014/36/EUdes Europäischen Parlaments und des Rates vom 26. Februar 2014 über die Bedingungen für die Einreise und den Aufenthalt von Drittstaatsangehörigen zwecks Beschäftigung als Saisonarbeitnehmer (ABl. L 94 vom 28.3.2014, S. 375), der Richtlinie 2014/66/EU des Europäischen Parlaments und des Rates vom 15. Mai 2014 über die Bedingungen für die Einreise und den Aufenthalt von Drittstaatsangehörigen im Rahmen

Lfd. Nr.	Änderndes Gesetz	Datum	Fund-stelle	Betroffen	Hinweis
32.	Art. 2 G zur befristeten krisenbedingten Verbesserung der Regelungen für das Kurzarbeitergeld	13.3.2020	BGBl. I S. 493	§ 11	geänd. mWv 15.3.2020
				§ 11a	eingef. mWv 15.3.2020
33.	Art. 116 PersonengesellschaftsrechtsmodernisierungsG (MoPeG)	10.8.2021	BGBl. I S. 3436	§ 7	geänd. mWv 1.1.2024
34.	Art. 1a Covid-19-G zur Änd. des InfektionsschutzG und anderer Vorschriften	18.3.2022	BGBl. I S. 466	§§ 11, 11a	geänd. mWv 1.4.2022
35.	Art. 4 G zur Umsetzung der RL (EU) 2019/1152[1)]	20.7.2022	BGBl. I S. 1174	§ 11, 13a, 16	geänd. mWv 1.8.2022
36.	Art. 2 G zur Anpassung der Verordnungsermächtigungen beim Kurzarbeitergeld und anderer Regelungen	19.10. 2022	BGBl. I S. 1790	§ 11a	neu gef. mWv 1.10.2022
37.	Art. 3 Abs. 2 G zur Umsetzung der Bestimmungen der UmwandlungsRL über die Mitbestimmung der Arbeitnehmer bei grenzüberschreitenden Umwandlungen, Verschmelzungen und Spaltungen[2)]	4.1.2023	BGBl. 2023 I Nr. 10	§ 14	geänd. mWv 31.1.2023
38.	Art. 3 G zur Regelung der Entsendung von Kraftfahrern und Kraftfahrerinnen im Straßenverkehrssektor und zur grenzüberschreitenden Durchsetzung des Entsenderechts[3)]	28.6.2023	BGBl. 2023 I Nr. 172	§§ 16, 17b	geänd. mWv 1.7.2023

(Fortsetzung der Anm. von voriger Seite)
eines unternehmensinternen Transfers (ABl. L 157 vom 27.5.2014, S. 1), der Richtlinie (EU) 2016/801 des Europäischen Parlaments und des Rates vom 11. Mai 2016 über die Bedingungen für die Einreise und den Aufenthalt von Drittstaatsangehörigen zu Forschungs- oder Studienzwecken, zur Absolvierung eines Praktikums, zur Teilnahme an einem Freiwilligendienst, Schüleraustauschprogrammen oder Bildungsvorhaben und zur Ausübung einer Au-pair-Tätigkeit (ABl. L 132 vom 21.5.2016, S. 21).

[1)] **Amtl. Anm.:** Die Artikel 1 bis 11 dieses Gesetzes dienen der Umsetzung der Richtlinie (EU) 2019/1152 des Europäischen Parlaments und des Rates vom 20. Juni 2019 über transparente und vorhersehbare Arbeitsbedingungen in der Europäischen Union (ABl. L 186 vom 11.7.2019, S. 105).

[2)] **Amtl. Anm.:** Dieses Gesetz dient der Umsetzung der Richtlinie (EU) 2019/2121 des Europäischen Parlaments und des Rates vom 27. November 2019 zur Änderung der Richtlinie (EU) 2017/1132 in Bezug auf grenzüberschreitende Umwandlungen, Verschmelzungen und Spaltungen (ABl. L 321 vom 12.12.2019, S. 1; L 20 vom 24.1.2020, S. 24).

[3)] **Amtl. Anm.:** Dieses Gesetz dient […] in Artikel 3 Nummer 1 Buchstabe a Doppelbuchstabe aa, *Nummer 2 Buchstabe a und b […]* der Umsetzung von Artikel 9 und Kapitel VI der Richtlinie 2014/67/EU des Europäischen Parlaments und des Rates vom 15. Mai 2014 zur Durchsetzung der Richtlinie 96/71/EG über die Entsendung von Arbeitnehmern im Rahmen der Erbringung von Dienstleistungen und zur Änderung der Verordnung (EU) Nr. 1024/2012 über die Verwaltungszusammenarbeit mit Hilfe des Binnenmarkt-Informationssystems („IMI-Verordnung“) (ABl. L 159 vom 28.5.2014, S. 11).

§ 1[1)] Arbeitnehmerüberlassung, Erlaubnispflicht. (1) [1] Arbeitgeber, die als Verleiher Dritten (Entleihern) Arbeitnehmer (Leiharbeitnehmer) im Rahmen ihrer wirtschaftlichen Tätigkeit zur Arbeitsleistung überlassen (Arbeitnehmerüberlassung) wollen, bedürfen der Erlaubnis. [2] Arbeitnehmer werden zur Arbeitsleistung überlassen, wenn sie in die Arbeitsorganisation des Entleihers eingegliedert sind und seinen Weisungen unterliegen. [3] Die Überlassung und das Tätigwerdenlassen von Arbeitnehmern als Leiharbeitnehmer ist nur zulässig, soweit zwischen dem Verleiher und dem Leiharbeitnehmer ein Arbeitsverhältnis besteht. [4] Die Überlassung von Arbeitnehmern ist vorübergehend bis zu einer Überlassungshöchstdauer nach Absatz 1b zulässig. [5] Verleiher und Entleiher haben die Überlassung von Leiharbeitnehmern in ihrem Vertrag ausdrücklich als Arbeitnehmerüberlassung zu bezeichnen, bevor sie den Leiharbeitnehmer überlassen oder tätig werden lassen. [6] Vor der Überlassung haben sie die Person des Leiharbeitnehmers unter Bezugnahme auf diesen Vertrag zu konkretisieren.

(1a) [1] Die Abordnung von Arbeitnehmern zu einer zur Herstellung eines Werkes gebildeten Arbeitsgemeinschaft ist keine Arbeitnehmerüberlassung, wenn der Arbeitgeber Mitglied der Arbeitsgemeinschaft ist, für alle Mitglieder der Arbeitsgemeinschaft Tarifverträge desselben Wirtschaftszweiges gelten und alle Mitglieder auf Grund des Arbeitsgemeinschaftsvertrages zur selbständigen Erbringung von Vertragsleistungen verpflichtet sind. [2] Für einen Arbeitgeber mit Geschäftssitz in einem anderen Mitgliedstaat des Europäischen Wirtschaftsraumes ist die Abordnung von Arbeitnehmern zu einer zur Herstellung eines Werkes gebildeten Arbeitsgemeinschaft auch dann keine Arbeitnehmerüberlassung, wenn für ihn deutsche Tarifverträge desselben Wirtschaftszweiges wie für die anderen Mitglieder der Arbeitsgemeinschaft nicht gelten, er aber die übrigen Voraussetzungen des Satzes 1 erfüllt.

(1b) [1] Der Verleiher darf denselben Leiharbeitnehmer nicht länger als 18 aufeinander folgende Monate demselben Entleiher überlassen; der Entleiher darf denselben Leiharbeitnehmer nicht länger als 18 aufeinander folgende Monate tätig werden lassen. [2] Der Zeitraum vorheriger Überlassungen durch denselben oder einen anderen Verleiher an denselben Entleiher ist vollständig anzurechnen, wenn zwischen den Einsätzen jeweils nicht mehr als drei Monate liegen. [3] In einem Tarifvertrag von Tarifvertragsparteien der Einsatzbranche kann eine von Satz 1 abweichende Überlassungshöchstdauer festgelegt werden. [4] Im Geltungsbereich eines Tarifvertrages nach Satz 3 können abweichende tarifvertragliche Regelungen im Betrieb eines nicht tarifgebundenen Entleihers durch Betriebs- oder Dienstvereinbarung übernommen werden. [5] In einer auf Grund eines Tarifvertrages von Tarifvertragsparteien der Einsatzbranche getroffenen Betriebs- oder Dienstvereinbarung kann eine von Satz 1 abweichende Überlassungshöchstdauer festgelegt werden. [6] Können auf Grund eines Tarifvertrages nach Satz 5 abweichende Regelungen in einer Betriebs- oder Dienstvereinbarung getroffen werden, kann auch in Betrieben eines nicht tarifgebundenen Entleihers bis zu einer Überlassungshöchstdauer von 24 Monaten davon Gebrauch gemacht werden, soweit nicht durch diesen Tarifvertrag eine von Satz 1 abweichende Überlassungshöchstdauer für Betriebs- oder Dienstvereinbarungen festgelegt ist. [7] Unterfällt der Betrieb des nicht tarifgebundenen Entleihers bei Abschluss einer Betriebs- oder Dienstver-

[1)] § 1 Abs. 2, Abs. 3 einl. Satzteil, Nr. 1 und 2 geänd, Nr. 3 angef. durch G v. 24.3.1997 (BGBl. I S. 594); Abs. 3 geänd. durch G v. 16.12.1997 (BGBl. I S. 2970); Abs. 2 geänd. mWv 1.1.2003 durch G v. 23.12.2002 (BGBl. I S. 4607); Abs. 3 Nr. 2 geänd., Nr. 2a eingef. mWv 1.12.2011 durch G v. 28.4.2011 (BGBl. I S. 642); Überschrift und Abs. 1 neu gef., Abs. 1a und 1b eingef., Abs. 3 einl. Satzteil und Nr. 2a geänd., Nr. 2b und 2c eingef. mWv 1.4.2017 durch G v. 21.2.2017 (BGBl. I S. 258).

einbarung nach Satz 4 oder Satz 6 den Geltungsbereichen mehrerer Tarifverträge, ist auf den für die Branche des Entleihers repräsentativen Tarifvertrag abzustellen. [8]Die Kirchen und die öffentlich-rechtlichen Religionsgesellschaften können von Satz 1 abweichende Überlassungshöchstdauern in ihren Regelungen vorsehen.

(2) Werden Arbeitnehmer Dritten zur Arbeitsleistung überlassen und übernimmt der Überlassende nicht die üblichen Arbeitgeberpflichten oder das

(Fortsetzung nächstes Blatt)

Arbeitgeberrisiko (§ 3 Abs. 1 Nr. 1 bis 3), so wird vermutet, daß der Überlassende Arbeitsvermittlung betreibt.

(3) Dieses Gesetz ist mit Ausnahme des § 1b Satz 1, des § 16 Absatz 1 Nummer 1f und Absatz 2 bis 5 sowie der §§ 17 und 18 nicht anzuwenden auf die Arbeitnehmerüberlassung

1. zwischen Arbeitgebern desselben Wirtschaftszweiges zur Vermeidung von Kurzarbeit oder Entlassungen, wenn ein für den Entleiher und Verleiher geltender Tarifvertrag dies vorsieht,
2. zwischen Konzernunternehmen im Sinne des § 18 des Aktiengesetzes[1], wenn der Arbeitnehmer nicht zum Zweck der Überlassung eingestellt und beschäftigt wird,

2a. zwischen Arbeitgebern, wenn die Überlassung nur gelegentlich erfolgt und der Arbeitnehmer nicht zum Zweck der Überlassung eingestellt und beschäftigt wird,

2b. zwischen Arbeitgebern, wenn Aufgaben eines Arbeitnehmers von dem bisherigen zu dem anderen Arbeitgeber verlagert werden und auf Grund eines Tarifvertrages des öffentlichen Dienstes

   a) das Arbeitsverhältnis mit dem bisherigen Arbeitgeber weiter besteht und

   b) die Arbeitsleistung zukünftig bei dem anderen Arbeitgeber erbracht wird,

2c. zwischen Arbeitgebern, wenn diese juristische Personen des öffentlichen Rechts sind und Tarifverträge des öffentlichen Dienstes oder Regelungen der öffentlich-rechtlichen Religionsgesellschaften anwenden, oder

3. in das Ausland, wenn der Leiharbeitnehmer in ein auf der Grundlage zwischenstaatlicher Vereinbarungen begründetes deutsch-ausländisches Gemeinschaftsunternehmen verliehen wird, an dem der Verleiher beteiligt ist.

§ 1a[2] Anzeige der Überlassung. (1) Keiner Erlaubnis bedarf ein Arbeitgeber mit weniger als 50 Beschäftigten, der zur Vermeidung von Kurzarbeit oder Entlassungen an einen Arbeitgeber einen Arbeitnehmer, der nicht zum Zweck der Überlassung eingestellt und beschäftigt wird, bis zur Dauer von zwölf Monaten überläßt, wenn er die Überlassung vorher schriftlich der Bundesagentur für Arbeit angezeigt hat.

(2) In der Anzeige sind anzugeben

1. Vor- und Familiennamen, Wohnort und Wohnung, Tag und Ort der Geburt des Leiharbeitnehmers,
2. Art der vom Leiharbeitnehmer zu leistenden Tätigkeit und etwaige Pflicht zur auswärtigen Leistung,
3. Beginn und Dauer der Überlassung,
4. Firma und Anschrift des Entleihers.

---

[1] **Habersack, Deutsche Gesetze Nr. 51.**

[2] § 1a Abs. 1 geänd. durch G v. 24.3.1997 (BGBl. I S. 594); Abs. 1 geänd. mWv 1.1.2004 durch G v. 23.12.2003 (BGBl. I S. 2848); Abs. 1 geänd. mWv 1.12.2011 durch G v. 28.4.2011 (BGBl. I S. 642).

§ 1b[1] Einschränkungen im Baugewerbe. [1]Arbeitnehmerüberlassung nach § 1 in Betriebe des Baugewerbes für Arbeiten, die üblicherweise von Arbeitern verrichtet werden, ist unzulässig. [2]Sie ist gestattet

a) zwischen Betrieben des Baugewerbes und anderen Betrieben, wenn diese Betriebe erfassende, für allgemeinverbindlich erklärte Tarifverträge dies bestimmen,
b) zwischen Betrieben des Baugewerbes, wenn der verleihende Betrieb nachweislich seit mindestens drei Jahren von denselben Rahmen- und Sozialkassentarifverträgen oder von deren Allgemeinverbindlichkeit erfasst wird.

[3]Abweichend von Satz 2 ist für Betriebe des Baugewerbes mit Geschäftssitz in einem anderen Mitgliedstaat des Europäischen Wirtschaftsraumes Arbeitnehmerüberlassung auch gestattet, wenn die ausländischen Betriebe nicht von deutschen Rahmen- und Sozialkassentarifverträgen oder für allgemeinverbindlich erklärten Tarifverträgen erfasst werden, sie aber nachweislich seit mindestens drei Jahren überwiegend Tätigkeiten ausüben, die unter den Geltungsbereich derselben Rahmen- und Sozialkassentarifverträge fallen, von denen der Betrieb des Entleihers erfasst wird.

§ 2[2] Erteilung und Erlöschen der Erlaubnis. (1) Die Erlaubnis wird auf schriftlichen Antrag erteilt.

(2) [1]Die Erlaubnis kann unter Bedingungen erteilt und mit Auflagen verbunden werden, um sicherzustellen, daß keine Tatsachen eintreten, die nach § 3 die Versagung der Erlaubnis rechtfertigen. [2]Die Aufnahme, Änderung oder Ergänzung von Auflagen sind auch nach Erteilung der Erlaubnis zulässig.

(3) Die Erlaubnis kann unter dem Vorbehalt des Widerrufs erteilt werden, wenn eine abschließende Beurteilung des Antrags noch nicht möglich ist.

(4) [1]Die Erlaubnis ist auf ein Jahr zu befristen. [2]Der Antrag auf Verlängerung der Erlaubnis ist spätestens drei Monate vor Ablauf des Jahres zu stellen. [3]Die Erlaubnis verlängert sich um ein weiteres Jahr, wenn die Erlaubnisbehörde die Verlängerung nicht vor Ablauf des Jahres ablehnt. [4]Im Fall der Ablehnung gilt die Erlaubnis für die Abwicklung der nach § 1 erlaubt abgeschlossenen Verträge als fortbestehend, jedoch nicht länger als zwölf Monate.

(5) [1]Die Erlaubnis kann unbefristet erteilt werden, wenn der Verleiher drei aufeinanderfolgende Jahre lang nach § 1 erlaubt tätig war. [2]Sie erlischt, wenn der Verleiher von der Erlaubnis drei Jahre lang keinen Gebrauch gemacht hat.

§ 2a[3] *(aufgehoben)*

§ 3[4] Versagung. (1) Die Erlaubnis oder ihre Verlängerung ist zu versagen, wenn Tatsachen die Annahme rechtfertigen, daß der Antragsteller

---

[1] § 1b eingef. durch G v. 24.3.1997 (BGBl. I S. 594); Satz 2 neu gef., Satz 3 angef. mWv 1.1.2003 durch G v. 23.12.2002 (BGBl. I S. 4607); Abs. 1 Sätze 1 und 3 geänd. mWv 1.12.2011 durch G v. 28.4.2011 (BGBl. I S. 642).

[2] § 2 Abs. 4 Satz 4, Abs. 5 Satz 2 geänd. durch G v. 24.3.1997 (BGBl. I S. 594).

[3] § 2a aufgeh. mWv 1.10.2021 durch G v. 18.7.2016 (BGBl. I S. 1666).

[4] § 3 Abs. 1 Nrn. 1, 3 bis 6 geänd. durch G v. 24.3.1997 (BGBl. I S. 594); Abs. 1 Nr. 6 geänd. mWv 1.1.2002 durch G v. 10.12.2001 (BGBl. I S. 3443); Abs. 1 Nr. 3 neu gef., Nrn. 4 bis 6 aufgeh. mWv 1.1.2003 durch G v. 23.12.2002 (BGBl. I S. 4607); Abs. 1 Nr. 3 neu gef. mWv 30.4.2011 durch G v. 28.4.2011 (BGBl. I S. 642); Abs. 1 Nr. 1 geänd., Nr. 3 neu gef. mWv 1.4.2017 durch G v. 21.2. 2017 (BGBl. I S. 258).

1. die für die Ausübung der Tätigkeit nach § 1 erforderliche Zuverlässigkeit nicht besitzt, insbesondere weil er die Vorschriften des Sozialversicherungsrechts, über die Einbehaltung und Abführung der Lohnsteuer, über die Arbeitsvermittlung, über die Anwerbung im Ausland oder über die Ausländerbeschäftigung, über die Überlassungshöchstdauer nach § 1 Absatz 1b, die Vorschriften des Arbeitsschutzrechts oder die arbeitsrechtlichen Pflichten nicht einhält;
2. nach der Gestaltung seiner Betriebsorganisation nicht in der Lage ist, die üblichen Arbeitgeberpflichten ordnungsgemäß zu erfüllen;
3. dem Leiharbeitnehmer die ihm nach § 8 zustehenden Arbeitsbedingungen einschließlich des Arbeitsentgelts nicht gewährt.

(2) Die Erlaubnis oder ihre Verlängerung ist ferner zu versagen, wenn für die Ausübung der Tätigkeit nach § 1 Betriebe, Betriebsteile oder Nebenbetriebe vorgesehen sind, die nicht in einem Mitgliedstaat der Europäischen Wirtschaftsgemeinschaft oder einem anderen Vertragsstaat des Abkommens über den Europäischen Wirtschaftsraum liegen.

(3) Die Erlaubnis kann versagt werden, wenn der Antragsteller nicht Deutscher im Sinne des Artikels 116 des Grundgesetzes[1] ist oder wenn eine Gesellschaft oder juristische Person den Antrag stellt, die entweder nicht nach deutschem Recht gegründet ist oder die weder ihren satzungsmäßigen Sitz noch ihre Hauptverwaltung noch ihre Hauptniederlassung im Geltungsbereich dieses Gesetzes hat.

(4) [1] Staatsangehörige der Mitgliedstaaten der Europäischen Wirtschaftsgemeinschaft oder eines anderen Vertragsstaates des Abkommens über den Europäischen Wirtschaftsraum erhalten die Erlaubnis unter den gleichen Voraussetzungen wie deutsche Staatsangehörige. [2] Den Staatsangehörigen dieser Staaten stehen gleich Gesellschaften und juristische Personen, die nach den Rechtsvorschriften dieser Staaten gegründet sind und ihren satzungsgemäßen Sitz, ihre Hauptverwaltung oder ihre Hauptniederlassung innerhalb dieser Staaten haben. [3] Soweit diese Gesellschaften oder juristische Personen zwar ihren satzungsmäßigen Sitz, jedoch weder ihre Hauptverwaltung noch ihre Hauptniederlassung innerhalb dieser Staaten haben, gilt Satz 2 nur, wenn ihre Tätigkeit in tatsächlicher und dauerhafter Verbindung mit der Wirtschaft eines Mitgliedstaates oder eines Vertragsstaates des Abkommens über den Europäischen Wirtschaftsraum steht.

(5) [1] Staatsangehörige anderer als der in Absatz 4 genannten Staaten, die sich aufgrund eines internationalen Abkommens im Geltungsbereich dieses Gesetzes niederlassen und hierbei sowie bei ihrer Geschäftstätigkeit nicht weniger günstig behandelt werden dürfen als deutsche Staatsangehörige, erhalten die Erlaubnis unter den gleichen Voraussetzungen wie deutsche Staatsangehörige. [2] Den Staatsangehörigen nach Satz 1 stehen gleich Gesellschaften, die nach den *Rechtsvorschriften des anderen* Staates gegründet sind.

§ 3a[2] Lohnuntergrenze. (1) [1] Gewerkschaften und Vereinigungen von Arbeitgebern, die zumindest auch für ihre jeweiligen in der Arbeitnehmerüber-

[1] Nr. **1**.

[2] § 3a eingef. mWv 30.4.2011 durch G v. 28.4.2011 (BGBl. I S. 642); Abs. 1 Satz 1, Abs. 2 Satz 1 geänd., Abs. 3 Satz 1 aufgeh., bish. Sätze 2 und 3 werden Sätze 1 und 2 mWv 16.8.2014 durch G v. 11.8.2014 (BGBl. I S. 1348).

lassung tätigen Mitglieder zuständig sind (vorschlagsberechtigte Tarifvertragsparteien) und bundesweit tarifliche Mindeststundenentgelte im Bereich der Arbeitnehmerüberlassung miteinander vereinbart haben, können dem Bundesministerium für Arbeit und Soziales gemeinsam vorschlagen, diese als Lohnuntergrenze in einer Rechtsverordnung verbindlich festzusetzen; die Mindeststundenentgelte können nach dem jeweiligen Beschäftigungsort differenzieren und auch Regelungen zur Fälligkeit entsprechender Ansprüche einschließlich hierzu vereinbarter Ausnahmen und deren Voraussetzungen umfassen. [2]Der Vorschlag muss für Verleihzeiten und verleihfreie Zeiten einheitliche Mindeststundenentgelte sowie eine Laufzeit enthalten. [3]Der Vorschlag ist schriftlich zu begründen.

(2) [1]Das Bundesministerium für Arbeit und Soziales kann, wenn dies im öffentlichen Interesse geboten erscheint, in einer Rechtsverordnung ohne Zustimmung des Bundesrates bestimmen, dass die vorgeschlagenen tariflichen Mindeststundenentgelte nach Absatz 1 als verbindliche Lohnuntergrenze auf alle in den Geltungsbereich der Verordnung fallenden Arbeitgeber sowie Leiharbeitnehmer Anwendung findet. [2]Der Verordnungsgeber kann den Vorschlag nur inhaltlich unverändert in die Rechtsverordnung übernehmen.

(3) [1]Der Verordnungsgeber hat bei seiner Entscheidung nach Absatz 2 im Rahmen einer Gesamtabwägung neben den Zielen dieses Gesetzes zu prüfen, ob eine Rechtsverordnung nach Absatz 2 insbesondere geeignet ist, die finanzielle Stabilität der sozialen Sicherungssysteme zu gewährleisten. [2]Der Verordnungsgeber hat zu berücksichtigen

1. die bestehenden bundesweiten Tarifverträge in der Arbeitnehmerüberlassung und
2. die Repräsentativität der vorschlagenden Tarifvertragsparteien.

(4) [1]Liegen mehrere Vorschläge nach Absatz 1 vor, hat der Verordnungsgeber bei seiner Entscheidung nach Absatz 2 im Rahmen der nach Absatz 3 erforderlichen Gesamtabwägung die Repräsentativität der vorschlagenden Tarifvertragsparteien besonders zu berücksichtigen. [2]Bei der Feststellung der Repräsentativität ist vorrangig abzustellen auf

1. die Zahl der jeweils in den Geltungsbereich einer Rechtsverordnung nach Absatz 2 fallenden Arbeitnehmer, die bei Mitgliedern der vorschlagenden Arbeitgebervereinigung beschäftigt sind;
2. die Zahl der jeweils in den Geltungsbereich einer Rechtsverordnung nach Absatz 2 fallenden Mitglieder der vorschlagenden Gewerkschaften.

(5) [1]Vor Erlass ist ein Entwurf der Rechtsverordnung im Bundesanzeiger bekannt zu machen. [2]Das Bundesministerium für Arbeit und Soziales gibt Verleihern und Leiharbeitnehmern sowie den Gewerkschaften und Vereinigungen von Arbeitgebern, die im Geltungsbereich der Rechtsverordnung zumindest teilweise tarifzuständig sind, Gelegenheit zur schriftlichen Stellungnahme innerhalb von drei Wochen ab dem Tag der Bekanntmachung des Entwurfs der Rechtsverordnung im Bundesanzeiger. [3]Nach Ablauf der Stellungnahmefrist wird der in § 5 Absatz 1 Satz 1 des Tarifvertragsgesetzes[1)] genannte Ausschuss mit dem Vorschlag befasst.

[1)] Nr. **81**.

(6) [1] Nach Absatz 1 vorschlagsberechtigte Tarifvertragsparteien können gemeinsam die Änderung einer nach Absatz 2 erlassenen Rechtsverordnung vorschlagen. [2] Die Absätze 1 bis 5 finden entsprechend Anwendung.

§ 4 Rücknahme. (1) [1] Eine rechtswidrige Erlaubnis kann mit Wirkung für die Zukunft zurückgenommen werden. [2] § 2 Abs. 4 Satz 4 gilt entsprechend.

(2) [1] Die Erlaubnisbehörde hat dem Verleiher auf Antrag den Vermögensnachteil auszugleichen, den dieser dadurch erleidet, daß er auf den Bestand der Erlaubnis vertraut hat, soweit sein Vertrauen unter Abwägung mit dem öffentlichen Interesse schutzwürdig ist. [2] Auf Vertrauen kann sich der Verleiher nicht berufen, wenn er

1. die Erlaubnis durch arglistige Täuschung, Drohung oder eine strafbare Handlung erwirkt hat;
2. die Erlaubnis durch Angaben erwirkt hat, die in wesentlicher Beziehung unrichtig oder unvollständig waren, oder
3. die Rechtswidrigkeit der Erlaubnis kannte oder infolge grober Fahrlässigkeit nicht kannte.

[3] Der Vermögensnachteil ist jedoch nicht über den Betrag des Interesses hinaus zu ersetzen, das der Verleiher an dem Bestand der Erlaubnis hat. [4] Der auszugleichende Vermögensnachteil wird durch die Erlaubnisbehörde festgesetzt. [5] Der Anspruch kann nur innerhalb eines Jahres geltend gemacht werden; die Frist beginnt, sobald die Erlaubnisbehörde den Verleiher auf sie hingewiesen hat.

(3) Die Rücknahme ist nur innerhalb eines Jahres seit dem Zeitpunkt zulässig, in dem die Erlaubnisbehörde von den Tatsachen Kenntnis erhalten hat, die die Rücknahme der Erlaubnis rechtfertigen.

§ 5 Widerruf. (1) Die Erlaubnis kann mit Wirkung für die Zukunft widerrufen werden, wenn

1. der Widerruf bei ihrer Erteilung nach § 2 Abs. 3 vorbehalten worden ist;
2. der Verleiher eine Auflage nach § 2 nicht innerhalb einer ihm gesetzten Frist erfüllt hat;
3. die Erlaubnisbehörde auf Grund nachträglich eingetretener Tatsachen berechtigt wäre, die Erlaubnis zu versagen, oder
4. die Erlaubnisbehörde auf Grund einer geänderten Rechtslage berechtigt wäre, die Erlaubnis zu versagen; § 4 Abs. 2 gilt entsprechend.

(2) [1] Die Erlaubnis wird mit dem Wirksamwerden des Widerrufs unwirksam. [2] § 2 Abs. 4 Satz 4 gilt entsprechend.

(3) Der Widerruf ist unzulässig, wenn eine Erlaubnis gleichen Inhalts erneut erteilt werden müßte.

(4) Der Widerruf ist nur innerhalb eines Jahres seit dem Zeitpunkt zulässig, in dem die Erlaubnisbehörde von den Tatsachen Kenntnis erhalten hat, die den Widerruf der Erlaubnis rechtfertigen.

§ 6 Verwaltungszwang. Werden Leiharbeitnehmer von einem Verleiher ohne die erforderliche Erlaubnis überlassen, so hat die Erlaubnisbehörde dem

Verleiher dies zu untersagen und das weitere Überlassen nach den Vorschriften des Verwaltungsvollstreckungsgesetzes[1] zu verhindern.

§ 7[2] Anzeigen und Auskünfte. (1) [1] Der Verleiher hat der Erlaubnisbehörde nach Erteilung der Erlaubnis unaufgefordert die Verlegung, Schließung und Errichtung von Betrieben, Betriebsteilen oder Nebenbetrieben vorher anzuzeigen, soweit diese die Ausübung der Arbeitnehmerüberlassung zum Gegenstand haben. [2] Wenn die Erlaubnis Personengesamtheiten, ***[ab 1.1.2024:** rechtsfähigen **]*** Personengesellschaften oder juristischen Personen erteilt ist und nach ihrer Erteilung eine andere Person zur Geschäftsführung oder Vertretung nach Gesetz, Satzung oder Gesellschaftsvertrag berufen wird, ist auch dies unaufgefordert anzuzeigen.

(2) [1] Der Verleiher hat der Erlaubnisbehörde auf Verlangen die Auskünfte zu erteilen, die zur Durchführung des Gesetzes erforderlich sind. [2] Die Auskünfte sind wahrheitsgemäß, vollständig, fristgemäß und unentgeltlich zu erteilen. [3] Auf Verlangen der Erlaubnisbehörde hat der Verleiher die geschäftlichen Unterlagen vorzulegen, aus denen sich die Richtigkeit seiner Angaben ergibt, oder seine Angaben auf sonstige Weise glaubhaft zu machen. [4] Der Verleiher hat seine Geschäftsunterlagen drei Jahre lang aufzubewahren.

(3) [1] In begründeten Einzelfällen sind die von der Erlaubnisbehörde beauftragten Personen befugt, Grundstücke und Geschäftsräume des Verleihers zu betreten und dort Prüfungen vorzunehmen. [2] Der Verleiher hat die Maßnahmen nach Satz 1 zu dulden. [3] Das Grundrecht der Unverletzlichkeit der Wohnung (Artikel 13 des Grundgesetzes[3]) wird insoweit eingeschränkt.

(4) [1] Durchsuchungen können nur auf Anordnung des Richters bei dem Amtsgericht, in dessen Bezirk die Durchsuchung erfolgen soll, vorgenommen werden. [2] Auf die Anfechtung dieser Anordnung finden die §§ 304 bis 310 der Strafprozeßordnung[4] entsprechende Anwendung. [3] Bei Gefahr im Verzuge können die von der Erlaubnisbehörde beauftragten Personen während der Geschäftszeit die erforderlichen Durchsuchungen ohne richterliche Anordnung vornehmen. [4] An Ort und Stelle ist eine Niederschrift über die Durchsuchung und ihr wesentliches Ergebnis aufzunehmen, aus der sich, falls keine richterliche Anordnung ergangen ist, auch die Tatsachen ergeben, die zur Annahme einer Gefahr im Verzuge geführt haben.

(5) Der Verleiher kann die Auskunft auf solche Fragen verweigern, deren Beantwortung ihn selbst oder einen der in § 383 Abs. 1 Nr. 1 bis 3 der Zivilprozeßordnung[5] bezeichneten Angehörigen der Gefahr strafgericht-

(Fortsetzung nächstes Blatt)

---

[1] **Sartorius Nr. 112.**

[2] § 7 Abs. 1 Satz 2 geänd. mWv 1.1.2024 durch G v. 10.8.2021 (BGBl. I S. 3436).

[3] Nr. 1.

[4] **Habersack, Deutsche Gesetze Nr. 90.**

[5] **Habersack, Deutsche Gesetze Nr. 100.**

licher Verfolgung oder eines Verfahrens nach dem Gesetz über Ordnungswidrigkeiten[1)] aussetzen würde.

§ 8[2)] Grundsatz der Gleichstellung. (1) [1] Der Verleiher ist verpflichtet, dem Leiharbeitnehmer für die Zeit der Überlassung an den Entleiher die im Betrieb des Entleihers für einen vergleichbaren Arbeitnehmer des Entleihers geltenden wesentlichen Arbeitsbedingungen einschließlich des Arbeitsentgelts zu gewähren (Gleichstellungsgrundsatz). [2] Erhält der Leiharbeitnehmer das für einen vergleichbaren Arbeitnehmer des Entleihers im Entleihbetrieb geschuldete tarifvertragliche Arbeitsentgelt oder in Ermangelung eines solchen ein für vergleichbare Arbeitnehmer in der Einsatzbranche geltendes tarifvertragliches Arbeitsentgelt, wird vermutet, dass der Leiharbeitnehmer hinsichtlich des Arbeitsentgelts im Sinne von Satz 1 gleichgestellt ist. [3] Werden im Betrieb des Entleihers Sachbezüge gewährt, kann ein Wertausgleich in Euro erfolgen.

(2) [1] Ein Tarifvertrag kann vom Gleichstellungsgrundsatz abweichen, soweit er nicht die in einer Rechtsverordnung nach § 3 a Absatz 2 festgesetzten Mindeststundenentgelte unterschreitet. [2] Soweit ein solcher Tarifvertrag vom Gleichstellungsgrundsatz abweicht, hat der Verleiher dem Leiharbeitnehmer die nach diesem Tarifvertrag geschuldeten Arbeitsbedingungen zu gewähren. [3] Im Geltungsbereich eines solchen Tarifvertrages können nicht tarifgebundene Arbeitgeber und Arbeitnehmer die Anwendung des Tarifvertrages vereinbaren. [4] Soweit ein solcher Tarifvertrag die in einer Rechtsverordnung nach § 3 a Absatz 2 festgesetzten Mindeststundenentgelte unterschreitet, hat der Verleiher dem Leiharbeitnehmer für jede Arbeitsstunde das im Betrieb des Entleihers für einen vergleichbaren Arbeitnehmer des Entleihers für eine Arbeitsstunde zu zahlende Arbeitsentgelt zu gewähren.

(3) Eine abweichende tarifliche Regelung im Sinne von Absatz 2 gilt nicht für Leiharbeitnehmer, die in den letzten sechs Monaten vor der Überlassung an den Entleiher aus einem Arbeitsverhältnis bei diesem oder einem Arbeitgeber, der mit dem Entleiher einen Konzern im Sinne des § 18 des Aktiengesetzes[3)] bildet, ausgeschieden sind.

(4) [1] Ein Tarifvertrag im Sinne des Absatzes 2 kann hinsichtlich des Arbeitsentgelts vom Gleichstellungsgrundsatz für die ersten neun Monate einer Überlassung an einen Entleiher abweichen. [2] Eine längere Abweichung durch Tarifvertrag ist nur zulässig, wenn

1. nach spätestens 15 Monaten einer Überlassung an einen Entleiher mindestens ein Arbeitsentgelt erreicht wird, das in dem Tarifvertrag als gleichwertig mit dem tarifvertraglichen Arbeitsentgelt vergleichbarer Arbeitnehmer in der Einsatzbranche festgelegt ist, und

2. nach einer Einarbeitungszeit von längstens sechs Wochen eine stufenweise Heranführung an dieses Arbeitsentgelt erfolgt.

[3] Im Geltungsbereich eines solchen Tarifvertrages können nicht tarifgebundene Arbeitgeber und Arbeitnehmer die Anwendung der tariflichen Regelungen vereinbaren. [4] Der Zeitraum vorheriger Überlassungen durch denselben

---

1) **Schönfelder Nr. 94.**

2) § 8 neu gef. mWv 1. 4. 2017 durch G v. 21. 2. 2017 (BGBl. I S. 258).

3) **Schönfelder Nr. 51.**

oder einen anderen Verleiher an denselben Entleiher ist vollständig anzurechnen, wenn zwischen den Einsätzen jeweils nicht mehr als drei Monate liegen.

(5) Der Verleiher ist verpflichtet, dem Leiharbeitnehmer mindestens das in einer Rechtsverordnung nach § 3 a Absatz 2 für die Zeit der Überlassung und für Zeiten ohne Überlassung festgesetzte Mindeststundenentgelt zu zahlen.

§ 9[1] Unwirksamkeit. (1) Unwirksam sind:

1. Verträge zwischen Verleihern und Entleihern sowie zwischen Verleihern und Leiharbeitnehmern, wenn der Verleiher nicht die nach § 1 erforderliche Erlaubnis hat; der Vertrag zwischen Verleiher und Leiharbeitnehmer wird nicht unwirksam, wenn der Leiharbeitnehmer schriftlich bis zum Ablauf eines Monats nach dem zwischen Verleiher und Entleiher für den Beginn der Überlassung vorgesehenen Zeitpunkt gegenüber dem Verleiher oder dem Entleiher erklärt, dass er an dem Arbeitsvertrag mit dem Verleiher festhält; tritt die Unwirksamkeit erst nach Aufnahme der Tätigkeit beim Entleiher ein, so beginnt die Frist mit Eintritt der Unwirksamkeit,

1 a. Arbeitsverträge zwischen Verleihern und Leiharbeitnehmern, wenn entgegen § 1 Absatz 1 Satz 5 und 6 die Arbeitnehmerüberlassung nicht ausdrücklich als solche bezeichnet und die Person des Leiharbeitnehmers nicht konkretisiert worden ist, es sei denn, der Leiharbeitnehmer erklärt schriftlich bis zum Ablauf eines Monats nach dem zwischen Verleiher und Entleiher für den Beginn der Überlassung vorgesehenen Zeitpunkt gegenüber dem Verleiher oder dem Entleiher, dass er an dem Arbeitsvertrag mit dem Verleiher festhält,

1 b. Arbeitsverträge zwischen Verleihern und Leiharbeitnehmern mit dem Überschreiten der zulässigen Überlassungshöchstdauer nach § 1 Absatz 1 b, es sei denn, der Leiharbeitnehmer erklärt schriftlich bis zum Ablauf eines Monats nach Überschreiten der zulässigen Überlassungshöchstdauer gegenüber dem Verleiher oder dem Entleiher, dass er an dem Arbeitsvertrag mit dem Verleiher festhält,

2. Vereinbarungen, die für den Leiharbeitnehmer schlechtere als die ihm nach § 8 zustehenden Arbeitsbedingungen einschließlich des Arbeitsentgelts vorsehen,

2 a. Vereinbarungen, die den Zugang des Leiharbeitnehmers zu den Gemeinschaftseinrichtungen oder -diensten im Unternehmen des Entleihers entgegen § 13 b beschränken,

3. Vereinbarungen, die dem Entleiher untersagen, den Leiharbeitnehmer zu einem Zeitpunkt einzustellen, in dem dessen Arbeitsverhältnis zum Verleiher nicht mehr besteht; dies schließt die Vereinbarung einer angemessenen Vergütung zwischen Verleiher und Entleiher für die nach vorangegangenem Verleih oder mittels vorangegangenem Verleih erfolgte Vermittlung nicht aus,

---

[1] § 9 Nrn. 2 und 3 geänd. durch G v. 24. 3. 1997 (BGBl. I S. 594); Nr. 2 neu gef., Nr. 3 aufgeh., bish. Nrn. 4 und 5 werden Nrn. 3 und 4 mWv 1. 1. 2003 durch G v. 23. 12. 2002 (BGBl. I S. 4607); Nr. 3 neu gef. mWv 1. 1. 2004 durch G v. 23. 12. 2003 (BGBl. I S. 2848); Nr. 2 neu gef., Nr. 2 a eingef., Nr. 4 geänd., Nr. 5 angef. mWv 30. 4. 2011 durch G v. 28. 4. 2011 (BGBl. I S. 642); Abs. 1 Nr. 1 und 2 neu gef., Nr. 1 a und 1 b eingef., Abs. 2 und 3 angef. mWv 1. 4. 2017 durch G v. 21. 2. 2017 (BGBl. I S. 258).

4. Vereinbarungen, die dem Leiharbeitnehmer untersagen, mit dem Entleiher zu einem Zeitpunkt, in dem das Arbeitsverhältnis zwischen Verleiher und Leiharbeitnehmer nicht mehr besteht, ein Arbeitsverhältnis einzugehen,
5. Vereinbarungen, nach denen der Leiharbeitnehmer eine Vermittlungsvergütung an den Verleiher zu zahlen hat.

(2) Die Erklärung nach Absatz 1 Nummer 1, 1a oder 1b (Festhaltenserklärung) ist nur wirksam, wenn

1. der Leiharbeitnehmer diese vor ihrer Abgabe persönlich in einer Agentur für Arbeit vorlegt,
2. die Agentur für Arbeit die abzugebende Erklärung mit dem Datum des Tages der Vorlage und dem Hinweis versieht, dass sie die Identität des Leiharbeitnehmers festgestellt hat, und
3. die Erklärung spätestens am dritten Tag nach der Vorlage in der Agentur für Arbeit dem Ver- oder Entleiher zugeht.

(3) [1] Eine vor Beginn einer Frist nach Absatz 1 Nummer 1 bis 1b abgegebene Festhaltenserklärung ist unwirksam. [2] Wird die Überlassung nach der Festhaltenserklärung fortgeführt, gilt Absatz 1 Nummer 1 bis 1b. [3] Eine erneute Festhaltenserklärung ist unwirksam. [4] § 28e Absatz 2 Satz 4 des Vierten Buches Sozialgesetzbuch gilt unbeschadet der Festhaltenserklärung.

§ 10[1)] Rechtsfolgen bei Unwirksamkeit. (1) [1] Ist der Vertrag zwischen einem Verleiher und einem Leiharbeitnehmer nach § 9 unwirksam, so gilt ein Arbeitsverhältnis zwischen Entleiher und Leiharbeitnehmer zu dem zwischen dem Entleiher und dem Verleiher für den Beginn der Tätigkeit vorgesehenen Zeitpunkt als zustande gekommen; tritt die Unwirksamkeit erst nach Aufnahme der Tätigkeit beim Entleiher ein, so gilt das Arbeitsverhältnis zwischen Entleiher und Leiharbeitnehmer mit dem Eintritt der Unwirksamkeit als zustande gekommen. [2] Das Arbeitsverhältnis nach Satz 1 gilt als befristet, wenn die Tätigkeit des Leiharbeitnehmers bei dem Entleiher nur befristet vorgesehen war und ein die Befristung des Arbeitsverhältnisses sachlich rechtfertigender Grund vorliegt. [3] Für das Arbeitsverhältnis nach Satz 1 gilt die zwischen dem Verleiher und dem Entleiher vorgesehene Arbeitszeit als vereinbart. [4] Im übrigen bestimmen sich Inhalt und Dauer dieses Arbeitsverhältnisses nach den für den Betrieb des Entleihers geltenden Vorschriften und sonstigen Regelungen; sind solche nicht vorhanden, gelten diejenigen vergleichbarer Betriebe. [5] Der Leiharbeitnehmer hat gegen den Entleiher mindestens Anspruch auf das mit dem Verleiher vereinbarte Arbeitsentgelt.

(2) [1] Der Leiharbeitnehmer kann im Falle der Unwirksamkeit seines Vertrages mit dem Verleiher nach § 9 von diesem Ersatz des Schadens verlangen, den er dadurch erleidet, daß er auf die Gültigkeit des Vertrages vertraut. [2] Die Ersatzpflicht tritt nicht ein, wenn der Leiharbeitnehmer den Grund der Unwirksamkeit kannte.

(3) [1] Zahlt der Verleiher das vereinbarte Arbeitsentgelt oder Teile des Arbeitsentgelts an den Leiharbeitnehmer, obwohl der Vertrag nach § 9 unwirksam ist, so hat er auch sonstige Teile des Arbeitsentgelts, die bei einem wirksamen Arbeitsvertrag für den Leiharbeitnehmer an einen anderen zu zahlen wären, an den

---

[1)] § 10 Abs. 5 angef. mWv 1.1.2002 durch G v. 10.12.2001 (BGBl. I S. 3443); Abs. 2 geänd., Abs. 4 neu gef., Abs. 5 aufgeh. mWv 1.1.2003 durch G v. 23.12.2002 (BGBl. I S. 4607); Überschrift geänd., Abs. 4 neu gef., Abs. 5 angef. mWv 30.4.2011 durch G v. 28.4.2011 (BGBl. I S. 642); Überschrift, Abs. 1 Satz 1, Abs. 2 Satz 1, Abs. 3 Satz 1 geänd., Abs. 4 und 5 aufgeh. mWv 1.4.2017 durch G v. 21.2.2017 (BGBl. I S. 258).

anderen zu zahlen. [2]Hinsichtlich dieser Zahlungspflicht gilt der Verleiher neben dem Entleiher als Arbeitgeber; beide haften insoweit als Gesamtschuldner.

§ 10a[1)] Rechtsfolgen bei Überlassung durch eine andere Person als den Arbeitgeber. Werden Arbeitnehmer entgegen § 1 Absatz 1 Satz 3 von einer anderen Person überlassen und verstößt diese Person hierbei gegen § 1 Absatz 1 Satz 1, 5 und 6 oder Absatz 1b, gelten für das Arbeitsverhältnis des Leiharbeitnehmers § 9 Absatz 1 Nummer 1 bis 1b und § 10 entsprechend.

§ 11[2)] Sonstige Vorschriften über das Leiharbeitsverhältnis. (1) [1]Der Nachweis der wesentlichen Vertragsbedingungen des Leiharbeitsverhältnisses richtet sich nach den Bestimmungen des Nachweisgesetzes[3)]. [2]Zusätzlich zu den in § 2 Abs. 1 des Nachweisgesetzes genannten Angaben sind in die Niederschrift aufzunehmen:

1. Firma und Anschrift des Verleihers, die Erlaubnisbehörde sowie Ort und Datum der Erteilung der Erlaubnis nach § 1,
2. Art und Höhe der Leistungen für Zeiten, in denen der Leiharbeitnehmer nicht verliehen ist.

(2) [1]Der Verleiher ist ferner verpflichtet, dem Leiharbeitnehmer bei Vertragsschluß ein Merkblatt der Erlaubnisbehörde über den wesentlichen Inhalt dieses Gesetzes auszuhändigen. [2]Nichtdeutsche Leiharbeitnehmer erhalten das Merkblatt und den Nachweis nach Absatz 1 auf Verlangen in ihrer Muttersprache. [3]Die Kosten des Merkblatts trägt der Verleiher. [4]Der Verleiher hat den Leiharbeitnehmer vor jeder Überlassung darüber zu informieren, dass er als Leiharbeitnehmer tätig wird, und ihm die Firma und Anschrift des Entleihers, dem er überlassen wird, in Textform mitzuteilen.

(3) [1]Der Verleiher hat den Leiharbeitnehmer unverzüglich über den Zeitpunkt des Wegfalls der Erlaubnis zu unterrichten. [2]In den Fällen der Nichtverlängerung (§ 2 Abs. 4 Satz 3), der Rücknahme (§ 4) oder des Widerrufs (§ 5) hat er ihn ferner auf das voraussichtliche Ende der Abwicklung (§ 2 Abs. 4 Satz 4) und die gesetzliche Abwicklungsfrist (§ 2 Abs. 4 Satz 4 letzter Halbsatz) hinzuweisen.

(4) [1]§ 622 Abs. 5 Nr. 1 des Bürgerlichen Gesetzbuchs[4)] ist nicht auf Arbeitsverhältnisse zwischen Verleihern und Leiharbeitnehmern anzuwenden. [2]Das Recht des Leiharbeitnehmers auf Vergütung bei Annahmeverzug des Verleihers (§ 615 Satz 1 des Bürgerlichen Gesetzbuchs) kann nicht durch Vertrag aufgehoben oder beschränkt werden; § 615 Satz 2 des Bürgerlichen Gesetzbuchs bleibt unberührt. [3]Das Recht des Leiharbeitnehmers auf Vergütung kann durch Vereinbarung von Kurzarbeit für den Arbeitsausfall und für die Dauer aufgehoben werden, für

---

[1)] § 10a eingef. mWv 1.4.2017 durch G v. 21.2.2017 (BGBl. I S. 258).

[2)] § 11 Abs. 1 Satz 2 Nr. 3 geänd, Nr. 6 neu gef. Nrn. 9 bis 12 angef., Satz 5 geänd., Satz 6 angef. durch G v. 20.7.1995 (BGBl. I S. 946); Abs. 1 Satz 2 Nr. 3 geänd., Abs. 6 Satz 2 und 3 angef. durch G v. 7.8. 1996 (BGBl. I S. 1246); Abs. 1 Satz 2 Nr. 3 geänd. durch G v. 29.6.1998 (BGBl. I S. 1694); Abs. 1 Satz 1 geänd. mWv 1.8.2002 durch G v. 23.7.2002 (BGBl. I S. 2787); Abs. 1 neu gef., Abs. 2 Satz 2 geänd. mWv 1.1.2003 durch G v. 23.12.2002 (BGBl. I S. 4607); Abs. 4 Satz 3 angef. mWv 1.2.2009 und aufgeh. mWv 1.1.2011 durch G v. 2.3.2009 (BGBl. I S. 416); Abs. 4 Satz 3 angef. mWv 1.1.2011 durch G v. 24.10.2010 (BGBl. I S. 1417, ber. S. 2329); Abs. 4 Satz 3 geänd. mWv 28.12.2011 durch G v. 20.12.2011 (BGBl. I S. 2854); Abs. 2 Satz 4 angef., Abs. 5 neu gef. mWv 1.4.2017 durch G v. 21.2.2017 (BGBl. I S. 258); Abs. 4 Satz 3 aufgeh. mWv 15.3.2020 durch G v. 13.3.2020 (BGBl. I S. 493); Abs. 4 Satz 3 angef. mWv 1.4.2022 durch G v. 18.3.2022 (BGBl. I S. 466); Abs. 2 Satz 4 geänd. mWv 1.8.2022 durch G v. 20.7.2022 (BGBl. I S. 1174).

[3)] Nr. **78a**.

[4)] **Habersack, Deutsche Gesetze Nr. 20.**

die dem Leiharbeitnehmer Kurzarbeitergeld nach dem Dritten Buch Sozialgesetzbuch gezahlt wird; eine solche Vereinbarung kann das Recht des Leiharbeitnehmers auf Vergütung bis längstens zum Ablauf des 30. Juni 2022 ausschließen.

(5) [1] Der Entleiher darf Leiharbeitnehmer nicht tätig werden lassen, wenn sein Betrieb unmittelbar durch einen Arbeitskampf betroffen ist. [2] Satz 1 gilt nicht, wenn der Entleiher sicherstellt, dass Leiharbeitnehmer keine Tätigkeiten übernehmen, die bisher von Arbeitnehmern erledigt wurden, die

1. sich im Arbeitskampf befinden oder
2. ihrerseits Tätigkeiten von Arbeitnehmern, die sich im Arbeitskampf befinden, übernommen haben.

[3] Der Leiharbeitnehmer ist nicht verpflichtet, bei einem Entleiher tätig zu sein, soweit dieser durch einen Arbeitskampf unmittelbar betroffen ist. [4] In den Fällen eines Arbeitskampfes hat der Verleiher den Leiharbeitnehmer auf das Recht, die Arbeitsleistung zu verweigern, hinzuweisen.

(6) [1] Die Tätigkeit des Leiharbeitnehmers bei dem Entleiher unterliegt den für den Betrieb des Entleihers geltenden öffentlich-rechtlichen Vorschriften des Arbeitsschutzrechts; die hieraus sich ergebenden Pflichten für den Arbeitgeber obliegen dem Entleiher unbeschadet der Pflichten des Verleihers. [2] Insbesondere hat der Entleiher den Leiharbeitnehmer vor Beginn der Beschäftigung und bei Veränderungen in seinem Arbeitsbereich über Gefahren für Sicherheit und Gesundheit, denen er bei der Arbeit ausgesetzt sein kann, sowie über die Maßnahmen und Einrichtungen zur Abwendung dieser Gefahren zu unterrichten. [3] Der Entleiher hat den Leiharbeitnehmer zusätzlich über die Notwendigkeit besonderer Qualifikationen oder beruflicher Fähigkeiten oder einer besonderen ärztlichen Überwachung sowie über erhöhte besondere Gefahren des Arbeitsplatzes zu unterrichten.

(7) Hat der Leiharbeitnehmer während der Dauer der Tätigkeit bei dem Entleiher eine Erfindung oder einen technischen Verbesserungsvorschlag gemacht, so gilt der Entleiher als Arbeitgeber im Sinne des Gesetzes über Arbeitnehmererfindungen.

§ 11a[1)] Verordnungsermächtigung. [1] Die Bundesregierung wird ermächtigt, durch Rechtsverordnung ohne Zustimmung des Bundesrates zu bestimmen, dass das in § 11 Absatz 4 Satz 2 geregelte Recht des Leiharbeitnehmers auf Vergütung bei Vereinbarung von Kurzarbeit für den Arbeitsausfall und für die Dauer aufgehoben ist, für die dem Leiharbeitnehmer Kurzarbeitergeld nach dem Dritten Buch Sozialgesetzbuch gezahlt wird. [2] Die Verordnung ist zeitlich zu befristen. [3] Die Ermächtigung tritt mit Ablauf des 30. Juni 2023 außer Kraft.

§ 12[2)] Rechtsbeziehungen zwischen Verleiher und Entleiher. (1) [1] Der Vertrag zwischen dem Verleiher und dem Entleiher bedarf der Schriftform. [2] Wenn der Vertrag und seine tatsächliche Durchführung einander widersprechen, ist für die rechtliche Einordnung des Vertrages die tatsächliche Durchführung maßgebend. [3] In der Urkunde hat der Verleiher zu erklären, ob er die Erlaubnis nach

---

[1)] § 11a neu gef. mWv 1.10.2022 durch G v. 19.10.2022 (BGBl. I S. 1790).

[2)] § 12 Abs. 1 Satz 3 angef. durch G v. 7 . 8. 1996 (BGBl. I S. 1246); Abs. 1 Satz 3 geänd., Abs. 3 aufgeh. mWv 1.1.2003 durch G v. 23.12.2002 (BGBl. I S. 4607); Abs. 1 Satz 3 geänd. mWv 1.1.2004 durch G v. 23.12.2003 (BGBl. I S. 2848); Abs. 1 Satz 3 geänd. mWv 1.12.2011 durch G v. 28.4.2011 (BGBl. I S. 642); Abs. 1 Satz 2 eingef., bish. Sätze 2 und 3 werden Sätze 3 und 4, neuer Satz 4 geänd. mWv 1.4.2017 durch G v. 21.2.2017 (BGBl. I S. 258).

§ 1 besitzt. [4]Der Entleiher hat in der Urkunde anzugeben, welche besonderen Merkmale die für den Leiharbeitnehmer vorgesehene Tätigkeit hat und welche berufliche Qualifikation dafür erforderlich ist sowie welche im Betrieb des Entleihers für einen vergleichbaren Arbeitnehmer des Entleihers wesentlichen Arbeitsbedingungen einschließlich des Arbeitsentgelts gelten; Letzteres gilt nicht, soweit die Voraussetzungen der in § 8 Absatz 2 und 4 Satz 2 genannten Ausnahme vorliegen.

(2) [1]Der Verleiher hat den Entleiher unverzüglich über den Zeitpunkt des Wegfalls der Erlaubnis zu unterrichten. [2]In den Fällen der Nichtverlängerung (§ 2 Abs. 4 Satz 3), der Rücknahme (§ 4) oder des Widerrufs (§ 5) hat er ihn ferner auf das voraussichtliche Ende der Abwicklung (§ 2 Abs. 4 Satz 4) und die gesetzliche Abwicklungsfrist (§ 2 Abs. 4 Satz 4 letzter Halbsatz) hinzuweisen.

§ 13[1)] Auskunftsanspruch des Leiharbeitnehmers. Der Leiharbeitnehmer kann im Falle der Überlassung von seinem Entleiher Auskunft über die im Betrieb des Entleihers für einen vergleichbaren Arbeitnehmer des Entleihers geltenden wesentlichen Arbeitsbedingungen einschließlich des Arbeitsentgelts verlangen; dies gilt nicht, soweit die Voraussetzungen der in § 8 Absatz 2 und 4 Satz 2 genannten Ausnahme vorliegen.

§ 13a[2)] Informationspflicht des Entleihers über freie Arbeitsplätze und Übernahmegesuch des Leiharbeitnehmers. (1) [1]Der Entleiher hat den Leiharbeitnehmer über Arbeitsplätze des Entleihers, die besetzt werden sollen, zu informieren. [2]Die Information kann durch allgemeine Bekanntgabe an geeigneter, dem Leiharbeitnehmer zugänglicher Stelle im Betrieb und Unternehmen des Entleihers erfolgen.

(2) [1]Der Entleiher hat einem Leiharbeitnehmer, der ihm seit mindestens sechs Monaten überlassen ist und der ihm in Textform den Wunsch nach dem Abschluss eines Arbeitsvertrages angezeigt hat, innerhalb eines Monats nach Zugang der Anzeige eine begründete Antwort in Textform mitzuteilen. [2]Satz 1 gilt nicht, sofern der Leiharbeitnehmer dem Entleiher diesen Wunsch in den letzten zwölf Monaten bereits einmal angezeigt hat. [3]Für die Bestimmung der Dauer der Überlassung nach Satz 1 gilt § 1 Absatz 1b Satz 2 entsprechend.

§ 13b[3)] Zugang des Leiharbeitnehmers zu Gemeinschaftseinrichtungen oder -diensten. [1]Der Entleiher hat dem Leiharbeitnehmer Zugang zu den Gemeinschaftseinrichtungen oder -diensten im Unternehmen unter den gleichen Bedingungen zu gewähren wie vergleichbaren Arbeitnehmern in dem Betrieb, in dem der Leiharbeitnehmer seine Arbeitsleistung erbringt, es sei denn, eine unterschiedliche Behandlung ist aus sachlichen Gründen gerechtfertigt. [2]Gemeinschaftseinrichtungen oder -dienste im Sinne des Satzes 1 sind insbesondere Kinderbetreuungseinrichtungen, Gemeinschaftsverpflegung und Beförderungsmittel.

[1)] § 13 eingef. mWv 1.1.2003 durch G v. 23.12.2002 (BGBl. I S. 4607); geänd. mWv 1.1.2004 durch G v. 23.12.2003 (BGBl. I S. 2848); geänd. mWv 1.12.2011 durch G v. 28.4.2011 (BGBl. I S. 642); geänd. mWv 1.4.2017 durch G v. 21.2.2017 (BGBl. I S. 258).

[2)] § 13a eingef. mWv 1.12.2011 durch G v. 28.4.2011 (BGBl. I S. 642); Überschrift neu gef., Abs. 2 angef. mWv 1.8.2022 durch G v. 20.7.2022 (BGBl. I S. 1174).

[3)] § 13b eingef. mWv 1.12.2011 durch G v. 28.4.2011 (BGBl. I S. 642).

§ 14[1)] Mitwirkungs- und Mitbestimmungsrechte. (1) Leiharbeitnehmer bleiben auch während der Zeit ihrer Arbeitsleistung bei einem Entleiher Angehörige des entsendenden Betriebs des Verleihers.

(2) [1]Leiharbeitnehmer sind bei der Wahl der Arbeitnehmervertreter in den Aufsichtsrat im Entleiherunternehmen und bei der Wahl der betriebsverfassungsrechtlichen Arbeitnehmervertretungen im Entleiherbetrieb nicht wählbar. [2]Sie sind berechtigt, die Sprechstunden dieser Arbeitnehmervertretungen aufzusuchen und an den Betriebs- und Jugendversammlungen im Entleiherbetrieb teilzunehmen. [3]Die §§ 81, 82 Abs. 1 und die §§ 84 bis 86 des Betriebsverfassungsgesetzes[2)] gelten im Entleiherbetrieb auch in bezug auf die dort tätigen Leiharbeitnehmer. [4]Soweit Bestimmungen des Betriebsverfassungsgesetzes mit Ausnahme des § 112a, des Europäische Betriebsräte-Gesetzes oder der auf Grund der jeweiligen Gesetze erlassenen Wahlordnungen eine bestimmte Anzahl oder einen bestimmten Anteil von Arbeitnehmern voraussetzen, sind Leiharbeitnehmer auch im Entleiherbetrieb zu berücksichtigen. [5]Soweit Bestimmungen des Mitbestimmungsgesetzes[3)], des Montan-Mitbestimmungsgesetzes[4)], des Mitbestimmungsergänzungsgesetzes[5)], des Drittelbeteiligungsgesetzes[6)], des Gesetzes über die Mitbestimmung der Arbeitnehmer bei einer grenzüberschreitenden Verschmelzung, des Gesetzes über die Mitbestimmung der Arbeitnehmer bei grenzüberschreitendem Formwechsel und grenzüberschreitender Spaltung, des SE- und des SCE-Beteiligungsgesetzes oder der auf Grund der jeweiligen Gesetze erlassenen Wahlordnungen eine bestimmte Anzahl oder einen bestimmten Anteil von Arbeitnehmern voraussetzen, sind Leiharbeitnehmer auch im Entleiherunternehmen zu berücksichtigen. [6]Soweit die Anwendung der in Satz 5 genannten Gesetze eine bestimmte Anzahl oder einen bestimmten Anteil von Arbeitnehmern erfordert, sind Leiharbeitnehmer im Entleiherunternehmen nur zu berücksichtigen, wenn die Einsatzdauer sechs Monate übersteigt.

(3) [1]Vor der Übernahme eines Leiharbeitnehmers zur Arbeitsleistung ist der Betriebsrat des Entleiherbetriebs nach § 99 des Betriebsverfassungsgesetzes zu beteiligen. [2]Dabei hat der Entleiher dem Betriebsrat auch die schriftliche Erklärung des Verleihers nach § 12 Absatz 1 Satz 3 vorzulegen. [3]Er ist ferner verpflichtet, Mitteilungen des Verleihers nach § 12 Abs. 2 unverzüglich dem Betriebsrat bekanntzugeben.

(4) Die Absätze 1 und 2 Satz 1 und 2 sowie Absatz 3 gelten für die Anwendung des Bundespersonalvertretungsgesetzes[7)] sinngemäß.

§ 15[8)] Ausländische Leiharbeitnehmer ohne Genehmigung. (1) Wer als Verleiher einen Ausländer, der einen erforderlichen Aufenthaltstitel nach § 4a Absatz 5 Satz 1 des Aufenthaltsgesetzes[9)], eine Erlaubnis oder Berechtigung nach

---

[1)] § 14 Abs. 2 Satz 1 geänd. mWv 28.7.2001 durch G v. 23.7.2001 (BGBl. I S. 1852); Überschrift, Abs. 2 Satz 1 geänd. mWv 1.1.2002 durch G v. 10.12.2001 (BGBl. I S. 3443); Abs. 2 Sätze 4–6 angef. mWv 1.4. 2017 durch G v. 21.2.2017 (BGBl. I S. 258); Abs. 3 Satz 2 geänd. mWv 1.3.2020 durch G v. 15.8.2019 (BGBl. I S. 1307); Abs. 2 Satz 5 geänd. mWv 31.1.2023 durch G v. 4.1.2023 (BGBl. 2023 I Nr. 10).

[2)] Nr. **82.**

[3)] Nr. **82a.**

[4)] Nr. **82b.**

[5)] Nr. **82c.**

[6)] Nr. **82d.**

[7)] **Sartorius Nr. 240.**

[8)] § 15 Überschr. neu gef., Abs. 1 geänd. durch G v. 24.3.1997 (BGBl. I S. 594); Abs. 1 geänd. mWv 1.1.2005 durch G v. 30.7.2004 (BGBl. I S. 1950); mWv 1.3.2020 durch G v. 15.8.2019 (BGBl. I S. 1307).

[9)] **Sartorius Nr. 565.**

§ 4a Absatz 5 Satz 2 in Verbindung mit Absatz 4 des Aufenthaltsgesetzes, eine Aufenthaltsgestattung oder eine Duldung, die zur Ausübung der Beschäftigung berechtigen, oder eine Genehmigung nach § 284 Abs. 1 des Dritten Buches Sozialgesetzbuch nicht besitzt, entgegen § 1 einem Dritten ohne Erlaubnis überläßt, wird mit Freiheitsstrafe bis zu drei Jahren oder mit Geldstrafe bestraft.

(2) [1] In besonders schweren Fällen ist die Strafe Freiheitsstrafe von sechs Monaten bis zu fünf Jahren. [2] Ein besonders schwerer Fall liegt in der Regel vor, wenn der Täter gewerbsmäßig oder aus grobem Eigennutz handelt.

§ 15a[1)] Entleih von Ausländern ohne Genehmigung. (1) [1] Wer als Entleiher einen ihm überlassenen Ausländer, der einen erforderlichen Aufenthaltstitel nach § 4a Absatz 5 Satz 1 des Aufenthaltsgesetzes[2)], eine Erlaubnis oder Berechtigung nach § 4a Absatz 5 Satz 2 in Verbindung mit Absatz 4 des Aufenthaltsgesetzes, eine Aufenthaltsgestattung oder eine Duldung, die zur Ausübung der Beschäftigung berechtigen, oder eine Genehmigung nach § 284 Abs. 1 des Dritten Buches Sozialgesetzbuch nicht besitzt, zu Arbeitsbedingungen des Leiharbeitsverhältnisses tätig werden läßt, die in einem auffälligen Mißverhältnis zu den Arbeitsbedingungen deutscher Leiharbeitnehmer stehen, die die gleiche oder eine vergleichbare Tätigkeit ausüben, wird mit Freiheitsstrafe bis zu drei Jahren oder mit Geldstrafe bestraft. [2] In besonders schweren Fällen ist die Strafe Freiheitsstrafe von sechs Monaten bis zu fünf Jahren; ein besonders schwerer Fall liegt in der Regel vor, wenn der Täter gewerbsmäßig oder aus grobem Eigennutz handelt.

(2) [1] Wer als Entleiher

1. gleichzeitig mehr als fünf Ausländer, die einen erforderlichen Aufenthaltstitel nach § 4a Absatz 5 Satz 1 des Aufenthaltsgesetzes, eine Erlaubnis oder Berechtigung nach § 4a Absatz 5 Satz 2 in Verbindung mit Absatz 4 des Aufenthaltsgesetzes, eine Aufenthaltsgestattung oder eine Duldung, die zur Ausübung der Beschäftigung berechtigen, oder eine Genehmigung nach § 284 Abs. 1 des Dritten Buches Sozialgesetzbuch nicht besitzen, tätig werden läßt oder
2. eine in § 16 Abs. 1 Nr. 2 bezeichnete vorsätzliche Zuwiderhandlung beharrlich wiederholt,

wird mit Freiheitsstrafe bis zu einem Jahr oder mit Geldstrafe bestraft. [2] Handelt der Täter aus grobem Eigennutz, ist die Strafe Freiheitsstrafe bis zu drei Jahren oder Geldstrafe.

§ 16[3)] Ordnungswidrigkeiten. (1) Ordnungswidrig handelt, wer vorsätzlich oder fahrlässig

---

1) § 15a Überschrift neu gef., Abs. 1 Satz 1, Abs. 2 Satz 1 Nr. 1 geänd. durch G v. 24.3.1997 (BGBl. I S. 594); Abs. 2 Satz 1 Nr. 1 geänd. mWv 1.8.2002 durch G v. 23.7.2002 (BGBl. I S. 2787); Abs. 1 Satz 1, Abs. 2 Satz 1 Nr. 1 geänd. mWv 1.1.2005 durch G v. 30.7.2004 (BGBl. I S. 1950); Abs. 1 Satz 1, Abs. 2 Satz 1 Nr. 1 geänd. mWv 1.3.2020 durch G v. 15.8.2019 (BGBl. I S. 1307).

2) **Sartorius Nr. 565.**

3) § 16 Abs. 1 Nr. 1b eingef., Nr. 2, 8 und 9, Abs. 2 geänd. durch G v. 24.3.1997 (BGBl. I S. 594); Abs. 1 Nr. 1b, Abs. 2 geänd. durch G v. 16.12.1997 (BGBl. I S. 2970); Abs. 2 geänd. mWv 1.1.2002 durch G v. 21.12.2000 (BGBl. I S. 1983); Abs. 1 Nr. 7a eingef., Nr. 9, Abs. 2 geänd. mWv 1.1.2002 durch G v. 10.12.2001 (BGBl. I S. 3443); Abs. 2 geänd. mWv 1.8.2002 durch G v. 23.7.2002 (BGBl. I S. 2787); Abs. 1 Nr. 7a und 9 aufgeh., Nr. 8, Abs. 2 geänd. mWv 1.1.2003 durch G v. 23.12.2002 (BGBl. I S. 4607); *Abs. 1 Nr. 6 geänd., Nr. 6a eingef. mWv 1.1.2004 durch* G v. 23.12.2003 (BGBl. I S. 2848); Abs. 1 Nr. 2 geänd. mWv 1.1.2005 durch G v. 30.7.2004 (BGBl. I S. 1950); Abs. 1 Nr. 1b geänd., Nr. 7a und 9 neu gef., Nr. 10 angef., Abs. 2 geänd. mWv 1.12.2011 durch G v. 28.4.2011 (BGBl. I S. 642); Abs. 1 Nr. 7b eingef., Nr. 9 und 10 geänd., Nr. 11–18 angef., Abs. 2 geänd. mWv 30.7.2011 durch G v. 20.7.2011 (BGBl. I S. 1506); Abs. 1 Nr. 7b geänd., Nr. 17 neu gef. mWv 16.8.2014 durch G v. 11.8.2014 (BGBl. I →

1. entgegen § 1 einen Leiharbeitnehmer einem Dritten ohne Erlaubnis überläßt,

1a. einen ihm von einem Verleiher ohne Erlaubnis überlassenen Leiharbeitnehmer tätig werden läßt,

1b. entgegen § 1 Absatz 1 Satz 3 einen Arbeitnehmer überlässt oder tätig werden lässt,

1c. entgegen § 1 Absatz 1 Satz 5 eine dort genannte Überlassung nicht, nicht richtig oder nicht rechtzeitig bezeichnet,

1d. entgegen § 1 Absatz 1 Satz 6 die Person nicht, nicht richtig oder nicht rechtzeitig konkretisiert,

1e. entgegen § 1 Absatz 1b Satz 1 einen Leiharbeitnehmer überlässt,

1f. entgegen § 1b Satz 1 Arbeitnehmer überläßt oder tätig werden läßt,

2. einen ihm überlassenen ausländischen Leiharbeitnehmer, der einen erforderlichen Aufenthaltstitel nach § 4a Absatz 5 Satz 1 des Aufenthaltsgesetzes[1)], eine Erlaubnis oder Berechtigung nach § 4a Absatz 5 Satz 2 in Verbindung mit Absatz 4 des Aufenthaltsgesetzes, eine Aufenthaltsgestattung oder eine Duldung, die zur Ausübung der Beschäftigung berechtigen, oder eine Genehmigung nach § 284 Abs. 1 des Dritten Buches Sozialgesetzbuch nicht besitzt, tätig werden läßt,

2a. eine Anzeige nach § 1a nicht richtig, nicht vollständig oder nicht rechtzeitig erstattet,

3. einer Auflage nach § 2 Abs. 2 nicht, nicht vollständig oder nicht rechtzeitig nachkommt,

4. eine Anzeige nach § 7 Abs. 1 nicht, nicht richtig, nicht vollständig oder nicht rechtzeitig erstattet,

5. eine Auskunft nach § 7 Abs. 2 Satz 1 nicht, nicht richtig, nicht vollständig oder nicht rechtzeitig erteilt,

6. seiner Aufbewahrungspflicht nach § 7 Abs. 2 Satz 4 nicht nachkommt,

6a. entgegen § 7 Abs. 3 Satz 2 eine dort genannte Maßnahme nicht duldet,

7. *(aufgehoben)*

7a. entgegen § 8 Absatz 1 Satz 1 oder Absatz 2 Satz 2 oder 4 eine Arbeitsbedingung nicht gewährt,

7b. entgegen § 8 Absatz 5 in Verbindung mit einer Rechtsverordnung nach § 3a Absatz 2 Satz 1 das dort genannte Mindeststundenentgelt nicht oder nicht rechtzeitig zahlt,

8. einer Pflicht nach § 11 Abs. 1 oder Absatz 2 nicht nachkommt,

8a. entgegen § 11 Absatz 5 Satz 1 einen Leiharbeitnehmer tätig werden lässt,

9. entgegen § 13a Absatz 1 Satz 1 den Leiharbeitnehmer nicht, nicht richtig oder nicht vollständig informiert,

10. entgegen § 13b Satz 1 Zugang nicht gewährt,

(Fortsetzung der Anm. von voriger Seite)
S. 1348); Abs. 1 Nr. 1b–1e eingef., bish. Nr. 1b wird 1f, Nr. 7 aufgeh., Nr. 7a und 7b geänd., Nr. 8a eingef., Abs. 2 geänd., Abs. 3 neu gef. mWv 1.4.2017 durch G v. 21.2.2017 (BGBl. I S. 258); Abs. 1 Nr. 11–13 geänd. mWv 18.7.2019 durch G v. 11.7.2019 (BGBl. I S. 1066); Abs. 1 Nr. 2 geänd. mWv 1.3. 2020 durch G v. 15.8.2019 (BGBl. I S. 1307); Abs. 1 Nr. 9, Abs. 2 geänd. mWv 1.8.2022 durch G v. 20.7. 2022 (BGBl. I S. 1174); Abs. 1 Nr. 16 aufgeh., bish. Nr. 17 und 18 werden Nr. 16 und 17, Abs. 2 und 3 geänd. mWv 1.7.2023 durch G v. 28.6.2023 (BGBl. 2023 I Nr. 172).

[1)] **Sartorius Nr. 565.**

11. entgegen § 17a in Verbindung mit § 5 Absatz 1 Satz 1 Nummer 1 oder 3 des Schwarzarbeitsbekämpfungsgesetzes[1)] eine Prüfung nicht duldet oder bei dieser Prüfung nicht mitwirkt,
12. entgegen § 17a in Verbindung mit § 5 Absatz 1 Satz 1 Nummer 2 des Schwarzarbeitsbekämpfungsgesetzes das Betreten eines Grundstücks oder Geschäftsraums nicht duldet,
13. entgegen § 17a in Verbindung mit § 5 Absatz 5 Satz 1 des Schwarzarbeitsbekämpfungsgesetzes Daten nicht, nicht richtig, nicht vollständig, nicht in der vorgeschriebenen Weise oder nicht rechtzeitig übermittelt,
14. entgegen § 17b Absatz 1 Satz 1 eine Anmeldung nicht, nicht richtig, nicht vollständig, nicht in der vorgeschriebenen Weise oder nicht rechtzeitig zuleitet,
15. entgegen § 17b Absatz 1 Satz 2 eine Änderungsmeldung nicht, nicht richtig, nicht vollständig, nicht in der vorgeschriebenen Weise oder nicht rechtzeitig macht,
16. entgegen § 17c Absatz 1 eine Aufzeichnung nicht, nicht richtig, nicht vollständig oder nicht rechtzeitig erstellt oder nicht oder nicht mindestens zwei Jahre aufbewahrt oder
17. entgegen § 17c Absatz 2 eine Unterlage nicht, nicht richtig, nicht vollständig oder nicht in der vorgeschriebenen Weise bereithält.

(2) Die Ordnungswidrigkeit nach Absatz 1 Nummer 1 bis 1f, 6 und 11 bis 17 kann mit einer Geldbuße bis zu dreißigtausend Euro, die Ordnungswidrigkeit nach Absatz 1 Nummer 2, 7a, 7b und 8a mit einer Geldbuße bis zu fünfhunderttausend Euro, die Ordnungswidrigkeit nach Absatz 1 Nummer 2a, 3, 9 und 10 mit einer Geldbuße bis zu zweitausendfünfhundert Euro, die Ordnungswidrigkeit nach Absatz 1 Nummer 8 mit einer Geldbuße bis zu zweitausend Euro und die Ordnungswidrigkeit nach Absatz 1 Nummer 4, 5 und 6a mit einer Geldbuße bis zu tausend Euro geahndet werden.

(3) Verwaltungsbehörden im Sinne des § 36 Absatz 1 Nummer 1 des Gesetzes über Ordnungswidrigkeiten[2)] sind in den Fällen des Absatzes 1 Nummer 1, 1a, 1c, 1d, 1f, 2, 2a und 7b sowie 11 bis 17 die Behörden der Zollverwaltung jeweils für ihren Geschäftsbereich, in den Fällen des Absatzes 1 Nummer 1b, 1e, 3 bis 7a sowie 8 bis 10 die Bundesagentur für Arbeit.

(4) § 66 des Zehnten Buches Sozialgesetzbuch gilt entsprechend.

(5) [1] Die Geldbußen fließen in die Kasse der zuständigen Verwaltungsbehörde. [2] Sie trägt abweichend von § 105 Abs. 2 des Gesetzes über Ordnungswidrigkeiten die notwendigen Auslagen und ist auch ersatzpflichtig im Sinne des § 110 Abs. 4 des Gesetzes über Ordnungswidrigkeiten.

§ 17[3)] Durchführung. (1) [1] Die Bundesagentur für Arbeit führt dieses Gesetz nach fachlichen Weisungen des Bundesministeriums für Arbeit und Soziales durch. [2] Verwaltungskosten werden nicht erstattet.

(2) Die Prüfung der Arbeitsbedingungen nach § 8 Absatz 5 obliegt zudem den Behörden der Zollverwaltung nach Maßgabe der §§ 17a bis 18a.

---

1) Nr. **94b**.

2) **Habersack, Deutsche Gesetze Nr. 94.**

3) § 17 neu gef. mWv 30.7.2011 durch G v. 20.7.2011 (BGBl. I S. 1506); Abs. 2 geänd. mWv 1.4.2017 durch G v. 21.2.2017 (BGBl. I S. 258).

§ 17a[1] **Befugnisse der Behörden der Zollverwaltung.** Die §§ 2, 3 bis 6 und 14 bis 20, 22, 23 des Schwarzarbeitsbekämpfungsgesetzes[2] sind entsprechend anzuwenden mit der Maßgabe, dass die dort genannten Behörden auch Einsicht in Arbeitsverträge, Niederschriften nach § 2 des Nachweisgesetzes[3] und andere Geschäftsunterlagen nehmen können, die mittelbar oder unmittelbar Auskunft über die Einhaltung der Arbeitsbedingungen nach § 8 Absatz 5 geben.

§ 17b[4] **Meldepflicht.** (1) [1] Überlässt ein Verleiher mit Sitz im Ausland einen Leiharbeitnehmer zur Arbeitsleistung einem Entleiher, hat der Verleiher, sofern eine Rechtsverordnung nach § 3a auf das Arbeitsverhältnis Anwendung findet, vor Beginn jeder Überlassung der zuständigen Behörde der Zollverwaltung eine schriftliche Anmeldung in deutscher Sprache mit folgenden Angaben zuzuleiten:

1. Familienname, Vornamen und Geburtsdatum des überlassenen Leiharbeitnehmers,
2. Beginn und Dauer der Überlassung,
3. Ort der Beschäftigung,
4. Ort im Inland, an dem die nach § 17c erforderlichen Unterlagen bereitgehalten werden,
5. Familienname, Vornamen und Anschrift in Deutschland eines oder einer Zustellungsbevollmächtigten des Verleihers,
6. Branche, in die die Leiharbeitnehmer überlassen werden sollen, und
7. Familienname, Vornamen oder Firma sowie Anschrift des Entleihers.

[2] Änderungen bezüglich dieser Angaben hat der Verleiher unverzüglich zu melden.

(2) Das Bundesministerium der Finanzen kann durch Rechtsverordnung im Einvernehmen mit dem Bundesministerium für Arbeit und Soziales ohne Zustimmung des Bundesrates bestimmen,

1. dass, auf welche Weise und unter welchen technischen und organisatorischen Voraussetzungen eine Anmeldung, Änderungsmeldung und Versicherung abweichend von den Absätzen 1 und 2 elektronisch übermittelt werden kann,
2. unter welchen Voraussetzungen eine Änderungsmeldung ausnahmsweise entfallen kann und
3. wie das Meldeverfahren vereinfacht oder abgewandelt werden kann.

(3) Das Bundesministerium der Finanzen kann durch Rechtsverordnung[5] ohne Zustimmung des Bundesrates die zuständige Behörde nach Absatz 1 Satz 1 bestimmen.

§ 17c[6] **Erstellen und Bereithalten von Dokumenten.** (1) Sofern eine Rechtsverordnung nach § 3a auf ein Arbeitsverhältnis Anwendung findet, ist der

---

[1] § *17a eingef.* mWv 30.7.2011 durch G v. 20.7.2011 (BGBl. I S. 1506); geänd. mWv 1.4.2017 durch G v. 21.2.2017 (BGBl. I S. 258).

[2] Nr. **94b**.

[3] Nr. **78a**.

[4] § 17b eingef. mWv 30.7.2011 durch G v. 20.7.2011 (BGBl. I S. 1506); Abs. 2 geänd. mWv 1.4.2017 durch G v. 21.2.2017 (BGBl. I S. 258); Abs. 1 Satz 1 einl. Satzteil, Nr. 7, Satz 2 geänd., Abs. 2 aufgeh., bish. Abs. 3 und 4 werden Abs. 2 und 3 mWv 1.7.2023 durch G v. 28.6.2023 (BGBl. 2023 I Nr. 172).

[5] Siehe die VO zur Bestimmung der zuständigen Behörde nach § 17b Absatz 4 des Arbeitnehmerüberlassungsgesetzes (AÜGMeldstellV) v. 26.9.2011 (BGBl. I S. 1995), geänd. durch G v. 3.12.2015 (BGBl. I S. 2178).

[6] § 17c eingef. mWv 30.7.2011 durch G v. 20.7.2011 (BGBl. I S. 1506); Abs. 1 geänd. mWv 16.8.2014 durch G v. 11.8.2014 (BGBl. I S. 1348).

Entleiher verpflichtet, Beginn, Ende und Dauer der täglichen Arbeitszeit des Leiharbeitnehmers spätestens bis zum Ablauf des siebten auf den Tag der Arbeitsleistung folgenden Kalendertages aufzuzeichnen und diese Aufzeichnungen mindestens zwei Jahre beginnend ab dem für die Aufzeichnung maßgeblichen Zeitpunkt aufzubewahren.

(2) [1] Jeder Verleiher ist verpflichtet, die für die Kontrolle der Einhaltung einer Rechtsverordnung nach § 3a erforderlichen Unterlagen im Inland für die gesamte Dauer der tatsächlichen Beschäftigung des Leiharbeitnehmers im Geltungsbereich dieses Gesetzes, insgesamt jedoch nicht länger als zwei Jahre, in deutscher Sprache bereitzuhalten. [2] Auf Verlangen der Prüfbehörde sind die Unterlagen auch am Ort der Beschäftigung bereitzuhalten.

§ 18[1)] Zusammenarbeit mit anderen Behörden. (1) Zur Verfolgung und Ahndung der Ordnungswidrigkeiten nach § 16 arbeiten die Bundesagentur für Arbeit und die Behörden der Zollverwaltung insbesondere mit folgenden Behörden zusammen:

1. den Trägern der Krankenversicherung als Einzugsstellen für die Sozialversicherungsbeiträge,
2. den in § 71 des Aufenthaltsgesetzes[2)] genannten Behörden,
3. den Finanzbehörden,
4. den nach Landesrecht für die Verfolgung und Ahndung von Ordnungswidrigkeiten nach dem Schwarzarbeitsbekämpfungsgesetz[3)] zuständigen Behörden,
5. den Trägern der Unfallversicherung,
6. den für den Arbeitsschutz zuständigen Landesbehörden,
7. den Rentenversicherungsträgern,
8. den Trägern der Sozialhilfe.

(2) Ergeben sich für die Bundesagentur für Arbeit oder die Behörden der Zollverwaltung bei der Durchführung dieses Gesetzes im Einzelfall konkrete Anhaltspunkte für

1. Verstöße gegen das Schwarzarbeitsbekämpfungsgesetz,
2. eine Beschäftigung oder Tätigkeit von Ausländern ohne erforderlichen Aufenthaltstitel nach § 4a Absatz 5 Satz 1 des Aufenthaltsgesetzes, eine Erlaubnis oder Berechtigung nach § 4a Absatz 5 Satz 2 in Verbindung mit Absatz 4 des Aufenthaltsgesetzes, eine Aufenthaltsgestattung oder eine Duldung, die zur Ausübung der Beschäftigung berechtigen, oder eine Genehmigung nach § 284 Abs. 1 des Dritten Buches Sozialgesetzbuch,

---

[1)] § 18 Abs. 1 Nr. 6 geänd., Nr. 7 angef., Abs. 2 Nr. 2 neu gef., Nr. 3 und 4 geänd. durch G v. 24.3. 1997 (BGBl. I S. 594); Abs. 3 und 4 angef. durch G v. 18.6.1997 (BGBl. I S. 1430); Abs. 1 Nr. 7 geänd., Abs. 1 Nr. 8, 9 angef., Abs. 2 Nr. 3 neu gef. durch G v. 16.12.1997 (BGBl. I S. 2970); Abs. 1 Nr. 7 neu gef. mWv 1.8.2002 durch G v. 23.7.2002 (BGBl. I S. 2787); Abs. 1 einl. Satzteil, Abs. 2, 3 Sätze 1 und 4 Nr. 3, Abs. 4 Satz 1 geänd., Abs. 1 Nr. 7 aufgeh., bish. Nr. 8 und 9 werden Nr. 7 und 8 mWv 1.1.2004 durch G v. 23.12.2003 (BGBl. I S. 2848); Abs. 4 Satz 1 geänd. mWv 1.5.2004 durch G v. 23.4.2004 (BGBl. I S. 602); Abs. 1 Nr. 4 aufgeh., Abs. 2 Nr. 1 geänd. mWv 1.8.2004 durch G v. 23.7.2004 (BGBl. I S. 1842); Abs. 1 Nr. 2, Abs. 2 Nr. 2, 6 und abschl. Satzteil geänd. mWv 1.1.2005 durch G v. 30.7.2004 (BGBl. I S. 1950); Abs. 2 Nr. 3 geänd. mWv 27.11.2004 durch G v. 19.11.2004 (BGBl. I S. 2902); Abs. 1 Nr. 4 neu gef. mWv 18.3.2005 durch G v. 14.3.2005 (BGBl. I S. 721); Abs. 5 und 6 angef. mWv 30.7. *2011 durch G v. 20.7.2011 (BGBl. I S. 1506); Abs. 4* aufgeh., Abs. 5 geänd. mWv 16.8.2014 durch G v. 11.8.2014 (BGBl. I S. 1348); Abs. 6 Satz 1 geänd. mWv 1.4.2017 durch G v. 21.2.2017 (BGBl. I S. 258); Abs. 2 Nr. 2 geänd. mWv 1.3.2020 durch G v. 15.8.2019 (BGBl. I S. 1307).

[2)] **Sartorius Nr. 565.**

[3)] Nr. **94b**.

3. Verstöße gegen die Mitwirkungspflicht nach § 60 Abs. 1 Satz 1 Nr. 2 des Ersten Buches Sozialgesetzbuch gegenüber einer Dienststelle der Bundesagentur für Arbeit, einem Träger der gesetzlichen Kranken-, Pflege-, Unfall- oder Rentenversicherung oder einem Träger der Sozialhilfe oder gegen die Meldepflicht nach § 8a des Asylbewerberleistungsgesetzes,
4. Verstöße gegen die Vorschriften des Vierten und Siebten Buches Sozialgesetzbuch über die Verpflichtung zur Zahlung von Sozialversicherungsbeiträgen, soweit sie im Zusammenhang mit den in den Nummern 1 bis 3 genannten Verstößen sowie mit Arbeitnehmerüberlassung entgegen § 1 stehen,
5. Verstöße gegen die Steuergesetze,
6. Verstöße gegen das Aufenthaltsgesetz,

unterrichten sie die für die Verfolgung und Ahndung zuständigen Behörden, die Träger der Sozialhilfe sowie die Behörden nach § 71 des Aufenthaltsgesetzes.

(3) [1] In Strafsachen, die Straftaten nach den §§ 15 und 15a zum Gegenstand haben, sind der Bundesagentur für Arbeit und den Behörden der Zollverwaltung zur Verfolgung von Ordnungswidrigkeiten

1. bei Einleitung des Strafverfahrens die Personendaten des Beschuldigten, der Straftatbestand, die Tatzeit und der Tatort,
2. im Falle der Erhebung der öffentlichen Klage die das Verfahren abschließende Entscheidung mit Begründung

zu übermitteln. [2] Ist mit der in Nummer 2 genannten Entscheidung ein Rechtsmittel verworfen worden oder wird darin auf die angefochtene Entscheidung Bezug genommen, so ist auch die angefochtene Entscheidung zu übermitteln. [3] Die Übermittlung veranlaßt die Strafvollstreckungs- oder die Strafverfolgungsbehörde. [4] Eine Verwendung

1. der Daten der Arbeitnehmer für Maßnahmen zu ihren Gunsten,
2. der Daten des Arbeitgebers zur Besetzung seiner offenen Arbeitsplätze, die im Zusammenhang mit dem Strafverfahren bekanntgeworden sind,
3. der in den Nummern 1 und 2 genannten Daten für Entscheidungen über die Einstellung oder Rückforderung von Leistungen der Bundesagentur für Arbeit

ist zulässig.

(4) *(aufgehoben)*

(5) Die Behörden der Zollverwaltung unterrichten die zuständigen örtlichen Landesfinanzbehörden über den Inhalt von Meldungen nach § 17b.

(6) [1] Die Behörden der Zollverwaltung und die übrigen in § 2 des Schwarzarbeitsbekämpfungsgesetzes genannten Behörden dürfen nach Maßgabe der jeweils einschlägigen datenschutzrechtlichen Bestimmungen auch mit Behörden anderer Vertragsstaaten des Abkommens über den Europäischen Wirtschaftsraum zusammenarbeiten, die dem § 17 Absatz 2 entsprechende Aufgaben durchführen oder für die Bekämpfung illegaler Beschäftigung zuständig sind oder Auskünfte geben können, ob ein Arbeitgeber seine Verpflichtungen nach § 8 Absatz 5 erfüllt. [2] Die Regelungen über die internationale Rechtshilfe in Strafsachen bleiben hiervon unberührt.

§ 18a[1)] *(aufgehoben)*

[1)] § 18a aufgeh. mWv 16.8.2014 durch G v. 11.8.2014 (BGBl. I S. 1348).

§ 19[1] Übergangsvorschrift. (1) § 8 Absatz 3 findet keine Anwendung auf Leiharbeitsverhältnisse, die vor dem 15. Dezember 2010 begründet worden sind.

(2) Überlassungszeiten vor dem 1. April 2017 werden bei der Berechnung der Überlassungshöchstdauer nach § 1 Absatz 1b und der Berechnung der Überlassungszeiten nach § 8 Absatz 4 Satz 1 nicht berücksichtigt.

§ 20[2] Evaluation. Die Anwendung dieses Gesetzes ist im Jahr 2020 zu evaluieren.

---

[1] § 19 neu gef. mWv 30.7.2011 durch G v. 20.7.2011 (BGBl. I S. 1506); Abs. 1 geänd., Abs. 2 angef. mWv 1.4.2017 durch G v. 21.2.2017 (BGBl. I S. 258).

[2] § 20 angef. mWv 1.4.2017 durch G v. 21.2.2017 (BGBl. I S. 258).

85e. Gesetz zur Vermeidung und Bewältigung von Schwangerschaftskonflikten (Schwangerschaftskonfliktgesetz – SchKG)[1)] [2)] [3)]

Vom 27. Juli 1992
(BGBl. I S. 1398)

FNA 404-25

Lfd. Nr.	Änderndes Gesetz	Datum	Fund-stelle	Betroffen	Hinweis
1.	Art. Schwangeren- und FamilienhilfeÄndG	21.8.1995	BGBl. I S. 1050		
2.	Art. 1 ÄndG	26.8.2009	BGBl. I S. 2990	§§ 1, 14	geänd. mWv 1.1.2010
				§ 2a	eingef. mWv 1.1.2010
3.	Art. 36 G über die weitere Bereinigung von Bundesrecht	8.12.2010	BGBl. I S. 1864	§§ 1, 8, 18	geänd. mWv 15.12.2010
				5. Abschnitt (§§ 19, 20, 21, 22, 23, 24, 25)	eingef. mWv 15.12.2010
4.	Art. 3 Abs. 2 BundeskinderschutzG	22.12. 2011	BGBl. I S. 2975	§§ 2, 4	geänd. mWv 1.1.2012
5.	Art. 7 G zum Ausbau der Hilfen für Schwangere und zur Regelung der vertraulichen Geburt	28.8.2013	BGBl. I S. 3458	§§ 1, 2	geänd. mWv 1.5.2014
				6. Abschnitt (§§ 25, 26, 27, 28, 29, 30, 31, 32, 33, 34)	eingef. mWv 1.5.2014
6.	Art. 14 Nr. 1 AsylverfahrensbeschleunigungsG	20.10. 2015	BGBl. I S. 1722	§ 19	geänd. mWv 24.10.2015

[1)] Verkündet als Art. 1 des Schwangeren- und FamilienhilfeG v. 27.7.1992 (BGBl. I S. 1398); Inkrafttreten gem. Art. 17 dieses G am 5.8.1992.

[2)] Änderungen vor dem 26.8.2009 sind nicht in Fußnoten nachgewiesen.

[3)] Zum SchwangerschaftskonfliktG haben die Länder ua folgende Ausführungsvorschriften erlassen:
- **Baden-Württemberg:** G zur Ausführung des SchwangerschaftskonfliktG (AGSchKG) v. 12.6.2007 (GBl. S. 249), geänd. durch VO v. 25.1.2012 (GBl. S. 65)
- **Bayern:** Teil 5 (Art. 22–26) G über den Öffentlichen Gesundheitsdienst (GesundheitsdienstG – GDG) v. 10.5.2022 (GVBl. S. 182), geänd. durch G v. 23.5.2022 (GVBl. S. 224)
- **Brandenburg:** Brandenburgisches G zur Ausführung des SchwangerschaftskonfliktG (BbgAGSchKG) v. 12.7.2007 (GVBl. I S. 118), zuletzt geänd. durch G v. 17.12.2021 (GVBl. I Nr. 41)
- **Hessen:** Hessisches AusführungsG zum SchwangerschaftskonfliktG (HAGSchKG) v. 14.12.2006 (GVBl. I S. 664), zuletzt geänd. durch G v. 14.12.2021 (GVBl. S. 920)
- **Niedersachsen:** Niedersächsisches AusführungsG zum SchwangerschaftskonfliktG (Nds. AG SchKG) v. 9.12.2005 (Nds. GVBl. S. 401), geänd. durch G v. 12.11.2015 (Nds. GVBl. S. 307)
- **Nordrhein-Westfalen:** AusführungsG zum SchwangerschaftskonfliktG (Schwangerschaftskonfliktausführungs*G NRW – AG SchKG*) v. 9.12.2014 (GV. NRW. S. 881)
- **Rheinland-Pfalz:** LandesG zur Ausführung des SchwangerschaftskonfliktG und anderer G (AGSchKG) v. 14.3.2005 (GVBl. S. 77), geänd. durch G v. 20.12.2013 (GVBl. S. 533)
- **Saarland:** G zur Ausführung des SchwangerschaftskonfliktG v. 12.7.2006 (Amtsbl. S. 1578), zuletzt geänd. durch G v. 8.12.2021 (Amtsbl. I S. 2629)
- **Sachsen:** Sächsisches AusführungsG zum SchwangerschaftskonfliktG (SächsSchKGAG) v. 13.6.2008 (SächsGVBl. S. 330), geänd. durch VO v. 15.10.2015 (SächsGVBl. S. 530)
- **Sachsen-Anhalt:** AusführungsG des Landes Sachsen-Anhalt zum SchwangerschaftskonfliktG (SchKG-AG LSA) v. 24.1.2008 (GVBl. LSA S. 30), zuletzt geänd. durch G v. 13.8.2014 (GVBl. LSA S. 396)
- **Thüringen:** Thüringer G zur Ausführung des SchwangerschaftskonfliktG (Thüringer SchwangerschaftskonfliktG – ThürSchKG –) v. 16.12.2005 (GVBl. S. 365), geänd. durch G v. 2.7.2016 (GVBl. S. 225)

Lfd. Nr.	Änderndes Gesetz	Datum	Fundstelle	Betroffen	Hinweis
7.	Art. 2 G zur Verbesserung der Information über einen Schwangerschaftsabbruch	22.3.2019	BGBl. I S. 350	§ 13	geänd. mWv 29.3.2019
				§ 13a	eingef. mWv 29.3.2019
8.	Art. 13a MDK-ReformG	14.12. 2019	BGBl. I S. 2789	§ 13	geänd. mWv 1.1.2020
9.	Art. 3 G zur Änd. des Strafgesetzbuches und anderer Gesetze	11.7.2022	BGBl. I S. 1082	§ 13a	geänd. mWv 19.7.2022

Abschnitt 1. Aufklärung, Verhütung, Familienplanung und Beratung

§ 1[1)] Aufklärung. (1) Die für gesundheitliche Aufklärung und Gesundheitserziehung zuständige Bundeszentrale für gesundheitliche Aufklärung erstellt unter Beteiligung der Länder und in Zusammenarbeit mit Vertretern der Familienberatungseinrichtungen aller Träger zum Zwecke der gesundheitlichen Vorsorge und der Vermeidung und Lösung von Schwangerschaftskonflikten Konzepte zur Sexualaufklärung, jeweils abgestimmt auf die verschiedenen Alters- und Personengruppen.

(1a) [1] Die Bundeszentrale für gesundheitliche Aufklärung erstellt entsprechend Absatz 1 Informationsmaterial zum Leben mit einem geistig oder körperlich behinderten Kind und dem Leben von Menschen mit einer geistigen oder körperlichen Behinderung. [2] Das Informationsmaterial enthält den Hinweis auf den Rechtsanspruch auf psychosoziale Beratung nach § 2 und auf Kontaktadressen von Selbsthilfegruppen, Beratungsstellen sowie Behindertenverbände und Verbände von Eltern behinderter Kinder. [3] Die Ärztin oder der Arzt händigt der Schwangeren das Informationsmaterial im Rahmen der Beratung nach § 2a Absatz 1 aus.

(2) Die Bundeszentrale für gesundheitliche Aufklärung verbreitet zu den in Absatz 1 genannten Zwecken die bundeseinheitlichen Aufklärungsmaterialien, in denen Verhütungsmethoden und Verhütungsmittel umfassend dargestellt werden.

(3) Die Aufklärungsmaterialien werden unentgeltlich an Einzelpersonen auf Aufforderung, ferner als Lehr- oder Informationsmaterialien an schulische und berufsbildende Einrichtungen, an Beratungsstellen, an Frauenärztinnen und Frauenärzte, Ärztinnen und Ärzte sowie medizinische Einrichtungen, die pränataldiagnostische Maßnahmen durchführen, Humangenetikerinnen und Humangenetiker, Hebammen sowie an alle Institutionen der Jugend- und Bildungsarbeit abgegeben.

(4) [1] Der Bund macht die Hilfen für Schwangere und Mütter bekannt; dazu gehört auch der Anspruch auf anonyme Beratung nach § 2 Absatz 1 und auf die vertrauliche Geburt. [2] Die Informationen über die vertrauliche Geburt beinhalten auch die Erklärung, wie eine Frau ihre Rechte gegenüber ihrem Kind nach einer vertraulichen Geburt unter Aufgabe ihrer Anonymität und wie sie schutzwürdige Belange gegen die spätere Offenlegung ihrer Personenstandsdaten geltend machen kann. [3] Der Bund fördert durch geeignete Maßnahmen das Verständnis für Eltern, die ihr Kind zur Adoption freigeben.

[1)] § 1 Abs. 1a eingef., Abs. 3 geänd. mWv 1.1.2010 durch G v. 26.8.2009 (BGBl. I S. 2990); Abs. 1a Satz 3 geänd. mWv 15.12.2010 durch G v. 8.12.2010 (BGBl. I S. 1864); Abs. 4 und 5 angef. mWv 1.5. 2014 durch G v. 28.8.2013 (BGBl. I S. 3458).

(5) [1] Der Bund stellt durch einen bundesweiten zentralen Notruf sicher, dass Schwangere in Konfliktlagen, die ihre Schwangerschaft verheimlichen, jederzeit und unverzüglich an eine Beratungsstelle nach den §§ 3 und 8 vermittelt werden. [2] Er macht den Notruf bundesweit bekannt und betreibt kontinuierlich Öffentlichkeitsarbeit für den Notruf.

§ 2[1)] Beratung. (1) Jede Frau und jeder Mann hat das Recht, sich zu den in § 1 Abs. 1 genannten Zwecken in Fragen der Sexualaufklärung, Verhütung und Familienplanung sowie in allen eine Schwangerschaft unmittelbar oder mittelbar berührenden Fragen von einer hierfür vorgesehenen Beratungsstelle auf Wunsch anonym informieren und beraten zu lassen.

(2) [1] Der Anspruch auf Beratung umfaßt Informationen über

1. Sexualaufklärung, Verhütung und Familienplanung,
2. bestehende familienfördernde Leistungen und Hilfen für Kinder und Familien, einschließlich der besonderen Rechte im Arbeitsleben,
3. Vorsorgeuntersuchungen bei Schwangerschaft und die Kosten der Entbindung,
4. soziale und wirtschaftliche Hilfen für Schwangere, insbesondere finanzielle Leistungen sowie Hilfen bei der Suche nach Wohnung, Arbeits- oder Ausbildungsplatz oder deren Erhalt,
5. die Hilfsmöglichkeiten für behinderte Menschen und ihre Familien, die vor und nach der Geburt eines in seiner körperlichen, geistigen oder seelischen Gesundheit geschädigten Kindes zur Verfügung stehen,
6. die Methoden zur Durchführung eines Schwangerschaftsabbruchs, die physischen und psychischen Folgen eines Abbruchs und die damit verbundenen Risiken,
7. Lösungsmöglichkeiten für psychosoziale Konflikte im Zusammenhang mit einer Schwangerschaft,
8. die rechtlichen und psychologischen Gesichtspunkte im Zusammenhang mit einer Adoption.

[2] Die Schwangere ist darüber hinaus bei der Geltendmachung von Ansprüchen sowie bei der Wohnungssuche, bei der Suche nach einer Betreuungsmöglichkeit für das Kind und bei der Fortsetzung ihrer Ausbildung zu unterstützen. [3] Auf Wunsch der Schwangeren sind Dritte zur Beratung hinzuzuziehen.

(3) Zum Anspruch auf Beratung gehört auch die Nachbetreuung nach einem Schwangerschaftsabbruch oder nach der Geburt des Kindes.

(4) [1] Einer Schwangeren, die ihre Identität nicht preisgeben und die ihr Kind nach der Geburt abgeben möchte, ist ein ausführliches ergebnisoffenes Beratungsgespräch zur Bewältigung der psychosozialen Konfliktlage anzubieten. [2] Inhalt des Beratungsgesprächs sind:

1. geeignete Hilfsangebote zur Bewältigung der Situation und zur Entscheidungsfindung sowie
2. Wege, die der Schwangeren die Aufgabe der Anonymität oder ein Leben mit dem Kind ermöglichen.

[1)] § 2 Abs. 1 geänd. mWv 1.1.2012 durch G v. 22.12.2011 (BGBl. I S. 2975); Abs. 4 angef. mWv 1.5. 2014 durch G v. 28.8.2013 (BGBl. I S. 3458).

§ 2a[1)] Aufklärung und Beratung in besonderen Fällen. (1) [1]Sprechen nach den Ergebnissen von pränataldiagnostischen Maßnahmen dringende Gründe für die Annahme, dass die körperliche oder geistige Gesundheit des Kindes geschädigt ist, so hat die Ärztin oder der Arzt, die oder der der Schwangeren die Diagnose mitteilt, über die medizinischen und psychosozialen Aspekte, die sich aus dem Befund ergeben, unter Hinzuziehung von Ärztinnen oder Ärzten, die mit dieser Gesundheitsschädigung bei geborenen Kindern Erfahrung haben, zu beraten. [2]Die Beratung erfolgt in allgemein verständlicher Form und ergebnisoffen. [3]Sie umfasst die eingehende Erörterung der möglichen medizinischen, psychischen und sozialen Fragen sowie der Möglichkeiten zur Unterstützung bei physischen und psychischen Belastungen. [4]Die Ärztin oder der Arzt hat über den Anspruch auf weitere und vertiefende psychosoziale Beratung nach § 2 zu informieren und im Einvernehmen mit der Schwangeren Kontakte zu Beratungsstellen nach § 3 und zu Selbsthilfegruppen oder Behindertenverbänden zu vermitteln.

(2) [1]Die Ärztin oder der Arzt, die oder der gemäß § 218b Absatz 1 des Strafgesetzbuchs[2)] die schriftliche Feststellung über die Voraussetzungen des § 218a Absatz 2 des Strafgesetzbuchs zu treffen hat, hat vor der schriftlichen Feststellung gemäß § 218b Absatz 1 des Strafgesetzbuchs die Schwangere über die medizinischen und psychischen Aspekte eines Schwangerschaftsabbruchs zu beraten, über den Anspruch auf weitere und vertiefende psychosoziale Beratung nach § 2 zu informieren und im Einvernehmen mit der Schwangeren Kontakte zu Beratungsstellen nach § 3 zu vermitteln, soweit dies nicht auf Grund des Absatzes 1 bereits geschehen ist. [2]Die schriftliche Feststellung darf nicht vor Ablauf von drei Tagen nach der Mitteilung der Diagnose gemäß Absatz 1 Satz 1 oder nach der Beratung gemäß Satz 1 vorgenommen werden. [3]Dies gilt nicht, wenn die Schwangerschaft abgebrochen werden muss, um eine gegenwärtige erhebliche Gefahr für Leib oder Leben der Schwangeren abzuwenden.

(3) Die Ärztin oder der Arzt, die oder der die schriftliche Feststellung der Indikation zu treffen hat, hat bei der schriftlichen Feststellung eine schriftliche Bestätigung der Schwangeren über die Beratung und Vermittlung nach den Absätzen 1 und 2 oder über den Verzicht darauf einzuholen, nicht aber vor Ablauf der Bedenkzeit nach Absatz 2 Satz 2.

§ 3 Beratungsstellen. [1]Die Länder stellen ein ausreichendes Angebot wohnortnaher Beratungsstellen für die Beratung nach § 2 sicher. [2]Dabei werden auch Beratungsstellen freier Träger gefördert. [3]Die Ratsuchenden sollen zwischen Beratungsstellen unterschiedlicher weltanschaulicher Ausrichtung auswählen können.

§ 4[3)] Öffentliche Förderung der Beratungsstellen. (1) [1]Die Länder tragen dafür Sorge, daß den Beratungsstellen nach den §§ 3 und 8 für je 40 000 Einwohner mindestens eine Beraterin oder ein Berater vollzeitbeschäftigt oder eine entsprechende Zahl von Teilzeitbeschäftigten zur Verfügung steht. [2]Von diesem Schlüssel soll dann abgewichen werden, wenn die Tätigkeit der Beratungsstellen mit dem vorgesehenen Personal auf Dauer nicht ordnungsgemäß durchgeführt werden kann. [3]Dabei ist auch zu berücksichtigen, daß Schwangere in angemessener Entfernung von ihrem Wohnort eine Beratungsstelle aufsuchen können.

[1)] § 2a eingef. mWv 1.1.2010 durch G v. 26.8.2009 (BGBl. I S. 2990).
[2)] **Habersack, Deutsche Gesetze Nr. 85.**
[3)] § 4 Abs. 2 eingef., bish. Abs. 2 und 3 werden Abs. 3 und 4 mWv 1.1.2012 durch G v. 22.12.2011 (BGBl. I S. 2975).

(2) Zur Information über die Leistungsangebote im örtlichen Einzugsbereich und zur Sicherstellung einer umfassenden Beratung wirken die Beratungsstellen in den Netzwerken nach § 3 des Gesetzes zur Kooperation und Information im Kinderschutz[1] mit.

(3) Die zur Sicherstellung eines ausreichenden Angebotes nach den §§ 3 und 8 erforderlichen Beratungsstellen haben Anspruch auf eine angemessene öffentliche Förderung der Personal- und Sachkosten.

(4) Näheres regelt das Landesrecht.

Abschnitt 2. Schwangerschaftskonfliktberatung

§ 5 Inhalt der Schwangerschaftskonfliktberatung. (1) [1]Die nach § 219 des Strafgesetzbuches[2] notwendige Beratung ist ergebnisoffen zu führen. [2]Sie geht von der Verantwortung der Frau aus. [3]Die Beratung soll ermutigen und Verständnis wecken, nicht belehren oder bevormunden. [4]Die Schwangerschaftskonfliktberatung dient dem Schutz des ungeborenen Lebens.

(2) [1]Die Beratung umfaßt:

1. das Eintreten in eine Konfliktberatung; dazu wird erwartet, daß die schwangere Frau der sie beratenden Person die Gründe mitteilt, derentwegen sie einen Abbruch der Schwangerschaft erwägt; der Beratungscharakter schließt aus, daß die Gesprächs- und Mitwirkungsbereitschaft der schwangeren Frau erzwungen wird;
2. jede nach Sachlage erforderliche medizinische, soziale und juristische Information, die Darlegung der Rechtsansprüche von Mutter und Kind und der möglichen praktischen Hilfen, insbesondere solcher, die die Fortsetzung der Schwangerschaft und die Lage von Mutter und Kind erleichtern;
3. das Angebot, die schwangere Frau bei der Geltendmachung von Ansprüchen, bei der Wohnungssuche, bei der Suche nach einer Betreuungsmöglichkeit für das Kind und bei der Fortsetzung ihrer Ausbildung zu unterstützen, sowie das Angebot einer Nachbetreuung.

[2]Die Beratung unterrichtet auf Wunsch der Schwangeren auch über Möglichkeiten, ungewollte Schwangerschaften zu vermeiden.

§ 6 Durchführung der Schwangerschaftskonfliktberatung. (1) Eine ratsuchende Schwangere ist unverzüglich zu beraten.

(2) Die Schwangere kann auf ihren Wunsch gegenüber der sie beratenden Person anonym bleiben.

(3) Soweit erforderlich, sind zur Beratung im Einvernehmen mit der Schwangeren

1. andere, insbesondere ärztlich, fachärztlich, psychologisch, sozialpädagogisch, sozialarbeiterisch oder juristisch ausgebildete Fachkräfte,
2. Fachkräfte mit besonderer Erfahrung in der Frühförderung behinderter Kinder und
3. andere Personen, insbesondere der Erzeuger sowie nahe Angehörige,

hinzuzuziehen.

---

[1] Nr. **46a**.
[2] **Habersack, Deutsche Gesetze Nr. 85.**

(4) Die Beratung ist für die Schwangere und die nach Absatz 3 Nr. 3 hinzugezogenen Personen unentgeltlich.

§ 7 Beratungsbescheinigung. (1) Die Beratungsstelle hat nach Abschluß der Beratung der Schwangeren eine mit Namen und Datum versehene Bescheinigung darüber auszustellen, daß eine Beratung nach den §§ 5 und 6 stattgefunden hat.

(2) Hält die beratende Person nach dem Beratungsgespräch eine Fortsetzung dieses Gesprächs für notwendig, soll diese unverzüglich erfolgen.

(3) Die Ausstellung einer Beratungsbescheinigung darf nicht verweigert werden, wenn durch eine Fortsetzung des Beratungsgesprächs die Beachtung der in § 218a Abs. 1 des Strafgesetzbuches[1)] vorgesehenen Fristen unmöglich werden könnte.

§ 8[2)] Schwangerschaftskonfliktberatungsstellen. [1] Für die Beratung nach den §§ 5 und 6 haben die Länder ein ausreichendes plurales Angebot wohnortnaher Beratungsstellen sicherzustellen. [2] Diese Beratungsstellen bedürfen besonderer staatlicher Anerkennung nach § 9. [3] Als Beratungsstellen können auch Einrichtungen freier Träger sowie Ärztinnen und Ärzte anerkannt werden.

§ 9 Anerkennung von Schwangerschaftskonfliktberatungsstellen. Eine Beratungsstelle darf nur anerkannt werden, wenn sie die Gewähr für eine fachgerechte Schwangerschaftskonfliktberatung nach § 5 bietet und zur Durchführung der Schwangerschaftskonfliktberatung nach § 6 in der Lage ist, insbesondere

1. über hinreichend persönlich und fachlich qualifiziertes und der Zahl nach ausreichendes Personal verfügt,
2. sicherstellt, daß zur Durchführung der Beratung erforderlichenfalls kurzfristig eine ärztlich, fachärztlich, psychologisch, sozialpädagogisch, sozialarbeiterisch oder juristisch ausgebildete Fachkraft hinzugezogen werden kann,
3. mit allen Stellen zusammenarbeitet, die öffentliche und private Hilfen für Mutter und Kind gewähren, und
4. mit keiner Einrichtung, in der Schwangerschaftsabbrüche vorgenommen werden, derart organisatorisch oder durch wirtschaftliche Interessen verbunden ist, daß hiernach ein materielles Interesse der Beratungseinrichtung an der Durchführung von Schwangerschaftsabbrüchen nicht auszuschließen ist.

§ 10 Berichtspflicht und Überprüfung der Schwangerschaftskonfliktberatungsstellen. (1) Die Beratungsstellen sind verpflichtet, die ihrer Beratungstätigkeit zugrundeliegenden Maßstäbe und die dabei gesammelten Erfahrungen jährlich in einem schriftlichen Bericht niederzulegen.

(2) [1] Als Grundlage für den schriftlichen Bericht nach Absatz 1 hat die beratende Person über jedes Beratungsgespräch eine Aufzeichnung zu fertigen. [2] Diese darf keine Rückschlüsse auf die Identität der Schwangeren und der zum Beratungsgespräch hinzugezogenen weiteren Personen ermöglichen. [3] Sie hält den wesentlichen Inhalt der Beratung und angebotene Hilfsmaßnahmen fest.

(3) [1] Die zuständige Behörde hat mindestens im Abstand von drei Jahren zu überprüfen, ob die Voraussetzungen für die Anerkennung nach § 9 noch vorliegen. [2] Sie kann sich zu diesem Zweck die Berichte nach Absatz 1 vorlegen lassen und Einsicht in die nach Absatz 2 anzufertigenden Aufzeichnungen nehmen.

[1)] **Habersack, Deutsche Gesetze Nr. 85.**

[2)] § 8 Satz 3 geänd. mWv 15.12.2010 durch G v. 8.12.2010 (BGBl. I S. 1864).

[3] Liegt eine der Voraussetzungen des § 9 nicht mehr vor, ist die Anerkennung zu widerrufen.

§ 11 Übergangsregelung. Die Anerkennung einer Beratungsstelle auf Grund II.4 der Entscheidungsformel des Urteils des Bundesverfassungsgerichts vom 28. Mai 1993 (BGBl. I S. 820) steht einer Anerkennung auf Grund der §§ 8 und 9 dieses Gesetzes gleich.

Abschnitt 3. Vornahme von Schwangerschaftsabbrüchen

§ 12 Weigerung. (1) Niemand ist verpflichtet, an einem Schwangerschaftsabbruch mitzuwirken.

(2) Absatz 1 gilt nicht, wenn die Mitwirkung notwendig ist, um von der Frau eine anders nicht abwendbare Gefahr des Todes oder einer schweren Gesundheitsschädigung abzuwenden.

§ 13[1] Einrichtungen zur Vornahme von Schwangerschaftsabbrüchen.

(1) Ein Schwangerschaftsabbruch darf nur in einer Einrichtung vorgenommen werden, in der auch die notwendige Nachbehandlung gewährleistet ist.

(2) Die Länder stellen ein ausreichendes Angebot ambulanter und stationärer Einrichtungen zur Vornahme von Schwangerschaftsabbrüchen sicher.

(3) [1] Die Bundesärztekammer führt für den Bund eine Liste der Ärztinnen und Ärzte sowie der Krankenhäuser und Einrichtungen, die ihr mitgeteilt haben, dass sie Schwangerschaftsabbrüche unter den Voraussetzungen des § 218a Absatz 1 bis 3 des Strafgesetzbuches[2] durchführen, und darf die zu diesem Zwecke erhobenen personenbezogenen Daten verarbeiten. [2] Die Liste enthält auch Angaben über die jeweils angewendeten Methoden zur Durchführung eines Schwangerschaftsabbruchs, soweit diese mitgeteilt werden. [3] Die Bundesärztekammer aktualisiert die Liste monatlich auf der Grundlage der ihr mitgeteilten Informationen, veröffentlicht sie im Internet und stellt sie der Bundeszentrale für gesundheitliche Aufklärung, dem Bundesamt für Familie und zivilgesellschaftliche Aufgaben und den Ländern zur Verfügung.

§ 13a[3] Informationen über einen Schwangerschaftsabbruch. (1) Die Bundeszentrale für gesundheitliche Aufklärung veröffentlicht die von der Bundesärztekammer nach § 13 Absatz 3 geführte Liste und weitere Informationen über einen Schwangerschaftsabbruch, der unter den Voraussetzungen des § 218a Absatz 1 bis 3 des Strafgesetzbuches[2] vorgenommen wird.

(2) Der bundesweite zentrale Notruf nach § 1 Absatz 5 Satz 1 erteilt Auskunft über die in der Liste nach § 13 Absatz 3 enthaltenen Angaben.

(3) Einrichtungen zur Vornahme von Schwangerschaftsabbrüchen, Krankenhäusern sowie Ärztinnen und Ärzten ist es gestattet, sachlich und berufsbezogen über die Durchführung eines Schwangerschaftsabbruchs, der unter den Voraussetzungen des § 218a Absatz 1 bis 3 des Strafgesetzbuches vorgenommen werden soll, zu informieren.

---

[1] § 13 Abs. 3 angef. mWv 29.3.2019 durch G v. 22.3.2019 (BGBl. I S. 350); Abs. 3 Satz 1 geänd. mWv 1.1.2020 durch G v. 14.12.2019 (BGBl. I S. 2789).

[2] **Habersack, Deutsche Gesetze Nr. 85.**

[3] § 13a eingef. mWv 29.3.2019 durch G v. 22.3.2019 (BGBl. I S. 350); Abs. 3 angef. mWv 19.7.2022 durch G v. 11.7.2022 (BGBl. I S. 1082).

§ 14[1)] Bußgeldvorschriften. (1) Ordnungswidrig handelt, wer
1. entgegen § 2a Absatz 1 oder Absatz 2 keine Beratung der Schwangeren vornimmt;
2. entgegen § 2a Absatz 2 Satz 2 die schriftliche Feststellung ausstellt;
3. entgegen § 13 Absatz 1 einen Schwangerschaftsabbruch vornimmt;
4. seiner Auskunftspflicht nach § 18 Absatz 1 nicht nachkommt.

(2) Die Ordnungswidrigkeit kann mit einer Geldbuße bis zu fünftausend Euro geahndet werden.

Abschnitt 4. Bundesstatistik über Schwangerschaftsabbrüche

§ 15 Anordnung als Bundesstatistik. [1]Über die unter den Voraussetzungen des § 218a Abs. 1 bis 3 des Strafgesetzbuches[2)] vorgenommenen Schwangerschaftsabbrüche wird eine Bundesstatistik durchgeführt. [2]Die Statistik wird vom Statistischen Bundesamt erhoben und aufbereitet.

§ 16 Erhebungsmerkmale, Berichtszeit und Periodizität. (1) [1]Die Erhebung wird auf das Kalendervierteljahr bezogen durchgeführt und umfaßt folgende Erhebungsmerkmale:
1. Vornahme von Schwangerschaftsabbrüchen im Berichtszeitraum (auch Fehlanzeige),
2. rechtliche Voraussetzungen des Schwangerschaftsabbruchs (Beratungsregelung oder nach Indikationsstellung),
3. Familienstand und Alter der Schwangeren sowie die Zahl ihrer Kinder,
4. Dauer der abgebrochenen Schwangerschaft,
5. Art des Eingriffs und beobachtete Komplikationen,
6. Bundesland, in dem der Schwangerschaftsabbruch vorgenommen wird, und Bundesland oder Staat im Ausland, in dem die Schwangere wohnt,
7. Vornahme in Arztpraxis oder Krankenhaus und im Falle der Vornahme des Eingriffs im Krankenhaus die Dauer des Krankenhausaufenthaltes.

[2]Der Name der Schwangeren darf dabei nicht angegeben werden.

(2) Die Angaben nach Absatz 1 sowie Fehlanzeigen sind dem Statistischen Bundesamt vierteljährlich zum jeweiligen Quartalsende mitzuteilen.

§ 17 Hilfsmerkmale. Hilfsmerkmale der Erhebung sind:
1. Name und Anschrift der Einrichtung nach § 13 Abs. 1;
2. Telefonnummer der für Rückfragen zur Verfügung stehenden Person.

§ 18[3)] Auskunftspflicht. (1) [1]Für die Erhebung besteht Auskunftspflicht. [2]Auskunftspflichtig sind die Inhaber der Arztpraxen und die Leiter der Krankenhäuser, in denen innerhalb von zwei Jahren vor dem Quartalsende Schwangerschaftsabbrüche durchgeführt wurden.

(2) Die Angabe zu § 17 Nr. 2 ist freiwillig.

[1)] § 14 Abs. 1 neu gef., Abs. 2 geänd. mWv 1.1.2010 durch G v. 26.8.2009 (BGBl. I S. 2990).
[2)] **Habersack, Deutsche Gesetze Nr. 85.**
[3)] § 18 Abs. 3 Nr. 1 geänd. mWv 15.12.2010 durch G v. 8.12.2010 (BGBl. I S. 1864).

(3) Zur Durchführung der Erhebung übermitteln dem Statistischen Bundesamt auf dessen Anforderung

1. die Landesärztekammern die Anschriften der Ärztinnen und Ärzte, in deren Einrichtungen nach ihren Erkenntnissen Schwangerschaftsabbrüche vorgenommen worden sind oder vorgenommen werden sollen,
2. die zuständigen Gesundheitsbehörden die Anschriften der Krankenhäuser, in denen nach ihren Erkenntnissen Schwangerschaftsabbrüche vorgenommen worden sind oder vorgenommen werden sollen.

(Fortsetzung nächstes Blatt)

Abschnitt 5[1]. Hilfe für Frauen bei Schwangerschaftsabbrüchen in besonderen Fällen

§ 19[2] **Berechtigte.** (1) [1]Eine Frau hat Anspruch auf Leistungen nach diesem Abschnitt, wenn ihr die Aufbringung der Mittel für den Abbruch einer Schwangerschaft nicht zuzumuten ist und sie ihren Wohnsitz oder gewöhnlichen Aufenthalt im Geltungsbereich dieses Gesetzes hat. [2]Für Frauen, die Anspruch auf Leistungen nach dem Asylbewerberleistungsgesetz haben, gilt § 10a Absatz 3 Satz 4 und 5 des Asylbewerberleistungsgesetzes entsprechend.

(2) [1]Einer Frau ist die Aufbringung der Mittel im Sinne des Absatzes 1 nicht zuzumuten, wenn ihre verfügbaren persönlichen Einkünfte in Geld oder Geldeswert *1 001 Euro*[3] (Einkommensgrenze) nicht übersteigen und ihr persönlich kein kurzfristig verwertbares Vermögen zur Verfügung steht oder der Einsatz des Vermögens für sie eine unbillige Härte bedeuten würde. [2]Die Einkommensgrenze erhöht sich um jeweils *237 Euro*[3] für jedes Kind, dem die Frau unterhaltspflichtig ist, wenn das Kind minderjährig ist und ihrem Haushalt angehört oder wenn es von ihr überwiegend unterhalten wird. [3]Übersteigen die Kosten der Unterkunft für die Frau und die Kinder, für die ihr der Zuschlag nach Satz 2 zusteht, *294 Euro*[3], so erhöht sich die Einkommensgrenze um den Mehrbetrag, höchstens jedoch um *294 Euro*[3].

(3) Die Voraussetzungen des Absatzes 2 gelten als erfüllt,

1. wenn die Frau laufende Hilfe zum Lebensunterhalt nach dem Zwölften Buch Sozialgesetzbuch, Leistungen zur Sicherung des Lebensunterhalts nach dem Zweiten Buch Sozialgesetzbuch, Ausbildungsförderung im Rahmen der Anordnung der Bundesagentur für Arbeit über die individuelle Förderung der beruflichen Ausbildung oder über die Arbeits- und Berufsförderung Behinderter, Leistungen nach dem Asylbewerberleistungsgesetz oder Ausbildungsförderung nach dem Bundesausbildungsförderungsgesetz[4] erhält oder
2. wenn Kosten für die Unterbringung der Frau in einer Anstalt, einem Heim oder in einer gleichartigen Einrichtung von einem Träger der Sozialhilfe oder der Jugendhilfe getragen werden.

§ 20[1] **Leistungen.** (1) Leistungen sind die in § 24b Absatz 4 des Fünften Buches Sozialgesetzbuch genannten Leistungen, die von der gesetzlichen Krankenversicherung nur bei einem nicht rechtswidrigen Abbruch einer Schwangerschaft getragen werden.

(2) [1]Die Leistungen werden bei einem nicht rechtswidrigen oder unter den Voraussetzungen des § 218a Absatz 1 des Strafgesetzbuches[5] vorgenommenen

---

[1] 5. Abschnitt (§§ 19–25) angef. mWv 15.12.2010 durch G v. 8.12.2010 (BGBl. I S. 1864).

[2] *§ 19 angef. mWv 15.12.2010 durch G v. 8.12.2010* (BGBl. I S. 1864); Abs. 1 Satz 2 geänd. mWv 24.10.2015 durch G v. 20.10.2015 (BGBl. I S. 1722).

[3] Siehe hierzu die Bek. über die nach § 19 Abs. 2 iVm § 24 des SchwangerschaftskonfliktG ab dem 1. Juli 2019 geltenden Beträge v. 5.6.2019 (BAnz AT 18.06.2019 B2):
1. Die Einkommensgrenze nach § 19 Absatz 2 Satz 1 beträgt 1 216 Euro.
2. Der Zuschlag für Kinder nach § 19 Absatz 2 Satz 2 beträgt 288 Euro.
3. Bei den Kosten der Unterkunft nach § 19 Absatz 2 Satz 3 wird ein 356 Euro übersteigender Mehrbetrag bis zur Höhe von 356 Euro berücksichtigt.

[4] **Sartorius Nr. 420.**

[5] **Schönfelder Nr. 85.**

Abbruch einer Schwangerschaft als Sachleistungen gewährt. [2] Leistungen nach dem Fünften Buch Sozialgesetzbuch gehen Leistungen nach diesem Abschnitt vor.

§ 21[1)] Durchführung, Zuständigkeit, Verfahren. (1) [1] Die Leistungen werden auf Antrag durch die gesetzliche Krankenkasse gewährt, bei der die Frau gesetzlich krankenversichert ist. [2] Besteht keine Versicherung bei einer gesetzlichen Krankenkasse, kann die Frau einen Träger der gesetzlichen Krankenversicherung am Ort ihres Wohnsitzes oder ihres gewöhnlichen Aufenthaltes wählen.

(2) [1] Das Verfahren wird auf Wunsch der Frau schriftlich durchgeführt. [2] Die Krankenkasse stellt, wenn die Voraussetzungen des § 19 vorliegen, unverzüglich eine Bescheinigung über die Kostenübernahme aus. [3] Tatsachen sind glaubhaft zu machen.

(3) [1] Die Berechtigte hat die freie Wahl unter den Ärzten, Ärztinnen und Einrichtungen, die sich zur Vornahme des Eingriffs zu der in Satz 2 genannten Vergütung bereit erklären. [2] Ärzte, Ärztinnen und Einrichtungen haben Anspruch auf die Vergütung, welche die Krankenkasse für ihre Mitglieder bei einem nicht rechtswidrigen Schwangerschaftsabbruch für Leistungen nach § 20 zahlt.

(4) [1] Der Arzt, die Ärztin oder die Einrichtung rechnet Leistungen nach § 20 mit der Krankenkasse ab, die die Bescheinigung nach Absatz 2 Satz 2 ausgestellt hat. [2] Mit der Abrechnung ist zu bestätigen, dass der Abbruch der Schwangerschaft in einer Einrichtung nach § 13 Absatz 1 dieses Gesetzes unter den Voraussetzungen des § 218a Absatz 1, 2 oder 3 des Strafgesetzbuches[2)] vorgenommen worden ist.

(5) [1] Im gesamten Verfahren ist das Persönlichkeitsrecht der Frau unter Berücksichtigung der besonderen Situation der Schwangerschaft zu achten. [2] Die beteiligten Stellen sollen zusammenarbeiten und darauf hinwirken, dass sich ihre Tätigkeiten wirksam ergänzen.

§ 22[1)] Kostenerstattung. [1] Die Länder erstatten den gesetzlichen Krankenkassen die ihnen durch diesen Abschnitt entstehenden Kosten. [2] Das Nähere einschließlich des haushaltstechnischen Verfahrens und der Behördenzuständigkeit regeln die Länder.

§ 23[1)] Rechtsweg. Über öffentlich-rechtliche Streitigkeiten in den Angelegenheiten dieses Abschnitts entscheiden die Gerichte der Sozialgerichtsbarkeit.

§ 24[1)] Anpassung. [1] Die in § 19 Absatz 2 genannten Beträge verändern sich um den Vomhundertsatz, um den sich der aktuelle Rentenwert in der gesetzlichen Rentenversicherung verändert; ein nicht auf volle Euro errechneter Betrag ist auf- oder abzurunden. [2] Das Bundesministerium für Familie, Senioren, Frauen und Jugend macht die veränderten Beträge im Bundesanzeiger bekannt[3)].

[1)] §§ 21–24 angef. mWv 15.12.2010 durch G v. 8.12.2010 (BGBl. I S. 1864).

[2)] **Schönfelder Nr. 85.**

[3)] Siehe hierzu ua die Bek. über die nach § 19 Abs. 2 iVm § 24 des SchwangerschaftskonfliktG ab dem 1. Juli 2019 geltenden Beträge v. 5.6.2019 (BAnz AT 18.06.2019 B2).

Abschnitt 6[1]. Vertrauliche Geburt

§ 25[1] Beratung zur vertraulichen Geburt. (1) [1] Eine nach § 2 Absatz 4 beratene Schwangere, die ihre Identität nicht preisgeben möchte, ist darüber zu informieren, dass eine vertrauliche Geburt möglich ist. [2] Vertrauliche Geburt ist eine Entbindung, bei der die Schwangere ihre Identität nicht offenlegt und stattdessen die Angaben nach § 26 Absatz 2 Satz 2 macht.

(2) [1] Vorrangiges Ziel der Beratung ist es, der Schwangeren eine medizinisch betreute Entbindung zu ermöglichen und Hilfestellung anzubieten, so dass sie sich für ein Leben mit dem Kind entscheiden kann. [2] Die Beratung umfasst insbesondere:

1. die Information über den Ablauf des Verfahrens und die Rechtsfolgen einer vertraulichen Geburt,
2. die Information über die Rechte des Kindes; dabei ist die Bedeutung der Kenntnis der Herkunft von Mutter und Vater für die Entwicklung des Kindes hervorzuheben,
3. die Information über die Rechte des Vaters,
4. die Darstellung des üblichen Verlaufs und Abschlusses eines Adoptionsverfahrens,
5. die Information, wie eine Frau ihre Rechte gegenüber ihrem Kind nach einer vertraulichen Geburt unter Aufgabe ihrer Anonymität geltend machen kann, sowie
6. die Information über das Verfahren nach den §§ 31 und 32.

(3) Durch die Information nach Absatz 2 Satz 2 Nummer 2 und 3 soll die Bereitschaft der Schwangeren gefördert werden, dem Kind möglichst umfassend Informationen über seine Herkunft und die Hintergründe seiner Abgabe mitzuteilen.

(4) Die Beratung und Begleitung soll in Kooperation mit der Adoptionsvermittlungsstelle erfolgen.

(5) Lehnt die Frau eine vertrauliche Geburt ab, so ist sie darüber zu informieren, dass ihr das Angebot der anonymen Beratung und Hilfen jederzeit weiter zur Verfügung steht.

§ 26[1] Das Verfahren der vertraulichen Geburt. (1) Wünscht die Schwangere eine vertrauliche Geburt, wählt sie

1. einen Vor- und einen Familiennamen, unter dem sie im Verfahren der vertraulichen Geburt handelt (Pseudonym), und
2. je einen oder mehrere weibliche und einen oder mehrere männliche Vornamen für das Kind.

(2) [1] Die Beratungsstelle hat einen Nachweis für die Herkunft des Kindes zu erstellen. [2] Dafür nimmt sie die Vornamen und den Familiennamen der Schwangeren, ihr Geburtsdatum und ihre Anschrift auf und überprüft diese Angaben anhand eines gültigen zur Identitätsfeststellung der Schwangeren geeigneten Ausweises.

---

[1] 6. Abschnitt (§§ 25–34) angef. mWv 1.5.2014 durch G v. 28.8.2013 (BGBl. I S. 3458).

(3) [1]Der Herkunftsnachweis ist in einem Umschlag so zu verschließen, dass ein unbemerktes Öffnen verhindert wird. [2]Auf dem Umschlag sind zu vermerken:

1. die Tatsache, dass er einen Herkunftsnachweis enthält,
2. das Pseudonym,
3. der Geburtsort und das Geburtsdatum des Kindes,
4. der Name und die Anschrift der geburtshilflichen Einrichtung oder der zur Leistung von Geburtshilfe berechtigten Person, bei der die Anmeldung nach Absatz 4 erfolgt ist, und
5. die Anschrift der Beratungsstelle.

(4) [1]Mit dem Hinweis, dass es sich um eine vertrauliche Geburt handelt, meldet die Beratungsstelle die Schwangere unter deren Pseudonym in einer geburtshilflichen Einrichtung oder bei einer zur Leistung von Geburtshilfe berechtigten Person zur Entbindung an. [2]Diese Einrichtung oder Person kann die Schwangere frei wählen. [3]Die Beratungsstelle teilt bei der Anmeldung die nach Absatz 1 Nummer 2 gewählten Vornamen für das Kind mit.

(5) [1]Die Beratungsstelle teilt dem am Geburtsort zuständigen Jugendamt folgende Angaben mit:

1. das Pseudonym der Schwangeren,
2. den voraussichtlichen Geburtstermin und
3. die Einrichtung oder die zur Leistung von Geburtshilfe berechtigte Person, bei der die Anmeldung nach Absatz 4 erfolgt ist.

(6) [1]Der Leiter oder die Leiterin der Einrichtung der Geburtshilfe, in der die Schwangere geboren hat, teilt der Beratungsstelle nach Absatz 4 Satz 1 unverzüglich das Geburtsdatum und den Geburtsort des Kindes mit. [2]Das Gleiche gilt bei einer Hausgeburt für die zur Leistung von Geburtshilfe berechtigte Person.

(7) [1]Das Standesamt teilt dem Bundesamt für Familie und zivilgesellschaftliche Aufgaben den beurkundeten Namen des Kindes zusammen mit dem Pseudonym der Mutter mit.

(8) Nachrichten der Frau an das Kind werden von der Beratungsstelle an die Adoptionsvermittlungsstelle weitergeleitet und dort in die entsprechende Vermittlungsakte aufgenommen; bei nicht adoptierten Kindern werden sie an das Bundesamt für Familie und zivilgesellschaftliche Aufgaben weitergeleitet.

§ 27[1]) Umgang mit dem Herkunftsnachweis. (1) Die Beratungsstelle übersendet den Umschlag mit dem Herkunftsnachweis an das Bundesamt für Familie und zivilgesellschaftliche Aufgaben zur sicheren Verwahrung, sobald sie Kenntnis von der Geburt des Kindes erlangt hat.

(2) Das Bundesamt für Familie und zivilgesellschaftliche Aufgaben vermerkt den vom Standesamt nach § 26 Absatz 7 mitgeteilten Namen des Kindes auf dem Umschlag, der seinen Herkunftsnachweis enthält.

---

1) § 27 angef. mWv 1.5.2014 durch G v. 28.8.2013 (BGBl. I S. 3458).

§ 28[1)] **Beratungsstellen zur Betreuung der vertraulichen Geburt.**

(1) Beratungsstellen nach den §§ 3 und 8 können die Beratung zur vertraulichen Geburt durchführen, wenn sie die Gewähr für eine ordnungsgemäße Durchführung des Verfahrens der vertraulichen Geburt nach den Bestimmungen dieses Abschnitts bieten sowie über hinreichend persönlich und fachlich qualifizierte Beratungsfachkräfte verfügen.

(2) Um die Beratung zur vertraulichen Geburt wohnortnah durchzuführen, können die Beratungsstellen nach den §§ 3 und 8 eine Beratungsfachkraft nach Absatz 1 hinzuziehen.

§ 29[1)] **Beratung in Einrichtungen der Geburtshilfe oder bei Hausgeburten.** (1) [1]Der Leiter oder die Leiterin einer Einrichtung der Geburtshilfe, die eine Schwangere ohne Feststellung ihrer Identität zur Entbindung aufnimmt, hat unverzüglich eine Beratungsstelle nach den §§ 3 und 8 im örtlichen Einzugsbereich über die Aufnahme zu informieren. [2]Das Gleiche gilt für eine zur Leistung von Geburtshilfe berechtigte Person bei einer Hausgeburt.

(2) [1]Die unterrichtete Beratungsstelle sorgt dafür, dass der Schwangeren die Beratung zur vertraulichen Geburt und deren Durchführung nach Maßgabe dieses Abschnitts unverzüglich von einer Beratungsfachkraft nach § 28 persönlich angeboten wird. [2]Die Schwangere darf nicht zur Annahme der Beratung gedrängt werden.

(3) Die Verpflichtung nach Absatz 2 besteht auch, wenn die Frau ihr Kind bereits geboren hat.

§ 30[1)] **Beratung nach der Geburt des Kindes.** (1) [1]Der Mutter ist auch nach der Geburt des Kindes Beratung nach § 2 Absatz 4 und § 25 Absatz 2 und 3 anzubieten. [2]Dies gilt auch dann, wenn kein Herkunftsnachweis erstellt worden ist.

(2) [1]Betrifft die Beratung die Rücknahme des Kindes, soll die Beratungsstelle die Mutter über die Leistungsangebote für Eltern im örtlichen Einzugsbereich informieren. [2]Will die Mutter ihr Kind zurückerhalten, soll die Beratungsstelle darauf hinwirken, dass sie Hilfe in Anspruch nimmt. [3]Die Beratungsstelle bietet der Schwangeren kontinuierlich Hilfestellung zur Lösung ihrer psychosozialen Konfliktlage an.

§ 31[1)] **Einsichtsrecht des Kindes in den Herkunftsnachweis.** (1) Mit Vollendung des 16. Lebensjahres hat das vertraulich geborene Kind das Recht, den beim Bundesamt für Familie und zivilgesellschaftliche Aufgaben verwahrten Herkunftsnachweis einzusehen oder Kopien zu verlangen (Einsichtsrecht).

(2) [1]Die Mutter kann Belange, die dem Einsichtsrecht entgegenstehen, ab der Vollendung des 15. Lebensjahres des Kindes unter ihrem Pseudonym nach § 26 Absatz 1 Nummer 1 bei einer Beratungsstelle nach den §§ 3 und 8 erklären. [2]Sie hat dabei die Angabe nach § 26 Absatz 3 Satz 2 Nummer 3 zu machen. [3]Die Beratungsstelle zeigt der Mutter Hilfsangebote auf und erörtert mit ihr mögliche Maßnahmen zur Abwehr der befürchteten Gefahren. [4]Sie hat

[1)] §§ 28–31 angef. mWv 1.5.2014 durch G v. 28.8.2013 (BGBl. I S. 3458).

die Mutter darüber zu informieren, dass das Kind sein Einsichtsrecht gerichtlich geltend machen kann.

(3) [1]Bleibt die Mutter bei ihrer Erklärung nach Absatz 2, so hat sie gegenüber der Beratungsstelle eine Person oder Stelle zu benennen, die für den Fall eines familiengerichtlichen Verfahrens die Rechte der Mutter im eigenen Namen geltend macht (Verfahrensstandschafter). [2]Der Verfahrensstandschafter darf die Identität der Mutter nicht ohne deren Einwilligung offenbaren. [3]Die Mutter ist von der Beratungsstelle darüber zu informieren, dass sie dafür zu sorgen hat, dass diese Person oder Stelle zur Übernahme der Verfahrensstandschaft bereit und für das Familiengericht erreichbar ist. [4]Die Beratungsstelle unterrichtet das Bundesamt für Familie und zivilgesellschaftliche Aufgaben unverzüglich über die Erklärung der Mutter und ihre Angaben zur Person oder Stelle.

(4) Das Bundesamt für Familie und zivilgesellschaftliche Aufgaben darf dem Kind bis zum rechtskräftigen Abschluss eines familiengerichtlichen Verfahrens nach § 32 keine Einsicht gewähren, wenn die Mutter eine Erklärung nach Absatz 2 Satz 1 abgegeben und eine Person oder Stelle nach Absatz 3 Satz 1 benannt hat.

§ 32[1)] Familiengerichtliches Verfahren. (1) [1]Verweigert das Bundesamt für Familie und zivilgesellschaftliche Aufgaben dem Kind die Einsicht in seinen Herkunftsnachweis nach § 31 Absatz 4, entscheidet das Familiengericht auf Antrag des Kindes über dessen Einsichtsrecht. [2]Das Familiengericht hat zu prüfen, ob das Interesse der leiblichen Mutter an der weiteren Geheimhaltung ihrer Identität aufgrund der durch die Einsicht befürchteten Gefahren für Leib, Leben, Gesundheit, persönliche Freiheit oder ähnliche schutzwürdige Belange gegenüber dem Interesse des Kindes auf Kenntnis seiner Abstammung überwiegt. [3]Ausschließlich zuständig ist das Familiengericht, in dessen Bezirk das Kind seinen gewöhnlichen Aufenthalt hat. [4]Ist eine Zuständigkeit eines deutschen Gerichts nach Satz 3 nicht gegeben, ist das Amtsgericht Schöneberg in Berlin ausschließlich zuständig.

(2) In diesem Verfahren gelten die Vorschriften des Ersten Buches des Gesetzes über das Verfahren in Familiensachen und in den Angelegenheiten der freiwilligen Gerichtsbarkeit[2)] entsprechend, soweit nachfolgend nichts anderes geregelt ist.

(3) [1]Beteiligte des Verfahrens sind:

1. das Kind,
2. das Bundesamt für Familie und zivilgesellschaftliche Aufgaben,
3. der nach § 31 Absatz 3 Satz 1 benannte Verfahrensstandschafter.

[2]Das Gericht kann die Mutter persönlich anhören. [3]Hört es die Mutter an, so hat die Anhörung in Abwesenheit der übrigen Beteiligten zu erfolgen. [4]Diese sind unter Wahrung der Anonymität der Mutter über das Ergebnis der Anhörung zu unterrichten. [5]Der Beschluss des Familiengerichts wird erst mit Rechtskraft wirksam. [6]Die Entscheidung wirkt auch für und gegen die Mutter. [7]In dem Verfahren werden keine Kosten erhoben. [8]§ 174 des Gesetzes über

[1)] § 32 angef. mWv 1.5.2014 durch G v. 28.8.2013 (BGBl. I S. 3458).
[2)] **Schönfelder Nr. 112.**

das Verfahren in Familiensachen und in den Angelegenheiten der freiwilligen Gerichtsbarkeit[1] ist entsprechend anzuwenden.

(4) Erklären sich der Verfahrensstandschafter und die Mutter in dem Verfahren binnen einer vom Gericht zu bestimmenden Frist nicht, wird vermutet, dass schutzwürdige Belange der Mutter nach Absatz 1 Satz 2 nicht vorliegen.

(5) Wird der Antrag des Kindes zurückgewiesen, kann das Kind frühestens drei Jahre nach Rechtskraft des Beschlusses erneut einen Antrag beim Familiengericht stellen.

§ 33[2] Dokumentations- und Berichtspflicht. (1) [1] Die Beratungsstelle fertigt über jedes Beratungsgespräch unter dem Pseudonym der Schwangeren eine Aufzeichnung an, die insbesondere Folgendes dokumentiert:

1. die Unterrichtungen nach § 26 Absatz 4 und 5,
2. die ordnungsgemäße Datenaufnahme nach § 26 Absatz 2 sowie die Versendung des Herkunftsnachweises nach § 27 Absatz 1 und
3. die Fertigung und Versendung einer Nachricht nach § 26 Absatz 8.

[2] Die Anonymität der Schwangeren ist zu wahren.

(2) Die Beratungsstellen sind verpflichtet, auf der Grundlage der Dokumentation die mit der vertraulichen Geburt gesammelten Erfahrungen jährlich in einem schriftlichen Bericht niederzulegen, der über die zuständige Landesbehörde dem Bundesamt für Familie und zivilgesellschaftliche Aufgaben übermittelt wird.

§ 34[2] Kostenübernahme. (1) [1] Der Bund übernimmt die Kosten, die im Zusammenhang mit der Geburt sowie der Vor- und Nachsorge entstehen. [2] Die Kostenübernahme erfolgt entsprechend der Vergütung für Leistungen der gesetzlichen Krankenversicherung bei Schwangerschaft und Mutterschaft.

(2) Der Träger der Einrichtung, in der die Geburtshilfe stattgefunden hat, die zur Leistung von Geburtshilfe berechtigte Person, die Geburtshilfe geleistet hat, sowie andere beteiligte Leistungserbringer können diese Kosten unmittelbar gegenüber dem Bund geltend machen.

(3) Macht die Mutter nach der Geburt die für den Geburtseintrag erforderlichen Angaben, kann der Bund die nach Absatz 1 übernommenen Kosten von der Krankenversicherung zurückfordern.

(4) Die Aufgaben nach den Absätzen 2 und 3 werden dem Bundesamt für Familie und zivilgesellschaftliche Aufgaben übertragen.

(5) Das Standesamt teilt dem Bundesamt für Familie und zivilgesellschaftliche Aufgaben im Fall des Absatzes 3 Namen und Anschrift der Mutter sowie ihr Pseudonym mit.

---

[1] **Schönfelder Nr. 112.**

[2] §§ 33 und 34 angef. mWv 1.5.2014 durch G v. 28.8.2013 (BGBl. I S. 3458).

85g. Völkerstrafgesetzbuch (VStGB)[1)]

Vom 26. Juni 2002
(BGBl. I S. 2254)

FNA 453-21

Lfd. Nr.	Änderndes Gesetz	Datum	Fundstelle	Betroffen	Hinweis
1.	Art. 1 ÄndG	22.12.2016	BGBl. I S. 3150	§§ 1, 2, 3, Abschnitt 4, §§ 14, 15	geänd. mWv 1.1.2017
				Abschnitt 3 (§ 13)	eingef. mWv 1.1.2017
2.	Art. 1 G zur Fortentwicklung des Völkerstrafrechts	30.7.2024	BGBl. 2024 I Nr. 255	§§ 7, 8, 11, 12	geänd. mWv 3.8.2024

Teil 1. Allgemeine Regelungen

§ 1[2)] Anwendungsbereich. [1]Dieses Gesetz gilt für alle in ihm bezeichneten Straftaten gegen das Völkerrecht, für Taten nach den §§ 6 bis 12 auch dann, wenn die Tat im Ausland begangen wurde und keinen Bezug zum Inland aufweist. [2]Für Taten nach § 13, die im Ausland begangen wurden, gilt dieses Gesetz unabhängig vom Recht des Tatorts, wenn der Täter Deutscher ist oder die Tat sich gegen die Bundesrepublik Deutschland richtet.

§ 2[3)] Anwendung des allgemeinen Rechts. Auf Taten nach diesem Gesetz findet das allgemeine Strafrecht Anwendung, soweit dieses Gesetz nicht in den §§ 1, 3 bis 5 und 13 Absatz 4 besondere Bestimmungen trifft.

§ 3[4)] Handeln auf Befehl oder Anordnung. Ohne Schuld handelt, wer eine Tat nach den §§ 8 bis 15 in Ausführung eines militärischen Befehls oder einer Anordnung von vergleichbarer tatsächlicher Bindungswirkung begeht, sofern der Täter nicht erkennt, dass der Befehl oder die Anordnung rechtswidrig ist und deren Rechtswidrigkeit auch nicht offensichtlich ist.

§ 4 Verantwortlichkeit militärischer Befehlshaber und anderer Vorgesetzter. (1) [1]Ein militärischer Befehlshaber oder ziviler Vorgesetzter, der es unterlässt, seinen Untergebenen daran zu hindern, eine Tat nach diesem Gesetz zu begehen, wird wie ein Täter der von dem Untergebenen begangenen Tat bestraft. [2]§ 13 Abs. 2 des Strafgesetzbuches[5)] findet in diesem Fall keine Anwendung.

(2) [1]Einem militärischen Befehlshaber steht eine Person gleich, die in einer Truppe tatsächliche Befehls- oder Führungsgewalt und Kontrolle ausübt. [2]Einem zivilen Vorgesetzten steht eine Person gleich, die in einer zivilen Organisation oder einem Unternehmen tatsächliche Führungsgewalt und Kontrolle ausübt.

[1)] Verkündet als Art. 1 Völkerstrafgesetzbuch-EinführungsG v. 26.6.2002 (BGBl. I S. 2254) v. 26.6.2002 (BGBl. I S. 2254); Inkrafttreten gem. Art. 8 dieses G am 30.6.2002.

[2)] § 1 Satz 1 geänd., Satz 2 angef. mWv 1.1.2017 durch G v. 22.12.2016 (BGBl. I S. 3150).

[3)] § 2 geänd. mWv 1.1.2017 durch G v. 22.12.2016 (BGBl. I S. 3150).

[4)] § 3 geänd. mWv 1.1.2017 durch G v. 22.12.2016 (BGBl. I S. 3150).

[5)] **Habersack, Deutsche Gesetze Nr. 85.**

§ 5 Unverjährbarkeit. Die Verfolgung von Verbrechen nach diesem Gesetz und die Vollstreckung der wegen ihnen verhängten Strafen verjähren nicht.

Teil 2. Straftaten gegen das Völkerrecht

Abschnitt 1. Völkermord und Verbrechen gegen die Menschlichkeit

§ 6 Völkermord. (1) Wer in der Absicht, eine nationale, rassische, religiöse oder ethnische Gruppe als solche ganz oder teilweise zu zerstören,

1. ein Mitglied der Gruppe tötet,
2. einem Mitglied der Gruppe schwere körperliche oder seelische Schäden, insbesondere der in § 226 des Strafgesetzbuches[1] bezeichneten Art, zufügt,
3. die Gruppe unter Lebensbedingungen stellt, die geeignet sind, ihre körperliche Zerstörung ganz oder teilweise herbeizuführen,
4. Maßregeln verhängt, die Geburten innerhalb der Gruppe verhindern sollen,
5. ein Kind der Gruppe gewaltsam in eine andere Gruppe überführt,

wird mit lebenslanger Freiheitsstrafe bestraft.

(2) In minder schweren Fällen des Absatzes 1 Nr. 2 bis 5 ist die Strafe Freiheitsstrafe nicht unter fünf Jahren.

§ 7[2] Verbrechen gegen die Menschlichkeit. (1) Wer im Rahmen eines ausgedehnten oder systematischen Angriffs gegen eine Zivilbevölkerung

1. einen Menschen tötet,
2. in der Absicht, eine Bevölkerung ganz oder teilweise zu zerstören, diese oder Teile hiervon unter Lebensbedingungen stellt, die geeignet sind, deren Zerstörung ganz oder teilweise herbeizuführen,
3. Menschenhandel betreibt, insbesondere mit einer Frau oder einem Kind, oder wer auf andere Weise einen Menschen versklavt und sich dabei ein Eigentumsrecht an ihm anmaßt,
4. einen Menschen, der sich rechtmäßig in einem Gebiet aufhält, vertreibt oder zwangsweise überführt, indem er ihn unter Verstoß gegen eine allgemeine Regel des Völkerrechts durch Ausweisung oder andere Zwangsmaßnahmen in einen anderen Staat oder in ein anderes Gebiet verbringt,
5. einen Menschen, der sich in seinem Gewahrsam oder in sonstiger Weise unter seiner Kontrolle befindet, foltert, indem er ihm erhebliche körperliche oder seelische Schäden oder Leiden zufügt, die nicht lediglich Folge völkerrechtlich zulässiger Sanktionen sind,
6. einen sexuellen Übergriff auf einen anderen Menschen begeht, ihn sexuell nötigt oder vergewaltigt, ihn zur Prostitution nötigt, ihn sexuell versklavt, ihn der Fortpflanzungsfähigkeit beraubt, einen unter Anwendung von Zwang geschwängerten Menschen in der Absicht, die ethnische Zusammensetzung einer Bevölkerung zu beeinflussen oder Taten nach den §§ 6 bis 13 zu begehen, gefangen hält oder eine Schwangerschaft gegen oder ohne den Willen des schwangeren Menschen abbricht,
7. einen Menschen dadurch zwangsweise verschwinden lässt, dass er in der Absicht, ihn nicht nur kurzzeitig dem Schutz des Gesetzes zu entziehen,

---

[1] **Habersack, Deutsche Gesetze Nr. 85.**

[2] § 7 Abs. 1 Nr. 6 neu gef., Nr. 7 einl. Satzteil, Buchst. a und Nr. 10 geänd. mWv 3.8.2024 durch G v. 30.7.2024 (BGBl. 2024 I Nr. 255).

a) ihn im Auftrag oder mit Billigung eines Staates oder einer politischen Organisation entführt oder sonst in schwerwiegender Weise der körperlichen Freiheit beraubt, ohne dass im Weiteren unverzüglich wahrheitsgemäß Auskunft über sein Schicksal und seinen Verbleib erteilt wird, oder
b) sich im Auftrag des Staates oder der politischen Organisation oder entgegen einer Rechtspflicht weigert, unverzüglich Auskunft über das Schicksal und den Verbleib des Menschen zu erteilen, der unter den Voraussetzungen des Buchstaben a seiner körperlichen Freiheit beraubt wurde, oder eine falsche Auskunft dazu erteilt,

8. einem anderen Menschen schwere körperliche oder seelische Schäden, insbesondere der in § 226 des Strafgesetzbuches[1)] bezeichneten Art, zufügt,
9. einen Menschen unter Verstoß gegen eine allgemeine Regel des Völkerrechts in schwerwiegender Weise der körperlichen Freiheit beraubt oder
10. eine identifizierbare Gruppe oder Gemeinschaft verfolgt, indem er ihr aus politischen, rassischen, nationalen, ethnischen, kulturellen oder religiösen Gründen, aus Gründen des Geschlechts, der sexuellen Orientierung oder aus anderen nach den allgemeinen Regeln des Völkerrechts als unzulässig anerkannten Gründen grundlegende Menschenrechte entzieht oder diese wesentlich einschränkt,

wird in den Fällen der Nummern 1 und 2 mit lebenslanger Freiheitsstrafe, in den Fällen der Nummern 3 bis 7 mit Freiheitsstrafe nicht unter fünf Jahren und in den Fällen der Nummern 8 bis 10 mit Freiheitsstrafe nicht unter drei Jahren bestraft.

(2) In minder schweren Fällen des Absatzes 1 Nr. 2 ist die Strafe Freiheitsstrafe nicht unter fünf Jahren, in minder schweren Fällen des Absatzes 1 Nr. 3 bis 7 Freiheitsstrafe nicht unter zwei Jahren und in minder schweren Fällen des Absatzes 1 Nr. 8 und 9 Freiheitsstrafe nicht unter einem Jahr.

(3) Verursacht der Täter durch eine Tat nach Absatz 1 Nr. 3 bis 10 den Tod eines Menschen, so ist die Strafe in den Fällen des Absatzes 1 Nr. 3 bis 7 lebenslange Freiheitsstrafe oder Freiheitsstrafe nicht unter zehn Jahren und in den Fällen des Absatzes 1 Nr. 8 bis 10 Freiheitsstrafe nicht unter fünf Jahren.

(4) In minder schweren Fällen des Absatzes 3 ist die Strafe bei einer Tat nach Absatz 1 Nr. 3 bis 7 Freiheitsstrafe nicht unter fünf Jahren und bei einer Tat nach Absatz 1 Nr. 8 bis 10 Freiheitsstrafe nicht unter drei Jahren.

(5) [1] Wer ein Verbrechen nach Absatz 1 in der Absicht begeht, ein institutionalisiertes Regime der systematischen Unterdrückung und Beherrschung einer rassischen Gruppe durch eine andere aufrechtzuerhalten, wird mit Freiheitsstrafe nicht unter fünf Jahren bestraft, soweit nicht die Tat nach Absatz 1 oder Absatz 3 mit schwererer Strafe bedroht ist. [2] In minder schweren Fällen ist die Strafe Freiheitsstrafe nicht unter drei Jahren, soweit nicht die Tat nach Absatz 2 oder Absatz 4 mit schwererer Strafe bedroht ist.

Abschnitt 2. Kriegsverbrechen

§ 8[2)] Kriegsverbrechen gegen Personen. (1) Wer im Zusammenhang mit einem internationalen oder nichtinternationalen bewaffneten Konflikt

1. eine nach dem humanitären Völkerrecht zu schützende Person tötet,
2. eine nach dem humanitären Völkerrecht zu schützende Person als Geisel nimmt,

---

[1)] **Habersack, Deutsche Gesetze Nr. 85.**
[2)] § 8 Abs. 1 Nr. 4 neu gef. mWv 3.8.2024 durch G v. 30.7.2024 (BGBl. 2024 I Nr. 255).

3. eine nach dem humanitären Völkerrecht zu schützende Person grausam oder unmenschlich behandelt, indem er ihr erhebliche körperliche oder seelische Schäden oder Leiden zufügt, insbesondere sie foltert oder verstümmelt,
4. einen sexuellen Übergriff auf eine nach dem humanitären Völkerrecht zu schützende Person begeht, sie sexuell nötigt oder vergewaltigt, sie zur Prostitution nötigt, sie sexuell versklavt, sie der Fortpflanzungsfähigkeit beraubt, eine nach dem humanitären Völkerrecht zu schützende und unter Anwendung von Zwang geschwängerte Person in der Absicht, die ethnische Zusammensetzung einer Bevölkerung zu beeinflussen oder Taten nach den §§ 6 bis 13 zu begehen, gefangen hält oder eine Schwangerschaft gegen oder ohne den Willen der *schwangeren*[1]), nach dem humanitären Völkerrecht zu schützenden Person abbricht,
5. Kinder unter 15 Jahren für Streitkräfte zwangsverpflichtet oder in Streitkräfte oder bewaffnete Gruppen eingliedert oder sie zur aktiven Teilnahme an Feindseligkeiten verwendet,
6. eine nach dem humanitären Völkerrecht zu schützende Person, die sich rechtmäßig in einem Gebiet aufhält, vertreibt oder zwangsweise überführt, indem er sie unter Verstoß gegen eine allgemeine Regel des Völkerrechts durch Ausweisung oder andere Zwangsmaßnahmen in einen anderen Staat oder in ein anderes Gebiet verbringt,
7. gegen eine nach dem humanitären Völkerrecht zu schützende Person eine erhebliche Strafe, insbesondere die Todesstrafe oder eine Freiheitsstrafe verhängt oder vollstreckt, ohne dass diese Person in einem unparteiischen ordentlichen Gerichtsverfahren, das die völkerrechtlich erforderlichen Rechtsgarantien bietet, abgeurteilt worden ist,
8. eine nach dem humanitären Völkerrecht zu schützende Person in die Gefahr des Todes oder einer schweren Gesundheitsschädigung bringt, indem er
   a) an einer solchen Person Versuche vornimmt, in die sie nicht zuvor freiwillig und ausdrücklich eingewilligt hat oder die weder medizinisch notwendig sind noch in ihrem Interesse durchgeführt werden,
   b) einer solchen Person Gewebe oder Organe für Übertragungszwecke entnimmt, sofern es sich nicht um die Entnahme von Blut oder Haut zu therapeutischen Zwecken im Einklang mit den allgemein anerkannten medizinischen Grundsätzen handelt und die Person zuvor nicht freiwillig und ausdrücklich eingewilligt hat, oder
   c) bei einer solchen Person medizinisch nicht anerkannte Behandlungsmethoden anwendet, ohne dass dies medizinisch notwendig ist und die Person zuvor freiwillig und ausdrücklich eingewilligt hat, oder
9. eine nach dem humanitären Völkerrecht zu schützende Person in schwerwiegender Weise entwürdigend oder erniedrigend behandelt,

wird in den Fällen der Nummer 1 mit lebenslanger Freiheitsstrafe, in den Fällen der Nummer 2 mit Freiheitsstrafe nicht unter fünf Jahren, in den Fällen der Nummern 3 bis 5 mit Freiheitsstrafe nicht unter drei Jahren, in den Fällen der Nummern 6 bis 8 mit Freiheitsstrafe nicht unter zwei Jahren und in den Fällen der Nummer 9 mit Freiheitsstrafe nicht unter einem Jahr bestraft.

(2) Wer im Zusammenhang mit einem internationalen oder nichtinternationalen bewaffneten Konflikt einen Angehörigen der gegnerischen Streitkräfte oder einen Kämpfer der gegnerischen Partei verwundet, nachdem dieser sich bedin-

[1]) Kleinschreibung amtlich.

gungslos ergeben hat oder sonst außer Gefecht ist, wird mit Freiheitsstrafe nicht unter drei Jahren bestraft.

(3) Wer im Zusammenhang mit einem internationalen bewaffneten Konflikt

1. eine geschützte Person im Sinne des Absatzes 6 Nr. 1 rechtswidrig gefangen hält oder ihre Heimschaffung ungerechtfertigt verzögert,
2. als Angehöriger einer Besatzungsmacht einen Teil der eigenen Zivilbevölkerung in das besetzte Gebiet überführt,
3. eine geschützte Person im Sinne des Absatzes 6 Nr. 1 mit Gewalt oder durch Drohung mit einem empfindlichen Übel zum Dienst in den Streitkräften einer feindlichen Macht nötigt oder
4. einen Angehörigen der gegnerischen Partei mit Gewalt oder durch Drohung mit einem empfindlichen Übel nötigt, an Kriegshandlungen gegen sein eigenes Land teilzunehmen,

wird mit Freiheitsstrafe nicht unter zwei Jahren bestraft.

(4) [1] Verursacht der Täter durch eine Tat nach Absatz 1 Nr. 2 bis 6 den Tod des Opfers, so ist in den Fällen des Absatzes 1 Nr. 2 die Strafe lebenslange Freiheitsstrafe oder Freiheitsstrafe nicht unter zehn Jahren, in den Fällen des Absatzes 1 Nr. 3 bis 5 Freiheitsstrafe nicht unter fünf Jahren, in den Fällen des Absatzes 1 Nr. 6 Freiheitsstrafe nicht unter drei Jahren. [2] Führt eine Handlung nach Absatz 1 Nr. 8 zum Tod oder zu einer schweren Gesundheitsschädigung, so ist die Strafe Freiheitsstrafe nicht unter drei Jahren.

(5) In minder schweren Fällen des Absatzes 1 Nr. 2 ist die Strafe Freiheitsstrafe nicht unter zwei Jahren, in minder schweren Fällen des Absatzes 1 Nr. 3 und 4 und des Absatzes 2 Freiheitsstrafe nicht unter einem Jahr, in minder schweren Fällen des Absatzes 1 Nr. 6 und des Absatzes 3 Nr. 1 Freiheitsstrafe von sechs Monaten bis zu fünf Jahren.

(6) Nach dem humanitären Völkerrecht zu schützende Personen sind

1. im internationalen bewaffneten Konflikt: geschützte Personen im Sinne der Genfer Abkommen und des Zusatzprotokolls I (Anlage zu diesem Gesetz), namentlich Verwundete, Kranke, Schiffbrüchige, Kriegsgefangene und Zivilpersonen;
2. im nichtinternationalen bewaffneten Konflikt: Verwundete, Kranke, Schiffbrüchige sowie Personen, die nicht unmittelbar an den Feindseligkeiten teilnehmen und sich in der Gewalt der gegnerischen Partei befinden;
3. im internationalen und im nichtinternationalen bewaffneten Konflikt: Angehörige der Streitkräfte und Kämpfer der gegnerischen Partei, welche die Waffen gestreckt haben oder in sonstiger Weise wehrlos sind.

§ 9 Kriegsverbrechen gegen Eigentum und sonstige Rechte. (1) Wer im Zusammenhang mit einem internationalen oder nichtinternationalen bewaffneten Konflikt plündert oder, ohne dass dies durch die Erfordernisse des bewaffneten Konflikts geboten ist, sonst in erheblichem Umfang völkerrechtswidrig Sachen der gegnerischen Partei, die der Gewalt der eigenen Partei unterliegen, zerstört, sich aneignet oder beschlagnahmt, wird mit Freiheitsstrafe von einem Jahr bis zu zehn Jahren bestraft.

(2) Wer im Zusammenhang mit einem internationalen bewaffneten Konflikt völkerrechtswidrig anordnet, dass Rechte und Forderungen aller oder eines wesentlichen Teils der Angehörigen der gegnerischen Partei aufgehoben oder aus-

gesetzt werden oder vor Gericht nicht einklagbar sind, wird mit Freiheitsstrafe von einem Jahr bis zu zehn Jahren bestraft.

§ 10 Kriegsverbrechen gegen humanitäre Operationen und Embleme.

(1) [1] Wer im Zusammenhang mit einem internationalen oder nichtinternationalen bewaffneten Konflikt

1. einen Angriff gegen Personen, Einrichtungen, Material, Einheiten oder Fahrzeuge richtet, die an einer humanitären Hilfsmission oder an einer friedenserhaltenden Mission in Übereinstimmung mit der Charta der Vereinten Nationen beteiligt sind, solange sie Anspruch auf den Schutz haben, der Zivilpersonen oder zivilen Objekten nach dem humanitären Völkerrecht gewährt wird, oder
2. einen Angriff gegen Personen, Gebäude, Material, Sanitätseinheiten oder Sanitätstransportmittel richtet, die in Übereinstimmung mit dem humanitären Völkerrecht mit den Schutzzeichen der Genfer Abkommen gekennzeichnet sind,

wird mit Freiheitsstrafe nicht unter drei Jahren bestraft. [2] In minder schweren Fällen, insbesondere wenn der Angriff nicht mit militärischen Mitteln erfolgt, ist die Strafe Freiheitsstrafe nicht unter einem Jahr.

(2) Wer im Zusammenhang mit einem internationalen oder nichtinternationalen bewaffneten Konflikt die Schutzzeichen der Genfer Abkommen, die Parlamentärflagge oder die Flagge, die militärischen Abzeichen oder die Uniform des Feindes oder der Vereinten Nationen missbraucht und dadurch den Tod oder die schwere Verletzung eines Menschen (§ 226 des Strafgesetzbuches[1)]) verursacht, wird mit Freiheitsstrafe nicht unter fünf Jahren bestraft.

§ 11[2)] Kriegsverbrechen des Einsatzes verbotener Methoden der Kriegsführung. (1) [1] Wer im Zusammenhang mit einem internationalen oder nichtinternationalen bewaffneten Konflikt

1. mit militärischen Mitteln einen Angriff gegen die Zivilbevölkerung als solche oder gegen einzelne Zivilpersonen richtet, die an den Feindseligkeiten nicht unmittelbar teilnehmen,
2. mit militärischen Mitteln einen Angriff gegen zivile Objekte richtet, solange sie durch das humanitäre Völkerrecht als solche geschützt sind, namentlich Gebäude, die dem Gottesdienst, der Erziehung, der Kunst, der Wissenschaft oder der Wohltätigkeit gewidmet sind, geschichtliche Denkmäler, Krankenhäuser und Sammelplätze für Kranke und Verwundete, unverteidigte Städte, Dörfer, Wohnstätten oder Gebäude oder entmilitarisierte Zonen sowie Anlagen und Einrichtungen, die gefährliche Kräfte enthalten,
3. mit militärischen Mitteln einen Angriff durchführt und dabei als sicher erwartet, dass der Angriff die Tötung oder Verletzung von Zivilpersonen oder die Beschädigung ziviler Objekte in einem Ausmaß verursachen wird, das außer Verhältnis zu dem insgesamt erwarteten konkreten und unmittelbaren militärischen Vorteil steht,
4. eine nach dem humanitären Völkerrecht zu schützende Person als Schutzschild einsetzt, um den Gegner von Kriegshandlungen gegen bestimmte Ziele abzuhalten,

---

[1)] **Habersack, Deutsche Gesetze Nr. 85.**

[2)] § 11 Abs. 1 Satz 1 Nr. 6 und 7 geänd., Nr. 8 eingef., Abs. 3 aufgeh. mWv 3.8.2024 durch G v. 30.7. 2024 (BGBl. 2024 I Nr. 255).

5. das Aushungern von Zivilpersonen als Methode der Kriegsführung einsetzt, indem er ihnen die für sie lebensnotwendigen Gegenstände vorenthält oder Hilfslieferungen unter Verstoß gegen das humanitäre Völkerrecht behindert,
6. als Befehlshaber anordnet oder androht, dass kein Pardon gegeben wird,
7. einen Angehörigen der gegnerischen Streitkräfte oder einen Kämpfer der gegnerischen Partei meuchlerisch tötet oder verwundet, oder
8. mit militärischen Mitteln einen Angriff durchführt und dabei als sicher erwartet, dass der Angriff weitreichende, langfristige und schwere Schäden an der natürlichen Umwelt verursachen wird, die außer Verhältnis zu dem insgesamt erwarteten konkreten und unmittelbaren militärischen Vorteil stehen,

wird mit Freiheitsstrafe nicht unter drei Jahren bestraft. [2] In minder schweren Fällen der Nummer 2 ist die Strafe Freiheitsstrafe nicht unter einem Jahr.

(2) [1] Verursacht der Täter durch eine Tat nach Absatz 1 Nr. 1 bis 6 den Tod oder die schwere Verletzung einer Zivilperson (§ 226 des Strafgesetzbuches[1)]) oder einer nach dem humanitären Völkerrecht zu schützenden Person, wird er mit Freiheitsstrafe nicht unter fünf Jahren bestraft. [2] Führt der Täter den Tod vorsätzlich herbei, ist die Strafe lebenslange Freiheitsstrafe oder Freiheitsstrafe nicht unter zehn Jahren.

§ 12[2)] Kriegsverbrechen des Einsatzes verbotener Mittel der Kriegsführung. (1) Wer im Zusammenhang mit einem internationalen oder nichtinternationalen bewaffneten Konflikt

1. Gift oder vergiftete Waffen verwendet,
2. biologische oder chemische Waffen verwendet,
3. Geschosse verwendet, die sich leicht im Körper des Menschen ausdehnen oder flachdrücken, insbesondere Geschosse mit einem harten Mantel, der den Kern nicht ganz umschließt oder mit Einschnitten versehen ist,
4. Waffen verwendet, deren Hauptwirkung darin besteht, durch Splitter zu verletzen, die im menschlichen Körper durch Röntgenstrahlen nicht entdeckt werden können, oder
5. Laserwaffen verwendet, die eigens dazu entworfen sind, die dauerhafte Erblindung des unbewehrten Auges zu verursachen,

wird mit Freiheitsstrafe nicht unter drei Jahren bestraft.

(2) [1] Verursacht der Täter durch eine Tat nach Absatz 1 den Tod oder die schwere Verletzung einer Zivilperson (§ 226 des Strafgesetzbuches[1)]) oder einer nach dem humanitären Völkerrecht zu schützenden Person, wird er mit Freiheitsstrafe nicht unter fünf Jahren bestraft. [2] Führt der Täter den Tod vorsätzlich herbei, ist die Strafe lebenslange Freiheitsstrafe oder Freiheitsstrafe nicht unter zehn Jahren.

Abschnitt 3.[3)] Verbrechen der Aggression

§ 13[3)] Verbrechen der Aggression. (1) Wer einen Angriffskrieg führt oder eine sonstige Angriffshandlung begeht, die ihrer Art, ihrer Schwere und ihrem

---

[1)] **Habersack, Deutsche Gesetze Nr. 85.**

[2)] § 12 Abs. 1 Nr. 2 geänd., Nr. 4 und 5 eingef. mWv 3.8.2024 durch G v. 30.7.2024 (BGBl. 2024 I Nr. 255).

[3)] Abschnitt 3 (§ 13) eingef. mWv 1.1.2017 durch G v. 22.12.2016 (BGBl. I S. 3150).

Umfang nach eine offenkundige Verletzung der Charta der Vereinten Nationen darstellt, wird mit lebenslanger Freiheitsstrafe bestraft.

(2) [1] Wer einen Angriffskrieg oder eine sonstige Angriffshandlung im Sinne des Absatzes 1 plant, vorbereitet oder einleitet, wird mit lebenslanger Freiheitsstrafe oder mit Freiheitsstrafe nicht unter zehn Jahren bestraft. [2] Die Tat nach Satz 1 ist nur dann strafbar, wenn

1. der Angriffskrieg geführt oder die sonstige Angriffshandlung begangen worden ist oder
2. durch sie die Gefahr eines Angriffskrieges oder einer sonstigen Angriffshandlung für die Bundesrepublik Deutschland herbeigeführt wird.

(3) Eine Angriffshandlung ist die gegen die Souveränität, die territoriale Unversehrtheit oder die politische Unabhängigkeit eines Staates gerichtete oder sonst mit der Charta der Vereinten Nationen unvereinbare Anwendung von Waffengewalt durch einen Staat.

(4) Beteiligter einer Tat nach den Absätzen 1 und 2 kann nur sein, wer tatsächlich in der Lage ist, das politische oder militärische Handeln eines Staates zu kontrollieren oder zu lenken.

(5) In minder schweren Fällen des Absatzes 2 ist die Strafe Freiheitsstrafe nicht unter fünf Jahren.

Abschnitt 4.[1)] Sonstige Straftaten

§ 14[1)] Verletzung der Aufsichtspflicht. (1) Ein militärischer Befehlshaber, der es vorsätzlich oder fahrlässig unterlässt, einen Untergebenen, der seiner Befehlsgewalt oder seiner tatsächlichen Kontrolle untersteht, gehörig zu beaufsichtigen, wird wegen Verletzung der Aufsichtspflicht bestraft, wenn der Untergebene eine Tat nach diesem Gesetz begeht, deren Bevorstehen dem Befehlshaber erkennbar war und die er hätte verhindern können.

(2) Ein ziviler Vorgesetzter, der es vorsätzlich oder fahrlässig unterlässt, einen Untergebenen, der seiner Anordnungsgewalt oder seiner tatsächlichen Kontrolle untersteht, gehörig zu beaufsichtigen, wird wegen Verletzung der Aufsichtspflicht bestraft, wenn der Untergebene eine Tat nach diesem Gesetz begeht, deren Bevorstehen dem Vorgesetzten ohne weiteres erkennbar war und die er hätte verhindern können.

(3) § 4 Abs. 2 gilt entsprechend.

(4) Die vorsätzliche Verletzung der Aufsichtspflicht wird mit Freiheitsstrafe bis zu fünf Jahren, die fahrlässige Verletzung der Aufsichtspflicht wird mit Freiheitsstrafe bis zu drei Jahren bestraft.

§ 15[1)] Unterlassen der Meldung einer Straftat. (1) Ein militärischer Befehlshaber oder ein ziviler Vorgesetzter, der es unterlässt, eine Tat nach diesem Gesetz, die ein Untergebener begangen hat, unverzüglich der für die Untersuchung oder Verfolgung solcher Taten zuständigen Stelle zur Kenntnis zu bringen, wird mit Freiheitsstrafe bis zu fünf Jahren bestraft.

(2) § 4 Abs. 2 gilt entsprechend.

[1)] Bish. Abschnitt 3 wird Abschnitt 4, bish. §§ 13 und 14 werden §§ 14 und 15 mWv 1.1.2017 durch G v. 22.12.2016 (BGBl. I S. 3150).

Anlage
(zu § 8 Abs. 6 Nr. 1)

Die Genfer Abkommen im Sinne des Gesetzes sind:

– I. Genfer Abkommen	vom 12. August 1949 zur Verbesserung des Loses der Verwundeten und Kranken der Streitkräfte im Felde (BGBl. 1954 II S. 781, 783),
– II. Genfer Abkommen	vom 12. August 1949 zur Verbesserung des Loses der Verwundeten, Kranken und Schiffbrüchigen der Streitkräfte zur See (BGBl. 1954 II S. 781, 813),
– III. Genfer Abkommen	vom 12. August 1949 über die Behandlung der Kriegsgefangenen (BGBl. 1954 II S. 781, 838) und
– IV. Genfer Abkommen	vom 12. August 1949 zum Schutze von Zivilpersonen in Kriegszeiten (BGBl. 1954 II S. 781, 917).

Das Zusatzprotokoll I im Sinne des Gesetzes ist:
Zusatzprotokoll zu den Genfer Abkommen vom 12. August 1949 über den Schutz der Opfer internationaler bewaffneter Konflikte (Protokoll I) vom 8. Juni 1977 (BGBl. 1990 II S. 1550, 1551).

86. Gesetz über den Verkehr mit Betäubungsmitteln (Betäubungsmittelgesetz – BtMG)

In der Fassung der Bekanntmachung vom 1. März 1994[1]
(BGBl. I S. 358)

FNA 2121-6-24

Lfd. Nr.	Änderndes Gesetz	Datum	Fundstelle	Betroffen	Hinweis
1.	Art. 3 § 1 Gesundheitseinrichtungen-NeuordnungsG	24.6.1994	BGBl. I S. 1416	Maßgabe, §§ 3, 4, 6–8, 11, 12, 15, 16, 18–21, 25, 27, 28, 32	geänd. mWv 1.7.1994
2.	§ 34 GrundstoffüberwachungsG[2]	7.10.1994	BGBl. I S. 2835	§§ 21, 29, 29a, 30, 30a, 30c, 33, 35, 37, 38	geänd. mWv 1.3.1995
				§ 18a	aufgeh. mWv 1.3.1995
3.	Art. 2 § 4 BundesgrenzschutzneuregelungsG	19.10. 1994	BGBl. I S. 2978	§ 21	geänd. mWv 1.11.1994
4.	Art. 9 VerbrechensbekämpfungsG	28.10. 1994	BGBl. I S. 3186	§§ 29a, 30a	geänd. mWv 1.12.1994
5.	Art. 1 Sechste Betäubungsmittelrechts-ÄndVO	14.9.1995	BGBl. I S. 1161	Anl. I	geänd. mWv 27.9.1995
6.	Art. 1 Siebte Betäubungsmittelrechts-ÄndVO	29.3.1996	BGBl. I S. 562	Anl. I	geänd. mWv 4.4.1996
7.	Art. 1 Zweites ÄndG	4.4.1996	BGBl. I S. 582	Inhaltsübersicht, §§ 19, 32	geänd. mWv 16.4.1996
				§ 24a	eingef. mWv 16.4.1996
8.	Art. 1 Achte Betäubungsmittelrechts-ÄndVO	14.11. 1996	BGBl. I S. 1728	Anl. I, II, III	geänd. mWv 1.2.1997
9.	Art. 1 Neunte Betäubungsmittelrechts-ÄndVO	28.1.1997	BGBl. I S. 65	Anl. I	geänd. mWv 1.2.1997
10.	Art. 7 JustizmitteilungsG und G zur Änd. kostenrechtlicher Vorschriften und anderer Gesetze	18.6.1997	BGBl. I S. 1430	§ 27	geänd. mWv 1.6.1998
11.	Art. 1 Zehnte Betäubungsmittelrechts-ÄndVO	20.1.1998	BGBl. I S. 74	Anl. I, II, III	geänd. mWv 1.2.1998
12.	Art. 4 G zur Bekämpfung von Sexualdelikten und anderen gefährlichen Straftaten	26.1.1998	BGBl. I S. 160	§§ 36, 38	geänd. mWv 31.1.1998
13.	Art. 1 Zwölfte Betäubungsmittelrechts-ÄndVO	7.10.1998	BGBl. I S. 3126	Anl. I	geänd. mWv 10.10.1998
14.	*Art. 1 13. Betäubungsmittel*rechts-ÄndVO	27.9.1999	BGBl. I S. 1935	Anl. I	geänd. mWv 10.10.1999
15.	Art. 1 Drittes BtMG-ÄndG	28.3.2000	BGBl. I S. 302	§§ 13, 19, 29, 30c, 31a, 32, 33, 38	geänd. mWv 1.4.2000

[1] Neubekanntmachung des BetäubungsmittelG v. 28.7.1981 (BGBl. I S. 681) in der ab 28.2.1994 geltenden Fassung.

[2] **Amtl. Anm.:** Dieses Gesetz dient der Umsetzung der Richtlinie 92/109/EWG des Rates vom 14. Dezember 1992 über die Herstellung und das Inverkehrbringen bestimmter Stoffe, die zur unerlaubten Herstellung von Suchtstoffen und psychotropen Stoffen verwendet werden (ABl. EG Nr. 370 S. 76).

Lfd. Nr.	Änderndes Gesetz	Datum	Fundstelle	Betroffen	Hinweis
				§§ 10a, 39	eingef. mWv 1.4.2000
16.	Art. 1 14. Betäubungsmittelrechts-ÄndVO	27.9.2000	BGBl. I S. 1414	Anl. I	geänd. mWv 10.10.2000
17.	Art. 1 15. Betäubungsmittelrechts-ÄndVO	19.6.2001	BGBl. I S. 1180	Anl. I, II, III	geänd. mWv 1.7.2001
18.	Art. 1 16. Betäubungsmittelrechts-ÄndVO	28.11. 2001	BGBl. I S. 3338	Anl. II, III	geänd. mWv 1.3.2002
19.	Art. 1 17. Betäubungsmittelrechts-ÄndVO	12.2.2002	BGBl. I S. 612	Anl. II	geänd. mWv 1.3.2002
20.	Art. 2 GrundstoffüberwachungsG-ÄndG	26.6.2002	BGBl. I S. 2261	§ 32	geänd. mWv 30.6.2002
21.	Art. 18 Achte ZuständigkeitsanpassungsVO	25.11. 2003	BGBl. I S. 2304	§§ 1, 12, 20, 21, 25, 26	geänd. mWv 28.11.2003
22.	Art. 1 18. Betäubungsmittelrechts-ÄndVO	22.12. 2003	BGBl. 2004 I S. 28	Anl. II	geänd. mWv 10.1.2004
23.	Art. 1 19. Betäubungsmittelrechts-ÄndVO	10.3.2005	BGBl. I S. 757	Anl. I, II, III	geänd. mWv 18.3.2005
24.	Art. 15 G zur Umbenennung des Bundesgrenzschutzes in Bundespolizei	21.6.2005	BGBl. I S. 1818	Inhaltsübersicht, §§ 21, 26	geänd. mWv 1.7.2005
25.	Art. 35 Neunte ZuständigkeitsanpassungsVO	31.10. 2006	BGBl. I S. 2407	§ 1	geänd. mWv 8.11.2006
26.	Art. 1 Zweites JustizmodernisierungsG	22.12. 2006	BGBl. I S. 3416	§ 36	geänd. mWv 31.12.2006
27.	Art. 1 20. Betäubungsmittelrechts-ÄndVO	14.2.2007	BGBl. I S. 154	Anl. II	geänd. mWv 1.3.2007
28.	Art. 1 21. Betäubungsmittelrechts-ÄndVO	18.2.2008	BGBl. I S. 246	Anl. I, II, III	geänd. mWv 1.3.2008
29.	Art. 1, 2 22. Betäubungsmittelrechts-ÄndVO[1]	19.1.2009	BGBl. I S. 49	Anl. II	geänd. mWv 22.1.2009
				Anl. II	geänd. mWv 22.1.2010
30.	Art. 1 G zur diamorphingestützten Substitutionsbehandlung	15.7.2009	BGBl. I S. 1801	§§ 13, 19, 29, 32, Anl. I–III	geänd. mWv 21.7.2009
31.	Art. 5 G zur Änd. arzneimittelrechtlicher und anderer Vorschriften[2]	17.7.2009	BGBl. I S. 1990	Inhaltsübersicht, §§ 2, 4, 6, 19, 24a, 30a, Anl. I	geänd. mWv 23.7.2009

[1] **Amtl. Anm.:** Die Verpflichtungen aus der Richtlinie 98/34/EG des Europäischen Parlaments und des Rates vom 22. Juni 1998 über ein Informationsverfahren auf dem Gebiet der Normen und technischen Vorschriften und der Vorschriften für die Dienste der Informationsgesellschaft (ABl. L 204 vom 21.7.1998, S. 37), die zuletzt durch die Richtlinie 2006/96/EG vom 20. November 2006 (ABl. L 363 vom 20.12.2006, S. 81) geändert worden ist, sind beachtet worden.

[2] **Amtl. Anm.:** Die Verpflichtungen aus der Richtlinie 98/34/EG des Europäischen Parlaments und des Rates vom 22. Juni 1998 über ein Informationsverfahren auf dem Gebiet der Normen und technischen Vorschriften und der Vorschriften für die Dienste der Informationsgesellschaft (ABl. L 204 vom 21.7.1998, S. 37), die zuletzt durch die Richtlinie 2006/96/EG vom 20. November 2006 (ABl. L 363 vom 20.12.2006, S. 81) geändert worden ist, sind beachtet worden. Artikel 1 Nummer 4 Buchstabe c, Nummer 6 und 49 dienen der Umsetzung von Artikel 1 Nummer 4a, Artikel 3 Nummer 7 und Artikel 81 der Richtlinie 2001/83/EG des Europäischen Parlaments und des Rates vom 6. November 2001 zur Schaffung eines Gemeinschaftskodexes für Humanarzneimittel (ABl. L 311 vom 28. November 2001, →

Lfd. Nr.	Änderndes Gesetz	Datum	Fundstelle	Betroffen	Hinweis
				§ 39a	eingef. mWv 23.7.2009
32.	Art. 2 43. ÄndG	29.7.2009	BGBl. I S. 2288	§ 31	geänd. mWv 1.9.2009
33.	Art. 1, 2 24. Betäubungsmittelrechts-ÄndVO[1]	18.12. 2009	BGBl. I S. 3944	Anl. I, II	geänd. mWv 22.1.2010
				Anl. III	geänd. mWv 1.6.2010
34.	Art. 6 Arzneimittelmarktneuordnungs G	22.12. 2010	BGBl. I S. 2262	§§ 12, 19, Anl. I	geänd. mWv 1.1.2011
35.	Art. 1 25. VO zur Änd. betäubungsmittelrechtlicher Vorschriften	11.5.2011	BGBl. I S. 821	Anl. I, II, III	geänd. mWv 18.5.2011
				Anl. III	geänd. mWv 1.11.2011
36.	Art. 1 26. VO zur Änd. betäubungsmittelrechtlicher Vorschriften[1]	20.7.2012	BGBl. I S. 1639	Anl. I, II	geänd. mWv 26.7.2012
				Anl. III	geänd. mWv 1.1.2013
37.	Art. 4 Zweites G zur Änd. arzneimittelrechtlicher und anderer Vorschriften	19.10. 2012	BGBl. I S. 2192	§§ 4, 5, 9, 11, 12, 13, 19, 29, 32	geänd. mWv 26.10.2012
38.	Art. 2 46. Strafrechtsänderungs G	10.6.2013	BGBl. I S. 1497	§ 31	geänd. mWv 1.8.2013
39.	Art. 1 27. VO zur Änd. betäubungsmittelrechtlicher Vorschriften[2]	9.7.2013	BGBl. I S. 2274	Anl. I, II, III	geänd. mWv 17.7.2013
40.	Art. 2 Abs. 20, Art. 4 Abs. 7 G zur Strukturreform des Gebührenrechts des Bundes	7.8.2013	BGBl. I S. 3154, geänd. 2016, S. 1666	Inhaltsübersicht, § 25	geänd. mWv 15.8.2013
				Inhaltsübersicht	geänd. mWv 14.8.2018, insoweit aufgeh. 2016, S. 1666
				§ 25	aufgeh. mit Ablauf des 13.8. 2018, insoweit aufgeh. 2016, S. 1666
41.	Art. 1 28. VO zur Änd. betäubungsmittelrechtlicher Vorschriften[2]	5.12.2014	BGBl. I S. 1999	Anl. I, II	geänd. mWv 13.12.2014

(Fortsetzung der Anm. von voriger Seite)
S. 67), die zuletzt durch die Richtlinie 2008/29/EG des Europäischen Parlaments und des Rates vom 11. März 2008 (ABl. L 81 vom 20.3.2008, S. 51) geändert worden ist.

[1] **Amtl. Anm.:** Die Verpflichtungen aus der Richtlinie 98/34/EG des Europäischen Parlaments und des Rates vom 22. Juni 1998 über ein Informationsverfahren auf dem Gebiet der Normen und technischen Vorschriften und der Vorschriften für die Dienste der Informationsgesellschaft (ABl. L 204 vom 21.7.1998, S. 37), die zuletzt durch die Richtlinie 2006/96/EG (ABl. L 363 vom 20.12.2006, S. 81) geändert worden ist, sind beachtet worden.

[2] **Amtl. Anm.:** Notifiziert gemäß der Richtlinie 98/34/EG des Europäischen Parlaments und des Rates vom 22. Juni 1998 über ein Informationsverfahren auf dem Gebiet der Normen und technischen Vorschriften und der Vorschriften für die Dienste der Informationsgesellschaft (ABl. L 204 vom 21.07. 1998, S. 37), zuletzt geändert durch Artikel 26 Absatz 2 der Verordnung (EU) Nr. 1025/2012 des Europäischen Parlaments und des Rates vom 25. Oktober 2012 (ABl. L 316 vom 14.11.2012, S. 12).

Lfd. Nr.	Änderndes Gesetz	Datum	Fundstelle	Betroffen	Hinweis
42.	Art. 1 29. VO zur Änd. betäubungsmittelrechtlicher Vorschriften[1]	18.5.2015	BGBl. I S. 723	Anl. II	geänd. mWv 23.5.2015
43.	Art. 2 G zur Änd. des Agrar- und Fischereifonds-Informationen-G und des BetäubungsmittelG	20.5.2015	BGBl. I S. 725	§§ 19, 24a, Anl. I	geänd. mWv 23.5.2015
44.	Art. 1 30. VO zur Änd. betäubungsmittelrechtlicher Vorschriften[1]	11.11. 2015	BGBl. I S. 1992	Anl. I, II	geänd. mWv 21.11.2015
45.	Art. 1 31. VO zur Änd. betäubungsmittelrechtlicher Vorschriften[2]	31.5.2016	BGBl. I S. 1282	Anl. I, II	geänd. mWv 9.6.2016
46.	Art. 4 Abs. 7 G zur Aktualisierung der Strukturreform des Gebührenrechts des Bundes	18.7.2016	BGBl. I S. 1666	Inhaltsübersicht § 25	geänd. mWv 1.10.2021 aufgeh. mit Ablauf des 30.9. 2021
47.	Art. 1 G zur Änd. betäubungsmittelrechtlicher und anderer Vorschriften[2]	6.3.2017	BGBl. I S. 403	§§ 19, 24a, Anl. I, II, III	geänd. mWv 10.3.2017
48.	Art. 6 Abs. 6 G zur Reform der strafrechtlichen Vermögensabschöpfung	13.4.2017	BGBl. I S. 872	Inhaltsübersicht, § 33 § 30c	geänd. mWv 1.7.2017 aufgeh. mit Ablauf des 30.6. 2017
49.	Art. 1 18. ÄndVO[2]	16.6.2017	BGBl. I S. 1670	Anl. I, II	geänd. mWv 21.6.2017
50.	Art. 1 VO zur Änd. betäubungsmittelrechtlicher und anderer Vorschriften[2]	2.7.2018	BGBl. I S. 1078	Anl. II	geänd. mWv 13.7.2018
51.	Art. 2 VO zur Änd. der Anl. des Neue-psychoaktive-Stoffe-G und von Anl. des BetäubungsmittelG[2]	12.7.2019	BGBl. I S. 1083	Anl. I, II	geänd. mWv 18.7.2019
52.	Art. 8 G für mehr Sicherheit in der Arzneimittelversorgung[3]	9.8.2019	BGBl. I S. 1202	§ 1	geänd. mWv 16.8.2019
53.	Art. 1 19. ÄndVO[2]	17.12. 2019	BGBl. I S. 2850	Anl. II	geänd. mWv 21.12.2019
54.	Art. 91 Elfte ZuständigkeitsanpassungsVO	19.6.2020	BGBl. I S. 1328	§ 21	geänd. mWv 27.6.2020
55.	Art. 1 20. VO zur Änd. von Anlagen des BetäubungsmittelG[2]	10.7.2020	BGBl. I S. 1691	Anl. II, III	geänd. mWv 17.7.2020

[1] **Amtl. Anm.:** *(abgedruckt unter lfd. Nr. 39 dieser Änderungstabelle)*

[2] **Amtl. Anm.:** Notifiziert gemäß der Richtlinie (EU) 2015/1535 des Europäischen Parlaments und des Rates vom 9. September 2015 über ein Informationsverfahren auf dem Gebiet der technischen Vorschriften und der Vorschriften für die Dienste der Informationsgesellschaft (ABl. L 241 vom 17.9.2015, S. 1).

[3] **Amtl. Anm.:** Dieses Gesetz dient der Durchführung der Delegierten Verordnung (EU) 2016/161 der Kommission vom 2. Oktober 2015 zur Ergänzung der Richtlinie 2001/83/EG des Europäischen Parlaments und des Rates durch die Festlegung genauer Bestimmungen über die Sicherheitsmerkmale auf der Verpackung von Humanarzneimitteln (ABl. L 32 vom 9.2.2016, S. 1).

Lfd. Nr.	Änderndes Gesetz	Datum	Fundstelle	Betroffen	Hinweis
56.	Art. 4 60. G zur Änd. des Strafgesetzbuches	30.11. 2020	BGBl. I S. 2600	§ 29	geänd. mWv 1.1.2021
57.	Art. 1 21. VO zur Änd. von Anlagen des BetäubungsmittelG	14.1.2021	BGBl. I S. 70	Anl. II	geänd. mWv 21.1.2021
58.	Art. 1 32. VO zur Änd. betäubungsmittelrechtlicher Vorschriften[1]	18.5.2021	BGBl. I S. 1096	Anl. II, III	geänd. mWv 22.5.2021
59.	Art. 11 Digitale-Versorgung-und-Pflege-Modernisierungs-G	3.6.2021	BGBl. I S. 1309	§§ 13, 19	geänd. mWv 9.6.2021
60.	Art. 9 PersonengesellschaftsrechtsmodernisierungsG (MoPeG)	10.8.2021	BGBl. I S. 3436	§§ 5, 22	geänd. mWv 1.1.2024
61.	Art. 8 Abs. 5 G zum Erlass eines Tierarzneimittelgesetzes und zur Anpassung arzneimittelrechtlicher und anderer Vorschriften[1]	27.9.2021	BGBl. I S. 4530	§§ 1, 4, 6	geänd. mWv 28.1.2022
62.	Art. 1 22. VO zur Änd. von Anlagen des BetäubungsmittelG[1]	8.11.2021	BGBl. I S. 4791	Anl. II	geänd. mWv 11.11.2021
63.	Art. 1 33. VO zur Änd. betäubungsmittelrechtlicher Vorschriften[1]	16.12. 2022	BAnz AT 20.12. 2022 V1	Anl. II	geänd. mWv 21.12.2022
64.	Art. 1 23. VO zur Änd. von Anlagen des BetäubungsmittelG[1]	1.6.2023	BGBl. 2023 I Nr. 143	Anl. II	geänd. mWv 8.6.2023
65.	Art. 7b, 7e Arzneimittel-Lieferengpassbekämpfungs- und VersorgungsverbesserungsG	19.7.2023	BGBl. 2023 I Nr. 197	Inhaltsübersicht, §§ 10a, 13, 19, 29, 31a § 10b	geänd. mWv 27.7.2023 eingef. mWv 27.7.2023
66.	Art. 2 G zur Regelung einzelner dem Schutz der finanziellen Interessen der Union dienender Bestimmungen im Rahmen der Gemeinsamen Agrarpolitik, zur Änd. des BetäubungsmittelG sowie zur Aufh. weiterer Vorschriften	26.7.2023	BGBl. 2023 I Nr. 204	§ 19, Anl. I	geänd. mWv 1.1.2023
67.	Art. 3 CannabisG	27.3.2024	BGBl. 2024 I Nr. 109	Inhaltsübersicht, §§ 7, 19, 30, 32, Anl. I, II, III § 24a	geänd. mWv 1.4.2024 aufgeh. mit Ablauf des 31.3. 2024

[1] **Amtl. Anm.:** *(abgedruckt unter lfd. Nr. 45 dieser Änderungstabelle)*

Inhaltsübersicht[1]

---

[1] Inhaltsübersicht geänd. mWv 23.7.2009 durch G v. 17.7.2009 (BGBl. I S. 1990); geänd. mWv 15.8. 2013 durch G v. 7.8.2013 (BGBl. I S. 3154); geänd. mWv 1.10.2021 durch G v. 18.7.2016 (BGBl. I S. 1666); geänd. mWv 1.7.2017 durch G v. 13.4.2017 (BGBl. I S. 872); geänd. mWv 27.7.2023 durch G v. 19.7.2023 (BGBl. 2023 I Nr. 197); geänd. mWv 1.4.2024 durch G v. 27.3.2024 (BGBl. 2024 I Nr. 109); sie wurde nichtamtlich um Anl. I–III ergänzt.

Erster Abschnitt. Begriffsbestimmungen

§ 1[1)] Betäubungsmittel (1) Betäubungsmittel im Sinne dieses Gesetzes sind die in den Anlagen I bis III aufgeführten Stoffe und Zubereitungen.

(2) [1] Die Bundesregierung wird ermächtigt, nach Anhörung von Sachverständigen durch Rechtsverordnung mit Zustimmung des Bundesrates die Anlagen I bis III zu ändern oder zu ergänzen, wenn dies

1. nach wissenschaftlicher Erkenntnis wegen der Wirkungsweise eines Stoffes, vor allem im Hinblick auf das Hervorrufen einer Abhängigkeit,
2. wegen der Möglichkeit, aus einem Stoff oder unter Verwendung eines Stoffes Betäubungsmittel herstellen zu können, oder
3. zur Sicherheit oder zur Kontrolle des Verkehrs mit Betäubungsmitteln oder anderen Stoffen oder Zubereitungen wegen des Ausmaßes der mißbräuchlichen Verwendung und wegen der unmittelbaren oder mittelbaren Gefährdung der Gesundheit

erforderlich ist. [2] In der Rechtsverordnung nach Satz 1 können einzelne Stoffe oder Zubereitungen ganz oder teilweise von der Anwendung dieses Gesetzes oder einer auf Grund dieses Gesetzes erlassenen Rechtsverordnung ausgenommen werden, soweit die Sicherheit und die Kontrolle des Betäubungsmittelverkehrs gewährleistet bleiben.

(3) [1] Das Bundesministerium für Gesundheit wird ermächtigt, in dringenden Fällen zur Sicherheit oder zur Kontrolle des Betäubungsmittelverkehrs durch Rechtsverordnung ohne Zustimmung des Bundesrates Stoffe und Zubereitungen, die nicht Arzneimittel oder Tierarzneimittel sind, in die Anlagen I bis III aufzunehmen, wenn dies wegen des Ausmaßes der mißbräuchlichen Verwendung und wegen der unmittelbaren oder mittelbaren Gefährdung der Gesundheit erforderlich ist. [2] Eine auf der Grundlage dieser Vorschrift erlassene Verordnung tritt nach Ablauf eines Jahres außer Kraft.

(4) Das Bundesministerium für Gesundheit (Bundesministerium) wird ermächtigt, durch Rechtsverordnung ohne Zustimmung des Bundesrates die Anlagen I bis III oder die auf Grund dieses Gesetzes erlassenen Rechtsverordnungen zu ändern, soweit das auf Grund von Änderungen der Anhänge zu dem Einheits-Übereinkommen von 1961 über Suchtstoffe in der Fassung der Bekanntmachung vom 4. Februar 1977 (BGBl. II S. 111) und dem Übereinkommen von 1971 über psychotrope Stoffe (BGBl. 1976 II S. 1477) (Internationale Suchtstoffübereinkom-

---

[1)] § 1 Abs. 3 Satz 1 und Abs. 4 geänd. mWv 28.11.2003 durch VO v. 25.11.2003 (BGBl. I S. 2304); Abs. 3 Satz 1 und Abs. 4 geänd. mWv 8.11.2006 durch VO v. 31.10.2006 (BGBl. I S. 2407); Abs. 4 geänd. mWv 16.8.2019 durch G v. 9.8.2019 (BGBl. I S. 1202); Abs. 3 Satz 1 geänd. mWv 28.1.2022 durch G v. 27.9.2021 (BGBl. I S. 4530).

men) in ihrer jeweils für die Bundesrepublik Deutschland verbindlichen Fassung oder auf Grund von Änderungen des Anhangs des Rahmenbeschlusses 2004/757/JI des Rates vom 25. Oktober 2004 zur Festlegung von Mindestvorschriften über die Tatbestandsmerkmale strafbarer Handlungen und die Strafen im Bereich des illegalen Drogenhandels (ABl. L 335 vom 11.11.2004, S. 8), der durch die Richtlinie (EU) 2017/2103 (ABl. L 305 vom 21.11.2017, S. 12) geändert worden ist, erforderlich ist.

§ 2[1)] Sonstige Begriffe. (1) Im Sinne dieses Gesetzes ist

1. Stoff:
   a) chemische Elemente und chemische Verbindungen sowie deren natürlich vorkommende Gemische und Lösungen,
   b) Pflanzen, Algen, Pilze und Flechten sowie deren Teile und Bestandteile in bearbeitetem oder unbearbeitetem Zustand,
   c) Tierkörper, auch lebender Tiere, sowie Körperteile, -bestandteile und Stoffwechselprodukte von Mensch und Tier in bearbeitetem oder unbearbeitetem Zustand,
   d) Mikroorganismen einschließlich Viren sowie deren Bestandteile oder Stoffwechselprodukte;
2. Zubereitung:
   ohne Rücksicht auf ihren Aggregatzustand ein Stoffgemisch oder die Lösung eines oder mehrerer Stoffe außer den natürlich vorkommenden Gemischen und Lösungen;
3. ausgenommene Zubereitung:
   eine in den Anlagen I bis III bezeichnete Zubereitung, die von den betäubungsmittelrechtlichen Vorschriften ganz oder teilweise ausgenommen ist;
4. Herstellen:
   das Gewinnen, Anfertigen, Zubereiten, Be- oder Verarbeiten, Reinigen und Umwandeln.

(2) Der Einfuhr oder Ausfuhr eines Betäubungsmittels steht jedes sonstige Verbringen in den oder aus dem Geltungsbereich dieses Gesetzes gleich.

Zweiter Abschnitt. Erlaubnis und Erlaubnisverfahren

§ 3[2)] Erlaubnis zum Verkehr mit Betäubungsmitteln. (1) Einer Erlaubnis des Bundesinstitutes für Arzneimittel und Medizinprodukte bedarf, wer

1. Betäubungsmittel anbauen, herstellen, mit ihnen Handel treiben, sie, ohne mit ihnen Handel zu treiben, einführen, ausführen, abgeben, veräußern, sonst in den Verkehr bringen, erwerben oder
2. ausgenommene Zubereitungen (§ 2 Abs. 1 Nr. 3) herstellen

will.

(2) Eine Erlaubnis für die in Anlage I bezeichneten Betäubungsmittel kann das Bundesinstitut für Arzneimittel und Medizinprodukte nur ausnahmsweise zu wissenschaftlichen oder anderen im öffentlichen Interesse liegenden Zwecken erteilen.

[1)] § 2 Abs. 1 Nr. 1 neu gef. mWv 23.7.2009 durch G v. 17.7.2009 (BGBl. I S. 1990).
[2)] § 3 Abs. 1, 2 geänd. durch G v. 24.6.1994 (BGBl. I S. 1416).

§ 4[1)] Ausnahmen von der Erlaubnispflicht. (1) Einer Erlaubnis nach § 3 bedarf nicht, wer

1. im Rahmen des Betriebs einer öffentlichen Apotheke oder einer Krankenhausapotheke (Apotheke)
   a) in Anlage II oder III bezeichnete Betäubungsmittel oder dort ausgenommene Zubereitungen herstellt,
   b) in Anlage II oder III bezeichnete Betäubungsmittel erwirbt,
   c) in Anlage III bezeichnete Betäubungsmittel auf Grund ärztlicher, zahnärztlicher oder tierärztlicher Verschreibung abgibt,
   d) in Anlage II oder III bezeichnete Betäubungsmittel an Inhaber einer Erlaubnis zum Erwerb dieser Betäubungsmittel zurückgibt oder an den Nachfolger im Betrieb der Apotheke abgibt,
   e) in Anlage I, II oder III bezeichnete Betäubungsmittel zur Untersuchung, zur Weiterleitung an eine zur Untersuchung von Betäubungsmitteln berechtigte Stelle oder zur Vernichtung entgegennimmt oder
   f) in Anlage III bezeichnete Opioide in Form von Fertigarzneimitteln in transdermaler oder in transmucosaler Darreichungsform an eine Apotheke zur Deckung des nicht aufschiebbaren Betäubungsmittelbedarfs eines ambulant versorgten Palliativpatienten abgibt, wenn die empfangende Apotheke die Betäubungsmittel nicht vorrätig hat,
2. im Rahmen des Betriebs einer tierärztlichen Hausapotheke in Anlage III bezeichnete Betäubungsmittel in Form von Tierarzneimitteln
   a) für ein von ihm behandeltes Tier miteinander, mit anderen Tierarzneimitteln oder arzneilich nicht wirksamen Bestandteilen zum Zwecke der Anwendung durch ihn oder für die Immobilisation eines von ihm behandelten Zoo-, Wild- und Gehegetieres mischt,
   b) erwirbt,
   c) für ein von ihm behandeltes Tier oder Mischungen nach Buchstabe a für die Immobilisation eines von ihm behandelten Zoo-, Wild- und Gehegetieres abgibt oder
   d) an Inhaber der Erlaubnis zum Erwerb dieser Betäubungsmittel zurückgibt oder an den Nachfolger im Betrieb der tierärztlichen Hausapotheke abgibt,
3. in Anlage III bezeichnete Betäubungsmittel
   a) auf Grund ärztlicher, zahnärztlicher oder tierärztlicher Verschreibung,
   b) zur Anwendung an einem Tier von einer Person, die dieses Tier behandelt und eine tierärztliche Hausapotheke betreibt, oder
   c) von einem Arzt nach § 13 Absatz 1a Satz 1

   erwirbt,
4. in Anlage III bezeichnete Betäubungsmittel
   a) als Arzt, Zahnarzt oder Tierarzt im Rahmen des grenzüberschreitenden Dienstleistungsverkehrs oder

---

[1)] *§ 4 Abs. 3 Sätze 1 und 2 geänd. durch G v. 24.6.1994 (BGBl. I S. 1416)*; Abs. 1 einl. Satzteil geänd., Nr. 2 neu gef., Nr. 4 und 5 geänd., Nr. 6 angef. mWv 23.7.2009 durch G v. 17.7.2009 (BGBl. I S. 1990); Abs. 1 Nr. 1 Buchst. c und e geänd., Buchst. f angef., Nr. 3 Buchst. a und b geänd., Buchst. c angef., Nr. 6 geänd. mWv 26.10.2012 durch G v. 19.10.2012 (BGBl. I S. 2192); Abs. 1 Nr. 2 einl. Satzteil, Buchst. a, Nr. 6 geänd. mWv 28.1.2022 durch G v. 27.9.2021 (BGBl. I S. 4530).

b) auf Grund ärztlicher, zahnärztlicher oder tierärztlicher Verschreibung erworben hat und sie als Reisebedarf

ausführt oder einführt,

5. gewerbsmäßig

a) an der Beförderung von Betäubungsmitteln zwischen befugten Teilnehmern am Betäubungsmittelverkehr beteiligt ist oder die Lagerung und Aufbewahrung von Betäubungsmitteln im Zusammenhang mit einer solchen Beförderung oder für einen befugten Teilnehmer am Betäubungsmittelverkehr übernimmt oder

b) die Versendung von Betäubungsmitteln zwischen befugten Teilnehmern am Betäubungsmittelverkehr durch andere besorgt oder vermittelt oder

6. in Anlage I, II oder III bezeichnete Betäubungsmittel als Proband oder Patient im Rahmen einer klinischen Prüfung oder in Härtefällen nach § 21 Absatz 2 Nummer 3 des Arzneimittelgesetzes in Verbindung mit Artikel 83 der Verordnung (EG) Nr. 726/2004 des Europäischen Parlaments und des Rates vom 31. März 2004 zur Festlegung der Verfahren der Union für die Genehmigung und Überwachung von Humanarzneimitteln und zur Errichtung einer Europäischen Arzneimittel-Agentur (ABl. L 136 vom 30.4.2004, S. 1), die zuletzt durch die Verordnung (EU) 2019/5 (ABl. L 4 vom 7.1.2019, S. 24) geändert worden ist, erwirbt.

(2) Einer Erlaubnis nach § 3 bedürfen nicht Bundes- und Landesbehörden für den Bereich ihrer dienstlichen Tätigkeit sowie die von ihnen mit der Untersuchung von Betäubungsmitteln beauftragten Behörden.

(3) [1] Wer nach Absatz 1 Nr. 1 und 2 keiner Erlaubnis bedarf und am Betäubungsmittelverkehr teilnehmen will, hat dies dem Bundesinstitut für Arzneimittel und Medizinprodukte zuvor anzuzeigen. [2] Die Anzeige muß enthalten:

1. den Namen und die Anschriften des Anzeigenden sowie der Apotheke oder der tierärztlichen Hausapotheke,
2. das Ausstellungsdatum und die ausstellende Behörde der apothekenrechtlichen Erlaubnis oder der Approbation als Tierarzt und
3. das Datum des Beginns der Teilnahme am Betäubungsmittelverkehr.

[3] Das Bundesinstitut für Arzneimittel und Medizinprodukte unterrichtet die zuständige oberste Landesbehörde unverzüglich über den Inhalt der Anzeigen, soweit sie tierärztliche Hausapotheken betreffen.

§ 5[1)] Versagung der Erlaubnis. (1) Die Erlaubnis nach § 3 ist zu versagen, wenn

1. nicht gewährleistet ist, daß in der Betriebsstätte und, sofern weitere Betriebsstätten in nicht benachbarten Gemeinden bestehen, in jeder dieser Betriebsstätten eine Person bestellt wird, die verantwortlich ist für die Einhaltung der betäubungsmittelrechtlichen Vorschriften und der Anordnungen der Überwachungsbehörden (Verantwortlicher); der Antragsteller kann selbst die Stelle eines Verantwortlichen einnehmen,
2. der vorgesehene Verantwortliche nicht die erforderliche Sachkenntnis hat oder die ihm obliegenden Verpflichtungen nicht ständig erfüllen kann,

---

1) § 5 Abs. 2 geänd. mWv 26.10.2012 durch G v. 19.10.2012 (BGBl. I S. 2192); Abs. 1 Nr. 3 geänd. mWv 1.1.2024 durch G v. 10.8.2021 (BGBl. I S. 3436).

3. Tatsachen vorliegen, aus denen sich Bedenken gegen die Zuverlässigkeit des Verantwortlichen, des Antragstellers, seines gesetzlichen Vertreters oder bei juristischen Personen oder sonstigen Personenvereinigungen der nach Gesetz, Satzung oder Gesellschaftsvertrag zur Vertretung oder Geschäftsführung Berechtigten ergeben,
4. geeignete Räume, Einrichtungen und Sicherungen für die Teilnahme am Betäubungsmittelverkehr oder die Herstellung ausgenommener Zubereitungen nicht vorhanden sind,
5. die Sicherheit oder Kontrolle des Betäubungsmittelverkehrs oder der Herstellung ausgenommener Zubereitungen aus anderen als den in den Nummern 1 bis 4 genannten Gründen nicht gewährleistet ist,
6. die Art und der Zweck des beantragten Verkehrs nicht mit dem Zweck dieses Gesetzes, die notwendige medizinische Versorgung der Bevölkerung sicherzustellen, daneben aber den Mißbrauch von Betäubungsmitteln oder die mißbräuchliche Herstellung ausgenommener Zubereitungen sowie das Entstehen oder Erhalten einer Betäubungsmittelabhängigkeit soweit wie möglich auszuschließen, vereinbar ist oder
7. bei Beanstandung der vorgelegten Antragsunterlagen einem Mangel nicht innerhalb der gesetzten Frist (§ 8 Abs. 2) abgeholfen wird.

(2) Die Erlaubnis kann versagt werden, wenn sie der Durchführung der internationalen Suchtstoffübereinkommen oder Beschlüssen, Anordnungen oder Empfehlungen zwischenstaatlicher Einrichtungen der Suchtstoffkontrolle entgegensteht oder dies wegen Rechtsakten der Organe der Europäischen Union geboten ist.

§ 6[1)] Sachkenntnis. (1) Der Nachweis der erforderlichen Sachkenntnis (§ 5 Abs. 1 Nr. 2) wird erbracht

1. im Falle des Herstellens[2)] von Betäubungsmitteln oder ausgenommenen Zubereitungen, die Arzneimittel sind, durch den Nachweis der Sachkenntnis nach § 15 Absatz 1 des Arzneimittelgesetzes,

1a. im Falle des Herstellens von Betäubungsmitteln oder ausgenommenen Zubereitungen, die Tierarzneimittel sind, durch den Nachweis, dass die vorgesehene verantwortliche Person die Voraussetzungen an eine sachkundige Person nach Artikel 97 Absatz 2 und 3 der Verordnung (EU) 2019/6 des Europäischen Parlaments und des Rates vom 11. Dezember 2018 über Tierarzneimittel und zur Aufhebung der Richtlinie 2001/82/EG (ABl. L 4 vom 7.1.2019, S. 43; L 163 vom 20.6.2019, S. 112; L 326 vom 8.10.2020, S. 15; L 241 vom 8.7.2021, S. 17) erfüllt,

2. im Falle des Herstellens von Betäubungsmitteln, die keine Arzneimittel oder Tierarzneimittel sind, durch das Zeugnis über eine nach abgeschlossenem wissenschaftlichem Hochschulstudium der Biologie, der Chemie, der Pharmazie, der Human- oder der Veterinärmedizin abgelegte Prüfung und durch die Bestätigung einer mindestens einjährigen praktischen Tätigkeit in der Herstellung oder Prüfung von Betäubungsmitteln,
3. im Falle des Verwendens für wissenschaftliche Zwecke durch das Zeugnis über eine nach abgeschlossenem wissenschaftlichem Hochschulstudium der Biolo-

---

[1)] § 6 Abs. 2 geänd. durch G v. 24.6.1994 (BGBl. I S. 1416); Abs. 1 Nr. 1 geänd. mWv 23.7.2009 durch G v. 17.7.2009 (BGBl. I S. 1990); Abs. 1 Nr. 1a eingef., Nr. 2 geänd. mWv 28.1.2022 durch G v. 27.9. 2021 (BGBl. I S. 4530).

[2)] Gem. G v. 28.7.1981 (BGBl. I S. 681); in der Neubekanntmachung v. 1.3.1994 (BGBl. I S. 358) stattdessen: „Herstellers"

gie, der Chemie, der Pharmazie, der Human- oder der Veterinärmedizin abgelegte Prüfung und

4. in allen anderen Fällen durch das Zeugnis über eine abgeschlossene Berufsausbildung als Kaufmann im Groß- und Außenhandel in den Fachbereichen Chemie oder Pharma und durch die Bestätigung einer mindestens einjährigen praktischen Tätigkeit im Betäubungsmittelverkehr.

(2) Das Bundesinstitut für Arzneimittel und Medizinprodukte kann im Einzelfall von den im Absatz 1 genannten Anforderungen an die Sachkenntnis abweichen, wenn die Sicherheit und Kontrolle des Betäubungsmittelverkehrs oder der Herstellung ausgenommener Zubereitungen gewährleistet sind.

§ 7[1)] Antrag. [1]Der Antrag auf Erteilung einer Erlaubnis nach § 3 ist beim Bundesinstitut für Arzneimittel und Medizinprodukte zu stellen. [2]Dem Antrag müssen folgende Angaben und Unterlagen beigefügt werden:

1. die Namen, Vornamen oder die Firma und die Anschriften des Antragstellers und der Verantwortlichen,
2. für die Verantwortlichen die Nachweise über die erforderliche Sachkenntnis und Erklärungen darüber, ob und auf Grund welcher Umstände sie die ihnen obliegenden Verpflichtungen ständig erfüllen können,
3. eine Beschreibung der Lage der Betriebsstätten nach Ort (gegebenenfalls Flurbezeichnung), Straße, Hausnummer, Gebäude und Gebäudeteil sowie der Bauweise des Gebäudes,
4. eine Beschreibung der vorhandenen Sicherungen gegen die Entnahme von Betäubungsmitteln durch unbefugte Personen,
5. die Art des Betäubungsmittelverkehrs (§ 3 Abs. 1),
6. die Art und die voraussichtliche Jahresmenge der herzustellenden oder benötigten Betäubungsmittel,
7. im Falle des Herstellens (§ 2 Abs. 1 Nr. 4) von Betäubungsmitteln oder ausgenommenen Zubereitungen eine kurzgefaßte Beschreibung des Herstellungsganges unter Angabe von Art und Menge der Ausgangsstoffe oder -zubereitungen, der Zwischen- und Endprodukte, auch wenn Ausgangsstoffe oder -zubereitungen, Zwischen- oder Endprodukte keine Betäubungsmittel sind; bei nicht abgeteilten Zubereitungen zusätzlich die Gewichtsvomhundertsätze, bei abgeteilten Zubereitungen die Gewichtsmengen der je abgeteilte Form enthaltenen Betäubungsmittel und
8. im Falle des Verwendens zu wissenschaftlichen oder anderen im öffentlichen Interesse liegenden Zwecken eine Erläuterung des verfolgten Zwecks unter Bezugnahme auf einschlägige wissenschaftliche Literatur.

§ 8[2)] Entscheidung. (1) [1]Das Bundesinstitut für Arzneimittel und Medizinprodukte soll innerhalb von drei Monaten nach Eingang des Antrages über die Erteilung der Erlaubnis entscheiden. [2]Es unterrichtet die zuständige oberste Landesbehörde unverzüglich über die Entscheidung.

(2) [1]Gibt das Bundesinstitut für Arzneimittel und Medizinprodukte dem Antragsteller Gelegenheit, Mängeln des Antrages abzuhelfen, so wird die in Absatz 1 bezeichnete Frist bis zur Behebung der Mängel oder bis zum Ablauf der zur

---

1) § 7 Satz 1 geänd. durch G v. 24.6.1994 (BGBl. I S. 1416); Satz 1 neu gef. mWv 1.4.2024 durch G v. 27.3.2024 (BGBl. 2024 I Nr. 109).

2) § 8 Abs. 1 Satz 1, Abs. 2 Satz 1, Abs. 3 Satz 1 geänd. durch G v. 24.6.1994 (BGBl. I S. 1416).

Behebung der Mängel gesetzten Frist gehemmt. [2]Die Hemmung beginnt mit dem Tage, an dem dem Antragsteller die Aufforderung zur Behebung der Mängel zugestellt wird.

(3) [1]Der Inhaber der Erlaubnis hat jede Änderung der in § 7 bezeichneten Angaben dem Bundesinstitut für Arzneimittel und Medizinprodukte unverzüglich mitzuteilen. [2]Bei einer Erweiterung hinsichtlich der Art der Betäubungsmittel oder des Betäubungsmittelverkehrs sowie bei Änderungen in der Person des Erlaubnisinhabers oder der Lage der Betriebsstätten, ausgenommen innerhalb eines Gebäudes, ist eine neue Erlaubnis zu beantragen. [3]In den anderen Fällen wird die Erlaubnis geändert. [4]Die zuständige oberste Landesbehörde wird über die Änderung der Erlaubnis unverzüglich unterrichtet.

§ 9[1)] Beschränkungen, Befristung, Bedingungen und Auflagen. (1) [1]Die Erlaubnis ist zur Sicherheit und Kontrolle des Betäubungsmittelverkehrs oder der Herstellung ausgenommener Zubereitungen auf den jeweils notwendigen Umfang zu beschränken. [2]Sie muß insbesondere regeln:

1. die Art der Betäubungsmittel und des Betäubungsmittelverkehrs,
2. die voraussichtliche Jahresmenge und den Bestand an Betäubungsmitteln,
3. die Lage der Betriebsstätten und
4. den Herstellungsgang und die dabei anfallenden Ausgangs-, Zwischen- und Endprodukte, auch wenn sie keine Betäubungsmittel sind.

(2) Die Erlaubnis kann

1. befristet, mit Bedingungen erlassen oder mit Auflagen verbunden werden oder
2. nach ihrer Erteilung hinsichtlich des Absatzes 1 Satz 2 geändert oder mit sonstigen Beschränkungen oder Auflagen versehen werden,

wenn dies zur Sicherheit oder Kontrolle des Betäubungsmittelverkehrs oder der Herstellung ausgenommener Zubereitungen erforderlich ist oder die Erlaubnis der Durchführung der internationalen Suchtstoffübereinkommen oder von Beschlüssen, Anordnungen oder Empfehlungen zwischenstaatlicher Einrichtungen der Suchtstoffkontrolle entgegensteht oder dies wegen Rechtsakten der Organe der Europäischen Union geboten ist.

§ 10 Rücknahme und Widerruf. (1) [1]Die Erlaubnis kann auch widerrufen werden, wenn von ihr innerhalb eines Zeitraumes von zwei Kalenderjahren kein Gebrauch gemacht worden ist. [2]Die Frist kann verlängert werden, wenn ein berechtigtes Interesse glaubhaft gemacht wird.

(2) Die zuständige oberste Landesbehörde wird über die Rücknahme oder den Widerruf der Erlaubnis unverzüglich unterrichtet.

§ 10a[2)] Erlaubnis für den Betrieb von Drogenkonsumräumen. (1) [1]Einer Erlaubnis der zuständigen obersten Landesbehörde bedarf, wer eine Einrichtung betreiben will, in deren Räumlichkeiten Betäubungsmittelabhängigen eine Gelegenheit zum Verbrauch von mitgeführten, ärztlich nicht verschriebenen Betäubungsmitteln verschafft oder gewährt wird (Drogenkonsumraum). [2]Eine Erlaubnis kann nur erteilt werden, wenn die Landesregierung die Voraussetzungen für die Erteilung in einer Rechtsverordnung nach Maßgabe des Absatzes 2 geregelt hat.

[1)] § 9 Abs. 2 geänd. mWv 26.10.2012 durch G v. 19.10.2012 (BGBl. I S. 2192).

[2)] § 10a eingef. mWv 1.4.2000 durch G v. 28.3.2000 (BGBl. I S. 302); Abs. 4 aufgeh. mWv 27.7.2023 durch G v. 19.7.2023 (BGBl. 2023 I Nr. 197).

(2) [1]Die Landesregierungen werden ermächtigt, durch Rechtsverordnung die Voraussetzungen für die Erteilung einer Erlaubnis nach Absatz 1 zu regeln. [2]Die Regelungen müssen insbesondere folgende Mindeststandards für die Sicherheit und Kontrolle beim Verbrauch von Betäubungsmitteln in Drogenkonsumräumen festlegen:

1. Zweckdienliche sachliche Ausstattung der Räumlichkeiten, die als Drogenkonsumraum dienen sollen;
2. Gewährleistung einer sofort einsatzfähigen medizinischen Notfallversorgung;
3. medizinische Beratung und Hilfe zum Zwecke der Risikominderung beim Verbrauch der von Abhängigen mitgeführten Betäubungsmittel;
4. Vermittlung von weiterführenden und ausstiegsorientierten Angeboten der Beratung und Therapie;
5. Maßnahmen zur Verhinderung von Straftaten nach diesem Gesetz in Drogenkonsumräumen, abgesehen vom Besitz von Betäubungsmitteln nach § 29 Abs. 1 Satz 1 Nr. 3 zum Eigenverbrauch in geringer Menge;
6. erforderliche Formen der Zusammenarbeit mit den für die öffentliche Sicherheit und Ordnung zuständigen örtlichen Behörden, um Straftaten im unmittelbaren Umfeld der Drogenkonsumräume soweit wie möglich zu verhindern;
7. genaue Festlegung des Kreises der berechtigten Benutzer von Drogenkonsumräumen, insbesondere im Hinblick auf deren Alter, die Art der mitgeführten Betäubungsmittel sowie die geduldeten Konsummuster; offenkundige Erst- oder Gelegenheitskonsumenten sind von der Benutzung auszuschließen;
8. eine Dokumentation und Evaluation der Arbeit in den Drogenkonsumräumen;
9. ständige Anwesenheit von persönlich zuverlässigem Personal in ausreichender Zahl, das für die Erfüllung der in den Nummern 1 bis 7 genannten Anforderungen fachlich ausgebildet ist;
10. Benennung einer sachkundigen Person, die für die Einhaltung der in den Nummern 1 bis 9 genannten Anforderungen, der Auflagen der Erlaubnisbehörde sowie der Anordnungen der Überwachungsbehörde verantwortlich ist (Verantwortlicher) und die ihm obliegenden Verpflichtungen ständig erfüllen kann.

(3) Für das Erlaubnisverfahren gelten § 7 Satz 1 und 2 Nr. 1 bis 4 und 8, §§ 8, 9 Abs. 2 und § 10 entsprechend; dabei tritt an die Stelle des Bundesinstituts für Arzneimittel und Medizinprodukte jeweils die zuständige oberste Landesbehörde, an die Stelle der obersten Landesbehörde jeweils das Bundesinstitut für Arzneimittel und Medizinprodukte.

§ 10b[1)] Erlaubnis für die Durchführung von Modellvorhaben zu Substanzanalysen. (1) Die zuständigen Landesbehörden können eine Erlaubnis für *Modellvorhaben* zur qualitativen und quantitativen chemischen Analyse von mitgeführten, nicht ärztlich, zahnärztlich oder tierärztlich verschriebenen Betäubungsmitteln erteilen, wenn mit der Analyse eine Risikobewertung und gesundheitliche Aufklärung über die Folgen des Konsums für die die Betäubungsmittel besitzende Person verbunden ist (Drug-Checking-Modellvorhaben).

(2) [1]Die Landesregierungen haben zur Verbesserung des Gesundheitsschutzes und einer besseren gesundheitlichen Aufklärung durch Rechtsverordnung Bestim-

[1)] § 10b eingef. mWv 27.7.2023 durch G v. 19.7.2023 (BGBl. 2023 I Nr. 197).

mungen über die Erteilung einer in Absatz 1 genannten Erlaubnis einschließlich der hierfür geltenden Voraussetzungen zu erlassen. [2] In der Rechtsverordnung nach Satz 1 sind insbesondere folgende Anforderungen an die Durchführung von Drug-Checking-Modellvorhaben festzulegen:

1. Vorhandensein einer zweckdienlichen sachlichen Ausstattung;
2. Gewährleistung einer Aufklärung über die Risiken des Konsums von Betäubungsmitteln einschließlich einer Beratung zum Zweck der gesundheitlichen Risikominderung beim Konsum;
3. Gewährleistung einer Vermittlung in weiterführende Angebote der Suchthilfe bei Bedarf seitens der Konsumierenden;
4. Dokumentation der zur Untersuchung eingereichten Substanzen mit Untersuchungsergebnis und der angewandten Methode zur Ermöglichung der in Absatz 3 Satz 1 genannten gesundheitlichen Aufklärung und wissenschaftlichen Begleitung und zur Berücksichtigung der Untersuchungsergebnisse in öffentlichen substanzbezogenen Warnungen;
5. Vorgaben zur Sicherheit und Kontrolle des Betäubungsmittelverkehrs bei Verwahrung und Transport von zu untersuchenden Proben und zur Vernichtung der zu untersuchenden Proben nach der Substanzanalyse;
6. Festlegung erforderlicher Formen der Zusammenarbeit mit den für die öffentliche Sicherheit und Ordnung zuständigen örtlichen Behörden;
7. ständige Anwesenheit während der üblichen Geschäftszeiten des Modellvorhabens von persönlich zuverlässigem Personal in ausreichender Zahl, das für die Erfüllung der in den Nummern 1 bis 6 genannten Anforderungen fachlich qualifiziert ist;
8. Vorhandensein einer sachkundigen Person, die für die Einhaltung der in den Nummern 1 bis 7 genannten Anforderungen, der Auflagen der Erlaubnisbehörde sowie der Anordnungen der Überwachungsbehörde verantwortlich ist und die die ihr obliegenden Verpflichtungen ständig während der üblichen Geschäftszeiten des Modellvorhabens erfüllen kann und gegenüber der zuständigen Behörde vor Erteilung der in Absatz 1 genannten Erlaubnis zu benennen ist.

[3] In der Rechtsverordnung nach Satz 1 sind das Verfahren der Erteilung der in Absatz 1 genannten Erlaubnis und die hierfür jeweils zuständige Behörde zu bestimmen.

(3) [1] Die Länder stellen jeweils eine wissenschaftliche Begleitung und Auswertung der Modellvorhaben im Hinblick auf die Erreichung der Ziele einer besseren gesundheitlichen Aufklärung sowie eines verbesserten Gesundheitsschutzes sicher. [2] Die Länder übermitteln dem Bundesministerium für Gesundheit oder einem von ihm beauftragten Dritten auf Anforderung die Ergebnisse der Modellvorhaben.

Dritter Abschnitt. Pflichten im Betäubungsmittelverkehr

§ 11[1)] Einfuhr, Ausfuhr und Durchfuhr. (1) [1] Wer Betäubungsmittel im Einzelfall einführen oder ausführen will, bedarf dazu neben der erforderlichen Erlaubnis nach § 3 einer Genehmigung des Bundesinstitutes für Arzneimittel und Medizinprodukte. [2] Betäubungsmittel dürfen durch den Geltungsbereich dieses Gesetzes nur unter zollamtlicher Überwachung ohne weiteren als den durch die *Beförderung oder den Umschlag* bedingten Aufenthalt und ohne daß das Betäu-

[1)] § 11 Abs. 1 Satz 1 geänd. durch G v. 24.6.1994 (BGBl. I S. 1416); Abs. 2 Satz 1 geänd. mWv 26.10.2012 durch G v. 19.10.2012 (BGBl. I S. 2192).

bungsmittel zu irgendeinem Zeitpunkt während des Verbringens dem Durchführenden oder einer dritten Person tatsächlich zur Verfügung steht, durchgeführt werden. [3] Ausgenommene Zubereitungen dürfen nicht in Länder ausgeführt werden, die die Einfuhr verboten haben.

(2) [1] Die Bundesregierung wird ermächtigt, durch Rechtsverordnung ohne Zustimmung des Bundesrates das Verfahren über die Erteilung der Genehmigung zu regeln und Vorschriften über die Einfuhr, Ausfuhr und Durchfuhr zu erlassen, soweit es zur Sicherheit oder Kontrolle des Betäubungsmittelverkehrs, zur Durchführung der internationalen Suchtstoffübereinkommen oder von Rechtsakten der Organe der Europäischen Union erforderlich ist. [2] Insbesondere können

1. die Einfuhr, Ausfuhr oder Durchfuhr auf bestimmte Betäubungsmittel und Mengen beschränkt sowie in oder durch bestimmte Länder oder aus bestimmten Ländern verboten,
2. Ausnahmen von Absatz 1 für den Reiseverkehr und die Versendung von Proben im Rahmen der internationalen Zusammenarbeit zugelassen,
3. Regelungen über das Mitführen von Betäubungsmitteln durch Ärzte, Zahnärzte und Tierärzte im Rahmen des grenzüberschreitenden Dienstleistungsverkehrs getroffen und
4. Form, Inhalt, Anfertigung, Ausgabe und Aufbewahrung der zu verwendenden amtlichen Formblätter festgelegt

werden.

§ 12[1)] Abgabe und Erwerb. (1) Betäubungsmittel dürfen nur abgegeben werden an

1. Personen oder Personenvereinigungen, die im Besitz einer Erlaubnis nach § 3 zum Erwerb sind oder eine Apotheke oder tierärztliche Hausapotheke betreiben,
2. die in § 4 Abs. 2 oder § 26 genannten Behörden oder Einrichtungen.
3. (weggefallen)

(2) [1] Der Abgebende hat dem Bundesinstitut für Arzneimittel und Medizinprodukte außer in den Fällen des § 4 Abs. 1 Nr. 1 Buchstabe e unverzüglich jede einzelne Abgabe unter Angabe des Erwerbers und der Art und Menge des Betäubungsmittels zu melden. [2] Der Erwerber hat dem Abgebenden den Empfang der Betäubungsmittel zu bestätigen.

(3) Die Absätze 1 und 2 gelten nicht bei

1. Abgabe von in Anlage III bezeichneten Betäubungsmitteln
   a) auf Grund ärztlicher, zahnärztlicher oder tierärztlicher Verschreibung im Rahmen des Betriebes einer Apotheke,
   b) im Rahmen des Betriebes einer tierärztlichen Hausapotheke für ein vom *Betreiber dieser Hausapotheke* behandeltes Tier,
   c) durch den Arzt nach § 13 Absatz 1a Satz 1,
2. der Ausfuhr von Betäubungsmitteln und
3. Abgabe und Erwerb von Betäubungsmitteln zwischen den in § 4 Abs. 2 oder § 26 genannten Behörden oder Einrichtungen.

[1)] § 12 Abs. 2 Satz 1 geänd. durch G v. 24.6.1994 (BGBl I S. 1416); Abs. 4 neu gef. mWv 1.1.2011 durch G v. 22.12.2010 (BGBl. I S. 2262); Abs. 3 Nr. 1 Buchst. c angef. mWv 26.10.2012 durch G v. 19.10.2012 (BGBl. I S. 2192).

(4) [1] Das Bundesministerium für Gesundheit wird ermächtigt, durch Rechtsverordnung ohne Zustimmung des Bundesrates das Verfahren der Meldung und der Empfangsbestätigung zu regeln. [2] Es kann dabei insbesondere deren Form, Inhalt und Aufbewahrung sowie eine elektronische Übermittlung regeln.

§ 13[1)] Verschreibung und Abgabe auf Verschreibung. (1) [1] Die in Anlage III bezeichneten Betäubungsmittel dürfen nur von Ärzten, Zahnärzten und Tierärzten und nur dann verschrieben oder im Rahmen einer ärztlichen, zahnärztlichen oder tierärztlichen Behandlung einschließlich der ärztlichen Behandlung einer Betäubungsmittelabhängigkeit verabreicht oder einem anderen zum unmittelbaren Verbrauch oder nach Absatz 1a Satz 1 überlassen werden, wenn ihre Anwendung am oder im menschlichen oder tierischen Körper begründet ist. [2] Die Anwendung ist insbesondere dann nicht begründet, wenn der beabsichtigte Zweck auf andere Weise erreicht werden kann. [3] Die in Anlagen I und II bezeichneten Betäubungsmittel dürfen nicht verschrieben, verabreicht oder einem anderen zum unmittelbaren Verbrauch oder nach Absatz 1a Satz 1 überlassen werden.

(1a) [1] Zur Deckung des nicht aufschiebbaren Betäubungsmittelbedarfs eines ambulant versorgten Palliativpatienten darf der Arzt diesem die hierfür erforderlichen, in Anlage III bezeichneten Betäubungsmittel in Form von Fertigarzneimitteln nur dann überlassen, soweit und solange der Bedarf des Patienten durch eine Verschreibung nicht rechtzeitig gedeckt werden kann; die Höchstüberlassungsmenge darf den Dreitagesbedarf nicht überschreiten. [2] Der Bedarf des Patienten kann durch eine Verschreibung nicht rechtzeitig gedeckt werden, wenn das erforderliche Betäubungsmittel

1. bei einer dienstbereiten Apotheke innerhalb desselben Kreises oder derselben kreisfreien Stadt oder in einander benachbarten Kreisen oder kreisfreien Städten nicht vorrätig ist oder nicht rechtzeitig zur Abgabe bereitsteht oder
2. obwohl es in einer Apotheke nach Nummer 1 vorrätig ist oder rechtzeitig zur Abgabe bereitstünde, von dem Patienten oder den Patienten versorgenden Personen nicht rechtzeitig beschafft werden kann, weil
   a) diese Personen den Patienten vor Ort versorgen müssen oder auf Grund ihrer eingeschränkten Leistungsfähigkeit nicht in der Lage sind, das Betäubungsmittel zu beschaffen, oder
   b) der Patient auf Grund der Art und des Ausmaßes seiner Erkrankung dazu nicht selbst in der Lage ist und keine Personen vorhanden sind, die den Patienten versorgen.

[3] Der Arzt muss unter Hinweis darauf, dass eine Situation nach Satz 1 vorliegt, bei einer dienstbereiten Apotheke nach Satz 2 Nummer 1 vor Überlassung anfragen, ob das erforderliche Betäubungsmittel dort vorrätig ist oder bis wann es zur Abgabe bereitsteht. [4] Über das Vorliegen der Voraussetzungen nach den Sätzen 1 und 2 und die Anfrage nach Satz 3 muss der Arzt mindestens folgende Aufzeichnungen führen und diese drei Jahre, vom Überlassen der Betäubungsmittel an gerechnet, aufbewahren:

[1)] § 13 Abs. 3 neu gef. mWv 1.4.2000 durch G v. 28.3.2000 (BGBl. I S. 302); Abs. 2 Satz 2 eingef., *bish. Satz 2 wird Satz 3,* Abs. 3 Satz 2 Nr. 2a., 2b. eingef., Sätze 3 und 4 eingef., bish. Sätze 3 und 4 werden Sätze 5 und 6 mWv 21.7.2009 durch G v. 15.7.2009 (BGBl. I S. 1801); Abs. 1 Sätze 1 und 3 geänd., Abs. 1a eingef., Abs. 3 Satz 1 geänd. mWv 26.10.2012 durch G v. 19.10.2012 (BGBl. I S. 2192); Abs. 3 Satz 2 Nr. 4 geänd. mWv 9.6.2021 durch G v. 3.6.2021 (BGBl. I S. 1309); Abs. 1b eingef. mWv 27.7.2023 durch G v. 19.7.2023 (BGBl. 2023 I Nr. 197).

1. den Namen des Patienten sowie den Ort, das Datum und die Uhrzeit der Behandlung,
2. den Namen der Apotheke und des kontaktierten Apothekers oder der zu seiner Vertretung berechtigten Person,
3. die Bezeichnung des angefragten Betäubungsmittels,
4. die Angabe der Apotheke, ob das Betäubungsmittel zum Zeitpunkt der Anfrage vorrätig ist oder bis wann es zur Abgabe bereitsteht,
5. die Angaben über diejenigen Tatsachen, aus denen sich das Vorliegen der Voraussetzungen nach den Sätzen 1 und 2 ergibt.

[5] Über die Anfrage eines nach Satz 1 behandelnden Arztes, ob ein bestimmtes Betäubungsmittel vorrätig ist oder bis wann es zur Abgabe bereitsteht, muss der Apotheker oder die zu seiner Vertretung berechtigte Person mindestens folgende Aufzeichnungen führen und diese drei Jahre, vom Tag der Anfrage an gerechnet, aufbewahren:

1. das Datum und die Uhrzeit der Anfrage,
2. den Namen des Arztes,
3. die Bezeichnung des angefragten Betäubungsmittels,
4. die Angabe gegenüber dem Arzt, ob das Betäubungsmittel zum Zeitpunkt der Anfrage vorrätig ist oder bis wann es zur Abgabe bereitsteht

[6] Im Falle des Überlassens nach Satz 1 hat der Arzt den ambulant versorgten Palliativpatienten oder zu dessen Pflege anwesende Dritte über die ordnungsgemäße Anwendung der überlassenen Betäubungsmittel aufzuklären und eine schriftliche Gebrauchsanweisung mit Angaben zur Einzel- und Tagesgabe auszuhändigen.

(1b) [1] Abweichend von Absatz 1 dürfen die in Anlage III bezeichneten Betäubungsmittel durch Notfallsanitäter im Sinne des Notfallsanitätergesetzes ohne vorherige ärztliche Anordnung im Rahmen einer heilkundlichen Maßnahme verabreicht werden, wenn diese nach standardisierten ärztlichen Vorgaben handeln, ein Eintreffen eines Arztes nicht abgewartet werden kann und die Verabreichung zur Abwendung von Gefahren für die Gesundheit oder zur Beseitigung oder Linderung erheblicher Beschwerden erforderlich ist. [2] Die standardisierten ärztlichen Vorgaben müssen

1. den handelnden Notfallsanitätern in Textform vorliegen,
2. Regelungen zu Art und Weise der Verabreichung enthalten und
3. Festlegungen darüber treffen, in welchen Fällen das Eintreffen eines Arztes nicht abgewartet werden kann.

(2) [1] Die nach Absatz 1 verschriebenen Betäubungsmittel dürfen nur im Rahmen des Betriebs einer Apotheke und gegen Vorlage der Verschreibung abgegeben werden. [2] Diamorphin darf nur vom pharmazeutischen Unternehmer und nur an anerkannte Einrichtungen nach Absatz 3 Satz 2 Nummer 2a gegen Vorlage der Verschreibung abgegeben werden. [3] Im Rahmen des Betriebs einer tierärztlichen Hausapotheke dürfen nur die in Anlage III bezeichneten Betäubungsmittel und nur zur Anwendung bei einem vom Betreiber der Hausapotheke behandelten Tier abgegeben werden.

(3) [1] Die Bundesregierung wird ermächtigt, durch Rechtsverordnung[1)] mit Zustimmung des Bundesrates das Verschreiben von den in Anlage III bezeichneten Betäubungsmitteln, ihre Abgabe auf Grund einer Verschreibung und das Aufzeich-

---

[1)] Siehe die Betäubungsmittel-VerschreibungsVO (Nr. **86a**).

nen ihres Verbleibs und des Bestandes bei Ärzten, Zahnärzten, Tierärzten, in Apotheken, tierärztlichen Hausapotheken, Krankenhäusern, Tierkliniken, Alten- und Pflegeheimen, Hospizen, Einrichtungen der spezialisierten ambulanten Palliativversorgung, Einrichtungen der Rettungsdienste, Einrichtungen, in denen eine Behandlung mit dem Substitutionsmittel Diamorphin stattfindet, und auf Kauffahrteischiffen zu regeln, soweit es zur Sicherheit oder Kontrolle des Betäubungsmittelverkehrs erforderlich ist. [2] Insbesondere können

1. das Verschreiben auf bestimmte Zubereitungen, Bestimmungszwecke oder Mengen beschränkt,
2. das Verschreiben von Substitutionsmitteln für Drogenabhängige von der Erfüllung von Mindestanforderungen an die Qualifikation der verschreibenden Ärzte abhängig gemacht und die Festlegung der Mindestanforderungen den Ärztekammern übertragen,

2a. das Verschreiben von Diamorphin nur in Einrichtungen, denen eine Erlaubnis von der zuständigen Landesbehörde erteilt wurde, zugelassen,

2b. die Mindestanforderungen an die Ausstattung der Einrichtungen, in denen die Behandlung mit dem Substitutionsmittel Diamorphin stattfindet, festgelegt,

3. Meldungen
   a) der verschreibenden Ärzte an das Bundesinstitut für Arzneimittel und Medizinprodukte über das Verschreiben eines Substitutionsmittels für einen Patienten in anonymisierter Form,
   b) der Ärztekammern an das Bundesinstitut für Arzneimittel und Medizinprodukte über die Ärzte, die die Mindestanforderungen nach Nummer 2 erfüllen und

   Mitteilungen
   c) des Bundesinstituts für Arzneimittel und Medizinprodukte an die zuständigen Überwachungsbehörden und an die verschreibenden Ärzte über die Patienten, denen bereits ein anderer Arzt ein Substitutionsmittel verschrieben hat, in anonymisierter Form,
   d) des Bundesinstituts für Arzneimittel und Medizinprodukte an die zuständigen Überwachungsbehörden der Länder über die Ärzte, die die Mindestanforderungen nach Nummer 2 erfüllen,
   e) des Bundesinstituts für Arzneimittel und Medizinprodukte an die obersten Landesgesundheitsbehörden über die Anzahl der Patienten, denen ein Substitutionsmittel verschrieben wurde, die Anzahl der Ärzte, die zum Verschreiben eines Substitutionsmittels berechtigt sind, die Anzahl der Ärzte, die ein Substitutionsmittel verschrieben haben, die verschriebenen Substitutionsmittel und die Art der Verschreibung

   sowie Art der Anonymisierung, Form und Inhalt der Meldungen und Mitteilungen vorgeschrieben,
4. Form, Inhalt, Anfertigung, Ausgabe, Aufbewahrung und Rückgabe des zu verwendenden amtlichen Formblattes für die Verschreibung, das Verfahren für die Verschreibung in elektronischer Form sowie Form und Inhalt der Aufzeichnungen über den Verbleib und den Bestand der Betäubungsmittel festgelegt und
5. Ausnahmen von § 4 Abs. 1 Nr. 1 Buchstabe c für die Ausrüstung von Kauffahrteischiffen erlassen werden.

[3] Für das Verfahren zur Erteilung einer Erlaubnis nach Satz 2 Nummer 2a gelten § 7 Satz 2 Nummer 1 bis 4, § 8 Absatz 1 Satz 1, Absatz 2 und 3 Satz 1 bis 3, § 9

Absatz 2 und § 10 entsprechend. [4] Dabei tritt an die Stelle des Bundesinstitutes für Arzneimittel und Medizinprodukte jeweils die zuständige Landesbehörde, an die Stelle der zuständigen obersten Landesbehörde jeweils das Bundesinstitut für Arzneimittel und Medizinprodukte. [5] Die Empfänger nach Satz 2 Nr. 3 dürfen die übermittelten Daten nicht für einen anderen als den in Satz 1 genannten Zweck verwenden. [6] Das Bundesinstitut für Arzneimittel und Medizinprodukte handelt bei der Wahrnehmung der ihm durch Rechtsverordnung nach Satz 2 zugewiesenen Aufgaben als vom Bund entliehenes Organ des jeweils zuständigen Landes; Einzelheiten einschließlich der Kostenerstattung an den Bund werden durch Vereinbarung geregelt.

§ 14 Kennzeichnung und Werbung. (1) [1] Im Betäubungsmittelverkehr sind die Betäubungsmittel unter Verwendung der in den Anlagen aufgeführten Kurzbezeichnungen zu kennzeichnen. [2] Die Kennzeichnung hat in deutlich lesbarer Schrift, in deutscher Sprache und auf dauerhafte Weise zu erfolgen.

(2) Die Kennzeichnung muß außerdem enthalten

1. bei rohen, ungereinigten und nicht abgeteilten Betäubungsmitteln den Gewichtsvomhundertsatz und bei abgeteilten Betäubungsmitteln das Gewicht des enthaltenen reinen Stoffes,
2. auf Betäubungsmittelbehältnissen und – soweit verwendet – auf den äußeren Umhüllungen bei Stoffen und nicht abgeteilten Zubereitungen die enthaltene Gewichtsmenge, bei abgeteilten Zubereitungen die enthaltene Stückzahl; dies gilt nicht für Vorratsbehältnisse in wissenschaftlichen Laboratorien sowie für zur Abgabe bestimmte kleine Behältnisse und Ampullen.

(3) Die Absätze 1 und 2 gelten nicht für Vorratsbehältnisse in Apotheken und tierärztlichen Hausapotheken.

(4) Die Absätze 1 und 2 gelten sinngemäß auch für die Bezeichnung von Betäubungsmitteln in Katalogen, Preislisten, Werbeanzeigen oder ähnlichen Druckerzeugnissen, die für die am Betäubungsmittelverkehr beteiligten Fachkreise bestimmt sind.

(5) [1] Für in Anlage I bezeichnete Betäubungsmittel darf nicht geworben werden. [2] Für in den Anlagen II und III bezeichnete Betäubungsmittel darf nur in Fachkreisen der Industrie und des Handels sowie bei Personen und Personenvereinigungen, die eine Apotheke oder eine tierärztliche Hausapotheke betreiben, geworben werden, für in Anlage III bezeichnete Betäubungsmittel auch bei Ärzten, Zahnärzten und Tierärzten.

§ 15[1)] Sicherungsmaßnahmen. [1] Wer am Betäubungsmittelverkehr teilnimmt, hat die Betäubungsmittel, die sich in seinem Besitz befinden, gesondert aufzubewahren und gegen unbefugte Entnahme zu sichern. [2] Das Bundesinstitut für Arzneimittel und Medizinprodukte kann Sicherungsmaßnahmen anordnen, soweit es nach Art oder Umfang des Betäubungsmittelverkehrs, dem Gefährdungsgrad oder der Menge der Betäubungsmittel erforderlich ist.

§ 16[2)] Vernichtung. (1) [1] Der Eigentümer von nicht mehr verkehrsfähigen Betäubungsmitteln hat diese auf seine Kosten in Gegenwart von zwei Zeugen in einer Weise zu vernichten, die eine auch nur teilweise Wiedergewinnung der Betäubungsmittel ausschließt sowie den Schutz von Mensch und Umwelt vor

---

[1)] § 15 Satz 2 geänd. durch G v. 24.6.1994 (BGBl. I S. 1416).
[2)] § 16 Abs. 2 Satz 1 geänd. durch G v. 24.6.1994 (BGBl. I S. 1416).

schädlichen Einwirkungen sicherstellt. [2] Über die Vernichtung ist eine Niederschrift zu fertigen und diese drei Jahre aufzubewahren.

(2) [1] Das Bundesinstitut für Arzneimittel und Medizinprodukte, in den Fällen des § 19 Abs. 1 Satz 3 die zuständige Behörde des Landes, kann den Eigentümer auffordern, die Betäubungsmittel auf seine Kosten an diese Behörden zur Vernichtung einzusenden. [2] Ist ein Eigentümer der Betäubungsmittel nicht vorhanden oder nicht zu ermitteln, oder kommt der Eigentümer seiner Verpflichtung zur Vernichtung oder der Aufforderung zur Einsendung der Betäubungsmittel gemäß Satz 1 nicht innerhalb einer zuvor gesetzten Frist von drei Monaten nach, so treffen die in Satz 1 genannten Behörden die zur Vernichtung erforderlichen Maßnahmen. [3] Der Eigentümer oder Besitzer der Betäubungsmittel ist verpflichtet, die Betäubungsmittel den mit der Vernichtung beauftragten Personen herauszugeben oder die Wegnahme zu dulden.

(3) Absatz 1 und Absatz 2 Satz 1 und 3 gelten entsprechend, wenn der Eigentümer nicht mehr benötigte Betäubungsmittel beseitigen will.

§ 17 Aufzeichnungen. (1) [1] Der Inhaber einer Erlaubnis nach § 3 ist verpflichtet, getrennt für jede Betriebsstätte und jedes Betäubungsmittel fortlaufend folgende Aufzeichnungen über jeden Zugang und jeden Abgang zu führen:

1. das Datum,
2. den Namen oder die Firma und die Anschrift des Lieferers oder des Empfängers oder die sonstige Herkunft oder den sonstigen Verbleib,
3. die zugegangene oder abgegangene Menge und den sich daraus ergebenden Bestand,
4. im Falle des Anbaues zusätzlich die Anbaufläche nach Lage und Größe sowie das Datum der Aussaat,
5. im Falle des Herstellens zusätzlich die Angabe der eingesetzten oder hergestellten Betäubungsmittel, der nicht dem Gesetz unterliegenden Stoffe oder der ausgenommenen Zubereitungen nach Art und Menge und
6. im Falle der Abgabe ausgenommener Zubereitungen durch deren Hersteller zusätzlich den Namen oder die Firma und die Anschrift des Empfängers.

[2] Anstelle der in Nummer 6 bezeichneten Aufzeichnungen können die Durchschriften der Ausgangsrechnungen, in denen die ausgenommenen Zubereitungen kenntlich gemacht sind, fortlaufend nach dem Rechnungsdatum abgeheftet werden.

(2) Die in den Aufzeichnungen oder Rechnungen anzugebenden Mengen sind

1. bei Stoffen und nicht abgeteilten Zubereitungen die Gewichtsmenge und
2. bei abgeteilten Zubereitungen die Stückzahl.

(3) Die Aufzeichnungen oder Rechnungsdurchschriften sind drei Jahre, von der letzten Aufzeichnung oder vom letzten Rechnungsdatum an gerechnet, gesondert aufzubewahren.

§ 18[1] Meldungen. (1) Der Inhaber einer Erlaubnis nach § 3 ist verpflichtet, dem Bundesinstitut für Arzneimittel und Medizinprodukte getrennt für jede Betriebsstätte und für jedes Betäubungsmittel die jeweilige Menge zu melden, die

1. *beim* Anbau gewonnen wurde, unter Angabe der Anbaufläche nach Lage und Größe,

[1] § 18 Abs. 1, 3 und 4 geänd. durch G v. 24.6.1994 (BGBl. I S. 1416).

2. hergestellt wurde, aufgeschlüsselt nach Ausgangsstoffen,
3. zur Herstellung anderer Betäubungsmittel verwendet wurde, aufgeschlüsselt nach diesen Betäubungsmitteln,
4. zur Herstellung von nicht unter dieses Gesetz fallenden Stoffen verwendet wurde, aufgeschlüsselt nach diesen Stoffen,
5. zur Herstellung ausgenommener Zubereitungen verwendet wurde, aufgeschlüsselt nach diesen Zubereitungen,
6. eingeführt wurde, aufgeschlüsselt nach Ausfuhrländern,
7. ausgeführt wurde, aufgeschlüsselt nach Einfuhrländern,
8. erworben wurde,
9. abgegeben wurde,
10. vernichtet wurde,
11. zu anderen als den nach den Nummern 1 bis 10 angegebenen Zwecken verwendet wurde, aufgeschlüsselt nach den jeweiligen Verwendungszwecken und
12. am Ende des jeweiligen Kalenderhalbjahres als Bestand vorhanden war.

(2) Die in den Meldungen anzugebenden Mengen sind
1. bei Stoffen und nicht abgeteilten Zubereitungen die Gewichtsmenge und
2. bei abgeteilten Zubereitungen die Stückzahl.

(3) Die Meldungen nach Absatz 1 Nr. 2 bis 12 sind dem Bundesinstitut für Arzneimittel und Medizinprodukte jeweils bis zum 31. Januar und 31. Juli für das vergangene Kalenderhalbjahr und die Meldung nach Absatz 1 Nr. 1 bis zum 31. Januar für das vergangene Kalenderjahr einzusenden.

(4) Für die in Absatz 1 bezeichneten Meldungen sind die vom Bundesinstitut für Arzneimittel und Medizinprodukte herausgegebenen amtlichen Formblätter zu verwenden.

§ 18a[1] *(aufgehoben)*

Vierter Abschnitt. Überwachung

§ 19[2] **Durchführende Behörde.** (1) [1] Der Betäubungsmittelverkehr sowie die Herstellung ausgenommener Zubereitungen unterliegt der Überwachung durch das Bundesinstitut für Arzneimittel und Medizinprodukte. [2] Diese Stelle ist auch zuständig für die Anfertigung und Ausgabe der zur Verschreibung von Betäubungsmitteln vorgeschriebenen amtlichen Formblätter, für die Bereitstellung eines Verfahrens zur Verschreibung von Betäubungsmitteln in elektronischer Form sowie für die Auswertung von Verschreibungen. [3] Der Betäubungsmittelverkehr bei

[1] § 18a aufgeh. durch G v. 7.10.1994 (BGBl. I S. 2835).

[2] *§ 19* Abs. 1 Satz 1, Abs. 2 geänd. durch G v. 24.6.1994 (BGBl. I S. 1416); Abs. 3 angef. durch G v. 4.4.1996 (BGBl. I S. 582); Abs. 1 Satz 4 angef. mWv 1.4.2000 durch G v. 28.3.2000 (BGBl. I S. 302); Abs. 1 Satz 3 geänd. mWv 21.7.2009 durch G v. 15.7.2009 (BGBl. I S. 1801); Abs. 3 Satz 1 geänd., Satz 2 neu gef., Satz 3 angef. mWv 23.7.2009 durch G v. 17.7.2009 (BGBl. I S. 1990); Abs. 3 Satz 2 geänd. mWv 1.1.2011 durch G v. 22.12.2010 (BGBl. I S. 2262); Abs. 1 Satz 3 geänd. mWv 26.10.2012 durch G v. 19.10.2012 (BGBl. I S. 2192); Abs. 3 Sätze 2 und 3 neu gef., Satz 4 angef. mWv 23.5.2015 durch G v. 20.5.2015 (BGBl. I S. 725); Abs. 2a eingef. mWv 10.3.2017 durch G v. 6.3.2017 (BGBl. I S. 403); Abs. 1 Satz 2 geänd. mWv 9.6.2021 durch G v. 3.6.2021 (BGBl. I S. 1309); Abs. 1 Satz 4 geänd. mWv 27.7.2023 durch G v. 19.7.2023 (BGBl. 2023 I Nr. 197); Abs. 3 Satz 2 neu gef. mWv 1.1.2023 durch G v. 26.7.2023 (BGBl. 2023 I Nr. 204); Abs. 2a und 3 aufgeh. mWv 1.4.2024 durch G v. 27.3.2024 (BGBl. 2024 I Nr. 109).

Ärzten, Zahnärzten und Tierärzten, pharmazeutischen Unternehmern im Falle der Abgabe von Diamorphin und in Apotheken sowie im Falle von § 4 Absatz 1 Nummer 1 Buchstabe f zwischen Apotheken, tierärztlichen Hausapotheken, Krankenhäusern und Tierkliniken unterliegt der Überwachung durch die zuständigen Behörden der Länder. [4]Diese überwachen auch die Einhaltung der in § 10a Absatz 2 oder in § 10b Absatz 2 aufgeführten Mindeststandards oder Anforderungen; den mit der Überwachung beauftragten Personen stehen die in den §§ 22 und 24 geregelten Befugnisse zu.

(2) Das Bundesinstitut für Arzneimittel und Medizinprodukte ist zugleich die besondere Verwaltungsdienststelle im Sinne der internationalen Suchtstoffübereinkommen.

§ 20[1)] Besondere Ermächtigung für den Spannungs- oder Verteidigungsfall. (1) [1]Die Bundesregierung wird ermächtigt, durch Rechtsverordnung ohne Zustimmung des Bundesrates dieses Gesetz oder die auf Grund dieses Gesetzes erlassenen Rechtsverordnungen für Verteidigungszwecke zu ändern, um die medizinische Versorgung der Bevölkerung mit Betäubungsmitteln sicherzustellen, wenn die Sicherheit und Kontrolle des Betäubungsmittelverkehrs oder der Herstellung ausgenommener Zubereitungen gewährleistet bleiben. [2]Insbesondere können

1. Aufgaben des Bundesinstitutes für Arzneimittel und Medizinprodukte nach diesem Gesetz und auf Grund dieses Gesetzes erlassenen Rechtsverordnungen auf das Bundesministerium übertragen,
2. der Betäubungsmittelverkehr und die Herstellung ausgenommener Zubereitungen an die in Satz 1 bezeichneten besonderen Anforderungen angepaßt und
3. Meldungen über Bestände an
   a) Betäubungsmitteln,
   b) ausgenommenen Zubereitungen und
   c) zur Herstellung von Betäubungsmitteln erforderlichen Ausgangsstoffen oder Zubereitungen, auch wenn diese keine Betäubungsmittel sind,

angeordnet werden. [3]In der Rechtsverordnung kann ferner der über die in Satz 2 Nr. 3 bezeichneten Bestände Verfügungsberechtigte zu deren Abgabe an bestimmte Personen oder Stellen verpflichtet werden.

(2) Die Rechtsverordnung nach Absatz 1 darf nur nach Maßgabe des Artikels 80a Abs. 1 des Grundgesetzes[2)] angewandt werden.

(3) (weggefallen)

§ 21[3)] Mitwirkung anderer Behörden. (1) Das Bundesministerium der Finanzen und die von ihm bestimmten Zollstellen wirken bei der Überwachung der Einfuhr, Ausfuhr und Durchfuhr von Betäubungsmitteln mit.

(2) [1]Das Bundesministerium der Finanzen kann im Einvernehmen mit dem Bundesministerium des Innern, für Bau und Heimat die Beamten der Bundes-

[1)] § 20 Abs. 1 Satz 1 Nr. 1 geänd. durch G v. 24.6.1994 (BGBl. I S. 1416); Abs. 1 Satz 2 Nr. 1 geänd. mWv 28.11.2003 durch VO v. 25.11.2003 (BGBl. I S. 2304).

[2)] **Habersack, Deutsche Gesetze Nr. 1.**

[3)] § 21 Abs. 3 geänd. durch G v. 24.6.1994 (BGBl. I S. 1416); Abs. 1 geänd. durch G v. 7.10.1994 (BGBl. I S. 2835); Abs. 2 Sätze 1 und 2 geänd. durch G v. 19.10.1994 (BGBl. I S. 2978); Abs. 2 Satz 1 geänd. mWv 28.11.2003 durch VO v. 25.11.2003 (BGBl. I S. 2304); Abs. 2 geänd. mWv 1.7.2005 durch G v. 21.6.2005 (BGBl. I S. 1818); Abs. 2 Satz 1 geänd. mWv 27.6.2020 durch VO v. 19.6.2020 (BGBl. I S. 1328).

polizei, die mit Aufgaben des Grenzschutzes nach § 2 des Bundespolizeigesetzes[1] betraut sind, und im Einvernehmen mit dem Bayerischen Staatsminister des Innern die Beamten der Bayerischen Grenzpolizei mit der Wahrnehmung von Aufgaben betrauen, die den Zolldienststellen nach Absatz 1 obliegen. [2] Nehmen die im Satz 1 bezeichneten Beamten diese Aufgaben wahr, gilt § 67 Abs. 2 des Bundespolizeigesetzes entsprechend.

(3) Bei Verdacht von Verstößen gegen Verbote und Beschränkungen dieses Gesetzes, die sich bei der Abfertigung ergeben, unterrichten die mitwirkenden Behörden das Bundesinstitut für Arzneimittel und Medizinprodukte unverzüglich.

§ 22[2] Überwachungsmaßnahmen. (1) Die mit der Überwachung beauftragten Personen sind befugt,

1. Unterlagen über den Betäubungsmittelverkehr oder die Herstellung oder das der Herstellung folgende Inverkehrbringen ausgenommener Zubereitungen einzusehen und hieraus Abschriften oder Ablichtungen anzufertigen, soweit sie für die Sicherheit oder Kontrolle des Betäubungsmittelverkehrs oder der Herstellung ausgenommener Zubereitungen von Bedeutung sein können,
2. von natürlichen und juristischen Personen und sonstigen Personenvereinigungen alle erforderlichen Auskünfte zu verlangen,
3. Grundstücke, Gebäude, Gebäudeteile, Einrichtungen und Beförderungsmittel, in denen der Betäubungsmittelverkehr oder die Herstellung ausgenommener Zubereitungen durchgeführt wird, zu betreten und zu besichtigen, wobei sich die beauftragten Personen davon zu überzeugen haben, daß die Vorschriften über den Betäubungsmittelverkehr oder die Herstellung ausgenommener Zubereitungen beachtet werden. Zur Verhütung dringender Gefahren für die öffentliche Sicherheit und Ordnung, insbesondere wenn eine Vereitelung der Kontrolle des Betäubungsmittelverkehrs oder der Herstellung ausgenommener Zubereitungen zu besorgen ist, dürfen diese Räumlichkeiten auch außerhalb der Betriebs- und Geschäftszeit sowie Wohnzwecken dienende Räume betreten werden; insoweit wird das Grundrecht auf Unverletzlichkeit der Wohnung (Artikel 13 des Grundgesetzes[3]) eingeschränkt. Soweit es sich um industrielle Herstellungsbetriebe und Großhandelsbetriebe handelt, sind die Besichtigungen in der Regel alle zwei Jahre durchzuführen,
4. vorläufige Anordnungen zu treffen, soweit es zur Verhütung dringender Gefahren für die Sicherheit oder Kontrolle des Betäubungsmittelverkehrs oder der Herstellung ausgenommener Zubereitungen geboten ist. Zum gleichen Zweck dürfen sie auch die weitere Teilnahme am Betäubungsmittelverkehr oder die weitere Herstellung ausgenommener Zubereitungen ganz oder teilweise untersagen und die Betäubungsmittelbestände oder die Bestände ausgenommener Zubereitungen unter amtlichen Verschluß nehmen. Die zuständige Behörde (§ 19 Abs. 1) hat innerhalb von einem Monat nach Erlaß der vorläufigen Anordnungen über diese endgültig zu entscheiden.

(2) Die zuständige Behörde kann Maßnahmen gemäß Absatz 1 Nr. 1 und 2 auch auf schriftlichem Wege anordnen.

§ 23 Probenahme. (1) [1] Soweit es zur Durchführung der Vorschriften über den Betäubungsmittelverkehr oder die Herstellung ausgenommener Zubereitungen

[1] **Sartorius Nr. 90.**
[2] § 22 Abs. 1 Nr. 2 geänd. mWv 1.1.2024 durch G v. 10.8.2021 (BGBl. I S. 3436).
[3] **Habersack, Deutsche Gesetze Nr. 1.**

erforderlich ist, sind die mit der Überwachung beauftragten Personen befugt, gegen Empfangsbescheinigung Proben nach ihrer Auswahl zum Zwecke der Untersuchung zu fordern oder zu entnehmen. [2]Soweit nicht ausdrücklich darauf verzichtet wird, ist ein Teil der Probe oder, sofern die Probe nicht oder ohne Gefährdung des Untersuchungszwecks nicht in Teile von gleicher Qualität teilbar ist, ein zweites Stück der gleichen Art wie das als Probe entnommene zurückzulassen.

(2) [1]Zurückzulassende Proben sind amtlich zu verschließen oder zu versiegeln. [2]Sie sind mit dem Datum der Probenahme und dem Datum des Tages zu versehen, nach dessen Ablauf der Verschluß oder die Versiegelung als aufgehoben gelten.

(3) Für entnommene Proben ist eine angemessene Entschädigung zu leisten, soweit nicht ausdrücklich darauf verzichtet wird.

§ 24 Duldungs- und Mitwirkungspflicht. (1) Jeder Teilnehmer am Betäubungsmittelverkehr oder jeder Hersteller ausgenommener Zubereitungen ist verpflichtet, die Maßnahmen nach den §§ 22 und 23 zu dulden und die mit der Überwachung beauftragten Personen bei der Erfüllung ihrer Aufgaben zu unterstützen, insbesondere ihnen auf Verlangen die Stellen zu bezeichnen, in denen der Betäubungsmittelverkehr oder die Herstellung ausgenommener Zubereitungen stattfindet, umfriedete Grundstücke, Gebäude, Räume, Behälter und Behältnisse zu öffnen, Auskünfte zu erteilen sowie Einsicht in Unterlagen und die Entnahme der Proben zu ermöglichen.

(2) Der zur Auskunft Verpflichtete kann die Auskunft auf solche Fragen verweigern, deren Beantwortung ihn selbst oder einen seiner in § 383 Abs. 1 Nr. 1 bis 3 der Zivilprozeßordnung[1)] bezeichneten Angehörigen der Gefahr strafgerichtlicher Verfolgung oder eines Verfahrens nach dem Gesetz über Ordnungswidrigkeiten[2)] aussetzen würde.

§ 24a[3)] *(aufgehoben)*

§ 25[4)] *(aufgehoben)*

Fünfter Abschnitt. Vorschriften für Behörden

§ 26[5)] **Bundeswehr, Bundespolizei, Bereitschaftspolizei und Zivilschutz.**

(1) Dieses Gesetz findet mit Ausnahme der Vorschriften über die Erlaubnis nach § 3 auf Einrichtungen, die der Betäubungsmittelversorgung der Bundeswehr und der Bundespolizei dienen, sowie auf die Bevorratung mit in Anlage II oder III bezeichneten Betäubungsmitteln für den Zivilschutz entsprechende Anwendung.

(2) [1]In den Bereichen der Bundeswehr und der Bundespolizei obliegt der Vollzug dieses Gesetzes und die Überwachung des Betäubungsmittelverkehrs den jeweils zuständigen Stellen und Sachverständigen der Bundeswehr und der Bundespolizei. [2]Im Bereich des Zivilschutzes obliegt der Vollzug dieses Gesetzes den für die Sanitätsmaterialbevorratung zuständigen Bundes- und Landesbehörden.

---

1) **Habersack, Deutsche Gesetze Nr. 100.**
2) **Habersack, Deutsche Gesetze Nr. 94.**
3) § 24a aufgeh. mWv 1.4.2024 durch G v. 27.3.2024 (BGBl. 2024 I Nr. 109).
4) § 25 aufgeh. mWv 1.10.2021 durch G v. 18.7.2016 (BGBl. I S. 1666).
5) § 26 Abs. 3 geänd. mWv 28.11.2003 durch VO v. 25.11.2003 (BGBl. I S. 2304); Überschrift, Abs. 1, Abs. 2 Satz 1 geänd. mWv 1.7.2005 durch G v. 21.6.2005 (BGBl. I S. 1818).

(3) Das Bundesministerium der Verteidigung kann für seinen Geschäftsbereich im Einvernehmen mit dem Bundesministerium in Einzelfällen Ausnahmen von diesem Gesetz und den auf Grund dieses Gesetzes erlassenen Rechtsverordnungen zulassen, soweit die internationalen Suchtstoffübereinkommen dem nicht entgegenstehen und dies zwingende Gründe der Verteidigung erfordern.

(4) Dieses Gesetz findet mit Ausnahme der Vorschriften über die Erlaubnis nach § 3 auf Einrichtungen, die der Betäubungsmittelversorgung der Bereitschaftspolizeien der Länder dienen, entsprechende Anwendung.

(5) (weggefallen)

§ 27[1)] Meldungen und Auskünfte. (1) [1] Das Bundeskriminalamt meldet dem Bundesinstitut für Arzneimittel und Medizinprodukte jährlich bis zum 31. März für das vergangene Kalenderjahr die ihm bekanntgewordenen Sicherstellungen von Betäubungsmitteln nach Art und Menge sowie gegebenenfalls die weitere Verwendung der Betäubungsmittel. [2] Im Falle der Verwertung sind der Name oder die Firma und die Anschrift des Erwerbers anzugeben.

(2) Die in § 26 bezeichneten Behörden haben dem Bundesinstitut für Arzneimittel und Medizinprodukte auf Verlangen über den Verkehr mit Betäubungsmitteln in ihren Bereichen Auskunft zu geben, soweit es zur Durchführung der internationalen Suchtstoffübereinkommen erforderlich ist.

(3) [1] In Strafverfahren, die Straftaten nach diesem Gesetz zum Gegenstand haben, sind zu übermitteln

1. zur Überwachung und Kontrolle des Verkehrs mit Betäubungsmitteln bei den in § 19 Abs. 1 Satz 3 genannten Personen und Einrichtungen der zuständigen Landesbehörde die rechtskräftige Entscheidung mit Begründung, wenn auf eine Strafe oder eine Maßregel der Besserung und Sicherung erkannt oder der Angeklagte wegen Schuldunfähigkeit freigesprochen worden ist,
2. zur Wahrnehmung der in § 19 Abs. 1 Satz 2 genannten Aufgaben dem Bundesinstitut für Arzneimittel und Medizinprodukte im Falle der Erhebung der öffentlichen Klage gegen Ärzte, Zahnärzte und Tierärzte
   a) die Anklageschrift oder eine an ihre Stelle tretende Antragsschrift,
   b) der Antrag auf Erlaß eines Strafbefehls und
   c) die das Verfahren abschließende Entscheidung mit Begründung; ist mit dieser Entscheidung ein Rechtsmittel verworfen worden oder wird darin auf die angefochtene Entscheidung Bezug genommen, so ist auch diese zu übermitteln.

[2] Die Übermittlung veranlaßt die Strafvollstreckungs- oder die Strafverfolgungsbehörde.

(4) Die das Verfahren abschließende Entscheidung mit Begründung in sonstigen Strafsachen darf der zuständigen Landesbehörde übermittelt werden, wenn ein Zusammenhang der Straftat mit dem Betäubungsmittelverkehr besteht und die Kenntnis der Entscheidung aus der Sicht der übermittelnden Stelle für die Überwachung des Betäubungsmittelverkehrs erforderlich ist; Absatz 3 Satz 1 Nr. 2 Buchstabe c zweiter Halbsatz gilt entsprechend.

[1)] § 27 Abs. 1 Satz 1 und Abs. 2 geänd. durch G v. 24.6.1994 (BGBl. I S. 1416); Abs. 3 und 4 angef. durch G v. 18.6.1997 (BGBl. I S. 1430).

§ 28[1)] **Jahresbericht an die Vereinten Nationen.** (1) [1] Die Bundesregierung erstattet jährlich bis zum 30. Juni für das vergangene Kalenderjahr dem Generalsekretär der Vereinten Nationen einen Jahresbericht über die Durchführung der internationalen Suchtstoffübereinkommen nach einem von der Suchtstoffkommission der Vereinten Nationen beschlossenen Formblatt. [2] Die zuständigen Behörden der Länder wirken bei der Erstellung des Berichtes mit und reichen ihre Beiträge bis zum 31. März für das vergangene Kalenderjahr dem Bundesinstitut für Arzneimittel und Medizinprodukte ein. [3] Soweit die im Formblatt geforderten Angaben nicht ermittelt werden können, sind sie zu schätzen.

(2) [1] Die Bundesregierung wird ermächtigt, durch Rechtsverordnung mit Zustimmung des Bundesrates zu bestimmen, welche Personen und welche Stellen Meldungen, nämlich statistische Aufstellungen, sonstige Angaben und Auskünfte, zu erstatten haben, die zur Durchführung der internationalen Suchtstoffübereinkommen erforderlich sind. [2] In der Verordnung können Bestimmungen über die Art und Weise, die Form, den Zeitpunkt und den Empfänger der Meldungen getroffen werden.

Sechster Abschnitt. Straftaten und Ordnungswidrigkeiten

§ 29[2)] **Straftaten.** (1) [1] Mit Freiheitsstrafe bis zu fünf Jahren oder mit Geldstrafe wird bestraft, wer

1. Betäubungsmittel unerlaubt anbaut, herstellt, mit ihnen Handel treibt, sie, ohne Handel zu treiben, einführt, ausführt, veräußert, abgibt, sonst in den Verkehr bringt, erwirbt oder sich in sonstiger Weise verschafft,
2. eine ausgenommene Zubereitung (§ 2 Abs. 1 Nr. 3) ohne Erlaubnis nach § 3 Abs. 1 Nr. 2 herstellt,
3. Betäubungsmittel besitzt, ohne zugleich im Besitz einer schriftlichen Erlaubnis für den Erwerb zu sein,
4. (weggefallen)
5. entgegen § 11 Abs. 1 Satz 2 Betäubungsmittel durchführt,
6. entgegen § 13 Abs. 1 Betäubungsmittel
   a) verschreibt,
   b) verabreicht oder zum unmittelbaren Verbrauch überläßt,

6a. entgegen § 13 Absatz 1a Satz 1 und 2 ein dort genanntes Betäubungsmittel überlässt,

6b. entgegen § 13 Absatz 1b Satz 1 Betäubungsmittel verabreicht,

7. entgegen § 13 Absatz 2
   a) Betäubungsmittel in einer Apotheke oder tierärztlichen Hausapotheke,
   b) Diamorphin als pharmazeutischer Unternehmer

   abgibt,

---

1) § 28 Abs. 1 Satz 2 geänd. durch G v. 24.6.1994 (BGBl. I S. 1416).

2) § 29 Abs. 1 Satz 1 Nr. 11 aufgeh., Nr. 13 geänd., Abs. 2 neu gef., Abs. 3 Satz 2 Nr. 1 geänd., Nr. 2 aufgeh., bish. Nr. 3 wird Nr. 2 und neu gef., Abs. 4 neu gef., Abs. 6 geänd. durch G v. 7.10.1994 (BGBl. I S. 2835); Abs. 1 Satz 1 Nr. 10, 13 und 14 neu gef., Nr. 11 eingef., Satz 2 neu gef., Abs. 3 Satz 2 Nr. 1, Abs. 4 geänd. mWv 1.4.2000 durch G v. 28.3.2000 (BGBl. I S. 302); Abs. 1 Satz 1 Nr. 7 neu gef., Nr. 14 geänd. mWv 21.7.2009 durch G v. 15.7.2009 (BGBl. I S. 1801); Abs. 1 Nr. 6a eingef. mWv 26.10.2012 durch G v. 19.10.2012 (BGBl. I S. 2192); Abs. 1 Satz 1 Nr. 12 geänd. mWv 1.1.2021 durch G v. 30.11. 2020 (BGBl. I S. 2600); Abs. 1 Satz 1 Nr. 6b eingef., Abs. 4 geänd. mWv 27.7.2023 durch G v. 19.7.2023 (BGBl. 2023 I Nr. 197).

8. entgegen § 14 Abs. 5 für Betäubungsmittel wirbt,
9. unrichtige oder unvollständige Angaben macht, um für sich oder einen anderen oder für ein Tier die Verschreibung eines Betäubungsmittels zu erlangen,
10. einem anderen eine Gelegenheit zum unbefugten Erwerb oder zur unbefugten Abgabe von Betäubungsmitteln verschafft oder gewährt, eine solche Gelegenheit öffentlich oder eigennützig mitteilt oder einen anderen zum unbefugten Verbrauch von Betäubungsmitteln verleitet,
11. ohne Erlaubnis nach § 10a einem anderen eine Gelegenheit zum unbefugten Verbrauch von Betäubungsmitteln verschafft oder gewährt, oder wer eine außerhalb einer Einrichtung nach § 10a bestehende Gelegenheit zu einem solchen Verbrauch eigennützig oder öffentlich mitteilt,
12. öffentlich, in einer Versammlung oder durch Verbreiten eines Inhalts (§ 11 Absatz 3 des Strafgesetzbuches[1)]) dazu auffordert, Betäubungsmittel zu verbrauchen, die nicht zulässigerweise verschrieben worden sind,
13. Geldmittel oder andere Vermögensgegenstände einem anderen für eine rechtswidrige Tat nach Nummern 1, 5, 6, 7, 10, 11 oder 12 bereitstellt,
14. einer Rechtsverordnung nach § 11 Abs. 2 Satz 2 Nr. 1 oder § 13 Abs. 3 Satz 2 Nr. 1, 2a oder 5 zuwiderhandelt, soweit sie für einen bestimmten Tatbestand auf diese Strafvorschrift verweist.

[2]Die Abgabe von sterilen Einmalspritzen an Betäubungsmittelabhängige und die öffentliche Information darüber sind kein Verschaffen und kein öffentliches Mitteilen einer Gelegenheit zum Verbrauch nach Satz 1 Nr. 11.

(2) In den Fällen des Absatzes 1 Satz 1 Nr. 1, 2, 5 oder 6 Buchstabe b ist der Versuch strafbar.

(3) [1]In besonders schweren Fällen ist die Strafe Freiheitsstrafe nicht unter einem Jahr. [2]Ein besonders schwerer Fall liegt in der Regel vor, wenn der Täter
1. in den Fällen des Absatzes 1 Satz 1 Nr. 1, 5, 6, 10, 11 oder 13 gewerbsmäßig handelt,
2. durch eine der in Absatz 1 Satz 1 Nr. 1, 6 oder 7 bezeichneten Handlungen die Gesundheit mehrerer Menschen gefährdet.

(4) Handelt der Täter in den Fällen des Absatzes 1 Satz 1 Nummer 1, 2, 5, 6 Buchstabe b, Nummer 6b, 10 oder 11 fahrlässig, so ist die Strafe Freiheitsstrafe bis zu einem Jahr oder Geldstrafe.

(5) Das Gericht kann von einer Bestrafung nach den Absätzen 1, 2 und 4 absehen, wenn der Täter die Betäubungsmittel lediglich zum Eigenverbrauch in geringer Menge anbaut, herstellt, einführt, ausführt, durchführt, erwirbt, sich in sonstiger Weise verschafft oder besitzt.

(6) Die Vorschriften des Absatzes 1 Satz 1 Nr. 1 sind, soweit sie das Handeltreiben, Abgeben oder Veräußern betreffen, auch anzuwenden, wenn sich die Handlung auf Stoffe oder Zubereitungen bezieht, die nicht Betäubungsmittel sind, aber als solche ausgegeben werden.

---

1) Habersack, Deutsche Gesetze Nr. 85.

§ 29a[1)] Straftaten. (1) Mit Freiheitsstrafe nicht unter einem Jahr wird bestraft, wer

1. als Person über 21 Jahre Betäubungsmittel unerlaubt an eine Person unter 18 Jahren abgibt oder sie ihr entgegen § 13 Abs. 1 verabreicht oder zum unmittelbaren Verbrauch überläßt oder
2. mit Betäubungsmitteln in nicht geringer Menge unerlaubt Handel treibt, sie in nicht geringer Menge herstellt oder abgibt oder sie besitzt, ohne sie auf Grund einer Erlaubnis nach § 3 Abs. 1 erlangt zu haben.

(2) In minder schweren Fällen ist die Strafe Freiheitsstrafe von drei Monaten bis zu fünf Jahren.

§ 30[2)] Straftaten. (1) Mit Freiheitsstrafe nicht unter zwei Jahren wird bestraft, wer

1. Betäubungsmittel unerlaubt anbaut, herstellt oder mit ihnen Handel treibt (§ 29 Abs. 1 Satz 1 Nr. 1) und dabei als Mitglied einer Bande handelt, die sich zur fortgesetzten Begehung solcher Taten verbunden hat,
2. im Falle des § 29a Abs. 1 Nr. 1 gewerbsmäßig handelt,
3. Betäubungsmittel abgibt, einem anderen verabreicht oder zum unmittelbaren Verbrauch überläßt und dadurch leichtfertig dessen Tod verursacht,
4. Betäubungsmittel in nicht geringer Menge unerlaubt einführt oder
5. eine in § 29a Absatz 1 Nummer 1 bezeichnete Handlung vorsätzlich begeht und dadurch wenigstens leichtfertig ein Kind oder eine jugendliche Person in der körperlichen, geistigen oder sittlichen Entwicklung schwer gefährdet.

(2) In minder schweren Fällen ist die Strafe Freiheitsstrafe von drei Monaten bis zu fünf Jahren.

§ 30a[3)] Straftaten. (1) Mit Freiheitsstrafe nicht unter fünf Jahren wird bestraft, wer Betäubungsmittel in nicht geringer Menge unerlaubt anbaut, herstellt, mit ihnen Handel treibt, sie ein- oder ausführt (§ 29 Abs. 1 Satz 1 Nr. 1) und dabei als Mitglied einer Bande handelt, die sich zur fortgesetzten Begehung solcher Taten verbunden hat.

(2) Ebenso wird bestraft, wer

1. als Person über 21 Jahre eine Person unter 18 Jahren bestimmt, mit Betäubungsmitteln unerlaubt Handel zu treiben, sie, ohne Handel zu treiben, einzuführen, auszuführen, zu veräußern, abzugeben oder sonst in den Verkehr zu bringen oder eine dieser Handlungen zu fördern, oder
2. mit Betäubungsmitteln in nicht geringer Menge unerlaubt Handel treibt oder sie, ohne Handel zu treiben, einführt, ausführt oder sich verschafft und dabei eine Schußwaffe oder sonstige Gegenstände mit sich führt, die ihrer Art nach zur Verletzung von Personen geeignet und bestimmt sind.

(3) In minder schweren Fällen ist die Strafe Freiheitsstrafe von sechs Monaten bis zu zehn Jahren.

[1)] § 29a Abs. 1 geänd. durch G v. 7.10.1994 (BGBl. I S. 2835); Abs. 1 Nr. 1 Buchst. b aufgeh. durch G v. 28.10.1994 (BGBl. I S. 3186).

[2)] *§ 30 Abs.* 1 Nr. 1 und 4 geänd. durch G v. 7.10.1994 (BGBl. I S. 2835); Abs. 1 Nr. 3 und 4 geänd., Nr. 5 angef. mWv 1.4.2024 durch G v. 27.3.2024 (*BGBl. 2024 I Nr. 109*).

[3)] § 30a Abs. 1 geänd. durch G v. 7.10.1994 (BGBl. I S. 2835); Abs. 2 eingef., bish. Abs. 2 wird Abs. 3 durch G v. 28.10.1994 (BGBl. I S. 3186); Abs. 3 geänd. mWv 23.7.2009 durch G v. 17.7.2009 (BGBl. I S. 1990).

§ 30b Straftaten. § 129 des Strafgesetzbuches[1)] gilt auch dann, wenn eine Vereinigung, deren Zwecke oder deren Tätigkeit auf den unbefugten Vertrieb von Betäubungsmitteln im Sinne des § 6 Nr. 5 des Strafgesetzbuches gerichtet sind, nicht oder nicht nur im Inland besteht.

§ 30c[2)] *(aufgehoben)*

§ 31[3)] **Strafmilderung oder Absehen von Strafe.** [1]Das Gericht kann die Strafe nach § 49 Abs. 1 des Strafgesetzbuches[1)] mildern oder, wenn der Täter keine Freiheitsstrafe von mehr als drei Jahren verwirkt hat, von Strafe absehen, wenn der Täter

1. durch freiwilliges Offenbaren seines Wissens wesentlich dazu beigetragen hat, daß eine Straftat nach den §§ 29 bis 30a, die mit seiner Tat im Zusammenhang steht, aufgedeckt werden konnte, oder
2. freiwillig sein Wissen so rechtzeitig einer Dienststelle offenbart, daß eine Straftat nach § 29 Abs. 3, § 29a Abs. 1, § 30 Abs. 1, § 30a Abs. 1, die mit seiner Tat im Zusammenhang steht und von deren Planung er weiß, noch verhindert werden kann.

[2]War der Täter an der Tat beteiligt, muss sich sein Beitrag zur Aufklärung nach Satz 1 Nummer 1 über den eigenen Tatbeitrag hinaus erstrecken. [3]§ 46b Abs. 2 und 3 des Strafgesetzbuches gilt entsprechend.

§ 31a[4)] **Absehen von der Verfolgung.** (1) [1]Hat das Verfahren ein Vergehen nach § 29 Abs. 1, 2 oder 4 zum Gegenstand, so kann die Staatsanwaltschaft von der Verfolgung absehen, wenn die Schuld des Täters als gering anzusehen wäre, kein öffentliches Interesse an der Strafverfolgung besteht und der Täter die Betäubungsmittel lediglich zum Eigenverbrauch in geringer Menge anbaut, herstellt, einführt, ausführt, durchführt, erwirbt, sich in sonstiger Weise verschafft oder besitzt. [2]Von der Verfolgung soll abgesehen werden, wenn der Täter in einem Drogenkonsumraum Betäubungsmittel lediglich zum Eigenverbrauch, der nach § 10a geduldet werden kann, in geringer Menge besitzt, ohne zugleich im Besitz einer schriftlichen Erlaubnis für den Erwerb zu sein. [3]Ebenfalls soll von der Verfolgung abgesehen werden, wenn der Täter, der Betäubungsmittel lediglich zum Eigenverbrauch in geringer Menge besitzt, ohne zugleich im Besitz einer schriftlichen Erlaubnis für den Erwerb zu sein, anlässlich der Nutzung eines in § 10b genannten Modellvorhabens angetroffen wird.

(2) [1]Ist die Klage bereits erhoben, so kann das Gericht in jeder Lage des Verfahrens unter den Voraussetzungen des Absatzes 1 mit Zustimmung der Staatsanwaltschaft und des Angeschuldigten das Verfahren einstellen. [2]Der Zustimmung des Angeschuldigten bedarf es nicht, wenn die Hauptverhandlung aus den in § 205 der Strafprozeßordnung[5)] angeführten Gründen nicht durchgeführt werden kann oder in den Fällen des § 231 Abs. 2 der Strafprozeßordnung und der §§ 232

[1)] **Habersack, Deutsche Gesetze Nr. 85.**

[2)] § 30c aufgeh. mWv 1.7.2017 durch G v. 13.4.2017 (BGBl. I S. 872).

[3)] § 31 Satz 1 einl. Satzteil geänd., Satz 2 angef. mWv 1.9.2009 durch G v. 29.7.2009 (BGBl. I S. 2288); Satz 1 Nr. 1 und 2 geänd., Satz 2 eingef., bish. Satz 2 wird Satz 3 mWv 1.8.2013 durch G v. 10.6.2013 (BGBl. I S. 1497).

[4)] § 31a Abs. 1 Satz 2 angef. mWv 1.4.2000 durch G v. 28.3.2000 (BGBl. I S. 302); Abs. 1 Satz 3 angef. mWv 27.7.2023 durch G v. 19.7.2023 (BGBl. 2023 I Nr. 197).

[5)] **Habersack, Deutsche Gesetze Nr. 90.**

und 233 der Strafprozeßordnung in seiner Abwesenheit durchgeführt wird. [3]Die Entscheidung ergeht durch Beschluß. [4]Der Beschluß ist nicht anfechtbar.

§ 32[1)] Ordnungswidrigkeiten. (1) Ordnungswidrig handelt, wer vorsätzlich oder fahrlässig

1. entgegen § 4 Abs. 3 Satz 1 die Teilnahme am Betäubungsmittelverkehr nicht anzeigt,
2. in einem Antrag nach § 7, auch in Verbindung mit § 10a Abs. 3 oder § 13 Absatz 3 Satz 3, unrichtige Angaben macht oder unrichtige Unterlagen beifügt,
3. entgegen § 8 Abs. 3 Satz 1, auch in Verbindung mit § 10a Abs. 3, eine Änderung nicht richtig, nicht vollständig oder nicht unverzüglich mitteilt,
4. einer vollziehbaren Auflage nach § 9 Abs. 2, auch in Verbindung mit § 10a Abs. 3, zuwiderhandelt,
5. entgegen § 11 Abs. 1 Satz 1 Betäubungsmittel ohne Genehmigung ein- oder ausführt,
6. einer Rechtsverordnung nach § 11 Abs. 2 Satz 2 Nr. 2 bis 4, § 12 Abs. 4, § 13 Abs. 3 Satz 2 Nr. 2, 3 oder 4, § 20 Abs. 1 oder § 28 Abs. 2 zuwiderhandelt, soweit sie für einen bestimmten Tatbestand auf diese Bußgeldvorschrift verweist,
7. entgegen § 12 Abs. 1 Betäubungsmittel abgibt oder entgegen § 12 Abs. 2 die Abgabe oder den Erwerb nicht richtig, nicht vollständig oder nicht unverzüglich meldet oder den Empfang nicht bestätigt,

7a. entgegen § 13 Absatz 1a Satz 3 nicht, nicht richtig oder nicht rechtzeitig bei einer Apotheke anfragt,

7b. entgegen § 13 Absatz 1a Satz 4 oder 5 eine Aufzeichnung nicht, nicht richtig oder nicht vollständig führt oder eine Aufzeichnung nicht oder nicht mindestens drei Jahre aufbewahrt,

8. entgegen § 14 Abs. 1 bis 4 Betäubungsmittel nicht vorschriftsmäßig kennzeichnet,
9. einer vollziehbaren Anordnung nach § 15 Satz 2 zuwiderhandelt,
10. entgegen § 16 Abs. 1 Betäubungsmittel nicht vorschriftsmäßig vernichtet, eine Niederschrift nicht fertigt oder sie nicht aufbewahrt oder entgegen § 16 Abs. 2 Satz 1 Betäubungsmittel nicht zur Vernichtung einsendet, jeweils auch in Verbindung mit § 16 Abs. 3,
11. entgegen § 17 Abs. 1 oder 2 Aufzeichnungen nicht, nicht richtig oder nicht vollständig führt oder entgegen § 17 Abs. 3 Aufzeichnungen oder Rechnungsdurchschriften nicht aufbewahrt,
12. entgegen § 18 Abs. 1 bis 3 Meldungen nicht richtig, nicht vollständig oder nicht rechtzeitig erstattet,
13. entgegen § 24 Abs. 1 einer Duldungs- oder Mitwirkungspflicht nicht nachkommt oder

---

[1)] § 32 Abs. 3 geänd. durch G v. 24.6.1994 (BGBl. I S. 1416); Abs. 1 Nr. 13 geänd., Nr. 14 eingef., bish. Nr. 14 wird Nr. 15, Abs. 3 geänd. durch G v. 4.4.1996 (BGBl. I S. 582); Abs. 1 Nr. 2, 3 und 4 geänd., Nr. 6 neu gef. mWv 1.4.2000 durch G v. 28.3.2000 (BGBl. I S. 302); Abs. 2 geänd. mWv 30.6.2002 durch G v. 26.6.2002 (BGBl. I S. 2261); Abs. 1 Nr. 2 geänd. mWv 21.7.2009 durch G v. 15.7.2009 (BGBl. I S. 1801); Abs. 1 Nr. 7a und 7b eingef. mWv 26.10.2012 durch G v. 19.10.2012 (BGBl. I S. 2192); Abs. 1 Nr. 13 geänd., Nr. 14 aufgeh., bish. Nr. 15 wird Nr. 14, Abs. 3 geänd. mWv 1.4.2024 durch G v. 27.3.2024 (BGBl. 2024 I Nr. 109).

14. Betäubungsmittel in eine Postsendung einlegt, obwohl diese Versendung durch den Weltpostvertrag oder ein Abkommen des Weltpostvereins verboten ist; das Postgeheimnis gemäß Artikel 10 Abs. 1 des Grundgesetzes[1)] wird insoweit für die Verfolgung und Ahndung der Ordnungswidrigkeit eingeschränkt.

(2) Die Ordnungswidrigkeit kann mit einer Geldbuße bis zu fünfundzwanzigtausend Euro geahndet werden.

(3) Verwaltungsbehörde im Sinne des § 36 Abs. 1 Nr. 1 des Gesetzes über Ordnungswidrigkeiten[2)] ist das Bundesinstitut für Arzneimittel und Medizinprodukte, soweit das Gesetz von ihm ausgeführt wird.

§ 33[3)] Einziehung. [1] Gegenstände, auf die sich eine Straftat nach den §§ 29 bis 30a oder eine Ordnungswidrigkeit nach § 32 bezieht, können eingezogen werden. [2] § 74a des Strafgesetzbuches[4)] und § 23 des Gesetzes über Ordnungswidrigkeiten[2)] sind anzuwenden.

§ 34 Führungsaufsicht. In den Fällen des § 29 Abs. 3, der §§ 29a, 30 und 30a kann das Gericht Führungsaufsicht anordnen (§ 68 Abs. 1 des Strafgesetzbuches[4)]).

Siebenter Abschnitt. Betäubungsmittelabhängige Straftäter

§ 35[5)] Zurückstellung der Strafvollstreckung. (1) [1] Ist jemand wegen einer Straftat zu einer Freiheitsstrafe von nicht mehr als zwei Jahren verurteilt worden und ergibt sich aus den Urteilsgründen oder steht sonst fest, daß er die Tat auf Grund einer Betäubungsmittelabhängigkeit begangen hat, so kann die Vollstreckungsbehörde mit Zustimmung des Gerichts des ersten Rechtszuges die Vollstreckung der Strafe, eines Strafrestes oder der Maßregel der Unterbringung in einer Entziehungsanstalt für längstens zwei Jahre zurückstellen, wenn der Verurteilte sich wegen seiner Abhängigkeit in einer seiner Rehabilitation dienenden Behandlung befindet oder zusagt, sich einer solchen zu unterziehen, und deren Beginn gewährleistet ist. [2] Als Behandlung gilt auch der Aufenthalt in einer staatlich anerkannten Einrichtung, die dazu dient, die Abhängigkeit zu beheben oder einer erneuten Abhängigkeit entgegenzuwirken.

(2) [1] Gegen die Verweigerung der Zustimmung durch das Gericht des ersten Rechtszuges steht der Vollstreckungsbehörde die Beschwerde nach dem Zweiten Abschnitt des Dritten Buches der Strafprozeßordnung[6)] zu. [2] Der Verurteilte kann die Verweigerung dieser Zustimmung nur zusammen mit der Ablehnung der Zurückstellung durch die Vollstreckungsbehörde nach den §§ 23 bis 30 des Einführungsgesetzes zum Gerichtsverfassungsgesetz[7)] anfechten. [3] Das Oberlandesgericht entscheidet in diesem Falle auch über die Verweigerung der Zustimmung; es kann die Zustimmung selbst erteilen.

[1)] **Habersack, Deutsche Gesetze Nr. 1.**

[2)] **Habersack, Deutsche Gesetze Nr. 94.**

[3)] § 33 Abs. 1 Nr. 1 geänd. durch G v. 7.10.1994 (BGBl. I S. 2835) und geänd. mWv 1.4.2000 durch G v. 28.3.2000 (BGBl. I S. 302); Überschrift geänd., Abs. 1 aufgeh. mWv 1.7.2017 durch G v. 13.4.2017 (BGBl. I S. 872).

[4)] **Habersack, Deutsche Gesetze Nr. 85.**

[5)] § 35 Abs. 2 Satz 3 und Abs. 6 Nr. 1 geänd. durch G v. 7.10.1994 (BGBl. I S. 2835).

[6)] **Habersack, Deutsche Gesetze Nr. 90.**

[7)] **Habersack, Deutsche Gesetze Nr. 95a.**

(3) Absatz 1 gilt entsprechend, wenn

1. auf eine Gesamtfreiheitsstrafe von nicht mehr als zwei Jahren erkannt worden ist oder
2. auf eine Freiheitsstrafe oder Gesamtfreiheitsstrafe von mehr als zwei Jahren erkannt worden ist und ein zu vollstreckender Rest der Freiheitsstrafe oder der Gesamtfreiheitsstrafe zwei Jahre nicht übersteigt

und im übrigen die Voraussetzungen des Absatzes 1 für den ihrer Bedeutung nach überwiegenden Teil der abgeurteilten Straftaten erfüllt sind.

(4) Der Verurteilte ist verpflichtet, zu Zeitpunkten, die die Vollstreckungsbehörde festsetzt, den Nachweis über die Aufnahme und über die Fortführung der Behandlung zu erbringen; die behandelnden Personen oder Einrichtungen teilen der Vollstreckungsbehörde einen Abbruch der Behandlung mit.

(5) [1] Die Vollstreckungsbehörde widerruft die Zurückstellung der Vollstreckung, wenn die Behandlung nicht begonnen oder nicht fortgeführt wird und nicht zu erwarten ist, daß der Verurteilte eine Behandlung derselben Art alsbald beginnt oder wieder aufnimmt, oder wenn der Verurteilte den nach Absatz 4 geforderten Nachweis nicht erbringt. [2] Von dem Widerruf kann abgesehen werden, wenn der Verurteilte nachträglich nachweist, daß er sich in Behandlung befindet. [3] Ein Widerruf nach Satz 1 steht einer erneuten Zurückstellung der Vollstreckung nicht entgegen.

(6) Die Zurückstellung der Vollstreckung wird auch widerrufen, wenn

1. bei nachträglicher Bildung einer Gesamtstrafe nicht auch deren Vollstreckung nach Absatz 1 in Verbindung mit Absatz 3 zurückgestellt wird oder
2. eine weitere gegen den Verurteilten erkannte Freiheitsstrafe oder freiheitsentziehende Maßregel der Besserung und Sicherung zu vollstrecken ist.

(7) [1] Hat die Vollstreckungsbehörde die Zurückstellung widerrufen, so ist sie befugt, zur Vollstreckung der Freiheitsstrafe oder der Unterbringung in einer Entziehungsanstalt einen Haftbefehl zu erlassen. [2] Gegen den Widerruf kann die Entscheidung des Gerichts des ersten Rechtszuges herbeigeführt werden. [3] Der Fortgang der Vollstreckung wird durch die Anrufung des Gerichts nicht gehemmt. [4] § 462 der Strafprozeßordnung gilt entsprechend.

§ 36[1)] Anrechnung und Strafaussetzung zur Bewährung. (1) [1] Ist die Vollstreckung zurückgestellt worden und hat sich der Verurteilte in einer staatlich anerkannten Einrichtung behandeln lassen, so wird die vom Verurteilten nachgewiesene Zeit seines Aufenthaltes in dieser Einrichtung auf die Strafe angerechnet, bis infolge der Anrechnung zwei Drittel der Strafe erledigt sind. [2] Die Entscheidung über die Anrechnungsfähigkeit trifft das Gericht zugleich mit der Zustimmung nach § 35 Abs. 1. [3] Sind durch die Anrechnung zwei Drittel der Strafe erledigt oder ist eine Behandlung in der Einrichtung zu einem früheren Zeitpunkt nicht mehr erforderlich, so setzt das Gericht die Vollstreckung des Restes der Strafe zur Bewährung aus, sobald dies unter Berücksichtigung des Sicherheitsinteresses der Allgemeinheit verantwortet werden kann.

(2) Ist die Vollstreckung zurückgestellt worden und hat sich der Verurteilte einer anderen als der in Absatz 1 bezeichneten Behandlung seiner Abhängigkeit unterzogen, so setzt das Gericht die Vollstreckung der Freiheitsstrafe oder des Strafrestes

---

[1)] § 36 Abs. 1 Satz 3, Abs. 2, Abs. 5 Satz 4 geänd. durch G v. 26.1.1998 (BGBl. I S. 160); Abs 4 geänd. mWv 31.12.2006 durch G v. 22.12.2006 (BGBl. I S. 3416).

zur Bewährung aus, sobald dies unter Berücksichtigung des Sicherheitsinteresses der Allgemeinheit verantwortet werden kann.

(3) Hat sich der Verurteilte nach der Tat einer Behandlung seiner Abhängigkeit unterzogen, so kann das Gericht, wenn die Voraussetzungen des Absatzes 1 Satz 1 nicht vorliegen, anordnen, daß die Zeit der Behandlung ganz oder zum Teil auf die Strafe angerechnet wird, wenn dies unter Berücksichtigung der Anforderungen, welche die Behandlung an den Verurteilten gestellt hat, angezeigt ist.

(4) Die §§ 56a bis 56g und 57 Abs. 5 Satz 2 des Strafgesetzbuches[1] gelten entsprechend.

(5) [1] Die Entscheidungen nach den Absätzen 1 bis 3 trifft das Gericht des ersten Rechtszuges ohne mündliche Verhandlung durch Beschluß. [2] Die Vollstreckungsbehörde, der Verurteilte und die behandelnden Personen oder Einrichtungen sind zu hören. [3] Gegen die Entscheidungen ist sofortige Beschwerde möglich. [4] Für die Entscheidungen nach Absatz 1 Satz 3 und nach Absatz 2 gilt § 454 Abs. 4 der Strafprozeßordnung[2] entsprechend; die Belehrung über die Aussetzung des Strafrestes erteilt das Gericht.

§ 37[3] Absehen von der Erhebung der öffentlichen Klage. (1) [1] Steht ein Beschuldigter in Verdacht, eine Straftat auf Grund einer Betäubungsmittelabhängigkeit begangen zu haben, und ist keine höhere Strafe als eine Freiheitsstrafe bis zu zwei Jahren zu erwarten, so kann die Staatsanwaltschaft mit Zustimmung des für die Eröffnung des Hauptverfahrens zuständigen Gerichts vorläufig von der Erhebung der öffentlichen Klage absehen, wenn der Beschuldigte nachweist, daß er sich wegen seiner Abhängigkeit der in § 35 Abs. 1 bezeichneten Behandlung unterzieht, und seine Resozialisierung zu erwarten ist. [2] Die Staatsanwaltschaft setzt Zeitpunkte fest, zu denen der Beschuldigte die Fortdauer der Behandlung nachzuweisen hat. [3] Das Verfahren wird fortgesetzt, wenn

1. die Behandlung nicht bis zu ihrem vorgesehenen Abschluß fortgeführt wird,
2. der Beschuldigte den nach Satz 2 geforderten Nachweis nicht führt,
3. der Beschuldigte eine Straftat begeht und dadurch zeigt, daß die Erwartung, die dem Absehen von der Erhebung der öffentlichen Klage zugrunde lag, sich nicht erfüllt hat, oder
4. auf Grund neuer Tatsachen oder Beweismittel eine Freiheitsstrafe von mehr als zwei Jahren zu erwarten ist.

[4] In den Fällen des Satzes 3 Nr. 1, 2 kann von der Fortsetzung des Verfahrens abgesehen werden, wenn der Beschuldigte nachträglich nachweist, daß er sich weiter in Behandlung befindet. [5] Die Tat kann nicht mehr verfolgt werden, wenn das Verfahren nicht innerhalb von zwei Jahren fortgesetzt wird.

(2) [1] Ist die Klage bereits erhoben, so kann das Gericht mit Zustimmung der Staatsanwaltschaft das Verfahren bis zum Ende der Hauptverhandlung, in der die tatsächlichen Feststellungen letztmals geprüft werden können, vorläufig einstellen. [2] Die Entscheidung ergeht durch unanfechtbaren Beschluß. [3] Absatz 1 Satz 2 bis 5 gilt entsprechend. [4] Unanfechtbar ist auch eine Feststellung, daß das Verfahren nicht fortgesetzt wird (Abs. 1 Satz 5).

---

[1] **Habersack, Deutsche Gesetze Nr. 85.**
[2] **Habersack, Deutsche Gesetze Nr. 90.**
[3] § 37 Überschrift neu gef. durch G v. 7.10.1994 (BGBl. I S. 2835).

(3) Die in § 172 Abs. 2 Satz 3, § 396 Abs. 3 und § 467 Abs. 5 der Strafprozeßordnung[1)] zu § 153a der Strafprozeßordnung getroffenen Regelungen gelten entsprechend.

§ 38[2)] Jugendliche und Heranwachsende. (1) [1]Bei Verurteilung zu Jugendstrafe gelten die §§ 35 und 36 sinngemäß. [2]Neben der Zusage des Jugendlichen nach § 35 Abs. 1 Satz 1 bedarf es auch der Einwilligung des Erziehungsberechtigten und des gesetzlichen Vertreters. [3]Im Falle des § 35 Abs. 7 Satz 2 findet § 83 Abs. 2 Nr. 1, Abs. 3 Satz 2 des Jugendgerichtsgesetzes[3)] sinngemäß Anwendung. [4]Abweichend von § 36 Abs. 4 gelten die §§ 22 bis 26a des Jugendgerichtsgesetzes entsprechend. [5]Für die Entscheidungen nach § 36 Abs. 1 Satz 3 und Abs. 2 sind neben § 454 Abs. 4 der Strafprozeßordnung[1)] die §§ 58, 59 Abs. 2 bis 4 und § 60 des Jugendgerichtsgesetzes ergänzend anzuwenden.

(2) § 37 gilt sinngemäß auch für Jugendliche und Heranwachsende.

Achter Abschnitt. Übergangs- und Schlußvorschriften

§ 39[4)] Übergangsregelung. [1]Einrichtungen, in deren Räumlichkeiten der Verbrauch von mitgeführten, ärztlich nicht verschriebenen Betäubungsmitteln vor dem 1. Januar 1999 geduldet wurde, dürfen ohne eine Erlaubnis der zuständigen obersten Landesbehörde nur weiterbetrieben werden, wenn spätestens 24 Monate nach dem Inkrafttreten des Dritten BtMG-Änderungsgesetzes vom 28. März 2000 (BGBl. I S. 302) eine Rechtsverordnung nach § 10a Abs. 2 erlassen und ein Antrag auf Erlaubnis nach § 10a Abs. 1 gestellt wird. [2]Bis zur unanfechtbaren Entscheidung über einen Antrag können diese Einrichtungen nur weiterbetrieben werden, soweit die Anforderungen nach § 10a Abs. 2 oder einer nach dieser Vorschrift erlassenen Rechtsverordnung erfüllt werden. [3]§ 29 Abs. 1 Satz 1 Nr. 10 und 11 gilt auch für Einrichtungen nach Satz 1.

§ 39a[5)] Übergangsregelung aus Anlass des Gesetzes zur Änderung arzneimittelrechtlicher und anderer Vorschriften. Für eine Person, die die Sachkenntnis nach § 5 Absatz 1 Nummer 2 nicht hat, aber am 22. Juli 2009 die Voraussetzungen nach § 141 Absatz 3 des Arzneimittelgesetzes erfüllt, gilt der Nachweis der erforderlichen Sachkenntnis nach § 6 Absatz 1 Nummer 1 als erbracht.

§§ 40, 40a (gegenstandslos)

§ 41 (weggefallen)

[1)] **Habersack, Deutsche Gesetze Nr. 90.**

[2)] § 38 Abs. 1 Satz 4 geänd. durch G v. 7.10.1994 (BGBl. I S. 2835); Abs. 1 Satz 6 geänd. durch G v. 26.1.1998 (BGBl. I S. 160); Abs. 1 Satz 2 aufgeh., bish. Sätze 3 bis 6 werden Sätze 2 bis 5 mWv 1.4.2000 durch G v. 28.3.2000 (BGBl. I S. 302).

[3)] **Habersack, Deutsche Gesetze Nr. 89.**

[4)] § 39 angef. mWv 1.4.2000 durch G v. 28.3.2000 (BGBl. I S. 302).

[5)] § 39a eingef. mWv 23.7.2009 durch G v. 17.7.2009 (BGBl. I S. 1990).

Anlagen[1)]
(zu § 1 Abs. 1)

Spalte 1 enthält die International Nonproprietary Names (INN) der Weltgesundheitsorganisation. Bei der Bezeichnung eines Stoffes hat der INN Vorrang vor allen anderen Bezeichnungen.

Spalte 2 enthält andere nicht geschützte Stoffbezeichnungen (Kurzbezeichnungen oder Trivialnamen). Wenn für einen Stoff kein INN existiert, kann zu seiner eindeutigen Bezeichnung die in dieser Spalte fett gedruckte Bezeichnung verwendet werden. Alle anderen nicht fett gedruckten Bezeichnungen sind wissenschaftlich nicht eindeutig. Sie sind daher in Verbindung mit der Bezeichnung in Spalte 3 zu verwenden.

Spalte 3 enthält die chemische Stoffbezeichnung nach der Nomenklatur der International Union of Pure and Applied Chemistry (IUPAC). Wenn in Spalte 1 oder 2 keine Bezeichnung aufgeführt ist, ist die der Spalte 3 zu verwenden.

Anlage I.[2)] (nicht verkehrsfähige Betäubungsmittel)

INN	andere nicht geschützte oder Trivialnamen	chemische Namen (IUPAC)
Acetorphin	–	{4,5α-Epoxy-7α-[(*R*)-2-hydroxypentan-2-yl]-6-methoxy-17-methyl-6,14-ethenomorphinan-3-yl}acetat
–	Acetyldihydrocodein	(4,5α-Epoxy-3-methoxy-17-methylmorphinan-6α-yl)acetat
Acetylmethadol	–	(6-Dimethylamino-4,4-diphenylheptan-3-yl)acetat
–	Acetyl-α-methylfentanyl	*N*-Phenyl-*N*-[1-(1-phenylpropan-2-yl)-4-piperidyl]acetamid
–		4-Allyloxy-3,5-dimethoxyphenethylazan
Allylprodin	–	(3-Allyl-1-methyl-4-phenyl-4-piperidyl) propionat
Alphacetylmethadol	–	[(3*R*,6*R*)-6-Dimethylamino-4,4-diphenylheptan-3-yl]acetat
Alphameprodin	–	[(3*RS*,4*SR*)-3-Ethyl-1-methyl-4-phenyl-4-piperidyl]propionat
Alphamethadol	–	(3*R*,6*R*)-6-Dimethylamino-4,4-diphenylheptan-3-ol

[1)] Anl. neu gef. mWv 1.7.2001 durch G v. 19.6.2001 (BGBl. I S. 1180).

[2)] Anl. I neu gef. mWv 1.7.2001 durch G v. 19.6.2001 (BGBl. I S. 1180); geänd. mWv 18.3.2005 durch VO v. 10.3.2005 (BGBl. I S. 757); geänd. mWv 1.3.2008 durch VO v. 18.2.2008 (BGBl. I S. 246); geänd. mWv 21.7.2009 durch G v. 15.7.2009 (BGBl. I S. 1801); geänd. mWv 23.7.2009 durch G v. 17.7.2009 (BGBl. I S. 1990); geänd. mWv 22.1.2010 durch VO v. 18.12.2009 (BGBl. I S. 3944); geänd. mWv 1.1.2011 durch G v. 22.12.2010 (BGBl. I S. 2262); geänd. mWv 18.5.2011 durch VO v. 11.5.2011 (BGBl. I S. 821); geänd. mWv 26.7.2012 durch VO v. 20.7.2012 (BGBl. I S. 1639); geänd. mWv 17.7.2013 durch VO v. 9.7.2013 (BGBl. I S. 2274); geänd. mWv 13.12.2014 durch VO v. 5.12.2014 (BGBl. I S. 1999); geänd. mWv 23.5.2015 durch G v. 20.5.2015 (BGBl. I S. 725); geänd. mWv 21.11.2015 durch VO v. 11.11.2015 (BGBl. I S. 1992); geänd. mWv 9.6.2016 durch VO v. 31.5.2016 (BGBl. I S. 1282); geänd. mWv 10.3.2017 durch G v. 6.3.2017 (BGBl. I S. 403); geänd. mWv 21.6.2017 durch VO v. 16.6.2017 (BGBl. I S. 1670); geänd. mWv 18.7.2019 durch VO v. 12.7.2019 (BGBl. I S. 1083); geänd. mWv 1.1.2023 durch G v. 26.7.2023 (BGBl. 2023 I Nr. 204); geänd. mWv 1.4.2024 durch G v. 27.3.2024 (BGBl. 2024 I Nr. 109).

INN	andere nicht geschützte oder Trivialnamen	chemische Namen (IUPAC)
Alphaprodin	–	[(3*RS*,4*SR*)-1,3-Dimethyl-4-phenyl-4-piperidyl]propionat
–	5-(2-Aminopropyl)indol (5-IT)	1-(1*H*-Indol-5-yl)propan-2-amin
Anileridin	–	Ethyl[1-(4-aminophenethyl)-4-phenylpiperidin-4-carboxylat]
–	BDB	1-(1,3-Benzodioxol-5-yl)butan-2-ylazan
Benzethidin	–	Ethyl{1-[2-(benzyloxy)ethyl]-4-phenylpiperidin-4-carboxylat}
Benzfetamin	Benzphetamin	(Benzyl)(methyl)(1-phenylpropan-2-yl)azan
–	Benzylfentanyl	*N*-(1-Benzyl-4-piperidyl)-*N*-phenylpropanamid
–	Benzylmorphin	3-Benzyloxy-4,5α-epoxy-17-methylmorphin-7-en-6α-ol
Betacetylmethadol	–	[(3*S*,6*R*)-6-Dimethylamino-4,4-diphenylheptan-3-yl]acetat
Betameprodin	–	[(3*RS*,4*RS*)-3-Ethyl-1-methyl-4-phenyl-4-piperidyl]propionat
Betamethadol	–	(3*S*,6*R*)-6-Dimethylamino-4,4-diphenylheptan-3-ol
Betaprodin	–	[(3*RS*,4*RS*)-1,3-Dimethyl-4-phenyl-4-piperidyl]propionat
Bezitramid	–	4-[4-(2-Oxo-3-propionyl-2,3-dihydrobenzimidazol-1-yl)piperidino]-2,2-diphenylbutannitril
–	25B-NBOMe (2C-B-NBOMe)	2-(4-Brom-2,5-dimethoxyphenyl)-*N*-[(2-methoxyphenyl)methyl]ethanamin
Brolamfetamin	Dimethoxybromamfetamin (DOB)	(*RS*)-1-(4-Brom-2,5-dimethoxyphenyl)propan-2-ylazan
–	Bromdimethoxyphenethylamin (BDMPEA, 2C-B)	4-Brom-2,5-dimethoxyphenethylazan
Carfentanil	–	Methyl[1-phenethyl-4-(*N*-phenylpropanamido)piperidin-4-carboxylat]
Cathinon	–	(*S*)-2-Amino-1-phenylpropan-1-on
–	2C-C	2-(4-Chlor-2,5-dimethoxyphenyl)-ethanamin
–	2C-D (2C-M)	2-(2,5-Dimethoxy-4-methylphenyl)ethanamin
–	2C-E	2-(4-Ethyl-2,5-dimethoxyphenyl)-ethanamin
–	2C-I	4-Iod-2,5-dimethoxyphenethylazan
–	Clephedron (4-CMC, 4-Chlormethcathinon)	1-(4-Chlorphenyl)-2-(methylamino)propan-1-on
–	6-Cl-MDMA	[1-(6-Chlor-1,3-benzodioxol-5-yl)propan-2-yl](methyl)azan
Clonitazen	–	{2-[2-(4-Chlorbenzyl)-5-nitrobenzimidazol-1-yl]ethyl}diethylazan
–	25C-NBOMe (2C-C-NBOMe)	2-(4-Chlor-2,5-dimethoxyphenyl)-*N*-[(2-methoxyphenyl)methyl]ethanamin
–	***Codein-N-oxid***	4,5α-Epoxy-3-methoxy-17-methylmorphin-7-en-6α-ol-17-oxid
Codoxim	–	(4,5α-Epoxy-3-methoxy-17-methylmorphinan-6-ylidenaminooxy)essigsäure

INN	andere nicht geschützte oder Trivialnamen	chemische Namen (IUPAC)
–	2C-P	2-(2,5-Dimethoxy-4-propylphenyl)-ethanamin
–	2C-T-2	4-Ethylsulfanyl-2,5-dimethoxyphenethylazan
–	2C-T-7	2,5-Dimethoxy-4-(propylsulfanyl)phenethylazan
Desomorphin	Dihydrodesoxymorphin	4,5α-Epoxy-17-methylmorphinan-3-ol
Diampromid	–	*N*-{2-[(Methyl)(phenethyl)amino]propyl}-*N*-phenylpropanamid
–	Diethoxybromamfetamin	1-(4-Brom-2,5-diethoxyphenyl)propan-2-ylazan
Diethylthiambuten	–	Diethyl(1-methyl-3,3-di-2-thienylallyl)azan
–	*N,N*-Diethyltryptamin (Diethyltryptamin, DET)	Diethyl[2-(indol-3-yl)ethyl]azan
–	**Dihydroetorphin** (18,19-Dihydroetorphin)	(5*R*,6*R*,7*R*,14*R*)-4,5α-Epoxy-7α-[(*R*)-2-hydroxypentan-2-yl]-6-methoxy-17-methyl-6,14-ethanomorphinan-3-ol
Dimenoxadol	–	(2-Dimethylaminoethyl)[(ethoxy)(diphenyl)acetat]
Dimepheptanol	Methadol	6-Dimethylamino-4,4-diphenylheptan-3-ol
–	Dimethoxyamfetamin (DMA)	1-(2,5-Dimethoxyphenyl)propan-2-ylazan
–	Dimethoxyethylamfetamin (DOET)	1-(4-Ethyl-2,5-dimethoxyphenyl)propan-2-ylazan
–	Dimethoxymethamfetamin (DMMA)	1-(3,4-Dimethoxyphenyl)-*N*-methylpropan-2-amin
–	Dimethoxymethylamfetamin (DOM, STP)	(*RS*)-1-(2,5-Dimethoxy-4-methylphenyl)propan-2-ylazan
–	Dimethylheptyltetrahydrocannabinol (DMHP)	6,6,9-Trimethyl-3-(3-methyloctan-2-yl)-7,8,9,10-tetrahydro-6*H*-benzo[c]chromen-1-ol
Dimethylthiambuten	–	Dimethyl(1-methyl-3,3-di-2-thienylallyl)azan
–	*N,N*-Dimethyltryptamin (Dimethyltryptamin, DMT)	[2-(Indol-3-yl)ethyl]dimethylazan
Dioxaphetylbutyrat	–	Ethyl(4-morpholino-2,2-diphenylbutanoat)
Dipipanon	–	4,4-Diphenyl-6-piperidinoheptan-3-on
–	DOC	1-(4-Chlor-2,5-dimethoxyphenyl)propan-2-ylazan
Drotebanol	–	3,4-Dimethoxy-17-methylmorphinan-6*β*,14-diol
–	*N-Ethylbuphedron* (NEB)	2-(Ethylamino)-1-phenylbutan-1-on
–	4-Ethylmethcathinon (4-EMC)	1-(4-Ethylphenyl)-2-(methylamino)propan-1-on
Ethylmethylthiambuten	–	(Ethyl)(methyl)(1-methyl-3,3-di-2-thienylallyl)azan
–	Ethylon (bk-MDEA, MDEC)	1-(1,3-Benzodioxol-5-yl)-2-(ethylamino)propan-1-on
–	Ethylpiperidylbenzilat	(1-Ethyl-3-piperidyl)benzilat
Eticyclidin	PCE	(Ethyl)(1-phenylcyclohexyl)azan

INN	andere nicht geschützte oder Trivialnamen	chemische Namen (IUPAC)
Etonitazen	–	{2-[2-(4-Ethoxybenzyl)-5-nitrobenzimidazol-1-yl]ethyl}diethylazan
Etoxeridin	–	Ethyl{1-[2-(2-hydroxyethoxy)ethyl]-4-phenylpiperidin-4-carboxylat}
Etryptamin	α-Ethyltryptamin	1-(Indol-3-yl)butan-2-ylazan
–	FLEA	*N*-[1-(1,3-Benzodioxol-5-yl)propan-2-yl]-*N*-methylhydroxylamin
–	4-Fluoramfetamin (4-FA, 4-FMP)	(*RS*)-1-(4-Fluorphenyl)propan-2-amin
–	*p*-Fluorfentanyl	*N*-(4-Fluorphenyl)-*N*-(1-phenethyl-4-piperidyl)propanamid
–	2-Fluormethamfetamin (2-FMA)	1-(2-Fluorphenyl)-*N*-methylpropan-2-amin
–	3-Fluormethamfetamin (3-FMA)	1-(3-Fluorphenyl)-*N*-methylpropan-2-amin
Furethidin		Ethyl{4-phenyl-1-[2-(tetrahydrofurfuryloxy)ethyl]piperidin-4-carboxylat}
–	**Heroin** (Diacetylmorphin, Diamorphin) – ausgenommen Diamorphin zu den in den Anlagen II und III bezeichneten Zwecken –	[(5*R*,6*S*)-4,5-Epoxy-17-methylmorphin-7-en-3,6-diyl]diacetat
Hydromorphinol	14-Hydroxydihydromorphin	4,5α-Epoxy-17-methylmorphinan-3,6α,14-triol
–	*N*-Hydroxyamfetamin (NOHA)	*N*-(1-Phenylpropan-2-yl)hydroxylamin
–	*β*-Hydroxyfentanyl	*N*-[1-(2-Hydroxy-2-phenylethyl)-4-piperidyl]-*N*-phenylpropanamid
–	Hydroxymethylendioxyamfetamin (*N*-Hydroxy-MDA, MDOH)	*N*-[1-(1,3-Benzodioxol-5-yl)propan-2-yl]hydroxylamin
–	*β*-Hydroxy-3-methylfentanyl (Ohmefentanyl)	*N*-[1-(2-Hydroxy-2-phenylethyl)-3-methyl-4-piperidyl]-*N*-phenylpropanamid
Hydroxypethidin	–	Ethyl[4-(3-hydroxyphenyl)-1-methylpiperidin-4-carboxylat]
–	25I-NBOMe (2C-I-NBOMe)	2-(4-Iod-2,5-dimethoxyphenyl)-*N*-[(2-methoxyphenyl)methyl]ethanamin
Lefetamin	SPA	[(*R*)-1,2-Diphenylethyl]dimethylazan
Levomethorphan	–	(9*R*,13*R*,14*R*)-3-Methoxy-17-methylmorphinan
Levophenacylmorphan	–	2-[(9*R*,13*R*,14*R*)-3-Hydroxymorphinan-17-yl]-1-phenylethanon
Lofentanil	–	Methyl[(3*R*,4*S*)-3-methyl-1-phenethyl-4-(*N*-phenylpropanamido)piperidin-4-carboxylat]
Lysergid	*N,N*-Diethyl-D-lysergamid (LSD, LSD-25)	*N,N*-Diethyl-6-methyl-9,10-didehydroergolin-8*β*-carboxamid
–	MAL	3,5-Dimethoxy-4-(2-methylallyloxy)phenethylazan
–	MBDB	[1-(1,3-Benzodioxol-5-yl)butan-2-yl]-(methyl)azan
–	MDPPP	1-(1,3-Benzodioxol-5-yl)-2-(pyrrolidin-1-yl)propan-1-on
–	Mebroqualon	3-(2-Bromphenyl)-2-methylchinazolin-4(3*H*)-on

INN	andere nicht geschützte oder Trivialnamen	chemische Namen (IUPAC)
Mecloqualon	–	3-(2-Chlorphenyl)-2-methylchinazolin-4(3*H*)-on
–	4-MePPP	2-(Pyrrolidin-1-yl)-1-(*p*-tolyl)propan-1-on
–	**Mescalin**	3,4,5-Trimethoxyphenethylazan
Metazocin	–	3,6,11-Trimethyl-1,2,3,4,5,6-hexahydro-2,6-methano-3-benzazocin-8-ol
–	Methcathinon (Ephedron)	2-Methylamino-1-phenylpropan-1-on
–	Methiopropamin (MPA)	*N*-Methyl-1-(thiophen-2-yl)propan-2-amin
–	Methoxetamin (MXE)	2-(Ethylamino)-2-(3-methoxyphenyl)-cyclohexanon
–	Methoxyamfetamin (PMA)	1-(4-Methoxyphenyl)propan-2-ylazan
–	5-Methoxy-*N,N*-diisopropyltryptamin (5-MeO-DIPT)	Diisopropyl[2-(5-methoxyindol-3-yl)-ethyl]azan
–	5-Methoxy-DMT (5-MeO-DMT)	[2-(5-Methoxyindol-3-yl)ethyl]dimethylazan
–	–	(2-Methoxyethyl)(1-phenylcyclohexyl)azan
–	Methoxymetamfetamin (PMMA)	[1-(4-Methoxyphenyl)propan-2-yl]-(methyl)azan
–	Methoxymethylendioxyamfetamin (MMDA)	1-(7-Methoxy-1,3-benzodioxol-5-yl)propan-2-ylazan
–	–	(3-Methoxypropyl)(1-phenylcyclohexyl)azan
–	Methylaminorex (4-Methylaminorex)	4-Methyl-5-phenyl-4,5-dihydro-1,3-oxazol-2-ylazan
–	4-Methylbuphedron (4-MeMABP)	2-(Methylamino)-1-(4-methylphenyl)butan-1-on
Methyldesorphin	–	4,5α-Epoxy-6,17-dimethylmorphin-6-en-3-ol
Methyldihydromorphin	–	4,5α-Epoxy-6,17-dimethylmorphinan-3,6α-diol
–	Methylendioxyethylamfetamin (*N*-Ethyl-MDA, MDE, MDEA)	[1-(1,3-Benzodioxol-5-yl)propan-2-yl](ethyl)azan
–	Methylendioxymetamfetamin (MDMA)	[1-(1,3-Benzodioxol-5-yl)propan-2-yl](methyl)azan
–	α-Methylfentanyl	*N*-Phenyl-*N*-[1-(1-phenylpropan-2-yl)-4-piperidyl]propanamid
–	3-Methylfentanyl (Mefentanyl)	*N*-(3-Methyl-1-phenethyl-4-piperidyl)-*N*-phenylpropanamid
–	Methylmethaqualon	3-(2,4-Dimethylphenyl)-2-methylchinazolin-4(3*H*)on
–	3-Methylmethcathinon (3-MMC)	2-(Methylamino)-1-(3-methylphenyl)propan-1-on
–	4-Methylmethcathinon (Mephedron)	1-(4-Methylphenyl)-2-methylaminopropan-1-on
–	Methylphenylpropionoxypiperidin (MPPP)	(1-Methyl-4-phenyl-4-piperidyl)propionat
–	Methyl-3-phenylpropylamin	(Methyl)(3-phenylpropyl)azan

INN	andere nicht geschützte oder Trivialnamen	chemische Namen (IUPAC)
	(1M-3PP)	
–	Methylphenyltetrahydropyridin (MPTP)	1-Methyl-4-phenyl-1,2,3,6-tetrahydropyridin
–	Methylpiperidylbenzilat	(1-Methyl-3-piperidyl)benzilat
–	4-Methylthioamfetamin (4-MTA)	1-[4-(Methylsulfanyl)phenyl]propan-2-ylazan
–	α-Methylthiofentanyl	*N*-Phenyl-*N*-{1-[1-(2-thienyl)propan-2-yl]-4-piperidyl}propanamid
–	3-Methylthiofentanyl	*N*-{3-Methyl-1-[2-(2-thienyl)ethyl]-4-piperidyl}-*N*-phenylpropanamid
–	α-Methyltryptamin (α-MT, AMT)	1-(Indol-3-yl)propan-2-ylazan
Metopon	5-Methyldihydromorphinon	4,5α-Epoxy-3-hydroxy-5,17-dimethylmorphinan-6-on
Morpheridin	–	Ethyl[1-(2-morpholinoethyl)-4-phenylpiperidin-4-carboxylat]
–	**Morphin-*N*-oxid**	(5*R*,6*S*)-4,5-Epoxy-3,6-dihydroxy-17-methylmorphin-7-en-17-oxid
Myrophin	Myristylbenzylmorphin	(3-Benzyloxy-4,5α-epoxy-17-methylmorphin-7-en-6-yl)tetradecanoat
Nicomorphin	3,6-Dinicotinoylmorphin	(4,5α-Epoxy-17-methylmorphin-7-en-3,6α-diyl)dinicotinat
–	25N-NBOMe (2C-N-NBOMe)	2-(2,5-Dimethoxy-4-nitrophenyl)-*N*-[(2-methoxyphenyl)methyl]ethanamin
Noracymethadol	–	(6-Methylamino-4,4-diphenylheptan-3-yl)acetat
Norcodein	*N*-Desmethylcodein	4,5α-Epoxy-3-methoxymorphin-7-en-6α-ol
Norlevorphanol	(−)-3-Hydroxymorphinan	(9*R*,13*R*,14*R*)-Morphinan-3-ol
Normorphin	Desmethylmorphin	4,5α-Epoxymorphin-7-en-3,6α-diol
Norpipanon	–	4,4-Diphenyl-6-piperidinohexan-3-on
–	Parahexyl	3-Hexyl-6,6,9-trimethyl-7,8,9,10-tetrahydro-6*H*-benzo[*c*]chromen-1-ol
–	PCPr	(1-Phenylcyclohexyl)(propyl)azan
–	Pentylon (bk-MBDP)	1-(1,3-Benzodioxol-5-yl)-2-(methylamino)pentan-1-on
Phenadoxon	–	6-Morpholino-4,4-diphenylheptan-3-on
Phenampromid	–	*N*-Phenyl-*N*-(1-piperidinopropan-2-yl) propanamid
Phenazocin	–	6,11-Dimethyl-3-phenethyl-1,2,3,4,5,6-hexahydro-2,6-methano-3-benzazocin-8-ol
Phencyclidin	PCP	1-(1-Phenylcyclohexyl)piperidin
–	Phenethylphenylacetoxypiperidin (PEPAP)	(1-Phenethyl-4-phenyl-4-piperidyl)acetat
–	Phenethylphenyltetrahydropyridin (PEPTP)	1-Phenethyl-4-phenyl-1,2,3,6-tetrahydropyridin
Phenprometha-min	1-Methylamino-2-phenylpropan (PPMA)	(Methyl)(2-phenylpropyl)azan
Phenomorphan	–	17-Phenethylmorphinan-3-ol
Phenoperidin	–	Ethyl[1-(3-hydroxy-3-phenylpropyl)-4-phenylpiperidin-4-carboxylat]

INN	**andere nicht geschützte oder Trivialnamen**	**chemische Namen (IUPAC)**
Piminodin	–	Ethyl[1-(3-anilinopropyl)-4-phenylpiperidin-4-carboxylat]
–	PPP	1-Phenyl-2-(pyrrolidin-1-yl)propan-1-on
Proheptazin	–	(1,3-Dimethyl-4-phenylazepan-4-yl)propionat
Properidin	–	Isopropyl(1-methyl-4-phenylpiperidin-4-carboxylat)
–	Psilocin (Psilotsin)	3-(2-Dimethylaminoethyl)indol-4-ol
–	Psilocin-(eth)(4-Hydroxy-*N,N*-diethyltryptamin, 4-HO-DET)	3-(2-Diethylaminoethyl)indol-4-ol
Psilocybin	–	[3-(2-Dimethylaminoethyl)indol-4-yl]dihydrogenphosphat
–	Psilocybin-(eth)	[3-(2-Diethylaminoethyl)indol-4-yl]dihydrogenphosphat
Racemethorphan	–	(9*RS*,13*RS*,14*RS*)-3-Methoxy-17-methylmorphinan
Rolicyclidin	PHP (PCPy)	1-(1-Phenylcyclohexyl)pyrrolidin
–	**Salvia divinorum** (Pflanzen und Pflanzenteile)	–
Tenamfetamin	Methylendioxyamfetamin (MDA)	(*RS*)-1-(1,3-Benzodioxol-5-yl)propan-2-ylazan
Tenocyclidin	TCP	1-[1-(2-Thienyl)cyclohexyl]piperidin
–	Tetrahydrocannabinole, folgende Isomeren und ihre stereochemischen Varianten:	
–	Δ6a(10a)-Tetrahydrocannabinol (Δ6a(10a)-THC)	6,6,9-Trimethyl-3-pentyl-7,8,9,10-tetrahydro- 6*H*-benzo[c]chromen-1-ol
–	Δ6a-Tetrahydrocannabinol (Δ6a-THC)	(9*R*,10a*R*)-6,6,9-Trimethyl-3-pentyl-8,9,10,10a-tetrahydro-6*H*-benzo[c]chromen- 1-ol
–	Δ7-Tetrahydrocannabinol (Δ7-THC)	(6aR,9R,10aR)-6,6,9-Trimethyl-3-pentyl-6a,9,10,10a-tetrahydro-6H-benzo[c]chromen-1-ol
–	Δ8-Tetrahydrocannabinol (Δ8-THC)	(6a*R*,10a*R*)-6,6,9-Trimethyl-3-pentyl-6a,7,10,10a-tetrahydro-6*H*-benzo[c]chromen-1-ol
–	Δ10-Tetrahydrocannabinol (Δ10-THC)	(6aR)-6,6,9-Trimethyl-3-pentyl-6a,7,8,9-tetrahydro-6H-benzo[c]chromen-1-ol
–	Δ9(11)-Tetrahydrocannabinol (Δ9(11)-THC)	(6a*R*,10a*R*)-6,6-Dimethyl-9-methylen-3-pentyl-6a,7,8,9,10,10a-hexahydro-6*H*-benzo[c]chromen-1-ol

– ausgenommen,

a) wenn es sich um Cannabis zu medizinisch-wissenschaftlichen Zwecken im Sinne des Medizinal-Cannabisgesetzes handelt, oder

b) wenn es sich um eine nichtsynthetische Form handelt, die zu nichtmedizinischen Zwecken im Verkehr ist.

–	Thenylfentanyl	*N*-Phenyl-*N*-(1-thenyl-4-piperidyl)propanamid
–	Thienoamfetamin (Thiopropamin)	1-(Thiophen-2-yl)propan-2-amin
–	Thiofentanyl	*N*-Phenyl-*N*-{1-[2-(2-thienyl)ethyl]-4-piperidyl}propanamid

INN	andere nicht geschützte oder Trivialnamen	chemische Namen (IUPAC)
Trimeperidin	–	(1,2,5-Trimethyl-4-phenyl-4-piperidyl) propionat
–	Trimethoxyamfetamin (TMA)	1-(3,4,5-Trimethoxyphenyl)propan-2-ylazan
–	2,4,5-Trimethoxyamfetamin (TMA-2)	1-(2,4,5-Trimethoxyphenyl)propan-2-ylazan

– die Ester, Ether und Molekülverbindungen der in dieser Anlage aufgeführten Stoffe, wenn sie nicht in einer anderen Anlage verzeichnet sind und das Bestehen solcher Ester, Ether und Molekülverbindungen möglich ist;

– die Salze der in dieser Anlage aufgeführten Stoffe, wenn das Bestehen solcher Salze möglich ist;

– die Zubereitungen der in dieser Anlage aufgeführten Stoffe, wenn sie nicht

a) ohne am oder im menschlichen oder tierischen Körper angewendet zu werden, ausschließlich diagnostischen oder analytischen Zwecken dienen und ihr Gehalt an einem oder mehreren Betäubungsmitteln jeweils 0,001 vom Hundert nicht übersteigt oder die Stoffe in den Zubereitungen isotopenmodifiziert oder

b) besonders ausgenommen sind;

– die Stereoisomere der in dieser oder einer anderen Anlage aufgeführten Stoffe, wenn sie als Betäubungsmittel missbräuchlich verwendet werden sollen;

– Stoffe nach § 2 Absatz 1 Nummer 1 Buchstabe b bis d mit in dieser oder einer anderen Anlage aufgeführten Stoffen sowie die zur Reproduktion oder Gewinnung von Stoffen nach § 2 Absatz 1 Nummer 1 Buchstabe b bis d geeigneten biologischen Materialien, wenn ein Missbrauch zu Rauschzwecken vorgesehen ist.

Anlage II.[1)] (verkehrsfähige, aber nicht verschreibungsfähige Betäubungsmittel)

INN	andere nicht geschützte oder Trivialnamen	chemische Namen (IUPAC)
–	AB-CHMINACA	*N*-(1-Amino-3-methyl-1-oxobutan-2-yl)-1-(cyclohexylmethyl)-1*H*-indazol-3-carboxamid
–	AB-FUBINACA	*N*-(1-Amino-3-methyl-1-oxobutan-2-yl)-1-[(4-fluorphenyl)methyl]-1*H*-indazol-3-carboxamid
–	AB-PINACA	*N*-(1-Amino-3-methyl-1-oxobutan-2-yl)-1-pentyl-1*H*-indazol-3-carboxamid
–	Acetylfentanyl (Desmethylfentanyl)	*N*-Phenyl-*N*-[1-(2-phenylethyl)piperidin-4-yl]acetamid
–	Acryloylfentanyl (Acrylfentanyl, ACF)	*N*-Phenyl-*N*-[1-(2-phenylethyl)piperidin-4-yl]prop-3-enamid
–	1-Adamantyl(1-pentyl-1H-indol-3-yl)methanon	(Adamantan-1-yl)(1-pentyl-1*H*-indol-3-yl)methanon
–	ADB-BINACA (ADB-BUTINACA, ADMB-BINACA)	*N*-(1-Amino-3,3-dimethyl-1-oxobutan-2-yl)-1-butyl-1*H*-indazol-3-carboxamid
–	ADB-CHMINACA (MAB-CHMINACA)	*N*-(1-Amino-3,3-dimethyl-1-oxobutan-2-yl)-1-(cyclohexylmethyl)-1*H*-indazol-3-carboxamid
–	ADB-FUBINACA	*N*-(1-Amino-3,3-dimethyl-1-oxobutan-2-yl)-1-[(4-fluorphenyl)methyl]-1*H*-indazol-3-carboxamid
–	AH-7921 (Doxylam)	3,4-Dichlor-*N*-{[1-(dimethylamino)cyclohexyl]methyl}benzamid
–	AKB-48 (APINACA)	*N*-(Adamantan-1-yl)-1-pentyl-1*H*-indazol-3-carboxamid
–	AKB-48F	*N*-(Adamantan-1-yl)-1-(5-fluorpentyl)-1*H*-indazol-3-carboxamid
–	Alpha-PVT (α-PVT, alpha-Pyrrolidinopentiothiophenon)	2-(Pyrrolidin-1-yl)-1-(thiophen-2-yl)pentan-1-on

[1)] Anl. II neu gef. mWv 1.7.2001 durch G v. 19.6.2001 (BGBl. I S. 1180); geänd. mWv 1.3.2002 durch G v. 28.11.2001 (BGBl. I S. 3338) und VO v. 12.2.2002 (BGBl. I S. 612); geänd. mWv 10.1.2004 durch VO v. 22.12.2003 (BGBl. I 2004 S. 28); geänd. mWv 18.3.2005 durch VO v. 10.3.2005 (BGBl. I S. 757); geänd. mWv 1.3.2007 durch VO v. 14.2.2007 (BGBl. I S. 154); geänd. mWv 1.3.2008 durch VO v. 18.2. 2008 (BGBl. I S. 246); geänd. mWv 22.1.2009 und mWv 22.1.2010 durch VO v. 19.1.2009 (BGBl. I S. 49); geänd. mWv 21.7.2009 durch G v. 15.7.2009 (BGBl. I S. 1801); geänd. mWv 22.1.2010 durch VO v. 18.12.2009 (BGBl. I S. 3944); geänd. mWv 18.5.2011 durch VO v. 11.5.2011 (BGBl. I S. 821); geänd. mWv 26.7.2012 durch VO v. 20.7.2012 (BGBl. I S. 1639); geänd. mWv 17.7.2013 durch VO v. 9.7.2013 (BGBl. I S. 2274); geänd. mWv 13.12.2014 durch VO v. 5.12.2014 (BGBl. I S. 1999); geänd. mWv 23.5.2015 durch VO v. 18.5.2015 (BGBl. I S. 723); geänd. mWv 21.11.2015 durch VO v. 11.11. 2015 (BGBl. I S. 1992); geänd. mWv 9.6.2016 durch VO v. 31.5.2016 (BGBl. I S. 1282); geänd. mWv 10.3.2017 durch G v. 6.3.2017 (BGBl. I S. 403); geänd. mWv 21.6.2017 durch VO v. 16.6.2017 (BGBl. I S. 1670); geänd. mWv 13.7.2018 durch VO v. 2.7.2018 (BGBl. I S. 1078); geänd. mWv 18.7.2019 durch VO v. 12.7.2019 (BGBl. I S. 1083); geänd. mWv 21.12.2019 durch VO v. 17.12.2019 (BGBl. I S. 2850); geänd. mWv 17.7.2020 durch VO v. 10.7.2020 (BGBl. I S. 1691); geänd. mWv 21.1.2021 durch VO v. 14.1.2021 (BGBl. I S. 70); geänd. mWv 22.5.2021 durch VO v. 18.5.2021 (BGBl. I S. 1096); geänd. mWv 11.11.2021 durch VO v. 8.11.2021 (BGBl. I S. 4791); geänd. mWv 21.12.2022 durch VO v. 16.12. 2022 (BAnz AT 20.12.2022 V1); geänd. mWv 8.6.2023 durch VO v. 1.6.2023 (BGBl. 2023 I Nr. 143); geänd. mWv 1.4.2024 durch G v. 27.3.2024 (BGBl. 2024 I Nr. 109).

INN	andere nicht geschützte oder Trivialnamen	chemische Namen (IUPAC)
–	AM-694	[1-(5-Fluorpentyl)-1*H*-indol-3-yl](2-iodphenyl)methanon
–	AM-1220	{1-[(1-Methylpiperidin-2-yl)methyl]-1*H*-indol-3-yl}(naphthalin-1-yl)methanon
–	AM-1220-Azepan	[1-(1-Methylazepan-3-yl)-1*H*-indol-3-yl](naphthalin-1-yl)methanon
–	AM-2201	[1-(5-Fluorpentyl)-1*H*-indol-3-yl](naphthalin-1-yl)methanon
–	AM-2232	5-[3-(Naphthalin-1-carbonyl)-1*H*-indol-1-yl]pentannitril
–	AM-2233	(2-Iodphenyl){1-[(1-methylpiperidin-2-yl)methyl]-1*H*-indol-3-yl}methanon
–	AMB-CHMICA (MMB-CHMICA)	Methyl{2-[1-(cyclohexylmethyl)-1*H*-indol-3-carboxamido]-3-methylbutanoat}
–	AMB-FUBINACA (FUB-AMB)	Methyl(2-{1-[(4-fluorphenyl)methyl]-1*H*-indazol-3-carboxamid}-3-methylbutanoat)
Amfetaminil	–	(Phenyl)[(1-phenylpropan-2-yl) amino]acetonitril
Amineptin	–	7-(10,11-Dihydro-5H-dibenzo[a,d][7]annulen-5-ylamino)heptansäure
Aminorex	–	5-Phenyl-4,5-dihydro-1,3-oxazol-2-ylazan
–	5-APB	1-(Benzofuran-5-yl)propan-2-amin
–	6-APB	1-(Benzofuran-6-yl)propan-2-amin
–	APICA (SDB-001, 2NE1)	*N*-(Adamantan-1-yl)-1-pentyl-1*H*-indol-3-carboxamid
–	BB-22 (QUCHIC)	Chinolin-8-yl[1-(cyclohexylmethyl)-1*H*-indol-3-carboxylat]
–	Benzylpiperazin (BZP)	1-Benzylpiperazin
–	Brorphin	1-{1-[1-(4-Bromphenyl)ethyl]piperidin-4-yl}-1,3-dihydro-2H-benzimidazol-2-on
–	Buphedron	2-(Methylamino)-1-phenylbutan-1-on
Butalbital	–	5-Allyl-5-isobutylbarbitursäure
–	**Butobarbital**	5-Butyl-5-ethylpyrimidin-2,4,6(1*H*,3*H*,5*H*)-trion
–	Butylon	1-(Benzo[d][1,3]dioxol-5-yl)-2-(methylamino)butan-1-on
–	Butyrfentanyl (Butyrylfentanyl)	*N*-Phenyl-*N*-[1-(2-phenylethyl)piperidin-4-yl]butanamid
Cetobemidon	Ketobemidon	1-[4-(3-Hydroxyphenyl)-1-methyl-4-piperidyl]propan-1-on
–	3-Chlormethcathinon (3-CMC, Clophedron)	1-(3-Chlorphenyl)-2-methylamino-propan-1-on
–	5Cl-AKB-48 (5C-AKB-48, AKB-48Cl, 5Cl-API-*NACA*, 5*C*-APINACA)	*N*-(Adamantan-1-yl)-1-(5-chlorpentyl)-1*H*-indazol-3-carboxamid
–	5Cl-JWH-018 (JWH-018 N-(5-Chlorpentyl)-Analogon)	[1-(5-Chlorpentyl)-1*H*-indol-3-yl](naphthalin-1-yl)methanon

INN	andere nicht geschützte oder Trivialnamen	chemische Namen (IUPAC)
–	Clonazolam (Clonitrazolam)	6-(2-Chlorphenyl)-1-methyl-8-nitro-4*H*-[1,2,4]triazolo[4,3-*a*][1,4] benzodiazepin
–	***d*-Cocain**	Methyl[3*β*-(benzoyloxy)tropan-2α-carboxylat]
–	CP 47,497 (*cis*-3-[4-(1,1-Dimethylheptyl)-2-hydroxyphenyl]-cyclohexanol)	5-(1,1-Dimethylheptyl)-2-[(1*RS*,3*SR*)-3-hydroxycyclohexyl]-phenol
–	CP 47,497-C6-Homolog (*cis*-3-[4-(1,1-Dimethylhexyl)-2-hydroxyphenyl]-cyclohexanol)	5-(1,1-Dimethylhexyl)-2-[(1*RS*,3*SR*)-3-hydroxycyclohexyl]-phenol
–	CP 47,497-C8-Homolog (*cis*-3-[4-(1,1-Dimethyloctyl)-2-hydroxyphenyl]-cyclohexanol)	5-(1,1-Dimethyloctyl)-2-[(1*RS*,3*SR*)-3-hydroxycyclohexyl]-phenol
–	CP 47,497-C9-Homolog (*cis*-3-[4-(1,1-Dimethylnonyl)-2-hydroxyphenyl]-cyclohexanol)	5-(1,1-Dimethylnonyl)-2-[(1*RS*,3*SR*)-3-hydroxycyclohexyl]-phenol
–	Crotonylfentanyl	(2E)-*N*-Phenyl-*N*-[1-(2-phenylethyl) piperidin-4-yl]but-2-enamid
–	CUMYL-4CN-BINACA* (SGT-78)	1-(4-Cyanobutyl)-*N*-(2-phenylpropan-2-yl)-1*H*-indazol-3-carboxamid
–	CUMYL-5F-P7AICA (5-Fluor-CUMYL-P7AICA, SGT-263)	1-(5-Fluorpentyl)-*N*-(2-phenylpropan-2-yl)-1*H*-pyrrolo[2,3-*b*]pyridin-3-carboxamid
–	CUMYL-5F-PEGACLONE (5F-Cumyl-PeGaClone, 5F-SGT-151)	5-(5-Fluorpentyl)-2-(2-phenylpropan-2-yl)-2,5-dihydro-1*H*-pyrido [4,3-*b*]indol-1-on
–	CUMYL-PEGACLONE (SGT-151)	5-Pentyl-2-(2-phenylpropan-2-yl)-2,5-dihydro-1*H*-pyrido[4,3-*b*]indol-1-on
Cyclobarbital	–	5-(Cyclohex-1-en-1-yl)-5-ethylpyrimidin-2,4,6(1*H*,3*H*,5*H*)-trion
–	Cyclopropylfentanyl*	*N*-Phenyl-*N*-[1-(2-phenylethyl)piperidin-4-yl]cyclopropancarboxamid
–	Desoxypipradrol (2-DPMP)	2-(Diphenylmethyl)piperidin
–	**Dextromethadon**	(*S*)-6-Dimethylamino-4,4-diphenylheptan-3-on
Dextromoramid	–	(*S*)-3-Methyl-4-morpholino-2,2-diphenyl-1-(pyrrolidin-1-yl)butan-1-on
Dextropropoxyphen	–	[(2*S*,3*R*)-4-Dimethylamino-3-methyl-1,2-diphenylbutan-2-yl]propionat
–	**Diamorphin**	[(5R,6S)-4,5-Epoxy-17- methylmorphin-7-en-3,6- diyl]diacetat

– sofern es zur Herstellung von Zubereitungen zu medizinischen Zwecken bestimmt ist –

–	Diclazepam (2'-Chlordiazepam)	7-Chlor-5-(2-chlorphenyl)-1-methyl-1,3-dihydro-2*H*-1,4-benzodiazepin-2-on
Difenoxin	–	1-(3-Cyan-3,3-diphenylpropyl)-4-phenylpiperidin-4-carbonsäure

– ausgenommen in Zubereitungen, die ohne einen weiteren Stoff der Anlagen I bis III je abgeteilte Form bis zu 0,5 mg Difenoxin, berechnet als Base, und, bezogen auf diese Menge, mindestens 5 vom Hundert Atropinsulfat enthalten –

INN	andere nicht geschützte oder Trivialnamen	chemische Namen (IUPAC)
–	**Dihydromorphin**	4,5α-Epoxy-17-methylmorphinan-3,6α-diol
–	Dihydrothebain	4,5α-Epoxy-3,6-dimethoxy-17-methylmorphin-6-en
–	Dimethocain (DMC, Larocain)	(3-Diethylamino-2,2-dimethylpropyl)-4-aminobenzoat
–	2,5-Dimethoxy-4-iodamfetamin (DOI)	1-(4-Iod-2,5-dimethoxyphenyl)propan-2-amin
–	3,4-Dimethylmethcathinon (3,4-DMMC)	1-(3,4-Dimethylphenyl)-2-(methylamino)propan-1-on
–	Diphenidin (1,2-DEP, DPD, DND, 1,2-Diphenylethylpiperidin)	1-(1,2-Diphenylethyl)piperidin
Diphenoxylat	–	Ethyl[1-(3-cyan-3,3-diphenylpropyl)-4-phenylpiperidin-4-carboxylat]
– ausgenommen in Zubereitungen, die ohne einen weiteren Stoff der Anlagen I bis III bis zu 0,25 vom Hundert oder je abgeteilte Form bis zu 2,5 mg Diphenoxylat, berechnet als Base, und, bezogen auf diese Mengen, mindestens 1 vom Hundert Atropinsulfat enthalten –		
–	4,4'-DMAR (para-Methyl-4-methylaminorex)	4-Methyl-5-(4-methylphenyl)-4,5-dihydro-1,3-oxazol-2-amin
–	EAM-2201 (5-Fluor-JWH-210)	(4-Ethylnaphthalin-1-yl)[1-(5-fluorpentyl)-1*H*-indol-3-yl]methanon
–	**Ecgonin**	3*β*-Hydroxytropan-2*β*-carbonsäure
–	**Erythroxylum coca** (Pflanzen und Pflanzenteile der zur Art Erythroxylum coca – einschließlich der Varietäten bolivianum, spruceanum und novogranatense – gehörenden Pflanzen)	–
–	Etazen (Etodesnitazen)	*N,N*-Diethyl-2-{2-[(4-ethoxyphenyl)methyl]-1*H*-benzimidazol-1-yl}ethan-1-amin
–	Ethcathinon	(*RS*)-2-(Ethylamino)-1-phenylpropan-1-on
Ethchlorvynol	–	1-Chlor-3-ethylpent-1-en-4-in-3-ol
Ethinamat	–	(1-Ethinylcyclohexyl)carbamat
–	*N*-Ethylhexedron (Ethyl-Hexedron, HexEn, Ethyl-Hex, NEH)	2-(Ethylamino)-1-phenylhexan-1-on
–	**3-O-Ethylmorphin** (Ethylmorphin)	4,5α-Epoxy-3-ethoxy-17-methylmorphin-7-en-6α-ol
– ausgenommen in Zubereitungen, die ohne einen weiteren Stoff der Anlagen I bis III bis zu 2,5 vom Hundert oder je abgeteilte Form bis zu 100 mg Ethylmorphin, berechnet als Base, enthalten –		
–	*N*-Ethylnorpentylon (Ephylon, bk-EBDP, bk-Ethyl-K)	1-(1,3-Benzodioxol-5-yl)-2-(ethylamino)pentan-1-on
–	Ethylphenidat	Ethyl[2-(phenyl)-2-(piperidin-2-yl)acetat]
Etilamfetamin	*N*-Ethylamphetamin	(Ethyl)(1-phenylpropan-2-yl)azan
–	Etonitazepyn (*N*-Pyrrolidino Etonitazen)	2-[(4-Ethoxyphenyl)methyl]-5-nitro-1-(2-pyrrolidin-1-ylethyl)-1*H*-benzimidazol
–	Eutylon (N-Ethylnorbutylon, bk-EBDB)	1-(1,3-Benzodioxol-5-yl)-2-(ethylamino)butan-1-on

INN	andere nicht geschützte oder Trivialnamen	chemische Namen (IUPAC)
–	5F-ABICA (5F-AMBICA, 5-Fluor-ABICA,5-Fluor-AMBICA)	*N*-(1-Amino-3-methyl-1-oxobutan-2-yl)-1-(5-fluorpentyl)-1*H*-indol-3-carboxamid
–	5F-AB-PINACA (5-Fluor-AB-PINACA)	*N*-(1-Amino-3-methyl-1-oxobutan-2-yl)-1-(5-fluorpentyl)-1*H*-indazol-3-carboxamid
–	5F-ADB (5F-MDMB-PINACA)	Methyl{2-[1-(5-fluorpentyl)-1*H*-indazol-3-carboxamid]-3,3-dimethylbutanoat}
–	5F-AMB (5-Fluor-AMB)	Methyl{2-[1-(5-fluorpentyl)-1*H*-indazol-3-carboxamido]-3-methylbutanoat}
–	FDU-PB-22	Naphthalin-1-yl{1[(4-fluorphenyl) methyl]-1*H*-indol-3-carboxylat}
Fencamfamin	–	N-Ethyl-3-phenylbicyclo[2.2.1] heptan-2-amin
–	Flephedron (4-Fluormethcathinon, 4-FMC)	1-(4-Fluorphenyl)-2-(methylamino)-propan-1-on
–	Flualprazolam (2-Fluor-Alprazolam, SCHEMBL7327360, Flu-Alp)	8-Chlor-6-(2-fluorphenyl)-1-methyl-4*H*-[1,2,4] triazolo[4,3-*a*] [1,4] benzodiazepin
–	Flubromazepam	7-Brom-5-(2-fluorphenyl)-1,3-dihydro-2*H*-1,4-benzodiazepin-2-on
–	Flubromazolam	8-Brom-6-(2-fluorphenyl)-1-methyl-4*H*-[1,2,4]triazolo[4,3-a][1,4] benzodiazepin
–	4-Fluorisobutyrfentanyl (4-Fluorisobutyrylfentanyl, 4F-iBF, p-FIBF)	*N*-(4-Fluorphenyl)-2-methyl-*N*-[1-(2-phenylethyl)piperidin-4-yl]propanamid
–	4-Fluormethamfetamin (4-FMA)	1-(4-Fluorphenyl)-N-methylpropan-2-amin
–	3-Fluormethcathinon (3-FMC)	1-(3-Fluorphenyl)-2-(methylamino) propan-1-on
–	5-Fluorpentyl-JWH-122 (MAM-2201)	[1-(5-Fluorpentyl)-1*H*-indol-3-yl](4-methylnaphthalin-1-yl)methanon
–	p-Fluorphenylpiperazin (p-FPP)	1-(4-Fluorphenyl)piperazin
–	4-Fluortropacocain	3-(4-Fluorbenzoyloxy)tropan
–	5-Fluor-UR-144 (XLR-11)	[1-(5-Fluorpentyl)-1*H*-indol-3-yl](2,2,3,3-tetramethylcyclopropyl)methanon
–	4F-MDMB-BICA (4F-MDMB-BUTICA, 4FBC, 4FBCA, MDMB-073-F, 4F-MDMB-2201)	Methyl{2-[1-(4-fluorbutyl)-1*H*-indol-3-carboxamido]-3,3-dimethylbutanoat}
–	4F-MDMB-BINACA (4F-MDMB-BUTINACA, 4F-ADB)	Methyl{2-[1-(4-fluorbutyl)-1*H*-indazol-3-carboxamido]-3,3-dimethylbutanoat}
–	5F-MDMB-PICA (5F-MDMB-2201)	Methyl{2-[1-(5-fluorpentyl)-1*H*-indol-3-carboxamido]-3,3-dimethylbutanoat}
–	5F-MN-18 (AM-2201 Indazolcarboxamid-Analogon)	1-(5-Fluorpentyl)-*N*-1-(naphthalin-1-yl)-1*H*-indazol-3-carboxamid

INN	andere nicht geschützte oder Trivialnamen	chemische Namen (IUPAC)
–	5F-PB-22 (5F-QUPIC)	Chinolin-8-yl[1-(5-fluorpentyl)indol-3-carboxylat]
–	5F-SDB-006	*N*-Benzyl-1-(5-fluorpentyl)-1*H*-indol-3-carboxamid
–	FUB-PB-22	Chinolin-8-yl{1-[(4-fluorphenyl)methyl]-1*H*-indol-3-carboxylat}
–	Furanylfentanyl (FU-F)	*N*-Phenyl-*N*-[1-(2-phenylethyl)piperidin-4-yl]furan-2-carboxamid
Glutethimid	–	3-Ethyl-3-phenylpiperidin-2,6-dion
–	**Isocodein**	4,5α-Epoxy-3-methoxy-17-methylmorphin-7-en-6β-ol
Isomethadon	–	6-Dimethylamino-5-methyl-4,4-diphenylhexan-3-on
–	Isotonitazen (Iso)	*N*,*N*-Diethyl-2-{[4-(1-methylethoxy)phenyl]methyl}-5-nitro-1*H*-benzimidazol-1-ethanamin
–	JWH-007	(2-Methyl-1-pentyl-1*H*-indol-3-yl)(naphthalin-1-yl)methanon
–	JWH-015	(2-Methyl-1-propyl-1*H*-indol-3-yl)(naphthalin-1-yl)methanon
–	JWH-018 (1-Pentyl-3-(1-naphthoyl)indol)	(Naphthalin-1-yl)(1-pentyl-1*H*-indol-3-yl)methanon
–	JWH-019 (1-Hexyl-3-(1-naphthoyl)indol)	(Naphthalin-1-yl)(1-hexyl-1*H*-indol-3-yl)methanon
–	JWH-073 (1-Butyl-3-(1-naphthoyl)indol)	(Naphthalin-1-yl)(1-butyl-1*H*-indol-3-yl)methanon
–	JWH-081	(4-Methoxynaphthalin-1-yl)(1-pentyl-1*H*-indol-3-yl)methanon
–	JWH-122	(4-Methylnaphthalin-1-yl)(1-pentyl-1*H*-indol-3-yl)methanon
–	JWH-200	[1-(2-Morpholinoethyl)-1*H*-indol-3-yl](naphthalin-1-yl)methanon
–	JWH-203	2-(2-Chlorphenyl)-1-(1-pentyl-1*H*-indol-3-yl)ethanon
–	JWH-210	(4-Ethylnaphthalin-1-yl)(1-pentyl-1*H*-indol-3-yl)methanon
–	JWH-250 (1-Pentyl-3-(2-methoxyphenylacetyl)indol)	2-(2-Methoxyphenyl)-1-(1-pentyl-1*H*-indol-3-yl)ethanon
–	JWH-251	2-(2-Methylphenyl)-1-(1-pentyl-1*H*-indol-3-yl)ethanon
–	JWH-307	[5-(2-Fluorphenyl)-1-pentyl-1*H*-pyrrol-3-yl](naphthalin-1-yl)methanon
Levamfetamin	Levamphetamin	(*R*)-1-Phenylpropan-2-ylazan
–	Levmetamfetamin (Levometamfetamin)	(*R*)-(Methyl)(1-phenylpropan-2-yl)azan
Levomoramid	–	(*R*)-3-Methyl-4-morpholino-2,2-diphenyl-1-(pyrrolidin-1-yl)butan-1-on
Levorphanol	–	(9*R*,13*R*,14*R*)-17-Methylmorphinan-3-ol
Mazindol	–	5-(4-Chlorphenyl)-2,5-dihydro-3*H*-imidazol[2,1-a]isoindol-5-ol

INN	andere nicht geschützte oder Trivialnamen	chemische Namen (IUPAC)
–	MDMB-CHMCZCA (EGMB-CHMINACA)	Methyl{2-[9-(cyclohexylmethyl)-9*H*-carbazol-3-carboxamido]-3,3-dimethylbutanoat}
–	MDMB-CHMICA	Methyl{2-[1-(cyclohexylmethyl)-1*H*-indol-3-carboxamido]-3,3-dimethylbutanoat}
–	MDMB-4en-PINACA	Methyl{2-[1-(pent-4-en-1-yl)-1*H*-indazol-3-carboxamido]-3,3-dimethylbutanoat}
Mefenorex	–	3-Chlor-N-(1-phenylpropan-2-yl)propan-1-amin
Meprobamat	–	(2-Methyl-2-propylpropan-1,3-diyl)dicarbamat
Mesocarb	–	(Phenylcarbamoyl)[3-(1-phenylpropan-2-yl)-1,2,3-oxadiazol-3-ium-5-yl]azanid
–	meta-Chlorphenylpiperazin (m-CPP)	1-(3-Chlorphenyl)piperazin
Metamfetamin	Methamphetamin	(2S)-*N*-Methyl-1-phenylpropan-2-amin
(*RS*)-Metamfetamin	Metamfetaminracemat	(*RS*)-(Methyl)(1-phenylpropan-2-yl)azan
–	Methadon-Zwischenprodukt (Premethadon)	4-Dimethylamino-2,2-diphenylpentannitril
Methaqualon	–	2-Methyl-3-(2-methylphenyl) chinazolin-4(3*H*)-on
–	Methedron (4-Methoxymethcathinon, PMMC)	1-(4-Methoxyphenyl)-2-(methylamino)propan-1-on
–	Methoxyacetylfentanyl*	2-Methoxy-*N*-phenyl-*N*-[1-(2-phenylethyl)piperidin-4-yl]acetamid
–	p-Methoxyethylamfetamin (PMEA)	N-Ethyl-1-(4-methoxyphenyl)propan-2-amin
–	3-Methoxyphencyclidin (3-MeO-PCP)	1-[1-(3-Methoxyphenyl)cyclohexyl]piperidin
–	4-Methylamfetamin	1-(4-Methylphenyl)propan-2-amin
–	2-Methyl-AP-237 (2-Methyl-Bucinnazin)	1-[2-Methyl-4-(3-phenylprop-2-en-1-yl)piperazin-1-yl]butan-1-on
–	Methylbenzylpiperazin (MBZP)	1-Benzyl-4-methylpiperazin
–	3,4-Methylendioxypyrovaleron (MDPV)	1-(Benzo[d][1,3]dioxol-5-yl)-2-(pyrrolidin-1-yl)pentan-1-on
–	4-Methylethcathinon (4-MEC)	2-(Ethylamino)-1-(4-methylphenyl)-propan-1-on
–	Methylon (3,4-Methylendioxy-N-methcathinon, MDMC)	1-(Benzo[d][1,3]dioxol-5-yl)-2-(methylamino)propan-1-on
(*RS;SR*)-Methylphenidat	–	Methyl[(*RS;SR*)(phenyl)(2-piperidyl)acetat]
Methyprylon	–	3,3-Diethyl-5-methylpiperidin-2,4-dion
–	Metonitazen	N,N-Diethyl-2-{2-[(4-methoxyphenyl)methyl]-5-nitro-1H-benzimidazol-1-yl}ethan-1-amin

INN	andere nicht geschützte oder Trivialnamen	chemische Namen (IUPAC)
–	MMB-2201 (5F-AMB-PICA, 5F-MMB-PICA)	Methyl{2-[1-(5-fluorpentyl)-1*H*-indol-3-carboxamido]-3-methylbutanoat}
–	**Mohnstrohkonzentrat** (das bei der Verarbeitung von Pflanzen und Pflanzenteilen der Art Papaver somniferum zur Konzentrierung der Alkaloide anfallende Material)	–
–	Moramid-Zwischenprodukt (Premoramid)	3-Methyl-4-morpholino-2,2-diphenylbutansäure
–	MT-45	1-Cyclohexyl-4-(1,2-diphenylethyl)piperazin
–	Naphyron (Naphthylpyrovaleron)	1-(Naphthalin-2-yl)-2-(pyrrolidin-1-yl)pentan-1-on
–	NE-CHMIMO (JWH-018 N-(Cyclohexylmethyl)-Analogon)	[1-(Cyclohexylmethyl)-1*H*-indol-3-yl](naphthalin-1-yl)methanon
Nicocodin	6-Nicotinoylcodein	(4,5α-Epoxy-3-methoxy-17-methylmorphin-7-en-6α-yl)nicotinat
Nicodicodin	6-Nicotinoyldihydrocodein	(4,5α-Epoxy-3-methoxy-17-methylmorphinan-6α-yl)nicotinat
–	NM-2201 (CBL-2201)	Naphthalin-1-yl[1-(5-fluorpentyl)-1*H*-indol-3-carboxylat]
–	Ocfentanil (A-3217)	*N*-(2-Fluorphenyl)-2-methoxy-*N*-[1-(2-phenylethyl)piperidin-4-yl]acetamid
–	Oripavin	4,5α-Epoxy-6-methoxy-17-methylmorphina-6,8-dien-3-ol
–	Orthofluorfentanyl (2-Fluorfentanyl, 2F-F, 2-FF, o-FF)	*N*-(2-Fluorphenyl)-*N*-[1-(2-phenylethyl)piperidin-4-yl]propanamid
Oxymorphon	14-Hydroxydihydromorphinon	4,5α-Epoxy-3,14-dihydroxy-17-methylmorphinan-6-on
–	**Papaver bracteatum** (Pflanzen und Pflanzenteile, ausgenommen die Samen, der zur Art Papaver bracteatum gehörenden Pflanzen)	–
– ausgenommen zu Zierzwecken –		
–	Parafluorbutyrylfentanyl (Parafluorbutyrfentanyl, 4-Fluorbutyrfentanyl, 4F-BF, PFBF)	*N*-(4-Fluorphenyl)-*N*-[1-(2-phenylethyl)piperidin-4-yl]butanamid
–	PB-22 (QUPIC)	Chinolin-8-yl(1-pentylindol-3-carboxylat)
–	Pentedron	2-(Methylamino)-1-phenylpentan-1-on
–	Pethidin-Zwischenprodukt A (Prepethidin)	1-Methyl-4-phenylpiperidin-4-carbonitril
–	Pethidin-Zwischenprodukt B (Norpethidin)	Ethyl(4-phenylpiperidin-4-carboxylat)
–	Pethidin-Zwischenprodukt C (*Pethidinsäure*)	1-Methyl-4-phenylpiperidin-4-carbonsäure
Phendimetrazin	–	(2*S*,3*S*)-3,4-Dimethyl-2-phenylmorpholin
Phenmetrazin	–	3-Methyl-2-phenylmorpholin

INN	andere nicht geschützte oder Trivialnamen	chemische Namen (IUPAC)
Pholcodin	Morpholinylethylmorphin	4,5α-Epoxy-17-methyl-3-(2-morpholinoethoxy)morphin-7-en-6α-ol

– ausgenommen in Zubereitungen, die ohne einen weiteren Stoff der Anlagen I bis III als Lösung bis zu 0,15 vom Hundert, je Packungseinheit jedoch nicht mehr als 150 mg, oder je abgeteilte Form bis zu 20 mg Pholcodin, berechnet als Base, enthalten –

Propiram	–	*N*-(1-Piperidinopropan-2-yl)-*N*-(2-pyridyl)propanamid
–	Protonitazen	*N,N*-Diethyl-2-{2-[(4-propoxyphenyl)methyl]-5-nitro-1*H*-benzimidazol-1-yl}ethan-1-amin
Pyrovaleron	–	2-(Pyrrolidin-1-yl)-1-(*p*-tolyl)pentan-1-on
–	α-Pyrrolidinohexanophenon (Alpha-PHP, α-PHP, PV-7)	1-Phenyl-2-(pyrrolidin-1-yl)hexan-1-on
–	α-Pyrrolidinoisohexanophenon (Alpha-PiHP, α-PiHP, 4-Methyl-α-PVP)	4-Methyl-1-phenyl-2-(pyrrolidin-1-yl)pentan-1-on
–	α-Pyrrolidinovalerophenon (α-PVP)	1-Phenyl-2-(pyrrolidin-1-yl)pentan-1-on
Racemoramid	–	(*RS*)-3-Methyl-4-morpholino-2,2-diphenyl-1-(pyrrolidin-1-yl)butan-1-on
Racemorphan	–	(9*RS*,13*RS*,14*RS*)-17-Methylmorphinan-3-ol
–	RCS-4	(4-Methoxyphenyl)(1-pentyl-1*H*-indol-3-yl)methanon
–	RCS-4 ortho-Isomer (o-RCS-4)	(2-Methoxyphenyl)(1-pentyl-1*H*-indol-3-yl)methanon
–	SDB-006	*N*-Benzyl-1-pentyl-1*H*-indol-3-carboxamid
Secbutabarbital	Butabarbital	5-(Butan-2-yl)-5-ethylpyrimidin-2,4,6(1*H*,3*H*,5*H*)-trion
–	STS-135 (5F-2NE1)	*N*-(Adamantan-1-yl)-1-(5-fluorpentyl)-1*H*-indol-3-carboxamid
–	Δ9-Tetrahydrocannabinol (Δ9-THC)	6,6,9-Trimethyl-3-pentyl-6a,7,8,10a-tetrahydro-6H-benzo[c]chromen-1-ol

– ausgenommen,

a) wenn es sich um Cannabis zu medizinischen Zwecken oder Cannabis zu medizinisch-wissenschaftlichen Zwecken im Sinne des Medizinal-Cannabisgesetzes handelt, oder

b) wenn es sich um eine nichtsynthetische Form handelt, die zu nichtmedizinischen Zwecken im Verkehr ist.

–	Tetrahydrofuranylfentanyl (THF-F)	*N*-Phenyl-*N*-[1-(2-phenylethyl)piperidin-4-yl]tetrahydrofuran-2-carboxamid
–	**Tetrahydrothebain**	4,5α-Epoxy-3,6-dimethoxy-17-methylmorphinan
Thebacon	Acetyldihydrocodeinon	(4,5α-Epoxy-3-methoxy-17-methylmorphin-6-en-6-yl)acetat
–	**Thebain**	4,5α-Epoxy-3,6-dimethoxy-17-methylmorphina-6,8-dien
–	THJ-018 (JWH-018 Indazol-Analogon)	(Naphthalin-1-yl)(1-pentyl-1*H*-indazol-3-yl)methanon
–	THJ-2201 (AM-2201 Indazol-Analogon)	[1-(5-Fluorpentyl)-1*H*-indazol-3-yl](naphthalin-1-yl)methanon

INN	andere nicht geschützte oder Trivialnamen	chemische Namen (IUPAC)
***cis*-Tilidin**	–	Ethyl[(1*RS*,2*RS*)-2-dimethylamino-1-phenylcyclohex-3-encarboxylat]
–	3-Trifluormethylphenylpiperazin (TFMPP)	1-[3-(Trifluormethyl)phenyl]piperazin
–	U-47700	3,4-Dichlor-*N*-[2-(dimethylamino) cyclohexyl]-*N*-methylbenzamid
–	U-48800	2-(2,4-Dichlorphenyl)-*N*-[2-(dimethylamino)cyclohexyl]-*N*-methylacetamid
–	UR-144	(1-Pentyl-1*H*-indol-3-yl)(2,2,3,3-tetramethylcyclopropyl)methanon
–	Valerylfentanyl	*N*-Phenyl-*N*-[1-(2-phenylethyl) piperidin-4-yl] pentanamid
Vinylbital	–	5-Ethenyl-5-(pentan-2-yl) pyrimidin-2,4,6(1*H*,3*H*,5*H*)-trion
Zipeprol	–	1-Methoxy-3-[4-(2-methoxy-2-phenylethyl)piperazin-1-yl]-1-phenylpropan-2-ol

– die Ester, Ether und Molekülverbindungen der in dieser Anlage sowie die Ester und Ether der in Anlage III aufgeführten Stoffe, ausgenommen γ-Hydroxybuttersäure (GHB), wenn sie nicht in einer anderen Anlage verzeichnet sind und das Bestehen solcher Ester, Ether und Molekülverbindungen möglich ist;

– die Salze der in dieser Anlage aufgeführten Stoffe, wenn das Bestehen solcher Salze möglich ist, sowie die Salze und Molekülverbindungen der in Anlage III aufgeführten Stoffe, wenn das Bestehen solcher Salze und Molekülverbindungen möglich ist und sie nicht ärztlich, zahnärztlich oder tierärztlich angewendet werden;

– die Zubereitungen der in dieser Anlage aufgeführten Stoffe, wenn sie nicht

a) ohne am oder im menschlichen oder tierischen Körper angewendet zu werden, ausschließlich diagnostischen oder analytischen Zwecken dienen und ihr Gehalt an einem oder mehreren Betäubungsmitteln, bei Lyophilisaten und entsprechend zu verwendenden Stoffgemischen in der gebrauchsfertigen Lösung, jeweils 0,01 vom Hundert nicht übersteigt oder die Stoffe in den Zubereitungen isotopenmodifiziert oder

b) besonders ausgenommen sind.

---

* **Amtl. Anm.:** Durch die Aufnahme des Stoffes in die Anlage II des Betäubungsmittelgesetzes wird die Delegierte Richtlinie (EU) 2019/369 der Kommission vom 13. Dezember 2018 zur Änderung des Anhangs des Rahmenbeschlusses 2004/757/JI des Rates zur Aufnahme neuer psychoaktiver Substanzen in die Drogendefinition (ABl. L 66 vom 7.3.2019, S. 3) umgesetzt.

Anlage III.[1] (verkehrsfähige und verschreibungsfähige Betäubungsmittel)

INN	andere nicht geschützte oder Trivialnamen	chemische Namen (IUPAC)
Alfentanil	–	*N*-{1-[2-(4-Ethyl-5-oxo-4,5-dihydro-1*H*-tetrazol-1-yl)ethyl]-4-methoxymethyl-4-piperidyl}-*N*-phenylpropanamid
Allobarbital	–	5,5-Diallylbarbitursäure
Alprazolam	–	8-Chlor-1-methyl-6-phenyl-4*H*-[1,2,4]triazolo[4,3-a][1,4]benzodiazepin
– ausgenommen in Zubereitungen, die ohne einen weiteren Stoff der Anlagen I bis III je abgeteilte Form bis zu 1 mg Alprazolam enthalten –		
Amfepramon	Diethylpropion	2-Diethylamino-1-phenylpropan-1-on
– ausgenommen in Zubereitungen ohne verzögerte Wirkstofffreigabe, die ohne einen weiteren Stoff der Anlagen I bis III je abgeteilte Form bis zu 22 mg, und in Zubereitungen mit verzögerter Wirkstofffreigabe, die ohne einen weiteren Stoff der Anlagen I bis III je abgeteilte Form bis zu 64 mg Amfepramon, berechnet als Base, enthalten –		
Amfetamin	Amphetamin	(*RS*)-1-Phenylpropan-2-ylazan
Amobarbital	–	5-Ethyl-5-isopentylbarbitursäure
Barbital	–	5,5-Diethylbarbitursäure
– ausgenommen in Zubereitungen, die a) ohne einen weiteren Stoff der Anlagen I bis III bis zu 10 vom Hundert oder b) ohne am oder im menschlichen oder tierischen Körper angewendet zu werden, ausschließlich diagnostischen oder analytischen Zwecken dienen und ohne einen weiteren Stoff der Anlagen I bis III je Packungseinheit nicht mehr als 25 g Barbital, berechnet als Säure, enthalten –		
Bromazepam	–	7-Brom-5-(2-pyridyl)-1,3-dihydro-2*H*-1,4-benzodiazepin-2-on
– ausgenommen in Zubereitungen, die ohne einen weiteren Stoff der Anlagen I bis III je abgeteilte Form bis zu 6 mg Bromazepam enthalten –		
Brotizolam	–	2-Brom-4-(2-chlorphenyl)-9-methyl-6*H*-thieno[3,2-*f*][1,2,4]triazolo[4,3-*a*][1,4]diazepin
– ausgenommen in Zubereitungen, die ohne einen weiteren Stoff der Anlagen I bis III bis zu 0,02 vom Hundert oder je abgeteilte Form bis zu 0,25 mg Brotizolam enthalten –		
Buprenorphin	–	(5*R*,6*R*,7*R*,14*S*)-17-Cyclopropylmethyl-4,5-epoxy-7-[(*S*)-2-hydroxy-3,3-dimethylbutan-2-yl]-6-methoxy-6,14-ethanomorphinan-3-ol
Camazepam	–	(7-Chlor-1-methyl-2-oxo-5-phenyl-2,3-dihydro-1*H*-1,4-benzodiazepin-3-yl)(dimethylcarbamat)
Cathin	(+)-Norpseudoephedrin (D-Norpseudoephedrin)	(1*S*,2*S*)-2-Amino-1-phenylpropan-1-ol

[1] Anl. III neu gef. mWv 1.7.2001 durch G v. 19.6.2001 (BGBl. I S. 1180); geänd. mWv 1.3.2002 durch VO v. 28.11.2001 (BGBl. I S. 3338); geänd. mWv 18.3.2005 durch VO v. 10.3.2005 (BGBl. I S. 757); geänd. mWv 1.3.2008 durch VO v. 18.2.2008 (BGBl. I S. 246); geänd. mWv 21.7.2009 durch G v. 15.7.2009 (BGBl. I S. 1801); geänd. mWv 1.6.2010 durch VO v. 18.12.2009 (BGBl. I S. 3944); geänd. mWv 18.5.2011 durch VO v. 11.5.2011 (BGBl. I S. 821); geänd. mWv 1.11.2011 durch VO v. 11.5.2011 (BGBl. I S. 821); geänd. mWv 1.1.2013 durch VO v. 20.7.2012 (BGBl. I S. 1639); geänd. mWv 17.7.2013 durch VO v. 9.7.2013 (BGBl. I S. 2274); geänd. mWv 10.3.2017 durch G v. 6.3.2017 (BGBl. I S. 403); geänd. mWv 17.7.2020 durch VO v. 10.7.2020 (BGBl. I S. 1691); geänd. mWv 22.5.2021 durch VO v. 18.5.2021 (BGBl. I S. 1096); geänd. mWv 1.4.2024 durch G v. 27.3.2024 (BGBl. 2024 I Nr. 109).

INN	andere nicht geschützte oder Trivialnamen	chemische Namen (IUPAC)
– ausgenommen in Zubereitungen, die ohne einen weiteren Stoff der Anlagen I bis III bis zu 5 vom Hundert als Lösung, jedoch nicht mehr als 1600 mg je Packungseinheit oder je abgeteilte Form bis zu 40 mg Cathin, berechnet als Base, enthalten –		
Chlordiazepoxid	–	7-Chlor-2-methylamino-5-phenyl-3*H*-1,4-benzodiazepin-4-oxid
– ausgenommen in Zubereitungen, die ohne einen weiteren Stoff der Anlagen I bis III je abgeteilte Form bis zu 25 mg Chlordiazepoxid enthalten –		
Clobazam	–	7-Chlor-1-methyl-5-phenyl-1,3-dihydro-2*H*-1,5-benzodiazepin-2,4 (5*H*)-dion
– ausgenommen in Zubereitungen, die ohne einen weiteren Stoff der Anlagen I bis III bis zu 0,2 Prozent als Suspension, jedoch nicht mehr als 300 mg je Packungseinheit, oder je abgeteilte Form bis zu 30 mg Clobazam enthalten –		
Clonazepam	–	5-(2-Chlorphenyl)-7-nitro-1,3-dihydro-2*H*-1,4-benzodiazepin-2-on
– ausgenommen in Zubereitungen, die ohne einen weiteren Stoff der Anlagen I bis III bis zu 0,25 vom Hundert als Tropflösung, jedoch nicht mehr als 250 mg je Packungseinheit oder je abgeteilte Form bis zu 2 mg Clonazepam enthalten –		
Clorazepat	–	(*RS*)-7-Chlor-2-oxo-5-phenyl-2,3-dihydro-1*H*-1,4-benzodiazepin-3-carbonsäure
– ausgenommen in Zubereitungen, die ohne einen weiteren Stoff der Anlagen I bis III je abgeteilte Form bis zu 50 mg, als Trockensubstanz nur zur parenteralen Anwendung bis zu 100 mg, Clorazepat als Dikaliumsalz enthalten –		
Clotiazepam	–	5-(2-Chlorphenyl)-7-ethyl-1-methyl-1,3-dihydro-2*H*-thieno[2,3-*e*][1,4]diazepin-2-on
– ausgenommen in Zubereitungen, die ohne einen weiteren Stoff der Anlagen I bis III je abgeteilte Form bis zu 20 mg Clotiazepam enthalten –		
Cloxazolam	–	10-Chlor-11b-(2-chlorphenyl)-2,3,7,11b-tetrahydro[1,3]oxazolo[3,2-*d*][1,4]benzodiazepin-6(5*H*)-on
–	**Cocain** (Benzoylecgoninmethylester)	Methyl[3β-(benzoyloxy)tropan-2β-carboxylat]
–	**Codein** (3-Methylmorphin)	4,5α-Epoxy-3-methoxy-17-methylmorphin-7-en-6α-ol
– ausgenommen in Zubereitungen, die ohne einen weiteren Stoff der Anlagen I bis III bis zu 2,5 vom Hundert oder je abgeteilte Form bis zu 100 mg Codein, berechnet als Base, enthalten. Für ausgenommene Zubereitungen, die für betäubungsmittel- oder alkoholabhängige Personen verschrieben werden, gelten jedoch die Vorschriften über das Verschreiben und die Abgabe von Betäubungsmitteln. –		
Dexamfetamin	Dexamphetamin	(*S*)-1-Phenylpropan-2-ylazan
Delorazepam	–	7-Chlor-5-(2-chlorphenyl)-1,3-dihydro-2*H*-1,4-benzodiazepin-2-on
Dexmethylphenidat	–	Methyl[(R,R)(phenyl)(2-piperidyl)acetat]
–	**Diamorphin**	[(5R,6S)-4,5-Epoxy-17- methylmorphin-7-en-3,6- diyl]diacetat
– nur in Zubereitungen, die zur Substitutionsbehandlung zugelassen sind –		
Diazepam	–	7-Chlor-1-methyl-5-phenyl-1,3-dihydro-2*H*-1,4-benzodiazepin-2-on
– ausgenommen in Zubereitungen, die ohne einen weiteren Stoff der Anlagen I bis III bis zu 1 vom Hundert als Sirup oder Tropflösung, jedoch nicht mehr als 250 mg je Packungseinheit, oder je abgeteilte Form bis zu 10 mg Diazepam enthalten –		

INN	andere nicht geschützte oder Trivialnamen	chemische Namen (IUPAC)
Dihydrocodein	–	4,5α-Epoxy-3-methoxy-17-methylmorphinan-6α-ol

– ausgenommen in Zubereitungen, die ohne einen weiteren Stoff der Anlagen I bis III bis zu 2,5 vom Hundert oder je abgeteilte Form bis zu 100 mg Dihydrocodein, berechnet als Base, enthalten. Für ausgenommene Zubereitungen, die für betäubungsmittel- oder alkoholabhängige Personen verschrieben werden, gelten jedoch die Vorschriften über das Verschreiben und die Abgabe von Betäubungsmitteln. –

INN	andere nicht geschützte oder Trivialnamen	chemische Namen (IUPAC)
Estazolam	–	8-Chlor-6-phenyl-4*H*-[1,2,4]triazolo[4,3-*a*]benzodiazepin

– ausgenommen in Zubereitungen, die ohne einen weiteren Stoff der Anlagen I bis III je abgeteilte Form bis zu 2 mg Estazolam enthalten –

INN	andere nicht geschützte oder Trivialnamen	chemische Namen (IUPAC)
Ethylloflazepat	–	4-(2-Chlorphenyl)-2-ethyl-9-methyl-6H-thieno[3,2-*f*][1,2,4]triazolo[4,3-*a*][1,4]diazepin
Etizolam	–	4-(2-Chlorphenyl)-2-ethyl-9-methyl-6*H*-thieno[3,2-*f*][1,2,4]triazolo[4,3-*a*][1,4]diazepin
Etorphin	–	(5*R*,6*R*,7*R*,14*R*)-4,5-Epoxy-7-[(*R*)-2-hydroxypentan-2-yl]-6-methoxy-17-methyl-6,14-ethenomorphinan-3-ol
Fenetyllin	–	1,3-Dimethyl-7-[2-(1-phenylpropan-2-ylamino)ethyl]-3,7-dihydro-2*H*-purin-2,6(1*H*)-dion
Fenproporex	–	(*RS*)-3-(1-Phenylpropan-2-ylamino)propannitril

– ausgenommen in Zubereitungen, die ohne einen weiteren Stoff der Anlagen I bis III je abgeteilte Form bis zu 11 mg Fenproporex, berechnet als Base, enthalten –

INN	andere nicht geschützte oder Trivialnamen	chemische Namen (IUPAC)
Fentanyl		*N*-(1-Phenethyl-4-piperidyl)-*N*-phenylpropanamid
Fludiazepam	–	7-Chlor-5-(2-fluorphenyl)-1-methyl-1,3-dihydro-2*H*-1,4-benzodiazepin-2-on
Flunitrazepam	–	5-(2-Fluorphenyl)-1-methyl-7-nitro-1,3-dihydro-2*H*-1,4-benzodiazepin-2-on
Flurazepam	–	7-Chlor-1-(2-diethylaminoethyl)-5-(2-fluorphenyl)-1,3-dihydro-2*H*-1,4-benzodiazepin-2-on

– ausgenommen in Zubereitungen, die ohne einen weiteren Stoff der Anlagen I bis III je abgeteilte Form bis zu 30 mg Flurazepam enthalten –

INN	andere nicht geschützte oder Trivialnamen	chemische Namen (IUPAC)
Halazepam	–	7-Chlor-5-phenyl-1-(2,2,2-trifluorethyl)-1,3-dihydro-2*H*-1,4-benzodiazepin-2-on

– ausgenommen in Zubereitungen, die ohne einen weiteren Stoff der Anlagen I bis III je abgeteilte Form bis zu 120 mg Halazepam enthalten –

INN	andere nicht geschützte oder Trivialnamen	chemische Namen (IUPAC)
Haloxazolam	–	10-Brom-11b-(2-fluorphenyl)-2,3,7,11b-tetrahydro[1,3]oxazolo[3,2-*d*][1,4]benzodiazepin-6(5*H*)-on
Hydrocodon	Dihydrocodeinon	4,5α-Epoxy-3-methoxy-17-methylmorphinan-6-on
Hydromorphon	Dihydromorphinon	4,5α-Epoxy-3-hydroxy-17-methylmorphinan-6-on
–	γ-Hydroxybuttersäure (GHB)	4-Hydroxybutansäure

INN	andere nicht geschützte oder Trivialnamen	chemische Namen (IUPAC)
– ausgenommen in Zubereitungen zur Injektion, die ohne einen weiteren Stoff der Anlagen I bis III bis zu 20 vom Hundert und je abgeteilte Form bis zu 2 g γ-Hydroxybuttersäure, berechnet als Säure, enthalten –		
Ketazolam	–	11-Chlor-2,8-dimethyl-12b-phenyl-8,12b-dihydro-4*H*-[1,3]oxazino[3,2-*d*][1,4]benzodiazepin-4,7(6*H*)-dion
– ausgenommen in Zubereitungen, die ohne einen weiteren Stoff der Anlagen I bis III je abgeteilte Form bis zu 45 mg Ketazolam enthalten –		
Levacetylmethadol	Levomethadylacetat (LAAM)	[(3*S*,6*S*)-6-Dimethylamino-4,4-diphenylheptan-3-yl]acetat
Levomethadon	–	(*R*)-6-Dimethylamino-4,4-diphenylheptan-3-on
Lisdexamfetamin	–	(2*S*)-2,6-Diamino-*N*-[(2*S*)-1-phenylpropan-2-yl]hexanamid
Loprazolam	–	6-(2-Chlorphenyl)-2-[(*Z*)-4-methylpiperazin-1-ylmethylen]-8-nitro-2,4-dihydro-1*H*-imidazo[1,2-*a*][1,4]benzodiazepin-1-on
– ausgenommen in Zubereitungen, die ohne einen weiteren Stoff der Anlagen I bis III je abgeteilte Form bis zu 2,5 mg Loprazolam enthalten –		
Lorazepam	–	(*RS*)-7-Chlor-5-(2-chlorphenyl)-3-hydroxy-1,3-dihydro-2*H*-1,4-benzodiazepin-2-on
– ausgenommen in Zubereitungen, die ohne einen weiteren Stoff der Anlagen I bis III je abgeteilte Form bis zu 2,5 mg Lorazepam enthalten –		
Lormetazepam	–	7-Chlor-5-(2-chlorphenyl)-3-hydroxy-1-methyl-1,3-dihydro-2*H*-1,4-benzodiazepin-2-on
– ausgenommen in Zubereitungen, die ohne einen weiteren Stoff der Anlagen I bis III je abgeteilte Form bis zu 2 mg Lormetazepam enthalten –		
Medazepam	–	7-Chlor-1-methyl-5-phenyl-2,3-dihydro-1*H*-1,4-benzodiazepin
– ausgenommen in Zubereitungen, die ohne einen weiteren Stoff der Anlagen I bis III je abgeteilte Form bis zu 10 mg Medazepam enthalten –		
Methadon	–	(*RS*)-6-Dimethylamino-4,4-diphenylheptan-3-on
Methylphenidat	–	Methyl[(*RS*;*RS*)(phenyl)(2-piperidyl)acetat]
Methylphenobarbital	Mephobarbital	(*RS*)-5-Ethyl-1-methyl-5-phenylbarbitursäure
– ausgenommen in Zubereitungen, die ohne einen weiteren Stoff der Anlagen I bis III je abgeteilte Form bis zu 200 mg Methylphenobarbital, berechnet als Säure, enthalten –		
Midazolam	–	8-Chlor-6-(2-fluorphenyl)-1-methyl-4*H*-imidazo[1,5-*a*][1,4]benzodiazepin
– ausgenommen in Zubereitungen, die ohne einen weiteren Stoff der Anlagen I bis III bis zu 0,2 vom Hundert oder je abgeteilte Form bis zu 15 mg Midazolam enthalten –		
–	**Morphin**	(5*R*,6*S*)-4,5-Epoxy-17-methylmorphin-7-en-3,6-diol
Nabilon	–	(6a*RS*,10a*RS*)-1-Hydroxy-6,6-dimethyl-3-(2-methyloctan-2-yl)-6,6a,7,8,10,10a-hexahydro-9*H*-benzo[*c*]chromen-9-on

INN	andere nicht geschützte oder Trivialnamen	chemische Namen (IUPAC)
Nimetazepam	–	1-Methyl-7-nitro-5-phenyl-1,3-dihydro-2*H*-1,4-benzodiazepin-2-on
Nitrazepam	–	7-Nitro-5-phenyl-1,3-dihydro-2*H*-1,4-benzodiazepin-2-on
– ausgenommen in Zubereitungen, die ohne einen weiteren Stoff der Anlagen I bis III bis zu 0,5 vom Hundert als Tropflösung, jedoch nicht mehr als 250 mg je Packungseinheit, oder je abgeteilte Form bis zu 10 mg Nitrazepam enthalten –		
Nordazepam	–	7-Chlor-5-phenyl-1,3-dihydro-2*H*-1,4-benzodiazepin-2-on
– ausgenommen in Zubereitungen, die ohne einen weiteren Stoff der Anlagen I bis III bis zu 0,5 vom Hundert als Tropflösung, jedoch nicht mehr als 150 mg je Packungseinheit, oder je abgeteilte Form bis zu 15 mg Nordazepam enthalten –		
Normethadon	–	6-Dimethylamino-4,4-diphenylhexan-3-on
–	**Opium** (der geronnene Saft der zur Art Papaver somniferum gehörenden Pflanzen)	
– ausgenommen in Zubereitungen, die nach einer im homöopathischen Teil des Arzneibuches beschriebenen Verfahrenstechnik hergestellt sind, wenn die Endkonzentration die sechste Dezimalpotenz nicht übersteigt –		
Oxazepam	–	7-Chlor-3-hydroxy-5-phenyl-1,3-dihydro-2*H*-1,4-benzodiazepin-2-on
– ausgenommen in Zubereitungen, die ohne einen weiteren Stoff der Anlagen I bis III je abgeteilte Form bis zu 50 mg Oxazepam enthalten –		
Oxazolam	–	(2*RS*,11b*SR*)-10-Chlor-2-methyl-11b-phenyl-2,3,7,11b-tetrahydro[1,3]oxazolo[3,2-*d*][1,4]benzodiazepin-6(5*H*)-on
– ausgenommen in Zubereitungen, die ohne einen weiteren Stoff der Anlagen I bis III je abgeteilte Form bis zu 20 mg Oxazolam enthalten –		
Oxycodon	14-Hydroxydihydrocodeinon	4,5α-Epoxy-14-hydroxy-3-methoxy-17-methylmorphinan-6-on
–	**Papaver somniferum** (Pflanzen und Pflanzenteile, ausgenommen die Samen, der zur Art Papaver somniferum (einschließlich der Unterart setigerum) gehörenden Pflanzen)	–
– ausgenommen, wenn der Verkehr mit ihnen (ausgenommen der Anbau) Zierzwecken dient und wenn im getrockneten Zustand ihr Gehalt an Morphin 0,02 vom Hundert nicht übersteigt; in diesem Fall finden die betäubungsmittelrechtlichen Vorschriften nur Anwendung auf die Einfuhr, Ausfuhr und Durchfuhr –		
– ausgenommen in Zubereitungen, die nach einer im homöopathischen Teil des Arzneibuches beschriebenen Verfahrenstechnik hergestellt sind, wenn die Endkonzentration die vierte Dezimalpotenz nicht übersteigt –		
– ausgenommen in Zubereitungen, die ohne einen weiteren Stoff der Anlagen I bis III bis zu 0,015 vom Hundert Morphin, berechnet als Base, enthalten und die aus einem oder mehreren sonstigen Bestandteilen in der Weise zusammengesetzt sind, dass das Betäubungsmittel nicht durch leicht anwendbare Verfahren oder in einem die öffentliche Gesundheit gefährdenden Ausmaß zurückgewonnen werden kann –		
Pemolin	–	2-Imino-5-phenyl-1,3-oxazolidin-4-on

INN	andere nicht geschützte oder Trivialnamen	chemische Namen (IUPAC)
– ausgenommen in Zubereitungen, die ohne einen weiteren Stoff der Anlagen I bis III je abgeteilte Form bis zu 20 mg Pemolin, berechnet als Base, enthalten –		
Pentazocin	–	(2*R*,6*R*,11*R*)-6,11-Dimethyl-3-(3-methyl-but-2-en-1-yl)-1,2,3,4,5,6-hexahydro-2,6-methano-3-benzazocin-8-ol
Pentobarbital	–	(*RS*)-5-Ethyl-5-(pentan-2-yl)barbitursäure
Pethidin	–	Ethyl(1-methyl-4-phenylpiperidin-4-carboxylat)
–	Phenazepam	7-Brom-5-(2-chlorphenyl)-1,3-dihydro-2*H*-1,4-benzodiazepin-2-on
Phenobarbital	–	5-Ethyl-5-phenylbarbitursäure
– ausgenommen in Zubereitungen, die ohne einen weiteren Stoff der Anlagen I bis III bis zu 10 vom Hundert oder je abgeteilte Form bis zu 300 mg Phenobarbital, berechnet als Säure, enthalten –		
Phentermin	–	2-Benzylpropan-2-ylazan
– ausgenommen in Zubereitungen, die ohne einen weiteren Stoff der Anlagen I bis III je abgeteilte Form bis zu 15 mg Phentermin, berechnet als Base, enthalten –		
Pinazepam	–	7-Chlor-5-phenyl-1-(prop-2-in-1-yl)-1,3-dihydro-2*H*-1,4-benzodiazepin-2-on
Pipradrol	–	Diphenyl(2-piperidyl)methanol
Piritramid	–	1'-(3-Cyan-3,3-diphenylpropyl)[1,4'-bipiperidin]-4'-carboxamid
Prazepam	–	7-Chlor-1-cyclopropylmethyl-5-phenyl-1,3-dihydro-2*H*-1,4-benzodiazepin-2-on
– ausgenommen in Zubereitungen, die ohne einen weiteren Stoff der Anlagen I bis III je abgeteilte Form bis zu 20 mg Prazepam enthalten –		
Remifentanil	–	Methyl{3-[4-methoxycarbonyl-4-(*N*-phenylpropanamido)piperidino] propanoat}
Remimazolam		Methyl{3-[(4S)-8-brom-1-methyl-6-(pyridin-2-yl)-4*H*-imidazo[1,2-a][1,4]benzodiazepin-4-yl]propanoat}
– ausgenommen in Zubereitungen, die ohne einen weiteren Stoff der Anlagen I bis III als Lyophilisat nur zur parenteralen Anwendung bis zu 20 mg Remimazolam, berechnet als Base, enthalten –		
Secobarbital	–	5-Allyl-5-(pentan-2-yl)barbitursäure
Sufentanil	–	*N*-{4-Methoxymethyl-1-[2-(2-thienyl)ethyl]-4-piperidyl}-*N*-phenylpropanamid
Tapentadol[1)]	–	3-[(2*R*,3*R*)-1-Dimethylamino-2-methylpentan-3-yl]phenol
Temazepam	–	(*RS*)-7-Chlor-3-hydroxy-1-methyl-5-phenyl-1,3-dihydro-2*H*-1,4-benzodiazepin-2-on

[1)] Wer am 1. Juni 2010 mit Tapentadol und dessen Zubereitungen am Verkehr im Sinne des § 3 Absatz 1 *Nummer 1 des Betäubungsmittel*gesetzes teilnimmt, bleibt dazu bis zum 30. November 2010 berechtigt. Beantragt er vor dem Ablauf dieser Frist eine Erlaubnis nach § 3 Absatz 1 des Betäubungsmittelgesetzes, so besteht die Berechtigung bis zur unanfechtbaren Ablehnung des Antrages fort. Der nach Satz 1 und 2 Berechtigte ist ab 1. Juni 2010 wie der Inhaber einer Erlaubnis an alle übrigen Vorschriften des Betäubungsmittelgesetzes und der dazu ergangenen Verordnungen gebunden.

INN	andere nicht geschützte oder Trivialnamen	chemische Namen (IUPAC)
– ausgenommen in Zubereitungen, die ohne einen weiteren Stoff der Anlagen I bis III je abgeteilte Form bis zu 20 mg Temazepam enthalten –		
Tetrazepam	–	7-Chlor-5-(cyclohex-1-enyl)-1-methyl-1,3-dihydro-2*H*-1,4-benzodiazepin-2-on
– ausgenommen in Zubereitungen, die ohne einen weiteren Stoff der Anlagen I bis III je abgeteilte Form bis zu 100 mg Tetrazepam enthalten –		
Tilidin	*trans*-Tilidin	Ethyl[(1*RS*,2*SR*)-2-dimethylamino-1-phenylcyclohex-3-encarboxylat]
– ausgenommen in festen Zubereitungen mit verzögerter Wirkstofffreigabe, die ohne einen weiteren Stoff der Anlagen I bis III je abgeteilte Form bis zu 300 mg Tilidin, berechnet als Base, und, bezogen auf diese Menge, mindestens 7,5 vom Hundert Naloxonhydrochlorid enthalten –		
Triazolam	–	8-Chlor-6-(2-chlorphenyl)-1-methyl-4*H*-[1,2,4]triazolo[4,3-*a*][1,4]benzodiazepin
– ausgenommen in Zubereitungen, die ohne einen weiteren Stoff der Anlagen I bis III je abgeteilte Form bis zu 0,25 mg Triazolam enthalten –		
Zolpidem	–	*N,N*-Dimethyl-2-[6-methyl-2-(p-tolyl)imidazo[1,2-*a*]pyridin-3-yl]acetamid
– ausgenommen in Zubereitungen zur oralen Anwendung, die ohne einen weiteren Stoff der Anlagen I bis III je abgeteilte Form bis zu 8,5 mg Zolpidem, berechnet als Base, enthalten –		

– die Salze und Molekülverbindungen der in dieser Anlage aufgeführten Stoffe, wenn sie nach den Erkenntnissen der medizinischen Wissenschaft ärztlich, zahnärztlich oder tierärztlich angewendet werden;

– die Zubereitungen der in dieser Anlage aufgeführten Stoffe, wenn sie nicht

a) ohne am oder im menschlichen oder tierischen Körper angewendet zu werden, ausschließlich diagnostischen oder analytischen Zwecken dienen und ihr Gehalt an einem oder mehreren Betäubungsmitteln, bei Lyophilisaten und entsprechend zu verwendenden Stoffgemischen in der gebrauchsfertigen Lösung, jeweils 0,01 vom Hundert nicht übersteigt oder die Stoffe in den Zubereitungen isotopenmodifiziert oder

b) besonders ausgenommen sind. Für ausgenommene Zubereitungen – außer solchen mit Codein oder Dihydrocodein – gelten jedoch die betäubungsmittelrechtlichen Vorschriften über die Einfuhr, Ausfuhr und Durchfuhr. Nach Buchstabe b der Position Barbital ausgenommene Zubereitungen können jedoch ohne Genehmigung nach § 11 des Betäubungsmittelgesetzes ein-, aus- oder durchgeführt werden, wenn nach den Umständen eine missbräuchliche Verwendung nicht zu befürchten ist.

86a. Verordnung über das Verschreiben, die Abgabe und den Nachweis des Verbleibs von Betäubungsmitteln (Betäubungsmittel-Verschreibungsverordnung – BtMVV)[1)]

Vom 20. Januar 1998
(BGBl. I S. 74)

FNA 2121-6-24-4

Lfd. Nr.	Änderndes Gesetz	Datum	Fund-stelle	Betroffen	Hinweis
1.	Art. 1 Elfte Betäubungsmittelrechts-ÄndVO	23.6.1998	BGBl. I S. 1510	§ 18	
2.	Art. 23 GKV-Solidaritätsstärkungs G	19.12. 1998	BGBl. I S. 3853	§ 18	
3.	Art. 2 15. Betäubungsmittelrechts-ÄndVO	19.6.2001	BGBl. I S. 1180	§§ 2, 3, 4, 5, 5a, 5b, 6, 7, 9, 10, 12, 13, 16, 17	
4.	Art. 2 19. Betäubungsmittelrechts-ÄndVO	10.3.2005	BGBl. I S. 757	§§ 2, 7, 9	
5.	Art. 34 GKV-Wettbewerbsstärkungs G	26.3.2007	BGBl. I S. 378	§ 5b	
6.	Art. 1 23. Betäubungsmittelrechts-ÄndVO	19.3.2009	BGBl. I S. 560	§§ 2, 3, 4, 5, 7, 9, 17	
7.	Art. 3 G zur diamorphingestützten Substitutionsbehandlung	15.7.2009	BGBl. I S. 1801	§§ 1–5, 8, 12, 13, 14, 16, 17	
8.	Art. 2 25. VO zur Änd. betäubungsmittelrechtlicher Vorschriften	11.5.2011	BGBl. I S. 821	§§ 1, 2, 3, 5b, 6, 8, 10–14, 17 § 5c	geänd. mWv 18.5.2011 eingef. mWv 18.5.2011
9.	Art. 2 26. VO zur Änd. betäubungsmittelrechtlicher Vorschriften[2)]	20.7.2012	BGBl. I S. 1639	§ 2	geänd. mWv 26.7.2012
10.	Art. 2 Abs. 4 VO zum Erlass seearbeitsrechtlicher Vorschriften im Bereich der medizinischen Betreuung auf Seeschiffen	14.8.2014	BGBl. I S. 1383	§§ 7, 13	geänd. mWv 21.8.2014
11.	Art. 2 28. VO zur Änd. betäubungsmittelrechtlicher Vorschriften[3)]	5.12.2014	BGBl. I S. 1999	§§ 2, 5a, 5b, 5c, 6, 9 § 5a	geänd. mWv 13.12.2014 geänd. mWv 14.12.2017

[1)] Verkündet als Art. 3 Zehnte Betäubungsmittelrechts-ÄndVO v. 20.1.1998 (BGBl. I S. 74); Inkrafttreten gem. Art. 6 Satz 1 dieser VO am 1.2.1998. Diese VO wurde erlassen auf Grund von § 1 Abs. 2 *BtMG*.

[2)] **Amtl. Anm.:** Die Verpflichtungen aus der Richtlinie 98/34/EG des Europäischen Parlaments und des Rates vom 22. Juni 1998 über ein Informationsverfahren auf dem Gebiet der Normen und technischen Vorschriften und der Vorschriften für die Dienste der Informationsgesellschaft (ABl. L 204 vom 21.7.1998, S. 37), die zuletzt durch die Richtlinie 2006/96/EG (ABl. L 363 vom 20.12.2006, S. 81) geändert worden ist, sind beachtet worden.

[3)] **Amtl. Anm.:** Notifiziert gemäß der Richtlinie 98/34/EG des Europäischen Parlaments und des Rates vom 22. Juni 1998 über ein Informationsverfahren auf dem Gebiet der Normen und technischen Vorschriften und der Vorschriften für die Dienste der Informationsgesellschaft (ABl. L 204 vom 21.07. 1998, S. 37), zuletzt geändert durch Artikel 26 Absatz 2 der Verordnung (EU) Nr. 1025/2012 des Europäischen Parlaments und des Rates vom 25. Oktober 2012 (ABl. L 316 vom 14.11.2012, S. 12).

Lfd. Nr.	Änderndes Gesetz	Datum	Fundstelle	Betroffen	Hinweis
12.	Art. 2 30. VO zur Änd. betäubungsmittelrechtlicher Vorschriften[1]	11.11. 2015	BGBl. I S. 1992	§§ 2, 4	geänd. mWv 21.11.2015
13.	Art. 2 31. VO zur Änd. betäubungsmittelrechtlicher Vorschriften[2]	31.5.2016	BGBl. I S. 1282	§ 4	geänd. mWv 9.6.2016
14.	Art. 3 G zur Änd. betäubungsmittelrechtlicher und anderer Vorschriften[2]	6.3.2017	BGBl. I S. 403	§§ 1, 2, 3, 4	geänd. mWv 10.3.2017
15.	Art. 43 G zum Abbau verzichtbarer Anordnungen der Schriftform im Verwaltungsrecht des Bundes	29.3.2017	BGBl. I S. 626	§ 5c	geänd. mWv 5.4.2017
16.	Art. 1 Dritte VO zur Änd. der Betäubungsmittel-VerschreibungsVO	22.5.2017	BGBl. I S. 1275	§§ 1, 5a, 5b, 5c, 5d, 8, 9, 10, 12, 13, 16, 17 § 5a §§ 5, 18	geänd. mWv 30.5.2017 eingef. mWv 30.5.2017 neu gef. mWv 30.5.2017
17.	Art. 2 VO zur Änd. betäubungsmittelrechtlicher und anderer Vorschriften[2]	2.7.2018	BGBl. I S. 1078	§§ 5b, 5c, 12	geänd. mWv 13.7.2018
18.	Art. 2 32. VO zur Änd. betäubungsmittelrechtlicher Vorschriften[2]	18.5.2021	BGBl. I S. 1096	§ 5	geänd. mWv 22.5.2021
19.	Art. 1 VO zur Änd. der Betäubungsmittel-VerschreibungsVO und der TierärztegebührenO	15.3.2023	BGBl. 2023 I Nr. 70	§ 18 §§ 1, 2, 3, 4, 5, 5a, 5d, 6, 9, 10, 12, 13, 16, 17	neu gef. mWv 18.3.2023 geänd. mWv 8.4.2023
20.	Art. 7d Arzneimittel-Lieferengpassbekämpfungs- und VersorgungsverbesserungsG	19.7.2023	BGBl. 2023 I Nr. 197	§ 6	geänd. mWv 27.7.2023
21.	Art. 4 CannabisG	27.3.2024	BGBl. 2024 I Nr. 109	§§ 1, 3, 4	geänd. mWv 1.4.2024

[1] **Amtl. Anm.:** *(abgedruckt unter lfd. Nr. 11 dieser Änderungstabelle)*

[2] **Amtl. Anm.:** Notifiziert gemäß der Richtlinie (EU) 2015/1535 des Europäischen Parlaments und des Rates vom 9. September 2015 über ein Informationsverfahren auf dem Gebiet der technischen Vorschriften und der Vorschriften für die Dienste der Informationsgesellschaft (ABl. L 241 vom 17.9.2015, S. 1).

§ 1[1] Grundsätze. (1) [1]Die in Anlage III des Betäubungsmittelgesetzes[2] bezeichneten Betäubungsmittel dürfen nur als Zubereitungen verschrieben werden. [2]Die Vorschriften dieser Verordnung gelten auch für Salze und Molekülverbindungen der Betäubungsmittel, die nach den Erkenntnissen der medizinischen Wissenschaft ärztlich, zahnärztlich oder tierärztlich angewendet werden.

(2) Betäubungsmittel für einen Patienten oder ein Tier und für den Praxisbedarf eines Arztes, Zahnarztes oder Tierarztes dürfen nur nach Vorlage eines ausgefertigten Betäubungsmittelrezeptes (Verschreibung), für den Stationsbedarf, den Notfallbedarf nach § 5d und den Rettungsdienstbedarf nach § 6 Absatz 1 nur nach Vorlage eines ausgefertigten Betäubungsmittelanforderungsscheines (Verschreibung für den Stationsbedarf, den Notfallbedarf und den Rettungsdienstbedarf), abgegeben werden.

(3) Der Verbleib und der Bestand der Betäubungsmittel sind lückenlos nachzuweisen:

1. in Apotheken und tierärztlichen Hausapotheken,
2. in Praxen der Ärzte, Zahnärzte und Tierärzte,
3. auf Stationen der Krankenhäuser und der Tierkliniken,
4. in Alten- und Pflegeheimen sowie in Hospizen,
5. in Einrichtungen der Rettungsdienste,
6. in Einrichtungen nach § 5 Absatz 9 Satz 1 Nummer 3 Buchstabe a, b, d und f, Satz 2 Nummer 1 Buchstabe b und Nummer 4 und § 5a Absatz 2 sowie
7. auf Kauffahrteischiffen, die die Bundesflagge führen.

§ 2[3] Verschreiben durch einen Arzt. (1) Für einen Patienten darf der Arzt die in Anlage III des Betäubungsmittelgesetzes[2] bezeichneten Betäubungsmittel außer Alfentanil, Cocain, Etorphin, Remifentanil und Sufentanil verschreiben.

(2) [1]Für seinen Praxisbedarf darf der Arzt die in Absatz 1 bezeichneten Betäubungsmittel sowie Alfentanil, Cocain bei Eingriffen am Kopf als Lösung bis zu einem Gehalt von 20 vom Hundert oder als Salbe bis zu einem Gehalt von 2 vom Hundert, Remifentanil und Sufentanil bis zur Menge seines durchschnittlichen Zweiwochenbedarfs, mindestens jedoch die kleinste Packungseinheit, verschreiben. [2]Die Vorratshaltung soll für jedes Betäubungsmittel den Monatsbedarf des Arztes nicht überschreiten. [3]Diamorphin darf der Arzt bis zur Menge seines durchschnittlichen Monatsbedarfs verschreiben. [4]Die Vorratshaltung soll für Diamorphin den durchschnittlichen Zweimonatsbedarf des Arztes nicht überschreiten.

(3) [1]Für den Stationsbedarf darf nur der Arzt verschreiben, der ein Krankenhaus oder eine Teileinheit eines Krankenhauses leitet oder in Abwesenheit des Leiters beaufsichtigt. [2]Er darf die in Absatz 2 bezeichneten Betäubungsmittel unter Beachtung der dort festgelegten Beschränkungen über Bestimmungszweck, Gehalt

---

[1] § 1 Abs. 2 geänd., Abs. 3 neu gef. mWv 18.5.2011 durch VO v. 11.5.2011 (BGBl. I S. 821); Abs. 1 Satz 1 geänd. mWv 10.3.2017 durch G v. 6.3.2017 (BGBl. I S. 403); Abs. 2 und Abs. 3 Nr. 4 und 6 geänd. mWv 30.5.2017 durch VO v. 22.5.2017 (BGBl. I S. 1275); Abs. 1 Satz 3 aufgeh., Abs. 3 Nr. 6 geänd. mWv 8.4.2023 durch VO v. 15.3.2023 (BGBl. 2023 I Nr. 70); Abs. 1 Satz 1 geänd. mWv 1.4.2024 durch G v. 27.3.2024 (BGBl. 2024 I Nr. 109).

[2] Nr. **86**.

[3] § 2 Abs. 3 Satz 1 geänd. mWv 1.7.2001 durch VO v. 19.6.2001 (BGBl. I S. 1180); Abs. 3 Sätze 3 und 4 angef. mWv 21.7.2009 durch G v. 15.7.2009 (BGBl. I S. 1801); Abs. 1 neu gef., Abs. 2 aufgeh., bish. Abs. 3 wird Abs. 2 und Satz 1 geänd., bish. Abs. 4 wird Abs. 3 und Satz 2 geänd. mWv 8.4.2023 durch VO v. 15.3.2023 (BGBl. 2023 I Nr. 70).

und Darreichungsform verschreiben. [3] Dies gilt auch für einen Belegarzt, wenn die ihm zugeteilten Betten räumlich und organisatorisch von anderen Teileinheiten abgegrenzt sind.

§ 3[1)] Verschreiben durch einen Zahnarzt. (1) Für einen Patienten darf der Zahnarzt die in Anlage III des Betäubungsmittelgesetzes[2)] bezeichneten Betäubungsmittel außer Alfentanil, Amfetamin, Cocain, Diamorphin, Etorphin, Fenetyllin, Fentanyl, Levacetylmethadol, Methadon, Methylphenidat, Nabilon, Normethadon, Opium, Papaver somniferum, Pentobarbital, Remifentanil, Secobarbital und Sufentanil verschreiben.

(2) [1] Für seinen Praxisbedarf darf der Zahnarzt die in Absatz 1 bezeichneten Betäubungsmittel sowie Alfentanil, Fentanyl, Remifentanil und Sufentanil bis zur Menge seines durchschnittlichen Zweiwochenbedarfs, mindestens jedoch die kleinste Packungseinheit, verschreiben. [2] Die Vorratshaltung soll für jedes Betäubungsmittel den Monatsbedarf des Zahnarztes nicht übersteigen.

(3) [1] Für den Stationsbedarf darf nur der Zahnarzt verschreiben, der ein Krankenhaus oder eine Teileinheit eines Krankenhauses leitet oder in Abwesenheit des Leiters beaufsichtigt. [2] Er darf die in Absatz 2 bezeichneten Betäubungsmittel unter Beachtung der dort festgelegten Beschränkungen über Bestimmungszweck, Gehalt und Darreichungsform verschreiben. [3] Dies gilt auch für einen Belegzahnarzt, wenn die ihm zugeteilten Betten räumlich und organisatorisch von anderen Teileinheiten abgegrenzt sind.

§ 4[3)] Verschreiben durch einen Tierarzt. (1) Für ein Tier darf der Tierarzt die in Anlage III des Betäubungsmittelgesetzes[2)] bezeichneten Betäubungsmittel außer Alfentanil, Cocain, Diamorphin, Etorphin, Fenetyllin, Fentanyl, Levacetylmethadol, Methadon, Methylphenidat, Nabilon, Oxycodon, Papaver somniferum, Pentobarbital, Remifentanil, Secobarbital und Sufentanil verschreiben.

(2) [1] Für seinen Praxisbedarf darf der Tierarzt die in Absatz 1 bezeichneten Betäubungsmittel sowie Alfentanil, Cocain zur Lokalanästhesie bei Eingriffen am Kopf als Lösung bis zu einem Gehalt von 20 vom Hundert oder als Salbe bis zu einem Gehalt von 2 vom Hundert, Etorphin nur zur Immobilisierung von Tieren, die im Zoo, im Zirkus oder in Wildgehegen gehalten werden, durch eigenhändige oder in Gegenwart des Verschreibenden erfolgende Verabreichung, Fentanyl, Methadon, Pentobarbital, Remifentanil und Sufentanil bis zur Menge seines durchschnittlichen Zweiwochenbedarfs, mindestens jedoch die kleinste Packungseinheit, verschreiben. [2] Die Vorratshaltung soll für jedes Betäubungsmittel den Monatsbedarf des Tierarztes nicht übersteigen.

(3) [1] Für den Stationsbedarf darf nur der Tierarzt verschreiben, der eine Tierklinik oder eine Teileinheit einer Tierklinik leitet oder in Abwesenheit des Leiters beaufsichtigt. [2] Er darf die in Absatz 2 bezeichneten Betäubungsmittel, ausgenommen Etorphin, unter Beachtung der dort festgelegten Beschränkungen über Bestimmungszweck, Gehalt und Darreichungsform verschreiben.

[1)] § 3 Abs. 1 neu gef., Abs. 2 Satz 1 geänd. mWv 8.4.2023 durch VO v. 15.3.2023 (BGBl. 2023 I Nr. 70); Abs. 1 geänd. mWv 1.4.2024 durch G v. 27.3.2024 (BGBl. 2024 I Nr. 109).

[2)] *Nr. **86**.*

[3)] § 4 Abs. 3 Satz 1 geänd. mWv 9.6.2016 durch VO v. 31.5.2016 (BGBl. I S. 1282); Abs. 1 neu gef., Abs. 2 aufgeh., bish. Abs. 3 wird Abs. 2 und Satz 1 geänd., bish. Abs. 4 wird Abs. 3 und Satz 2 geänd. mWv 8.4.2023 durch VO v. 15.3.2023 (BGBl. 2023 I Nr. 70); Abs. 1 geänd. mWv 1.4.2024 durch G v. 27.3.2024 (BGBl. 2024 I Nr. 109).

§ 5[1)] Substitution, Verschreiben von Substitutionsmitteln. (1) [1]Substitution im Sinne dieser Verordnung ist die Anwendung eines Substitutionsmittels. [2]Substitutionsmittel im Sinne dieser Verordnung sind ärztlich verschriebene Betäubungsmittel, die bei einem opioidabhängigen Patienten im Rahmen eines Therapiekonzeptes zur medizinischen Behandlung einer Abhängigkeit, die durch den Missbrauch von erlaubt erworbenen oder durch den Missbrauch von unerlaubt erworbenen oder erlangten Opioiden begründet ist, angewendet werden.

(2) [1]Im Rahmen der ärztlichen Therapie soll eine Opioidabstinenz des Patienten angestrebt werden. [2]Wesentliche Ziele der Substitution sind dabei insbesondere

1. die Sicherstellung des Überlebens,
2. die Besserung und Stabilisierung des Gesundheitszustandes,
3. die Abstinenz von unerlaubt erworbenen oder erlangten Opioiden,
4. die Unterstützung der Behandlung von Begleiterkrankungen oder
5. die Verringerung der durch die Opioidabhängigkeit bedingten Risiken während einer Schwangerschaft sowie während und nach der Geburt.

(3) [1]Ein Arzt darf einem Patienten Substitutionsmittel unter den Voraussetzungen des § 13 Absatz 1 des Betäubungsmittelgesetzes[2)] verschreiben, wenn er die Mindestanforderungen an eine suchtmedizinische Qualifikation erfüllt, die von den Ärztekammern nach dem allgemein anerkannten Stand der medizinischen Wissenschaft festgelegt werden (suchtmedizinisch qualifizierter Arzt). [2]Zudem muss er die Meldeverpflichtungen nach § 5b Absatz 2 erfüllen.

(4) [1]Erfüllt der Arzt nicht die Mindestanforderungen an eine suchtmedizinische Qualifikation nach Absatz 3 Satz 1 (suchtmedizinisch nicht qualifizierter Arzt), muss er zusätzlich zu der Voraussetzung nach Absatz 3 Satz 2

1. sich zu Beginn der Behandlung mit einem suchtmedizinisch qualifizierten Arzt abstimmen sowie
2. sicherstellen, dass sich sein Patient zu Beginn der Behandlung und mindestens einmal in jedem Quartal dem suchtmedizinisch qualifizierten Arzt nach Nummer 1 im Rahmen einer Konsiliarbehandlung vorstellt.

[2]Ein suchtmedizinisch nicht qualifizierter Arzt darf gleichzeitig höchstens zehn Patienten mit Substitutionsmitteln behandeln. [3]Er darf keine Behandlung nach § 5a durchführen.

(5) [1]Im Vertretungsfall soll der substituierende Arzt von einem suchtmedizinisch qualifizierten Arzt vertreten werden. [2]Gelingt es dem substituierenden Arzt nicht, einen Vertreter nach Satz 1 zu bestellen, so kann er von einem suchtmedizinisch nicht qualifizierten Arzt vertreten werden. [3]In diesem Fall darf die Vertretung einen zusammenhängenden Zeitraum von bis zu vier Wochen und höchstens insgesamt zwölf Wochen im Jahr umfassen. [4]Der Vertreter hat sich mit dem zu *vertretenden Arzt grundsätzlich vor* Beginn des Vertretungsfalles abzustimmen. [5]Notfallentscheidungen bleiben in allen Vertretungsfällen unberührt. [6]Der Ver-

---

[1)] § 5 neu gef. mWv 30.5.2017 durch VO v. 22.5.2017 (BGBl. I S. 1275); Abs. 7 Satz 1 neu gef., Abs. 10 Satz 1 einl. Satzteil, Satz 2 einl. Satzteil und Satz 3 geänd. mWv 22.5.2021 durch VO v. 18.5.2021 (BGBl. I S. 1096); Abs. 7 Satz 1 geänd., Abs. 8 neu gef., Abs. 9 aufgeh., bish. Abs. 10 wird Abs. 9 und Satz 1 Nr. 3 einl. Satzteil geänd., Buchst. d eingef., bish. Buchst. d und e werden Buchst. e und f, bish. Abs. 11 wird Abs. 10 und Satz 1 geänd., bish. Abs. 12 wird Abs. 11 und Satz 1 Nr. 3 Buchst. b sowie Satz 3 geänd., bish. Abs. 13 wird Abs. 12 und Sätze 1 und 2 geänd., bish. Abs. 14 wird Abs. 13 und Satz 1 geänd., bish. Abs. 15 wird Abs. 14 und geänd. mWv 8.4.2023 durch VO v. 15.3.2023 (BGBl. 2023 I Nr. 70).

[2)] Nr. **86**.

treter fügt den Schriftwechsel sowie die sonstigen Aufzeichnungen zwischen den an der Vertretung beteiligten Ärzten der Dokumentation nach Absatz 11 bei. [7]Der Vertreter nach Satz 2 darf im Rahmen seiner Vertretung keine Behandlung nach § 5a durchführen.

(6) [1]Als Substitutionsmittel im Sinne von Absatz 1 darf der substituierende Arzt nur Folgendes verschreiben:

1. ein zur Substitution zugelassenes Arzneimittel, das nicht den Stoff Diamorphin enthält,
2. eine Zubereitung von Levomethadon, von Methadon oder von Buprenorphin oder
3. in begründeten Ausnahmefällen eine Zubereitung von Codein oder Dihydrocodein.

[2]Die in Satz 1 genannten Substitutionsmittel dürfen nicht zur intravenösen Anwendung bestimmt sein. [3]Die Verschreibung eines in Satz 1 genannten Substitutionsmittels ist mit dem Buchstaben „S" zu kennzeichnen. [4]Für die zur Substitution zugelassenen Arzneimittel mit dem Stoff Diamorphin gilt § 5a.

(7) [1]Dem Patienten oder bei dem Patienten ist das vom Arzt verschriebene Substitutionsmittel von den in Absatz 9 Satz 1 und 2 bezeichneten Personen oder dem dort bezeichneten Personal in den in Absatz 9 Satz 1 und 2 genannten Einrichtungen zum unmittelbaren Verbrauch zu überlassen, zu verabreichen oder gemäß dem in der arzneimittelrechtlichen Zulassung vorgesehenen Verfahren anzuwenden. [2]Im Fall des Verschreibens von Codein oder Dihydrocodein kann dem Patienten nach der Überlassung jeweils einer Dosis zum unmittelbaren Verbrauch die für einen Tag zusätzlich benötigte Menge des Substitutionsmittels in abgeteilten Einzeldosen ausgehändigt und ihm die eigenverantwortliche Einnahme gestattet werden, sofern dem Arzt keine Anhaltspunkte für eine nicht bestimmungsgemäße Einnahme des Substitutionsmittels vorliegen.

(8) [1]Abweichend von Absatz 7 Satz 1 darf der substituierende Arzt dem Patienten Substitutionsmittel zur eigenverantwortlichen Einnahme gemäß den Feststellungen der Bundesärztekammer nach Absatz 11 Satz 1 Nummer 3 Buchstabe b verschreiben,

1. sobald und solange er zu dem Ergebnis kommt, dass eine Überlassung des Substitutionsmittels zum unmittelbaren Verbrauch nach Absatz 7 nicht mehr erforderlich ist, oder
2. ausnahmsweise, wenn
   a) die Kontinuität der Substitutionsbehandlung des Patienten nicht anderweitig gewährleistet werden kann,
   b) der Verlauf der Behandlung dies zulässt,
   c) Risiken der Selbst- oder Fremdgefährdung soweit wie möglich ausgeschlossen sind und
   d) die Sicherheit und Kontrolle des Betäubungsmittelverkehrs nicht beeinträchtigt werden.

[2]Der substituierende Arzt darf dem Patienten Substitutionsmittel in der für bis zu sieben aufeinanderfolgende Tage benötigten Menge nach Satz 1 verschreiben. [3]Im Fall von Satz 1 Nummer 1 darf er dem Patienten in begründeten Einzelfällen Substitutionsmittel in der für bis zu 30 aufeinanderfolgende Tage benötigten Menge nach Satz 1 verschreiben. [4]Ein begründeter Einzelfall im Sinne des Satzes 3 kann nur durch einen medizinischen oder einen anderen Sachverhalt begründet

sein. [5] Ein durch einen anderen Sachverhalt begründeter Einzelfall liegt vor, wenn der Patient aus wichtigen Gründen, die seine Teilhabe am gesellschaftlichen Leben oder seine Erwerbstätigkeit betreffen, darauf angewiesen ist, eine Verschreibung des Substitutionsmittels zur eigenverantwortlichen Einnahme für bis zu 30 Tage zu erhalten. [6] Der Patient hat dem Substitutionsarzt diese Sachverhalte glaubhaft zu machen. [7] Medizinische Sachverhalte, die einen Einzelfall begründen, werden durch die Bundesärztekammer nach Absatz 11 Satz 1 Nummer 3 Buchstabe b festgestellt. [8] Der substituierende Arzt darf die Verschreibung nach Satz 1 im Rahmen einer persönlichen Konsultation an den Patienten aushändigen oder infolge einer telemedizinischen Konsultation an ihn übermitteln; die nach § 365 Absatz 1 Satz 1 des Fünften Buches Sozialgesetzbuch vereinbarten Anforderungen an die technischen Verfahren zu Videosprechstunden sind einzuhalten. [9] In einem Zeitraum von 30 Tagen hat mindestens eine persönliche Konsultation stattzufinden. [10] Die Verschreibung ist nach dem Buchstaben „S" zusätzlich mit dem Buchstaben „T" zu kennzeichnen. [11] Der substituierende Arzt kann patientenindividuelle Zeitpunkte festlegen, zu denen Teilmengen des verschriebenen Substitutionsmittels in der Apotheke an den Patienten oder an die Praxis des substituierenden Arztes abgegeben oder zum unmittelbaren Verbrauch überlassen werden *sollen*[1)]

(9) [1] Substitutionsmittel nach Absatz 6 Satz 1 dürfen nur von folgenden Personen dem Patienten zum unmittelbaren Verbrauch überlassen, ihm verabreicht oder bei ihm gemäß dem in der arzneimittelrechtlichen Zulassung vorgesehenen Verfahren angewendet werden:

1. dem substituierenden Arzt in der Einrichtung, in der er ärztlich tätig ist,
2. dem vom substituierenden Arzt in der Einrichtung nach Nummer 1 eingesetzten medizinischen Personal oder
3. dem medizinischen, pharmazeutischen, pflegerischen oder in begründeten Fällen, in denen die Abgabe nicht anderweitig gewährleistet werden kann, auch anderem geeigneten Personal, das vom substituierenden Arzt eingewiesen wurde, in
   a) einer stationären Einrichtung der medizinischen Rehabilitation,
   b) einem Gesundheitsamt,
   c) einem Alten- oder Pflegeheim,
   d) Anstalten und Einrichtungen des Justizvollzugs,
   e) einem Hospiz oder
   f) einer anderen geeigneten Einrichtung, die zu diesem Zweck von der zuständigen Landesbehörde anerkannt sein muss,

   sofern der substituierende Arzt nicht selber in der jeweiligen Einrichtung tätig ist und er mit der jeweiligen Einrichtung eine Vereinbarung getroffen hat.

[2] Außerdem darf ein Substitutionsmittel nach Absatz 6 Satz 1 dem Patienten zum unmittelbaren Verbrauch überlassen, ihm verabreicht oder bei ihm gemäß dem in der arzneimittelrechtlichen Zulassung vorgesehenen Verfahren angewendet werden

1. bei einem Hausbesuch
   a) vom substituierenden Arzt oder dem von ihm eingesetzten medizinischen Personal oder
   b) vom medizinischen oder pflegerischen Personal, das von einem ambulanten Pflegedienst oder von einer Einrichtung der spezialisierten ambulanten Pallia-

---

[1)] Fehlende Zeichensetzung amtlich.

tivversorgung eingesetzt wird, sofern der substituierende Arzt für diesen Pflegedienst oder diese Einrichtung nicht selber tätig ist und er mit diesem Pflegedienst oder dieser Einrichtung eine Vereinbarung getroffen hat,
2. in einer Apotheke von dem Apotheker oder von dem dort eingesetzten pharmazeutischen Personal, sofern der substituierende Arzt mit dem Apotheker eine Vereinbarung getroffen hat,
3. in einem Krankenhaus von dem dort eingesetzten medizinischen oder pflegerischen Personal, sofern der substituierende Arzt für dieses Krankenhaus nicht selber tätig ist und er mit dem Krankenhaus eine Vereinbarung getroffen hat, oder
4. in einer staatlich anerkannten Einrichtung der Suchtkrankenhilfe von dem dort eingesetzten und dafür ausgebildeten Personal, sofern der substituierende Arzt für diese Einrichtung nicht selber tätig ist und er mit der Einrichtung eine Vereinbarung getroffen hat.

[3]Der substituierende Arzt hat sicherzustellen, dass das Personal nach den Sätzen 1 und 2 fachgerecht in das Überlassen des Substitutionsmittels zum unmittelbaren Verbrauch, in dessen Verabreichung oder dessen Anwendung gemäß dem in der arzneimittelrechtlichen Zulassung vorgesehenen Verfahren eingewiesen wird; eine invasive Verabreichung darf nur durch das in der arzneimittelrechtlichen Zulassung vorgesehene Personal erfolgen. [4]Die Vereinbarung nach den Sätzen 1 und 2 hat schriftlich oder elektronisch zu erfolgen und muss bestimmen, wie das eingesetzte Personal einer Einrichtung nach den Sätzen 1 und 2 fachlich eingewiesen wird und muss daneben mindestens eine verantwortliche Person in der jeweiligen Einrichtung benennen sowie Regelungen über die Kontrollmöglichkeiten durch den substituierenden Arzt enthalten. [5]Der substituierende Arzt darf die benötigten Substitutionsmittel in den in den Sätzen 1 und 2 genannten Einrichtungen unter seiner Verantwortung lagern. [6]Die Einwilligung des über die jeweiligen Räumlichkeiten Verfügungsberechtigten bleibt unberührt.

(10) [1]Der substituierende Arzt hat die Erfüllung seiner Verpflichtungen nach den Absätzen 1 bis 9 sowie nach § 5a Absatz 1 bis 4 und § 5b Absatz 2 und 4 gemäß den von der Bundesärztekammer nach Absatz 11 Satz 3 bestimmten Anforderungen zu dokumentieren. [2]Die Dokumentation ist auf Verlangen der zuständigen Landesbehörde zur Einsicht und Auswertung vorzulegen oder einzusenden.

(11) [1]Die Bundesärztekammer stellt den allgemein anerkannten Stand der Erkenntnisse der medizinischen Wissenschaft für die Substitution in einer Richtlinie fest, insbesondere für
1. die Ziele der Substitution nach Absatz 2,
2. die allgemeinen Voraussetzungen für die Einleitung und Fortführung einer Substitution nach Absatz 1 Satz 1,
3. die Erstellung eines Therapiekonzeptes nach Absatz 1 Satz 2, insbesondere
   a) die Auswahl des Substitutionsmittels nach Absatz 1 Satz 2 und Absatz 6,
   b) die Voraussetzungen für das Verschreiben des Substitutionsmittels zur eigenverantwortlichen Einnahme nach *den*[1] Absatz 8,
   c) die Entscheidung über die Erforderlichkeit einer Einbeziehung psychosozialer Betreuungsmaßnahmen sowie
   d) die Bewertung und Kontrolle des Therapieverlaufs.

---

[1] Wortlaut amtlich.

[2] Daneben kann die Bundesärztekammer nach dem allgemein anerkannten Stand der Erkenntnisse der medizinischen Wissenschaft weitere als die in Absatz 2 Satz 2 bezeichneten wesentliche Ziele der Substitution in dieser Richtlinie feststellen. [3] Sie bestimmt auch die Anforderungen an die Dokumentation der Substitution nach Absatz 10 Satz 1 in dieser Richtlinie. [4] Die Einhaltung des allgemein anerkannten Standes der Erkenntnisse der medizinischen Wissenschaft wird vermutet, wenn und soweit die Feststellungen nach den Sätzen 1 und 2 beachtet worden sind.

(12) [1] Vor der Entscheidung der Bundesärztekammer über die Richtlinie nach Absatz 11 Satz 1 bis 3 ist dem Gemeinsamen Bundesausschuss nach § 91 des Fünften Buches Sozialgesetzbuch Gelegenheit zur Stellungnahme zu dem allgemein anerkannten Stand der Erkenntnisse der medizinischen Wissenschaft für die Substitution zu geben. [2] Die Stellungnahme ist von der Bundesärztekammer in ihre Entscheidung über die Richtlinie nach Absatz 11 Satz 1 bis 3 einzubeziehen.

(13) [1] Die Bundesärztekammer hat dem Bundesministerium für Gesundheit die Richtlinie nach Absatz 11 Satz 1 bis 3 zur Genehmigung vorzulegen. [2] Änderungen der vom Bundesministerium für Gesundheit genehmigten Richtlinie sind dem Bundesministerium für Gesundheit von der Bundesärztekammer ebenfalls zur Genehmigung vorzulegen. [3] Das Bundesministerium für Gesundheit kann von der Bundesärztekammer im Rahmen des Genehmigungsverfahrens zusätzliche Informationen und ergänzende Stellungnahmen anfordern. [4] Das Bundesministerium für Gesundheit macht die genehmigte Richtlinie und genehmigte Änderungen der Richtlinie im Bundesanzeiger bekannt.

(14) Die Absätze 3 bis 10 sind entsprechend anzuwenden, wenn das Substitutionsmittel aus dem Bestand des Praxis- oder Stationsbedarfs zum unmittelbaren Verbrauch überlassen oder nach Absatz 7 Satz 2 ausgehändigt wird.

§ 5a[1)] Verschreiben von Substitutionsmitteln mit dem Stoff Diamorphin.

(1) [1] Zur Behandlung einer schweren Opioidabhängigkeit können zur Substitution zugelassene Arzneimittel mit dem Stoff Diamorphin verschrieben werden. [2] Der substituierende Arzt darf diese Arzneimittel nur verschreiben, wenn

1. er ein suchtmedizinisch qualifizierter Arzt ist und sich seine suchtmedizinische Qualifikation auf die Behandlung mit Diamorphin erstreckt oder er im Rahmen des Modellprojektes „Heroingestützte Behandlung Opiatabhängiger" mindestens sechs Monate ärztlich tätig war,
2. bei dem Patienten eine seit mindestens fünf Jahren bestehende Opioidabhängigkeit verbunden mit schwerwiegenden somatischen und psychischen Störungen bei derzeit überwiegend intravenösem Konsum vorliegt,
3. ein Nachweis über zwei erfolglos beendete Behandlungen der Opioidabhängigkeit vorliegt, von denen mindestens eine eine sechsmonatige Behandlung nach § 5 *sein muss, und*
4. der Patient das 23. Lebensjahr vollendet hat.

[3] § 5 Absatz 1, 2, 3 Satz 2, Absatz 6 Satz 3 und Absatz 11 gilt entsprechend. [4] Die Verschreibung darf der Arzt nur einem pharmazeutischen Unternehmer vorlegen.

(2) [1] Die Behandlung mit Diamorphin darf nur in Einrichtungen durchgeführt werden, denen eine Erlaubnis durch die zuständige Landesbehörde erteilt wurde.

[1)] § 5a eingef. mWv 30.5.2017 durch VO v. 22.5.2017 (BGBl. I S. 1275); Abs. 1 Satz 3 geänd. mWv 8.4.2023 durch VO v. 15.3.2023 (BGBl. 2023 I Nr. 70).

[2] Die Erlaubnis wird erteilt, wenn

1. nachgewiesen wird, dass die Einrichtung in das örtliche Suchthilfesystem eingebunden ist,
2. gewährleistet ist, dass die Einrichtung über eine zweckdienliche personelle und sachliche Ausstattung verfügt und
3. eine sachkundige Person benannt worden ist, die für die Einhaltung der in Nummer 2 genannten Anforderungen, der Auflagen der Erlaubnisbehörde sowie der Anordnungen der Überwachungsbehörde verantwortlich ist (Verantwortlicher).

(3) [1] Diamorphin darf nur innerhalb der Einrichtung nach Absatz 2 verschrieben, verabreicht oder unter Aufsicht des substituierenden Arztes oder des sachkundigen Personals nach Absatz 2 Satz 2 Nummer 2 zum unmittelbaren Verbrauch überlassen werden. [2] In den ersten sechs Monaten der Behandlung müssen Maßnahmen der psychosozialen Betreuung stattfinden.

(4) [1] Die Behandlung mit Diamorphin ist nach jeweils spätestens zwei Jahren Behandlungsdauer daraufhin zu überprüfen, ob die Voraussetzungen für die Behandlung noch gegeben sind und ob die Behandlung fortzusetzen ist. [2] Die Überprüfung erfolgt, indem eine Zweitmeinung eines suchtmedizinisch qualifizierten Arztes, der nicht der Einrichtung angehört, eingeholt wird. [3] Ergibt diese Überprüfung, dass die Voraussetzungen für die Behandlung nicht mehr gegeben sind, ist die diamorphingestützte Behandlung zu beenden.

(5) Die Absätze 1 bis 4 und § 5 Absatz 11 sind entsprechend anzuwenden, wenn Diamorphin aus dem Bestand des Praxis- oder Stationsbedarfs nach Absatz 3 Satz 1 verabreicht oder zum unmittelbaren Verbrauch überlassen wird.

§ 5b[1)] [2)] **Substitutionsregister.** (1) [1] Das Bundesinstitut für Arzneimittel und Medizinprodukte (Bundesinstitut) führt für die Länder als vom Bund entliehenes Organ ein Register mit Daten über das Verschreiben von Substitutionsmitteln (Substitutionsregister). [2] Die Daten des Substitutionsregisters dürfen nur verwendet werden, um

1. das Verschreiben eines Substitutionsmittels durch mehrere Ärzte für denselben Patienten und denselben Zeitraum frühestmöglich zu unterbinden,
2. zu überprüfen, ob die ein Substitutionsmittel verschreibenden Ärzte die Mindestanforderungen nach § 5 Absatz 3 Satz 1 oder die Anforderungen nach § 5 Absatz 4 Satz 1 erfüllen sowie
3. das Verschreiben von Substitutionsmitteln entsprechend den Vorgaben nach § 13 Abs. 3 Nr. 3 Buchstabe e des Betäubungsmittelgesetzes[3)] statistisch auszuwerten.

[3] Das Bundesinstitut trifft organisatorische Festlegungen zur Führung des Substitutionsregisters.

[1)] Früherer § 5a eingef. mWv 1.7.2001 durch VO v. 19.6.2001 (BGBl. I S. 1180); Abs. 1 Satz 2 Nr. 1 geänd., Nr. 2 neu gef., Abs. 2 Satz 1 Nr. 5, 6 und Abs. 4 Satz 3 neu gef., Satz 8 geänd., Abs. 5–7 neu gef. mWv 13.12.2014, Abs. 5 Satz 3 aufgeh., bish. Satz 4 wird Satz 3 mWv 14.12.2017 durch VO v. 5.12.2014 (BGBl. I S. 1999); bish. § 5a wird § 5b und Abs. 1 Satz 2 Nr. 2, Abs. 2 Satz 1 Nr. 2, 4 und 6, Abs. 5 Sätze 1 und 2, Satz 3 einl. Satzteil, Satz 4 Nr. 1, 2 und abschl. Satzteil, Abs. 6 Satz 1 Nr. 1–3, Abs. 7 Satz 1 Nr. 2–4 *geänd. mWv 30.5.2017 durch VO v.* 22.5.2017 (BGBl. I S. 1275); Abs. 4 Satz 3 geänd. mWv 13.7.2018 durch VO v. 2.7.2018 (BGBl. I S. 1078).

[2)] Früherer § 5a Abs. 2–4 und Abs. 5 Satz 1 sind gem. VO v. 19.6.2001 (BGBl. I S. 1180) am 1.7.2002, Abs. 5 Satz 2, Abs. 6 und 7 am 1.1.2003 in Kraft getreten.

[3)] Nr. **86**.

(2) [1]Jeder Arzt, der ein Substitutionsmittel für einen Patienten verschreibt, hat dem Bundesinstitut unverzüglich schriftlich oder kryptiert auf elektronischem Wege folgende Angaben zu melden:

1. den Patientencode,
2. das Datum der ersten Anwendung eines Substitutionsmittels,
3. das verschriebene Substitutionsmittel,
4. das Datum der letzten Anwendung eines Substitutionsmittels,
5. Name, Vorname, Geburtsdatum, dienstliche Anschrift und Telefonnummer des verschreibenden Arztes sowie
6. im Falle des Behandelns nach § 5 Absatz 4 Satz 1 Nummer 1 Name, Vorname, dienstliche Anschrift und Telefonnummer des suchtmedizinisch qualifizierten Arztes, bei dem sich der jeweilige Patient nach § 5 Absatz 4 Satz 1 Nummer 2 vorzustellen hat.

[2]Der Patientencode setzt sich wie folgt zusammen:

a)	erste und zweite Stelle:	erster und zweiter Buchstabe des ersten Vornamens,
b)	dritte und vierte Stelle:	erster und zweiter Buchstabe des Familiennamens,
c)	fünfte Stelle:	Geschlecht („F“ für weiblich, „M“ für männlich),
d)	sechste bis achte Stelle:	jeweils letzte Ziffer von Geburtstag, -monat und -jahr.

[3]Es ist unzulässig, dem Bundesinstitut Patientendaten uncodiert zu melden. [4]Der Arzt hat die Angaben zur Person durch Vergleich mit dem Personalausweis oder Reisepass des Patienten zu überprüfen.

(3) [1]Das Bundesinstitut verschlüsselt unverzüglich den Patientencode nach Absatz 2 Satz 1 Nr. 1 nach einem vom Bundesamt für Sicherheit in der Informationstechnik vorgegebenen Verfahren in ein Kryptogramm in der Weise, dass er daraus nicht oder nur mit einem unverhältnismäßig großen Aufwand zurückgewonnen werden kann. [2]Das Kryptogramm ist zusammen mit den Angaben nach Absatz 2 Satz 1 Nr. 2 bis 6 zu speichern und spätestens sechs Monate nach Bekanntwerden der Beendigung des Verschreibens zu löschen. [3]Die gespeicherten Daten und das Verschlüsselungsverfahren nach Satz 1 sind durch geeignete Sicherheitsmaßnahmen gegen unbefugte Kenntnisnahme und Verwendung zu schützen.

(4) [1]Das Bundesinstitut vergleicht jedes neu gespeicherte Kryptogramm mit den bereits vorhandenen. [2]Ergibt sich keine Übereinstimmung, ist der Patientencode unverzüglich zu löschen. [3]Liegen Übereinstimmungen vor, teilt das Bundesinstitut dies jedem beteiligten Arzt unter Angabe des Patientencodes, des Datums *der ersten Anwendung eines* Substitutionsmittels und der Namen und Vornamen, dienstlichen Anschriften und Telefonnummern der anderen beteiligten Ärzte unverzüglich mit. [4]Die Ärzte haben zu klären, ob der Patientencode demselben Patienten zuzuordnen ist. [5]Wenn dies zutrifft, haben sie sich darüber abzustimmen, wer künftig für den Patienten Substitutionsmittel verschreibt, und über das Ergebnis das Bundesinstitut unter Angabe des Patientencodes zu unterrichten. [6]Wenn dies nicht zutrifft, haben die Ärzte darüber ebenfalls das Bundesinstitut unter Angabe des Patientencodes zu unterrichten. [7]Das Substitutionsregister ist unverzüglich entsprechend zu bereinigen. [8]Erforderlichenfalls unterrichtet das Bundesinstitut die zuständigen Überwachungsbehörden der beteiligten Ärzte, um das

Verschreiben von Substitutionsmitteln von mehreren Ärzten für denselben Patienten und denselben Zeitraum unverzüglich zu unterbinden.

(5) [1]Die Ärztekammern haben dem Bundesinstitut auf dessen Anforderung, unter Angabe von Vorname, Name, dienstlicher Anschrift und Geburtsdatum eines nach Absatz 2 Satz 1 Nummer 5 oder Nummer 6 gemeldeten Arztes, unverzüglich zu melden, ob der Arzt die Mindestanforderungen nach § 5 Absatz 3 Satz 1 erfüllt. [2]Die Ärztekammern haben dem Bundesinstitut unverzüglich nach Bekanntwerden die Angabe „Hinweis: Suchttherapeutische Qualifikation liegt nicht mehr vor." zu denjenigen Ärzten, welche zuvor von den Ärztekammern dem Bundesinstitut gemeldet wurden, zu übermitteln, die die Mindestanforderungen nach § 5 Absatz 3 Satz 1 bisher erfüllt haben, aktuell aber nicht mehr erfüllen. [3]Das Bundesinstitut unterrichtet aus dem Datenbestand des Substitutionsregisters unverzüglich die zuständigen Überwachungsbehörden der Länder über Name, Vorname, Anschrift und Telefonnummer

1. der Ärzte, die ein Substitutionsmittel nach § 5 Absatz 3 Satz 1 verschrieben haben, und
2. der nach Absatz 2 Satz 1 Nummer 6 gemeldeten suchtmedizinisch qualifizierten Ärzte,

wenn die in Nummer 1 und 2 genannten Ärzte die Mindestanforderungen nach § 5 Absatz 3 Satz 1 in Verbindung mit den nach den Sätzen 1 bis 3 übermittelten Daten nicht erfüllen.

(6) [1]Das Bundesinstitut teilt den zuständigen Überwachungsbehörden zum 30. Juni und 31. Dezember eines jeden Jahres folgende Angaben aus dem Datenbestand des Substitutionsregisters mit:

1. Namen, Vornamen, Anschriften und Telefonnummern der Ärzte, die nach § 5 Absatz 3 Satz 1 Substitutionsmittel verschrieben haben,
2. Namen, Vornamen, Anschriften und Telefonnummern der Ärzte, die nach § 5 Absatz 4 Substitutionsmittel verschrieben haben,
3. Namen, Vornamen, Anschriften und Telefonnummern der Ärzte, die nach Absatz 2 Satz 1 Nummer 6 als suchtmedizinisch qualifizierter Arzt gemeldet worden sind, sowie
4. Anzahl der Patienten, für die ein unter Nummer 1 oder Nummer 2 genannter Arzt ein Substitutionsmittel verschrieben hat.

[2]Die zuständigen Überwachungsbehörden können auch jederzeit im Einzelfall vom Bundesinstitut entsprechende Auskunft verlangen.

(7) [1]Das Bundesinstitut teilt den obersten Landesgesundheitsbehörden für das jeweilige Land zum 31. Dezember eines jeden Jahres folgende Angaben aus dem Datenbestand des Substitutionsregisters mit:

1. die Anzahl der Patienten, denen ein Substitutionsmittel verschrieben wurde,
2. die Anzahl der Ärzte, die nach § 5 Absatz 3 Satz 1 Substitutionsmittel verschrieben haben,
3. die Anzahl der Ärzte, die nach § 5 Absatz 4 Substitutionsmittel verschrieben haben,
4. die Anzahl der Ärzte, die nach Absatz 2 Satz 1 Nummer 6 als suchtmedizinisch qualifizierter Arzt gemeldet worden sind, sowie
5. Art und Anteil der verschriebenen Substitutionsmittel.

[2] Auf Verlangen erhalten die obersten Landesgesundheitsbehörden die unter den Nummern 1 bis 5 aufgeführten Angaben auch aufgeschlüsselt nach Überwachungsbereichen.

§ 5c[1)] Verschreiben für Patienten in Alten- oder Pflegeheimen, Hospizen und in der spezialisierten ambulanten Palliativversorgung. (1) [1] Der Arzt, der ein Betäubungsmittel für einen Patienten in einem Alten- oder Pflegeheim, einem Hospiz oder in der spezialisierten ambulanten Palliativversorgung verschreibt, kann bestimmen, dass die Verschreibung nicht dem Patienten ausgehändigt wird. [2] In diesem Falle darf die Verschreibung nur von ihm selbst oder durch von ihm angewiesenes oder beauftragtes Personal seiner Praxis, des Alten- oder Pflegeheimes, des Hospizes oder der Einrichtung der spezialisierten ambulanten Palliativversorgung in der Apotheke vorgelegt werden.

(2) Das Betäubungsmittel ist im Falle des Absatzes 1 Satz 1 dem Patienten vom behandelnden Arzt oder dem von ihm beauftragten, eingewiesenen und kontrollierten Personal des Alten- oder Pflegeheimes, des Hospizes oder der Einrichtung der spezialisierten ambulanten Palliativversorgung zu verabreichen oder zum unmittelbaren Verbrauch zu überlassen.

(3) [1] Der Arzt darf im Falle des Absatzes 1 Satz 1 die Betäubungsmittel des Patienten in dem Alten- oder Pflegeheim, dem Hospiz oder der Einrichtung der spezialisierten ambulanten Palliativversorgung unter seiner Verantwortung lagern; die Einwilligung des über die jeweiligen Räumlichkeiten Verfügungsberechtigten bleibt unberührt. [2] Für den Nachweis über den Verbleib und Bestand gelten die §§ 13 und 14 entsprechend.

(4) Betäubungsmittel, die nach Absatz 3 gelagert wurden und nicht mehr benötigt werden, können von dem Arzt

1. einem anderen Patienten dieses Alten- oder Pflegeheimes, dieses Hospizes oder dieser Einrichtung der spezialisierten ambulanten Palliativversorgung verschrieben werden,
2. an eine versorgende Apotheke zur Weiterverwendung in einem Alten- oder Pflegeheim, einem Hospiz oder einer Einrichtung der spezialisierten ambulanten Palliativversorgung zurückgegeben werden oder
3. in den Notfallvorrat nach § 5d Absatz 1 Satz 1 überführt werden.

§ 5d[2)] Verschreiben für den Notfallbedarf in Hospizen und in der spezialisierten ambulanten Palliativversorgung. (1) [1] Hospize und Einrichtungen der spezialisierten ambulanten Palliativversorgung dürfen in ihren Räumlichkeiten einen Vorrat an Betäubungsmitteln für den unvorhersehbaren, dringenden und kurzfristigen Bedarf ihrer Patienten (Notfallvorrat) bereithalten. [2] Berechtigte, die von der Möglichkeit nach Satz 1 Gebrauch machen, sind verpflichtet,

1. einen oder mehrere Ärzte damit zu beauftragen, die Betäubungsmittel, die für den Notfallvorrat benötigt werden, nach § 2 Absatz 3 Satz 2 zu verschreiben,

---

[1)] Früherer § 5b eingef. mWv 1.7.2001 durch VO v. 19.6.2001 (BGBl. I S. 1180); Abs. 4 angef. mWv 1.4. 2007 durch G v. 26.3.2007 (BGBl. I S. 378); Überschrift neu gef., Abs. 1 Sätze 1 und 2., Abs. 2 und 3 Satz 1 geänd., Abs. 4 neu gef. mWv 18.5.2011 durch VO v. 11.5.2011 (BGBl. I S. 821); Überschrift, Abs. 1 Sätze 1 und 2, Abs. 2 und 3 Satz 1, Abs. 4 Nr. 1 und 2 geänd. mWv 13.12.2014 durch VO v. 5.12.2014 (BGBl. I S. 1999); bish. § 5b wird § 5c mWv 30.5.2017 durch VO v. 22.5.2017 (BGBl. I S. 1275); Abs 4 Nr. 3 geänd. mWv 13.7. 2018 durch VO v. 2.7.2018 (BGBl. I S. 1078).

[2)] Früherer § 5c eingef. mWv 18.5.2011 durch VO v. 11.5.2011 (BGBl. I S. 821); Abs. 1 Satz 2 Nr. 3 neu gef. mWv 13.12.2014 durch VO v. 5.12.2014 (BGBl. I S. 1999); Abs. 1 Satz 2 Nr. 3 geänd. mWv 5.4.2017 durch G v. 29.3.2017 (BGBl. I S. 626); bish. § 5c wird § 5d mWv 30.5.2017 durch VO v. 22.5.2017 (BGBl. I S. 1275); Abs. 1 Satz 2 Nr. 1 geänd. mWv 8.4.2023 durch VO v. 15.3.2023 (BGBl. 2023 I Nr. 70).

2. die lückenlose Nachweisführung über die Aufnahme in den Notfallvorrat und die Entnahme aus dem Notfallvorrat durch interne Regelungen mit den Ärzten und Pflegekräften, die an der Versorgung von Patienten mit Betäubungsmitteln beteiligt sind, sicherzustellen und
3. mit einer Apotheke die Belieferung für den Notfallvorrat sowie eine mindestens halbjährliche Überprüfung der Notfallvorräte insbesondere auf deren einwandfreie Beschaffenheit sowie ordnungsgemäße und sichere Aufbewahrung schriftlich zu vereinbaren; der unterzeichnende Apotheker zeigt die Vereinbarung der zuständigen Landesbehörde vor der ersten Belieferung schriftlich oder elektronisch an; § 6 Absatz 3 Satz 2 bis 4 gilt entsprechend.

(2) [1] Der oder die Ärzte nach Absatz 1 Satz 2 Nummer 1 dürfen die für den Notfallvorrat benötigten Betäubungsmittel bis zur Menge des durchschnittlichen Zweiwochenbedarfs, mindestens jedoch die kleinste Packungseinheit, verschreiben. [2] Die Vorratshaltung darf für jedes Betäubungsmittel den durchschnittlichen Monatsbedarf für Notfälle nicht überschreiten.

§ 6[1)] Verschreiben für Einrichtungen des Rettungsdienstes. (1) Für das Verschreiben des Bedarfs an Betäubungsmitteln für Einrichtungen und Teileinheiten von Einrichtungen des Rettungsdienstes (Rettungsdienstbedarf) finden die Vorschriften über das Verschreiben für den Stationsbedarf nach § 2 Absatz 3 entsprechende Anwendung.

(2) [1] Der Träger oder der Durchführende des Rettungsdienstes hat einen Arzt damit zu beauftragen, die benötigten Betäubungsmittel nach § 2 Absatz 3 zu verschreiben. [2] Die Aufzeichnung des Verbleibs und Bestandes der Betäubungsmittel ist nach den §§ 13 und 14 in den Einrichtungen und Teileinheiten der Einrichtungen des Rettungsdienstes durch den jeweils behandelnden Arzt oder den Notfallsanitäter, der die Betäubungsmittel nach § 13 Absatz 1b des Betäubungsmittelgesetzes[2)] verabreicht, zu führen.

(3) [1] Der Träger oder der Durchführende des Rettungsdienstes hat mit einer Apotheke die Belieferung der Verschreibungen für den Rettungsdienstbedarf sowie eine mindestens halbjährliche Überprüfung der Betäubungsmittelvorräte in den Einrichtungen oder Teileinheiten der Einrichtungen des Rettungsdienstes insbesondere auf deren einwandfreie Beschaffenheit sowie ordnungsgemäße und sichere Aufbewahrung schriftlich zu vereinbaren. [2] Mit der Überprüfung der Betäubungsmittelvorräte ist ein Apotheker der jeweiligen Apotheke zu beauftragen. [3] Es ist ein Protokoll anzufertigen. [4] Zur Beseitigung festgestellter Mängel hat der mit der Überprüfung beauftragte Apotheker dem Träger oder Durchführenden des Rettungsdienstes eine angemessene Frist zu setzen und im Falle der Nichteinhaltung die zuständige Landesbehörde zu unterrichten.

(4) [1] Bei einem Großschadensfall sind die benötigten Betäubungsmittel von dem zuständigen leitenden Notarzt nach § 2 Absatz 3 zu verschreiben. [2] Die verbrauchten Betäubungsmittel sind durch den leitenden Notarzt unverzüglich für den Großschadensfall zusammengefasst nachzuweisen und der zuständigen Landesbehörde unter Angabe der nicht verbrauchten Betäubungsmittel anzuzeigen. [3] Die

---

[1)] § 6 Abs. 4 angef. mWv 1.7.2001 durch VO v. 19.6.2001 (BGBl. I S. 1180); Abs. 1, 3 Satz 1 geänd. mWv *18.5.2011 durch VO v. 11.5.2011* (BGBl. I S. 821); Abs. 3 Satz 2 aufgeh., bish. Sätze 3–5 werden Sätze 2–4 mWv 13.12.2014 durch VO v. 5.12.2014 (BGBl. I S. 1999); Abs. 1, 2 Satz 1, Abs. 4 Satz 1 geänd. mWv 8.4.2023 durch VO v. 15.3.2023 (BGBl. 2023 I Nr. 70); Abs. 2 Satz 2 geänd. mWv 27.7.2023 durch G v. 19.7.2023 (BGBl. 2023 I Nr. 197).

[2)] Nr. **86**.

zuständige Landesbehörde trifft Festlegungen zum Verbleib der nicht verbrauchten Betäubungsmittel.

§ 7[1)] Verschreiben für Kauffahrteischiffe. (1) [1] Für das Verschreiben und die Abgabe von Betäubungsmitteln für die Ausrüstung von Kauffahrteischiffen gelten die §§ 8 und 9. [2] Auf den Betäubungsmittelrezepten sind die in Absatz 4 Nr. 4 bis 6 genannten Angaben anstelle der in § 9 Abs. 1 Nr. 1 und 5 vorgeschriebenen anzubringen.

(2) [1] Für die Ausrüstung von Kauffahrteischiffen darf nur ein von der zuständigen Behörde beauftragter Arzt Betäubungsmittel verschreiben; er darf für diesen Zweck bei Schiffsbesetzung ohne Schiffsarzt das Betäubungsmittel Morphin verschreiben. [2] Für die Ausrüstung von Kauffahrteischiffen bei Schiffsbesetzung mit Schiffsarzt und solchen, die nicht die Bundesflagge führen, können auch andere der in der Anlage III des Betäubungsmittelgesetzes[2)] bezeichneten Betäubungsmittel verschrieben werden.

(3) Ausnahmsweise dürfen Betäubungsmittel für die Ausrüstung von Kauffahrteischiffen von einer Apotheke zunächst ohne Verschreibung abgegeben werden, wenn

1. der in Absatz 2 bezeichnete Arzt nicht rechtzeitig vor dem Auslaufen des Schiffes erreichbar ist,
2. die Abgabe nach Art und Menge nur zum Ersatz
   a) verbrauchter,
   b) unbrauchbar gewordener oder
   c) außerhalb des Geltungsbereichs des Betäubungsmittelgesetzes von Schiffen, die die Bundesflagge führen, beschaffter und entsprechend dem vom Bundesministerium für Verkehr und digitale Infrastruktur nach § 108 Absatz 2 Satz 1 des Seearbeitsgesetzes bekanntgemachten Stand der medizinischen Erkenntnisse auszutauschender

   Betäubungsmitteln erfolgt,
3. der Abgebende sich vorher überzeugt hat, daß die noch vorhandenen Betäubungsmittel nach Art und Menge mit den Eintragungen im Betäubungsmittelbuch des Schiffes übereinstimmen, und
4. der Abgebende sich den Empfang von dem für die ordnungsgemäße Durchführung der medizinischen Betreuung nach den seearbeitsrechtlichen Vorschriften Verantwortlichen bescheinigen läßt.

(4) Die Bescheinigung nach Absatz 3 Nr. 4 muß folgende Angaben enthalten:

1. Bezeichnung der verschriebenen Arzneimittel nach § 9 Abs. 1 Nr. 3,
2. Menge der abgegebenen Arzneimittel nach § 9 Abs. 1 Nr. 4,
3. Abgabedatum,
4. Name des Schiffes,
5. Name des Reeders,
6. Heimathafen des Schiffes und

---

1) § 7 Abs. 2 Sätze 1 und 2 geänd., Abs. 3 Nr. 2 neu gef. mWv 1.7.2001 durch VO v. 19.6.2001 (BGBl. I S. 1180); Abs. 2 Satz 1 geänd. mWv 18.3.2005 durch VO v. 10.3.2005 (BGBl. I S. 757); Abs. 2 Satz 1 geänd. mWv 25.3.2009 durch VO v. 19.3.2009 (BGBl. I S. 560); Abs. 3 Nr. 2 Buchst. c, Nr. 4 und Abs. 4 Nr. 7 geänd. mWv 21.8.2014 durch VO v. 14.8.2014 (BGBl. I S. 1383).

2) Nr. **86**.

7. Unterschrift des für die medizinische Betreuung nach den seearbeitsrechtlichen Vorschriften Verantwortlichen.

(5) [1]Der Abgebende hat die Bescheinigung nach Absatz 3 Nr. 4 unverzüglich dem von der zuständigen Behörde beauftragten Arzt zum nachträglichen Verschreiben vorzulegen. [2]Dieser ist verpflichtet, unverzüglich die Verschreibung auf einem Betäubungsmittelrezept der Apotheke nachzureichen, die das Betäubungsmittel nach § 7 Abs. 3 beliefert hat. [3]Die Verschreibung ist mit dem Buchstaben „K" zu kennzeichnen. [4]Die Bescheinigung nach § 7 Abs. 3 Nr. 4 ist dauerhaft mit dem in der Apotheke verbleibenden Teil der Verschreibung zu verbinden. [5]Wenn die Voraussetzungen des Absatzes 3 Nr. 1 und 2 nicht vorgelegen haben, ist die zuständige Behörde unverzüglich zu unterrichten.

(6) Für das Verschreiben und die Abgabe von Betäubungsmitteln für die Ausrüstung von Schiffen, die keine Kauffahrteischiffe sind, sind die Absätze 1 bis 5 entsprechend anzuwenden.

§ 8[1)] Betäubungsmittelrezept. (1) [1]Betäubungsmittel für Patienten, den Praxisbedarf und Tiere dürfen nur auf einem dreiteiligen amtlichen Formblatt (Betäubungsmittelrezept) verschrieben werden. [2]Das Betäubungsmittelrezept darf für das Verschreiben anderer Arzneimittel nur verwendet werden, wenn dies neben der eines Betäubungsmittels erfolgt. [3]Die Teile I und II der Verschreibung sind zur Vorlage in einer Apotheke, im Falle des Verschreibens von Diamorphin nach § 5a Absatz 1 zur Vorlage bei einem pharmazeutischen Unternehmer, bestimmt, Teil III verbleibt bei dem Arzt, Zahnarzt oder Tierarzt, an den das Betäubungsmittelrezept ausgegeben wurde.

(2) [1]Betäubungsmittelrezepte werden vom Bundesinstitut für Arzneimittel und Medizinprodukte auf Anforderung an den einzelnen Arzt, Zahnarzt oder Tierarzt ausgegeben. [2]Das Bundesinstitut für Arzneimittel und Medizinprodukte kann die Ausgabe versagen, wenn der begründete Verdacht besteht, daß die Betäubungsmittelrezepte nicht den betäubungsmittelrechtlichen Vorschriften gemäß verwendet werden.

(3) [1]Die nummerierten Betäubungsmittelrezepte sind nur zur Verwendung des anfordernden Arztes, Zahnarztes oder Tierarztes bestimmt und dürfen nur im Vertretungsfall übertragen werden. [2]Die nicht verwendeten Betäubungsmittelrezepte sind bei Aufgabe der ärztlichen, zahnärztlichen oder tierärztlichen Tätigkeit dem Bundesinstitut für Arzneimittel und Medizinprodukte zurückzugeben.

(4) [1]Der Arzt, Zahnarzt oder Tierarzt hat die Betäubungsmittelrezepte gegen Entwendung zu sichern. [2]Ein Verlust ist unter Angabe der Rezeptnummern dem Bundesinstitut für Arzneimittel und Medizinprodukte unverzüglich anzuzeigen, das die zuständige oberste Landesbehörde unterrichtet.

(5) Der Arzt, Zahnarzt oder Tierarzt hat Teil III der Verschreibung und die Teile I bis III der fehlerhaft ausgefertigten Betäubungsmittelrezepte nach Ausstellungsdaten oder nach Vorgabe der zuständigen Landesbehörde geordnet drei Jahre aufzubewahren und auf Verlangen der nach § 19 Abs. 1 Satz 3 des Betäubungsmittelgesetzes[2)] zuständigen Landesbehörde einzusenden oder Beauftragten dieser Behörde vorzulegen.

[1)] § 8 Abs. 1 Satz 3 geänd. mWv 21.7.2009 durch G v. 15.7.2009 (BGBl. I S. 1801); Abs. 3 Satz 1 neu gef. mWv 18.5.2011 durch VO v. 11.5.2011 (BGBl. I S. 821); Abs. 1 Satz 3 geänd. mWv 30.5.2017 durch VO v. 22.5.2017 (BGBl. I S. 1275).

[2)] Nr. **86**.

(6) [1] Außer in den Fällen des § 5 dürfen Betäubungsmittel für Patienten, den Praxisbedarf und Tiere in Notfällen unter Beschränkung auf die zur Behebung des Notfalls erforderliche Menge abweichend von Absatz 1 Satz 1 verschrieben werden. [2] Verschreibungen nach Satz 1 sind mit den Angaben nach § 9 Abs. 1 zu versehen und mit dem Wort „Notfall-Verschreibung" zu kennzeichnen. [3] Die Apotheke hat den verschreibenden Arzt, Zahnarzt oder Tierarzt unverzüglich nach Vorlage der Notfall-Verschreibung und möglichst vor der Abgabe des Betäubungsmittels über die Belieferung zu informieren. [4] Dieser ist verpflichtet, unverzüglich die Verschreibung auf einem Betäubungsmittelrezept der Apotheke nachzureichen, die die Notfall-Verschreibung beliefert hat. [5] Die Verschreibung ist mit dem Buchstaben „N" zu kennzeichnen. [6] Die Notfall-Verschreibung ist dauerhaft mit dem in der Apotheke verbleibenden Teil der nachgereichten Verschreibung zu verbinden.

§ 9[1)] Angaben auf dem Betäubungsmittelrezept. (1) Auf dem Betäubungsmittelrezept sind anzugeben:

1. Name, Vorname und Anschrift des Patienten, für den das Betäubungsmittel bestimmt ist; bei tierärztlichen Verschreibungen die Art des Tieres sowie Name, Vorname und Anschrift des Tierhalters,
2. Ausstellungsdatum,
3. Arzneimittelbezeichnung, soweit dadurch eine der nachstehenden Angaben nicht eindeutig bestimmt ist, jeweils zusätzlich Bezeichnung und Gewichtsmenge des enthaltenen Betäubungsmittels je Packungseinheit, bei abgeteilten Zubereitungen je abgeteilter Form, Darreichungsform,
4. Menge des verschriebenen Arzneimittels in Gramm oder Milliliter, Stückzahl der abgeteilten Form,
5. Gebrauchsanweisung mit Einzel- und Tagesgabe oder im Falle, daß dem Patienten eine schriftliche Gebrauchsanweisung übergeben wurde, ein Hinweis auf diese schriftliche Gebrauchsanweisung; im Fall des § 5 Absatz 8 zusätzlich die Reichdauer des Substitutionsmittels in Tagen und im Fall des § 5 Absatz 8 Satz 10 Vorgaben zur Abgabe des Substitutionsmittels oder, im Fall, dass dem Patienten schriftliche Vorgaben zur Abgabe oder zum Überlassen zum unmittelbaren Verbrauch des Substitutionsmittels übergeben wurden, ein Hinweis auf diese schriftlichen Vorgaben,
6. in den Fällen des § 5 Absatz 6 Satz 3 und § 5a Absatz 1 Satz 1 der Buchstabe „S", in den Fällen des § 5 Absatz 8 Satz 10 zusätzlich der Buchstabe „T", in den Fällen des § 7 Absatz 5 Satz 3 der Buchstabe „K", in den Fällen des § 8 Absatz 6 Satz 5 der Buchstabe „N",
7. Name des verschreibenden Arztes, Zahnarztes oder Tierarztes, seine Berufsbezeichnung und Anschrift einschließlich Telefonnummer,
8. in den Fällen des § 2 Absatz 2, § 3 Absatz 2 und § 4 Absatz 2 der Vermerk „Praxisbedarf" anstelle der Angaben in den Nummern 1 und 5,
9. Unterschrift des verschreibenden Arztes, Zahnarztes oder Tierarztes, im Vertretungsfall darüber hinaus der Vermerk „i.V.".

[1)] § 9 Abs. 1 Nr. 4 neu gef. mWv 1.7.2001 durch VO v. 19.6.2001 (BGBl. I S. 1180); Abs. 1 Nr. 5 geänd. mWv 18.3.2005 durch VO v. 10.3.2005 (BGBl. I S. 757); Abs. 1 Nr. 5 geänd. mWv 13.12.2014 durch VO v. 5.12.2014 (BGBl. I S. 1999); Abs. 1 Nr. 5 geänd. mWv 30.5.2017 durch VO v. 22.5.2017 (BGBl. I S. 1275); Abs. 1 Nr. 5 und 8 geänd., Nr. 6 neu gef. mWv 8.4.2023 durch VO v. 15.3.2023 (BGBl. 2023 I Nr. 70).

(2) [1]Die Angaben nach Absatz 1 sind dauerhaft zu vermerken und müssen auf allen Teilen der Verschreibung übereinstimmend enthalten sein. [2]Die Angaben nach den Nummern 1 bis 8 können durch eine andere Person als den Verschreibenden erfolgen. [3]Im Falle einer Änderung der Verschreibung hat der verschreibende Arzt die Änderung auf allen Teilen des Betäubungsmittelrezeptes zu vermerken und durch seine Unterschrift zu bestätigen.

§ 10[1)] Betäubungsmittelanforderungsschein. (1) [1]Betäubungsmittel für den Stationsbedarf nach § 2 Absatz 3, § 3 Absatz 3 und § 4 Absatz 3, den Notfallbedarf nach § 5d und den Rettungsdienstbedarf nach § 6 Absatz 1 dürfen nur auf einem dreiteiligen amtlichen Formblatt (Betäubungsmittelanforderungsschein) verschrieben werden. [2]Die Teile I und II der Verschreibung für den Stationsbedarf, den Notfallbedarf und den Rettungsdienstbedarf sind zur Vorlage in der Apotheke bestimmt, Teil III verbleibt bei dem verschreibungsberechtigten Arzt, Zahnarzt oder Tierarzt.

(2) Betäubungsmittelanforderungsscheine werden vom Bundesinstitut für Arzneimittel und Medizinprodukte auf Anforderung ausgegeben an:

1. den Arzt oder Zahnarzt, der ein Krankenhaus oder eine Krankenhausabteilung leitet,
2. den Tierarzt, der eine Tierklinik leitet,
3. einen beauftragten Arzt nach § 5d Absatz 1 Satz 2 Nummer 1,
4. den nach § 6 Absatz 2 beauftragten Arzt des Rettungsdienstes oder
5. den zuständigen leitenden Notarzt nach § 6 Absatz 4.

(3) [1]Die nummerierten Betäubungsmittelanforderungsscheine sind nur zur Verwendung in der Einrichtung bestimmt, für die sie angefordert wurden. [2]Sie dürfen vom anfordernden Arzt, Zahnarzt oder Tierarzt an Leiter von Teileinheiten oder an einen weiteren beauftragten Arzt nach § 5d Absatz 1 Satz 2 Nummer 1 weitergegeben werden. [3]Über die Weitergabe ist ein Nachweis zu führen.

(4) Teil III der Verschreibung für den Stationsbedarf, den Notfallbedarf und den Rettungsdienstbedarf und die Teile I bis III von fehlerhaft ausgefertigten Betäubungsmittelanforderungsscheinen sowie die Nachweisunterlagen gemäß Absatz 3 sind vom anfordernden Arzt, Zahnarzt oder Tierarzt drei Jahre, von der letzten Eintragung an gerechnet, aufzubewahren und auf Verlangen der nach § 19 Abs. 1 Satz 3 des Betäubungsmittelgesetzes[2)] zuständigen Landesbehörde einzusenden oder Beauftragten dieser Behörden vorzulegen.

§ 11[3)] Angaben auf dem Betäubungsmittelanforderungsschein. (1) Auf dem Betäubungsmittelanforderungsschein sind anzugeben:

1. Name oder die Bezeichnung und die Anschrift der Einrichtung, für die die Betäubungsmittel bestimmt sind,
2. Ausstellungsdatum,
3. Bezeichnung der verschriebenen Arzneimittel nach § 9 Abs. 1 Nr. 3,

---

[1)] § 10 Abs. 1 Sätze 1 und 2 geänd., Abs. 2 neu gef., Abs. 3 Satz 1 neu gef. und Satz 2 geänd., Abs. 4 Satz 1 geänd. mWv 18.5.2011 durch VO v. 11.5.2011 (BGBl. I S. 821); Abs. 1 Satz 1, Abs. 2 Nr. 3 und *Abs. 3 Satz 2 geänd.* mWv *30.5.2017* durch VO v. 22.5.2017 (BGBl. I S. 1275); Abs. 1 Satz 1 geänd. mWv 8.4.2023 durch VO v. 15.3.2023 (BGBl. 2023 I Nr. 70).

[2)] Nr. **86**.

[3)] § 11 Abs. 1 Nr. 1, Abs. 2 Sätze 1 und 3 geänd. mWv 18.5.2011 durch VO v. 11.5.2011 (BGBl. I S. 821).

4. Menge der verschriebenen Arzneimittel nach § 9 Abs. 1 Nr. 4,
5. Name des verschreibenden Arztes, Zahnarztes oder Tierarztes einschließlich Telefonnummer,
6. Unterschrift des verschreibenden Arztes, Zahnarztes oder Tierarztes, im Vertretungsfall darüber hinaus der Vermerk „i.V.".

(2) [1]Die Angaben nach Absatz 1 sind dauerhaft zu vermerken und müssen auf allen Teilen der Verschreibung für den Stationsbedarf, den Notfallbedarf und den Rettungsdienstbedarf übereinstimmend enthalten sein. [2]Die Angaben nach den Nummern 1 bis 5 können durch eine andere Person als den Verschreibenden erfolgen. [3]Im Falle einer Änderung der Verschreibung für den Stationsbedarf, den Notfallbedarf und den Rettungsdienstbedarf hat der verschreibende Arzt die Änderung auf allen Teilen des Betäubungsmittelanforderungsscheines zu vermerken und durch seine Unterschrift zu bestätigen.

§ 12[1)] Abgabe. (1) Betäubungsmittel dürfen vorbehaltlich des Absatzes 2 nicht abgegeben werden:
1. auf eine Verschreibung,
   a) die nach den §§ 1 bis 4 oder § 7 Abs. 2 für den Abgebenden erkennbar nicht ausgefertigt werden durfte,
   b) bei deren Ausfertigung eine Vorschrift des § 7 Abs. 1 Satz 2, des § 8 Abs. 1 Satz 1 und 2 oder des § 9 nicht beachtet wurde,
   c) die bei Vorlage vor mehr als sieben Tagen ausgefertigt wurde oder
   d) die mit dem Buchstaben „K" oder „N" gekennzeichnet ist;
2. auf eine Verschreibung für den Stationsbedarf, den Notfallbedarf und den Rettungsdienstbedarf,
   a) die nach den §§ 1 bis 4, § 7 Abs. 1 oder § 10 Abs. 3 für den Abgebenden erkennbar nicht ausgefertigt werden durfte oder
   b) bei deren Ausfertigung eine Vorschrift des § 10 Abs. 1 oder des § 11 nicht beachtet wurde;
3. auf eine Verschreibung nach § 8 Abs. 6, die
   a) nicht nach Satz 2 gekennzeichnet ist oder
   b) vor mehr als einem Tag ausgefertigt wurde;
4. auf eine Verschreibung nach § 5 Absatz 8, wenn sie nicht in Einzeldosen und in kindergesicherter Verpackung konfektioniert sind.

(2) [1]Bei Verschreibungen und Verschreibungen für den Stationsbedarf, den Notfallbedarf und den Rettungsdienstbedarf, die einen für den Abgebenden erkennbaren Irrtum enthalten, unleserlich sind oder den Vorschriften nach § 9 Abs. 1 oder § 11 Abs. 1 nicht vollständig entsprechen, ist der Abgebende berechtigt, nach Rücksprache mit dem verschreibenden Arzt, Zahnarzt oder Tierarzt Änderungen vorzunehmen. [2]Angaben nach § 9 Abs. 1 Nr. 1 oder § 11 Abs. 1 Nr. 1 können durch den Abgebenden geändert oder ergänzt werden, wenn der Überbringer der Verschreibung oder der Verschreibung für den Stationsbedarf,

---

[1)] § 12 Abs. 1 Nr. 1 Buchst. c, Nr. 3 Buchst. b geänd., Nr. 4 angef. mWv 1.7.2001 durch VO v. 19.6. 2001 (BGBl. I S. 1180); Abs. 2 Satz 6, Abs. 4 Satz 3 angef. mWv 21.7.2009 durch G v. 15.7.2009 (BGBl. I S. 1801); Abs. 1 Nr. 2, Abs. 2 Sätze 1–5, Abs. 3 einl. Satzteil, Abs. 4 Satz 1 geänd. mWv 18.5.2011 durch VO v. 11.5.2011 (BGBl. I S. 821); Abs. 1 Nr. 1 Buchst. c und Nr. 4 geänd. mWv 30.5.2017 durch VO v. 22.5.2017 (BGBl. I S. 1275); Abs. 1 Nr. 1 Buchst. c geänd. mWv 13.7.2018 durch VO v. 2.7.2018 (BGBl. I S. 1078); Abs. 1 Nr. 4 und Abs. 5 geänd. mWv 8.4.2023 durch VO v. 15.3.2023 (BGBl. 2023 I Nr. 70).

den Notfallbedarf und den Rettungsdienstbedarf diese Angaben nachweist oder glaubhaft versichert oder die Angaben anderweitig ersichtlich sind. [3] Auf Verschreibungen oder Verschreibungen für den Stationsbedarf, den Notfallbedarf und den Rettungsdienstbedarf, bei denen eine Änderung nach Satz 1 nicht möglich ist, dürfen die verschriebenen Betäubungsmittel oder Teilmengen davon abgegeben werden, wenn der Überbringer glaubhaft versichert oder anderweitig ersichtlich ist, daß ein dringender Fall vorliegt, der die unverzügliche Anwendung des Betäubungsmittels erforderlich macht. [4] In diesen Fällen hat der Apothekenleiter den Verschreibenden unverzüglich über die erfolgte Abgabe zu benachrichtigen; die erforderlichen Korrekturen auf der Verschreibung oder der Verschreibung für den Stationsbedarf, den Notfallbedarf und den Rettungsdienstbedarf sind unverzüglich vorzunehmen. [5] Änderungen und Ergänzungen nach den Sätzen 1 und 2, Rücksprachen nach den Sätzen 1 und 4 sowie Abgaben nach Satz 3 sind durch den Abgebenden auf den Teilen I und II, durch den Verschreibenden, außer im Falle des Satzes 2, auf Teil III der Verschreibung oder der Verschreibung für den Stationsbedarf, den Notfallbedarf und den Rettungsdienstbedarf zu vermerken. [6] Für die Verschreibung von Diamorphin gelten die Sätze 2 bis 4 nicht.

(3) Der Abgebende hat auf Teil I der Verschreibung oder der Verschreibung für den Stationsbedarf, den Notfallbedarf und den Rettungsdienstbedarf folgende Angaben dauerhaft zu vermerken:

1. Name und Anschrift der Apotheke,
2. Abgabedatum und
3. Namenszeichen des Abgebenden.

(4) [1] Der Apothekenleiter hat Teil I der Verschreibungen und Verschreibungen für den Stationsbedarf, den Notfallbedarf und den Rettungsdienstbedarf nach Abgabedaten oder nach Vorgabe der zuständigen Landesbehörde geordnet drei Jahre aufzubewahren und auf Verlangen dem Bundesinstitut für Arzneimittel und Medizinprodukte oder der nach § 19 Abs. 1 Satz 3 des Betäubungsmittelgesetzes[1)] zuständigen Landesbehörde einzusenden oder Beauftragten dieser Behörden vorzulegen. [2] Teil II ist zur Verrechnung bestimmt. [3] Die Sätze 1 und 2 gelten im Falle der Abgabe von Diamorphin für den Verantwortlichen für Betäubungsmittel des pharmazeutischen Unternehmers entsprechend.

(5) Der Tierarzt darf aus seiner Hausapotheke Betäubungsmittel nur zur Anwendung bei einem von ihm behandelten Tier und nur unter Einhaltung der für das Verschreiben geltenden Vorschriften der §§ 1 und 4 Absatz 1 abgeben.

§ 13[2)] Nachweisführung. (1) [1] Der Nachweis von Verbleib und Bestand der Betäubungsmittel in den in § 1 Abs. 3 genannten Einrichtungen ist unverzüglich nach Bestandsänderung nach amtlichem Formblatt zu führen. [2] Es können Karteikarten oder Betäubungsmittelbücher mit fortlaufend numerierten Seiten verwendet werden. [3] Die Aufzeichnung kann auch mittels elektronischer Datenverarbeitung erfolgen, sofern jederzeit der Ausdruck der gespeicherten Angaben in der Reihenfolge des amtlichen Formblattes gewährleistet ist. [4] Im Falle des Überlassens

---

[1)] Nr. **86**.

[2)] § 13 Abs. 1 Satz 4 neu gef. mWv 1.7.2001 durch VO v. 19.6.2001 (BGBl. I S. 1180); Abs. 2 Satz 1 *Nr. 6 geänd., Nr. 7 angef. mWv 21.7.2009* durch G v. 15.7.2009 (BGBl. I S. 1801); Abs. 2 Satz 1 Nr. 4 neu gef., Abs. 3 Satz 2 geänd. mWv 18.5.2011 durch VO v. 11.5.2011 (BGBl. I S. 821); Abs. 2 Satz 1 Nr. 5 geänd. mWv 21.8.2014 durch VO v. 14.8.2014 (BGBl. I S. 1383); Abs. 1 Satz 4, Abs. 2 Satz 1 Nr. 4, 6 und 7 geänd., Satz 3 angef. mWv 30.5.2017 durch VO v. 22.5.2017 (BGBl. I S. 1275); Abs. 2 Satz 1 Nr. 6 und Satz 3 geänd. mWv 8.4.2023 durch VO v. 15.3.2023 (BGBl. 2023 I Nr. 70).

eines Substitutionsmittels zum unmittelbaren Verbrauch nach § 5 Absatz 7 Satz 1 oder eines Betäubungsmittels nach § 5c Absatz 2 ist der Verbleib patientenbezogen nachzuweisen.

(2) [1]Die Eintragungen über Zugänge, Abgänge und Bestände der Betäubungsmittel sowie die Übereinstimmung der Bestände mit den geführten Nachweisen sind

1. von dem Apotheker für die von ihm geleitete Apotheke,
2. von dem Tierarzt für die von ihm geleitete tierärztliche Hausapotheke und
3. von dem in den §§ 2 bis 4 bezeichneten, verschreibungsberechtigten Arzt, Zahnarzt oder Tierarzt für den Praxis- oder Stationsbedarf,
4. von einem nach § 5d Absatz 1 Satz 2 Nummer 1 beauftragten Arzt für Hospize und Einrichtungen der spezialisierten ambulanten Palliativversorgung sowie von dem nach § 6 Absatz 2 beauftragten Arzt für Einrichtungen des Rettungsdienstes,
5. vom für die Durchführung der medizinischen Betreuung nach den seearbeitsrechtlichen Vorschriften Verantwortlichen für das jeweilige Kauffahrteischiff, das die Bundesflagge führt,
6. im Falle des Nachweises nach Absatz 1 Satz 4 von den in § 5 Absatz 9 Satz 1 und 2 oder den in § 5c Absatz 2 benannten Personen,
7. vom Verantwortlichen im Sinne des § 5a Absatz 2 Satz 2 Nummer 3

am Ende eines jeden Kalendermonats zu prüfen und, sofern sich der Bestand geändert hat, durch Namenszeichen und Prüfdatum zu bestätigen. [2]Für den Fall, daß die Nachweisführung mittels elektronischer Datenverarbeitung erfolgt, ist die Prüfung auf der Grundlage zum Monatsende angefertigter Ausdrucke durchzuführen. [3]Sobald und solange der Arzt die Nachweisführung und Prüfung nach Satz 1 Nummer 6 nicht selbst vornimmt, hat er sicherzustellen, dass er durch eine Person nach § 5 Absatz 9 Satz 1 und 2 oder § 5c Absatz 2 am Ende eines jeden Kalendermonats über die erfolgte Prüfung und Nachweisführung schriftlich oder elektronisch unterrichtet wird.

(3) [1]Die Karteikarten, Betäubungsmittelbücher oder EDV-Ausdrucke nach Absatz 2 Satz 2 sind in den in § 1 Abs. 3 genannten Einrichtungen drei Jahre, von der letzten Eintragung an gerechnet, aufzubewahren. [2]Bei einem Wechsel in der Leitung einer Krankenhausapotheke, einer Einrichtung eines Krankenhauses, einer Tierklinik oder einem Wechsel des beauftragten Arztes nach § 5c Absatz 1 Satz 2 Nummer 1 oder § 6 Absatz 2 Satz 1 sind durch die in Absatz 2 genannten Personen das Datum der Übergabe sowie der übergebene Bestand zu vermerken und durch Unterschrift zu bestätigen. [3]Die Karteikarten, die Betäubungsmittelbücher und die EDV-Ausdrucke sind auf Verlangen der nach § 19 Abs. 1 Satz 3 des Betäubungsmittelgesetzes[1)] zuständigen Landesbehörde einzusenden oder Beauftragten dieser Behörde vorzulegen. [4]In der Zwischenzeit sind vorläufige Aufzeichnungen vorzunehmen, die nach Rückgabe der Karteikarten und Betäubungsmittelbücher nachzutragen sind.

§ 14[2)] Angaben zur Nachweisführung. (1) [1]Beim Nachweis von Verbleib und Bestand der Betäubungsmittel sind für jedes Betäubungsmittel dauerhaft anzugeben:

[1)] Nr. **86**.

[2)] § 14 Abs. 1 Satz 1 Nr. 6 angef. mWv 21.7.2009 durch G v. 15.7.2009 (BGBl. I S. 1801); Abs. 1 Satz 1 Nr. 5 neu gef., Nr. 5a eingef. mWv 18.5.2011 durch VO v. 11.5.2011 (BGBl. I S. 821).

1. Bezeichnung, bei Arzneimitteln entsprechend § 9 Abs. 1 Nr. 3,
2. Datum des Zugangs oder des Abgangs,
3. zugegangene oder abgegangene Menge und der sich daraus ergebende Bestand; bei Stoffen und nicht abgeteilten Zubereitungen die Gewichtsmenge in Gramm oder Milligramm, bei abgeteilten Zubereitungen die Stückzahl; bei flüssigen Zubereitungen, die im Rahmen einer Behandlung angewendet werden, die Menge auch in Millilitern,
4. Name oder Firma und Anschrift des Lieferers oder des Empfängers oder die sonstige Herkunft oder der sonstige Verbleib,
5. in Apotheken im Falle der Abgabe auf Verschreibung für Patienten sowie für den Praxisbedarf der Name und die Anschrift des verschreibenden Arztes, Zahnarztes oder Tierarztes und die Nummer des Betäubungsmittelrezeptes, im Falle der Verschreibung für den Stationsbedarf, den Notfallbedarf sowie den Rettungsdienstbedarf der Name des verschreibenden Arztes, Zahnarztes oder Tierarztes und die Nummer des Betäubungsmittelanforderungsscheines,

5a. in Krankenhäusern, Tierkliniken, Hospizen sowie in Einrichtungen der spezialisierten ambulanten Palliativversorgung und des Rettungsdienstes im Falle des Erwerbs auf Verschreibung für den Stationsbedarf, den Notfallbedarf sowie den Rettungsdienstbedarf der Name des verschreibenden Arztes, Zahnarztes oder Tierarztes und die Nummer des Betäubungsmittelanforderungsscheines,

6. beim pharmazeutischen Unternehmen im Falle der Abgabe auf Verschreibung von Diamorphin Name und Anschrift des verschreibenden Arztes und die Nummer des Betäubungsmittelrezeptes.

[2] Bestehen bei den in § 1 Abs. 3 genannten Einrichtungen Teileinheiten, sind die Aufzeichnungen in diesen zu führen.

(2) [1] Bei der Nachweisführung ist bei flüssigen Zubereitungen die Gewichtsmenge des Betäubungsmittels, die in der aus technischen Gründen erforderlichen Überfüllung des Abgabebehältnisses enthalten ist, nur zu berücksichtigen, wenn dadurch der Abgang höher ist als der Zugang. [2] Die Differenz ist als Zugang mit „Überfüllung" auszuweisen.

§ 15 Formblätter. Das Bundesinstitut für Arzneimittel und Medizinprodukte gibt die amtlichen Formblätter für das Verschreiben (Betäubungsmittelrezepte und Betäubungsmittelanforderungsscheine) und für den Nachweis von Verbleib und Bestand (Karteikarten und Betäubungsmittelbücher) heraus und macht sie im Bundesanzeiger bekannt.

§ 16[1)] Straftaten. Nach § 29 Abs. 1 Satz 1 Nr. 14 des Betäubungsmittelgesetzes[2)] wird bestraft, wer

1. entgegen § 1 Abs. 1 Satz 1, auch in Verbindung mit Satz 2, ein Betäubungsmittel nicht als Zubereitung verschreibt,
2. a) entgegen § 2 Abs. 1, § 3 Abs. 1 oder § 5 Absatz 6 Satz 1 für einen Patienten,
   b) entgegen § 2 Absatz 2 Satz 1, § 3 Abs. 2 Satz 1 oder § 4 Absatz 2 Satz 1 für seinen Praxisbedarf oder

---

[1)] *§ 16 Nr. 2 Buchst. a und abschl.* Satzteil geänd. mWv 1.7.2001 durch VO v. 19.6.2001 (BGBl. I S. 1180); Nr. 4 geänd., Nr. 5 angef. mWv 21.7.2009 durch G v. 15.7.2009 (BGBl. I S. 1801); Nr. 2 Buchst. a, Nr. 5 geänd. mWv 30.5.2017 durch VO v. 22.5.2017 (BGBl. I S. 1275); Nr. 2 Buchst. a, b und abschl. Satzteil, Nr. 3 einl. Satzteil geänd. mWv 8.4.2023 durch VO v. 15.3.2023 (BGBl. 2023 I Nr. 70).

[2)] Nr. **86**.

c) entgegen § 4 Abs. 1 für ein Tier

andere als die dort bezeichneten Betäubungsmittel oder unter Nichteinhaltung der vorgegebenen Bestimmungszwecke oder sonstiger Beschränkungen verschreibt,

3. entgegen § 2 Absatz 3, § 3 Absatz 3 oder § 4 Absatz 3
   a) Betäubungsmittel für andere als die dort bezeichneten Einrichtungen,
   b) andere als die dort bezeichneten Betäubungsmittel oder
   c) dort bezeichnete Betäubungsmittel unter Nichteinhaltung der dort genannten Beschränkungen verschreibt oder
4. entgegen § 7 Abs. 2 Betäubungsmittel für die Ausrüstung von Kauffahrteischiffen verschreibt,
5. entgegen § 5a Absatz 3 Satz 1 Diamorphin verschreibt, verabreicht oder überlässt.

§ 17[1] Ordnungswidrigkeiten. Ordnungswidrig im Sinne des § 32 Abs. 1 Nr. 6 des Betäubungsmittelgesetzes[2] handelt, wer vorsätzlich oder leichtfertig

1. entgegen § 5b Absatz 2, § 7 Abs. 1 Satz 2 oder Abs. 4, § 8 Abs. 6 Satz 2, § 9 Abs. 1, auch in Verbindung mit § 5 Absatz 6 Satz 3, § 7 Abs. 5 Satz 3 oder § 8 Abs. 6 Satz 5, § 11 Abs. 1 oder § 12 Abs. 3, eine Angabe nicht, nicht richtig, nicht vollständig oder nicht in der vorgeschriebenen Form macht,
2. entgegen § 5 Absatz 10 die erforderlichen Maßnahmen nicht oder nicht vollständig dokumentiert oder der zuständigen Landesbehörde die Dokumentation nicht zur Einsicht und Auswertung vorlegt oder einsendet,
3. entgegen § 8 Abs. 1 Satz 1, auch in Verbindung mit § 7 Abs. 1, Betäubungsmittel nicht auf einem gültigen Betäubungsmittelrezept oder entgegen § 10 Abs. 1 Satz 1 Betäubungsmittel nicht auf einem gültigen Betäubungsmittelanforderungsschein verschreibt,
4. entgegen § 8 Abs. 3 für seine Verwendung bestimmte Betäubungsmittelrezepte überträgt oder bei Aufgabe der Tätigkeit dem Bundesinstitut für Arzneimittel und Medizinprodukte nicht zurückgibt,
5. entgegen § 8 Abs. 4 Betäubungsmittelrezepte nicht gegen Entwendung sichert oder einen Verlust nicht unverzüglich anzeigt,
6. entgegen § 8 Abs. 5, § 10 Abs. 4 oder § 12 Abs. 4 Satz 1 die dort bezeichneten Teile der Verschreibung oder der Verschreibung für den Stationsbedarf, den Notfallbedarf und den Rettungsdienstbedarf nicht oder nicht vorschriftsmäßig aufbewahrt,
7. entgegen § 8 Abs. 6 Satz 4 die Verschreibung nicht unverzüglich der Apotheke nachreicht,
8. entgegen § 10 Abs. 3 Satz 3 keinen Nachweis über die Weitergabe von Betäubungsmittelanforderungsscheinen führt,
9. einer Vorschrift des § 13 Abs. 1 Satz 1, Abs. 2 oder 3 oder des § 14 über die Führung von Aufzeichnungen, deren Prüfung oder Aufbewahrung zuwiderhandelt oder

---

[1] § 17 Nr. 1 neu gef., Nr. 2, 8 und 9 geänd., Nr. 10 angef. mWv 1.7.2001 durch VO v. 19.6.2001 (BGBl. I S. 1180); Nr. 10 neu gef. mWv 21.7.2009 durch G v. 15.7.2009 (BGBl. I S. 1801); Nr. 3 und 6 geänd. mWv 18.5.2011 durch VO v. 11.5.2011 (BGBl. I S. 821); Nr. 1, 2 und 10 geänd. mWv 30.5.2017 durch VO v. 22.5.2017 (BGBl. I S. 1275); Nr. 1 und 2 geänd. mWv 8.4.2023 durch VO v. 15.3.2023 (BGBl. 2023 I Nr. 70).

[2] Nr. **86**.

10. entgegen § 5 Absatz 3 Satz 1 oder Absatz 4 oder Absatz 5 oder § 5a Absatz 1 Satz 2 Nummer 1 ein Substitutionsmittel verschreibt, ohne die Mindestanforderungen an die Qualifikation zu erfüllen oder ohne einen Konsiliarius in die Behandlung einzubeziehen oder ohne sich als Vertreter, der die Mindestanforderungen an die Qualifikation nicht erfüllt, abzustimmen oder ohne die diamorphinspezifischen Anforderungen an die Qualifikation nach § 5a Absatz 1 Satz 2 Nummer 1 zu erfüllen.

§ 18[1] Übergangsvorschrift. (1) [1] Abweichend von § 5 Absatz 14 Satz 2 in der bis einschließlich 7. April 2023 geltenden Fassung hat die Bundesärztekammer Änderungen der nach § 5 Absatz 12 Satz 1 bis 3, Absatz 13 und 14 Satz 1 in der bis einschließlich 7. April 2023 geltenden Fassung zu erstellenden Richtlinie, die auf Grund von Änderungen dieser Verordnung durch die Verordnung zur Änderung der Betäubungsmittel-Verschreibungsverordnung und der Tierärztegebührenordnung vom 15. März 2023 (BGBl. 2023 I Nr. 70) erforderlich werden, dem Bundesministerium für Gesundheit in einer Neufassung der Richtlinie spätestens bis zum 20. März 2023 zur Genehmigung vorzulegen. [2] Abweichend von § 5 Absatz 14 Satz 4 in der bis einschließlich 7. April 2023 geltenden Fassung macht das Bundesministerium für Gesundheit die genehmigten, in Satz 1 bezeichneten Änderungen der Richtlinie durch Bekanntmachung einer Neufassung der Richtlinie im Bundesanzeiger bekannt.

(2) Erfolgt die Bekanntmachung der Neufassung der Richtlinie gemäß Absatz 1 Satz 2 nach dem 7. April 2023, so ist diese Verordnung bis zum Zeitpunkt dieser Bekanntmachung der Neufassung in der bis einschließlich 7. April 2023 geltenden Fassung anzuwenden.

[1] § 18 neu gef. mWv 18.3.2023 durch VO v. 15.3.2023 (BGBl. 2023 I Nr. 70).

88a. Gesetz über das Aufspüren von Gewinnen aus schweren Straftaten (Geldwäschegesetz – GwG)[1)]

Vom 23. Juni 2017
(BGBl. I S. 1822)

FNA 7613-3

Lfd. Nr.	Änderndes Gesetz	Datum	Fundstelle	Betroffen	Hinweis
1.	Art. 23 G zur Umsetzung der Vierten EU-GeldwäscheRL, zur Ausführung der EU-GeldtransferVO und zur Neuorganisation der Zentralstelle für Finanztransaktionsuntersuchungen[2)]	23.6.2017	BGBl. I S. 1822	§ 31	geänd. mWv 25.5.2018
2.	Art. 10 G zur Ausübung von Optionen der EU-ProspektVO und zur Anpassung weiterer Finanzmarktgesetze	10.7.2018	BGBl. I S. 1102	§§ 2, 3, 20, 22	geänd. mWv 14.7.2018
3.	Art. 5 Abs. 12 G zur Einführung einer Karte für Unionsbürger und Angehörige des Europäischen Wirtschaftsraums mit Funktion zum elektronischen Identitätsnachweis sowie zur Änd. des PersonalausweisG und weiterer Vorschriften[3) 4)]	21.6.2019	BGBl. I S. 846	§ 12	geänd. mWv 1.11.2019
4.	Art. 1 G zur Umsetzung der ÄndRL zur Vierten EU-GeldwäscheRL[5)]	12.12.2019	BGBl. I S. 2602	Inhaltsübersicht, §§ 1 2, 3, 4, 6, 7, 8, 9, 10, 11, 12, 15, 16, 17, 18, 19, 20, 21. 23, 24, 26, 28. 29, 31, 33. 35, 40, 42, 43, 45, 47, 49. 50, 51, 52, 53, 54, 55, 56. 57, 59, Anl. 1, 2	geänd. mWv 1.1.2020
				§§ 11a, 23a, 51a	eingef. mWv 1.1.2020

[1)] Verkündet als Art. 1 G v. 23.6.2017 (BGBl. I S. 1822); Inkrafttreten gem. Art. 24 Abs. 1 Satz 1 dieses G am 26.6.2017.

[2)] **Amtl. Anm.:** Dieses Gesetz dient der Umsetzung der Richtlinie (EU) 2015/849 des Europäischen Parlaments und des Rates vom 20. Mai 2015 zur Verhinderung der Nutzung des Finanzsystems zum Zwecke der Geldwäsche und der Terrorismusfinanzierung, zur Änderung der Verordnung (EU) Nr. 648/2012 des Europäischen Parlaments und des Rates und zur Aufhebung der Richtlinie 2005/60/EG des Europäischen Parlaments und des Rates und der Richtlinie 2006/70/EG der Kommission (ABl. L 141 vom 5.6.2015, S. 73).

[3)] **Amtl. Anm.:** Notifiziert gemäß der Richtlinie (EU) 2015/1535 des Europäischen Parlaments und des Rates vom 9. September 2015 über ein Informationsverfahren auf dem Gebiet der technischen Vorschriften und der Vorschriften für die Dienste der Informationsgesellschaft (ABl. L 241 vom 17.9.2015, S. 1).

[4)] Die Änd. des Inkrafttretens dieses G durch Art. 154a G v. 20.11.2019 (BGBl. I S. 1626) ist unbeachtlich, da das G bei Erlass des ÄndG bereits in Kraft getreten war.

[5)] **Amtl. Anm.:** Dieses Gesetz dient der Umsetzung der Richtlinie (EU) 2018/843 des Europäischen Parlaments und des Rates vom 30. Mai 2018 zur Änderung der Richtlinie (EU) 2015/849 zur Verhinderung der Nutzung des Finanzsystems zum Zwecke der Geldwäsche und der Terrorismusfinanzierung und zur Änderung der Richtlinien 2009/138/EG und 2013/36/EU (ABl. L 156 vom 19.6.2018, S. 43).

Lfd. Nr.	Änderndes Gesetz	Datum	Fundstelle	Betroffen	Hinweis
				§ 58	aufgeh. mit Ablauf des 31.12. 2019
				§ 23	geänd. mWv 1.7.2020
				§ 26a	eingef. mWv 1.1.2021
5.	Art. 269 Elfte ZuständigkeitsanpassungsVO	19.6.2020	BGBl. I S. 1328	§§ 12, 13, 14, 31, 47	geänd. mWv 27.6.2020
6.	Art. 5 Abs. 5 G zur Verbesserung der strafrechtlichen Bekämpfung der Geldwäsche	9.3.2021	BGBl. I S. 327	§ 43	geänd. mWv 18.3.2021
7.	Art. 6 Abs. 3 Zweites G zur Änd. des BundesmeldeG	15.1.2021	BGBl. I S. 530	§ 31	geänd. mWv 1.5.2022
8.	Art. 7 Abs. 16 G zur Umsetzung der RL (EU) 2019/2034 über die Beaufsichtigung von Wertpapierinstituten[1)]	12.5.2021	BGBl. I S. 990	§§ 2, 50, 56	geänd. mWv 26.6.2021
9.	Art. 9 Finanzmarktintegritätsstärkungsgesetz	3.6.2021	BGBl. I S. 1534	Inhaltsübersicht, § 31	geänd. mWv 1.7.2021
10.	Art. 1 Transparenzregister- und Finanzinformationsgesetz[2)]	25.6.2021	BGBl. I S. 2083	§§ 55, 56, 59	geänd. mWv 1.7.2021
				Inhaltsübersicht, Abschnitt 1 Überschrift, §§ 1, 2, 3, 4, 8, 9, 10, 11, 12, 13, 14, 17, 19, 20, 21, 22, 23, 23a, 24, 25, 26, 26a, 29, 31, 32, 33, 35, 38, 43, 44, 48, 56, 59	geänd. mWv 1.8.2021
				§§ 3a, 20a, 32a, 38a	eingef. mWv 1.8.2021

[1)] **Amtl. Anm.:** Dieses Gesetz dient der Umsetzung der Richtlinie (EU) 2019/2034 des Europäischen Parlaments und des Rates vom 27. November 2019 über die Beaufsichtigung von Wertpapierfirmen und zur Änderung der Richtlinien 2002/87/EG, 2009/65/EG, 2011/61/EU, 2013/36/EU, 2014/59/EU und 2014/65/EU (ABl. L 314 vom 5.12.2019, S. 64) sowie der Anpassung der nationalen Gesetze und Verordnungen an die Verordnung (EU) 2019/2033 des Europäischen Parlaments und des Rates vom 27. November 2019 über die Aufsichtsanforderungen an Wertpapierfirmen und zur Änderung der Verordnungen (EU) Nr. 1093/2010, (EU) Nr. 575/2013, (EU) Nr. 600/2014 und (EU) Nr. 806/2014 (ABl. L 314 vom 5.12.2019, S. 1; L 20 vom 24.1.2020, S. 26).

[2)] **Amtl. Anm.:** Dieses Gesetz dient der Umsetzung der Richtlinie (EU) 2019/1153 des Europäischen Parlaments und des Rates vom 20. Juni 2019 zur Festlegung von Vorschriften zur Erleichterung der Nutzung von Finanz- und sonstigen Informationen für die Verhütung, Aufdeckung, Untersuchung oder Verfolgung bestimmter Straftaten und zur Aufhebung des Beschlusses 2000/642/JI des Rates (ABl. L 186 vom 11.7.2019, S. 122), der Umsetzung der Richtlinie (EU) 2018/843 des Europäischen Parlaments und des Rates vom 30. Mai 2018 zur Änderung der Richtlinie (EU) 2015/849 zur Verhinderung der Nutzung des Finanzsystems zum Zwecke der Geldwäsche und der Terrorismusfinanzierung und zur Änderung der Richtlinien 2009/138/EG und 2013/36/EU (ABl. L 156 vom 19.6.2018, S. 43) sowie der Umsetzung der Richtlinie (EU) 2019/2177 des Europäischen Parlaments und des Rates vom 18. Dezember 2019 zur Änderung der Richtlinie 2009/138/EG betreffend die Aufnahme und Ausübung der Versicherungs- und der Rückversicherungstätigkeit (Solvabilität II), der Richtlinie 2014/65/EU über Märkte für Finanzinstrumente, und der Richtlinie (EU) 2015/849 zur Verhinderung der Nutzung des Finanzsystems zum Zwecke der Geldwäsche und der Terrorismusfinanzierung (ABl. L 334 vom 27.12.2019, S. 155).

Lfd. Nr.	Änderndes Gesetz	Datum	Fundstelle	Betroffen	Hinweis
11.	Art. 24 Abs. 11 G zur Modernisierung des notariellen Berufsrechts und zur Änd. weiterer Vorschriften	25.6.2021	BGBl. I S. 2154	§ 50	geänd. mWv 1.8.2021
12.	Art. 92 PersonengesellschaftsrechtsmodernisierungsG (MoPeG)	10.8.2021	BGBl. I S. 3436, geänd. 2023, Nr. 411	§§ 2, 12, 18, 22, 40	geänd. mWv 1.1.2024
13.	Art. 2 SanktionsdurchsetzungsG I	23.5.2022	BGBl. I S. 754	§§ 26a, 28, 30, 32, 40	geänd. mWv 28.5.2022
14.	Art. 4 SanktionsdurchsetzungsG II	19.12. 2022	BGBl. I S. 2606	Inhaltsübersicht, §§ 1, 3a, 8, 18, 19, 20, 22, 23, 23a, 24, 26a, 32, 51, 59	geänd. mWv 28.12.2022
				§§ 16a, 19a, 19b	eingef. mWv 28.12.2022
				Inhaltsübersicht	geänd. mWv 1.1.2026
				§ 23b	eingef. mWv 1.1.2026
15.	Art. 23 G zur Umsetzung der UmwandlungsRL und zur Änd. weiterer Gesetze	22.2.2023	BGBl. 2023 I Nr. 51	§ 50	geänd. mWv 1.3.2023
16.	Art. 12 G zur Stärkung der Aufsicht bei Rechtsdienstleistungen und zur Änd. weiterer Vorschriften	10.3.2023	BGBl. 2023 I Nr. 64	§§ 50, 56	geänd. mWv 1.1.2025
17.	Art. 8 G für einen besseren Schutz hinweisgebender Personen sowie zur Umsetzung der RL zum Schutz von Personen, die Verstöße gegen das Unionsrecht melden[1)]	31.5.2023	BGBl. 2023 I Nr. 140	§ 53	geänd. mWv 2.7.2023
18.	Art. 1 G zur Stärkung der risikobasierten Arbeitsweise der Zentralstelle für Finanztransaktionsuntersuchungen	13.11. 2023	BGBl. 2023 I Nr. 311	Inhaltsübersicht, §§ 26a, 28, 29, 30, 31, 32, 39, 41. 43, 46, 59	geänd. mWv 18.11.2023
				§ 28a	eingef. mWv 18.11.2023
19.	Art. 30 ZukunftsfinanzierungsG	11.12. 2023	BGBl. 2023 I Nr. 354	§ 1	geänd. mWv 15.12.2023
20.	Art. 34 Abs. 21 KreditzweitmarktförderungsG[2)]	22.12. 2023	BGBl. 2023 I Nr. 411	§ 20	geänd. mWv 1.1.2024

[1)] **Amtl. Anm.:** Dieses Gesetz dient der Umsetzung der Richtlinie (EU) 2019/1937 des Europäischen Parlaments und des Rates vom 23. Oktober 2019 zum Schutz von Personen, die Verstöße gegen das Unionsrecht melden (ABl. L 305 vom 26.11.2019, S. 17), die zuletzt durch die Verordnung (EU) 2022/1925 (ABl. L 265 vom 12.10.2022, S. 1) geändert worden ist.

[2)] **Amtl. Anm.:** Dieses Gesetz dient der Umsetzung der Richtlinie (EU) 2021/2167 des Europäischen Parlaments und des Rates vom 24. November 2021 über Kreditdienstleister und Kreditkäufer sowie zur Änderung der Richtlinien 2008/48/EG und 2014/17/EU (ABl. L 438 vom 8.12.2021, S. 1).

Vorbemerkung:
Die Änderungen durch G v. 10.3.2023 (BGBl. 2023 I Nr. 64) treten erst mWv 1.1.2025 in Kraft und sind im Text noch nicht berücksichtigt.

Inhaltsübersicht[1]

[1] Inhaltsübersicht geänd. mWv 1.1.2020 durch G v. 12.12.2019 (BGBl. I S. 2602); mWv 1.7.2021 durch G v. 3.6.2021 (BGBl. I S. 1534); mWv 1.8.2021 durch G v. 25.6.2021 (BGBl. I S. 2083); mWv 28.12.2022 und mWv 1.1.2026 durch G v. 19.12.2022 (BGBl. I S. 2606); mWv 18.11.2023 durch G v. 13.11.2023 (BGBl. 2023 I Nr. 311); sie wurde teilweise nichtamtlich an die Änderungen mWv 18.11. 2023 durch G v. 13.11.2023 (BGBl. 2023 I Nr. 311) angepasst.

Abschnitt 1.[1] Begriffsbestimmungen, Verpflichtete und risikobasierter Ansatz

§ 1[2] Begriffsbestimmungen (1) Geldwäsche im Sinne dieses Gesetzes ist eine Straftat nach § 261 des Strafgesetzbuchs[3].

(2) Terrorismusfinanzierung im Sinne dieses Gesetzes ist

1. die Bereitstellung oder Sammlung von Vermögensgegenständen mit dem Wissen oder in der Absicht, dass diese Vermögensgegenstände ganz oder teilweise dazu verwendet werden oder verwendet werden sollen, eine oder mehrere der folgenden Straftaten zu begehen:
   a) eine Tat nach § 129a des Strafgesetzbuchs, auch in Verbindung mit § 129b des Strafgesetzbuchs, oder
   b) eine andere der in den Artikeln 3, 5 bis 10 und 12 der Richtlinie (EU) 2017/541 des Europäischen Parlaments und des Rates vom 15. März 2017 zur Terrorismusbekämpfung und zur Ersetzung des Rahmenbeschlusses 2002/475/JI des Rates und zur Änderung des Beschlusses 2005/671/JI des Rates (ABl. L 88 vom 31.3.2017, S. 6) umschriebenen Straftaten,
2. die Begehung einer Tat nach § 89c des Strafgesetzbuchs oder
3. die Anstiftung oder Beihilfe zu einer Tat nach Nummer 1 oder 2.

(3) Identifizierung im Sinne dieses Gesetzes besteht aus

1. dem Erheben von Angaben zum Zweck der Identifizierung und
2. der Überprüfung dieser Angaben zum Zweck der Identifizierung.

(4) Geschäftsbeziehung im Sinne dieses Gesetzes ist jede Beziehung, die unmittelbar in Verbindung mit den gewerblichen oder beruflichen Aktivitäten der Verpflichteten steht und bei der beim Zustandekommen des Kontakts davon ausgegangen wird, dass sie von gewisser Dauer sein wird.

(5) [1] Transaktion im Sinne dieses Gesetzes ist oder sind eine oder, soweit zwischen ihnen eine Verbindung zu bestehen scheint, mehrere Handlungen, die eine Geldbewegung oder eine sonstige Vermögensverschiebung bezweckt oder bezwecken oder bewirkt oder bewirken. [2] Bei Vermittlungstätigkeiten von Verpflichteten nach § 2 Absatz 1 Nummer 14 und 16 gilt als Transaktion im Sinne dieses Gesetzes das vermittelte Rechtsgeschäft.

(6) [1] Trust im Sinne dieses Gesetzes ist eine Rechtgestaltung, die als Trust errichtet wurde, wenn das für die Errichtung anwendbare Recht das Rechtsinstitut des Trusts vorsieht. [2] Sieht das für die Errichtung anwendbare Recht ein Rechtsinstitut vor, das dem Trust nachgebildet ist, so gelten auch Rechtsgestaltungen, die unter Verwendung dieses Rechtsinstituts errichtet wurden, als Trust.

(7) Vermögensgegenstand im Sinne dieses Gesetzes ist

1. jeder Vermögenswert, ob körperlich oder nichtkörperlich, beweglich oder unbeweglich, materiell oder immateriell, sowie

---

[1] Abschnitt 1 Überschrift geänd. mWv 1.8.2021 durch G v. 25.6.2021 (BGBl. I S. 2083).

[2] § 1 Abs. 2 Nr. 1 Buchst. b, Abs. 11 und 12 Satz 2 neu gef., Abs. 5 Satz 2, Abs. 12 Sätze 3 und 4, Abs. 15 Satz 2 und Abs. 23–25 angef., Abs. 9 und 18 geänd. mWv 1.1.2020 durch G v. 12.12.2019 (BGBl. I S. 2602); Abs. 3 neu gef., Abs. 26–30 angef. mWv 1.8.2021 durch G v. 25.6.2021 (BGBl. I S. 2083); Abs. 7a eingef. mWv 28.12.2022 durch G v. 19.12.2022 (BGBl. I S. 2606); Abs. 21 Nr. 2 neu gef. mWv 15.12.2023 durch G v. 11.12.2023 (BGBl. 2023 I Nr. 354).

[3] **Habersack, Deutsche Gesetze Nr. 85.**

2. Rechtstitel und Urkunden in jeder Form, einschließlich der elektronischen und digitalen Form, die das Eigentumsrecht oder sonstige Rechte an Vermögenswerten nach Nummer 1 verbriefen.

(7a) Immobilien im Sinne dieses Gesetzes sind Grundstücke, grundstücksgleiche Rechte und Miteigentumsanteile an Grundstücken, die im Bestandsverzeichnis eines Grundbuchblattes aufgeführt sind.

(8) Glücksspiel im Sinne dieses Gesetzes ist jedes Spiel, bei dem ein Spieler für den Erwerb einer Gewinnchance ein Entgelt entrichtet und der Eintritt von Gewinn oder Verlust ganz oder überwiegend vom Zufall abhängt.

(9) Güterhändler im Sinne dieses Gesetzes ist, wer gewerblich Güter veräußert, unabhängig davon, in wessen Namen oder auf wessen Rechnung.

(10) [1] Hochwertige Güter im Sinne dieses Gesetzes sind Gegenstände,

1. die sich aufgrund ihrer Beschaffenheit, ihres Verkehrswertes oder ihres bestimmungsgemäßen Gebrauchs von Gebrauchsgegenständen des Alltags abheben oder
2. die aufgrund ihres Preises keine Alltagsanschaffung darstellen.

[2] Zu ihnen gehören insbesondere

1. Edelmetalle wie Gold, Silber und Platin,
2. Edelsteine,
3. Schmuck und Uhren,
4. Kunstgegenstände und Antiquitäten,
5. Kraftfahrzeuge, Schiffe und Motorboote sowie Luftfahrzeuge.

(11) Immobilienmakler im Sinne dieses Gesetzes ist, wer gewerblich den Abschluss von Kauf-, Pacht- oder Mietverträgen über Grundstücke, grundstücksgleiche Rechte, gewerbliche Räume oder Wohnräume vermittelt.

(12) [1] Politisch exponierte Person im Sinne dieses Gesetzes ist jede Person, die ein hochrangiges wichtiges öffentliches Amt auf internationaler, europäischer oder nationaler Ebene ausübt oder ausgeübt hat oder ein öffentliches Amt unterhalb der nationalen Ebene, dessen politische Bedeutung vergleichbar ist, ausübt oder ausgeübt hat. [2] Zu den politisch exponierten Personen gehören insbesondere

1. Personen, die folgende Funktionen innehaben:
   a) Staatschefs, Regierungschefs, Minister, Mitglieder der Europäischen Kommission, stellvertretende Minister und Staatssekretäre,
   b) Parlamentsabgeordnete und Mitglieder vergleichbarer Gesetzgebungsorgane,
   c) Mitglieder der Führungsgremien politischer Parteien,
   d) Mitglieder von obersten Gerichtshöfen, Verfassungsgerichtshöfen oder sonstigen hohen Gerichten, gegen deren Entscheidungen im Regelfall kein Rechtsmittel mehr eingelegt werden kann,
   e) Mitglieder der Leitungsorgane von Rechnungshöfen,
   f) Mitglieder der Leitungsorgane von Zentralbanken,
   g) Botschafter, Geschäftsträger und Verteidigungsattachés,
   h) Mitglieder der Verwaltungs-, Leitungs- und Aufsichtsorgane staatseigener Unternehmen,
   i) Direktoren, stellvertretende Direktoren, Mitglieder des Leitungsorgans oder sonstige Leiter mit vergleichbarer Funktion in einer zwischenstaatlichen internationalen oder europäischen Organisation;

2. Personen, die Ämter innehaben, welche in der nach Artikel 1 Nummer 13 der Richtlinie (EU) 2018/843 des Europäischen Parlaments und des Rates vom 30. Mai 2018 zur Änderung der Richtlinie (EU) 2015/849 zur Verhinderung der Nutzung des Finanzsystems zum Zwecke der Geldwäsche und der Terrorismusfinanzierung und zur Änderung der Richtlinien 2009/138/EG und 2013/36/EU (ABl. L 156 vom 19.6.2018, S. 43) von der Europäischen Kommission veröffentlichten Liste enthalten sind.

[3] Das Bundesministerium der Finanzen erstellt, aktualisiert und übermittelt der Europäischen Kommission eine Liste gemäß Artikel 1 Nummer 13 der Richtlinie (EU) 2018/843. [4] Organisationen nach Satz 2 Nummer 1 Buchstabe i mit Sitz in Deutschland übermitteln dem Bundesministerium der Finanzen hierfür jährlich zum Jahresende eine Liste mit wichtigen öffentlichen Ämtern nach dieser Vorschrift.

(13) Familienmitglied im Sinne dieses Gesetzes ist ein naher Angehöriger einer politisch exponierten Person, insbesondere
1. der Ehepartner oder eingetragene Lebenspartner,
2. ein Kind und dessen Ehepartner oder eingetragener Lebenspartner sowie
3. jeder Elternteil.

(14) Bekanntermaßen nahestehende Person im Sinne dieses Gesetzes ist eine natürliche Person, bei der der Verpflichtete Grund zu der Annahme haben muss, dass diese Person
1. gemeinsam mit einer politisch exponierten Person
   a) wirtschaftlich Berechtigter einer Vereinigung nach § 20 Absatz 1 ist oder
   b) wirtschaftlich Berechtigter einer Rechtsgestaltung nach § 21 ist,
2. zu einer politisch exponierten Person sonstige enge Geschäftsbeziehungen unterhält oder
3. alleiniger wirtschaftlich Berechtigter
   a) einer Vereinigung nach § 20 Absatz 1 ist oder
   b) einer Rechtsgestaltung nach § 21 ist,
   bei der der Verpflichtete Grund zu der Annahme haben muss, dass die Errichtung faktisch zugunsten einer politisch exponierten Person erfolgte.

(15) [1] Mitglied der Führungsebene im Sinne dieses Gesetzes ist eine Führungskraft oder ein leitender Mitarbeiter eines Verpflichteten mit ausreichendem Wissen über die Risiken, denen der Verpflichtete in Bezug auf Geldwäsche und Terrorismusfinanzierung ausgesetzt ist, und mit der Befugnis, insoweit Entscheidungen zu treffen. [2] Ein Mitglied der Führungsebene muss nicht zugleich ein Mitglied der Leitungsebene sein.

(16) Gruppe im Sinne dieses Gesetzes ist ein Zusammenschluss von Unternehmen, der besteht aus
1. einem Mutterunternehmen,
2. den Tochterunternehmen des Mutterunternehmens,
3. den Unternehmen, an denen das Mutterunternehmen oder seine Tochterunternehmen eine Beteiligung halten, und
4. Unternehmen, die untereinander verbunden sind durch eine Beziehung im Sinne des Artikels 22 Absatz 1 der Richtlinie 2013/34/EU des Europäischen Parlaments und des Rates vom 26. Juni 2013 über den Jahresabschluss, den konsolidierten Abschluss und damit verbundene Berichte von Unternehmen

bestimmter Rechtsformen und zur Änderung der Richtlinie 2006/43/EG des Europäischen Parlaments und des Rates und zur Aufhebung der Richtlinien 78/660/EWG und 83/349/EWG des Rates (ABl. L 182 vom 29.6.2013, S. 19).

(17) Drittstaat im Sinne dieses Gesetzes ist ein Staat,

1. der nicht Mitgliedstaat der Europäischen Union ist und
2. der nicht Vertragsstaat des Abkommens über den Europäischen Wirtschaftsraum ist.

(18) E-Geld im Sinne dieses Gesetzes ist E-Geld nach § 1 Absatz 2 Satz 3 und 4 des Zahlungsdiensteaufsichtsgesetzes.

(19) Aufsichtsbehörde im Sinne dieses Gesetzes ist die zuständige Aufsichtsbehörde nach § 50.

(20) Die Zuverlässigkeit eines Mitarbeiters im Sinne dieses Gesetzes liegt vor, wenn der Mitarbeiter die Gewähr dafür bietet, dass er

1. die in diesem Gesetz geregelten Pflichten, sonstige geldwäscherechtliche Pflichten und die beim Verpflichteten eingeführten Strategien, Kontrollen und Verfahren zur Verhinderung von Geldwäsche und von Terrorismusfinanzierung sorgfältig beachtet,
2. Tatsachen nach § 43 Absatz 1 dem Vorgesetzten oder dem Geldwäschebeauftragten, sofern ein Geldwäschebeauftragter bestellt ist, meldet und
3. sich weder aktiv noch passiv an zweifelhaften Transaktionen oder Geschäftsbeziehungen beteiligt.

(21) Korrespondenzbeziehung im Sinne dieses Gesetzes ist eine Geschäftsbeziehung, in deren Rahmen folgende Leistungen erbracht werden:

1. Bankdienstleistungen, wie die Unterhaltung eines Kontokorrent- oder eines anderen Zahlungskontos und die Erbringung damit verbundener Leistungen wie die Verwaltung von Barmitteln, die Durchführung von internationalen Geldtransfers oder Devisengeschäften und die Vornahme von Scheckverrechnungen, durch Verpflichtete nach § 2 Absatz 1 Nummer 1 (Korrespondenten) für CRR-Kreditinstitute oder für Unternehmen in einem Drittstaat, die Tätigkeiten ausüben, die denen solcher Kreditinstitute gleichwertig sind (Respondenten), oder
2. ähnliche Dienstleistungen, soweit diese Leistungen nach den jeweiligen gesetzlichen Vorschriften durch Verpflichtete nach § 2 Absatz 1 Nummer 1 bis 3 und 6 bis 9 (Korrespondenten) erbracht werden dürfen für folgende Respondenten:
   a) andere CRR-Kreditinstitute oder Finanzinstitute im Sinne des Artikels 3 Nummer 2 der Richtlinie (EU) 2015/849 oder
   b) Unternehmen oder Personen in einem Drittstaat, die Tätigkeiten ausüben, die denen solcher Kreditinstitute oder Finanzinstitute gleichwertig sind.

   Davon umfasst sind insbesondere Beziehungen, die für Wertpapiergeschäfte oder Geldtransfers aufgenommen wurden.

(22) Bank-Mantelgesellschaft im Sinne dieses Gesetzes ist

1. ein CRR-Kreditinstitut oder ein Finanzinstitut nach Artikel 3 Nummer 2 der Richtlinie (EU) 2015/849 oder
2. ein Unternehmen,
   a) das Tätigkeiten ausübt, die denen eines solchen Kreditinstituts oder Finanzinstituts gleichwertig sind, und das in einem Land in ein Handelsregister oder

ein vergleichbares Register eingetragen ist, in dem die tatsächliche Leitung und Verwaltung nicht erfolgen, und

b) das keiner regulierten Gruppe von Kredit- oder Finanzinstituten angeschlossen ist.

(23) [1] Kunstvermittler im Sinne dieses Gesetzes ist, wer gewerblich den Abschluss von Kaufverträgen über Kunstgegenstände vermittelt, auch als Auktionator oder Galerist. [2] Kunstlagerhalter im Sinne dieses Gesetzes ist, wer gewerblich Kunstgegenstände lagert. [3] Unerheblich ist, in wessen Namen oder auf wessen Rechnung die Tätigkeit nach Satz 1 oder 2 erfolgt.

(24) [1] Finanzunternehmen im Sinne dieses Gesetzes ist ein Unternehmen, dessen Haupttätigkeit darin besteht,

1. Beteiligungen zu erwerben, zu halten oder zu veräußern,
2. Geldforderungen mit Finanzierungsfunktion entgeltlich zu erwerben,
3. mit Finanzinstrumenten auf eigene Rechnung zu handeln,
4. Finanzanlagenvermittler nach § 34f Absatz 1 Satz 1 der Gewerbeordnung[1)] und Honorar-Finanzanlagenberater nach § 34h Absatz 1 Satz 1 der Gewerbeordnung zu sein, es sei denn, die Vermittlung oder Beratung bezieht sich ausschließlich auf Anlagen, die von Verpflichteten nach diesem Gesetz vertrieben oder emittiert werden,
5. Unternehmen über die Kapitalstruktur, die industrielle Strategie und die damit verbundenen Fragen zu beraten sowie bei Zusammenschlüssen und Übernahmen von Unternehmen diese Unternehmen zu beraten und ihnen Dienstleistungen anzubieten oder
6. Darlehen zwischen Kreditinstituten zu vermitteln (Geldmaklergeschäfte).

[2] Holdinggesellschaften, die ausschließlich Beteiligungen an Unternehmen außerhalb des Kreditinstituts-, Finanzinstituts- und Versicherungssektors halten und die nicht über die mit der Verwaltung des Beteiligungsbesitzes verbundenen Aufgaben hinaus unternehmerisch tätig sind, sind keine Finanzunternehmen im Sinne dieses Gesetzes.

(25) Mutterunternehmen im Sinne dieses Gesetzes ist ein Unternehmen, dem mindestens ein anderes Unternehmen nach Absatz 16 Nummer 2 bis 4 nachgeordnet ist, und dem kein anderes Unternehmen übergeordnet ist.

(26) Finanzinformationen im Sinne dieses Gesetzes sind alle Arten von Informationen oder Daten, insbesondere Daten über finanzielle Vermögenswerte, Geldbewegungen oder finanzgeschäftliche Beziehungen, die bereits bei der Zentralstelle für Finanztransaktionsuntersuchungen oder anderen zentralen Meldestellen im Sinne des Artikels 32 der Richtlinie (EU) 2015/849 vorhanden sind, um Geldwäsche und Terrorismusfinanzierung zu verhüten, aufzudecken und zu bekämpfen.

(27) Finanzanalyse im Sinne dieses Gesetzes ist das Ergebnis der von der Zentralstelle für Finanztransaktionsuntersuchungen oder einer anderen zentralen Meldestelle im Sinne des Artikel 32 der Richtlinie (EU) 2015/849 für die Erfüllung ihrer Aufgaben nach der Richtlinie (EU) 2015/849 bereits durchgeführten operativen und strategischen Analyse.

---

1) **Sartorius Nr. 800.**

(28) Die Bezeichnung

1. Richtlinie (EU) 2015/849 bezeichnet die Richtlinie (EU) 2015/849 des Europäischen Parlamentes und des Rates vom 20. Mai 2015 zur Verhinderung der Nutzung des Finanzsystems zum Zweck der Geldwäsche und der Terrorismusfinanzierung, zur Änderung der Verordnung (EU) Nr. 648/2012 des Europäischen Parlaments und des Rates und zur Aufhebung der Richtlinie 2005/60/EG des Europäischen Parlaments und des Rates und der Richtlinie 2006/70/EG der Kommission, die zuletzt durch die Richtlinie (EU) 2018/843 des Europäischen Parlamentes und des Rates vom 30. Mai 2018 zur Änderung der Richtlinie (EU) 2015/849 zur Verhinderung der Nutzung des Finanzsystems zum Zweck der Geldwäsche und der Terrorismusfinanzierung und zur Änderung der Richtlinien 2009/138/EG und 2013/36/EU geändert worden ist.
2. Richtlinie (EU) 2019/1153 bezeichnet die Richtlinie (EU) 2019/1153 des Europäischen Parlamentes und des Rates vom 20. Juni 2019 zur Festlegung von Vorschriften zur Erleichterung der Nutzung von Finanz- und sonstigen Informationen für die Verhütung, Aufdeckung, Untersuchung oder Verfolgung bestimmter Straftaten und zur Aufhebung des Beschlusses 2000/642/JI des Rates.
3. Verordnung (EU) 2016/794 bezeichnet die Verordnung (EU) 2016/794 des Europäischen Parlamentes und des Rates vom 11. Mai 2016 über die Agentur der Europäischen Union für die Zusammenarbeit auf dem Gebiet der Strafverfolgung (Europol) und zur Ersetzung und Aufhebung der Beschlüsse 2009/371/JI, 2009/934/JI, 2009/935/JI, 2009/936/JI und 2009/968/JI.

(29) Kryptowerte im Sinne dieses Gesetzes sind Kryptowerte nach § 1 Absatz 11 Satz 1 Nummer 10 in Verbindung mit Satz 4 und 5 des Kreditwesengesetzes.

(30) Übertragung von Kryptowerten im Sinne dieses Gesetzes ist jeglicher Transfer von Kryptowerten zwischen natürlichen oder juristischen Personen im Rahmen der Erbringung von Finanzdienstleistungen oder dem Betreiben von Bankgeschäften im Sinne des Kreditwesengesetzes, der nicht ausschließlich die Kryptoverwahrung im Sinne des § 1 Absatz 1a Satz 2 Nummer 6 des Kreditwesengesetzes darstellt.

§ 2[1)] Verpflichtete, Verordnungsermächtigung. (1) Verpflichtete im Sinne dieses Gesetzes sind, soweit sie in Ausübung ihres Gewerbes oder Berufs handeln,

1. Kreditinstitute nach § 1 Absatz 1 des Kreditwesengesetzes, mit Ausnahme der in § 2 Absatz 1 Nummer 3 bis 8 des Kreditwesengesetzes genannten Unternehmen, und im Inland gelegene Zweigstellen und Zweigniederlassungen von Kreditinstituten mit Sitz im Ausland,
2. Finanzdienstleistungsinstitute nach § 1 Absatz 1a des Kreditwesengesetzes, mit Ausnahme der in § 2 Absatz 6 Satz 1 Nummer 3 bis 10 und 12 und Absatz 10 des Kreditwesengesetzes genannten Unternehmen, im Inland gelegene Zweigstellen und Zweigniederlassungen von Finanzdienstleistungsinstituten mit Sitz im Ausland sowie Wertpapierinstitute nach § 2 Absatz 1 des Wertpapierinsti-

[1)] § 2 Abs. 1 Nr. 13 Buchst. e geänd. mWv 14.7.2018 durch G v. 10.7.2018 (BGBl. I S. 1102); Abs. 1 Nr. 3 und 5, Nr. 7 Buchst. b und c, Nr. 8, Nr. 10 Buchst. a, Nr. 12 sowie Abs. 2 Satz 1 geänd., Abs. 1 Nr. 4, 6, 11, 16 neu gef., Abs. 1 Nr. 7 Buchst. d, Nr. 10 Buchst. c–e, Abs. 2 Satz 2, Abs. 3 und 4 angef. mWv 1.1.2020 durch G v. 12.12.2019 (BGBl. I S. 2602); Abs. 1 Nr. 2 geänd. mWv 26.6.2021 durch G v. 12.5.2021 (BGBl. I S. 990); Abs. 1 Nr. 13 Buchst. e geänd., Nr. 15 Buchst. c neu gef., Buchst. d aufgeh. mWv 1.8.2021 durch G v. 25.6.2021 (BGBl. I S. 2083); Abs. 3 Satz 2 geänd. mWv 1.1.2024 durch G v. 10.8.2021 (BGBl. I S. 3436).

tutsgesetzes und im Inland gelegene Niederlassungen vergleichbarer Unternehmen mit Sitz im Ausland,
3. Zahlungsinstitute und E-Geld-Institute nach § 1 Absatz 3 des Zahlungsdiensteaufsichtsgesetzes und im Inland gelegene Zweigstellen und Zweigniederlassungen von vergleichbaren Instituten mit Sitz im Ausland,
4. Agenten nach § 1 Absatz 9 des Zahlungsdiensteaufsichtsgesetzes und E-Geld-Agenten nach § 1 Absatz 10 des Zahlungsdiensteaufsichtsgesetzes sowie diejenigen Zahlungsinstitute und E-Geld-Institute mit Sitz in einem anderen Vertragsstaat des Abkommens über den Europäischen Wirtschaftsraum, die im Inland über Agenten nach § 1 Absatz 9 des Zahlungsdiensteaufsichtsgesetzes oder über E-Geld-Agenten nach § 1 Absatz 10 des Zahlungsdiensteaufsichtsgesetzes niedergelassen sind,
5. selbständige Gewerbetreibende, die E-Geld eines Kreditinstituts nach § 1 Absatz 2 Satz 1 Nummer 2 des Zahlungsdiensteaufsichtsgesetzes vertreiben oder rücktauschen,
6. Finanzunternehmen sowie im Inland gelegene Zweigstellen und Zweigniederlassungen von Finanzunternehmen mit Sitz im Ausland, soweit sie nicht bereits von den Nummern 1 bis 5, 7, 9, 10, 12 oder 13 erfasst sind,
7. Versicherungsunternehmen nach Artikel 13 Nummer 1 der Richtlinie 2009/138/EG des Europäischen Parlaments und des Rates vom 25. November 2009 betreffend die Aufnahme und Ausübung der Versicherungs- und der Rückversicherungstätigkeit (Solvabilität II) (ABl. L 335 vom 17.12.2009, S. 1) und im Inland gelegene Niederlassungen solcher Unternehmen mit Sitz im Ausland, soweit sie jeweils
   a) Lebensversicherungstätigkeiten, die unter diese Richtlinie fallen, anbieten,
   b) Unfallversicherungen mit Prämienrückgewähr anbieten,
   c) Darlehen im Sinne von § 1 Absatz 1 Satz 2 Nummer 2 des Kreditwesengesetzes vergeben oder
   d) Kapitalisierungsprodukte anbieten,
8. Versicherungsvermittler nach § 59 des Versicherungsvertragsgesetzes[1)], soweit sie die unter Nummer 7 fallenden Tätigkeiten, Geschäfte, Produkte oder Dienstleistungen vermitteln, mit Ausnahme der gemäß § 34d Absatz 6 oder 7 Nummer 1 der Gewerbeordnung[2)] tätigen Versicherungsvermittler, und im Inland gelegene Niederlassungen entsprechender Versicherungsvermittler mit Sitz im Ausland,
9. Kapitalverwaltungsgesellschaften nach § 17 Absatz 1 des Kapitalanlagegesetzbuchs, im Inland gelegene Zweigniederlassungen von EU-Verwaltungsgesellschaften und ausländischen AIF-Verwaltungsgesellschaften sowie ausländische AIF-Verwaltungsgesellschaften, für die die Bundesrepublik Deutschland Referenzmitgliedstaat ist und die der Aufsicht der Bundesanstalt für Finanzdienstleistungsaufsicht gemäß § 57 Absatz 1 Satz 3 des Kapitalanlagegesetzbuchs unterliegen,
10. Rechtsanwälte, Kammerrechtsbeistände, Patentanwälte sowie Notare, soweit sie
   a) für den Mandanten an der Planung oder Durchführung von folgenden Geschäften mitwirken:
      aa) Kauf und Verkauf von Immobilien oder Gewerbebetrieben,

---

1) **Habersack, Deutsche Gesetze Nr. 62.**
2) **Sartorius Nr. 800.**

bb) Verwaltung von Geld, Wertpapieren oder sonstigen Vermögenswerten,
cc) Eröffnung oder Verwaltung von Bank-, Spar- oder Wertpapierkonten,
dd) Beschaffung der zur Gründung, zum Betrieb oder zur Verwaltung von Gesellschaften erforderlichen Mittel,
ee) Gründung, Betrieb oder Verwaltung von Treuhandgesellschaften, Gesellschaften oder ähnlichen Strukturen,

b) im Namen und auf Rechnung des Mandanten Finanz- oder Immobilientransaktionen durchführen,
c) den Mandanten im Hinblick auf dessen Kapitalstruktur, dessen industrielle Strategie oder damit verbundene Fragen beraten,
d) Beratung oder Dienstleistungen im Zusammenhang mit Zusammenschlüssen oder Übernahmen erbringen oder
e) geschäftsmäßig Hilfeleistung in Steuersachen erbringen,

11. Rechtsbeistände, die nicht Mitglied einer Rechtsanwaltskammer sind, und registrierte Personen nach § 10 des Rechtsdienstleistungsgesetzes[1], soweit sie Tätigkeiten nach Nummer 10 Buchstabe a bis d erbringen, ausgenommen die Erbringung von Inkassodienstleistungen im Sinne des § 2 Absatz 2 Satz 1 des Rechtsdienstleistungsgesetzes,
12. Wirtschaftsprüfer, vereidigte Buchprüfer, Steuerberater, Steuerbevollmächtigte und die in § 4 Nummer 11 des Steuerberatungsgesetzes genannten Vereine,
13. Dienstleister für Gesellschaften und für Treuhandvermögen oder Treuhänder, die nicht den unter den Nummern 10 bis 12 genannten Berufen angehören, wenn sie für Dritte eine der folgenden Dienstleistungen erbringen:
a) Gründung einer juristischen Person oder Personengesellschaft,
b) Ausübung der Leitungs- oder Geschäftsführungsfunktion einer juristischen Person oder einer Personengesellschaft, Ausübung der Funktion eines Gesellschafters einer Personengesellschaft oder Ausübung einer vergleichbaren Funktion,
c) Bereitstellung eines Sitzes, einer Geschäfts-, Verwaltungs- oder Postadresse und anderer damit zusammenhängender Dienstleistungen für eine juristische Person, für eine Personengesellschaft oder für eine Rechtsgestaltung nach § 3 Absatz 3,
d) Ausübung der Funktion eines Treuhänders für eine Rechtsgestaltung nach § 3 Absatz 3,
e) Ausübung der Funktion eines nominellen Anteilseigners für eine andere Person, bei der es sich nicht um eine auf einem organisierten Markt notierte Gesellschaft nach § 2 Absatz 11 des Wertpapierhandelsgesetzes[2] handelt, die dem Gemeinschaftsrecht entsprechenden Transparenzanforderungen im Hinblick auf Stimmrechtsanteile oder gleichwertigen internationalen Standards unterliegt,
f) Schaffung der Möglichkeit für eine andere Person, die in den Buchstaben b, d und e genannten Funktionen auszuüben,
14. Immobilienmakler,
15. Veranstalter und Vermittler von Glücksspielen, soweit es sich nicht handelt um
a) Betreiber von Geldspielgeräten nach § 33c der Gewerbeordnung,

---

[1] Nr. **99**.
[2] Nr. **58**.

b) Vereine, die das Unternehmen eines Totalisatoren nach § 1 des Rennwett- und Lotteriegesetzes betreiben,

c) Lotterien, für die die Veranstalter und Vermittler über eine glücksspielrechtliche Erlaubnis der in Deutschland jeweils zuständigen Behörde verfügen, und

16. Güterhändler, Kunstvermittler und Kunstlagerhalter, soweit die Lagerhaltung in Zollfreigebieten erfolgt.

(2) [1] Das Bundesministerium der Finanzen kann durch Rechtsverordnung ohne Zustimmung des Bundesrates Verpflichtete gemäß Absatz 1 Nummer 1 bis 9 und 16, die Finanztätigkeiten, die keinen Finanztransfer im Sinne von § 1 Absatz 1 Satz 2 Nummer 6 des Zahlungsdiensteaufsichtsgesetzes darstellen, nur gelegentlich oder in sehr begrenztem Umfang ausüben und bei denen ein geringes Risiko der Geldwäsche oder der Terrorismusfinanzierung besteht, vom Anwendungsbereich dieses Gesetzes ausnehmen, wenn

1. die Finanztätigkeit auf einzelne Transaktionen beschränkt ist, die in absoluter Hinsicht je Kunde und einzelne Transaktion den Betrag von 1 000 Euro nicht überschreitet,
2. der Umsatz der Finanztätigkeit insgesamt nicht über 5 Prozent des jährlichen Gesamtumsatzes der betroffenen Verpflichteten hinausgeht,
3. die Finanztätigkeit lediglich eine mit der ausgeübten Haupttätigkeit zusammenhängende Nebentätigkeit darstellt und
4. die Finanztätigkeit nur für Kunden der Haupttätigkeit und nicht für die allgemeine Öffentlichkeit erbracht wird.

[2] In diesem Fall hat es die Europäische Kommission zeitnah zu unterrichten.

(3) [1] Für Gerichte, die öffentliche Versteigerungen durchführen, gelten im Rahmen der Zwangsversteigerung von Grundstücken, von im Schiffsregister eingetragenen Schiffen, von Schiffsbauwerken, die im Schiffsbauregister eingetragen sind oder in dieses Register eingetragen werden können und Luftfahrzeugen im Wege der Zwangsvollstreckung die in den Abschnitten 3, 5 und 6 genannten Identifizierungs- und Meldepflichten sowie die Pflicht zur Zusammenarbeit mit der Zentralstelle für Finanztransaktionsuntersuchungen entsprechend, soweit Transaktionen mit Barzahlungen über mindestens 10 000 Euro getätigt werden. [2] Die Identifizierung des Erstehers soll unmittelbar nach Erteilung des Zuschlags erfolgen, spätestens jedoch bei Einzahlung des Bargebots; dabei ist bei natürlichen Personen die Erhebung des Geburtsorts und der Staatsangehörigkeit sowie bei ***[bis 31.12.2023:*** Personengesellschaften***][ab 1.1.2024:** rechtsfähigen Personengesellschaften**]*** und juristischen Personen die Erhebung der Namen sämtlicher Mitglieder des Vertretungsorgans oder sämtlicher gesetzlicher Vertreter nicht erforderlich.

(4) [1] Für Behörden sowie Körperschaften und Anstalten des öffentlichen Rechts, die öffentliche Versteigerungen durchführen, gelten die in den Abschnitten 3, 5 und 6 genannten Identifizierungs- und Meldepflichten sowie die Pflicht zur Zusammenarbeit mit der Zentralstelle für Finanztransaktionsuntersuchungen entsprechend, soweit Transaktionen mit Barzahlungen über mindestens 10 000 Euro getätigt werden. [2] Satz 1 gilt nicht, soweit im Rahmen der Zwangsvollstreckung gepfändete Gegenstände verwertet werden. [3] Die Identifizierung des Erstehers soll bei Zuschlag erfolgen, spätestens jedoch bei Einzahlung des Bargebots. [4] Nach Satz 1 verpflichtete Behörden sowie Körperschaften und Anstalten des öffentlichen Rechts können bei der Erfüllung ihrer Pflichten nach Satz 1 auf Dritte zurückgreifen.

§ 3[1] Wirtschaftlich Berechtigter. (1) [1] Wirtschaftlich Berechtigter im Sinne dieses Gesetzes ist

1. die natürliche Person, in deren Eigentum oder unter deren Kontrolle eine juristische Person, sonstige Gesellschaft oder eine Rechtsgestaltung im Sinne des Absatzes 3 letztlich steht, oder
2. die natürliche Person, auf deren Veranlassung eine Transaktion letztlich durchgeführt oder eine Geschäftsbeziehung letztlich begründet wird.

[2] Zu den wirtschaftlich Berechtigten zählen insbesondere die in den Absätzen 2 bis 4 aufgeführten natürlichen Personen.

(2) [1] Bei juristischen Personen außer rechtsfähigen Stiftungen und bei sonstigen Gesellschaften, die nicht an einem organisierten Markt nach § 2 Absatz 11 des Wertpapierhandelsgesetzes[2] notiert sind und keinen dem Gemeinschaftsrecht entsprechenden Transparenzanforderungen im Hinblick auf Stimmrechtsanteile oder gleichwertigen internationalen Standards unterliegen, zählt zu den wirtschaftlich Berechtigten jede natürliche Person, die unmittelbar oder mittelbar

1. mehr als 25 Prozent der Kapitalanteile hält,
2. mehr als 25 Prozent der Stimmrechte kontrolliert oder
3. auf vergleichbare Weise Kontrolle ausübt.

[2] Mittelbare Kontrolle liegt insbesondere vor, wenn entsprechende Anteile von einer oder mehreren Vereinigungen nach § 20 Absatz 1 gehalten werden, die von einer natürlichen Person kontrolliert werden. [3] Kontrolle liegt insbesondere vor, wenn die natürliche Person unmittelbar oder mittelbar einen beherrschenden Einfluss auf die Vereinigung nach § 20 Absatz 1 ausüben kann. [4] Für das Bestehen eines beherrschenden Einflusses gilt § 290 Absatz 2 bis 4 des Handelsgesetzbuchs[3] entsprechend. [5] Wenn auch nach Durchführung umfassender Prüfungen und ohne dass Tatsachen nach § 43 Absatz 1 vorliegen von der meldepflichtigen Vereinigung nach § 20 Absatz 1 kein wirtschaftlich Berechtigter nach Absatz 1 oder nach den Sätzen 1 bis 4 ermittelt werden kann, gilt als wirtschaftlich Berechtigter der gesetzliche Vertreter, der geschäftsführende Gesellschafter oder der Partner des Vertragspartners.

(3) Bei rechtsfähigen Stiftungen und Rechtsgestaltungen, mit denen treuhänderisch Vermögen verwaltet oder verteilt oder die Verwaltung oder Verteilung durch Dritte beauftragt wird, oder bei diesen vergleichbaren Rechtsformen zählt zu den wirtschaftlich Berechtigten:

1. jede natürliche Person, die als Treugeber (Settlor), Verwalter von Trusts (Trustee) oder Protektor, sofern vorhanden, handelt,
2. jede natürliche Person, die Mitglied des Vorstands der Stiftung ist,
3. jede natürliche Person, die als Begünstigte bestimmt worden ist,
4. die Gruppe von natürlichen Personen, zu deren Gunsten das Vermögen verwaltet oder verteilt werden soll, sofern die natürliche Person, die Begünstigte des verwalteten Vermögens werden soll, noch nicht bestimmt ist,

---

[1] *§ 3 Abs. 2 Satz 1 geänd. mWv 14.7.2018 durch G v.* 10.7.2018 (BGBl. I S. 1102); Abs. 2 Satz 5 neu gef., Abs. 3 Nr. 1, 4 und 5 geänd., Nr. 6 angef. mWv 1.1.2020 durch G v. 12.12.2019 (BGBl. I S. 2602); Abs. 1 Nr. 1 geänd., Abs. 3 Satz 1 Nr. 6 neu gef. mWv 1.8.2021 durch G v. 25.6.2021 (BGBl. I S. 2083).

[2] Nr. **58**.

[3] **Habersack, Deutsche Gesetze Nr. 50.**

5. jede natürliche Person, die auf sonstige Weise unmittelbar oder mittelbar beherrschenden Einfluss auf die Vermögensverwaltung oder Ertragsverteilung ausübt, und
6. jede natürliche Person, die unmittelbar oder mittelbar beherrschenden Einfluss auf eine Vereinigung ausüben kann, die
   a) Mitglied des Vorstands der Stiftung ist oder die als Begünstigte der Stiftung bestimmt worden ist, oder
   b) als Treugeber (Settlor), Verwalter von Trusts (Trustee) oder Protektor handelt oder die als Begünstige der Rechtsgestaltung bestimmt worden ist.

(4) [1] Bei Handeln auf Veranlassung zählt zu den wirtschaftlich Berechtigten derjenige, auf dessen Veranlassung die Transaktion durchgeführt wird. [2] Soweit der Vertragspartner als Treuhänder handelt, handelt er ebenfalls auf Veranlassung.

§ 3a[1)] Risikobasierter Ansatz, nationale Risikoanalyse. (1) [1] Die Verhinderung und Bekämpfung von Geldwäsche und Terrorismusfinanzierung nach den Anforderungen dieses Gesetzes folgt einem risikobasierten Ansatz. [2] Die spezielleren Regelungen der nachfolgenden Abschnitte dieses Gesetzes bleiben hiervon unberührt.

(2) [1] Die für die Verhinderung und Bekämpfung von Geldwäsche und Terrorismusfinanzierung zuständigen Behörden des Bundes sowie die Länder wirken an der vom Bundesministerium der Finanzen koordinierten nationalen Risikoanalyse mit. [2] Die Verpflichteten nach diesem Gesetz werden bei Erstellung der nationalen Risikoanalyse eingebunden und über die Ergebnisse unterrichtet. [3] Die nationale Risikoanalyse berücksichtigt die Risikobewertung der Europäischen Kommission nach Artikel 6 der Richtlinie (EU) 2015/849 und wird regelmäßig aktualisiert. [4] Nach Bedarf werden spezifische sektorale Risikoanalysen erstellt.

Abschnitt 2. Risikomanagement

§ 4[2)] Risikomanagement. (1) Die Verpflichteten müssen zur Verhinderung von Geldwäsche und von Terrorismusfinanzierung über ein wirksames Risikomanagement verfügen, das im Hinblick auf Art und Umfang ihrer Geschäftstätigkeit angemessen ist.

(2) Das Risikomanagement umfasst eine Risikoanalyse nach § 5 sowie interne Sicherungsmaßnahmen nach § 6.

(3) [1] Verantwortlich für das Risikomanagement sowie für die Einhaltung der geldwäscherechtlichen Bestimmungen in diesem und anderen Gesetzen sowie in den aufgrund dieses und anderer Gesetze ergangenen Rechtsverordnungen ist ein zu benennendes Mitglied der Leitungsebene. [2] Die Risikoanalyse und interne Sicherungsmaßnahmen bedürfen der Genehmigung dieses Mitglieds.

(4) Verpflichtete nach § 2 Absatz 1 Nummer 14 müssen über ein wirksames Risikomanagement einschließlich gruppenweiter Verfahren verfügen:
1. bei der Vermittlung von Kaufverträgen und
2. bei der Vermittlung von Miet- oder Pachtverträgen mit einer monatlichen Nettokaltmiete oder Nettokaltpacht in Höhe von mindestens 10 000 Euro.

[1)] § 3a eingef. mWv 1.8.2021 durch G v. 25.6.2021 (BGBl. I S. 2083); Abs. 2 Satz 3 geänd. mWv 28.12.2022 durch G v. 19.12.2022 (BGBl. I S. 2606).

[2)] § 4 Abs. 4 neu gef., Abs. 5 angef. mWv 1.1.2020 durch G v. 12.12.2019 (BGBl. I S. 2602); Abs. 4 Nr. 2 geänd. mWv 1.8.2021 durch G v. 25.6.2021 (BGBl. I S. 2083).

(5) Verpflichtete nach § 2 Absatz 1 Nummer 16 müssen über ein wirksames Risikomanagement einschließlich gruppenweiter Verfahren verfügen:

1. als Güterhändler bei folgenden Transaktionen:
   a) Transaktionen im Wert von mindestens 10 000 Euro über Kunstgegenstände,
   b) Transaktionen über hochwertige Güter nach § 1 Absatz 10 Satz 2 Nummer 1, bei welchen sie Barzahlungen über mindestens 2 000 Euro selbst oder durch Dritte tätigen oder entgegennehmen, oder
   c) Transaktionen über sonstige Güter, bei welchen sie Barzahlungen über mindestens 10 000 Euro selbst oder durch Dritte tätigen oder entgegennehmen, und
2. als Kunstvermittler und Kunstlagerhalter bei Transaktionen im Wert von mindestens 10 000 Euro.

§ 5 Risikoanalyse. (1) [1] Die Verpflichteten haben diejenigen Risiken der Geldwäsche und der Terrorismusfinanzierung zu ermitteln und zu bewerten, die für Geschäfte bestehen, die von ihnen betrieben werden. [2] Dabei haben sie insbesondere die in den Anlagen 1 und 2 genannten Risikofaktoren sowie die Informationen, die auf Grundlage der nationalen Risikoanalyse zur Verfügung gestellt werden, zu berücksichtigen. [3] Der Umfang der Risikoanalyse richtet sich nach Art und Umfang der Geschäftstätigkeit der Verpflichteten.

(2) Die Verpflichteten haben

1. die Risikoanalyse zu dokumentieren,
2. die Risikoanalyse regelmäßig zu überprüfen und gegebenenfalls zu aktualisieren und
3. der Aufsichtsbehörde auf Verlangen die jeweils aktuelle Fassung der Risikoanalyse zur Verfügung zu stellen.

(3) Für Verpflichtete als Mutterunternehmen einer Gruppe gelten die Absätze 1 und 2 in Bezug auf die gesamte Gruppe.

(4) Die Aufsichtsbehörde kann einen Verpflichteten auf dessen Antrag von der Dokumentation der Risikoanalyse befreien, wenn der Verpflichtete darlegen kann, dass die in dem jeweiligen Bereich bestehenden konkreten Risiken klar erkennbar sind und sie verstanden werden.

§ 6[1)] Interne Sicherungsmaßnahmen. (1) [1] Verpflichtete haben angemessene geschäfts- und kundenbezogene interne Sicherungsmaßnahmen zu schaffen, um die Risiken von Geldwäsche und von Terrorismusfinanzierung in Form von Grundsätzen, Verfahren und Kontrollen zu steuern und zu mindern. [2] Angemessen sind solche Maßnahmen, die der jeweiligen Risikosituation des einzelnen Verpflichteten entsprechen und diese hinreichend abdecken. [3] Die Verpflichteten haben die Funktionsfähigkeit der internen Sicherungsmaßnahmen zu überwachen und sie bei Bedarf zu aktualisieren.

(2) Interne Sicherungsmaßnahmen sind insbesondere:

1. die Ausarbeitung von internen Grundsätzen, Verfahren und Kontrollen in Bezug auf
   a) den Umgang mit Risiken nach Absatz 1,
   b) die Kundensorgfaltspflichten nach den §§ 10 bis 17,

[1)] § 6 Abs. 6 Sätze 3 und 4 geänd. mWv 1.1.2020 durch G v. 12.12.2019 (BGBl. I S. 2602).

c) die Erfüllung der Meldepflicht nach § 43 Absatz 1,

d) die Aufzeichnung von Informationen und die Aufbewahrung von Dokumenten nach § 8 und

e) die Einhaltung der sonstigen geldwäscherechtlichen Vorschriften,

2. die Bestellung eines Geldwäschebeauftragten und seines Stellvertreters gemäß § 7,
3. für Verpflichtete, die Mutterunternehmen einer Gruppe sind, die Schaffung von gruppenweiten Verfahren gemäß § 9,
4. die Schaffung und Fortentwicklung geeigneter Maßnahmen zur Verhinderung des Missbrauchs von neuen Produkten und Technologien zur Begehung von Geldwäsche und von Terrorismusfinanzierung oder für Zwecke der Begünstigung der Anonymität von Geschäftsbeziehungen oder von Transaktionen,
5. die Überprüfung der Mitarbeiter auf ihre Zuverlässigkeit durch geeignete Maßnahmen, insbesondere durch Personalkontroll- und Beurteilungssysteme der Verpflichteten,
6. die erstmalige und laufende Unterrichtung der Mitarbeiter in Bezug auf Typologien und aktuelle Methoden der Geldwäsche und der Terrorismusfinanzierung sowie die insoweit einschlägigen Vorschriften und Pflichten, einschließlich Datenschutzbestimmungen, und
7. die Überprüfung der zuvor genannten Grundsätze und Verfahren durch eine unabhängige Prüfung, soweit diese Überprüfung angesichts der Art und des Umfangs der Geschäftstätigkeit angemessen ist.

(3) Soweit ein Verpflichteter nach § 2 Absatz 1 Nummer 10 bis 14 und 16 seine berufliche Tätigkeit als Angestellter eines Unternehmens ausübt, obliegen die Verpflichtungen nach den Absätzen 1 und 2 diesem Unternehmen.

(4) [1] Verpflichtete nach § 2 Absatz 1 Nummer 15 haben über die in Absatz 2 genannten Maßnahmen hinaus Datenverarbeitungssysteme zu betreiben, mittels derer sie in der Lage sind, sowohl Geschäftsbeziehungen als auch einzelne Transaktionen im Spielbetrieb und über ein Spielerkonto nach § 16 zu erkennen, die als zweifelhaft oder ungewöhnlich anzusehen sind aufgrund des öffentlich verfügbaren oder im Unternehmen verfügbaren Erfahrungswissens über die Methoden der Geldwäsche und der Terrorismusfinanzierung. [2] Sie haben diese Datenverarbeitungssysteme zu aktualisieren. [3] Die Aufsichtsbehörde kann Kriterien bestimmen, bei deren Erfüllung Verpflichtete nach § 2 Absatz 1 Nummer 15 vom Einsatz von Datenverarbeitungssystemen nach Satz 1 absehen können.

(5) Die Verpflichteten haben im Hinblick auf ihre Art und Größe angemessene Vorkehrungen zu treffen, damit es ihren Mitarbeitern und Personen in einer vergleichbaren Position unter Wahrung der Vertraulichkeit ihrer Identität möglich ist, Verstöße gegen geldwäscherechtliche Vorschriften geeigneten Stellen zu berichten.

(6) [1] Die Verpflichteten treffen Vorkehrungen, um auf Anfrage der Zentralstelle für Finanztransaktionsuntersuchungen oder auf Anfrage anderer zuständiger Behörden Auskunft darüber zu geben, ob sie während eines Zeitraums von fünf Jahren vor der Anfrage mit bestimmten Personen eine Geschäftsbeziehung unterhalten haben und welcher Art diese Geschäftsbeziehung war. [2] Sie haben sicherzustellen, dass die Informationen sicher und vertraulich an die anfragende Stelle übermittelt werden. [3] Verpflichtete nach § 2 Absatz 1 Nummer 10 und 12 können die Auskunft verweigern, wenn sich die Anfrage auf Informationen bezieht, die sie im Rahmen von Tätigkeiten der Rechtsberatung oder Prozessvertretung erhalten

haben. [4]Die Pflicht zur Auskunft bleibt bestehen, wenn der Verpflichtete weiß, dass die Rechtsberatung oder Prozessvertretung für den Zweck der Geldwäsche oder der Terrorismusfinanzierung genutzt wurde oder wird.

(7) [1]Die Verpflichteten dürfen die internen Sicherungsmaßnahmen im Rahmen von vertraglichen Vereinbarungen durch einen Dritten durchführen lassen, wenn sie dies vorher der Aufsichtsbehörde angezeigt haben. [2]Die Aufsichtsbehörde kann die Übertragung dann untersagen, wenn

1. der Dritte nicht die Gewähr dafür bietet, dass die Sicherungsmaßnahmen ordnungsgemäß durchgeführt werden,
2. die Steuerungsmöglichkeiten der Verpflichteten beeinträchtigt werden oder
3. die Aufsicht durch die Aufsichtsbehörde beeinträchtigt wird.

[3]Die Verpflichteten haben in ihrer Anzeige darzulegen, dass die Voraussetzungen für eine Untersagung der Übertragung nach Satz 2 nicht vorliegen. [4]Die Verantwortung für die Erfüllung der Sicherungsmaßnahmen bleibt bei den Verpflichteten.

(8) Die Aufsichtsbehörde kann im Einzelfall Anordnungen erteilen, die geeignet und erforderlich sind, damit der Verpflichtete die erforderlichen internen Sicherungsmaßnahmen schafft.

(9) Die Aufsichtsbehörde kann anordnen, dass auf einzelne Verpflichtete oder Gruppen von Verpflichteten wegen der Art der von diesen betriebenen Geschäfte und wegen der Größe des Geschäftsbetriebs unter Berücksichtigung der Risiken in Bezug auf Geldwäsche oder Terrorismusfinanzierung die Vorschriften der Absätze 1 bis 6 risikoangemessen anzuwenden sind.

§ 7[1)] Geldwäschebeauftragter. (1) [1]Verpflichtete nach § 2 Absatz 1 Nummer 1 bis 3, 6, 7, 9 und 15 haben einen Geldwäschebeauftragten auf Führungsebene sowie einen Stellvertreter zu bestellen. [2]Der Geldwäschebeauftragte ist für die Einhaltung der geldwäscherechtlichen Vorschriften zuständig; die Verantwortung der Leitungsebene bleibt hiervon unberührt. [3]Der Geldwäschebeauftragte ist der Geschäftsleitung unmittelbar nachgeordnet.

(2) Die Aufsichtsbehörde kann einen Verpflichteten von der Pflicht, einen Geldwäschebeauftragten zu bestellen, befreien, wenn sichergestellt ist, dass

1. die Gefahr von Informationsverlusten und -defiziten aufgrund arbeitsteiliger Unternehmensstruktur nicht besteht und
2. nach risikobasierter Bewertung anderweitige Vorkehrungen getroffen werden, um Geschäftsbeziehungen und Transaktionen zu verhindern, die mit Geldwäsche oder Terrorismusfinanzierung zusammenhängen.

(3) [1]Die Aufsichtsbehörde kann anordnen, dass Verpflichtete nach § 2 Absatz 1 Nummer 4, 5, 8, 10 bis 14 und 16 einen Geldwäschebeauftragten zu bestellen haben, wenn sie dies für angemessen erachtet. [2]Bei Verpflichteten nach § 2 Absatz 1 Nummer 16 soll die Anordnung erfolgen, wenn die Haupttätigkeit des Verpflichteten im Handel mit hochwertigen Gütern besteht.

(4) [1]Die Verpflichteten haben der Aufsichtsbehörde die Bestellung des Geldwäschebeauftragten und seines Stellvertreters oder ihre Entpflichtung vorab an*zuzeigen.* [2]*Die Bestellung einer* Person zum Geldwäschebeauftragten oder zu seinem Stellvertreter muss auf Verlangen der Aufsichtsbehörde widerrufen werden,

---

[1)] § 7 Abs. 1 neu gef. mWv 1.1.2020 durch G v. 12.12.2019 (BGBl. I S. 2602).

wenn die Person nicht die erforderliche Qualifikation oder Zuverlässigkeit aufweist.

(5) [1]Der Geldwäschebeauftragte muss seine Tätigkeit im Inland ausüben. [2]Er muss Ansprechpartner sein für die Strafverfolgungsbehörden, für die für Aufklärung, Verhütung und Beseitigung von Gefahren zuständigen Behörden, für die Zentralstelle für Finanztransaktionsuntersuchungen und für die Aufsichtsbehörde in Bezug auf die Einhaltung der einschlägigen Vorschriften. [3]Ihm sind ausreichende Befugnisse und die für eine ordnungsgemäße Durchführung seiner Funktion notwendigen Mittel einzuräumen. [4]Insbesondere ist ihm ungehinderter Zugang zu sämtlichen Informationen, Daten, Aufzeichnungen und Systemen zu gewähren oder zu verschaffen, die im Rahmen der Erfüllung seiner Aufgaben von Bedeutung sein können. [5]Der Geldwäschebeauftragte hat der Geschäftsleitung unmittelbar zu berichten. [6]Soweit der Geldwäschebeauftragte die Erstattung einer Meldung nach § 43 Absatz 1 beabsichtigt oder ein Auskunftsersuchen der Zentralstelle für Finanztransaktionsuntersuchungen nach § 30 Absatz 3 beantwortet, unterliegt er nicht dem Direktionsrecht durch die Geschäftsleitung.

(6) Der Geldwäschebeauftragte darf Daten und Informationen ausschließlich zur Erfüllung seiner Aufgaben verwenden.

(7) [1]Dem Geldwäschebeauftragten und dem Stellvertreter darf wegen der Erfüllung ihrer Aufgaben keine Benachteiligung im Beschäftigungsverhältnis entstehen. [2]Die Kündigung des Arbeitsverhältnisses ist unzulässig, es sei denn, dass Tatsachen vorliegen, welche die verantwortliche Stelle zur Kündigung aus wichtigem Grund ohne Einhaltung einer Kündigungsfrist berechtigen. [3]Nach der Abberufung als Geldwäschebeauftragter oder als Stellvertreter ist die Kündigung innerhalb eines Jahres nach der Beendigung der Bestellung unzulässig, es sei denn, dass die verantwortliche Stelle zur Kündigung aus wichtigem Grund ohne Einhaltung einer Kündigungsfrist berechtigt ist.

§ 8[1)] Aufzeichnungs- und Aufbewahrungspflicht. (1) [1]Vom Verpflichteten aufzuzeichnen und aufzubewahren sind

1. die im Rahmen der Erfüllung der Sorgfaltspflichten erhobenen Angaben und eingeholten Informationen
   a) über die Vertragspartner, die Vertragsparteien des vermittelten Rechtsgeschäfts nach § 11 Absatz 2 und gegebenenfalls über die für die Vertragspartner oder die Vertragsparteien des vermittelten Rechtsgeschäfts auftretenden Personen und wirtschaftlich Berechtigten,
   b) über Geschäftsbeziehungen und Transaktionen, insbesondere Transaktionsbelege, soweit sie für die Untersuchung von Transaktionen erforderlich sein können,
2. hinreichende Informationen über die Durchführung und über die Ergebnisse der Risikobewertung nach § 10 Absatz 2, § 14 Absatz 1 und § 15 Absatz 3 und über die Angemessenheit der auf Grundlage dieser Ergebnisse ergriffenen Maßnahmen,
3. die Ergebnisse der Untersuchung nach § 15 Absatz 6 Nummer 1,
4. von den Beteiligten vorgelegte Nachweise nach § 16a Absatz 2 und

---

[1)] § 8 Abs. 1 Satz 1 Nr. 1 Buchst. a und Satz 2, Abs. 2 Satz 2 sowie Abs. 4 Sätze 1 und 2 neu gef., Abs. 1 Satz 3 angef., Abs. 2 Satz 4 eingef., bish. Sätze 4–7 werden Sätze 5–8 mWv 1.1.2020 durch G v. 12.12. 2019 (BGBl. I S. 2602); Abs. 1 Satz 1 Nr. 1 Buchst. a, Nr. 2 und 3 sowie Satz 2 geänd. mWv 1.8.2021 durch G v. 25.6.2021 (BGBl. I S. 2083); Abs. 1 Satz 1 Nr. 3 geänd., Nr. 4 eingef., bish. Nr. 4 wird Nr. 5 mWv 28.12.2022 durch G v. 19.12.2022 (BGBl. I S. 2606).

5. die Erwägungsgründe und eine nachvollziehbare Begründung des Bewertungsergebnisses eines Sachverhalts hinsichtlich der Meldepflicht nach § 43 Absatz 1.

[2] Die Aufzeichnungen nach Satz 1 Nummer 1 Buchstabe a schließen Aufzeichnungen über die getroffenen Maßnahmen zur Ermittlung des wirtschaftlich Berechtigten sowie die Dokumentation der Eigentums- und Kontrollstruktur nach § 12 Absatz 4 Satz 1 ein. [3] Bei Personen, die nach § 3 Absatz 2 Satz 5 als wirtschaftlich Berechtigte gelten, sind zudem die Maßnahmen zur Überprüfung der Identität nach § 11 Absatz 5 und etwaige Schwierigkeiten, die während des Überprüfungsvorgangs aufgetreten sind, aufzuzeichnen.

(2) [1] Zur Erfüllung der Pflicht nach Absatz 1 Satz 1 Nummer 1 Buchstabe a sind in den Fällen des § 12 Absatz 1 Satz 1 Nummer 1 auch die Art, die Nummer und die Behörde, die das zur Überprüfung der Identität vorgelegte Dokument ausgestellt hat, aufzuzeichnen. [2] Soweit zur Überprüfung der Identität einer natürlichen Person Dokumente nach § 12 Absatz 1 Satz 1 Nummer 1, 4 oder 5 oder zur Überprüfung der Identität einer juristischen Person Unterlagen nach § 12 Absatz 2 vorgelegt werden oder soweit Dokumente, die aufgrund einer Rechtsverordnung nach § 12 Absatz 3 bestimmt sind, vorgelegt oder herangezogen werden, haben die Verpflichteten das Recht und die Pflicht, Kopien dieser Dokumente oder Unterlagen anzufertigen oder sie optisch digitalisiert zu erfassen oder, bei einem Vor-Ort-Auslesen nach § 18a des Personalausweisgesetzes[1)], nach § 78 Absatz 5 Satz 2 des Aufenthaltsgesetzes[2)] oder nach § 13 des eID-Karte-Gesetzes, das dienste- und kartenspezifische Kennzeichen sowie die Tatsache aufzuzeichnen, dass die Daten im Wege des Vor-Ort-Auslesens übernommen wurden. [3] Diese gelten als Aufzeichnung im Sinne des Satzes 1. [4] Die Aufzeichnungs- und Aufbewahrungspflicht nach Absatz 1 Satz 1 Nummer 1 Buchstabe a umfasst auch die zur Erfüllung geldwäscherechtlicher Sorgfaltspflichten angefertigten Aufzeichnungen von Video- und Tonaufnahmen. [5] Wird nach § 11 Absatz 3 Satz 1 von einer erneuten Identifizierung abgesehen, so sind der Name des zu Identifizierenden und der Umstand, dass er bei früherer Gelegenheit identifiziert worden ist, aufzuzeichnen. [6] Im Fall des § 12 Absatz 1 Satz 1 Nummer 2 ist anstelle der Art, der Nummer und der Behörde, die das zur Überprüfung der Identität vorgelegte Dokument ausgestellt hat, das dienste- und kartenspezifische Kennzeichen und die Tatsache, dass die Prüfung anhand eines elektronischen Identitätsnachweises erfolgt ist, aufzuzeichnen. [7] Bei der Überprüfung der Identität anhand einer qualifizierten Signatur nach § 12 Absatz 1 Satz 1 Nummer 3 ist auch deren Validierung aufzuzeichnen. [8] Bei Einholung von Angaben und Informationen durch Einsichtnahme in elektronisch geführte Register oder Verzeichnisse gemäß § 12 Absatz 2 gilt die Anfertigung eines Ausdrucks als Aufzeichnung der darin enthaltenen Angaben oder Informationen.

(3) [1] Die Aufzeichnungen können auch digital auf einem Datenträger gespeichert werden. [2] Die Verpflichteten müssen sicherstellen, dass die gespeicherten Daten

1. mit den festgestellten Angaben und Informationen übereinstimmen,
2. während der Dauer der Aufbewahrungsfrist verfügbar sind und
3. jederzeit innerhalb einer angemessenen Frist lesbar gemacht werden können.

(4) [1] Die Aufzeichnungen und sonstigen Belege nach den Absätzen 1 bis 3 sind *fünf Jahre aufzubewahren, soweit nicht* andere gesetzliche Bestimmungen über

---

[1)] **Sartorius Nr. 255.**
[2)] **Sartorius Nr. 565.**

Aufzeichnungs- und Aufbewahrungspflichten eine längere Frist vorsehen. [2] In jedem Fall sind die Aufzeichnungen und sonstigen Belege spätestens nach Ablauf von zehn Jahren zu vernichten. [3] Die Aufbewahrungsfrist im Fall des § 10 Absatz 3 Satz 1 Nummer 1 beginnt mit dem Schluss des Kalenderjahres, in dem die Geschäftsbeziehung endet. [4] In den übrigen Fällen beginnt sie mit dem Schluss des Kalenderjahres, in dem die jeweilige Angabe festgestellt worden ist.

(Fortsetzung nächstes Blatt)

(5) Soweit aufzubewahrende Unterlagen einer öffentlichen Stelle vorzulegen sind, gilt für die Lesbarmachung der Unterlagen § 147 Absatz 5 der Abgabenordnung entsprechend.

§ 9[1] Gruppenweite Pflichten. (1) [1] Verpflichtete, die Mutterunternehmen einer Gruppe sind, haben eine Risikoanalyse für alle Zweigstellen, Zweigniederlassungen und gruppenangehörigen Unternehmen nach § 1 Absatz 16 Nummer 2 bis 4, die geldwäscherechtlichen Pflichten unterliegen, durchzuführen. [2] Auf Grundlage dieser Risikoanalyse haben sie gruppenweit folgende Maßnahmen zu ergreifen:

1. die Einrichtung von einheitlichen internen Sicherungsmaßnahmen nach § 6 Absatz 2,
2. die Bestellung eines Geldwäschebeauftragten, der für die Erstellung einer gruppenweiten Strategie zur Verhinderung von Geldwäsche und Terrorismusfinanzierung sowie für die Koordinierung und Überwachung ihrer Umsetzung zuständig ist,
3. die Schaffung von Verfahren für den Informationsaustausch innerhalb der Gruppe zur Verhinderung von Geldwäsche und von Terrorismusfinanzierung sowie
4. die Schaffung von Vorkehrungen zum Schutz von personenbezogenen Daten.

[3] Sie haben sicherzustellen, dass die von ihnen getroffenen Maßnahmen nach Satz 2 Nummer 1, 3 und 4 von ihren Zweigstellen, Zweigniederlassungen und gruppenangehörigen Unternehmen nach § 1 Absatz 16 Nummer 2 bis 4, soweit diese geldwäscherechtlichen Pflichten und dem beherrschenden Einfluss des Mutterunternehmens unterliegen, wirksam umgesetzt werden. [4] Für die Bestellung eines Geldwäschebeauftragten nach Satz 2 Nummer 2 gelten die Regelungen des § 7 Absatz 4 bis 7 entsprechend.

(2) Verpflichtete, die Mutterunternehmen einer Gruppe sind, haben sicherzustellen, dass Zweigniederlassungen und gruppenangehörige Unternehmen nach § 1 Absatz 16 Nummer 2 bis 4, die mehrheitlich in ihrem Besitz stehen und die in einem anderen Mitgliedstaat der Europäischen Union ansässig sind, nach dessen Recht sie Pflichten zur Verhinderung von Geldwäsche und von Terrorismusfinanzierung unterliegen, die dort geltenden nationalen Rechtsvorschriften zur Umsetzung der Richtlinie (EU) 2015/849 einhalten.

(3) [1] Verpflichtete, die Mutterunternehmen einer Gruppe sind, haben sicherzustellen, dass Zweigstellen und gruppenangehörige Unternehmen nach § 1 Absatz 16 Nummer 2 bis 4, die mehrheitlich in ihrem Besitz stehen und ihren Sitz in einem Drittstaat haben, in dem die Mindestanforderungen zur Verhinderung von Geldwäsche und von Terrorismusfinanzierung geringer sind als die Anforderungen für Unternehmen mit Sitz in Deutschland, die Anforderungen nach diesem Gesetz erfüllen, soweit das Recht des Drittstaats dies zulässt. [2] Soweit eine Umsetzung der in Absatz 1 Satz 2 Nummer 1, 3 und 4 genannten Maßnahmen nach dem Recht des Drittstaats nicht zulässig ist, sind die Mutterunternehmen verpflichtet,

---

[1] § 9 Überschrift, Abs. 1 Satz 2 Nr. 1, Abs. 2 und 3 neu gef., Abs. 1 Satz 1, Satz 2 Nr. 3 und 4 sowie Satz 3 geänd., Abs. 4 und 5 angef. mWv 1.1.2020 durch G v. 12.12.2019 (BGBl. I S. 2602); Abs. 1 Satz 4 angef., Abs. 5 Satz 2 neu gef. mWv 1.8.2021 durch G v. 25.6.2021 (BGBl. I S. 2083).

1. sicherzustellen, dass ihre in Satz 1 genannten Zweigstellen und gruppenangehörigen Unternehmen, die mehrheitlich in ihrem Besitz stehen, zusätzliche Maßnahmen ergreifen, um dem Risiko der Geldwäsche und der Terrorismusfinanzierung wirksam zu begegnen, und
2. die nach § 50 zuständige Aufsichtsbehörde über die getroffenen Maßnahmen zu informieren.

[3] Reichen die getroffenen Maßnahmen nicht aus, so ordnet die nach § 50 zuständige Aufsichtsbehörde an, dass die Mutterunternehmen sicherstellen, dass die in Satz 1 genannten Zweigstellen und gruppenangehörigen Unternehmen nach § 1 Absatz 16 Nummer 2 bis 4 in diesem Drittstaat weder eine Geschäftsbeziehung begründen oder fortsetzen noch Transaktionen durchführen.

(4) Die Absätze 1 bis 3 gelten entsprechend für Verpflichtete,

1. die gruppenangehörige Unternehmen nach § 1 Absatz 16 Nummer 2 bis 4 sind, soweit ihnen mindestens ein anderes Unternehmen nach § 1 Absatz 16 Nummer 2 bis 4 nachgeordnet ist und ihrem beherrschenden Einfluss unterliegt, und
2. deren Mutterunternehmen weder nach Absatz 1 noch nach dem Recht des Staates, in dem es ansässig ist, gruppenweite Maßnahmen ergreifen muss.

(5) [1] Verpflichtete, die gruppenangehörige Unternehmen nach § 1 Absatz 16 Nummer 2 bis 4 eines Mutterunternehmens im Sinne von Absatz 1 sind, haben die in Absatz 1 Satz 2 Nummer 1, 3 und 4 genannten Maßnahmen umzusetzen. [2] Alle anderen gruppenangehörigen Verpflichteten müssen die in Absatz 1 Satz 2 Nummer 3 und 4 genannten Maßnahmen umsetzen. [3] Die Pflichten nach den Sätzen 1 und 2 gelten unbeschadet der von den Verpflichteten zu beachtenden eigenen gesetzlichen Verpflichtung zur Erfüllung sonstiger geldwäscherechtlicher Vorschriften.

Abschnitt 3. Sorgfaltspflichten in Bezug auf Kunden

§ 10[1)] Allgemeine Sorgfaltspflichten. (1) Die allgemeinen Sorgfaltspflichten sind:

1. die Identifizierung des Vertragspartners und gegebenenfalls der für ihn auftretenden Person nach Maßgabe des § 11 Absatz 4 und des § 12 Absatz 1 und 2 sowie die Prüfung, ob die für den Vertragspartner auftretende Person hierzu berechtigt ist,
2. die Abklärung, ob der Vertragspartner für einen wirtschaftlich Berechtigten handelt, und, soweit dies der Fall ist, die Identifizierung des wirtschaftlich Berechtigten nach Maßgabe des § 11 Absatz 5 und des § 12 Absatz 3 und 4; dies umfasst in Fällen, in denen der Vertragspartner keine natürliche Person ist, die Pflicht, die Eigentums- und Kontrollstruktur des Vertragspartners mit angemessenen Mitteln in Erfahrung zu bringen,
3. die Einholung und Bewertung von Informationen über den Zweck und über die angestrebte Art der Geschäftsbeziehung, soweit sich diese Informationen im Einzelfall nicht bereits zweifelsfrei aus der Geschäftsbeziehung ergeben,

---

[1)] § 10 Abs. 3 Sätze 2 und 3 aufgeh., Abs. 3a, Abs. 6a und 8a eingef., Abs. 4 und 5 Satz 1 geänd., *Abs. 6 und 9 Satz 3 neu gef., Satz 4* angef. mWv 1.1.2020 durch G v. 12.12.2019 (BGBl. I S. 2602); Abs. 1 Nr. 2 geänd., Abs. 3 Nr. 2 Buchst. c eingef., Abs. 6 Nr. 2 und Abs. 9 Satz 4 geänd. mWv 1.8. 2021 durch G v. 25.6.2021 (BGBl. I S. 2083).

4. die Feststellung mit angemessenen, risikoorientierten Verfahren, ob es sich bei dem Vertragspartner oder dem wirtschaftlich Berechtigten um eine politisch exponierte Person, um ein Familienmitglied oder um eine bekanntermaßen nahestehende Person handelt, und
5. die kontinuierliche Überwachung der Geschäftsbeziehung einschließlich der Transaktionen, die in ihrem Verlauf durchgeführt werden, zur Sicherstellung, dass diese Transaktionen übereinstimmen
   a) mit den beim Verpflichteten vorhandenen Dokumenten und Informationen über den Vertragspartner und gegebenenfalls über den wirtschaftlich Berechtigten, über deren Geschäftstätigkeit und Kundenprofil und,
   b) soweit erforderlich, mit den beim Verpflichteten vorhandenen Informationen über die Herkunft der Vermögenswerte;

   im Rahmen der kontinuierlichen Überwachung haben die Verpflichteten sicherzustellen, dass die jeweiligen Dokumente, Daten oder Informationen unter Berücksichtigung des jeweiligen Risikos im angemessenen zeitlichen Abstand aktualisiert werden.

(2) [1] Der konkrete Umfang der Maßnahmen nach Absatz 1 Nummer 2 bis 5 muss dem jeweiligen Risiko der Geldwäsche oder Terrorismusfinanzierung, insbesondere in Bezug auf den Vertragspartner, die Geschäftsbeziehung oder Transaktion, entsprechen. [2] Die Verpflichteten berücksichtigen dabei insbesondere die in den Anlagen 1 und 2 genannten Risikofaktoren. [3] Darüber hinaus zu berücksichtigen haben sie bei der Bewertung der Risiken zumindest

1. den Zweck des Kontos oder der Geschäftsbeziehung,
2. die Höhe der von Kunden eingezahlten Vermögenswerte oder den Umfang der ausgeführten Transaktionen sowie
3. die Regelmäßigkeit oder die Dauer der Geschäftsbeziehung.

[4] Verpflichtete müssen gegenüber den Aufsichtsbehörden auf deren Verlangen darlegen, dass der Umfang der von ihnen getroffenen Maßnahmen im Hinblick auf die Risiken der Geldwäsche und der Terrorismusfinanzierung angemessen ist.

(3) Die allgemeinen Sorgfaltspflichten sind von Verpflichteten zu erfüllen:

1. bei der Begründung einer Geschäftsbeziehung,
2. bei Transaktionen, die außerhalb einer Geschäftsbeziehung durchgeführt werden, wenn es sich handelt um
   a) Geldtransfers nach Artikel 3 Nummer 9 der Verordnung (EU) 2015/847 des Europäischen Parlaments und des Rates vom 20. Mai 2015 über die Übermittlung von Angaben bei Geldtransfers und zur Aufhebung der Verordnung (EU) Nr. 1781/2006 (ABl. L 141 vom 5.6.2015, S. 1) und dieser Geldtransfer einen Betrag von 1 000 Euro oder mehr ausmacht,
   b) die Durchführung einer sonstigen Transaktion im Wert von 15 000 Euro oder mehr,
   c) die Übertragung von Kryptowerten, die zum Zeitpunkt der Übertragung einem Gegenwert von 1 000 Euro oder mehr entspricht,
3. ungeachtet etwaiger nach diesem Gesetz oder anderen Gesetzen bestehender Ausnahmeregelungen, Befreiungen oder Schwellenbeträge beim Vorliegen von Tatsachen, die darauf hindeuten, dass

a) es sich bei Vermögensgegenständen, die mit einer Transaktion oder Geschäftsbeziehung im Zusammenhang stehen, um den Gegenstand von Geldwäsche handelt oder

b) die Vermögensgegenstände im Zusammenhang mit Terrorismusfinanzierung stehen,

4. bei Zweifeln, ob die aufgrund von Bestimmungen dieses Gesetzes erhobenen Angaben zu der Identität des Vertragspartners, zu der Identität einer für den Vertragspartner auftretenden Person oder zu der Identität des wirtschaftlich Berechtigten zutreffend sind.

(3a) [1] Die Verpflichteten müssen die allgemeinen Sorgfaltspflichten bei allen neuen Kunden erfüllen. [2] Bei bereits bestehenden Geschäftsbeziehungen müssen sie die allgemeinen Sorgfaltspflichten zu geeigneter Zeit auf risikobasierter Grundlage erfüllen, insbesondere dann, wenn

1. sich bei einem Kunden maßgebliche Umstände ändern,
2. der Verpflichtete rechtlich verpflichtet ist, den Kunden im Laufe des betreffenden Kalenderjahres zu kontaktieren, um etwaige einschlägige Informationen über den wirtschaftlich Berechtigten zu überprüfen, oder
3. der Verpflichtete gemäß der Richtlinie 2011/16/EU des Rates vom 15. Februar 2011 über die Zusammenarbeit der Verwaltungsbehörden im Bereich der Besteuerung und zur Aufhebung der Richtlinie 77/799/EWG (ABl. L 64 vom 11.3.2011, S. 1) dazu verpflichtet ist.

(4) Nehmen Verpflichtete nach § 2 Absatz 1 Nummer 3 bis 5 Bargeld bei der Erbringung von Zahlungsdiensten nach § 1 Absatz 1 Satz 2 des Zahlungsdiensteaufsichtsgesetzes an, so haben sie die allgemeinen Sorgfaltspflichten nach Absatz 1 Nummer 1 und 2 zu erfüllen.

(5) [1] Verpflichtete nach § 2 Absatz 1 Nummer 15 haben die allgemeinen Sorgfaltspflichten bei Transaktionen in Form von Gewinnen oder Einsätzen eines Spielers in Höhe von 2 000 Euro oder mehr zu erfüllen, es sei denn, das Glücksspiel wird im Internet angeboten oder vermittelt. [2] Der Identifizierungspflicht kann auch dadurch nachgekommen werden, dass der Spieler bereits beim Betreten der Spielbank oder der sonstigen örtlichen Glücksspielstätte identifiziert wird, wenn vom Verpflichteten zusätzlich sichergestellt wird, dass Transaktionen im Wert von 2 000 Euro oder mehr einschließlich des Kaufs oder Rücktauschs von Spielmarken dem jeweiligen Spieler zugeordnet werden können.

(6) Verpflichtete nach § 2 Absatz 1 Nummer 14 haben die allgemeinen Sorgfaltspflichten zu erfüllen:

1. bei der Vermittlung von Kaufverträgen und
2. bei der Vermittlung von Miet- oder Pachtverträgen bei Transaktionen mit einer monatlichen Nettokaltmiete oder Nettokaltpacht in Höhe von mindestens 10 000 Euro.

(6a) Verpflichtete nach § 2 Absatz 1 Nummer 16 haben die allgemeinen Sorgfaltspflichten zu erfüllen:

1. als Güterhändler bei folgenden Transaktionen:

a) Transaktionen im Wert von mindestens 10 000 Euro über Kunstgegenstände,

b) Transaktionen über hochwertige Güter nach § 1 Absatz 10 Satz 2 Nummer 1, bei welchen sie Barzahlungen über mindestens 2 000 Euro selbst oder durch Dritte tätigen oder entgegennehmen oder

c) Transaktionen über sonstige Güter, bei welchen sie Barzahlungen über mindestens 10 000 Euro selbst oder durch Dritte tätigen oder entgegennehmen, und

2. als Kunstvermittler und Kunstlagerhalter bei Transaktionen im Wert von mindestens 10 000 Euro.

(7) [1] Für Verpflichtete nach § 2 Absatz 1 Nummer 4 und 5, die bei der Ausgabe von E-Geld tätig sind, gilt § 25i Absatz 1 des Kreditwesengesetzes mit der Maßgabe, dass lediglich die Pflichten nach Absatz 1 Nummer 1 und 4 zu erfüllen sind. [2] § 25i Absatz 2 und 4 des Kreditwesengesetzes gilt entsprechend.

(8) Versicherungsvermittler nach § 2 Absatz 1 Nummer 8, die für ein Versicherungsunternehmen nach § 2 Absatz 1 Nummer 7 Prämien einziehen, haben diesem Versicherungsunternehmen mitzuteilen, wenn Prämienzahlungen in bar erfolgen und den Betrag von 15 000 Euro innerhalb eines Kalenderjahres übersteigen.

(8a) Soweit ein Verpflichteter nach § 2 Absatz 1 Nummer 10 als Syndikusrechtsanwalt oder als Syndikuspatentanwalt oder ein Verpflichteter nach § 2 Absatz 1 Nummer 12 als Syndikussteuerberater für ein Unternehmen tätig wird, das selbst Verpflichteter nach § 2 Absatz 1 ist, obliegen die Verpflichtungen nach Absatz 1 diesem Unternehmen.

(9) [1] Ist der Verpflichtete nicht in der Lage, die allgemeinen Sorgfaltspflichten nach Absatz 1 Nummer 1 bis 4 zu erfüllen, so darf die Geschäftsbeziehung nicht begründet oder nicht fortgesetzt werden und darf keine Transaktion durchgeführt werden. [2] Soweit eine Geschäftsbeziehung bereits besteht, ist sie vom Verpflichteten ungeachtet anderer gesetzlicher oder vertraglicher Bestimmungen durch Kündigung oder auf andere Weise zu beenden. [3] Die Sätze 1 und 2 gelten für Verpflichtete nach § 2 Absatz 1 Nummer 10 und 12 nicht, wenn Tätigkeiten der Rechtsberatung oder Prozessvertretung erbracht werden sollen, es sei denn, der Verpflichtete weiß, dass die Rechtsberatung oder Prozessvertretung bewusst für den Zweck der Geldwäsche oder der Terrorismusfinanzierung genutzt wurde oder wird. [4] Solange der Vertragspartner seiner Pflicht nach § 12 Absatz 4 Satz 1, eine Vereinigung mit Sitz im Ausland ihrer Mitteilungspflicht nach § 20 Absatz 1 Satz 2 und 3 oder ein Trustee, der außerhalb der Europäischen Union seinen Wohnsitz oder Sitz hat, seiner Mitteilungspflicht nach § 21 Absatz 1 Satz 2 Alternative 2 und Satz 3 nicht nachkommt, hat der Notar die Beurkundung abzulehnen; § 15 Absatz 2 der Bundesnotarordnung[1)] gilt insoweit entsprechend.

§ 11[2)] Identifizierung; Erhebung von Angaben zum Zweck der Identifizierung. (1) [1] Verpflichtete haben Vertragspartner, gegebenenfalls für diese auftretende Personen und wirtschaftlich Berechtigte vor Begründung der Ge-

---

[1)] Nr. **98a**.

[2)] § 11 Abs. 1 Satz 2 geänd., Abs. 2 neu gef., Abs. 5 Satz 2 und Abs. 5a eingef., Abs. 5 bish. Sätze 2 und 3 werden Sätze 3 und 4, Sätze 5 und 6, Abs. 6 Satz 5 sowie Abs. 7 angef. mWv 1.1.2020 durch G v. 12.12.2019 (BGBl. I S. 2602); Überschrift, Abs. 1 Satz 1, Abs. 4 einl. Satzteil und Abs. 6 Satz 5 geänd., Abs. 2, 5 und 7 neu gef., Abs. 5a aufgeh. mWv 1.8.2021 durch G v. 25.6.2021 (BGBl. I S. 2083).

schäftsbeziehung oder vor Durchführung der Transaktion zu identifizieren, indem sie die Angaben nach den Absätzen 4 und 5 erheben und diese nach § 12 überprüfen. [2] Die Identifizierung kann auch noch während der Begründung der Geschäftsbeziehung unverzüglich abgeschlossen werden, wenn dies erforderlich ist, um den normalen Geschäftsablauf nicht zu unterbrechen, und wenn ein geringes Risiko der Geldwäsche und der Terrorismusfinanzierung besteht.

(2) [1] Abweichend von Absatz 1 haben Verpflichtete nach § 2 Absatz 1 Nummer 14 die Vertragsparteien des vermittelten Rechtsgeschäfts, gegebenenfalls für diese *auftretende*[1)] Personen und wirtschaftlich Berechtigte zu identifizieren, sobald ein ernsthaftes Interesse der Vertragsparteien an der Durchführung des vermittelten Rechtsgeschäfts besteht und die Vertragsparteien hinreichend bestimmt sind. [2] Sind für beide Vertragsparteien des vermittelten Rechtsgeschäfts Verpflichtete nach § 2 Absatz 1 Nummer 14 tätig, so muss jeder Verpflichtete nur die Vertragspartei identifizieren, für die er handelt.

(3) [1] Von einer Identifizierung kann abgesehen werden, wenn der Verpflichtete die zu identifizierende Person bereits bei früherer Gelegenheit im Rahmen der Erfüllung seiner Sorgfaltspflichten identifiziert hat und die dabei erhobenen Angaben aufgezeichnet hat. [2] Muss der Verpflichtete aufgrund der äußeren Umstände Zweifel hegen, ob die bei der früheren Identifizierung erhobenen Angaben weiterhin zutreffend sind, hat er eine erneute Identifizierung durchzuführen.

(4) In Bezug auf Vertragspartner und gegebenenfalls für diese *auftretende*[1)] Personen hat der Verpflichtete zum Zweck der Identifizierung folgende Angaben zu erheben:

1. bei einer natürlichen Person:
   a) Vorname und Nachname,
   b) Geburtsort,
   c) Geburtsdatum,
   d) Staatsangehörigkeit und
   e) eine Wohnanschrift oder, sofern kein fester Wohnsitz mit rechtmäßigem Aufenthalt in der Europäischen Union besteht und die Überprüfung der Identität im Rahmen des Abschlusses eines Basiskontovertrags im Sinne von § 38 des Zahlungskontengesetzes erfolgt, die postalische Anschrift, unter der der Vertragspartner sowie die gegenüber dem Verpflichteten auftretende Person erreichbar ist;
2. bei einer juristischen Person oder bei einer Personengesellschaft:
   a) Firma, Name oder Bezeichnung,
   b) Rechtsform,
   c) Registernummer, falls vorhanden,
   d) Anschrift des Sitzes oder der Hauptniederlassung und
   e) die Namen der Mitglieder des Vertretungsorgans oder die Namen der gesetzlichen Vertreter und, sofern ein Mitglied des Vertretungsorgans oder der gesetzliche Vertreter eine juristische Person ist, von dieser juristischen Person die Daten nach den Buchstaben a bis d.

[1)] Richtig wohl: „auftretenden".

(5) [1] In Bezug auf einen wirtschaftlich Berechtigten hat der Verpflichtete zum Zweck der Identifizierung zumindest dessen Vor- und Nachnamen und, soweit dies in Ansehung des im Einzelfall bestehenden Risikos der Geldwäsche oder der Terrorismusfinanzierung angemessen ist, weitere Identifizierungsmerkmale zu erheben. [2] Geburtsdatum, Geburtsort und Anschrift des wirtschaftlich Berechtigten dürfen unabhängig vom festgestellten Risiko erhoben werden. [3] Die Erhebung der Angaben hat beim Vertragspartner oder der gegebenenfalls für diesen auftretenden Personen zu erfolgen; eine Erhebung der Angaben aus dem Transparenzregister genügt zur Erfüllung der Pflicht zur Erhebung der Angaben nicht. [4] Werden bei Trusts oder anderen Rechtsgestaltungen nach § 21 die wirtschaftlich Berechtigten nach besonderen Merkmalen oder nach einer Kategorie bestimmt, so hat der Verpflichtete ausreichende Informationen über den wirtschaftlich Berechtigten einzuholen, um zum Zeitpunkt der Ausführung der Transaktion oder der Ausübung seiner Rechte die Identität des wirtschaftlich Berechtigten feststellen zu können.

(6) [1] Der Vertragspartner eines Verpflichteten hat dem Verpflichteten die Informationen und Unterlagen zur Verfügung zu stellen, die zur Identifizierung erforderlich sind. [2] Ergeben sich im Laufe der Geschäftsbeziehung Änderungen, hat er diese Änderungen unverzüglich dem Verpflichteten anzuzeigen. [3] Der Vertragspartner hat gegenüber dem Verpflichteten offenzulegen, ob er die Geschäftsbeziehung oder die Transaktion für einen wirtschaftlich Berechtigten begründen, fortsetzen oder durchführen will. [4] Mit der Offenlegung hat er dem Verpflichteten auch die Identität des wirtschaftlich Berechtigten nachzuweisen. [5] Die Sätze 1 bis 4 gelten entsprechend für die Vertragsparteien des vermittelten Rechtsgeschäfts im Sinne des Absatzes 2, die nicht Vertragspartner des Verpflichteten nach § 2 Absatz 1 Nummer 14 sind.

(7) [1] Verwalter von Rechtsgestaltungen im Sinne des § 3 Absatz 3 haben dem Verpflichteten ihre Verwaltereigenschaft offenzulegen und ihm unverzüglich die Angaben zu übermitteln, die nach Absatz 5 zur Identifizierung aller wirtschaftlich Berechtigten im Sinne des § 3 Absatz 3 erforderlich sind, wenn sie in dieser Position eine Geschäftsbeziehung aufnehmen oder eine Transaktion oberhalb der in § 10 Absatz 3 Nummer 2, Absatz 5, Absatz 6 oder Absatz 6a genannten Schwellenbeträge durchführen. [2] Im Falle von Trusts und anderen Rechtsgestaltungen nach § 21 sind dem Verpflichteten die Angaben nach § 21 Absatz 1 und 2 unverzüglich zu übermitteln.

§ 11a[1)] Verarbeitung personenbezogener Daten durch Verpflichtete.

(1) Verpflichtete nach § 2 dürfen personenbezogene Daten nur verarbeiten, soweit dies auf Grundlage dieses Gesetzes für Zwecke der Verhinderung von Geldwäsche und Terrorismusfinanzierung erforderlich ist.

(2) Soweit ein den Vorschriften dieses Gesetzes unterliegender Verpflichteter nach § 2 personenbezogene Daten für Zwecke gemäß Absatz 1 an die zuständigen Aufsichtsbehörden oder die Personen und Einrichtungen, deren sich die zuständigen Aufsichtsbehörden bei der Durchführung ihrer Aufgaben bedienen, oder an die Zentralstelle für Finanztransaktionsuntersuchungen übermittelt, bestehen die Pflicht zur Information der betroffenen Person nach Artikel 13

1) § 11a eingef. mWv 1.1.2020 durch G v. 12.12.2019 (BGBl. I S. 2602).

Absatz 3 der Verordnung (EU) 2016/679[1] und das Recht auf Auskunft der betroffenen Person nach Artikel 15 der Verordnung (EU) 2016/679 nicht.

(3) Die Absätze 1 und 2 finden entsprechende Anwendung auf Dritte im Sinne von § 17, auf die ein Verpflichteter zur Erfüllung der allgemeinen Sorgfaltspflichten nach § 10 Absatz 1 Nummer 1 bis 4 zurückgreift.

§ 12[2] Überprüfung von Angaben zum Zweck der Identifizierung, Verordnungsermächtigung. (1) [1]Die Überprüfung der nach § 11 Absatz 4 erhobenen Angaben zum Vertragspartner und gegebenenfalls für diesen auftretende Personen hat bei natürlichen Personen zu erfolgen anhand

1. eines gültigen amtlichen Ausweises, der ein Lichtbild des Inhabers enthält und mit dem die Pass- und Ausweispflicht im Inland erfüllt wird, insbesondere anhand eines inländischen oder nach ausländerrechtlichen Bestimmungen anerkannten oder zugelassenen Passes, Personalausweises oder Pass- oder Ausweisersatzes,
2. eines elektronischen Identitätsnachweises nach § 18 des Personalausweisgesetzes[3], nach § 12 des eID-Karte-Gesetzes oder nach § 78 Absatz 5 des Aufenthaltsgesetzes[4],
3. einer qualifizierten elektronischen Signatur nach Artikel 3 Nummer 12 der Verordnung (EU) Nr. 910/2014 des Europäischen Parlaments und des Rates vom 23. Juli 2014 über elektronische Identifizierung und Vertrauensdienste für elektronische Transaktionen im Binnenmarkt und zur Aufhebung der Richtlinie 1999/93/EG (ABl. L 257 vom 28.8.2014, S. 73),
4. eines nach Artikel 8 Absatz 2 Buchstabe c in Verbindung mit Artikel 9 der Verordnung (EU) Nr. 910/2014 notifizierten elektronischen Identifizierungssystems oder
5. von Dokumenten nach § 1 Absatz 1 der Verordnung über die Bestimmung von Dokumenten, die zur Identifizierung einer nach dem Geldwäschegesetz zu identifizierenden Person zum Zwecke des Abschlusses eines Zahlungskontovertrags zugelassen werden.

[2]Im Fall der Identitätsüberprüfung anhand einer qualifizierten elektronischen Signatur gemäß Satz 1 Nummer 3 hat der Verpflichtete eine Validierung der qualifizierten elektronischen Signatur nach Artikel 32 Absatz 1 der Verordnung (EU) Nr. 910/2014 vorzunehmen. [3]Er hat in diesem Falle auch sicherzustellen, dass eine Transaktion unmittelbar von einem Zahlungskonto im Sinne des § 1 Absatz 17 des Zahlungsdiensteaufsichtsgesetzes erfolgt, das auf den Namen des Vertragspartners lautet, bei einem Verpflichteten nach § 2 Absatz 1 Satz 1 Nummer 1 oder Nummer 3 oder bei einem Kreditinstitut, das ansässig ist in einem

1. anderen Mitgliedstaat der Europäischen Union,

---

[1] **Sartorius Nr. 246.**

[2] § 12 Abs. 1 Satz 1 Nr. 2 geänd. mWv 1.11.2019 durch G v. 21.6.2019 (BGBl. I S. 846); Abs. 1 Satz 3 und Abs. 2 Satz 1 einl. Satzteil geänd. mWv 1.1.2020 durch G v. 12.12.2019 (BGBl. I S. 2602); Abs. 3 geänd. mWv 27.6.2020 durch VO v. 19.6.2020 (BGBl. I S. 1328); Überschrift, Abs. 1 Satz 1 einl. Satzteil und Abs. 2 einl. Satzteil geänd., Abs. 3 und 4 eingef., bish. Abs. 3 wird Abs. 5 mWv 1.8. 2021 durch G v. 25.6.2021 (BGBl. I S. 2083); Abs. 2 einl. Satzteil geänd. mWv 1.1.2024 durch G v. *10.8.2021 (BGBl. I S. 3436)*.

[3] **Sartorius Nr. 255.**

[4] **Sartorius Nr. 565.**

2. Vertragsstaat des Abkommens über den Europäischen Wirtschaftsraum oder
3. Drittstaat, in dem das Kreditinstitut Sorgfalts- und Aufbewahrungspflichten unterliegt, die den in der Richtlinie (EU) 2015/849 festgelegten Sorgfalts- und Aufbewahrungspflichten entsprechen und deren Einhaltung in einer mit Kapitel IV Abschnitt 2 der Richtlinie (EU) 2015/849 im Einklang stehenden Weise beaufsichtigt wird.

(2) Die Überprüfung der nach § 11 Absatz 4 erhobenen Angaben zum Vertragspartner und gegebenenfalls für diesen auftretende Personen hat bei juristischen Personen oder bei ***[bis 31.12.2023:*** Personengesellschaften***][ab 1.1. 2024:*** *rechtsfähigen Personengesellschaften]* zu erfolgen anhand

1. eines Auszuges aus dem Handels- oder Genossenschaftsregister oder aus einem vergleichbaren amtlichen Register oder Verzeichnis,
2. von Gründungsdokumenten oder von gleichwertigen beweiskräftigen Dokumenten oder
3. einer eigenen dokumentierten Einsichtnahme des Verpflichteten in die Register- oder Verzeichnisdaten.

(3) [1] Zur Überprüfung der nach § 11 Absatz 5 erhobenen Angaben zu den wirtschaftlich Berechtigten hat sich der Verpflichtete durch risikoangemessene Maßnahmen zu vergewissern, dass die Angaben zutreffend sind. [2] Im Falle der Identifizierung anlässlich der Begründung einer neuen Geschäftsbeziehung mit einer Vereinigung nach § 20 oder einer Rechtsgestaltung nach § 21 hat der Verpflichtete einen Nachweis der Registrierung nach § 20 Absatz 1 oder § 21 oder einen Auszug der im Transparenzregister zugänglichen Daten einzuholen. [3] Der Verpflichtete muss bei Geschäftsbeziehungen oder Transaktionen mit Vereinigungen nach § 20 oder Rechtsgestaltungen nach § 21 keine über die Einsicht in das Transparenzregister hinausgehenden Maßnahmen zur Erfüllung seiner Pflicht nach Satz 1 ergreifen, wenn die nach § 11 Absatz 5 erhobenen Angaben mit den Angaben zu den wirtschaftlich Berechtigten im Transparenzregister übereinstimmen und keine sonstigen Anhaltspunkte bestehen, die Zweifel an der Identität der wirtschaftlich Berechtigten, ihrer Stellung als wirtschaftlich Berechtigten oder der Richtigkeit sonstiger Angaben nach § 19 Absatz 1 begründen oder die auf ein höheres Risiko der Geldwäsche und der Terrorismusfinanzierung gemäß § 15 Absatz 2 hindeuten.

(4) [1] Sofern der Vertragspartner bei einem Erwerbsvorgang nach § 1 des Grunderwerbsteuergesetzes für eine Rechtsform im Sinne von § 3 Absatz 2 oder 3 handelt, hat der beurkundende Notar vor der Beurkundung die Identität des wirtschaftlich Berechtigten anhand einer von dem jeweiligen Vertragspartner in Textform vorzulegenden Dokumentation der Eigentums- und Kontrollstruktur auf ihre Schlüssigkeit zu überprüfen. [2] Die Dokumentation ist der Zentralstelle für Finanztransaktionsuntersuchungen sowie den Strafverfolgungsbehörden auf Verlangen zur Verfügung zu stellen.

(5) Das Bundesministerium der Finanzen kann im Einvernehmen mit dem Bundesministerium des Innern, für Bau und Heimat durch Rechtsverordnung ohne Zustimmung des Bundesrates weitere Dokumente bestimmen, die zur Überprüfung der Identität geeignet sind.

§ 13[1)] Verfahren zur Überprüfung von Angaben zum Zweck der Identifizierung, Verordnungsermächtigung. (1) Verpflichtete überprüfen die zum Zweck der Identifizierung erhobenen Angaben bei natürlichen Personen mit einem der folgenden Verfahren:

1. durch angemessene Prüfung des vor Ort vorgelegten Dokuments oder
2. mittels eines sonstigen Verfahrens, das zur geldwäscherechtlichen Überprüfung der Identität geeignet ist und ein Sicherheitsniveau aufweist, das dem in Nummer 1 genannten Verfahren gleichwertig ist.

(2) [1] Das Bundesministerium der Finanzen kann im Einvernehmen mit dem Bundesministerium des Innern, für Bau und Heimat durch Rechtsverordnung, die nicht der Zustimmung des Bundesrates bedarf,

1. Konkretisierungen oder weitere Anforderungen an das in Absatz 1 genannte Verfahren und an die sich dieses Verfahrens bedienenden Verpflichteten sowie die Aufzeichnungs- und Aufbewahrungspflichten bei Nutzung dieses Verfahrens festlegen,
2. Verfahren bestimmen, die zur geldwäscherechtlichen Identifizierung nach Absatz 1 Nummer 2 geeignet sind und
3. Verfahren bestimmen, deren Eignung zur geldwäscherechtlichen Überprüfung der Identität erprobt wird und bei denen zu ermitteln ist, ob sie ein Sicherheitsniveau aufweisen, das dem in Absatz 1 Nummer 1 genannten Verfahren gleichwertig ist.

[2] Bei Verfahren nach Nummer 3 können die Aufsichtsbehörden nach § 50 dazu ermächtigt werden, die Nutzung der Verfahren befristet, unter Vorbehalt eines Widerrufs und unter Auflagen zuzulassen. [3] Eine Zulassung elektronischer Verfahren nach Nummer 3 erfolgt nur, wenn das Bundesamt für Sicherheit in der Informationstechnik bei einer vorherigen Überprüfung des Verfahrens das für die Erprobung notwendige Sicherheitsniveau festgestellt hat.

§ 14[2)] Vereinfachte Sorgfaltspflichten, Verordnungsermächtigung.

(1) [1] Verpflichtete müssen nur vereinfachte Sorgfaltspflichten erfüllen, soweit sie unter Berücksichtigung der in den Anlagen 1 und 2 genannten Risikofaktoren feststellen, dass in bestimmten Bereichen, insbesondere im Hinblick auf Kunden, Transaktionen und Dienstleistungen oder Produkte, nur ein geringes Risiko der Geldwäsche oder der Terrorismusfinanzierung besteht. [2] Vor der Anwendung vereinfachter Sorgfaltspflichten haben sich die Verpflichteten zu vergewissern, dass die Geschäftsbeziehung oder Transaktion tatsächlich mit einem geringeren Risiko der Geldwäsche oder Terrorismusfinanzierung verbunden ist. [3] Für die Darlegung der Angemessenheit gilt § 10 Absatz 2 Satz 4 entsprechend.

(2) [1] Bei Anwendbarkeit der vereinfachten Sorgfaltspflichten können Verpflichtete

1. den Umfang der Maßnahmen, die zur Erfüllung der allgemeinen Sorgfaltspflichten zu treffen sind, angemessen reduzieren und

---

[1)] § 13 Abs. 2 einl. Satzteil geänd. mWv 27.6.2020 durch VO v. 19.6.2020 (BGBl. I S. 1328); Überschrift neu gef., Abs. 1 einl. Satzteil, Abs. 2 Nr. 1 und 2 geänd., Nr. 3 eingef., Sätze 2 und 3 *angef. mWv 1.8.2021 durch G v. 25.6.2021 (BGBl. I S. 2083).*

[2)] § 14 Abs. 4 Satz 1 geänd. mWv 27.6.2020 durch VO v. 19.6.2020 (BGBl. I S. 1328); Abs. 2 Nr. 2 geänd. mWv 1.8.2021 durch G v. 25.6.2021 (BGBl. I S. 2083).

2. insbesondere die Überprüfung der zum Zweck der Identifizierung nach § 11 erhobenen Angaben abweichend von den §§ 12 und 13 auf der Grundlage von sonstigen Dokumenten, Daten oder Informationen durchführen, die von einer glaubwürdigen und unabhängigen Quelle stammen und für die Überprüfung geeignet sind.

[2] Die Verpflichteten müssen in jedem Fall die Überprüfung von Transaktionen und die Überwachung von Geschäftsbeziehungen in einem Umfang sicherstellen, der es ihnen ermöglicht, ungewöhnliche oder verdächtige Transaktionen zu erkennen und zu melden.

(3) Ist der Verpflichtete nicht in der Lage, die vereinfachten Sorgfaltspflichten zu erfüllen, so gilt § 10 Absatz 9 entsprechend.

(4) [1] Das Bundesministerium der Finanzen kann im Einvernehmen mit dem Bundesministerium des Innern, für Bau und Heimat durch Rechtsverordnung ohne Zustimmung des Bundesrates Fallkonstellationen festlegen, in denen insbesondere im Hinblick auf Kunden, Produkte, Dienstleistungen, Transaktionen oder Vertriebskanäle ein geringeres Risiko der Geldwäsche oder der Terrorismusfinanzierung bestehen kann und die Verpflichteten unter den Voraussetzungen von Absatz 1 nur vereinfachte Sorgfaltspflichten in Bezug auf Kunden erfüllen müssen. [2] Bei der Festlegung sind die in den Anlagen 1 und 2 genannten Risikofaktoren zu berücksichtigen.

(5) Die Verordnung (EU) 2015/847 findet keine Anwendung auf Inlandsgeldtransfers auf ein Zahlungskonto eines Begünstigten, auf das ausschließlich Zahlungen für die Lieferung von Gütern oder Dienstleistungen vorgenommen werden können, wenn

1. der Zahlungsdienstleister des Begünstigten den Verpflichtungen dieses Gesetzes unterliegt,
2. der Zahlungsdienstleister des Begünstigten in der Lage ist, anhand einer individuellen Transaktionskennziffer über den Begünstigten den Geldtransfer bis zu der Person zurückzuverfolgen, die mit dem Begünstigten eine Vereinbarung über die Lieferung von Gütern und Dienstleistungen getroffen hat, und
3. der überwiesene Betrag höchstens 1 000 Euro beträgt.

§ 15[1)] Verstärkte Sorgfaltspflichten, Verordnungsermächtigung.

(1) Die verstärkten Sorgfaltspflichten sind zusätzlich zu den allgemeinen Sorgfaltspflichten zu erfüllen.

(2) [1] Verpflichtete haben verstärkte Sorgfaltspflichten zu erfüllen, wenn sie im Rahmen der Risikoanalyse oder im Einzelfall unter Berücksichtigung der in den Anlagen 1 und 2 genannten Risikofaktoren feststellen, dass ein höheres Risiko der Geldwäsche oder Terrorismusfinanzierung bestehen kann. [2] Die Verpflichteten bestimmen den konkreten Umfang der zu ergreifenden Maßnahmen entsprechend dem jeweiligen höheren Risiko der Geldwäsche oder der Terrorismusfinanzierung. [3] Für die Darlegung der Angemessenheit gilt § 10 Absatz 2 Satz 4 entsprechend.

[1)] § 15 Abs. 3 und 10 neu gef., Abs. 4 Sätze 1 und 2 geänd., Satz 3 angef., Abs. 5 und 5a eingef., bish. Abs. 5 wird Abs. 6 und einl. Satzteil sowie Nr. 1 und 2 geänd., bish. Abs. 6 wird Abs. 7 und Satz 1 einl. Satzteil geänd., bish. Abs. 7 aufgeh., Abs. 8 geänd. mWv 1.1.2020 durch G v. 12.12.2019 (BGBl. I S. 2602).

(3) Ein höheres Risiko liegt insbesondere vor, wenn es sich

1. bei einem Vertragspartner des Verpflichteten oder bei einem wirtschaftlich Berechtigten um eine politisch exponierte Person, ein Familienmitglied oder um eine bekanntermaßen nahestehende Person handelt,
2. um eine Geschäftsbeziehung oder Transaktion handelt, an der ein von der Europäischen Kommission nach Artikel 9 Absatz 2 der Richtlinie (EU) 2015/849, der durch Artikel 1 Nummer 5 der Richtlinie (EU) 2018/843 geändert worden ist, ermittelter Drittstaat mit hohem Risiko oder eine in diesem Drittstaat ansässige natürliche oder juristische Person beteiligt ist; dies gilt nicht für Zweigstellen von in der Europäischen Union niedergelassenen Verpflichteten nach Artikel 2 Absatz 1 der Richtlinie (EU) 2015/849, der durch Artikel 1 Nummer 1 der Richtlinie (EU) 2018/843 geändert worden ist, und für mehrheitlich im Besitz dieser Verpflichteten befindliche Tochterunternehmen, die ihren Standort in einem Drittstaat mit hohem Risiko haben, sofern sich diese Zweigstellen und Tochterunternehmen uneingeschränkt an die von ihnen anzuwendenden gruppenweiten Strategien und Verfahren nach Artikel 45 Absatz 1 der Richtlinie (EU) 2015/849 halten,
3. um eine Transaktion handelt, die im Vergleich zu ähnlichen Fällen
   a) besonders komplex oder ungewöhnlich groß ist,
   b) einem ungewöhnlichen Transaktionsmuster folgt oder
   c) keinen offensichtlichen wirtschaftlichen oder rechtmäßigen Zweck hat, oder
4. für Verpflichtete nach § 2 Absatz 1 Nummer 1 bis 3 und 6 bis 8 um eine grenzüberschreitende Korrespondenzbeziehung mit Respondenten mit Sitz in einem Drittstaat oder, vorbehaltlich einer Beurteilung durch die Verpflichteten als erhöhtes Risiko, in einem Staat des Europäischen Wirtschaftsraums handelt.

(4) [1] In einem der in den Absätzen 2 und 3 Nummer 1 genannten Fälle sind mindestens folgende verstärkte Sorgfaltspflichten zu erfüllen:

1. die Begründung oder Fortführung einer Geschäftsbeziehung bedarf der Zustimmung eines Mitglieds der Führungsebene,
2. es sind angemessene Maßnahmen zu ergreifen, mit denen die Herkunft der Vermögenswerte bestimmt werden kann, die im Rahmen der Geschäftsbeziehung oder der Transaktion eingesetzt werden, und
3. die Geschäftsbeziehung ist einer verstärkten kontinuierlichen Überwachung zu unterziehen.

[2] Wenn im Fall des Absatzes 3 Nummer 1 der Vertragspartner oder der wirtschaftlich Berechtigte erst im Laufe der Geschäftsbeziehung ein wichtiges öffentliches Amt auszuüben begonnen hat oder der Verpflichtete erst nach Begründung der Geschäftsbeziehung von der Ausübung eines wichtigen öffentlichen Amts durch den Vertragspartner oder den wirtschaftlich Berechtigten Kenntnis erlangt, so hat der Verpflichtete sicherzustellen, dass die Fortführung der Geschäftsbeziehung nur mit Zustimmung eines Mitglieds der Führungsebene erfolgt. [3] Bei einer ehemaligen politisch exponierten Person haben die Verpflichteten für mindestens zwölf Monate nach Ausscheiden aus dem öffentlichen Amt das Risiko zu berücksichtigen, das spezifisch für politisch exponierte Personen ist, und so lange angemessene und risikoorientierte Maßnahmen zu treffen, bis anzunehmen ist, dass dieses Risiko nicht mehr besteht.

(5) In dem in Absatz 3 Nummer 2 genannten Fall haben Verpflichtete mindestens folgende verstärkte Sorgfaltspflichten zu erfüllen:

1. sie müssen einholen:
   a) zusätzliche Informationen über den Vertragspartner und den wirtschaftlich Berechtigten,
   b) zusätzliche Informationen über die angestrebte Art der Geschäftsbeziehung,
   c) Informationen über die Herkunft der Vermögenswerte und des Vermögens des Vertragspartners,
   d) Informationen über die Herkunft der Vermögenswerte und des Vermögens des wirtschaftlich Berechtigten mit Ausnahme der Person, die nach § 3 Absatz 2 Satz 5 als wirtschaftlich Berechtigter gilt,
   e) Informationen über die Gründe für die geplante oder durchgeführte Transaktion und
   f) Informationen über die geplante Verwendung der Vermögenswerte, die im Rahmen der Transaktion oder Geschäftsbeziehung eingesetzt werden, soweit dies zur Beurteilung der Gefahr von Terrorismusfinanzierung erforderlich ist,
2. die Begründung oder Fortführung einer Geschäftsbeziehung bedarf der Zustimmung eines Mitglieds der Führungsebene und
3. bei einer Geschäftsbeziehung müssen sie die Geschäftsbeziehung verstärkt überwachen durch
   a) häufigere und intensivere Kontrollen sowie
   b) die Auswahl von Transaktionsmustern, die einer weiteren Prüfung bedürfen.

(5a) [1] In dem in Absatz 3 Nummer 2 genannten Fall und zusätzlich zu den in Absatz 5 genannten verstärkten Sorgfaltspflichten können die zuständigen Aufsichtsbehörden risikoangemessen und im Einklang mit den internationalen Pflichten der Europäischen Union eine oder mehrere von den Verpflichteten zu erfüllende verstärkte Sorgfaltspflichten anordnen, die auch folgende Maßnahmen umfassen können:

1. die Meldung von Finanztransaktionen an die Zentralstelle für Finanztransaktionsuntersuchungen,
2. die Beschränkung oder das Verbot geschäftlicher Beziehungen oder Transaktionen mit natürlichen oder juristischen Personen aus Drittstaaten mit hohem Risiko,
3. das Verbot für Verpflichtete mit Sitz in einem Drittstaat mit hohem Risiko, im Inland Tochtergesellschaften, Zweigniederlassungen oder Repräsentanzen zu gründen,
4. das Verbot, Zweigniederlassungen oder Repräsentanzen in einem Drittstaat mit hohem Risiko zu gründen,
5. die Verpflichtung für Zweigniederlassungen und Tochtergesellschaften von Verpflichteten mit Sitz in einem Drittstaat mit hohem Risiko, sich einer verschärften Prüfung der Einhaltung der geldwäscherechtlichen Pflichten
   a) durch die zuständige Aufsichtsbehörde zu unterziehen oder
   b) durch einen externen Prüfer zu unterziehen,

6. die Einführung verschärfter Anforderungen in Bezug auf eine externe Prüfung nach Nummer 5 Buchstabe b,
7. für Verpflichtete nach § 2 Absatz 1 Nummer 1 bis 3 und 6 bis 9 die Überprüfung, Änderung oder erforderlichenfalls Beendigung von Korrespondenzbankbeziehungen zu Respondenten in einem Drittstaat mit hohem Risiko.

2Bei der Anordnung dieser Maßnahmen gilt für die zuständigen Aufsichtsbehörden Absatz 10 Satz 2 entsprechend.

(6) In dem in Absatz 3 Nummer 3 genannten Fall sind mindestens folgende verstärkte Sorgfaltspflichten zu erfüllen:

1. die Transaktion sowie deren Hintergrund und Zweck sind mit angemessenen Mitteln zu untersuchen, um das Risiko der jeweiligen Geschäftsbeziehung oder Transaktionen in Bezug auf Geldwäsche oder auf Terrorismusfinanzierung überwachen und einschätzen zu können und um gegebenenfalls prüfen zu können, ob die Pflicht zu einer Meldung nach § 43 Absatz 1 vorliegt, und
2. die der Transaktion zugrunde liegende Geschäftsbeziehung, soweit vorhanden, ist einer verstärkten kontinuierlichen Überwachung zu unterziehen, um das mit der Geschäftsbeziehung und mit einzelnen Transaktionen verbundene Risiko in Bezug auf Geldwäsche oder auf Terrorismusfinanzierung einschätzen und bei höherem Risiko überwachen zu können.

(7) In dem in Absatz 3 Nummer 4 genannten Fall haben Verpflichtete nach § 2 Absatz 1 Nummer 1 bis 3 und 6 bis 9 bei Begründung einer Geschäftsbeziehung mindestens folgende verstärkte Sorgfaltspflichten zu erfüllen:

1. es sind ausreichende Informationen über den Respondenten einzuholen, um die Art seiner Geschäftstätigkeit in vollem Umfang verstehen und seine Reputation, seine Kontrollen zur Verhinderung der Geldwäsche und Terrorismusfinanzierung sowie die Qualität der Aufsicht bewerten zu können,
2. es ist vor Begründung einer Geschäftsbeziehung mit dem Respondenten die Zustimmung eines Mitglieds der Führungsebene einzuholen,
3. es sind vor Begründung einer solchen Geschäftsbeziehung die jeweiligen Verantwortlichkeiten der Beteiligten in Bezug auf die Erfüllung der Sorgfaltspflichten festzulegen und nach Maßgabe des § 8 zu dokumentieren,
4. es sind Maßnahmen zu ergreifen, um sicherzustellen, dass sie keine Geschäftsbeziehung mit einem Respondenten begründen oder fortsetzen, von dem bekannt ist, dass seine Konten von einer Bank-Mantelgesellschaft genutzt werden, und
5. es sind Maßnahmen zu ergreifen, um sicherzustellen, dass der Respondent keine Transaktionen über Durchlaufkonten zulässt.

(8) Liegen Tatsachen, einschlägige Evaluierungen, Berichte oder Bewertungen nationaler oder internationaler für die Verhinderung oder Bekämpfung der Geldwäsche oder der Terrorismusfinanzierung zuständiger Stellen vor, die die Annahme rechtfertigen, dass über die in Absatz 3 genannten Fälle hinaus ein höheres Risiko besteht, so kann die Aufsichtsbehörde anordnen, dass die Verpflichteten die Transaktionen oder Geschäftsbeziehungen einer verstärkten Überwachung unterziehen und zusätzliche, dem Risiko angemessene Sorgfaltspflichten sowie erforderliche Gegenmaßnahmen zu erfüllen haben.

(9) Ist der Verpflichtete nicht in der Lage, die verstärkten Sorgfaltspflichten zu erfüllen, so gilt § 10 Absatz 9 entsprechend.

(10) [1]Das Bundesministerium der Finanzen kann durch Rechtsverordnung, die nicht der Zustimmung des Bundesrates bedarf,

1. Fallkonstellationen bestimmen, in denen insbesondere im Hinblick auf Staaten, Kunden, Produkte, Dienstleistungen, Transaktionen oder Vertriebskanäle ein potenziell höheres Risiko der Geldwäsche oder der Terrorismusfinanzierung besteht und die Verpflichteten bestimmte verstärkte Sorgfaltspflichten und Gegenmaßnahmen zu erfüllen haben,
2. für Fallkonstellationen im Sinne des Absatzes 3 Nummer 2 bestimmte verstärkte Sorgfaltspflichten und Gegenmaßnahmen anordnen sowie für die Anordnung und Ausgestaltung verstärkter Sorgfaltspflichten durch die zuständigen Aufsichtsbehörden nach Absatz 5a Regelungen treffen.

[2]Das Bundesministerium der Finanzen hat bei Erlass einer Rechtsverordnung nach dieser Vorschrift einschlägige Evaluierungen, Bewertungen oder Berichte internationaler Organisationen oder von Einrichtungen für die Festlegung von Standards mit Kompetenzen im Bereich der Verhinderung von Geldwäsche und der Bekämpfung von Terrorismusfinanzierung hinsichtlich der von einzelnen Drittstaaten ausgehenden Risiken zu berücksichtigen.

§ 16[1)] Besondere Vorschriften für das Glücksspiel im Internet. (1) [1]Für Verpflichtete nach § 2 Absatz 1 Nummer 15 gelten, soweit sie das Glücksspiel im Internet anbieten oder vermitteln, die besonderen Vorschriften der Absätze 2 bis 8. [2]Bei der Anwendung der allgemeinen Sorgfaltspflichten findet der Schwellenbetrag nach § 10 Absatz 5 keine Anwendung.

(2) Der Verpflichtete darf einen Spieler erst zu einem Glücksspiel im Internet zulassen, wenn er zuvor für den Spieler auf dessen Namen ein Spielerkonto eingerichtet hat.

(3) [1]Der Verpflichtete darf auf dem Spielerkonto weder Einlagen noch andere rückzahlbare Gelder vom Spieler entgegennehmen. [2]Das Guthaben auf dem Spielerkonto darf nicht verzinst werden. [3]Für die entgegengenommenen Geldbeträge gilt § 3 Absatz 3 Satz 3 des Zahlungsdiensteaufsichtsgesetzes entsprechend.

(4) [1]Der Verpflichtete muss sicherstellen, dass Transaktionen des Spielers auf das Spielerkonto nur erfolgen

1. durch die Ausführung eines Zahlungsvorgangs
   a) mittels einer Lastschrift nach § 1 Absatz 1 Satz 2 Nummer 3 Buchstabe a des Zahlungsdiensteaufsichtsgesetzes,
   b) mittels einer Überweisung nach § 1 Absatz 1 Satz 2 Nummer 3 Buchstabe c des Zahlungsdiensteaufsichtsgesetzes oder
   c) mittels einer auf den Namen des Spielers ausgegebenen Zahlungskarte nach § 1 Absatz 1 Satz 2 Nummer 3 Buchstabe b des Zahlungsdiensteaufsichtsgesetzes und
2. von einem Zahlungskonto nach § 1 Absatz 17 des Zahlungsdiensteaufsichtsgesetzes, das auf den Namen des Spielers bei einem Verpflichteten nach § 2 Absatz 1 Nummer 1 oder 3 errichtet worden ist.

[2]Von der Erfüllung der Verpflichtung nach Satz 1 Nummer 1 Buchstabe c und Nummer 2 kann der Verpflichtete absehen, wenn gewährleistet ist, dass die Zahlung zur Teilnahme am Spiel für eine einzelne Transaktion 25 Euro und für

[1)] § 16 Abs. 1 Satz 2 angef., Abs. 3, Abs. 4 Satz 1 Nr. 1 Buchst. a–c, Nr. 2, Abs. 5 und 6 geänd. mWv 1.1.2020 durch G v. 12.12.2019 (BGBl. I S. 2602).

mehrere Transaktionen innerhalb eines Kalendermonats 100 Euro nicht überschreitet.

(5) Der Verpflichtete hat die Aufsichtsbehörde unverzüglich zu informieren über die Eröffnung und Schließung eines Zahlungskontos nach § 1 Absatz 17 des Zahlungsdiensteaufsichtsgesetzes, das auf seinen eigenen Namen bei einem Verpflichteten nach § 2 Absatz 1 Nummer 1 oder 3 eingerichtet ist und auf dem Gelder eines Spielers zur Teilnahme an Glücksspielen im Internet entgegengenommen werden.

(6) Wenn der Verpflichtete oder ein anderer Emittent einem Spieler für Transaktionen auf einem Spielerkonto monetäre Werte ausstellt, die auf einem Instrument nach § 2 Absatz 1 Nummer 10 des Zahlungsdiensteaufsichtsgesetzes gespeichert sind, hat der Verpflichtete oder der andere Emittent sicherzustellen, dass der Inhaber des monetären Werts mit dem Inhaber des Spielerkontos identisch ist.

(7) [1] Der Verpflichtete darf Transaktionen an den Spieler nur vornehmen

1. durch die Ausführung eines Zahlungsvorgangs nach Absatz 4 und
2. auf ein Zahlungskonto, das auf den Namen des Spielers bei einem Verpflichteten nach § 2 Absatz 1 Nummer 1 oder 3 eingerichtet worden ist.

[2] Bei der Transaktion hat der Verpflichtete den Verwendungszweck dahingehend zu spezifizieren, dass für einen Außenstehenden erkennbar ist, aus welchem Grund der Zahlungsvorgang erfolgt ist. [3] Für diesen Verwendungszweck können die Aufsichtsbehörden Standardformulierungen festlegen, die vom Verpflichteten zu verwenden sind.

(8) [1] Abweichend von § 11 kann der Verpflichtete bei einem Spieler, für den er ein Spielerkonto einrichtet, eine vorläufige Identifizierung durchführen. [2] Die vorläufige Identifizierung kann anhand einer elektronisch oder auf dem Postweg übersandten Kopie eines Dokuments nach § 12 Absatz 1 Satz 1 Nummer 1 erfolgen. [3] Eine vollständige Identifizierung ist unverzüglich nachzuholen. [4] Sowohl die vorläufige als auch die vollständige Identifizierung kann auch anhand der glücksspielrechtlichen Anforderungen an Identifizierung und Authentifizierung erfolgen.

§ 16a[1)] Verbot der Barzahlung beim Erwerb von Immobilien. (1) [1] Bei Rechtsgeschäften, die auf den Kauf oder Tausch von inländischen Immobilien gerichtet sind, kann eine geschuldete Gegenleistung nur mittels anderer Mittel als Bargeld, Kryptowerten, Gold, Platin oder Edelsteinen bewirkt werden. [2] Dasselbe gilt für den Erwerb von Anteilen an Gesellschaften, zu deren Vermögen unmittelbar oder mittelbar eine inländische Immobilie gehört. [3] Übergibt der Schuldner Bargeld, Gold, Platin oder Edelsteine oder überträgt er Kryptowerte als Gegenleistung, kann er diese nach den Vorschriften des Bürgerlichen Gesetzbuchs über die Herausgabe einer ungerechtfertigten Bereicherung herausverlangen; die §§ 815 und 817 Satz 2 des Bürgerlichen Gesetzbuchs[2)] sind nicht anzuwenden.

(2) [1] Bei Rechtsgeschäften nach Absatz 1 Satz 1 haben die Beteiligten gegenüber dem Notar, der den Antrag auf Eintragung des Erwerbers als Eigentümer oder Erbbauberechtigter beim Grundbuchamt einreichen soll, nachzuweisen, dass die Gegenleistung mit anderen Mitteln als Bargeld, Kryptowerten, Gold, Platin oder Edelsteinen erbracht wurde. [2] Als Nachweis sind insbesondere Zahlungsbestätigungen von auf Veräußerer- oder Erwerberseite an der Transaktion beteiligten Kredit-

---

[1)] § 16a eingef. mWv 28.12.2022 durch G v. 19.12.2022 (BGBl. I S. 2606).
[2)] **Habersack, Deutsche Gesetze Nr. 20.**

instituten geeignet. [3] Bei vertraglichen Änderungen an Rechtsgeschäften nach Absatz 1 Satz 1, welche die Gegenleistung betreffen und die nach einer bindend gewordenen Auflassung vorgenommen werden, haben die Beteiligten dem Notar zum Zweck der Durchführung der Prüfung nach den Absätzen 3 und 4 übereinstimmende Erklärungen zu diesen Änderungen vorzulegen.

(3) [1] Bei Rechtsgeschäften nach Absatz 1 Satz 1 hat der mit der Einreichung des Eintragungsantrags beauftragte Notar die ihm nach Absatz 2 Satz 1 vorgelegten Nachweise auf Schlüssigkeit zu prüfen. [2] Er darf den Antrag auf Eintragung des Erwerbers als Eigentümer oder Erbbauberechtigter beim Grundbuchamt erst stellen, wenn er

1. in Bezug auf den Nachweis
   a) dessen Schlüssigkeit festgestellt hat oder
   b) in dem Fall, in dem ihm in angemessener Zeit nach der Fälligkeit der Gegenleistung kein schlüssiger Nachweis vorgelegt wurde, die Beteiligten erfolglos zur Vorlage des Nachweises innerhalb einer angemessenen Frist aufgefordert hat und
2. in dem Fall, in dem er nach § 43 Absatz 1 zu einer Meldung verpflichtet ist, diese Meldung abgegeben hat und § 46 dem mit der Maßgabe nicht entgegensteht, dass die Transaktion frühestens durchgeführt werden darf, wenn der fünfte Werktag nach dem Abgangstag der Meldung verstrichen ist.

(4) [1] Soweit bei Rechtsgeschäften nach Absatz 1 Satz 1 die Gegenleistung nach der Vereinbarung der Beteiligten vollständig oder teilweise erst nach der Einreichung des Eintragungsantrags zu erbringen ist, hat der Notar die Schlüssigkeit des Nachweises innerhalb angemessener Zeit nach Fälligkeit zu prüfen. [2] Werden innerhalb eines Jahres nach Einreichung des Eintragungsantrags mehrere Teilleistungen fällig, kann der Notar nach Ablauf eines Jahres eine Prüfung der Schlüssigkeit des Nachweises hinsichtlich der bis zu diesem Zeitpunkt fällig gewordenen Teilleistungen vornehmen. [3] Bedarf es zur Bestimmung des Datums der Fälligkeit der Kenntnis von Umständen, die dem Notar bei der Antragstellung nicht bekannt sind, haben die Beteiligten den Notar über diese Umstände nachträglich zu informieren. [4] Hinsichtlich des vor der Eintragung fällig werdenden Anteils richtet sich die Prüfpflicht nach Absatz 3. [5] Absatz 2 gilt entsprechend. [6] Wurde dem Notar in angemessener Zeit nach der Fälligkeit der Gegenleistung oder nach dem in Satz 2 geregelten Zeitpunkt kein schlüssiger Nachweis vorgelegt, so hat er die Beteiligten zur Vorlage des Nachweises innerhalb einer angemessenen Frist aufzufordern. [7] Soweit die Gegenleistung später als ein Jahr nach der Einreichung des Eintragungsantrags zu erbringen ist, entfällt die Prüfpflicht nach Satz 1.

(5) [1] Die Absätze 2 bis 4 gelten nicht, wenn die geschuldete Gegenleistung einen Betrag von 10 000 Euro nicht übersteigt oder soweit sie über ein Anderkonto des mit der Einreichung des Eintragungsantrags beauftragten Notars erbracht wird. [2] Zudem gilt ein schlüssiger Nachweis im Sinne der Absätze 3 und 4 auch dann als erbracht, wenn dem Notar über einen Wert von nicht mehr als 10 000 Euro der geschuldeten Gegenleistung kein schlüssiger Nachweis nach Absatz 2 vorliegt. [3] Absatz 4 gilt nicht, wenn es nach der Vertragsgestaltung ausgeschlossen erscheint, dass die Vereinbarung der nachträglichen Erbringung der Gegenleistung darauf beruht, dass die Gegenleistung aus einer strafbaren Handlung stammt, die eine Vortat der Geldwäsche darstellen könnte, oder dass der Erwerbsvorgang im Zusammenhang mit Terrorismusfinanzierung steht.

§ 17[1)] Ausführung der Sorgfaltspflichten durch Dritte, vertragliche Auslagerung. (1) [1] Zur Erfüllung der allgemeinen Sorgfaltspflichten nach § 10 Absatz 1 Nummer 1 bis 4 kann ein Verpflichteter auf Dritte zurückgreifen. [2] Dritte dürfen nur sein

1. Verpflichtete nach § 2 Absatz 1,
2. Verpflichtete gemäß Artikel 2 Absatz 1 der Richtlinie (EU) 2015/849 in einem anderen Mitgliedstaat der Europäischen Union oder in einem Vertragsstaat des Abkommens über den Europäischen Wirtschaftsraum,
3. Mitgliedsorganisationen oder Verbände von Verpflichteten nach Nummer 2 oder in einem Drittstaat ansässige Institute und Personen, sofern diese Sorgfalts- und Aufbewahrungspflichten unterliegen,
   a) die den in der Richtlinie (EU) 2015/849 festgelegten Sorgfalts- und Aufbewahrungspflichten entsprechen und
   b) deren Einhaltung in einer mit Kapitel VI Abschnitt 2 der Richtlinie (EU) 2015/849 im Einklang stehenden Weise beaufsichtigt wird.

[3] Die Verantwortung für die Erfüllung der allgemeinen Sorgfaltspflichten bleibt bei dem Verpflichteten.

(2) [1] Verpflichtete dürfen nicht auf einen Dritten zurückgreifen, der in einem Drittstaat mit hohem Risiko niedergelassen ist. [2] Ausgenommen hiervon sind

1. Zweigstellen von in der Europäischen Union niedergelassenen Verpflichteten nach Artikel 2 Absatz 1 der Richtlinie (EU) 2015/849, wenn die Zweigstelle sich uneingeschränkt an die gruppenweit anzuwendenden Strategien und Verfahren gemäß Artikel 45 der Richtlinie (EU) 2015/849 hält, und
2. Tochterunternehmen, die sich im Mehrheitsbesitz von in der Europäischen Union niedergelassenen Verpflichteten nach Artikel 2 Absatz 1 der Richtlinie (EU) 2015/849 befinden, wenn das Tochterunternehmen sich uneingeschränkt an die gruppenweit anzuwendenden Strategien und Verfahren gemäß Artikel 45 der Richtlinie (EU) 2015/849 hält.

(3) [1] Wenn ein Verpflichteter auf Dritte zurückgreift, muss er sicherstellen, dass die Dritten

1. bei der Identifizierung von im Inland ansässigen Personen den Vorschriften dieses Gesetzes entsprechen,
2. die Informationen einholen, die für die Durchführung der Sorgfaltspflichten nach § 10 Absatz 1 Nummer 1 bis 4 notwendig sind, und
3. ihm diese Informationen unverzüglich und unmittelbar übermitteln.

[2] Er hat zudem angemessene Schritte zu unternehmen, um zu gewährleisten, dass die Dritten ihm auf seine Anforderung hin unverzüglich Kopien derjenigen Dokumente, die maßgeblich zur Feststellung und Überprüfung der Identität des Vertragspartners, gegebenenfalls der für diesen auftretenden Personen und eines etwaigen wirtschaftlich Berechtigten sind, einschließlich Informationen, soweit diese verfügbar sind, die mittels elektronischer Mittel nach § 12 Absatz 1 Satz 1 Nummer 4 eingeholt wurden, sowie andere maßgebliche Unterlagen vorlegen. [3] Die Dritten sind befugt, zu diesem Zweck Kopien von Ausweisdokumenten zu erstellen und weiterzuleiten.

---

1) § 17 Abs. 3 Satz 1 neu gef., Satz 2 und Abs. 5 Satz 2 geänd., Abs. 3a eingef. mWv 1.1.2020 durch G v. 12.12.2019 (BGBl. I S. 2602); Abs. 1 Satz 2 Nr. 2 und 3 Buchst. b sowie Abs. 3 Satz 2 geänd. mWv 1.8. 2021 durch G v. 25.6.2021 (BGBl. I S. 2083).

(3a) [1] Der Dritte kann zur Identifizierung des Vertragspartners, einer gegebenenfalls für ihn auftretenden Person und eines wirtschaftlich Berechtigten auch auf anlässlich einer zu einem früheren Zeitpunkt erfolgten Identifizierung dieser Person eingeholte Informationen nach Absatz 3 Satz 1 Nummer 2 zurückgreifen, sofern

1. die Identifizierung im Rahmen der Begründung einer eigenen Geschäftsbeziehung des Dritten und nicht unter Anwendung vereinfachter Sorgfaltspflichten erfolgt ist,
2. die Identifizierung oder die letzte Aktualisierung unter Einhaltung des § 12 vor nicht mehr als 24 Monaten abgeschlossen wurde,
3. für den Verpflichteten aufgrund äußerer Umstände keine Zweifel an der Richtigkeit der ihm übermittelten Informationen bestehen und
4. das Gültigkeitsdatum eines im Rahmen der Identifizierung oder der letzten Aktualisierung unter Einhaltung des § 12 gegebenenfalls verwendeten Identifikationsdokuments noch nicht abgelaufen ist.

[2] Absatz 3 Satz 2 und 3 gilt entsprechend.

(4) Die Voraussetzungen der Absätze 1 und 3 gelten als erfüllt, wenn

1. der Verpflichtete auf Dritte zurückgreift, die derselben Gruppe angehören wie er selbst,
2. die in dieser Gruppe angewandten Sorgfaltspflichten, Aufbewahrungsvorschriften, Strategien und Verfahren zur Verhinderung von Geldwäsche und von Terrorismusfinanzierung mit den Vorschriften der Richtlinie (EU) 2015/849 oder gleichwertigen Vorschriften im Einklang stehen und
3. die effektive Umsetzung dieser Anforderungen auf Gruppenebene von einer Behörde beaufsichtigt wird.

(5) [1] Ein Verpflichteter kann die Durchführung der Maßnahmen, die zur Erfüllung der Sorgfaltspflichten nach § 10 Absatz 1 Nummer 1 bis 4 erforderlich sind, auf andere geeignete Personen und Unternehmen als die in Absatz 1 genannten Dritten übertragen. [2] Die Übertragung bedarf einer vertraglichen Vereinbarung und der Verpflichtete hat sicherzustellen, dass die anderen geeigneten Personen und Unternehmen den Vorschriften dieses Gesetzes entsprechen. [3] Die Maßnahmen der Personen oder der Unternehmen werden dem Verpflichteten als eigene Maßnahmen zugerechnet. [4] Absatz 3 gilt entsprechend.

(6) Durch die Übertragung nach Absatz 5 dürfen nicht beeinträchtigt werden

1. die Erfüllung der Pflichten nach diesem Gesetz durch den Verpflichteten,
2. die Steuerungs- oder Kontrollmöglichkeiten der Geschäftsleitung des Verpflichteten und
3. die Aufsicht der Aufsichtsbehörde über den Verpflichteten.

(7) [1] Vor der Übertragung nach Absatz 5 hat sich der Verpflichtete von der Zuverlässigkeit der Personen oder der Unternehmen, denen er Maßnahmen übertragen will, zu überzeugen. [2] Während der Zusammenarbeit muss er sich durch Stichproben von der Angemessenheit und Ordnungsmäßigkeit der Maßnahmen überzeugen, die diese Personen oder Unternehmen getroffen haben.

(8) [1] Soweit eine vertragliche Vereinbarung nach Absatz 5 mit deutschen Botschaften, Auslandshandelskammern oder Konsulaten geschlossen wird, gelten diese kraft Vereinbarung als geeignet. [2] Absatz 7 findet keine Anwendung.

(9) Bei der Übertragung nach Absatz 5 bleiben die Vorschriften über die Auslagerung von Aktivitäten und Prozessen nach § 25b des Kreditwesengesetzes unberührt.

Abschnitt 4. Transparenzregister

§ 18[1] Einrichtung des Transparenzregisters und registerführende Stelle.

(1) Es wird ein Register zur Erfassung und Zugänglichmachung von Angaben über den wirtschaftlich Berechtigten (Transparenzregister) eingerichtet.

(2) [1] Das Transparenzregister wird als hoheitliche Aufgabe des Bundes von der registerführenden Stelle elektronisch geführt. [2] Daten, die im Transparenzregister gespeichert sind, werden als chronologische Datensammlung angelegt.

(3) [1] Ist eine Mitteilung nach § 20 unvollständig, unklar oder bestehen Zweifel, welcher Vereinigung nach § 20 Absatz 1 die in der Mitteilung enthaltenen Angaben zum wirtschaftlich Berechtigten zuzuordnen sind, kann die registerführende Stelle von der in der Mitteilung genannten Vereinigung verlangen, dass diese die für eine Eintragung in das Transparenzregister erforderlichen Informationen innerhalb einer angemessenen Frist übermittelt. [2] Dies gilt entsprechend für Mitteilungen von Rechtsgestaltungen nach § 21.

(3a) Die registerführende Stelle ist berechtigt, der Behörde nach § 56 Absatz 5 Satz 2 die Informationen und Unterlagen zu übermitteln, die für die Erfüllung der Aufgaben der Behörde nach § 56 Absatz 5 Satz 2 erforderlich sind.

(4) [1] Die registerführende Stelle erstellt auf Antrag Ausdrucke von Daten, die im Transparenzregister gespeichert sind, und Bestätigungen, dass im Transparenzregister keine aktuelle Eintragung aufgrund einer Mitteilung nach § 20 Absatz 1 oder § 21 vorliegt. [2] Sie beglaubigt auf Antrag, dass die übermittelten Daten mit dem Inhalt des Transparenzregisters übereinstimmen. [3] Mit der Beglaubigung ist keine Gewähr für die Richtigkeit und Vollständigkeit der Angaben zum wirtschaftlich Berechtigten verbunden. [4] Ein Antrag auf Ausdruck von Daten, die lediglich über das Transparenzregister gemäß ***[bis 31.12.2023:*** § 22 Absatz 1 Satz 1 Nummer 4 bis 8***][ab 1.1.2024:*** *§ 22 Absatz 1 Satz 1 Nummer 4 bis 9****]*** zugänglich gemacht werden, kann auch über das Transparenzregister an das Gericht vermittelt werden. [5] Dies gilt entsprechend für die Vermittlung eines Antrags auf Ausdruck von Daten, die gemäß § 22 Absatz 1 Satz 1 Nummer 2 und 3 zugänglich gemacht werden, an den Betreiber des Unternehmensregisters.

(5) Die registerführende Stelle erstellt ein Informationssicherheitskonzept für das Transparenzregister, aus dem sich die getroffenen technischen und organisatorischen Maßnahmen zum Datenschutz ergeben.

(6) Das Bundesministerium der Finanzen wird ermächtigt, durch Rechtsverordnung, die nicht der Zustimmung des Bundesrates bedarf, die technischen Einzelheiten zu Einrichtung und Führung des Transparenzregisters einschließlich der Speicherung historischer Datensätze sowie die Einhaltung von Löschungsfristen für die im Transparenzregister gespeicherten Daten zu regeln.

---

[1] § 18 Abs. 3 Satz 1 geänd., Abs. 3a eingef. mWv 1.1.2020 durch G v. 12.12.2019 (BGBl. I S. 2602); Abs. 4 Satz 4 geänd. mWv 1.1.2024 durch G v. 10.8.2021 (BGBl. I S. 3436); Abs. 3a geänd. mWv 28.12.2022 durch G v. 19.12.2022 (BGBl. I S. 2606).

§ 19[1] Angaben zum wirtschaftlich Berechtigten. (1) Im Transparenzregister sind im Hinblick auf Vereinigungen nach § 20 Absatz 1 Satz 1 und Rechtsgestaltungen nach § 21 folgende Angaben zum wirtschaftlich Berechtigten nach Maßgabe des § 23 zugänglich:

1. Vor- und Nachname,
2. Geburtsdatum,
3. Wohnort,
4. Art und Umfang des wirtschaftlichen Interesses und
5. alle Staatsangehörigkeiten.

(2) ¹Für die Bestimmung des wirtschaftlich Berechtigten von Vereinigungen im Sinne des § 20 Absatz 1 Satz 1 mit Ausnahme der rechtsfähigen Stiftungen gilt § 3 Absatz 1 und 2 entsprechend. ²Für die Bestimmung des wirtschaftlich Berechtigten von Rechtsgestaltungen nach § 21 und rechtsfähigen Stiftungen gilt § 3 Absatz 1 und 3 entsprechend.

(3) ¹Die Angaben zu Art und Umfang des wirtschaftlichen Interesses nach Absatz 1 Nummer 4 zeigen, woraus die Stellung als wirtschaftlich Berechtigter folgt, und zwar

1. bei Vereinigungen nach § 20 Absatz 1 Satz 1 mit Ausnahme der rechtsfähigen Stiftungen aus
   a) der Beteiligung an der Vereinigung selbst, insbesondere der Höhe der Kapitalanteile oder der Stimmrechte,
   b) der Ausübung von Kontrolle auf sonstige Weise, insbesondere aufgrund von Absprachen zwischen einem Dritten und einem Anteilseigner oder zwischen mehreren Anteilseignern untereinander, oder aufgrund der einem Dritten eingeräumten Befugnis zur Ernennung von gesetzlichen Vertretern oder anderen Organmitgliedern oder
   c) der Funktion des gesetzlichen Vertreters, geschäftsführenden Gesellschafters oder Partners,
2. bei Rechtsgestaltungen nach § 21 und rechtsfähigen Stiftungen aus einer der in § 3 Absatz 3 aufgeführten Funktionen.

²In den Fällen des Satzes 1 Nummer 1 Buchstabe c ist anzugeben, ob ermittelt wurde, dass keine natürliche Person die Voraussetzungen eines wirtschaftlich Berechtigten nach § 3 Absatz 1 oder Absatz 2 Satz 1 bis 4 erfüllt, oder ob die Ermittlung eines wirtschaftlich Berechtigten nach § 3 Absatz 1 oder Absatz 2 Satz 1 bis 4 nach Durchführung umfassender Prüfungen nicht möglich war.

§ 19a[2] Angaben zu Immobilien. Im Transparenzregister sind im Hinblick auf Vereinigungen nach § 20 Absatz 1, die als Berechtigte von Immobilien in Abteilung I des Grundbuchs eingetragen sind, folgende Angaben zu diesen Immobilien nach Maßgabe des § 23 zugänglich:

1. zuständiges Amtsgericht,
2. Grundbuchbezirk,
3. Nummer des Grundbuchblattes,

[1] § 19 Abs. 1 Nr. 3 und 4 geänd., Nr. 5 angef. mWv 1.1.2020 durch G v. 12.12.2019 (BGBl. I S. 2602); Abs. 1 neu gef. mWv 1.8.2021 durch G v. 25.6.2021 (BGBl. I S. 2083); Abs. 3 Satz 2 angef. mWv 28.12.2022 durch G v. 19.12.2022 (BGBl. I S. 2606).

[2] § 19a eingef. mWv 28.12.2022 durch G v. 19.12.2022 (BGBl. I S. 2606).

4. alle im Bestandsverzeichnis des Grundbuchblattes eingetragenen Grundstücke, jeweils mit
   a) Gemarkung,
   b) Flur und
   c) Flurstück,
5. Art und Umfang der Berechtigung,
6. Beginn und Ende der Berechtigung.

§ 19b[1)] Erfassung und Zuordnung von Immobilien. (1) [1]Die Grundbuchämter übermitteln der registerführenden Stelle folgende Informationen zu allen bei ihnen geführten Grundbuchblättern:
1. zuständiges Amtsgericht,
2. Grundbuchbezirk,
3. Nummer des Grundbuchblattes,
4. alle im Bestandsverzeichnis des Grundbuchblattes eingetragenen Grundstücke, jeweils mit
   a) Gemarkung,
   b) Flur und,
   c) Flurstück,
5. alle in Abteilung I geführten Eigentümer, jeweils, soweit vorhanden, mit
   a) Name oder Firma,
   b) Sitz,
   c) Registergericht,
   d) Registerart,
   e) Registernummer,
   f) Datum der Eintragung.

[2]Die Übermittlung erfolgt auf Basis bereits verfügbarer strukturierter Daten. [3]Sie erfolgt einmalig bis spätestens zum 31. Juli 2023 mit einem Stand der Daten zum 30. Juni 2023.

(2) [1]Die Grundbuchämter übermitteln der registerführenden Stelle ab dem 1. Juli 2023 in einem automatisierten Verfahren Veränderungen der grundbuchmäßigen Bezeichnung des Grundstücks und die Eintragung eines Eigentümers. [2]Die Übermittlung erfolgt in einem strukturierten Datenformat auf Basis bereits verfügbarer strukturierter Daten.

(3) [1]Die registerführende Stelle erfasst anhand der ihr aus den Grundbüchern übermittelten Informationen die Angaben nach § 19a in Bezug auf Immobilien, ordnet sie Vereinigungen nach § 20 Absatz 1 zu und speichert sie. [2]Übermittelte Daten, die für diesen Zweck nicht erforderlich sind, sind von der registerführenden Stelle unverzüglich zu löschen.

(4) [1]Abweichend von den Absätzen 1 und 2 können die Länder eine Übermittlung der Daten durch die für die Führung der Liegenschaftskataster zuständigen Behörden vorsehen. [2]Die Grundbuchämter und die für die Führung der Liegenschaftskataster zuständigen Behörden können mit der registerführenden Stelle Vereinbarungen über das zu verwendende Datenformat treffen.

[1)] § 19b eingef. mWv 28.12.2022 durch G v. 19.12.2022 (BGBl. I S. 2606).

§ 20[1)] Transparenzpflichten im Hinblick auf bestimmte Vereinigungen.

(1) [1] Juristische Personen des Privatrechts und eingetragene Personengesellschaften haben die in § 19 Absatz 1 aufgeführten Angaben zu den wirtschaftlich Berechtigten dieser Vereinigungen einzuholen, aufzubewahren, auf aktuellem Stand zu halten und der registerführenden Stelle unverzüglich zur Eintragung in das Transparenzregister mitzuteilen. [2] Die Pflicht nach Satz 1 gilt auch für Vereinigungen mit Sitz im Ausland, wenn sie Eigentum an einer im Inland gelegenen Immobilie halten oder sich verpflichten, solches Eigentum zu erwerben, wenn Anteile im Sinne des § 1 Absatz 3 des Grunderwerbsteuergesetzes sich bei ihr vereinigen oder auf sie übergehen, oder wenn sie im Sinne des § 1 Absatz 3a des Grunderwerbsteuergesetzes aufgrund eines Rechtsvorgangs eine wirtschaftliche Beteiligung innehaben. [3] Die Pflicht nach Satz 1 gilt nicht für in Satz 2 genannte Vereinigungen, wenn sie die Angaben nach Artikel 1 Nummer 15 Buchstabe c der Richtlinie (EU) 2018/843 und nach § 19 Absatz 1 bereits an ein anderes Register eines Mitgliedstaates der Europäischen Union übermittelt haben. [4] Die Mitteilung hat elektronisch in einer Form zu erfolgen, die ihre elektronische Zugänglichmachung ermöglicht. [5] Bei den Angaben zu Art und Umfang des wirtschaftlichen Interesses nach § 19 Absatz 1 Nummer 4 ist anzugeben, woraus nach § 19 Absatz 3 die Stellung als wirtschaftlich Berechtigter folgt.

(2) Eine juristische Person des Privatrechts oder eine eingetragene Personengesellschaft, die nach Absatz 1 Satz 1 mitteilungspflichtig ist und die nicht im Handelsregister, Genossenschaftsregister, Gesellschaftsregister, Partnerschaftsregister oder Vereinsregister eingetragen ist, hat der registerführenden Stelle unverzüglich mitzuteilen, wenn

1. sich ihre Bezeichnung oder ihr Sitz geändert hat,
2. sie verschmolzen worden ist,
3. sie aufgelöst worden ist oder
4. ihre Rechtsform geändert wurde.

(3) [1] Wirtschaftlich Berechtigte von Vereinigungen nach Absatz 1 haben diesen Vereinigungen die zur Erfüllung der Pflichten nach Absatz 1 notwendigen Angaben mitzuteilen und jede Änderung dieser Angaben unverzüglich mitzuteilen. [2] Anteilseigner, die wirtschaftlich Berechtigte sind oder die von dem wirtschaftlich Berechtigten unmittelbar kontrolliert werden, haben den Vereinigungen nach Absatz 1 die zur Erfüllung der Pflichten nach Absatz 1 notwendigen Angaben mitzuteilen und jede Änderung dieser Angaben unverzüglich mitzuteilen. [3] Kontrolliert ein Mitglied eines Vereins oder einer Genossenschaft mehr als 25 Prozent der Stimmrechte, so trifft die Mitteilungspflicht nach Satz 1 dieses Mitglied. [4] Bei Stiftungen trifft die Mitteilungspflicht nach Satz 1 die Personen nach § 3 Absatz 3.

(3a) [1] Hat die Vereinigung keine Angaben der wirtschaftlich Berechtigten nach Absatz 3 erhalten, so hat sie von ihren Anteilseignern, soweit sie ihr bekannt sind, in angemessenem Umfang Auskunft zu den wirtschaftlich Berechtigten der Vereinigung zu verlangen. [2] Die Anteilseigner sind verpflichtet, das Auskunftsersuchen innerhalb angemessener Frist zu beantworten. [3] Die Pflicht, Auskunft nach Satz 1

[1)] § 20 Abs. 1 Sätze 2 und 3 eingef., bish. Sätze 2 und 3 werden Sätze 4 und 5, Abs. 1a, 3a und 3b eingef., Abs. 3 neu gef., Abs. 5 Satz 2 angef. mWv 1.1.2020 durch G v. 12.12.2019 (BGBl. I S. 2602); Abs. 1 Sätze 2 und 5 geänd., Abs. 2 aufgeh., Abs. 1a wird Abs. 2 und Satz 1 einl. Satzteil und Nr. 1, Abs. 4 geänd. mWv 1.8.2021 durch G v. 25.6.2021 (BGBl. I S. 2083); Abs. 1 Satz 2 geänd. mWv 28.12.2022 durch G v. 19.12.2022 (BGBl. I S. 2606); Abs. 2 einl. Satzteil geänd. mWv 1.1.2024 durch G v. 22.12. 2023 (BGBl. 2023 I Nr. 411).

zu verlangen, gilt nicht, wenn der Vereinigung die Angaben zum wirtschaftlich Berechtigten nach § 19 bereits anderweitig bekannt sind. [4]Die Vereinigung hat die Auskunftsersuchen sowie die eingeholten Informationen zu dokumentieren.

(3b) [1]Gelangt der Anteilseigner zu der Erkenntnis, dass sich der wirtschaftlich Berechtigte der Vereinigung geändert hat, so muss er dies der Vereinigung innerhalb einer angemessenen Frist mitteilen. [2]Satz 1 gilt nicht, wenn

1. die Angaben zu dem neuen wirtschaftlich Berechtigten bereits über das Transparenzregister zugänglich sind, oder
2. der Anteilseigner anderweitig positive Kenntnis davon hat, dass der Vereinigung der neue wirtschaftlich Berechtigte bekannt ist.

[3]Der Anteilseigner hat die Mitteilung an die Vereinigung zu dokumentieren und aufzubewahren.

(4) Die Angabepflicht nach Absatz 3 entfällt, wenn die Anteilseigner, Mitglieder und wirtschaftlich Berechtigten die erforderlichen Angaben bereits in anderer Form mitgeteilt haben.

(5) [1]Die Zentralstelle für Finanztransaktionsuntersuchungen und die Aufsichtsbehörden können im Rahmen ihrer Aufgaben und Befugnisse die nach Absatz 1 aufbewahrten Angaben einsehen oder sich vorlegen lassen. [2]Die Angaben sind ihnen unverzüglich zur Verfügung zu stellen.

§ 20a[1)] Automatische Eintragung für Vereine. (1) [1]Für eingetragene Vereine nach § 21 des Bürgerlichen Gesetzbuchs[2)] erstellt die registerführende Stelle anhand der im Vereinsregister eingetragenen Daten eine Eintragung in das Transparenzregister, ohne dass es hierfür einer Mitteilung nach § 20 Absatz 1 Satz 1 bedarf. [2]Im Rahmen dieser Eintragung werden alle Mitglieder des Vorstands eines Vereins mit den Daten nach § 19 Absatz 1 als wirtschaftliche Berechtigte nach § 3 Absatz 2 Satz 5 im Transparenzregister erfasst. [3]Soweit diese Daten nicht im Vereinsregister vorhanden sind, wird als Wohnsitzland Deutschland und als einzige Staatsangehörigkeit die deutsche Staatsangehörigkeit angenommen. [4]Die nach Satz 1 eingetragenen Daten gelten als Angaben des Vereins, soweit der Verein der registerführenden Stelle keine abweichenden Angaben mitgeteilt hat.

(2) [1]Abweichend von § 20 Absatz 1 Satz 1 muss ein eingetragener Verein nach § 21 des Bürgerlichen Gesetzbuchs die in § 19 Absatz 1 aufgeführten Angaben zu den wirtschaftlich Berechtigten der registerführenden Stelle nur dann zur Eintragung mitteilen, wenn

1. eine Änderung des Vorstands nicht unverzüglich zur Eintragung in das Vereinsregister angemeldet worden ist,
2. mindestens ein wirtschaftlich Berechtigter nach § 3 Absatz 2 Satz 1 bis 4 vorhanden ist oder
3. die Annahmen nach Absatz 1 Satz 3 nicht zutreffen.

[2]Eine Eintragung durch die registerführende Stelle nach Absatz 1 wird nicht vorgenommen, wenn der Verein der registerführenden Stelle Angaben nach § 19 Absatz 1 zur Eintragung in das Transparenzregister mitgeteilt hat. [3]Dies gilt nicht,

---

1) § 20a eingef. mWv 1.8.2021 durch G v. 25.6.2021 (BGBl. I S. 2083).
2) **Habersack, Deutsche Gesetze Nr. 20.**

wenn der Verein der registerführenden Stelle mitgeteilt hat, dass die mitgeteilten Angaben nach § 19 Absatz 1 nicht mehr gelten sollen. [4] Die Mitteilung nach Satz 3 hat elektronisch über die Webseite des Transparenzregisters zu erfolgen.

(3) [1] Eine Eintragung nach Absatz 1 erfolgt erstmals spätestens zum 1. Januar 2023. [2] Danach erfolgt die automatische Eintragung anlassbezogen.

(4) [1] Bei Eintragung nach Absatz 1 handelt die registerführende Stelle nach § 18 Absatz 2 im Rahmen der hoheitlichen Aufgaben des Bundes. [2] Zu diesem Zweck ist die registerführende Stelle beim Abruf von Daten aus den Vereinsregistern von der Zahlung der Gebühren nach § 2 Absatz 1 des Justizverwaltungskostengesetzes[1)] befreit.

§ 21[2)] Transparenzpflichten im Hinblick auf bestimmte Rechtsgestaltungen. (1) [1] Verwalter von Trusts (Trustees) mit Wohnsitz oder Sitz in Deutschland haben die in § 19 Absatz 1 aufgeführten Angaben zu den wirtschaftlich Berechtigten des Trusts, den sie verwalten, einzuholen, aufzubewahren, auf aktuellem Stand zu halten und der registerführenden Stelle unverzüglich zur Eintragung in das Transparenzregister mitzuteilen. [2] Die Pflicht nach Satz 1 gilt auch für Trustees, die außerhalb der Europäischen Union ihren Wohnsitz oder Sitz haben, wenn sie für den Trust eine Geschäftsbeziehung mit einem Vertragspartner mit Sitz in Deutschland aufnehmen oder sich verpflichten, Eigentum an einer im Inland gelegenen Immobilie zu erwerben, wenn Anteile im Sinne des § 1 Absatz 3 des Grunderwerbsteuergesetzes sich bei ihr vereinigen oder auf sie übergehen, oder wenn sie im Sinne des § 1 Absatz 3a des Grunderwerbsteuergesetzes aufgrund eines Rechtsvorgangs eine wirtschaftliche Beteiligung innehaben. [3] Die Pflicht nach Satz 1 gilt nicht für die in Satz 2 genannten Trustees, wenn ein Trustee die Angaben nach Artikel 1 Nummer 16 Buchstabe a der Richtlinie (EU) 2018/843 und nach § 19 Absatz 1 bereits an ein anderes Register eines Mitgliedstaates der Europäischen Union übermittelt hat und

1. der Trustee in diesem Mitgliedstaat der Europäischen Union ebenfalls einen Wohnsitz oder Sitz unterhält oder
2. einer der Vertragspartner, zu dem ein Trust mit Wohnsitz oder Sitz außerhalb der Europäischen Union ebenfalls eine Geschäftsbeziehung unterhält, in diesem Mitgliedstaat seinen Sitz hat.

(1a) [1] Die Mitteilung hat elektronisch in einer Form zu erfolgen, die ihre elektronische Zugänglichmachung ermöglicht. [2] Der Trust ist in der Mitteilung eindeutig zu bezeichnen. [3] Bei den Angaben zu Art und Umfang des wirtschaftlichen Interesses nach § 19 Absatz 1 Nummer 4 ist anzugeben, woraus nach § 19 Absatz 3 Nummer 2 die Stellung als wirtschaftlich Berechtigter folgt.

(1b) Der registerführenden Stelle ist ferner durch den nach Absatz 1 zur Mitteilung Verpflichteten unverzüglich mitzuteilen, wenn der Trust

1. umbenannt wurde,
2. aufgelöst wurde oder
3. nicht mehr nach Absatz 1 verpflichtet ist.

(2) Die Pflichten der Absätze 1, 1a und 1b gelten entsprechend auch für Treuhänder mit Wohnsitz oder Sitz in Deutschland folgender Rechtsgestaltungen:

[1)] **Habersack, Deutsche Gesetze Nr. 120.**

[2)] § 21 Abs. 1 Sätze 2 und 3 eingef., bish. Sätze 2–4 werden Abs. 1a, Abs. 1b eingef., Abs. 2 einl. Satzteil und Nr. 2 geänd., Abs. 3 Satz 2 und Abs. 4 angef. mWv 1.1.2020 durch G v. 12.12.2019 (BGBl. I S. 2602); Abs. 1 Sätze 1 und 2 geänd. mWv 1.8.2021 durch G v. 25.6.2021 (BGBl. I S. 2083).

1. nichtrechtsfähige Stiftungen, wenn der Stiftungszweck aus Sicht des Stifters eigennützig ist, und
2. Rechtsgestaltungen, die solchen Stiftungen in ihrer Struktur oder Funktion entsprechen.

(3) [1] Die Zentralstelle für Finanztransaktionsuntersuchungen und die Aufsichtsbehörden können im Rahmen ihrer Aufgaben und Befugnisse die von Trustees nach Absatz 1 und von Treuhändern nach Absatz 2 aufbewahrten Angaben einsehen oder sich vorlegen lassen. [2] Die Angaben sind ihnen unverzüglich zur Verfügung zu stellen.

(4) Das Bundesministerium der Finanzen wird ermächtigt, im Einvernehmen mit dem Bundesministerium der Justiz und für Verbraucherschutz durch Rechtsverordnung, die nicht der Zustimmung des Bundesrates bedarf, die Einzelheiten zu regeln, welche Trusts und trustähnlichen Rechtsgestaltungen von § 21 Absatz 1 und 2 erfasst sind und durch welche Merkmale sich diese auszeichnen.

§ 22[1)] Zugängliche Dokumente und Datenübermittlung an das Transparenzregister, Verordnungsermächtigung. (1) [1] Über die Internetseite des Transparenzregisters sind nach Maßgabe des § 23 zugänglich:

1. Eintragungen im Transparenzregister zu Meldungen nach § 20 Absatz 1 Satz 1 und nach § 21 sowie Immobilien nach § 19a,
2. Bekanntmachungen des Bestehens einer Beteiligung nach § 20 Absatz 6 des Aktiengesetzes[2)],
3. Stimmrechtsmitteilungen nach den §§ 40 und 41 des Wertpapierhandelsgesetzes[3)],
4. Listen der Gesellschafter von Gesellschaften mit beschränkter Haftung und Unternehmergesellschaften nach § 8 Absatz 1 Nummer 3, § 40 des Gesetzes betreffend die Gesellschaften mit beschränkter Haftung[4)] sowie Gesellschafterverträge gemäß § 8 Absatz 1 Nummer 1 in Verbindung mit § 2 Absatz 1a Satz 2 des Gesetzes betreffend die Gesellschaften mit beschränkter Haftung, sofern diese als Gesellschafterliste gelten, nach § 2 Absatz 1a Satz 4 des Gesetzes betreffend die Gesellschaften mit beschränkter Haftung,
5. Eintragungen im Handelsregister,
6. Eintragungen im Partnerschaftsregister,
7. Eintragungen im Genossenschaftsregister,
8. Eintragungen im Vereinsregister ***[bis 31.12.2023:** .**][ab 1.1.2024:** ,**]***

[Nr. 9 ab 1.1.2024:]

9. Eintragungen in das Gesellschaftsregister.

[2] Zugänglich in dem nach den besonderen registerrechtlichen Vorschriften für die Einsicht geregelten Umfang sind nur solche Dokumente und Eintragungen nach ***[bis 31.12.2023:*** Satz 1 Nummer 2 bis 8***][ab 1.1.2024:** Satz 1 Nummer 2 bis 9**]***, die aus dem Handelsregister, Genossenschaftsregister, Partnerschaftsregister, Unternehmensregister oder Vereinsregister elektronisch abrufbar sind.

---

1) § 22 Abs. 1 Satz 1 Nr. 3 geänd. mWv 14.7.2018 durch G v. 10.7.2018 (BGBl. I S. 1102); Abs. 1 Satz 1 Nr. 1 und Satz 2 geänd. mWv 1.8.2021 durch G v. 25.6.2021 (BGBl. I S. 2083); Abs. 1 Satz 1 Nr. 8 *geänd., Nr. 9 angef., Satz 2 und Abs. 2 Satz 1 geänd.* mWv 1.1.2024 durch G v. 10.8.2021 (BGBl. I S. 3436); Abs. 1 Satz 1 Nr. 1 geänd. mWv 28.12.2022 durch G v. 19.12.2022 (BGBl. I S. 2606).

2) **Habersack, Deutsche Gesetze Nr. 51.**

3) Nr. **58.**

4) **Habersack, Deutsche Gesetze Nr. 52.**

(2) [1]Um die Eröffnung des Zugangs zu den Originaldaten nach ***[bis 31.12. 2023:*** Absatz 1 Satz 1 Nummer 2 bis 8***][ab 1.1.2024:*** *Absatz 1 Satz 1 Nummer 2 bis 9****]*** über die Internetseite des Transparenzregisters zu ermöglichen, sind dem Transparenzregister die dafür erforderlichen Daten (Indexdaten) zu übermitteln. [2]Der Betreiber des Unternehmensregisters übermittelt die Indexdaten zu den Originaldaten nach Absatz 1 Satz 1 Nummer 2 und 3 dem Transparenzregister. [3]Die Landesjustizverwaltungen übermitteln die Indexdaten zu den Originaldaten nach Absatz 1 Satz 1 Nummer 4 bis 8 dem Transparenzregister. [4]Die Indexdaten dienen nur der Zugangsvermittlung und dürfen nicht zugänglich gemacht werden.

(3) [1]Das Bundesministerium der Finanzen wird ermächtigt, im Benehmen mit dem Bundesministerium der Justiz und für Verbraucherschutz für die Datenübermittlung nach Absatz 2 Satz 3 durch Rechtsverordnung, die der Zustimmung des Bundesrates bedarf, technische Einzelheiten der Datenübermittlung zwischen den Behörden der Länder und dem Transparenzregister einschließlich der Vorgaben für die zu verwendenden Datenformate und zur Sicherstellung von Datenschutz und Datensicherheit zu regeln. [2]Abweichungen von den Verfahrensregelungen durch Landesrecht sind ausgeschlossen.

(4) Das Bundesministerium der Finanzen wird ermächtigt, im Benehmen mit dem Bundesministerium der Justiz und für Verbraucherschutz durch Rechtsverordnung, die nicht der Zustimmung des Bundesrates bedarf, Registrierungsverfahren für die Mitteilungsverpflichteten nach den §§ 20 und 21 sowie technische Einzelheiten der Datenübermittlung nach Absatz 2 Satz 2 sowie nach den §§ 20 und 21 einschließlich der Vorgaben für die zu verwendenden Datenformate und Formulare sowie zur Sicherstellung von Datenschutz und Datensicherheit zu regeln.

§ 23[1)] Einsichtnahme in das Transparenzregister, Verordnungsermächtigung. (1) [1]Bei Vereinigungen nach § 20 Absatz 1 Satz 1 und Rechtsgestaltungen nach § 21 ist die Einsichtnahme gestattet:

1. den Behörden, Gerichten sowie den in § 2 Absatz 4 genannten Stellen, soweit die Einsichtnahme zur Erfüllung ihrer gesetzlichen Aufgaben erforderlich ist,
2. den Verpflichteten, sofern sie der registerführenden Stelle darlegen, dass die Einsichtnahme zur Erfüllung ihrer Sorgfaltspflichten in einem der in § 10 Absatz 3 und 3a genannten Fälle erfolgt, und
3. allen Mitgliedern der Öffentlichkeit.

[2]In diesen Fällen ist die registerführende Stelle befugt, die zugänglichen Daten an den Einsichtnehmenden zu übermitteln. [3]In den Fällen des Satzes 1 Nummer 1 und 2 übermittelt die registerführende Stelle neben den Angaben nach § 19 Absatz 1 auch die Eigentums- und Kontrollstrukturübersichten nach § 23a Absatz 3a, soweit diese zu den übermittelten Angaben nach § 19 Absatz 1 aufgrund einer abgeschlossenen Unstimmigkeitsmeldung vorhanden sind. [4]Im Fall des Satzes 1 Nummer 3 sind neben den Angaben nach § 19 Absatz 1 Nummer 1 und 4

[1)] § 23 Abs. 1 Satz 1 neu gef., Satz 2, Abs. 2 Satz 3 sowie Abs. 5 geänd., Abs. 2 Satz 5 und Abs. 3 Satz 2 angef. mWv 1.1.2020, Abs. 6 angef. mWv 1.7.2020 durch G v. 12.12.2019 (BGBl. I S. 2602); Abs. 1 Satz 1 Nr. 2 geänd., Satz 2 eingef., bish. Satz 2 wird Satz 3 und neu gef., Abs. 2 Satz 1, Satz 2 Nr. 1 sowie Sätze 4 und 5 geänd., Abs. 3 eingef., bish. Abs. 3 und 4 werden Abs. 4 und 5, Abs. 6 eingef., bish. Abs. 5 wird Abs. 7 und neu gef., bish. Abs. 6 wird Abs. 8 und Satz 6 geänd. mWv 1.8.2021 durch G v. 25.6.2021 (BGBl. I S. 2083); Abs. 1 Satz 1 Nr. 1 neu gef., Satz 3 eingef., bish. Satz 3 wird Satz 4, Satz 5 angef., Abs. 2 Sätze 1 und 4, Abs. 3 Sätze 1 und 3 geänd., Abs. 6 Satz 1 neu gef. mWv 28.12.2022 durch G v. 19.12. 2022 (BGBl. I S. 2606).

nur Monat und Jahr der Geburt des wirtschaftlich Berechtigten, sein Wohnsitzland und alle Staatsangehörigkeiten der Einsichtnahme zugänglich und dürfen übermittelt werden. [5] Gegenüber den Behörden, Gerichten, den in § 2 Absatz 4 genannten Stellen und gegenüber Verpflichteten nach § 2 Absatz 1 Nummer 1 bis 3 und 7 sowie gegenüber Notaren sind zusätzlich die Angaben nach § 19a zu allen im Transparenzregister erfassten Immobilien der Einsichtnahme zugänglich und dürfen übermittelt werden.

(2) [1] Auf Antrag des wirtschaftlich Berechtigten beschränkt die registerführende Stelle die Einsichtnahme in das Transparenzregister und die Übermittlung der Daten nach § 19 Absatz 1 vollständig oder teilweise, wenn ihr der wirtschaftlich Berechtigte darlegt, dass der Einsichtnahme und der Übermittlung unter Berücksichtigung aller Umstände des Einzelfalls überwiegende schutzwürdige Interessen des wirtschaftlich Berechtigten entgegenstehen. [2] Schutzwürdige Interessen liegen vor, wenn

1. Tatsachen die Annahme rechtfertigen, dass die Einsichtnahme und Übermittlung den wirtschaftlich Berechtigten der Gefahr aussetzen würde, Opfer einer der folgenden Straftaten zu werden:
   a) eines Betrugs (§ 263 des Strafgesetzbuchs[1]),
   b) eines erpresserischen Menschenraubs (§ 239a des Strafgesetzbuchs),
   c) einer Geiselnahme (§ 239b des Strafgesetzbuchs),
   d) einer Erpressung oder räuberischen Erpressung (§§ 253, 255 des Strafgesetzbuchs),
   e) einer strafbaren Handlung gegen Leib oder Leben (§§ 211, 212, 223, 224, 226, 227 des Strafgesetzbuchs),
   f) einer Nötigung (§ 240 des Strafgesetzbuchs),
   g) einer Bedrohung (§ 241 des Strafgesetzbuchs) oder
2. der wirtschaftlich Berechtigte minderjährig oder geschäftsunfähig ist.

[3] Schutzwürdige Interessen des wirtschaftlich Berechtigten liegen nicht vor, wenn sich die Daten bereits aus den in § 22 Absatz 1 genannten Registern ergeben. [4] Die Beschränkung der Einsichtnahme und Übermittlung nach Satz 1 ist nicht möglich gegenüber Behörden, Gerichten und den in § 2 Absatz 4 genannten Stellen, gegenüber Verpflichteten nach § 2 Absatz 1 Nummer 1 bis 3 und 7 sowie gegenüber Notaren. [5] Die registerführende Stelle hat jährlich eine Statistik über die Anzahl der bewilligten Beschränkungen und darüber, ob die Beschränkungen nach Satz 2 Nummer 1 oder 2 erfolgt sind, zu erstellen, auf ihrer Internetseite zu veröffentlichen und an die Europäische Kommission zu übermitteln.

(3) [1] Behörden, Gerichte und die in § 2 Absatz 4 genannte Stellen sowie diejenigen in § 23 Absatz 1 Satz 1 Nummer 2 genannten Verpflichteten, gegenüber denen die Beschränkung der Einsichtnahme und Übermittlung nach § 23 Absatz 2 Satz 4 nicht möglich ist, können die Einsichtnahme mittels eines durch die registerführende Stelle geschaffenen und nach ihren Vorgaben ausgestalteten automatisierten Einsichtnahmeverfahrens durchführen. [2] Die registerführende Stelle ist befugt, den in Satz 1 genannten Stellen die nach Maßgabe des Absatzes 1 zugänglichen Daten im automatisierten Verfahren zu übermitteln. [3] Bestehen Zweifel daran, dass die Einsichtnahme zur Erfüllung der gesetzlichen Aufgaben einer Behörde, eines Gerichts oder einer in § 2 Absatz 4 genannten Stelle erforderlich ist oder zur Erfüllung der Sorgfaltspflicht eines Verpflichteten nach

[1] **Habersack, Deutsche Gesetze Nr. 85.**

Satz 1 erfolgt, ist die registerführende Stelle berechtigt, die Verfahren nach den Sätzen 1 und 2 zu sperren. [4] Sie kann die Behörde nach Satz 1 zur Bestätigung, dass die Einsichtnahme zur Erfüllung der gesetzlichen Aufgaben erforderlich ist, auffordern und den Verpflichteten nach Satz 1 dauerhaft auf das für alle Verpflichteten geltende Verfahren nach Absatz 1 verweisen. [5] Die Bestätigung nach Satz 4 hat durch den Dienstvorgesetzten zu erfolgen. [6] Die beteiligten Stellen haben zu gewährleisten, dass für Einsichtnahmen und Datenübermittlungen im automatisierten Verfahren die erforderlichen technischen und organisatorischen Maßnahmen nach den Artikeln 24, 25 und 32 der Verordnung (EU) 2016/679[1)] des Europäischen Parlaments und des Rates vom 27. April 2016 zum Schutz natürlicher Personen bei der Verarbeitung personenbezogener Daten, zum freien Datenverkehr und zur Aufhebung der Richtlinie 95/46/EG zur Sicherstellung von Datenschutz und Datensicherheit getroffen werden, die insbesondere die Vertraulichkeit und Unversehrtheit der Daten gewährleisten.

(4) [1] Die Einsichtnahme ist nur nach vorheriger Online-Registrierung des Nutzers möglich und kann zum Zweck der Kontrolle, wer Einsicht genommen hat, protokolliert werden. [2] Die registerführende Stelle ist nicht befugt, gegenüber Vereinigungen nach § 20 und Rechtsgestaltungen nach § 21 offenzulegen, wer Einsicht in die Angaben genommen hat, die die Vereinigungen und Rechtsgestaltungen zu ihren wirtschaftlich Berechtigten gemacht haben.

(5) Das Transparenzregister erlaubt die Suche nach Vereinigungen nach § 20 Absatz 1 Satz 1 und Rechtsgestaltungen nach § 21 über alle eingestellten Daten sowie über sämtliche Indexdaten.

(6) [1] Die Einsichtnahme und Übermittlung der Daten aus dem Transparenzregister nach Absatz 1 Nummer 1 an einsichtnehmende Behörden, Gerichte und in § 2 Absatz 4 genannte Stellen erfolgt ausschließlich zum Zweck der Erfüllung der jeweiligen gesetzlichen Aufgabe. [2] Die Einsichtnahme und Übermittlung der Daten aus dem Transparenzregister an einsichtnehmende Verpflichtete erfolgt ausschließlich zur Erfüllung der Sorgfaltspflichten des jeweiligen Verpflichteten.

(7) Das Bundesministerium der Finanzen wird ermächtigt, durch Rechtsverordnung, die nicht der Zustimmung des Bundesrates bedarf, die Einzelheiten der Einsichtnahme, Datenübermittlung und Beschränkung, insbesondere der Online-Registrierung und der Protokollierung wie die zu protokollierenden Daten und die Löschungsfrist für die protokollierten Daten nach Absatz 3, der Darlegungsanforderungen für die Einsichtnahme und Übermittlung nach Absatz 1 Satz 1 Nummer 2 und 3 und der Darlegungsanforderungen für die Beschränkung der Einsichtnahme und Übermittlung nach Absatz 2 zu bestimmen.

(8) [1] Auf Antrag ist dem wirtschaftlich Berechtigten durch die registerführende Stelle Auskunft über die nach § 23 Absatz 1 Satz 1 Nummer 3 erfolgten Einsichtnahmen zu erteilen. [2] Der wirtschaftlich Berechtigte hat bei Antragstellung die Vereinigung nach § 20 oder die Rechtsgestaltung nach § 21 anzugeben, für die eine Auskunft beantragt wird. [3] Die Auskunft beinhaltet folgende Informationen:

1. die beauskunfteten personenbezogenen Daten des wirtschaftlich Berechtigten,
2. die monatsweise dargestellte Anzahl der seit der letzten Antragstellung erfolgten Einsichtnahmen,
3. der Zeitpunkt der jeweiligen Einsichtnahmen,

[1)] **Sartorius Nr. 246.**

4. eine anonymisierte Auflistung der natürlichen Personen, die Einsicht genommen haben und
5. bei Einsichtnahme durch juristische Personen deren Bezeichnung.

[4] Die beantragte Auskunft ist mindestens einmal im Kalenderjahr, höchstens jedoch einmal im Quartal zu erteilen. [5] Der wirtschaftlich Berechtigte belegt im Rahmen der Antragstellung nach Satz 1 seine Identität und seine Stellung als wirtschaftlich Berechtigter der im Antrag in Bezug genommenen Vereinigung nach § 20 oder Rechtsgestaltung nach § 21 anhand geeigneter Nachweise. [6] Geeignete Nachweise sind solche nach § 12. [7] Die Antragstellung und Auskunftserteilung nach diesem Absatz ist ausschließlich über die Internetseite des Transparenzregisters nach den Vorgaben der registerführenden Stelle möglich.

§ 23a[1)] Meldung von Unstimmigkeiten an die registerführende Stelle.

(1) [1] Verpflichtete nach § 23 Absatz 1 Satz 1 Nummer 2 haben der registerführenden Stelle Unstimmigkeiten unverzüglich zu melden, die sie zwischen den Angaben über die wirtschaftlich Berechtigten, die im Transparenzregister zugänglich sind, und den ihnen zur Verfügung stehenden Angaben und Erkenntnissen über die wirtschaftlich Berechtigten feststellen. [2] § 43 Absatz 2 gilt entsprechend. [3] Die Aufsichtsbehörden, die Behörde nach § 25 Absatz 6 und nach § 56 Absatz 5 Satz 2 sowie die Zentralstelle für Finanztransaktionsuntersuchungen trifft die Pflicht nach Satz 1, sofern dadurch die Aufgabenwahrnehmung der Behörden nicht beeinträchtigt wird. [4] Eine Unstimmigkeit nach Satz 1 besteht, wenn Eintragungen nach § 20 Absatz 1 sowie nach § 21 Absatz 1 und 2 fehlen, einzelne Angaben zu den wirtschaftlich Berechtigten nach § 19 Absatz 1 abweichen oder wenn abweichende wirtschaftlich Berechtigte ermittelt wurden. [5] Die der Unstimmigkeitsmeldung zugrunde liegende Ermittlung der wirtschaftlich Berechtigten hat nach den Vorgaben des § 3 zu erfolgen.

(2) Die registerführende Stelle hat auf der Internetseite des Transparenzregisters deutlich sichtbar eine Vorkehrung einzurichten, über die Unstimmigkeitsmeldungen nach Absatz 1 abzugeben sind.

(3) [1] Die registerführende Stelle hat die Unstimmigkeitsmeldung nach Absatz 1 unverzüglich zu prüfen. [2] Hierzu kann sie von dem Erstatter der Unstimmigkeitsmeldung, der betroffenen Vereinigung nach § 20 oder der Rechtsgestaltung nach § 21 die zur Aufklärung erforderlichen Informationen und Unterlagen verlangen.

(3a) [1] Im Rahmen der Prüfung der Unstimmigkeitsmeldung erstellt die registerführende Stelle auf Basis der in den anderen Registern vorhandenen Informationen sowie der aufgrund von Nachfragen nach Absatz 3 erhaltenen Informationen und Unterlagen Eigentums- und Kontrollstrukturübersichten der betroffenen Vereinigung nach § 20 oder der Rechtsgestaltung nach § 21, soweit dies im Einzelfall zur Prüfung der Unstimmigkeitsmeldung erforderlich ist. [2] Sie hat diese Übersichten bis zum Ablauf von zwei Jahren nach der Auflösung der Vereinigung nach § 20 und der Rechtsgestaltung nach § 21 aufzubewahren und danach zu löschen. [3] Die Eigentums- und Kontrollstrukturübersicht wird nicht Teil der Eintragung im Transparenzregister. [4] Die Eigentums- und Kontrollstrukturübersichten sollen den Stand wiedergeben, der zum Abschluss der Prüfung der Unstimmigkeitsmeldung vorgelegen hat.

[1)] § 23a eingef. mWv 1.1.2020 durch G v. 12.12.2019 (BGBl. I S. 2602); Abs. 1 Satz 4 geänd., Abs. 3a eingef., Abs. 5 Satz 1 neu gef., Satz 2 geänd. mWv 1.8.2021 durch G v. 25.6.2021 (BGBl. I S. 2083); Abs. 1 Satz 3 geänd., Abs. 3a Satz 2 neu gef., Satz 4 angef., Abs. 5 Sätze 2 und 3 eingef., bish. Satz 2 wird Satz 4 mWv 28.12.2022 durch G v. 19.12.2022 (BGBl. I S. 2606).

(4) Die registerführende Stelle übergibt die Unstimmigkeitsmeldung mit allen erforderlichen Unterlagen der Behörde nach § 56 Absatz 5 Satz 2 im Rahmen ihrer Zuständigkeit für die Verfolgung von Ordnungswidrigkeiten nach § 56 Absatz 1 Satz 1 Nummer 54 bis 66, wenn

1. sie zu der Erkenntnis gelangt, dass die im Transparenzregister enthaltenen Angaben zum wirtschaftlich Berechtigten nicht zutreffend sind oder
2. sie die Prüfung der Unstimmigkeitsmeldung aufgrund unklarer Sachlage nicht abschließen konnte.

(5) [1] Die registerführende Stelle hat dem Erstatter der Unstimmigkeitsmeldung die von ihr ermittelten Angaben zum wirtschaftlich Berechtigten im Sinne des § 19 Absatz 1 nach Abschluss der Prüfung unverzüglich zu übermitteln. [2] Dabei werden auch die Eigentums- und Kontrollstrukturübersichten nach Absatz 3a an den Erstatter der Meldung übermittelt. [3] Die Eigentums- und Kontrollstrukturübersichten dürfen durch den Erstatter ausschließlich im Rahmen der Erfüllung eigener Sorgfaltspflichten verwendet und nicht weitergegeben werden. [4] Das Verfahren zur Prüfung der Unstimmigkeitsmeldung gilt als abgeschlossen, wenn die registerführende Stelle oder die Behörde nach § 56 Absatz 5 Satz 2 aufgrund der nach Absatz 3 erlangten Erkenntnisse oder aufgrund einer neuen oder berichtigenden Mitteilung der Vereinigung nach § 20 oder der Rechtsgestaltung nach § 21, die Gegenstand der Unstimmigkeitsmeldung ist, zu dem Ergebnis gekommen ist, dass die Unstimmigkeit ausgeräumt ist.

(6) [1] Nach Eingang der Unstimmigkeitsmeldung nach Absatz 1 hat die registerführende Stelle auf dem Registerauszug sichtbar zu vermerken, dass die Angaben zu den wirtschaftlich Berechtigten der Vereinigung nach § 20 oder der Rechtsgestaltung nach § 21 der Prüfung unterliegen. [2] Der Abschluss des Verfahrens zur Prüfung der Unstimmigkeitsmeldung ist auf dem Registerauszug zu vermerken.

[§ 23b ab 1.1.2026:]

§ 23b[1)] *Meldung von Unstimmigkeiten bei der Zuordnung von Immobilien.*

(1) [1] Die in § 23 Absatz 1 Satz 1 Nummer 1 aufgeführten Behörden, Verpflichtete nach § 2 Absatz 1 Nummer 1 bis 3 und 7 sowie Notare haben der registerführenden Stelle Abweichungen unverzüglich zu melden, die sie zwischen den Angaben über die Immobilien, die im Transparenzregister zugänglich sind, und den ihnen zur Verfügung stehenden Angaben und Erkenntnissen über Immobilien feststellen. [2] § 43 Absatz 2 gilt entsprechend.

(2) Die registerführende Stelle hat auf der Internetseite des Transparenzregisters deutlich sichtbar eine Vorkehrung einzurichten, über die Meldungen nach Absatz 1 abzugeben sind.

(3) [1] Die registerführende Stelle hat die Meldung nach Absatz 1 unverzüglich zu prüfen. [2] Hierzu kann sie von dem Erstatter der Meldung und von der betroffenen Vereinigung nach § 20 die zur Aufklärung erforderlichen Informationen und Unterlagen verlangen oder Einsicht in das Grundbuch der betroffenen Immobilien nehmen. [3] Die Prüfung der Meldung nach Absatz 1 stellt ein berechtigtes Interesse im Sinne des § 12 Absatz 1 der Grundbuchordnung[2)] dar.

(4) Die registerführende Stelle hat die Erfassung oder Zuordnung von Immobilien zu berichtigen, wenn sie zu dem Ergebnis gelangt, dass die gemeldete Abweichung zutreffend ist.

[1)] § 23b eingef. mWv 1.1.2026 durch G v. 19.12.2022 (BGBl. I S. 2606).
[2)] **Habersack, Deutsche Gesetze Nr. 114.**

§ 24[1)] Gebühren und Auslagen, Verordnungsermächtigung. (1) [1] Für die Führung des Transparenzregisters erhebt die registerführende Stelle von Vereinigungen nach § 20 und von Rechtsgestaltungen nach § 21 Gebühren. [2] Dies gilt auf Antrag nicht für Vereinigungen nach § 20, die einen steuerbegünstigten Zweck im Sinne der §§ 52 bis 54 der Abgabenordnung verfolgen und dies mittels einer Bescheinigung des zuständigen Finanzamtes gegenüber der registerführenden Stelle nachweisen. [3] Ein Nachweis nach Satz 2 ist nicht erforderlich, wenn im Antrag die Verfolgung der nach den §§ 52 bis 54 der Abgabenordnung steuerbegünstigten Zwecke versichert und das Einverständnis darüber erklärt werden, dass die registerführende Stelle beim zuständigen Finanzamt eine Bestätigung der Verfolgung dieser steuerbegünstigten Zwecke einholen darf. [4] Die registerführende Stelle erhebt keine Gebühren von Vereinigungen nach § 20, wenn sich die Verfolgung der nach den §§ 52 bis 54 der Abgabenordnung steuerbegünstigten Zwecke unmittelbar aus dem Zuwendungsempfängerregister nach § 60b der Abgabenordnung ergibt. [5] Die durch die Gebührenbefreiung entstehenden Mindereinnahmen werden der registerführenden Stelle durch den Bund erstattet.

(2) [1] Für die Einsichtnahme in die dem Transparenzregister nach § 20 Absatz 1 und § 21 mitgeteilten Daten und deren Übermittlung erhebt die registerführende Stelle zur Deckung des Verwaltungsaufwands Gebühren und Auslagen. [2] Dasselbe gilt für die Erstellung von Ausdrucken, Bestätigungen und Beglaubigungen nach § 18 Absatz 4. [3] Behörden, Gerichte und die in § 2 Absatz 4genannte Stellen haben keine Gebühren und Auslagen nach den Sätzen 1 und 2 zu entrichten. [4] § 8 Absatz 2 Satz 1 des Bundesgebührengesetzes[2)] ist nicht anzuwenden.

(2a) Für die Registrierung und Identifizierung von wirtschaftlich Berechtigten im Zusammenhang mit einem Antrag nach § 23 Absatz 6 erhebt die registerführende Stelle zur Deckung des Verwaltungsaufwands Gebühren und Auslagen von den Antragstellern nach § 23 Absatz 6.

(3) Das Bundesministerium der Finanzen wird ermächtigt, durch Rechtsverordnung, die nicht der Zustimmung des Bundesrates bedarf, Einzelheiten zu Folgendem näher zu regeln:
1. die gebührenpflichtigen Tatbestände,
2. die Gebührenschuldner,
3. die Gebührensätze nach festen Sätzen oder als Rahmengebühren,
4. die Auslagenerstattung und
5. das Verfahren für eine Gebührenbefreiung nach Absatz 1 Satz 2.

§ 25[3)] Übertragung der Führung des Transparenzregisters, Verordnungsermächtigung. (1) Das Bundesministerium der Finanzen wird ermächtigt, durch Rechtsverordnung, die nicht der Zustimmung des Bundesrates bedarf, eine juristische Person des Privatrechts mit den Aufgaben der registerführenden Stelle und mit den hierfür erforderlichen Befugnissen zu beleihen.

(2) [1] Eine juristische Person des Privatrechts darf nur beliehen werden, wenn sie die Gewähr für die ordnungsgemäße Erfüllung der ihr übertragenen Aufgaben,

---

[1)] § 24 Abs. 1 Satz 2 und Abs. 3 Nr. 5 angef., Abs. 2 Satz 3 neu gef., Satz 4 eingef., bish. Satz 4 wird *Satz 5, Abs. 2a eingef., Abs. 3 Nr. 3 und 4 geänd. mWv 1.1.2020* durch G v. 12.12.2019 (BGBl. I S. 2602); Abs. 1 Sätze 3–5 angef., Abs. 2 Satz 1 geänd., Satz 5 aufgeh. mWv 1.8.2021 durch G v. 25.6.2021 (BGBl. I S. 2083); Abs. 2 Satz 3 geänd. mWv 28.12.2022 durch G v. 19.12.2022 (BGBl. I S. 2606).

[2)] **Sartorius Nr. 120.**

[3)] § 25 Abs. 5 Satz 3 geänd. mWv 1.8.2021 durch G v. 25.6.2021 (BGBl. I S. 2083).

insbesondere für den langfristigen und sicheren Betrieb des Transparenzregisters, bietet. 2 Sie bietet die notwendige Gewähr, wenn

1. die natürlichen Personen, die nach Gesetz, dem Gesellschaftsvertrag oder der Satzung die Geschäftsführung und Vertretung ausüben, zuverlässig und fachlich geeignet sind,
2. sie grundlegende Erfahrungen mit der Zugänglichmachung von registerrechtlichen Informationen, insbesondere von Handelsregisterdaten, Gesellschaftsbekanntmachungen und kapitalmarktrechtlichen Informationen, hat,
3. sie die zur Erfüllung ihrer Aufgaben notwendige Organisation sowie technische und finanzielle Ausstattung hat und
4. sie sicherstellt, dass sie die Vorschriften zum Schutz personenbezogener Daten einhält.

(3) 1 Die Dauer der Beleihung ist zu befristen. 2 Sie soll fünf Jahre nicht unterschreiten. 3 Die Möglichkeit, bei Vorliegen eines wichtigen Grundes die Beleihung vor Ablauf der Frist zu beenden, ist vorzusehen. 4 Haben die Voraussetzungen für die Beleihung nicht vorgelegen oder sind sie nachträglich entfallen, soll die Beleihung jederzeit beendet werden können. 5 Es ist sicherzustellen, dass mit Beendigung der Beleihung dem Bundesministerium der Finanzen oder einer von ihm bestimmten Stelle alle für den ordnungsgemäßen Weiterbetrieb des Transparenzregisters erforderlichen Softwareprogramme und Daten unverzüglich zur Verfügung gestellt werden und die Rechte an diesen Softwareprogrammen und an der für das Transparenzregister genutzten Internetadresse übertragen werden.

(4) 1 Der Beliehene ist berechtigt, das kleine Bundessiegel zu führen. 2 Es wird vom Bundesministerium der Finanzen zur Verfügung gestellt. 3 Das kleine Bundessiegel darf ausschließlich zur Beglaubigung von Ausdrucken aus dem Transparenzregister und zu Bestätigungen nach § 18 Absatz 4 genutzt werden.

(5) 1 Der Beliehene ist befugt, die Gebühren nach § 24 zu erheben. 2 Das Gebührenaufkommen steht ihm zu. 3 In der Rechtsverordnung kann das Bundesministerium der Finanzen die Vollstreckung der Gebührenbescheide dem Beliehenen übertragen sowie die Ausgestaltung der Erstattung nach § 24 Absatz 1 Satz 5 näher regeln.

(6) 1 Der Beliehene untersteht der Rechts- und Fachaufsicht durch das Bundesverwaltungsamt. 2 Das Bundesverwaltungsamt kann sich zur Wahrnehmung seiner Aufsichtstätigkeit jederzeit über die Angelegenheiten des Beliehenen unterrichten, insbesondere durch Einholung von Auskünften und Berichten sowie durch das Verlangen nach Vorlage von Aufzeichnungen aller Art, rechtswidrige Maßnahmen beanstanden sowie entsprechende Abhilfe verlangen. 3 Der Beliehene ist verpflichtet, den Weisungen des Bundesverwaltungsamts nachzukommen. 4 Dieses kann, wenn der Beliehene den Weisungen nicht oder nicht fristgerecht nachkommt, die erforderlichen Maßnahmen an Stelle und auf Kosten des Beliehenen selbst durchführen oder durch einen anderen durchführen lassen. 5 Die Bediensteten und sonstigen Beauftragten des Bundesverwaltungsamts sind befugt, zu den Betriebs- und Geschäftszeiten Betriebsstätten, Geschäfts- und Betriebsräume des Beliehenen zu betreten, zu besichtigen und zu prüfen, soweit dies zur Erfüllung ihrer Aufgaben erforderlich ist. 6 Gegenstände oder geschäftliche Unterlagen können im erforderlichen Umfang eingesehen und in Verwahrung genommen werden.

(7) Für den Fall, dass keine juristische Person des Privatrechts beliehen wird, oder für den Fall, dass die Beleihung beendet wird, kann das Bundesministerium der Finanzen die Führung des Transparenzregisters auf eine Bundesoberbehörde in

seinem Geschäftsbereich oder im Einvernehmen mit dem zuständigen Bundesministerium auf eine Bundesoberbehörde in dessen Geschäftsbereich übertragen.

§ 26[1)] Europäisches System der Registervernetzung, Verordnungsermächtigung. (1) [1] Die in § 22 Absatz 1 Satz 1 Nummer 1 aufgeführten Daten sind, sofern sie Vereinigungen nach § 20 sowie Rechtsgestaltungen nach § 21 betreffen, über die durch Artikel 22 Absatz 1 der Richtlinie (EU) 2017/1132 des Europäischen Parlaments und des Rates vom 14. Juni 2017 über bestimmte Aspekte des Gesellschaftsrechts geschaffene zentrale Europäische Plattform zugänglich. [2] § 23 Absatz 1 bis 3 gilt entsprechend. [3] Zur Zugänglichmachung über die zentrale Europäische Plattform übermittelt die registerführende Stelle die dem Transparenzregister nach § 20 Absatz 1 und § 21 mitgeteilten Daten sowie die nach Maßgabe der von der Europäischen Kommission gemäß Artikel 31a der Richtlinie (EU) 2018/843 erlassenen Durchführungsakte erforderlichen Daten sowie die Indexdaten nach § 22 Absatz 2 an die zentrale Europäische Plattform nach Artikel 22 Absatz 1 der Richtlinie (EU) 2017/1132 und Artikel 4a Absatz 1 der Richtlinie 2009/101/EG des Europäischen Parlaments und des Rates vom 16. September 2009 zur Koordinierung der Schutzbestimmungen, die in den Mitgliedstaaten den Gesellschaften im Sinne des Artikels 48 Absatz 2 des Vertrags im Interesse der Gesellschafter sowie Dritter vorgeschrieben sind, um diese Bestimmungen gleichwertig zu gestalten (ABl. L 258 vom 1.10.2009, S. 11), die zuletzt durch die Richtlinie 2013/24/EU (ABl. L 158 vom 10.6.2013, S. 365) geändert worden ist, sofern die Übermittlung für die Eröffnung eines Zugangs zu den Originaldaten über den Suchdienst auf der Internetseite der zentralen Europäischen Plattform erforderlich ist.

(2) [1] Das Transparenzregister ist mit den Registern anderer Mitgliedstaaten der Europäischen Union im Sinne von Artikel 22 Absatz 2 der Richtlinie (EU) 2017/1132 über die durch Artikel 22 Absatz 1 der Richtlinie (EU) 2017/1132 geschaffene zentrale Europäische Plattform zu vernetzen. [2] Die Vernetzung der Register der Mitgliedstaaten über die Plattform erfolgt nach Maßgabe der technischen Spezifikationen und Verfahren, die durch von der Europäischen Kommission gemäß Artikel 24 der Richtlinie (EU) 2017/1132 und Artikel 1 Nummer 17 der Richtlinie (EU) 2018/843 erlassene Durchführungsrechtsakte festgelegt werden.

(3) Daten nach § 22 Absatz 1 Satz 1, soweit sie Vereinigungen nach § 20 oder Rechtsgestaltungen nach § 21 betreffen, sind nach Abschluss der Abwicklung und, soweit sie registerlich geführt sind, nach Löschung im Register der Vereinigungen oder Rechtsgestaltungen noch für einen Zeitraum von mindestens fünf und höchstens zehn Jahren über das Transparenzregister und die durch Artikel 22 Absatz 1 der Richtlinie (EU) 2017/1132 geschaffene zentrale Europäische Plattform zugänglich.

(4) Das Bundesministerium der Finanzen wird im Benehmen mit dem Bundesministerium der Justiz und für Verbraucherschutz ermächtigt, durch Rechtsverordnung, die der Zustimmung des Bundesrates bedarf, die erforderlichen Bestimmungen über die Einzelheiten des elektronischen Datenverkehrs und seiner Abwicklung nach Absatz 1 einschließlich Vorgaben über Datenformate und Zahlungsmodalitäten zu treffen, soweit keine Regelungen in den von der Europäischen Kommission gemäß Artikel 24 der Richtlinie (EU) 2017/1132 und

---

[1)] § 26 Abs. 1 neu gef., Abs. 2 und 3 eingef., bish. Abs. 2 wird Abs. 4 und geänd. mWv 1.1.2020 durch G v. 12.12.2019 (BGBl. I S. 2602); Abs. 1 Sätze 1 und 3 sowie Abs. 3 geänd. mWv 1.8.2021 durch G v. 25.6.2021 (BGBl. I S. 2083).

Artikel 31a der Richtlinie (EU) 2018/843 erlassenen Durchführungsrechtsakten enthalten sind.

§ 26a[1] Abruf durch bestimmte Behörden. (1) Die registerführende Stelle übermittelt die erforderlichen Informationen aus dem Transparenzregister an

1. die Zentralstelle für Finanztransaktionsuntersuchungen für Zwecke nach § 28 Absatz 1 Satz 3 Nummer 2, 4 und 8,
2. die Strafverfolgungsbehörden für ihre Aufgabenerfüllung
3. die Aufsichtsbehörden, soweit dies im Einzelfall für die Erfüllung ihrer Aufgaben nach § 51 erforderlich ist,
4. das Bundeszentralamt für Steuern und die örtlichen Finanzbehörden nach § 6 Absatz 2 Nummer 5 der Abgabenordnung, soweit dies im Einzelfall für die Erfüllung ihrer jeweiligen Aufgaben erforderlich ist,
5. die Verfassungsschutzbehörden des Bundes und der Länder, soweit dies im Einzelfall zur Erfüllung ihrer Aufgaben erforderlich ist,
6. das Zollkriminalamt, soweit dies im Einzelfall zur Erfüllung seiner Aufgaben nach § 4 Absatz 2 und 3 des Zollfahndungsdienstgesetzes erforderlich ist,
7. die nach § 13 des Außenwirtschaftsgesetzes zuständigen Behörden, soweit dies im Einzelfall zur Erfüllung ihrer Aufgaben erforderlich ist,
8. den Bundesnachrichtendienst, soweit dies erforderlich ist
   a) zur politischen Unterrichtung der Bundesregierung, wenn durch die Auskunft Informationen über das Ausland gewonnen werden können, die von außen- und sicherheitspolitischer Bedeutung für die Bundesrepublik Deutschland sind und zu deren Aufklärung das Bundeskanzleramt den Bundesnachrichtendienst beauftragt hat, oder
   b) zur Früherkennung von aus dem Ausland drohenden Gefahren von internationaler Bedeutung, wenn durch die Auskunft Erkenntnisse gewonnen werden können mit Bezug zu den in § 4 Absatz 3 Nummer 1 des BND-Gesetzes genannten Gefahrenbereichen oder zum Schutz der in § 4 Absatz 3 Nummer 2 und 3 des BND-Gesetzes genannten Rechtsgüter,
9. die Zentralstelle für Sanktionsdurchsetzung, soweit dies im Einzelfall zur Erfüllung ihrer Aufgaben erforderlich ist.

(2) [1] Die Übermittlung erfolgt im Wege des automatisierten Abrufs. [2] Die registerführende Stelle richtet für Abfragen nach Absatz 1 einen nach den Vorgaben der registerführenden Stelle ausgestalteten automatisierten Zugriff auf die im Transparenzregister gespeicherten Daten ein, der auch die Suche nach

1. wirtschaftlich Berechtigten einer Vereinigung nach § 20 oder einer Rechtsgestaltung nach § 21 über die Angaben „Name" und „Vorname" sowie zusätzlich „Geburtsdatum", „Wohnort" oder „Staatsangehörigkeit" des wirtschaftlich Berechtigten oder
2. Immobilien über alle Angaben nach § 19a

erlaubt. [3] § 23 bleibt unberührt.

[1] § 26a eingef. mWv 1.1.2021 durch G v. 12.12.2019 (BGBl. I S. 2602); Überschrift geänd., Abs. 1 neu gef. mWv 1.8.2021 durch G v. 25.6.2021 (BGBl. I S. 2083); Abs. 1 Nr. 4 geänd., Nr. 5 neu gef., Nr. 6, 7 angef. mWv 28.5.2022 durch G v. 23.5.2022 (BGBl. I S. 754); Abs. 1 Nr. 5, 6 geänd., Nr. 7 neu gef., Nr. 8, 9 angef., Abs. 2 neu gef. mWv 28.12.2022 durch G v. 19.12.2022 (BGBl. I S. 2606); Abs. 1 Nr. 1 geänd. mWv 18.11.2023 durch G v. 13.11.2023 (BGBl. 2023 I Nr. 311).

(3) Die beteiligten Stellen haben zu gewährleisten, dass für Abfragen nach Absatz 1 dem jeweiligen Stand der Technik entsprechende Maßnahmen zur Sicherstellung von Datenschutz und Datensicherheit getroffen werden, die insbesondere die Vertraulichkeit und Unversehrtheit der Daten gewährleisten.

Abschnitt 5. Zentralstelle für Finanztransaktionsuntersuchungen

§ 27 Zentrale Meldestelle. (1) Zentrale Meldestelle zur Verhinderung, Aufdeckung und Unterstützung bei der Bekämpfung von Geldwäsche und Terrorismusfinanzierung nach Artikel 32 Absatz 1 der Richtlinie (EU) 2015/849 ist die Zentralstelle für Finanztransaktionsuntersuchungen.

(2) Die Zentralstelle für Finanztransaktionsuntersuchungen ist organisatorisch eigenständig und arbeitet im Rahmen ihrer Aufgaben und Befugnisse fachlich unabhängig.

§ 28[1)] Aufgaben, Aufsicht und Zusammenarbeit. (1) [1]Die Zentralstelle für Finanztransaktionsuntersuchungen hat die Aufgabe der Erhebung und Analyse von Informationen im Zusammenhang mit Geldwäsche oder Terrorismusfinanzierung und der Weitergabe dieser Informationen an die zuständigen inländischen öffentlichen Stellen zum Zwecke der Aufklärung, Verhinderung oder Verfolgung solcher Taten. [2]Bei der Wahrnehmung ihrer Aufgaben folgt die Zentralstelle für Finanztransaktionsuntersuchungen einem risikobasierten Ansatz. [3]Ihr obliegen in diesem Zusammenhang:

1. die Entgegennahme und Sammlung von Meldungen nach diesem Gesetz,
2. die Durchführung von operativen Analysen einschließlich der Bewertung von Meldungen und sonstigen Informationen,
3. der Informationsaustausch und die Koordinierung mit inländischen Aufsichtsbehörden,
4. die Zusammenarbeit und der Informationsaustausch mit zentralen Meldestellen anderer Staaten,
5. die Untersagung von Transaktionen und die Anordnung von sonstigen Sofortmaßnahmen,
6. die Übermittlung der sie betreffenden Ergebnisse der operativen Analyse nach Nummer 2 und zusätzlicher relevanter Informationen an die zuständigen inländischen öffentlichen Stellen,
7. die Rückmeldung an den Verpflichteten, der eine Meldung nach § 43 Absatz 1 abgegeben hat,
8. die Durchführung von strategischen Analysen und Erstellung von Berichten aufgrund dieser Analysen,
9. der Austausch mit den Verpflichteten sowie mit den inländischen Aufsichtsbehörden und für die Aufklärung, Verhinderung oder Verfolgung der Geldwäsche und der Terrorismusfinanzierung zuständigen inländischen öffentlichen Stellen insbesondere über entsprechende Typologien und Methoden,
10. die Erstellung von Statistiken zu den in Artikel 44 Absatz 2 der Richtlinie (EU) 2015/849 genannten Zahlen und Angaben und die Veröffentlichung einer konsolidierten Statistik auf Jahresbasis in einem Jahresbericht,

1) § 28 Abs. 1 Satz 2 Nr. 10 geänd. mWv 1.1.2020 durch G v. 12.12.2019 (BGBl. I S. 2602); Abs. 1a eingef. mWv 28.5.2022 durch G v. 23.5.2022 (BGBl. I S. 754); Abs. 1 Satz 2 eingef., bish. Satz 2 wird Satz 3, Abs. 2 neu gef. mWv 18.11.2023 durch G v. 13.11.2023 (BGBl. 2023 I Nr. 311).

11. die Veröffentlichung eines Jahresberichts über die erfolgten operativen Analysen,
12. die Teilnahme an Treffen nationaler und internationaler Arbeitsgruppen und
13. die Wahrnehmung der Aufgaben, die ihr darüber hinaus nach anderen Bestimmungen übertragen worden sind.

(1a) [1] Bei Erfüllung der ihr nach Absatz 1 Satz 1 übertragenen Aufgabe wirkt die Zentralstelle für Finanztransaktionsuntersuchungen auch an der Feststellung von Geldern und wirtschaftlichen Ressourcen bestimmter Personen oder Personengesellschaften mit, die aufgrund eines im Amtsblatt der Europäischen Gemeinschaften oder der Europäischen Union veröffentlichten unmittelbar geltenden Rechtsaktes der Europäischen Gemeinschaften oder der Europäischen Union, die der Durchführung einer vom Rat der Europäischen Union im Bereich der Gemeinsamen Außen- und Sicherheitspolitik beschlossenen wirtschaftlichen Sanktionsmaßnahme dient, einer Verfügungsbeschränkung unterliegen. [2] Absatz 1 Satz 2 gilt entsprechend.

(2) [1] Die Zentralstelle für Finanztransaktionsuntersuchungen untersteht der Aufsicht des Bundesministeriums der Finanzen. [2] Bei der Wahrnehmung der Aufsicht ist die fachliche Unabhängigkeit der Zentralstelle für Finanztransaktionsuntersuchungen nach § 27 Absatz 2 zu berücksichtigen. [3] In den Fällen des Absatzes 1 Satz 3 Nummer 1, 2, 5 und 6 ist die Aufsicht auf die Rechtsaufsicht beschränkt.

(3) Die Zentralstelle für Finanztransaktionsuntersuchungen sowie die sonstigen für die Aufklärung, Verhütung und Verfolgung der Geldwäsche, Terrorismusfinanzierung und sonstiger Straftaten sowie die zur Gefahrenabwehr zuständigen inländischen öffentlichen Stellen und die inländischen Aufsichtsbehörden arbeiten zur Durchführung dieses Gesetzes zusammen und unterstützen sich gegenseitig.

(4) Die Zentralstelle für Finanztransaktionsuntersuchungen informiert, soweit erforderlich, die für das Besteuerungsverfahren oder den Schutz der sozialen Sicherungssysteme zuständigen Behörden über Sachverhalte, die ihr bei der Wahrnehmung ihrer Aufgaben bekannt werden und die sie nicht an eine andere zuständige staatliche Stelle übermittelt hat.

§ 28a[1] Unterrichtung des Deutschen Bundestages. (1) Das Bundesministerium der Finanzen unterrichtet in Abständen von höchstens sechs Monaten ein Gremium des Deutschen Bundestages über die Erfüllung der Aufgaben der Zentralstelle für Finanztransaktionsuntersuchungen gemäß § 28 Absatz 1 und 1a.

(2) [1] Der Deutsche Bundestag bestimmt die Zahl der Mitglieder, die Zusammensetzung und die Arbeitsweise des Gremiums. [2] Das Bundesministerium der Finanzen und die Zentralstelle für Finanztransaktionsuntersuchungen sind ständig vertreten. [3] Das Gremium beschließt anlassbezogen über die Hinzuziehung weiterer Stellen, soweit deren gesetzliche Zuständigkeiten betroffen sind.

(3) [1] Die Mitglieder des Gremiums sind zur Geheimhaltung aller Angelegenheiten verpflichtet, die ihnen bei ihrer Tätigkeit bekannt geworden sind. [2] Dies gilt auch für die Vertreterinnen und Vertreter der hinzugezogenen weiteren Stellen.

§ 29[2] Verarbeitung personenbezogener Daten durch die Zentralstelle für Finanztransaktionsuntersuchungen. (1) Die Zentralstelle für Finanztransakti-

---

[1] § 28a eingef. mWv 18.11.2023 durch G v. 13.11.2023 (BGBl. 2023 I Nr. 311).

[2] § 29 Überschrift neu gef. mWv 1.1.2020 durch G v. 12.12.2019 (BGBl. I S. 2602); Abs. 4 angef. mWv 1.8.2021 durch G v. 25.6.2021 (BGBl. I S. 2083); Abs. 1 geänd., Abs. 2a–2c, Abs. 4, 5 eingef., bish. Abs. 4 wird Abs. 6, Abs. 7, 8 angef. mWv 18.11.2023 durch G v. 13.11.2023 (BGBl. 2023 I Nr. 311).

onsuntersuchungen darf personenbezogene Daten verarbeiten, die aufgrund dieses Gesetzes übermittelt, erhoben oder abgefragt werden, soweit dies zur Erfüllung ihrer Aufgaben erforderlich ist.

(2) Die Zentralstelle für Finanztransaktionsuntersuchungen darf personenbezogene Daten, die sie zur Erfüllung ihrer Aufgaben gespeichert hat, mit anderen Daten abgleichen, wenn dies nach diesem Gesetz oder nach einem anderen Gesetz zulässig ist.

(2a) [1] Die Zentralstelle für Finanztransaktionsuntersuchungen darf bei der Verarbeitung personenbezogener Daten nach Absatz 1 und beim Abgleich dieser personenbezogenen Daten mit anderen Daten nach Absatz 2 automatisierte Anwendungen zur Datenanalyse einsetzen

1. zur Risikobewertung nach § 30 Absatz 2 Satz 3,
2. bei der operativen Analyse nach § 28 Absatz 1 Satz 3 Nummer 2 und
3. bei der strategischen Analyse nach § 28 Absatz 1 Satz 3 Nummer 8

von Meldungen und sonstigen Informationen nach diesem Gesetz. [2] Folgende personenbezogene Daten dürfen in automatisierten Anwendungen zur Datenanalyse nach Satz 1 nicht verarbeitet werden:

1. Daten, die ursprünglich durch den Bundesnachrichtendienst, das Bundesamt für Verfassungsschutz, die Verfassungsschutzbehörden der Länder oder den Militärischen Abschirmdienst erhoben wurden;
2. Daten, die durch eine Maßnahme nach den §§ 100a, 100b, 100c, 100f, 100g, 100h, 100i, 100k Absatz 1 Satz 2, den §§ 110a, 163f der Strafprozessordnung[1)] oder aus vergleichbar schwerwiegenden Eingriffen in die informationelle Selbstbestimmung gewonnen wurden;
3. biometrische Daten.

[3] Folgende Datenarten dürfen mittels einer automatisierten Anwendung zur Datenanalyse verarbeitet werden: der Familienname, die Vornamen, frühere Namen, andere Namen, Aliaspersonalien, abweichende Namensschreibweisen, Name der juristischen Person, das Geschlecht, das Geburtsdatum, der Geburtsort, der Geburtsstaat, der Familienstand, die aktuellen und bisherigen Staatsangehörigkeiten, die gegenwärtigen und bisherigen Anschriften, die Nummer eines Legitimationsdokumentes einschließlich der ausstellenden öffentlichen Stelle, eigene oder jeweils genutzte Telekommunikationsanschlüsse sowie Adressen für elektronische Post, elektronische Adressen für neue Zahlungsmethoden (Wallet-Adressen), sonstige Angaben zur beruflichen Erreichbarkeit und Daten über die Geschäftsbeziehung gemäß § 1 Absatz 4 einer Person mit einem Verpflichteten nach § 2, insbesondere Daten eines bei einem Verpflichteten geführten Kontos. [4] Personenbezogene Daten aus allgemein zugänglichen Quellen dürfen nicht automatisiert in die Verarbeitung personenbezogener Daten in automatisierten Anwendungen zur Datenanalyse einbezogen werden.

(2b) [1] Durch den Einsatz automatisierter Anwendungen zur Datenanalyse nach Absatz 2a können Meldungen und sonstige Informationen im Datenbestand der Zentralstelle für Finanztransaktionsuntersuchungen dahingehend bewertet und identifiziert werden, ob relevante Anhaltspunkte bestehen, dass ein Vermögensgegenstand mit Geldwäsche, mit Terrorismusfinanzierung oder mit einer sonstigen Straftat *im Zusammenhang steht.* [2] *Hierzu* können Beziehungen zwischen Personen, Personengruppierungen, Institutionen, Organisationen, Objekten und Sa-

---

[1)] **Habersack, Deutsche Gesetze Nr. 90.**

chen hergestellt, unbedeutende Informationen und Erkenntnisse ausgeschlossen und die eingehenden Erkenntnisse bekannten Sachverhalten zugeordnet werden. [3] Hierzu werden die von den Verpflichteten bei der Abgabe einer Meldung anzugebenden Informationen und sonstige Informationen im Datenbestand der Zentralstelle für Finanztransaktionsuntersuchungen mit den Parametern für die Risikobewertung nach § 30 Absatz 2 Satz 2 bis 8 oder Parametern für die operative und strategische Analyse automatisiert auf Beziehungen und mögliche Übereinstimmungen abgeglichen. [4] Selbstlernende und automatisierte Systeme, die eigenständig Gefährlichkeitsaussagen über Personen treffen können, sind unzulässig.

(2c) Die Zentralstelle für Finanztransaktionsuntersuchungen darf zur Erfüllung ihrer Aufgaben nach diesem Gesetz Informationen nach § 28 Absatz 1 Satz 3 Nummer 2 erheben, verarbeiten und mit anderen Daten abgleichen.

(3) Die Zentralstelle für Finanztransaktionsuntersuchungen darf personenbezogene Daten, die bei ihr vorhanden sind, zu Fortbildungszwecken oder zu statistischen Zwecken verarbeiten, soweit eine Verarbeitung anonymisierter Daten zu diesen Zwecken nicht möglich ist.

(4) Die Zentralstelle für Finanztransaktionsuntersuchungen darf personenbezogene Daten, die bei ihr vorhanden sind, verarbeiten, um den Einsatz automatisierter Anwendungen zur Datenanalyse vorzubereiten, die sie zur Erfüllung ihrer Aufgaben nach diesem Gesetz einsetzt.

(5) [1] Die Zentralstelle für Finanztransaktionsuntersuchungen stellt durch organisatorische und technische Maßnahmen sicher, dass Daten nur gemäß ihrer rechtlichen Verwendbarkeit verarbeitet werden. [2] Hierbei sind auch Begrenzungen der Zugriffsmöglichkeiten auf die automatisierten Anwendungen zur Datenanalyse vorzusehen.

(6) Die Zentralstelle für Finanztransaktionsuntersuchungen stellt durch Schulungen sicher, dass das eingesetzte Personal mit den geltenden europäischen und nationalen Datenschutzbestimmungen vertraut ist.

(7) [1] Die oder der Bundesbeauftragte für den Datenschutz und die Informationsfreiheit führt mindestens alle zwei Jahre Kontrollen der Datenverarbeitung im Zusammenhang mit der Verarbeitung von personenbezogenen Daten nach Absatz 1 durch. [2] Diese Kontrollen erfolgen unbeschadet ihrer oder seiner in § 14 des Bundesdatenschutzgesetzes[1)] genannten Aufgaben.

(8) Sofern die oder der Bundesbeauftragte für den Datenschutz und die Informationsfreiheit Verstöße nach § 16 Absatz 2 des Bundesdatenschutzgesetzes beanstandet hat, kann sie oder er geeignete Maßnahmen anordnen, wenn dies zur Beseitigung eines erheblichen Verstoßes gegen datenschutzrechtliche Vorschriften erforderlich ist.

§ 30[2)] Analyse von Meldungen und Informationen. (1) Die Zentralstelle für Finanztransaktionsuntersuchungen hat zur Erfüllung ihrer Aufgaben folgende Meldungen und Informationen entgegenzunehmen und zu verarbeiten:

1. Meldungen von Verpflichteten nach § 43 sowie Meldungen von Aufsichtsbehörden nach § 44,
2. Mitteilungen von Finanzbehörden nach § 31b der Abgabenordnung[3)],

---

[1)] **Sartorius Nr. 245.**

[2)] § 30 Abs. 2a eingef. mWv 28.5.2022 durch G v. 23.5.2022 (BGBl. I S. 754); Überschrift neu gef., Abs. 2 Satz 1 geänd., Sätze 2–10 angef. mWv 18.11.2023 durch G v. 13.11.2023 (BGBl. 2023 I Nr. 311).

[3)] Nr. **88b**.

3. Informationen, die ihr übermittelt werden
   a) nach Artikel 5 Absatz 1 der Verordnung (EG) Nr. 1889/2005 des Europäischen Parlaments und des Rates vom 26. Oktober 2005 über die Überwachung von Barmitteln, die in die Gemeinschaft oder aus der Gemeinschaft verbracht werden (ABl. L 309 vom 25.11.2005, S. 9), und
   b) nach § 12a des Zollverwaltungsgesetzes, und
4. sonstige Informationen aus öffentlichen und nicht öffentlichen Quellen im Rahmen ihres Aufgabenbereiches.

(2) [1] Die Zentralstelle für Finanztransaktionsuntersuchungen analysiert verdächtige Transaktionen und sonstige Informationen, die im Hinblick auf Geldwäsche, damit zusammenhängende Vortaten oder Terrorismusfinanzierung von Belang sind, mit dem Ziel der Verhinderung, Aufdeckung und Unterstützung bei der Bekämpfung von Geldwäsche und Terrorismusfinanzierung. [2] Art und Umfang der Analyse haben sich am Risiko der Geldwäsche oder Terrorismusfinanzierung zu orientieren. [3] Für die risikogerechte Identifikation relevanter Meldungen und Informationen kann die Zentralstelle für Finanztransaktionsuntersuchungen automatisierte Anwendungen zur Datenanalyse nach § 29 Absatz 2a (Risikobewertungssysteme) einsetzen. [4] Dabei soll auch der Grundsatz der Wirtschaftlichkeit der Verwaltung berücksichtigt werden. [5] Die Übermittlung von Sachverhalten nach § 32 Absatz 2 Satz 1 wird durch einen Amtsträger veranlasst. [6] Die Risikobewertungssysteme sind regelmäßig auf ihre Zielerfüllung einschließlich einer Zufallsauswahl zu überprüfen. [7] Die Zentralstelle für Finanztransaktionsuntersuchungen legt die Parameter der Prüfung in automatisierten Anwendungen zur Datenanalyse nach § 29 Absatz 2a Satz 1 Nummer 1 im Benehmen mit Vertretern der Strafverfolgungsbehörden, des Bundesamtes für Verfassungsschutz, des Bundesnachrichtendienstes und des Militärischen Abschirmdienstes des Bundesministeriums der Verteidigung fest. [8] Die Zentralstelle für Finanztransaktionsuntersuchungen kann hierbei über die Analysepflicht nach Satz 1 hinaus Parameter für die Identifikation von Meldungen und Informationen, die im Hinblick auf sonstige Straftaten von Belang sind, berücksichtigen. [9] Für die Bereiche Inneres, Justiz und Finanzen bestimmt das jeweils zuständige Landesministerium oder die jeweils zuständige Senatsverwaltung die Vertreter der Strafverfolgungsbehörden des jeweiligen Landes, für den Generalbundesanwalt beim Bundesgerichtshof das Bundesministerium der Justiz. [10] Einzelheiten der Risikobewertungssysteme dürfen nicht veröffentlicht werden, soweit die Veröffentlichung die gesetzliche Aufgabenerfüllung der Zentralstelle für Finanztransaktionsuntersuchungen, der Strafverfolgungsbehörden, des Bundesamtes für Verfassungsschutz, des Bundesnachrichtendienstes oder des Militärischen Abschirmdienstes des Bundesministeriums der Verteidigung gefährden könnte.

(2a) Die Zentralstelle für Finanztransaktionsuntersuchungen ist befugt, unabhängig vom Vorliegen einer Meldung nach den §§ 43 und 44 Analysen durchzuführen, soweit dies zur Erfüllung ihrer Aufgaben erforderlich ist.

(3) [1] Die Zentralstelle für Finanztransaktionsuntersuchungen kann unabhängig vom Vorliegen einer Meldung Informationen von Verpflichteten einholen, soweit dies zur Erfüllung ihrer Aufgaben erforderlich ist. [2] Zur Beantwortung ihres Auskunftsverlangens gewährt sie dem Verpflichteten eine angemessene Frist. [3] Verpflichtete *nach § 2 Absatz 1 Nummer 10* und 12 können die Auskunft verweigern, soweit sich das Auskunftsverlangen auf Informationen bezieht, die sie im Rahmen der Rechtsberatung oder der Prozessvertretung des Vertragspartners erhalten haben. [4] Die Auskunftspflicht bleibt jedoch bestehen, wenn der Verpflichtete weiß,

dass der Vertragspartner die Rechtsberatung für den Zweck der Geldwäsche oder der Terrorismusfinanzierung in Anspruch genommen hat oder nimmt.

§ 31[1)] Auskunftsrecht gegenüber inländischen öffentlichen Stellen, Datenzugriffsrecht, Verordnungsermächtigung. (1) [1]Die Zentralstelle für Finanztransaktionsuntersuchungen kann, soweit es zur Erfüllung ihrer Aufgaben erforderlich ist, bei inländischen öffentlichen Stellen Daten erheben; zu den inländischen öffentlichen Stellen zählt auch die inländische benannte Behörde im Sinne des Artikel 3 Absatz 2 der Richtlinie (EU) 2019/1153. [2]Die inländischen öffentlichen Stellen erteilen der Zentralstelle für Finanztransaktionsuntersuchungen zur Erfüllung von deren Aufgaben auf deren Ersuchen Auskunft, soweit der Auskunft keine in diesem oder in anderen Gesetzen geregelten Übermittlungsbeschränkungen entgegenstehen.

(2) [1]Die Anfragen sind von der inländischen öffentlichen Stelle unverzüglich zu beantworten. [2]Daten, die mit der Anfrage im Zusammenhang stehen, sind zur Verfügung zu stellen.

(3) [1]Die Zentralstelle für Finanztransaktionsuntersuchungen soll ein automatisiertes Verfahren für die Übermittlung personenbezogener Daten, die bei anderen inländischen öffentlichen Stellen gespeichert sind und zu deren Erhalt die Zentralstelle für Finanztransaktionsuntersuchungen gesetzlich berechtigt ist, durch Abruf einrichten, soweit gesetzlich nichts anderes bestimmt ist und diese Form der Datenübermittlung unter Berücksichtigung der schutzwürdigen Interessen der betroffenen Personen wegen der Vielzahl der Übermittlungen oder wegen ihrer besonderen Eilbedürftigkeit angemessen ist. [2]Zur Kontrolle der Zulässigkeit des automatisierten Abrufverfahrens hat die Zentralstelle für Finanztransaktionsuntersuchungen schriftlich festzulegen:

1. den Anlass und den Zweck des Abgleich- oder Abrufverfahrens,
2. die Dritten, an die übermittelt wird,
3. die Art der zu übermittelnden Daten und
4. die technischen und organisatorischen Maßnahmen zur Gewährleistung des Datenschutzes.

(4) [1]Die Zentralstelle für Finanztransaktionsuntersuchungen ist berechtigt, soweit dies zur Erfüllung ihrer Aufgaben nach § 28 Absatz 1 Satz 3 Nummer 2 erforderlich ist, die in ihrem Informationssystem gespeicherten, personenbezogenen Daten mit den im polizeilichen Informationsverbund nach § 29 Absatz 1 und 2 des Bundeskriminalamtgesetzes[2)] enthaltenen, personenbezogenen Daten automatisiert abzugleichen. [2]Wird im Zuge des Abgleichs nach Satz 1 eine Übereinstimmung übermittelter Daten mit im polizeilichen Informationsverbund gespeicherten Daten festgestellt, so erhält die Zentralstelle für Finanztransaktionsuntersuchungen automatisiert die Information über das Vorliegen eines Treffers und ist berechtigt, die dazu im polizeilichen Informationsverbund vorhandenen Daten

---

[1)] § 31 Abs. 4 Sätze 1 und 5 geänd. mWv 25.5.2018 durch G v. 23.6.2017 (BGBl. I S. 1822); Abs. 4 Sätze 1 und 2 geänd., Satz 3 neu gef., Satz 4 eingef., bish. Sätze 4–6 werden Sätze 5–7, neue Sätze 5 und 6 geänd., Abs. 4a eingef. mWv 1.1.2020 durch G v. 12.12.2019 (BGBl. I S. 2602); Abs. 4 Satz 7 geänd. mWv 27.6.2020 durch VO v. 19.6.2020 (BGBl. I S. 1328); Abs. 7 neu gef. mWv 1.5.2022 durch G v. 15.1.2021 (BGBl. I S. 530); Überschrift geänd., Abs. 5 neu gef., Abs. 5a eingef. mWv 1.7.2021 durch G v. 3.6.2021 (BGBl. I S. 1534); Abs. 1 Satz 1 geänd., Abs. 6 neu gef. mWv 1.8.2021 durch G v. 25.6.2021 (BGBl. I S. 2083); Abs. 1 Satz 2, Abs. 4 Satz 1, Abs. 4a Satz 1, Abs. 5 Satz 2, Abs. 7 Satz 2 geänd. mWv 18.11.2023 durch G v. 13.11.2023 (BGBl. 2023 I Nr. 311).

[2)] **Sartorius Nr. 450.**

automatisiert abzurufen. [3]Haben die Teilnehmer am polizeilichen Informationsverbund Daten als besonders schutzwürdig eingestuft und aus diesem Grund einen Datenabruf der Zentralstelle für Finanztransaktionsuntersuchungen nach Satz 2 ausgeschlossen, erhält der datenbesitzende Teilnehmer am polizeilichen Informationsverbund automatisiert die Information über das Vorliegen eines Treffers. [4]Zugleich erhält die Zentralstelle für Finanztransaktionsuntersuchungen in den Fällen nach Satz 3 die Information über das Vorliegen eines Treffers sowie die Information, wer datenbesitzender Teilnehmer am polizeilichen Informationsverbund ist. [5]Bei Information über das Vorliegen eines Treffers nach Satz 3 obliegt es dem jeweiligen datenbesitzenden Teilnehmer des polizeilichen Informationsverbunds, mit der Zentralstelle für Finanztransaktionsuntersuchungen unverzüglich Kontakt aufzunehmen und ihr die Daten zu übermitteln, soweit dem keine Übermittlungsbeschränkungen entgegenstehen. [6]Die Regelungen der Sätze 1 bis 5 gehen der Regelung des § 29 Absatz 8 des Bundeskriminalamtgesetzes vor. [7]Die Einrichtung eines weitergehenden automatisierten Abrufverfahrens für die Zentralstelle für Finanztransaktionsuntersuchungen ist mit Zustimmung des Bundesministeriums des Innern, für Bau und Heimat, des Bundesministeriums der Finanzen und der Innenministerien und Senatsinnenverwaltungen der Länder zulässig, soweit diese Form der Datenübermittlung unter Berücksichtigung der schutzwürdigen Interessen der Betroffenen wegen der Vielzahl der Übermittlungen oder wegen der besonderen Eilbedürftigkeit angemessen ist.

(4a) [1]Die Zentralstelle für Finanztransaktionsuntersuchungen ist berechtigt, soweit dies zur Erfüllung ihrer Aufgaben nach § 28 Absatz 1 Satz 3 Nummer 2 erforderlich ist, unter Angabe des Vornamens, des Nachnamens sowie zusätzlich des Geburtsdatums, des Geburtsortes oder der letzten bekannten Anschrift einer natürlichen Person Auskunft aus dem Zentralen Staatsanwaltschaftlichen Verfahrensregister automatisiert einzuholen. [2]Wird im Zuge der Auskunftseinholung nach Satz 1 eine Übereinstimmung übermittelter Daten mit den im Zentralen Staatsanwaltschaftlichen Verfahrensregister gespeicherten Daten festgestellt, so erhält die Zentralstelle für Finanztransaktionsuntersuchungen automatisiert die Information über das Vorliegen eines Treffers und ist berechtigt, die dazu im Zentralen Staatsanwaltschaftlichen Verfahrensregister vorhandenen Daten automatisiert abzurufen. [3]Die aus dem Zentralen Staatsanwaltschaftlichen Verfahrensregister erhobenen personenbezogenen Daten dürfen nur für die Zwecke der operativen Analyse verwendet werden.

(5) [1]Finanzbehörden erteilen der Zentralstelle für Finanztransaktionsuntersuchungen nach Maßgabe des § 31b Absatz 1 Nummer 5 der Abgabenordnung[1)] Auskunft und teilen ihr nach § 31b Absatz 2 der Abgabenordnung[1)] die dort genannten Informationen mit. [2]Die Zentralstelle für Finanztransaktionsuntersuchungen darf zur Wahrnehmung ihrer Aufgaben nach § 28 Absatz 1 Satz 3 Nummer 2 folgende, nach § 30 der Abgabenordnung[1)] dem Steuergeheimnis unterliegende Daten im automatisierten Verfahren abrufen, soweit aufgrund der Analyse einer Meldung, Mitteilung oder Information nach § 30 Absatz 1 vorliegender Tatsachen diese Daten für die weitere Analyse erforderlich sind:

1. beim Bundeszentralamt für Steuern die nach § 5 Absatz 1 Nummer 13 des Finanzverwaltungsgesetzes vorgehaltenen Daten,
2. bei den Landesfinanzbehörden *die zu einem* Steuerpflichtigen gespeicherten *Grund*informationen, die die Steuernummer, die Gewerbekennzahl, die Grund-

[1)] Nr. **88b**.

und Zusatzkennbuchstaben, die Bankverbindung, die vergebene Umsatzsteuer-Identifikationsnummer, sowie das zuständige Finanzamt umfassen.

[3] Bei Abrufen nach Satz 2 sind hinsichtlich natürlicher Personen der Vorname, der Nachname und die Anschrift oder das Geburtsdatum, hinsichtlich juristischer Personen und Personenvereinigungen der Name oder die Firma sowie der Ort der Geschäftsleitung oder des Sitzes anzugeben. [4] Die Verantwortung für die Zulässigkeit eines Datenabrufs nach Satz 2 trägt die Zentralstelle für Finanztransaktionsuntersuchungen. [5] Die Zentralstelle für Finanztransaktionsuntersuchungen prüft unverzüglich, inwieweit sie die als Antwort übermittelten Daten im konkreten Einzelfall benötigt; nicht benötigte Daten löscht sie unverzüglich. [6] Wird das Ergebnis der Analyse nicht nach § 32 Absatz 2 Satz 1 an die zuständige Strafverfolgungsbehörde übermittelt, werden die nach den Sätzen 1 und 2 erhobenen Daten unverzüglich gelöscht. [7] Im Übrigen gilt für die Verarbeitung der Daten, die die Zentralstelle für Finanztransaktionsuntersuchungen nach Satz 1 oder Satz 2 erhält, § 29 Absatz 1; eine Übermittlung der nach den Sätzen 1 oder 2 erhobenen Daten an die für Verfahren im Sinne des § 32 Absatz 3 Satz 2 Nummer 2 und 3 zuständigen Stellen ist nicht zulässig. [8] Soweit zu befürchten ist, dass ein Datenabruf nach Satz 2 Nummer 1 den Untersuchungszweck eines Ermittlungsverfahrens im Sinne des § 30 Absatz 2 Nummer 1 Buchstabe b der Abgabenordnung[1)] gefährdet, so kann die für dieses Verfahren zuständige Finanzbehörde oder die zuständige Staatsanwaltschaft anordnen, dass kein Datenabruf nach Satz 2 erfolgen darf. [9] § 480 Absatz 1 Satz 1 und 2 der Strafprozessordnung[2)] findet Anwendung, soweit die Daten Verfahren betreffen, die zu einem Strafverfahren geführt haben. [10] Weitere Einzelheiten des Abrufverfahrens nach Satz 2, insbesondere zu den technischen Formaten der abrufbaren Daten, zur Erteilung und zum Umfang der Abrufberechtigungen, zur Protokollierung und zur Prüfung der Abrufe und sonstiger datenschutzrechtlich erforderlicher technischer und organisatorischer Maßnahmen, regelt eine Rechtsverordnung des Bundesministeriums der Finanzen im Einvernehmen mit dem Bundesministerium der Justiz und für Verbraucherschutz, die der Zustimmung des Bundesrates bedarf. [11] Ein Abruf anderer als der in Satz 2 genannten Daten, die bei den Finanzbehörden gespeichert sind und die nach § 30 der Abgabenordnung[1)] dem Steuergeheimnis unterliegen, durch die Zentralstelle für Finanztransaktionsuntersuchungen ist nur zulässig, soweit dies nach § 31b der Abgabenordnung[1)] oder sonst in den Steuergesetzen zugelassen ist. [12] Abweichend von den Sätzen 2 bis 9 findet für den Abruf von Daten, die bei den Finanzbehörden der Zollverwaltung gespeichert sind und für deren Erhalt die Zentralstelle für Finanztransaktionsuntersuchungen die gesetzliche Berechtigung hat, Absatz 3 Anwendung.

(5a) [1] Wird von der Verordnungsermächtigung des § 22a des Grunderwerbsteuergesetzes zur elektronischen Übermittlung der Anzeige im Sinne des § 18 des Grunderwerbsteuergesetzes Gebrauch gemacht, darf die Zentralstelle für Finanztransaktionsuntersuchungen unter den Voraussetzungen des Absatzes 5 Satz 2 bei den Landesfinanzbehörden die dort hierzu eingegangenen Datensätze erheben und in sonstiger Weise verarbeiten, soweit Tatsachen die Annahme rechtfertigen, dass die Transaktion einen Zusammenhang mit einem nach § 18 Absatz 1 Satz 1 des Grunderwerbsteuergesetzes anzuzeigenden Vorgang aufweist. [2] Absatz 5 Satz 3 bis 5, 7 und 10 gilt entsprechend.

[1)] Nr. **88b**.
[2)] **Habersack, Deutsche Gesetze Nr. 90.**

(6) [1] Verpflichtete nach § 2 Absatz 1 Nummer 1 haben das nach § 24c Absatz 1 des Kreditwesengesetzes zu führende Dateisystem auch für Abrufe der Zentralstelle für Finanztransaktionsuntersuchungen zu führen. [2] Entsprechendes gilt für Verpflichtete nach § 2 Absatz 1 Nummer 3 in Bezug auf das nach § 27 des Zahlungsdiensteaufsichtsgesetzes zu führende Dateisystem sowie für Verpflichtete nach § 2 Absatz 1 Nummer 9 in Bezug auf das nach § 28 des Kapitalanlagegesetzbuchs zu führende Dateisystem. [3] Die Zentralstelle für Finanztransaktionen darf zur Erfüllung ihrer Aufgaben Daten aus diesen Dateisystemen im automatisierten Verfahren abrufen. [4] § 24c Absatz 4 bis 8 des Kreditwesengesetzes gilt entsprechend.

(7) [1] Soweit zur Überprüfung der Personalien des Betroffenen erforderlich, darf die Zentralstelle für Finanztransaktionsuntersuchungen im automatisierten Abrufverfahren nach den §§ 34a und 38 des Bundesmeldegesetzes[1)] über die in § 34 Absatz 1 Satz 1 des Bundesmeldegesetzes aufgeführten Daten hinaus folgende Daten abrufen:

1. Ausstellungsbehörde, Ausstellungsdatum, Gültigkeitsdauer, Seriennummer des Personalausweises, vorläufigen Personalausweises oder Ersatzpersonalausweises, des anerkannten Passes oder Passersatzpapiers,
2. Tatsachen zu den Pass- und Ausweisdaten nach § 3 Absatz 2 Nummer 4 des Bundesmeldegesetzes sowie
3. Daten zum Wohnungsgeber nach § 3 Absatz 2 Nummer 10 des Bundesmeldegesetzes.

[2] Entsprechendes gilt, soweit konkrete Anhaltspunkte dafür bestehen, dass dies zur Erfüllung der Aufgaben nach § 28 Absatz 1 Satz 3 Nummer 2 erforderlich ist. [3] In den Fällen des Satzes 2 sind die nach Satz 1 abgerufenen Daten unverzüglich zu löschen, wenn sich nach Abschluss der operativen Analyse ergibt, dass die Voraussetzungen für eine Übermittlung nach § 32 Absatz 2 Satz 1 nicht vorliegen.

§ 32[2)] Datenübermittlungsverpflichtung an inländische öffentliche Stellen. (1) Meldungen nach § 43 Absatz 1, § 44 sind von der Zentralstelle für Finanztransaktionsuntersuchungen unverzüglich an das Bundesamt für Verfassungsschutz zu übermitteln, soweit tatsächliche Anhaltspunkte dafür bestehen, dass die Übermittlung dieser Informationen für die Erfüllung der Aufgaben des Bundesamtes für Verfassungsschutz erforderlich ist.

(2) [1] Stellt die Zentralstelle für Finanztransaktionsuntersuchungen bei der operativen Analyse fest, dass ein Vermögensgegenstand mit Geldwäsche, mit Terrorismusfinanzierung oder mit einer sonstigen Straftat im Zusammenhang steht, übermittelt sie das Ergebnis ihrer Analyse sowie alle sachdienlichen Informationen unverzüglich an die zuständigen Strafverfolgungsbehörden. [2] Die in Satz 1 genannten Informationen sind außerdem an den Bundesnachrichtendienst zu übermitteln, soweit tatsächliche Anhaltspunkte vorliegen, dass diese Übermittlung für die Erfüllung der Aufgaben des Bundesnachrichtendienstes erforderlich ist. [3] Im Fall von Absatz 1 übermittelt die Zentralstelle für Finanztransaktionsuntersuchungen außerdem dem Bundesamt für Verfassungsschutz zu der zuvor übermittelten Mel-

---

[1)] **Sartorius Nr. 256.**

[2)] § 32 Abs. 3 Sätze 1 und 2 geänd., Abs. 3a eingef., Abs. 4 Sätze 1 und 2, Abs. 5 Satz 1 einl. Satzteil und Nr. 1 geänd., *Satz 2 eingef., bish. Sätze 2 und 3 werden Sätze* 3 und 4, Abs. 7 Satz 3 angef. mWv 1.8.2021 *durch G v. 25.6.2021* (BGBl. I S. 2083); Abs. 3 Satz 1 einl. Satzteil geänd., Abs. 3b eingef. mWv 28.5.2022 durch G v. 23.5.2022 (BGBl. I S. 754); Abs. 5 Satz 1 einl. Satzteil geänd. mWv 28.12.2022 durch G v. 19.12.2022 (BGBl. I S. 2606); Abs. 2 Satz 4 angef. mWv 18.11.2023 durch G v. 13.11.2023 (BGBl. 2023 I Nr. 311).

dung auch das entsprechende Ergebnis ihrer operativen Analyse sowie alle sachdienlichen Informationen. [4] Anstelle der Übermittlung an die zuständigen Strafverfolgungsbehörden nach Satz 1 kann die Zentralstelle für Finanztransaktionsuntersuchungen die Informationen zu sonstigen Straftaten zum automatisierten Datenabruf nach Absatz 4 bereitstellen.

(3) [1] Die Zentralstelle für Finanztransaktionsuntersuchungen übermittelt von Amts wegen oder auf Ersuchen Daten aus Finanzinformationen und Finanzanalysen, auch soweit sie personenbezogene Daten enthalten, an die Strafverfolgungsbehörden, das Bundesamt für Verfassungsschutz, den Bundesnachrichtendienst oder den Militärischen Abschirmdienst des Bundesministeriums der Verteidigung, soweit dies erforderlich ist für

1. die Aufklärung von Geldwäsche und Terrorismusfinanzierung oder die Durchführung von diesbezüglichen Strafverfahren oder
2. die Aufklärung sonstiger Gefahren und die Durchführung von anderen, nicht von Nummer 1 erfassten Strafverfahren.

[2] Die Zentralstelle für Finanztransaktionsuntersuchungen übermittelt von Amts wegen oder auf Ersuchen Daten aus Finanzinformationen und Finanzanalysen, auch soweit sie personenbezogene Daten enthalten, an andere als in Satz 1 benannte, zuständige inländische öffentliche Stellen, soweit dies erforderlich ist für

1. Besteuerungsverfahren,
2. Verfahren zum Schutz der sozialen Sicherungssysteme oder
3. die Aufgabenwahrnehmung der Aufsichtsbehörden.

(3a) Die Zentralstelle für Finanztransaktionsuntersuchungen übermittelt auf Ersuchen unverzüglich Daten aus Finanzinformationen und Finanzanalysen, auch soweit sie personenbezogene Daten enthalten, an die inländische benannte Behörde im Sinne des Artikel 3 Absatz 2 der Richtlinie (EU) 2019/1153, soweit dies zur Erfüllung ihrer gesetzlichen Aufgaben bei der Verhinderung oder Verfolgung und Ahndung schwerer Straftaten im Sinne des Anhangs I der VO (EU) 2016/794 erforderlich ist.

(3b) Die Zentralstelle für Finanztransaktionsuntersuchungen übermittelt darüber hinaus von Amts wegen oder auf Ersuchen unverzüglich Daten aus Finanzinformationen und Finanzanalysen, auch soweit sie personenbezogene Daten enthalten, an die zuständigen inländischen öffentlichen Stellen, soweit dies für die Überwachung der Einhaltung von durch den Rat der Europäischen Union im Bereich der Gemeinsamen Außen- und Sicherheitspolitik beschlossenen wirtschaftlichen Sanktionsmaßnahmen erforderlich ist.

(4) [1] In den Fällen des Absatzes 3 Satz 1 Nummer 1 und 2 sind die Strafverfolgungsbehörden und das Bundesamt für Verfassungsschutz sowie die inländische benannte Behörde im Sinne des Artikel 3 Absatz 2 der Richtlinie (EU) 2019/1153 berechtigt, die Daten zur Erfüllung ihrer Aufgaben automatisiert bei der Zentralstelle für Finanztransaktionsuntersuchungen abzurufen, soweit dem keine Übermittlungsbeschränkungen entgegenstehen. [2] Zur Kontrolle der Zulässigkeit des automatisierten Abrufverfahrens hat die abrufende Behörde schriftlich festzulegen:

1. den Anlass und den Zweck des Abrufverfahrens,
2. die Dritten, an die übermittelt wird,
3. die Art der zu übermittelnden Daten und
4. die technischen und organisatorischen Maßnahmen zur Gewährleistung des Datenschutzes.

(5) [1]Die Übermittlung nach den Absätzen 3 bis 3b unterbleibt, soweit

1. sich die Bereitstellung der Daten negativ auf den Erfolg laufender Ermittlungen oder Analysen der zuständigen inländischen öffentlichen Stellen auswirken könnte oder
2. die Weitergabe der Daten unverhältnismäßig wäre.

[2]In den Fällen des Absatzes 3a begründet die Zentralstelle für Finanztransaktionsuntersuchungen das Unterbleiben einer Übermittlung gegenüber der ersuchenden Stelle [3]Soweit ein Abruf nach Absatz 4 zu Daten erfolgt, zu denen Übermittlungsbeschränkungen dem automatisierten Abruf grundsätzlich entgegenstehen, wird die Zentralstelle für Finanztransaktionsuntersuchungen automatisiert durch Übermittlung aller Anfragedaten über die Abfrage unterrichtet. [4]Ihr obliegt es in diesem Fall, unverzüglich mit der anfragenden Behörde Kontakt aufzunehmen, um im Einzelfall zu klären, ob Erkenntnisse nach Absatz 3 übermittelt werden können.

(6) [1]Falls die Strafverfolgungsbehörde ein Strafverfahren aufgrund eines nach Absatz 2 übermittelten Sachverhalts eingeleitet hat, teilt sie den Sachverhalt zusammen mit den zugrunde liegenden Tatsachen der zuständigen Finanzbehörde mit, wenn eine Transaktion festgestellt wird, die für die Finanzverwaltung für die Einleitung oder Durchführung von Besteuerungs- oder Steuerstrafverfahren Bedeutung haben könnte. [2]Zieht die Strafverfolgungsbehörde im Strafverfahren Aufzeichnungen nach § 11 Absatz 1 heran, dürfen auch diese der Finanzbehörde übermittelt werden. [3]Die Mitteilungen und Aufzeichnungen dürfen für Besteuerungsverfahren und für Strafverfahren wegen Steuerstraftaten verwendet werden.

(7) [1]Der Empfänger darf die ihm übermittelten personenbezogenen Daten nur zu dem Zweck verwenden, zu dem sie ihm übermittelt worden sind. [2]Eine Verwendung für andere Zwecke ist zulässig, soweit die Daten auch dafür hätten übermittelt werden dürfen. [3]Im Falle einer Übermittlung nach Absatz 3a ist eine Verwendung für andere Zwecke zulässig, soweit die Daten auch dafür hätten übermittelt werden dürfen und die Zentralstelle für Finanztransaktionsuntersuchungen dieser Verwendung zuvor zugestimmt hat.

§ 32a[1)] Datenübermittlung an Europol. (1) [1]Die Zentralstelle für Finanztransaktionsuntersuchungen ist befugt, auf ordnungsgemäß begründete Ersuchen von Europol Finanzinformationen und Finanzanalysen, auch soweit sie personenbezogene Daten enthalten, zu übermitteln, soweit dies in einem Einzelfall im Rahmen der Zuständigkeiten von Europol und zur Erfüllung der Aufgaben von Europol gemäß Artikel 4 der Verordnung (EU) 2016/794 erforderlich und nach Artikel 18 der Verordnung (EU) 2016/794 zulässig ist. [2]Sie übermittelt diese Informationen zeitnah über das Bundeskriminalamt in seiner Aufgabe als nationale Stelle nach § 1 Nummer 1 des Europol-Gesetzes.

(2) [1]Die Übermittlung kann verweigert werden, soweit

1. sich die Bereitstellung der Daten negativ auf den Erfolg laufender Ermittlungen oder Analysen der zuständigen inländischen öffentlichen Stellen auswirken könnte oder
2. die Weitergabe der Daten unverhältnismäßig wäre oder
3. die *angeforderten Finanzinformationen und* Finanzanalysen Daten enthalten, die von einer zentralen Meldestelle eines ausländischen Staates übermittelt

---

[1)] § 32a eingef. mWv 1.8.2021 durch G v. 25.6.2021 (BGBl. I S. 2083).

wurden und diese einer Weiterübermittlung nicht zugestimmt hat, es sei denn, die Informationen stammen aus öffentlich zugänglichen Quellen.

[2] Sie unterbleibt darüber hinaus in den in Artikel 7 Absatz 7 der Verordnung (EU) 2016/794 genannten Fällen.

(3) Die Zentralstelle für Finanztransaktionsuntersuchungen hat die Verweigerung einer Übermittlung gegenüber Europol zu begründen.

(4) [1] Die Übermittlung ist mit der Bedingung zu verbinden, dass Europol die ihm übermittelten personenbezogenen Daten nur zu dem Zweck verwenden darf, zu dem sie ihm übermittelt worden sind. [2] Eine Verwendung zu anderen Zwecken bedarf der Zustimmung der Zentralstelle für Finanztransaktionsuntersuchungen.

§ 33[1)] Datenaustausch mit Mitgliedstaaten der Europäischen Union.

(1) [1] Der Datenaustausch mit den für die Verhinderung, Aufdeckung und Bekämpfung von Geldwäsche und von Terrorismusfinanzierung zuständigen zentralen Meldestellen anderer Mitgliedstaaten der Europäischen Union ist unabhängig von der Art der Vortat der Geldwäsche und auch dann, wenn die Art der Vortat nicht feststeht, zu gewährleisten. [2] Insbesondere steht eine im Einzelfall abweichende Definition der Steuerstraftaten, die nach nationalem Recht eine taugliche Vortat zur Geldwäsche sein können, einem Informationsaustausch mit zentralen Meldestellen anderer Mitgliedstaaten der Europäischen Union nicht entgegen. [3] Geht bei der Zentralstelle für Finanztransaktionsuntersuchungen eine Meldung nach § 43 Absatz 1 ein, die die Zuständigkeit eines anderen Mitgliedstaates betrifft, so leitet sie diese Meldung umgehend an die zentrale Meldestelle des betreffenden Mitgliedstaates weiter. [4] Hierzu kann die Zentralstelle für Finanztransaktionsuntersuchungen mit den Zentralstellen anderer Mitgliedstaaten ein System zur verschlüsselten automatisierten Weiterleitung einrichten und betreiben.

(2) [1] Für die Übermittlung der Daten gelten die Vorschriften über die Datenübermittlung im internationalen Bereich nach § 35 Absatz 2 bis 6 entsprechend. [2] § 35 Absatz 2 gilt mit der Maßgabe, dass die Zentralstelle für Finanztransaktionsuntersuchungen bei der Beantwortung eines Auskunftsersuchens die ihr nach diesem Gesetz zur Erhebung und Weiterleitung von Informationen zustehenden Befugnisse zu nutzen hat. [3] § 35 Absatz 2 Satz 4 gilt mit der Maßgabe, dass die Zentralstelle für Finanztransaktionsuntersuchungen die Anfrage zeitnah zu beantworten hat; richtet sich die Anfrage auf Finanzinformationen oder Finanzanalysen, die im Zusammenhang mit Terrorismus oder mit organisierter Kriminalität mit Bezug zu Terrorismus von Belang sein können, so hat sich die Zentralstelle für Finanztransaktionsuntersuchungen um eine umgehende Beantwortung zu bemühen. [4] Die Verantwortung für die Zulässigkeit der Datenübermittlung trägt die Zentralstelle für Finanztransaktionsuntersuchungen. [5] Für den Datenaustausch mit zentralen Meldestellen anderer Mitgliedstaaten nutzt die Zentralstelle für Finanztransaktionsuntersuchungen gesicherte Kommunikationskanäle.

(3) [1] Sind zusätzliche Informationen über einen in Deutschland tätigen Verpflichteten, der in einem anderen Mitgliedstaat der Europäischen Union in einem öffentlichen Register eingetragen ist, erforderlich, richtet die Zentralstelle für Finanztransaktionsuntersuchungen ihr Ersuchen an die zentrale Meldestelle dieses anderen Mitgliedstaates der Europäischen Union. [2] Geht bei der Zentralstelle für

---

[1)] § 33 Abs. 1 Satz 4, Abs. 3 Sätze 2 und 3, Abs. 6 angef., Abs. 2 Satz 2 eingef., bish. Satz 2 wird Satz 3, Satz 4 angef., Abs. 4 Satz 1 Nr. 2, Abs. 5 Satz 2 neu gef., Abs. 5 Satz 1 geänd. mWv 1.1.2020 durch G v. 12.12.2019 (BGBl. I S. 2602); Abs. 2 Satz 3 eingef., bish. Sätze 3 und 4 werden Sätze 4 und 5 mWv 1.8. 2021 durch G v. 25.6.2021 (BGBl. I S. 2083).

Finanztransaktionsuntersuchungen ein Ersuchen einer zentralen Meldestelle eines anderen Mitgliedstaates um zusätzliche Informationen über einen in ihrem Hoheitsgebiet tätigen Verpflichteten ein, der in Deutschland eingetragen ist, so nutzt die Zentralstelle für Finanztransaktionsuntersuchen die ihr nach diesem Gesetz zur Erhebung und Weiterleitung von Informationen zustehenden Befugnisse. [3]Die Übermittlung von Anfragen und Antworten nach den Sätzen 1 und 2 hat unverzüglich zu erfolgen.

(4) [1]Die Zentralstelle für Finanztransaktionsuntersuchungen darf ein Ersuchen um Informationsübermittlung, das eine zentrale Meldestelle eines Mitgliedstaates der Europäischen Union im Rahmen ihrer Aufgabenerfüllung an sie gerichtet hat, nur ablehnen, wenn

1. durch die Informationsübermittlung die innere oder äußere Sicherheit oder andere wesentliche Interessen der Bundesrepublik Deutschland gefährdet werden könnten,
2. im Einzelfall die Informationsübermittlung, auch unter Berücksichtigung des öffentlichen Interesses an der Datenübermittlung, mit den Grundprinzipien des deutschen Rechts nicht in Einklang zu bringen ist,
3. durch die Informationsübermittlung strafrechtliche Ermittlungen oder die Durchführung eines Gerichtsverfahrens behindert oder gefährdet werden könnten oder
4. rechtshilferechtliche Bedingungen ausländischer Stellen entgegenstehen, die von den zuständigen Behörden zu beachten sind.

[2]Die Gründe für die Ablehnung des Informationsersuchens legt die Zentralstelle für Finanztransaktionsuntersuchungen der ersuchenden zentralen Meldestelle angemessen schriftlich dar, außer wenn die operative Analyse noch nicht abgeschlossen ist oder soweit die Ermittlungen hierdurch gefährdet werden könnten.

(5) [1]Übermittelt die Zentralstelle für Finanztransaktionsuntersuchungen einer zentralen Meldestelle eines Mitgliedstaates der Europäischen Union auf deren Ersuchen Informationen, so soll sie in der Regel umgehend und unabhängig von der Art der Vortaten, die damit in Zusammenhang stehen können, ihre Einwilligung dazu erklären, dass diese Informationen an andere Behörden dieses Mitgliedstaates weitergeleitet werden dürfen. [2]Die Zentralstelle für Finanztransaktionsuntersuchungen darf ihre Einwilligung nur aus den in Absatz 4 genannten Gründen verweigern. [3]Die Gründe für die Verweigerung der Einwilligung legt die Zentralstelle für Finanztransaktionsuntersuchungen angemessen dar. [4]Die Verwendung der Informationen zu anderen Zwecken bedarf der vorherigen Zustimmung der Zentralstelle für Finanztransaktionsuntersuchungen.

(6) Die Zentralstelle für Finanztransaktionsuntersuchungen benennt eine zentrale Kontaktstelle, die für die Annahme von Informationsersuchen der zentralen Meldestellen anderer Mitgliedstaaten nach dieser Vorschrift zuständig ist.

§ 34 Informationsersuchen im Rahmen der internationalen Zusammenarbeit. (1) Die Zentralstelle für Finanztransaktionsuntersuchungen kann die zentralen Meldestellen anderer Staaten, die mit der Verhinderung, Aufdeckung und Bekämpfung von Geldwäsche, von Vortaten der Geldwäsche sowie von Terrorismusfinanzierung befasst sind, um die Erteilung von Auskünften einschließlich der personenbezogenen Daten oder der Übermittlung von Unterlagen ersuchen, wenn diese Informationen und Unterlagen erforderlich sind zur Erfüllung ihrer Aufgaben.

(2) Für ein Ersuchen kann die Zentralstelle für Finanztransaktionsuntersuchungen personenbezogene Daten übermitteln, soweit dies erforderlich ist, um ein berechtigtes Interesse an der begehrten Information glaubhaft zu machen und wenn überwiegende berechtigte Interessen des Betroffenen nicht entgegenstehen.

(3) [1] In dem Ersuchen muss die Zentralstelle für Finanztransaktionsuntersuchungen den Zweck der Datenerhebung offenlegen und die beabsichtigte Weitergabe der Daten an andere inländische öffentliche Stellen mitteilen. [2] Die Zentralstelle für Finanztransaktionsuntersuchungen darf die von einer zentralen Meldestelle eines anderen Staates übermittelten Daten nur verwenden

1. zu den Zwecken, zu denen um die Daten ersucht wurde, und
2. zu den Bedingungen, unter denen die Daten zur Verfügung gestellt wurden.

[3] Sollen die übermittelten Daten nachträglich an eine andere öffentliche Stelle weitergegeben werden oder für einen Zweck genutzt werden, der über die ursprünglichen Zwecke hinausgeht, so ist vorher die Zustimmung der übermittelnden zentralen Meldestelle einzuholen.

§ 35[1)] Datenübermittlung im Rahmen der internationalen Zusammenarbeit. (1) [1] Geht bei der Zentralstelle für Finanztransaktionsuntersuchungen eine Meldung nach § 43 Absatz 1 ein, die die Zuständigkeit eines anderen Staates betrifft, so kann sie diese Meldung umgehend an die zentrale Meldestelle des betreffenden Staates weiterleiten. [2] Sie weist die zentrale Meldestelle des betreffenden Staates darauf hin, dass die personenbezogenen Daten nur zu dem Zweck genutzt werden dürfen, zu dem sie übermittelt worden sind.

(2) [1] Die Zentralstelle für Finanztransaktionsuntersuchungen kann einer zentralen Meldestelle eines anderen Staates auf deren Ersuchen personenbezogene Daten übermitteln

1. für eine von der zentralen Meldestelle des anderen Staates durchzuführende operative Analyse,
2. im Rahmen einer beabsichtigten Sofortmaßnahme nach § 40, soweit Tatsachen darauf hindeuten, dass der Vermögensgegenstand
   a) sich in Deutschland befindet und
   b) im Zusammenhang steht mit einem Sachverhalt, der der zentralen Meldestelle des anderen Staates vorliegt, oder
3. zur Erfüllung der Aufgaben einer anderen ausländischen öffentlichen Stelle, die der Verhinderung, Aufdeckung und Bekämpfung von Geldwäsche oder von Vortaten der Geldwäsche oder von Terrorismusfinanzierung dient.

[2] Sie kann hierbei auf ihr vorliegende Informationen zurückgreifen. [3] Enthalten diese Informationen auch Daten, die von anderen in- oder ausländischen Behörden erhoben oder von diesen übermittelt wurden, so ist eine Weitergabe dieser Daten nur mit Zustimmung dieser Behörden zulässig, es sei denn, die Informationen stammen aus öffentlich zugänglichen Quellen. [4] Die Ersuchen einer zentralen Meldestelle eines anderen Staates sind in angemessener Zeit zu beantworten. [5] Die Zentralstelle für Finanztransaktionsuntersuchungen kann nach Maßgabe der §§ 28, 30 und 31 andere inländische öffentliche Stellen um Auskunft ersuchen oder von Verpflichteten Auskunft verlangen.

[1)] § 35 Abs. 2 Sätze 2 und 4, Abs. 3 Nr. 5 geänd., Abs. 4 Satz 2 angef. mWv 1.1.2020 durch G v. 12.12. 2019 (BGBl. I S. 2602); Abs. 2 Satz 4 eingef., bish. Satz 4 wird Satz 5, bish. Satz 5 aufgeh. mWv 1.8.2021 durch G v. 25.6.2021 (BGBl. I S. 2083).

(3) Die Übermittlung personenbezogener Daten an eine zentrale Meldestelle eines anderen Staates ist nur zulässig, wenn das Ersuchen mindestens folgende Angaben enthält:

1. die Bezeichnung, die Anschrift und sonstige Kontaktdaten der ersuchenden Behörde,
2. die Gründe des Ersuchens und die Benennung des Zwecks, zu dem die Daten verwendet werden sollen, nach Absatz 2,
3. erforderliche Einzelheiten zur Identität der betroffenen Person, sofern sich das Ersuchen auf eine bekannte Person bezieht,
4. die Beschreibung des Sachverhalts, der dem Ersuchen zugrunde liegt, sowie die Behörde, an die die Daten gegebenenfalls weitergeleitet werden sollen, und
5. die Angabe, inwieweit der Sachverhalt mit Geldwäsche oder mit Terrorismusfinanzierung im Zusammenhang steht.

(4) [1] Die Zentralstelle für Finanztransaktionsuntersuchungen kann auch ohne Ersuchen personenbezogene Daten an eine zentrale Meldestelle eines anderen Staates übermitteln, wenn Tatsachen darauf hindeuten, dass natürliche oder juristische Personen auf dem Hoheitsgebiet dieses Staates Handlungen, die wegen Geldwäsche oder Terrorismusfinanzierung strafbar sind, begangen haben. [2] Dies gilt unabhängig von der Art der Vortat der Geldwäsche und auch, wenn die Art der Vortat nicht feststeht.

(5) [1] Die Verantwortung für die Zulässigkeit der Übermittlung trägt die Zentralstelle für Finanztransaktionsuntersuchungen. [2] Sie kann bei der Übermittlung von Daten an eine ausländische zentrale Meldestelle Einschränkungen und Auflagen für die Verwendung der übermittelten Daten festlegen.

(6) [1] Der Empfänger personenbezogener Daten ist darauf hinzuweisen, dass die personenbezogenen Daten nur zu dem Zweck genutzt werden dürfen, zu dem sie übermittelt worden sind. [2] Sollen die Daten von der ersuchenden ausländischen zentralen Meldestelle an eine andere Behörde in dem Staat weitergeleitet werden, muss die Zentralstelle für Finanztransaktionsuntersuchungen dem unter Berücksichtigung des Zwecks und der schutzwürdigen Interessen des Betroffenen an den Daten zuvor zustimmen. [3] Soweit die Informationen als Beweismittel in einem Strafverfahren verwendet werden sollen, gelten die Regeln der grenzüberschreitenden Zusammenarbeit in Strafsachen.

(7) [1] Die Übermittlung personenbezogener Daten an eine ausländische zentrale Meldestelle unterbleibt, soweit

1. durch die Übermittlung die innere oder äußere Sicherheit oder andere wesentliche Interessen der Bundesrepublik Deutschland verletzt werden könnten,
2. einer Übermittlung besondere bundesgesetzliche Übermittlungsvorschriften entgegenstehen oder
3. im Einzelfall, auch unter Berücksichtigung des besonderen öffentlichen Interesses an der Datenübermittlung, die schutzwürdigen Interessen der betroffenen Person überwiegen.

[2] Zu den schutzwürdigen Interessen der betroffenen Person gehört auch das Vorhandensein eines angemessenen Datenschutzniveaus im Empfängerstaat. [3] Die *schutzwürdigen Interessen der betroffenen* Person können auch dadurch gewahrt werden, dass der Empfängerstaat oder die empfangende zwischen- oder überstaatliche Stelle im Einzelfall einen angemessenen Schutz der übermittelten Daten garantiert.

(8) Die Übermittlung personenbezogener Daten soll unterbleiben, wenn

1. strafrechtliche Ermittlungen oder die Durchführung eines Gerichtsverfahrens durch die Übermittlung behindert oder gefährdet werden könnten oder
2. nicht gewährleistet ist, dass die ersuchende ausländische zentrale Meldestelle einem gleichartigen deutschen Ersuchen entsprechen würde.

(9) Die Gründe für die Ablehnung eines Informationsersuchens sollen der ersuchenden zentralen Meldestelle angemessen dargelegt werden.

(10) [1] Die Zentralstelle für Finanztransaktionsuntersuchungen hat den Zeitpunkt, die übermittelten Daten sowie die empfangende zentrale Meldestelle aufzuzeichnen. [2] Unterbleibt die Datenübermittlung, so ist dies entsprechend aufzuzeichnen. [3] Sie hat diese Daten drei Jahre aufzubewahren und danach zu löschen.

§ 36 Automatisierter Datenabgleich im europäischen Verbund. [1] Die Zentralstelle für Finanztransaktionsuntersuchungen kann im Verbund mit zentralen Meldestellen anderer Mitgliedstaaten der Europäischen Union ein System zum verschlüsselten automatisierten Abgleich von dazu geeigneten Daten, die die nationalen zentralen Meldestellen im Rahmen ihrer Aufgabenerfüllung erhoben haben, einrichten und betreiben. [2] Zweck dieses Systems ist es, Kenntnis davon zu erlangen, ob zu einer betreffenden Person bereits durch zentrale Meldestellen anderer Mitgliedstaaten der Europäischen Union eine Analyse nach § 30 durchgeführt wurde oder anderweitige Informationen zu dieser Person dort vorliegen.

§ 37 Berichtigung, Einschränkung der Verarbeitung und Löschung personenbezogener Daten aus automatisierter Verarbeitung und bei Speicherung in automatisierten Dateien. (1) Die Zentralstelle für Finanztransaktionsuntersuchungen berichtigt unrichtig gespeicherte personenbezogene Daten, die sie automatisiert verarbeitet.

(2) Die Zentralstelle für Finanztransaktionsuntersuchungen löscht gespeicherte personenbezogene Daten, wenn die Speicherung dieser Daten unzulässig ist oder die Kenntnis dieser Daten für die Aufgabenerfüllung nicht mehr erforderlich ist.

(3) [1] An die Stelle einer Löschung tritt eine Einschränkung der Verarbeitung der gespeicherten personenbezogenen Daten, wenn

1. Anhaltspunkte vorliegen, dass durch die Löschung schutzwürdige Interessen eines Betroffenen beeinträchtigt würden,
2. die Daten für laufende Forschungsarbeiten benötigt werden oder
3. eine Löschung wegen der besonderen Art der Speicherung nur mit unverhältnismäßigem Aufwand möglich ist.

[2] Der eingeschränkten Verarbeitung unterliegende Daten dürfen nur für den Zweck verarbeitet werden, für den die Löschung unterblieben ist. [3] Sie dürfen auch verarbeitet werden, soweit dies zur Durchführung eines laufenden Strafverfahrens unerlässlich ist oder der Betroffene einer Verarbeitung zustimmt.

(4) Die Zentralstelle für Finanztransaktionsuntersuchungen prüft bei der Einzelfallbearbeitung und nach festgesetzten Fristen, ob gespeicherte personenbezogene Daten zu berichtigen, zu löschen oder in der Verarbeitung einzuschränken sind.

(5) Die Fristen beginnen mit dem Tag, an dem die Zentralstelle für Finanztransaktionsuntersuchungen die operative Analyse nach § 30 abgeschlossen hat.

(6) [1] Die Zentralstelle für Finanztransaktionsuntersuchungen ergreift angemessene Maßnahmen, um zu gewährleisten, dass personenbezogene Daten, die unrichtig, unvollständig oder in der Verarbeitung eingeschränkt sind, nicht übermittelt

werden. [2] Zu diesem Zweck überprüft sie, soweit durchführbar, die Qualität der Daten vor ihrer Übermittlung. [3] Bei jeder Übermittlung von personenbezogenen Daten fügt sie nach Möglichkeit Informationen bei, die es dem Empfänger gestatten, die Richtigkeit, die Vollständigkeit und die Zuverlässigkeit der personenbezogenen Daten zu beurteilen.

(7) Stellt die Zentralstelle für Finanztransaktionsuntersuchungen fest, dass sie unrichtige, zu löschende oder in der Verarbeitung einzuschränkende personenbezogene Daten übermittelt hat, so teilt sie dem Empfänger dieser Daten die Berichtigung, Löschung oder Einschränkung der Verarbeitung mit, wenn eine Mitteilung erforderlich ist, um schutzwürdige Interessen des Betroffenen zu wahren.

§ 38[1]) Berichtigung, Einschränkung der Verarbeitung und Vernichtung personenbezogener Daten, die weder automatisiert verarbeitet werden noch in einer automatisierten Datei gespeichert sind. (1) Die Zentralstelle für Finanztransaktionsuntersuchungen hält in geeigneter Weise fest, wenn

1. sie feststellt, dass personenbezogene Daten, die weder automatisiert verarbeitet werden noch in einer automatisierten Datei gespeichert sind, unrichtig sind, oder
2. die Richtigkeit der personenbezogenen Daten, die weder automatisiert verarbeitet werden noch in einer automatisierten Datei gespeichert sind, von dem Betroffenen bestritten wird.

(2) [1] Die Zentralstelle für Finanztransaktionsuntersuchungen schränkt die Verarbeitung personenbezogener Daten, die weder automatisiert verarbeitet werden noch in einer automatisierten Datei gespeichert sind, ein, wenn sie im Einzelfall feststellt, dass

1. ohne die Einschränkung der Verarbeitung schutzwürdige Interessen des Betroffenen beeinträchtigt würden und
2. die Daten für die Aufgabenerfüllung nicht mehr erforderlich sind.

[2] Die personenbezogenen Daten sind auch dann in der Verarbeitung einzuschränken, wenn für sie eine Löschungsverpflichtung nach § 37 Absatz 2 besteht.

(3) Die Zentralstelle für Finanztransaktionsuntersuchungen vernichtet die Unterlagen mit personenbezogenen Daten entsprechend den Bestimmungen über die Aufbewahrung von Akten, wenn diese Unterlagen insgesamt zur Erfüllung der Aufgaben der Zentralstelle für Finanztransaktionsuntersuchungen nicht mehr erforderlich sind.

(4) [1] Die Vernichtung unterbleibt, wenn

1. Anhaltspunkte vorliegen, dass anderenfalls schutzwürdige Interessen des Betroffenen beeinträchtigt würden, oder
2. die Daten für laufende Forschungsarbeiten benötigt werden.

[2] In diesen Fällen schränkt die Zentralstelle für Finanztransaktionsuntersuchungen die Verarbeitung der Daten ein und versieht die Unterlagen mit einem Einschränkungsvermerk. [3] Für die Einschränkung gilt § 37 Absatz 3 Satz 2 und 3 entsprechend.

(5) *Anstelle der Vernichtung nach Absatz 3 sind* die Unterlagen an das zuständige Archiv abzugeben, sofern diesen Unterlagen ein bleibender Wert nach § 3 des

---

[1]) § 38 Abs. 5 geänd. mWv 1.8.2021 durch G v. 25.6.2021 (BGBl. I S. 2083).

Bundesarchivgesetzes vom 10. März 2017 (BGBl. I S. 410), das zuletzt durch Artikel 1 des Gesetzes vom 9. April 2021 (BGBl. I S. 750) geändert worden ist, in der jeweils geltenden Fassung zukommt.

(6) Für den Fall, dass unrichtige, zu löschende oder in der Verarbeitung einzuschränkende personenbezogene Daten übermittelt worden sind, gilt § 37 Absatz 7 entsprechend.

§ 38a[1] Protokollierung von Informationsersuchen, Statistik, Verordnungsermächtigung. (1) Die Zentralstelle für Finanztransaktionsuntersuchungen protokolliert Ersuchen um Auskunft in den Fällen des § 32 Absatz 3a, des § 32a, des § 33 Absatz 2 Satz 3 Halbsatz 2 sowie in den Fällen des § 31, wenn die Zentralstelle für Finanztransaktionsuntersuchungen Daten bei der inländischen benannten Behörde im Sinne des Artikels 3 Absatz 2 der Richtlinie (EU) 2019/1153 erhebt.

(2) Die Protokolle enthalten mindestens folgende Angaben:

1. Die Bezeichnung und Kontaktdaten derjenigen Behörde sowie den Namen derjenigen Person, die das Ersuchen an die Zentralstelle für Finanztransaktionsuntersuchungen gerichtet hat sowie – sofern bekannt – den Namen derjenigen Person, die das Ergebnis des Ersuchens empfängt;
2. das Aktenzeichen des nationalen Falles, hinsichtlich dessen das Ersuchen an die Zentralstelle für Finanztransaktionsuntersuchungen gerichtet wird;
3. den Gegenstand des Ersuchens und
4. alle Maßnahmen, die getroffen werden, um dem Ersuchen nachzukommen.

(3) [1]Die Protokolle werden über einen Zeitraum von fünf Jahren nach ihrer Erstellung zugriffsgeschützt aufbewahrt. [2]Sie dienen ausschließlich dem Zweck der Datenschutzkontrolle. [3]Die Zentralstelle für Finanztransaktionsuntersuchungen stellt auf Anforderung der oder dem Bundesbeauftragten für den Datenschutz und die Informationssicherheit alle erforderlichen Protokolle zur Verfügung. [4]Nach Ablauf der Aufbewahrungsfrist sind die Protokolle unverzüglich zu löschen, sofern sie nicht für laufende Kontrollverfahren erforderlich sind.

(4) [1]Die Zentralstelle für Finanztransaktionsuntersuchungen führt eine Statistik über Ersuchen um Auskunft in den Fällen des § 33 Absatz 2 Satz 3 Halbsatz 2. [2]Sie erhebt hierfür die Zahl der Ersuchen sowie die Reaktionszeit sowie nach Möglichkeit die Kosten der Bearbeitung der Ersuchen und stellt die Daten dem Bundesministerium der Finanzen zur Verfügung. [3]Das Bundesministerium der Finanzen wird ermächtigt, durch Rechtsverordnung, die nicht der Zustimmung des Bundesrates bedarf, das Nähere zu den zu erhebenden Daten, deren Aufbereitung, Auswertung und Bereitstellung zu regeln.

§ 39[2] Errichtungsanordnung. (1) [1]Die Zentralstelle für Finanztransaktionsuntersuchungen erlässt für jedes automatisierte Verfahren zur Verarbeitung personenbezogener Daten nach § 29 Absatz 2a, das sie zur Erfüllung ihrer Aufgaben führt, eine Errichtungsanordnung. [2]Die Errichtungsanordnung bedarf der Zustimmung des Bundesministeriums der Finanzen. [3]Vor Erlass einer Errichtungsanordnung ist die oder der Bundesbeauftragte für den Datenschutz und die Informationsfreiheit anzuhören.

---

[1] § 38a eingef. mWv 1.8.2021 durch G v. 25.6.2021 (BGBl. I S. 2083).

[2] § 39 Abs. 1 Satz 1 geänd., Abs. 2 neu gef. mWv 18.11.2023 durch G v. 13.11.2023 (BGBl. 2023 I Nr. 311).

(2) In der Errichtungsanordnung sind festzulegen:
1. Bezeichnung der verantwortlichen Stelle,
2. Rechtsgrundlage und Zweck der Verarbeitung,
3. Personenkreis, über den Daten gespeichert werden,
4. Arten der zu speichernden personenbezogenen Daten,
5. Arten der personenbezogenen Daten, die der Erschließung der Sammlung dienen,
6. Anlieferung oder Eingabe der zu speichernden Daten,
7. Voraussetzungen, unter denen gespeicherte personenbezogene Daten an welche Empfänger und in welchen Verfahren übermittelt werden,
8. Prüffristen und Speicherungsdauer sowie
9. Protokollierung.

(3) [1] Ist im Hinblick auf die Dringlichkeit der Aufgabenerfüllung der Zentralstelle für Finanztransaktionsuntersuchungen eine Mitwirkung der in Absatz 1 genannten Stellen nicht möglich, so kann die Generalzolldirektion eine Sofortanordnung treffen. [2] Gleichzeitig unterrichtet die Generalzolldirektion das Bundesministerium der Finanzen und legt ihm die Sofortanordnung vor. [3] Das Verfahren nach Absatz 1 ist unverzüglich nachzuholen.

(4) In angemessenen Abständen ist die Notwendigkeit der Weiterführung oder der Änderung der Errichtungsanordnung zu überprüfen.

§ 40[1)] Sofortmaßnahmen. (1) [1] Liegen der Zentralstelle für Finanztransaktionsuntersuchungen Anhaltspunkte dafür vor, dass eine Transaktion im Zusammenhang mit Geldwäsche oder einer Straftat nach § 18 Absatz 1 des Außenwirtschaftsgesetzes steht oder der Terrorismusfinanzierung dient, so kann sie die Durchführung der Transaktion untersagen, um diesen Anhaltspunkten nachzugehen und die Transaktion zu analysieren. [2] Außerdem kann sie unter den Voraussetzungen des Satzes 1
1. einem Verpflichteten nach § 2 Absatz 1 Nummer 1 bis 3 untersagen,
   a) Verfügungen von einem bei ihm geführten Konto oder Depot auszuführen und
   b) sonstige Finanztransaktionen durchzuführen,
2. einen Verpflichteten nach § 2 Absatz 1 Nummer 1 anweisen, dem Vertragspartner und allen sonstigen Verfügungsberechtigten den Zugang zu einem Schließfach zu verweigern, oder
3. gegenüber einem Verpflichteten anderweitige Anordnungen in Bezug auf eine Transaktion treffen.

(2) [1] Maßnahmen nach Absatz 1 können von der Zentralstelle für Finanztransaktionsuntersuchungen aufgrund des Ersuchens einer zentralen Meldestelle eines anderen Staates getroffen werden. [2] Ein Ersuchen hat die Angaben entsprechend § 35 Absatz 3 zu enthalten. [3] Die Zentralstelle für Finanztransaktionsuntersuchungen soll die Gründe für die Ablehnung eines Ersuchens angemessen darlegen.

(3) Maßnahmen nach Absatz 1 werden von der Zentralstelle für Finanztransaktionsuntersuchungen aufgehoben, sobald oder soweit die Voraussetzungen für *die Maßnahmen nicht mehr vorliegen.*

---

1) § 40 Abs. 5 einl. Satzteil geänd. mWv 1.1.2024 durch G v. 10.8.2021 (BGBl. I S. 3436); Abs. 1 Satz 1 neu gef. mWv 28.5.2022 durch G v. 23.5.2022 (BGBl. I S. 754).

(4) Maßnahmen nach Absatz 1 enden

1. spätestens mit Ablauf eines Monats nach Anordnung der Maßnahmen durch die Zentralstelle für Finanztransaktionsuntersuchungen,
2. mit Ablauf des fünften Werktages nach Abgabe des Sachverhalts an die zuständige Strafverfolgungsbehörde, wobei der Samstag nicht als Werktag gilt, oder
3. zu einem früheren Zeitpunkt, wenn ein solcher von der Zentralstelle für Finanztransaktionsuntersuchungen festgelegt wurde.

(5) Die Zentralstelle für Finanztransaktionsuntersuchungen kann Vermögensgegenstände, die einer Maßnahme nach Absatz 1 Satz 2 unterliegen, auf Antrag der betroffenen Person oder einer Personenvereinigung freigeben, soweit diese Vermögensgegenstände einem der folgenden Zwecke dienen:

1. der Deckung des notwendigen Lebensunterhalts der Person oder ihrer Familienmitglieder,
2. der Bezahlung von Versorgungsleistungen oder Unterhaltsleistungen oder
3. vergleichbaren Zwecken.

(6) [1] Gegen Maßnahmen nach Absatz 1 kann der Verpflichtete oder ein anderer Beschwerter Widerspruch erheben. [2] Der Widerspruch hat keine aufschiebende Wirkung.

§ 41[1)] Rückmeldung an Verpflichtete und Behörden. (1) Die Zentralstelle für Finanztransaktionsuntersuchungen bestätigt dem Verpflichteten, der eine Meldung nach § 43 Absatz 1 durch elektronische Datenübermittlung abgegeben hat, unverzüglich den Eingang seiner Meldung.

(2) [1] Die Zentralstelle für Finanztransaktionsuntersuchungen gibt dem Verpflichteten in angemessener Zeit Rückmeldung zur Relevanz seiner Meldung. [2] Der Verpflichtete darf hierdurch erlangte personenbezogene Daten nur zur Verbesserung seines Risikomanagements, der Erfüllung seiner Sorgfaltspflichten und seines Meldeverhaltens nutzen. [3] Er hat diese Daten zu löschen, wenn sie für den jeweiligen Zweck nicht mehr erforderlich sind, spätestens jedoch nach einem Jahr.

(3) Die Absätze 1 und 2 Satz 1 gelten auch im Falle des § 44 dieses Gesetzes und des § 31b Absatz 2 der Abgabenordnung[2)].

§ 42[3)] Benachrichtigung von inländischen öffentlichen Stellen an die Zentralstelle für Finanztransaktionsuntersuchungen. (1) [1] In Strafverfahren, in denen die Zentralstelle für Finanztransaktionsuntersuchungen Informationen weitergeleitet hat, teilt die zuständige Staatsanwaltschaft der Zentralstelle für Finanztransaktionsuntersuchungen die Erhebung der öffentlichen Klage und den Ausgang des Verfahrens einschließlich aller Einstellungsentscheidungen mit. [2] Die Mitteilung erfolgt durch Übersendung einer Kopie der Anklageschrift, der begründeten Einstellungsentscheidung oder des Urteils.

(2) [1] Leitet die Zentralstelle für Finanztransaktionsuntersuchungen Informationen an sonstige inländische öffentliche Stellen weiter, so benachrichtigt die empfangende Stelle die Zentralstelle für Finanztransaktionsuntersuchungen über die abschließende Verwendung der bereitgestellten Informationen und über die Ergebnisse der auf Grundlage der bereitgestellten Informationen durchgeführten

---

[1)] § 41 Überschrift neu gef., Abs. 3 angef. mWv 18.11.2023 durch G v. 13.11.2023 (BGBl. 2023 I Nr. 311).

[2)] Nr. **88b**.

[3)] § 42 Abs. 2 Satz 2 angef. mWv 1.1.2020 durch G v. 12.12.2019 (BGBl. I S. 2602).

Maßnahmen, soweit andere Rechtsvorschriften der Benachrichtigung nicht entgegenstehen. [2] § 30 Absatz 1 der Abgabenordung[1)] steht dem nicht entgegen.

Abschnitt 6. Pflichten im Zusammenhang mit Meldungen von Sachverhalten

§ 43[2)] Meldepflicht von Verpflichteten, Verordnungsermächtigung.

(1) [1] Liegen Tatsachen vor, die darauf hindeuten, dass

1. ein Vermögensgegenstand, der mit einer Geschäftsbeziehung, einem Maklergeschäft oder einer Transaktion im Zusammenhang steht, aus einer strafbaren Handlung stammt, die eine Vortat der Geldwäsche darstellen könnte,
2. ein Geschäftsvorfall, eine Transaktion oder ein Vermögensgegenstand im Zusammenhang mit Terrorismusfinanzierung steht oder
3. der Vertragspartner seine Pflicht nach § 11 Absatz 6 Satz 3, gegenüber dem Verpflichteten offenzulegen, ob er die Geschäftsbeziehung oder die Transaktion für einen wirtschaftlich Berechtigten begründen, fortsetzen oder durchführen will, nicht erfüllt hat,

so hat der Verpflichtete diesen Sachverhalt unabhängig vom Wert des betroffenen Vermögensgegenstandes oder der Transaktionshöhe unverzüglich der Zentralstelle für Finanztransaktionsuntersuchungen zu melden. [2] Gibt der Verpflichtete zusätzlich zu der Meldung eines nach Satz 1 meldepflichtigen Sachverhalts auch eine Strafanzeige oder einen Strafantrag ab, so teilt er dies der Zentralstelle für Finanztransaktionsuntersuchungen mit Abgabe der Meldung mit.

(2) [1] Abweichend von Absatz 1 sind Verpflichtete nach § 2 Absatz 1 Nummer 10 und 12 nicht zur Meldung verpflichtet, wenn sich der meldepflichtige Sachverhalt auf Informationen bezieht, die sie im Rahmen von Tätigkeiten der Rechtsberatung oder Prozessvertretung erhalten haben. [2] Die Meldepflicht bleibt jedoch bestehen, wenn der Verpflichtete weiß, dass der Vertragspartner die Rechtsberatung oder Prozessvertretung für den Zweck der Geldwäsche, der Terrorismusfinanzierung oder einer anderen Straftat genutzt hat oder nutzt, oder ein Fall des Absatzes 6 vorliegt.

(3) Ein Mitglied der Führungsebene eines Verpflichteten hat eine Meldung nach Absatz 1 an die Zentralstelle für Finanztransaktionsuntersuchungen abzugeben, wenn

1. der Verpflichtete über eine Niederlassung in Deutschland verfügt und
2. der zu meldende Sachverhalt im Zusammenhang mit einer Tätigkeit der deutschen Niederlassung steht.

(4) [1] Wenn ein nach Absatz 1 gegenüber der Zentralstelle für Finanztransaktionsuntersuchungen gemeldeter Sachverhalt zugleich die für eine Anzeige nach § 261 Absatz 8 des Strafgesetzbuches[3)] erforderlichen Angaben enthält, gilt die Meldung zugleich als Selbstanzeige im Sinne von § 261 Absatz 8 des Strafgesetz-

---

[1)] Nr. **88b.**

[2)] § 43 Überschrift, Abs. 2 Sätze 1 und 2 geänd., Abs. 4 neu gef., Abs. 6 angef. mWv 1.1.2020 durch G v. 12.12.2019 (BGBl. I S. 2602); Abs. 4 Sätze 1 und 2 geänd. mWv 18.3.2021 durch G v. 9.3.2021 (BGBl. I S. 327); Abs. 2 Satz 2 geänd. mWv 1.8.2021 durch G v. 25.6.2021 (BGBl. I S. 2083); Abs. 1 Satz 2 angef., Abs. 5 Satz 1 geänd., Sätze 2 und 3 angef. mWv 18.11.2023 durch G v. 13.11.2023 (BGBl. 2023 I Nr. 311).

[3)] **Habersack, Deutsche Gesetze Nr. 85.**

buches. [2]Die Pflicht zur Meldung nach Absatz 1 schließt die Freiwilligkeit der Anzeige nach § 261 Absatz 8 des Strafgesetzbuches nicht aus.

(5) [1]Die Zentralstelle für Finanztransaktionsuntersuchungen kann im Benehmen mit Aufsichtsbehörden typisierte Transaktionen bestimmen, die stets nach Absatz 1 zu melden sind. [2]Sie kann im Benehmen mit Strafverfolgungsbehörden, Aufsichtsbehörden und sonstigen Behörden nach diesem Gesetz auch typisierte Transaktionen bestimmen, die nicht von der Meldepflicht nach Absatz 1 erfasst sind. [3]§ 30 Absatz 2 Satz 9 gilt entsprechend.

(6) Das Bundesministerium der Finanzen kann im Einvernehmen mit dem Bundesministerium der Justiz und für Verbraucherschutz durch Rechtsverordnung ohne Zustimmung des Bundesrates Sachverhalte bei Erwerbsvorgängen nach § 1 des Grunderwerbsteuergesetzes bestimmen, die von Verpflichteten nach § 2 Absatz 1 Nummer 10 und 12 stets nach Absatz 1 zu melden sind.

§ 44[1)] Meldepflicht von Aufsichtsbehörden. (1) [1]Liegen Tatsachen vor, die darauf hindeuten, dass ein Vermögensgegenstand mit Geldwäsche oder mit Terrorismusfinanzierung im Zusammenhang steht, meldet die Aufsichtsbehörde diese Tatsachen unverzüglich der Zentralstelle für Finanztransaktionsuntersuchungen. [2]Dies gilt nicht, wenn Verpflichtete nach § 2 Absatz 1 Nummer 10 und 12 gemäß § 43 Absatz 2 nicht zur Meldung verpflichtet sind und daher von einer Meldung abgesehen haben.

(2) Absatz 1 gilt entsprechend für Behörden, die für die Überwachung der Aktien-, Devisen- und Finanzderivatemärkte zuständig sind.

§ 45[2)] Form der Meldung, Registrierungspflicht, Ausführung durch Dritte, Verordnungsermächtigung. (1) [1]Die Meldung nach § 43 Absatz 1 oder § 44 hat elektronisch zu erfolgen. [2]Verpflichtete nach § 2 Absatz 1 haben sich unabhängig von der Abgabe einer Verdachtsmeldung bei der Zentralstelle für Finanztransaktionsuntersuchungen elektronisch zu registrieren. [3]Bei einer Störung der elektronischen Datenübermittlung ist die Übermittlung auf dem Postweg zulässig. [4]Meldungen nach § 44 sind aufgrund des besonderen Bedürfnisses nach einem einheitlichen Datenübermittlungsverfahren auch für die aufsichtsführenden Landesbehörden bindend.

(2) [1]Auf Antrag kann die Zentralstelle für Finanztransaktionsuntersuchungen zur Vermeidung von unbilligen Härten auf die elektronische Übermittlung einer Meldung eines Verpflichteten verzichten und die Übermittlung auf dem Postweg genehmigen. [2]Die Ausnahmegenehmigung kann befristet werden.

(3) Für die Übermittlung auf dem Postweg ist der amtliche Vordruck zu verwenden.

(4) Bei Erfüllung der Meldepflicht nach § 43 Absatz 1 kann ein Verpflichteter entsprechend § 6 Absatz 7 auf Dritte zurückgreifen.

(5) [1]Das Bundesministerium der Finanzen kann durch Rechtsverordnung ohne Zustimmung des Bundesrates nähere Bestimmungen über die Form der Meldung nach § 43 Absatz 1 oder § 44 erlassen. [2]Von Absatz 1 und den Regelungen einer Rechtsverordnung nach Satz 1 kann durch Landesrecht nicht abgewichen werden.

---

1) § 44 Abs. 1 Satz 2 angef. mWv 1.8.2021 durch G v. 25.6.2021 (BGBl. I S. 2083).

2) § 45 Überschrift geänd., Abs. 1 Satz 2 eingef., bish. Sätze 2 und 3 werden Sätze 3 und 4, Abs. 4 eingef., bish. Abs. 4 wird Abs. 5 mWv 1.1.2020 durch G v. 12.12.2019 (BGBl. I S. 2602).

§ 46[1] **Durchführung von Transaktionen.** (1) [1] Eine Transaktion, wegen der eine Meldung nach § 43 Absatz 1 erfolgt ist, darf frühestens durchgeführt werden, wenn

1. dem Verpflichteten die Zustimmung der Zentralstelle für Finanztransaktionsuntersuchungen oder der Staatsanwaltschaft zur Durchführung übermittelt wurde oder
2. der dritte Werktag nach dem Abgangstag der Meldung verstrichen ist, ohne dass die Durchführung der Transaktion durch die Zentralstelle für Finanztransaktionsuntersuchungen oder die Staatsanwaltschaft untersagt worden ist.

[2] Für die Berechnung der Frist gilt der Samstag nicht als Werktag. [3] Die Zentralstelle für Finanztransaktionsuntersuchungen bestimmt im Benehmen mit Vertretern der Strafverfolgungsbehörden Kriterien, bei deren Vorliegen sie einen Sachverhalt grundsätzlich innerhalb der Frist nach Satz 1 Nummer 2 analysiert. [4] Hierbei können solche Sachverhalte bestimmt werden, die bereits vor Ablauf der Frist nach Satz 1 Nummer 2 mit vereinfachter Analyse an die zuständigen Strafverfolgungsbehörden übermittelt werden. [5] § 30 Absatz 2 Satz 9 gilt entsprechend.

(2) [1] Ist ein Aufschub der Transaktion, bei der Tatsachen vorliegen, die auf einen Sachverhalt nach § 43 Absatz 1 hindeuten, nicht möglich oder könnte durch den Aufschub die Verfolgung einer mutmaßlichen strafbaren Handlung behindert werden, so darf die Transaktion durchgeführt werden. [2] Die Meldung nach § 43 Absatz 1 ist vom Verpflichteten unverzüglich nachzuholen.

§ 47[2] **Verbot der Informationsweitergabe, Verordnungsermächtigung.**

(1) Ein Verpflichteter darf den Vertragspartner, den Auftraggeber der Transaktion und sonstige Dritte nicht in Kenntnis setzen von

1. einer beabsichtigten oder erstatteten Meldung nach § 43 Absatz 1,
2. einem Ermittlungsverfahren, das aufgrund einer Meldung nach § 43 Absatz 1 eingeleitet worden ist, und
3. einem Auskunftsverlangen nach § 30 Absatz 3 Satz 1.

(2) [1] Das Verbot gilt nicht für eine Informationsweitergabe

1. an staatliche Stellen,
2. zwischen Verpflichteten nach § 2 Absatz 1 Nummer 1 bis 3 und 6 bis 8, die derselben Unternehmensgruppe angehören,
3. zwischen Verpflichteten nach § 2 Absatz 1 Nummer 1 bis 3 und 6 bis 8, die Mutterunternehmen nach § 9 Absatz 1 sind, und ihren in Drittstaaten ansässigen und dort geldwäscherechtlichen Pflichten unterliegenden Zweigstellen und gruppenangehörigen Unternehmen gemäß § 1 Absatz 16 Nummer 2, sofern diese die Maßnahmen nach § 9 Absatz 1 Satz 2 Nummer 1, 3 und 4 wirksam umgesetzt haben,
4. zwischen Verpflichteten nach § 2 Absatz 1 Nummer 10 bis 12 aus Mitgliedstaaten der Europäischen Union oder aus Drittstaaten, in denen die Anforderungen an ein System zur Verhinderung von Geldwäsche und von Terrorismusfinanzierung denen der Richtlinie (EU) 2015/849 entsprechen, sofern die betreffenden Personen ihre berufliche Tätigkeit

   a) selbständig ausüben,

[1] § 46 Abs. 1 Sätze 3–5 angef. mWv 18.11.2023 durch G v. 13.11.2023 (BGBl. 2023 I Nr. 311).
[2] § 47 Abs. 2 Satz 1 Nr. 2 und 3 neu gef., Abs. 3 Satz 2 geänd. mWv 1.1.2020 durch G v. 12.12.2019 (BGBl. I S. 2602); Abs. 6 geänd. mWv 27.6.2020 durch VO v. 19.6.2020 (BGBl. I S. 1328).

b) angestellt in derselben juristischen Person ausüben oder
c) angestellt in einer Struktur ausüben, die einen gemeinsamen Eigentümer oder eine gemeinsame Leitung hat oder über eine gemeinsame Kontrolle in Bezug auf die Einhaltung der Vorschriften zur Verhinderung der Geldwäsche oder der Terrorismusfinanzierung verfügt,

5. zwischen Verpflichteten nach § 2 Absatz 1 Nummer 1 bis 3, 6, 7, 9, 10 und 12 in Fällen, die sich auf denselben Vertragspartner und auf dieselbe Transaktion beziehen, an der zwei oder mehr Verpflichtete beteiligt sind, wenn
   a) die Verpflichteten ihren Sitz in einem Mitgliedstaat der Europäischen Union oder in einem Drittstaat haben, in dem die Anforderungen an ein System zur Verhinderung von Geldwäsche und Terrorismusfinanzierung den Anforderungen der Richtlinie (EU) 2015/849 entsprechen,
   b) die Verpflichteten derselben Berufskategorie angehören und
   c) für die Verpflichteten vergleichbare Verpflichtungen in Bezug auf das Berufsgeheimnis und auf den Schutz personenbezogener Daten gelten.

[2] Nach Satz 1 Nummer 2 bis 5 weitergegebene Informationen dürfen ausschließlich zum Zweck der Verhinderung der Geldwäsche oder der Terrorismusfinanzierung verwendet werden.

(3) [1] Soweit in diesem oder anderen Gesetzen nicht etwas anderes geregelt ist, dürfen andere staatliche Stellen als die Zentralstelle für Finanztransaktionsuntersuchungen, die Kenntnis von einer nach § 43 Absatz 1 abgegebenen Meldung erlangt haben, diese Informationen nicht weitergeben an

1. den Vertragspartner des Verpflichteten,
2. den Auftraggeber der Transaktion,
3. den wirtschaftlich Berechtigten,
4. eine Person, die von einer der in den Nummern 1 bis 3 genannten Personen als Vertreter oder Bote eingesetzt worden ist, und
5. den Rechtsbeistand, der von einer der in den Nummern 1 bis 4 genannten Personen mandatiert worden ist.

[2] Eine Weitergabe dieser Informationen an diese Personen ist nur zulässig, wenn die Zentralstelle für Finanztransaktionsuntersuchungen vorher ihr Einverständnis erklärt hat und durch die Weitergabe dieser Informationen der ursprüngliche Zweck der Verdachtsmeldung nicht verändert wird.

(4) Nicht als Informationsweitergabe gilt, wenn sich Verpflichtete nach § 2 Absatz 1 Nummer 10 bis 12 bemühen, einen Mandanten davon abzuhalten, eine rechtswidrige Handlung zu begehen.

(5) [1] Verpflichtete nach § 2 Absatz 1 Nummer 1 bis 9 dürfen einander andere als die in Absatz 1 genannten Informationen über konkrete Sachverhalte, die auf Geldwäsche, eine ihrer Vortaten oder Terrorismusfinanzierung hindeutende Auffälligkeiten oder Ungewöhnlichkeiten enthalten, zur Kenntnis geben, wenn sie davon ausgehen können, dass andere Verpflichtete diese Informationen benötigen für

1. die Risikobeurteilung einer entsprechenden oder ähnlichen Transaktion oder Geschäftsbeziehung oder
2. die Beurteilung, ob eine Meldung nach § 43 Absatz 1 oder eine Strafanzeige nach § 158 der Strafprozessordnung[1)] erstattet werden sollte.

[1)] **Habersack, Deutsche Gesetze Nr. 90.**

[2] Die Informationen dürfen auch unter Verwendung von Datenbanken zur Kenntnis gegeben werden, unabhängig davon, ob diese Datenbanken von den Verpflichteten nach § 2 Absatz 1 Nummer 1 bis 9 selbst oder von Dritten

(Fortsetzung nächstes Blatt)

betrieben werden. [3]Die weitergegebenen Informationen dürfen ausschließlich zum Zweck der Verhinderung der Geldwäsche, ihrer Vortaten oder der Terrorismusfinanzierung und nur unter den durch den übermittelnden Verpflichteten vorgegebenen Bedingungen verwendet werden.

(6) Das Bundesministerium der Finanzen kann im Einvernehmen mit dem Bundesministerium des Innern, für Bau und Heimat, dem Bundesministerium der Justiz und für Verbraucherschutz und dem Bundesministerium für Wirtschaft und Energie durch Rechtsverordnung ohne Zustimmung des Bundesrates weitere Regelungen treffen, nach denen in Bezug auf Verpflichtete aus Drittstaaten mit erhöhtem Risiko nach Artikel 9 der Richtlinie (EU) 2015/849 keine Informationen weitergegeben werden dürfen.

§ 48[1] Freistellung von der Verantwortlichkeit. (1) Wer Sachverhalte nach § 43 meldet oder eine Strafanzeige nach § 158 der Strafprozessordnung[2] erstattet, darf deshalb nicht nach zivilrechtlichen oder strafrechtlichen Vorschriften verantwortlich gemacht oder disziplinarrechtlich verfolgt werden, es sei denn, die Meldung oder Strafanzeige ist vorsätzlich oder grob fahrlässig unwahr erstattet worden.

(2) Absatz 1 gilt auch, wenn

1. ein Beschäftigter einen Sachverhalt nach § 43 Absatz 1 seinem Vorgesetzten meldet oder einer Stelle meldet, die unternehmensintern für die Entgegennahme einer solchen Meldung zuständig ist, und
2. ein Verpflichteter oder einer seiner Beschäftigten einem Auskunftsverlangen der Zentralstelle für Finanztransaktionsuntersuchungen nach § 30 Absatz 3 Satz 1 nachkommt.

§ 49[3] Informationszugang und Schutz der meldenden Beschäftigten.

(1) [1]Ist die Analyse aufgrund eines nach § 43 gemeldeten Sachverhalts noch nicht abgeschlossen, so kann die Zentralstelle für Finanztransaktionsuntersuchungen dem Betroffenen auf Anfrage Auskunft über die zu ihm vorliegenden Informationen geben, wenn dadurch der Analysezweck nicht beeinträchtigt wird. [2]Gibt sie dem Betroffenen Auskunft, so macht sie die personenbezogenen Daten der Einzelperson, die die Meldung nach § 43 Absatz 1 abgegeben hat, unkenntlich.

(2) [1]Ist die Analyse aufgrund eines nach § 43 gemeldeten Sachverhalts abgeschlossen, aber nicht an die Strafverfolgungsbehörde übermittelt worden, so kann die Zentralstelle für Finanztransaktionsuntersuchungen auf Anfrage des Betroffenen über die zu ihm vorliegenden Informationen Auskunft geben. [2]Sie verweigert die Auskunft, wenn ein Bekanntwerden dieser Informationen negative Auswirkungen hätte auf

1. internationale Beziehungen,
2. Belange der inneren oder äußeren Sicherheit der Bundesrepublik Deutschland,
3. die Durchführung eines anderen strafrechtlichen Ermittlungsverfahrens oder
4. die Durchführung eines laufenden Gerichtsverfahrens.

[3]In der Auskunft macht sie personenbezogene Daten der Einzelperson, die eine Meldung nach § 43 Absatz 1 abgegeben hat oder die einem Auskunftsverlangen der Zentralstelle für Finanztransaktionsuntersuchungen nachgekommen ist, un-

[1] § 48 Abs. 1 neu gef. mWv 1.8.2021 durch G v. 25.6.2021 (BGBl. I S. 2083).
[2] **Habersack, Deutsche Gesetze Nr. 90.**
[3] § 49 Abs. 5 angef. mWv 1.1.2020 durch G v. 12.12.2019 (BGBl. I S. 2602).

kenntlich. [4] Auf Antrag des Betroffenen kann sie Ausnahmen von Satz 3 zulassen, wenn schutzwürdige Interessen des Betroffenen überwiegen.

(3) [1] Die Zentralstelle für Finanztransaktionsuntersuchungen ist nicht mehr befugt, dem Betroffenen Auskunft zu geben, nachdem sie den jeweiligen Sachverhalt an die Strafverfolgungsbehörde übermittelt hat. [2] Ist das Verfahren durch die Staatsanwaltschaft oder das Gericht abgeschlossen worden, ist die Zentralstelle für Finanztransaktionsuntersuchungen wieder befugt, dem Betroffenen Auskunft zu erteilen. [3] In diesem Fall gilt Absatz 2 entsprechend.

(4) Steht die Person, die eine Meldung nach § 43 Absatz 1 abgegeben hat oder die dem Verpflichteten intern einen solchen Sachverhalt gemeldet hat, in einem Beschäftigungsverhältnis zum Verpflichteten, so darf ihr aus der Meldung keine Benachteiligung im Beschäftigungsverhältnis entstehen.

(5) [1] Einer Person, die aufgrund der Abgabe einer Meldung nach § 43 Absatz 1 oder aufgrund der internen Meldung eines solchen Sachverhalts an den Verpflichteten entgegen dem Benachteiligungsverbot des Absatzes 4 einer Benachteiligung im Zusammenhang mit ihrem Beschäftigungsverhältnis ausgesetzt ist, steht bei der zuständigen Aufsichtsbehörde nach § 50 das Recht der Beschwerde zu. [2] Der Rechtsweg bleibt von dem Beschwerdeverfahren unberührt. [3] Dem Beschwerdeführer steht für die Einreichung der Beschwerde nach Satz 1 das vertrauliche Informationssystem der Aufsichtsbehörde nach § 53 Absatz 1 Satz 2 zur Verfügung.

Abschnitt 7. Aufsicht, Zusammenarbeit, Bußgeldvorschriften, Datenschutz

§ 50[1)] Zuständige Aufsichtsbehörde. Zuständige Aufsichtsbehörde für die Durchführung dieses Gesetzes ist

1. die Bundesanstalt für Finanzdienstleistungsaufsicht für
   a) Kreditinstitute mit Ausnahme der Deutschen Bundesbank,
   b) Finanzdienstleistungsinstitute sowie Zahlungsinstitute nach § 1 Absatz 1 Satz 1 Nummer 1 des Zahlungsdiensteaufsichtsgesetzes, E-Geld-Institute nach § 1 Absatz 2 Satz 1 Nummer 1 des Zahlungsdiensteaufsichtsgesetzes und Wertpapierinstitute nach § 2 Absatz 1 des Wertpapierinstitutsgesetzes,
   c) im Inland gelegene Zweigstellen und Zweigniederlassungen von Kreditinstituten mit Sitz im Ausland, von Finanzdienstleistungsinstituten mit Sitz im Ausland, von Zahlungsinstituten mit Sitz im Ausland und von Wertpapierinstituten mit Sitz im Ausland,
   d) Kapitalverwaltungsgesellschaften nach § 17 Absatz 1 des Kapitalanlagegesetzbuchs,
   e) im Inland gelegene Zweigniederlassungen von EU-Verwaltungsgesellschaften nach § 1 Absatz 17 des Kapitalanlagegesetzbuchs sowie von ausländischen AIF-Verwaltungsgesellschaften nach § 1 Absatz 18 des Kapitalanlagegesetzbuchs,
   f) ausländische AIF-Verwaltungsgesellschaften, für die die Bundesrepublik Deutschland Referenzmitgliedstaat ist und die der Aufsicht der Bundesanstalt

---

[1)] *§ 50 Nr. 1 Buchst.* b und g, Nr. 3 und 8 geänd., Nr. 7a eingef. mWv 1.1.2020 durch G v. 12.12.2019 (BGBl. I S. 2602); Nr. 1 Buchst. b, c geänd. mWv 26.6.2021 durch G v. 12.5.2021 (BGBl. I S. 990); Nr. 3 und 5 geänd. mWv 1.8.2021 durch G v. 25.6.2021 (BGBl. I S. 2154); Nr. 5 neu gef. mWv 1.3.2023 durch G v. 22.2.2023 (BGBl. 2023 I Nr. 51).

für Finanzdienstleistungsaufsicht nach § 57 Absatz 1 Satz 3 des Kapitalanlagegesetzbuchs unterliegen,

g) Zahlungsinstitute und E-Geld-Institute mit Sitz in einem anderen Vertragsstaat des Abkommens über den Europäischen Wirtschaftsraum, Agenten und E-Geld-Agenten nach § 2 Absatz 1 Nummer 4,

h) Unternehmen und Personen nach § 2 Absatz 1 Nummer 5 und

i) die Kreditanstalt für Wiederaufbau,

2. für Versicherungsunternehmen nach § 2 Absatz 1 Nummer 7 die jeweils zuständige Aufsichtsbehörde für das Versicherungswesen,
3. für Rechtsanwälte und Kammerrechtsbeistände nach § 2 Absatz 1 Nummer 10 die jeweils örtlich zuständige Rechtsanwaltskammer (§§ 60, 163 Satz 4 der Bundesrechtsanwaltsordnung[1]),
4. für Patentanwälte nach § 2 Absatz 1 Nummer 10 die Patentanwaltskammer (§ 53 der Patentanwaltsordnung),
5. für Notare nach § 2 Absatz 1 Nummer 10

a) der jeweilige Präsident des Landgerichts, in dessen Bezirk der Notar seinen Sitz hat (§ 92 Absatz 1 Nummer 1 der Bundesnotarordnung[2]),

b) im Fall des § 92 Absatz 3 der Bundesnotarordnung der jeweilige Präsident des Landgerichts, dem die Zuständigkeit zugewiesen wurde,

6. für Wirtschaftsprüfer und vereidigte Buchprüfer nach § 2 Absatz 1 Nummer 12 die Wirtschaftsprüferkammer (§ 57 Absatz 2 Nummer 17 der Wirtschaftsprüferordnung),
7. für Steuerberater und Steuerbevollmächtigte nach § 2 Absatz 1 Nummer 12 die jeweils örtlich zuständige Steuerberaterkammer (§ 76 des Steuerberatungsgesetzes),

7a. für Vereine nach § 4 Nummer 11 des Steuerberatungsgesetzes die für die Aufsicht nach § 27 des Steuerberatungsgesetzes zuständige Behörde,

8. für die Veranstalter und Vermittler von Glücksspielen nach § 2 Absatz 1 Nummer 15, soweit das Landesrecht nichts anderes bestimmt, die für die glücksspielrechtliche Aufsicht zuständige Behörde und
9. im Übrigen die jeweils nach Bundes- oder Landesrecht zuständige Stelle.

§ 51[3] Aufsicht. (1) Die Aufsichtsbehörden üben die Aufsicht über die Verpflichteten aus.

(2) [1] Die Aufsichtsbehörden können im Rahmen der ihnen gesetzlich zugewiesenen Aufgaben die geeigneten und erforderlichen Maßnahmen und Anordnungen treffen, um die Einhaltung der in diesem Gesetz und der in aufgrund dieses Gesetzes ergangenen Rechtsverordnungen festgelegten Anforderungen sicherzustellen. [2] Insbesondere können die Aufsichtsbehörden in diesem Rahmen durch erforderliche Maßnahmen und Anordnungen sicherstellen, dass die Verpflichteten diese Anforderungen auch im Einzelfall einhalten und nicht entgegen diesen Anforderungen Geschäftsbeziehungen begründen oder fortsetzen und Transaktio-

---

[1] Nr. **98**.

[2] Nr. **98a**.

[3] § 51 Abs. 2 Satz 2 eingef., bish. Sätze 2 und 3 werden Sätze 3 und 4, Abs. 3 Satz 2, Abs. 7 einl. Satzteil, Abs. 9 Satz 1 Nr. 1 Buchst. d und Satz 2 geänd., Abs. 5a und 5b eingef., Abs. 9 Satz 3 neu gef., Satz 4 sowie Abs. 10 angef. mWv 1.1.2020 durch G v. 12.12.2019 (BGBl. I S. 2602); Abs. 3 Satz 1, Abs. 5 Satz 1 einl. Satzteil und Satz 2, Abs. 5a Satz 1 geänd. mWv 28.12.2022 durch G v. 19.12.2022 (BGBl. I S. 2606).

nen durchführen. [3] Sie können hierzu auch die ihnen für sonstige Aufsichtsaufgaben eingeräumten Befugnisse ausüben. [4] Widerspruch und Anfechtungsklage gegen diese Maßnahmen haben keine aufschiebende Wirkung.

(3) [1] Die Aufsichtsbehörde nach § 50 Nummer 1, soweit sich die Aufsichtstätigkeit auf die in § 50 Nummer 1 Buchstabe g und h genannten Verpflichteten oder die in § 50 Nummer 1 Buchstabe b genannten Verpflichteten, soweit sie die Voraussetzungen des § 2 Absatz 6 Nummer 16 des Kreditwesengesetzes erfüllen, bezieht, und die Aufsichtsbehörden nach § 50 Nummer 3 bis 9 können bei den Verpflichteten Prüfungen zur Einhaltung der in diesem Gesetz festgelegten Anforderungen durchführen. [2] Die Prüfungen können ohne besonderen Anlass vor Ort und anderswo erfolgen. [3] Die Aufsichtsbehörden können die Durchführung der Prüfungen vertraglich auf sonstige Personen und Einrichtungen übertragen. [4] Häufigkeit und Intensität der Prüfungen haben sich am Risikoprofil der Verpflichteten im Hinblick auf Geldwäsche und Terrorismusfinanzierung zu orientieren, das in regelmäßigen Abständen und bei Eintritt wichtiger Ereignisse oder Entwicklungen in deren Geschäftsleitung und Geschäftstätigkeit neu zu bewerten ist.

(4) Für Maßnahmen und Anordnungen nach dieser Vorschrift kann die Aufsichtsbehörde nach § 50 Nummer 8 und 9 zur Deckung des Verwaltungsaufwands Kosten erheben.

(5) [1] Die Aufsichtsbehörde nach § 50 Nummer 1, soweit sich die Aufsichtstätigkeit auf die in § 50 Nummer 1 Buchstabe g und h genannten Verpflichteten oder die in § 50 Nummer 1 Buchstabe b genannten Verpflichteten, soweit sie die Voraussetzungen des § 2 Absatz 6 Nummer 16 des Kreditwesengesetzes erfüllen, bezieht, und die Aufsichtsbehörden nach § 50 Nummer 3 bis 9 können einem Verpflichteten, dessen Tätigkeit einer Zulassung bedarf und durch die Aufsichtsbehörde zugelassen wurde, die Ausübung des Geschäfts oder Berufs vorübergehend untersagen oder ihm gegenüber die Zulassung widerrufen, wenn der Verpflichtete vorsätzlich oder fahrlässig

1. gegen die Bestimmungen dieses Gesetzes, gegen die zur Durchführung dieses Gesetzes erlassenen Verordnungen oder gegen Anordnungen der zuständigen Aufsichtsbehörde verstoßen hat,
2. trotz Verwarnung durch die zuständige Aufsichtsbehörde dieses Verhalten fortsetzt und
3. der Verstoß nachhaltig ist.

[2] Hat ein Mitglied der Führungsebene oder ein anderer Beschäftigter eines Verpflichteten vorsätzlich oder fahrlässig einen Verstoß nach Satz 1 begangen, kann die Aufsichtsbehörde nach § 50 Nummer 1, soweit sich die Aufsichtstätigkeit auf die in § 50 Nummer 1 Buchstabe g und h genannten Verpflichteten oder die in § 50 Nummer 1 Buchstabe b genannten Verpflichteten, soweit sie die Voraussetzungen des § 2 Absatz 6 Nummer 16 des Kreditwesengesetzes erfüllen, bezieht, und können die Aufsichtsbehörden nach § 50 Nummer 3 bis 9 dem Verstoßenden gegenüber ein vorübergehendes Verbot zur Ausübung einer Leitungsposition bei Verpflichteten nach § 2 Absatz 1 aussprechen. [3] Handelt es sich bei der Aufsichtsbehörde nicht um die Behörde, die dem Verpflichteten für die Ausübung seiner Tätigkeit die Zulassung erteilt hat, führt die Zulassungsbehörde auf Verlangen derjenigen Aufsichtsbehörde, die einen Verstoß nach Satz 1 festgestellt hat, das Verfahren entsprechend Satz 1 oder 2 durch.

(5a) [1] Ist die für die Aufsicht über einen Verpflichteten nach § 50 Nummer 1 Buchstabe g und h oder die in § 50 Nummer 1 Buchstabe b genannten Verpflichteten, soweit sie die Voraussetzungen des § 2 Absatz 6 Nummer 16 des Kreditwesengesetzes erfüllen, zuständige Behörde eine Behörde in einem anderen Mitgliedstaat der Europäischen Union oder in einem anderen Vertragsstaat des Abkommens über den Europäischen Wirtschaftsraum, kann die Aufsichtsbehörde nach § 50 Nummer 1, wenn die ausländische Behörde selbst keine Maßnahmen ergreift oder sich die von ihr ergriffenen Maßnahmen als unzureichend erweisen und eine sofortige Abhilfe geboten ist, nach Unterrichtung der zuständigen ausländischen Behörde die zur Behebung eines schweren Verstoßes erforderlichen Maßnahmen ergreifen. [2] Soweit erforderlich, kann sie die Durchführung neuer Geschäfte im Inland untersagen. [3] In dringenden Fällen kann die Aufsichtsbehörde nach § 50 Nummer 1 vor Unterrichtung die erforderlichen Maßnahmen ergreifen. [4] Die Maßnahmen müssen befristet und im Hinblick auf den mit ihnen verfolgten Zweck, der Abwendung schwerer Verstöße gegen die Bestimmungen dieses Gesetzes, gegen die zur Durchführung dieses Gesetzes erlassenen Verordnungen oder gegen Anordnungen der zuständigen Aufsichtsbehörden, angemessen sein. [5] Sie sind zu beenden, wenn die festgestellten schweren Verstöße abgewendet wurden. [6] In dringenden Fällen des Satzes 3 ist die ausländische Behörde über die ergriffenen Maßnahmen unverzüglich zu unterrichten.

(5b) [1] Verpflichtete nach § 2 Absatz 1 Nummer 13 haben sich unter Angabe ihrer konkreten Tätigkeit bei der Aufsichtsbehörde zu registrieren, wenn sie nicht bereits nach anderen Vorschriften einer Anmeldung, Eintragung, Erlaubnis oder Zulassung bedürfen. [2] Soweit nicht nach anderen Vorschriften die Befugnis hierzu besteht, kann die Aufsichtsbehörde Mitglieder der Führungs- und Leitungsebene des Verpflichteten abberufen, soweit begründete Tatsachen die Annahme rechtfertigen, dass diese nicht die erforderliche Eignung oder Zuverlässigkeit besitzen. [3] Die Aufsichtsbehörde kann Verpflichteten, bei denen begründete Tatsachen die Annahme rechtfertigen, dass der wirtschaftlich Berechtigte die erforderliche Eignung oder Zuverlässigkeit nicht besitzt, die Ausübung der Dienstleistung nach § 2 Absatz 1 Nummer 13 untersagen. [4] Absatz 5 Satz 1 und 2 gilt entsprechend.

(6) Die nach § 50 Nummer 9 zuständige Aufsichtsbehörde übt zudem die Aufsicht aus, die ihr übertragen ist nach Artikel 55 Absatz 1 der Verordnung (EU) Nr. 1031/2010 der Kommission vom 12. November 2010 über den zeitlichen und administrativen Ablauf sowie sonstige Aspekte der Versteigerung von Treibhausgasemissionszertifikaten gemäß der Richtlinie 2003/87/EG des Europäischen Parlaments und des Rates über ein System für den Handel mit Treibhausgasemissionszertifikaten in der Gemeinschaft (ABl. L 302 vom 18.11.2010, S. 1).

(7) Die nach § 50 Nummer 8 und 9 zuständige Aufsichtsbehörde für Verpflichtete nach § 2 Absatz 1 Nummer 15 kann zur Erfüllung ihrer Aufgaben im Einzelfall bei einem Verpflichteten nach § 2 Absatz 1 Nummer 1 oder Nummer 3 Auskünfte einholen zu Zahlungskonten nach § 1 Absatz 17 des Zahlungsdiensteaufsichtsgesetzes und zu darüber ausgeführten Zahlungsvorgängen

1. eines Veranstalters oder Vermittlers von Glücksspielen im Internet, unabhängig davon, ob er im Besitz einer glücksspielrechtlichen Erlaubnis ist, sowie
2. eines Spielers.

(8) [1] Die Aufsichtsbehörde stellt den Verpflichteten regelmäßig aktualisierte Auslegungs- und Anwendungshinweise für die Umsetzung der Sorgfaltspflichten und der internen Sicherungsmaßnahmen nach den gesetzlichen Bestimmungen zur Verhinderung von Geldwäsche und von Terrorismusfinanzierung zur Ver-

fügung. [2]Sie kann diese Pflicht auch dadurch erfüllen, dass sie solche Hinweise, die durch Verbände der Verpflichteten erstellt worden sind, genehmigt.

(9) [1]Die Aufsichtsbehörden haben zur Dokumentation ihrer Aufsichtstätigkeit folgende Daten in Form einer Statistik vorzuhalten:

1. Daten zur Aufsichtstätigkeit pro Kalenderjahr, insbesondere:
   a) die Anzahl der in der Aufsichtsbehörde beschäftigten Personen, gemessen in Vollzeitäquivalenten, die mit der Aufsicht über die Verpflichteten nach § 2 Absatz 1 betraut sind;
   b) die Anzahl der durchgeführten Vor-Ort-Prüfungen und der sonstigen ergriffenen Prüfungsmaßnahmen, differenziert nach den betroffenen Verpflichteten nach § 2 Absatz 1;
   c) die Anzahl der Maßnahmen nach Buchstabe b, bei denen die Aufsichtsbehörde eine Pflichtverletzung nach diesem Gesetz oder nach einer auf der Grundlage dieses Gesetzes erlassenen Rechtsverordnung festgestellt hat, sowie die Anzahl der Fälle, in denen die Aufsichtsbehörde anderweitig Kenntnis von einer solchen Pflichtverletzung erlangt hat, und
   d) Art und Umfang der daraufhin von der Aufsichts- und Verwaltungsbehörde rechtskräftig ergriffenen Maßnahmen; dazu gehören die Anzahl
      aa) der erteilten Verwarnungen,
      bb) der festgesetzten Bußgelder einschließlich der jeweiligen Höhe, differenziert danach, ob und inwieweit eine Bekanntmachung nach § 57 erfolgte,
      cc) der angeordneten Abberufungen von Geldwäschebeauftragten oder Mitgliedern der Geschäftsführung,
      dd) der angeordneten Erlaubnisentziehungen,
      ee) der sonstigen ergriffenen Maßnahmen;
   e) Art und Umfang der Maßnahmen, um die Verpflichteten nach § 2 Absatz 1 über die von ihnen einzuhaltenden Sorgfaltspflichten und internen Sicherungsmaßnahmen zu informieren;
2. die Anzahl der von der Aufsichtsbehörde nach § 44 abgegebenen Verdachtsmeldungen pro Kalenderjahr, differenziert nach den betroffenen Verpflichteten nach § 2 Absatz 1.

[2]Die Aufsichtsbehörden haben dem Bundesministerium der Finanzen und der Zentralstelle für Finanztransaktionsuntersuchungen die Daten nach Satz 1 mit Stand zum 31. Dezember des Berichtsjahres bis zum 31. März des Folgejahres in elektronischer Form zu übermitteln. [3]Das Bundesministerium der Finanzen und die Zentralstelle für Finanztransaktionsuntersuchungen können dazu einen gemeinsamen Vordruck vorsehen. [4]Die Aufsichtsbehörden teilen der Zentralstelle für Finanztransaktionsuntersuchungen ihre Kontaktdaten, ihre Angaben zu ihrem Zuständigkeitsbereich und ihre Änderungen der Daten unverzüglich mit.

(10) [1]Die zuständigen Aufsichtsbehörden unterrichten das Bundesministerium der Finanzen vor der Anordnung oder der Anwendung der in § 15 Absatz 5a genannten Maßnahmen. [2]Das Bundesministerium der Finanzen unterrichtet die Europäische Kommission vor der Anordnung oder der Anwendung der in § 15 Absatz 5a genannten Maßnahmen durch die zuständigen Aufsichtsbehörden sowie über den Erlass einer Rechtsverordnung nach § 15 Absatz 10 Satz 1 Nummer 2.

§ 51a[1)] Verarbeitung personenbezogener Daten durch Aufsichtsbehörden. (1) Die nach diesem Gesetz zuständigen Aufsichtsbehörden sind befugt, personenbezogene Daten zu verarbeiten, soweit dies zur Erfüllung ihrer gesetzlichen Aufgaben erforderlich ist.

(2) [1] Verarbeiten die nach diesem Gesetz zuständigen Aufsichtsbehörden im Zuge einer aufsichtsrechtlichen Maßnahme nach diesem Gesetz oder auf Grundlage der nach diesem Gesetz ergangenen Rechtsverordnungen personenbezogene Daten, stehen den betroffenen Personen die Rechte aus den Artikeln 15 bis 18 und 20 bis 22 der Verordnung (EU) 2016/679[2)] nicht zu, soweit die Erfüllung der Rechte der betroffenen Personen Folgendes gefährden würde:

1. den Zweck der Maßnahme,
2. die Stabilität der Finanzmärkte der Bundesrepublik Deutschland oder eines oder mehrerer Mitgliedstaaten des Europäischen Wirtschaftsraums,
3. ein sonstiges wichtiges Ziel des allgemeinen öffentlichen Interesses der Bundesrepublik Deutschland oder eines oder mehrerer Mitgliedstaaten des Europäischen Wirtschaftsraums, insbesondere ein wichtiges wirtschaftliches oder finanzielles Interesse oder
4. die Verhütung, Ermittlung, Aufdeckung oder Verfolgung von Straftaten oder die Strafvollstreckung, einschließlich des Schutzes vor und der Abwehr von Gefahren für die öffentliche Sicherheit.

[2] Unter diesen Voraussetzungen ist die zuständige Aufsichtsbehörde auch von den Pflichten nach den Artikeln 12 bis 14, 19 und 34 sowie den Transparenzpflichten nach Artikel 5 der Verordnung (EU) 2016/679 befreit. [3] Die Sätze 1 und 2 gelten entsprechend für Personen und Einrichtungen, derer sich die zuständige Aufsichtsbehörde bei der Durchführung ihrer Aufgaben bedient sowie für die registerführende Stelle.

(3) Die betroffene Person ist über den Wegfall der Beschränkung zu informieren, sofern dies nicht dem Zweck der Beschränkung abträglich ist.

(4) [1] Wird der betroffenen Person in den Fällen des Absatzes 2 Satz 1 bis 3 keine Auskunft erteilt, so ist auf ihr Verlangen je nach Zuständigkeit dem Bundesbeauftragten für den Datenschutz und die Informationsfreiheit oder der nach Landesrecht für den Datenschutz zuständigen Aufsichtsbehörde die Auskunft zu erteilen, soweit nicht im Einzelfall festgestellt wird, dass dadurch die öffentliche Sicherheit des Bundes oder eines Landes oder die Stabilität und Integrität der Finanzmärkte gefährdet würde. [2] Die Mitteilung des Bundesbeauftragten für den Datenschutz und die Informationsfreiheit oder der nach Landesrecht für den Datenschutz zuständigen Aufsichtsbehörde an die betroffene Person über das Ergebnis der datenschutzrechtlichen Prüfung darf keine Rückschlüsse auf den Erkenntnisstand der zuständigen Aufsichtsbehörde und der Personen und Einrichtungen, derer sich die zuständige Aufsichtsbehörde bei der Durchführung ihrer Aufgaben bedient, zulassen, sofern diese nicht einer weitergehenden Auskunft zustimmt.

§ 52[3)] Mitwirkungspflichten. (1) [1] Ein Verpflichteter, die Mitglieder seiner Organe und seine Beschäftigten haben der nach § 50 Nummer 1 zuständigen Aufsichtsbehörde, soweit sich die Aufsichtstätigkeit auf die in § 50 Nummer 1 Buchstabe g und h genannten Verpflichteten bezieht, der nach § 50 Nummer 3

[1)] § 51a eingef. mWv 1.1.2020 durch G v. 12.12.2019 (BGBl. I S. 2602).
[2)] **Sartorius Nr. 246.**
[3)] § 52 Abs. 1 Satz 2 und Abs. 6 angef. mWv 1.1.2020 durch G v. 12.12.2019 (BGBl. I S. 2602).

bis 9 zuständigen Aufsichtsbehörde sowie den Personen und Einrichtungen, derer sich diese Aufsichtsbehörden zur Durchführung ihrer Aufgaben bedienen, auf Verlangen unentgeltlich

1. Auskunft über alle Geschäftsangelegenheiten und Transaktionen zu erteilen und
2. Unterlagen vorzulegen,

die für die Einhaltung der in diesem Gesetz festgelegten Anforderungen von Bedeutung sind. [2] Im Rahmen der Pflicht nach Satz 1 Nummer 2 hat der Verpflichtete der Behörde die vorzulegenden Unterlagen im Original, in Form von Kopien oder in digitaler Form auf elektronischem Wege oder auf einem digitalen Speichermedium zur Verfügung zu stellen.

(2) Bei den Prüfungen nach § 51 Absatz 3 ist es den Bediensteten der Aufsichtsbehörde und den sonstigen Personen, derer sich die zuständige Aufsichtsbehörde bei der Durchführung der Prüfungen bedient, gestattet, die Geschäftsräume des Verpflichteten innerhalb der üblichen Betriebs- und Geschäftszeiten zu betreten und zu besichtigen.

(3) Die Betroffenen haben Maßnahmen nach Absatz 2 zu dulden.

(4) Der zur Erteilung einer Auskunft Verpflichtete kann die Auskunft auf solche Fragen verweigern, deren Beantwortung ihn selbst oder einen der in § 383 Absatz 1 Nummer 1 bis 3 der Zivilprozessordnung[1)] bezeichneten Angehörigen der Gefahr strafrechtlicher Verfolgung oder eines Verfahrens nach dem Gesetz über Ordnungswidrigkeiten aussetzen würde.

(5) [1] Verpflichtete nach § 2 Absatz 1 Nummer 10 und 12 können die Auskunft auch auf Fragen verweigern, wenn sich diese Fragen auf Informationen beziehen, die sie im Rahmen der Rechtsberatung oder der Prozessvertretung des Vertragspartners erhalten haben. [2] Die Pflicht zur Auskunft bleibt bestehen, wenn der Verpflichtete weiß, dass sein Mandant seine Rechtsberatung für den Zweck der Geldwäsche oder der Terrorismusfinanzierung in Anspruch genommen hat oder nimmt.

(6) [1] Personen, bei denen aufgrund ihrer Geschäftstätigkeit Tatsachen die Annahme rechtfertigen, dass sie Verpflichtete nach § 2 Absatz 1 sind, haben der nach § 50 zuständigen Aufsichtsbehörde auf Verlangen unentgeltlich Auskunft über alle Geschäftsangelegenheiten zu erteilen und Unterlagen vorzulegen, soweit dies für die Feststellung der Verpflichteteneigenschaft erforderlich ist. [2] Absatz 1 Satz 2 sowie die Absätze 4 und 5 gelten entsprechend.

§ 53[2)] Hinweise auf Verstöße. (1) [1] Die Aufsichtsbehörden errichten ein System zur Annahme von Hinweisen zu potenziellen oder tatsächlichen Verstößen gegen dieses Gesetz und gegen auf Grundlage dieses Gesetzes erlassene Rechtsverordnungen und gegen andere Bestimmungen zur Verhinderung von Geldwäsche und von Terrorismusfinanzierung, bei denen es die Aufgabe der Aufsichtsbehörde ist, die Einhaltung der genannten Rechtsvorschriften sicherzustellen oder Verstöße gegen die genannten Rechtsvorschriften zu ahnden. [2] Das System hat die Abgabe von Hinweisen über einen geschützten Kommunikationsweg zu ermöglichen. [3] Die Hinweise können auch anonym abgegeben werden.

[1)] **Habersack, Deutsche Gesetze Nr. 100.**

[2)] § 53 Abs. 1 Satz 2 eingef., bish. Satz 2 wird Satz 3, Abs. 5 Satz 1 geänd., Abs. 5a eingef. mWv 1.1. 2020 durch G v. 12.12.2019 (BGBl. I S. 2602); Abs. 8 angef. mWv 2.7.2023 durch G v. 31.5.2023 (BGBl. 2023 I Nr. 140).

(2) Die Aufsichtsbehörden sind zu diesem Zweck befugt, personenbezogene Daten zu verarbeiten, soweit dies zur Erfüllung ihrer Aufgaben erforderlich ist.

(3) [1] Die Aufsichtsbehörden machen die Identität einer Person, die einen Hinweis abgegeben hat, nur bekannt, wenn sie zuvor die ausdrückliche Zustimmung dieser Person eingeholt haben. [2] Sie geben die Identität einer Person, die Gegenstand eines Hinweises ist, nicht bekannt. [3] Die Sätze 1 und 2 gelten nicht, wenn

1. eine Weitergabe der Information im Kontext weiterer Ermittlungen oder nachfolgender Verwaltungs- oder Gerichtsverfahren aufgrund eines Gesetzes erforderlich ist oder
2. die Offenlegung durch einen Gerichtsbeschluss oder in einem Gerichtsverfahren angeordnet wird.

(4) Das Informationsfreiheitsgesetz findet auf die Vorgänge nach dieser Vorschrift keine Anwendung.

(5) [1] Mitarbeiter, die bei Unternehmen und Personen beschäftigt sind, die von den zuständigen Aufsichtsbehörden nach Absatz 1 beaufsichtigt werden, oder bei anderen Unternehmen oder Personen beschäftigt sind, auf die Tätigkeiten von beaufsichtigten Unternehmen oder Personen ausgelagert wurden, und die einen Hinweis nach Absatz 1 abgeben, dürfen wegen dieses Hinweises weder nach arbeitsrechtlichen oder nach strafrechtlichen Vorschriften verantwortlich gemacht noch zum Ersatz von Schäden herangezogen oder anderweitig benachteiligt werden. [2] Satz 1 gilt nicht, wenn der Hinweis vorsätzlich unwahr oder grob fahrlässig unwahr abgegeben worden ist.

(5a) [1] Mitarbeitern im Sinne des Absatzes 5, die aufgrund der Abgabe eines Hinweises nach Absatz 1 und entgegen dem Benachteiligungsverbot des Absatzes 5 einer Benachteiligung im Zusammenhang mit ihrem Beschäftigungsverhältnis ausgesetzt sind, steht bei der zuständigen Aufsichtsbehörde das Recht der Beschwerde zu. [2] Der Rechtsweg bleibt von dem Beschwerdeverfahren unberührt. [3] Dem Beschwerdeführer steht für die Einreichung der Beschwerde nach Satz 1 der geschützte Kommunikationsweg nach Absatz 1 Satz 2 zur Verfügung.

(6) [1] Nicht vertraglich eingeschränkt werden darf die Berechtigung zur Abgabe von Hinweisen nach Absatz 1 durch Mitarbeiter, die beschäftigt sind bei

1. Unternehmen und Personen, die von den Aufsichtsbehörden nach Absatz 1 beaufsichtigt werden, oder
2. anderen Unternehmen oder Personen, auf die Tätigkeiten von beaufsichtigten Unternehmen oder Personen ausgelagert wurden.

[2] Dem entgegenstehende Vereinbarungen sind unwirksam.

(7) Durch die Einrichtung und Führung des Systems zur Abgabe von Hinweisen zu Verstößen werden die Rechte einer Person, die Gegenstand eines Hinweises ist, nicht eingeschränkt, insbesondere nicht die Rechte nach den

1. §§ 28 und 29 des Verwaltungsverfahrensgesetzes[1)],
2. §§ 68 bis 71 der Verwaltungsgerichtsordnung[2)] und
3. §§ 137, 140, 141 und 147 der Strafprozessordnung[3)].

[1)] **Sartorius Nr. 100.**
[2)] **Sartorius Nr. 600.**
[3)] **Habersack, Deutsche Gesetze Nr. 90.**

(8) [1]Soweit die Bundesanstalt für Finanzdienstleistungsaufsicht als zuständige Behörde im Sinne des § 50 für die Errichtung eines Systems im Sinne von Absatz 1 zuständig ist, richten sich die Errichtung und der Betrieb nach § 4d des Finanzdienstleistungsaufsichtsgesetzes. [2]Die Absätze 3 bis 7 finden insoweit keine Anwendung.

§ 54[1)] Verschwiegenheitspflicht. (1) [1]Soweit Personen, die bei den zuständigen Aufsichtsbehörden nach § 50 beschäftigt sind oder für diese Aufsichtsbehörden tätig sind, Aufgaben nach § 51 Absatz 1 erfüllen, dürfen sie die ihnen bei ihrer Tätigkeit bekannt gewordenen Tatsachen nicht unbefugt offenbaren oder verwerten, wenn die Geheimhaltung dieser Tatsachen, insbesondere Geschäfts- und Betriebsgeheimnisse, im Interesse eines von ihnen beaufsichtigten Verpflichteten oder eines Dritten liegt. [2]Satz 1 gilt auch, wenn sie nicht mehr im Dienst sind oder ihre Tätigkeit beendet ist. [3]Die datenschutzrechtlichen Bestimmungen, die von den beaufsichtigten Verpflichteten zu beachten sind, bleiben unberührt.

(2) Absatz 1 gilt auch für andere Personen, die durch dienstliche Berichterstattung Kenntnis von den in Absatz 1 Satz 1 bezeichneten Tatsachen erhalten.

(3) Ein unbefugtes Offenbaren oder Verwerten liegt insbesondere nicht vor, wenn Tatsachen im Sinne von Absatz 1 weitergegeben werden, soweit der Weitergabe keine anderen Rechtsvorschriften entgegenstehen,

1. in zusammengefasster oder aggregierter Form, so dass einzelne Verpflichtete nicht identifiziert werden können, oder
2. an eine der folgenden Stellen, soweit diese Stellen die Informationen zur Erfüllung ihrer Aufgaben benötigen:
   a) an die Strafverfolgungsbehörden, an die für Straf- und Bußgeldsachen zuständigen Behörden und Gerichte,
   b) an andere Stellen, die kraft Gesetzes oder im öffentlichen Auftrag mit der Aufklärung und Verhinderung von Geldwäsche oder von Terrorismusfinanzierung oder mit der Aufsicht über Kredit- und Finanzinstitute im Sinne von Artikel 3 der Richtlinie (EU) 2015/849 betraut sind, sowie an Personen, die von diesen Stellen beauftragt werden,
   c) an die Europäische Zentralbank, soweit sie im Einklang mit der Verordnung (EU) Nr. 1024/2013 des Rates vom 15. Oktober 2013 zur Übertragung besonderer Aufgaben im Zusammenhang mit der Aufsicht über Kreditinstitute auf die Europäische Zentralbank tätig wird,
   d) an die zentralen Meldestellen im Sinne von Artikel 32 Absatz 1 der Richtlinie (EU) 2015/849 und
   e) an andere Stellen, die kraft Gesetzes oder im öffentlichen Auftrag mit der Aufsicht über das allgemeine Risikomanagement oder über die Compliance von Verpflichteten betraut sind, sowie an Personen, die von diesen Stellen beauftragt sind.

(4) [1]Befindet sich eine der in Absatz 3 genannten Stellen in einem anderen Staat oder handelt es sich um eine supranationale Stelle, so dürfen Tatsachen im

(Fortsetzung nächstes Blatt)

[1)] § 54 Abs. 1 Satz 1 geänd., Abs. 3 und 4 neu gef. mWv 1.1.2020 durch G v. 12.12.2019 (BGBl. I S. 2602).

Sinne von Absatz 1 nur weitergegeben werden, wenn die bei dieser Stelle beschäftigten Personen oder die im Auftrag dieser Stelle handelnden Personen einer Verschwiegenheitspflicht unterliegen, die der Verschwiegenheitspflicht nach den Absätzen 1 bis 3 weitgehend entspricht. [2] Die ausländische oder supranationale Stelle ist von der weitergebenden Stelle darauf hinzuweisen, dass sie die Tatsachen nur zu dem Zweck verwenden darf, zu dessen Erfüllung ihr diese übermittelt werden. [3] Tatsachen, die aus einem anderen Staat stammen, dürfen nur weitergegeben werden

1. mit ausdrücklicher Zustimmung der zuständigen Behörden, die diese Tatsachen mitgeteilt haben, und
2. für solche Zwecke, denen die zuständigen Behörden zugestimmt haben.

§ 55[1)] Zusammenarbeit mit anderen Behörden. (1) [1] Die Aufsichtsbehörden arbeiten zur Verhinderung und zur Bekämpfung von Geldwäsche und von Terrorismusfinanzierung bei der Wahrnehmung ihrer Aufgaben nach § 51 untereinander sowie mit den in § 54 Absatz 3 genannten Stellen umfassend zusammen. [2] Im Rahmen dieser Zusammenarbeit sind die Aufsichtsbehörden verpflichtet, einander von Amts wegen und auf Ersuchen Informationen einschließlich personenbezogener Daten und die Ergebnisse der Prüfungen zu übermitteln, soweit deren Kenntnis für die Erfüllung der Aufgaben der Aufsichtsbehörden nach § 51 erforderlich ist. [3] Die zuständige Aufsichtsbehörde übermittelt im Einzelfall von Amts wegen sämtliche Informationen an die zuständige Verwaltungsbehörde, soweit diese für die Erfüllung der Aufgaben der Verwaltungsbehörde erforderlich sind. [4] Bei Anhaltspunkten für strafrechtliche Verstöße informieren die Aufsichtsbehörden unverzüglich die zuständigen Strafverfolgungsbehörden.

(2) Die nach § 155 Absatz 2 der Gewerbeordnung[2)] in Verbindung mit dem jeweiligen Landesrecht nach § 14 Absatz 1 der Gewerbeordnung zuständigen Behörden übermitteln auf Ersuchen den nach § 50 Nummer 9 zuständigen Aufsichtsbehörden kostenfrei die Daten aus der Gewerbeanzeige gemäß den Anlagen 1 bis 3 der Gewerbeanzeigenverordnung über Verpflichtete nach § 2 Absatz 1, soweit die Kenntnis dieser Daten zur Wahrnehmung der Aufgaben der Aufsichtsbehörden nach § 51 erforderlich ist.

(3) Die Registerbehörde nach § 11a Absatz 1 der Gewerbeordnung übermittelt auf Ersuchen den nach § 50 Nummer 9 zuständigen Aufsichtsbehörden kostenfrei die in § 6 der Finanzanlagenvermittlungsverordnung und die in § 8 der Versicherungsvermittlungsverordnung genannten Daten, soweit die Kenntnis dieser Daten zur Wahrnehmung der Aufgaben der Aufsichtsbehörden nach § 51 erforderlich ist.

(4) Weitergehende Befugnisse der Aufsichtsbehörden zur Verarbeitung von personenbezogenen Daten nach anderen Rechtsvorschriften bleiben unberührt.

(5) [1] In grenzüberschreitenden Fällen koordinieren die zusammenarbeitenden Aufsichtsbehörden und die in § 54 Absatz 3 genannten Stellen ihre Maßnahmen. [2] Unterhält ein Verpflichteter, der seinen Sitz in einem anderen Mit-

---

[1)] § 55 Abs. 1 Sätze 3 und 4, Abs. 5 Satz 2, Abs. 7 und 8 angef., Abs. 3 geänd. mWv 1.1.2020 durch G v. 12.12.2019 (BGBl. I S. 2602); Abs. 6 neu gef., Abs. 6a und 6b eingef. mWv 1.7.2021 durch G v. 25.6.2021 (BGBl. I S. 2083).

[2)] **Sartorius Nr. 800.**

gliedstaat der Europäischen Union hat, eine oder mehrere Zweigstellen oder Zweigniederlassungen in Deutschland, so arbeiten die in Satz 1 genannten Aufsichtsbehörden und Stellen mit den zuständigen Behörden des Mitgliedstaats zusammen, in dem der Verpflichtete seinen Hauptsitz hat.

(6) [1] Soweit die Aufsichtsbehörden die Aufsicht über die Verpflichteten nach § 2 Absatz 1 Nummer 1 bis 3 und 6 bis 9 ausüben, stellen sie der Europäischen Bankenaufsichtsbehörde auf deren Verlangen alle Informationen zur Verfügung, die erforderlich sind zur Durchführung von ihren Aufgaben aufgrund der Richtlinie (EU) 2015/849 sowie der Verordnung (EU) Nr. 1093/2010 des Europäischen Parlaments und des Rates vom 24. November 2010 zur Errichtung einer Europäischen Aufsichtsbehörde (Europäische Bankenaufsichtsbehörde), zur Änderung des Beschlusses Nr. 716/2009/EG und zur Aufhebung des Beschlusses 2009/78/EG der Kommission (ABl. L 331 vom 15.12.2010, S. 12). [2] Die Informationen sind zur Verfügung zu stellen nach Maßgabe des Artikels 35 der Verordnung (EU) Nr. 1093/2010.

(6a) Die zuständigen Aufsichtsbehörden unterrichten die Europäische Bankenaufsichtsbehörde über Fälle, in denen bei Verpflichteten nach § 2 Absatz 1 Nummer 1 bis 3 und 6 bis 9, die Mutterunternehmen einer Gruppe sind, eine Umsetzung der in § 9 Absatz 1 Satz 2 Nummer 1, 3 und 4 genannten Maßnahmen nach dem Recht des Drittstaates nicht zulässig ist.

(6b) Die Aufsichtsbehörde nach § 50 Nummer 1 dient in Kooperation mit den weiteren Aufsichtsbehörden nach § 50 Nummer 2 und 9 als Kontaktstelle für die Europäische Bankenaufsichtsbehörde hinsichtlich der Verpflichteten nach § 2 Absatz 1 Nummer 1 bis 3 und 6 bis 9.

(7) Dem Informationsaustausch mit den zuständigen Aufsichtsbehörden anderer Mitgliedstaaten der Europäischen Union stehen nicht entgegen:

1. ein Bezug des Ersuchens zu steuerlichen Belangen,
2. Vorgaben des nationalen Rechts, nach denen die Verpflichteten die Vertraulichkeit oder Geheimhaltung zu wahren haben, außer in Fällen, in denen
   a) die einschlägigen Informationen, auf die sich das Ersuchen bezieht, durch ein Zeugnisverweigerungsrecht geschützt werden oder
   b) ein Berufsgeheimnis gemäß § 43 Absatz 2 Satz 1 greift,
3. die Anhängigkeit eines Ermittlungsverfahrens, einer Untersuchung oder eines Verfahrens in dem ersuchenden Mitgliedstaat, es sei denn, das Ermittlungsverfahren, die Untersuchung oder das Verfahren würde durch die Amtshilfe beeinträchtigt,
4. Unterschiede in der Art und Stellung der ersuchenden und der ersuchten Behörde.

(8) [1] Die zuständigen Aufsichtsbehörden gemäß § 50 Nummer 1 und 2 können mit den zuständigen Behörden von Drittstaaten, die diesen zuständigen Aufsichtsbehörden entsprechen, Kooperationsvereinbarungen zur Zusammenarbeit und zum Austausch von Tatsachen im Sinne von § 54 Absatz 1 schließen. [2] Solche Kooperationsvereinbarungen werden auf Basis der Gegenseitigkeit und nur dann geschlossen, wenn gewährleistet ist, dass die übermittelten Tatsachen zumindest den in § 54 Absatz 1 enthaltenen Anforderungen unterliegen. [3] Die gemäß diesen Kooperationsvereinbarungen weitergegebenen Tatsachen müssen der Erfüllung der aufsichtsrechtlichen Aufgaben dieser Behörden dienen. [4] § 54 Absatz 4 gilt entsprechend.

§ 56[1] Bußgeldvorschriften. (1) [1] Ordnungswidrig handelt, wer vorsätzlich oder leichtfertig

1. entgegen § 5 Absatz 1 Satz 1 Risiken nicht ermittelt oder nicht bewertet,
2. entgegen § 5 Absatz 2 Nummer 1 und Nummer 2 die Risikoanalyse nicht dokumentiert oder regelmäßig überprüft und gegebenenfalls aktualisiert,
3. entgegen § 6 Absatz 1 keine angemessenen geschäfts- und kundenbezogenen internen Sicherungsmaßnahmen schafft oder entgegen § 6 Absatz 1 Satz 3 die Funktionsfähigkeit der Sicherungsmaßnahmen nicht überwacht oder wer geschäfts- und kundenbezogene interne Sicherungsmaßnahmen nicht regelmäßig oder nicht bei Bedarf aktualisiert,
4. entgegen § 6 Absatz 4 keine Datenverarbeitungssysteme betreibt oder sie nicht aktualisiert,
5. einer vollziehbaren Anordnung nach § 6 Absatz 9 nicht nachkommt,
6. entgegen § 8 Absatz 1 und 2 eine Angabe, eine Information, Ergebnisse der Untersuchung, Erwägungsgründe oder eine nachvollziehbare Begründung des Bewertungsergebnisses nicht, nicht richtig oder nicht vollständig aufzeichnet oder aufbewahrt,
7. entgegen § 8 Absatz 4 Satz 1 eine Aufzeichnung oder einen sonstigen Beleg nicht fünf Jahre aufbewahrt,
8. entgegen § 9 Absatz 1 Satz 2, auch in Verbindung mit Absatz 4, keine gruppenweit einheitlichen Vorkehrungen, Verfahren und Maßnahmen schafft,
9. entgegen § 9 Absatz 1 Satz 3, auch in Verbindung mit Absatz 4, nicht die wirksame Umsetzung der gruppenweit einheitlichen Pflichten und Maßnahmen sicherstellt,
10. entgegen § 9 Absatz 2, auch in Verbindung mit Absatz 4, nicht sicherstellt, dass die in einem anderen Mitgliedstaat der Europäischen Union befindlichen gruppenangehörigen Unternehmen gemäß § 1 Absatz 16 Nummer 2 bis 4, die dort Pflichten zur Verhinderung von Geldwäsche und Terrorismusfinanzierung unterliegen, die geltenden nationalen Rechtsvorschriften zur Umsetzung der Richtlinie (EU) 2015/849 einhalten,
11. entgegen § 9 Absatz 3 Satz 2, auch in Verbindung mit Absatz 4, nicht sicherstellt, dass die in einem Drittstaat ansässigen Zweigstellen und gruppenangehörigen Unternehmen nach § 1 Absatz 16 Nummer 2 zusätzliche Maßnahmen ergreifen, um dem Risiko der Geldwäsche oder der Terrorismusfinanzierung wirksam zu begegnen, oder die nach § 50 zuständige Aufsichtsbehörde nicht über die getroffenen Maßnahmen informiert,
12. einer vollziehbaren Anordnung nach § 9 Absatz 3 Satz 3, auch in Verbindung mit Absatz 4, zuwiderhandelt,
13. entgegen § 9 Absatz 5 Satz 1 die in Absatz 1 Satz 2 Nummer 1, 3 und 4 genannten Maßnahmen nicht umsetzt,
14. entgegen § 9 Absatz 5 Satz 2 die in Absatz 1 Satz 2 Nummer 3 und 4 genannten Maßnahmen nicht umsetzt,

---

[1] § 56 Abs. 1–3 sowie Abs. 6 neu gef., Abs. 5 Sätze 1 und 2 geänd., Sätze 3 und 4 aufgeh. mWv 1.1.2020 durch G v. 12.12.2019 (BGBl. I S. 2602); Abs. 4 Satz 1 Nr. 1 geänd. mWv 26.6.2021 durch G v. 12.5.2021 (BGBl. I S. 990); Abs. 8 einl. Satzteil geänd. mWv 1.7.2021; Abs. 1 Satz 1 Nr. 2, 23, 27, 38, 56, 60, 62 und 64 geänd., Nr. 14 neu gef., Abs. 4 Satz 1 einl. Satzteil geänd., Abs. 5a eingef. mWv 1.8.2021 durch G v. 25.6.2021 (BGBl. I S. 2083).

15. entgegen § 10 Absatz 1 Nummer 1 eine Identifizierung des Vertragspartners oder einer für den Vertragspartner auftretenden Person nicht, nicht richtig, nicht vollständig oder nicht in der vorgeschriebenen Weise vornimmt oder nicht prüft, ob die für den Vertragspartner auftretende Person hierzu berechtigt ist,
16. entgegen § 10 Absatz 1 Nummer 2 nicht prüft, ob der Vertragspartner für einen wirtschaftlich Berechtigten handelt,
17. entgegen § 10 Absatz 1 Nummer 2 den wirtschaftlich Berechtigten nicht identifiziert,
18. entgegen § 10 Absatz 1 Nummer 3 keine Informationen über den Zweck und die angestrebte Art der Geschäftsbeziehung einholt oder diese Informationen nicht bewertet,
19. entgegen § 10 Absatz 1 Nummer 4 nicht oder nicht richtig feststellt, ob es sich bei dem Vertragspartner oder bei dem wirtschaftlich Berechtigten um eine politisch exponierte Person, um ein Familienmitglied oder um eine bekanntermaßen nahestehende Person handelt,
20. entgegen § 10 Absatz 1 Nummer 5 die Geschäftsbeziehung, einschließlich der in ihrem Verlauf durchgeführten Transaktionen, nicht oder nicht richtig kontinuierlich überwacht,
21. entgegen § 10 Absatz 2 Satz 1 den konkreten Umfang der allgemeinen Sorgfaltspflichten nicht entsprechend dem jeweiligen Risiko der Geldwäsche oder Terrorismusfinanzierung bestimmt,
22. entgegen § 10 Absatz 2 Satz 4 oder entgegen § 14 Absatz 1 Satz 2 nicht darlegt, dass der Umfang der von ihm getroffenen Maßnahmen im Hinblick auf die Risiken der Geldwäsche und der Terrorismusfinanzierung als angemessen anzusehen ist,
23. entgegen § 10 Absatz 6 oder Absatz 6a den Sorgfaltspflichten nicht nachkommt,
24. entgegen § 10 Absatz 8 keine Mitteilung macht,
25. entgegen § 10 Absatz 9, § 14 Absatz 3 oder § 15 Absatz 9 in Verbindung mit § 15 Absatz 3 Nummer 1, 3 und 4 die Geschäftsbeziehung begründet, fortsetzt, sie nicht kündigt oder nicht auf andere Weise beendet oder die Transaktion durchführt,
26. entgegen § 11 Absatz 1 Vertragspartner, für diese auftretenden Personen oder wirtschaftlich Berechtigte nicht rechtzeitig identifiziert,
27. entgegen § 11 Absatz 2 die Vertragsparteien, für diese auftretende Personen oder wirtschaftlich Berechtigte nicht oder nicht rechtzeitig identifiziert,
28. entgegen § 11 Absatz 3 Satz 2 keine erneute Identifizierung durchführt,
29. entgegen § 11 Absatz 4 Nummer 1 oder 2 die Angaben nicht oder nicht vollständig erhebt,
30. entgegen § 11 Absatz 5 Satz 1 zur Feststellung der Identität des wirtschaftlich Berechtigten dessen Namen nicht erhebt,
31. entgegen § 14 Absatz 2 Satz 2 nicht die Überprüfung von Transaktionen und die Überwachung von Geschäftsbeziehungen in einem Umfang sicherstellt, der es ermöglicht, ungewöhnliche oder verdächtige Transaktionen zu erkennen und zu melden,
32. entgegen § 15 Absatz 2 keine verstärkten Sorgfaltspflichten erfüllt,

33. entgegen § 15 Absatz 4 Satz 1 Nummer 1 in Verbindung mit Absatz 2 oder Absatz 3 Nummer 1 vor der Begründung oder Fortführung einer Geschäftsbeziehung nicht die Zustimmung eines Mitglieds der Führungsebene einholt,
34. entgegen § 15 Absatz 4 Satz 1 Nummer 2 in Verbindung mit Absatz 2 oder Absatz 3 Nummer 1 keine Maßnahmen ergreift,
35. entgegen § 15 Absatz 4 Satz 1 Nummer 3 in Verbindung mit Absatz 2 oder Absatz 3 Nummer 1 die Geschäftsbeziehung keiner verstärkten kontinuierlichen Überwachung unterzieht,
36. entgegen § 15 Absatz 5 Nummer 1 Buchstabe a bis f in Verbindung mit Absatz 3 Nummer 2 keine Informationen einholt,
37. entgegen § 15 Absatz 5 Nummer 2 in Verbindung mit Absatz 3 Nummer 2 nicht die Zustimmung eines Mitglieds der Führungsebene einholt,
38. entgegen § 15 Absatz 5 Nummer 3 in Verbindung mit Absatz 3 Nummer 2 die Geschäftsbeziehung nicht einer verstärkten Überwachung unterzieht,
39. entgegen § 15 Absatz 6 Nummer 1 in Verbindung mit Absatz 3 Nummer 3 die Transaktion nicht untersucht,
40. entgegen § 15 Absatz 6 Nummer 2 in Verbindung mit Absatz 3 Nummer 3 die zugrunde liegende Geschäftsbeziehung keiner verstärkten kontinuierlichen Überwachung unterzieht,
41. entgegen § 15 Absatz 7 Nummer 1 in Verbindung mit Absatz 3 Nummer 4 keine ausreichenden Informationen einholt,
42. entgegen § 15 Absatz 7 Nummer 2 in Verbindung mit Absatz 3 Nummer 4 nicht die Zustimmung eines Mitglieds der Führungsebene einholt,
43. entgegen § 15 Absatz 7 Nummer 3 in Verbindung mit Absatz 3 Nummer 4 die Verantwortlichkeiten nicht festlegt oder nicht dokumentiert,
44. entgegen § 15 Absatz 7 Nummer 4 oder Nummer 5 in Verbindung mit Absatz 3 Nummer 4 keine Maßnahmen ergreift,
45. entgegen § 15 Absatz 5a und 8 einer vollziehbaren Anordnung der Aufsichtsbehörde zuwiderhandelt,
46. entgegen § 16 Absatz 2 einen Spieler zum Glücksspiel zulässt,
47. entgegen § 16 Absatz 3 Einlagen oder andere rückzahlbare Gelder entgegennimmt,
48. entgegen § 16 Absatz 4 Transaktionen des Spielers an den Verpflichteten auf anderen als den in § 16 Absatz 4 Nummer 1 und 2 genannten Wegen zulässt,
49. entgegen § 16 Absatz 5 seinen Informationspflichten nicht nachkommt,
50. entgegen § 16 Absatz 7 Satz 1 Nummer 2 Transaktionen auf ein Zahlungskonto vornimmt,
51. entgegen § 16 Absatz 7 Satz 2 trotz Aufforderung durch die Aufsichtsbehörde den Verwendungszweck nicht hinreichend spezifiziert,
52. entgegen § 16 Absatz 8 Satz 3 die vollständige Identifizierung nicht oder nicht rechtzeitig durchführt,
53. entgegen § 17 Absatz 2 die Erfüllung der Sorgfaltspflichten durch einen Dritten ausführen lässt, der in einem Drittstaat mit hohem Risiko ansässig ist,
54. entgegen § 18 Absatz 3 Informationen nicht oder nicht rechtzeitig zur Verfügung stellt,

55. entgegen § 20 Absatz 1 Angaben zu den wirtschaftlich Berechtigten
    a) nicht einholt,
    b) nicht, nicht richtig oder nicht vollständig aufbewahrt,
    c) nicht auf aktuellem Stand hält oder
    d) nicht, nicht richtig, nicht vollständig oder nicht rechtzeitig der registerführenden Stelle mitteilt,
56. entgegen § 20 Absatz 2 seine Mitteilungspflicht nicht, nicht richtig, nicht vollständig oder nicht rechtzeitig erfüllt,
57. ohne von der mitteilungspflichtigen Vereinigung dazu ermächtigt worden zu sein, der registerführenden Stelle Angaben zu den wirtschaftlich Berechtigten zur Eintragung in das Transparenzregister elektronisch mitteilt,
58. entgegen § 20 Absatz 3 seine Mitteilungspflicht nicht, nicht richtig, nicht vollständig oder nicht rechtzeitig erfüllt,
59. entgegen § 20 Absatz 3a Satz 1 bis 3 oder Absatz 3b Satz 1 seine Mitteilungspflicht nicht, nicht richtig, nicht vollständig oder nicht rechtzeitig erfüllt,
60. entgegen § 20 Absatz 3a Satz 4 oder Absatz 3b Satz 3 seiner Dokumentationspflicht nicht nachkommt,
61. entgegen § 21 Absatz 1 oder 2 Angaben zu den wirtschaftlich Berechtigten
    a) nicht einholt,
    b) nicht, nicht richtig oder nicht vollständig aufbewahrt,
    c) nicht auf aktuellem Stand hält oder
    d) nicht, nicht richtig, nicht vollständig oder nicht rechtzeitig der registerführenden Stelle mitteilt,
62. entgegen § 21 Absatz 1b seine Mitteilungspflicht nicht, nicht richtig, nicht vollständig oder nicht rechtzeitig erfüllt,
63. eine unrichtige Mitteilung nach § 20 Absatz 1 oder § 21 Absatz 1 nicht berichtigt,
64. die Einsichtnahme in das Transparenzregister entgegen § 23 Absatz 1 Satz 1 Nummer 2 unter Vorspiegelung falscher Tatsachen erschleicht oder sich auf sonstige Weise widerrechtlich Zugriff auf das Transparenzregister verschafft,
65. entgegen § 23a Absatz 1 Satz 1 seine Mitteilungspflicht nicht erfüllt,
66. als Verpflichteter entgegen § 23a Absatz 3 Informationen oder Dokumente nicht oder nicht rechtzeitig zur Verfügung stellt,
67. entgegen § 30 Absatz 3 einem Auskunftsverlangen nicht, nicht richtig, nicht vollständig oder nicht rechtzeitig nachkommt,
68. entgegen § 40 Absatz 1 Satz 1 oder 2 einer Anordnung oder Weisung nicht, nicht rechtzeitig oder nicht vollständig nachkommt,
69. entgegen § 43 Absatz 1 eine Meldung nicht, nicht richtig, nicht vollständig oder nicht rechtzeitig abgibt,
70. entgegen § 46 Absatz 2 Satz 2 die Meldung nicht unverzüglich nachholt,
71. eine Untersagung nach § 51 Absatz 5 nicht beachtet,
72. Auskünfte nach § 51 Absatz 7 nicht, nicht richtig, nicht vollständig oder nicht rechtzeitig gibt,
73. entgegen § 52 Absatz 1 und 6
    a) Auskünfte nicht, nicht richtig, nicht vollständig oder nicht rechtzeitig erteilt oder

b) Unterlagen nicht, nicht richtig, nicht vollständig oder nicht rechtzeitig vorlegt oder

74. entgegen § 52 Absatz 3 eine Prüfung nicht duldet.

[2] Die Ordnungswidrigkeit kann bei vorsätzlicher Begehung mit einer Geldbuße bis zu einhundertfünfzigtausend Euro, im Übrigen mit einer Geldbuße bis zu einhunderttausend Euro geahndet werden.

(2) [1] Ordnungswidrig handelt, wer vorsätzlich oder fahrlässig

1. entgegen § 4 Absatz 3 Satz 1 kein Mitglied der Leitungsebene benennt,
2. entgegen § 7 Absatz 1 keinen Geldwäschebeauftragten oder keinen Stellvertreter bestellt,
3. einer vollziehbaren Anordnung nach § 7 Absatz 3 nicht oder nicht rechtzeitig nachkommt,
4. entgegen § 9 Absatz 1 Satz 2, auch in Verbindung mit Absatz 4, keinen Gruppengeldwäschebeauftragten bestellt,
5. entgegen § 15 Absatz 9 in Verbindung mit § 15 Absatz 3 Nummer 2 die Geschäftsbeziehung begründet, fortsetzt, sie nicht kündigt oder nicht auf andere Weise beendet oder die Transaktion durchführt,
6. entgegen § 46 Absatz 1 Satz 1 eine Transaktion durchführt oder
7. entgegen § 47 Absatz 1 in Verbindung mit Absatz 2 den Vertragspartner, den Auftraggeber oder einen Dritten in Kenntnis setzt.

[2] Die Ordnungswidrigkeit kann bei vorsätzlicher Begehung mit einer Geldbuße bis zu einhundertfünfzigtausend Euro, bei leichtfertiger Begehung mit einer Geldbuße bis zu einhunderttausend Euro, im Übrigen mit einer Geldbuße bis zu fünfzigtausend Euro geahndet werden.

(3) [1] Die Ordnungswidrigkeit nach Absatz 1 und bei vorsätzlicher oder leichtfertiger Begehung nach Absatz 2 kann geahndet werden mit einer

1. Geldbuße bis zu einer Million Euro oder
2. Geldbuße bis zum Zweifachen des aus dem Verstoß gezogenen wirtschaftlichen Vorteils,

wenn es sich um einen schwerwiegenden, wiederholten oder systematischen Verstoß handelt. [2] Der wirtschaftliche Vorteil umfasst erzielte Gewinne und vermiedene Verluste und kann geschätzt werden. [3] Gegenüber Verpflichteten gemäß § 2 Absatz 1 Nummer 1 bis 3 und 6 bis 9, die juristische Personen oder Personenvereinigungen sind, kann über Satz 1 hinaus eine höhere Geldbuße verhängt werden. [4] In diesen Fällen darf die Geldbuße den höheren der folgenden Beträge nicht übersteigen:

1. fünf Millionen Euro oder
2. 10 Prozent des Gesamtumsatzes, den die juristische Person oder die Personenvereinigung im Geschäftsjahr, das der Behördenentscheidung vorausgegangen ist, erzielt hat.

[5] Gegenüber Verpflichteten gemäß § 2 Absatz 1 Nummer 1 bis 3 und 6 bis 9, die natürliche Personen sind, kann über Satz 1 hinaus eine Geldbuße bis zu fünf Millionen Euro verhängt werden.

(4) [1] Gesamtumsatz im Sinne des Absatzes 3 Satz 4 Nummer 2 ist

1. bei Kreditinstituten, Zahlungsinstituten, Wertpapierinstituten und Finanzdienstleistungsinstituten nach § 340 des Handelsgesetzbuchs[1)] der Gesamtbetrag, der sich ergibt aus dem auf das Institut anwendbaren nationalen Recht im Einklang mit Artikel 27 Nummer 1, 3, 4, 6 und 7 oder Artikel 28 Abschnitt B Nummer 1 bis 4 und 7 der Richtlinie 86/635/EWG des Rates vom 8. Dezember 1986 über den Jahresabschluss und den konsolidierten Abschluss von Banken und anderen Finanzinstituten (ABl. L 372 vom 31.12. 1986, S. 1), abzüglich der Umsatzsteuer und sonstiger direkt auf diese Erträge erhobener Steuern,
2. bei Versicherungsunternehmen der Gesamtbetrag, der sich ergibt aus dem auf das Versicherungsunternehmen anwendbaren nationalen Recht im Einklang mit Artikel 63 der Richtlinie 91/674/EWG des Rates vom 19. Dezember 1991 über den Jahresabschluss und den konsolidierten Abschluss von Versicherungsunternehmen (ABl. L 374 vom 31.12.1991, S. 7), abzüglich der Umsatzsteuer und sonstiger direkt auf diese Erträge erhobener Steuern,
3. im Übrigen der Betrag der Nettoumsatzerlöse nach Maßgabe des auf das Unternehmen anwendbaren nationalen Rechts im Einklang mit Artikel 2 Nummer 5 der Richtlinie 2013/34/EU.

[2] Handelt es sich bei der juristischen Person oder Personenvereinigung um ein Mutterunternehmen oder um ein Tochterunternehmen, so ist anstelle des Gesamtumsatzes der juristischen Person oder Personenvereinigung der jeweilige Gesamtbetrag in demjenigen Konzernabschluss des Mutterunternehmens maßgeblich, der für den größten Kreis von Unternehmen aufgestellt wird. [3] Wird der Konzernabschluss für den größten Kreis von Unternehmen nicht nach den in Satz 1 genannten Vorschriften aufgestellt, ist der Gesamtumsatz nach Maßgabe der den in Satz 1 Nummer 1 bis 3 vergleichbaren Posten des Konzernabschlusses zu ermitteln. [4] Ist ein Jahresabschluss oder Konzernabschluss für das maßgebliche Geschäftsjahr nicht verfügbar, so ist der Jahresabschluss oder Konzernabschluss für das unmittelbar vorausgehende Geschäftsjahr maßgeblich. [5] Ist auch der Jahresabschluss oder Konzernabschluss für das unmittelbar vorausgehende Geschäftsjahr nicht verfügbar, so kann der Gesamtumsatz geschätzt werden.

(5) [1] Die jeweils nach § 50 Nummer 1 und 7a bis 9 zuständige Aufsichtsbehörde ist auch Verwaltungsbehörde nach § 36 Absatz 1 Nummer 1 des Gesetzes über Ordnungswidrigkeiten[2)]. [2] Für Ordnungswidrigkeiten nach Absatz 1 Satz 1 Nummer 54 bis 66 ist Verwaltungsbehörde nach § 36 Absatz 1 Nummer 1 des Gesetzes über Ordnungswidrigkeiten das Bundesverwaltungsamt.

(5a) Soweit nach Absatz 5 Satz 1 die Finanzbehörde Verwaltungsbehörde ist, gelten § 387 Absatz 2, § 410 Absatz 1 Nummer 2, 6 bis 11, Absatz 2 und § 412 der Abgabenordnung[3)] sinngemäß.

(6) Die zuständige Verwaltungsbehörde übermittelt, sofern sie nicht zugleich zuständige Aufsichtsbehörde ist, auf Ersuchen sämtliche Informationen einschließlich personenbezogener Daten an die zuständige Aufsichtsbehörde, soweit die Informationen für die Erfüllung der Aufgaben der Aufsichtsbehörde,

---

[1)] ***Schönfelder Nr. 50.***
[2)] **Schönfelder Nr. 94.**
[3)] Nr. **88b**.

insbesondere für die Vorhaltung der Statistik nach § 51 Absatz 9, erforderlich sind.

(7) Die Aufsichtsbehörden überprüfen im Bundeszentralregister, ob eine einschlägige Verurteilung der betreffenden Person vorliegt.

(8) Die zuständigen Aufsichtsbehörden nach § 50 Nummer 1, 2 und 9 informieren die Europäische Bankenaufsichtsbehörde hinsichtlich der Verpflichteten nach § 2 Absatz 1 Nummer 1 bis 3 und 6 bis 9 über

1. die gegen diese Verpflichteten verhängten Geldbußen,
2. sonstige Maßnahmen aufgrund von Verstößen gegen Vorschriften dieses Gesetzes oder anderer Gesetze zur Verhinderung von Geldwäsche oder von Terrorismusfinanzierung und
3. diesbezügliche Rechtsmittelverfahren und deren Ergebnisse.

§ 57[1)] Bekanntmachung von bestandskräftigen Maßnahmen und von unanfechtbaren Bußgeldentscheidungen. (1) [1]Die zuständigen Aufsichts- und Verwaltungsbehörden und die Behörde nach § 56 Absatz 5 Satz 2 haben bestandskräftige Maßnahmen und unanfechtbare Bußgeldentscheidungen, die sie wegen eines Verstoßes gegen dieses Gesetz oder die auf seiner Grundlage erlassenen Rechtsverordnungen verhängt haben, nach Unterrichtung des Adressaten der Maßnahme oder Bußgeldentscheidung auf ihrer Internetseite oder auf einer gemeinsamen Internetseite bekannt zu machen. [2]Dies gilt auch für gerichtliche Entscheidungen, soweit diese unanfechtbar geworden sind und die Verhängung eines Bußgeldes zum Gegenstand haben. [3]In der Bekanntmachung sind Art und Charakter des Verstoßes und die für den Verstoß verantwortlichen natürlichen Personen und juristischen Personen oder Personenvereinigungen zu benennen.

(2) [1]Die Bekanntmachung nach Absatz 1 ist aufzuschieben, solange die Bekanntmachung

1. das Persönlichkeitsrecht natürlicher Personen verletzen würde oder eine Bekanntmachung personenbezogener Daten aus sonstigen Gründen unverhältnismäßig wäre,
2. die Stabilität der Finanzmärkte der Bundesrepublik Deutschland oder eines oder mehrerer Vertragsstaaten des Abkommens über den Europäischen Wirtschaftsraum gefährden würde oder
3. laufende Ermittlungen gefährden würde.

[2]Anstelle einer Aufschiebung kann die Bekanntmachung auf anonymisierter Basis erfolgen, wenn hierdurch ein wirksamer Schutz nach Satz 1 Nummer 1 gewährleistet ist. [3]Ist vorhersehbar, dass die Gründe der anonymisierten Bekanntmachung innerhalb eines überschaubaren Zeitraums wegfallen werden, so kann die Bekanntmachung der Informationen nach Satz 1 Nummer 1 entsprechend aufgeschoben werden. [4]Die Bekanntmachung erfolgt, wenn die Gründe für den Aufschub entfallen sind.

(3) Eine Bekanntmachung darf nicht erfolgen, wenn die Maßnahmen nach Absatz 2 nicht ausreichend sind, um eine Gefährdung der Finanzmarktstabilität auszuschließen oder die Verhältnismäßigkeit der Bekanntmachung sicherzustellen.

(4) [1]Eine Bekanntmachung muss fünf Jahre auf der Internetseite der Aufsichtsbehörde veröffentlicht bleiben. [2]Abweichend von Satz 1 sind personenbezogene Daten zu löschen, sobald die Bekanntmachung nicht mehr erforderlich ist.

[1)] § 57 Abs. 1 Satz 1 geänd., Satz 2 eingef., bish. Satz 2 wird Satz 3 mWv 1.1.2020 durch G v. 12.12. 2019 (BGBl. I S. 2602).

§ 58[1] *(aufgehoben)*

§ 59[2] **Übergangsregelung.** (1) Die Mitteilungen nach § 20 Absatz 1 und § 21 haben erstmals bis zum 1. Oktober 2017 an das Transparenzregister zu erfolgen.

(2) [1] Die Eröffnung des Zugangs zu Eintragungen im Vereinsregister, welche § 22 Absatz 1 Satz 1 Nummer 8 vorsieht, erfolgt ab dem 26. Juni 2018. [2] Bis zum 25. Juni 2018 werden die technischen Voraussetzungen geschaffen, um diejenigen Indexdaten nach § 22 Absatz 2 zu übermitteln, welche für die Eröffnung des Zugangs zu den Originaldaten nach § 22 Absatz 1 Satz 1 Nummer 8 erforderlich sind. [3] Für den Übergangszeitraum vom 26. Juni 2017 bis zum 25. Juni 2018 enthält das Transparenzregister stattdessen einen Link auf das gemeinsame Registerportal der Länder.

(3) § 23 Absatz 3 findet ab dem 1. Januar 2023 Anwendung.

(4) Gewährte Befreiungen der Aufsichtsbehörden nach § 50 Nummer 8 gegenüber Verpflichteten nach § 2 Absatz 1 Nummer 15, soweit sie Glücksspiele im Internet veranstalten oder vermitteln, bleiben in Abweichung zu § 16 bis zum 30. Juni 2018 wirksam.

(5) Ist am 25. Juni 2015 ein Gerichtsverfahren betreffend die Verhinderung, Aufdeckung, Ermittlung oder Verfolgung von mutmaßlicher Geldwäsche oder Terrorismusfinanzierung anhängig gewesen und besitzt ein Verpflichteter Informationen oder Unterlagen im Zusammenhang mit diesem anhängigen Verfahren, so darf der Verpflichtete diese Informationen oder Unterlagen bis zum 25. Juni 2020 aufbewahren.

(6) [1] Die Pflicht zur Registrierung nach § 45 Absatz 1 Satz 2 besteht mit Inbetriebnahme des neuen Informationsverbundes der Zentralstelle für Finanztransaktionsuntersuchungen, spätestens jedoch ab dem 1. Januar 2024. [2] Das Bundesministerium der Finanzen gibt den Tag der Inbetriebnahme des neuen Informationsverbundes der Zentralstelle für Finanztransaktionsuntersuchungen im Bundesgesetzblatt bekannt. [3] Für Güterhändler, die nicht mit Kunst, Schmuck, Uhren, Edelmetall, Edelsteinen, Kraftfahrzeugen, Schiffen, Motorbooten oder Luftfahrzeugen handeln, besteht die Pflicht zur Registrierung spätestens ab dem 1. Januar 2027. [4] Die Registrierungspflicht gilt nicht für Annahmestellen, die nach Maßgabe des § 29 Absatz 6 des Glücksspielstaatsvertrages 2021 Sportwetten vermitteln.

(7) [1] Bis zur technischen Umsetzung des Verfahrens nach § 31 Absatz 6, längstens jedoch bis zum 31. Dezember 2027, darf die Zentralstelle für Finanztransaktionsuntersuchungen das Bundeszentralamt für Steuern ersuchen, bei den Kreditinstituten die in § 93b Absatz 1 und 1a der Abgabenordnung bezeichneten Daten, ausgenommen die Identifikationsnummer nach § 139b der Abgabenordnung, abzurufen (§ 93 Absatz 8 der Abgabenordnung). [2] Bei einem Ersuchen nach Satz 1 gilt § 93 Absatz 8a bis 10 der Abgabenordnung entsprechend. [3] Das Bundeszentralamt übermittelt der Zentralstelle für Finanztransaktionsuntersuchungen in Beantwortung des Ersuchens nur solche Daten, die die Zentralstelle nach § 31 Absatz 6 abrufen darf.

(8) Juristische Personen des Privatrechts und eingetragene Personengesellschaften nach § 20 Absatz 1, deren Pflicht zur Mitteilung an das Transparenzregister am

---

[1] § 58 aufgeh. mWv 1.1.2020 durch G v. *12.12.2019 (BGBl. I S. 2602).*

[2] *§ 59 Abs. 6* angef. mWv 1.1.2020 durch G v. 12.12.2019 (BGBl. I S. 2602); Abs. 7 angef. mWv 1.7. 2021; Abs. 3 neu gef., Abs. 8–10 angef. mWv 1.8.2021 durch G v. 25.6.2021 (BGBl. I S. 2083); Abs. 11-14 angef. mWv 28.12.2022 durch G v. 19.12.2022 (BGBl. I S. 2606); Abs. 6 Sätze 3 und 4 angef., Abs. 7 Satz 1 geänd., Abs. 15 angef. mWv 18.11.2023 durch G v. 13.11.2023 (BGBl. 2023 I Nr. 311).

31. Juli 2021 nach der bis einschließlich zum 31. Juli 2021 geltenden Fassung des § 20 Absatz 2 als erfüllt galt, haben die in § 19 Absatz 1 aufgeführten Angaben,

1. sofern es sich um eine Aktiengesellschaft, SE, Kommanditgesellschaft auf Aktien handelt bis zum 31. März 2022,
2. sofern es sich um eine Gesellschaft mit beschränkter Haftung, Genossenschaft, Europäische Genossenschaft oder Partnerschaft handelt bis zum 30. Juni 2022,
3. in allen anderen Fällen bis spätestens zum 31. Dezember 2022

der registerführenden Stelle zur Eintragung in das Transparenzregister mitzuteilen.

(9) § 56 Absatz 1 Nummer 55 und 58 bis 60 sind nicht anwendbar auf juristische Personen des Privatrechts oder eingetragene Personengesellschaften nach § 20 Absatz 1, deren Pflicht zur Mitteilung an das Transparenzregister am 31. Juli 2021 nach der bis einschließlich zum 31. Juli 2021 geltenden Fassung des § 20 Absatz 2 als erfüllt galt,

1. sofern es sich um eine Aktiengesellschaft, SE, Kommanditgesellschaft auf Aktien handelt bis zum 31. März 2023,
2. sofern es sich um eine Gesellschaft mit beschränkter Haftung, Genossenschaft, Europäische Genossenschaft oder Partnerschaft handelt bis zum 30. Juni 2023,
3. in allen anderen Fällen bis spätestens zum 31. Dezember 2023.

(10) Abweichend von § 23a Absatz 1 sind Unstimmigkeitsmeldungen wegen des Fehlens einer Eintragung nach § 20 bis zum 1. April 2023 nicht abzugeben, wenn nach der bis einschließlich zum 31. Juli 2021 geltenden Fassung des § 23a Absatz 1 in Verbindung mit § 20 Absatz 2 keine Pflicht zur Abgabe einer Unstimmigkeitsmeldung an das Transparenzregister bestanden hätte.

(11) § 16a findet keine Anwendung auf Rechtsgeschäfte, die vor dem 1. April 2023 geschlossen wurden.

(12) [1] § 19 Absatz 3 Satz 2 findet ab dem 1. Januar 2023 Anwendung auf Mitteilungen nach § 20. [2] Soweit Vereinigungen vor diesem Zeitpunkt Angaben zur Eintragung in das Transparenzregister mitgeteilt haben, ist eine Aktualisierung nur zu Art und Umfang des wirtschaftlichen Interesses gemäß § 19 Absatz 3 Satz 2 nicht erforderlich.

(13) Soweit Vereinigungen mit Sitz im Ausland von der Pflicht des § 20 Absatz 1 Satz 2 erfasst sind, weil sie seit einem Zeitpunkt vor dem 1. Januar 2020 Eigentum an einer im Inland gelegenen Immobilie halten oder weil sich seit einem Zeitpunkt vor dem 1. August 2021 Anteile im Sinne des § 1 Absatz 3 des Grunderwerbsteuergesetzes bei ihr vereinigen oder sie seit einem Zeitpunkt vor dem 1. August 2021 im Sinne des § 1 Absatz 3a des Grunderwerbsteuergesetzes aufgrund eines Rechtsvorgangs eine wirtschaftliche Beteiligung innehaben, sind die in § 19 Absatz 1 aufgeführten Angaben bis zum 30. Juni 2023 der registerführenden Stelle zur Eintragung in das Transparenzregister mitzuteilen.

(14) [1] § 23 Absatz 1 Satz 3 und § 23a Absatz 5 Satz 2 findet nur auf solche Eigentums- und Kontrollstrukturübersichten Anwendung, bei denen die Prüfung der Unstimmigkeitsmeldung nach dem 30. Juni 2023 abgeschlossen wurde. [2] Die Übermittlung von Eigentums- und Kontrollübersichten aufgrund von Einzelanfragen einer Behörde außerhalb des Einsichtnahmeverfahrens bleibt unberührt.

(15) [1] Informationen können erstmalig nach § 32 Absatz 2 Satz 4 zum automatisierten Datenabruf bereitgestellt werden, sobald das Verfahren zum automatisierten Datenabruf es ermöglicht, dass die Zentralstelle für Finanztransaktionsuntersuchungen Informationen spezifisch für den Abruf durch eine oder mehrere Strafverfolgungsbehörden kennzeichnet. [2] Ab diesem Zeitpunkt werden für die

Dauer von zwei Jahren die Informationen für Strafverfolgungsbehörden, die am automatisierten Abruf nach § 32 Absatz 4 teilnehmen, anstelle einer Übermittlung nur automatisiert bereitgestellt. [3] Nach Ablauf dieser Frist kann die Zentralstelle für Finanztransaktionsuntersuchungen gegenüber allen Strafverfolgungsbehörden von einer Übermittlung absehen, wenn eine Evaluierung des Bundesministeriums der Finanzen im Einvernehmen mit dem Bundesministerium des Innern und für Heimat und dem Bundesministerium der Justiz ergibt, dass sich eine Bereitstellung zum automatisierten Abruf anstelle der Übermittlung in der Praxis bewährt hat.

Anlage 1[1)]
(zu den §§ 5, 10, 14, 15)

Faktoren für ein potenziell geringeres Risiko

Die Liste ist eine nicht abschließende Aufzählung von Faktoren und möglichen Anzeichen für ein potenziell geringeres Risiko nach § 14:

1. Faktoren bezüglich des Kundenrisikos:
   a) öffentliche, an einer Börse notierte Unternehmen, die (aufgrund von Börsenordnungen oder von Gesetzes wegen oder aufgrund durchsetzbarer Instrumente) solchen Offenlegungspflichten unterliegen, die Anforderungen an die Gewährleistung einer angemessenen Transparenz hinsichtlich des wirtschaftlichen Eigentümers auferlegen,
   b) öffentliche Verwaltungen oder Unternehmen,
   c) Kunden mit Wohnsitz in geografischen Gebieten mit geringerem Risiko nach Nummer 3.
2. Faktoren bezüglich des Produkt-, Dienstleistungs-, Transaktions- oder Vertriebskanalrisikos:
   a) Lebensversicherungspolicen mit niedriger Prämie,
   b) Versicherungspolicen für Rentenversicherungsverträge, sofern die Verträge weder eine Rückkaufklausel enthalten noch als Sicherheit für Darlehen dienen können,
   c) Rentensysteme und Pensionspläne oder vergleichbare Systeme, die den Arbeitnehmern Altersversorgungsleistungen bieten, wobei die Beiträge vom Gehalt abgezogen werden und die Regeln des Systems den Begünstigten nicht gestatten, ihre Rechte zu übertragen,
   d) Finanzprodukte oder -dienste, die bestimmten Kunden angemessen definierte und begrenzte Dienstleistungen mit dem Ziel der Einbindung in das Finanzsystem („financial inclusion") anbieten,
   e) Produkte, bei denen die Risiken der Geldwäsche und der Terrorismusfinanzierung durch andere Faktoren wie etwa Beschränkungen der elektronischen Geldbörse oder die Transparenz der Eigentumsverhältnisse gesteuert werden (z.B. bestimmte Arten von E-Geld).
3. Faktoren bezüglich des geografischen Risikos – Registrierung, Niederlassung, Wohnsitz in:
   a) Mitgliedstaaten,
   b) Drittstaaten mit gut funktionierenden Systemen zur Verhinderung, Aufdeckung und Bekämpfung von Geldwäsche und von Terrorismusfinanzierung,

[1)] Anl. 1 geänd. mWv 1.1.2020 durch G v. 12.12.2019 (BGBl. I S. 2602).

c) Drittstaaten, in denen Korruption und andere kriminelle Tätigkeiten laut glaubwürdigen Quellen schwach ausgeprägt sind,

d) Drittstaaten, deren Anforderungen an die Verhinderung, Aufdeckung und Bekämpfung von Geldwäsche und von Terrorismusfinanzierung laut glaubwürdigen Quellen (z.B. gegenseitige Evaluierungen, detaillierte Bewertungsberichte oder veröffentlichte Follow-up-Berichte) den überarbeiteten FATF (Financial Action Task Force)-Empfehlungen entsprechen und die diese Anforderungen wirksam umsetzen.

Anlage 2[1)]
(zu den §§ 5, 10, 14, 15)

Faktoren für ein potenziell höheres Risiko

Die Liste ist eine nicht erschöpfende Aufzählung von Faktoren und möglichen Anzeichen für ein potenziell höheres Risiko nach § 15:

1. Faktoren bezüglich des Kundenrisikos:
   a) außergewöhnliche Umstände der Geschäftsbeziehung,
   b) Kunden, die in geografischen Gebieten mit hohem Risiko gemäß Nummer 3 ansässig sind,
   c) juristische Personen oder Rechtsvereinbarungen, die als Instrumente für die private Vermögensverwaltung dienen,
   d) Unternehmen mit nominellen Anteilseignern oder als Inhaberpapiere emittierten Aktien,
   e) bargeldintensive Unternehmen,
   f) angesichts der Art der Geschäftstätigkeit als ungewöhnlich oder übermäßig kompliziert erscheinende Eigentumsstruktur des Unternehmens,
   g) der Kunde ist ein Drittstaatsangehöriger, der Aufenthaltsrechte oder die Staatsbürgerschaft eines Mitgliedstaats im Austausch gegen die Übertragung von Kapital, den Kauf von Immobilien oder Staatsanleihen oder Investitionen in Gesellschaften in diesem Mitgliedstaat beantragt;
2. Faktoren bezüglich des Produkt-, Dienstleistungs-, Transaktions- oder Vertriebskanalrisikos:
   a) Betreuung vermögender Privatkunden,
   b) Produkte oder Transaktionen, die Anonymität begünstigen könnten,
   c) Geschäftsbeziehungen oder Transaktionen ohne persönliche Kontakte und ohne bestimmte Sicherungsmaßnahmen wie elektronische Mittel für die Identitätsfeststellung, einschlägige Vertrauensdienste gemäß der Definition in der Verordnung (EU) Nr. 910/2014 oder andere von den einschlägigen nationalen Behörden regulierte, anerkannte, gebilligte oder akzeptierte sichere Verfahren zur Identifizierung aus der Ferne oder auf elektronischem Weg,
   d) Eingang von Zahlungen unbekannter oder nicht verbundener Dritter,
   e) neue Produkte und neue Geschäftsmodelle einschließlich neuer Vertriebsmechanismen sowie Nutzung neuer oder in der Entwicklung begriffener Technologien für neue oder bereits bestehende Produkte,
   f) Transaktionen in Bezug auf Öl, Waffen, Edelmetalle, Tabakerzeugnisse, Kulturgüter und andere Artikel von archäoloischer, historischer, kultureller oder

---

1) Anl. 2 geänd. mWv 1.1.2020 durch G v. 12.12.2019 (BGBl. I S. 2602).

religiöser Bedeutung oder von außergewöhnlichem wissenschaftlichem Wert sowie Elfenbein und geschützte Arten;

3. Faktoren bezüglich des geografischen Risikos:
   a) unbeschadet des Artikels 9 der Richtlinie (EU) 2015/849 ermittelte Länder, deren Finanzsysteme laut glaubwürdigen Quellen (z.B. gegenseitige Evaluierungen, detaillierte Bewertungsberichte oder veröffentlichte Follow-up-Berichte) nicht über hinreichende Systeme zur Verhinderung, Aufdeckung und Bekämpfung von Geldwäsche und Terrorismusfinanzierung verfügen,
   b) Drittstaaten, in denen Korruption oder andere kriminelle Tätigkeiten laut glaubwürdigen Quellen signifikant stark ausgeprägt sind,
   c) Staaten, gegen die beispielsweise die Europäische Union oder die Vereinten Nationen Sanktionen, Embargos oder ähnliche Maßnahmen verhängt hat oder haben,
   d) Staaten, die terroristische Aktivitäten finanziell oder anderweitig unterstützen oder in denen bekannte terroristische Organisationen aktiv sind.

88b. Abgabenordnung (AO)[1) 2)]

In der Fassung der Bekanntmachung vom 1. Oktober 2002[3)]
(BGBl. I S. 3866; 2003 I S. 61)

FNA 610-1-3

zuletzt geänd. durch Art. 20 PostrechtsmodernisierungsG v. 15.7.2024 (BGBl 2024 I Nr. 236), Art. 18 G zur Förderung des Einsatzes von Videokonferenztechnik in der Zivilgerichtsbarkeit und den Fachgerichtsbarkeiten v. 15.7.2024 (BGBl. 2024 I Nr. 237) und Art. 8a OZG-ÄnderungsG v. 19.7.2024 (BGBl. 2024 I Nr. 245)

– Auszug –

Erster Teil. Einleitende Vorschriften

Vierter Abschnitt.[4)] Verarbeitung geschützter Daten und Steuergeheimnis

§§ 29b, 29c *(vom Abdruck wurde abgesehen)*

§ 30 Steuergeheimnis. (1) Amtsträger haben das Steuergeheimnis zu wahren.

(2)[5)] Ein Amtsträger verletzt das Steuergeheimnis, wenn er

1. personenbezogene Daten eines anderen, die ihm
   a) in einem Verwaltungsverfahren, einem Rechnungsprüfungsverfahren oder einem gerichtlichen Verfahren in Steuersachen,
   b) in einem Strafverfahren wegen einer Steuerstraftat oder einem Bußgeldverfahren wegen einer Steuerordnungswidrigkeit,
   c)[6)] im Rahmen einer Weiterverarbeitung nach § 29c Absatz 1 Satz 1 Nummer 4, 5 oder 6 oder aus anderem dienstlichen Anlass, insbesondere durch Mitteilung einer Finanzbehörde oder durch die gesetzlich vorgeschriebene Vorlage eines Steuerbescheids oder einer Bescheinigung über die bei der Besteuerung getroffenen Feststellungen,

   bekannt geworden sind, oder
2. ein fremdes Betriebs- oder Geschäftsgeheimnis, das ihm in einem der in Nummer 1 genannten Verfahren bekannt geworden ist,

(geschützte Daten) unbefugt offenbart oder verwertet oder

3. geschützte Daten im automatisierten Verfahren unbefugt abruft, wenn sie für eines der in Nummer 1 genannten Verfahren in einem automationsgestützten Dateisystem gespeichert sind.

(3) Den Amtsträgern stehen gleich

1. die für den öffentlichen Dienst besonders Verpflichteten (§ 11 Abs. 1 Nr. 4 des Strafgesetzbuchs[7)]),

---

1) Beachte Art. 97 Übergangsvorschriften des EGAO v. 14.12.1976 (BGBl. I S. 3341; 1977 I S. 667), zuletzt geänd. durch G v. 19.7.2024 (BGBl. 2024 I Nr. 245).

2) Überschrift geänd. durch G v. 13.12.2006 (BGBl. I S. 2878).

3) Neubekanntmachung der AO v. 16.3.1976 (BGBl. I S. 613, 1977 I S. 269) in der ab 1.9.2002 geltenden Fassung.

4) 1. Teil 4. Abschnitt Überschrift neu gef. mWv 25.5.2018 durch G v. 17.7.2017 (BGBl. I S. 2541).

5) § 30 Abs. 2 neu gef. mWv 25.5.2018 durch G v. 17.7.2017 (BGBl. I S. 2541).

6) § 30 Abs. 2 Nr. 1 Buchst. c neu gef. mWv 18.12.2019 durch G v. 12.12.2019 (BGBl. I S. 2451); zur Anwendung siehe Art. 97 § 1 Abs. 13 EGAO v. 14.12.1976 (BGBl. I S. 3341; 1977 I S. 667), zuletzt geänd. durch G v. 19.7.2024 (BGBl. 2024 I Nr. 245).

7) **Habersack, Deutsche Gesetze Nr. 85.**

1a.[1] die in § 193 Absatz 3 des Gerichtsverfassungsgesetzes[2] genannten Personen,
2. amtlich zugezogene Sachverständige,
3. die Träger von Ämtern der Kirchen und anderen Religionsgemeinschaften, die Körperschaften des öffentlichen Rechts sind.

(4)[3] Die Offenbarung oder Verwertung geschützter Daten ist zulässig, soweit
1. sie der Durchführung eines Verfahrens im Sinne des Absatzes 2 Nr. 1 Buchstaben a und b dient,
1a.[4] sie einer Verarbeitung durch Finanzbehörden nach Maßgabe des § 29c Absatz 1 Satz 1 Nummer 4 oder 6 dient,
1b.[5] sie der Durchführung eines Bußgeldverfahrens nach Artikel 83 der Verordnung (EU) 2016/679[6] im Anwendungsbereich dieses Gesetzes dient,
2.[7] sie durch Bundesgesetz ausdrücklich zugelassen ist,
2a.[8] sie durch Recht der Europäischen Union vorgeschrieben oder zugelassen ist,
2b.[9] sie der Erfüllung der gesetzlichen Aufgaben des Statistischen Bundesamtes oder für die Erfüllung von Bundesgesetzen durch die Statistischen Landesämter dient,
2c.[10] sie der Gesetzesfolgenabschätzung dient und die Voraussetzungen für eine Weiterverarbeitung nach § 29c Absatz 1 Satz 1 Nummer 5 vorliegen,
2d.[11] sie der Sicherung, Nutzung und wissenschaftlichen Verwertung von Archivgut der Finanzbehörden durch das Bundesarchiv nach Maßgabe des Bundesarchivgesetzes oder durch das zuständige Landes- oder Kommunalarchiv nach Maßgabe des einschlägigen Landesgesetzes oder der einschlägigen kommunalen Satzung dient, sofern die Beachtung der Vorgaben der §§ 6 und 10 bis 14 des Bundesarchivgesetzes im Landesrecht oder in der kommunalen Satzung sichergestellt ist,
3.[12] die betroffene Person zustimmt,
4.[13] sie der Durchführung eines Strafverfahrens wegen einer Tat dient, die keine Steuerstraftat ist, und die Kenntnisse
   a) in einem Verfahren wegen einer Steuerstraftat oder Steuerordnungswidrigkeit erlangt worden sind; dies gilt jedoch nicht für solche Tatsachen, die der Steuerpflichtige in Unkenntnis der Einleitung des Strafverfahrens oder des Bußgeldverfahrens offenbart hat oder die bereits vor Einleitung des Strafverfahrens oder des Bußgeldverfahrens im Besteuerungsverfahren bekannt geworden sind, oder
   b) ohne Bestehen einer steuerlichen Verpflichtung oder unter Verzicht auf ein Auskunftsverweigerungsrecht erlangt worden sind,

---

[1] § 30 Abs. 3 Nr. 1a geänd. mWv 19.7.2024 durch G v. 15.7.2024 (BGBl. 2024 I Nr. 237).
[2] **Habersack, Deutsche Gesetze Nr. 95.**
[3] § 30 Abs. 4 einl. Satzteil neu gef. mWv 25.5.2018 durch G v. 17.7.2017 (BGBl. I S. 2541).
[4] § 30 Abs. 4 Nr. 1a eingef. mWv 25.5.2018 durch G v. 17.7.2017 (BGBl. I S. 2541).
[5] § 30 Abs. 4 Nr. 1b eingef. mWv 25.5.2018 durch G v. 17.7.2017 (BGBl. I S. 2541).
[6] **Sartorius Nr. 246.**
[7] § 30 Abs. 4 Nr. 2 geänd. mWv 25.5.2018 durch G v. 17.7.2017 (BGBl. I S. 2541).
[8] § 30 Abs. 4 Nr. 2a eingef. mWv 25.5.2018 durch G v. 17.7.2017 (BGBl. I S. 2541).
[9] § 30 Abs. 4 Nr. 2b neu gef. mWv 18.12.2019 durch G v. 12.12.2019 (BGBl. I S. 2451); zur Anwendung siehe Art. 97 § 1 Abs. 13 EGAO v. 14.12.1976 (BGBl. I S. 3341; 1977 I S. 667), zuletzt geänd. durch G v. 19.7. 2024 (BGBl. 2024 I Nr. 245).
[10] *§ 30 Abs. 4 Nr. 2c eingef. mWv 25.5.2018* durch G v. 17.7.2017 (BGBl. I S. 2541).
[11] § 30 Abs. 4 Nr. 2d eingef. mWv 21.12.2022 durch G v. 16.12.2022 (BGBl. I S. 2294).
[12] § 30 Abs. 4 Nr. 3 geänd. mWv 26.11.2019 durch G v. 20.11.2019 (BGBl. I S. 1626).
[13] Siehe hierzu § 4 Abs. 5 Nr. 10 Satz 3 EStG idF der Bek. v. 8.10.2009 (BGBl. I S. 3366, 3862), zuletzt geänd. durch G v. 27.3.2024 (BGBl. 2024 I Nr. 108).

5. für sie ein zwingendes öffentliches Interesse besteht; ein zwingendes öffentliches Interesse ist namentlich gegeben, wenn
   a)[1] die Offenbarung erforderlich ist zur Abwehr erheblicher Nachteile für das Gemeinwohl oder einer Gefahr für die öffentliche Sicherheit, die Verteidigung oder die nationale Sicherheit oder zur Verhütung oder Verfolgung von Verbrechen und vorsätzlichen schweren Vergehen gegen Leib und Leben oder gegen den Staat und seine Einrichtungen,
   b) Wirtschaftsstraftaten verfolgt werden oder verfolgt werden sollen, die nach ihrer Begehungsweise oder wegen des Umfangs des durch sie verursachten Schadens geeignet sind, die wirtschaftliche Ordnung erheblich zu stören oder das Vertrauen der Allgemeinheit auf die Redlichkeit des geschäftlichen Verkehrs oder auf die ordnungsgemäße Arbeit der Behörden und der öffentlichen Einrichtungen erheblich zu erschüttern, oder
   c) die Offenbarung erforderlich ist zur Richtigstellung in der Öffentlichkeit verbreiteter unwahrer Tatsachen, die geeignet sind, das Vertrauen in die Verwaltung erheblich zu erschüttern; die Entscheidung trifft die zuständige oberste Finanzbehörde im Einvernehmen mit dem Bundesministerium der Finanzen; vor der Richtigstellung soll der Steuerpflichtige gehört werden.

(5)[2] Vorsätzlich falsche Angaben der betroffenen Person dürfen den Strafverfolgungsbehörden gegenüber offenbart werden.

(6)[3] [1]Der Abruf geschützter Daten, die für eines der in Absatz 2 Nummer 1 genannten Verfahren in einem automationsgestützten Dateisystem gespeichert sind, ist nur zulässig, soweit er der Durchführung eines Verfahrens im Sinne des Absatzes 2 Nummer 1 Buchstabe a und b oder der zulässigen Übermittlung geschützter Daten durch eine Finanzbehörde an die betroffene Person oder Dritte dient. [2]Zur Wahrung des Steuergeheimnisses kann das Bundesministerium der Finanzen durch Rechtsverordnung mit Zustimmung des Bundesrates bestimmen, welche technischen und organisatorischen Maßnahmen gegen den unbefugten Abruf von Daten zu treffen sind. [3]Insbesondere kann es nähere Regelungen treffen über die Art der Daten, deren Abruf zulässig ist, sowie über den Kreis der Amtsträger, die zum Abruf solcher Daten berechtigt sind. [4]Die Rechtsverordnung bedarf nicht der Zustimmung des Bundesrates, soweit sie die Kraftfahrzeugsteuer, die Luftverkehrsteuer, die Versicherungsteuer sowie Einfuhr- und Ausfuhrabgaben und Verbrauchsteuern, mit Ausnahme der Biersteuer, betrifft.

(7)[4] Werden dem Steuergeheimnis unterliegende Daten durch einen Amtsträger oder diesem nach Absatz 3 gleichgestellte Personen nach Maßgabe des § 87a Absatz 4 oder 7 über De-Mail-Dienste im Sinne des § 1 des De-Mail-Gesetzes versendet, liegt keine unbefugte Offenbarung, Verwertung und kein unbefugter Abruf von dem Steuergeheimnis unterliegenden Daten vor, wenn beim Versenden *eine kurzzeitige* automatisierte Entschlüsselung durch den akkreditierten Diensteanbieter zum Zweck der Überprüfung auf Schadsoftware und zum Zweck der Weiterleitung an den Adressaten der De-Mail-Nachricht stattfindet.

---

[1] § 30 Abs. 4 Nr. 5 Buchst. a neu gef. mWv 25.5.2018 durch G v. 17.7.2017 (BGBl. I S. 2541).
[2] § 30 Abs. 5 geänd. mWv 26.11.2019 durch G v. 20.11.2019 (BGBl. I S. 1626).
[3] § 30 Abs. 6 Satz 4 neu gef. mWv 30.6.2013 durch G v. 26.6.2013 (BGBl. I S. 1809); Satz 1 neu gef. mWv 25.5.2018 durch G v. 17.7.2017 (BGBl. I S. 2541).
[4] § 30 Abs. 7 angef. mWv 1.8.2013 durch G v. 25.7.2013 (BGBl. I S. 2749); geänd. mWv 25.5.2018 durch G v. 17.7.2017 (BGBl. I S. 2541).

(8)[1] Die Einrichtung eines automatisierten Verfahrens, das den Abgleich geschützter Daten innerhalb einer Finanzbehörde oder zwischen verschiedenen Finanzbehörden ermöglicht, ist zulässig, soweit die Weiterverarbeitung oder Offenbarung dieser Daten zulässig und dieses Verfahren unter Berücksichtigung der schutzwürdigen Interessen der betroffenen Person und der Aufgaben der beteiligten Finanzbehörden angemessen ist.

(9)[2] Die Finanzbehörden dürfen sich bei der Verarbeitung geschützter Daten nur dann eines Auftragsverarbeiters im Sinne von Artikel 4 Nummer 8 der Verordnung (EU) 2016/679 bedienen, wenn diese Daten ausschließlich durch Personen verarbeitet werden, die zur Wahrung des Steuergeheimnisses verpflichtet sind.

(10)[3] Die Offenbarung besonderer Kategorien personenbezogener Daten im Sinne des Artikels 9 Absatz 1 der Verordnung (EU) 2016/679 durch Finanzbehörden an öffentliche oder nicht-öffentliche Stellen ist zulässig, wenn die Voraussetzungen der Absätze 4 oder 5 und ein Ausnahmetatbestand nach Artikel 9 Absatz 2 der Verordnung (EU) 2016/679 oder nach § 31c vorliegen.

(11)[4] [1] Wurden geschützte Daten

1. einer Person, die nicht zur Wahrung des Steuergeheimnisses verpflichtet ist,
2. einer öffentlichen Stelle, die keine Finanzbehörde ist, oder
3. einer nicht-öffentlichen Stelle

nach den Absätzen 4 oder 5 offenbart, darf der Empfänger diese Daten nur zu dem Zweck speichern, verändern, nutzen oder übermitteln, zu dem sie ihm offenbart worden sind. [2] Die Pflicht eines Amtsträgers oder einer ihm nach Absatz 3 gleichgestellten Person, dem oder der die geschützten Daten durch die Offenbarung bekannt geworden sind, zur Wahrung des Steuergeheimnisses bleibt unberührt.

§§ 30a, 31 *(vom Abdruck wurde abgesehen)*

§ 31a Mitteilungen zur Bekämpfung der illegalen Beschäftigung und des Leistungsmissbrauchs. (1)[5] [1] Die Offenbarung der nach § 30 geschützten Daten der betroffenen Person ist zulässig, soweit sie

1. für die Durchführung eines Strafverfahrens, eines Bußgeldverfahrens oder eines anderen gerichtlichen oder Verwaltungsverfahrens mit dem Ziel
   a) der Bekämpfung von illegaler Beschäftigung oder Schwarzarbeit oder
   b) der Entscheidung
      aa) über Erteilung, Rücknahme oder Widerruf einer Erlaubnis nach dem Arbeitnehmerüberlassungsgesetz oder
      bb) über Bewilligung, Gewährung, Rückforderung, Erstattung, Weitergewährung oder Belassen einer Leistung aus öffentlichen Mitteln

   oder
2. für die Geltendmachung eines Anspruchs auf Rückgewähr einer Leistung aus öffentlichen Mitteln

[1] § 30 Abs. 8 angef. mWv 25.5.2018 durch G v. 17.7.2017 (BGBl. I S. 2541).
[2] § 30 Abs. 9 angef. mWv 25.5.2018 durch G v. 17.7.2017 (BGBl. I S. 2541).
[3] § 30 Abs. 10 angef. mWv 25.5.2018 durch G v. 17.7.2017 (BGBl. I S. 2541); geänd. mWv 26.11.2019 durch G v. 20.11.2019 (BGBl. I S. 1626).
[4] § 30 Abs. 11 angef. mWv 25.5.2018 durch G v. 17.7.2017 (BGBl. I S. 2541).
[5] § 31a Abs. 1 einl. Satzteil geänd. mWv 25.5.2018 durch G v. 17.7.2017 (BGBl. I S. 2541); einl. Satzteil geänd. mWv 26.11.2019 durch G v. 20.11.2019 (BGBl. I S. 1626); Satz 2 angef. mWv 21.12.2022 durch G v. 16.12.2022 (BGBl. I S. 2294).

erforderlich ist. [2] In den Fällen von Satz 1 Nummer 1 Buchstabe b Doppelbuchstabe bb oder Nummer 2 ist die Offenbarung auf Ersuchen der zuständigen Stellen auch zulässig, soweit sie für die Durchführung eines Strafverfahrens wegen einer zu Unrecht erlangten Leistung aus öffentlichen Mitteln erforderlich ist.

(2)[1)] [1] Die Finanzbehörden sind in den Fällen des Absatzes 1 verpflichtet, der zuständigen Stelle die jeweils benötigten Tatsachen mitzuteilen. [2] In den Fällen des Absatzes 1 Satz 1 Nummer 1 Buchstabe b und Nummer 2 erfolgt die Mitteilung auch auf Antrag der betroffenen Person. [3] Die Mitteilungspflicht nach den Sätzen 1 und 2 besteht nicht, soweit deren Erfüllung mit einem unverhältnismäßigen Aufwand verbunden wäre.

§ 31b[2)] Mitteilungen zur Bekämpfung der Geldwäsche und der Terrorismusfinanzierung. (1)[3)] Die Offenbarung der nach § 30 geschützten Daten der betroffenen Person an die jeweils zuständige Stelle ist auch ohne Ersuchen zulässig, soweit sie einem der folgenden Zwecke dient:

1. der Durchführung eines Strafverfahrens wegen Geldwäsche oder Terrorismusfinanzierung nach § 1 Absatz 1 und 2 des Geldwäschegesetzes[4)],
2. der Verhinderung, Aufdeckung und Bekämpfung von Geldwäsche oder Terrorismusfinanzierung nach § 1 Absatz 1 und 2 des Geldwäschegesetzes,
3. der Durchführung eines Bußgeldverfahrens nach § 56 des Geldwäschegesetzes gegen Verpflichtete nach § 2 Absatz 1 Nummer 13 bis 16 des Geldwäschegesetzes,
4. dem Treffen von Maßnahmen und Anordnungen nach § 51 Absatz 2 des Geldwäschegesetzes gegenüber Verpflichteten nach § 2 Absatz 1 Nummer 13 bis 16 des Geldwäschegesetzes oder
5. der Wahrnehmung von Aufgaben nach § 28 Absatz 1 des Geldwäschegesetzes durch die Zentralstelle für Finanztransaktionsuntersuchungen.

(2) [1] Die Finanzbehörden haben der Zentralstelle für Finanztransaktionsuntersuchungen unverzüglich Sachverhalte unabhängig von deren Höhe mitzuteilen, wenn Tatsachen vorliegen, die darauf hindeuten, dass

1. es sich bei Vermögensgegenständen, die mit dem mitzuteilenden Sachverhalt im Zusammenhang stehen, um den Gegenstand einer Straftat nach § 261 des Strafgesetzbuchs[5)] handelt oder
2. die Vermögensgegenstände im Zusammenhang mit Terrorismusfinanzierung stehen.

[2] Mitteilungen an die Zentralstelle für Finanztransaktionsuntersuchungen sind durch elektronische Datenübermittlung zu erstatten; hierbei ist ein sicheres Verfahren zu verwenden, das die Vertraulichkeit und Integrität des Datensatzes gewährleistet. [3] Im Fall einer Störung der Datenübertragung ist ausnahmsweise *eine Mitteilung* auf dem Postweg möglich. [4] § 45 Absatz 3 und 4 des Geldwäschegesetzes gilt entsprechend.

---

1) § 31a Abs. 2 Satz 2 geänd. mWv 26.11.2019 durch G v. 20.11.2019 (BGBl. I S. 1626); Satz 2 geänd. mWv 1.1.2024 durch G v. 22.12.2023 (BGBl. 2023 I Nr. 411).

2) § 31b neu gef. mWv 26.6.2017 durch G v. 23.6.2017 (BGBl. I S. 1822).

3) § 31b Abs. 1 einl. Satzteil geänd. mWv 25.5.2018 durch G v. 17.7.2017 (BGBl. I S. 2541); einl. Satzteil geänd. mWv 26.11.2019 durch G v. 20.11.2019 (BGBl. I S. 1626).

4) Nr. **88a**.

5) **Habersack, Deutsche Gesetze Nr. 85.**

(2a)[1] Die Finanzbehörden übermitteln der Zentralstelle für Finanztransaktionsuntersuchungen folgende Daten nach Maßgabe des § 31 Absatz 5 des Geldwäschegesetzes im automatisierten Verfahren, soweit dies zur Wahrnehmung der Aufgaben der Zentralstelle für Finanztransaktionsuntersuchungen nach § 28 Absatz 1 Satz 2 Nummer 2 des Geldwäschegesetzes erforderlich ist:

1. beim Bundeszentralamt für Steuern die nach § 5 Absatz 1 Nummer 13 des Finanzverwaltungsgesetzes vorgehaltenen Daten,
2. bei den Landesfinanzbehörden die zu einem Steuerpflichtigen gespeicherten Grundinformationen, die die Steuernummer, die Gewerbekennzahl, die Grund- und Zusatzkennbuchstaben, die Bankverbindung, die vergebene Umsatzsteuer-Identifikationsnummer sowie das zuständige Finanzamt umfassen.

(2b)[2] [1] Wird von der Verordnungsermächtigung des § 22a des Grunderwerbsteuergesetzes zur elektronischen Übermittlung der Anzeige im Sinne des § 18 des Grunderwerbsteuergesetzes Gebrauch gemacht, übermitteln die Landesfinanzbehörden die dort eingegangenen Datensätze nach Maßgabe des § 31 Absatz 5a des Geldwäschegesetzes der Zentralstelle für Finanztransaktionsuntersuchungen zur Wahrnehmung ihrer Aufgaben nach § 28 Absatz 1 Satz 2 Nummer 2 des Geldwäschegesetzes im automatisierten Verfahren. [2] Absatz 2 Satz 2 gilt entsprechend.

(3) Die Finanzbehörden haben der zuständigen Verwaltungsbehörde unverzüglich solche Tatsachen mitzuteilen, die darauf schließen lassen, dass

1. ein Verpflichteter nach § 2 Absatz 1 Nummer 13 bis 16 des Geldwäschegesetzes eine Ordnungswidrigkeit nach § 56 des Geldwäschegesetzes begangen hat oder begeht oder
2. die Voraussetzungen für das Treffen von Maßnahmen und Anordnungen nach § 51 Absatz 2 des Geldwäschegesetzes gegenüber Verpflichteten nach § 2 Absatz 1 Nummer 13 bis 16 des Geldwäschegesetzes gegeben sind.

(4) § 47 Absatz 3 des Geldwäschegesetzes gilt entsprechend.

§§ 31c *(vom Abdruck wurde abgesehen)*

Achter Teil. Straf- und Bußgeldvorschriften, Straf- und Bußgeldverfahren

Erster Abschnitt. Strafvorschriften

§ 369 Steuerstraftaten. (1) Steuerstraftaten (Zollstraftaten) sind:

1. Taten, die nach den Steuergesetzen strafbar sind,
2. der Bannbruch,
3. die Wertzeichenfälschung und deren Vorbereitung, soweit die Tat Steuerzeichen betrifft,
4. die Begünstigung einer Person, die eine Tat nach den Nummern 1 bis 3 begangen hat.

(2) Für Steuerstraftaten gelten die allgemeinen Gesetze über das Strafrecht, soweit die Strafvorschriften der Steuergesetze nichts anderes bestimmen.

---

[1] § 31b Abs. 2a eingef. mWv 1.7.2021 durch G v. 3.6.2021 (BGBl. I S. 1534).
[2] § 31b Abs. 2b eingef. mWv 1.7.2021 durch G v. 3.6.2021 (BGBl. I S. 1534).

§ 370 Steuerhinterziehung. (1) Mit Freiheitsstrafe bis zu fünf Jahren oder mit Geldstrafe wird bestraft, wer

1. den Finanzbehörden oder anderen Behörden über steuerlich erhebliche Tatsachen unrichtige oder unvollständige Angaben macht,
2. die Finanzbehörden pflichtwidrig über steuerlich erhebliche Tatsachen in Unkenntnis lässt oder
3. pflichtwidrig die Verwendung von Steuerzeichen oder Steuerstemplern unterlässt

und dadurch Steuern verkürzt oder für sich oder einen anderen nicht gerechtfertigte Steuervorteile erlangt.

(2) Der Versuch ist strafbar.

(3) [1] In besonders schweren Fällen ist die Strafe Freiheitsstrafe von sechs Monaten bis zu zehn Jahren. [2] Ein besonders schwerer Fall liegt in der Regel vor, wenn der Täter

1.[1)] in großem Ausmaß Steuern verkürzt oder nicht gerechtfertigte Steuervorteile erlangt,
2.[2)] seine Befugnisse oder seine Stellung als Amtsträger oder Europäischer Amtsträger (§ 11 Absatz 1 Nummer 2a des Strafgesetzbuchs[3)]) missbraucht,
3.[4)] die Mithilfe eines Amtsträgers oder Europäischen Amtsträgers (§ 11 Absatz 1 Nummer 2a des Strafgesetzbuchs) ausnutzt, der seine Befugnisse oder seine Stellung missbraucht,
4.[5)] unter Verwendung nachgemachter oder verfälschter Belege fortgesetzt Steuern verkürzt oder nicht gerechtfertigte Steuervorteile erlangt,
5.[6)] als Mitglied einer Bande, die sich zur fortgesetzten Begehung von Taten nach Absatz 1 verbunden hat, Umsatz- oder Verbrauchssteuern verkürzt oder nicht gerechtfertigte Umsatz- oder Verbrauchssteuervorteile erlangt oder
6.[7)] eine Drittstaat-Gesellschaft im Sinne des § 138 Absatz 3, auf die er alleine oder zusammen mit nahestehenden Personen im Sinne des § 1 Absatz 2 des Außensteuergesetzes unmittelbar oder mittelbar einen beherrschenden oder bestimmenden Einfluss ausüben kann, zur Verschleierung steuerlich erheblicher Tatsachen nutzt und auf diese Weise fortgesetzt Steuern verkürzt oder nicht gerechtfertigte Steuervorteile erlangt.

(4) [1] Steuern sind namentlich dann verkürzt, wenn sie nicht, nicht in voller Höhe oder nicht rechtzeitig festgesetzt werden; dies gilt auch dann, wenn die Steuer vorläufig oder unter Vorbehalt der Nachprüfung festgesetzt wird oder eine Steueranmeldung einer Steuerfestsetzung unter Vorbehalt der Nachprüfung

---

[1)] § 370 Abs. 3 Satz 2 Nr. 1 neu gef. durch G v. 21.12.2007 (BGBl. I S. 3198).

[2)] § 370 Abs. 3 Satz 2 Nr. 2 geänd. mWv 26.11.2015 durch G v. 20.11.2015 (BGBl. I S. 2025).

[3)] **Habersack, Deutsche Gesetze Nr. 85.**

[4)] § 370 Abs. 3 Satz 2 Nr. 3 geänd. durch G v. 21.12.2007 (BGBl. I S. 3198); geänd. mWv 26.11.2015 durch G v. 20.11.2015 (BGBl. I S. 2025).

[5)] § 370 Abs. 3 Satz 2 Nr. 4 geänd. durch G v. 21.12.2007 (BGBl. I S. 3198); geänd. mWv 25.6.2017 durch G v. 23.6.2017 (BGBl. I S. 1682); zur Anwendung siehe Art. 97 § 1 Abs. 12 Satz 1 EGAO v. 14.12.1976 (BGBl. I S. 3341, ber. 1977 S. 667), zuletzt geänd. durch G v. 20.12.2022 (BGBl. I S. 2730).

[6)] § 370 Abs. 3 Satz 2 Nr. 5 angef. durch G v. 21.12.2007 (BGBl. I S. 3198); geänd. mWv 25.6.2017 durch G v. 23.6.2017 (BGBl. I S. 1682); zur Anwendung siehe Art. 97 § 1 Abs. 12 Satz 1 EGAO v. 14.12.1976 (BGBl. I S. 3341, ber. 1977 S. 667), zuletzt geänd. durch G v. 20.12.2022 (BGBl. I S. 2730).

[7)] § 370 Abs. 3 Satz 2 Nr. 6 angef. mWv 25.6.2017 durch G v. 23.6.2017 (BGBl. I S. 1682); zur Anwendung siehe Art. 97 § 1 Abs. 12 Satz 1 EGAO v. 14.12.1976 (BGBl. I S. 3341, ber. 1977 S. 667), zuletzt geänd. durch G v. 20.12.2022 (BGBl. I S. 2730).

gleichsteht. [2]Steuervorteile sind auch Steuervergütungen; nicht gerechtfertigte Steuervorteile sind erlangt, soweit sie zu Unrecht gewährt oder belassen werden. [3]Die Voraussetzungen der Sätze 1 und 2 sind auch dann erfüllt, wenn die Steuer, auf die sich die Tat bezieht, aus anderen Gründen hätte ermäßigt oder der Steuervorteil aus anderen Gründen hätte beansprucht werden können.

(5) Die Tat kann auch hinsichtlich solcher Waren begangen werden, deren Einfuhr, Ausfuhr oder Durchfuhr verboten ist.

(6)[1)] [1]Die Absätze 1 bis 5 gelten auch dann, wenn sich die Tat auf Einfuhr- oder Ausfuhrabgaben bezieht, die von einem anderen Mitgliedstaat der Europäischen Union verwaltet werden oder die einem Mitgliedstaat der Europäischen Freihandelsassoziation oder einem mit dieser assoziierten Staat zustehen. [2]Das Gleiche gilt, wenn sich die Tat auf Umsatzsteuern oder auf die in Artikel 1 Absatz 1 der Richtlinie 2008/118/EG des Rates vom 16. Dezember 2008 über das allgemeine Verbrauchsteuersystem und zur Aufhebung der Richtlinie 92/12/EWG (ABl. L 9 vom 14.1.2009, S. 12) genannten harmonisierten Verbrauchsteuern bezieht, die von einem anderen Mitgliedstaat der Europäischen Union verwaltet werden.

(7) Die Absätze 1 bis 6 gelten unabhängig von dem Recht des Tatortes auch für Taten, die außerhalb des Geltungsbereiches dieses Gesetzes begangen werden.

§ 370a[2)] *(aufgehoben)*

§ 371 Selbstanzeige bei Steuerhinterziehung. (1)[3)] [1]Wer gegenüber der Finanzbehörde zu allen Steuerstraftaten einer Steuerart in vollem Umfang die unrichtigen Angaben berichtigt, die unvollständigen Angaben ergänzt oder die unterlassenen Angaben nachholt, wird wegen dieser Steuerstraftaten nicht nach § 370 bestraft. [2]Die Angaben müssen zu allen unverjährten Steuerstraftaten einer Steuerart, mindestens aber zu allen Steuerstraftaten einer Steuerart innerhalb der letzten zehn Kalenderjahre erfolgen.

(2)[4)] [1]Straffreiheit tritt nicht ein, wenn

1. bei einer der zur Selbstanzeige gebrachten unverjährten Steuerstraftaten vor der Berichtigung, Ergänzung oder Nachholung
   a) dem an der Tat Beteiligten, seinem Vertreter, dem Begünstigten im Sinne des § 370 Absatz 1 oder dessen Vertreter eine Prüfungsanordnung nach § 196 bekannt gegeben worden ist, beschränkt auf den sachlichen und zeitlichen Umfang der angekündigten Außenprüfung, oder
   b) dem an der Tat Beteiligten oder seinem Vertreter die Einleitung des Straf- oder Bußgeldverfahrens bekannt gegeben worden ist oder
   c) ein Amtsträger der Finanzbehörde zur steuerlichen Prüfung erschienen ist, beschränkt auf den sachlichen und zeitlichen Umfang der Außenprüfung, oder
   d) ein Amtsträger zur Ermittlung einer Steuerstraftat oder einer Steuerordnungswidrigkeit erschienen ist oder
   e) ein Amtsträger der Finanzbehörde zu einer Umsatzsteuer-Nachschau nach § 27b des Umsatzsteuergesetzes, einer Lohnsteuer-Nachschau nach § 42g des Einkommensteuergesetzes oder einer Nachschau nach anderen steuerrechtlichen Vorschriften erschienen ist und sich ausgewiesen hat oder

---

[1)] § 370 Abs. 6 neu gef. durch G v. 7.12.2011 (BGBl. I S. 2592).
[2)] § 370a aufgeh. mWv 1.1.2008 durch G v. 21.12.2007 (BGBl. I S. 3198).
[3)] § 371 Abs. 1 neu gef. mWv 1.1.2015 durch G v. 22.12.2014 (BGBl. I S. 2415).
[4)] § 371 Abs. 2 neu gef. mWv 1.1.2015 durch G v. 22.12.2014 (BGBl. I S. 2415).

2. eine der Steuerstraftaten im Zeitpunkt der Berichtigung, Ergänzung oder Nachholung ganz oder zum Teil bereits entdeckt war und der Täter dies wusste oder bei verständiger Würdigung der Sachlage damit rechnen musste,
3. die nach § 370 Absatz 1 verkürzte Steuer oder der für sich oder einen anderen erlangte nicht gerechtfertigte Steuervorteil einen Betrag von 25 000 Euro je Tat übersteigt, oder
4.[1)] ein in § 370 Absatz 3 Satz 2 Nummer 2 bis 6 genannter besonders schwerer Fall vorliegt.

[2] Der Ausschluss der Straffreiheit nach Satz 1 Nummer 1 Buchstabe a und c hindert nicht die Abgabe einer Berichtigung nach Absatz 1 für die nicht unter Satz 1 Nummer 1 Buchstabe a und c fallenden Steuerstraftaten einer Steuerart.

(2a)[2)] [1] Soweit die Steuerhinterziehung durch Verletzung der Pflicht zur rechtzeitigen Abgabe einer vollständigen und richtigen Umsatzsteuervoranmeldung oder Lohnsteueranmeldung begangen worden ist, tritt Straffreiheit abweichend von den Absätzen 1 und 2 Satz 1 Nummer 3 bei Selbstanzeigen in dem Umfang ein, in dem der Täter gegenüber der zuständigen Finanzbehörde die unrichtigen Angaben berichtigt, die unvollständigen Angaben ergänzt oder die unterlassenen Angaben nachholt. [2] Absatz 2 Satz 1 Nummer 2 gilt nicht, wenn die Entdeckung der Tat darauf beruht, dass eine Umsatzsteuervoranmeldung oder Lohnsteueranmeldung nachgeholt oder berichtigt wurde. [3] Die Sätze 1 und 2 gelten nicht für Steueranmeldungen, die sich auf das Kalenderjahr beziehen. [4] Für die Vollständigkeit der Selbstanzeige hinsichtlich einer auf das Kalenderjahr bezogenen Steueranmeldung ist die Berichtigung, Ergänzung oder Nachholung der Voranmeldungen, die dem Kalenderjahr nachfolgende Zeiträume betreffen, nicht erforderlich.

(3)[3)] [1] Sind Steuerverkürzungen bereits eingetreten oder Steuervorteile erlangt, so tritt für den an der Tat Beteiligten Straffreiheit nur ein, wenn er die aus der Tat zu seinen Gunsten hinterzogenen Steuern, die Hinterziehungszinsen nach § 235 und die Zinsen nach § 233a, soweit sie auf die Hinterziehungszinsen nach § 235 Absatz 4 angerechnet werden, sowie die Verzugszinsen nach Artikel 114 des Zollkodex der Union innerhalb der ihm bestimmten angemessenen Frist entrichtet. [2] In den Fällen des Absatzes 2a Satz 1 gilt Satz 1 mit der Maßgabe, dass die fristgerechte Entrichtung von Zinsen nach § 233a oder § 235 unerheblich ist.

(4) [1] Wird die in § 153 vorgesehene Anzeige rechtzeitig und ordnungsmäßig erstattet, so wird ein Dritter, der die in § 153 bezeichneten Erklärungen abzugeben unterlassen oder unrichtig oder unvollständig abgegeben hat, strafrechtlich nicht verfolgt, es sei denn, dass ihm oder seinem Vertreter vorher die Einleitung eines Straf- oder Bußgeldverfahrens wegen der Tat bekannt gegeben worden ist. [2] Hat der Dritte zum eigenen Vorteil gehandelt, so gilt Absatz 3 entsprechend.

§ 372 Bannbruch. (1) Bannbruch begeht, wer Gegenstände entgegen einem Verbot einführt, *ausführt* oder durchführt.

[1)] § 371 Abs. 2 Satz 1 Nr. 4 geänd. mWv 25.6.2017 durch G v. 23.6.2017 (BGBl. I S. 1682); zur Anwendung siehe Art. 97 § 1 Abs. 12 Satz 1 EGAO v. 14.12.1976 (BGBl. I S. 3341, ber. 1977 S. 667), zuletzt geänd. durch G v. 20.12.2022 (BGBl. I S. 2730).

[2)] § 371 Abs. 2a eingef. mWv 1.1.2015 durch G v. 22.12.2014 (BGBl. I S. 2415).

[3)] § 371 Abs. 3 neu gef. durch G v. 28.4.2011 (BGBl. I S. 676); zur Anwendung siehe Art. 97 § 24 EGAO v. 14.12.1976 (BGBl. I S. 3341, ber. 1977 S. 667), zuletzt geänd. durch G v. 20.12.2022 (BGBl. I S. 2730); Satz 1 geänd., Satz 2 angef. mWv 1.1.2015 durch G v. 22.12.2014 (BGBl. I S. 2415); Satz 1 geänd. mWv 21.12.2022 durch G v. 16.12.2022 (BGBl. I S. 2294).

(2) Der Täter wird nach § 370 Abs. 1, 2 bestraft, wenn die Tat nicht in anderen Vorschriften als Zuwiderhandlung gegen ein Einfuhr-, Ausfuhr- oder Durchfuhrverbot mit Strafe oder mit Geldbuße bedroht ist.

§ 373 Gewerbsmäßiger, gewaltsamer und bandenmäßiger Schmuggel.

(1)[1] [1] Wer gewerbsmäßig Einfuhr- oder Ausfuhrabgaben hinterzieht oder gewerbsmäßig durch Zuwiderhandlungen gegen Monopolvorschriften Bannbruch begeht, wird mit Freiheitsstrafe von sechs Monaten bis zu zehn Jahren bestraft. [2] In minder schweren Fällen ist die Strafe Freiheitsstrafe bis zu fünf Jahren oder Geldstrafe.

(2) Ebenso wird bestraft, wer

1. eine Hinterziehung von Einfuhr- oder Ausfuhrabgaben oder einen Bannbruch begeht, bei denen er oder ein anderer Beteiligter eine Schusswaffe bei sich führt,
2. eine Hinterziehung von Einfuhr- oder Ausfuhrabgaben oder einen Bannbruch begeht, bei denen er oder ein anderer Beteiligter eine Waffe oder sonst ein Werkzeug oder Mittel bei sich führt, um den Widerstand eines anderen durch Gewalt oder Drohung mit Gewalt zu verhindern oder zu überwinden, oder
3.[2] als Mitglied einer Bande, die sich zur fortgesetzten Begehung der Hinterziehung von Einfuhr- oder Ausfuhrabgaben oder des Bannbruchs verbunden hat, eine solche Tat begeht.

(3)[3] Der Versuch ist strafbar.

(4)[4] § 370 Abs. 6 Satz 1 und Abs. 7 gilt entsprechend.

§ 374 Steuerhehlerei. (1)[5] Wer Erzeugnisse oder Waren, hinsichtlich deren Verbrauchsteuern oder Einfuhr- und Ausfuhrabgaben nach Artikel 5 Nummer 20 und 21 des Zollkodex der Union hinterzogen oder Bannbruch nach § 372 Abs. 2, § 373 begangen worden ist, ankauft oder sonst sich oder einem Dritten verschafft, sie absetzt oder abzusetzen hilft, um sich oder einen Dritten zu bereichern, wird mit Freiheitsstrafe bis zu fünf Jahren oder mit Geldstrafe bestraft.

(2)[6] [1] Handelt der Täter gewerbsmäßig oder als Mitglied einer Bande, die sich zur fortgesetzten Begehung von Straftaten nach Absatz 1 verbunden hat, so ist die Strafe Freiheitsstrafe von sechs Monaten bis zu zehn Jahren. [2] In minder schweren Fällen ist die Strafe Freiheitsstrafe bis zu fünf Jahren oder Geldstrafe.

(3)[7] Der Versuch ist strafbar.

(4)[8] § 370 Absatz 6 und 7 gilt entsprechend.

§ 375 Nebenfolgen. (1) Neben einer Freiheitsstrafe von mindestens einem Jahr wegen

1. Steuerhinterziehung,

---

[1] § 373 Abs. 1 neu gef. mWv 1.1.2008 durch G v. 21.12.2007 (BGBl. I S. 3198).

[2] § 373 Abs. 2 Nr. 3 neu gef. mWv 1.1.2008 durch G v. 21.12.2007 (BGBl. I S. 3198).

[3] § 373 Abs. 3 angef. mWv 1.1.2008 durch G v. 21.12.2007 (BGBl. I S. 3198).

[4] § 373 Abs. 4 angef. mWv 1.1.2008 durch G v. 21.12.2007 (BGBl. I S. 3198).

[5] § 374 Abs. 1 geänd. mWv 1.1.2008 durch G v. 21.12.2007 (BGBl. I S. 3198); geänd. mWv 1.5.2016 durch G v. 22.12.2014 (BGBl. I S. 2417).

[6] § 374 Abs. 2 eingef. mWv 1.1.2008 durch G v. 21.12.2007 (BGBl. I S. 3198).

[7] § 374 Abs. 3 eingef. mWv 1.1.2008 durch G v. 21.12.2007 (BGBl. I S. 3198).

[8] § 374 bish. Abs. 2 wird Abs. 4 und neu gef. mWv 1.1.2008 durch G v. 21.12.2007 (BGBl. I S. 3198); geänd. durch G v. 22.12.2014 (BGBl. I S. 2415).

2. Bannbruchs nach § 372 Abs. 2, § 373,
3. Steuerhehlerei oder
4. Begünstigung einer Person, die eine Tat nach den Nummern 1 bis 3 begangen hat,

kann das Gericht die Fähigkeit, öffentliche Ämter zu bekleiden, und die Fähigkeit, Rechte aus öffentlichen Wahlen zu erlangen, aberkennen (§ 45 Abs. 2 des Strafgesetzbuchs[1]).

(2) [1] Ist eine Steuerhinterziehung, ein Bannbruch nach § 372 Abs. 2, § 373 oder eine Steuerhehlerei begangen worden, so können

1.[2] die Erzeugnisse, Waren und andere Sachen, auf die sich die Hinterziehung von Verbrauchsteuer oder Einfuhr- und Ausfuhrabgaben nach Artikel 5 Nummer 20 und 21 des Zollkodex der Union, der Bannbruch oder die Steuerhehlerei bezieht, und
2. die Beförderungsmittel, die zur Tat benutzt worden sind,

eingezogen werden. [2] § 74a des Strafgesetzbuchs ist anzuwenden.

§ 375a[3] *(aufgehoben)*

§ 376[4] **Verfolgungsverjährung.** (1)[5] In den in § 370 Absatz 3 Satz 2 Nummer 1 bis 6 genannten Fällen besonders schwerer Steuerhinterziehung beträgt die Verjährungsfrist 15 Jahre; § 78b Absatz 4 des Strafgesetzbuches[1] gilt entsprechend.

(2) Die Verjährung der Verfolgung einer Steuerstraftat wird auch dadurch unterbrochen, dass dem Beschuldigten die Einleitung des Bußgeldverfahrens bekannt gegeben oder diese Bekanntgabe angeordnet wird.

(3)[6] Abweichend von § 78c Absatz 3 Satz 2 des Strafgesetzbuches verjährt in den in § 370 Absatz 3 Satz 2 Nummer 1 bis 6 genannten Fällen besonders schwerer Steuerhinterziehung die Verfolgung spätestens, wenn seit dem in § 78a des Strafgesetzbuches bezeichneten Zeitpunkt das Zweieinhalbfache der gesetzlichen Verjährungsfrist verstrichen ist.

Zweiter Abschnitt. Bußgeldvorschriften

§ 377 Steuerordnungswidrigkeiten. (1)[7] Steuerordnungswidrigkeiten (Zollordnungswidrigkeiten) sind Zuwiderhandlungen, die nach diesem Gesetz oder den Steuergesetzen mit Geldbuße geahndet werden können.

(2)[8] Für Steuerordnungswidrigkeiten gelten die Vorschriften des Ersten Teils des Gesetzes über Ordnungswidrigkeiten[9], soweit die Bußgeldvorschriften dieses Gesetzes oder der Steuergesetze nichts anderes bestimmen.

---

[1] **Habersack, Deutsche Gesetze Nr. 85.**

[2] § 375 Abs. 2 Satz 1 Nr. 1 geänd. mWv 1.5.2016 durch G v. 22.12.2014 (BGBl. I S. 2417).

[3] § 375a *aufgeh.* mWv 29.12.2020 durch G v. 21.12.2020 (BGBl. I S. 3096).

[4] § 376 neu gef. durch G v. 19.12.2008 (BGBl. I S. 2794); zur Anwendung siehe Art. 97 § 23 EGAO v. 14.12.1976 (BGBl. I S. 3341, ber. 1977 S. 667), zuletzt geänd. durch G v. 20.12.2022 (BGBl. I S. 2730).

[5] § 376 Abs. 1 geänd. mWv 25.6.2017 durch G v. 23.6.2017 (BGBl. I S. 1682); zur Anwendung siehe Art. 97 § 1 Abs. 12 Satz 1 EGAO v. 14.12.1976 (BGBl. I S. 3341, ber. 1977 S. 667), zuletzt geänd. durch G v. 20.12.2022 (BGBl. I S. 2730); 2. HS angef. mWv 1.7.2020 durch G v. 29.6.2020 (BGBl. I S. 1512); 1. HS geänd. mWv 29.12.2020 durch G v. 21.12.2020 (BGBl. I S. 3096).

[6] § 376 Abs. 3 angef. mWv 1.7.2020 durch G v. 29.6.2020 (BGBl. I S. 1512).

[7] § 377 Abs. 1 geänd. mWv 25.5.2018 durch G v. 17.7.2017 (BGBl. I S. 2541).

[8] § 377 Abs. 2 geänd. mWv 25.5.2018 durch G v. 17.7.2017 (BGBl. I S. 2541).

[9] **Habersack, Deutsche Gesetze Nr. 94.**

§ 378 Leichtfertige Steuerverkürzung. (1) [1] Ordnungswidrig handelt, wer als Steuerpflichtiger oder bei Wahrnehmung der Angelegenheiten eines Steuerpflichtigen eine der in § 370 Abs. 1 bezeichneten Taten leichtfertig begeht. [2] § 370 Abs. 4 bis 7 gilt entsprechend.

(2) Die Ordnungswidrigkeit kann mit einer Geldbuße bis zu fünfzigtausend Euro geahndet werden.

(3)[1)] [1] Eine Geldbuße wird nicht festgesetzt, soweit der Täter gegenüber der Finanzbehörde die unrichtigen Angaben berichtigt, die unvollständigen Angaben ergänzt oder die unterlassenen Angaben nachholt, bevor ihm oder seinem Vertreter die Einleitung eines Straf- oder Bußgeldverfahrens wegen der Tat bekannt gegeben worden ist. [2] Sind Steuerverkürzungen bereits eingetreten oder Steuervorteile erlangt, so wird eine Geldbuße nicht festgesetzt, wenn der Täter die aus der Tat zu seinen Gunsten verkürzten Steuern innerhalb der ihm bestimmten angemessenen Frist entrichtet. [3] § 371 Absatz 4 gilt entsprechend.

§ 379 Steuergefährdung. (1)[2)] [1] Ordnungswidrig handelt, wer vorsätzlich oder leichtfertig

1. Belege ausstellt, die in tatsächlicher Hinsicht unrichtig sind,
2. Belege gegen Entgelt in den Verkehr bringt,
3. nach Gesetz buchungs- oder aufzeichnungspflichtige Geschäftsvorfälle oder Betriebsvorgänge nicht oder in tatsächlicher Hinsicht unrichtig aufzeichnet oder aufzeichnen lässt, verbucht oder verbuchen lässt,
4. entgegen § 146a Absatz 1 Satz 1 ein dort genanntes System nicht oder nicht richtig verwendet,
5.[3)] entgegen § 146a Absatz 1 Satz 2 ein dort genanntes System nicht oder nicht richtig schützt,
6.[4)] entgegen § 146a Absatz 1 Satz 5 gewerbsmäßig ein dort genanntes System oder eine dort genannte Software bewirbt oder in den Verkehr bringt,
7.[5)] entgegen § 147 Absatz 1 Nummer 1 bis 3 oder 4 eine Unterlage nicht oder nicht für die vorgeschriebene Dauer aufbewahrt oder
8.[6)] entgegen § 147a Absatz 1 Satz 1 oder Absatz 2 Satz 1 eine Aufzeichnung oder eine Unterlage nicht oder nicht mindestens sechs Jahre aufbewahrt

und dadurch ermöglicht, Steuern zu verkürzen oder nicht gerechtfertigte Steuervorteile zu erlangen. [2] Satz 1 Nr. 1 gilt auch dann, wenn Einfuhr- und Ausfuhr-

---

[1)] § 378 Abs. 3 neu gef. durch G v. 28.4.2011 (BGBl. I S. 676); zur Anwendung siehe Art. 97 § 24 EGAO v. 14.12.1976 (BGBl. I S. 3341, ber. 1977 S. 667), zuletzt geänd. durch G v. 20.12.2022 (BGBl. I S. 2730); Satz 2 eingef., bish. Satz 2 wird Satz 3 und neu gef. mWv 1.1.2015 durch G v. 22.12.2014 (BGBl. I S. 2415).

[2)] § 379 Abs. 1 Satz 1 neu gef. durch G v. 28.4.2006 (BGBl. I S. 1095); Sätze 2 und 3 geänd. mWv 30.6.2013 durch G v. 26.6.2013 (BGBl. I S. 1809); Satz 2 geänd. durch G v. 25.7.2014 (BGBl. I S. 1266); Satz 1 neu gef. durch G v. 22.12.2016 (BGBl. I S. 3152); zur Anwendung ab 1.1.2020 siehe Art. 97 § 30 Abs. 1 und 3 EGAO v. 14.12.1976 (BGBl. I S. 3341, ber. 1977 S. 667), zuletzt geänd. durch G v. 20.12. 2022 (BGBl. I S. 2730).

[3)] § 379 Abs. 1 Satz 1 Nr. 5 geänd. mWv 1.1.2023 durch G v. 20.12.2022 (BGBl. I S. 2730).

[4)] § 379 Abs. 1 Satz 1 Nr. 6 geänd. mWv 1.1.2023 durch G v. 20.12.2022 (BGBl. I S. 2730).

[5)] § 379 Abs. 1 Satz 1 Nr. 7 angef. mWv 1.1.2023 durch G v. 20.12.2022 (BGBl. I S. 2730); zur Anwendung siehe Art. 97 § 37 Abs. 1 EGAO v. 14.12.1976 (BGBl. I S. 3341, ber. 1977 S. 667), zuletzt geänd. durch G v. 20.12.2022 (BGBl. I S. 2730).

[6)] § 379 Abs. 1 Satz 1 Nr. 8 angef. mWv 1.1.2023 durch G v. 20.12.2022 (BGBl. I S. 2730); zur Anwendung siehe Art. 97 § 37 Abs. 1 EGAO v. 14.12.1976 (BGBl. I S. 3341, ber. 1977 S. 667), zuletzt geänd. durch G v. 20.12.2022 (BGBl. I S. 2730).

abgaben verkürzt werden können, die von einem anderen Mitgliedstaat der Europäischen Union verwaltet werden oder die einem Staat zustehen, der für Waren aus der Europäischen Union auf Grund eines Assoziations- oder Präferenzabkommens eine Vorzugsbehandlung gewährt; § 370 Abs. 7 gilt entsprechend. [3]Das Gleiche gilt, wenn sich die Tat auf Umsatzsteuern bezieht, die von einem anderen Mitgliedstaat der Europäischen Union verwaltet werden.

(2) Ordnungswidrig handelt, wer vorsätzlich oder leichtfertig

1.[1)] der Mitteilungspflicht nach § 138 Absatz 2 Satz 1 nicht, nicht vollständig oder nicht rechtzeitig nachkommt,

1a.[2)] entgegen § 144 Absatz 1 oder Absatz 2 Satz 1, jeweils auch in Verbindung mit Absatz 5, eine Aufzeichnung nicht, nicht richtig oder nicht vollständig erstellt,

1b.[3)] einer Rechtsverordnung nach § 117c Absatz 1 oder einer vollziehbaren Anordnung auf Grund einer solchen Rechtsverordnung zuwiderhandelt, soweit die Rechtsverordnung für einen bestimmten Tatbestand auf diese Bußgeldvorschrift verweist,

1c.[4)] entgegen § 138a Absatz 1, 3 oder 4 eine Übermittlung des länderbezogenen Berichts oder entgegen § 138a Absatz 4 Satz 3 eine Mitteilung nicht, nicht vollständig oder nicht rechtzeitig (§ 138a Absatz 6) macht,

1d.[5)] der Mitteilungspflicht nach § 138b Absatz 1 bis 3 nicht, nicht vollständig oder nicht rechtzeitig nachkommt,

1e.[6)] entgegen § 138d Absatz 1, in Verbindung mit § 138f Absatz 1, 2, 3 Satz 1 Nummer 1 bis 7 sowie 9 und 10 oder § 138h Absatz 2, jeweils auch in Verbindung mit § 138f Absatz 6 Satz 1 und 2 oder § 138g Absatz 1 Satz 1, eine Mitteilung über eine grenzüberschreitende Steuergestaltung nicht oder nicht rechtzeitig macht oder zur Verfügung stehende Angaben nicht vollständig mitteilt,

1f.[7)] *(aufgehoben)*

1g.[8)] entgegen § 138k Satz 1 in der Steuererklärung die Angabe der von ihm verwirklichten grenzüberschreitenden Steuergestaltung nicht, nicht richtig, nicht vollständig oder nicht rechtzeitig macht,

1h.[9)] einer vollziehbaren Anordnung nach § 147 Absatz 6 Satz 1 zuwiderhandelt,

---

[1)] § 379 Abs. 2 Nr. 1 geänd. mWv 25.6.2017 durch G v. 23.6.2017 (BGBl. I S. 1682); zur Anwendung siehe Art. 97 § 1 Abs. 12 Satz 1 EGAO v. 14.12.1976 (BGBl. I S. 3341; 1977 I S. 667), zuletzt geänd. durch G v. 27.3.2024 (BGBl. 2024 I Nr. 108).

[2)] § 379 Abs. 2 Nr. 1a eingef. mWv 14.12.2010 durch G v. 8.12.2010 (BGBl. I S. 1768).

[3)] § 379 Abs. 2 Nr. 1b eingef. mWv 24.12.2013 durch G v. 18.12.2013 (BGBl. I S. 4318).

[4)] § 379 Abs. 2 Nr. 1c eingef. mWv 24.12.2016 durch G v. 20.12.2016 (BGBl. I S. 3000).

[5)] § 379 Abs. 2 Nr. 1d eingef. durch G v. 23.6.2017 (BGBl. I S. 1682); zur Anwendung siehe Art. 97 § 32 Abs. 1 Satz 1 EGAO v. 14.12.1976 (BGBl. I S. 3341; 1977 I S. 667), zuletzt geänd. durch G v. 27.3.2024 *(BGBl. 2024 I Nr. 108)*.

[6)] § 379 Abs. 2 Nr. 1e eingef. durch G v. 21.12.2019 (BGBl. I S. 2875); zur Anwendung siehe Art. 97 § 33 Abs. 3 EGAO v. 14.12.1976 (BGBl. I S. 3341; 1977 I S. 667), zuletzt geänd. durch G v. 27.3.2024 (BGBl. 2024 I Nr. 108); Nr. 1e geänd. mWv 28.3.2024 durch G v. 27.3.2024 (BGBl. 2024 I Nr. 108).

[7)] § 379 Abs. 2 Nr. 1f aufgeh. mWv 28.3.2024 durch G v. 27.3.2024 (BGBl. 2024 I Nr. 108).

[8)] § 379 Abs. 2 Nr. 1g eingef. durch G v. 21.12.2019 (BGBl. I S. 2875); zur Anwendung siehe Art. 97 § 33 Abs. 3 EGAO v. 14.12.1976 (BGBl. I S. 3341; 1977 I S. 667), zuletzt geänd. durch G v. 27.3.2024 (BGBl. 2024 I Nr. 108).

[9)] § 379 Abs. 2 Nr. 1h eingef. mWv 1.1.2023 durch G v. 20.12.2022 (BGBl. I S. 2730); zur Anwendung siehe Art. 97 § 37 Abs. 1 EGAO v. 14.12.1976 (BGBl. I S. 3341; 1977 I S. 667), zuletzt geänd. durch G v. 27.3.2024 (BGBl. 2024 I Nr. 108).

1i.[1] entgegen § 147 Absatz 6 Satz 2 Nummer 1 Einsicht nicht, nicht richtig oder nicht vollständig gewährt oder

2.[2] die Pflichten nach § 154 Absatz 1 bis 2c verletzt.

(3) Ordnungswidrig handelt, wer vorsätzlich oder fahrlässig einer Auflage nach § 120 Abs. 2 Nr. 4 zuwiderhandelt, die einem Verwaltungsakt für Zwecke der besonderen Steueraufsicht (§§ 209 bis 217) beigefügt worden ist.

(4)[3] Die Ordnungswidrigkeit nach Absatz 1 Satz 1 Nummer 1, 2 und 8, Absatz 2 Nummer 1a, 1b und 2 sowie Absatz 3 kann mit einer Geldbuße bis zu 5000 Euro geahndet werden, wenn die Handlung nicht nach § 378 geahndet werden kann.

(5)[4] Die Ordnungswidrigkeit nach Absatz 2 Nummer 1c kann mit einer Geldbuße bis zu 10 000 Euro geahndet werden, wenn die Handlung nicht nach § 378 geahndet werden kann.

(6)[5] Die Ordnungswidrigkeit nach Absatz 1 Satz 1 Nummer 3 bis 7 und Absatz 2 Nummer 1h und 1i kann mit einer Geldbuße bis zu 25 000 Euro geahndet werden, wenn die Handlung nicht nach § 378 geahndet werden kann.

(7)[6] Die Ordnungswidrigkeit nach Absatz 2 Nummer 1, 1d, 1e und 1g kann mit einer Geldbuße bis zu 25 000 Euro geahndet werden, wenn die Handlung nicht nach § 378 geahndet werden kann.

§ 380 Gefährdung der Abzugsteuern. (1) Ordnungswidrig handelt, wer vorsätzlich oder leichtfertig seiner Verpflichtung, Steuerabzugsbeträge einzubehalten und abzuführen, nicht, nicht vollständig oder nicht rechtzeitig nachkommt.

(2) Die Ordnungswidrigkeit kann mit einer Geldbuße bis zu fünfundzwanzigtausend Euro geahndet werden, wenn die Handlung nicht nach § 378 geahndet werden kann.

---

[1] § 379 Abs. 2 Nr. 1i eingef. mWv 1.1.2023 durch G v. 20.12.2022 (BGBl. I S. 2730); zur Anwendung siehe Art. 97 § 37 Abs. 1 EGAO v. 14.12.1976 (BGBl. I S. 3341; 1977 I S. 667), zuletzt geänd. durch G v. 27.3.2024 (BGBl. 2024 I Nr. 108).

[2] § 379 Abs. 2 Nr. 2 geänd. mWv 25.6.2017 durch G v. 23.6.2017 (BGBl. I S. 1682); zur Anwendung siehe Art. 97 § 1 Abs. 12 Satz 1 EGAO v. 14.12.1976 (BGBl. I S. 3341; 1977 I S. 667), zuletzt geänd. durch G v. 27.3.2024 (BGBl. 2024 I Nr. 108).

[3] § 379 Abs. 4 neu gef. mWv 25.6.2017 durch G v. 23.6.2017 (BGBl. I S. 1682); zur Anwendung siehe Art. 97 § 1 Abs. 12 Satz 1 EGAO v. 14.12.1976 (BGBl. I S. 3341; 1977 I S. 667), zuletzt geänd. durch G v. 27.3.2024 (BGBl. 2024 I Nr. 108); geänd. mWv 1.1.2023 durch G v. 20.12.2022 (BGBl. I S. 2730); zur Anwendung siehe Art. 97 § 37 Abs. 1 EGAO v. 14.12.1976 (BGBl. I S. 3341; 1977 I S. 667), zuletzt geänd. durch G v. 27.3.2024 (BGBl. 2024 I Nr. 108).

[4] § 379 Abs. 5 angef. durch G v. 23.6.2017 (BGBl. I S. 1682); zur Anwendung ab 1.1.2020 siehe Art. 97 § 30 Abs. 1 EGAO v. 14.12.1976 (BGBl. I S. 3341; 1977 I S. 667), zuletzt geänd. durch G v. 27.3.2024 (BGBl. 2024 I Nr. 108).

[5] § 379 Abs. 6 angef. durch G v. 23.6.2017 (BGBl. I S. 1682); zur Anwendung ab 1.1.2020 siehe Art. 97 § 30 Abs. 1 EGAO v. 14.12.1976 (BGBl. I S. 3341; 1977 I S. 667), zuletzt geänd. durch G v. 27.3.2024 (BGBl. 2024 I Nr. 108); geänd. mWv 1.1.2023 durch G v. 20.12.2022 (BGBl. I S. 2730); zur Anwendung siehe Art. 97 § 37 Abs. 1 EGAO v. 14.12.1976 (BGBl. I S. 3341; 1977 I S. 667), zuletzt geänd. durch G v. 27.3.2024 (BGBl. 2024 I Nr. 108).

[6] § 379 Abs. 7 angef. mWv 25.6.2017 durch G v. 23.6.2017 (BGBl. I S. 1682); zur Anwendung siehe Art. 97 § 1 Abs. 12 Satz 1 EGAO v. 14.12.1976 (BGBl. I S. 3341; 1977 I S. 667), zuletzt geänd. durch G v. 27.3.2024 (BGBl. 2024 I Nr. 108); geänd. durch G v. 21.12.2019 (BGBl. I S. 2875); zur Anwendung siehe Art. 97 § 33 Abs. 3 EGAO v. 14.12.1976 (BGBl. I S. 3341; 1977 I S. 667), zuletzt geänd. durch G v. 27.3.2024 (BGBl. 2024 I Nr. 108); geänd. mWv 28.3.2024 durch G v. 27.3.2024 (BGBl. 2024 I Nr. 108).

§ 381 Verbrauchsteuergefährdung. (1) Ordnungswidrig handelt, wer vorsätzlich oder leichtfertig Vorschriften der Verbrauchsteuergesetze oder der dazu erlassenen Rechtsverordnungen

1. über die zur Vorbereitung, Sicherung oder Nachprüfung der Besteuerung auferlegten Pflichten,
2. über Verpackung und Kennzeichnung verbrauchsteuerpflichtiger Erzeugnisse oder Waren, die solche Erzeugnisse enthalten, oder über Verkehrs- oder Verwendungsbeschränkungen für solche Erzeugnisse oder Waren oder
3. über den Verbrauch unversteuerter Waren in den Freihäfen

zuwiderhandelt, soweit die Verbrauchsteuergesetze oder die dazu erlassenen Rechtsverordnungen für einen bestimmten Tatbestand auf diese Bußgeldvorschrift verweisen.

(2) Die Ordnungswidrigkeit kann mit einer Geldbuße bis zu fünftausend Euro geahndet werden, wenn die Handlung nicht nach § 378 geahndet werden kann.

§ 382 Gefährdung der Einfuhr- und Ausfuhrabgaben. (1)[1)] Ordnungswidrig handelt, wer als Pflichtiger oder bei der Wahrnehmung der Angelegenheiten eines Pflichtigen vorsätzlich oder fahrlässig Zollvorschriften, den dazu erlassenen Rechtsverordnungen oder den Verordnungen des Rates der Europäischen Union oder der Europäischen Kommission zuwiderhandelt, die

1. für die zollamtliche Erfassung des Warenverkehrs über die Grenze des Zollgebiets der Europäischen Union sowie über die Freizonengrenzen,
2. für die Überführung von Waren in ein Zollverfahren und dessen Durchführung oder für die Erlangung einer sonstigen zollrechtlichen Bestimmung von Waren,
3. für die Freizonen, den grenznahen Raum sowie die darüber hinaus der Grenzaufsicht unterworfenen Gebiete

gelten, soweit die Zollvorschriften, die dazu oder die auf Grund von Absatz 4 erlassenen Rechtsverordnungen für einen bestimmten Tatbestand auf diese Bußgeldvorschrift verweisen.

(2) Absatz 1 ist auch anzuwenden, soweit die Zollvorschriften und die dazu erlassenen Rechtsverordnungen für Verbrauchsteuern sinngemäß gelten.

(3) Die Ordnungswidrigkeit kann mit einer Geldbuße bis zu fünftausend Euro geahndet werden, wenn die Handlung nicht nach § 378 geahndet werden kann.

(4)[2)] Das Bundesministerium der Finanzen kann durch Rechtsverordnungen die Tatbestände der Verordnungen des Rates der Europäischen Union oder der Europäischen Kommission, die nach den Absätzen 1 bis 3 als Ordnungswidrigkeiten mit Geldbuße geahndet werden können, bezeichnen, soweit dies zur Durchführung dieser Rechtsvorschriften erforderlich ist und die Tatbestände Pflichten zur Gestellung, Vorführung, Lagerung oder Behandlung von Waren, zur Abgabe von Erklärungen oder Anzeigen, zur Aufnahme von Niederschriften sowie zur Ausfüllung oder Vorlage von Zolldokumenten oder zur Aufnahme von Vermerken in solchen Dokumenten betreffen.

§ 383 Unzulässiger Erwerb von Steuererstattungs- und Vergütungsansprüchen. (1) Ordnungswidrig handelt, wer entgegen § 46 Abs. 4 Satz 1 Erstattungs- oder Vergütungsansprüche erwirbt.

[1)] § 382 Abs. 1 einl. Satzteil und Nr. 1 geänd. mWv 30.6.2013 durch G v. 26.6.2013 (BGBl. I S. 1809); Nr. 1 geänd. durch G v. 25.7.2014 (BGBl. I S. 1266).

[2)] § 382 Abs. 4 geänd. mWv 30.6.2013 durch G v. 26.6.2013 (BGBl. I S. 1809).

(2) Die Ordnungswidrigkeit kann mit einer Geldbuße bis zu fünfzigtausend Euro geahndet werden.

§ 383a[1] *(aufgehoben)*

§ 383b[2] **Pflichtverletzung bei Übermittlung von Vollmachtsdaten.**
(1) Ordnungswidrig handelt, wer den Finanzbehörden vorsätzlich oder leichtfertig

1. entgegen § 80a Absatz 1 Satz 3 unzutreffende Vollmachtsdaten übermittelt oder
2. entgegen § 80a Absatz 1 Satz 4 den Widerruf oder die Veränderung einer nach § 80a Absatz 1 übermittelten Vollmacht durch den Vollmachtgeber nicht unverzüglich mitteilt.

(2) Die Ordnungswidrigkeit kann mit einer Geldbuße bis zu zehntausend Euro geahndet werden.

§ 384 Verfolgungsverjährung. Die Verfolgung von Steuerordnungswidrigkeiten nach den §§ 378 bis 380 verjährt in fünf Jahren.

§ 384a[3] **Verstöße nach Artikel 83 Absatz 4 bis 6 der Verordnung (EU) 2016/679.** (1) Vorschriften dieses Gesetzes und der Steuergesetze über Steuerordnungswidrigkeiten finden keine Anwendung, soweit für eine Zuwiderhandlung zugleich Artikel 83 der Verordnung (EU) 2016/679[4] unmittelbar oder nach § 2a Absatz 5 entsprechend gilt.

(2) Für Verstöße nach Artikel 83 Absatz 4 bis 6 der Verordnung (EU) 2016/679 im Anwendungsbereich dieses Gesetzes gilt § 41 des Bundesdatenschutzgesetzes[5] entsprechend.

(3) Eine Meldung nach Artikel 33 der Verordnung (EU) 2016/679 und eine Benachrichtigung nach Artikel 34 Absatz 1 der Verordnung (EU) 2016/679 dürfen in einem Straf- oder Bußgeldverfahren gegen die meldepflichtige Person oder einen ihrer in § 52 Absatz 1 der Strafprozessordnung[6] bezeichneten Angehörigen nur mit Zustimmung der meldepflichtigen Person verwertet werden.

(4) Gegen Finanzbehörden und andere öffentliche Stellen werden im Anwendungsbereich dieses Gesetzes keine Geldbußen nach Artikel 83 Absatz 4 bis 6 der Verordnung (EU) 2016/679 verhängt.

Dritter Abschnitt. Strafverfahren

1. Unterabschnitt. Allgemeine Vorschriften

§ 385 Geltung von Verfahrensvorschriften. (1) Für das Strafverfahren wegen Steuerstraftaten gelten, soweit die folgenden Vorschriften nichts anderes bestimmen, die allgemeinen Gesetze über das Strafverfahren, namentlich die Strafprozessordnung[6], das Gerichtsverfassungsgesetz[7] und das Jugendgerichtsgesetz[8].

---

[1] § 383a aufgeh. mWv 25.5.2018 durch G v. 17.7.2017 (BGBl. I S. 2541).
[2] § 383b eingef. mWv 1.1.2017 durch G v. 18.7.2016 (BGBl. I S. 1679).
[3] § 384a eingef. mWv 25.5.2018 durch G v. 17.7.2017 (BGBl. I S. 2541).
[4] ***Sartorius* Nr. 246.**
[5] **Sartorius Nr. 245.**
[6] **Habersack, Deutsche Gesetze Nr. 90.**
[7] **Habersack, Deutsche Gesetze Nr. 95.**
[8] **Habersack, Deutsche Gesetze Nr. 89.**

(2) Die für Steuerstraftaten geltenden Vorschriften dieses Abschnitts, mit Ausnahme des § 386 Abs. 2 sowie der §§ 399 bis 401, sind bei dem Verdacht einer Straftat, die unter Vorspiegelung eines steuerlich erheblichen Sachverhalts gegenüber der Finanzbehörde oder einer anderen Behörde auf die Erlangung von Vermögensvorteilen gerichtet ist und kein Steuerstrafgesetz verletzt, entsprechend anzuwenden.

§ 386 Zuständigkeit der Finanzbehörde bei Steuerstraftaten. (1)[1)] [1]Bei dem Verdacht einer Steuerstraftat ermittelt die Finanzbehörde den Sachverhalt. [2]Finanzbehörde im Sinne dieses Abschnitts sind das Hauptzollamt, das Finanzamt, das Bundeszentralamt für Steuern und die Familienkasse.

(2) Die Finanzbehörde führt das Ermittlungsverfahren in den Grenzen des § 399 Abs. 1 und der §§ 400, 401 selbständig durch, wenn die Tat

1. ausschließlich eine Steuerstraftat darstellt oder
2. zugleich andere Strafgesetze verletzt und deren Verletzung Kirchensteuern oder andere öffentlich-rechtliche Abgaben betrifft, die an Besteuerungsgrundlagen, Steuermessbeträge oder Steuerbeträge anknüpfen.

(3) Absatz 2 gilt nicht, sobald gegen einen Beschuldigten wegen der Tat ein Haftbefehl oder ein Unterbringungsbefehl erlassen ist.

(4) [1]Die Finanzbehörde kann die Strafsache jederzeit an die Staatsanwaltschaft abgeben. [2]Die Staatsanwaltschaft kann die Strafsache jederzeit an sich ziehen. [3]In beiden Fällen kann die Staatsanwaltschaft im Einvernehmen mit der Finanzbehörde die Strafsache wieder an die Finanzbehörde abgeben.

§ 387 Sachlich zuständige Finanzbehörde. (1) Sachlich zuständig ist die Finanzbehörde, welche die betroffene Steuer verwaltet.

(2)[2)] [1]Die Zuständigkeit nach Absatz 1 kann durch Rechtsverordnung einer Finanzbehörde für den Bereich mehrerer Finanzbehörden übertragen werden, soweit dies mit Rücksicht auf die Wirtschafts- oder Verkehrsverhältnisse, den Aufbau der Verwaltungsbehörden oder andere örtliche Bedürfnisse zweckmäßig erscheint. [2]Die Rechtsverordnung erlässt, soweit die Finanzbehörde eine Landesbehörde ist, die Landesregierung, im Übrigen das Bundesministerium der Finanzen. [3]Die Rechtsverordnung des Bundesministeriums der Finanzen bedarf nicht der Zustimmung des Bundesrates. [4]Das Bundesministerium der Finanzen kann die Ermächtigung nach Satz 1 durch Rechtsverordnung, die nicht der Zustimmung des Bundesrates bedarf, auf eine Bundesoberbehörde übertragen. [5]Die Landesregierung kann die Ermächtigung auf die für die Finanzverwaltung zuständige oberste Landesbehörde übertragen.

§ 388 Örtlich zuständige Finanzbehörde. (1) Örtlich zuständig ist die Finanzbehörde,

1. *in deren Bezirk die* Steuerstraftat begangen oder entdeckt worden ist,
2. die zur Zeit der Einleitung des Strafverfahrens für die Abgabenangelegenheiten zuständig ist oder
3. in deren Bezirk der Beschuldigte zur Zeit der Einleitung des Strafverfahrens seinen Wohnsitz hat.

[1)] § 386 Abs. 1 Satz 2 geänd. mWv 1.1.2006 durch G v. 22.9.2005 (BGBl. I S. 2809).

[2)] § 387 Abs. 2 Satz 4 eingef., bish. Satz 4 wird Satz 5 mWv 1.1.2016 durch G v. 3.12.2015 (BGBl. I S. 2178).

(2) [1] Ändert sich der Wohnsitz des Beschuldigten nach Einleitung des Strafverfahrens, so ist auch die Finanzbehörde örtlich zuständig, in deren Bezirk der neue Wohnsitz liegt. [2] Entsprechendes gilt, wenn sich die Zuständigkeit der Finanzbehörde für die Abgabenangelegenheit ändert.

(3) Hat der Beschuldigte im räumlichen Geltungsbereich dieses Gesetzes keinen Wohnsitz, so wird die Zuständigkeit auch durch den gewöhnlichen Aufenthaltsort bestimmt.

§ 389 Zusammenhängende Strafsachen. [1] Für zusammenhängende Strafsachen, die einzeln nach § 388 zur Zuständigkeit verschiedener Finanzbehörden gehören würden, ist jede dieser Finanzbehörden zuständig. [2] § 3 der Strafprozessordnung gilt entsprechend.

§ 390 Mehrfache Zuständigkeit. (1) Sind nach den §§ 387 bis 389 mehrere Finanzbehörden zuständig, so gebührt der Vorzug der Finanzbehörde, die wegen der Tat zuerst ein Strafverfahren eingeleitet hat.

(2) [1] Auf Ersuchen dieser Finanzbehörde hat eine andere zuständige Finanzbehörde die Strafsache zu übernehmen, wenn dies für die Ermittlungen sachdienlich erscheint. [2] In Zweifelsfällen entscheidet die Behörde, der die ersuchte Finanzbehörde untersteht.

§ 391 Zuständiges Gericht. (1) [1] Ist das Amtsgericht sachlich zuständig, so ist örtlich zuständig das Amtsgericht, in dessen Bezirk das Landgericht seinen Sitz hat. [2] Im vorbereitenden Verfahren gilt dies, unbeschadet einer weitergehenden Regelung nach § 58 Abs. 1 des Gerichtsverfassungsgesetzes[1)], nur für die Zustimmung des Gerichts nach § 153 Abs. 1 und § 153a Abs. 1 der Strafprozessordnung[2)].

(2) [1] Die Landesregierung kann durch Rechtsverordnung die Zuständigkeit abweichend von Absatz 1 Satz 1 regeln, soweit dies mit Rücksicht auf die Wirtschafts- oder Verkehrsverhältnisse, den Aufbau der Verwaltungsbehörden oder andere örtliche Bedürfnisse zweckmäßig erscheint. [2] Die Landesregierung kann diese Ermächtigung auf die Landesjustizverwaltung übertragen.

(3) Strafsachen wegen Steuerstraftaten sollen beim Amtsgericht einer bestimmten Abteilung zugewiesen werden.

(4) Die Absätze 1 bis 3 gelten auch, wenn das Verfahren nicht nur Steuerstraftaten zum Gegenstand hat; sie gelten jedoch nicht, wenn dieselbe Handlung eine Straftat nach dem Betäubungsmittelgesetz[3)] darstellt, und nicht für Steuerstraftaten, welche die Kraftfahrzeugsteuer betreffen.

§ 392 Verteidigung. (1)[4)] Abweichend von § 138 Abs. 1 der Strafprozessordnung[2)] können auch Steuerberater, Steuerbevollmächtigte, Wirtschaftsprüfer und vereidigte Buchprüfer zu Verteidigern gewählt werden, soweit die Finanzbehörde das Strafverfahren selbständig durchführt; im Übrigen können sie die Verteidigung nur in Gemeinschaft mit einem Rechtsanwalt oder einem Rechtslehrer an einer deutschen Hochschule im Sinne des Hochschulrahmengesetzes[5)] mit Befähigung zum Richteramt führen.

(2) § 138 Abs. 2 der Strafprozessordnung bleibt unberührt.

[1)] ***Habersack,*** **Deutsche Gesetze Nr. 95.**
[2)] **Habersack, Deutsche Gesetze Nr. 90.**
[3)] Nr. **86.**
[4)] § 392 Abs. 1 2. HS geänd. durch G v. 24.8.2004 (BGBl. I S. 2198).
[5)] **Sartorius Nr. 500.**

§ 393 Verhältnis des Strafverfahrens zum Besteuerungsverfahren.

(1) [1] Die Rechte und Pflichten der Steuerpflichtigen und der Finanzbehörde im Besteuerungsverfahren und im Strafverfahren richten sich nach den für das jeweilige Verfahren geltenden Vorschriften. [2] Im Besteuerungsverfahren sind jedoch Zwangsmittel (§ 328) gegen den Steuerpflichtigen unzulässig, wenn er dadurch gezwungen würde, sich selbst wegen einer von ihm begangenen Steuerstraftat oder Steuerordnungswidrigkeit zu belasten. [3] Dies gilt stets, soweit gegen ihn wegen einer solchen Tat das Strafverfahren eingeleitet worden ist. [4] Der Steuerpflichtige ist hierüber zu belehren, soweit dazu Anlass besteht.

(2) [1] Soweit der Staatsanwaltschaft oder dem Gericht in einem Strafverfahren aus den Steuerakten Tatsachen oder Beweismittel bekannt werden, die der Steuerpflichtige der Finanzbehörde vor Einleitung des Strafverfahrens oder in Unkenntnis der Einleitung des Strafverfahrens in Erfüllung steuerrechtlicher Pflichten offenbart hat, dürfen diese Kenntnisse gegen ihn nicht für die Verfolgung einer Tat verwendet werden, die keine Steuerstraftat ist. [2] Dies gilt nicht für Straftaten, an deren Verfolgung ein zwingendes öffentliches Interesse (§ 30 Abs. 4 Nr. 5) besteht.

(3)[1)] [1] Erkenntnisse, die die Finanzbehörde oder die Staatsanwaltschaft rechtmäßig im Rahmen strafrechtlicher Ermittlungen gewonnen hat, dürfen im Besteuerungsverfahren verwendet werden. [2] Dies gilt auch für Erkenntnisse, die dem Brief-, Post- und Fernmeldegeheimnis unterliegen, soweit die Finanzbehörde diese rechtmäßig im Rahmen eigener strafrechtlicher Ermittlungen gewonnen hat oder soweit nach den Vorschriften der Strafprozessordnung[2)] Auskunft an die Finanzbehörden erteilt werden darf.

§ 394[3)] Übergang des Eigentums. [1] Hat ein Unbekannter, der bei einer Steuerstraftat auf frischer Tat betroffen wurde, aber entkommen ist, Sachen zurückgelassen und sind diese Sachen beschlagnahmt oder sonst sichergestellt worden, weil sie eingezogen werden können, so gehen sie nach Ablauf eines Jahres in das Eigentum des Staates über, wenn der Eigentümer der Sachen unbekannt ist und die Finanzbehörde durch eine öffentliche Bekanntmachung auf den drohenden Verlust des Eigentums hingewiesen hat. [2] § 10 Abs. 2 Satz 1 des Verwaltungszustellungsgesetzes[4)] ist mit der Maßgabe anzuwenden, dass anstelle einer Benachrichtigung der Hinweis nach Satz 1 bekannt gemacht oder veröffentlicht wird. [3] Die Frist beginnt mit dem Aushang der Bekanntmachung.

§ 395 Akteneinsicht der Finanzbehörde. [1] Die Finanzbehörde ist befugt, die Akten, die dem Gericht vorliegen oder im Fall der Erhebung der Anklage vorzulegen wären, einzusehen sowie beschlagnahmte oder sonst sichergestellte Gegenstände zu besichtigen. [2] Die Akten werden der Finanzbehörde auf Antrag zur Einsichtnahme übersandt.

§ 396 *Aussetzung des Verfahrens.* (1) Hängt die Beurteilung der Tat als Steuerhinterziehung davon ab, ob ein Steueranspruch besteht, ob Steuern verkürzt oder ob nicht gerechtfertigte Steuervorteile erlangt sind, so kann das Strafverfahren ausgesetzt werden, bis das Besteuerungsverfahren rechtskräftig abgeschlossen ist.

---

1) § 393 Abs. 3 angef. durch G v. 20.12.2007 (BGBl. I S. 3150).
2) **Habersack, Deutsche Gesetze Nr. 90.**
3) § 394 Satz 2 neu gef. durch G v. 12.8.2005 (BGBl. I S. 2354).
4) **Sartorius Nr. 110.**

(2) Über die Aussetzung entscheidet im Ermittlungsverfahren die Staatsanwaltschaft, im Verfahren nach Erhebung der öffentlichen Klage das Gericht, das mit der Sache befasst ist.

(3) Während der Aussetzung des Verfahrens ruht die Verjährung.

2. Unterabschnitt. Ermittlungsverfahren

I. Allgemeines

§ 397 Einleitung des Strafverfahrens. (1)[1] Das Strafverfahren ist eingeleitet, sobald die Finanzbehörde, die Polizei, die Staatsanwaltschaft, eine ihrer Ermittlungspersonen oder der Strafrichter eine Maßnahme trifft, die erkennbar darauf abzielt, gegen jemanden wegen einer Steuerstraftat strafrechtlich vorzugehen.

(2) Die Maßnahme ist unter Angabe des Zeitpunkts unverzüglich in den Akten zu vermerken.

(3) Die Einleitung des Strafverfahrens ist dem Beschuldigten spätestens mitzuteilen, wenn er dazu aufgefordert wird, Tatsachen darzulegen oder Unterlagen vorzulegen, die im Zusammenhang mit der Straftat stehen, derer er verdächtig ist.

§ 398 Einstellung wegen Geringfügigkeit. [1]Die Staatsanwaltschaft kann von der Verfolgung einer Steuerhinterziehung, bei der nur eine geringwertige Steuerverkürzung eingetreten ist oder nur geringwertige Steuervorteile erlangt sind, auch ohne Zustimmung des für die Eröffnung des Hauptverfahrens zuständigen Gerichts absehen, wenn die Schuld des Täters als gering anzusehen wäre und kein öffentliches Interesse an der Verfolgung besteht. [2]Dies gilt für das Verfahren wegen einer Steuerhehlerei nach § 374 und einer Begünstigung einer Person, die eine der in § 375 Abs. 1 Nr. 1 bis 3 genannten Taten begangen hat, entsprechend.

§ 398a[2] Absehen von Verfolgung in besonderen Fällen. (1) In Fällen, in denen Straffreiheit nur wegen § 371 Absatz 2 Satz 1 Nummer 3 oder 4 nicht eintritt, wird von der Verfolgung einer Steuerstraftat abgesehen, wenn der an der Tat Beteiligte innerhalb einer ihm bestimmten angemessenen Frist

1.[3] die aus der Tat zu seinen Gunsten hinterzogenen Steuern, die Hinterziehungszinsen nach § 235 und die Zinsen nach § 233a, soweit sie auf die Hinterziehungszinsen nach § 235 Absatz 4 angerechnet werden, sowie die Verzugszinsen nach Artikel 114 des Zollkodex der Union entrichtet und
2. einen Geldbetrag in folgender Höhe zugunsten der Staatskasse zahlt:
   a) 10 Prozent der hinterzogenen Steuer, wenn der Hinterziehungsbetrag 100 000 Euro nicht übersteigt,
   b) 15 Prozent der hinterzogenen Steuer, wenn der Hinterziehungsbetrag 100 000 Euro übersteigt und 1 000 000 Euro nicht übersteigt,
   c) 20 Prozent der hinterzogenen Steuer, wenn der Hinterziehungsbetrag 1 000 000 Euro übersteigt.

(2) Die Bemessung des Hinterziehungsbetrags richtet sich nach den Grundsätzen in § 370 Absatz 4.

---

[1] § 397 Abs. 1 geänd. durch G v. 24.8.2004 (BGBl. I S. 2198).
[2] § 398a neu gef. mWv 1.1.2015 durch G v. 22.12.2014 (BGBl. I S. 2415).
[3] § 398a Abs. 1 Nr. 1 geänd. mWv 21.12.2022 durch G v. 16.12.2022 (BGBl. I S. 2294).

(3) Die Wiederaufnahme eines nach Absatz 1 abgeschlossenen Verfahrens ist zulässig, wenn die Finanzbehörde erkennt, dass die Angaben im Rahmen einer Selbstanzeige unvollständig oder unrichtig waren.

(4) [1]Der nach Absatz 1 Nummer 2 gezahlte Geldbetrag wird nicht erstattet, wenn die Rechtsfolge des Absatzes 1 nicht eintritt. [2]Das Gericht kann diesen Betrag jedoch auf eine wegen Steuerhinterziehung verhängte Geldstrafe anrechnen.

II. Verfahren der Finanzbehörde bei Steuerstraftaten

§ 399 Rechte und Pflichten der Finanzbehörde. (1) Führt die Finanzbehörde das Ermittlungsverfahren auf Grund des § 386 Abs. 2 selbständig durch, so nimmt sie die Rechte und Pflichten wahr, die der Staatsanwaltschaft im Ermittlungsverfahren zustehen.

(2)[1)] [1]Ist einer Finanzbehörde nach § 387 Abs. 2 die Zuständigkeit für den Bereich mehrerer Finanzbehörden übertragen, so bleiben das Recht und die Pflicht dieser Finanzbehörden unberührt, bei dem Verdacht einer Steuerstraftat den Sachverhalt zu erforschen und alle unaufschiebbaren Anordnungen zu treffen, um die Verdunkelung der Sache zu verhüten. [2]Sie können Beschlagnahmen, Notveräußerungen, Durchsuchungen, Untersuchungen und sonstige Maßnahmen nach den für Ermittlungspersonen der Staatsanwaltschaft geltenden Vorschriften der Strafprozessordnung[2)] anordnen.

§ 400 Antrag auf Erlass eines Strafbefehls. Bieten die Ermittlungen genügenden Anlass zur Erhebung der öffentlichen Klage, so beantragt die Finanzbehörde beim Richter den Erlass eines Strafbefehls, wenn die Strafsache zur Behandlung im Strafbefehlsverfahren geeignet erscheint; ist dies nicht der Fall, so legt die Finanzbehörde die Akten der Staatsanwaltschaft vor.

§ 401[3)] Antrag auf Anordnung von Nebenfolgen im selbständigen Verfahren. Die Finanzbehörde kann den Antrag stellen, die Einziehung selbständig anzuordnen oder eine Geldbuße gegen eine juristische Person oder eine Personenvereinigung selbständig festzusetzen (§§ 435, 444 Abs. 3 der Strafprozessordnung[2)]).

III. Stellung der Finanzbehörde im Verfahren der Staatsanwaltschaft

§ 402 Allgemeine Rechte und Pflichten der Finanzbehörde. (1) Führt die Staatsanwaltschaft das Ermittlungsverfahren durch, so hat die sonst zuständige Finanzbehörde dieselben Rechte und Pflichten wie die Behörden des Polizeidienstes nach der Strafprozessordnung[2)] sowie die Befugnisse nach § 399 Abs. 2 Satz 2.

(2) Ist einer Finanzbehörde nach § 387 Abs. 2 die Zuständigkeit für den Bereich mehrerer Finanzbehörden übertragen, so gilt Absatz 1 für jede dieser Finanzbehörden.

§ 403 Beteiligung der Finanzbehörde. (1) [1]Führt die Staatsanwaltschaft oder die Polizei Ermittlungen durch, die Steuerstraftaten betreffen, so ist die sonst zuständige Finanzbehörde befugt, daran teilzunehmen. [2]Ort und Zeit der Ermittlungshandlungen sollen ihr rechtzeitig mitgeteilt werden. [3]Dem Vertreter der

---

[1)] § 399 Abs. 2 Satz 2 geänd. durch G v. 24.8.2004 (BGBl. I S. 2198).
[2)] **Habersack, Deutsche Gesetze Nr. 90.**
[3)] § 401 geänd. mWv 1.7.2017 durch G v. 13.4.2017 (BGBl. I S. 872).

Finanzbehörde ist zu gestatten, Fragen an Beschuldigte, Zeugen und Sachverständige zu stellen.

(2) Absatz 1 gilt sinngemäß für solche richterlichen Verhandlungen, bei denen auch der Staatsanwaltschaft die Anwesenheit gestattet ist.

(3) Der sonst zuständigen Finanzbehörde sind die Anklageschrift und der Antrag auf Erlass eines Strafbefehls mitzuteilen.

(4) Erwägt die Staatsanwaltschaft, das Verfahren einzustellen, so hat sie die sonst zuständige Finanzbehörde zu hören.

IV. Steuer- und Zollfahndung

§ 404[1] **Steuer- und Zollfahndung.** [1] Die Behörden des Zollfahndungsdienstes und die mit der Steuerfahndung betrauten Dienststellen der Landesfinanzbehörden sowie ihre Beamten haben im Strafverfahren wegen Steuerstraftaten dieselben Rechte und Pflichten wie die Behörden und Beamten des Polizeidienstes nach den Vorschriften der Strafprozessordnung[2]. [2] Die in Satz 1 bezeichneten Stellen haben die Befugnisse nach § 399 Abs. 2 Satz 2 sowie die Befugnis zur Durchsicht der Papiere des von der Durchsuchung Betroffenen (§ 110 Abs. 1 der Strafprozessordnung); ihre Beamten sind Ermittlungspersonen der Staatsanwaltschaft.

V. Entschädigung der Zeugen und der Sachverständigen

§ 405[3] **Entschädigung der Zeugen und der Sachverständigen.** [1] Werden Zeugen und Sachverständige von der Finanzbehörde zu Beweiszwecken herangezogen, so erhalten sie eine Entschädigung oder Vergütung nach dem Justizvergütungs- und -entschädigungsgesetz[4]. [2] Dies gilt auch in den Fällen des § 404.

3. Unterabschnitt. Gerichtliches Verfahren

§ 406 Mitwirkung der Finanzbehörde im Strafbefehlsverfahren und im selbständigen Verfahren. (1) Hat die Finanzbehörde den Erlass eines Strafbefehls beantragt, so nimmt sie die Rechte und Pflichten der Staatsanwaltschaft wahr, solange nicht nach § 408 Abs. 3 Satz 2 der Strafprozessordnung[2] Hauptverhandlung anberaumt oder Einspruch gegen den Strafbefehl erhoben wird.

(2)[5] Hat die Finanzbehörde den Antrag gestellt, die Einziehung selbständig anzuordnen oder eine Geldbuße gegen eine juristische Person oder eine Personenvereinigung selbständig festzusetzen (§ 401), so nimmt sie die Rechte und Pflichten der Staatsanwaltschaft wahr, solange nicht mündliche Verhandlung beantragt oder vom Gericht angeordnet wird.

§ 407 Beteiligung der Finanzbehörde in sonstigen Fällen. (1) [1] Das Gericht gibt der Finanzbehörde Gelegenheit, die Gesichtspunkte vorzubringen, die von ihrem Standpunkt für die Entscheidung von Bedeutung sind. [2] Dies gilt auch, wenn das Gericht erwägt, das Verfahren einzustellen. [3] Der Termin zur Hauptverhandlung und der Termin zur Vernehmung durch einen beauftragten oder ersuchten Richter (§§ 223, 233 der Strafprozessordnung[2]) werden der Finanzbehörde mitgeteilt. [4] Ihr Vertreter erhält in der Hauptverhandlung auf Verlangen das

---

[1] § 404 Satz 2 2. HS geänd durch G v. 24.8.2004 (BGBl. I S. 2198); Satz 1 geänd. mWv 18.12.2019 *durch G v. 12.12.*2019 (BGBl. I S. 2451).

[2] **Habersack, Deutsche Gesetze Nr. 90.**

[3] § 405 Satz 1 geänd. durch G v. 5.5.2004 (BGBl. I S. 718).

[4] **Habersack, Deutsche Gesetze Nr. 116.**

[5] § 406 Abs. 2 geänd. mWv 1.7.2017 durch G v. 13.4.2017 (BGBl. I S. 872).

Wort. [5] Ihm ist zu gestatten, Fragen an Angeklagte, Zeugen und Sachverständige zu richten.

(2) Das Urteil und andere das Verfahren abschließende Entscheidungen sind der Finanzbehörde mitzuteilen.

4. Unterabschnitt. Kosten des Verfahrens

§ 408 Kosten des Verfahrens. [1] Notwendige Auslagen eines Beteiligten im Sinne des § 464a Abs. 2 Nr. 2 der Strafprozessordnung[1)] sind im Strafverfahren wegen einer Steuerstraftat auch die gesetzlichen Gebühren und Auslagen eines Steuerberaters, Steuerbevollmächtigten, Wirtschaftsprüfers oder vereidigten Buchprüfers. [2] Sind Gebühren und Auslagen gesetzlich nicht geregelt, so können sie bis zur Höhe der gesetzlichen Gebühren und Auslagen eines Rechtsanwalts erstattet werden.

Vierter Abschnitt. Bußgeldverfahren

§ 409 Zuständige Verwaltungsbehörde. [1] Bei Steuerordnungswidrigkeiten ist zuständige Verwaltungsbehörde im Sinne des § 36 Abs. 1 Nr. 1 des Gesetzes über Ordnungswidrigkeiten[2)] die nach § 387 Abs. 1 sachlich zuständige Finanzbehörde. [2] § 387 Abs. 2 gilt entsprechend.

§ 410 Ergänzende Vorschriften für das Bußgeldverfahren. (1) Für das Bußgeldverfahren gelten außer den verfahrensrechtlichen Vorschriften des Gesetzes über Ordnungswidrigkeiten[2)] entsprechend:

1. die §§ 388 bis 390 über die Zuständigkeit der Finanzbehörde,
2. § 391 über die Zuständigkeit des Gerichts,
3. § 392 über die Verteidigung,
4. § 393 über das Verhältnis des Strafverfahrens zum Besteuerungsverfahren,
5. § 396 über die Aussetzung des Verfahrens,
6. § 397 über die Einleitung des Strafverfahrens,
7. § 399 Abs. 2 über die Rechte und Pflichten der Finanzbehörde,
8. die §§ 402, 403 Abs. 1, 3 und 4 über die Stellung der Finanzbehörde im Verfahren der Staatsanwaltschaft,
9. § 404 Satz 1 und Satz 2 erster Halbsatz über die Steuer- und Zollfahndung,
10. § 405 über die Entschädigung der Zeugen und der Sachverständigen,
11. § 407 über die Beteiligung der Finanzbehörde und
12. § 408 über die Kosten des Verfahrens.

(2) Verfolgt die Finanzbehörde eine Steuerstraftat, die mit einer Steuerordnungswidrigkeit zusammenhängt (§ 42 Abs. 1 Satz 2 des Gesetzes über Ordnungswidrigkeiten), so kann sie in den Fällen des § 400 beantragen, den Strafbefehl auf die Steuerordnungswidrigkeit zu erstrecken.

§ 411 Bußgeldverfahren gegen Rechtsanwälte, Steuerberater, Steuerbevollmächtigte, Wirtschaftsprüfer oder vereidigte Buchprüfer. Bevor gegen einen Rechtsanwalt, Steuerberater, Steuerbevollmächtigten, Wirtschaftsprüfer oder vereidigten Buchprüfer wegen einer Steuerordnungswidrigkeit, die er in Ausübung seines Berufs bei der Beratung in Steuersachen begangen hat, ein Buß-

---

1) Habersack, Deutsche Gesetze Nr. 90.
2) Habersack, Deutsche Gesetze Nr. 94.

geldbescheid erlassen wird, gibt die Finanzbehörde der zuständigen Berufskammer Gelegenheit, die Gesichtspunkte vorzubringen, die von ihrem Standpunkt für die Entscheidung von Bedeutung sind.

§ 412 Zustellung, Vollstreckung, Kosten. (1) [1] Für das Zustellungsverfahren gelten abweichend von § 51 Abs. 1 Satz 1 des Gesetzes über Ordnungswidrigkeiten[1)] die Vorschriften des Verwaltungszustellungsgesetzes[2)] auch dann, wenn eine Landesfinanzbehörde den Bescheid erlassen hat. [2] § 51 Abs. 1 Satz 2 und Absatz 2 bis 5 des Gesetzes über Ordnungswidrigkeiten bleibt unberührt.

(2) [1] Für die Vollstreckung von Bescheiden der Finanzbehörden in Bußgeldverfahren gelten abweichend von § 90 Abs. 1 und 4, § 108 Abs. 2 des Gesetzes über Ordnungswidrigkeiten die Vorschriften des Sechsten Teils dieses Gesetzes. [2] Die übrigen Vorschriften des Neunten Abschnitts des Zweiten Teils des Gesetzes über Ordnungswidrigkeiten bleiben unberührt.

(3)[3)] Für die Kosten des Bußgeldverfahrens gilt § 107 Absatz 4 des Gesetzes über Ordnungswidrigkeiten auch dann, wenn eine Landesfinanzbehörde den Bußgeldbescheid erlassen hat; an Stelle des § 19 des Verwaltungskostengesetzes in der bis zum 14. August 2013 geltenden Fassung gelten § 227 und § 261 dieses Gesetzes.

[1)] **Habersack, Deutsche Gesetze Nr. 94.**
[2)] **Sartorius Nr. 110.**
[3)] § 412 Abs. 3 neu gef. mWv 15.8.2013 durch G v. 7.8.2013 (BGBl. I S. 3154).

90b. Gesetz zur Harmonisierung des Schutzes gefährdeter Zeugen (Zeugenschutz-Harmonisierungsgesetz – ZSHG)[1)]

Vom 11. Dezember 2001

(BGBl. I S. 3510)

BGBl. III/FNA 312–14

Lfd. Nr.	Änderndes Gesetz	Datum	Fundstelle	Betroffen	Hinweis
1.	Art. 2 Abs. 12 PersonenstandsrechtsreformG	19.2.2007	BGBl. I S. 122	§ 5	
2.	Art. 7 G zur Modernisierung des Strafverfahrens	10.12.2019	BGBl.I S. 2121	§ 10	geänd. mWv 13.12. 2019

§ 1 Anwendungsbereich. (1) Eine Person, ohne deren Angaben in einem Strafverfahren die Erforschung des Sachverhalts oder die Ermittlung des Aufenthaltsorts des Beschuldigten aussichtslos oder wesentlich erschwert wäre, kann mit ihrem Einverständnis nach Maßgabe dieses Gesetzes geschützt werden, wenn sie auf Grund ihrer Aussagebereitschaft einer Gefährdung von Leib, Leben, Gesundheit, Freiheit oder wesentlicher Vermögenswerte ausgesetzt ist und sich für Zeugenschutzmaßnahmen eignet.

(2) Mit seinem Einverständnis kann ferner nach Maßgabe dieses Gesetzes geschützt werden, wer Angehöriger (§ 11 Abs. 1 Nr. 1 des Strafgesetzbuches[2)]) einer in Absatz 1 genannten Person ist oder ihr sonst nahe steht, auf Grund ihrer Aussagebereitschaft einer Gefährdung von Leib, Leben, Gesundheit, Freiheit oder wesentlicher Vermögenswerte ausgesetzt ist und sich für Zeugenschutzmaßnahmen eignet.

(3) Sofern es für den Zeugenschutz erforderlich ist, können Maßnahmen nach diesem Gesetz auf Angehörige (§ 11 Abs. 1 Nr. 1 des Strafgesetzbuches) einer in Absatz 1 oder 2 genannten Person oder ihr sonst nahe stehende Personen erstreckt werden, wenn diese sich hierfür eignen sowie ihr Einverständnis erklären.

(4) [1] Maßnahmen nach diesem Gesetz können beendet werden, wenn eine der in den Absätzen 1 bis 3 genannten Voraussetzungen nicht vorlag oder nachträglich weggefallen ist. [2] Soweit eine Gefährdung der zu schützenden Person fortbesteht, richten sich die Schutzmaßnahmen nach allgemeinem Gefahrenabwehrrecht. [3] Die Beendigung des Strafverfahrens führt nicht zur Aufhebung der Zeugenschutzmaßnahmen, soweit die Gefährdung fortbesteht.

§ 2 Zeugenschutzdienststellen. (1) [1] Der Schutz einer Person nach Maßgabe dieses Gesetzes obliegt der Polizei oder den sonst nach Bundes- oder Landesrecht zuständigen Behörden (Zeugenschutzdienststellen). [2] Bundes- und

---

[1)] Verkündet als Art. 1 Gesetz zur Harmonisierung des Schutzes gefährdeter Zeugen v. 11.12.2001 (BGBl. I S. 3510); Inkrafttreten gem. Art. 4 dieses G am 31.12.2001.

[2)] **Schönfelder Nr. 85.**

landesrechtliche Regelungen zur Abwehr einer für die zu schützende Person bestehenden Gefahr bleiben unberührt.

(2) [1] Die Zeugenschutzdienststelle trifft ihre Entscheidungen nach pflichtgemäßem Ermessen. [2] Bei der Abwägung sind insbesondere die Schwere der Tat sowie der Grad der Gefährdung, die Rechte des Beschuldigten und die Auswirkungen der Maßnahmen zu berücksichtigen.

(3) [1] Die im Zusammenhang mit dem Zeugenschutz getroffenen Entscheidungen und Maßnahmen sind aktenkundig zu machen. [2] Die Akten werden von der Zeugenschutzdienststelle geführt, unterliegen der Geheimhaltung und sind nicht Bestandteil der Ermittlungsakte. [3] Sie sind der Staatsanwaltschaft auf Anforderung zugänglich zu machen. [4] Die Mitarbeiter der Staatsanwaltschaft und der Zeugenschutzdienststelle sind in Strafverfahren nach den allgemeinen Grundsätzen unter Berücksichtigung des § 54 der Strafprozessordnung[1)] zur Auskunft auch über den Zeugenschutz verpflichtet.

(4) [1] Bis zum rechtskräftigen Abschluss eines Strafverfahrens ist über Beginn und Beendigung des Zeugenschutzes das Einvernehmen mit der Staatsanwaltschaft herzustellen. [2] Nach diesem Zeitpunkt ist die Staatsanwaltschaft von der beabsichtigten Beendigung des Zeugenschutzes in Kenntnis zu setzen.

§ 3 Geheimhaltung, Verpflichtung. [1] Wer mit dem Zeugenschutz befasst wird, darf die ihm bekannt gewordenen Erkenntnisse über Zeugenschutzmaßnahmen auch über den Zeitpunkt der Beendigung des Zeugenschutzes hinaus nicht unbefugt offenbaren. [2] Personen, die nicht Amtsträger (§ 11 Abs. 1 Nr. 2 des Strafgesetzbuches[2)]) sind, sollen nach dem Gesetz über die förmliche Verpflichtung nicht beamteter Personen verpflichtet werden, sofern dies geboten erscheint.

§ 4 Verwendung personenbezogener Daten. (1) Die Zeugenschutzdienststelle kann Auskünfte über personenbezogene Daten der zu schützenden Person verweigern, soweit dies für den Zeugenschutz erforderlich ist.

(2) [1] Öffentliche Stellen sind berechtigt, auf Ersuchen der Zeugenschutzdienststelle personenbezogene Daten der zu schützenden Person zu sperren oder nicht zu übermitteln. [2] Sie sollen dem Ersuchen entsprechen, soweit entgegenstehende öffentliche Interessen oder schutzwürdige Interessen Dritter nicht überwiegen. [3] Die Beurteilung der Erforderlichkeit der Maßnahme durch die Zeugenschutzdienststelle ist für die ersuchte Stelle bindend.

(3) Die Zeugenschutzdienststelle kann von nicht öffentlichen Stellen verlangen, personenbezogene Daten der zu schützenden Person zu sperren oder nicht zu übermitteln.

(4) Bei der Datenverarbeitung innerhalb der öffentlichen und nicht öffentlichen Stellen ist sicherzustellen, dass der Zeugenschutz nicht beeinträchtigt wird.

(5) Die §§ 161, 161a der Strafprozessordnung[1)] bleiben unberührt.

(6) Die öffentlichen und nicht öffentlichen Stellen teilen der Zeugenschutzdienststelle jedes Ersuchen um Bekanntgabe von gesperrten oder sonst von ihr bestimmten Daten unverzüglich mit.

[1)] **Schönfelder Nr. 90.**
[2)] **Schönfelder Nr. 85.**

§ 5[1)] Vorübergehende Tarnidentität. (1) [1] Öffentliche Stellen dürfen auf Ersuchen der Zeugenschutzdienststelle für eine zu schützende Person Urkunden oder sonstige Dokumente zum Aufbau oder zur Aufrechterhaltung einer vorübergehend geänderten Identität (Tarndokumente) mit den von der Zeugenschutzdienststelle mitgeteilten Daten herstellen oder vorübergehend verändern sowie die geänderten Daten verarbeiten. [2] Sie sollen dem Ersuchen entsprechen, soweit entgegenstehende öffentliche Interessen oder schutzwürdige Interessen Dritter nicht überwiegen. [3] Die Beurteilung der Erforderlichkeit der Maßnahme durch die Zeugenschutzdienststelle ist für die ersuchte Stelle bindend. [4] Für Zwecke des Satzes 1 dürfen Eintragungen in Personenstandsregister nicht vorgenommen werden. [5] Personalausweise und Pässe dürfen nicht für Personen ausgestellt werden, die nicht Deutsche im Sinne von Artikel 116 des Grundgesetzes[2)] sind.

(2) Die Zeugenschutzdienststelle kann von nicht öffentlichen Stellen verlangen, für eine zu schützende Person Tarndokumente mit den mitgeteilten Daten herzustellen oder zu verändern sowie die geänderten Daten zu verarbeiten.

(3) Die zu schützende Person darf unter der vorübergehend geänderten Identität am Rechtsverkehr teilnehmen.

(4) Die Absätze 1 bis 3 gelten in Bezug auf Bedienstete von Zeugenschutzdienststellen entsprechend, soweit dies zur Erfüllung ihrer Aufgaben unerlässlich ist.

§ 6 Aufhebung von Maßnahmen des Zeugenschutzes. [1] Wird der Zeugenschutz insgesamt beendet oder sind einzelne Maßnahmen nicht mehr erforderlich, unterrichtet die Zeugenschutzdienststelle unter Berücksichtigung der Belange des Zeugenschutzes die beteiligten öffentlichen und nicht öffentlichen Stellen. [2] Öffentliche Stellen heben die nach den §§ 4 und 5 getroffenen Maßnahmen auf. [3] Die Zeugenschutzdienststelle zieht Tarndokumente ein, deren Verwendung nicht mehr erforderlich ist.

§ 7 Ansprüche gegen Dritte. (1) Ansprüche der zu schützenden Personen gegen Dritte werden durch Maßnahmen nach diesem Gesetz nicht berührt.

(2) [1] Soweit es zur Sicherung von Ansprüchen der zu schützenden Person gegenüber öffentlichen Stellen erforderlich ist, setzt die Zeugenschutzdienststelle diese über die Aufnahme in den Zeugenschutz in Kenntnis. [2] Die Zeugenschutzdienststelle bestätigt ihnen gegenüber Tatsachen, die zur Entscheidung über den Anspruch von Bedeutung sind.

(3) [1] Wurde eine versicherungspflichtige Beschäftigung oder Tätigkeit einer zu schützenden Person durch Zeugenschutzmaßnahmen unterbrochen oder war eine zu schützende Person durch Zeugenschutzmaßnahmen daran gehindert, Beiträge an die Rentenversicherung zu zahlen, kann sie für die Zeit der Maßnahmen auf Antrag freiwillige Beiträge nachzahlen, sofern diese Zeit nicht bereits mit Beiträgen belegt ist. [2] Die nachgezahlten Beiträge gelten als Pflichtbeiträge, wenn durch die Maßnahmen eine versicherungspflichtige Beschäftigung oder Tätigkeit unterbrochen wurde. [3] Der Antrag kann nur innerhalb

---

1) § 5 Abs. 1 Satz 4 geänd. mWv 1.1.2009 durch G v. 19.2.2007 (BGBl. I S. 122).
2) Nr. 1.

eines Jahres nach Ende der Maßnahmen gestellt werden. [4] § 209 des Sechsten Buches Sozialgesetzbuch findet Anwendung.

§ 8 Zuwendungen der Zeugenschutzdienststelle. [1] Zuwendungen der Zeugenschutzdienststelle dürfen nur in dem Umfang gewährt werden, als dies für den Zeugenschutz erforderlich ist. [2] Sie können insbesondere zurückgefordert werden, wenn sie auf Grund wissentlich falscher Angaben gewährt worden sind.

§ 9 Ansprüche Dritter. (1) [1] Ansprüche Dritter gegen die zu schützende Person werden durch Maßnahmen nach diesem Gesetz nicht berührt. [2] Mit Aufnahme in den Zeugenschutz hat die zu schützende Person sie der Zeugenschutzdienststelle offen zu legen.

(2) Die Zeugenschutzdienststelle trägt dafür Sorge, dass die Erreichbarkeit der zu schützenden Person im Rechtsverkehr nicht durch Maßnahmen des Zeugenschutzes vereitelt wird.

§ 10[1)] Zeugenschutz in justizförmigen Verfahren. (1) [1] Eine zu schützende Person, die in einem anderen gerichtlichen Verfahren als einem Strafverfahren oder in einem Verfahren vor einem parlamentarischen Untersuchungsausschuss vernommen werden soll, ist berechtigt, abweichend von den Bestimmungen der jeweiligen Verfahrensordnung, Angaben zur Person nur über eine frühere Identität zu machen und unter Hinweis auf den Zeugenschutz Angaben, die Rückschlüsse auf die gegenwärtigen Personalien sowie den Wohn- und Aufenthaltsort erlauben, zu verweigern. [2] An Stelle des Wohn- und Aufenthaltsorts ist die zuständige Zeugenschutzdienststelle zu benennen. [3] Eine nach Satz 1 zu schützende Person darf ihr Gesicht entgegen § 176 Absatz 2 Satz 1 des Gerichtsverfassungsgesetzes[2)] ganz oder teilweise verhüllen.

(2) Urkunden und sonstige Unterlagen, die Rückschlüsse auf eine Tarnidentität oder den Wohn- oder Aufenthaltsort einer geschützten Person zulassen, sind nur insoweit zu den Verfahrensakten zu nehmen, als Zwecke des Zeugenschutzes dem nicht entgegenstehen.

(3) Für das Strafverfahren bleibt es bei den Vorschriften der §§ 68, 110b Abs. 3 der Strafprozessordnung[3)].

§ 11 Zeugenschutz bei freiheitsentziehenden Maßnahmen. Entscheidungen der Zeugenschutzdienststelle, die Auswirkungen auf den Vollzug von Untersuchungshaft, Freiheitsstrafe oder einer sonstigen freiheitsentziehenden Maßnahme haben können, dürfen nur im Einvernehmen mit dem Leiter der jeweiligen Vollzugseinrichtung getroffen werden.

[1)] § 10 *Abs. 1 Satz 3* angef. mWv 13.12.2019 durch G v. 10.12.2019 (BGBl. I S. 2121).
[2)] **Schönfelder Nr. 95.**
[3)] **Schönfelder Nr. 90.**

90c. Anordnung über Mitteilungen in Strafsachen (MiStra)[1)]

in der ab dem 1. August 2022 geltenden Fassung
vom 10. Mai 2022
(BAnz AT 20.07.2022 B1)

Inhaltsübersicht

[1)] Diese Anordnung wurde vom BMJ und den Landesjustizverwaltungen gemeinsam beschlossen. Sie tritt für den Bereich der Bundesjustizverwaltung am 1.8.2022 in Kraft, vgl. Bek. v. 13.7.2022 (BAnz AT 20.07.2022 B1).

Die Anordnung gilt mWv 1.8.2022 in sämtlichen Ländern bundeseinheitlich. Siehe hierzu ua:
– **Baden-Württemberg:** RdErl. v. 10.5.2022 (Die Justiz S. 177)
– **Bayern:** Bek. v. 26.7.2022 (BayMBl. Nr. 0)
– **Berlin:** VwV v. 29.6.2022 (ABl. S. 1699)
– **Bremen:** AV v. 21.6.2022 (Brem.ABl. S. 458)
– **Hessen:** RdErl. v. 14.6.2022 (JMBl. S. 291)
– **Mecklenburg-Vorpommern:** VwV. v. 1.7.2022 (AmtsBl. M-V S. 338)
– **Nordrhein-Westfalen:** AV v. 10.5.2022 (JMBl. S. 293)
– **Rheinland-Pfalz:** VwV v. 3.6.2022 (JBl. S. 69)
– **Saarland:** AV v. 6.5.2022 (Amtsbl. I S. 826)

Vertreter oder in den Fällen des § 60a KWG auch deren persönlich haftende Gesellschafterinnen und Gesellschafter sowie Mitglieder der Verwaltungs- oder Aufsichtsorgane

Nummer 25a: Strafsachen gegen Inhaberinnen und Inhaber, Geschäftsleiterinnen und Geschäftsleiter oder deren gesetzliche Vertreterinnen und Vertreter oder persönlich haftende Gesellschafterinnen und Gesellschafter von Wertpapierdienstleistungsunternehmen und sonstige an Wertpapierdienstleistungsgeschäften beteiligte Personen

Nummer 25b: Strafsachen gegen Geschäftsleiterinnen und Geschäftsleiter, Mitglieder der Verwaltungs- oder Aufsichtsorgane von Versicherungsunternehmen oder Pensionsfonds sowie gegen Inhaberinnen und Inhaber bedeutender Beteiligungen an Versicherungsunternehmen oder Pensionsfonds oder deren gesetzliche Vertreterinnen und Vertreter oder persönlich haftende Gesellschafterinnen und Gesellschafter

Nummer 25c: Strafsachen gegen bedeutend beteiligte Inhaberinnen und Inhaber, Geschäftsleiterinnen und Geschäftsleiter oder Mitglieder der Verwaltungs- oder Aufsichtsorgane von Verwaltungsgesellschaften, extern verwalteten Investmentgesellschaften oder Verwahrstellen oder deren jeweilige gesetzliche Vertreterinnen und Vertreter oder persönlich haftende Gesellschafterinnen und Gesellschafter

Nummer 26: Strafsachen gegen Angehörige der Heil- und Gesundheitsfachberufe

Nummer 27: Strafsachen gegen an Schulen, Hochschulen, Kinderheimen, Kindertagesstätten und vergleichbaren Einrichtungen tätigen Personen

Nummer 28: Strafsachen gegen Betreiberinnen und Betreiber von sowie Beschäftigte in Alten- und Pflegeeinrichtungen, betreuten Wohnformen, ambulanten Pflegediensten und Werkstätten für Menschen mit Behinderung, Einrichtungen oder Gruppen, die den Werkstätten angegliedert sind, sowie Tagesförderstätten, Leistungserbringern der Eingliederungshilfe sowie erlaubnispflichtigen Einrichtungen für Kinder und Jugendliche mit Behinderung

Nummer 29: Sonstige Mitteilungen über Personen, die einer Dienst-, Staats-, Standesaufsicht oder berufsrechtlichen Aufsicht unterliegen

3. Abschnitt. Sonstige Mitteilungen wegen der persönlichen Verhältnisse der Betroffenen

Nummer 30: Strafsachen gegen Inhaberinnen und Inhaber von Titeln, Orden und Ehrenzeichen

Nummer 31: Mitteilungen an das Betreuungsgericht und an das Familiengericht

Nummer 32: Mitteilungen an die Jugendgerichtshilfe in Strafsachen gegen Jugendliche und Heranwachsende

Nummer 33: Mitteilungen an die Schule in Strafsachen gegen Jugendliche und Heranwachsende

Nummer 34: Mitteilungen an andere Prozessbeteiligte in Strafsachen gegen Jugendliche

Nummer 35: Mitteilungen zum Schutz von Kindern und Jugendlichen

Nummer 36: Mitteilungen über Inhaberinnen und Inhaber einer waffenrechtlichen oder sprengstoffrechtlichen Berechtigung sowie über sonstige nach dem WaffG oder SprengG berechtigte Personen

Nummer 36a: Sonstige Mitteilungen aus waffenrechtlichen oder sprengstoffrechtlichen Gründen

Nummer 37: Strafsachen gegen Inhaberinnen und Inhaber von Jagdscheinen und gegen Personen, die einen Antrag auf Erteilung eines Jagdscheins gestellt haben

Nummer 37a: Strafsachen gegen Inhaberinnen und Inhaber von Fischereischeinen und Personen, die einen Antrag auf Erteilung eines Fischereischeins gestellt haben

Nummer 38: Mitteilungen über Inhaberinnen und Inhaber einer luftrechtlichen Erlaubnis oder Genehmigung sowie über sonstige nach dem Luftverkehrsgesetz oder nach dem Luftsicherheitsgesetz berechtigte Personen

Nummer 39: Strafsachen gegen Inhaberinnen und Inhaber von Berechtigungen und gegen Gewerbetreibende, Verkehrsleiter im Sinne von Artikel 4 der VO 1071/2009 sowie Betriebsleiterinnen und Betriebsleiter der Schienenbahnen des öffentlichen Personenverkehrs, der Seilbahnen, der Eisenbahnen und der Kraftfahrtunternehmen im Personenverkehr

Nummer 40: Strafsachen gegen mit Atomanlagen und Kernbrennstoffen oder sonstigen radioaktiven Stoffen verantwortlich befasste Personen

Nummer 41: Strafsachen gegen Angehörige ausländischer Konsulate

Nummer 42: Mitteilungen über Ausländerinnen und Ausländer

Nummer 42a: Mitteilungen über Asylsuchende

Nummer 43: Strafsachen gegen Gefangene und Untergebrachte

4. Abschnitt. Mitteilungen wegen der Art des verletzten Strafgesetzes

Nummer 44: Betriebsunfälle

Nummer 45: Fahrerlaubnissachen

Nummer 46: Straftaten gegen Vorschriften zum Schutz der Arbeitskraft und der Gesundheit der Arbeitnehmerinnen und Arbeitnehmer

Nummer 47: Straftaten nach dem Gesetz zur Bekämpfung der Schwarzarbeit und illegalen Beschäftigung und dem Arbeitnehmerüberlassungsgesetz

Nummer 48: Mitteilungen zur Bekämpfung der Schwarzarbeit und illegalen Beschäftigung

Nummer 49: Strafsachen wegen Verstoßes gegen das Außenwirtschaftsgesetz oder das Gesetz über die Kontrolle von Kriegswaffen
Nummer 50: Betäubungsmittelsachen
Nummer 51: Straftaten gegen Vorschriften zum Schutz der Umwelt
Nummer 52: Verdachtsfälle nach dem Geldwäschegesetz
Nummer 53: Mitteilungen wegen Verstoßes gegen den Jugendmecienschutz-Staatsvertrag
Nummer 54: Straftaten nach dem *Kulturschutzgesetz*[1)]

Erster Teil. Allgemeine Vorschriften

1. Grundsatz

(1) [1] In Strafsachen sind Gerichte und Staatsanwaltschaften nach der gesetzlichen Regelung im Zweiten Abschnitt des EGGVG[2)] (§§ 12 ff.) zur Mitteilung personenbezogener Daten von Amts wegen an öffentliche Stellen für andere Zwecke als die des Strafverfahrens, für die die Daten erhoben worden sind, befugt. [2] Verpflichtet sind sie zu Mitteilungen nur, wenn dies im Folgenden angeordnet oder in besonderen Vorschriften bestimmt ist.

(2) [1] Wichtige in besonderen Vorschriften enthaltene Mitteilungspflichten werden in dieser Verwaltungsvorschrift neben den erst durch diese Verwaltungsvorschrift angeordneten Mitteilungspflichten wiedergegeben. [2] Auf weitere besondere Vorschriften (Mitteilungspflichten und -befugnisse) wird im Anhang hingewiesen.

(3) [1] Darüber hinaus ist im Einzelfall eine Mitteilung auch dann zu machen, wenn sie weder in einer besonderen Vorschrift noch im Folgenden vorgeschrieben, jedoch rechtlich zulässig und wegen eines besonderen öffentlichen Interesses unerlässlich ist, etwa in Fällen des § 17 EGGVG. [2] Die Entscheidung treffen Richterinnen oder Richter, Staatsanwältinnen oder Staatsanwälte.

(4) [1] Diese Verwaltungsvorschrift gilt nicht für Mitteilungen für Zwecke des Verfahrens, in dem die Daten erhoben worden sind, für Mitteilungen an Privatpersonen sowie für Auskünfte und Akteneinsicht auf Ersuchen. [2] Die Nummern 11, 32 und 34 bleiben unberührt.

2. Einschränkung vorgeschriebener Mitteilungspflichten

(1) [1] Eine an sich vorgeschriebene Mitteilung unterbleibt im Einzelfall, wenn ihr eine besondere bundesrechtliche Verwendungsregelung, insbesondere § 30 AO[3)], § 78 SGB X, oder eine entsprechende landesrechtliche Verwendungsregelung entgegensteht. [2] In anderen als den in § 13 Absatz 1 EGGVG[2)] genannten Fällen unterbleibt eine Mitteilung ferner, wenn im Einzelfall für die übermittelnde Stelle offensichtlich ist, dass schutzwürdige Interessen Betroffener an dem Ausschluss der Übermittlung überwiegen (§ 13 Absatz 2 EGGVG). [3] Gesetzlich besonders geregelte Mitteil*ungspflichten und* deren Einschränkungen bleiben von § 13 Absatz 2 EGGVG unberührt. [4] Schließlich unterbleibt eine Mitteilung, solange Zwecke des Strafverfahrens entgegenstehen.

(2) Die Entscheidung treffen Richterinnen oder Richter, Staatsanwältinnen oder Staatsanwälte.

---

1) Richtig wohl: „Kulturgutschutzgesetz“.
2) **Habersack, Deutsche Gesetze Nr. 95a.**
3) Nr. **88b**.

3. Auskunft an die und Unterrichtung der Betroffenen

(1) [1] Vorbehaltlich besonderer und abschließender fachgesetzlicher Regelungen richten sich die Voraussetzungen von Auskunft (auf Antrag) und Unterrichtung (von Amts wegen) der Betroffenen nach § 21 EGGVG[1)]. [2] Diesen ist grundsätzlich nur auf schriftlichen Antrag Auskunft über Mitteilungen zu erteilen. [3] Von Amts wegen sind die Betroffenen vorbehaltlich des Absatzes 2 gleichzeitig mit der Übermittlung über den Inhalt und den Empfänger der Mitteilung zu unterrichten.

(2) [1] Auf die Beschränkungen in § 21 Absatz 3 und 4 EGGVG wird hingewiesen. [2] Die Entscheidung, dass Auskunft oder Unterrichtung unterbleiben, treffen Richterinnen oder Richter, Staatsanwältinnen oder Staatsanwälte.

(3) [1] Die Form der Auskunftserteilung und Unterrichtung unterliegt pflichtgemäßem Ermessen. [2] Grundsätzlich empfiehlt es sich, Betroffenen einen Abdruck der Mitteilung zu übersenden. [3] Von der Beifügung der Schriftstücke (etwa Urteile), die Betroffenen schon übermittelt worden sind, kann abgesehen werden.

(4) Eine nach § 21 Absatz 4 EGGVG unterbliebene Unterrichtung ist nachzuholen, sobald die Beschränkungen entfallen sind.

4. Mitteilungspflichtige Stellen und dort funktional zuständige Personen

(1) [1] Mitteilungspflichtige Stelle ist, soweit nichts anderes bestimmt ist,

1. die Staatsanwaltschaft für Mitteilungen bis zur Erhebung der öffentlichen Klage,
2. das Gericht für Mitteilungen nach der Erhebung der öffentlichen Klage oder der Privatklage bis zur Rechtskraft der Entscheidung,
3. die Vollstreckungsbehörde für Mitteilungen nach der Rechtskraft der Entscheidung.

[2] Die oberste Justizbehörde kann, insbesondere aus Gründen der Verwaltungsvereinfachung, eine andere Bestimmung treffen.

(2) [1] Richterinnen oder Richter, Staatsanwältinnen oder Staatsanwälte ordnen die Mitteilung in den Fällen an, in denen dies ausdrücklich bestimmt ist oder in denen sie sich die Anordnung ausdrücklich vorbehalten haben. [2] Auch in anderen Fällen können sie Mitteilungen anordnen. [3] Amtsanwältinnen und Amtsanwälte stehen im Rahmen ihrer Zuständigkeit Staatsanwältinnen und Staatsanwälten gleich.

(3) [1] Im Übrigen ordnen Mitteilungen an

1. bei der Staatsanwaltschaft von der Behördenleitung bestimmte Bedienstete,
2. bei dem Gericht Urkundsbeamtinnen oder Urkundsbeamte der Geschäftsstelle,
3. bei der Vollstreckungsbehörde Beamtinnen oder Beamte des gehobenen Justizdienstes,

soweit vorgesetzte Stellen nichts anderes bestimmen. [2] Die Durchführung einer angeordneten Mitteilung kann einer anderen Justizbehörde überlassen werden; die Verantwortung der anordnenden Stelle für die Zulässigkeit der Mitteilung bleibt unberührt.

[1)] **Habersack, Deutsche Gesetze Nr. 95a.**

5. Kenntlichmachung der Mitteilungspflicht auf den Akten, Dokumentation der Mitteilung

(1) Die Mitteilungspflichten sind auf der Vorderseite der Akten in geeigneter Form kenntlich zu machen; dies gilt nicht für die Mitteilungspflicht nach Nummer 11.

(2) [1]Sind Mitteilungen gemacht, ist dies in geeigneter Form zu dokumentieren. [2]In Betracht kommt z.B. ein Vermerk. [3]Ein Abdruck der Mitteilungen – ohne etwaige Anlagen – soll zur Dokumentation benutzt werden, wenn dies ohne größeren Aufwand möglich ist.

(3) Liegen die Beschränkungen des § 21 Absatz 3 und 4 EGGVG[1)] vor, sind die Kenntlichmachung der Mitteilungspflichten und die Dokumentation der Mitteilung in den Handakten oder in sonst geeigneter Weise vorzunehmen.

6. Inhalt und Zeitpunkt der Mitteilungen

(1) [1]Der Inhalt und der Zeitpunkt der Mitteilungen richten sich nach den besonderen Vorschriften. [2]Neben den mitzuteilenden Daten dürfen weitere Daten unter den Voraussetzungen des § 18 Absatz 1 EGGVG[1)] übermittelt werden. [3]Im Übrigen gelten die folgenden Bestimmungen.

(2) [1]Ist die Einleitung eines Verfahrens mitzuteilen, richtet sich der Inhalt der Mitteilung nach deren Zweck und den Umständen des Einzelfalles. [2]Die Mitteilung unterbleibt, solange kein begründeter Verdacht vorliegt.

(3) [1]Ist der Erlass und der Vollzug eines Haft- oder Unterbringungsbefehls mitzuteilen, sind auch die Aufhebung dieser Entscheidungen sowie die Aussetzung des Vollzuges mitzuteilen. [2]Der Haft- oder der Unterbringungsbefehl selbst werden grundsätzlich nicht übermittelt. [3]Soll der Erlass eines Haft- oder Unterbringungsbefehls vor dessen Vollzug mitgeteilt werden, ist besonders zu prüfen, ob Zwecke des Strafverfahrens dem entgegenstehen (Nummer 2 Absatz 1 Satz 4).

(4) [1]Ist die Erhebung der öffentlichen Klage mitzuteilen, sind die Anklageschrift, eine an ihre Stelle tretende Antragsschrift nach § 414 Absatz 2 Satz 2 StPO[2)], der Antrag auf Erlass eines Strafbefehls, der Antrag auf Entscheidung im beschleunigten Verfahren (§ 417 StPO) bzw. der Antrag im vereinfachten Jugendverfahren (§ 76 JGG[3)]) zu übermitteln. [2]Staatsanwältinnen oder Staatsanwälte können im Einzelfall anordnen, dass die Übermittlung des wesentlichen Ergebnisses der Ermittlungen unterbleibt.

(5) [1]Ist das Urteil mitzuteilen, sind die Urteilsformel und die Urteilsgründe zu übermitteln. [2]Richterinnen oder Richter, Staatsanwältinnen oder Staatsanwälte können im Einzelfall anordnen, dass die Übermittlung der Urteilsgründe unterbleibt. [3]Mitzuteilen ist auch, ob und von wem ein Rechtsmittel gegen das Urteil eingelegt worden ist.

(6) [1]Ist die rechtskräftige Entscheidung (Urteil, Strafbefehl, Gesamtstrafenbeschluss) mitzuteilen, ist auch anzugeben, wann sie rechtskräftig geworden ist. [2]Ist mit der rechtskräftigen Entscheidung ein Rechtsmittel verworfen worden oder wird darin auf eine angefochtene Entscheidung Bezug genommen, ist auch die angefochtene Entscheidung mitzuteilen; Absatz 5 Satz 2 gilt entsprechend.

(7) [1]Ist der Ausgang des Verfahrens mitzuteilen, ist jede das Verfahren endgültig oder – außer in den Fällen des § 153a StPO – vorläufig abschließende Ent-

---

1) Habersack, Deutsche Gesetze Nr. 95a.
2) Habersack, Deutsche Gesetze Nr. 90.
3) Habersack, Deutsche Gesetze Nr. 89.

scheidung mit Begründung mitzuteilen, insbesondere die Einstellungsverfügung (Ablehnung der Strafverfolgung) der Staatsanwaltschaft, der nicht mehr anfechtbare Beschluss, der die Eröffnung des Hauptverfahrens ablehnt, die Einstellung des Verfahrens durch gerichtlichen Beschluss und die rechtskräftige Entscheidung. [2]Richterinnen oder Richter, Staatsanwältinnen oder Staatsanwälte können im Einzelfall anordnen, dass die Übermittlung der Begründung unterbleibt.

7. Folgemitteilungen, Antrag auf gerichtliche Entscheidung

(1) [1]Unter den Voraussetzungen des § 20 EGGVG[1)] sind Folgemitteilungen notwendig. [2]Absatz 1 ordnet – eingeschränkt durch Absatz 3 – Folgemitteilungen für den Fall an, dass eine Mitteilung vor Beendigung des Verfahrens ergangen, insbesondere eine übermittelte Entscheidung abgeändert oder aufgehoben worden ist. [3]Absatz 2 Satz 1 regelt – wiederum eingeschränkt durch Absatz 3 – die unverzügliche Berichtigung unrichtiger Daten. [4]Die Entscheidung darüber, dass eine Folgemitteilung nach § 20 Absatz 3 EGGVG unterbleibt, treffen Richterinnen oder Richter, Staatsanwältinnen oder Staatsanwälte.

(2) [1]Senden Empfänger Unterlagen zurück, weil sie für ihre Zwecke nicht erforderlich sind, ist sicherzustellen, dass sie keine Folgemitteilungen erhalten. [2]Leiten Empfänger Unterlagen gemäß § 19 Absatz 2 Satz 3 EGGVG weiter, sind Folgemitteilungen an die nach ihren Angaben tatsächlich zuständige Stelle zu machen.

(3) [1]Wird ein Antrag auf gerichtliche Entscheidung gestellt, ist der Empfänger zu unterrichten (§ 22 Absatz 2 Satz 1 EGGVG). [2]Auf § 22 Absatz 2 Satz 2 EGGVG soll er hingewiesen werden.

8. Mitteilungen bei Tateinheit

Ist eine Mitteilung wegen der Art des verletzten Strafgesetzes vorgeschrieben, ist sie auch dann zu machen, wenn die Straftat zugleich ein anderes Strafgesetz verletzt und die Strafe diesem entnommen werden muss oder entnommen worden ist.

9. Form der Mitteilungen

(1) [1]Soweit dies möglich und nichts anderes vorgeschrieben ist, werden Mitteilungen durch Übersendung einer Mehrfertigung des mitzuteilenden Schriftstücks bewirkt. [2]Im Übrigen wird die Form der Mitteilungen von der übermittelnden Stelle nach pflichtgemäßem Ermessen bestimmt.

(2) [1]Ein automatisiertes Verfahren zur Durchführung von Mitteilungen kann eingerichtet werden, wenn diese Form der Datenübermittlung – unter Berücksichtigung der schutzwürdigen Interessen der Betroffenen und der Aufgaben der beteiligten Stellen – wegen der Vielzahl der Übermittlungen oder aus anderen Gründen angemessen ist. [2]Der automatisierte Abruf durch die empfangenden Stellen ist unzulässig. [3]Die datenschutzrechtlichen Bestimmungen, die für die übermittelnde Stelle gelten, sind zu beachten.

(3) Mehrfertigungen sind nur zu beglaubigen, wenn dies besonders bestimmt ist.

(4) Soweit es nicht der Übersendung einer Mehrfertigung bedarf, sollen Vordrucke oder Muster verwendet werden.

[1)] **Habersack, Deutsche Gesetze Nr. 95a.**

(5) [1] Auf der Mitteilung wird vermerkt:
„(Absendende Stelle) ……………, den ……… 20..

An
…………………………………………………… – vertraulich behandeln –
……………………………………………………
Zum dortigen Aktenzeichen (falls bekannt): ……………………………
Mitteilung nach Nr. …………………
der Anordnung über Mitteilungen in Strafsachen.
Die Mitteilung darf nur im Rahmen der §§ 19 Absatz 1, 18 Absatz 1 Satz 2 EGGVG verwertet werden, es sei denn, dass eine zweckändernde Nutzung ausdrücklich gesetzlich vorgesehen ist. Der Zweck ergibt sich aus der angegebenen Bestimmung der MiStra. Sind die übermittelten Daten im Sinne von § 19 Absatz 2 Satz 1 EGGVG nicht erforderlich, ist nach § 19 Absatz 2 Satz 2 EGGVG zu verfahren.“
[2] Die §§ 18, 19 EGGVG[1)] sowie die einschlägige Bestimmung des zweiten Teils dieser Verwaltungsvorschrift sind der Mitteilung im Wortlaut beizufügen, wenn die Kenntnis der empfangenden Stelle nicht vorausgesetzt werden kann.

(6) Die Mitteilung wird – sofern kein automatisiertes Verfahren Anwendung findet – verschlossen übersandt.

10. Mitteilungsweg

(1) [1] Die Mitteilungen werden vorbehaltlich besonderer Vorschriften der empfangenden Stelle unmittelbar übersandt. [2] Berichtspflichten bleiben unberührt.

(2) Soweit dies nach der Art der zu übermittelnden Daten und der Organisation der empfangenden Stelle veranlasst oder im Folgenden ausdrücklich angeordnet ist, trifft die übermittelnde Stelle angemessene Vorkehrungen, um sicherzustellen, dass Mitteilungen unmittelbar die bei der empfangenden Stelle funktionell zuständigen Bediensteten erreichen.

Zweiter Teil. Die einzelnen Mitteilungspflichten

1. Abschnitt. Allgemeine Mitteilungspflichten

11. Mitteilungen an die Polizei § 482 StPO[2)]

(1) Die Staatsanwaltschaft teilt der Polizeibehörde, die mit dem Verfahren befasst war, ihr Aktenzeichen mit.

(2) Die Staatsanwaltschaft teilt der Polizeibehörde, die mit dem Verfahren befasst war, den Ausgang des Verfahrens mit.

(3) [1] Die Mitteilung nach Absatz 2 erfolgt

1. in den Fällen des § 20 Absatz 1 Satz 1 BZRG[3)] durch Übersendung einer Mehrfertigung der Mitteilung an das Bundeszentralregister,

---

[1)] Habersack, Deutsche Gesetze Nr. 95a.
[2)] Habersack, Deutsche Gesetze Nr. 90.
[3)] Habersack, Deutsche Gesetze Nr. 92.

2. im Übrigen grundsätzlich nur durch Übermittlung der Entscheidungsformel (Tenor), der entscheidenden Stelle sowie des Datums und der Art der Entscheidung (Urteil, Beschluss, Entschließung der Staatsanwaltschaft).

[2] Eine Mehrfertigung des Urteils (gegebenenfalls auch der nach § 267 Absatz 1 Satz 3, Absatz 4 Satz 1 StPO in Bezug genommenen Abbildungen und Schriftstücke) oder einer mit Gründen versehenen Einstellungsentscheidung kann auf Ersuchen der befassten Polizeibehörde übersandt werden.

(4) [1] Die Mitteilung des Verfahrensausgangs von Amts wegen unterbleibt in Verfahren gegen Unbekannt sowie bei Verkehrsstrafsachen, soweit sie nicht unter die §§ 142, 315 bis 315c StGB[1)] fallen. [2] Die Befugnis zur Erteilung von Auskünften oder der Gewährung von Akteneinsicht auf Ersuchen bleibt hiervon unberührt.

12. Mitteilungen zum Wählerverzeichnis § 13 Absatz 1 Nummer 5 EGGVG[2)]

(1) [1] In Strafsachen gegen deutsche Staatsangehörige sowie gegen Staatsangehörige der übrigen Mitgliedstaaten der Europäischen Gemeinschaft (Unionsbürger), die in der Bundesrepublik Deutschland eine Wohnung innehaben oder sich sonst gewöhnlich aufhalten, ist der zuständigen Verwaltungsbehörde die Tatsache der rechtskräftigen Verurteilung (ohne Angabe der rechtlichen Bezeichnung der Tat und ohne Angabe der angewendeten Strafvorschriften) mitzuteilen, wenn

1. wegen eines Verbrechens auf eine Freiheitsstrafe von mindestens einem Jahr erkannt worden ist,
2. die Fähigkeit aberkannt worden ist, öffentliche Ämter zu bekleiden oder Rechte aus öffentlichen Wahlen zu erlangen, oder
3. das Recht aberkannt worden ist, in öffentlichen Angelegenheiten zu wählen oder zu stimmen.

[2] In den Fällen der Ziffern 2 und 3 ist auch die Zeit mitzuteilen, für die die Aberkennung wirksam ist.

(2) [1] Die Mitteilungen sind der Verwaltungsbehörde zu machen, in deren Bezirk die Verurteilte oder der Verurteilte die Wohnung, bei mehreren Wohnungen die Hauptwohnung innehat. [2] Haben Verurteilte keine Wohnung im Gebiet der Bundesrepublik Deutschland oder lässt sich eine solche Wohnung nicht feststellen, so sind die Mitteilungen an die Verwaltungsbehörde zu machen, in deren Bezirk die Verurteilte oder der Verurteilte die letzte Wohnung, bei mehreren Wohnungen die letzte Hauptwohnung gehabt hat.

(3) [1] In den Fällen des Absatz 1 sind auch der Tag des Ablaufs des Verlustes der Amtsfähigkeit, der Wählbarkeit und des Wahl- und Stimmrechts sowie die Wiederverleihung dieser Fähigkeiten und Rechte mitzuteilen. [2] Die Mitteilung ist an den Empfänger der Erstmitteilung und in den Fällen, in denen eine neue Wohnung aktenkundig ist, an die nunmehr zuständige Verwaltungsbehörde zu richten.

13. Bewährungs- und Führungsaufsichtsfälle § 477 Absatz 2 Nummer 3 StPO[3)]

(1) Ist durch eine Entscheidung des Gerichts oder durch eine Gnadenentscheidung

---

[1)] **Habersack, Deutsche Gesetze Nr. 85.**
[2)] **Habersack, Deutsche Gesetze Nr. 95a.**
[3)] **Habersack, Deutsche Gesetze Nr. 90.**

1. die Vollstreckung einer Freiheitsstrafe oder des Restes einer Freiheitsstrafe,
2. die Vollstreckung oder weitere Vollstreckung einer Unterbringung,
3. ein Berufsverbot,
4. die Vollstreckung einer Jugendstrafe oder des Restes einer Jugendstrafe,
5. die Vollstreckung eines Strafarrestes oder des Restes eines Strafarrestes zur Bewährung ausgesetzt oder
6. die Strafe oder der Strafarrest nach Ablauf der Bewährungszeit erlassen

worden, ist dem Gericht oder der Gnadenbehörde Mitteilung zu machen, sobald Umstände bekannt werden, die zu einem Widerruf der Aussetzung oder des Straferlasses oder des Erlasses des Strafarrestes führen können.

(2) Ist durch die Entscheidung eines Gerichts oder kraft Gesetzes Führungsaufsicht eingetreten, so ist dem Gericht sowie der Führungsaufsichtsstelle Mitteilung zu machen, sobald Umstände bekannt werden, die zu nachträglichen Entscheidungen führen können.

(2a) [1] Ist eine unter Bewährung stehende Verurteilte bzw. ein unter Bewährung stehender Verurteilter in anderer Sache in Strafhaft genommen worden, so ist der die Bewährungsstrafe vollstreckenden Staatsanwaltschaft zur Weiterleitung an das bis zu diesem Zeitpunkt die Bewährungsaufsicht führende Gericht Mitteilung zu machen. [2] Gleiches gilt in den Fällen, in denen Maßregeln der Besserung und Sicherung vollstreckt werden.

(3) Ist die Verurteilung zu einer Geldstrafe vorbehalten oder die Entscheidung über die Verhängung einer Jugendstrafe ausgesetzt worden, ist dem Gericht Mitteilung zu machen, sobald Umstände bekannt werden, die zur Verurteilung zu der vorbehaltenen Strafe oder zur Verhängung einer Jugendstrafe führen können.

(4) Ist Bewährungs- oder Führungsaufsicht angeordnet, ist die Mitteilung in zwei Stücken zu machen.

14. Ermittlungen über einen Todesfall § 13 Absatz 1 Nummer 1 EGGVG[1)]

(1) Werden in einem Strafverfahren amtliche Ermittlungen über den Tod einer Person durchgeführt, ist dem Standesamt (§ 28 in Verbindung mit § 30 Absatz 3 PStG[2)]), in dessen Bezirk die Person gestorben ist, Mitteilung zu machen, wenn das Gericht oder die Staatsanwaltschaft hierfür zuständig ist.[3)]

[1)] **Habersack, Deutsche Gesetze Nr. 95a.**

[2)] Nr. **113**.

[3)] **Amtliche Anmerkung:**

BW Behörde, die die amtliche Ermittlung führt (keine besondere Regelung)

BY Polizei (Artikel 5 Absatz 2 des Gesetzes zur Ausführung des Personenstandsgesetzes vom 8. Juli 2008; GVBl. S. 344)

BE *Polizeibehörde (§ 1 Absatz 4* der Verordnung zur Ausführung des Personenstandsgesetzes im Land Berlin vom 26. März 2013 (GVBl. S. 107)

BB Behörde, die die amtliche Ermittlung führt (§ 1 Absatz 4 des Brandenburgischen Gesetzes zur Ausführung des Personenstandsgesetzes vom 9. Oktober 2003; GVBl. I/03, S. 270, geändert durch Artikel 1 des Gesetzes vom 15. April 2009; GVBl. I/09, S. 66)

HB Behörde, die die amtliche Ermittlung führt (§ 4 Absatz 3 Bremisches Ausführungsgesetz zum Personenstandsgesetz (BremAGPStG) vom 16. Dezember 2008; Brem.GBl. S. 418)

HH Gerichte, Staatsanwaltschaften, Behörde für Inneres und Sport (Ziffer IV der Anordnung zur Durchführung des Personenstandsgesetzes vom 3. November 2009; Amtl. Anz. S. 2093)

HE Behörde, die die amtliche Ermittlung führt (keine besondere Regelung)

→

(2) In der Mitteilung sollen nach Möglichkeit angegeben werden

1. die Vornamen und der Familienname der verstorbenen Person, ihr Geschlecht und Wohnort sowie Ort und Tag der Geburt,
2. die Vornamen und der Familienname des Ehegatten bzw. der Ehegattin oder des eingetragenen Lebenspartners bzw. der eingetragenen Lebenspartnerin oder die Tatsache, dass die verstorbene Person nicht verheiratet oder verpartnert war,
3. Ort, Tag und Stunde des Todes.

(3) Ist der Sterbeort nicht festzustellen, ist die Mitteilung an das Standesamt zu richten, in dessen Bezirk die Leiche gefunden worden ist.

2. Abschnitt. Mitteilungen über Personen, die einer Dienst-, Staats-, Standesaufsicht oder berufsrechtlichen Aufsicht unterliegen

15. Strafsachen gegen Personen in einem Beamten- oder Richterverhältnis § 115 BBG[1)], § 49 BeamtStG[2)], §§ 46, 71 DRiG[3)]

(1) In Strafsachen gegen Personen, die in einem Beamten- oder Richterverhältnis stehen, sind mitzuteilen

1. der Erlass und der Vollzug eines Haft- oder Unterbringungsbefehls,
2. die Anklageschrift oder eine an ihre Stelle tretende Antragsschrift,
3. der Antrag auf Erlass eines Strafbefehls und
4. die einen Rechtszug abschließende Entscheidung mit Begründung sowie gegebenenfalls mit dem Hinweis, dass ein Rechtsmittel eingelegt worden ist.

(2) [1]Absatz 1 gilt in Verfahren wegen Privatklagedelikten nur, wenn die Staatsanwaltschaft das öffentliche Interesse an der Strafverfolgung bejaht hat; Nummer 29 bleibt unberührt. [2]In Verfahren wegen fahrlässig begangener Straftaten sind Mitteilungen nach Absatz 1 Ziffer 2 bis 4 nur zu machen, wenn

---

(Fortsetzung der Anm. von voriger Seite)

MV Behörde, die die amtliche Ermittlung führt (§ 1 Absatz 4 des Landespersonenstandsausführungsgesetzes Mecklenburg-Vorpommern (LPStAG M-V) vom 1. Dezember 2008; GVOBl. M-V S. 461)

NI Staatsanwaltschaft (Nummer 1 des Gem. RdErl. d. MJ u. d. MI v. 12. Dezember 2019; Nds. MBl. 2020, 24)

NW Behörde, die die amtliche Ermittlung führt (§ 3 Absatz 2 der Verordnung zur Durchführung des Personenstandsgesetzes (PStVO NRW) vom 16. Dezember 2008; GV. NRW. 2008 S. 859)

RP Polizeibehörde, die die amtlichen Ermittlungen führt (§ 3 Absatz 2 der Landesverordnung zur Durchführung des Personenstandsgesetzes vom 10. Dezember 2008; GVBl. S. 321)

SL Behörde, die die amtliche Ermittlung führt (§ 6 Absatz 2 der Saarländischen Verordnung zur Ausführung des Personenstandsgesetzes vom 4. Dezember 2008 in der Fassung der Bekanntmachung vom 8. Mai 2012 (Amtsbl. I S. 127)

SN Polizei (§ 4 Absatz 3 des Sächsischen Gesetzes zur Ausführung des Personenstandsgesetzes (SächsAGPStG) vom 11. Dezember 2008; SächsGVBl. 2008, Bl.-Nr. 20, S. 938)

ST Behörde, die die amtliche Ermittlung führt (§ 3 Absatz 3 des Gesetzes zur Ausführung des Personenstandsgesetzes im Land Sachsen-Anhalt (PStG-AG LSA) vom 5. Dezember 2008; GVBl. LSA S. 406)

SH Behörde, die die amtliche Ermittlung führt (keine besondere Regelung)

TH Polizei (§ 3 Absatz 3 des Thüringer Ausführungsgesetzes zum Personenstandsgesetz vom 18. September 2008; GVBl. S. 313)

[1)] **Sartorius Nr. 160.**
[2)] **Sartorius Nr. 150.**
[3)] Nr. **97**.

1. es sich um schwere Verstöße, namentlich Vergehen der Trunkenheit im Straßenverkehr oder der fahrlässigen Tötung, handelt oder
2. in sonstigen Fällen die Kenntnis der Daten auf Grund der Umstände des Einzelfalls erforderlich ist, um zu prüfen, ob dienstrechtliche Maßnahmen zu ergreifen sind.

(3) [1]Entscheidungen über Verfahrenseinstellungen, die nicht bereits nach Absatz 1 oder 2 zu übermitteln sind, sollen übermittelt werden, wenn die in Absatz 2 Ziffer 2 genannten Voraussetzungen erfüllt sind. [2]Dabei ist zu berücksichtigen, wie gesichert die zu übermittelnden Erkenntnisse sind. [3]Übermittelt werden sollen insbesondere Einstellungsentscheidungen gemäß § 170 Absatz 2 StPO[1)], die Feststellungen zu einer Schuldunfähigkeit nach § 20 StGB[2)] enthalten. [4]Die Mitteilung ordnen Richterinnen oder Richter, Staatsanwältinnen oder Staatsanwälte an.

(4) Übermittlungen nach den Absätzen 1 bis 3 sind auch zulässig, soweit sie Daten betreffen, die dem Steuergeheimnis (§ 30 AO[3)]) unterliegen.

(5) Die Mitteilungen sind an die zuständigen Dienstvorgesetzten oder deren Vertretung im Amt zu richten und als „Vertrauliche Personalsache" zu kennzeichnen.

(6) [1]Bei Personen im Beamten- oder Richterverhältnis im Geschäftsbereich des Bundesministeriums der Verteidigung sind die Mitteilungen zum Zwecke der Weiterleitung an die zuständige Stelle zu richten an das:

Bundesamt für Personalmanagement der Bundeswehr

Referat V 2.Z

Niederberg-Kaserne

Alte Heerstraße 81

53757 Sankt Augustin

[2]Die Mitteilungen sind als „Vertrauliche Personalsache" zu kennzeichnen. [3]Dabei sind nur die Personendaten der Beamtinnen und Beamten bzw. Richterinnen und Richter, die zur Ermittlung der zuständigen Stelle erforderlich sind (Name, Geburtsname, Vorname, Geburtsdatum, Amtsbezeichnung, Dienststelle sowie Standort), dem Bundesamt für das Personalmanagement der Bundeswehr mitzuteilen. [4]Die übrigen Daten sind zur Weiterleitung in einem verschlossenen Umschlag zu übermitteln. [5]Ist das Beamten- bzw. Richterverhältnis zwischenzeitlich beendet, soll neben den bekannten, zuletzt gültigen Personendaten auch die bekannte Anschrift der entlassenen Beamtinnen oder Beamten bzw. Richterinnen oder Richter mitgeteilt werden.

16. Strafsachen gegen Personen in einem Arbeitnehmer- oder sonstigen Beschäftigungsverhältnis im öffentlichen Dienst

§ 13 Absatz 2, § 14 Absatz 1 Nummer 5, Absatz 2 EGGVG[4)]

(1) In Strafsachen gegen Personen, die in einem privatrechtlichen Arbeitnehmer- oder Ausbildungsverhältnis zum Bund, einem Land, einer Gemeinde, einem Gemeindeverband oder einer anderen Körperschaft, Anstalt oder Stiftung des öffentlichen Rechts stehen, sind, soweit es um den Vorwurf eines Verbrechens geht, mitzuteilen

1. der Erlass und der Vollzug eines Haft- oder Unterbringungsbefehls,

---

[1)] **Habersack, Deutsche Gesetze Nr. 90.**

[2)] **Habersack, Deutsche Gesetze Nr. 85.**

[3)] Nr. **88b**.

[4)] **Habersack, Deutsche Gesetze Nr. 95a.**

2. die Erhebung der öffentlichen Klage,
3. die Urteile,
4. der Ausgang des Verfahrens, wenn eine Mitteilung nach den Ziffern 1 bis 3 zu machen war.

(2) Entsprechend ist in Strafsachen wegen eines Vergehens zu verfahren, wenn der Tatvorwurf auf eine Verletzung von Pflichten schließen lässt, die bei der Ausübung des Dienstes bzw. des Berufs zu beachten sind, oder er in anderer Weise geeignet ist, Zweifel an der Eignung, Zuverlässigkeit oder Befähigung zur Ausübung der dienstlichen bzw. beruflichen Tätigkeit im Allgemeinen oder auch nur in bestimmten Umfeldern oder Einsatzorten hervorzurufen.

(3) [1] In Privatklageverfahren, in Verfahren wegen fahrlässig begangener Straftaten und in sonstigen Verfahren bei Verurteilung zu einer anderen Maßnahme als einer Strafe oder einer Maßnahme im Sinne des § 11 Absatz 1 Nummer 8 StGB[1)] unterbleibt die Mitteilung, wenn nicht besondere Umstände des Einzelfalls sie erfordern. [2] Sie ist insbesondere erforderlich, wenn die Tat bereits ihrer Art nach geeignet ist, Zweifel an der Zuverlässigkeit oder Eignung für die gerade ausgeübte berufliche Tätigkeit hervorzurufen. [3] Die Mitteilung ordnen Richterinnen oder Richter, Staatsanwältinnen oder Staatsanwälte an. [4] Die Sätze 1 bis 3 gelten nicht bei Straftaten, durch die der Tod eines Menschen verursacht worden ist, und bei gefährlicher Körperverletzung.

(4) [1] In Strafsachen gegen Personen, die in einem öffentlich-rechtlichen Beschäftigungsverhältnis stehen, das nicht unter Nummer 15 fällt, ist diese Bestimmung dann anzuwenden, wenn für das Rechtsverhältnis im Gesetz auf die Regelungen des Beamtenrechts verwiesen wird. [2] Ist dies nicht der Fall, ist nach den Absätzen 1 bis 3 zu verfahren.

(5) Die Mitteilungen sind an die Leitung der Behörde oder Beschäftigungsstelle oder die Vertretung im Amt zu richten und als „Vertrauliche Personalsache" zu kennzeichnen.

(6) [1] Bei Personen, die in einem privatrechtlichen Arbeitnehmer- oder Ausbildungsverhältnis zu einer Dienststelle im Geschäftsbereich des Bundesministeriums der Verteidigung stehen, sind die Mitteilungen zum Zwecke der Weiterleitung an die zuständige Stelle zu richten an das:

Bundesamt für Personalmanagement der Bundeswehr
Referat V 2.Z
Niederberg-Kaserne
Alte Heerstraße 81
53757 Sankt Augustin

[2] Die Mitteilungen sind als „Vertrauliche Personalsache" zu kennzeichnen. [3] Dabei sind nur die Personendaten der Beschäftigten, die zur Ermittlung der zuständigen Stelle erforderlich sind (Name, Geburtsname, Vorname, Geburtsdatum, Amtsbezeichnung, Dienststelle sowie Standort), dem Bundesamt für das Personalmanagement der Bundeswehr mitzuteilen. [4] Die übrigen Daten sind zur Weiterleitung in einem verschlossenen Umschlag zu übermitteln. [5] Ist das Arbeitnehmer- oder Ausbildungsverhältnis zwischenzeitlich beendet, soll neben den bekannten, zuletzt gültigen Personendaten auch die bekannte Anschrift der ausgeschiedenen Arbeitnehmerin oder des ausgeschiedenen Arbeitnehmers oder des oder der ausgeschiedenen Auszubildenden mitgeteilt werden.

[1)] **Habersack, Deutsche Gesetze Nr. 85.**

17. Strafsachen gegen ehrenamtliche Richterinnen und Richter § 13 Absatz 2, § 14 Absatz 1 Nummer 5, Absatz 2 EGGVG[1)]

(1) In Strafsachen gegen ehrenamtliche Richterinnen und Richter aller Zweige der Gerichtsbarkeit sind rechtskräftige Entscheidungen mitzuteilen, die den Verlust der Fähigkeit, öffentliche Ämter zu bekleiden, zur Folge haben oder in denen wegen einer vorsätzlichen Tat eine Freiheitsstrafe von mehr als sechs Monaten festgesetzt worden ist.

(2) Darüber hinaus sind in Strafsachen wegen einer Tat, die den Verlust der Fähigkeit zur Bekleidung öffentlicher Ämter zur Folge haben kann, mitzuteilen:

1. bei Schöffinnen und Schöffen, Jugendschöffinnen und Jugendschöffen sowie ehrenamtlichen Richterinnen und Richtern in Handels- und Landwirtschaftssachen die Einleitung des Ermittlungsverfahrens und der Ausgang des Verfahrens,
2. bei den übrigen ehrenamtlichen Richterinnen und Richtern die Erhebung der öffentlichen Klage und der Ausgang des Verfahrens.

(3) Bei ehrenamtlichen Richterinnen und Richtern der Finanzgerichtsbarkeit sind ferner alle rechtskräftigen Verurteilungen wegen einer Steuer- oder Monopolstraftat mitzuteilen.

(4) [1] Die Mitteilungen sind an die Präsidentin oder den Präsidenten oder an die Direktorin oder den Direktor des Gerichts, bei dem die ehrenamtliche Richterin oder der ehrenamtliche Richter tätig ist oder tätig werden soll, zu richten. [2] Bei ehrenamtlichen Richterinnen und Richtern an einem Arbeitsgericht oder Landesarbeitsgericht sind die Mitteilungen an die oberste Arbeitsbehörde des Landes[2)], bei ehrenamtlichen Richterinnen und Richtern am Bundesarbeitsgericht an das Bundesministerium für Arbeit und Soziales zu richten. [3] Sie sind als „Vertrauliche Personalsache" zu kennzeichnen.

18. Strafsachen gegen Versorgungsberechtigte, Alters- und Hinterbliebenengeldberechtigte § 13 Absatz 1 Nummer 5, Absatz 2, § 14 Absatz 1 Nummer 6, Absatz 2 EGGVG[1)]

(1) In Strafsachen gegen Personen, denen aufgrund früherer Dienstverhältnisse als Richterinnen oder Richter, Beamtinnen oder Beamte, Soldatinnen oder Soldaten Ansprüche auf Versorgungsbezüge oder Altersgeld zustehen oder Versorgungsleistungen gewährt werden, sind mitzuteilen

1. der für die Festsetzung der Versorgungsbezüge zuständigen Behörde das rechtskräftige Urteil, wenn
   a) wegen einer vor Beendigung des Amts- oder Dienstverhältnisses begangenen vorsätzlichen Tat
      aa) eine Freiheitsstrafe von mindestens einem Jahr verhängt,
      bb) eine Freiheitsstrafe von mindestens sechs Monaten – bei Soldatinnen und Soldaten eine Freiheitsstrafe in beliebiger Höhe – nach den Vorschriften über Friedensverrat, Hochverrat, Gefährdung des demokratischen Rechtsstaats, Landesverrat, Gefährdung der äußeren Sicherheit oder –

[1)] **Habersack, Deutsche Gesetze Nr. 95a.**

[2)] **Anmerkung:** In Baden-Württemberg, der Freien und Hansestadt Hamburg, Mecklenburg-Vorpommern, Rheinland-Pfalz, Sachsen, Sachsen-Anhalt und Thüringen sind die Mitteilungen an die oberste Justizbehörde zu richten.

soweit sich die Tat auf eine Diensthandlung im Hauptamt bezieht – Bestechlichkeit verhängt,

cc) die Fähigkeit zur Bekleidung öffentlicher Ämter aberkannt oder

dd) nur bei Soldatinnen und Soldaten – eine Maßregel der Besserung und Sicherung nach den §§ 64, 66 StGB[1] angeordnet

worden ist oder

b) wegen einer nach Beendigung des Amts- oder Dienstverhältnisses begangenen vorsätzlichen Tat

aa) eine Freiheitsstrafe von mindestens zwei Jahren oder

bb) eine Freiheitsstrafe von mindestens sechs Monaten nach den Vorschriften über Friedensverrat, Hochverrat, Gefährdung des demokratischen Rechtsstaats oder Landesverrat und Gefährdung der äußeren Sicherheit

verhängt worden ist,

2. der nach den §§ 17, 84 BDG[2] oder den entsprechenden landesrechtlichen Vorschriften oder der nach der WDO zuständigen Einleitungsbehörde, wenn die Tat vor Beendigung des Amts- oder Dienstverhältnisses begangen wurde oder wenn bei einer nach diesem Zeitpunkt begangenen Tat die besonderen Voraussetzungen gemäß § 2 Absatz 1 Nummer 2 Buchstabe b BDG in Verbindung mit § 77 Absatz 2 BBG[3] oder gemäß den entsprechenden landesrechtlichen Vorschriften in Verbindung mit § 47 Absatz 2 BeamtStG[4] oder gemäß § 1 Absatz 2 Satz 2 WDO in Verbindung mit § 23 Absatz 2 SG vorliegen:

a) die Erhebung der öffentlichen Klage,

b) die Urteile,

c) der Ausgang des Verfahrens, wenn eine Mitteilung nach Buchstabe a oder b zu machen war.

Nummer 15 Absatz 2 gilt in diesen Fällen entsprechend.

(2) In Strafsachen gegen Personen, denen aufgrund einer früheren Tätigkeit in einem privatrechtlichen Arbeitnehmerverhältnis im öffentlichen Dienst oder als Hinterbliebene einer solchen Person gegen eine Zusatzversorgungseinrichtung des öffentlichen Dienstes Ansprüche auf Betriebsrenten aufgrund einer Pflichtversicherung oder auf Besitzstandsrenten oder Ansprüche und Anwartschaften auf Versorgungsleistungen zustehen, sind der für die Festsetzung der Leistungen zuständigen Stelle rechtskräftige Urteile mitzuteilen, wenn:

1. wegen einer vorsätzlichen Tat eine Freiheitsstrafe von mindestens zwei Jahren oder

2. wegen einer vorsätzlichen Tat, die nach den Vorschriften über Friedensverrat, Hochverrat, Gefährdung des demokratischen Rechtsstaats oder Landesverrat und Gefährdung der äußeren Sicherheit strafbar ist, eine Freiheitsstrafe von mindestens sechs Monaten

verhängt worden ist.

(3) In Strafsachen gegen sonstige Personen, denen gegen eine öffentliche Kasse Ansprüche auf Leistungen mit Versorgungscharakter zustehen oder denen solche Leistungen gewährt werden, sind der für die Festsetzung der Leistungen zuständi-

---

[1] **Habersack, Deutsche Gesetze Nr. *85*.**
[2] **Sartorius Nr. 220.**
[3] **Sartorius Nr. 160.**
[4] **Sartorius Nr. 150.**

gen Stelle rechtskräftige Urteile mitzuteilen, in denen wegen einer vorsätzlichen Tat, die

1. vor Beendigung des Amts- oder Dienstverhältnisses begangen wurde, eine Freiheitsstrafe von mindestens einem Jahr verhängt oder die Fähigkeit zur Bekleidung öffentlicher Ämter aberkannt worden ist,
2. nach Beendigung des Amts- oder Dienstverhältnisses begangen wurde, eine Freiheitsstrafe von mindestens zwei Jahren verhängt worden ist oder
3. die nach den Vorschriften über Friedensverrat, Hochverrat, Gefährdung des demokratischen Rechtsstaats oder Landesverrat und Gefährdung der äußeren Sicherheit strafbar ist, eine Freiheitsstrafe von mindestens sechs Monaten verhängt worden ist.

(4) In Strafsachen gegen Hinterbliebene von Personen im Sinne der Absätze 1 und 3, die Anspruch auf Versorgungsbezüge oder Hinterbliebenengeld haben oder Versorgungsleistungen erhalten, sind der für die Festsetzung der Versorgungsbezüge zuständigen Stelle rechtskräftige Urteile mitzuteilen, wenn:

1. wegen eines Verbrechens eine Freiheitsstrafe von mindestens zwei Jahren oder
2. wegen einer vorsätzlichen Tat, die nach den Vorschriften über Friedensverrat, Hochverrat, Gefährdung des demokratischen Rechtsstaats oder Landesverrat und Gefährdung der äußeren Sicherheit strafbar ist, eine Freiheitsstrafe von mindestens sechs Monaten

verhängt worden ist.

19. Strafsachen gegen Soldatinnen und Soldaten § 89 Absatz 1 und 3 SG, § 115 BBG[1)]

(1) [1] In Strafsachen gegen Soldatinnen und Soldaten der Bundeswehr sind mitzuteilen

1. der Erlass und der Vollzug eines Haft- oder Unterbringungsbefehls,
2. die Anklageschrift oder eine an ihre Stelle tretende Antragsschrift,
3. der Antrag auf Erlass eines Strafbefehls und
4. die einen Rechtszug abschließende Entscheidung mit Begründung sowie gegebenenfalls mit dem Hinweis, dass ein Rechtsmittel eingelegt worden ist.

[2] Endet das Wehrdienstverhältnis nach der Übermittlung einer Mitteilung, so ist der Empfänger vom Ausgang des Verfahrens nach § 20 Absatz 1 EGGVG[2)] zu unterrichten, soweit er hierauf nicht verzichtet hat.

(2) [1] Absatz 1 gilt in Verfahren wegen Privatklagedelikten nur, wenn die Staatsanwaltschaft das öffentliche Interesse an der Strafverfolgung bejaht hat; Nummer 29 bleibt unberührt. [2] In Verfahren wegen fahrlässig begangener Straftaten sind Mitteilungen nach Absatz 1 Ziffer 2 bis 4 nur zu machen, wenn

1. es sich um schwere Verstöße, namentlich Vergehen der Trunkenheit im Straßenverkehr oder der fahrlässigen Tötung, handelt oder
2. in sonstigen Fällen die Kenntnis der Daten aufgrund der Umstände des Einzelfalles erforderlich ist, um zu prüfen, ob dienstrechtliche Maßnahmen zu ergreifen sind.

(3) [1] Entscheidungen über Verfahrenseinstellungen, die nicht bereits nach Absatz 1 oder 2 zu übermitteln sind, sollen übermittelt werden, wenn die in Absatz 2

[1)] **Sartorius Nr. 160.**
[2)] **Habersack, Deutsche Gesetze Nr. 95a.**

Ziffer 2 genannten Voraussetzungen erfüllt sind. [2]Dabei ist zu berücksichtigen, wie gesichert die zu übermittelnden Erkenntnisse sind. [3]Übermittelt werden sollen insbesondere Einstellungsentscheidungen gemäß § 170 Absatz 2 StPO[1)], die Feststellungen zu einer Schuldunfähigkeit nach § 20 StGB[2)] enthalten. [4]Die Mitteilung ordnen Richterinnen oder Richter, Staatsanwältinnen oder Staatsanwälte an.

(4) Übermittlungen nach den Absätzen 1 bis 3 sind auch zulässig, soweit sie Daten betreffen, die dem Steuergeheimnis (§ 30 AO[3)]) unterliegen.

(5) [1]Mitteilungen sind zu richten

1. bei Erlass und Vollzug eines Haft- oder Unterbringungsbefehls schriftlich an die nächsten Disziplinarvorgesetzten oder deren Vertretung im Amt,
2. in allen übrigen Fällen zum Zwecke der Weiterleitung an die zuständige Stelle an das Kommando Territoriale Aufgaben der Bundeswehr (Kurt-Schumacher-Damm 41, 13405 Berlin).

[2]Die Mitteilungen sind als „Vertrauliche Personalsache" zu kennzeichnen. [3]Im Falle der Ziffer 2 sind nur die Personendaten der Soldatinnen oder Soldaten, die zur Ermittlung der zuständigen Stelle erforderlich sind (Name, Geburtsname, Vorname, Geburtsdatum, Dienstgrad, Truppenteil oder Dienststelle sowie Standort), dem Kommando Territoriale Aufgaben der Bundeswehr mitzuteilen. [4]Die übrigen Daten sind zur Weiterleitung in einem verschlossenen Umschlag zu übermitteln. [5]Ist das Wehrdienstverhältnis zwischenzeitlich beendet, soll neben den bekannten, zuletzt gültigen Personendaten auch die bekannte Anschrift der entlassenen Soldatinnen oder Soldaten mitgeteilt werden.

20. Strafsachen gegen Soldatinnen und Soldaten im Ruhestand, frühere Berufssoldatinnen und Berufssoldaten und frühere Soldatinnen und Soldaten auf Zeit
§ 89 Absatz 2 SG

(1) [1]In Strafsachen gegen Berufsoffiziere und -unteroffiziere im Ruhestand, frühere Berufsoffiziere und -unteroffiziere und frühere Offiziere und Unteroffiziere auf Zeit sind mitzuteilen

1. die Erhebung der öffentlichen Klage,
2. die Urteile,
3. der Ausgang des Verfahrens, wenn eine Mitteilung nach den Ziffern 1 oder 2 zu machen war, wenn der Tatvorwurf
   a) die §§ 80 bis 100a, 105, 106, 129, 129a StGB[2)] oder § 20 des Vereinsgesetzes[4)] betrifft und die Tat eine Betätigung gegen die freiheitliche demokratische Grundordnung im Sinne des Grundgesetzes[5)] zum Ziel hatte oder
   b) auf unwürdiges Verhalten im Sinne des § 23 Absatz 2 Nummer 2 SG schließen lässt

und nicht erkennbar ist, dass schutzwürdige Interessen der Betroffenen an dem Ausschluss der Übermittlung überwiegen. [2]In Privatklageverfahren und in Verfahren wegen fahrlässig begangener Straftaten sind Mitteilungen nach dieser Bestimmung nicht zu machen.

[1)] ***Habersack*, Deutsche Gesetze Nr. 90.**
[2)] **Habersack, Deutsche *Gesetze* Nr. 85.**
[3)] Nr. **88b**.
[4)] **Sartorius Nr. 425.**
[5)] Nr. **1**.

(2) [1]Die Mitteilungen sind zum Zwecke der Weiterleitung an die zuständige Stelle an das Kommando Territoriale Aufgaben der Bundeswehr (Kurt-Schumacher-Damm 41, 13405 Berlin) zu richten und als „Vertrauliche Personalsache" zu kennzeichnen. [2]Es sind nur die Personendaten der Beschuldigten mitzuteilen, die für die Ermittlung der zuständigen Stelle erforderlich sind. [3]Hierzu sollen Name, Geburtsname, Vorname, Geburtsdatum, der frühere Dienstgrad und die Anschrift der Beschuldigten angegeben werden. [4]Die übrigen Daten sind dem Kommando Territoriale Aufgaben der Bundeswehr in einem verschlossenen Umschlag zu übermitteln.

(3) Die Mitteilung ordnen Richterinnen oder Richter, Staatsanwältinnen oder Staatsanwälte an.

21. Strafsachen gegen Zivildienstleistende § 45a ZDG[1)], § 115 BBG[2)]

(1) [1]In Strafsachen gegen Zivildienstleistende sind mitzuteilen

1. der Erlass und der Vollzug eines Haft- oder Unterbringungsbefehls,
2. die Anklageschrift oder eine an ihre Stelle tretende Antragsschrift,
3. der Antrag auf Erlass eines Strafbefehls und
4. die einen Rechtszug abschließende Entscheidung mit Begründung sowie gegebenenfalls mit dem Hinweis, dass ein Rechtsmittel eingelegt worden ist.

[2]Endet das Zivildienstverhältnis nach Übermittlung einer Mitteilung, ist der Empfänger über den Ausgang des Verfahrens nach § 20 Absatz 1 EGGVG[3)] zu unterrichten, soweit er hierauf nicht verzichtet hat.

(2) [1]Absatz 1 gilt in Verfahren wegen Privatklagedelikten nur, wenn die Staatsanwaltschaft das öffentliche Interesse an der Strafverfolgung bejaht hat; Nummer 29 bleibt unberührt. [2]In Verfahren wegen fahrlässig begangener Straftaten sind Mitteilungen nach Absatz 1 Ziffer 2 bis 4 nur zu machen, wenn

1. es sich um schwere Verstöße, namentlich Vergehen der Trunkenheit im Straßenverkehr oder der fahrlässigen Tötung, handelt oder
2. in sonstigen Fällen die Kenntnis der Daten aufgrund der Umstände des Einzelfalles erforderlich ist, um zu prüfen, ob dienstrechtliche Maßnahmen zu ergreifen sind.

(3) [1]Entscheidungen über Verfahrenseinstellungen, die nicht bereits nach Absatz 1 oder 2 zu übermitteln sind, sollen übermittelt werden, wenn die in Absatz 2 Ziffer 2 genannten Voraussetzungen erfüllt sind. [2]Dabei ist zu berücksichtigen, wie gesichert die zu übermittelnden Erkenntnisse sind. [3]Übermittelt werden sollen insbesondere Einstellungsentscheidungen gemäß § 170 Absatz 2 StPO[4)], die Feststellungen zu einer Schuldunfähigkeit nach § 20 StGB[5)] enthalten. [4]Die Mitteilung ordnen Richterinnen oder Richter, Staatsanwältinnen oder Staatsanwälte an.

(4) Übermittlungen nach den Absätzen 1 bis 3 sind auch zulässig, soweit sie Daten betreffen, die dem Steuergeheimnis (§ 30 AO[6)]) unterliegen.

---

1) **Sartorius Nr. 625.**
2) **Sartorius Nr. 160.**
3) **Habersack, Deutsche Gesetze Nr. 95a.**
4) **Habersack, Deutsche Gesetze Nr. 90.**
5) **Habersack, Deutsche Gesetze Nr. 85.**
6) Nr. **88b**.

(5) Die Mitteilungen sind an das
Bundesamt für Familie und zivilgesellschaftliche Aufgaben
50964 Köln
Telefon: 0221/3673-0
zu richten und als „Vertrauliche Personalsache" zu kennzeichnen.

22. Strafsachen gegen Geistliche und Beamtinnen und Beamte öffentlich-rechtlicher Religionsgesellschaften § 12 Absatz 2, § 13 Absatz 2, § 14 Absatz 1 Nummer 4 und 6, Absatz 2 EGGVG

(1) Mitteilungen an Stellen der öffentlich-rechtlichen Religionsgesellschaften sind nur zulässig, sofern sichergestellt ist, dass bei dem Empfänger ausreichende Datenschutzmaßnahmen getroffen sind.

(2) In Strafsachen gegen Geistliche einer Kirche oder gegen Personen, die ein entsprechendes Amt bei einer anderen öffentlich-rechtlichen Religionsgesellschaft bekleiden, sowie gegen Beamtinnen und Beamte einer Kirche oder einer Religionsgesellschaft sind mitzuteilen

1. der Erlass und der Vollzug eines Haft- oder Unterbringungsbefehls,
2. die Erhebung der öffentlichen Klage,
3. die Urteile,
4. der Ausgang des Verfahrens, wenn eine Mitteilung nach den Ziffern 1 bis 3 zu machen war.

(3) [1] In Privatklageverfahren, in Verfahren wegen fahrlässig begangener Straftaten und in sonstigen Verfahren bei Verurteilung zu einer anderen Maßnahme als einer Strafe oder einer Maßnahme im Sinne des § 11 Absatz 1 Nummer 8 StGB[1)] unterbleibt die Mitteilung, wenn nicht besondere Umstände des Einzelfalles sie erfordern. [2] Sie ist insbesondere erforderlich, wenn die Tat bereits ihrer Art nach geeignet ist, Zweifel an der Zuverlässigkeit oder Eignung für die gerade ausgeübte berufliche oder ehrenamtliche Tätigkeit hervorzurufen. [3] Die Mitteilung ordnen Richterinnen oder Richter, Staatsanwältinnen oder Staatsanwälte an. [4] Die Sätze 1 bis 3 gelten nicht bei Straftaten, durch die der Tod eines Menschen verursacht worden ist, und bei gefährlicher Körperverletzung.

(4) [1] Entscheidungen über Verfahrenseinstellungen, die nicht bereits nach den Absätzen 2 und 3 zu übermitteln sind, sollen nur übermittelt werden, wenn die Kenntnis der Daten aufgrund der Umstände des Einzelfalles erforderlich ist, um zu prüfen, ob disziplinarrechtliche Maßnahmen zu ergreifen sind. [2] Dabei ist zu berücksichtigen, wie gesichert die zu übermittelnden Erkenntnisse sind. [3] Übermittelt werden sollen insbesondere Einstellungsentscheidungen nach § 170 Absatz 2 StPO, wenn sie Feststellungen zu einer Schuldunfähigkeit nach § 20 StGB enthalten. [4] Die Mitteilung ordnen Richterinnen oder Richter, Staatsanwältinnen oder Staatsanwälte an.

(5) Für die in Absatz 2 genannten Personen gelten, wenn sie sich im Ruhestand befinden, die Absätze 2 bis 4 entsprechend.

(6) Die Mitteilungen sind an die jeweils zuständige Oberbehörde der öffentlich-*rechtlichen* Religionsgesellschaft zu richten und als „Vertrauliche Personalsache" zu kennzeichnen.

[1)] **Habersack, Deutsche Gesetze Nr. 85.**

23. Strafsachen gegen Notarinnen, Notare und Angehörige der rechtsberatenden Berufe
§ 13 Absatz 1 Nummer 1, Absatz 2, § 14 Absatz 1 Nummer 4, Absatz 2 EGGVG[1], § 64a Absatz 2 BNotO[2], § 36 Absatz 2 BRAO[3] auch in Verbindung mit § 59m Absatz 2, § 207 Absatz 2 Satz 1, § 209 Absatz 1 Satz 3 BRAO, § 4 Absatz 1, § 34a EuRAG[4], § 34 Absatz 2 auch in Verbindung mit § 52m Absatz 2 PAO, § 19 Absatz 4, § 21 Absatz 2 Satz 1 EuPAG[5], § 18 Absatz 1 Satz 3 und 4 RDG[6]

(1) In Strafsachen gegen
– Notarinnen, Notare, Notarassessorinnen und Notarassessoren,
– Rechtsanwältinnen und Rechtsanwälte, einschließlich der niedergelassenen europäischen Rechtsanwältinnen und Rechtsanwälte im Sinne von § 2 EuRAG, der dienstleistenden europäischen Rechtsanwältinnen und Rechtsanwälte im Sinne von § 25 EuRAG und der niedergelassenen ausländischen Rechtsanwältinnen und Rechtsanwälte im Sinne von § 206 BRAO,
– Patentanwältinnen und Patentanwälte, einschließlich der niedergelassenen ausländischen Patentanwältinnen und Patentanwälte im Sinne von § 20 EuPAG und der dienstleistenden europäischen Patentanwältinnen und Patentanwälte im Sinne von § 13 EuPAG,
– Geschäftsführerinnen und Geschäftsführer einer Rechtsanwaltsgesellschaft oder Patentanwaltsgesellschaft mit beschränkter Haftung,
– registrierte Rechtsdienstleisterinnen und Rechtsdienstleister, qualifizierte Personen im Sinne von § 12 Absatz 4 RDG, Rechtsbeistände sowie sonstige Rechtsdienstleisterinnen und Rechtsdienstleister, gegen die Maßnahmen nach § 9 Absatz 1 oder den §§ 13a, 15b RDG oder Mitteilungen nach § 18 Absatz 2 RDG in Verbindung mit § 8d Absatz 1 VwVfG[7] in Betracht kommen,

sind mitzuteilen
1. der Erlass und der Vollzug eines Haft- oder Unterbringungsbefehls,
2. Entscheidungen, durch die ein vorläufiges Berufsverbot angeordnet oder ein solches aufgehoben worden ist,
3. die Erhebung der öffentlichen Klage,
4. die Urteile,
5. der Ausgang des Verfahrens, wenn eine Mitteilung nach den Ziffern 1 bis 4 zu machen war.

(1a) In Strafsachen gegen Notarinnen außer Dienst (a.D.) und Notare a.D. sind rechtskräftige Entscheidungen eines Gerichts mitzuteilen, wenn
1. eine Freiheitsstrafe von mindestens einem Jahr wegen einer vorsätzlichen Tat verhängt,
2. eine Freiheitsstrafe von mindestens sechs Monaten wegen einer vorsätzlichen Tat nach den Vorschriften über Friedensverrat, Hochverrat, Gefährdung des demokratischen Rechtsstaats, Landesverrat und Gefährdung der äußeren Sicher-

---
[1] **Habersack, Deutsche Gesetze Nr. 95a.**
[2] Nr. **98a**.
[3] Nr. **98**.
[4] Nr. **98/4**.
[5] Nr. **98/5**.
[6] Nr. **99**.
[7] **Sartorius Nr. 100.**

heit oder, soweit sich die Tat auf eine Diensthandlung im Hauptamt bezieht, Bestechlichkeit verhängt oder

3. die Fähigkeit zur Bekleidung öffentlicher Ämter aberkannt

worden ist.

(2) In besonderen Fällen, namentlich in Verfahren, die die pflichtwidrige Verwendung von Mandantengeldern, einen Parteiverrat, einen Betrug, eine Urkundenfälschung, die unterlassene Herausgabe von Behördenakten oder einen sonstigen Vorwurf, der zu einem Berufs- oder Vertretungsverbot oder einer Amtsenthebung führen kann, zum Gegenstand haben, oder wenn im Verfahren Feststellungen zu einer Schuldunfähigkeit nach § 20 StGB[1)] getroffen werden, sind auch die Einleitung sowie der Ausgang des Ermittlungsverfahrens mitzuteilen.

(3) [1] In Privatklageverfahren und in Verfahren wegen fahrlässig begangener Straftaten unterbleibt die Mitteilung, wenn nicht besondere Umstände des Einzelfalles sie erfordern. [2] Sie ist insbesondere erforderlich, wenn die Tat bereits ihrer Art nach geeignet ist, Zweifel an der Zuverlässigkeit oder Eignung für die gerade ausgeübte berufliche Tätigkeit hervorzurufen. [3] Die Mitteilung ordnen Richterinnen oder Richter, Staatsanwältinnen oder Staatsanwälte an. [4] Die Sätze 1 bis 3 gelten nicht bei Straftaten, durch die der Tod eines Menschen verursacht worden ist.

(4) [1] Die Mitteilungen sind zu richten

1. bei Notarinnen, Notaren, Notarassessorinnen, Notarassessoren, Notarinnen a.D. und Notaren a.D. an die Landesjustizverwaltung, die Präsidentin oder den Präsidenten des Oberlandesgerichts, des Landgerichts und der Notarkammer;
2. bei Rechtsanwältinnen und Rechtsanwälten beim Bundesgerichtshof an das Bundesministerium der Justiz, die Generalbundesanwältin oder den Generalbundesanwalt beim Bundesgerichtshof und die Rechtsanwaltskammer beim Bundesgerichtshof;
3. bei den übrigen Rechtsanwältinnen und Rechtsanwälten gemäß Absatz 1 sowie bei Rechtsbeiständen, die Mitglieder einer Rechtsanwaltskammer sind,[2)] an die Generalstaatsanwaltschaft und die Rechtsanwaltskammer;
4. bei nichtanwaltlichen und nichtpatentanwaltlichen Geschäftsführerinnen und Geschäftsführern einer Rechtsanwaltsgesellschaft mit beschränkter Haftung an die gemäß den §§ 120, 119 Absatz 2, § 60 Absatz 1 Satz 2 BRAO zuständige Generalstaatsanwaltschaft und die gemäß § 60 Absatz 1 Satz 2 BRAO zuständige Rechtsanwaltskammer (§§ 74, 113, 115c und 120 BRAO);
   bei nichtanwaltlichen und nichtpatentanwaltlichen Geschäftsführerinnen und Geschäftsführern einer Patentanwaltsgesellschaft mit beschränkter Haftung an die Generalstaatsanwaltschaft München (§§ 86, 104, 105 PAO) und die Patentanwaltskammer (§§ 53, 58, 70, 95, 97a PAO);
5. bei Patentanwältinnen und Patentanwälten gemäß Absatz 1 – auch als Geschäftsführerinnen oder Geschäftsführer einer Patentanwaltsgesellschaft mit beschränkter Haftung – an die Präsidentin oder den Präsidenten des Deutschen Patent- und Markenamtes, die Generalstaatsanwaltschaft München und die Patentanwaltskammer (§§ 53, 58, 70, 86, 95, 97a, 104, 105 PAO);
   bei Geschäftsführerinnen und Geschäftsführern einer Rechtsanwaltsgesellschaft mit beschränkter Haftung zusätzlich an die gemäß den §§ 120, 119 Absatz 2, § *60 Absatz* 1 Satz 2 BRAO zuständige Generalstaatsanwaltschaft und die gemäß

[1)] **Habersack, Deutsche Gesetze Nr. 85.**
[2)] Komma fehlt im BAnz.

§ 60 Absatz 1 Satz 2 BRAO zuständige Rechtsanwaltskammer (§§ 74, 113, 115c, 120 BRAO);

6. bei den in den Ziffern 3 und 5 genannten Angehörigen rechtsberatender Berufe, die Gesellschafterinnen oder Gesellschafter, Geschäftsführerinnen oder Geschäftsführer, Prokuristinnen oder Prokuristen oder Handlungsbevollmächtigte zum gesamten Geschäftsbetrieb einer Rechtsanwaltsgesellschaft mit beschränkter Haftung sind, zusätzlich an die für die Rechtsanwaltsgesellschaft zuständige Rechtsanwaltskammer, wenn die Mitteilung ein Berufsverbot betrifft; ist der Mitteilungsempfänger mit den nach Ziffer 3 zu unterrichtenden Stellen identisch, ist eine zusätzliche Mitteilung nicht erforderlich;
7. bei den in den Ziffern 3 und 5 genannten Angehörigen rechtsberatender Berufe, die Gesellschafterinnen oder Gesellschafter, Geschäftsführerinnen oder Geschäftsführer, Prokuristinnen oder Prokuristen oder Handlungsbevollmächtigte zum gesamten Geschäftsbetrieb einer Patentanwaltsgesellschaft mit beschränkter Haftung sind, zusätzlich an die Präsidentin oder den Präsidenten des Deutschen Patent- und Markenamtes (§ 52g Absatz 1, § 52h Absatz 3 PAO) und die Patentanwaltskammer (§ 53 Absatz 1, § 97a PAO), wenn die Mitteilung ein Berufsverbot betrifft; sind die Mitteilungsempfänger mit den nach Ziffer 5 zu unterrichtenden Stellen identisch, ist eine zusätzliche Mitteilung nicht erforderlich;
8. bei registrierten Rechtsdienstleisterinnen und Rechtsdienstleistern, qualifizierten Personen im Sinne von § 12 Absatz 4 RDG, Rechtsbeiständen sowie sonstigen Rechtsdienstleisterinnen und Rechtsdienstleistern:
an die auf der Grundlage von § 19 RDG nach Landesrecht zuständige Stelle.

[2] Die Mitteilungen sind als „Vertrauliche Personalsache" zu kennzeichnen.

24. Strafsachen gegen Angehörige bestimmter Berufe des Wirtschaftslebens und Sachverständige
§ 13 Absatz 2, § 14 Absatz 1 Nummer 4, 5 und 7, Absatz 2 EGGVG[1)], § 36a Absatz 3 Nummer 2, § 65 Absatz 2, § 130 Absatz 1 WiPrO, § 10 Absatz 2 StBerG, § 2 BewachV

(1) In Strafsachen gegen

- Wirtschaftsprüferinnen und Wirtschaftsprüfer,
- vereidigte Buchprüferinnen und vereidigte Buchprüfer,
- Steuerberaterinnen und Steuerberater,
- Steuerbevollmächtigte,
- Vorstandsmitglieder, Geschäftsführerinnen und Geschäftsführer, persönlich haftende Gesellschafterinnen und Gesellschafter oder Partnerinnen und Partner einer
Wirtschaftsprüfungsgesellschaft,
Steuerberatungsgesellschaft oder
Buchprüfungsgesellschaft,
- Dispacheurinnen und Dispacheure,
- Markscheiderinnen und Markscheider,
- öffentlich bestellte oder bauaufsichtlich anerkannte Vermessungsingenieurinnen und Vermessungsingenieure,
- bauaufsichtlich anerkannte Prüfingenieurinnen und Prüfingenieure,

---

1) Habersack, Deutsche Gesetze Nr. 95a.

– bauaufsichtlich anerkannte Prüfsachverständige,
– Geschäftsleiterinnen und Geschäftsleiter eines Börsenträgers,
– Mitglieder des Verwaltungs- oder Aufsichtsratsorgans eines Börsenträgers,
– Inhaber einer bedeutenden Beteiligung an einem Börsenträger oder Personen, die einen solchen Erwerb beabsichtigen, wenn es sich um eine juristische Person handelt, auch gesetzliche Vertreter, oder, wenn es sich um eine Personenhandelsgesellschaft handelt, auch Gesellschafterinnen und Gesellschafter,
– Geschäftsführerinnen und Geschäftsführer einer Börse,
– Mitglieder eines Börsenrates,
– Vorstandsmitglieder, Geschäftsführerinnen und Geschäftsführer, geschäftsführende und gleichzeitig vertretungsberechtigte Gesellschafterinnen und Gesellschafter, Geschäftsinhaberinnen und Geschäftsinhaber eines zur Teilnahme am Börsenhandel zugelassenen Unternehmens und Personen, die für ein solches Unternehmen an der Börse handeln (Börsenhändler),
– öffentlich bestellte und vereidigte Sachverständige, öffentlich bestellte und vereidigte sowie allgemein beeidigte Dolmetscherinnen und Dolmetscher, ferner öffentlich bestellte und vereidigte sowie ermächtigte Übersetzerinnen und Übersetzer,
– Architektinnen und Architekten, Innenarchitektinnen und Innenarchitekten, Landschaftsarchitektinnen und Landschaftsarchitekten, Stadtplanerinnen und Stadtplaner, Ingenieurinnen und Ingenieure, soweit diese in einer von einer Berufskammer geführten Liste eingetragen sind, sowie
– Vorstandsmitglieder, Geschäftsführerinnen und Geschäftsführer, geschäftsführende und gleichzeitig vertretungsberechtigte Gesellschafterinnen und Gesellschafter, Geschäftsinhaberinnen und Geschäftsinhaber eines Bewachungsunternehmens, die mit der Leitung des Betriebs oder einer Zweigniederlassung beauftragten Personen (Bewacherinnen und Bewacher, §§ 31, 34a GewO[1]) und Personen, die für ein solches Unternehmen Bewachungsaufgaben durchführen (Wachpersonen),

sind, wenn der Tatvorwurf auf eine Verletzung von Pflichten schließen lässt, die bei der Ausübung des Berufs oder der aufgrund des Berufs ausgeübten besonderen Tätigkeit zu beachten sind, oder er in anderer Weise geeignet ist, Zweifel an der Eignung, Zuverlässigkeit oder Befähigung hervorzurufen, mitzuteilen

1. der Erlass und der Vollzug eines Haft- oder Unterbringungsbefehls,
2. die Entscheidung, durch die ein vorläufiges Berufsverbot angeordnet oder ein solches aufgehoben worden ist,
3. die Erhebung der öffentlichen Klage,
4. der Ausgang des Verfahrens, wenn eine Mitteilung nach den Ziffern 1 bis 3 zu machen war.

(2) [1] In Privatklageverfahren, in Verfahren wegen fahrlässig begangener Straftaten und in sonstigen Verfahren bei Verurteilung zu einer anderen Maßnahme als einer Strafe oder einer Maßnahme im Sinne des § 11 Absatz 1 Nummer 8 StGB[2] unterbleibt die Mitteilung, wenn nicht besondere Umstände des Einzelfalles sie erfordern. [2] Sie ist insbesondere erforderlich, wenn die Tat bereits ihrer Art nach geeignet ist, Zweifel an der Zuverlässigkeit oder Eignung für die gerade ausgeübte berufliche Tätigkeit hervorzurufen. [3] Die Mitteilung ordnen Richterinnen oder

[1] **Sartorius Nr. 800.**
[2] **Habersack, Deutsche Gesetze Nr. 85.**

Richter, Staatsanwältinnen oder Staatsanwälte an. [4] Die Sätze 1 bis 3 gelten nicht bei Straftaten, durch die der Tod eines Menschen verursacht worden ist, und bei gefährlicher Körperverletzung.

(3) [1] In Strafsachen gegen amtlich anerkannte Sachverständige oder Prüferinnen und Prüfer für den Kraftfahrzeugverkehr gelten die Absätze 1 und 2 mit der Maßgabe, dass sich die Mitteilungspflicht auch auf die vorläufige Entziehung der Fahrerlaubnis gemäß § 111a StPO[1)] oder die Sicherstellung, Inverwahrnahme oder Beschlagnahme des Führerscheins gemäß § 94 StPO erstreckt. [2] Gleiches gilt für Prüfingenieurinnen und Prüfingenieure von amtlich anerkannten Überwachungsorganisationen, die mit der Durchführung von Untersuchungen betraut sind (Anl. VIII b zur StVZO).

(4) Die Mitteilungen sind zu richten an

1. die zuständige Landesbehörde in Fällen, in denen eine rechtskräftige Entscheidung ein Berufsverbot anordnet oder den Verlust der Fähigkeit zur Bekleidung öffentlicher Ämter zur Folge hat,
2. die zuständige Berufskammer, wenn eine solche als Körperschaft des öffentlichen Rechts besteht,
3. die für die Bestellung zuständige Behörde oder Stelle (Kammer) in Strafsachen gegen öffentlich bestellte und vereidigte Sachverständige, öffentlich bestellte und vereidigte sowie allgemein beeidigte Dolmetscherinnen und Dolmetscher, öffentlich bestellte und vereidigte sowie ermächtigte Übersetzerinnen und Übersetzer,
4. die für die Aufsicht über Dispacheurinnen und Dispacheure, Markscheiderinnen und Markscheider, *Öffentlich*[2)] bestellte oder bauaufsichtlich anerkannte Vermessungsingenieurinnen und Vermessungsingenieure, die für die amtliche Anerkennung der Sachverständigen und Prüferinnen und Prüfer für den Kraftfahrzeugverkehr sowie die für die Zustimmung zur Betrauung von Prüfingenieurinnen und Prüfingenieuren jeweils zuständige Stelle,
5. die für die bauaufsichtliche Anerkennung von Prüfingenieurinnen und Prüfingenieuren sowie Prüfsachverständigen jeweils zuständige Stelle,
6. die zuständige Börsenaufsichtsbehörde soweit Geschäftsleiterinnen und Geschäftsleiter eines Börsenträgers, Mitglieder des Verwaltungs- oder Aufsichtsorgans eines Börsenträgers, Inhaber einer bedeutenden Beteiligung an einem Börsenträger oder Personen, die einen solchen Erwerb beabsichtigten, wenn es sich um eine juristische Person handelt, auch gesetzliche Vertreter, oder, wenn es sich um eine Personenhandelsgesellschaft handelt, auch Gesellschafterinnen und Gesellschafter, Geschäftsführerinnen und Geschäftsführer einer Börse oder Mitglieder eines Börsenrates betroffen sind,
7. die zuständige Börsenaufsicht sowie die Geschäftsführung der betroffenen Börse soweit Vorstandsmitglieder, Geschäftsführerinnen und Geschäftsführer, geschäftsführende und gleichzeitig vertretungsberechtigte Gesellschafterinnen und *Gesellschafter*, Geschäftsinhaberinnen und Geschäftsinhaber eines zur Teilnahme am Börsenhandel zugelassenen Unternehmens und Personen, die für ein solches Unternehmen an der Börse handeln (Börsenhändler), betroffen sind,
8. die Generalstaatsanwältin oder den Generalstaatsanwalt, die oder der für die Einleitung des berufsgerichtlichen Verfahrens zuständig ist (§§ 84, 130 Absatz 1

---

1) **Habersack, Deutsche Gesetze Nr. 90.**
2) Richtig wohl: „öffentlich".

WiPrO, § 113 StBerG), in Strafsachen gegen Wirtschaftsprüferinnen und Wirtschaftsprüfer, vereidigte Buchprüferinnen und vereidigte Buchprüfer, Steuerberaterinnen und Steuerberater sowie Steuerbevollmächtigte, gegen Vorstandsmitglieder, Geschäftsführerinnen und Geschäftsführer, persönlich haftende Gesellschafterinnen und Gesellschafter oder Partnerinnen und Partner einer Wirtschaftsprüfungsgesellschaft, Steuerberatungsgesellschaft oder Buchprüfungsgesellschaft,

9. die Behörde, die die Berechtigung erteilt hat oder für die Untersagung der Berufs- oder Gewerbeausübung zuständig ist, in Strafsachen gegen Vorstandsmitglieder, Geschäftsführerinnen und Geschäftsführer, geschäftsführende und gleichzeitig vertretungsberechtigte Gesellschafterinnen und Gesellschafter, Geschäftsinhaberinnen und Geschäftsinhaber eines Bewachungsunternehmens sowie die mit der Leitung des Betriebs oder einer Zweigniederlassung beauftragten Personen (Bewacherinnen und Bewacher, §§ 31, 34a GewO) und Personen, die für ein solches Unternehmen Bewachungsaufgaben durchführen (Wachpersonen),
10. in Strafsachen gegen Wirtschaftsprüferinnen und Wirtschaftsprüfer die Abschlussprüferaufsichtsstelle beim Bundesamt für Wirtschaft und Ausfuhrkontrolle, Uhlandstraße 88 – 90, 10717 Berlin.

25. Strafsachen gegen Inhaberinnen und Inhaber, Geschäftsleiterinnen und Geschäftsleiter von Kredit-, Finanzdienstleistungs-, Zahlungs- und E-Geld-Instituten sowie gegen Inhaberinnen und Inhaber bedeutender Beteiligungen an Instituten oder deren gesetzliche Vertreterinnen oder Vertreter oder in den Fällen des § 60a KWG auch deren persönlich haftende Gesellschafterinnen und Gesellschafter sowie Mitglieder der Verwaltungs- oder Aufsichtsorgane
§ 60a Absatz 1, Absatz 1a und 2 KWG, § 65 ZAG

(1) [1] In Strafsachen gegen Inhaberinnen und Inhaber oder Geschäftsleiterinnen und Geschäftsleiter von Kredit-, Finanzdienstleistungs-, Zahlungs- und E-Geld-Instituten sowie gegen Inhaberinnen und Inhaber bedeutender Beteiligungen an solchen Instituten oder deren gesetzliche Vertreterinnen und Vertreter oder in den Fällen des § 60a Absatz 1 KWG auch deren persönlich haftende Gesellschafterinnen und Gesellschafter sowie Mitglieder der Verwaltungs- oder Aufsichtsorgane wegen Verletzung ihrer Berufspflichten oder anderer Straftaten bei oder im Zusammenhang mit der Ausübung eines Gewerbes oder dem Betrieb einer sonstigen wirtschaftlichen Unternehmung, sind der

Bundesanstalt für Finanzdienstleistungsaufsicht
Bankenaufsicht
Graurheindorfer Straße 108
53117 Bonn

mitzuteilen

1. die Anklageschrift oder eine an ihre Stelle tretende Antragsschrift, in Strafsachen, die eine Straftat nach § 54 KWG oder § 63 ZAG zum Gegenstand haben, bereits die Einleitung des Ermittlungsverfahrens,
2. der Antrag auf *Erlass eines* Strafbefehls und
3. die das Verfahren abschließende Entscheidung mit Begründung, wenn eine Mitteilung nach den Ziffern 1 oder 2 zu machen war.

[2] Ist gegen die Entscheidung ein Rechtsmittel eingelegt worden, ist die Entscheidung unter Hinweis auf das eingelegte Rechtsmittel zu übermitteln.

(2) In Verfahren wegen fahrlässig begangener Straftaten werden die in Absatz 1 Satz 1 Ziffer 1 und 2 bestimmten Übermittlungen nur vorgenommen, wenn aus der Sicht der übermittelnden Stelle unverzüglich Entscheidungen oder andere Maßnahmen der Bundesanstalt für Finanzdienstleistungsaufsicht geboten sind.

(3) [1] Werden sonst in einem Strafverfahren – gleichgültig, gegen wen es sich richtet – Tatsachen bekannt, die auf Missstände in dem Geschäftsbetrieb eines Instituts hindeuten, sind diese der Bundesanstalt für Finanzdienstleistungsaufsicht mitzuteilen, soweit nicht erkennbar ist, dass schutzwürdige Interessen der oder des Betroffenen überwiegen. [2] Dabei ist zu berücksichtigen, wie gesichert die zu übermittelnden Erkenntnisse sind.

25a. Strafsachen gegen Inhaberinnen und Inhaber, Geschäftsleiterinnen und Geschäftsleiter oder deren gesetzliche Vertreterinnen und Vertreter oder persönlich haftende Gesellschafterinnen und Gesellschafter von Wertpapierdienstleistungsunternehmen und sonstige an Wertpapierdienstleistungsgeschäften beteiligte Personen
§ 122 Absatz 1, 2, 4 und 5 WpHG[1)]

(1) [1] In Strafsachen wegen Straftaten nach § 119 WpHG teilt die Staatsanwaltschaft die Einleitung des Ermittlungsverfahrens, die Anklageschrift bzw. den Antrag auf Erlass eines Strafbefehls und die Einstellung des Ermittlungsverfahrens der
Bundesanstalt für Finanzdienstleistungsaufsicht
Wertpapieraufsicht
Marie-Curie-Straße 24 – 28
60439 Frankfurt
mit. [2] Das Gericht teilt in diesen Verfahren der Bundesanstalt für Finanzdienstleistungsaufsicht den Termin zur Hauptverhandlung und die Entscheidung, mit der das Verfahren abgeschlossen wird, mit.

(2) [1] In Strafsachen gegen Inhaberinnen und Inhaber oder Geschäftsleiterinnen und Geschäftsleiter von Wertpapierdienstleistungsunternehmen oder deren gesetzliche Vertreterinnen und Vertreter oder persönlich haftende Gesellschafterinnen und Gesellschafter wegen Straftaten zum Nachteil von Kundinnen und Kunden bei oder im Zusammenhang mit dem Betrieb des Wertpapierdienstleistungsunternehmens, ferner in Strafsachen, die Straftaten nach § 119 WpHG zum Gegenstand haben, sind im Fall der Erhebung der öffentlichen Klage der Bundesanstalt für Finanzdienstleistungsaufsicht

1. die Anklageschrift oder eine an ihre Stelle tretende Antragsschrift,
2. der Antrag auf Erlass eines Strafbefehls und
3. die das Verfahren abschließende Entscheidung mit Begründung

zu übermitteln. [2] *Ist* gegen die Entscheidung ein Rechtsmittel eingelegt worden, ist die Entscheidung unter Hinweis auf das eingelegte Rechtsmittel zu übermitteln.

(3) In Verfahren wegen fahrlässig begangener Straftaten werden die in Absatz 2 Nummer 1 und 2 bestimmten Übermittlungen nur vorgenommen, wenn aus der Sicht der übermittelnden Stelle unverzüglich Entscheidungen oder andere Maßnahmen der Bundesanstalt für Finanzdienstleistungsaufsicht geboten sind.

[1)] Nr. **58**.

(4) [1] Werden sonst in einem Strafverfahren – gleichgültig, gegen wen es sich richtet – Tatsachen bekannt, die auf Missstände in dem Geschäftsbetrieb eines Wertpapierdienstleistungsunternehmens hindeuten, sind diese der Bundesanstalt für Finanzdienstleistungsaufsicht mitzuteilen, soweit nicht erkennbar ist, dass schutzwürdige Interessen der oder des Betroffenen überwiegen. [2] Dabei ist zu berücksichtigen, wie gesichert die zu übermittelnden Erkenntnisse sind.

25b. Strafsachen gegen Geschäftsleiterinnen und Geschäftsleiter, Mitglieder der Verwaltungs- oder Aufsichtsorgane von Versicherungsunternehmen oder Pensionsfonds sowie gegen Inhaberinnen und Inhaber bedeutender Beteiligungen an Versicherungsunternehmen oder Pensionsfonds oder deren gesetzliche Vertreterinnen und Vertreter oder persönlich haftende Gesellschafterinnen und Gesellschafter § 334 Absatz 1, 2, 2a und 3 VAG

(1) [1] In Strafsachen gegen Geschäftsleiterinnen und Geschäftsleiter von Versicherungsunternehmen oder Pensionsfonds, Mitglieder der Verwaltungs- oder Aufsichtsorgane von Versicherungsunternehmen oder Pensionsfonds sowie Inhaberinnen und Inhaber bedeutender Beteiligungen an Versicherungsunternehmen oder Pensionsfonds oder deren gesetzliche Vertreterinnen und Vertreter oder persönlich haftende Gesellschafterinnen und Gesellschafter wegen Verletzung ihrer Berufspflichten oder anderer Straftaten bei oder im Zusammenhang mit der Ausübung eines Gewerbes oder dem Betrieb einer sonstigen wirtschaftlichen Unternehmung, ferner in Strafverfahren, die Straftaten nach § 331 VAG zum Gegenstand haben, sind – und zwar auch, wenn eine Landesbehörde die Aufsicht ausübt – der

Bundesanstalt für Finanzdienstleistungsaufsicht
Versicherungsaufsicht
Graurheindorfer Straße 108
53117 Bonn

mitzuteilen

1. in Strafsachen, die eine Straftat nach § 331 Absatz 1 und 2 Nummer 1 VAG zum Gegenstand haben, die Einleitung des Ermittlungsverfahrens,
2. die Anklageschrift oder eine an ihre Stelle tretende Antragsschrift,
3. der Antrag auf Erlass eines Strafbefehls, wenn diesem nicht umgehend entsprochen wird, und
4. die das Verfahren abschließende Entscheidung mit Begründung.

[2] Ist gegen die Entscheidung ein Rechtsmittel eingelegt worden, ist die Entscheidung unter Hinweis auf das eingelegte Rechtsmittel zu übermitteln.

(2) In Verfahren wegen fahrlässig begangener Straftaten werden die in Absatz 1 Satz 1 Ziffer 2 und 3 bestimmten Übermittlungen nur vorgenommen, wenn aus der Sicht der übermittelnden Stelle unverzüglich Entscheidungen oder andere Maßnahmen der Bundesanstalt für Finanzdienstleistungsaufsicht geboten sind.

(3) [1] Werden sonst in einem Strafverfahren – gleichgültig, gegen wen es sich richtet – Tatsachen bekannt, die auf Missstände in dem Geschäftsbetrieb eines Versicherungsunternehmens oder eines Pensionsfonds einschließlich des Außendienstes hindeuten, sind diese der Bundesanstalt für Finanzdienstleistungsaufsicht mitzuteilen, soweit nicht erkennbar ist, dass schutzwürdige Interessen der oder des Betroffenen überwiegen. [2] Dabei ist zu berücksichtigen, wie gesichert die zu übermittelnden Erkenntnisse sind. [3] Tatsachen, die auf die Unzuverlässigkeit eines

Aufsichtsratsmitglieds, einer Geschäftsleiterin oder eines Geschäftsleiters, einer Verantwortlichen Aktuarin oder eines Verantwortlichen Aktuars oder einer Inhaberin oder eines Inhabers einer bedeutenden Beteiligung schließen lassen, deuten in der Regel auf Missstände im Geschäftsbetrieb hin.

25c. Strafsachen gegen bedeutend beteiligte Inhaberinnen und Inhaber, Geschäftsleiterinnen und Geschäftsleiter oder Mitglieder der Verwaltungs- oder Aufsichtsorgane von Verwaltungsgesellschaften, extern verwalteten Investmentgesellschaften oder Verwahrstellen oder deren jeweilige gesetzliche Vertreterinnen und Vertreter oder persönlich haftende Gesellschafterinnen und Gesellschafter § 341 Absatz 1, 2 und 3 KAGB

(1) [1] In Strafsachen gegen bedeutend beteiligte Inhaberinnen und Inhaber, Geschäftsleiterinnen und Geschäftsleiter oder Mitglieder der Verwaltungs- oder Aufsichtsorgane von Verwaltungsgesellschaften, extern verwalteten Investmentgesellschaften oder Verwahrstellen oder deren jeweilige gesetzliche Vertreterinnen und Vertreter oder persönlich haftende Gesellschafterinnen und Gesellschafter wegen Verletzung ihrer Berufspflichten oder anderer Straftaten bei oder im Zusammenhang mit der Ausübung eines Gewerbes oder dem Betrieb einer sonstigen wirtschaftlichen Unternehmung sind der

Bundesanstalt für Finanzdienstleistungsaufsicht

Wertpapieraufsicht

Marie-Curie-Straße 24 – 28

60439 Frankfurt am Main

mitzuteilen

1. die Anklageschrift oder eine an ihre Stelle tretende Antragsschrift, in Strafsachen, die eine Straftat nach § 339 KAGB zum Gegenstand haben, bereits die Einleitung des Ermittlungsverfahrens,
2. der Antrag auf Erlass eines Strafbefehls,
3. die das Verfahren abschließende Entscheidung mit Begründung, wenn eine Mitteilung nach den Ziffern 1 oder 2 zu machen war.

[2] Ist gegen die Entscheidung ein Rechtsmittel eingelegt worden, ist die Entscheidung unter Hinweis auf das eingelegte Rechtsmittel zu übermitteln.

(2) In Verfahren wegen fahrlässig begangener Straftaten werden die in Absatz 1 Satz 1 Ziffer 1 und 2 bestimmten Übermittlungen nur vorgenommen, wenn aus der Sicht der übermittelnden Stelle unverzüglich Entscheidungen oder andere Maßnahmen der Bundesanstalt für Finanzdienstleistungsaufsicht geboten sind.

(3) [1] Werden sonst in einem *Strafverfahren – gleichgültig, gegen wen es sich richtet* – Tatsachen bekannt, die auf Missstände in dem Geschäftsbetrieb einer Verwaltungsgesellschaft, extern verwalteten Investmentgesellschaft oder Verwahrstelle hindeuten, sind diese der Bundesanstalt für Finanzdienstleistungsaufsicht mitzuteilen, soweit nicht erkennbar ist, dass schutzwürdige Interessen der oder des Betroffenen überwiegen. [2] Dabei ist zu berücksichtigen, wie gesichert die zu übermittelnden Erkenntnisse sind.

26. Strafsachen gegen Angehörige der Heil- und Gesundheitsfachberufe § 13 Absatz 2, § 14 Absatz 1 Nummer 4 und 5, Absatz 2 EGGVG[1]

(1) In Strafsachen gegen
– Ärztinnen und Ärzte,
– Zahnärztinnen und Zahnärzte,
– Tierärztinnen und Tierärzte,
– Apothekerinnen und Apotheker,
– Psychotherapeutinnen und Psychotherapeuten
– Psychologische Psychotherapeutinnen und Psychologische Psychotherapeuten,
– Kinder- und Jugendlichenpsychotherapeutinnen und Kinder- und Jugendlichenpsychotherapeuten,
– Heilpraktikerinnen und Heilpraktiker,
– Hebammen und Entbindungspfleger,[2]
– Altenpflegerinnen und Altenpfleger,
– Diätassistentinnen und Diätassistenten,
– Ergotherapeutinnen und Ergotherapeuten,
– Gesundheits- und Kinderkrankenpflegerinnen und Gesundheits- und Kinderkrankenpfleger,
– Gesundheits- und Krankenpflegerinnen und Gesundheits- und Krankenpfleger,
– Logopädinnen und Logopäden,
– Masseurinnen und medizinische Bademeisterinnen und Masseure und medizinische Bademeister,
– Orthoptistinnen und Orthoptisten,
– Physiotherapeutinnen und Physiotherapeuten,
– Podologinnen und Podologen,
– Rettungsassistentinnen und Rettungsassistenten,
– Notfallsanitäterinnen und Notfallsanitäter,
– Anästhesietechnische Assistentinnen und Anästhesietechnische Assistenten,
– Operationstechnische Assistentinnen und Operationstechnische Assistenten,
– Technische Assistentinnen und Assistenten in der Medizin (Medizinisch-technische Assistentinnen/Assistenten für Funktionsdiagnostik; Medizinisch-technische Laboratoriumsassistentinnen/Laboratoriumsassistenten; Medizinisch-technische Radiologieassistentinnen/Radiologieassistenten; veterinärmedizinisch-technische Assistentinnen/Assistenten),
– Pharmazeutisch-technische Assistentinnen und Assistenten,
– Pflegefachfrauen und Pflegefachmänner,
– Angehörige der landesrechtlich geregelten Pflege- und Gesundheitsfachberufe (zum Beispiel Altenpflegehelferinnen und Altenpflegehelfer, Krankenpflegehelferinnen und Krankenpflegehelfer, Rettungssanitäterinnen und Rettungssanitäter oder Gesundheits- und Pflegeassistentinnen und Gesundheits- und Pflegeassistenten),

sind, wenn der Tatvorwurf auf eine Verletzung von Pflichten schließen lässt, die bei der *Ausübung* des Berufes zu beachten sind, oder er in anderer Weise geeignet

[1] **Habersack, Deutsche Gesetze Nr. 95a.**
[2] Komma fehlt im BAnz.

ist, Zweifel an der Eignung, Zuverlässigkeit oder Befähigung hervorzurufen, mitzuteilen

1. der Erlass und der Vollzug eines Haft- oder Unterbringungsbefehls,
2. die Entscheidung, durch die ein vorläufiges Berufsverbot angeordnet oder ein solches aufgehoben worden ist,
3. die Erhebung der öffentlichen Klage,
4. der Ausgang des Verfahrens, wenn eine Mitteilung nach den Ziffern 1 bis 3 zu machen war.

(2) [1] In Privatklageverfahren, in Verfahren wegen fahrlässig begangener Straftaten und in sonstigen Verfahren bei Verurteilung zu einer anderen Maßnahme als einer Strafe oder einer Maßnahme im Sinne des § 11 Absatz 1 Nummer 8 StGB[1)] unterbleibt die Mitteilung, wenn nicht besondere Umstände des Einzelfalles sie erfordern. [2] Sie ist insbesondere erforderlich, wenn die Tat bereits ihrer Art nach geeignet ist, Zweifel an der Zuverlässigkeit oder Eignung für die gerade ausgeübte berufliche Tätigkeit hervorzurufen. [3] Die Mitteilung ordnen Richterinnen oder Richter, Staatsanwältinnen oder Staatsanwälte an. [4] Die Sätze 1 bis 3 gelten nicht bei Straftaten, durch die der Tod eines Menschen verursacht worden ist, und bei gefährlicher Körperverletzung.

(3) [1] Die Mitteilungen sind zu richten an

1. die zuständige Behörde und
2. die zuständige Berufskammer, wenn eine solche als Körperschaft des öffentlichen Rechts besteht.

[2] Sie sind als „Vertrauliche Personalsache" zu kennzeichnen.

27. Strafsachen gegen an Schulen, Hochschulen, Kinderheimen, Kindertagesstätten und vergleichbaren Einrichtungen tätige Personen § 13 Absatz 2, § 14 Absatz 1 Nummer 5, Absatz 2 EGGVG[2)]

(1) In Strafsachen gegen

1. Hochschullehrerinnen und Hochschullehrer, Honorarprofessorinnen und Honorarprofessoren, außerplanmäßige Professorinnen und außerplanmäßige Professoren, Gastprofessorinnen und Gastprofessoren, Privatdozentinnen und Privatdozenten, Gastdozentinnen und Gastdozenten, Lehrbeauftragte an Hochschulen und Berufsakademien,
2. Schulleiterinnen und Schulleiter, Lehrerinnen und Lehrer und andere Personen, die an Schulen und sonstigen vergleichbaren Ausbildungsstätten tätig sind,
3. Leiterinnen und Leiter, Erzieherinnen und Erzieher und andere Personen, die in Einrichtungen und Diensten der Kinder- und Jugendhilfe, insbesondere Kinderheimen, Kindertagesstätten, Kindergärten oder ähnlichen Einrichtungen tätig sind,

gilt Nummer 16 Absatz 1 bis 3 entsprechend, wenn sie entweder an staatlich anerkannten Hochschulen, an Berufsakademien oder an Schulen in freier Trägerschaft oder in einer privaten Einrichtung der in Ziffer 3 genannten Art oder – ohne in einem Arbeitnehmer- oder Beamtenverhältnis zu stehen – an staatlichen Hochschulen oder öffentlichen Schulen oder in einer der in Ziffer 3 genannten öffentlichen Einrichtungen tätig sind.

[1)] **Habersack, Deutsche Gesetze Nr. 85.**
[2)] **Habersack, Deutsche Gesetze Nr. 95a.**

(2) Die Mitteilungen sind unter Nennung der Beschäftigungsstelle an die zuständige Aufsichtsbehörde und gegebenenfalls an die zuständige Stelle, die die Berufsberechtigung erteilt hat oder für die Anerkennung der Berufsberechtigung zuständig ist, zu richten und als „Vertrauliche Personalsache" zu kennzeichnen.

28. Strafsachen gegen Betreiberinnen und Betreiber von sowie Beschäftigte in Alten- und Pflegeeinrichtungen, betreuten Wohnformen, ambulanten Pflegediensten und Werkstätten für Menschen mit Behinderung, Einrichtungen oder Gruppen, die den Werkstätten angegliedert sind, sowie Tagesförderstätten, Leistungserbringern der Eingliederungshilfe sowie erlaubnispflichtigen Einrichtungen für Kinder und Jugendliche mit Behinderung
§ 13 Absatz 2, § 14 Absatz 1 Nummer 5, Absatz 2 EGGVG[1]

(1) In Strafsachen gegen Betreiberinnen oder Betreiber, Vertretungsberechtigte juristischer Personen als Betreiber, Leiterinnen oder Leiter von sowie Pflegedienstleiterinnen oder Pflegedienstleiter und andere pflegerisch oder betreuerisch tätige Beschäftigte in

- Einrichtungen im Sinne der landesrechtlichen Vorschriften zum Heimrecht,
- Werkstätten für Menschen mit Behinderung, Einrichtungen oder Gruppen, die den Werkstätten angegliedert sind, Einrichtungen anderer Leistungsanbieter im Sinne von § 60 SGB IX sowie Tagesförderstätten und vergleichbaren Angeboten der Behindertenhilfe,
- ambulanten Pflegediensten nach SGB V und SGB XI und
- Diensten der Eingliederungshilfe nach SGB IX Teil 2 und
- erlaubnispflichtigen Einrichtungen für Kinder und Jugendliche mit Behinderung

sind, wenn der Tatvorwurf auf eine Verletzung von Pflichten schließen lässt, die bei der Ausübung der Tätigkeit zu beachten sind, oder er in anderer Weise geeignet ist, Zweifel an der Eignung, Zuverlässigkeit oder Befähigung hervorzurufen, mitzuteilen

1. der Erlass und der Vollzug eines Haft- oder Unterbringungsbefehls,
2. die Erhebung der öffentlichen Klage,
3. der Ausgang des Verfahrens, wenn eine Mitteilung nach den Ziffern 1 oder 2 zu machen war.

(2) [1] In Privatklageverfahren, in Verfahren wegen fahrlässig begangener Straftaten und in sonstigen Verfahren bei Verurteilung zu einer anderen Maßnahme als einer Strafe oder einer Maßnahme im Sinne des § 11 Absatz 1 Nummer 8 StGB[2] unterbleibt die Mitteilung, wenn nicht besondere Umstände des Einzelfalles sie erfordern. [2] Sie ist insbesondere erforderlich, wenn die Tat bereits ihrer Art nach geeignet ist, Zweifel an der Zuverlässigkeit oder Eignung für die gerade ausgeübte berufliche Tätigkeit hervorzurufen. [3] Die Mitteilung ordnen Richterinnen oder Richter, Staatsanwältinnen oder Staatsanwälte an. [4] Die Sätze 1 bis 3 gelten nicht bei Straftaten, durch die der Tod eines Menschen verursacht worden ist, und bei gefährlicher Körperverletzung.

(3) Die Mitteilungen sind unter Nennung der Beschäftigungsstelle an die für die jeweilige Einrichtung zuständige Aufsichtsbehörde und an die zuständige oberste Landesbehörde zu richten und als „Vertrauliche Personalsache" zu kennzeichnen.

---

[1] **Habersack, Deutsche Gesetze Nr. 95a.**
[2] **Habersack, Deutsche Gesetze Nr. 85.**

29. Sonstige Mitteilungen über Personen, die einer Dienst-, Staats-, Standesaufsicht oder berufsrechtlichen Aufsicht unterliegen
§ 17 Nummer 3 und 4 EGGVG[1], § 115 Absatz 4 BBG[2], § 49 Absatz 4 BeamtStG[3], §§ 46, 71 DRiG[4], § 89 Absatz 1 SG, § 45a Absatz 1 ZDG[5], § 64a Absatz 2 BNotO[6], § 36 Absatz 2 auch in Verbindung mit § 59m Absatz 2, § 207 Absatz 2 Satz 1, § 209 Absatz 1 Satz 3, BRAO[7], § 4 Absatz 1, § 34a EuRAG[8], § 34 Absatz 2 auch in Verbindung mit § 52m Absatz 2 PAO, § 19 Absatz 4, § 21 Absatz 2 Satz 1 EuPAG[9], § 154b Absatz 2, § 18 Absatz 1 Satz 3 und 4 RDG[10], § 122 Absatz 5 WpHG[11], §§ 36a Absatz 3 Nummer 2, 65 Absatz 2, 130 Absatz 1 WiPrO, § 10 Absatz 2 StBerG, § 2 BewachV, § 60a Absatz 2 KWG, § 65 Satz 3 ZAG, § 341 Absatz 3 KAGB, § 334 VAG

(1) [1] Sonstige Tatsachen, die in einem Strafverfahren – gleichgültig, gegen wen es sich richtet – bekannt werden, sind mitzuteilen, wenn ihre Kenntnis aufgrund besonderer Umstände des Einzelfalls für dienst-, disziplinar-, standes- oder berufsrechtliche Maßnahmen gegen eine der nachfolgend genannten Personen oder für aufsichtsrechtliche Maßnahmen gegen deren Geschäftsbetrieb erforderlich ist:

1. Beamtinnen und Beamte, Richterinnen und Richter (Nummer 15)
2. Versorgungsberechtigte, Alters- und Hinterbliebenengeldberechtigte (Nummer 18)
3. Soldatinnen und Soldaten der Bundeswehr (Nummer 19)
4. Zivildienstleistende (Nummer 21)
5. Notarinnen und Notare sowie Angehörige der rechtsberatenden Berufe (Nummer 23)
6. Wirtschaftsprüferinnen und Wirtschaftsprüfer, vereidigte Buchprüferinnen und vereidigte Buchprüfer, Steuerberaterinnen und Steuerberater sowie Steuerbevollmächtigte, Bewacherinnen und Bewacher sowie Wachpersonen (Nummer 24)
7. Inhaberinnen und Inhaber, Geschäftsleiterinnen und Geschäftsleiter von Kredit-, Finanzdienstleistungs-, Zahlungs- und E-Geld-Instituten sowie gegen Inhaberinnen und Inhaber bedeutender Beteiligungen an Instituten oder deren gesetzliche Vertreterinnen und Vertreter oder in den Fällen des § 60a KWG auch deren persönlich haftenden Gesellschafterinnen und Gesellschafter sowie Mitglieder der Verwaltungs- oder Aufsichtsorgane (Nummer 25)
8. Inhaberinnen und Inhaber, Geschäftsleiterinnen und Geschäftsleiter von Wertpapierdienstleistungsunternehmen, deren gesetzliche Vertreterinnen und Vertreter sowie persönlich haftende Gesellschafterinnen und Gesellschafter und sonstige an Wertpapierdienstleistungsgeschäften beteiligte Personen (Nummer 25a)

---

[1] ***Habersack*, Deutsche Gesetze Nr. 95a.**
[2] **Sartorius Nr. 160.**
[3] **Sartorius Nr. 150.**
[4] Nr. 97.
[5] **Sartorius Nr. 625.**
[6] Nr. 98a.
[7] Nr. 98.
[8] Nr. 98/4.
[9] Nr. 98/5.
[10] Nr. 99.
[11] Nr. 58.

9. Geschäftsleiterinnen und Geschäftsleiter, Mitglieder der Verwaltungs- oder Aufsichtsorgane von Versicherungsunternehmen oder Pensionsfonds sowie Inhaberinnen und Inhaber bedeutender Beteiligungen an Versicherungsunternehmen oder Pensionsfonds, deren gesetzliche Vertreterinnen und Vertreter sowie persönlich haftende Gesellschafterinnen und Gesellschafter (Nummer 25b)
10. bedeutend beteiligte Inhaberinnen und Inhaber, Geschäftsleiterinnen und Geschäftsleiter oder Mitglieder der Verwaltungs- oder Aufsichtsorgane von Verwaltungsgesellschaften, extern verwalteten Investmentgesellschaften oder Verwahrstellen oder deren jeweilige gesetzliche Vertreterinnen und Vertreter oder persönlich haftenden Gesellschafterinnen und Gesellschafter (Nummer 25c)
11. Angehörige der Heil- und Gesundheitsfachberufe (Nummer 26)
12. Personen, die an Schulen, Hochschulen, in Kinderheimen, Kindertagesstätten und vergleichbaren Einrichtungen tätig sind (Nummer 27)
13. Betreiberinnen und Betreiber von sowie Beschäftigte in Alten- und Pflegeeinrichtungen, betreuten Wohnformen, ambulanten Pflegediensten und Werkstätten für Menschen mit Behinderung, Einrichtungen oder Gruppen, die den Werkstätten angegliedert sind, sowie Tagesförderstätten, anderen Leistungsanbietern im Sinne von § 60 SGB IX, sonstigen Leistungserbringern der Eingliederungshilfe nach dem SGB IX Teil 2 sowie erlaubnispflichtigen Einrichtungen für Kinder und Jugendliche mit Behinderung (Nummer 28).

[2] Erforderlich ist die Kenntnis der Daten auch, wenn diese Anlass zur Prüfung bietet, ob Maßnahmen der genannten Art zu ergreifen sind.

(2) [1] Mitteilungen unterbleiben, soweit für die übermittelnde Stelle erkennbar ist, dass schutzwürdige Interessen der betroffenen Person an dem Ausschluss der Übermittlung das öffentliche Interesse überwiegen. [2] Dabei ist zu berücksichtigen, wie gesichert die zu übermittelnden Erkenntnisse sind.

(3) Die Mitteilung ordnen Richterinnen oder Richter, Staatsanwältinnen oder Staatsanwälte an.

(4) Die Mitteilungen sind an die Stellen zu richten, die in den in Absatz 1 genannten Bestimmungen aufgeführt sind, und als „Vertrauliche Personalsache" zu kennzeichnen.

3. Abschnitt. Sonstige Mitteilungen wegen der persönlichen Verhältnisse der Betroffenen

30. Strafsachen gegen Inhaberinnen und Inhaber von Titeln, Orden und Ehrenzeichen

§ 4 Absatz 2 und 3 des Gesetzes über Titel, Orden und Ehrenzeichen[1)]

(1) Ergibt sich aus einem Strafurteil, dass die oder der Verurteilte Inhaberin oder Inhaber von Titeln, Orden oder Ehrenzeichen ist, die nach dem 8. Mai 1945 verliehen worden sind, so sind rechtskräftige Verurteilungen mitzuteilen, in denen erkannt ist

1. auf eine Freiheitsstrafe von mindestens einem Jahr wegen eines Verbrechens,
2. auf eine Freiheitsstrafe von mindestens sechs Monaten wegen einer vorsätzlichen Tat, die nach den Vorschriften über Friedensverrat, Hochverrat, Gefährdung des *demokratischen* Rechtsstaates, Landesverrat oder Gefährdung der äußeren Sicherheit strafbar ist,

---

[1)] **Sartorius Nr. 60.**

3. auf Aberkennung der Fähigkeit, öffentliche Ämter zu bekleiden.

(2) [1]Die Mitteilungen sind zu richten

1. bei Titeln, Orden und Ehrenzeichen, die von einer Stelle innerhalb des Geltungsbereichs des Gesetzes über Titel, Orden und Ehrenzeichen verliehen worden sind, an die oder den Verleihungsberechtigten,
2. bei Titeln, Orden und Ehrenzeichen, die von einem ausländischen Staatsoberhaupt, einer ausländischen Regierung oder einer anderen Stelle außerhalb des Geltungsbereichs des Gesetzes über Titel, Orden und Ehrenzeichen verliehen worden sind, an das Bundespräsidialamt.

[2]Die Mitteilung umfasst den Urteilstenor sowie den verliehenen Titel oder die verliehene Auszeichnung.

31. Mitteilungen an das Betreuungsgericht und an das Familiengericht § 22a FamFG[1)], § 70 Satz 1 JGG[2)]

(1) Werden in einem Strafverfahren – gleichgültig, gegen wen es sich richtet – Tatsachen bekannt, die Maßnahmen des Betreuungs- oder des Familiengerichts erfordern können, so sind diesen die Tatsachen mitzuteilen, soweit nicht für die übermittelnde Stelle erkennbar ist, dass schutzwürdige Interessen der Betroffenen an dem Ausschluss der Übermittlung das Schutzbedürfnis von Minderjährigen oder Betreuten oder das öffentliche Interesse an der Übermittlung überwiegen.

(2) Die Mitteilung ordnen Richterinnen oder Richter, Staatsanwältinnen oder Staatsanwälte an.

32. Mitteilungen an die Jugendgerichtshilfe in Strafsachen gegen Jugendliche und Heranwachsende §§ 38, 50, 70 Absatz 1 Satz 1 und Absatz 2, §§ 72a, 107, 109 Absatz 1 JGG[2)]

In Strafsachen gegen Jugendliche und Heranwachsende sind der Jugendgerichtshilfe mitzuteilen

1. die Einleitung des Verfahrens zu den in § 70 Absatz 2 JGG genannten Zeitpunkten,
2. vorläufige Anordnungen über die Erziehung,
3. der Erlass und der Vollzug eines Haft- oder Unterbringungsbefehls sowie die Unterbringung zur Beobachtung,
4. der Verzicht auf die Erfüllung von Anforderungen an die Jugendgerichtshilfe (§ 38 Absatz 7 Satz 1 und 2 JGG),
5. die Erhebung der öffentlichen Klage,
6. Ort und Zeit der Hauptverhandlung,
7. die Urteile,
8. der Ausgang des Verfahrens,
9. der Name und die Anschrift der Bewährungshelferin oder des Bewährungshelfers,

---

1) Habersack, Deutsche Gesetze Nr. 112.
2) Habersack, Deutsche Gesetze Nr. 89.

10. die nachträglichen Entscheidungen, die sich auf Weisungen oder Auflagen beziehen oder eine Aussetzung der Vollstreckung einer Jugendstrafe oder des Restes einer Jugendstrafe zur Bewährung, eine Aussetzung der Verhängung der Jugendstrafe oder die Führungsaufsicht betreffen.

33. Mitteilungen an die Schule in Strafsachen gegen Jugendliche und Heranwachsende
§ 70 Satz 1, § 109 Absatz 1 JGG[1]

(1) [1] In Strafsachen gegen Jugendliche und Heranwachsende sind Mitteilungen an die Schule nur in geeigneten Fällen zu machen. [2] Es wird in der Regel genügen, die Schule von dem Ausgang des Verfahrens zu unterrichten. [3] Die Einleitung des Verfahrens oder die Erhebung der öffentlichen Klage wird mitzuteilen sein, wenn aus Gründen der Schulordnung, insbesondere zur Wahrung eines geordneten Schulbetriebs oder zum Schutz anderer Schülerinnen oder Schüler, sofortige Maßnahmen geboten sein können.

(2) Die Mitteilungen sind an die Leiterin oder den Leiter der Schule oder die Vertretung im Amt zu richten.

(3) Die Mitteilung ordnen Richterinnen oder Richter, Staatsanwältinnen oder Staatsanwälte an.

34. Mitteilungen an andere Prozessbeteiligte in Strafsachen gegen Jugendliche
§ 67 Absatz 5, §§ 67a, 43 Absatz 1 JGG[1], Artikel 104 Absatz 4 GG[2]

(1) Sind in Strafsachen gegen Jugendliche durch verfahrensrechtliche Bestimmungen Mitteilungen an die Beschuldigten vorgeschrieben, so sind diese auch zu richten an

1. die Erziehungsberechtigten,
2. die gesetzlichen Vertreterinnen und gesetzlichen Vertreter,
3. die Verfahrenspflegerin oder den Verfahrenspfleger,
4. andere für den Schutz der Interessen des Jugendlichen geeignete volljährige Personen, wenn ein Fall des § 67a Absatz 3 JGG vorliegt.

(2) [1] Die in Absatz 1 bezeichneten Personen werden ferner benachrichtigt von

1. der Einleitung des Verfahrens,[3]
2. der Verhaftung, Verwahrung oder Unterbringung.

[2] Die Mitteilungen nach Satz 1 Ziffer 1 können bei Geringfügigkeit der Verfehlung unterbleiben.

(3) Die Mitteilung ordnen Richterinnen oder Richter, Staatsanwältinnen oder Staatsanwälte an, soweit nicht in den Akten dokumentiert ist, dass sie bereits durch die Polizei erfolgt ist.

---

[1] **Habersack, Deutsche Gesetze Nr. 89.**
[2] Nr. 1.
[3] Komma fehlt im BAnz.

35. Mitteilungen zum Schutz von Kindern und Jugendlichen § 13 Absatz 2, § 14 Absatz 1 Nummer 5, § 17 Nummer 5 EGGVG[1)], § 5 KKG[2)]

(1) [1] Werden in einem Strafverfahren – gleichgültig, gegen wen es sich richtet – Tatsachen bekannt, deren Kenntnis aus der Sicht der übermittelnden Stelle zur Prüfung gewichtiger Anhaltspunkte für die Gefährdung des Wohls eines Kindes oder Jugendlichen erforderlich ist, sind diese unverzüglich der zuständigen öffentlichen Stelle mitzuteilen. [2] Nummer 2 Absatz 1 bleibt unberührt.

(2) Mitteilungen erhalten insbesondere

1. das Jugendamt und das Familiengericht, wenn wegen einer vollendeten oder versuchten Straftat gegen die sexuelle Selbstbestimmung von Kindern und Jugendlichen (Dreizehnter Abschnitt des Besonderen Teils des StGB[3)]), nach den §§ 171, 225, 232 bis 233a, 234 bis 236 StGB oder nach § 145a StGB, soweit Führungsaufsicht wegen einer in § 181b StGB genannten Tat angeordnet oder kraft Gesetzes eingetreten ist, ein Verfahren eingeleitet wird oder wenn der Täter wegen einer solchen Straftat verurteilt wurde,
2. die zuständige Aufsichtsbehörde für betriebserlaubnispflichtige Kinder- oder Jugendeinrichtungen nach § 45 SGB VIII[4)], wenn Anlass zur Prüfung von Maßnahmen zur Abwendung einer drohenden Beeinträchtigung oder Gefährdung des Wohls eines Kindes und Jugendlichen besteht,
3. das Jugendamt und die für die Gewerbeaufsicht zuständige Stelle, wenn eine Verurteilung wegen Zuwiderhandlungen gegen die §§ 27, 28 JuSchG[5)] ausgesprochen worden ist,
4. das Familiengericht, wenn Anlass zur Prüfung gerichtlicher Maßnahmen wegen Kindeswohlgefährdung nach § 1666 BGB[6)] oder der Anordnung einer Vormundschaft (Pflegschaft) besteht,
5. die für die Gewerbeaufsicht zuständige Stelle, das Landesjugendamt sowie die sonst zuständigen Stellen, wenn der Schutz von Kindern und Jugendlichen die Unterrichtung dieser Stellen erfordert (vgl. §§ 28, 29, 32 BBiG, §§ 22, 22a, 23 HwO[7)], §§ 25, 27 JArbSchG),
6. das Jugendamt zur Einschätzung des Gefährdungsrisikos in sonstigen Fällen, wenn gewichtige Anhaltspunkte für die Gefährdung des Wohls eines Kindes und Jugendlichen bekannt werden. Gewichtige Anhaltspunkte liegen insbesondere in den in § 5 Absatz 2 KKG genannten Fällen vor.

(3) In Strafsachen gegen einen Elternteil wegen einer an seinem minderjährigen Kind begangenen rechtswidrigen Tat ist die Erhebung der öffentlichen Klage oder die Einstellung des Verfahrens wegen Schuldunfähigkeit dem Familiengericht und dem Jugendamt mitzuteilen.

(4) In Strafsachen, die eine Gefährdung von Kindern und Jugendlichen erkennen lassen, sowie in Jugendschutzsachen (§ 26 Absatz 1 Satz 1 GVG[8)]) werden dem Jugendamt Ort und Zeit der Hauptverhandlung mitgeteilt.

[1)] **Habersack, Deutsche Gesetze Nr. 95a.**
[2)] Nr. **46a**.
[3)] **Habersack, Deutsche Gesetze Nr. 85.**
[4)] Nr. **46**.
[5)] **Sartorius Nr. 400.**
[6)] **Habersack, Deutsche Gesetze Nr. 20.**
[7)] **Sartorius Nr. 815.**
[8)] **Habersack, Deutsche Gesetze Nr. 95.**

(5) Die Mitteilung ordnen Richterinnen oder Richter, Staatsanwältinnen oder Staatsanwälte an.

36. Mitteilungen über Inhaberinnen und Inhaber einer waffenrechtlichen oder sprengstoffrechtlichen Berechtigung sowie über sonstige nach dem WaffG[1] oder SprengG berechtigte Personen
§ 13 Absatz 2, § 14 Absatz 1 Nummer 5, 7 Buchstabe b, Absatz 2, § 17 Nummer 3 EGGVG[2]

(1) In Strafsachen gegen

1. Inhaberinnen und Inhaber
   a) einer Erlaubnis, Bescheinigung oder Ausnahmebewilligung nach dem Waffengesetz,
   b) einer sprengstoffrechtlichen Erlaubnis nach § 7 oder § 27 SprengG oder eines Befähigungsscheins nach § 20 SprengG,
2. eine mit der Leitung eines Betriebes, einer Zweigniederlassung oder einer unselbständigen Zweigstelle zur Waffenherstellung oder zum Waffenhandel beauftragte Person oder
3. eine mit der Leitung eines Betriebes, einer Zweigniederlassung oder einer unselbständigen Zweigstelle zum Umgang oder Verkehr mit explosionsgefährlichen Stoffen beauftragte Person

sind Mitteilungen über Verfahren zu machen, die zum Gegenstand haben

a) eine vorsätzliche Straftat,
b) eine gemeingefährliche fahrlässige Straftat,
c) eine im Zustand der Trunkenheit oder unter dem Einfluss anderer berauschender Mittel begangene Straftat, wenn die Täterin oder der Täter bereits mindestens einmal wegen einer solchen Tat verurteilt worden ist,
d) eine fahrlässige Straftat im Zusammenhang mit dem Umgang mit Waffen, Munition oder Sprengstoff,
e) eine Straftat nach dem Waffengesetz, dem Gesetz über die Kontrolle von Kriegswaffen[3], dem Sprengstoffgesetz oder dem Bundesjagdgesetz[4].

(2) In den Fällen des Absatz 1 sind mitzuteilen

1. der Erlass und der Vollzug eines Haft- oder Unterbringungsbefehls,
2. die Erhebung der öffentlichen Klage,
3. der Ausgang des Verfahrens, wenn eine Mitteilung nach den Ziffern 1 oder 2 zu machen war,
4. die Einstellung des Verfahrens nach § 170 Absatz 2 StPO[5], wenn sie Feststellungen zu einer Schuldunfähigkeit nach § 20 StGB[6] enthält.

(3) [1] Werden sonst in einem Strafverfahren – gleichgültig, gegen wen es sich richtet – Tatsachen bekannt, sind diese mitzuteilen, wenn ihre Kenntnis aufgrund besonderer Umstände des Einzelfalls für waffen- oder sprengstoffrechtliche Maßnahmen erforderlich ist. [2] Dies gilt insbesondere in Strafsachen nach Absatz 1 gegen eine Person, die auf Grund eines Arbeitsverhältnisses eine Schusswaffe nach den

---

[1] **Sartorius Nr. 820.**
[2] ***Habersack*, Deutsche Gesetze Nr. 95a.**
[3] **Sartorius Nr. 823.**
[4] **Sartorius Nr. 890.**
[5] **Habersack, Deutsche Gesetze Nr. 90.**
[6] **Habersack, Deutsche Gesetze Nr. 85.**

Weisungen der Inhaberin oder des Inhabers eines Waffenscheins zu führen hat. [3]Dabei ist zu berücksichtigen, wie gesichert die zu übermittelnden Erkenntnisse sind. [4]Die Mitteilung ordnen Richterinnen oder Richter, Staatsanwältinnen oder Staatsanwälte an.

(4) Die Mitteilungen sind an die für die Erteilung der Berechtigung zuständige Behörde zu richten:

1. im Falle des Absatz 1 Ziffer 1 Buchstabe a und Ziffer 2, soweit die Person, die die Erlaubnis innehat, ein Gewerbe oder eine wirtschaftliche Unternehmung nach § 21 WaffG betreibt: an die Behörde, in deren Bezirk sich die gewerbliche Hauptniederlassung befindet; fehlt eine gewerbliche Niederlassung, so richtet sich die örtliche Zuständigkeit nach Ziffer 5,
2. im Falle einer Ausnahmebewilligung nach § 42 Absatz 2 WaffG: an die Behörde, in deren Bezirk die Veranstaltung stattfinden soll,
3. im Falle einer Erlaubnis nach § 10 Absatz 5 oder § 27 Absatz 1 WaffG: an die Behörde, in deren Bezirk geschossen werden soll,
4. im Falle einer Bescheinigung nach § 55 Absatz 2 WaffG: an die sachlich und örtlich zuständige Behörde,
5. in den übrigen Fällen einer waffenrechtlichen Berechtigung: an die Behörde, in deren Bezirk die betroffene Person ihren gewöhnlichen, bei Fehlen eines solchen ihren jeweiligen Aufenthaltsort hat,
6. im Falle des Absatz 1 Ziffer 3 oder einer Erlaubnis nach § 7 SprengG: an die Behörde, in deren Bezirk sich die Hauptniederlassung befindet; bezieht sich die Erlaubnis nur auf eine Zweigniederlassung, so richtet sich die Zuständigkeit nach dem Ort dieser Niederlassung; fehlt eine Niederlassung, so richtet sich die Zuständigkeit nach § 36 Absatz 2 SprengG,
7. im Falle eines Befähigungsscheins nach § 20 SprengG: an die sachlich und örtlich zuständige Behörde,
8. im Falle einer Erlaubnis nach § 27 SprengG: an die Behörde, in deren Bezirk die betroffene Person ihren gewöhnlichen Aufenthalt hat oder zuletzt hatte.

36a. Sonstige Mitteilungen aus waffenrechtlichen oder sprengstoffrechtlichen Gründen

§ 13 Absatz 2, § 14 Absatz 1 Nummer 7 Buchstabe b, Absatz 2, § 17 Nummer 3 EGGVG[1)]

(1) In Strafsachen wegen

1. unbefugten Erwerbs von Schusswaffen oder Munition, unbefugten Führens von Schusswaffen oder unbefugter Ausübung der tatsächlichen Gewalt über Schusswaffen oder über in Abschnitt 1 der Anlage 2 zum WaffG[2)] (Waffenliste) bezeichnete Gegenstände,
2. einer mit oder im Zusammenhang mit Schusswaffen, Munition oder in Abschnitt 1 der Anlage 2 zum WaffG (Waffenliste) bezeichneten Gegenständen begangenen Straftat,
3. unbefugten Umgangs oder Verkehrs mit explosionsgefährlichen Stoffen oder
4. einer mit oder im Zusammenhang mit solchen Stoffen begangenen Straftat

sind mitzuteilen

a) die Erhebung der öffentlichen Klage,

---

1) Habersack, Deutsche Gesetze Nr. 95a.
2) Sartorius Nr. 820.

b) der Ausgang des Verfahrens, wenn eine Mitteilung nach Buchstabe a zu machen war,
c) die Einstellung des Verfahrens nach § 170 Absatz 2 StPO[1], wenn sie Feststellungen zu einer Schuldunfähigkeit nach § 20 StGB[2] enthält.

(2) In den Fällen des Absatz 1 Ziffer 2 und 4 ordnen die Mitteilung Richterinnen oder Richter, Staatsanwältinnen oder Staatsanwälte an.

(3) Die Mitteilungen sind an die zuständige Behörde zu richten, in deren Bereich die Betroffenen eine Wohnung haben.

37. Strafsachen gegen Inhaberinnen und Inhaber von Jagdscheinen und gegen Personen, die einen Antrag auf Erteilung eines Jagdscheins gestellt haben
§ 13 Absatz 1 Nummer 5, Absatz 2, § 14 Absatz 1 Nummer 7 Buchstabe b, Absatz 2, § 17 Nummer 3 EGGVG[3]

(1) In Strafsachen gegen Inhaberinnen und Inhaber von Jagdscheinen und gegen Personen, die einen Antrag auf Erteilung eines Jagdscheins gestellt haben, sind Mitteilungen zu machen über Verfahren wegen

1. eines Verbrechens,
2. einer vorsätzlichen Straftat gegen das Leben, die Gesundheit oder die persönliche Freiheit, einer der in § 181b StGB[2] genannten Straftaten, Land- oder Hausfriedensbruchs, Widerstandes gegen die Staatsgewalt, einer gemeingefährlichen Straftat, einer Straftat gegen das Eigentum oder das Vermögen oder einer Wilderei,
3. einer fahrlässigen Straftat im Zusammenhang mit dem Umgang mit Waffen, Munition oder Sprengstoff,
4. einer Straftat nach jagd-, tierschutz- oder naturschutzrechtlichen Vorschriften, dem Waffengesetz[4], dem Gesetz über die Kontrolle von Kriegswaffen[5] oder dem Sprengstoffgesetz.

(2) Mitzuteilen sind

1. die Erhebung der öffentlichen Klage,
2. der Ausgang des Verfahrens, wenn eine Mitteilung nach Ziffer 1 zu machen war,
3. die Einstellung des Verfahrens nach § 170 Absatz 2 StPO[1], wenn sie Feststellungen zu einer Schuldunfähigkeit nach § 20 StGB enthält.

(3) In sonstigen Strafsachen gegen eine der in Absatz 1 bezeichneten Personen ist die rechtskräftige Entscheidung mitzuteilen, wenn

1. Führungsaufsicht angeordnet ist oder kraft Gesetzes eintritt,
2. eine Entziehung des Jagdscheins, eine Sperrfrist zur Erteilung des Jagdscheins oder ein Verbot der Jagdausübung angeordnet worden ist.

(4) Die Mitteilungen sind an die für die Erteilung des Jagdscheins zuständige Behörde zu richten.

(5) Die Pflicht zur Mitteilung nach Nummer 36 bleibt unberührt.

---

[1] *Habersack, Deutsche* Gesetze Nr. 90.
[2] Habersack, Deutsche Gesetze Nr. 85.
[3] Habersack, Deutsche Gesetze Nr. 95a.
[4] Sartorius Nr. 820.
[5] Sartorius Nr. 823.

37a. Strafsachen gegen Inhaberinnen und Inhaber von Fischereischeinen und Personen, die einen Antrag auf Erteilung eines Fischereischeins gestellt haben
§ 13 Absatz 1 Nummer 5, Absatz 2, § 14 Absatz 1 Nummer 7 Buchstabe b, Absatz 2 EGGVG[1)]

(1) In Strafsachen gegen Inhaberinnen und Inhaber von Fischereischeinen und gegen Personen, die einen Antrag auf Erteilung eines Fischereischeins gestellt haben, sind Mitteilungen zu machen über Verfahren wegen

1. einer Straftat nach § 293 StGB[2)],
2. einer auf ein Gewässer bezogenen, fischereirechtsrelevanten Straftat nach § 242 StGB,
3. einer Straftat nach tierschutzrechtlichen Vorschriften.

(2) Mitzuteilen sind

1. die Erhebung der öffentlichen Klage,
2. der Ausgang des Verfahrens, wenn eine Mitteilung nach Ziffer 1 zu machen war,
3. die Einstellung des Verfahrens nach § 170 Absatz 2 StPO[3)], wenn sie Feststellungen zu einer Schuldunfähigkeit nach § 20 StGB enthält.

(3) Die Mitteilungen sind an die für die Verfolgung von Ordnungswidrigkeiten sowie für die Erteilung des Fischereischeins nach den Fischereigesetzen der Länder zuständigen Behörden zu richten.

38. Mitteilungen über Inhaberinnen und Inhaber einer luftrechtlichen Erlaubnis oder Genehmigung sowie über sonstige nach dem Luftverkehrsgesetz[4)] oder nach dem Luftsicherheitsgesetz berechtigte Personen
§ 13 Absatz 2, § 14 Absatz 1 Nummer 5, 7 Buchstabe b, Absatz 2, § 17 Nummer 3 EGGVG[1)]

(1) In Strafsachen gegen

1. Inhaberinnen und Inhaber
   a) einer Erlaubnis für das Luftfahrtpersonal, die Ausbildung von Luftfahrerinnen und Luftfahrern, das Flugsicherungspersonal oder die Ausbildung von Flugsicherungspersonal oder
   b) eines Luftverkehrsbetreiberzeugnisses für gewerblichen Luftverkehrsbetrieb, einer Genehmigung für Luftfahrtunternehmen,
2. eine für die Leitung eines Luftfahrtunternehmens oder einer Luftfahrerschule verantwortliche Person,
3. eine Person, die von den Verpflichteten nach den §§ 8 bis 9a LuftSiG mit der Mitwirkung in § 8 Absatz 1 Satz 1 Nummer 1 bis 8, § 9 Absatz 1 Satz 1 Nummer 1 *bis 6 und § 9a Absatz 1* LuftSiG aufgeführten Sicherheitsmaßnahmen beauftragt ist, oder
4. eine nach § 16a LuftSiG zur Wahrnehmung der dort genannten Aufgaben nach dem Luftsicherheitsgesetz beliehene natürliche Person oder eine von einer beliehenen teilrechtsfähigen Vereinigung oder juristischen Person des Privat-

---

[1)] **Habersack, Deutsche Gesetze Nr. 95a.**
[2)] **Habersack, Deutsche Gesetze Nr. 85.**
[3)] **Habersack, Deutsche Gesetze Nr. 90.**
[4)] Auszugsweise abgedruckt unter Nr. **36.**

rechts zur Wahrnehmung der Aufgaben gemäß § 16a Absatz 1 LuftSiG beauftragte Person

ist die rechtskräftige Verurteilung mitzuteilen, wenn die Tat geeignet ist, Zweifel an der Eignung, Zuverlässigkeit und Befähigung der Person für die vorgenannte Tätigkeit hervorzurufen.

(2) [1] Sonstige Tatsachen, die in einem Strafverfahren – gleichgültig, gegen wen es sich richtet – bekannt werden, sind mitzuteilen, wenn ihre Kenntnis die Annahme rechtfertigt, dass jemand für eine der in Absatz 1 genannten Tätigkeiten ungeeignet ist. [2] Dabei ist zu berücksichtigen, wie gesichert die zu übermittelnden Erkenntnisse sind. [3] Die Mitteilung ordnen Richterinnen oder Richter, Staatsanwältinnen oder Staatsanwälte an.

(3) Mitteilungen über Inhaberinnen oder Inhaber einer Erlaubnis für das Luftfahrtpersonal sind an das

Luftfahrt-Bundesamt
Postfach 30 54
38020 Braunschweig,

sonstige Mitteilungen sind an die für die Erteilung der luftrechtlichen Erlaubnis oder Genehmigung oder an die für die Erteilung des Luftverkehrsbetreiberzeugnisses zuständige Stelle oder an die für die Zuverlässigkeitsüberprüfung zuständige Luftsicherheitsbehörde zu richten.

39. Strafsachen gegen Inhaberinnen und Inhaber von Berechtigungen und gegen Gewerbetreibende, Verkehrsleiter im Sinne von Artikel 4 der Verordnung (EG) Nr. 1071/2009 sowie Betriebsleiterinnen und Betriebsleiter der Schienenbahnen des öffentlichen Personenverkehrs, der Seilbahnen und der Eisenbahnen und der Kraftfahrtunternehmen im Personenverkehr
§ 13 Absatz 2, § 14 Absatz 1 Nummer 5, 7 Buchstabe b, Absatz 2 EGGVG[1)], § 52 FahrlG

(1) In Strafsachen gegen Inhaberinnen und Inhaber von Berechtigungen und gegen Gewerbetreibende, Verkehrsleiter im Sinne von Artikel 4 der VO 1071/2009 sowie Betriebsleiterinnen und Betriebsleiter der Schienenbahnen des öffentlichen Personenverkehrs, der Seilbahnen, der Eisenbahnen und der Kraftfahrtunternehmen im Personenverkehr sind rechtskräftige Entscheidungen mitzuteilen, wenn Grund zu der Annahme besteht, dass Tatsachen, die den Gegenstand des Verfahrens betreffen und auf eine Verletzung von Pflichten schließen lassen, die bei der Ausübung des Berufs oder des Gewerbes zu beachten oder in anderer Weise geeignet sind, Zweifel an der Eignung, Zuverlässigkeit oder Befähigung hervorzurufen, den Widerruf, die Rücknahme oder die Einschränkung einer behördlichen Erlaubnis, Genehmigung oder Zulassung zur Ausübung eines Gewerbes oder eines Berufs, zum Führen einer Berufsbezeichnung, die Untersagung der gewerblichen Tätigkeit oder der Einstellung, Beschäftigung oder Beaufsichtigung von Kindern und Jugendlichen zur Folge haben können.

(2) [1] In Privatklageverfahren, in Verfahren wegen fahrlässig begangener Straftaten und in sonstigen Verfahren bei Verurteilung zu einer anderen Maßnahme als einer Strafe oder einer Maßnahme im Sinne des § 11 Absatz 1 Nummer 8 StGB[2)] unter*bleibt die Mitteilung*, wenn nicht besondere Umstände des Einzelfalles sie

---

[1)] Habersack, Deutsche Gesetze Nr. 95a.
[2)] Habersack, Deutsche Gesetze Nr. 85.

erfordern. [2] Sie ist insbesondere erforderlich, wenn die Tat bereits ihrer Art nach geeignet ist, Zweifel an der Eignung, Zuverlässigkeit oder Befähigung für die gerade ausgeübte berufliche oder gewerbliche Tätigkeit hervorzurufen. [3] Die Sätze 1 und 2 gelten nicht bei Straftaten, durch die der Tod eines Menschen verursacht worden ist, und bei gefährlicher Körperverletzung.

(3) Eine Mitteilungspflicht besteht ferner, wenn in der Entscheidung

1. die Ausübung des Gewerbes untersagt oder
2. eine Untersagung der Ausübung des Gewerbes ausdrücklich abgelehnt worden ist.

(4) Die Mitteilung – mit Ausnahme der in Absatz 3 Ziffer 1 – ordnen Richterinnen oder Richter, Staatsanwältinnen oder Staatsanwälte an.

(5) Die Mitteilungen sind an die Behörde zu richten, die die Berechtigung erteilt hat oder für die Untersagung der Berufs- oder Gewerbeausübung zuständig ist.

40. Strafsachen gegen mit Atomanlagen und Kernbrennstoffen oder sonstigen radioaktiven Stoffen verantwortlich befasste Personen § 13 Absatz 1 Nummer 5, Absatz 2, § 14 Absatz 1 Nummer 7 Buchstabe b, Absatz 2, § 17 Nummer 3 EGGVG[1)]

(1) In Strafsachen gegen Personen, die bei der Errichtung, Leitung oder Beaufsichtigung des Betriebes von kerntechnischen Anlagen, dem Umgang mit Kernbrennstoffen oder sonstigen radioaktiven Stoffen oder der Beförderung oder sonstigen Verwendung solcher Stoffe verantwortlich tätig sind, sind mitzuteilen

1. die Einleitung des Verfahrens,
2. der Ausgang des Verfahrens,

wenn Grund zu der Annahme besteht, dass eine atomrechtliche Genehmigung oder Zulassung, die ihnen oder demjenigen erteilt ist, der sie mit seiner Tätigkeit beauftragt hat, widerrufen, zurückgenommen oder eingeschränkt wird oder dass Maßnahmen der atomrechtlichen Aufsicht getroffen werden.

(2) [1] In Privatklageverfahren, in Verfahren wegen fahrlässig begangener Straftaten und in sonstigen Verfahren bei Verurteilung zu einer anderen Maßnahme als einer Strafe oder einer Maßnahme im Sinne des § 11 Absatz 1 Nummer 8 StGB[2)] unterbleibt die Mitteilung, wenn nicht besondere Umstände des Einzelfalles sie erfordern. [2] Sie ist insbesondere erforderlich, wenn die Tat bereits ihrer Art nach geeignet ist, Zweifel an der Zuverlässigkeit oder Eignung für die gerade ausgeübte Tätigkeit hervorzurufen. [3] Die Sätze 1 und 2 gelten nicht bei Straftaten, durch die der Tod eines Menschen verursacht worden ist, und bei gefährlicher Körperverletzung.

(3) Die Mitteilung ordnen Richterinnen oder Richter, Staatsanwältinnen oder Staatsanwälte an.

(4) [1] Die Mitteilungen sind an die Behörde zu richten, welche die Genehmigung oder Zulassung erteilt hat oder für die Aufsicht zuständig ist. [2] Wird in der Entscheidung die Ausübung einer in Absatz 1 Satz 1 aufgeführten Tätigkeit untersagt, so ist der dort bezeichneten Behörde die rechtskräftige Entscheidung ohne Gründe mitzuteilen.

---

1) Habersack, Deutsche Gesetze Nr. 95a.
2) Habersack, Deutsche Gesetze Nr. 85.

41. Strafsachen gegen Angehörige ausländischer Konsulate Artikel 42 Wiener Übereinkommen über konsularische Beziehungen (BGBl. 1969 II S. 1585), § 16 EGGVG[1)]

(1) In Strafsachen gegen

1. Konsularbeamtinnen und -beamte ausländischer konsularischer Vertretungen,
2. Bedienstete des Verwaltungs- oder technischen Personals und Mitglieder des dienstlichen Hauspersonals ausländischer konsularischer Vertretungen

sind mitzuteilen

a) die Einleitung des Verfahrens,
b) die Festnahme und der Vollzug eines Haft- oder Unterbringungsbefehls.

(2) Wird die Person in Untersuchungshaft genommen oder einstweilig untergebracht, ordnet die Richterin oder der Richter, dem die festgenommene Person erstmals vorgeführt wird, die Mitteilung an.

(3) Die Mitteilungen sind sofort telefonisch oder durch Telefax an

1. das Bundesamt für Justiz, 53094 Bonn, Telefon: 0228/9941040, Telefax: 0228/994105050,
2. die Staatskanzlei (Senatskanzlei) des Landes, in dem die konsularische Vertretung ihren Sitz hat,
3. die Leiterin oder den Leiter der konsularischen Vertretung, es sei denn, dass sie oder er von der Maßnahme selbst betroffen ist, und
4. das Auswärtige Amt/Referat 703, 11013 Berlin, Telefon: 030/5000-3411, Telefax: 030/18173402, sofern die Leiterin oder der Leiter der konsularischen Vertretung von der Maßnahme betroffen ist,

zu richten.

42. Mitteilungen über Ausländerinnen und Ausländer § 87 Absatz 2 und 4, § 88 Absatz 2 und 3 AufenthG[2)], auch in Verbindung mit § 11 Absatz 1 und 7 FreizügG/EU[3)], § 74, auch in Verbindung mit § 79 AufenthV[4)]

(1) [1] In Strafsachen gegen Ausländerinnen und Ausländer (§ 2 Absatz 1 AufenthG) sind unverzüglich mitzuteilen

1. die Einleitung des Verfahrens unter Angabe der gesetzlichen Vorschriften,
2. der Erlass und die Aufhebung eines Haftbefehls, solange dies nicht den Untersuchungszweck gefährdet,
3. die Erhebung der öffentlichen Klage,
4. der Ausgang des Verfahrens,
5. der Widerruf einer Strafaussetzung zur Bewährung,
6. der Widerruf der Zurückstellung der Strafvollstreckung.

[2] Die Mitteilung nach Ziffer 1 kann unterbleiben, wenn in den Akten dokumentiert ist, dass sie bereits durch die Polizei erfolgt ist.

---

1) Habersack, Deutsche Gesetze Nr. 95a.
2) Sartorius Nr. 565.
3) Sartorius Nr. 560.
4) Sartorius Nr. 566.

(2) [1] Wird in einem Strafverfahren – gleichgültig, gegen wen es sich richtet –

1. der Aufenthalt einer Ausländerin oder eines Ausländers, wenn weder ein erforderlicher Aufenthaltstitel erteilt noch die Abschiebung ausgesetzt ist,
2. der Verstoß gegen eine räumliche Beschränkung,
3. die unberechtigte Inanspruchnahme oder Beantragung von Sozialleistungen durch eine Ausländerin oder einen Ausländer, für sich selbst, ihre oder seine Familienangehörigen oder für sonstige Haushaltsangehörige in den Fällen des § 7 Absatz 1 Satz 2 Nummer 2 oder Satz 4 SGB II oder in den Fällen des § 23 Absatz 3 Satz 1 Nummer 2, 3 oder 4, Satz 3, 6 oder 7 SGB XII oder
4. ein sonstiger Ausweisungsgrund

bekannt, so ist dies unverzüglich mitzuteilen. [2] Die Mitteilung kann unterbleiben, wenn in den Akten dokumentiert ist, dass sie bereits durch andere Stellen erfolgt ist.

(2a) [1] Absatz 2 Satz 1 findet keine Anwendung auf Ausländerinnen und Ausländer, die das Recht auf Einreise und Aufenthalt nach Maßgabe des Gesetzes über die allgemeine Freizügigkeit von Unionsbürgern (FreizügG/EU) haben. [2] Bei diesen sind die in Absatz 2 Satz 1 genannten Umstände dann mitzuteilen, wenn sie für die Feststellung nach § 2 Absatz 7, § 5 Absatz 4 und § 6 Absatz 1 FreizügG/EU entscheidungserheblich sein können. [3] Die in Absatz 2 Satz 1 genannten Umstände sind bei Personen, die

1. sich selbst als drittstaatsangehörige Familienangehörige im Bundesgebiet aufgehalten haben und nach § 3 Absatz 2 FreizügG/EU nach dem Tod eines Unionsbürgers ein Aufenthaltsrecht behalten,
2. nicht Unionsbürger sind, sich selbst als Ehegatten oder Lebenspartner im Bundesgebiet aufgehalten haben, und die nach der Scheidung oder Aufhebung der Ehe oder Aufhebung der Lebenspartnerschaft nach § 3 Absatz 4 FreizügG/EU ein Aufenthaltsrecht behalten,
3. als nahestehende Personen eines Unionsbürgers ein Aufenthaltsrecht nach § 3a Absatz 1 FreizügG/EU haben oder
4. ein Recht auf Einreise und Aufenthalt nach § 16 FreizügG/EU (Britische Staatsangehörige und ihre Familienangehörigen) haben, wenn ein Verhalten, auf Grund dessen eine Beendigung des Aufenthalts erfolgt oder durchgesetzt wird, nach dem 31. Dezember 2020 stattgefunden hat,

ohne die Einschränkungen des Satzes 2 mitzuteilen.

(3) Bei den Mitteilungen sind, soweit bekannt, jeweils folgende Daten mit anzugeben:

1. Familiennamen,
2. Geburtsnamen,
3. Vornamen,
4. Tag und Ort mit Angabe des Staates der Geburt,
5. Geschlecht
6. Staatsangehörigkeiten,
7. Anschrift,
8. zum Zwecke der eindeutigen Zuordnung die AZR-Nummer in den Fällen und nach Maßgabe des § 10 Absatz 4 Satz 2 Nummer 4 des AZR-Gesetzes.

(4) Personenbezogene Daten, die von einer Ärztin, einem Arzt oder einer der in § 203 Absatz 1 Nummer 1, 2, 4 bis 7 und Absatz 4 StGB[1)] bezeichneten Personen in Strafverfahren zugänglich gemacht worden sind, dürfen übermittelt werden,

1. wenn dies zur Abwehr von erheblichen Gefahren für Leib und Leben der Ausländerin oder des Ausländers oder von Dritten erforderlich ist, die Ausländerin oder der Ausländer die öffentliche Gesundheit gefährdet und besondere Schutzmaßnahmen zum Ausschluss der Gefährdung nicht möglich sind oder von der Ausländerin oder dem Ausländer nicht eingehalten werden oder
2. soweit die Daten für die Feststellung erforderlich sind, ob die in § 54 Absatz 2 Nummer 4 AufenthG bezeichneten Voraussetzungen vorliegen.

(5) Personenbezogene Daten, die nach § 30 AO[2)] dem Steuergeheimnis unterliegen, dürfen übermittelt werden, wenn gegen die Ausländerin oder den Ausländer wegen eines Verstoßes gegen eine Vorschrift des Steuereinschließlich des Zoll- und des Monopolrechts oder des Außenwirtschaftsrechts oder gegen Einfuhr-, Ausfuhr-, Durchfuhr- oder Verbringungsverbote oder -beschränkungen ein strafrechtliches Ermittlungsverfahren eingeleitet worden ist.

(6) Die Mitteilungen sind an die nach jeweiligem Landesrecht örtlich zuständige Ausländerbehörde zu richten.

(7) [1] In den Fällen des Absatzes 2 Satz 1 Ziffer 1 und 2 und sonstiger nach dem Aufenthaltsgesetz strafbarer Handlungen kann statt der Ausländerbehörde die zuständige Polizeibehörde unterrichtet werden, wenn eine der in § 71 Absatz 5 AufenthG bezeichneten Maßnahmen (Zurückschiebung, Festnahme, Durchsetzung der Verlassenspflicht, Durchführung der Abschiebung) in Betracht kommt. [2] Absatz 2a gilt entsprechend.

(8) In den Fällen des Absatzes 5 dürfen auch die mit der polizeilichen Kontrolle des grenzüberschreitenden Verkehrs betrauten Behörden unterrichtet werden, wenn ein Ausreiseverbot nach § 46 Absatz 2 AufenthG erlassen werden soll.

(9) Mitteilungen nach Absatz 2a Satz 2 und 3 sowie den Absätzen 4, 5 und 8 ordnen Richterinnen oder Richter, Staatsanwältinnen oder Staatsanwälte an.

42a. Mitteilungen über Asylsuchende § 8 Absatz 1a AsylG[3)]

(1) In Strafsachen gegen Ausländerinnen und Ausländer im Sinne des § 1 Absatz 1 AsylG sind unverzüglich mitzuteilen

1. die Einleitung des Verfahrens, soweit dadurch eine Gefährdung des Untersuchungszwecks nicht zu erwarten ist, und die Erhebung der öffentlichen Klage, wenn eine Freiheitsstrafe von mindestens drei Jahren zu erwarten ist,
2. die Einleitung des Verfahrens, soweit dadurch eine Gefährdung des Untersuchungszwecks nicht zu erwarten ist, und die Erhebung der öffentlichen Klage wegen einer oder mehrerer vorsätzlicher Straftaten gegen das Leben, die körperliche Unversehrtheit, die sexuelle Selbstbestimmung, das Eigentum oder wegen Widerstands gegen Vollstreckungsbeamte, sofern die Straftat mit Gewalt, unter Anwendung von Drohung mit Gefahr für Leib oder Leben oder mit List begangen worden ist oder eine Straftat nach § 177 des Strafgesetzbuches[1)] ist,

[1)] **Habersack, Deutsche Gesetze Nr. 85.**
[2)] Nr. **88b**.
[3)] **Sartorius Nr. 567.**

wenn eine Freiheits- oder Jugendstrafe von mindestens einem Jahr zu erwarten ist, und

3. die Erledigung eines Verfahrens
   a) durch eine rechtskräftige Verurteilung zu einer Freiheitsstrafe von mindestens drei Jahren,
   b) durch eine rechtskräftige Verurteilung zu einer Freiheits- oder Jugendstrafe von mindestens einem Jahr wegen einer oder mehrerer vorsätzlicher Straftaten gegen das Leben, die körperliche Unversehrtheit, die sexuelle Selbstbestimmung, das Eigentum oder wegen Widerstands gegen Vollstreckungsbeamte, sofern die Straftat mit Gewalt, unter Anwendung von Drohung mit Gefahr für Leib oder Leben oder mit List begangen worden ist oder eine Straftat nach § 177 des Strafgesetzbuches ist, oder
   c) in sonstiger Weise im Falle einer vorausgegangenen Unterrichtung nach Nummer 1 oder 2.

(2) Die Mitteilungen und, soweit bekannt, zum Zwecke der eindeutigen Zuordnung die AZR-Nummer in den Fällen und nach Maßgabe des § 10 Absatz 4 Satz 2 Nummer 4 des AZR-Gesetzes sind an das
Bundesamt für Migration und Flüchtlinge
90343 Nürnberg
zu richten.

(3) Die Mitteilungen ordnen Staatsanwältinnen und Staatsanwälte an.

43. Strafsachen gegen Gefangene und Untergebrachte § 477 Absatz 2 Nummer 1 und 2 StPO[1)]

Wird gegen Untersuchungsgefangene, Strafgefangene, Sicherungsverwahrte oder in einem psychiatrischen Krankenhaus oder in einer Entziehungsanstalt Untergebrachte ein weiteres Verfahren eingeleitet, sind der Leitung der Justizvollzugsanstalt, des psychiatrischen Krankenhauses oder der Entziehungsanstalt mitzuteilen

1. die Einleitung des Verfahrens,
2. die Erhebung der öffentlichen Klage,
3. der Ausgang des Verfahrens.

4. Abschnitt. Mitteilungen wegen der Art des verletzten Strafgesetzes

44. Betriebsunfälle § 13 Absatz 2, § 14 Absatz 1 Nummer 5 und 8 Buchstabe a, Absatz 2, § 17 Nummer 3 EGGVG[2)]

In Strafsachen, in denen Zuwiderhandlungen gegen Unfallverhütungsvorschriften bekannt werden, sind der für die Aufsicht zuständigen Stelle mitzuteilen

1. die Einleitung des Verfahrens,
2. die Erhebung der öffentlichen Klage,
3. der Ausgang des Verfahrens.

---

1) Habersack, Deutsche Gesetze Nr. 90.
2) Habersack, Deutsche Gesetze Nr. 95a.

45. Fahrerlaubnissachen
§ 13 Absatz 1 Nummer 5, Absatz 2, § 17 Nummer 1, 3 EGGVG[1)]

(1) In Strafsachen, in denen die Entziehung der Fahrerlaubnis (§§ 69, 69a Absatz 1 Satz 1 und 2 StGB[2)]) oder nur eine Sperre nach § 69a Absatz 1 Satz 3 StGB in Betracht kommt, sind der nach § 73 Absatz 1 bis 3 FeV[3)] zuständigen Verwaltungsbehörde mitzuteilen

1. die Beschlüsse nach § 111a StPO[4)],
2. der Ausgang des Verfahrens, in den Fällen des § 69a Absatz 1 Satz 3, Absatz 5 und 6 StGB unter Angabe des Zeitpunktes, in dem die Sperre abläuft,
3. die rechtskräftigen Beschlüsse nach § 69a Absatz 7 StGB.

(2) [1] Sonstige Tatsachen, die in einem Strafverfahren – gleichgültig, gegen wen es sich richtet – bekannt werden, sind der nach § 73 Absatz 1 bis 3 FeV zuständigen Verwaltungsbehörde mitzuteilen, wenn ihre Kenntnis für die Beurteilung erforderlich ist, ob die Inhaberin oder der Inhaber einer Fahrerlaubnis zum Führen von Fahrzeugen ungeeignet ist. [2] Dies gilt insbesondere, wenn Anhaltspunkte für Erkrankungen oder Mängel, die die Eignung zum Führen von Kraftfahrzeugen längere Zeit beeinträchtigen oder aufheben können, nach der Anlage 4 zur FeV vorliegen. [3] Dabei ist zu berücksichtigen, wie gesichert die zu übermittelnden Erkenntnisse sind. [4] Die Mitteilung ordnen Richterinnen oder Richter, Staatsanwältinnen oder Staatsanwälte an.

(3) Der für die Wohnung der oder des Beschuldigten zuständigen Polizeidienststelle sind die Beschlüsse nach § 111a StPO und, sofern sie die Ermittlungen nicht selbst geführt hat und daher schon nach Nummer 11 unterrichtet wird, die Entscheidungen nach den §§ 44, 69 und 69a StGB mitzuteilen.

(4) Ist die oder der Betroffene Inhaberin oder Inhaber einer Fahrerlaubnis, die von einer Dienststelle der Bundeswehr, der Bundes- oder Landespolizei erteilt worden ist, sind auch dieser Stelle die in den Absätzen 1 und 2 vorgesehenen Mitteilungen zu machen.

(5) In der Mitteilung sind die Fahrerlaubnis, insbesondere durch Nennung der Listennummer bzw. der Nummer des Führerscheins, und die Person der oder des Betroffenen durch Nennung von Name, Geburtsname, Vorname, Geburtsdatum und Wohnort näher zu bezeichnen.

(6) [1] In Strafsachen, in denen eine ausländische Fahrerlaubnis entzogen wird, die von einer Behörde eines Mitgliedstaates der Europäischen Union oder eines anderen Vertragsstaates des Abkommens über den Europäischen Wirtschaftsraum erteilt worden ist, und deren Inhaberin oder Inhaber ihren oder seinen ordentlichen Wohnsitz in der Bundesrepublik Deutschland hat, sind mitzuteilen

1. die rechtskräftige Entscheidung,
2. der Zeitpunkt des Beginns und des Ablaufs der Sperrfrist.

[2] Der Mitteilung nach Satz 1 ist der Führerschein beizufügen (§ 56 Absatz 2 Satz 1 StVollstrO[5)]). [3] Die Mitteilung ist an das

---

[1)] **Habersack, Deutsche Gesetze Nr. 95a.**
[2)] **Habersack, Deutsche Gesetze Nr. 85.**
[3)] Nr. **35d**.
[4)] **Habersack, Deutsche Gesetze Nr. 90.**
[5)] Nr. **90d**.

Kraftfahrt-Bundesamt
24932 Flensburg
zu richten.

46. Straftaten gegen Vorschriften zum Schutz der Arbeitskraft und der Gesundheit der Arbeitnehmerinnen und Arbeitnehmer
§ 13 Absatz 2, § 14 Absatz 1 Nummer 8 Buchstabe b, Absatz 2 EGGVG[1)]

(1) In Strafsachen wegen Straftaten gegen Vorschriften zum Schutz der Arbeitskraft und zum Schutz der Gesundheit von Arbeitnehmerinnen und Arbeitnehmern sind mitzuteilen

1. die Erhebung der öffentlichen Klage,
2. der Ausgang des Verfahrens, wenn eine Mitteilung nach Ziffer 1 zu machen war.

(2) [1] Vorschriften zum Schutz der Arbeitskraft und der Gesundheit von Arbeitnehmerinnen und Arbeitnehmern sind namentlich enthalten in

1. dem Arbeitsschutzgesetz,
2. dem Arbeitszeitgesetz[2)],
3. dem Bundesberggesetz,
4. dem Chemikaliengesetz,
5. dem Gentechnikgesetz,
6. dem Produktsicherheitsgesetz,
7. dem Medizinprodukterecht-Durchführungsgesetz und dem Medizinproduktegesetz – soweit noch anwendbar,
8. dem Gesetz über den Ladenschluss[3)] oder den Gesetzen über die Ladenöffnungszeiten,
9. dem Titel X der Gewerbeordnung[4)],
10. dem Heimarbeitsgesetz,
11. dem Jugendarbeitsschutzgesetz,
12. dem Mutterschutzgesetz[5)],
13. dem Seearbeitsgesetz,
14. dem Sprengstoffgesetz,
15. dem Heilmittelwerbegesetz.

[2] Arbeitsschutzrechtliche Vorschriften finden sich auch in Rechtsverordnungen, *namentlich der Baustellenverordnung, der* Betriebssicherheitsverordnung, der Biostoffverordnung und der Gefahrstoffverordnung.

(3) Die Mitteilungen sind an die jeweils zuständige Aufsichtsbehörde zu richten.

[1)] **Habersack, Deutsche Gesetze Nr. 95a.**
[2)] Nr. **78**.
[3)] **Sartorius Nr. 805.**
[4)] **Sartorius Nr. 800.**
[5)] Nr. **79**.

47. Straftaten nach dem Gesetz zur Bekämpfung der Schwarzarbeit und illegalen Beschäftigung und dem Arbeitnehmerüberlassungsgesetz § 6 SchwarzArbG[1], § 405 Absatz 6 SGB III, § 18 Absatz 3 AÜG[2]

(1) In Strafsachen, die Straftaten nach den §§ 10, 10a und 11 SchwarzArbG oder den §§ 15 und 15a AÜG zum Gegenstand haben, sind zur Verfolgung von Ordnungswidrigkeiten mitzuteilen

1. die Einleitung des Verfahrens unter Angabe der Personendaten der oder des Beschuldigten, des Straftatbestandes, der Tatzeit und des Tatortes,
2. die das Verfahren abschließende Entscheidung; ist mit der Entscheidung ein Rechtsmittel verworfen worden oder wird darin auf die angefochtene Entscheidung Bezug genommen, ist auch diese zu übermitteln.

(2) [1] Mitzuteilen sind ferner Erkenntnisse, die aus der Sicht der übermittelnden Stelle zur Verfolgung von Ordnungswidrigkeiten nach § 404 Absatz 1 oder 2 Nummer 1, 3, 5 bis 9 und 11 bis 13 SGB III erforderlich sind. [2] Eine Mitteilung unterbleibt in diesen Fällen, wenn erkennbar ist, dass schutzwürdige Interessen der Betroffenen oder anderer Verfahrensbeteiligter an dem Ausschluss der Übermittlung überwiegen. [3] Dabei ist zu berücksichtigen, wie gesichert die zu übermittelnden Erkenntnisse sind.

(3) Die Mitteilungen sind an die örtlich zuständige Behörde der Zollverwaltung und an die Regionaldirektion der Bundesagentur für Arbeit zu richten.

48. Mitteilungen zur Bekämpfung der Schwarzarbeit und illegalen Beschäftigung § 6 Absatz 1 Satz 2, § 13 Absatz 3 in Verbindung mit § 1 Absatz 2 und § 8 SchwarzArbG[1]

(1) [1] Erkenntnisse, die aus der Sicht der übermittelnden Stelle zur Verfolgung von Ordnungswidrigkeiten nach § 8 SchwarzArbG erforderlich sind, sind mitzuteilen. [2] Eine Mitteilung unterbleibt, wenn erkennbar ist, dass schutzwürdige Interessen der oder des Betroffenen oder anderer Verfahrensbeteiligter an dem Ausschluss der Übermittlung überwiegen. [3] Dabei ist zu berücksichtigen, wie gesichert die zu übermittelnden Erkenntnisse sind.

(2) [1] Die Mitteilungen in den Fällen des § 8 Absatz 1 Nummer 1 Buchstabe d und e und § 8 Absatz 1 Nummer 2 SchwarzArbG, soweit ein Zusammenhang mit der Ordnungswidrigkeit nach § 8 Absatz 1 Nummer 1 Buchstabe d und e SchwarzArbG besteht, sind an die nach Landesrecht für die Verfolgung und Ahndung von Ordnungswidrigkeiten nach dem SchwarzArbG zuständigen Behörden zu richten. [2] In den Fällen des § 8 Absatz 2 SchwarzArbG sind sie an die Behörden der Zollverwaltung zu richten.

(3) Die Mitteilung ordnen Richterinnen oder Richter, Staatsanwältinnen oder Staatsanwälte an.

49. Strafsachen wegen Verstoßes gegen das Außenwirtschaftsgesetz oder das Gesetz über die Kontrolle von Kriegswaffen § 26 AWG

(1) [1] In Strafsachen wegen Verstoßes gegen das Außenwirtschaftsgesetz[1] oder das Gesetz über die Kontrolle von Kriegswaffen[3] sind mitzuteilen

[1] Nr. **94b**.
[2] Nr. **84a**.
[3] **Sartorius Nr. 823.**

1. die Einleitung des Verfahrens,
2. die Erhebung der öffentlichen Klage,
3. der Ausgang des Verfahrens, wenn eine Mitteilung nach den Ziffern 1 oder 2 zu machen war.

[2] Dies gilt nicht bei Verstößen gegen das Außenwirtschaftsgesetz, die unter dem Blickwinkel der Ausfuhrkontrolle und der Außenpolitik offensichtlich unbedeutend sind, und bei Verstößen gegen das Gesetz über die Kontrolle von Kriegswaffen, die sich nicht auf Ausfuhren, Durchfuhren oder Auslandsgeschäfte beziehen.

(2) Die Mitteilungen sind über die Landesjustizverwaltung an das
Bundesministerium der Justiz
10117 Berlin
zu richten.

(3) Ist die mitteilungspflichtige Stelle der Ansicht, dass wegen der besonderen Umstände des Einzelfalles der Untersuchungszweck des Strafverfahrens gefährdet werden kann, wenn der Empfänger der Mitteilung die darin enthaltenen personenbezogenen Daten an andere öffentliche Stellen als Oberste Bundesbehörden weiterübermittelt, sind diese Umstände bei der Mitteilung aufzuführen.

(4) Die Mitteilung ordnen Richterinnen oder Richter, Staatsanwältinnen oder Staatsanwälte an.

50. Betäubungsmittelsachen § 27 Absatz 3 und 4 BtMG[1)]

(1) In Strafsachen nach dem Betäubungsmittelgesetz sind mitzuteilen:

1. der für die Überwachung nach § 19 Absatz 1 Satz 3 BtMG zuständigen Landesbehörde die rechtskräftige Entscheidung mit Begründung, wenn
   a) auf eine Strafe oder eine Maßregel der Besserung und Sicherung erkannt oder der bzw. die Angeklagte wegen Schuldunfähigkeit freigesprochen worden ist und
   b) die Entscheidung Informationen zum Betäubungsmittelverkehr bei Ärztinnen und Ärzten, Zahnärztinnen und Zahnärzten, Tierärztinnen und Tierärzten oder in Apotheken, tierärztlichen Hausapotheken, Krankenhäusern und Tierkliniken enthält,
2. dem
   Bundesinstitut für Arzneimittel und Medizinprodukte
   Kurt-Georg-Kiesinger-Allee 3
   53175 Bonn
   in Verfahren gegen Ärztinnen und Ärzte, Zahnärztinnen und Zahnärzte, Tierärztinnen und Tierärzte,
   a) die Anklageschrift oder eine an ihre Stelle tretende Antragsschrift,
   b) der Antrag auf Erlass eines Strafbefehls und
   c) die das Verfahren abschließende Entscheidung mit Begründung; ist mit dieser Entscheidung ein Rechtsmittel verworfen worden oder wird darin auf die angefochtene Entscheidung Bezug genommen, ist auch diese zu übermitteln.

(2) [1] In gegen Ärztinnen und Ärzte, Zahnärztinnen und Zahnärzte, Tierärztinnen und Tierärzte, Apothekerinnen und Apotheker gerichteten sonstigen Strafsa-

---

[1)] Nr. **86**.

chen ist der für die Überwachung nach § 19 Absatz 1 Satz 3 BtMG zuständigen Landesbehörde die abschließende Entscheidung mit Begründung mitzuteilen, wenn

1. ein Zusammenhang der Straftat mit dem Betäubungsmittelverkehr im Sinne von Absatz 1 Ziffer 1 Buchstabe b besteht und
2. die Kenntnis der Entscheidung aus der Sicht der übermittelnden Stelle für dessen Überwachung erforderlich ist.

[2] Absatz 1 Ziffer 2 Buchstabe c zweiter Halbsatz gilt entsprechend.

51. Straftaten gegen Vorschriften zum Schutz der Umwelt § 13 Absatz 2, § 14 Absatz 1 Nummer 9, Absatz 2, § 17 Nummer 3 EGGVG[1)]

(1) In Strafsachen wegen Straftaten gegen Vorschriften zum Schutz der Umwelt sind mitzuteilen

1. die Einleitung des Verfahrens,
2. der Ausgang des Verfahrens,

wenn dies zur Abwehr erheblicher Nachteile für Tiere und Pflanzen, Boden, Wasser, Luft, Klima und Landschaft erforderlich ist.

(2) In Verfahren wegen fahrlässig begangener Straftaten und in sonstigen Verfahren bei Verurteilung zu einer anderen Maßnahme als einer Strafe oder einer Maßnahme im Sinne des § 11 Absatz 1 Nummer 8 StGB unterbleibt die Mitteilung, wenn nicht besondere Umstände des Einzelfalles sie erfordern.

(3) Vorschriften zum Schutz der Umwelt im Sinne des Absatzes 1 sind namentlich Bestimmungen aus folgenden Sachgebieten

1. Abfall- und Abwasserentsorgung,
2. Gewässerschutz,
3. Bodenschutz,
4. Lärmbekämpfung,
5. Luftreinhaltung,
6. Naturschutz und Landschaftspflege,
7. Pflanzenschutz,
8. Schutz der Wasserversorgung,
9. Strahlenschutz,
10. Tierschutz und Tierseuchenschutz,
11. Gentechnik,
12. Chemikaliensicherheit.

(4) Die Mitteilung nach Absatz 1 Ziffer 1 und Absatz 2 ordnen Richterinnen oder Richter, Staatsanwältinnen oder Staatsanwälte an.

(5) Die Mitteilungen sind an die zuständige Behörde und, bei Verstößen gegen Bestimmungen zur Verhütung von Meeresverschmutzungen auch an das
Bundesamt für Seeschifffahrt und Hydrographie
Postfach 301220
20305 Hamburg
zu richten.

---

1) Habersack, Deutsche Gesetze Nr. 95a.

52. Verdachtsfälle nach dem Geldwäschegesetz § 42 Absatz 1 GwG[1)]

(1) In Strafsachen, in denen die Zentralstelle für Finanztransaktionsuntersuchungen das Ergebnis ihrer operativen Analyse nach § 32 Absatz 2 des Geldwäschegesetzes an die Strafverfolgungsbehörden übermittelt hat, sind mitzuteilen

1. die Erhebung der öffentlichen Klage,
2. der Ausgang des Verfahrens einschließlich aller Einstellungsentscheidungen.

(2) Die Mitteilungen sind an die Generalzolldirektion

– Zentralstelle für Finanztransaktionsuntersuchungen (FIU) –

Postfach 850555
51030 Köln

zu richten.

53. Mitteilungen wegen Verstoßes gegen den Jugendmedienschutz-Staatsvertrag § 17 Nummer 5 EGGVG[2)]

(1) [1] Werden in einem Strafverfahren – gleichgültig,[3)] gegen wen es sich richtet – Angebote in Telemedien bekannt, bei denen Anhaltspunkte bestehen, dass sie unzulässig im Sinne des § 4 Jugendmedienschutz-Staatsvertrag sind, ist den Landesmedienanstalten die Internetadresse mitzuteilen, unter der das Angebot zu finden ist, soweit nicht eine entsprechende Mitteilung durch eine andere Stelle, z.B. die Polizei, erfolgt ist oder das Angebot vom Anbieter nicht nur vorübergehend gelöscht wurde. [2] Eine Unterrichtung unterbleibt, solange Zwecke des Strafverfahrens entgegenstehen.

(2) Die Mitteilung ist an die Landesmedienanstalt des Bundeslandes zu richten, in dem sich die mitteilende Stelle befindet.

(3) Die Mitteilung ordnen Richterinnen oder Richter, Staatsanwältinnen oder Staatsanwälte an.

54. Straftaten nach dem Kulturgutschutzgesetz § 78 Absatz 3 und 4 KGSG

(1) In Strafsachen wegen Verstoßes gegen die Vorschriften des Kulturgutschutzgesetzes (§ 83 KGSG) sind mitzuteilen

1. die Einleitung des Verfahrens,
2. der Ausgang des Verfahrens.

(2) Die Mitteilungen ordnen Richterinnen oder Richter, Staatsanwältinnen oder Staatsanwälte an und sind an die nach dem KGSG zuständigen Behörden des Bundes und des Landes zu richten.

---

1) Nr. **88a**.
2) **Habersack, Deutsche Gesetze Nr. 95a.**
3) Komma fehlt im BAnz.

Anhang

Wichtige Mitteilungspflichten, die außerhalb der Anordnung über Mitteilungen in Strafsachen geregelt sind

Die Mitteilungspflichten betreffen:

Abgeordneter	§ 8 EGStPO[1], Nummer 191 Absatz 5, Nummer 192 Absatz 5, Nummer 192a Absatz 3 und 5, Nummer 192b Absatz 4 und Absatz 5 Satz 2 RiStBV[2], Nummer 13a RiVASt
Auslandsverurteilungen	
– Mitteilungen ausländischer Stellen	Nummer 148 RiVASt
Ausländer	
– Geschäftsverkehr mit ausländischen Vertretungen in Haftsachen	Nummer 135 RiVASt; Artikel 36 Absatz 1 Buchstabe b des Wiener Übereinkommens über konsularische Beziehungen vom 24. April 1963 (BGBl. 1969 II S. 1585), in Kraft für die Bundesrepublik Deutschland seit 7. Oktober 1971 (BGBl. II S. 1285)
– Benachrichtigung des Bundeszentralregisters und der Ausländerbehörde bei Absehen von der Vollstreckung bei Auslieferung oder Ausweisung	§ 17 Absatz 1 Satz 2 StVollstrO[3]
– Exterritoriale	Nummer 195 RiStBV[2]
Auslieferung, Rechtshilfe, Vollstreckungshilfe	
– Mitteilung grundsätzlicher Entscheidungen	Nummer 13 RiVASt
– Inländische Strafverfolgungs- oder Verwaltungsmaßnahmen	Nummer 24 RiVASt
– Verdacht einer Auslandsstraftat	Nummer 35 RiVASt
– Mitteilung der vorläufigen Festnahme an die ausländische Behörde	Nummer 38 RiVASt
– Mitteilung an Ausländerbehörde über Einleitung eines Auslieferungsverfahrens	Nummer 46 Satz 3 RiVASt
– Asylverfahren	Nummer 47 Absatz 2 RiVASt
– Deutsche Strafansprüche	Nummer 61 Satz 1 RiVASt
– Ablehnung der Auslieferung deutscher Staatsangehöriger	Nummer 158 Absatz 4 RiVASt
– Auslieferung ausländischer Staatsangehöriger	Nummer 159 Absatz 4 RiVASt
– Einbürgerungsverfahren	Nummer 48 Absatz 1 RiVASt
– Nachricht von dem Abschluss des Auslieferungsverfahrens	Nummer 55 RiVASt
– Mitteilung an das Bundeszentralregister (§§ 55 Absatz 3, 56 Absatz 2 IRG[4])	Nummer 71 RiVASt, §§ 55 Absatz 3 Satz 1, 56 Absatz 2 des Gesetzes über die internationale Rechtshilfe in Strafsachen (IRG)[4] vom 27. Juni 1994 (BGBl. I S. 1537)
Berufsverbote	§ 9 EGStPO[1]
Bundeskriminalamt	Nummer 30 Absatz 1 RiStBV[2]
Bundeswehr	§ 47 StVollstrO[3]
Bundeszentralregister	§ 20 BZRG[5]

---

[1] ***Habersack*, Deutsche Gesetze Nr. 90a.**
[2] Nr. **90e**.
[3] Nr. **90d**.
[4] Nr. **90h**.
[5] **Habersack, Deutsche Gesetze Nr. 92.**

Deutscher Bundesrat	§ 8 EGStPO[1], Nummer 191 Absatz 5, Nummer 192 Absatz 5 und Nummer 192a Absatz 3 und 5 RiStBV[2]
Deutscher Bundestag	§ 8 EGStPO[1], Nummer 191 Absatz 5, Nummer 192 Absatz 5 und Nummer 192a Absatz 3 und 5 RiStBV[2]
Eingezogene Gegenstände	
– Abgabe als Forschungs- oder Lehrmittel	§ 67 StVollstrO[3]
– Arzneimittel und chemische Stoffe	§ 74 Absatz 1 StVollstrO[3]
– Betäubungsmittel und neue psychoaktive Stoffe	§ 75 StVollstrO[3]
– Brenn- und Reinigungsgeräte	§ 86 StVollstrO[3]
– Devisenwerte	§ 77 StVollstrO[3]
– Falschgeld	§ 76 StVollstrO[3]
– Funkanlagen	§ 72 Absatz 2 StVollstrO[3]
– Fischereigeräte	§ 71 Absatz 1 und 2 StVollstrO[3]
– Jagdwaffen, Jagd- und Forstgeräte	§ 69 Absatz 1 bis 3 StVollstrO[3]
– andere Waffen und verbotene Gegenstände	§ 70 StVollstrO[3]
– radioaktive Stoffe	§ 74a StVollstrO[3]
– Schriften, Ton- und Bildträger, Abbildungen und Darstellungen	§ 81 Absatz 3 StVollstrO[3]
– Wein	§ 82 Absatz 5 StVollstrO[3]
– andere unter das Weingesetz fallende Erzeugnisse und Getränke	§§ 83, 84 StVollstrO[3]
– virtuelle Währungen	§ 77a StVollstrO[3]
Einstellungen nach § 153c und § 153d StPO	Nummer 94 Absatz 4, Nummer 95 Absatz 2, Nummer 97, Nummer 99 Absatz 2 und 3 RiStBV[2]
Energiewirtschaft	
– Beteiligung der Bundesnetzagentur und Mitteilung	§ 58b EnWG[4]
Europäisches Parlament	§ 8 EGStPO[1], Nummer 192 Absatz 5, Nummer 192b Absatz 4 und 5 Satz 2 RiStBV[2]
Freiheitsentziehungen	
– Unterrichtung des Landeskriminalamts über Beginn, Unterbrechung und Ende richterlich angeordneter Freiheitsentziehungen	§ 32 Absatz 2 BKAG[5]
Führungsaufsicht	§ 54a StVollstrO[3]
Gewaltverherrlichende, pornographische und sonstige jugendgefährdende Schriften und andere Abbildungen	
– mehrere Strafverfahren	Nummer 224 RiStBV[2]
– Unterrichtung des Bundeskriminalamts	Nummer 227 RiStBV[2]
– Unterrichtung der Bundeszentrale für Kinder- und Jugendmedienschutz	Nummer 228 RiStBV[2]
Gesetzgebende Körperschaften der Länder	§ 8 EGStPO[1], Nummer 192 Absatz 5, Nummer 192a Absatz 3 und 5 RiStBV[2]
Immunitätssachen	§ 8 EGStPO[1], Nummer 192 Absatz 5, Nummer 192a Absatz 3 und 5, Nummer 192b Absatz 4 und 5 Satz 2 RiStBV[2]

[1] **Habersack, Deutsche Gesetze Nr. 90a.**
[2] Nr. **90e**.
[3] Nr. **90d**.
[4] **Sartorius Nr. 830.**
[5] **Sartorius Nr. 450.**

Jugendstrafsachen	
– Benachrichtigung des Jugendamts von der beabsichtigten Erhebung der Anklage	Nummer 7 der Richtlinien zu § 43 JGG[1]
– Erhebung der Anklage gegen einen Beschuldigten, der eine Jugendstrafe noch nicht vollständig verbüßt hat	Nummer 2 der Richtlinien zu § 42 JGG[1]
– Heranwachsende, Benachrichtigung des Schulleiters von dem Vollzug einer Freiheitsstrafe	Nummer 1 der Richtlinien zu § 110 JGG[1]
– Einstellung eines Verfahrens wegen Schuldunfähigkeit	Nummer 2 der Richtlinien zu § 1 JGG[1]
– Vollstreckung bei Erziehungsmaßregeln	Nummer III.1, III.2 der Richtlinien zu den §§ 82 bis 85 JGG[1]
– Vollstreckung von Auflagen	Nummer IV.2 der Richtlinien zu den §§ 82 bis 85 JGG[1]
– Vollstreckung des Jugendarrestes	Nummer V.7 der Richtlinien zu den §§ 82 bis 85 JGG[1]
– Vollstreckung der Jugendstrafe (Vollzugsanstalt)	Nummer VI.3 der Richtlinien zu den §§ 82 bis 85 JGG[1]
– Vollstreckung der Jugendstrafe (weitere Mitteilungen)	Nummer VI.4 der Richtlinien zu den §§ 82 bis 85 JGG[1]
Korruption	
– Mitteilung über die Zuwendung von Vorteilen	§ 4 Absatz 5 Satz 1 Nummer 10 Satz 2 EStG
Lebensmittel und Futtermittel	
– Mitteilung an die Verwaltungsbehörde	§ 42 Absatz 6 LFGB
Luftsicherheit	
– Mitteilung über die Verhaftung und Verfolgung wegen bestimmter Straftaten an Bord von Luftfahrzeugen	Artikel 13 Absatz 5 des Abkommens vom 14. September 1963 über strafbare und bestimmte andere an Bord von Luftfahrzeugen begangene Handlungen (BGBl. 1969 II S. 121), in Kraft für die Bundesrepublik Deutschland seit 16. März 1970 (BGBl. II S. 276); Artikel 6 Absatz 4 des Übereinkommens vom 16. Dezember 1970 zur Bekämpfung der widerrechtlichen Inbesitznahme von Luftfahrzeugen (BGBl. 1972 II S. 1505), in Kraft für die Bundesrepublik Deutschland seit 10. November 1974 (BGBl. 1975 II S. 1204)
– Mitteilung an die Luftsicherheitsbehörde über Informationen, die für die Beurteilung der Zuverlässigkeit von Bedeutung sind	§ 7 Absatz 9 Satz 1 LuftSiG
Meeresverschmutzung	§ 18 des Flaggenrechtsgesetzes
Ordnungswidrigkeiten	
– Mitteilungen an die Verwaltungsbehörde	§ 63 Absatz 2, § 76 Absatz 1 Satz 3, Absatz 4 OWiG[2]; Nummer 275 Absatz 5 Satz 2, Nummer 277 Absatz 3, Nummer 288 Absatz 1, Nummer 289 Absatz 2 RiStBV[3]
– Mitteilungen an die Finanzbehörde (vgl. § 386 Absatz 1 Satz 2 AO[4]) in Verfahren wegen Steuerordnungswidrigkeiten	§ 403 Absatz 3 in Verbindung mit § 410 Absatz 1 Nummer 8, § 407 Absatz 1 Satz 3, Absatz 2 in Verbindung mit § 410 Absatz 1 Nummer 11 AO[4],

[1] **Amtl. Anm.:** Die Richtlinien zum Jugendgerichtsgesetz in der Fassung ab 1. August 1994 korrespondieren teilweise nicht mehr ausreichend mit den Vorschriften des Jugendgerichtsgesetzes in der *Fassung der Bekanntmachung* vom 11. Dezember 1974 (BGBl. I S. 3427), das zuletzt durch Artikel 21 des Gesetzes vom 25. Juni 2021 (BGBl. I S. 2099) geändert worden ist.

[2] **Habersack, Deutsche Gesetze Nr. 94.**

[3] Nr. **90e**.

[4] Nr. **88b**.

	auch soweit diese Vorschriften nach anderen Gesetzen anwendbar sind (z.B. § 29a Absatz 2 BerlinFG)
Parlament	§ 8 EGStPO[1], Nummer 191 Absatz 5, Nummer 192 Absatz 5, Nummer 192a Absatz 3 und 5, Nummer 192b Absatz 4 und 5 Satz 2 RiStBV[2]
Pornographische Schriften	Nummer 223 ff. RiStBV[2]
Pressestrafsachen	
– Aufhebung der Beschlagnahme	Nummer 252 RiStBV[2]
– Einheitliche Bearbeitung verschiedener, dieselbe Druckschrift betreffender Verfahren	Nummer 250 RiStBV[2]
Rechtshilfe	siehe unter „Auslieferung"
Sexualstraftaten an Kindern	
– Benachrichtigung des Jugendamtes	Nummer 221 Absatz 2 RiStBV[2]
Sicherstellungsvorschriften, strafbare Verstöße	
– Mitteilungen an die Verwaltungsbehörde	§ 13 Absatz 2 Wirtschaftsstrafgesetz 1954[3] in Verbindung mit § 63 Absatz 2, § 76 Absatz 1 Satz 3, Absatz 4 OWiG[4]
– Mitteilungen an die Finanzbehörde	§ 38 Absatz 2 MOG, § 22 Absatz 2 AWG jeweils in Verbindung mit § 63 Absatz 2, § 76 Absatz 1 Satz 3, Absatz 4 OWiG[4]
Sprengstoffsachen	Nummer 256 Absatz 4 RiStBV[2]
Staatsschutz- und verwandte Strafsachen	
– Unterrichtung des Generalbundesanwalts	Nummer 202 ff. RiStBV[2]
– Unterrichtung von Verfassungsschutzbehörden	§ 18 BVerfSchG[5] (bzw. der entsprechenden landesrechtlichen Vorschriften) in Verbindung mit Nummer 205, 206 RiStBV[2]
– Unterrichtung des Bundeskriminalamtes	Nummer 207, 208 RiStBV[2]
– Unterrichtung oberster Staatsorgane	Nummer 209, 211, 212 RiStBV[2]
– Handlungen gegen ausländische Staaten	Nummer 210 Absatz 2 RiStBV[2]
Steuerstrafsachen (Zollstrafsachen)	
– Mitteilung an das Finanzamt bei Verdacht einer Steuerstraftat	§ 116 AO
– Mitteilungen an die Finanzbehörde (vgl. § 386 Absatz 1 Satz 2 AO[6]) im staatsanwaltschaftlichen und gerichtlichen Verfahren	§ 403 Absatz 3, § 407 Absatz 1 Satz 3, Absatz 2 AO[6], auch soweit diese Vorschriften nach anderen Gesetzen anwendbar sind, Nummer 266 Absatz 1 RiStBV[2] (vgl. dazu die Hinweise unter „Ordnungswidrigkeiten")
Straftaten in der Sitzung	§ 183 S. 2 GVG[7]
Strafunterbrechung	
– bei Vollzugsuntauglichkeit	§ 46 Absatz 1 und 2 StVollstrO[8]
– bei Verurteilten, welche die Vollzugsbehörde bereits vor der Strafunterbrechung in eine Krankenanstalt, ein psychiatrisches Krankenhaus oder in eine entsprechende Einrichtung außerhalb des Bereichs der Justizverwaltung verbracht hat	§ 46 Absatz 3 StVollstrO[8]

[1] **Habersack, Deutsche Gesetze Nr. 90a.**
[2] Nr. **90e**.
[3] **Habersack, Deutsche Gesetze Nr. 88.**
[4] **Habersack, Deutsche Gesetze Nr. 94.**
[5] **Sartorius Nr. 80.**
[6] Nr. **88b**.
[7] **Habersack, Deutsche Gesetze Nr. 95.**
[8] Nr. **90d**.

Subventionsbetrug	
– Mitteilung an die Strafverfolgungsbehörden bei Verdacht eines Subventionsbetrugs	§ 6 SubvG und – soweit das Verfahren Leistungen nach Landesrecht betrifft, die Subventionen im Sinne des § 264 StGB[1] sind – das Subventionsgesetz des jeweiligen Bundeslandes
– Mitteilung an das Finanzamt, soweit der Subventionsbetrug eine Investitionszulage betrifft	§ 403 Absatz 3, § 407 Absatz 1 Satz 3, Absatz 2 AO[2] in Verbindung mit § 20 BerlinFG, § 5a InvZulG 1986, § 9 InvZulG 1991 – 1996, § 8 InvZulG 1999, § 7 InvZulG 2005, § 14 InvZulG 2007, § 15 InvZulG 2010,§ 10 InvZulGVO
Untersuchungsgefangene	
– Unterrichtung der Vollzugsanstalt über bedeutsame Umstände	Nummer 20 Absatz 2, Nummer 47 Absatz 2, Nummer 174c RiStBV[3]
Verfahren gegen Abwesende	
– Beschlagnahme des Vermögens bei Abwesenheit des Angeschuldigten	§ 292 Absatz 2 StPO[4]
Verkehrsstrafsachen	
– Mitteilungen an das Kraftfahrt-Bundesamt	§ 28 Absatz 4 StVG[5]
– Mitteilungen an die Vertragsstaaten über gerichtliche Entscheidungen, durch die den Inhabern von im Ausland ausgestellten Führerscheinen das Recht aberkannt worden ist, die genannten Scheine zu gebrauchen	Artikel 10 Absatz 2 des Internationalen Abkommens über Kraftfahrzeugverkehr vom 24. April 1926 (RGBl. II 1930 S. 1233)
Verteidigerausschluss	
– Antrags- oder Vorlagemitteilung an den Vorstand der Rechtsanwaltskammer	§ 138c Absatz 2 Satz 3 StPO[4]
Visa-Warndatei	§ 4 Nummer 4 VWDG
Waffen- und Sprengstoffsachen	Nummer 256 Absatz 4 RiStBV[3]
Wehrbeauftragte/r	
– Mitteilungen an den Wehrbeauftragten, wenn der Justizbehörde die Vorgänge vom Wehrbeauftragten zugeleitet worden sind	§ 12 des Gesetzes über den Wehrbeauftragten[6] (BGBl. 1957 I S. 652), neugefasst durch Bekanntmachung vom 16. Juni 1982 (BGBl. I S. 677), zuletzt geändert durch Gesetz vom 30. März 1990 (BGBl. I S. 599)
Wettbewerbsregister	§ 4 Absatz 1 und 3 in Verbindung mit § 2 Absatz 1 und § 3 Absatz 1 WRegG sowie § 4 WRegV
Wirtschaftsstrafsachen	siehe unter „Sicherstellungsvorschriften“ und „Subventionsbetrug“ und „Wettbewerbsregister“
Zollstrafsachen	siehe unter „Steuerstrafsachen“

Sachverzeichnis

(hier nicht wiedergegeben)

[1] **Habersack, Deutsche Gesetze Nr. 85.**
[2] *Nr.* ***88b.***
[3] Nr. **90e.**
[4] **Habersack, Deutsche Gesetze Nr. 90.**
[5] **Habersack, Deutsche Gesetze Nr. 35.**
[6] **Sartorius Nr. 635.**

90d. Strafvollstreckungsordnung (StVollstrO)

Vom 1. August 2011
(BAnz. Nr. 112a S. 1)

Lfd. Nr.	Änderndes Gesetz	Datum	Fundstelle	Betroffen	Hinweis
1.	ÄndAV	10.8.2017	BAnz AT 18.8.2017 B6	Inhaltsverzeichnis, §§ 1, 9, 26, 28, 30, 33, 39, 43, 44b, 45, 46a, 53, 56, 67, 75, 77a	mWv 1.10.2017
2.	ÄndAV	8.8.2024	BAnz AT 14.8.2024 B2	Inhaltsverzeichnis, §§ 7, 8, 13, 21, 29, 34, 46a, Abschnitt 5 UAbschnitt 1 Überschrift, §§ 57, 58, 59a, Abschnitt 5 UAbschnitt 2 Überschrift, §§ 60, 61, 62, 63, 64, 66, 67, 67a, 68, 68a, 70, 75, 77a, 80 81, 85, 86	mWv 15.8.2024

Inhaltsverzeichnis[1)]

Abschnitt 1. Allgemeine Bestimmungen

Abschnitt 2. Vollstreckung von Freiheitsstrafen

[1)] Inhaltsverzeichnis geänd. mWv 1.10.2017 durch AV v. 10.8.2017 (BAnz AT 18.08.2017 B6); geänd. mWv 15.8.2024 durch AV v. 8.8.2024 (BAnz AT 14.08.2024 B2).

Abschnitt 1. Allgemeine Bestimmungen

§ 1[1)] Geltungsbereich. (1) Die Vorschriften der Strafvollstreckungsordnung gelten für die Vollstreckung von Urteilen und ihnen gleichstehenden Entscheidungen, die auf eine Strafe, Nebenstrafe, Nebenfolge oder Maßregel der Besserung und Sicherung lauten.

(2) Die Vorschriften der Strafvollstreckungsordnung gelten ferner, soweit die §§ 87, 88 dies bestimmen, für die Vollstreckung gerichtlicher Entscheidungen nach dem Gesetz über Ordnungswidrigkeiten[2)] sowie für die Vollstreckung von Ordnungs- und Zwangshaft in Straf- und Bußgeldsachen.

(3) Für die Vollstreckung von Entscheidungen gegen Jugendliche und Heranwachsende gelten die Vorschriften der Strafvollstreckungsordnung nur, soweit das Jugendgerichtsgesetz (JGG)[3)], die Richtlinien dazu (RiJGG), die Landesgesetze zum Jugendstrafvollzug, die Bundeswehrvollzugsordnung und das Gesetz über Ordnungswidrigkeiten (OWiG) nichts anderes bestimmen.

§ 2 Nachdrückliche Vollstreckung. (1) Im Interesse einer wirksamen Strafrechtspflege ist die richterliche Entscheidung mit Nachdruck und Beschleunigung zu vollstrecken.

(2) Durch Gnadengesuche sowie durch andere Gesuche und Eingaben darf die Vollstreckung grundsätzlich nicht verzögert werden.

§ 3 Aufgaben der Vollstreckungsbehörde. (1) [1]Die Vollstreckungsbehörde prüft, ob die Voraussetzungen der Vollstreckung gegeben sind. [2]Sie trifft die Anordnungen, die zur Durchführung der Entscheidung erforderlich sind.

---

1) § 1 Abs. 3 geänd. mWv 1.10.2017 durch AV v. 10.8.2017 (BAnz AT 18.08.2017 B6).
2) **Habersack, Deutsche Gesetze Nr. 94.**
3) **Habersack, Deutsche Gesetze Nr. 89.**

(2) Die Verantwortlichkeit der Vollstreckungsbehörde erstreckt sich nicht auf den besonderen Pflichtenkreis der Vollzugsbehörde.

§ 4 Vollstreckungsbehörde. Vollstreckungsbehörde ist

1. die Staatsanwaltschaft, soweit nichts anderes bestimmt ist;
2. die Generalstaatsanwaltschaft, wenn das Oberlandesgericht im ersten Rechtszug entschieden hat und nicht ein Fall der Nummer 3 vorliegt;
3. der Generalbundesanwalt beim Bundesgerichtshof in Sachen, in denen im ersten Rechtszug in Ausübung von Gerichtsbarkeit des Bundes entschieden worden ist (Artikel 96 Absatz 5 des Grundgesetzes – GG –[1]), §§ 120, 142a des Gerichtsverfassungsgesetzes – GVG –[2]).

§ 5 (aufgehoben)

§ 6 Sachliche Zuständigkeit für dringende Vollstreckungsanordnungen. Ist die sachlich zuständige Vollstreckungsbehörde nicht alsbald erreichbar, so kann anstelle der Staatsanwaltschaft die Generalstaatsanwaltschaft dringende Strafvollstreckungsanordnungen treffen.

§ 7[3] Örtliche Zuständigkeit der Vollstreckungsbehörde. (1) Die örtliche Zuständigkeit der Vollstreckungsbehörde bestimmt sich nach dem Gericht des ersten Rechtszuges (vergleiche § 143 Absatz 1 GVG[2]).

(2) [1] Hat das Revisionsgericht in den Fällen des § 354 Absatz 2, der §§ 354a und 355 der Strafprozessordnung (StPO)[4] eine Sache unter Aufhebung des Urteils zur Verhandlung und zur Entscheidung an ein anderes Gericht zurückverwiesen, so bestimmt sich die Zuständigkeit der Vollstreckungsbehörde nach diesem Gericht. [2] Ist im Wiederaufnahmeverfahren eine Entscheidung nach § 373 StPO ergangen, so bestimmt sich die Zuständigkeit der Vollstreckungsbehörde in den Fällen des § 140a Absatz 1, 3 Satz 2 GVG nach dem Gericht, das diese Entscheidung getroffen hat.

(3) Ist die örtlich zuständige Vollstreckungsbehörde nicht alsbald erreichbar, so kann dringende Vollstreckungsanordnungen auch eine örtlich unzuständige Vollstreckungsbehörde treffen (vergleiche § 143 Absatz 2 GVG).

(4) [1] Die Zuständigkeit zur Vollstreckung einer nachträglich gebildeten Gesamtstrafe einschließlich der Maßnahmen, Nebenstrafen und Nebenfolgen richtet sich nach dem Gericht, das sie angeordnet hat (§§ 460, 462, 462a Absatz 3 StPO, §§ 53 und 55 StGB[5]). [2] Maßnahmen, Nebenstrafen und Nebenfolgen aus früheren Entscheidungen werden in nachträglichen Gesamtstrafen entweder aufrechterhalten oder bei Hinzutreten neuer Maßnahmen, Nebenstrafen und Nebenfolgen einheitlich angeordnet, sofern sie nicht erledigt oder durch die neue Entscheidung gegenstandslos geworden sind. [3] Für die Vollstreckung einer nicht in die nachträglich gebildete Gesamtstrafe einbezogenen Strafe einschließlich der mit ihr zu vollstreckenden Maßnahmen, Nebenstrafen oder Nebenfolgen verbleibt es bei der Zuständigkeit der Vollstreckungsbehörde gemäß Absatz 1 und 2.

---

[1] **Habersack, Deutsche Gesetze Nr. 1.**

[2] **Habersack, *Deutsche Gesetze* Nr. 95.**

[3] § 7 Abs. 4 Satz 1 neu gef., Sätze 2 und 3 angef. mWv 15.8.2024 durch AV v. 8.8.2024 (BAnz AT 14.08.2024 B2).

[4] **Habersack, Deutsche Gesetze Nr. 90.**

[5] **Habersack, Deutsche Gesetze Nr. 85.**

§ 8[1)] Mitteilungen bei Vollstreckung von Gesamtstrafen, Maßnahmen, Nebenstrafen und Nebenfolgen. (1) [1]Die zur Vollstreckung einer Gesamtstrafe zuständige Vollstreckungsbehörde teilt die Bildung der Gesamtstrafe und die Übernahme der Vollstreckung unverzüglich zu allen betroffenen Verfahren mit. [2]Sie fügt der Mitteilung eine beglaubigte Abschrift des erkennenden Teils der Entscheidung über die Gesamtstrafe bei, auf welcher der Zeitpunkt des Eintritts der Rechtskraft vermerkt ist.

(2) Bei einbezogenen Freiheitsstrafen, deren Vollstreckung zur Bewährung ausgesetzt war, ist neben der Mitteilung an die Vollstreckungsbehörde zusätzlich eine Mitteilung an das die Bewährung überwachende Gericht zu fertigen.

(3) Absatz 1 gilt für aufrecht erhaltene oder einheitlich angeordnete Maßnahmen, Nebenstrafen und Nebenfolgen entsprechend.

§ 9[2)] Vollstreckungshilfe. (1) [1]Soll eine Vollstreckungsanordnung außerhalb des Landes, in dem die Vollstreckungsbehörde ihren Sitz hat, durch eine Landesbehörde durchgeführt werden, so ist – sofern nicht durch die Vereinbarung der Länder der Bundesrepublik Deutschland zur Vereinfachung und zur Beschleunigung der Strafvollstreckung und der Vollstreckung anderer freiheitsentziehender Maßnahmen in Straf- und Bußgeldsachen vom 8. Juni 1999 (Anlage) eine einfachere und schnellere Durchführung ermöglicht wird – die hierfür örtlich zuständige Staatsanwaltschaft des anderen Landes um Vollstreckungshilfe zu ersuchen. [2]Die Zuständigkeit bestimmt sich bei Ersuchen um Vollstreckung von Freiheitsstrafen nach den §§ 162, 163 GVG[3)]; in den übrigen Fällen, insbesondere bei Anordnungen nach den §§ 63, 64 oder 66 des Strafgesetzbuches (StGB)[4)], sind diese Bestimmungen sinngemäß anzuwenden (§ 463 Absatz 1 StPO[5)]). [3]Ist eine Maßregelvollzugseinrichtung eines anderen Landes für den Vollzug der Unterbringung nach § 63 oder § 64 StGB zuständig, ist die örtlich zuständige Staatsanwaltschaft dieses Landes um Vermittlung der Aufnahme in die Maßregelvollzugseinrichtung zu ersuchen; dabei darf die Vermittlung der Aufnahme in die Maßregelvollzugseinrichtung als Vollstreckungshilfe nicht von einer Kostenübernahmeerklärung des ersuchenden Landes für die zu erwartenden Vollzugskosten abhängig gemacht werden. [4]Unberührt bleiben §§ 48 und 57.

(2) Der Generalbundesanwalt kann in den Fällen, in denen er Vollstreckungsbehörde ist, unmittelbar vollstrecken.

§ 10 Geschäfte der Strafvollstreckung. Für die Wahrnehmung der Geschäfte der Strafvollstreckung gilt § 31 des Rechtspflegergesetzes[6)].

§§ 11, 12 (aufgehoben)

§ 13[7)] Urkundliche Grundlage der Vollstreckung. (1) Die Vollstreckung setzt die Rechtskraft der Entscheidung voraus (§ 449 StPO[5)]).

[1)] § 8 Überschrift neu gef., Abs. 3 angef. mWv 15.8.2024 durch AV v. 8.8.2024 (BAnz AT 14.08.2024 B2).

[2)] § 9 Abs. 1 Satz 3 geänd. mWv 1.10.2017 durch AV v. 10.8.2017 (BAnz AT 18.08.2017 B6).

[3)] **Habersack, Deutsche Gesetze Nr. 95.**

[4)] **Habersack, Deutsche Gesetze Nr. 85.**

[5)] **Habersack, Deutsche Gesetze Nr. 90.**

[6)] **Habersack, Deutsche Gesetze Nr. 96.**

[7)] § 13 Abs. 3 eingef., bish. Abs. 3–5 werden Abs. 4–6 mWv 15.8.2024 durch AV v. 8.8.2024 (BAnz AT 14.08.2024 B2).

(2) Urkundliche Grundlage der Vollstreckung ist die Urschrift oder eine beglaubigte Abschrift der Entscheidung oder ihres erkennenden Teils; auf ihr muss die Rechtskraft bescheinigt und angegeben sein, wann sie eingetreten ist (§ 451 Absatz 1 StPO).

(3) Wird eine Einziehungsentscheidung gegen einen Einziehungsbeteiligten oder zulasten eines Nebenbetroffenen getroffen, bedarf es für deren Vollstreckung der Rechtskraft der Entscheidung gegenüber diesen (§ 430 Absatz 1 und 4 Satz 1, § 432 Absatz 1 Satz 1, § 438 Absatz 3 StPO).

(4) [1] Die Rechtskraft kann bereits bescheinigt werden, bevor die schriftlichen Urteilsgründe vorliegen. [2] Ist die verurteilte Person in Haft, so hat die die Rechtskraft bescheinigende Stelle die urkundliche Grundlage der Vollstreckung binnen drei Tagen nach Eintritt der Rechtskraft der Vollstreckungsbehörde zu übersenden.

(5) [1] Die Rechtskraft bescheinigt die Urkundsbeamtin oder der Urkundsbeamte der Geschäftsstelle beim Gericht des ersten Rechtszuges. [2] Wird gegen ein Berufungsurteil keine Revision eingelegt, so bescheinigt sie die Urkundsbeamtin oder der Urkundsbeamte der Geschäftsstelle beim Berufungsgericht.

(6) [1] Wird gegen ein Urteil Revision eingelegt, so behält die Vollstreckungsbehörde eine beglaubigte Abschrift des erkennenden Teils der für die Vollstreckung erforderlichen Urteile zurück. [2] Die Urkundsbeamtin oder der Urkundsbeamte der Geschäftsstelle beim Revisionsgericht übersendet der Vollstreckungsbehörde unverzüglich eine beglaubigte Abschrift des erkennenden Teils des Revisionsurteils, wenn dieses die Rechtskraft des angefochtenen Urteils herbeigeführt hat oder selbst vollstreckungsfähig ist. [3] Dasselbe gilt, wenn die Revision durch Beschluss verworfen wird und die Akten nicht sofort zurückgegeben werden können.

§ 14 Weitere urkundliche Grundlagen der Vollstreckung. (1) Weitere urkundliche Grundlage der Vollstreckung ist die Urschrift oder eine beglaubigte Abschrift der Entscheidung oder ihres erkennenden Teils, durch die

1. eine Verurteilung zu der vorbehaltenen Strafe (§ 59b StGB) ausgesprochen wird;
2. die Aussetzung einer Strafe, eines Strafrestes oder einer Unterbringung (§ 56f Absatz 1, § 57 Absatz 3, § 57a Absatz 3, § 67g Absatz 1 bis 3 StGB) oder ein Straferlass (§ 56g Absatz 2 StGB) widerrufen wird;
3. eine Anordnung über eine vom Urteil abweichende Reihenfolge der Vollstreckung von Freiheitsstrafen und freiheitsentziehenden Maßregeln (§ 67 Absatz 3 StGB) getroffen wird;
4. der Vollzug der Freiheitsstrafe angeordnet wird (§ 67 Absatz 5 Satz 2, zweiter Halbsatz StGB);
5. die Überweisung in den Vollzug einer anderen freiheitsentziehenden Maßregel angeordnet wird (§ 67a Absatz 1 bis 3 StGB);
6. nach § 67c Absatz 2 StGB die Vollstreckung einer Unterbringung angeordnet wird;
7. nach § 67d Absatz 5 StGB bestimmt wird, dass die Unterbringung in einer Entziehungsanstalt nicht weiter zu vollziehen ist;
8. der Vollzug der nächsten freiheitsentziehenden Maßregel angeordnet wird (§ 72 Absatz 3 StGB).

(2) § 13 Absatz 2, 3 und 4 Satz 1 gilt entsprechend.

§ 15 Vollstreckungsheft. (1) [1]Die zur Einleitung der Strafvollstreckung erforderlichen Akten soll die Vollstreckungsbehörde erst aus der Hand geben, wenn sie die erforderlichen Vollstreckungsanordnungen in die Wege geleitet hat. [2]Die Durchführung eines Rechtsmittelverfahrens darf nicht verzögert werden.

(2) [1]Ist damit zu rechnen, dass die Akten während der Vollstreckung anderweitig benötigt werden, oder handelt es sich um Strafsachen größeren Umfangs, so ist ein Vollstreckungsheft anzulegen. [2]Bei Strafsachen mit mehreren Verurteilten ist für jede verurteilte Person ein besonderes Vollstreckungsheft erforderlich.

§ 16 Inhalt des Vollstreckungsheftes. (1) Zum Vollstreckungsheft sind zu nehmen:

1. eine mit der Bescheinigung der Rechtskraft versehene beglaubigte Abschrift der Entscheidung und, soweit darin gemäß § 267 Absatz 4 StPO[1)] auf den Anklagesatz, die Anklage gemäß § 418 Absatz 3 Satz 2 StPO, den Strafbefehl oder den Strafbefehlsantrag verwiesen wird, auch eine beglaubigte Abschrift dieser Schriftstücke oder Entscheidungen sowie, wenn nachträglich eine Gesamtstrafe gebildet worden ist, auch eine beglaubigte Abschrift der einbezogenen Entscheidungen;
2. eine mit Bescheinigung der Rechtskraft versehene beglaubigte Abschrift der Beschlüsse,
   a) durch welche die Vollstreckung eines Strafrestes oder einer Unterbringung zur Bewährung ausgesetzt worden ist,
   b) die in § 14 Absatz 1 genannt sind;
3. eine beglaubigte Abschrift der Entscheidungen, durch die in den Fällen der Nummern 1 und 2 über ein Rechtsmittel entschieden worden ist, und eine beglaubigte Abschrift sonstiger die Strafvollstreckung betreffender Beschlüsse;
4. die für die Berechnung der Strafzeit maßgebenden Angaben;
5. sämtliche die Strafvollstreckung betreffenden Verfügungen, Gesuche, Eingaben und andere Eingänge.

(2) Kostenrechnungen, Zahlungsanzeigen und Nachrichten der zuständigen Kasse über die Löschung des Kostensolls sind unter dem Aktendeckel vor dem ersten Blatt des Vollstreckungsheftes einzuheften oder, wenn dieses nicht zu heften ist, lose zu verwahren (vergleiche § 3 Absatz 3 der Kostenverfügung), soweit nichts anderes bestimmt ist.

§ 17 Absehen von der Vollstreckung bei Auslieferung und Ausweisung.

(1) [1]Soll eine verurteilte Person wegen einer anderen Tat einer ausländischen Regierung ausgeliefert oder aus dem räumlichen Geltungsbereich der Strafprozessordnung[1)] ausgewiesen werden, so prüft die Vollstreckungsbehörde – unter Beachtung der hierzu erlassenen landesrechtlichen Vorschriften –, ob und inwieweit es angezeigt ist, von der Vollstreckung einer Freiheitsstrafe, einer Ersatzfreiheitsstrafe oder einer Maßregel der Besserung und Sicherung abzusehen (§ 456a StPO). [2]Sieht die Vollstreckungsbehörde von der Vollstreckung ab, so teilt sie dies der Ausländerbehörde mit und legt einen Suchvermerk im Bundeszentralregister nieder.

(2) [1]Die Vollstreckungsbehörde soll zugleich mit dem Absehen von der Vollstreckung die Nachholung für den Fall anordnen, dass die ausgelieferte oder ausgewiesene Person zurückkehrt, und hierzu einen Haftbefehl oder einen Unterbrin-

---

[1)] **Habersack, Deutsche Gesetze Nr. 90.**

gungsbefehl erlassen sowie die erforderlichen Fahndungsmaßnahmen, insbesondere die Ausschreibung zur Festnahme, veranlassen. [2]Hierüber ist die verurteilte Person in einer für sie verständlichen Sprache zu belehren. [3]Die Belehrung ist aktenkundig zu machen. [4]Sie kann der Vollzugsanstalt übertragen werden.

§ 18 Rechtshilfeverkehr mit dem Ausland. Für den Rechtshilfeverkehr mit dem Ausland gelten insbesondere die jeweiligen völkerrechtlichen Übereinkünfte, das Gesetz über die internationale Rechtshilfe in Strafsachen[1)], das Überstellungsausführungsgesetz und die Richtlinien für den Verkehr mit dem Ausland in strafrechtlichen Angelegenheiten (RiVASt).

§ 19 Rechtskraft bei einzelnen Verurteilten. [1]Haben von mehreren Angeklagten nur Einzelne das Urteil mit der Revision angefochten, so steht § 357 StPO[2)] der Vollstreckung gegen die übrigen Verurteilten nicht entgegen. [2]Ist zu erwarten, dass das Revisionsgericht das Urteil auch gegenüber der verurteilten Person, gegen die vollstreckt werden soll, als angefochten behandelt, so kann die Vollstreckung aufgeschoben oder unterbrochen werden.

§ 20 Verlängerung der Verjährung. Ist zweifelhaft, ob die Auslieferung oder Überstellung einer verurteilten Person erreicht werden kann, so beantragt die Vollstreckungsbehörde die Verlängerung der Verjährungsfrist (§ 79b StGB[3)]) in der Regel erst, nachdem sie der obersten Justizbehörde berichtet hat.

§ 21[4)] Beschwerden. (1) Über Einwendungen gegen eine Entscheidung oder eine andere Anordnung der Vollstreckungsbehörde entscheidet, soweit nicht das Gericht dafür zuständig ist (§§ 458, 459o StPO[2)], § 83 Absatz 1 JGG[5)]),

1. die Generalstaatsanwaltschaft, wenn die Staatsanwaltschaft bzw. die Jugendrichterin als Vollstreckungsleiterin oder der Jugendrichter als Vollstreckungsleiter,
2. die oberste Behörde der Landesjustizverwaltung, wenn die Generalstaatsanwaltschaft,
3. das Bundesministerium der Justiz, wenn der Generalbundesanwalt beim Bundesgerichtshof

die beanstandete Entscheidung oder Anordnung getroffen hat.

(2) Durch Einwendungen nach Absatz 1 wird die Vollstreckung nicht gehemmt.

Abschnitt 2. Vollstreckung von Freiheitsstrafen

§ 22 Vollstreckungsplan. (1) Aus dem Vollstreckungsplan ergeben sich für jeden Gerichtsbezirk die Vollzugsanstalten, die für die Vollstreckung von Jugendarrest, Freiheitsstrafen und freiheitsentziehenden Maßregeln der Besserung und Sicherung sachlich und örtlich zuständig sind.

(2) Der Vollstreckungsplan regelt auch die sachliche Zuständigkeit zur Vollstreckung von Jugendarrest, Freiheitsstrafen und freiheitsentziehenden Maßregeln der Besserung und Sicherung, die im ersten Rechtszug in Ausübung von Gerichtsbarkeit des Bundes verhängt worden sind.

[1)] Nr. **90h**.
[2)] ***Habersack*, Deutsche Gesetze Nr. 90.**
[3)] **Habersack, Deutsche Gesetze Nr. 85.**
[4)] § 21 Abs. 1 einl. Satzteil geänd. mWv 15.8.2024 durch AV v. 8.8.2024 (BAnz AT 14.08.2024 B2).
[5)] **Habersack, Deutsche Gesetze Nr. 89.**

(3) [1] Vollzieht die Bundeswehr Strafarrest (Artikel 5 Absatz 1 des Einführungsgesetzes zum Wehrstrafgesetz – EGWStG –) oder auf Ersuchen der Vollstreckungsbehörde Freiheitsstrafe von nicht mehr als sechs Monaten oder Jugendarrest (Artikel 5 Absatz 2 EGWStG), so gibt die Befehlshaberin oder der Befehlshaber im Wehrbereich durch die Rechtsberaterin oder den Rechtsberater die zuständige Vollzugseinrichtung der Bundeswehr an.
[2] Von einem Vollstreckungsersuchen (Artikel 5 Absatz 2 EGWStG) ist regelmäßig abzusehen, wenn

1. die Soldatin oder der Soldat aus persönlichen Gründen oder wegen der der Verurteilung zugrunde liegenden Straftat für den Vollzug bei der Bundeswehr ungeeignet ist;
2. die Bildung einer höheren als einer sechsmonatigen Gesamtstrafe zu erwarten ist;
3. die Soldatin oder der Soldat vor dem voraussichtlichen Strafende aus dem Dienst bei der Bundeswehr ausscheidet;
4. gegen die Soldatin oder den Soldaten in anderer Sache Untersuchungshaft, Sicherungshaft nach § 453c StPO[1)] oder eine einstweilige Unterbringung nach § 126a StPO angeordnet worden ist.

[3] Im Falle des Satzes 2 Nummer 4 ist ein bereits eingeleiteter Strafvollzug in Vollzugseinrichtungen der Bundeswehr in der Regel zu unterbrechen.

§ 23 Sachliche Vollzugszuständigkeit. (1) [1] Soweit der Vollstreckungsplan die sachliche Zuständigkeit einer Vollzugsanstalt von der Vollzugsdauer abhängig macht, kommt es auf die Zeit an, welche die verurteilte Person vom Tage der bevorstehenden Aufnahme in die zuständige Vollzugsanstalt an im Strafvollzug zuzubringen hat. [2] Ist eine nachträglich gebildete Gesamtstrafe zu vollstrecken, nachdem die Vollstreckung einer in sie einbezogenen Strafe bereits begonnen hat oder beendet ist, so ist der Strafrest maßgebend, der bei Beginn des Vollzuges der Gesamtstrafe verbleibt; von einer Verlegung ist abzusehen, wenn der verbleibende Strafrest die sachliche Zuständigkeit der Vollzugsanstalt nicht übersteigt. [3] Für die sachliche Vollzugszuständigkeit bei Vollstreckung mehrerer Freiheitsstrafen gilt § 43 Absatz 6.

(2) Soweit sich die sachliche Zuständigkeit einer Vollzugsanstalt nach dem Alter der verurteilten Person richtet, ist der Tag der bevorstehenden Aufnahme in die zuständige Vollzugsanstalt maßgebend.

(3) Die Vollzugsbehörde kann die Aufnahme nicht ablehnen, wenn die Vollzugsdauer oder das Alter, nach dem Tage der Aufnahme berechnet, um nicht mehr als zwei Wochen vom Vollstreckungsplan abweicht.

§ 24 Örtliche Vollzugszuständigkeit. (1) [1] Die örtliche Zuständigkeit der Vollzugsanstalt richtet sich nach dem Gerichtsbezirk, in dem die verurteilte Person wohnt, sich aufhält oder bei behördlicher Verwahrung sich zuletzt aufgehalten hat, bei Soldatinnen und Soldaten auch nach dem Gerichtsbezirk, in dem der Standort liegt. [2] Ist die verurteilte Person behördlich verwahrt, so richtet sich die Zuständigkeit bei einer Vollzugsdauer bis zu sechs Monaten nach dem Verwahrungsort. [3] Wohnort ist der Ort, an dem die verurteilte Person den Schwerpunkt ihrer Lebensbeziehungen hat und an dem sie freiwillig unter Umständen verweilt, die darauf schließen lassen, dass das Verweilen von einer gewissen Dauer und Regel-

---

[1)] **Habersack, Deutsche Gesetze Nr. 90.**

mäßigkeit ist. [4] Aufenthaltsort ist der Ort, an dem die nicht in behördlicher Verwahrung befindliche verurteilte Person – auch nur für kurze Zeit, etwa bei der Festnahme – tatsächlich anwesend ist.

(2) [1] Wird eine Strafe mit einer Vollzugsdauer von mehr als sechs Monaten in einer für den Aufenthaltsort zuständigen Vollzugsanstalt vollzogen, so ist die verurteilte Person in die für den Wohnort zuständige Vollzugsanstalt zu verlegen, wenn sie es binnen zwei Wochen nach der Aufnahmeverhandlung bei der Vollzugsanstalt beantragt. [2] Wird eine solche Strafe im Anschluss oder in Unterbrechung der Untersuchungshaft vollzogen, so ist die verurteilte Person in die für den Wohnort zuständige Vollzugsanstalt zu verlegen, wenn sie dies binnen zwei Wochen nach entsprechender Kenntnisnahme bei der Vollzugsanstalt beantragt. [3] Die Vollzugsanstalt weist sie bei der Aufnahmeverhandlung oder bei entsprechender Kenntnisnahme auf diese Möglichkeit hin und gibt der Vollzugsanstalt des anderen Landes, in welche die verurteilte Person verlegt werden soll, zur Prüfung die die örtliche Zuständigkeit der Vollzugsanstalt begründenden Umstände an und teilt mit, wie der Wohnort der verurteilten Person festgestellt wurde.

(3) [1] Für eine verurteilte Person, die sich im Ausland aufhält und für die im räumlichen Geltungsbereich der Strafprozessordnung[1)] keine örtliche Vollzugszuständigkeit nach Absatz 1 besteht, richtet sich die örtliche Zuständigkeit der Vollzugsanstalt nach dem Sitz des Gerichts, das im ersten Rechtszug erkannt hat. [2] Bei einer Vollzugsdauer bis zu sechs Monaten kann die verurteilte Person auch in diejenige sachlich zuständige Vollzugsanstalt eingewiesen werden, die mit dem geringsten Aufwand an Überführungskosten zu erreichen ist.

(4) [1] Ist der Vollzug – z.B. auf Grund der Aussetzung eines Strafrestes zur Bewährung oder durch Entweichen der verurteilten Person – unterbrochen worden, so wird er in der Vollzugsanstalt, in der sie sich vor der Unterbrechung befunden hat, fortgesetzt. [2] In dieser Anstalt werden auch weitere Strafen vollzogen, wenn der Rest der Gesamtvollzugsdauer die sachliche Zuständigkeit dieser Anstalt nicht übersteigt. [3] Befindet die verurteilte Person sich jedoch zum Vollzug einer weiteren Strafe bereits in einer anderen sachlich und örtlich zuständigen oder nach § 26 bestimmten Vollzugsanstalt in Strafhaft, so werden der Strafrest und weitere Strafen in dieser Anstalt vollzogen, wenn sie auch für den Rest der Gesamtvollzugsdauer zuständig ist; dies gilt sinngemäß, wenn die verurteilte Person nachträglich nach Absatz 2 Satz 1 und 2 in eine andere Vollzugsanstalt verlegt wird. [4] Im Übrigen richtet sich die örtliche Zuständigkeit zum Vollzug weiterer Strafen nach den Absätzen 1 bis 3.
[5] Hatte sich die verurteilte Person vor der Unterbrechung in einer Anstalt des offenen Vollzuges oder des Erstvollzuges befunden, ist für den weiteren Vollzug die zuständige Anstalt des geschlossenen Vollzuges oder des Regelvollzuges maßgebend; dies gilt nicht für die in § 455 Absatz 4, § 455a StPO bezeichneten Fälle, für Fälle der Unterbrechung im Gnadenwege und soweit Anstalten des offenen Vollzuges oder des Erstvollzuges über geschlossene Abteilungen verfügen.

(5) Der Generalbundesanwalt weist vorbehaltlich besonderer Vereinbarung mit einer Landesjustizverwaltung die verurteilte Person in die zuständige Vollzugsanstalt des Landes ein, in dem diese zuletzt gewohnt oder sich aufgehalten hat.

[1)] **Habersack, Deutsche Gesetze Nr. 90.**

§ 25 Strafvollstreckung bei jungen Verurteilten. Für die Vollstreckung von Freiheitsstrafen an Verurteilten unter 24 Jahren gelten die Richtlinien zu § 114 JGG[1].

§ 26[2] Abweichen vom Vollstreckungsplan. (1) [1] Vom Vollstreckungsplan darf von Amts wegen oder auf Antrag bezüglich der örtlichen oder der sachlichen Vollzugszuständigkeit aus den Gründen der Behandlung, der Wiedereingliederung, zur sicheren Unterbringung oder soweit dies aufgrund landesgesetzlicher Vorschriften zulässig ist, abgewichen werden. [2] Bei den Maßregeln der Besserung und Sicherung nach den §§ 63, 64 StGB[3], § 7 JGG[1] gilt Satz 1, soweit die landesrechtlichen Vorschriften über den Maßregelvollzug nichts anderes bestimmen.

(2) [1] Ein Abweichen erfolgt in den in Absatz 1 genannten Fällen vor Beginn des Vollzuges durch Einweisung und nach Beginn des Vollzuges durch Verlegung und bedarf der Zustimmung der höheren Vollzugsbehörde; die Zustimmung kann – vorbehaltlich einer anderweitigen landesrechtlichen Regelung – als erteilt gelten, wenn die zur Aufnahme vorgesehene Justizvollzugsanstalt der vom Vollstreckungsplan abweichenden Einweisung zustimmt oder im Fall der Verlegung in Abweichung vom Vollstreckungsplan die von der Verlegung betroffenen Justizvollzugsanstalten Einvernehmen über die beabsichtigte Verlegung erzielen. [2] Untersteht die Vollzugsanstalt, in die eingewiesen oder verlegt werden soll, einer anderen höheren Vollzugsbehörde des Landes, so muss auch diese zustimmen. [3] Soll in die Vollzugsanstalt eines anderen Landes eingewiesen oder verlegt werden, so bedarf es einer Einigung der obersten Vollzugsbehörden beider Länder.

(3) Vollstreckt die Vollstreckungsbehörde eine Maßregel der Besserung und Sicherung nach den §§ 63, 64 StGB, § 7 JGG und soll die verurteilte Person in Abweichung vom Vollstreckungsplan in eine Einrichtung eines anderen Landes eingewiesen werden, so ist auf dem Dienstwege der obersten Justizbehörde zu berichten, damit diese die Entscheidung der zuständigen Behörden des anderen Landes herbeiführen kann.

§ 27 Ladung zum Strafantritt. (1) Ist die verurteilte Person auf freiem Fuß, so lädt die Vollstreckungsbehörde sie unmittelbar zum Strafantritt, es sei denn, dass die Strafe in der Vollzugsanstalt eines anderen Landes zu vollziehen ist und die Voraussetzungen der Vereinbarung der Länder zur Vereinfachung und zur Beschleunigung der Strafvollstreckung und der Vollstreckung anderer freiheitsentziehender Maßnahmen in Straf- und Bußgeldsachen vom 8. Juni 1999 (Anlage) nicht vorliegen.

(2) [1] In der Ladung ist der verurteilten Person grundsätzlich eine Frist zu setzen, binnen derer sie sich in der angegebenen Vollzugsanstalt einzufinden hat; die Frist wird in der Regel so bemessen, dass ihr mindestens eine Woche zum Ordnen ihrer Angelegenheiten bleibt. [2] Zum sofortigen Strafantritt kann geladen werden, wenn die sofortige Vollstreckung geboten ist. [3] In der Ladung wird sie darauf hingewiesen, dass sie mit Zwangsmaßnahmen zu rechnen habe, falls sie ihr nicht fristgemäß (Satz 1) oder nicht rechtzeitig (Satz 2) Folge leistet.

(3) [1] Die verurteilte Person kann durch einfachen Brief geladen werden. [2] Eine förmliche Zustellung der Ladung ist jedoch erforderlich, wenn sie zum sofortigen Strafantritt geladen wird, der Ladung im Interesse beschleunigter Vollstreckung

---

[1] **Habersack, Deutsche Gesetze Nr. 89.**
[2] § 26 Abs. 1 Satz 1 geänd., Satz 2 aufgeh., bish. Satz 3 wird Satz 2, Abs. 2 Satz 1 geänd. mWv 1.10. 2017 durch AV v. 10.8.2017 (BAnz AT 18.08.2017 B6).
[3] **Habersack, Deutsche Gesetze Nr. 85.**

besonderer Nachdruck gegeben werden soll, eine formlose Ladung nach den Umständen des Einzelfalles keinen Erfolg verspricht oder sie bereits vergeblich gewesen ist. [3] Die Ladung zum sofortigen Strafantritt kann der verurteilten Person, insbesondere wenn sie an Amtsstelle anwesend ist, auch mündlich eröffnet werden.

(4) Wird eine Soldatin oder ein Soldat zum Strafantritt geladen, so übersendet die Vollstreckungsbehörde der oder dem nächsten Disziplinarvorgesetzten gleichzeitig eine Abschrift der Ladung.

(5) Hat die verurteilte Person offenbar nicht die Mittel, um von ihrem Wohn- oder Aufenthaltsort aus der Ladung in die zuständige Vollzugsanstalt nachzukommen, so kann sie in eine näher gelegene Anstalt geladen werden; von dort ist sie der zuständigen Anstalt zuzuführen.

§ 28[1)] Überführungsersuchen. (1) [1] Ist die verurteilte Person nicht auf freiem Fuß, so veranlasst die Vollstreckungsbehörde, soweit erforderlich, ihre Überführung in die zuständige Vollzugsanstalt. [2] Befindet sie sich in anderer Sache in Untersuchungshaft, so ist die Strafe in Unterbrechung der Untersuchungshaft zu vollstrecken, es sei denn, das Gericht trifft eine abweichende Entscheidung (§ 116b Satz 2 StPO[2)]); in Fällen dieser Art kann vom Vollstreckungsplan abgewichen werden (§ 26), wenn hierdurch die schwebende Untersuchung erleichtert oder beschleunigt wird. [3] Die Untersuchungshaft ist nicht zu unterbrechen, wenn Strafarrest zu vollstrecken ist.
[4] In den Fällen, in denen um Vollstreckung durch Behörden der Bundeswehr ersucht werden kann (§ 22 Absatz 3), darf die Untersuchungshaft nur unterbrochen werden, wenn die Vollstreckung in einer Justizvollzugsanstalt erfolgt.

(2) Im Falle des § 27 Absatz 5 ist zugleich mit der Ladung der verurteilten Person das Überführungsersuchen an die Anstalt zu senden, in die sie geladen ist.

§ 29[3)] Einweisung durch das Aufnahmeersuchen. (1) [1] Die Vollstreckungsbehörde weist die verurteilte Person durch ein Aufnahmeersuchen in die zuständige Vollzugsanstalt ein. [2] Das Aufnahmeersuchen ist der Vollzugsanstalt in zwei Stücken zu übersenden; es muss ihr noch vor dem Eintreffen der verurteilten Person zugehen.

(2) Werden gleichzeitig mehrere Verurteilte eingewiesen, so ist für jede verurteilte Person ein besonderes Aufnahmeersuchen zu stellen.

(3) Ist der verurteilten Person der Beschluss über den Widerruf der Aussetzung der Strafe, des Strafrestes, der Unterbringung, des Straferlasses oder über die nach § 67c Absatz 2 StGB[4)] angeordnete Vollstreckung der Unterbringung öffentlich zugestellt, so sind dem Aufnahmeersuchen zur Aushändigung an die verurteilte Person, soweit ihr nicht bereits mit Vollstreckungshaftbefehl übergeben, beizufügen

1. je eine Ausfertigung oder beglaubigte Abschrift der genannten Beschlüsse und
2. eine Belehrung über die Möglichkeit, die nachträgliche Anhörung (§ 33a StPO[2)]) oder die Wiedereinsetzung in den vorigen Stand zu beantragen und gleichzeitig sofortige Beschwerde einzulegen (§§ 44, 45, 453 Absatz 2 Satz 3 StPO).

[1)] § 28 Abs. 1 Satz 2 geänd. mWv 1.10.2017 durch AV v. 10.8.2017 (BAnz AT 18.08.2017 B6).
[2)] **Habersack, Deutsche Gesetze Nr. 90.**
[3)] § 29 Abs. 3 einl. Satzteil geänd. mWv 15.8.2024 durch AV v. 8.8.2024 (BAnz AT 14.08.2024 B2).
[4)] **Habersack, Deutsche Gesetze Nr. 85.**

§ 30[1)] Inhalt des Aufnahmeersuchens. (1) Das Aufnahmeersuchen muss – außer den Angaben zur verurteilten Person – enthalten:

1. die genaue Bezeichnung der zu vollstreckenden Entscheidung (Angabe des Gerichts, des Tages der Entscheidung und des Aktenzeichens);
2. die Bezeichnung der Tat;
3. Art und Dauer der zu vollstreckenden Strafe;
4. den Zeitpunkt, von dem an die Strafzeit zu berechnen ist;
5. die Zeitdauer der anzurechnenden Untersuchungshaft oder sonstigen Freiheitsentziehung;
6. die etwa schon verbüßte Strafzeit;
7. den Zeitpunkt, bis zu dem sich die verurteilte Person zum Strafantritt zu stellen hat (§ 27 Absatz 2), oder die Angabe, dass sie aus behördlicher Verwahrung der Strafhaft zugeführt wird (§ 28);
8. Angaben über die Staatsangehörigkeit der verurteilten Person;
9. die Begründung für die Zuständigkeit der Vollzugsanstalt, wenn die Einweisung vom Vollstreckungsplan abweicht;
10. bei Soldatinnen und Soldaten die nächste disziplinarvorgesetzte Person und deren Anschrift;
11. einen Hinweis, falls eine Entscheidung über Halbstrafenentlassung von Amts wegen zu treffen ist (§ 57 Absatz 2 Nummer 1 StGB[2)]);
12. einen Hinweis, falls eine Festnahme der verurteilten Person im Ausland zum Zwecke ihrer Überstellung erfolgt ist.

(2) [1] Außerdem nimmt die Vollstreckungsbehörde andere für den Vollzug besonders wichtige Angaben aus dem Inhalt der Sachakten in das Aufnahmeersuchen auf. [2] Dies gilt insbesondere, wenn ihr Umstände bekannt sind, die auf Selbsttötungsgefahr, Betäubungsmittel- und andere Abhängigkeit, Fluchtverdacht, die Gefahr gewalttätigen Verhaltens gegen Bedienstete oder Mitgefangene hindeuten oder sonst für die Sicherheit und Ordnung in der Vollzugsanstalt bedeutsam sind. [3] Ist die verurteilte Person im Strafverfahren oder vor Strafantritt auf ihren körperlichen oder geistigen Zustand untersucht worden, so muss das Aufnahmeersuchen einen Hinweis auf die Untersuchung enthalten, insbesondere wenn Gutachten nicht beigefügt werden (§ 31 Absatz 2).

§ 31 Anlagen zum Aufnahmeersuchen. (1) Dem Aufnahmeersuchen sind beizufügen:

1. eine vollständige Abschrift der in § 16 Absatz 1 Nummer 1 und 3 genannten Entscheidungen mit Ausnahme solcher Teile, die geheimhaltungsbedürftig sind; falls die Abschrift der vollständigen Entscheidung zur Zeit des Aufnahmeersuchens noch nicht vorliegt, ist sie unverzüglich nachzusenden;
2. ein Auszug aus dem Bundeszentralregister, der möglichst nicht älter als sechs Monate ist.

(2) Enthalten die Strafakten oder das Vollstreckungsheft ein Gutachten über den körperlichen oder geistigen Zustand der verurteilten Person, so soll die Vollstreckungsbehörde eine Abschrift des Gutachtens übersenden, sofern dieses für den Vollzug von Bedeutung sein kann.

[1)] § 30 Abs. 2 Satz 2 geänd. mWv 1.10.2017 durch AV v. 10.8.2017 (BAnz AT 18.08.2017 B6).
[2)] **Habersack, Deutsche Gesetze Nr. 85.**

§ 32 (aufgehoben)

§ 33[1] **Vorführungs- und Haftbefehl.** (1) Die Vollstreckungsbehörde erlässt einen Vorführungs- oder Haftbefehl (vergleiche § 457 Absatz 2 Satz 1 StPO[2]), wenn die verurteilte Person sich auf die an sie ergangene Ladung (§ 27 Absatz 3) ohne ausreichende Entschuldigung nicht

1. binnen einer ihr gesetzten Frist (§ 27 Absatz 2 Satz 1) oder
2. im Falle einer Ladung zum sofortigen Strafantritt (§ 27 Absatz 2 Satz 2) spätestens am Tage nach deren Zustellung zum Strafantritt gestellt hat.

(2) Dasselbe gilt, wenn

1. der Verdacht begründet ist, die verurteilte Person werde sich der Strafvollstreckung entziehen,
2. die verurteilte Person sich nach mündlicher Eröffnung der Ladung (§ 27 Absatz 3 Satz 3) nicht zum sofortigen Strafantritt bereit zeigt oder
3. die verurteilte Person aus dem Strafvollzug entwichen ist oder sich sonst dem Vollzug entzieht (§ 457 Absatz 2 StPO).

(3) [1] Zur Beschleunigung der Strafvollstreckung kann ein Vorführungs- oder Haftbefehl bereits bei der Ladung für den Fall ergehen, dass die verurteilte Person sich nicht fristgemäß oder nicht rechtzeitig stellt. [2] Er darf erst vollzogen werden, wenn

1. der Zugang der Ladung nachgewiesen ist und die Vollstreckungsbehörde durch Anfrage bei der Vollzugsanstalt festgestellt hat, dass die verurteilte Person sich nicht bis zu dem in der Ladung bezeichneten Zeitpunkt gestellt hat, oder
2. die Ladung nicht ausführbar und der Verdacht begründet ist, die verurteilte Person werde sich der Vollstreckung entziehen.

(4) Der Vorführungs- oder Haftbefehl muss enthalten:

1. die genaue Bezeichnung der verurteilten Person;
2. die Angabe der zu vollstreckenden Entscheidung;
3. Art und Dauer der zu vollstreckenden Strafe;
4. den Grund der Vorführung oder Verhaftung;
5. das Ersuchen um Vorführung oder Verhaftung;
6. die Angabe der Vollzugsanstalt, in welche die verurteilte Person eingeliefert werden soll;
7. bei Ersatzfreiheitsstrafen die Angabe des Geldbetrages, bei dessen nachgewiesener Zahlung die Vorführung oder Verhaftung unterbleibt.

(5) [1] Um die Vollziehung von Vorführungs- und Haftbefehlen können die Polizeidienststellen des Landes ersucht werden, bei Soldatinnen und Soldaten auch die Feldjägereinheiten. [2] Soll die Polizeidienststelle eines anderen Landes ersucht werden, so ist nach § 9 Absatz 1 Satz 1 und 2 zu verfahren.

(6) Der Vorführungs- oder Haftbefehl ist der verurteilten Person, wenn möglich bei der Ergreifung, bekannt zu geben.

---

[1] § 33 Abs. 2 Nr. 1, Abs. 3 Satz 2 Nr. 2 geänd. mWv 1.10.2017 durch AV v. 10.8.2017 (BAnz AT 18.08.2017 B6).

[2] **Habersack, Deutsche Gesetze Nr. 90.**

§ 34[1] Weitere Maßnahmen zur Sicherstellung der Strafvollstreckung.

(1) Ist die verurteilte Person flüchtig oder hält sie sich verborgen, so kann die Vollstreckungsbehörde zur Strafvollstreckung die Ausschreibung zur Festnahme veranlassen (§ 457 Absatz 1 und 3, § 131 StPO[2]).

(2) [1] Art und Umfang von Fahndungsmaßnahmen sollen in einem angemessenen Verhältnis zur Höhe der verhängten Strafe stehen. [2] Ausschreibungen sind, wenn die Voraussetzungen eines Vollstreckungshaftbefehls vorliegen, nur zum Zwecke der Festnahme zulässig. [3] Liegen die Voraussetzungen eines Vollstreckungshaftbefehls nicht vor, kann zur Aufenthaltsermittlung ausgeschrieben werden (§ 457 Absatz 1 und 3, § 131a StPO).

(3) Ist die verurteilte Person in den kriminalpolizeilichen Fahndungshilfsmitteln ausgeschrieben und fällt der Fahndungsgrund weg, so veranlasst die Vollstreckungsbehörde unverzüglich die Löschung; ein Ausschreibungsersuchen, dem noch nicht entsprochen worden ist, nimmt sie zurück.

(4) [1] Ist der verurteilten Person der Beschluss über den Widerruf der Aussetzung der Strafe, des Strafrestes, der Unterbringung, des Straferlasses oder über die nach § 67c Absatz 2 StGB[3] angeordnete Vollstreckung der Unterbringung öffentlich zugestellt, so sind dem Ausschreibungsersuchen ein Empfangsbekenntnis und zur Aushändigung an die verurteilte Person beizufügen

1. je eine beglaubigte Abschrift der genannten Beschlüsse und
2. eine Belehrung über die Möglichkeit, die nachträgliche Anhörung (§ 33a StPO) oder die Wiedereinsetzung in den vorigen Stand zu beantragen und gleichzeitig sofortige Beschwerde einzulegen (§§ 44, 45, 453 Absatz 2 Satz 3 StPO).

[2] Das von der verurteilten Person unterzeichnete Empfangsbekenntnis ist zum Vollstreckungsheft zu geben.

§ 35 Anzeige vom Strafantritt und andere Mitteilungen an die Vollstreckungsbehörde.

(1) Die Vollstreckungsbehörde erhält von der Vollzugsanstalt eine Mitteilung,

1. wenn die im Aufnahmeersuchen angegebene Frist abgelaufen ist, ohne dass die verurteilte Person die Strafe angetreten hat;
2. wenn die verurteilte Person die Strafe einen Monat nach Ablauf der im Aufnahmeersuchen angegebenen Frist noch nicht angetreten hat. Ist der verurteilten Person durch die Vollstreckungsbehörde ein Vollstreckungsaufschub gewährt worden, beginnt die Frist mit Ablauf des Aufschubes. Das Aufnahmeersuchen wird spätestens vier Monate nach Ablauf der Frist der Vollstreckungsbehörde zurückgesandt;
3. wenn eine verurteilte Person vorläufig aufgenommen worden ist, durch Anforderung eines Aufnahmeersuchens;
4. wenn eine verurteilte Person endgültig aufgenommen worden ist, durch Rücksendung des mit den erforderlichen Ergänzungen, insbesondere der Strafzeitberechnung, versehenen zweiten Stückes des Aufnahmeersuchens und durch Übersendung einer Bescheinigung über die Aushändigung der in § 29 Absatz 3 Nummer 1 und 2 bezeichneten Schriftstücke;

---

[1] § 34 Abs. 4 angef. mWv 15.8.2024 durch AV v. 8.8.2024 (BAnz AT 14.08.2024 B2).
[2] **Habersack, Deutsche Gesetze Nr. 90.**
[3] **Habersack, Deutsche Gesetze Nr. 85.**

5. wenn die verurteilte Person in eine andere Vollzugsanstalt verlegt worden ist, und zwar unter Angabe der Gründe, sofern diese der Vollstreckungsbehörde offenbar noch nicht bekannt sind;
6. sobald sich Umstände ergeben, welche die Strafzeitberechnung beeinflussen;
7. wenn die verurteilte Person mehrere Strafen in derselben Vollzugsanstalt zu verbüßen hat;
8. wenn die vorläufig aufgenommene verurteilte Person entlassen worden ist, weil die endgültige Aufnahme unterblieben ist;
9. sobald die verurteilte Person ohne Unterbrechung der Strafe wegen körperlicher oder geistiger Erkrankung in eine Anstalt verbracht worden ist, die nicht dem Vollzug dient;
10. sobald der Strafvollzug beendet ist;
11. wenn der Strafvollstreckung eine Überstellung der verurteilten Person aus dem Ausland voraus ging.

(2) Wird eine Freiheitsstrafe in Unterbrechung einer in anderer Sache verhängten Untersuchungshaft vollstreckt, so übersendet die Vollzugsanstalt dem Gericht, das die Untersuchungshaft verhängt hat, sowie der Staatsanwaltschaft, in deren Verfahren sie angeordnet wurde, die Strafzeitberechnung.

§ 36 Überwachungspflicht der Vollstreckungsbehörde. (1) [1]Die Vollstreckungsbehörde wacht darüber, dass Art und Dauer der Strafhaft der zu vollstreckenden Entscheidung entsprechen. [2]Sie ist an erster Stelle für die richtige Berechnung der Strafzeit verantwortlich; ihr obliegt es daher, die ihr von der Vollzugsanstalt übersandte Berechnung (§ 35 Absatz 1 Nummer 4) sorgfältig nachzuprüfen und dafür zu sorgen, dass die beiden Stücke des Aufnahmeersuchens ständig übereinstimmen.

(2) [1]Hat die Vollstreckungsbehörde von Amts wegen zu prüfen, ob die Aussetzung des Restes einer oder mehrerer Strafen in Betracht kommt (§ 57 Absatz 1, 2 Nummer 1, § 57a Absatz 1 StGB[1]), § 454b Absatz 3 StPO[2])), wacht sie ferner darüber, dass sich die Vollzugsanstalt rechtzeitig vor Ablauf der Mindestverbüßungszeit gegenüber der Vollstreckungsbehörde oder, wenn die Vollstreckung von einer ersuchten Staatsanwaltschaft betrieben wird, dieser gegenüber zur Aussetzung des Strafrestes äußert. [2]Die ersuchte Staatsanwaltschaft leitet die Äußerung der Vollzugsanstalt – gegebenenfalls mit den Akten – unverzüglich der Vollstreckungsbehörde zu. [3]Diese oder die ersuchte Staatsanwaltschaft holt, falls erforderlich, eine Stellungnahme der Gerichtshilfe ein (§ 463d StPO). [4]Die Vollstreckungsbehörde gibt die Akten mit einem Vermerk darüber, wann die Hälfte oder zwei Drittel der Strafe oder bei lebenslanger Freiheitsstrafe 15 Jahre verbüßt sein werden, an die Strafverfolgungsbehörde weiter. [5]Die Vollstreckungsbehörde achtet darauf, dass die Akten dem Gericht so rechtzeitig vorgelegt werden können, dass bei Bewilligung der Strafaussetzung die erforderlichen Maßnahmen zur Vorbereitung der Entlassung der verurteilten Person durchgeführt werden können.

(3) Ist im Anschluss an die Freiheitsstrafe eine zugleich angeordnete Unterbringung zu vollstrecken, so ist § 44 Absatz 1 Satz 2 zu beachten.

§ 37 Allgemeine Regeln für die Strafzeitberechnung. (1) [1]Die Strafzeit ist *für jede selbständige Strafe* getrennt zu berechnen, auch wenn in derselben Sache

---

[1]) **Habersack, Deutsche Gesetze Nr. 85.**
[2]) **Habersack, Deutsche Gesetze Nr. 90.**

auf mehrere Freiheitsstrafen erkannt worden ist. [2]Bei jeder Strafzeitberechnung ist darauf zu achten, dass sie nicht zu einer Verlängerung der nach § 39 StGB[1)] ausgesprochenen Strafe führt. [3]Zur Berechnung der Strafzeit gehört bei zeitigen Freiheitsstrafen von mehr als zwei Monaten und bei lebenslangen Freiheitsstrafen auch die Errechnung des Zeitpunktes, zu dem die Vollstreckung des Strafrestes nach § 57 Absatz 1, 2 Nummer 1, § 57a Absatz 1 StGB zur Bewährung ausgesetzt werden kann.

(2) [1]Hat die verurteilte Person nicht mehr als eine Woche im Strafvollzug zuzubringen, so wird die Strafe dem Tage und der Stunde nach berechnet; die für die Berechnung maßgebenden Umstände, die im Laufe einer Stunde eintreten, gelten als zu Beginn der Stunde eingetreten.
[2]Bei längerer Vollzugsdauer wird die Strafe nur nach Tagen berechnet; Umstände, die im Laufe eines Tages eintreten, gelten als zu Beginn des Tages eingetreten. [3]Die im Laufe einer Stunde (Satz 1) oder eines Tages (Satz 2) eingetretenen Umstände gelten jedoch als am Ende der Stunde oder des Tages eingetreten, wenn dies für die verurteilte Person günstiger ist. [4]Ist die genaue Feststellung des Tages oder der Stunde nicht möglich, so wird der Tag oder die Stunde zugrunde gelegt, die der Wirklichkeit mutmaßlich am nächsten kommen. [5]Ist der Lauf der Strafzeit aus irgendeinem Grunde unterbrochen worden, so ist für die Anwendung von Satz 1 oder 2 nicht der Strafrest, sondern die Zeit maßgebend, welche die verurteilte Person insgesamt im Strafvollzug zuzubringen hat.

(3) Ist eine Strafe an Soldatinnen oder Soldaten durch eine Behörde der Bundeswehr zu vollziehen (Artikel 5 EGWStG), so wird die Strafe auch dann nur nach Tagen berechnet, wenn die verurteilte Person nicht mehr als eine Woche im Vollzug zuzubringen hat (§ 5 Absatz 1 der Bundeswehrvollzugsordnung – BwVollzO –).

(4) [1]Der Tag ist zu 24 Stunden, die Woche zu sieben Tagen, der Monat und das Jahr sind nach der Kalenderzeit zu berechnen. [2]Demgemäß ist bei der Berechnung nach Monaten oder Jahren bis zu dem Tage zu rechnen, der durch seine Zahl dem Anfangstage entspricht. [3]Fehlt dieser Tag in dem maßgebenden Monat, so tritt an seine Stelle dessen letzter Tag.

(5) Treffen mehrere Zeiteinheiten zusammen, so geht bei Vorwärtsrechnung die größere Zeiteinheit der kleineren, bei Rückwärtsrechnung die kleinere der größeren vor.

§ 38 Strafbeginn. Als Beginn der Strafzeit ist anzusetzen:

1. bei einer verurteilten Person, die sich selbst stellt, der Zeitpunkt, in dem sie in einer Anstalt in amtliche Verwahrung genommen wird;
2. bei einer verurteilten Person, die auf Grund eines nach § 457 StPO[2)] erlassenen Vorführungs- oder Haftbefehls oder eines nach § 453c StPO ergangenen Sicherungshaftbefehls festgenommen und sodann eingeliefert worden ist, der Zeitpunkt der Festnahme; ist die verurteilte Person im Ausland festgenommen worden, so beginnt die Strafzeit mit ihrer Übernahme durch deutsche Beamtinnen oder Beamte;
3. bei einer verurteilten Person, die sich im Zeitpunkt des Eintritts der Rechtskraft in Untersuchungshaft befindet, dieser Zeitpunkt; ist das Rechtsmittel, das eine in Untersuchungshaft befindliche angeklagte Person verspätet eingelegt hat, als

---

[1)] **Habersack, Deutsche Gesetze Nr. 85.**
[2)] **Habersack, Deutsche Gesetze Nr. 90.**

unzulässig verworfen worden, so beginnt die Strafzeit mit dem Ablauf der Rechtsmittelfrist;

4. bei einer verurteilten Person, die eine Strafe in Unterbrechung einer in anderer Sache verhängten Untersuchungshaft verbüßt, der Zeitpunkt, in dem das Aufnahme- oder Überführungsersuchen bei der Untersuchungshaftanstalt eingegangen ist; wird die verurteilte Person zur Verbüßung der Strafe von der Untersuchungshaftanstalt in eine andere Anstalt verbracht, so teilt die Untersuchungshaftanstalt den Zeitpunkt des Eingangs des Überführungsersuchens der Vollzugsanstalt mit.

§ 39[1)] Anrechnung von Untersuchungshaft, einer anderen Freiheitsentziehung oder von Geldstrafe. (1) [1]Untersuchungshaft oder eine andere Freiheitsentziehung (Absatz 3), welche die verurteilte Person aus Anlass einer Tat, die Gegenstand des Verfahrens ist oder gewesen ist, erlitten hat, ist kraft Gesetzes (§ 51 Absatz 1 Satz 1 StGB[2)], § 52a JGG[3)]) auf eine zeitige Freiheitsstrafe und auf eine Geldstrafe anzurechnen, und zwar, wenn neben einer Freiheitsstrafe auf eine Geldstrafe erkannt worden ist, zunächst auf die Freiheitsstrafe. [2]Satz 1 gilt nicht, soweit sich aus dem erkennenden Teil der Entscheidung etwas anderes ergibt. [3]Bei der Vollstreckung von Jugendarrest ist Untersuchungshaft oder eine andere Freiheitsentziehung nach Absatz 3 nur zu berücksichtigen, wenn und soweit das Gericht sie angerechnet hat (§ 52 JGG).

(2) [1]Die Anrechnung nach Absatz 1 erstreckt sich vorbehaltlich einer abweichenden gerichtlichen Entscheidung auf die Untersuchungshaft und die in Absatz 1 Satz 1 genannte andere Freiheitsentziehung, welche die verurteilte Person bis zu dem Tage erlitten hat, an dem die Entscheidung rechtskräftig geworden ist. [2]Hat sich die verurteilte Person an dem Tage, an dem die Rechtskraft eingetreten ist, in Untersuchungshaft befunden oder hat sie an diesem Tage eine andere in Absatz 1 Satz 1 genannte Freiheitsentziehung erlitten, so wird dieser Tag nur angerechnet, wenn er nicht bereits unverkürzt als Strafhaft zählt (§ 37 Absatz 2).

(3) Zu der nach Absatz 1 anzurechnenden anderen Freiheitsentziehung gehören vor allem:

1. die Haft, welche die verurteilte Person auf Grund vorläufiger Festnahme durch eine Amtsperson erlitten hat;
2. die Auslieferungshaft und die vorläufige Auslieferungshaft, welche die verurteilte Person aus Anlass einer Tat erlitten hat, die Gegenstand des Verfahrens gewesen ist;
3. die Unterbringung nach den §§ 81, 126a StPO[4)] und nach § 71 Absatz 2, § 73 Absatz 1 JGG;
4. der Disziplinararrest nach der Wehrdisziplinarordnung, soweit er wegen der Tat oder gleichzeitig auch wegen einer anderen Pflichtverletzung vollstreckt worden ist;
5. Jugendarrest nach § 16a JGG in dem Umfang, in dem er verbüßt worden ist (§ 26 Absatz 3 Satz 3 JGG).

[1)] § 39 Abs. 3 Nr. 4 *geänd., Nr. 5 angef. mWv 1.10.2017* durch AV v. 10.8.2017 (BAnz AT 18.08.2017 *B6*).

[2)] **Habersack, Deutsche Gesetze Nr. 85.**

[3)] **Habersack, Deutsche Gesetze Nr. 89.**

[4)] **Habersack, Deutsche Gesetze Nr. 90.**

(4) [1] Untersuchungshaft sowie eine andere anzurechnende Freiheitsentziehung werden vom errechneten Ende der Strafzeit nach vollen Tagen rückwärts abgerechnet. [2] Wenn sich im Rahmen einer Vergleichsberechnung eine für die verurteilte Person günstigere Strafzeit ergibt, ist im Hinblick auf § 37 Absatz 1 Satz 2 diese für die Vollstreckung maßgeblich. [3] Bei an zwei aufeinander folgenden Tagen ununterbrochen vollzogener Freiheitsentziehung ist nur ein Tag anzurechnen, wenn sich den Vollstreckungsunterlagen nachvollziehbar entnehmen lässt, dass zusammen nicht mehr als 24 Stunden verbüßt worden sind.

(5) [1] Für die Anrechnung von Geldstrafe gilt Absatz 1 sinngemäß. [2] Bei der Anrechnung von Geldstrafe oder auf Geldstrafe entspricht ein Tag Freiheitsentziehung einem Tagessatz (§ 51 Absatz 4 Satz 1 StGB). [3] Ist eine ausländische Strafe oder Freiheitsentziehung anzurechnen, so führt die Vollstreckungsbehörde eine Entscheidung des Gerichts über den Maßstab der Anrechnung herbei (§ 51 Absatz 4 Satz 2 StGB).

§ 39a Anrechnung einer nach Rechtskraft des Urteils im Ausland erlittenen Freiheitsentziehung. (1) Im Ausland erlittene Freiheitsentziehung, welche die verurteilte Person in einem Auslieferungsverfahren zum Zwecke der Strafvollstreckung erlitten hat, ist nach § 450a Absatz 1, 2 und 3 Satz 2 StPO[1)] anzurechnen.

(2) Erscheint eine Anrechnung ganz oder teilweise im Hinblick auf das Verhalten der verurteilten Person nach dem Erlass des Urteils, in dem die dem Urteil zugrunde liegenden tatsächlichen Feststellungen letztmalig geprüft werden konnten, nicht gerechtfertigt, so wirkt die Vollstreckungsbehörde auf eine Prüfung hin, ob ein Antrag nach § 450a Absatz 3 Satz 1 StPO gestellt werden soll.

§ 40 Berechnung des Strafrestes. (1) [1] Ist der Strafvollzug unterbrochen worden, so wird der Strafrest nach Tagen und bei einer Vollzugsdauer von insgesamt nicht mehr als einer Woche auch nach Stunden berechnet. [2] § 37 Absatz 1 Satz 2 gilt dabei entsprechend. [3] Ist eine Strafe an Soldatinnen und Soldaten durch Behörden der Bundeswehr zu vollziehen, so wird der Strafrest nur nach Tagen berechnet (§ 5 Absatz 2 BwVollzO).

(2) [1] Als Zeitpunkt, von dem an der Strafvollzug fortgesetzt wird, gilt bei einer verurteilten Person, die aus dem Strafvollzug entwichen ist, der Zeitpunkt, in dem sie zwecks weiteren Strafvollzugs polizeilich festgenommen worden ist oder sich in einer Anstalt zur weiteren Strafverbüßung gestellt hat. [2] Bei Soldatinnen und Soldaten steht die Festnahme durch eine Feldjägerin oder einen Feldjäger der polizeilichen Festnahme gleich.

§ 41 Berechnung der Strafzeit bei Gesamtstrafen und bei anderweitiger Verurteilung. (1) [1] Ist eine nach § 55 StGB[2)] oder § 460 StPO[1)] nachträglich gebildete Gesamtstrafe zu vollstrecken, nachdem der Vollzug einer in sie einbezogenen Strafe bereits begonnen hat oder beendet ist, so ist die Strafzeit so zu berechnen, als ob von vornherein die Gesamtstrafe zu vollstrecken gewesen wäre. [2] Dies gilt entsprechend für eine rechtskräftig erkannte Strafe, die in einem späteren Verfahren, insbesondere in einem Wiederaufnahmeverfahren, durch eine andere Strafe ersetzt worden ist, sowie – vorbehaltlich einer abweichenden gerichtlichen Entscheidung – für eine wegen derselben Tat im Ausland verhängte Strafe, soweit

---

[1)] **Habersack, Deutsche Gesetze Nr. 90.**
[2)] **Habersack, Deutsche Gesetze Nr. 85.**

diese Strafen vollstreckt oder durch Anrechnung erledigt sind (§ 51 Absatz 2, 3 StGB).

(2) [1] Eine nachträgliche Entscheidung über eine Gesamtstrafe (§ 460 StPO) wird schon vor ihrer Rechtskraft der Strafzeitberechnung vorläufig zugrunde gelegt, wenn sie dem Antrag der Staatsanwaltschaft entspricht oder diese von einer sofortigen Beschwerde absieht. [2] Dies gilt auch dann, wenn das Strafende vor der Rechtskraft dieses Beschlusses eintritt.

§ 42 Gerichtliche Entscheidung über die Strafzeitberechnung. Bestehen Zweifel über die Strafzeitberechnung, so führt die Vollstreckungsbehörde eine Entscheidung des Gerichts nach § 458 Absatz 1 StPO[1)] herbei.

§ 43[2)] Vollstreckung mehrerer Freiheitsstrafen und Ersatzfreiheitsstrafen.

(1) Freiheitsstrafen und Ersatzfreiheitsstrafen, aus denen keine Gesamtstrafe gebildet werden kann, sind grundsätzlich unmittelbar nacheinander zu vollstrecken (§ 454b Absatz 1 StPO[1)]).

(2) Die Reihenfolge der Vollstreckung bestimmt sich wie folgt:

1. Beim Zusammentreffen mehrerer Freiheitsstrafen werden kürzere Freiheitsstrafen vor den längeren und gleich lange in der Reihenfolge, in der die Rechtskraft eingetreten ist, vollstreckt. Vorab werden Freiheitsstrafen von nicht mehr als zwei Monaten und nach diesen Strafreste vollstreckt, deren Vollstreckung bereits nach § 57 StGB[3)] oder im Gnadenwege zur Bewährung ausgesetzt war.
2. Ersatzfreiheitsstrafen werden nach Freiheitsstrafen vollstreckt; für die Vollstreckung mehrerer Ersatzfreiheitsstrafen gilt Nummer 1 Satz 1 entsprechend.

(3) Hat die Vollstreckung einer zeitigen Freiheitsstrafe oder Ersatzfreiheitsstrafe bereits begonnen, wird sie, unbeschadet des § 454b StPO, fortgesetzt.

(4) Aus wichtigem Grund, insbesondere bei Hinzutreten von Strafresten nach Widerruf der Strafaussetzung zur Bewährung, kann die Vollstreckungsbehörde eine von Absätzen 2 und 3 abweichende Reihenfolge der Vollstreckung bestimmen.

(5) Sind für die Vollstreckung mehrerer Freiheitsstrafen und Ersatzfreiheitsstrafen verschiedene Vollstreckungsbehörden zuständig, treten sie, soweit erforderlich, unverzüglich miteinander in Verbindung und sorgen dafür, dass bei der Vollzugsanstalt unverzüglich Überhaft für die weiteren Strafen vermerkt wird.

(6) [1] Sind mehrere Freiheitsstrafen zu vollstrecken, die ihrer Art nach in derselben Vollzugsanstalt vollzogen werden können, so richtet sich die sachliche Vollzugszuständigkeit nach der Gesamtvollzugsdauer. [2] Tritt nachträglich eine Anschlussstrafe hinzu, so gilt § 23 Absatz 1 Satz 2 Halbsatz 2 entsprechend.

(7) [1] Sind bei der Vollstreckung mehrerer Freiheitsstrafen verschiedene Vollstreckungsbehörden beteiligt und können sie sich über die Reihenfolge der Vollstreckung nicht einigen, so entscheidet die Generalstaatsanwaltschaft, welche der Vollstreckungsbehörde übergeordnet ist, die für die längste Strafe oder bei gleicher Dauer die für die zuerst rechtskräftig gewordene Strafe zuständig ist. [2] Ist eine Generalstaatsanwaltschaft als Vollstreckungsbehörde beteiligt, so entscheidet sie. [3] Sind mehrere Generalstaatsanwaltschaften als Vollstreckungsbehörden beteiligt, so

---

1) **Habersack, Deutsche Gesetze Nr. 90.**
2) § 43 Abs. 4 und 5 geänd. mWv 1.10.2017 durch AV v. 10.8.2017 (BAnz AT 18.08.2017 B6).
3) **Habersack, Deutsche Gesetze Nr. 85.**

gilt Satz 1 entsprechend. [4] Ist der Generalbundesanwalt beim Bundesgerichtshof als Vollstreckungsbehörde beteiligt, so ist seine Entscheidung maßgebend.

§ 44 Zusammentreffen von Freiheitsstrafen und Sicherungsverwahrung.

(1) [1] Sicherungsverwahrung wird erst vollstreckt, wenn die Freiheitsstrafe verbüßt oder erlassen oder ein Strafrest zur Bewährung ausgesetzt ist. [2] Vor dem Ende der Vollstreckung der Freiheitsstrafe veranlasst die Vollstreckungsbehörde rechtzeitig die Prüfung, ob der Zweck der Sicherungsverwahrung die Unterbringung noch erfordert (§ 67c Absatz 1 StGB[1]).

(2) Absatz 1 Satz 1 gilt sinngemäß, wenn eine in einem anderen Verfahren erkannte Freiheitsstrafe mit Sicherungsverwahrung zusammentrifft.

(3) [1] Befindet sich die verurteilte Person in anderer Sache in Sicherungsverwahrung, so kann die Vollstreckung von kurzzeitigen Freiheitsstrafen zurückgestellt werden, sofern sich ein solcher Aufschub mit den Interessen der Strafrechtspflege verträgt und die Unterbrechung der Sicherungsverwahrung deren Erfolg gefährden würde.
[2] Eine Freiheitsstrafe bis zu drei Monaten, die eine verurteilte Person in Unterbrechung der Sicherungsverwahrung oder im Anschluss daran zu verbüßen hat, kann nach den für sie geltenden Vollzugsbestimmungen in der Anstalt vollstreckt werden, in der die Sicherungsverwahrung vollzogen wird

(4) [1] Sind bei der Vollstreckung von Freiheitsstrafen und bei der Sicherungsverwahrung mehrere Vollstreckungsbehörden beteiligt, so gilt § 43 Absatz 7 entsprechend. [2] Ist neben der Sicherungsverwahrung nur eine Freiheitsstrafe zu vollstrecken, so richtet sich die Zuständigkeit der Generalstaatsanwaltschaft nach der für die Freiheitsstrafe zuständigen Vollstreckungsbehörde.

§ 44a Zusammentreffen von Freiheitsstrafe mit Unterbringung in einem psychiatrischen Krankenhaus oder in einer Entziehungsanstalt aus demselben Verfahren[2]. (1) [1] Ist neben einer Freiheitsstrafe eine Unterbringung in einem psychiatrischen Krankenhaus oder in einer Entziehungsanstalt zu vollstrecken, auf die in demselben Verfahren erkannt wurde, so wird die Maßregel vor der Strafe vollzogen, sofern nicht das Gericht für die gesamte Strafe oder einen Teil etwas anderes bestimmt (§ 67 Absatz 1 bis 3, 5 Satz 2 StGB[1]). [2] Wird die Maßregel ganz oder zum Teil vor der Strafe vollzogen, ist die Zeit des Vollzuges der Maßregel auf die Strafe anzurechnen, bis zwei Drittel der Strafe erledigt sind.

(2) Wird die Strafe ganz oder zum Teil vor der Unterbringung vollstreckt, so gilt § 44 Absatz 1 Satz 2 sinngemäß.

(3) Liegen die Voraussetzungen für den Widerruf der Aussetzung der Unterbringung und der Strafe vor, so führt die Staatsanwaltschaft eine Entscheidung des Gerichts auch darüber herbei, ob die Strafe vor der Maßregel zu vollziehen ist (§ 67 Absatz 3 StGB).

§ 44b[3] Zusammentreffen von Freiheitsstrafe mit Unterbringung in einem psychiatrischen Krankenhaus oder in einer Entziehungsanstalt aus verschiedenen Verfahren. (1) [1] Ist neben einer Freiheitsstrafe eine Unterbringung in einem psychiatrischen Krankenhaus oder in einer Entziehungsanstalt zu

[1] **Habersack, Deutsche Gesetze Nr. 85.**
[2] **Amtl. Anm.:** Ist die Unterbringung vor dem 1. Mai 1986 angeordnet worden, so ist Artikel 316 EGStGB zu beachten.
[3] § 44b Abs. 1 Satz 2 neu gef. mWv 1.10.2017 durch AV v. 10.8.2017 (BAnz AT 18.08.2017 B6).

vollstrecken, auf die in einem anderen Verfahren erkannt wurde, wird die Maßregel vor der Strafe vollzogen, es sei denn, dass der Zweck der Maßregel durch den vorherigen Vollzug der Strafe oder eines Teils leichter erreicht wird. [2]Die Anrechnung des Vollzugs der Maßregel auf die Strafe erfolgt nach Maßgabe des § 67 Absatz 6 StGB[1)].

(2) [1]Die Vollstreckungsbehörde bestimmt, in welcher Reihenfolge die Freiheitsstrafe und die Maßregel zu vollstrecken sind. [2]§ 44 Absatz 4 gilt sinngemäß.

§ 45[2)] Unterbrechung der Strafvollstreckung bei Vollzugsuntauglichkeit. Voraussetzungen. (1) [1]Die Vollstreckungsbehörde kann die Vollstreckung einer Freiheitsstrafe von Amts wegen unterbrechen, wenn aufgrund eines Gutachtens des zuständigen Arztes anzunehmen ist, dass die in § 455 Absatz 4 Satz 1 StPO[3)] genannten Voraussetzungen vorliegen. [2]Dies gilt nicht, wenn überwiegende Gründe, namentlich der öffentlichen Sicherheit, einer Unterbrechung entgegenstehen.

(2) Ist der Zeitpunkt abzusehen, zu dem die verurteilte Person voraussichtlich wieder vollzugstauglich wird, so ist eine Unterbrechung zulässig, wenn die verurteilte Person sonst einen unverhältnismäßig großen Teil der Strafzeit außerhalb der Vollzugsanstalt zubringen würde (vergleiche § 461 StPO).

(3) Wird Strafarrest oder eine Freiheitsstrafe durch Behörden der Bundeswehr vollzogen, ist die Vollstreckung unter den Voraussetzungen des Artikel 6 EGWStG zu unterbrechen.

(4) Wird an einer verurteilten Person eine Freiheitsstrafe vor einer Unterbringung nach den §§ 63 und 64 StGB[1)] vollzogen und wird sie für die Vollstreckung der Strafe durch eine Erkrankung, die während eines Vollzuges der Unterbringung nach den §§ 63 und 64 StGB behandelt werden kann, überhaupt oder doch auf absehbare Zeit nicht wieder vollzugstauglich, so führt die Vollstreckungsbehörde eine gerichtliche Entscheidung nach § 67 Absatz 3 StGB herbei.

§ 46 Unterbrechung der Strafvollstreckung bei Vollzugsuntauglichkeit. Verfahren. (1) Die Anordnung der Unterbrechung wird der Vollzugsbehörde mitgeteilt; sie wird auch der verurteilten Person unverzüglich bekannt gegeben, sofern sie zur Entgegennahme in der Lage ist.

(2) [1]Soll die Vollstreckung nach § 455 Absatz 4 Satz 1 StPO[3)] unterbrochen werden, so teilt die Vollstreckungsbehörde, wenn die verurteilte Person

1. gemeingefährlich geisteskrank ist, einer Behörde, die für den Antrag auf ihre Unterbringung in einem psychiatrischen Krankenhaus oder in einer entsprechenden Einrichtung zuständig ist, oder
2. mit der Unterbrechung hilfsbedürftig, insbesondere anstaltspflegebedürftig wird, der Fürsorgebehörde, bei Soldatinnen oder Soldaten der nächsten disziplinarvorgesetzten Person,

möglichst frühzeitig den Zeitpunkt der bevorstehenden Unterbrechung mit und erklärt dabei, dass der Justizfiskus nach der Unterbrechung entstehende Kosten der Unterbringung und Behandlung der verurteilten Person nicht trägt. [2]Die Unterbrechung der Vollstreckung soll in diesen Fällen nicht vor Ablauf von drei Tagen, vom Zeitpunkt dieser Benachrichtigung an gerechnet, angeordnet werden.

[1)] **Habersack, Deutsche Gesetze Nr. 85.**

[2)] § 45 Abs. 1 Satz 1 geänd., Satz 2 angef. mWv 1.10.2017 durch AV v. 10.8.2017 (BAnz AT 18.08.2017 B6).

[3)] **Habersack, Deutsche Gesetze Nr. 90.**

(3) [1]Hat die Vollzugsbehörde die verurteilte Person bereits vor der Unterbrechung in eine Krankenanstalt, ein psychiatrisches Krankenhaus oder in eine entsprechende Einrichtung verbracht, die nicht dem Vollzug dient, so verständigt die Vollstreckungsbehörde diese Anstalt von der Strafunterbrechung. [2]Diese Mitteilung soll zugestellt werden; mit ihrem Zugang bei der Anstalt wird die Unterbrechung wirksam. [3]In der Mitteilung weist die Vollstreckungsbehörde darauf hin, dass der Justizfiskus von ihrem Zugang an für die Kosten der Unterbringung und Behandlung der verurteilten Person nicht mehr aufkommt; dieser Hinweis entfällt, wenn die Strafe von einer Behörde der Bundeswehr vollzogen wird. [4]Bei Soldatinnen und Soldaten verständigt die Vollstreckungsbehörde außerdem die nächste disziplinarvorgesetzte Person von der Strafunterbrechung.

(4) Ist eine Soldatin oder ein Soldat bereits vor der Unterbrechung in eine Krankenanstalt außerhalb des Bereichs der Justizverwaltung zu verbringen, so wird sie oder er nach Möglichkeit in eine Krankenanstalt der Bundeswehr verbracht.

(5) [1]Ist die Strafvollstreckung unterbrochen worden, so müssen die Vollstreckungsbehörde und die Vollzugsbehörde alle Maßnahmen vermeiden, die im Widerspruch zu der angeordneten Unterbrechung darauf hinauslaufen, dass die Verfügung über die verurteilte Person aufrecht erhalten wird. [2]Die Pflicht der Vollstreckungsbehörde, dafür zu sorgen, dass nach Wiedereintritt der Vollzugstauglichkeit der Strafvollzug fortgesetzt wird, bleibt unberührt.

(6) [1]Wenn die verurteilte Person Einwendungen gegen die Entscheidung der Vollstreckungsbehörde erhebt, legt diese die Akten unverzüglich dem Gericht vor (§ 458 Absatz 2 StPO). [2]Im Übrigen gelten § 458 Absatz 3 und § 462 Absatz 3 StPO.

§ 46a[1)] Aufschub und Unterbrechung der Strafvollstreckung aus Gründen der Vollzugsorganisation. (1) [1]Beabsichtigt die Vollstreckungsbehörde, die Vollstreckung einer Freiheitsstrafe aus Gründen der Vollzugsorganisation aufzuschieben oder zu unterbrechen (§ 455a Absatz 1 StPO[2)]), holt sie zuvor – notfalls fernschriftlich, fernmündlich oder elektronisch – die Zustimmung der für sie zuständigen obersten Justizbehörde ein. [2]Dies gilt nicht, wenn – bei Katastrophen oder sonstigen Eilfällen – die Zustimmung nicht rechtzeitig eingeholt werden kann; in diesen Fällen berichtet sie jedoch unverzüglich der obersten Justizbehörde über die getroffenen Maßnahmen.

(2) [1]Hat die Anstaltsleitung gemäß § 455a Absatz 2 StPO die Vollstreckung vorläufig unterbrochen, unterrichtet sie unverzüglich – notfalls fernschriftlich, fernmündlich oder elektronisch – die Vollstreckungsbehörde und die oberste Justizbehörde über die getroffenen Maßnahmen. [2]Die Vollstreckungsbehörde entscheidet unverzüglich über die Fortdauer der Unterbrechung oder die Fortsetzung der Vollstreckung; Absatz 1 gilt entsprechend.

§ 47 Mitteilungen der Vollstreckungsbehörde an die Bundeswehr.

(1) [1]Ist die verurteilte Person Soldatin oder Soldat, so teilt die Vollstreckungsbehörde der nächsten disziplinarvorgesetzten Person alsbald mit:

1. das Strafende nach jeder Strafzeitberechnung;
2. die Vollzugsanstalt, in der die Strafe jeweils vollzogen wird.

[1)] § 46a Abs. 1 Satz 1 geänd. mWv 1.10.2017 durch AV v. 10.8.2017 (BAnz AT 18.08.2017 B6); Abs. 1 Satz 1, Abs. 2 Satz 1 geänd. mWv 15.8.2024 durch AV v. 8.8.2024 (BAnz AT 14.08.2024 B2).

[2)] **Habersack, Deutsche Gesetze Nr. 90.**

[2] Die Mitteilung nach Nummer 2 unterbleibt, wenn die Verlegung nur für kurze Zeit erfolgt oder die Strafe von einer Behörde der Bundeswehr vollzogen wird.

(2) Entweicht die Soldatin oder der Soldat aus dem Vollzug, so wird die nächste disziplinarvorgesetzte Person unverzüglich verständigt, sofern nicht die Strafe von einer Behörde der Bundeswehr vollzogen wird.

Abschnitt 3. Vollstreckung von Geld- und Ersatzfreiheitsstrafen

§ 48 Geldstrafen. (1) Die Vollstreckung von Geldstrafen, die nicht schon nach § 39 Absatz 1 als vollstreckt anzusehen sind, richtet sich nach der Einforderungs- und Beitreibungsanordnung (EBAO).

(2) [1] Ist gegen eine verurteilte Person in verschiedenen Verfahren auf Geldstrafen oder auf Freiheitsstrafe und Geldstrafe erkannt, so prüft die Vollstreckungsbehörde zunächst, ob nachträglich eine Gesamtstrafe zu bilden ist (§ 460 StPO[1)]). [2] Bejaht sie dies, so führt sie die Entscheidung des Gerichts herbei. [3] Ist nur auf Geldstrafen erkannt, so kann sie schon vor der gerichtlichen Entscheidung die Vollstreckung einer der verhängten Geldstrafen betreiben.

(3) [1] Bei der Geldstrafenvollstreckung gegen eine Person, über deren Vermögen das Insolvenzverfahren eröffnet ist, sind die Vollstreckungsverbote der Insolvenzordnung zu beachten. [2] Ein Aufschub der Beitreibung der Geldstrafe bis zum Abschluss des Restschuldbefreiungsverfahrens ist mit dem Strafzweck grundsätzlich nicht vereinbar. [3] Während des Insolvenzverfahrens kann die Vollstreckung in der Regel nach § 459c Absatz 2 StPO unterbleiben.

§ 49 Ersatzfreiheitsstrafen. (1) [1] Eine Ersatzfreiheitsstrafe wird vollstreckt, wenn und soweit die Geldstrafe nicht entrichtet oder beigetrieben worden ist oder die Vollstreckung nach § 459c Absatz 2 StPO[1)] unterblieben ist (§ 459e Absatz 1 und 2 StPO). [2] Die Ersatzfreiheitsstrafe wird nicht vollstreckt, wenn und soweit die Vollstreckung der Geldstrafe nach § 459d StPO unterbleibt (§ 459e Absatz 4 StPO) oder freie Arbeit im Sinne des Artikels 293 des Einführungsgesetzes zum Strafgesetzbuch (EGStGB)[2)] geleistet wird.

(2) [1] Kann die Vollstreckung der Ersatzfreiheitsstrafe für die verurteilte Person eine unbillige Härte bedeuten, so prüft – gegebenenfalls nach Einschaltung der Gerichtshilfe (§ 463d StPO) – die Vollstreckungsbehörde, ob beim Gericht eine Anordnung nach § 459f StPO anzuregen ist. [2] Ist eine solche Anordnung ergangen und treten neue Gesichtspunkte hervor, die es angezeigt erscheinen lassen, die Vollstreckung der Geldstrafe fortzusetzen, bessern sich insbesondere die wirtschaftlichen Verhältnisse der verurteilten Person, so kann die Beitreibung der Geldstrafe bis zum Ablauf der Verjährungsfrist erneut versucht werden, ohne dass es des Widerrufs der nach § 459f StPO ergangenen Anordnung bedarf.

(3) [1] Sind mehrere Ersatzfreiheitsstrafen zu vollstrecken, so gilt § 48 Absatz 2 Satz 1 und 2. [2] Die Vollstreckung der Ersatzfreiheitsstrafen ist in der Regel bis zur Entscheidung des Gerichts über die Bildung einer Gesamtstrafe zurückzustellen.

§ 50 Vollstreckungsverfahren. (1) Für die Vollstreckung von Ersatzfreiheitsstrafen gelten die Bestimmungen des Abschnitts 2.

(2) [1] Ergeben sich bei der Berechnung einer nach § 49 Absatz 1 zu vollstreckenden *Ersatzfreiheitsstrafe Bruchteile* von Tagen, so bleiben sie außer Betracht

---

[1)] **Habersack, Deutsche Gesetze Nr. 90.**
[2)] **Habersack, Deutsche Gesetze Nr. 85a.**

(§ 459e Absatz 3 StPO[1]). [2] Für den entsprechenden Rest der Geldstrafe bleibt die verurteilte Person vermögensrechtlich haftbar.

§ 51 Ladung zum Strafantritt. Aufnahmeersuchen. (1) In der Ladung zum Antritt der Ersatzfreiheitsstrafe (§ 27) und in dem Aufnahmeersuchen (§ 30) ist anzugeben, welchen Betrag die verurteilte Person zu zahlen hat, um die Vollstreckung abzuwenden.

(2) [1] Die Vollstreckungsbehörde kann abweichend von § 29 der Vollzugsanstalt das Aufnahmeersuchen mit den Anlagen auch nach Strafantritt übersenden; dies gilt nicht, wenn ihr Umstände im Sinne des § 30 Absatz 2 Satz 2 bekannt sind. [2] Von der Übersendung der Anlagen kann bei der Vollstreckung von Ersatzfreiheitsstrafe von weniger als 30 Tagen abgesehen werden.

(3) Enthält das Aufnahmeersuchen keine Angaben nach § 30 Absatz 2 und sind ihm Anlagen der in § 31 bezeichneten Art nicht beigefügt, so gilt es als zurückgenommen, wenn die verurteilte Person die Ersatzfreiheitsstrafe einen Monat nach Ablauf der im Aufnahmeersuchen angegebenen Frist noch nicht angetreten hat; eine Mitteilung nach § 35 Absatz 1 Nummer 2 entfällt.

(4) Zahlt die verurteilte Person nachträglich den rückständigen Betrag, so werden das Aufnahmeersuchen und etwaige Anordnungen zur Erzwingung des Strafantritts (§§ 33, 34) sofort zurückgenommen; eine bereits in Strafhaft genommene verurteilte Person ist sofort zu entlassen.

§ 52 (aufgehoben)

Abschnitt 4. Vollstreckung von Maßregeln der Besserung und Sicherung

§ 53[2] Vollstreckung freiheitsentziehender Maßregeln der Besserung und Sicherung. (1) Welche Vollzugsanstalt oder Einrichtung des Maßregelvollzuges zur Vollstreckung einer freiheitsentziehenden Maßregel der Besserung und Sicherung (§ 61 Nummer 1 bis 3 StGB[3]) örtlich und sachlich zuständig ist, ergibt der Vollstreckungsplan (§ 22), sofern keine besonderen Vorschriften für den Maßregelvollzug bestehen.

(2) Für die Vollstreckung einer freiheitsentziehenden Maßregel der Besserung und Sicherung gelten, soweit Vorschriften der Länder, in denen die Unterbringung vollzogen wird, nichts anderes bestimmen, sinngemäß:

1. § 24 (örtliche Vollzugszuständigkeit);
   §§ 26 bis 31 (Abweichen vom Vollstreckungsplan, Ladung zum Strafantritt, Überführungsersuchen, Aufnahmeersuchen);
   §§ 33 bis 36 (Vorführungs- und Haftbefehl, weitere Maßnahmen zur Sicherstellung der Strafvollstreckung, Anzeige vom Strafantritt und andere Mitteilungen an die Vollstreckungsbehörde, Überwachungspflicht der Vollstreckungsbehörde);
   §§ 45 und 46 (Unterbrechung der Strafvollstreckung bei Vollzugsuntauglichkeit – Voraussetzungen und Verfahren –);

---

[1] **Habersack, Deutsche Gesetze Nr. 90.**
[2] § 53 Abs. 4 Satz 1 Nr. 3 und 4, Abs. 5 neu gef. mWv 1.10.2017 durch AV v. 10.8.2017 (BAnz AT 18.08.2017 B6).
[3] **Habersack, Deutsche Gesetze Nr. 85.**

§ 46a (Aufschub und Unterbrechung der Strafvollstreckung aus Gründen der Vollzugsorganisation mit der Maßgabe, dass die Leitung eines psychiatrischen Krankenhauses oder einer Entziehungsanstalt [§§ 63, 64 StGB] bei vorläufiger Unterbrechung der Vollstreckung der Unterbringung [§ 46a Absatz 2 Satz 1] lediglich die Vollstreckungsbehörde unterrichtet);

2. wenn die Höchstdauer der Freiheitsentziehung feststeht (§§ 67d Absatz 1, 67h Absatz 1 StGB), auch
§ 37 Absatz 1 bis 3 (Allgemeine Regeln für die Strafzeitberechnung);
§ 38 (Strafbeginn);
§ 40 (Berechnung des Strafrestes);
§ 41 (Berechnung der Strafzeit bei Gesamtstrafen und bei anderweitiger Verurteilung);
§ 42 (Gerichtliche Entscheidung über die Strafzeitberechnung).

(3) [1] Hat der Vollzug der Unterbringung drei Jahre nach der Rechtskraft ihrer Anordnung noch nicht begonnen und liegt ein Fall des § 67c Absatz 1 StGB oder des § 67b StGB nicht vor, so veranlasst die Vollstreckungsbehörde rechtzeitig die Prüfung, ob die Vollstreckung der Unterbringung noch zulässig ist (§ 67c Absatz 2 StGB). [2] In die Frist wird die Zeit nicht eingerechnet, in welcher die Täterin oder der Täter auf behördliche Anordnung in einer Anstalt verwahrt worden ist.

(4) [1] Während der Vollstreckung einer freiheitsentziehenden Maßregel der Besserung und Sicherung veranlasst die Vollstreckungsbehörde jeweils rechtzeitig vor dem Ablauf

1. von sechs Monaten bei der Unterbringung in einer Entziehungsanstalt,
2. von einem Jahr bei der Unterbringung in einem psychiatrischen Krankenhaus,
3. von einem Jahr bei der nach den §§ 66, 66a oder 66b StGB angeordneten Unterbringung in der Sicherungsverwahrung, nach dem Vollzug von zehn Jahren der Unterbringung von neun Monaten,
4. von einem Jahr bei der nach § 7 Absatz 2 Satz 2, Absatz 4, § 106 Absatz 6 und 7 JGG[1)] angeordneten Unterbringung in der Sicherungsverwahrung, nach dem Vollzug von zehn Jahren der Unterbringung von neun Monaten, und in den Fällen des § 7 Absatz 2 Satz 2, Absatz 4 JGG von sechs Monaten, wenn die untergebrachte Person bei Beginn des Fristablaufs das 24. Lebensjahr noch nicht vollendet hat (§ 7 Absatz 5 JGG),
5. der von dem Gericht nach § 67e Absatz 3 Satz 1 StGB festgesetzten Frist

die Prüfung, ob die weitere Vollstreckung der Unterbringung zur Bewährung auszusetzen ist (§ 67e StGB).
[2] Die Fristen der Nummern 1 bis 4 sind vom Beginn der Unterbringung an oder, wenn das Gericht die Anordnung der Entlassung bereits abgelehnt hat, von dem Zeitpunkt dieser Entscheidung an zu berechnen (§ 67e Absatz 4 StGB).

(5) Bei einer Unterbringung in einem psychiatrischen Krankenhaus und in der Sicherungsverwahrung veranlasst die Vollstreckungsbehörde rechtzeitig, im Fall des § 67d Absatz 6 Satz 2 StGB spätestens sechs Monate vor Ablauf von sechs Jahren, im Fall des § 67d Absatz 3 Satz 1 StGB und § 67d Absatz 6 Satz 3 StGB spätestens sechs Monate vor Ablauf von zehn Jahren die Prüfung, ob die Maßregel für erledigt zu erklären ist.

§ 54 *Vollstreckung mehrerer freiheitsentziehender* Maßregeln der Besserung und Sicherung. (1) [1] Sind in einer Entscheidung mehrere freiheitsentzie-

---

1) Habersack, Deutsche Gesetze Nr. 89.

hende Maßregeln angeordnet, so bestimmt das Gericht die Reihenfolge der Vollstreckung (§ 72 Absatz 3 Satz 1 StGB[1)]). [2]Vor dem Ende des Vollzuges einer Maßregel veranlasst die Vollstreckungsbehörde rechtzeitig die Prüfung, ob der Zweck der nächsten Maßregel deren Vollstreckung noch erfordert (§ 72 Absatz 3 Satz 2 StGB).

(2) [1]Sind in mehreren Entscheidungen freiheitsentziehende Maßregeln angeordnet und können sich vor dem Beginn ihrer Vollstreckung die beteiligten Vollstreckungsbehörden nicht über die Reihenfolge der zu vollstreckenden Maßregeln einigen, so ist § 43 Absatz 7 entsprechend anzuwenden. [2]Dabei gilt die Sicherungsverwahrung als die schwerste Maßregel; es folgen der Reihenfolge nach die Unterbringung in einem psychiatrischen Krankenhaus und die Unterbringung in einer Entziehungsanstalt. [3]Bei Maßregeln ungleicher Art bestimmt die Vollstreckungsbehörde die Reihenfolge nach pflichtgemäßem Ermessen. [4]Maßgebend ist, wie bei der Persönlichkeit der verurteilten Person unter Berücksichtigung der Urteilsgründe der Zweck aller Maßnahmen am besten erreicht werden kann. [5]Wenn nicht überwiegende Gründe entgegenstehen, wird in diesen Fällen die Unterbringung in einer Entziehungsanstalt vor anderen Maßregeln und die Unterbringung in einem psychiatrischen Krankenhaus vor der Sicherungsverwahrung vollstreckt. [6]Die Vollstreckungsbehörde kann auch die Vollstreckung einer Maßregel zum Zwecke der Vollstreckung einer anderen Maßregel unterbrechen, wenn sie dies nach pflichtgemäßem Ermessen für angebracht hält.

(3) Wenn neben vorweg zu vollziehenden Maßregeln gleicher Art nach § 63 StGB auch Freiheitsstrafen verhängt wurden, unterbricht die Vollstreckungsbehörde den Maßregelvollzug, wenn die Hälfte der daneben verhängten Freiheitsstrafe verbüßt wäre.

(4) Bei mehrfach angeordneter Unterbringung in einer Entziehungsanstalt darf nur die zuletzt rechtskräftig gewordene Anordnung der Maßregel vollstreckt werden (§ 67f StGB).

§ 54a Führungsaufsicht. (1) Entscheidungen, in denen die Führungsaufsicht angeordnet ist (§ 68 StGB[1)]) oder die ihren Eintritt kraft Gesetzes zur Folge haben (§§ 67b bis 67d, 68f StGB), teilt die Vollstreckungsbehörde der zuständigen Aufsichtsstelle mit.

(2) [1]In den Fällen der §§ 68f und 67d Absatz 3 und 4 StGB veranlasst die Vollstreckungsbehörde, dass die Akten drei Monate vor der Entlassung der verurteilten Person dem Gericht vorgelegt werden, damit die Entscheidungen nach § 68f Absatz 2 oder nach den §§ 68a bis 68c StGB alsbald getroffen werden können.
[2]Abschriften ihrer Stellungnahme übersendet die Vollstreckungsbehörde unter Beifügung von Abschriften des Urteils und einer bereits vorliegenden Stellungnahme der Justizvollzugsanstalt der Führungsaufsichtsstelle des voraussichtlichen Wohnorts der verurteilten Person; ist der künftige Wohnsitz ungewiss, so unterrichtet sie die nach § 463a Absatz 5 Satz 2 StPO[2)] voraussichtlich zuständige Führungsaufsichtsstelle. [3]Die Vollstreckungsbehörde teilt die Entscheidung des Gerichts der Führungsaufsichtsstelle mit, die nach Satz 2 benachrichtigt worden war. [4]In den Fällen des § 67c Absatz 1 und 2 sowie des § 67d Absatz 2 und 5, 6 StGB wirkt die Vollstreckungsbehörde darauf hin, dass die Entscheidungen nach

---

1) Habersack, Deutsche Gesetze Nr. 85.
2) Habersack, Deutsche Gesetze Nr. 90.

den §§ 68a bis 68c StGB so rechtzeitig getroffen werden können, dass die Führungsaufsicht vorbereitet werden kann.

(3) Die Vollstreckungsbehörde übersendet der Aufsichtsstelle in allen Fällen der Führungsaufsicht je zwei Abschriften der der Führungsaufsicht zugrunde liegenden Unterlagen (z.B. Gutachten über den körperlichen und geistigen Zustand der verurteilten Person, Berichte der Gerichtshilfe, der Bewährungshilfe oder von Jugend- oder Sozialbehörden).

(4) Die Vollstreckungsbehörde teilt die von ihr nach den §§ 68c bis 68g StGB berechnete Dauer der Führungsaufsicht sowie deren Beginn und Ende der Aufsichtsstelle mit.

(5) Wird eine verurteilte Person, die unter Führungsaufsicht steht, auf behördliche Anordnung in einer Anstalt verwahrt (§ 68c Absatz 4 Satz 2 StGB), so teilt die Behörde, welche die Verwahrung vollstreckt, Beginn und Ende der Verwahrung der Behörde mit, welche die Führungsaufsicht vollstreckt.

§ 55 Berufsverbot. (1) [1]Die Zeit des Berufsverbots ist nach § 70 Absatz 4, § 70a Absatz 3 und § 70b Absatz 3 StGB[1)] zu berechnen. [2]Die Zeit des Berufsverbots und die Erklärung über die Erledigung des Berufsverbots durch das Gericht (§ 70b Absatz 5 StGB) sind der für die Berufs- und Gewerbeausübung zuständigen Behörde jeweils mitzuteilen.

(2) [1]Die Vollstreckungsbehörde kann auf Antrag der verurteilten Person oder mit ihrer Einwilligung das Berufsverbot aussetzen, wenn hierdurch für die verurteilte Person oder ihre Angehörigen eine erhebliche, außerhalb des Zwecks des Verbots liegende Härte vermieden oder einem öffentlichen Interesse an der vorübergehenden weiteren Berufsausübung Rechnung getragen werden kann (vergleiche § 456c Absatz 2 StPO[2)]). [2]Die Aussetzung kann an die Leistung einer Sicherheit oder an andere Bedingungen geknüpft werden und darf zusammen mit einem etwa bereits gerichtlich angeordneten Aufschub sechs Monate nicht übersteigen. [3]Absatz 1 gilt entsprechend.

(3) Vor einer Aussetzung nach Absatz 2 soll die Vollstreckungsbehörde die zuständigen Verwaltungsbehörden und berufsständischen Organisationen hören.

§ 56[3)] Entziehung der Fahrerlaubnis und Einziehung des Führerscheins.

(1) [1]Ein nach § 69 Absatz 3 Satz 2, § 71 Absatz 2 StGB[1)] eingezogener Führerschein wird der Behörde übersandt, die für die Erteilung der Fahrerlaubnis am Wohnsitz der verurteilten Person zuständig ist. [2]Hat diese im räumlichen Geltungsbereich der StPO[2)] keinen Wohnsitz, so wird der Führerschein zu den Strafakten genommen. [3]Ist der Führerschein von einer Dienststelle der Bundeswehr, des Bundesgrenzschutzes oder der Polizei ausgestellt worden, so wird er der Stelle übersandt, die nach Nummer 45 Absatz 4 der Anordnung über Mitteilungen in Strafsachen (MiStra) Nachricht erhält. [4]Der Führerschein ist in jedem Fall durch Einschneiden unbrauchbar zu machen. [5]Bei der Übersendung des Führerscheins ist der Behörde der nach § 69a Absatz 5 und 6 StGB zu berechnende Zeitraum der Sperre mitzuteilen.

(2) [1]Wurde eine ausländische Fahrerlaubnis entzogen, die von einer Behörde eines Mitgliedstaates der Europäischen Union oder eines anderen Vertragsstaates des Abkommens über den Europäischen Wirtschaftsraum erteilt worden ist, und

---

[1)] **Habersack, Deutsche Gesetze Nr. 85.**
[2)] **Habersack, Deutsche Gesetze Nr. 90.**
[3)] § 56 Abs. 2 Satz 2 geänd. mWv 1.10.2017 durch AV v. 10.8.2017 (BAnz AT 18.08.2017 B6).

hat die Inhaberin oder der Inhaber ihren oder seinen ordentlichen Wohnsitz im Inland, so wird der Führerschein mit den nach der MiStra zu übermittelnden Daten dem Kraftfahrt-Bundesamt zur Weiterleitung an die ausstellende Behörde übersandt (§ 69b Absatz 2 Satz 1 StGB). [2] Bei der Entziehung sonstiger ausländischer Fahrerlaubnisse werden die Entziehung und die Sperre nach Maßgabe des § 47 Absatz 2 Satz 3 der Fahrerlaubnis-Verordnung (FeV)[1)] in dem Führerschein vermerkt (§ 69b Absatz 2 Satz 2 StGB). [3] Der verurteilten Person ist mitzuteilen, dass ein Kraftfahrzeug erst dann auf dem Gebiet der Bundesrepublik Deutschland geführt werden darf, wenn die deutsche Verwaltungsbehörde auf ihren Antrag die Erlaubnis dazu erteilt. [4] Befindet der Führerschein sich noch nicht in behördlichem Gewahrsam, so wird er für die Eintragung des Vermerks beschlagnahmt, wenn die verurteilte Person die Vorlage verweigert (§ 463b Absatz 2 StPO). [5] Ist die Eintragung des Vermerks wegen der Beschaffenheit des Führerscheins nicht möglich, so ist der verurteilten Person der Inhalt des Vermerks schriftlich mitzuteilen.

(3) Wird der Führerschein bei der verurteilten Person nicht vorgefunden, gilt § 62.

Abschnitt 5. Vollstreckung anderer Rechtsfolgen

Unterabschnitt 1.[2)] Einziehung des Wertes von Taterträgen und andere Nebenfolgen, die zu einer Geldzahlung verpflichten. Bekanntgabe des Urteils. Fahrverbot

§ 57[3)] Nebenfolgen, die zu einer Geldzahlung verpflichten. (1) [1] Die Vollstreckung von Nebenfolgen, die zu einer Geldzahlung verpflichten, richtet sich nach der Einforderungs- und Beitreibungsordnung (EBAO). [2] Werden Vermögenswerte zum Zwecke der Einziehung eines Wertersatzes gesichert, finden bei der Verwertung die §§ 65 bis 67a und 69 ff. keine Anwendung. [3] Für die Verwertung gepfändeter virtueller Währungen gilt § 77a Absatz 2 entsprechend.

(2) Die Zustellung von Pfändungs- und Überweisungsbeschlüssen an im Inland zum Geschäftsbetrieb befugte Kreditinstitute richtet sich nach § 459g Absatz 3 in Verbindung mit § 111k Absatz 2 Satz 2 StPO[4)].

(3) [1] Erfolgt die Vollstreckung der Nebenfolge, die zu einer Geldzahlung verpflichtet, aufgrund eines individualgutschützenden Delikts, so überträgt die ursprünglich zuständige Vollstreckungsbehörde die Verwertungserlöse, die bis zum Eintritt der Rechtskraft der nachträglichen Gesamtstrafenentscheidung vollstreckt wurden, an die nach § 7 Absatz 4 zuständige Vollstreckungsbehörde, sofern die Vollstreckung nicht erledigt ist. [2] Sofern sich die nach Satz 1 zuständige Vollstreckungsbehörde in einem anderen Bundesland befindet, steht dies einer Übertragung der Verwertungserlöse nicht entgegen. [3] In allen anderen Fällen verbleiben die Verwertungserlöse bei der bisher für die Vollstreckung zuständigen Vollstreckungsbehörde.

(4) [1] Das Recht zur Verwertung von in Vollziehung eines Vermögensarrestes nach § 111f Absatz 1 bis 3 StPO gesicherten Vermögenswerten geht auf die nach § 7 Absatz 4 zuständige Vollstreckungsbehörde über. [2] Satz 1 gilt für vollzogene Beschlagnahmen gemäß § 111c Absatz 1 bis 4 StPO entsprechend. [3] Satz 1 und 2

[1)] Nr. **35d**.

[2)] UAbschnitt 1 Überschrift geänd. mWv 15.8.2024 durch AV v. 8 8.2024 (BAnz AT 14.08.2024 B2).

[3)] § 57 Abs. 1 Sätze 2 und 3, Abs. 2–4 angef. mWv 15.8.2024 durch AV v. 8.8.2024 (BAnz AT 14.08. 2024 B2).

[4)] **Habersack, Deutsche Gesetze Nr. 90.**

gelten entsprechend bei der Vollstreckung der Nebenfolgen gemäß § 459g Absatz 1 und 2, Absatz 3 in Verbindung mit den §§ 111f, 111k StPO.

§ 58[1)] Fahndung bei Einziehungsentscheidungen. (1) Zur Vollstreckung einer Einziehungsentscheidung (§ 459g StPO[2)]) kann die Vollstreckungsbehörde die Ermittlungspersonen mit der Umsetzung beauftragen und eine Ausschreibung zur Fahndung veranlassen (§ 459g Absatz 3 in Verbindung mit § 131 Absatz 1 StPO).

(2) [1] Bei der Pfändung von Wertgegenständen muss die Ausschreibung nach Absatz 1 enthalten:

1. die genaue Bezeichnung der verurteilten Person oder des Einziehungsbeteiligten;
2. die Angabe der zu vollstreckenden Entscheidung;
3. den Geldwert der zu vollstreckenden Entscheidung;
4. das Ersuchen um Pfändung von Wertgegenständen;
5. die Angabe zu der weiteren Verfahrensweise im Fall der Pfändung von Wertgegenständen

[2] Der Auftrag zur Pfändung von Wertgegenständen ist der von der Maßnahme betroffenen Person bei Ergreifung der Maßnahme bekanntzugeben.

(3) Ist der von der Einziehung Betroffene in den kriminalpolizeilichen Fahndungshilfsmitteln im Sinne des Absatzes 1 ausgeschrieben und fällt der Fahndungsgrund weg, so veranlasst die Vollstreckungsbehörde unverzüglich die Löschung.

§ 59 Bekanntgabe des Urteils. (1) [1] Ist die öffentliche Bekanntmachung der Entscheidung angeordnet, so stellt die Vollstreckungsbehörde der berechtigten Person eine Ausfertigung des erkennenden Teils der Entscheidung auf Kosten der verurteilten Person zu (§§ 463c, 464a StPO[2)]). [2] Namen von Verurteilten, auf die sich die Veröffentlichungsbefugnis nicht bezieht, werden in der Ausfertigung ausgelassen.

(2) [1] Verlangt die berechtigte Person die Bekanntmachung (§ 463c Absatz 2 StPO), vollzieht die Vollstreckungsbehörde die Anordnung der Bekanntmachung in der durch die Entscheidung bestimmten Art. [2] Die Kosten der Bekanntmachung sind Verfahrenskosten (§ 464a StPO).

§ 59a[3)] Fahrverbot. (1) [1] Ist ein Fahrverbot ausgesprochen worden, so wird ein von einer deutschen Behörde erteilter Führerschein für die Dauer des Fahrverbots bei den Strafakten oder, falls ein Vollstreckungsheft angelegt wird, bei diesem verwahrt (vergleiche § 44 Absatz 2 Satz 2 StGB[4)]). [2] Eine andere Art der Aufbewahrung kann angeordnet werden.

(2) [1] Sofern die verurteilte Person nicht erklärt hat, dass sie den Führerschein abholen werde, wird dieser ihr so rechtzeitig durch eingeschriebenen Brief zugesandt, dass er am letzten Tag der Verbotsfrist (vergleiche Absatz 5 sowie § 44 Absatz 3, § 51 Absatz 5 StGB) bei ihr eintrifft. [2] Der verurteilten Person wird bei der Rückgabe mitgeteilt, zu welchem Zeitpunkt ein Fahrverbot endet. [3] Ist der Führerschein von einer Dienststelle der Bundeswehr erteilt worden, wird er der oder dem Disziplinarvorgesetzten der verurteilten Person so rechtzeitig vor Ablauf

---

[1)] *§ 58 neu gef.* mWv 15.8.2024 durch AV v. 8.8.2024 (BAnz AT 14.08.2024 B2).
[2)] **Habersack, Deutsche Gesetze Nr. 90.**
[3)] § 59a Abs. 5 Satz 5 angef. mWv 15.8.2024 durch AV v. 8.8.2024 (BAnz AT 14.08.2024 B2).
[4)] **Habersack, Deutsche Gesetze Nr. 85.**

der Verbotsfrist übersandt, dass er ihr am letzten Tage der Verbotsfrist, der in dem Übersendungsschreiben anzugeben ist, ausgehändigt werden kann.

(3) [1] Ist der Führerschein von einer Behörde eines Mitgliedstaates der Europäischen Union oder eines anderen Vertragsstaates des Abkommens über den Europäischen Wirtschaftsraum ausgestellt worden und hat die Inhaberin oder der Inhaber ihren oder seinen ordentlichen Wohnsitz im Inland, so gilt Absatz 1 entsprechend. [2] Ist gegen die Inhaberin oder den Inhaber eines sonstigen ausländischen Führerscheins ein Fahrverbot ausgesprochen worden, so werden das Fahrverbot und seine Dauer in dem Führerschein vermerkt (vergleiche § 44 Absatz 2 Satz 4 StGB). [3] § 56 Absatz 2 Satz 5 gilt entsprechend.

(4) [1] Befindet sich der Führerschein noch nicht in behördlichem Gewahrsam, so fordert die Vollstreckungsbehörde die verurteilte Person zur Herausgabe auf und belehrt sie über den Beginn des Fahrverbots, wenn sich aus den Akten ergibt, dass die vorgeschriebene Belehrung (§§ 268c, 409 StPO[1)]) unterblieben ist. [2] Gibt die verurteilte Person den Führerschein nicht freiwillig heraus, so ordnet die Vollstreckungsbehörde die Beschlagnahme an (§ 463b Absatz 1 und 2 StPO). [3] Wird der Führerschein nicht vorgefunden, so ist nach § 463b Absatz 3 StPO zu verfahren.

(5) [1] Für die Berechnung der Dauer des Fahrverbots (§ 44 Absatz 3, § 51 Absatz 5 StGB) gelten die Vorschriften des § 37 Absatz 2, 4 und 5, des § 39 Absatz 4 und des § 40 Absatz 1 sinngemäß. [2] Die Verbotsfrist beginnt mit Eingang des Führerscheins bei der zuständigen Vollstreckungsbehörde, nicht jedoch vor Rechtskraft der Entscheidung. [3] Gelangt der Führerschein zur Vollstreckung des Fahrverbots zunächst in den Gewahrsam einer anderen Stelle, die mit der Verfolgung oder Ahndung von Straftaten oder Ordnungswidrigkeiten, aufgrund derer ein Fahrverbot verhängt werden kann, oder mit der Vollstreckung von Fahrverboten befasst ist, wird die Verwahrzeit in die Verbotszeit eingerechnet. [4] Ist der verurteilten Person ein in Absatz 2 Satz 3 bezeichneter Führerschein von der oder dem Vorgesetzten zur Weiterleitung an die Vollstreckungsbehörde abgenommen worden, so wird die Zeit zwischen der Abnahme des Führerscheins und seinem Zugang bei der Vollstreckungsbehörde in die Verbotsfrist eingerechnet. [5] Sind gegen den Täter mehrere Fahrverbote rechtskräftig verhängt worden, so sind diese nacheinander zu vollstrecken, wobei die Verbotsfrist des späteren Fahrverbots erst mit Ablauf des vorangegangenen Fahrverbots beginnt.

Unterabschnitt 2.[2)] Einziehung eines Gegenstandes. Unbrauchbarmachung. Vernichtung

Teil A. Allgemeine Bestimmungen

§ 60[3)] Rechtserwerb bei Einziehung. (1) [1] In den Fällen des § 75 Absatz 1 StGB[4)] geht das Eigentum an der eingezogenen Sache oder das eingezogene Recht auf das Land (Justizfiskus) über, dessen Gericht im ersten Rechtszug entschieden hat. [2] Dies *gilt auch dann,* wenn im ersten Rechtszug in Ausübung der Gerichtsbarkeit des Bundes entschieden worden ist. [3] Hat das Gericht die Einziehung zugunsten des Bundes angeordnet, so wird die Bundesrepublik Deutschland (Justizfiskus) Eigentümer.

---

1) **Habersack, Deutsche Gesetze Nr. 90.**

2) UAbschnitt 2 Überschrift geänd. mWv 15.8.2024 durch AV v. 8.8.2024 (BAnz AT 14.08.2024 B2).

3) § 60 Überschrift, Abs. 1 Sätze 1 und 3 geänd., Sätze 4 und 5 aufgeh., Abs. 2–4 angef. mWv 15.8.2024 durch AV v. 8.8.2024 (BAnz AT 14.08.2024 B2).

4) **Habersack, Deutsche Gesetze Nr. 85.**

(2) Bis zum Übergang des Eigentums an der Sache oder des Rechts wirkt die Anordnung der Einziehung oder die Anordnung des Vorbehalts der Einziehung als Veräußerungsverbot im Sinne des § 136 des Bürgerlichen Gesetzbuches (BGB)[1].

(3) Dem Übergang des Eigentums an der eingezogenen Sache oder des Rechts steht in den Fällen des § 111d Absatz 1 Satz 2 StPO[2] die Eröffnung des Insolvenzverfahrens über das Vermögen des Einziehungsbetroffenen abweichend von § 91 InsO[3] nicht entgegen (§ 75 Absatz 4 StGB).

(4) Rechte Dritter bleiben bestehen (§ 75 Absatz 2 Satz 1 StGB), sofern nicht das Gericht das Erlöschen angeordnet hat (§ 75 Absatz 2 Satz 2 und 3 StGB).

§ 61[4] Wegnahme von Gegenständen. (1) [1]Sachen, auf deren Einziehung oder Unbrauchbarmachung erkannt ist und die sich noch nicht im amtlichen Gewahrsam befinden, nimmt die Vollstreckungsbehörde alsbald nach Rechtskraft der Entscheidung in Besitz. [2]Haben die verurteilte Person oder die Einziehungsbeteiligten (§ 424 Absatz 1, § 432 Absatz 1 StPO[2]), die nach der Entscheidung zur Herausgabe verpflichtet sind, die Sache nicht herausgegeben, so beauftragt die Vollstreckungsbehörde die Vollziehungsbeamtin oder den Vollziehungsbeamten mit der Wegnahme (§ 459g Absatz 1 StPO, § 1 Absatz 1 Nummer 2a, § 6 Absatz 1 und Absatz 3 Satz 1 und 2 JBeitrG[5]). [3]Sofern die Wegnahme im Rahmen einer Durchsuchung stattfindet, kann die Vollstreckungsbehörde die Ermittlungspersonen beauftragen (§ 459g Absatz 3, §§ 102 bis 110, 111k Absatz 1 StPO).

(2) [1]Der Auftrag wird schriftlich oder elektronisch erteilt; er muss die verurteilte Person, die Einziehungsbeteiligten und die wegzunehmende Sache möglichst genau bezeichnen.
[2]Der Auftrag soll ferner angeben, ob die Sache verwahrt oder wem sie übergeben werden soll. [3]Die Vollstreckungsbehörde kann ihre Ermittlungspersonen oder die Vollziehungsbeamten ersuchen, ihr rechtzeitig den in Aussicht genommenen Zeitpunkt der Wegnahme nach Tag und Stunde mitzuteilen.

(3) [1]Ist die Sache im Gewahrsam der Einziehungsbeteiligten und verweigern diese die Herausgabe mit der Begründung, dass sie an ihr ein Recht zum Besitz haben, so kann gegen sie auf Grund der Entscheidung nur vollstreckt werden, wenn in ihr das Erlöschen des Rechtes angeordnet worden ist (§ 75 Absatz 2 Satz 2 und 3 StGB[6]). [2]Ob der Anspruch auf Herausgabe gegen die Einziehungsbeteiligten im Wege der Klage auf Herausgabe gemäß § 985 BGB[1] geltend gemacht werden soll, entscheidet die oberste Justizbehörde oder die von ihr bestimmte Stelle.

(4) [1]Ist die Sache nicht im Gewahrsam der verurteilten Person oder des Einziehungsbeteiligten, so wird die Gewahrsamsinhaberin oder der Gewahrsamsinhaber zur Herausgabe aufgefordert. [2]Verweigern diese die Herausgabe, kann die Vollstreckungsbehörde den eingezogenen Gegenstand aufgrund eines Durchsuchungsbeschlusses nach § 103 StPO von den Ermittlungspersonen beschlagnahmen lassen (§ 459g Absatz 3 StPO in Verbindung mit den §§ 103, 111c Absatz 1, § 111k Absatz 1 StPO). [3]Absatz 3 Satz 2 gilt entsprechend.

---

[1] **Habersack, Deutsche Gesetze Nr. 20.**

[2] **Habersack, Deutsche Gesetze Nr. 90.**

[3] **Habersack, Deutsche Gesetze Nr. 110.**

[4] § 61 Abs. 1 Satz 1 geänd., *Satz 2 neu gef., Satz 3 angef., Abs.* 2 Satz 1 neu gef., Satz 3, Abs. 3 Sätze 1 *und 2, Abs. 4 Satz 1* geänd., Satz 2 neu gef., Abs. 5 Satz 1 geänd., Abs. 6 angef. mWv 15.8.2024 durch AV v. 8.8.2024 (BAnz AT 14.08.2024 B2).

[5] **Habersack, Deutsche Gesetze Nr. 122.**

[6] **Habersack, Deutsche Gesetze Nr. 85.**

(5) [1]Sind Rechte eingezogen, so bedarf es einer Pfändung und Überweisung nicht (§ 75 Absatz 1 StGB). [2]Absatz 4 gilt entsprechend.

(6) § 58 bleibt daneben anwendbar.

§ 62[1)] Eidesstattliche Versicherung, nachträgliche Anordnung der Einziehung von Wertersatz. (1) [1]Wird die Sache bei der verurteilten Person oder bei der oder dem Einziehungsbeteiligten nicht vorgefunden, so sollen diese Personen zur Abgabe einer eidesstattlichen Versicherung über den Verbleib angehalten werden (§ 459g Absatz 1 Satz 2 StPO[2)], § 1 Absatz 1 Nummer 2a, § 6 Absatz 1 Nummer 1 JBeitrG[3)], § 883 Absatz 2 ZPO[4)]). [2]Davon ist in der Regel abzusehen, sofern die eidesstattliche Versicherung wesentlichen Feststellungen der Entscheidung widersprechen würde.

(2) [1]Ist die Anordnung der Einziehung eines Gegenstandes deshalb nicht ausführbar oder unzureichend, weil der Gegenstand nicht mehr vorhanden, verwertet oder mit dem Recht einer dritten Person belastet ist oder weil nach der Anordnung sonst eine der in den §§ 73c oder 74c StGB[5)] bezeichneten Voraussetzungen eingetreten oder bekannt geworden ist, so veranlasst die Vollstreckungsbehörde die Prüfung, ob die Einziehung des Wertersatzes nachträglich angeordnet werden soll (§ 76 StGB). [2]Die Staatsanwaltschaft hat auf ihr Recht zur Anhörung nach § 462 Absatz 1 Satz 2 und Absatz 2 Satz 1 StPO zu achten.

§ 63[6)] Verwertung. Unbrauchbarmachung. Vernichtung. Überwachung von Anweisungen bei Einziehungsvorbehalt. (1) [1]Eingezogene Gegenstände werden verwertet, sofern nichts anderes bestimmt ist (§§ 65 bis 67a, 69 ff.). [2]Die Verwertung darf, abgesehen von im Vollstreckungsverfahren zulässigen Fällen der Notveräußerung, nicht vor dem fruchtlosen Ablauf der Sechsmonatsfrist nach § 459j Absatz 1 StPO[2)] erfolgen. [3]Sind die Gegenstände wertlos, unverwertbar, nur mit einem voraussichtlich den Erlös übersteigenden Kostenaufwand veräußerbar, gemeingefährlich oder in gesetzwidrigem Zustand, so werden sie in der Regel vernichtet.

(2) [1]In Fällen, in denen die Frist nach § 459j Absatz 1 StPO fruchtlos verstrichen ist, sind die Gegenstände zu verwerten oder anderweitig zu verwenden. [2]Der Verwertungserlös tritt an die Stelle des eingezogenen und verwerteten Gegenstandes und kann unter den Voraussetzungen des § 459j Absatz 5 StPO an den Anspruchsinhaber ausgekehrt werden.

(3) [1]Die Verwertung geschieht, sofern in den §§ 69 bis 86 nichts anderes bestimmt ist, durch öffentliche Versteigerung. [2]Erscheint diese nicht ausführbar oder unzweckmäßig, so werden die Gegenstände freihändig verkauft. [3]Sind sie gesetzlich vom freien Verkehr ausgeschlossen, so dürfen sie nicht öffentlich versteigert werden; sie sind, sofern nicht eine andere Art der Verwertung vorgeschrieben ist, nur Personen oder Stellen zum Kauf anzubieten, die Gegenstände dieser Art erwerben dürfen.

[1)] § 62 Überschrift neu gef., Abs. 1 Satz 1 und Abs. 2 Satz 1 geänd. Satz 2 angef. mWv 15.8.2024 durch AV v. 8.8.2024 (BAnz AT 14.08.2024 B2).

[2)] **Habersack, Deutsche Gesetze Nr. 90.**

[3)] **Habersack, Deutsche Gesetze Nr. 122.**

[4)] **Habersack, Deutsche Gesetze Nr. 100.**

[5)] **Habersack, Deutsche Gesetze Nr. 85.**

[6)] § 63 Abs. 1 neu gef., Abs. 2 eingef., bish. Abs. 2–7 werden Abs. 3–8, neuer Abs. 8 geänd. mWv 15.8. 2024 durch AV v. 8.8.2024 (BAnz AT 14.08.2024 B2).

(4) [1] Gegenstände, deren Unbrauchbarmachung gerichtlich angeordnet ist, werden der oder dem Berechtigten zurückgegeben, nachdem sie nach Maßgabe der Entscheidung ihrer gefährdenden Form entkleidet oder unschädlich gemacht worden sind. [2] Ist dies nicht möglich, so werden sie vernichtet.

(5) Gegenstände, deren Vernichtung angeordnet ist, werden durch die Maßnahmen vernichtet, die nach pflichtgemäßem Ermessen der Vollstreckungsbehörde zweckmäßig erscheinen.

(6) Bei der Vernichtung gemeingefährlicher Gegenstände nimmt die Vollstreckungsbehörde, soweit erforderlich, die Hilfe der Polizei oder der zuständigen Verwaltungsbehörde in Anspruch.

(7) Vor der Verwertung, Unbrauchbarmachung oder Vernichtung verbrauchssteuerpflichtiger Erzeugnisse oder von Waren, die Zollgut sind, ist das Hauptzollamt zu hören.

(8) Ordnet das Gericht unter Einziehungsvorbehalt weniger einschneidende Maßnahmen an, so überwacht die Vollstreckungsbehörde die Befolgung und veranlasst die Prüfung, welche Entscheidung nach § 74f Absatz 1 StGB zu treffen ist.

§ 64[1)] Veräußerung eingezogener Gegenstände. (1) [1] Mit der öffentlichen Versteigerung und in der Regel auch mit dem freihändigen Verkauf beauftragt die Vollstreckungsbehörde eine Gerichtsvollzieherin oder einen Gerichtsvollzieher. [2] In geeigneten Fällen kann mit dem freihändigen Verkauf auch eine gewerbetreibende Person beauftragt werden. [3] Der Auftrag muss schriftlich erteilt werden und die Personen bezeichnen, an die der Gegenstand nicht veräußert werden darf (Absatz 5). [4] Die Vollstreckungsbehörde kann eine Verwertung eingezogener Gegenstände auch selbst über eine Internetauktionsplattform durchführen. [5] Die öffentliche Versteigerung und der freihändige Verkauf richten sich nach der Geschäftsanweisung für Gerichtsvollzieher.

(2) Erscheint eine Veräußerung am Sitze der Vollstreckungsbehörde aus besonderen Gründen nicht möglich oder unzweckmäßig, so kann die Vollstreckungsbehörde anordnen, dass die Veräußerung an einem anderen Ort versucht wird.

(3) Ist der Verderb oder eine wesentliche Wertminderung des Gegenstandes zu besorgen oder ist seine Aufbewahrung, Pflege oder Erhaltung mit Kosten oder Schwierigkeiten verbunden, so sorgt die Vollstreckungsbehörde für beschleunigte Verwertung.

(4) Bei freihändigem Verkauf von Gegenständen des täglichen Bedarfs sollen gemeinnützige Stellen und Bedürftige vorzugsweise berücksichtigt werden.

(5) [1] An Täterinnen oder Täter sowie Teilnehmerinnen oder Teilnehmer der Straftat dürfen Gegenstände nur ausnahmsweise und nur mit Einwilligung der obersten Justizbehörde oder der von ihr bestimmten Stelle veräußert werden. [2] Bei einem freihändigen Verkauf über eine Internetplattform gilt die Einwilligung als generell erteilt.

(6) Der freihändige Verkauf an Richterinnen, Richter, Staatsanwältinnen und Staatsanwälte oder andere Justizbedienstete (einschließlich des Strafvollzugs) sowie an Ermittlungspersonen der Staatsanwaltschaft (§ 152 GVG) oder andere Polizeibedienstete ist nicht zulässig.

(7) Der bei der Veräußerung erzielte Erlös ist an die zuständige Kasse abzuführen.

---

1) § 64 Überschrift, Abs. 1 Satz 4 geänd., Abs. 5 Satz 2 angef., Abs. 6 geänd. mWv 15.8.2024 durch AV v. 8.8.2024 (BAnz AT 14.08.2024 B2).

§ 65 Mitwirkung anderer Behörden und Stellen bei der Veräußerung.

(1) [1]Werden Gegenstände, die in einem Zoll-, Verbrauchssteuer-, Monopol- und Devisenstrafverfahren oder in einem Verfahren wegen Zuwiderhandlungen gegen Ein- und Ausfuhrverbote gerichtlich eingezogen worden sind, durch eine Stelle der Bundesfinanzverwaltung verwahrt, so werden sie im Benehmen mit der Vollstreckungsbehörde durch das Hauptzollamt verwertet. [2]Der Erlös ist an die zuständige Kasse abzuführen. [3]Das Hauptzollamt ist berechtigt, von dem Erlös diejenigen baren Auslagen abzusetzen, die durch die Beschlagnahme, Aufbewahrung und Verwertung der Gegenstände entstanden sind. [4]Abzugsfähig sind auch Abgaben, die nach § 76 der Abgabenordnung (AO) aus dem Erlös zu decken sind. [5]Über den Erlös und die Abzüge rechnet das Hauptzollamt mit der Vollstreckungsbehörde ab. [6]Im Übrigen wird auf den Erlass des Bundesministers der Finanzen vom 9. Februar 1955 – III A/4-H 2131-3/55 – und die hierzu etwa ergangenen Ergänzungsbestimmungen der obersten Justizbehörden verwiesen.

(2) Sollen Gegenstände veräußert werden, in deren Verwertung eine andere Behörde oder Stelle besonders erfahren ist, so empfiehlt es sich, diese um Auskunft zu bitten oder ihr die Verwertung zu übertragen; hierbei ist darauf hinzuweisen, dass der Erlös nach Abzug der baren Auslagen der Verwertung (Reinerlös) an die zuständige Kasse abzuführen ist.

§ 66[1)] Verwendung für Zwecke der Justizverwaltung und ähnliche Zwecke. (1) [1]Eingezogene Sachen, die sich zur Verwendung für Zwecke der Justizverwaltung (einschließlich des Strafvollzuges), der Bewährungshilfe, der Strafentlassenenfürsorge oder der Polizei im Rahmen der Strafverfolgung eignen, sind zunächst nicht zu verwerten. [2]Sie werden in ein Verzeichnis aufgenommen und dort nach Größe, Beschaffenheit und dem Zustand ihrer Erhaltung kurz beschrieben; sofern ein Verzeichnis nicht geführt wird, erfolgt diese Beschreibung in einem Einzelverwendungsvorschlag. [3]Die Vollstreckungsbehörde legt das Verzeichnis regelmäßig mit einem Verwendungsvorschlag oder die Einzelverwendungsvorschläge der Generalstaatsanwältin oder dem Generalstaatsanwalt vor; diese oder dieser entscheidet über die Verwendung im Benehmen mit der Präsidentin oder dem Präsidenten des Oberlandesgerichts und der höheren Vollzugsbehörde. [4]Weist die Generalstaatsanwältin oder der Generalstaatsanwalt eingezogene Sachen der Polizeiverwaltung zur dauernden Nutzung zu, so sind die landesrechtlichen Haushaltsvorschriften zu beachten und den obersten Behörden der Innenverwaltung und der Justizverwaltung je eine Mehrfertigung der Zuweisungsverfügung zu übersenden. [5]Hat das Gericht die Sachen zugunsten des Bundes eingezogen, so ist entsprechend § 70 Absatz 4 Satz 2 zu verfahren.

(2) [1]In das Verzeichnis sind insbesondere aufzunehmen: allgemein genehmigte und zugelassene Funk- und Funkempfangsanlagen sowie andere Geräte der Informations- und Kommunikationstechnik, Werkzeuge, landwirtschaftliche Geräte, Materialien, Kleidungsstücke aller Art, ferner Geräte zum Messen oder Wiegen, die sich nach Ansicht der Eichbehörde zur Wiederverwertung eignen. [2]Gegenstände, deren geringer Gebrauchswert die Verwendung nicht lohnen würde, werden nicht aufgenommen.

(3) Für die Verwendung von Waffen, Funkanlagen und Kraftfahrzeugen für Zwecke der Justizverwaltung gelten § 70 Absatz 1 und die §§ 72 und 73.

[1)] § 66 Abs. 1 Sätze 1–4 geänd. mWv 15.8.2024 durch AV v. 8.8.2024 (BAnz AT 14.08.2024 B2).

§ 67[1] Abgabe als Forschungs- und Lehrmittel. (1) [1]Eingezogene Gegenstände, die zur Begehung einer rechtswidrigen Tat bestimmt gewesen, gebraucht oder durch sie hervorgebracht worden sind, werden Bundes- oder Landesbehörden für den Bereich ihrer dienstlichen Tätigkeiten angeboten und auf deren Ersuchen überlassen, wenn sie für kriminalwissenschaftliche Forschungs-, Lehr-, Schulungs- oder Ausbildungszwecke von Bedeutung sind. [2]Dasselbe gilt nach Möglichkeit, wenn eine dieser Behörden von sich aus um die Überlassung bestimmter Gegenstände ersucht.

(2) Die Überlassung geschieht leihweise und mit dem ausdrücklichen Vorbehalt, dass die Vollstreckungsbehörde die Gegenstände aus wichtigen Gründen jederzeit zurückverlangen kann.

(3) Gegenstände von erheblichem Wert dürfen den in Absatz 1 bezeichneten Behörden nur mit Genehmigung der Generalstaatsanwältin oder des Generalstaatsanwalts angeboten oder überlassen werden.

§ 67a[2] Verwendung für karitative oder humanitäre Zwecke. (1) Gegenstände, die in einem Verfahren wegen Straftaten nach einem Gesetz zum Schutz des geistigen Eigentums (Urheberrechtsgesetz[3], Patentgesetz[4], Gebrauchsmustergesetz[5], Warenzeichengesetz, Geschmacksmustergesetz[6], Halbleiterschutzgesetz, Sortenschutzgesetz) eingezogen worden sind und die sich zur Verwendung für karitative oder humanitäre Zwecke eignen, sollen an entsprechende Verbände oder Einrichtungen unentgeltlich abgegeben werden, sofern dies ohne unverhältnismäßigen Aufwand möglich ist.

(2) [1]Die endgültige Abgabe darf erst erfolgen, wenn der durch die Rechtsverletzung verursachte Zustand der Gegenstände beseitigt worden ist und die durch die Abgabe verursachten Gesamtkosten von der Empfängerin oder vom Empfänger getragen werden. [2]Mit der Beseitigung der Schutzrechtsverletzung kann die Empfängerin oder der Empfänger beauftragt werden. [3]Die ordnungsgemäße Beseitigung wird durch die Vollstreckungsbehörde überprüft.

(3) Für Gegenstände von erheblichem Wert gilt § 67 Absatz 3 entsprechend.

(4) Nach Absatz 1 kann auch in den Fällen des § 63 Absatz 1 Satz 3 verfahren werden, soweit es sich um wertlose oder unverwertbare Gegenstände handelt, die nach den §§ 73 oder 73a StGB[7] aufgrund eines Eigentums- oder Vermögensdelikts eingezogen worden sind.

§ 68[8] Absehen von der Verwertung, Vernichtung oder Unbrauchbarmachung. (1) [1]Liegen Gründe für die Annahme vor, dass die Wiederaufnahme des Verfahrens angeordnet oder das Nachverfahren (§ 433 StPO[9]) oder die Wiedereinsetzung nach § 459j Absatz 4 StPO beantragt werden wird, so sieht die Vollstreckungsbehörde von den in § 63 bezeichneten Maßnahmen einstweilen ab. [2]Das-

[1] § 67 Abs. 1 Satz 1 geänd. mWv 1.10.2017 durch AV v. 10.8.2017 (BAnz AT 18.08.2017 B6); Abs. 1 Satz 1 geänd. mWv 15.8.2024 durch AV v. 8.8.2024 (BAnz AT 14.08.2024 B2).

[2] § 67a Abs. 4 angef. mWv 15.8.2024 durch AV v. 8.8.2024 (BAnz AT 14.08.2024 B2).

[3] **Habersack, Deutsche Gesetze Nr. 65.**

[4] Nr. 70.

[5] *Nr. 71.*

[6] Nr. 69.

[7] **Habersack, Deutsche Gesetze Nr. 85.**

[8] § 68 Abs. 1 Satz 1 neu gef. mWv 15.8.2024 durch AV v. 8.8.2024 (BAnz AT 14.08.2024 B2).

[9] **Habersack, Deutsche Gesetze Nr. 90.**

selbe gilt, wenn die betroffene Person um Freigabe des eingezogenen Gegenstandes im Gnadenwege gebeten hat und wichtige Gnadengründe vorliegen.

(2) Macht eine andere als die verurteilte Person geltend, dass sie ein Recht an dem Gegenstand habe, dessen Erlöschen nicht angeordnet worden ist, so entscheidet über die Verwertung die oberste Justizbehörde oder die von ihr bestimmte Stelle.

§ 68a[1] Entschädigung. [1]Beansprucht der Andere im Sinne des § 74b Absatz 1 Nummer 2, Absatz 2 StGB[2] eine Entschädigung und ist eine gerichtliche Entscheidung nach § 430 Absatz 3 StPO[3] nicht ergangen, so entscheidet die oberste Justizbehörde oder die von ihr bestimmte Stelle. [2]Ist der Gegenstand noch nicht verwertet, so entscheidet sie auch über die Verwertung.

Teil B. Verwendung bestimmter Gegenstände

§ 69 Jagdwaffen, Jagd- und Forstgeräte, Wild und Hunde. (1) [1]Jagdwaffen, Jagdmunition und Jagdgeräte sind, wenn sie den gesetzlichen Vorschriften entsprechen, der obersten Jagdbehörde des Landes oder einer anderen von der obersten Justizbehörde benannten Stelle anzuzeigen.
[2]Diese bestimmt, an welche Stelle die Gegenstände zur Verwertung abzuliefern sind. [3]Die Vollstreckungsbehörde übersendet dieser Stelle die Gegenstände. [4]Übersendet sie Jagdwaffen, so weist sie darauf hin, dass bei ihrer Veräußerung der Reinerlös (§ 65 Absatz 2) an die zuständige Kasse abzuführen ist.

(2) Mit vorschriftswidrigen Jagdwaffen und Jagdgeräten wird nach § 70 verfahren.

(3) [1]Brauchbare Werkzeuge, die in Strafverfahren wegen Holz- oder Forstdiebstahls eingezogen worden sind, werden der obersten Forstbehörde des Landes oder einer anderen von der obersten Justizbehörde des Landes benannten Stelle angezeigt, sofern sie nicht für die in § 66 Absatz 1 bezeichneten Zwecke verwendet werden können. [2]Die nach Satz 1 zuständige Stelle bestimmt, an wen die Werkzeuge abzuliefern sind. [3]Die Vollstreckungsbehörde übersendet sie dieser Stelle zur Verwertung.

(4) Gefangenes oder erlegtes Wild und Teile davon sowie Hunde werden nach den allgemeinen Vorschriften verwertet.

§ 70[4] Andere Waffen und verbotene Gegenstände. (1) [1]Schusswaffen und Munition, die nicht unter § 69 Absatz 1 fallen, andere Waffen und verbotene Gegenstände im Sinne des Waffenrechts sind dem Regierungspräsidium oder der entsprechenden Behörde oder einer anderen von der obersten Justizbehörde benannten Stelle zu übersenden. [2]In der Regel werden sie von Fall zu Fall übersandt. [3]Vollstreckungsbehörden, die häufiger Waffen zu übersenden haben, sollen mit der zuständigen Verwaltungsbehörde Sammelsendungen vereinbaren. [4]Soweit Waffen für Zwecke der Justizverwaltung (einschließlich des Strafvollzugs) benötigt werden, ist nach § 66 Absatz 1 zu verfahren.

(2) [1]Vorschriftswidrige und zur Begehung rechtswidriger Taten abgeänderte Jagdwaffen sowie andere Schusswaffen und verbotene Gegenstände im Sinne des Waffenrechts, an denen ein kriminalpolizeiliches Interesse besteht, werden dem

---

[1] § 68a Satz 1 neu gef. mWv 15.8.2024 durch AV v. 8.8.2024 (BAnz AT 14.08.2024 B2).
[2] **Habersack, Deutsche Gesetze Nr. 85.**
[3] **Habersack, Deutsche Gesetze Nr. 90.**
[4] § 70 Abs. 2 Satz 2 geänd. mWv 15.8.2024 durch AV v. 8.8.2024 (BAnz AT 14.08.2024 B2)

Bundeskriminalamt auf sein Ersuchen über das Landeskriminalamt oder die ihm entsprechende Behörde übersandt. [2] Vorschriftswidrige Jagdwaffen und Jagdgeräte, die eingezogen worden sind und an denen kein kriminalpolizeiliches Interesse besteht, werden derjenigen Stelle übersandt, welche die oberste Jagdbehörde oder oberste Justizbehörde des Landes benennt.

(3) [1] Bei der Übersendung sind durch eine an der Waffe oder Vorrichtung zu befestigende Karte besonders zu kennzeichnen:

1. Handfeuerwaffen, deren Läufe oder Verschlüsse nicht mit dem vorgeschriebenen oder zugelassenen Prüfzeichen versehen sind; Schusswaffen, die nicht den Namen, die Firma oder ein eingetragenes Warenzeichen inländischer Waffenhersteller oder -händler und eine fortlaufende Nummer tragen;
2. Schusswaffen, die über den für Jagd- und Sportzwecke allgemein üblichen Umfang hinaus zusammengeklappt, zusammengeschoben, verkürzt oder schnell zerlegt werden können;
3. Schusswaffen, die ihrer Form nach geeignet sind, einen anderen Gegenstand vorzutäuschen oder die mit Gegenständen des täglichen Gebrauchs verkleidet sind;
4. Vorrichtungen, die zum Anleuchten und Anstrahlen des Zieles dienen und für Schusswaffen bestimmt sind.

[2] In dem Übersendungsschreiben ist auf diese Waffen und Vorrichtungen besonders hinzuweisen.

(4) [1] Hat das Gericht eines Landes Waffen zugunsten des Bundes eingezogen, so finden die Absätze 1 bis 3 keine Anwendung. [2] In diesem Falle stellt die Vollstreckungsbehörde die eingezogenen Waffen dem Bundesministerium der Justiz über die oberste Justizbehörde des Landes zur Verfügung.

§ 71 Fischereigeräte. (1) [1] Ordnungsmäßige Fanggeräte werden der obersten Landesfischereibehörde oder der von der obersten Justizbehörde bestimmten Stelle angezeigt und der von dieser genannten Fischereiorganisation zur Verfügung gestellt. [2] Diese verkauft die Geräte an fischfangberechtigte Mitglieder und führt den Reinerlös (§ 65 Absatz 2) an die zuständige Kasse ab. [3] Hierauf weist die Vollstreckungsbehörde bei der Übersendung hin. [4] Wird keine Fischereiorganisation benannt oder die Übernahme von Geräten abgelehnt, so werden die Geräte nach den allgemeinen Vorschriften (§§ 63 bis 68) verwertet; sie dürfen jedoch nur an Personen veräußert werden, die zur Ausübung des Fischfangs berechtigt sind.

(2) [1] Mit Fanggeräten, die nach der gerichtlichen Entscheidung nicht ordnungsgemäß sind, ist nach Absatz 1 Satz 1 bis 3 zu verfahren, wenn und soweit sie für andere Fanggeräte oder andere Fischarten verwendet werden können. [2] Ist eine solche Verwertung ausgeschlossen oder wird keine Fischereiorganisation benannt oder lehnt die Fischereiorganisation die Übernahme ab, so werden die Geräte nach den allgemeinen Vorschriften verwertet, nachdem die nicht ordnungsmäßigen Teile entfernt worden sind. [3] Die Verwertung von Geräten oder Geräteteilen, die nach ihrer Beschaffenheit für die Fischerei in keinem Falle verwendet werden dürfen, ist unzulässig.

(3) Hat die Vollstreckungsbehörde Zweifel, ob ein Fanggerät als ordnungsgemäß anzusehen ist oder ob es ganz oder teilweise für andere Fanggeräte oder andere Fischarten verwendet werden kann, so holt sie eine Auskunft der von der obersten Justizbehörde nach Absatz 1 bezeichneten oder einer anderen geeigneten Stelle ein.

(4) Fanggeräte oder einzelne Teile, deren Verwertung unzulässig, unzweckmäßig oder nicht ausführbar ist, ferner schädliche oder explosive Stoffe (z.B. giftige Köder, Sprengpatronen oder sonstige Sprengmittel) werden vernichtet, sofern sie sich nicht für Zwecke der Justizverwaltung, für kriminalwissenschaftliche Forschung oder für Lehrzwecke eignen oder wegen ihres kulturhistorischen Wertes als Museumsstücke in Betracht kommen.

§ 72 Funkanlagen. (1) Allgemein genehmigte und zugelassene Funk- und Funkempfangsanlagen werden nach den allgemeinen Vorschriften (§§ 63 ff.) verwertet, sofern nicht die oberste Justizbehörde etwas anderes bestimmt hat.

(2) Alle nicht in Absatz 1 bestimmten Funkanlagen werden der Regulierungsbehörde für Telekommunikation und Post oder deren regionaler Außenstelle mit dem Ersuchen übergeben, im Falle eines Verkaufs den Reinerlös (§ 65 Absatz 2), andernfalls einen dem Wert entsprechenden Geldbetrag an die zuständige Kasse abzuführen.

§ 73 Kraftfahrzeuge. (1) [1] Kraftfahrzeuge (ausgenommen Leicht- und Kleinkrafträder sowie Fahrräder mit Hilfsmotor) sind der obersten Justizbehörde oder der von ihr bestimmten Stelle unter genauer Beschreibung des Fahrzeugs und seiner Beschaffenheit anzuzeigen. [2] Sie dürfen erst dann nach den allgemeinen Vorschriften verwertet werden, wenn die oberste Justizbehörde oder die von ihr bestimmte Stelle erklärt hat, dass das Fahrzeug nicht für die in § 66 bezeichneten Zwecke verwendet werden soll. [3] § 65 Absatz 1 bleibt unberührt.

(2) Der Anzeige nach Absatz 1 bedarf es nicht, wenn die Kraftfahrzeuge wegen ihres Zustandes, ihres Alters und ihrer Beschaffenheit oder aus anderen Gründen zur Verwendung für Zwecke der Justizverwaltung offensichtlich ungeeignet sind.

§ 74 Arzneimittel und chemische Stoffe. (1) [1] Arzneimittel (einschließlich Tierarzneimittel) und chemische Stoffe, deren Verwertung möglich erscheint, sind der nach Landesrecht zuständigen Behörde mit einer möglichst genauen Beschreibung anzuzeigen. [2] Diese Behörde bestimmt eine Stelle, die zur Begutachtung und Verwertung zugelassen und geeignet ist (z.B. Arzneimittelprüfstelle eines Chemischen Landesuntersuchungsamtes als begutachtende sowie Krankenhausapotheke oder Krankenhaus versorgende Apotheke als verwertende Stelle). [3] Dort stellt die Vollstreckungsbehörde fest, ob eine Übersendung zulässig oder welche andere Art der Übermittlung erforderlich ist. [4] Die Übermittlung geschieht kostenfrei.

(2) Die verwertende Stelle ist bei der Übermittlung darum zu ersuchen,

1. die Arzneimittel und chemischen Stoffe zu begutachten und entweder zu ihrem Schätzwert zu übernehmen oder im Auftrag der Vollstreckungsbehörde an eine zum Erwerb befugte Stelle möglichst günstig zu verkaufen;
2. einen dem Schätzwert entsprechenden Geldbetrag oder den Verkaufserlös nach Abzug der Begutachtungs- und Verwertungskosten an die zuständige Kasse abzuführen oder
3. die Gegenstände zurückzusenden, falls sie auf die im Ersuchen bezeichnete Weise nicht verwertbar sind.

(3) Arzneimittel und chemische Stoffe, die nicht verwertet werden können, sind zu vernichten.

§ 74a Radioaktive Stoffe. Radioaktive Stoffe sind dem Bundesamt für Strahlenschutz anzuzeigen.

§ 75[1] Betäubungsmittel und neue psychoaktive Stoffe. [1] Für Betäubungsmittel im Sinne des Betäubungsmittelgesetzes[2] gilt § 74 entsprechend. [2] Abweichend von § 67 Absatz 2 können Betäubungsmittel und Stoffe im Sinne des § 2 Nummer 1 des Neue-psychoaktive-Stoffe-Gesetzes (NpSG) der ersuchenden Behörde zur dauernden Nutzung (§ 67 Absatz 1 Satz 1) überlassen werden; sollen die Betäubungsmittel oder die genannten Stoffe nicht zurückverlangt werden, ist die ersuchende Behörde schriftlich zu verpflichten, diese ordnungsgemäß zu vernichten, sobald sie dort nicht mehr für Forschungs-, Lehr-, Schulungs- oder Ausbildungszwecke benötigt werden.

§ 76 Falschgeld. (1) Falschgeld und zur Herstellung von Falschgeld verwendetes oder bestimmtes Material werden abgegeben

1. an die Deutsche Bundesbank, Wilhelm-Eppstein-Str. 14, 60431 Frankfurt am Main, wenn es sich um in- und ausländische Noten oder Münzen handelt;
2. an die Bundesrepublik Deutschland – Finanzagentur GmbH, Lurgiallee 5, 60295 Frankfurt am Main–, wenn es sich um Schuldverschreibungen oder um Zins- oder Erneuerungsscheine des Deutschen Reiches, der Deutschen Reichspost, des Preußischen Staates, der Bundesrepublik Deutschland, der Deutschen Bundesbahn und der Deutschen Bundespost handelt.

(2) [1] Schwer versendbare Gegenstände sind der in Absatz 1 bezeichneten Stelle nur im Einvernehmen mit ihr zu übersenden. [2] Lehnt sie die Übernahme ab, so werden die Gegenstände nach den allgemeinen Vorschriften (§§ 63 bis 68) verwertet, sofern die zur Übernahme berechtigte Stelle einwilligt; andernfalls sind sie entweder unbrauchbar zu machen und als Altmaterial zu verwerten oder, falls ein Erlös nicht zu erwarten ist, zu vernichten.

(3) [1] Für die Entscheidung über die Abgabe von eingezogenem Falschgeld oder eingezogenem Herstellungsmaterial als Forschungs- oder Lehrmittel sind die in Absatz 1 bezeichneten Stellen zuständig. [2] § 67 gilt insoweit nicht.

§ 77 Devisenwerte. (1) [1] Soweit die Verwertung von Devisenwerten der Vollstreckungsbehörde obliegt, sind die Devisenwerte der Deutschen Bundesbank anzuzeigen und im Benehmen mit dieser bestmöglich zu verwerten. [2] Der Erlös wird nach Abzug der Verwertungskosten an die zuständige Kasse abgeführt.

(2) Devisenwerte im Sinne des Absatzes 1 sind:

1. Ausländische Zahlungsmittel;
2. Wertpapiere nichtdeutscher Ausstellerinnen und Aussteller sowie solche Wertpapiere deutscher Ausstellerinnen und Aussteller, die auf eine ausländische Währung lauten oder in ausländischer Währung zahlbar sind.

§ 77a[3] Virtuelle Währungen. (1) [1] Eine virtuelle Währung ist das digitale Abbild eines Wertes, das nicht von einer Zentralbank, einem Kreditinstitut oder einem E-Geld-Institut ausgegeben wurde und als Alternative zu Geld genutzt, insbesondere elektronisch übertragen, verwahrt oder gehandelt wird. [2] Es handelt sich nicht um Echt- oder Landeswährungen.

---

[1] § 75 *Satz 2 angef.* mWv 1.10.2017 durch AV v. 10.8.2017 (BAnz AT 18.08.2017 B6); Überschrift geänd., Satz 2 neu gef. mWv 15.8.2024 durch AV v. 8.8.2024 (BAnz AT 14.08.2024 B2).

[2] Nr. **86**.

[3] § 77a eingef. mWv 1.10.2017 durch AV v. 10.8.2017 (BAnz AT 18.08.2017 B6); Abs. 3 angef. mWv 15.8.2024 durch AV v. 8.8.2024 (BAnz AT 14.08.2024 B2).

(2) [1]Soweit die Verwertung von virtuellen Währungen der Vollstreckungsbehörde obliegt, sind die virtuellen Währungen den in den Ländern bestimmten Zentralstellen zur Verwertung anzuzeigen und durch diese zu verwerten. [2]Die Verwertungsstelle führt den Erlös nach Abzug der Verwertungskosten an die zuständige Kasse ab.

(3) Auf Ersuchen können virtuelle Währungen entsprechend § 66 Absatz 1 zur dauerhaften Nutzung an Ermittlungsbehörden zugewiesen werden, wenn kein Entschädigungsverfahren (§ 459h StPO[1)]) durchzuführen ist, weil der Einziehungsanordnung kein Eigentums- oder Vermögensdelikt zugrunde liegt.

§ 78 Inländische Zahlungsmittel. (1) Inländische Zahlungsmittel (Euro oder Deutsche Mark), die noch im Kurs sind oder von den öffentlichen Geldinstituten noch eingelöst werden, sind an die zuständige Kasse abzuführen; die Vollstreckungsbehörde veranlasst, dass sie vereinnahmt werden.

(2) Andere inländische Zahlungsmittel, die nicht unter § 77 Absatz 2 Nummer 1 fallen, werden nach Möglichkeit, insbesondere bei Sammlerwert, nach den allgemeinen Vorschriften verwertet, andernfalls einer Nutzung gemäß § 67 zugeführt oder vernichtet.

(3) Die Absätze 1 und 2 finden keine Anwendung, soweit gesetzlich etwas anderes bestimmt ist.

§ 79 Inländische Wertpapiere. (1) Bei Wertpapieren deutscher Ausstellerinnen oder Aussteller, die auf Euro oder Deutsche Mark lauten und nicht in ausländischer Währung zahlbar sind, entscheidet über die Verwertung die oberste Justizbehörde oder die von ihr bestimmte Stelle.

(2) Sie werden ihr in Form eines Verzeichnisses angezeigt, das mindestens folgende Spalten enthält:

1. Bezeichnung des Wertpapiers;
2. Nennbetrag;
3. Zins- und Erneuerungsscheine;
4. Bemerkungen.

§ 80[2)] Messgeräte und sonstige Messgeräte, Teilgeräte, Zusatzeinrichtungen zu Messgeräten, Fertigpackungen und andere Verkaufseinheiten.

(1) [1]Entsprechen Messgeräte und sonstige Messgeräte, Teilgeräte, Zusatzeinrichtungen zu Messgeräten, Fertigpackungen und andere Verkaufseinheiten gemäß § 1 Mess- und Eichgesetz (MessEG) nicht den gesetzlichen Vorschriften, erscheinen sie aber verwertbar, so werden sie nach Möglichkeit in vorschriftsmäßigen Zustand gebracht, soweit vorgeschrieben, kompatibilitätsbewertet oder geeicht und nach den allgemeinen Vorschriften verwertet.
[2]Soweit dies nicht möglich oder sonst untunlich ist, ist die Verwertung lediglich im Wege des freihändigen Verkaufs an fachlich geeignete Hersteller- oder Instandsetzungsbetriebe und nur mit dem Hinweis zulässig, dass die Gegenstände nur verwendet oder zur Verwendung bereitgehalten werden dürfen, wenn sie den Vorschriften des Mess- und Eichgesetzes und der auf Grund dieses Gesetzes erlassenen Rechtsverordnungen entsprechen.

---

1) **Habersack, Deutsche Gesetze Nr. 90.**

2) § 80 Überschrift und Abs. 1 Satz 1 neu gef., Satz 2 geänd., Abs. 2 Sätze 2 und 3 neu gef., Satz 4 geänd., Abs. 3 neu gef. mWv 15.8.2024 durch AV v. 8.8.2024 (BAnz AT 14.08.2024 B2).

(2) [1] Vorschriftswidrige Gegenstände, die als solche nicht verwertbar erscheinen oder die nicht in einen vorschriftsmäßigen Zustand gebracht werden können oder bei denen die dafür aufzuwendenden Kosten in keinem angemessenen Verhältnis zu dem geschätzten Erlös stehen, werden unbrauchbar gemacht und als Altmaterial nach den allgemeinen Vorschriften verwertet. [2] Kennzeichnungen bei Inverkehrbringen, Hersteller- oder Eichzeichen, deren Missbrauch zu besorgen ist, sind vorher zu entfernen und zu zerstören. [3] Verwertbarer Inhalt in Fertigpackungen ist vor seiner Unbrauchbarmachung zu entnehmen und nach den für ihn geltenden Vorschriften zu verwerten[1)] [4] Wenn die Kosten der Entnahme des Inhalts den zu erwartenden Erlös für seine Verwertung übersteigen und eine Verwendung für Justizzwecke (Justizvollzugsanstalten, psychiatrische Krankenhäuser usw.) nicht möglich ist, können vorschriftswidrige Fertigpackungen mit brauchbarem Inhalt an gemeinnützige Einrichtungen der öffentlich-rechtlichen Körperschaften, Anstalten, staatlichen, kommunalen oder kirchlichen Stiftungen oder Wohlfahrtsorganisationen, die als zuverlässig bekannt sind, veräußert oder unentgeltlich abgegeben werden, sofern die Empfängerinnen oder Empfänger sich verpflichten, den Inhalt der ihnen überlassenen Gegenstände nur für eigene Zwecke zu verwenden, nicht an Dritte weiterzugeben und die Verpackungsgegenstände nach Entnahme des Inhalts zu zerstören. [5] Sind größere Mengen zu veräußern oder abzugeben und ist zu besorgen, dass dadurch das Wirtschaftsleben beeinträchtigt wird, so sind sie an mehrere Empfängerinnen oder Empfänger – möglichst an verschiedenen Orten – zu veräußern oder abzugeben.

(3) Hat die Vollstreckungsbehörde Zweifel, ob oder inwieweit ein Gegenstand vorschriftsmäßig ist, so führt sie eine Stellungnahme der nach § 40 MessEG zuständigen Behörde herbei.

§ 81[2)] Verkörperungen eines Inhalts. (1) [1] Gerichtliche Entscheidungen über die Einziehung von Inhalten (§ 11 Absatz 3 StGB[3)]) nach § 74d Absatz 1, 2 oder § 76a StGB sind regelmäßig alsbald nach Rechtskraft im Landeskriminalblatt bekannt zu machen. [2] Falls es auf Grund der festgestellten oder mutmaßlichen Verbreitung angebracht erscheint oder falls die Beschlagnahme des Inhalts (§ 11 Absatz 3 StGB) im Bundeskriminalblatt veröffentlicht worden ist, ist die Entscheidung stattdessen im Bundeskriminalblatt bekannt zu machen. [3] Die Bekanntmachung gilt als Vollstreckungsersuchen an die Polizeidienststellen. [4] Eine Bekanntmachung unterbleibt, wenn anzunehmen ist, dass keine Inhalte (§ 11 Absatz 3 StGB) mehr im Verkehr sind.

(2) [1] Handelt es sich um einen Gewalt darstellenden, pornographischen oder einen sonst jugendgefährdenden Inhalt (§ 11 Absatz 3 StGB) im Sinne des Jugendschutzgesetzes[4)], so ist die auf Einziehung lautende gerichtliche Entscheidung auszugsweise im Bundeskriminalblatt bekannt zu machen, wenn der Inhalt (§ 11 Absatz 3 StGB) genau genug bezeichnet werden kann. [2] Ist der Inhalt (§ 11 Absatz 3 StGB) nur in geringer Anzahl oder nur in einem örtlich begrenzten Gebiet verbreitet worden, so genügt die Bekanntmachung im Landeskriminalblatt. [3] Wird in der gerichtlichen Entscheidung der Gewalt darstellende, pornographische oder sonst jugendgefährdende Charakter des Inhalts (§ 11 Absatz 3 StGB) verneint und

---

1) Amtlich ohne Zeichensetzung.

2) § 81 Überschrift neu gef., Abs. 1 Sätze 1, 2 und 4 geänd., Abs. 2 neu gef., Abs. 3 Sätze 1–3, Abs. 4 Sätze 1 und 2 geänd., Abs. 5 aufgeh. mWv 15.8.2024 durch AV v. 8.8.2024 (BAnz AT 14.08.2024 B2).

3) **Habersack, Deutsche Gesetze Nr. 85.**

4) **Sartorius Nr. 400.**

die oder der Angeklagte freigesprochen oder wird die Einziehung abgelehnt, so ist nach Nummer 226 Absatz 3 Satz 1 und 2 RiStBV[1] zu verfahren.

(3) [1] Von gemäß § 74d Absatz 1, 2 oder § 76a StGB eingezogenen Inhalten sind, soweit verfügbar, je drei Stücke dem Bundes- und dem Landeskriminalamt zu übersenden. [2] Von Verkörperungen (§ 11 Absatz 3 StGB) politischen Inhalts erhalten, soweit verfügbar, auch das Bundes- und das Landesamt für Verfassungsschutz je drei Stücke. [3] Die Behandlung der übrigen Stücke der eingezogenen Inhalte (§ 11 Absatz 3 StGB) richtet sich nach § 63 Absatz 1 Satz 2; jedoch ist von einer Vernichtung insoweit abzusehen, als die Aufbewahrung einzelner Stücke aus besonderen, aktenkundig zu machenden Gründen geboten erscheint oder die Abgabe einzelner Stücke an bestimmte Stellen vorgeschrieben ist.

(4) [1] Die oberste Justizbehörde kann der zur Bekämpfung Gewalt darstellender, pornographischer oder sonst jugendgefährdender Inhalte (§ 11 Absatz 3 StGB) eingerichteten Zentralstelle die nach Absatz 2 der Vollstreckungsbehörde obliegenden Aufgaben übertragen. [2] Dasselbe gilt für die in Absatz 3 bezeichneten Aufgaben, soweit es sich um Gewalt darstellende, pornographische oder sonst jugendgefährdende Inhalte (§ 11 Absatz 3 StGB) handelt.

§ 82 Weine. (1) Ist Wein nur deshalb eingezogen worden, weil er den Vorschriften über Kennzeichnung und Aufmachung nicht entspricht, beantragt die Vollstreckungsbehörde entweder eine Ausnahmegenehmigung nach § 27 Absatz 2 des Weingesetzes in Verbindung mit § 2 der Wein-Überwachungsverordnung oder sie gibt das Erzeugnis mit der Auflage frei, dass es unter Aufsicht der Weinkontrolle mit richtiger Bezeichnung in den Verkehr gebracht wird.

(2) [1] Ist der Wein aus anderen Gründen eingezogen worden, so prüft die Vollstreckungsbehörde im Benehmen mit der Stelle, die ihn beanstandet hat, wie der Wein im Rahmen des geltenden Rechts ohne Beeinträchtigung der Marktordnung oder des Verbraucherschutzes wirtschaftlich verwertet werden kann. [2] Falls erforderlich, beantragt sie bei der zuständigen Behörde eine Ausnahmegenehmigung nach § 27 Absatz 2 des Weingesetzes in Verbindung mit § 2 der Wein-Überwachungsverordnung.

(3) [1] Soll Wein zur Verwertung vergällt werden, so geschieht dies durch Zusatz von Lithiumchlorid in einer Menge von mindestens 0,5 g oder von Natriumchlorid in einer Menge von mindestens 2 g auf einen Liter Flüssigkeit. [2] Auf Vorschlag der zuständigen Lebensmittelüberwachungsstelle kann eine größere Menge, ein anderes Vergällungsmittel verwendet oder ein Lebensmittelfarbstoff zugesetzt werden. [3] Die Vollstreckungsbehörde oder die von ihr ersuchte Behörde überwacht die Vergällung.

(4) [1] Nach der Vergällung ist die Umschließung des Weines durch amtliche Verschlüsse zu sichern, bevor er der Erwerberin oder dem Erwerber übergeben wird. [2] Die Verschlüsse können auch durch die Polizei oder die Weinkontrolle angelegt werden. [3] Die Erwerberin oder der Erwerber muss sich als Inhaberin oder Inhaber einer gewerblichen Verschlussbrennerei ausweisen und durch schriftliche Erklärung verpflichten,

1. die Verschlüsse bis zur Freigabe des Weines durch die Zollaufsichtsbeamtinnen oder -beamten unverletzt zu erhalten;
2. den Eingang des Weines binnen 24 Stunden der Zollstelle unter Angabe der Art und Menge schriftlich zu melden;

---

[1] Nr. **90e**.

3. die übernommene Menge restlos in ihrer oder seiner gewerblichen Verschlussbrennerei zu Branntwein zu verarbeiten und diesen an die Bundesmonopolverwaltung für Branntwein abzuliefern, wenn er aus anderen als den in § 37 des Gesetzes über das Branntweinmonopol genannten Stoffen gewonnen worden ist;
4. sich den besonderen Überwachungsanordnungen des Hauptzollamts zu unterwerfen;
5. bei Verstößen gegen die Pflichten zu Nummer 1 bis 4 eine Vertragsstrafe zu zahlen, deren Höhe die Vollstreckungsbehörde im Voraus bestimmt.

(5) [1] Die Vollstreckungsbehörde oder die von ihr beauftrage Behörde oder Stelle übersendet die Verpflichtungserklärung der Erwerberin oder des Erwerbers dem Hauptzollamt. [2] Mitzuteilen sind dabei die Menge des Weines und sein Weingeistgehalt, soweit er aus den Akten festzustellen ist, ferner Art und Zahl der Umschließungen und ihr Rohgewicht sowie Art und Zahl der angelegten Verschlüsse. [3] Der Weingeistgehalt wird in der Regel aus den bei den Akten befindlichen Gutachten zu ersehen sein.

(6) Der Wein ist zu vernichten, wenn

1. er von gesundheitlich bedenklicher Beschaffenheit ist und der Mangel nicht mit angemessenem Kostenaufwand beseitigt werden kann;
2. die nach § 27 Absatz 2 des Weingesetzes in Verbindung mit § 2 der Wein-Überwachungsverordnung erforderliche Genehmigung nicht erteilt wird;
3. durch die Veräußerung ein die Vergällungs- und Verwertungskosten übersteigender Erlös nicht zu erwarten ist;
4. eine Verwertung aus sonstigen Gründen nicht in Betracht kommt.

§ 83 Andere unter das Weingesetz fallende Erzeugnisse und Getränke.

§ 82 gilt entsprechend für Traubenmaische, Traubenmost, konzentrierten Traubenmost, teilweise gegorenen Traubenmost, Traubensaft, Likörwein, Schaumwein, dem Schaumwein und dem Wein ähnliche Getränke, Mischgetränke (§ 22 der Verordnung zur vorläufigen Aufrechterhaltung weinrechtlicher Vorschriften), Brennwein, Branntwein aus Wein, verschnittenen Branntwein aus Wein, Weinalkohol, Weindestillat, Tresterwein, Rohbrand aus Wein und Rohbrand aus Brennwein, die nach § 52 des Weingesetzes eingezogen worden sind.

§ 84 Andere unter das Weingesetz fallende Stoffe und Gegenstände.

[1] Stoffe und Gegenstände, deren Verwendung bei der Herstellung, Behandlung und Verarbeitung von Wein oder anderen in § 83 genannten Erzeugnissen oder Getränken unzulässig ist, sind nach allgemeinen Grundsätzen zu verwerten, wenn eine vorschriftswidrige Verwendung durch die Erwerberin oder den Erwerber nicht zu besorgen ist; andernfalls sind sie zu vernichten. [2] In Zweifelsfällen ist die nach § 27 des Weingesetzes in Verbindung mit § 2 der Wein-Überwachungsverordnung zuständige Behörde vor der Verwertung oder Vernichtung zu beteiligen.

§ 85[1] *(aufgehoben)*

[1] § 85 aufgeh. mWv 15.8.2024 durch AV v. 8.8.2024 (BAnz AT 14.08.2024 B2).

§ 86[1] **Brenn- und Reinigungsgeräte.** Die Abgabe von zur gewerblichen Gewinnung oder Reinigung von Alkohol geeigneten Brenn- oder Reinigungsgeräten oder sonstigen zur gewerblichen Gewinnung oder Reinigung von Alkohol bestimmten Geräten ist schriftlich oder elektronisch unter Angabe des Empfängers dem Hauptzollamt anzuzeigen (§ 32 Absatz 1 Satz 1 des Alkoholsteuergesetzes).

Abschnitt 6. Vollstreckung von Entscheidungen nach dem Gesetz über Ordnungswidrigkeiten

§ 87 Anzuwendende Vorschriften, ergänzende Bestimmungen. (1) [1] Für die Vollstreckung gerichtlicher Bußgeldentscheidungen und der Erzwingungshaft nach § 97 OWiG[2] gelten die §§ 2 bis 4, 6, 7, 9, 10, 13, 15, 16, 18, 19 und 21 sinngemäß. [2] Richtet sich die Vollstreckung gegen Jugendliche oder Heranwachsende, so gelten hinsichtlich der Übertragung auf die Rechtspflegerin oder den Rechtspfleger die für das Jugendstrafverfahren erlassenen besonderen Vorschriften sinngemäß.

(2) [1] Die Vollstreckung der Geldbuße, einer Nebenfolge, die zu einer Geldzahlung verpflichtet, und der Verfahrenskosten richtet sich ferner nach der EBAO. [2] Im Übrigen gelten sinngemäß für die Vollstreckung

1. des Fahrverbots (§ 25 StVG[3]) der § 59a;
2. der Einziehungsanordnung oder Unbrauchbarmachung die §§ 60 bis 86;
3. der Erzwingungshaft der § 22 Absatz 1, 2, die §§ 23, 24, 26 bis 28 Absatz 1 Satz 1 und 2, Absatz 2, die §§ 29, 30, 33 bis 35, 36 Absatz 1, § 37 Absatz 1, 2, 4 und 5, § 38 Nummer 1, 2 und 4, § 40 Absatz 1 Satz 1 und Absatz 2, § 43 Absatz 2 bis 6, § 45 Absatz 1 und 2, §§ 46 bis 47 und 51.

(3) Bei der Aufforderung zur Zahlung der Geldbuße sind die Betroffenen zugleich aufzufordern, im Falle der Zahlungsunfähigkeit der Vollstreckungsbehörde schriftlich oder zur Niederschrift darzutun, warum die fristgemäße Zahlung nach den wirtschaftlichen Verhältnissen nicht zuzumuten ist, und zu belehren, dass nach § 96 Absatz 1 OWiG Erzwingungshaft angeordnet werden kann, wenn die Geldbuße oder die bestimmten Teilbeträge nicht fristgemäß gezahlt und auch der Pflicht zur Darlegung der wirtschaftlichen Verhältnisse nicht genügt wird.

Abschnitt 7. Vollstreckung gerichtlich erkannter Ordnungs- und Zwangshaft in Straf- und Bußgeldsachen

§ 88 Anzuwendende Vorschriften, ergänzende Bestimmungen. (1) Wird gerichtlich erkannte Ordnungs- oder Zwangshaft in Straf- oder Bußgeldsachen nach §§ 51, 70, 95 StPO[4], § 46 Absatz 1 OWiG[2] von der Staatsanwaltschaft als Vollstreckungsbehörde oder als ersuchte Behörde vollstreckt, so gelten folgende Vorschriften sinngemäß:

§ 2 (Nachdrückliche Vollstreckung);
§ 3 (Aufgaben der Vollstreckungsbehörde);
§ 9 (Vollstreckungshilfe);

---

[1] § 86 Überschrift und Satz 1 neu gef., Satz 2 aufgeh. mWv 15.8.2024 durch AV v. 8.8.2024 (BAnz AT 14.08.2024 B2).
[2] **Habersack, Deutsche Gesetze Nr. 94.**
[3] **Habersack, Deutsche Gesetze Nr. 35.**
[4] **Habersack, Deutsche Gesetze Nr. 90.**

§ 22 (Vollstreckungsplan);
§ 23 (Sachliche Vollzugszuständigkeit);
§ 24 Absatz 1, 2, 4 und 5 (Örtliche Vollzugszuständigkeit);
§ 27 (Ladung zum Strafantritt);
§ 28 (Überführungsersuchen);
§§ 29, 30 Absatz 1, Absatz 2 Satz 1 und 2 (Aufnahmeersuchen);
§ 33 (Vorführungs- oder Haftbefehl);
§ 34 (Weitere Maßnahmen zur Sicherstellung der Strafvollstreckung);
§ 35 (Mitteilungen an die Vollstreckungsbehörde);
§ 36 (Überwachungspflicht der Vollstreckungsbehörde);
§ 37 (Strafzeitberechnung);
§ 38 Nummer 1 und 2 (Strafbeginn);
§ 40 (Berechnung des Strafrestes);
§ 43 Absatz 2 bis 6 (Vollstreckung mehrerer Freiheitsstrafen);
§§ 45, 46 (Unterbrechung der Strafvollstreckung bei Vollzugsuntauglichkeit);
§ 47 (Mitteilungen der Vollstreckungsbehörde an die Bundeswehr);
§ 49 Absatz 1, § 50 Absatz 2 (Ersatzfreiheitsstrafe);
§ 51 (Ladung zum Strafantritt).

(2) Veranlasst die oder der Vorsitzende des Gerichts die Vollstreckung nach § 179 GVG[1], § 36 Absatz 2 StPO unmittelbar, so bleibt die Entscheidung, ob und inwieweit Vorschriften der Strafvollstreckungsordnung anzuwenden sind, ihr oder ihm überlassen.

Abschnitt 8. Schlussvorschriften

§ 89 Inkraftreten, Außerkraftreten. [1] Diese Verwaltungsvorschrift tritt am 1. August 2011 in Kraft. [2] Gleichzeitig tritt die Strafvollstreckungsordnung vom 1. April 2001 außer Kraft.

Anlage
(hier nicht wiedergegeben)

[1] **Habersack, Deutsche Gesetze Nr. 95.**

90e. Richtlinien für das Strafverfahren und das Bußgeldverfahren (RiStBV)[1)]

Neufassung vom 28. März 2023[2)]

(BAnz AT 19.06.2023 B1)

Die Richtlinien sind im Bund und in den Ländern durch folgende Verfügungen eingeführt worden:
- **Bund:** Bek. v. 28.3.2023 (BAnz AT 19.06.2023 B1)
- **Baden-Württemberg:** VwV v. 20.12.2022 (Die Justiz 2023 S. 41)
- **Berlin:** VwV v. 9.12.2022 (ABl. 2023 S. 154)
- **Brandenburg:** AV v. 13.12.2022 (JMBl. 2023 S. 2)
- **Hamburg:** AV v. 19.12.2022 (JVBl 2023 S. 9)
- **Hessen:** RdErl. v. 13.12.2022 (JMBl. 2023 S. 57)
- **Mecklenburg-Vorpommern:** VwV v. 20.12.2022 (AmtsBl. M-V S. 795)
- **Niedersachsen:** AV v. 30.11.2022 (Nds. RPfl. 2023 S. 39)
- **Nordrhein-Westfalen:** AV v. 22.12.2022 (JMBl. 2023 S. 124)
- **Rheinland-Pfalz:** VwV v. 1.12.2022 (JBl. S. 131)
- **Sachsen:** VwV v. 15.12.2022 (SächsJMBl. S. 336)
- **Sachsen-Anhalt:** AV v. 28.12.2022 (JMBl. LSA 2023 S. 122)
- **Schleswig-Holstein:** AV v. 12.12.2022 – II 303/4208-2-5-2
- **Thüringen:** VwV v. 16.12.2022 (JMBl. 2023 S. 30)

---

1) Die in der früheren Fassung der RiStBV enthaltenen **Anlagen A-F** sind in der Neufassung weder in der Übersicht aufgeführt noch im Wortlaut wiedergegeben; in Nr. 3, 23, 40, 41, 42, 43, 91, 201 und 295 wird jedoch auf die Anlagen A, B, C und F Bezug genommen.

Es handelt sich um:
- Anl. A: Gemeinsame Richtlinien der Justizminister/-senatoren und der Innenminister/-senatoren des Bundes und der Länder über die Anwendung unmittelbaren Zwanges durch Polizeibeamte auf Anordnung des Staatsanwalts
- Anl. B: Richtlinien über die Inanspruchnahme von Publikationsorganen und die Nutzung des Internets sowie anderer elektronischer Kommunikationsmittel zur Öffentlichkeitsfahndung nach Personen im Rahmen von Strafverfahren
- Anl. C v. 21.12.1976 (BAnz. Nr. 245 S. 2): Ausführungsvorschriften zum Gesetz über die Entschädigung *für Strafverfolgungsmaßnahmen*
- Anl. D v. 21.12.1976 (BAnz. Nr. 245 S. 2): Gemeinsame Richtlinien der Justizminister/-senatoren und der Innenminister/-senatoren der Länder über die Inanspruchnahme von Informanten sowie über den Einsatz von Vertrauenspersonen (V-Personen) und Verdeckten Ermittlern im Rahmen der Strafverfolgung
- Anl. E v. 21.12.1976 (BAnz. Nr. 245 S. 2): Gemeinsame Richtlinien der Justizminister/-senatoren und der Innenminister/-senatoren der Länder über die Zusammenarbeit von Staatsanwaltschaft und Polizei bei der Verfolgung der Organisierten Kriminalität
- Anl. F: Richtlinien über die internationale Fahndung nach Personen, insbesondere im Schengener Informationssystem (SIS) und auf Grund eines Europäischen Haftbefehls

2) Neubekanntmachung der Straf- und Bußgeldverfahren-Richtlinien v. 1.1.1977 (BAnz. 1976 Nr. 245 S. 2) in der ab 30.3.2023 bundeseinheitlich geltenden Fassung.

Nichtamtliche Gliederungsübersicht[1)]

[1)] Vom Abdruck der amtlichen Inhaltsübersicht wurde abgesehen.

Einführung

[1] Die Richtlinien sind vornehmlich für den Staatsanwalt bestimmt. [2] Einige Hinweise wenden sich aber auch an den Richter. [3] Soweit diese Hinweise nicht die Art der Ausführung eines Amtsgeschäfts betreffen, bleibt es dem Richter überlassen, sie zu berücksichtigen. [4] Auch im Übrigen enthalten die Richtlinien Grundsätze, die für den Richter von Bedeutung sein können.
[5] Die Richtlinien können wegen der Mannigfaltigkeit des Lebens nur Anleitungen für den Regelfall geben. [6] Der Staatsanwalt hat daher in jeder Strafsache selbständig und verantwortungsbewusst zu prüfen, welche Maßnahmen geboten sind. [7] Er kann wegen der Besonderheiten des Einzelfalles von den Richtlinien abweichen.
[8] Für Verfahren, die zur Zuständigkeit der Jugendgerichte gehören, gelten diese Richtlinien nur, wenn in den Richtlinien zum Jugendgerichtsgesetz nichts anderes bestimmt ist.

Richtlinien für das Strafverfahren
Allgemeiner Teil

1. Abschnitt. Vorverfahren

1. Allgemeines

1. Der Staatsanwalt

[1] Das vorbereitende Verfahren liegt in den Händen des Staatsanwalts. [2] Er ist Organ der Rechtspflege. [3] Im Rahmen der Gesetze verfolgt er Straftaten und leitet verantwortlich die Ermittlungen der sonst mit der Strafverfolgung befassten Stellen.

2. Zuständigkeit

(1) Die Ermittlungen führt grundsätzlich der Staatsanwalt, in dessen Bezirk die Tat begangen ist.

(2) Für Sammelverfahren und in den Fällen des **§ 36** des Gesetzes über das Bundeskriminalamt und die Zusammenarbeit des Bundes und der Länder in kriminalpolizeilichen Angelegenheiten (BKAG)[1] gelten die Nummern 25 bis 29.

3. Persönliche Ermittlungen des Staatsanwalts

(1) [1] Der Staatsanwalt soll in bedeutsamen oder in rechtlich oder tatsächlich schwierigen Fällen den Sachverhalt vom ersten Zugriff an selbst aufklären, namentlich den Tatort selbst besichtigen, die Beschuldigten und die wichtigsten Zeugen selbst vernehmen. [2] Bei der Entscheidung, ob er den Verletzten als Zeugen selbst vernimmt, können auch die Folgen der Tat von Bedeutung sein.

(2) [1] Auch wenn der Staatsanwalt den Sachverhalt nicht selbst aufklärt, sondern seine Ermittlungspersonen (§ 152 Absatz 1 GVG[2]), die Behörden und Beamten des Polizeidienstes (§ 161 Absatz 1 StPO[3]) oder andere Stellen damit beauftragt, hat er die Ermittlungen zu leiten, mindestens ihre Richtung und ihren Umfang zu bestimmen. [2] Er kann dabei auch konkrete Einzelweisungen zur Art und Weise der Durchführung einzelner Ermittlungshandlungen erteilen (vgl. auch Anlage A[4]).

---

[1] **Sartorius Nr. 450.**
[2] **Habersack, Deutsche Gesetze Nr. 95.**
[3] **Habersack, Deutsche Gesetze Nr. 90.**
[4] Die zitierte Anlage ist in der Neufassung nicht wiedergegeben, siehe die Anm. zur Überschrift.

(3) [1]Bei formlosen mündlichen Erörterungen mit dem Anzeigenden, dem Beschuldigten oder mit anderen Beteiligten sind die Vorschriften der §§ 52 Absatz 3 Satz 1, 55 Absatz 2, 163a Absatz 3 Satz 2 StPO zu beachten. [2]Über das Ergebnis der Erörterung ist ein Vermerk niederzulegen.

4. Grundsatz der Verhältnismäßigkeit

Der Verfassungsgrundsatz der Verhältnismäßigkeit ist insbesondere bei Eingriffen in grundgesetzlich geschützte Rechte (z.B. Freiheit der Person, Unverletzlichkeit der Wohnung, Brief-, Post- und Fernmeldegeheimnis, Pressefreiheit) zu berücksichtigen; dies gilt vor allem bei der Anordnung von Maßnahmen, von denen Unverdächtige betroffen werden (z.B. Einrichtung von Kontrollstellen, Durchsuchung von Gebäuden).

4a. Keine unnötige Bloßstellung des Beschuldigten

[1]Der Staatsanwalt vermeidet alles, was zu einer nicht durch den Zweck des Ermittlungsverfahrens bedingten Bloßstellung des Beschuldigten führen kann. [2]Das gilt insbesondere im Schriftverkehr mit anderen Behörden und Personen. [3]Sollte die Bezeichnung des Beschuldigten oder der ihm zur Last gelegten Straftat nicht entbehrlich sein, ist deutlich zu machen, dass gegen den Beschuldigten lediglich der Verdacht einer Straftat besteht.

4b. Ermittlungen gegen eine Vielzahl von Personen

Wird bei der Suche nach einem Täter gegen eine Vielzahl von Personen ermittelt, achtet der Staatsanwalt darauf, dass diesen die Erforderlichkeit einer gegen sie gerichteten Maßnahme erläutert wird, soweit der Untersuchungszweck nicht entgegensteht.

4c. Rücksichtnahme auf den Verletzten

Der Staatsanwalt achtet darauf, dass die für den Verletzten aus dem Strafverfahren entstehenden Belastungen möglichst gering gehalten und seine Belange im Strafverfahren berücksichtigt werden.

5. Beschleunigung

(1) [1]Die Ermittlungen sind zunächst nicht weiter auszudehnen, als nötig ist, um eine schnelle Entscheidung über die Erhebung der öffentlichen Klage oder die Einstellung des Verfahrens zu ermöglichen. [2]Hierbei sind insbesondere die Möglichkeiten der §§ 154, 154a StPO[1)] zu nutzen.

(2) Die Ermittlungshandlungen sind möglichst gleichzeitig durchzuführen (vgl. Nummer 12).

(3) Der Sachverhalt, die Einlassung des Beschuldigten und die für die Bemessung der Strafe oder für die Anordnung einer Maßnahme (§ 11 Absatz 1 Nummer 8 StGB[2)]) wichtigen Umstände sind so gründlich aufzuklären, dass die Hauptverhandlung reibungslos durchgeführt werden kann.

(4) [1]In Haftsachen sind die Ermittlungen besonders zu beschleunigen. [2]Das gleiche gilt für Verfahren wegen Straftaten, die den öffentlichen Frieden nachhaltig gestört oder die sonst besonderes Aufsehen erregt haben, und für Straftaten mit kurzer Verjährungsfrist.

[1)] **Habersack, Deutsche Gesetze Nr. 90.**
[2)] **Habersack, Deutsche Gesetze Nr. 85.**

5a. Kostenbewusstsein

[1] Die Ermittlungen sind so durchzuführen, dass unnötige Kosten vermieden werden (vgl. auch Nummer 20 Absatz 1, Nummer 58 Absatz 3). [2] Kostenbewusstes Handeln ist etwa möglich durch

a) die frühzeitige Planung der Ermittlungen und Nutzung der gesetzlichen Möglichkeiten, von der Strafverfolgung oder der Erhebung der öffentlichen Klage abzusehen (vgl. auch Nummer 101 Absatz 1, Nummer 101a Absatz 1 Satz 2),

b) die Nutzung der Möglichkeit zu standardisiertem Arbeiten (Textbausteine, Abschlussentscheidungen nach Fallgruppen),

c) den Verzicht auf die förmliche Zustellung, etwa wenn keine Zwangsmaßnahmen zu erwarten sind (vgl. auch Nummer 91 Absatz 2),

d) die Vermeidung einer Verwahrung, jedenfalls die rasche Rückgabe von Asservaten (vgl. auch Nummer 75 Absatz 1).

5b. Vorläufige Aufzeichnung von Protokollen

[1] Bei der vorläufigen Aufzeichnung von Protokollen (§ 168a Absatz 2 StPO[1)]) soll vom Einsatz technischer Hilfsmittel (insbesondere von Tonaufnahmegeräten) möglichst weitgehend Gebrauch gemacht werden. [2] Die Entscheidung hierüber trifft jedoch allein der Richter, in den Fällen des § 168b StPO der Staatsanwalt.

6. Verfolgung von Antragsdelikten

(1) [1] Wegen einer Straftat, die nur auf Antrag zu verfolgen ist, wird der Staatsanwalt in der Regel erst tätig, wenn ein ordnungsgemäßer Strafantrag vorliegt. [2] Ist zu befürchten, dass wichtige Beweismittel verloren gehen, kann es geboten sein, mit den Ermittlungen schon vorher zu beginnen.

(2) Hält der Staatsanwalt eine Strafverfolgung im öffentlichen Interesse für geboten und ist die Straftat oder das Antragserfordernis dem Antragsberechtigten offenbar noch unbekannt, kann es angebracht sein, ihn von der Tat zu unterrichten und anzufragen, ob ein Strafantrag gestellt wird.

(3) Enthält eine von Amts wegen zu verfolgende Straftat zugleich eine nur auf Antrag verfolgbare Tat, verfährt der Staatsanwalt nach Absatz 2.

(4) [1] Wird der Strafantrag zu Protokoll gestellt, soll der Antragsteller über die möglichen Kostenfolgen bei Rücknahme des Strafantrages (§ 470 StPO[1)]) und darüber belehrt werden, dass ein zurückgenommener Antrag nicht nochmals gestellt werden kann. [2] (§ 77d Absatz 1 Satz 3 StGB[2)]).

(5) Kommt eine Ermächtigung eines obersten Staatsorgans des Bundes oder eines Landes zur Strafverfolgung (§ 89a Absatz 4, § 89b Absatz 4, § 89c Absatz 4, § 90 Absatz 4, § 90b Absatz 2, § 97 Absatz 3, § 129b Absatz 1 Satz 3, § 194 Absatz 4, § 353a Absatz 2, § 353b Absatz 4 StGB) oder ein Strafantrag eines solchen Organs wegen Beleidigung (§ 194 Absatz 1, 3 StGB) in Betracht, so sind die besonderen Bestimmungen der Nummer 209, 210 Absatz 1, 2, Nummer 211, 212 zu beachten.

---

1) Habersack, Deutsche Gesetze Nr. 90.
2) Habersack, Deutsche Gesetze Nr. 85.

7. Haftbefehl bei Antragsdelikten

(1) Wird der Beschuldigte vorläufig festgenommen oder gegen ihn ein Haftbefehl erlassen, bevor ein Strafantrag gestellt ist, hat der Staatsanwalt alle Ermittlungen vorzunehmen, die keinen Aufschub dulden.

(2) Ist eine Tat nur mit Ermächtigung oder auf Strafverlangen verfolgbar, gilt Absatz 1 singgemäß.

8. Namenlose Anzeigen

[1] Auch bei namenlosen Anzeigen prüft der Staatsanwalt, ob ein Ermittlungsverfahren einzuleiten ist. [2] Es kann sich empfehlen, den Beschuldigten erst dann zu vernehmen, wenn der Verdacht durch andere Ermittlungen eine gewisse Bestätigung gefunden hat.

9. Benachrichtigung des Anzeigenden

(1) Wird ein Ermittlungsverfahren auf Grund einer Anzeige eingeleitet, wird der Eingang der Anzeige bestätigt, sofern dies nicht nach den Umständen entbehrlich ist.

(2) Ist der Anzeigeerstatter zugleich der Verletzte, ist für die Bestätigung der Anzeige nach § 158 Absatz 1 Satz 3 und 4 StPO[1)] hinsichtlich der angezeigten Tat die Angabe der amtlichen Überschrift des Straftatbestandes ausreichend.

10. Richterliche Untersuchungshandlungen

[1] Der Staatsanwalt beantragt richterliche Untersuchungshandlungen, wenn er sie aus besonderen Gründen für erforderlich erachtet, z.B. weil der Verlust eines Beweismittels droht, ein Geständnis festzuhalten ist (§ 254 StPO[1)]) oder, wenn eine Straftat nur durch Personen bewiesen werden kann, die zur Verweigerung des Zeugnisses berechtigt sind. [2] Dies gilt insbesondere auch für die Aufzeichnung der Vernehmung in Bild und Ton als richterliche Vernehmung nach § 58a Absatz 1 StPO.

11. Ermittlungen durch andere Stellen

(1) Den Behörden und Beamten des Polizeidienstes und den anderen Stellen, die zu den Ermittlungen herangezogen werden, ist möglichst genau anzugeben, welche Erhebungen sie vornehmen sollen; Wendungen wie „zur Erörterung", „zur weiteren Aufklärung" oder „zur weiteren Veranlassung" sind zu vermeiden.

(2) Ist zu erwarten, dass die Aufklärung einer Straftat schwierig sein wird oder umfangreiche Ermittlungen erforderlich werden, empfiehlt es sich, die durchzuführenden Maßnahmen und deren Reihenfolge mit den beteiligten Stellen zu besprechen.

12. Versendung der Akten, Hilfs – oder Doppelakten

(1) [1] Ermittlungsersuchen sind möglichst so zu stellen, dass die Ermittlungen gleichzeitig durchgeführt werden können (Nummer 5 Absatz 2, Nummer 10, 11). [2] Von der Beifügung der Ermittlungsakten ist abzusehen, wenn durch die Versendung eine Verzögerung des Verfahrens eintreten würde und wenn der für die Ermittlung maßgebliche Sachverhalt in dem Ersuchen dargestellt oder aus einem Aktenauszug entnommen werden kann.

---

1) Habersack, Deutsche Gesetze Nr. 90.

(2) [1] In geeigneten Fällen sind Hilfs- oder Doppelakten anzulegen. [2] Dies gilt insbesondere, wenn Haftprüfungen oder Haftbeschwerden zu erwarten sind.

13. Feststellung der persönlichen Verhältnisse des Beschuldigten

(1) [1] Die persönlichen Verhältnisse des Beschuldigten, insbesondere die richtige Schreibweise seines Familien- und Geburtsnamens, sein Geburtstag und Geburtsort und seine Staatsangehörigkeit, sind sorgfältig festzustellen; führt er einen abgekürzten Vornamen, ist auch der volle Vorname anzugeben. [2] Bei Personen ohne deutsche Staatsangehörigkeit sind die Passnummer und die Namen der Eltern (einschließlich deren Geburtsnamen) festzustellen. [3] Wird bei einer Vernehmung auf die Angaben zur Person in einer früheren polizeilichen Vernehmung verwiesen, sind diese mit dem Beschuldigten im Einzelnen durchzusprechen und, wenn nötig, zu ergänzen. [4] Können die Eintragungen im Bundeszentralregister für die Untersuchung von Bedeutung sein und ist eine Registerauskunft bei den Akten, ist der Beschuldigte auch hierüber zu vernehmen. [5] Bestreitet er, die in der Auskunft genannte Person zu sein, oder behauptet er, die Eintragungen seien unrichtig, ist auch dies in die Niederschrift aufzunehmen.

(2) Der Beschuldigte soll ferner befragt werden, ob er sozialleistungsberechtigt ist (Angaben über Rentenbescheid, Versorgungsbescheid, Art der Verletzung), ob er Betreuungen, Vormundschaften oder Pflegschaften führt, ob er die Erlaubnis zum Führen von Kraft-, Luft- oder Wasserfahrzeugen, eine gewerbliche Erlaubnis oder Berechtigung, einen Jagd- oder Fischereischein, eine waffen- oder sprengstoffrechtliche Erlaubnis oder Genehmigung, ein Schiffer- oder Lotsenpatent besitzt (Angabe der ausstellenden Behörde und der Nummer des Ausweises), ob er für die laufende oder für die nächste Wahlperiode als Schöffe gewählt oder ausgelost ist (Angabe des Ausschusses nach § 40 GVG[1)]) und ob er ein richterliches oder ein anderes Ehrenamt in Staat oder Gemeinde ausübt.

(3) [1] Ist der Beschuldigte ein Soldat der Bundeswehr, sind der Dienstgrad, der Truppenteil oder die Dienststelle sowie der Standort des Soldaten festzustellen. [2] Bei Reservisten der Bundeswehr genügt die Angabe des letzten Dienstgrades.

(4) Besteht Fluchtgefahr, ist festzustellen, ob der Beschuldigte einen Pass oder einen Personalausweis besitzt.

(5) Nach dem Religionsbekenntnis darf der Beschuldigte nur gefragt werden, wenn der Sachverhalt dazu Anlass gibt.

(6) Die Angaben des Beschuldigten sind, soweit veranlasst, nachzuprüfen; wenn nötig, ist eine Geburtsurkunde anzufordern.

14. Aufklärung der wirtschaftlichen Verhältnisse des Beschuldigten

(1) [1] Die Einkommens- und Vermögensverhältnisse des Beschuldigten sind aufzuklären. [2] Es ist festzustellen, welchen Beruf der Beschuldigte erlernt hat und welchen er ausübt (Angabe des Arbeitgebers). [3] Bei verheirateten Beschuldigten ist auch der Beruf des Ehegatten, bei Minderjährigen auch der der Eltern anzugeben. [4] Es ist ferner zu ermitteln, wie viel der Beschuldigte verdient, welche anderen Einkünfte, z.B. Zinsen aus Kapital, Mieteinnahmen er hat, ob er Grundstücke oder anderes Vermögen besitzt und welche Umstände sonst für seine Zahlungsfähigkeit von Bedeutung sind. [5] In geeigneten Fällen soll der Beschuldigte befragt werden, ob er die Finanz- und Steuerbehörden ermächtigt, den Justizbehörden Auskunft zu erteilen. [6] Dabei kann er auch darauf hingewiesen werden, dass seine

[1)] **Habersack, Deutsche Gesetze Nr. 95.**

Einkünfte, sein Vermögen und andere Grundlagen für die Bemessung eines Tagessatzes geschätzt werden können (§ 40 Absatz 3 StGB[1]).

(2) Ist der Beschuldigte erwerbslos, ist zu ermitteln, wie viel Unterstützung er erhält und welche Kasse sie zahlt.

(3) [1] Bestehen gegen die Angaben des Beschuldigten über seine wirtschaftlichen Verhältnisse Bedenken oder wird vermutet, dass sie sich nachträglich wesentlich geändert haben, kann sich der Staatsanwalt der Gerichtshilfe (§ 160 Absatz 3 StPO[2]) bedienen. [2] In manchen Fällen wird es genügen, eine Auskunft des Gerichtsvollziehers oder des Vollziehungsbeamten der Justiz oder eine Auskunft aus dem Schuldnerverzeichnis des Amtsgerichts einzuholen. [3] Ist es nicht vermeidbar, eine Polizei-, Gemeinde- oder andere Behörde um eine Auskunft über die wirtschaftlichen Verhältnisse des Beschuldigten zu ersuchen, soll sich das Ersuchen möglichst auf bestimmte Fragen beschränken.

15. Aufklärung der für die Bestimmung der Rechtsfolgen der Tat bedeutsamen Umstände

(1) [1] Alle Umstände, die für die Strafbemessung, die Strafaussetzung zur Bewährung, die Verwarnung mit Strafvorbehalt, das Absehen von Strafe, die Nebenstrafe und Nebenfolgen oder die Anordnung von Maßregeln der Besserung und Sicherung, der Einziehung oder sonstiger Maßnahmen (§ 11 Absatz 1 Nummer 8 StGB[1]) von Bedeutung sein können, sind schon im vorbereitenden Verfahren aufzuklären. [2] Dazu kann sich der Staatsanwalt der Gerichtshilfe bedienen (§ 160 Absatz 3 StPO[2]).

(2) [1] Gemäß Absatz 1 ist der dem Verletzten durch die Tat entstandene Schaden aufzuklären, soweit er für das Strafverfahren von Bedeutung sein kann. [2] Der Staatsanwalt prüft auch, ob und mit welchem Erfolg sich der Beschuldigte um eine Wiedergutmachung bemüht hat.

(3) Gehört der Beschuldigte zum Leitungsbereich einer juristischen Person oder Personenvereinigung und kommt die Festsetzung einer Geldbuße gegen diese in Betracht (Nummer 180a), sind schon im vorbereitenden Verfahren Ermittlungen zur Höhe des durch die Tat erlangten wirtschaftlichen Vorteils zu führen.

(4) [1] Die für eine in Betracht kommende Einziehung nach §§ 73 bis 76b StGB bedeutsamen Tatsachen sind zu ermitteln. [2] Kommt die Einziehung von Taterträgen oder des Wertes von Taterträgen bei Tätern, Teilnehmern oder anderen (§§ 73 ff. StGB) oder kommt die Festsetzung einer Geldbuße (Nummer 180a) in Betracht, sind das Taterlangte sowie dessen Wert konkret zu bestimmen. [3] Ist dies nicht möglich, sind die für eine Schätzung (§ 73d Absatz 2 StGB) erforderlichen Tatsachen aufzuklären. [4] In Fällen mit Tatverletzten ist zu prüfen, ob und in welchem Umfang der Anspruch des Tatverletzten auf Rückgewähr des Erlangten oder auf Ersatz des Wertes des Erlangten erloschen ist (§ 73e Absatz 1 StGB).

(5) [1] Bei Körperverletzungen sind Feststellungen über deren Schwere, die Dauer der Heilung, etwaige Dauerfolgen und über den Grad einer etwaigen Erwerbsminderung zu treffen. [2] Bei nicht ganz unbedeutenden Verletzungen wird ein Attest des behandelnden Arztes anzufordern sein (Nummer 68).

(6) Soweit Anhaltspunkte für rassistische, fremdenfeindliche, antisemitische oder sonstige menschenverachtende Beweggründe bestehen, sind die Ermittlungen auch auf solche Tatumstände zu erstrecken.

---

[1] **Habersack, Deutsche Gesetze Nr. 85.**
[2] **Habersack, Deutsche Gesetze Nr. 90.**

16. Feststellung von Eintragungen im Bundeszentralregister und anderen Registern

(1) [1] Für die öffentliche Klage ist in der Regel eine Auskunft aus dem Bundeszentralregister und, soweit dies angezeigt ist, aus den Strafregistern anderer Mitgliedstaaten der Europäischen Union, soweit es sich um Personen mit einer Staatsangehörigkeit eines anderen Mitgliedstaates der Europäischen Union oder eines Drittstaates oder unbekannter Staatsangehörigkeit handelt, gegebenenfalls auch aus dem Erziehungsregister, einzuholen. [2] Gleiches gilt, wenn ein Absehen von der öffentlichen Klage (§ 153a StPO[1)]) in Betracht kommt.

(2) [1] Bei der Erörterung von Registereintragungen im Sinne des Absatzes 1 ist darauf zu achten, dass dem Beschuldigten oder seiner Familie durch das Bekanntwerden der eingetragenen Tatsachen keine Nachteile entstehen, die vermeidbar sind oder zur Bedeutung der Strafsache außer Verhältnis stehen. [2] Werden die Akten an andere mit dem Strafverfahren nicht unmittelbar befasste Stellen versandt, ist die Registerauskunft zurückzubehalten; wird ihnen Akteneinsicht gewährt, ist sie aus den Akten herauszunehmen.

(3) Sind Anhaltspunkte dafür gegeben, dass ein Widerruf der Beseitigung des Strafmakels hinsichtlich einer früher erkannten Jugendstrafe in Betracht kommt (§ 101 des Jugendgerichtsgesetzes (JGG)[2)]), empfiehlt sich ein ausdrückliches Ersuchen um Auskunft aus dem Zentralregister im Sinne des § 41 Absatz 2 und 3 des Bundeszentralregistergesetzes (BZRG)[3)].

16a. DNA – Maßnahmen für künftige Strafverfahren

Der Staatsanwalt wirkt darauf hin, dass bei Beschuldigten, bei denen die Voraussetzungen des § 81g StPO[1)] gegeben sind, unverzüglich die erforderlichen DNA-Maßnahmen für Zwecke künftiger Strafverfahren erfolgen.

17. Mehrere Strafverfahren gegen denselben Beschuldigten

(1) Die Ermittlungen sollen sich auch darauf erstrecken, ob gegen den Beschuldigten noch weitere Strafverfahren anhängig sind und ob er eine frühere Strafe noch nicht voll verbüßt hat.

(2) [1] Hat jemand mehrere selbständige Straftaten begangen, sorgt der Staatsanwalt dafür, dass die Verfahren verbunden oder die Ergebnisse des einen Verfahrens in dem anderen berücksichtigt werden. [2] Nummer 2 ist zu beachten (vgl. auch Nummer 114).

(3) [1] Vor Anordnung oder Beantragung einer verdeckten Ermittlungsmaßnahme prüft der Staatsanwalt nach Möglichkeit, z.B. anhand des Auszugs aus dem zentralen staatsanwaltschaftlichen Verfahrensregister, ob gegen den Betroffenen der Maßnahme weitere Ermittlungsverfahren anhängig sind. [2] In geeigneten Fällen, insbesondere wenn anhängige Ermittlungsverfahren Straftaten von erheblicher Bedeutung betreffen können, stimmt er sein Vorgehen mit dem das weitere Ermittlungsverfahren führenden Staatsanwalt ab, um unkoordinierte Ermittlungsmaßnahmen zu verhindern.

[1)] **Habersack, Deutsche Gesetze Nr. 90.**
[2)] **Habersack, Deutsche Gesetze Nr. 89.**
[3)] **Habersack, Deutsche Gesetze Nr. 92.**

18. Gegenüberstellung und Wahllichtbildvorlage

(1) [1]Soll durch eine Gegenüberstellung geklärt werden, ob der Beschuldigte der Täter ist, sind dem Zeugen nicht nur der Beschuldigte, sondern auch eine Reihe anderer Personen gleichen Geschlechts, ähnlichen Alters und ähnlicher Erscheinung gegenüberzustellen, und zwar in einer Form, die nicht erkennen lässt, wer von den Gegenübergestellten der Beschuldigte ist (Wahlgegenüberstellung). [2]Die Wahlgegenüberstellung kann auch mittels elektronischer Bildtechnik durchgeführt werden (wie z.B. Wahlvideogegenüberstellung).

(2) [1]Die Gegenüberstellung soll grundsätzlich nacheinander und nicht gleichzeitig erfolgen. [2]Sie soll auch dann vollständig durchgeführt werden, wenn der Zeuge zwischenzeitlich erklärt, eine Person erkannt zu haben. [3]Bei einer Gegenüberstellung mit dem Beschuldigten ist für die Wahrung der Rechte des Beschuldigten und des Verteidigers nach Maßgabe des § 58 Absatz 2 Satz 2 bis 5 StPO[1)] Sorge zu tragen. [4]Die Einzelheiten sind aktenkundig zu machen.

(3) Absatz 1 und 2 Satz 1, 2 und 4 gelten bei der Vorlage von Lichtbildern (Wahllichtbildvorlage) mit der Maßgabe, dass dem Zeugen mindestens acht Personen gezeigt werden sollen, entsprechend.

19. Vernehmung von Kindern und Jugendlichen

(1) Eine mehrmalige Vernehmung von Kindern und Jugendlichen vor der Hauptverhandlung ist wegen der damit verbundenen seelischen Belastung dieser Zeugen nach Möglichkeit zu vermeiden.

(2) [1]Bei Zeugen unter achtzehn Jahren soll unbeschadet der Nummer 19a Absatz 3 zur Vermeidung wiederholter Vernehmungen von der Möglichkeit der Aufzeichnung in Bild und Ton Gebrauch gemacht werden (§ 58a Absatz 1 Satz 2 Nummer 1, § 255a Absatz 1 StPO[1)]). [2]Hierbei ist darauf zu achten, dass die vernehmende Person und der Zeuge gemeinsam und zeitgleich in Bild und Ton aufgenommen und dabei im Falle des § 52 StPO auch die Belehrung und die Bereitschaft des Zeugen zur Aussage (§ 52 Absatz 2 Satz 1 StPO) dokumentiert werden. [3]Für die Anwesenheit einer Vertrauensperson soll nach Maßgabe des § 406f Absatz 2 StPO Sorge getragen werden. [4]Mit Blick auf eine spätere Verwendung der Aufzeichnung als Beweismittel in der Hauptverhandlung (§ 255a StPO) empfiehlt sich auch in anderen als in Nummer 19a Absatz 3 genannten Fällen eine richterliche Vernehmung (§§ 168c, 168e StPO). [5]Bei Straftaten im Sinne des § 255a Absatz 2 Satz 1 StPO soll rechtzeitig darauf hingewirkt werden, dass der Beschuldigte und sein Verteidiger Gelegenheit haben, an der Vernehmung mitzuwirken.

(3) In den Fällen des § 52 Absatz 2 Satz 2 StPO wirkt der Staatsanwalt möglichst frühzeitig auf die Anordnung einer Ergänzungspflegschaft (§ 1909 Absatz 1 Satz 1 des Bürgerlichen Gesetzbuches (BGB)[2)]) durch das zuständige Familiengericht (§ 152 des Gesetzes über das Verfahren in Familiensachen und in den Angelegenheiten der freiwilligen Gerichtsbarkeit (FamFG)[3)]) hin.

(4) [1]Alle Umstände, die für die Glaubwürdigkeit eines Kindes oder eines Jugendlichen bedeutsam sind, sollen möglichst frühzeitig festgestellt werden. [2]Es ist zweckmäßig, hierüber Eltern, Lehrer, Erzieher oder andere Bezugspersonen zu befragen; gegebenenfalls ist mit dem Jugendamt Kontakt aufzunehmen.

[1)] **Habersack, Deutsche Gesetze Nr. 90.**
[2)] **Habersack, Deutsche Gesetze Nr. 20.**
[3)] **Habersack, Deutsche Gesetze Nr. 112.**

(5) Bleibt die Glaubwürdigkeit zweifelhaft, ist ein Sachverständiger, der über besondere Kenntnisse und Erfahrungen auf dem Gebiet der Kinderpsychologie verfügt, zuzuziehen.

19a. Vernehmung des Verletzten als Zeuge

(1) [1] Ist erkennbar, dass mit der Vernehmung als Zeuge für den Verletzten eine erhebliche psychische Belastung verbunden sein kann, wird ihm bei der Vernehmung mit besonderer Einfühlung und Rücksicht zu begegnen sein; auf §§ 68a, 68b StPO[1)] wird hingewiesen. [2] Ist eine mehrmalige Vernehmung nicht vermeidbar, werden die Vernehmungen des Verletzten im Sinne des Satzes 1 grundsätzlich von denselben Personen durchgeführt, es sei denn, dies ist nicht im Sinne einer geordneten Rechtspflege. [3] Der nach § 406g Absatz 3 StPO beigeordnete Prozessbegleiter hat bei der Vernehmung des Verletzten ein Anwesenheitsrecht. [4] Einer Vertrauensperson nach § 406f Absatz 2 StPO sowie einem nicht beigeordneten psychosozialen Prozessbegleiter (§ 406g Absatz 4 Satz 1 StPO) ist die Anwesenheit zu gestatten, wenn der Untersuchungszweck nicht gefährdet wird.

(2) [1] Die Vernehmung eines Zeugen soll nach Würdigung der dafür jeweils maßgeblichen Umstände in Bild und Ton aufgezeichnet werden und als richterliche Vernehmung erfolgen, wenn zu besorgen ist, dass der Zeuge in der Hauptverhandlung nicht vernommen werden kann und die Aufzeichnung zur Erforschung der Wahrheit erforderlich ist (§ 58a Absatz 1 Satz 2 Nummer 2 StPO). [2] Dies wird insbesondere dann anzunehmen sein, wenn ein Zeuge im Ausland lebt, lebensgefährlich erkrankt, gebrechlich oder gefährdet ist oder zu besorgen ist, dass einem minderjährigen Zeugen die Teilnahme an der Hauptverhandlung aus berechtigter Sorge um dessen Wohl von dessen Erziehungsberechtigten nicht gewährt werden wird.

(3) [1] Bei Verletzten von Straftaten gegen die sexuelle Selbstbestimmung (§§ 174 bis 184j StGB[2)]) muss unter den weiteren Voraussetzungen des § 58a Absatz 1 Satz 3 StPO eine richterliche Vernehmung erfolgen, die aufzuzeichnen ist. [2] Eine vernehmungsersetzende Vorführung in der Hauptverhandlung ist unter den Voraussetzungen des § 255a Absatz 2 Satz 1 bis 3 StPO zulässig.

(4) [1] Bei der richterlichen Vernehmung des Verletzten wirkt der Staatsanwalt durch Anregung und Antragstellung auf eine entsprechende Durchführung der Vernehmung hin. [2] Er achtet insbesondere darauf, dass der Verletzte durch Fragen und Erklärungen des Beschuldigten und seines Verteidigers nicht größeren Belastungen ausgesetzt wird, als im Interesse der Wahrheitsfindung hingenommen werden muss.

(5) Eine mehrmalige Vernehmung des Verletzten vor der Hauptverhandlung kann für diesen zu einer erheblichen Belastung führen und ist deshalb nach Möglichkeit zu vermeiden.

19b. Widerspruchsrecht des Zeugen bei Aufzeichnung der Vernehmung in Bild und Ton

(1) Wird die Vernehmung eines Zeugen auf Bild-Ton-Träger aufgezeichnet (§ 58a StPO[1)]), ist dieser darauf hinzuweisen, dass er der Überlassung einer Kopie der Aufzeichnung seiner Vernehmung im Wege der Akteneinsicht an den Verteidiger oder den Rechtsanwalt des Verletzten widersprechen kann.

[1)] **Habersack, Deutsche Gesetze Nr. 90.**
[2)] **Habersack, Deutsche Gesetze Nr. 85.**

(2) Wird die richterliche Zeugenvernehmung eines Verletzten nach § 58a Absatz 1 Satz 3 StPO in Bild und Ton aufgezeichnet, ist der Verletzte unmittelbar nach der Vernehmung darauf hinzuweisen, dass er der späteren vernehmungsersetzenden Vorführung der Aufzeichnung in der Hauptverhandlung nur sofort widersprechen kann (vgl. § 255a Absatz 2 Satz 1 a.E. StPO).

20. Vernehmung von Gefangenen und Verwahrten

(1) Personen, die sich in Haft oder sonst in amtlicher Verwahrung befinden, sind in der Regel in der Anstalt zu vernehmen; dies gilt vor allem dann, wenn die Gefahr des Entweichens besteht oder die Vorführung besondere Kosten verursacht.

(2) Erscheint auf Grund der Vernehmung die Besorgnis begründet, dass ein Gefangener oder Verwahrter die Ordnung in der Anstalt beeinträchtigt oder sich selbst gefährdet, ist der Anstaltsleiter zu unterrichten.

21. Umgang mit behinderten Menschen

(1) Behinderten Menschen ist mit besonderer Rücksichtnahme auf ihre Belange zu begegnen.

(2) Im Hinblick auf die Ausübung des Wahlrechts nach § 186 Absatz 1 GVG[1)] teilt der Staatsanwalt mit Erhebung der öffentlichen Klage in geeigneter Form eine ihm bekanntgewordene Hör- oder Sprachbehinderung mit.

(3) [1] Es empfiehlt sich, hörbehinderte Personen zur Wiederholung dessen zu veranlassen, was sie von Fragen, Zeugenaussagen oder mündlichen Erörterungen verstanden haben. [2] Wenn sie auch mit technischen Hilfsmitteln zu einer Wiederholung nicht in der Lage sind oder von ihrem Wahlrecht nach § 186 Absatz 1 GVG keinen Gebrauch gemacht haben, ist darauf hinzuwirken, dass eine die Verständigung ermöglichende Maßnahme nach § 186 Absatz 2 GVG ergriffen wird.

(4) Bei Vernehmungen von geistig behinderten oder lernbehinderten Zeugen empfiehlt es sich, in geeigneten Fällen darauf hinzuwirken, dass nach Möglichkeit eine Vertrauensperson des Behinderten an der Vernehmung teilnimmt, die in der Lage ist, sprachlich zwischen diesem und dem Vernehmenden zu vermitteln.

(5) Bei Vernehmungen von hör- oder sprachbehinderten Beschuldigten, Verurteilten oder nebenklageberechtigten Personen im vorbereitenden Verfahren soll, sofern dies zur Ausübung der strafprozessualen Rechte dieser Personen erforderlich ist, der Staatsanwalt darauf hinwirken, dass ein Dolmetscher oder Übersetzer herangezogen wird.

22. Unterbrechung der Verjährung

[1] Der Staatsanwalt hat während des ganzen Verfahrens darauf zu achten, dass die Verjährung rechtzeitig unterbrochen wird, besonders wenn kürzere Verjährungsfristen laufen. [2] Dabei ist jedoch der Grundgedanke der Verjährung zu berücksichtigen und deren Eintritt nicht wahllos, vor allem nicht in minder schweren Fällen, die erst nach Jahren zur Aburteilung kämen, zu verhindern. [3] Auf Nummer 274 wird hingewiesen.

[1)] **Habersack, Deutsche Gesetze Nr. 95.**

23. Zusammenarbeit mit Presse und Rundfunk

(1) [1] Bei der Unterrichtung der Öffentlichkeit ist mit Presse, Hörfunk und Fernsehen unter Berücksichtigung ihrer besonderen Aufgaben und ihrer Bedeutung für die öffentliche Meinungsbildung zusammenzuarbeiten. [2] Diese Unterrichtung darf weder den Untersuchungszweck gefährden noch dem Ergebnis der Hauptverhandlung vorgreifen; der Anspruch des Beschuldigten auf ein faires Verfahren darf nicht beeinträchtigt werden. [3] Auch ist im Einzelfall zu prüfen, ob das Interesse der Öffentlichkeit an einer vollständigen Berichterstattung gegenüber den Persönlichkeitsrechten des Beschuldigten oder anderer Beteiligter, insbesondere auch des Verletzten, überwiegt. [4] Eine unnötige Bloßstellung dieser Person ist zu vermeiden. [5] Dem allgemeinen Informationsinteresse der Öffentlichkeit wird in der Regel ohne Namensnennung entsprochen werden können. [6] Auf Nummer 129 Absatz 1 und Nummer 219 Absatz 1 wird hingewiesen. [7] Die entsprechenden Verwaltungsvorschriften der Länder sind zu beachten (vgl. auch Anlage B[1)]).

(2) Über die Anklageerhebung und Einzelheiten der Anklage darf die Öffentlichkeit grundsätzlich erst unterrichtet werden, nachdem die vollständige Anklageschrift dem Beschuldigten mit ausreichendem zeitlichen Vorlauf zugestellt oder sonst bekanntgemacht worden ist.

24. Verkehr mit ausländischen Vertretungen

Für den Verkehr mit ausländischen diplomatischen und konsularischen Vertretungen in der Bundesrepublik sind die Nummern 133 bis 137 RiVASt zu beachten.

2. Sammelverfahren, Fälle des § 36 BKAG[2)] und kontrollierte Transporte

25. Sammelverfahren

[1] Im Interesse einer zügigen und wirksamen Strafverfolgung ist die Führung einheitlicher Ermittlungen als Sammelverfahren geboten, wenn der Verdacht mehrerer Straftaten besteht, eine Straftat den Bezirk mehrerer Staatsanwaltschaften berührt oder ein Zusammenhang mit einer Straftat im Bezirk einer anderen Staatsanwaltschaft besteht. [2] Dies gilt nicht, sofern die Verschiedenartigkeit der Taten oder ein anderer wichtiger Grund entgegensteht.

26. Zuständigkeit

(1) Die Bearbeitung von Sammelverfahren obliegt dem Staatsanwalt, in dessen Bezirk der Schwerpunkt des Verfahrens liegt.

(2) [1] Der Schwerpunkt bestimmt sich nach den gesamten Umständen des Tatkomplexes. [2] Dabei sind vor allem zu berücksichtigen:

a) die Zahl der Einzeltaten, der Täter oder der Zeugen;
b) der Sitz einer Organisation;
c) der Ort der geschäftlichen Niederlassung, wenn ein Zusammenhang mit der Tat besteht;
d) der Wohnsitz oder der gewöhnliche Aufenthaltsort des (Haupt-)Beschuldigten, wenn dieser für Planung, Leitung oder Abwicklung der Taten von Bedeutung ist;
*e) das Zusammen*fallen des Wohnsitzes mit einem Tatort.

[1)] Die zitierte Anlage ist in der Neufassung nicht wiedergegeben, siehe die Anm. zur Überschrift.
[2)] **Sartorius Nr. 450.**

(3) Lässt sich der Schwerpunkt nicht feststellen, ist der Staatsanwalt zuständig, der zuerst mit dem (Teil-)Sachverhalt befasst war.

(4) Die Führung eines Sammelverfahrens darf nicht allein mit der Begründung abgelehnt werden, dass wegen eines Teils der Taten bereits ein gerichtliches Verfahren anhängig ist.

27. Verfahren bei Abgabe und Übernahme

(1) Ist die Führung eines Sammelverfahrens geboten, soll der Staatsanwalt bei ihm anhängige Einzelverfahren unverzüglich unter Bezeichnung der Umstände, aus denen sich der Schwerpunkt des Verfahrens ergibt (Nummer 26 Absatz 2), an den für das Sammelverfahren zuständigen Staatsanwalt abgeben.

(2) [1] Der um Übernahme gebetene Staatsanwalt hat unverzüglich, möglichst binnen drei Tagen, zu entscheiden, ob er das Verfahren übernimmt. [2] Die Ablehnung der Übernahme ist zu begründen.

(3) [1] Verbleibt der Staatsanwalt, dessen Verfahren nicht übernommen worden ist, bei seinem Standpunkt, berichtet er dem Generalstaatsanwalt. [2] Können die Generalstaatsanwälte eines Landes sich nicht binnen einer Woche über die Frage des Schwerpunkts einigen, ist unverzüglich eine Entscheidung der Landesjustizverwaltung herbeizuführen; im Übrigen ist nach § 143 Absatz 3 GVG[1)] zu verfahren.

(4) Bis zur Entscheidung über die Übernahme des Verfahrens hat der abgebende Staatsanwalt alle Amtshandlungen vorzunehmen, bei denen Gefahr im Verzuge ist.

(5) Der übernehmende Staatsanwalt setzt den Anzeigenden von der Übernahme des Verfahrens in Kenntnis, sofern dies nicht nach den Umständen entbehrlich ist.

28. Regelung zu § 36 BKAG

(1) Unterrichtet das Bundeskriminalamt die Generalstaatsanwälte nach § 36 BKAG[2)] darüber, dass es angezeigt erscheine, die polizeilichen Aufgaben auf dem Gebiet der Strafverfolgung einheitlich wahrzunehmen, so ist wie folgt zu verfahren:

a) Der Generalstaatsanwalt, in dessen Bezirk ein Sammelverfahren geführt wird, stellt, wenn er eine Zuweisungsanordnung nach § 36 BKAG für erforderlich hält, unverzüglich, möglichst binnen drei Tagen, das Einvernehmen für diese Anordnung mit der obersten Behörde der Innenverwaltung seines Landes her.

b) Hält das Bundeskriminalamt es für angezeigt, dass die polizeilichen Aufgaben auf dem Gebiet der Strafverfolgung einem anderen als dem Land übertragen werden, in dem das staatsanwaltschaftliche Sammelverfahren geführt wird, verständigen sich die beteiligten Generalstaatsanwälte unverzüglich, möglichst binnen drei Tagen, darüber, ob eine Zuweisungsanordnung erforderlich ist und ob das Sammelverfahren von einer Staatsanwaltschaft des vom Bundeskriminalamt bezeichneten Landes übernommen werden soll. Der Generalstaatsanwalt, in dessen Bezirk das Sammelverfahren übernommen werden soll, führt unverzüglich das für die Zuweisungsanordnung erforderliche Einvernehmen mit der obersten Behörde der Innenverwaltung seines Landes herbei.

c) Wird ein staatsanwaltschaftliches Sammelverfahren noch nicht geführt, verständigen sich die beteiligten Generalstaatsanwälte fernmündlich oder fernschriftlich unverzüglich, möglichst binnen drei Tagen, darüber, ob die Einleitung eines Sammelverfahrens angezeigt ist und welche Staatsanwaltschaft das Sammelver-

---

[1)] **Habersack, Deutsche Gesetze Nr. 95.**
[2)] **Sartorius Nr. 450.**

fahren führen soll. Hält der Generalstaatsanwalt, in dessen Bezirk das Sammelverfahren geführt werden soll, eine Zuweisungsanordnung für erforderlich, stellt er das Einvernehmen für diese Zuweisungsanordnung mit der obersten Behörde der Innenverwaltung seines Landes her.

(2) [1] Bei der Entscheidung darüber, welche Staatsanwaltschaft ein Sammelverfahren führen soll, kann vor den sonstigen für die Führung von Sammelverfahren maßgebenden Gesichtspunkten kriminaltaktischen Erwägungen besondere Bedeutung zukommen. [2] Können die Generalstaatsanwälte sich nicht einigen, sind die zuständigen Landesjustizverwaltungen zu beteiligen.

(3) Der Generalstaatsanwalt, in dessen Bezirk das Sammelverfahren geführt wird, unterrichtet unverzüglich das Bundeskriminalamt über das Ergebnis seiner Verhandlungen mit der obersten Behörde der Innenverwaltung seines Landes und benennt gegebenenfalls die das Sammelverfahren führende Staatsanwaltschaft, deren Aktenzeichen sowie die sachbearbeitende Polizeidienststelle.

(4) [1] Auch wenn die Einleitung eines staatsanwaltschaftlichen Sammelverfahrens nicht in Betracht kommt, ist unter Berücksichtigung kriminaltaktischer Erwägungen zu prüfen, ob eine Zuweisungsanordnung nach § 36 BKAG erforderlich ist. [2] Die beteiligten Generalstaatsanwälte verständigen sich unverzüglich, möglichst binnen drei Tagen, darüber, ob das Einvernehmen erklärt werden soll. [3] Vor einer Entscheidung, dass das Einvernehmen zu einer Zuweisungsanordnung nicht erklärt werden soll, sind die zuständigen Landesjustizverwaltungen zu unterrichten. [4] Ein beteiligter Generalstaatsanwalt des Landes, dem die polizeilichen Aufgaben insgesamt zugewiesen werden sollen, stellt das Einvernehmen für die Zuweisungsanordnung mit der obersten Behörde der Innenverwaltung seines Landes her und unterrichtet unverzüglich das Bundeskriminalamt über das Ergebnis der Verhandlungen.

(5) [1] Hält der ein Sammelverfahren bearbeitende Staatsanwalt eine Zuweisungsanordnung des Bundeskriminalamtes für angezeigt, berichtet er dem Generalstaatsanwalt. [2] Hält der Generalstaatsanwalt eine solche Anordnung des Bundeskriminalamtes für erforderlich, stellt er unverzüglich das Einvernehmen mit der obersten Behörde der Innenverwaltung seines Landes her und regt beim Bundeskriminalamt eine Zuweisungsanordnung an.

29. Mitteilung an das Bundeskriminalamt

Der Staatsanwalt, der ein Sammelverfahren führt, bittet alsbald das Bundeskriminalamt, dies in das Bundeskriminalblatt aufzunehmen.

29a. Kontrollierter Transport

Kontrollierte Durchfuhr ist der von den Strafverfolgungsbehörden überwachte illegale Transport von Betäubungsmitteln, Waffen, Diebesgut, Hehlerware u.Ä. vom Ausland durch das Inland in ein Drittland; kontrollierte Ausfuhr ist der vom Inland ausgehende überwachte illegale Transport in das Ausland; kontrollierte Einfuhr ist der überwachte illegale Transport vom Ausland in das Inland.

29b. Voraussetzungen

(1) [1] Ein kontrollierter Transport kommt nur in Betracht, wenn auf andere Weise die Hintermänner nicht ermittelt oder Verteilerwege nicht aufgedeckt werden können. [2] Die Überwachung ist so zu gestalten, dass die Möglichkeit des Zugriffs auf Täter und Tatgegenstände jederzeit sichergestellt ist.

(2) Im Übrigen müssen für Durchfuhr und Ausfuhr folgende Erklärungen der ausländischen Staaten vorliegen:

a) Einverständnis mit der Einfuhr oder Durchfuhr;

b) Zusicherung, den Transport ständig zu kontrollieren;

c) Zusicherung, gegen die Kuriere, Hintermänner und Abnehmer zu ermitteln, die Betäubungsmittel, Waffen, das Diebesgut, die Hehlerware u.ä. sicherzustellen und die Verurteilung der Täter sowie die Strafvollstreckung anzustreben;

d) Zusicherung, dass die deutschen Strafverfolgungsbehörden fortlaufend über den jeweiligen Verfahrensstand unterrichtet werden.

29c. Zuständigkeit

[1] Bei der kontrollierten Durchfuhr führt, wenn wegen der Tat noch kein Ermittlungsverfahren bei einer deutschen Staatsanwaltschaft anhängig ist, das Verfahren grundsätzlich der Staatsanwalt, in dessen Bezirk der Grenzübergang liegt, über den die Tatgegenstände in das Inland verbracht werden. [2] Dies gilt auch bei der kontrollierten Einfuhr. [3] Bei der kontrollierten Ausfuhr führt das Verfahren grundsätzlich der Staatsanwalt, in dessen Bezirk der Transport beginnt.

29d. Zusammenarbeit

(1) [1] Die Entscheidung über die Zulässigkeit des kontrollierten Transports trifft der zuständige Staatsanwalt (Nummer 29c). [2] Er unterrichtet den Staatsanwalt, in dessen Bezirk ein Transport voraussichtlich das Inland verlässt. [3] Auch der für den Einfuhrort zuständige Staatsanwalt ist zu unterrichten, wenn ein anderer als dieser das Verfahren führt.

(2) Die Behörden und Beamten des Polizei- und Zolldienstes wenden sich grundsätzlich an den nach Nummer 29c zuständigen Staatsanwalt.

3. Fälle des § 4 Absatz 1 bis 3 BKAG

30. Allgemeines

(1) [1] Wird dem Staatsanwalt ein Sachverhalt bekannt, der den Verdacht einer der in § 4 Absatz 1 Satz 1 BKAG[1)] bezeichneten Straftaten begründet, unterrichtet er unverzüglich, erforderlichenfalls fernschriftlich oder fernmündlich, das Bundeskriminalamt und das Landeskriminalamt. [2] Er erörtert die Art der Ermittlungsführung in dem erforderlichen Umfange mit dem Bundeskriminalamt.

(2) Hält der Staatsanwalt zu Beginn oder im weiteren Verlaufe des Verfahrens Sofortmaßnahmen für erforderlich, die von dem Bundeskriminalamt nicht getroffen werden können, erteilt er die notwendigen Aufträge bei gleichzeitiger Benachrichtigung des Bundeskriminalamts an die sonst zuständigen Polizeibehörden (vgl. *§ 4 Absatz 3 Satz 2 BKAG*).

(3) Die Benachrichtigung der in § 4 Absatz 3 Satz 1 BKAG bezeichneten Stellen obliegt in den Fällen des § 4 Absatz 1 Satz 1 und Absatz 2 Nummer 1 BKAG dem Bundeskriminalamt, in den Fällen des § 4 Absatz 2 Nummer 2 und 3 BKAG der Stelle, von der die Anordnung oder der Auftrag ausgeht, es sei denn, diese Stellen übertragen im Einzelfalle die Benachrichtigung dem Bundeskriminalamt.

[1)] **Sartorius Nr. 450.**

31. Verfahren in den Fällen des § 4 Absatz 1 Satz 1 Nummer 1 BKAG

(1) [1] Die Frage, ob eine Zusammenhangstat im Sinne des § 4 Absatz 1 Satz 1 Nummer 1 BKAG[1)] vorliegt, ist nach § 3 StPO[2)] zu beurteilen. [2] Vor seiner Entscheidung soll sich der Staatsanwalt mit den beteiligten Polizeibehörden und dem Bundeskriminalamt ins Benehmen setzen.

(2) [1] Bei seiner Entscheidung, ob die Ermittlungen einer anderen sonst zuständigen Polizeibehörde übertragen werden (vgl. § 4 Absatz 1 Satz 2 BKAG), berücksichtigt der Staatsanwalt insbesondere, ob eine rasche und wirksame Aufklärung besser durch zentrale Ermittlungen des Bundeskriminalamtes oder durch Ermittlungen der Landespolizeibehörden erreicht werden kann. [2] Vor seiner Entscheidung erörtert der Staatsanwalt die Sachlage mit dem Bundeskriminalamt und den Polizeidienststellen, die für die weitere Durchführung der Ermittlungen in Betracht kommen.

32. Verfahren in den Fällen des § 4 Absatz 1 Satz 1 Nummer 2 und 3b BKAG

In den Fällen des § 4 Absatz 1 Satz 1 Nummer 2 und 3b BKAG[1)] führt der Staatsanwalt zugleich mit der Unterrichtung des Bundeskriminalamts (vgl. Nummer 30 Absatz 1) unmittelbar die nach § 4 Absatz 1 Satz 3 BKAG erforderliche Zustimmung des für innere Angelegenheiten zuständigen Bundesministeriums herbei, es sei denn, dem Bundeskriminalamt ist wegen der Eilbedürftigkeit bereits die Zustimmung erteilt worden.

4. Leichenschau und Leichenöffnung

33. Voraussetzungen

(1) [1] Sind Anhaltspunkte dafür vorhanden, dass jemand eines nicht natürlichen Todes gestorben ist oder wird die Leiche eines Unbekannten gefunden, prüft der Staatsanwalt, ob eine Leichenschau oder eine Leichenöffnung erforderlich ist. [2] Eine Leichenschau wird regelmäßig schon dann nötig sein, wenn eine Straftat als Todesursache nicht von vornherein ausgeschlossen werden kann. [3] Die Leichenschau soll möglichst am Tatort oder am Fundort der Leiche durchgeführt werden.

(2) [1] Lässt sich auch bei der Leichenschau eine Straftat als Todesursache nicht ausschließen oder ist damit zu rechnen, dass die Feststellungen später angezweifelt werden, veranlasst der Staatsanwalt grundsätzlich die Leichenöffnung. [2] Dies gilt namentlich bei Sterbefällen von Personen, die sich in Haft oder sonst in amtlicher Verwahrung befunden haben.

(3) [1] Die Leichenschau nimmt in der Regel der Staatsanwalt vor. [2] Die Vornahme der Leichenschau durch den Richter und die Anwesenheit des Richters bei der Leichenöffnung sollen nur beantragt werden, wenn dies aus besonderen Gründen, etwa um die Verlesung der Niederschrift nach § 249 StPO[2)] zu ermöglichen, erforderlich ist.

(4) [1] Der Staatsanwalt nimmt an der Leichenöffnung nur teil, wenn er dies nach seinem pflichtgemäßen Ermessen im Rahmen einer umfassenden Sachaufklärung für geboten erachtet. [2] Eine Teilnahme des Staatsanwalts wird in der Regel in Betracht kommen in Kapitalsachen, nach tödlichen Unfällen zur Rekonstruktion *des Unfallgeschehens, bei* Todesfällen durch Schusswaffengebrauch im Dienst, bei

---

[1)] **Sartorius Nr. 450.**
[2)] **Habersack, Deutsche Gesetze Nr. 90.**

Todesfällen im Vollzug freiheitsentziehender Maßnahmen oder in Verfahren, die ärztliche Behandlungsfehler zum Gegenstand haben.

34. Exhumierung

[1] Bei der Ausgrabung einer Leiche sollte einer der Obduzenten anwesend sein. [2] Bei der Exhumierung soll das Mittelstück der Bodenfläche des Sarges herausgenommen und aufbewahrt werden; von dem Erdboden, auf dem der Sarg stand, und von dem gewachsenen Boden der Seitenwände des Grabes sind zur chemischen Untersuchung und zum Vergleich Proben zu entnehmen. [3] Wenn der Verdacht einer Vergiftung besteht, empfiehlt es sich, zur Ausgrabung und zur Sektion der Leiche den chemischen Sachverständigen eines Untersuchungsinstitutes beizuziehen, damit er die Aufnahme von Erde, Sargschmuck, Sargteilen, Kleiderstücken und Leichenteilen selbst vornehmen kann.

35. Entnahme von Leichenteilen

(1) [1] Der Staatsanwalt hat darauf hinzuwirken, dass bei der Leichenöffnung Blut- und Harnproben, Mageninhalt oder Leichenteile entnommen werden, falls es möglich ist, dass der Sachverhalt durch deren eingehende Untersuchung weiter aufgeklärt werden kann. [2] Manchmal, z.B. bei mutmaßlichem Vergiftungstod, wird es sich empfehlen, einen besonderen Sachverständigen zuzuziehen, der diese Bestandteile bezeichnet.

(2) [1] Werden Blut-, Harn- oder sonstige Proben, Mageninhalt oder Leichenteile zur weiteren Begutachtung versandt, ist eine Abschrift der Niederschrift über die Leichenöffnung beizufügen. [2] Die Ermittlungsakten sind grundsätzlich nicht zu übersenden (vgl. Nummer 12).

(3) Sind anlässlich der Leichenöffnung Körperglieder, Organe oder sonstige wesentliche Körperteile abgetrennt oder entnommen und aufbewahrt worden, trägt der Staatsanwalt regelmäßig dafür Sorge, dass ein Totensorgeberechtigter hierüber in geeigneter Weise spätestens bei der Freigabe der Leiche zur Bestattung (§ 159 Absatz 2 StPO[1)]) unterrichtet und auf die weitere Verfahrensweise, insbesondere die Möglichkeit einer Nachbestattung, hingewiesen wird.

36. Beschleunigung; Tod durch elektrischen Strom

(1) Leichenschau und Leichenöffnung sind mit größter Beschleunigung herbeizuführen, weil die ärztlichen Feststellungen über die Todesursache auch durch geringe Verzögerungen an Zuverlässigkeit verlieren können.

(2) [1] Dies gilt besonders bei Leichen von Personen, die möglicherweise durch elektrischen Strom getötet worden sind; die durch Elektrizität verursachten Veränderungen werden durch Fäulniserscheinungen rasch verwischt. [2] In der Regel wird es sich empfehlen, bereits bei der Leichenöffnung einen auf dem Gebiet der Elektrotechnik erfahrenen Sachverständigen zu beteiligen. [3] In den Fällen, in denen eine Tötung durch elektrischen Strom wahrscheinlich ist, können Verletzungen oder andere Veränderungen oft gar nicht oder nur von einem besonders geschulten Sachverständigen festgestellt werden; daher kann es ferner geboten sein, in schwierig zu deutenden Fällen außer dem elektrotechnischen Sachverständigen nach Anhörung des Gerichtsarztes auch einen erfahrenen Pathologen zu der Leichenöffnung zuzuziehen.

[1)] **Habersack, Deutsche Gesetze Nr. 90.**

37. Leichenöffnung in Krankenhäusern

[1] Besteht der Verdacht, dass der Tod einer Person, die in einem Krankenhaus gestorben ist, durch eine Straftat verursacht wurde, haben der Staatsanwalt und seine Ermittlungspersonen darauf hinzuwirken, dass die Leiche nicht von den Krankenhausärzten geöffnet wird. [2] Da die Krankenhausärzte indes an der Leichenöffnung vielfach ein erhebliches wissenschaftliches Interesse haben, empfiehlt es sich, ihnen die Anwesenheit zu gestatten, sofern nicht gewichtige Bedenken entgegenstehen. [3] Hat das Krankenhaus einen pathologisch besonders ausgebildeten Arzt zur Verfügung, kann es zweckmäßig sein, auch ihn zu der Leichenöffnung zuzuziehen.

38. Feuerbestattung

[1] Aus dem Bestattungsschein muss sich ergeben, ob auch die Feuerbestattung genehmigt wird. [2] Bestehen gegen diese Bestattungsart Bedenken, weil dadurch die Leiche als Beweismittel verloren geht, wird die Genehmigung hierfür zu versagen sein. [3] Solange der Verdacht eines nicht natürlichen Todes besteht, empfiehlt es sich, die Feuerbestattung nur im Einvernehmen mit dem Arzt, der mit der Leichenschau oder der Leichenöffnung betraut ist (§ 87 Absatz 1 Satz 1, Absatz 2 Satz 1 und 2 StPO[1]), zu genehmigen.

5. Fahndung

39. Allgemeines

(1) Ist der Täter nicht bekannt, hält er sich im Ausland auf oder ist sein Aufenthalt oder der eines wichtigen Zeugen nicht ermittelt, so veranlasst der Staatsanwalt, soweit nicht ausschließlich ein Gericht dazu berufen ist, die erforderlichen Fahndungsmaßnahmen nach Maßgabe der §§ 131 bis 131c StPO[1] und beantragt die Ausstellung eines Europäischen Haftbefehls, sofern die Voraussetzungen dafür vorliegen.

(2) Soweit erforderlich, veranlasst der Staatsanwalt nach Wegfall des Fahndungsgrundes unverzüglich die Rücknahme aller Fahndungsmaßnahmen.

40. Fahndungshilfsmittel

(1) Fahndungshilfsmittel des Staatsanwalts, die auch dann eingesetzt werden können, wenn die Voraussetzungen einer Öffentlichkeitsfahndung nicht gegeben sind, sind neben Auskünften von Behörden oder anderen Stellen insbesondere:

a) das Bundeszentralregister,
das Fahreignungsregister,
das Gewerbezentralregister,
das Ausländerzentralregister,

b) das EDV-Fahndungssystem der Polizei (INPOL),

c) Dateien nach §§ 483 ff. StPO[1], die Fahndungsinformationen enthalten,

d) die Landeskriminalblätter,

e) das Schengener Informationssystem (SIS).

(2) Sollen für eine Öffentlichkeitsfahndung Publikationsorgane in Anspruch genommen oder öffentlich zugängliche elektronische Medien wie das Internet genutzt werden, ist Anlage B[2] zu beachten.

---

[1] **Habersack, Deutsche Gesetze Nr. 90.**
[2] Die zitierte Anlage ist in der Neufassung nicht wiedergegeben, siehe die Anm. zur Überschrift.

41. Fahndung nach dem Beschuldigten

(1) [1] In den Fällen des § 131 StPO[1)] veranlasst der Staatsanwalt die Ausschreibung des Beschuldigten zur Festnahme und die Niederlegung eines entsprechenden Suchvermerks im Bundeszentralregister. [2] Die Ausschreibung ist grundsätzlich auch dann bei der Polizeidienststelle zu veranlassen, die für die Dateneingabe in das Informationssystem der Polizei (INPOL) und gegebenenfalls auch in das Schengener Informationssystem (SIS) zuständig ist (vgl. auch Nummer 43), wenn der Haftbefehl (Unterbringungsbefehl) zur Auslösung einer gezielten Fahndung der für den mutmaßlichen Wohnsitz des Gesuchten zuständigen Polizeidienststelle übersandt wird. [3] Der für die Dateneingabe zuständigen Polizeidienststelle ist eine beglaubigte Abschrift der Haftunterlagen zu übersenden. [4] Wenn die überörtliche Ausschreibung aus Verhältnismäßigkeitserwägungen nicht in Frage kommt, ist dies gegenüber der zur örtlichen Fahndung aufgeforderten Polizeidienststelle zum Ausdruck zu bringen.

(2) [1] Bei auslieferungsfähigen Straftaten ist gleichzeitig mit Einleitung der nationalen Fahndung zur Festnahme einer Person auch in allen Mitgliedstaaten der Europäischen Union, den Schengen-assoziierten Staaten[2)] und dem Vereinigten Königreich Großbritannien und Nordirland auf Grundlage des Europäischen Haftbefehls zu fahnden, es sei denn, dass eine entsprechende Fahndung unverhältnismäßig ist. [2] Eine darüber hinausgehende Fahndung, insbesondere in der INTERPOL-Zone 2 (übriges Europa), ist zu prüfen (vgl. Nummer 4 Anlage F[3)]). [3] Erfolgt keine internationale Fahndung zur Festnahme, ist die gesuchte Person im SIS zur Aufenthaltsermittlung auszuschreiben (vgl. Anlage F[3)]); der Grundsatz der Verhältnismäßigkeit ist zu berücksichtigen.

(3) [1] Erfolgt eine Ausschreibung zur Festnahme nach Absatz 1, ohne dass ein Haft- oder Unterbringungsbefehl vorliegt, ist § 131 Absatz 2 Satz 2 StPO zu beachten. [2] Nach Erlass des Haft- oder Unterbringungsbefehls ist die Ausschreibung entsprechend zu aktualisieren.

(4) [1] Ist der Beschuldigte ausländischer Staatsangehöriger und liegen Anhaltspunkte dafür vor, dass er sich im Ausland befindet, so setzt sich der Staatsanwalt, bevor er um Ausschreibung zur Festnahme ersucht, in der Regel mit der Ausländerbehörde in Verbindung. [2] Besteht ein Aufenthaltsverbot oder sind bei einer späteren Abschiebung Schwierigkeiten zu erwarten, prüft der Staatsanwalt bei Straftaten von geringerer Bedeutung, ob die Ausschreibung unterbleiben kann.

(5) [1] Liegen die Voraussetzungen des § 131 StPO nicht vor, veranlasst der Staatsanwalt die Ausschreibung zur Aufenthaltsermittlung (§ 131a StPO) und die Niederlegung eines entsprechenden Suchvermerkes im Bundeszentralregister. [2] Er veranlasst gegebenenfalls daneben die Ausschreibung zur Aufenthaltsermittlung im SIS.

(6) Ist der Beschuldigte im Zusammenhang mit einer Haftverschonung nach § 116 Absatz 1 Satz 2 StPO angewiesen worden, den Geltungsbereich der Strafprozessordnung nicht zu verlassen, veranlasst der Staatsanwalt die Ausschreibung zur Festnahme im geschützten Grenzfahndungsbestand.

(7) [1] Eine Fahndung zur polizeilichen Beobachtung wird unter den Voraussetzungen des § 163e StPO auch in Verbindung mit § 463a StPO durchgeführt.

[1)] **Habersack, Deutsche Gesetze Nr. 90.**
[2)] **Amtl. Anm.:** Island, Liechtenstein, Norwegen und Schweiz (Stand 1. Dezember 2021).
[3)] Die zitierte Anlage ist in der Neufassung nicht wiedergegeben, siehe die Anm. zur Überschrift.

[2] Liegen die Voraussetzungen vor, kann auch eine Ausschreibung im SIS zur verdeckten Kontrolle erfolgen (vgl. Anlage F[1)]).

42. Fahndung nach einem Zeugen

[1] Ist der Aufenthalt eines wichtigen Zeugen nicht bekannt, kann der Staatsanwalt nach Maßgabe der § 131a Absatz 1, Absatz 3 bis 5, § 131b Absatz 2 und 3, § 131c StPO[2)] eine Fahndung veranlassen. [2] Ersuchen zur Aufnahme von Zeugen in die INPOL-Fahndung und gegebenenfalls in das SIS (vgl. Anlage F[1)]) sind an die für die Dateneingabe zuständige Polizeidienststelle zu richten.

43. Internationale Fahndung

(1) [1] In den in Nummer 41 Absatz 2 Satz 1 genannten Staaten wird durch das SIS gefahndet. [2] In anderen Staaten erfolgt die Fahndung durch INTERPOL.

(2) [1] Liegen Anhaltspunkte vor, dass sich die gesuchte Person in einem bestimmten Staat aufhält, kann eine internationale Fahndung durch ein gezieltes Mitfahndungsersuchen veranlasst werden. [2] Dies schließt die Ausschreibung der gesuchten Person im SIS nicht aus, um möglichen Reisebewegungen zuvorzukommen.

(3) [1] Alle in Absatz 1 und 2 genannten Ausschreibungen zur internationalen Fahndung können zur Festnahme oder Aufenthaltsermittlung erfolgen, um möglichen Reisebewegungen zuvorzukommen. [2] Befindet sich die gesuchte Person in einem der in Nummer 41 Absatz 2 Satz 1 genannten Staaten in Haft und steht eine Haftentlassung nicht zeitnah bevor, soll ohne internationale Ausschreibung auf dem justiziellen Geschäftsweg ein gezieltes Auslieferungsersuchen gestellt oder ein Europäischer Haftbefehl übersandt werden. [3] Die internationale Fahndung zur Festnahme ist nur einzuleiten, wenn beabsichtigt ist, ein Auslieferungsersuchen anzuregen oder zu stellen.

(4) Zeugen können zur Aufenthaltsermittlung ausgeschrieben werden.

(5) Für die internationale Fahndung nach Personen, einschließlich der Fahndung nach Personen im SIS und aufgrund eines Europäischen Haftbefehls, gelten die hierfür erlassenen Richtlinien (vgl. Anlage F[1)]).

6. Vernehmung des Beschuldigten

44. Ladung und Aussagegenehmigung

(1) [1] Die Ladung eines Beschuldigten soll erkennen lassen, dass er als Beschuldigter vernommen werden soll. [2] Der Gegenstand der Beschuldigung wird dabei kurz anzugeben sein, wenn und soweit es mit dem Zweck der Untersuchung vereinbar ist. [3] Der Beschuldigte ist durch Brief zu laden. [4] Der Verteidiger ist von dem Termin vorher zu benachrichtigen (§ 163a Absatz 3 Satz 2 und Absatz 4 Satz 3 StPO[2)], § 168c Absatz 5 StPO).

(2) In der Ladung zu einer richterlichen oder staatsanwaltschaftlichen Vernehmung sollen Zwangsmaßnahmen für den Fall des Ausbleibens nur angedroht werden, wenn sie gegen den unentschuldigt ausgebliebenen Beschuldigten voraussichtlich auch durchgeführt werden.

(3) [1] Soll ein Richter, Beamter oder eine andere Person des öffentlichen Dienstes als Beschuldigter vernommen werden und erstreckt sich die Vernehmung auf Umstände, die der Amtsverschwiegenheit unterliegen können, ist der Beschuldigte

[1)] Die zitierte Anlage ist in der Neufassung nicht wiedergegeben, siehe die Anm. zur Überschrift.
[2)] **Habersack, Deutsche Gesetze Nr. 90.**

in der Ladung darauf hinzuweisen, dass er, sofern er sich zu der Beschuldigung äußern will, einer Aussagegenehmigung des Dienstherrn bedarf. [2]Erklärt der Beschuldigte seine Aussagebereitschaft, soll ihm Gelegenheit gegeben werden, diese Aussagegenehmigung einzuholen. [3]Im Übrigen gilt Nummer 66 Absatz 2 und 3 entsprechend.

45. Form der Vernehmung und Niederschrift

(1) [1]Die Belehrung des Beschuldigten vor seiner Vernehmung nach § 136 Absatz 1, § 163a Absatz 3 Satz 2 StPO[1)] ist aktenkundig zu machen (§ 168b Absatz 3 Satz 1 StPO). [2]Dies gilt auch für die Entscheidung des Beschuldigten darüber, ob er vor seiner Vernehmung einen von ihm zu wählenden Verteidiger befragen möchte, sowie für sein Einverständnis zu einer Vernehmung vor der Bestellung eines Pflichtverteidigers in den Fällen des § 141a Satz 1 StPO (§ 168b Absatz 3 Satz 2 StPO).

(2) [1]Bei bedeutsamen Teilen der Vernehmung sind die Fragen, Vorhalte und Antworten möglichst wörtlich in die Niederschrift aufzunehmen, Legt der Beschuldigte ein Geständnis ab, sind die von ihm geschilderten Einzelheiten der Tat ebenfalls möglichst wörtlich wiederzugeben. [2]Es ist darauf zu achten, dass besonders solche Umstände aktenkundig gemacht werden, die nur der Täter wissen kann. [3]Die Namen der Personen, die das Geständnis mit angehört haben, sind zu vermerken.

(3) [1]Hinsichtlich der Möglichkeit und gegebenenfalls Pflicht zur Aufzeichnung der Vernehmung des Beschuldigten in Bild und Ton sind § 136 Absatz 4 StPO bzw. § 70c Absatz 2 Satz 2, § 109 Absatz 1 Satz 1 JGG[2)] zu beachten. [2]In Fällen fehlender Aufzeichnungstechnik am Vernehmungsort ist der Einsatz mobiler Aufzeichnungsgeräte zu prüfen. [3]Wird die Vernehmung aufgezeichnet, ist eine Niederschrift zu fertigen, die auch den wesentlichen Inhalt der Aussage zu erfassen hat. [4]Insoweit genügt regelmäßig ein zusammenfassendes Inhaltsprotokoll.

7. Untersuchungshaft, einstweilige Unterbringung und sonstige Maßnahmen zur Sicherstellung der Strafverfolgung und der Strafvollstreckung

46. Begründung der Anträge in Haftsachen

(1) Der Staatsanwalt hat alle Anträge und Erklärungen, welche die Anordnung, Fortdauer und Aufhebung der Untersuchungshaft betreffen, zu begründen und dabei die Tatsachen anzuführen, aus denen sich

a) der dringende Tatverdacht,

b) der Haftgrund

ergeben.

(2) Wenn die Anwendung des § 112 Absatz 1 Satz 2 StPO[1)] nahe liegt, hat der Staatsanwalt darzulegen, weshalb er auch bei Berücksichtigung des Grundsatzes der Verhältnismäßigkeit die Anordnung der Untersuchungshaft für geboten hält.

(3) Soweit durch Bekanntwerden der angeführten Tatsachen die Staatssicherheit gefährdet wird, ist auf diese Gefahr besonders hinzuweisen (§ 114 Absatz 2 Nummer 4 StPO).

(4) Besteht in den Fällen des § 112 Absatz 3 und des § 112a Absatz 1 StPO auch ein Haftgrund nach § 112 Absatz 2 StPO, sind die Feststellungen hierüber aktenkundig zu machen.

[1)] **Habersack, Deutsche Gesetze Nr. 90.**
[2)] **Habersack, Deutsche Gesetze Nr. 89.**

47. Beschränkungen in der Untersuchungshaft, Unterrichtung der Vollzugsanstalt

(1) [1]Der Staatsanwalt hat im Zusammenhang mit dem Vollzug von Untersuchungshaft frühzeitig, möglichst mit Stellung des Antrages auf Erlass des Haftbefehls darauf hinzuwirken, dass die zur Abwehr einer Flucht-, Verdunkelungs- oder Wiederholungsgefahr nach § 119 Absatz 1 StPO[1)] erforderlichen Beschränkungen angeordnet und mit dem Aufnahmeersuchen verbunden werden. [2]Im Eilfall trifft er vorläufige Anordnungen gemäß § 119 Absatz 1 Satz 4 StPO selbst und führt nach § 119 Absatz 1 Satz 5 StPO die nachträgliche richterliche Entscheidung herbei.

(2) Wird dem Staatsanwalt darüber hinaus ein Sachverhalt bekannt, der eine Gefährdung der Sicherheit und Ordnung der Vollzugsanstalt (einschließlich einer Selbstgefährdung des Untersuchungsgefangenen) begründet, unterrichtet er unverzüglich in geeigneter Weise die Vollzugsanstalt, damit diese in eigener Zuständigkeit Beschränkungsanordnungen nach den Regelungen des Untersuchungshaftvollzugsgesetzes des Landes prüfen kann (vgl. § 114d Absatz 1 Satz 2 Nummer 7, Absatz 2 Satz 1 StPO).

48. Abschrift des Haftbefehls für den Beschuldigten

(1) Um sicherzustellen, dass dem Beschuldigten bei der Verhaftung eine Abschrift des Haftbefehls und gegebenenfalls eine Übersetzung in einer für ihn verständlichen Sprache ausgehändigt wird (vgl. § 114a Satz 1 StPO[1)]), empfiehlt es sich, entsprechende Abschriften bei den Akten bereitzuhalten.

(2) Wird eine bestimmte Polizeibehörde auf Grund eines Haftbefehls um die Festnahme des Beschuldigten ersucht, ist dem Ersuchen eine Abschrift des Haftbefehls und gegebenenfalls eine Übersetzung für den Beschuldigten beizufügen, wenn dies möglich ist.

49. (weggefallen)

50. Untersuchungshaft bei Soldaten der Bundeswehr

Kann den Erfordernissen der Untersuchungshaft während des Vollzuges von Freiheitsstrafe, Strafarrest, Jugendarrest oder Disziplinararrest durch Behörden der Bundeswehr nicht Rechnung getragen werden, prüft der Staatsanwalt, ob der Soldat im dortigen Vollzug verbleiben kann oder ob die Vollstreckung zu unterbrechen oder die Übernahme des Soldaten in den allgemeinen Vollzug erforderlich ist.

51. Symbolische Vorführung

Kann eine vorläufig festgenommene Person wegen Krankheit nicht in der vorgeschriebenen Frist (§ 128 StPO[1)]) dem Richter vorgeführt werden, sind diesem die Akten innerhalb der Frist vorzulegen, damit er den Festgenommenen nach Möglichkeit an dem Verwahrungsort vernehmen und unverzüglich entscheiden kann, ob ein Haftbefehl zu erlassen ist.

52. Kennzeichnung der Haftsachen

[1]In Haftsachen erhalten alle Verfügungen und ihre Abschriften den deutlich *sichtbaren Vermerk* „Haft“. [2]Befindet sich der Beschuldigte in anderer Sache in Haft, ist auch dies ersichtlich zu machen.

[1)] **Habersack, Deutsche Gesetze Nr. 90.**

53. Ausländische Staatsangehörige und staatenlose Personen

[1] Wird ein ausländischer Staatsangehöriger in Untersuchungshaft genommen (vgl. § 114b Absatz 2 Satz 4 StPO[1)]), sind für seinen Verkehr mit der diplomatischen oder konsularischen Vertretung seines Landes die Nummern 135 und 136 RiVASt und die hierzu ergangenen Verwaltungsvorschriften der Länder zu beachten. [2] Dies gilt für staatenlose Personen mit der Maßgabe entsprechend, dass diese berechtigt sind, mit dem nächsten zuständigen Vertreter des Staates, in dem sie ihren gewöhnlichen Aufenthalt haben, in Verbindung zu treten.

54. Überwachung, Haftprüfung

(1) [1] Der Staatsanwalt achtet in jeder Lage des Verfahrens darauf,

a) ob die Voraussetzungen der Untersuchungshaft noch vorliegen und ob die weitere Untersuchungshaft zu der Bedeutung der Sache und der zu erwartenden Strafe oder Maßregel der Besserung und Sicherung nicht außer Verhältnis steht (§ 120 StPO[1)]);

b) ob der Zweck der Untersuchungshaft nicht auch durch weniger einschneidende Maßnahmen erreicht werden kann (§ 116 Absatz 1 bis 3 StPO).

[2] Gegebenenfalls stellt er die entsprechenden Anträge.

(2) [1] Der Staatsanwalt achtet darauf, dass einem Beschuldigten, der dem Gericht zur Entscheidung über die Untersuchungshaft oder einstweilige Unterbringung vorgeführt werden soll, unverzüglich ein Verteidiger bestellt wird (vgl. § 140 Absatz 1 Nummer 4, § 141 Absatz 2 Satz 1 Nummer 1 StPO). [2] Es empfiehlt sich, zugleich mit der Belehrung nach § 114b Absatz 2 Satz 1 Nummer 4 und 4a StPO zu klären, ob der Beschuldigte bereits einen Verteidiger gewählt hat oder die Bestellung eines Verteidigers seiner Wahl wünscht.

(3) Haftprüfungen und Haftbeschwerden sollen den Fortgang der Ermittlungen nicht aufhalten.

55. Anordnung der Freilassung des Verhafteten

(1) [1] Hebt das Gericht den Haftbefehl auf, ordnet es zugleich die Freilassung des Untersuchungsgefangenen an. [2] Allein im Fall eines das Gericht bindenden Antrags der Staatsanwaltschaft auf Aufhebung des Haftbefehls vor Anklageerhebung (§ 120 Absatz 3 StPO[1)]) ordnet die Staatsanwaltschaft zugleich die Freilassung des Untersuchungsgefangenen an.

(2) [1] Wird der Haftbefehl in der Hauptverhandlung aufgehoben, wird der Angeklagte sofort freigelassen, wenn keine Überhaft vorgemerkt ist. [2] Jedoch kann der Hinweis an ihn angebracht sein, dass es sich empfiehlt, in die Anstalt zurückzukehren, um die Entlassungsförmlichkeiten zu erledigen.

(3) Der Staatsanwalt achtet darauf, dass der Verhaftete nach Aufhebung des Haftbefehls entlassen wird.

56. Haft über sechs Monate

(1) [1] Ist es geboten, die Untersuchungshaft über sechs Monate hinaus aufrechtzuerhalten, und liegen die besonderen Voraussetzungen des § 121 Absatz 1 StPO[1)] vor, leitet der Staatsanwalt die Akten dem zuständigen Gericht (§§ 122, 125, 126 StPO) so rechtzeitig zu, dass dieses sie durch Vermittlung der Staatsanwaltschaft

---

[1)] **Habersack, Deutsche Gesetze Nr. 90.**

innerhalb der Frist dem Oberlandesgericht oder in den Fällen des § 120 GVG[1] dem Bundesgerichtshof vorlegen kann. [2] Liegen die Akten dem zuständigen Gericht bereits vor, wirkt der Staatsanwalt auf die rechtzeitige Vorlage der Akten hin. [3] Er legt die Gründe dar, die nach seiner Auffassung die Fortdauer der Haft über sechs Monate hinaus rechtfertigen. [4] Zugleich beantragt er, falls erforderlich, eine dem letzten Ermittlungsstand entsprechende Ergänzung oder sonstige Änderung des Haftbefehls.

(2) [1] Die Akten sind besonders zu kennzeichnen. [2] Sie sind mit Vorrang zu behandeln und beschleunigt zu befördern.

(3) Hat das Oberlandesgericht oder in den Fällen des § 120 GVG der Bundesgerichtshof die Fortdauer der Untersuchungshaft angeordnet, sorgt der Staatsanwalt dafür, dass auch die weiteren nach §§ 122 Absatz 3 und 4, 122a StPO erforderlichen gerichtlichen Entscheidungen rechtzeitig herbeigeführt werden.

(4) Soll eine Entscheidung des Oberlandesgerichts oder des Bundesgerichtshofs nicht herbeigeführt werden, hat der Staatsanwalt dafür Sorge zu tragen, dass der Haftbefehl nach Ablauf der Frist von sechs Monaten aufgehoben oder außer Vollzug gesetzt wird (§ 121 Absatz 2, § 120 Absatz 3 StPO).

57. Aussetzung des Vollzugs

(1) Hat der Richter den Vollzug des Haftbefehls nach § 116 StPO[2] ausgesetzt, überwacht der Staatsanwalt, ob die erteilten Anweisungen befolgt werden.

(2) [1] Liegen die Voraussetzungen des § 116 Absatz 4 StPO vor, beantragt der Staatsanwalt, den Vollzug des Haftbefehls anzuordnen. [2] In den Fällen des § 123 Absatz 1 StPO beantragt er, die nach § 116 StPO angeordneten Maßnahmen aufzuheben.

(3) [1] Bei der Erteilung von Anweisungen nach § 116 StPO an Soldaten der Bundeswehr sollte der Eigenart des Wehrdienstes Rechnung getragen werden. [2] Der Staatsanwalt wirkt darauf hin, dass Anweisungen, denen der zur Truppe zurückgekehrte Soldat nur schwer nachkommen kann, oder die dem nicht rückkehrwilligen Soldaten Anlass zu dem Versuch geben könnten, sein Fernbleiben von der Truppe zu rechtfertigen, vermieden werden. [3] Es kann sich daher empfehlen, eine Anweisung an den Soldaten anzuregen, sich bei seiner Einheit (Disziplinarvorgesetzten) zu melden (§ 116 Absatz 1 Satz 2 Nummer 1 StPO).

58. Unterbringung von Untersuchungsgefangenen in einem Krankenhaus

(1) [1] Muss ein Untersuchungsgefangener in einem Krankenhaus außerhalb der Vollzugsanstalt ärztlich behandelt werden, rechtfertigt dies allein die Aufhebung des Haftbefehls nicht. [2] Entscheidend ist vielmehr, ob die Voraussetzungen für die Untersuchungshaft wegen der Krankheit weggefallen sind.

(2) Hebt der Richter wegen der Art, der Schwere oder der voraussichtlichen Dauer der Krankheit den Haftbefehl auf, ist es nicht Aufgabe der Justizbehörden, den Beschuldigten in einem Krankenhaus unterzubringen, vielmehr ist es den Verwaltungsbehörden zu überlassen, notwendige Maßnahmen zu treffen.

(3) [1] Wird der Haftbefehl aufgehoben, nachdem der Beschuldigte in einem Krankenhaus untergebracht worden ist, teilt der Staatsanwalt die Aufhebung des Haftbefehls und die Haftentlassung dem Beschuldigten selbst und dem Krankenhaus unverzüglich mit. [2] Dem Krankenhaus ist gleichzeitig zu eröffnen, dass der

[1] **Habersack, Deutsche Gesetze Nr. 95.**
[2] **Habersack, Deutsche Gesetze Nr. 90.**

Justizfiskus für die weiteren Kosten der Unterbringung und Behandlung nicht mehr aufkommt. [3] Die Polizei darf nicht im Voraus ersucht werden, den Beschuldigten nach seiner Heilung erneut vorläufig festzunehmen oder zu diesem Zweck den Heilungsverlauf zu überwachen; auch darf nicht gebeten werden, die Entlassung mitzuteilen, da solche Maßnahmen dahin ausgelegt werden könnten, dass die Untersuchungshaft trotz der Entlassung tatsächlich aufrechterhalten werden soll und der Justizfiskus für die Kosten der Unterbringung und Behandlung in Anspruch genommen werden kann.

(4) [1] Wird der Haftbefehl trotz der Krankheit aufrechterhalten, rechtfertigt es allein der Umstand, dass der Verhaftete vorübergehend in einem Krankenhaus unterzubringen ist, nicht, den Haftbefehl außer Vollzug zu setzen. [2] Der Beschuldigte ist vielmehr auf Kosten des Justizfiskus unterzubringen.

59. Einstweilige Unterbringung

Auf die einstweilige Unterbringung sind die Nummer 46 bis 55 sinngemäß anzuwenden.

60. Besondere Maßnahmen zur Sicherung der Strafverfolgung und Strafvollstreckung

[1] Im Rahmen der besonderen Maßnahmen (§§ 127a, 132 StPO[1)]) zur Sicherung der Strafverfolgung und der Strafvollstreckung gegen Beschuldigte, die im Geltungsbereich der StPO keinen Wohnsitz haben, sind bei der Bemessung der Sicherheitsleistung die bei einschlägigen Straftaten erfahrungsgemäß festgesetzten Beträge für Geldstrafen und Kosten zu Grunde zu legen. [2] Kann der Beschuldigte einen Zustellungsbevollmächtigten eigener Wahl zunächst nicht benennen, ist er darauf hinzuweisen, dass er einen Rechtsanwalt oder einen hierzu bereiten Beamten der Geschäftsstelle des zuständigen Amtsgerichts bevollmächtigen kann.

8. Beobachtung in einem psychiatrischen Krankenhaus

61. Allgemeines

(1) Der für die Anordnung der Unterbringung des Beschuldigten in einem psychiatrischen Krankenhaus geltende Grundsatz der Verhältnismäßigkeit (§ 81 Absatz 2 Satz 2 StPO[1)]) ist auch bei der Vollstreckung der Anordnung zu beachten.

(2) [1] Der auf freiem Fuß befindliche Beschuldigte darf in der Regel erst dann zwangsweise in das psychiatrische Krankenhaus verbracht werden, wenn er unter Androhung der zwangsweisen Zuführung für den Fall der Nichtbefolgung aufgefordert worden ist, sich innerhalb einer bestimmten Frist in dem psychiatrischen Krankenhaus zu stellen, und er dieser Aufforderung nicht nachgekommen ist. [2] Einer solchen Aufforderung bedarf es nicht, wenn zu erwarten ist, dass der Beschuldigte sie nicht befolgt.

62. Dauer und Vorbereitung der Beobachtung

(1) Der Sachverständige ist darauf hinzuweisen, dass die Unterbringung nicht länger dauern darf, als zur Beobachtung des Beschuldigten unbedingt notwendig ist, dass dieser entlassen werden muss, sobald der Zweck der Beobachtung erreicht ist, und dass das gesetzliche Höchstmaß von sechs Wochen keinesfalls überschritten werden darf.

[1)] Habersack, Deutsche Gesetze Nr. 90.

(2) [1] Der Sachverständige ist zu veranlassen, die Vorgeschichte möglichst vor der Aufnahme des Beschuldigten in die Anstalt zu erheben. [2] Dazu sind ihm ausreichende Zeit vorher die Akten und Beiakten, besonders Akten früherer Straf- und Ermittlungsverfahren, Akten über den Aufenthalt in Justizvollzugsanstalten, in einer Entziehungsanstalt oder in einem psychiatrischen Krankenhaus (mit Krankenblättern), Betreuungs-, Entmündigungs-, Pflegschafts-, Ehescheidungs- und Rentenakten zugänglich zu machen, soweit sie für die Begutachtung von Bedeutung sein können.

(3) Angaben des Verteidigers, des Beschuldigten oder seiner Angehörigen, die für die Begutachtung von Bedeutung sind, z.B. über Erkrankungen, Verletzungen, auffälliges Verhalten, sind möglichst schnell nachzuprüfen, damit sie der Gutachter verwerten kann.

(4) Sobald der Beschluss nach § 81 StPO[1)] rechtskräftig ist, soll sich der Staatsanwalt mit dem Leiter des psychiatrischen Krankenhauses fernmündlich darüber verständigen, wann der Beschuldigte aufgenommen werden kann.

63. Strafverfahren gegen Hirnverletzte

(1) In Strafverfahren gegen Hirnverletzte empfiehlt es sich in der Regel, einen Facharzt für Nerven- und Gemütsleiden (Neurologie und Psychiatrie) oder einen auf einem dieser Fachgebiete vorgebildeten und besonders erfahrenen Arzt als Gutachter heranzuziehen.

(2) [1] Die Kranken- und Versorgungsakten sind in der Regel für die fachärztliche Begutachtung von Bedeutung; sie sind daher rechtzeitig beizufügen. [2] Soweit möglich, sollte der Staatsanwalt auf die Einwilligung des Beschuldigten hinwirken. [3] Im Übrigen sind die Vorschriften der §§ 67 ff. des Sozialgesetzbuches (SGB) X, insbesondere § 73 SGB X, zu beachten.

9. Zeugen

64. Ladung

(1) [1] Die Ladung eines Zeugen muss erkennen lassen, dass er als Zeuge vernommen werden soll. [2] Der Name des Beschuldigten ist anzugeben, wenn der Zweck der Untersuchung es nicht verbietet, der Gegenstand der Beschuldigung nur dann, wenn dies zur Vorbereitung der Aussage durch den Zeugen erforderlich ist. [3] Mit der Ladung ist der Zeuge auf die seinem Interesse dienenden verfahrensrechtlichen Bestimmungen und die vorhandene Möglichkeit der Zeugenbetreuung hinzuweisen.

(2) Ist anzunehmen, dass der Zeuge Schriftstücke oder andere Beweismittel besitzt, die für die Untersuchung von Bedeutung sein können, soll er in der Ladung aufgefordert werden, sie bei der Vernehmung vorzulegen.

(3) [1] Die Zeugen sollen durch einfachen Brief, nicht durch Postkarte, geladen werden. [2] Nur bei Vorliegen besonderer Umstände ist die Ladung zuzustellen. [3] Wegen der Ladung zur Hauptverhandlung wird auf Nummer 117 hingewiesen.

65. Belehrung des Zeugen

[1] Die Belehrung des Zeugen über sein Zeugnisverweigerungsrecht nach § 52 StPO[1)] und sein Auskunftsverweigerungsrecht nach § 55 StPO (§ 163 Absatz 3 *Satz 2, § 161a* Absatz 1 Satz 2 StPO) ist aktenkundig zu machen. [2] Entsprechendes gilt für eine Belehrung seines gesetzlichen Vertreters.

[1)] **Habersack, Deutsche Gesetze Nr. 90.**

66. Vernehmung von Personen des öffentlichen Dienstes

(1) [1] Soll ein Richter, ein Beamter oder eine andere Person des öffentlichen Dienstes als Zeuge vernommen werden und erstreckt sich die Vernehmung auf Umstände, die der Amtsverschwiegenheit unterliegen, holt die Stelle, die den Zeugen vernehmen will, die Aussagegenehmigung von Amts wegen ein. [2] Bestehen Zweifel, ob sich die Vernehmung auf Umstände, die der Amtsverschwiegenheit unterliegen, erstrecken kann, ist dies vor der Vernehmung durch eine Anfrage bei dem Dienstvorgesetzten zu klären.

(2) [1] Um die Genehmigung ist der Dienstvorgesetzte zu ersuchen, dem der Zeuge im Zeitpunkt der Vernehmung untersteht oder dem er im Falle des § 54 Absatz 4 StPO[1)] zuletzt unterstanden hat. [2] Bezieht sich die Vernehmung auf einen Vorgang, der sich bei einem früheren Dienstherrn ereignet hat, darf die Genehmigung nur mit dessen Zustimmung erteilt werden (vgl. § 37 Absatz 3 Satz 3 des Beamtenstatusgesetzes (BeamtStG)[2)], § 67 Absatz 3 Satz 3 BBG[3)]); die Zustimmung hat der derzeitige Dienstvorgesetzte einzuholen. [3] Auf § 37 Absatz 3 Satz 4 BeamtStG wird hingewiesen.

(3) [1] Der Antrag auf Erteilung einer Aussagegenehmigung muss die Vorgänge, über die der Zeuge vernommen werden soll, kurz, aber erschöpfend angeben, damit der Dienstvorgesetzte beurteilen kann, ob Versagungsgründe vorliegen. [2] Der Antrag ist so rechtzeitig zu stellen, dass der Dienstvorgesetzte ihn prüfen und seine Entscheidung noch vor dem Termin mitteilen kann. [3] In eiligen Sachen wird deshalb die Aussagegenehmigung schon vor der Anberaumung des Termins einzuholen sein.

67. Schriftliche Aussage

(1) [1] In geeigneten Fällen kann es ausreichen, dass ein Zeuge sich über bestimmte Fragen zunächst nur schriftlich äußert, vorausgesetzt, dass er glaubwürdig erscheint und eine vollständige Auskunft von ihm erwartet werden kann. [2] In dieser Weise zu verfahren, empfiehlt sich besonders dann, wenn der Zeuge für seine Aussage Akten, Geschäftsbücher oder andere umfangreiche Schriftstücke braucht.

(2) Befindet sich der Zeuge im Ausland, ist bei der schriftlichen Befragung Nummer 121 RiVASt zu beachten.

68. Behördliches Zeugnis

[1] Die Vernehmung von Zeugen kann entbehrlich sein, wenn zum Beweis einer Tatsache die Verlesung einer der in § 256 Absatz 1 StPO[1)] genannten Erklärungen genügt. [2] In geeigneten Fällen wird der Staatsanwalt daher ein behördliches Zeugnis einholen, das in der Hauptverhandlung verlesen werden kann.

10. Sachverständige

69. Allgemeines

[1] Ein Sachverständiger soll nur zugezogen werden, wenn sein Gutachten für die vollständige Aufklärung des Sachverhalts unentbehrlich ist. [2] Nummer 68 gilt sinngemäß.

---

1) **Habersack, Deutsche Gesetze Nr. 90.**
2) **Sartorius Nr. 150.**
3) **Sartorius Nr. 160.**

70. Auswahl des Sachverständigen und Belehrung

(1) Während des Ermittlungsverfahrens gibt der Staatsanwalt dem Verteidiger Gelegenheit, vor Auswahl eines Sachverständigen Stellung zu nehmen, es sei denn, dass der Gegenstand der Untersuchung ein häufig wiederkehrender, tatsächlich gleichartiger Sachverhalt (z.B. Blutalkoholgutachten) ist oder eine Gefährdung des Untersuchungszwecks (vgl. § 147 Absatz 2 Satz 1 StPO[1]) oder eine Verzögerung des Verfahrens zu besorgen ist.

(2) Ist dem Staatsanwalt kein geeigneter Sachverständiger bekannt, ersucht er die Berufsorganisation oder die Behörde um Vorschläge, in deren Geschäftsbereich die zu begutachtende Frage fällt.

(3) Es empfiehlt sich, für die wichtigsten Gebiete Verzeichnisse bewährter Sachverständiger zu führen, damit das Verfahren nicht durch die Auswahl von Sachverständigen verzögert wird.

(4) Sollen Personen des öffentlichen Dienstes als Sachverständige vernommen werden, gilt Nummer 66 sinngemäß.

(5) Für die Belehrung des Sachverständigen gilt Nummer 65 entsprechend.

71. Arbeitsunfälle

[1] Bei Arbeitsunfällen empfiehlt es sich, der für den Betrieb zuständigen Berufsgenossenschaft oder ihren technischen Aufsichtsbeamten neben den für die Gewerbeaufsicht zuständigen Stellen Gelegenheit zu geben, sich gutachtlich zu äußern. [2] Auch kann es geboten sein, sie schon zur Besichtigung der Unfallstelle zuzuziehen. [3] Bei folgenschweren Arbeitsunfällen (insbesondere solche mit erheblichem Personenschaden) kann es sich empfehlen, zur Vermeidung eines Beweismittelverlustes frühzeitig einen Sachverständigen hinzuzuziehen, der u.a. Feststellungen zur Einhaltung von Arbeitsschutzvorschriften trifft.

72. Beschleunigung

(1) Vor Beauftragung des Sachverständigen soll gegebenenfalls geklärt werden, ob dieser in der Lage ist, das Gutachten in angemessener Zeit zu erstatten.

(2) [1] Dem Sachverständigen ist ein genau umgrenzter Auftrag zu erteilen; nach Möglichkeit sind bestimmte Fragen zu stellen. [2] Oft ist es zweckmäßig, die entscheidenden Gesichtspunkte vorher mündlich zu erörtern.

(3) Bis zur Erstattung des Gutachtens wird der Staatsanwalt sonst noch fehlende Ermittlungen durchführen.

(4) Bestehen Zweifel an der Eignung des Sachverständigen, ist alsbald zu prüfen, ob ein anderer Sachverständiger beauftragt werden muss.

11. Akten über Vorstrafen

73 [Akten über Vorstrafen]

Ist wegen der Vorstrafen des Beschuldigten zu prüfen, ob die Anordnung der Sicherungsverwahrung (§ 66 StGB[2]) in Betracht kommt, oder kann es für die Strafbemessung wichtig sein, dass der Beschuldigte wegen gleichartiger Straftaten *vorbestraft ist, sind die vollständigen* Akten beizuziehen.

---

[1] **Habersack, Deutsche Gesetze Nr. 90.**
[2] **Habersack, Deutsche Gesetze Nr. 85.**

11a. Durchsuchung und Beschlagnahme

73a [Durchsuchung und Beschlagnahme]

[1] Durchsuchung und Beschlagnahme stellen erhebliche Eingriffe in die Rechte des Betroffenen dar und bedürfen daher im Hinblick auf den Verhältnismäßigkeitsgrundsatz einer sorgfältigen Abwägung. [2] Bei der Prüfung, ob bei einem Zeugnisverweigerungsberechtigten die Voraussetzungen für eine solche Maßnahme vorliegen (§ 97 Absatz 2 Satz 3, Absatz 5 Satz 2 StPO[1)]), ist ein strenger Maßstab anzulegen.

12. Behandlung der amtlich verwahrten Gegenstände

74. Sorgfältige Verwahrung

[1] Gegenstände, die in einem Strafverfahren oder einem selbstständigen Einziehungsverfahren beschlagnahmt oder sonst in amtliche Verwahrung genommen worden sind, müssen zur Vermeidung von Schadensersatzansprüchen vor Verlust, Entwertung oder Beschädigung geschützt werden. [2] Die Verantwortung hierfür trifft zunächst den Beamten, der die Beschlagnahme vornimmt; sie geht auf die Stelle (Staatsanwaltschaft oder Gericht) über, der die weitere Verfügung über den verwahrten Gegenstand zusteht. [3] Die Verwaltungsvorschriften der Länder über die Verwahrung sind zu beachten.

75. Herausgabe

(1) Bewegliche Sachen, deren Einziehung oder Unbrauchbarmachung nicht in Betracht kommt, sind herauszugeben, sobald sie für das Strafverfahren entbehrlich sind und die Voraussetzungen für die Herausgabe offenkundig sind (§ 111n StPO[1)]).

(2) [1] Unter den Voraussetzung des Absatzes 1 werden bewegliche Sachen an den letzten Gewahrsamsinhaber herausgegeben (§ 111n Absatz 1 StPO), es sei denn, dass dieser der Herausgabe an einen anderen zugestimmt hat oder ein Fall des § 111n Absatz 2 oder 3 StPO vorliegt. [2] Die folgenden Absätze 3 und 4 bleiben unberührt. [3] Sind gefährliche Sachen an einen Gefangenen oder Untergebrachten herauszugeben, sind diese an die Leitung der Justizvollzugsanstalt oder Unterbringungseinrichtung unter Hinweis auf die Gefährlichkeit zu übersenden.

(3) [1] Bestehen für die Herausgabe an einen Dritten (§ 111n Absatz 3 StPO) lediglich Anhaltspunkte für dessen Berechtigung, kann der Staatsanwalt dem Dritten unter Bestimmung einer Frist Gelegenheit zum Nachweis seiner Berechtigung geben. [2] Lässt der Dritte die Frist ungenutzt verstreichen, ist nach Absatz 2 Satz 1 zu verfahren.

(4) Ergibt sich im Laufe der Ermittlungen zweifelsfrei, dass eine Sache unrechtmäßig in die Hand des letzten Gewahrsamsinhabers gekommen ist, lässt sich der Berechtigte aber nicht ermitteln, ist nach § 983 BGB[2)] und den dazu erlassenen Vorschriften zu verfahren.

(5) [1] In der Herausgabeanordnung sind die Sachen und der Empfangsberechtigte genau zu bezeichnen. [2] Die Sachen dürfen nur gegen eine Bescheinigung des Empfangsberechtigten oder dessen ausgewiesenen Bevollmächtigten herausgegeben werden. [3] Anordnung und Herausgabe sind aktenkundig zu machen.

[1)] **Habersack, Deutsche Gesetze Nr. 90.**
[2)] **Habersack, Deutsche Gesetze Nr. 20.**

(6) Bei Sachen, deren Besitz oder Führen einer gesonderten Erlaubnis bedürfen, ist die Herausgabe von der Vorlage der entsprechenden Erlaubnis abhängig zu machen.

76. Beweissicherung

(1) In Verfahren gegen unbekannte Täter sind Gegenstände, die für Zwecke des Strafverfahrens noch benötigt werden, in der Regel bis zum Eintritt der Verfolgungsverjährung aufzubewahren.

(2) [1] Dies gilt nicht für Gegenstände, die einem Dritten, insbesondere dem Geschädigten, als letzten berechtigten Gewahrsamsinhaber zugeordnet werden können oder die für Zwecke des Strafverfahrens nicht im Original benötigt werden. [2] Diese sollen nach spurentechnischer Untersuchung und fotografischer Dokumentation regelmäßig wieder an den letzten berechtigten Gewahrsamsinhaber herausgegeben bzw. vernichtet werden, wobei besonderes Augenmerk auf die ordnungsgemäße Dokumentation der Spurensicherung zu richten ist, um gegebenenfalls späteren Einwendungen der Verteidigung wirksam begegnen zu können.

13. Beschlagnahme von Postsendungen

77. Umfang der Beschlagnahme

(1) In dem Antrag auf Beschlagnahme von Postsendungen und Telegrammen sowie in einer Beschlagnahmeanordnung des Staatsanwalts sind die Briefe, Telegramme und andere Sendungen nach ihren äußeren Merkmalen so genau zu bezeichnen, dass Zweifel über den Umfang der Beschlagnahme ausgeschlossen sind.

(2) [1] Der Staatsanwalt prüft, ob die Beschlagnahme aller Postsendungen und Telegramme an bestimmte Empfänger notwendig ist oder ob sie auf einzelne Gattungen von Sendungen beschränkt werden kann. [2] Durch die Beschränkung und den Umstand, dass andere Sendungen ausgeliefert werden, kann verhindert werden, dass die Beschlagnahme vorzeitig bekannt wird.

(3) [1] Für die einzelnen Gattungen von Sendungen können folgende Bezeichnungen verwendet werden:

a) Briefsendungen (§ 4 Nummer 2 Postgesetz);

b) adressierte Pakete;

c) Postanweisungen, Zahlungsanweisungen und Zahlkarten;

d) Bücher, Kataloge, Zeitungen oder Zeitschriften;

e) Telegramme.

[2] Soll die Beschlagnahme auf einen engeren Kreis von Sendungen beschränkt werden, ist deren Art in der Beschlagnahmeanordnung so zu beschreiben, dass der Adressat die betreffenden Sendungen eindeutig identifizieren kann. [3] Erforderlichenfalls ist die Formulierung durch Rücksprache mit den jeweils als Adressaten in Betracht kommenden Personen oder Unternehmen, die geschäftsmäßig Post- und Telekommunikationsdienste erbringen oder daran mitwirken (Post- oder Telekommunikationsunternehmen), zu klären.

(4) Auf dem Aktenumschlag ist der Vermerk „Postbeschlagnahme“ deutlich anzubringen.

78. Inhalt der Beschlagnahmeanordnung

(1) [1] Die Beschlagnahme von Sendungen, die bei einer inländischen Betriebsstätte eines Post- oder Telekommunikationsunternehmens für einen bestimmten Empfänger eingehen, z.B. an den Beschuldigten oder an eine von ihm verwendete Deckanschrift, ist in der Regel anderen Möglichkeiten vorzuziehen. [2] Der volle Name, bei häufig wiederkehrenden Namen, zumal in Großstädten, auch andere Unterscheidungsmerkmale, der Bestimmungsort, bei größeren Orten die Straße und die Hausnummer und die Betriebsstätte eines Post- oder Telekommunikationsunternehmens, sind anzugeben.

(2) [1] Bei der Beschlagnahme von Sendungen nach anderen Merkmalen, z.B. eines bestimmten Absenders, ist die Annahme-/Einlieferungsstelle des jeweiligen Post- oder Telekommunikationsunternehmens zu bezeichnen, bei der die Einlieferung erwartet wird. [2] Dasselbe gilt, wenn Sendungen an bestimmte Empfänger nicht bei der Auslieferungsstelle, z.B. weil diese im Ausland liegt, sondern bei anderen Betriebsstätten beschlagnahmt werden sollen. [3] Beschlagnahmen solcher Art sollen nur beantragt werden, wenn sie unentbehrlich sind. [4] In diesen Ausnahmefällen sind alle Merkmale, nach denen die Beschlagnahme ausgeführt werden soll, so genau zu beschreiben, dass kein Zweifel darüber besteht, welche Sendungen das Unternehmen auszuliefern hat.

(3) In zweifelhaften oder schwierigen Fällen wird sich der Staatsanwalt vorher mit dem betreffenden Post- oder Telekommunikationsunternehmen darüber verständigen, wie die Beschlagnahme am zweckmäßigsten durchgeführt wird.

79. Verfahren bei der Beschlagnahme

[1] Der Staatsanwalt prüft, welche Post- oder Telekommunikationsunternehmen als Adressaten einer Beschlagnahmeanordnung in Betracht kommen. [2] Hierzu ist zunächst festzustellen, welche Unternehmen eine Lizenz für die Beförderung von Sendungen der zu beschlagnahmenden Art in dem betreffenden geographischen Bereich besitzen. [3] Die Beschlagnahmeanordnung ist allen Post- oder Telekommunikationsunternehmen zu übersenden, bei welchen die Beschlagnahme erfolgen soll. [4] In Zweifelsfällen ist bei der Bundesnetzagentur für Elektrizität, Gas, Telekommunikation, Post und Eisenbahnen (Tulpenfeld 4, 53113 Bonn) festzustellen, welche Unternehmen als Adressaten einer Beschlagnahmeanordnung in Betracht kommen[1)]. [5] Bei der Adressierung der Beschlagnahmeanordnung ist die jeweilige Betriebsstruktur des Adressaten zu beachten (z.B. das Bestehen rechtlich selbständiger Niederlassungen, Franchise-Unternehmen). [6] In Zweifelsfällen empfiehlt sich eine vorherige Kontaktaufnahme mit dem jeweiligen Unternehmen.

80. Aufhebung der Beschlagnahme

(1) [1] Die Beschlagnahme soll in der Regel von vornherein auf eine bestimmte Zeit (etwa einen Monat) beschränkt werden. [2] Wegen der mit jeder Beschlagnahme verbundenen Verzögerung der Postzustellung achtet der Staatsanwalt darauf, dass die Beschlagnahme nicht länger als erforderlich aufrechterhalten wird.

(2) Sobald ein Beschlagnahmebeschluss erledigt ist, beantragt der Staatsanwalt unverzüglich, ihn aufzuheben und verständigt sofort die betroffenen Post- oder Telekommunikationsunternehmen.

(3) Der Vermerk „Postbeschlagnahme" (Nummer 77 Absatz 4) ist zu beseitigen.

[1)] **Amtl. Anm.:** Eine Aufstellung der Lizenzunternehmen kann im Internet abgerufen werden unter http://www.bundesnetzagentur.de/cln_1421/DE/Sachgebiete/Post/Unternehmen_Institutionen/Lizenzierung/ErteilteLizenzen/erteiltelizenzen-node.html.

81. Postsendungen mit staatsgefährdenden Inhalten

Bei Postsendungen mit staatsgefährdenden Inhalten ist Nummer 208 zu beachten.

82. (weggefallen)

13a. Beschlagnahme und Vermögensarrest zur Sicherung der Einziehung und der Wertersatzeinziehung, Insolvenzverfahren

83. Vorrangige Insolvenzantragsrechte anderer Stellen

[1] Die Staatsanwaltschaft sieht von einem Antrag nach § 111i Absatz 2 Satz 1 StPO[1)] ab, wenn das Insolvenzantragsrecht einer anderen Stelle ausschließlich zugewiesen ist. [2] Dies gilt insbesondere in den Fällen der § 46b Absatz 1 Satz 4 des Kreditwesengesetzes (KWG), § 312 Absatz 1 Satz 1 des Vermögensanlagegesetzes (VAG), § 21 Absatz 4 Satz 4 des Gesetzes über die Beaufsichtigung von Zahlungsdiensten (ZAG) und § 43 Absatz 1 des Kapitalanlagegesetzbuches (KAGB) in Verbindung mit § 46b Absatz 1 Satz 4 KWG. [3] Eine Insolvenzantragstellung durch die Staatsanwaltschaft kommt hingegen in Betracht, wenn die spezialgesetzlichen Regelungen keine Anwendung finden, beispielsweise wenn keine Erlaubnis zum Geschäftsbetrieb durch die Aufsichtsbehörde erteilt wurde.

14. Auskunft über die Telekommunikation

84. (weggefallen)

85. Telekommunikation

[1] Das Gericht und unter den Voraussetzungen des § 100e Absatz 1 Satz 2 und 3 StPO[1)] auch die Staatsanwaltschaft können nach § 100g Absatz 1 StPO die Erhebung von Verkehrsdaten (§ 9 und § 12 des Telekommunikation-Telemedien-Datenschutz-Gesetzes und § 2a Absatz 1 des Gesetzes über die Errichtung einer Bundesanstalt für den Digitalfunk der Behörden und Organisationen mit Sicherheitsaufgaben) und nach § 100k Absatz 1 und 2 StPO die Erhebung von Nutzungsdaten (§ 2 Absatz 2 Nummer 3 des Telekommunikation-Telemedien-Datenschutz-Gesetzes) anordnen (vgl. § 101a Absatz 1 Satz 1 und Absatz 1a StPO). [2] Dazu gehören auch die Standortdaten eines Mobilfunkgerätes (§ 100g Absatz 1 Satz 3 und 4 und § 100k Absatz 1 Satz 2 und 3 StPO).

15. Öffentliches Interesse bei Privatklagesachen

86. Allgemeines

(1) Sobald der Staatsanwalt von einer Straftat erfährt, die mit der Privatklage verfolgt werden kann, prüft er, ob ein öffentliches Interesse an der Verfolgung von Amts wegen besteht.

(2) Ein öffentliches Interesse wird in der Regel vorliegen, wenn der Rechtsfrieden über den Lebenskreis des Verletzten hinaus gestört und die Strafverfolgung ein gegenwärtiges Anliegen der Allgemeinheit ist, z.B. wegen des Ausmaßes der Rechtsverletzung, wegen der Rohheit oder Gefährlichkeit der Tat, der rassistischen, fremdenfeindlichen, antisemitischen oder sonstigen menschenverachtenden Beweggründe des Beschuldigten, wegen der besonderen Schutzbedürftigkeit des Verletzten, der Stellung des Verletzten im öffentlichen Leben oder wegen relevan*ter Voreintragungen* des Beschuldigten in einem inländischen oder ausländischen Strafregister.

[1)] **Habersack, Deutsche Gesetze Nr. 90.**

(3) Ist der Rechtsfrieden über den Lebenskreis des Verletzten hinaus nicht gestört worden, kann ein öffentliches Interesse auch dann vorliegen, wenn dem Verletzten wegen seiner persönlichen Beziehung zum Beschuldigten nicht zugemutet werden kann, die Privatklage zu erheben, und die Strafverfolgung ein gegenwärtiges Anliegen der Allgemeinheit ist.

(4) Der Staatsanwalt kann Ermittlungen darüber anstellen, ob ein öffentliches Interesse besteht.

87. Verweisung auf die Privatklage

(1) [1] Die Entscheidung über die Verweisung auf den Privatklageweg trifft der Staatsanwalt. [2] Besteht nach Ansicht der Behörden oder der Beamten des Polizeidienstes kein öffentliches Interesse an der Strafverfolgung, legen sie die Anzeige ohne weitere Ermittlungen dem Staatsanwalt vor.

(2) [1] Kann dem Verletzten nicht zugemutet werden, die Privatklage zu erheben, weil er die Straftat nicht oder nur unter großen Schwierigkeiten aufklären könnte, soll der Staatsanwalt die erforderlichen Ermittlungen anstellen, bevor er den Verletzten auf die Privatklage verweist, z.B. bei Beleidigung durch namenlose Schriftstücke. [2] Dies gilt aber nicht für unbedeutende Verfehlungen.

16. Einstellung des Verfahrens

88. Mitteilung an den Beschuldigten

[1] In der Mitteilung an den Beschuldigten nach § 170 Absatz 2 StPO[1)] sind die Gründe der Einstellung nur auf Antrag und dann auch nur soweit bekannt zu geben, als kein schutzwürdiges Interesse entgegensteht. [2] Hat sich herausgestellt, dass der Beschuldigte unschuldig ist oder das gegen ihn kein begründeter Verdacht mehr besteht, ist dies in der Mitteilung auszusprechen.

89. Bescheid an den Antragsteller und Mitteilung an den Verletzten

(1) Der Staatsanwalt hat dem Antragsteller den in § 171 StPO[1)] vorgesehenen Bescheid über die Einstellung auch dann zu erteilen, wenn die Erhebung der öffentlichen Klage nicht unmittelbar bei der Staatsanwaltschaft beantragt worden war.

(2) [1] Die Begründung der Einstellungsverfügung darf sich nicht auf allgemeine und nichtssagende Redewendungen, z.B. „da eine Straftat nicht vorliegt oder nicht nachgewiesen ist“, beschränken. [2] Vielmehr soll in der Regel – schon um unnötige Beschwerden zu vermeiden – angegeben werden, aus welchen Gründen der Verdacht einer Straftat nicht ausreichend erscheint oder weshalb sich sonst die Anklageerhebung verbietet. [3] Dabei kann es genügen, die Gründe anzuführen, die ein Eingehen auf Einzelheiten unnötig machen, z.B., dass die angezeigte Handlung unter kein Strafgesetz fällt, dass die Strafverfolgung verjährt oder aus anderen Gründen unzulässig ist oder dass kein öffentliches Interesse an der Strafverfolgung besteht.

(3) Auch bei einer Einstellung nach §§ 153 Absatz 1, 153a Absatz 1, 153b Absatz 1 StPO erteilt der Staatsanwalt dem Anzeigenden einen mit Gründen versehenen Bescheid.

(4) Der Staatsanwalt soll den Einstellungsbescheid so fassen, dass er auch dem rechtsunkundigen Antragsteller verständlich ist.

[1)] **Habersack, Deutsche Gesetze Nr. 90.**

(5) Erhält der Verletzte nicht bereits gemäß Absatz 1 oder Absatz 3 Kenntnis von der Einstellung des Verfahrens, ist ihm letztere auf Antrag mitzuteilen, soweit das Verfahren ihn betrifft.

90. Anhörung von Behörden und Körperschaften des öffentlichen Rechts bei Einstellungen nach den §§ 153, 153a oder 170 Absatz 2 StPO

(1) [1] Hat eine Behörde oder eine Körperschaft des öffentlichen Rechts die Strafanzeige erstattet oder ist sie sonst am Ausgang des Verfahrens interessiert, soll ihr der Staatsanwalt, bevor er das Verfahren einstellt oder die Zustimmung des Gerichts zu einer Einstellung einholt, die Gründe mitteilen, die für die Einstellung sprechen, und ihr Gelegenheit zur Äußerung geben. [2] Dies gilt auch für die Zustimmung des Staatsanwalts zu einer Einstellung außerhalb einer Hauptverhandlung, die das Gericht beabsichtigt (§ 153 Absatz 2, § 153a Absatz 2 StPO[1)]). [3] Zur Vereinfachung können Ablichtungen aus den Akten beigefügt werden. [4] Stellt der Staatsanwalt entgegen einer widersprechenden Äußerung ein, soll er in der Einstellungsverfügung auch die Einwendungen würdigen, die gegen die Einstellung erhoben worden sind.

(2) Hat ein oberstes Staatsorgan des Bundes oder eines Landes die Ermächtigung zur Strafverfolgung nach § 89a Absatz 4, § 89b Absatz 4, § 89c Absatz 4, § 90 Absatz 4, § 90b Absatz 2, § 97 Absatz 3, § 129b Absatz 1 Satz 3, § 194 Absatz 4, § 353a Absatz 2 oder § 353b Absatz 4 StGB[2)] erteilt oder Strafantrag wegen Beleidigung gestellt, ist Nummer 211 Absatz 1 und 3 Buchstabe a zu beachten.

91. Bekanntgabe

(1) [1] Dem Beschuldigten wird die Einstellungsverfügung grundsätzlich formlos durch einfachen Brief bekannt gegeben. [2] Die Mitteilung über die Einstellung wird dem Beschuldigten zugestellt, wenn gegen ihn eine Strafverfolgungsmaßnahme im Sinne des § 2 des Gesetzes über die Entschädigung für Strafverfolgungsmaßnahmen (StrEG)[3)] vollzogen worden ist. [3] Wegen der in der Einstellungsnachricht nach diesem Gesetz zu erteilenden Belehrung wird auf die Ausführungsvorschriften zum Gesetz über die Entschädigung für Strafverfolgungsmaßnahmen (Anlage C[4)]) verwiesen.

(2) [1] Die Mitteilung über die Einstellung des Verfahrens ist dem Antragsteller (§ 171 StPO[1)]) im Regelfall formlos zu übersenden. [2] Der Staatsanwalt soll die Zustellung nur dann anordnen, wenn im Einzelfall Anhaltspunkte dafür bestehen, dass mit einer Beschwerde und einem Antrag auf Durchführung des Klageerzwingungsverfahrens zu rechnen ist.

92. Kostenpflicht des Anzeigenden

[1] Ist ein Verfahren durch eine vorsätzliche oder leichtfertig erstattete unwahre Anzeige veranlasst worden, prüft der Staatsanwalt, ob die Kosten des Verfahrens und die dem Beschuldigten erwachsenen notwendigen Auslagen dem Anzeigeerstatter aufzuerlegen sind. [2] Dies gilt auch dann, wenn die unwahren Angaben, die zur Einleitung des Verfahrens geführt haben, bei einer Vernehmung gemacht worden sind.

[1)] **Habersack, Deutsche Gesetze Nr. 90.**
[2)] **Habersack, Deutsche Gesetze Nr. 85.**
[3)] Nr. **93**.
[4)] Die zitierte Anlage ist in der Neufassung nicht wiedergegeben, siehe die Anm. zur Überschrift.

93. Einstellung nach § 153a StPO

(1) [1]Bei einer Einstellung nach § 153a StPO[1)] prüft der Staatsanwalt, ob eine Wiedergutmachungsauflage (§ 153a Absatz 1 Satz 2 Nummer 1 StPO) in Betracht kommt. [2]Dabei achtet der Staatsanwalt auch darauf, dass die Auflagen einen durch die Straftat erlangten Vermögensvorteil abschöpfen. [3]Im Übrigen sollen unredlich erzielte Vermögensvorteile bei der Festsetzung einer Geldauflage nach § 153a Absatz 1 Satz 2 Nummer 2 StPO berücksichtigt werden. [4]In geeigneten Fällen können Auflagen miteinander kombiniert werden.

(2) Bei einer Einstellung nach § 153a StPO, bei der die Auflage erteilt wird, einen Geldbetrag zugunsten einer gemeinnützigen Einrichtung zu zahlen, oder bei der Erklärung der Zustimmung dazu, beachtet der Staatsanwalt neben spezialpräventiven Erwägungen, dass bei der Auswahl des Zuwendungsempfängers insbesondere Einrichtungen der Opferhilfe, Kinder- und Jugendhilfe, Straffälligen- und Bewährungshilfe, Gesundheits- und Suchthilfe sowie Einrichtungen zur Förderung von Sanktionsalternativen und Vermeidung von Ersatzfreiheitsstrafen in angemessenem Umfang berücksichtigt werden.

93a. (weggefallen)

94. Einstellung nach § 153c Absatz 1 StPO

(1) [1]In den Fällen des § 153c Absatz 1 StPO[1)] kann der Staatsanwalt nach pflichtgemäßem Ermessen von der Verfolgung absehen. [2]Dies wird insbesondere in Betracht kommen, wenn die in § 153c Absatz 2 StPO bezeichneten Gründe vorliegen können, wenn eine Strafverfolgung zu unbilligen Härten führen würde oder ein öffentliches Interesse an der strafrechtlichen Ahndung nicht oder nicht mehr besteht.

(2) [1]Der Staatsanwalt prüft im Einzelfall, ob völkerrechtliche Vereinbarungen die Verpflichtung begründen, bestimmte außerhalb des räumlichen Geltungsbereichs der Strafprozessordnung begangene Taten so zu behandeln, als ob sie innerhalb dieses Bereichs begangen wären. [2]Auskunft über derartige Vereinbarungen erteilt das für Justiz zuständige Bundesministerium.

(3) [1]Bestehen in den Fällen des § 153c Absatz 1 StPO Anhaltspunkte dafür, dass die Gründe des § 153c Absatz 3 StPO gegeben sein könnten, holt der Staatsanwalt unverzüglich die Entscheidung des Generalstaatsanwalts ein, ob die Tat verfolgt werden soll. [2]Der Generalstaatsanwalt berichtet vor seiner Entscheidung unverzüglich der Landesjustizverwaltung.

(4) [1]Können die in § 153c Absatz 3 StPO bezeichneten Gründe der Strafverfolgung entgegenstehen, holt der Staatsanwalt unverzüglich die Entscheidung des Generalstaatsanwalts ein, wenn er wegen Gefahr im Verzuge eine Beschlagnahme, eine Durchsuchung oder eine mit Freiheitsentziehung verbundene Maßnahme für erforderlich hält. [2]Der Generalstaatsanwalt unterrichtet vor seiner Entscheidung die Landesjustizverwaltung. [3]Ist eine Entscheidung des Generalstaatsanwalts nicht rechtzeitig zu erlangen, unterrichtet der Staatsanwalt die Landesjustizverwaltung unmittelbar. [4]Ist auch das nicht möglich, trifft er selbst die notwendige Entscheidung.

95. Einstellung nach § 153c Absatz 3 StPO

(1) [1]Bei Straftaten, die durch eine außerhalb des räumlichen Geltungsbereichs der Strafprozessordnung[1)] ausgeübte Tätigkeit begangen sind, deren Erfolg jedoch

---

[1)] **Habersack, Deutsche Gesetze Nr. 90.**

innerhalb dieses Bereichs eingetreten ist (Distanztaten), klärt der Staatsanwalt beschleunigt den Sachverhalt und die Umstände auf, die für eine Entscheidung nach § 153c Absatz 3 StPO von Bedeutung sein können. [2] Er beschränkt sich dabei auf solche Maßnahmen, die den Zweck der Vorschrift nicht gefährden.

(2) [1] Bestehen Anhaltspunkte dafür, dass die Voraussetzungen des § 153c Absatz 3 StPO gegeben sein könnten, holt der Staatsanwalt unverzüglich die Entscheidung des Generalstaatsanwalts ein, ob die Tat verfolgt werden soll. [2] Der Generalstaatsanwalt unterrichtet vor seiner Entscheidung unverzüglich die Landesjustizverwaltung. [3] Bei der Entscheidung, ob die Tat verfolgt werden soll, ist Art. 5 des OECD-Übereinkommens über die Bekämpfung der Bestechung ausländischer Amtsträger im internationalen Geschäftsverkehr (Vertrags- und Umsetzungsgesetz: Gesetz zur Bekämpfung internationaler Bestechung vom 10. September 1998, Bundesgesetzblatt (BGBl. 1998 II S. 2327))[1)] zu beachten.

(3) Hält der Staatsanwalt wegen Gefahr im Verzuge eine Beschlagnahme, eine Durchsuchung oder eine mit Freiheitsentziehung verbundene Maßnahme für erforderlich, gelten Absatz 2 sowie Nummer 94 Absatz 4 Satz 3 und 4 entsprechend.

96. Einstellung nach § 153c Absatz 4 StPO

In den Fällen des § 153c Absatz 4 StPO[2)] gelten die Nummern 94 und 95 sinngemäß.

97. Einstellung nach § 153c Absatz 5 StPO

[1] In den Fällen des § 153c Absatz 5 StPO[2)] klärt der Staatsanwalt alle für die Entscheidung des Generalbundesanwalts bedeutsamen Umstände mit größter Beschleunigung, jedoch unter Beschränkung auf solche Maßnahmen, die den Zweck dieser Vorschrift nicht gefährden; er unterrichtet fernmündlich oder fernschriftlich den Generalbundesanwalt unter gleichzeitiger Benachrichtigung des Generalstaatsanwalts. [2] Die Vorgänge reicht er mit einem Begleitschreiben dem Generalbundesanwalt unverzüglich nach; eine Abschrift des Begleitschreibens leitet er dem Generalstaatsanwalt zu. [3] Sind die Akten nicht entbehrlich, werden dem Generalbundesanwalt Ablichtungen vorgelegt. [4] In Verfahren, die nach § 142a Absatz 2 und 4 GVG[3)] an die Landesstaatsanwaltschaft abgegeben worden sind, ist entsprechend zu verfahren. [5] Fordert der Generalstaatsanwalt die Vorgänge zum Zwecke der Prüfung an, ob die Voraussetzungen für eine Einstellung des Verfahrens nach § 153c Absatz 1, 3 und 4 StPO vorliegen, trifft der Staatsanwalt weitere Verfolgungsmaßnahmen nur im Einverständnis mit dem Generalbundesanwalt.

98. Einstellung nach § 153d StPO

[1] Ergeben sich für den Staatsanwalt Anhaltspunkte dafür, dass die Voraussetzungen des § 153d StPO[2)] vorliegen, sind die in Nummer 97 getroffenen Anordnungen zu beachten. [2] Eine Entscheidung des Generalbundesanwalts, solche Straftaten nicht zu verfolgen, bewirkt, dass polizeiliche und staatsanwaltschaftliche Verfol-

[1)] **Amtl. Anm.:** Artikel 5 des OECD-Übereinkommens hat folgenden Wortlaut: Ermittlungsverfahren und Strafverfolgung wegen Bestechung eines ausländischen Amtsträgers unterliegen den geltenden Regeln *und Grundsätzen der jeweiligen Vertragspartei.* Sie dürfen nicht von Erwägungen nationalen wirtschaftlichen Interesses, der möglichen Wirkung auf Beziehungen zu einem anderen Staat oder der Identität der beteiligten natürlichen oder juristischen Personen beeinflusst werden.

[2)] **Habersack, Deutsche Gesetze Nr. 90.**

[3)] **Habersack, Deutsche Gesetze Nr. 95.**

gungsmaßnahmen insoweit zu unterbleiben haben; diese Entscheidung kann schon vor der Einleitung von Verfolgungsmaßnahmen getroffen werden.

99. Benachrichtigung der Polizeidienststellen in den Fällen der §§ 153c, 153d StPO

(1) Wird von der Strafverfolgung nach §§ 153c, 153d StPO[1] abgesehen, kann neben der unverzüglichen Benachrichtigung der Polizeidienststelle, die mit der Sache unmittelbar befasst ist, die sofortige Benachrichtigung weiterer Polizeidienststellen erforderlich sein, um sicherzustellen, dass Verfolgungsmaßnahmen unterbleiben.

(2) [1] In derartigen Fällen unterrichtet der Staatsanwalt neben der mit der Sache unmittelbar befassten Polizeidienststelle unverzüglich das für innere Angelegenheiten zuständige Bundesministerium und nachrichtlich das Bundeskriminalamt, Thaerstraße 11, 65193 Wiesbaden, von seiner Entscheidung, mit der von der Strafverfolgung abgesehen wird. [2] Einen Abdruck der schriftlichen Nachricht erhält die Landesjustizverwaltung/das für Justiz zuständige Bundesministerium.

(3) Sieht der Staatsanwalt einstweilen von weiteren Strafverfolgungsmaßnahmen ab, unterrichtet er unverzüglich die mit der Sache befasste Polizeidienststelle.

100. Einstellung nach § 153e StPO

(1) [1] Die Möglichkeit einer Einstellung des Verfahrens nach § 153e StPO[1] (gegebenenfalls in Verbindung mit § 4 NATO-Truppen-Schutzgesetz)[2] soll mit dem Beschuldigten und seinem Verteidiger nur erörtert werden, wenn diese selbst Fragen danach stellen oder wenn nach den bereits bekannten Umständen des Einzelfalles deutliche Anhaltspunkte dafür vorliegen, dass eine Anwendung des § 153e StPO in Betracht kommt und eine Erörterung hierüber aus besonderen Gründen zweckmäßig erscheint. [2] Bei einer solchen Erörterung ist jedoch darauf zu achten, dass sie nicht als Zusicherung einer Einstellung des Verfahrens nach § 153e StPO missverstanden wird.

(2) Der Staatsanwalt legt die Akten dem Generalbundesanwalt vor, wenn Anhaltspunkte dafür bestehen, dass die Einstellung nach 153e StPO in Betracht kommt.

101. Einstellung nach § 154 StPO

(1) [1] Von den Möglichkeiten einer Einstellung nach § 154 Absatz 1 StPO[1] soll der Staatsanwalt in weitem Umfang und in einem möglichst frühen Verfahrensstadium Gebrauch machen. [2] Er prüft zu diesem Zweck vom Beginn der Ermittlungen an, ob die Voraussetzungen für eine Beschränkung des Prozessstoffes vorliegen. [3] Der Staatsanwalt erteilt der Polizei allgemein oder im Einzelfall die Weisungen, die erforderlich sind, um die Rechtzeitigkeit der Prüfung zu gewährleisten.

(2) Wird das Verfahren nach § 154 Absatz 1 StPO eingestellt, gilt für den Bescheid an den Anzeigenden Nummer 89 entsprechend.

(3) Ist mit Rücksicht auf eine wegen einer anderen Tat zu erwartende Strafe nach § 154 Absatz 1 StPO von der Verfolgung einer Tat abgesehen oder nach § 154 Absatz 2 StPO das Verfahren vorläufig eingestellt worden, prüft der Staats-

---

[1] **Habersack, Deutsche Gesetze Nr. 90.**
[2] **Amtl. Anm.:** Vgl. Fundstellennachweis A zum Bundesrecht.

anwalt nach Abschluss des wegen dieser Tat eingeleiteten Verfahrens, ob es bei der Einstellung verbleiben kann.

101a. Einstellung nach § 154a StPO

(1) [1] Soweit die Strafverfolgung nach § 154a StPO[1)] beschränkt werden kann, soll der Staatsanwalt von dieser Möglichkeit Gebrauch machen, wenn dies das Verfahren vereinfacht. [2] Nummer 101 Absatz 1 gilt entsprechend.

(2) Beschränkungen nach § 154a StPO werden aktenkundig gemacht; erfolgt die Beschränkung vor Erhebung der öffentlichen Klage, wird in der Anklageschrift darauf hingewiesen.

(3) Nummer 101 Absatz 3 gilt entsprechend.

102. Einstellung zugunsten des Verletzten einer Nötigung oder Erpressung

(1) Eine Einstellung nach § 154c StPO[1)] soll grundsätzlich nur erfolgen, wenn die Nötigung oder die Erpressung strafwürdiger ist als die Tat des Genötigten oder Erpressten.

(2) Die Entscheidung, ob zugesichert werden kann, dass das Verfahren eingestellt wird, ist dem Behördenleiter vorzubehalten.

103. Mitteilung an den Anzeigenden

Sieht der Staatsanwalt nach § 154e StPO[1)] von der Erhebung der öffentlichen Klage vorläufig ab, teilt er dies dem Anzeigenden mit.

104. Vorläufige Einstellung nach § 154f StPO

(1) [1] Unter den Voraussetzungen des § 154f StPO[1)] soll der Staatsanwalt das Ermittlungsverfahren vorläufig einstellen, wenn der Sachverhalt so weit wie möglich aufgeklärt ist und die Beweise, soweit notwendig, gesichert sind; eine förmliche Beweissicherung (§§ 285 ff. StPO) soll indessen nur in wichtigen Fällen stattfinden. [2] Der Staatsanwalt hat in bestimmten, nicht zu lange bemessenen Abständen zu prüfen, ob die Hinderungsgründe des § 154f StPO noch fortbestehen.

(2) Kann nach dem Ergebnis der Ermittlungen mit einer Eröffnung des Hauptverfahrens auch dann nicht gerechnet werden, wenn die Hinderungsgründe des § 154f StPO wegfallen, stellt der Staatsanwalt das Verfahren sofort ein.

(3) Nummer 103 gilt entsprechend.

105. Beschwerde gegen die Einstellungsverfügung

(1) [1] Einer Beschwerde gegen die Einstellung des Verfahrens kann der Staatsanwalt, der die Einstellung verfügt hat, abhelfen. [2] Werden in der Beschwerde neue und wesentliche Tatsachen oder Beweismittel angeführt, nimmt er die Ermittlungen wieder auf.

(2) [1] Geht eine Beschwerde des Verletzten bei dem Staatsanwalt ein, dessen Entscheidung angegriffen wird, prüft er unverzüglich, ob er ihr abhilft. [2] Hilft er ihr nicht ab, legt er sie unverzüglich dem vorgesetzten Staatsanwalt (§ 147 GVG[2)]) vor. [3] Im Übersendungsbericht legt er dar, aus welchen Gründen er die Ermittlungen nicht wieder aufnimmt; neue Tatsachen oder Beweismittel oder neue *rechtliche Erwägungen*, welche die Beschwerdeschrift enthält, sind zu würdigen.

[1)] **Habersack, Deutsche Gesetze Nr. 90.**
[2)] **Habersack, Deutsche Gesetze Nr. 95.**

[4] Werden dem Beschuldigten weitere selbständige Straftaten vorgeworfen, ist zu berichten, was insoweit bereits veranlasst oder was nach Rückkunft der Akten beabsichtigt ist. [5] Die Akten sind dem Übersendungsbericht beizufügen oder, wenn sie nicht verfügbar oder nicht entbehrlich sind, nachzureichen.

(3) [1] Ist die Beschwerde bei dem vorgesetzten Staatsanwalt eingereicht worden und hat er um Bericht oder um Beifügung der Vorgänge ersucht, ist dieser Auftrag nur auszuführen, wenn die Ermittlungen nicht wieder aufgenommen werden; sonst genügt eine kurze Anzeige über die Wiederaufnahme der Ermittlungen. [2] Kann die Beschwerde nicht sofort geprüft werden, sind die Gründe hierfür anzugeben; die Akten sind nicht beizufügen.

(4) Dem Beschwerdeführer ist die Wiederaufnahme der Ermittlungen mitzuteilen.

(5) Für die Bekanntgabe des Bescheides des vorgesetzten Staatsanwalts gilt Nummer 91 Absatz 2 entsprechend.

17. Verteidiger

106. Auswahl des Verteidigers

[1] Die Bitte eines Beschuldigten, ihm einen für seine Verteidigung geeigneten Rechtsanwalt zu bezeichnen, ist abzulehnen. [2] Möchte der Beschuldigte vor seiner Vernehmung einen Verteidiger befragen, sind ihm Informationen, wie das von der Bundesrechtsanwaltskammer bereitgestellte amtliche Anwaltsverzeichnis (Bundesweites Amtliches Anwaltsverzeichnis (https://bravsearch.bea-brak.de/bravsearch/index.brak)), zur Einsicht zur Verfügung zu stellen, die es ihm erleichtern, einen Verteidiger zu kontaktieren. [3] Auf bestehende anwaltliche Notdienste ist dabei hinzuweisen.

107. (weggefallen)

108. Unterrichtung des Verteidigers

[1] Der Verteidiger, der nach § 145a Absatz 1 StPO[1)] als ermächtigt gilt, Zustellungen für den Beschuldigten anzunehmen, ist über § 145a StPO hinaus über alle Entscheidungen zu unterrichten, die dem Beschuldigten mitgeteilt werden. [2] Der Verteidiger soll dabei neben dem Beschuldigten und gleichzeitig mit diesem unterrichtet werden.

18. Abschluss der Ermittlungen

109 [Abschluss der Ermittlungen]

(1) Bei der Fertigung des Vermerkes über den Abschluss der Ermittlungen sind die besonderen verfahrensrechtlichen Wirkungen (§ 147 Absatz 2, § 406e Absatz 2 Satz 3 StPO[1)]) zu beachten.

(2) Richtet sich das Verfahren gegen mehrere Beschuldigte, wird vor dem Vermerk über den Abschluss der Ermittlungen gegen einzelne von ihnen der Stand der Ermittlungen gegen die übrigen zu berücksichtigen sein.

(3) [1] Der Vermerk über den Abschluss der Ermittlungen ist mit Datum und Namen des Staatsanwalts in die Akte aufzunehmen. [2] Richtet sich das Verfahren gegen mehrere Beschuldigte, muss der Vermerk erkennen lassen, gegen welche Beschuldigten die Ermittlungen abgeschlossen sind.

[1)] **Habersack, Deutsche Gesetze Nr. 90.**

2. Abschnitt. Anklage

110. Form und Inhalt der Anklageschrift

(1) Die Anklageschrift muss klar, übersichtlich und vor allem für den Angeschuldigten verständlich sein.

(2) In der Anklageschrift sind anzugeben:

a) der Familienname und die Vornamen (Rufname unterstrichen), Geburtsname, Beruf, Anschrift, Familienstand, Geburtstag und Geburtsort (Kreis, Bezirk) des Angeschuldigten und seine Staatsangehörigkeit, bei Minderjährigen Namen und Anschriften der gesetzlichen Vertreter;

b) der Verteidiger;

c) der Anklagesatz;
er umfasst:
die Tat, die dem Angeschuldigten zur Last gelegt wird, sowie Zeit und Ort ihrer Begehung, die gesetzlichen Merkmale der Straftat – gegebenenfalls in vereinfachter Form, z.B. beim Versuch –, die anzuwendenden Strafvorschriften, die Umstände, welche die Anordnung einer Maßnahme (§ 11 Absatz 1 Nummer 8 StGB[1)]) rechtfertigen, bei Verletzungen mehrerer Strafvorschriften auch die Angabe, ob Tateinheit oder Tatmehrheit angenommen wird;

d) bei Antragsdelikten ein Hinweis auf den Strafantrag;
wird in Fällen, in denen das Gesetz dies zulässt, bei einem Antragsdelikt die öffentliche Klage erhoben, ohne dass ein Strafantrag gestellt ist, soll in der Anklageschrift erklärt werden, dass wegen des besonderen öffentlichen Interesses an der Strafverfolgung ein Einschreiten von Amts wegen geboten ist;

e) Hinweise auf Verfolgungsbeschränkungen nach § 154a StPO[2)];

f) die Zeugen (mit den nach § 200 Absatz 1 Satz 3 und 5 StPO gebotenen und gegebenenfalls mit den nach § 200 Absatz 1 Satz 4 StPO zulässigen Einschränkungen) und anderen Beweismittel;

g) das wesentliche Ergebnis der Ermittlungen (§ 200 Absatz 2 StPO) und alle Umstände, die für die Strafbemessung, die Strafaussetzung zur Bewährung, die Verwarnung mit Strafvorbehalt, das Absehen von Strafe, die Nebenstrafe und Nebenfolgen von Bedeutung sein können.

(3) [1] Die Anklageschrift hat ferner den Antrag auf Eröffnung des Hauptverfahrens und die Angabe des Gerichts zu enthalten, vor dem die Hauptverhandlung stattfinden soll. [2] Sie hat auch den Spruchkörper (z.B. Wirtschaftsstrafkammer, Jugendkammer, Staatsschutzkammer) zu bezeichnen, den der Staatsanwalt als zuständig ansieht.

(4) [1] War oder ist der Angeschuldigte in Untersuchungshaft, sind Ort und Dauer der Haft zu vermerken; dies gilt auch für eine andere Freiheitsentziehung. [2] Zur Frage der Fortdauer ist ein bestimmter Antrag zu stellen. [3] Auf den Ablauf der in § 121 Absatz 2 StPO bezeichneten Frist ist hinzuweisen.

(5) Beantragt der Staatsanwalt die Beteiligung der juristischen Person oder Personenvereinigung und kündigt er die Beantragung der Festsetzung einer Geldbuße gegen diese an (Nummer 180a Absatz 2), führt er sie als Nebenbeteiligte an und gibt die tatsächliche und rechtliche Grundlage für die begehrte Maßnahme an.

[1)] **Habersack, Deutsche Gesetze Nr. 85.**
[2)] **Habersack, Deutsche Gesetze Nr. 90.**

111. Auswahl der Beweismittel

(1) Der Staatsanwalt soll nur die Beweismittel aufführen, die für die Aufklärung des Sachverhalts und für die Beurteilung der Persönlichkeit des Angeschuldigten wesentlich sind.

(2) Haben mehrere Zeugen über denselben Vorgang im Vorverfahren übereinstimmend ausgesagt, wird es häufig nicht nötig sein, jeden zu benennen.

(3) [1] Für Sachverständige gilt Absatz 2 entsprechend. [2] Soweit es zulässig ist, ein schriftliches Gutachten in der Hauptverhandlung zu verlesen (§ 256 Absatz 1 StPO[1)]), wird dieses oft ein ausreichendes Beweismittel sein; dies gilt nicht, wenn der Sachverständige ein Gutachten nur unter dem Eindruck der Hauptverhandlung erstatten kann, z.B. über die Schuldfähigkeit oder über besondere seelische oder geistige Eigenschaften des Angeschuldigten oder eines sonstigen Prozessbeteiligten.

(4) [1] Der Staatsanwalt darf dem Gericht oder dem Vorsitzenden Akten, Schriftstücke oder Beweisstücke nur vorlegen, wenn er sie gleichzeitig zu Bestandteilen der gerichtlichen Akten erklärt und damit auch dem Verteidiger zugänglich macht. [2] Legt er sie erst in der Hauptverhandlung vor, hat er sie dadurch zum Gegenstand der Verhandlung zu machen, dass er die Vorlegung auch dem Angeklagten oder dem Verteidiger bekannt gibt.

112. Ermittlungsergebnis

(1) Auch wenn die Anklage vor dem Strafrichter erhoben wird, soll das wesentliche Ergebnis der Ermittlungen (§ 200 Absatz 2 StPO[1)]) in die Anklageschrift aufgenommen werden, wenn die Sach- oder Rechtslage Schwierigkeiten bietet.

(2) Sind die Akten umfangreich, soll auf die Aktenstellen und möglichst auch auf die Beweismittel für die einzelnen Tatvorgänge verwiesen werden.

113. Zuständiges Gericht

(1) Bei der Beurteilung der Frage, ob ein Fall von besonderer Bedeutung vorliegt und deshalb die Anklage beim Landgericht (§ 24 Absatz 1 Satz 1 Nummer 3 GVG[2)]) zu erheben ist, prüft der Staatsanwalt, ob die besondere Bedeutung einer Sache sich etwa aus dem Ausmaß der Rechtsverletzung oder den Auswirkungen der Straftat, z.B. nach einer Sexualstraftat, ergibt.

(2) [1] Erhebt der Staatsanwalt wegen der besonderen Schutzbedürftigkeit von Verletzten der Straftat, die als Zeugen in Betracht kommen, des besonderen Umfangs oder der besonderen Bedeutung des Falles Anklage beim Landgericht (§ 24 Absatz 1 Satz 1 Nummer 3 GVG), macht er die hierfür bedeutsamen Umstände aktenkundig, sofern diese nicht offensichtlich sind. [2] Satz 1 gilt entsprechend, wenn der Staatsanwalt Anklage zur Wirtschaftsstrafkammer nach § 74c Absatz 1 Satz 1 Nummer 6 GVG erhebt, weil zur Beurteilung des Falles besondere Kenntnisse des Wirtschaftslebens erforderlich sind.

(3) Erhebt der Staatsanwalt Anklage beim Landgericht und hält er aus den in § 76 Absatz 2 GVG genannten Gründen die Mitwirkung eines dritten Richters für erforderlich, regt er dies an.

(4) Ist die Sache umfangreich, z.B. wegen der großen Anzahl der Angeschuldigten oder Zeugen, und erhebt der Staatsanwalt nicht Anklage beim Landgericht,

---

[1)] **Habersack, Deutsche Gesetze Nr. 90.**
[2)] **Habersack, Deutsche Gesetze Nr. 95.**

beantragt er, einen zweiten Richter beim Amtsgericht zuzuziehen (§ 29 Absatz 2 GVG).

114. Zusammenhängende Strafsachen

[1] Zusammenhängende Strafsachen (§§ 2, 3 StPO[1)]) sind in einer Anklage zusammenzufassen (vgl. Nummer 17). [2] Hiervon kann abgesehen werden, wenn die Erhebung der öffentlichen Klage wegen einer Tat durch die Aufklärung der anderen Tat erheblich verzögert würde und wenn gewichtige Interessen der Allgemeinheit oder des Beschuldigten nicht entgegenstellen.

3. Abschnitt. Hauptverfahren

1. Eröffnung des Hauptverfahrens

115 [Eröffnung des Hauptverfahrens]

(1) Beschließt das Gericht, die Anklage mit Änderungen nach § 207 Absatz 2 StPO[1)] zuzulassen, legt es die Akten mit diesem Beschluss der Staatsanwaltschaft vor.

(2) Reicht der Staatsanwalt nach § 207 Absatz 3 StPO eine neue Anklageschrift ein, empfiehlt es sich in der Regel, das wesentliche Ergebnis der Ermittlungen darzustellen, wenn ausgeschiedene Teile einer Tat in das Verfahren wieder einbezogen werden oder, wenn die ursprüngliche Anklageschrift durch Änderungen im Eröffnungsbeschluss unübersichtlich oder unverständlich geworden ist.

2. Vorbereitung der Hauptverhandlung

116. Anberaumung der Termine

(1) Die Hauptverhandlung findet grundsätzlich am Sitz des Gerichts statt; nur wenn es wegen der Besonderheit des Falles geboten erscheint, soll sie an einem anderen Ort durchgeführt werden.

(2) Für die Festsetzung der Terminstage sind die örtlichen Feiertage, auch wenn sie gesetzlich nicht anerkannt sind, von Bedeutung.

(3) [1] Bei der Festsetzung der Terminsstunden wird den Beteiligten jeder vermeidbare Zeitverlust zu ersparen und daher zu prüfen sein, wie lange die Verhandlung der einzelnen Sachen voraussichtlich dauern wird und in welchen Abständen die einzelnen Termine daher anzuberaumen sind. [2] Sind an einer Verhandlung Personen beteiligt, die außerhalb des Sitzungsortes wohnen, sind auch die Verkehrsverhältnisse zu berücksichtigen.

(4) [1] Ist für die Verhandlung eine längere Zeit (ein ganzer Tag oder mehrere Tage) vorgesehen, kann es sich empfehlen, die einzelnen Zeugen und Sachverständigen, sofern dies die Hauptverhandlung nicht erschwert, erst für den Zeitpunkt zu laden, in dem sie voraussichtlich benötigt werden (§ 214 Absatz 2 StPO[1)]). [2] In geeigneten Fällen kann es zweckmäßig sein, den Zeugen mit der Auflage zu laden, dass er sich zu einem bestimmten Zeitpunkt oder während eines bestimmten Zeitraumes auf Abruf bereithalten möge.

(5) Stellt sich nachträglich heraus, dass die Verhandlung einer Sache vermutlich *länger dauern wird, kann* es geboten sein, die folgenden Sachen auf eine spätere Terminsstunde zu verlegen und die Beteiligten umzuladen.

[1)] **Habersack, Deutsche Gesetze Nr. 90.**

117. Ladung und Benachrichtigung

(1) [1]Die Ladung zur Hauptverhandlung soll dem auf freiem Fuß befindlichen Angeklagten, den Zeugen und den Sachverständigen zugestellt werden, damit sie nachweisbar ist. [2]Bei Zeugen und Sachverständigen kann eine einfachere Form der Ladung gewählt werden.

(2) [1]Absatz 1 Satz 2 gilt auch für andere Prozessbeteiligte, soweit gesetzlich nichts anderes bestimmt ist. [2]Ist eine Behörde am Verfahren zu beteiligen, ist ihr der Termin zur Hauptverhandlung so rechtzeitig mitzuteilen, dass ihre Vertreter sich auf die Hauptverhandlung vorbereiten und die Akten vorher einsehen können.

(3) [1]Bei der Ladung von Zeugen ist zu berücksichtigen, dass eine direkte Begegnung mit dem Beschuldigten in den Räumen der Justiz als bedrohlich oder belastend empfunden werden kann. [2]Dies gilt insbesondere für durch die Tat verletzte Zeugen.

(4) [1]Mit der Ladung ordnet der Vorsitzende an, dass die nach § 395 Absatz 1 und Absatz 2 Nummer 1 StPO[1)] zur Nebenklage berechtigten Verletzten Mitteilung vom Termin erhalten, wenn aktenkundig ist, dass sie dies beantragt haben. [2]Unter der letztgenannten Voraussetzung sollen auch sonstige gemäß § 406g Absatz 1 StPO zur Anwesenheit in der Hauptverhandlung berechtigte Verletzte eine solche Mitteilung erhalten.

118. Unterrichtung über die Beweismittel

(1) [1]Die vom Gericht geladenen Zeugen und Sachverständigen sind dem Angeklagten und der Staatsanwaltschaft in der Regel in der Ladung oder Terminsmitteilung, sonst unverzüglich mitzuteilen (§ 222 Absatz 1 Satz 1 und 3 StPO[1)]). [2]Sind sie bereits in der Anklageschrift benannt, kann auf sie Bezug genommen werden.

(2) Nach Eingang der Mitteilung nach Absatz 1 Satz 1 prüft der Staatsanwalt, ob Anlass besteht, von dem unmittelbaren Ladungsrecht (§ 214 Absatz 3 StPO) Gebrauch zu machen; gegebenenfalls unterrichtet er Gericht und Angeklagten (§ 222 Absatz 1 Satz 2 und 3 StPO).

(3) Dem Angeklagten sollen ferner, um eine Aussetzung oder Unterbrechung nach § 246 Absatz 2 StPO zu vermeiden, mit der Ladung auch die als Beweismittel dienenden Gegenstände angegeben werden, soweit sie nicht in der Anklageschrift bezeichnet sind.

119. Beiakten

Der Eingang von Beiakten, die das Gericht angefordert hat, soll dem Staatsanwalt und dem Verteidiger rechtzeitig mitgeteilt werden, damit sie diese möglichst noch vor der Hauptverhandlung einsehen können.

120. Befreiung des Angeklagten von der Pflicht zum Erscheinen

(1) Ist die persönliche Anwesenheit des Angeklagten in der Hauptverhandlung entbehrlich, empfiehlt es sich, ihn über sein Antragsrecht nach § 233 StPO[1)] schon vor der Ladung zu belehren.

(2) Der Staatsanwalt prüft, ob er auf die Terminsnachricht (§ 233 Absatz 3 StPO) verzichten kann.

[1)] **Habersack, Deutsche Gesetze Nr. 90.**

(3) [1] Zur Hauptverhandlung ist der Angeklagte zu laden, wenn er nicht ausdrücklich darauf verzichtet hat. [2] In der Ladung ist er darüber zu belehren, dass er zum Erscheinen nicht verpflichtet ist.

121. Kommissarische Vernehmung von Zeugen und Sachverständigen

(1) [1] Die kommissarische Vernehmung von Zeugen oder Sachverständigen ist zu vermeiden, wenn eine hinreichende Aufklärung nur von der Vernehmung in der Hauptverhandlung zu erwarten ist oder wenn das Gericht aus anderen Gründen gezwungen sein wird, den Zeugen oder Sachverständigen unmittelbar zu vernehmen, z.B., weil die Verlesung der Aussage in der Hauptverhandlung nur unter weiteren Voraussetzungen zulässig ist (vgl. § 223 Absatz 2 in Verbindung mit § 251 Absatz 2 Nummer 2 StPO[1)]). [2] Auf Bedenken gegen eine kommissarische Vernehmung hat der Staatsanwalt rechtzeitig hinzuweisen.

(2) Sind mehrere Zeugen oder Sachverständige bei verschiedenen Gerichten kommissarisch zu vernehmen, kann es sich empfehlen, die Gerichte möglichst gleichzeitig unter Übersendung von Aktenauszügen um die Vernehmung zu ersuchen.

(3) Ist die Sache umfangreich, sollen dem ersuchten Richter die Teile der Akten bezeichnet werden, die für die Vernehmung wichtig sind.

(4) Der Staatsanwalt prüft jeweils, ob er auf Terminsnachrichten verzichten kann.

122. Verhandlung in Abwesenheit des Angeklagten bei selbstverschuldeter Verhandlungsunfähigkeit

(1) [1] Sind Anhaltspunkte dafür vorhanden, dass der Angeklagte vorsätzlich und schuldhaft seine Verhandlungsunfähigkeit herbeiführen und dadurch wissentlich die ordnungsgemäße Durchführung der Hauptverhandlung in seiner Gegenwart verhindern wird (§ 231a Absatz 1 Satz 1 StPO[1)]), ist ihm möglichst frühzeitig Gelegenheit zu geben, sich vor einem Richter zur Anklage zu äußern (§ 231a Absatz 1 Satz 2 StPO). [2] Erforderlichenfalls wirkt der Staatsanwalt hierauf hin. [3] In Verfahren von größerer Bedeutung soll der Staatsanwalt von seinem Anwesenheitsrecht Gebrauch machen.

(2) Kommt eine Verhandlung in Abwesenheit des Angeklagten in Betracht, wirkt der Staatsanwalt darauf hin, dass

a) dem Angeklagten, der keinen Verteidiger hat, ein Verteidiger bestellt wird (§ 231a Absatz 4 StPO) und,
b) der Beschluss über die Durchführung der Hauptverhandlung in Abwesenheit des Angeklagten so rechtzeitig gefasst wird, dass die Rechtskraft des Beschlusses vor der Hauptverhandlung eintreten kann.

3. Hauptverhandlung

123. Allgemeines

Der Staatsanwalt vermeidet alles, was auch nur den Schein einer unzulässigen Einflussnahme auf das Gericht erwecken könnte; deshalb soll er den Sitzungssaal nicht gemeinsam mit dem Gericht betreten oder verlassen, sich nicht in das *Beratungszimmer* begeben und während der Verhandlungspausen sich nicht mit Mitgliedern des Gerichts unterhalten.

[1)] **Habersack, Deutsche Gesetze Nr. 90.**

124. Äußere Gestaltung der Hauptverhandlung

(1) Die Hauptverhandlung soll im Sitzungssaal des Gerichts, nicht im Amtszimmer des Richters, durchgeführt werden.

(2) [1] Pflicht des Staatsanwalts, des Urkundsbeamten und des Verteidigers ist es, schon vor Erscheinen des Gerichts ihren Platz im Sitzungssaal einzunehmen. [2] Beim Eintritt des Gerichts zu Beginn der Sitzung, bei der Vereidigung von Zeugen und Sachverständigen und bei der Verkündung der Urteilsformel erheben sich sämtliche Anwesende von ihren Plätzen. [3] Im Übrigen steht es allen am Prozess Beteiligten frei, ob sie bei der Abgabe von Erklärungen und bei Vernehmungen sitzen bleiben oder aufstehen.

125. Platzzuteilung

(1) Der Justizwachtmeister hat vor dem Erscheinen des Gerichts und während der Verhandlung dafür zu sorgen, dass die Platzordnung im Gerichtssaal eingehalten wird.

(2) Der Angeklagte soll in eine umfriedete Anklagebank nur dann verwiesen werden, wenn besondere Umstände vorliegen (z.B. Fluchtgefahr, Störung des Verhandlungsablaufs).

(3) Für die Presseberichterstatter sollen im Voraus geeignete Plätze in ausreichender Zahl bereitgestellt werden.

126. Schöffen

(1) [1] Der Vorsitzende soll die mitwirkenden Schöffen vor Beginn der Sitzung über die Unfähigkeitsgründe (§§ 31, 32 GVG[1)]) und – unter Hinweis auf die einzelnen Strafsachen, die verhandelt werden – über die Ausschließungsgründe (§§ 22, 23, 31 StPO[2)]) belehren sowie auf die Umstände hinweisen, die eine Ablehnung wegen Besorgnis der Befangenheit rechtfertigen könnten (§ 24 StPO). [2] Ein Hinweis auf das Merkblatt für Schöffen kann genügen.

(2) [1] Die Berufsrichter sollen dazu beitragen, dass die Schöffen die ihnen vom Gesetz zugewiesene Aufgabe erfüllen können. [2] Die Verhandlung ist so zu führen, dass die Schöffen ihr folgen können; Förmlichkeiten und Fachausdrücke, die ihnen nicht verständlich sind, müssen erläutert werden.

(3) [1] Die Anklageschrift darf den Schöffen nicht zugänglich gemacht werden. [2] Ihnen kann jedoch, namentlich in Verfahren mit einem umfangreichen oder schwierigen Sachverhalt, für die Dauer der Hauptverhandlung eine Abschrift des Anklagesatzes nach dessen Verlesung überlassen werden.

127. Pflichten des Staatsanwalts in der Hauptverhandlung

(1) [1] Der Staatsanwalt wirkt darauf hin, dass das Gesetz beachtet wird. [2] Er sorgt durch geeignete Anträge, Fragen oder Anregungen dafür, dass nicht nur die Tat in *ihren Einzelheiten*, sondern auch die persönlichen und wirtschaftlichen Verhältnisse des Angeklagten und alle Umstände erörtert werden, die für die Strafbemessung, die Strafaussetzung zur Bewährung, die Verwarnung mit Strafvorbehalt, das Absehen von Strafe, die Nebenstrafe und Nebenfolgen oder die Anordnung von Maßregeln der Besserung und Sicherung, der Einziehung oder sonstiger Maß-

---

[1)] **Habersack, Deutsche Gesetze Nr. 95.**
[2)] **Habersack, Deutsche Gesetze Nr. 90.**

nahmen (§ 11 Absatz 1 Nummer 8 StGB[1]) bedeutsam sein können. [3] Nummer 4c ist zu beachten.

(2) [1] Der Staatsanwalt soll darauf hinwirken, dass ungeeignete oder nicht zur Sache gehörende Fragen zurückgewiesen werden. [2] Dies gilt namentlich dann, wenn sie lediglich auf eine Ausforschung von Privat-, Geschäfts- oder Dienstgeheimnissen hinzielen.

(3) Der Staatsanwalt wirkt darauf hin, dass die gesetzlichen Möglichkeiten zur Beschleunigung und Vereinfachung der Hauptverhandlung genutzt werden.

128. Wahrung der Ordnung

(1) [1] Der Staatsanwalt wirkt darauf hin, dass die Hauptverhandlung geordnet abläuft. [2] Obwohl ihm kein förmliches Recht, Ordnungsmittel zu beantragen, zusteht, ist er nicht gehindert, unter Umständen sogar verpflichtet, eine Ungebühr zu rügen und ein Ordnungsmittel anzuregen, vor allem, wenn die Ungebühr mit seiner Amtsausübung in der Verhandlung zusammenhängt. [3] Eine bestimmte Maßnahme soll er grundsätzlich nicht anregen. [4] Ist die Ungebühr auf Ungewandtheit, Unerfahrenheit oder verständliche Erregung zurückzuführen, wirkt der Staatsanwalt gegebenenfalls darauf hin, dass von einem Ordnungsmittel abgesehen wird.

(2) Auf Vorgänge, welche die Erforschung der Wahrheit vereiteln oder erschweren können, hat der Staatsanwalt das Gericht unverzüglich hinzuweisen, z.B. wenn ein Zuhörer Aufzeichnungen macht und der Verdacht besteht, dass er sie verwenden will, um noch nicht vernommene Zeugen über den Verlauf der Verhandlung zu unterrichten.

(3) [1] Der Vorsitzende wird, soweit erforderlich, bei der Aufrechterhaltung der Ordnung in der Hauptverhandlung durch einen Justizwachtmeister unterstützt. [2] Dieser ist für die Dauer der Sitzung möglichst von jedem anderen Dienst freizustellen. [3] Er hat dem Vorsitzenden jede Ungebühr im Sitzungssaal mitzuteilen und bei drohender Gefahr sofort selbständig einzugreifen.

129. Berichterstattung durch Presse und Rundfunk

(1) [1] Presse, Hörfunk und Fernsehen dürfen in ihrer Berichterstattung nicht mehr beschränkt werden, als das Gesetz und der Zweck der Hauptverhandlung es gebieten. [2] Die Aufgabe des Gerichts, die Wahrheit zu erforschen, darf nicht vereitelt oder erschwert, das Recht des Angeklagten, sich ungehindert zu verteidigen, nicht beeinträchtigt werden; auch sind die Persönlichkeitsrechte des Angeklagten und anderer Beteiligter, insbesondere auch des Verletzten, zu berücksichtigen (vgl. Nummer 23).

(2) Mit Ausnahme der in § 169 Absatz 2 und 3 GVG[2] geregelten Fälle sind Ton- und Fernseh-Rundfunkaufnahmen sowie Ton- und Filmaufnahmen während der Hauptverhandlung, einschließlich der Urteilsverkündung, zum Zwecke der öffentlichen Vorführung oder Veröffentlichung ihres Inhalts unzulässig.

(3) Ob und unter welchen Voraussetzungen im Sitzungssaal sonst Ton-, Film- und Bildaufnahmen gemacht werden dürfen, entscheidet der Vorsitzende.

(4) Über die Zulässigkeit von Ton-, Film- und Bildaufnahmen im Gerichtsgebäude außerhalb des Sitzungssaales entscheidet der Inhaber des Hausrechts.

---

[1] **Habersack, Deutsche Gesetze Nr. 85.**
[2] **Habersack, Deutsche Gesetze Nr. 95.**

(5) [1] Bei Entscheidungen nach Absatz 2 bis 4 sind die Persönlichkeitsrechte der Beteiligten zu berücksichtigen. [2] Wird die Erlaubnis erteilt, empfiehlt es sich klarzustellen, dass die Rechte der betroffenen Personen unberührt bleiben.

130. Belehrung der Zeugen und Sachverständigen

[1] Die Belehrung der Zeugen und Sachverständigen über die Bedeutung des Eides und über die strafrechtlichen Folgen einer unrichtigen oder unvollständigen Aussage soll in angemessener und wirkungsvoller Form erfolgen. [2] Sie wird im Sitzungsprotokoll vermerkt, der Staatsanwalt wirkt darauf hin, dass dies auch bei Zeugen oder Sachverständigen geschieht, die zu einem späteren Zeitpunkt vorgeladen worden sind.

130a. Schutz der Zeugen

(1) [1] Unter den Voraussetzungen des § 247a StPO[1)] prüft der Staatsanwalt, ob es geboten ist, dass sich ein Zeuge während seiner Vernehmung an einem anderen Ort aufhält. [2] Stellt der Staatsanwalt einen entsprechenden Antrag, ist in der Begründung dazu Stellung zu nehmen, ob die Vernehmung aufgezeichnet werden soll.

(2) [1] Besteht Anlass zu der Besorgnis, dass durch die Angabe der vollständigen Anschrift oder durch die Offenbarung der Identität oder des Wohn- oder Aufenthaltsortes der Zeuge oder eine andere Person gefährdet wird, prüft der Staatsanwalt, ob Schutzmaßnahmen erforderlich sind. [2] Unter den Voraussetzungen des § 68 Absatz 2 oder 3 StPO wirkt er darauf hin, dass dem Zeugen gestattet wird, seine vollständige Anschrift, seinen Wohn- oder Aufenthaltsort oder seine Identität nicht preiszugeben. [3] Im Fall des § 172 Nummer 1a. GVG[2)] beantragt er den Ausschluss der Öffentlichkeit.

(3) Für die Vernehmung des Verletzten in der Hauptverhandlung gilt Nummer 19a Absatz 2.

(4) Unter den Voraussetzungen des § 255a StPO wirkt der Staatsanwalt auf eine Ersetzung der Vernehmung von Zeugen durch die Vorführung einer Aufzeichnung seiner früheren Vernehmung in Bild und Ton hin, soweit der Schutz des Zeugen dies gebietet.

131. Ausschluss der Öffentlichkeit Allgemeines

(1) [1] Unabhängig vom Gericht hat auch der Staatsanwalt zu prüfen, ob es geboten ist, die Öffentlichkeit für die ganze Hauptverhandlung oder für einen Teil auszuschließen. [2] Stellt er einen solchen Antrag, hat er ihn zu begründen.

(2) [1] Verpflichtet das Gericht die Anwesenden zur Geheimhaltung nach § 174 Absatz 3 GVG[2)], empfiehlt es sich, auf die Strafbarkeit eines Verstoßes gegen die Schweigepflicht hinzuweisen (§ 353d Nummer 2 StGB[3)]). [2] Ist zu befürchten, dass geheim zu haltende Tatsachen über den Kreis der Zeugen und Zuhörer hinaus durch Presse und Rundfunk verbreitet werden, sollen der Vorsitzende und der Staatsanwalt die Berichterstatter zu einer freiwilligen Beschränkung in ihrem Bericht veranlassen, wenn es nicht geboten ist, auch sie zur Geheimhaltung zu verpflichten. [3] Hält ein Berichterstatter die übernommene Verpflichtung nicht ein, hat der Staatsanwalt – unbeschadet anderer Maßnahmen – darauf hinzuwirken,

---

[1)] **Habersack, Deutsche Gesetze Nr. 90.**
[2)] **Habersack, Deutsche Gesetze Nr. 95.**
[3)] **Habersack, Deutsche Gesetze Nr. 85.**

dass ihm der Zutritt zu Verhandlungen, in denen die Öffentlichkeit ausgeschlossen ist, nicht mehr gestattet wird.

131a. Ausschluss der Öffentlichkeit zum Schutz des Verletzten

[1] Wird beantragt, die Öffentlichkeit nach § 171b GVG[1)] auszuschließen, nimmt der Staatsanwalt dazu in der Regel Stellung. [2] Wird ein Antrag nicht gestellt, liegen aber die Voraussetzungen für einen Ausschluss der Öffentlichkeit vor, beantragt der Staatsanwalt den Ausschluss, wenn die betroffenen Personen in der Hauptverhandlung nicht anwesend oder vertreten sind oder wenn sie ihr Antragsrecht nicht sachgerecht ausüben können.

132. Ausschluss der Öffentlichkeit wegen Gefährdung der Sittlichkeit

[1] Die Öffentlichkeit wegen Gefährdung der Sittlichkeit auszuschließen, kann schon dann gerechtfertigt sein, wenn Jugendliche durch die öffentliche Erörterung sittlicher Verfehlungen erheblich gefährdet würden. [2] Aus den gleichen Erwägungen kann jugendlichen Personen auch der Zutritt zu einer Verhandlung versagt werden, für die sonst die Öffentlichkeit nicht ausgeschlossen zu werden braucht (§ 175 Absatz 1 GVG[1)]).

133. Ausschluss der Öffentlichkeit wegen Gefährdung der öffentlichen Ordnung

(1) [1] Maßnahmen und Einrichtungen der Polizei und anderer an der Strafverfolgung beteiligter Stellen, die der Verhütung oder der Aufklärung von Straftaten dienen, bleiben vielfach nur wirksam, solange sie geheim gehalten werden können. [2] In öffentlicher Hauptverhandlung soll daher möglichst nicht erörtert werden, mit welchen Mitteln und auf welchem Wege die Polizei die Täter überführt. [3] Lässt sich dies weder vermeiden noch genügend einschränken, beantragt der Staatsanwalt für diese Teile der Hauptverhandlung die Öffentlichkeit wegen Gefährdung der öffentlichen Ordnung auszuschließen.

(2) Das gleiche gilt, wenn Einzelheiten über neue oder eigenartige Begehungsformen von Straftaten, z.B. von Fälschungen, Betrügereien, Vergiftungen oder Einbruchsdiebstählen erörtert werden müssen.

(3) [1] Auch Bauweise, Einrichtung, Belegung und Sicherheitssystem einer Vollzugsanstalt sollen in der Regel nicht in öffentlicher Hauptverhandlung erörtert werden. [2] Gegebenenfalls wirkt der Staatsanwalt auf den Ausschluss der Öffentlichkeit hin.

134. Feststellung von Registereintragungen

[1] Bei der Erörterung von Registereintragungen, insbesondere Eintragungen im Bundeszentralregister und in Strafregistern eines anderen Mitgliedstaates der Europäischen Union, ist darauf zu achten, dass dem Angeklagten durch das Bekanntwerden der eingetragenen Tatsachen keine Nachteile entstehen, die vermeidbar sind oder zur Bedeutung der Straftat außer Verhältnis stehen. [2] Hält der Staatsanwalt abweichend von der Ansicht des Vorsitzenden (§ 243 Absatz 5 Satz 5 und 6 StPO[2)]) die Feststellung von Eintragungen für geboten, bleibt es ihm unbenommen, hierüber eine Entscheidung des Gerichts herbeizuführen. [3] Da es der Feststellung etwaiger Eintragungen in der Regel dann nicht bedarf, wenn eine Ver-

---

[1)] Habersack, Deutsche Gesetze Nr. 95.
[2)] Habersack, Deutsche Gesetze Nr. 90.

urteilung des Angeklagten nicht zu erwarten ist, kann es angebracht sein, einen hierauf gerichteten Antrag bis zum Ende der Beweisaufnahme aufzuschieben.

135. Zeugen und Sachverständige

(1) Über das Erforderliche hinausgehende Begegnungen von Zeugen, insbesondere von Verletzten, mit dem Angeklagten sollen vermieden, spezielle Warteräume für Zeugen genutzt werden.

(2) Zeugen und Sachverständige, die für die weitere Verhandlung nicht mehr benötigt werden, sollen nach ihrer Vernehmung entlassen werden.

(3) [1] Kinder und Jugendliche sind möglichst vor anderen Zeugen zu vernehmen. [2] In den Warteräumen sollen sie beaufsichtigt und, soweit möglich, betreut werden.

(4) Der Staatsanwalt soll durch geeignete Anträge auf eine entsprechende Verfahrensweise hinwirken.

136. Verdacht strafbarer Falschaussagen

[1] Ergibt sich im Laufe der Verhandlung ein begründeter Verdacht, dass sich ein Zeuge oder ein Sachverständiger einer Eidesverletzung oder einer falschen uneidlichen Aussage schuldig gemacht hat, beantragt der Staatsanwalt, die beanstandete Aussage zur Feststellung des Tatbestandes für ein künftiges Ermittlungsverfahren zu beurkunden (§ 183 GVG[1)], § 273 Absatz 3 StPO[2)]). [2] Er sorgt für die Einleitung eines Ermittlungsverfahrens und veranlasst, wenn nötig, die vorläufige Festnahme des Zeugen oder Sachverständigen.

137. Unterbrechung und Aussetzung der Hauptverhandlung

(1) Wird die Hauptverhandlung unterbrochen, gibt der Vorsitzende den Anwesenden bekannt, wann sie fortgesetzt wird, und weist darauf hin, dass weitere Ladungen nicht ergehen.

(2) [1] Wird die Verhandlung ausgesetzt und beraumt das Gericht den Termin für die neue Hauptverhandlung sofort an, kann eine schriftliche Ladung der Zeugen und Sachverständigen dadurch ersetzt werden, dass der Vorsitzende sie unter Hinweis auf die gesetzlichen Folgen ihres Ausbleibens zu dem neuen Termin mündlich lädt. [2] Dies ist im Protokoll zu vermerken. [3] Der Angeklagte und der Verteidiger sind zu dem neuen Termin schriftlich zu laden, der Verteidiger jedoch nur, wenn er nicht auf die Ladung verzichtet.

(3) [1] Wird die Verhandlung ausgesetzt oder unterbrochen, weil gegen einen Verteidiger ein Ausschließungsverfahren eingeleitet worden ist (§ 138c Absatz 4 StPO[2)]), empfiehlt es sich, dem über die Ausschließung entscheidenden Gericht mit der Vorlage (§ 138c Absatz 2 StPO) auch die Aussetzung oder Unterbrechung mitzuteilen. [2] Wird die Hauptverhandlung unterbrochen, ist auch mitzuteilen, an welchem Tag sie spätestens fortgesetzt werden muss.

138. Schlussvortrag des Staatsanwalts

(1) [1] Der Staatsanwalt erörtert in seinem Schlussvortrag das Gesamtergebnis der Hauptverhandlung und würdigt es tatsächlich und rechtlich. [2] Darüber hinaus weist er in geeigneten Fällen darauf hin, welche Bedeutung der Strafvorschrift für das Gemeinwohl zukommt.

[1)] **Habersack, Deutsche Gesetze Nr. 95.**
[2)] **Habersack, Deutsche Gesetze Nr. 90.**

(2) [1] Hält der Staatsanwalt die Schuld des Angeklagten für erwiesen, erörtert er auch die Strafzumessungsgründe (§ 46 StGB[1]); vgl. auch Nummer 15) sowie alle Umstände, die für die Strafbemessung, die Strafaussetzung zur Bewährung, die Verwarnung mit Strafvorbehalt, das Absehen von Strafe, die Nebenstrafe und Nebenfolgen oder die Anordnung von Maßregeln der Besserung und Sicherung, der Einziehung (§§ 73 bis 76a StGB), des erweiterten Verfalls oder sonstiger Maßnahmen (§ 11 Absatz 1 Nummer 8 StGB) von Bedeutung sein können. [2] Von einem Antrag auf Anordnung einer Maßregel der Besserung und Sicherung (z.B. eines Berufsverbotes nach § 70 StGB) soll regelmäßig nicht schon im Hinblick auf mögliche Maßnahmen der Verwaltungsbehörden oder der Berufsgerichtsbarkeit abgesehen werden.

(3) Kommt eine Verwarnung mit Strafvorbehalt (§ 59 StGB) in Betracht, wägt der Staatsanwalt die besonderen Umstände des Falles gegen das Gebot der Verteidigung der Rechtsordnung ab.

(4) [1] Beantragt der Staatsanwalt eine Freiheitsstrafe unter sechs Monaten, nimmt er dazu Stellung, aus welchen Gründen die Verhängung einer Geldstrafe nicht ausreicht und deshalb eine Freiheitsstrafe unerlässlich ist (§ 47 StGB). [2] Von der Geldstrafe darf nicht allein deshalb abgesehen werden, weil der Angeklagte sie nicht oder nicht sofort zahlen kann. [3] Gegebenenfalls ist eine Anordnung gemäß § 42 StGB zu erörtern.

(5) [1] Beantragt der Staatsanwalt eine Freiheitsstrafe von nicht mehr als zwei Jahren, nimmt er dazu Stellung, ob die Voraussetzungen für die Strafaussetzung zur Bewährung vorliegen (§ 56 StGB). [2] Beantragt der Staatsanwalt Verwarnung mit Strafvorbehalt, Strafaussetzung zur Bewährung oder eine Maßregel der Besserung und Sicherung, schlägt er gegebenenfalls zugleich geeignete Auflagen und Weisungen vor; für Auflagen gilt Nummer 93 sinngemäß.

(6) Hat der Angeklagte sich durch die Tat bereichert oder zu bereichern versucht, nimmt der Staatsanwalt in geeigneten Fällen auch dazu Stellung, ob Geldstrafe neben Freiheitsstrafe zu verhängen ist (§ 41 StGB).

(7) [1] Besteht Anlass, vom Angeklagten erlittene Untersuchungshaft oder eine andere Freiheitsentziehung nicht auf die Strafe anzurechnen, hat sich der Staatsanwalt hierzu zu äußern (vgl. § 51 Absatz 1 Satz 2 StGB). [2] Er hat ferner zu der Frage Stellung zu nehmen, ob der Haftbefehl noch aufrechtzuerhalten oder aufzuheben ist. [3] Hat die Verhandlung Haftgründe gegen den auf freiem Fuß befindlichen Angeklagten ergeben, beantragt der Staatsanwalt einen Haftbefehl. [4] Untersuchungshaft wegen Verdunklungsgefahr wird jedoch nach Verkündung des Urteils nur ausnahmsweise in Betracht kommen.

(8) Beim Antrag zum Kostenausspruch beachtet der Staatsanwalt die Ausnahmen von der Haftung für die Auslagen bei bestimmten Untersuchungen (§ 465 Absatz 2 StPO[2]).

139. Anträge zum Freispruch des Angeklagten

(1) Beantragt der Staatsanwalt, den Angeklagten freizusprechen oder das Verfahren gegen ihn einzustellen, nimmt er in geeigneten Fällen in seinem Antrag zugleich zur Frage der Auferlegung der Kosten (§§ 467 Absatz 2 Satz 1, 470 StPO[2]) und des Ersatzes der dem Angeklagten erwachsenen notwendigen Auslagen (§ 467 Absatz 2 Satz 2, Absatz 3, 4; § 470 StPO) Stellung.

---

[1] **Habersack, Deutsche Gesetze Nr. 85.**
[2] **Habersack, Deutsche Gesetze Nr. 90.**

(2) Hat die Hauptverhandlung ergeben, dass eine unwahre Anzeige vorsätzlich oder leichtfertig erstattet worden ist, regt der Staatsanwalt eine Entscheidung nach § 469 StPO an.

(3) [1]Kann eine Entschädigung nach den §§ 1, 2 des Gesetzes über die Entschädigung für Strafverfolgungsmaßnahmen (StrEG)[1)] in Betracht kommen, wirkt der Staatsanwalt darauf hin, dass das Gericht gemäß § 8 des Gesetzes über die Entschädigungspflicht entscheidet. [2]Der Staatsanwalt nimmt unter Berücksichtigung der §§ 3 bis 6 dieses Gesetzes und des § 254 BGB[2)] dazu Stellung, ob und in welchem Umfang eine Verpflichtung zur Entschädigung besteht, und vermerkt dies in den Handakten.

140.[3)] Mitteilung der Entscheidung und des Standes der Vollstreckung

[1]Von einem rechtskräftigen Urteil sowie von einem in § 268a StPO[4)] genannten Beschluss über Strafaussetzung zur Bewährung ist dem Verurteilten oder Freigesprochenen und, sofern er einen Verteidiger hat, auch diesem eine Abschrift zu übersenden. [2]In Verfahren gegen Jugendliche und Heranwachsende sowie in Staatsschutzsachen kann im Einzelfall hiervon abgesehen werden. [3]Andere Entscheidungen werden auf Antrag übersandt.

141. Form des Urteils

(1) [1]Im Urteil wird der Angeklagte so genau bezeichnet, wie es für die Anklage vorgeschrieben ist (Nummer 110 Absatz 2 Buchstabe a). [2]Werden die Urteilsgründe in die Verhandlungsniederschrift vollständig aufgenommen (§ 275 Absatz 1 Satz 1 StPO[4)]) und enthält diese auch die in Nummer 110 Absatz 2 Buchstabe a vorgesehenen Angaben, ist es nicht mehr nötig, das Urteil gesondert abzusetzen. [3]Eine von der Niederschrift getrennte Absetzung der Urteilsgründe allein ist unzureichend. [4]Ergeht das Urteil gegen mehrere Angeklagte, sind die angewendeten Vorschriften (§ 260 Absatz 5 StPO) für jeden Angeklagten gesondert anzugeben.

(2) [1]Das Urteil ist unverzüglich abzusetzen. [2]Die in § 275 Absatz 1 Satz 2 StPO bestimmte Frist ist einzuhalten; erforderlichenfalls empfiehlt es sich, den Berichterstatter und gegebenenfalls auch den Vorsitzenden von anderen Dienstgeschäften freizustellen. [3]Ist das Urteil in unterschriebener Form fristgerecht zu den Akten gebracht worden, kann eine etwa erforderlich werdende Reinschrift auch noch nach Fristablauf hergestellt werden.

(3) Wird eine Überschreitung der Urteilsabsetzungsfrist durch einen im Einzelfall nicht voraussehbaren unabwendbaren Umstand veranlasst (§ 275 Absatz 1 Satz 4 StPO), ist es zweckmäßig, die Gründe hierfür aktenkundig zu machen.

142. Belehrung über Rechtsmittel und Rechtsbehelfe

(1) [1]Ist der Angeklagte bei der Verkündung des Urteils anwesend, belehrt ihn der Vorsitzende über die zulässigen Rechtsmittel (§ 35a StPO[4)]). [2]Dabei wird dem Angeklagten ein Merkblatt ausgehändigt, auf das wegen der Einzelheiten verwiesen werden kann. [3]Bei einem Angeklagten, der der deutschen Sprache nicht

---

[1)] Nr. 93.

[2)] **Habersack, Deutsche Gesetze Nr. 20.**

[3)] **Amtl. Anm.:** In Bayern gilt diese Vorschrift in einer abweichenden Fassung (Bekanntmachung des Bayerischen Staatsministeriums der Justiz über die Einführung der Richtlinien für das Strafverfahren und das Bußgeldverfahren, Justizministerialblatt).

[4)] **Habersack, Deutsche Gesetze Nr. 90.**

hinreichend mächtig ist, hat die durch den hinzugezogenen Dolmetscher (Nummer 181 Absatz 1) zu vermittelnde Rechtsmittelbelehrung den Hinweis zu enthalten, dass die schriftliche Rechtsmitteleinlegung in deutscher Sprache erfolgen muss. [4] Die Belehrung wird im Protokoll über die Hauptverhandlung vermerkt.

(2) [1] Der Angeklagte soll nicht veranlasst werden, im unmittelbaren Anschluss an die Urteilsverkündung zu erklären, ob er auf Rechtsmittel verzichtet. [2] Erklärt er, ein Rechtsmittel einlegen zu wollen, ist er an die Geschäftsstelle zu verweisen.

(3) [1] Ist der Angeklagte bei der Verkündung des Urteils abwesend, ist er über die Einlegung des zulässigen Rechtsmittels schriftlich zu belehren; es genügt, wenn dem zuzustellenden Urteil ein Merkblatt beigefügt und dies in der Zustellungsurkunde vermerkt wird. [2] In den Fällen der §§ 232, 329 Absatz 1, 2 Satz 1 Alternative 2 und Absatz 4 Satz 2 sowie des § 412 StPO ist der Angeklagte bei der Zustellung auch über sein Recht zu belehren, die Wiedereinsetzung in den vorigen Stand zu beantragen (§§ 235, 329 Absatz 7 StPO).

143. Beurkundung eines Rechtsmittelverzichts

(1) [1] Ein unmittelbar nach der Urteilsverkündung erklärter Verzicht auf Rechtsmittel ist im Protokoll zu beurkunden. [2] Es empfiehlt sich, im Protokoll zu vermerken, dass die Erklärung über den Rechtsmittelverzicht verlesen und genehmigt worden ist (§ 273 Absatz 3 StPO[1]).

(2) Verzichtet ein in Untersuchungshaft befindlicher Angeklagter auf Rechtsmittel, ist der Zeitpunkt des Verzichts nach Stunde und Minute in das Protokoll aufzunehmen.

144. Die Beurkundung der Hauptverhandlung

(1) [1] Der Urkundsbeamte hat das Protokoll über die Hauptverhandlung wegen dessen besonderer Bedeutung (§ 274 StPO[1]) sorgfältig abzufassen. [2] Der Vorsitzende überwacht die ordnungsgemäße Beurkundung, namentlich der Förmlichkeiten des Verfahrens (z.B. §§ 265, 303 StPO) und der Beweisanträge. [3] Er prüft das Protokoll auf Richtigkeit und Vollständigkeit und veranlasst nötige Abänderungen und Ergänzungen. [4] Als Tag der Fertigstellung des Protokolls (§ 271 Absatz 1 Satz 2 StPO) ist der Tag anzugeben, an dem die zweite Urkundsperson das Protokoll unterschreibt.

(2) [1] Bei der Aufnahme von Zeugenaussagen kann auf amtliche, auch außergerichtliche Niederschriften über eine frühere Vernehmung des Zeugen im Vorverfahren Bezug genommen werden. [2] Ändert oder ergänzt der Zeuge jedoch seine früheren Erklärungen oder bestreitet ein Beteiligter die Richtigkeit der Aussage, ist es in der Regel geboten, die Aussage vollständig, in den entscheidenden Punkten unter Umständen sogar wörtlich, in das Protokoll aufzunehmen, damit für ein späteres Ermittlungsverfahren wegen einer unrichtigen Aussage ausreichende Unterlagen vorhanden sind. [3] Auf nichtamtliche Niederschriften von Aussagen soll grundsätzlich nicht Bezug genommen werden.

145. Festsetzung der notwendigen Auslagen des Beschuldigten

(1) [1] Vor dem Erlass des Festsetzungsbeschlusses soll der Rechtspfleger den Vertreter der Staatskasse hören. [2] Dieser kann zu der von ihm beabsichtigten Äußerung oder zu Einzelfragen eine Stellungnahme des Leiters der Strafverfolgungsbehörde beim Landgericht herbeiführen.

---

[1] **Habersack, Deutsche Gesetze Nr. 90.**

(2) [1] Der Festsetzungsbeschluss des Rechtspflegers ist dem Vertreter der Staatskasse zuzustellen (§ 464b Satz 3 StPO[1)], § 104 Absatz 1 Satz 3 der Zivilprozessordnung (ZPO)[2)]). [2] Dieser prüft, ob gegen den Festsetzungsbeschluss innerhalb der gesetzlichen Frist namens der Staatskasse ein Rechtsbehelf (Erinnerung oder sofortige Beschwerde) einzulegen ist. [3] Dabei kann er den Leiter der Strafverfolgungsbehörde beim Landgericht beteiligen. [4] Wird von einem Rechtsbehelf abgesehen, teilt der Vertreter der Staatskasse dies dem Rechtspfleger mit. [5] Legt der Vertreter der Staatskasse einen Rechtsbehelf ein, beantragt er gleichzeitig, die Vollziehung des Festsetzungsbeschlusses auszusetzen. [6] Er teilt dem Rechtspfleger unverzüglich die Entscheidung des Gerichts über diesen Antrag mit.

(3) [1] Die Entscheidung des Gerichts über die Erinnerung wird dem Vertreter der Staatskasse zugestellt, wenn gegen sie die sofortige Beschwerde statthaft ist. [2] Für die sofortige Beschwerde und für den Antrag auf Aussetzung der Vollziehung der angefochtenen Entscheidung gilt Absatz 2 Satz 2 bis 6 entsprechend.

(4) [1] Soweit der Rechtspfleger bei der Festsetzung der Auslagen der Stellungnahme des Vertreters der Staatskasse entspricht, ordnet er gleichzeitig mit dem Erlass des Festsetzungsbeschlusses die Auszahlung an. [2] Die Auszahlung von Auslagen, deren Festsetzung der Vertreter der Staatskasse widersprochen hat, wird bereits vor der formellen Rechtskraft des Festsetzungsbeschlusses angeordnet, wenn

a) die Frist zur Einlegung des statthaften Rechtsbehelfs für den Vertreter der Staatskasse abgelaufen ist,

b) der Vertreter der Staatskasse erklärt hat, dass ein Rechtsbehelf nicht eingelegt werde, oder

c) der Vertreter der Staatskasse einen Rechtsbehelf eingelegt hat und

    aa) die Vollziehung des Kostenfestsetzungsbeschlusses oder

    bb) die Vollziehung der Entscheidung über die Erinnerung für den Fall, dass diese mit der sofortigen Beschwerde angefochten werden kann,

    nicht innerhalb einer Woche nach Ablauf der Frist zur Einlegung des jeweiligen Rechtsbehelfs ausgesetzt wird.

[3] Wird der Kostenfestsetzungsbeschluss nur zum Teil angefochten, ist der Teil der Auslagen, dessen Festsetzung nicht angefochten ist, sofort zu erstatten; auf dem Auszahlungsbeleg ist auf die Teilanfechtung hinzuweisen.

4. Beschleunigtes Verfahren

146 [Beschleunigtes Verfahren]

(1) [1] In allen geeigneten Fällen ist die Aburteilung im beschleunigten Verfahren (§ 417 StPO[1)]) zu beantragen; dies gilt vor allem, wenn der Beschuldigte geständig ist oder andere Beweismittel zur Verfügung stehen. [2] Das beschleunigte Verfahren kommt nicht in Betracht, wenn Anlass besteht, die Person des Beschuldigten und sein Vorleben genau zu erforschen oder wenn der Beschuldigte durch die Anwendung dieses Verfahrens in seiner Verteidigung beeinträchtigt werden würde.

(2) Zur Vereinfachung und Erleichterung des Verfahrens soll der Staatsanwalt die Anklage nach Möglichkeit schriftlich niederlegen, sie in der Hauptverhandlung verlesen und dem Gericht einen Abdruck als Anlage für die Niederschrift übergeben.

[1)] **Habersack, Deutsche Gesetze Nr. 90.**
[2)] **Habersack, Deutsche Gesetze Nr. 100.**

4. Abschnitt. Rechtsmittel

1. Einlegung

147. Rechtsmittel des Staatsanwalts

(1) [1]Der Staatsanwalt soll ein Rechtsmittel nur einlegen, wenn wesentliche Belange der Allgemeinheit oder der am Verfahren beteiligten Personen es gebieten und wenn das Rechtsmittel aussichtsreich ist. [2]Entspricht eine Entscheidung der Sachlage, kann sie in der Regel auch dann unangefochten bleiben, wenn eine Rechtsnorm nicht oder nicht richtig angewendet worden ist. [3]Zur Nachprüfung des Strafmaßes ist ein Rechtsmittel nur einzulegen, wenn die Strafe in einem offensichtlichen Missverhältnis zu der Schwere der Tat steht. [4]Die Tatsache allein, dass ein anderer Beteiligter ein Rechtsmittel eingelegt hat, ist für den Staatsanwalt kein hinreichender Grund, das Urteil ebenfalls anzufechten.

(2) Von diesen Grundsätzen kann abgewichen werden, wenn ein Gericht in einer häufiger wiederkehrenden, bedeutsamen Rechtsfrage eine nach Ansicht des Staatsanwalts unzutreffende Rechtsauffassung vertritt oder wenn es im Strafmaß nicht nur vereinzelt, sondern allgemein den Aufgaben der Strafrechtspflege nicht gerecht wird.

(3) [1]Der Staatsanwalt soll ein Rechtsmittel zugunsten des Angeklagten einlegen (§ 296 Absatz 2 StPO[1)]), wenn dieser durch einen Verfahrensverstoß oder durch einen offensichtlichen Irrtum des Gerichts benachteiligt worden ist oder wenn die Strafe unter Würdigung aller Umstände des Falles unangemessen hoch erscheint. [2]Dass das Rechtsmittel zugunsten des Angeklagten eingelegt wird, muss deutlich zum Ausdruck gebracht werden.

148. Vorsorgliche Einlegung von Rechtsmitteln

(1) [1]Nur ausnahmsweise soll ein Rechtsmittel lediglich vorsorglich eingelegt werden. [2]Dies kann in Betracht kommen, wenn es geboten erscheint, die Entschließung der vorgesetzten Behörde herbeizuführen oder wenn das Verfahren eine Behörde besonders berührt und ihr Gelegenheit gegeben werden soll, sich zur Durchführung des Rechtsmittels zu äußern. [3]Nummer 211 Absatz 2 und 3 Buchstabe b ist zu beachten.

(2) In der Rechtsmittelschrift darf nicht zum Ausdruck kommen, dass das Rechtsmittel nur vorsorglich oder auf Weisung eingelegt wird.

(3) [1]Wird ein Rechtsmittel lediglich vorsorglich eingelegt, ist in der Rechtsmittelschrift nur die Tatsache der Einlegung mitzuteilen. [2]Wenn so verfahren wird, braucht die Rechtsmittelschrift dem Angeklagten nicht zugestellt zu werden.

149. Unterzeichnung der Rechtsmittelschrift

Der Staatsanwalt hat die Reinschrift der Rechtsmittel- und der Begründungsschrift mit seinem Namenszusatz zu versehen.

150. Rechtsmittel des Angeklagten zu Protokoll der Geschäftsstelle

(1) [1]Legt der Angeklagte die Berufung zu Protokoll der Geschäftsstelle ein oder begründet er sie in dieser Form, ist er zu befragen, ob er das Urteil in seinem ganzen Umfang anfechten oder die Anfechtung auf bestimmte Beschwerdepunkte beschränken will (§ 318 StPO[1)]). [2]Das Protokoll muss dies klar erkennen lassen. [3]Wird eine erneute Beweisaufnahme begehrt, sind neue Beweismittel genau zu

---

[1)] **Habersack, Deutsche Gesetze Nr. 90.**

bezeichnen. [4] In den Fällen des § 313 Absatz 1 Satz 1 StPO ist der Angeklagte im Hinblick auf die Entscheidung über die Annahme der Berufung nach § 313 Absatz 2 StPO auf die Möglichkeit der Begründung des Rechtsmittels hinzuweisen.

(2) [1] Rechtfertigt der Angeklagte die Revision zu Protokoll der Geschäftsstelle (§ 345 Absatz 2 StPO), soll der Rechtspfleger dafür sorgen, dass er die Gerichtsakten, mindestens aber eine Abschrift des angefochtenen Urteils zur Hand hat. [2] Der Rechtspfleger belehrt den Angeklagten über die richtige Art der Revisionsrechtfertigung und wirkt auf eine den gesetzlichen Vorschriften entsprechende Fassung hin. [3] Der Rechtspfleger ist an den Wortlaut und die Form des zur Begründung der Revision Vorgebrachten nicht gebunden, wohl aber an dessen sachlichen Kern. [4] Er nimmt in das Protokoll auch das Vorbringen auf, für das er die Verantwortung ablehnt; er belehrt den Angeklagten über die sich daraus ergebenden Folgen und vermerkt diese Belehrung im Protokoll.

(3) [1] Das Protokoll muss aus sich heraus verständlich sein. [2] Bezugnahmen auf andere Schriftstücke sind unwirksam. [3] Dies gilt vor allem für handschriftliche Erklärungen des Beschwerdeführers. [4] Diese können auch nicht dadurch zu einer zulässigen Begründung der Revision werden, dass sie äußerlich die Form des Protokolls erhalten oder dass sie in das Protokoll übernommen werden, ohne dass sie der Rechtspfleger geprüft und ihnen eine möglichst zweckmäßige Form gegeben hat.

(4) [1] Es ist ein bestimmter Antrag aufzunehmen. [2] Dieser muss erkennen lassen, ob der Beschwerdeführer das Urteil im Ganzen anfechten oder ob er die Revision beschränken will; der Umfang der Beschränkung ist genau anzugeben (§ 344 Absatz 1 StPO).

(5) [1] Will der Beschwerdeführer rügen, dass das Strafgesetz nicht richtig angewandt worden sei, ist die Erklärung aufzunehmen, dass die Verletzung sachlichen Rechts gerügt wird (§ 344 Absatz 2 Satz 1 StPO); Zusätze müssen rechtlicher Natur sein. [2] Die allgemeine Sachrüge ist angebracht, wenn dem Revisionsgericht die materielle Überprüfung des Urteils im Ganzen ermöglicht werden soll.

(6) [1] Wird ein Verfahrensverstoß geltend gemacht, muss der prozessuale Vorgang, in dem der Mangel gefunden wird, z.B. die Ablehnung eines Beweisantrages oder eines Antrages auf Bestellung eines Verteidigers, genau wiedergegeben werden. [2] Es genügt nicht, auf Aktenstellen Bezug zu nehmen. [3] Wohl aber ist es angebracht, auf die Aktenstellen hinzuweisen, aus denen sich die behaupteten Verfahrenstatsachen ergeben. [4] Wird gerügt, dass die Aufklärungspflicht verletzt worden sei, müssen auch die angeblich nicht benutzten Beweismittel bezeichnet werden.

151. Empfangsbestätigung

[1] Die Geschäftsstelle hat dem Beschwerdeführer auf Verlangen den Eingang einer Rechtsmittel- oder Begründungsschrift zu bescheinigen. [2] Von Rechtsanwälten kann verlangt werden, dass sie eine vorbereitete Empfangsbescheinigung vorlegen.

2. Verzicht und Rücknahme

152 [Verzicht und Rücknahme]

(1) [1] Verzichtet ein Verteidiger auf die Einlegung eines Rechtsmittels oder beschränkt er ein Rechtsmittel von vornherein oder nachträglich auf einen Teil der Entscheidung (Teilverzicht) oder nimmt er ein Rechtsmittel zurück, ist zu prüfen,

ob seine Ermächtigung zum Verzicht oder zur Rücknahme nachgewiesen ist (§ 302 Absatz 2 StPO[1)]). [2] Das Ergebnis der Prüfung ist aktenkundig zu machen. [3] Fehlt der Nachweis für die Ermächtigung, ist sie vom Verteidiger oder vom Angeklagten einzufordern.

(2) [1] Liegen die Akten bereits dem Rechtsmittelgericht vor, wird die Rücknahmeerklärung erst wirksam, wenn sie bei dem Rechtsmittelgericht eingeht; daher sind in diesem Falle die Rücknahmeerklärungen, die bei der Staatsanwaltschaft oder beim Gericht des früheren Rechtszuges eingehen, unverzüglich weiterzuleiten. [2] Ist Revision eingelegt, ist darüber hinaus dem Revisionsgericht oder der Staatsanwaltschaft bei diesem Gericht unverzüglich formlos mitzuteilen, dass eine Rücknahmeerklärung eingegangen ist.

(3) Nimmt der Angeklagte ein Rechtsmittel zurück, ist der Staatsanwalt (gegebenenfalls auch der Nebenkläger), nimmt der Staatsanwalt oder der Nebenkläger ein Rechtsmittel zurück, sind der Angeklagte und sein Verteidiger durch das mit der Sache befasste Gericht zu benachrichtigen, auch wenn ihnen die Rechtsmittelschrift nicht zur Kenntnis gebracht worden ist (Nummer 148 Absatz 3 Satz 2).

3. Verfahren nach der Einlegung

A. Gemeinsame Bestimmungen

153. Beschleunigung

Rechtsmittelsachen sind stets als Eilsachen zu behandeln.

154. Zustellung des Urteils

(1) [1] Das Urteil, gegen das der Angeklagte ein Rechtsmittel eingelegt hat, ist dem Verteidiger zuzustellen, wenn sich dessen Vollmacht bei den Akten befindet (Wahlverteidiger) oder wenn er zum Verteidiger bestellt worden ist (Pflichtverteidiger). [2] Kann an mehrere Verteidiger rechtswirksam zugestellt werden, soll die Zustellung nur an einen von ihnen erfolgen. [3] Die weiteren Verteidiger und der Angeklagte sind von der Zustellung zu unterrichten; eine Abschrift des Urteils ist beizufügen.

(2) [1] Hat der gesetzliche Vertreter des Angeklagten ein Rechtsmittel eingelegt, wird ihm das Urteil zugestellt. [2] Haben beide das Rechtsmittel eingelegt, ist das Urteil jedem von ihnen zuzustellen.

155. Antrag auf Wiedereinsetzung in den vorigen Stand

Wenn ein Antrag auf Wiedereinsetzung in den vorigen Stand wegen Versäumung einer Rechtsmittelfrist mit dem Verschulden anderer Personen (Urkundsbeamten, Bediensteten der Vollzugsanstalt, Verteidiger usw.) begründet wird, ist eine (dienstliche) Äußerung dieser Personen herbeizuführen.

156. Rechtsmittelbegründung

(1) Der Staatsanwalt muss jedes von ihm eingelegte Rechtsmittel begründen, auch wenn es sich nur gegen das Strafmaß richtet.

(2) Eine Revisionsbegründung, die sich – abgesehen von den Anträgen – darauf beschränkt, die Verletzung sachlichen Rechts zu rügen, genügt zwar den gesetzlichen Erfordernissen; der Staatsanwalt soll aber seine Revision stets so rechtfertigen, dass klar ersichtlich ist, in welchen Ausführungen des angefochtenen Urteils er

---

1) Habersack, Deutsche Gesetze Nr. 90.

eine Rechtsverletzung erblickt und auf welche Gründe er seine Rechtsauffassung stützt.

(3) Stützt der Staatsanwalt seine Revision auf Verletzungen von Verfahrensvorschriften, sind die formellen Rügen nicht nur mit der Angabe der die Mängel enthaltenen Tatsachen zu begründen (§ 344 Absatz 2 Satz 2 StPO[1]), sondern es sind auch die Aktenstellen, auf die sich die Rügen beziehen, z.B. Teile des Protokolls über die Hauptverhandlung, abschriftlich in der Revisionsrechtfertigung anzuführen.

157. Urteilsabschrift an den Beschwerdegegner

Mit der Zustellung der Berufungs- oder Revisionsschriften ist dem Gegner des Beschwerdeführers, falls noch nicht geschehen, eine Abschrift des Urteils mit Gründen zu übersenden.

B. Berufungsverfahren

158. Benennung von Beweismitteln

Bei Übersendung der Akten an das Berufungsgericht (§ 321 Satz 2 StPO[1]) benennt der Staatsanwalt nur solche Zeugen und Sachverständige, deren Vernehmung zur Durchführung der Berufung notwendig ist.

158a. Annahmeberufung

(1) Hat in den Fällen des § 313 Absatz 1 Satz 1 StPO[1] der Angeklagte oder der Nebenkläger Berufung eingelegt, nimmt der Staatsanwalt gegenüber dem Berufungsgericht zur Frage der Zulässigkeit des Rechtsmittels Stellung und stellt einen Antrag zu der nach den §§ 313 Absatz 2, 322a StPO zu treffenden Entscheidung.

(2) In den Fällen des § 313 Absatz 3 StPO (Berufung gegen ein auf Geldbuße, Freispruch oder Einstellung wegen einer Ordnungswidrigkeit lautendes Urteil) gilt Nummer 293 Absatz 2 entsprechend.

C. Revisionsverfahren

159. Zustellung des Urteils an die Staatsanwaltschaft

[1]Wird das Urteil der Staatsanwaltschaft durch Vorlegen der Urschrift (§ 41 StPO[1]) zugestellt, hat die Geschäftsstelle der Staatsanwaltschaft auf der Urschrift den Tag zu bescheinigen, an dem das Urteil eingegangen ist („Zur Zustellung eingegangen am …….“). [2]Bleibt die Urschrift nicht bei den Akten, vermerkt die Geschäftsstelle der Staatsanwaltschaft auf der mit der Urschrift vorgelegten, für die Akten bestimmten Abschrift des Urteils: „Die Urschrift des Urteils ist zur Zustellung am …….. eingegangen“. [3]Beide Vermerke sind vom Staatsanwalt zu zeichnen.

160. Akteneinsicht durch den Verteidiger

Während die Frist zur Revisionsbegründung läuft, sind die Akten zur Einsichtnahme durch den Verteidiger bereitzuhalten.

161. Berichtigung des Verhandlungsprotokolls

(1) Wird beantragt, das Protokoll über die Hauptverhandlung zu berichtigen, führt der Staatsanwalt eine Erklärung des Vorsitzenden und des Urkundsbeamten herbei.

---

[1] **Habersack, Deutsche Gesetze Nr. 90.**

(2) Wird – ohne einen förmlichen Antrag auf Berichtigung – nur in der Revisionsbegründung geltend gemacht, dass das Protokoll unrichtig oder unvollständig sei, wird es sich empfehlen, dies vor der Einsendung der Akten an das Revisionsgericht durch Rückfrage aufzuklären.

162. Gegenerklärung des Staatsanwalts

(1) Begründet der Angeklagte oder der Nebenkläger seine Revision nur mit der Verletzung des sachlichen Rechts, kann der Staatsanwalt in der Regel von einer Gegenerklärung (§ 347 Absatz 1 Satz 2 StPO[1]) absehen.

(2) [1] Wird das Urteil wegen eines Verfahrensmangels angefochten, gibt der Staatsanwalt eine Gegenerklärung fristgemäß ab, wenn anzunehmen ist, dass dadurch die Prüfung der Revisionsbeschwerde erleichtert wird (§ 347 Absatz 1 Satz 3 StPO), insbesondere zeitraubende Rückfragen und Erörterungen vermieden werden. [2] Die Gegenerklärung soll die Tatsachen, auf die sich die Verfahrensrügen erstrecken, erschöpfend darstellen; die in Betracht kommenden Aktenstellen sind abzulichten oder abschriftlich wiederzugeben. [3] Ausführungen des angefochtenen Urteils, die Gegenstand einer Verfahrensrüge sind, werden in die Gegenerklärung nicht aufgenommen. [4] Wird die Behandlung von Beweisanträgen gerügt, **so** ist aus dem Protokoll über die Hauptverhandlung festzustellen, ob die Beteiligten auf weitere Beweise verzichtet oder sich mit der Schließung der Beweisaufnahme einverstanden erklärt haben. [5] Trifft dies zu, ist dieser Teil des Protokolls in der Gegenerklärung wörtlich wiederzugeben. [6] Ist über einen Antrag, namentlich einen Beweisantrag, im Urteil entschieden worden, ist auf die betreffende Urteilsstelle (nach der Seite der Abschrift) zu verweisen. [7] Bezieht sich die Verfahrensrüge auf einen Vorgang, der aus einem Protokoll über die Hauptverhandlung nicht ersichtlich und auch von dem Sitzungsstaatsanwalt nicht wahrgenommen worden ist, wird es zweckmäßig sein, über den Vorgang eine Äußerung der Beteiligten herbeizuführen.

(3) [1] Der Staatsanwalt teilt eine Gegenerklärung dem Beschwerdeführer mit und legt sie dem Gericht vor. [2] Anlagen (dienstliche Äußerungen usw.), auf die Bezug genommen wird, sind der Vorlage an das Gericht beizufügen. [3] Enthält die Gegenerklärung erhebliche neue Tatsachen oder Beweisergebnisse, ist sie dem Beschwerdeführer zuzustellen. [4] Wird keine Gegenerklärung abgegeben, braucht das Gericht hiervon nicht unterrichtet zu werden.

(4) Der Vorsitzende leitet die Akten der Staatsanwaltschaft zur weiteren Verfügung zu, wenn er von der Gegenerklärung Kenntnis genommen hat oder wenn die Frist (§ 347 Absatz 1 Satz 2 StPO) abgelaufen ist.

163. Übersendung der Akten an das Revisionsgericht

(1) [1] Die Akten werden dem Revisionsgericht durch die Staatsanwaltschaft bei diesem Gericht vorgelegt. [2] Ist der Bundesgerichtshof zur Entscheidung über die Revision zuständig und betreibt der Staatsanwalt allein oder neben einem anderen Beteiligten die Revision, werden die Akten über den Generalstaatsanwalt beim Oberlandesgericht geleitet. [3] Dies gilt nicht, wenn das Amt des Staatsanwalts bei dem Oberlandesgericht durch den Generalbundesanwalt ausgeübt wird (§ 142a GVG[2]). [4] Der Vorlage an den Bundesgerichtshof ist ein Übersendungsbericht beizufügen; dies gilt auch für die Vorlage an ein Revisionsgericht eines Landes, *soweit nichts anderes* bestimmt ist.

---

[1] Habersack, Deutsche Gesetze Nr. 90.
[2] Habersack, Deutsche Gesetze Nr. 95.

(2) Absatz 1 gilt entsprechend, wenn der Beschwerdeführer Wiedereinsetzung in den vorigen Stand oder die Entscheidung des Revisionsgerichts nach § 346 Absatz 2 StPO[1)] beantragt hat.

(3) [1] Vor der Übersendung prüft der Staatsanwalt, ob die Zustellungen und Vollmachten in Ordnung sind und veranlasst, dass alle Mängel beseitigt werden. [2] Ist die Urschrift des Urteils schwer lesbar, ist eine beglaubigte Abschrift des Urteils beizuheften.

164. Form und Inhalt des Übersendungsberichts

(1) Der Übersendungsbericht soll folgende Angaben enthalten:

a) die Namen und die zuletzt bekannten vollständigen Anschriften aller Verfahrensbeteiligten (Angeklagte, Verteidiger, gesetzliche Vertreter, Nebenbeteiligte, Einziehungsbeteiligte usw.) sowie die Aktenstellen, aus denen sich Beiordnungen und Vollmachten von Rechtsanwälten ergeben;

b) die Angabe, ob der Angeklagte bei der Verkündung des Urteils anwesend war;

c) das Eingangsdatum und die Aktenstelle der Schriften über die Einlegung und die Begründung der Revision;

d) den Tag der Zustellung des Urteils an den Beschwerdeführer und der Revisionsbegründung an den Gegner des Beschwerdeführers sowie im Fall des § 345 Absatz 1 Satz 2 StPO[1)] der Zeitpunkt, zu dem das Urteil zu den Akten gebracht worden ist;

e) die Aktenstelle der Gegenerklärung und der Mitteilung der Gegenerklärung an den Beschwerdeführer;

f) die Anzahl der Abschriften der Revisionsentscheidung, die für Mitteilungen gebraucht werden;

g) den Hinweis auf nur örtlich geltende gesetzliche Feiertage, wenn das Ende einer Frist, die für das Revisionsverfahren wesentlich ist, auf einen solchen Tag fällt;

h) den Hinweis auf die Zulassung eines Nebenklägers (§ 396 Absatz 2 StPO) mit Angabe der Aktenstelle;

i) den Hinweis auf einen in Beiakten anberaumten Termin oder auf andere Beschleunigungsgründe, die übersehen werden könnten.

(2) [1] In Haftsachen ist ferner anzugeben, wo der Angeklagte verwahrt wird. [2] Auf dem Übersendungsbericht ist deutlich sichtbar „Haft" zu vermerken (vgl. Nummer 52). [3] Dieser Vermerk ist durch nähere Angaben (z.B. „Strafhaft in der Sache …") zu erläutern.

(3) Auf andere Strafverfolgungsmaßnahmen (vorläufige Entziehung der Fahrerlaubnis, vorläufiges Berufsverbot u.a.), die eine Entschädigungspflicht auslösen *könnten, ist hinzuweisen.*

(4) Legt der Staatsanwalt wegen der Bedeutung der Strafsache oder aus anderen Gründen, z.B. weil gegen den Angeklagten Haftbefehl erlassen ist, Wert darauf, über die Entscheidung des Revisionsgerichts beschleunigt unterrichtet zu werden, weist er hierauf hin; wird eine besondere Übermittlungsart gewünscht (z.B. auf elektronischem Wege), ist dies deutlich hervorzuheben.

[1)] **Habersack, Deutsche Gesetze Nr. 90.**

165. Anlagen zum Übersendungsbericht

(1) Für das Revisionsgericht sind beizufügen je eine beglaubigte Abschrift

a) des angefochtenen und jedes weiteren in diesem Verfahren gegen den Angeklagten ergangenen Urteils, sowie eines nach § 346 Absatz 1 StPO[1)] ergangenen Beschlusses, wobei einzelne Teile der Entscheidung, die einen anderen Angeklagten oder eine der Revisionsentscheidung nicht unterliegende Straftat betreffen, in der Abschrift ausgelassen werden können,

b) der Schriftstücke über die Einlegung und die Rechtfertigung der Revision, der sonstigen die Revision betreffenden Schriften (Wiedereinsetzungsantrag, Antrag nach § 346 Absatz 2 StPO usw., jeweils versehen mit dem Eingangsdatum), der Gegenerklärung mit den Anlagen und der Erwiderung.

(2) Kommen für die Entscheidung landesrechtliche oder örtliche Vorschriften in Betracht, die nur in Amts-, Kreis- oder ähnlichen Blättern von örtlicher Bedeutung veröffentlicht sind, sind Abdrucke oder beglaubigte Abschriften beizufügen.

(3) Für die Staatsanwaltschaft beim Revisionsgericht sind je eine beglaubigte Abschrift der in den Absatz 1 und 2 bezeichneten Schriftstücke beizufügen.

166. Übersendung von Überführungsstücken und Beiakten

(1) Dem Revisionsgericht sind nur die für die Entscheidung über die Revision nötigen Überführungsstücke und Akten zu übersenden, z.B. die Akten, die für die Nachprüfung von Prozessvoraussetzungen oder für die Anwendung der §§ 66, 69, 70 StGB[2)] von Bedeutung sind.

(2) [1] Schriftstücke, Skizzen und Lichtbilder, auf die in dem angefochtenen Urteil Bezug genommen ist oder die zum besseren Verständnis des Urteils beitragen (z.B. Verkehrsunfallskizzen, Lichtbilder), sind zu übersenden. [2] Welche anderen Überführungsstücke und Akten zu übersenden sind, entscheidet der Staatsanwalt.

167. Beschleunigung

[1] Ist über Haft-, Dienstaufsichts- oder sonstige Beschwerden oder über Anträge auf Festsetzung von Kosten, Vergütungen oder Entschädigungen zu entscheiden, sind Gnadengesuche von Mitverurteilten zu bearbeiten oder ist gegen diese die Strafvollstreckung einzuleiten, ist zu prüfen, ob diese Entscheidungen auf Grund von Aktenteilen, die für das Revisionsgericht entbehrlich sind, oder auf Grund von Abschriften oder Ablichtungen getroffen werden können. [2] Ist dies nicht der Fall, ist zu erwägen, ob die Angelegenheit bis zur Rückkunft der Akten aus der Revisionsinstanz zurückgestellt werden kann. [3] Eine Zurückstellung unterbleibt bei Vollstreckungsmaßnahmen und Gnadenverfahren.

168. Überprüfung durch den Generalstaatsanwalt und Rücknahme der Revision

(1) [1] Ist zur Entscheidung über die Revision der Staatsanwaltschaft der Bundesgerichtshof zuständig, prüft der Generalstaatsanwalt beim Oberlandesgericht, ob die Förmlichkeiten beachtet worden sind und ob die Revision durchgeführt werden soll. [2] Hält er sie nicht für angebracht oder verspricht er sich von ihr keinen Erfolg, nimmt er die Revision entweder selbst zurück oder weist die Staatsanwaltschaft an, sie zurückzunehmen. [3] Bei der Weiterleitung der Akten soll der General-

1) **Habersack, Deutsche Gesetze Nr. 90.**
2) **Habersack, Deutsche Gesetze Nr. 85.**

staatsanwalt zum Ausdruck bringen, ob er der Revisionsbegründung beitritt oder aus welchen anderen Gründen er die Revision durchzuführen wünscht.

(2) Absatz 1 gilt entsprechend, wenn das Oberlandesgericht zur Entscheidung über die Revision zuständig ist.

169. Rückleitung der Akten

(1) [1] Nach Erledigung der Revision werden die Akten über den Generalstaatsanwalt beim Oberlandesgericht an die Staatsanwaltschaft zurückgeleitet. [2] Die Akten werden unmittelbar an die Staatsanwaltschaft zurückgeleitet, wenn lediglich der Angeklagte Revision eingelegt und der Generalstaatsanwalt bei dem Oberlandesgericht darauf verzichtet hat, dass die Akten über ihn zurückgeleitet werden.

(2) In Haftsachen ist die Rückleitung zu beschleunigen; der Zeitpunkt, zu dem das Urteil rechtskräftig geworden ist, soll nach Stunde und Minute angegeben und dem Staatsanwalt, wenn nötig, fernmündlich oder in der von ihm sonst gewünschten Art im Voraus mitgeteilt werden.

(3) [1] In den Fällen der Nummer 164 Absatz 3 sind die Akten beschleunigt zurückzusenden. [2] Dasselbe gilt, wenn die Befugnis zuerkannt worden ist, die Verurteilung innerhalb einer Frist öffentlich bekanntzumachen.

5. Abschnitt. Wiederaufnahme des Verfahrens

170. Allgemeines

(1) Der Staatsanwalt, der die Anklage oder die Antragsschrift verfasst hat oder der an der Hauptverhandlung gegen den Verurteilten teilgenommen hat, soll in der Regel in dem von dem Verurteilten beantragten Wiederaufnahmeverfahren nicht mitwirken.

(2) Der Generalstaatsanwalt beim Oberlandesgericht soll im Wiederaufnahmeverfahren von seiner Befugnis gemäß § 145 Absatz 1 GVG[1)], die Amtsverrichtungen der Staatsanwaltschaft selbst zu übernehmen oder mit ihrer Wahrnehmung einen anderen als den zunächst zuständigen Beamten (§§ 140a, 143 GVG) zu beauftragen, nur in besonders begründeten Ausnahmefällen Gebrauch machen.

171. Erneuerung der Hauptverhandlung

(1) [1] Ist die Wiederaufnahme des Verfahrens angeordnet, muss in der Regel eine neue Hauptverhandlung stattfinden, weil nur so die meist vorhandenen Widersprüche geklärt und das gesamte Beweismaterial umfassend gewürdigt werden kann und weil nur dadurch gesichert ist, dass die Umstände, die für die frühere Verurteilung maßgebend waren, neben dem Ergebnis der neuen Beweisaufnahme gebührend berücksichtigt werden. [2] Der Staatsanwalt wird deshalb einem Freispruch ohne neue Hauptverhandlung nur ausnahmsweise zustimmen können.

(2) Eine solche Ausnahme kann vorliegen, wenn einwandfrei festgestellt ist, dass der Verurteilte zur Zeit der Tat geisteskrank war, oder wenn seine Unschuld klar zutage tritt und es wegen der besonderen Umstände des Falles unzweckmäßig ist, die Hauptverhandlung zu erneuern; jedoch ist zu berücksichtigen, dass der Verurteilte mitunter ein berechtigtes Interesse daran hat, dass seine Ehre in öffentlicher Verhandlung wiederhergestellt wird.

[1)] **Habersack, Deutsche Gesetze Nr. 95.**

6. Abschnitt. Beteiligung des Verletzten (§ 373b StPO) am Verfahren

1. Privatklage

172. Übernahme der Verfolgung durch den Staatsanwalt

(1) Legt das Gericht dem Staatsanwalt die Akten nach § 377 Absatz 1 Satz 2 StPO[1)] vor oder erwägt der Staatsanwalt von sich aus, die Verfolgung zu übernehmen, hält er aber noch weitere Ermittlungen für nötig, teilt er dies dem Gericht mit und ersucht, die Entscheidung nach § 383 StPO zurückzustellen.

(2) [1] Übernimmt der Staatsanwalt die Verfolgung (vgl. Nummer 86), teilt er dies dem Gericht und dem Privatkläger mit; der Privatkläger ist zugleich auf eine etwa bestehende Nebenklagebefugnis und auf die Kostenfolge des § 472 Absatz 3 Satz 2 StPO hinzuweisen. [2] Hält der Staatsanwalt später die Einstellung des Verfahrens für angezeigt, legt er dem Gericht seine Auffassung dar und beantragt, das Hauptverfahren nicht zu eröffnen. [3] Verneint er das öffentliche Interesse an weiterer Verfolgung, gibt er die Akten dem Gericht mit einem entsprechenden Vermerk zurück.

2. Entschädigung des Verletzten

173. Unterrichtung des Verletzten über das Entschädigungsverfahren

[1] Der Staatsanwalt trägt dafür Sorge, dass Verletzte oder deren Erben so früh wie möglich, spätestens aber mit Anklageerhebung, auf die Möglichkeit, einen Entschädigungsanspruch nach den §§ 403 ff. StPO[1)] geltend zu machen, hingewiesen werden. [2] Dabei wird der Verletzte über die Möglichkeit der Prozesskostenhilfe (§ 404 Absatz 5 StPO), Form und Inhalt des Antrags (§ 404 Absatz 1 StPO) und über das Recht auf Teilnahme an der Hauptverhandlung (§ 404 Absatz 3 StPO) zu belehren sein. [3] Auch wird er darauf hinzuweisen sein, dass es sich in der Regel empfiehlt, den Antrag möglichst frühzeitig zu stellen, dass er seinen Anspruch, soweit er ihm nicht zuerkannt wird, noch im Zivilrechtsweg verfolgen kann (§ 406 Absatz 3 StPO) und dass das Gericht aus bestimmten Gründen von der Entscheidung über den Antrag absehen kann (§ 406 Absatz 1 StPO).

174. Stellung des Staatsanwalts im Entschädigungsverfahren

(1) [1] Der Staatsanwalt soll zur Eignung des Entschädigungsantrages für eine Erledigung im Strafverfahren Stellung nehmen (§ 406 Absatz 1 Satz 4 und 5 StPO[1)]). [2] Im Übrigen äußert er sich, wenn dies nötig ist, um die Tat strafrechtlich zutreffend zu würdigen.

(2) Der Staatsanwalt hat den bei ihm eingegangenen Entschädigungsantrag dem Gericht beschleunigt zuzuleiten, weil die Rechtswirkungen des Antrags (§ 404 Absatz 2 StPO) erst eintreten, wenn dieser bei Gericht eingegangen ist.

3. Sonstige Befugnisse des Verletzten

174a. Unterrichtung des Verletzten, seiner Angehörigen und Erben

[1] Sobald der Staatsanwalt mit den Ermittlungen selbst befasst ist, prüft er, ob die Informationen gemäß § 406i Absatz 1, §§ 406j bis 406l StPO[1)] erteilt worden sind. [2] Falls erforderlich, holt er dies nach. [3] Dazu kann er das übliche Formblatt verwenden. [4] Er weist den Verletzten insbesondere in den Fällen, in denen eine Beiordnung nach § 406g Absatz 3 StPO naheliegt, möglichst frühzeitig auf die Möglichkeit der psychosozialen Prozessbegleitung hin.

[1)] **Habersack, Deutsche Gesetze Nr. 90.**

174b. Bestellung des Beistandes und des psychosozialen Prozessbegleiters

[1] Geht während eines Ermittlungsverfahrens oder im Klageerzwingungsverfahren (§ 172 StPO[1)]) bei der Staatsanwaltschaft ein Antrag des Verletzten auf Bestellung eines Rechtsanwalts als Beistand oder auf Bewilligung von Prozesskostenhilfe für die Hinzuziehung eines Rechtsanwalts nach den §§ 406h, 397a StPO ein, ist dieser Antrag unverzüglich an das zuständige Gericht weiterzuleiten. [2] Gleiches gilt, wenn während eines Ermittlungsverfahrens bei der Staatsanwaltschaft ein Antrag des Verletzten auf Beiordnung eines psychosozialen Prozessbegleiters nach § 406g StPO eingeht.

174c. Umgang mit Anträgen des Verletzten nach § 406d Absatz 2 StPO

Anträge nach § 406d Absatz 2 StPO[1)] sind in das Vollstreckungsheft aufzunehmen und deutlich sichtbar zu kennzeichnen sowie gegebenenfalls der Justizvollzugsanstalt oder der Einrichtung des Maßregelvollzugs mitzuteilen.

7. Abschnitt. Besondere Verfahrensarten

1. Verfahren bei Strafbefehlen

175. Allgemeines

(1) Erwägt der Staatsanwalt, den Erlass eines Strafbefehls zu beantragen, vermerkt er den Abschluss der Ermittlungen in den Akten (vgl. Nummer 109).

(2) [1] Der Erlass eines Strafbefehls soll nur beantragt werden, wenn der Aufenthalt des Beschuldigten bekannt ist, so dass in der regelmäßigen Form zugestellt werden kann. [2] Sonst ist das Verfahren vorläufig einzustellen oder, wenn sich die Abwesenheit des Beschuldigten erst nach dem Antrag auf Erlass des Strafbefehls herausgestellt hat, die vorläufige Einstellung des Verfahrens (§ 205 StPO[1)]) zu beantragen.

(3) [1] Im Übrigen soll von dem Antrag auf Erlass eines Strafbefehls nur abgesehen werden, wenn die vollständige Aufklärung aller für die Rechtsfolgenbestimmung wesentlichen Umstände oder Gründe der Spezial- oder Generalprävention die Durchführung einer Hauptverhandlung geboten erscheinen lassen. [2] Auf einen Strafbefehlsantrag ist nicht schon deswegen zu verzichten, weil ein Einspruch des Angeschuldigten zu erwarten ist.

(4) Bei verhafteten oder vorläufig festgenommenen Personen ist zu prüfen, ob das beschleunigte Verfahren nach § 417 StPO eine raschere Erledigung ermöglicht.

175a. Strafbefehl nach Eröffnung des Hauptverfahrens

Ein Antrag auf Erlass eines Strafbefehls nach Eröffnung des Hauptverfahrens (§ 408a **Absatz** 1 Satz 1 StPO[1)]) kommt namentlich in Betracht, wenn

a) der Angeklagte mit bekanntem Aufenthalt im Ausland wohnt, seine Einlieferung zur Durchführung der Hauptverhandlung aber nicht möglich oder nicht angemessen wäre,

b) der Angeklagte der Hauptverhandlung entschuldigt fernbleibt, weil er infolge einer längeren Krankheit an ihr nicht teilnehmen kann, obwohl seine Verhandlungsfähigkeit im Übrigen nicht beeinträchtigt ist,

c) der Angeklagte der Hauptverhandlung fernbleibt und nicht nach § 232 StPO ohne ihn verhandelt werden kann oder

---

[1)] **Habersack, Deutsche Gesetze Nr. 90.**

d) der unmittelbaren Beweisaufnahme in der Hauptverhandlung erhebliche Hinderungsgründe entgegenstehen und die Voraussetzungen des § 251 Absatz 1 Nummer 3 StPO nicht vorliegen, der Sachverhalt aber nach dem Akteninhalt genügend aufgeklärt erscheint.

176. Anträge

(1) [1] Zur Vereinfachung und Beschleunigung des Geschäftsgangs hat der Staatsanwalt, wenn nicht besondere Umstände ein abweichendes Verfahren rechtfertigen, den Strafbefehlsantrag so zu stellen, dass er einen Strafbefehlsentwurf einreicht und beantragt, einen Strafbefehl dieses Inhalts zu erlassen. [2] In den Fällen des § 444 StPO[1)] in Verbindung mit § 30 des Gesetzes über Ordnungswidrigkeiten (OWiG)[2)] ist im Strafbefehlsentwurf die Anordnung der Beteiligung der juristischen Person oder Personenvereinigung und die Festsetzung einer konkreten Geldbuße aufzunehmen. [3] In den Fällen des § 407 Absatz 2 Satz 2 StPO schlägt er gegebenenfalls zugleich geeignete Auflagen und Weisungen vor; für Auflagen gilt Nummer 93 sinngemäß.

(2) Dem Entwurf ist die zur Zustellung des Strafbefehls und für etwa vorgeschriebene Mitteilungen nötige Zahl von Durchschlägen beizufügen.

177. Fassung des Strafbefehlsentwurfs

(1) [1] Der Strafbefehlsentwurf muss klar, übersichtlich und leicht verständlich sein. [2] Er darf sich nicht darauf beschränken, die Straftat formelhaft mit den Worten des Gesetzes zu bezeichnen.

(2) Soll die Fahrerlaubnis nicht entzogen oder eine Sperre für die Erteilung nicht angeordnet werden, obwohl dies nach der Art der Straftat in Betracht kommt, müssen die Gründe dafür im Strafbefehlsentwurf angegeben werden (vgl. § 409 Absatz 1 Satz 3 StPO[1)]).

(3) Beantragt der Staatsanwalt die Beteiligung der juristischen Person oder Personenvereinigung und die Festsetzung einer Geldbuße gegen diese (Nummer 180a Absatz 2), führt er sie als Nebenbeteiligte an und gibt die tatsächliche und rechtliche Grundlage für die begehrte Maßnahme an.

178. Prüfung durch den Richter

(1) Hat der Richter Bedenken, ohne Hauptverhandlung zu entscheiden, oder will er von der rechtlichen Beurteilung im Strafbefehlsantrag abweichen oder eine andere als die beantragte Rechtsfolge festsetzen (§ 408 Absatz 3 Satz 2 StPO[1)]), teilt er vor einer Entscheidung über die Anberaumung der Hauptverhandlung seine Auffassung dem Staatsanwalt mit und bittet ihn um Äußerung.

(2) [1] Tritt der Staatsanwalt der Auffassung des Richters bei, gibt er die Akten mit einem entsprechenden Vermerk und dem abgeänderten Strafbefehlsantrag zurück. [2] Sonst erklärt er, dass er seinen Antrag aufrechterhalte.

(3) Verfährt der Richter nach § 408 Absatz 1 Satz 2 StPO, legt der Staatsanwalt seine Auffassung über die Zuständigkeit bei Weiterleitung der Akten dar.

(4) Der Beschluss, durch den der Antrag auf Erlass eines Strafbefehls zurückgewiesen wird, ist dem Angeschuldigten mitzuteilen, wenn das Verfahren durch den Beschluss abgeschlossen wird.

---

1) Habersack, Deutsche Gesetze Nr. 90.
2) Habersack, Deutsche Gesetze Nr. 94.

179. Zustellung

(1) [1]Der Strafbefehl muss dem Angeklagten, oder in den Fällen des § 145a StPO[1)] seinem Verteidiger, förmlich zugestellt werden (§§ 35, 409 StPO). [2]Soweit an dem Verfahren Einziehungsbeteiligte oder Nebenbetroffene beteiligt sind, ist der Strafbefehl auch diesen oder deren bevollmächtigten Vertretern (§§ 432, 438 Absatz 3 StPO, § 428 Absatz 1 StPO in Verbindung mit § 145a StPO) förmlich zuzustellen.

(2) Ist der Angeklagte verhaftet, ist der Zeitpunkt der Zustellung und, falls auf Einspruch verzichtet wird, auch der des Verzichts nach Stunde und Minute festzustellen.

(3) Hat der Angeklagte einen gesetzlichen Vertreter, wird diesem eine Abschrift des Strafbefehls übersandt (§ 409 Absatz 2 StPO).

2. Selbständiges Einziehungsverfahren

180 [Selbständiges Einziehungsverfahren]

(1) [1]Für das selbständige Einziehungsverfahren nach den §§ 435 ff. StPO[1)] (in den Fällen des § 76a StGB[2)]) besteht keine Antragspflicht. [2]Soweit die Möglichkeit besteht, auf durch die Straftat erlangte Vermögensvorteile zuzugreifen, soll die Staatsanwaltschaft in der Regel die Anordnung der selbständigen Einziehung beantragen. [3]Sie kann jedoch von dem Antrag absehen, insbesondere wenn das Erlangte nur einen geringen Wert hat oder das Verfahren einen unangemessenen Aufwand erfordern würde (§ 435 Absatz 1 Satz 2 StPO). [4]Auch bei einem geringen Wert des Erlangten kann im Einzelfall (etwa wegen der Bedeutung der Sache oder wenn bereits vorläufige Sicherungsmaßnahmen ergriffen worden sind) eine Antragstellung geboten sein.

(2) Ist es wegen der Bedeutung oder der Schwierigkeit der Sache oder im Interesse einer Person, die von der Einziehung im Falle ihrer Anordnung betroffen wäre, geboten, beantragt die Staatsanwaltschaft, auf Grund mündlicher Verhandlung zu entscheiden.

(3) [1]Sind keine Personen vorhanden, die von der Einziehung im Falle ihrer Anordnung betroffen wären, oder haben sie – gegebenenfalls nach Hinweis auf die Rechtslage – auf ihre Rechte und auf die Durchführung des selbständigen Einziehungsverfahrens verzichtet oder kommt ihre Befragung nicht in Betracht, kann der Gegenstand in der Regel formlos aus dem Verkehr entfernt werden. [2]Die Staatsanwaltschaft leitet auch in diesen Fällen das selbständige Einziehungsverfahren ein, wenn die Herbeiführung einer gerichtlichen Entscheidung wegen der tatsächlichen oder rechtlichen Schwierigkeit oder sonstigen Bedeutung der Sache zweckmäßig ist.

3. Verfahren bei Festsetzung einer Geldbuße gegen eine juristische Person oder Personenvereinigung

180a [Verfahren bei Festsetzung einer Geldbuße gegen eine juristische Person oder Personenvereinigung]

(1) [1]Gehört der Beschuldigte zum Leitungsbereich einer juristischen Person oder Personenvereinigung, prüft der Staatsanwalt, ob auch die Festsetzung einer Geldbuße gegen die juristische Person oder Personenvereinigung in Betracht

---

1) Habersack, Deutsche Gesetze Nr. 90.
2) Habersack, Deutsche Gesetze Nr. 85.

kommt (§ 30 OWiG[1]), § 444 StPO[2]); vgl. aber Nummer 270 Satz 3). [2]Ist dies der Fall, sind schon im vorbereitenden Verfahren die Vertreter der juristischen Person oder Personenvereinigung wie Beschuldigte zu hören (§ 444 Absatz 2, § 426 StPO).

(2) [1]Der Staatsanwalt beantragt in der Anklageschrift oder im Strafbefehlsantrag die Beteiligung der juristischen Person oder Personenvereinigung (§ 444 Absatz 1 StPO), insbesondere wenn die Festsetzung einer Geldbuße gegen diese die Möglichkeit eröffnet, die wirtschaftlichen Verhältnisse der juristischen Person oder Personenvereinigung auch im Hinblick auf den durch die Tat erlangten wirtschaftlichen Vorteil angemessen zu berücksichtigen (§ 30 Absatz 3 i.V.m. § 17 Absatz 4 OWiG). [2]In der Anklageschrift kündigt er zudem die Beantragung der Festsetzung einer Geldbuße an und im Strafbefehlsantrag beantragt er diese. [3]Dies kann vor allem bei Delikten der Wirtschaftskriminalität, einschließlich Korruptions- und Umweltdelikten, in Betracht kommen.

(3) Für den Antrag auf Festsetzung einer Geldbuße im selbständigen Verfahren gegen die juristische Person oder Personenvereinigung in den – auch die Einstellungen nach §§ 153, 153a StPO, 47 OWiG erfassenden – Fällen des § 30 Absatz 4 OWiG (§ 444 Absatz 3 in Verbindung mit §§ 435, 436 in Verbindung mit § 434 Absatz 2 oder 3 StPO) gilt Absatz 2 entsprechend.

8. Abschnitt. Verfahren gegen Sprachunkundige

181 [Verfahren gegen Sprachunkundige]

(1) Bei der ersten verantwortlichen Vernehmung des Beschuldigten ist aktenkundig zu machen, ob er die deutsche Sprache soweit beherrscht, dass ein Dolmetscher nicht hinzugezogen zu werden braucht und, falls dies nicht der Fall ist, für welche Sprache ein Dolmetscher benötigt wird.

(2) [1]Ladungen, Haftbefehle, Strafbefehle, Anklageschriften, nicht rechtskräftige Urteile und sonstige schriftlich abgefasste Sachentscheidungen sind einem Sprachunkundigen im Sinne des Absatzes 1 mit einer Übersetzung in eine ihm verständliche Sprache bekanntzugeben, wenn er nicht wirksam auf eine Übersetzung verzichtet hat. [2]Eine Übersetzung eines nicht rechtskräftigen Urteils ist nicht erforderlich, wenn der Angeklagte verteidigt ist, er und sein Verteidiger bei der Urteilsverkündung anwesend waren und dem Angeklagten die Urteilsgründe durch einen Dolmetscher mündlich in eine für ihn verständliche Sprache übertragen wurden, sofern der Angeklagte nicht ausnahmsweise ein berechtigtes Interesse an einer Übersetzung hat.

9. Abschnitt. Erteilung von Auskünften, Überlassung von Kopien und Gewährung von Akteneinsicht

182. Geltungsbereich

[1]Für die Erteilung von Auskünften, die auch durch eine Überlassung von Kopien aus den Akten erfolgen kann (§ 478 StPO[2]), und die Gewährung von Akteneinsicht gegenüber Dritten nach den §§ 474 ff. StPO (auch in Verbindung mit § 487 Absatz 2 Satz 1 StPO) gelten ergänzend die nachfolgenden Bestimmungen. [2]Sie gelten hingegen insbesondere nicht

[1] **Habersack, Deutsche Gesetze Nr. 94.**
[2] **Habersack, Deutsche Gesetze Nr. 90.**

1. für die Erteilung von Auskünften und Akteneinsicht nach anderen gesetzlichen Bestimmungen als §§ 474 ff. StPO (z.B. nach §§ 147, 385, 406e, 487 Absatz 1, §§ 491, 492 Absatz 3 Satz 2 und 3, Absatz 4, § 495 StPO, §§ 3 ff. SGB X),
2. für die Vorlage von Akten an im Verfahren mitwirkende Stellen, übergeordnete und untergeordnete Instanzgerichte bzw. Behörden z.B. nach § 27 Absatz 3, §§ 41, 163 Absatz 2, § 306 Absatz 2, §§ 320, 321, 347, 354, 355 StPO oder im Rahmen der Wahrnehmung von Aufsichts-, Kontroll- und Weisungsbefugnissen anderer Stellen,
3. für Mitteilungen nach den §§ 12 ff. des Einführungsgesetzes zum Gerichtsverfassungsgesetz (EGGVG)[1] sowie den Bestimmungen der Anordnung über Mitteilungen in Strafsachen (MiStra).

183. Zuständigkeit für die Erteilung von Auskünften und die Gewährung von Akteneinsicht

(1) [1] Soweit nach § 480 Absatz 1 StPO[2] die Staatsanwaltschaft die Entscheidung über die Erteilung von Auskünften und die Akteneinsicht zu treffen hat, obliegt diese Entscheidung grundsätzlich dem Staatsanwalt, im Vollstreckungsverfahren auch dem Rechtspfleger. [2] In den Fällen des § 476 StPO ist Nummer 189 Absatz 2 zu beachten.

(2) [1] Von der Möglichkeit der Delegation an die Behörden des Polizeidienstes nach § 480 Absatz 1 Satz 3 StPO soll nur insoweit Gebrauch gemacht werden, als dies im Interesse aller Beteiligten zur einfacheren oder beschleunigten Unterrichtung des Ersuchenden sachdienlich erscheint. [2] Soweit eine Delegation in Betracht kommt, wird es grundsätzlich angezeigt sein, diese auf einfach und schnell zu erledigende Auskünfte zu beschränken.

184. Vorrang der Verfahrensbearbeitung, Gefährdung der Ermittlungen

[1] Auskünfte und Akteneinsicht unterbleiben nach § 479 Absatz 1 StPO[2] u.a. dann, wenn Zwecke des Strafverfahrens entgegenstehen. [2] Dies gilt insbesondere dann, wenn das Verfahren unangemessen verzögert oder der Untersuchungszweck – auch in einem anderen Strafverfahren – gefährdet würde.

185. Vorrang der Erteilung von Auskünften

[1] Abgesehen von den Fällen des § 474 Absatz 1 StPO[2] räumt das Gesetz im Hinblick auf die Vermeidung einer Übermittlung von Überschussinformationen der Erteilung von Auskünften grundsätzlich Vorrang vor der Gewährung von Einsicht in die Verfahrensakten ein, soweit nicht die Aufgabe oder das berechtigte Interesse des Ersuchenden oder der Zweck der Forschungsarbeit die Einsichtnahme in Akten erfordert. [2] Wenn mit der Auskunftserteilung – gegebenenfalls in der Form der Überlassung von Kopien aus den Akten (§ 478 StPO) – ein unverhältnismäßiger Aufwand verbunden wäre, kann dem Ersuchen grundsätzlich auch durch – gegebenenfalls teilweise (siehe Nummer 186) – Gewährung der Einsicht in die Akten nachgekommen werden (§ 474 Absatz 3, § 475 Absatz 2, § 476 Absatz 2 StPO).

186. Umfang der Akteneinsicht

(1) [1] Die Akteneinsicht soll außer in den Fällen des § 474 Absatz 1 StPO[2] nur in dem Umfang erfolgen, als dies zur Erfüllung der Aufgaben der ersuchenden

---

[1] **Habersack, Deutsche Gesetze Nr. 95a.**
[2] **Habersack, Deutsche Gesetze Nr. 90.**

öffentlichen Stelle, zur Wahrnehmung des berechtigten Interesses der Privatperson oder sonstigen Stelle oder zur Erreichung des Forschungszweckes erkennbar erforderlich ist. [2] Wenn eine derartig beschränkte Akteneinsicht nur mit unverhältnismäßigem Aufwand möglich wäre, kann umfassende Akteneinsicht gewährt werden.

(2) [1] Da die Frage der Einsichtsgewährung nicht immer für die Gesamtheit der Verfahrensakte einheitlich beantwortet werden kann, erscheint es angebracht, Aktenteile, die erkennbar sensible personenbezogene Daten enthalten, gesondert zu führen und hinsichtlich der Einsichtsgewährung einer besonderen Prüfung zu unterziehen. [2] Damit wird zugleich der Aufwand für eine beschränkte Akteneinsicht gering gehalten und bei verdeckten und technischen Maßnahmen (§§ 101, 101a StPO) die Erkennbarkeit erhöht, wodurch im Interesse des Schutzes sensibler personenbezogener Daten eine beschränkte Akteneinsicht häufiger ermöglicht wird.
[3] Zu den gesondert zu führenden Aktenteilen zählen regelmäßig:
- medizinische und psychologische Gutachten, mit Ausnahme solcher im Sinne des § 256 Absatz 1 Nummer 2, 3 und 4 StPO,
- Berichte der Gerichts- und Bewährungshilfe sowie anderer sozialer Dienste,
- personenbezogene Daten aus verdeckten und technischen Ermittlungsmaßnahmen (§§ 101, 101a StPO),
- Konto- und Bankunterlagen.

[4] Nummer 16 Absatz 2 Satz 2 und Nummer 220 Absatz 2 Satz 1 sind zu beachten.

(3) [1] Von der Einsicht sind die Handakten der Staatsanwaltschaft und andere innerdienstliche Vorgänge auszuschließen. [2] In Akten einer anderen Verwaltung darf nur mit deren ausdrücklicher Zustimmung Einsicht gewährt werden, deren Nachweis dem Antragsteller obliegt.

(4) Bei Verschlusssachen ist Nummer 213 zu beachten.

187. Überlassung der Akten

(1) Öffentlichen Stellen kann die Akteneinsicht in Abweichung von § 32f Absatz 2 StPO[1)] im Einzelfall auch durch Übersendung der Akten gewährt werden.

(2) [1] Rechtsanwälten und Rechtsbeiständen werden auf besonderen Antrag Akten, die in Papierform vorliegen, im Umfang der gewährten Akteneinsicht mit Ausnahme der Beweisstücke zur Einsichtnahme mitgegeben oder übersandt, soweit nicht wichtige Gründe entgegenstehen (§ 32f Absatz 2 Satz 3 StPO). [2] Soweit die Akte, Aktenteile oder Ermittlungsergebnisse, z.B. Verschriftungen der Erkenntnisse aus einer Telekommunikationsüberwachung oder Online-Durchsuchung, auf Datenträgern gespeichert sind, können diese mit Ausnahme der Beweisstücke einem Rechtsanwalt oder Rechtsbeistand in der Regel zur Akteneinsicht auf gesichertem elektronischem Wege zur Verfügung gestellt werden (§ 32f Absatz 2 Satz 2 StPO).

(3) [1] Die Akteneinsicht in Akten, die in Papierform vorliegen, kann in den übrigen Fällen, soweit nicht wichtige Gründe entgegenstehen, auch durch Bereitstellen des Inhalts der Akten zum Abruf, durch Übermittlung des Inhalts der Akte auf einem sicheren Übermittlungsweg oder durch Bereitstellen einer Aktenkopie zur Mitnahme gewährt werden (§ 32f Absatz 2 Satz 2 StPO). [2] Im Übrigen ist die Akteneinsicht nur in den Diensträumen der Staatsanwaltschaft oder des Gerichts

---

[1)] **Habersack, Deutsche Gesetze Nr. 90.**

oder bei Delegation auf die Behörden des Polizeidienstes in deren Räumen zu gewähren.

188. Bescheid an den Antragsteller

(1) [1] Wird die Erteilung der Auskunft oder die Gewährung von Akteneinsicht versagt, wird dem Ersuchenden ein kurzer Bescheid erteilt. [2] Ist in dem Ersuchen ein berechtigtes oder ein rechtliches Interesse an der Akteneinsicht dargelegt, muss der Bescheid erkennen lassen, dass dieses Interesse gegen entgegenstehende Interessen abgewogen worden ist. [3] Eine Begründung des Bescheides unterbleibt, soweit hierdurch der Untersuchungszweck gefährdet werden könnte.

(2) Ist der Antrag von einer Privatperson oder einer privaten Einrichtung gestellt worden, soll, wenn dem Gesuch nicht nach § 475 Absatz 4 StPO[1)] entsprochen werden kann, auf die Möglichkeit der Akteneinsicht durch einen bevollmächtigten Rechtsanwalt hingewiesen werden.

189. Auskünfte und Akteneinsicht für wissenschaftliche Vorhaben

(1) [1] Wenn die Voraussetzungen der §§ 476, 479 Absatz 2 Satz 2 StPO[1)] gegeben sind und Zwecke des Strafverfahrens nicht entgegenstehen (§ 479 Absatz 1 StPO), ist die Übermittlung personenbezogener Daten zu Forschungszwecken grundsätzlich zulässig. [2] Ob Auskünfte und Akteneinsicht erteilt werden, steht im pflichtgemäßen Ermessen der zuständigen Stelle. [3] Gegen die Erteilung von Auskünften und die Gewährung von Akteneinsicht kann insbesondere sprechen, dass es sich um ein vorbereitendes Verfahren oder ein Verfahren mit sicherheitsrelevanten Bezügen handelt.

(2) Soweit in den Fällen des § 476 StPO die Staatsanwaltschaft nach § 480 Absatz 1 StPO die Entscheidung über die Erteilung von Auskünften und Akteneinsicht zu treffen hat, obliegt diese Entscheidung dem Behördenleiter.

(3) [1] Betrifft ein Forschungsvorhaben erkennbar mehrere Staatsanwaltschaften, ist der gemeinschaftlichen übergeordneten Behörde auf dem Dienstweg ein Absichtsbericht vorzulegen. [2] Sind erkennbar Staatsanwaltschaften mehrerer Länder betroffen, ist der jeweils obersten Dienstbehörde auf dem Dienstweg ein Absichtsbericht vorzulegen.

(4) Stammt ein Ersuchen nach § 476 StPO von einer Einrichtung, die ihren Sitz außerhalb des Geltungsbereichs der Strafprozessordnung hat, ist der obersten Dienstbehörde auf dem Dienstweg ein Absichtsbericht vorzulegen.

10. Abschnitt. Einholung der Entscheidung des Bundesverfassungsgerichts

190 [Einholung der Entscheidung des Bundesverfassungsgerichts]

(1) [1] Hat das Gericht beschlossen, die Entscheidung des Bundesverfassungsgerichts nach Artikel 100 Absatz 1 und 2 oder Artikel 126 des Grundgesetzes (GG)[2)] in Verbindung mit § 13 Nummer 11, 12, 14, §§ 80, 83 oder 86 Absatz 2 des Bundesverfassungsgerichtsgesetzes (BVerfGG)[3)] zu beantragen, leitet der Vorsitzende die Akten dem Bundesverfassungsgericht unmittelbar zu (§ 80 Absatz 1 BVerfGG). [2] Das Begleitschreiben ist von dem Vorsitzenden zu unterschreiben. [3] Es wird Bestandteil der Akten des Bundesverfassungsgerichts; eine beglaubigte Abschrift ist als Versendungsbeleg zurückzubehalten.

[1)] **Habersack, Deutsche Gesetze Nr. 90.**
[2)] **Habersack, Deutsche Gesetze Nr. 1.**
[3)] **Sartorius Nr. 40.**

(2) 1 Der Antrag an das Bundesverfassungsgericht ist zu begründen (§ 80 Absatz 2 BVerfGG). 2 Seine Urschrift bleibt Bestandteil der Strafakten.

(3) Dem Begleitschreiben sind außer den Akten eine beglaubigte und 50 einfache Abschriften des Antrages für das Bundesverfassungsgericht beizufügen.

11. Abschnitt. Strafsachen gegen Mitglieder des Deutschen Bundestages, der gesetzgebenden Körperschaften der Länder sowie des Europäischen Parlaments

191. Prozesshindernis der Immunität

(1) 1 Wegen einer mit Strafe bedrohten Handlung darf ein Abgeordneter des Deutschen Bundestages nur mit Genehmigung des Bundestages zur Verantwortung gezogen oder verhaftet werden, es sei denn, dass er bei der Begehung der Tat oder im Laufe des folgenden Tages festgenommen wird (Artikel 46 Absatz 2 GG[1]). 2 Entsprechende Vorschriften sind in den Verfassungen der Länder enthalten.[2]

(2) Ein Ermittlungs- oder Strafverfahren, dessen Durchführung von der vorhergehenden gesetzgebenden Körperschaft genehmigt oder das vor dem Erwerb des Mandats eingeleitet worden war, darf nur mit Genehmigung der gesetzgebenden Körperschaft fortgesetzt werden, der der Abgeordnete zur Zeit der Fortsetzung angehört.[3]

(3) Die Immunität hindert nicht,

a) ein Verfahren gegen einen Abgeordneten einzuleiten und durchzuführen, wenn er bei der Begehung der Tat oder spätestens im Laufe des folgenden Tages festgenommen wird;[4]

b) ein Verfahren gegen einen Abgeordneten zum Zwecke der Einstellung einzuleiten, wenn der Sachverhalt die Einstellung ohne Beweiserhebung rechtfertigt;

c) zur Prüfung der Frage, ob ein Vorwurf offensichtlich unbegründet ist, diesen dem Abgeordneten mitzuteilen und ihm anheimzugeben, dazu Stellung zu nehmen;

d) in einem Verfahren gegen eine andere Person den Abgeordneten als Zeugen zu vernehmen, bei ihm Durchsuchungen nach §§ 103, 104 StPO[5] vorzunehmen oder von ihm die Herausgabe von Gegenständen nach § 95 StPO zu verlangen; §§ 50, 53 Absatz 1 Nummer 4, §§ 53a, 96 Satz 2 und § 97 Absatz 4 StPO sind zu beachten;

e) ein Verfahren gegen Mittäter, Anstifter, Gehilfen oder andere an der Tat eines Abgeordneten beteiligte Personen einzuleiten oder durchzuführen;

f) unaufschiebbare Maßnahmen zur Sicherung von Spuren (z.B. Messungen, Lichtbildaufnahmen am Tatort) in unmittelbarem zeitlichen Zusammenhang mit einer Straftat zu treffen;

---

[1] **Habersack, Deutsche Gesetze Nr. 1.**

[2] **Amtl. Anm.:** Sonderregelungen in Artikel 58 der Verfassung Brandenburgs, in Artikel 15 der Verfassung Hamburgs und Artikel 58 der Landesverfassung Sachsen-Anhalts. Nach Artikel 51 Abs. 3 der Verfassung von Berlin gilt die in Satz 1 bezeichnete Ausnahme nur, wenn der Abgeordnete bei Ausübung der Tat festgenommen wird.

[3] **Amtl. Anm.:** Sonderregelungen in Bayern, Berlin und Saarland; vgl. die jeweiligen Verwaltungsvorschriften.

[4] **Amtl. Anm.:** Vgl. Fußnote zu Nummer 191 Absatz 1 Satz 2.

[5] **Habersack, Deutsche Gesetze Nr. 90.**

g) bei Verkehrsunfällen, an denen ein Abgeordneter beteiligt ist, seine Personalien, das amtliche Kennzeichen und den Zustand seines Fahrzeuges festzustellen, die Vorlage des Führerscheins und des Fahrzeugscheins zu verlangen sowie Fahr-, Brems- und andere Spuren, die von seinem Fahrzeug herrühren, zu sichern, zu vermessen und zu fotografieren;

h) einem Abgeordneten unter den Voraussetzungen des § 81a StPO eine Blutprobe zu entnehmen, wenn dies innerhalb des in Buchstabe a) genannten Zeitraums geschieht.

(4) Zur Klärung der Frage, ob es sich um eine offensichtlich unbegründete Anzeige handelt, kann der Staatsanwalt Feststellungen über die Persönlichkeit des Anzeigeerstatters sowie über andere für die Beurteilung der Ernsthaftigkeit der Anzeige wichtige Umstände treffen.

(5) [1] Wird gegen einen Abgeordneten ein Ermittlungsverfahren eingeleitet, ohne dass es hierzu einer Genehmigung der gesetzgebenden Körperschaft bedarf (Artikel 46 Absatz 2 GG und die entsprechenden Vorschriften der Landesverfassungen), unterrichtet der Staatsanwalt unverzüglich und unmittelbar den Präsidenten der betreffenden gesetzgebenden Körperschaft von der Einleitung des Verfahrens. [2] Abschriften seiner Mitteilung übersendet er gleichzeitig dem Generalstaatsanwalt und der Landesjustizverwaltung, bei Abgeordneten des Deutschen Bundestages auch dem für Justiz zuständigen Bundesministerium. [3] Im weiteren Verfahren teilt der Staatsanwalt in gleicher Weise jede richterliche Anordnung einer Freiheitsentziehung und einer Freiheitsbeschränkung gegen den Abgeordneten sowie die Erhebung der öffentlichen Klage mit.

(6) [1] In jedem Stadium des Verfahrens ist bei Auskünften und Erklärungen gegenüber Presse, Hörfunk und Fernsehen der Funktionsfähigkeit und dem Ansehen der betreffenden gesetzgebenden Körperschaft Rechnung zu tragen. [2] Das Interesse der gesetzgebenden Körperschaft, über eine die Immunität berührende Entscheidung früher als die Öffentlichkeit unterrichtet zu werden, ist zu berücksichtigen. [3] Auf Nummer 23 wird hingewiesen.

192. Aufhebung der Immunität von Mitgliedern des Deutschen Bundestages und der gesetzgebenden Körperschaften der Länder

(1) Beabsichtigt der Staatsanwalt, gegen einen Abgeordneten ein Ermittlungsverfahren einzuleiten oder ein auf Freiheitsstrafe lautendes Urteil zu vollstrecken oder sonst eine genehmigungsbedürftige Strafverfolgungsmaßnahme zu treffen, beantragt er, einen Beschluss der gesetzgebenden Körperschaft, der der Abgeordnete angehört, über die Genehmigung der Strafverfolgung oder der Strafvollstreckung oder zur Durchführung der beabsichtigten Maßnahme herbeizuführen.

(2) [1] Der Antrag ist mit einer Sachdarstellung und einer Erläuterung der Rechtslage zu verbinden. [2] Die Beschreibung der zur Last gelegten Tat soll die Tatsachen enthalten, in denen die gesetzlichen Merkmale der Straftat gesehen werden, sowie Zeit und Ort ihrer Begehung angeben; die Strafvorschriften sind zu bezeichnen, die als verletzt in Betracht kommen. [3] Auf eine aus sich heraus verständliche Darstellung ist zu achten. [4] Bei Anträgen auf Genehmigung der Strafvollstreckung genügt die Bezugnahme auf ein vorliegendes oder beigefügtes Strafurteil.

(3) [1] Der Antrag ist auf dem Dienstweg an den Präsidenten der betreffenden Körperschaft zu richten, bei Abgeordneten des Deutschen Bundestages auch über das für Justiz zuständige Bundesministerium. [2] Für die Landesjustizverwaltung und – bei Abgeordneten des Deutschen Bundestages – für das für Justiz zuständige

Bundesministerium sind Abschriften des Antrages beizufügen; eine beglaubigte Abschrift ist zu den Akten zu nehmen.

(4) In Privatklagesachen führt der Staatsanwalt die Genehmigung nur herbei, wenn er die Verfolgung übernehmen will (§§ 377, 376 StPO).

(5) Die Mitteilung nach § 8 EGStPO erfolgt auf dem Dienstweg.

192a. Allgemeine Genehmigung zur Durchführung von Ermittlungsverfahren (vereinfachte Handhabung)

(1) [1] Der Deutsche Bundestag sowie die gesetzgebenden Körperschaften der Länder pflegen regelmäßig zu Beginn einer neuen Wahlperiode eine allgemeine Genehmigung zur Durchführung von Ermittlungsverfahren gegen Abgeordnete zu erteilen; ausgenommen sind Ermittlungen wegen Beleidigungen (§§ 185, 186, 188 Absatz 1 StGB[1)]) politischen Charakters. [2] Diese allgemeine Genehmigung wird im Einzelfall erst wirksam, nachdem dem Präsidenten der gesetzgebenden Körperschaft eine Mitteilung nach Absatz 3 zugegangen ist.[2)]

(2) [1] Die allgemeine Genehmigung umfasst nicht

a) die Erhebung der öffentlichen Klage in jeder Form,[3)]

b) im Verfahren nach dem Gesetz über Ordnungswidrigkeiten[4)] den Hinweis des Gerichts, dass über die Tat auch auf Grund eines Strafgesetzes entschieden werden kann (§ 81 Absatz 1 Satz 2 OWiG),

c) freiheitsentziehende und freiheitsbeschränkende Maßnahmen im Ermittlungsverfahren,

d) den Vollzug einer angeordneten Durchsuchung oder Beschlagnahme in dem genehmigten Verfahren, vorbehaltlich etwaiger von den gesetzgebenden Körperschaften der Länder getroffener abweichender Regelungen,

e) den Antrag auf Verhängung eines vorläufigen Berufsverbotes (§ 132a StPO).

[2] Die allgemeine Genehmigung umfasst jedoch die vorläufige Entziehung der Fahrerlaubnis (§ 111a StPO).

(3) [1] Soweit Ermittlungsverfahren allgemein genehmigt sind, ist dem Präsidenten der gesetzgebenden Körperschaft und, soweit nicht Gründe der Wahrheitsfindung entgegenstehen, dem betroffenen Abgeordneten mitzuteilen, dass die Einleitung eines Ermittlungsverfahrens beabsichtigt ist. [2] In der Mitteilung an den Präsidenten ist zu erklären, dass der Abgeordnete gleichzeitig benachrichtigt worden ist; ist eine Mitteilung an den Abgeordneten unterblieben, ist der Präsident auch hiervon unter Angabe der Gründe zu unterrichten. [3] Die Mitteilung ist unmittelbar an den Präsidenten der gesetzgebenden Körperschaft zu richten.[5)]

[1)] **Habersack, Deutsche Gesetze Nr. 85.**

[2)] **Amtl. Anm.:** Abweichend Berlin, Bremen, Rheinland-Pfalz, Sachsen: 48 Stunden nach Zugang; Deutscher Bundestag, Bayern: 48 Stunden nach Zugang (Fällt das Ende der Frist auf einen Samstag, einen Sonntag oder einen Feiertag, endet die Frist mit Ablauf des nächsten Werktags); Mecklenburg-Vorpommern, Nordrhein-Westfalen, Saarland, Schleswig-Holstein: 48 Stunden nach Absendung.

[3)] **Amtl. Anm.:** Abweichend Bayern: Die allgemeine Genehmigung umfasst auch den Antrag auf Erlass eines Strafbefehls wegen einer Straftat, die der Beschuldigte beim Führen eines Kraftfahrzeuges oder unter Verletzung der Pflichten eines Kraftfahrzeugführers begangen hat, wenn der Beschuldigte damit einverstanden ist.

[4)] **Habersack, Deutsche Gesetze Nr. 94.**

[5)] **Amtl. Anm.:** Abweichend Bremen: Die Mitteilung ist über den Präsidenten des Senats an den Präsidenten des Deutschen Bundestages oder den Präsidenten der Bremischen Bürgerschaft, im Übrigen unmittelbar an den Präsidenten der gesetzgebenden Körperschaft zu richten; Sachsen-Anhalt: Die Mitteilung ist über das Ministerium der Justiz an den Präsidenten des Landtages von Sachsen-Anhalt zu richten.

[4] Für ihren Inhalt gilt Nummer 192 Absatz 2 entsprechend; in den Fällen der Nummer 191 Absatz 3 Buchstabe c) soll auch der wesentliche Inhalt einer Stellungnahme des Abgeordneten mitgeteilt werden. [5] Abschriften der Mitteilung sind gleichzeitig dem Generalstaatsanwalt und der Landesjustizverwaltung sowie, bei Abgeordneten des Deutschen Bundestages, auch dem für Justiz zuständigen Bundesministerium zu übersenden.

(4) [1] Will der Staatsanwalt nach dem Abschluss der Ermittlungen die öffentliche Klage erheben, beantragt er, einen Beschluss der gesetzgebenden Körperschaft über die Genehmigung der Strafverfolgung herbeizuführen. [2] Für den Inhalt und den Weg des Antrags gilt Nummer 192 Absatz 2 und 3. [3] Stellt er das Verfahren nicht nur vorläufig ein, verfährt er nach Nummer 192 Absatz 5.

(5) [1] Beabsichtigt der Staatsanwalt, die Genehmigung zur Durchführung der Strafverfolgung wegen einer Beleidigung politischen Charakters einzuholen, verfährt er nach Nummer 192 Absatz 1 bis 3. [2] Zur Vorbereitung seiner Entscheidung, ob die Genehmigung zur Strafverfolgung wegen einer Beleidigung politischen Charakters herbeigeführt werden soll, teilt der Staatsanwalt dem Abgeordneten den Vorwurf mit und stellt ihm anheim, hierzu Stellung zu nehmen.

(6) Für Bußgeldsachen wird auf Nummer 298 verwiesen.

192b. Aufhebung der Immunität eines Mitglieds des Europäischen Parlaments

(1) [1] Einem Mitglied des Europäischen Parlaments aus der Bundesrepublik Deutschland steht die einem Abgeordneten des Deutschen Bundestages zuerkannte Immunität zu. [2] Ein ausländisches Mitglied des Europäischen Parlaments kann im Inland weder festgehalten noch gerichtlich verfolgt werden. [3] Die Immunität nach den vorstehenden Sätzen besteht während der Dauer der fünfjährigen Wahlperiode und auch während der Reise zum und vom Tagungsort des Europäischen Parlaments. [4] Bei Ergreifung auf frischer Tat kann die Immunität nicht geltend gemacht werden (Artikel 4 Absatz 2 des Aktes des Rates der Europäischen Gemeinschaften vom 20. September 1976 zur Einführung allgemeiner unmittelbarer Wahlen der Abgeordneten der Versammlung – BGBl. 1977 II S. 733, 735 – in Verbindung mit Artikel 10 des Protokolls über die Vorrechte und Befreiungen der Europäischen Gemeinschaften vom 8. April 1965 – BGBl. 1965 II S. 1453, 1482). [5] Nummer 191 Absatz 3 Buchstabe b) bis e) und Absatz 4 gilt entsprechend.

(2) Das Europäische Parlament hat eine allgemeine Genehmigung zur Durchführung von Ermittlungsverfahren nicht erteilt.

(3) Beabsichtigt der Staatsanwalt, gegen ein Mitglied des Europäischen Parlaments ein Ermittlungsverfahren einzuleiten oder ein auf Freiheitsstrafe lautendes Urteil zu vollstrecken oder sonst eine genehmigungsbedürftige Strafverfolgungsmaßnahme zu treffen, beantragt er, einen Beschluss des Europäischen Parlaments über die Aufhebung der Immunität herbeizuführen.

(4) Zur Vorbereitung seiner Entschließung teilt der Staatsanwalt, soweit nicht Gründe der Wahrheitsfindung entgegenstellen, dem Abgeordneten den Vorwurf mit und stellt ihm anheim, Stellung zu nehmen.

(5) [1] Der Antrag ist an den Präsidenten des Europäischen Parlaments, Generalsekretariat, Plateau du Kirchberg, L-2929 Luxemburg, zu richten und auf dem Dienstweg, auch über das für Justiz zuständige Bundesministerium, zu übermitteln. [2] Nummer 192 Absatz 2, Absatz 3 Satz 2 und Absatz 4 gilt entsprechend. [3] Nummer 192 Absatz 5 gilt mit der Maßgabe entsprechend, dass die Übermittlung über das für Justiz zuständige Bundesministerium erfolgt.

12. Abschnitt. Behandlung der von der deutschen Gerichtsbarkeit befreiten Personen

193. Allgemeines

(1) Handlungen, die eine Ausübung der inländischen Gerichtsbarkeit darstellen, sind gegenüber den Personen, die nach §§ 18 bis 20 GVG[1)] oder nach anderen Rechtsvorschriften von der Deutschen Gerichtsbarkeit befreit sind, ohne ihre Zustimmung grundsätzlich unzulässig.

(2) Sache der Justizbehörden ist es, im Einzelfall die nötigen Feststellungen zu treffen und darüber zu befinden, ob und wieweit Personen nach den §§ 18 und 19 GVG von der deutschen Gerichtsbarkeit befreit sind.

194. Ausweise von Diplomaten und anderen von der inländischen Gerichtsbarkeit befreiten Personen

Die Art der Ausweise von Diplomaten und der anderen von der inländischen Gerichtsbarkeit befreiten Personen ergibt sich aus dem Rundschreiben des Auswärtigen Amtes zur Behandlung von Diplomaten und anderen bevorrechtigten Personen in der Bundesrepublik Deutschland vom 15. September 2015 (Gemeinsames Ministerialblatt – GMBl. – S. 1206).

195. Verhalten gegenüber Diplomaten und den anderen von der inländischen Gerichtsbarkeit befreiten Personen

(1) [1] Gegen Personen, die rechtmäßig den Ausweis eines Diplomaten oder einer anderen von der inländischen Gerichtsbarkeit befreiten Person besitzen oder die ihre Befreiung von der deutschen Gerichtsbarkeit anders glaubhaft machen, ist nicht einzuschreiten. [2] Der Staatsanwalt hat sich darauf zu beschränken, die zulässigen Ermittlungen beschleunigt durchzuführen. [3] Er unterrichtet unverzüglich unter Beigabe der Akten das Bundesamt für Justiz über die Landesjustizverwaltung. [4] Für diese und das Auswärtige Amt sind Abschriften beizufügen.

(2) In besonders eiligen Fällen kann unmittelbar beim Auswärtigen Amt in Berlin (Tel.-Nummer: 030/5000-3411 bzw. 0228/9917-2633 von 9.00 bis 16.00 Uhr, ansonsten im Lagezentrum unter 030/5000-2911) bzw. beim Bundeskanzleramt (Telefon 01888/400-0 oder 030/4000-0, Telefax 030/4000-2357) Auskunft erbeten werden.

(3) [1] Ist nach Absatz 2 eine Auskunft erbeten worden oder liegt ein Fall von besonderer Bedeutung vor, ist die vorläufige Unterrichtung des für Justiz zuständigen Bundesministeriums geboten, falls noch weitere Ermittlungen nötig sind. [2] Absatz 1 Satz 3 und 4 gilt sinngemäß.

(4) [1] Über Verkehrsordnungswidrigkeiten exterritorialer Personen ist das Auswärtige Amt unmittelbar zu unterrichten. [2] Die Akten brauchen der Mitteilung nicht beigefügt zu werden. [3] Einer Unterrichtung des für Justiz zuständigen Bundesministeriums und der Landesjustizverwaltung bedarf es in diesen Fällen nicht.

196. Zustellungen

(1) Für die Zustellung von Schriftstücken, z.B. von Ladungen oder Urteilen, an Diplomaten oder andere von der inländischen Gerichtsbarkeit befreite Personen ist stets die Vermittlung des Auswärtigen Amts in Anspruch zu nehmen.

---

1) Habersack, Deutsche Gesetze Nr. 95.

(2) [1]Das Schreiben an das Auswärtige Amt, in dem um Zustellung ersucht wird, ist mit einem Begleitbericht der Landesjustizverwaltung vorzulegen, die es an das Auswärtige Amt weiterleitet. [2]Das zuzustellende Schriftstück ist beizufügen.

(3) In dem Schreiben an das Auswärtige Amt ist der Sachverhalt kurz darzustellen und außerdem anzugeben:

a) Name, Stellung und Anschrift der Person, der zugestellt werden soll;

b) Bezeichnung des zuzustellenden Schriftstücks, z.B. Ladung als Zeuge, Sachverständiger, Privat- oder Nebenkläger;

c) Name und Stellung der Parteien in Privatklagesachen.

(4) Die Reinschrift des Schreibens an das Auswärtige Amt hat der Richter oder der Staatsanwalt handschriftlich zu unterzeichnen.

(5) Als Nachweis dafür, dass das Schriftstück dem Empfänger übergeben worden ist, übersendet das Auswärtige Amt ein Zeugnis.

(6) Ist ein Angehöriger einer diplomatischen Vertretung als Privatkläger oder Nebenkläger durch einen mit schriftlicher Vollmacht versehenen Rechtsanwalt vertreten, kann nach § 378 StPO[1)] an den Anwalt zugestellt werden.

(7) Stellt der von einem Gericht oder einem Staatsanwalt mit der Zustellung beauftragte Beamte nach Empfang des Schriftstücks fest, dass die geforderte Amtshandlung nach den vorstehenden Bestimmungen nicht vorgenommen werden darf, hat er den Auftrag unter Hinweis auf diese Bestimmung an die ersuchende Stelle zurückzugeben.

197. Ladungen

(1) [1]Bei der Ladung eines Diplomaten oder einer anderen von der inländischen Gerichtsbarkeit befreiten Person sind weder Vordrucke zu verwenden noch Zwangsmaßnahmen anzudrohen. [2]Es ist vielmehr eine besondere Vorladung zu fertigen, in der die von der Gerichtsbarkeit befreite Person unter genauer Bezeichnung des Gegenstandes und der Art der Verhandlung gebeten wird, zu erklären, ob sie bereit ist, sich zu dem angegebenen Zeitpunkt einzufinden oder ob sie sich stattdessen in ihren Wohn- oder Diensträumen vernehmen lassen oder über den Gegenstand der Vernehmung eine schriftliche Äußerung abgeben möchte.

(2) Die Ladung ist nach Nummer 196 zuzustellen.

(3) Abgesehen von besonders dringlichen Fällen ist der Tag der Vernehmung in der Regel so festzusetzen, dass zwischen der Absendung der Ladung mit Begleitbericht an die Landesjustizverwaltung und der Vernehmung mindestens vier Wochen liegen.

198. Vernehmungen

(1) Erscheint ein Diplomat oder eine andere von der inländischen Gerichtsbarkeit befreite Person vor Gericht, soll sie möglichst bald vernommen und entlassen werden.

(2) [1]Die Vernehmung in den Dienst- oder Wohnräumen eines Diplomaten oder einer anderen von der inländischen Gerichtsbarkeit befreiten Person darf nur unter den Voraussetzungen der Nummer 199 Absatz 1 erfolgen. [2]Andere an dem Strafverfahren Beteiligte dürfen nur anwesend sein, wenn der Leiter der fremden Dienststelle ausdrücklich zugestimmt hat. [3]Die Teilnahme eines sonst Beteiligten

---

[1)] **Habersack, Deutsche Gesetze Nr. 90.**

ist in dem Antrag auf Zustimmung zur Vernehmung in den Dienst- oder Wohnräumen besonders zu begründen.

199. Amtshandlungen in den Dienst- und Wohnräumen

(1) [1] In den Diensträumen der diplomatischen Vertretungen, der konsularischen Vertretungen sowie von Organisationen und Stellen, die auf Grund allgemeiner Regeln des Völkerrechts, völkerrechtlicher Vereinbarungen oder sonstiger Rechtsvorschriften Unverletzlichkeit genießen, dürfen Amtshandlungen, durch die inländische Gerichtsbarkeit ausgeübt wird, nur mit Zustimmung des Leiters der Vertretung, der Organisation oder Stelle vorgenommen werden. [2] Entsprechendes gilt für die Wohnräume der Mitglieder der diplomatischen Vertretungen.

(2) [1] In den vorgenannten Dienst- und Wohnräumen dürfen Amtshandlungen nach Absatz 1 einschließlich Zustellungen ohne Zustimmung des Leiters der Vertretung, der Organisation oder der Stelle auch nicht gegenüber Personen vorgenommen werden, die nicht von der inländischen Gerichtsbarkeit befreit sind. [2] Ihnen kann nach Nummer 196, 197 zugestellt werden.

(3) Die Zustimmung des Leiters nach Absatz 1 ist in entsprechender Anwendung der Nummer 196 zu beantragen.

(4) Zur Vornahme der Amtshandlung dürfen die Dienst- und Wohnräume nur betreten werden, wenn die Zustimmung schriftlich vorliegt.

13. Abschnitt

Der Abschnitt ist weggefallen.

14. Abschnitt. Verfahren nach Feststellung der Entschädigungspflicht nach dem Gesetz über die Entschädigung für Strafverfolgungsmaßnahmen[1)]

201 [Verfahren nach Feststellung der Entschädigungspflicht nach dem StrEG]

Wegen der Belehrung über Recht und Frist zur Antragstellung nach rechtskräftiger Feststellung der Entschädigungspflicht sowie hinsichtlich des weiteren Verfahrens zur Feststellung der Höhe des Anspruchs wird auf die Ausführungsvorschriften zum Gesetz über die Entschädigung für Strafverfolgungsmaßnahmen (Anlage C[2)]) verwiesen.

Besonderer Teil

1. Abschnitt. Strafvorschriften des StGB[3)]

1. Staatsschutz und verwandte Strafsachen

202. Strafsachen, die zur Zuständigkeit der Oberlandesgerichte im ersten Rechtszug gehören

(1) Vorgänge, aus denen sich der Verdacht einer zur Zuständigkeit der Oberlandesgerichte im ersten Rechtszug gehörenden Straftat (§ 120 GVG[4)], §§ 1 und 3 NATO-Truppen-Schutzgesetz) ergibt, übersendet der Staatsanwalt mit einem Begleitschreiben unverzüglich dem Generalbundesanwalt.

---

1) *Nr. 93.*
2) Die zitierte Anlage ist in der Neufassung nicht wiedergegeben, siehe die Anm. zur Überschrift.
3) **Habersack, Deutsche Gesetze Nr. 85.**
4) **Habersack, Deutsche Gesetze Nr. 95.**

(2) [1] Das Begleitschreiben soll eine gedrängte Darstellung und eine kurze rechtliche Würdigung des Sachverhalts enthalten sowie die Umstände angeben, die sonst für das Verfahren von Bedeutung sein können. [2] Erscheinen richterliche Maßnahmen alsbald geboten, ist hierauf hinzuweisen. [3] Das Schreiben ist dem Generalbundesanwalt über den Generalstaatsanwalt, in dringenden Fällen unmittelbar bei gleichzeitiger Übersendung von Abschriften an den Generalstaatsanwalt, zuzuleiten.

(3) [1] Der Staatsanwalt hat jedoch die Amtshandlungen vorzunehmen, bei denen Gefahr im Verzuge ist; dringende richterliche Handlungen soll er nach Möglichkeit bei dem Ermittlungsrichter des Bundesgerichtshofes (§ 169 StPO[1)]) beantragen. [2] Vor solchen Amtshandlungen hat der Staatsanwalt, soweit möglich, mit dem Generalbundesanwalt Fühlung zu nehmen; Nummer 5 findet Anwendung.

(4) Die Pflicht der Behörden und Beamten des Polizeidienstes, ihre Verhandlungen in Strafsachen, die zur Zuständigkeit der Oberlandesgerichte im ersten Rechtszug gehören, unmittelbar dem Generalbundesanwalt zu übersenden (§ 163 Absatz 2 Satz 1 StPO; § 142a Absatz 1 GVG), wird durch Absatz 1 nicht berührt.

203. Behandlung der nach § 142a Absatz 2 und 4 GVG abgegebenen Strafsachen

(1) [1] Gibt der Generalbundesanwalt ein Verfahren nach § 142a Absatz 2 oder 4 GVG[2)] an eine Landesstaatsanwaltschaft ab, ist er über den Ausgang zu unterrichten. [2] Die Anklageschrift und die gerichtlichen Sachentscheidungen sind ihm in Abschrift mitzuteilen.

(2) [1] Ergeben sich Anhaltspunkte dafür, dass der Generalbundesanwalt nach § 142a Absatz 3 GVG zuständig ist oder dass infolge einer Veränderung des rechtlichen Gesichtspunktes die Voraussetzungen für die Abgabe nach § 142a Absatz 2 Nummer 1 GVG entfallen, sind dem Generalbundesanwalt die Akten unverzüglich zur Entscheidung über die erneute Übernahme vorzulegen. [2] Der Generalbundesanwalt ist ferner unverzüglich zu unterrichten, sobald sonst Anlass zu der Annahme besteht, dass er ein nach § 142a Absatz 2 oder 4 GVG abgegebenes Verfahren wieder übernehmen wird. [3] Bei der Vorlage ist auf die Umstände hinzuweisen, die eine erneute Übernahme des Verfahrens durch den Generalbundesanwalt nahe legen.

(3) Überweist ein Oberlandesgericht ein Verfahren nach § 120 Absatz 2 Satz 3 GVG an ein Landgericht, unterrichtet der Staatsanwalt den Generalbundesanwalt über den Ausgang des Verfahrens und teilt ihm die gerichtlichen Sachentscheidungen in Abschrift mit.

(4) Für die Unterrichtung nach Absatz 1, 2 und 3 gilt Nummer 202 Absatz 2 Satz 3 sinngemäß.

(5) Beschwerden und weitere Beschwerden, über die der Bundesgerichtshof zu entscheiden hat, übersendet der Generalstaatsanwalt dem Generalbundesanwalt mit einer kurzen Stellungnahme.

204. Strafsachen, die zur Zuständigkeit der zentralen Strafkammern gehören

(1) Vorgänge, aus denen sich der Verdacht einer zur Zuständigkeit der Staatsschutzkammer gehörenden Straftat (§ 74a Absatz 1 GVG[2)], §§ 1 und 3 NATO-

---

[1)] Habersack, Deutsche Gesetze Nr. 90.
[2)] Habersack, Deutsche Gesetze Nr. 95.

Truppen-Schutzgesetz) ergibt, übersendet der Staatsanwalt unverzüglich dem hierfür zuständigen Staatsanwalt; er hat jedoch die Amtshandlungen vorzunehmen, bei denen Gefahr im Verzuge ist.

(2) [1] Besteht ein Anlass zu der Annahme, dass der Generalbundesanwalt einem zur Zuständigkeit der Staatsschutzkammer gehörenden Fall besondere Bedeutung (§ 74a Absatz 2 GVG) beimessen wird, unterrichtet der zuständige Staatsanwalt den Generalbundesanwalt möglichst frühzeitig über den Sachverhalt und dessen bisherige rechtliche Würdigung sowie über die Gründe, aus denen er die besondere Bedeutung des Falles folgert; Nummer 202 Absatz 2 Satz 3 gilt sinngemäß. [2] Der Staatsanwalt hat jedoch die Ermittlungen fortzuführen; er soll aber vor Ablauf eines Monats seit der Unterrichtung des Generalbundesanwalts keine abschließende Verfügung treffen, sofern der Generalbundesanwalt nicht vorher die Übernahme des Verfahrens abgelehnt hat. [3] Übernimmt der Generalbundesanwalt das Verfahren nicht, gilt Nummer 203 Absatz 2 und 4 sinngemäß.

205. Unterrichtung der Behörden für Verfassungsschutz in Staatsschutz- und anderen Verfahren

(1) [1] In Staatsschutzstrafverfahren (§§ 74a, 120 Absatz 1 und 2 GVG[1)], §§ 1 und 3 NATO-Truppen-Schutzgesetz) arbeitet der Staatsanwalt mit dem Bundesamt für Verfassungsschutz und den Landesbehörden für Verfassungsschutz in geeigneter Weise nach Maßgabe der gesetzlichen Vorschriften insbesondere unter Berücksichtigung des informationellen Trennungsprinzips zusammen, damit dort gesammelte Informationen bei den Ermittlungen des Staatsanwalts und dessen Erkenntnisse für die Aufgaben des Verfassungsschutzes ausgewertet werden können. [2] Dies gilt auch für andere Verfahren, bei denen tatsächliche Anhaltspunkte dafür bestehen, dass es um Straftaten zur Durchsetzung verfassungsfeindlicher Ziele geht.

(2) [1] Der Staatsanwalt unterrichtet das Bundesamt für Verfassungsschutz bei Bekanntwerden von Tatsachen nach § 18 Absatz 1 des Bundesverfassungsschutzgesetzes (BVerfSchG)[2)] und die Verfassungsschutzbehörden des Landes nach Maßgabe des entsprechenden Landesrechts von sich aus in geeigneter Weise über die Einleitung und den Fortgang von Verfahren sowie die für eine Auswertung wesentlichen Entscheidungen (z.B. Anklageschriften, Urteile, Einstellungsverfügungen). [2] Eine Unterrichtung nach Satz 1 soll insbesondere erfolgen in Verfahren wegen

- Vorbereitung oder Aufnahme von Beziehungen zur Begehung einer schweren staatsgefährdenden Gewalttat (§§ 89a und 89b StGB[3)]) oder Terrorismusfinanzierung (§ 89c StGB),
- Landesverrats und Gefährdung der äußeren Sicherheit (§§ 94 bis 100a StGB),
- Straftaten nach den §§ 129a und 129b StGB und damit in einem möglichen Sachzusammenhang stehenden Straftaten,
- Straftaten nach den §§ 17, 18 des Außenwirtschaftsgesetzes (AWG) und nach den §§ 19 bis 22a des Gesetzes über die Kontrolle von Kriegswaffen (KrWaffKontrG)[4)] mit Bezügen zu ausländischen Nachrichtendiensten,
- Straftaten unter Anwendung von Gewalt, sofern tatsächliche Anhaltspunkte dafür bestehen, dass sie zur Durchsetzung verfassungsfeindlicher Ziele begangen wurden.

[1)] **Habersack, Deutsche Gesetze Nr. 95.**
[2)] **Sartorius Nr. 80.**
[3)] **Habersack, Deutsche Gesetze Nr. 85.**
[4)] **Sartorius Nr. 823.**

[3] Im Übrigen unterrichtet der Staatsanwalt unter den Voraussetzungen des § 18 Absatz 1b BVerfSchG das Bundesamt für Verfassungsschutz und nach Maßgabe des Landesrechts die Verfassungsschutzbehörde des Landes jedenfalls dann, wenn dies für deren Aufgabenerfüllung erforderlich und über den Einzelfall hinaus von Bedeutung ist.

(2a) Der Staatsanwalt soll bei allen Verfahren im Sinne der Absätze 1 und 2 nach Maßgabe der gesetzlichen Vorschriften die Behörden für Verfassungsschutz um Übermittlung der dort vorhandenen Informationen ersuchen, die für das Ermittlungsverfahren von Bedeutung sein können.

(3) [1] Der Staatsanwalt unterrichtet die Behörden für Verfassungsschutz auf deren Ersuchen über vorhandene Erkenntnisse (vgl. § 18 Absatz 3 BVerfSchG und entsprechende Landesregelungen). [2] Er kann ihnen auch Niederschriften über Vernehmungen oder Vermerke über andere Ermittlungshandlungen überlassen.

(4) Auf die Übermittlungsverbote nach § 23 BVerfSchG, den Minderjährigenschutz des § 24 BVerfSchG und die entsprechenden Landesregelungen wird hingewiesen.

(5) [1] Angehörige der Behörden für Verfassungsschutz können als Sachverständige oder Auskunftspersonen zu Vernehmungen und anderen Ermittlungshandlungen (z.B. Tatortbesichtigung, Durchsuchung oder Beschlagnahme) zugezogen werden. [2] Ihre Zuziehung ist in den Akten zu vermerken.

(6) Unbeschadet bestehender Berichtspflichten ist im Rahmen der Absätze 1 bis 3 und des Absatzes 5 der unmittelbare Geschäftsverkehr mit den in Absatz 1 bezeichneten Behörden zulässig.

206. Unterrichtung des Militärischen Abschirmdienstes und des Bundesnachrichtendienstes

[1] Der Staatsanwalt unterrichtet den Militärischen Abschirmdienst von sich aus nach Maßgabe des § 22 in Verbindung mit § 18 Absatz 1, 1b und 2 BVerfSchG[1]) und auf dessen Ersuchen nach Maßgabe des § 22 in Verbindung mit § 18 Absatz 3 BVerfSchG. [2] Er unterrichtet den Bundesnachrichtendienst von sich aus zu dessen Eigensicherung nach Maßgabe des § 10 Absatz 2 des Gesetzes über den Bundesnachrichtendienst (BNDG) sowie auf dessen Ersuchen nach Maßgabe des § 10 Absatz 3 BNDG in Verbindung mit § 18 Absatz 3 BVerfSchG. [3] Nummer 205 ist jeweils entsprechend anzuwenden.

207. Benachrichtigung des Bundeskriminalamtes

(1) [1] Von der Einleitung eines Verfahrens wegen eines Organisationsdeliktes (§§ 84, 85, 129, 129a, 129b StGB[2]); § 20 Absatz 1 Satz 1 Nummer 1 bis 4 des Vereinsgesetzes[3]); § 95 Absatz 1 Nummer 8 des Aufenthaltsgesetzes[4])) ist das Bundeskriminalamt, Thaerstraße 11, 65193 Wiesbaden, zu benachrichtigen. [2] Dieses gibt auf Anfrage anhand der von ihm geführten Karteien Auskünfte darüber, ob und wo wegen des gleichen oder eines damit zusammenhängenden Organisationsdeliktes ein weiteres Verfahren anhängig ist oder anhängig gewesen ist.

(2) [1] Die Staatsanwaltschaft übersendet in Ermittlungs- und Strafverfahren wegen

[1]) Sartorius Nr. 80.
[2]) Habersack, Deutsche Gesetze Nr. 85.
[3]) Sartorius Nr. 425.
[4]) Sartorius Nr. 565.

1. Gefährdung des demokratischen Rechtsstaats in den Fällen der §§ 84, 85, 89a, 89b, 89c und 91 StGB,
2. Landesverrats und Gefährdung der äußeren Sicherheit in den Fällen der §§ 93 bis 101a StGB,
3. Straftaten gegen die Landesverteidigung in den Fällen des § 109h StGB,
4. Straftaten gegen die öffentliche Ordnung in den Fällen der §§ 129, 129a und 129b StGB,
5. politisch motivierter Gewaltstraftaten der Deliktsgruppen:
   a) Widerstandsdelikte in den Fällen der §§ 113 bis 115 StGB,
   b) Landfriedensbruch in den Fällen der §§ 125 und 125a StGB,
   c) Straftaten gegen die sexuelle Selbstbestimmung in den Fällen der §§ 176b, 177 und 178 StGB,
   d) Straftaten gegen das Leben in den Fällen der §§ 211 und 212 StGB,
   e) Straftaten gegen die körperliche Unversehrtheit in den Fällen der §§ 223 bis 227 und 231 StGB,
   f) Freiheitsberaubung in den Fällen der §§ 234 und 239 bis 239b StGB,
   g) Raub und Erpressung in den Fällen der §§ 249 bis 255 StGB,
   h) Gemeingefährliche Straftaten in den Fällen der §§ 306 bis 306c, 308 Absatz 1 bis 5, § 309 Absatz 3 und 4, § 310 Absatz 1 Nummer 2, § 315 Absatz 1 bis 5, § 315b Absatz 1 bis 4, §§ 316a, 316c und 318 Absatz 3 und 4 StGB,
6. Straftaten nach § 20 Absatz 1 Satz 1 Nummer 1 bis 4 des Vereinsgesetzes,
7. Straftaten nach § 95 Absatz 1 Nummer 8 des Aufenthaltsgesetzes

dem Bundeskriminalamt – unabhängig von einem polizeilichen Informationsaustausch – alsbald nach Abschluss des Verfahrens eine Kopie der staatsanwaltschaftlichen oder gerichtlichen Abschlussentscheidung (z.B. Urteil mit Gründen, Strafbefehl, Einstellungsverfügung), möglichst in elektronischer Form, zur Auswertung. [2]Ausgenommen sind:

a) Verfahren, die keinerlei Erkenntnisse sachlicher oder personeller Art enthalten, z.B. Verfahren, die mangels Anhaltspunkten für eine Aufklärung eingestellt worden sind, und
b) Entscheidungen über selbständige Einziehungsverfahren.

(3) Straftaten im Sinne von Absatz 2 Satz 1 Nummer 5 sind politisch motiviert, wenn bei Würdigung der Umstände der Tat und/oder der Einstellung des Beschuldigten Anhaltspunkte dafür vorliegen, dass sie

– den demokratischen Willensbildungsprozess beeinflussen sollen, der Erreichung oder Verhinderung politischer Ziele dienen oder sich gegen die Umsetzung politischer Entscheidungen richten,
– sich gegen die freiheitliche demokratische Grundordnung bzw. eines ihrer Wesensmerkmale, den Bestand und die Sicherheit des Bundes oder eines Landes richten oder eine ungesetzliche Beeinträchtigung der Amtsführung von Mitgliedern der Verfassungsorgane des Bundes oder eines Landes zum Ziel haben,
– durch Anwendung von Gewalt oder darauf gerichtete Vorbereitungshandlungen auswärtige Belange der Bundesrepublik Deutschland gefährden,
– gegen eine Person wegen ihrer politischen Einstellung, Nationalität, Volkszugehörigkeit, Rasse, Hautfarbe, Religion, Weltanschauung, Herkunft oder aufgrund ihres äußeren Erscheinungsbildes, ihrer Behinderung, ihrer sexuellen Orientierung oder ihres gesellschaftlichen Status gerichtet sind und die Tathandlung

damit im Kausalzusammenhang steht bzw. sich in diesem Zusammenhang gegen eine Institution, Sache oder ein Objekt richtet.

208. Verfahren betreffend staatsgefährdende Inhalte

(1) [1] Ist ein Inhalt (§ 11 Absatz 3 StGB[1)]) zur Begehung einer Straftat nach den §§ 80a bis 100a, 130 StGB, § 20 Absatz 1 Satz 1 Nummer 1 bis 4 des Vereinsgesetzes[2)] oder nach § 95 Absatz 1 Nummer 8 des Aufenthaltsgesetzes[3)] gebraucht worden oder bestimmt gewesen, benachrichtigt der Staatsanwalt das Bundeskriminalamt, Thaerstraße 11, 65193 Wiesbaden, unverzüglich von der Einleitung des Verfahrens. [2] Einer gesonderten Benachrichtigung von der Einleitung des Verfahrens bedarf es nicht, wenn das Bundeskriminalamt binnen kürzester Frist durch ein Auskunftsersuchen nach Absatz 2 oder durch eine Mitteilung nach Absatz 4 benachrichtigt wird.

(2) [1] Bevor der Staatsanwalt die Beschlagnahme oder die Einziehung beantragt, holt er eine Auskunft des Bundeskriminalamtes darüber ein, ob und wo wegen der Inhalte (§ 11 Absatz 3 StGB) schon ein Verfahren anhängig ist oder anhängig gewesen ist und ob und wo bereits Beschlagnahme- oder Einziehungsentscheidungen beantragt oder ergangen sind. [2] In Eilfällen kann die Auskunft auch fernmündlich, fernschriftlich oder telegrafisch eingeholt werden. [3] Ergibt sich aus der Auskunft des Bundeskriminalamtes, dass in einem wegen derselben Inhalte (§ 11 Absatz 3 StGB) bereits anhängigen Verfahren eine die gesamte Auflage erfassende (allgemeine) Beschlagnahmeanordnung beantragt oder ergangen oder eine allgemeine Einziehung beantragt oder angeordnet, aber noch nicht rechtskräftig geworden ist, wartet der Staatsanwalt den Abschluss dieses Verfahrens ab, wenn für ihn lediglich die Durchführung des selbständigen Einziehungsverfahrens in Betracht käme. [4] In allen anderen Fällen gilt Nummer 249 sinngemäß.

(3) [1] In selbständigen Einziehungsverfahren ist zu prüfen, ob auf die Herbeiführung einer gerichtlichen Beschlagnahme verzichtet und zugleich die Einziehung beantragt werden kann; von dieser Möglichkeit wird in der Regel bei selbständigen Einziehungsverfahren betreffend Masseninhalten Gebrauch zu machen sein. [2] Anträge auf Beschlagnahme sollen nach Möglichkeit beim Amtsgericht am Sitz der in § 74a GVG[4)] bezeichneten Strafkammer gestellt werden. [3] Anträge auf Beschlagnahme oder Einziehung sollen, soweit nicht Rechtsgründe entgegenstehen, die gesamte Auflage erfassen.

(4) [1] Das Bundeskriminalamt ist von allen auf Beschlagnahme- und Einziehungsanträge hin ergehenden Entscheidungen sowie von der Rücknahme solcher Anträge unverzüglich zu benachrichtigen. [2] Handelt es sich um die Entscheidungen, durch welche die Beschlagnahme oder Einziehung nicht periodischer Verkörperungen eines Inhalts angeordnet, wieder aufgehoben oder abgelehnt wird, kann zugleich um Bekanntmachung der Entscheidung im Bundeskriminalblatt ersucht werden; dasselbe gilt bei periodischen Verkörperungen eines Inhalts, die im räumlichen Geltungsbereich des Strafgesetzbuches erscheinen.

(5) [1] Im Übrigen gelten die Nummer 226 Absatz 1 Satz 4 und Absatz 2, 251, 252 und 253 sinngemäß. [2] Für die Verwertung der in Staatsschutzverfahren eingezogenen Filme gilt die bundeseinheitlich getroffene Anordnung vom 2. April 1973.

[1)] **Habersack, Deutsche Gesetze Nr. 85.**
[2)] **Sartorius Nr. 425.**
[3)] **Sartorius Nr. 565.**
[4)] **Habersack, Deutsche Gesetze Nr. 95.**

(6) [1] Postsendungen, die von den Zollbehörden gemäß § 2 des Gesetzes zur Überwachung strafrechtlicher und anderer Verbringungsverbote vom 24. Mai 1961[1)] der Staatsanwaltschaft vorgelegt, jedoch von dieser nach Prüfung freigegeben werden, sind beschleunigt an die Empfänger weiterzuleiten. [2] Geöffnete Sendungen sind zu verschließen sowie mit dem Vermerk:

„Auf Grund des Gesetzes zur Überwachung strafrechtlicher und anderer Verbringungsverbote vom 24. Mai 1961 zollamtlich geöffnet und von der Staatsanwaltschaft freigegeben."
und mit dem Dienststempel der Staatsanwaltschaft zu versehen.

209. Verfahren wegen Verunglimpfung und Beleidigung oberster Staatsorgane

(1) [1] Bei Verunglimpfungen und Beleidigungen oberster Staatsorgane des Bundes (§§ 90, 90b, 185 bis 188 StGB[2)]) ist das für Justiz zuständige Bundesministerium, bei Verunglimpfungen oder Beleidigungen oberster Staatsorgane eines Landes die Landesjustizverwaltung beschleunigt zu unterrichten, damit der Verletzte eine Entschließung darüber treffen kann, ob die Sache verfolgt werden soll. [2] Zu diesem Zweck sind die im Interesse der Beweissicherung notwendigen Ermittlungen zu führen, von der Vernehmung des Beschuldigten ist jedoch zunächst abzusehen. [3] Der Bericht soll eine gestraffte Darstellung des Sachverhalts mit kurzer rechtlicher Würdigung sowie Angaben über die persönlichen Verhältnisse des Beschuldigten, sofern diese bekannt sind, enthalten. [4] Bei Verunglimpfungen und Beleidigungen oberster Staatsorgane des Bundes ist der Bericht dem für Justiz zuständigen Bundesministerium unmittelbar unter gleichzeitiger Übersendung von Abschriften an die Landesjustizverwaltung und die vorgesetzten Behörden zu erstatten.

(2) [1] Erwägt ein oberstes Staatsorgan, eine Ermächtigung zur Strafverfolgung zu erteilen oder Strafantrag zu stellen, so ist der Sachverhalt beschleunigt aufzuklären. [2] Der abschließende Bericht soll den Sachverhalt erschöpfend darstellen und rechtlich würdigen, die für die Entschließung des Verletzten bedeutsamen Umstände, wie besondere Tatumstände, Persönlichkeit, Verhältnis, Vorstrafen und Reue des Beschuldigten, Entschuldigungen, Widerruf oder sonstige Wiedergutmachung bzw. die Bereitschaft dazu, darlegen sowie mit der Verunglimpfung oder Beleidigung zusammentreffende, von Amts wegen zu verfolgende Straftaten einbeziehen; soweit nach der Beweislage eine Überführung des Beschuldigten zweifelhaft erscheint, soll hierauf hingewiesen werden. [3] Dem Bericht sind die erforderliche Anzahl von Abschriften für die Ermächtigungs- oder Antragsberechtigten sowie in der Regel die Akten beizufügen. [4] Der Bericht ist auf dem Dienstweg, in dringenden Fällen (z.B. bei bevorstehendem Fristablauf) unmittelbar, dem für Justiz zuständigen Bundesministerium oder der Landesjustizverwaltung unter gleichzeitiger Übersendung von Abschriften an die vorgesetzten Behörden zu erstatten.

(3) Ist die Befugnis zur Bekanntgabe der Verurteilung anzuordnen, gilt Nummer 231 sinngemäß.

(4) Kann bei Verunglimpfungen oder Beleidigungen oberster Staatsorgane selbständig auf Einziehung und Unbrauchbarmachung erkannt werden (Nummer 180), gelten die Absätze 1 bis 3 entsprechend.

[1)] **Amtl. Anm.:** Vgl. Fundstellennachweis A zum Bundesrecht.
[2)] **Habersack, Deutsche Gesetze Nr. 85.**

210. Verfahren wegen Handlungen gegen ausländische Staaten (§§ 102 und 104 StGB)

(1) Bei Handlungen gegen ausländische Staaten (§§ 102, 104 StGB[1]) soll der Staatsanwalt beschleunigt die im Interesse der Beweissicherung notwendigen Ermittlungen durchführen sowie die Umstände aufklären, die für die Entschließung des verletzten ausländischen Staates, ein Strafverlangen zu stellen, von Bedeutung sein können.

(2) [1] Von dem Ergebnis dieser Ermittlungen ist das für Justiz zuständige Bundesministerium auf dem Dienstweg zu unterrichten. [2] Für die Berichterstattung gilt Nummer 209 Absatz 2 Satz 2 sinngemäß. [3] Dem Bericht sind drei Abschriften für die Bundesregierung.

211. Anhörung und Unterrichtung oberster Staatsorgane sowie oberster Bundes- und Landesbehörden

(1) [1] In den Fällen, in denen ein oberstes Staatsorgan oder eine oberste Behörde des Bundes oder eines Landes die Ermächtigung zur Strafverfolgung nach § 89a Absatz 4, § 89b Absatz 4, § 89c Absatz 4, § 90 Absatz 4, § 90b Absatz 2, § 97 Absatz 3, § 129b Absatz 1 Satz 3, § 194 Absatz 4 StGB[1)] erteilt oder Strafantrag wegen Beleidigung gestellt hat, teilt der Staatsanwalt, bevor er das Verfahren nach § 170 Absatz 2 Satz 1 StPO[2)] oder nach § 153 Absatz 1, § 153a Absatz 1 StPO einstellt oder einer vom Gericht beabsichtigten Einstellung nach § 153 Absatz 2, § 153a Absatz 2 StPO zustimmt, dem obersten Staatsorgan oder der obersten Behörde unter Beifügung der Akten die Gründe mit, die für die Einstellung des Verfahrens sprechen, und gibt ihm Gelegenheit zur Stellungnahme. [2] Wenn der Staatsanwalt entgegen einer widersprechenden Stellungnahme des obersten Staatsorgans oder der obersten Behörde das Verfahren einstellt oder der Einstellung des Verfahrens durch das Gericht zustimmt, soll er dabei auch die Einwendungen würdigen, die gegen die Einstellung erhoben worden sind.

(2) [1] Wird in den in Absatz 1 Satz 1 bezeichneten Fällen die Eröffnung des Hauptverfahrens abgelehnt, das Verfahren durch das Gericht eingestellt oder der Angeklagte freigesprochen und erscheint ein Rechtsmittel nicht aussichtslos, gibt der Staatsanwalt dem obersten Staatsorgan oder der obersten Behörde Gelegenheit zur Stellungnahme, bevor er von der Einlegung eines Rechtsmittels absieht, auf die Einlegung eines Rechtsmittels verzichtet oder ein Rechtsmittel zurücknimmt. [2] Dies gilt auch, wenn der Staatsanwalt der Auffassung ist, dass die erkannte Strafe in einem Missverhältnis zur Schwere der Tat steht. [3] Bei drohendem Fristablauf wird in der Regel die vorsorgliche Einlegung eines Rechtsmittels geboten sein.

(3) In den in Absatz 1 Satz 1 bezeichneten Fällen gibt der Staatsanwalt dem obersten Staatsorgan oder der obersten Behörde ferner Gelegenheit zur Stellungnahme,

a) bevor er von einem Antrag auf Einziehung und Unbrauchbarmachung im selbständigen Verfahren absieht,

b) bevor er von der Durchführung eines Rechtsmittels gegen eine Entscheidung absieht, durch die das Gericht einem Antrag des Staatsanwalts auf Einziehung und Unbrauchbarmachung im selbständigen Verfahren nicht stattgegeben hat, sofern nicht ein Rechtsmittel aussichtslos erscheint.

[1)] **Habersack, Deutsche Gesetze Nr. 85.**
[2)] **Habersack, Deutsche Gesetze Nr. 90.**

(4) [1]Das für Justiz zuständige Bundesministerium, bei Beteiligung eines obersten Staatsorgans oder einer obersten Behörde eines Landes die Landesjustizverwaltung, ist in angemessenen Zeitabständen über den Fortgang des Verfahrens sowie über dessen Ausgang zu unterrichten. [2]Abschriften der Einstellungsverfügungen und der gerichtlichen Sachentscheidungen sind in der erforderlichen Zahl für die beteiligten obersten Staatsorgane oder obersten Behörden beizufügen.

(5) Für die Berichterstattung nach Absatz 1 bis 4 gilt Nummer 209 Absatz 2 Satz 4 sinngemäß; Nummer 5 Absatz 4 findet Anwendung.

212. Verfahren bei weiteren Ermächtigungsdelikten

(1) [1]Wird dem Staatsanwalt eine Straftat nach §§ 353a oder 353b StGB[1)] bekannt, holt er unter Mitteilung des bekanntgewordenen Sachverhalts, jedoch in der Regel vor weiteren Ermittlungen, über das für Justiz zuständige Bundesministerium bzw. über die Landesjustizverwaltung die Entscheidung ein, ob die Ermächtigung zur Strafverfolgung erteilt wird. [2]Die Vorschriften der Nummer 209 Absatz 2 Satz 3 und 4, 211 gelten sinngemäß.

(2) [1]Bei Straftaten betreffend die Bildung krimineller oder terroristischer Vereinigungen im Ausland außerhalb der Europäischen Union (§§ 129, 129a in Verbindung mit § 129b StGB) soll der Staatsanwalt beschleunigt die zur Beweissicherung notwendigen Ermittlungen durchführen sowie die Umstände aufklären, die für die Entschließung des für Justiz zuständigen Bundesministeriums, die Ermächtigung zur Strafverfolgung zu erteilen, von Bedeutung sein können. [2]Von dem Ergebnis dieser Ermittlungen ist das für Justiz zuständige Bundesministerium auf dem Dienstweg zu unterrichten. [3]In Eilfällen (zum Beispiel Haftsachen) kann die Unterrichtung unmittelbar unter gleichzeitiger Übersendung von Abschriften an die vorgesetzte Behörde erfolgen. [4]Der Bericht soll die Erkenntnisse zu der Vereinigung, die Gegenstand des Verfahrens ist, zusammenfassend darstellen.

(3) Bei Straftaten nach den §§ 89a, 89b oder 89c StGB gilt Absatz 2 Satz 1 bis 3 sinngemäß.

213. Geheimhaltung

(1) Geheimzuhaltende Tatsachen und Erkenntnisse, insbesondere Staatsgeheimnisse (§ 93 StGB[1)]), dürfen in Sachakten nur insoweit schriftlich festgehalten werden, als dies für das Verfahren unerlässlich ist.

(2) [1]Bei der Behandlung von Verschlusssachen sind die Vorschriften der Verschlusssachenanweisung, bei der Behandlung von Verschlusssachen zwischenstaatlichen oder überstaatlichen Ursprungs die für diese geltenden besonderen Geheimschutzvorschriften zu beachten. [2]Das gilt auch bei der Mitteilung von Verschlusssachen an Verteidiger, Sachverständige und sonstige Verfahrensbeteiligte (z.B. Dolmetscher), soweit nicht zwingende Rechtsgrundsätze entgegenstehen.

(3) [1]Auch wenn bei der Mitteilung von Verschlusssachen an Verteidiger, Sachverständige oder sonstige Verfahrensbeteiligte zwingende Rechtsgrundsätze den Vorschriften der Verschlusssachenanweisung oder den besonderen Geheimschutzvorschriften entgegenstehen, sind die Empfänger gleichwohl eindringlich auf ihre Geheimhaltungspflicht (§§ 93 ff., 203, 353b StGB) hinzuweisen; dabei ist ihnen zu empfehlen, bei der Behandlung der Verschlusssachen nach den im Einzelfall einschlägigen Vorschriften zu verfahren, die ihnen zu erläutern sind. [2]Über den

[1)] **Habersack, Deutsche Gesetze Nr. 85.**

Hinweis und die Empfehlungen ist ein Vermerk zu den Akten zu nehmen; dieser soll vom Empfänger unterschrieben werden.

(4) [1] Der Mitteilung von Verschlusssachen an Verteidiger im Sinne der Absätze 2 und 3 steht die Akteneinsicht gleich, wenn sie sich auf Verschlusssachen erstreckt. [2] Bei Akten, die Verschlusssachen des Geheimhaltungsgrades VS-VERTRAULICH, GEHEIM oder STRENG GEHEIM enthalten, ist besonders sorgfältig zu prüfen,

a) ob nicht wichtige Gründe entgegenstehen, Einsicht durch Bereitstellen des Inhalts der Akte zum Abruf oder durch Bereitstellen einer Aktenkopie zur Mitnahme zu gewähren oder dem Verteidiger die Akten zur Einsichtnahme in seine Geschäftsräume oder in seine Wohnung mitzugeben (§ 32f Absatz 1 Satz 4, Absatz 2 Satz 2 und 3 StPO[1)]);

b) ob rechtliche Bedenken gegen die Anfertigung von Notizen, Abschriften, Auszügen oder Ablichtungen durch den Verteidiger bestehen.

[3] Dies gilt sinngemäß bei Sachverständigen und sonstigen Verfahrensbeteiligten.

(5) [1] In geeigneten Fällen soll der Staatsanwalt die Verteidiger, Sachverständigen und sonstigen Verfahrensbeteiligten zur Geheimhaltung der ihnen mitgeteilten geheimhaltungsbedürftigen Umstände unter Hinweis auf die Strafbarkeit der Geheimnisverletzung (§ 353b Absatz 2 StGB) förmlich verpflichten. [2] Dabei ist zu beachten, dass eine derartige Verpflichtung zur Geheimhaltung nur auf Grund eines Gesetzes oder mit Einwilligung des Betroffenen möglich ist. [3] Über die Einwilligung des Betroffenen und über die Vornahme der Verpflichtung ist ein Vermerk zu den Akten zu nehmen, der von dem Verpflichteten unterschrieben werden soll.

(6) [1] Ist eine Gefährdung der Staatssicherheit zu besorgen, hat der Staatsanwalt durch entsprechende Anträge auf gerichtliche Maßnahmen nach §§ 172 und 174 Absatz 2 GVG[2)] hinzuwirken. [2] Im Übrigen ist Nummer 131 zu beachten.

214. Verlust oder Preisgabe von Verschlusssachen

[1] Bei Ermittlungen, die den Verlust oder die Preisgabe von Verschlusssachen betreffen, ist zu prüfen, ob eine Verpflichtung besteht, ausländische Geheimhaltungsinteressen wahrzunehmen. [2] Hierzu kann es sich empfehlen, eine Anfrage an das für innere Angelegenheiten zuständige Bundesministerium zu richten, das eine Liste der internationalen Geheimschutzvereinbarungen führt.

2. Geld- und Wertzeichenfälschung

215. Internationale Abkommen

[1] Bei der Verfolgung der Geld- und Wertzeichenfälschung (Münzstrafsachen) sind *völkerrechtliche Vereinbarungen, insbesondere* das Internationale Abkommen vom 20. April 1929 zur Bekämpfung der Falschmünzerei[3)] zu beachten. [2] Auskunft erteilt das für Justiz zuständige Bundesministerium.

[1)] **Habersack, Deutsche Gesetze Nr. 90.**
[2)] **Habersack, Deutsche Gesetze Nr. 95.**
[3)] **Amtl. Anm.:** Vgl. Fundstellennachweis B zum Bundesgesetzblatt Teil II.

216. Zusammenwirken mit anderen Stellen

(1) Bei der Verfolgung von Münzstrafsachen arbeitet der Staatsanwalt insbesondere mit folgenden Stellen zusammen:

a) dem Bundeskriminalamt und den Landeskriminalämtern,

b) der deutschen Bundesbank, Wilhelm-Epstein-Str. 14, 60431 Frankfurt am Main und deren Falschgeldstelle H 31, Hegelstraße 65, 55122 Mainz, als nationales Analysezentrum (NAZ) und nationales Münzanalysezentrum (MAZ), wenn es sich um in- oder ausländische Noten oder Münzen handelt,

c) der Bundesrepublik Deutschland-Finanzagentur GmbH, Olof-Palme-Straße 35, 60439 Frankfurt am Main, wenn es sich um Schuldverschreibungen oder Zins- und Erneuerungsscheine des Deutschen Reiches, der Deutschen Reichspost, des Preußischen Staates, der Bundesrepublik Deutschland, der Deutschen Bundesbahn oder der Deutschen Bundespost handelt.

(2) Bei Münzstrafsachen, die Schuldverschreibungen oder deren Zins- oder Erneuerungsscheine betreffen, soll die Körperschaft (z.B. das Land, die Gemeinde, der Gemeindeverband) beteiligt werden, die echte Schuldverschreibungen dieser Art ausgegeben hat oder in ihnen als Ausgeber genannt ist.

217. Nachrichtensammel – und Auswertungsstelle bei dem Bundeskriminalamt

(1) Bei der Verfolgung von Münzstrafsachen beachtet der Staatsanwalt, dass das Bundeskriminalamt auf diesem Gebiet die Aufgaben einer Zentralstelle wahrnimmt (vgl. Artikel 12, 13 des Internationalen Abkommens zur Bekämpfung der Falschmünzerei) und die folgenden Sammlungen unterhält:

a) Falschgeldtypenlisten,
in denen alle bekannt gewordenen in- und ausländischen Falschgeldtypen registriert sind unter Angabe der Orte, an denen Falschgeld in Erscheinung getreten ist;

b) eine Geldfälscherkartei,
die untergliedert ist in

aa) eine Hersteller- und Verbreiterkartei;
aus ihr kann Auskunft über die Personen erteilt werden, die als Hersteller oder Verbreiter von Falschgeld in Erscheinung getreten sind;

bb) eine Typenherstellerkartei;
aus ihr kann Auskunft erteilt werden über die Hersteller bestimmter Fälschungstypen (bei Münzen) oder Fälschungsklassen (bei Noten).

(2) Auch die Landeskriminalämter unterhalten eine Nachrichtensammelstelle zur Bekämpfung von Geldfälschungen; sie stehen in enger Verbindung mit dem Bundeskriminalamt und erhalten von diesem regelmäßig Bericht mit Angaben über die Anfallmenge, Anfallorte und Verausgabungsstellen, mit Hinweisen auf vermutliche Verbreitungszusammenhänge sowie mit einer Übersicht über die Menge der angehaltenen Fälschungstypen, Fälschungsklassen und die Verbreitungsschwerpunkte.

218. Verbindung mehrerer Verfahren

(1) Mehrere dieselbe Fälschungsklasse betreffende Verfahren, die von derselben Staatsanwaltschaft geführt werden, sind regelmäßig zu verbinden.

(2) [1] Werden gegen mehrere Verbreiter oder gegen Hersteller und Verbreiter durch verschiedene Staatsanwaltschaften Verfahren geführt, wird eine Verbindung

nur zweckmäßig sein, wenn zwischen den Beschuldigten unmittelbare Zusammenhänge feststellbar sind. [2] Ist ein Zusammenhang (Ringbildung) erkennbar, ist die Verbindung regelmäßig geboten.

219. Unterrichtung und Ausschluss der Öffentlichkeit

(1) [1] Über Münzstrafsachen unterrichtet der Staatsanwalt die Öffentlichkeit grundsätzlich nur im Einvernehmen mit den in Nummer 216 Absatz 1 Buchstabe a und b genannten Stellen. [2] Dies gilt auch für die Bezeichnung der Fälschungsklasse und die Reihennummern der einzelnen Falschstücke.

(2) In der Anklageschrift sind über die in Absatz 1 bezeichneten Umstände, sowie über die bei Münzstraftaten angewandten Verfahren und die Mittel zur Bekämpfung dieser Straftaten nur die unbedingt notwendigen Angaben zu machen.

(3) [1] In der Hauptverhandlung soll der Staatsanwalt den Ausschluss der Öffentlichkeit sowie die Auferlegung der Schweigepflicht beantragen (§§ 172 Nummer 1, 174 Absatz 3 GVG[1)]; vgl. auch Nummer 131 Absatz 2); regelmäßig ist dies für die Erörterung des Herstellungsverfahrens und der anderen in den Absätzen 1 und 2 bezeichneten Umstände geboten. [2] Auch wenn es sich nur um die Verbreitung von Falschgeld handelt, ist dies zweckmäßig.

3. Sexualstraftaten

220. Rücksichtnahme auf Verletzte

(1) [1] Die Anordnung und Durchführung der körperlichen Untersuchung erfordern Behutsamkeit, Einfühlungsvermögen sowie hinreichende Betreuung und Information. [2] Die Durchführung der körperlichen Untersuchung sollte mit Rücksicht auf das Schamgefühl des Verletzten möglichst einer Person gleichen Geschlechts oder einer ärztlichen Kraft (§ 81d StPO[2)]) übertragen werden. [3] Bei berechtigtem Interesse soll dem Wunsch, die Untersuchung einer Person oder einem Arzt bestimmten Geschlechts zu übertragen, entsprochen werden. [4] Auf Verlangen der betroffenen Person soll eine Person des Vertrauens zugelassen werden. [5] Auf die beiden vorgenannten Regelungen ist die betroffene Person hinzuweisen.

(2) [1] Lichtbilder von Verletzten, die sie ganz oder teilweise unbekleidet zeigen, sind in einem verschlossenen Umschlag oder gesondert zu den Akten zu nehmen und bei der Gewährung von Akteneinsicht – soweit sie nicht für die verletzte Person selbst erfolgt – vorübergehend aus den Akten zu entfernen. [2] Der Verteidigung ist insoweit Akteneinsicht in den Diensträumen zu gewähren (§ 32f Absatz 1 Satz 2 und 4, Absatz 2 Satz 1 StPO). [3] Der Gewährung von Akteneinsicht durch Bereitstellen des Inhalts der Akte zum Abruf, durch Übermittlung des Inhalts der Akte auf einem sicheren Übermittlungsweg, durch Bereitstellen einer Aktenkopie zur Mitnahme oder durch Mitgabe der Akten an den Verteidiger in seine Geschäftsräume oder in seine Wohnung werden insoweit regelmäßig wichtige Gründe entgegenstehen (§ 32f Absatz 1 Satz 4, Absatz 2 Satz 2 und 3 StPO).

---

1) Habersack, Deutsche Gesetze Nr. 95.
2) Habersack, Deutsche Gesetze Nr. 90.

221. Beschleunigung in Verfahren mit kindlichen Verletzten

(1) Das Verfahren ist zu beschleunigen, vor allem deswegen, weil das Erinnerungsvermögen von Kindern rasch verblasst und weil sie besonders leicht zu beeinflussen sind.

(2) 1 Wird ein Beschuldigter, der in häuslicher Gemeinschaft mit dem Geschädigten lebt oder der auf diesen in anderer Weise unmittelbar einwirken kann, freigelassen, ist das Jugendamt unverzüglich zu benachrichtigen, damit die erforderlichen Maßnahmen zum Schutze des Geschädigten ergriffen werden können. 2 Die Benachrichtigung obliegt derjenigen Stelle, welche die Freilassung veranlasst hat.

222. Vernehmung von Kindern, Ausschluss und Beschränkung der Öffentlichkeit

(1) 1 Werden Kinder als Zeugen vernommen, sind die Nummern 19, 19a, 130a Absatz 2 und 135 Absatz 1, 3 und 4 zu beachten. 2 Im Einzelfall kann es sich empfehlen, schon zur ersten Vernehmung einen Sachverständigen beizuziehen, der über besondere Kenntnisse und Erfahrungen auf dem Gebiet der Kinderpsychologie verfügt.

(2) Hat der Beschuldigte ein glaubhaftes Geständnis vor dem Richter abgelegt, ist im Interesse des Kindes zu prüfen, ob dessen Vernehmung noch nötig ist (vgl. Nummer 111 Absatz 4).

(3) Wegen des Ausschlusses oder der Beschränkung der Öffentlichkeit sind Nummer 131a, 132 zu beachten.

222a. Anhörung des durch eine Straftat nach den §§ 174 bis 182 StGB[1] Verletzten

(1) 1 Vor der Einleitung verfahrensbeendender Maßnahmen nach den §§ 153 Absatz 1, 153a Absatz 1, 153b Absatz 1 oder 154 Absatz 1 StPO[2] soll dem Verletzten Gelegenheit zur Stellungnahme zu dem beabsichtigten Verfahrensabschluss gegeben werden, in den Fällen des § 154 Absatz 1 StPO jedoch nur, wenn die Einstellung im Hinblick auf andere Taten zum Nachteil Dritter erfolgen soll. 2 Hiervon kann abgesehen werden, wenn der Verletzte bereits bei seiner Vernehmung als Zeuge hierzu befragt worden ist. 3 Widerspricht der Verletzte einer beabsichtigten Maßnahme und wird das Verfahren eingestellt, soll eine Würdigung seiner Einwendungen in den Bescheid über die Einstellung (Nummer 89, 101 Absatz 2) aufgenommen werden.

(2) 1 Dem Verletzten soll auch Gelegenheit gegeben werden, sich durch einen anwaltlichen Beistand bei einer etwaigen Erörterung des Verfahrensstands nach § 160b StPO sowie im Hinblick auf eine etwaige Entscheidung über die Anklageerhebung nach § 24 Absatz 1 Nummer 3 GVG[3] oder § 26 Absatz 2 GVG (vgl. Nummer 113 Absatz 2) zu seiner besonderen Schutzbedürftigkeit zu äußern. 2 In geeigneten Fällen kann auch der Verletzte selbst an der Erörterung des Verfahrensstands beteiligt werden.

---

[1] Habersack, Deutsche Gesetze Nr. 85.
[2] Habersack, Deutsche Gesetze Nr. 90.
[3] Habersack, Deutsche Gesetze Nr. 95.

4. Verbreitung und Zugänglichmachen gewaltdarstellender, pornographischer und sonstiger jugendgefährdender Inhalte

223. Zentralstellen der Länder

[1] Die Zentralstellen der Länder zur Bekämpfung gewaltdarstellender, pornographischer und sonstiger jugendgefährdender Schriften bzw. Inhalte sorgen dafür, dass Straftaten nach den §§ 131, 184, 184a, 184b, 184c StGB[1)] und §§ 15, 27 des Jugendschutzgesetzes (JuSchG)[2)], § 23 des Jugendmedienschutz-Staatsvertrages (JMStV) und Ordnungswidrigkeiten nach den § 119 OWiG[3)], § 33 Absatz 2 Nummer 14 des Gesetzes zum Schutz von in der Prostitution tätigen Personen (ProstSchG), § 28 Absatz 1 Nummer 1 bis 4, Nummer 9, Nummer 14 bis 20, Absatz 2, 3 und 4 JuSchG, § 24 JMStV nach einheitlichen Grundsätzen verfolgt werden, und halten insbesondere in den über den Bereich eines Landes hinausgehenden Fällen miteinander Verbindung. [2] Sie beobachten auch die in ihrem Geschäftsbereich erscheinenden oder verbreiteten Zeitschriften und Zeitungen.

224. Mehrere Strafverfahren

(1) Das Bundeskriminalamt gibt Auskunft darüber, ob ein Inhalt (§ 11 Absatz 3 StGB[1)]) bereits Gegenstand eines Strafverfahrens nach den §§ 131, 184, 184a, 184b, 184c StGB oder den §§ 15, 27 JuSchG[2)], § 23 JMStV gewesen ist.

(2) Um zu verhindern, dass voneinander abweichende Entscheidungen ergehen, sind folgende Grundsätze zu beachten:

a) Leitet die Staatsanwaltschaft des Verbreitungsortes ein Verfahren wegen einer gewaltdarstellenden, pornographischen oder sonstigen jugendgefährdenden Inhalts ein, unterrichtet sie gleichzeitig die Staatsanwaltschaft des Erscheinungsortes. Diese teilt ihr unverzüglich mit, ob sie ebenfalls ein Verfahren eingeleitet hat oder einzuleiten beabsichtigt, und unterrichtet sie über den Ausgang des Verfahrens.

b) Will die Staatsanwaltschaft des Verbreitungsortes aus besonderen Gründen ihr Verfahren durchführen, bevor das Verfahren am Erscheinungsort abgeschlossen ist, führt sie die Entscheidung der Landesjustizverwaltung (bzw. der Zentralstelle, falls ihr die Entscheidungsbefugnis übertragen ist) herbei.

c) Die Genehmigung der Landesjustizverwaltung (bzw. der Zentralstelle) ist auch dann einzuholen, wenn wegen eines Inhalts eingeschritten werden soll, obwohl ein anderes Verfahren wegen desselben Inhalts bereits deswegen zur Einstellung, zur Ablehnung der Eröffnung des Hauptverfahrens, zu einem Freispruch oder zur Ablehnung der Einziehung geführt hat, weil er nicht als gewaltdarstellend, pornographisch oder sonst jugendgefährdend erachtet worden ist.

(3) Auf Inhalte, bei denen ein inländischer Erscheinungsort nicht bekannt ist, findet Absatz 2a) und b) keine Anwendung.

(4) Bei unkörperlich verbreiteten Inhalten ist

a) der Verbreitungsort der Ort der Wahrnehmbarkeit des Inhalts und

b) der Erscheinungsort der Ort, von dem aus der Inhalt zugänglich gemacht wird.

---

1) Habersack, Deutsche Gesetze Nr. 85.
2) Sartorius Nr. 400.
3) Habersack, Deutsche Gesetze Nr. 94.

225. Verwahrung beschlagnahmter Verkörperungen eines Inhaltes

[1] Die beschlagnahmten Stücke sind so zu verwahren, dass ein Missbrauch ausgeschlossen ist; sie dürfen nur der Staatsanwaltschaft und dem Gericht zugänglich sein. [2] Von den verwahrten Verkörperungen eines Inhalts werden höchstens je zwei Stück in einem besonderen Umschlag (zum Gebrauch der Staatsanwaltschaft und des Gerichts) zu den Ermittlungs- oder Strafakten genommen. [3] Wenn diese Stücke nicht benötigt werden, sind sie wie die übrigen amtlich verwahrten Verkörperungen eines Inhalts unter Verschluss zu halten.

226. Veröffentlichung von Entscheidungen

(1) [1] Die Beschlagnahme gewaltdarstellender, pornographischer und sonstiger jugendgefährdender Verkörperungen eines Inhalts ist im Bundeskriminalblatt bekanntzumachen, sofern nicht wegen voraussichtlich geringer oder nur örtlich beschränkter Verbreitung eine Veröffentlichung im Landeskriminalblatt genügt. [2] Beschränkt sich die Beschlagnahme auf die in § 74d Absatz 3 StGB[1)] bezeichneten Verkörperungen eines Inhalts, wird hierauf in der Bekanntmachung hingewiesen. [3] Nummer 251 Absatz 2 bis 6 gilt sinngemäß. [4] Wird die Beschlagnahme aufgehoben, ist dies in gleicher Weise bekanntzumachen.

(2) Bei rechtskräftigen Entscheidungen, die auf Einziehung einer Verkörperung eines Inhalts erkennen, ist nach § 81 der Strafvollstreckungsordnung (StVollstrO)[2)] zu verfahren.

(3) [1] Rechtskräftige Entscheidungen, in denen das Gericht den gewaltdarstellenden, pornographischen oder sonst jugendgefährdenden Charakter eines Inhalts (§ 11 Absatz 3 StGB) verneint und den Angeklagten freigesprochen oder die Einziehung abgelehnt hat, sind im Bundeskriminalblatt auszugsweise zu veröffentlichen, wenn der Medieninhalt genau genug bezeichnet werden kann. [2] Ist der Medieninhalt nur geringfügig (etwa nur in wenigen Stücken) oder nur in örtlich begrenztem Gebiet verbreitet worden, genügt die Veröffentlichung im Landeskriminalblatt.

227. Unterrichtung des Bundeskriminalamts

[1] Gerichtliche Entscheidungen über den gewaltdarstellenden, pornographischen oder sonst jugendgefährdenden Charakter eines Inhalts (§ 11 Absatz 3 StGB[1)]), insbesondere über die Beschlagnahme oder die Einziehung von Verkörperungen eines Inhalts nach den §§ 74d, 76a StGB, teilen die Zentralstellen der Länder dem Bundeskriminalamt auch dann mit, wenn eine Bekanntmachung oder Veröffentlichung im Bundeskriminalblatt nicht verlangt wird oder nicht erfolgt ist. [2] Von der Mitteilung wird abgesehen, sofern die Aufnahme von Medien mit entsprechenden Inhalten in die Liste nach § 18 JuSchG[3)] bereits bekanntgemacht ist.

228. Unterrichtung der Bundeszentrale für Kinder- und Jugendmedienschutz

(1) [1] Ist rechtskräftig festgestellt, dass ein Inhalt (§ 11 Absatz 3 StGB[1)]) einen in den §§ 86, 130, 130a, 131, 184, 184a, 184b oder 184c StGB bezeichneten Charakter hat, übersenden die Zentralstellen der Länder eine beglaubigte Abschrift dieser Entscheidung der **Bundeszentrale** für Kinder- und Jugendmedienschutz

---

[1)] **Habersack, Deutsche Gesetze Nr. 85.**
[2)] Nr. **90d.**
[3)] **Sartorius Nr. 400.**

zum Zwecke des § 18 Absatz 5 Jugendschutzgesetz[1]. [2] Die beglaubigte Abschrift soll mit Rechtskraftvermerk versehen sein.

(2) Rechtskräftige Entscheidungen, in denen das Gericht den gewaltdarstellenden, pornographischen oder sonstigen jugendgefährdenden Charakter eines Inhalts (§ 11 Absatz 3 StGB) verneint hat, teilen die Zentralstellen der Länder der Bundeszentrale für Kinder- und Jugendmedienschutz in gleicher Form mit.

5. Beleidigung

229. Erhebung der öffentlichen Klage

(1) [1] Von der Erhebung der öffentlichen Klage soll der Staatsanwalt regelmäßig absehen, wenn eine wesentliche Ehrenkränkung nicht vorliegt, wie es vielfach bei Familienzwistigkeiten, Hausklatsch, Wirtshausstreitigkeiten der Fall ist. [2] Liegt dagegen eine wesentliche Ehrenkränkung oder ein Fall des § 188 StGB[2] vor, wird das öffentliche Interesse meist gegeben sein. [3] Auf Nummer 86 wird verwiesen.

(2) [1] Auch wenn ein Strafantrag nach § 194 Absatz 3 StGB gestellt ist, prüft der Staatsanwalt, ob ein öffentliches Interesse an der Strafverfolgung besteht. [2] Will er es verneinen, gibt er dem Antragsteller vor der abschließenden Verfügung Gelegenheit, sich hierzu zu äußern.

(3) [1] Ist kein Strafantrag nach § 194 Absatz 3 StGB gestellt, folgt daraus allein noch nicht, dass kein öffentliches Interesse an der Strafverfolgung besteht. [2] Will der Staatsanwalt die öffentliche Klage erheben, gibt er dem nach § 194 Absatz 3 StGB Berechtigten Gelegenheit, einen Strafantrag zu stellen. [3] Dies gilt sinngemäß, sofern eine Beleidigung nur mit Ermächtigung der betroffenen politischen Körperschaften (§ 194 Absatz 4 StGB) zu verfolgen ist.

230. Wahrheitsbeweis

Dem Versuch, die Zulassung des Wahrheitsbeweises zur weiteren Verunglimpfung des Beleidigten zu missbrauchen und dadurch den strafrechtlichen Ehrenschutz zu unterlaufen, tritt der Staatsanwalt im Rahmen des § 244 Absatz 2, 3 StPO[3] entgegen.

231. Öffentliche Bekanntgabe der Verurteilung

[1] Ist nach § 200 StGB[2] die Bekanntgabe der Verurteilung anzuordnen, hat der Staatsanwalt darauf hinzuwirken, dass der Name des Beleidigten in die Urteilsformel aufgenommen wird. [2] Ist die öffentliche Bekanntgabe der Verurteilung zu vollziehen (§ 463c StPO[3]), sind die dazu ergangenen Vorschriften der Strafvollstreckungsordnung[4] zu beachten.

232. Beleidigung von Justizangehörigen

(1) Wird ein Justizangehöriger während der Ausübung seines Berufs oder in Beziehung auf ihn beleidigt und stellt die vorgesetzte Dienststelle zur Wahrung des Ansehens der Rechtspflege Strafantrag nach § 194 Absatz 3 StGB[2], ist regelmäßig auch das öffentliche Interesse an der Strafverfolgung im Sinne des § 376 StPO[3] zu bejahen (vgl. Nummer 229).

(2) [1] Wird in Beschwerden, Gnadengesuchen oder ähnlichen Eingaben an Entscheidungen und anderen Maßnahmen von Justizbehörden oder -angehörigen in

[1] **Sartorius Nr. 400.**
[2] **Habersack, Deutsche Gesetze Nr. 85.**
[3] **Habersack, Deutsche Gesetze Nr. 90.**
[4] Nr. **90d.**

beleidigender Form Kritik geübt, ist zu prüfen, ob es sich um ernst zu nehmende Ehrenkränkungen handelt und es zur Wahrung des Ansehens der Rechtspflege geboten ist, einzuschreiten (vgl. Nummer 229 Absatz 1). [2]Offenbar haltlose Vorwürfe unbelehrbarer Querulanten oder allgemeine Unmutsäußerungen von Personen, die sich in ihrem Recht verletzt glauben, werden regelmäßig keine Veranlassung geben, die öffentliche Klage zu erheben, es sei denn, dass wegen falscher Verdächtigung vorzugehen ist.

(3) Für ehrenamtliche Richter gelten die Absätze 1 und 2 entsprechend.

6. Körperverletzung

233. Erhebung der öffentlichen Klage

[1]Das öffentliche Interesse an der Verfolgung von Körperverletzungen ist vor allem dann zu bejahen, wenn eine rohe Tat, eine erhebliche Misshandlung oder eine erhebliche Verletzung vorliegt (vgl. Nummer 86). [2]Dies gilt auch, wenn die Körperverletzung in einer engen Lebensgemeinschaft begangen wurde; Nummer 235 Absatz 3 gilt entsprechend.

234. Besonderes öffentliches Interesse an der Strafverfolgung (§ 230 Absatz 1 StGB)

(1) [1]Ein besonderes öffentliches Interesse an der Verfolgung von Körperverletzungen (§ 230 Absatz 1 Satz 1 StGB[1)]) wird namentlich dann anzunehmen sein, wenn der Beschuldigte einschlägig vorbestraft ist, roh oder besonders leichtfertig oder aus rassistischen, fremdenfeindlichen, antisemitischen oder sonstigen menschenverachtenden Beweggründen gehandelt hat, durch die Tat eine erhebliche Verletzung verursacht wurde oder dem Verletzten wegen seiner persönlichen Beziehung zum Beschuldigten nicht zugemutet werden kann, Strafantrag zu stellen, und die Strafverfolgung ein gegenwärtiges Anliegen der Allgemeinheit ist. [2]Nummer 235 Absatz 3 gilt entsprechend. [3]Andererseits kann auch der Umstand beachtlich sein, dass der Verletzte auf Bestrafung keinen Wert legt.

(2) Ergibt sich in einem Verfahren wegen einer von Amts wegen zu verfolgenden Tat nach Anklageerhebung, dass möglicherweise nur eine Verurteilung wegen Körperverletzung (§ 230 Absatz 1 StGB) in Betracht kommt oder dass eine derartige Verurteilung nach dem Ergebnis der Beweisaufnahme zusätzlich dringend geboten erscheint, erklärt die Staatsanwaltschaft, ob sie ein Einschreiten von Amts wegen für geboten hält.

(3) Bei im Straßenverkehr begangenen Körperverletzungen ist Nummer 243 Absatz 3 zu beachten.

235. Kindesmisshandlung

(1) [1]Auch namenlosen und vertraulichen Hinweisen geht der Staatsanwalt grundsätzlich nach; bei der Beweissicherung beachtet er insbesondere § 81c Absatz 3 Satz 3 StPO[2)]. [2]Im Übrigen gelten die Nummern 220, 221, 222 Absatz 1 und 2 sinngemäß.

(2) [1]Bei einer Kindesmisshandlung ist das besondere öffentliche Interesse an der Strafverfolgung (§ 230 Absatz 1 Satz 1 StGB[1)]) grundsätzlich zu bejahen. [2]Eine Verweisung auf den Privatklageweg gemäß § 374 StPO ist in der Regel nicht angezeigt.

[1)] **Habersack, Deutsche Gesetze Nr. 85.**
[2)] **Habersack, Deutsche Gesetze Nr. 90.**

(3) Sind sozialpädagogische, familientherapeutische oder andere unterstützende Maßnahmen eingeleitet worden und erscheinen diese erfolgversprechend, kann ein öffentliches Interesse an der Strafverfolgung entfallen.

7. Betrug

236. Schwindelunternehmen, Vermittlungsschwindel

(1) [1] Bei der Bekämpfung von Schwindelunternehmen kann es zweckmäßig sein, mit dem Deutschen Schutzverband gegen Wirtschaftskriminalität e.V. Frankfurt am Main, Landgrafenstraße 24b, 61348 Bad Homburg v.d.H., in Verbindung zu treten. [2] Auf Grund seiner umfangreichen Stoffsammlungen kann er Auskünfte erteilen und Sachverständige benennen.

(2) Der Immobilienverband Deutschland (IVD) Bundesverband der Immobilienberater, Makler, Verwalter und Sachverständigen e.V., Littenstraße 10, 10179 Berlin, und der Deutsche Schutzverband gegen Wirtschaftskriminalität e.V. Frankfurt am Main, Landgrafenstraße 24b, 61348 Bad Homburg v.d.H., haben sich bereit erklärt, zur Bekämpfung der Wirtschaftskriminalität Material zur Verfügung zu stellen und Auskünfte zu erteilen.

(3) [1] Verstöße gegen vom Bundeskartellamt nach §§ 24 bis 27 GWB[1)] anerkannte Wettbewerbsregeln können nach den Vorschriften des UWG[2)] mit Strafe oder nach § 81 GWB als Ordnungswidrigkeiten mit Geldbuße bedroht sein. [2] Dies ist insbesondere von Bedeutung, wenn in Ermittlungsverfahren gegen Makler ein Betrug nicht nachweisbar ist. [3] Ferner ist die Verordnung über die Pflichten der Makler, Darlehensvermittler, Bauträger und Baubetreuer (Makler- und Bauträgerverordnung – MaBV[3)])[4)] zu beachten.

237. Abzahlungsgeschäfte

(1) Bei Strafanzeigen, die Abzahlungsgeschäfte zum Gegenstand haben, berücksichtigt der Staatsanwalt die Erfahrung, dass Abzahlungskäufer nicht selten leichtfertig des Betruges verdächtigt werden, um zivilrechtliche Ansprüche des Anzeigeerstatters unter dem Druck eines Strafverfahrens durchzusetzen.

(2) In den Fällen, in denen beim Abschluss von Abzahlungsgeschäften Unerfahrenheit, Ungewandtheit und Leichtgläubigkeit der Käufer ausgenutzt worden sind, prüft der Staatsanwalt, ob insoweit eine Straftat vorliegt.

238. Betrügerische Bankgeschäfte

[1] Besteht gegen Geschäftsleiter von Kreditinstituten der Verdacht einer Straftat, setzt sich der Staatsanwalt in der Regel möglichst frühzeitig mit der Aufsichtsbehörde in Verbindung. [2] Nach dem Gesetz über das Kreditwesen[4)] besteht eine *allgemeine Fachaufsicht* über sämtliche Kreditinstitute, die die Bundesanstalt für Finanzdienstleistungsaufsicht (Graurheindorfer Straße 108, 53117 Bonn) ausübt. [3] Die Sonderaufsicht (Staatsaufsicht) bestimmt sich nach Landes- oder Bundesrecht (§ 52 Kreditwesengesetz).

[1)] **Habersack, Deutsche Gesetze Nr. 74.**
[2)] **Habersack, Deutsche Gesetze Nr. 73.**
[3)] Nr. **32a**.
[4)] **Amtl. Anm.:** Vgl. Fundstellennachweis A zum Bundesrecht.

8. Mietwucher

239. (weggefallen)

9. Glücksspiel und Ausspielung

240. Glücksspiel

[1] Gutachten darüber, ob es sich bei der Benutzung von mechanisch betriebenen Spielgeräten um ein Glücksspiel oder ein Geschicklichkeitsspiel handelt, erstattet die Physikalisch-Technische Bundesanstalt, Abbestraße 2-12, 10587 Berlin. [2] Gutachten über den Spielcharakter nichtmechanischer Spiele (Glücks- oder Geschicklichkeitsspiele) werden vom Bundeskriminalamt erstellt.

241. Öffentliche Lotterien und Ausspielungen

[1] Gewerbliche Unternehmen versuchen oft, in unlauterer Weise ihren Kundenkreis dadurch zu erweitern, dass sie unter dem Deckmantel eines Preisrätsels oder in ähnlicher Art (z.B. durch Benutzung des sogenannten Schneeball- oder Hydrasystems) öffentliche Lotterien oder Ausspielungen veranstalten. [2] Anlass zum Einschreiten besteht regelmäßig schon dann, wenn in öffentlichen Ankündigungen ein Hinweis auf die behördliche Genehmigung der Lotterie oder Ausspielung fehlt.

10. Straftaten gegen den Wettbewerb

242 [Straftaten gegen den Wettbewerb]

(1) [1] Bei der Verfolgung von wettbewerbsbeschränkenden Absprachen bei Ausschreibungen (§ 298 StGB[1)]) ist, wenn auch der Verdacht einer Kartellordnungswidrigkeit besteht, frühestmöglich eine Zusammenarbeit von Staatsanwaltschaft und Kartellbehörde sicherzustellen. [2] Durch die vertrauensvolle gegenseitige Abstimmung können unnötige Doppelarbeiten dieser Behörden vermieden und die Gefahr sich widersprechender Entscheidungen vermindert werden.

(2) Hat die Kartellbehörde in den Fällen des § 82 Satz 1 des Gesetzes gegen Wettbewerbsbeschränkungen (GWB)[2)] ein § 30 OWiG[3)] betreffendes Verfahren nicht nach § 82 Satz 2 GWB an die Staatsanwaltschaft abgegeben, ist grundsätzlich eine gegenseitige Unterrichtung über geplante Ermittlungsschritte mit Außenwirkung sowie eine Abstimmung der zu treffenden oder zu beantragenden Rechtsfolgen angezeigt.

(3) Bei Zweifeln, ob die Landeskartellbehörde oder das Bundeskartellamt zuständig ist, ist regelmäßig mit der Landeskartellbehörde Kontakt aufzunehmen.

242a. Besonderes öffentliches Interesse an der Strafverfolgung (§ 301 Absatz 1, §§ 299, 300 StGB)

(1) Ein besonderes öffentliches Interesse an der Strafverfolgung wegen Bestechung und Bestechlichkeit im geschäftlichen Verkehr (§ 299 StGB[1)]) wird insbesondere dann anzunehmen sein, wenn

– der Beschuldigte einschlägig (vermögensstrafrechtlich, insbesondere wirtschaftsstrafrechtlich) vorbestraft ist,
– der Beschuldigte im Zusammenwirken mit Amtsträgern gehandelt hat,
– mehrere geschäftliche Betriebe betroffen sind,

[1)] **Habersack, Deutsche Gesetze Nr. 85.**
[2)] **Habersack, Deutsche Gesetze Nr. 74.**
[3)] **Habersack, Deutsche Gesetze Nr. 94.**

– der Betrieb mehrheitlich im Eigentum der öffentlichen Hand steht und öffentliche Aufgaben wahrnimmt,
– ein erheblicher Schaden droht oder eingetreten ist oder
– zureichende Anhaltspunkte dafür bestehen, dass ein Antragsberechtigter aus Furcht vor wirtschaftlichen oder beruflichen Nachteilen einen Strafantrag nicht stellt.

(2) Kommt ein besonders schwerer Fall (§ 300 StGB) in Betracht, kann das besondere öffentliche Interesse an der Strafverfolgung nur ausnahmsweise verneint werden.

10a. Bestechung ausländischer und internationaler Bediensteter nach §§ 334, 335a StGB[1]

242b. Einstellung nach § 153a StPO

(1) [1] Bei einer Einstellung eines Verfahrens nach § 153a StPO[2] wegen Bestechung ausländischer und internationaler Bediensteter berücksichtigt der Staatsanwalt nach pflichtgemäßem Ermessen auch, ob, in welchem Umfang und in welchem Verfahrensstadium der Beschuldigte zur Aufklärung der Tat beigetragen hat. [2] Weiter sind die Höhe des dem ausländischen bzw. internationalen Bediensteten gewährten Vorteils und die Bedeutung der als Gegenleistung angestrebten Diensthandlung bei der Einstellungsentscheidung zu berücksichtigen.

(2) [1] Die Staatsanwaltschaft prüft nach pflichtgemäßem Ermessen, ob und gegebenenfalls in welchem Umfang eine Unterrichtung der Öffentlichkeit in den Fällen des Absatz 1 in Betracht kommt. [2] Dabei berücksichtigt sie die Empfehlung der OECD Arbeitsgruppe für Bestechungsfragen im internationalen Geschäftsverkehr (Working Group on Bribery in International Business Transactions) vom 14. Juni 2018 (https://www.oecd.org/corruption/anti-bribery/Germany-Phase-4-Report-GER.pdf), durch geeignete Mittel sicherzustellen, dass gewisse Elemente aus den Verfahren gemäß § 153a StPO, wie die Rechtsgrundlage für die Wahl dieses Verfahrens, die zugrundeliegenden Fakten, die von der Einstellung betroffenen natürlichen Personen (wenn erforderlich in anonymisierter Form) sowie die vorgesehenen Auflagen und Weisungen, soweit dies angemessen und nach deutschem Datenschutz- und Verfassungsrecht sowie unter Beachtung des Steuergeheimnisses (§ 30 der Abgabenordnung (AO)[3]) möglich ist, veröffentlicht werden.

11. Straßenverkehr

243. Verkehrsstraftaten, Körperverletzungen im Straßenverkehr

(1) [1] In Verkehrsstrafsachen wird der Staatsanwalt, wenn nötig (vgl. Nummer 3), die Ermittlungen selbst führen, den Tatort besichtigen, die Spuren sichern lassen und frühzeitig – in der Regel schon bei der Tatortbesichtigung – einen geeigneten Sachverständigen zuziehen, falls dies zur Begutachtung technischer Fragen notwendig ist. [2] Neben einer Auskunft aus dem Zentralregister soll auch eine Auskunft aus dem Fahreignungsregister eingeholt werden.

(2) Besteht der Verdacht, dass der Beschuldigte unter Alkoholeinwirkung gehandelt hat, ist für eine unverzügliche Blutentnahme zur Bestimmung des Blutalkoholgehalts zu sorgen.

---

[1] **Habersack, Deutsche Gesetze Nr. 85.**
[2] **Habersack, Deutsche Gesetze Nr. 90.**
[3] Nr. **88b**.

(3) [1] Ein Grundsatz, dass bei einer im Straßenverkehr begangenen Körperverletzung das besondere öffentliche Interesse an der Strafverfolgung (§ 230 Absatz 1 Satz 1 StGB[1)]) stets oder in der Regel zu bejahen ist, besteht nicht. [2] Bei der im Einzelfall zu treffenden Ermessensentscheidung sind das Maß der Pflichtwidrigkeit, insbesondere der vorangegangene Genuss von Alkohol oder anderer berauschender Mittel, die Tatfolgen für den Verletzten und den Beschuldigten, einschlägige Vorbelastungen des Beschuldigten sowie ein Mitverschulden des Verletzten von besonderem Gewicht.

244. Internationale Abkommen

[1] Hinsichtlich des Rechtshilfeverkehrs mit dem Ausland wird auf die völkerrechtlichen Vereinbarungen, insbesondere das Übereinkommen vom 8.11.1968 über den Straßenverkehr[2)], ergänzt durch das Europäische Zusatzübereinkommen vom 1.5.1971[2)] sowie gegebenenfalls das Internationale Abkommen vom 24. April 1926 über Kraftfahrzeugverkehr[2)]sowie auf die Rechtsakte des Unionsrechts, insbesondere die Richtlinie 2006/126/EG des Europäischen Parlaments und des Rates vom 20. Dezember 2006 über den Führerschein, hingewiesen. [2] Zu grundsätzlichen Fragen der internationalen Rechtshilfe in Strafsachen erteilt das Bundesamt für Justiz Auskunft.

12. Bahnverkehr, Schifffahrt und Luftfahrt

245. Transportgefährdung

(1) Bei dem Verdacht einer strafbaren Transportgefährdung, die wegen ihrer Folgen oder aus anderen Gründen in der Öffentlichkeit Aufsehen erregen kann, führt der Staatsanwalt, wenn nötig, die Ermittlungen selbst und besichtigt den Tatort (vgl. Nummer 3).

(2) [1] Für die Frage, ob Leib oder Leben eines anderen oder fremde Sachen von bedeutendem Wert im Sinne der §§ 315, 315a StGB[1)] gefährdet worden sind, ist die Art des Verkehrsmittels von Bedeutung. [2] Der Staatsanwalt wird daher in Verbindung treten bei Beeinträchtigung der Sicherheit

a) des Betriebs der Eisenbahnen des Bundes:
mit der örtlichen Außenstelle des Eisenbahnbundesamtes;

b) des Betriebs anderer Schienenbahnen oder von Schwebebahnen:
mit der zuständigen Aufsichtsbehörde;

c) des Betriebs der Schifffahrt:
mit der zuständigen Wasser- und Schifffahrtsdirektion;

d) des Luftverkehrs:
mit der obersten Landesverkehrsbehörde.

(3) Im Betrieb der Eisenbahn wird eine Gefahr für Leib oder Leben eines anderen oder für fremde Sachen von bedeutendem Wert in der Regel dann bestehen, wenn der Triebfahrzeugführer bei Erkennen des Fahrthindernisses oder einer anderen Beeinträchtigung der Sicherheit des Betriebs pflichtgemäß die Schnellbremsung einzuleiten hätte.

(4) [1] Wegen der Eigenart der in Absatz 2 genannten Verkehrsmittel können schon geringfügige Versehen Betriebsbeeinträchtigungen verursachen, die den Tatbestand des § 315 Absatz 5, 6 StGB erfüllen. [2] Ist in solchen Fällen die Schuld

---

[1)] **Habersack, Deutsche Gesetze Nr. 85.**
[2)] **Amtl. Anm.:** Vgl. Fundstellennachweis B zum Bundesgesetzblatt Teil II.

des Beschuldigten gering, wird der Staatsanwalt prüfen, ob §§ 153 Absatz 1, 153a Absatz 1 StPO[1] (vgl. Nummer 93 Absatz 1) anzuwenden sind.

246. Unfälle beim Betrieb von Eisenbahnen

(1) Zur Aufklärung eines Unfalls beim Betrieb von Eisenbahnen, der wegen seiner Folgen oder aus anderen Gründen in der Öffentlichkeit Aufsehen erregen kann, setzt sich der Staatsanwalt sofort mit der zuständigen Polizeidienststelle und gegebenenfalls der zuständigen Aufsichtsbehörde der Eisenbahn in Verbindung und begibt sich in der Regel selbst unverzüglich an den Unfallort, um die Ermittlungen zu leiten (vgl. Nummer 3 und 11).

(2) [1] Soweit im weiteren Verfahren Sachverständige benötigt werden, sind in der Regel fachkundige Angehörige der zuständigen Aufsichtsbehörde heranzuziehen. [2] Wenn andere Sachverständige beauftragt werden, ist auch der Aufsichtsbehörde Gelegenheit zur gutachtlichen Äußerung zu geben.

247. Schifffahrts- und Luftverkehrssachen

(1) In Strafverfahren wegen Gefährdung des Schiffsverkehrs (§ 315a Absatz 1 Nummer 2 StGB[2]) und bei der Untersuchung von Schiffsunfällen können namentlich folgende Vorschriften zur Sicherung des Schiffsverkehrs von Bedeutung sein:

a) im Bereich des Seeschiffsverkehrs
das Seeaufgabengesetz (SeeAufgG)[3] und die hierauf beruhenden Rechtsverordnungen, insbesondere
die Verordnung zu den Internationalen Regelungen von 1972 zur Verhütung von Zusammenstößen auf See[3],
die Seeschifffahrtsstraßen-Ordnung (SeeSchStrO)[3],
die Verordnung über die Sicherung der Seefahrt[3],
die Schiffssicherheitsverordnung (SchSV)[3],
die Verordnung über die Beförderung gefährlicher Güter mit Seeschiffen (GGV See)[3],
die Internationalen Übereinkommen zum Schutze des menschlichen Lebens auf See (SOLAS 74)[4] und zum Schutze der Umwelt (MARPOL)[4],

b) im Bereich des Binnenschiffsverkehrs
das Binnenschifffahrtsaufgabengesetz (BinSchAufgG)[3] und die hierauf beruhenden folgenden Verordnungen:
die Binnenschiffs-Untersuchungsordnung (BinSchUO)[3],
die Rheinschifffahrtspolizeiverordnung[3],
die Moselschifffahrtspolizeiverordnung[3],
die Binnenschifffahrtsstraßen-Ordnung[3] nebst ihren Einführungsverordnungen,
die Donauschifffahrtspolizeiverordnung[3] nebst ihrer Anlage A,
die Binnenschifferpatentverordnung[3],
die Gefahrgutverordnung Straße, Eisenbahn und Binnenschifffahrt (GGVSEB)[3].

(2) [1] In solchen Verfahren empfiehlt es sich in der Regel, die Wasser- und Schifffahrtsdirektionen zu hören. [2] Bei Verstößen gegen Sicherheitsvorschriften sind im Bereich des Seeschiffsverkehrs die Berufsgenossenschaft Verkehrswirtschaft

[1] **Habersack, Deutsche Gesetze Nr. 90.**
[2] **Habersack, Deutsche Gesetze Nr. 85.**
[3] **Amtl. Anm.:** Vgl. Fundstellennachweis A zum Bundesrecht.
[4] **Amtl. Anm.:** Vgl. Fundstellennachweis B zum Bundesgesetzblatt Teil II.

Post-Logistik Telekommunikation (BG Verkehr) und gegebenenfalls das Bundesamt für Seeschifffahrt und Hydrographie in Hamburg und im Bereich des Binnenschiffsverkehrs die Berufsgenossenschaft für Transport und Verkehrswirtschaft zu beteiligen.

(3) [1] Verstöße gegen die in Absatz 1 Buchstabe a) genannten Seeverkehrsvorschriften sind überwiegend auch Seeunfälle im Sinne des Seesicherheits-Untersuchungs-Gesetzes (SUG)[1)], die von den Seeämtern Rostock, Kiel, Hamburg, Bremerhaven und Emden förmlich untersucht werden. [2] Die Seeämter sind zu beteiligen.

(4) In Strafverfahren wegen Zuwiderhandlungen gegen luftrechtliche Vorschriften, die der Abwehr von Gefahren für den Luftverkehr dienen (§§ 59, 60, 62 Luftverkehrsgesetz)[1)] und bei der Untersuchung von Luftfahrzeugunfällen sind die obersten Verkehrsbehörden der Länder, die Bundesstelle für Flugunfalluntersuchung (BFU, Hermann-Blenk-Straße 16, 38108 Braunschweig, Telefon 0531/35480) oder das für Verkehr zuständige Bundesministerium zu beteiligen.

13. Förderung der Prostitution, Menschenhandel und Zuhälterei

248 [Förderung der Prostitution, Menschenhandel und Zuhälterei]

(1) Es empfiehlt sich, nach der ersten Aussage einer Prostituierten, über den Anwendungsbereich des § 58a Absatz 1 Satz 2 Nummer 2, Satz 3 StPO[2)] hinaus, unverzüglich, möglichst im Anschluss an die polizeiliche Vernehmung, eine richterliche Vernehmung herbeizuführen, da Prostituierte erfahrungsgemäß nicht selten ihre Aussage gegen den Zuhälter in der Hauptverhandlung nicht aufrechterhalten oder zu diesem Zeitpunkt nicht mehr erreichbar sind.

(2) Ist zu befürchten, dass ein Zeuge wegen der Anwesenheit bestimmter Personen in der Hauptverhandlung die Wahrheit nicht sagen werde, wirkt der Staatsanwalt auf gerichtliche Maßnahmen nach § 172 GVG[3)] oder §§ 247, 247a StPO hin.

(3) [1] Ist in einem Strafverfahren die Ladung einer von der Tat betroffenen ausländischen Person als Zeuge zur Hauptverhandlung erforderlich und liegt deren Einverständnis für einen weiteren befristeten Aufenthalt in der Bundesrepublik Deutschland vor, informiert der Staatsanwalt die zuständige Ausländerbehörde mit dem Ziel, aufenthaltsbeendende Maßnahmen für die Dauer des Strafverfahrens zurückzustellen. [2] Wird die ausländische Person nicht mehr als Zeuge für das Strafverfahren benötigt, setzt der Staatsanwalt die Ausländerbehörde hiervon umgehend in Kenntnis.

14. Pressestrafsachen

249. Allgemeines

(1) Pressestrafsachen im Sinne dieses Abschnitts sind Strafsachen, die Verstöße gegen die Pressegesetze der Länder oder solche Straftaten zum Gegenstand haben, die durch Verbreitung von Druckschriften (Druckwerken) begangen werden.

(2) Ist eine Straftat nach §§ 80a bis 101a, 129 bis 131 StGB[4)], § 20 Absatz 1 Satz 1 Nummer 1 bis 4 des Vereinsgesetzes[5)] oder nach § 95 Absatz 1 Nummer 8

[1)] **Amtl. Anm.:** Vgl. Fundstellennachweis A zum Bundesrecht.
[2)] ***Habersack, Deutsche Gesetze Nr. 90.***
[3)] **Habersack, Deutsche Gesetze Nr. 95.**
[4)] **Habersack, Deutsche Gesetze Nr. 85.**
[5)] **Sartorius Nr. 425.**

des Aufenthaltsgesetzes[1)] (Nummer 208 Absatz 1 Satz 1), eine Verunglimpfung oder eine Beleidigung oberster Staatsorgane (Nummer 209 Absatz 1 Satz 1) oder eine Beleidigung fremder Staatspersonen (Nummer 210 Absatz 1) mittels einer Druckschrift begangen worden, gelten die Nummern 202 bis 214.

(3) Auf Straftaten nach §§ 131, 184, 184a, 184b, 184c StGB und §§ 15, 27 JuSchG[2)], § 23 JMStV finden die Nummern 223 bis 228 Anwendung.

(4) Die Vorschriften dieses Abschnitts finden auf die in den Absätzen 2 und 3 bezeichneten Straftaten nur Anwendung, soweit es besonders bestimmt ist.

(5) [1] Durch rasches Handeln ist zu verhindern, dass Druckschriften strafbaren Inhalts weitere Verbreitung finden; dies gilt vor allem, wenn Flugblätter, Handzettel, verbotene Zeitungen und Zeitschriften heimlich verbreitet werden. [2] Beschleunigung ist auch wegen der kurzen Verjährungsfristen von Pressestrafsachen geboten.

(6) Die Akten sind als Pressestrafsache kenntlich zu machen und mit einem Hinweis auf die kurze Verjährungsfrist zu versehen.

250. Einheitliche Bearbeitung verschiedener, dieselbe Druckschrift betreffende Verfahren

(1) [1] Strafsachen, welche dieselbe Veröffentlichung betreffen, sind möglichst einheitlich zu bearbeiten. [2] Leitet der Staatsanwalt wegen einer Veröffentlichung in einer Druckschrift, die nicht in seinem Bezirk erschienen ist, ein Verfahren ein, hat er dies dem Staatsanwalt des Erscheinungsortes unverzüglich mitzuteilen (vgl. § 7 StPO[3)]). [3] Dieser prüft, ob ein Verfahren einzuleiten oder das bei der anderen Staatsanwaltschaft anhängige Verfahren zu übernehmen ist.

(2) Werden die Verfahren getrennt geführt, unterrichten sich die beteiligten Staatsanwälte gegenseitig.

(3) Die Absätze 1 und 2 gelten sinngemäß, wenn die Veröffentlichung im Wesentlichen ein Abdruck aus einer anderen Veröffentlichung oder mit einer anderen Veröffentlichung im Wesentlichen inhaltsgleich ist.

250a. Anordnung einer Beschlagnahme

[1] Zuständig für die Anordnung der Beschlagnahme einer periodisch erscheinenden Verkörperung eines Inhalts oder einer zu deren Herstellung gebrauchten oder bestimmten Vorrichtung im Sinne des § 74d StGB[4)] ist allein das Gericht. [2] Die Beschlagnahme einer Verkörperung eines anderen Inhalts, anderer Verkörperungen eines Inhalts oder einer zu deren Herstellung gebrauchten oder bestimmten Vorrichtung darf bei Gefahr im Verzug auch die Staatsanwaltschaft anordnen, die sodann binnen drei Tagen die gerichtliche Bestätigung einholt (§ 111q Absatz 4 Satz 1 bis 3 StPO[3)]).

251. Vollstreckung einer Beschlagnahmeanordnung

(1) Maßnahmen zur Vollstreckung einer Beschlagnahmeanordnung sind der Bedeutung des Falles sowie dem Umfang und der Art der Verbreitung der Druckschrift anzupassen.

---

1) Sartorius Nr. 565.
2) Sartorius Nr. 400.
3) Habersack, Deutsche Gesetze Nr. 90.
4) Habersack, Deutsche Gesetze Nr. 85.

(2) Ist die Druckschrift offenbar noch nicht verbreitet, wird es in der Regel genügen, wenn sich der Staatsanwalt in den Besitz der erreichbaren Stücke setzt.

(3) Ist eine nur örtliche Verbreitung der Druckschrift anzunehmen, ist lediglich die Polizeidienststelle, in deren Bereich die Verbreitung vermutlich stattgefunden hat oder stattfinden könnte, und, wenn die Verbreitung über einen örtlichen Polizeibezirk hinausgeht, auch das zuständige Landeskriminalamt zu ersuchen, die Vollstreckung der Beschlagnahme zu veranlassen.

(4) Ist es unmöglich oder unangebracht, die Durchführung der Beschlagnahme örtlich zu beschränken, empfiehlt es sich, das Ersuchen um Vollstreckung der Beschlagnahmeanordnung den Polizeidienststellen durch den Sprech- und Datenfunk der Polizei bekanntzumachen.

(5) [1] Die Ersuchen sind auf schnellstem Wege zu übermitteln. [2] Es ist dafür zu sorgen, dass die Beschlagnahmeanordnung nicht vorzeitig bekannt wird. [3] Mitunter wird es nötig sein, Vollstreckungsersuchen an die Polizeidienststellen in verschlüsselter (chiffrierter) Form weiterzugeben.

(6) In dem Ersuchen sind die ersuchende Behörde, die zugrunde liegende Anordnung (nach Aktenzeichen, anordnender Stelle, Ort und Datum der Anordnung) und der genaue Titel der Druckschrift (mit Verlag und Erscheinungsort) anzugeben.

252. Aufhebung der Beschlagnahme

Wird die Beschlagnahme aufgehoben, sind davon unverzüglich alle Behörden und Stellen, die um die Vollstreckung ersucht worden sind, auf demselben Wege unter Rücknahme des Vollstreckungsersuchens zu benachrichtigen.

253. Einziehung, Unbrauchbarmachung und Ablieferung

[1] Die Staatsanwaltschaft hat bei Veröffentlichungen strafbaren Inhalts durch geeignete Anträge, notfalls durch Einlegung der zulässigen Rechtsmittel, darauf hinzuwirken, dass auf Einziehung und Unbrauchbarmachung (§§ 74d, 75 StGB[1]) erkannt wird. [2] Kann wegen der Straftat aus tatsächlichen oder rechtlichen Gründen keine bestimmte Person verfolgt oder verurteilt werden, ist zu prüfen, ob die Anordnung der Selbständigen Einziehung gemäß §§ 435 ff. StPO[2] zu beantragen ist.

254. Sachverständige in Presseangelegenheiten

Soweit Sachverständige in Presseangelegenheiten benötigt werden, wendet sich der Staatsanwalt oder das Gericht

a) für grundsätzliche Fragen an den Deutschen Presserat, Fritschestraße 27/28, 10585 Berlin;
b) für journalistische Fragen an den Deutschen Journalisten-Verband, Geschäftsstelle Berlin, Torstraße 49, 10119 Berlin;
c) für das Zeitungswesen an den Bundesverband Deutscher Zeitungsverleger, Markgrafenstr. 15, 10969 Berlin;
d) für das Zeitschriftenwesen an den Verband Deutscher Zeitschriftenverleger e.V., Markgrafenstr. 15, 10969 Berlin;
e) für das Buchverlagswesen an den Börsenverein des Deutschen Buchhandels e.V., Braubachstr. 16, 60311 Frankfurt am Main.

---

[1] **Habersack, Deutsche Gesetze Nr. 85.**
[2] **Habersack, Deutsche Gesetze Nr. 90.**

2. Abschnitt. Strafvorschriften des Nebenstrafrechts

A. Allgemeines

255. Strafvorschriften des Nebenstrafrechts – Allgemeines

(1) [1] Auch die Straftaten des Nebenstrafrechts sind Zuwiderhandlungen, die ein sozialethisches Unwerturteil verdienen; sie sind deshalb nach den gleichen Grundsätzen und mit dem gleichen Nachdruck zu verfolgen wie Zuwiderhandlungen gegen Vorschriften des Strafgesetzbuchs[1)]. [2] Dies gilt auch für die Anwendung der §§ 153, 153a StPO[2)]. [3] Maßnahmen zur Abschöpfung des durch die Tat erlangten wirtschaftlichen Vorteils einer juristischen Person oder Personenvereinigung nach Nummer 180a können auch bei Straftaten des Nebenstrafrechts in Betracht kommen. [4] Den zuständigen Fachbehörden soll nach Nummer 90 Gelegenheit zur Äußerung gegeben werden.

(2) Maßnahmen zur Einziehung des durch die Tat erlangten wirtschaftlichen Vorteils einer juristischen Person oder Personenvereinigung nach Nummer 180a können auch bei Straftaten des Nebenstrafrechts in Betracht kommen.

(3) [1] Bei der Verfolgung von Straftaten des Nebenstrafrechts arbeitet der Staatsanwalt mit den zuständigen Fachbehörden zusammen. [2] Die Fachbehörden können vor allem bei der Benennung geeigneter Sachverständiger Hilfe leisten.

B. Einzelne Strafvorschriften

1. Waffen- und Sprengstoffsachen

256 [Waffen- und Sprengstoffsachen]

(1) Bei der Verfolgung von Straftaten nach dem Waffengesetz[3)] oder dem Ausführungsgesetz zu Artikel 26 Absatz 2 GG[4)] (Gesetz über die Kontrolle von Kriegswaffen[5)]) einschließlich der auf Grund dieser Gesetze erlassenen Rechtsverordnungen empfiehlt es sich, auch die hierzu ergangenen Verwaltungsvorschriften, namentlich die allgemeine Verwaltungsvorschrift zum Waffengesetz (WaffVwV), heranzuziehen.

(2) [1] Ein besonderes Augenmerk ist auf die Erkennung überörtlicher Zusammenhänge zu richten. [2] In geeigneten Fällen ist mit der Zollbehörde zusammenzuarbeiten. [3] Es empfiehlt sich, möglichst frühzeitig Strafregisterauszüge aus den Staaten, in denen sich der Beschuldigte vermutlich aufgehalten hat, anzufordern.

(3) Bevor der Staatsanwalt Schusswaffen, insbesondere auch nachträglich veränderte (z.B. durchbohrte oder verkürzte) Schreckschuss-, Reizstoff- und Signalwaffen in amtliche Verwahrung nimmt, prüft er, ob der Schusswaffenerkennungsdienst durchgeführt ist.

(4) Der Staatsanwalt teilt der Polizei oder der Verwaltungsbehörde unverzüglich alle Umstände mit, aus denen sich der Verdacht ergibt, dass

a) vorschriftswidrig mit Sprengstoffen umgegangen oder gehandelt wurde, oder diese Stoffe vorschriftswidrig befördert worden sind,

b) vorschriftswidrig Schusswaffen hergestellt, gehandelt oder erworben worden sind.

[1)] **Habersack, Deutsche Gesetze Nr. 85.**
[2)] **Habersack, Deutsche Gesetze Nr. 90.**
[3)] **Sartorius Nr. 820.**
[4)] **Habersack, Deutsche Gesetze Nr. 1.**
[5)] **Sartorius Nr. 823.**

2. Straftaten nach dem Arzneimittel-, dem Betäubungsmittel-, dem Neue-psychoaktive-Stoffe- und dem Anti-Doping-Gesetz

257 [Straftaten nach AMG, BtMG, NpSG und AntiDopG]

(1) Bei Straftaten nach dem Arzneimittel- dem Betäubungsmittel[1)]-, dem Neue-psychoaktive-Stoffe- und dem Anti-Doping-Gesetz gilt Nummer 256 Absatz 2 entsprechend.

(2) Der Staatsanwalt arbeitet auch mit den Stellen zusammen, die sich um die Betreuung von Suchtkranken bemühen, namentlich mit den Gesundheitsämtern, Jugendämtern und Verbänden der öffentlichen und freien Wohlfahrtspflege.

257a. Dopingstraftaten

In Ermittlungsverfahren, die Straftaten nach § 4 AntiDopG zum Gegenstand haben und einen Bezug zu Leistungssportlern bzw. deren Ärzten, Trainern, Betreuern oder Funktionären aufweisen, kann es zweckmäßig sein, mit der Nationalen Anti Doping Agentur Deutschland (NADA) – Stiftung privaten Rechts – Heussallee 38, 53113 Bonn, (www.nada-bonn.de), in Verbindung zu treten, die gegebenenfalls sachdienliche Auskünfte erteilen kann.

3. Arbeitsschutz

258 [Arbeitsschutz]

(1) Vorschriften zum Schutze der Arbeitskraft und der Gesundheit der Arbeitnehmer sind namentlich enthalten in

a) dem Arbeitsschutzgesetz[2)] und dem Arbeitszeitgesetz[3) 2)],
b) dem Atomgesetz[4) 2)],
c) dem Bundesberggesetz[2)],
d) dem Chemikaliengesetz[2)],
e) dem Gesetz über den Ladenschluss[5) 2)] oder den Gesetzen der Länder über die Ladenöffnungszeiten,
f) der Gewerbeordnung[6) 2)],
g) dem Heimarbeitsgesetz[2)],
h) dem Jugendarbeitsschutzgesetz[2)],
i) dem Mutterschutzgesetz[7) 2)],
j) dem Seearbeitsgesetz[2)],
k) dem Sprengstoffgesetz[2)],
l) dem Gesetz über Betriebsärzte, Sicherheitsingenieure und andere Fachkräfte für Arbeitssicherheit[2)],
m) dem Bundesurlaubsgesetz[8) 2)],
n) Teil 2 des Sozialgesetzbuches (SGB) IX[2)].

(2) Arbeitsschutzrechtliche Vorschriften enthalten auch das Strahlenschutzgesetz, die Strahlenschutzverordnung[2)], die Gefahrstoffverordnung[2)], die PSA-Be-

---

[1)] Nr. 86.
[2)] **Amtl. Anm.:** Vgl. Fundstellennachweis A zum Bundesrecht.
[3)] Nr. 78.
[4)] **Sartorius Nr. 835.**
[5)] ***Sartorius Nr. 805.***
[6)] **Sartorius Nr. 800.**
[7)] Nr. 79.
[8)] Nr. 80b.

nutzungsverordnung (Verordnung über Sicherheit und Gesundheitsschutz bei der Benutzung persönlicher Schutzausrüstungen bei der Arbeit[1]), die Lastenhandhabungsverordnung[1]), die Arbeitsstättenverordnung[1]), die Biostoffverordnung[1]) und die Baustellenverordnung[1]).

(3) Fachbehörden sind das Gewerbeaufsichtsamt, das Bergamt oder die sonst nach Landesrecht zuständigen Stellen.

259. Schutz des Arbeitsmarktes

(1) Vorschriften zum Schutze des Arbeitsmarktes und gegen die missbräuchliche Ausnutzung fremder Arbeitskraft sind namentlich enthalten im

a) Drittes Sozialgesetzbuch – Arbeitsförderung –[1]),

b) Arbeitnehmerüberlassungsgesetz[2]) [1]).

(2) Zuständige Fachbehörde ist die Bundesagentur für Arbeit.

4. Unlauterer Wettbewerb

260. Öffentliches Interesse an der Strafverfolgung

[1] Das öffentliche Interesse an der Strafverfolgung wegen unlauteren Wettbewerbs (§ 299 StGB[3]), § 16 des Gesetzes gegen den unlauteren Wettbewerb (UWG)[4]), § 23 des Gesetzes zum Schutz von Geschäftsgeheimnissen (GeschGehG)[5]) wird in der Regel zu bejahen sein, wenn eine nicht nur geringfügige Rechtsverletzung vorliegt. [2] Dies gilt in Fällen

1. des § 16 Absatz 1 UWG vor allem, wenn durch unrichtige Angaben ein erheblicher Teil der Verbraucher irregeführt werden kann (vgl. auch § 144 Markengesetz[6]) in Bezug auf geographische Herkunftsangaben);
2. des § 16 Absatz 2 UWG vor allem, wenn insgesamt ein hoher Schaden droht, die Teilnehmer einen nicht unerheblichen Beitrag zu leisten haben oder besonders schutzwürdig sind.

[3] Die Verweisung auf die Privatklage (§ 374 Absatz 1 Nummer 5a, 7, § 376 StPO[7])) ist in der Regel nur angebracht, wenn der Verstoß leichter Art ist und die Interessen eines eng umgrenzten Personenkreises berührt.

260a. Besonderes öffentliches Interesse an der Strafverfolgung

(1) Ein besonderes öffentliches Interesse an der Strafverfolgung von Verletzungen von Geschäftsgeheimnissen (§ 23 des Gesetzes zum Schutz von Geschäftsgeheimnissen (GeschGehG)[5])) wird insbesondere dann anzunehmen sein, wenn der Beschuldigte wirtschaftsstrafrechtlich vorbestraft ist, ein erheblicher Schaden droht oder eingetreten ist, die Tat Teil eines gegen mehrere Unternehmen gerichteten Plans zur Ausspähung von Geschäftsgeheimnissen ist oder den Verletzten in seiner wirtschaftlichen Existenz bedroht.

(2) [1] Kommt ein Fall des § 23 Absatz 4 GeschGehG in Betracht, kann das besondere öffentliche Interesse an der Verfolgung nur ausnahmsweise verneint werden. [2] Das Gleiche gilt, auch bezüglich § 23 Absatz 3 GeschGehG, wenn der

---

[1]) **Amtl. Anm.:** Vgl. Fundstellennachweis A zum Bundesrecht.
[2]) Nr. **84a**.
[3]) **Habersack, Deutsche Gesetze Nr. 85.**
[4]) **Habersack, Deutsche Gesetze Nr. 73.**
[5]) Nr. **75**.
[6]) **Habersack, Deutsche Gesetze Nr. 72.**
[7]) **Habersack, Deutsche Gesetze Nr. 90.**

Beschuldigte davon ausgeht, dass das Geheimnis im Ausland genutzt werden soll, oder er es selbst im Ausland nutzt.

260b. Geheimhaltung von Geschäftsgeheimnissen

(1) Bittet der Verletzte um Geheimhaltung oder stellt er keinen Strafantrag, sollen Geschäftsgeheimnisse in der Sachakte nur insoweit schriftlich festgehalten werden, als dies für das Verfahren unerlässlich ist.

(2) [1] Wird in den Fällen des Absatzes 1 Akteneinsicht gewährt, ist darauf hinzuweisen, dass die Akte Geschäftsgeheimnisse enthält; hierüber ist ein Vermerk zu den Akten zu nehmen. [2] Dies gilt sinngemäß bei sonstigen Mitteilungen aus den Akten. [3] Es ist zu prüfen, ob nicht wichtige Gründe entgegenstehen, Akteneinsicht durch Bereitstellen des Inhalts der Akte zum Abruf, durch Übermittlung des Inhalts der Akte auf einem sicheren Übermittlungsweg oder durch Bereitstellen einer Aktenkopie zur Mitnahme zu gewähren oder dem Verteidiger die Akten zur Einsichtnahme in seine Geschäftsräume oder in seine Wohnung mitzugeben (§ 32f Absatz 1 Satz 1 und 4, Absatz 2 Satz 2 und 3 StPO[1]).

(3) Vor Gewährung von Akteneinsicht an Dritte ist, auch wenn die Voraussetzungen des Absatzes 1 nicht vorliegen, besonders sorgfältig zu prüfen, ob nicht schutzwürdige Interessen des Verletzten entgegenstehen.

260c. Auskünfte

Bei unlauteren Wettbewerbsmethoden von örtlicher Bedeutung können die Industrie- und Handelskammern Auskünfte geben; im Übrigen erteilen Auskünfte:

- die Zentrale zur Bekämpfung unlauteren Wettbewerbs e.V. Frankfurt am Main, Landgrafenstraße 24b, 61348 Bad Homburg v.d.H., die mit den Spitzenverbänden der deutschen gewerblichen Wirtschaft zusammenarbeitet;
- der Deutscher Industrie- und Handelskammertag e.V., Gutachterausschuss für Wettbewerbsfragen, Breite Straße 29, 10178 Berlin;
- der Deutsche Schutzverband gegen Wirtschaftskriminalität e.V. Frankfurt am Main, Landgrafenstraße 24b, 61348 Bad Homburg v.d.H.;
- Pro Honore e.V., Große Johannisstraße 19, 20457 Hamburg;
- Verbraucherzentrale Bundesverband e.V. (vzbv), Rudi-Dutschke-Straße 17, 10969 Berlin.

5. Straftaten nach den Gesetzen zum Schutze des geistigen Eigentums

261. Öffentliches Interesse an der Strafverfolgung

[1] Das öffentliche Interesse an der Strafverfolgung von Verletzungen von Rechten des geistigen Eigentums (§ 142 Absatz 1 des Patentgesetzes[2]), § 25 Absatz 1 des Gebrauchsmustergesetzes[3]), § 10 Absatz 1 des Halbleiterschutzgesetzes, § 39 Absatz 1 des Sortenschutzgesetzes, § 143 Absatz 1, § 143a und § 144 Absatz 1 und 2 des Markengesetzes[4]), § 51 Absatz 1 und § 65 Absatz 1 des Gesetzes über den rechtlichen Schutz von Design[5]), §§ 106 bis 108 und § 108b des Urheberrechts-

---

[1]) **Habersack, Deutsche Gesetze Nr. 90.**
[2]) *Nr. 70.*
[3]) Nr. **71**.
[4]) **Habersack, Deutsche Gesetze Nr. 72.**
[5]) Nr. **69**.

gesetzes[1]) und § 33 des Gesetzes betreffend das Urheberrecht an Werken der bildenden Künste und der Photografie[2])) wird in der Regel zu bejahen sein, wenn eine nicht nur geringfügige Schutzrechtsverletzung vorliegt. [2] Zu berücksichtigen sind dabei insbesondere das Ausmaß der Schutzrechtsverletzung, der eingetretene oder drohende wirtschaftliche Schaden und die vom Beschuldigten erstrebte Bereicherung.

261a. Besonderes öffentliches Interesse an der Strafverfolgung

Ein besonderes öffentliches Interesse an der Strafverfolgung (§ 142 Absatz 4 des Patentgesetzes[3]), § 25 Absatz 4 des Gebrauchsmustergesetzes[4]), § 10 Absatz 4 des Halbleiterschutzgesetzes, § 39 Absatz 4 des Sortenschutzgesetzes, § 143 Absatz 4 des Markengesetzes[5]), §§ 51 Absatz 4, 65 Absatz 2 des Geschmacksmustergesetzes[6]), § 109 des Urheberrechtsgesetzes[1])) wird insbesondere dann anzunehmen sein, wenn der Beschuldigte einschlägig vorbestraft ist, ein erheblicher Schaden droht oder eingetreten ist, die Tat den Verletzten in seiner wirtschaftlichen Existenz bedroht oder die öffentliche Sicherheit oder die Gesundheit der Verbraucher gefährdet.

261b. Öffentliche Bekanntmachung der Verurteilung

[1] Ist die Bekanntmachung der Verurteilung anzuordnen, hat der Staatsanwalt darauf hinzuwirken, dass der Name des Verletzten in die Urteilsformel aufgenommen wird. [2] Ist die öffentliche Bekanntmachung der Verurteilung zu vollziehen (§ 463c StPO[7])), ist § 59 der Strafvollstreckungsordnung[8]) zu beachten.

6. Verstöße gegen das Lebensmittelrecht

262 [Verstöße gegen das Lebensmittelrecht]

Strafvorschriften des Lebensmittelrechts sind insbesondere enthalten

a) im Lebensmittel-, Bedarfsgegenstände- und Futtermittelgesetzbuch[9]),

b) im Milch- und Margarinegesetz[9])

sowie in den auf Grund dieser Gesetze erlassenen Rechtsverordnungen.

7. Verstöße gegen das Weingesetz

263 [Verstöße gegen das Weingesetz]

[1] Als Sachverständige für Fragen der Herstellung und des gewerbsmäßigen Verkehrs mit Weinen und weinähnlichen Getränken kommen namentlich die hauptberuflichen Kontrolleure sowie die Beamten und Angestellten) der Staatlichen Versuchs- und Lehranstalten für Obst- und Weinbau in Betracht. [2] Für Fragen des Weinbaues benennen die landwirtschaftlichen Berufsvertretungen (z.B. Landwirtschaftskammern) Sachverständige.

---

[1]) **Habersack, Deutsche Gesetze Nr. 65.**
[2]) **Habersack, Deutsche Gesetze Nr. 67.**
[3]) Nr. **70.**
[4]) Nr. **71.**
[5]) **Habersack, Deutsche Gesetze Nr. 72.**
[6]) Nr. **69.**
[7]) **Habersack, Deutsche Gesetze Nr. 90.**
[8]) Nr. **90d.**
[9]) **Amtl. Anm.:** Vgl. Fundstellennachweis A zum Bundesrecht.

8. Verstöße gegen das *Futtermittelgesetz*[1)]

264 [Verstöße gegen das LFGB]

In Verfahren wegen Straftaten nach §§ 58, 59 des Lebensmittel-, Bedarfsgegenstände- und Futtermittelgesetzbuches[2)] kommen als Sachverständige vor allem die mit der Futtermitteluntersuchung betrauten wissenschaftlichen Beamten (Angestellten) der öffentlich-rechtlichen oder unter öffentlicher Aufsicht stehenden Untersuchungs- und Forschungsinstitute oder die vereidigten Handelschemiker, ferner sachkundige Leiter (Inhaber) von Herstellerbetrieben und anderen Handelsfirmen, leitende Angestellte landwirtschaftlicher Genossenschaften oder Landwirte in Betracht.

9. Verstöße gegen das Außenwirtschaftsgesetz

265 [Verstöße gegen das Außenwirtschaftsgesetz]

(1) [1] In Verfahren wegen Straftaten nach dem Außenwirtschaftsgesetz[2)] und der Außenwirtschaftsverordnung[2)] kann der Staatsanwalt Ermittlungen auch durch die Hauptzollämter oder die Zollfahndungsämter und in Fällen überörtlicher Bedeutung auch durch das Zollkriminalamt vornehmen lassen. [2] Auf die Koordinierungs- und Lenkungsfunktion des Zollkriminalamtes (§ 3 Absatz 5 des Gesetzes über das Zollkriminalamt und die Zollfahndungsämter) wird hingewiesen.

(2) [1] Zuständige Verwaltungsbehörde ist das Hauptzollamt. [2] Ort und Zeit der Hauptverhandlung sind ihm mitzuteilen; sein Vertreter erhält in der Hauptverhandlung auf Verlangen das Wort (vgl. § 22 Absatz 2 des Außenwirtschaftsgesetzes).

10. Verstöße gegen die Steuergesetze (einschließlich der Gesetze über Eingangsabgaben)

266. Zusammenwirken mit den Finanzbehörden

(1) Ermittelt der Staatsanwalt wegen einer Steuerstraftat/Zollstraftat, unterrichtet er das sonst zuständige Finanzamt/Hauptzollamt.

(2) [1] Bei der Verfolgung von Straftaten gegen die Zoll- und Verbrauchssteuergesetze und gegen Einfuhr-, Ausfuhr- und Durchfuhrverbote kann der Staatsanwalt die Zollfahndungsämter oder ihre Zweigstellen zur Mitwirkung heranziehen. [2] Nach Übersendung des Schlussberichts durch das Zollfahndungsamt richtet der Staatsanwalt Anfragen, die das Besteuerungsverfahren oder das Steuerstrafverfahren betreffen, an das sonst zuständige Hauptzollamt.

267. Zuständigkeit

(1) Von dem Recht, das Verfahren wegen einer Steuerstraftat/Zollstraftat an sich zu ziehen, macht der Staatsanwalt Gebrauch, wenn dies aus besonderen Gründen geboten erscheint, etwa wenn der Umfang und die Bedeutung der Steuerstraftat/Zollstraftat dies nahe legen, wenn die Steuerstraftat/Zollstraftat mit einer anderen Straftat zusammentrifft oder wenn der Verdacht der Beteiligung eines Angehörigen der Finanzverwaltung besteht.

(2) Im Interesse einer einheitlichen Strafzumessungspraxis unterrichtet sich der Staatsanwalt über die den Strafbefehlsanträgen des Finanzamtes/Hauptzollamtes zugrundeliegenden allgemeinen Erwägungen.

[1)] Nunmehr Lebensmittel-, Bedarfsgegenstände- und Futtermittelgesetzbuch.
[2)] **Amtl. Anm.:** Vgl. Fundstellennachweis A zum Bundesrecht.

11. Umwelt- und Tierschutz

268 [Umwelt- und Tierschutz]

(1) [1] Dem Schutz der Umwelt dienen die §§ 307 Absatz 2 bis 4, 309 Absatz 3 und 6, 310, 311, 312, 324 bis 330a StGB. [2] Außerdem dienen dem Schutz der Umwelt in weiteren Bundesgesetzen enthaltene Straf- und Bußgeldvorschriften, soweit sie folgende Bereiche betreffen:

1. Abfall- und Abwässerbeseitigung,
2. Boden-, Gewässer- und Grundwasserschutz,
3. Lärmbekämpfung,
4. Luftreinhaltung,
5. Naturschutz und Landschaftspflege,
6. Pflanzenschutz,
7. Strahlenschutz,
8. Tierschutz,
9. Tierkörperbeseitigung oder
10. Trinkwasserschutz.

[3] Solche Vorschriften enthalten unter anderem

1. das Kreislaufwirtschaftsgesetz[1) 2)]
2. das Wasserhaushaltsgesetz[3) 2)],
   das Bundeswasserstraßengesetz[4) 2)],
   das Wasch- und Reinigungsmittelgesetz[2)];
3. die Verordnung über das umweltgerechte Verhalten in der Seeschifffahrt[2)],
   das Gesetz zu dem Übereinkommen vom 29. April 1958 über die Hohe See[2)],
   das Gesetz zu dem Internationalen Übereinkommen vom 29. November 1969 über Maßnahmen auf Hoher See bei Ölverschmutzungs-Unfällen[2)],
   das Gesetz zu dem Übereinkommen vom 15. Februar 1972 und 29. Dezember 1972 zur Verhütung der Meeresverschmutzung durch das Einbringen von Abfällen durch Schiffe und Luftfahrzeuge[2)],
   das Gesetz zu dem Internationalen Übereinkommen von 1973 zur Verhütung der Meeresverschmutzung durch Schiffe und zu dem Protokoll von 1978 zu diesem Übereinkommen[2)];
4. das Bundes-Immissionsschutzgesetz[5) 2)],
   das Luftverkehrsgesetz[6) 2)],
   das Benzinbleigesetz[2)],
   das Chemikaliengesetz[2)],
   die Chemikalienverbotsverordnung[2)],
   das Gesetz über die Beförderung gefährlicher Güter[2)],
   die Gefahrstoffverordnung[2)];
5. das Bundesnaturschutzgesetz[7) 2)],
   das Pflanzenschutzgesetz[8) 2)],

[1)] **Sartorius Nr. 298.**
[2)] **Amtl. Anm.:** Vgl. Fundstellennachweis A zum Bundesrecht.
[3)] **Sartorius Nr. 845.**
[4)] **Sartorius Nr. 971.**
[5)] **Sartorius Nr. 296.**
[6)] Auszugsweise abgedruckt unter Nr. **36**.
[7)] **Sartorius Nr. 880.**
[8)] **Sartorius Nr. 863.**

die Reblaus-Verordnung[1)],
das Düngegesetz[1)];

6. das Infektionsschutzgesetz[1)],
as Tiergesundheitsgesetz[2) 1)];
7. das Atomgesetz[3) 1)],
das Strahlenschutzgesetz[1)],
die Strahlenschutzverordnung[1)];
8. das Tierschutzgesetz[4) 1)],
die Tierschutz-Schlachtverordnung[1)],
das Bundesjagdgesetz[5) 1)],
das Tierische Nebenprodukte-Beseitigungsgesetz[1)];
9. das Gentechnikgesetz[1)];
10. das Umweltschutzprotokoll-Ausführungsgesetz[1)].

(2) [1] Von erheblicher Bedeutung sind außerdem landesrechtliche Straf- und Bußgeldvorschriften. [2] Auf die in einzelnen Ländern bestehenden Sammlungen von Straf- und Bußgeldvorschriften auf dem Gebiet des Umweltschutzes wird hingewiesen.

Richtlinien für das Bußgeldverfahren

1. Abschnitt. Zuständigkeit

269. Abgrenzung der Zuständigkeit zwischen Staatsanwaltschaft und Verwaltungsbehörde

(1) [1] Die Staatsanwaltschaft ist im Vorverfahren für die Verfolgung einer Ordnungswidrigkeit nur ausnahmsweise zuständig (vgl. Nummer 270). [2] Sie ist nicht befugt, ausschließlich wegen einer Ordnungswidrigkeit Anklage zu erheben.

(2) [1] Im gerichtlichen Verfahren ist die Staatsanwaltschaft für die Verfolgung einer Ordnungswidrigkeit stets zuständig (vgl. Nummer 271). [2] In Verfahren nach Einspruch gegen einen Bußgeldbescheid wird sie dies, sobald die Akten bei ihr eingehen (§ 69 Absatz 4 Satz 1 OWiG[6)]).

270. Zuständigkeit der Staatsanwaltschaft im vorbereitenden Verfahren

[1] Die Staatsanwaltschaft ist im vorbereitenden Verfahren wegen einer Straftat zugleich auch für die Verfolgung einer Ordnungswidrigkeit zuständig, soweit

a) die Verfolgung der Tat auch unter dem rechtlichen Gesichtspunkt einer Ordnungswidrigkeit in Betracht kommt (§ 40 OWiG[6)]),
b) die Verfolgung einer Ordnungswidrigkeit wegen des Zusammenhangs mit einer Straftat übernommen worden ist (§ 42 OWiG).

[2] Die Übernahme der Verfolgung einer Ordnungswidrigkeit nach § 130 OWiG eines zum Leitungsbereich einer juristischen Person oder Personenvereinigung gehörenden Betroffenen kommt insbesondere dann in Betracht, wenn die Ordnungswidrigkeit andernfalls nicht verfolgt werden könnte und die Übernahme die

---

[1)] **Amtl. Anm.:** Vgl. Fundstellennachweis A zum Bundesrecht.
[2)] **Sartorius Nr. 870.**
[3)] **Sartorius Nr. 835.**
[4)] **Sartorius Nr. 873.**
[5)] **Sartorius Nr. 890.**
[6)] **Habersack, Deutsche Gesetze Nr. 94.**

Möglichkeit der Verhängung einer Verbandsgeldbuße nach § 30 OWiG eröffnet; im Fall der Übernahme gilt Nummer 180a entsprechend.
[3] In den Fällen des § 82 GWB[1)] ist die Staatsanwaltschaft nur zuständig, wenn die Kartellbehörde das betreffende Verfahren abgegeben hat.

271. Zuständigkeit der Staatsanwaltschaft im gerichtlichen Verfahren

(1) Die Zuständigkeit der Staatsanwaltschaft für die Verfolgung einer Ordnungswidrigkeit im gerichtlichen Verfahren erstreckt sich auf

1. das Verfahren nach Einspruch gegen einen Bußgeldbescheid, sobald die Akten bei der Staatsanwaltschaft eingegangen sind (§ 69 Absatz 4 Satz 1 OWiG[2)]),
2. das Verfahren nach Anklage wegen einer Straftat, soweit es hier auf den rechtlichen Gesichtspunkt einer Ordnungswidrigkeit ankommt (§§ 40, 82 OWiG),
3. das Verfahren wegen Ordnungswidrigkeiten, die mit Straftaten zusammenhängen (§§ 42, 83 OWiG),
4. das Wiederaufnahmeverfahren gegen einen Bußgeldbescheid (§ 85 Absatz 4 Satz 2 OWiG) oder gegen eine gerichtliche Bußgeldentscheidung,
5. das Nachverfahren gegen einen Bußgeldbescheid (§ 87 Absatz 4 OWiG) oder gegen eine gerichtliche Bußgeldentscheidung.

(2) Im Verfahren nach Antrag auf gerichtliche Entscheidung gegen eine Maßnahme der Verwaltungsbehörde (§ 62 OWiG) ist die Staatsanwaltschaft nicht beteiligt.

2. Abschnitt. Zusammenarbeit der Staatsanwaltschaft mit den Verwaltungsbehörden

272 [Zusammenarbeit der Staatsanwaltschaft mit den Verwaltungsbehörden]

(1) [1] Im Interesse einer sachgerechten Beurteilung und einer gleichmäßigen Behandlung berücksichtigt der Staatsanwalt, soweit er für die Verfolgung von Ordnungswidrigkeiten zuständig ist, die Belange der Verwaltungsbehörde und macht sich ihre besondere Sachkunde zunutze. [2] Dies gilt namentlich bei Verstößen gegen Rechtsvorschriften, die nicht zum vertrauten Arbeitsgebiet des Staatsanwalts gehören.

(2) [1] Auch in den Fällen, die in den nachstehenden Bestimmungen nicht ausdrücklich genannt sind, prüft der Staatsanwalt, bevor er Anträge stellt oder Entschließungen trifft, ob hierfür die besondere Sachkunde der zuständigen Verwaltungsbehörde von Bedeutung sein kann oder deren Interessen in besonderem Maße berührt sind. [2] Trifft dies zu, hört er die Verwaltungsbehörde.

(3) [1] Sind mehrere Verwaltungsbehörden sachlich oder örtlich zuständig, wendet sich der Staatsanwalt an die Verwaltungsbehörde, der nach § 39 Absatz 1 Satz 1 OWiG[2)] der Vorzug gebührt. [2] Besteht keine Vorzugszuständigkeit, wählt der Staatsanwalt unter mehreren zuständigen Verwaltungsbehörden diejenige aus, deren Einschaltung wegen ihrer besonderen Sachkunde oder im Interesse der Beschleunigung oder Vereinfachung des Verfahrens oder aus anderen Gründen sachdienlich erscheint; gegebenenfalls wendet er sich an die Verwaltungsbehörde, die auf Grund Vereinbarung mit der Verfolgung der Ordnungswidrigkeit betraut ist. [3] Dabei ist zu berücksichtigen, dass der Staatsanwalt durch Übersendung der Akten

---

[1)] **Habersack, Deutsche Gesetze Nr. 74.**
[2)] **Habersack, Deutsche Gesetze Nr. 94.**

an eine der mehreren zuständigen Verwaltungsbehörden bei sinngemäßer Anwendung des § 39 Absatz 1 Satz 1 OWiG deren Vorzugszuständigkeit herbeiführt, wenn der Betroffene wegen der Tat bereits vernommen ist.

3. Abschnitt. Einbeziehung von Ordnungswidrigkeiten in das vorbereitende Verfahren wegen einer Straftat

1. Berücksichtigung des rechtlichen Gesichtspunktes einer Ordnungswidrigkeit

273. Umfang der Ermittlungen

(1) Der Staatsanwalt erstreckt die Ermittlungen wegen einer Straftat auch auf den rechtlichen Gesichtspunkt einer Ordnungswidrigkeit, soweit er für die Beurteilung der Tat von Bedeutung ist oder sein kann.

(2) [1] Ist eine Handlung gleichzeitig Straftat und Ordnungswidrigkeit, kann das ordnungswidrige Verhalten für die Strafbemessung von Bedeutung sein oder die Grundlage für die Anordnung einer Nebenfolge bilden (§ 21 Absatz 1 Satz 2 OWiG[1)]). [2] Im Übrigen ist zu berücksichtigen, dass die Ordnungswidrigkeit selbständige Bedeutung erlangt, wenn sich der Verdacht der Straftat nicht erweist oder wenn eine Strafe nicht verhängt wird (§ 21 Absatz 2 OWiG).

(3) [1] Umfasst die dem Beschuldigten zur Last gelegte Tat mehrere Handlungen im materiell-rechtlichen Sinne und ist eine von ihnen eine Ordnungswidrigkeit, prüft der Staatsanwalt, ob die Verfolgung der Ordnungswidrigkeit geboten ist (§ 47 Absatz 1 Satz 1 OWiG). [2] Bejaht er dies, macht er seine Entschließung aktenkundig und klärt den Sachverhalt auch unter dem rechtlichen Gesichtspunkt der Ordnungswidrigkeit auf, ohne dass es einer Übernahme der Verfolgung (vgl. Abschnitt III/2) bedarf. [3] Ist jedoch zweifelhaft, ob ein einheitliches Tatgeschehen vorliegt, ist es zweckmäßig, die Verfolgung der Ordnungswidrigkeit ausdrücklich zu übernehmen (vgl. Nummer 277 Absatz 3).

274. Unterbrechung der Verjährung

Kommt eine Ahndung der Tat auch unter dem rechtlichen Gesichtspunkt einer Ordnungswidrigkeit in Betracht (vgl. Nummer 273 Absatz 1, 3), ist es, namentlich in Verkehrssachen, vielfach geboten, die Verjährung der Ordnungswidrigkeit zu unterbrechen (§ 33 OWiG[1)]), damit diese geahndet werden kann, wenn der Beschuldigte wegen der anderen Rechtsverletzungen nicht verurteilt wird.

275. Einstellung des Verfahrens wegen der Ordnungswidrigkeit

(1) [1] Erwägt der Staatsanwalt, das Verfahren wegen einer Straftat auch unter dem rechtlichen Gesichtspunkt der Ordnungswidrigkeit (§ 40 OWiG[1)]) oder nur hinsichtlich einer mit der Straftat zusammenhängenden Ordnungswidrigkeit (§ 42 Absatz 1 OWiG) einzustellen, gibt er der Verwaltungsbehörde Gelegenheit zur Stellungnahme (§ 63 Absatz 3 OWiG). [2] Hiervon kann abgesehen werden, wenn der Staatsanwalt in der Beurteilung bestimmter Ordnungswidrigkeiten ausreichende Erfahrung hat oder wenn die Einstellung des Verfahrens allein von einer Rechtsfrage abhängt, für deren Entscheidung es auf die besondere Sachkunde der Verwaltungsbehörde nicht ankommt.

[1)] **Habersack, Deutsche Gesetze Nr. 94.**

(2) [1] Bei Ordnungswidrigkeiten nach den Steuergesetzen (einschließlich der Gesetze über Eingangsabgaben und Monopole) ist die sonst zuständige Verwaltungsbehörde (Finanzamt, Hauptzollamt) vor der Einstellung zu hören. [2] Dasselbe gilt bei Ordnungswidrigkeiten nach dem Wirtschaftsstrafgesetz 1954[1) 2)], dem Außenwirtschaftsgesetz[2)] und dem Gesetz zur Durchführung der gemeinsamen Marktorganisationen und der Direktzahlungen (MOG)[2)], da die Verwaltungsbehörde in diesen Fällen auch im Strafverfahren stets zu beteiligen ist (§ 13 Absatz 2 des Wirtschaftsstrafgesetzes 1954, § 22 Absatz 2 des Außenwirtschaftsgesetzes, § 38 Absatz 2 MOG).

(3) Würde die Anhörung der Verwaltungsbehörde das Verfahren unangemessen verzögern, sieht der Staatsanwalt von der Einstellung des Verfahrens unter dem rechtlichen Gesichtspunkt einer Ordnungswidrigkeit ab; in diesem Falle gibt er die Sache, sofern er die Tat nicht als Straftat weiterverfolgt, an die Verwaltungsbehörde ab, wenn Anhaltspunkte dafür vorhanden sind, dass die Tat als Ordnungswidrigkeit verfolgt werden kann (§ 43 Absatz 1 OWiG).

(4) Stellt der Staatsanwalt das Verfahren sowohl wegen der Straftat als auch wegen der Ordnungswidrigkeit ein, trifft er eine einheitliche Einstellungsverfügung.

(5) [1] Stellt der Staatsanwalt das Verfahren unter dem rechtlichen Gesichtspunkt der Ordnungswidrigkeit ein, braucht er dem Anzeigenden die Gründe für die Einstellung in der Regel nicht mitzuteilen. [2] Hatte die Verwaltungsbehörde wegen der Ordnungswidrigkeit bereits ein Bußgeldverfahren eingeleitet, teilt der Staatsanwalt auch ihr die Einstellung mit.

276. Einstellung des Verfahrens nur wegen der Straftat

(1) [1] Der Staatsanwalt gibt die Sache an die Verwaltungsbehörde ab, wenn er das Verfahren nur wegen der Straftat einstellt, aber Anhaltspunkte dafür vorhanden sind, dass die Tat als Ordnungswidrigkeit verfolgt werden kann (§ 43 Absatz 1 OWiG[3)]). [2] Die Nummern 88 ff. sind zu beachten.

(2) [1] Der Verwaltungsbehörde werden im Falle des Absatzes 1 Satz 1 die Vorgänge oder Abdrucke der Vorgänge, soweit sie sich auf die Ordnungswidrigkeit beziehen, übersandt. [2] Bei der Abgabe der Sache ist mitzuteilen, worin die Anhaltspunkte dafür gesehen werden, dass die Tat als Ordnungswidrigkeit verfolgt werden kann; dies gilt nicht, wenn ein solcher Hinweis für die Verwaltungsbehörde entbehrlich ist.

(3) [1] Wird gegen die Einstellung des Verfahrens wegen der Straftat Beschwerde eingelegt, hindert dies den Staatsanwalt nicht, die Sache wegen des Verdachts der Ordnungswidrigkeit an die Verwaltungsbehörde abzugeben. [2] Die Abgabe wird in diesem Falle namentlich dann geboten sein, wenn die Beschwerde unbegründet erscheint und die Verfolgung der Ordnungswidrigkeit zu verjähren droht.

2. Übernahme der Verfolgung einer Ordnungswidrigkeit

277. Übernahme

(1) [1] Der Staatsanwalt soll die Verfolgung einer Ordnungswidrigkeit nur dann übernehmen, wenn diese Verfahrensgestaltung wegen besonderer Umstände sachdienlich erscheint (§ 42 Absatz 2 OWiG[3)]). [2] Das wird in erster Linie zu bejahen

---

1) **Habersack, Deutsche Gesetze Nr. 88.**
2) **Amtl. Anm.:** Vgl. Fundstellennachweis A zum Bundesrecht.
3) **Habersack, Deutsche Gesetze Nr. 94.**

sein, wenn die Taten in einer engen zeitlichen oder räumlichen Beziehung zueinander stehen. [3] Auch sonst kann die Übernahme zweckmäßig sein, z.B. wenn einheitliche Ermittlungen den Betroffenen oder die Ermittlungsbehörden weniger belasten.

(2) [1] Der Staatsanwalt soll grundsätzlich nicht die Verfolgung solcher Ordnungswidrigkeiten übernehmen, mit deren Beurteilung er im Allgemeinen nicht vertraut ist (z.B. Ordnungswidrigkeiten nach den innerstaatlichen EG-Durchführungsbestimmungen). [2] Erscheint es zweifelhaft, ob die Übernahme der Verfolgung sachdienlich ist, hört die Staatsanwaltschaft vor der Übernahme die sonst zuständige Verwaltungsbehörde.

(3) Der Staatsanwalt macht die Übernahme aktenkundig und unterrichtet zugleich die Verwaltungsbehörde, wenn sie bereits ein Bußgeldverfahren eingeleitet hat oder diese Möglichkeit naheliegt.

(4) Übernimmt der Staatsanwalt die Verfolgung nicht, gilt Nummer 276 Absatz 2 entsprechend.

278. Verfahren nach Übernahme

(1) Ergeben die Ermittlungen wegen der Ordnungswidrigkeit, dass deren weitere Verfolgung im Zusammenhang mit der Straftat nicht sachdienlich erscheint, gibt der Staatsanwalt insoweit die Sache an die Verwaltungsbehörde ab (§ 43 Absatz 2 Halbsatz 1 OWiG[1)]); Nummer 276 Absatz 2 gilt entsprechend.

(2) [1] Erwägt der Staatsanwalt, das Verfahren wegen der übernommenen Ordnungswidrigkeit einzustellen, ist § 63 Absatz 3 OWiG zu beachten. [2] Im Übrigen gilt Nummer 275 Absatz 3 entsprechend.

279. Einstellung des Verfahrens nur wegen der Straftat

Stellt der Staatsanwalt nach Übernahme der Verfolgung einer Ordnungswidrigkeit das Verfahren nur wegen der zusammenhängenden Straftat ein (§ 43 Absatz 2 Halbsatz 2 OWiG[1)]), gilt Nummer 276 entsprechend.

4. Abschnitt. Erstreckung der öffentlichen Klage auf die Ordnungswidrigkeit

280 [Erstreckung der öffentlichen Klage auf die Ordnungswidrigkeit]

(1) Erstreckt der Staatsanwalt die öffentliche Klage auf die übernommene Ordnungswidrigkeit (§§ 42, 64 OWiG[1)]), sind die Straftat und die Ordnungswidrigkeit in einer einheitlichen Anklageschrift zusammenzufassen.

(2) [1] In der Anklageschrift ist die Ordnungswidrigkeit zu bezeichnen, die dem Angeschuldigten oder einem Betroffenen zur Last gelegt wird (§ 42 Absatz 1 Satz 2, 2. Fall OWiG). [2] Die Nummern 110 bis 112 gelten sinngemäß auch für den Teil der Anklage, der sich auf die Ordnungswidrigkeit bezieht. [3] Wer nur wegen einer Ordnungswidrigkeit verfolgt wird, ist in der Anklageschrift als „Betroffener" zu bezeichnen.

(3) § 63 Absatz 2 OWiG ist zu beachten.

(4) Für den Antrag auf Erlass eines Strafbefehls gelten die Absätze 1 bis 3 entsprechend.

[1)] **Habersack, Deutsche Gesetze Nr. 94.**

5. Abschnitt. Verfahren nach Einspruch gegen den Bußgeldbescheid

281. Prüfung der Zulässigkeit des Einspruchs; Wiedereinsetzung in den vorigen Stand

[1] Werden die Akten nach Einspruch gegen den Bußgeldbescheid über die Staatsanwaltschaft an das Amtsgericht übersandt und stellt der Staatsanwalt dabei fest, dass der Einspruch nicht rechtzeitig, nicht in der vorgeschriebenen Form oder sonst nicht wirksam eingelegt ist, gibt er die Akten an die Verwaltungsbehörde zur Entscheidung über die Zulässigkeit des Einspruchs (§ 69 Absatz 1 Satz 1 OWiG[1)]) zurück. [2] Satz 1 gilt entsprechend, wenn der Betroffene wegen Versäumung der Einspruchsfrist die Wiedereinsetzung in den vorigen Stand beantragt und die Verwaltungsbehörde hierüber noch nicht entschieden hat.

282. Prüfung des Vorwurfs

(1) Bei einem zulässigen Einspruch prüft der Staatsanwalt, ob der hinreichende Verdacht einer Ordnungswidrigkeit besteht, die Verfolgung geboten ist (§ 47 Absatz 1 OWiG[1)]) und Verfahrenshindernisse nicht entgegenstehen.

(2) Im Rahmen seiner Prüfung kann der Staatsanwalt selbst Ermittlungen vornehmen oder Ermittlungsorgane darum ersuchen oder von Behörden oder sonstigen Stellen die Abgabe von Erklärungen über dienstliche Wahrnehmungen, Untersuchungen und Erkenntnisse (§ 77a Absatz 2 OWiG) verlangen.

(3) [1] Stellt der Staatsanwalt das Verfahren ein, teilt er dies dem Betroffenen und der Verwaltungsbehörde formlos mit; Nummer 275 Absatz 2 gilt für die dort genannten Fälle entsprechend. [2] Eine Auslagenentscheidung nach § 108a Absatz 1 OWiG trifft die Staatsanwaltschaft in der Regel nur auf Antrag des Betroffenen oder eines anderen Antragsberechtigten; die Entscheidung kann auch von Amts wegen getroffen werden, z.B. dann, wenn sich aus den Akten ergibt, dass dem Betroffenen notwendige Auslagen entstanden sind und das Verfahren mangels hinreichenden Verdachts eingestellt wird. [3] Für die Festsetzung der notwendigen Auslagen des Betroffenen (§ 108a Absatz 3 OWiG, § 464b StPO[2)]) gilt Nummer 145 entsprechend.

(4) Bei der Einstellung des Verfahrens wegen eines Halt- oder Parkverstoßes hat der Staatsanwalt auch zu prüfen, ob eine Kostenentscheidung nach § 25a des Straßenverkehrsgesetzes (StVG)[3)] in Betracht kommt.

283. Zustimmung zur Rückgabe der Sache an die Verwaltungsbehörde

[1] Eine Zustimmung zur Rückgabe der Sache an die Verwaltungsbehörde wegen offensichtlich ungenügender Aufklärung des Sachverhalts (§ 69 Absatz 5 Satz 1 OWiG[1)]) kommt namentlich in Betracht, wenn

1. nach dem Akteninhalt Beweismittel zur Feststellung der Beschuldigung fehlen oder naheliegende Beweise hierzu nicht erhoben sind oder
2. Beweisanregungen des Betroffenen, die für die Entscheidung von wesentlicher Bedeutung sind, ohne Angabe von Gründen nicht entsprochen ist.

[2] Die Zustimmung zur Rückgabe ist in diesen Fällen geboten, wenn es angezeigt ist, die Verwaltungsbehörde auch für künftige Fälle zu einer näheren Prüfung nach § 69 Absatz 2 OWiG zu veranlassen.

[1)] **Habersack, Deutsche Gesetze Nr. 94.**
[2)] **Habersack, Deutsche Gesetze Nr. 90.**
[3)] **Habersack, Deutsche Gesetze Nr. 35.**

284. Stellungnahme des Staatsanwalts bei Vorlage

(1) Bei der Vorlage der Akten an das Gericht soll sich der Staatsanwalt dazu äußern, ob er

a) einer Entscheidung durch Beschluss (§ 72 OWiG[1]) widerspricht,

b) an der Hauptverhandlung nicht teilnehmen wird (vgl. auch § 47 Absatz 2 OWiG) und auf Terminsnachricht verzichtet,

c) die Vorladung eines Zeugen für erforderlich hält oder eine vereinfachte Art der Beweisaufnahme für ausreichend erachtet (§ 77a OWiG),

d) die schriftliche Begründung des Urteils beantragt.

(2) Stimmt der Staatsanwalt einer Entscheidung durch Beschluss zu, äußert er sich zugleich zur Sache und stellt einen bestimmten Antrag.

285. Hauptverhandlung

(1) [1] Für die Hauptverhandlung sind, soweit nichts anderes bestimmt ist, die Nummern 116 bis 145 sinngemäß anzuwenden. [2] Dabei ist auch zu prüfen, ob die Anwendung einzelner Vorschriften im Hinblick auf die unterschiedliche Bewertung von Straftaten und Ordnungswidrigkeiten angemessen ist.

(2) [1] Es wird sich empfehlen, die Termine zur Hauptverhandlung in ihrer Aufeinanderfolge von denen in Strafsachen getrennt festzusetzen. [2] Auch in der Bezeichnung der Sachen auf Formularen und Terminszetteln sollten Bußgeld- und Strafverfahren möglichst getrennt behandelt werden.

286. Umfang der Sachaufklärung

Bei der Aufklärung der Sache wird die Erörterung der persönlichen und wirtschaftlichen Verhältnisse und die Prüfung, ob der Betroffene bestraft oder gegen ihn schon früher eine Geldbuße festgesetzt worden ist, nur dann in Betracht kommen, wenn dies für die Entscheidung von Bedeutung sein kann.

287. Teilnahme an der Hauptverhandlung

(1) Der Staatsanwalt nimmt an der Hauptverhandlung teil, wenn

a) er einer Entscheidung durch Beschluss widersprochen hat (§ 72 Absatz 1 OWiG[1]), oder

b) Anhaltspunkte dafür vorhanden sind, dass die Tat auch unter dem rechtlichen Gesichtspunkt einer Straftat beurteilt werden kann (§ 81 OWiG; vgl. Nummer 290).

(2) [1] Der Staatsanwalt soll im Übrigen an der Hauptverhandlung teilnehmen, wenn seine Mitwirkung aus besonderen Gründen geboten erscheint. [2] Das kommt vor allem in Betracht, wenn

a) das Gericht ihm mitgeteilt hat, dass es seine Mitwirkung an der Hauptverhandlung für angemessen hält (§ 75 Absatz 1 Satz 2 OWiG),

b) die Aufklärung des Sachverhalts eine umfangreiche Beweisaufnahme erfordert,

c) eine hohe Geldbuße oder eine bedeutsame Nebenfolge in Betracht kommt,

d) eine Rechtsfrage von allgemeiner Bedeutung zu entscheiden ist,

e) die Verwaltungsbehörde die Teilnahme des Staatsanwalts an der Hauptverhandlung angeregt hat oder

---

[1] **Habersack, Deutsche Gesetze Nr. 94.**

f) mit einer gerichtlichen Einstellung des Verfahrens nach § 47 Absatz 2 Satz 1 OWiG in Fällen zu rechnen ist, in denen dies vom Standpunkt des öffentlichen Interesses nicht vertretbar erscheint (vgl. § 75 Absatz 2 OWiG).

288. Beteiligung der Verwaltungsbehörde

(1) [1] Der Termin zur Hauptverhandlung wird der Verwaltungsbehörde so rechtzeitig mitgeteilt, dass ihr Vertreter sich auf die Hauptverhandlung vorbereiten und die Akten vorher einsehen kann (§ 76 Absatz 1 OWiG[1)]). [2] Nummer 275 Absatz 2 Satz 2, Absatz 3 gilt entsprechend.

(2) Kann nach Auffassung des Staatsanwalts die besondere Sachkunde der Verwaltungsbehörde für die Entscheidung von Bedeutung sein, wirkt er darauf hin, dass ein Vertreter der Verwaltungsbehörde an der Hauptverhandlung teilnimmt.

(3) § 76 Absatz 4 OWiG ist zu beachten.

289. Rücknahme der Klage

(1) [1] Erwägt der Staatsanwalt, die Klage zurückzunehmen, prüft er, ob die Verwaltungsbehörde vorher zu hören ist (§ 76 Absatz 3 OWiG[1)]). [2] Nummer 275 Absatz 2, 3 gilt entsprechend.

(2) Nimmt der Staatsanwalt die Klage zurück, teilt er dies dem Betroffenen und der Verwaltungsbehörde formlos mit.

290. Übergang vom Bußgeld- zum Strafverfahren

(1) [1] Ergibt sich nach Einspruch gegen den Bußgeldbescheid, dass der hinreichende Verdacht einer Straftat besteht, übersendet der Staatsanwalt die Akten dem Gericht mit dem Antrag, den Betroffenen auf die Veränderung des rechtlichen Gesichtspunktes hinzuweisen (§ 81 Absatz 2 Satz 1 OWiG[1)]). [2] In diesem Falle widerspricht er zugleich einer Entscheidung durch Beschluss (§ 72 OWiG).

(2) [1] Auch im weiteren Verlauf des Verfahrens hat der Staatsanwalt darauf zu achten, ob der hinreichende Verdacht einer Straftat besteht. [2] Gegebenenfalls wird der Betroffene auf die Veränderung des rechtlichen Gesichtspunktes hinzuweisen sein (vgl. § 81 Absatz 2 Satz 1 OWiG).

(3) Wegen der weitreichenden Folgen, die sich aus dem Hinweis auf die Veränderung des rechtlichen Gesichtspunktes ergeben (§ 81 Absatz 2 OWiG), soll der Staatsanwalt darauf hinwirken, dass das Gericht den Betroffenen und seinen Verteidiger vor dem Hinweis hört, wenn er beantragt, den Hinweis zu geben, oder das Gericht dies erwägt.

6. Abschnitt. Rechtsbeschwerdeverfahren

291. Rechtsbeschwerde und Antrag auf deren Zulassung

Für die Rechtsbeschwerde und den Antrag auf deren Zulassung gelten, soweit nichts anderes bestimmt ist, die Nummern 147 bis 152 sinngemäß.

292. Vorsorgliche Einlegung

Hat die Verwaltungsbehörde angeregt, gegen eine gerichtliche Entscheidung ein Rechtsmittel einzulegen, und bestehen Zweifel, ob die Anregung sachlich berechtigt ist, kann das Rechtsmittel ausnahmsweise vorsorglich eingelegt werden, wenn die Zweifel vor Ablauf der Rechtsmittelfrist nicht behoben werden können.

[1)] **Habersack, Deutsche Gesetze Nr. 94.**

293. Verfahren nach Einlegung

(1) [1] Für das Verfahren nach Einlegung der Rechtsbeschwerde und des Antrags auf deren Zulassung gelten die Nummer 153 bis 169 sinngemäß. [2] Ein Übersendungsbericht ist abweichend von Nummer 163 Absatz 1 Satz 4 nur in umfangreichen Sachen beizufügen.

(2) Beantragt der Staatsanwalt, die Rechtsbeschwerde zuzulassen (§ 80 OWiG[1)]), ist anzugeben, aus welchen Gründen die Nachprüfung des Urteils zur Fortbildung des Rechts oder zur Sicherung einer einheitlichen Rechtsprechung oder die Aufhebung des Urteils wegen Versagung des rechtlichen Gehörs geboten erscheint.

7. Abschnitt. Bußgelderkenntnis im Strafverfahren

294 [Bußgelderkenntnis im Strafverfahren]

(1) Der Staatsanwalt achtet nach Erhebung der öffentlichen Klage wegen einer Straftat darauf, dass das Gericht über die Tat zugleich unter dem rechtlichen Gesichtspunkt einer Ordnungswidrigkeit entscheidet, wenn sich der Verdacht der Straftat nicht erweist oder eine Strafe nicht verhängt wird (§ 82 Absatz 1 OWiG[1)]).

(2) Ist eine Handlung gleichzeitig Straftat und Ordnungswidrigkeit, prüft der Staatsanwalt weiterhin, ob bei einer Bestrafung die Anordnung einer Nebenfolge der Ordnungswidrigkeit in Betracht kommt (vgl. Nummer 273 Absatz 2 Satz 1) und berücksichtigt dies bei seinem Antrag zur Entscheidung in der Sache.

8. Abschnitt. Entschädigung für Verfolgungsmaßnahmen

295 [Entschädigung für Verfolgungsmaßnahmen]

[1] Das Gesetz über die Entschädigung für Strafverfolgungsmaßnahmen[2)] gilt sinngemäß auch für das Bußgeldverfahren (§ 46 Absatz 1 OWiG[1)]). [2] Auf die Ausführungsvorschriften zu diesem Gesetz (Anlage C[3)]) wird verwiesen.

9. Abschnitt. Akteneinsicht

296 [Akteneinsicht]

Die Nummern 182 bis 189 gelten für das Bußgeldverfahren sinngemäß.

10. Abschnitt. Einholung der Entscheidung des Bundesverfassungsgerichts

297 [Einholung der Entscheidung des Bundesverfassungsgerichts]

Die Nummer 190 ist auch im Bußgeldverfahren anzuwenden.

11. Abschnitt. Bußgeldsachen gegen Mitglieder der gesetzgebenden Körperschaften

298 [Bußgeldsachen gegen Mitglieder der gesetzgebenden Körperschaften]

[1] Die Immunität der Mitglieder der gesetzgebenden Körperschaften hindert nicht, gegen diese ein Bußgeldverfahren durchzuführen. [2] Dagegen ist der Über-

---

[1)] **Habersack, Deutsche Gesetze Nr. 94.**
[2)] Nr. 93.
[3)] Die zitierte Anlage ist in der Neufassung nicht wiedergegeben, siehe die Anm. zur Überschrift.

gang zum Strafverfahren nach § 81 OWiG[1)] nur mit Genehmigung der gesetzgebenden Körperschaft zulässig (vgl. Nummer 191 ff.); dies gilt auch für die Anordnung der Erzwingungshaft.

12. Abschnitt. Behandlung der von der deutschen Gerichtsbarkeit befreiten Personen

299 [Behandlung der von der deutschen Gerichtsbarkeit befreiten Personen]

Die Nummern 193 bis 199 gelten für das Bußgeldverfahren entsprechend.

13. Abschnitt. Rechtshilfeverkehr mit dem Ausland

300 [Rechtshilfeverkehr mit dem Ausland]

Die Staatsanwaltschaft kann im Bußgeldverfahren der Verwaltungsbehörde im Wege der Amtshilfe bei ausländischen Behörden Rechtshilfe erbitten, soweit dies in zwischenstaatlichen Verträgen vereinbart ist oder aufgrund besonderer Umstände (z.B. eines Notenwechsels zwischen der Bundesregierung und einer ausländischen Regierung) damit gerechnet werden kann, dass der ausländische Staat die Rechtshilfe auch ohne vertragliche Regelung gewähren wird.

14. Abschnitt. Verkehr mit der Europäischen Staatsanwaltschaft

301. Strafsachen, die in die Zuständigkeit der Europäischen Staatsanwaltschaft fallen

(1) [1] Vorgänge, aus denen sich der Verdacht einer in die Zuständigkeit der Europäischen Staatsanwaltschaft nach den Artikeln 22 und 23 der Verordnung (EU) 2017/1939 des Rates vom 12. Oktober 2017 zur Durchführung einer Verstärkten Zusammenarbeit zur Errichtung der Europäischen Staatsanwaltschaft (EUStA-VO) fallenden Straftat ergibt, übersendet der Staatsanwalt gemäß Artikel 24 Absatz 1 oder 2 EUStA-VO mit einem Bericht unverzüglich der Europäischen Staatsanwaltschaft, sofern nach den Umständen erkennbar ist, dass der Tatzeitpunkt nach Inkrafttreten der EUStA-VO am 20. November 2017 liegt (siehe Artikel 120 Absatz 2 Unterabsatz 1 EUStA-VO) und die Europäische Staatsanwaltschaft gemäß Artikel 25 Absatz 2 und 3 EUStA-VO ihre Zuständigkeit ausüben könnte. [2] Satz 1 gilt auch dann, wenn zum Zeitpunkt der Unterrichtung nicht erkennbar ist, ob die Kriterien des Artikels 25 Absatz 2 EUStA-VO erfüllt sind. [3] Vor Übersendung des Vorgangs nach Artikel 24 Absatz 2 EUStA-VO hat der Staatsanwalt nach Möglichkeit Kontakt mit dem zuständigen deutschen Zentrum der Delegierten Europäischen Staatsanwälte aufzunehmen, um eine zeitgerechte Entscheidung über die Evokation zu ermöglichen.

(2) [1] Der Bericht an die Europäische Staatsanwaltschaft enthält mindestens eine Beschreibung des Sachverhaltes einschließlich einer Bewertung des entstandenen oder *voraussichtlichen Schadens*, die mögliche rechtliche Würdigung und alle vorliegenden Informationen über mögliche Opfer, Verdächtige und andere Beteiligte (Artikel 24 Absatz 4 EUStA-VO) sowie die Mitteilung, ob die Meldung nach Artikel 24 Absatz 1 oder 2 EUStA-VO erfolgt, insbesondere ob nach deutschem Recht bereits ein Ermittlungsverfahren als eingeleitet gilt. [2] Auf besondere Umstände (z.B. drohende Verjährung, Untersuchungshaft, erforderliche eilige richterliche Maßnahmen) ist hinzuweisen. [3] Der Vorgang und der Bericht sind der

---

[1)] **Habersack, Deutsche Gesetze Nr. 94.**

Europäischen Staatsanwaltschaft über den Generalstaatsanwalt, in dringenden Fällen unmittelbar bei gleichzeitiger Übersendung von Abschriften an den Generalstaatsanwalt, zuzuleiten.

(3) [1] Ein Bericht nach Artikel 24 Absatz 2 EUStA-VO erfolgt auch in den Fällen des Artikel 24 Absatz 3 EUStA-VO, in denen der Staatsanwalt der Auffassung ist, dass die Europäische Staatsanwaltschaft gemäß Artikel 25 Absatz 3 EUStA-VO ihre Zuständigkeit nicht ausüben könnte. [2] In diesen Fällen ist eine Übersendung des Vorgangs in der Regel nicht erforderlich. [3] Etwas anderes gilt dann, wenn bereits zum Zeitpunkt der Unterrichtung ein Einverständnis mit der Übernahme des Verfahrens durch die Europäische Staatsanwaltschaft gemäß Artikel 25 Absatz 4 in Verbindung mit Absatz 3 Buchstabe b EUStA-VO besteht. [4] In diesem Fall ist das Einverständnis im Bericht nach Absatz 2 ausdrücklich zu erklären. [5] Bei der Prüfung, ob ein solches Einverständnis erklärt werden soll, ist insbesondere zu berücksichtigen, ob es sich um eine Straftat handelt, die grenzüberschreitende Bezüge oder Bedeutung aufweist, an der eine kriminelle Vereinigung beteiligt ist oder die Straftat eine ernste Gefahr für die finanziellen Interessen der Union oder für die Glaubwürdigkeit ihrer Institutionen und das Vertrauen ihrer Bürger darstellen könnte (Erwägungsgrund 60 der EUStA-VO).

(4) Absatz 1 und 2 gelten auch, wenn die Europäische Staatsanwaltschaft auf anderem Weg als durch einen Bericht Kenntnis erhält, dass eine Staatsanwaltschaft bereits in Bezug auf eine Straftat Ermittlungen, für die die Europäische Staatsanwaltschaft zuständig sein könnte, durchführt und um Unterrichtung gemäß Artikel 24 Absatz 2 EUStA-Verordnung bittet (Artikel 27 Absatz 3 EUStA-VO).

(5) [1] Nach Übersendung des Vorgangs gemäß Absatz 1 und des Berichts gemäß Absatz 2 hat der Staatsanwalt bis zur Entscheidung der Europäischen Staatsanwaltschaft über die Einleitung eines Verfahrens (Artikel 26 Absatz 1 EUStA-VO) oder die Übernahme des Verfahrens (Artikel 27 Absatz 1 EUStA-VO) nur solche Maßnahmen vorzunehmen, die dringend erforderlich sind, um effektive Ermittlungen und eine effektive Strafverfolgung sicherzustellen. [2] Vor solchen Amtshandlungen hat der Staatanwalt, soweit möglich, mit dem zuständigen Delegierten Europäischen Staatsanwalt Fühlung zu nehmen.

(6) Bei Beantwortung von Anfragen der Europäischen Staatsanwaltschaft nach Artikel 24 Absatz 9 EUStA-VO sind die Informationen der Europäischen Staatsanwaltschaft über den Generalstaatsanwalt, in dringenden Fällen unmittelbar bei gleichzeitiger Übersendung von Abschriften an den Generalstaatsanwalt, zuzuleiten.

(7) [1] Der zuständige Delegierte Europäische Staatsanwalt ist unverzüglich über alle neuen Sachverhalte zu unterrichten, die die Europäische Staatsanwaltschaft dazu veranlassen könnten, ihre Entscheidung, ihre Zuständigkeit nicht auszuüben, zu überprüfen (Artikel 27 Absatz 7 EUStA-VO). [2] Bei der Unterrichtung ist auf die Umstände hinzuweisen, die eine Übernahme des Verfahrens durch die Europäische Staatsanwaltschaft nahelegen. [3] Absatz 2 Satz 3 gilt sinngemäß.

(8) Besteht Uneinigkeit darüber, ob die strafbare Handlung in den Anwendungsbereich der Artikel 22 Absatz 2 und 3 oder Artikel 25 Absatz 2 und 3 EUStA-VO fällt, leitet die Staatsanwaltschaft dem Generalbundesanwalt die Akten zusammen mit einer kurzen Stellungnahme über den Generalstaatsanwalt zur Entscheidung zu (Artikel 25 Absatz 6 EUStA-VO, § 142b Absatz 2 Satz 1 GVG[1]).

[1] **Habersack, Deutsche Gesetze Nr. 95.**

(9) Erhält der Staatsanwalt die Mitteilung, dass die Europäische Staatsanwaltschaft gemäß Artikel 26 Absatz 1 EUStA-VO ein Verfahren eingeleitet hat (§ 12 Absatz 2 des Gesetzes zur Ausführung der EU-Verordnung zur Errichtung der Europäischen Staatsanwaltschaft (EUStAG)), prüft der Staatsanwalt, ob damit zusammenhängende Verfahren anhängig sind und unterrichtet gegebenenfalls den mit den Ermittlungen betrauten Delegierten Europäischen Staatsanwalt gemäß Absatz 1 und 2.

(10) Trifft ein Staatsanwalt dringend erforderliche Maßnahmen gemäß Artikel 28 Absatz 2 EUStA-VO, ist der mit den Ermittlungen betraute Delegierte Europäische Staatsanwalt unverzüglich und unmittelbar über die ergriffenen Maßnahmen bei gleichzeitiger Übersendung von Abschriften an den Generalstaatsanwalt zu unterrichten.

(11) [1] Die Übersendung von Vorgängen und Berichten erfolgt nach Maßgabe der von den deutschen Zentren der Delegierten Europäischen Staatsanwälte herausgegebenen Richtlinien für die Kommunikation mit den nationalen Behörden und, soweit möglich, auch elektronisch. [2] Der Staatsanwalt soll ein Aktendoppel behalten.

302. Amtshilfe bei Ermittlungsmaßnahmen der Europäischen Staatsanwaltschaft

(1) [1] Die Staatsanwaltschaften (im Sinne des § 142 Absatz 1 Nummer 2 und 3 GVG[1)]) leisten der Europäischen Staatsanwaltschaft nach dem Grundsatz der loyalen Zusammenarbeit (Artikel 5 Absatz 6 EUStA-VO) auf deren Ersuchen im Wege der Amtshilfe die erforderliche Unterstützung bei Ermittlungsmaßnahmen der Europäischen Staatsanwaltschaft (§ 13 EUStAG). [2] Dies kommt z.B. bei Durchsuchungsmaßnahmen oder wenn die Europäische Staatsanwaltschaft Unterstützung bei Vernehmungen von ortsfernen Zeugen benötigt, in Betracht. [3] Sofern die Staatsanwaltschaft im jeweiligen Einzelfall zustimmt, kann die Europäische Staatsanwaltschaft im Wege der Amtshilfe auch auf deren Wirtschaftsreferenten zugreifen.

(2) Die Übernahme von außergewöhnlich hohen Kosten für die Amtshilfeleistung hat die Staatsanwaltschaft vorab mit dem mit den Ermittlungen betrauten Delegierten Europäischen Staatsanwalt zu klären (Artikel 91 Absatz 6 EUStA-VO, EG Nummer 112 EUStA-VO).

(3) Die Staatsanwaltschaft unterrichtet den Generalstaatsanwalt von ihrer Entscheidung, der Europäischen Staatsanwaltschaft Amtshilfe zu leisten, und teilt dabei mit, welche Unterstützungsmaßnahmen erfolgen werden.

303. Vollstreckungsverfahren

Räumt der Vollstreckungsstaatsanwalt dem mit den Ermittlungen betrauten Delegierten Europäischen Staatsanwalt die Möglichkeit der Stellungnahme gemäß § 10 Absatz 2 EUStAG ein, leitet er dem zuständigen Delegierten Europäischen Staatsanwalt den Vorgang über den Generalstaatsanwalt, in dringenden Fällen unmittelbar bei gleichzeitiger Übersendung von Abschriften an den Generalstaatsanwalt, zu.

[1)] **Habersack, Deutsche Gesetze Nr. 95.**

304. Beteiligung der Staatsanwaltschaft durch die Europäische Staatsanwaltschaft bei Einstellung des Verfahrens und im vereinfachten Strafverfolgungsverfahren

(1) Konsultiert die Europäische Staatsanwaltschaft vor der Einstellung eines Ermittlungsverfahrens gemäß Artikel 39 Absatz 3 EUStA-VO den Generalbundesanwalt, leitet der Generalbundesanwalt dieses Ersuchen über den Generalstaatsanwalt an die zuständige Staatsanwaltschaft weiter.

(2) [1] Die Staatsanwaltschaft übermittelt ihre Stellungnahme gemäß Artikel 39 Absatz 3 EUStA-VO bzw. ihr Ersuchen nach Artikel 34 Absatz 6 EUStA-VO über den Generalstaatsanwalt dem Generalbundesanwalt. [2] Der Generalbundesanwalt leitet dem mit den Ermittlungen betrauten Delegierten Europäischen Staatsanwalt die Stellungnahme zu.

(3) Konsultiert die Europäische Staatsanwaltschaft vor der Durchführung eines vereinfachten Strafverfolgungsverfahrens gemäß Artikel 40 Absatz 1 Unterabsatz 2 EUStA-VO die Staatsanwaltschaft, leitet diese dem mit den Ermittlungen betrauten Delegierten Europäischen Staatsanwalt ihre Stellungnahme über den Generalstaatsanwalt zu.

305. Verweisung von Verfahren durch die Europäische Staatsanwaltschaft

[1] Ersucht die Europäische Staatsanwaltschaft die ansonsten zuständige Staatsanwaltschaft um Übernahme des Ermittlungsverfahrens (Artikel 34 Absatz 1, 2 oder 3 EUStA-VO), leitet die Staatsanwaltschaft ihre Entscheidung in der Regel innerhalb von 30 Tagen über den Generalstaatsanwalt an die Europäische Staatsanwaltschaft zurück. [2] Wenn die Entscheidung nicht innerhalb der 30-Tages-Frist bei der Europäischen Staatsanwaltschaft eingeht, bleibt sie in den Fällen des Artikels 34 Absatz 2 und 3 EUStA-VO für das Verfahren zuständig (Artikel 34 Absatz 5 EUStA-VO).

90f. Gesetz zur Beschränkung des Brief-, Post- und Fernmeldegeheimnisses (Artikel 10-Gesetz – G 10)[1)]

Vom 26. Juni 2001
(BGBl. I S. 1254, 2298; 2017 I S. 154)

FNA 190-4

Lfd. Nr.	Änderndes Gesetz	Datum	Fundstelle	Betroffen	Hinweis
1.	Art. 4 TerrorismusbekämpfungsG	9.1.2002	BGBl. I S. 361, 3142, geänd. 2007, S. 2	§§ 7, 19	
2.	Art. 11 Nr. 5 ZuwanderungsG	20.6.2002	BGBl. I S. 1946, nichtig gem. Urt. des BVerfG v. 18.12. 2002 – 2 BvF 1/02 –		
3.	Art. 5 Abs. 1 34. StrafrechtsÄndG	22.8.2002	BGBl. I S. 3390	§§ 3, 7	
4.	Art. 4 G zur Umsetzung des Rahmenbeschlusses des Rates v. 13.6.2002 zur Terrorismusbekämpfung und zur Änd. anderer Gesetze	22.12. 2003	BGBl. I S. 2836	§ 7	
5.	Art. 4 Abs. 6 KostenrechtsmodernisierungsG	5.5.2004	BGBl. I S. 718	§ 20	
6.	§ 151 Abs. 2 TelekommunikationsG	22.6.2004	BGBl. I S. 1190	§§ 2, 20	
7.	Art. 11 Nr. 5 ZuwanderungsG	30.7.2004	BGBl. I S. 1950	§ 3	
8.	Art. 3 Abs. 1 37. StrafrechtsÄndG	11.2.2005	BGBl. I S. 239	§ 7	
9.	Art. 5, 10 Abs. 4 TerrorismusbekämpfungsergänzungsG	5.1.2007	BGBl. I S. 2, Art. 10 Abs. 4 aufgeh. 2020, S. 2667	§ 2	
10.	*Art. 1 G zur Änd. telekom*munikationsrechtlicher Vorschriften	*18.2.2007*	BGBl. I S. 106	§ 20	
11.	Art. 78 Abs. 1 Zweites G über die Bereinigung von Bundesrecht im Zuständigkeitsbereich des BMJ	23.11. 2007	BGBl. I S. 2614	§ 3	

[1)] Verkündet als Art. 1 Artikel 10-NeuregelungsG v. 26.6.2001 (BGBl. I S. 1254, 2298; 2017 I S. 154); Inkrafttreten gem. Art. 5 Satz 1 dieses G am 29.6.2001.

Lfd. Nr.	Änderndes Gesetz	Datum	Fundstelle	Betroffen	Hinweis
12.	Art. 5 Telekommunikationsüberwachung-NeuregelungsG	21.12.2007	BGBl. I S. 3198	§ 17	
13.	Art. 2 TK-Entschädigungs-NeuordnungsG	29.4.2009	BGBl. I S. 994	§ 20	
14.	Art. 3 Abs. 1 G zur Fortentwicklung der parlamentarischen Kontrolle der Nachrichtendienste des Bundes	29.7.2009	BGBl. I S. 2346	§ 14	geänd. mWv 4.8.2009
15.	Art. 4 Abs. 1 G zur Verfolgung der Vorbereitung von schweren staatsgefährdenden Gewalttaten	30.7.2009	BGBl. I S. 2437	§§ 3, 7	geänd. mWv 4.8.2009
16.	Art. 1 Erstes ÄndG	31.7.2009	BGBl. I S. 2499	§§ 1, 2, 3, 4, 5, 6, 7, 8, 10, 12, 14, 15	geänd. mWv 5.8.2009
				§§ 3a, 3b, 5a, 7a	eingef. mWv 5.8.2009
17.	Art. 5 G zur Änd. des BundesverfassungsschutzG	7.12.2011	BGBl. I S. 2576	§§ 2, 10	geänd. mWv 10.1.2012
18.	Art. 2 Abs. 4 G zur Modernisierung des Außenwirtschaftsrechts	6.6.2013	BGBl. I S. 1482	§ 7	geänd. mWv 1.9.2013
19.	Art. 2 Abs. 1 GVVG-ÄnderungsG	12.6.2015	BGBl. I S. 926	§§ 3, 7	geänd. mWv 20.6.2015
20.	Art. 6 G zur Verbesserung der Zusammenarbeit im Bereich des Verfassungsschutzes	17.11.2015	BGBl. I S. 1938	§§ 1, 2, 3, 5, 6, 7, 7a, 9, 14	geänd. mWv 21.11.2015
21.	Art. 5 G zum besseren Informationsaustausch bei der Bekämpfung des internationalen Terrorismus	26.7.2016	BGBl. I S. 1818	§ 15	geänd. mWv 30.7.2016
22.	Art. 2 G zur weiteren Fortentwicklung der parlamentarischen Kontrolle der Nachrichtendienste des Bundes	30.11.2016	BGBl. I S. 2746	§ 15	geänd. mWv 7.12.2016
23.	Art. 2 Abs. 1 G zur Änd. des Völkerstrafgesetzbuches	22.12.2016	BGBl. I S. 3150	§§ 3, 7	geänd. mWv 1.1.2017
24.	Art. 3 Abs. 3 G zur Ausland-Ausland-Fernmeldeaufklärung des Bundesnachrichtendienstes	23.12.2016	BGBl. I S. 3346	§§ 2, 7, 8	geänd. mWv 31.12.2016
25.	Art. 2 Abs. 2 Erstes G zur Änd. des SicherheitsüberprüfungsG	16.6.2017	BGBl. I S. 1634	§ 2	geänd. mWv 21.6.2017
26.	Art. 6 Datenschutz-Anpassungs- und -UmsetzungsG EU	30.6.2017	BGBl. I S. 2097	§§ 4, 6, 15, 16	geänd. mWv 25.5.2018
27.	Art. 12 G zur effektiveren und praxistauglicheren Ausgestaltung des Strafverfahrens	17.8.2017	BGBl. I S. 3202	§ 17	geänd. mWv 24.8.2017
28.	Art. 38 Elfte ZuständigkeitsanpassungsVO	19.6.2020	BGBl. I S. 1328	§§ 2, 10	geänd. mWv 27.6.2020

Lfd. Nr.	Änderndes Gesetz	Datum	Fundstelle	Betroffen	Hinweis
29.	Art. 2 Abs. 3 G zur Neustrukturierung des Zollfahndungsdienstgesetzes	30.3.2021	BGBl. I S. 402	§ 3	geänd. mWv 2.4.2021
30.	Art. 5 G zur Anpassung der Regelungen über die Bestandsdatenauskunft an die Vorgaben aus der Entscheidung des BVerfG v. 27.5. 2020	30.3.2021	BGBl. I S. 448	§ 2	geänd. mWv 2.4.2021
31.	Art. 2 G zur Änd. des BND-G zur Umsetzung der Vorgaben des Bundesverfassungsgerichts sowie des Bundesverwaltungsgerichts	19.4.2021	BGBl. I S. 771	§§ 6, 7, 8	geänd. mWv 1.1.2022
				§ 4a	eingef. mWv 1.1.2022
32.	Art. 7 TelekommunikationsmodernisierungsG[1]	23.6.2021	BGBl. I S. 1858	§ 2	geänd. mWv 1.12.2021
33.	Art. 5, Art. 6 Abs. 4 Verfassungsschutzrechts-AnpassungsG	5.7.2021	BGBl. I S. 2274	§§ 2, 3a, 3b, 5a, 9, 10, 11, 14, 15, 17, 19, 20	geänd. mWv 9.7.2021
				§§ 15a, 22	eingef. mWv 9.7.2021
				§ 2	geänd. mWv 1.12.2021
34.	Art. 2 G zur Änd. des BND-G	22.12. 2023	BGBl. 2023 I Nr. 410	§§ 4, 7, 7a, 8	geänd. mWv 1.1.2024
				§ 5b	eingef. mWv 1.1.2024
35.	Art. 4 G zum ersten Teil der Reform des Nachrichtendienstrechts	22.12. 2023	BGBl. 2023 I Nr. 413	§ 4	geänd. mWv 30.12.2023

Ua haben folgende Länder Durch- bzw. Ausführungsbestimmungen zum Artikel 10-Gesetz erlassen:

- **Baden-Württemberg:** Gesetz zur Ausführung des Artikel 10-Gesetzes (Ausführungsgesetz zum Artikel 10-Gesetz – AG G10) v. 13.5.1969 (GBl. S. 79), zuletzt geänd. durch G v. 18.12.2018 (GBl. S. 1552)
- **Bayern:** Gesetz über die Aufgaben der G10-Kommission im Bayerischen Landtag und zur Ausführung des Art. 10-Gesetzes – G 10 (Ausführungsgesetz Art. 10-Gesetz – AGG 10) v. 11.12.1984 (GVBl. S. 522), zuletzt geänd. durch V v. 26.3.2019 (GVBl. S. 98)
- **Berlin:** Gesetz zur Ausführung des Artikel 10-Gesetzes (AG G 10) idF der Bek. v. 25.6.2001 (GVBl. S. 251), zuletzt geänd. durch G v. 5.12.2003 (GVBl. S. 571)
- **Brandenburg:** Gesetz zur Ausführung des Artikel 10-Gesetzes v. 14.12.1995 (GVBl. I S. 286), zuletzt geänd. durch G v. 27.2.2020 (GVBl. I Nr. 4)
- **Bremen:** Gesetz zur Ausführung des Gesetzes zur Beschränkung des Brief-, Post- und Fernmeldegeheimnisses v. 14.10.1969 (Brem.GBl. S. 131), zuletzt geänd. durch G v. 11.4.2017 (Brem.GBl. S. 157)
- **Hamburg:** Gesetz zur Ausführung des Artikel 10-Gesetzes v. 17.1.1969 (HmbGVBl. S. 5), zuletzt geänd. durch G v. 10.6.2022 (HmbGVBl. S. 376)
- **Hessen:** Hessisches Ausführungsgesetz zum Artikel 10-Gesetz v. 16.12.1969 (GVBl. I S. 303), zuletzt geänd. durch G v. 12.12.2023 (GVBl. S. 798)
- **Mecklenburg-Vorpommern:** Gesetz zur Ausführung des Artikel 10-Gesetzes v. 17.7.1992 (GVOBl. M-V S. 486), zuletzt geänd. durch G v. 30.7.2007 (GVOBl. M-V S. 278)
- **Niedersachsen:** Niedersächsisches Gesetz zur Ausführung des Artikel 10-Gesetzes v. 27.1.2004 (Nds. GVBl. S. 38), zuletzt geänd. durch G v. 7.7.2021 (Nds. GVBl. S. 483)

---

[1] **Amtl. Anm.:** Dieses Gesetz dient der Umsetzung der Richtlinie (EU) 2018/1972 des Europäischen Parlaments und des Rates vom 11. Dezember 2018 über den europäischen Kodex für die elektronische Kommunikation (Neufassung) (ABl. L 321 vom 17.12.2018, S. 36).

- **Rheinland-Pfalz:** Landesgesetz zur parlamentarischen Kontrolle von Beschränkungen des Brief-, Post- und Fernmeldegeheimnisses v. 16.12.2002 (GVBl. S. 477), zuletzt geänd. durch G v. 22.12.2015 (GVBl. S. 461)
- **Saarland:** Gesetz zur Durchführung des Artikel 10-Gesetzes (G 10-Durchführungsgesetz) v. 19.3.2003 (Amtsbl. S. 1350), zuletzt geänd. durch G v. 18.4.2018 (Amtsbl. I S. 332)
- **Sachsen:** Gesetz zur Ausführung des Artikel 10-Gesetzes im Freistaat Sachsen (SächsAG G 10) v. 16.10. 1992 (SächsGVBl. S. 464), zuletzt geänd. durch G v. 3.5.2019 (SächsGVBl. S. 312)
- **Sachsen-Anhalt:** Gesetz zur Ausführung des Artikel 10-Gesetzes (AG G 10-LSA) v. 26.1.2006 (GVBl. LSA S. 25), zuletzt geänd. durch G v. 21.10.2020 (GVBl. LSA S. 596)
- **Thüringen:** Thüringer Gesetz zur Ausführung des Artikel 10-Gesetzes v. 16.7.2008 (GVBl. S. 245), zuletzt geänd. durch G v. 6.6.2018 (GVBl. S. 229)

Der Bundestag hat das folgende Gesetz beschlossen:

Abschnitt 1. Allgemeine Bestimmungen

§ 1[1)] Gegenstand des Gesetzes. (1) Es sind

1. die Verfassungsschutzbehörden des Bundes und der Länder, der Militärische Abschirmdienst und der Bundesnachrichtendienst zur Abwehr von drohenden Gefahren für die freiheitliche demokratische Grundordnung oder den Bestand oder die Sicherheit des Bundes oder eines Landes einschließlich der Sicherheit der in der Bundesrepublik Deutschland stationierten Truppen der nichtdeutschen Vertragsstaaten des Nordatlantikvertrages,
2. der Bundesnachrichtendienst im Rahmen seiner Aufgaben nach § 1 Abs. 2 des BND-Gesetzes auch zu den in § 5 Abs. 1 Satz 3 Nr. 2 bis 8 und § 8 Abs. 1 Satz 1 bestimmten Zwecken

berechtigt, die Telekommunikation zu überwachen und aufzuzeichnen, in den Fällen der Nummer 1 auch die dem Brief- oder Postgeheimnis unterliegenden Sendungen zu öffnen und einzusehen.

(2) Soweit Maßnahmen nach Absatz 1 von Behörden des Bundes durchgeführt werden, unterliegen sie der Kontrolle durch das Parlamentarische Kontrollgremium und durch eine besondere Kommission (G 10-Kommission).

§ 2[2)] Pflichten der Anbieter von Post- und Telekommunikationsdiensten; Verordnungsermächtigung. (1) [1] Wer geschäftsmäßig Postdienste erbringt oder an der Erbringung solcher Dienste mitwirkt, hat der berechtigten Stelle auf Anordnung Auskunft über die näheren Umstände des Postverkehrs zu erteilen und Sendungen, die ihm zum Einsammeln, Weiterleiten oder Ausliefern anvertraut sind, auszuhändigen. [2] Der nach Satz 1 Verpflichtete hat der berechtigten Stelle auf Verlangen die zur Vorbereitung einer Anordnung erforderlichen Auskünfte zu Postfächern zu erteilen, ohne dass es hierzu einer gesonderten Anordnung bedarf.

(1a) [1] Wer geschäftsmäßig Telekommunikationsdienste erbringt oder an der Erbringung solcher Dienste mitwirkt, hat der berechtigten Stelle auf Anordnung

1. Auskunft über die näheren Umstände der nach Wirksamwerden der Anordnung durchgeführten Telekommunikation zu erteilen,
2. Inhalte, die ihm zur Übermittlung auf dem Telekommunikationsweg anvertraut sind, auszuleiten,
3. die Überwachung und Aufzeichnung der Telekommunikation zu ermöglichen, auch durch Zugangsgewährung zu seinen Einrichtungen während seiner üblichen Geschäftszeiten, sowie
4. die Einbringung von technischen Mitteln zur Durchführung einer Maßnahme nach § 11 Absatz 1a durch Unterstützung bei der Umleitung von Telekommunikation durch die berechtigte Stelle zu ermöglichen

---

[1)] § 1 Abs. 1 Nr. 2 geänd. mWv 5.8.2009 durch G v. 31.7.2009 (BGBl. I S. 2499); Abs. 1 Nr. 2 geänd. mWv 21.11.2015 durch G v. 17.11.2015 (BGBl. I S. 1938).

[2)] § 2 Abs. 1 Satz 4 eingef., bish. Satz 4 wird Satz 5 mWv 11.1.2007 durch G v. 5.1.2007 (BGBl. I S. 2); Abs. 2 Satz 1 neu gef., Satz 3 eingef., bish. Satz 3 wird Satz 4, Abs. 3 Satz 1 geänd. mWv 5.8.2009 durch G v. 31.7.2009 (BGBl. I S. 2499); Abs. 2 Satz 3 geänd. mWv 21.11.2015 durch G v. 17.11.2015 (BGBl. I S. 1938); Abs. 2 Satz 4 neu gef. mWv 21.6.2017 durch G v. 16.6.2017 (BGBl. I S. 1634); Abs. 2 Satz 3, Abs. 3 Satz 3 geänd. mWv 27.6.2020 durch VO v. 19.6.2020 (BGBl. I S. 1328); Überschrift neu gef., Abs. 1 Sätze 3–5 aufgeh., Abs. 1a, 1b eingef., Abs. 2 Satz 1 einl. Satzteil, Sätze 3, 4 geänd. mWv 9.7.2021, Abs. 1a Satz 2 geänd. mWv 1.12.2021 durch G v. 5.7.2021 (BGBl. I S. 2274).

a) durch Mitteilung der zur Erbringung in den umgeleiteten Datenstrom erforderlichen Informationen über die Strukturen der von ihm betriebenen Telekommunikationsnetze und Telekommunikationsanlagen sowie die von ihm erbrachten Telekommunikationsdienste;

b) durch sonstige Unterstützung bei der Umleitung einschließlich der Gewährung des Zugangs zu seinen Einrichtungen während seiner üblichen Geschäftszeiten sowie der Ermöglichung der Aufstellung und des Betriebs von Geräten für die Durchführung der Maßnahme.

[2] Das Nähere zur technischen und organisatorischen Umsetzung der Mitwirkungspflichten nach Satz 1 Nummer 1 bis 3 bestimmt sich nach § 170 des Telekommunikationsgesetzes und der dazu erlassenen Rechtsverordnung. [3] In den Fällen des Satzes 1 Nummer 1 bleiben § 8a Absatz 1 Satz 1 Nummer 4 des Bundesverfassungsschutzgesetzes[1)], § 4a des MAD-Gesetzes und § 3 des BND-Gesetzes unberührt. [4] Satz 1 Nummer 4 Buchstabe b gilt nur für denjenigen, der eine Telekommunikationsanlage betreibt, mit der öffentlich zugängliche Internetzugangsdienste oder öffentlich zugängliche Dienste, die ganz oder überwiegend in der Übertragung von Signalen bestehen, erbracht werden.

(1b) Das Bundesministerium des Innern, für Bau und Heimat wird ermächtigt, durch Rechtsverordnung im Einvernehmen mit dem Bundeskanzleramt, dem Bundesministerium für Wirtschaft und Energie, dem Bundesministerium für Verkehr und digitale Infrastruktur, dem Bundesministerium der Justiz und für Verbraucherschutz und dem Bundesministerium der Verteidigung mit Zustimmung des Bundesrates das Nähere zur technischen und organisatorischen Umsetzung der Mitwirkungspflichten nach Absatz 1a Satz 1 Nummer 4 zu bestimmen.

(2) [1] Der nach Absatz 1 oder Absatz 1a Verpflichtete hat vor Durchführung einer beabsichtigten Beschränkungsmaßnahme unverzüglich die Personen, die mit der Durchführung der Maßnahme betraut werden sollen,

1. auszuwählen,
2. einer einfachen Sicherheitsüberprüfung unterziehen zu lassen und
3. über Mitteilungsverbote nach § 17 sowie die Strafbarkeit eines Verstoßes nach § 18 zu belehren; die Belehrung ist aktenkundig zu machen.

[2] Mit der Durchführung einer Beschränkungsmaßnahme dürfen nur Personen betraut werden, die nach Maßgabe des Satzes 1 überprüft und belehrt worden sind. [3] Nach Zustimmung des Bundesministeriums des Innern, für Bau und Heimat, bei Beschränkungsmaßnahmen einer Landesbehörde des zuständigen Landesministeriums, kann der Behördenleiter der berechtigten Stelle oder dessen Stellvertreter die nach Absatz 1 oder Absatz 1a Verpflichteten schriftlich auffordern, die Beschränkungsmaßnahme bereits vor Abschluss der Sicherheitsüberprüfung durchzuführen. [4] Der nach Absatz 1 oder Absatz 1a Verpflichtete hat sicherzustellen, dass die Geheimschutzmaßnahmen zum Schutz als VS-NUR FÜR DEN DIENSTGEBRAUCH eingestufter Informationen gemäß der nach § 35 Absatz 1 des Sicherheitsüberprüfungsgesetzes zu erlassenden allgemeinen Verwaltungsvorschrift zum materiellen Geheimschutz in der jeweils geltenden Fassung getroffen werden.

(3) [1] Die Sicherheitsüberprüfung nach Absatz 2 Satz 1 Nr. 2 ist entsprechend dem Sicherheitsüberprüfungsgesetz durchzuführen. [2] Für Beschränkungsmaßnahmen einer Landesbehörde gilt dies nicht, soweit Rechtsvorschriften des Landes vergleichbare Bestimmungen enthalten; in diesem Fall sind die Rechtsvorschriften

---

[1)] **Sartorius Nr. 80.**

des Landes entsprechend anzuwenden. [3] Zuständig ist bei Beschränkungsmaßnahmen von Bundesbehörden das Bundesministerium des Innern, für Bau und Heimat; im Übrigen sind die nach Landesrecht bestimmten Behörden zuständig. [4] Soll mit der Durchführung einer Beschränkungsmaßnahme eine Person betraut werden, für die innerhalb der letzten fünf Jahre bereits eine gleich- oder höherwertige Sicherheitsüberprüfung nach Bundes- oder Landesrecht durchgeführt worden ist, soll von einer erneuten Sicherheitsüberprüfung abgesehen werden.

Abschnitt 2. Beschränkungen in Einzelfällen

§ 3[1)] Voraussetzungen. (1) [1] Beschränkungen nach § 1 Abs. 1 Nr. 1 dürfen unter den dort bezeichneten Voraussetzungen angeordnet werden, wenn tatsächliche Anhaltspunkte für den Verdacht bestehen, dass jemand

1. Straftaten des Friedensverrats oder des Hochverrats (§§ 80a bis 83 des Strafgesetzbuches[2)]),
2. Straftaten der Gefährdung des demokratischen Rechtsstaates (§§ 84 bis 86, 87 bis 89b, 89c Absatz 1 bis 4 des Strafgesetzbuches, § 20 Abs. 1 Nr. 1 bis 4 des Vereinsgesetzes[3)]),
3. Straftaten des Landesverrats und der Gefährdung der äußeren Sicherheit (§§ 94 bis 96, 97a bis 100a des Strafgesetzbuches),
4. Straftaten gegen die Landesverteidigung (§§ 109e bis 109g des Strafgesetzbuches),
5. Straftaten gegen die Sicherheit der in der Bundesrepublik Deutschland stationierten Truppen der nichtdeutschen Vertragsstaaten des Nordatlantikvertrages (§§ 87, 89, 94 bis 96, 98 bis 100, 109e bis 109g des Strafgesetzbuches in Verbindung mit § 1 des NATO-Truppen-Schutzgesetzes),
6. Straftaten nach
   a) den §§ 129a bis 130 des Strafgesetzbuches sowie
   b) den §§ 211, 212, 239a, 239b, 306 bis 306c, 308 Abs. 1 bis 3, § 315 Abs. 3, § 316b Abs. 3 und § 316c Abs. 1 und 3 des Strafgesetzbuches, soweit diese sich gegen die freiheitliche demokratische Grundordnung, den Bestand oder die Sicherheit des Bundes oder eines Landes richten,
7. Straftaten nach § 95 Abs. 1 Nr. 8 des Aufenthaltsgesetzes[4)],
8. Straftaten nach den §§ 202a, 202b und 303a, 303b des Strafgesetzbuches, soweit sich die Straftat gegen die innere oder äußere Sicherheit der Bundesrepublik Deutschland, insbesondere gegen sicherheitsempfindliche Stellen von lebenswichtigen Einrichtungen richtet, oder
9. Straftaten nach § 13 des Völkerstrafgesetzbuches[5)]

[1)] § 3 Abs. 1 Satz 1 Nr. 6 Buchst. a geänd. mWv 30.8.2002 durch G v. 22.8.2002 (BGBl. I S. 3390); *Abs. 1 Satz 1 Nr.* 7 geänd. mWv 1.1.2005 durch G v. 30.7.2004 (BGBl. I S. 1950); Abs. 1 Satz 1 Nr. 5 geänd. mWv 30.11.2007 durch G v. 23.11.2007 (BGBl. I S. 2614); Abs. 1 Satz 1 Nr. 2 geänd. mWv 4.8.2009 durch G v. 30.7.2009 (BGBl. I S. 2437); Abs. 1a eingef. mWv 5.8.2009 durch G v. 31.7.2009 (BGBl. I S. 2499); Abs. 1 Satz 1 Nr. 2 geänd. mWv 20.6.2015 durch G v. 12.6.2015 (BGBl. I S. 926); Abs. 1 Satz 1 Nr. 6 Buchst. b und Nr. 7 geänd., Nr. 8 angef. mWv 21.11.2015 durch G v. 17.11.2015 (BGBl. I S. 1938); Abs. 1 Satz 1 Nr. 1, 7 und 8 geänd., Nr. 9 angef. mWv 1.1.2017 durch G v. 22.12.2016 (BGBl. I S. 3150); Abs. 1a geänd. mWv 2.4.2021 durch G v. 30.3.2021 (BGBl. I S. 402).

[2)] **Habersack, Deutsche Gesetze Nr. 85.**

[3)] **Sartorius Nr. 425.**

[4)] **Sartorius Nr. 565.**

[5)] Nr. **85g**.

plant, begeht oder begangen hat. [2] Gleiches gilt, wenn tatsächliche Anhaltspunkte für den Verdacht bestehen, dass jemand Mitglied einer Vereinigung ist, deren Zwecke oder deren Tätigkeit darauf gerichtet sind, Straftaten zu begehen, die gegen die freiheitliche demokratische Grundordnung, den Bestand oder die Sicherheit des Bundes oder eines Landes gerichtet sind.

(1a) Beschränkungen nach § 1 Abs. 1 Nr. 1 dürfen unter den dort bezeichneten Voraussetzungen für den Bundesnachrichtendienst auch für Telekommunikationsanschlüsse, die sich an Bord deutscher Schiffe außerhalb deutscher Hoheitsgewässer befinden, angeordnet werden, wenn tatsächliche Anhaltspunkte bestehen, dass jemand eine der in § 72 Absatz 1 und 3 des Zollfahndungsdienstgesetzes genannten Straftaten plant, begeht oder begangen hat.

(2) [1] Die Anordnung ist nur zulässig, wenn die Erforschung des Sachverhalts auf andere Weise aussichtslos oder wesentlich erschwert wäre. [2] Sie darf sich nur gegen den Verdächtigen oder gegen Personen richten, von denen auf Grund bestimmter Tatsachen anzunehmen ist, dass sie für den Verdächtigen bestimmte oder von ihm herrührende Mitteilungen entgegennehmen oder weitergeben oder dass der Verdächtige ihren Anschluss benutzt. [3] Maßnahmen, die sich auf Sendungen beziehen, sind nur hinsichtlich solcher Sendungen zulässig, bei denen Tatsachen die Annahme rechtfertigen, dass sie von dem, gegen den sich die Anordnung richtet, herrühren oder für ihn bestimmt sind. [4] Abgeordnetenpost von Mitgliedern des Deutschen Bundestages und der Parlamente der Länder darf nicht in eine Maßnahme einbezogen werden, die sich gegen einen Dritten richtet.

§ 3a[1)] Schutz des Kernbereichs privater Lebensgestaltung. (1) [1] Beschränkungen nach § 1 Abs. 1 Nr. 1 sind unzulässig, soweit tatsächliche Anhaltspunkte für die Annahme vorliegen, dass durch sie allein Erkenntnisse aus dem Kernbereich privater Lebensgestaltung erfasst würden. [2] Soweit im Rahmen von Beschränkungen nach § 1 Abs. 1 Nr. 1 neben einer automatischen Aufzeichnung eine unmittelbare Kenntnisnahme erfolgt, ist die Maßnahme unverzüglich zu unterbrechen, soweit sich während der Überwachung tatsächliche Anhaltspunkte dafür ergeben, dass Inhalte, die dem Kernbereich privater Lebensgestaltung zuzurechnen sind, erfasst werden. [3] Bestehen insoweit Zweifel, darf nur eine automatische Aufzeichnung fortgesetzt werden. [4] Automatische Aufzeichnungen nach Satz 3 sind unverzüglich einem bestimmten Mitglied der G10-Kommission oder seinem Stellvertreter zur Entscheidung über die Verwertbarkeit oder Löschung der Daten vorzulegen. [5] Das Nähere regelt die Geschäftsordnung. [6] Die Entscheidung des Mitglieds der Kommission, dass eine Verwertung erfolgen darf, ist unverzüglich durch die Kommission zu bestätigen. [7] Ist die Maßnahme nach Satz 2 unterbrochen worden, so darf sie für den Fall, dass sie nicht nach Satz 1 unzulässig ist, fortgeführt werden. [8] Erkenntnisse aus dem Kernbereich privater Lebensgestaltung, die durch eine Beschränkung nach § 1 Abs. 1 Nr. 1 erlangt worden sind, dürfen nicht verwertet werden. [9] Aufzeichnungen hierüber sind unverzüglich zu löschen. [10] Die Tatsachen der Erfassung der Daten und der Löschung sind zu dokumentieren. [11] Die Dokumentation darf ausschließlich für Zwecke der Datenschutzkontrolle verwendet werden. [12] Sie ist sechs Monate nach der Mitteilung nach § 12 Absatz 1 Satz 1 oder der Feststellung nach § 12 Absatz 1 Satz 5 zu löschen.

(2) [1] Bei Gefahr im Verzug können Aufzeichnungen nach Absatz 1 Satz 3 unter *Aufsicht eines* Bediensteten, der die Befähigung zum Richteramt hat, gesichtet

[1)] § 3a eingef. mWv 5.8.2009 durch G v. 31.7.2009 (BGBl. I S. 2499); Abs. 1 Satz 12 neu gef., Abs. 2 angef. mWv 9.7.2021 durch G v. 5.7.2021 (BGBl. I S. 2274).

werden. [2]Der Bedienstete entscheidet im Benehmen mit dem nach § 5 des Bundesdatenschutzgesetzes[1)] oder entsprechenden landesrechtlichen Vorschriften benannten Datenschutzbeauftragten oder einem von diesem beauftragten Beschäftigten, für den § 6 Absatz 3 des Bundesdatenschutzgesetzes insoweit entsprechend gilt, über eine vorläufige Nutzung.

§ 3b[2)] Schutz zeugnisverweigerungsberechtigter Personen. (1) [1]Maßnahmen nach § 1 Abs. 1 Nr. 1, die sich gegen eine in § 53 Absatz 1 Satz 1 Nummer 1, 2, 3 oder Nummer 4 der Strafprozessordnung[3)] genannte Person, im Falle von § 53 Absatz 1 Satz 1 Nummer 3 der Strafprozessordnung beschränkt auf Rechtsanwälte und Kammerrechtsbeistände, richten und voraussichtlich Erkenntnisse erbringen würden, über die diese Person das Zeugnis verweigern dürfte, sind unzulässig. [2]Dennoch erlangte Erkenntnisse dürfen nicht verwertet werden. [3]Aufzeichnungen hierüber sind unverzüglich zu löschen. [4]Die Tatsache ihrer Erlangung und Löschung ist zu dokumentieren. [5]Die Sätze 2 bis 3 gelten entsprechend, wenn durch eine Maßnahme, die sich nicht gegen eine in Satz 1 genannte Person richtet, von einer dort genannten Person Erkenntnisse erlangt werden, über die sie das Zeugnis verweigern dürfte.

(2) [1]Soweit durch eine Beschränkung eine in § 53 Abs. 1 Satz 1 Nr. 3 bis 3b oder Nr. 5 der Strafprozessordnung genannte Person, im Falle von § 53 Absatz 1 Satz 1 Nummer 3 der Strafprozessordnung mit Ausnahme von Rechtsanwälten und Kammerrechtsbeiständen, betroffen wäre und dadurch voraussichtlich Erkenntnisse erlangt würden, über die diese Person das Zeugnis verweigern dürfte, ist dies im Rahmen der Prüfung der Verhältnismäßigkeit unter Würdigung des öffentlichen Interesses an den von dieser Person wahrgenommenen Aufgaben und des Interesses an der Geheimhaltung der dieser Person anvertrauten oder bekannt gewordenen Tatsachen besonders zu berücksichtigen. [2]Soweit hiernach geboten, ist die Maßnahme zu unterlassen oder, soweit dies nach der Art der Maßnahme möglich ist, zu beschränken.

(3) Die Absätze 1 und 2 gelten entsprechend, soweit die in § 53a der Strafprozessordnung Genannten das Zeugnis verweigern dürften.

(4) Die Absätze 1 bis 3 gelten nicht, sofern die zeugnisverweigerungsberechtigte Person Verdächtiger im Sinne des § 3 Abs. 2 Satz 2 ist oder tatsächliche Anhaltspunkte den Verdacht begründen, dass sie dessen in § 3 Abs. 1 bezeichnete Bestrebungen durch Entgegennahme oder Weitergabe von Mitteilungen bewusst unterstützt.

§ 4[4)] Prüf-, Kennzeichnungs- und Löschungspflichten, Übermittlungen, Zweckbindung. (1) [1]Die erhebende Stelle prüft unverzüglich und sodann in Abständen von höchstens sechs Monaten, ob die erhobenen personenbezogenen Daten im Rahmen ihrer Aufgaben allein oder zusammen mit bereits vorliegenden Daten für die in § 1 Abs. 1 Nr. 1 bestimmten Zwecke erforderlich sind. [2]Soweit die Daten für diese Zwecke nicht erforderlich sind und nicht für eine Übermitt-

---

[1)] **Sartorius Nr. 245.**

[2)] § 3b eingef. mWv 5.8.2009 durch G v. 31.7.2009 (BGBl. I S. 2499); Abs. 1 Sätze 1 und 5, Abs. 2 Satz 1 geänd. mWv 9.7.2021 durch G v. 5.7.2021 (BGBl. I S. 2274).

[3)] **Habersack, Deutsche Gesetze Nr. 90.**

[4)] § 4 Abs. 1 Sätze 4 und 5 eingef., bish. Sätze 4 und 5 werden Sätze 6 und 7, neuer Satz 6, Abs. 4 Nr. 1 Buchst. a geänd. mWv 5.8.2009 durch G v. 31.7.2009 (BGBl. I S. 2499); Abs. 1 Satz 7 neu gef., Abs. 4 Satz 1 einl. Satzteil geänd., Satz 2 angef. mWv 25.5.2018 durch G v. 30.6.2017 (BGBl. I S. 2097); Abs. 4 Satz 1 Nr. 1 Buchst. b geänd. mWv 1.1.2024 durch G v. 22.12.2023 (BGBl. 2023 I Nr. 410); Abs. 4 Satz 2 aufgeh., abschl. Satzteil geänd. mWv 30.12.2023 durch G v. 22.12.2023 (BGBl. 2023 I Nr. 413).

lung an andere Stellen benötigt werden, sind sie unverzüglich unter Aufsicht eines Bediensteten, der die Befähigung zum Richteramt hat, zu löschen. [3] Die Löschung ist zu protokollieren. [4] Die Protokolldaten dürfen ausschließlich zur Durchführung der Datenschutzkontrolle verwendet werden. [5] Die Protokolldaten sind am Ende des Kalenderjahres, das dem Jahr der Protokollierung folgt, zu löschen. [6] Die Löschung der Daten unterbleibt, soweit die Daten für eine Mitteilung nach § 12 Abs. 1 oder für eine gerichtliche Nachprüfung der Rechtmäßigkeit der Beschränkungsmaßnahme von Bedeutung sein können. [7] In diesem Fall ist die Verarbeitung der Daten einzuschränken; sie dürfen nur zu diesen Zwecken verwendet werden.

(2) [1] Die verbleibenden Daten sind zu kennzeichnen. [2] Nach einer Übermittlung ist die Kennzeichnung durch den Empfänger aufrechtzuerhalten. [3] Die Daten dürfen nur zu den in § 1 Abs. 1 Nr. 1 und den in Absatz 4 genannten Zwecken verwendet werden.

(3) [1] Der Behördenleiter oder sein Stellvertreter kann anordnen, dass bei der Übermittlung auf die Kennzeichnung verzichtet wird, wenn dies unerlässlich ist, um die Geheimhaltung einer Beschränkungsmaßnahme nicht zu gefährden, und die G 10-Kommission oder, soweit es sich um die Übermittlung durch eine Landesbehörde handelt, die nach Landesrecht zuständige Stelle zugestimmt hat. [2] Bei Gefahr im Verzuge kann die Anordnung bereits vor der Zustimmung getroffen werden. [3] Wird die Zustimmung versagt, ist die Kennzeichnung durch den Übermittlungsempfänger unverzüglich nachzuholen; die übermittelnde Behörde hat ihn hiervon zu unterrichten.

(4) Die Daten dürfen an andere als die nach § 1 Absatz 1 Nummer 1 berechtigten Stellen nur übermittelt werden

1. zur Verhinderung oder Aufklärung von Straftaten, wenn
   a) tatsächliche Anhaltspunkte für den Verdacht bestehen, dass jemand eine der in § 3 Abs. 1 und 1a genannten Straftaten plant oder begeht,
   b) bestimmte Tatsachen den Verdacht begründen, dass jemand eine sonstige in § 7 Absatz 2 genannte Straftat plant oder begeht,
2. zur Verfolgung von Straftaten, wenn bestimmte Tatsachen den Verdacht begründen, dass jemand eine in Nummer 1 bezeichnete Straftat begeht oder begangen hat, oder
3. zur Vorbereitung und Durchführung eines Verfahrens nach Artikel 21 Abs. 2 Satz 2 des Grundgesetzes[1)] oder einer Maßnahme nach § 3 Abs. 1 Satz 1 des Vereinsgesetzes[2)],

soweit sie zur Erfüllung der Aufgaben des Empfängers erforderlich sind und in den Fällen der Nummern 1 und 2 daneben die Voraussetzungen der Vorschriften vorliegen, die Übermittlungen der übermittelnden Stelle für die Verhinderung, Aufklärung oder Verfolgung von Straftaten allgemein regeln.

(5) [1] Sind mit personenbezogenen Daten, die übermittelt werden dürfen, weitere Daten des Betroffenen oder eines Dritten in Akten so verbunden, dass eine Trennung nicht oder nur mit unvertretbarem Aufwand möglich ist, ist die Übermittlung auch dieser Daten zulässig; eine Verwendung dieser Daten ist unzulässig. [2] Über die Übermittlung entscheidet ein Bediensteter der übermittelnden Stelle, der die Befähigung zum Richteramt hat. [3] Die Übermittlung ist zu protokollieren.

[1)] **Habersack, Deutsche Gesetze Nr. 1.**
[2)] **Sartorius Nr. 425.**

(6) [1]Der Empfänger darf die übermittelten Daten nur für die Zwecke verwenden, zu deren Erfüllung sie ihm übermittelt worden sind. [2]Er prüft unverzüglich und sodann in Abständen von höchstens sechs Monaten, ob die übermittelten Daten für diese Zwecke erforderlich sind. [3]Absatz 1 Satz 2 und 3 gilt entsprechend. [4]Der Empfänger unterrichtet die übermittelnde Stelle unverzüglich über die erfolgte Löschung.

§ 4a[1)] Weiterverarbeitung von Verkehrsdaten durch den Bundesnachrichtendienst. (1) Der Bundesnachrichtendienst darf erhobene Verkehrsdaten, bei denen für einen Teilnehmer der Kommunikation eine Beschränkung nach § 3 angeordnet ist, zur Erfüllung seiner Aufgaben auch weiterverarbeiten, um

1. Personen zu erkennen, die einen Deutschlandbezug aufweisen und über die Informationen erlangt werden können, die für die Aufgabenerfüllung des Bundesnachrichtendienstes relevant sind, oder
2. geeignete Übertragungswege im Sinne des § 10 Absatz 4 Satz 2 zu bestimmen.

(2) [1]Spätestens drei Monate nach ihrer Erhebung sind die nach Absatz 1 gespeicherten Verkehrsdaten daraufhin zu prüfen, ob die weitere Speicherung zur Erfüllung der Aufgaben des Bundesnachrichtendienstes erforderlich ist. [2]Spätestens sechs Monate nach ihrer Erhebung sind diese Daten zu löschen, es sei denn, es wurde im Einzelfall festgestellt, dass eine weitere Speicherung für die Zwecke des Absatzes 1 erforderlich ist. [3]Ist im Einzelfall festgestellt worden, dass eine weitere Speicherung für die Zwecke nach Absatz 1 erforderlich ist, prüft der Bundesnachrichtendienst sodann regelmäßig in Abständen von höchstens sechs Monaten, ob die weitere Speicherung der Verkehrsdaten für diese Zwecke erforderlich ist.

(3) [1]Die Erfüllung der in den Absätzen 1 und 2 genannten Voraussetzungen wird regelmäßig stichprobenartig durch eine hierzu beauftragte Bedienstete oder einen hierzu beauftragten Bediensteten des Bundesnachrichtendienstes, die oder der die Befähigung zum Richteramt hat, überprüft. [2]Soweit die Überprüfung eine unzulässige Verarbeitung ergibt, sind die Daten unverzüglich unter Aufsicht einer Bediensteten oder eines Bediensteten des Bundesnachrichtendienstes, die oder der die Befähigung zum Richteramt hat, zu löschen. [3]§ 4 Absatz 1 Satz 3 bis 5 gilt entsprechend.

Abschnitt 3. Strategische Beschränkungen

§ 5[2)] Voraussetzungen. (1) [1]Auf Antrag des Bundesnachrichtendienstes dürfen Beschränkungen nach § 1 für internationale Telekommunikationsbeziehungen, soweit eine gebündelte Übertragung erfolgt, angeordnet werden. [2]Die jeweiligen Telekommunikationsbeziehungen werden von dem nach § 10 Abs. 1 zuständigen Bundesministerium mit Zustimmung des Parlamentarischen Kontrollgremiums bestimmt. [3]Beschränkungen nach Satz 1 sind nur zulässig zur Sammlung von Informationen über Sachverhalte, deren Kenntnis notwendig ist, um die Gefahr

1. eines bewaffneten Angriffs auf die Bundesrepublik Deutschland,
2. der Begehung internationaler terroristischer Anschläge mit unmittelbarem Bezug zur Bundesrepublik Deutschland,

---

[1)] § 4a eingef. mWv 1.1.2022 durch G v. 19.4.2021 (BGBl. I S. 771).

[2)] § 5 Abs. 1 Satz 3 Nr. 4 neu gef., Nr. 5 und 6 geänd., Nr. 7 angef., Abs. 2 Satz 2 neu gef. mWv 5.8.2009 durch G v. 31.7.2009 (BGBl. I S. 2499); Abs. 1 Satz 3 Nr. 6 und 7 Buchst. c geänd., Nr. 8 angef. mWv 21.11.2015 durch G v. 17.11.2015 (BGBl. I S. 1938).

3. der internationalen Verbreitung von Kriegswaffen im Sinne des Gesetzes über die Kontrolle von Kriegswaffen[1] sowie des unerlaubten Außenwirtschaftsverkehrs mit Waren, Datenverarbeitungsprogrammen und Technologien in Fällen von erheblicher Bedeutung,
4. der unbefugten gewerbs- oder bandenmäßig organisierten Verbringung von Betäubungsmitteln in das Gebiet der Europäischen Union in Fällen von erheblicher Bedeutung mit Bezug zur Bundesrepublik Deutschland,
5. der Beeinträchtigung der Geldwertstabilität im Euro-Währungsraum durch im Ausland begangene Geldfälschungen,
6. der international organisierten Geldwäsche in Fällen von erheblicher Bedeutung,
7. des gewerbs- oder bandenmäßig organisierten Einschleusens von ausländischen Personen in das Gebiet der Europäischen Union in Fällen von erheblicher Bedeutung mit Bezug zur Bundesrepublik Deutschland
   a) bei unmittelbarem Bezug zu den Gefahrenbereichen nach Nr. 1 bis 3 oder
   b) in Fällen, in denen eine erhebliche Anzahl geschleuster Personen betroffen ist, insbesondere wenn durch die Art der Schleusung von einer Gefahr für ihr Leib oder Leben auszugehen ist, oder
   c) in Fällen von unmittelbarer oder mittelbarer Unterstützung oder Duldung durch ausländische öffentliche Stellen oder
8. des internationalen kriminellen, terroristischen oder staatlichen Angriffs mittels Schadprogrammen oder vergleichbaren schädlich wirkenden informationstechnischen Mitteln auf die Vertraulichkeit, Integrität oder Verfügbarkeit von IT-Systemen in Fällen von erheblicher Bedeutung mit Bezug zur Bundesrepublik Deutschland

rechtzeitig zu erkennen und einer solchen Gefahr zu begegnen. [4] In den Fällen von Satz 3 Nr. 1 dürfen Beschränkungen auch für Postverkehrsbeziehungen angeordnet werden; Satz 2 gilt entsprechend.

(2) [1] Bei Beschränkungen von Telekommunikationsbeziehungen darf der Bundesnachrichtendienst nur Suchbegriffe verwenden, die zur Aufklärung von Sachverhalten über den in der Anordnung bezeichneten Gefahrenbereich bestimmt und geeignet sind. [2] Es dürfen keine Suchbegriffe verwendet werden, die

1. Identifizierungsmerkmale enthalten, die zu einer gezielten Erfassung bestimmter Telekommunikationsanschlüsse führen, oder
2. den Kernbereich der privaten Lebensgestaltung betreffen.

[3] Dies gilt nicht für Telekommunikationsanschlüsse im Ausland, sofern ausgeschlossen werden kann, dass Anschlüsse, deren Inhaber oder regelmäßige Nutzer deutsche Staatsangehörige sind, gezielt erfasst werden. [4] Die Durchführung ist zu protokollieren. [5] Die Protokolldaten dürfen ausschließlich zu Zwecken der Datenschutzkontrolle verwendet werden. [6] Sie sind am Ende des Kalenderjahres, das dem Jahr der Protokollierung folgt, zu löschen.

§ 5a[2] Schutz des Kernbereichs privater Lebensgestaltung. [1] Durch Beschränkungen nach § 1 Abs. 1 Nr. 2 dürfen keine Kommunikationsinhalte aus dem Kernbereich privater Lebensgestaltung erfasst werden. [2] Sind durch eine

---

[1] **Sartorius Nr. 823.**

[2] § 5a eingef. mWv 5.8.2009 durch G v. 31.7.2009 (BGBl. I S. 2499); Satz 4 geänd., Satz 7 neu gef. mWv 9.7.2021 durch G v. 5.7.2021 (BGBl. I S. 2274).

Beschränkung nach § 1 Abs. 1 Nr. 2 Kommunikationsinhalte aus dem Kernbereich privater Lebensgestaltung erfasst worden, dürfen diese nicht verwertet werden. [3]Sie sind unverzüglich unter Aufsicht eines Bediensteten, der die Befähigung zum Richteramt hat, zu löschen. [4]§ 3a Absatz 1 Satz 2 bis 7 und Absatz 2 gilt entsprechend. [5]Die Tatsache der Erfassung der Daten und ihrer Löschung ist zu protokollieren. [6]Die Protokolldaten dürfen ausschließlich zum Zwecke der Durchführung der Datenschutzkontrolle verwendet werden. [7]Sie sind sechs Monate nach der Mitteilung oder der Feststellung nach § 12 Absatz 2 zu löschen.

§ 5b[1)] Schutz zeugnisverweigerungsberechtigter Personen. Für den Schutz zeugnisverweigerungsberechtigter Personen gilt § 3b entsprechend.

§ 6[2)] Prüf-, Kennzeichnungs- und Löschungspflichten, Zweckbindung.

(1) [1]Der Bundesnachrichtendienst prüft unverzüglich und sodann in Abständen von höchstens sechs Monaten, ob die erhobenen personenbezogenen Daten im Rahmen seiner Aufgaben allein oder zusammen mit bereits vorliegenden Daten für die in § 5 Abs. 1 Satz 3 bestimmten Zwecke erforderlich sind. [2]Soweit die Daten für diese Zwecke nicht erforderlich sind und nicht für eine Übermittlung an andere Stellen benötigt werden, sind sie unverzüglich unter Aufsicht eines Bediensteten, der die Befähigung zum Richteramt hat, zu löschen. [3]Die Löschung ist zu protokollieren. [4]Die Protokolldaten dürfen ausschließlich zur Durchführung von Kontrollen der Datenverarbeitung, einschließlich der Datenschutzkontrolle, verwendet werden. [5]Die Protokolldaten sind am Ende des Kalenderjahres zu löschen, das dem Jahr der Protokollierung folgt. [6]Außer in den Fällen der erstmaligen Prüfung nach Satz 1 unterbleibt die Löschung, soweit die Daten für eine Mitteilung nach § 12 Abs. 2 oder für eine gerichtliche Nachprüfung der Rechtmäßigkeit der Beschränkungsmaßnahme von Bedeutung sein können. [7]In diesem Fall ist die Verarbeitung der Daten einzuschränken; sie dürfen nur zu diesen Zwecken verwendet werden.

(2) [1]Die verbleibenden Daten sind zu kennzeichnen. [2]Nach einer Übermittlung ist die Kennzeichnung durch den Empfänger aufrechtzuerhalten. [3]Die Daten dürfen nur zu den in § 5 Abs. 1 Satz 3 genannten Zwecken und für Übermittlungen nach § 7 Abs. 1 bis 4a und § 7a verwendet werden.

(3) [1]Auf Antrag des Bundesnachrichtendienstes dürfen zur Prüfung der Relevanz erfasster Telekommunikationsverkehre auf Anordnung des nach § 10 Abs. 1 zuständigen Bundesministeriums die erhobenen Daten in einem automatisierten Verfahren mit bereits vorliegenden Rufnummern oder anderen Kennungen bestimmter Telekommunikationsanschlüsse abgeglichen werden, bei denen tatsächliche Anhaltspunkte dafür bestehen, dass sie in einem Zusammenhang mit dem Gefahrenbereich stehen, für den die Überwachungsmaßnahme angeordnet wurde. [2]Zu diesem Abgleich darf der Bundesnachrichtendienst auch Rufnummern oder andere Kennungen bestimmter Telekommunikationsanschlüsse im Inland verwenden. [3]Die zu diesem Abgleich genutzten Daten dürfen nicht als Suchbegriffe im Sinne des § 5 Abs. 2 Satz 1 verwendet werden. [4]Der Abgleich und die Gründe für die Verwendung der für den Abgleich genutzten Daten sind zu protokollieren.

[1)] § 5b eingef. mWv 1.1.2024 durch G v. 22.12.2023 (BGBl. 2023 I Nr. 410).

[2)] § 6 Abs. 1 Sätze 4 und 5 eingef., bish. Sätze 4 und 5 werden Sätze 6 und 7, Abs. 2 Satz 3 geänd., Abs. 3 angef. mWv 5.8.2009 durch G v. 31.7.2009 (BGBl. I S. 2499); Abs. 2 Satz 3 geänd. mWv 21.11. 2015 durch G v. 17.11.2015 (BGBl. I S. 1938); Abs. 1 Satz 7 neu gef. mWv 25 5.2018 durch G v. 30.6. 2017 (BGBl. I S. 2097); Abs. 1 Satz 4, Abs. 3 Satz 5 geänd., Abs. 4–6 angef. mWv 1.1.2022 durch G v. 19.4.2021 (BGBl. I S. 771).

[5]Die Protokolldaten dürfen ausschließlich zur Durchführung von Kontrollen der Datenverarbeitung, einschließlich der Datenschutzkontrolle, verwendet werden. [6]Sie sind am Ende des Kalenderjahres, das dem Jahr der Protokollierung folgt, zu vernichten.

(4) [1]Unabhängig von Absatz 1 Satz 1 und 2 darf der Bundesnachrichtendienst auf den nach § 5 Absatz 1 in Verbindung mit § 10 Absatz 4 Satz 2 angeordneten Übertragungswegen zur Erfüllung seiner Aufgaben Verkehrsdaten erheben und unter den Voraussetzungen des Satzes 3 weiterverarbeiten, sofern diejenigen Verkehrsdaten, die eine Identifizierung von deutschen Staatsangehörigen, von inländischen juristischen Personen oder von sich im Bundesgebiet aufhaltenden Personen ermöglichen, im Falle ihrer Erhebung unverzüglich automatisiert unkenntlich gemacht werden. [2]Die automatisierte Unkenntlichmachung ist so durchzuführen, dass

1. die Eindeutigkeit der Daten erhalten bleibt und
2. eine rückwirkende Identifizierung der in Satz 1 genannten Personen unmöglich oder nur mit unvertretbar hohem Aufwand möglich ist.

[3]Der Bundesnachrichtendienst darf Verkehrsdaten, die nach den Sätzen 1 und 2 unkenntlich gemacht wurden, zur Erfüllung seiner Aufgaben weiterverarbeiten, um

1. Personen außerhalb des in Satz 1 genannten Personenkreises zu erkennen, die einen Deutschlandbezug aufweisen und über die Informationen erlangt werden können, die für die Aufgabenerfüllung des Bundesnachrichtendienstes relevant sind, sowie
2. geeignete Übertragungswege im Sinne des § 10 Absatz 4 Satz 2 zu bestimmen.

[4]Die in Satz 1 genannten Verkehrsdaten sind spätestens sechs Monate nach ihrer Erhebung zu löschen, es sei denn, es wurde im Einzelfall festgestellt, dass eine weitere Speicherung für die Zwecke nach Satz 3 erforderlich ist. [5]Ist im Einzelfall festgestellt worden, dass eine weitere Speicherung für die Zwecke nach Satz 3 erforderlich ist, prüft der Bundesnachrichtendienst bei der Einzelfallbearbeitung und nach festgesetzten Fristen, spätestens nach zehn Jahren, ob die unkenntlich gemachten Verkehrsdaten weiterhin für diese Zwecke erforderlich sind.

(5) [1]Unabhängig von Absatz 1 Satz 1 und 2 darf der Bundesnachrichtendienst erhobene Verkehrsdaten, die auf der Grundlage eines Suchbegriffs nach § 5 Absatz 2 erfasst worden sind, zur Erfüllung seiner Aufgaben weiterverarbeiten, um

1. Personen zu erkennen, die einen Deutschlandbezug aufweisen und über die Informationen erlangt werden können, die für die Aufgabenerfüllung des Bundesnachrichtendienstes relevant sind, sowie
2. geeignete Übertragungswege im Sinne des § 10 Absatz 4 Satz 2 zu identifizieren.

[2]Wird bei der Weiterverarbeitung nach Satz 1 erkannt, dass eine darüber hinausgehende Weiterverarbeitung der Verkehrsdaten durch den Bundesnachrichtendienst erforderlich ist, um Straftaten im Sinne des § 3 Absatz 1 oder Gefahren im Sinne des § 5 Absatz 1 Satz 3 oder des § 8 Absatz 1 zu erkennen und einer solchen Gefahr zu begegnen, darf der Bundesnachrichtendienst diese Daten auch zu diesen Zwecken weiterverarbeiten. [3]Spätestens drei Monate nach ihrer Erhebung sind die *in den Sätzen 1 und* 2 genannten Verkehrsdaten daraufhin zu prüfen, ob die weitere Speicherung zur Erfüllung der Aufgaben des Bundesnachrichtendienstes erforderlich ist. [4]Spätestens sechs Monate nach ihrer Erhebung sind die in den Sätzen 1 und 2 genannten Daten zu löschen, es sei denn, es wurde im Einzelfall

festgestellt, dass eine weitere Speicherung für die Zwecke nach den Sätzen 1 und 2 erforderlich ist. [5] Ist im Einzelfall festgestellt worden, dass eine weitere Speicherung für die Zwecke nach den Sätzen 1 und 2 erforderlich ist, prüft der Bundesnachrichtendienst sodann regelmäßig in Abständen von höchstens sechs Monaten, ob die weitere Speicherung der Verkehrsdaten für diese Zwecke nach den Sätzen 1 und 2 erforderlich ist.

(6) [1] Die Erfüllung der in Absatz 5 genannten Voraussetzungen wird regelmäßig stichprobenartig durch eine hierzu beauftragte Bedienstete oder einen hierzu beauftragten Bediensteten des Bundesnachrichtendienstes, die oder der die Befähigung zum Richteramt hat, überprüft. [2] Soweit die Überprüfung eine unzulässige Verarbeitung ergibt, sind die Daten unverzüglich unter Aufsicht einer Bediensteten oder eines Bediensteten des Bundesnachrichtendienstes, die oder der die Befähigung zum Richteramt hat, zu löschen. [3] Absatz 1 Satz 3 bis 5 gilt entsprechend.

§ 7[1)] Übermittlungen durch den Bundesnachrichtendienst. (1) Durch Beschränkungen nach § 5 erhobene personenbezogene Daten dürfen an die Verfassungsschutzbehörden des Bundes und der Länder sowie an das Bundesamt für den Militärischen Abschirmdienst unter den Voraussetzungen des § 11 des BND-Gesetzes übermittelt werden.

(2) Durch Beschränkungen nach § 5 erhobene personenbezogene Daten dürfen an inländische Strafverfolgungsbehörden unter den Voraussetzungen des § 11a des BND-Gesetzes übermittelt werden.

(3) Durch Beschränkungen nach § 5 erhobene personenbezogene Daten dürfen an inländische öffentliche Stellen unter den Voraussetzungen des § 11b des BND-Gesetzes übermittelt werden.

(4) *(aufgehoben)*

(5) [1] Die Übermittlung ist nur zulässig, soweit sie zur Erfüllung der Aufgaben des Empfängers erforderlich ist. [2] Sind mit personenbezogenen Daten, die übermittelt werden dürfen, weitere Daten des Betroffenen oder eines Dritten in Akten so verbunden, dass eine Trennung nicht oder nur mit unvertretbarem Aufwand möglich ist, ist die Übermittlung auch dieser Daten zulässig; eine Verwendung dieser Daten ist unzulässig. [3] Über die Übermittlung entscheidet ein Bediensteter des Bundesnachrichtendienstes, der die Befähigung zum Richteramt hat. [4] Die Übermittlung ist zu protokollieren.

(6) [1] Der Empfänger darf die Daten nur für die Zwecke verwenden, zu deren Erfüllung sie ihm übermittelt worden sind. [2] Er prüft unverzüglich und sodann in Abständen von höchstens sechs Monaten, ob die übermittelten Daten für diese Zwecke erforderlich sind. [3] § 4 Abs. 6 Satz 4 und § 6 Abs. 1 Satz 2 und 3 gelten entsprechend.

§ 7a[2)] *Übermittlungen durch* den Bundesnachrichtendienst an ausländische öffentliche Stellen. (1) Der Bundesnachrichtendienst darf durch Beschränkungen nach § 5 Absatz 1 Satz 3 Nummer 2, 3, 7 und 8 erhobene personenbezogene Daten unter den Voraussetzungen des § 11e des BND-Gesetzes

---

[1)] § 7 Abs. 6 Satz 3 neu gef. mWv 5.8.2009 durch G v. 31.7.2009 (BGBl. I S. 2499); Abs. 4a eingef. mWv 21.11.2015 durch G v. 17.11.2015 (BGBl. I S. 1938); Abs. 1–3 neu gef., Abs. 4 und 4a aufgeh. mWv 1.1.2024 durch G v. 22.12.2023 (BGBl. 2023 I Nr. 410).

[2)] § 7a eingef. mWv 5.8.2009 durch G v. 31.7.2009 (BGBl. I S. 2499); Abs. 1, 2 und 5 neu gef. mWv 1.1.2024 durch G v. 22.12.2023 (BGBl. 2023 I Nr. 410).

an die mit nachrichtendienstlichen Aufgaben betrauten ausländischen öffentlichen Stellen übermitteln.

(2) Die Übermittlung bedarf der Zustimmung des Bundeskanzleramtes.

(3) [1]Über die Übermittlung entscheidet ein Bediensteter des Bundesnachrichtendienstes, der die Befähigung zum Richteramt hat. [2]Die Übermittlung ist zu protokollieren. [3]Der Bundesnachrichtendienst führt einen Nachweis über den Zweck, die Veranlassung, die Aktenfundstelle und die Empfänger der Übermittlungen nach Absatz 1 und 2. [4]Die Nachweise sind gesondert aufzubewahren, gegen unberechtigten Zugriff zu sichern und am Ende des Kalenderjahres, das dem Jahr ihrer Erstellung folgt, zu vernichten.

(4) Der Empfänger ist zu verpflichten,

1. die übermittelten Daten nur zu dem Zweck zu verwenden, zu dem sie ihm übermittelt wurden,
2. eine angebrachte Kennzeichnung beizubehalten und
3. dem Bundesnachrichtendienst auf Ersuchen Auskunft über die Verwendung zu erteilen.

(5) Das Bundeskanzleramt unterrichtet monatlich die G10-Kommission über Übermittlungen nach Absatz 1.

(6) Das Parlamentarische Kontrollgremium ist in Abständen von höchstens sechs Monaten über die vorgenommenen Übermittlungen nach Absatz 1 und 2 zu unterrichten.

§ 8[1)] Gefahr für Leib oder Leben einer Person im Ausland. (1) Auf Antrag des Bundesnachrichtendienstes dürfen Beschränkungen nach § 1 für internationale Telekommunikationsbeziehungen im Sinne des § 5 Abs. 1 Satz 1 angeordnet werden, wenn dies erforderlich ist, um eine im Einzelfall bestehende Gefahr für Leib oder Leben einer Person im Ausland rechtzeitig zu erkennen oder ihr zu begegnen und dadurch Belange der Bundesrepublik Deutschland unmittelbar in besonderer Weise berührt sind.

(2) [1]Die jeweiligen Telekommunikationsbeziehungen werden von dem nach § 10 Abs. 1 zuständigen Bundesministerium mit Zustimmung des Parlamentarischen Kontrollgremiums bestimmt. [2]Die Zustimmung bedarf der Mehrheit von zwei Dritteln seiner Mitglieder. [3]Die Bestimmung tritt spätestens nach zwei Monaten außer Kraft. [4]Eine erneute Bestimmung ist zulässig, soweit ihre Voraussetzungen fortbestehen.

(3) [1]Die Anordnung ist nur zulässig, wenn die Erforschung des Sachverhalts auf andere Weise aussichtslos oder wesentlich erschwert wäre. [2]Der Bundesnachrichtendienst darf nur Suchbegriffe verwenden, die zur Erlangung von Informationen über die in der Anordnung bezeichnete Gefahr bestimmt und geeignet sind. [3]§ 5 Abs. 2 Satz 2 bis 6 gilt entsprechend. [4]Ist die Überwachungsmaßnahme erforderlich, um einer im Einzelfall bestehenden Gefahr für Leib oder Leben einer Person zu begegnen, dürfen die Suchbegriffe auch Identifizierungsmerkmale enthalten, die zu einer gezielten Erfassung der Rufnummer oder einer anderen Kennung des Telekommunikationsanschlusses dieser Person im Ausland führen.

(4) [1]Der Bundesnachrichtendienst prüft unverzüglich und sodann in Abständen von höchstens sechs Monaten, ob die erhobenen personenbezogenen Daten im

[1)] § 8 Abs. 1 Satz 2 aufgeh., Abs. 2 neu gef., Abs. 3 Satz 4 angef. mWv 5.8.2009 durch G v. 31.7.2009 (BGBl. I S. 2499); Abs. 4 Satz 4 neu gef. mWv 1.1.2022 durch G v. 19.4.2021 (BGBl. I S. 771); Abs. 5 und 6 neu gef., Abs. 7 angef. mWv 1.1.2024 durch G v. 22.12.2023 (BGBl. 2023 I Nr. 410).

Rahmen seiner Aufgaben allein oder zusammen mit bereits vorliegenden Daten zu dem in Absatz 1 bestimmten Zweck erforderlich sind. [2]Soweit die Daten für diesen Zweck nicht erforderlich sind, sind sie unverzüglich unter Aufsicht eines Bediensteten, der die Befähigung zum Richteramt hat, zu löschen. [3]Die Löschung ist zu protokollieren. [4]§ 6 Absatz 1 Satz 4 und 5, Absatz 2 Satz 1 und 2 und Absatz 5 und 6 gilt entsprechend mit der Maßgabe, dass die Weiterverarbeitung nach § 6 Absatz 5 Satz 2 nur zur Erkennung und Begegnung von Gefahren im Sinne des § 8 Absatz 1 zulässig ist. [5]Die Daten dürfen nur zu den in den Absätzen 1, 5 und 6 genannten Zwecken verwendet werden.

(5) Die erhobenen personenbezogenen Daten dürfen unter den Voraussetzungen der §§ 11 und 11b des BND-Gesetzes übermittelt werden, wenn zudem tatsächliche Anhaltspunkte den Verdacht begründen, dass jemand eine Straftat plant oder begeht, die geeignet ist, zu der Entstehung oder Aufrechterhaltung der in Absatz 1 bezeichneten Gefahr beizutragen.

(6) Die erhobenen personenbezogenen Daten dürfen an Strafverfolgungsbehörden unter den Voraussetzungen des § 11a des BND-Gesetzes übermittelt werden, wenn zudem bestimmte Tatsachen den Verdacht begründen, dass jemand eine in Absatz 5 bezeichnete Straftat begeht oder begangen hat.

(7) § 7 Absatz 5 und 6 sowie § 7a gelten entsprechend.

Abschnitt 4. Verfahren

§ 9[1)] Antrag. (1) Beschränkungsmaßnahmen nach diesem Gesetz dürfen nur auf Antrag angeordnet werden.

(2) Antragsberechtigt sind im Rahmen ihres Geschäftsbereichs

1. das Bundesamt für Verfassungsschutz,
2. die Verfassungsschutzbehörden der Länder,
3. der Militärische Abschirmdienst und
4. der Bundesnachrichtendienst

durch den Behördenleiter oder seinen Stellvertreter.

(3) [1]Der Antrag ist schriftlich zu stellen und zu begründen. [2]Er muss alle für die Anordnung erforderlichen Angaben enthalten; im Falle der Durchführung nach § 11 Absatz 1a auch eine möglichst genaue Bezeichnung des informationstechnischen Systems, in das zur Datenerhebung eingegriffen werden soll. [3]In den Fällen der §§ 3 und 8 hat der Antragsteller darzulegen, dass die Erforschung des Sachverhalts auf andere Weise aussichtslos oder wesentlich erschwert wäre.

(Fortsetzung nächstes Blatt)

[1)] § 9 Abs. 2 Nr. 3 geänd. mWv 21.11.2015 durch G v. 17.11.2015 (BGBl. I S. 1938); Abs. 3 Satz 2 neu gef. mWv 9.7.2021 durch G v. 5.7.2021 (BGBl. I S. 2274).

§ 10[1] Anordnung. (1) Zuständig für die Anordnung von Beschränkungsmaßnahmen ist bei Anträgen der Verfassungsschutzbehörden der Länder die zuständige oberste Landesbehörde, im Übrigen das Bundesministerium des Innern, für Bau und Heimat.

(2) [1]Die Anordnung ergeht schriftlich. [2]In ihr sind der Grund der Anordnung und die zur Überwachung berechtigte Stelle anzugeben sowie Art, Umfang und Dauer der Beschränkungsmaßnahme zu bestimmen.

(3) [1]In den Fällen des § 3 muss die Anordnung denjenigen bezeichnen, gegen den sich die Beschränkungsmaßnahme richtet. [2]Bei einer Überwachung der Telekommunikation ist auch die Rufnummer oder eine andere Kennung des Telekommunikationsanschlusses oder die Kennung des Endgerätes, wenn diese allein diesem Endgerät zuzuordnen ist, anzugeben.

(4) [1]In den Fällen der §§ 5 und 8 sind die Suchbegriffe in der Anordnung zu benennen. [2]Ferner sind das Gebiet, über das Informationen gesammelt werden sollen, und die Übertragungswege, die der Beschränkung unterliegen, zu bezeichnen. [3]Weiterhin ist festzulegen, welcher Anteil der auf diesen Übertragungswegen zur Verfügung stehenden Übertragungskapazität überwacht werden darf. [4]In den Fällen des § 5 darf dieser Anteil höchstens 20 vom Hundert betragen.

(5) [1]In den Fällen der §§ 3 und 5 ist die Anordnung auf höchstens drei Monate zu befristen. [2]Verlängerungen um jeweils nicht mehr als drei weitere Monate sind auf Antrag zulässig, soweit die Voraussetzungen der Anordnung fortbestehen.

(6) [1]Die Anordnung ist dem nach § 2 Absatz 1 Satz 1 oder Absatz 1a Verpflichteten insoweit mitzuteilen, als dies erforderlich ist, um ihm die Erfüllung seiner Verpflichtungen zu ermöglichen. [2]Die Mitteilung entfällt, wenn die Anordnung ohne seine Mitwirkung ausgeführt werden kann.

(7) [1]Das Bundesamt für Verfassungsschutz unterrichtet die jeweilige Landesbehörde für Verfassungsschutz über die in deren Bereich getroffenen Beschränkungsanordnungen. [2]Die Landesbehörden für Verfassungsschutz teilen dem Bundesamt für Verfassungsschutz die in ihrem Bereich getroffenen Beschränkungsanordnungen mit.

§ 11[2] Durchführung. (1) Die aus der Anordnung sich ergebenden Beschränkungsmaßnahmen sind unter Verantwortung der Behörde, auf deren Antrag die Anordnung ergangen ist, und unter Aufsicht eines Bediensteten vorzunehmen, der die Befähigung zum Richteramt hat.

(1a) [1]Die Überwachung und Aufzeichnung der laufenden Telekommunikation, die nach dem Zeitpunkt der Anordnung übertragen worden ist, darf auch in der Art und Weise erfolgen, dass in ein von dem Betroffenen genutztes informationstechnisches System eingegriffen wird, wenn dies notwendig ist, um die Überwachung und Aufzeichnung insbesondere in unverschlüsselter Form zu ermöglichen. [2]Auf dem informationstechnischen System des Betrof-

---

[1] § 10 Abs. 3 Satz 2 geänd. mWv 5.8.2009 durch G v. 31.7.2009 (BGBl. I S. 2499); Abs. 1 geänd. mWv 10.1.2012 durch G v. 7.12.2011 (BGBl. I S. 2576); Abs. 1 geänd. mWv 27.6.2020 durch VO v. 19.6.2020 (BGBl. I S. 1328); Abs. 6 Satz 1 geänd. mWv 9.7.2021 durch G v. 5.7.2021 (BGBl. I S. 2274).

[2] § 11 Abs. 1a und 1b eingef., Abs. 2 Satz 2 geänd. mWv 9.7.2021 durch G v. 5.7.2021 (BGBl. I S. 2274).

fenen ab dem Zeitpunkt der Anordnung gespeicherte Inhalte und Umstände der Kommunikation dürfen überwacht und aufgezeichnet werden, wenn sie auch während des laufenden Übertragungsvorgangs im öffentlichen Telekommunikationsnetz in verschlüsselter Form hätten überwacht und aufgezeichnet werden können. [3] Bei den Maßnahmen nach den Sätzen 1 und 2 ist technisch sicherzustellen, dass

1. ausschließlich überwacht und aufgezeichnet werden können:
   a) die laufende Kommunikation (Satz 1) und
   b) Inhalte und Umstände der Kommunikation, die auch während des laufenden Kommunikationsvorgangs ab dem Zeitpunkt der Anordnung im öffentlichen Telekommunikationsnetz hätten überwacht und aufgezeichnet werden können (Satz 2),
2. an dem informationstechnischen System nur Veränderungen vorgenommen werden, die für die Datenerhebung unerlässlich sind,
3. die vorgenommenen Veränderungen bei Beendigung der Maßnahme, soweit technisch möglich, automatisiert rückgängig gemacht werden.

[4] Das eingesetzte Mittel ist nach dem Stand der Technik gegen unbefugte Nutzung zu schützen. [5] Kopierte Daten sind nach dem Stand der Technik gegen Veränderung, unbefugte Löschung und unbefugte Kenntnisnahme zu schützen. [6] Bei jedem Einsatz sind zu protokollieren:

1. die Bezeichnung des technischen Mittels und der Zeitpunkt seines Einsatzes,
2. die Angaben zur Identifizierung des informationstechnischen Systems und die daran vorgenommenen nicht nur flüchtigen Veränderungen,
3. die Angaben, die die Feststellung der erhobenen Daten ermöglichen, und
4. die Organisationseinheit, die die Maßnahme durchführt.

(1b) [1] Werden nach der Anordnung weitere Kennungen von Telekommunikationsanschlüssen der Person, gegen die sich die Anordnung richtet, bekannt, darf die Durchführung der Beschränkungsmaßnahme auch auf diese Kennungen erstreckt werden. [2] Satz 1 findet keine Anwendung auf weitere Kennungen von Telekommunikationsanschlüssen von Personen, gegen die sich die Anordnung richtet, weil auf Grund bestimmter Tatsachen anzunehmen ist, dass der Verdächtige ihren Anschluss benutzt (§ 3 Absatz 2 Satz 2 Variante 3).

(2) [1] Die Maßnahmen sind unverzüglich zu beenden, wenn sie nicht mehr erforderlich sind oder die Voraussetzungen der Anordnung nicht mehr vorliegen. [2] Die Beendigung ist der Stelle, die die Anordnung getroffen hat, und dem nach § 2 Absatz 1 Satz 1 oder Absatz 1a Verpflichteten, dem die Anordnung mitgeteilt worden ist, anzuzeigen. [3] Die Anzeige an den Verpflichteten entfällt, wenn die Anordnung ohne seine Mitwirkung ausgeführt wurde.

(3) [1] Postsendungen, die zur Öffnung und Einsichtnahme ausgehändigt worden sind, sind dem Postverkehr unverzüglich wieder zuzuführen. [2] Telegramme dürfen dem Postverkehr nicht entzogen werden. [3] Der zur Einsichtnahme berechtigten Stelle ist eine Abschrift des Telegramms zu übergeben.

§ 12[1)] Mitteilungen an Betroffene. (1) [1] Beschränkungsmaßnahmen nach § 3 sind dem Betroffenen nach ihrer Einstellung mitzuteilen. [2] Die Mitteilung unterbleibt, solange eine Gefährdung des Zwecks der Beschränkung nicht aus-

[1)] § 12 Abs. 1 neu gef. mWv 5.8.2009 durch G v. 31.7.2009 (BGBl. I S. 2499).

geschlossen werden kann oder solange der Eintritt übergreifender Nachteile für das Wohl des Bundes oder eines Landes absehbar ist. [3] Erfolgt die nach Satz 2 zurückgestellte Mitteilung nicht binnen zwölf Monaten nach Beendigung der Maßnahme, bedarf die weitere Zurückstellung der Zustimmung der G10-Kommission. [4] Die G10-Kommission bestimmt die Dauer der weiteren Zurückstellung. [5] Einer Mitteilung bedarf es nicht, wenn die G10-Kommission einstimmig festgestellt hat, dass

1. eine der Voraussetzungen in Satz 2 auch nach fünf Jahren nach Beendigung der Maßnahme noch vorliegt,
2. sie mit an Sicherheit grenzender Wahrscheinlichkeit auch in Zukunft vorliegt und
3. die Voraussetzungen für eine Löschung sowohl bei der erhebenden Stelle als auch beim Empfänger vorliegen.

(2) [1] Absatz 1 gilt entsprechend für Beschränkungsmaßnahmen nach den §§ 5 und 8, sofern die personenbezogenen Daten nicht unverzüglich gelöscht wurden. [2] Die Frist von fünf Jahren beginnt mit der Erhebung der personenbezogenen Daten.

(3) [1] Die Mitteilung obliegt der Behörde, auf deren Antrag die Anordnung ergangen ist. [2] Wurden personenbezogene Daten übermittelt, erfolgt die Mitteilung im Benehmen mit dem Empfänger.

§ 13 Rechtsweg. Gegen die Anordnung von Beschränkungsmaßnahmen nach den §§ 3 und 5 Abs. 1 Satz 3 Nr. 1 und ihren Vollzug ist der Rechtsweg vor der Mitteilung an den Betroffenen nicht zulässig.

Abschnitt 5. Kontrolle

§ 14[1)] Parlamentarisches Kontrollgremium. (1) [1] Das nach § 10 Abs. 1 für die Anordnung von Beschränkungsmaßnahmen zuständige Bundesministerium unterrichtet in Abständen von höchstens sechs Monaten das Parlamentarische Kontrollgremium über die Durchführung dieses Gesetzes. [2] Dabei ist gesondert auf Anordnungen einzugehen, die nach § 11 Absatz 1a durchgeführt werden. [3] Das Gremium erstattet dem Deutschen Bundestag jährlich einen Bericht über Durchführung sowie Art und Umfang der Maßnahmen nach den §§ 3, 5, 7a und 8; dabei sind die Grundsätze des § 10 Absatz 1 des Kontrollgremiumgesetzes zu beachten.

(2) [1] Bei Gefahr im Verzug kann das zuständige Bundesministerium die Bestimmungen nach den §§ 5 und 8 vorläufig treffen und das Parlamentarische Kontrollgremium durch seinen Vorsitzenden und dessen Stellvertreter vorläufig zustimmen. [2] Die Zustimmung des Parlamentarischen Kontrollgremiums ist *unverzüglich einzuholen.* [3] Die Bestimmung tritt außer Kraft, wenn die vorläufige Zustimmung nicht binnen drei Werktagen und die Zustimmung nicht binnen zwei Wochen erfolgt.

[1)] § 14 Abs. 1 Satz 2 2. Halbs. geänd. mWv 4.8.2009 durch G v. 29.7.2009 (BGBl. I S. 2346); Abs. 1 Satz 2 geänd. mWv 5.8.2009 durch G v. 31.7.2009 (BGBl. I S. 2499); Abs. 2 Sätze 1 und 3 neu gef. mWv 21.11.2015 durch G v. 17.11.2015 (BGBl. I S. 1938); Abs. 1 Satz 2 eingef., bish. Satz 2 wird Satz 3, Abs. 2 Satz 3 geänd. mWv 9.7.2021 durch G v. 5.7.2021 (BGBl. I S. 2274).

§ 15[1] G 10-Kommission. (1) [1]Die G 10-Kommission besteht aus dem Vorsitzenden und vier Beisitzern sowie fünf stellvertretenden Mitgliedern, die an den Sitzungen mit Rede- und Fragerecht teilnehmen können. [2]Mindestens drei Mitglieder und drei stellvertretende Mitglieder müssen die Befähigung zum Richteramt besitzen. [3]Die Mitglieder der G 10-Kommission sind in ihrer Amtsführung unabhängig und Weisungen nicht unterworfen. [4]Sie nehmen ein öffentliches Ehrenamt wahr und werden von dem Parlamentarischen Kontrollgremium nach Anhörung der Bundesregierung für die Dauer einer Wahlperiode des Deutschen Bundestages mit der Maßgabe bestellt, dass ihre Amtszeit erst mit der Neubestimmung der Mitglieder der Kommission endet. [5]Die oder der Ständige Bevollmächtigte des Parlamentarischen Kontrollgremiums nimmt regelmäßig an den Sitzungen der G 10-Kommission teil.

(2) [1]Die Beratungen der G 10-Kommission sind geheim. [2]Die Mitglieder der Kommission sind zur Geheimhaltung der Angelegenheiten verpflichtet, die ihnen bei ihrer Tätigkeit in der Kommission bekannt geworden sind. [3]Dies gilt auch für die Zeit nach ihrem Ausscheiden aus der Kommission.

(3) [1]Der G 10-Kommission ist die für die Erfüllung ihrer Aufgaben notwendige Personal- und Sachausstattung zur Verfügung zu stellen; sie ist im Einzelplan des Deutschen Bundestages gesondert im Kapitel für die parlamentarische Kontrolle der Nachrichtendienste auszuweisen. [2]Der Kommission sind Mitarbeiter mit technischem Sachverstand zur Verfügung zu stellen.

(4) [1]Die G 10-Kommission tritt mindestens einmal im Monat zusammen. [2]Sie gibt sich eine Geschäftsordnung, die der Zustimmung des Parlamentarischen Kontrollgremiums bedarf. [3]Vor der Zustimmung ist die Bundesregierung zu hören.

(5) [1]Die G 10-Kommission entscheidet von Amts wegen oder auf Grund von Beschwerden über die Zulässigkeit und Notwendigkeit von Beschränkungsmaßnahmen. [2]Die Kontrollbefugnis der Kommission erstreckt sich auf die gesamte Verarbeitung der nach diesem Gesetz erlangten personenbezogenen Daten durch Nachrichtendienste des Bundes einschließlich der Entscheidung über die Mitteilung an Betroffene. [3]Der Kommission und ihren Mitarbeitern ist dabei insbesondere

1. Auskunft zu ihren Fragen zu erteilen,
2. Einsicht in alle Unterlagen, insbesondere in die gespeicherten Daten und in die Datenverarbeitungsprogramme, zu gewähren, die im Zusammenhang mit der Beschränkungsmaßnahme stehen, und
3. jederzeit Zutritt in alle Diensträume zu gewähren.

[4]Nummer 2 schließt ein, während einer Kontrolle beim Nachrichtendienst des Bundes dort Daten aus automatisierten Dateien selbst abrufen zu können. [5]Die Kommission kann dem Bundesbeauftragten für den Datenschutz Gelegenheit zur Stellungnahme in Fragen des Datenschutzes geben.

---

[1] § 15 Abs. 6 Sätze 4 und 5 neu gef. mWv 5.8.2009 durch G v. 31.7.2009 (BGBl. I S. 2499); Abs. 6 Sätze 3–5 eingef., bish. Sätze 3–5 werden Sätze 6–8 mWv 30.7.2016 durch G v. 26.7.2016 (BGBl. I S. 1818); Abs. 1 Satz 5 angef., Abs. 3 Satz 1 geänd., Abs. 8 angef. mWv 7.12.2016 durch G v. 30.11. 2016 (BGBl. I S. 2746); Abs. 5 Satz 2 geänd. mWv 25.5.2018 durch G v. 30.6.2017 (BGBl. I S. 2097); Abs. 1 Satz 1 und 2 neu gef., Satz 4 geänd., Abs. 5 Satz 4 eingef., bish. Satz 4 wird Satz 5, Abs. 6 neu gef. mWv 9.7.2021 durch G v. 5.7.2021 (BGBl. I S. 2274).

(6) [1]Das zuständige Bundesministerium holt die Zustimmung der G 10-Kommission zu den von ihm angeordneten Beschränkungsmaßnahmen ein. [2]Die Anordnung darf erst vollzogen werden, wenn die G 10-Kommission der angeordneten Beschränkungsmaßnahme nach Prüfung der Zulässigkeit und Notwendigkeit zugestimmt hat. [3]Stimmt die G 10-Kommission der angeordneten Beschränkungsmaßnahme nicht zu, hat das zuständige Bundesministerium die Anordnung unverzüglich aufzuheben.

(7) [1]Das zuständige Bundesministerium unterrichtet monatlich die G 10-Kommission über Mitteilungen von Bundesbehörden nach § 12 Abs. 1 und 2 oder über die Gründe, die einer Mitteilung entgegenstehen. [2]Hält die Kommission eine Mitteilung für geboten, ist diese unverzüglich vorzunehmen. [3]§ 12 Abs. 3 Satz 2 bleibt unberührt, soweit das Benehmen einer Landesbehörde erforderlich ist.

(8) Die G 10-Kommission und das Parlamentarische Kontrollgremium tauschen sich regelmäßig unter Wahrung der jeweils geltenden Geheimhaltungsvorschriften über allgemeine Angelegenheiten ihrer Kontrolltätigkeit aus.

§ 15a[1)] Eilanordnung. (1) Das zuständige Bundesministerium kann bei Gefahr im Verzug in der Anordnung bestimmen, dass die Beschränkungsmaßnahme abweichend von § 15 Absatz 6 Satz 2 auch bereits vor der Zustimmung der G 10-Kommission vollzogen werden darf (Eilanordnung).

(2) [1]Wird die Eilanordnung nicht innerhalb von drei Werktagen vom Vorsitzenden der G 10-Kommission, von seinem Stellvertreter oder einem vom Vorsitzenden dazu bestimmten Mitglied bestätigt, so ist unverzüglich

1. der Vollzug der Eilanordnung auszusetzen und
2. die Eilanordnung durch das zuständige Bundesministerium aufzuheben.

[2]Die mit der Beschränkungsmaßnahme erhobenen Daten sind zudem unverzüglich unter Aufsicht eines Beamten, der die Befähigung zum Richteramt hat, zu löschen; § 4 Absatz 1 Satz 3 bis 7 gilt entsprechend. [3]Eine Bestätigung der Eilanordnung kann unter Auflagen erfolgen.

(3) [1]Wird die Eilanordnung bestätigt, so hat die G 10-Kommission die Zulässigkeit und die Notwendigkeit der durch die Eilanordnung angeordneten Beschränkungsmaßnahme unverzüglich zu prüfen. [2]Erteilt die G 10-Kommission nach Prüfung der Zulässigkeit und Notwendigkeit ihre Zustimmung nicht, so ist die Beschränkungsmaßnahme vom zuständigen Bundesministerium unverzüglich aufzuheben und die mit der Beschränkungsmaßnahme erhobenen Daten sind unverzüglich unter Aufsicht eines Beamten, der die Befähigung zum Richteramt hat, zu löschen; § 4 Absatz 1 Satz 3 bis 7 gilt entsprechend.

(4) [1]Bei Gefahr im Verzug ist am Tag der Beantragung der Anordnung der Beschränkungsmaßnahme bereits vor der Anordnung durch das zuständige Bundesministerium eine automatische Aufzeichnung der zu überwachenden Telekommunikation durch die den Antrag stellende Behörde zulässig. [2]Diese Aufzeichnung darf von der antragstellenden Behörde weiterverarbeitet werden, wenn eine Eilanordnung des zuständigen Bundesministeriums innerhalb von 24 Stunden nach Beantragung erfolgt. [3]Anderenfalls ist die technische Aufzeichnung unverzüglich automatisiert zu löschen; § 4 Absatz 1 Satz 3 bis 7 gilt entsprechend.

---

1) § 15a eingef. mWv 9.7.2021 durch G v. 5.7.2021 (BGBl. I S. 2274).

§ 16[1] Parlamentarische Kontrolle in den Ländern. [1]Durch den Landesgesetzgeber wird die parlamentarische Kontrolle der nach § 10 Abs. 1 für die Anordnung von Beschränkungsmaßnahmen zuständigen obersten Landesbehörden und die Überprüfung der von ihnen angeordneten Beschränkungsmaßnahmen geregelt. [2]Personenbezogene Daten dürfen nur dann an Landesbehörden übermittelt werden, wenn die Kontrolle ihrer Verarbeitung durch den Landesgesetzgeber geregelt ist.

Abschnitt 6. Straf- und Bußgeldvorschriften

§ 17[2] Mitteilungsverbote. (1) Wird die Telekommunikation nach diesem Gesetz oder nach den §§ 100a, 100e der Strafprozessordnung[3] überwacht, darf diese Tatsache von Personen, die Telekommunikationsdienste erbringen oder an der Erbringung solcher Dienste mitwirken, anderen nicht mitgeteilt werden.

(2) Wird die Aushändigung von Sendungen nach § 2 Absatz 1 Satz 1 angeordnet, darf diese Tatsache von Personen, die zur Aushändigung verpflichtet oder mit der Sendungsübermittlung betraut sind oder hieran mitwirken, anderen nicht mitgeteilt werden.

(3) Erfolgt ein Auskunftsersuchen oder eine Auskunftserteilung nach § 2 Absatz 1 oder Absatz 1a Satz 1, darf diese Tatsache oder der Inhalt des Ersuchens oder der erteilten Auskunft von Personen, die zur Beantwortung verpflichtet oder mit der Beantwortung betraut sind oder hieran mitwirken, anderen nicht mitgeteilt werden.

§ 18 Straftaten. Mit Freiheitsstrafe bis zu zwei Jahren oder mit Geldstrafe wird bestraft, wer entgegen § 17 eine Mitteilung macht.

§ 19[4] Ordnungswidrigkeiten. (1) Ordnungswidrig handelt, wer

1. einer vollziehbaren Anordnung nach § 2 Abs. 1 Satz 1 oder Absatz 1a Satz 1 zuwiderhandelt,
2. entgegen § 2 Abs. 2 Satz 2 eine Person betraut oder
3. entgegen § 2 Abs. 2 Satz 3 nicht sicherstellt, dass eine Geheimschutzmaßnahme getroffen wird.

(2) Die Ordnungswidrigkeit kann mit einer Geldbuße bis zu fünfzehntausend Euro geahndet werden.

(3) Bußgeldbehörde im Sinne des § 36 Abs. 1 Nr. 1 des Gesetzes über Ordnungswidrigkeiten[5] ist die nach § 10 Abs. 1 zuständige Stelle.

---

[1] § 16 Satz 2 geänd. mWv 25.5.2018 durch G v. 30.6.2017 (BGBl. I S. 2097).

[2] § 17 Abs. 1 geänd. mWv 1.1.2008 durch G v. 21.12.2007 (BGBl. I S. 3198); Abs. 1 geänd. mWv 24.8.2017 durch G v. 17.8.2017 (BGBl. I S. 3202); Abs. 2 und 3 geänd. mWv 9.7.2021 durch G v. 5.7.2021 (BGBl. I S. 2274).

[3] **Schönfelder Nr. 90.**

[4] § 19 Abs. 2 geänd. mWv 1.1.2002 durch G v. 9.1.2002 (BGBl. I S. 361); Abs. 1 Nr. 1 geänd. mWv 9.7.2021 durch G v. 5.7.2021 (BGBl. I S. 2274).

[5] **Schönfelder Nr. 94.**

Abschnitt 7. Schlussvorschriften

§ 20[1)] Entschädigung. [1]Die nach § 1 Abs. 1 berechtigten Stellen haben für die Leistungen nach § 2 Absatz 1 und 1a eine Entschädigung zu gewähren, deren Umfang sich nach § 23 des Justizvergütungs- und -entschädigungsgesetzes[2)] bemisst. [2]In den Fällen der §§ 5 und 8 ist eine Entschädigung zu vereinbaren, deren Höhe sich an den nachgewiesenen tatsächlichen Kosten orientiert.

§ 21 Einschränkung von Grundrechten. Das Grundrecht des Brief-, Post- und Fernmeldegeheimnisses (Artikel 10 des Grundgesetzes[3)]) wird durch dieses Gesetz eingeschränkt.

§ 22[4)] Übergangsregelung. Bis zur Neubestellung der G 10-Kommission nach § 15 Absatz 1 Satz 4 ist

1. § 15 Absatz 1 Satz 1 und 2 und Absatz 6 in der bis zum 8. Juli 2021 geltenden Fassung weiter anzuwenden,
2. § 15a nicht anzuwenden.

[1)] § 20 neu gef. mWv 1.7.2009 durch G v. 29.4.2009 (BGBl. I S. 994); Satz 1 geänd. mWv 9.7.2021 durch G v. 5.7.2021 (BGBl. I S. 2274).

[2)] **Schönfelder Nr. 116.**

[3)] Nr. **1.**

[4)] § 22 angef. mWv 9.7.2021 durch G v. 5.7.2021 (BGBl. I S. 2274).

2. § 15 [illegible] nicht anzuwenden.

[illegible] 2021 (BGBl. I S. 2274) [illegible]

[1] § 22 [illegible] 2021 (BGBl. I S. 2274) [illegible]

90g. Verordnung über die Standards für die Übermittlung elektronischer Akten zwischen Strafverfolgungsbehörden und Gerichten im Strafverfahren (Strafaktenübermittlungsverordnung – StrafAktÜbV)

Vom 14. April 2020
(BGBl. I S. 799)

FNA 312-2-7

Lfd. Nr.	Änderndes Gesetz	Datum	Fund-stelle	Betroffen	Hinweis
1.	Art. 39 G zur weiteren Digitalisierung der Justiz	12.7.2024	BGBl. 2024 I Nr. 234	§§ 5, 6	geänd. mWv 17.7.2024

Auf Grund des § 32 Absatz 3 Satz 1 der Strafprozessordnung[1)], der durch Artikel 1 Nummer 2 des Gesetzes vom 5. Juli 2017 (BGBl. I S. 2208) eingefügt worden ist, verordnet die Bundesregierung:

§ 1 Anwendungsbereich. Diese Verordnung ist anzuwenden auf die Übermittlung elektronisch geführter Strafverfahrensakten

1. der Staatsanwaltschaften;
2. der Finanzbehörden in Ermittlungsverfahren nach § 386 Absatz 2 der Abgabenordnung[2)] und § 14a des Schwarzarbeitsbekämpfungsgesetzes[3)];
3. der Gerichte.

§ 2 Übermittlung elektronischer Akten. (1) [1]Elektronische Akten sollen elektronisch übermittelt werden. [2]Dies gilt auch, wenn die empfangende Stelle die Akten noch in Papierform führt.

(2) [1]Der elektronischen Akte soll bei der Übermittlung ein strukturierter maschinenlesbarer Datensatz beigefügt werden, der den nach § 6 Absatz 1 Nummer 1 bekanntgemachten Definitions- oder Schemadateien entspricht. [2]Er soll mindestens Folgendes enthalten:

1. die Bezeichnung der aktenführenden Strafverfolgungsbehörde oder des Gerichts;
2. sofern bekannt, das staatsanwaltschaftliche, finanzbehördliche oder gerichtliche Aktenzeichen des Verfahrens;
3. sofern bekannt, Vorgangsnummern zugrunde liegender polizeilicher Ermittlungsvorgänge;
4. Tatzeit, Tatort und Tatvorwurf;
5. die Bezeichnung der beschuldigten Personen; bei Verfahren gegen Unbekannt anstelle der Bezeichnung der beschuldigten Personen die Angabe „Unbekannt" sowie, sofern bekannt, die Bezeichnung der geschädigten Personen;

---

1) **Habersack, Deutsche Gesetze Nr. 90.**
2) Nr. **88b**.
3) Nr. **94b**.

6. sofern bekannt, das Aktenzeichen eines denselben Verfahrensgegenstand betreffenden Verfahrens und die Bezeichnung der diese Akten führenden Stelle;
7. die Information darüber, ob und in welchem Umfang die Aktenführung oder die Bearbeitungsbefugnis an die empfangende Stelle abgegeben werden sollen oder ob nur ein Repräsentat der elektronischen Akte übersandt wird.

§ 3 Übergang der Aktenführung oder Bearbeitung. (1) Zur Abgabe der Aktenführung oder der Bearbeitung wird die elektronische Akte mit einem Übernahmeersuchen übermittelt.

(2) [1]Die abgebende Stelle darf die elektronische Akte ab dem Zeitpunkt der Übermittlung im Umfang der abzugebenden Aktenführung oder Bearbeitung nicht mehr fortschreiben. [2]Dies gilt nicht, wenn die empfangende Stelle die Übernahme ablehnt.

(3) [1]Die Abgabe ist erst vollzogen, wenn ein Strukturdatensatz von der übernehmenden an die abgebende Stelle mit der Information darüber, dass die Aktenführung oder die Bearbeitung übernommen wird, zurückgesendet wurde. [2]Ist die Übersendung eines Strukturdatensatzes technisch nicht möglich, genügt eine andere Form der Mitteilung.

(4) [1]Mit vollzogener Abgabe hat die abgebende Stelle, soweit erforderlich, nur noch eine Leseberechtigung. [2]Die Akte muss entsprechend gekennzeichnet sein.

§ 4 Übermittlungswege. (1) Die Übermittlung elektronischer Akten zwischen aktenführenden Strafverfolgungsbehörden und Gerichten untereinander erfolgt über das elektronische Gerichts- und Verwaltungspostfach über eine Anwendung, die auf OSCI oder einem diesen ersetzenden Protokollstandard beruht, der dem jeweiligen Stand der Technik entspricht.

(2) [1]Die Übermittlung elektronischer Akten kann auch über einen anderen Übermittlungsweg erfolgen, an den Absender und Empfänger innerhalb des Geschäftsbereichs des Bundes oder eines Landes zu diesem Zweck angeschlossen sind, wenn die Authentizität und Integrität der Daten gewährleistet ist. [2]Übermittlungswege, die bereits eingerichtet sind, sind bis zum 31. Dezember 2025 weiterhin zulässig.

§ 5[1] Ersatzmaßnahmen. (1) [1]Ist aus technischen Gründen eine Übermittlung nach § 4 vorübergehend nicht möglich, so ist die Übermittlung der Akte auch auf andere Weise, etwa in Papierform oder auf einem physischen Datenträger nach § 6 Absatz 1 Nummer 2, zulässig. [2]Auf Anforderung ist die elektronische Akte nachzureichen.

(2) Können die nach § 5 Absatz 1 Nummer 3 der Elektronischer-Rechtsverkehr-Verordnung bekanntgemachten Höchstgrenzen für die Anzahl oder das Volumen elektronischer Dokumente nicht eingehalten werden, so ist die Übermittlung der Akte auch auf einem physischen Datenträger nach § 6 Absatz 1 Nummer 2 zulässig.

[1] § 5 Abs. 2 angef. mWv 17.7.2024 durch G v. 12.7.2024 (BGBl. 2024 I Nr. 234).

§ 6[1] Bekanntmachung technischer Anforderungen. (1) Die Bundesregierung macht folgende technische Anforderungen an die Übermittlung elektronischer Akten im Bundesanzeiger und auf der Internetseite www.justiz.de bekannt:

1. die Definitions- oder Schemadateien, die bei der Übermittlung eines strukturierten maschinenlesbaren Datensatzes im Format XML genutzt werden sollen;
2. die nach § 5 zulässigen physischen Datenträger.

(2) Die technischen Anforderungen können mit einer Mindestgültigkeitsdauer und einem Ablaufdatum versehen werden.

§ 7 Inkrafttreten. Diese Verordnung tritt am Tag nach der Verkündung[2] in Kraft.

---

[1] § 6 Abs. 1 Nr. 2 geänd. mWv 17.7.2024 durch G v. 12.7.2024 (BGBl. 2024 I Nr. 234).
[2] Verkündet am 21.4.2020.

90h. Gesetz über die internationale Rechtshilfe in Strafsachen (IRG)

In der Fassung der Bekanntmachung vom 27. Juni 1994[1)]
(BGBl. I S. 1537)

FNA 319-87

Lfd. Nr.	Änderndes Gesetz	Datum	Fundstelle	Betroffen	Hinweis
1.	§ 7 Jugoslawien-StrafgerichtshofG	10.4.1995	BGBl. I S. 485	§§ 67a, 74a	eingef. mWv 14.4.1995
2.	Art. 2 BundeskriminalamtG	7.7.1997	BGBl. I S. 1650	§ 74	geänd. mWv 1.8.1997
3.	Art. 16 Rechtspflege-, Straf- und OWi-Gesetze-EuroeinführungsG	13.12.2001	BGBl. I S. 3574	§ 54	geänd. mWv 1.1.2002
4.	Art. 5 IStGH-AusführungsG	21.6.2002	BGBl. I S. 2144	§§ 18, 67a, 74a	geänd. mWv 1.7.2002
				§ 9a	eingef. mWv 1.7.2002
5.	Art. 1 Europäisches HaftbefehlsG (EuHbG)[2)]	21.7.2004	BGBl. I S. 1748	Inhaltsübersicht, §§ 1, 40, 73, 74b, 77, 78, 79, 80, 81, 82, 83, 83a, 83b, 83c, 83d, 83e, 83f, 83g, 83h, 83i, 84, 85, 86	EuHbG mit Art. 2 Abs. 1 iVm Art. 20 Abs. 3, Art. 16 Abs. 2 und Art. 19 Abs. 4 GG unvereinbar und nichtig gem. Urt. v. 18.7.2005 – 2 BvR 2236/04 –, BGBl. I S. 2300
6.	Art. 12g Abs. 7 Erstes JustizmodernisierungsG	24.8.2004	BGBl. I S. 2198	§§ 39, 67	geänd. mWv 1.9.2004
7.	Art. 1 G zur Umsetzung des Übereinkommens über die Rechtshilfe in Strafsachen zwischen den Mitgliedstaaten der EU	22.7.2005	BGBl. I S. 2189	Inhaltsübersicht, §§ 73, 74, 78	geänd. mWv 8.8.2005
				§§ 61a, 61b, 83j, 83k	eingef. mWv 8.8.2005
8.	Art. 1 Europäisches HaftbefehlsG[2)]	20.7.2006	BGBl. I S. 1721	Inhaltsübersicht, §§ 1, 40, 41, 73, 77, 84, 86	geänd. mWv 2.8.2006
				§§ 78, 79, 80, 81, 82, 83, 83a, 83b, 83c, 83d, 83e, 83f, 83g, 83h, 83i	eingef. mWv 2.8.2006
				§ 85	aufgeh. mWv 2.8.2006

[1)] Neubekanntmachung des IRG v. 23.12.1982 (BGBl. I S. 2071) in der seit 28.2.1994 geltenden Fassung.

[2)] **Amtl. Anm.:** Dieses Gesetz dient der Umsetzung des Rahmenbeschlusses 2002/584/JI des Rates vom 13. Juni 2002 über den Europäischen Haftbefehl und die Übergabeverfahren zwischen den Mitgliedstaaten (ABl. EG Nr. L 190 S. 1).

Lfd. Nr.	Änderndes Gesetz	Datum	Fundstelle	Betroffen	Hinweis
9.	Art. 2 G zur Änd. des ÜberstellungsausführungsG und des G über die internationale Rechtshilfe in Strafsachen	17.12. 2006	BGBl. I S. 3175	§ 71	geänd. mWv 1.8.2007
10.	UmsetzungsG zum Rahmenbeschl. (EU) 2003/757/JI[1]	6.6.2008	BGBl. I S. 995	Inhaltsübersicht, §§ 1, 58, 66, 73, 74, 78, 84, 85, 86	geänd. mWv 30.6.2008
				§§ 87, 88, 89, 90, 91, 92, 93, 94, 95, 96, 97, 98	eingef. mWv 30.6.2008
				§§ 83j, 83k	aufgeh. mWv 30.6.2008
11.	Art. 4 G zur Änd. des Untersuchungshaftrechts	29.7.2009	BGBl. I S. 2274	§ 27	geänd. mWv 1.1.2010
12.	Art. 1 UmsetzungsG Rahmenbeschl. Einziehung und Vorverurteilungen	2.10.2009	BGBl. I S. 3214	Inhaltsübersicht, §§ 49, 54, 55, 56, 57, 58, 61c, 67a, 74a, 81, 93, 94, 95	geänd. mWv 22.10.2009
				§§ 56b, 57a, 61b, 71a, 88a, 88b, 88c, 88d, 88e, 88f	eingef. mWv 22.10.2009
				§§ 56a, 88, 90	neu gef. mWv 22.10.2009
13.	Art. 1 G zur Umsetzung des Rahmenbeschl. 2005/214/JI[2]	18.10. 2010	BGBl. I S. 1408	Inhaltsübersicht, §§ 55, 74	geänd. mWv 28.10.2010
				§§ 77a, 77b, 98, 99	eingef. mWv 28.10.2010
				9. Teil Abschnitt 2 (§§ 86–87p)	neu gef. mWv 28.10.2010
14.	Art. 1 G über die Vereinfachung des Austauschs von Informationen und Erkenntnissen zwischen den Strafverfolgungsbehörden der Mitgliedstaaten der EU	21.7.2012	BGBl. I S. 1566	Inhaltsübersicht, §§ 74, 91	geänd. mWv 26.7.2012
				§§ 92a, 92b, 92c	eingef. mWv 26.7.2012
				§ 92	neu gef. mWv 26.7.2012
15.	Art. 4 G zur Durchführung der VO (EU) Nr. 1215/2012 sowie zur Änd. sonstiger Vorschriften	8.7.2014	BGBl. I S. 890	§ 87	geänd. mWv 10.1.2015
16.	Art. 1 Drittes ÄndG[3]	16.7.2015	BGBl. I S. 1197	Inhaltsübersicht	geänd. mWv 23.7.2015
				9. Teil Abschnitt 5 (§§ 90o–90z)	eingef. mWv 23.7.2015

[1] **Amtl. Anm.:** Dieses Gesetz dient der Umsetzung des Rahmenbeschlusses 2003/577/JI des Rates vom 22. Juli 2003 über die Vollstreckung von Entscheidungen über die Sicherstellung von Vermögensgegenständen oder Beweismitteln in der Europäischen Union (ABl. EU Nr. L 196 S. 45).

[2] **Amtl. Anm.:** Dieses Gesetz dient der Umsetzung des Rahmenbeschlusses 2005/214/JI des Rates vom 24. Februar 2005 über die Anwendung des Grundsatzes der gegenseitigen Anerkennung von Geldstrafen und Geldbußen (ABl. L 76 vom 22.3.2005, S. 16).

[3] **Amtl. Anm.:** Dieses Gesetz dient der Umsetzung des Rahmenbeschlusses 2009/829/JI des Rates vom 23. Oktober 2009 über die Anwendung – zwischen den Mitgliedstaaten der Europäischen Union – des Grundsatzes der gegenseitigen Anerkennung auf Entscheidungen über Überwachungsmaßnahmen als Alternative zur Untersuchungshaft (ABl. L 294 vom 11.11.2009, S. 20).

Lfd. Nr.	Änderndes Gesetz	Datum	Fundstelle	Betroffen	Hinweis
17.	Art. 2 G zur Stärkung des Rechts des Angeklagten auf Vertretung in der Berufungsverhandlung und über die Anerkennung von Abwesenheitsentscheidungen in der Rechtshilfe	17.7.2015	BGBl. I S. 1332, 1933	§§ 81, 83, 83a, 83b, 83f, 83i, 87, 87a, 87b, 87o, 88, 88a, 88b, 88c, 88d, 90, 94, 95, 97, 98	geänd. mWv 25.7.2015
				Inhaltsübersicht	neu gef. mWv 25.7.2015
				§ 98a	eingef. mWv 25.7.2015
18.	Art. 1 G zur Verbesserung der internationalen Rechtshilfe bei der Vollstreckung von freiheitsentziehenden Sanktionen und bei der Überwachung von Bewährungsmaßnahmen[1] sowie zur Änd. des Jugoslawien-StrafgerichtshofG und des Ruanda-StrafgerichtshofG	17.7.2015	BGBl. I S. 1349	Inhaltsübersicht, §§ 48, 49, 51, 52, 53, 54, 55, 56, 56a, 56b, 57, 57a, 58, 72, 74, 75, 76, 77, 80, 83b, 83f	geänd. mWv 25.7.2015
				§§ 54a, 9. Teil Abschnitt 4 (§§ 90a–90n), § 98b	eingef. mWv 25.7.2015
				§§ 71, 71a, 9. Teil Abschnitt 1 (§§ 84–85f)	neu gef. mWv 25.7.2015
19.	Art. 163 Zehnte ZuständigkeitsanpassungsVO	31.8.2015	BGBl. I S. 1474	§§ 74, 77b	geänd. mWv 8.9.2015
20.	Art. 5 G zur Neuregelung des Kulturgutschutzrechts	31.7.2016	BGBl. I S. 1914	§ 56b	geänd. mWv 6.8.2016
21.	Art. 15 Abs. 3 EU-KontenpfändungsVO-DurchführungsG	21.11. 2016	BGBl. I S. 2591	§ 87n	geänd. mWv 1.7.2017
22.	Art. 1 Viertes ÄndG[2]	5.1.2017	BGBl. I S. 31	Inhaltsübersicht, §§ 63, 69, 10. Teil Abschnitt 3	geänd. mWv 22.5.2017
				10. Teil Abschnitt 2 (§§ 91a –91j), §§ 92d, 98c, 98d, 98e	eingef. mWv 22.5.2017
				§ 97	aufgeh. mit Ablauf des 21.5. 2017
23.	Art. 6 Abs. 20 G zur Reform der strafrechtlichen Vermögensabschöpfung	13.4.2017	BGBl. I S. 872	Inhaltsübersicht, §§ 38, 48, 49, 51, 52, 53, 54, 55, 56, 56a, 56b, 57, 58, 66, 71a, 87, 9. Teil Abschnitt 3 Überschrift, §§ 88a, 88b, 88c, 88d, 89, 90, 91a, 94	geänd. mWv 1.7.2017
24.	Art. 5 G zur Neustrukturierung des BundeskriminalamtG[3]	1.6.2017	BGBl. I S. 1354	§ 74	geänd. mWv 25.5.2018
25.	Art. 1 Fünftes ÄndG	1.6.2017	BGBl. I S. 1414; 2019 I S. 1999; geänd.	Inhaltsübersicht, §§ 1, 73, 83c, 12. Teil (§§ 100–106)	geänd. mWv 1.11.2019
				11. Teil (§§ 98, 99)	eingef. mWv 1.11.2019

[1] **Amtl. Anm.:** *(vom Abdruck der amtl. Anm. wurde abgesehen)*

[2] **Amtl. Anm.:** Dieses Gesetz dient der Umsetzung der Richtlinie 2014/41/EU des Europäischen Parlaments und des Rates vom 3. April 2014 über die Europäische Ermittlungsanordnung in Strafsachen (ABl. L 130 vom 1.5.2014, S. 1, L 143 vom 9.6.2015, S. 16).

[3] **Amtl. Anm.:** Dieses Gesetz dient der Umsetzung der Richtlinie (EU) 2016/680 des Europäischen Parlaments und des Rates vom 27. April 2016 zum Schutz natürlicher Personen bei der Verarbeitung personenbezogener Daten durch die zuständigen Behörden zum Zwecke der Verhütung, Ermittlung, Aufdeckung oder Verfolgung von Straftaten oder der Strafvollstreckung sowie zum freien Datenverkehr und zur Aufhebung des Rahmenbeschlusses 2008/977/JI des Rates (ABl. L 119 vom 4.5.2016, S. 89).

Lfd. Nr.	Änderndes Gesetz	Datum	Fund-stelle	Betroffen	Hinweis
			durch G v. 20.11. 2019, BGBl. I S. 1724	Inhaltsübersicht, § 73, 12. Teil (§§ 98, 99), 13. Teil (§§ 100–106)	geänd. mWv 26.11.2019
26.	Art. 15 G zur Einführung der elektronischen Akte in der Justiz und zur weiteren Förderung des elektronischen Rechtsverkehrs	5.7.2017	BGBl. I S. 2208	§ 77a	geänd. mWv 1.1.2018
27.	Art. 11 Abs. 21 eIDAS-DurchführungsG[1]	18.7.2017	BGBl. I S. 2745	§ 77a	geänd. mWv 29.7.2017
28.	Art. 3 Zweites G zur Stärkung der Verfahrensrechte von Beschuldigten im Strafverfahren und zur Änd. des Schöffenrechts[2]	27.8.2017	BGBl. I S. 3295	Inhaltsübersicht, §§ 83c, 83d	geänd. mWv 5.9.2017
29.	Art. 20 G zur Umsetzung der RL (EU) 2016/680 im Strafverfahren sowie zur Anpassung datenschutzrechtlicher Bestimmungen an die VO (EU) 2016/679	20.11. 2019	BGBl. I S. 1724	Inhaltsübersicht, § 83c, 12. Teil	geänd. mWv 26.11.2019
				7. Teil Abschnitt 1 Überschrift, Abschnitt 2 (§§ 77c–77h), 11. Teil (§§ 97a–97c)	eingef. mWv 26.11.2019
30.	Art. 4 G zur Neuregelung des Rechts der notwendigen Verteidigung[3]	10.12. 2019	BGBl. I S. 2128	Inhaltsübersicht, §§ 21, 22, 28, 31, 32, 45, 47, 87e	geänd. mWv 13.12.2019
				§§ 40, 53	neu gef. mWv 13.12.2019
				§ 83j	eingef. mWv 13.12.2019
31.	Art. 1 Sechstes ÄndG	23.11. 2020	BGBl. I S. 2474	Inhaltsübersicht, §§ 83c, 87c, 87f, 87g, 87h, 87i, 87j, 87k, 87n, 87p, 87q	geänd. mWv 27.11.2020
				§ 87o	eingef. mWv 27.11.2020
				Inhaltsübersicht, §§ 73, 88, 91a, 94, 12. Teil, 13. Teil, § 98, 14. Teil	geänd. mWv 19.12.2020
				11. Teil (§§ 96a, 96b, 96c, 96d, 96e)	eingef. mWv 19.12.2020

[1] **Amtl. Anm.:** *(abgedruckt in Änderungstabelle Nr. 50e)*

[2] **Amtl. Anm.:** Die Artikel 1 bis 6 dieses Gesetzes dienen der Umsetzung der Richtlinie 2013/48/EU des Europäischen Parlaments und des Rates vom 22. Oktober 2013 über das Recht auf Zugang zu einem Rechtsbeistand in Strafverfahren und in Verfahren zur Vollstreckung des Europäischen Haftbefehls sowie über das Recht auf Benachrichtigung eines Dritten bei Freiheitsentzug und das Recht auf Kommunikation mit Dritten und mit Konsularbehörden während des Freiheitsentzugs (ABl. L 294 vom 6.11.2013, S. 1).

[3] **Amtl. Anm.:** Dieses Gesetz dient der Umsetzung der Richtlinie (EU) 2016/1919 des Europäischen Parlaments und des Rates vom 26. Oktober 2016 über Prozesskostenhilfe für Verdächtige und beschuldigte Personen in Strafverfahren sowie für gesuchte Personen in Verfahren zur Vollstreckung eines Europäischen Haftbefehls (ABl. L 297 vom 4.11.2016, S. 1; L 91 vom 5.4.2017, S. 40). Artikel 1 Nummer 2, 4, 6, 8, 9 (insbesondere die §§ 141, 142), 11 und 12 sowie Artikel 4 Nummer 4 dienen gleichzeitig der Umsetzung der Richtlinie (EU) 2016/800 des Europäischen Parlaments und des Rates vom 11. Mai 2016 über Verfahrensgarantien in Strafverfahren für Kinder, die Verdächtige oder beschuldigte Personen in Strafverfahren sind (ABl. L 132 vom 21.5.2016, S. 1).

Lfd. Nr.	Änderndes Gesetz	Datum	Fundstelle	Betroffen	Hinweis
32.	Art. 29 G zum Ausbau des elektronischen Rechtsverkehrs mit den Gerichten und zur Änd. weiterer Vorschriften[1]	5.10.2021	BGBl. I S. 4607	§ 77a	geänd. mWv 1.1.2022
33.	Art. 6 SIS-III-Gesetz[2]	19.12.2022	BGBl. I S. 2632	§ 83a	geänd. mWv 28.12.2022
34.	Art. 20, 21 G zur weiteren Digitalisierung der Justiz	12.7.2024	BGBl. 2024 I Nr. 234	§§ 77a, 77b	geänd. mWv 17.7.2024
				§ 77a	geänd. mWv 1.1.2036

[1] **Amtl. Anm.:** *(abgedruckt in Änderungstabelle Nr.* ***91****)*

[2] Die Artikel 1 bis 7 dieses Gesetzes dienen der Durchführung
- der Verordnung (EU) 2018/1860 des Europäischen Parlaments und des Rates vom 28. November 2018 über die Nutzung des Schengener Informationssystems für die Rückkehr illegal aufhältiger Drittstaatsangehöriger (ABl. L 312 vom 7.12.2018, S. 1),
- der Verordnung (EU) 2018/1861 des Europäischen Parlaments und des Rates vom 28. November 2018 über die Einrichtung, den Betrieb und die Nutzung des Schengener Informationssystems (SIS) im Bereich der Grenzkontrollen, zur Änderung des Übereinkommens zur Durchführung des Übereinkommens von Schengen und zur Änderung und Aufhebung der Verordnung (EG) Nr. 1987/2006 (ABl. L 312 vom 7.12.2018, S. 14) und
- der Verordnung (EU) 2018/1862 des Europäischen Parlaments und des Rates vom 28. November 2018 über die Einrichtung, den Betrieb und die Nutzung des Schengener Informationssystems (SIS) im Bereich der polizeilichen Zusammenarbeit und der justiziellen Zusammenarbeit in Strafsachen, zur Änderung und Aufhebung des Beschlusses 2007/533/JI des Rates und zur Aufhebung der Verordnung (EG) Nr. 1986/2006 des Europäischen Parlaments und des Rates und des Beschlusses 2010/261/EU der Kommission (ABl. L 312 vom 7.12.2018, S. 56).

Inhaltsübersicht[1)]

[1)] Inhaltsübersicht neu gef. mWv 25.7.2015 durch G v. 17.7.2015 (BGBl. I S. 1332, ber. S. 1933); geänd. mWv 25.7.2015 durch G v. 17.7.2015 (BGBl. I S. 1349); mWv 22.5.2017 durch G v. 5.1.2017 (BGBl. I S. 31); mWv 1.7.2017 durch G v. 13.4.2017 (BGBl. I S. 872); mWv 1.11.2019 und mWv 26.11.2019 durch G v. 1.6.2017 (BGBl. I S. 1414, geänd. durch G v. 20.11.2019, BGBl. I S. 1724) iVm Bek. v. 2.12.2019 (BGBl. I S. 1999); mWv 5.9.2017 durch G v. 27.8.2017 (BGBl. I S. 3295); mWv 26.11.2019 durch G v. 20.11.2019 (BGBl. I S. 1724); mWv 13.12.2019 durch G v. 10.12.2019 (BGBl. I S. 2128); mWv 27.11.2020 und mWv 19.12.2020 durch G v. 23.11.2020 (BGBl. I S. 2474).

Vierter Teil. Rechtshilfe durch Vollstreckung ausländischer Erkenntnisse

Fünfter Teil. Sonstige Rechtshilfe

Sechster Teil. Ausgehende Ersuchen

Siebenter Teil. Gemeinsame Vorschriften

Abschnitt 1. Allgemeine Regelungen

Abschnitt 2. Schutz personenbezogener Daten im Rechtshilfeverkehr

---

[1] In der Angabe zu § 98 wird das Wort „Zwölften“ [im BGBl. I wohl irrtümlich „Elften“] durch das Wort „Dreizehnten“ mWv 19.12.2020 durch G v. 23.11.2020 (BGBl. I S. 2474) ersetzt.

[2] Die Angabe zum bish. Dreizehnten Teil [im BGBl. I wohl irrtümlich „Zwölften Teil“] mit der Überschrift „Schlussvorschriften“ wird die Angabe zum Vierzehnten Teil durch mWv 19.12.2020 G v. 23.11.2020 (BGBl. I S. 2474).

Erster Teil. Anwendungsbereich

§ 1[1)] Anwendungsbereich. (1) Der Rechtshilfeverkehr mit dem Ausland in strafrechtlichen Angelegenheiten richtet sich nach diesem Gesetz.

(2) Strafrechtliche Angelegenheiten im Sinne dieses Gesetzes sind auch Verfahren wegen einer Tat, die nach deutschem Recht als Ordnungswidrigkeit mit Geldbuße oder die nach ausländischem Recht mit einer vergleichbaren Sanktion bedroht ist, sofern über deren Festsetzung ein auch für Strafsachen zuständiges Gericht entscheiden kann.

(3) Regelungen in völkerrechtlichen Vereinbarungen gehen, soweit sie unmittelbar anwendbares innerstaatliches Recht geworden sind, den Vorschriften dieses Gesetzes vor.

(4) Die Unterstützung für ein Verfahren in einer strafrechtlichen Angelegenheit mit einem Mitgliedstaat der Europäischen Union richtet sich nach diesem Gesetz.

(5) Die Unterstützung für ein Verfahren in einer strafrechtlichen Angelegenheit, die den Auslieferungs- und Durchlieferungsverkehr mit der Republik Island oder dem Königreich Norwegen betrifft, richtet sich nach diesem Gesetz.

Zweiter Teil. Auslieferung an das Ausland

§ 2 Grundsatz. (1) Ein Ausländer, der in einem ausländischen Staat wegen einer Tat, die dort mit Strafe bedroht ist, verfolgt wird oder verurteilt worden ist, kann diesem Staat auf Ersuchen einer zuständigen Stelle zur Verfolgung oder zur Vollstreckung einer wegen der Tat verhängten Strafe oder sonstigen Sanktion ausgeliefert werden.

(2) Ein Ausländer, der in einem ausländischen Staat wegen einer Tat, die dort mit Strafe bedroht ist, verurteilt worden ist, kann einem anderen ausländischen Staat, der die Vollstreckung übernommen hat, auf Ersuchen einer zuständigen Stelle dieses Staates zur Vollstreckung einer wegen der Tat verhängten Strafe oder sonstigen Sanktion ausgeliefert werden.

(3) Ausländer im Sinne dieses Gesetzes sind Personen, die nicht Deutsche im Sinne des Artikels 116 Abs. 1 des Grundgesetzes[2)] sind.

§ 3 Auslieferung zur Verfolgung oder zur Vollstreckung. (1) Die Auslieferung ist nur zulässig, wenn die Tat auch nach deutschem Recht eine rechtswidrige Tat ist, die den Tatbestand eines Strafgesetzes verwirklicht, oder wenn sie bei sinngemäßer Umstellung des Sachverhalts auch nach deutschem Recht eine solche Tat wäre.

[1)] § 1 Abs. 4 angef. mWv 2.8.2006 durch G v. 20.7.2006 (BGBl. I S. 1721); Abs. 4 Sätze 2 und 3 *aufgeh. mWv 30.6.2008 durch* G v. 6.6.2008 (BGBl. I S. 995); Abs. 5 angef. mit mWv 1.11.2019 durch G v. 1.6.2017 (BGBl. I S. 1414) iVm Bek. v. 2.12.2019 *(BGBl. I S. 1999).*

[2)] Nr. 1.

(2) Die Auslieferung zur Verfolgung ist nur zulässig, wenn die Tat nach deutschem Recht im Höchstmaß mit Freiheitsstrafe von mindestens einem Jahr bedroht ist oder wenn sie bei sinngemäßer Umstellung des Sachverhalts nach deutschem Recht mit einer solchen Strafe bedroht wäre.

(3) [1] Die Auslieferung zur Vollstreckung ist nur zulässig, wenn wegen der Tat die Auslieferung zur Verfolgung zulässig wäre und wenn eine freiheitsentziehende Sanktion zu vollstrecken ist. [2] Sie ist ferner nur zulässig, wenn zu erwarten ist, daß die noch zu vollstreckende freiheitsentziehende Sanktion oder die Summe der noch zu vollstreckenden freiheitsentziehenden Sanktionen mindestens vier Monate beträgt.

§ 4 Akzessorische Auslieferung. Ist die Auslieferung zulässig, so ist sie wegen einer weiteren Tat auch dann zulässig, wenn für diese

1. die Voraussetzungen des § 3 Abs. 2 oder 3 nicht vorliegen oder
2. die Voraussetzungen des § 2 oder des § 3 Abs. 1 deshalb nicht vorliegen, weil die weitere Tat nur mit einer Sanktion im Sinne des § 1 Abs. 2 bedroht ist.

§ 5 Gegenseitigkeit. Die Auslieferung ist nur zulässig, wenn auf Grund der vom ersuchenden Staat gegebenen Zusicherungen erwartet werden kann, daß dieser einem vergleichbaren deutschen Ersuchen entsprechen würde.

§ 6 Politische Straftaten, politische Verfolgung. (1) [1] Die Auslieferung ist nicht zulässig wegen einer politischen Tat oder wegen einer mit einer solchen zusammenhängenden Tat. [2] Sie ist zulässig, wenn der Verfolgte wegen vollendeten oder versuchten Völkermordes, Mordes oder Totschlags oder wegen der Beteiligung hieran verfolgt wird oder verurteilt worden ist.

(Fortsetzung nächstes Blatt)

(2) Die Auslieferung ist nicht zulässig, wenn ernstliche Gründe für die Annahme bestehen, daß der Verfolgte im Fall seiner Auslieferung wegen seiner Rasse, seiner Religion, seiner Staatsangehörigkeit, seiner Zugehörigkeit zu einer bestimmten sozialen Gruppe oder seiner politischen Anschauungen verfolgt oder bestraft oder daß seine Lage aus einem dieser Gründe erschwert werden würde.

§ 7 Militärische Straftaten. Die Auslieferung ist nicht zulässig wegen einer Tat, die ausschließlich in der Verletzung militärischer Pflichten besteht.

§ 8 Todesstrafe. Ist die Tat nach dem Recht des ersuchenden Staates mit der Todesstrafe bedroht, so ist die Auslieferung nur zulässig, wenn der ersuchende Staat zusichert, daß die Todesstrafe nicht verhängt oder nicht vollstreckt werden wird.

§ 9 Konkurrierende Gerichtsbarkeit. Ist für die Tat auch die deutsche Gerichtsbarkeit begründet, so ist die Auslieferung nicht zulässig, wenn

1. ein Gericht oder eine Behörde im Geltungsbereich dieses Gesetzes gegen den Verfolgten wegen der Tat ein Urteil oder eine Entscheidung mit entsprechender Rechtswirkung erlassen, die Eröffnung des Hauptverfahrens abgelehnt (§ 204 der Strafprozeßordnung[1]), einen Antrag auf Erhebung der öffentlichen Klage verworfen (§ 174 der Strafprozeßordnung), das Verfahren nach Erfüllung von Auflagen und Weisungen eingestellt (§ 153a der Strafprozeßordnung) oder nach Jugendstrafrecht von der Verfolgung abgesehen oder das Verfahren eingestellt hat (§§ 45, 47 des Jugendgerichtsgesetzes[2]) oder
2. die Verfolgung oder Vollstreckung nach deutschem Recht verjährt oder auf Grund eines deutschen Straffreiheitsgesetzes ausgeschlossen ist.

§ 9a[3] Auslieferung und Verfahren vor internationalen Strafgerichtshöfen. (1) [1] Die Auslieferung ist nicht zulässig, wenn ein internationaler Strafgerichtshof, der durch einen für die Bundesrepublik Deutschland verbindlichen Rechtsakt errichtet wurde, gegen den Verfolgten wegen der Tat ein rechtskräftiges Strafurteil oder eine Entscheidung mit entsprechender Rechtswirkung erlassen oder das Strafverfahren unanfechtbar eingestellt hat und nach dem Errichtungsakt in diesem Falle die Verfolgung durch andere Stellen untersagt ist. [2] Führt der in Satz 1 bezeichnete Gerichtshof wegen der Tat ein Strafverfahren und liegt eine Entscheidung im Sinne des Satzes 1 des Gerichtshofes bei Eingang des Auslieferungsersuchens noch nicht vor, wird die Entscheidung über die Zulässigkeit der Auslieferung zurückgestellt. [3] Eine vorübergehende Auslieferung (§ 37) scheidet aus.

(2) [1] Ersuchen sowohl ein ausländischer Staat als auch ein Gerichtshof im Sinne des Absatzes 1 Satz 1 um Übergabe des Verfolgten zur Strafverfolgung oder Strafvollstreckung (konkurrierende Ersuchen) und enthält der Errichtungsakt des Gerichtshofes oder enthalten die zu seiner Ausführung erlassenen Rechtsvorschriften Bestimmungen, die die Behandlung mehrerer Ersuchen regeln, so richtet sich die Behandlung der Ersuchen nach diesen Bestimmungen. [2] Enthalten weder der Errichtungsakt noch die zu seiner Ausführung erlassenen Rechtsvorschriften

---

[1] **Schönfelder Nr. 90.**
[2] **Schönfelder Nr. 89.**
[3] § 9a eingef. mWv 1.7.2002 durch G v. 21.6.2002 (BGBl. I S. 2144).

Bestimmungen zur Behandlung konkurrierender Ersuchen, räumt aber der Errichtungsakt dem Verfahren des Gerichtshofes Vorrang vor dem Verfahren des ausländischen Staates ein, wird dem Ersuchen des Gerichtshofes Vorrang gegeben.

§ 10 Auslieferungsunterlagen. (1) [1] Die Auslieferung ist nur zulässig, wenn wegen der Tat ein Haftbefehl, eine Urkunde mit entsprechender Rechtswirkung oder ein vollstreckbares, eine Freiheitsentziehung anordnendes Erkenntnis einer zuständigen Stelle des ersuchenden Staates und eine Darstellung der anwendbaren gesetzlichen Bestimmungen vorgelegt worden sind. [2] Wird um Auslieferung zur Verfolgung mehrerer Taten ersucht, so genügt hinsichtlich der weiteren Taten anstelle eines Haftbefehls oder einer Urkunde mit entsprechender Rechtswirkung die Urkunde einer zuständigen Stelle des ersuchenden Staates, aus der sich die dem Verfolgten zur Last gelegte Tat ergibt.

(2) Geben besondere Umstände des Falles Anlaß zu der Prüfung, ob der Verfolgte der ihm zur Last gelegten Tat hinreichend verdächtig erscheint, so ist die Auslieferung ferner nur zulässig, wenn eine Darstellung der Tatsachen vorgelegt worden ist, aus denen sich der hinreichende Tatverdacht ergibt.

(3) Die Auslieferung zur Vollstreckung einer Strafe oder einer sonstigen Sanktion, die in einem dritten Staat verhängt wurde, ist nur zulässig, wenn

1. das vollstreckbare, eine Freiheitsentziehung anordnende Erkenntnis und eine Urkunde des dritten Staates, aus der sich sein Einverständnis mit der Vollstreckung durch den Staat ergibt, der die Vollstreckung übernommen hat,
2. eine Urkunde einer zuständigen Stelle des Staates, der die Vollstreckung übernommen hat, nach der die Strafe oder sonstige Sanktion dort vollstreckbar ist,
3. eine Darstellung der anwendbaren gesetzlichen Bestimmungen sowie
4. im Fall des Absatzes 2 eine Darstellung im Sinne dieser Vorschrift

vorgelegt worden sind.

§ 11 Spezialität. (1) Die Auslieferung ist nur zulässig, wenn gewährleistet ist, daß der Verfolgte

1. in dem ersuchenden Staat ohne deutsche Zustimmung aus keinem vor seiner Überstellung eingetretenen Grund mit Ausnahme der Tat, derentwegen die Auslieferung bewilligt worden ist, bestraft, einer Beschränkung seiner persönlichen Freiheit unterworfen oder durch Maßnahmen, die nicht auch in seiner Abwesenheit getroffen werden können, verfolgt werden wird,
2. nicht ohne deutsche Zustimmung an einen dritten Staat weitergeliefert, überstellt oder in einen dritten Staat abgeschoben werden wird und
3. den ersuchenden Staat nach dem endgültigen Abschluß des Verfahrens, dessentwegen seine Auslieferung bewilligt worden ist, verlassen darf.

(2) Die Bindung des ersuchenden Staates an die Spezialität darf nur entfallen, wenn

1. die deutsche Zustimmung zur Verfolgung oder zur Vollstreckung einer Strafe oder einer sonstigen Sanktion hinsichtlich einer weiteren Tat (§ 35) oder zur Weiterlieferung, Überstellung oder Abschiebung an einen anderen ausländischen Staat (§ 36) erteilt worden ist,
2. der Verfolgte den ersuchenden Staat innerhalb eines Monats nach dem endgültigen Abschluß des Verfahrens, dessentwegen seine Auslieferung bewilligt wor-

den ist, nicht verlassen hat, obwohl er dazu das Recht und die Möglichkeit hatte, oder

3. der Verfolgte, nachdem er den ersuchenden Staat verlassen hatte, dorthin zurückgekehrt ist oder von einem dritten Staat zurücküberstellt worden ist. Das Recht des ersuchenden Staates, den Verfolgten zur Vorbereitung eines Ersuchens nach § 35 zu vernehmen, bleibt unberührt.

(3) Eine bedingte Freilassung ohne eine die Bewegungsfreiheit des Verfolgten einschränkende Anordnung steht dem endgültigen Abschluß des Verfahrens nach Absatz 1 Nr. 3, Abs. 2 Satz 1 Nr. 2 gleich.

§ 12 Bewilligung der Auslieferung. Die Auslieferung darf, außer im Fall des § 41, nur bewilligt werden, wenn das Gericht sie für zulässig erklärt hat.

§ 13 Sachliche Zuständigkeit. (1) [1] Die gerichtlichen Entscheidungen erläßt vorbehaltlich der §§ 21, 22 und 39 Abs. 2 das Oberlandesgericht. [2] Die Entscheidungen des Oberlandesgerichts sind unanfechtbar.

(2) Die Staatsanwaltschaft bei dem Oberlandesgericht bereitet die Entscheidung über die Auslieferung vor und führt die bewilligte Auslieferung durch.

§ 14 Örtliche Zuständigkeit. (1) Örtlich zuständig sind das Oberlandesgericht und die Staatsanwaltschaft bei dem Oberlandesgericht, in deren Bezirk der Verfolgte zum Zweck der Auslieferung ergriffen oder, falls eine Ergreifung nicht erfolgt, zuerst ermittelt wird.

(2) Werden mehrere Verfolgte, die wegen Beteiligung an derselben Tat oder im Zusammenhang damit wegen Begünstigung, Strafvereitelung oder Hehlerei ausgeliefert werden sollen, in den Bezirken verschiedener Oberlandesgerichte zum Zweck der Auslieferung ergriffen oder ermittelt, so richtet sich die Zuständigkeit danach, welches Oberlandesgericht oder, solange noch kein Oberlandesgericht befaßt ist, welche Staatsanwaltschaft bei dem Oberlandesgericht zuerst mit der Sache befaßt wurde.

(3) Ist der Aufenthalt des Verfolgten nicht bekannt, so bestimmt der Bundesgerichtshof das zuständige Oberlandesgericht.

§ 15 Auslieferungshaft. (1) Nach dem Eingang des Auslieferungsersuchens kann gegen den Verfolgten die Auslieferungshaft angeordnet werden, wenn

1. die Gefahr besteht, daß er sich dem Auslieferungsverfahren oder der Durchführung der Auslieferung entziehen werde, oder
2. auf Grund bestimmter Tatsachen der dringende Verdacht begründet ist, daß der Verfolgte die Ermittlung der Wahrheit in dem ausländischen Verfahren oder im Auslieferungsverfahren erschweren werde.

(2) Absatz 1 gilt nicht, wenn die Auslieferung von vornherein unzulässig erscheint.

§ 16 Vorläufige Auslieferungshaft. (1) Die Auslieferungshaft kann unter den Voraussetzungen des § 15 schon vor dem Eingang des Auslieferungsersuchens angeordnet werden, wenn

1. eine zuständige Stelle des ersuchenden Staates darum ersucht oder

2. ein Ausländer einer Tat, die zu seiner Auslieferung Anlaß geben kann, auf Grund bestimmter Tatsachen dringend verdächtig ist.

(2) [1] Der Auslieferungshaftbefehl ist aufzuheben, wenn der Verfolgte seit dem Tag der Ergreifung oder der vorläufigen Festnahme insgesamt zwei Monate zum Zweck der Auslieferung in Haft ist, ohne daß das Auslieferungsersuchen und die Auslieferungsunterlagen bei der in § 74 bezeichneten Behörde oder bei einer sonst zu ihrer Entgegennahme zuständigen Stelle eingegangen sind. [2] Hat ein außereuropäischer Staat um Anordnung der vorläufigen Auslieferungshaft ersucht, so beträgt die Frist drei Monate.

(3) Nach dem Eingang des Auslieferungsersuchens und der Auslieferungsunterlagen entscheidet das Oberlandesgericht unverzüglich über die Fortdauer der Haft.

§ 17 Auslieferungshaftbefehl. (1) Die vorläufige Auslieferungshaft und die Auslieferungshaft werden durch schriftlichen Haftbefehl (Auslieferungshaftbefehl) des Oberlandesgerichts angeordnet.

(2) In dem Auslieferungshaftbefehl sind anzuführen

1. der Verfolgte,
2. der Staat, an den die Auslieferung nach den Umständen des Falles in Betracht kommt,
3. die dem Verfolgten zur Last gelegte Tat,
4. das Ersuchen oder im Fall des § 16 Abs. 1 Nr. 2 die Tatsachen, aus denen sich ergibt, daß der Verfolgte einer Tat, die zu seiner Auslieferung Anlaß geben kann, dringend verdächtig ist, sowie
5. der Haftgrund und die Tatsachen, aus denen er sich ergibt.

§ 18[1)] Fahndungsmaßnahmen. [1] Liegt ein Auslieferungsersuchen vor und ist der Aufenthalt des Verfolgten nicht bekannt, so können die erforderlichen Maßnahmen zur Feststellung des Aufenthaltes und zur Festnahme des Verfolgten ergriffen werden. [2] Zur Anordnung einzelner Fahndungsmaßnahmen bedarf es keines gesonderten Ersuchens. [3] Zuständig für die Ausschreibung zur Festnahme ist die Staatsanwaltschaft bei dem Oberlandesgericht. [4] Die Vorschriften des Abschnitts 9a der Strafprozessordnung[2)] sind entsprechend anwendbar.

§ 19 Vorläufige Festnahme. [1] Liegen die Voraussetzungen eines Auslieferungshaftbefehls vor, so sind die Staatsanwaltschaft und die Beamten des Polizeidienstes zur vorläufigen Festnahme befugt. [2] Unter den Voraussetzungen des § 127 Abs. 1 Satz 1 der Strafprozeßordnung[2)] ist jedermann zur vorläufigen Festnahme berechtigt.

§ 20 Bekanntgabe. (1) Wird der Verfolgte festgenommen, so ist ihm der Grund der Festnahme mitzuteilen.

(2) [1] Liegt ein Auslieferungshaftbefehl vor, so ist er dem Verfolgten unverzüglich bekanntzugeben. [2] Der Verfolgte erhält eine Abschrift.

[1)] § 18 neu gef. mWv 1.7.2002 durch G v. 21.6.2002 (BGBl. I S. 2144).

[2)] **Schönfelder Nr. 90.**

§ 21[1)] Verfahren nach Ergreifung auf Grund eines Auslieferungshaftbefehls. (1) Wird der Verfolgte auf Grund eines Auslieferungshaftbefehls ergriffen, so ist er unverzüglich, spätestens am Tag nach der Ergreifung, dem Richter des nächsten Amtsgerichts vorzuführen.

(2) [1] Der Richter beim Amtsgericht vernimmt den Verfolgten unverzüglich nach der Vorführung, spätestens am nächsten Tag, über seine persönlichen Verhältnisse, insbesondere über seine Staatsangehörigkeit. [2] Er weist ihn darauf hin, daß er sich in jeder Lage des Verfahrens eines Rechtsbeistands (§ 40) bedienen kann und daß es ihm freisteht, sich zu der ihm zur Last gelegten Tat zu äußern oder dazu nicht auszusagen. [3] Sodann befragt er ihn, ob und gegebenenfalls aus welchen Gründen er Einwendungen gegen die Auslieferung, gegen den Auslieferungshaftbefehl oder gegen dessen Vollzug erheben will. [4] Im Fall des § 16 Abs. 1 Nr. 2 erstreckt sich die Vernehmung auch auf den Gegenstand der Beschuldigung; in den übrigen Fällen sind die Angaben, die der Verfolgte von sich aus hierzu macht, in das Protokoll aufzunehmen.

(3) Ergibt sich bei der Vernehmung, daß

1. der Ergriffene nicht die in dem Auslieferungshaftbefehl bezeichnete Person ist,
2. der Auslieferungshaftbefehl aufgehoben ist oder
3. der Vollzug des Auslieferungshaftbefehls ausgesetzt ist,

so ordnet der Richter beim Amtsgericht die Freilassung an.

(4) [1] Ist der Auslieferungshaftbefehl aufgehoben oder der Vollzug ausgesetzt, so ordnet der Richter beim Amtsgericht an, daß der Verfolgte bis zur Entscheidung des Oberlandesgerichts festzuhalten ist, wenn

1. die Voraussetzungen eines neuen Auslieferungshaftbefehls wegen der Tat vorliegen oder
2. Gründe dafür vorliegen, den Vollzug des Auslieferungshaftbefehls anzuordnen.

[2] Die Staatsanwaltschaft bei dem Oberlandesgericht führt unverzüglich die Entscheidung des Oberlandesgerichts herbei.

(5) [1] Erhebt der Verfolgte gegen den Auslieferungshaftbefehl oder gegen dessen Vollzug sonstige Einwendungen, die nicht offensichtlich unbegründet sind, oder hat der Richter beim Amtsgericht Bedenken gegen die Aufrechterhaltung der Haft, so teilt er dies der Staatsanwaltschaft bei dem Oberlandesgericht unverzüglich und auf dem schnellsten Weg mit. [2] Die Staatsanwaltschaft bei dem Oberlandesgericht führt unverzüglich die Entscheidung des Oberlandesgerichts herbei.

(6) Erhebt der Verfolgte gegen die Auslieferung keine Einwendungen, so belehrt ihn der Richter beim Amtsgericht über die Möglichkeit der vereinfachten Auslieferung und deren Rechtsfolgen (§ 41) und nimmt sodann dessen Erklärung zu Protokoll.

(7) [1] Die Entscheidung des Richters beim Amtsgericht ist unanfechtbar. [2] Die Staatsanwaltschaft *bei dem Oberlandesgericht* kann die Freilassung des Verfolgten anordnen.

---

1) § 21 Abs. 2 Satz 2 geänd. mWv 13.12.2019 durch G v. 10.12.2019 (BGBl. I S. 2128).

§ 22[1)] **Verfahren nach vorläufiger Festnahme.** (1) Wird der Verfolgte vorläufig festgenommen, so ist er unverzüglich, spätestens am Tag nach der Festnahme, dem Richter des nächsten Amtsgerichts vorzuführen.

(2) [1] Der Richter beim Amtsgericht vernimmt den Verfolgten unverzüglich nach der Vorführung, spätestens am nächsten Tag, über seine persönlichen Verhältnisse, insbesondere über seine Staatsangehörigkeit. [2] Er weist ihn darauf hin, daß er sich in jeder Lage des Verfahrens eines Rechtsbeistands (§ 40) bedienen kann und daß es ihm freisteht, sich zu der ihm zur Last gelegten Tat zu äußern oder dazu nicht auszusagen. [3] Sodann befragt er ihn, ob und gegebenenfalls aus welchen Gründen er Einwendungen gegen die Auslieferung oder gegen seine vorläufige Festnahme erheben will. [4] § 21 Abs. 2 Satz 4 gilt entsprechend.

(3) [1] Ergibt sich bei der Vernehmung, daß der Ergriffene nicht die Person ist, auf die sich das Ersuchen oder die Tatsachen im Sinne des § 17 Abs. 2 Nr. 4 beziehen, so ordnet der Richter beim Amtsgericht seine Freilassung an. [2] Andernfalls ordnet der Richter beim Amtsgericht an, daß der Verfolgte bis zur Entscheidung des Oberlandesgerichts festzuhalten ist. [3] § 21 Abs. 4 Satz 2, Abs. 6 und 7 gilt entsprechend.

§ 23 Entscheidung über Einwendungen des Verfolgten. Über Einwendungen des Verfolgten gegen den Auslieferungshaftbefehl oder gegen dessen Vollzug entscheidet das Oberlandesgericht.

§ 24 Aufhebung des Auslieferungshaftbefehls. (1) Der Auslieferungshaftbefehl ist aufzuheben, sobald die Voraussetzungen der vorläufigen Auslieferungshaft oder der Auslieferungshaft nicht mehr vorliegen oder die Auslieferung für unzulässig erklärt wird.

(2) [1] Der Auslieferungshaftbefehl ist auch aufzuheben, wenn die Staatsanwaltschaft bei dem Oberlandesgericht dies beantragt. [2] Gleichzeitig mit dem Antrag ordnet sie die Freilassung des Verfolgten an.

§ 25 Aussetzung des Vollzugs des Auslieferungshaftbefehls. (1) Das Oberlandesgericht kann den Vollzug des Auslieferungshaftbefehls aussetzen, wenn weniger einschneidende Maßnahmen die Gewähr bieten, daß der Zweck der vorläufigen Auslieferungshaft oder der Auslieferungshaft auch durch sie erreicht wird.

(2) § 116 Abs. 1 Satz 2, Abs. 4, §§ 116a, 123 und 124 Abs. 1, Abs. 2 Satz 1, Abs. 3 der Strafprozeßordnung[2)] sowie § 72 Abs. 1, 4 Satz 1 des Jugendgerichtsgesetzes[3)] gelten entsprechend.

§ 26 Haftprüfung. (1) [1] Befindet sich der Verfolgte in Auslieferungshaft, so entscheidet das Oberlandesgericht über deren Fortdauer, wenn der Verfolgte seit dem Tag der Ergreifung, der vorläufigen Festnahme oder der letzten Entscheidung über die Fortdauer der Haft insgesamt zwei Monate zum Zweck der Auslieferung in Haft ist. [2] Die Haftprüfung wird jeweils nach zwei Monaten wiederholt. [3] Das Oberlandesgericht kann anordnen, daß die Haftprüfung innerhalb einer kürzeren Frist vorgenommen wird.

---

1) *§ 22 Abs. 2 Satz 2 geänd.* mWv 13.12.2019 durch G v. 10.12.2019 (BGBl. I S. 2128).
2) **Schönfelder Nr. 90.**
3) **Schönfelder Nr. 89.**

(2) Befindet sich der Verfolgte in vorläufiger Auslieferungshaft oder in einstweiliger Unterbringung in einem Erziehungsheim (§ 71 Abs. 2 des Jugendgerichtsgesetzes[1]), so gilt Absatz 1 entsprechend.

§ 27[2] Vollzug der Haft. (1) Für den Vollzug der vorläufigen Auslieferungshaft, der Auslieferungshaft und der Haft auf Grund einer Anordnung des Richters beim Amtsgericht gelten die Vorschriften über den Vollzug der Untersuchungshaft sowie § 119 der Strafprozessordnung[3] entsprechend.

(2) Die Staatsanwaltschaft bei dem Oberlandesgericht bestimmt die Anstalt, in welcher der Verfolgte zu verwahren ist.

(3) Die richterlichen Verfügungen trifft der Vorsitzende des zuständigen Senats des Oberlandesgerichts.

§ 28[4] Vernehmung des Verfolgten. (1) Nach dem Eingang des Auslieferungsersuchens beantragt die Staatsanwaltschaft bei dem Oberlandesgericht die Vernehmung des Verfolgten bei dem Amtsgericht, in dessen Bezirk er sich befindet.

(2) [1] Der Richter beim Amtsgericht vernimmt den Verfolgten über seine persönlichen Verhältnisse, insbesondere über seine Staatsangehörigkeit. [2] Er weist ihn darauf hin, daß er sich in jeder Lage des Verfahrens eines Rechtsbeistands (§ 40) bedienen kann und daß es ihm freisteht, sich zu der ihm zur Last gelegten Tat zu äußern oder dazu nicht auszusagen. [3] Sodann befragt er ihn, ob und gegebenenfalls aus welchen Gründen er Einwendungen gegen die Auslieferung erheben will. [4] Zu dem Gegenstand der Beschuldigung ist der Verfolgte nur zu vernehmen, wenn die Staatsanwaltschaft bei dem Oberlandesgericht dies beantragt; in den übrigen Fällen sind die Angaben, die der Verfolgte von sich aus hierzu macht, in das Protokoll aufzunehmen.

(3) Erhebt der Verfolgte gegen die Auslieferung keine Einwendungen, so belehrt ihn der Richter beim Amtsgericht über die Möglichkeit der vereinfachten Auslieferung und deren Rechtsfolgen (§ 41) und nimmt sodann dessen Erklärung zu Protokoll.

§ 29 Antrag auf Entscheidung über die Zulässigkeit der Auslieferung.

(1) Hat sich der Verfolgte nicht mit der vereinfachten Auslieferung (§ 41) einverstanden erklärt, so beantragt die Staatsanwaltschaft bei dem Oberlandesgericht die Entscheidung des Oberlandesgerichts darüber, ob die Auslieferung zulässig ist.

(2) Die Staatsanwaltschaft bei dem Oberlandesgericht kann die Entscheidung des Oberlandesgerichts auch dann beantragen, wenn sich der Verfolgte mit der vereinfachten Auslieferung einverstanden erklärt hat.

§ 30 Vorbereitung der Entscheidung. (1) [1] Reichen die Auslieferungsunterlagen zur Beurteilung der Zulässigkeit der Auslieferung nicht aus, so entscheidet das Oberlandesgericht erst, wenn dem ersuchenden Staat Gelegenheit gegeben worden ist, ergänzende Unterlagen beizubringen. [2] Für ihre Beibringung kann eine Frist gesetzt werden.

---

[1] **Schönfelder Nr. 89.**
[2] § 27 Abs. 1 neu gef. mWv 1.1.2010 durch G v. 29.7.2009 (BGBl. I S. 2274).
[3] **Schönfelder Nr. 90.**
[4] § 28 Abs. 2 Satz 2 geänd. mWv 13.12.2019 durch G v. 10.12.2019 (BGBl. I S. 2128).

(2) [1] Das Oberlandesgericht kann den Verfolgten vernehmen. [2] Es kann sonstige Beweise über die Zulässigkeit der Auslieferung erheben. [3] Im Fall des § 10 Abs. 2 erstreckt sich die Beweiserhebung über die Zulässigkeit der Auslieferung auch darauf, ob der Verfolgte der ihm zur Last gelegten Tat hinreichend verdächtig erscheint. [4] Art und Umfang der Beweisaufnahme bestimmt das Oberlandesgericht, ohne durch Anträge, Verzichte oder frühere Beschlüsse gebunden zu sein.

(3) Das Oberlandesgericht kann eine mündliche Verhandlung durchführen.

§ 31[1)] Durchführung der mündlichen Verhandlung. (1) [1] Von Ort und Zeit der mündlichen Verhandlung sind die Staatsanwaltschaft bei dem Oberlandesgericht, der Verfolgte und sein Rechtsbeistand (§ 40) zu benachrichtigen. [2] Bei der mündlichen Verhandlung muß ein Vertreter der Staatsanwaltschaft bei dem Oberlandesgericht anwesend sein.

(2) [1] Befindet sich der Verfolgte in Haft, so ist er vorzuführen, es sei denn, daß er auf die Anwesenheit in der Verhandlung verzichtet hat oder daß der Vorführung weite Entfernung, Krankheit oder andere nicht zu beseitigende Hindernisse entgegenstehen. [2] Wird der Verfolgte zur mündlichen Verhandlung nicht vorgeführt, so muß ein Rechtsbeistand (§ 40) seine Rechte in der Verhandlung wahrnehmen. [3] In diesem Fall ist ihm für die mündliche Verhandlung ein Rechtsanwalt als Rechtsbeistand zu bestellen, wenn er noch keinen Beistand hat.

(3) [1] Befindet sich der Verfolgte auf freiem Fuß, so kann das Oberlandesgericht sein persönliches Erscheinen anordnen. [2] Erscheint der ordnungsgemäß geladene Verfolgte nicht und ist sein Fernbleiben nicht genügend entschuldigt, so kann das Oberlandesgericht die Vorführung anordnen.

(4) [1] In der mündlichen Verhandlung sind die anwesenden Beteiligten zu hören. [2] Über die Verhandlung ist ein Protokoll aufzunehmen.

§ 32[2)] Entscheidung über die Zulässigkeit. [1] Der Beschluß über die Zulässigkeit *dar*[3)] Auslieferung ist zu begründen. [2] Er wird der Staatsanwaltschaft bei dem Oberlandesgericht, dem Verfolgten und seinem Rechtsbeistand (§ 40) bekanntgemacht. [3] Der Verfolgte erhält eine Abschrift.

§ 33 Erneute Entscheidung über die Zulässigkeit. (1) Treten nach der Entscheidung des Oberlandesgerichts über die Zulässigkeit der Auslieferung Umstände ein, die eine andere Entscheidung über die Zulässigkeit zu begründen geeignet sind, so entscheidet das Oberlandesgericht von Amts wegen, auf Antrag der Staatsanwaltschaft bei dem Oberlandesgericht oder auf Antrag des Verfolgten erneut über die Zulässigkeit der Auslieferung.

(2) Werden nach der Entscheidung des Oberlandesgerichts Umstände bekannt, die eine andere Entscheidung über die Zulässigkeit zu begründen geeignet sind, so kann das Oberlandesgericht erneut über die Zulässigkeit der Auslieferung entscheiden.

(3) § 30 Abs. 2 und 3, §§ 31, 32 gelten entsprechend.

(4) Das Oberlandesgericht kann den Aufschub der Auslieferung anordnen.

[1)] § 31 Abs. 1 Satz 1, Abs. 2 Sätze 2 und 3 geänd. mWv 13.12.2019 durch G v. 10.12.2019 (BGBl. I S. 2128).

[2)] § 32 Satz 2 geänd. mWv 13.12.2019 durch G v. 10.12.2019 (BGBl. I S. 2128).

[3)] Richtig wohl: „der".

§ 34 Haft zur Durchführung der Auslieferung. (1) Befindet sich der Verfolgte nach der Bewilligung der Auslieferung auf freiem Fuß und ist die Durchführung der Auslieferung nicht auf andere Weise gewährleistet, so ordnet das Oberlandesgericht durch schriftlichen Haftbefehl die Haft zur Durchführung der Auslieferung an, sofern nicht der Vollzug eines bestehenden Auslieferungshaftbefehls (§ 17) angeordnet werden kann.

(2) In dem Haftbefehl sind anzuführen

1. der Verfolgte,
2. die Entscheidung, durch welche die Auslieferung bewilligt worden ist, sowie
3. der Haftgrund und die Tatsachen, aus denen er sich ergibt.

(3) Die §§ 18 bis 20 und 23 bis 27 gelten entsprechend.

§ 35 Erweiterung der Auslieferungsbewilligung. (1) [1] Ist die Auslieferung durchgeführt und ersucht der Staat, an den der Verfolgte ausgeliefert worden ist, wegen einer weiteren Tat um Zustimmung zur Verfolgung oder zur Vollstreckung einer Strafe oder einer sonstigen Sanktion, so kann die Zustimmung erteilt werden, wenn

1. nachgewiesen worden ist, daß der Ausgelieferte Gelegenheit hatte, sich zu dem Ersuchen zu äußern, und das Oberlandesgericht entschieden hat, daß wegen der Tat die Auslieferung zulässig wäre, oder
2. nachgewiesen worden ist, daß der Ausgelieferte sich zu Protokoll eines Richters des ersuchenden Staates mit der Verfolgung oder mit der Vollstreckung der Strafe oder der sonstigen Sanktion einverstanden erklärt hat, und wegen der Tat die Auslieferung zulässig wäre.

[2] Wird um Zustimmung zur Verfolgung ersucht, so genügt anstelle eines Haftbefehls oder einer Urkunde mit entsprechender Rechtswirkung (§ 10 Abs. 1 Satz 1) die Urkunde einer zuständigen Stelle des ersuchenden Staates, aus der sich die dem Verfolgten zur Last gelegte Tat ergibt.

(2) [1] Für das Verfahren gelten § 29 mit der Maßgabe, daß an die Stelle des Einverständnisses des Verfolgten mit der vereinfachten Auslieferung sein Einverständnis im Sinne des Absatzes 1 Satz 1 Nr. 2 tritt, sowie § 30 Abs. 1, Abs. 2 Satz 2 bis 4, Abs. 3, § 31 Abs. 1 und 4, §§ 32, 33 Abs. 1 und 2 entsprechend. [2] Zuständig für die gerichtliche Entscheidung nach Absatz 1 Satz 1 Nr. 1 ist das Oberlandesgericht, das im Auslieferungsverfahren zur Entscheidung über die Zulässigkeit der Auslieferung zuständig war.

§ 36 Weiterlieferung. (1) Ist die Auslieferung durchgeführt und ersucht eine zuständige Stelle eines ausländischen Staates wegen der Tat, derentwegen die Auslieferung bewilligt worden ist, oder wegen einer weiteren Tat um Zustimmung zur Weiterlieferung, zur Überstellung des Ausgelieferten zum Zweck der Vollstreckung einer Strafe oder einer sonstigen Sanktion oder zur Abschiebung, so gilt § 35 Abs. 1 Satz 1, Abs. 2 entsprechend mit der Maßgabe, daß wegen der Tat die Auslieferung an den Staat, an den der Ausgelieferte weitergeliefert oder überstellt werden soll, zulässig sein müßte.

(2) [1] Ist die Auslieferung noch nicht durchgeführt, so kann auf ein Ersuchen der in Absatz 1 bezeichneten Art die Zustimmung erteilt werden, wenn wegen der Tat die Auslieferung an den Staat, an den der Ausgelieferte weitergeliefert oder über-

stellt werden soll, zulässig wäre. ²Für das Verfahren gelten die §§ 28 bis 33 entsprechend.

§ 37 Vorübergehende Auslieferung. (1) Wird die bewilligte Auslieferung aufgeschoben, weil im Geltungsbereich dieses Gesetzes gegen den Verfolgten ein Strafverfahren geführt wird oder eine Freiheitsstrafe oder eine freiheitsentziehende Maßregel der Besserung und Sicherung zu vollstrecken ist, so kann der Verfolgte vorübergehend ausgeliefert werden, wenn eine zuständige Stelle des ersuchenden Staates hierum ersucht und zusichert, ihn bis zu einem bestimmten Zeitpunkt oder auf Anforderung zurückzuliefern.

(2) Auf die Rücklieferung des Verfolgten kann verzichtet werden.

(3) ¹Wird in dem Verfahren, dessentwegen die Auslieferung aufgeschoben wurde, zeitige Freiheitsstrafe oder Geldstrafe verhängt, so wird die in dem ersuchenden Staat bis zur Rücklieferung oder bis zum Verzicht auf die Rücklieferung erlittene Freiheitsentziehung darauf angerechnet. ²Ist die Auslieferung aufgeschoben worden, weil gegen den Verfolgten zeitige Freiheitsstrafe zu vollstrecken ist, so gilt Satz 1 entsprechend.

(4) ¹Die für die Anrechnung nach Absatz 3 zuständige Stelle bestimmt nach Anhörung der Staatsanwaltschaft bei dem Oberlandesgericht den Maßstab nach ihrem Ermessen. ²Sie kann anordnen, daß die Anrechnung ganz oder zum Teil unterbleibt, wenn

1. die in dem ersuchenden Staat erlittene Freiheitsentziehung ganz oder zum Teil auf eine dort verhängte oder zu vollstreckende Strafe oder sonstige Sanktion angerechnet worden ist oder
2. die Anrechnung im Hinblick auf das Verhalten des Verfolgten nach der Übergabe nicht gerechtfertigt ist.

§ 38[1] Herausgabe von Gegenständen im Auslieferungsverfahren.

(1) Im Zusammenhang mit einer Auslieferung können an den ersuchenden Staat ohne besonderes Ersuchen Gegenstände herausgegeben werden,

1. die als Beweismittel für das ausländische Verfahren dienen können oder
2. die der Verfolgte oder ein Beteiligter durch die Tat, derentwegen die Auslieferung bewilligt worden ist, für sie oder als Entgelt für solche Gegenstände erlangt hat.

(2) Die Herausgabe ist nur zulässig, wenn gewährleistet ist, daß Rechte Dritter unberührt bleiben und unter Vorbehalt herausgegebene Gegenstände auf Verlangen unverzüglich zurückgegeben werden.

(3) Unter den Voraussetzungen der Absätze 1 und 2 können Gegenstände auch dann herausgegeben werden, wenn die bewilligte Auslieferung aus tatsächlichen Gründen nicht vollzogen werden kann.

(4) ¹Über die Zulässigkeit der Herausgabe entscheidet auf Einwendungen des Verfolgten, auf Antrag der Staatsanwaltschaft bei dem Oberlandesgericht oder auf Antrag desjenigen, der geltend macht, er würde durch die Herausgabe in seinen Rechten verletzt werden, das Oberlandesgericht. ²Erklärt das Oberlandesgericht die Herausgabe für zulässig, so kann es demjenigen, der seine Entscheidung

[1] § 38 Abs. 1 Nr. 2 geänd. mWv 1.7.2017 durch G v. 13.4.2017 (BGBl. I S. 872).

beantragt hat, die der Staatskasse erwachsenen Kosten auferlegen. [3] Die Herausgabe darf nicht bewilligt werden, wenn das Oberlandesgericht sie für unzulässig erklärt hat.

§ 39[1)] Beschlagnahme und Durchsuchung. (1) [1] Gegenstände, deren Herausgabe an einen ausländischen Staat in Betracht kommt, können, auch schon vor Eingang des Auslieferungsersuchens, beschlagnahmt oder sonst sichergestellt werden. [2] Zu diesem Zweck kann auch eine Durchsuchung vorgenommen werden.

(2) Ist noch kein Oberlandesgericht mit dem Auslieferungsverfahren befaßt, so werden die Beschlagnahme und die Durchsuchung zunächst von dem Amtsgericht angeordnet, in dessen Bezirk die Handlungen vorzunehmen sind.

(3) Bei Gefahr im Verzug sind die Staatsanwaltschaft und ihre Ermittlungspersonen (§ 152 des Gerichtsverfassungsgesetzes[2)]) befugt, die Beschlagnahme und die Durchsuchung anzuordnen.

§ 40[3)] Rechtsbeistand. (1) Die verfolgte Person kann sich in jeder Lage des Verfahrens eines Rechtsbeistands bedienen.

(2) Die Auslieferung ist ein Fall der notwendigen Rechtsbeistandschaft, wenn eine Festnahme der verfolgten Person erfolgt.

(3) Erfolgt keine Festnahme der verfolgten Person, liegt ein Fall der notwendigen Rechtsbeistandschaft vor, wenn

1. wegen der Schwierigkeit der Sach- oder Rechtslage die Mitwirkung eines Rechtsbeistands geboten erscheint, bei Verfahren nach Abschnitt 2 des Achten Teils insbesondere bei Zweifeln, ob die Voraussetzungen der §§ 80 und 81 Nummer 4 vorliegen,
2. ersichtlich ist, dass die verfolgte Person ihre Rechte nicht selbst hinreichend wahrnehmen kann oder
3. die verfolgte Person noch nicht 18 Jahre alt ist.

(4) [1] Liegt ein Fall der notwendigen Rechtsbeistandschaft vor und hat die verfolgte Person noch keinen Rechtsbeistand, so ist ihr auf Antrag oder von Amts wegen ein Rechtsbeistand zu bestellen. [2] Hat die verfolgte Person keinen Rechtsbeistand, ist sie in den Fällen des Absatzes 3 Nummer 1 und 2 bei Bekanntgabe des Ersuchens darauf hinzuweisen, dass sie die Bestellung eines Rechtsbeistands beantragen kann.

(5) Die Bestellung eines Rechtsbeistands erfolgt von Amts wegen

1. im Fall des Absatzes 2 unverzüglich nach Festnahme,
2. im Fall des Absatzes 3 Nummer 3 unverzüglich nach Bekanntgabe des Auslieferungsersuchens,
3. in den Fällen des Absatzes 3 Nummer 1 und 2 nach Bekanntgabe des Auslieferungsersuchens, sobald die dort genannten Voraussetzungen vorliegen.

(6) [1] Über die Bestellung entscheidet das Gericht, dem die verfolgte Person vorzuführen ist oder dem sie vorzuführen wäre. [2] Nach einer Antragstellung gemäß § 29 Absatz 1 entscheidet das zuständige Oberlandesgericht.

---

1) § 39 Abs. 3 geänd. mWv 1.9.2004 durch G v. 24.8.2004 (BGBl. I S. 2198).
2) **Schönfelder Nr. 95.**
3) § 40 neu gef. mWv 13.12.2019 durch G v. 10.12.2019 (BGBl. I S. 2128).

(7) [1] Die Bestellung endet mit der Übergabe der verfolgten Person oder mit der abschließenden Entscheidung, die verfolgte Person nicht zu übergeben. [2] Die Bestellung umfasst Verfahren nach § 33. [3] Falls keine gerichtliche Entscheidung ergeht, die die Auslieferung für unzulässig erklärt, und die Person nicht übergeben wird, endet die Bestellung mit der Entscheidung der Staatsanwaltschaft beim Oberlandesgericht, die verfolgte Person nicht zu übergeben. [4] Die Bestellung kann in den Fällen des Absatzes 3 Nummer 1 und 2 aufgehoben werden, wenn kein Fall der notwendigen Rechtsbeistandschaft mehr vorliegt.

(8) [1] Die Vorschriften des Elften Abschnittes des Ersten Buches der Strafprozessordnung[1)] mit Ausnahme der §§ 139, 140, 141, 141a, 142 Absatz 2 und 3, von § 143 Absatz 1 und 2 Satz 2 bis 4 sowie § 143a Absatz 3 gelten entsprechend. [2] § 142 Absatz 7, § 143 Absatz 3 und § 143a Absatz 4 der Strafprozessordnung gelten mit der Maßgabe entsprechend, dass über die sofortige Beschwerde das Gericht entscheidet, das für die Entscheidung über die Zulässigkeit der Auslieferung zuständig ist. [3] Entscheidungen des Oberlandesgerichts nach Absatz 6 Satz 2 und Absatz 7 Satz 4 sind unanfechtbar.

§ 41[2)] Vereinfachte Auslieferung. (1) Die Auslieferung eines Verfolgten, gegen den ein Auslieferungshaftbefehl besteht, kann auf Ersuchen einer zuständigen Stelle eines ausländischen Staates um Auslieferung oder um vorläufige Festnahme zum Zweck der Auslieferung ohne Durchführung des förmlichen Auslieferungsverfahrens bewilligt werden, wenn sich der Verfolgte nach Belehrung zu richterlichem Protokoll mit dieser vereinfachten Auslieferung einverstanden erklärt hat.

(2) Im Fall des Absatzes 1 kann auf die Beachtung der Voraussetzungen des § 11 verzichtet werden, wenn sich der Verfolgte nach Belehrung zu richterlichem Protokoll damit einverstanden erklärt hat.

(3) Das Einverständnis kann nicht widerrufen werden.

(4) [1] Auf Antrag der Staatsanwaltschaft bei dem Oberlandesgericht belehrt der Richter beim Amtsgericht den Verfolgten über die Möglichkeit der vereinfachten Auslieferung und deren Rechtsfolgen (Absätze 1 bis 3) und nimmt sodann dessen Erklärung zu Protokoll. [2] Zuständig ist der Richter bei dem Amtsgericht, in dessen Bezirk sich der Verfolgte befindet.

§ 42 Anrufung des Bundesgerichtshofes. (1) Hält das Oberlandesgericht eine Entscheidung des Bundesgerichtshofes für geboten, um eine Rechtsfrage von grundsätzlicher Bedeutung zu klären, oder will es von einer Entscheidung des Bundesgerichtshofes oder einer nach dem Inkrafttreten dieses Gesetzes ergangenen Entscheidung eines anderen Oberlandesgerichts über eine Rechtsfrage in Auslieferungssachen abweichen, so begründet es seine Auffassung und holt die Entscheidung des Bundesgerichtshofes über die Rechtsfrage ein.

(2) Die Entscheidung des Bundesgerichtshofes wird auch eingeholt, wenn der Generalbundesanwalt oder die Staatsanwaltschaft bei dem Oberlandesgericht dies zur Klärung einer Rechtsfrage beantragt.

(3) [1] Der Bundesgerichtshof gibt dem Verfolgten Gelegenheit zur Äußerung. [2] Die Entscheidung ergeht ohne mündliche Verhandlung.

[1)] **Schönfelder Nr. 90.**

[2)] § 41 Abs. 1 geänd. mWv 2.8.2006 durch G v. 20.7.2006 (BGBl. I S. 1721).

Dritter Teil. Durchlieferung

§ 43 Zulässigkeit der Durchlieferung. (1) Ein Ausländer, der in einem ausländischen Staat wegen einer Tat, die dort mit Strafe bedroht ist, verfolgt wird oder verurteilt worden ist, kann auf Ersuchen einer zuständigen Stelle dieses Staates zur Verfolgung oder zur Vollstreckung einer wegen der Tat verhängten Strafe oder sonstigen Sanktion durch den Geltungsbereich dieses Gesetzes durchgeliefert werden.

(2) Ein Ausländer, der in einem ausländischen Staat wegen einer Tat, die dort mit Strafe bedroht ist, verurteilt worden ist, kann auf Ersuchen einer zuständigen Stelle eines anderen ausländischen Staates, der die Vollstreckung übernommen hat, zur Vollstreckung einer wegen der Tat verhängten Strafe oder sonstigen Sanktion durch den Geltungsbereich dieses Gesetzes durchgeliefert werden.

(3) [1] Die Durchlieferung ist nur zulässig, wenn

1. die dem Ersuchen zugrunde liegende Tat nach deutschem Recht mit Freiheitsstrafe bedroht ist oder bei sinngemäßer Umstellung des Sachverhaltes mit Freiheitsstrafe bedroht wäre und
2. wegen der dem Ersuchen zugrunde liegenden Tat
   a) im Fall des Absatzes 1 die in § 10 Abs. 1 Satz 1 oder
   b) im Fall des Absatzes 2 die in § 10 Abs. 3 Nr. 1 bis 3

   bezeichneten Unterlagen vorgelegt worden sind.

[2] Wird um Durchlieferung wegen mehrerer Taten ersucht, so genügt es, wenn die Voraussetzungen des Satzes 1 für mindestens eine der dem Ersuchen zugrunde liegenden Taten vorliegen.

(4) Für die Durchführung gelten die §§ 6 bis 8 entsprechend.

§ 44 Zuständigkeit. (1) [1] Die gerichtlichen Entscheidungen erläßt das Oberlandesgericht. [2] § 13 Abs. 1 Satz 2, Abs. 2 gilt entsprechend.

(2) Örtlich zuständig ist

1. im Fall der Durchlieferung auf dem Land- oder Seeweg das Oberlandesgericht, in dessen Bezirk der Verfolgte voraussichtlich in den Geltungsbereich dieses Gesetzes überstellt werden wird,
2. im Fall der Durchlieferung auf dem Luftweg das Oberlandesgericht, in dessen Bezirk die erste Zwischenlandung stattfinden soll.

(3) Ist eine Zuständigkeit nach Absatz 2 Nr. 2 nicht begründet, so ist das Oberlandesgericht Frankfurt am Main zuständig.

§ 45[1)] Durchlieferungsverfahren. (1) Erscheint die Durchlieferung zulässig, *so wird der Verfolgte zu ihrer Sicherung* in Haft gehalten.

(2) [1] Die Haft wird durch schriftlichen Haftbefehl (Durchlieferungshaftbefehl) des Oberlandesgerichts angeordnet. [2] § 17 Abs. 2, § 30 Abs. 1 gelten entsprechend.

(3) Die Durchlieferung darf nur bewilligt werden, wenn ein Durchlieferungshaftbefehl erlassen worden ist.

---

1) § 45 Abs. 5 Satz 3, Abs. 6 Satz 1 geänd., Satz 2 angef. mWv 13.12.2019 durch G v. 10.12.2019 (BGBl. I S. 2128).

(4) [1] Der Durchlieferungshaftbefehl ist dem Verfolgten unverzüglich nach seinem Eintreffen im Geltungsbereich dieses Gesetzes bekanntzugeben. [2] Der Verfolgte erhält eine Abschrift.

(5) [1] Kann die Durchlieferung voraussichtlich nicht bis zum Ablauf des auf die Überstellung folgenden Tages abgeschlossen werden, so ist der Verfolgte unverzüglich, spätestens am Tag nach seinem Eintreffen im Geltungsbereich dieses Gesetzes, dem Richter des nächsten Amtsgerichts vorzuführen. [2] Der Richter beim Amtsgericht vernimmt ihn über seine persönlichen Verhältnisse, insbesondere über seine Staatsangehörigkeit. [3] Er weist ihn darauf hin, daß er sich in jeder Lage des Verfahrens eines Rechtsbeistands (§ 40) bedienen kann und daß es ihm freisteht, sich zu der ihm zur Last gelegten Tat zu äußern oder dazu nicht auszusagen. [4] Sodann befragt er ihn, ob und gegebenenfalls aus welchen Gründen er Einwendungen gegen den Durchlieferungshaftbefehl oder gegen die Zulässigkeit der Durchlieferung erheben will. [5] Erhebt der Verfolgte Einwendungen, die nicht offensichtlich unbegründet sind, oder hat der Richter beim Amtsgericht Bedenken gegen die Aufrechterhaltung der Haft oder gegen die Zulässigkeit der Durchlieferung, so teilt er dies der Staatsanwaltschaft bei dem Oberlandesgericht unverzüglich und auf dem schnellsten Weg mit. [6] Diese führt unverzüglich die Entscheidung des Oberlandesgerichts herbei.

(6) [1] Die §§ 24, 27, 33 Abs. 1, 2 und 4, § 42 gelten entsprechend, ebenso § 26 Abs. 1 mit der Maßgabe, daß an die Stelle der Frist von zwei Monaten eine Frist von einem Monat tritt. [2] § 40 gilt mit der Maßgabe entsprechend, dass ein Fall der notwendigen Rechtsbeistandschaft nur bei Vorliegen der Voraussetzungen nach dessen Absatz 3 vorliegt.

(7) Die bei einer Durchlieferung übernommenen Gegenstände können ohne besonderes Ersuchen gleichzeitig mit der Überstellung des Verfolgten herausgegeben werden.

§ 46 Durchlieferung bei vorübergehender Auslieferung. (1) Ist die Durchlieferung bewilligt worden, so kann der Verfolgte auf Ersuchen einer zuständigen Stelle des ersuchenden Staates zunächst zum Vollzug einer vorübergehenden Auslieferung und einer nachfolgenden Rücklieferung durch den Geltungsbereich dieses Gesetzes durchgeliefert werden.

(2) Im Fall des Absatzes 1 ist der Durchlieferungshaftbefehl auch auf die weiteren Überstellungsfälle zu erstrecken.

§ 47[1)] Unvorhergesehene Zwischenlandung bei Beförderung auf dem Luftweg. (1) Hat eine zuständige Stelle eines ausländischen Staates angekündigt, sie werde einen Ausländer zum Zweck der Auslieferung auf dem Luftweg ohne Zwischenlandung durch den Geltungsbereich dieses Gesetzes befördern lassen, und mitgeteilt, daß die gemäß § 43 Abs. 3 Satz 1 Nr. 2, Satz 2 erforderlichen Unterlagen vorliegen, so wird die Ankündigung im Fall einer unvorhergesehenen Zwischenlandung als Ersuchen um Durchlieferung behandelt.

(2) Liegen die Voraussetzungen des Absatzes 1 vor, so sind die Staatsanwaltschaft und die Beamten des Polizeidienstes zur vorläufigen Festnahme befugt.

(3) [1] Der Verfolgte ist unverzüglich, spätestens am Tag nach der Festnahme, dem Richter des nächsten Amtsgerichts vorzuführen. [2] Der Richter beim Amtsgericht

[1)] § 47 Abs. 3 Satz 3 geänd. mWv 13.12.2019 durch G v. 10.12.2019 (BGBl. I S. 2128).

vernimmt ihn über seine persönlichen Verhältnisse, insbesondere über seine Staatsangehörigkeit. [3] Er weist ihn darauf hin, daß er sich in jeder Lage *der*[1)] Verfahrens eines Rechtsbeistands (§ 40) bedienen kann und daß es ihm freisteht, sich zu der ihm zur Last gelegten Tat zu äußern oder dazu nicht auszusagen. [4] Sodann befragt er ihn, ob und gegebenenfalls aus welchen Gründen er Einwendungen gegen die Durchlieferung oder dagegen erheben will, daß er festgehalten wird.

(4) [1] Ergibt sich bei der Vernehmung, daß der Vorgeführte nicht die in der Ankündigung bezeichnete Person ist, so ordnet der Richter beim Amtsgericht seine Freilassung an. [2] Andernfalls ordnet der Richter beim Amtsgericht an, daß der Verfolgte bis zur Entscheidung des Oberlandesgerichts festzuhalten ist. [3] § 21 Abs. 4 Satz 2, Abs. 7 gilt entsprechend.

(5) [1] Der Durchlieferungshaftbefehl kann schon vor Eingang der in § 43 Abs. 3 Satz 1 Nr. 2 aufgeführten Unterlagen erlassen werden. [2] Er ist dem Verfolgten unverzüglich bekanntzugeben. [3] Der Verfolgte erhält eine Abschrift.

(6) [1] Der Durchlieferungshaftbefehl ist aufzuheben, wenn der Verfolgte seit dem Tag der vorläufigen Festnahme insgesamt 45 Tage zum Zweck der Durchlieferung in Haft ist, ohne daß die Durchlieferungsunterlagen eingegangen sind. [2] Hat ein außereuropäischer Staat die Beförderung gemäß Absatz 1 angekündigt, so beträgt die Frist zwei Monate.

(7) [1] Nach dem Eingang der Unterlagen beantragt die Staatsanwaltschaft bei dem Oberlandesgericht die Vernehmung des Verfolgten durch den Richter des Amtsgerichts, in dessen Bezirk sich der Verfolgte befindet. [2] § 45 Abs. 5 Satz 2 bis 4 gilt entsprechend. [3] Sodann beantragt die Staatsanwaltschaft bei dem Oberlandesgericht die Entscheidung des Oberlandesgerichts darüber, ob der Durchlieferungshaftbefehl aufrechtzuerhalten ist.

(8) Die Durchlieferung darf nur bewilligt werden, wenn das Oberlandesgericht den Durchlieferungshaftbefehl aufrechterhalten hat.

Vierter Teil. Rechtshilfe durch Vollstreckung ausländischer Erkenntnisse

§ 48[2)] **Grundsatz.** [1] Rechtshilfe kann für ein Verfahren in einer strafrechtlichen Angelegenheit durch Vollstreckung einer im Ausland rechtskräftig verhängten Strafe oder sonstigen Sanktion geleistet werden. [2] Der Vierte Teil dieses Gesetzes ist auch auf die Vollstreckung einer Anordnung der Einziehung anzuwenden, die ein nicht für strafrechtliche Angelegenheiten zuständiges Gericht eines ausländischen Staates getroffen hat, sofern der Anordnung eine mit Strafe bedrohte Tat zugrunde liegt.

§ 49[3)] **Weitere Voraussetzungen der Zulässigkeit.** (1) Die Vollstreckung ist nur zulässig, wenn

1. ein vollständiges rechtskräftiges und vollstreckbares Erkenntnis vorliegt,

---

[1)] Richtig wohl: „des".

[2)] § 48 Satz 2 geänd. mWv 25.7.2015 durch G v. 17.7.2015 (BGBl. I S. 1349); Satz 2 geänd. mWv 1.7.2017 durch G v. 13.4.2017 (BGBl. I S. 872).

[3)] § 49 Abs. 1 Nr. 3 geänd., Nr. 4 und 5 neu gef. mWv 22.10.2009 durch G v. 2.10.2009 (BGBl. I S. 3214); Abs. 1 Nr. 1–4 neu gef., Abs. 2 Satz 1 geänd., Abs. 3 eingef., bish. Abs. 3–5 werden Abs. 4–6 mWv 25.7.2015 durch G v. 17.7.2015 (BGBl. I S. 1349); Abs. 1 Nr. 3 Buchst. b, Nr. 4, 5 einl. Satzteil und Abs. 5 einl. Satzteil geänd. mWv 1.7.2017 durch G v. 13.4.2017 (BGBl. I S. 872).

2. das ausländische Erkenntnis in einem Verfahren ergangen ist, welches mit der Europäischen Konvention vom 4. November 1950 zum Schutz der Menschenrechte und Grundfreiheiten einschließlich ihrer Zusatzprotokolle, soweit sie für die Bundesrepublik Deutschland in Kraft getreten sind, im Einklang steht,
3. auch nach deutschem Recht, ungeachtet etwaiger Verfahrenshindernisse und gegebenenfalls nach sinngemäßer Umstellung des Sachverhalts, wegen der Tat, die dem ausländischen Erkenntnis zugrunde liegt,
   a) eine Strafe, eine Maßregel der Besserung und Sicherung oder eine Geldbuße hätte verhängt werden können oder
   b) in Fällen, in denen eine Anordnung der Einziehung vollstreckt werden soll, eine derartige Anordnung,[1] hätte getroffen werden können,
4. keine Entscheidung der in § 9 Nummer 1 genannten Art ergangen ist, es sei denn, in Fällen, in denen eine Anordnung der Einziehung vollstreckt werden soll, könnte eine solche Anordnung entsprechend § 76a des Strafgesetzbuchs[2] selbständig angeordnet werden, und
5. die Vollstreckung nicht nach deutschem Recht verjährt ist oder bei sinngemäßer Umstellung des Sachverhalts verjährt wäre; ungeachtet dessen ist die Vollstreckung einer Anordnung der Einziehung zulässig, wenn
   a) für die der Anordnung zugrunde liegende Tat deutsches Strafrecht nicht gilt oder
   b) eine solche Anordnung, gegebenenfalls bei sinngemäßer Umstellung des Sachverhalts, nach § 76a Absatz 2 Nummer 1 des Strafgesetzbuchs erfolgen könnte.

(2) [1] Ist in einem ausländischen Staat eine freiheitsentziehende Sanktion verhängt worden und hält die verurteilte Person sich dort auf, so ist die Vollstreckung ferner nur zulässig, wenn sich die verurteilte Person nach Belehrung zu Protokoll eines Richters des ausländischen Staates oder eines zur Beurkundung von Willenserklärungen ermächtigten deutschen Berufskonsularbeamten damit einverstanden erklärt hat. [2] Das Einverständnis kann nicht widerrufen werden.

(3) [1] Die Vollstreckung einer freiheitsentziehenden Sanktion, die gegen eine Person mit deutscher Staatsangehörigkeit in einem ausländischen Staat verhängt worden ist, kann abweichend von Absatz 1 Nummer 2 bis 5 unter Beachtung der Interessen der verurteilten Person ausnahmsweise für zulässig erklärt werden, wenn die verurteilte Person dies beantragt hat. [2] Der Antrag der verurteilten Person nach Satz 1 ist zu Protokoll eines Richters oder, wenn die verurteilte Person im Ausland festgehalten wird, zu Protokoll eines zur Beurkundung von Willenserklärungen ermächtigten deutschen Berufskonsularbeamten zu erklären. [3] Der Antrag kann nicht zurückgenommen werden. [4] Die verurteilte Person ist zuvor über die Rechtsfolgen ihres Antrags und darüber zu belehren, dass dieser nicht zurückgenommen werden kann. [5] Liegen die in Absatz 1 Nummer 3 genannten Voraussetzungen nicht vor, so beträgt das Höchstmaß bei der Umwandlung der Sanktion nach § 54 Absatz 1 zwei Jahre Freiheitsentzug.

(4) Sieht das im Geltungsbereich dieses Gesetzes geltende Recht Sanktionen, die der im ausländischen Staat verhängten Sanktion ihrer Art nach entsprechen, nicht vor, so ist die Vollstreckung nicht zulässig.

---

[1] Zeichensetzung amtlich.
[2] **Schönfelder Nr. 85.**

(5) Soweit in der ausländischen Anordnung der Einziehung eine Entscheidung hinsichtlich der Rechte Dritter getroffen wurde, so ist diese bindend, es sei denn,

a) dem Dritten wurde keine ausreichende Gelegenheit gegeben, seine Rechte geltend zu machen, oder

b) die Entscheidung ist unvereinbar mit einer im Geltungsbereich dieses Gesetzes getroffenen zivilrechtlichen Entscheidung in derselben Sache, oder

c) die Entscheidung bezieht sich auf Rechte Dritter an einem im Bundesgebiet belegenen Grundstück oder Grundstücksrecht; zu den Rechten Dritter gehören auch Vormerkungen.

(6) Der Entzug oder die Aussetzung eines Rechts, ein Verbot sowie der Verlust einer Fähigkeit werden auf den Geltungsbereich dieses Gesetzes erstreckt, wenn eine nach Artikel 59 Abs. 2 des Grundgesetzes[1)] durch Gesetz gebilligte völkerrechtliche Vereinbarung dies vorsieht.

§ 50 Sachliche Zuständigkeit. [1] Über die Vollstreckbarkeit eines ausländischen Erkenntnisses entscheidet das Landgericht. [2] Die Staatsanwaltschaft bei dem Landgericht bereitet die Entscheidung vor.

§ 51[2)] Örtliche Zuständigkeit. (1) Die örtliche Zuständigkeit für die Entscheidung über die Vollstreckbarkeit eines ausländischen Erkenntnisses richtet sich nach dem Wohnsitz der verurteilten Person.

(2) [1] Hat die verurteilte Person keinen Wohnsitz im Geltungsbereich dieses Gesetzes, so richtet sich die Zuständigkeit nach ihrem gewöhnlichen Aufenthalt, oder, wenn ein solcher nicht bekannt ist, nach ihrem letzten Wohnsitz, sonst nach dem Ort, wo sie ergriffen, oder, falls eine Ergreifung nicht erfolgt, zuerst ermittelt wird. [2] Für den Fall der ausschließlichen Vollstreckung einer Anordnung der Einziehung oder einer Geldstrafe oder einer Geldbuße ist das Gericht zuständig, in dessen Bezirk der Gegenstand belegen ist, auf den sich die Einziehung bezieht, oder, wenn sich die Einziehung nicht auf einen bestimmten Gegenstand bezieht und bei der Vollstreckung von Geldstrafen und Geldbußen, das Gericht, in dessen Bezirk sich Vermögen der verurteilten Person befindet. [3] Befindet sich Vermögen der verurteilten Person in den Bezirken verschiedener Landgerichte, so richtet sich die Zuständigkeit danach, welches Landgericht oder, solange noch kein Landgericht befaßt ist, welche Staatsanwaltschaft bei dem Landgericht zuerst mit der Sache befaßt wurde.

(3) Solange eine Zuständigkeit nicht festgestellt werden kann, richtet sich die Zuständigkeit nach dem Sitz der Bundesregierung.

§ 52[3)] Vorbereitung der Entscheidung. (1) Reichen die übermittelten Unterlagen zur Beurteilung der Zulässigkeit der Vollstreckung nicht aus, so entscheidet das Gericht erst, wenn dem ausländischen Staat Gelegenheit gegeben worden ist, ergänzende Unterlagen beizubringen.

[1)] Nr. 1.

[2)] § 51 Abs. 1 und 2 Satz 1 geänd., Satz 2 neu gef., Satz 3 geänd. mWv 25.7.2015 durch G v. 17.7.2015 (BGBl. I S. 1349); Abs. 2 Satz 2 geänd. mWv 1.7.2017 durch G v. 13.4.2017 (BGBl. I S. 872).

[3)] § 52 Abs. 1, Abs. 2 Satz 2 und Abs. 3 geänd. mWv 25.7.2015 durch G v. 17.7.2015 (BGBl. I S. 1349); Abs. 3 geänd. mWv 1.7.2017 durch G v. 13.4.2017 (BGBl. I S. 872).

(2) [1]§ 30 Abs. 1 Satz 2, Abs. 2 Satz 2 und 4, Abs. 3, § 31 Abs. 1 und 4 gelten entsprechend. [2]Befindet sich die verurteilte Person im Geltungsbereich dieses Gesetzes, so gelten auch § 30 Abs. 2 Satz 1, § 31 Abs. 2 und 3 entsprechend.

(3) Die verurteilte Person sowie Dritte, die im Falle der Vollstreckung von ausländischen Anordnungen der Einziehung den Umständen des Falles nach Rechte an dem Gegenstand geltend machen könnten, müssen vor der Entscheidung Gelegenheit erhalten, sich zu äußern.

§ 53[1)] Rechtsbeistand. (1) [1]Die verurteilte Person kann sich in jeder Lage des Verfahrens eines Rechtsbeistands bedienen. [2]Dies gilt auch für Dritte, die im Fall der Vollstreckung von ausländischen Anordnungen der Einziehung den Umständen des Falles nach Rechte an dem Gegenstand geltend machen könnten.

(2) Ein Fall der notwendigen Rechtsbeistandschaft liegt vor, wenn

1. wegen der Schwierigkeit der Sach- oder Rechtslage die Mitwirkung eines Rechtsbeistands geboten erscheint,
2. ersichtlich ist, dass die verurteilte Person ihre Rechte nicht selbst hinreichend wahrnehmen kann, oder
3. die verurteilte Person sich außerhalb des Geltungsbereichs dieses Gesetzes in Haft befindet und Zweifel bestehen, ob sie ihre Rechte selbst hinreichend wahrnehmen kann.

(3) [1]Liegt ein Fall der notwendigen Rechtsbeistandschaft vor und hat die verurteilte Person noch keinen Rechtsbeistand, so ist ihr auf Antrag oder von Amts wegen ein Rechtsbeistand zu bestellen. [2]Sie ist bei Bekanntgabe der Einleitung des Verfahrens zur Vollstreckung des ausländischen Erkenntnisses darauf hinzuweisen, dass sie die Bestellung eines Rechtsbeistands beantragen kann.

(4) Über die Bestellung entscheidet das Gericht, das für die Entscheidung über die Vollstreckbarkeit eines ausländischen Erkenntnisses zuständig ist.

(5) Die Bestellung kann aufgehoben werden, wenn kein Fall der notwendigen Rechtsbeistandschaft mehr vorliegt.

(6) Die Vorschriften des Elften Abschnittes des Ersten Buches der Strafprozessordnung[2)] mit Ausnahme der §§ 139, 140, 141, 141a, 142 Absatz 2 und 3, von § 143 Absatz 1 und 2 Satz 2 bis 4, § 143a Absatz 3 sowie § 144 gelten entsprechend.

§ 54[3)] Umwandlung der ausländischen Sanktion. (1) [1]Soweit die Vollstreckung des ausländischen Erkenntnisses zulässig ist, wird es für vollstreckbar erklärt. [2]Zugleich ist die insoweit verhängte Sanktion in die ihr im deutschen Recht am meisten entsprechende Sanktion umzuwandeln. [3]Für die Höhe der festzusetzenden Sanktion ist das ausländische Erkenntnis maßgebend; sie darf jedoch das Höchstmaß der im Geltungsbereich dieses Gesetzes für die Tat angedrohten Sanktion nicht überschreiten. [4]An die Stelle dieses Höchstmaßes tritt ein Höchst-

---

[1)] § 53 neu gef. mWv 13.12.2019 durch G v. 10.12.2019 (BGBl. I S. 2128).

[2)] **Schönfelder Nr. 90.**

[3)] § 54 Abs. 2 geänd. mWv 1.1.2002 durch G v. 13.12.2001 (BGBl. I S. 3574); Abs. 2a neu gef. mWv 22.10.2009 durch G v. 2.10.2009 (BGBl. I S. 3214); Abs. 4 Satz 1 geänd. mWv 25.7.2015 durch G v. 17.7. 2015 (BGBl. I S. 1349); Abs. 2a Sätze 1 und 3 geänd. mWv 1.7.2017 durch G v. 13.4.2017 (BGBl. I S. 872).

maß von zwei Jahren Freiheitsentzug, wenn die Tat im Geltungsbereich dieses Gesetzes

1. im Höchstmaß mit Freiheitsstrafe bis zu zwei Jahren bedroht ist oder
2. als Ordnungswidrigkeit mit Geldbuße bedroht ist, die ausländische Sanktion jedoch nach Satz 2 in eine freiheitsentziehende Sanktion umzuwandeln ist.

(2) Bei der Umwandlung einer Geldstrafe oder einer Geldbuße wird der in ausländischer Währung berechnete Geldbetrag nach dem im Zeitpunkt des ausländischen Erkenntnisses maßgeblichen Kurswert in Euro umgerechnet.

(2a) [1] Soweit eine Anordnung der Einziehung, die einen bestimmten Gegenstand betrifft, umzuwandeln ist, bezieht sich die Erklärung der Vollstreckbarkeit auf diesen Gegenstand. [2] Statt auf den bestimmten Gegenstand kann sich die Erklärung der Vollstreckbarkeit auch auf einen dem Wert des Gegenstandes entsprechenden Geldbetrag beziehen, wenn

1. der ausländische Staat darum ersucht hat und
2. die Voraussetzungen des § 76 des Strafgesetzbuchs[1)] in entsprechender Anwendung vorliegen.

[3] Ist die Anordnung der Einziehung dem Wert nach bestimmt, ist Absatz 2 entsprechend anzuwenden.

(3) Bei der Umwandlung einer gegen einen Jugendlichen oder einen Heranwachsenden verhängten Sanktion gelten die Vorschriften des Jugendgerichtsgesetzes[2)] entsprechend.

(4) [1] Auf die festzusetzende Sanktion sind der Teil der Sanktion, der in einem ausländischen Staat gegen die verurteilte Person wegen der Tat bereits vollstreckt worden ist, sowie nach § 58 erlittene Haft anzurechnen. [2] Ist die Anrechnung bei der Entscheidung über die Vollstreckbarkeit unterblieben oder treten danach die Voraussetzungen für die Anrechnung ein, so ist die Entscheidung zu ergänzen.

§ 54a[3)] Vollstreckung langer freiheitsentziehender Sanktionen. (1) Hat der Urteilsstaat die Bedingung gestellt, dass ab der Überstellung einer Person mit deutscher Staatsangehörigkeit die freiheitsentziehende Sanktion noch für einen bestimmten Zeitraum in der Bundesrepublik Deutschland vollstreckt wird, kann das Gericht unter Beachtung der Interessen der verurteilten Person ausnahmsweise

1. abweichend von § 54 Absatz 1 Satz 3 auch eine Sanktion festsetzen, die das Höchstmaß der im Geltungsbereich dieses Gesetzes für die Tat angedrohten Sanktion überschreitet, und
2. die Vollstreckung des Restes der in der Bundesrepublik Deutschland vollstreckbaren Freiheitsstrafe gemäß § 57 Absatz 2 nur nach Zustimmung des Urteilsstaates zur Bewährung aussetzen.

(2) [1] Eine Entscheidung des Gerichts nach Absatz 1 kann nur ergehen, wenn die verurteilte Person dies beantragt hat. [2] Der Antrag der verurteilten Person nach Satz 1 ist zu Protokoll eines Richters oder, wenn die verurteilte Person im Ausland festgehalten wird, zu Protokoll eines zur Beurkundung von Willenserklärungen

---

[1)] **Schönfelder Nr. 85.**
[2)] **Schönfelder Nr. 89.**
[3)] § 54a eingef. mWv 25.7.2015 durch G v. 17.7.2015 (BGBl. I S. 1349).

ermächtigten deutschen Berufskonsularbeamten zu erklären. [3]Der Antrag kann nicht zurückgenommen werden. [4]Die verurteilte Person ist zuvor über die Rechtsfolgen ihres Antrags und darüber zu belehren, dass dieser nicht zurückgenommen werden kann.

(3) Hat der Urteilsstaat nach einer Entscheidung des Gerichts gemäß § 54 Absatz 1 oder § 54a Absatz 1 die Bedingung gestellt, dass ab der Überstellung die freiheitsentziehende Sanktion noch für einen bestimmten Zeitraum in der Bundesrepublik Deutschland vollstreckt wird, so trifft das Gericht von Amts wegen, auf Antrag der Staatsanwaltschaft oder auf Antrag der verurteilten Person erneut eine Entscheidung gemäß Absatz 1.

§ 55[1)] Entscheidung über die Vollstreckbarkeit. (1) [1]Über die Vollstreckbarkeit entscheidet das Landgericht durch Beschluß. [2]Soweit das ausländische Erkenntnis für vollstreckbar erklärt wird, sind das Erkenntnis sowie Art und Höhe der zu vollstreckenden Sanktion in der Entscheidungsformel anzugeben.

(2) [1]Gegen den Beschluß des Landgerichts können die Staatsanwaltschaft bei dem Landgericht, die verurteilte Person und Dritte, die für den Fall der Vollstreckung von ausländischen Anordnungen der Einziehung Rechte an einem Gegenstand geltend gemacht haben, sofortige Beschwerde einlegen. [2]Für das weitere Verfahren gilt § 42 entsprechend.

(3) [1]Die rechtskräftigen Entscheidungen des Gerichts sind dem Bundeszentralregister durch Übersendung einer Ausfertigung mitzuteilen. [2]Dies gilt

(Fortsetzung nächstes Blatt)

[1)] § 55 Abs. 3 Satz 5 aufgeh. mWv 22.10.2009 durch G v. 2.10.2009 (BGBl. I S. 3214); Abs. 3 Satz 4 geänd. mWv 28.10.2010 durch G v. 18.10.2010 (BGBl. I S. 1408); Abs. 2 Satz 1 geänd. mWv 25.7.2015 durch G v. 17.7.2015 (BGBl. I S. 1349); Abs. 2 Satz 1 und Abs. 3 Satz 2 geänd. mWv 1.7.2017 durch G v. 13.4.2017 (BGBl. I S. 872).

nicht, soweit die in dem ausländischen Erkenntnis verhängte Sanktion in eine Geldbuße umgewandelt worden ist oder die rechtskräftige Entscheidung ausschließlich eine Anordnung der Einziehung zum Gegenstand hatte. [3] Ist das ausländische Erkenntnis im Bundeszentralregister einzutragen, so ist die Entscheidung über die Vollstreckbarkeit bei der Eintragung zu vermerken. [4] Die §§ 12 bis 16 des Bundeszentralregistergesetzes[1)] gelten entsprechend.

§ 56[2)] Bewilligung der Rechtshilfe. (1) Die Rechtshilfe darf nur bewilligt werden, wenn das ausländische Erkenntnis für vollstreckbar erklärt worden ist.

(2) [1] Die Entscheidung über die Bewilligung der Rechtshilfe ist dem Bundeszentralregister mitzuteilen. [2] § 55 Abs. 3 Satz 2 bis 4 gilt entsprechend.

(3) Wird die Vollstreckung einer Geld- oder Freiheitsstrafe bewilligt, darf die Tat nach deutschem Recht nicht mehr verfolgt werden.

(4) [1] Die Bewilligung der Vollstreckung einer Anordnung der Einziehung steht der rechtskräftigen Anordnung und Entscheidung im Sinne der §§ 73, 74 des Strafgesetzbuches[3)] gleich. [2] § 433 der Strafprozessordnung[4)] gilt entsprechend.

§ 56a[5)] Entschädigung der verletzten Person. (1) [1] Wurde aus einer ausländischen Anordnung der Einziehung von Taterträgen im Inland in Vermögenswerte der verurteilten Person vollstreckt, wird die durch die der ausländischen Anordnung zugrunde liegende Straftat verletzte Person auf Antrag aus der Staatskasse entschädigt, wenn

1. ein deutsches oder ausländisches Gericht gegen die verurteilte Person eine rechtskräftige Entscheidung über den Anspruch auf Schadenersatz erlassen hat oder sich diese durch einen Vollstreckungstitel gegenüber der verletzten Person zur Zahlung verpflichtet hat,
2. der Titel im Inland vollstreckbar ist,
3. die verletzte Person glaubhaft macht, dass der Vollstreckungstitel den Schadenersatz aus der der Anordnung der Einziehung von Taterträgen zugrunde liegenden Straftat umfasst und
4. die verletzte Person glaubhaft macht, dass sie durch die Vollstreckung aus dem Titel ihre Befriedigung nicht vollständig erlangen könne.

[2] Die Entschädigung ist gegen Abtretung des Anspruchs auf Schadenersatz in entsprechender Höhe zu leisten.

(2) Eine Entschädigung wird nicht gewährt, wenn die Rechte der verletzten Person gemäß § 75 Absatz 2 Satz 1 des Strafgesetzbuchs[3)] fortbestehen.

[1)] ***Schönfelder Nr. 92.***

[2)] § 56 Abs. 3 neu gef., Abs. 4 Satz 2 angef., bish. Wortlaut wird Satz 1 und geänd. mWv 22.10. 2009 durch G v. 2.10.2009 (BGBl. I S. 3214); Abs. 3 und 4 Satz 1 geänd. mWv 25.7.2015 durch G v. 17.7.2015 (BGBl. I S. 1349); Abs. 4 Sätze 1 und 2 geänd. mWv 1.7.2017 durch G v. 13.4.2017 (BGBl. I S. 872).

[3)] **Schönfelder Nr. 85.**

[4)] **Schönfelder Nr. 90.**

[5)] § 56a neu gef. mWv 22.10.2009 durch G v. 2.10.2009 (BGBl. I S. 3214); Abs. 1 Satz 1 einl. Satzteil geänd. mWv 25.7.2015 durch G v. 17.7.2015 (BGBl. I S. 1349); Abs. 1 Satz 1 einl. Satzteil, Nr. 3, Abs. 2 und 3 Satz 1 geänd. mWv 1.7.2017 durch G v. 13.4.2017 (BGBl. I S. 872).

(3) [1] Der Umfang der Entschädigung ist durch den der deutschen Staatskasse verbleibenden Erlös des aus der Anordnung der Einziehung von Taterträgen im Inland vollstreckten Vermögenswertes begrenzt. [2] Haben mehrere Verletzte einen Antrag gemäß Absatz 1 gestellt, so bestimmt sich deren Entschädigung nach der Reihenfolge ihrer Anträge. [3] Gehen mehrere Anträge am gleichen Tag ein und reicht der Erlös nicht zur Entschädigung dieser Personen aus, sind sie anteilig nach der Höhe ihrer Schadenersatzansprüche zu entschädigen.

(4) [1] Der Antrag ist an die zuständige Vollstreckungsbehörde zu richten. [2] Er kann abgelehnt werden, wenn sechs Monate nach Beendigung der Vollstreckung in den Vermögenswert, aus dem die Entschädigung geleistet werden könnte, vergangen sind. [3] Die Vollstreckungsbehörde kann angemessene Fristen setzen, binnen deren die verletzte Person erforderliche Unterlagen beizubringen hat.

(5) Gegen die Entscheidung der Vollstreckungsbehörde ist der Rechtsweg zu den Zivilgerichten eröffnet.

§ 56b[1)] Vereinbarung über die Verwertung, Herausgabe und Aufteilung des abgeschöpften Vermögens. (1) Die für die Bewilligung zuständige Behörde kann mit der zuständigen Behörde des ausländischen Staates für den Einzelfall eine Vereinbarung über die Verwertung, Herausgabe und Aufteilung der aus der Vollstreckung einer Anordnung der Einziehung stammenden Vermögenswerte treffen, soweit die Gegenseitigkeit zugesichert ist.

(2) Vereinbarungen, die sich auf nationales Kulturgut nach § 6 Absatz 1 Nummer 1 des Kulturgutschutzgesetzes[2)] vom 31. Juli 2016 (BGBl. I S. 1914) beziehen, bedürfen der Einwilligung der für Kultur und Medien zuständigen obersten Bundesbehörde.

§ 57[3)] Vollstreckung. (1) [1] Nach Bewilligung der Rechtshilfe führt die nach § 50 Satz 2 zuständige Staatsanwaltschaft als Vollstreckungsbehörde die Vollstreckung durch, soweit der ausländische Staat mit der Vollstreckung einverstanden ist. [2] Die Zuständigkeit für die Vollstreckung einer Sanktion, die in eine nach dem Jugendgerichtsgesetz[4)] zulässige Sanktion umgewandelt worden ist, richtet sich nach den Bestimmungen des Jugendgerichtsgesetzes.

(2) [1] Die Vollstreckung des Restes einer freiheitsentziehenden Sanktion kann zur Bewährung ausgesetzt werden. [2] Die Vorschriften des Strafgesetzbuches[5)] gelten entsprechend. [3] Würde bei zeitiger Freiheitsstrafe der Zeitraum, nach dem zwei Drittel der Strafe verbüßt sind, mehr als 15 Jahre betragen, findet zusätzlich § 57a des Strafgesetzbuchs mit Ausnahme von Absatz 1 Satz 1 Nummer 2 entsprechend Anwendung.

[1)] § 56b eingef. mWv 22.10.2009 durch G v. 2.10.2009 (BGBl. I S. 3214); Abs. 1 geänd. mWv 25.7.2015 durch G v. 17.7.2015 (BGBl. I S. 1349); Abs. 2 neu gef. mWv 6.8.2016 durch G v. 31.7. 2016 (BGBl. I S. 1914); Abs. 1 geänd. mWv 1.7.2017 durch G v. 13.4.2017 (BGBl. I S. 872).

[2)] **Sartorius Nr. 510.**

[3)] § 57 Überschrift geänd., Abs. 1 Satz 2 angef., Abs. 4 und 5 neu gef., Abs. 7 angef. mWv 22.10.2009 durch G v. 2.10.2009 (BGBl. I S. 3214); Abs. 1 Satz 1 geänd., Abs. 2 Satz 3 angef., Abs. 6 geänd. mWv 25.7.2015 durch G v. 17.7.2015 (BGBl. I S. 1349); Abs. 7 Satz 1 geänd. mWv *1.7.2017 durch G v. 13.4.2017 (BGBl. I S. 872).*

[4)] **Schönfelder Nr. 89.**

[5)] **Schönfelder Nr. 85.**

(3) Die Entscheidung nach Absatz 2 und die nachträglichen Entscheidungen, die sich auf eine Strafaussetzung zur Bewährung beziehen, trifft das nach § 462a Abs. 1 Satz 1 und 2 der Strafprozeßordnung[1] zuständige Gericht oder, falls eine Zuständigkeit nach dieser Vorschrift nicht begründet ist, das für die Entscheidung nach § 50 zuständige Gericht.

(4) Die Vollstreckung der umgewandelten Sanktion richtet sich nach den Vorschriften, die auf eine entsprechende in der Bundesrepublik Deutschland verhängte Sanktion anwendbar wären.

(5) Die Vollstreckung eines Geldbetrages ist einzustellen oder zu beschränken, wenn die verurteilte Person eine Urkunde vorlegt, aus der sich ergibt, dass der Geldbetrag in einem anderen Staat vollstreckt wurde oder dies der Vollstreckungsbehörde auf andere Weise bekannt wird.

(6) Von der Vollstreckung ist abzusehen, wenn eine zuständige Stelle des ausländischen Staates mitteilt, daß die Voraussetzungen für die Vollstreckung entfallen sind.

(7) [1] Wurde eine ausländische Anordnung der Einziehung von Taterträgen vollstreckt und ergeben sich aus ihr Anhaltspunkte dafür, dass eine namentlich bekannte Person gegen die verurteilte Person aus der der Anordnung zugrunde liegenden Tat einen Schadenersatzanspruch haben könnte, so ist diese durch die Vollstreckungsbehörde unverzüglich durch einfachen Brief an die letzte bekannte Anschrift über die Rechte nach § 56a zu belehren. [2] Davon kann abgesehen werden, wenn die in § 56a Absatz 4 Satz 2 genannte Frist verstrichen ist.

§ 57a[2] Kosten der Vollstreckung. [1] Die verurteilte Person trägt die Kosten der Vollstreckung. [2] Sie trägt auch die notwendigen Kosten ihrer Überstellung, sofern die Überstellung nur mit ihrem Einverständnis erfolgen kann. [3] Von der Auferlegung der Kosten ist abzusehen, wenn dies im Hinblick auf die persönlichen wirtschaftlichen Verhältnisse der verurteilten Person und deren Haftbedingungen im Ausland eine unerträgliche Härte darstellen würde.

§ 58[3] Sicherung der Vollstreckung. (1) Liegt ein vollständiges rechtskräftiges und vollstreckbares Erkenntnis im Sinne des § 49 Absatz 1 Nummer 1 vor oder hat eine zuständige Stelle des ausländischen Staates unter Angabe der Zuwiderhandlung, die zu der Verurteilung geführt hat, Zeit und Ort ihrer Begehung und möglichst genauer Beschreibung der verurteilten Person vor dessen Eingang darum ersucht, so kann zur Sicherung der Vollstreckung einer freiheitsentziehenden Sanktion gegen die verurteilte Person die Haft angeordnet werden, wenn auf Grund bestimmter Tatsachen

1. der Verdacht begründet ist, dass sie sich dem Verfahren über die Vollstreckbarkeit oder der Vollstreckung entziehen werde, oder

---

[1] **Schönfelder Nr. 90.**

[2] § 57a eingef. mWv 22.10.2009 durch G v. 2.10.2009 (BGBl. I S. 3214); Sätze 2 und 3 angef. mWv 25.7.2015 durch G v. 17.7.2015 (BGBl. I S. 1349).

[3] § 58 Abs. 3 neu gef. mWv 30.6.2008 durch G v. 6.6.2008 (BGBl. I S. 995); Überschrift geänd. mWv 22.10.2009 durch G v. 2.10.2009 (BGBl. I S. 3214); Abs. 1 und Abs. 3 Satz 1 neu gef., Satz 2 geänd. mWv 25.7.2015 durch G v. 17.7.2015 (BGBl. I S. 1349); Abs. 3 Sätze 1 und 2 geänd. mWv 1.7.2017 durch G v. 13.4.2017 (BGBl. I S. 872).

2. der dringende Verdacht begründet ist, dass sie in dem Verfahren über die Vollstreckbarkeit in unlauterer Weise die Ermittlung der Wahrheit erschweren werde.

(2) [1] Die Haftentscheidung trifft das für die Entscheidung nach § 50 zuständige Gericht. [2] Die §§ 17, 18, 20, 23 bis 27 gelten entsprechend. [3] An die Stelle des Oberlandesgerichts tritt das Landgericht, an die Stelle der Staatsanwaltschaft bei dem Oberlandesgericht die Staatsanwaltschaft bei dem Landgericht. [4] Gegen die Entscheidungen des Landgerichts ist die Beschwerde zulässig.

(3) [1] Für den Fall der Vollstreckung einer Geldstrafe, einer Geldbuße oder einer Anordnung der Einziehung oder für den Fall, dass eine zuständige Stelle des ausländischen Staates unter Angabe der verdächtigen Person, der Zuwiderhandlung, wegen derer das Strafverfahren geführt wird, und der Zeit und des Ortes ihrer Begehung in einem solchen Fall vor Eingang des vollständigen rechtskräftigen und vollstreckbaren Erkenntnisses um eine Sicherstellungsmaßnahme nach den §§ 111b bis 111h der Strafprozessordnung[1)] ersucht, findet § 67 Absatz 1 entsprechend Anwendung. [2] Zur Vorbereitung einer Einziehungsentscheidung im ausländischen Staat, die sich auch auf den Wertersatz beziehen kann, können unter den Voraussetzungen des § 66 Abs. 2 Nr. 1 und 2 Sicherstellungsmaßnahmen nach den §§ 111b bis 111h der Strafprozessordnung getroffen werden.

(4) Die Absätze 1 und 3 gelten nicht, wenn die Vollstreckung von vorneherein unzulässig erscheint.

Fünfter Teil. Sonstige Rechtshilfe

§ 59 Zulässigkeit der Rechtshilfe. (1) Auf Ersuchen einer zuständigen Stelle eines ausländischen Staates kann sonstige Rechtshilfe in einer strafrechtlichen Angelegenheit geleistet werden.

(2) Rechtshilfe im Sinne des Absatzes 1 ist jede Unterstützung, die für ein ausländisches Verfahren in einer strafrechtlichen Angelegenheit gewährt wird, unabhängig davon, ob das ausländische Verfahren von einem Gericht oder von einer Behörde betrieben wird und ob die Rechtshilfehandlung von einem Gericht oder von einer Behörde vorzunehmen ist.

(3) Die Rechtshilfe darf nur geleistet werden, wenn die Voraussetzungen vorliegen, unter denen deutsche Gerichte oder Behörden einander in entsprechenden Fällen Rechtshilfe leisten könnten.

§ 60 Leistung der Rechtshilfe. [1] Hält die für die Bewilligung der Rechtshilfe zuständige Behörde die Voraussetzungen für die Leistung der Rechtshilfe für gegeben, so ist die für die Leistung der Rechtshilfe zuständige Behörde hieran gebunden. [2] § 61 bleibt unberührt.

§ 61 Gerichtliche Entscheidung. (1) [1] Hält ein Gericht, das für die Leistung der Rechtshilfe zuständig ist, die Voraussetzungen für die Leistung der Rechtshilfe für nicht gegeben, so begründet es seine Auffassung und holt die

---

[1)] **Schönfelder Nr. 90.**

Entscheidung des Oberlandesgerichts ein. [2] Das Oberlandesgericht entscheidet ferner auf Antrag der Staatsanwaltschaft bei dem Oberlandesgericht oder im Fall des § 66 auf Antrag desjenigen, der geltend macht, er würde durch die Herausgabe in seinen Rechten verletzt werden, darüber, ob die Voraussetzungen für die Leistung der Rechtshilfe gegeben sind. [3] Für das Verfahren vor dem Oberlandesgericht gelten die §§ 30, 31 Abs. 1, 3 und 4, §§ 32, 33 Abs. 1, 2 und 4, § 38 Abs. 4 Satz 2, § 40 Abs. 1 sowie die Vorschriften des 11. Abschnittes des I. Buches der Strafprozeßordnung[1)] mit Ausnahme der §§ 140 bis 143 entsprechend. [4] Für das weitere Verfahren gilt § 42 entsprechend.

(2) [1] Örtlich zuständig sind das Oberlandesgericht und die Staatsanwaltschaft bei dem Oberlandesgericht, in deren Bezirk die Rechtshilfe geleistet werden soll oder geleistet worden ist. [2] Sind Rechtshilfehandlungen in den Bezirken verschiedener Oberlandesgerichte vorzunehmen oder vorgenommen worden, so richtet sich die Zuständigkeit danach, welches Oberlandesgericht oder, solange noch kein Oberlandesgericht befaßt ist, welche Staatsanwaltschaft bei dem Oberlandesgericht zuerst mit der Sache befaßt wurde.

(3) Die Entscheidung des Oberlandesgerichts ist für die Gerichte und Behörden, die für die Leistung der Rechtshilfe zuständig sind, bindend.

(4) Die Rechtshilfe darf nicht bewilligt werden, wenn das Oberlandesgericht entschieden hat, daß die Voraussetzungen für die Leistung der Rechtshilfe nicht vorliegen.

§ 61a[2)] Datenübermittlung ohne Ersuchen. (1) [1] Gerichte und Staatsanwaltschaften dürfen ohne ein Ersuchen personenbezogene Daten aus strafprozessualen Ermittlungen an öffentliche Stellen anderer Staaten sowie zwischen- und überstaatliche Stellen übermitteln, soweit

1. eine Übermittlung ohne Ersuchen an ein deutsches Gericht oder eine deutsche Staatsanwaltschaft zulässig wäre,
2. Tatsachen die Annahme rechtfertigen, dass die Übermittlung erforderlich ist, um
   a) ein Ersuchen des Empfängerstaates um Rechtshilfe in einem Verfahren zur Strafverfolgung oder zur Strafvollstreckung wegen einer im Geltungsbereich dieses Gesetzes im Höchstmaß mit Freiheitsstrafe von mehr als fünf Jahren bedrohten Straftat vorzubereiten und die Voraussetzungen zur Leistung von Rechtshilfe auf Ersuchen vorlägen, wenn ein solches gestellt würde, oder
   b) eine im Einzelfall bestehende Gefahr für den Bestand oder die Sicherheit des Staates oder für Leib, Leben oder Freiheit einer Person oder für Sachen von erheblichem Wert, deren Erhaltung im öffentlichen Interesse geboten ist, abzuwehren oder eine Straftat der in Buchstabe a genannten Art zu verhindern, und
3. die Stelle, an die die Daten übermittelt werden, für die zu treffende Maßnahme nach Nummer 2 zuständig ist.

[1)] **Schönfelder Nr. 90.**

[2)] § 61a eingef. mWv 8.8.2005 durch G v. 22.7.2005 (BGBl. I S. 2189).

[2] Ist im Empfängerstaat ein angemessenes Datenschutzniveau gewährleistet, so ist Satz 1 Nr. 2 Buchstabe a mit der Maßgabe anzuwenden, dass an die Stelle einer Straftat, die im Geltungsbereich dieses Gesetzes im Höchstmaß mit Freiheitsstrafe von mehr als fünf Jahren bedroht ist, eine Straftat von erheblicher Bedeutung tritt.

(2) Die Übermittlung ist mit der Bedingung zu verbinden, dass

a) nach dem deutschen Recht geltende Löschungs- oder Löschungsprüffristen einzuhalten sind,

b) die übermittelten Daten nur zu dem Zweck verwendet werden dürfen, zu dem sie übermittelt worden sind, und

c) die übermittelten Daten im Falle einer Unterrichtung nach Absatz 4 unverzüglich zu löschen oder zu berichtigen sind.

(3) Die Übermittlung unterbleibt, soweit für das Gericht oder die Staatsanwaltschaft offensichtlich ist, dass – auch unter Berücksichtigung des besonderen öffentlichen Interesses an der Datenübermittlung – im Einzelfall schutzwürdige Interessen des Betroffenen an dem Ausschluss der Übermittlung überwiegen; zu den schutzwürdigen Interessen des Betroffenen gehört auch das Vorhandensein eines angemessenen Datenschutzniveaus im Empfängerstaat.

(4) Stellt sich heraus, dass personenbezogene Daten, die nicht hätten übermittelt werden dürfen, oder unrichtige personenbezogene Daten übermittelt worden sind, ist der Empfänger unverzüglich zu unterrichten.

§ 61b[1)] Gemeinsame Ermittlungsgruppen. (1) [1] Wenn eine völkerrechtliche Vereinbarung dies vorsieht, kann eine gemeinsame Ermittlungsgruppe gebildet werden. [2] Einem von einem anderen Staat in eine gemeinsame Ermittlungsgruppe entsandten Mitglied kann unter der Leitung des zuständigen deutschen Mitglieds die Durchführung von Ermittlungsmaßnahmen übertragen werden, sofern dies vom entsendenden Staat gebilligt worden ist.

(2) Anderen Personen kann die Teilnahme an einer gemeinsamen Ermittlungsgruppe nach Maßgabe der Rechtsvorschriften der teilnehmenden Staaten oder einer zwischen ihnen anwendbaren Übereinkunft gestattet werden.

(3) Die an der gemeinsamen Ermittlungsgruppe beteiligten Beamten und Beamtinnen dürfen den von anderen Staaten entsandten Mitgliedern oder anderen teilnehmenden Personen dienstlich erlangte Informationen einschließlich personenbezogener Daten unmittelbar übermitteln, soweit dies für die Tätigkeit der gemeinsamen Ermittlungsgruppe erforderlich ist.

(4) Soweit die Übermittlung der nach Absatz 3 erlangten Informationen eine besondere zweckändernde Vereinbarung erfordert, ist diese zulässig, wenn ein auf die Verwendung der Informationen gerichtetes Ersuchen bewilligt werden könnte.

§ 61c[2)] Audiovisuelle Vernehmung. Die Auferlegung von Kosten oder die Festsetzung eines Ordnungsmittels gegen einen Zeugen oder Sachverstän-

---

[1)] § 61b eingef. mWv 22.10.2009 durch G v. 2.10.2009 (BGBl. I S. 3214).

[2)] § 61c als § 61b eingef. mWv 8.8.2005 durch G v. 22.7.2005 (BGBl. I S. 2189); bish. § 61b wird § 61c mWv 22.10.2009 durch G v. 2.10.2009 (BGBl. I S. 3214).

digen, der einer Ladung zur Einvernahme durch eine ausländische Justizbehörde im Wege der Videokonferenz keine Folge leistet, unterbleibt.

§ 62 Vorübergehende Überstellung in das Ausland für ein ausländisches Verfahren. (1) [1] Wer sich im Geltungsbereich dieses Gesetzes in Untersuchungs- oder Strafhaft befindet oder auf Grund der Anordnung einer freiheitsentziehenden Maßregel der Besserung und Sicherung untergebracht ist, kann an einen ausländischen Staat auf Ersuchen einer zuständigen Stelle dieses Staates für ein dort anhängiges Verfahren als Zeuge zur Vernehmung, zur Gegenüberstellung oder zur Einnahme eines Augenscheins vorübergehend überstellt werden, wenn

1. er sich nach Belehrung zu Protokoll eines Richters damit einverstanden erklärt hat,
2. nicht zu erwarten ist, daß infolge der Überstellung die Freiheitsentziehung verlängert oder der Zweck des Strafverfahrens beeinträchtigt werden wird,
3. gewährleistet ist, daß der Betroffene während der Zeit seiner Überstellung nicht bestraft, einer sonstigen Sanktion unterworfen oder durch Maßnahmen, die nicht auch in seiner Abwesenheit getroffen werden können, verfolgt werden wird und daß er im Fall seiner Freilassung den ersuchenden Staat verlassen darf, und
4. gewährleistet ist, daß der Betroffene unverzüglich nach der Beweiserhebung zurücküberstellt werden wird, es sei denn, daß darauf verzichtet worden ist.

[2] Das Einverständnis (Satz 1 Nr. 1) kann nicht widerrufen werden.

(2) [1] Die Staatsanwaltschaft bei dem Oberlandesgericht bereitet die Überstellung vor und führt sie durch. [2] Örtlich zuständig ist die Staatsanwaltschaft bei dem Oberlandesgericht, in dessen Bezirk die Freiheitsentziehung vollzogen wird.

(3) [1] Die in dem ersuchenden Staat erlittene Freiheitsentziehung wird auf die im Geltungsbereich dieses Gesetzes zu vollziehende Freiheitsentziehung angerechnet. [2] § 37 Abs. 4 gilt entsprechend.

§ 63[1)] Vorübergehende Überstellung aus dem Ausland für ein ausländisches Verfahren. (1) [1] Wer sich in einem ausländischen Staat in Untersuchungs- oder Strafhaft befindet oder auf Grund der Anordnung einer freiheitsentziehenden Maßregel untergebracht ist, kann für ein dort anhängiges Verfahren auf Ersuchen einer zuständigen Stelle dieses Staates zu einer Beweiserhebung vorübergehend in den Geltungsbereich dieses Gesetzes übernommen und nach der Beweiserhebung zurücküberstellt werden. [2] Zur Sicherung seiner Rücküberstellung wird der Betroffene in Haft gehalten.

(2) [1] Die Haft wird durch schriftlichen Haftbefehl angeordnet. [2] In dem Haftbefehl sind anzuführen

1. der Betroffene,
2. das Ersuchen um Beweiserhebung in Anwesenheit des Betroffenen sowie
3. der Haftgrund.

---

1) § 63 Abs. 4 geänd. mWv 22.5.2017 durch G v. 5.1.2017 (BGBl. I S. 31).

(3) [1] Die Haftentscheidung trifft der Richter, der die Rechtshilfehandlung vornehmen soll, oder der Richter bei dem Amtsgericht, in dessen Bezirk die Behörde ihren Sitz hat, welche die Rechtshilfehandlung vornehmen soll. [2] Die Entscheidung ist unanfechtbar.

(4) Die §§ 27, 45 Abs. 4 und § 62 Absatz 1 Satz 1 Nummer 3 und Absatz 2 Satz 1 gelten entsprechend.

§ 64 Durchbeförderung von Zeugen. (1) Ein Ausländer, der sich in einem ausländischen Staat in Untersuchungs- oder Strafhaft befindet oder auf Grund der Anordnung einer freiheitsentziehenden Maßregel untergebracht ist, kann auf Ersuchen einer zuständigen Stelle als Zeuge zur Vernehmung, zur Gegenüberstellung oder zur Einnahme eines Augenscheins durch den Geltungsbereich dieses Gesetzes in einen dritten Staat befördert und nach der Beweiserhebung zurückbefördert werden.

(2) [1] Zur Sicherung der Durchbeförderung wird der Betroffene in Haft gehalten. [2] Die §§ 27, 30 Abs. 1, §§ 42, 44, 45 Abs. 3 und 4, §§ 47, 63 Abs. 2 gelten entsprechend.

§ 65 Durchbeförderung zur Vollstreckung. Für die Durchbeförderung eines Ausländers zur Vollstreckung einer Strafe oder sonstigen Sanktion aus dem Staat, in dem er verurteilt worden ist, durch den Geltungsbereich dieses Gesetzes in einen ausländischen Staat, der die Vollstreckung übernommen hat, gelten § 43 Abs. 2 bis 4, §§ 44, 45 und 47 entsprechend mit der Maßgabe, daß das Ersuchen auch von einer zuständigen Stelle des Urteilsstaates gestellt werden kann.

§ 66[1)] Herausgabe von Gegenständen. (1) Auf Ersuchen einer zuständigen Stelle eines ausländischen Staates können Gegenstände herausgegeben werden,

1. die als Beweismittel für ein ausländisches Verfahren dienen können,
2. die der Betroffene oder ein Beteiligter für die dem Ersuchen zu Grunde liegende Tat oder durch sie erlangt hat,
3. die der Betroffene oder ein Beteiligter durch die Veräußerung eines erlangten Gegenstandes oder als Ersatz für dessen Zerstörung, Beschädigung oder Entziehung oder aufgrund eines erlangten Rechtes erhalten oder als Nutzungen gezogen hat oder
4. die durch die dem Ersuchen zu Grunde liegende Tat hervorgebracht oder zu ihrer Begehung oder Vorbereitung gebraucht worden oder bestimmt gewesen sind.

(2) Die Herausgabe ist nur zulässig, wenn

1. die dem Ersuchen zugrunde liegende Tat auch nach deutschem Recht eine rechtswidrige Tat ist, die den Tatbestand eines Strafgesetzes oder eines Gesetzes verwirklicht, das die Ahndung mit einer Geldbuße zuläßt, oder wenn sie bei sinngemäßer Umstellung des Sachverhalts auch nach deutschem Recht eine solche Tat wäre,

---

[1)] § 66 Abs. 1 neu gef., Abs. 3 eingef., bisch. Abs. 3 wird Abs. 4 mWv 30.6.2008 durch G v. 6.6. 2008 (BGBl. I S. 995); Abs. 1 Nr. 2 geänd. mWv 1.7.2017 durch G v. 13.4.2017 (BGBl. I S. 872).

2. eine Beschlagnahmeanordnung einer zuständigen Stelle des ersuchenden Staates vorgelegt wird oder aus einer Erklärung einer solchen Stelle hervorgeht, daß die Voraussetzungen der Beschlagnahme vorlägen, wenn die Gegenstände sich im ersuchenden Staat befänden, und
3. gewährleistet ist, daß Rechte Dritter unberührt bleiben und unter Vorbehalt herausgegebene Gegenstände auf Verlangen unverzüglich zurückgegeben werden.

(3) Die Herausgabe nach Absatz 1 Nr. 2 bis 4 ist nur zulässig, solange hinsichtlich der Gegenstände noch kein rechtskräftiges und vollstreckbares ausländisches Erkenntnis vorliegt.

(4) [1] Die Staatsanwaltschaft bei dem Landgericht bereitet die Entscheidung über die Herausgabe vor und führt die bewilligte Herausgabe durch. [2] Örtlich zuständig ist die Staatsanwaltschaft bei dem Landgericht, in dessen Bezirk sich die Gegenstände befinden. [3] § 61 Abs. 2 Satz 2 gilt entsprechend.

§ 67[1)] Beschlagnahme und Durchsuchung. (1) [1] Gegenstände, deren Herausgabe an einen ausländischen Staat in Betracht kommt, können, auch schon vor Eingang des Ersuchens um Herausgabe, beschlagnahmt oder sonst sichergestellt werden. [2] Zu diesem Zweck kann auch eine Durchsuchung vorgenommen werden.

(2) [1] Gegenstände können unter den Voraussetzungen des § 66 Abs. 1 Nr. 1, Abs. 2 Nr. 1 auch dann beschlagnahmt oder sonst sichergestellt werden, wenn dies zur Erledigung eines nicht auf Herausgabe der Gegenstände gerichteten Ersuchens erforderlich ist. [2] Absatz 1 Satz 2 gilt entsprechend.

(3) [1] Die Beschlagnahme und die Durchsuchung werden von dem Amtsgericht angeordnet, in dessen Bezirk die Handlungen vorzunehmen sind. [2] § 61 Abs. 2 Satz 2 gilt entsprechend.

(4) Bei Gefahr im Verzug sind die Staatsanwaltschaft und ihre Ermittlungspersonen (§ 152 des Gerichtsverfassungsgesetzes[2)]) befugt, die Beschlagnahme und die Durchsuchung anzuordnen.

§ 67a[3)] Rechtshilfe für internationale Strafgerichtshöfe, zwischen- und überstaatliche Einrichtungen. Für Ersuchen eines internationalen Strafgerichtshofes und anderer zwischen- und überstaatlicher Einrichtungen um sonstige Rechtshilfe in strafrechtlichen Angelegenheiten gelten die Vorschriften des Fünften Teils entsprechend, soweit nicht spezialgesetzliche Vorschriften eine abschließende Regelung treffen.

Sechster Teil. Ausgehende Ersuchen

§ 68 Rücklieferung. (1) [1] Ein Verfolgter, der für ein im Geltungsbereich dieses Gesetzes gegen ihn geführtes Strafverfahren auf Ersuchen unter der Bedingung späterer Rücklieferung vorübergehend ausgeliefert worden ist,

---

[1)] § 67 Abs. 4 geänd. mWv 1.9.2004 durch G v. 24.8.2004 (BGBl. I S. 2198).
[2)] **Schönfelder Nr. 95.**
[3)] § 67a eingef. mWv 1.7.2002 durch G v. 21.6.2002 (BGBl. I S. 2144); Überschrift und Wortlaut geänd. mWv 22.10.2009 durch G v. 2.10.2009 (BGBl. I S. 3214).

wird zum vereinbarten Zeitpunkt an den ersuchten Staat zurückgeliefert, sofern dieser nicht darauf verzichtet. [2] Zuständig für die Anordnung und Durchführung der Rücklieferung ist die Staatsanwaltschaft, die an dem in Satz 1 bezeichneten Strafverfahren beteiligt ist.

(2) [1] Gegen den Verfolgten kann durch schriftlichen Haftbefehl die Haft angeordnet werden, wenn die Rücklieferung sonst nicht gewährleistet wäre. [2] In dem Haftbefehl sind anzuführen

1. der Verfolgte,
2. der Staat, an den die Rücklieferung erfolgen soll, sowie
3. die Gründe, welche die Haftanordnung rechtfertigen.

(3) [1] Die Haftentscheidung trifft das Gericht, das in dem in Absatz 1 Satz 1 bezeichneten Strafverfahren für die Anordnung von freiheitsentziehenden Maßnahmen jeweils zuständig ist. [2] Die Entscheidung ist unanfechtbar.

(4) Die §§ 18, 19, 24, 25, 27 und 45 Abs. 4 gelten entsprechend.

§ 69[1)] Vorübergehende Überstellung aus dem Ausland für ein deutsches Verfahren. (1) Eine in einem ausländischen Staat in Untersuchungs- oder Strafhaft befindliche oder auf Grund der Anordnung einer freiheitsentziehenden Maßregel untergebrachte Person, die einem deutschen Gericht oder einer deutschen Behörde auf Ersuchen als Zeuge zur Vernehmung, zur Gegenüberstellung oder zur Einnahme eines Augenscheins vorübergehend überstellt worden ist, wird während ihres Aufenthalts im Geltungsbereich dieses Gesetzes zur Sicherung ihrer Rücküberstellung in Haft gehalten.

(2) [1] Die Haftentscheidung trifft das Gericht, das mit der Sache befaßt ist, im vorbereitenden Verfahren der Richter bei dem Amtsgericht, in dessen Bezirk die das Verfahren führende Staatsanwaltschaft ihren Sitz hat. [2] Die Entscheidung ist unanfechtbar.

(3) Die §§ 27, 45 Abs. 4, § 62 Absatz 1 Satz 1 Nummer 3 und Absatz 2 Satz 1, § 63 Abs. 2 gelten entsprechend.

§ 70 Vorübergehende Überstellung in das Ausland für ein deutsches Verfahren. [1] Wer sich im Geltungsbereich dieses Gesetzes in Untersuchungs- oder Strafhaft befindet oder auf Grund der Anordnung einer freiheitsentziehenden Maßregel der Besserung und Sicherung untergebracht ist, kann zu einer Beweiserhebung für ein im Geltungsbereich dieses Gesetzes geführtes Strafverfahren an einen ausländischen Staat überstellt werden, wenn die Voraussetzungen des § 62 Abs. 1 Satz 1 Nr. 1, 3 und 4 vorliegen. [2] § 62 Abs. 1 Satz 2, Abs. 2 und 3 gilt entsprechend.

§ 71[2)] Vollstreckung deutscher Erkenntnisse im Ausland. (1) [1] Die Vollstreckung einer im Geltungsbereich dieses Gesetzes gegen eine ausländische Person verhängten Strafe oder sonstigen Sanktion kann auf einen ausländischen Staat übertragen werden, wenn

1. die verurteilte Person in dem ausländischen Staat ihren Wohnsitz oder gewöhnlichen Aufenthalt hat oder sich dort aufhält und nicht ausgeliefert

---

[1)] § 69 Abs. 3 geänd. mWv 22.5.2017 durch G v. 5.1.2017 (BGBl. I S. 31).
[2)] § 71 neu gef. mWv 25.7.2015 durch G v. 17.7.2015 (BGBl. I S. 1349).

wird, weil ein Auslieferungsersuchen nicht gestellt oder abgelehnt wird oder die Auslieferung nicht ausführbar ist, oder

2. die Vollstreckung in dem ausländischen Staat im Interesse der verurteilten Person oder im öffentlichen Interesse liegt.

[2] Die Überstellung der verurteilten Person darf nur zur Vollstreckung einer freiheitsentziehenden Sanktion erfolgen; § 6 Absatz 2, § 11 gelten entsprechend.

(2) [1] Die Vollstreckung einer im Geltungsbereich dieses Gesetzes gegen eine Person mit deutscher Staatsangehörigkeit verhängten nicht freiheitsentziehenden Strafe oder Sanktion kann auf einen ausländischen Staat übertragen werden, wenn dies im öffentlichen Interesse liegt. [2] Ferner kann die Vollstreckung einer im Geltungsbereich dieses Gesetzes gegen eine Person mit deutscher Staatsangehörigkeit verhängten freiheitsentziehenden Strafe oder sonstigen Sanktion auf einen ausländischen Staat übertragen werden, wenn

1. die verurteilte Person in dem ausländischen Staat ihren Wohnsitz oder gewöhnlichen Aufenthalt hat oder sich dort aufhält,

2. die verurteilte Person nicht ausgeliefert wird, weil ein Auslieferungsersuchen nicht gestellt oder abgelehnt wird oder die Auslieferung nicht ausführbar ist, und

3. der verurteilten Person durch die Vollstreckung in dem ausländischen Staat keine erheblichen, außerhalb des Strafzwecks liegenden Nachteile erwachsen.

[3] Hält sich die verurteilte Person nicht in dem ausländischen Staat auf, so darf die Vollstreckung einer freiheitsentziehenden Sanktion ferner nur übertragen werden, wenn sich die verurteilte Person nach Belehrung zu Protokoll eines Richters oder eines zur Beurkundung von Willenserklärungen ermächtigten Berufskonsularbeamten damit einverstanden erklärt hat. [4] Das Einverständnis kann nicht widerrufen werden.

(3) Die Vollstreckung darf nur übertragen werden, wenn gewährleistet ist, dass der ausländische Staat eine Rücknahme oder eine Beschränkung der Übertragung beachten wird.

(4) [1] Die Vollstreckung einer freiheitsentziehenden Sanktion darf nur übertragen werden, wenn das Gericht die Vollstreckung in dem ausländischen Staat für zulässig erklärt hat. [2] Über die Zulässigkeit entscheidet das Oberlandesgericht durch Beschluss. [3] Die örtliche Zuständigkeit richtet sich nach dem Sitz des Gerichts, das die zu vollstreckende Strafe oder sonstige Sanktion verhängt hat, oder, wenn gegen die verurteilte Person im Geltungsbereich dieses Gesetzes eine Freiheitsstrafe vollstreckt wird, nach § 462a Absatz 1 Satz 1 und 2 der Strafprozessordnung[1)]. [4] § 13 Absatz 1 Satz 2, Absatz 2, § 30 Absatz 2 Satz 2 und 4, Absatz 3, § 31 Absatz 1 und 4, die §§ 33, 52 Absatz 3, § 53 gelten entsprechend. [5] Befindet sich die verurteilte Person im Geltungsbereich dieses Gesetzes, so gelten auch § 30 Absatz 2 Satz 1, § 31 Absatz 2 und 3 entsprechend.

(5) [1] Die deutsche Vollstreckungsbehörde sieht von der Vollstreckung ab, soweit der ausländische Staat sie übernommen und durchgeführt hat. [2] Sie kann die Vollstreckung fortsetzen, soweit der ausländische Staat sie nicht zu Ende geführt hat.

---

1) Schönfelder Nr. 90.

§ 71a[1)] Vereinbarung über die Verwertung, Herausgabe und Aufteilung des abgeschöpften Vermögens. Für den Fall der Vollstreckung einer Anordnung der Einziehung in einem ausländischen Staat gilt § 56b Absatz 1 entsprechend.

§ 72[2)] Bedingungen. Bedingungen, die der ausländische Staat an die Rechtshilfe geknüpft hat, sind zu beachten.

Siebenter Teil. Gemeinsame Vorschriften

Abschnitt 1.[3)] Allgemeine Regelungen

§ 73[4)] Grenze der Rechtshilfe. [1]Die Leistung von Rechtshilfe sowie die Datenübermittlung ohne Ersuchen ist unzulässig, wenn sie wesentlichen Grundsätzen der deutschen Rechtsordnung widersprechen würde. [2]Bei Ersuchen nach dem Achten, Neunten, Zehnten und Dreizehnten Teil ist die Leistung von Rechtshilfe unzulässig, wenn die Erledigung zu den in Artikel 6 des Vertrages über die Europäische Union enthaltenen Grundsätzen im Widerspruch stünde.

§ 74[5)] Zuständigkeit des Bundes. (1) [1]Über ausländische Rechtshilfeersuchen und über die Stellung von Rechtshilfeersuchen an ausländische Staaten entscheidet das Bundesministerium der Justiz und für Verbraucherschutz im Einvernehmen mit dem Auswärtigen Amt und mit anderen Bundesministerien, deren Geschäftsbereich von der Rechtshilfe betroffen wird. [2]Ist für die Leistung der Rechtshilfe eine Behörde zuständig, die dem Geschäftsbereich eines anderen Bundesministeriums angehört, so tritt dieses an die Stelle des Bundesministeriums der Justiz und für Verbraucherschutz. [3]Die nach den Sätzen 1 und 2 zuständigen Bundesministerien können die Ausübung ihrer Befugnisse auf nachgeordnete Bundesbehörden übertragen. [4]Über Ersuchen nach den Unterabschnitten 2 und 3 von Abschnitt 2 des Neunten Teils dieses Gesetzes entscheidet das Bundesamt für Justiz.

(2) [1]Die Bundesregierung kann die Ausübung der Befugnis, über ausländische Rechtshilfeersuchen zu entscheiden und an ausländische Staaten Rechts-

---

1) § 71a neu gef. mWv 25.7.2015 durch G v. 17.7.2015 (BGBl. I S. 1349); geänd. mWv 1.7.2017 durch G v. 13.4.2017 (BGBl. I S. 872).

2) § 72 geänd. mWv 25.7.2015 durch G v. 17.7.2015 (BGBl. I S. 1349).

3) Abschnitt 1 Überschrift eingef. mWv 26.11.2019 durch G v. 20.11.2019 (BGBl. I S. 1724).

4) § 73 geänd. mWv 8.8.2005 durch G v. 22.7.2005 (BGBl. I S. 2189); Satz 2 angef. mWv 2.8.2006 durch G v. 20.7.2006 (BGBl. I S. 1721); Satz 2 geänd. mWv 30.6.2008 durch G v. 6.6.2008 (BGBl. I S. 995); Satz 2 geänd. mWv 1.11.2019 und mWv 26.11.2019 durch G v. 1.6.2017 (BGBl. I S. 1414, geänd. durch G v. 20.11.2019, BGBl. I S. 1724) iVm Bek. v. 2.12.2019 (BGBl. I S. 1999); Satz 2 geänd. *[das Wort „Zwölften" (im BGBl. I wohl irrtümlich „Elften") wird durch das Wort „Dreizehnten" ersetzt]* mWv 19.12.2020 durch G v. 23.11.2020 (BGBl. I S. 2474).

5) § 74 Abs. 3 angef. durch G v. 7.7.1997 (BGBl. I S. 1650); Abs. 4 angef. mWv 8.8.2005 durch G v. 22.7.2005 (BGBl. I S. 2189); Abs. 4 Satz 1 geänd. mWv 30.6.2008 durch G v. 6.6.2008 (BGBl. I S. 995); Abs. 1 Sätze 1 bis 3 geänd., Satz 4 angef. mWv 28.10.2010 durch G v. 18.10.2010 (BGBl. I S. 1408); Abs. 4 Satz 1 geänd. mWv 26.7.2012 durch G v. 21.7.2012 (BGBl. I S. 1566); Abs. 1 Satz 1 und Abs. 2 Satz 1 geänd. mWv 25.7.2015 durch G v. 17.7.2015 (BGBl. I S. 1349); Abs. 1 Sätze 1 und 2 geänd. mWv 8.9.2015 durch VO v. 31.8.2015 (BGBl. I S. 1474); Abs. 3 geänd. mWv 25.5.2018 durch G v. 1.6.2017 (BGBl. I S. 1354).

hilfeersuchen zu stellen, im Wege einer Vereinbarung auf die Landesregierungen übertragen. [2] Die Landesregierungen haben das Recht zur weiteren Übertragung.

(3) Die Befugnisse des Bundeskriminalamtes zur Datenübermittlung, Ausschreibung und Identitätsfeststellung auf ausländisches Ersuchen richten sich nach § 27 Absatz 1 Satz 1 Nummer 2 und § 33 Absatz 1 bis 4 des Bundeskriminalamtgesetzes[1)].

(4) [1] Als Ersuchen im Sinne der Absätze 1 und 2 gelten auch Datenübermittlungen nach den §§ 61a und 92c. [2] Datenübermittlungen nach § 61a sind, soweit sie nicht in völkerrechtlichen Vereinbarungen nach § 1 Abs. 3 vorgesehen sind, von der Möglichkeit einer Übertragung nach Absatz 2 ausgeschlossen.

§ 74a[2)] Internationale Strafgerichtshöfe, zwischen- und überstaatliche Einrichtungen. Für die Entscheidung über Ersuchen eines internationalen Strafgerichtshofes und anderer zwischen- und überstaatlicher Einrichtungen um sonstige Rechtshilfe in strafrechtlichen Angelegenheiten gilt § 74 entsprechend, soweit nicht spezialgesetzliche Vorschriften eine abschließende Regelung treffen.

§ 75[3)] Kosten. Auf die Erstattung von Kosten der Rechtshilfe kann gegenüber dem ausländischen Staat verzichtet werden.

§ 76[4)] Gegenseitigkeitszusicherung. [1] Im Zusammenhang mit deutschen Rechtshilfeersuchen kann einem ausländischen Staat zugesichert werden, von ihm ausgehende Ersuchen zu erledigen, soweit dieses Gesetz dem nicht entgegensteht. [2] § 74 Abs. 1 gilt entsprechend.

§ 77[5)] Anwendung anderer Verfahrensvorschriften. (1) Soweit dieses Gesetz keine besonderen Verfahrensvorschriften enthält, gelten die Vorschriften des Gerichtsverfassungsgesetzes[6)] und seines Einführungsgesetzes[7)], der Strafprozeßordnung[8)], des Jugendgerichtsgesetzes[9)], der Abgabenordnung[10)] und des Gesetzes über Ordnungswidrigkeiten[11)] sinngemäß.

(2) Bei der Leistung von Rechtshilfe für ein ausländisches Verfahren finden die Vorschriften zur Immunität, zur Indemnität und die Genehmigungsvorbehalte für Durchsuchungen und Beschlagnahmen in den Räumen eines Parlaments Anwendung, welche für deutsche Straf- und Bußgeldverfahren gelten.

§ 77a[12)] Elektronische Kommunikation und Aktenführung. (1) [1] Ist nach diesem Gesetz für die Leistung von Rechtshilfe die Einreichung schriftlicher

---

1) **Sartorius Nr. 450.**

2) § 74a eingef. mWv 1.7.2002 durch G v. 21.6.2002 (BGBl. I S. 2144); Überschrift und Wortlaut geänd. mWv 22.10.2009 durch G v. 2.10.2009 (BGBl. I S. 3214).

3) § 75 geänd. mWv 25.7.2015 durch G v. 17.7.2015 (BGBl. I S. 1349).

4) § 76 Satz 1 geänd. mWv 25.7.2015 durch G v. 17.7.2015 (BGBl. I S. 1349).

5) § 77 Abs. 2 angef. mWv 2.8.2006 durch G v. 20.7.2006 (BGBl. I S. 1721); Abs. 2 geänd. mWv 25.7.2015 durch G v. 17.7.2015 (BGBl. I S. 1349).

6) **Habersack, Deutsche Gesetze Nr. 95.**

7) **Habersack, Deutsche Gesetze Nr. 95a.**

8) **Habersack, Deutsche Gesetze Nr. 90.**

9) **Habersack, Deutsche Gesetze Nr. 89.**

10) Auszugsweise abgedruckt unter Nr. **88b.**

11) **Habersack, Deutsche Gesetze Nr. 94.**

12) § 77a eingef. mWv 28.10.2010 durch G v. 18.10.2010 (BGBl. I S. 1408); Abs. 7 neu gef. mWv 1.1.2018 durch G v. 5.7.2017 (BGBl. I S. 2208); Abs. 1 Satz 2 geänd. mWv 29.7.2017 durch G v. 18.7.2017 (BGBl. I S. 2745); Abs. 7 Satz 1 geänd. mWv 1.1.2022 durch G v. 5.10.2021 (BGBl. I S. 4607); Abs. 7 Satz 1 geänd. mWv 17.7.2024 und geänd. mWv 1.1.2036 durch G v. 12.7.2024 (BGBl. 2024 I Nr. 234).

Unterlagen einschließlich von Originalen oder beglaubigten Abschriften notwendig, können auch elektronische Dokumente vorgelegt werden, soweit dies durch Rechtsverordnung nach § 77b zugelassen ist. [2]Die elektronischen Dokumente sind mit einer qualifizierten elektronischen Signatur zu versehen und müssen für die Bearbeitung durch eine Behörde oder ein Gericht geeignet sein. [3]Das Gleiche gilt für Erklärungen, Anträge oder Begründungen, die nach diesem Gesetz ausdrücklich schriftlich abzufassen oder zu unterzeichnen sind.

(2) Die qualifizierte elektronische Signatur kann durch ein anderes sicheres Verfahren ersetzt werden, das die Authentizität und die Integrität des übermittelten elektronischen Dokuments sicherstellt.

(3) [1]Ein elektronisches Dokument ist eingegangen, sobald die für den Empfang bestimmte Einrichtung der Behörde oder des Gerichts es aufgezeichnet hat. [2]Ist ein übermitteltes elektronisches Dokument zur Bearbeitung nicht geeignet, ist dies dem Absender unter Angabe der geltenden technischen Rahmenbedingungen unverzüglich mitzuteilen. [3]Soweit nicht die elektronische Aktenführung nach Absatz 4 zugelassen ist, ist von dem elektronischen Dokument unverzüglich ein Aktenauszug zu fertigen.

(4) [1]Die Verfahrensakten können elektronisch geführt werden, soweit dies durch Rechtsverordnung nach § 77b zugelassen ist. [2]Schriftstücke und Gegenstände des Augenscheins (Urschriften), die zu den elektronisch geführten Akten eingereicht und für eine Übertragung geeignet sind, sind zur Ersetzung der Urschrift in ein elektronisches Dokument zu übertragen, soweit die Rechtsverordnung nach § 77b nichts anderes bestimmt. [3]Das elektronische Dokument muss den Vermerk enthalten, wann und durch wen die Urschrift übertragen worden ist. [4]Die Urschriften sind bis zum Abschluss des Verfahrens so aufzubewahren, dass sie auf Anforderung innerhalb von einer Woche vorgelegt werden können.

(5) Ein nach Absatz 4 Satz 2 und 3 hergestelltes elektronisches Dokument ist für das Verfahren zugrunde zu legen, soweit kein Anlass besteht, an der Übereinstimmung mit der Urschrift zu zweifeln.

(6) [1]Enthält das nach Absatz 1 hergestellte elektronische Dokument zusätzlich zu dem Vermerk nach Absatz 4 Satz 3 einen mit einer qualifizierten elektronischen Signatur versehenen Vermerk darüber,

1. dass die Wiedergabe auf dem Bildschirm mit der Urschrift inhaltlich und bildlich übereinstimmt sowie
2. ob die Urschrift bei der Übertragung als Original oder in Abschrift vorgelegen hat,

kann die Urschrift bereits vor Abschluss des Verfahrens vernichtet werden. [2]Verfahrensinterne Erklärungen des Betroffenen und Dritter sowie ihnen beigefügte einfache Abschriften können unter den Voraussetzungen von Satz 1 vernichtet werden.

(7) [1]Im Übrigen gelten für die elektronische Kommunikation und die elektronische Aktenführung § 32 Absatz 1 Satz 3 zweiter Halbsatz und Absatz 2, § 32a Absatz 3 und 4 Satz 1 Nummer 1 bis 5, Absatz 5 Satz 2 und Absatz 6 Satz 2, § 32b Absatz 1 bis 4, § 32c Satz 1 bis 4, § 32d Satz 1, § 32e Absatz 2 bis 4, die §§ 32f ***[bis 31.12.2035:*** und 497 der Strafprozessordnung[1)] sowie § 15 Absatz 1 des Einführungsgesetzes zur Strafprozessordnung[2)]***][ab 1.1.2036:*** *sowie § 497 der Strafprozessordnung*[1)]***]*** *sinngemäß.* [2]Abweichend von § 32b Absatz 1 Satz 2 der Strafprozess-

---

[1)] **Habersack, Deutsche Gesetze Nr. 90.**
[2)] **Habersack, Deutsche Gesetze Nr. 90a.**

ordnung ist bei der automatisierten Herstellung eines zu signierenden elektronischen Dokuments statt seiner die begleitende Verfügung zu signieren. [3] § 32c Satz 1 gilt mit der Maßgabe, dass die Zustimmung des Bundesrates nicht erforderlich ist.

§ 77b[1)] Verordnungsermächtigung. (1) Das Bundesministerium der Justiz und die Landesregierungen bestimmen für ihren Bereich durch Rechtsverordnung,

1. den Zeitpunkt, von dem an elektronische Dokumente nach § 77a Absatz 1 eingereicht werden können,
2. die für die Übersendung der elektronischen Dokumente nach § 77a Absatz 2 notwendigen Signaturanforderungen und die für die Bearbeitung notwendige Form,
3. den Zeitpunkt, von dem an Akten nach § 77a Absatz 4 elektronisch geführt werden oder geführt werden können,
4. die organisatorisch-technischen Rahmenbedingungen für die Bildung, Führung und Aufbewahrung der elektronisch geführten Akten einschließlich der Ausnahmen von der Ersetzung der Urschrift nach § 77a Absatz 4,
5. die Urschriften, die abweichend von § 77a Absatz 6 weiterhin aufzubewahren sind.

(2) Das Bundesministerium der Justiz und die Landesregierungen können jeweils für ihren Bereich durch Rechtsverordnung bestimmen,

1. dass Akten, die vor dem in Absatz 1 Nummer 3 bezeichneten Zeitpunkt in Papierform angelegt wurden, ab einem bestimmten Stichtag oder Ereignis in elektronischer Form weitergeführt werden und
2. dass Akten, die elektronisch angelegt wurden, ab einem bestimmten Ereignis in Papierform weitergeführt werden.

(3) [1] Die elektronische Aktenführung nach § 77a Absatz 4 sowie die Zulassung der Weiterführung in elektronischer beziehungsweise Papierform können jeweils auf einzelne Gerichte oder Behörden oder auf allgemein bestimmte Verfahren oder Verfahrensabschnitte beschränkt werden; wird von dieser Möglichkeit Gebrauch gemacht, kann in der Rechtsverordnung bestimmt werden, dass durch Verwaltungsvorschrift, die öffentlich bekanntzumachen ist, geregelt wird, in welchen Verfahren oder Verfahrensabschnitten die Akten elektronisch geführt werden oder geführt werden können und in welchen Verfahren oder Verfahrensabschnitten die Akten in elektronischer beziehungsweise Papierform weitergeführt werden. [2] Die Rechtsverordnung des Bundesministeriums der Justiz bedarf nicht der Zustimmung des Bundesrates. [3] Die Landesregierungen können die Ermächtigung durch *Rechtsverordnung* auf die Landesjustizverwaltungen übertragen. [4] Die Zulassung der elektronischen Übermittlung nach § 77a Absatz 1 kann auf einzelne Gerichte und Behörden sowie auf einzelne Verfahren oder Verfahrensabschnitte beschränkt werden.

[1)] § 77b eingef. mWv 28.10.2010 durch G v. 18.10.2010 (BGBl. I S. 1408); Satz 1 einl. Satzteil geänd. mWv 8.9.2015 durch VO v. 31.8.2015 (BGBl. I S. 1474); Abs. 1 Satz 1 einl. Satzteil geänd., Sätze 2–4 aufgeh., Abs. 2 und 3 angef. mWv 17.7.2024 durch G v. 12.7.2024 (BGBl. 2024 I Nr. 234).

Abschnitt 2.[1] Schutz personenbezogener Daten im Rechtshilfeverkehr

§ 77c[1] Anwendungsbereich. Die Vorschriften dieses Abschnitts sind auf personenbezogene Daten anzuwenden, die im Rechtshilfeverkehr übermittelt oder empfangen werden.

§ 77d[1] Übermittlung personenbezogener Daten. (1) Personenbezogene Daten dürfen, soweit dies gesetzlich vorgesehen ist und vorbehaltlich der Regelungen in den §§ 97a und 97b, an öffentliche Stellen anderer Staaten sowie an zwischen- oder überstaatliche Einrichtungen übermittelt werden, wenn

1. dies für die Verhütung oder Verfolgung von Straftaten oder von Ordnungswidrigkeiten oder für die Vollstreckung oder den Vollzug von strafrechtlichen Sanktionen oder zur Abwehr von Gefahren erforderlich ist,
2. die empfangende Stelle für eine der in Nummer 1 genannten Aufgaben zuständig ist,
3. in Fällen, in denen die personenbezogenen Daten aus einem anderen Mitgliedstaat der Europäischen Union oder aus einem Schengen-assoziierten Staat übermittelt wurden, dieser Staat der Übermittlung zuvor zugestimmt oder auf das Zustimmungserfordernis ausdrücklich verzichtet hat,
4. die Europäische Kommission nach Artikel 36 Absatz 3 der Richtlinie (EU) 2016/680 des Europäischen Parlaments und des Rates vom 27. April 2016 zum Schutz natürlicher Personen bei der Verarbeitung personenbezogener Daten durch die zuständigen Behörden zum Zwecke der Verhütung, Ermittlung, Aufdeckung oder Verfolgung von Straftaten oder der Strafvollstreckung sowie zum freien Datenverkehr und zur Aufhebung des Rahmenbeschlusses 2008/977/JI des Rates (ABl. L 119 vom 4.5.2016, S. 89; L 127 vom 23.5.2018, S. 9) einen Beschluss zum angemessenen Datenschutzniveau des Empfängerstaats oder der empfangenden zwischen- oder überstaatlichen Einrichtung gefasst hat (Angemessenheitsbeschluss) oder die Voraussetzungen von § 77f erfüllt sind und
5. die personenbezogenen Daten in Fällen, in denen sie zu einem anderen als dem der Übermittlung zugrunde liegenden Zweck erhoben wurden, mit vergleichbaren Mitteln auch für den Übermittlungszweck erhoben werden dürften.

(2) Die Übermittlung personenbezogener Daten unterbleibt, auch unter Berücksichtigung eines besonderen öffentlichen Interesses an der Datenübermittlung, wenn im Einzelfall ein datenschutzrechtlich angemessener und die elementaren Menschenrechte wahrender Umgang mit den personenbezogenen Daten im Empfängerstaat oder bei der empfangenden zwischen- oder überstaatlichen Einrichtung nicht hinreichend gesichert ist oder sonst schutzwürdige Interessen der betroffenen Person entgegenstehen.

(3) [1]Die Übermittlung von personenbezogenen Daten an andere als die in Absatz 1 Nummer 2 genannten zuständigen Stellen oder an nicht-öffentliche Stellen ist unter Einhaltung der übrigen Voraussetzungen des Absatzes 1 zulässig, wenn

1. dies für die Erfüllung einer der übermittelnden Stelle zugewiesenen Aufgabe unbedingt erforderlich ist,
2. die Übermittlung an die zuständige Stelle wirkungslos oder ungeeignet wäre, insbesondere, weil die Übermittlung nicht rechtzeitig durchgeführt werden könnte, und

[1] Abschnitt 2 (§§ 77c–77h) eingef. mWv 26.11.2019 durch G v. 20.11.2019 (BGBl. I S. 1724).

3. die empfangende Stelle auf den Zweck der Datenübermittlung sowie darauf hingewiesen wird, dass die personenbezogenen Daten nur verwendet werden dürfen, soweit dies zur Zweckerreichung erforderlich ist.

[2] Die zuständige Stelle ist über die Übermittlung unverzüglich zu unterrichten, es sei denn, die Unterrichtung wäre wirkungslos oder ungeeignet.

(4) [1] Kann die nach Absatz 1 Nummer 3 erforderliche vorherige Zustimmung des betroffenen Mitgliedstaates der Europäischen Union oder des betroffenen Schengen-assoziierten Staates nicht rechtzeitig eingeholt werden, so ist die Übermittlung von personenbezogenen Daten auch ohne Zustimmung

(Fortsetzung nächstes Blatt)

zulässig, wenn die Übermittlung erforderlich ist zur Abwehr einer gegenwärtigen und erheblichen Gefahr

1. für die öffentliche Sicherheit eines Staates oder
2. für wesentliche Interessen eines Mitgliedstaates der Europäischen Union oder eines Schengen-assoziierten Staates.

[2] Die für die Erteilung der Zustimmung zuständige Stelle des betroffenen Mitgliedstaates der Europäischen Union oder des Schengen-assoziierten Staates ist unverzüglich zu unterrichten.

(5) [1] Die Verantwortung für die Zulässigkeit der Übermittlung von personenbezogenen Daten trägt die übermittelnde Stelle. [2] Die Möglichkeit, die Übermittlung personenbezogener Daten mit Bedingungen zu versehen, bleibt unberührt.

(6) Mitgliedstaaten der Europäischen Union im Sinne dieser Vorschrift sind solche, für die die Richtlinie (EU) 2016/680 gilt; Schengen-assoziierte Staaten sind solche gemäß § 91 Absatz 3.

§ 77e[1)] Prüf-, Informations- und Protokollierungspflichten der übermittelnden Stelle. (1) Die übermittelnde Stelle

1. soll personenbezogene Daten vor deren Übermittlung auf Richtigkeit, Vollständigkeit und Aktualität überprüfen,
2. fügt bei der Übermittlung personenbezogener Daten nach Möglichkeit Informationen bei, die es der empfangenden Stelle gestatten, Richtigkeit, Vollständigkeit, Aktualität und Zuverlässigkeit der Daten zu beurteilen,
3. weist die empfangende Stelle bei der Übermittlung ausdrücklich darauf hin, dass die übermittelten personenbezogenen Daten nur zu dem Zweck verwendet werden dürfen, zu dem sie übermittelt wurden,
4. weist die empfangende Stelle ausdrücklich darauf hin, dass eine Weiterleitung an andere Staaten oder zwischen- oder überstaatliche Einrichtungen der vorherigen Zustimmung der übermittelnden Stelle bedarf,
5. weist die empfangende Stelle bei der Übermittlung auf Bedingungen hin, die nach deutschem Recht für die Verarbeitung der übermittelten personenbezogenen Daten gelten und einzuhalten sind,
6. unterrichtet die empfangende Stelle unverzüglich, wenn sich herausstellt, dass Daten nicht hätten übermittelt werden dürfen oder dass unrichtige Daten übermittelt wurden,
7. unterrichtet die zuständige datenschutzrechtliche Aufsichtsbehörde über Datenübermittlungen nach § 77d Absatz 3 und
8. dokumentiert jede Übermittlung von personenbezogenen Daten nach Maßgabe der innerstaatlichen Vorschriften.

(2) Absatz 1 Nummer 5 gilt entsprechend, wenn die übermittelnde Stelle die Daten von einem anderen Staat oder von einer zwischen- oder überstaatlichen Einrichtung unter Bedingungen erhalten hat, die auch von der empfangenden Stelle einzuhalten sind.

[1)] Abschnitt 2 (§§ 77c–77h) eingef. mWv 26.11.2019 durch G v. 20.11.2019 (BGBl. I S. 1724).

§ 77f[1)] Verfahren bei Fehlen eines Angemessenheitsbeschlusses.

(1) Ohne Angemessenheitsbeschluss gemäß § 77d Absatz 1 Nummer 4 dürfen personenbezogene Daten übermittelt werden, wenn

1. in einem für den Empfängerstaat oder für die empfangende zwischen- oder überstaatliche Einrichtung rechtsverbindlichen Instrument geeignete Garantien zum Schutz personenbezogener Daten vorgesehen sind oder
2. die übermittelnde Stelle nach Bewertung aller relevanten Umstände zu der Auffassung gelangt, dass geeignete Garantien zum Schutz der personenbezogenen Daten bestehen.

(2) Liegt kein Angemessenheitsbeschluss vor und bestehen keine geeigneten Garantien gemäß Absatz 1, so dürfen personenbezogene Daten im Einzelfall nur übermittelt werden, wenn dies erforderlich ist

1. zum Schutz lebenswichtiger Interessen der betroffenen Person oder einer anderen Person,
2. zur Wahrung schutzwürdiger Interessen der betroffenen Person,
3. zur Abwehr einer gegenwärtigen und erheblichen Gefahr für die öffentliche Sicherheit eines Staates,
4. zur Verhütung oder Verfolgung von Straftaten oder von Ordnungswidrigkeiten oder für die Vollstreckung oder den Vollzug von strafrechtlichen Sanktionen oder
5. zur Geltendmachung, Ausübung oder Verteidigung von Rechtsansprüchen im Zusammenhang mit den in Nummer 4 genannten Zwecken.

(3) Die übermittelnde Stelle unterrichtet die zuständige datenschutzrechtliche Aufsichtsbehörde über Fallgruppen von Übermittlungen nach Absatz 1 Nummer 2.

§ 77g[1)] Zustimmung zur Weiterleitung personenbezogener Daten.

Wird die übermittelnde Stelle von der empfangenden Stelle um eine Zustimmung zur Weiterleitung der übermittelten personenbezogenen Daten an andere Staaten oder andere zwischen- oder überstaatliche Einrichtungen gebeten, so kann die Zustimmung erteilt werden, wenn eine entsprechende unmittelbare Datenübermittlung gemäß § 77d zulässig wäre.

§ 77h[1)] Verwendung von übermittelten personenbezogenen Daten.

(1) [1] Personenbezogene Daten, die von öffentlichen Stellen anderer Staaten oder von zwischen- oder überstaatlichen Einrichtungen übermittelt wurden, dürfen, soweit dies gesetzlich vorgesehen ist, für andere Zwecke als diejenigen, für die sie übermittelt wurden, nur verwendet werden, wenn die übermittelnde Stelle zuvor zugestimmt hat. [2] § 77d Absatz 4 gilt entsprechend.

(2) Bedingungen für die Verwendung der personenbezogenen Daten, auf die die übermittelnde Stelle hingewiesen hat, sind zu beachten.

(3) Werden personenbezogene Daten ohne Ersuchen übermittelt, prüft die empfangende Stelle unverzüglich, ob die Daten für den Zweck, für den sie übermittelt wurden, benötigt werden.

[1)] Abschnitt 2 (§§ 77c–77h) eingef. mWv 26.11.2019 durch G v. 20.11.2019 (BGBl. I S. 1724).

Achter Teil.[1] Auslieferungs- und Durchlieferungsverkehr mit Mitgliedstaaten der Europäischen Union

Abschnitt 1.[2] Allgemeine Regelungen

§ 78[3] Vorrang des Achten Teils. (1) Soweit dieser Teil keine besonderen Regelungen enthält, finden die übrigen Bestimmungen dieses Gesetzes auf den Auslieferungs- und Durchlieferungsverkehr mit den Mitgliedstaaten der Europäischen Union Anwendung.

(2) Dieser Teil geht den in § 1 Abs. 3 genannten völkerrechtlichen Vereinbarungen vor, soweit er abschließende Regelungen enthält.

§ 79[2] Grundsätzliche Pflicht zur Bewilligung; Vorabentscheidung.

(1) [1] Zulässige Ersuchen eines Mitgliedstaates um Auslieferung oder Durchlieferung können nur abgelehnt werden, soweit dies in diesem Teil vorgesehen ist. [2] Die ablehnende Bewilligungsentscheidung ist zu begründen.

(2) [1] Vor der Zulässigkeitsentscheidung des Oberlandesgerichts entscheidet die für die Bewilligung zuständige Stelle, ob sie beabsichtigt, Bewilligungshindernisse nach § 83b geltend zu machen. [2] Die Entscheidung, keine Bewilligungshindernisse geltend zu machen, ist zu begründen. [3] Sie unterliegt der Überprüfung durch das Oberlandesgericht im Verfahren nach § 29; die Beteiligten sind zu hören. [4] Bei der Belehrung nach § 41 Abs. 4 ist der Verfolgte auch darauf hinzuweisen, dass im Falle der vereinfachten Auslieferung eine gerichtliche Überprüfung nach Satz 3 nicht stattfindet.

(3) Führen nach der Entscheidung nach Absatz 2 Satz 1 eingetretene oder bekannt gewordene Umstände, die geeignet sind, Bewilligungshindernisse geltend zu machen, nicht zu einer Ablehnung der Bewilligung, so unterliegt die Entscheidung, keine Bewilligungshindernisse geltend zu machen, der Überprüfung im Verfahren nach § 33.

Abschnitt 2.[4] Auslieferung an einen Mitgliedstaat der Europäischen Union

§ 80[5] Auslieferung deutscher Staatsangehöriger. (1) [1] Die Auslieferung eines Deutschen zum Zwecke der Strafverfolgung ist nur zulässig, wenn

1. gesichert ist, dass der ersuchende Mitgliedstaat nach Verhängung einer rechtskräftigen Freiheitsstrafe oder sonstigen Sanktion anbieten wird, den Verfolgten auf seinen Wunsch zur Vollstreckung in den Geltungsbereich dieses Gesetzes zurückzuüberstellen, und
2. die Tat einen maßgeblichen Bezug zum ersuchenden Mitgliedstaat aufweist.

[2] Ein maßgeblicher Bezug der Tat zum ersuchenden Mitgliedstaat liegt in der *Regel vor, wenn die Tathandlung vollständig oder in wesentlichen Teilen auf*

---

[1] 8. Teil Überschrift neu gef. mWv 2.8.2006 durch G v. 20.7.2006 (BGBl. I S. 1721) und mWv 30.6.2008 durch G v. 6.6.2008 (BGBl. I S. 995).

[2] Abschnitt 1 (§§ 78 und 79) eingef. mWv 2.8.2006 durch G v. 20.7.2006 (BGBl. I S. 1721).

[3] § 78 neu gef. mWv 30.6.2008 durch G v. 6.6.2008 (BGBl. I S. 995).

[4] Abschnitt 2 (§§ 80–83e) eingef. mWv 2.8.2006 durch G v. 20.7.2006 (BGBl. I S. 1721).

[5] § 80 eingef. mWv 2.8.2006 durch G v. 20.7.2006 (BGBl. I S. 1721); Abs. 4 aufgeh. mWv 25.7.2015 durch G v. 17.7.2015 (BGBl. I S. 1349).

seinem Hoheitsgebiet begangen wurde und der Erfolg zumindest in wesentlichen Teilen dort eingetreten ist, oder wenn es sich um eine schwere Tat mit typisch grenzüberschreitendem Charakter handelt, die zumindest teilweise auch auf seinem Hoheitsgebiet begangen wurde.

(2) [1] Liegen die Voraussetzungen des Absatzes 1 Satz 1 Nr. 2 nicht vor, ist die Auslieferung eines Deutschen zum Zwecke der Strafverfolgung nur zulässig, wenn

1. die Voraussetzungen des Absatzes 1 Satz 1 Nr. 1 vorliegen und die Tat
2. keinen maßgeblichen Bezug zum Inland aufweist und
3. auch nach deutschem Recht eine rechtswidrige Tat ist, die den Tatbestand eines Strafgesetzes verwirklicht oder bei sinngemäßer Umstellung des Sachverhalts auch nach deutschem Recht eine solche Tat wäre, und bei konkreter Abwägung der widerstreitenden Interessen das schutzwürdige Vertrauen des Verfolgten in seine Nichtauslieferung nicht überwiegt.

[2] Ein maßgeblicher Bezug der Tat zum Inland liegt in der Regel vor, wenn die Tathandlung vollständig oder in wesentlichen Teilen im Geltungsbereich dieses Gesetzes begangen wurde und der Erfolg zumindest in wesentlichen Teilen dort eingetreten ist. [3] Bei der Abwägung sind insbesondere der Tatvorwurf, die praktischen Erfordernisse und Möglichkeiten einer effektiven Strafverfolgung und die grundrechtlich geschützten Interessen des Verfolgten unter Berücksichtigung der mit der Schaffung eines Europäischen Rechtsraums verbundenen Ziele zu gewichten und zueinander ins Verhältnis zu setzen. [4] Liegt wegen der Tat, die Gegenstand des Auslieferungsersuchens ist, eine Entscheidung einer Staatsanwaltschaft oder eines Gerichts vor, ein deutsches strafrechtliches Verfahren einzustellen oder nicht einzuleiten, so sind diese Entscheidung und ihre Gründe in die Abwägung mit einzubeziehen; Entsprechendes gilt, wenn ein Gericht das Hauptverfahren eröffnet oder einen Strafbefehl erlassen hat.

(3) [1] Die Auslieferung eines Deutschen zum Zwecke der Strafvollstreckung ist nur zulässig, wenn der Verfolgte nach Belehrung zu richterlichem Protokoll zustimmt. [2] § 41 Abs. 3 und 4 gilt entsprechend.

§ 81[1)] **Auslieferung zur Verfolgung oder zur Vollstreckung.** § 3 findet mit den Maßgaben Anwendung, dass

1. die Auslieferung zur Verfolgung nur zulässig ist, wenn die Tat nach dem Recht des ersuchenden Mitgliedstaates mit einer Freiheitsstrafe oder sonstigen Sanktion im Höchstmaß von mindestens zwölf Monaten bedroht ist,
2. die Auslieferung zur Vollstreckung nur zulässig ist, wenn nach dem Recht des ersuchenden Mitgliedstaates eine freiheitsentziehende Sanktion zu vollstrecken ist, deren Maß mindestens vier Monate beträgt,
3. die Auslieferung in Steuer-, Zoll- und Währungsangelegenheiten auch zulässig ist, wenn das deutsche Recht keine gleichartigen Steuern vorschreibt oder keine gleichartigen Steuer-, Zoll- und Währungsbestimmungen enthält wie das Recht des ersuchenden Mitgliedstaates,

---

[1)] *§ 81 eingef. mWv 2.8.2006 durch G v. 20.7.2006* (BGBl. I S. 1721); Nr. 4 neu gef. mWv 22.10. 2009 durch G v. 2.10.2009 (BGBl. I S. 3214); Nr. 4 geänd. mWv 25.7.2015 durch G v. 17.7.2015 (BGBl. I S. 1332).

4. die beiderseitige Strafbarkeit nicht zu prüfen ist, wenn die dem Ersuchen zugrunde liegende Tat nach dem Recht des ersuchenden Staates mit einer freiheitsentziehenden Sanktion im Höchstmaß von mindestens drei Jahren bedroht ist und den in Artikel 2 Absatz 2 des Rahmenbeschlusses 2002/584/JI des Rates vom 13. Juni 2002 über den Europäischen Haftbefehl und die Übergabeverfahren zwischen den Mitgliedstaaten (ABl. L 190 vom 18.7.2002, S. 1), der durch den Rahmenbeschluss 2009/299/JI (ABl. L 81 vom 27.3.2009, S. 24) geändert worden ist, (Rahmenbeschluss Europäischer Haftbefehl) aufgeführten Deliktsgruppen zugehörig ist.

§ 82[1] **Nichtanwendung von Vorschriften.** Die §§ 5, 6 Abs. 1, § 7 und, soweit ein Europäischer Haftbefehl vorliegt, § 11 finden keine Anwendung.

§ 83[2] **Ergänzende Zulässigkeitsvoraussetzungen.** (1) Die Auslieferung ist nicht zulässig, wenn

1. der Verfolgte wegen derselben Tat, die dem Ersuchen zugrunde liegt, bereits von einem anderen Mitgliedstaat rechtskräftig abgeurteilt worden ist, vorausgesetzt, dass im Fall der Verurteilung die Sanktion bereits vollstreckt worden ist, gerade vollstreckt wird oder nach dem Recht des Urteilsstaates nicht mehr vollstreckt werden kann,
2. der Verfolgte zur Tatzeit nach § 19 des Strafgesetzbuchs[3] schuldunfähig war oder
3. bei Ersuchen zum Zweck der Strafvollstreckung die verurteilte Person zu der dem Urteil zugrunde liegenden Verhandlung nicht persönlich erschienen ist oder
4. die dem Ersuchen zugrunde liegende Tat nach dem Recht des ersuchenden Mitgliedstaates mit lebenslanger Freiheitsstrafe oder einer sonstigen lebenslangen freiheitsentziehenden Sanktion bedroht ist oder der Verfolgte zu einer solchen Strafe verurteilt worden war und eine Überprüfung der Vollstreckung der verhängten Strafe oder Sanktion auf Antrag oder von Amts wegen nicht spätestens nach 20 Jahren erfolgt.

(2) Die Auslieferung ist abweichend von Absatz 1 Nummer 3 jedoch zulässig, wenn

1. die verurteilte Person
   a) rechtzeitig
      aa) persönlich zu der Verhandlung, die zu dem Urteil geführt hat, geladen wurde oder
      bb) auf andere Weise tatsächlich offiziell von dem vorgesehenen Termin und Ort der Verhandlung, die zu dem Urteil geführt hat, in Kenntnis gesetzt wurde, sodass zweifelsfrei nachgewiesen wurde, dass die verurteilte Person von der anberaumten Verhandlung Kenntnis hatte, und
   b) dabei darauf hingewiesen wurde, dass ein Urteil auch in ihrer Abwesenheit ergehen kann,
2. die verurteilte Person in Kenntnis des gegen sie gerichteten Verfahrens, an dem ein Verteidiger beteiligt war, eine persönliche Ladung durch Flucht verhindert hat oder

[1] Abschnitt 2 (§§ 80–83e) eingef. mWv 2.8.2006 durch G v. 20.7.2006 (BGBl. I S. 1721).
[2] § 83 eingef. mWv 2.8.2006 durch G v. 20.7.2006 (BGBl. I S. 1721); Abs. 1 Nr. 3 neu gef., Abs. 2–4 angef. mWv 25.7.2015 durch G v. 17.7.2015 (BGBl. I S. 1332).
[3] **Habersack, Deutsche Gesetze Nr. 85.**

3. die verurteilte Person in Kenntnis der anberaumten Verhandlung einen Verteidiger bevollmächtigt hat, sie in der Verhandlung zu verteidigen, und sie durch diesen in der Verhandlung tatsächlich verteidigt wurde.

(3) [1]Die Auslieferung ist abweichend von Absatz 1 Nummer 3 auch zulässig, wenn die verurteilte Person nach Zustellung des Urteils

1. ausdrücklich erklärt hat, das ergangene Urteil nicht anzufechten, oder
2. innerhalb geltender Fristen keine Wiederaufnahme des Verfahrens oder kein Berufungsverfahren beantragt hat.

[2]Die verurteilte Person muss zuvor ausdrücklich über ihr Recht auf Wiederaufnahme des Verfahrens oder auf ein Berufungsverfahren, an dem sie teilnehmen kann und bei dem der Sachverhalt, einschließlich neuer Beweismittel, erneut geprüft und das ursprüngliche Urteil aufgehoben werden kann, belehrt worden sein.

(4) Die Auslieferung ist abweichend von Absatz 1 Nummer 3 ferner zulässig, wenn der verurteilten Person unverzüglich nach ihrer Übergabe an den ersuchenden Mitgliedstaat das Urteil persönlich zugestellt werden wird und die verurteilte Person über ihr in Absatz 3 Satz 2 genanntes Recht auf Wiederaufnahme des Verfahrens oder ein Berufungsverfahren sowie über die hierfür geltenden Fristen belehrt werden wird.

§ 83a[1)] Auslieferungsunterlagen. (1) Die Auslieferung ist nur zulässig, wenn die in § 10 genannten Unterlagen oder ein Europäischer Haftbefehl übermittelt wurden, der die folgenden Angaben enthält:

1. die Identität, wie sie im Anhang zum Rahmenbeschluss Europäischer Haftbefehl näher beschrieben wird, und die Staatsangehörigkeit des Verfolgten,
2. die Bezeichnung und die Anschrift der ausstellenden Justizbehörde,
3. die Angabe, ob ein vollstreckbares Urteil, ein Haftbefehl oder eine andere vollstreckbare justitielle Entscheidung mit gleicher Rechtswirkung vorliegt,
4. die Art und rechtliche Würdigung der Straftat, einschließlich der gesetzlichen Bestimmungen,
5. die Beschreibung der Umstände, unter denen die Straftat begangen wurde, einschließlich der Tatzeit, des Tatortes und der Tatbeteiligung der gesuchten Person, und
6. die für die betreffende Straftat im Ausstellungsmitgliedstaat gesetzlich vorgesehene Höchststrafe oder im Fall des Vorliegens eines rechtskräftigen Urteils die verhängte Strafe.

(2) Die Ausschreibung zur Festnahme zwecks Überstellung oder Auslieferung nach der Verordnung (EU) 2018/1862 des Europäischen Parlaments und des Rates vom 28. November 2018 über die Einrichtung, den Betrieb und die Nutzung des Schengener Informationssystems (SIS) im Bereich der polizeilichen Zusammenarbeit und der justiziellen Zusammenarbeit in Strafsachen, zur Änderung und Aufhebung des Beschlusses 2007/533/JI des Rates und zur Aufhebung der Verordnung (EG) Nr. 1986/2006 des Europäischen Parlaments und des Rates und des Beschlusses 2010/261/EU der Kommission (ABl. L 312 vom 7.12.2018, S. 56), die die unter Absatz 1

[1)] § 83a eingef. mWv 2.8.2006 durch G v. 20.7.2006 (BGBl. I S. 1721); Abs. 1 Nr. 1 und Abs. 2 geänd. mWv 25.7.2015 durch G v. 17.7.2015 (BGBl. I S. 1332); Abs. 2 geänd. mWv 28.12.2022 durch G v. 19.12. 2022 (BGBl. I S. 2632).

Nr. 1 bis 6 bezeichneten Angaben enthält oder der diese Angaben nachgereicht wurden, gilt als Europäischer Haftbefehl.

§ 83b[1] Bewilligungshindernisse. (1) Die Bewilligung der Auslieferung kann abgelehnt werden, wenn

1. gegen den Verfolgten wegen derselben Tat, die dem Auslieferungsersuchen zugrunde liegt, im Geltungsbereich dieses Gesetzes ein strafrechtliches Verfahren geführt wird,
2. die Einleitung eines strafrechtlichen Verfahrens wegen derselben Tat, die dem Auslieferungsersuchen zugrunde liegt, abgelehnt wurde oder ein bereits eingeleitetes Verfahren eingestellt wurde,
3. dem Auslieferungsersuchen eines dritten Staates Vorrang eingeräumt werden soll,
4. nicht aufgrund einer Pflicht zur Auslieferung nach dem Rahmenbeschluss Europäischer Haftbefehl, aufgrund einer vom ersuchenden Staat gegebenen Zusicherung oder aus sonstigen Gründen erwartet werden kann, dass dieser einem vergleichbaren deutschen Ersuchen entsprechen würde.

(2) Die Bewilligung der Auslieferung eines Ausländers, der im Inland seinen gewöhnlichen Aufenthalt hat, kann ferner abgelehnt werden, wenn

1. bei einer Auslieferung zum Zwecke der Strafverfolgung die Auslieferung eines Deutschen gemäß § 80 Abs. 1 und 2 nicht zulässig wäre,
2. bei einer Auslieferung zum Zwecke der Strafvollstreckung er dieser nach Belehrung zu richterlichem Protokoll nicht zustimmt und sein schutzwürdiges Interesse an der Strafvollstreckung im Inland überwiegt; § 41 Abs. 3 und 4 gelten entsprechend.

§ 83c[2] Verfahren und Fristen. (1) Über die Auslieferung soll spätestens innerhalb von 60 Tagen nach der Festnahme des Verfolgten entschieden werden.

(2) Der Verfolgte ist unverzüglich über das Recht zu unterrichten, im ersuchenden Mitgliedstaat einen Rechtsbeistand zu benennen.

(3) Erklärt sich der Verfolgte mit der vereinfachten Auslieferung einverstanden, soll eine Entscheidung über die Auslieferung spätestens innerhalb von zehn Tagen nach Erteilung der Zustimmung ergehen.

(4) [1] Nach der Bewilligung der Auslieferung ist mit dem ersuchenden Mitgliedstaat ein Termin zur Übergabe des Verfolgten zu vereinbaren. [2] Der Übergabetermin soll spätestens zehn Tage nach der Entscheidung über die Bewilligung liegen. [3] Ist die Einhaltung des Termins aufgrund von Umständen unmöglich, die sich dem Einfluss der beteiligten Staaten entziehen, so ist ein neuer Termin zu vereinbaren, nach dem die Übergabe innerhalb von zehn Tagen zu erfolgen hat. [4] Die Vereinbarung eines Übergabetermins kann im

---

[1] § 83b eingef. mWv 2.8.2006 durch G v. 20.7.2006 (BGBl. I S. 1721); Abs. 1 Buchst. a–c werden Nr. 1–3, Buchst. d wird Nr. 4 und geänd., Abs. 2 Satz 1 Buchst. a und b werden Nr. 1 und 2 mWv 25.7.2015 durch G v. 17.7.2015 (BGBl. I S. 1332); Abs. 2 Satz 2 aufgeh. mWv 25.7.2015 durch G v. 17.7.2015 (BGBl. I S. 1349).

[2] § 83c eingef. mWv 2.8.2006 durch G v. 20.7.2006 (BGBl. I S. 1721); Überschrift neu gef., Abs. 2 eingef., bish. Abs. 2–5 werden Abs. 3–6 mWv 5.9.2017 durch G v. 27.8.2017 (BGBl. I S. 3295); Abs. 4 Satz 3 neu gef. mWv 26.11.2019 durch G v. 20.11.2019 (BGBl. I S. 1724); Abs. 4 Satz 3 neu gef. mWv 27.11.2020 durch G v. 23.11.2020 (BGBl. I S. 2474).

Hinblick auf eine gegen den Verfolgten im Geltungsbereich dieses Gesetzes laufende strafrechtliche Verfolgung oder Vollstreckung oder aus schwerwiegenden humanitären Gründen aufgeschoben werden.

(5) Können bei Vorliegen außergewöhnlicher Umstände die in dieser Vorschrift enthaltenen Fristen nicht eingehalten werden, so setzt die Bundesregierung Eurojust von diesem Umstand und von den Gründen der Verzögerung in Kenntnis; personenbezogene Daten dürfen nicht übermittelt werden.

(6) Über ein Ersuchen um Erweiterung der Auslieferungsbewilligung soll innerhalb von 30 Tagen nach Eingang des Ersuchens entschieden werden.

§ 83d[1] Entlassung des Verfolgten. Wurde der Verfolgte innerhalb von zehn Tagen nach Ablauf eines nach § 83c Absatz 4 vereinbarten Übergabetermins nicht übernommen, so ist er aus der Auslieferungshaft zu entlassen, wenn kein neuer Übergabetermin vereinbart wurde.

§ 83e[2] Vernehmung des Verfolgten. (1) Solange eine Entscheidung über die Auslieferung noch nicht ergangen ist, ist ein Ersuchen des ersuchenden Mitgliedstaates um Vernehmung des Verfolgten als Beschuldigter zu bewilligen.

(2) Bei der Vernehmung ist auf Ersuchen Vertretern des ersuchenden Mitgliedstaates die Anwesenheit zu gestatten.

Abschnitt 3.[3] Durchlieferung an einen Mitgliedstaat der Europäischen Union

§ 83f[4] Durchlieferung. (1) Die Durchlieferung durch den Geltungsbereich dieses Gesetzes aus einem Mitgliedstaat in einen anderen Mitgliedstaat ist zulässig, wenn sich aus den übermittelten Unterlagen

1. die Identität, wie sie im Anhang zum Rahmenbeschluss Europäischer Haftbefehl näher beschrieben wird, und die Staatsangehörigkeit des Verfolgten,
2. das Vorliegen eines Europäischen Haftbefehls oder einer in § 10 bezeichneten Urkunde,
3. die Art und die rechtliche Würdigung der Straftat und
4. die Umstände, unter denen die Straftat begangen wurde, einschließlich der Tatzeit und des Tatortes,

ergeben.

(2) Auf die Durchlieferung aus einem Drittstaat an einen Mitgliedstaat findet Absatz 1 mit der Maßgabe Anwendung, dass an die Stelle der in Absatz 1 Nr. 2 genannten Information die Information, dass ein Auslieferungsersuchen vorliegt, tritt.

(3) [1] Die Durchlieferung Deutscher zur Strafverfolgung ist nur zulässig, wenn der Mitgliedstaat, an den die Auslieferung erfolgt, zusichert, den Verfolgten auf deutsches Verlangen nach Verhängung einer rechtskräftigen Freiheitsstrafe oder

---

[1] § 83d eingef. mWv 2.8.2006 durch G v. 20.7.2006 (BGBl. I S. 1721); geänd. mWv 5.9.2017 durch G v. 27.8.2017 (BGBl. I S. 3295).

[2] Abschnitt 2 (§§ 80–83e) eingef. mWv 2.8.2006 durch G v. 20.7.2006 (BGBl. I S. 1721).

[3] Abschnitt 3 (§§ 83f und 83g) eingef. mWv 2.8.2006 durch G v. 20.7.2006 (BGBl. I S. 1721).

[4] § 83f eingef. mWv 2.8.2006 durch G v. 20.7.2006 (BGBl. I S. 1721); Abs. 1 Nr. 1 und Abs. 3 Satz 3 geänd. mWv 25.7.2015 durch G v. 17.7.2015 (BGBl. I S. 1332); Abs. 3 Satz 3 aufgeh. mWv 25.7.2015 durch G v. 17.7.2015 (BGBl. I S. 1349).

sonstigen Sanktion zur Vollstreckung in den Geltungsbereich dieses Gesetzes zurückzuüberstellen. [2]Die Durchlieferung Deutscher zur Strafvollstreckung ist nur zulässig, wenn der Betroffene zustimmt.

(4) Über ein Ersuchen um Durchlieferung soll innerhalb von 30 Tagen nach Eingang des Ersuchens entschieden werden.

§ 83g[1)] Beförderung auf dem Luftweg. § 83f gilt auch bei der Beförderung auf dem Luftweg, bei der es zu einer unvorhergesehenen Zwischenlandung im Geltungsbereich dieses Gesetzes kommt.

Abschnitt 4.[2)] Ausgehende Ersuchen um Auslieferung an einen Mitgliedstaat der Europäischen Union

§ 83h[2)] Spezialität. (1) Von einem Mitgliedstaat aufgrund eines Europäischen Haftbefehls übergebene Personen dürfen

1. wegen einer vor der Übergabe begangenen anderen Tat als derjenigen, die der Übergabe zugrunde liegt, weder verfolgt noch verurteilt noch einer freiheitsentziehenden Maßnahme unterworfen werden und
2. nicht an einen dritten Staat weitergeliefert, überstellt oder in einen dritten Staat abgeschoben werden.

(2) Absatz 1 findet keine Anwendung, wenn

1. die übergebene Person den räumlichen Geltungsbereich dieses Gesetzes innerhalb von 45 Tagen nach ihrer endgültigen Freilassung nicht verlassen hat, obwohl sie dazu die Möglichkeit hatte, oder nach Verlassen in ihn zurückgekehrt ist,
2. die Straftat nicht mit einer Freiheitsstrafe oder freiheitsentziehenden Maßregel der Besserung und Sicherung bedroht ist,
3. die Strafverfolgung nicht zur Anwendung einer die persönliche Freiheit beschränkenden Maßnahme führt,
4. die übergebene Person der Vollstreckung einer Strafe oder Maßregel der Besserung und Sicherung ohne Freiheitsentzug unterzogen wird, selbst wenn diese Strafe oder Maßnahme die persönliche Freiheit einschränken kann, oder
5. der ersuchte Mitgliedstaat oder die übergebene Person darauf verzichtet hat.

(3) [1]Der nach Übergabe erfolgte Verzicht der übergebenen Person ist zu Protokoll eines Richters oder Staatsanwalts zu erklären. [2]Die Verzichtserklärung ist unwiderruflich. [3]Die übergebene Person ist hierüber zu belehren.

§ 83i[3)] Unterrichtung über Fristverzögerungen. [1]Die Bundesregierung unterrichtet den Rat der Europäischen Union, wenn es wiederholt zu Verzögerungen bei der Auslieferung durch einen anderen Mitgliedstaat gekommen ist. [2]Soweit es im Einzelfall zur Feststellung der Gründe für eine Überschreitung der Fristen erforderlich ist, dürfen dabei dem Rat pseudonymisierte Daten des Verfolgten übermittelt werden. [3]Die Bundesregierung darf den Personen-

[1)] Abschnitt 3 (§§ 83f und 83g) eingef. mWv 2.8.2006 durch G v. 20.7.2006 (BGBl. I S. 1721).
[2)] Abschnitt 4 (§§ 83h und 83i) eingef. mWv 2.8.2006 durch G v. 20.7.2006 (BGBl. I S. 1721).
[3)] § 83i eingef. mWv 2.8.2006 durch G v. 20.7.2006 (BGBl. I S. 1721); Satz 3 geänd. mWv 25.7.2015 durch G v. 17.7.2015 (BGBl. I S. 1332).

bezug nur gegenüber dem Staat wiederherstellen, an den das Auslieferungsersuchen gerichtet worden ist, und nur, sofern es zur Beurteilung der Umsetzung des Rahmenbeschlusses Europäischer Haftbefehl erforderlich ist.

§ 83j[1)] Rechtsbeistand. (1) In einem Verfahren zur Vollstreckung eines Europäischen Haftbefehls zum Zwecke der Strafverfolgung liegt ein Fall der notwendigen Rechtsbeistandschaft vor, wenn

1. die verfolgte Person zur Unterstützung ihres Rechtsbeistands im ersuchten Mitgliedstaat einen Rechtsbeistand im Geltungsbereich dieses Gesetzes bezeichnet und
2. die Bestellung des weiteren Rechtsbeistands erforderlich ist, um eine wirksame Rechtsverfolgung im ersuchten Staat zu gewährleisten.

(2) Liegt ein Fall der notwendigen Rechtsbeistandschaft nach Absatz 1 vor und hat die verfolgte Person noch keinen Rechtsbeistand im Geltungsbereich dieses Gesetzes zur Unterstützung ihres Rechtsbeistands im ersuchten Mitgliedstaat, so ist ihr auf Antrag oder von Amts wegen ein Rechtsbeistand zu bestellen.

(3) [1] Über die Bestellung entscheidet das Gericht, das den nationalen Haftbefehl, der Grundlage des Europäischen Haftbefehls ist, erlassen hat. [2] Nach Erhebung der öffentlichen Klage entscheidet der Vorsitzende des Gerichts, bei dem das Verfahren anhängig ist.

(4) Die Bestellung soll aufgehoben werden, wenn die Voraussetzungen nach Absatz 1 nicht mehr vorliegen oder die verfolgte Person überstellt worden ist.

(5) Die Vorschriften des Elften Abschnittes des Ersten Buches der Strafprozessordnung[2)] mit Ausnahme der §§ 139, 140, 141, 141a, 142 Absatz 2 und 3, von § 143 Absatz 1 und 2 Satz 2 bis 4, § 143a Absatz 3 sowie § 144 gelten entsprechend.

Abschnitt 5.[3)] *(aufgehoben)*

§ 83k[3)] *(aufgehoben)*

Neunter Teil.[4)] Vollstreckungshilfeverkehr mit den Mitgliedstaaten der Europäischen Union

Abschnitt 1.[5)] Freiheitsentziehende Sanktionen

Unterabschnitt 1. Vollstreckung ausländischer Erkenntnisse in der Bundesrepublik Deutschland

§ 84[5)] Grundsatz. (1) Nach diesem Unterabschnitt richtet sich die Vollstreckungshilfe für einen anderen Mitgliedstaat der Europäischen Union nach Maßgabe des Rahmenbeschlusses 2008/909/JI des Rates vom 27. November

[1)] § 83j neu eingef. mWv 13.12.2019 durch G v. 10.12.2019 (BGBl. I S. 2128).

[2)] **Schönfelder Nr. 90.**

[3)] Abschnitt 5 (bish. § 83j und § 83k) aufgeh. mWv 30.6.2008 durch G v. 6.6.2008 (BGBl. I S. 995).

[4)] *Bish. 9. Teil durch neuen 9. Teil (§§ 84–90)* ersetzt mWv 30.6.2008 durch G v. 6.6.2008 (BGBl. I S. 995).

[5)] Abschnitt 1 (§§ 84–85f) neu gef. mWv 25.7.2015 durch G v. 17.7.2015 (BGBl. I S. 1349).

2008 über die Anwendung des Grundsatzes der gegenseitigen Anerkennung auf Urteile in Strafsachen, durch die eine freiheitsentziehende Strafe oder Maßnahme verhängt wird, für die Zwecke ihrer Vollstreckung in der Europäischen Union (ABl. L 327 vom 5.12.2008, S. 27), der durch den Rahmenbeschluss 2009/299/JI (ABl. L 81 vom 27.3.2009, S. 24) geändert worden ist, (Rahmenbeschluss Freiheitsstrafen).

(2) Die Vorschriften des Vierten Teils sowie die allgemeinen Bestimmungen des Ersten und Siebenten Teils dieses Gesetzes sind anzuwenden,

1. soweit dieser Unterabschnitt keine besonderen Regelungen enthält oder
2. wenn kein Ersuchen nach Maßgabe des Rahmenbeschlusses Freiheitsstrafen gestellt wurde.

(3) Dieser Unterabschnitt geht den völkerrechtlichen Vereinbarungen nach § 1 Absatz 3 vor, soweit er abschließende Regelungen enthält.

§ 84a[1] Voraussetzungen der Zulässigkeit. (1) In Abweichung von § 49 ist die Vollstreckung eines ausländischen Erkenntnisses nach Maßgabe des Rahmenbeschlusses Freiheitsstrafen nur zulässig, wenn

1. ein Gericht eines anderen Mitgliedstaates eine freiheitsentziehende Sanktion rechtskräftig verhängt hat, die
   a) vollstreckbar ist und
   b) in den Fällen des § 84g Absatz 5 in eine Sanktion umgewandelt werden kann, die ihr im deutschen Recht am meisten entspricht,
2. auch nach deutschem Recht, ungeachtet etwaiger Verfahrenshindernisse und gegebenenfalls bei sinngemäßer Umstellung des Sachverhalts, wegen der dem Erkenntnis zugrunde liegenden Tat eine Strafe, Maßregel der Besserung und Sicherung oder Geldbuße hätte verhängt werden können und
3. die verurteilte Person
   a) die deutsche Staatsangehörigkeit besitzt oder in der Bundesrepublik Deutschland rechtmäßig auf Dauer ihren gewöhnlichen Aufenthalt hat und kein Verfahren zur Beendigung des Aufenthalts durchgeführt wird,
   b) sich in der Bundesrepublik Deutschland oder in dem Mitgliedstaat aufhält, in dem gegen sie das Erkenntnis ergangen ist, und

(Fortsetzung nächstes Blatt)

[1] Abschnitt 1 (§§ 84–85f) neu gef. mWv 25.7.2015 durch G v. 17.7.2015 (BGBl. I S. 1349).

c) sofern sie sich in dem Mitgliedstaat aufhält, in dem gegen sie das Erkenntnis ergangen ist, sich gemäß den Bestimmungen dieses Mitgliedstaates mit der Vollstreckung in der Bundesrepublik Deutschland einverstanden erklärt hat.

(2) Abweichend von Absatz 1 Nummer 2 ist die Vollstreckung in Steuer-, Zoll- und Währungsangelegenheiten auch zulässig, wenn das deutsche Recht keine gleichartigen Steuer-, Zoll- und Währungsbestimmungen enthält wie das Recht des anderen Mitgliedstaates.

(3) [1] Absatz 1 Nummer 2 findet keine Anwendung, wenn die verurteilte Person ihrer Auslieferung oder Durchlieferung zur Strafvollstreckung nach § 80 Absatz 3, § 83 b Absatz 2 Nummer 2 oder § 83 f Absatz 3 Satz 2 nicht zugestimmt hat. [2] Liegen die in Absatz 1 Nummer 2 genannten Voraussetzungen nicht vor, so beträgt das Höchstmaß bei der Umwandlung der Sanktion nach § 84 g Absatz 4 und 5 zwei Jahre Freiheitsentzug.

(4) Abweichend von Absatz 1 Nummer 3 Buchstabe c ist ein Einverständnis der verurteilten Person entbehrlich, wenn eine zuständige Behörde des anderen Mitgliedstaates unter Vorlage der Unterlagen gemäß § 84 c um Vollstreckung eines Erkenntnisses nach Maßgabe des Rahmenbeschlusses Freiheitsstrafen ersucht hat und

1. die verurteilte Person die deutsche Staatsangehörigkeit besitzt und in der Bundesrepublik Deutschland ihren Lebensmittelpunkt hat oder
2. der ersuchende Mitgliedstaat durch eine zuständige Stelle rechtskräftig entschieden hat, dass die verurteilte Person kein Aufenthaltsrecht in seinem Hoheitsbereich hat und sie deshalb nach der Entlassung aus dem Strafvollzug in die Bundesrepublik Deutschland ausgewiesen oder abgeschoben werden kann.

§ 84 b[1)] Ergänzende Zulässigkeitsvoraussetzungen. (1) Die Vollstreckung ist nicht zulässig, wenn

1. die verurteilte Person zum Zeitpunkt der Tat schuldunfähig nach § 19 des Strafgesetzbuchs[2)] oder strafrechtlich nicht verantwortlich nach § 3 des Jugendgerichtsgesetzes[3)] war,
2. die verurteilte Person zu der Verhandlung, die dem Erkenntnis zugrunde liegt, nicht persönlich erschienen ist,
3. die verurteilte Person
   a) wegen derselben Tat, die dem Erkenntnis zugrunde liegt, bereits von einem anderen Mitgliedstaat als dem, in dem gegen sie das Erkenntnis ergangen ist, rechtskräftig abgeurteilt worden ist und
   b) zu einer Sanktion verurteilt worden ist und diese bereits vollstreckt worden ist, gerade vollstreckt wird oder nach dem Recht des Urteilsstaates nicht mehr vollstreckt werden kann oder
4. die Vollstreckung nach deutschem Recht verjährt ist oder bei sinngemäßer Umstellung des Sachverhalts verjährt wäre.

[1)] Neunter Teil Abschnitt 1 (§§ 84–85 f) neu gef. mWv 25. 7. 2015 durch G v. 17. 7. 2015 (BGBl. I S. 1349).

[2)] **Schönfelder Nr. 85.**

[3)] **Schönfelder Nr. 89.**

(2) [1] In Abweichung von Absatz 1 Nummer 4 und § 84 a Absatz 1 Nummer 2 kann die Vollstreckung eines in einem anderen Mitgliedstaat verhängten Erkenntnisses für zulässig erklärt werden, wenn die verurteilte Person dies beantragt hat. [2] Der Antrag der verurteilten Person nach Satz 1 ist gemäß den Bestimmungen des Mitgliedstaates zu stellen, in dem das zu vollstreckende Erkenntnis gegen sie ergangen ist. [3] Der Antrag der verurteilten Person nach Satz 1 ist zu Protokoll eines Richters oder, wenn die verurteilte Person in dem anderen Mitgliedstaat festgehalten wird, zu Protokoll eines zur Beurkundung von Willenserklärungen ermächtigten deutschen Berufskonsularbeamten zu erklären. [4] Der Antrag kann nicht zurückgenommen werden. [5] Die verurteilte Person ist zuvor über die Rechtsfolgen ihres Antrags und darüber zu belehren, dass dieser nicht zurückgenommen werden kann. [6] Liegen die in § 84 a Absatz 1 Nummer 2 genannten Voraussetzungen nicht vor, so beträgt das Höchstmaß bei der Umwandlung der Sanktion nach § 84 g Absatz 4 und 5 zwei Jahre Freiheitsentzug.

(3) In Abweichung von Absatz 1 Nummer 2 ist die Vollstreckung auch zulässig, wenn

1. die verurteilte Person rechtzeitig
   a) persönlich zu der Verhandlung, die zu dem Erkenntnis geführt hat, geladen wurde oder
   b) auf andere Weise tatsächlich offiziell von dem vorgesehenen Termin und Ort der Verhandlung, die zu dem Erkenntnis geführt hat, in Kenntnis gesetzt wurde, sodass zweifelsfrei nachgewiesen wurde, dass die verurteilte Person von der anberaumten Verhandlung Kenntnis hatte, und
   c) dabei darauf hingewiesen wurde, dass ein Erkenntnis auch in ihrer Abwesenheit ergehen kann,
2. die verurteilte Person in Kenntnis des gegen sie gerichteten Verfahrens, an dem ein Verteidiger beteiligt war, eine persönliche Ladung durch Flucht verhindert hat oder
3. die verurteilte Person in Kenntnis der anberaumten Verhandlung einen Verteidiger bevollmächtigt hat, sie in der Verhandlung zu verteidigen, und sie durch diesen in der Verhandlung tatsächlich verteidigt wurde.

(4) [1] In Abweichung von Absatz 1 Nummer 2 ist die Vollstreckung ferner zulässig, wenn die verurteilte Person nach Zustellung des Erkenntnisses

1. ausdrücklich erklärt hat, das ergangene Erkenntnis nicht anzufechten, oder
2. innerhalb geltender Fristen keine Wiederaufnahme des Verfahrens oder kein Berufungsverfahren beantragt hat.

[2] Die verurteilte Person muss zuvor ausdrücklich über ihr Recht auf Wiederaufnahme des Verfahrens oder auf ein Berufungsverfahren, an dem sie teilnehmen kann und bei dem der Sachverhalt, einschließlich neuer Beweismittel, erneut geprüft und das ursprüngliche Erkenntnis aufgehoben werden kann, belehrt worden sein.

§ 84 c[1)] Unterlagen. (1) Die Vollstreckung eines ausländischen Erkenntnisses nach Maßgabe des Rahmenbeschlusses Freiheitsstrafen ist nur zulässig, wenn durch den anderen Mitgliedstaat das Original oder eine beglaubigte Abschrift des

---

1) Neunter Teil Abschnitt 1 (§§ 84–85 f) neu gef. mWv 25. 7. 2015 durch G v. 17. 7. 2015 (BGBl. I S. 1349).

Erkenntnisses zusammen mit einer vollständig ausgefüllten Bescheinigung übermittelt wird, die dem Formblatt in Anhang I des Rahmenbeschlusses Freiheitsstrafen in der jeweils gültigen Fassung entspricht.

(2) Liegt eine Bescheinigung nach Absatz 1 vor, ist diese jedoch unvollständig, so kann die zuständige Behörde auf die Vorlage einer vervollständigten Bescheinigung verzichten, wenn sich die erforderlichen Angaben aus dem zu vollstreckenden Erkenntnis oder aus anderen beigefügten Unterlagen ergeben.

§ 84 d[1)] Bewilligungshindernisse. Die Bewilligung einer nach den §§ 84 a bis 84 c zulässigen Vollstreckung kann nur abgelehnt werden, wenn

1. die Bescheinigung (§ 84 c Absatz 1) unvollständig ist oder offensichtlich nicht dem zu vollstreckenden Erkenntnis entspricht und der andere Mitgliedstaat diese Angaben nicht vollständig oder berichtigt nachgereicht hat,
2. das Erkenntnis gegen eine Person mit deutscher Staatsangehörigkeit vollstreckt werden soll und
   a) die Person weder ihren Lebensmittelpunkt in der Bundesrepublik Deutschland hat noch
   b) der andere Mitgliedstaat durch eine zuständige Stelle rechtskräftig entschieden hat, dass die Person kein Aufenthaltsrecht in seinem Hoheitsbereich hat und sie deshalb nach der Entlassung aus dem Strafvollzug in die Bundesrepublik Deutschland ausreisepflichtig ist,
3. die Tat zu einem wesentlichen Teil in der Bundesrepublik Deutschland oder in einem der in § 4 des Strafgesetzbuchs[2)] genannten Verkehrsmittel begangen wurde,
4. bei Eingang des Erkenntnisses weniger als sechs Monate der Sanktion zu vollstrecken sind,
5. die Staatsanwaltschaft oder das Gericht festgestellt hat, dass das ausländische Erkenntnis nur teilweise vollstreckbar ist, und wenn mit der zuständigen Behörde des anderen Mitgliedstaates keine Einigung darüber erzielt werden konnte, inwieweit das Erkenntnis vollstreckt werden soll, oder
6. der andere Mitgliedstaat seine Zustimmung dazu versagt hat, dass die verurteilte Person nach ihrer Überstellung wegen einer anderen Tat, die sie vor der Überstellung begangen hat und die nicht dem Erkenntnis zugrunde liegt, verfolgt, verurteilt oder einer freiheitsentziehenden Maßnahme unterworfen werden kann.

§ 84 e[1)] Vorläufige Bewilligungsentscheidung. (1) [1] Über die Bewilligung der Vollstreckung entscheidet die nach § 50 Satz 2 und § 51 zuständige Staatsanwaltschaft. [2] Sie gibt der verurteilten Person Gelegenheit, sich zu äußern. [3] Hiervon kann abgesehen werden, wenn die verurteilte Person bereits im anderen Mitgliedstaat angehört wurde.

(2) Entscheidet die Staatsanwaltschaft, die Bewilligungshindernisse nach § 84 d Nummer 1 bis 6 nicht geltend zu machen, begründet sie diese Entscheidung in dem Antrag auf gerichtliche Entscheidung über die Vollstreckbarkeit.

[1)] Neunter Teil Abschnitt 1 (§§ 84–85 f) neu gef. mWv 25. 7. 2015 durch G v. 17. 7. 2015 (BGBl. I S. 1349).

[2)] **Schönfelder Nr. 85.**

(3) [1] Bewilligt die Staatsanwaltschaft die Vollstreckung in der Bundesrepublik Deutschland nicht, begründet sie diese Entscheidung. [2] Die Staatsanwaltschaft stellt der verurteilten Person die Entscheidung zu, sofern die verurteilte Person sich mit der Vollstreckung in der Bundesrepublik Deutschland einverstanden erklärt hat. [3] Die verurteilte Person kann binnen zwei Wochen nach Zustellung einen Antrag auf gerichtliche Entscheidung stellen. [4] Die §§ 297 bis 300 und 302 Absatz 1 Satz 1, Absatz 2 der Strafprozessordnung[1)] über Rechtsmittel und die §§ 42 bis 47 der Strafprozessordnung über Fristen und Wiedereinsetzung in den vorigen Stand gelten entsprechend.

§ 84 f[2)] Gerichtliches Verfahren. (1) [1] Das nach § 50 Satz 1 und § 51 zuständige Landgericht entscheidet auf Antrag der Staatsanwaltschaft nach § 84 e Absatz 2 oder auf Antrag der verurteilten Person nach § 84 e Absatz 3 Satz 3. [2] Die Staatsanwaltschaft bereitet die Entscheidung vor.

(2) Das Gericht übersendet der verurteilten Person eine Abschrift der in § 84 c Absatz 1 genannten Unterlagen, soweit dies zur Ausübung ihrer Rechte erforderlich ist.

(3) [1] Bei einem Antrag der Staatsanwaltschaft auf gerichtliche Entscheidung über die Vollstreckbarkeit nach § 84 e Absatz 2 ist der verurteilten Person zusätzlich zu der Abschrift nach Absatz 2 eine Abschrift der Entscheidung gemäß § 84 e Absatz 2 zuzustellen. [2] Die verurteilte Person wird aufgefordert, sich innerhalb einer vom Gericht zu bestimmenden Frist zu dem Antrag der Staatsanwaltschaft zu äußern.

(4) [1] Für die gerichtliche Vorbereitung der Entscheidung gilt § 52 Absatz 1 mit der Maßgabe entsprechend, dass der zuständigen Behörde im anderen Mitgliedstaat auch Gelegenheit gegeben worden sein muss, ergänzende Unterlagen beizubringen, wenn die übermittelten Unterlagen nicht ausreichen, um beurteilen zu können, ob die Staatsanwaltschaft ihr Ermessen fehlerfrei ausgeübt hat. [2] Für die Beibringung der Unterlagen kann eine Frist gesetzt werden.

(5) [1] § 30 Absatz 2 Satz 2 gilt entsprechend mit der Maßgabe, dass das Gericht auch Beweis darüber erheben kann, ob die Staatsanwaltschaft ihr Ermessen fehlerfrei ausgeübt hat. [2] § 30 Absatz 2 Satz 4, Absatz 3 sowie § 31 Absatz 1 und 4 gelten entsprechend. [3] Befindet sich die verurteilte Person im Geltungsbereich dieses Gesetzes, so gelten auch § 30 Absatz 2 Satz 1 sowie § 31 Absatz 2 und 3 entsprechend.

§ 84 g[2)] Gerichtliche Entscheidung. (1) Über die Anträge auf gerichtliche Entscheidung nach § 84 e Absatz 2 und 3 entscheidet das Landgericht durch Beschluss.

(2) [1] Sind die Vorschriften über den Antrag auf gerichtliche Entscheidung durch die verurteilte Person nach § 84 e Absatz 3 Satz 3 und 4 nicht beachtet, so verwirft das Gericht den Antrag als unzulässig. [2] Der Beschluss ist unanfechtbar.

(3) [1] In Abweichung von § 54 Absatz 1 wird das ausländische Erkenntnis durch das Gericht gemäß § 50 Satz 1 und § 55 für vollstreckbar erklärt, soweit die Vollstreckung zulässig ist und die Staatsanwaltschaft

---

[1)] *Schönfelder Nr. 90.*

[2)] Neunter Teil Abschnitt 1 (§§ 84–85 f) neu gef. mWv 25. 7. 2015 durch G v. 17. 7. 2015 (BGBl. I S. 1349).

1. ihr Ermessen, Bewilligungshindernisse nach § 84 d Nummer 1 bis 6 nicht geltend zu machen, fehlerfrei ausgeübt hat oder
2. ihr Ermessen, Bewilligungshindernisse nach § 84 d Nummer 1 bis 6 geltend zu machen, fehlerhaft ausgeübt hat und eine andere Ermessensentscheidung nicht gerechtfertigt ist; kommt jedoch eine andere Ermessensentscheidung in Betracht, hebt das Gericht die Entscheidung der Staatsanwaltschaft auf und reicht ihr die Akten zur erneuten Ermessensausübung unter Beachtung der Rechtsauffassung des Gerichts zurück.

[2] § 54 Absatz 4 gilt entsprechend mit der Maßgabe, dass anstatt der nach § 58 erlittenen Haft die nach § 84 j erlittene Haft anzurechnen ist. [3] § 55 Absatz 2 und 3 gilt entsprechend.

(4) [1] Überschreitet die durch das ausländische Erkenntnis verhängte Sanktion das Höchstmaß, das im Geltungsbereich dieses Gesetzes für die Tat angedroht ist, ermäßigt das Gericht die Sanktion auf dieses Höchstmaß. [2] § 54 Absatz 1 Satz 4 und § 54 a Absatz 1 Nummer 1, Absatz 2 und 3 gelten entsprechend.

(5) [1] In seiner Entscheidung gemäß den Absätzen 3 und 4 wandelt das Gericht die verhängte Sanktion in die ihr im deutschen Recht am meisten entsprechende Sanktion um, wenn

1. die verhängte Sanktion ihrer Art nach keiner Sanktion entspricht, die das im Geltungsbereich dieses Gesetzes geltende Recht vorsieht, oder
2. die verurteilte Person zur Zeit der Tat das 21. Lebensjahr noch nicht vollendet hat; insoweit gelten die Vorschriften des Jugendgerichtsgesetzes[1] entsprechend.

[2] Für die Höhe der umgewandelten Sanktion ist das ausländische Erkenntnis maßgebend; die im anderen Mitgliedstaat verhängte Sanktion darf nach Art oder Dauer durch die umgewandelte Sanktion nicht verschärft werden.

§ 84 h[2] Bewilligung nach gerichtlicher Entscheidung. (1) Die Staatsanwaltschaft darf die Vollstreckungshilfe nur bewilligen, wenn das ausländische Erkenntnis für vollstreckbar erklärt worden ist.

(2) Die Staatsanwaltschaft bewilligt die Vollstreckung nach Maßgabe der rechtskräftigen gerichtlichen Entscheidung.

(3) Die Bewilligungsentscheidung ist unanfechtbar.

(4) [1] Über die Bewilligung soll innerhalb von 90 Tagen nach Eingang der in § 84 c Absatz 1 bezeichneten Unterlagen bei der Staatsanwaltschaft entschieden werden. [2] Eine endgültig ablehnende Bewilligungsentscheidung ist zu begründen.

§ 84 i[2] Spezialität. (1) Wurde eine verurteilte Person ohne ihr Einverständnis aus einem anderen Mitgliedstaat überstellt, darf sie wegen einer vor der Überstellung begangenen anderen Tat als derjenigen, die der Überstellung zugrunde liegt, weder verfolgt noch verurteilt noch einer freiheitsentziehenden Maßnahme unterworfen werden.

---

[1] **Schönfelder Nr. 89.**

[2] Neunter Teil Abschnitt 1 (§§ 84–85 f) neu gef. mWv 25. 7. 2015 durch G v. 17. 7. 2015 (BGBl. I S. 1349).

(2) [1] Abweichend von Absatz 1 kann eine überstellte Person wegen einer anderen Tat als derjenigen, die der Überstellung zugrunde liegt, verfolgt, verurteilt oder einer freiheitsentziehenden Maßnahme unterworfen werden, wenn

1. sie innerhalb von 45 Tagen nach ihrer endgültigen Freilassung den räumlichen Geltungsbereich dieses Gesetzes nicht verlassen hat, obwohl sie dazu die Möglichkeit hatte, oder nachdem sie ihn verlassen hat, in ihn zurückgekehrt ist,
2. die Strafverfolgung nicht zu einer Maßnahme führt, durch die die persönliche Freiheit beschränkt wird,
3. gegen sie wegen der anderen Straftat eine Strafe oder Maßregel der Besserung und Sicherung ohne Freiheitsentzug vollstreckt wird, selbst wenn diese Strafe oder Maßregel die persönliche Freiheit einschränken kann, oder
4. der andere Mitgliedstaat oder die überstellte Person auf die Anwendung von Absatz 1 verzichtet hat.

[2] Der Verzicht der überstellten Person nach Satz 1 Nummer 4 ist nach ihrer Überstellung zu Protokoll eines Richters oder Staatsanwalts zu erklären. [3] Die Verzichtserklärung ist unwiderruflich. [4] Die überstellte Person ist über die Rechtsfolgen ihres Verzichts und dessen Unwiderruflichkeit zu belehren.

§ 84 j[1)] Sicherung der Vollstreckung. § 58 Absatz 1, 2 und 4 gilt mit der Maßgabe, dass die Haft gegen die verurteilte Person angeordnet werden kann, wenn

1. sich die verurteilte Person im Geltungsbereich dieses Gesetzes aufhält,
2. ein ausländisches Erkenntnis gemäß § 84 a Absatz 1 Nummer 1 ergangen ist,
3. der andere Mitgliedstaat um Inhaftnahme ersucht hat und
4. die Gefahr besteht, dass sich die verurteilte Person dem Verfahren über die Vollstreckbarkeit oder der Vollstreckung entzieht.

§ 84 k[1)] Ergänzende Regelungen zur Vollstreckung. (1) [1] Die Vollstreckung des Restes der freiheitsentziehenden Sanktion kann zur Bewährung ausgesetzt werden. [2] Die Vorschriften des Strafgesetzbuchs gelten entsprechend. [3] Die Entscheidung über eine Aussetzung zur Bewährung ist bereits zu dem Zeitpunkt zu treffen, zu dem die verurteilte Person bei einer fortwährenden Vollstreckung in dem anderen Mitgliedstaat nach dessen Recht einen Anspruch auf Prüfung der Aussetzung zur Bewährung hätte.

(2) [1] In Abweichung von § 57 Absatz 6 ist nach Beginn der Vollstreckung in der Bundesrepublik Deutschland von der Vollstreckung nur abzusehen, wenn eine zuständige Stelle des anderen Mitgliedstaates mitteilt, dass die Voraussetzungen für die Vollstreckung auf Grund eines Wiederaufnahmeverfahrens, einer Amnestie oder einer Gnadenentscheidung entfallen sind. [2] Von der Vollstreckung kann ferner abgesehen werden, wenn die verurteilte Person aus der Haft in der Bundesrepublik Deutschland geflohen ist.

§ 84 l[1)] Durchbeförderung zur Vollstreckung. (1) Soll eine Person von einem Mitgliedstaat durch den Geltungsbereich dieses Gesetzes in einen anderen

---

[1)] Neunter Teil Abschnitt 1 (§§ 84–85 f) neu gef. mWv 25. 7. 2015 durch G v. 17. 7. 2015 (BGBl. I S. 1349).

Mitgliedstaat befördert werden, damit in diesem eine Freiheitsstrafe oder eine sonstige freiheitsentziehende Sanktion vollstreckt werden kann, so ist die Beförderung nur zulässig, wenn einer der beiden Mitgliedstaaten darum ersucht hat.

(2) Dem Ersuchen nach Absatz 1 muss die Kopie einer Bescheinigung beigefügt sein, die dem Formblatt in Anhang I des Rahmenbeschlusses Freiheitsstrafen in der jeweils gültigen Fassung entspricht.

(3) Wird um Durchbeförderung wegen mehrerer Taten ersucht, so genügt es, wenn die Voraussetzungen der Absätze 1 und 2 für mindestens eine der Taten vorliegen, die dem Ersuchen zugrunde liegen.

(4) [1] Die Durchbeförderung einer Person mit deutscher Staatsangehörigkeit ist nur zulässig, wenn sie gemäß den Bestimmungen des Mitgliedstaates zustimmt, in dem das zu vollstreckende Erkenntnis gegen sie ergangen ist. [2] Die Zustimmung kann nicht widerrufen werden.

§ 84 m[1)] Durchbeförderungsverfahren. (1) [1] Für das Durchbeförderungsverfahren gelten die §§ 44 und 45 Absatz 1, 2, 4 bis 7 entsprechend. [2] Eine Durchbeförderung ist zu bewilligen, wenn ein Durchbeförderungshaftbefehl erlassen worden ist.

(2) Über ein Ersuchen auf Durchbeförderung soll innerhalb einer Woche ab Eingang des Ersuchens entschieden werden.

§ 84 n[1)] Durchbeförderung auf dem Luftweg. (1) Die §§ 84 l und 84 m gelten auch für die Beförderung auf dem Luftweg, wenn es zu einer unvorhergesehenen Zwischenlandung im Geltungsbereich dieses Gesetzes kommt.

(2) Zur Sicherung der Durchbeförderung sind bei einer unvorhergesehenen Zwischenlandung die Staatsanwaltschaft und die Beamten des Polizeidienstes zur vorläufigen Festnahme befugt.

(3) [1] § 47 Absatz 3, 4, 6 Satz 1 und Absatz 7 gilt entsprechend. [2] § 47 Absatz 5 gilt entsprechend für den Durchbeförderungshaftbefehl mit der Maßgabe, dass dieser schon vor Eingang der Unterlagen gemäß § 84 l Absatz 2 erlassen werden kann. [3] Eine Durchbeförderung ist zu bewilligen, wenn das Oberlandesgericht den Durchbeförderungshaftbefehl aufrechterhalten hat.

Unterabschnitt 2. Vollstreckung deutscher Erkenntnisse in einem anderen Mitgliedstaat der Europäischen Union

§ 85[1)] Vorläufige Bewilligungsentscheidung. (1) [1] In Abweichung von § 71 kann die Vollstreckungsbehörde die Vollstreckung einer im Geltungsbereich dieses Gesetzes verhängten freiheitsentziehenden Sanktion einem anderen Mitgliedstaat nach Maßgabe des Rahmenbeschlusses Freiheitsstrafen übertragen. [2] Sie gibt der verurteilten Person Gelegenheit, sich zu äußern. [3] Hiervon kann abgesehen werden, wenn die verurteilte Person einen Antrag auf Übertragung der Vollstreckung an den anderen Mitgliedstaat gestellt hat.

(2) [1] Hält sich die verurteilte Person in der Bundesrepublik Deutschland auf, darf die Vollstreckungsbehörde die Vollstreckung einer freiheitsentziehenden Sanktion in einem anderen Mitgliedstaat nur bewilligen, wenn

---

[1)] Neunter Teil Abschnitt 1 (§§ 84–85 f) neu gef. mWv 25. 7. 2015 durch G v. 17. 7. 2015 (BGBl. I S. 1349).

1. sich die verurteilte Person mit der Vollstreckung der freiheitsentziehenden Sanktion in dem anderen Mitgliedstaat einverstanden erklärt hat oder
2. das Gericht die Vollstreckung der freiheitsentziehenden Sanktion in dem anderen Mitgliedstaat auf Antrag der Vollstreckungsbehörde gemäß § 85 c für zulässig erklärt hat.

[2] Das Einverständnis der verurteilten Person nach Satz 1 Nummer 1 ist zu Protokoll eines Richters zu erklären. [3] Das Einverständnis kann nicht widerrufen werden. [4] Die verurteilte Person ist über die Rechtsfolgen ihres Einverständnisses und dessen Unwiderruflichkeit zu belehren.

(3) [1] Entscheidet die Vollstreckungsbehörde, ein Ersuchen um Vollstreckung an einen anderen Mitgliedstaat zu stellen, so hat sie die verurteilte Person schriftlich davon zu unterrichten. [2] Hält sich die verurteilte Person im Hoheitsbereich des anderen Mitgliedstaates auf, darf die Vollstreckungsbehörde dessen zuständige Behörde bitten, die Unterrichtung an die verurteilte Person weiterzuleiten. [3] Dem Ersuchen um Vollstreckung sind die Stellungnahmen, die die verurteilte Person und ihr gesetzlicher Vertreter abgegeben haben, in schriftlicher Form beizufügen.

(4) Die Vollstreckungsbehörde kann ein Ersuchen um Vollstreckung zurücknehmen, solange der andere Mitgliedstaat mit der Vollstreckung noch nicht begonnen hat.

(5) [1] Bewilligt die Vollstreckungsbehörde nicht, dass die freiheitsentziehende Sanktion in einem anderen Mitgliedstaat vollstreckt wird, oder nimmt sie ein Ersuchen gemäß Absatz 4 zurück, so begründet sie diese Entscheidung. [2] Die Vollstreckungsbehörde stellt die Entscheidung der verurteilten Person zu, sofern die verurteilte Person die Vollstreckung in dem anderen Mitgliedstaat beantragt oder sie mit einer solchen Vollstreckung ihr Einverständnis erklärt hat. [3] Die verurteilte Person kann binnen zwei Wochen nach Zustellung einen Antrag auf gerichtliche Entscheidung stellen. [4] Die §§ 297 bis 300 und 302 Absatz 1 Satz 1, Absatz 2 der Strafprozessordnung[1)] über Rechtsmittel und die §§ 42 bis 47 der Strafprozessordnung über Fristen und Wiedereinsetzung in den vorigen Stand gelten entsprechend.

§ 85 a[2)] Gerichtliches Verfahren. (1) [1] Das nach § 71 Absatz 4 Satz 2 und 3 zuständige Oberlandesgericht entscheidet auf Antrag der Vollstreckungsbehörde nach § 85 Absatz 2 Satz 1 Nummer 2 oder auf Antrag der verurteilten Person nach § 85 Absatz 5 Satz 3 durch Beschluss. [2] Die Vollstreckungsbehörde bereitet die Entscheidung vor.

(2) [1] § 13 Absatz 1 Satz 2, § 30 Absatz 2 Satz 2 und 4, Absatz 3, § 31 Absatz 1 und 4 sowie die §§ 33, 42 und 53 gelten entsprechend. [2] Befindet sich die verurteilte Person im Geltungsbereich dieses Gesetzes, so gelten auch § 30 Absatz 2 Satz 1 sowie § 31 Absatz 2 und 3 entsprechend.

[1)] ***Schönfelder Nr. 90.***

[2)] Neunter Teil Abschnitt 1 (§§ 84–85 f) neu gef. mWv 25. 7. 2015 durch G v. 17. 7. 2015 (BGBl. I S. 1349).

§ 85 b[1)] Gerichtliche Entscheidung auf Antrag der verurteilten Person.

(1) Sind die Vorschriften über den Antrag auf gerichtliche Entscheidung durch die verurteilte Person nach § 85 Absatz 5 Satz 3 und 4 nicht beachtet, so verwirft das Gericht den Antrag als unzulässig.

(2) Der Antrag der verurteilten Person auf gerichtliche Entscheidung wird durch Beschluss als unbegründet zurückgewiesen, wenn

1. es nach Maßgabe des Rahmenbeschlusses Freiheitsstrafen unzulässig ist, die Vollstreckung einer im Geltungsbereich dieses Gesetzes verhängten freiheitsentziehenden Sanktion an einen anderen Mitgliedstaat zu übertragen, oder
2. die Vollstreckungsbehörde ihr Ermessen nach § 85 Absatz 1 und 4 fehlerfrei ausgeübt hat.

(3) [1] Soweit der Antrag der verurteilten Person auf gerichtliche Entscheidung zulässig und begründet ist, erklärt das Gericht die Vollstreckung der freiheitsentziehenden Sanktion in dem anderen Mitgliedstaat für zulässig, wenn eine andere Ermessensentscheidung nicht gerechtfertigt ist. [2] Kommt jedoch eine andere Ermessensentscheidung in Betracht, hebt das Gericht die Entscheidung der Vollstreckungsbehörde auf und reicht ihr die Akten zur erneuten Ermessensausübung unter Beachtung der Rechtsauffassung des Gerichts zurück.

§ 85 c[1)] Gerichtliche Entscheidung auf Antrag der Vollstreckungsbehörde. Auf Antrag der Vollstreckungsbehörde erklärt es das Gericht nach Maßgabe des Rahmenbeschlusses Freiheitsstrafen für zulässig, in einem anderen Mitgliedstaat eine freiheitsentziehende Sanktion gegen eine Person mit nichtdeutscher oder ohne Staatsangehörigkeit zu vollstrecken, wenn die verurteilte Person

1. die Staatsangehörigkeit dieses anderen Mitgliedstaates besitzt und dort ihren Lebensmittelpunkt hat oder
2. gemäß § 50 des Aufenthaltsgesetzes[2)] nach Feststellung der zuständigen Stelle zur Ausreise aus der Bundesrepublik Deutschland verpflichtet ist.

§ 85 d[1)] Bewilligung nach gerichtlicher Entscheidung. [1] Die Vollstreckungsbehörde darf die Vollstreckung der freiheitsentziehenden Sanktion nur bewilligen, wenn das Gericht die Vollstreckung in dem anderen Mitgliedstaat für zulässig erklärt hat. [2] Die Vollstreckungsbehörde bewilligt die Vollstreckung nach Maßgabe der rechtskräftigen gerichtlichen Entscheidung. [3] Die Bewilligungsentscheidung ist unanfechtbar.

§ 85 e[1)] Inländisches Vollstreckungsverfahren. (1) Die verurteilte Person soll innerhalb von 30 Tagen nach der Entscheidung des anderen Mitgliedstaates, die Vollstreckung der freiheitsentziehenden Sanktion zu übernehmen, an diesen überstellt werden.

(2) [1] Die deutsche Vollstreckungsbehörde sieht von der Vollstreckung ab, soweit der andere Mitgliedstaat sie übernommen und durchgeführt hat. [2] Sie kann die Vollstreckung fortsetzen, sobald der andere Mitgliedstaat ihr mitgeteilt hat, dass die verurteilte Person aus der Haft geflohen ist.

[1)] Neunter Teil Abschnitt 1 (§§ 84–85 f) neu gef. mWv 25. 7. 2015 durch G v. 17. 7. 2015 (BGBl. I S. 1349).

[2)] **Sartorius Nr. 565.**

(3) [1] Ersucht der andere Mitgliedstaat um Zustimmung, eine weitere Tat verfolgen oder eine Strafe oder sonstige Sanktion wegen einer weiteren Tat vollstrecken zu dürfen, so ist die Stelle für die Entscheidung über die Zustimmung zuständig, die für die Bewilligung einer Auslieferung zuständig wäre. [2] Die Zustimmung wird erteilt, wenn eine Auslieferung gemäß § 79 Absatz 1 wegen der weiteren Tat zu bewilligen wäre. [3] § 78 Absatz 1 und § 79 Absatz 2 bis § 83 b gelten entsprechend. [4] Anstelle der in § 83 a Absatz 1 genannten Unterlagen genügt für die Erteilung der Zustimmung eine Urkunde der zuständigen Stelle des anderen Mitgliedstaates, die die in § 83 a Absatz 1 bezeichneten Angaben enthält. [5] Über die Zustimmung soll innerhalb von 30 Tagen entschieden werden, nachdem die Unterlagen mit den Angaben gemäß § 83 a Absatz 1 bei der Vollstreckungsbehörde eingegangen sind.

§ 85 f[1)] **Sicherung der weiteren Vollstreckung.** (1) Wird die verurteilte Person im Geltungsbereich dieses Gesetzes angetroffen, bevor die Hälfte der Strafzeit abgelaufen ist, die sie auf Grund der verhängten oder der im anderen Mitgliedstaat umgewandelten Sanktion zu verbüßen hat, so kann angeordnet werden, die verurteilte Person festzuhalten, wenn

1. sie keinen Entlassungsschein oder kein Dokument gleichen Inhalts vorweisen kann oder
2. keine Mitteilung des anderen Mitgliedstaates vorliegt, dass die Vollstreckung abgeschlossen ist.

(2) [1] Bereits bevor die Vollstreckung auf den anderen Mitgliedstaat übertragen wird, kann das Gericht die Festhalteanordnung und zudem die Anordnung der Ausschreibung zur Festnahme und die Anordnung der erforderlichen Fahndungsmaßnahmen erlassen. [2] Hält sich die verurteilte Person im Geltungsbereich dieses Gesetzes auf, ist sie zu richterlichem Protokoll über die Anordnungen nach Satz 1 zu belehren. [3] Befindet sie sich im Hoheitsgebiet des anderen Mitgliedstaates, stellt ihr das Gericht eine Belehrung zu.

(3) [1] Die Festhalteanordnung, die Anordnung der Ausschreibung zur Festnahme und die Anordnung der erforderlichen Fahndungsmaßnahmen trifft das Gericht des ersten Rechtszuges. [2] Wird gegen die verurteilte Person im Geltungsbereich dieses Gesetzes eine freiheitsentziehende Sanktion vollstreckt, trifft die Strafvollstreckungskammer die Anordnungen nach Satz 1. [3] § 462 a Absatz 1 Satz 1 und 2, Absatz 3 Satz 2 und 3, Absatz 6 der Strafprozessordnung[2)] gilt entsprechend. [4] § 6 Absatz 2 Satz 1 und 2, die §§ 7 bis 9 Absatz 1 bis 4 Satz 1 und 2, die §§ 10 bis 14 Absatz 2 des Überstellungsausführungsgesetzes vom 26. September 1991 (BGBl. I S. 1954; 1992 I S. 1232; 1994 I S. 1425), das zuletzt durch Artikel 5 des Gesetzes vom 29. Juli 2009 (BGBl. I S. 2274) geändert worden ist, gelten entsprechend.

[1)] Neunter *Teil Abschnitt 1 (§§ 84–85 f) neu gef.* mWv 25. 7. 2015 durch G v. 17. 7. 2015 (BGBl. I S. 1349).

[2)] **Schönfelder Nr. 90.**

Abschnitt 2.[1)] Geldsanktionen

Unterabschnitt 1.[1)] Allgemeine Regelungen

§ 86[1)] Vorrang. (1) Soweit dieser Abschnitt keine besonderen Regelungen enthält, finden die übrigen Bestimmungen dieses Gesetzes auf Ersuchen um Vollstreckung von Geldstrafen und Geldbußen im Rechtshilfeverkehr mit den Mitgliedstaaten der Europäischen Union Anwendung.

(2) Dieser Abschnitt geht den in § 1 Absatz 3 genannten völkerrechtlichen Vereinbarungen vor, soweit er abschließende Regelungen enthält.

Unterabschnitt 2.[1)] Eingehende Ersuchen

§ 87[2)] Grundsatz. (1) [1] Die Vollstreckungshilfe für einen anderen Mitgliedstaat nach Maßgabe des Rahmenbeschlusses 2005/214/JI des Rates vom 24. Februar 2005 über die Anwendung des Grundsatzes der gegenseitigen Anerkennung von Geldstrafen und Geldbußen (ABl. L 76 vom 22.3.2005, S. 16), der durch den Rahmenbeschluss 2009/299/JI (ABl. L 81 vom 27.3. 2009, S. 24) geändert worden ist, (Rahmenbeschluss Geldsanktionen) richtet sich nach diesem Unterabschnitt. [2] Die Bestimmungen des Vierten Teils dieses Gesetzes sind nur anzuwenden, soweit auf diese Vorschriften im Folgenden ausdrücklich Bezug genommen wird.

(2) Vollstreckungshilfe kann durch Vollstreckung einer rechtskräftig gegen einen Betroffenen verhängten Geldsanktion geleistet werden, wenn die Geldsanktion auf einer Entscheidung beruht, die

1. ein Gericht im ersuchenden Mitgliedstaat wegen einer nach dessen Recht strafbaren Tat getroffen hat,
2. eine nicht gerichtliche Stelle im ersuchenden Mitgliedstaat wegen einer nach dessen Recht strafbaren Tat getroffen hat, sofern gegen diese Entscheidung ein auch für Strafsachen zuständiges Gericht angerufen werden konnte,
3. eine nicht gerichtliche Stelle im ersuchenden Mitgliedstaat wegen einer Tat getroffen hat, die nach dessen Recht als Ordnungswidrigkeit geahndet worden ist, sofern gegen diese Entscheidung ein auch für Strafsachen zuständiges Gericht angerufen werden konnte, oder
4. ein auch für Strafsachen zuständiges Gericht im ersuchenden Mitgliedstaat über eine Entscheidung nach Nummer 3 getroffen hat.

(3) [1] Eine Geldsanktion im Sinne des Absatzes 2 ist die Verpflichtung zur Zahlung

1. eines Geldbetrages wegen einer strafbaren Handlung oder einer Ordnungswidrigkeit,
2. der neben einer Sanktion nach Nummer 1 auferlegten Kosten des Verfahrens,

---

[1)] 9. Teil Abschnitt 2 (§§ 86–87p) neu gef. mWv 28.10.2010 durch G v. 18.10.2010 (BGBl. I S. 1408).

[2)] § 87 neu gef. mWv 28.10.2010 durch G v. 18.10.2010 (BGBl. I S. 1408); Abs. 3 Satz 2 geänd. mWv 10.1.2015 durch G v. 8.7.2014 (BGBl. I S. 890); Abs. 1 Satz 1 geänd. mWv 25.7.2015 durch G v. 17.7.2015 (BGBl. I S. 1332); Abs. 3 Satz 2 geänd. mWv 1.7.2017 durch G v. 13.4.2017 (BGBl. I S. 872).

3. einer neben einer Sanktion nach Nummer 1 festgesetzten Entschädigung an das Opfer, wenn das Opfer im Rahmen des Verfahrens im ersuchenden Mitgliedstaat keine zivilrechtlichen Ansprüche geltend machen durfte und ein Gericht in Ausübung seiner strafrechtlichen Zuständigkeit tätig wurde, oder
4. eines neben einer Sanktion nach Nummer 1 festgesetzten Geldbetrages an eine öffentliche Kasse oder an eine Organisation zur Unterstützung von Opfern.

[2] Keine Geldsanktionen sind Anordnungen über die Einziehung sowie Anordnungen zivilrechtlicher Natur, die sich aus Schadensersatzansprüchen und Klagen auf Wiederherstellung des früheren Zustands ergeben und gemäß der Verordnung (EU) Nr. 1215/2012[1)] des Europäischen Parlaments und des Rates vom 12. Dezember 2012 über die gerichtliche Zuständigkeit und die Anerkennung und Vollstreckung von Entscheidungen in Zivil- und Handelssachen (ABl. L 351 vom 20.12.2012, S. 1) vollstreckbar sind.

§ 87a[2)] Vollstreckungsunterlagen. Die Vollstreckung der Geldsanktion ist nur zulässig, wenn die folgenden Unterlagen vorliegen:

1. das Original der zu vollstreckenden Entscheidung oder eine beglaubigte Abschrift hiervon,
2. die von der zuständigen Behörde des ersuchenden Staates ausgefüllte und unterzeichnete Bescheinigung entsprechend dem Formblatt, das im Anhang des Rahmenbeschlusses Geldsanktionen abgedruckt ist, im Original.

§ 87b[3)] Zulässigkeitsvoraussetzungen. (1) [1] Die Vollstreckung der Geldsanktion ist nur zulässig, wenn auch nach deutschem Recht, ungeachtet etwaiger Verfahrenshindernisse und gegebenenfalls nach sinngemäßer Umstellung des Sachverhalts, für die Tat, wie sie der Entscheidung zugrunde liegt, eine Strafe oder Geldbuße hätte verhängt werden können. [2] Die beiderseitige Sanktionierbarkeit ist nicht zu prüfen, wenn die der Entscheidung zugrunde liegende Tat nach dem Recht des ersuchenden Mitgliedstaates eine der in Artikel 5 Absatz 1 des Rahmenbeschlusses Geldsanktionen aufgeführten Straftaten oder Ordnungswidrigkeiten verwirklicht.

(2) Die Vollstreckung der Geldsanktion ist nicht zulässig, soweit diese gezahlt oder beigetrieben worden ist.

(3) Die Vollstreckung der Geldsanktion ist nicht zulässig, wenn

1. die in § 87a Nummer 2 genannte Bescheinigung unvollständig ist oder der Entscheidung offensichtlich nicht entspricht,
2. die verhängte Geldsanktion den Betrag von 70 Euro oder dessen Gegenwert bei Umrechnung nach dem im Zeitpunkt der zu vollstreckenden Entscheidung maßgeblichen Kurswert nicht erreicht,

---

1) Nr. **103**.

2) § 87a neu gef. mWv 28.10.2010 durch G v. 18.10.2010 (BGBl. I S. 1408); Nr. 2 geänd. mWv 25.7.2015 durch G v. 17.7.2015 (BGBl. I S. 1332).

3) § 87b neu gef. mWv 28.10.2010 durch G v. 18.10.2010 (BGBl. I S. 1408); Abs. 1 Satz 2 geänd., Abs. 3 Nr. 4 neu gef., Abs. 4–6 angef. mWv 25.7.2015 durch G v. 17.7.2015 (BGBl. I S. 1332).

3. die zugrunde liegende Entscheidung in einem schriftlichen Verfahren ergangen ist und der Betroffene oder ein nach dem Recht des ersuchenden Mitgliedstaates befugter Vertreter nicht über das Recht zur Anfechtung und über die Fristen entsprechend den Vorschriften dieses Rechts belehrt worden ist,
4. die betroffene Person zu der der Entscheidung zugrunde liegenden Verhandlung nicht persönlich erschienen ist,
5. gegen den Betroffenen wegen derselben Tat, die der Entscheidung zugrunde liegt, im Inland eine Entscheidung im Sinne des § 9 Nummer 1 ergangen ist und für die Tat auch die deutsche Gerichtsbarkeit begründet ist oder wenn wegen derselben Tat, die der Entscheidung zugrunde liegt, in einem anderen Staat als dem ersuchenden Mitgliedstaat und nicht im Inland eine Entscheidung gegen den Betroffenen ergangen und vollstreckt worden ist,
6. für die der Entscheidung zugrunde liegende Tat auch die deutsche Gerichtsbarkeit begründet und die Vollstreckung nach deutschem Recht verjährt ist
7. der Betroffene aufgrund seines Alters zur Zeit der Tat, die der Entscheidung zugrunde liegt, nach deutschem Recht schuldunfähig war oder strafrechtlich nicht verantwortlich im Sinne von § 3 Satz 1 des Jugendgerichtsgesetzes[1] handelte,
8. die der Entscheidung zugrunde liegende Tat ganz oder zum Teil im Inland oder auf einem Schiff oder in einem Luftfahrzeug begangen wurde, das berechtigt ist, die Bundesflagge oder das Staatszugehörigkeitszeichen der Bundesrepublik Deutschland zu führen, und die Tat nach deutschem Recht nicht als Straftat mit Strafe bedroht oder als Ordnungswidrigkeit mit Geldbuße bewehrt ist oder
9. die betroffene Person in dem ausländischen Verfahren keine Gelegenheit hatte einzuwenden, für die der Entscheidung zugrunde liegende Handlung nicht verantwortlich zu sein, und sie dies gegenüber der Bewilligungsbehörde geltend macht.

(4) Die Vollstreckung der Geldsanktion ist abweichend von Absatz 3 Nummer 4 jedoch zulässig, wenn

1. die betroffene Person
   a) rechtzeitig
      aa) persönlich zu der Verhandlung, die zu der Entscheidung geführt hat, geladen wurde oder
      bb) auf andere Weise tatsächlich offiziell von dem vorgesehenen Termin und Ort der Verhandlung, die zur Entscheidung geführt hat, in Kenntnis gesetzt wurde, sodass zweifelsfrei nachgewiesen wurde, dass die betroffene Person von der anberaumten Verhandlung Kenntnis hatte, und
   b) dabei darauf hingewiesen wurde, dass eine Entscheidung auch in ihrer Abwesenheit ergehen kann,
2. die betroffene Person in Kenntnis des gegen sie gerichteten Verfahrens, an dem ein Verteidiger beteiligt war, eine persönliche Ladung durch Flucht verhindert hat oder

---

[1] **Schönfelder Nr. 89.**

3. die betroffene Person in Kenntnis der anberaumten Verhandlung einen Verteidiger bevollmächtigt hat, sie in der Verhandlung zu verteidigen, und sie durch diesen in der Verhandlung tatsächlich verteidigt wurde.

(5) [1] Die Vollstreckung der Geldsanktion ist abweichend von Absatz 3 Nummer 4 auch zulässig, wenn die betroffene Person nach Zustellung der Entscheidung

1. ausdrücklich erklärt hat, die ergangene Entscheidung nicht anzufechten, oder
2. innerhalb geltender Fristen keine Wiederaufnahme des Verfahrens oder kein Berufungsverfahren beantragt hat.

[2] Die betroffene Person muss zuvor ausdrücklich über ihr Recht auf Wiederaufnahme des Verfahrens oder auf ein Berufungsverfahren, an dem sie teilnehmen kann und bei dem der Sachverhalt, einschließlich neuer Beweismittel, erneut geprüft und die ursprüngliche Entscheidung aufgehoben werden kann, belehrt worden sein.

(6) Die Vollstreckung der Geldsanktion ist abweichend von Absatz 3 Nummer 4 ferner zulässig, wenn die betroffene Person nach ausdrücklicher Unterrichtung über das Verfahren und die Möglichkeit, bei der Verhandlung persönlich zu erscheinen,

1. ausdrücklich auf das Recht auf mündliche Anhörung verzichtet hat und
2. erklärt hat, die Entscheidung nicht anzufechten.

§ 87c[1)] Vorbereitung der Entscheidung über die Bewilligung.

(1) [1] Die Bewilligungsbehörde hat dem Betroffenen Abschriften der in § 87a bezeichneten Unterlagen zu übersenden. [2] Er erhält Gelegenheit, sich binnen zwei Wochen nach Zugang zu äußern, und ist darüber zu belehren, dass die Bewilligungsbehörde nach Ablauf dieser Frist über die Bewilligung der Vollstreckung entscheiden oder unter den Voraussetzungen des § 87i Absatz 1 einen Antrag auf gerichtliche Entscheidung stellen wird.

(2) Die Anhörung nach Absatz 1 kann unterbleiben, wenn die Bewilligungsbehörde

1. die Vollstreckung als unzulässig ablehnt,
2. ein Bewilligungshindernis nach § 87d geltend macht oder
3. von vornherein die Umwandlung einer Entscheidung durch das Gericht nach § 87i Absatz 1 beantragt.

§ 87d[1)] Grundsätzliche Pflicht zur Bewilligung. Die Bewilligung eines zulässigen Ersuchens um Vollstreckung einer Geldsanktion kann nur abgelehnt werden, wenn die der Entscheidung zugrunde liegende Tat

1. ganz oder zum Teil im Inland oder auf einem Schiff oder in einem Luftfahrzeug begangen wurde, das berechtigt ist, die Bundesflagge oder das Staatszugehörigkeitszeichen der Bundesrepublik Deutschland zu führen, und nach deutschem Recht als Straftat mit Strafe bedroht oder als Ordnungswidrigkeit mit Geldbuße bewehrt ist oder

---

[1)] Abschnitt 2 (§§ 86–87p) neu gef. mWv 28.10.2010 durch G v. 18.10.2010 (BGBl. I S. 1408).

2. außerhalb des Hoheitsgebietes des ersuchenden Mitgliedstaates begangen wurde und wenn eine derartige, im Ausland begangene Tat nach deutschem Recht nicht als Straftat mit Strafe oder als Ordnungswidrigkeit mit Geldbuße bedroht ist.

§ 87e[1)] Rechtsbeistand. Die Vorschrift des § 53 über den Rechtsbeistand gilt entsprechend.

§ 87f[2)] Bewilligung der Vollstreckung. (1) Über die Vollstreckung entscheidet die Bewilligungsbehörde, sofern sie nicht einen Antrag auf gerichtliche Entscheidung nach § 87i Absatz 1 stellt.

(2) [1] § 54 Absatz 2 und 4 ist entsprechend anzuwenden. [2] Ist die Tat, die dem Ersuchen des anderen Mitgliedstaates zugrunde liegt, nicht auf dessen Hoheitsgebiet begangen worden und ist für diese Tat die deutsche Gerichtsbarkeit begründet, so ist die Höhe der Geldstrafe oder Geldbuße auf das für eine vergleichbare Handlung nach inländischem Recht zu verhängende Höchstmaß herabzusetzen, wenn die in dem anderen Mitgliedstaat verhängte Sanktion dieses Höchstmaß überschreitet.

(3) [1] Soweit die Entscheidung des anderen Mitgliedstaates für vollstreckbar erklärt wird, sind die Entscheidung und die Höhe der zu vollstreckenden Geldsanktion anzugeben. [2] Die Bewilligung ist mit Gründen zu versehen und dem Betroffenen zuzustellen. [3] Die Bewilligung enthält

1. den Hinweis, dass die Bewilligung rechtskräftig und die Geldsanktion vollstreckbar wird, wenn kein Einspruch nach Absatz 4 eingelegt wird,
2. die Aufforderung an den Betroffenen, spätestens zwei Wochen nach Rechtskraft die Geldsanktion an die Bundeskasse zu zahlen.

(4) [1] Der Betroffene kann gegen die Bewilligung innerhalb von zwei Wochen nach Zustellung schriftlich oder zur Niederschrift bei der Bewilligungsbehörde Einspruch einlegen. [2] Die §§ 297 bis 300 und 302 der Strafprozessordnung[3)] über Rechtsmittel und die §§ 42 bis 47 der Strafprozessordnung über Fristen und Wiedereinsetzung in den vorigen Stand gelten entsprechend.

(5) [1] Ist der Einspruch gegen die Bewilligung der Vollstreckung nicht rechtzeitig, nicht in der vorgeschriebenen Form oder sonst nicht wirksam eingelegt, so verwirft ihn die Bewilligungsbehörde als unzulässig. [2] Gegen diese Entscheidung kann der Betroffene innerhalb von zwei Wochen nach Zustellung schriftlich oder zur Niederschrift bei der Bewilligungsbehörde einen Antrag auf gerichtliche Entscheidung nach § 87g stellen.

(6) Ist der Einspruch zulässig, so prüft die Bewilligungsbehörde, ob sie ihre Bewilligung der Vollstreckung aufrechterhält oder ob sie dem Einspruch des Betroffenen abhilft.

§ 87g[4)] Gerichtliches Verfahren. (1) [1] Gegen die Bewilligung der Vollstreckung und gegen die Entscheidung nach § 87f Absatz 5 Satz 1 ist der Rechts-

---

[1)] § 87e neu gef. mWv 28.10.2010 durch G v. 18.10.2010 (BGBl. I S. 1408); Überschrift und Wortlaut geänd. mWv 13.12.2019 durch G v. 10.12.2019 (BGBl. I S. 2128).

[2)] § 87f neu gef. mWv 28.10.2010 durch G v. 18.10.2010 (BGBl. I S. 1408); Abs. 5 und 6 angef. mWv 27.11.2020 durch G v. 23.11.2020 (BGBl. I S. 2474).

[3)] **Schönfelder Nr. 90.**

[4)] § 87g neu gef. mWv 28.10.2010 durch G v. 18.10.2010 (BGBl. I S. 1408); Abs. 1 Sätze 1 und 2 neu gef. mWv 27.11.2020 durch G v. 23.11.2020 (BGBl. I S. 2474).

weg zu den ordentlichen Gerichten eröffnet. [2]Hilft die Bewilligungsbehörde dem Einspruch des Betroffenen nicht ab oder beantragt der Betroffene eine gerichtliche Entscheidung nach § 87f Absatz 5 Satz 2, so entscheidet das nach Absatz 2 zuständige Amtsgericht. [3]Das zuständige Amtsgericht entscheidet ferner auf Antrag der Bewilligungsbehörde gemäß § 87i. [4]§ 34 Absatz 1, § 107 des Jugendgerichtsgesetzes[1)] und § 68 Absatz 2 des Gesetzes über Ordnungswidrigkeiten[2)] gelten entsprechend. [5]Die Bewilligungsbehörde bereitet die Entscheidung vor.

(2) [1]Die örtliche Zuständigkeit richtet sich nach dem Wohnsitz des Betroffenen, wenn dieser eine natürliche Person ist. [2]Hat der Betroffene keinen Wohnsitz im Inland, so richtet sich die Zuständigkeit nach seinem gewöhnlichen Aufenthalt oder, wenn ein solcher nicht bekannt ist, nach seinem letzten Wohnsitz. [3]Ist der Betroffene eine juristische Person, ist das Gericht zuständig, in dessen Bezirk die juristische Person ihren Sitz hat. [4]Maßgeblich im Falle des § 87h ist der Zeitpunkt des Eingangs des Einspruchs, im Falle des § 87i der Zeitpunkt des Eingangs des Antrags bei Gericht. [5]Können diese Orte nicht festgestellt werden, so ist das Gericht zuständig, in dessen Bezirk sich Vermögen des Betroffenen befindet. [6]Befindet sich Vermögen des Betroffenen in den Bezirken verschiedener Amtsgerichte, so richtet sich die Zuständigkeit danach, welches Amtsgericht zuerst mit der Sache befasst wurde. [7]§ 58 Absatz 1 des Gerichtsverfassungsgesetzes[3)] bleibt unberührt.

(3) [1]Das Gericht übersendet dem Betroffenen die Abschrift einer Übersetzung der Entscheidung des anderen Mitgliedstaates in die deutsche Sprache, soweit dies zur Ausübung seiner Rechte erforderlich ist. [2]Wird ein Antrag nach § 87i Absatz 1 gestellt, sind dem Betroffenen zudem Abschriften der in § 87a aufgeführten Unterlagen und der Entscheidung gemäß § 87i Absatz 2, keine Bewilligungshindernisse geltend zu machen, zuzustellen. [3]Im Fall des Satzes 2 wird der Betroffene aufgefordert, sich innerhalb einer vom Gericht zu bestimmenden Frist zu äußern.

(4) [1]Für die Vorbereitung der Entscheidung gilt § 52 Absatz 1 mit der Maßgabe entsprechend, dass der zuständigen Behörde im ersuchenden Mitgliedstaat auch Gelegenheit gegeben worden sein muss, ergänzende Unterlagen beizubringen, wenn die übermittelten Unterlagen nicht ausreichen, um beurteilen zu können, ob die Bewilligungsbehörde ihr Ermessen, kein Bewilligungshindernis geltend zu machen, fehlerfrei ausgeübt hat. [2]Für die Beibringung der Unterlagen kann eine Frist gesetzt werden. [3]Die Bewilligungsbehörde führt die nach den Sätzen 1 und 2 ergangenen Beschlüsse des Gerichtes aus. [4]Das Gericht kann sonstige Beweise über die in § 87h Absatz 3 Satz 1 Nummer 1, 2 und 3 aufgeführten Tatbestände erheben. [5]§ 30 Absatz 2 Satz 4 und Absatz 3, § 31 Absatz 4 gelten entsprechend. [6]Befindet sich der Betroffene im Inland, gelten § 30 Absatz 2 Satz 1 sowie § 31 Absatz 2 entsprechend. [7]§ 31 Absatz 1 Satz 1 gilt mit der Maßgabe entsprechend, dass die Bewilligungsbehörde an die Stelle der Staatsanwaltschaft tritt. [8]Die Bewilligungsbehörde ist zur Teilnahme an der mündlichen Verhandlung nicht verpflichtet; das Gericht teilt der Bewilligungsbehörde mit, wenn es ihre Teilnahme für angemessen hält.

---

1) Schönfelder Nr. 89.
2) Schönfelder Nr. 94.
3) Schönfelder Nr. 95.

§ 87h[1)] Gerichtliche Entscheidung nach Einspruch oder auf Antrag des Betroffenen. (1) Über die Zulässigkeit und Begründetheit des Einspruchs entscheidet das Amtsgericht durch Beschluss.

(2) [1] Sind die Vorschriften über die Einlegung des Einspruchs nicht beachtet, so verwirft das Gericht den Einspruch als unzulässig. [2] Der Beschluss ist unanfechtbar.

(3) [1] Der Einspruch des Betroffenen wird durch Beschluss als unbegründet zurückgewiesen, soweit

1. die Vollstreckung der Entscheidung des anderen Mitgliedstaates zulässig ist,
2. die Bewilligungsbehörde ihr Ermessen, kein Bewilligungshindernis geltend zu machen, fehlerfrei ausgeübt hat und
3. die Geldsanktion nach § 87f Absatz 2 fehlerfrei angepasst wurde.

[2] Soweit der Einspruch wegen Unzulässigkeit der Vollstreckung oder wegen fehlerhafter Ermessensausübung begründet ist, wird die Entscheidung des anderen Mitgliedstaates für nicht vollstreckbar erklärt. [3] Soweit eine Anpassung nach § 87f Absatz 2 fehlerhaft ist oder unterlassen wurde, obwohl sie erforderlich war, passt das Gericht die Geldsanktion an und erklärt die Entscheidung für vollstreckbar. [4] Soweit von der Bewilligungsentscheidung abgewichen wird, ist die Höhe der zu vollstreckenden Geldsanktion in der Beschlussformel anzugeben.

(4) § 77b des Gesetzes über Ordnungswidrigkeiten[2)] ist entsprechend anzuwenden.

(5) [1] Über die Zulässigkeit und Begründetheit des Antrags nach § 87f Absatz 5 Satz 2 entscheidet das Amtsgericht durch Beschluss. [2] Die §§ 297 bis 300, 302 und 306 Absatz 2, die §§ 307, 308 und 309 Absatz 1 und § 311a der Strafprozessordnung[3)] über Rechtsmittel sowie die Vorschriften der Strafprozessordnung über die Auferlegung der Kosten des Beschwerdeverfahrens gelten entsprechend. [3] Die Entscheidung des Gerichts ist unanfechtbar.

§ 87i[4)] Gerichtliche Entscheidung auf Antrag der Bewilligungsbehörde; Bewilligung. (1) Ist die Entscheidung des anderen Mitgliedstaates eine Geldsanktion nach § 87 Absatz 2 Nummer 1 und 2, die gegen einen Jugendlichen oder einen Heranwachsenden im Sinne des Jugendgerichtsgesetzes[5)] ergangen ist, so beantragt die Bewilligungsbehörde, soweit die Vollstreckung zulässig ist, die Umwandlung der Entscheidung durch das Gericht.

(2) [1] Mit dem Antrag auf gerichtliche Entscheidung nach Absatz 1 erklärt die Bewilligungsbehörde, dass sie keine Bewilligungshindernisse geltend macht. [2] Die Entscheidung, keine Bewilligungshindernisse geltend zu machen, ist zu begründen.

(3) [1] Soweit die Vollstreckung der Entscheidung des anderen Mitgliedstaates zulässig ist und die Bewilligungsbehörde ihr Ermessen, kein Bewilligungshin-

---

[1)] § 87h neu gef. mWv 28.10.2010 durch G v. 18.10.2010 (BGBl. I S. 1408); Überschrift neu gef., Abs. 5 angef. mWv 27.11.2020 durch G v. 23.11.2020 (BGBl. I S. 2474).

[2)] **Schönfelder Nr. 94.**

[3)] **Schönfelder Nr. 90.**

[4)] § 87i neu gef. mWv 28.10.2010 durch G v. 18.10.2010 (BGBl. I S. 1408); Abs. 1 und 3 neu gef., Abs. 4 aufgeh., bish. Abs. 5 wird Abs. 4 und Satz 2 neu gef., bish. Abs. 6 wird Abs. 5 und Satz 4 Nr. 2 neu gef. mWv 27.11.2020 durch G v. 23.11.2020 (BGBl. I S. 2474).

[5)] **Schönfelder Nr. 89.**

dernis geltend zu machen, fehlerfrei ausgeübt hat, wird die Entscheidung für vollstreckbar erklärt. [2] Eine gegen einen Jugendlichen verhängte Geldsanktion nach § 87 Absatz 2 Nummer 1 und 2 ist dabei zusätzlich in eine nach dem Jugendgerichtsgesetz zulässige Sanktion umzuwandeln. [3] Satz 2 gilt für einen Heranwachsenden entsprechend, wenn nach § 105 Absatz 1 des Jugendgerichtsgesetzes das Jugendstrafrecht zur Anwendung kommt. [4] Für die Anpassung der Höhe der Geldsanktion gilt § 87f Absatz 2 entsprechend.

(4) [1] Über die Vollstreckbarkeit der Entscheidung entscheidet das Amtsgericht durch Beschluss. [2] Soweit die Entscheidung des anderen Mitgliedstaates gemäß Absatz 3 Satz 1 ausschließlich für vollstreckbar erklärt wird, ist in der Beschlussformel auch die Höhe der zu vollstreckenden Geldsanktion anzugeben.

(5) [1] Die Bewilligungsbehörde bewilligt die Vollstreckung nach Maßgabe der rechtskräftigen gerichtlichen Entscheidung. [2] Die Bewilligungsentscheidung ist unanfechtbar. [3] § 87f Absatz 3 Satz 1 und 2 gilt entsprechend. [4] Die Bewilligung enthält

1. den Hinweis, dass die Bewilligung rechtskräftig und die Geldsanktion vollstreckbar geworden ist, und
2. die Aufforderung an den Betroffenen, spätestens zwei Wochen nach Zustellung entweder die Geldsanktion an die zuständige Kasse nach § 87n Absatz 5 Satz 3 zu zahlen oder der Sanktion nach dem Jugendgerichtsgesetz nachzukommen, in die die Geldsanktion nach Absatz 3 Satz 2 umgewandelt wurde.

§ 87j[1)] Rechtsbeschwerde. (1) [1] Gegen den Beschluss des Amtsgerichts nach § 87h Absatz 3 und § 87i Absatz 4 ist die Rechtsbeschwerde zulässig, wenn sie zugelassen wird. [2] Dieses Rechtsmittel steht sowohl dem Betroffenen als auch der Bewilligungsbehörde zu. [3] Nachdem dem Beschwerdegegner Gelegenheit zur Stellungnahme gegeben worden ist, legt das Amtsgericht die Akten durch Vermittlung der Staatsanwaltschaft beim Beschwerdegericht diesem zur Entscheidung vor.

(2) Für die Rechtsbeschwerde und das weitere Verfahren gelten, soweit dieses Gesetz nichts anderes bestimmt, die Vorschriften der Strafprozessordnung[2)] und des Gerichtsverfassungsgesetzes[3)] über die Revision entsprechend.

(3) Die Frist für die Einlegung der Rechtsbeschwerde beginnt mit der Zustellung des Beschlusses.

(4) Das Beschwerdegericht entscheidet durch Beschluss.

(5) Hebt das Beschwerdegericht die angefochtene Entscheidung auf, so kann es abweichend von § 354 Absatz 1 und 2 der Strafprozessordnung in der Sache selbst entscheiden oder sie an das Amtsgericht, dessen Entscheidung aufgehoben wurde, oder an ein anderes Amtsgericht desselben Landes zurückverweisen.

(6) Für das weitere Verfahren gilt § 42 entsprechend.

[1)] § 87j neu gef. mWv 28.10.2010 durch G v. 18.10.2010 (BGBl. I S. 1408); Abs. 1 Satz 1 geänd. *mWv 27.11.2020 durch G v. 23.11.2020 (BGBl. I S. 2474).*

[2)] **Schönfelder Nr. 90.**

[3)] **Schönfelder Nr. 95.**

§ 87k[1] Zulassung der Rechtsbeschwerde. (1) Das Beschwerdegericht lässt die Rechtsbeschwerde auf Antrag des Betroffenen oder der Bewilligungsbehörde zu, wenn es geboten ist,

1. die Nachprüfung des Beschlusses zur Fortbildung des Rechts oder zur Sicherung einer einheitlichen Rechtsprechung zu ermöglichen oder
2. den Beschluss wegen Versagung des rechtlichen Gehörs aufzuheben.

(2) [1] Für den Zulassungsantrag gelten die Vorschriften über die Einlegung der Rechtsbeschwerde entsprechend. [2] Der Antrag gilt als vorsorglich eingelegte Rechtsbeschwerde. [3] Die Vorschriften über die Anbringung der Beschwerdeanträge und deren Begründung (§§ 344, 345 der Strafprozessordnung[2]) sind zu beachten. [4] Bei der Begründung der Beschwerdeanträge soll der Antragsteller zugleich angeben, aus welchen Gründen die in Absatz 1 bezeichneten Voraussetzungen vorliegen. [5] § 35a der Strafprozessordnung gilt entsprechend.

(3) [1] Das Beschwerdegericht entscheidet über den Antrag durch Beschluss. [2] Der Beschluss, durch den der Antrag verworfen wird, bedarf keiner Begründung. [3] Wird der Antrag verworfen, so gilt die Rechtsbeschwerde als zurückgenommen.

(4) Stellt sich vor der Entscheidung über den Zulassungsantrag heraus, dass ein Verfahrenshindernis besteht, so stellt das Beschwerdegericht das Verfahren nur dann ein, wenn das Verfahrenshindernis nach Erlass des Beschlusses nach § 87h Absatz 3 oder § 87i Absatz 4 eingetreten ist.

§ 87l[3] Besetzung der Senate der Oberlandesgerichte. (1) Über die Zulassung der Rechtsbeschwerde und über die Rechtsbeschwerde entscheidet das Oberlandesgericht.

(2) Der Senat ist mit einem Richter besetzt, soweit nichts anderes bestimmt ist.

(3) Der Senat ist mit drei Richtern einschließlich des Vorsitzenden besetzt in Verfahren über Rechtsbeschwerden, wenn

1. es sich um die Vollstreckung einer Geldsanktion im Sinne von § 87 Absatz 2 Nummer 1 oder Nummer 2 handelt,
2. ein Zulassungsgrund im Sinne von § 87k Absatz 1 Nummer 1 vorliegt,
3. besondere Schwierigkeiten bei der Sach- und Rechtslage dies geboten erscheinen lassen oder
4. von der Entscheidung eines Oberlandesgerichts abgewichen werden soll.

***§ 87m[3] Verbot der Doppelverfolgung;* Mitteilung an das Bundeszentralregister.** (1) Wird die Vollstreckung bewilligt, so darf dieselbe Tat, die der Entscheidung des anderen Mitgliedstaates zugrunde liegt, nach deutschem Recht nicht mehr als Straftat oder Ordnungswidrigkeit verfolgt werden.

---

[1] § 87k neu gef. mWv 28.10.2010 durch G v. 18.10.2010 (BGBl. I S. 1408); Abs. 4 geänd. mWv 27.11.2020 durch G v. 23.11.2020 (BGBl. I S. 2474).

[2] **Schönfelder Nr. 90.**

[3] Abschnitt 2 (§§ 86–87p) neu gef. mWv 28.10.2010 durch G v. 18.10.2010 (BGBl. I S. 1408).

(2) [1] Die Bewilligung, nach der eine Entscheidung eines anderen Mitgliedstaates gemäß § 87 Absatz 2 Nummer 1 oder Nummer 2 für vollstreckbar erklärt oder abgelehnt wurde, ist dem Bundeszentralregister mitzuteilen. [2] Dies gilt nicht, wenn
1. die Entscheidung des anderen Mitgliedstaates in das Bundeszentralregister nicht eingetragen werden kann oder
2. die Entscheidung gegen einen Deutschen ergangen ist und die Mitteilung nicht erforderlich ist, weil der andere Mitgliedstaat das Bundeszentralregister tatsächlich regelmäßig über strafrechtliche Verurteilungen gegen einen Deutschen unterrichtet.

§ 87n[1)] Vollstreckung. (1) [1] Die Bewilligungsbehörde führt als Vollstreckungsbehörde die Vollstreckung durch. [2] Dies gilt nicht, wenn das Gericht nach Einspruch gemäß § 87h oder auf Antrag der Bewilligungsbehörde gemäß § 87i eine Entscheidung trifft. [3] In Fällen nach Satz 2 erfolgt die Vollstreckung durch die Staatsanwaltschaft bei dem Landgericht, in dessen Bezirk das zuständige Amtsgericht seinen Sitz hat, als Vollstreckungsbehörde. [4] Soweit in den Fällen des Satzes 2 nach Umwandlung eine jugendstrafrechtliche Sanktion zu vollstrecken ist, erfolgt die Vollstreckung nach Maßgabe des § 82 des Jugendgerichtsgesetzes[2)].

(2) [1] Für die Vollstreckung gelten die §§ 34, 93 bis 99 Absatz 1, die §§ 101, 102, 103 Absatz 1 Nummer 2, Absatz 2 sowie § 104 Absatz 2 und 3 Satz 1 Nummer 1 und Satz 2 des Gesetzes über Ordnungswidrigkeiten[3)] sinngemäß. [2] Die bei der Vollstreckung nach Satz 1 notwendigen gerichtlichen Entscheidungen werden vom Amtsgericht am Sitz der Vollstreckungsbehörde erlassen. [3] In Verfahren gegen Jugendliche und Heranwachsende gelten auch § 82 Absatz 1, § 83 Absatz 2 sowie die §§ 84 und 85 Absatz 5 des Jugendgerichtsgesetzes sinngemäß. [4] Die Vorschriften des Justizbeitreibungsgesetzes[4)] sind anwendbar, soweit in diesem Gesetz nichts anderes bestimmt ist. [5] Sofern eine Entscheidung gemäß § 87i Absatz 3 Satz 2 und 3 ergangen ist, sind die Sätze 1 bis 4 nicht anwendbar.

(3) [1] Bei der Vollstreckung einer Entscheidung nach § 87i Absatz 3 können freiheitsentziehende Maßnahmen nicht angeordnet werden. [2] Das Gleiche gilt bei der Vollstreckung einer Entscheidung gegen Jugendliche und Heranwachsende nach Absatz 2.

(4) § 57 Absatz 6 gilt entsprechend.

(5) [1] Der Erlös aus der Vollstreckung fließt in die Bundeskasse. [2] Dies gilt nicht, wenn das Gericht nach Einspruch gemäß § 87h oder auf Antrag der Bewilligungsbehörde gemäß § 87i eine Entscheidung trifft. [3] In Fällen nach Satz 2 fließt der Erlös aus der Vollstreckung in die Kasse des Landes, in dem das zuständige Amtsgericht seinen Sitz hat. [4] Abweichend von den Sätzen 1 bis 3 kann mit dem ersuchenden Mitgliedstaat insbesondere bei der Vollstreckung einer Entscheidung, in die eine Entscheidung nach § 87 Absatz 3 Satz 1

---

1) § 87n neu gef. mWv 28.10.2010 durch G v. 18.10.2010 (BGBl. I S. 1408); Abs. 2 Satz 4 geänd. mWv 1.7.2017 durch G v. 21.11.2016 (BGBl. I S. 2591); Abs. 2 Satz 5, Abs. 3 Satz 1, Abs. 5 Satz 4 geänd. mWv 27.11.2020 durch G v. 23.11.2020 (BGBl. I S. 2474).

2) ***Schönfelder Nr. 89.***

3) **Schönfelder Nr. 94.**

4) **Schönfelder Nr. 122.**

Nummer 3 umgewandelt worden ist, vereinbart werden, dass der Erlös aus der Vollstreckung dem Opfer zufließt.

(6) Die Kosten der Vollstreckung trägt der Betroffene.

§ 87o[1] Übergangsvorschrift für Verfahren nach § 87f Absatz 5 und § 87i Absatz 3. [1] § 87f Absatz 5 und § 87i sind nicht anzuwenden auf Ersuchen, die vor dem 27. November 2020 beim Bundesamt für Justiz eingegangen sind. [2] Für Ersuchen, die vor diesem Zeitpunkt beim Bundesamt für Justiz eingegangen sind, gelten die §§ 86 bis 87p in ihrer bis zum Ablauf des 26. November 2020 geltenden Fassung.

Unterabschnitt 3.[2] Ausgehende Ersuchen

§ 87p[3] Grundsatz. (1) [1] Ersuchen an einen anderen Mitgliedstaat nach Maßgabe des Rahmenbeschlusses Geldsanktionen richten sich nach diesem Unterabschnitt. [2] § 71 ist nicht anzuwenden. [3] § 87 Absatz 2 Nummer 1, 3 und 4, Absatz 3 Satz 1 Nummer 1 und 2 sowie Satz 2 gilt sinngemäß.

(2) Die zuständige Behörde eines anderen Mitgliedstaates kann um Vollstreckung einer Geldsanktion ersucht werden, wenn der Betroffene

1. eine natürliche Person ist, die ihren Wohnsitz im ersuchten Mitgliedstaat hat oder sich dort in der Regel aufhält,
2. eine juristische Person ist, die ihren Sitz im ersuchten Mitgliedstaat hat,
3. über Vermögen im ersuchten Mitgliedstaat verfügt oder
4. im ersuchten Mitgliedstaat Einkommen bezieht.

§ 87q[4] Inländisches Vollstreckungsverfahren; Ruhen der Verjährung.

(1) [1] Wurde der andere Mitgliedstaat um Vollstreckung ersucht, ist die Vollstreckung im Inland erst wieder zulässig, soweit

1. das Ersuchen zurückgenommen worden ist oder
2. der ersuchte Mitgliedstaat die Vollstreckung verweigert hat.

[2] Die Vollstreckung im Inland ist unzulässig, wenn der ersuchte Mitgliedstaat die Versagung der Vollstreckung darauf gestützt hat, dass gegen den Betroffenen wegen derselben Tat im ersuchten Mitgliedstaat eine Entscheidung ergangen ist oder in einem dritten Staat eine Entscheidung ergangen und vollstreckt worden ist.

(2) § 79a Nummer 2 Buchstabe c des Strafgesetzbuchs[5] und § 34 Absatz 4 Nummer 3 des Gesetzes über Ordnungswidrigkeiten[6] gelten mit der Maßgabe, dass die Vollstreckungsverjährung auch dann ruht, wenn die Zahlungserleichterung in einem anderen Mitgliedstaat der Europäischen Union bewilligt wurde.

---

[1] *§ 87o eingef. mWv 27.11.2020 durch G v. 23.11.2020 (BGBl. I S. 2474).*

[2] Abschnitt 2 (§§ 86–87p) neu gef. mWv 28.10.2010 durch G v. 18.10.2010 (BGBl. I S. 1408).

[3] Früherer § 87o neu gef. mWv 28.10.2010 durch G v. 18.10.2010 (BGBl. I S. 1408); Abs. 1 Satz 1 geänd. mWv 25.7.2015 durch G v. 17.7.2015 (BGBl. I S. 1332); bish. § 87o wird § 87p mWv 27.11.2020 durch G v. 23.11.2020 (BGBl. I S. 2474).

[4] Früherer § 87p neu gef. mWv 28.10.2010 durch G v. 18.10.2010 (BGBl. I S. 1408); bish. § 87p wird § 87q und Überschrift neu gef., Abs. 2 angef. mWv 27.11.2020 durch G v. 23.11.2020 (BGBl. I S. 2474).

[5] **Schönfelder Nr. 85.**

[6] **Schönfelder Nr. 94.**

Abschnitt 3.[1] Einziehung

§ 88[2] Grundsatz. [1]Außerhalb des Anwendungsbereichs der Verordnung (EU) 2018/1805 des Europäischen Parlaments und des Rates vom 14. November 2018 über die gegenseitige Anerkennung von Sicherstellungs- und Einziehungsentscheidungen (ABl. L 303 vom 28.11.2018, S. 1) (Verordnung Sicherstellung und Einziehung) richtet sich die Vollstreckungshilfe für einen anderen Mitgliedstaat der Europäischen Union nach Maßgabe des Rahmenbeschlusses 2006/783/JI des Rates vom 6. Oktober 2006 über die Anwendung des Grundsatzes der gegenseitigen Anerkennung auf Einziehungsentscheidungen (ABl. L 328 vom 24.11.2006, S. 59), der durch den Rahmenbeschluss 2009/299/JI (ABl. L 81 vom 27.3.2009, S. 24) und die Verordnung (EU) 2018/1805 (ABl. L 303 vom 28.11.2018, S. 1) geändert worden ist, (Rahmenbeschluss Einziehung) nach den §§ 88a bis 88f. [2]Soweit dieser Abschnitt keine besonderen Regelungen enthält oder das Ersuchen nicht nach Maßgabe des Rahmenbeschlusses Einziehung gestellt wurde, sind die Vorschriften des Vierten Teils sowie die allgemeinen Bestimmungen des Ersten und Siebenten Teils dieses Gesetzes anzuwenden.

§ 88a[3] Voraussetzungen der Zulässigkeit. (1) In Abweichung von § 49 Absatz 1 ist die Vollstreckung einer nach Maßgabe des Rahmenbeschlusses Einziehung übersandten gerichtlichen Anordnung der Einziehung, die auf einen bestimmten Geldbetrag oder Vermögensgegenstand gerichtet ist, nur zulässig, wenn

1. eine zuständige Behörde eines anderen Mitgliedstaates der Europäischen Union unter Vorlage der in § 88b genannten Unterlagen darum ersucht hat und
2. auch nach deutschem Recht, ungeachtet etwaiger Verfahrenshindernisse und gegebenenfalls bei sinngemäßer Umstellung des Sachverhalts, wegen der Tat, die der ausländischen Anordnung der Einziehung zugrunde liegt, eine derartige Anordnung hätte getroffen werden können, wobei
   a) außer bei Ersuchen um Vollstreckung einer dem § 73a oder dem § 74a des Strafgesetzbuchs entsprechenden Maßnahme die beiderseitige Strafbarkeit nicht zu prüfen ist, wenn die dem Ersuchen zugrunde liegende Tat nach dem Recht des ersuchenden Mitgliedstaates mit einer Freiheitsstrafe im Höchstmaß von mindestens drei Jahren bedroht ist und den in Artikel 6 Absatz 1 des Rahmenbeschlusses Einziehung aufgeführten Deliktsgruppen zugehörig ist und

---

[1] Abschnitt 3 Überschrift geänd. mWv 1.7.2017 durch G v. 13.4.2017 (BGBl. I S. 872).

[2] § 88 neu gef. mWv 22.10.2009 durch G v. 2.10.2009 (BGBl. I S. 3214); Sätze 1 und 2 geänd. mWv 25.7.2015 durch G v. 17.7.2015 (BGBl. I S. 1332); Satz 1 neu gef. mWv 19.12.2020 durch G v. 23.11.2020 (BGBl. I S. 2474).

[3] § 88a eingef. mWv 22.10.2009 durch G v. 2.10.2009 (BGBl. I S. 3214); Abs. 1 einl. Satzteil und Nr. 2 Buchst. a geänd., Abs. 2 Nr. 2 neu gef. und Nr. 3 geänd., Abs. 3 und 4 angef. mWv 25.7.2015 *durch G v. 17.7.2015 (BGBl. I S. 1332)*; Abs. 1 einl. Satzteil, Nr. 2 einl. Satzteil, Buchst. a, Abs. 2 einl. Satzteil, Nr. 2–4, Abs. 3 einl. Satzteil und Abs. 4 Satz 1 einl. Satzteil geänd. mWv 1.7.2017 durch G v. 13.4.2017 (BGBl. I S. 872).

b) die Vollstreckung in Steuer-, Abgaben-, Zoll- oder Währungsangelegenheiten auch zulässig ist, wenn das deutsche Recht keine gleichartigen Steuern oder Abgaben vorschreibt oder keine gleichartigen Steuer-, Abgaben-, Zoll- oder Währungsbestimmungen enthält wie das Recht des ersuchenden Mitgliedstaates.

(2) Die Vollstreckung einer nach Absatz 1 übersandten Anordnung der Einziehung ist unzulässig, wenn

1. die Tat im Inland oder in einem der in § 4 des Strafgesetzbuchs genannten Verkehrsmittel begangen wurde und nach deutschem Recht nicht mit Strafe bedroht ist;
2. die betroffene Person zu der der Anordnung der Einziehung zugrunde liegenden Verhandlung nicht persönlich erschienen ist;
3. die betroffene Person wegen derselben Tat, die dem Ersuchen zugrunde liegt, bereits von einem anderen als dem ersuchenden Mitgliedstaat rechtskräftig abgeurteilt worden ist, vorausgesetzt, dass diese Sanktion bereits vollstreckt worden ist, gerade vollstreckt wird oder nach dem Recht des Urteilsstaates nicht mehr vollstreckt werden kann, es sei denn, die Einziehung könnte entsprechend § 76a des Strafgesetzbuchs selbständig angeordnet werden;
4. bei Straftaten, für die das deutsche Strafrecht gilt, die Vollstreckung nach deutschem Recht verjährt ist, es sei denn, eine Anordnung der Einziehung könnte entsprechend § 76a Absatz 2 des Strafgesetzbuchs erfolgen.

(3) Die Vollstreckung einer nach Absatz 1 übersandten Anordnung der Einziehung ist in Abweichung von Absatz 2 Nummer 2 jedoch zulässig, wenn

1. die betroffene Person
   a) rechtzeitig
      aa) persönlich zu der Verhandlung, die zu der Entscheidung geführt hat, geladen wurde oder
      bb) auf andere Weise tatsächlich offiziell von dem vorgesehenen Termin und Ort der Verhandlung, die zur Entscheidung geführt hat, in Kenntnis gesetzt wurde, sodass zweifelsfrei nachgewiesen wurde, dass die betroffene Person von der anberaumten Verhandlung Kenntnis hatte, und
   b) dabei darauf hingewiesen wurde, dass eine Entscheidung auch in ihrer Abwesenheit ergehen kann,
2. die betroffene Person in Kenntnis des gegen sie gerichteten Verfahrens, an dem ein Verteidiger beteiligt war, eine persönliche Ladung durch Flucht verhindert hat oder
3. die betroffene Person in Kenntnis der anberaumten Verhandlung einen Verteidiger bevollmächtigt hat, sie in der Verhandlung zu verteidigen, und sie durch diesen in der Verhandlung tatsächlich verteidigt wurde.

(4) [1] Die Vollstreckung einer nach Absatz 1 übersandten Anordnung der Einziehung ist in Abweichung von Absatz 2 Nummer 2 auch zulässig, wenn die betroffene Person nach Zustellung der Entscheidung

1. ausdrücklich erklärt hat, die ergangene Entscheidung nicht anzufechten, oder
2. innerhalb geltender Fristen keine Wiederaufnahme des Verfahrens oder kein Berufungsverfahren beantragt hat.

[2] Die betroffene Person muss zuvor ausdrücklich über ihr Recht auf Wiederaufnahme des Verfahrens oder auf ein Berufungsverfahren, an dem sie teilnehmen kann und bei dem der Sachverhalt, einschließlich neuer Beweismittel, erneut geprüft und die ursprüngliche Entscheidung aufgehoben werden kann, belehrt worden sein.

(Fortsetzung nächstes Blatt)

§ 88b[1] **Unterlagen.** (1) Der ersuchende Mitgliedstaat hat das Original oder eine beglaubigte Abschrift einer rechtskräftigen gerichtlichen Entscheidung mit einer Bescheinigung nach Artikel 4 des Rahmenbeschlusses Einziehung vorzulegen, die die folgenden Angaben enthält:

1. die Bezeichnung und Anschrift des Gerichts, das die Einziehung angeordnet hat;
2. die Bezeichnungen und Anschriften der für das Ersuchen zuständigen Justizbehörden;
3. die möglichst genaue Bezeichnung der natürlichen oder juristischen Person, gegen die die Entscheidung vollstreckt werden soll
4. die Nennung des Geldbetrages oder die Beschreibung eines anderen Vermögensgegenstandes, der Gegenstand der Vollstreckung sein soll;
5. die Darlegung der Gründe für die Anordnung;
6. die Beschreibung der Umstände, unter denen die Straftat begangen wurde, einschließlich der Tatzeit sowie des Tatortes;
7. die Art und rechtliche Würdigung der Straftat, einschließlich der gesetzlichen Bestimmungen, auf deren Grundlage die Entscheidung ergangen ist und
8. die Auskunft über das persönliche Erscheinen der betroffenen Person zu der Verhandlung oder Angaben darüber, weshalb das Erscheinen nicht erforderlich war.

(2) [1] Ist eine Bescheinigung nach Absatz 1 bei Stellung des Ersuchens nicht vorhanden oder unvollständig oder entspricht sie offensichtlich nicht der zu vollstreckenden Entscheidung, kann die zuständige Behörde eine Frist für die Vorlage oder Vervollständigung oder Berichtigung setzen [2] Ist die Bescheinigung nach Absatz 1 unvollständig, ergeben sich die erforderlichen Angaben aber aus der zu vollstreckenden Entscheidung oder aus anderen beigefügten Unterlagen, so kann die zuständige Behörde auf die Vorlage einer vervollständigten Bescheinigung verzichten.

§ 88c[2] **Ablehnungsgründe.** Ein nach § 88a zulässiges Ersuchen kann nur abgelehnt werden, wenn

1. die Bescheinigung gemäß Artikel 4 des Rahmenbeschlusses Einziehung durch den ersuchenden Mitgliedstaat auch nicht in einem Verfahren entsprechend § 88b Absatz 2 Satz 1 vorgelegt, vervollständigt oder berichtigt wurde;
2. die Tat im Inland oder in einem der in § 4 des Strafgesetzbuchs[3] genannten Verkehrsmittel begangen wurde;
3. die Tat weder im Inland noch im Hoheitsbereich des ersuchenden Mitgliedstaates begangen wurde und deutsches Strafrecht nicht gilt oder die Tat nach deutschem Recht nicht mit Strafe bedroht ist;

---

[1] § 88b eingef. mWv 22.10.2009 durch G v. 2.10.2009 (BGBl. I S. 3214); Abs. 1 einl. Satzteil und Nr. 8 geänd. mWv 25.7.2015 durch G v. 17.7.2015 (BGBl. I S. 1332); Abs. 1 Nr. 1 geänd. mWv 1.7.2017 durch G v. 13.4.2017 (BGBl. I S. 872).

[2] § 88c eingef. mWv 22.10.2009 durch G v. 2.10.2009 (BGBl. I S. 3214); Nr. 1 geänd. mWv 25.7.2015 durch G v. 17.7.2015 (BGBl. I S. 1332); Nr. 4 und 5 geänd. mWv 1.7.2017 durch G v. 13.4.2017 (BGBl. I S. 872).

[3] **Schönfelder Nr. 85.**

4. im Inland eine Anordnung der Einziehung ergangen ist, die sich auf dieselben Vermögenswerte bezieht, und aus öffentlichem Interesse der Vollstreckung dieser Anordnung Vorrang eingeräumt werden soll oder
5. ein Ersuchen um Vollstreckung einer Anordnung der Einziehung aus einem weiteren Staat eingegangen ist, das sich auf dieselben Vermögenswerte bezieht, und aus öffentlichem Interesse der Vollstreckung dieser Anordnung Vorrang eingeräumt werden soll.

§ 88d[1)] Verfahren. (1) [1] Erachtet die nach den §§ 50 und 51 zuständige Staatsanwaltschaft das Ersuchen für zulässig und beabsichtigt sie, keine Ablehnungsgründe nach § 88c geltend zu machen, leitet sie geeignete und erforderliche Maßnahmen zur einstweiligen Sicherstellung der zu vollstreckenden Vermögenswerte entsprechend den §§ 111b bis 111h der Strafprozessordnung[2)] ein und gibt der betroffenen Person sowie Dritten, die den Umständen des Falles nach Rechte an dem zu vollstreckenden Gegenstand geltend machen könnten, Gelegenheit, sich zu äußern. [2] Entscheidet die Staatsanwaltschaft, nicht von den Ablehnungsgründen nach § 88c Nummer 1 bis 3 Gebrauch zu machen, begründet sie diese Entscheidung in dem Antrag auf gerichtliche Entscheidung über die Vollstreckbarkeit.

(2) Die zuständige Behörde kann das Verfahren aufschieben,
1. solange anzunehmen ist, dass die Anordnung gleichzeitig in einem anderen Mitgliedstaat vollständig vollstreckt wird oder
2. solange das Verfahren zur Anerkennung und Vollstreckung der ausländischen Anordnung laufende Straf- und Vollstreckungsverfahren beeinträchtigen könnte.

(3) [1] In Abweichung von § 54 Absatz 1 wird die ausländische Anordnung durch das Gericht gemäß den §§ 50 und 55 für vollstreckbar erklärt, soweit deren Vollstreckung zulässig ist und die Staatsanwaltschaft ihr Ermessen, nicht von den Ablehnungsgründen nach § 88c Nummer 1 bis 3 Gebrauch zu machen, fehlerfrei ausgeübt hat. [2] In der Beschlussformel ist auch der zu vollstreckende Geldbetrag oder Vermögensgegenstand anzugeben. [3] § 54 Absatz 2a und 4 gilt entsprechend. [4] Die verhängte Sanktion ist in die ihr im deutschen Recht am meisten entsprechende Sanktion umzuwandeln, wenn die Entscheidungsformel der ausländischen Anordnung nicht nach § 459g der Strafprozessordnung vollstreckbar ist.

§ 88e[3)] Vollstreckung. (1) § 57 Absatz 1 gilt mit der Maßgabe, dass sich die Zuständigkeit für die Vollstreckung einer ausländischen Anordnung auch dann nach den Bestimmungen des Jugendgerichtsgesetzes[4)] richtet, wenn die Sanktion nicht gemäß § 88d Absatz 3 Satz 4 umgewandelt wurde und das Gericht bei der Entscheidung über die Vollstreckbarkeit das Jugendgerichtsgesetz angewendet hat.

[1)] § 88d eingef. mWv 22.10.2009 durch G v. 2.10.2009 (BGBl. I S. 3214); Abs. 1 Satz 1 geänd. mWv 25.7.2015 durch G v. 17.7.2015 (BGBl. I S. 1332); Abs. 1 Satz 1 geänd. mWv 1.7.2017 durch G v. 13.4.2017 (BGBl. I S. 872).

[2)] ***Schönfelder Nr. 90.***

[3)] § 88e eingef. mWv 22.10.2009 durch G v. 2.10.2009 (BGBl. I S. 3214).

[4)] **Schönfelder Nr. 89.**

(2) § 57 Absatz 4 gilt entsprechend mit der Maßgabe, dass die Anordnung der Haft zur Abgabe einer eidesstattlichen Versicherung über das Vermögen oder über den Verbleib von Vermögensgegenständen nur mit Zustimmung der zuständigen Behörde des ersuchenden Mitgliedstaates erfolgen darf.

(3) Die Vollstreckung kann unter den Voraussetzungen des § 88d Absatz 2 einstweilen eingestellt werden.

§ 88f[1] Aufteilung der Erträge. [1] Der Ertrag aus der Vollstreckung ist mit der zuständigen Behörde des ersuchenden Mitgliedstaates hälftig zu teilen, wenn er ohne Abzug von Kosten und Entschädigungsleistungen (§ 56a) über 10 000 Euro liegt und keine Vereinbarung nach § 56b Absatz 1 getroffen wurde. [2] Dies gilt nicht, wenn die entsprechend § 56b Absatz 2 erforderliche Einwilligung verweigert wurde.

§ 89[2] Sicherstellungsmaßnahmen. Auf Ersuchen eines Mitgliedstaates der Europäischen Union um eine Sicherstellungsmaßnahme nach den §§ 111b bis 111h der Strafprozessordnung[3] zur Vorbereitung einer im ersuchenden Mitgliedstaat zu treffenden Einziehungsentscheidung finden die §§ 91 und 94 bis 96 entsprechende Anwendung.

§ 90[4] Ausgehende Ersuchen. (1) [1] Die zuständigen Behörden können Ersuchen um Vollstreckung einer Anordnung der Einziehung nach Maßgabe des Rahmenbeschlusses Einziehung an einen anderen Mitgliedstaat der Europäischen Union richten. [2] Ein gleichgerichtetes Ersuchen kann an einen weiteren Mitgliedstaat nur gerichtet werden, wenn

1. berechtigter Grund zu der Annahme besteht, dass sich ein bestimmter oder verschiedene Vermögensgegenstände, die von der zu vollstreckenden Entscheidung umfasst sind, in verschiedenen Mitgliedstaaten befinden könnten oder
2. die Vollstreckung in einen bestimmten Vermögensgegenstand oder wegen eines Geldbetrages es erfordert, das Ersuchen an mehrere Mitgliedstaaten zu richten.

(2) Noch nicht erledigte Ersuchen sind zurückzunehmen, sobald die Voraussetzungen nach Absatz 1 nicht mehr vorliegen.

(3) Bezieht sich die Anordnung der Einziehung auf einen bestimmten Gegenstand, kann die zuständige Vollstreckungsbehörde der ersatzweisen Vollstreckung eines seinem Wert entsprechenden Geldbetrages zustimmen, wenn eine Entscheidung nach § 76 des Strafgesetzbuchs[5] erfolgt ist.

(4) Aus dem Sechsten Teil dieses Gesetzes sind § 71 Absatz 5 sowie die §§ 71a und 72 anzuwenden.

---

[1] § 88f eingef. mWv 22.10.2009 durch G v. 2.10.2009 (BGBl. I S. 3214).

[2] Bish. 9. Teil durch neuen 9. Teil (§§ 84–90) ersetzt mWv 30.6.2008 durch G v. 6.6.2008 (BGBl. I S. 995); § 89 geänd. mWv 1.7.2017 durch G v. 13.4.2017 (BGBl. I S. 872).

[3] **Schönfelder Nr. 90.**

[4] § 90 neu gef. mWv 22.10.2009 durch G v. 2.10.2009 (BGBl. I S. 3214); Abs. 1 Satz 1 geänd. mWv 25.7.2015 durch G v. 17.7.2015 (BGBl. I S. 1332); Abs. 1 Satz 1 und Abs. 3 geänd. mWv 1.7.2017 durch G v. 13.4.2017 (BGBl. I S. 872).

[5] **Schönfelder Nr. 85.**

Abschnitt 4.[1] Bewährungsmaßnahmen und alternative Sanktionen

Unterabschnitt 1. Überwachung von ausländischen Bewährungsmaßnahmen und alternativen Sanktionen in der Bundesrepublik Deutschland

§ 90a[1] Grundsatz. (1) Nach diesem Unterabschnitt richtet sich die Vollstreckungshilfe für einen anderen Mitgliedstaat der Europäischen Union nach Maßgabe des Rahmenbeschlusses 2008/947/JI des Rates vom 27. November 2008 über die Anwendung des Grundsatzes der gegenseitigen Anerkennung auf Urteile und Bewährungsentscheidungen im Hinblick auf die Überwachung von Bewährungsmaßnahmen und alternativen Sanktionen (ABl. L 337 vom 16.12.2008, S. 102), der durch den Rahmenbeschluss 2009/299/JI (ABl. L 81 vom 27.3.2009, S. 24) geändert worden ist (Rahmenbeschluss Bewährungsüberwachung).

(2) Die Vorschriften des Vierten Teils sowie die allgemeinen Bestimmungen des Ersten und Siebenten Teils dieses Gesetzes sind anzuwenden,

1. soweit dieser Unterabschnitt keine besonderen Regelungen enthält oder
2. wenn ein Ersuchen nicht nach Maßgabe des Rahmenbeschlusses Bewährungsüberwachung gestellt wurde.

(3) Dieser Unterabschnitt geht den völkerrechtlichen Vereinbarungen nach § 1 Absatz 3 vor, soweit er abschließende Regelungen enthält.

§ 90b[1] Voraussetzungen der Zulässigkeit. (1) [1]In Abweichung von § 49 sind die Vollstreckung eines ausländischen Erkenntnisses und die Überwachung der darauf beruhenden Bewährungsmaßnahmen oder alternativen Sanktionen im Einklang mit dem Rahmenbeschluss Bewährungsüberwachung nur zulässig, wenn

1. ein Gericht eines anderen Mitgliedstaates ein rechtskräftiges und vollstreckbares Erkenntnis erlassen hat,
2. das Gericht
   a) die Vollstreckung einer in dem Erkenntnis verhängten freiheitsentziehenden Sanktion zur Bewährung ausgesetzt hat,
   b) die Vollstreckung des Restes einer in dem Erkenntnis verhängten freiheitsentziehenden Sanktion ausgesetzt hat oder
   c) gegen die verurteilte Person eine der in Nummer 6 genannten alternativen Sanktionen verhängt hat und für den Fall des Verstoßes gegen die Sanktion eine freiheitsentziehende Sanktion bestimmt hat,
3. die durch das Gericht verhängte oder gemäß Nummer 2 Buchstabe c bestimmte freiheitsentziehende Sanktion in den Fällen des § 90h Absatz 5 in eine Sanktion umgewandelt werden kann, die ihr im deutschen Recht am meisten entspricht,
4. auch nach deutschem Recht, ungeachtet etwaiger Verfahrenshindernisse und gegebenenfalls bei sinngemäßer Umstellung des Sachverhalts, wegen der dem Erkenntnis zugrunde liegenden Tat eine Strafe, Maßregel der Besserung und Sicherung oder Geldbuße hätte verhängt werden können,

[1] 9. Teil Abschnitt 4 (§§ 90a–90n) eingef. mWv 25.7.2015 durch G v. 17.7.2015 (BGBl. I S. 1349).

5. die verurteilte Person
   a) die deutsche Staatsangehörigkeit besitzt oder in der Bundesrepublik Deutschland rechtmäßig ihren gewöhnlichen Aufenthalt hat und kein Verfahren zur Beendigung des Aufenthalts durchgeführt wird, und
   b) sich in der Bundesrepublik Deutschland aufhält, und
6. der verurteilten Person eine der folgenden Bewährungsmaßnahmen auferlegt wurde oder gegen sie eine der folgenden alternativen Sanktionen verhängt wurde:
   a) die Verpflichtung, einer bestimmten Behörde jeden Wohnsitzwechsel oder Arbeitsplatzwechsel mitzuteilen,
   b) die Verpflichtung, bestimmte Orte, Plätze oder festgelegte Gebiete in dem anderen Mitgliedstaat oder in der Bundesrepublik Deutschland nicht zu betreten,
   c) eine Verpflichtung, die Beschränkungen für das Verlassen des Gebietes der Bundesrepublik Deutschland beinhaltet,
   d) eine Verpflichtung, die das Verhalten, den Aufenthalt, die Ausbildung und Schulung oder die Freizeitgestaltung betrifft oder die Beschränkungen oder Modalitäten der Ausübung einer beruflichen Tätigkeit beinhaltet,
   e) die Verpflichtung, sich zu bestimmten Zeiten bei einer bestimmten Behörde zu melden,
   f) die Verpflichtung, den Kontakt mit bestimmten Personen zu meiden,
   g) die Verpflichtung, den Kontakt mit bestimmten Gegenständen zu meiden, die von der verurteilten Person für die Begehung einer Straftat verwendet wurden oder verwendet werden könnten,
   h) die Verpflichtung, den durch die Tat verursachten Schaden finanziell wiedergutzumachen,
   i) die Verpflichtung, einen Nachweis darüber zu erbringen, dass die Verpflichtung nach Buchstabe h eingehalten wurde,
   j) die Verpflichtung, einen Nachweis darüber zu erbringen, dass der Schaden finanziell wiedergutgemacht wurde,
   k) die Verpflichtung, eine gemeinnützige Leistung zu erbringen,
   l) die Verpflichtung, mit einer Bewährungshelferin oder einem Bewährungshelfer zusammenzuarbeiten,
   m) die Verpflichtung, sich einer Heilbehandlung, die mit einem körperlichen Eingriff verbunden ist, oder einer Entziehungskur zu unterziehen, sofern die verurteilte Person und gegebenenfalls ihr Erziehungsberechtigter und ihr gesetzlicher Vertreter hierzu ihre Einwilligung erklärt haben,
   n) die Verpflichtung, nach Kräften den durch die Tat verursachten Schaden wiedergutzumachen,
   o) die Verpflichtung einer Person, die zur Tatzeit das 21. Lebensjahr noch nicht vollendet hatte, sich persönlich bei der verletzten Person zu entschuldigen,
   p) die Verpflichtung, einen Geldbetrag zugunsten einer gemeinnützigen Einrichtung zu zahlen, wenn dies im Hinblick auf die Tat und die Persönlichkeit des Täters angebracht ist, oder

q) andere Verpflichtungen, die geeignet sind, der verurteilten Person zu helfen, keine Straftaten mehr zu begehen, oder die die Lebensführung der verurteilten Person, die zur Zeit der Tat das einundzwanzigste Lebensjahr noch nicht vollendet hat, regeln und dadurch ihre Erziehung fördern und sichern sollen.

[2] Die Entscheidung nach Satz 1 Nummer 2 Buchstabe b kann anstatt durch ein Gericht auch durch eine andere zuständige Behörde des anderen Mitgliedstaates getroffen werden.

(2) Abweichend von Absatz 1 Satz 1 Nummer 4 sind die Vollstreckung des Erkenntnisses und die Überwachung der darauf beruhenden Bewährungsmaßnahmen oder alternativen Sanktionen in Steuer-, Zoll- und Währungsangelegenheiten auch zulässig, wenn das deutsche Recht keine gleichartigen Steuer-, Zoll- und Währungsbestimmungen enthält wie das Recht des anderen Mitgliedstaates.

(3) Die Überwachung von Bewährungsmaßnahmen oder alternativen Sanktionen, nicht aber die Vollstreckung des ausländischen Erkenntnisses ist auch zulässig, wenn

1. das Gericht statt der Entscheidungen in Absatz 1 Satz 1 Nummer 2
   a) gegen die verurteilte Person eine der in Absatz 1 Satz 1 Nummer 6 genannten alternativen Sanktionen verhängt hat und wenn es für den Fall des Verstoßes gegen die Sanktion keine freiheitsentziehende Sanktion bestimmt hat,
   b) die Straffestsetzung dadurch bedingt zurückgestellt hat, dass der verurteilten Person eine oder mehrere Bewährungsmaßnahmen auferlegt wurden, oder
   c) der verurteilten Person eine oder mehrere Bewährungsmaßnahmen statt einer freiheitsentziehenden Sanktion auferlegt hat,
2. abweichend von Absatz 1 Satz 1 Nummer 3 die freiheitsentziehende Sanktion in den Fällen des § 90 h Absatz 5 nicht in eine Sanktion umgewandelt werden kann, die ihr im deutschen Recht am meisten entspricht, oder
3. abweichend von Absatz 1 Satz 1 Nummer 4 nach deutschem Recht wegen der Tat, die dem Erkenntnis zugrunde liegt, keine Strafe, Maßregel der Besserung und Sicherung oder Geldbuße verhängt werden könnte.

§ 90 c[1)] Ergänzende Zulässigkeitsvoraussetzungen. (1) Die Vollstreckung des Erkenntnisses und die Überwachung der darauf beruhenden Bewährungsmaßnahmen oder alternativen Sanktionen sind nicht zulässig, wenn

1. die verurteilte Person zum Zeitpunkt der Tat schuldunfähig nach § 19 des Strafgesetzbuchs[2)] oder strafrechtlich nicht verantwortlich nach § 3 des Jugendgerichtsgesetzes[3)] war,
2. die verurteilte Person zu der Verhandlung, die dem Erkenntnis zugrunde liegt, nicht persönlich erschienen ist,
3. die verurteilte Person

[1)] Neunter Teil Abschnitt 4 (§§ 90 a–90 n) eingef. mWv 25. 7. 2015 durch G v. 17. 7. 2015 (BGBl. I *S. 1349*).
[2)] **Schönfelder Nr. 85.**
[3)] **Schönfelder Nr. 89.**

a) wegen derselben Tat, die dem Erkenntnis zugrunde liegt, bereits von einem anderen Mitgliedstaat, als dem, in dem gegen sie das Erkenntnis ergangen ist, rechtskräftig abgeurteilt worden ist und

b) zu einer Sanktion verurteilt worden ist und diese bereits vollstreckt worden ist, gerade vollstreckt wird oder nach dem Recht des Urteilsstaates nicht mehr vollstreckt werden kann oder

4. für die Tat, die dem Erkenntnis zugrunde liegt, auch die deutsche Gerichtsbarkeit begründet ist und die Vollstreckung nach deutschem Recht verjährt ist oder bei sinngemäßer Umstellung des Sachverhalts verjährt wäre.

(2) [1] In Abweichung von Absatz 1 Nummer 4 und § 90 b Absatz 1 Satz 1 Nummer 4 können die Vollstreckung eines in einem anderen Mitgliedstaat verhängten Erkenntnisses und die Überwachung der darauf beruhenden Bewährungsmaßnahmen oder alternativen Sanktionen für zulässig erklärt werden, wenn die verurteilte Person dies beantragt hat. [2] Der Antrag der verurteilten Person nach Satz 1 ist zu Protokoll eines Richters zu erklären. [3] Der Antrag kann nicht zurückgenommen werden. [4] Die verurteilte Person ist zuvor über die Rechtsfolgen ihres Antrags und darüber zu belehren, dass dieser nicht zurückgenommen werden kann. [5] Liegen die in § 90 b Absatz 1 Satz 1 Nummer 4 genannten Voraussetzungen nicht vor, so beträgt das Höchstmaß bei der Umwandlung der Sanktion nach § 90 h Absatz 4 und 5 zwei Jahre Freiheitsentzug.

(3) In Abweichung von Absatz 1 Nummer 2 sind die Vollstreckung des Erkenntnisses und die Überwachung der darauf beruhenden Bewährungsmaßnahmen oder alternativen Sanktionen auch zulässig, wenn

1. die verurteilte Person

a) rechtzeitig

aa) persönlich zu der Verhandlung, die zu dem Erkenntnis geführt hat, geladen wurde oder

bb) auf andere Weise tatsächlich offiziell von dem vorgesehenen Termin und Ort der Verhandlung, die zu dem Erkenntnis geführt hat, in Kenntnis gesetzt wurde, so dass zweifelsfrei nachgewiesen wurde, dass die verurteilte Person von der anberaumten Verhandlung Kenntnis hatte, und

b) dabei darauf hingewiesen wurde, dass ein Erkenntnis auch in ihrer Abwesenheit ergehen kann,

2. die verurteilte Person in Kenntnis des gegen sie gerichteten Verfahrens, an dem ein Verteidiger beteiligt war, eine persönliche Ladung durch Flucht verhindert hat oder

3. die verurteilte Person in Kenntnis der anberaumten Verhandlung einen Verteidiger bevollmächtigt hat, sie in der Verhandlung zu verteidigen, und sie durch diesen in der Verhandlung tatsächlich verteidigt wurde.

(4) [1] In Abweichung von Absatz 1 Nummer 2 sind die Vollstreckung des Erkenntnisses und die Überwachung der darauf beruhenden Bewährungsmaßnahmen oder alternativen Sanktionen auch zulässig, wenn die verurteilte Person nach Zustellung des Erkenntnisses

1. ausdrücklich erklärt hat, das ergangene Erkenntnis nicht anzufechten oder

2. innerhalb geltender Fristen keine Wiederaufnahme des Verfahrens oder kein Berufungsverfahren beantragt hat.

[2] Die verurteilte Person muss zuvor ausdrücklich über ihr Recht auf Wiederaufnahme des Verfahrens oder auf ein Berufungsverfahren, an dem sie teilnehmen kann und bei dem der Sachverhalt, einschließlich neuer Beweismittel, erneut geprüft und die ursprüngliche Entscheidung aufgehoben werden kann, belehrt worden sein.

§ 90 d[1)] Unterlagen. (1) Die Vollstreckung eines ausländischen Erkenntnisses und die Überwachung der darauf beruhenden Bewährungsmaßnahmen oder alternativen Sanktionen nach Maßgabe des Rahmenbeschlusses Bewährungsüberwachung sind nur zulässig, wenn durch den anderen Mitgliedstaat das Original oder eine beglaubigte Abschrift des Erkenntnisses und gegebenenfalls der Bewährungsentscheidung zusammen mit einer vollständig ausgefüllten Bescheinigung übermittelt wird, die dem Formblatt in Anhang I des Rahmenbeschlusses Bewährungsüberwachung in der jeweils gültigen Fassung entspricht.

(2) Liegt eine Bescheinigung nach Absatz 1 vor, ist diese jedoch unvollständig, so kann die zuständige Behörde auf die Vorlage einer vervollständigten Bescheinigung verzichten, wenn sich die erforderlichen Angaben aus dem zu vollstreckenden Erkenntnis oder aus anderen beigefügten Unterlagen ergeben.

§ 90 e[1)] Bewilligungshindernisse. (1) Die Bewilligung der Vollstreckung eines ausländischen Erkenntnisses und der Überwachung der darauf beruhenden Bewährungsmaßnahmen oder alternativen Sanktionen, sofern die Vollstreckung und die Überwachung nach den §§ 90 b bis 90 d zulässig sind, kann nur abgelehnt werden, wenn eine oder mehrere der folgenden Bedingungen erfüllt sind:

1. die Bescheinigung (§ 90 d Absatz 1)
   a) ist im Hinblick auf Angaben, die im Formblatt verlangt sind, unvollständig oder entspricht offensichtlich nicht dem ausländischen Erkenntnis oder der Bewährungsentscheidung und
   b) der andere Mitgliedstaat hat diese Angaben nicht vollständig oder berichtigt nachgereicht,
2. das Erkenntnis soll gegen eine Person mit deutscher Staatsangehörigkeit vollstreckt werden, die ihren gewöhnlichen Wohnsitz nicht in der Bundesrepublik Deutschland hat,
3. die Tat wurde zu einem wesentlichen Teil in der Bundesrepublik Deutschland oder in einem der in § 4 des Strafgesetzbuchs[2)] genannten Verkehrsmittel begangen oder
4. die Dauer der Bewährungsmaßnahme oder der alternativen Sanktion beträgt weniger als sechs Monate.

(2) Die Bewilligung einer nach den §§ 90 b bis 90 d zulässigen Vollstreckung eines ausländischen Erkenntnisses, nicht aber die darauf beruhende Überwachung von Bewährungsmaßnahmen oder alternativen Sanktionen, kann ferner abgelehnt werden, wenn die Staatsanwaltschaft oder das Gericht festgestellt hat, dass das ausländische Erkenntnis nur teilweise vollstreckbar ist und mit der zuständigen Behörde des anderen Mitgliedstaates keine Einigung darüber erzielen konnte, inwieweit das Erkenntnis vollstreckt werden soll.

[1)] *Neunter Teil Abschnitt 4 (§§ 90 a–90 n)* eingef. mWv 25. 7. 2015 durch G v. 17. 7. 2015 (BGBl. I S. 1349).

[2)] **Schönfelder Nr. 85.**

§ 90 f[1)] Vorläufige Bewilligungsentscheidung. (1) [1] Über die Bewilligung der Vollstreckung des ausländischen Erkenntnisses und die Überwachung der darauf beruhenden Bewährungsmaßnahmen oder alternativen Sanktionen entscheidet die nach § 50 Satz 2 und § 51 zuständige Staatsanwaltschaft. [2] Sie gibt der verurteilten Person Gelegenheit, sich zu äußern. [3] Hiervon kann abgesehen werden, wenn bereits eine Stellungnahme der verurteilten Person vorliegt.

(2) Entscheidet die Staatsanwaltschaft, die Bewilligungshindernisse nach § 90 e nicht geltend zu machen, begründet sie diese Entscheidung in dem Antrag auf gerichtliche Entscheidung über die Vollstreckbarkeit des ausländischen Erkenntnisses und die Zulässigkeit der Überwachung der Bewährungsmaßnahmen oder alternativen Sanktionen.

(3) [1] Bewilligt die Staatsanwaltschaft die Vollstreckung des ausländischen Erkenntnisses und die Überwachung der darauf beruhenden Bewährungsmaßnahmen oder alternativen Sanktionen in der Bundesrepublik Deutschland nicht, begründet sie diese Entscheidung. [2] Die Staatsanwaltschaft stellt der verurteilten Person die Entscheidung zu, sofern sich die verurteilte Person mit der Vollstreckung des ausländischen Erkenntnisses und der Überwachung der Bewährungsmaßnahmen oder alternativen Sanktionen in der Bundesrepublik Deutschland einverstanden erklärt hat. [3] Die verurteilte Person kann binnen zwei Wochen nach Zustellung einen Antrag auf gerichtliche Entscheidung stellen. [4] Die §§ 297 bis 300 und 302 Absatz 1 Satz 1, Absatz 2 der Strafprozessordnung[2)] über Rechtsmittel und die §§ 42 bis 47 der Strafprozessordnung über Fristen und Wiedereinsetzung in den vorigen Stand gelten entsprechend.

(4) [1] Statt die Überwachung der Bewährungsmaßnahmen oder alternativen Sanktionen zusammen mit der Vollstreckung des ausländischen Erkenntnisses nach Absatz 3 nicht zu bewilligen, kann die Staatsanwaltschaft auch allein die Überwachung der Bewährungsmaßnahmen oder alternativen Sanktionen bewilligen. [2] Die Staatsanwaltschaft begründet diese Entscheidung in dem Antrag auf gerichtliche Entscheidung über die Zulässigkeit der Überwachung von Bewährungsmaßnahmen oder alternativen Sanktionen.

§ 90 g[1)] Gerichtliches Verfahren. (1) [1] Das nach § 50 Satz 1 und § 51 zuständige Landgericht entscheidet auf Antrag der Staatsanwaltschaft nach § 90 f Absatz 2 und 4 Satz 2 oder auf Antrag der verurteilten Person nach § 90 f Absatz 3 Satz 3. [2] Die Staatsanwaltschaft bereitet die Entscheidung vor.

(2) Das Gericht übersendet der verurteilten Person eine Abschrift der in § 90 d aufgeführten Unterlagen, soweit dies zur Ausübung ihrer Rechte erforderlich ist.

(3) [1] Bei einem Antrag der Staatsanwaltschaft auf gerichtliche Entscheidung über die Vollstreckbarkeit und Zulässigkeit der Überwachung nach § 90 f Absatz 2 oder über die Zulässigkeit der Überwachung nach § 90 f Absatz 4 Satz 2 ist der verurteilten Person zusätzlich zu der Abschrift nach Absatz 2 eine Abschrift der Entscheidung gemäß § 90 f Absatz 2 und 4 Satz 1 zuzustellen. [2] Die verurteilte Person wird aufgefordert, sich innerhalb einer vom Gericht zu bestimmenden Frist zu dem Antrag der Staatsanwaltschaft zu äußern.

---

1) Neunter Teil Abschnitt 4 (§§ 90 a–90 n) eingef. mWv 25. 7. 2015 durch G v. 17. 7. 2015 (BGBl. I S. 1349).

2) **Schönfelder Nr. 90.**

(4) [1] Für die gerichtliche Vorbereitung der Entscheidung gilt § 52 Absatz 1 mit der Maßgabe entsprechend, dass der zuständigen Behörde im anderen Mitgliedstaat auch Gelegenheit gegeben worden sein muss, ergänzende Unterlagen beizubringen, wenn die übermittelten Unterlagen nicht ausreichen, um beurteilen zu können, ob die Staatsanwaltschaft ihr Ermessen fehlerfrei ausgeübt hat. [2] Für die Beibringung der Unterlagen kann eine Frist gesetzt werden.

(5) [1] § 30 Absatz 2 Satz 2 gilt entsprechend mit der Maßgabe, dass das Gericht auch Beweis darüber erheben kann, ob die Staatsanwaltschaft ihr Ermessen fehlerfrei ausgeübt hat. [2] § 30 Absatz 2 Satz 4, Absatz 3 sowie § 31 Absatz 1 und 4 gelten entsprechend. [3] Befindet sich die verurteilte Person im Geltungsbereich dieses Gesetzes, so gelten auch § 30 Absatz 2 Satz 1 sowie § 31 Absatz 2 und 3 entsprechend.

§ 90 h[1)] Gerichtliche Entscheidung. (1) Über die Anträge auf gerichtliche Entscheidung nach § 90 f Absatz 2, 3 und 4 entscheidet das Landgericht durch Beschluss.

(2) [1] Sind die Vorschriften über den Antrag auf gerichtliche Entscheidung durch die verurteilte Person nach § 90 f Absatz 3 Satz 3 und 4 nicht beachtet, so verwirft das Gericht den Antrag als unzulässig. [2] Der Beschluss ist unanfechtbar.

(3) In Abweichung von § 54 Absatz 1 erklärt das Gericht das ausländische Erkenntnis gemäß § 50 Satz 1 und § 55 unter dem Vorbehalt, dass die Strafaussetzung widerrufen oder gegen die verurteilte Person die zuvor bestimmte freiheitsentziehende Sanktion verhängt wird, für vollstreckbar und die Überwachung der Bewährungsmaßnahmen oder alternativen Sanktionen für zulässig, soweit die Vollstreckung des ausländischen Erkenntnisses und die Überwachung der Bewährungsmaßnahmen oder alternativen Sanktionen zulässig sind und die Staatsanwaltschaft

1. ihr Ermessen, Bewilligungshindernisse nach § 90 e nicht geltend zu machen, fehlerfrei ausgeübt hat oder
2. ihr Ermessen, Bewilligungshindernisse nach § 90 e geltend zu machen, fehlerhaft ausgeübt hat und eine andere Ermessensentscheidung nicht gerechtfertigt ist; kommt jedoch eine andere Ermessensentscheidung in Betracht, hebt das Gericht die Entscheidung der Staatsanwaltschaft auf und reicht ihr die Akten zur erneuten Ermessensausübung unter Beachtung der Rechtsansicht des Gerichts zurück.

(4) [1] Überschreitet die freiheitsentziehende Sanktion, die durch das ausländische Erkenntnis verhängt worden ist, das Höchstmaß, das im Geltungsbereich dieses Gesetzes für die Tat angedroht ist, ermäßigt das Gericht die Sanktion auf dieses Höchstmaß. [2] § 54 Absatz 1 Satz 4 und § 54 a gelten entsprechend.

(5) [1] In seiner Entscheidung gemäß den Absätzen 3 und 4 wandelt das Gericht die verhängte oder zuvor bestimmte freiheitsentziehende Sanktion in die ihr im deutschen Recht am meisten entsprechende freiheitsentziehende Sanktion um, wenn

1. die verhängte oder zuvor bestimmte freiheitsentziehende Sanktion ihrer Art nach keiner Sanktion entspricht, die das im Geltungsbereich dieses Gesetzes geltende Recht vorsieht oder

---

1) Neunter Teil Abschnitt 4 (§§ 90 a–90 n) eingef. mWv 25. 7. 2015 durch G v. 17. 7. 2015 (BGBl. I S. 1349).

2. die verurteilte Person zur Zeit der Tat das 21. Lebensjahr noch nicht vollendet hat; § 54 Absatz 3 gilt entsprechend.

[2] Für die Höhe der umgewandelten Sanktion ist das ausländische Erkenntnis maßgebend; die umgewandelte Sanktion darf nach Art oder Dauer die im anderen Mitgliedstaat verhängte Sanktion nicht verschärfen.

(6) In Abweichung von Absatz 3 wird allein die Überwachung der Bewährungsmaßnahmen oder alternativen Sanktionen für zulässig erklärt, wenn

1. nur die Überwachung der Bewährungsmaßnahmen oder alternativen Sanktionen nach § 90 b Absatz 3 zulässig ist und die Staatsanwaltschaft
   a) ihr Ermessen, Bewilligungshindernisse nach § 90 e Absatz 1 nicht geltend zu machen, fehlerfrei ausgeübt hat oder
   b) ihr Ermessen, Bewilligungshindernisse nach § 90 e Absatz 1 geltend zu machen, fehlerhaft ausgeübt hat und eine andere Ermessensentscheidung nicht gerechtfertigt ist; kommt jedoch eine andere Ermessensentscheidung in Betracht, hebt das Gericht die Entscheidung der Staatsanwaltschaft auf und reicht ihr die Akten zur erneuten Ermessensausübung unter Beachtung der Rechtsauffassung des Gerichts zurück oder
2. die Staatsanwaltschaft ihr Ermessen, das Bewilligungshindernis nach § 90 e Absatz 2 geltend zu machen, fehlerfrei ausgeübt hat.

(7) [1] In seiner Entscheidung nach den Absätzen 3 und 6 wandelt das Gericht die der verurteilten Person auferlegten Bewährungsmaßnahmen oder die gegen sie verhängten alternativen Sanktionen in die ihnen im deutschen Recht am meisten entsprechenden Auflagen und Weisungen um, wenn

1. die auferlegten Bewährungsmaßnahmen oder die verhängten alternativen Sanktionen ihrer Art nach den Auflagen und Weisungen nicht entsprechen, die das im Geltungsbereich dieses Gesetzes geltende Recht vorsieht,
2. die Voraussetzungen für den Erlass der Auflagen und Weisungen nach dem im Geltungsbereich dieses Gesetzes geltenden Recht nicht erfüllt sind,
3. die auferlegten Bewährungsmaßnahmen oder die verhängten alternativen Sanktionen an die Lebensführung der verurteilten Person unzumutbare Anforderungen stellen oder
4. die auferlegten Bewährungsmaßnahmen oder die verhängten alternativen Sanktionen nicht hinreichend bestimmt sind.

[2] Sieht das ausländische Erkenntnis oder die Bewährungsentscheidung eine Bewährungszeit oder Führungsaufsicht von mehr als fünf Jahren vor, so senkt das Gericht die Dauer der Bewährungszeit oder Führungsaufsicht außer in den Fällen des § 68 c Absatz 2 und 3 des Strafgesetzbuchs[1)] auf das Höchstmaß von fünf Jahren. [3] Wäre nach deutschem Recht Jugendstrafrecht anzuwenden, gilt Satz 2 mit der Maßgabe, dass im Fall einer Bewährungszeit oder Führungsaufsicht von mehr als drei Jahren das Höchstmaß drei Jahre beträgt. [4] § 55 Absatz 1 Satz 2 gilt mit der Maßgabe, dass in der Entscheidungsformel auch die zu überwachenden Bewährungsmaßnahmen oder alternativen Sanktionen und gegebenenfalls die Dauer der Bewährungszeit anzugeben sind.

[1)] **Schönfelder Nr. 85.**

§ 90 i[1)] Bewilligung nach gerichtlicher Entscheidung. (1) [1] Die Staatsanwaltschaft darf die Vollstreckung des ausländischen Erkenntnisses und die Überwachung der Bewährungsmaßnahmen oder alternativen Sanktionen nur bewilligen, wenn das Gericht das ausländische Erkenntnis für vollstreckbar erklärt hat und die Überwachung der Bewährungsmaßnahmen oder alternativen Sanktionen für zulässig erklärt hat. [2] Hat das Gericht allein die Überwachung für zulässig erklärt, so darf die Staatsanwaltschaft nur die Überwachung bewilligen.

(2) [1] Die Staatsanwaltschaft bewilligt die Vollstreckung und die Überwachung nach Maßgabe der rechtskräftigen gerichtlichen Entscheidung. [2] Über die Bewilligung soll innerhalb von 60 Tagen nach Eingang der in § 90 d bezeichneten Unterlagen bei der Staatsanwaltschaft entschieden werden. [3] Eine endgültig ablehnende Bewilligungsentscheidung ist zu begründen.

(3) Die Bewilligungsentscheidung ist unanfechtbar.

§ 90 j[1)] Ergänzende Regelungen zur Vollstreckung. (1) [1] Nach der Bewilligung der Vollstreckung des ausländischen Erkenntnisses und der Überwachung der darauf beruhenden Bewährungsmaßnahmen überwacht das für die Entscheidung nach § 90 h zuständige Gericht während der Bewährungszeit die Lebensführung der verurteilten Person, namentlich die Erfüllung von Auflagen und Weisungen sowie von Anerbieten und Zusagen. [2] Das Gericht trifft alle nachträglichen Entscheidungen, die sich auf eine Vollstreckungsaussetzung zur Bewährung beziehen, soweit der andere Mitgliedstaat die Überwachung ausgesetzt hat. [3] Wurde die verhängte oder zuvor bestimmte freiheitsentziehende Sanktion gemäß § 90 h Absatz 5 Satz 1 Nummer 2 in eine nach dem Jugendgerichtsgesetz[2)] zulässige Sanktion umgewandelt, so richtet sich die Zuständigkeit für die Überwachung der Lebensführung der verurteilten Person und für alle nachträglichen Entscheidungen, die sich auf eine Vollstreckungsaussetzung zur Bewährung beziehen, nach den Bestimmungen des Jugendgerichtsgesetzes.

(2) Hat ein Gericht des anderen Mitgliedstaates gegen die verurteilte Person eine oder mehrere der in § 90 b Absatz 1 Satz 1 Nummer 6 genannten alternativen Sanktionen verhängt und für den Fall des Verstoßes gegen die alternativen Sanktionen eine freiheitsentziehende Sanktion bestimmt (§ 90 b Absatz 1 Satz 1 Nummer 2 Buchstabe c), so gilt Absatz 1 mit der Maßgabe, dass das Gericht die Einhaltung der alternativen Sanktionen überwacht und gegebenenfalls gegen die verurteilte Person die zuvor bestimmte freiheitsentziehende Sanktion verhängt, wenn es entsprechend den §§ 56 f und 67 g des Strafgesetzbuchs[3)] oder entsprechend § 26 des Jugendgerichtsgesetzes die Aussetzung der Vollstreckung einer freiheitsentziehenden Sanktion widerrufen würde.

(3) [1] Das Gericht belehrt die verurteilte Person über

1. die Bedeutung der Aussetzung der Strafe oder Maßregel zur Bewährung, über die Bedeutung der alternativen Sanktionen oder der Führungsaufsicht,
2. die Dauer der Bewährungszeit oder Führungsaufsicht,
3. die Bewährungsmaßnahmen und

[1)] Neunter Teil Abschnitt 4 (§§ 90 a–90 n) eingef. mWv 25. 7. 2015 durch G v. 17. 7. 2015 (BGBl. I S. 1349).

[2)] **Schönfelder Nr. 89.**

[3)] **Schönfelder Nr. 85.**

4. die Möglichkeit, die Aussetzung zu widerrufen oder die zuvor bestimmte freiheitsentziehende Sanktion zu verhängen.

[2] Hat das Gericht Auflagen und Weisungen nach § 90 h Absatz 7 in Weisungen nach § 68 b Absatz 1 des Strafgesetzbuchs umgewandelt, so belehrt das Gericht die verurteilte Person auch über die Möglichkeit einer Bestrafung nach § 145 a des Strafgesetzbuchs. [3] Der Vorsitzende kann einen beauftragten oder ersuchten Richter mit der Belehrung betrauen.

(4) [1] In Abweichung von § 57 Absatz 6 ist, nachdem mit der Überwachung der Bewährungsmaßnahmen oder alternativen Sanktionen in der Bundesrepublik Deutschland begonnen worden ist, von der Vollstreckung und Überwachung nur abzusehen, wenn

1. eine zuständige Stelle des anderen Mitgliedstaates mitteilt, dass die Voraussetzungen für die Vollstreckung und Überwachung auf Grund eines Wiederaufnahmeverfahrens, einer Amnestie oder einer Gnadenentscheidung entfallen sind oder
2. die verurteilte Person aus der Bundesrepublik Deutschland geflohen ist.

[2] Von der Vollstreckung und Überwachung kann ferner abgesehen werden, wenn die verurteilte Person keinen rechtmäßigen gewöhnlichen Aufenthalt in der Bundesrepublik Deutschland mehr hat oder der andere Mitgliedstaat ein Strafverfahren in anderer Sache gegen die verurteilte Person führt und um ein Absehen von der Vollstreckung und Überwachung ersucht hat.

§ 90 k[1)] Überwachung der verurteilten Person. (1) [1] Hat die Staatsanwaltschaft allein die Überwachung der Bewährungsmaßnahmen oder alternativen Sanktionen bewilligt, so überwacht das Gericht während der Bewährungszeit nur die Lebensführung der verurteilten Person und die Einhaltung der ihr auferlegten Bewährungsmaßnahmen oder alternativen Sanktionen, soweit der andere Mitgliedstaat die Überwachung ausgesetzt hat. [2] § 90 j Absatz 1 Satz 3 gilt entsprechend.

(2) [1] Hat die Staatsanwaltschaft die Vollstreckung des Erkenntnisses nicht bewilligt, ist aber die Überwachung von Bewährungsmaßnahmen oder alternativen Sanktionen zulässig, weil ein Fall des § 90 b Absatz 3 Nummer 1 oder Nummer 2 vorliegt oder weil das Bewilligungshindernis nach § 90 e Absatz 2 fehlerfrei geltend gemacht wurde, so trifft das Gericht zusätzlich zu der Überwachung nach Absatz 1 die folgenden nachträglichen Entscheidungen

1. die Verkürzung der Bewährungszeit oder Führungsaufsicht auf das Mindestmaß,
2. die Verlängerung der Bewährungszeit oder Führungsaufsicht auf das Höchstmaß und
3. *die Erteilung, Änderung und Auf*hebung von Auflagen und Weisungen, einschließlich der Weisung, die verurteilte Person für die Dauer oder für einen Teil der Bewährungszeit der Aufsicht und Leitung einer Bewährungshelferin oder eines Bewährungshelfers zu unterstellen.

[2] § 90 j Absatz 1 Satz 3 gilt entsprechend.

---

1) Neunter Teil Abschnitt 4 (§§ 90 a–90 n) eingef. mWv 25. 7. 2015 durch G v. 17. 7. 2015 (BGBl. I S. 1349).

(3) [1] Nach Beginn der Überwachung der Bewährungsmaßnahmen oder alternativen Sanktionen wird von der Überwachung abgesehen, wenn

1. eine zuständige Stelle des anderen Mitgliedstaates mitteilt, dass die Voraussetzungen für die Überwachung entfallen sind,
2. die verurteilte Person aus der Bundesrepublik Deutschland geflohen ist oder
3. das Gericht eine Aussetzung zur Bewährung widerrufen würde oder eine freiheitsentziehende Sanktion gegen die verurteilte Person verhängen würde.

[2] § 90j Absatz 4 Satz 2 gilt entsprechend.

(4) [1] Das Gericht unterrichtet die zuständige Behörde des anderen Mitgliedstaates unverzüglich über

1. jeglichen Verstoß gegen eine Bewährungsmaßnahme oder alternative Sanktion, wenn es gemäß Absatz 1 während der Bewährungszeit allein die Lebensführung der verurteilten Person und die Einhaltung der Bewährungsmaßnahmen und alternativen Sanktionen überwacht,
2. die nachträglichen Entscheidungen nach Absatz 2 und
3. das Absehen von der Überwachung nach Absatz 3.

[2] Für die Unterrichtung nach Satz 1 Nummer 1 und 2 und die Unterrichtung über das Absehen von der Überwachung nach Satz 1 Nummer 3 in Verbindung mit Absatz 3 Satz 1 Nummer 3 ist das in Anhang II des Rahmenbeschlusses Bewährungsüberwachung wiedergegebene Formblatt zu verwenden.

(5) § 90j Absatz 3 gilt entsprechend mit der Maßgabe, dass das Gericht die verurteilte Person anstatt über die Möglichkeit, die Aussetzung zu widerrufen oder die zuvor bestimmte freiheitsentziehende Sanktion nach § 90j Absatz 3 Satz 1 Nummer 4 zu verhängen, über die Möglichkeit belehrt, von der Überwachung nach Absatz 3 Satz 1 Nummer 3 abzusehen.

Unterabschnitt 2. Überwachung von deutschen Bewährungsmaßnahmen in einem anderen Mitgliedstaat der Europäischen Union

§ 90l[1)] Bewilligung der Vollstreckung und Überwachung. (1) [1] In Abweichung von § 71 kann die Vollstreckungsbehörde nach Maßgabe des Rahmenbeschlusses Bewährungsüberwachung einem anderen Mitgliedstaat Folgendes übertragen:

1. die Vollstreckung einer im Geltungsbereich dieses Gesetzes verhängten freiheitsentziehenden Sanktion, deren Vollstreckung oder weitere Vollstreckung zur Bewährung ausgesetzt wurde, und
2. die Überwachung der Auflagen und Weisungen, die der verurteilten Person für die Dauer oder für einen Teil der Bewährungszeit erteilt wurden.

[2] Die Vollstreckung nach Satz 1 Nummer 1 kann nur zusammen mit der Überwachung nach Satz 1 Nummer 2 übertragen werden. [3] Die Vollstreckungsbehörde gibt der verurteilten Person Gelegenheit, sich zu äußern. [4] Hiervon kann abgesehen werden, wenn die verurteilte Person einen Antrag auf Übertragung der Vollstreckung und Überwachung an den anderen Mitgliedstaat gestellt hat.

(2) [1] Hält sich die verurteilte Person in der Bundesrepublik Deutschland auf, darf die Vollstreckungsbehörde die Übertragung der Vollstreckung und Über-

---

1) Neunter Teil Abschnitt 4 (§§ 90a–90n) eingef. mWv 25. 7. 2015 durch G v. 17. 7. 2015 (BGBl. I S. 1349).

wachung nur bewilligen, wenn sich die verurteilte Person damit einverstanden erklärt hat. [2] Das Einverständnis der verurteilten Person ist zu Protokoll eines Richters zu erklären. [3] Es kann nicht widerrufen werden. [4] Die verurteilte Person ist über die Rechtsfolgen ihres Einverständnisses und dessen Unwiderruflichkeit zu belehren.

(3) [1] Die Vollstreckungsbehörde hat die verurteilte Person über die Entscheidung, ein Ersuchen um Vollstreckung und Überwachung an einen anderen Mitgliedstaat zu stellen, schriftlich zu unterrichten. [2] Hält sich die verurteilte Person im Hoheitsbereich des anderen Mitgliedstaates auf, darf die Vollstreckungsbehörde dessen zuständige Behörde bitten, die Unterrichtung an die verurteilte Person weiterzuleiten. [3] Dem Ersuchen um Vollstreckung sind alle abgegebenen Stellungnahmen der verurteilten Person und ihres gesetzlichen Vertreters in schriftlicher Form beizufügen.

(4) Die Vollstreckungsbehörde kann ein Ersuchen um Vollstreckung und Überwachung zurücknehmen, wenn der andere Mitgliedstaat mit der Überwachung noch nicht begonnen hat.

(5) [1] Bewilligt die Vollstreckungsbehörde nicht, dass die Vollstreckung einer freiheitsentziehenden Sanktion nach Absatz 1 Satz 1 Nummer 1 und die Überwachung der Auflagen und Weisungen nach Absatz 1 Satz 1 Nummer 2 an einen anderen Mitgliedstaat übertragen werden, oder nimmt sie ein Ersuchen gemäß Absatz 4 zurück, so begründet sie diese Entscheidung. [2] Die Vollstreckungsbehörde stellt die Entscheidung der verurteilten Person zu, sofern die verurteilte Person der Vollstreckung und Überwachung in dem anderen Mitgliedstaat zugestimmt hat. [3] Die verurteilte Person kann binnen zwei Wochen nach Zustellung einen Antrag auf gerichtliche Entscheidung stellen. [4] Die §§ 297 bis 300 und 302 Absatz 1 Satz 1, Absatz 2 der Strafprozessordnung[1)] über Rechtsmittel und die §§ 42 bis 47 der Strafprozessordnung über Fristen und Wiedereinsetzung in den vorigen Stand gelten entsprechend.

§ 90 m[2)] Gerichtliches Verfahren auf Antrag der verurteilten Person.

(1) [1] Das nach § 71 Absatz 4 Satz 2 und 3 zuständige Oberlandesgericht entscheidet auf Antrag der verurteilten Person nach § 90 l Absatz 5 Satz 3 durch Beschluss. [2] Die Vollstreckungsbehörde bereitet die Entscheidung vor. [3] § 13 Absatz 1 Satz 2, § 30 Absatz 2 Satz 2 und 4, Absatz 3, § 31 Absatz 1 und 4 sowie die §§ 33, 42 und 53 gelten entsprechend. [4] Befindet sich die verurteilte Person im Geltungsbereich dieses Gesetzes, so gelten auch § 30 Absatz 2 Satz 1 sowie § 31 Absatz 2 und 3 entsprechend.

(2) Sind die Vorschriften über den Antrag auf gerichtliche Entscheidung durch die verurteilte Person nach § 90 l Absatz 5 Satz 3 und 4 nicht beachtet, so verwirft das Gericht den Antrag als unzulässig.

(3) Der Antrag der verurteilten Person auf gerichtliche Entscheidung wird durch Beschluss als unbegründet zurückgewiesen, wenn

1. es nach Maßgabe des Rahmenbeschlusses Bewährungsüberwachung und gemäß § 90 l Absatz 1 unzulässig ist, die Vollstreckung eines im Geltungsbereich dieses Gesetzes ergangenen Erkenntnisses und die Überwachung der darauf

---

[1)] **Schönfelder Nr. 90.**

[2)] Neunter Teil Abschnitt 4 (§§ 90 a–90 n) eingef. mWv 25. 7. 2015 durch G v. 17. 7. 2015 (BGBl. I S. 1349).

beruhenden Auflagen und Weisungen an einen anderen Mitgliedstaat zu übertragen, oder

2. die Vollstreckungsbehörde ihr Ermessen nach § 90l Absatz 1 Satz 1 und Absatz 4 fehlerfrei ausgeübt hat.

(4) [1] Soweit der Antrag der verurteilten Person auf gerichtliche Entscheidung zulässig und begründet und eine andere als die von der Vollstreckungsbehörde getroffene Ermessensentscheidung nicht gerechtfertigt ist, erklärt das Gericht die Vollstreckung der freiheitsentziehenden Sanktion nach § 90l Absatz 1 Satz 1 Nummer 1 und die Überwachung der Auflagen und Weisungen nach § 90l Absatz 1 Satz 1 Nummer 2 in dem anderen Mitgliedstaat für zulässig. [2] Kommt jedoch eine andere Ermessensentscheidung in Betracht, hebt das Gericht die Entscheidung der Vollstreckungsbehörde auf und reicht ihr die Akten zur erneuten Ermessensausübung unter Beachtung der Rechtsauffassung des Gerichts zurück.

(5) [1] Die Vollstreckungsbehörde bewilligt die Vollstreckung und die Überwachung in dem anderen Mitgliedstaat nach Maßgabe der rechtskräftigen gerichtlichen Entscheidung. [2] Die Bewilligungsentscheidung ist unanfechtbar.

§ 90 n[1)] Inländisches Vollstreckungsverfahren. (1) [1] Die deutsche Vollstreckungsbehörde sieht von der Vollstreckung und Überwachung ab, soweit der andere Mitgliedstaat sie übernommen und durchgeführt hat. [2] Sie kann die Vollstreckung und Überwachung fortsetzen, sobald der andere Mitgliedstaat ihr mitgeteilt hat, dass er von der weiteren Vollstreckung und Überwachung absieht.

(2) [1] Hat der andere Mitgliedstaat die Auflagen und Weisungen, die der verurteilten Person für die Dauer oder für einen Teil der Bewährungszeit erteilt wurden, umgewandelt oder nachträglich geändert, so wandelt das zuständige Gericht die Auflagen und Weisungen entsprechend § 90 h Absatz 7 Satz 1 um. [2] Zuständig ist das Gericht, das für die nach § 453 der Strafprozessordnung[2)] oder nach § 58 des Jugendgerichtsgesetzes[3)] zu treffenden Entscheidungen zuständig ist.

(3) [1] Hat der andere Mitgliedstaat die Bewährungszeit um mehr als die Hälfte der zunächst bestimmten Bewährungszeit verlängert, so senkt das Gericht die Dauer der Bewährungszeit auf dieses Höchstmaß, sofern die verlängerte Bewährungszeit fünf Jahre überschreitet. [2] War nach deutschem Recht Jugendstrafrecht anzuwenden, gilt Satz 2 mit der Maßgabe, dass das Höchstmaß vier Jahre beträgt. [3] Die Leistungen, die die verurteilte Person zur Erfüllung von Auflagen, Anerbieten, Weisungen oder Zusagen im anderen Mitgliedstaat erbracht hat, werden angerechnet.

---

1) Neunter Teil Abschnitt 4 (§§ 90 a–90 n) eingef. mWv 25. 7. 2015 durch G v. 17. 7. 2015 (BGBl. I *S. 1349)*.

2) **Schönfelder Nr. 90.**

3) **Schönfelder Nr. 89.**

Abschnitt 5.[1] Überwachung von Maßnahmen zur Vermeidung von Untersuchungshaft

§ 90 o[1] Grundsatz. (1) Nach diesem Abschnitt richtet sich die Vollstreckungshilfe für und die Vollstreckungsabgabe an einen anderen Mitgliedstaat der Europäischen Union nach Maßgabe des Rahmenbeschlusses 2009/829/JI des Rates vom 23. Oktober 2009 über die Anwendung – zwischen den Mitgliedstaaten der Europäischen Union – des Grundsatzes der gegenseitigen Anerkennung auf Entscheidungen über Überwachungsmaßnahmen als Alternative zur Untersuchungshaft (ABl. L 294 vom 11. 11. 2009, S. 20) (Rahmenbeschluss Überwachungsanordnung).

(2) [1] Soweit dieser Abschnitt keine besonderen Regelungen enthält, sind die allgemeinen Bestimmungen des Ersten und Siebenten Teils dieses Gesetzes anzuwenden. [2] § 53 gilt entsprechend.

(3) Dieser Abschnitt geht den in § 1 Absatz 3 genannten völkerrechtlichen Vereinbarungen vor, soweit er abschließende Regelungen enthält.

§ 90 p[1] Voraussetzungen der Zulässigkeit. (1) [1] Auflagen und Weisungen, die ein anderer Mitgliedstaat der Europäischen Union nach Maßgabe seines innerstaatlichen Rechts und Verfahrens gegen eine natürliche Person zur Vermeidung der Untersuchungshaft verhängt hat (Maßnahmen), können in der Bundesrepublik Deutschland überwacht werden. [2] Die Überwachung ist nur zulässig, wenn

1. auch nach deutschem Recht, ungeachtet etwaiger Verfahrenshindernisse und gegebenenfalls bei sinngemäßer Umstellung des Sachverhaltes, wegen der der Entscheidung zugrunde liegenden Tat eine Strafe oder Maßregel der Besserung und Sicherung verhängt werden könnte,
2. die zu überwachende Person sich, nach Unterrichtung über die Maßnahmen, mit einer Rückkehr in die Bundesrepublik Deutschland oder einem Verbleib dort einverstanden erklärt,
3. die zu überwachende Person
   a) die deutsche Staatsangehörigkeit besitzt oder in der Bundesrepublik Deutschland rechtmäßig ihren gewöhnlichen Aufenthalt hat oder
   b) beabsichtigt, umgehend ihren gewöhnlichen Aufenthalt in der Bundesrepublik Deutschland zu begründen, und die Voraussetzungen für die Einreise in das Bundesgebiet und den Aufenthalt darin erfüllt und
4. eine oder mehrere der folgenden Maßnahmen überwacht werden soll beziehungsweise sollen:
   a) die Verpflichtung, einer bestimmten Behörde jeden Wohnsitzwechsel mitzuteilen,
   b) die Verpflichtung, bestimmte Orte, Plätze oder festgelegte Gebiete in der Bundesrepublik Deutschland oder im anderen Mitgliedstaat nicht zu betreten,
   c) die Verpflichtung, sich, gegebenenfalls zu einer bestimmten Zeit, an einem bestimmten Ort aufzuhalten,

---

[1] Neunter Teil Abschnitt 5 (§§ 90 o–90 z) eingef. mWv 23. 7. 2015 durch G v. 16. 7. 2015 (BGBl. I S. 1197).

d) eine Verpflichtung, mit der das Verlassen der Bundesrepublik Deutschland eingeschränkt wird,

e) die Verpflichtung, sich zu bestimmten Zeiten bei einer bestimmten Behörde zu melden,

f) die Verpflichtung, den Kontakt mit bestimmten Personen zu meiden,

g) die Verpflichtung, sich bestimmter Aktivitäten, die mit der zur Last gelegten Straftat im Zusammenhang stehen, zu enthalten,

h) die Verpflichtung, einen bestimmten angemessenen Geldbetrag zu hinterlegen oder eine andere Sicherheitsleistung zu erbringen, entweder in festgelegten Raten oder als Gesamtbetrag,

i) die Verpflichtung, den Kontakt mit bestimmten Gegenständen, die mit der zur Last gelegten Straftat im Zusammenhang stehen, zu meiden.

(2) Abweichend von Absatz 1 Satz 2 Nummer 1 ist die Überwachung von Maßnahmen in Steuer-, Zoll- und Währungsangelegenheiten auch zulässig, wenn das deutsche Recht keine gleichartigen Steuer-, Zoll- und Währungsbestimmungen enthält wie das Recht des anderen Mitgliedstaates.

(3) Die Überwachung einer Maßnahme ist unzulässig, wenn

1. die zu überwachende Person im Zeitpunkt der Tat nach § 19 des Strafgesetzbuchs[1] schuldunfähig oder nach § 3 des Jugendgerichtsgesetzes[2] strafrechtlich nicht verantwortlich war,

2. die zu überwachende Person

   a) wegen derselben Tat, die der Entscheidung zugrunde liegt, bereits von einem anderen Mitgliedstaat als dem, in dem gegen sie die Entscheidung ergangen ist, rechtskräftig abgeurteilt worden ist und

   b) im Falle der Verurteilung zu einer Sanktion diese bereits vollstreckt worden ist, gerade vollstreckt wird oder nach dem Recht des Urteilsstaates nicht mehr vollstreckt werden kann oder

3. bei Straftaten, für die auch die deutsche Gerichtsbarkeit begründet ist, die Strafverfolgung nach deutschem Recht verjährt wäre.

§ 90 q[3] Unterlagen. (1) Die Überwachung einer Maßnahme nach Maßgabe des Rahmenbeschlusses Überwachungsanordnung ist nur zulässig, wenn durch den anderen Mitgliedstaat das Original oder eine beglaubigte Abschrift der vollstreckbaren Entscheidung über Maßnahmen zusammen mit einer vollständig ausgefüllten Bescheinigung übermittelt wurde, für die das in Anhang I des Rahmenbeschlusses Überwachungsanordnung wiedergegebene Formblatt in der jeweils gültigen Fassung zu verwenden ist.

(2) Ist die Bescheinigung nach Absatz 1 unvollständig, ergeben sich jedoch die erforderlichen Angaben aus der Entscheidung oder aus anderen beigefügten Unterlagen, so kann die zuständige Behörde auf die Vorlage einer vervollständigten Bescheinigung verzichten.

---

[1] **Schönfelder Nr. 85.**
[2] ***Schönfelder Nr. 89.***
[3] Neunter Teil Abschnitt 5 (§§ 90 o–90 z) eingef. mWv 23. 7. 2015 durch G v. 16. 7. 2015 (BGBl. I S. 1197).

§ 90 r[1)] Bewilligungshindernisse. Die Bewilligung einer nach den §§ 90 p und 90 q zulässigen Überwachung der Maßnahmen kann nur abgelehnt werden, wenn

1. die Bescheinigung (§ 90 q Absatz 1) unvollständig ist oder offensichtlich nicht der Entscheidung entspricht und der andere Mitgliedstaat diese Angaben nicht vollständig oder berichtigt nachgereicht hat,
2. es im Falle eines Verstoßes gegen eine Maßnahme abgelehnt werden müsste, die zu überwachende Person auszuliefern,
3. im Falle einer Person, die ihren rechtmäßigen gewöhnlichen Aufenthalt in der Bundesrepublik Deutschland hat, ein Verfahren zur Beendigung des Aufenthaltes durchgeführt wird oder
4. im Falle des § 90 p Absatz 1 Satz 2 Nummer 3 Buchstabe b die Überwachung der zu überwachenden Person im Einzelfall in einem anderen Mitgliedstaat besser gewährleistet werden kann.

§ 90 s[1)] Vorläufige Bewilligungsentscheidung. (1) Die nach § 51 zuständige Staatsanwaltschaft entscheidet darüber, ob die Übernahme der Überwachung bewilligt wird.

(2) Die Staatsanwaltschaft gibt der zu überwachenden Person Gelegenheit, sich zu äußern, falls deren Stellungnahme noch nicht vorliegt.

(3) [1] Entscheidet die Staatsanwaltschaft, die Bewilligungshindernisse nach § 90 r nicht geltend zu machen, begründet sie diese Entscheidung in dem Antrag auf gerichtliche Entscheidung über die Zulässigkeit der Überwachungsübernahme. [2] Die zuständige Behörde des anderen Mitgliedstaates ist bereits vor Stellung des Antrags auf gerichtliche Entscheidung durch die Staatsanwaltschaft zu unterrichten über

1. die Gründe, warum es im Falle eines Verstoßes gegen eine Maßnahme abgelehnt werden müsste, die zu überwachende Person auszuliefern, und
2. die Nichtgeltendmachung des Bewilligungshindernisses.

(4) [1] Bewilligt die Staatsanwaltschaft die Übernahme der Überwachung nicht, begründet sie diese Entscheidung. [2] Die Staatsanwaltschaft stellt der zu überwachenden Person die Entscheidung zu. [3] Die zu überwachende Person kann binnen zwei Wochen nach Zustellung der ablehnenden Bewilligungsentscheidung einen Antrag auf gerichtliche Entscheidung stellen. [4] Die §§ 297 bis 300 und 302 Absatz 1 Satz 1, Absatz 2 der Strafprozessordnung[2)] über Rechtsmittel und die §§ 42 bis 47 der Strafprozessordnung über Fristen und Wiedereinsetzung in den vorigen Stand gelten entsprechend.

§ 90 t[1)] Gerichtliches Verfahren. (1) [1] Das Amtsgericht entscheidet auf Antrag der Staatsanwaltschaft nach § 90 s Absatz 3 Satz 1 oder auf Antrag der zu überwachenden Person nach § 90 s Absatz 4 Satz 3. [2] § 51 gilt entsprechend. [3] Die Staatsanwaltschaft bereitet die Entscheidung vor.

(2) [1] Für die gerichtliche Vorbereitung der Entscheidung gilt § 52 Absatz 1 mit der Maßgabe entsprechend, dass der zuständigen Behörde im anderen Mit-

---

[1)] Neunter Teil Abschnitt 5 (§§ 90 o–90 z) eingef. mWv 23. 7. 2015 durch G v. 16. 7. 2015 (BGBl. I S. 1197).

[2)] **Schönfelder Nr. 90.**

gliedstaat auch Gelegenheit gegeben worden sein muss, ergänzende Unterlagen beizubringen, wenn die übermittelten Unterlagen nicht ausreichen, um beurteilen zu können, ob die Staatsanwaltschaft ihr Ermessen fehlerfrei ausgeübt hat. [2] Das Gericht kann für die Beibringung der Unterlagen eine Frist setzen.

(3) [1] § 30 Absatz 2 Satz 2 gilt entsprechend mit der Maßgabe, dass das Gericht auch Beweis darüber erheben kann, ob die Staatsanwaltschaft ihr Ermessen fehlerfrei ausgeübt hat. [2] § 30 Absatz 2 Satz 4, Absatz 3 sowie § 31 Absatz 1 und 4 gelten entsprechend. [3] Befindet sich die verurteilte Person im Geltungsbereich dieses Gesetzes, so gelten auch § 30 Absatz 2 Satz 1 sowie § 31 Absatz 2 und 3 entsprechend.

§ 90 u[1)] Gerichtliche Zulässigkeitsentscheidung. (1) [1] Über die Anträge auf gerichtliche Entscheidung nach § 90 s Absatz 3 Satz 1 und Absatz 4 Satz 3 entscheidet das Amtsgericht durch Beschluss. [2] In der Beschlussformel sind bei einer stattgebenden Entscheidung die zu überwachenden Maßnahmen genau zu bestimmen.

(2) [1] Sind die Vorschriften über den Antrag auf gerichtliche Entscheidung durch die zu überwachende Person nach § 90 s Absatz 4 Satz 3 nicht beachtet worden, so verwirft das Gericht den Antrag als unzulässig. [2] Der Beschluss ist unanfechtbar.

(3) Das Gericht ordnet die Überwachung der Maßnahmen an, wenn diese zulässig ist und

1. die Staatsanwaltschaft ihr Ermessen, Bewilligungshindernisse nach § 90 r nicht geltend zu machen, fehlerfrei ausgeübt hat oder
2. die Staatsanwaltschaft ihr Ermessen, Bewilligungshindernisse nach § 90 r geltend zu machen, fehlerhaft ausgeübt hat und eine andere Ermessensentscheidung nicht gerechtfertigt ist; kommt jedoch eine andere Ermessensentscheidung in Betracht, hebt das Gericht die Entscheidung der Staatsanwaltschaft auf und reicht ihr die Akten zur erneuten Ermessensausübung unter Beachtung der Rechtsauffassung des Gerichts zurück.

(4) [1] Das Gericht wandelt die der zu überwachenden Person auferlegten Maßnahmen um, wenn

1. die Voraussetzungen für die Maßnahmen nach dem im Geltungsbereich dieses Gesetzes geltenden Recht nicht erfüllt sind oder
2. die auferlegten Überwachungsmaßnahmen nicht hinreichend bestimmt sind.

[2] Die umgewandelten Maßnahmen müssen so weit wie möglich den vom Anordnungsstaat verhängten Maßnahmen entsprechen. [3] Sie dürfen nicht schwerwiegender sein als die vom Anordnungsstaat verhängten Maßnahmen. [4] Über die Umwandlung nach diesem Absatz ist die zuständige Behörde des anderen Mitgliedstaates unverzüglich zu informieren.

(5) [1] Gegen den Beschluss des Amtsgerichts können die Staatsanwaltschaft und die zu überwachende Person sofortige Beschwerde einlegen. [2] Absatz 2 Satz 2 bleibt unberührt. [3] § 42 ist entsprechend anwendbar.

---

1) Neunter Teil Abschnitt 5 (§§ 90 o–90 z) eingef. mWv 23. 7. 2015 durch G v. 16. 7. 2015 (BGBl. I S. 1197).

§ 90 v[1)] Bewilligung nach gerichtlicher Entscheidung. (1) [1] Die Staatsanwaltschaft darf die Übernahme der Überwachung nur bewilligen, wenn diese durch die gerichtliche Entscheidung für zulässig erklärt worden ist. [2] Die Staatsanwaltschaft bewilligt die Überwachung nach Maßgabe der vollstreckbaren gerichtlichen Entscheidung. [3] Diese Bewilligungsentscheidung ist unanfechtbar.

(2) [1] Über die Bewilligung soll innerhalb von 20 Werktagen nach Eingang der in § 90 q bezeichneten Unterlagen bei der Staatsanwaltschaft entschieden werden. [2] Wurde gegen die Entscheidung des Gerichts gemäß § 90 u Absatz 5 sofortige Beschwerde eingelegt, verlängert sich die Frist zur Bewilligung um weitere 20 Werktage.

(3) Ist es der Staatsanwaltschaft aufgrund außergewöhnlicher Umstände nicht möglich, die Fristen nach Absatz 2 einzuhalten, so unterrichtet sie unverzüglich die zuständige Behörde des Anordnungsstaates und gibt dabei die Gründe für die Verzögerung und die Zeit an, die voraussichtlich für eine Entscheidung benötigt wird.

§ 90 w[1)] Durchführung der Überwachung. (1) [1] Das für die Entscheidung nach § 90 u zuständige Gericht überwacht die Maßnahmen unverzüglich nach Bewilligung der Überwachungsübernahme während des Zeitraums, den die zuständige Behörde des anderen Mitgliedstaates angegeben hat. [2] Das Gericht kann die Überwachung ganz oder zum Teil an das Gericht abgeben, in dessen Bezirk die zu überwachende Person ihren Wohnsitz oder in Ermangelung eines Wohnsitzes ihren gewöhnlichen Aufenthalt hat. [3] Die Abgabe ist bindend.

(2) [1] Soweit das Gesetz die Anhörung oder Mitwirkung der Staatsanwaltschaft vorsieht, ist diejenige Staatsanwaltschaft zuständig, die die gerichtliche Zulässigkeitsentscheidung vorbereitet hat. [2] Ihre Zuständigkeit bleibt von einer Abgabe nach Absatz 1 Satz 2 unberührt.

(3) Das Gericht unterrichtet die zuständige Behörde des anderen Mitgliedstaates unverzüglich über

1. jeden Wohnsitzwechsel der zu überwachenden Person,
2. die Tatsache, dass der Aufenthaltsort der zu überwachenden Person im Bundesgebiet nicht mehr zu ermitteln ist, und
3. jeden Verstoß gegen eine Maßnahme sowie über Erkenntnisse, die eine weitere Entscheidung im Zusammenhang mit einer Entscheidung über Maßnahmen nach sich ziehen könnten; hierzu ist das in Anhang II des Rahmenbeschlusses Überwachungsanordnung wiedergegebene Formblatt in der jeweils gültigen Fassung zu verwenden.

(4) [1] Das Gericht sieht von der Überwachung der Maßnahmen ab, wenn

1. die zuständige Behörde des anderen Mitgliedstaates die Bescheinigung zurücknimmt oder auf andere geeignete Weise mitteilt, dass die Überwachung der Maßnahmen zu beenden ist,
2. der Aufenthaltsort der zu überwachenden Person im Bundesgebiet nicht mehr zu ermitteln ist,
3. die zu überwachende Person nicht mehr über einen rechtmäßigen gewöhnlichen Aufenthalt im Inland verfügt oder

---

[1)] Neunter Teil Abschnitt 5 (§§ 90 o–90 z) eingef. mWv 23. 7. 2015 durch G v. 16. 7. 2015 (BGBl. I S. 1197).

4. die zuständige Behörde des anderen Mitgliedstaates die Maßnahmen so geändert hat, dass nunmehr keine Maßnahme im Sinne des § 90 p Absatz 1 Satz 2 Nummer 4 vorliegt.

²Die Entscheidung nach Satz 1 ergeht durch Beschluss.

(5) ¹Das Gericht kann von der Überwachung der Maßnahme absehen, wenn die zuständige Behörde des anderen Mitgliedstaates keine weitere Entscheidung im Zusammenhang mit einer Entscheidung über Maßnahmen getroffen hat, obwohl das Gericht

1. mehrfach die zuständige Behörde des anderen Mitgliedstaates bezüglich derselben Person gemäß Absatz 3 Nummer 3 unterrichtet hat und
2. eine angemessene Frist zum Erlass einer weiteren Entscheidung im Zusammenhang mit einer Entscheidung über Maßnahmen gesetzt hat.

²Die Entscheidung nach Satz 1 ergeht durch Beschluss.

(6) Hat das Gericht beschlossen, die Überwachung der Maßnahmen gemäß Absatz 5 einzustellen, unterrichtet es die zuständige Behörde des anderen Mitgliedstaates hiervon schriftlich mit Gründen.

§ 90 x[1)] Erneuerte und geänderte Maßnahmen. ¹Die Vorschriften der §§ 90 o bis 90 w gelten auch für die Übernahme und Überwachung erneuerter oder geänderter Maßnahmen mit der Maßgabe, dass bei solchen Entscheidungen keine erneute Prüfung gemäß § 90 p Absatz 1 Satz 2 Nummer 2 und 3, Absatz 3 sowie den §§ 90 r und 77 Absatz 2 stattfindet. ²Bei Entscheidungen über erneuerte Maßnahmen findet zusätzlich keine erneute Prüfung gemäß § 90 p Absatz 1 Satz 2 Nummer 4 statt.

§ 90 y[1)] Abgabe der Überwachung. (1) ¹Das gemäß § 126 der Strafprozessordnung[2)] zuständige Gericht kann von einem deutschen Gericht erlassene Überwachungsmaßnahmen zur Vermeidung von Untersuchungshaft zur Überwachung nach Maßgabe des Rahmenbeschlusses Überwachungsanordnung an einen anderen Mitgliedstaat der Europäischen Union übertragen. ²Die Übertragung ist nur zulässig, wenn die zu überwachende Person

1. in diesem Mitgliedstaat ihren rechtmäßigen gewöhnlichen Aufenthalt hat und
2. sich mit einer Rückkehr in diesen Mitgliedstaat einverstanden erklärt hat, nachdem sie über die betreffenden Maßnahmen unterrichtet wurde, oder
3. sich bereits in diesem Mitgliedstaat aufhält.

³Das Gericht gibt der Staatsanwaltschaft Gelegenheit zur Stellungnahme.

(2) Abweichend von Absatz 1 Satz 2 Nummer 1 und 2 kann das Gericht die Überwachung von Maßnahmen an einen anderen Mitgliedstaat der Europäischen Union als denjenigen übertragen, in dem die zu überwachende Person ihren rechtmäßigen gewöhnlichen Aufenthalt hat, sofern die zu überwachende Person einen entsprechenden Antrag gestellt hat.

(3) Das Gericht unterrichtet die zuständige Behörde des anderen Mitgliedstaates unverzüglich über

---

[1)] *Neunter Teil Abschnitt 5 (§§ 90 o–90 z)* eingef. mWv 23. 7. 2015 durch G v. 16. 7. 2015 (BGBl. I S. 1197).

[2)] **Schönfelder Nr. 90.**

1. jede weitere Entscheidung im Zusammenhang mit einer Entscheidung über Maßnahmen sowie
2. einen gegen eine Entscheidung über Maßnahmen eingelegten Rechtsbehelf.

(4) Das Gericht kann die zuständige Behörde des anderen Mitgliedstaates um Verlängerung der Überwachung der Maßnahmen ersuchen, wenn
1. die zuständige Behörde des anderen Mitgliedstaates für die Zulässigkeit der Überwachung von Maßnahmen einen bestimmten Zeitraum angegeben hat,
2. der Zeitraum nach Nummer 1 abgelaufen ist und
3. es die Überwachung der Maßnahmen weiterhin für erforderlich hält.

(5) In einem Ersuchen nach Absatz 4 sind anzugeben:
1. die Gründe für die Verlängerung,
2. die voraussichtlichen Folgen für die zu überwachende Person, sofern die Maßnahmen nicht verlängert werden würden, und
3. der voraussichtliche Zeitraum der Verlängerung.

§ 90z[1)] Rücknahme der Überwachungsabgabe. (1) [1] Das Gericht hat die Bescheinigung zur Abgabe der Überwachung zurückzunehmen, wenn die Voraussetzungen für den Haftbefehl entfallen sind. [2] Es kann die Bescheinigung zurücknehmen, wenn
1. die zuständige Behörde des anderen Mitgliedstaates mitgeteilt hat, dass sie die Maßnahmen entsprechend dem dort geltenden Recht angepasst hat,
2. die zuständige Behörde des anderen Mitgliedstaates mitgeteilt hat, dass sie die Maßnahmen nur während eines begrenzten Zeitraums überwachen kann, oder
3. die zuständige Behörde des anderen Mitgliedstaates mitgeteilt hat, dass sie es im Falle eines Verstoßes gegen die Maßnahmen ablehnen müsste, die zu überwachende Person auszuliefern.

[3] In den Fällen von Satz 2 hat die Rücknahme vor Beginn der Überwachung im anderen Mitgliedstaat und spätestens zehn Tage nach Eingang der Informationen bei dem zuständigen Gericht zu erfolgen.

(2) Das Gericht ist für die Überwachung der Maßnahmen wieder zuständig, wenn
1. die zuständige Behörde des anderen Mitgliedstaates mitteilt, dass die zu überwachende Person ihren rechtmäßigen gewöhnlichen Aufenthalt in einen anderen Staat als den avisierten Vollstreckungsstaat verlegt hat,
2. das Gericht die Maßnahmen geändert und die zuständige Behörde des anderen Mitgliedstaates es abgelehnt hat, die geänderten Maßnahmen zu überwachen,
3. der maximale Überwachungszeitraum, während dessen die Maßnahmen im anderen Mitgliedstaat überwacht werden dürfen, abgelaufen ist,
4. die zuständige Behörde des anderen Mitgliedstaates beschlossen hat, die Überwachung der Maßnahmen nach Maßgabe des Artikels 23 des Rahmenbeschlusses Überwachungsanordnung einzustellen, und das Gericht hiervon unterrichtet hat.

---

1) Abschnitt 5 (§§ 90o–90z) eingef. mWv 23.7.2015 durch G v. 16.7.2015 (BGBl. I S. 1197).

Zehnter Teil.[1] Sonstiger Rechtshilfeverkehr mit den Mitgliedstaaten der Europäischen Union

Abschnitt 1. Allgemeine Regelungen

§ 91[2] Vorrang des Zehnten Teils. (1) Soweit dieser Teil keine besonderen Regelungen enthält, finden die übrigen Bestimmungen dieses Gesetzes auf den sonstigen Rechtshilfeverkehr mit den Mitgliedstaaten der Europäischen Union Anwendung.

(2) Dieser Teil geht den in § 1 Abs. 3 genannten völkerrechtlichen Vereinbarungen vor, soweit er abschließende Regelungen enthält.

(3) Die §§ 92 bis 92b finden auch im Rahmen des Rechtshilfeverkehrs auf die Staaten Anwendung, welche die Bestimmungen des Schengen-Besitzstandes auf Grund eines Assoziierungsübereinkommens mit der Europäischen Union über die Umsetzung, Anwendung und Entwicklung des Schengen-Besitzstandes anwenden (Schengen-assoziierte Staaten).

Abschnitt 2.[3][4] Europäische Ermittlungsanordnung

§ 91a[5] Grundsatz. (1) Nach diesem Abschnitt richtet sich die sonstige Rechtshilfe für einen anderen Mitgliedstaat der Europäischen Union nach Maßgabe der Richtlinie 2014/41/EU des Europäischen Parlaments und des Rates vom 3. April 2014 über die Europäische Ermittlungsanordnung in Strafsachen (ABl. L 130 vom 1.5.2014, S. 1, L 143 vom 9.6.2015, S. 16) (Richtlinie Europäische Ermittlungsanordnung).

(2) Dieser Abschnitt findet keine Anwendung auf

1. die Bildung von gemeinsamen Ermittlungsgruppen sowie auf die Erhebung von Beweismitteln innerhalb einer solchen Ermittlungsgruppe,
2. grenzüberschreitende Observationen und
3. Vernehmungen von Beschuldigten im Wege einer Telefonkonferenz.

(3) [1]Die Sicherstellung von Beweismitteln für oder durch einen anderen Mitgliedstaat der Europäischen Union richtet sich nach Absatz 1. [2]Für die Sicherstellung von Vermögensgegenständen zum Zweck der Einziehung sind die §§ 94 bis 96 anzuwenden, soweit nicht die Verordnung Sicherstellung und Einziehung gilt.

---

[1] 10. Teil (§§ 91–97) angef. mWv 30.6.2008 durch G v. 6.6.2008 (BGBl. I S. 995).

[2] § 91 angef. mWv 30.6.2008 durch G v. 6.6.2008 (BGBl. I S. 995); Abs. 3 angef. mWv 26.7.2012 durch G v. 21.7.2012 (BGBl. I S. 1566).

[3] Abschnitt 2 (§§ 91a–91j) eingef. mWv 22.5.2017 durch G v. 5.1.2017 (BGBl. I S. 31).

[4] Siehe hierzu Übergangsvorschrift in § 98c.

[5] § 91a eingef. mWv 22.5.2017 durch G v. 5.1.2017 (BGBl. I S. 31); Abs. 3 Satz 2 geänd. mWv 1.7.2017 durch G v. 13.4.2017 (BGBl. I S. 872); Abs. 3 Satz 2 neu gef. mWv 19.12.2020 durch G v. 23.11.2020 (BGBl. I S. 2474).

(4) Die Vorschriften des Ersten, des Fünften bis Siebenten Teils dieses Gesetzes sowie die allgemeinen und besonderen Bestimmungen dieses Teils sind anzuwenden,

1. soweit dieser Abschnitt keine besonderen Regelungen enthält oder
2. wenn ein Ersuchen nicht nach Maßgabe der Richtlinie Europäische Ermittlungsanordnung gestellt wurde.

§ 91b[1] **Voraussetzungen der Zulässigkeit.** (1) Die Leistung der Rechtshilfe ist nicht zulässig,

1. wenn sie im Gesetz besonders bezeichnete Straftaten oder Straftaten von einer bestimmten Erheblichkeit voraussetzt und die dem Ersuchen zugrunde liegende Tat diese Voraussetzung auch bei gegebenenfalls sinngemäßer Umstellung des Sachverhalts nicht erfüllt oder
2. soweit
   a) Zeugnis- oder Auskunftsverweigerungsrechte, insbesondere nach den §§ 52, 53 oder 55 der Strafprozessordnung[2], oder hierauf Bezug nehmende Vorschriften entgegenstehen oder
   b) eine der in § 77 Absatz 2 genannten Vorschriften oder die §§ 18 bis 20 des Gerichtsverfassungsgesetzes[3] eingreifen.

(2) Ein Ersuchen in Steuer-, Abgaben-, Zoll- oder Währungsangelegenheiten ist auch zulässig, wenn das deutsche Recht keine gleichartigen Steuer-, Abgaben-, Zoll- oder Währungsbestimmungen enthält wie das Recht des ersuchenden Mitgliedstaates.

(3) § 73 Satz 2 gilt mit der Maßgabe, dass die Leistung der Rechtshilfe nicht zulässig ist, wenn berechtigte Gründe für die Annahme bestehen, dass die Erledigung des Ersuchens mit den Verpflichtungen der Bundesrepublik Deutschland nach Artikel 6 des Vertrags über die Europäische Union[4] und der Charta der Grundrechte der Europäischen Union[5] unvereinbar wäre.

(4) § 66 Absatz 2 Nummer 1 und § 67 Absatz 1 und 2 gelten mit der Maßgabe, dass die beiderseitige Strafbarkeit nicht zu prüfen ist, wenn die dem Ersuchen zugrunde liegende Tat nach dem Recht des ersuchenden Mitgliedstaates einer der in Anhang D der Richtlinie Europäische Ermittlungsanordnung aufgeführten Deliktsgruppen zugehörig ist und mit einer Freiheitsstrafe oder einer freiheitsentziehenden Maßregel der Besserung und Sicherung im Höchstmaß von mindestens drei Jahren bedroht ist.

(5) [1] Ist die Leistung der Rechtshilfe nicht zulässig, ist die zuständige Stelle des ersuchenden Mitgliedstaates unverzüglich zu unterrichten. [2] Die Unterrichtung erfolgt in einer Form, die einen schriftlichen Nachweis ermöglicht.

§ 91c[1] **Ergänzende Zulässigkeitsvoraussetzungen für besondere *Formen der Rechtshilfe.*** (1) *Eine* audiovisuelle Vernehmung im Sinne von § 61c ist nicht zulässig, wenn die zu vernehmende Person der Vernehmung nicht zustimmt.

---

[1] Abschnitt 2 (§§ 91a–91j) eingef. mWv 22.5.2017 durch G v. 5.1.2017 (BGBl. I S. 31).
[2] **Schönfelder Nr. 90.**
[3] **Schönfelder Nr. 95.**
[4] **Sartorius Nr. 1000.**
[5] **Sartorius Nr. 1002.**

(2) Rechtshilfe darf nur geleistet werden, wenn außer den Voraussetzungen nach § 91b Absatz 1, Absatz 3 oder Absatz 4 die Voraussetzungen vorliegen, unter denen deutsche Gerichte oder Behörden nach § 59 Absatz 3 Rechtshilfe leisten bei

1. Ersuchen, die in einem Verfahren nach § 1 Absatz 2 gestellt werden, oder
2. Ersuchen um
   a) Auskunft zu Konten, die bei einem Finanzinstitut im Sinne des Artikels 3 Nummer 2 der Richtlinie (EU) 2015/849 des Europäischen Parlaments und des Rates vom 20. Mai 2015 zur Verhinderung der Nutzung des Finanzsystems zum Zwecke der Geldwäsche und der Terrorismusfinanzierung, zur Änderung der Verordnung (EU) Nr. 648/2012 des Europäischen Parlaments und des Rates und zur Aufhebung der Richtlinie 2005/60/EG des Europäischen Parlaments und des Rates und der Richtlinie 2006/70/EG der Kommission (ABl. L 141 vom 5.6.2015, S. 73) mit Sitz im Inland geführt werden,
   b) Auskunft zu einzelnen Kontobewegungen oder zu sonstigen Geschäften, die im Zusammenhang mit einem Konto im Sinne von Buchstabe a getätigt werden oder
   c) Ermittlungsmaßnahmen, die auf eine gewisse Dauer angelegt sind, insbesondere Ersuchen um
      aa) die Überwachung von einzelnen Kontobewegungen oder von sonstigen Geschäften, die über ein Konto bei einem Kreditinstitut im Sinne von § 1 Absatz 1 des Kreditwesengesetzes oder bei einem Finanzinstitut im Sinne von Buchstabe a getätigt werden,
      bb) die Durchführung von kontrollierten Lieferungen,
      cc) den Einsatz von verdeckten Ermittlern oder
      dd) die Überwachung der Telekommunikation.

(3) [1] § 62 Absatz 1 gilt mit der Maßgabe, dass die vorübergehende Überstellung auch zu anderen als den dort genannten Ermittlungsmaßnahmen erfolgen kann. [2] § 62 Absatz 1 Satz 1 Nummer 3, auch in Verbindung mit § 63 Absatz 4, findet keine Anwendung, wenn die betroffene Person in den räumlichen Geltungsbereich des ersuchenden Mitgliedstaates oder dieses Gesetzes überstellt wurde und diesen Geltungsbereich innerhalb von 15 aufeinander folgenden Tagen, nachdem ihre Anwesenheit von den dort jeweils zuständigen Stellen nicht mehr verlangt wird, nicht verlassen hat, obwohl sie dazu die Möglichkeit hatte, oder nach Verlassen in ihn zurückgekehrt ist.

(4) § 91b Absatz 5 gilt entsprechend.

§ 91d[1] Unterlagen. (1) Die Leistung der Rechtshilfe ist nur zulässig, wenn der ersuchende Mitgliedstaat für sein Ersuchen das in Anhang A oder in Anhang C der Richtlinie Europäische Ermittlungsanordnung wiedergegebene Formblatt in der jeweils gültigen Fassung verwendet, das

1. von einer justiziellen Stelle im Sinne von Artikel 2 Buchstabe c Ziffer i der Richtlinie Europäische Ermittlungsanordnung ausgestellt wurde oder

---

[1] Abschnitt 2 (§§ 91a–91j) eingef. mWv 22.5.2017 durch G v. 5.1.2017 (BGBl. I S. 31).

2. von einer anderen als in Nummer 1 genannten Stelle, die der ersuchende Mitgliedstaat hierfür als zuständig bezeichnet hat, ausgestellt und durch eine Stelle gemäß Nummer 1 in Abschnitt L des Formblatts aus Anhang A der Richtlinie Europäische Ermittlungsanordnung bestätigt wurde.

(2) [1] Der Empfang eines Ersuchens nach Absatz 1 ist unverzüglich, spätestens aber binnen einer Woche nach seinem Eingang bei der zuständigen Stelle durch eine Mitteilung zu bestätigen, die dem in Anhang B der Richtlinie Europäische Ermittlungsanordnung wiedergegebenen Formblatt in der jeweils gültigen Fassung entspricht. [2] Ist ein Ersuchen bei einer nicht zuständigen Stelle eingegangen, ist es an die zuständige Stelle weiterzuleiten; die ersuchende Stelle ist über die Weiterleitung durch eine Mitteilung nach Satz 1 zu unterrichten.

(3) [1] Ist ein Formblatt nach Absatz 1 unvollständig oder offensichtlich unrichtig ausgefüllt und kann deshalb Rechtshilfe nicht geleistet werden, ist die zuständige Stelle des ersuchenden Mitgliedstaates unverzüglich zu unterrichten. [2] Die Unterrichtung soll in einer Form erfolgen, die einen schriftlichen Nachweis ermöglicht.

§ 91e[1)] Bewilligung; Bewilligungshindernisse; Aufschub der Bewilligung. (1) Die Bewilligung der Rechtshilfe kann nur abgelehnt werden, wenn mindestens einer der folgenden Gründe vorliegt:

1. durch die Bewilligung würden wesentliche Sicherheitsinteressen des Bundes oder der Länder beeinträchtigt, Informationsquellen gefährdet oder eine Verwendung von Verschlusssachen über spezifische nachrichtendienstliche Tätigkeit erforderlich,
2. die verfolgte Person wurde wegen derselben Tat, die dem Ersuchen zugrunde liegt, bereits von einem anderen als dem ersuchenden Mitgliedstaat rechtskräftig abgeurteilt und im Fall der Verurteilung ist die Sanktion bereits vollstreckt worden, wird gerade vollstreckt oder kann nach dem Recht des Urteilsstaates nicht mehr vollstreckt werden,
3. die dem Ersuchen zugrunde liegende Tat
   a) wurde außerhalb des Hoheitsgebiets des ersuchenden Mitgliedstaates und ganz oder teilweise im Inland oder in einem der in § 4 des Strafgesetzbuchs[2)] genannten Verkehrsmittel begangen und
   b) ist nach deutschem Recht weder als Straftat mit Strafe noch als Ordnungswidrigkeit mit Geldbuße bewehrt,
4. bei Ersuchen um eine vorübergehende Überstellung von Personen aus dem ersuchenden Mitgliedstaat für ein dort anhängiges Verfahren gemäß § 63 stimmt die inhaftierte Person nicht zu,
5. bei Ersuchen um den Einsatz von verdeckten Ermittlern kann mit dem *ersuchenden Mitgliedstaat* keine Einigung über die Dauer des Einsatzes, dessen genaue Voraussetzungen oder die Rechtsstellung der Ermittler erzielt werden.

(2) Die Bewilligung der Rechtshilfe kann aufgeschoben werden, soweit

1. sie laufende strafrechtliche Ermittlungen beeinträchtigen könnte oder

---

1) Abschnitt 2 (§§ 91a–91j) eingef. mWv 22.5.2017 durch G v. 5.1.2017 (BGBl. I S. 31).
2) **Schönfelder Nr. 85.**

2. die Beweismittel, um die ersucht wird, bereits in einem anderen Verfahren verwendet werden.

(3) Entscheidungen betreffend die Bewilligung oder den Aufschub der Bewilligung sind zu begründen.

(4) [1] Über Entscheidungen nach den Absätzen 1 oder 2 ist die zuständige Stelle des ersuchenden Mitgliedstaates unverzüglich zu unterrichten. [2] Bei Entscheidungen nach Absatz 2 sind die Gründe für den Aufschub anzugeben; die zu erwartende Dauer des Aufschubs soll angegeben werden. [3] § 91b Absatz 5 Satz 2 gilt entsprechend.

§ 91f[1)] Rückgriff auf andere Ermittlungsmaßnahmen. (1) Steht eine weniger einschneidende Ermittlungsmaßnahme als die in dem Ersuchen nach § 91d Absatz 1 angegebene zur Verfügung, ist auf erstere zurückzugreifen, wenn mit dieser das gleiche Ergebnis erzielt werden kann wie mit der in dem Ersuchen angegebenen Ermittlungsmaßnahme.

(2) Auf eine andere als die in dem Ersuchen nach § 91d Absatz 1 angegebene Ermittlungsmaßnahme ist zurückzugreifen, wenn die angegebene Ermittlungsmaßnahme

1. im deutschen Recht nicht vorgesehen ist oder
2. in einem vergleichbaren innerstaatlichen Fall nicht zur Verfügung stünde.

(3) Entscheidungen nach den Absätzen 1 und 2 sind zu begründen.

(4) [1] Vor einem Rückgriff auf eine andere Ermittlungsmaßnahme nach den Absätzen 1 oder 2 ist die zuständige Stelle des ersuchenden Mitgliedstaates unverzüglich zu unterrichten. [2] § 91b Absatz 5 Satz 2 gilt entsprechend.

(5) [1] Gibt es im Fall von Absatz 2 keine andere Ermittlungsmaßnahme, mit der das gleiche Ergebnis erzielt werden kann wie mit der im Ersuchen nach § 91d Absatz 1 angegebenen Ermittlungsmaßnahme, ist der zuständigen Stelle des ersuchenden Mitgliedstaates unverzüglich mitzuteilen, dass es nicht möglich war, die erbetene Unterstützung zu leisten. [2] § 91b Absatz 5 Satz 2 gilt entsprechend.

§ 91g[1)] Fristen. (1) [1] Über die Bewilligung der Rechtshilfe soll unverzüglich, spätestens aber 30 Tage nach Eingang des Ersuchens bei der zuständigen Stelle entschieden werden. [2] Über die Bewilligung von Ersuchen um eine Sicherstellung von Beweismitteln soll unverzüglich und soweit möglich innerhalb von 24 Stunden nach Eingang des Ersuchens entschieden werden.

(2) Wenn kein Grund für einen Aufschub nach § 91e Absatz 2 vorliegt oder die Beweismittel, um die ersucht wird, sich nicht bereits im behördlichen Besitz befinden, soll die Ermittlungsmaßnahme unverzüglich, spätestens aber 90 Tage nach Bewilligung durchgeführt werden.

(3) Besonderen Wünschen der zuständigen Stelle des ersuchenden Mitgliedstaates, die darin bestehen, dass kürzere als die in Absatz 1 oder Absatz 2 genannten Fristen einzuhalten oder dass die Ermittlungsmaßnahmen zu einem bestimmten Zeitpunkt durchzuführen sind, ist möglichst weitgehend zu entsprechen.

[1)] Abschnitt 2 (§§ 91a–91j) eingef. mWv 22.5.2017 durch G v. 5.1.2017 (BGBl. I S. 31).

(4) [1] Können die Frist nach Absatz 1 Satz 1 oder besondere Wünsche nach Absatz 3 aus praktischen Gründen nicht eingehalten werden, ist die zuständige Stelle des ersuchenden Mitgliedstaates unverzüglich zu unterrichten. [2] Dabei sind die Gründe und die voraussichtliche Dauer der Verzögerung anzugeben. [3] § 91d Absatz 3 Satz 2 gilt entsprechend. [4] Die Frist nach Absatz 1 Satz 1 kann um höchstens 30 Tage verlängert werden.

(5) [1] Kann die Frist nach Absatz 2 aus praktischen Gründen nicht eingehalten werden, ist die zuständige Stelle des ersuchenden Mitgliedstaates unverzüglich zu unterrichten. [2] Dabei sind die Gründe für die Verzögerung anzugeben. [3] § 91d Absatz 3 Satz 2 gilt entsprechend. [4] Mit der zuständigen Stelle des ersuchenden Mitgliedstaates ist der geeignete Zeitpunkt für die Durchführung der Ermittlungshandlung abzustimmen.

(6) [1] Sind Ersuchen auf eine grenzüberschreitende Überwachung des Telekommunikationsverkehrs gerichtet, ohne dass für die Durchführung der Überwachung die technische Hilfe der Bundesrepublik Deutschland benötigt wird, und würde die Ermittlungsmaßnahme in einem vergleichbaren innerstaatlichen Fall nicht genehmigt, ist der zuständigen Stelle des ersuchenden Mitgliedstaates unverzüglich, spätestens aber innerhalb von 96 Stunden nach Eingang des Ersuchens mitzuteilen, dass

1. die Überwachung nicht durchgeführt werden kann oder zu beenden ist und
2. Erkenntnisse, die bereits gesammelt wurden, während sich die überwachte Person im Hoheitsbereich der Bundesrepublik Deutschland befand, nicht oder nur unter Bedingungen verwendet werden dürfen; die Bedingungen und ihre Gründe sind mitzuteilen.

[2] § 91d Absatz 3 Satz 2 gilt entsprechend.

§ 91h[1)] Erledigung des Ersuchens. (1) Liegen die Voraussetzungen für die Leistung der Rechtshilfe vor, ist das Ersuchen nach § 91d Absatz 1 nach denselben Vorschriften auszuführen, die gelten würden, wenn das Ersuchen von einer deutschen Stelle gestellt worden wäre; dies gilt auch für Zwangsmaßnahmen, die bei der Erledigung des Ersuchens notwendig werden.

(2) [1] Soweit die Richtlinie Europäische Ermittlungsanordnung nicht etwas anderes bestimmt und wesentliche Grundsätze der deutschen Rechtsordnung nicht entgegenstehen,

1. sind besondere Formvorschriften oder Verfahrensvorschriften, die in dem Ersuchen nach § 91d Absatz 1 angegeben wurden, einzuhalten und
2. ist Bitten um Teilnahme von Behörden des ersuchenden Mitgliedstaates an einer Amtshandlung zu entsprechen.

[2] Können besondere Formvorschriften oder Verfahrensvorschriften nach Satz 1 Nummer 1 nicht eingehalten werden oder kann Bitten nach Satz 1 Nummer 2 nicht entsprochen werden, ist die zuständige Stelle des ersuchenden Mitgliedstaates unverzüglich zu unterrichten; § 91d Absatz 3 Satz 2 gilt entsprechend.

(3) [1] Audiovisuelle Vernehmungen gemäß § 61c werden unter der Leitung der zuständigen Stelle und auf der Grundlage des Rechts des ersuchenden

---

1) Abschnitt 2 (§§ 91a–91j) eingef. mWv 22.5.2017 durch G v. 5.1.2017 (BGBl. I S. 31).

Mitgliedstaates durchgeführt. [2] Die zuständige deutsche Stelle nimmt an der Vernehmung teil, stellt die Identität der zu vernehmenden Person fest und achtet auf die Einhaltung der wesentlichen Grundsätze der deutschen Rechtsordnung. [3] Beschuldigte sind bei Beginn der Vernehmung über die Rechte zu belehren, die ihnen nach dem Recht des ersuchenden Mitgliedstaates und nach deutschem Verfahrensrecht zustehen. [4] Zeugen und Sachverständige sind über die Zeugnis- oder Auskunftsverweigerungsrechte zu belehren, die ihnen nach dem Recht des ersuchenden Mitgliedstaates und nach deutschem Verfahrensrecht zustehen.

(4) Absatz 3 Satz 1, 2 und 4 gilt entsprechend für die telefonische Vernehmung von Zeugen oder Sachverständigen.

§ 91i[1)] Rechtsbehelfe; Aufschub der Übermittlung von Beweismitteln. (1) [1] Erfolgt eine Vorlage nach § 61 Absatz 1 Satz 1 oder wird ein Antrag nach § 61 Absatz 1 Satz 2 gestellt, überprüft das Oberlandesgericht auf Antrag auch Entscheidungen nach § 91e Absatz 3 und nach § 91f Absatz 1 und 2. [2] Wenn Entscheidungen nach § 91e Absatz 3 ermessensfehlerhaft sind, stellt das Gericht dies fest, hebt die Entscheidungen insoweit auf und reicht die Akten zur erneuten Entscheidung unter Beachtung der Rechtsauffassung des Gerichts zurück; andernfalls stellt das Gericht fest, dass die Entscheidungen ermessensfehlerfrei sind.

(2) Die Übermittlung von Beweismitteln an den ersuchenden Mitgliedstaat kann ausgesetzt werden, bis über einen Rechtsbehelf entschieden worden ist, der eingelegt wurde

1. in dem ersuchenden Mitgliedstaat gegen den Erlass der Europäischen Ermittlungsanordnung oder
2. im Geltungsbereich dieses Gesetzes.

(3) Über Rechtsbehelfe gemäß Absatz 2 Nummer 2 ist die zuständige Stelle des ersuchenden Mitgliedstaates zu unterrichten; § 91d Absatz 3 Satz 2 gilt entsprechend.

§ 91j[1)] Ausgehende Ersuchen. (1) Für ausgehende Ersuchen ist das in Anhang A oder in Anhang C der Richtlinie Europäische Ermittlungsanordnung wiedergegebene Formblatt in der jeweils gültigen Fassung zu verwenden.

(2) [1] Wird ein Ersuchen in einem Verfahren nach § 1 Absatz 2 von einer Verwaltungsbehörde gestellt, ist das Ersuchen vor der Übermittlung an den ersuchten Mitgliedstaat der Staatsanwaltschaft zur Bestätigung unter Abschnitt L des Formblattes aus Anhang A der Richtlinie Europäische Ermittlungsanordnung vorzulegen. [2] Örtlich zuständig ist die Staatsanwaltschaft bei dem Landgericht, in dessen Bezirk die Verwaltungsbehörde ihren Sitz hat. [3] Die Länder können die Zuständigkeit nach Satz 1 einem Gericht zuweisen oder die örtliche Zuständigkeit nach Satz 2 abweichend regeln.

(3) Die Bestätigung nach Absatz 2 erfolgt, nachdem die Staatsanwaltschaft oder das nach Absatz 2 Satz 3 bestimmte Gericht festgestellt hat, dass die Voraussetzungen für den Erlass des Ersuchens vorliegen, insbesondere dass

1. das Ersuchen dem Grundsatz der Verhältnismäßigkeit entspricht und

---

[1)] Abschnitt 2 (§§ 91a–91j) eingef. mWv 22.5.2017 durch G v. 5.1.2017 (BGBl. I S. 31).

2. die in dem Ersuchen angegebene Ermittlungsmaßnahme in einem vergleichbaren innerstaatlichen Fall unter denselben Bedingungen angeordnet werden könnte.

(4) Ist in einem Verfahren nach § 1 Absatz 2 die Anordnung einer Maßnahme dem Richter vorbehalten, kann die Bestätigung nach den Absätzen 2 und 3 auch durch das insoweit befasste Gericht erfolgen, wenn die Länder dies vorsehen.

(5) [1] § 69 gilt mit der Maßgabe, dass die vorübergehende Überstellung auch zu anderen als den dort genannten Ermittlungsmaßnahmen erfolgen kann. [2] § 62 Absatz 1 Satz 1 Nummer 3 findet in Verbindung mit § 69 Absatz 3 oder § 70 Satz 1 keine Anwendung, wenn die betroffene Person in den räumlichen Geltungsbereich dieses Gesetzes oder des ersuchten Mitgliedstaates überstellt wurde und diesen Geltungsbereich innerhalb von 15 aufeinander folgenden Tagen, nachdem ihre Anwesenheit von den dort jeweils zuständigen Stellen nicht mehr verlangt wird, nicht verlassen hat, obwohl sie dazu die Möglichkeit hatte, oder nach Verlassen in ihn zurückgekehrt ist.

Abschnitt 3.[1)] Besondere Formen der Rechtshilfe

§ 92[2)] Übermittlung von Informationen einschließlich personenbezogener Daten an Mitgliedstaaten der Europäischen Union. (1) [1] Auf ein Ersuchen einer Strafverfolgungsbehörde eines Mitgliedstaates der Europäischen Union, das nach Maßgabe des Rahmenbeschlusses 2006/960/JI des Rates vom 18. Dezember 2006 über die Vereinfachung des Austauschs von Informationen und Erkenntnissen zwischen den Strafverfolgungsbehörden der Mitgliedstaaten der Europäischen Union (ABl. L 386 vom 29.12.2006, S. 89, L 75 vom 15.3.2007, S. 26) gestellt worden ist, können die zuständigen Polizeibehörden des Bundes und der Länder Informationen einschließlich personenbezogener Daten zum Zweck der Verfolgung von Straftaten übermitteln. [2] Die Übermittlung erfolgt unter den gleichen gesetzlichen Voraussetzungen wie an eine inländische Polizeibehörde. [3] Die Regelungen des § 3 des Bundeskriminalamtgesetzes[3)] über den internationalen Dienstverkehr der Polizeien des Bundes und der Länder bleiben unberührt.

(2) [1] Bei der Übermittlung nach Absatz 1 ist mitzuteilen, dass die Verwendung als Beweismittel in einem Gerichtsverfahren unzulässig ist, es sei denn, die für Entscheidungen über Ersuchen nach dem Fünften Teil zuständige Bewilligungsbehörde hat ihre Zustimmung zur Verwendung als Beweismittel erteilt. [2] Entsprechend entscheidet die für Ersuchen nach dem Fünften Teil zuständige Behörde auch über ein Ersuchen um nachträgliche Genehmigung der Verwertbarkeit als Beweismittel.

(3) Die Übermittlung von Informationen einschließlich personenbezogener Daten nach Absatz 1 ist unzulässig, wenn

1. hierdurch wesentliche Sicherheitsinteressen des Bundes oder der Länder beeinträchtigt würden,

---

[1)] Bish. Abschnitt 2 wird Abschnitt 3 mWv 22.5.2017 durch G v. 5.1.2017 (BGBl. I S. 31).

[2)] § 92 angef. mWv 30.6.2008 durch G v. 6.6.2008 (BGBl. I S. 995); neu gef. mWv 26.7.2012 durch G v. 21.7.2012 (BGBl. I S. 1566).

[3)] **Sartorius Nr. 450.**

2. die zu übermittelnden Daten bei der ersuchten Behörde nicht vorhanden sind und nur durch das Ergreifen von Zwangsmaßnahmen erlangt werden können oder
3. die Übermittlung der Daten unverhältnismäßig wäre oder die Daten für die Zwecke, für die sie übermittelt werden sollen, nicht erforderlich sind.

(4) Die Bewilligung eines Ersuchens nach Absatz 1 kann verweigert werden, wenn

1. die zu übermittelnden Daten bei der ersuchten Behörde nicht vorhanden sind, jedoch ohne das Ergreifen von Zwangsmaßnahmen erlangt werden können oder
2. hierdurch der Erfolg laufender Ermittlungen oder Leib, Leben oder Freiheit einer Person gefährdet würde oder
3. die Tat, zu deren Verfolgung die Daten übermittelt werden sollen, nach deutschem Recht mit einer Freiheitsstrafe von im Höchstmaß einem Jahr oder weniger bedroht ist.

(5) Als Strafverfolgungsbehörde eines Mitgliedstaates der Europäischen Union im Sinne des Absatzes 1 gilt jede von diesem Staat gemäß Artikel 2 Buchstabe a des Rahmenbeschlusses 2006/960/JI benannte Stelle.

§ 92a[1)] Inhalt des Ersuchens. Die Bewilligung eines Ersuchens im Sinne des § 92 Absatz 1 Satz 1 ist nur zulässig, wenn das Ersuchen folgende Angaben enthält:

1. die Bezeichnung und die Anschrift der ersuchenden Strafverfolgungsbehörde,
2. die Bezeichnung der Straftat, zu deren Verfolgung die Daten benötigt werden,
3. die Beschreibung des Sachverhalts der dem Ersuchen zugrunde liegenden Straftat,
4. die Benennung des Zwecks, zu dem die Daten erbeten werden,
5. den Zusammenhang zwischen dem Zweck, zu dem die Informationen oder Erkenntnisse erbeten werden, und der Person, auf die sich diese Informationen beziehen,
6. Einzelheiten zur Identität des Beschuldigten, sofern sich das Ermittlungsverfahren gegen eine bekannte Person richtet, und
7. Gründe für die Annahme, dass sachdienliche Informationen und Erkenntnisse im Inland vorliegen.

§ 92b[1)] Verwendung von nach dem Rahmenbeschluss 2006/960/JI übermittelten Informationen einschließlich personenbezogener Daten. [1] Informationen einschließlich personenbezogener Daten, die nach dem Rahmenbeschluss 2006/960/JI an eine inländische Polizeibehörde übermittelt worden sind, dürfen nur für die Zwecke, für die sie übermittelt wurden, oder zur Abwehr einer gegenwärtigen und erheblichen Gefahr für die öffentliche Sicherheit verwendet werden. [2] Für einen anderen Zweck oder als Beweismittel in einem gerichtlichen Verfahren dürfen sie nur verwendet werden, wenn der

[1)] §§ 92a, 92b eingef. mWv 26.7.2012 durch G v. 21.7.2012 (BGBl. I S. 1566).

übermittelnde Staat zugestimmt hat. [3] Von dem übermittelnden Staat für die Verwendung der Daten gestellte Bedingungen sind zu beachten.

§ 92c[1)] Datenübermittlung ohne Ersuchen. (1) Soweit eine völkerrechtliche Vereinbarung dies vorsieht oder nach Maßgabe des Rahmenbeschlusses 2006/960/JI, dürfen öffentliche Stellen ohne Ersuchen personenbezogene Daten, die den Verdacht einer Straftat begründen, an öffentliche Stellen eines anderen Mitgliedstaates der Europäischen Union oder eines Schengen-assoziierten Staates sowie Organe und Einrichtungen der Europäischen Union übermitteln, soweit

1. eine Übermittlung auch ohne Ersuchen an ein deutsches Gericht oder eine deutsche Staatsanwaltschaft zulässig wäre und
2. die Übermittlung geeignet ist,
   a) ein Strafverfahren in dem anderen Mitgliedstaat einzuleiten oder
   b) ein dort bereits eingeleitetes Strafverfahren zu fördern, und
3. die Stelle, an die die Daten übermittelt werden, für die zu treffenden Maßnahmen nach Nummer 2 zuständig ist.

(2) § 61a Abs. 2 bis 4 gilt entsprechend.

§ 92d[2)] Örtliche Zuständigkeit für Ersuchen um Überwachung des Telekommunikationsverkehrs ohne technische Hilfe; Verordnungsermächtigung. (1) Örtlich zuständig für Ersuchen aus den Mitgliedstaaten der Europäischen Union, die auf eine grenzüberschreitende Überwachung des Telekommunikationsverkehrs gerichtet sind, ohne dass für die Durchführung der Überwachung die technische Hilfe der Bundesrepublik Deutschland benötigt wird, ist

1. für Ersuchen aus der Französischen Republik, dem Königreich Spanien und der Portugiesischen Republik das zuständige Gericht am Sitz der Landesregierung von Baden-Württemberg;
2. für Ersuchen aus der Italienischen Republik, der Republik Kroatien, der Republik Malta, der Republik Österreich und der Republik Slowenien das zuständige Gericht am Sitz der Landesregierung des Freistaats Bayern;
3. für Ersuchen aus der Republik Estland, der Republik Lettland und der Republik Litauen das zuständige Gericht am Sitz des Senats von Berlin;
4. für Ersuchen aus der Republik Polen das zuständige Gericht am Sitz der Landesregierung von Brandenburg;
5. für Ersuchen aus Irland das zuständige Gericht am Sitz des Senats der Freien Hansestadt Bremen;
6. für Ersuchen aus dem Königreich Schweden das zuständige Gericht am Sitz des Senats der Freien und Hansestadt Hamburg;
7. für Ersuchen aus der Republik Bulgarien und aus Rumänien das zuständige Gericht am Sitz der Landesregierung von Hessen;

---

1) Bish. Wortlaut des § 92 wird § 92c und Abs. 1 einl. Satzteil geänd. mWv 26.7.2012 durch G v. 21.7.2012 (BGBl. I S. 1566).

2) § 92d eingef. mWv 22.5.2017 durch G v. 5.1.2017 (BGBl. I S. 31).

8. für Ersuchen aus der Republik Finnland das zuständige Gericht am Sitz der Landesregierung von Mecklenburg-Vorpommern;
9. für Ersuchen aus dem Vereinigten Königreich Großbritannien und Nordirland das zuständige Gericht am Sitz der Landesregierung von Niedersachsen;
10. für Ersuchen aus dem Königreich der Niederlande das zuständige Gericht am Sitz der Landesregierung von Nordrhein-Westfalen;
11. für Ersuchen aus dem Königreich Belgien das zuständige Gericht am Sitz der Landesregierung von Rheinland-Pfalz;
12. für Ersuchen aus dem Großherzogtum Luxemburg das zuständige Gericht am Sitz der Landesregierung des Saarlandes;
13. für Ersuchen aus der Slowakischen Republik und der Tschechischen Republik das zuständige Gericht am Sitz der Landesregierung des Freistaats Sachsen;
14. für Ersuchen aus Ungarn das zuständige Gericht am Sitz der Landesregierung von Sachsen-Anhalt;
15. für Ersuchen aus dem Königreich Dänemark das zuständige Gericht am Sitz der Landesregierung von Schleswig-Holstein;
16. für Ersuchen aus der Hellenischen Republik und der Republik Zypern das zuständige Gericht am Sitz der Landesregierung des Freistaats Thüringen.

(2) [1] Die Landesregierungen können die örtliche Zuständigkeit durch Rechtsverordnung abweichend regeln. [2] Die Landesregierungen können diese Ermächtigung durch Rechtsverordnung auf die Landesjustizverwaltungen übertragen.

§ 93[1)] Gemeinsame Ermittlungsgruppen. (1) Einem von einem Mitgliedstaat der Europäischen Union in eine gemeinsame Ermittlungsgruppe entsandten Mitglied kann unter der Leitung des zuständigen deutschen Mitglieds die Durchführung von Ermittlungsmaßnahmen übertragen werden, sofern dies vom entsendenden Mitgliedstaat gebilligt worden ist.

(2) Anderen Personen kann die Teilnahme an einer gemeinsamen Ermittlungsgruppe nach Maßgabe der Rechtsvorschriften der teilnehmenden Mitgliedstaaten oder einer zwischen ihnen anwendbaren Übereinkunft gestattet werden.

(3) Die an der gemeinsamen Ermittlungsgruppe beteiligten Beamten und Beamtinnen dürfen den von anderen Mitgliedstaaten entsandten Mitgliedern oder anderen teilnehmenden Personen dienstlich erlangte Informationen einschließlich personenbezogener Daten unmittelbar übermitteln, soweit dies für die Tätigkeit der gemeinsamen Ermittlungsgruppe erforderlich ist.

(4) Soweit die Übermittlung der nach Absatz 3 erlangten Informationen eine besondere zweckändernde Vereinbarung erfordert, ist diese zulässig, wenn ein auf die Verwendung der Informationen gerichtetes Ersuchen bewilligt werden könnte.

[1)] § 93 angef. mWv 30.6.2008 durch G v. 6.6.2008 (BGBl. I S. 995); Abs. 1 und 3 geänd. mWv 22.10.2009 durch G v. 2.10.2009 (BGBl. I S. 3214).

§ 94[1] **Ersuchen um Sicherstellung, Beschlagnahme und Durchsuchung.** (1) Außerhalb des Anwendungsbereichs der Verordnung Sicherstellung und Einziehung sind § 58 Absatz 3 und § 67 bei Ersuchen nach Maßgabe des Rahmenbeschlusses 2003/577/JI des Rates vom 22. Juli 2003 über die Vollstreckung von Entscheidungen über die Sicherstellung von Vermögensgegenständen oder Beweismitteln in der Europäischen Union (ABl. L 196 vom 2.8.2003, S. 45), der durch die Verordnung (EU) 2018/1805 (ABl. L 303 vom 28.11.2018, S. 1) geändert worden ist, (Rahmenbeschluss Sicherstellung) anzuwenden, wobei

1. die beiderseitige Strafbarkeit nicht zu prüfen ist, wenn die dem Ersuchen zugrunde liegende Tat nach dem Recht des ersuchenden Staates mit einer Freiheitsstrafe im Höchstmaß von mindestens drei Jahren bedroht ist und den in Artikel 3 Absatz 2 des Rahmenbeschlusses Sicherstellung aufgeführten Deliktsgruppen zugehörig ist,
2. ein Ersuchen in Steuer-, Abgaben-, Zoll- und Währungsangelegenheiten auch zulässig ist, wenn das deutsche Recht keine gleichartigen Steuern vorschreibt oder keine gleichartigen Steuer-, Abgaben-, Zoll- und Währungsbestimmungen enthält wie das Recht des ersuchenden Mitgliedstaates.

(2) [1] Die Bewilligung von Ersuchen nach Absatz 1 ist unzulässig, wenn

1. ein Beschlagnahmeverbot nach § 77 Abs. 1 in Verbindung mit § 97 der Strafprozessordnung[2] besteht oder
2. der Verfolgte wegen derselben Tat, die dem Ersuchen zu Grunde liegt, bereits von einem anderen als dem ersuchenden Mitgliedstaat rechtskräftig abgeurteilt worden ist, vorausgesetzt, dass im Fall der Verurteilung die Sanktion bereits vollstreckt worden ist, gerade vollstreckt wird oder nach dem Recht des Urteilsstaates nicht mehr vollstreckt werden kann.

[2] Dies gilt nicht, wenn das Ersuchen der Vorbereitung einer Anordnung der Einziehung dient und eine solche Maßnahme entsprechend § 76a des Strafgesetzbuchs[3] selbständig angeordnet werden könnte.

(3) Die Bewilligung von Ersuchen um Maßnahmen nach § 58 Abs. 3 und § 67 kann aufgeschoben werden, solange

1. sie laufende strafrechtliche Ermittlungen beeinträchtigen könnte und
2. die das Ersuchen betreffenden Gegenstände für ein anderes Strafverfahren beschlagnahmt oder sonst sichergestellt sind.

§ 95[4] **Sicherungsunterlagen.** (1) Die Bewilligung von Ersuchen nach Maßgabe des Rahmenbeschlusses Sicherstellung ist nur zulässig, wenn eine Sicherstellungsentscheidung mit einer Bescheinigung vorgelegt wird, die die folgenden Angaben enthält:

---

[1] *§ 94 angef. mWv 30.6.2008 durch G* v. 6.6.2008 (BGBl. I S. 995); Abs. 1 Nr. 1 neu gef., Nr. 2 geänd., Abs. 2 Satz 2 angef. mWv 22.10.2009 durch G v. 2.10.2009 (BGBl. I S. 3214); Abs. 1 einl. Satzteil und Nr. 1 geänd. mWv 25.7.2015 durch G v. 17.7.2015 (BGBl I S. 1332); Abs. 2 Satz 2 geänd. mWv 1.7.2017 durch G v. 13.4.2017 (BGBl. I S. 872); Abs. 1 einl. Satzteil geänd. mWv 19.12.2020 durch G v. 23.11.2020 (BGBl. I S. 2474).

[2] **Schönfelder Nr. 90.**

[3] **Schönfelder Nr. 85.**

[4] § 95 angef. mWv 30.6.2008 durch G v. 6.6.2008 (BGBl. I S. 995); Abs. 2 Sätze 1 und 2 geänd. mWv 22.10.2009 durch G v. 2.10.2009 (BGBl. I S. 3214); Abs. 1 einl. Satzteil geänd. mWv 25.7.2015 durch G v. 17.7.2015 (BGBl. I S. 1332).

1. die Bezeichnung und Anschrift der ausstellenden Justizbehörde,
2. die Beschreibung des Vermögensgegenstands oder Beweismittels, um dessen Sicherstellung ersucht wird,
3. die möglichst genaue Bezeichnung der natürlichen oder juristischen Person, die nach den Vorschriften des Rechts des ersuchenden Staates der Straftat verdächtig ist,
4. die Darlegung der Gründe für die Sicherstellungsentscheidung,
5. die Beschreibung der Umstände, unter denen die Straftat begangen wurde, einschließlich der Tatzeit, des Tatortes und
6. die Art und rechtliche Würdigung der Straftat, einschließlich der gesetzlichen Bestimmungen, auf deren Grundlage die Sicherstellungsentscheidung ergangen ist.

(2) [1] Ist eine Bescheinigung nach Absatz 1 bei Stellung des Ersuchens nicht vorhanden oder unvollständig oder entspricht sie offensichtlich nicht der Sicherstellungsentscheidung, kann die zuständige Behörde eine Frist für die Vorlage oder Vervollständigung oder Berichtigung setzen. [2] Ist die Bescheinigung nach Absatz 1 unvollständig, ergeben sich die erforderlichen Angaben aber aus der Sicherstellungsentscheidung, so kann die zuständige Behörde auf die Vorlage einer vervollständigten Bescheinigung verzichten.

§ 96[1)] Grundsätzliche Pflicht zur Bewilligung von Sicherstellungsmaßnahmen. [1] Nach Maßgabe der §§ 94 und 95 zulässige Ersuchen eines Mitgliedstaates sind zu bewilligen. [2] Wird ein Ersuchen wegen Unzulässigkeit abgelehnt, ist die ablehnende Bewilligungsentscheidung zu begründen.

Elfter Teil.[2)] Durchführungsvorschriften zur Verordnung (EU) 2018/1805 des Europäischen Parlaments und des Rates vom 14. November 2018 über die gegenseitige Anerkennung von Sicherstellungs- und Einziehungsentscheidungen

§ 96a[2)] Grundsatz. Soweit dieser Teil keine besonderen Regelungen enthält, ist § 77 anzuwenden.

§ 96b[2)] Zuständigkeit und Verfahren für eingehende Ersuchen.

(1) [1] Über die Anerkennung und Vollstreckung eingehender Sicherstellungsentscheidungen entscheidet das nach § 67 Absatz 3 zuständige Amtsgericht; § 51 Absatz 2 Satz 3 gilt entsprechend. [2] Wird eine Sicherstellungsentscheidung gleichzeitig mit einer Einziehungsentscheidung übermittelt, so entscheidet das nach § 50 Satz 1 und § 51 zuständige Landgericht.

(2) Über die Anerkennung und Vollstreckung eingehender Einziehungsentscheidungen entscheidet das nach § 50 Satz 1 und § 51 zuständige Landgericht.

(3) Die nach § 50 Satz 2 und § 51 zuständige Staatsanwaltschaft nimmt eingehende Sicherstellungs- und Einziehungsentscheidungen entgegen und bereitet die Entscheidung des Gerichts vor.

(4) Sofern die Staatsanwaltschaft unter den Voraussetzungen des Artikels 18 Absatz 5 der Verordnung Sicherstellung und Einziehung geeignete und erfor-

---

[1)] § 96 angef. mWv 30.6.2008 durch G v. 6.6.2008 (BGBl. I S. 995).
[2)] 11. Teil (§§ 96a–96e) eingef. mWv 19.12.2020 durch G v. 23.11.2020 (BGBl. I S. 2474).

derliche Maßnahmen zur einstweiligen Sicherstellung der einzuziehenden Vermögenswerte vorgenommen hat, gibt sie dem Betroffenen sowie Dritten, die den Umständen des Falles nach Rechte an dem Gegenstand geltend machen können, Gelegenheit, sich zu äußern.

(5) Der Betroffene kann sich in jeder Lage des Verfahrens anwaltlichen Beistands bedienen.

§ 96c[1)] Vollstreckung. (1) Nachdem das Gericht die Anerkennung und Vollstreckung einer Sicherstellungs- oder Einziehungsentscheidung beschlossen hat, führt die Staatsanwaltschaft die Vollstreckung durch.

(2) Die Staatsanwaltschaft entscheidet über die Aussetzung der Vollstreckung einer Sicherstellungs- und Einziehungsentscheidung nach den Artikeln 10 und 21 der Verordnung Sicherstellung und Einziehung sowie über die Unmöglichkeit der Vollstreckung einer Sicherstellungs- oder Einziehungsentscheidung nach den Artikeln 13 und 22 der Verordnung Sicherstellung und Einziehung.

(3) Die Zuständigkeit für die Vollstreckung einer Sicherstellungs- oder Einziehungsentscheidung, die sich gegen einen Jugendlichen oder Heranwachsenden richtet, bestimmt sich nach den Vorschriften des Jugendgerichtsgesetzes[2)].

§ 96d[1)] Rechtsbehelf. (1) Betroffene können nach Maßgabe des Artikels 33 der Verordnung Sicherstellung und Einziehung gegen die Entscheidung über die Anerkennung und Vollstreckung der Sicherstellungs- oder Einziehungsentscheidung sofortige Beschwerde einlegen.

(2) Richtet sich die sofortige Beschwerde gegen die Entscheidung eines Landgerichts, so gilt für das weitere Verfahren § 42 entsprechend.

§ 96e[1)] Ausgehende Ersuchen. (1) [1] Für die Ausstellung und Übermittlung von Ersuchen um Anerkennung und Vollstreckung von Sicherstellungs- oder Einziehungsentscheidungen an einen anderen Mitgliedstaat ist die Staatsanwaltschaft zuständig. [2] Dies gilt vorbehaltlich des Artikels 2 Absatz 8 Buchstabe a Ziffer ii Satz 3 der Verordnung Sicherstellung und Einziehung.

(2) [1] Wird von einer für die Verfolgung von Ordnungswidrigkeiten zuständigen Verwaltungsbehörde im Sinne des Artikels 2 Absatz 8 Buchstabe a Ziffer ii der Verordnung Sicherstellung und Einziehung ein Ersuchen um Anerkennung und Vollstreckung einer Sicherstellungsentscheidung aus einem Ordnungswidrigkeitenverfahren gestellt, so ist das Ersuchen vor der Übermittlung an den ersuchten Mitgliedstaat der zuständigen Staatsanwaltschaft zur Bestätigung vorzulegen. [2] Hierfür ist die Bescheinigung gemäß Abschnitt N der Sicherstellungsbescheinigung aus Anhang I der Verordnung Sicherstellung und Einziehung zu verwenden. [3] Örtlich zuständig ist die Staatsanwaltschaft bei dem Landgericht, in dessen Bezirk die Verwaltungsbehörde ihren Sitz hat. [4] Die Länder können die Zuständigkeit der Staatsanwaltschaft nach Satz 1 einem Gericht zuweisen oder die örtliche Zuständigkeit der Staatsanwaltschaft nach Satz 3 abweichend regeln.

(3) Die Bestätigung nach Absatz 2 Satz 1 erfolgt, nachdem die Staatsanwaltschaft oder das nach Absatz 2 Satz 4 bestimmte Gericht festgestellt hat, dass die Voraussetzungen für den Erlass des Ersuchens vorliegen, insbesondere, dass

---

1) 11. Teil (§§ 96a–96e) eingef. mWv 19.12.2020 durch G v. 23.11.2020 (BGBl. I S. 2474).
2) **Schönfelder Nr. 89.**

1. das Ersuchen dem Grundsatz der Verhältnismäßigkeit entspricht und
2. die in dem Ersuchen angegebene Ermittlungsmaßnahme in einem vergleichbaren innerstaatlichen Fall unter denselben Bedingungen angeordnet werden könnte.

(4) Ist die Anordnung einer Maßnahme dem Richter vorbehalten, so kann die Bestätigung nach den Absätzen 2 und 3 auch durch das insoweit befasste Gericht erfolgen, wenn die Länder dies vorsehen.

(5) § 96b Absatz 5 gilt entsprechend.

§ 97[1] *(aufgehoben)*

Zwölfter Teil.[2] Schutz personenbezogener Daten im Rechtshilfeverkehr innerhalb der Europäischen Union und mit den Schengen-assoziierten Staaten

§ 97a[3] **Anwendungsbereich.** (1) Die Vorschriften dieses Teils sind anzuwenden auf personenbezogene Daten, die an Mitgliedstaaten der Europäischen Union, für die die Richtlinie (EU) 2016/680 gilt, oder an Organe, Einrichtungen, Ämter und Agenturen der Europäischen Union übermittelt oder von diesen empfangen werden.

(2) Schengen-assoziierte Staaten stehen den in Absatz 1 genannten Mitgliedstaaten der Europäischen Union bei der Anwendung dieses Teils gleich.

(3) Soweit dieser Teil keine besonderen Regelungen enthält, sind die Bestimmungen des Abschnitts 2 des Siebenten Teils anzuwenden.

§ 97b[3] **Übermittlung personenbezogener Daten.** Für die Übermittlung personenbezogener Daten gilt § 77d mit der Maßgabe, dass keine Anwendung finden dessen

1. Absatz 1 Nummer 2, auch in Verbindung mit Absatz 3 und § 77e Absatz 1 Nummer 7,
2. Absatz 1 Nummer 3, auch in Verbindung mit Absatz 4 und § 77e Absatz 1 Nummer 4, und
3. Absatz 1 Nummer 4 in Verbindung mit § 77f.

§ 97c[3] **Prüf-, Informations- und Protokollierungspflichten der übermittelnden Stelle.** Zusätzlich zu den in § 77e genannten Pflichten gilt, dass der Stelle eines anderen Mitgliedstaates der Europäischen Union, von der oder an die personenbezogene Daten übermittelt wurden, bei einer Verletzung des Schutzes der personenbezogenen Daten unverzüglich die in § 65 Absatz 3 des Bundesdatenschutzgesetzes[4] genannten Informationen mitzuteilen sind.

---

[1] § 97 aufgeh. mWv 22.5.2017 durch G v. 5.1.2017 (BGBl. I S. 31).

[2] Früherer 11. Teil (§§ 97a–97c) eingef. mWv 26.11.2019 durch G v. 20.11.2019 (BGBl. I S. 1724); *bish. 11. Teil wird 12. Teil mWv 19.12.2020* durch G v. 23.11.2020 (BGBl. I S. 2474).

[3] 11. Teil (§§ 97a–97c) eingef. mWv 26.11.2019 durch G v. 20.11.2019 (BGBl. I S. 1724).

[4] **Sartorius Nr. 245.**

Dreizehnter Teil.[1] Auslieferungs- und Durchlieferungsverkehr mit der Republik Island und dem Königreich Norwegen

§ 98[2] Vorrang des Dreizehnten Teils. (1) Dieser Teil gilt für den Auslieferungs- und Durchlieferungsverkehr mit der Republik Island und dem Königreich Norwegen nach dem Übereinkommen vom 28. Juni 2006 zwischen der Europäischen Union und der Republik Island und dem Königreich Norwegen über das Übergabeverfahren zwischen den Mitgliedstaaten der Europäischen Union und Island und Norwegen (ABl. L 292 vom 21.10.2006, S. 2).

(2) Soweit dieser Teil keine besonderen Regelungen enthält, finden die Bestimmungen des Achten Teils mit Ausnahme des § 79 Absatz 1 Satz 1, der §§ 80, 81 Nummer 4, § 83c Absatz 5, § 83f Absatz 3 und § 83i entsprechend sowie nach Maßgabe des § 78 die übrigen Bestimmungen dieses Gesetzes Anwendung.

(3) [1] Die §§ 35 und 36 finden mit der Maßgabe Anwendung, dass bei Erweiterung der Auslieferungsbewilligung oder bei der Weiterlieferung der verfolgten Person an Mitgliedstaaten der Europäischen Union, an die Republik Island oder das Königreich Norwegen abweichend von § 35 Absatz 1 Satz 1 eine Zustimmung zu erteilen ist. [2] Hierbei gelten § 83a Absatz 1 und § 83c Absatz 6 entsprechend. [3] Die §§ 38 und 39 finden mit der Maßgabe Anwendung, dass diese bei Vorliegen der Voraussetzungen zur Vornahme der Maßnahmen verpflichten.

(4) [1] An die Stelle des Mitgliedstaates tritt in den anwendbaren Bestimmungen des Achten Teils neben den Mitgliedstaaten der Europäischen Union auch die Republik Island und das Königreich Norwegen; an die Stelle des Europäischen Haftbefehls tritt ein Auslieferungsersuchen auf Grundlage eines Haftbefehls im Sinne des Artikels 2 Absatz 5 des Übereinkommens vom 28. Juni 2006 zwischen der Europäischen Union und der Republik Island und dem Königreich Norwegen über das Übergabeverfahren zwischen den Mitgliedstaaten der Europäischen Union und Island und Norwegen. [2] Ferner tritt dieses Übereinkommen an die Stelle des Rahmenbeschlusses Europäischer Haftbefehl in den anwendbaren Vorschriften des Achten Teils.

§ 99[3] Grundsätzliche Pflicht zur Bewilligung. Zulässige Ersuchen der Republik Island und des Königreichs Norwegen um Auslieferung oder Durchlieferung eines Ausländers können nur abgelehnt werden, soweit dies in diesem Teil oder in den übrigen anwendbaren Bestimmungen dieses Gesetzes vorgesehen ist.

---

[1] *Früherer 11. Teil* (§§ 98, 99) eingef. mWv 1.11.2019, wird 12. Teil mWv 26.11.2019 durch G v. 1.6.2017 (BGBl. I S. 1414, geänd. durch G v. 20.11.2019, BGBl. I S. 1724) iVm Bek. v. 2.12.2019 (BGBl. I S. 1999); bish. 12. Teil wird 13. Teil mWv 19.12.2020 durch G v. 23.11.2020 (BGBl. I S. 2474).

[2] § 98 eingef. mWv 1.11.2019 und Überschrift geänd. mWv 26.11.2019 durch G v. 1.6.2017 (BGBl. I S. 1414, geänd. durch G v. 20.11.2019, BGBl. I S. 1724) iVm Bek. v. 2.12.2019 (BGBl. I S. 1999); Überschrift neu gef., Abs. 2 und 3 Satz 2 geänd. mWv 19.12.2020 durch G v. 23.11.2020 (BGBl. I S. 2474).

[3] § 99 eingef. mWv 1.11.2019 durch G v. 1.6.2017 (BGBl. I S. 1414) iVm Bek. v. 2.12.2019 (BGBl. I S. 1999).

Vierzehnter Teil.[1] Schlussvorschriften

§ 100[2] Anwendungsvorbehalt; Stichtagsregelung. [1]Die Vorschriften des Abschnitts 2 des Neunten Teils über die Vollstreckung von Geldsanktionen nach dem Rahmenbeschluss Geldsanktionen sind bei Geldsanktionen gemäß § 87 Absatz 2 Nummer 1 und 4 nur anwendbar, wenn diese nach dem 27. Oktober 2010 rechtskräftig geworden sind. [2]Bei Geldsanktionen nach § 87 Absatz 2 Nummer 2 und 3 sind die in Satz 1 genannten Vorschriften nur anwendbar, wenn die nicht gerichtliche Entscheidung über die Verhängung der Geldsanktion nach dem 27. Oktober 2010 ergangen ist.

§ 101[3] Übergangsvorschrift für Ersuchen, die auf einer Abwesenheitsentscheidung beruhen. [1]In Abweichung von § 83a Absatz 1, § 83f Absatz 1, § 87a Nummer 2, § 88b Absatz 1 und § 88c Nummer 1 ist die Vorlage des dort genannten Europäischen Haftbefehls oder der dort genannten Bescheinigungen ebenfalls in der Fassung vor dem 28. März 2011 zulässig, sofern der ersuchende Mitgliedstaat der Europäischen Union auf andere Art und Weise die zusätzlichen Angaben übermittelt, die gemäß den Artikeln 2 bis 4 des Rahmenbeschlusses 2009/299/JI des Rates vom 26. Februar 2009 zur Änderung der Rahmenbeschlüsse 2002/584/JI, 2005/214/JI, 2006/783/JI, 2008/909/JI und 2008/947/JI, zur Stärkung der Verfahrensrechte von Personen und zur Förderung der Anwendung des Grundsatzes der gegenseitigen Anerkennung auf Entscheidungen, die im Anschluss an eine Verhandlung ergangen sind, zu der die betroffene Person nicht erschienen ist (ABl. L 81 vom 27.3.2009, S. 24), erforderlich sind. [2]Diese Regelung wird nicht mehr angewendet, sobald der letzte Mitgliedstaat der Europäischen Union den Rahmenbeschluss 2009/299/JI in sein nationales Recht umgesetzt hat. [3]Das Bundesministerium der Justiz und für Verbraucherschutz gibt den Tag, ab dem Satz 1 gemäß Satz 2 nicht mehr angewendet wird, im Bundesanzeiger bekannt.

§ 102[4] Übergangsvorschrift für die Vollstreckung freiheitsentziehender Sanktionen. Die §§ 84 bis 85f sind im Verhältnis zum Königreich der Niederlande, zur Republik Lettland, zur Republik Litauen, zur Republik Polen, zu Irland und zur Republik Malta nicht anzuwenden, wenn das Erkenntnis, das der Vollstreckung der freiheitsentziehenden Sanktion zugrunde liegt, vor dem 5. Dezember 2011 ergangen ist.

---

[1] Früherer 11. Teil (§ 98) angef. mWv 30.6.2008 durch G v. 6.6.2008 (BGBl. I S. 995); 11. Teil (§§ 98-99) wird 12. Teil (§§ 100-106) mWv 1.11.2019 und 13. Teil mWv 26.11.2019 durch G v. 1.6. 2017 (BGBl. I S. 1414, gBänd. durch G v. 20.11.2019, BGBl. I S. 1724) iVm Bek. v. 2.12.2019 (BGBl. I S. 1999); bish. 13. Teil [im BGBl. I wohl irrtümlich „12. Teil"] wird 14. Teil mWv 19.12. 2020 durch G v. 23.11.2020 (BGBl. I S. 2474).

[2] Früherer § 98 eingef. mWv 28.10.2010 durch G v. 18.10.2010 (BGBl. I S. 1408); Satz 1 geänd. mWv 25.7.2015 durch G v. 17.7.2015 (BGBl. I S. 1332); bish. § 98 wird § 100 mWv 1.11.2019 durch G v. 1.6.2017 (BGBl. I S. 1414) iVm Bek. v. 2.12.2019 (BGBl. I S. 1999).

[3] Früherer § 98a eingef. mWv 25.7.2015 durch G v. 17.7.2015 (BGBl. I S. 1332); bish. § 98a wird § 101 mWv 1.11.2019 durch G v. 1.6.2017 (BGBl. I S. 1414) iVm Bek. v. 2.12.2019 (BGBl. I S. 1999).

[4] Früherer § 98b eingef. mWv 25.7.2015 durch G v. 17.7.2015 (BGBl. I S. 1349); bish. § 98b wird § 102 mWv 1.11.2019 durch G v. 1.6.2017 (BGBl. I S. 1414) iVm Bek. v. 2.12.2019 (BGBl. I S. 1999).

§ 103[1)] Übergangsvorschrift für Ersuchen um sonstige Rechtshilfe.

Abschnitt 2 des Zehnten Teils ist nicht anzuwenden auf Ersuchen, die vor dem 22. Mai 2017 bei der für die Bewilligung zuständigen Stelle eingegangen sind.

§ 104[2)] Gleichstellung von ausländischen mit inländischen Amtsträgern bei Amtshandlungen in der Bundesrepublik Deutschland. Richter und sonstige Amtsträger eines anderen Mitgliedstaates der Europäischen Union, die bei Amtshandlungen nach Abschnitt 2 des Zehnten Teils in dem Hoheitsgebiet der Bundesrepublik Deutschland anwesend sind, stehen für die Dauer ihrer Anwesenheit in Bezug auf Straftaten, die sie selbst begehen oder die zu ihrem Nachteil oder ihnen gegenüber begangen werden, deutschen Richtern oder sonstigen deutschen Amtsträgern gleich.

§ 105[3)] Ausgleich von Schäden. (1) Ersetzt ein anderer Mitgliedstaat der Europäischen Union einen Schaden, den deutsche Richter oder sonstige deutsche Amtsträger bei Amtshandlungen nach Abschnitt 2 des Zehnten Teils in dem Hoheitsgebiet des anderen Mitgliedstaates verursachen, gegenüber der geschädigten Person oder gegenüber einer Person, die der geschädigten Person in ihren Rechten nachfolgt, so kann er von der Bundesrepublik Deutschland Ausgleich des Geleisteten verlangen.

(2) Schäden, die Richter oder sonstige Amtsträger eines anderen Mitgliedstaates der Europäischen Union bei Amtshandlungen nach Abschnitt 2 des Zehnten Teils in dem Hoheitsgebiet der Bundesrepublik Deutschland verursachen, werden von dem zuständigen Träger der deutschen öffentlichen Gewalt so ersetzt, wie sie nach deutschem Recht zu ersetzen wären, wenn deutsche Richter oder sonstige deutsche Amtsträger die Schäden verursacht hätten.

§ 106[4)] Einschränkung von Grundrechten. Die Grundrechte der körperlichen Unversehrtheit (Artikel 2 Abs. 2 Satz 1 des Grundgesetzes[5)]), der Freiheit der Person (Artikel 2 Abs. 2 Satz 2 des Grundgesetzes), des Brief-, Post- und Fernmeldegeheimnisses (Artikel 10 Abs. 1 des Grundgesetzes), der Unverletzlichkeit der Wohnung (Artikel 13 des Grundgesetzes) und des Schutzes vor Auslieferung (Artikel 16 Abs. 2 Satz 1 des Grundgesetzes) werden nach Maßgabe dieses Gesetzes eingeschränkt.

[1)] Früherer § 98c eingef. mWv 22.5.2017 durch G v. 5.1.2017 (BGBl. I S. 31); bish. § 98c wird § 103 mWv 1.11.2019 durch G v. 1.6.2017 (BGBl. I S. 1414) iVm Bek. v. 2.12.2019 (BGBl. I S. 1999).

[2)] Früherer § 98d eingef. mWv 22.5.2017 durch G v. 5.1.2017 (BGBl. I S. 31); bish. § 98d wird § 104 mWv 1.11.2019 durch G v. 1.6.2017 (BGBl. I S. 1414) iVm Bek. v. 2.12.2019 (BGBl. I S. 1999).

[3)] Früherer § 98e eingef. mWv 22.5.2017 durch G v. 5.1.2017 (BGBl. I S. 31); bish. § 98e wird § 105 mWv 1.11.2019 durch G v. 1.6.2017 (BGBl. I S. 1414) iVm Bek. v. 2.12.2019 (BGBl. I S. 1999).

[4)] Früherer § 98 angef. mWv 30.6.2008 durch G v. 6.6.2008 (BGBl. I S. 995); früherer § 98 wird § 99 mWv 28.10.2010 durch G v. 18.10.2010 (BGBl. I S. 1408); bish. § 99 wird § 106 mWv 1.11. 2019 durch G v. 1.6.2017 (BGBl. I S. 1414) iVm Bek. v. 2.12.2019 (BGBl. I S. 1999).

[5)] Nr. **1**.

---

[1] [illegible] mWv 22.5.2017 [illegible] (BGBl. I [illegible]) [illegible]

[2] [illegible] mWv 22.5.2017 [illegible] (BGBl. I [illegible]) [illegible]

[3] [illegible] mWv 22.5.2017 [illegible] (BGBl. I [illegible]) [illegible]

[4] [illegible]

91. Gesetz über den Vollzug der Freiheitsstrafe und der freiheitsentziehenden Maßregeln der Besserung und Sicherung – Strafvollzugsgesetz (StVollzG)

Vom 16. März 1976

(BGBl. I S. 581, ber. S. 2088 und 1977 I S. 436)

FNA 312-9-1

Lfd. Nr.	Änderndes Gesetz	Datum	Fundstelle	Betroffen	Hinweis
1.	Art. 5 G zur Änd. des StGB, der StPO, des GVG, der BundesrechtsanwaltsO und des StVollzG	18.8.1976	BGBl. I S. 2181	§§ 26, 27, 29, 122	geänd. mWv 1.1.1977
2.	Art. 22 Zweites Haushaltsstruktur G	22.12. 1981	BGBl. I S. 1523	§§ 121, 198, 201	geänd. mWv 1.1.1982
3.	Art. 1 ÄndG	20.1.1984	BGBl. I S. 97, ber. S. 360	§ 138	geänd. mWv 1.1.1985
4.	Art. 1 ÄndG	20.12. 1984	BGBl. I S. 1654, ber. 1985 I S. 1266	§§ 7, 9, 130, 134, 139, 140, 198	geänd. 1.1.1985
				2. Abschnitt 16. Titel (§§ 123, 124, 125, 126)	eingef. 1.1.1985
				3. Abschnitt 1. Titel (§§ 123, 124, 125, 126, 127, 128)	aufgeh. 1.1.1985
5.	Art. 1 ÄndG	27.2.1985	BGBl. I S. 461	§ 101	geänd. mWv 7.3.1985
6.	Art. 7 Strafverfahrensänderungs G 1987	27.1.1987	BGBl. I S. 475	§ 29	geänd. mWv 1.4.1987
7.	Art. 51 Gesundheits-ReformG	20.12. 1988	BGBl. I S. 2477	§§ 57, 58, 59, 60, 61, 62, 65, 76, 78, 198	geänd. mWv 1.1.1989
				§ 62a	eingef. mWv 1.1.1989
8.	Art. 56 RentenreformG 1992	18.12. 1989	BGBl. I S. 2261	§§ 43, 199, 200	geänd. mWv 1.1.1992
9.	Anl. I Kap. III Sachgeb. C. Abschnitt II Nr. 3 Einigungsvertrag	31.8.1990	BGBl. II S. 885	§ 199	geänd. mWv 29.9.1990
				§ 202	eingef. mWv 29.9.1990
10.	Art. 7 Abs. 12 Rechtspflege-VereinfachungsG	17.12. 1990	BGBl. I S. 2847	§ 120	geänd. mWv 1.4.1991
11.	Art. 40 Arbeitsförderungs-ReformG	24.3.1997	BGBl. I S. 594	§§ 7, 17, 37, 38, 39, 44, 148	geänd. mWv 1.1.1998
12.	Art. 5 G zur Bekämpfung von Sexualdelikten und anderen gefährlichen Straftaten	26.1.1998	BGBl. I S. 160	§§ 6, 7, 9, 199	geänd. mWv 31.1.1998
13.	BVerfGE	1.7.1998	BGBl. I S. 2208	§ 200	geänd. mWv 1.1.1992

Lfd. Nr.	Änderndes Gesetz	Datum	Fundstelle	Betroffen	Hinweis
14.	Art. 1 Viertes ÄndG	26.8.1998	BGBl. I S. 2461, ber. 1999 I S. 1096	§§ 27, 29, 32, 48, 69, 84, 86, 87, 103, 121, 130, 133, 144, 166, Überschrift 5. Abschnitt, §§ 167, 171, 179, 180, 181, 182, 183, 184, 185, 186, 187, 198, 199, 5. Abschnitt 5. bis 7. Titel Überschrift	geänd. mWv 1.12.1998
				2. Abschnitt 8. Titel Überschrift	eingef. mWv 1.12.1998
				§§ 34, 188, 194, 197	aufgeh. mWv 1.12.1998
15.	Art. 8 StrafverfahrensänderungsG 1999	2.8.2000	BGBl. I S. 1253	§ 186	geänd. mWv 1.11.2000
16.	Art. 1 Fünftes ÄndG	27.12. 2000	BGBl. I S. 2043	Inhaltsübersicht, §§ 43, 44, 121, 133, 176, 177, 199, 200	geänd. mWv 1.1.2001
17.	Art. 8f G zur Änd. des BDSG und anderer Gesetze[1]	18.5.2001	BGBl. I S. 904	§§ 179, 184, 187	geänd. 23.5. 2001
18.	Art. 11 Elektronische Register/Justizkosten-G	10.12. 2001	BGBl. I S. 3422	§§ 50, 138, 167, 171, 199	geänd. mWv 15.12.2001
19.	Art. 4 Vierunddreißigstes StrafrechtsänderungsG	22.8.2002	BGBl. I S. 3390	§ 29	geänd. mWv 30.8.2002
20.	Art. 1 Sechstes StVollzG-ÄndG	5.10.2002	BGBl. I S. 3954	Inhaltsübersicht, §§ 86, 87, 180	geänd. mWv 11.10.2002
				§ 86a	eingef. mWv 11.10.2002
21.	Art. 62 Achte ZuständigkeitsanpassungsVO	25.11. 2003	BGBl. I S. 2304	§ 48	geänd. mWv 28.11.2003
22.	Art. 41 Drittes G für moderne Dienstleistungen am Arbeitsmarkt	23.12. 2003	BGBl. I S. 2848	§§ 148, 154, 195	geänd. mWv 1.1.2004
23.	Art. 37 G zur Einordnung des Sozialhilferechts in das SGB	27.12. 2003	BGBl. I S. 3022	§ 44	geänd. mWv 1.1.2005
24.	Art. 1 Siebtes StVollzG-ÄndG	23.3.2005	BGBl. I S. 930	§ 115	geänd. mWv 1.4.2005
25.	Art. 91 Neunte ZuständigkeitsanpassungsVO	31.10. 2006	BGBl. I S. 2407	§ 48	geänd. mWv 8.11.2006
26.	Art. 2 Abs. 11 PersonenstandsrechtsreformG	19.2.2007	BGBl. I S. 122	§ 79	geänd. mWv 1.1.2009
27.	Art. 10 G zur Änd. des SGB IV und anderer Gesetze	19.12. 2007	BGBl. I S. 3024	§ 50	geänd. mWv 1.1.2008
28.	§ 62 Abs. 10 BeamtenstatusG	17.6.2008	BGBl. I S. 1010	§ 97	geänd. mWv 1.4.2009
29.	Art. 2 G zur Änd. des Untersuchungshaftrechts	29.7.2009	BGBl. I S. 2274	Inhaltsübersicht, §§ 167, 171, 178	geänd. mWv 1.1.2010
				§ 122	aufgeh. mWv 1.1.2010

[1] **Amtl. Anm.:** Dieses Gesetz dient der Umsetzung der Richtlinie 95/46/EG des Europäischen Parlaments und des Rates vom 24. Oktober 1995 zum Schutz natürlicher Personen bei der Verarbeitung personenbezogener Daten und zum freien Datenverkehr (ABl. EG Nr. L 281 S. 31).

Lfd. Nr.	Änderndes Gesetz	Datum	Fundstelle	Betroffen	Hinweis
30.	Art. 4 G zur bundesrechtlichen Umsetzung des Abstandsgebotes im Recht der Sicherungsverwahrung	5.12.2012	BGBl. I S. 2425	Inhaltsübersicht, §§ 109, 110, 112, 115, 120, 121, 130	geänd. mWv 1.6.2013
				§ 119a	eingef. mWv 1.6.2013
31.	Art. 7 G zur Intensivierung des Einsatzes von Videokonferenztechnik in gerichtlichen und staatsanwaltschaftlichen Verfahren	25.4.2013	BGBl. I S. 935	§ 115	geänd. mWv 1.11.2013
32.	Art. 152 Zehnte ZuständigkeitsanpassungsVO	31.8.2015	BGBl. I S. 1474	§§ 48, 50, 144	geänd. mWv 8.9.2015
33.	Art. 5, 6 G zur Einführung der elektronischen Akte in der Justiz und zur weiteren Förderung des elektronischen Rechtsverkehrs	5.7.2017	BGBl. I S. 2208	Inhaltsübersicht, §§ 112, 115, 118, 120	geänd. mWv 1.1.2018
				§ 110a	eingef. mWv 1.1.2018
				§ 110a	geänd. mWv 1.7.2025
				§ 110a	geänd. mWv 1.1.2026
34.	Art. 8 PflegeberufereformG	17.7.2017	BGBl. I S. 2581	§ 158	geänd. mWv 1.1.2020
35.	Art. 10 Abs. 7 G zur Neuregelung des Schutzes von Geheimnissen bei der Mitwirkung Dritter an der Berufsausübung schweigepflichtiger Personen	30.10. 2017	BGBl. I S. 3618	§ 182	geänd. mWv 9.11.2017
36.	Art. 2 G zur Stärkung des Rechts des Angeklagten auf Anwesenheit in der Verhandlung	17.12. 2018	BGBl. I S. 2571	§ 110a	geänd. mWv 21.12.2018
37.	Art. 1 G zur Stärkung der Rechte von Betroffenen bei Fixierungen im Rahmen von Freiheitsentziehungen	19.6.2019	BGBl. I S. 840	Inhaltsübersicht, 2. Abschnitt 14. Titel Überschrift, §§ 138, 167, 171	geänd. mWv 28.6.2019
				§§ 121a, 121b, 171a	eingef. mWv 28.6.2019
38.	Art. 14 G zur Umsetzung der RL (EU) 2016/680 im Strafverfahren sowie zur Anpassung datenschutzrechtlicher Bestimmungen an die VO (EU) 2016/679	20.11. 2019	BGBl. I S. 1724	Inhaltsübersicht, §§ 86, 88, 130, 166, 5. Abschnitt Überschrift, §§ 167, 171, 179, 180, 182, 183, 184, 185, 186	geänd. mWv 26.11.2019
				5. Abschnitt 5. Titel Überschrift, § 181	neu gef. mWv 26.11.2019
				§ 187	aufgeh. mit Ablauf des 25.11. 2019
39.	Art. 7 G zur Stärkung der Verfahrensrechte von Beschuldigten im Jugendstrafverfahren[1]	9.12.2019	BGBl. I S. 2146	§§ 167, 171	neu gef. mWv 17.12.2019

[1] **Amtl. Anm.:** Dieses Gesetz dient der Umsetzung der Richtlinie (EU) 2016/800 des Europäischen Parlaments und des Rates vom 11. Mai 2016 über Verfahrensgarantien für Kinder, die Verdächtige oder beschuldigte Personen in Strafverfahren sind (ABl. L 132 vom 21.5.2016, S. 1).

Lfd. Nr.	Änderndes Gesetz	Datum	Fundstelle	Betroffen	Hinweis
40.	Art. 12 G zur Fortentwicklung der StrafprozessO und zur Änd. weiterer Vorschriften	25.6.2021	BGBl. I S. 2099	§ 119a	geänd. mWv 1.7.2021
41.	Art. 27 G zum Ausbau des elektronischen Rechtsverkehrs mit den Gerichten und zur Änd. weiterer Vorschriften[1]	5.10.2021	BGBl. I S. 4607	§ 120	geänd. mWv 1.1.2022
42.	Art. 5, 6 und 7 G zur weiteren Digitalisierung der Justiz	12.7.2024	BGBl. 2024 I Nr. 234	§ 110a	geänd. mWv 17.7.2024
				§ 110a	geänd. mWv 1.1.2026
				§ 110a	geänd. mWv 1.1.2036

Nach der Neuregelung der Art. 72 ff. GG durch das FöderalismusreformG v. 28.8.2006 (BGBl. I S. 2034) fällt der Strafvollzug einschließlich des Untersuchungshaftvollzugs in die Gesetzgebungskompetenz der Länder (Art. 74 Abs. 1 Nr. 1 iVm Art. 70 Abs. 1 GG).

Das StVollzG gilt gem. Art. 125a Abs. 1 GG seit dem 1.9.2006 als Bundesrecht fort, kann aber durch Landesrecht ersetzt werden. Der Bundesgesetzgeber besitzt nach dem 31.8.2006 für materielle Änderungen des Strafvollzugsrechts keine Gesetzgebungskompetenz mehr.

Die Länder haben auf dem Gebiet des Strafvollzugs bisher ua folgende Vorschriften erlassen:

- **Baden-Württemberg:** Justizvollzugsgesetzbuch v. 10.11.2009 (GBl. S. 545), zuletzt geänd. durch G v. 26.7.2022 (GBl. S. 410)
- **Bayern:** Bayerisches StrafvollzugsG v. 10.12.2007 (GVBl. S. 866), zuletzt geänd. durch G v. 23.12.2022 (GVBl. S. 718); Bayerisches SicherungsverwahrungsvollzugsG v. 22.5.2013 (GVBl. S. 275), zuletzt geänd. durch G v. 8.7.2020 (GVBl. S. 330)
- **Berlin:** Berliner SicherungsverwahrungsvollzugsG v. 27.3.2013 (GVBl. S. 71), zuletzt geänd. durch G v. 27.9.2021 (GVBl. S. 1145); Berliner StrafvollzugsG v. 4.4.2016 (GVBl. S. 152), geänd. durch G v. 27.9.2021 (GVBl. S. 1145); Berliner JugendstrafvollzugsG v. 4.4.2016 (GVBl. S. 152, 171), geänd. durch G v. 27.9.2021 (GVBl. S. 1145); Psychische Krankheiten-Gesetz v. 17.6.2016 (GVBl. S. 336), geänd. durch G v. 27.9.2021 (GVBl. S. 1117)
- **Brandenburg:** Brandenburgisches JustizvollzugsG v. 24.4.2013 (GVBl. I Nr. 14), zuletzt geänd. durch G v. 19.6.2019 (GVBl. I Nr. 43)
- **Bremen:** Bremisches JugendstrafvollzugsG v. 27.3.2007 (Brem.GBl. S. 233), zuletzt geänd. durch G v. 12.7.2022 (Brem.GBl. S. 403); Bremisches SicherungsverwahrungsvollzugsG v. 21.5.2013 (Brem.GBl. S. 172), zuletzt geänd. durch G v. 28.3.2023 (Brem.GBl. S. 305); Bremisches StrafvollzugsG v. 25.11.2014 (Brem.GBl. S. 639), zuletzt geänd. durch G v. 28.3.2023 (Brem.GBl. S. 305)
- **Hamburg:** Hamburgisches StrafvollzugsG v. 14.7.2009 (HmbGVBl. S. 257), zuletzt geänd. durch G v. 7.3.2023 (HmbGVBl. S. 94); Hamburgisches JugendstrafvollzugsG v. 14.7.2009 (HmbGVBl. S. 257, 280), zuletzt geänd. durch G v. 7.3.2023 (HmbGVBl. S. 94); Hamburgisches SicherungsverwahrungsvollzugsG v. 21.5.2013 (HmbGVBl. S. 211), zuletzt geänd. durch G v. 7.3.2023 (HmbGVBl. S. 94)
- **Hessen:** Hessisches StrafvollzugsG v. 28.6.2010 (GVBl. I S. 185), zuletzt geänd. durch G v. 12.11.2020 (GVBl. S. 778); Hessisches JugendstrafvollzugsG v. 19.11.2007 (GVBl. I S. 758), zuletzt geänd. durch G v. 12.11.2020 (GVBl. S. 778); Hessisches SicherungsverwahrungsvollzugsG v. 5.3.2013 (GVBl. S. 46), zuletzt geänd. durch G v. 12.11.2020 (GVBl. S. 778)

[1] **Amtl. Anm.:** Notifiziert gemäß der Richtlinie (EU) 2015/1535 des Europäischen Parlaments und des Rates vom 9. September 2015 über ein Informationsverfahren auf dem Gebiet der technischen Vorschriften und der Vorschriften für die Dienste der Informationsgesellschaft (ABl. L 241 vom 17.9.2015, S. 1).

– **Mecklenburg-Vorpommern:** JugendstrafvollzugsG M-V v. 14.12.2007 (GVOBl. M-V S. 427), zuletzt geänd. durch G v. 21.11.2020 (GVOBl. M-V S. 1254); StrafvollzugsG M-V v. 7.5.2013 (GVOBl. M-V S. 322), geänd. durch G v. 21.11.2020 (GVOBl. M-V S. 1254); SicherungsverwahrungsvollzugsG M-V v. 7.5.2013 (GVOBl. M-V S. 348, ber. S. 430), zuletzt geänd. durch G v. 21.11.2020 (GVOBl. M-V S. 1254); JugendarrestvollzugsG M-V v. 27.5.2016 (GVOBl. M-V S. 302), geänd. durch G v. 21.11.2020 (GVOBl. M-V S. 1254)
– **Niedersachsen:** Niedersächsisches JustizvollzugsG idF der Bek. v. 8.4.2014 (Nds. GVBl. S. 106), zuletzt geänd. durch G v. 22.9.2022 (Nds. GVBl. S. 593)
– **Nordrhein-Westfalen:** StrafvollzugsG NRW v. 13.1.2015 (GV. NRW. S. 76), zuletzt geänd. durch G v. 13.4.2022 (GV. NRW. S. 543); JugendstrafvollzugsG NRW v. 7.4.2017 (GV. NRW. S. 511), zuletzt geänd. durch G v. 13.4.2022 (GV. NRW. S. 543); JugendarrestvollzugsG v. 30.4.2013 (GV. NRW. S. 203), zuletzt geänd. durch G v. 13.4.2022 (GV. NRW. S. 543); SicherungsverwahrungsvollzugsG NRW v. 30.4.2013 (GV. NRW. S. 212), zuletzt geänd. durch G v. 13.4.2022 (GV. NRW. S. 543)
– **Rheinland-Pfalz:** LandesjustizvollzugsG v. 8.5.2013 (GVBl. S. 79), zuletzt geänd. durch G v. 15.10. 2020 (GVBl. S. 571), LandessicherungsverwahrungsvollzugsG v. 8.5.2013 (GVBl. S. 79, 102), zuletzt geänd. durch G v. 15.10.2020 (GVBl. S. 571) und LandesjustizvollzugsdatenschutzG v. 3.6.2020 (GVBl. S. 218), geänd. durch G v. 15.10.2020 (GVBl. S. 571); LandesjugendarrestvollzugsG v. 6.10.2015 (GVBl. S. 354), zuletzt geänd. durch G v. 15.10.2020 (GVBl. S. 571); MaßregelvollzugsG v. 22.12.2015 (GVBl. S. 487), zuletzt geänd. durch G v. 15.10.2020 (GVBl. S. 556)
– **Saarland:** Saarländisches JugendstrafvollzugsG v. 30.10.2007 (Amtsbl. S. 2370), zuletzt geänd. durch G v. 16.6.2021 (Amtsbl. I S. 1822); Saarländisches StrafvollzugsG v. 24.4.2013 (Amtsbl. I S. 116), zuletzt geänd. durch G v. 16.6.2021 (Amtsbl. I S. 1822); Saarländisches SicherungsverwahrungsvollzugsG v. 15.5.2013 (Amtsbl. I S. 146), geänd. durch G v. 4.12.2019 (Amtsbl. 2020 I S. 79)
– **Sachsen:** Sächsisches JugendstrafvollzugsG v. 12.12.2007 (SächsGVBl. S. 558), zuletzt geänd. durch G v. 22.7.2024 (SächsGVBl. S. 706); Sächsisches StrafvollzugsG v. 16.5.2013 (SächsGVBl. S. 250), zuletzt geänd. durch G v. 22.7.2024 (SächsGVBl. S. 706); Sächsisches SicherungsverwahrungsvollzugsG v. 16.5. 2013 (SächsGVBl. S. 294), zuletzt geänd. durch G v. 22.7.2024 (SächsGVBl. S. 706)
– **Sachsen-Anhalt:** SicherungsverwahrungsvollzugsG LSA v. 13.5.2013 (GVBl. LSA S. 206), zuletzt geänd. durch G v. 25.3.2021 (GVBl. LSA S. 120); Justizvollzugsgesetzbuch LSA v. 18.12.2015 (GVBl. LSA S. 666), zuletzt geänd. durch G v. 25.3.2021 (GVBl. LSA S. 120)
– **Schleswig-Holstein:** JugendstrafvollzugsG v. 23.9.2021 (GVOBl. Schl.-H. S. 1170, 1177); SicherungsverwahrungsvollzugsG Schl-H v. 15.5.2013 (GVOBl. Schl.-H. S. 169), zuletzt geänd. durch G v. 23.9. 2021 (GVOBl. Schl.-H. S. 1170)
– **Thüringen:** Thüringer Justizvollzugsgesetzbuch v. 27.2.2014 (GVBl. S. 13), geänd. durch G v. 16.11. 2023 (GVBl. S. 291); Thüringer SicherungsverwahrungsvollzugsG v. 23.5.2013 (GVBl. S. 121), zuletzt geänd. durch G v. 2.7.2024 (GVBl. S. 277))

Siehe auch den am 6.9.2011 vorgestellten gemeinsamen Musterentwurf für ein einheitliches LandesstrafvollzugsG v. 23.8.2011 der Länder Berlin, Brandenburg, Bremen, Mecklenburg-Vorpommern, Rheinland-Pfalz, Saarland, Sachsen, Sachsen-Anhalt, Schleswig-Holstein und Thüringen.

Inhaltsübersicht[1)]

[1)] Inhaltsübersicht eingef. durch G v. 26.8.1998 (BGBl. I S. 2461); geänd. mWv 1.1.2001 durch G v. 27.12.2000 (BGBl. I S. 2043); mWv 11.10.2002 durch G v. 5.10.2002 (BGBl. I S. 3954); mWv 1.1. 2010 durch G v. 29.7.2009 (BGBl. I S. 2274); mWv 1.6.2013 durch G v. 5.12.2012 (BGBl. I S. 2425); mWv 1.1.2018 durch G v. 5.7.2017 (BGBl. I S. 2208); mWv 28.6.2019 durch G v. 19.6.2019 (BGBl. I S. 840); mWv 26.11.2019 durch G v. 20.11.2019 (BGBl. I S. 1724).

(Fortsetzung nächstes Blatt)

Der Bundestag hat mit Zustimmung des Bundesrates das folgende Gesetz beschlossen:

Erster Abschnitt. Anwendungsbereich

§ 1. [Anwendungsbereich] Dieses Gesetz regelt den Vollzug der Freiheitsstrafe in Justizvollzugsanstalten und der freiheitsentziehenden Maßregeln der Besserung und Sicherung.

Zweiter Abschnitt. Vollzug der Freiheitsstrafe

Erster Titel. Grundsätze

§ 2. Aufgaben des Vollzuges. [1] Im Vollzug der Freiheitsstrafe soll der Gefangene fähig werden, künftig in sozialer Verantwortung ein Leben ohne Straftaten zu führen (Vollzugsziel). [2] Der Vollzug der Freiheitsstrafe dient auch dem Schutz der Allgemeinheit vor weiteren Straftaten.

§ 3. Gestaltung des Vollzuges. (1) Das Leben im Vollzug soll den allgemeinen Lebensverhältnissen soweit als möglich angeglichen werden.

(2) Schädlichen Folgen des Freiheitsentzuges ist entgegenzuwirken.

(3) Der Vollzug ist darauf auszurichten, daß er dem Gefangenen hilft, sich in das Leben in Freiheit einzugliedern.

§ 4. Stellung des Gefangenen. (1) [1] Der Gefangene wirkt an der Gestaltung seiner Behandlung und an der Erreichung des Vollzugszieles mit. [2] Seine Bereitschaft hierzu ist zu wecken und zu fördern.

(2) [1] Der Gefangene unterliegt den in diesem Gesetz vorgesehenen Beschränkungen seiner Freiheit. [2] Soweit das Gesetz eine besondere Regelung nicht enthält, dürfen ihm nur Beschränkungen auferlegt werden, die zur Auf-

rechterhaltung der Sicherheit oder zur Abwendung einer schwerwiegenden Störung der Ordnung der Anstalt unerläßlich sind.

Zweiter Titel. Planung des Vollzuges

§ 5. Aufnahmeverfahren. (1) Beim Aufnahmeverfahren dürfen andere Gefangene nicht zugegen sein.

(2) Der Gefangene wird über seine Rechte und Pflichten unterrichtet.

(3) Nach der Aufnahme wird der Gefangene alsbald ärztlich untersucht und dem Leiter der Anstalt oder der Aufnahmeabteilung vorgestellt.

§ 6.[1] **Behandlungsuntersuchung. Beteiligung des Gefangenen.** (1) [1]Nach dem Aufnahmeverfahren wird damit begonnen, die Persönlichkeit und die Lebensverhältnisse des Gefangenen zu erforschen. [2]Hiervon kann abgesehen werden, wenn dies mit Rücksicht auf die Vollzugsdauer nicht geboten erscheint.

(2) [1]Die Untersuchung erstreckt sich auf die Umstände, deren Kenntnis für eine planvolle Behandlung des Gefangenen im Vollzuge und für die Eingliederung nach seiner Entlassung notwendig ist. [2]Bei Gefangenen, die wegen einer Straftat nach den §§ 174 bis 180 oder 182 des Strafgesetzbuches verurteilt worden sind, ist besonders gründlich zu prüfen, ob die Verlegung in eine sozialtherapeutische Anstalt angezeigt ist.

(3) Die Planung der Behandlung wird mit dem Gefangenen erörtert.

§ 7.[2] **Vollzugsplan.** (1) Auf Grund der Behandlungsuntersuchung (§ 6) wird ein Vollzugsplan erstellt.

(2) Der Vollzugsplan enthält Angaben mindestens über folgende Behandlungsmaßnahmen:

1. die Unterbringung im geschlossenen oder offenen Vollzug,
2. die Verlegung in eine sozialtherapeutische Anstalt,
3. die Zuweisung zu Wohngruppen und Behandlungsgruppen,
4. den Arbeitseinsatz sowie Maßnahmen der beruflichen Ausbildung oder Weiterbildung,
5. die Teilnahme an Veranstaltungen der Weiterbildung,
6. besondere Hilfs- und Behandlungsmaßnahmen,
7. Lockerungen des Vollzuges und
8. notwendige Maßnahmen zur Vorbereitung der Entlassung.

(3) [1]Der Vollzugsplan ist mit der Entwicklung des Gefangenen und weiteren Ergebnissen der Persönlichkeitserforschung in Einklang zu halten. [2]Hierfür sind im Vollzugsplan angemessene Fristen vorzusehen.

(4) Bei Gefangenen, die wegen einer Straftat nach den §§ 174 bis 180 oder 182 des Strafgesetzbuches zu Freiheitsstrafe von mehr als zwei Jahren verurteilt

---

[1] *§ 6 Abs. 2 Satz 2 angef.* durch Art. 5 G v. 26. 1. 1998 (BGBl. I S. 160).

[2] § 7 Abs. 2 Nr. 2 eingef., bish. Nrn. 2 bis 7 werden Nrn. 3 bis 8 durch G v. 20. 12. 1984 (BGBl. I S. 1654), Nr. 4 neugef. durch Art. 40 AFRG v. 24. 3. 1997 (BGBl. I S. 594), Abs. 4 angef. durch Art. 5 G v. 26. 1. 1998 (BGBl. I S. 160).

worden sind, ist über eine Verlegung in eine sozialtherapeutische Anstalt jeweils nach Ablauf von sechs Monaten neu zu entscheiden.

§ 8 Verlegung. Überstellung. (1) Der Gefangene kann abweichend vom Vollstreckungsplan in eine andere für den Vollzug der Freiheitsstrafe zuständige Anstalt verlegt werden,

1. wenn die Behandlung des Gefangenen oder seine Eingliederung nach der Entlassung hierdurch gefördert wird oder
2. wenn dies aus Gründen der Vollzugsorganisation oder aus anderen wichtigen Gründen erforderlich ist.

(2) Der Gefangene darf aus wichtigem Grund in eine andere Vollzugsanstalt überstellt werden.

§ 9[1] Verlegung in eine sozialtherapeutische Anstalt. (1) [1] Ein Gefangener ist in eine sozialtherapeutische Anstalt zu verlegen, wenn er wegen einer Straftat nach den §§ 174 bis 180 oder 182 des Strafgesetzbuches zu zeitiger Freiheitsstrafe von mehr als zwei Jahren verurteilt worden ist und die Behandlung in einer sozialtherapeutischen Anstalt nach § 6 Abs. 2 Satz 2 oder § 7 Abs. 4 angezeigt ist. [2] Der Gefangene ist zurückzuverlegen, wenn der Zweck der Behandlung aus Gründen, die in der Person des Gefangenen liegen, nicht erreicht werden kann.

(2) [1] Andere Gefangene können mit ihrer Zustimmung in eine sozialtherapeutische Anstalt verlegt werden, wenn die besonderen therapeutischen Mittel und sozialen Hilfen der Anstalt zu ihrer Resozialisierung angezeigt sind. [2] In diesen Fällen bedarf die Verlegung der Zustimmung des Leiters der sozialtherapeutischen Anstalt.

(3) Die §§ 8 und 85 bleiben unberührt.

§ 10 Offener und geschlossener Vollzug. (1) Ein Gefangener soll mit seiner Zustimmung in einer Anstalt oder Abteilung des offenen Vollzuges untergebracht werden, wenn er den besonderen Anforderungen des offenen Vollzuges genügt und namentlich nicht zu befürchten ist, daß er sich dem Vollzug der Freiheitsstrafe entziehen oder die Möglichkeiten des offenen Vollzuges zu Straftaten mißbrauchen werde.

(2) [1] Im übrigen sind die Gefangenen im geschlossenen Vollzug unterzubringen. [2] Ein Gefangener kann auch dann im geschlossenen Vollzug untergebracht oder dorthin zurückverlegt werden, wenn dies zu seiner Behandlung notwendig ist.

§ 11 Lockerungen des Vollzuges. (1) Als Lockerung des Vollzuges kann *namentlich* angeordnet werden, daß der Gefangene

1. außerhalb der Anstalt regelmäßig einer Beschäftigung unter Aufsicht (Außenbeschäftigung) oder ohne Aufsicht eines Vollzugsbediensteten (Freigang) nachgehen darf oder
2. für eine bestimmte Tageszeit die Anstalt unter Aufsicht (Ausführung) oder ohne Aufsicht eines Vollzugsbediensteten (Ausgang) verlassen darf.

---

[1] § 9 neu gef. durch G v. 26.1.1998 (BGBl. I S. 160).

(2) Diese Lockerungen dürfen mit Zustimmung des Gefangenen angeordnet werden, wenn nicht zu befürchten ist, daß der Gefangene sich dem Vollzug der Freiheitsstrafe entziehen oder die Lockerungen des Vollzuges zu Straftaten mißbrauchen werde.

§ 12 Ausführung aus besonderen Gründen. Ein Gefangener darf auch ohne seine Zustimmung ausgeführt werden, wenn dies aus besonderen Gründen notwendig ist.

§ 13 Urlaub aus der Haft. (1) [1] Ein Gefangener kann bis zu einundzwanzig Kalendertagen in einem Jahr aus der Haft beurlaubt werden. [2] § 11 Abs. 2 gilt entsprechend.

(2) Der Urlaub soll in der Regel erst gewährt werden, wenn der Gefangene sich mindestens sechs Monate im Strafvollzug befunden hat.

(3) Ein zu lebenslanger Freiheitsstrafe verurteilter Gefangener kann beurlaubt werden, wenn er sich einschließlich einer vorhergehenden Untersuchungshaft oder einer anderen Freiheitsentziehung zehn Jahre im Vollzug befunden hat oder wenn er in den offenen Vollzug überwiesen ist.

(4) Gefangenen, die sich für den offenen Vollzug eignen, aus besonderen Gründen aber in einer geschlossenen Anstalt untergebracht sind, kann nach den für den offenen Vollzug geltenden Vorschriften Urlaub erteilt werden.

(5) Durch den Urlaub wird die Strafvollstreckung nicht unterbrochen.

§ 14 Weisungen, Aufhebung von Lockerungen und Urlaub. (1) Der Anstaltsleiter kann dem Gefangenen für Lockerungen und Urlaub Weisungen erteilen.

(2) [1] Er kann Lockerungen und Urlaub widerrufen, wenn

1. er auf Grund nachträglich eingetretener Umstände berechtigt wäre, die Maßnahmen zu versagen,
2. der Gefangene die Maßnahmen mißbraucht oder
3. der Gefangene Weisungen nicht nachkommt.

[2] Er kann Lockerungen und Urlaub mit Wirkung für die Zukunft zurücknehmen, wenn die Voraussetzungen für ihre Bewilligung nicht vorgelegen haben.

§ 15 Entlassungsvorbereitung. (1) Um die Entlassung vorzubereiten, soll der Vollzug gelockert werden (§ 11).

(2) Der Gefangene kann in eine offene Anstalt oder Abteilung (§ 10) verlegt werden, wenn dies der Vorbereitung der Entlassung dient.

(3) [1] Innerhalb von drei Monaten vor der Entlassung kann zu deren Vorbereitung Sonderurlaub bis zu einer Woche gewährt werden. [2] § 11 Abs. 2, § 13 Abs. 5 und § 14 gelten entsprechend.

(4) [1] Freigängern (§ 11 Abs. 1 Nr. 1) kann innerhalb von neun Monaten *vor der Entlassung* Sonderurlaub bis zu sechs Tagen im Monat gewährt werden. [2] § 11 Abs. 2, § 13 Abs. 5 und § 14 gelten entsprechend. [3] Absatz 3 Satz 1 findet keine Anwendung.

§ 16 Entlassungszeitpunkt. (1) Der Gefangene soll am letzten Tag seiner Strafzeit möglichst frühzeitig, jedenfalls noch am Vormittag entlassen werden.

(2) Fällt das Strafende auf einen Sonnabend oder Sonntag, einen gesetzlichen Feiertag, den ersten Werktag nach Ostern oder Pfingsten oder in die Zeit vom 22. Dezember bis zum 2. Januar, so kann der Gefangene an dem diesem Tag oder Zeitraum vorhergehenden Werktag entlassen werden, wenn dies nach der Länge der Strafzeit vertretbar ist und fürsorgerische Gründe nicht entgegenstehen.

(3) Der Entlassungszeitpunkt kann bis zu zwei Tagen vorverlegt werden, wenn dringende Gründe dafür vorliegen, daß der Gefangene zu seiner Eingliederung hierauf angewiesen ist.

Dritter Titel. Unterbringung und Ernährung des Gefangenen

§ 17[1)] Unterbringung während der Arbeit und Freizeit. (1) [1] Die Gefangenen arbeiten gemeinsam. [2] Dasselbe gilt für Berufsausbildung, berufliche Weiterbildung sowie arbeitstherapeutische und sonstige Beschäftigung während der Arbeitszeit.

(2) [1] Während der Freizeit können die Gefangenen sich in der Gemeinschaft mit den anderen aufhalten. [2] Für die Teilnahme an gemeinschaftlichen Veranstaltungen kann der Anstaltsleiter mit Rücksicht auf die räumlichen, personellen und organisatorischen Verhältnisse der Anstalt besondere Regelungen treffen.

(3) Die gemeinschaftliche Unterbringung während der Arbeitszeit und Freizeit kann eingeschränkt werden,

1. wenn ein schädlicher Einfluß auf andere Gefangene zu befürchten ist,
2. wenn der Gefangene nach § 6 untersucht wird, aber nicht länger als zwei Monate,
3. wenn es die Sicherheit oder Ordnung der Anstalt erfordert oder
4. wenn der Gefangene zustimmt.

§ 18 Unterbringung während der Ruhezeit. (1) [1] Gefangene werden während der Ruhezeit allein in ihren Hafträumen untergebracht. [2] Eine gemeinsame Unterbringung ist zulässig, sofern ein Gefangener hilfsbedürftig ist oder eine Gefahr für Leben oder Gesundheit eines Gefangenen besteht.

(2) [1] Im offenen Vollzug dürfen Gefangene mit ihrer Zustimmung während der Ruhezeit gemeinsam untergebracht werden, wenn eine schädliche Beeinflussung nicht zu befürchten ist. [2] Im geschlossenen Vollzug ist eine gemeinschaftliche Unterbringung zur Ruhezeit außer in den Fällen des Absatzes 1 nur vorübergehend und aus zwingenden Gründen zulässig.

§ 19 Ausstattung des Haftraumes durch den Gefangenen und sein persönlicher Besitz. (1) [1] Der Gefangene darf seinen Haftraum in angemessenem Umfang mit eigenen Sachen ausstatten. [2] Lichtbilder nahestehender Personen und Erinnerungsstücke von persönlichem Wert werden ihm belassen.

---

1) § 17 Abs. 1 Satz 2 geänd. durch G v. 24.3.1997 (BGBl. I S. 594).

(2) Vorkehrungen und Gegenstände, die die Übersichtlichkeit des Haftraumes behindern oder in anderer Weise Sicherheit oder Ordnung der Anstalt gefährden, können ausgeschlossen werden.

§ 20 Kleidung. (1) [1] Der Gefangene trägt Anstaltskleidung. [2] Für die Freizeit erhält er eine besondere Oberbekleidung.

(2) [1] Der Anstaltsleiter gestattet dem Gefangenen, bei einer Ausführung eigene Kleidung zu tragen, wenn zu erwarten ist, daß er nicht entweichen wird. [2] Er kann dies auch sonst gestatten, sofern der Gefangene für Reinigung, Instandsetzung und regelmäßigen Wechsel auf eigene Kosten sorgt.

§ 21 Anstaltsverpflegung. [1] Zusammensetzung und Nährwert der Anstaltsverpflegung werden ärztlich überwacht. [2] Auf ärztliche Anordnung wird besondere Verpflegung gewährt. [3] Dem Gefangenen ist zu ermöglichen, Speisevorschriften seiner Religionsgemeinschaft zu befolgen.

§ 22 Einkauf. (1) [1] Der Gefangene kann sich von seinem Hausgeld (§ 47) oder von seinem Taschengeld (§ 46) aus einem von der Anstalt vermittelten Angebot Nahrungs- und Genußmittel sowie Mittel zur Körperpflege kaufen. [2] Die Anstalt soll für ein Angebot sorgen, das auf Wünsche und Bedürfnisse der Gefangenen Rücksicht nimmt.

(2) [1] Gegenstände, die die Sicherheit oder Ordnung der Anstalt gefährden, können vom Einkauf ausgeschlossen werden. [2] Auf ärztliche Anordnung kann dem Gefangenen der Einkauf einzelner Nahrungs- und Genußmittel ganz oder teilweise untersagt werden, wenn zu befürchten ist, daß sie seine Gesundheit ernsthaft gefährden. [3] In Krankenhäusern und Krankenabteilungen kann der Einkauf einzelner Nahrungs- und Genußmittel auf ärztliche Anordnung allgemein untersagt oder eingeschränkt werden.

(3) Verfügt der Gefangene ohne eigenes Verschulden nicht über Haus- oder Taschengeld, wird ihm gestattet, in angemessenem Umfang vom Eigengeld einzukaufen.

Vierter Titel. Besuche, Schriftwechsel sowie Urlaub, Ausgang und Ausführung aus besonderem Anlaß

§ 23 Grundsatz. [1] Der Gefangene hat das Recht, mit Personen außerhalb der Anstalt im Rahmen der Vorschriften dieses Gesetzes zu verkehren. [2] Der Verkehr mit Personen außerhalb der Anstalt ist zu fördern.

§ 24 Recht auf Besuch. (1) [1] Der Gefangene darf regelmäßig Besuch empfangen. [2] Die Gesamtdauer beträgt mindestens eine Stunde im Monat. [3] Das Weitere regelt die Hausordnung.

(2) Besuche sollen darüber hinaus zugelassen werden, wenn sie die Behandlung oder Eingliederung des Gefangenen fördern oder persönlichen, rechtlichen oder geschäftlichen Angelegenheiten dienen, die nicht vom Gefangenen

schriftlich erledigt, durch Dritte wahrgenommen oder bis zur Entlassung des Gefangenen aufgeschoben werden können.

(3) Aus Gründen der Sicherheit kann ein Besuch davon abhängig gemacht werden, daß sich der Besucher durchsuchen läßt.

§ 25. Besuchsverbot. Der Anstaltsleiter kann Besuche untersagen,
1. wenn die Sicherheit oder Ordnung der Anstalt gefährdet würde,
2. bei Besuchern, die nicht Angehörige des Gefangenen im Sinne des Strafgesetzbuches sind, wenn zu befürchten ist, daß sie einen schädlichen Einfluß auf den Gefangenen haben oder seine Eingliederung behindern würden.

§ 26.[1)] **Besuche von Verteidigern, Rechtsanwälten und Notaren.** [1]Besuche von Verteidigern sowie von Rechtsanwälten oder Notaren in einer den Gefangenen betreffenden Rechtssache sind zu gestatten. [2]§ 24 Abs. 3 gilt entsprechend. [3]Eine inhaltliche Überprüfung der vom Verteidiger mitgeführten Schriftstücke und sonstigen Unterlagen ist nicht zulässig. [4]§ 29 Abs. 1 Satz 2 und 3 bleibt unberührt.

§ 27.[2)] **Überwachung der Besuche.** (1) [1]Die Besuche dürfen aus Gründen der Behandlung oder der Sicherheit oder Ordnung der Anstalt überwacht werden, es sei denn, es liegen im Einzelfall Erkenntnisse dafür vor, daß es der Überwachung nicht bedarf. [2]Die Unterhaltung darf nur überwacht werden, soweit dies im Einzelfall aus diesen Gründen erforderlich ist.

(2) [1]Ein Besuch darf abgebrochen werden, wenn Besucher oder Gefangene gegen die Vorschriften dieses Gesetzes oder die auf Grund dieses Gesetzes getroffenen Anordnungen trotz Abmahnung verstoßen. [2]Die Abmahnung unterbleibt, wenn es unerläßlich ist, den Besuch sofort abzubrechen.

(3) Besuche von Verteidigern werden nicht überwacht.

(4) [1]Gegenstände dürfen beim Besuch nur mit Erlaubnis übergeben werden. [2]Dies gilt nicht für die bei dem Besuch des Verteidigers übergebenen Schriftstücke und sonstigen Unterlagen sowie für die bei dem Besuch eines Rechtsanwalts oder Notars zur Erledigung einer den Gefangenen betreffenden Rechtssache übergebenen Schriftstücke und sonstigen Unterlagen; bei dem Besuch eines Rechtsanwalts oder Notars kann die Übergabe aus Gründen der Sicherheit oder Ordnung der Anstalt von der Erlaubnis abhängig gemacht werden. [3]§ 29 Abs. 1 Satz 2 und 3 bleibt unberührt.

§ 28. Recht auf Schriftwechsel. (1) Der Gefangene hat das Recht, unbeschränkt Schreiben abzusenden und zu empfangen.

(2) Der Anstaltsleiter kann den Schriftwechsel mit bestimmten Personen untersagen,
1. wenn die Sicherheit oder Ordnung der Anstalt gefährdet würde,
2. bei Personen, die nicht Angehörige des Gefangenen im Sinne des Strafgesetzbuches sind, wenn zu befürchten ist, daß der Schriftwechsel einen schädlichen Einfluß auf den Gefangenen haben oder seine Eingliederung behindern würde.

[1)] § 26 Satz 4 angef. durch Art. 5 G v. 18. 8. 1976 (BGBl. I S. 2181).

[2)] § 27 Abs. 4 Satz 3 angef. durch Art. 5 G v. 18. 8. 1976 (BGBl. I S. 2181), Abs. 1 neugef. durch 4. StVollzGÄndG v. 26. 8. 1998 (BGBl. I S. 2461).

§ 29.[1)] **Überwachung des Schriftwechsels.** (1) [1]Der Schriftwechsel des Gefangenen mit seinem Verteidiger wird nicht überwacht. [2]Liegt dem Vollzug der Freiheitsstrafe eine Straftat nach § 129a, auch in Verbindung mit § 129b Abs. 1 des Strafgesetzbuches zugrunde, gelten § 148 Abs. 2, § 148a der Strafprozeßordnung entsprechend; dies gilt nicht, wenn der Gefangene sich in einer Einrichtung des offenen Vollzuges befindet oder wenn ihm Lockerungen des Vollzuges gemäß § 11 Abs. 1 Nr. 1 oder 2 zweiter Halbsatz oder Urlaub gemäß § 13 oder § 15 Abs. 3 gewährt worden sind und ein Grund, der den Anstaltsleiter nach § 14 Abs. 2 zum Widerruf oder zur Zurücknahme von Lockerungen und Urlaub ermächtigt, nicht vorliegt. [3]Satz 2 gilt auch, wenn gegen einen Strafgefangenen im Anschluß an die dem Vollzug der Freiheitsstrafe zugrundeliegende Verurteilung eine Freiheitsstrafe wegen einer Straftat nach § 129a, auch in Verbindung mit § 129b Abs. 1, des Strafgesetzbuches zu vollstrecken ist.

(2) [1]Nicht überwacht werden ferner Schreiben des Gefangenen an Volksvertretungen des Bundes und der Länder sowie an deren Mitglieder, soweit die Schreiben an die Anschriften dieser Volksvertretungen gerichtet sind und den Absender zutreffend angeben. [2]Entsprechendes gilt für Schreiben an das Europäische Parlament und dessen Mitglieder, den Europäischen Gerichtshof für Menschenrechte, die Europäische Kommission für Menschenrechte, den Europäischen Ausschuß zur Verhütung von Folter und unmenschlicher oder erniedrigender Behandlung oder Strafe und die Datenschutzbeauftragten des Bundes und der Länder. [3]Schreiben der in den Sätzen 1 und 2 genannten Stellen, die an den Gefangenen gerichtet sind, werden nicht überwacht, sofern die Identität des Absenders zweifelsfrei feststeht.

(3) Der übrige Schriftwechsel darf überwacht werden, soweit es aus Gründen der Behandlung oder der Sicherheit oder Ordnung der Anstalt erforderlich ist.

§ 30. Weiterleitung von Schreiben. Aufbewahrung. (1) Der Gefangene hat Absendung und Empfang seiner Schreiben durch die Anstalt vermitteln zu lassen, soweit nichts anderes gestattet ist.

(2) Eingehende und ausgehende Schreiben sind unverzüglich weiterzuleiten.

(3) Der Gefangene hat eingehende Schreiben unverschlossen zu verwahren, sofern nichts anderes gestattet wird; er kann sie verschlossen zu seiner Habe geben.

§ 31. Anhalten von Schreiben. (1) Der Anstaltsleiter kann Schreiben anhalten,

1. wenn das Ziel des Vollzuges oder die Sicherheit oder Ordnung der Anstalt gefährdet würde,
2. wenn die Weitergabe in Kenntnis ihres Inhalts einen Straf- oder Bußgeldtatbestand verwirklichen würde,
3. wenn sie grob unrichtige oder erheblich entstellende Darstellungen von Anstaltsverhältnissen enthalten,

---

1) § 29 Abs. 1 Sätze 2 und 3 angef. durch Art. 5 G v. 18. 8. 1976 (BGBl. I S. 2181) und neugef. durch Art. 7 StVÄG 1987 v. 27. 1. 1987 (BGBl. I S. 475), Abs. 2 und 3 neugef. durch 4. StVollzGÄndG v. 26. 8. 1998 (BGBl. I S. 2461), Abs. 1 Sätze 2 und 3 geänd. durch Art. 4 34. StrÄndG v. 22. 8. 2002 (BGBl. I S. 3390).

4. wenn sie grobe Beleidigungen enthalten,
5. wenn sie die Eingliederung eines anderen Gefangenen gefährden können oder
6. wenn sie in Geheimschrift, unlesbar, unverständlich oder ohne zwingenden Grund in einer fremden Sprache abgefaßt sind.

(2) Ausgehenden Schreiben, die unrichtige Darstellungen enthalten, kann ein Begleitschreiben beigefügt werden, wenn der Gefangene auf der Absendung besteht.

(3) [1]Ist ein Schreiben angehalten worden, wird das dem Gefangenen mitgeteilt. [2]Angehaltene Schreiben werden an den Absender zurückgegeben oder, sofern dies unmöglich oder aus besonderen Gründen untunlich ist, behördlich verwahrt.

(4) Schreiben, deren Überwachung nach § 29 Abs. 1 und 2 ausgeschlossen ist, dürfen nicht angehalten werden.

§ 32.[1)] **Ferngespräche und Telegramme.** [1]Dem Gefangenen kann gestattet werden, Ferngespräche zu führen oder Telegramme aufzugeben. [2]Im übrigen gelten für Ferngespräche die Vorschriften über den Besuch und für Telegramme die Vorschriften über den Schriftwechsel entsprechend. [3]Ist die Überwachung der fernmündlichen Unterhaltung erforderlich, ist die beabsichtigte Überwachung dem Gesprächspartner des Gefangenen unmittelbar nach Herstellung der Verbindung durch die Vollzugsbehörde oder den Gefangenen mitzuteilen. [4]Der Gefangene ist rechtzeitig vor Beginn der fernmündlichen Unterhaltung über die beabsichtigte Überwachung und die Mitteilungspflicht nach Satz 3 zu unterrichten.

§ 33. Pakete. (1) [1]Der Gefangene darf dreimal jährlich in angemessenen Abständen ein Paket mit Nahrungs- und Genußmitteln empfangen. [2]Die Vollzugsbehörde kann Zeitpunkt und Höchstmengen für die Sendung und für einzelne Gegenstände festsetzen. [3]Der Empfang weiterer Pakete oder solcher mit anderem Inhalt bedarf ihrer Erlaubnis. [4]Für den Ausschluß von Gegenständen gilt § 22 Abs. 2 entsprechend.

(2) [1]Pakete sind in Gegenwart des Gefangenen zu öffnen. [2]Ausgeschlossene Gegenstände können zu seiner Habe genommen oder dem Absender zurückgesandt werden. [3]Nicht ausgehändigte Gegenstände, durch die bei der Versendung oder Aufbewahrung Personen verletzt oder Sachschäden verursacht werden können, dürfen vernichtet werden. [4]Die hiernach getroffenen Maßnahmen werden dem Gefangenen eröffnet.

(3) Der Empfang von Paketen kann vorübergehend versagt werden, wenn dies wegen Gefährdung der Sicherheit oder Ordnung der Anstalt unerläßlich ist.

(4) [1]Dem Gefangenen kann gestattet werden, Pakete zu versenden. [2]Die Vollzugsbehörde kann ihren Inhalt aus Gründen der Sicherheit oder Ordnung der Anstalt überprüfen.

§ 34.[1)] *(aufgehoben)*

[1)] § 32 Sätze 3 und 4 angef., § 34 aufgeh. durch 4. StVollzGÄndG v. 26. 8. 1998 (BGBl. I S. 2461).

§ 35. Urlaub, Ausgang und Ausführung aus wichtigem Anlaß. (1) [1] Aus wichtigem Anlaß kann der Anstaltsleiter dem Gefangenen Ausgang gewähren oder ihn bis zu sieben Tagen beurlauben; der Urlaub aus anderem wichtigen Anlaß als wegen einer lebensgefährlichen Erkrankung oder wegen des Todes eines Angehörigen darf sieben Tage im Jahr nicht übersteigen. [2] § 11 Abs. 2, § 13 Abs. 5 und § 14 gelten entsprechend.

(2) Der Urlaub nach Absatz 1 wird nicht auf den regelmäßigen Urlaub angerechnet.

(3) [1] Kann Ausgang oder Urlaub aus den in § 11 Abs. 2 genannten Gründen nicht gewährt werden, kann der Anstaltsleiter den Gefangenen ausführen lassen. [2] Die Aufwendungen hierfür hat der Gefangene zu tragen. [3] Der Anspruch ist nicht geltend zu machen, wenn dies die Behandlung oder die Eingliederung behindern würde.

§ 36. Gerichtliche Termine. (1) [1] Der Anstaltsleiter kann einem Gefangenen zur Teilnahme an einem gerichtlichen Termin Ausgang oder Urlaub erteilen, wenn anzunehmen ist, daß er der Ladung folgt und keine Entweichungs- oder Mißbrauchsgefahr (§ 11 Abs. 2) besteht. [2] § 13 Abs. 5 und § 14 gelten entsprechend.

(2) [1] Wenn ein Gefangener zu einem gerichtlichen Termin geladen ist und Ausgang oder Urlaub nicht gewährt wird, läßt der Anstaltsleiter ihn mit seiner Zustimmung zu dem Termin ausführen, sofern wegen Entweichungs- oder Mißbrauchsgefahr (§ 11 Abs. 2) keine überwiegenden Gründe entgegenstehen. [2] Auf Ersuchen eines Gerichts läßt er den Gefangenen vorführen, sofern ein Vorführungsbefehl vorliegt.

(3) Die Vollzugsbehörde unterrichtet das Gericht über das Veranlaßte.

Fünfter Titel. Arbeit, Ausbildung und Weiterbildung

§ 37.[1] Zuweisung. (1) Arbeit, arbeitstherapeutische Beschäftigung, Ausbildung und Weiterbildung dienen insbesondere dem Ziel, Fähigkeiten für eine Erwerbstätigkeit nach der Entlassung zu vermitteln, zu erhalten oder zu fördern.

(2) Die Vollzugsbehörde soll dem Gefangenen wirtschaftlich ergiebige Arbeit zuweisen und dabei seine Fähigkeiten, Fertigkeiten und Neigungen berücksichtigen.

(3) Geeigneten Gefangenen soll Gelegenheit zur Berufsausbildung, beruflichen Weiterbildung oder Teilnahme an anderen ausbildenden oder weiterbildenden Maßnahmen gegeben werden.

(4) Kann einem arbeitsfähigen Gefangenen keine wirtschaftlich ergiebige Arbeit oder die Teilnahme an Maßnahmen nach Absatz 3 zugewiesen werden, wird ihm eine angemessene Beschäftigung zugeteilt.

(5) Ist ein Gefangener zu wirtschaftlich ergiebiger Arbeit nicht fähig, soll er arbeitstherapeutisch beschäftigt werden.

---

[1] § 37 Abs. 3 geänd. durch Art. 40 AFRG v. 24. 3. 1997 (BGBl. I S. 594).

§ 38.[1] **Unterricht.** (1) [1]Für geeignete Gefangene, die den Abschluß der Hauptschule nicht erreicht haben, soll Unterricht in den zum Hauptschulabschluß führenden Fächern oder ein der Sonderschule entsprechender Unterricht vorgesehen werden. [2]Bei der beruflichen Ausbildung ist berufsbildender Unterricht vorzusehen; dies gilt auch für die berufliche Weiterbildung, soweit die Art der Maßnahme es erfordert.

(2) Unterricht soll während der Arbeitszeit stattfinden.

§ 39.[1] **Freies Beschäftigungsverhältnis, Selbstbeschäftigung.** (1) [1]Dem Gefangenen soll gestattet werden, einer Arbeit, Berufsausbildung oder beruflichen Weiterbildung auf der Grundlage eines freien Beschäftigungsverhältnisses außerhalb der Anstalt nachzugehen, wenn dies im Rahmen des Vollzugsplanes dem Ziel dient, Fähigkeiten für eine Erwerbstätigkeit nach der Entlassung zu vermitteln, zu erhalten oder zu fördern und nicht überwiegende Gründe des Vollzuges entgegenstehen. [2]§ 11 Abs. 1 Nr. 1, Abs. 2 und § 14 bleiben unberührt.

(2) Dem Gefangenen kann gestattet werden, sich selbst zu beschäftigen.

(3) Die Vollzugsbehörde kann verlangen, daß ihr das Entgelt zur Gutschrift für den Gefangenen überwiesen wird.

§ 40. Abschlußzeugnis. Aus dem Abschlußzeugnis über eine ausbildende oder weiterbildende Maßnahme darf die Gefangenschaft eines Teilnehmers nicht erkennbar sein.

§ 41.[2] **Arbeitspflicht.** (1) [1]Der Gefangene ist verpflichtet, eine ihm zugewiesene, seinen körperlichen Fähigkeiten angemessene Arbeit, arbeitstherapeutische oder sonstige Beschäftigung auszuüben, zu deren Verrichtung er auf Grund seines körperlichen Zustandes in der Lage ist. [2]Er kann jährlich bis zu drei Monaten zu Hilfstätigkeiten in der Anstalt verpflichtet werden, mit seiner Zustimmung auch darüber hinaus. [3]Die Sätze 1 und 2 gelten nicht für Gefangene, die über 65 Jahre alt sind, und nicht für werdende und stillende Mütter, soweit gesetzliche Beschäftigungsverbote zum Schutze erwerbstätiger Mütter bestehen.

(2) [1]Die Teilnahme an einer Maßnahme nach § 37 Abs. 3 bedarf der Zustimmung des Gefangenen. [2]Die Zustimmung darf nicht zur Unzeit widerrufen werden.

(3) [1]*Die Beschäftigung in einem von privaten Unternehmen unterhaltenen Betriebe (§ 149 Abs. 4) bedarf der Zustimmung des Gefangenen.* [2]*Der Widerruf der Zustimmung wird erst wirksam, wenn der Arbeitsplatz von einem anderen Gefangenen eingenommen werden kann, spätestens nach sechs Wochen.*

§ 42. Freistellung von der Arbeitspflicht. (1) [1]Hat der Gefangene ein Jahr lang zugewiesene Tätigkeit nach § 37 oder Hilfstätigkeiten nach § 41 Abs. 1 Satz 2 ausgeübt, so kann er beanspruchen, achtzehn Werktage von der Arbeitspflicht freigestellt zu werden. [2]Zeiten, in denen der Gefangene infolge Krankheit an seiner Arbeitsleistung verhindert war, werden auf das Jahr bis zu sechs Wochen jährlich angerechnet.

---

[1] § 38 Abs. 1 Satz 2 neugef., § 39 Abs. 1 Satz 1 geänd. durch Art. 40 AFRG v. 24. 3. 1997 (BGBl. I S. 594).

[2] § 41 Abs. 3 wird durch besonderes Bundesgesetz in Kraft gesetzt (vgl. § 198 Abs. 3).

(2) Auf die Zeit der Freistellung wird Urlaub aus der Haft (§§ 13, 35) angerechnet, soweit er in die Arbeitszeit fällt und nicht wegen einer lebensgefährlichen Erkrankung oder des Todes eines Angehörigen erteilt worden ist.

(3) Der Gefangene erhält für die Zeit der Freistellung seine zuletzt gezahlten Bezüge weiter.

(4) Urlaubsregelungen der Beschäftigungsverhältnisse außerhalb des Strafvollzuges bleiben unberührt.

§ 43.[1] **Arbeitsentgelt, Arbeitsurlaub und Anrechnung der Freistellung auf den Entlassungszeitpunkt.** (1) Die Arbeit des Gefangenen wird anerkannt durch Arbeitsentgelt und eine Freistellung von der Arbeit, die auch als Urlaub aus der Haft (Arbeitsurlaub) genutzt oder auf den Entlassungszeitpunkt angerechnet werden kann.

(2) [1]Übt der Gefangene eine zugewiesene Arbeit, sonstige Beschäftigung oder eine Hilfstätigkeit nach § 41 Abs. 1 Satz 2 aus, so erhält er ein Arbeitsentgelt. [2]Der Bemessung des Arbeitsentgelts ist der in § 200 bestimmte Satz der Bezugsgröße nach § 18 des Vierten Buches Sozialgesetzbuch[2] zu Grunde zu legen (Eckvergütung). [3]Ein Tagessatz ist der zweihundertfünfzigste Teil der Eckvergütung; das Arbeitsentgelt kann nach einem Stundensatz bemessen werden.

(3) [1]Das Arbeitsentgelt kann je nach Leistung des Gefangenen und der Art der Arbeit gestuft werden. [2]75 vom Hundert der Eckvergütung dürfen nur dann unterschritten werden, wenn die Arbeitsleistungen des Gefangenen den Mindestanforderungen nicht genügen.

(4) Übt ein Gefangener zugewiesene arbeitstherpateutische Beschäftigung aus, erhält er ein Arbeitsentgelt, soweit dies der Art seiner Beschäftigung und seiner Arbeitsleistung entspricht.

(5) Das Arbeitsentgelt ist dem Gefangenen schriftlich bekannt zu geben.

(6) [1]Hat der Gefangene zwei Monate lang zusammenhängend eine zugewiesene Tätigkeit nach § 37 oder eine Hilfstätigkeit nach § 41 Abs. 1 Satz 2 ausgeübt, so wird er auf seinen Antrag hin einen Werktag von der Arbeit freigestellt. [2]Die Regelung des § 42 bleibt unberührt. [3]Durch Zeiten, in denen der Gefangene ohne sein Verschulden durch Krankheit, Ausführung, Ausgang, Urlaub aus der Haft, Freistellung von der Arbeitspflicht oder sonstige nicht von ihm zu vertretende Gründe an der Arbeitsleistung gehindert ist, wird die Frist nach Satz 1 gehemmt. [4]Beschäftigungszeiträume von weniger als zwei Monaten bleiben unberücksichtigt.

(7) [1]Der Gefangene kann beantragen, dass die Freistellung nach Absatz 6 in Form von Urlaub aus der Haft gewährt wird (Arbeitsurlaub). [2]§ 11 Abs. 2, § 13 Abs. 2 bis 5 und § 14 gelten entsprechend.

(8) § 42 Abs. 3 gilt entsprechend.

(9) Stellt der Gefangene keinen Antrag nach Absatz 6 Satz 1 oder Absatz 7 Satz 1 oder kann die Freistellung nach Maßgabe der Regelung des Absatzes 7 Satz 2 nicht gewährt werden, so wird die Freitstellung nach Absatz 6 Satz 1 von der Anstalt auf den Entlassungszeitpunkt des Gefangenen angerechnet.

---

[1] § 43 neugef. durch Art. 1 G v. 27. 12. 2000 (BGBl. I S. 2043).

[2] Abgedruckt in **Aichberger, Sozialgesetzbuch; Nr. 4**. Beachte dazu Sozialversicherungs-RechengrößenVO; abgedruckt in **Aichberger, Sozialgesetzbuch; Nr. 6/60 a ff.**

(10) Eine Anrechnung nach Absatz 9 ist ausgeschlossen,

1. soweit eine lebenslange Freiheitsstrafe oder Sicherungsverwahrung verbüßt wird und ein Entlassungszeitpunkt noch nicht bestimmt ist,
2. bei einer Aussetzung der Vollstreckung des Restes einer Freiheitsstrafe oder einer Sicherungsverwahrung zur Bewährung, soweit wegen des von der Entscheidung des Gerichts bis zur Entlassung verbleibenden Zeitraums eine Anrechnung nicht mehr möglich ist,
3. wenn dies vom Gericht angeordnet wird, weil bei einer Aussetzung der Vollstreckung des Restes einer Freiheitsstrafe oder einer Sicherungsverwahrung zur Bewährung die Lebensverhältnisse des Gefangenen oder die Wirkungen, die von der Aussetzung für ihn zu erwarten sind, die Vollstreckung bis zu einem bestimmten Zeitpunkt erfordern,
4. wenn nach § 456a Abs. 1 der Strafprozessordnung[1)] von der Vollstreckung abgesehen wird,
5. wenn der Gefangene im Gnadenwege aus der Haft entlassen wird.

(11) [1] Soweit eine Anrechnung nach Absatz 10 ausgeschlossen ist, erhält der Gefangene bei seiner Entlassung für seine Tätigkeit nach Absatz 2 als Ausgleichsentschädigung zusätzlich 15 vom Hundert des ihm nach den Absätzen 2 und 3 gewährten Entgelts oder der ihm nach § 44 gewährten Ausbildungshilfe. [2] Der Anspruch entsteht erst mit der Entlassung; vor der Entlassung ist der Anspruch nicht verzinslich, nicht abtretbar und nicht vererblich. [3] Einem Gefangenen, bei dem eine Anrechnung nach Absatz 10 Nr. 1 ausgeschlossen ist, wird die Ausgleichszahlung bereits nach Verbüßung von jeweils zehn Jahren der lebenslangen Freiheitsstrafe oder Sicherungsverwahrung zum Eigengeld (§ 52) gutgeschrieben, soweit er nicht vor diesem Zeitpunkt entlassen wird; § 57 Abs. 4 des Strafgesetzbuches gilt entsprechend.

§ 44[2)] Ausbildungsbeihilfe. (1) [1] Nimmt der Gefangene an einer Berufsausbildung, beruflichen Weiterbildung oder an einem Unterricht teil und ist er zu diesem Zweck von seiner Arbeitspflicht freigestellt, so erhält er eine Ausbildungsbeihilfe, soweit ihm keine Leistungen zum Lebensunterhalt zustehen, die freien Personen aus solchem Anlaß gewährt werden. [2] Der Nachrang der Sozialhilfe nach § 2 Abs. 2 des Zwölften Buches Sozialgesetzbuch wird nicht berührt.

(2) Für die Bemessung der Ausbildungsbeihilfe gilt § 43 Abs. 2 und 3 entsprechend.

(3) Nimmt der Gefangene während der Arbeitszeit stunden- oder tageweise am Unterricht oder an anderen zugewiesenen Maßnahmen gemäß § 37 Abs. 3 teil, so erhält er in Höhe des ihm dadurch entgehenden Arbeitsentgelts eine Ausbildungsbeihilfe.

[1)] **Schönfelder Nr. 90.**

[2)] § 44 Abs. 1 Satz 1 geänd. durch G v. 24.3.1997 (BGBl. I S. 594); Abs. 2 geänd. mWv 1.1.2001 urch G v. 27.12.2000 (BGBl. I S. 2043); Abs. 1 Satz 2 geänd. mWv 1 1.2005 durch G v. 27.12. 2003 (BGBl. I S. 3022).

§ 45[1)] ***Ausfallentschädigung.*** *(1) Kann einem arbeitsfähigen Gefangenen aus Gründen, die nicht in seiner Person liegen, länger als eine Woche eine Arbeit oder Beschäftigung im Sinne des § 37 Abs. 4 nicht zugewiesen werden, erhält er eine Ausfallentschädigung.*

(2) [1] Wird ein Gefangener nach Beginn der Arbeit oder Beschäftigung infolge Krankheit länger als eine Woche an seiner Arbeitsleistung verhindert, ohne daß ihn ein Verschulden trifft, so erhält er ebenfalls eine Ausfallentschädigung. [2] Gleiches gilt für Gefangene, die eine Ausbildungsbeihilfe nach § 44 oder Ausfallentschädigung nach Absatz 1 bezogen haben.

(3) Werdende Mütter, die eine Arbeit oder Beschäftigung im Sinne des § 37 nicht verrichten, erhalten Ausfallentschädigung in den letzten sechs Wochen vor der Entbindung und bis zum Ablauf von acht Wochen, bei Früh- und Mehrlingsgeburten bis zu zwölf Wochen nach der Entbindung.

(4) Die Ausfallentschädigung darf 60 vom Hundert der Eckvergütung nach § 43 Abs. 1 nur dann unterschreiten, wenn der Gefangene das Mindestentgelt des § 43 Abs. 2 vor der Arbeitslosigkeit oder Krankheit nicht erreicht hat.

(5) [1] Ausfallentschädigung wird unbeschadet der Regelung nach Absatz 3 insgesamt bis zur Höchstdauer von sechs Wochen jährlich gewährt. [2] Eine weitere Ausfallentschädigung wird erst gewährt, wenn der Gefangene erneut wenigstens ein Jahr Arbeitsentgelt oder Ausbildungsbeihilfe bezogen hat.

(6) Soweit der Gefangene nach § 566 Abs. 2 der Reichsversicherungsordnung Übergangsgeld erhält, ruht der Anspruch auf Ausfallentschädigung.

§ 46 Taschengeld.
Fassung bis zum Erlass eines Bundesgesetzes:[2)]**:**

Wenn ein Gefangener ohne sein Verschulden kein Arbeitsentgelt und keine Ausbildungsbeihilfe erhält, wird ihm ein angemessenes Taschengeld gewährt, falls er bedürftig ist.

Fassung ab Erlass eines Bundesgesetzes:[3)]

[1] Wenn ein Gefangener wegen Alters oder Gebrechlichkeit nicht mehr arbeitet oder ihm eine Ausfallentschädigung nicht oder nicht mehr gewährt wird, erhält er ein angemessenes Taschengeld, falls er bedürftig ist. [2] Gleiches gilt für Gefangene, die für eine Beschäftigung nach § 37 Abs. 5 kein Arbeitsentgelt erhalten.

§ 47 Hausgeld.

Fassung bis zum Erlass eines Bundesgesetzes:[2)]

(1) Der Gefangene darf von seinen in diesem Gesetz geregelten Bezügen drei Siebtel monatlich (Hausgeld) und das Taschengeld (§ 46) für den Einkauf (§ 22 Abs. 1) oder anderweitig verwenden.

(2) Für Gefangene, die in einem freien Beschäftigungsverhältnis stehen (§ 39 Abs. 1) oder denen gestattet ist, sich selbst zu beschäftigen (§ 39 Abs. 2), wird aus ihren Bezügen ein angemessenes Hausgeld festgesetzt.

---

1) § 45 wird durch besonderes Bundesgesetz in Kraft gesetzt (vgl. § 198 Abs. 3).

2) Fassung gilt gemäß § 199 Abs. 1 bis zum Inkrafttreten eines besonderen Bundesgesetzes nach § 198 Abs. 3.

3) § 46 in nachfolgender Fassung wird durch besonderes Bundesgesetz in Kraft gesetzt (vgl. § 198 Abs. 3).

Fassung ab Erlass eines Bundesgesetzes:[1]

(1) Der Gefangene darf von seinen in diesem Gesetz geregelten Bezügen mindestens dreißig Deutsche Mark monatlich (Hausgeld) und das Taschengeld (§ 46) für den Einkauf (§ 22 Abs. 1) oder anderweit verwenden.

(2) [1] Der Mindestbetrag des Hausgeldes erhöht sich um jeweils zehn vom Hundert der dreihundert Deutsche Mark übersteigenden monatlichen Bezüge. [2] Die Vollzugsbehörde kann höhere Beträge von der Höhe des Überbrückungsgeldes abhängig machen.

(3) Für Gefangene, die in einem freien Beschäftigungsverhältnis stehen (§ 39 Abs. 1) oder denen gestattet ist, sich selbst zu beschäftigen (§ 39 Abs. 2), wird aus ihren Bezügen ein angemessenes Hausgeld festgesetzt.

§ 48[2] **Rechtsverordnung.** Das Bundesministerium der Justiz und für Verbraucherschutz wird ermächtigt, im Einvernehmen mit dem Bundesministerium für Wirtschaft und Energie mit Zustimmung des Bundesrates zur Durchführung der §§ 43 bis 45 Rechtsverordnungen über die Vergütungsstufen zu erlassen.

§ 49[3] ***Unterhaltsbeitrag.*** *(1) Auf Antrag des Gefangenen ist zur Erfüllung einer gesetzlichen Unterhaltspflicht aus seinen Bezügen an den Berechtigten oder einen Dritten ein Unterhaltsbeitrag zu zahlen.*

(2) [1] Reichen die Einkünfte des Gefangenen nach Abzug des Hausgeldes und des Unterhaltsbeitrages nicht aus, um den Haftkostenbeitrag zu begleichen, so wird ein Unterhaltsbeitrag nur bis zur Höhe des nach § 850c der Zivilprozeßordnung unpfändbaren Betrages gezahlt. [2] Bei der Bemessung des nach Satz 1 maßgeblichen Betrages wird die Zahl der unterhaltsberechtigten Personen um eine vermindert.

§ 50[4] **Haftkostenbeitrag.** (1) [1] Als Teil der Kosten der Vollstreckung der Rechtsfolgen einer Tat (§ 464a Abs. 1 Satz 2 der Strafprozessordnung[5]) erhebt die Vollzugsanstalt von dem Gefangenen einen Haftkostenbeitrag. [2] Ein Haftkostenbeitrag wird nicht erhoben, wenn der Gefangene

1. Bezüge nach diesem Gesetz erhält oder
2. ohne sein Verschulden nicht arbeiten kann oder
3. nicht arbeitet, weil er nicht zur Arbeit verpflichtet ist.

[3] Hat der Gefangene, der ohne sein Verschulden während eines zusammenhängenden Zeitraumes von mehr als einem Monat nicht arbeiten kann oder nicht arbeitet, weil er nicht zur Arbeit verpflichtet ist, auf diese Zeit entfallende Einkünfte, so hat er den Haftkostenbeitrag für diese Zeit bis zur Höhe der auf sie entfallenden Einkünfte zu entrichten. [4] Dem Gefangenen muss ein Betrag verbleiben, der dem mittleren Arbeitsentgelt in den Vollzugsanstalten des Landes entspricht. [5] Von der Geltendmachung des Anspruchs ist abzusehen, soweit dies notwendig ist, um die Wiedereingliederung des Gefangenen in die Gemeinschaft nicht zu gefährden.

---

[1] § 47 in nachfolgender Fassung wird durch besonderes Bundesgesetz in Kraft gesetzt (vgl. § 198 Abs. 3).

[2] § 48 geänd. durch G v. 26.8.1998 (BGBl. I S. 2461); geänd. mWv 28.11.2003 durch VO v. 25.11. 2003 (BGBl. I S. 2304); geänd. mWv 8.11.2006 durch VO v. 31.10.2006 (BGBl. I S. 2407); geänd. mWv 8.9.2015 durch VO v. 31.8.2015 (BGBl. I S. 1474).

[3] § 49 wird durch besonderes Bundesgesetz in Kraft gesetzt (vgl. § 198 Abs. 3).

[4] § 50 neu gef. mWv 15.12.2001 durch G v. 10.12.2001 (BGBl. I S. 3422); Abs. 2 Satz 1 geänd. mWv 1.1.2008 durch G v. 19.12.2007 (BGBl. I S. 3024); Abs. 2 Satz 2 geänd. mWv 8.9.2015 durch VO v. 31.8. 2015 (BGBl. I S. 1474).

[5] **Habersack, Deutsche Gesetze Nr. 90.**

(2) [1] Der Haftkostenbeitrag wird in Höhe des Betrages erhoben, der nach § 17 Abs. 1 Nr. 4 des Vierten Buches Sozialgesetzbuch durchschnittlich zur Bewertung der Sachbezüge festgesetzt ist. [2] Das Bundesministerium der Justiz und für Verbraucherschutz stellt den Durchschnittsbetrag für jedes Kalenderjahr nach den am 1. Oktober des vorhergehenden Jahres geltenden Bewertungen der Sachbezüge, jeweils getrennt für das in Artikel 3 des Einigungsvertrages genannte Gebiet und für das Gebiet, in dem das Strafvollzugsgesetz schon vor dem Wirksamwerden des Beitritts gegolten hat, fest und macht ihn im Bundesanzeiger bekannt.[1)] [3] Bei Selbstverpflegung entfallen die für die Verpflegung vorgesehenen Beträge. [4] Für den Wert der Unterkunft ist die festgesetzte Belegungsfähigkeit maßgebend. [5] Der Haftkostenbeitrag darf auch von dem unpfändbaren Teil der Bezüge, nicht aber zu Lasten des Hausgeldes und der Ansprüche unterhaltsberechtigter Angehöriger angesetzt werden.

(3) Im Land Berlin gilt einheitlich der für das in Artikel 3 des Einigungsvertrages genannte Gebiet geltende Durchschnittsbetrag.

(4) Die Selbstbeschäftigung (§ 39 Abs. 2) kann davon abhängig gemacht werden, dass der Gefangene einen Haftkostenbeitrag bis zur Höhe des in Absatz 2 genannten Satzes monatlich im Voraus entrichtet.

(5) [1] Für die Erhebung des Haftkostenbeitrages können die Landesregierungen durch Rechtsverordnung andere Zuständigkeiten begründen. [2] Auch in diesem Fall ist der Haftkostenbeitrag eine Justizverwaltungsabgabe; auf das gerichtliche Verfahren finden die §§ 109 bis 121 entsprechende Anwendung.

(Fortsetzung nächstes Blatt)

[1)] In der Haftkostenbeiträge-Bek. 2024 v. 30.11.2023 (BAnz AT 19.12.2023 B1) werden für das Kalenderjahr 2024 folgende Durchschnittsbeträge festgesetzt:

I. für Unterkunft

1. für Gefangene bis zur Vollendung des 18. Lebensjahres und für Auszubildende in einem Haftraum mit einer festgesetzten Kapazität für

einen Gefangenen	185,50 €
zwei Gefangene	79,50 €
drei Gefangene	53,00 €
mehr als drei Gefangene	26,50 €

2. für alle übrigen Gefangenen in einem Haftraum mit einer festgesetzten Kapazität für

einen Gefangenen	225,25 €
zwei Gefangene	119,25 €
drei Gefangene	92,75 €
mehr als drei Gefangene	66,25 €

II. für Verpflegung

Frühstück	60,00 €
Mittagessen	114,00 €
Abendessen	114,00 €

Alle Beträge beziehen sich jeweils auf einen Monat. Für kürzere Zeiträume ist für jeden Tag ein Dreißigstel der aufgeführten Beträge zugrunde zu legen.

§ 51 Überbrückungsgeld. (1) Aus den in diesem Gesetz geregelten Bezügen und aus den Bezügen der Gefangenen, die in einem freien Beschäftigungsverhältnis stehen (§ 39 Abs. 1) oder denen gestattet ist, sich selbst zu beschäftigen (§ 39 Abs. 2), ist ein Überbrückungsgeld zu bilden, das den notwendigen Lebensunterhalt des Gefangenen und seiner Unterhaltsberechtigten für die ersten vier Wochen nach seiner Entlassung sichern soll.

(2) [1] Das Überbrückungsgeld wird dem Gefangenen bei der Entlassung in die Freiheit ausgezahlt. [2] Die Vollzugsbehörde kann es auch ganz oder zum Teil dem Bewährungshelfer oder einer mit der Entlassenenbetreuung befaßten Stelle überweisen, die darüber entscheiden, wie das Geld innerhalb der ersten vier Wochen nach der Entlassung an den Gefangenen ausgezahlt wird. [3] Der Bewährungshelfer und die mit der Entlassenenbetreuung befaßte Stelle sind verpflichtet, das Überbrückungsgeld von ihrem Vermögen gesondert zu halten. [4] Mit Zustimmung des Gefangenen kann das Überbrückungsgeld auch dem Unterhaltsberechtigten überwiesen werden.

(3) Der Anstaltsleiter kann gestatten, daß das Überbrückungsgeld für Ausgaben in Anspruch genommen wird, die der Eingliederung des Gefangenen dienen.

(4) [1] Der Anspruch auf Auszahlung des Überbrückungsgeldes ist unpfändbar. [2] Erreicht es nicht die in Absatz 1 bestimmte Höhe, so ist in Höhe des Unterschiedsbetrages auch der Anspruch auf Auszahlung des Eigengeldes unpfändbar. [3] Bargeld des entlassenen Gefangenen, an den wegen der nach Satz 1 oder Satz 2 unpfändbaren Ansprüche Geld ausgezahlt worden ist, ist für die Dauer von vier Wochen seit der Entlassung insoweit der Pfändung nicht unterworfen, als es dem Teil der Ansprüche für die Zeit von der Pfändung bis zum Ablauf der vier Wochen entspricht.

(5) [1] Absatz 4 gilt nicht bei einer Pfändung wegen der in § 850 d Abs. 1 Satz 1 der Zivilprozeßordnung bezeichneten Unterhaltsansprüche. [2] Dem entlassenen Gefangenen ist jedoch so viel zu belassen, als er für seinen notwendigen Unterhalt und zur Erfüllung seiner sonstigen gesetzlichen Unterhaltspflichten für die Zeit von der Pfändung bis zum Ablauf von vier Wochen seit der Entlassung bedarf.

§ 52 Eigengeld. Bezüge des Gefangenen, die nicht als Hausgeld, Haftkostenbeitrag, Unterhaltsbeitrag oder Überbrückungsgeld in Anspruch genommen werden, sind dem Gefangenen zum Eigengeld gutzuschreiben.

Sechster Titel. Religionsausübung

§ 53 Seelsorge. (1) [1] Dem Gefangenen darf religiöse Betreuung durch einen Seelsorger seiner Religionsgemeinschaft nicht versagt werden. [2] Auf seinen Wunsch ist ihm zu helfen, mit einem Seelsorger seiner Religionsgemeinschaft in Verbindung zu treten.

(2) [1] Der Gefangene darf grundlegende religiöse Schriften besitzen. [2] Sie dürfen ihm nur bei grobem Mißbrauch entzogen werden.

(3) Dem Gefangenen sind Gegenstände des religiösen Gebrauchs in angemessenem Umfange zu belassen.

§ 54 Religiöse Veranstaltungen. (1) Der Gefangene hat das Recht, am Gottesdienst und an anderen religiösen Veranstaltungen seines Bekenntnisses teilzunehmen.

(2) Zu dem Gottesdienst oder zu religiösen Veranstaltungen einer anderen Religionsgemeinschaft wird der Gefangene zugelassen, wenn deren Seelsorger zustimmt.

(3) Der Gefangene kann von der Teilnahme am Gottesdienst oder anderen religiösen Veranstaltungen ausgeschlossen werden, wenn dies aus überwiegenden Gründen der Sicherheit oder Ordnung geboten ist; der Seelsorger soll vorher gehört werden.

§ 55 Weltanschauungsgemeinschaften. Für Angehörige weltanschaulicher Bekenntnisse gelten die §§ 53 und 54 entsprechend.

(Fortsetzung nächstes Blatt)

Siebter Titel. Gesundheitsfürsorge

§ 56. Allgemeine Regeln. (1) [1]Für die körperliche und geistige Gesundheit des Gefangenen ist zu sorgen. [2]§ 101 bleibt unberührt.

(2) Der Gefangene hat die notwendigen Maßnahmen zum Gesundheitsschutz und zur Hygiene zu unterstützen.

§ 57.[1)] **Gesundheitsuntersuchungen, medizinische Vorsorgeleistungen.** (1) Gefangene, die das fünfunddreißigste Lebensjahr vollendet haben, haben jedes zweite Jahr Anspruch auf eine ärztliche Gesundheitsuntersuchung zur Früherkennung von Krankheiten, insbesondere zur Früherkennung von Herz-Kreislauf- und Nierenerkrankungen sowie der Zuckerkrankheit.

(2) Gefangene haben höchstens einmal jährlich Anspruch auf eine Untersuchung zur Früherkennung von Krebserkrankungen, Frauen frühestens vom Beginn des zwanzigsten Lebensjahres an, Männer frühestens vom Beginn des fünfundvierzigsten Lebensjahres an.

(3) Voraussetzung für die Untersuchungen nach den Absätzen 1 und 2 ist, daß

1. es sich um Krankheiten handelt, die wirksam behandelt werden können,
2. das Vor- oder Frühstadium dieser Krankheiten durch diagnostische Maßnahmen erfaßbar ist,
3. die Krankheitszeichen medizinisch-technisch genügend eindeutig zu erfassen sind,
4. genügend Ärzte und Einrichtungen vorhanden sind, um die aufgefundenen Verdachtsfälle eingehend zu diagnostizieren und zu behandeln.

(4) Gefangene Frauen haben für ihre Kinder, die mit ihnen in der Vollzugsanstalt untergebracht sind, bis zur Vollendung des sechsten Lebensjahres Anspruch auf Untersuchungen zur Früherkennung von Krankheiten, die die körperliche oder geistige Entwicklung ihrer Kinder in nicht geringfügigem Maße gefährden.

(5) [1]Gefangene, die das vierzehnte, aber noch nicht das zwanzigste Lebensjahr vollendet haben, können sich zur Verhütung von Zahnerkrankungen einmal in jedem Kalenderhalbjahr zahnärztlich untersuchen lassen. [2]Die Untersuchungen sollen sich auf den Befund des Zahnfleisches, die Aufklärung über Krankheitsursachen und ihre Vermeidung, das Erstellen von diagnostischen Vergleichen zur Mundhygiene, zum Zustand des Zahnfleisches und zur Anfälligkeit gegenüber Karieserkrankungen, auf die Motivation und Einweisung bei der Mundpflege sowie auf Maßnahmen zur Schmelzhärtung der Zähne erstrecken.

(6) Gefangene haben Anspruch auf ärztliche Behandlung und Versorgung mit Arznei-, Verband-, Heil- und Hilfsmitteln, wenn diese notwendig sind,

1. eine Schwächung der Gesundheit, die in absehbarer Zeit voraussichtlich zu einer Krankheit führen würde, zu beseitigen,
2. einer Gefährdung der gesundheitlichen Entwicklung eines Kindes entgegenzuwirken oder
3. Pflegebedürftigkeit zu vermeiden.

[1)] § 57 neugef. durch Art. 51 G v. 20. 12. 1988 (BGBl. I S. 2477).

§ 58.[1] **Krankenbehandlung.** [1]Gefangene haben Anspruch auf Krankenbehandlung, wenn sie notwendig ist, um eine Krankheit zu erkennen, zu heilen, ihre Verschlimmerung zu verhüten oder Krankheitsbeschwerden zu lindern. [2]Die Krankenbehandlung umfaßt insbesondere

1. ärztliche Behandlung,
2. zahnärztliche Behandlung einschließlich der Versorgung mit Zahnersatz,
3. Versorgung mit Arznei-, Verband-, Heil- und Hilfsmitteln,
4. medizinische und ergänzende Leistungen zur Rehabilitation sowie Belastungserprobung und Arbeitstherapie, soweit die Belange des Vollzuges dem nicht entgegenstehen.

§ 59.[1] **Versorgung mit Hilfsmitteln.** [1]Gefangene haben Anspruch auf Versorgung mit Seh- und Hörhilfen, Körperersatzstücken, orthopädischen und anderen Hilfsmitteln, die im Einzelfall erforderlich sind, um den Erfolg der Krankenbehandlung zu sichern oder eine Behinderung auszugleichen, sofern dies nicht mit Rücksicht auf die Kürze des Freiheitsentzugs ungerechtfertigt ist und soweit die Hilfsmittel nicht als allgemeine Gebrauchsgegenstände des täglichen Lebens anzusehen sind. [2]Der Anspruch umfaßt auch die notwendige Änderung, Instandsetzung und Ersatzbeschaffung von Hilfsmitteln sowie die Ausbildung in ihrem Gebrauch, soweit die Belange des Vollzuges dem nicht entgegenstehen. [3]Ein erneuter Anspruch auf Versorgung mit Sehhilfen besteht nur bei einer Änderung der Sehfähigkeit um mindestens 0,5 Dioptrien. [4]Anspruch auf Versorgung mit Kontaktlinsen besteht nur in medizinisch zwingend erforderlichen Ausnahmefällen.

§ 60.[1] **Krankenbehandlung im Urlaub.** Während eines Urlaubs oder Ausgangs hat der Gefangene gegen die Vollzugsbehörde nur einen Anspruch auf Krankenbehandlung in der für ihn zuständigen Vollzugsanstalt.

§ 61.[1] **Art und Umfang der Leistungen.** Für die Art der Gesundheitsuntersuchungen und medizinischen Vorsorgeleistungen sowie für den Umfang dieser Leistungen und der Leistungen zur Krankenbehandlung einschließlich der Versorgung mit Hilfsmitteln gelten die entsprechenden Vorschriften des Sozialgesetzbuchs und die auf Grund dieser Vorschriften getroffenen Regelungen.

§ 62.[2] **Zuschüsse zu Zahnersatz und Zahnkronen.** [1]Die Landesjustizverwaltungen bestimmen durch allgemeine Verwaltungsvorschriften die Höhe der Zuschüsse zu den Kosten der zahnärztlichen Behandlung und der zahntechnischen Leistungen bei der Versorgung mit Zahnersatz. [2]Sie können bestimmen, daß die gesamten Kosten übernommen werden.

§ 62 a.[2] **Ruhen der Ansprüche.** Der Anspruch auf Leistungen nach den §§ 57 bis 59 ruht, solange der Gefangene auf Grund eines freien Beschäftigungsverhältnisses (§ 39 Abs. 1) krankenversichert ist.

---

[1] § 60 geänd. durch Art. 51 G v. 20. 12. 1988 (BGBl. I S. 2477).
[2] § 62 Satz 1 geänd., § 62 a eingef. durch Art. 51 G v. 20. 12. 1988 (BGBl. I S. 2477).

§ 63. Ärztliche Behandlung zur sozialen Eingliederung. 1 Mit Zustimmung des Gefangenen soll die Vollzugsbehörde ärztliche Behandlung, namentlich Operationen oder prothetische Maßnahmen durchführen lassen, die seine soziale Eingliederung fördern. 2 Er ist an den Kosten zu beteiligen, wenn dies nach seinen wirtschaftlichen Verhältnissen gerechtfertigt ist und der Zweck der Behandlung dadurch nicht in Frage gestellt wird.

§ 64. Aufenthalt im Freien. Arbeitet ein Gefangener nicht im Freien, so wird ihm täglich mindestens eine Stunde Aufenthalt im Freien ermöglicht, wenn die Witterung dies zu der festgesetzten Zeit zuläßt.

§ 65.[1] **Verlegung.** (1) Ein kranker Gefangener kann in ein Anstaltskrankenhaus oder in eine für die Behandlung seiner Krankheit besser geeignete Vollzugsanstalt verlegt werden.

(2) 1 Kann die Krankheit eines Gefangenen in einer Vollzugsanstalt oder einem Anstaltskrankenhaus nicht erkannt oder behandelt werden oder ist es nicht möglich, den Gefangenen rechtzeitig in ein Anstaltskrankenhaus zu verlegen, ist dieser in ein Krankenhaus außerhalb des Vollzuges zu bringen. 2 *Ist während des Aufenthalts des Gefangenen in einem Krankenhaus die Strafvollstreckung unterbrochen worden, hat der Versicherte nach den Vorschriften der gesetzlichen Krankenversicherung Anspruch auf die erforderlichen Leistungen.*[2]

§ 66. Benachrichtigung bei Erkrankung oder Todesfall. (1) 1 Wird ein Gefangener schwer krank, so ist ein Angehöriger, eine Person seines Vertrauens oder der gesetzliche Vertreter unverzüglich zu benachrichtigen. 2 Dasselbe gilt, wenn ein Gefangener stirbt.

(2) Dem Wunsche des Gefangenen, auch andere Personen zu benachrichtigen, soll nach Möglichkeit entsprochen werden.

Achter Titel. Freizeit

§ 67. Allgemeines. 1 Der Gefangene erhält Gelegenheit, sich in seiner Freizeit zu beschäftigen. 2 Er soll Gelegenheit erhalten, am Unterricht einschließlich Sport, an Fernunterricht, Lehrgängen und sonstigen Veranstaltungen der Weiterbildung, an Freizeitgruppen, Gruppengesprächen sowie an Sportveranstaltungen teilzunehmen und eine Bücherei zu benutzen.

§ 68. Zeitungen und Zeitschriften. (1) Der Gefangene darf Zeitungen und Zeitschriften in angemessenem Umfang durch Vermittlung der Anstalt beziehen.

(2) 1 Ausgeschlossen sind Zeitungen und Zeitschriften, deren Verbreitung mit Strafe oder Geldbuße bedroht ist. 2 Einzelne Ausgaben oder Teile von Zeitungen oder Zeitschriften können dem Gefangenen vorenthalten werden, wenn sie das Ziel des Vollzuges oder die Sicherheit oder Ordnung der Anstalt erheblich gefährden würden.

---

[1] § 65 Abs. 1 geänd. durch Art. 51 G v. 20. 12. 1988 (BGBl. I S. 2477).
[2] § 65 Abs. 2 Satz 2 wird durch besonderes Bundesgesetz in Kraft gesetzt (vgl. § 198 Abs. 3).

§ 69.[1] **Hörfunk und Fernsehen.** (1) [1]Der Gefangene kann am Hörfunkprogramm der Anstalt sowie am gemeinschaftlichen Fernsehempfang teilnehmen. [2]Die Sendungen sind so auszuwählen, daß Wünsche und Bedürfnisse nach staatsbürgerlicher Information, Bildung und Unterhaltung angemessen berücksichtigt werden. [3]Der Hörfunk- und Fernsehempfang kann vorübergehend ausgesetzt oder einzelnen Gefangenen untersagt werden, wenn dies zur Aufrechterhaltung der Sicherheit oder Ordnung der Anstalt unerläßlich ist.

(2) Eigene Hörfunk- und Fernsehgeräte werden unter den Voraussetzungen des § 70 zugelassen.

§ 70. Besitz von Gegenständen für die Freizeitbeschäftigung. (1) Der Gefangene darf in angemessenem Umfange Bücher und andere Gegenstände zur Fortbildung oder zur Freizeitbeschäftigung besitzen.

(2) Dies gilt nicht, wenn der Besitz, die Überlassung oder die Benutzung des Gegenstands

1. mit Strafe oder Geldbuße bedroht wäre oder
2. das Ziel des Vollzuges oder die Sicherheit oder Ordnung der Anstalt gefährden würde.

(3) Die Erlaubnis kann unter den Voraussetzungen des Absatzes 2 widerrufen werden.

Neunter Titel. Soziale Hilfe

§ 71. Grundsatz. [1]Der Gefangene kann die soziale Hilfe der Anstalt in Anspruch nehmen, um seine persönlichen Schwierigkeiten zu lösen. [2]Die Hilfe soll darauf gerichtet sein, den Gefangenen in die Lage zu versetzen, seine Angelegenheiten selbst zu ordnen und zu regeln.

§ 72. Hilfe bei der Aufnahme. (1) Bei der Aufnahme wird dem Gefangenen geholfen, die notwendigen Maßnahmen für hilfsbedürftige Angehörige zu veranlassen und seine Habe außerhalb der Anstalt sicherzustellen.

(2) Der Gefangene ist über die Aufrechterhaltung einer Sozialversicherung zu beraten.

§ 73. Hilfe während des Vollzuges. Der Gefangene wird in dem Bemühen unterstützt, seine Rechte und Pflichten wahrzunehmen, namentlich sein Wahlrecht auszuüben sowie für Unterhaltsberechtigte zu sorgen und einen durch seine Straftat verursachten Schaden zu regeln.

§ 74. Hilfe zur Entlassung. [1]Um die Entlassung vorzubereiten, ist der Gefangene bei der Ordnung seiner persönlichen, wirtschaftlichen und sozialen Angelegenheiten zu beraten. [2]Die Beratung erstreckt sich auch auf die Benennung der für Sozialleistungen zuständigen Stellen. [3]Dem Gefangenen ist zu helfen, Arbeit, Unterkunft und persönlichen Beistand für die Zeit nach der Entlassung zu finden.

---

[1] § 69 Abs. 2 neugef. durch 4. StVollzGÄndG v. 26. 8. 1998 (BGBl. I S. 2461).

§ 75. Entlassungsbeihilfe. (1) Der Gefangene erhält, soweit seine eigenen Mittel nicht ausreichen, von der Anstalt eine Beihilfe zu den Reisekosten sowie eine Überbrückungsbeihilfe und erforderlichenfalls ausreichende Kleidung.

(2) [1] Bei der Bemessung der Höhe der Überbrückungsbeihilfe sind die Dauer des Freiheitsentzuges, der persönliche Arbeitseinsatz des Gefangenen und die Wirtschaftlichkeit seiner Verfügungen über Eigengeld und Hausgeld während der Strafzeit zu berücksichtigen. [2] § 51 Abs. 2 Satz 2 und 3 gilt entsprechend. [3] Die Überbrückungsbeihilfe kann ganz oder teilweise auch dem Unterhaltsberechtigten überwiesen werden.

(3) [1] Der Anspruch auf Beihilfe zu den Reisekosten und die ausgezahlte Reisebeihilfe sind unpfändbar. [2] Für den Anspruch auf Überbrückungsbeihilfe und für Bargeld nach Auszahlung einer Überbrückungsbeihilfe an den Gefangenen gilt § 51 Abs. 4 Satz 1 und 3, Abs. 5 entsprechend.

Zehnter Titel. Besondere Vorschriften für den Frauenstrafvollzug

§ 76.[1] Leistungen bei Schwangerschaft und Mutterschaft. (1) [1] Bei einer Schwangeren oder einer Gefangenen, die unlängst entbunden hat, ist auf ihren Zustand Rücksicht zu nehmen. [2] Die Vorschriften des Gesetzes zum Schutze der erwerbstätigen Mutter über die Gestaltung des Arbeitsplatzes sind entsprechend anzuwenden.

(2) [1] Die Gefangene hat während der Schwangerschaft, bei und nach der Entbindung Anspruch auf ärztliche Betreuung und auf Hebammenhilfe in der Vollzugsanstalt. [2] Zur ärztlichen Betreuung während der Schwangerschaft gehören insbesondere Untersuchungen zur Feststellung der Schwangerschaft sowie Vorsorgeuntersuchungen einschließlich der laborärztlichen Untersuchungen.

(3) [1] Zur Entbindung ist die Schwangere in ein Krankenhaus außerhalb des Vollzuges zu bringen. [2] Ist dies aus besonderen Gründen nicht angezeigt, so ist die Entbindung in einer Vollzugsanstalt mit Entbindungsabteilung vorzunehmen. [3] Bei der Entbindung wird Hilfe durch eine Hebamme und, falls erforderlich, durch einen Arzt gewährt.

§ 77. Arznei-, Verband- und Heilmittel. Bei Schwangerschaftsbeschwerden und im Zusammenhang mit der Entbindung werden Arznei-, Verband- und Heilmittel geleistet.

§ 78.[2] Art, Umfang und Ruhen der Leistungen bei Schwangerschaft und Mutterschaft. Die §§ 60, 61, 62a und 65 gelten für die Leistungen nach den §§ 76 und 77 entsprechend.

§ 79.[3] Geburtsanzeige. In der Anzeige der Geburt an das Standesamt dürfen die Anstalt als Geburtsstätte des Kindes, das Verhältnis des Anzeigenden zur Anstalt und die Gefangenschaft der Mutter nicht vermerkt sein.

---

[1] § 76 Überschr., Abs. 2 Satz 1 geänd. durch Art. 51 G v. 20. 12. 1988 (BGBl. I S. 2477).

[2] § 78 neugef. durch Art. 51 G v. 20. 12. 1988 (BGBl. I S. 2477).

[3] § 79 geänd. mWv 1. 1. 2009 durch Art. 2 Abs. 11 PStRG v. 19. 2. 2007 (BGBl. I S. 122).

§ 80. Mütter mit Kindern. (1) [1]Ist das Kind einer Gefangenen noch nicht schulpflichtig, so kann es mit Zustimmung des Inhabers des Aufenthaltsbestimmungsrechts in der Vollzugsanstalt untergebracht werden, in der sich seine Mutter befindet, wenn dies seinem Wohle entspricht. [2]Vor der Unterbringung ist das Jugendamt zu hören.

(2) [1]Die Unterbringung erfolgt auf Kosten des für das Kind Unterhaltspflichtigen. [2]Von der Geltendmachung des Kostenersatzanspruchs kann abgesehen werden, wenn hierdurch die gemeinsame Unterbringung von Mutter und Kind gefährdet würde.

Elfter Titel. Sicherheit und Ordnung

§ 81. Grundsatz. (1) Das Verantwortungsbewußtsein des Gefangenen für ein geordnetes Zusammenleben in der Anstalt ist zu wecken und zu fördern.

(2) Die Pflichten und Beschränkungen, die dem Gefangenen zur Aufrechterhaltung der Sicherheit oder Ordnung der Anstalt auferlegt werden, sind so zu wählen, daß sie in einem angemessenen Verhältnis zu ihrem Zweck stehen und den Gefangenen nicht mehr und nicht länger als notwendig beeinträchtigen.

§ 82. Verhaltensvorschriften. (1) [1]Der Gefangene hat sich nach der Tageseinteilung der Anstalt (Arbeitszeit, Freizeit, Ruhezeit) zu richten. [2]Er darf durch sein Verhalten gegenüber Vollzugsbediensteten, Mitgefangenen und anderen Personen das geordnete Zusammenleben nicht stören.

(2) [1]Der Gefangene hat die Anordnungen der Vollzugsbediensteten zu befolgen, auch wenn er sich durch sie beschwert fühlt. [2]Einen ihm zugewiesenen Bereich darf er nicht ohne Erlaubnis verlassen.

(3) Seinen Haftraum und die ihm von der Anstalt überlassenen Sachen hat er in Ordnung zu halten und schonend zu behandeln.

(4) Der Gefangene hat Umstände, die eine Gefahr für das Leben oder eine erhebliche Gefahr für die Gesundheit einer Person bedeuten, unverzüglich zu melden.

§ 83. Persönlicher Gewahrsam. Eigengeld. (1) [1]Der Gefangene darf nur Sachen in Gewahrsam haben oder annehmen, die ihm von der Vollzugsbehörde oder mit ihrer Zustimmung überlassen werden. [2]Ohne Zustimmung darf er Sachen von geringem Wert von einem anderen Gefangenen annehmen; die Vollzugsbehörde kann Annahme und Gewahrsam auch dieser Sachen von ihrer Zustimmung abhängig machen.

(2) [1]Eingebrachte Sachen, die der Gefangene nicht in Gewahrsam haben darf, sind für ihn aufzubewahren, sofern dies nach Art und Umfang möglich

(Fortsetzung nächste Seite)

ist. [2] Geld wird ihm als Eigengeld gutgeschrieben. [3] Dem Gefangenen wird Gelegenheit gegeben, seine Sachen, die er während des Vollzuges und für seine Entlassung nicht benötigt, abzusenden oder über sein Eigengeld zu verfügen, soweit dieses nicht als Überbrückungsgeld notwendig ist.

(3) Weigert sich ein Gefangener, eingebrachtes Gut, dessen Aufbewahrung nach Art und Umfang nicht möglich ist, aus der Anstalt zu verbringen, so ist die Vollzugsbehörde berechtigt, diese Gegenstände auf Kosten des Gefangenen aus der Anstalt entfernen zu lassen.

(4) Aufzeichnungen und andere Gegenstände, die Kenntnisse über Sicherungsvorkehrungen der Anstalt vermitteln, dürfen von der Vollzugsbehörde vernichtet oder unbrauchbar gemacht werden.

§ 84[1)] Durchsuchung. (1) [1] Gefangene, ihre Sachen und die Hafträume dürfen durchsucht werden. [2] Die Durchsuchung männlicher Gefangener darf nur von Männern, die Durchsuchung weiblicher Gefangener darf nur von Frauen vorgenommen werden. [3] Das Schamgefühl ist zu schonen.

(2) [1] Nur bei Gefahr im Verzuge oder auf Anordnung des Anstaltsleiters im Einzelfall ist es zulässig, eine mit einer Entkleidung verbundene körperliche Durchsuchung vorzunehmen. [2] Sie darf bei männlichen Gefangenen nur in Gegenwart von Männern, bei weiblichen Gefangenen nur in Gegenwart von Frauen erfolgen. [3] Sie ist in einem geschlossenen Raum durchzuführen. [4] Andere Gefangene dürfen nicht anwesend sein.

(3) Der Anstaltsleiter kann allgemein anordnen, daß Gefangene bei der Aufnahme, nach Kontakten mit Besuchern und nach jeder Abwesenheit von der Anstalt nach Absatz 2 zu durchsuchen sind.

§ 85 Sichere Unterbringung. Ein Gefangener kann in eine Anstalt verlegt werden, die zu seiner sicheren Unterbringung besser geeignet ist, wenn in erhöhtem Maße Fluchtgefahr gegeben ist oder sonst sein Verhalten oder sein Zustand eine Gefahr für die Sicherheit oder Ordnung der Anstalt darstellt.

§ 86[2)] Erkennungsdienstliche Maßnahmen. (1) Zur Sicherung des Vollzuges sind als erkennungsdienstliche Maßnahmen zulässig

1. die Abnahme von Finger- und Handflächenabdrücken,
2. die Aufnahme von Lichtbildern mit Kenntnis des Gefangenen,
3. die Feststellung äußerlicher körperlicher Merkmale,
4. Messungen.

(2) [1] Die gewonnenen erkennungsdienstlichen Unterlagen werden zu den Gefangenenpersonalakten genommen. [2] Sie können auch in kriminalpolizeilichen Sammlungen verwahrt werden. [3] Die nach Absatz 1 erhobenen Daten dürfen nur für die in *Absatz 1 und* § 87 Absatz 2 genannten Zwecke und zur Verhinderung oder Verfolgung von Straftaten sowie zur Verhinderung oder Verfolgung von Ordnungswidrigkeiten, durch welche die Sicherheit oder Ordnung der Anstalt gefährdet werden, verarbeitet werden.

[1)] § 84 Abs. 1, Abs. 2 Satz 2, Abs. 3 neu gef. durch G v. 26.8.1998 (BGBl. I S. 2461).

[2)] § 86 Abs. 2 Satz 3 angef., Abs. 3 neu gef. durch G v. 26.8.1998 (BGBl. I S. 2461); Abs. 1 Nr. 2 geänd. mWv 11.10.2002 durch G v. 5.10.2002 (BGBl. I S. 3954); Abs. 2 Satz 3 neu gef. mWv 26.11.2019 durch G v. 20.11.2019 (BGBl. I S. 1724).

(3) [1] Personen, die aufgrund des Absatzes 1 erkennungsdienstlich behandelt worden sind, können nach der Entlassung aus dem Vollzug verlangen, daß die gewonnenen erkennungsdienstlichen Unterlagen mit Ausnahme von Lichtbildern und der Beschreibung von körperlichen Merkmalen vernichtet werden, sobald die Vollstreckung der richterlichen Entscheidung, die dem Vollzug zugrunde gelegen hat, abgeschlossen ist. [2] Sie sind über dieses Recht bei der erkennungsdienstlichen Behandlung und bei der Entlassung aufzuklären.

§ 86a[1)] Lichtbilder. (1) [1] Unbeschadet des § 86 dürfen zur Aufrechterhaltung der Sicherheit und Ordnung der Anstalt Lichtbilder der Gefangenen aufgenommen und mit den Namen der Gefangenen sowie deren Geburtsdatum und -ort gespeichert werden. [2] Die Lichtbilder dürfen nur mit Kenntnis der Gefangenen aufgenommen werden.

(2) Die Lichtbilder dürfen nur

1. genutzt werden von Justizvollzugsbediensteten, wenn eine Überprüfung der Identität der Gefangenen im Rahmen ihrer Aufgabenwahrnehmung erforderlich ist,
2. übermittelt werden
   a) an die Polizeivollzugsbehörden des Bundes und der Länder, soweit dies zur Abwehr einer gegenwärtigen Gefahr für erhebliche Rechtsgüter innerhalb der Anstalt erforderlich ist,
   b) nach Maßgabe des § 87 Abs. 2.

(3) Die Lichtbilder sind nach der Entlassung der Gefangenen aus dem Vollzug oder nach ihrer Verlegung in eine andere Anstalt zu vernichten oder zu löschen.

§ 87[2)] Festnahmerecht. (1) Ein Gefangener, der entwichen ist oder sich sonst ohne Erlaubnis außerhalb der Anstalt aufhält, kann durch die Vollzugsbehörde oder auf ihre Veranlassung hin festgenommen und in die Anstalt zurückgebracht werden.

(2) Nach § 86 Abs. 1 erhobene und nach §§ 86a, 179 erhobene und zur Identifizierung oder Festnahme erforderliche Daten dürfen den Vollstreckungs- und Strafverfolgungsbehörden übermittelt werden, soweit dies für Zwecke der Fahndung und Festnahme des entwichenen oder sich sonst ohne Erlaubnis außerhalb der Anstalt aufhaltenden Gefangenen erforderlich ist.

§ 88[3)] Besondere Sicherungsmaßnahmen. (1) Gegen einen Gefangenen können besondere Sicherungsmaßnahmen angeordnet werden, wenn nach seinem Verhalten oder auf Grund seines seelischen Zustandes in erhöhtem Maße Fluchtgefahr oder die Gefahr von Gewalttätigkeiten gegen Personen oder Sachen oder die Gefahr des Selbstmordes oder der Selbstverletzung besteht.

(2) Als besondere Sicherungsmaßnahmen sind zulässig:

1. der Entzug oder die Vorenthaltung von Gegenständen,
2. die Beobachtung auch mit optisch-elektronischen Einrichtungen,
3. die Absonderung von anderen Gefangenen,
4. der Entzug oder die Beschränkung des Aufenthalts im Freien,

[1)] § 86a eingef. mWv 11.10.2002 durch G v. 5.10.2002 (BGBl. I S. 3954).

[2)] § 87 Abs. 1, Abs. 2 angef. durch G v. 26.8.1998 (BGBl. I S. 2461); Abs. 2 neu gef. mWv 11.10.2002 durch G v. 5.10.2002 (BGBl. I S. 3954).

[3)] § 88 Abs. 2 Nr. 2 geänd. mWv 26.11.2019 durch G v. 20.11.2019 (BGBl. I S. 1724).

5. die Unterbringung in einem besonders gesicherten Haftraum ohne gefährdende Gegenstände und
6. die Fesselung.

(3) Maßnahmen nach Absatz 2 Nr. 1, 3 bis 5 sind auch zulässig, wenn die Gefahr einer Befreiung oder eine erhebliche Störung der Anstaltsordnung anders nicht vermieden oder behoben werden kann.

(4) Bei einer Ausführung, Vorführung oder beim Transport ist die Fesselung auch dann zulässig, wenn aus anderen Gründen als denen des Absatzes 1 in erhöhtem Maße Fluchtgefahr besteht.

(5) Besondere Sicherungsmaßnahmen dürfen nur soweit aufrechterhalten werden, als es ihr Zweck erfordert.

§ 89 Einzelhaft. (1) Die unausgesetzte Absonderung eines Gefangenen (Einzelhaft) ist nur zulässig, wenn dies aus Gründen, die in der Person des Gefangenen liegen, unerläßlich ist.

(2) [1] Einzelhaft von mehr als drei Monaten Gesamtdauer in einem Jahr bedarf der Zustimmung der Aufsichtsbehörde. [2] Diese Frist wird nicht dadurch unterbrochen, daß der Gefangene am Gottesdienst oder an der Freistunde teilnimmt.

§ 90 Fesselung. [1] In der Regel dürfen Fesseln nur an den Händen oder an den Füßen angelegt werden. [2] Im Interesse des Gefangenen kann der Anstaltsleiter eine andere Art der Fesselung anordnen. [3] Die Fesselung wird zeitweise gelockert, soweit dies notwendig ist.

§ 91 Anordnung besonderer Sicherungsmaßnahmen. (1) [1] Besondere Sicherungsmaßnahmen ordnet der Anstaltsleiter an. [2] Bei Gefahr im Verzuge können auch andere Bedienstete der Anstalt diese Maßnahmen vorläufig anordnen. [3] Die Entscheidung des Anstaltsleiters ist unverzüglich einzuholen.

(2) [1] Wird ein Gefangener ärztlich behandelt oder beobachtet oder bildet sein seelischer Zustand den Anlaß der Maßnahme, ist vorher der Arzt zu hören. [2] Ist dies wegen Gefahr im Verzuge nicht möglich, wird seine Stellungnahme unverzüglich eingeholt.

§ 92 Ärztliche Überwachung. (1) [1] Ist ein Gefangener in einem besonders gesicherten Haftraum untergebracht oder gefesselt (§ 88 Abs. 2 Nr. 5 und 6), so sucht ihn der Anstaltsarzt alsbald und in der Folge möglichst täglich auf. [2] Dies gilt nicht bei einer Fesselung während einer Ausführung, Vorführung oder eines Transportes (§ 88 Abs. 4).

(2) Der Arzt ist regelmäßig zu hören, solange einem Gefangenen der tägliche Aufenthalt im Freien entzogen wird.

§ 93 Ersatz von Aufwendungen. (1) [1] Der Gefangene ist verpflichtet, der Vollzugsbehörde Aufwendungen zu ersetzen, die er durch eine vorsätzliche oder grob fahrlässige Selbstverletzung oder Verletzung eines anderen Gefangenen verursacht hat. [2] Ansprüche aus sonstigen Rechtsvorschriften bleiben unberührt.

Fassung des Abs. 2 bis zum Erlass eines Bundesgesetzes[1]***:***

(2) Bei der Geltendmachung dieser Forderungen kann auch ein den dreifachen Tagessatz der Eckvergütung nach § 43 Abs. 2 übersteigender Teil des Hausgeldes (§ 47) in Anspruch genommen werden.

Fassung des Abs. 2 ab Erlass eines Bundesgesetzes[2]***.***

(2) *Bei der Geltendmachung dieser Forderungen kann auch der den Mindestbetrag übersteigende Teil des Hausgeldes (§ 47) in Anspruch genommen werden.*

(3) Für die in Absatz 1 genannten Forderungen ist der ordentliche Rechtsweg gegeben.

(4) Von der Aufrechnung oder Vollstreckung wegen der in Absatz 1 genannten Forderungen ist abzusehen, wenn hierdurch die Behandlung des Gefangenen oder seine Eingliederung behindert würde.

Zwölfter Titel. Unmittelbarer Zwang

§ 94 Allgemeine Voraussetzungen. (1) Bedienstete der Justizvollzugsanstalten dürfen unmittelbaren Zwang anwenden, wenn sie Vollzugs- und Sicherungsmaßnahmen rechtmäßig durchführen und der damit verfolgte Zweck auf keine andere Weise erreicht werden kann.

(2) Gegen andere Personen als Gefangene darf unmittelbarer Zwang angewendet werden, wenn sie es unternehmen, Gefangene zu befreien oder in den Anstaltsbereich widerrechtlich einzudringen, oder wenn sie sich unbefugt darin aufhalten.

(3) Das Recht zu unmittelbarem Zwang auf Grund anderer Regelungen bleibt unberührt.

§ 95 Begriffsbestimmungen. (1) Unmittelbarer Zwang ist die Einwirkung auf Personen oder Sachen durch körperliche Gewalt, ihre Hilfsmittel und durch Waffen.

(2) Körperliche Gewalt ist jede unmittelbare körperliche Einwirkung auf Personen oder Sachen.

(3) Hilfsmittel der körperlichen Gewalt sind namentlich Fesseln.

(4) Waffen sind die dienstlich zugelassenen Hieb- und Schußwaffen sowie Reizstoffe.

§ 96 Grundsatz der Verhältnismäßigkeit. (1) Unter mehreren möglichen und geeigneten Maßnahmen des unmittelbaren Zwanges sind diejenigen zu wählen, die den Einzelnen und die Allgemeinheit voraussichtlich am wenigsten beeinträchtigen.

(2) Unmittelbarer Zwang unterbleibt, wenn ein durch ihn zu erwartender Schaden erkennbar außer Verhältnis zu dem angestrebten Erfolg steht.

---

[1] Fassung gilt gemäß § 199 Abs. 1 bis zum Inkrafttreten eines besonderen Bundesgesetzes nach § 198 Abs. 3.

[2] Fassung wird durch besonderes Bundesgesetz in Kraft gesetzt (vgl. § 198 Abs. 3).

§ 97[1)] Handeln auf Anordnung. (1) Wird unmittelbarer Zwang von einem Vorgesetzten oder einer sonst befugten Person angeordnet, sind Vollzugsbedienstete verpflichtet, ihn anzuwenden, es sei denn, die Anordnung verletzt die Menschenwürde oder ist nicht zu dienstlichen Zwecken erteilt worden.

(2) [1] Die Anordnung darf nicht befolgt werden, wenn dadurch eine Straftat begangen würde. [2] Befolgt der Vollzugsbedienstete sie trotzdem, trifft ihn eine Schuld nur, wenn er erkennt oder wenn es nach den ihm bekannten Umständen offensichtlich ist, daß dadurch eine Straftat begangen wird.

(3) [1] Bedenken gegen die Rechtmäßigkeit der Anordnung hat der Vollzugsbedienstete dem Anordnenden gegenüber vorzubringen, soweit das nach den Umständen möglich ist. [2] Abweichende Vorschriften des allgemeinen Beamtenrechts über die Mitteilung solcher Bedenken an einen Vorgesetzten (§ 36 Abs. 2 und 3 des Beamtenstatusgesetzes[2)]) sind nicht anzuwenden.

§ 98 Androhung. [1] Unmittelbarer Zwang ist vorher anzudrohen. [2] Die Androhung darf nur dann unterbleiben, wenn die Umstände sie nicht zulassen oder unmittelbarer Zwang sofort angewendet werden muß, um eine rechtswidrige Tat, die den Tatbestand eines Strafgesetzes erfüllt, zu verhindern oder eine gegenwärtige Gefahr abzuwenden.

§ 99 Allgemeine Vorschriften für den Schußwaffengebrauch. (1) [1] Schußwaffen dürfen nur gebraucht werden, wenn andere Maßnahmen des unmittelbaren Zwanges bereits erfolglos waren oder keinen Erfolg versprechen. [2] Gegen Personen ist ihr Gebrauch nur zulässig, wenn der Zweck nicht durch Waffenwirkung gegen Sachen erreicht wird.

(2) [1] Schußwaffen dürfen nur die dazu bestimmten Vollzugsbediensteten gebrauchen und nur, um angriffs- oder fluchtunfähig zu machen. [2] Ihr Gebrauch unterbleibt, wenn dadurch erkennbar Unbeteiligte mit hoher Wahrscheinlichkeit gefährdet würden.

(3) [1] Der Gebrauch von Schußwaffen ist vorher anzudrohen. [2] Als Androhung gilt auch ein Warnschuß. [3] Ohne Androhung dürfen Schußwaffen nur dann gebraucht werden, wenn das zur Abwehr einer gegenwärtigen Gefahr für Leib oder Leben erforderlich ist.

§ 100 Besondere Vorschriften für den Schußwaffengebrauch. (1) [1] Gegen Gefangene dürfen Schußwaffen gebraucht werden,

1. wenn sie eine Waffe oder ein anderes gefährliches Werkzeug trotz wiederholter Aufforderung nicht ablegen,
2. wenn sie eine Meuterei (§ 121 des Strafgesetzbuches) unternehmen oder
3. um ihre Flucht zu vereiteln oder um sie wiederzuergreifen.

[2] *Um die Flucht aus einer offenen Anstalt zu vereiteln, dürfen keine Schußwaffen gebraucht werden.*

(2) Gegen andere Personen dürfen Schußwaffen gebraucht werden, wenn sie es unternehmen, Gefangene gewaltsam zu befreien oder gewaltsam in eine Anstalt einzudringen.

---

1) § 97 Abs. 3 Satz 2 geänd. mWv 1.4.2009 durch G v. 17.6.2008 (BGBl. I S. 1010).
2) **Sartorius Nr. 150.**

§ 101[1] Zwangsmaßnahmen auf dem Gebiet der Gesundheitsfürsorge.

(1) [1] Medizinische Untersuchung und Behandlung sowie Ernährung sind zwangsweise nur bei Lebensgefahr, bei schwerwiegender Gefahr für die Gesundheit des Gefangenen oder bei Gefahr für die Gesundheit anderer Personen zulässig; die Maßnahmen müssen für die Beteiligten zumutbar und dürfen nicht mit erheblicher Gefahr für Leben oder Gesundheit des Gefangenen verbunden sein. [2] Zur Durchführung der Maßnahmen ist die Vollzugsbehörde nicht verpflichtet, solange von einer freien Willensbestimmung des Gefangenen ausgegangen werden kann.

(2) Zum Gesundheitsschutz und zur Hygiene ist die zwangsweise körperliche Untersuchung außer im Falle des Absatzes 1 zulässig, wenn sie nicht mit einem körperlichen Eingriff verbunden ist.

(3) Die Maßnahmen dürfen nur auf Anordnung und unter Leitung eines Arztes durchgeführt werden, unbeschadet der Leistung erster Hilfe für den Fall, daß ein Arzt nicht rechtzeitig erreichbar und mit einem Aufschub Lebensgefahr verbunden ist.

Dreizehnter Titel. Disziplinarmaßnahmen

§ 102 Voraussetzungen. (1) Verstößt ein Gefangener schuldhaft gegen Pflichten, die ihm durch dieses Gesetz oder auf Grund dieses Gesetzes auferlegt sind, kann der Anstaltsleiter gegen ihn Disziplinarmaßnahmen anordnen.

(2) Von einer Disziplinarmaßnahme wird abgesehen, wenn es genügt, den Gefangenen zu verwarnen.

(3) Eine Disziplinarmaßnahme ist auch zulässig, wenn wegen derselben Verfehlung ein Straf- oder Bußgeldverfahren eingeleitet wird.

§ 103[2] Arten der Disziplinarmaßnahmen. (1) Die zulässigen Disziplinarmaßnahmen sind:

1. Verweis,
2. die Beschränkung oder der Entzug der Verfügung über das Hausgeld und des Einkaufs bis zu drei Monaten,
3. die Beschränkung oder der Entzug des Lesestoffs bis zu zwei Wochen sowie des Hörfunk- und Fernsehempfangs bis zu drei Monaten; der gleichzeitige Entzug jedoch nur bis zu zwei Wochen,
4. die Beschränkung oder der Entzug der Gegenstände für eine Beschäftigung in der Freizeit oder der Teilnahme an gemeinschaftlichen Veranstaltungen bis zu drei Monaten,
5. die getrennte Unterbringung während der Freizeit bis zu vier Wochen,
6. *(aufgehoben)*
7. der Entzug der zugewiesenen Arbeit oder Beschäftigung bis zu vier Wochen unter Wegfall der in diesem Gesetz geregelten Bezüge,

---

[1] § *101* neu gef. durch G v. 27.2.1985 (BGBl. I S. 461).

[2] § 103 Abs. 1 Nr. 6 aufgeh. durch G v. 26.8.1998 (BGBl. I S. 2461).

8. die Beschränkung des Verkehrs mit Personen außerhalb der Anstalt auf dringende Fälle bis zu drei Monaten,
9. Arrest bis zu vier Wochen.

(2) Arrest darf nur wegen schwerer oder mehrfach wiederholter Verfehlungen verhängt werden.

(3) Mehrere Disziplinarmaßnahmen können miteinander verbunden werden.

(4) [1] Die Maßnahmen nach Absatz 1 Nr. 3 bis 8 sollen möglichst nur angeordnet werden, wenn die Verfehlung mit den zu beschränkenden oder zu entziehenden Befugnissen im Zusammenhang steht. [2] Dies gilt nicht bei einer Verbindung mit Arrest.

§ 104 Vollzug der Disziplinarmaßnahmen. Aussetzung zur Bewährung. (1) Disziplinarmaßnahmen werden in der Regel sofort vollstreckt.

(2) Eine Disziplinarmaßnahme kann ganz oder teilweise bis zu sechs Monaten zur Bewährung ausgesetzt werden.

(3) Wird die Verfügung über das Hausgeld beschränkt oder entzogen, ist das in dieser Zeit anfallende Hausgeld dem Überbrückungsgeld hinzuzurechnen.

(4) [1] Wird der Verkehr des Gefangenen mit Personen außerhalb der Anstalt eingeschränkt, ist ihm Gelegenheit zu geben, dies einer Person, mit der er im Schriftwechsel steht oder die ihn zu besuchen pflegt, mitzuteilen. [2] Der Schriftwechsel mit den in § 29 Abs. 1 und 2 genannten Empfängern, mit Gerichten und Justizbehörden in der Bundesrepublik sowie mit Rechtsanwälten und Notaren in einer den Gefangenen betreffenden Rechtssache bleibt unbeschränkt.

(5) [1] Arrest wird in Einzelhaft vollzogen. [2] Der Gefangene kann in einem besonderen Arrestraum untergebracht werden, der den Anforderungen entsprechen muß, die an einen zum Aufenthalt bei Tag und Nacht bestimmten Haftraum gestellt werden. [3] Soweit nichts anderes angeordnet wird, ruhen die Befugnisse des Gefangenen aus den §§ 19, 20, 22, 37, 38, 68 bis 70.

§ 105 Disziplinarbefugnis. (1) [1] Disziplinarmaßnahmen ordnet der Anstaltsleiter an. [2] Bei einer Verfehlung auf dem Wege in eine andere Anstalt zum Zwecke der Verlegung ist der Leiter der Bestimmungsanstalt zuständig.

(2) Die Aufsichtsbehörde entscheidet, wenn sich die Verfehlung des Gefangenen gegen den Anstaltsleiter richtet.

(3) [1] Disziplinarmaßnahmen, die gegen einen Gefangenen in einer anderen Vollzugsanstalt oder während einer Untersuchungshaft angeordnet worden sind, werden auf Ersuchen vollstreckt. [2] § 104 Abs. 2 bleibt unberührt.

§ 106 Verfahren. (1) [1] Der Sachverhalt ist zu klären. [2] Der Gefangene wird gehört. [3] Die Erhebungen werden in einer Niederschrift festgelegt; die Einlassung des Gefangenen wird vermerkt.

(2) [1] Bei schweren Verstößen soll der Anstaltsleiter sich vor der Entscheidung in einer Konferenz mit Personen besprechen, die bei der Behandlung des Gefangenen mitwirken. [2] Vor der Anordnung einer Disziplinarmaßnahme ge-

gen einen Gefangenen, der sich in ärztlicher Behandlung befindet, oder gegen eine Schwangere oder eine stillende Mutter ist der Anstaltsarzt zu hören.

(3) Die Entscheidung wird dem Gefangenen vom Anstaltsleiter mündlich eröffnet und mit einer kurzen Begründung schriftlich abgefaßt.

§ 107 Mitwirkung des Arztes. (1) [1] Bevor der Arrest vollzogen wird, ist der Arzt zu hören. [2] Während des Arrestes steht der Gefangene unter ärztlicher Aufsicht.

(2) Der Vollzug des Arrestes unterbleibt oder wird unterbrochen, wenn die Gesundheit des Gefangenen gefährdet würde.

Vierzehnter Titel[1]. Rechtsbehelfe und gerichtliches Verfahren

§ 108 Beschwerderecht. (1) [1] Der Gefangene erhält Gelegenheit, sich mit Wünschen, Anregungen und Beschwerden in Angelegenheiten, die ihn selbst betreffen, an den Anstaltsleiter zu wenden. [2] Regelmäßige Sprechstunden sind einzurichten.

(2) Besichtigt ein Vertreter der Aufsichtsbehörde die Anstalt, so ist zu gewährleisten, daß ein Gefangener sich in Angelegenheiten, die ihn selbst betreffen, an ihn wenden kann.

(3) Die Möglichkeit der Dienstaufsichtsbeschwerde bleibt unberührt.

§ 109[2] Antrag auf gerichtliche Entscheidung. (1) [1] Gegen eine Maßnahme zur Regelung einzelner Angelegenheiten auf dem Gebiete des Strafvollzuges oder des Vollzuges freiheitsentziehender Maßregeln der Besserung und Sicherung kann gerichtliche Entscheidung beantragt werden. [2] Mit dem Antrag kann auch die Verpflichtung zum Erlaß einer abgelehnten oder unterlassenen Maßnahme begehrt werden.

(2) Der Antrag auf gerichtliche Entscheidung ist nur zulässig, wenn der Antragsteller geltend macht, durch die Maßnahme oder ihre Ablehnung oder Unterlassung in seinen Rechten verletzt zu sein.

(3) [1] Dient die vom Antragsteller begehrte oder angefochtene Maßnahme der Umsetzung des § 66c Absatz 1 des Strafgesetzbuches[3] im Vollzug der Sicherungsverwahrung oder der ihr vorausgehenden Freiheitsstrafe, so ist dem Antragsteller für ein gerichtliches Verfahren von Amts wegen ein Rechtsanwalt beizuordnen, es sei denn, dass wegen der Einfachheit der Sach- und Rechtslage die Mitwirkung eines Rechtsanwalts nicht geboten erscheint oder es ersichtlich ist, dass der Antragsteller seine Rechte selbst ausreichend wahrnehmen kann. [2] Über die Bestellung und einen Widerruf entscheidet der Vorsitzende des nach § 110 zuständigen Gerichts.

§ 110[4] Zuständigkeit. Über den Antrag entscheidet die Strafvollstreckungskammer, in deren Bezirk die beteiligte Vollzugsbehörde ihren Sitz hat.

---

[1] 14. Titel Überschrift geänd. mWv 28.6.2019 durch G v. 19.6.2019 (BGBl. I S. 840).

[2] § 109 Abs. 1 Satz 1 geänd., Abs. 3 neu gef. mWv 1.6.2013 durch G v. 5.12.2012 (BGBl. I S. 2425).

[3] **Schönfelder Nr. 85.**

[4] § 110 Satz 2 aufgeh. mWv 1.6.2013 durch G v. 5.12.2012 (BGBl. I S. 2425).

§ 110a[1)] Elektronische Aktenführung; Verordnungsermächtigungen.

(1) ***[Satz 1 bis 31.12.2025:]*** [1] Die Gerichtsakten können elektronisch geführt werden. ***[Satz 1 ab 1.1.2026:]*** [1] *Die Gerichtsakten werden elektronisch geführt.* ***[Satz 2 bis 30.6.2025:]*** [2] Die Landesregierungen bestimmen durch Rechtsverordnung den Zeitpunkt, von dem an die Akten elektronisch geführt werden. ***[Satz 2 ab 1.7. 2025:]*** [2] *Die Landesregierungen können durch Rechtsverordnung bestimmen, dass Akten, die in Papierform angelegt wurden, in Papierform weitergeführt werden.* ***[Satz 3 bis 30.6. 2025:]*** [3] Sie können die Einführung der elektronischen Aktenführung dabei auf einzelne Gerichte oder auf allgemein bestimmte Verfahren beschränken und bestimmen, dass Akten, die in Papierform angelegt wurden, auch nach Einführung der elektronischen Aktenführung in Papierform weitergeführt werden; wird von der Beschränkungsmöglichkeit Gebrauch gemacht, kann in der Rechtsverordnung bestimmt werden, dass durch Verwaltungsvorschrift, die öffentlich bekanntzumachen ist, geregelt wird, in welchen Verfahren die Akten elektronisch zu führen sind. [4] *[ab 1.7.2025: 3]* Die Ermächtigung kann durch Rechtsverordnung auf die zuständigen Landesministerien übertragen werden.

(1a) [1] Die Landesregierungen können jeweils für ihren Bereich durch Rechtsverordnung bestimmen, dass Akten, die vor dem 1. Januar 2026 in Papierform angelegt wurden, ab einem bestimmten Stichtag oder Ereignis in elektronischer Form weitergeführt werden. [2] Die Zulassung der Weiterführung in elektronischer Form kann auf einzelne Gerichte oder auf allgemein bestimmte Verfahren beschränkt werden; wird von dieser Möglichkeit Gebrauch gemacht, kann in der Rechtsverordnung bestimmt werden, dass durch Verwaltungsvorschrift, die öffentlich bekanntzumachen ist, geregelt wird, in welchen Verfahren Akten in elektronischer Form weitergeführt werden. [3] Die Ermächtigung kann durch Rechtsverordnung auf die zuständigen Landesministerien übertragen werden.

[Abs. 1b bis 31.12.2035:]

(1b) [1] Dokumente und Aktenteile, die nach den Verschlusssachenanweisungen des Bundes oder der Länder als Verschlusssache höher als VS-NUR FÜR DEN DIENSTGEBRAUCH eingestuft sind, dürfen bis zum 31. Dezember 2035 in Papierform erstellt, geführt und übermittelt werden. [2] Dokumente und Aktenteile, die nach den Verschlusssachenanweisungen des Bundes oder der Länder als Verschlusssache VS-NUR FÜR DEN DIENSTGEBRAUCH eingestuft sind, dürfen bis zum 31. Dezember 2035 in Papierform übermittelt werden. [3] Die für die Handhabung von Verschlusssachen geltenden Geheimschutzvorschriften bleiben unberührt.

[Abs. 1c bis 31.12.2025:]

(1c) [1] Die Landesregierungen können jeweils für ihren Bereich durch Rechtsverordnung bestimmen, dass Akten, die elektronisch angelegt wurden, ab einem bestimmten Ereignis bis zum 31. Dezember 2025 in Papierform weitergeführt werden. [2] Die Zulassung der Weiterführung in Papierform kann auf einzelne Gerichte oder auf allgemein bestimmte Verfahren beschränkt werden; wird von dieser Möglichkeit Gebrauch gemacht, kann in der Rechtsverordnung bestimmt werden, dass durch Verwaltungsvorschrift, die öffentlich bekanntzumachen ist, geregelt wird, in welchen Verfahren Akten in elektronischer Form weitergeführt

---

[1)] § 110a eingef. mWv 1.1.2018, Abs. 1 Satz 2 neu gef., Satz 3 aufgeh., bish. Satz 4 wird Satz 3 mWv 1.7.2025, Abs. 1 Satz 1 neu gef. mWv 1.1.2026 durch G v. 5.7.2017 (BGBl. I S. 2208); Abs. 3 Satz 1 geänd. mWv 21.12.2018 durch G v. 17.12.2018 (BGBl. I S. 2571); Abs. 1a–1c eingef. mWv 17.7.2024, Abs. 1c aufgeh. mWv 1.1.2026, Abs. 1b aufgeh. mWv 1.1.2036 durch G v. 12.7.2024 (BGBl. 2024 I Nr. 234).

werden. [3] Die Ermächtigung kann durch Rechtsverordnung auf die zuständigen Landesministerien übertragen werden.

(2) [1] Die Landesregierungen bestimmen durch Rechtsverordnung die für die elektronische Aktenführung geltenden organisatorischen und dem Stand der Technik entsprechenden technischen Rahmenbedingungen einschließlich der einzuhaltenden Anforderungen des Datenschutzes, der Datensicherheit und der Barrierefreiheit. [2] Sie können die Ermächtigung durch Rechtsverordnung auf die zuständigen Landesministerien übertragen.

(3) [1] Die Bundesregierung bestimmt durch Rechtsverordnung mit Zustimmung des Bundesrates die für die Übermittlung elektronischer Akten zwischen Behörden und Gerichten geltenden Standards. [2] Sie kann die Ermächtigung durch Rechtsverordnung ohne Zustimmung des Bundesrates auf die zuständigen Bundesministerien übertragen.

§ 111 Beteiligte. (1) Beteiligte des gerichtlichen Verfahrens sind

1. der Antragsteller,
2. die Vollzugsbehörde, die die angefochtene Maßnahme angeordnet oder die beantragte abgelehnt oder unterlassen hat.

(2) In dem Verfahren vor dem Oberlandesgericht oder dem Bundesgerichtshof ist Beteiligte nach Absatz 1 Nr. 2 die zuständige Aufsichtsbehörde.

§ 112[1)] Antragsfrist. Wiedereinsetzung. (1) Der Antrag muß binnen zwei Wochen nach Zustellung oder schriftlicher Bekanntgabe der Maßnahme oder ihrer Ablehnung schriftlich oder zu Protokoll der Geschäftsstelle des Gerichts gestellt werden.

(2) War der Antragsteller ohne Verschulden verhindert, die Frist einzuhalten, so ist ihm auf Antrag Wiedereinsetzung in den vorigen Stand zu gewähren.

(3) [1] Der Antrag auf Wiedereinsetzung ist binnen zwei Wochen nach Wegfall des Hindernisses zu stellen. [2] Die Tatsachen zur Begründung des Antrags sind bei der Antragstellung oder im Verfahren über den Antrag glaubhaft zu machen. [3] Innerhalb der Antragsfrist ist die versäumte Rechtshandlung nachzuholen. [4] Ist dies geschehen, so kann die Wiedereinsetzung auch ohne Antrag gewährt werden.

(4) Nach einem Jahr seit dem Ende der versäumten Frist ist der Antrag auf Wiedereinsetzung unzulässig, außer wenn der Antrag vor Ablauf der Jahresfrist infolge höherer Gewalt unmöglich war.

§ 113 Vornahmeantrag. (1) Wendet sich der Antragsteller gegen das Unterlassen einer Maßnahme, kann der Antrag auf gerichtliche Entscheidung nicht vor Ablauf von drei Monaten seit dem Antrag auf Vornahme der Maßnahme gestellt werden, es sei denn, daß eine frühere Anrufung des Gerichts wegen besonderer Umstände des Falles geboten ist.

(2) [1] Liegt ein zureichender Grund dafür vor, daß die beantragte Maßnahme noch nicht erlassen ist, so setzt das Gericht das Verfahren bis zum Ablauf einer von ihm bestimmten Frist aus. [2] Die Frist kann verlängert werden. [3] Wird die beantragte Maßnahme in der gesetzten Frist erlassen, so ist der Rechtsstreit in der Haupt-

sache erledigt.

---

1) § 112 Abs. 1 Satz 2 aufgeh. mWv 1.6.2013 durch G v. 5.12.2012 (BGBl. I S. 2425); Abs. 1 geänd. mWv 1.1.2018 durch G v. 5.7.2017 (BGBl. I S. 2208).

(3) Der Antrag nach Absatz 1 ist nur bis zum Ablauf eines Jahres seit der Stellung des Antrags auf Vornahme der Maßnahme zulässig, außer wenn die Antragstellung vor Ablauf der Jahresfrist infolge höherer Gewalt unmöglich war oder unter den besonderen Verhältnissen des Einzelfalles unterblieben ist.

§ 114 Aussetzung der Maßnahme. (1) Der Antrag auf gerichtliche Entscheidung hat keine aufschiebende Wirkung.

(2) [1] Das Gericht kann den Vollzug der angefochtenen Maßnahme aussetzen, wenn die Gefahr besteht, daß die Verwirklichung eines Rechts des Antragstellers vereitelt oder wesentlich erschwert wird und ein höher zu bewertendes Interesse an dem sofortigen Vollzug nicht entgegensteht. [2] Das Gericht kann auch eine einstweilige Anordnung erlassen; § 123 Abs. 1 der Verwaltungsgerichtsordnung[1)] ist entsprechend anzuwenden. [3] Die Entscheidungen sind nicht anfechtbar; sie können vom Gericht jederzeit geändert oder aufgehoben werden.

(3) Der Antrag auf eine Entscheidung nach Absatz 2 ist schon vor Stellung des Antrags auf gerichtliche Entscheidung zulässig.

§ 115[2)] Gerichtliche Entscheidung. (1) [1] Das Gericht entscheidet ohne mündliche Verhandlung durch Beschluß. [2] Der Beschluss stellt den Sach- und Streitstand seinem wesentlichen Inhalt nach gedrängt zusammen. [3] Wegen der Einzelheiten kann auf in der Gerichtsakte befindliche Dokumente, die nach Herkunft und Datum genau zu bezeichnen sind, verwiesen werden, soweit sich aus ihnen der Sach- und Streitstand ausreichend ergibt. [4] Das Gericht kann von einer Darstellung der Entscheidungsgründe absehen, soweit es der Begründung

(Fortsetzung nächstes Blatt)

[1)] **Sartorius Nr. 600.**

[2)] § 115 Abs. 1 Sätze 2–4 angef. mWv 1.4.2005 durch G v. 23.3.2005 (BGBl. I S. 930); Abs. 2 Satz 1 geänd. mWv 1.6.2013 durch G v. 5.12.2012 (BGBl. I S. 2425); Abs. 1a eingef. mWv 1.11.2013 durch G v. 25.4.2013 (BGBl. I S. 935); Abs. 1 Satz 3 geänd. mWv 1.1.2018 durch G v. 5.7.2017 (BGBl. I S. 2208).

der angefochtenen Entscheidung folgt und dies in seiner Entscheidung feststellt.

(1a) [1] Das Gericht kann anordnen, dass eine Anhörung unter Verzicht auf die persönliche Anwesenheit des Gefangenen zeitgleich in Bild und Ton in die Vollzugsanstalt und das Sitzungszimmer übertragen wird. [2] Eine Aufzeichnung findet nicht statt. [3] Die Entscheidung nach Satz 1 ist nicht anfechtbar.

(2) [1] Soweit die Maßnahme rechtswidrig und der Antragsteller dadurch in seinen Rechten verletzt ist, hebt das Gericht die Maßnahme auf. [2] Ist die Maßnahme schon vollzogen, kann das Gericht auch aussprechen, daß und wie die Vollzugsbehörde die Vollziehung rückgängig zu machen hat, soweit die Sache spruchreif ist.

(3) Hat sich die Maßnahme vorher durch Zurücknahme oder anders erledigt, spricht das Gericht auf Antrag aus, daß die Maßnahme rechtswidrig gewesen ist, wenn der Antragsteller ein berechtigtes Interesse an dieser Feststellung hat.

(4) [1] Soweit die Ablehnung oder Unterlassung der Maßnahme rechtswidrig und der Antragsteller dadurch in seinen Rechten verletzt ist, spricht das Gericht die Verpflichtung der Vollzugsbehörde aus, die beantragte Amtshandlung vorzunehmen, wenn die Sache spruchreif ist. [2] Anderenfalls spricht es die Verpflichtung aus, den Antragsteller unter Beachtung der Rechtsauffassung des Gerichts zu bescheiden.

(5) Soweit die Vollzugsbehörde ermächtigt ist, nach ihrem Ermessen zu handeln, prüft das Gericht auch, ob die Maßnahme oder ihre Ablehnung oder Unterlassung rechtswidrig ist, weil die gesetzlichen Grenzen des Ermessens überschritten sind oder von dem Ermessen in einer dem Zweck der Ermächtigung nicht entsprechenden Weise Gebrauch gemacht ist.

§ 116 Rechtsbeschwerde. (1) Gegen die gerichtliche Entscheidung der Strafvollstreckungskammer ist die Rechtsbeschwerde zulässig, wenn es geboten ist, die Nachprüfung zur Fortbildung des Rechts oder zur Sicherung einer einheitlichen Rechtsprechung zu ermöglichen.

(2) [1] Die Rechtsbeschwerde kann nur darauf gestützt werden, daß die Entscheidung auf einer Verletzung des Gesetzes beruhe. [2] Das Gesetz ist verletzt, wenn eine Rechtsnorm nicht oder nicht richtig angewendet worden ist.

(3) [1] Die Rechtsbeschwerde hat keine aufschiebende Wirkung. [2] § 114 Abs. 2 gilt entsprechend.

(4) Für die Rechtsbeschwerde gelten die Vorschriften der Strafprozeßordnung[1)] über die Beschwerde entsprechend, soweit dieses Gesetz nichts anderes bestimmt.

§ 117 Zuständigkeit für die Rechtsbeschwerde. Über die Rechtsbeschwerde entscheidet ein Strafsenat des Oberlandesgerichts, in dessen Bezirk die Strafvollstreckungskammer ihren Sitz hat.

§ 118[2)] Form. Frist. Begründung. (1) [1] Die Rechtsbeschwerde muß bei dem Gericht, dessen Entscheidung angefochten wird, binnen eines Monats nach Zustellung der gerichtlichen Entscheidung eingelegt werden. [2] In dieser

---

[1)] **Schönfelder Nr. 90.**

[2)] § 118 Abs. 3 geänd. mWv 1.1.2018 durch G v. 5.7.2017 (BGBl. I S. 2208).

Frist ist außerdem die Erklärung abzugeben, inwieweit die Entscheidung angefochten und ihre Aufhebung beantragt wird. [3]Die Anträge sind zu begründen.

(2) [1]Aus der Begründung muß hervorgehen, ob die Entscheidung wegen Verletzung einer Rechtsnorm über das Verfahren oder wegen Verletzung einer anderen Rechtsnorm angefochten wird. [2]Ersterenfalls müssen die den Mangel enthaltenden Tatsachen angegeben werden.

(3) Der Antragsteller als Beschwerdeführer kann dies nur in einer von einem Rechtsanwalt unterzeichneten Schrift oder zu Protokoll der Geschäftsstelle tun.

§ 119 Entscheidung über die Rechtsbeschwerde. (1) Der Strafsenat entscheidet ohne mündliche Verhandlung durch Beschluß.

(2) Seiner Prüfung unterliegen nur die Beschwerdeanträge und, soweit die Rechtsbeschwerde auf Mängel des Verfahrens gestützt wird, nur die Tatsachen, die in der Begründung der Rechtsbeschwerde bezeichnet worden sind.

(3) Der Beschluß, durch den die Beschwerde verworfen wird, bedarf keiner Begründung, wenn der Strafsenat die Beschwerde einstimmig für unzulässig oder für offensichtlich unbegründet erachtet.

(4) [1]Soweit die Rechtsbeschwerde für begründet erachtet wird, ist die angefochtene Entscheidung aufzuheben. [2]Der Strafsenat kann an Stelle der Strafvollstreckungskammer entscheiden, wenn die Sache spruchreif ist. [3]Sonst ist die Sache zur neuen Entscheidung an die Strafvollstreckungskammer zurückzuverweisen.

(5) Die Entscheidung des Strafsenats ist endgültig.

§ 119a[1)] Strafvollzugsbegleitende gerichtliche Kontrolle bei angeordneter oder vorbehaltener Sicherungsverwahrung. (1) Ist die Unterbringung in der Sicherungsverwahrung angeordnet oder vorbehalten, stellt das Gericht während des Vollzuges der Freiheitsstrafe nach Ablauf der in Absatz 3 genannten Fristen von Amts wegen fest,

1. ob die Vollzugsbehörde dem Gefangenen im zurückliegenden Zeitraum eine Betreuung angeboten hat, die § 66c Absatz 2 in Verbindung mit Absatz 1 Nummer 1 des Strafgesetzbuches[2)] entspricht;
2. soweit die Betreuung nicht den in Nummer 1 genannten Anforderungen entsprochen hat, welche bestimmten Maßnahmen die Vollzugsbehörde dem Gefangenen bei sich nicht wesentlich ändernder Sachlage künftig anzubieten hat, um den gesetzlichen Anforderungen an die Betreuung zu genügen.

(2) [1]Die Vollzugsbehörde kann jederzeit eine Entscheidung nach Absatz 1 beantragen, sofern hieran ein berechtigtes Interesse besteht. [2]Nach der erstmaligen Aufstellung oder einer wesentlichen Änderung des Vollzugsplans kann die Vollzugsbehörde auch beantragen, festzustellen, ob die im Vollzugsplan vorgesehenen Maßnahmen im Falle ihres Angebots bei sich nicht wesentlich ändernder Sachlage eine dem § 66c Absatz 2 in Verbindung mit Absatz 1 Nummer 1 des Strafgesetzbuches entsprechende Betreuung darstellen würden; in diesem Fall hat das Gericht die Feststellungen nach Absatz 1 auch zu treffen, wenn die Frist gemäß Absatz 3 noch nicht abgelaufen ist.

[1)] *§ 119a eingef. mWv 1.6.2013* durch G v. 5.12.2012 (BGBl. I S. 2425); Abs. 6 Satz 3 geänd. mWv *1.7.2021* durch G v. 25.6.2021 (BGBl. I S. 2099).

[2)] **Schönfelder Nr. 85.**

(3) [1]Entscheidungen von Amts wegen sind alle zwei Jahre zu treffen. [2]Das Gericht kann bei einer Entscheidung nach Absatz 1, auch in Verbindung mit Absatz 2 Satz 2, im Hinblick auf die Gesamtdauer der noch zu vollziehenden Freiheitsstrafe eine längere Frist festsetzen, die fünf Jahre nicht überschreiten darf. [3]Die Frist für die erste Entscheidung von Amts wegen beginnt mit dem Vollzug der Freiheitsstrafe zu laufen, die Frist für jede weitere mit Bekanntgabe einer erstinstanzlichen Entscheidung nach Absatz 1.

(4) Die Strafvollstreckungskammer ist bei Entscheidungen nach den Absätzen 1 und 2 Satz 2 mit drei Richtern unter Einschluss des Vorsitzenden besetzt.

(5) Gegen die gerichtliche Entscheidung ist die Beschwerde zulässig.

(6) [1]Für das gerichtliche Verfahren ist dem Gefangenen von Amts wegen ein Rechtsanwalt beizuordnen. [2]Vor einer Entscheidung sind der Gefangene, die Vollzugsbehörde und die Vollstreckungsbehörde anzuhören. [3]Im Übrigen gelten § 109 Absatz 3 Satz 2, die §§ 110,[1)] und 110a sowie die auf dessen Grundlage erlassenen Rechtsverordnungen, die §§ 111, 115 Absatz 1 Satz 1 und 2 sowie die §§ 117, 118 Absatz 1 Satz 1, § 119 Absatz 1 und 5 entsprechend.

(7) Alle Gerichte sind bei nachfolgenden Entscheidungen an die rechtskräftigen Feststellungen nach den Absätzen 1 und 2 Satz 2 gebunden.

§ 120[2)] Entsprechende Anwendung anderer Vorschriften. (1) [1]Kommt die Behörde in den Fällen des § 114 Absatz 2 Satz 2 sowie des § 115 Absatz 2 Satz 2 und Absatz 4 der ihr in der einstweiligen Anordnung oder im Beschluss auferlegten Verpflichtung nicht nach, gilt § 172 der Verwaltungsgerichtsordnung[3)] entsprechend. [2]Im Übrigen sind die Vorschriften der Strafprozessordnung[4)] und die auf der Grundlage des § 32a Absatz 2 Satz 2 und Absatz 4 Satz 1 Nummer 6, des § 32b Absatz 5 und des § 32f Absatz 6 der Strafprozessordnung erlassenen Rechtsverordnungen entsprechend anzuwenden, soweit sich aus diesem Gesetz nichts anderes ergibt.

(2) Auf die Bewilligung der Prozeßkostenhilfe sind die Vorschriften der Zivilprozeßordnung[5)] entsprechend anzuwenden.

§ 121[6)] Kosten des Verfahrens. (1) In der das Verfahren abschließenden Entscheidung ist zu bestimmen, von wem die Kosten des Verfahrens und die notwendigen Auslagen zu tragen sind.

(2) [1]Soweit der Antragsteller unterliegt oder seinen Antrag zurücknimmt, trägt er die Kosten des Verfahrens und die notwendigen Auslagen. [2]Hat sich die Maßnahme vor einer Entscheidung nach Absatz 1 in anderer Weise als durch Zurücknahme des Antrags erledigt, so entscheidet das Gericht über die Kosten des Verfahrens und die notwendigen Auslagen nach billigem Ermessen.

[1)] Zeichensetzung amtlich.

[2)] § 120 Abs. 2 geänd. durch G v. 17.12.1990 (BGBl. I S. 2847); Abs. 1 neu gef. mWv 1.6.2013 durch G v. 5.12.2012 (BGBl. I S. 2425); Abs. 1 Satz 2 geänd. mWv 1.1.2018 durch G v. 5.7.2017 (BGBl. I S. 2208); Abs. 1 Satz 2 geänd. mWv 1.1.2022 durch G v. 5.10.2021 (BGBl. I S. 4607).

[3)] **Sartorius Nr. 600.**

[4)] **Habersack, Deutsche Gesetze Nr. 90.**

[5)] **Habersack, Deutsche Gesetze Nr. 100.**

[6)] § 121 Abs. 5 angef. durch G v. 22.12.1981 (BGBl. I S. 1523), Abs. 5 geänd. durch G v. 26.8.1998 (BGBl. I S. 2461), Abs. 5 neu gef. mWv 1.1.2001 durch G v. 27.12.2000 (BGBl. I S. 2043); Abs. 3 Satz 1 eingef., bish. Wortlaut wird Satz 2 mWv 1.6.2013 durch G v. 5.12.2012 (BGBl. I S. 2425)

(3) [1]Bei erstinstanzlichen Entscheidungen des Gerichts nach § 119a fallen die Kosten des Verfahrens und die notwendigen Auslagen der Staatskasse zur Last. [2]Absatz 2 Satz 2 gilt nicht im Falle des § 115 Abs. 3.

(4) Im übrigen gelten die §§ 464 bis 473 der Strafprozeßordnung entsprechend.

(5) Für die Kosten des Verfahrens nach den §§ 109ff. kann auch ein den dreifachen Tagessatz der Eckvergütung nach § 43 Abs. 2 übersteigender Teil des Hausgeldes (§ 47) in Anspruch genommen werden.

§ 121a[1)] Gerichtliche Zuständigkeit bei dem Richtervorbehalt unterliegenden Maßnahmen. (1) Soweit nach den Vollzugsgesetzen eine Maßnahme der vorherigen gerichtlichen Anordnung oder der gerichtlichen Genehmigung bedarf, ist das Amtsgericht zuständig, in dessen Bezirk die Maßnahme durchgeführt wird.

(2) Unterhält ein Land eine Anstalt, in der Freiheitsstrafen oder freiheitsentziehende Maßregeln der Besserung und Sicherung vollzogen werden, auf dem Gebiet eines anderen Landes, so können die beteiligten Länder vereinbaren, dass für gerichtliche Entscheidungen im Sinne des Absatzes 1 das Amtsgericht zuständig ist, in dessen Bezirk die für die Anstalt zuständige Aufsichtsbehörde ihren Sitz hat.

§ 121b[2)] Gerichtliches Verfahren bei dem Richtervorbehalt unterliegenden Maßnahmen. (1) [1]Das gerichtliche Verfahren im Sinne des § 121a richtet sich nach dem Gesetz über das Verfahren in Familiensachen und in den Angelegenheiten der freiwilligen Gerichtsbarkeit[3)]. [2]Die für Unterbringungssachen nach § 312 Nummer 4 des Gesetzes über das Verfahren in Familiensachen und in den Angelegenheiten der freiwilligen Gerichtsbarkeit anzuwendenden Bestimmungen gelten entsprechend. [3]Über die Beschwerde entscheidet das Landgericht, über die Rechtsbeschwerde der Bundesgerichtshof.

(2) Für das Verfahren werden keine Kosten erhoben.

Fünfzehnter Titel. Strafvollstreckung und Untersuchungshaft

§ 122[4)] *(aufgehoben)*

Sechzehnter Titel.[5)] Sozialtherapeutische Anstalten

§ 123[5)] Sozialtherapeutische Anstalten und Abteilungen. (1) Für den Vollzug nach § 9 sind von den übrigen Vollzugsanstalten getrennte sozialtherapeutische Anstalten vorzusehen.

(2) [1]Aus besonderen Gründen können auch sozialtherapeutische Abteilungen in anderen Vollzugsanstalten eingerichtet werden. [2]Für diese Abteilungen gelten die Vorschriften über die sozialtherapeutische Anstalt entsprechend.

[1)] § 121a eingef. mWv 28.6.2019 durch G v. 19.6.2019 (BGBl. I S. 840).
[2)] § 121b eingef. mWv 28.6.2019 durch G v. 19.6.2019 (BGBl. I S. 840).
[3)] **Habersack, Deutsche Gesetze Nr. 112.**
[4)] § 122 aufgeh. mWv 1.1.2010 durch G v. 29.7.2009 (BGBl. I S. 2274).
[5)] 16. Titel (§§ 123–126) eingef. durch G v. 20.12.1984 (BGBl. I S. 1654).

§ 124[1)] Urlaub zur Vorbereitung der Entlassung. (1) [1]Der Anstaltsleiter kann dem Gefangenen zur Vorbereitung der Entlassung Sonderurlaub bis zu sechs Monaten gewähren. [2]§ 11 Abs. 2 und § 13 Abs. 5 gelten entsprechend.

(2) [1]Dem Beurlaubten sollen für den Urlaub Weisungen erteilt werden. [2]Er kann insbesondere angewiesen werden, sich einer von der Anstalt bestimmten Betreuungsperson zu unterstellen und jeweils für kurze Zeit in die Anstalt zurückzukehren.

(3) [1]§ 14 Abs. 2 gilt entsprechend. [2]Der Urlaub wird widerrufen, wenn dies für die Behandlung des Gefangenen notwendig ist.

§ 125[1)] Aufnahme auf freiwilliger Grundlage. (1) [1]Ein früherer Gefangener kann auf seinen Antrag vorübergehend wieder in die sozialtherapeutische Anstalt aufgenommen werden, wenn das Ziel seiner Behandlung gefährdet und ein Aufenthalt in der Anstalt aus diesem Grunde gerechtfertigt ist. [2]Die Aufnahme ist jederzeit widerruflich.

(2) Gegen den Aufgenommenen dürfen Maßnahmen des Vollzuges nicht mit unmittelbarem Zwang durchgesetzt werden.

(3) Auf seinen Antrag ist der Aufgenommene unverzüglich zu entlassen.

§ 126[1)] Nachgehende Betreuung. Die Zahl der Fachkräfte für die sozialtherapeutische Anstalt ist so zu bemessen, daß auch eine nachgehende Betreuung der Gefangenen gewährleistet ist, soweit diese anderweitig nicht sichergestellt werden kann.

§§ 127, 128[2)] *(aufgehoben)*

Dritter Abschnitt. Besondere Vorschriften über den Vollzug der freiheitsentziehenden Maßregeln der Besserung und Sicherung

Erster Titel.[3)] Sicherungsverwahrung

§ 129 Ziel der Unterbringung. [1]Der Sicherungsverwahrte wird zum Schutz der Allgemeinheit sicher untergebracht. [2]Ihm soll geholfen werden, sich in das Leben in Freiheit einzugliedern.

§ 130[4)] Anwendung anderer Vorschriften. Für die Sicherungsverwahrung gelten die Vorschriften über den Vollzug der Freiheitsstrafe (§§ 3 bis 119 sowie 120 bis 126) entsprechend, soweit im folgenden nichts anderes bestimmt ist.

§ 131 Ausstattung. [1]Die Ausstattung der Sicherungsanstalten, namentlich der Hafträume, und besondere Maßnahmen zur Förderung und Betreuung sollen dem Untergebrachten helfen, sein Leben in der Anstalt sinnvoll zu gestalten, und ihn vor Schäden eines langen Freiheitsentzuges bewahren. [2]Seinen persönlichen Bedürfnissen ist nach Möglichkeit Rechnung zu tragen.

[1)] 16. Titel (§§ 123–126) eingef. durch G v. 20.12.1984 (BGBl. I S. 1654).

[2)] §§ 127 und 128 aufgeh. durch G v. 20.12.1984 (BGBl. I S. 1654).

[3)] Früherer 1. Titel aufgeh., 2. Titel wird 1. Titel durch G v. 20.12.1984 (BGBl. I S. 1654).

[4)] § 130 geänd. durch G v. 20.12.1984 (BGBl. I S. 1654); geänd. durch G v. 26.8.1998 (BGBl. I S. 2461); geänd. mWv 1.6.2013 durch G v. 5.12.2012 (BGBl. I S. 2425); geänd. mWv 26.11.2019 durch G v. 20.11.2019 (BGBl. I S. 1724).

§ 132 Kleidung. Der Untergebrachte darf eigene Kleidung, Wäsche und eigenes Bettzeug benutzen, wenn Gründe der Sicherheit nicht entgegenstehen und der Untergebrachte für Reinigung, Instandsetzung und regelmäßigen Wechsel auf eigene Kosten sorgt.

§ 133[1] Selbstbeschäftigung. Taschengeld. (1) Dem Untergebrachten wird gestattet, sich gegen Entgelt selbst zu beschäftigen, wenn dies dem Ziel dient, Fähigkeiten für eine Erwerbstätigkeit nach der Entlassung zu vermitteln, zu erhalten oder zu fördern.

(2) Das Taschengeld (§ 46) darf den dreifachen Tagessatz der Eckvergütung nach § 43 Abs. 2 im Monat nicht unterschreiten.

§ 134[2] Entlassungsvorbereitung. [1]Um die Entlassung zu erproben und vorzubereiten, kann der Vollzug gelockert und Sonderurlaub bis zu einem Monat gewährt werden. [2]Bei Untergebrachten in einer sozialtherapeutischen Anstalt bleibt § 124 unberührt.

§ 135 Sicherungsverwahrung in Frauenanstalten. Die Sicherungsverwahrung einer Frau kann auch in einer für den Vollzug der Freiheitsstrafe bestimmten Frauenanstalt durchgeführt werden, wenn diese Anstalt für die Sicherungsverwahrung eingerichtet ist.

Zweiter Titel.[3] Unterbringung in einem psychiatrischen Krankenhaus und in einer Entziehungsanstalt

§ 136 Unterbringung in einem psychiatrischen Krankenhaus. [1]Die Behandlung des Untergebrachten in einem psychiatrischen Krankenhaus richtet sich nach ärztlichen Gesichtspunkten. [2]Soweit möglich, soll er geheilt oder sein Zustand soweit gebessert werden, daß er nicht mehr gefährlich ist. [3]Ihm wird die nötige Aufsicht, Betreuung und Pflege zuteil.

§ 137 Unterbringung in einer Entziehungsanstalt. Ziel der Behandlung des Untergebrachten in einer Entziehungsanstalt ist es, ihn von seinem Hang zu heilen und die zugrunde liegende Fehlhaltung zu beheben.

§ 138[4] Anwendung anderer Vorschriften. (1) [1]Die Unterbringung in einem psychiatrischen Krankenhaus oder in einer Entziehungsanstalt richtet sich nach Landesrecht, soweit Bundesgesetze nichts anderes bestimmen. [2]§ 51 Abs. 4 und 5 sowie § 75 Abs. 3 gelten entsprechend.

(2) [1]Für die Erhebung der Kosten der Unterbringung gilt § 50 entsprechend mit der Maßgabe, dass in den Fällen des § 50 Abs. 1 Satz 2 an die Stelle erhaltener Bezüge die Verrichtung zugewiesener oder ermöglichter Arbeit tritt und in den Fällen des § 50 Abs. 1 Satz 4 dem Untergebrachten ein Betrag in der Höhe verbleiben muss, der dem Barbetrag entspricht, den ein in einer Einrichtung lebender und einen Teil der Kosten seines Aufenthalts selbst

---

[1] § 133 Abs. 2 geänd. durch G v. 26.8.1998 (BGBl. I S. 2461), Abs. 2 neu gef. mWv 1.1.2001 durch G v. 27.12.2000 (BGBl. I S. 2043).

[2] § 134 Satz 2 angef. durch G v. 20.12.1984 (BGBl. I S. 1654).

[3] *3. Titel wird 2. Titel durch G v. 20.12.1984* (BGBl. I S. 1654).

[4] § 138 neu gef. mWv 15.12.2001 durch G v. 10.12.2001 (BGBl. I S. 3422); Abs. 4 angef. mWv 28.6.2019 durch G v. 19.6.2019 (BGBl. I S. 840).

tragender Sozialhilfeempfänger zur persönlichen Verfügung erhält. [2] Bei der Bewertung einer Beschäftigung als Arbeit sind die besonderen Verhältnisse des Maßregelvollzugs zu berücksichtigen. [3] Zuständig für die Erhebung der Kosten ist die Vollstreckungsbehörde; die Landesregierungen können durch Rechtsverordnung andere Zuständigkeiten begründen. [4] Die Kosten werden als Justizverwaltungsabgabe erhoben.

(3) Für das gerichtliche Verfahren gelten die §§ 109 bis 121 entsprechend.

(4) Soweit nach den Vollzugsgesetzen eine Maßnahme der vorherigen gerichtlichen Anordnung oder gerichtlichen Genehmigung bedarf, gelten die §§ 121a und 121b entsprechend.

Vierter Abschnitt. Vollzugsbehörden

Erster Titel. Arten und Einrichtung der Justizvollzugsanstalten

§ 139[1)] Justizvollzugsanstalten. Die Freiheitsstrafe sowie die Unterbringung in der Sicherungsverwahrung werden in Anstalten der Landesjustizverwaltungen (Justizvollzugsanstalten) vollzogen.

§ 140[2)] Trennung des Vollzuges. (1) Die Unterbringung in der Sicherungsverwahrung wird in getrennten Anstalten oder in getrennten Abteilungen einer für den Vollzug der Freiheitsstrafe bestimmten Vollzugsanstalt vollzogen.

(2) [1] Frauen sind getrennt von Männern in besonderen Frauenanstalten unterzubringen. [2] Aus besonderen Gründen können für Frauen getrennte Abteilungen in Anstalten für Männer vorgesehen werden.

(3) Von der getrennten Unterbringung nach den Absätzen 1 und 2 darf abgewichen werden, um dem Gefangenen die Teilnahme an Behandlungsmaßnahmen in einer anderen Anstalt oder in einer anderen Abteilung zu ermöglichen.

§ 141 Differenzierung. (1) Für den Vollzug der Freiheitsstrafe sind Haftplätze vorzusehen in verschiedenen Anstalten oder Abteilungen, in denen eine auf die unterschiedlichen Bedürfnisse der Gefangenen abgestimmte Behandlung gewährleistet ist.

(2) Anstalten des geschlossenen Vollzuges sehen eine sichere Unterbringung vor, Anstalten des offenen Vollzuges keine oder nur verminderte Vorkehrungen gegen Entweichungen.

§ 142 Einrichtungen für Mütter mit Kindern. In Anstalten für Frauen sollen Einrichtungen vorgesehen werden, in denen Mütter mit ihren Kindern *untergebracht werden können.*

§ 143 Größe und Gestaltung der Anstalten. (1) Justizvollzugsanstalten sind so zu gestalten, daß eine auf die Bedürfnisse des einzelnen abgestellte Behandlung gewährleistet ist.

---

1) § 139 geänd. durch G v. 20.12.1984 (BGBl. I S. 1654).
2) § 140 Abs. 1 Satz 1 aufgeh. durch G v. 20.12.1984 (BGBl. I S. 1654).

(2) Die Vollzugsanstalten sind so zu gliedern, daß die Gefangenen in überschaubaren Betreuungs- und Behandlungsgruppen zusammengefaßt werden können.

(3) Die für sozialtherapeutische Anstalten und für Justizvollzugsanstalten für Frauen vorgesehene Belegung soll zweihundert Plätze nicht übersteigen.

§ 144[1)] Größe und Ausgestaltung der Räume. (1) [1] Räume für den Aufenthalt während der Ruhe- und Freizeit sowie Gemeinschafts- und Besuchsräume sind wohnlich oder sonst ihrem Zweck entsprechend auszugestalten. [2] Sie müssen hinreichend Luftinhalt haben und für eine gesunde Lebensführung ausreichend mit Heizung und Lüftung, Boden- und Fensterfläche ausgestattet sein.

(2) Das Bundesministerium der Justiz und für Verbraucherschutz wird ermächtigt, mit Zustimmung des Bundesrates durch Rechtsverordnung Näheres über den Luftinhalt, die Lüftung, die Boden- und Fensterfläche sowie die Heizung und Einrichtung der Räume zu bestimmen.

§ 145 Festsetzung der Belegungsfähigkeit. [1] Die Aufsichtsbehörde setzt die Belegungsfähigkeit für jede Anstalt so fest, daß eine angemessene Unterbringung während der Ruhezeit (§ 18) gewährleistet ist. [2] Dabei ist zu berücksichtigen, daß eine ausreichende Anzahl von Plätzen für Arbeit, Ausbildung und Weiterbildung sowie von Räumen für Seelsorge, Freizeit, Sport, therapeutische Maßnahmen und Besuche zur Verfügung steht.

§ 146 Verbot der Überbelegung. (1) Hafträume dürfen nicht mit mehr Personen als zugelassen belegt werden.

(2) Ausnahmen hiervon sind nur vorübergehend und nur mit Zustimmung der Aufsichtsbehörde zulässig.

§ 147 Einrichtungen für die Entlassung. Um die Entlassung vorzubereiten, sollen den geschlossenen Anstalten offene Einrichtungen angegliedert oder gesonderte offene Anstalten vorgesehen werden.

§ 148[2)] Arbeitsbeschaffung, Gelegenheit zur beruflichen Bildung.

(1) Die Vollzugsbehörde soll im Zusammenwirken mit den Vereinigungen und Stellen des Arbeits- und Wirtschaftslebens dafür sorgen, daß jeder arbeitsfähige Gefangene wirtschaftlich ergiebige Arbeit ausüben kann, und dazu beitragen, daß er beruflich gefördert, beraten und vermittelt wird.

(2) Die Vollzugsbehörde stellt durch geeignete organisatorische Maßnahmen sicher, daß die Bundesagentur für Arbeit die ihr obliegenden Aufgaben wie Berufsberatung, Ausbildungsvermittlung und Arbeitsvermittlung durchführen kann.

[1)] § 144 Abs. 2 geänd. durch G v. 26.8.1998 (BGBl. I S. 2461); Abs. 2 geänd. mWv 8.9.2015 durch *VO v. 31.8.2015 (BGBl. I S. 1474)*.

[2)] § 148 Abs. 2 geänd. durch G v. 24.3.1997 (BGBl. I S. 594); Abs. 2 geänd. mWv 1.1.2004 durch G v. 23.12.2003 (BGBl. I S. 2848).

§ 149 Arbeitsbetriebe, Einrichtungen zur beruflichen Bildung.

(1) In den Anstalten sind die notwendigen Betriebe für die nach § 37 Abs. 2 zuzuweisenden Arbeiten sowie die erforderlichen Einrichtungen zur beruflichen Bildung (§ 37 Abs. 3) und arbeitstherapeutischen Beschäftigung (§ 37 Abs. 5) vorzusehen.

(2) [1] Die in Absatz 1 genannten Betriebe und sonstigen Einrichtungen sind den Verhältnissen außerhalb der Anstalten anzugleichen. [2] Die Arbeitsschutz- und Unfallverhütungsvorschriften sind zu beachten.

(3) Die berufliche Bildung und die arbeitstherapeutische Beschäftigung können auch in geeigneten Einrichtungen privater Unternehmen erfolgen.

(4) In den von privaten Unternehmen unterhaltenen Betrieben und sonstigen Einrichtungen kann die technische und fachliche Leitung Angehörigen dieser Unternehmen übertragen werden.

§ 150 Vollzugsgemeinschaften. Für Vollzugsanstalten nach den §§ 139 bis 149 können die Länder Vollzugsgemeinschaften bilden.

Zweiter Titel. Aufsicht über die Justizvollzugsanstalten

§ 151 Aufsichtsbehörden. (1) [1] Die Landesjustizverwaltungen führen die Aufsicht über die Justizvollzugsanstalten. [2] Sie können Aufsichtsbefugnisse auf Justizvollzugsämter übertragen.

(2) An der Aufsicht über das Arbeitswesen sowie über die Sozialarbeit, die Weiterbildung, die Gesundheitsfürsorge und die sonstige fachlich begründete Behandlung der Gefangenen sind eigene Fachkräfte zu beteiligen; soweit die Aufsichtsbehörde nicht über eigene Fachkräfte verfügt, ist fachliche Beratung sicherzustellen.

§ 152 Vollstreckungsplan. (1) Die Landesjustizverwaltung regelt die örtliche und sachliche Zuständigkeit der Justizvollzugsanstalten in einem Vollstreckungsplan.

(2) [1] Der Vollstreckungsplan sieht vor, welche Verurteilten in eine Einweisungsanstalt oder -abteilung eingewiesen werden. [2] Über eine Verlegung zum weiteren Vollzug kann nach Gründen der Behandlung und Eingliederung entschieden werden.

(3) Im übrigen ist die Zuständigkeit nach allgemeinen Merkmalen zu bestimmen.

§ 153 Zuständigkeit für Verlegungen. Die Landesjustizverwaltung kann sich Entscheidungen über Verlegungen vorbehalten oder sie einer zentralen Stelle übertragen.

Dritter Titel. Innerer Aufbau der Justizvollzugsanstalten

§ 154[1)] Zusammenarbeit. (1) Alle im Vollzug Tätigen arbeiten zusammen und wirken daran mit, die Aufgaben des Vollzuges zu erfüllen.

(2) [1] Mit den Behörden und Stellen der Entlassenenfürsorge, der Bewährungshilfe, den Aufsichtsstellen für die Führungsaufsicht, den Agenturen für

---

[1)] § 154 Abs. 2 Satz 1 geänd. mWv 1.1.2004 durch G v. 23.12.2003 (BGBl. I S. 2848).

Arbeit, den Trägern der Sozialversicherung und der Sozialhilfe, den Hilfeeinrichtungen anderer Behörden und den Verbänden der freien Wohlfahrtspflege ist eng zusammenzuarbeiten. [2]Die Vollzugsbehörden sollen mit Personen und Vereinen, deren Einfluß die Eingliederung des Gefangenen fördern kann, zusammenarbeiten.

§ 155 Vollzugsbedienstete. (1) [1]Die Aufgaben der Justizvollzugsanstalten werden von Vollzugsbeamten wahrgenommen. [2]Aus besonderen Gründen können sie auch anderen Bediensteten der Justizvollzugsanstalten sowie nebenamtlichen oder vertraglich verpflichteten Personen übertragen werden.

(2) Für jede Anstalt ist entsprechend ihrer Aufgabe die erforderliche Anzahl von Bediensteten der verschiedenen Berufsgruppen, namentlich des allgemeinen Vollzugsdienstes, des Verwaltungsdienstes und des Werkdienstes, sowie von Seelsorgern, Ärzten, Pädagogen, Psychologen und Sozialarbeitern vorzusehen.

§ 156 Anstaltsleitung. (1) [1]Für jede Justizvollzugsanstalt ist ein Beamter des höheren Dienstes zum hauptamtlichen Leiter zu bestellen. [2]Aus besonderen Gründen kann eine Anstalt auch von einem Beamten des gehobenen Dienstes geleitet werden.

(2) [1]Der Anstaltsleiter vertritt die Anstalt nach außen. [2]Er trägt die Verantwortung für den gesamten Vollzug, soweit nicht bestimmte Aufgabenbereiche der Verantwortung anderer Vollzugsbediensteter oder ihrer gemeinsamen Verantwortung übertragen sind.

(3) Die Befugnis, die Durchsuchung nach § 84 Abs. 2, die besonderen Sicherungsmaßnahmen nach § 88 und die Disziplinarmaßnahmen nach § 103 anzuordnen, darf nur mit Zustimmung der Aufsichtsbehörde übertragen werden.

§ 157 Seelsorge. (1) Seelsorger werden im Einvernehmen mit der jeweiligen Religionsgemeinschaft im Hauptamt bestellt oder vertraglich verpflichtet.

(2) Wenn die geringe Zahl der Angehörigen einer Religionsgemeinschaft eine Seelsorge nach Absatz 1 nicht rechtfertigt, ist die seelsorgerische Betreuung auf andere Weise zuzulassen.

(3) Mit Zustimmung des Anstaltsleiters dürfen die Anstaltsseelsorger sich freier Seelsorgehelfer bedienen und für Gottesdienste sowie für andere religiöse Veranstaltungen Seelsorger von außen zuziehen.

§ 158[1)] Ärztliche Versorgung. (1) [1]Die ärztliche Versorgung ist durch hauptamtliche Ärzte sicherzustellen. [2]Sie kann aus besonderen Gründen nebenamtlichen oder vertraglich verpflichteten Ärzten übertragen werden.

(2) [1]Die Pflege der Kranken soll von Personen ausgeübt werden, die eine Erlaubnis nach dem Krankenpflegegesetz oder dem Pflegeberufegesetz besitzen. [2]Solange Personen im Sinne von Satz 1 nicht zur Verfügung stehen, können auch Bedienstete des allgemeinen Vollzugsdienstes eingesetzt werden, die eine sonstige Ausbildung in der Krankenpflege erfahren haben.

[1)] § 158 Abs. 2 Satz 1 geänd. mWv 1.1.2020 durch G v. 17.7.2017 (BGBl. I S. 2581).

§ 159 Konferenzen. Zur Aufstellung und Überprüfung des Vollzugsplanes und zur Vorbereitung wichtiger Entscheidungen im Vollzuge führt der Anstaltsleiter Konferenzen mit an der Behandlung maßgeblich Beteiligten durch.

§ 160 Gefangenenmitverantwortung. Den Gefangenen und Untergebrachten soll ermöglicht werden, an der Verantwortung für Angelegenheiten von gemeinsamem Interesse teilzunehmen, die sich ihrer Eigenart und der Aufgabe der Anstalt nach für ihre Mitwirkung eignen.

§ 161 Hausordnung. (1) [1]Der Anstaltsleiter erläßt eine Hausordnung. [2]Sie bedarf der Zustimmung der Aufsichtsbehörde.

(2) In die Hausordnung sind namentlich die Anordnungen aufzunehmen über

1. die Besuchszeiten, Häufigkeit und Dauer der Besuche,
2. die Arbeitszeit, Freizeit und Ruhezeit sowie
3. die Gelegenheit, Anträge und Beschwerden anzubringen, oder sich an einen Vertreter der Aufsichtsbehörde zu wenden.

(3) Ein Abdruck der Hausordnung ist in jedem Haftraum auszulegen.

Vierter Titel. Anstaltsbeiräte

§ 162 Bildung der Beiräte. (1) Bei den Justizvollzugsanstalten sind Beiräte zu bilden.

(2) Vollzugsbedienstete dürfen nicht Mitglieder der Beiräte sein.

(3) Das Nähere regeln die Länder.

§ 163 Aufgabe der Beiräte. [1]Die Mitglieder des Beirats wirken bei der Gestaltung des Vollzuges und bei der Betreuung der Gefangenen mit. [2]Sie unterstützen den Anstaltsleiter durch Anregungen und Verbesserungsvorschläge und helfen bei der Eingliederung der Gefangenen nach der Entlassung.

§ 164 Befugnisse. (1) [1]Die Mitglieder des Beirats können namentlich Wünsche, Anregungen und Beanstandungen entgegennehmen. [2]Sie können sich über die Unterbringung, Beschäftigung, berufliche Bildung, Verpflegung, ärztliche Versorgung und Behandlung unterrichten sowie die Anstalt und ihre Einrichtungen besichtigen.

(2) [1]Die Mitglieder des Beirats können die Gefangenen und Untergebrachten in ihren Räumen aufsuchen. [2]Aussprache und Schriftwechsel werden nicht *überwacht.*

§ 165 Pflicht zur Verschwiegenheit. [1]Die Mitglieder des Beirats sind verpflichtet, außerhalb ihres Amtes über alle Angelegenheiten, die ihrer Natur nach vertraulich sind, besonders über Namen und Persönlichkeit der Gefangenen und Untergebrachten, Verschwiegenheit zu bewahren. [2]Dies gilt auch nach Beendigung ihres Amtes.

Fünfter Titel. Kriminologische Forschung im Strafvollzug

§ 166[1] **[Kriminologische Forschung im Strafvollzug]** (1) Dem kriminologischen Dienst obliegt es, in Zusammenarbeit mit den Einrichtungen der Forschung den Vollzug, namentlich die Behandlungsmethoden, wissenschaftlich fortzuentwickeln und seine Ergebnisse für Zwecke der Strafrechtspflege nutzbar zu machen.

(2) § 186 Absatz 1 gilt entsprechend.

Fünfter Abschnitt.[2] Vollzug weiterer freiheitsentziehender Maßnahmen in Justizvollzugsanstalten, Datenschutz beim Vollzug von Ordnungs-, Sicherungs-, Zwangs- und Erzwingungshaft, Sozial- und Arbeitslosenversicherung, Schlußvorschriften

Erster Titel. Vollzug des Strafarrestes in Justizvollzugsanstalten

§ 167[3] **Grundsatz.** [1] Für den Vollzug des Strafarrestes in Justizvollzugsanstalten gelten § 119 Absatz 5 und 6 der Strafprozessordnung[4] sowie die Vorschriften über den Vollzug der Freiheitsstrafe (§§ 2 bis 121b) entsprechend, soweit im Folgenden nichts anderes bestimmt ist. [2] § 50 findet nur in den Fällen einer in § 39 erwähnten Beschäftigung Anwendung.

§ 168 Unterbringung, Besuche und Schriftverkehr. (1) [1] Eine gemeinsame Unterbringung während der Arbeit, Freizeit und Ruhezeit (§§ 17 und 18) ist nur mit Einwilligung des Gefangenen zulässig. [2] Dies gilt nicht, wenn Strafarrest in Unterbrechung einer Strafhaft oder einer Unterbringung im Vollzuge einer freiheitsentziehenden Maßregel der Besserung und Sicherung vollzogen wird.

(2) Dem Gefangenen soll gestattet werden, einmal wöchentlich Besuch zu empfangen.

(3) Besuche und Schriftwechsel dürfen nur untersagt oder überwacht werden, wenn dies aus Gründen der Sicherheit oder Ordnung der Anstalt notwendig ist.

§ 169 Kleidung, Wäsche und Bettzeug. Der Gefangene darf eigene Kleidung, Wäsche und eigenes Bettzeug benutzen, wenn Gründe der Sicherheit nicht entgegenstehen und der Gefangene für Reinigung, Instandsetzung und regelmäßigen Wechsel auf eigene Kosten sorgt.

§ 170 Einkauf. Der Gefangene darf Nahrungs- und Genußmittel sowie Mittel zur Körperpflege in angemessenem Umfang durch Vermittlung der Anstalt auf eigene Kosten erwerben.

---

[1] § 166 Abs. 2 angef. durch G v. 26.8.1998 (BGBl. I S. 2461); Abs. 2 neu gef. mWv 26.11.2019 durch G v. 20.11.2019 (BGBl. I S. 1724).

[2] 5. Abschnitt Überschrift neu gef. durch G v. 26.8.1998 (BGBl. I S. 2461); Überschrift geänd. *mWv 26.11.2019 durch G v. 20.11.2019 (BGBl. I S. 1724).*

[3] § 167 neu gef. mWv 17.12.2019 durch G v. 9.12.2019 (BGBl. I S. 2146).

[4] **Schönfelder Nr. 90.**

Zweiter Titel. Vollzug von Ordnungs-, Sicherungs-, Zwangs- und Erzwingungshaft

§ 171[1] **Grundsatz.** Für den Vollzug einer gerichtlich angeordneten Ordnungs-, Sicherungs-, Zwangs- und Erzwingungshaft gelten § 119 Absatz 5 und 6 der Strafprozessordnung[2] sowie die Vorschriften über den Vollzug der Freiheitsstrafe (§§ 3 bis 49 sowie 51 bis 121b) entsprechend, soweit nicht Eigenart und Zweck der Haft entgegenstehen oder im Folgenden etwas anderes bestimmt ist.

§ 171a[3] **Fixierung.** (1) Eine Fesselung, durch die die Bewegungsfreiheit des Gefangenen vollständig aufgehoben wird (Fixierung), ist nur zulässig, soweit und solange eine gegenwärtige erhebliche Gefahr von Gewalttätigkeiten gegen Personen, der Selbsttötung oder der Selbstverletzung besteht und die Fixierung zur Abwehr dieser Gefahr unerlässlich ist.

(2) [1] Eine absehbar kurzfristige Fixierung wird durch die Anstaltsleitung angeordnet. [2] Bei Gefahr im Verzug können auch andere zuständige Bedienstete der Anstalt die Fixierung vorläufig anordnen. [3] Die Entscheidung der Anstaltsleitung ist unverzüglich einzuholen.

(3) [1] Eine nicht nur kurzfristige Fixierung bedarf der vorherigen Anordnung durch das Gericht. [2] Bei Gefahr im Verzug kann die Anordnung der Fixierung durch die Anstaltsleitung oder einen anderen zuständigen Bediensteten der Anstalt getroffen werden. [3] Ein Arzt ist unverzüglich hinzuzuziehen. [4] Die richterliche Entscheidung ist unverzüglich herbeizuführen. [5] Einer richterlichen Entscheidung bedarf es nicht oder nicht mehr, wenn bereits zu Beginn der Fixierung abzusehen ist, dass die Entscheidung erst nach Wegfall des Grundes der Fixierung ergehen wird, oder wenn die Fixierung vor der Herbeiführung der richterlichen Entscheidung tatsächlich beendet und auch keine Wiederholung zu erwarten ist. [6] Ist eine richterliche Entscheidung beantragt und die Fixierung vor deren Erlangung beendet worden, so ist dies dem Gericht unverzüglich mitzuteilen.

(4) [1] Während der Dauer der Fixierung stellt ein Arzt eine angemessene medizinische Überwachung des Gefangenen sicher. [2] Geschulte Vollzugsbedienstete stellen durch ständigen Sicht- und Sprechkontakt die Betreuung des Gefangenen sicher.

(5) Die Anordnung, die maßgeblichen Gründe hierfür, ihre Durchsetzung, ihre Dauer und die Art der Überwachung sind durch die Anstalt zu dokumentieren.

(6) [1] Nach Beendigung einer Fixierung, die nicht gerichtlich angeordnet wurde, ist der Gefangene durch den Arzt auf sein Recht hinzuweisen, die Zulässigkeit der durchgeführten Maßnahme beim zuständigen Gericht überprüfen zu lassen. [2] Der Hinweis ist aktenkundig zu machen.

§ 172 Unterbringung. [1] Eine gemeinsame Unterbringung während der Arbeit, Freizeit und Ruhezeit (§§ 17 und 18) ist nur mit Einwilligung des Gefangenen zulässig. [2] Dies gilt nicht, wenn Ordnungshaft in Unterbrechung

---

[1] § 171 neu gef. mWv 17.12.2019 durch G v. 9.12.2019 (BGBl. I S. 2146).
[2] **Schönfelder Nr. 90.**
[3] § 171a eingef. mWv 28.6.2019 durch G v. 19.6.2019 (BGBl. I S. 840).

einer Strafhaft oder einer Unterbringung im Vollzuge einer freiheitsentziehenden Maßregel der Besserung und Sicherung vollzogen wird.

§ 173 Kleidung, Wäsche und Bettzeug. Der Gefangene darf eigene Kleidung, Wäsche und eigenes Bettzeug benutzen, wenn Gründe der Sicherheit nicht entgegenstehen und der Gefangene für Reinigung, Instandsetzung und regelmäßigen Wechsel auf eigene Kosten sorgt.

§ 174 Einkauf. Der Gefangene darf Nahrungs- und Genußmittel sowie Mittel zur Körperpflege in angemessenem Umfang durch Vermittlung der Anstalt auf eigene Kosten erwerben.

§ 175 Arbeit. Der Gefangene ist zu einer Arbeit, Beschäftigung oder Hilfstätigkeit nicht verpflichtet.

Dritter Titel. Arbeitsentgelt in Jugendstrafanstalten und im Vollzug der Untersuchungshaft

§ 176[1)] Jugendstrafanstalten. (1) [1] Übt ein Gefangener in einer Jugendstrafanstalt eine ihm zugewiesene Arbeit aus, so erhält er unbeschadet der Vorschriften des Jugendarbeitsschutzgesetzes über die Akkord- und Fließarbeit ein nach § 43 Abs. 2 und 3 zu bemessendes Arbeitsentgelt. [2] Übt er eine sonstige zugewiesene Beschäftigung oder Hilfstätigkeit aus, so erhält er ein Arbeitsentgelt nach Satz 1, soweit dies der Art seiner Beschäftigung und seiner Arbeitsleistung entspricht. [3] § 43 Abs. 5 bis 11 gilt entsprechend.

(2)[2)] [1] Arbeitsfähige Gefangene, denen aus Gründen, die nicht in ihrer Person liegen, Arbeit nicht zugewiesen werden kann, erkrankte Gefangene, bei denen die Voraussetzungen des § 45 Abs. 2 vorliegen, und werdende Mütter, die eine Arbeit nicht verrichten, erhalten eine Ausfallentschädigung. [2] Höhe und Dauer der Ausfallentschädigung sind nach § 45 Abs. 3 bis 6 zu bestimmen.

Fassung des Abs. 3 bis zum Erlass eines Bundesgesetzes[3)]:

(3) Wenn ein Gefangener ohne sein Verschulden kein Arbeitsentgelt und keine Ausbildungsbeihilfe erhält, wird ihm ein angemessenes Taschengeld gewährt, falls er bedürftig ist.

Fassung des Abs. 3 ab Erlass eines Bundesgesetzes[2)]:

(3) [1] Gefangene, die wegen Gebrechlichkeit nicht arbeiten oder denen eine Ausfallentschädigung nicht oder nicht mehr gewährt wird, erhalten ein angemessenes Taschengeld, falls sie bedürftig sind. [2] Gleiches gilt für Gefangene, die für eine Beschäftigung oder Hilfstätigkeit nach Absatz 1 Satz 2 kein Arbeitsentgelt erhalten.

(4) Im übrigen gelten § 44 und die §§ 49 bis 52 entsprechend.

§ 177[4)] Untersuchungshaft. [1] Übt der Untersuchungsgefangene eine ihm zugewiesene Arbeit, Beschäftigung oder Hilfstätigkeit aus, so erhält er ein nach § 43 Abs. 2 bis 5 zu bemessendes und bekannt zu gebendes Arbeitsentgelt.

[1)] § 176 Abs. 1 Satz 1 geänd., Satz 3 angef. mWv 1.1.2001 durch G v. 27.12.2000 (BGBl. I S. 2043).

[2)] § 176 Abs. 2 und 3 werden durch besonderes Bundesgesetz in Kraft gesetzt (vgl. § 198 Abs. 3).

[3)] *Fassung gilt gemäß § 199 Abs. 1 bis* zum Inkrafttreten eines besonderen Bundesgesetzes nach § 198 Abs. 3.

[4)] § 177 neu gef. mWv 1.1.2001 durch G v. 27.12.2000 (BGBl. I S. 2043).

[2]Der Bemessung des Arbeitsentgelts ist abweichend von § 200 fünf vom Hundert der Bezugsgröße nach § 18 des Vierten Buches Sozialgesetzbuch zu Grunde zu legen (Eckvergütung). [3]§ 43 Abs. 6 bis 11 findet keine Anwendung. [4]Für junge und heranwachsende Untersuchungsgefangene gilt § 176 Abs. 1 Satz 1 und 2 entsprechend.

Vierter Titel. Unmittelbarer Zwang in Justizvollzugsanstalten

§ 178[1)] [Unmittelbarer Zwang in Justizvollzugsanstalten] (1) Die §§ 94 bis 101 über den unmittelbaren Zwang gelten nach Maßgabe der folgenden Absätze auch für Justizvollzugsbedienstete außerhalb des Anwendungsbereichs des Strafvollzugsgesetzes (§ 1).

(2) [1]Beim Vollzug des Jugendarrestes, des Strafarrestes sowie der Ordnungs-, Sicherungs-, Zwangs- und Erzwingungshaft dürfen zur Vereitelung einer Flucht oder zur Wiederergreifung (§ 100 Abs. 1 Nr. 3) keine Schußwaffen gebraucht werden. [2]Dies gilt nicht, wenn Strafarrest oder Ordnungs-, Sicherungs-, Zwangs- oder Erzwingungshaft in Unterbrechung einer Untersuchungshaft, einer Strafhaft oder einer Unterbringung im Vollzuge einer freiheitsentziehenden Maßregel der Besserung und Sicherung vollzogen wird.

(3) Das Landesrecht kann, namentlich beim Vollzug der Jugendstrafe, weitere Einschränkungen des Rechtes zum Schußwaffengebrauch vorsehen.

Fünfter Titel.[2)] Datenschutz beim Vollzug von Ordnungs-, Sicherungs-, Zwangs- und Erzwingungshaft

§ 179[3)] Datenerhebung. (1) Die Vollzugsbehörde darf personenbezogene Daten erheben, soweit deren Kenntnis für den ihr nach diesem Gesetz aufgegebenen Vollzug der Haft nach § 171 erforderlich ist.

(2) [1]Personenbezogene Daten sind bei der betroffenen Person zu erheben. [2]Ohne ihre Mitwirkung dürfen sie nur erhoben werden,

1. wenn eine Rechtsvorschrift dies vorsieht oder zwingend voraussetzt oder
2. wenn
   a) die zu erfüllende Aufgabe ihrer Art nach eine Erhebung bei anderen Personen oder Stellen erforderlich macht oder
   b) die Erhebung bei der betroffenen Person einen unverhältnismäßigen Aufwand erfordern würde

   und keine Anhaltspunkte dafür bestehen, dass überwiegende schutzwürdige Interessen der betroffenen Person beeinträchtigt werden.

(2a) [1]Werden personenbezogene Daten bei der betroffenen Person auf Grund einer Rechtsvorschrift erhoben, die zur Auskunft verpflichtet, oder ist die Erteilung der Auskunft Voraussetzung für die Gewährung von Rechtsvorteilen, so ist die betroffene Person hierauf, sonst auf die Freiwilligkeit ihrer Angaben hinzuweisen. [2]Soweit nach den Umständen des Einzelfalls erforder-

---

1) § 178 Abs. 2 aufgeh., bish. Abs. 3 und 4 werden Abs. 2 und 3 mWv 1.1.2010 durch G v. 29.7. 2009 (BGBl. I S. 2274).

2) 5. Titel (§§ 179–187) eingef. durch G v. 26.8.1998 (BGBl. I S. 2461); Überschrift neu gef. mWv 26.11.2019 durch G v. 20.11.2019 (BGBl. I S. 1724).

3) § 179 eingef. durch G v. 26.8.1998 (BGBl. I S. 2461); Abs. 2 Satz 2 geänd. mWv 23.5.2001 durch G v. 18.5.2001 (BGBl. I S. 904); Abs. 1 geänd., Abs. 2 und 4 neu gef., Abs. 2a eingef., Abs. 3 geänd. mWv 26.11.2019 durch G v. 20.11.2019 (BGBl. I S. 1724).

lich oder auf Verlangen, ist sie über die Rechtsvorschrift und über die Folgen der Verweigerung von Angaben aufzuklären. [3] Werden personenbezogene Daten statt bei der betroffenen Person bei einer nicht-öffentlichen Stelle erhoben, so ist die Stelle auf die Rechtsvorschrift, die zur Auskunft verpflichtet, sonst auf die Freiwilligkeit ihrer Angaben hinzuweisen.

(3) Daten über Personen, die nicht Gefangene sind, dürfen ohne ihre Mitwirkung bei Personen oder Stellen außerhalb der Vollzugsbehörde nur erhoben werden, wenn sie für die Sicherheit der Anstalt oder die Sicherung des Vollzuges der Haft nach § 171 unerläßlich sind und die Art der Erhebung schutzwürdige Interessen der betroffenen Personen nicht beeinträchtigt.

(4) Die Rechte und Pflichten nach den Artikeln 13 und 14 der Verordnung (EU) 2016/679[1)] des Europäischen Parlaments und des Rates vom 27. April 2016 zum Schutz natürlicher Personen bei der Verarbeitung personenbezogener Daten, zum freien Datenverkehr und zur Aufhebung der Richtlinie 95/46/EG (Datenschutz-Grundverordnung) (ABl. L 119 vom 4.5.2016, S. 1; L 314 vom 22.11.2016, S. 72; L 127 vom 23.5.2018, S. 2) bestehen ergänzend zu den in diesen Vorschriften genannten Ausnahmen nicht, wenn

1. bei der Erhebung personenbezogener Daten ohne Kenntnis der betroffenen Person andernfalls der Vollzug der Haft nach § 171 gefährdet wird oder
2. bei der Erhebung der Daten bei anderen Personen oder Stellen die Daten nach einer Rechtsvorschrift oder ihrem Wesen nach, namentlich wegen des überwiegenden berechtigten Interesses eines Dritten, geheim gehalten werden müssen.

§ 180[2)] Verarbeitung. (1) [1] Die Vollzugsbehörde darf personenbezogene Daten verarbeiten, soweit dies für den ihr nach diesem Gesetz aufgegebenen Vollzug der Haft nach § 171 erforderlich ist. [2] Die Vollzugsbehörde kann einen Gefangenen verpflichten, einen Lichtbildausweis mit sich zu führen, wenn dies aus Gründen der Sicherheit oder Ordnung der Anstalt erforderlich ist.

(2) Für die Verarbeitung personenbezogener Daten zu einem anderen Zweck als zu demjenigen, zu dem die Daten erhoben wurden, findet § 23 des Bundesdatenschutzgesetzes[3)] Anwendung.

(3) [1] Über die in Absatz 1 und § 23 des Bundesdatenschutzgesetzes genannten Zwecke hinaus dürfen zuständigen öffentlichen Stellen personenbezogene Daten übermittelt werden, soweit dies für folgende Zwecke erforderlich ist:

1. gesetzlich angeordnete Statistiken der Rechtspflege,
2. Entscheidungen über Leistungen, die mit der Aufnahme in einer Justizvollzugsanstalt entfallen oder sich mindern,
3. die Einleitung von Hilfsmaßnahmen für Angehörige (§ 11 Absatz 1 Nummer 1 des Strafgesetzbuches[4)]) des Gefangenen,

---

[1)] **Sartorius Nr. 246.**

[2)] § 180 eingef. durch G v. 26.8.1998 (BGBl. I S. 2461); Abs. 4 Satz 1 Nr. 6 und 7 geänd., Nr. 8 angef. mWv 11.10.2002 durch G v. 5.10.2002 (BGBl. I S. 3954); Überschrift, Abs. 1 Satz 1 geänd., Abs. 2 neu gef., Abs. 3 aufgeh., bish. Abs. 4–11 werden Abs. 3–10, neuer Abs. 3 Satz 1 neu gef., neuer Abs. 4 Satz 2 aufgeh., bish. Sätze 3 und 4 werden Sätze 2 und 3, neuer Abs. 5 Satz 1 geänd., neue Abs. 6 und 7 neu gef., neuer Abs. 8 geänd., neuer Abs. 10 Satz 3 geänd., Abs. 11 angef. mWv 26.11. *2019 durch G v. 20.11.2019 (BGBl. I S. 1724).*

[3)] **Sartorius Nr. 245.**

[4)] **Schönfelder Nr. 85.**

4. dienstliche Maßnahmen der Bundeswehr im Zusammenhang mit der Aufnahme und Entlassung von Soldaten,
5. ausländerrechtliche Maßnahmen oder
6. die Durchführung der Besteuerung.

[2] Eine Übermittlung für andere Zwecke ist auch zulässig, soweit eine andere gesetzliche Vorschrift dies vorsieht und sich dabei ausdrücklich auf personenbezogene Daten über Gefangene bezieht.

(4) [1] Öffentlichen und nicht-öffentlichen Stellen darf die Vollzugsbehörde auf schriftlichen Antrag mitteilen, ob sich eine Person in Haft befindet sowie ob und wann ihre Entlassung voraussichtlich innerhalb eines Jahres bevorsteht, soweit

1. die Mitteilung zur Erfüllung der in der Zuständigkeit der öffentlichen Stelle liegenden Aufgaben erforderlich ist oder
2. von nicht-öffentlichen Stellen ein berechtigtes Interesse an dieser Mitteilung glaubhaft dargelegt wird und der Gefangene kein schutzwürdiges Interesse an dem Ausschluß der Übermittlung hat.

[2] Der Gefangene wird vor der Mitteilung gehört, es sei denn, es ist zu besorgen, daß dadurch die Verfolgung des Interesses des Antragstellers vereitelt oder wesentlich erschwert werden würde, und eine Abwägung ergibt, daß dieses Interesse des Antragstellers das Interesse des Gefangenen an seiner vorherigen Anhörung überwiegt. [3] Ist die Anhörung unterblieben, wird der betroffene Gefangene über die Mitteilung der Vollzugsbehörde nachträglich unterrichtet.

(5) [1] Akten mit personenbezogenen Daten dürfen nur anderen Vollzugsbehörden, den zur Dienst- oder Fachaufsicht oder zu dienstlichen Weisungen befugten Stellen sowie den für Haftentscheidungen zuständigen Gerichten sowie den Strafvollstreckungs- und Strafverfolgungsbehörden überlassen werden; die Überlassung an andere öffentliche Stellen ist zulässig, soweit die Erteilung einer Auskunft einen unvertretbaren Aufwand erfordert oder nach Darlegung der Akteneinsicht begehrenden Stellen für die Erfüllung der Aufgabe nicht ausreicht. [2] Entsprechendes gilt für die Überlassung von Akten an die von der Vollzugsbehörde mit Gutachten beauftragten Stellen.

(6) Sind mit personenbezogenen Daten, die nach den Absätzen 1 bis 3 übermittelt werden dürfen, weitere personenbezogene Daten der betroffenen Person oder eines Dritten in Akten so verbunden, dass eine Trennung nicht oder nur mit unvertretbarem Aufwand möglich ist, so ist die Übermittlung auch dieser Daten zulässig, soweit nicht berechtigte Interessen der betroffenen Person oder eines Dritten an deren Geheimhaltung offensichtlich überwiegen; eine Verarbeitung dieser Daten durch den Empfänger ist unzulässig.

(7) Personenbezogene Daten, die bei der Überwachung der Besuche oder *des Schriftwechsels sowie* bei der Überwachung des Inhaltes von Paketen bekanntgeworden sind, dürfen nur für die in § 23 Absatz 1 Nummer 3 bis 5 des Bundesdatenschutzgesetzes aufgeführten Zwecke, für das gerichtliche Verfahren nach den §§ 109 bis 121 oder zur Wahrung der Sicherheit oder Ordnung der Anstalt verarbeitet werden.

(8) Personenbezogene Daten, die gemäß § 179 Abs. 3 über Personen, die nicht Gefangene sind, erhoben worden sind, dürfen nur zur Erfüllung des Erhebungszweckes, für die in § 23 Absatz 1 Nummer 3 und 5 des Bundes-

datenschutzgesetzes geregelten Zwecke oder zur Verhinderung oder Verfolgung von Straftaten von erheblicher Bedeutung verarbeitet werden.

(9) Die Übermittlung von personenbezogenen Daten unterbleibt, soweit die in § 182 Abs. 2, § 184 Abs. 2 und 4 geregelten Einschränkungen oder besondere gesetzliche Verwendungsregelungen entgegenstehen.

(10) [1] Die Verantwortung für die Zulässigkeit der Übermittlung trägt die Vollzugsbehörde. [2] Erfolgt die Übermittlung auf Ersuchen einer öffentlichen Stelle, trägt diese die Verantwortung. [3] In diesem Fall prüft die Vollzugsbehörde nur, ob das Übermittlungsersuchen im Rahmen der Aufgaben des Empfängers liegt und die Absätze 7 bis 9 der Übermittlung nicht entgegenstehen, es sei denn, daß besonderer Anlaß zur Prüfung der Zulässigkeit der Übermittlung besteht.

(11) Die Unterrichtungspflicht nach Artikel 19 Satz 2 der Verordnung (EU) 2016/679[1)] besteht nicht, soweit durch eine solche Unterrichtung der Zweck der Übermittlung der Daten gefährdet würde.

§ 181[2)] Zweckbindung bei Übermittlungen. (1) [1] Von der Vollzugsbehörde an eine öffentliche Stelle übermittelte personenbezogene Daten dürfen nur zu dem Zweck verarbeitet werden, zu dessen Erfüllung sie übermittelt worden sind. [2] Der Empfänger darf die Daten für andere Zwecke nur verarbeiten, soweit sie ihm auch für diese Zwecke hätten übermittelt werden dürfen.

(2) [1] Die Übermittlung an eine nicht-öffentliche Stelle ist nur zulässig, wenn diese sich gegenüber der übermittelnden Vollzugsbehörde verpflichtet hat, die Daten nur für den Zweck zu verarbeiten, zu dessen Erfüllung sie ihr übermittelt werden. [2] Eine Verarbeitung dieser Daten für andere Zwecke ist zulässig, wenn die Daten auch für diese Zwecke hätten übermittelt werden dürfen und die übermittelnde Vollzugsbehörde zugestimmt hat.

§ 182[3)] Schutz besonderer Kategorien personenbezogener Daten.

(1) [1] Das religiöse oder weltanschauliche Bekenntnis eines Gefangenen und personenbezogene Daten, die anläßlich ärztlicher Untersuchungen erhoben worden sind, dürfen in der Anstalt nicht allgemein kenntlich gemacht werden. [2] Andere personenbezogene Daten über den Gefangenen dürfen innerhalb der Anstalt allgemein kenntlich gemacht werden, soweit dies für ein geordnetes Zusammenleben in der Anstalt erforderlich ist; § 180 Absatz 7 bis 9 bleibt unberührt.

(2) [1] Personenbezogene Daten, die den in § 203 Absatz 1 Nummer 1, 2 und 6 des Strafgesetzbuchs[4)] genannten Personen von einem Gefangenen als Geheimnis anvertraut oder über einen Gefangenen sonst bekanntgeworden sind, unterliegen auch gegenüber der Vollzugsbehörde der Schweigepflicht. [2] Die in § 203 Absatz 1 Nummer 1, 2 und 6 des Strafgesetzbuchs genannten Personen haben sich gegenüber dem Anstaltsleiter zu offenbaren, soweit dies für die

---

1) **Sartorius Nr. 246.**

2) § 181 neu gef. mWv 26.11.2019 durch G v. 20.11.2019 (BGBl. I S. 1724).

3) § 182 eingef. durch G v. 26.8.1998 (BGBl. I S. 2461); Abs. 2 Sätze 1 und 2, Abs. 3 Satz 1 geänd. mWv 9.11.2017 durch G v. 30.10.2017 (BGBl. I S. 3618); Überschrift neu gef., Abs. 1 Satz 2, Abs. 3 Satz 1 geänd. mWv 26.11.2019 durch G v. 20.11.2019 (BGBl. I S. 1724).

4) **Schönfelder Nr. 85.**

Aufgabenerfüllung der Vollzugsbehörde oder zur Abwehr von erheblichen Gefahren für Leib oder Leben des Gefangenen oder Dritter erforderlich ist. [3] Der Arzt ist zur Offenbarung ihm im Rahmen der allgemeinen Gesundheitsfürsorge bekanntgewordener Geheimnisse befugt, soweit dies für die Aufgabenerfüllung der Vollzugsbehörde unerläßlich oder zur Abwehr von erheblichen Gefahren für Leib oder Leben des Gefangenen oder Dritter erforderlich ist. [4] Sonstige Offenbarungsbefugnisse bleiben unberührt. [5] Der Gefangene ist vor der Erhebung über die nach den Sätzen 2 und 3 bestehenden Offenbarungsbefugnisse zu unterrichten.

(3) [1] Die nach Absatz 2 offenbarten Daten dürfen nur für den Zweck, für den sie offenbart wurden oder für den eine Offenbarung zulässig gewesen wäre, und nur unter denselben Voraussetzungen verarbeitet werden, unter denen eine in § 203 Absatz 1 Nummer 1, 2 und 6 des Strafgesetzbuchs genannte Person selbst hierzu befugt wäre. [2] Der Anstaltsleiter kann unter diesen Voraussetzungen die unmittelbare Offenbarung gegenüber bestimmten Anstaltsbediensteten allgemein zulassen.

(4) Sofern Ärzte oder Psychologen außerhalb des Vollzuges mit der Untersuchung oder Behandlung eines Gefangenen beauftragt werden, gilt Absatz 2 mit der Maßgabe entsprechend, daß der beauftragte Arzt oder Psychologe auch zur Unterrichtung des Anstaltsarztes oder des in der Anstalt mit der Behandlung des Gefangenen betrauten Psychologen befugt sind.

§ 183[1)] Schutz der Daten in Akten und Dateisystemen. (1) Der einzelne Vollzugsbedienstete darf sich von personenbezogenen Daten nur Kenntnis verschaffen, soweit dies zur Erfüllung der ihm obliegenden Aufgabe oder für die Zusammenarbeit nach § 154 Abs. 1 erforderlich ist.

(2) [1] Akten und Dateisysteme mit personenbezogenen Daten sind nach den Artikeln 24, 25 und 32 der Verordnung (EU) 2016/679[2)] durch die erforderlichen technischen und organisatorischen Maßnahmen gegen unbefugten Zugang und unbefugten Gebrauch zu schützen. [2] Gesundheitsakten und Krankenblätter sind getrennt von anderen Unterlagen zu führen und besonders zu sichern.

§ 184[3)] Berichtigung, Löschung und Einschränkung der Verarbeitung. (1) [1] Die in Dateisystemen gespeicherten personenbezogenen Daten sind spätestens zwei Jahre nach der Entlassung des Gefangenen oder der Verlegung des Gefangenen in eine andere Anstalt zu löschen. [2] Hiervon können bis zum Ablauf der Aufbewahrungsfrist für die Gefangenenpersonalakte die Angaben über Familienname, Vorname, Geburtsname, Geburtstag, Geburtsort, Eintritts- und Austrittsdatum des Gefangenen ausgenommen werden, soweit dies für das Auffinden der Gefangenenpersonalakte erforderlich ist.

(2) [1] Personenbezogene Daten in Akten dürfen nach Ablauf von zwei Jahren seit der Entlassung des Gefangenen nur verarbeitet werden, soweit dies

---

[1)] § 183 eingef. durch G v. 26.8.1998 (BGBl. I S. 2461); Überschrift, Abs. 2 Satz 1 geänd., Satz 3 aufgeh. mWv 26.11.2019 durch G v. 20.11.2019 (BGBl. I S. 1724).

[2)] **Sartorius Nr. 246.**

[3)] § 184 eingef. durch G v. 26.8.1998 (BGBl. I S. 2461); Abs. 5 geänd. mWv 23.5.2001 durch G v. 18.5.2001 (BGBl. I S. 904); Überschrift, Abs. 1 Satz 1, Abs. 2 Satz 1 einl. Satzteil, Nr. 2 und 4, Satz 2, Abs. 3 Satz 1, Abs. 4 geänd., Abs. 5 aufgeh. mWv 26.11.2019 durch G v. 20.11.2019 (BGBl. I S. 1724).

1. zur Verfolgung von Straftaten,
2. für die Durchführung wissenschaftlicher Forschungsvorhaben gemäß § 186 Absatz 1,
3. zur Behebung einer bestehenden Beweisnot,
4. zur Feststellung, Durchsetzung oder Abwehr von Rechtsansprüchen im Zusammenhang mit dem Vollzug einer Haft nach § 171

unerläßlich ist. [2] Diese Verwendungsbeschränkungen enden, wenn der Gefangene erneut zum Vollzug einer Haft nach § 171 aufgenommen wird oder die betroffene Person eingewilligt hat.

(3) [1] Bei der Aufbewahrung von Akten mit nach Absatz 2 der eingeschränkten Verarbeitung unterliegenden Daten dürfen folgende Fristen nicht überschritten werden:

Gefangenenpersonalakten, Gesundheitsakten und Krankenblätter	20 Jahre,
Gefangenenbücher	30 Jahre.

[2] Dies gilt nicht, wenn aufgrund bestimmter Tatsachen anzunehmen ist, daß die Aufbewahrung für die in Absatz 2 Satz 1 genannten Zwecke weiterhin erforderlich ist. [3] Die Aufbewahrungsfrist beginnt mit dem auf das Jahr der aktenmäßigen Weglegung folgenden Kalenderjahr. [4] Die archivrechtlichen Vorschriften des Bundes und der Länder bleiben unberührt.

(4) Wird festgestellt, daß unrichtige Daten übermittelt worden sind, ist dies dem Empfänger mitzuteilen, wenn dies zur Wahrung schutzwürdiger Interessen der betroffenen Person erforderlich ist.

§ 185[1] Auskunft an die betroffene Person, Akteneinsicht. [1] Das Recht auf Auskunft der betroffenen Person gemäß Artikel 15 der Verordnung (EU) 2016/679[2] besteht nicht, soweit die Voraussetzungen einer Ausnahme nach § 34 Absatz 1 des Bundesdatenschutzgesetzes[3] vorliegen. [2] Steht der betroffenen Person ein Recht auf Auskunft zu, erhält sie Akteneinsicht, soweit eine Auskunft für die Wahrnehmung ihrer rechtlichen Interessen nicht ausreicht und sie hierfür auf die Einsichtnahme angewiesen ist. [3] An die Stelle der oder des Bundesbeauftragten in § 34 Absatz 3 des Bundesdatenschutzgesetzes tritt die oder der Landesbeauftragte für den Datenschutz, an die Stelle der obersten Bundesbehörde tritt die entsprechende Landesbehörde.

§ 186[4] Auskunft und Akteneinsicht für wissenschaftliche Zwecke und zur Wahrnehmung der Aufgaben des Europäischen Ausschusses zur Verhütung von Folter und unmenschlicher oder erniedrigender Behandlung oder Strafe. (1) Für die Auskunft und Akteneinsicht für wissenschaftliche Zwecke gilt § 476 der Strafprozessordnung entsprechend.

---

[1] § 185 eingef. durch G v. 26.8.1998 (BGBl. I S. 2461); Überschrift geänd., Satz 1 neu gef., Satz 2 eingef., bish. Satz 2 wird Satz 3 und geänd. mWv 26.11.2019 durch G v. 20.11.2019 (BGBl. I S. 1724).

[2] **Sartorius Nr. 246.**

[3] ***Sartorius Nr. 245.***

[4] § 186 neu gef. mWv 1.11.2000 durch G v. 2.8.2000 (BGBl. I S. 1253); Überschrift geänd., Abs. 2 angef. mWv 26.11.2019 durch G v. 20.11.2019 (BGBl. I S. 1724).

(2) Den Mitgliedern einer Delegation des Europäischen Ausschusses zur Verhütung von Folter und unmenschlicher oder erniedrigender Behandlung oder Strafe wird während des Besuchs in der Anstalt Einsicht in die Gefangenenpersonalakten, Gesundheitsakten und Krankenblätter gewährt oder Auskunft aus diesen Akten erteilt, soweit dies zur Wahrnehmung der Aufgaben des Ausschusses unbedingt erforderlich ist.

§ 187[1] *(aufgehoben)*

Sechster Titel.[2] Anpassung des Bundesrechts

§ 188[3] *(aufgehoben)*

§ 189 *(nicht wiedergegebene Änderungsvorschrift)*

Siebter Titel.[4] Sozial- und Arbeitslosenversicherung

§§ 190–193 *(nicht wiedergegebene Änderungsvorschrift)*

§ 194[5] *(aufgehoben)*

§ 195[6] **Einbehaltung von Beitragsteilen.** Soweit die Vollzugsbehörde Beiträge zur Kranken- und Rentenversicherung sowie zur Bundesagentur für Arbeit zu entrichten hat, kann sie von dem Arbeitsentgelt, der Ausbildungsbeihilfe oder der Ausfallentschädigung einen Betrag einbehalten, der dem Anteil des Gefangenen am Beitrag entsprechen würde, wenn er diese Bezüge als Arbeitnehmer erhielte.

Achter Titel.[7] Einschränkung von Grundrechten. Inkrafttreten

§ 196 Einschränkung von Grundrechten. Durch dieses Gesetz werden die Grundrechte aus Artikel 2 Abs. 2 Satz 1 und 2 (körperliche Unversehrtheit und Freiheit der Person) und Artikel 10 Abs. 1 (Brief-, Post- und Fernmeldegeheimnis) des Grundgesetzes eingeschränkt.

§ 197[8] *(aufgehoben)*

§ 198[9] **Inkrafttreten.** (1) Dieses Gesetz tritt unbeschadet der §§ 199 und 201 am 1. Januar 1977 in Kraft, soweit die Absätze 2 und 3 nichts anderes bestimmen.

---

[1] § 187 aufgeh. mWv 26.11.2019 durch G v. 20.11.2019 (BGBl. I S. 1724).
[2] *Bish. 5. Titel wird 6. Titel, bish.* §§ 179–187 aufgeh. durch G v. 26.8.1998 (BGBl. I S. 2461).
[3] § 188 aufgeh. durch G v. 26.8.1998 (BGBl. I S. 2461).
[4] Bish. 6. Titel wird 7. Titel durch G v. 26.8.1998 (BGBl. I S. 2461).
[5] § 194 aufgeh. durch G v. 26.8.1998 (BGBl. I S. 2461).
[6] § 195 geänd. mWv 1.1.2004 durch G v. 23.12.2003 (BGBl. I S. 2848).
[7] Bish. 7. Titel wird 8. Titel durch G v. 26.8.1998 (BGBl. I S. 2461).
[8] § 197 aufgeh. durch G v. 26.8.1998 (BGBl. I S. 2461).
[9] § 198 Abs. 2 Nr. 2 und 3 aufgeh., Abs. 3 geänd. sowie Abs. 4 angef. durch G v. 22.12.1981 (BGBl. I S. 1523); Abs. 3 und 4 geänd. durch G v. 20.12.1984 (BGBl. I S. 1654); Abs. 3 geänd. durch G v. 20.12.1988 (BGBl. I S. 2477); Abs. 3, 4 geänd. durch G v. 26.8.1998 (BGBl. I S. 2461).

(2) 1. Am 1. Januar 1980 treten folgende Vorschriften in Kraft:

§ 37	– Arbeitszuweisung –
§ 39 Abs. 1	– Freies Beschäftigungsverhältnis –
§ 41 Abs. 2	– Zustimmungsbedürftigkeit bei weiterbildenden Maßnahmen –
§ 42	– Freistellung von der Arbeitspflicht –
§ 149 Abs. 1	– Arbeitsbetriebe, Einrichtungen zur beruflichen Bildung –
§ 162 Abs. 1	– Beiräte –.

2., 3. *(aufgehoben)*

(3) Durch besonderes Bundesgesetz werden die folgenden Vorschriften an inzwischen vorgenommene Gesetzesänderungen angepaßt und in Kraft gesetzt:

§ 41 Abs. 3	– Zustimmungsbedürftigkeit bei Beschäftigung in Unternehmerbetrieben –
§ 45	– Ausfallentschädigung –
§ 46	– Taschengeld –
§ 47	– Hausgeld –
§ 49	– Unterhaltsbeitrag –
§ 50	– Haftkostenbeitrag –
§ 65 Abs. 2 Satz 2	– Krankenversicherungsleistungen bei Krankenhausaufenthalt –
§ 93 Abs. 2	– Inanspruchnahme des Hausgeldes –
§ 176 Abs. 2 und 3	– Ausfallentschädigung und Taschengeld im Jugendstrafvollzug –
§ 189	– Verordnung über Kosten –
§ 190 Nr. 1 bis 10 und 13 bis 18, §§ 191 bis 193	– Sozialversicherung –.

(4) Über das Inkrafttreten des § 41 Abs. 3 – Zustimmungsbedürftigkeit bei Beschäftigung in Unternehmerbetrieben – wird zum 31. Dezember 1983 und über die Fortgeltung des § 201 Nr. 1 – Unterbringung im offenen Vollzug – wird zum 31. Dezember 1985 befunden.

§ 199[1] Übergangsfassungen. (1) Bis zum Inkrafttreten des besonderen Bundesgesetzes nach § 198 Abs. 3 gilt folgendes:

1. § 46 – Taschengeld – erhält folgende Fassung:
   „Wenn ein Gefangener ohne sein Verschulden kein Arbeitsentgelt und keine Ausbildungsbeihilfe erhält, wird ihm ein angemessenes Taschengeld gewährt, falls er bedürftig ist."

---

[1] § 199 Abs. 2 Nr. 6 aufgeh. durch G v. 18.12.1989 (BGBl. I S. 2261); Abs. 2 Nr. 3 neu gef. durch EVertr v. 31.8.1990 (BGBl. II S. 889); Abs. 3 angef. durch G v. 26.1.1998 (BGBl. I S. 160); Abs. 1 *aufgeh., bish. Abs. 2 wird Abs. 1 und geänd.*, bish. Abs. 3 wird Abs. 2 durch G v. 26.8.1998 (BGBl. I S. 2461, ber. 1999 I S. 1096); Abs. 1 Nr. 2 und 4 geänd. mWv 1.1.2001 durch G v. 27.12.2000 (BGBl. I S. 2043); Abs. 1 Nr. 3 aufgeh. mWv 15.12.2001 durch G v. 10.12.2001 (BGBl. I S. 3422).

2. § 47 – Hausgeld – erhält folgende Fassung:
„(1) Der Gefangene darf von seinen in diesem Gesetz geregelten Bezügen drei Siebtel monatlich (Hausgeld) und das Taschengeld (§ 46) für den Einkauf (§ 22 Abs. 1) oder anderweitig verwenden.
(2) Für Gefangene, die in einem freien Beschäftigungsverhältnis stehen (§ 39 Abs. 1) oder denen gestattet ist, sich selbst zu beschäftigen (§ 39 Abs. 2), wird aus ihren Bezügen ein angemessenes Hausgeld festgesetzt."
3. *(aufgehoben)*
4. § 93 Abs. 2 – Inanspruchnahme des Haushaltsgeldes – erhält folgende Fassung:
„(2) Bei der Geltendmachung dieser Forderungen kann auch ein den dreifachen Tagessatz der Eckvergütung nach § 43 Abs. 2 übersteigender Teil des Hausgeldes (§ 47) in Anspruch genommen werden."
5. § 176 Abs. 3 – Taschengeld im Jugendstrafvollzug – erhält folgende Fassung:
„(3) Wenn ein Gefangener ohne sein Verschulden kein Arbeitsentgelt und keine Ausbildungshilfe erhält, wird ihm ein angemessenes Taschengeld gewährt, falls er bedürftig ist."

(2) Bis zum 31. Dezember 2002 gilt § 9 Abs. 1 Satz 1 in der folgenden Fassung:
„Ein Gefangener soll in eine sozialtherapeutische Anstalt verlegt werden, wenn er wegen einer Straftat nach den §§ 174 bis 180 oder 182 des Strafgesetzbuches zu zeitiger Freiheitsstrafe von mehr als zwei Jahren verurteilt worden ist und die Behandlung in einer sozialtherapeutischen Anstalt nach § 6 Abs. 2 Satz 2 oder § 7 Abs. 4 angezeigt ist."

§ 200[1)] Höhe des Arbeitsentgelts. Der Bemessung des Arbeitsentgelts nach § 43 sind 9 vom Hundert der Bezugsgröße nach § 18 des Vierten Buches Sozialgesetzbuch zu Grunde zu legen.

§ 201[2)] Übergangsbestimmungen für bestehende Anstalten. Für Anstalten, mit deren Errichtung vor Inkrafttreten dieses Gesetzes begonnen wurde, gilt folgendes:
1. Abweichend von § 10 dürfen Gefangene ausschließlich im geschlossenen Vollzug untergebracht werden, solange die räumlichen, personellen und organisatorischen Anstaltsverhältnisse dies erfordern.
2. Abweichend von § 17 kann die gemeinschaftliche Unterbringung während der Arbeitszeit und Freizeit auch eingeschränkt werden, wenn und solange die räumlichen, personellen und organisatorischen Verhältnisse der Anstalt dies erfordern; die gemeinschaftliche Unterbringung während der Arbeitszeit jedoch nur bis zum Ablauf des 31. Dezember 1988.
3. [1] Abweichend von § 18 dürfen Gefangene während der Ruhezeit auch gemeinsam untergebracht werden, solange die räumlichen Verhältnisse der Anstalt dies erfordern. [2] Eine gemeinschaftliche Unterbringung von mehr als acht Personen ist nur bis zum Ablauf des 31. Dezember 1985 zulässig.

[1)] § 200 neu gef. durch G v. 27.12.2000 (BGBL. I S. 2043).
[2)] § 201 Nr. 1 geänd. durch G v. 22.12.1981 (BGBl. I S. 1523).

4. Abweichend von § 143 Abs. 1 und 2 sollen Justizvollzugsanstalten so gestaltet und gegliedert werden, daß eine auf die Bedürfnisse des einzelnen abgestellte Behandlung gewährleistet ist und daß die Gefangenen in überschaubaren Betreuungs- und Behandlungsgruppen zusammengefaßt werden können.
5. Abweichend von § 145 kann die Belegungsfähigkeit einer Anstalt nach Maßgabe der Nummern 2 und 3 festgesetzt werden.

§ 202[1)] Freiheitsstrafe und Jugendhaft der Deutschen Demokratischen Republik. (1) Für den Vollzug der nach dem Strafgesetzbuch der Deutschen Demokratischen Republik gegen Jugendliche und Heranwachsende erkannten Freiheitsstrafe gelten die Vorschriften für den Vollzug der Jugendstrafe, für den Vollzug der Jugendhaft die Vorschriften über den Vollzug des Jugendarrestes.

(2) Im übrigen gelten für den Vollzug der nach dem Strafgesetzbuch der Deutschen Demokratischen Republik rechtskräftig erkannten Freiheitsstrafe und der Haftstrafe die Vorschriften des Strafvollzugsgesetzes über den Vollzug der Freiheitsstrafe.

[1)] § 202 angef. durch EVertr v. 31.8.1990 (BGBl. II S. 889, 956).

91a. Untersuchungshaftvollzugsordnung (UVollzO)

Vom 12. Februar 1953[1) 2)]

Erster Teil. Untersuchungshaft

Erster Abschnitt. Allgemeines

Erstes Kapitel

1 Grundsätze. (1) Die Untersuchungshaft dient dem Zweck, durch sichere Verwahrung des Beschuldigten die Durchführung eines geordneten Strafverfahrens zu gewährleisten oder der Gefahr weiterer Straftaten zu begegnen.

(2) Dem Gefangenen dürfen nur solche Beschränkungen auferlegt werden, die der Zweck der Untersuchungshaft oder die Ordnung in der Vollzugsanstalt erfordert (§ 119 Abs. 3 StPO[3)]).

(3) [1]Die Persönlichkeit des Gefangenen ist zu achten und sein Ehrgefühl zu schonen. [2]Im Umgang mit ihm muß selbst der Anschein vermieden werden, als

---

1) Neufassung ab 1. Januar 1977 mit späteren Änderungen und Ergänzungen.

2) Nach der Neuregelung der Art. 72 ff. GG (Nr. 1) durch das FöderalismusreformG v. 28.8.2006 (BGBl. I S. 2034) fällt der Strafvollzug einschließlich des Untersuchungshaftvollzugs in die Gesetzgebungskompetenz der Länder (Art. 74 Abs. 1 Nr. 1 iVm Art. 70 Abs. 1 GG).

Die UVollzO gilt gem. Art. 125a Abs. 1 GG seit dem 1.9.2006 als Bundesrecht fort, kann aber durch Landesrecht ersetzt werden. Der Bundesgesetzgeber besitzt nach dem 31.8.2006 für Änderungen der UVollzO keine Gesetzgebungskompetenz mehr.

Bisher haben die Länder auf dem Gebiet des Untersuchungshaftvollzugs ua folgende Vorschriften erlassen:
- **Baden-Württemberg:** Justizvollzugsgesetzbuch v. 10.11.2009 (GBl. S. 545), zuletzt geänd. durch G v. 17.12.2020 (GBl. 2021 S. 1)
- **Bayern:** Bayerisches UntersuchungshaftvollzugsG v. 20.12.2011 (GVBl. S. 678), zuletzt geänd. durch G v. 8.7.2020 (GVBl. S. 330)
- **Berlin:** Berliner UntersuchungshaftvollzugsG v. 3.12.2009 (GVBl. S. 686), zuletzt geänd. durch G v. 14.9.2021 (GVBl. S. 1079)
- **Brandenburg:** Brandenburgisches JustizvollzugsG v. 24.4.2013 (GVBl. I Nr. 14), zuletzt geänd. durch G v. 19.6.2019 (GVBl. I Nr. 43)
- **Bremen:** Bremisches UntersuchungshaftvollzugsG v. 2.3.2010 (Brem.GBl. S. 191), geänd. durch G v. 14.7.2020 (Brem.GBl. S. 721)
- **Hamburg:** Hamburgisches UntersuchungshaftvollzugsG v. 15.12.2009 (HmbGVBl. S. 473), zuletzt geänd. durch G v. 27.4.2021 (HmbGVBl. S. 285)
- **Hessen:** Hessisches UntersuchungshaftvollzugsG v. 28.6.2010 (GVBl. I S. 185, 208), zuletzt geänd. durch G v. 12.11.2020 (GVBl. S. 778)
- **Mecklenburg-Vorpommern:** UntersuchungshaftvollzugsG Mecklenburg-Vorpommern v. 17.12.2009 (GVOBl. M-V S. 763), zuletzt geänd. durch G v. 21.11.2020 (GVOBl. M-V S. 1254)
- **Niedersachsen:** Niedersächsisches JustizvollzugsG idF der Bek. v. 8.4.2014 (Nds. GVBl. S. 106), zuletzt geänd. durch G v. 20.5.2019 (Nds. GVBl. S. 88)
- **Nordrhein-Westfalen:** UntersuchungshaftvollzugsG Nordrhein-Westfalen v. 27.10.2009 (GV. NRW. S. 540), zuletzt geänd. durch G v. 2.7.2019 (GV. NRW. S. 339)
- **Rheinland-Pfalz:** LandesjustizvollzugsG v. 8.5.2013 (GVBl. S. 79), zuletzt geänd. durch G v. 15.10.2020 (GVBl. S. 571)
- **Saarland:** UntersuchungshaftvollzugsG v. 1.7.2009 (Amtsbl. S. 1219), zuletzt geänd. durch G v. 16.6.2021 (Amtsbl. I S. 1822)
- **Sachsen:** Sächsisches UntersuchungshaftvollzugsG v. 14.12.2010 (SächsGVBl. S. 414), zuletzt geänd. durch G v. 22.8.2019 (SächsGVBl. S. 663)
- **Sachsen-Anhalt:** Justizvollzugsgesetzbuch LSA v. 18.12.2015 (GVBl. LSA S. 666), zuletzt geänd. durch G v. 25.3.2021 (GVBl. LSA S. 120)
- **Schleswig-Holstein:** UntersuchungshaftvollzugsG v. 23.9.2021 (GVOBl. Schl.-H. S. 1170, 1209)
- **Thüringen:** Thüringer Justizvollzugsgesetzbuch v. 27.2.2014 (GVBl. S. 13)

3) **Habersack, Deutsche Gesetze Nr. 90.**

ob er zur Strafe festgehalten werde. [3]Schädlichen Folgen des Freiheitsentzuges ist entgegenzuwirken.

(4) Bei Gefangenen unter 21 Jahren (jungen Gefangenen) wird die Untersuchungshaft erzieherisch gestaltet.

Zweites Kapitel. Richter. Staatsanwalt. Anstaltsleiter

2 Richter. (1) [1]Die für den Vollzug der Untersuchungshaft erforderlichen Maßnahmen und notwendigen Beschränkungen ordnet der Richter an (§ 119 Abs. 6 StPO[1)]). [2]Der Richter entscheidet insbesondere über die Art der Unterbringung, den Verkehr mit der Außenwelt, besondere Sicherungsmaßnahmen und Disziplinarmaßnahmen.

(2) [1]Dem Richter bleibt es im Einzelfall unbenommen, von Amts wegen oder auf Antrag im Rahmen der Vorschriften der Strafprozeßordnung von den Richtlinien dieser Vollzugsordnung abzuweichen. [2]Soweit er in Verbindung mit dem Aufnahmeersuchen oder später keine besonderen Verfügungen trifft, ist davon auszugehen, daß die für den Vollzug der Untersuchungshaft durch diese Vollzugsordnung allgemein getroffene Regelung nach dem Willen des Richters auch für den Einzelfall gelten soll.

(3) [1]Die richterliche Zuständigkeit ist in § 126 StPO geregelt. [2]Hiernach ist bis zur Erhebung der öffentlichen Klage der Richter zuständig, der den Haftbefehl erlassen hat. [3]Nach Erhebung der öffentlichen Klage ist das Gericht zuständig, das mit der Sache befaßt ist. [4]Nach Einlegung der Revision ist das Gericht zuständig, dessen Urteil angefochten ist. [5]Einzelne Maßnahmen, insbesondere nach § 119 StPO, ordnet der Vorsitzende an.

3 Staatsanwalt. (1) Der Richter kann für den einzelnen Gefangenen auf dessen Antrag dem Staatsanwalt bis zur Erhebung der öffentlichen Klage die Anordnung einzelner Maßnahmen, die den Gefangenen nicht beschweren, insbesondere die Anordnungen über den Verkehr mit der Außenwelt, überlassen, wenn dadurch das Verfahren beschleunigt, namentlich eine sonst notwendige Aktenverschickung vermieden wird.

(Fortsetzung nächstes Blatt)

[1)] **Habersack, Deutsche Gesetze Nr. 90.**

(2) Hält der Staatsanwalt eine Maßnahme, die den Gefangenen beschwert, für erforderlich, so führt er die Entscheidung des Richters herbei. Der Gefangene hat in jedem Falle das Recht, die Entscheidung des Richters zu beantragen.

4. Anstaltsleiter. Der Anstaltsleiter trägt die Verantwortung für den Vollzug der Untersuchungshaft und für die Ordnung in der Anstalt. Er handelt nach den Vorschriften dieser Vollzugsordnung und führt die vom Richter oder Staatsanwalt getroffenen Anordnungen durch.

5. Dringende Fälle. In dringenden Fällen kann der Staatsanwalt, der Anstaltsleiter oder ein anderer Beamter, unter dessen Aufsicht der Gefangene steht, vorläufige Maßnahmen treffen. Sie bedürfen der nachträglichen Zustimmung des Richters (§ 119 Abs. 6 Satz 2 und 3 StPO).

6. Zusammenwirken der beteiligten Stellen. Richter, Staatsanwalt und Anstaltsleiter verfolgen gemeinsam das Ziel, die Untersuchungshaft ihrem Zweck entsprechend zu vollziehen sowie die Ordnung in der Anstalt zu wahren.

7. Mitteilungen des Richters und des Staatsanwalts. (1) Dem Anstaltsleiter werden unverzüglich alle für die Persönlichkeit des Gefangenen und dessen Behandlung und Verwahrung bedeutsamen Umstände mitgeteilt, die sich im Laufe des Verfahrens ergeben oder ändern. Dies gilt namentlich von Überhaft, Vorstrafen und weiteren schwebenden Strafverfahren. Die Mitbeschuldigten und die wichtigsten Zeugen, soweit sie in Haft sind, werden dem Anstaltsleiter bezeichnet. Möglichst schon im Aufnahmeersuchen wird er über Umstände unterrichtet, die auf besonderen Fluchtverdacht, auf die Gefahr gewalttätigen Verhaltens, des Selbstmordes oder der Selbstbeschädigung, auf gleichgeschlechtliche Neigungen oder auf seelische oder geistige Abartigkeiten hindeuten. Soweit ansteckende Krankheiten bekannt sind, soll auch hierauf hingewiesen werden.

(2) Dem Anstaltsleiter soll der Staatsanwalt die Anklageschrift, der Richter den Termin der Hauptverhandlung, deren Ergebnis und den Zeitpunkt des Eintritts der Rechtskraft des Urteils unverzüglich mitteilen.

(3) Geht im Laufe des Strafverfahrens die Zuständigkeit auf eine andere Stelle über, so teilt diese den Übergang unverzüglich dem Anstaltsleiter mit.

8. Mitteilungen des Anstaltsleiters. Der Anstaltsleiter verständigt den nach Nrn. 2 und 3 zuständigen Richter oder Staatsanwalt von allen für die Durchführung des Strafverfahrens bedeutsamen Maßnahmen, Wahrnehmungen und anderen wichtigen Umständen, die den Gefangenen betreffen.

9. Untersuchungshandlungen. (1) Die Anstaltsbeamten dürfen keine Ermittlungen aus Anlaß von strafbaren Handlungen, die außerhalb der Vollzugsanstalt begangen worden sind, durchführen.

(2) Sie dürfen einen Gefangenen mit anderen Personen nicht zusammenlegen, um ihn über einen Sachverhalt auszuforschen. Dies gilt auch dann, wenn eine innerhalb der Vollzugsanstalt begangene strafbare Handlung ermittelt werden soll.

10. Meinungsverschiedenheiten. (1) Befürchtet der Anstaltsleiter, daß eine Verfügung des Richters die Ordnung in der Anstalt gefährdet, so soll er sie erst durchführen, wenn trotz seiner unverzüglichen Gegenvorstellungen der Richter darauf besteht. Sind seine Bedenken nicht behoben, so kann der Anstaltsleiter den Staatsanwalt ersuchen, gegen die Anordnung des Richters Beschwerde einzulegen. Kommt der Staatsanwalt dem Ersuchen nicht nach, so hat der Anstaltsleiter seiner vorgesetzten Behörde zu berichten.

(2) Befürchtet der Anstaltsleiter, daß eine Verfügung des Staatsanwalts die Ordnung in der Anstalt gefährdet, so hat er seine Bedenken dem Staatsanwalt mitzuteilen. Besteht der Staatsanwalt auf seiner Anordnung, so kann der Anstaltsleiter die Entscheidung des Richters herbeiführen.

Drittes Kapitel. Vollzugsanstalten

11. Untersuchungshaftanstalten. (1) Dem Vollzug der Untersuchungshaft dienen selbständige Untersuchungshaftanstalten.

(2) Soweit solche Anstalten nicht zur Verfügung stehen, sind in anderen Vollzugsanstalten besondere Abteilungen für den Vollzug der Untersuchungshaft einzurichten. Hiervon darf nur abgesehen werden, wenn die räumlichen Verhältnisse es nicht gestatten.

12. Frauen. (1) Untersuchungshaft an Frauen wird in besonderen Anstalten oder in besonderen Abteilungen vollzogen.

(2) Untersuchungshaft an Frauen darf grundsätzlich nur unter weiblicher Aufsicht durchgeführt werden. In Anstalten ohne weibliche Aufsicht werden Frauen nicht länger als unvermeidlich verwahrt.

13. Junge Gefangene. (1) Untersuchungshaft an jungen Gefangenen (Nr. 1 Abs. 4) wird in besonderen Anstalten oder in besonderen Abteilungen vollzogen. Hiervon kann ausnahmsweise abgesehen werden.

(2) Junge Gefangene, die eine Jugend- oder Freiheitsstrafe nicht zu erwarten haben, können auch in Jugendarrestanstalten verwahrt werden.

14. Vollstreckungsplan. (1) Ein Vollstreckungsplan regelt, in welche Anstalt ein Gefangener aufzunehmen ist.

(2) Den Vollstreckungsplan stellt die Landesjustizverwaltung oder die sonst zuständige Behörde auf.

(3) Der Richter kann im Einzelfall aus besonderen Gründen Abweichungen vom Vollstreckungsplan anordnen.

Schleswig-Holstein: Nr. 14 Abs. 3 UVollzO ist in Schleswig-Holstein nicht mehr anzuwenden (AV v. 12. 4. 1979, SchlHA S. 119).

Zweiter Abschnitt. Aufnahme und Entlassung

15. Aufnahmeersuchen. (1) Die Aufnahme zum Vollzug der Untersuchungshaft setzt ein schriftliches Aufnahmeersuchen des Richters voraus.

(2) Neben den Mitteilungen nach Nr. 7 enthält das Aufnahmeersuchen die Personalangaben des Gefangenen, einen Hinweis auf die ihm zur Last gelegte Tat, den Grund der Verhaftung sowie die besonderen Anordnungen des

Richters. Außerdem ist zu vermerken, welche Personen von der Verhaftung durch den Gefangenen oder von Amts wegen benachrichtigt worden sind (§ 114b StPO).

(3) Dem Aufnahmeersuchen ist eine Abschrift des Haftbefehls beizufügen. Ist dies nicht möglich, ist sie unverzüglich nachzusenden.

16. Aufnahme. (1) Bei der Aufnahme werden der Gefangene und seine Sachen sorgfältig durchsucht. Bei der Durchsuchung männlicher Gefangener dürfen nur Männer, bei der Durchsuchung weiblicher Gefangener nur Frauen anwesend sein. Das Schamgefühl ist zu schonen.

(2) Nach der Aufnahme wird der Gefangene alsbald ärztlich untersucht.

(3) Der Gefangene ist über seine Rechte und Pflichten zu belehren. Dies kann durch Hinweis auf ein im Haftraum angebrachtes Merkblatt geschehen.

(4) Unabhängig von der Benachrichtigung von Amts wegen nach § 114b Abs. 1 StPO ist der Gefangene darauf hinzuweisen, daß er Gelegenheit hat, einen Angehörigen oder eine Person seines Vertrauens von der Verhaftung oder Verlegung in eine andere Anstalt zu benachrichtigen. Dies gilt nicht, wenn der Richter den Zweck der Untersuchung durch die Benachrichtigung für gefährdet hält (§ 114b Abs. 2 StPO).

(5) Der Gefangene ist zu befragen, ob dringende Maßnahmen sozialer Hilfe nötig sind. Gegebenenfalls sind die hierfür zuständigen Stellen zu benachrichtigen. Über das Ergebnis der Befragung und das etwa Veranlaßte ist ein Vermerk in die Personalakte des Gefangenen aufzunehmen.

(6) Die Aufnahme ist der Stelle, die sie angeordnet hat, unter Angabe des Zeitpunktes unverzüglich mitzuteilen.

17. Entlassung. (1) Der Gefangene darf grundsätzlich nur auf schriftliche Anordnung des Richters oder des Staatsanwalts – die jedoch weder per Telefax noch sonst im Wege der schriftlichen Telekommunikation ergehen darf – aus der Haft entlassen werden. Die Anordnung ist mit dem Dienstsiegel zu versehen. Bei einer im besonderen Einzelfall fernmündlich übermittelten Anordnung ist deren Echtheit vor der Entlassung durch unverzüglichen Rückruf zu überprüfen. Dies setzt voraus, daß auf seiten des Anordnenden die Möglichkeit zu einem solchen Rückruf der Justizvollzugsanstalt sichergestellt wird. Eine fernmündlich übermittelte Anordnung ist unverzüglich schriftlich zu bestätigen.

(2) Die Entlassung ist der Stelle, die sie angeordnet hat, unter Angabe des Zeitpunktes unverzüglich mitzuteilen.

(3) Der Anstaltsleiter veranlaßt die notwendigen Maßnahmen sozialer Hilfe.

Dritter Abschnitt. Behandlung der Gefangenen

Erstes Kapitel. Allgemeines

18. Grundsätze. (1) Der Gefangene ist würdig, gerecht und menschlich zu behandeln (Nr. 1 Abs. 3).

(2) Der Gefangene unterliegt im Rahmen dieser Vollzugsordnung den unmittelbaren Folgen der durch den richterlichen Haftbefehl angeordneten Frei-

heitsentziehung. Es wird ein Lebensbedarf anerkannt, der einer vernünftigen Lebensweise entspricht.

(3) Bequemlichkeiten und Beschäftigungen darf sich der Gefangene auf seine Kosten verschaffen, soweit sie mit dem Zweck der Haft vereinbar sind und nicht die Ordnung in der Anstalt stören (§ 119 Abs. 4 StPO). In diesem Rahmen sind verständige Wünsche zu erfüllen.

(4) Der Gefangene ist, soweit nichts anderes bestimmt wird, an die Hausordnung, insbesondere an die Tageseinteilung in der Anstalt gebunden.

19. Anrede. Der Gefangene wird mit „Sie" angesprochen, soweit der Anstaltsleiter für Gefangene unter 16 Jahren nicht etwas anderes bestimmt. Die im bürgerlichen Leben üblichen Anreden sind zu gebrauchen.

20. Vorbereitung der Verteidigung. Dem Gefangenen ist ausreichende Gelegenheit zur Vorbereitung seiner Verteidigung zu geben. Schriftstücke, deren er zu seiner Verteidigung bedarf, insbesondere Anklageschrift, Eröffnungsbeschluß und Urteil, sind ihm zu belassen, sofern dadurch die Ordnung in der Anstalt oder die Staatssicherheit nicht gefährdet wird.

21. Besuche von Anstaltsbediensteten. Der Anstaltsleiter soll in angemessenen Zeitabständen Gefangene in ihren Hafträumen aufsuchen. Der Gefangene soll regelmäßig durch Bedienstete aufgesucht werden, die mit seiner Betreuung befaßt sind.

Zweites Kapitel. Trennung. Haftform

22. Trennung. (1) Untersuchungsgefangene sind von Gefangenen anderer Art, namentlich von Strafgefangenen, getrennt unterzubringen. Sie sind auch sonst, bei der Arbeit, bei dem Aufenthalt im Freien, beim Gottesdienst, bei Vorführungen zum Arzt und bei ähnlichen Anlässen von Strafgefangenen, soweit möglich, getrennt zu halten.

(2) Es ist zu verhindern, daß der Untersuchungsgefangene mit anderen Gefangenen in Verbindung treten kann, die der Täterschaft, Teilnahme, Begünstigung, Strafvereitelung oder Hehlerei bezüglich derselben Tat verdächtigt oder bereits abgeurteilt oder als Zeugen beteiligt sind. Ausnahmen sind nur mit Zustimmung des Richters oder des Staatsanwalts (Nr. 3) zulässig.

(3) Weibliche Gefangene sind von männlichen Gefangenen stets streng getrennt zu halten.

(4) Junge Gefangene (Nr. 1 Abs. 4) sind von erwachsenen Gefangenen zu trennen.

(5) Gefangene, die nach ihrer Persönlichkeit, insbesondere nach Art, Zahl oder Dauer der von ihnen verbüßten Freiheitsstrafen oder wegen der an ihnen vollzogenen Maßregeln der Besserung und Sicherung eine Gefahr für andere Gefangene bedeuten, sind von diesen getrennt zu halten.

23. Haftform. *(1) D*er Untersuchungsgefangene darf nicht mit anderen Gefangenen in demselben Raum untergebracht werden. Mit anderen Untersuchungsgefangenen darf er in demselben Raum untergebracht werden, wenn er es ausdrücklich schriftlich beantragt und der Richter seine Unterbringung gemeinsam mit anderen nicht ausgeschlossen hat. Der Antrag kann jederzeit in gleicher Weise zurückgenommen werden. Der Untersuchungsgefangene darf auch dann mit anderen Gefangenen in demselben Raum untergebracht werden, wenn sein körperlicher oder geistiger Zustand es erfordert (§ 119 Abs. 2 StPO).

(2) Der Untersuchungsgefangene darf, auch wenn er allein untergebracht ist, bei dem Aufenthalt im Freien, beim Gottesdienst, bei der Vorführung zum Arzt und bei ähnlichen Anlässen mit anderen Untersuchungsgefangenen zusammengebracht werden; Nr. 22 Abs. 2 bleibt unberührt.

(3) Bei gemeinsamer Unterbringung sind die Persönlichkeit, insbesondere das Lebensalter und das Vorleben des Gefangenen sowie die Tat, deren er beschuldigt wird, zu berücksichtigen. Es ist darauf zu achten, daß die gemeinsame Unterbringung nicht zu Unzuträglichkeiten führt und keine unangemessene Zumutung für die Beteiligten bedeutet.

Drittes Kapitel. Verkehr mit der Außenwelt

I. Besuche

24. Besuchserlaubnis. (1) Der Gefangene darf mit Zustimmung des Richters oder des Staatsanwalts (Nr. 3) Besuche empfangen. Die Besuchserlaubnis wird schriftlich erteilt. Sie berechtigt zu einem Besuch von dreißig Minuten Dauer, wenn der Richter oder Staatsanwalt nichts anderes bestimmt.

(2) Der Anstaltsleiter setzt die regelmäßigen Besuchstage und Besuchszeiten fest. Besuche außerhalb dieser Tage und Zeiten werden nur in besonders gelagerten Ausnahmefällen zugelassen.

25. Häufigkeit der Besuche. In der Regel wird mindestens alle zwei Wochen ein Besuch zugelassen. Darüber hinaus sollen Besuche zugelassen werden, wenn sie unaufschiebbaren persönlichen, rechtlichen oder geschäftlichen Angelegenheiten dienen, die nicht vom Gefangenen schriftlich erledigt oder durch Dritte wahrgenommen werden können.

26. Besucher. (1) Zum Besuch eines Gefangenen sollen regelmäßig nicht mehrere Personen gleichzeitig zugelassen werden. Falls eine ordnungsmäßige Überwachung gewährleistet ist, werden in Ausnahmefällen bis zu drei Personen gleichzeitig zugelassen. Können mehrere Personen nicht gleichzeitig zugelassen werden, so sollen die Wünsche des Gefangenen möglichst berücksichtigt werden.

(2) Minderjährige, die noch nicht 14 Jahre alt sind, können in Begleitung Erwachsener zum Besuch zugelassen werden.

(3) Ist von bestimmten Personen eine Störung der Ordnung in der Anstalt zu besorgen, so kann die Besuchserlaubnis versagt werden.

27. Besuchsüberwachung. (1) Der Besuch wird vom Richter oder Staatsanwalt oder einem anderen Beamten mit besonderer Sachkunde überwacht. Die Überwachung kann auch einem Anstaltsbeamten, den der Anstaltsleiter bestimmt, überlassen werden.

(2) Der Gefangene darf ohne Erlaubnis des Richters oder des Staatsanwalts (Nr. 3) weder etwas von dem Besucher annehmen noch diesem etwas übergeben. Der Anstaltsleiter kann zulassen, daß dem Gefangenen Nahrungs- und Genußmittel in geringer Menge übergeben werden; er kann anordnen, daß die Nahrungs- und Genußmittel durch Vermittlung der Anstalt beschafft werden.

(3) Der überwachende Beamte greift ein, wenn ihm der Inhalt der Unterredung im Hinblick auf das Strafverfahren oder mit Rücksicht auf die Ordnung in der Anstalt bedenklich erscheint; falls erforderlich, bricht er den Besuch ab. Dies gilt auch, wenn der Besucher oder der Gefangene versucht, dem anderen ohne Erlaubnis etwas zu übergeben.

II. Schriftverkehr

28. Recht auf Schriftwechsel. Der Gefangene darf unbeschränkt Schreiben absenden und empfangen, sofern der Richter nichts anderes bestimmt.

29. Schreibmaterial. Porto. (1) Der Gefangene ist berechtigt, eigenes Schreibmaterial zu verwenden. Es wird in der Regel auf seine Kosten durch Vermittlung der Anstalt beschafft. Die Verwendung gefütterter Umschläge ist nicht gestattet. Auf Verlangen stellt die Anstalt Schreibbedarf in angemessenem Umfang. Papier und Umschläge, die von der Anstalt gestellt werden, dürfen keinen für Außenstehende erkennbaren Hinweis auf die Haft enthalten.

(2) Schreiben an Personen, die von Amts wegen von der Verhaftung benachrichtigt werden (Nr. 15 Abs. 2 Satz 2), darf die Anstalt Merkzettel beifügen, in denen die Empfänger über die Bedingungen des Verkehrs Untersuchungsgefangener mit der Außenwelt unterrichtet werden. Bei Schreiben an andere Personen gilt das nur, wenn der Gefangene einverstanden ist.

(3) Die Portokosten trägt der Gefangene. Ist er dazu nicht in der Lage, werden sie in angemessenem Umfang aus amtlichen Mitteln zur Verfügung gestellt.

30. Überwachung des Schriftwechsels. (1) Der Schriftwechsel des Gefangenen wird durch den Richter oder durch den Staatsanwalt (Nr. 3) überwacht.

(2) Nicht überwacht werden Schreiben an Volksvertretungen des Bundes und der Länder sowie an deren Mitglieder, soweit die Schreiben an die Anschriften dieser Volksvertretungen gerichtet sind und den Absender zutreffend angeben, sowie an die Europäische Kommission für Menschenrechte.

31. Weiterleitung von Schreiben. Aufbewahrung. (1) Zur Übermittlung der Schreiben zwischen der Vollzugsanstalt und dem Richter oder Staatsanwalt können Sammelumschläge verwendet werden, die zum dauernden Gebrauch bestimmt und entsprechend beschriftet sind; die Absendestelle versieht sie mit einer amtlichen Verschlußmarke, auf der das Namenszeichen des Beamten und das Datum anzugeben sind.

(2) Bei der gesamten Regelung des Schriftwechsels des Gefangenen ist auf größte Beschleunigung zu achten. Es ist dafür zu sorgen, daß die ein- und ausgehenden Schreiben des Gefangenen dem Richter oder Staatsanwalt un-

verzüglich übermittelt und abgesandt oder an den Gefangenen ausgehändigt werden, nachdem der Richter oder Staatsanwalt zugestimmt hat.

(3) Der Gefangene hat eingehende Schreiben unverschlossen zu verwahren, sofern nichts anderes gestattet wird; er kann sie verschlossen zu seiner Habe geben. Der Anstaltsleiter sorgt im Interesse der Ordnung in der Anstalt dafür, daß nicht zu viele Schreiben im Gewahrsam des Gefangenen sind.

32. Überwachung abgehender Schreiben. (1) Der Gefangene erhält für das abgehende Schreiben einen Begleitumschlag. Er hat sein Schreiben unverschlossen in den Begleitumschlag zu legen, diesen zu verschließen und mit seinem Namen, der Bezeichnung des Gerichts sowie dem Aktenzeichen, unter dem die Untersuchung gegen ihn geführt wird, zu versehen.

(2) Wird das Schreiben nicht beanstandet, so wird die Zustimmung zur Absendung auf dem Begleitumschlag vermerkt.

(3) Die erledigten Begleitumschläge sind von der Einweisungsbehörde zu verwahren.

33. Überwachung eingehender Schreiben. (1) Die Vollzugsanstalt legt das für den Gefangenen eingehende Schreiben ungeöffnet in einem unverschlossenen Begleitumschlag dem Richter oder dem Staatsanwalt (Nr. 3) vor.

(2) Ist das Schreiben nicht zu beanstanden, so vermerkt der Richter oder der Staatsanwalt (Nr. 3) auf dem Begleitumschlag, daß der Aushändigung an den Gefangenen zugestimmt wird, und leitet das Schreiben in dem verschlossenen Begleitumschlag der Vollzugsanstalt zur Aushändigung zu. Enthält das Schreiben Einlagen, so wird dies ebenfalls auf dem Begleitumschlag vermerkt.

(3) In der Vollzugsanstalt wird der Begleitumschlag in Gegenwart des Gefangenen geöffnet, das Schreiben ausgehändigt und über etwaige Einlagen verfügt. Eine Prüfung des Schreibens auf Einlagen ist unabhängig von einem entsprechenden Vermerk auf dem Begleitumschlag zulässig. Dabei ist auszuschließen, daß von dem gedanklichen Inhalt des Schreibens Kenntnis genommen wird. Die Verfügung über etwaige Einlagen wird auf dem Begleitumschlag vermerkt; dieser Begleitumschlag ist von der Vollzugsanstalt zu verwahren.

34. Anhalten von Schreiben. (1) Der Richter kann ein Schreiben insbesondere dann anhalten,

1. wenn es in Geheim- oder Kurzschrift, unlesbar, unverständlich oder ohne zwingenden Grund in einer fremden Sprache abgefaßt ist;
2. wenn die Weitergabe des Schreibens das Strafverfahren beeinträchtigen *könnte;*
3. wenn die Weitergabe des Schreibens geeignet ist, die Ordnung in der Anstalt zu gefährden.

(2) Eine Gefährdung der Ordnung in der Anstalt (Abs. 1 Ziffer 3) kann auch dann in Betracht kommen,

1. wenn ein Schreiben grob unrichtige oder erheblich entstellende Darstellungen von Anstaltsverhältnissen enthält;
2. wenn ein Schreiben grobe Beleidigung enthält;

3. wenn die Weitergabe eines Schreibens in Kenntnis seines Inhalts einen Straf- oder Bußgeldtatbestand verwirklichen würde oder wenn ein Schreiben der Vorbereitung einer strafbaren Handlung oder Ordnungswidrigkeit dient.

(3) Schreiben, deren Überwachung ausgeschlossen ist, dürfen nicht angehalten werden.

35. Verfahren. (1) Will der Staatsanwalt (Nr. 3) ein Schreiben anhalten, so legt er es dem Richter vor.

(2) Der Richter oder der Staatsanwalt setzt sich mit dem Anstaltsleiter in Verbindung, wenn das Schreiben Anstaltsverhältnisse behandelt oder sein Inhalt für die Ordnung in der Anstalt oder bei einem jungen Gefangenen für die erzieherische Gestaltung des Vollzugs von Bedeutung sein kann.

(3) Ein angehaltenes Schreiben, das nicht an den Absender zurückgeht und auch nicht beschlagnahmt wird, ist zu der Habe des Gefangenen zu nehmen. Dem Gefangenen ist, soweit nicht aus besonderen Gründen Bedenken entgegenstehen, von dem Anhalten unter Mitteilung des Grundes Kenntnis zu geben. Der einwandfreie Teil eines eingegangenen, aber angehaltenen Schreibens soll dem Gefangenen mündlich mitgeteilt werden, soweit ihm nicht ein in sich verständlicher Teil des Schreibens ausgehändigt werden kann. Angehaltene eingehende Schreiben können auch an den Absender zurückgesandt werden; der Grund des Anhaltens ist zu bezeichnen.

III. Verkehr mit dem Verteidiger, dem Bewährungshelfer und dem Gerichtshelfer

36. Mündlicher Verkehr. (1) Der Gefangene darf mit seinem Verteidiger ohne besondere Erlaubnis sowie ohne Beschränkung und Überwachung mündlich verkehren (§ 148 Abs. 1 StPO).

(2) Der Verteidiger muß sich als solcher gegenüber der Vollzugsanstalt durch die Vollmacht des Gefangenen oder die Bestellungsanordnung des Gerichts ausweisen. Der Anstaltsleiter kann in geeigneten Fällen verlangen, daß der Verteidiger sich als solcher gegenüber der Vollzugsanstalt durch eine Bescheinigung des Richters oder des Staatsanwalts (Nr. 3) oder durch eine gerichtliche Bestellungsordnung ausweist.

(3) Ein Rechtsanwalt, der einen Besuchsauftrag besitzt, aber sich nicht nach Absatz 2 ausweisen kann, muß einen Einzelsprechschein vorzeigen, der ihn zu einer einmaligen Unterredung mit dem Gefangenen berechtigt.

(4) Ein Anwalt, der nicht Verteidiger ist, bedarf zu Unterredungen mit dem Gefangenen über Rechtsangelegenheiten der schriftlichen Zustimmung des Richters oder des Staatsanwalts (Nr. 3). In der Regel wird von der Überwachung des Besuches abgesehen.

(5) Auch Verteidiger und Anwälte sind nicht befugt, dem Gefangenen ohne Zustimmung der zuständigen Beamten irgendwelche Gegenstände zur Mitnahme in die Anstalt zu übergeben. Ausgenommen sind Schriftstücke, die der Gefangene selbst zuvor dem Verteidiger ausgehändigt hatte oder die unmittelbar das Strafverfahren betreffen, wie z. B. die Anklageschrift oder Abschriften eingereichter Schriftsätze des Verteidigers. Auf die Regelung in §§ 148 Abs. 2, 148 a StPO wird verwiesen.

(6) Hat der Wahlverteidiger die Verteidigung mit Zustimmung dessen, der ihn gewählt hat, einem Referendar übertragen, so kann dieser den Gefangenen ebenso sprechen wie der Wahlverteidiger (§ 139 StPO). Der Referendar hat das Vorliegen dieser Voraussetzungen nachzuweisen. Er muß sich gegenüber der Vollzugsanstalt entsprechend ausweisen.

(7) Der Anstaltsleiter kann im Benehmen mit dem Präsidenten der Rechtsanwaltskammer oder dessen Beauftragten allgemein die Zeiten festsetzen, zu denen in der Vollzugsanstalt die Besuche von Verteidigern regelmäßig stattfinden sollen.

37. Schriftlicher Verkehr. (1) Der Gefangene darf mit seinem Verteidiger ohne besondere Erlaubnis sowie ohne Beschränkung und – unbeschadet der Regelung in §§ 148 Abs. 2, 148 a StPO – ohne Überwachung verkehren (§ 148 Abs. 1 StPO). Verteidigerpost ist als solche deutlich sichtbar zu kennzeichnen. Ausgehende Schreiben hat der Gefangene mit einer zutreffenden Angabe des Absenders zu versehen.

(2) Der Verteidiger muß sich als solcher gegenüber der Anstalt ausgewiesen haben (Nr. 36 Abs. 2).

37 a. Verkehr mit dem Bewährungshelfer und dem Gerichtshelfer. (1) Der Gefangene, der unter Bewährungs- oder unter Führungsaufsicht steht oder über den der Bericht eines Gerichtshelfers angefordert ist, darf mit dem Bewährungshelfer, den Bediensteten der Führungsaufsichtsstelle oder dem Gerichtshelfer in demselben Umfang wie mit dem Verteidiger verkehren.

(2) Nrn. 36 und 37 gelten entsprechend.

IV. Sonstiger Verkehr mit der Außenwelt

38. Fernmündlicher Verkehr. Telegramme. (1) Fernmündliche Gespräche des Gefangenen mit Personen außerhalb der Anstalt bedürfen der Zustimmung des Richters oder des Staatsanwalts (Nr. 3). In dringenden unbedenklichen Fällen kann auch der Anstaltsleiter die Zustimmung erteilen. Das Gespräch wird im vollen Wortlaut mitgehört; Nr. 36 Abs. 1 bleibt unberührt.

(2) Telegramme werden wie Schreiben überwacht, aber beschleunigt befördert. Sofern der Gefangene mit der Öffnung des Telegramms einverstanden ist, kann ihn der Anstaltsleiter in dringenden unbedenklichen Fällen von dem wesentlichen Inhalt in Kenntnis setzen.

(3) Gebühren hat der Gefangene im voraus zu entrichten.

39. Pakete. (1) Für den Empfang von Paketen mit Nahrungs- und Genuß*mitteln durch den* Gefangenen gelten die Regelung in § 33 Abs. 1 StVollzG und die hierzu erlassenen bundeseinheitlichen Verwaltungsvorschriften entsprechend. Die Entscheidung über die Zulassung weiterer Pakete oder solcher mit anderem Inhalt (§ 33 Abs. 1 Satz 3 StVollzG) trifft der Anstaltsleiter. Er soll solche Pakete nur aus besonderem Anlaß zulassen.

(2) Gefangene, die am Ort der Vollzugsanstalt keine Angehörigen haben, dürfen im Rahmen der Hausordnung regelmäßig Wäschepakete von auswärts empfangen. Außer einem Inhaltsverzeichnis dürfen keine schriftlichen Mitteilungen beigefügt sein.

(3) Das Paket wird von dem Anstaltsleiter oder dem von ihm beauftragten Beamten in Gegenwart des Empfängers überprüft. Gegenstände, deren Aushändigung an den Gefangenen bedenklich erscheint, werden entweder zur Habe des Gefangenen genommen, zurückgesandt oder dem Absender zur Rücknahme zur Verfügung gestellt.

(4) Für die Versendung von Paketen durch den Gefangenen gelten die Regelungen in § 33 Abs. 4 StVollzG und die hierzu erlassenen bundeseinheitlichen Verwaltungsvorschriften entsprechend.

(5) Die Entscheidung des Richters wird eingeholt, wenn die Versendung bestimmter Gegenstände das Strafverfahren beeinträchtigen könnte.

40. Hörfunk und Fernsehen. (1) Der Gefangene darf am Hörfunkprogramm der Anstalt sowie am gemeinschaftlichen Fernsehempfang teilnehmen. Nr. 46 Abs. 1 bleibt unberührt.

(2) Einzelempfang durch ein eigenes Hörfunkgerät und ein eigenes Fernsehgerät ist, soweit der Richter nicht etwas anderes anordnet, gestattet.

(3) Die für den Betrieb eigener Hörfunk- und Fernsehgeräte durch Strafgefangene erlassenen bundeseinheitlichen Verwaltungsvorschriften gelten sinngemäß.

41. Vernehmung. Vorführung. Ausführung. Urlaub. (1) Zur Vernehmung des Gefangenen in der Anstalt oder zu seiner Vorführung außerhalb der Anstalt bedarf es eines schriftlichen Auftrags oder der Zustimmung des Richters oder des Staatsanwalts. Vernehmungen sollen nach Einschluß grundsätzlich nicht mehr stattfinden. Frauen sind durch männliche Polizeibeamte nur in Gegenwart einer Beamtin oder eines zweiten Beamten zu vernehmen. Die Ausantwortung ist nur mit Zustimmung des Richters zulässig.

(2) Der Gefangene darf auf seinen Antrag und auf seine Kosten mit Zustimmung des Richters oder des Staatsanwalts (Nr. 3) an Orte außerhalb der Anstalt ausgeführt werden, wenn wichtige und unaufschiebbare Angelegenheiten persönlicher, geschäftlicher oder rechtlicher Art seine persönliche Anwesenheit erforderlich machen. Die Kosten der Ausführung sind regelmäßig vorzuschießen.

(3) Urlaub aus der Untersuchungshaft wird nicht gewährt.

Viertes Kapitel. Arbeit. Selbstbeschäftigung

42. Grundsatz. Der Gefangene ist nicht zur Arbeit verpflichtet.

43. Zugewiesene Arbeit. (1) Auf Verlangen soll dem Gefangenen Gelegenheit gegeben werden zu arbeiten; auf diese Möglichkeit ist er hinzuweisen. Bei der Zuweisung der Arbeit wird der Zweck der Untersuchungshaft berücksichtigt; auf den Beruf und die Kenntnisse, die Körperkräfte und Fertigkeiten des Gefangenen sowie auf Gesundheitszustand, Geschlecht und Lebensalter wird besonders Rücksicht genommen.

(2) Der Gefangene darf mit Zustimmung des Richters bei der Arbeit mit anderen Gefangenen in Berührung kommen. Außerhalb des eingefriedeten Bereichs der Anstalt darf er nicht zur Arbeit eingesetzt werden.

(3) Nimmt ein Gefangener an der allgemein eingeführten Arbeit teil, so unterwirft er sich den von der Anstalt festgelegten Arbeitsbedingungen. Er darf die Arbeit nicht zur Unzeit niederlegen.

(4) Übt der Gefangene eine ihm zugewiesene Arbeit aus, so erhält er ein nach § 43 Abs. 2 bis 5 in Verbindung mit § 177 Satz 2 StVollzG zu bemessendes Arbeitsentgelt, über das er frei verfügen darf. Für junge und heranwachsende Untersuchungsgefangene gilt § 177 Satz 4 StVollzG.

(5) Der Gefangene darf durch die zugewiesene Arbeit in der Vorbereitung seiner Verteidigung nicht beeinträchtigt werden (Nr. 20).

44. Selbstbeschäftigung. Der Gefangene darf sich auf seine Kosten selbst beschäftigen, soweit die Selbstbeschäftigung mit dem Zweck der Haft vereinbar ist und die Ordnung in der Anstalt nicht stört. Erzielt der Gefangene aus der Selbstbeschäftigung Einkünfte, ist er anzuhalten, seiner Steuerpflicht nachzukommen.

Fünftes Kapitel. Freizeit

45. Lesestoff. (1) Dem Gefangenen ist anstaltseigener Lesestoff in ausreichendem Maße zur Verfügung zu stellen.

(2) Der Gefangene kann sich durch Vermittlung der Anstalt auf eigene Kosten oder auf Kosten Dritter Bücher durch den Buchhandel beschaffen sowie Zeitungen und Zeitschriften durch den Verlag, die Post oder den Handel beziehen. Vom Bezug ausgeschlossen sind Bücher, Zeitungen und Zeitschriften, deren Verbreitung mit Strafe oder Geldbuße bedroht ist.

(3) Bücher, Schriften, Zeitungen und Zeitschriften, die dem Gefangenen nicht unmittelbar von dem Verlag oder dem Buchhandel oder im Postbezug übersandt werden, dürfen ihm nur mit Zustimmung des Richters oder des Staatsanwalts (Nr. 3) ausgehändigt werden.

(4) Der Lesestoff, den der Gefangene aus öffentlichen Büchereien oder unmittelbar durch den Verlag, die Post oder den Handel bezieht, wird vor der Aushändigung an den Gefangenen durch den Anstaltsleiter oder den von ihm bestimmten Beamten geprüft, sofern der Richter oder der Staatsanwalt (Nr. 3) sich die Durchsicht nicht ausdrücklich vorbehalten hat. Den Lesestoff, der sonst dem Gefangenen übersandt oder für ihn abgegeben wird, oder der aus der Habe stammt, prüft der Richter oder der Staatsanwalt. Lesestoff, dessen Inhalt eine Gefährdung des Zwecks der Haft oder der Ordnung in der Anstalt befürchten läßt, wird dem Gefangenen durch Verfügung des Richters vorenthalten; dem Gefangenen ist, soweit nicht aus besonderen Gründen Bedenken entgegenstehen, von der Verfügung unter Mitteilung des Grundes Kenntnis zu geben.

(5) Der Gefangene darf nicht mehr Lesestoff in seinem Haftraum aufbewahren und nicht mehr Zeitungen und Zeitschriften beziehen, als es mit der Ordnung in der Anstalt vereinbar ist. Die bundeseinheitlichen Verwaltungsvorschriften über den Bezug von Zeitungen und Zeitschriften durch Strafgefangene gelten insoweit sinngemäß.

46. Gemeinsame Veranstaltungen. (1) Untersuchungsgefangene dürfen an gemeinsamen Veranstaltungen teilnehmen, wenn der Richter zugestimmt hat oder gemeinsame Haft zugelassen ist.

(2) Absatz 1 gilt auch für gemeinsamen Unterricht. Zu einer Teilnahme am Unterricht von Strafgefangenen ist außer dem ausdrücklichen Einverständnis des Untersuchungsgefangenen die Zustimmung des Richters oder des Staatsanwalts notwendig.

Sechstes Kapitel. Seelsorge

47. Religiöse Veranstaltungen. (1) Der Gefangene darf am gemeinschaftlichen Gottesdienst und an anderen religiösen Veranstaltungen seines Bekenntnisses teilnehmen, wenn nicht der Richter mit Rücksicht auf den Zweck der Untersuchungshaft oder aus Gründen der Ordnung in der Anstalt anderes anordnet.

(2) Unter derselben Voraussetzung darf der Gefangene an religiösen Veranstaltungen einer anderen Religionsgemeinschaft teilnehmen, falls deren Seelsorger zustimmt.

(3) Mißbraucht der Gefangene die Teilnahme an religiösen Veranstaltungen zu Verdunkelungszwecken oder sonst zu unerlaubtem Verkehr mit anderen Gefangenen oder stört er die Veranstaltung, so kann er vom Anstaltsleiter im Benehmen mit dem Anstaltsseelsorger von der weiteren Teilnahme an diesen Veranstaltungen ausgeschlossen werden. Der Ausschluß bedarf der Genehmigung des Richters (§ 119 Abs. 6 StPO), der auch – gegebenenfalls nach Anhörung des Seelsorgers – über die Wiederzulassung entscheidet.

(4) Gemeinsame religiöse Veranstaltungen von Untersuchungsgefangenen und Strafgefangenen sind zulässig, wenn nicht in Ausnahmefällen der Richter anderes anordnet.

48. Einzelseelsorge. (1) Der Gefangene hat das Recht, den Zuspruch eines Seelsorgers seines Bekenntnisses zu empfangen. Nr. 47 Abs. 2 gilt sinngemäß.

(2) Die hauptamtlich oder vertraglich angestellten Anstaltsseelsorger dürfen den Gefangenen ohne Erlaubnis aufsuchen.

(3) Anderen Seelsorgern als Anstaltsseelsorgern erteilt der Richter die Erlaubnis zum seelsorgerischen Besuch des Gefangenen; der Richter bestimmt, ob der Besuch überwacht wird.

48 a. Weltanschauungsgemeinschaften. Für Angehörige weltanschaulicher Bekenntnisse gelten die Nrn. 47 und 48 entsprechend.

Siebentes Kapitel. Soziale Hilfe

49. (1) Dem Gefangenen wird bei der Aufnahme (Nr. 16 Abs. 5), während des Vollzugs der Untersuchungshaft wie auch bei der Entlassung (Nr. 17 Abs. 3) die soziale Hilfe der Anstalt angeboten, soweit er ihrer bedarf. Sie soll die nachteiligen Auswirkungen der Verhaftung mildern und den Wiedereintritt in geordnete Lebensverhältnisse erleichtern sowie darauf gerichtet sein, den Gefangenen in die Lage zu versetzen, seine Angelegenheiten selbst zu ordnen und zu regeln. In Frage kommen namentlich Maßnahmen zur Aufrechterhaltung der Familienbande und wertvoller sozialer Beziehungen, zur Erhaltung des Arbeitsplatzes und der Wohnung des Gefangenen und zur Sicherung seines Eigentums sowie zur Betreuung unterhaltsberechtigter Angehöriger oder sonst von ihm Abhängiger durch die für Sozialleistungen zuständigen Stellen. Bei der Entlassung ist dem Gefangenen insbesondere zu helfen, Arbeit und Unterkunft zu finden.

(2) Die soziale Hilfe darf den Zweck des Verfahrens weder gefährden noch hemmen. Bei den Hilfsmaßnahmen ist, soweit erforderlich, mit dem Richter oder dem Staatsanwalt Fühlung zu nehmen.

Achtes Kapitel. Lebenshaltung

50. Ernährung. (1) Der Gefangene wird nach den Bestimmungen der Kostordnung verpflegt.

(2) Dem Gefangenen wird gestattet, sich auf seine Kosten durch Vermittlung der Anstalt selbst zu verpflegen. Die Verpflegung hat sich im Rahmen einer vernünftigen Lebensweise zu halten (Nr. 18 Abs. 2); sie darf nur von einer Speise- oder Gastwirtschaft bezogen werden, die der Anstaltsleiter bestimmt. Der erforderliche Geldbetrag ist vorher bei der Anstaltskasse einzuzahlen; die Selbstbeköstigung endet, wenn der Vorschuß erschöpft ist. Ein Gefangener, der sich selbst verpflegt, wird während der Mahlzeiten von anderen Gefangenen getrennt gehalten.

51. Zusatznahrungs- und Genußmittel. Persönlicher Bedarf. (1) Dem Gefangenen wird erlaubt, sich auf seine Kosten im Rahmen einer vernünftigen Lebensweise (Nr. 18 Abs. 2) vom Anstaltsleiter zugelassene Zusatznahrungs- und Genußmittel, andere Gegenstände des persönlichen Bedarfs sowie mit Zustimmung des Anstaltsarztes auch Arznei- und Kräftigungsmittel zu beschaffen.

(2) Die Beschaffung vermittelt in der Regel die Anstalt. Die Häufigkeit des Einkaufs richtet sich nach den örtlichen Verhältnissen; jedoch soll eine gewisse Regelmäßigkeit – möglichst einmal in der Woche – gewährleistet sein. Nahrungs- und Genußmittel und Gegenstände des persönlichen Bedarfs, die nicht durch Vermittlung der Anstalt beschafft sind, werden durch den Anstaltsleiter oder den von ihm bestimmten Beamten vor der Aushändigung an den Gefangenen geprüft.

(3) Der Genuß alkoholischer Getränke und anderer berauschender Mittel wird mit Rücksicht auf die Ordnung in der Anstalt nicht gestattet. Das Rauchen ist im Rahmen der Hausordnung erlaubt, sofern keine Feuergefahr zu befürchten ist.

52. Kleidung. Wäsche. Bettlager. (1) Der Gefangene ist berechtigt, eigene Kleidung und Wäsche zu tragen; er darf eigene Bettwäsche benutzen. Soweit die eigenen Sachen ergänzt oder gewechselt werden müssen, können für den Gefangenen Kleidungs- und Wäschestücke in der Anstalt abgegeben und dort abgeholt werden. Die Sachen werden durch einen Anstaltsbeamten in Gegenwart des Gefangenen durchgesehen.

(2) Soweit der Gefangene nicht über vollständige Kleidung und Wäsche verfügt oder nicht in der Lage ist, für regelmäßigen Wechsel und für Reinigung der eigenen Sachen zu sorgen, wird er mit Anstaltskleidung und Anstaltswäsche ausgestattet. Insoweit ist er verpflichtet, Anstaltssachen zu tragen.

(3) Der Anstaltsleiter kann dem Gefangenen zur Schonung seiner eigenen Sachen das Tragen von Anstaltskleidung und Anstaltswäsche gestatten. Der Anstaltsleiter soll von dieser Befugnis auf Wunsch des Gefangenen namentlich

dann Gebrauch machen, wenn dieser freiwillig an der allgemein eingeführten Arbeit teilnimmt.

(4) Dem Gefangenen, der gewöhnlich Anstaltskleidung trägt, kann beim Empfang eines Besuchs, bei einer Vorführung, Ausführung oder bei sonstiger Berührung mit der Außenwelt gestattet werden, eigene Kleidung und eigene Wäsche zu tragen. Bei einer Vorführung oder Ausführung soll dies die Regel sein.

53. Habe. (1) Der Anstaltsleiter darf dem Gefangenen Stücke der Habe überlassen, die sich zum persönlichen Gebrauch oder zur Ausstattung des Haftraumes eignen.

(2) Geld, Wertsachen und besondere Kostbarkeiten darf der Gefangene nicht im Gewahrsam haben. Der Besitz von Uhren ist grundsätzlich gestattet. Das Tragen eines Ehe- oder Verlobungsringes ist gestattet.

(3) Stücke der persönlichen Habe dürfen ohne Zustimmung des Richters nicht aus der Anstalt entfernt oder anderen Gefangenen überlassen werden.

(4) Aufzeichnungen und andere Gegenstände, die Kenntnisse über Sicherungsvorkehrungen der Anstalt vermitteln, werden mit Genehmigung des Richters von der Vollzugsbehörde in Verwahrung genommen.

54. Haftraum. Beleuchtung. (1) Der Gefangene ist verpflichtet, seinen Haftraum und dessen Einrichtungsgegenstände zu reinigen. Der Gefangene haftet für vorsätzliche und fahrlässige Beschädigung von Anstaltseigentum.

(2) Der Anstaltsleiter kann gestatten, daß der Haftraum über die vorgeschriebene Zeit hinaus beleuchtet wird.

55. Aufenthalt im Freien. (1) Arbeitet ein Gefangener nicht im Freien, so soll ihm täglich mindestens eine Stunde Aufenthalt im Freien ermöglicht werden, wenn die Witterung dies zu der festgesetzten Zeit zuläßt.

(2) Die Vorschriften über die Trennung der Gefangenen (Nr. 22) sind zu beachten.

Hamburg: AV v. 22. 11. 1976 (JVBl. S. 112) betr. Neufassung der UVollzO ab 1. 1. 1977:

Nr. 55 (1) UVollzO n. F. gilt, solange aus personellen und räumlichen Gründen eine Stunde Aufenthalt im Freien nicht ermöglicht werden kann, in folgender Fassung:

„(1) Arbeitet ein Gefangener nicht im Freien, so sollen ihm täglich, einschließlich Ein- und Ausrücken, 45 Minuten Aufenthalt im Freien ermöglicht werden, wenn die Witterung dies zu der festgesetzten Zeit zuläßt."

Neuntes Kapitel. Gesundheitspflege

56. Anstaltsarzt. Beratender Arzt. (1) Der Gefangene wird vom Anstaltsarzt gesundheitlich betreut. Mit Zustimmung des Richters und nach Anhören des Anstaltsarztes kann dem Gefangenen gestattet werden, auf eigene Kosten einen beratenden Arzt hinzuzuziehen.

(2) Dem Gefangenen kann erlaubt werden, sich durch einen anderen als den für die Anstalt regelmäßig tätigen Zahnarzt auf eigene Kosten behandeln zu lassen.

57. Krankenhausbehandlung. Kann einem Gefangenen im Fall einer Erkrankung die erforderliche Behandlung in der Anstalt, in der er sich befindet, nicht gewährt werden, so ist er mit Zustimmung des Richters in eine für die Behandlung geeignete Vollzugsanstalt oder ein Anstaltskrankenhaus zu verlegen oder in ein Krankenhaus außerhalb des Vollzugs zu überführen. Das gleiche gilt bei weiblichen Gefangenen auch im Fall einer Schwangerschaft.

58. Zwangsmaßnahmen auf dem Gebiet der Gesundheitsfürsorge. Auf die Regelung in Nr. 72 wird verwiesen.

59. Abweichen von Vollzugsvorschriften. Der Anstaltsleiter weicht auf Antrag oder nach Anhören des Anstaltsarztes von Vollzugsvorschriften ab, wenn dies zur Wahrung der Gesundheit eines Gefangenen erforderlich ist.

Vierter Abschnitt

60. Besondere Verdunkelungsgefahr. (1) Bei erheblicher Verdunkelungsgefahr kann der Richter von sich aus oder auf Antrag des Staatsanwalts im Aufnahmeersuchen oder später besondere Maßnahmen anordnen, die geeignet sind, diese Gefahr soweit wie möglich auszuschalten.

(2) Es kommen hauptsächlich in Betracht:

1. Anordnung strenger Einzelhaft, während welcher der Gefangene von anderen Gefangenen dauernd getrennt gehalten und streng bewacht wird;
2. Beschränkung des Verkehrs mit der Außenwelt auf das Mindestmaß, insbesondere Paketsperre, Verbot der Beschaffung und Benutzung anstaltsfremden Lesestoffes, besonders strenge Überwachung des Schrift- und Besuchsverkehrs sowie, falls unbedingt notwendig, für eine gewisse Zeit völlige Abschließung von der Außenwelt;
3. Versagung oder Entzug der Erlaubnis, sich selbst zu beköstigen;
4. Versagung oder Entzug der Erlaubnis, eigene Kleidung, Wäsche und Bettwäsche zu benutzen, und Verbot des Überlassens von Stücken der Habe;
5. Beschränkung des täglichen Aufenthalts im Freien auf das Mindestmaß sowie im Benehmen mit dem Anstaltsarzt Ausschluß vom Aufenthalt im Freien für eine bestimmte Zeit.

Fünfter Abschnitt. Sicherheit und Ordnung

Erstes Kapitel

61. Durchsuchung. Der Gefangene, seine Sachen und sein Haftraum dürfen jederzeit durchsucht werden. Bei der Durchsuchung männlicher Gefangener *dürfen nur Männer, bei der* Durchsuchung weiblicher Gefangener nur Frauen anwesend sein. Das Schamgefühl ist zu schonen.

Zweites Kapitel. Besondere Sicherungsmaßnahmen

62. Allgemeines. (1) Gegen einen Gefangenen können besondere Sicherungsmaßnahmen angeordnet werden, wenn eine Gefährdung des Zwecks der Untersuchungshaft oder eine erhebliche Störung der Anstaltsordnung anders nicht vermieden oder behoben werden kann.

(2) Besondere Sicherungsmaßnahmen sind namentlich dann zulässig, wenn nach dem Verhalten des Gefangenen oder aufgrund seines seelischen Zustandes in erhöhtem Maße Fluchtgefahr, die Gefahr von Gewalttätigkeiten gegen Personen oder Sachen oder die Gefahr des Selbstmordes oder der Selbstbeschädigung besteht.

(3) Besondere Sicherungsmaßnahmen (Nrn. 63 und 64) ordnet der Richter an. In dringenden Fällen (Nr. 5) kann sie der Staatsanwalt, der Anstaltsleiter oder ein anderer Beamter, unter dessen Aufsicht der Gefangene steht, vorläufig anordnen. Vorläufige Anordnungen bedürfen der nachträglichen Zustimmung des Richters, die unverzüglich einzuholen ist (§ 119 Abs. 6 Satz 2 und 3 StPO).

(4) Wird ein Gefangener ärztlich behandelt oder beobachtet oder bildet sein seelischer Zustand den Anlaß der Maßnahme, so ist vor der Anordnung besonderer Sicherungsmaßnahmen der Arzt zu hören. Ist dies wegen Gefahr im Verzuge nicht möglich, wird seine Stellungnahme unverzüglich eingeholt.

63. Arten der zulässigen Maßnahmen. (1) Als besondere Sicherungsmaßnahmen kommen hauptsächlich in Betracht:

1. verstärkte Durchsuchung des Gefangenen, seiner Sachen und seines Haftraums;
2. Beobachtung bei Nacht, wenn nötig, verbunden mit abgeschirmter Dauerbeleuchtung des Haftraums;
3. vorsichtige Arbeitszuteilung, insbesondere Verbot der Arbeit mit gefährlichen Werkzeugen und außerhalb des Haftraums;
4. Entzug oder Vorenthaltung von Gegenständen oder Bekleidungsstücken, deren Mißbrauch zu befürchten ist oder die geeignet sind, einen Flucht- oder Selbstmordversuch zu fördern;
5. Versagung oder Entzug der Befugnis, eigene Kleidung und Wäsche zu benutzen;
6. Beschränkung oder zeitweiliger Entzug des täglichen Aufenthalts im Freien;
7. Beschränkung und, abgesehen vom Verkehr mit dem Verteidiger, ausnahmslose Überwachung des Verkehrs mit der Außenwelt;
8. Zusammenlegung mit zuverlässigen Gefangenen in einem Haftraum;
9. Unterbringung in einem besonders gesicherten Haftraum ohne gefährdende Gegenstände.

(2) Zu einer schärferen Sicherungsmaßnahme soll nur gegriffen werden, wenn eine mildere keinen Erfolg verspricht.

64. Fesselung. (1) Der Gefangene darf gefesselt werden, wenn

1. die Gefahr besteht, daß er Gewalt gegen Personen oder Sachen anwendet, oder wenn er Widerstand leistet,
2. er zu fliehen versucht oder wenn bei Würdigung der Umstände des Einzelfalles, namentlich der Verhältnisse des Gefangenen und der Umstände, *die einer Flucht entgegenstehen*, die Gefahr besteht, daß er sich aus dem Gewahrsam befreien wird,
3. die Gefahr des Selbstmordes oder der Selbstbeschädigung besteht

und wenn die Gefahr durch keine andere, weniger einschneidende Maßnahme abgewendet werden kann. 2 Bei der Hauptverhandlung soll er ungefesselt sein (§ 119 Abs. 5 StPO).

(2) 1 In der Regel dürfen Fesseln nur an den Händen oder an den Füßen angelegt werden. 2 Im Interesse des Gefangenen kann eine andere Art der Fesselung angeordnet werden. 3 Die Fesselung wird zeitweise gelockert, soweit dies notwendig ist.

(3) 1 Die Anordnung der Fesselung trifft der Richter. 2 Wird in dringenden Fällen von anderen Beamten die Fesselung verfügt, so ist unverzüglich die nachträgliche Zustimmung des Richters einzuholen (Nr. 62 Abs. 3).

65 Dauer der Maßnahmen und ärztliche Überwachung. (1) Besondere Sicherungsmaßnahmen dürfen nur soweit aufrechterhalten werden, wie es ihr Zweck erfordert.

(2) Ist ein Gefangener in einem Haftraum ohne gefährdende Gegenstände untergebracht oder innerhalb der Vollzugsanstalt gefesselt, so sucht ihn der Anstaltsarzt alsbald und in der Folge möglichst täglich auf.

(3) Der Arzt ist regelmäßig zu hören, solange einem Gefangenen der tägliche Aufenthalt im Freien entzogen wird.

66 Verlegung in eine andere Anstalt.[1] Hält der Anstaltsleiter bei den besonderen Verhältnissen seiner Anstalt die Gewähr für eine sichere Verwahrung oder die Verhinderung von Gewalttätigkeiten, Selbstmord oder Selbstbeschädigung nicht für gegeben, so hat er beim Richter auf die Verlegung des Gefangenen in eine geeignete Vollzugsanstalt hinzuwirken.

Drittes Kapitel. Disziplinarmaßnahmen

67 Allgemeines. (1) Gegen einen Gefangenen, der schuldhaft gegen die Ordnung in der Anstalt verstößt oder den Haftzweck gefährdet oder vereitelt, kann der Richter gemäß § 119 Abs. 3 und 6 StPO Disziplinarmaßnahmen anordnen.

(2) Bei leichteren Verstößen kann es bei einer Ermahnung oder Verwarnung bleiben, die auch der Anstaltsleiter aussprechen kann.

68 Arten der Disziplinarmaßnahmen. (1) Als Disziplinarmaßnahmen kommen in Betracht:

1. Verweis;
2. Beschränkung oder Entzug des Rechts auf Selbstbeköstigung (Nr. 50 Abs. 2) und des Rechts auf Beschaffung von zusätzlichen Nahrungs- und Genußmitteln und Gegenständen des persönlichen Bedarfs (Nr. 51 Abs. 1) bis zu drei Monaten;
3. *Beschränkung oder Entzug* verlängerter Haftraumbeleuchtung (Nr. 54 Abs. 2) bis zu drei Monaten;
4. Beschränkung oder Entzug des Lesestoffs (Nr. 45) bis zu zwei Wochen sowie des Hörfunk- und Fernsehempfangs (Nr. 40) bis zu drei Monaten; der gleichzeitige Entzug jedoch nur bis zu zwei Wochen;

[1] **Schleswig-Holstein:** Nr. 66 UVollzO ist in Schleswig-Holstein nicht mehr anzuwenden (AV v. 12.4.1979, SchlHA S. 119).

5. Beschränkung oder Entzug des Besitzes von Gegenständen aus der Habe (Nr. 53 Abs. 1) bis zu drei Monaten;
6. Beschränkung oder Entzug der Teilnahme an gemeinsamen Veranstaltungen (Nr. 46) bis zu drei Monaten;
7. Entzug des täglichen Aufenthalts im Freien (Nr. 55) bis zu einer Woche;
8. Entzug einer zugewiesenen Arbeit oder Beschäftigung (Nr. 43) unter Wegfall der Bezüge oder einer Selbstbeschäftigung (Nr. 44) bis zu vier Wochen;
9. Beschränkung des Verkehrs mit Personen außerhalb der Anstalt auf dringende Fälle bis zu drei Monaten;
10. Arrest bis zu vier Wochen.

(2) Für junge Gefangene (Nr. 1 Abs. 4) gilt Abs. 1 Ziffer 7 nicht; Arrest (Abs. 1 Ziffer 10) ist nur bis zu zwei Wochen zulässig.

(3) Mehrere Disziplinarmaßnahmen können miteinander verbunden werden.

(4) Bei der Wahl der Disziplinarmaßnahmen werden Grund und Zweck der Haft sowie die seelischen Wirkungen der Untersuchungshaft und des Strafverfahrens berücksichtigt.

(5) [1] Der Anstaltsleiter soll die Anordnung von Arrest nur wegen schwerer oder mehrfach wiederholter Verfehlungen beantragen. [2] Die Anordnung von Maßnahmen nach Abs. 1 Ziffern 3 bis 9 soll er möglichst nur beantragen, wenn die Verfehlung mit den zu beschränkenden oder zu entziehenden Befugnissen im Zusammenhang steht; dies gilt nicht bei einer Verbindung mit Arrest.

69 Verfahren. (1) [1] Der Anstaltsleiter veranlaßt die zur Klärung des Sachverhalts notwendigen Erhebungen, soweit sie nicht der Richter oder der Staatsanwalt durchführt. [2] Der Gefangene wird gehört. [3] Die Erhebungen werden in einer Niederschrift festgelegt; die Einlassung des Gefangenen wird vermerkt. [4] Der Anstaltsleiter legt das Ergebnis seiner Ermittlungen mit einem Antrag auf Festsetzung einer bestimmten Disziplinarmaßnahme dem Richter vor. [5] Dieser kann weitere Erhebungen anordnen oder selbst anstellen.

(2) Vor der Beantragung einer Disziplinarmaßnahme gegen einen Gefangenen, der ärztlich behandelt oder beobachtet wird, oder gegen eine Schwangere oder eine stillende Mutter ist der Anstaltsarzt zu hören.

(3) [1] Der Beschluß, mit dem über die Anordnung einer Disziplinarmaßnahme entschieden wird, ist schriftlich abzufassen und zu begründen. [2] Dem anwesenden Gefangenen wird er vom Richter durch Verkündung bekanntgemacht, dem abwesenden formlos mitgeteilt (§ 35 StPO).

(4) Bei der Anordnung und dem Vollzug einer Disziplinarmaßnahme ist darauf zu achten, daß die Verteidigung und die Verhandlungsfähigkeit des Gefangenen nicht beeinträchtigt werden.

70 Vollstreckung. (1) Disziplinarmaßnahmen werden in der Regel sofort vollstreckt.

(2) Eine Disziplinarmaßnahme kann ganz oder zum Teil auch während einer der Untersuchungshaft unmittelbar nachfolgenden Untersuchungs- oder Strafhaft vollstreckt werden.

(3) Wird der Verkehr des Gefangenen mit Personen außerhalb der Anstalt eingeschränkt, ist ihm Gelegenheit zu geben, dies einer Person, mit der er im Schriftwechsel steht oder die ihn zu besuchen pflegt, mitzuteilen. Der Verkehr mit den in Nrn. 30 Abs. 2, 36 bis 37 a genannten Empfängern, mit Gerichten und Justizbehörden in der Bundesrepublik sowie mit Rechtsanwälten und Notaren in einer den Gefangenen betreffenden Rechtssache bleibt unbeschränkt.

71. Vollzug des Arrestes. (1) Der Arrest wird unter unausgesetzter Absonderung des Gefangenen von anderen Gefangenen vollzogen. Der Gefangene kann in einem besonderen Arrestraum untergebracht werden, der den Anforderungen entsprechen muß, die an einen zum Aufenthalt bei Tag und Nacht bestimmten Haftraum gestellt werden.

(2) Soweit nicht anderes angeordnet wird, ruhen die Befugnisse des Gefangenen aus oder aufgrund der Nr. 18 Abs. 3, Nrn. 40, 43, 45, 50 Abs. 2, Nr. 51 Abs. 1, Nr. 52 Abs. 1, Nr. 53 Abs. 1 und Nr. 54 Abs. 2.

(3) Vor dem Vollzug des Arrestes ist der Anstaltsarzt zu hören. Während des Arrestes steht der Gefangene unter ärztlicher Aufsicht. Der Vollzug des Arrestes unterbleibt oder wird unterbrochen, solange die Gesundheit des Gefangenen durch den Vollzug gefährdet würde.

Viertes Kapitel

72. Unmittelbarer Zwang. (1) Für die Anwendung unmittelbaren Zwangs gelten die gesetzlichen Vorschriften.

(2) Jede Anwendung unmittelbaren Zwangs, insbesondere jeder Waffengebrauch, ist dem Anstaltsleiter unverzüglich zu melden.

Sechster Abschnitt. Beschwerde

73. Allgemeines. Der Gefangene hat das Recht, sich gegen Anordnungen und Maßnahmen zu beschweren, durch die er im Vollzuge der Untersuchungshaft betroffen wird.

74. Entscheidungen des Richters. (1) Beschwerden gegen Verfügungen des Richters werden nach den Vorschriften der Strafprozeßordnung (§§ 304 ff.) behandelt.

(2) Die Beschwerde ist zur Niederschrift der Geschäftsstelle des Gerichts zu geben oder schriftlich einzulegen. Sie ist bei dem Gericht anzubringen, das die angefochtene Verfügung erlassen hat. Der Gefangene kann die Beschwerde auch zur Niederschrift des Amtsgerichts geben, in dessen Bezirk er sich befindet (§ 299 StPO).

(3) Durch Einlegung der Beschwerde wird der Vollzug der angefochtenen Verfügung nicht gehemmt, sofern nicht der Richter die Vollziehung aussetzt (§ 307 StPO).

75. Entscheidungen des Anstaltsleiters. (1) Beschwert der Gefangene sich gegen Anordnungen des Anstaltsleiters in Angelegenheiten, die der Zuständigkeit des Richters nach § 119 Abs. 6 StPO unterliegen, so entscheidet der Richter.

(2) Über Beschwerden gegen Maßnahmen der Anstaltsbeamten entscheidet im Dienstaufsichtswege der Anstaltsleiter, soweit nicht auf Grund besonderer Vorschriften unmittelbar die Aufsichtsbehörde zuständig ist. Diese entscheidet auch, wenn die Beschwerde sich gegen den Anstaltsleiter selbst richtet. Gemeinsame Beschwerden sind unzulässig.

(3) Unabhängig von der Dienstaufsichtsbeschwerde kann der Gefangene in Angelegenheiten, für die nicht die richterliche Zuständigkeit nach § 119 Abs. 6 StPO gegeben ist, Antrag auf gerichtliche Entscheidung stellen, wenn er geltend macht, durch eine Anordnung, Verfügung oder sonstige Maßnahmen der Vollzugsbehörde oder durch die Ablehnung oder Unterlassung einer solchen Maßnahme in seinen Rechten verletzt zu sein (§§ 23, 24 Abs. 1 EGGVG). Ob dem Antrage auf gerichtliche Entscheidung ein Verfahren über einen förmlichen Rechtsbehelf vorauszugehen hat, richtet sich nach Landesrecht.

Siebenter Abschnitt

76. Ergänzende Vorschriften. Soweit nicht diese Vollzugsordnung anderes bestimmt oder Wesen und Zweck der Untersuchungshaft entgegenstehen, gelten für den Vollzug der Untersuchungshaft die Vorschriften über den Strafvollzug sinngemäß.

Achter Abschnitt. Junge Gefangene

77. Zuständiger Richter. Im Verfahren gegen Jugendliche und Heranwachsende gilt die Vorschrift der Nr. 2 mit der Maßgabe, daß an die Stelle des Amtsrichters der Jugendrichter tritt (§§ 34, 107 JGG). Der zuständige Richter kann in Verfahren gegen Jugendliche die richterlichen Entscheidungen, welche die Untersuchungshaft betreffen, aus wichtigen Gründen sämtlich oder zum Teil einem anderen Jugendrichter übertragen (§ 72 Abs. 5 JGG).

78. Trennung. (1) Mit erwachsenen Gefangene dürfen junge Gefangene (Nr. 1 Abs. 4) nicht zusammenkommen (Nr. 22 Abs. 4). Wenn gesundheitliche Gründe es dringend erfordern, kann ein junger Gefangener ausnahmsweise vorübergehend auch zusammen mit erwachsenen Gefangenen untergebracht werden.

(2) Werden junge Gefangene in gemeinsamer Haft zusammengelegt, so sind Entwicklung und Reife der Gefangenen sowie erzieherische Gesichtspunkte zu berücksichtigen.

79. Persönlichkeitserforschung. (1) Der Anstaltsleiter und die von ihm beauftragten Beamten sollen sich mit der Erforschung der Persönlichkeit des jungen Gefangenen befassen. Sie dient dem Ziele, für die Beurteilung der Persönlichkeit des jungen Gefangenen Unterlagen zu gewinnen und so die richtige Behandlung im Vollzug der Untersuchungshaft wie auch die richtige Entscheidung in der Strafsache zu erleichtern.

(2) Die Persönlichkeitsforschung ist in Zusammenarbeit mit den Organen der Jugendgerichtshilfe durchzuführen. Besonderer Wert ist zu legen auf die Feststellung der seelischen, geistigen und körperlichen Eigenart des jungen Gefangenen, auf seine Lebensgeschichte, die Schul- und Berufsbildung sowie

die persönlichen und sozialen Verhältnisse. Der Gefangene ist zu beobachten und sein Verhalten laufend schriftlich festzuhalten. Jeder junge Gefangene hat alsbald nach der Aufnahme seinen Lebenslauf niederzuschreiben.

(3) Das Ergebnis der Persönlichkeitserforschung ist dem Richter oder dem Staatsanwalt mitzuteilen (Nr. 8).

80. Erzieherische Gestaltung. (1) Bei der erzieherischen Gestaltung des Vollzugs der Untersuchungshaft an jungen Gefangenen ist auf die körperliche, geistige und seelische Entwicklung Rücksicht zu nehmen.

(2) Der junge Gefangene ist aus erzieherischen Gründen zur Arbeit verpflichtet. Die Vorschriften des Gesetzes zum Schutze der arbeitenden Jugend (JArbSchG) sind zu beachten (§ 62 JArbSchG). Vier Siebtel des Arbeitsentgelts (§ 177 Satz 4, § 176 Abs. 1 Satz 1 und 2 StVollzG) sind wie Überbrückungsgeld zu behandeln.

(3) Die Erziehungsarbeit soll Gruppenmaßnahmen, insbesondere Unterricht umfassen. Die schulpflichtigen Gefangenen sind verpflichtet, hieran teilzunehmen. Der Unterricht findet in der Regel während der Arbeitszeit statt. Ist dem jungen Gefangenen die Teilnahme an gemeinsamen Veranstaltungen nicht gestattet, ist er zum selbständigen Lernen anzuhalten und hierbei zu unterstützen.

(4) Der Anstaltsleiter gestaltet und überwacht die arbeits- und unterrichtsfreie Zeit. Durch Überlassen von gutem und geeignetem Lesestoff, durch Einzelseelsorge, persönliche Einwirkung und persönliche Aussprache soll auf Förderung der geistigen und sittlichen Entwicklung des jungen Gefangenen hingewirkt werden. Lesestoff zuzulassen, der nicht aus der Gefangenenbücherei stammt, ist dem Richter vorbehalten.

(5) Vom Bezug ausgeschlossen sind Bücher, Zeitungen und Zeitschriften, deren Verbreitung mit Strafe oder Geldbuße bedroht ist oder die der erzieherischen Gestaltung der Untersuchungshaft zuwiderlaufen

81. Lebenshaltung. (1) Besondere Wünsche des jungen Gefangenen werden nur erfüllt, soweit es mit dem Erziehungswerk vereinbar ist.

(2) Selbstbeköstigung wird versagt, wenn erzieherische Nachteile zu befürchten sind.

(3) Jungen Gefangenen, die das sechzehnte Lebensjahr noch nicht vollendet haben, wird Rauchen nicht gestattet.

82. Aufenthalt im Freien. (1) Die Zeit des Aufenthalts im Freien wird nach Möglichkeit mit sportlicher Betätigung ausgefüllt.

(2) Der junge Gefangene ist zur Teilnahme verpflichtet, soweit er nicht hiervon befreit wird. Eine Befreiung soll nur erfolgen, wenn es der Anstaltsarzt beantragt oder wenn es das Wohl des Gefangenen aus besonderen Gründen erforderlich macht.

83. Verkehr mit der Außenwelt. (1) Der Verkehr mit der Außenwelt wird mit besonderer Sorgfalt überwacht. Er wird unterbunden, soweit er aus erzieherischen Gründen bedenklich erscheint.

(2) Dem Vertreter der Jugendgerichtshilfe und, wenn der Gefangene unter Bewährungsaufsicht steht oder für ihn ein Erziehungsbeistand bestellt ist, dem

Helfer und dem Erziehungsbeistand ist der Verkehr mit dem Gefangenen in demselben Umfang wie einem Verteidiger gestattet (§§ 93, 110 JGG). Die Nrn. 36 und 37 dieser Vollzugsordnung gelten entsprechend.

84. Beamte. Die Beamten müssen für die besonderen Aufgaben des Vollzugs an jungen Gefangenen geeignet sein.

85. Ergänzende Vorschriften. Soweit nicht diese Vollzugsordnung anderes bestimmt, gelten für den Vollzug der Untersuchungshaft an jungen Gefangenen ergänzend die Vorschriften für Erwachsene. Daneben gelten sinngemäß die Vorschriften über den Jugendstrafvollzug, soweit nicht Wesen und Zweck der Untersuchungshaft entgegenstehen.

Zweiter Teil. Besondere Haftarten

Erstes Kapitel. Haft auf Grund vorläufiger Festnahme

86. Aufnahme. Vorführung vor den Richter. (1) Ein vorläufig Festgenommener wird in die Anstalt auf Grund einer schriftlichen Verfügung des Richters oder des Staatsanwalts vorläufig aufgenommen; in besonders gelagerten Ausnahmefällen kann er auch auf Grund einer von der Polizeibehörde ausgestellten und unterschriebenen Einlieferungsanzeige vorläufig aufgenommen werden. Dem Anstaltsleiter ist jeder vorläufig Aufgenommene unverzüglich zu melden.

(2) Der Anstaltsleiter stellt sicher, daß der vorläufig Festgenommene unverzüglich, spätestens am Tage nach der Festnahme dem nach §§ 128, 129 StPO zuständigen Richter vorgeführt wird.

Hamburg: Durch die AV v. 17. 10. 1978 (JVBl. S. 157) erhielt Nr. 86 folgende Fassung:

„86. 1. Ein vorläufig Festgenommener wird in die Anstalt auf Grund einer schriftlichen Verfügung des Richters oder des Staatsanwalts oder auf Grund einer von der Polizeibehörde ausgestellten und unterschriebenen Einlieferungsanzeige aufgenommen.

2. Der Anstaltsleiter stellt sicher, daß der vorläufig Festgenommene unverzüglich, spätestens am Tage nach der Festnahme, dem nach §§ 128, 129 StPO zuständigen Richter vorgeführt wird."

87. Durchführung des Vollzuges. (1) Für die Haft auf Grund vorläufiger Festnahme, die im Bereich der Justizverwaltung vollzogen wird, gelten die Vorschriften über den Vollzug der Untersuchungshaft entsprechend, soweit sie mit der Eigenart dieser Haft als kurzfristigem Zustand vereinbar sind. Der Vollzug wird unter Beachtung der Hinweise der Polizeibeamten auf Persönlichkeit und Tat des Festgenommenen durchgeführt. Soweit erforderlich, nimmt der Anstaltsleiter mit dem Staatsanwalt Fühlung oder führt eine richterliche Entscheidung herbei.

(2) Der vorläufig Festgenommene nimmt am gemeinschaftlichen Gottesdienst, an anderen gemeinschaftlichen Veranstaltungen sowie an dem Aufenthalt im Freien nicht teil. Verkehr mit der Außenwelt wird grundsätzlich nicht gestattet. Der Festgenommene erhält auf Wunsch Lesestoff aus der Anstaltsbücherei.

Zweites Kapitel. Einstweilige Unterbringung

88. Zweck. Die einstweilige Unterbringung soll die Allgemeinheit schon vor rechtskräftiger Anordnung der Unterbringung in einem psychiatrischen Krankenhaus oder einer Entziehungsanstalt vor Personen schützen, die dringend verdächtig sind, im Zustand der Schuldunfähigkeit oder der verminderten Schuldfähigkeit eine rechtswidrige Tat begangen zu haben (§ 126a StPO). Auf die Sicherung des Strafverfahrens wird Bedacht genommen.

89. Anstalten. (1) Die einstweilige Unterbringung wird in einem öffentlichen psychiatrischen Krankenhaus oder einer öffentlichen Entziehungsanstalt vollzogen.

(2) Die Unterbringung in einer Justizvollzugsanstalt ist für höchstens vierundzwanzig Stunden und nur dann zulässig, wenn eine sofortige Überführung in eine der in Absatz 1 genannten Anstalten nicht möglich ist. Dabei sind alle Sicherungsmaßnahmen zu treffen, die sich aus dem Zweck der Anordnung der einstweiligen Unterbringung ergeben.

90. Einleitung und Durchführung des Vollzugs. (1) Für die Einleitung der einstweiligen Unterbringung gilt Nr. 15 entsprechend.

(2) Für den Vollzug der einstweiligen Unterbringung gelten, soweit nicht Rücksichten auf das Verfahren entgegenstehen oder anderes bestimmt ist, die Vorschriften über den Vollzug der Unterbringung gemäß §§ 63, 64 StGB entsprechend.

Drittes Kapitel. Vollstreckung von Untersuchungshaft und Strafvollstreckung

91. Strafvollstreckung. (1) Als Strafgefangener ist zu behandeln, soweit sich dies schon vor der Aufnahme zum Strafvollzug durchführen läßt,

1. der Gefangene, gegen den auf Freiheitsstrafe erkannt worden ist, vom Zeitpunkt des Eintritts der Rechtskraft des Urteils ab, es sei denn, daß er auf Grund eines anderen Haftbefehls weiterhin in Untersuchungshaft bleibt,
2. der im Vollstreckungsverfahren verhaftete Verurteilte (§ 457 StPO) sowie
3. ein Verurteilter, der nach anderer Haft zum Vollzug einer Strafe zurückgehalten wird (Überhaft), die in einer anderen Vollzugsanstalt zu vollziehen ist.

(2) Die Vorschrift des Absatzes 1 gilt bei Anordnung einer mit Freiheitsentziehung verbundenen Maßregel der Besserung und Sicherung sinngemäß.

(3) Der Anstaltsleiter wirkt auf eine baldige Überführung des Gefangenen in die zuständige Anstalt nachdrücklich hin.

92. Unterbrechung der Untersuchungshaft zum Zwecke der Strafvollstreckung. (1) Die Untersuchungshaft kann mit Zustimmung des Richters zur Vollstreckung einer Freiheitsstrafe unterbrochen werden; bei besonderer Verdunkelungsgefahr (Nr. 60) wird hiervon abzusehen sein.

(2) Der Gefangene wird für die Dauer des Vollzuges der Strafe als Strafgefangener behandelt. Er unterliegt jedoch auch denjenigen Beschränkungen seiner Freiheit, die der Zweck der Untersuchungshaft erfordert (§ 122 Abs. 1

Satz 1 StVollzG). Insbesondere darf der Gefangene nicht außerhalb des eingefriedeten Bereichs der Anstalt beschäftigt werden. Der Richter kann anordnen, daß der Gefangene von anderen Strafgefangenen getrennt zu halten ist.

(3) Weitere mit Rücksicht auf den Zweck der Untersuchungshaft erforderliche Beschränkungen ordnet der Richter an (§ 122 Abs. 1 Satz 2 StVollzG). Er kann insbesondere anordnen, daß ihm der Schriftwechsel des Gefangenen zur Mitprüfung vorgelegt und vor der Zulassung von Besuchen seine Zustimmung eingeholt wird. In dringenden Fällen gilt § 119 Abs. 6 Satz 2 und 3 StPO.

(4) Beginn und Ende der Strafhaft sind der Vollstreckungsbehörde und dem für die Untersuchungshaft zuständigen Richter mitzuteilen.

(5) Diese Vorschriften gelten bei Unterbrechung der Vollstreckung der Untersuchungshaft zum Zwecke der Vollsteckung einer mit Freiheitsentziehung verbundenen Maßregel der Besserung und Sicherung entsprechend.

93. Anordnung von Untersuchungshaft gegen Strafgefangene oder Sicherungsverwahrte. Wird gegen einen Strafgefangenen oder Sicherungsverwahrten in anderer Sache Untersuchungshaft angeordnet, so gelten, wenn nicht aus dringenden Gründen, namentlich wegen besonderer Verdunkelungsgefahr, die Vollstreckung der Strafe zum Zwecke der Vollstreckung der Untersuchungshaft unterbrochen wird, die Vorschriften der Nr. 92 Abs. 2 bis 5 entsprechend.

91c. Verordnung über den Vollzug des Jugendarrestes (Jugendarrestvollzugsordnung – JAVollzO)

In der Fassung der Bekanntmachung vom 30. November 1976[1) 2)]
(BGBl. I S. 3270)

FNA 451-1-1

Lfd. Nr.	Änderndes Gesetz	Datum	Fundstelle	Betroffen	Hinweis
1.	Art. 9 Abs. 7 Kinder- und JugendhilfeG	26.6.1990	BGBl. I S. 1163	§ 27	geänd. mWv 1.1.1991
				§ 28	aufgeh. mWv 1.1.1991
2.	Art. 53 Bundesrecht-BereinigungsG	8.12.2010	BGBl. I S. 1864	§ 32	aufgeh. mWv 15.12.2010

Nach der Neuregelung der Art. 72 ff. GG durch das FöderalismusreformG v. 28.8.2006 (BGBl. I S. 2034) fällt der Jugendarrestvollzug in die Gesetzgebungskompetenz der Länder (Art. 74 Abs. 1 Nr. 1 iVm Art. 70 Abs. 1 GG).

Die JAVollzO gilt gem. Art. 125a Abs. 1 GG seit dem 1.9.2006 als Bundesrecht fort, kann aber durch Landesrecht ersetzt werden. Der Bundesgesetzgeber besitzt nach dem 31.8.2006 für Änderungen der JAVollzO keine Gesetzgebungskompetenz mehr.

Die Länder haben auf dem Gebiet des Jugendarrestvollzugs bisher ua folgende Vorschriften erlassen:
- **Baden-Württemberg:** JugendarrestG v. 25.11.2014 (GBl. S. 582), geänd. durch G v. 21.5.2019 (GBl. S. 189)
- **Bayern:** Bayerisches JugendarrestvollzugsG v. 26.6.2018 (GVBl. S. 438), geänd. durch G v. 8.7.2020 (GVBl. S. 330)
- **Berlin:** G zu dem Staatsvertrag der Länder Berlin und Brandenburg über die Errichtung und den Betrieb einer gemeinsamen Jugendarrestanstalt v. 15.12.2015 (GVBl. S. 589); AV zum Jugendarrestvollzug v. 3.2.2015 (ABl. S. 275); Berliner JugendarrestvollzugsG v. 27.9.2021 (GVBl. S. 1135)
- **Brandenburg:** Brandenburgisches JugendarrestvollzugsG v. 10.7.2014 (GVBl. I Nr. 34)
- **Hamburg:** Hamburgisches JugendarrestvollzugsG v. 29.12.2014 (HmbGVBl. S. 542), zuletzt geänd. durch G v. 27.4.2021 (HmbGVBl. S. 285)
- **Hessen:** Hessisches JugendarrestvollzugsG v. 27.5.2015 (GVBl. S. 223), zuletzt geänd. durch G v. 12.11.2020 (GVBl. S. 778)
- **Mecklenburg-Vorpommern:** JugendarrestvollzugsG Mecklenburg-Vorpommern v. 27.5.2016 (GVOBl. M-V S. 302), geänd. durch G v. 21.11.2020 (GVOBl. M-V S. 1254)
- **Niedersachsen:** Niedersächsisches JugendarrestvollzugsG v. 17.2.2016 (Nds. GVBl. S. 38, ber. 2016, S. 75), zuletzt geänd. durch G v. 20.5.2019 (Nds. GVBl. S. 88)
- **Nordrhein-Westfalen:** JugendarrestvollzugsG Nordrhein-Westfalen v. 30.4.2013 (GV. NRW. S. 203), zuletzt geänd. durch G v. 12.10.2018 (GV. NRW. S. 555)
- **Rheinland-Pfalz:** LandesjugendarrestvollzugsG v. 6.10.2015 (GVBl. S. 354), zuletzt geänd. durch G v. 15.10.2020 (GVBl. S. 571)
- **Saarland:** Saarländisches JugendarrestvollzugsG v. 20.1.2016 (Amtsbl. I S. 132), zuletzt geänd. durch G v. 16.6.2021 (Amtsbl. I S. 1822)
- **Sachsen:** Sächsisches JugendarrestvollzugsG v. 5.3.2019 (SächsGVBl. S. 158), geänd. durch G v. 22.8.2019 (SächsGVBl. S. 663)
- **Sachsen-Anhalt:** Drittes Buch Justizvollzugsgesetzbuch Sachsen-Anhalt v. 11.11.2020 (GVBl. LSA S. 644)
- **Schleswig-Holstein:** JugendarrestvollzugsG v. 2.12.2014 (GVOBl. Schl.-H. S. 356), geänd. durch G v. 23.9.2021 (GVOBl. Schl.-H. S. 1170)
- **Thüringen:** Thüringer JugendarrestvollzugsG v. 19.3.2019 (GVBl. S. 9)

[1)] Neubekanntmachung der JAVollzO v. 12.8.1966 (BGBl. I S. 505) in der ab 1.1.1977 geltenden Fassung.

[2)] Die VO wurde erlassen auf Grund von § 115 Abs. 1 und 2 JGG.

§ 1 Vollzugseinrichtungen. (1) [1] Dauerarrest und Kurzarrest von mehr als zwei Tagen werden in Jugendarrestanstalten, Freizeitarrest und Kurzarrest bis zu zwei Tagen in Freizeitarresträumen vollzogen. [2] Freizeitarrest und Kurzarrest bis zu zwei Tagen können auch in einer Jugendarrestanstalt vollzogen werden.

(2) [1] Jugendarrestanstalten dürfen nicht, Freizeitarresträume dürfen nicht gleichzeitig dem Vollzug von Strafe oder dem Vollzug an Erwachsenen dienen. [2] Jugendarrestanstalten und Freizeitarresträume dürfen nicht in Straf- oder Untersuchungshaftanstalten, auch nicht im Verwaltungsteil dieser Anstalten, eingerichtet werden.

(3) [1] Männliche und weibliche Jugendliche werden getrennt. [2] Hiervon darf abgesehen werden, um Jugendlichen die Teilnahme an religiösen Veranstaltungen und an erzieherischen Maßnahmen zu ermöglichen.

(4) Jugendarrestanstalten sollen nicht weniger als 10 und nicht mehr als 60 Jugendliche aufnehmen können.

§ 2 Leitung des Vollzuges. (1) [1] Vollzugsleiter ist der Jugendrichter am Ort des Vollzuges. [2] Ist dort kein Jugendrichter oder sind mehrere tätig, so ist Vollzugsleiter der Jugendrichter, den die oberste Behörde der Landesjustizverwaltung dazu bestimmt.

(2) [1] Der Vollzugsleiter ist für den gesamten Vollzug verantwortlich. [2] Er kann bestimmte Aufgaben einzelnen oder mehreren Mitarbeitern gemeinschaftlich übertragen.

(3) Die Zusammenarbeit aller an der Erziehung Beteiligten soll durch regelmäßige Besprechungen gefördert werden.

§ 3 Mitarbeiter. (1) [1] Die Mitarbeiter des Vollzugsleiters sollen erzieherisch befähigt und in der Jugenderziehung erfahren sein. [2] Sie sollen so ausgewählt und angeleitet werden, daß sie mit dem Vollzugsleiter in einer erzieherischen Einheit vertrauensvoll zusammenarbeiten.

(2) [1] Männliche Jugendliche werden von Männern, weibliche Jugendliche von Frauen beaufsichtigt. [2] Hiervon darf abgewichen werden, wenn Unzuträglichkeiten nicht zu befürchten sind.

(3) Nach Bedarf werden Psychologen, Sozialpädagogen, Sozialarbeiter, Lehrer und andere Fachkräfte als Mitarbeiter bestellt.

(4) Ehrenamtliche Mitarbeiter können zur Mitwirkung an der Erziehungsarbeit herangezogen werden.

§ 4 Nachdrückliche Vollstreckung. Der Jugendarrest ist in der Regel unmittelbar nach Rechtskraft des Urteils zu vollziehen.

§ 5 Aufnahme. (1) [1] Der Jugendliche hat sämtliche eingebrachten Sachen, die er während des Vollzuges nicht benötigt, bei der Aufnahme abzugeben und, soweit tunlich, selbst zu verzeichnen. [2] Sie werden außerhalb des Arrestraumes verwahrt. [3] Der Jugendliche wird über seine Rechte und Pflichten unterrichtet. [4] Anschließend wird er, nach Möglichkeit ohne Entkleiden, gründlich, aber schonend durchsucht. [5] Männliche Jugendliche dürfen nur von Männern, weibliche Jugendliche nur von Frauen durchsucht werden. [6] Gegenstände der eingebrachten Sachen, die einem berechtigten Bedürfnis dienen, können dem Jugendlichen belassen werden.

(2) Fürsorgemaßnahmen, die infolge der Freiheitsentziehung erforderlich werden, sind rechtzeitig zu veranlassen.

(3) Weibliche Jugendliche, die über den fünften Monat hinaus schwanger sind, vor weniger als sechs Wochen entbunden haben oder ihr Kind selbst nähren, dürfen nicht aufgenommen werden.

§ 6 Unterbringung. (1) Der Jugendliche wird während der Nacht allein in einem Arrestraum untergebracht, sofern nicht sein körperlicher oder seelischer Zustand eine gemeinsame Unterbringung erfordert.

(2) [1] Während des Tages soll der Jugendliche bei der Arbeit und bei gemeinschaftlichen Veranstaltungen mit anderen Jugendlichen zusammen untergebracht werden, sofern Aufsicht gewährleistet ist und erzieherische Gründe nicht

(Fortsetzung nächstes Blatt)

entgegenstehen. [2]Im Freizeitarrest und Kurzarrest bis zu zwei Tagen kann er auch während des Tages allein untergebracht werden. [3]Erfordert sein körperlicher oder seelischer Zustand eine gemeinsame Unterbringung, so ist er auch während des Tages mit anderen Jugendlichen zusammen unterzubringen.

§ 7 Persönlichkeitserforschung. Der Vollzugsleiter und die an der Erziehung beteiligten Mitarbeiter sollen alsbald ein Bild von dem Jugendlichen und seinen Lebensverhältnissen zu gewinnen versuchen, soweit dies für die Behandlung des Jugendlichen während des Arrestes und für eine Nachbetreuung notwendig ist.

§ 8 Behandlung. (1) An den Jugendlichen sind während des Vollzuges dieselben Anforderungen zu stellen, die bei wirksamer Erziehung in der Freiheit an ihn gestellt werden müssen.

(2) Der Jugendliche ist mit „Sie" anzureden, soweit nicht der Vollzugsleiter etwas anderes bestimmt.

(3) Alle Mitarbeiter haben wichtige Wahrnehmungen, die einen Jugendlichen betreffen, unverzüglich dem Vollzugsleiter zu melden.

§ 9 Verhaltensvorschriften. (1) [1]Der Jugendliche soll durch sein Verhalten zu einem geordneten Zusammenleben in der Anstalt beitragen. [2]Er darf die Ordnung in der Anstalt nicht stören.

(2) [1]Die Anforderungen, die an das Verhalten des Jugendlichen gestellt werden, sind durch die Vollzugsbehörde in besonderen Verhaltensvorschriften zusammenzufassen, die in jedem Arrestraum ausgehängt werden. [2]Diese Verhaltensvorschriften sind so abzufassen, daß sie einem Jugendlichen verständlich sind. [3]Der Sinn der Verhaltensvorschriften und der Anordnungen der Vollzugsbediensteten soll dem Jugendlichen nahegebracht werden.

(3) Der Jugendliche hat die Anordnungen der Vollzugsbediensteten zu befolgen und die Verhaltensvorschriften zu beachten.

§ 10 Erziehungsarbeit. (1) Der Vollzug soll so gestaltet werden, daß die körperliche, geistige und sittliche Entwicklung des Jugendlichen gefördert wird.

(2) [1]Die Erziehungsarbeit soll im Kurzarrest von mehr als zwei Tagen und im Dauerarrest neben Aussprachen mit dem Vollzugsleiter namentlich soziale Einzelhilfe, Gruppenarbeit und Unterricht umfassen. [2]Beim Vollzug des Freizeitarrestes und des Kurzarrestes bis zu zwei Tagen soll eine Aussprache mit dem Vollzugsleiter nach Möglichkeit stattfinden.

§ 11 Arbeit und Ausbildung. (1) [1]Der Jugendliche wird zur Arbeit oder nach Möglichkeit zum Unterricht oder zu anderen ausbildenden Veranstaltungen herangezogen. [2]Er ist verpflichtet, fleißig und sorgfältig mitzuarbeiten.

(2) Im Freizeitarrest und während der ersten beiden Tage des Kurzarrestes und des Dauerarrestes kann von der Zuweisung von Arbeit und von der Teilnahme am Unterricht oder an anderen ausbildenden Veranstaltungen abgesehen werden.

(3) Arbeit, Unterricht und andere ausbildende Veranstaltungen außerhalb des Anstaltsbereichs kann der Vollzugsleiter aus erzieherischen Gründen mit Zustimmung des Jugendlichen zulassen.

(4) Der Jugendliche erhält kein Arbeitsentgelt.

§ 12 Lebenshaltung. (1) [1] Der Jugendliche trägt eigene Kleidung und eigene Wäsche. [2] Während der Arbeit trägt er Anstaltssachen. [3] Dasselbe gilt, wenn die eigene Kleidung oder Wäsche unangemessen ist.

(2) [1] Der Jugendliche erhält ausreichende Kost. [2] Selbstbeköstigung und zusätzliche eigene Verpflegung sind ausgeschlossen. [3] Alkoholgenuß ist nicht gestattet. [4] Rauchen kann Jugendlichen über 16 Jahren gestattet werden.

(3) Der Jugendliche erhält das anstaltsübliche Bettlager und, soweit erforderlich, Mittel zur Körperpflege.

(4) [1] Der Aufenthalt im Freien beträgt, soweit die Witterung es zuläßt und gesundheitliche Gründe nicht entgegenstehen, täglich mindestens eine Stunde. [2] Am Zugangs- und Abgangstag sowie bei Freizeit- und Kurzarrest bis zu zwei Tagen kann von dem Aufenthalt im Freien abgesehen werden.

(5) Der Jugendliche hat die notwendigen Maßnahmen zum Gesundheitsschutz und zur Hygiene zu unterstützen.

§§ 13–15 (weggefallen)

§ 16 Sport. (1) [1] Im Vollzug des Jugendarrestes wird nach Möglichkeit Sport getrieben. [2] Der Jugendliche ist verpflichtet, daran teilzunehmen.

(2) Wenn in der Jugendarrestanstalt keine geeigneten Anlagen für sportliche Übungen vorhanden sind, kann der Vollzugsleiter mit Zustimmung des Jugendlichen gestatten, Sporteinrichtungen außerhalb der Anstalt zu benutzen.

§ 17 Gesundheitspflege. (1) Der Jugendliche wird bei der Aufnahme oder bald danach und nach Möglichkeit vor der Entlassung ärztlich untersucht und während des Vollzugs, soweit erforderlich, ärztlich behandelt.

(2) Bei Freizeit- und Kurzarrest bis zu zwei Tagen kann der Vollzugsleiter von der Aufnahme- und Entlassungsuntersuchung absehen.

(3) Aus Gründen der Gesundheit des Jugendlichen kann der Vollzugsleiter auf Empfehlung des Arztes von Vollzugsvorschriften abweichen.

(4) Erkrankt der Jugendliche und kann er in der Jugendarrestanstalt nicht behandelt werden, so ordnet der Vollstreckungsleiter die Unterbrechung der Vollstreckung an.

§ 18 Freizeit. (1) [1] Der Jugendliche erhält Gelegenheit, seine Freizeit sinnvoll zu verbringen. [2] Er wird hierzu angeleitet. [3] Aus erzieherischen Gründen kann seine Teilnahme an gemeinschaftlichen Veranstaltungen angeordnet werden.

(2) Die Teilnahme an Veranstaltungen außerhalb der Jugendarrestanstalt kann der Vollzugsleiter aus erzieherischen Gründen mit Zustimmung des Jugendlichen zulassen.

(3) [1] Der Jugendliche kann die Anstaltsbücherei benutzen. [2] Aus erzieherischen Gründen kann ihm auch eigener Lesestoff belassen werden.

§ 19 Seelsorge. (1) Eine geordnete Seelsorge ist zu gewährleisten.

(2) Der Jugendliche hat das Recht, den Zuspruch des bestellten Geistlichen seines jetzigen oder früheren Bekenntnisses zu empfangen und an gemeinschaftlichen Gottesdiensten und anderen religiösen Veranstaltungen seines Bekenntnisses in der Anstalt teilzunehmen.

(3) Wenn ein Geistlicher dieses Bekenntnisses nicht bestellt ist, so kann der Jugendliche durch einen Geistlichen seines Bekenntnisses besucht werden.

§ 20 Verkehr mit der Außenwelt. (1) [1] Der Verkehr mit der Außenwelt wird auf dringende Fälle beschränkt. [2] Im Kurzarrest von mehr als zwei Tagen und im Dauerarrest können Schriftwechsel und Besuche aus erzieherischen Gründen zugelassen werden.

(2) [1] Die Entscheidung über die Zulassung des Schriftwechsels und der Besuche ist dem Vollzugsleiter vorbehalten. [2] Ist dieser nicht erreichbar, so trifft der dazu bestimmte Vollzugsbedienstete die Entscheidung.

§ 21 Ausgang und Ausführung. [1] Fordern wichtige unaufschiebbare Angelegenheiten die persönliche Anwesenheit des Jugendlichen außerhalb der Anstalt, so kann der Vollzugsleiter ihm einen Ausgang gestatten oder ihn ausführen lassen. [2] § 20 Abs. 2 Satz 2 ist anzuwenden.

§ 22 Sicherungsmaßnahmen. (1) [1] Die Jugendlichen, ihre Sachen und die Arresträume dürfen jederzeit durchsucht werden. [2] § 5 Abs. 1 Satz 5 ist anzuwenden.

(2) [1] Gegen einen Jugendlichen, der die Sicherheit oder Ordnung gefährdet oder bei dem die Gefahr der Selbstbeschädigung besteht, können Sicherungsmaßnahmen getroffen werden. [2] Sie dürfen nur so lange aufrechterhalten werden, wie sie notwendig sind.

(3) Als Sicherungsmaßnahmen sind nur zulässig

1. Entziehung von Gegenständen, die der Jugendliche zu Gewalttätigkeiten oder sonst mißbrauchen könnte;
2. Absonderung oder Zusammenlegung mit anderen Jugendlichen;
3. die Unterbringung in einem besonders gesicherten Arrestraum ohne gefährdende Gegenstände.

(4) [1] Die Sicherungsmaßnahmen ordnet der Vollzugsleiter an. [2] Bei Gefahr im Verzug darf sie vorläufig auch der die Aufsicht führende Vollzugsbedienstete anordnen. [3] Die Entscheidung des Vollzugsleiters ist unverzüglich einzuholen.

(5) Soweit das Verhalten oder der Zustand des Jugendlichen dies erfordert, ist ein Arzt zu hören.

(6) Die gesetzlichen Vorschriften über die Anwendung unmittelbaren Zwanges bleiben unberührt.

§ 23 Hausstrafen. (1) [1] Gegen einen Jugendlichen, der schuldhaft seine Pflichten verletzt, kann der Vollzugsleiter eine Hausstrafe verhängen. [2] Der Jugendliche wird vorher gehört.

(2) [1] Die Hausstrafe wird durch schriftliche Verfügung verhängt. [2] Diese wird dem Jugendlichen mit kurzer Begründung eröffnet.

(3) Hausstrafen sind
1. der Verweis,
2. die Beschränkung oder Entziehung des Lesestoffes auf bestimmte Dauer,
3. Verbot des Verkehrs mit der Außenwelt bis zu zwei Wochen,
4. Ausschluß von Gemeinschaftsveranstaltungen und
5. abgesonderte Unterbringung.

(4) Ist eine Hausstrafe teilweise vollzogen, so kann der Vollzugsleiter von der weiteren Vollstreckung absehen, wenn der Zweck der Hausstrafe bereits durch den teilweisen Vollzug erreicht ist.

§ 24 Bitten und Beschwerden. Dem Jugendlichen wird Gelegenheit gegeben, Bitten und Vorstellungen sowie Beschwerden in Angelegenheiten, die ihn selbst betreffen, an den Vollzugsleiter zu richten.

§ 25 Zeitpunkt der Aufnahme und der Entlassung. (1) [1] Für die Vollstreckung von Dauerarrest und Kurzarrest wird der Tag zu 24 Stunden, die Woche zu sieben Tagen gerechnet. [2] Die Arrestzeit wird von der Annahme zum Vollzug ab nach Tagen und Stunden berechnet. [3] Die Stunde, in deren Verlauf der Jugendliche angenommen worden ist, wird voll angerechnet.

(2) Der Jugendliche wird am Tage des Ablaufs der Arrestzeit vorzeitig entlassen, soweit das nach den Verkehrsverhältnissen oder zur alsbaldigen Wiederaufnahme der beruflichen Arbeit des Jugendlichen erforderlich ist.

(3) [1] Der Freizeitarrest beginnt am Sonnabend um 8.00 Uhr oder, wenn der Jugendliche an diesem Tag vormittags arbeitet oder die Schule besuchen muß, um 15.00 Uhr. [2] Ausnahmen werden nur zugelassen, soweit die Verkehrsverhältnisse dazu zwingen. [3] Der Freizeitarrest endet am Montag um 7.00 Uhr. [4] Der Jugendliche kann vorzeitig, auch schon am Sonntagabend entlassen werden, wenn er nur so seine Arbeitsstätte oder die Schule am Montag rechtzeitig erreichen kann.

(4) Absatz 3 gilt entsprechend, wenn die Freizeit des Jugendlichen auf andere Tage fällt.

§ 26 Fürsorge für die Zeit nach der Entlassung. (1) Fürsorgemaßnahmen, die für die Zeit nach der Entlassung des Jugendlichen notwendig und nicht schon anderweitig veranlaßt worden sind, werden in Zusammenarbeit mit den Trägern der öffentlichen und freien Jugendhilfe vorbereitet.

(2) Ist es den Umständen nach angemessen, daß der Jugendliche nach der Entlassung ein öffentliches Verkehrsmittel nach seinem Wohn- oder Arbeitsort benutzt, so wird ihm eine Fahrkarte aus Haushaltsmitteln beschafft, wenn die eigenen Mittel des Jugendlichen nicht ausreichen oder aus Billigkeitsgründen nicht in Anspruch genommen werden sollen.

(3) Maßnahmen nach den Absätzen 1 und 2 sind, soweit erforderlich, auch im Fall des § 17 Abs. 4 zu veranlassen.

§ 27[1] Schlußbericht. (1) [1] Bei Dauerarrest faßt der Vollzugsleiter über jeden Jugendlichen einen Schlußbericht ab, in dem er sich zu dessen Führung und,

[1] § 27 Abs. 1 Satz 3 geänd. durch G v. 26.6.1990 (BGBl. I S. 1163).

soweit dies möglich ist, auch zu dessen Persönlichkeit sowie zur Wirkung des Arrestvollzuges äußert. [2] Der Bericht wird zu den Vollzugs- und den Strafakten gebracht. [3] Eine Abschrift ist dem Jugendamt, bei unter Bewährungsaufsicht stehenden Jugendlichen auch dem zuständigen Bewährungshelfer zuzuleiten.

(2) Bei Freizeit- und Kurzarrest wird ein Schlußbericht nur bei besonderem Anlaß abgefaßt.

§ 28[1)] *(aufgehoben)*

§ 29 (weggefallen)

§ 30 Heranwachsende. Die Vorschriften dieser Verordnung gelten auch für Heranwachsende.

§ 31 (weggefallen)

§ 32[2)] *(aufgehoben)*

§ 33 Inkrafttreten. Diese Verordnung tritt am 1. Oktober 1966[3)] in Kraft.

[1)] § 28 aufgeh. durch G v. 26.6.1990 (BGBl. I S. 1163).

[2)] § 32 aufgeh. mWv 15.12.2010 durch G v. 8.12.2010 (BGBl. I S. 1864).

[3)] **Amtl. Anm.:** § 33 betrifft das Inkrafttreten der Verordnung in der ursprünglichen Fassung vom 12. August 1966. Der Zeitpunkt des Inkrafttretens der späteren Änderungen ergibt sich aus den Änderungsverordnungen.

93. Gesetz über die Entschädigung für Strafverfolgungsmaßnahmen (StrEG)[1)]

Vom 8. März 1971

(BGBl. I S. 157)

FNA 313-4

Lfd. Nr.	Änderndes Gesetz	Datum	Fundstelle	Betroffen	Hinweis
1.	Art. 25 EinführungsG zum Strafgesetzbuch (EGStGB)	2.3.1974	BGBl. I S. 469	§§ 1, 2, 5, 6	geänd. mWv 1.1.1975
2.	Art. 8 Erstes G zur Reform des Strafverfahrensrechts (1. StVRG)	9.12.1974	BGBl. I S. 3393	§§ 2, 9, 14	geänd. mWv 1.1.1975
3.	Art. 12 Strafverfahrensänderungsg 1987 (StVÄG 1987)	27.1.1987	BGBl. I S. 475	§ 8	geänd. mWv 1.4.1987
4.	Art. 1 ÄndG	24.5.1988	BGBl. I S. 638	§ 7	geänd. mWv 1.1.1987
5.	G zu dem Vertrag vom 31. August 1990 zwischen der BRD und der DDR über die Herstellung der Einheit Deutschlands – Einigungsvertragsgesetz – und der Vereinbarung vom 18. September 1990	31.8.1990	BGBl. II S. 889	§ 16a	eingef. mWv 29.9.1990
6.	Art. 8 G zur Bekämpfung des illegalen Rauschgifthandels und anderer Erscheinungsformen der Organisierten Kriminalität (OrgKG)	15.7.1992	BGBl. I S. 1302	§ 2	geänd. mWv 22.9.1992
7.	Art. 6 Erstes G zur Bereinigung von SED-Unrecht (Erstes SED-Unrechtsbereinigungsgesetz – 1. SED-UnBerG)	29.10.1992	BGBl. I S. 1814	§ 16a	geänd. mWv 4.11.1992
8.	Art. 14 Rechtspflege-, Straf- und OWi-Gesetze-EuroeinführungsG	13.12.2001	BGBl. I S. 3574	§ 7	geänd. mWv 1.1.2002
9.	Art. 1 Zweites ÄndG	30.7.2009	BGBl. I S. 2478	§ 7	geänd. mWv 5.8.2009
10.	Art. 22 Bundesrecht-BereinigungsG	8.12.2010	BGBl. I S. 1864	§§ 17–21	aufgeh. mWv 15.12.2010
11.	Art. 4 G zur Stärkung des Rechts des Angeklagten auf Vertretung in der Berufungsverhandlung und über die Anerkennung von Abwesenheitsentscheidungen in der Rechtshilfe	17.7.2015	BGBl. I S. 1332	§ 2	geänd. mWv 25.7.2015
12.	Art. 6 Abs. 19 G zur Reform der strafrechtlichen Vermögensabschöpfung	13.4.2017	BGBl. I S. 872	§§ 2, 5	geänd. mWv 1.7.2017
13.	Art. 1 Drittes ÄndG	30.9.2020	BGBl. I S. 2049	§ 7	geänd. mWv 8.10.2020

[1)] Inkrafttreten gem. § 21 am 11.4.1971.

Der Bundestag hat mit Zustimmung des Bundesrates das folgende Gesetz beschlossen:

§ 1[1] Entschädigung für Urteilsfolgen. (1) Wer durch eine strafgerichtliche Verurteilung einen Schaden erlitten hat, wird aus der Staatskasse entschädigt, soweit die Verurteilung im Wiederaufnahmeverfahren oder sonst, nachdem sie rechtskräftig geworden ist, in einem Strafverfahren fortfällt oder gemildert wird.

(2) Absatz 1 gilt entsprechend, wenn ohne Verurteilung eine Maßregel der Besserung und Sicherung oder eine Nebenfolge angeordnet worden ist.

§ 2[2] Entschädigung für andere Strafverfolgungsmaßnahmen. (1) Wer durch den Vollzug der Untersuchungshaft oder einer anderen Strafverfolgungsmaßnahme einen Schaden erlitten hat, wird aus der Staatskasse entschädigt, soweit er freigesprochen oder das Verfahren gegen ihn eingestellt wird oder soweit das Gericht die Eröffnung des Hauptverfahrens gegen ihn ablehnt.

(2) Andere Strafverfolgungsmaßnahmen sind

1. die einstweilige Unterbringung und die Unterbringung zur Beobachtung nach den Vorschriften der Strafprozeßordnung[3] und des Jugendgerichtsgesetzes[4],
2. die vorläufige Festnahme nach § 127 Abs. 2 der Strafprozeßordnung,
3. Maßnahmen des Richters, der den Vollzug des Haftbefehls aussetzt (§ 116 der Strafprozeßordnung),
4. die Sicherstellung, die Beschlagnahme, der Vermögensarrest nach § 111e der Strafprozeßordnung und die Durchsuchung, soweit die Entschädigung nicht in anderen Gesetzen geregelt ist,
5. die vorläufige Entziehung der Fahrerlaubnis,
6. das vorläufige Berufsverbot.

(3) Als Strafverfolgungsmaßnahmen im Sinne dieser Vorschrift gelten die Auslieferungshaft, die vorläufige Auslieferungshaft, die Sicherstellung, die Beschlagnahme und die Durchsuchung, die im Ausland auf Ersuchen einer deutschen Behörde angeordnet worden sind.

§ 3 Entschädigung bei Einstellung nach Ermessensvorschrift. Wird das Verfahren nach einer Vorschrift eingestellt, die dies nach dem Ermessen des Gerichts oder der Staatsanwaltschaft zuläßt, so kann für die in § 2 genannten Strafverfolgungsmaßnahmen eine Entschädigung gewährt werden, soweit dies nach den Umständen des Falles der Billigkeit entspricht.

§ 4 Entschädigung nach Billigkeit. (1) Für die in § 2 genannten Strafverfolgungsmaßnahmen kann eine Entschädigung gewährt werden, soweit dies nach den Umständen des Falles der Billigkeit entspricht,

1. wenn das Gericht von Strafe abgesehen hat,

---

[1] § 1 Abs. 2 geänd. durch G v. 2.3.1974 (BGBl. I S. 469).

[2] § 2 Abs. 2 Nr. 4 neu gef., Nr. 6 angef. durch G v. 2.3.1974 (BGBl. I S. 469); Abs. 1 neu gef. durch G v. 9.12.1974 (BGBl. I S. 3393); Abs. 2 Nr. 4 geänd. durch G v. 15.7.1992 (BGBl. I S. 1302); Abs. 2 Nr. 4 geänd. mWv 25.7.2015 durch G v. 17.7.2015 (BGBl. I S. 1332); Abs. 2 Nr. 4 geänd. mWv 1.7.2017 durch *G v. 13.4.2017 (BGBl. I S. 872).*

[3] **Schönfelder Nr. 90.**

[4] **Schönfelder Nr. 89.**

2. soweit die in der strafgerichtlichen Verurteilung angeordneten Rechtsfolgen geringer sind als die darauf gerichteten Strafverfolgungsmaßnahmen.

(2) Der strafgerichtlichen Verurteilung im Sinne des Absatzes 1 Nr. 2 steht es gleich, wenn die Tat nach Einleitung des Strafverfahrens nur unter dem rechtlichen Gesichtspunkt einer Ordnungswidrigkeit geahndet wird.

§ 5[1] Ausschluß der Entschädigung. (1) Die Entschädigung ist ausgeschlossen

1. für die erlittene Untersuchungshaft, eine andere Freiheitsentziehung und für die vorläufige Entziehung der Fahrerlaubnis, soweit deren Anrechnung auf die verhängte Strafe unterbleibt,
2. für eine Freiheitsentziehung, wenn eine freiheitsentziehende Maßregel der Besserung und Sicherung angeordnet oder von einer solchen Anordnung nur deshalb abgesehen worden ist, weil der Zweck der Maßregel bereits durch die Freiheitsentziehung erreicht ist,
3. für die vorläufige Entziehung der Fahrerlaubnis und das vorläufige Berufsverbot, wenn die Entziehung der Fahrerlaubnis oder das Berufsverbot endgültig angeordnet oder von einer solchen Anordnung nur deshalb abgesehen worden ist, weil ihre Voraussetzungen nicht mehr vorlagen,
4. für die Beschlagnahme und den Vermögensarrest (§§ 111b bis 111h der Strafprozeßordnung[2]), wenn die Einziehung einer Sache angeordnet ist.

(2) [1]Die Entschädigung ist auch ausgeschlossen, wenn und soweit der Beschuldigte die Strafverfolgungsmaßnahme vorsätzlich oder grob fahrlässig verursacht hat. [2]Die Entschädigung wird nicht dadurch ausgeschlossen, daß der Beschuldigte sich darauf beschränkt hat, nicht zur Sache auszusagen, oder daß er unterlassen hat, ein Rechtsmittel einzulegen.

(3) Die Entschädigung ist ferner ausgeschlossen, wenn und soweit der Beschuldigte die Strafverfolgungsmaßnahme dadurch schuldhaft verursacht hat, daß er einer ordnungsgemäßen Ladung vor den Richter nicht Folge geleistet oder einer Anweisung nach § 116 Abs. 1 Nr. 1 bis 3, Abs. 3 der Strafprozeßordnung zuwidergehandelt hat.

§ 6[3] Versagung der Entschädigung. (1) Die Entschädigung kann ganz oder teilweise versagt werden, wenn der Beschuldigte

1. die Strafverfolgungsmaßnahme dadurch veranlaßt hat, daß er sich selbst in wesentlichen Punkten wahrheitswidrig oder im Widerspruch zu seinen späteren Erklärungen belastet oder wesentliche entlastende Umstände verschwiegen hat, obwohl er sich zur Beschuldigung geäußert hat, oder
2. wegen einer Straftat nur deshalb nicht verurteilt oder das Verfahren gegen ihn *eingestellt worden ist,* weil er im Zustand der Schuldunfähigkeit gehandelt hat oder weil ein Verfahrenshindernis bestand.

---

[1] § 5 Abs. 1 Nr. 2 geänd., Nr. 3 neu gef., Nr. 4 angef. durch G v. 2.3.1974 (BGBl. I S. 469); Abs. 1 Nr. 4 geänd. mWv 1.7.2017 durch G v. 13.4.2017 (BGBl. I S. 872).

[2] **Schönfelder Nr. 90.**

[3] § 6 Abs. 1 Nr. 2 geänd. durch G v. 2.3.1974 (BGBl. I S. 469).

(2) Die Entschädigung für eine Freiheitsentziehung kann ferner ganz oder teilweise versagt werden, wenn das Gericht die für einen Jugendlichen geltenden Vorschriften anwendet und hierbei eine erlittene Freiheitsentziehung berücksichtigt.

§ 7[1)] Umfang des Entschädigungsanspruchs. (1) Gegenstand der Entschädigung ist der durch die Strafverfolgungsmaßnahme verursachte Vermögensschaden, im Falle der Freiheitsentziehung auf Grund gerichtlicher Entscheidung auch der Schaden, der nicht Vermögensschaden ist.

(2) Entschädigung für Vermögensschaden wird nur geleistet, wenn der nachgewiesene Schaden den Betrag von fünfundzwanzig Euro übersteigt.

(3) Für den Schaden, der nicht Vermögensschaden ist, beträgt die Entschädigung 75 Euro für jeden angefangenen Tag der Freiheitsentziehung.

(4) Für einen Schaden, der auch ohne die Strafverfolgungsmaßnahme eingetreten wäre, wird keine Entschädigung geleistet.

§ 8[2)] Entscheidung des Strafgerichts. (1) [1] Über die Verpflichtung zur Entschädigung entscheidet das Gericht in dem Urteil oder in dem Beschluß, der das Verfahren abschließt. [2] Ist die Entscheidung in der Hauptverhandlung nicht möglich, so entscheidet das Gericht nach Anhörung der Beteiligten außerhalb der Hauptverhandlung durch Beschluß.

(2) Die Entscheidung muß die Art und gegebenenfalls den Zeitraum der Strafverfolgungsmaßnahme bezeichnen, für die Entschädigung zugesprochen wird.

(3) [1] Gegen die Entscheidung über die Entschädigungspflicht ist auch im Falle der Unanfechtbarkeit der das Verfahren abschließenden Entscheidung die sofortige Beschwerde nach den Vorschriften der Strafprozeßordnung zulässig. [2] § 464 Abs. 3 Satz 2 und 3 der Strafprozeßordnung ist entsprechend anzuwenden.

§ 9[3)] Verfahren nach Einstellung durch die Staatsanwaltschaft. (1) [1] Hat die Staatsanwaltschaft das Verfahren eingestellt, so entscheidet das Amtsgericht am Sitz der Staatsanwaltschaft über die Entschädigungspflicht. [2] An die Stelle des Amtsgerichts tritt das Gericht, das für die Eröffnung des Hauptverfahrens zuständig gewesen wäre, wenn

1. die Staatsanwaltschaft das Verfahren eingestellt hat, nachdem sie die öffentliche Klage zurückgenommen hat,
2. der Generalbundesanwalt oder die Staatsanwaltschaft beim Oberlandesgericht das Verfahren in einer Strafsache eingestellt hat, für die das Oberlandesgericht im ersten Rechtszug zuständig ist.

[3] Die Entscheidung ergeht auf Antrag des Beschuldigten. [4] Der Antrag ist innerhalb einer Frist von einem Monat nach Zustellung der Mitteilung über die Einstellung des Verfahrens zu stellen. [5] In der Mitteilung ist der Beschuldigte über sein Antragsrecht, die Frist und das zuständige Gericht zu belehren. [6] Die Vorschriften der §§ 44 bis 46 der Strafprozeßordnung gelten entsprechend.

(2) Gegen die Entscheidung des Gerichts ist die sofortige Beschwerde nach den Vorschriften der Strafprozeßordnung zulässig.

---

1) § 7 Abs. 3 geänd. durch G v. 24.5.1988 (BGBl. I S. 638); Abs. 2 und 3 geänd. mWv 1.1.2002 durch G v. 13.12.2001 (BGBl. I S. 3574); Abs. 3 geänd. mWv 5.8.2009 durch G v. 30.7.2009 (BGBl. I S. 2478); Abs. 3 *geänd. mWv 8.10.2020 durch G v. 30.9.2020* (BGBl. I S. 2049).

2) § 8 Abs. 3 Satz 1 neu gef. durch G v. 27.1.1987 (BGBl. I S. 475).

3) § 9 Abs. 1 Satz 2 Nr. 1 geänd. durch G v. 9.12.1974 (BGBl. I S. 3393).

(3) War die Erhebung der öffentlichen Klage von dem Verletzten beantragt, so ist über die Entschädigungspflicht nicht zu entscheiden, solange durch einen Antrag auf gerichtliche Entscheidung die Erhebung der öffentlichen Klage herbeigeführt werden kann.

§ 10 Anmeldung des Anspruchs; Frist. (1) [1] Ist die Entschädigungspflicht der Staatskasse rechtskräftig festgestellt, so ist der Anspruch auf Entschädigung innerhalb von sechs Monaten bei der Staatsanwaltschaft geltend zu machen, welche die Ermittlungen im ersten Rechtszug zuletzt geführt hat. [2] Der Anspruch ist ausgeschlossen, wenn der Berechtigte es schuldhaft versäumt hat, ihn innerhalb der Frist zu stellen. [3] Die Staatsanwaltschaft hat den Berechtigten über sein Antragsrecht und die Frist zu belehren. [4] Die Frist beginnt mit der Zustellung der Belehrung.

(2) [1] Über den Antrag entscheidet die Landesjustizverwaltung. [2] Eine Ausfertigung der Entscheidung ist dem Antragsteller nach den Vorschriften der Zivilprozeßordnung zuzustellen.

§ 11 Ersatzanspruch des kraft Gesetzes Unterhaltsberechtigten. (1) [1] Außer demjenigen, zu dessen Gunsten die Entschädigungspflicht der Staatskasse ausgesprochen worden ist, haben die Personen, denen er kraft Gesetzes unterhaltspflichtig war, Anspruch auf Entschädigung. [2] Ihnen ist insoweit Ersatz zu leisten, als ihnen durch die Strafverfolgungsmaßnahme der Unterhalt entzogen worden ist.

(2) [1] Sind Unterhaltsberechtigte bekannt, so soll die Staatsanwaltschaft, bei welcher der Anspruch geltend zu machen ist, sie über ihr Antragsrecht und die Frist belehren. [2] Im übrigen ist § 10 Abs. 1 anzuwenden.

§ 12 Ausschluß der Geltendmachung der Entschädigung. Der Anspruch auf Entschädigung kann nicht mehr geltend gemacht werden, wenn seit dem Ablauf des Tages, an dem die Entschädigungspflicht rechtskräftig festgestellt ist, ein Jahr verstrichen ist, ohne daß ein Antrag nach § 10 Abs. 1 gestellt worden ist.

§ 13 Rechtsweg; Beschränkung der Übertragbarkeit. (1) [1] Gegen die Entscheidung über den Entschädigungsanspruch ist der Rechtsweg gegeben. [2] Die Klage ist innerhalb von drei Monaten nach Zustellung der Entscheidung zu erheben. [3] Für die Ansprüche auf Entschädigung sind die Zivilkammern der Landgerichte ohne Rücksicht auf den Wert des Streitgegenstandes ausschließlich zuständig.

(2) Bis zur rechtskräftigen Entscheidung über den Antrag ist der Anspruch nicht übertragbar.

§ 14[1)] Nachträgliche Strafverfolgung. (1) [1] Die Entscheidung über die Entschädigungspflicht tritt außer Kraft, wenn zuungunsten des Freigesprochenen die Wiederaufnahme des Verfahrens angeordnet oder wenn gegen den Berechtigten, gegen den das Verfahren eingestellt worden war, oder gegen den das Gericht die Eröffnung des Hauptverfahrens abgelehnt hatte, nachträglich wegen derselben Tat das Hauptverfahren eröffnet wird. [2] Eine bereits geleistete Entschädigung kann zurückgefordert werden.

(2) Ist zuungunsten des Freigesprochenen die Wiederaufnahme beantragt oder sind gegen denjenigen, gegen den das Verfahren eingestellt worden war, oder gegen den das Gericht die Eröffnung des Hauptverfahrens abgelehnt hatte, die Untersuchung oder die Ermittlungen wiederaufgenommen worden, so kann die Ent-

---

[1)] § 14 Abs. 1 Satz 1 und Abs. 2 neu gef. durch G v. 9.12.1974 (BGBl. I S. 3393).

scheidung über den Anspruch sowie die Zahlung der Entschädigung ausgesetzt werden.

§ 15 Ersatzpflichtige Kasse. (1) Ersatzpflichtig ist das Land, bei dessen Gericht das Strafverfahren im ersten Rechtszug anhängig war oder, wenn das Verfahren bei Gericht noch nicht anhängig war, dessen Gericht nach § 9 Abs. 1 über die Entschädigungspflicht entschieden hat.

(2) [1] Bis zum Betrag der geleisteten Entschädigung gehen die Ansprüche auf die Staatskasse über, welche dem Entschädigten gegen Dritte zustehen, weil durch deren rechtswidrige Handlungen die Strafverfolgungsmaßnahme herbeigeführt worden war. [2] Der Übergang kann nicht zum Nachteil des Berechtigten geltend gemacht werden.

§ 16 Übergangsvorschriften. [1] Ist vor Inkrafttreten dieses Gesetzes das Verfahren eingestellt oder der Beschuldigte außer Verfolgung gesetzt worden oder ist die Hauptverhandlung, in welcher die der Entscheidung über die Entschädigungspflicht zugrunde liegenden tatsächlichen Feststellungen letztmals geprüft werden konnten, vor diesem Zeitpunkt beendet worden, so sind die bisherigen Vorschriften anzuwenden. [2] Dies gilt nicht für die darin enthaltenen Beschränkungen auf Höchstbeträge. [3] Ist bei Inkrafttreten dieses Gesetzes über die Höhe des Entschädigungsanspruchs bereits gerichtlich oder außergerichtlich bestimmt worden, so hat es dabei sein Bewenden. [4] Dies gilt nicht für wiederkehrende Leistungen, soweit sie nach Inkrafttreten dieses Gesetzes fällig werden.

§ 16a[1)] Entschädigung für die Folgen einer rechtskräftigen Verurteilung, einer freiheitsentziehenden oder anderen vorläufigen Strafverfolgungsmaßnahme in der Deutschen Demokratischen Republik. [1] Die §§ 1 und 2 finden keine Anwendung auf die Folgen einer strafgerichtlichen Verurteilung, einer Maßregel oder Nebenfolge oder einer freiheitsentziehenden oder anderen vorläufigen Strafverfolgungsmaßnahme, die vor dem Wirksamwerden des Beitritts in der Deutschen Demokratischen Republik erfolgte oder angeordnet wurde. [2] Die Voraussetzungen der Entschädigung für diese Folgen richten sich nach den bis zu diesem Zeitpunkt in der Deutschen Demokratischen Republik geltenden Vorschriften über die Entschädigung für Untersuchungshaft und Strafen mit Freiheitsentzug (§§ 369 ff. der Strafprozeßordnung der Deutschen Demokratischen Republik), soweit nicht eine Rehabilitierung nach dem Strafrechtlichen Rehabilitierungsgesetz erfolgt oder ein Kassationsverfahren nach den vom 3. Oktober 1990 bis zum Inkrafttreten des Strafrechtlichen Rehabilitierungsgesetzes geltenden Vorschriften abgeschlossen ist. [3] Für Art und Höhe der Entschädigung gelten die Vorschriften des Strafrechtlichen Rehabilitierungsgesetzes entsprechend.

§§ 17–21[2)] *(aufgehoben)*

[1)] *§ 16a eingef. aufgrund EVertr. v. 31.8.1990* (BGBl. II S. 889, 957); Sätze 2 und 3 neu gef. durch G v. 29.10.1992 (BGBl. I S. 1814).

[2)] §§ 17–21 aufgeh. mWv 15.12.2010 durch G v. 8.12.2010 (BGBl. I S. 1864).

93b. Gesetz zur Sicherung der zivilrechtlichen Ansprüche der Opfer von Straftaten (Opferanspruchssicherungsgesetz – OASG)

Vom 8. Mai 1998
(BGBl. I S. 905)

FNA 400-13

Der Bundestag hat das folgende Gesetz beschlossen:

§ 1 Gesetzliches Forderungspfandrecht. (1) [1]Es besteht ein Pfandrecht an einer Forderung, die ein Täter oder Teilnehmer einer rechtswidrigen Tat im Sinne des § 11 Abs. 1 Nr. 5 des Strafgesetzbuchs[1)] (Gläubiger) im Hinblick auf eine öffentliche Darstellung der Tat gegen einen Dritten (Schuldner) erwirbt. [2]Ein Pfandrecht besteht auch, wenn die öffentliche Darstellung die Person des Täters oder Teilnehmers, insbesondere seine Lebensgeschichte, seine persönlichen Verhältnisse oder sein sonstiges Verhalten, zum Gegenstand hat und wenn die rechtswidrige Tat für die öffentliche Darstellung bestimmend ist; dies gilt nicht, wenn zwischen der Tat und der öffentlichen Darstellung mehr als fünf Jahre verstrichen sind. [3]Die Frist beginnt, sobald die Tat beendet ist. [4]Die §§ 187, 188 des Bürgerlichen Gesetzbuchs[2)] finden Anwendung.

(2) Eine Forderung nach Absatz 1 kann vor ihrem Entstehen nicht abgetreten werden.

(3) Pfandgläubiger ist, wer als Verletzter im Sinne des § 172 Abs. 1 der Strafprozeßordnung[3)] anzusehen ist und infolge der rechtswidrigen Tat einen Schadensersatzanspruch gegen den Täter oder Teilnehmer hat; das Pfandrecht sichert diese Forderung.

§ 2 Mehrere Geschädigte. [1]Pfandrechte, die auf derselben öffentlichen Darstellung beruhen, haben den gleichen Rang. [2]§ 432 des Bürgerlichen Gesetzbuchs[2)] ist anzuwenden.

§ 3 Anteilsmäßige Befriedigung. Übersteigen die Ansprüche auf Schadensersatz mehrerer Pfandgläubiger die Höhe der Forderung, erhalten sie Befriedigung nur anteilig im Verhältnis ihrer Ansprüche untereinander zur Höhe der Forderung.

§ 4 Auskunftspflicht. [1]Liegen Tatsachen vor, die die Annahme begründen, daß ein gesetzliches Pfandrecht nach § 1 Abs. 1 Satz 1 oder 2 entstanden ist und der Verletzte Pfandgläubiger geworden ist, so kann dieser von dem Täter, dem Teilnehmer, einem an der Veröffentlichung beteiligten Dritten und einem sonstigen Begünstigten Auskunft über das Bestehen und den Umfang einer Forderung nach § 1 Abs. 1 Satz 1 oder 2 und § 7 verlangen. [2]Gesetzliche Auskunfts– oder Aussageverweigerungsrechte sowie Verschwiegenheitspflichten bleiben unberührt.

[1)] **Habersack, Deutsche Gesetze Nr. 85.**
[2)] **Habersack, Deutsche Gesetze Nr. 20.**
[3)] **Habersack, Deutsche Gesetze Nr. 90.**

§ 5 Hinterlegung. [1] Ist ungewiß, ob und inwieweit einer Person ein Pfandrecht nach § 1 Abs. 1 Satz 1 oder 2 zusteht, ist der Schuldner zur Hinterlegung an der Hinterlegungsstelle seines allgemeinen Gerichtsstands berechtigt. [2] Die Vorschriften des Bürgerlichen Gesetzbuchs über die Hinterlegung sind anzuwenden.

§ 6 Ergänzende Bestimmungen. Soweit nichts anderes bestimmt ist, gelten die Vorschriften des Bürgerlichen Gesetzbuchs[1)] über das Pfandrecht an Forderungen entsprechend.

§ 7 Umgehungsverbot. Das Pfandrecht besteht auch an der Forderung, die jemand ohne selbst Täter oder Teilnehmer einer rechtswidrigen Tat zu sein, als Gegenleistung für eine öffentliche Darstellung im Sinne des § 1 erlangt (Begünstigter), sofern sich aus der Darstellung ergibt, daß ein Tatbeteiligter an deren Zustandekommen mitgewirkt hat und nach den Umständen davon auszugehen ist, daß dieser aus der Veröffentlichung einen geldwerten Vorteil erlangt.

§ 8 Übergangsvorschrift und Inkrafttreten. (1) Dieses Gesetz findet keine Anwendung auf Forderungen, die vor seinem Inkrafttreten entstanden sind.

(2) Dieses Gesetz tritt zwei Monate nach seiner Verkündung[2)] in Kraft.

[1)] **Habersack, Deutsche Gesetze Nr. 20.**
[2)] Verkündet am 20.5.1998.

94a. Verordnung über die Erteilung einer Verwarnung, Regelsätze für Geldbußen und die Anordnung eines Fahrverbotes wegen Ordnungswidrigkeiten im Straßenverkehr (Bußgeldkatalog-Verordnung – BKatV)

Vom 14. März 2013
(BGBl. I S. 498)

FNA 9231-1-21

Lfd. Nr.	Änderndes Gesetz	Datum	Fundstelle	Betroffen	Hinweis
1.	Art. 4 Neunte VO zur Änd. der Fahrerlaubnis-VO und anderer straßenverkehrsrechtlicher Vorschriften	5.11.2013	BGBl. I S. 3920, geänd. 2014, S. 348	§§ 1, 2, 3, Anl., Anh. (zu Nr. 11 der Anl.)	geänd. mWv 1.5.2014
				Anh. (zu Nr. 12 der Anl.), Anh. (zu § 3 Abs. 3)	neu gef. mWv 1.5.2014
2.	Art. 7a Zehnte VO zur Änd. der Fahrerlaubnis-VO und anderer straßenverkehrsrechtlicher Vorschriften[1]	16.4.2014	BGBl. I S. 348	§§ 3, 4, Anl.	geänd. mWv 1.5.2014
3.	Art. 3 49. VO zur Änd. straßenverkehrsrechtlicher Vorschriften	22.10. 2014	BGBl. I S. 1635	Anl.	geänd. mWv 30.10.2014
4.	Art. 3 Zweite VO zur Änd. der Fahrzeug-ZulassungsVO und anderer straßenverkehrsrechtlicher Vorschriften	30.10. 2014	BGBl. I S. 1666	Anl.	geänd. mWv 1.1.2015
				Anl.	geänd. mWv 1.4.2015
5.	Art. 3 51. VO zur Änd. straßenverkehrsrechtlicher Vorschriften	17.6.2016	BGBl. I S. 1463	Anl.	geänd. mWv 1.2.2017
6.	Art. 5 Dritte VO zur Änd. der Fahrzeug-ZulassungsVO und anderer straßenverkehrsrechtlicher Vorschriften[2]	23.3.2017	BGBl. I S. 522	Anl.	geänd. mWv 1.10.2017
7.	Art. 3 52. VO zur Änd. straßenverkehrsrechtlicher Vorschriften	18.5.2017	BGBl. I S. 1282	Anl.	geänd. mWv 1.6.2017
8.	Art. 3 56. StrafrechtsänderungsG	30.9.2017	BGBl. I S. 3532	§ 4, Anl.	geänd. mWv 13.10.2017

[1] ***Amtl. Anm.:*** *Diese* Verordnung dient der Umsetzung der Richtlinie 2006/126/EG des Europäischen Parlaments und des Rates vom 20. Dezember 2006 über den Führerschein (ABl. L 403 vom 30.12. 2006, S. 18) und der Richtlinie 2013/47/EG der Kommission vom 2. Oktober 2013 zur Änderung der Richtlinie 2006/126/EG des Europäischen Parlaments und des Rates über den Führerschein (ABl. L 261 vom 3.10.2013, S. 29).

[2] **Amtl. Anm.:** Diese Verordnung dient der Umsetzung der
- Richtlinie 2014/45/EU des Europäischen Parlaments und des Rates vom 3. April 2014 über die regelmäßige technische Überwachung von Kraftfahrzeugen und Kraftfahrzeuganhängern und zur Aufhebung der Richtlinie 2009/40/EG (ABl. L 127 vom 29.4.2014, S. 51) in Teilen sowie
- Richtlinie 2014/46/EU des Europäischen Parlaments und des Rates vom 3. April 2014 zur Änderung der Richtlinie 1999/37/EG des Rates über Zulassungsdokumente für Fahrzeuge (ABl. L 127 vom 29.4. 2014, S. 129).

Lfd. Nr.	Änderndes Gesetz	Datum	Fundstelle	Betroffen	Hinweis
9.	Art. 3 53. VO zur Änd. straßenverkehrsrechtlicher Vorschriften	6.10.2017	BGBl. I S. 3549; 2018 I S. 53	§ 4, Anl.	geänd. mWv 19.10.2017
10.	Art. 3 Vierte VO zur Änd. der Fahrzeug-ZulassungsVO und anderer straßenverkehrsrechtlicher Vorschriften	22.3.2019	BGBl. I S. 382	Anl.	geänd. mWv 1.10.2019
11.	Art. 4 VO über die Teilnahme von Elektrokleinstfahrzeugen am Straßenverkehr und zur Änd. weiterer straßenverkehrsrechtlicher Vorschriften	6.6.2019	BGBl. I S. 756	Anl.	geänd. mWv 15.6.2019
12.	Art. 3 54. VO zur Änd. straßenverkehrsrechtlicher Vorschriften	20.4.2020	BGBl. I S. 814	§ 4, Anl., Anh. (zu Nr. 11 der Anl.)	geänd. mWv 28.4.2020
13.	Art. 6 55. VO zur Änd. straßenverkehrsrechtlicher Vorschriften	25.6.2021	BGBl. I S. 2204	Anl.	geänd. mWv 3.7.2021
14.	Art. 14 Viertes G zur Änd. des StraßenverkehrsG und anderer straßenverkehrsrechtlicher Vorschriften	12.7.2021	BGBl. I S. 3091	§§ 1, 2, 3, 4, Anl.	geänd. mWv 28.7.2021
15.	Art. 1 Erste ÄndVO	13.10. 2021	BGBl. I S. 4688	§ 4, Anl. Anh.	geänd. mWv 9.11.2021 neu gef. mWv 9.11.2021
16.	Art. 5 VO zum Neuerlass der Fahrzeug-ZulassungsVO und zur Änd. weiterer Vorschriften[1)]	20.7.2023	BGBl. 2023 I Nr. 199	Anl.	geänd. mWv 1.9.2023
17.	Art. 3 VO zum Erl. einer Straßenverkehr-TransportbegleitungsVO und zur Änd. straßenverkehrsrechtlicher Vorschriften	28.8.2023	BGBl. 2023 I Nr. 236	Anl.	geänd. mWv 7.9.2023
18.	Art. 2 56. VO zur Änd. straßenverkehrsrechtlicher Vorschriften	10.6.2024	BGBl. 2024 I Nr. 191	Anl.	geänd. mWv 20.6.2024
19.	Art. 3 Sechstes G zur Änd. des StraßenverkehrsG und weiterer straßenverkehrsrechtlicher Vorschriften	16.8.2024	BGBl. 2024 I Nr. 266	§§ 1, 3, 4, Anl.	geänd. mWv 22.8.2024

[1)] **Amtl. Anm.:** Diese Verordnung dient der Umsetzung der Richtlinie 1999/37/EG des Rates vom 29. April 1999 über Zulassungsdokumente für Fahrzeuge (ABl. L 138 vom 1.6.1999, S. 57).

Auf Grund des § 26a des Straßenverkehrsgesetzes[1)] in der Fassung der Bekanntmachung vom 5. März 2003 (BGBl. I S. 310, 919), der zuletzt durch Artikel 1 Nummer 3 des Gesetzes vom 19. Juli 2007 (BGBl. I S. 1460) geändert worden ist, verordnet das Bundesministerium für Verkehr, Bau und Stadtentwicklung:

§ 1[2)] Bußgeldkatalog. (1) [1] Bei Ordnungswidrigkeiten nach § 24 Absatz 1, § 24a Absatz 1 bis 2a und § 24c Absatz 1 und 2 des Straßenverkehrsgesetzes[1)], die in der Anlage zu dieser Verordnung (Bußgeldkatalog – BKat) aufgeführt sind, ist eine Geldbuße nach den dort bestimmten Beträgen festzusetzen. [2] Bei Ordnungswidrigkeiten nach § 24 Absatz 1 des Straßenverkehrsgesetzes, bei denen im Bußgeldkatalog ein Regelsatz von bis zu 55 Euro bestimmt ist, ist ein entsprechendes Verwarnungsgeld zu erheben.

(2) [1] Die im Bußgeldkatalog bestimmten Beträge sind Regelsätze. [2] Sie gehen von gewöhnlichen Tatumständen sowie in Abschnitt I des Bußgeldkatalogs von fahrlässiger und in Abschnitt II des Bußgeldkatalogs von vorsätzlicher Begehung aus.

§ 2[3)] Verwarnung. (1) Die Verwarnung muss mit einem Hinweis auf die Verkehrszuwiderhandlung verbunden sein.

(2) Bei unbedeutenden Ordnungswidrigkeiten nach § 24 Absatz 1 des Straßenverkehrsgesetzes[1)] kommt eine Verwarnung ohne Verwarnungsgeld in Betracht.

(3) Das Verwarnungsgeld wird in Höhe von 5, 10, 15, 20, 25, 30, 35, 40, 45, 50 und 55 Euro erhoben.

(4) Bei Fußgängern soll das Verwarnungsgeld in der Regel 5 Euro, bei Radfahrern in der Regel 15 Euro betragen, sofern der Bußgeldkatalog nichts anderes bestimmt.

(5) Ist im Bußgeldkatalog ein Regelsatz für das Verwarnungsgeld von mehr als 20 Euro vorgesehen, so kann er bei offenkundig außergewöhnlich schlechten wirtschaftlichen Verhältnissen des Betroffenen bis auf 20 Euro ermäßigt werden.

(6) Hat der Betroffene durch dieselbe Handlung mehrere geringfügige Ordnungswidrigkeiten begangen, für die jeweils eine Verwarnung mit Verwarnungsgeld in Betracht kommt, so wird nur ein Verwarnungsgeld, und zwar das höchste der in Betracht kommenden Verwarnungsgelder, erhoben.

(7) Hat der Betroffene durch mehrere Handlungen geringfügige Ordnungswidrigkeiten begangen oder gegen dieselbe Vorschrift mehrfach verstoßen, so sind die einzelnen Verstöße getrennt zu verwarnen.

(8) In den Fällen der Absätze 6 und 7 ist jedoch zu prüfen, ob die Handlung oder die Handlungen insgesamt noch geringfügig sind.

§ 3[4)] Bußgeldregelsätze. (1) Etwaige Eintragungen des Betroffenen im Fahreignungsregister sind im Bußgeldkatalog nicht berücksichtigt, soweit nicht in den

---

[1)] **Habersack, Deutsche Gesetze Nr. 35.**

[2)] § 1 Abs. 1 Satz 2 geänd. mWv 1.5.2014 durch VO v. 5.11.2013 (BGBl. I S. 3920); Abs. 1 Sätze 1 und 2 geänd. mWv 28.7.2021 durch G v. 12.7.2021 (BGBl. I S. 3091); Abs. 1 Satz 1 geänd. mWv 22.8.2024 durch G v. 16.8.2024 (BGBl. 2024 I Nr. 266).

[3)] § 2 Abs. 3 neu gef. mWv 1.5.2014 durch VO v. 5.11.2013 (BGBl. I S. 3920); Abs. 2 geänd. mWv 28.7.2021 durch G v. 12.7.2021 (BGBl. I S. 3091).

[4)] § 3 Abs. 1–3, 4 Satz 1 abschl. Satzteil, Abs. 4a Satz 1, Abs. 5 Satz 1, Abs. 6 Sätze 1 und 2 geänd. mWv 1.5.2014 durch VO v. 5.11.2013 (BGBl. I S. 3920); Abs. 4 Satz 1 Nr. 2 geänd. mWv 1.5.2014 durch VO v. 16.4.2014 (BGBl. I S. 348); Abs. 6 Satz 1 geänd. mWv 28.7.2021 durch G v. 12.7.2021 (BGBl. I S. 3091); Abs. 1 geänd. mWv 22.8.2024 durch G v. 16.8.2024 (BGBl. 2024 I Nr. 266).

Nummern 152.1, 241.1, 241.2, 242.1, 242.2, 243.1, 243.2, 243a.1 und 243a.2 des Bußgeldkatalogs etwas anderes bestimmt ist.

(2) Wird ein Tatbestand der Nummer 119, der Nummer 198.1 in Verbindung mit Tabelle 3 des Anhangs oder der Nummern 212, 214.1, 214.2 oder 223 des Bußgeldkatalogs, für den ein Regelsatz von mehr als 55 Euro vorgesehen ist, vom Halter eines Kraftfahrzeugs verwirklicht, so ist derjenige Regelsatz anzuwenden, der in diesen Fällen für das Anordnen oder Zulassen der Inbetriebnahme eines Kraftfahrzeugs durch den Halter vorgesehen ist.

(3) Die Regelsätze, die einen Betrag von mehr als 55 Euro vorsehen, erhöhen sich bei Vorliegen einer Gefährdung oder Sachbeschädigung nach Tabelle 4 des Anhangs, soweit diese Merkmale oder eines dieser Merkmale nicht bereits im Tatbestand des Bußgeldkatalogs enthalten sind.

(4) [1] Wird von dem Führer eines kennzeichnungspflichtigen Kraftfahrzeugs mit gefährlichen Gütern oder eines Kraftomnibusses mit Fahrgästen ein Tatbestand

1. der Nummern 8.1, 8.2, 15, 19, 19.1, 19.1.1, 19.1.2, 21, 21.1, 21.2, 212, 214.1, 214.2, 223,
2. der Nummern 12.5, 12.6 oder 12.7, jeweils in Verbindung mit Tabelle 2 des Anhangs, oder
3. der Nummern 198.1 oder 198.2, jeweils in Verbindung mit Tabelle 3 des Anhangs,

des Bußgeldkatalogs verwirklicht, so erhöht sich der dort genannte Regelsatz, sofern dieser einen Betrag von mehr als 55 Euro vorsieht, auch in den Fällen des Absatzes 3, jeweils um die Hälfte. [2] Der nach Satz 1 erhöhte Regelsatz ist auch anzuwenden, wenn der Halter die Inbetriebnahme eines kennzeichnungspflichtigen Kraftfahrzeugs mit gefährlichen Gütern oder eines Kraftomnibusses mit Fahrgästen in den Fällen

1. der Nummern 189.1.1, 189.1.2, 189.2.1, 189.2.2, 189.3.1, 189.3.2, 213 oder
2. der Nummern 199.1, 199.2, jeweils in Verbindung mit der Tabelle 3 des Anhangs, oder 224

des Bußgeldkatalogs anordnet oder zulässt.

(4a) [1] Wird ein Tatbestand des Abschnitts I des Bußgeldkatalogs vorsätzlich verwirklicht, für den ein Regelsatz von mehr als 55 Euro vorgesehen ist, so ist der dort genannte Regelsatz zu verdoppeln, auch in den Fällen, in denen eine Erhöhung nach den Absätzen 2, 3 oder 4 vorgenommen worden ist. [2] Der ermittelte Betrag wird auf den nächsten vollen Euro-Betrag abgerundet.

(5) [1] Werden durch eine Handlung mehrere Tatbestände des Bußgeldkatalogs verwirklicht, die jeweils einen Bußgeldregelsatz von mehr als 55 Euro vorsehen, so ist nur ein Regelsatz anzuwenden; bei unterschiedlichen Regelsätzen ist der höchste anzuwenden. [2] Der Regelsatz kann angemessen erhöht werden.

(6) [1] Bei Ordnungswidrigkeiten nach § 24 Absatz 1 des Straßenverkehrsgesetzes[1)], die von nicht motorisierten Verkehrsteilnehmern begangen werden, ist, sofern der Bußgeldregelsatz mehr als 55 Euro beträgt und der Bußgeldkatalog nicht besondere Tatbestände für diese Verkehrsteilnehmer enthält, der Regelsatz um die Hälfte zu ermäßigen. [2] Beträgt der nach Satz 1 ermäßigte Regelsatz weniger als 60 Euro, so soll eine Geldbuße nur festgesetzt werden, wenn eine Verwarnung mit Verwarnungsgeld nicht erteilt werden kann.

---

1) Habersack, Deutsche Gesetze Nr. 35.

§ 4[1] Regelfahrverbot. (1) [1]Bei Ordnungswidrigkeiten nach § 24 Absatz 1 des Straßenverkehrsgesetzes[2] kommt die Anordnung eines Fahrverbots (§ 25 Absatz 1 Satz 1 des Straßenverkehrsgesetzes) wegen grober Verletzung der Pflichten eines Kraftfahrzeugführers in der Regel in Betracht, wenn ein Tatbestand

1. der Nummern 9.1 bis 9.3, der Nummern 11.1 bis 11.3, jeweils in Verbindung mit Tabelle 1 des Anhangs,
2. der Nummern 12.6.3, 12.6.4, 12.6.5, 12.7.3, 12.7.4 oder 12.7.5 der Tabelle 2 des Anhangs,
3. der Nummern 19.1.1, 19.1.2, 21.1, 21.2, 39.1, 41, 50, 50.1, 50.2, 50.3, 50a, 50a.1, 50a.2, 50a.3, 83.3, 89b.2, 132.1, 132.2, 132.3, 132.3.1, 132.3.2, 135, 135.1, 135.2, 152.1 oder
4. der Nummern 244, 246.2, 246.3 oder 250a

des Bußgeldkatalogs verwirklicht wird. [2]Wird in diesen Fällen ein Fahrverbot angeordnet, so ist in der Regel die dort bestimmte Dauer festzusetzen.

(2) [1]Wird ein Fahrverbot wegen beharrlicher Verletzung der Pflichten eines Kraftfahrzeugführers zum ersten Mal angeordnet, so ist seine Dauer in der Regel auf einen Monat festzusetzen. [2]Ein Fahrverbot kommt in der Regel in Betracht, wenn gegen den Führer eines Kraftfahrzeugs wegen einer Geschwindigkeitsüberschreitung von mindestens 26 km/h bereits eine Geldbuße rechtskräftig festgesetzt worden ist und er innerhalb eines Jahres seit Rechtskraft der Entscheidung eine weitere Geschwindigkeitsüberschreitung von mindestens 26 km/h begeht.

(3) Bei Ordnungswidrigkeiten nach § 24a des Straßenverkehrsgesetzes ist ein Fahrverbot (§ 25 Absatz 1 Satz 2 des Straßenverkehrsgesetzes) in der Regel mit der in den Nummern 241, 241.1, 241.2, 242, 242.1, 242.2, 243, 243.1, 243.2, 243a, 243a.1 und 243a.2 des Bußgeldkatalogs vorgesehenen Dauer anzuordnen.

(4) Wird von der Anordnung eines Fahrverbots ausnahmsweise abgesehen, so soll das für den betreffenden Tatbestand als Regelsatz vorgesehene Bußgeld angemessen erhöht werden.

§ 5 Inkrafttreten, Außerkrafttreten. [1]Diese Verordnung tritt am 1. April 2013 in Kraft. [2]Gleichzeitig tritt die Bußgeldkatalog-Verordnung vom 13. November 2001 (BGBl. I S. 3033), die zuletzt durch Artikel 3 der Verordnung vom 19. Oktober 2012 (BGBl. I S. 2232) geändert worden ist, außer Kraft.

---

[1] § 4 Abs. 1 Satz 1 Nr. 2 neu gef., Nr. 3 geänd. mWv 1.5.2014 durch VO v. 16.4.2014 (BGBl. I S. 348); Abs. 1 Satz 1 Nr. 4 neu gef. mWv 13.10.2017 durch G v. 30.9.2017 (BGBl. I S. 3532); Abs. 1 Satz 1 Nr. 3 und 4 geänd. mWv 19.10.2017 durch VO v. 6.10.2017 (BGBl. I S. 3549; 2018 I S. 53); Abs. 1 Satz 1 Nr. 3 geänd. mWv 28.4.2020 durch VO v. 20.4.2020 (BGBl. I S. 814); Abs. 1 Satz 1 einl. Satzteil geänd. mWv 28.7.2021 durch G v. 12.7.2021 (BGBl. I S. 3091); Abs. 1 Satz 1 Nr. 3 neu gef. mWv 9.11.2021 durch VO v. 13.10.2021 (BGBl. I S. 4688); Abs. 3 geänd. mWv 22.8.2024 durch G v. 16.8.2024 (BGBl. 2024 I Nr. 266).

[2] **Habersack, Deutsche Gesetze Nr. 35.**

Anlage[1)]
(zu § 1 Absatz 1)

Bußgeldkatalog (BKat)

Abschnitt I. Fahrlässig begangene Ordnungswidrigkeiten

Lfd. Nr.	Tatbestand	Straßenverkehrs-Ordnung (StVO)	Regelsatz in Euro (€), Fahrverbot in Monaten
	A. Zuwiderhandlungen gegen § 24 Absatz 1 StVG		
	a) Straßenverkehrs-Ordnung		
	Grundregeln		
1	Durch Außer-Acht-Lassen der im Verkehr erforderlichen Sorgfalt	§ 1 Absatz 2 § 49 Absatz 1 Nummer 1	
1.1	einen Anderen mehr als nach den Umständen unvermeidbar belästigt		10 €
1.2	einen Anderen mehr als nach den Umständen unvermeidbar behindert		20 €
1.3	einen Anderen gefährdet		30 €
1.4	einen Anderen geschädigt, soweit im Folgenden nichts anderes bestimmt ist		35 €
1.5	Beim Fahren in eine oder aus einer Parklücke stehendes Fahrzeug beschädigt	§ 1 Absatz 2 § 49 Absatz 1 Nummer 1	30 €
	Straßenbenutzung durch Fahrzeuge		
2	Vorschriftswidrig Gehweg, linksseitig angelegten Radweg, Seitenstreifen (außer auf Autobahnen oder Kraftfahrstraßen), Verkehrsinsel oder Grünanlage benutzt	§ 2 Absatz 1 § 49 Absatz 1 Nummer 2	55 €
2.1	– mit Behinderung	§ 2 Absatz 1 § 1 Absatz 2 § 49 Absatz 1 Nummer 1, 2	70 €
2.2	– mit Gefährdung		80 €
2.3	– mit Sachbeschädigung		100 €
3	Gegen das Rechtsfahrgebot verstoßen durch Nichtbenutzen		
3.1	der rechten Fahrbahnseite	§ 2 Absatz 2 § 49 Absatz 1 Nummer 2	15 €

[1)] Anl. geänd. mWv 1.5.2014 durch VO v. 5.11.2013 (BGBl. I S. 3920, geänd. durch VO v. 16.4.2014, BGBl. I S. 348); geänd. mWv 1.5.2014 durch VO v. 16.4.2014 (BGBl. I S. 348); geänd. mWv 30.10.2014 durch VO v. 22.10.2014 (BGBl. I S. 1635); geänd. mWv 1.1.2015 und mWv 1.4.2015 durch VO v. 30.10.2014 (BGBl. I S. 1666); geänd. mWv 1.2.2017 durch VO v. 17.6.2016 (BGBl. I S. 1463); geänd. mWv 1.10.2017 durch VO v. 23.3.2017 (BGBl. I S. 522); geänd. mWv 1.6.2017 durch VO v. 18.5.2017 (BGBl. I S. 1282); geänd. mWv 13.10.2017 durch G v. 30.9.2017 (BGBl. I S. 3532); geänd. mWv 19.10.2017 durch VO v. 6.10.2017 (BGBl. I S. 3549; 2018 I S. 53); geänd. mWv 1.10.2019 durch VO v. 22.3.2019 (BGBl. I S. 382); geänd. mWv 15.6.2019 durch VO v. 6.6.2019 (BGBl. I S. 756); geänd. mWv 28.4.2020 durch VO v. 20.4.2020 (BGBl. I S. 814); geänd. mWv 3.7.2021 durch VO v. 25.6.2021 (BGBl. I S. 2204)*; geänd. mWv 28.7.2021 durch G v. 12.7.2021* (BGBl. I S. 3091); geänd. mWv 9.11.2021 durch VO v. 13.10.2021 (BGBl. I S. 4688); geänd. mWv 1.9.2023 durch VO v. 20.7.2023 (BGBl. 2023 I Nr. 199); geänd. mWv 7.9.2023 durch VO v. 28.8.2023 (BGBl. 2023 I Nr. 236); geänd. mWv 20.6.2024 durch VO v. 10.6.2024 (BGBl. 2024 I Nr. 191); geänd. mWv 22.8.2024 durch G v. 16.8.2024 (BGBl. 2024 I Nr. 266).

Lfd. Nr.	Tatbestand	Straßenverkehrs-Ordnung (StVO)	Regelsatz in Euro (€), Fahrverbot in Monaten
3.1.1	– mit Behinderung	§ 2 Absatz 2 § 1 Absatz 2 § 49 Absatz 1 Nummer 1, 2	25 €
3.2	des rechten Fahrstreifens (außer auf Autobahnen oder Kraftfahrstraßen) und dadurch einen Anderen behindert	§ 2 Absatz 2 § 1 Absatz 2 § 49 Absatz 1 Nummer 1, 2	20 €
3.3	der rechten Fahrbahn bei zwei getrennten Fahrbahnen	§ 2 Absatz 1 § 49 Absatz 1 Nummer 2	25 €
3.3.1	– mit Gefährdung	§ 2 Absatz 1 § 1 Absatz 2 § 49 Absatz 1 Nummer 1, 2	35 €
3.3.2	– mit Sachbeschädigung	§ 2 Absatz 1 § 1 Absatz 2 § 49 Absatz 1 Nummer 1, 2	40 €
3.4	eines markierten Schutzstreifens als Radfahrer	§ 2 Absatz 2 § 49 Absatz 1 Nummer 2	15 €
3.4.1	– mit Behinderung	§ 2 Absatz 2 § 1 Absatz 2 § 49 Absatz 1 Nummer 1, 2	20 €
3.4.2	– mit Gefährdung		25 €
3.4.3	– mit Sachbeschädigung		30 €
4	Gegen das Rechtsfahrgebot verstoßen	§ 2 Absatz 2 § 1 Absatz 2 § 49 Absatz 1 Nummer 1, 2	
4.1	bei Gegenverkehr, beim Überholtwerden, an Kuppen, in Kurven oder bei Unübersichtlichkeit und dadurch einen Anderen gefährdet		80 €
4.2	auf Autobahnen oder Kraftfahrstraßen und dadurch einen Anderen behindert		80 €
5	Schienenbahn nicht durchfahren lassen	§ 2 Absatz 3 § 49 Absatz 1 Nummer 2	5 €
5a	Fahren bei Glatteis, Schneeglätte, Schneematsch, Eis- oder Reifglätte ohne Bereifung, welche die in § 36 Absatz 4 StVZO beschriebenen Eigenschaften erfüllt	§ 2 Absatz 3a Satz 1 § 49 Absatz 1 Nummer 2	60 €
5a.1	– mit Behinderung	§ 2 Absatz 3a Satz 1 § 1 Absatz 2 § 49 Absatz 1 Nummer 1, 2	80 €
6	Beim Führen eines kennzeichnungspflichtigen Kraftfahrzeugs mit gefährlichen Gütern bei Sichtweite unter 50 m, bei Schneeglätte oder Glatteis sich nicht so verhalten, dass die Gefährdung eines anderen ausgeschlossen war, insbesondere, obwohl nötig, nicht den nächsten geeigneten Platz zum Parken aufgesucht	§ 2 Absatz 3a Satz 4 § 49 Absatz 1 Nummer 2	140 €

Lfd. Nr.	Tatbestand	Straßenverkehrs-Ordnung (StVO)	Regelsatz in Euro (€), Fahrverbot in Monaten
7	Beim Radfahren oder Mofafahren, soweit dies durch Treten fortbewegt wird		
7.1	Radweg (Zeichen 237, 240, 241) nicht benutzt	§ 41 Absatz 1 i.V.m. Anlage 2 lfd. Nr. 16, 19, 20 (Zeichen 237, 240, 241) Spalte 3 Nummer 1 auch i.V.m. § 2 Absatz 4 Satz 6 § 49 Absatz 3 Nummer 4 auch i.V.m Absatz 1 Nummer 2	20 €
7.1.1	– mit Behinderung	§ 41 Absatz 1 i.V.m. Anlage 2 lfd. Nr. 16, 19, 20 (Zeichen 237, 240, 241) Spalte 3 Nummer 1 auch i.V.m. § 2 Absatz 4 Satz 6 § 1 Absatz 2 § 49 Absatz 1 Nummer 1, Absatz 3 Nummer 4 auch i.V.m. Absatz 1 Nummer 2	25 €
7.1.2	– mit Gefährdung		30 €
7.1.3	– mit Sachbeschädigung		35 €
7.2	Fahrbahn, Radweg oder Seitenstreifen nicht vorschriftsmäßig benutzt		
7.2.1	– mit Behinderung	§ 2 Absatz 4 Satz 1, 5 § 1 Absatz 2 § 49 Absatz 1 Nummer 1, 2	20 €
7.2.2	– mit Gefährdung		25 €
7.2.3	– mit Sachbeschädigung		30 €
7.3	Radweg nicht in zulässiger Richtung befahren, obwohl Radweg oder Seitenstreifen in zulässiger Richtung vorhanden	§ 2 Absatz 4 Satz 4 § 49 Absatz 1 Nummer 2	20 €
7.3.1	– mit Behinderung	§ 2 Absatz 4 Satz 4 § 1 Absatz 2 § 49 Absatz 1 Nummer 1, 2	25 €
7.3.2	– mit Gefährdung		30 €
7.3.3	– mit Sachbeschädigung		35 €
	Geschwindigkeit		
8	Mit nicht angepasster Geschwindigkeit gefahren		
8.1	trotz angekündigter Gefahrenstelle, bei Unübersichtlichkeit, an Straßenkreuzungen, Straßeneinmündungen, Bahnübergängen oder bei schlechten Sicht- oder Wetterverhältnissen (z.B. Nebel, Glatteis)	§ 3 Absatz 1 Satz 1, 2, 4, 5 § 19 Absatz 1 Satz 2 § 49 Absatz 1 Nummer 3, 19 Buchstabe a	100 €
8.2	in anderen als in Nummer 8.1 genannten Fällen mit Sachbeschädigung	§ 3 Absatz 1 Satz 1, 2, 4, 5 § 1 Absatz 2 § 49 Absatz 1 Nummer 1, 3	35 €
9	Festgesetzte Höchstgeschwindigkeit bei Sichtweite unter 50 m durch Nebel, Schneefall oder Regen überschritten	§ 3 Absatz 1 Satz 3 § 49 Absatz 1 Nummer 3	80 €

Lfd. Nr.	Tatbestand	Straßenverkehrs-Ordnung (StVO)	Regelsatz in Euro (€), Fahrverbot in Monaten
9.1	bis 15 km/h für mehr als 5 Minuten Dauer, bis 15 km/h in mehr als zwei Fällen nach Fahrtantritt oder um mehr als 15 km/h, mit einem Kraftfahrzeug der in § 3 Absatz 3 Nummer 2 Buchstabe a oder b StVO genannten Art		Tabelle 1 Buchstabe a
9.2	um mehr als 10 km/h innerorts, um mehr als 15 km/h außerorts, bis 15 km/h innerorts oder außerorts jeweils für mehr als 5 Minuten Dauer oder bis 15 km/h innerorts oder außerorts jeweils in mehr als zwei Fällen nach Fahrtantritt mit kennzeichnungspflichtigen Kraftfahrzeugen der in Nummer 9.1 genannten Art mit gefährlichen Gütern oder Kraftomnibussen mit Fahrgästen		Tabelle 1 Buchstabe b
9.3	um mehr als 20 km/h mit anderen als den in Nummer 9.1 oder 9.2 genannten Kraftfahrzeugen		Tabelle 1 Buchstabe c
10	Beim Führen eines Fahrzeugs ein Kind, einen Hilfsbedürftigen oder älteren Menschen gefährdet, insbesondere durch nicht ausreichend verminderte Geschwindigkeit, mangelnde Bremsbereitschaft oder unzureichenden Seitenabstand beim Vorbeifahren oder Überholen	§ 3 Absatz 2a § 49 Absatz 1 Nummer 3	80 €
11	Zulässige Höchstgeschwindigkeit überschritten mit	§ 3 Absatz 3 Satz 1, Absatz 4 § 49 Absatz 1 Nummer 3 § 18 Absatz 5 Satz 2 § 49 Absatz 1 Nummer 18 § 20 Absatz 2 Satz 1, Absatz 4 Satz 1, 2 § 49 Absatz 1 Nummer 19 Buchstabe b § 41 Absatz 1 i.V.m. Anlage 2 lfd. Nr. 16, 17 (Zeichen 237, 238) Spalte 3 Nummer 3, lfd. Nr. 18 (Zeichen 239) Spalte 3 Nummer 2, lfd. Nr. 19 (Zeichen 240) Spalte 3 Nummer 3, lfd. Nr. 20 (Zeichen 241) Spalte 3 Nummer 4, lfd. Nr. 21 (Zeichen 239 oder 242.1 mit Zusatzzeichen, das den Fahrzeugverkehr zulässt) Spalte 3 Nummer 2, lfd. Nr. 23 (Zeichen 244.1 mit Zusatzzeichen, das den Fahrzeugverkehr zulässt) Spalte 3 Nummer 2, lfd. Nr. 24.1 (Zeichen 244.3 mit Zusatzzeichen, das den Fahrzeugverkehr zulässt)	

Lfd. Nr.	Tatbestand	Straßenverkehrs-Ordnung (StVO)	Regelsatz in Euro (€), Fahrverbot in Monaten
		Spalte 3 Nummer 2, lfd. Nr. 49 (Zeichen 274), lfd. Nr. 50 (Zeichen 274.1, 274.2) § 49 Absatz 3 Nummer 4 § 42 Absatz 2 i.V.m. Anlage 3 lfd. Nr. 12 (Zeichen 325.1) Spalte 3 Nummer 1 § 49 Absatz 3 Nummer 5	
11.1	Kraftfahrzeugen der in § 3 Absatz 3 Nummer 2 Buchstabe a oder b StVO genannten Art		Tabelle 1 Buchstabe a
11.2	kennzeichnungspflichtigen Kraftfahrzeugen der in Nummer 11.1 genannten Art mit gefährlichen Gütern oder Kraftomnibussen mit Fahrgästen		Tabelle 1 Buchstabe b
11.3	anderen als den in Nummer 11.1 oder 11.2 genannten Kraftfahrzeugen		Tabelle 1 Buchstabe c
	Abstand		
12	Erforderlichen Abstand von einem vorausfahrenden Fahrzeug nicht eingehalten	§ 4 Absatz 1 Satz 1 § 49 Absatz 1 Nummer 4	
12.1	bei einer Geschwindigkeit bis 80 km/h		25 €
12.2	– mit Gefährdung	§ 4 Absatz 1 Satz 1 § 1 Absatz 2 § 49 Absatz 1 Nummer 1, 4	30 €
12.3	– mit Sachbeschädigung		35 €
12.4	bei einer Geschwindigkeit von mehr als 80 km/h, sofern der Abstand in Metern nicht weniger als ein Viertel des Tachowertes betrug	§ 4 Absatz 1 Satz 1 § 49 Absatz 1 Nummer 4	35 €
12.5	bei einer Geschwindigkeit von mehr als 80 km/h, sofern der Abstand in Metern weniger als ein Viertel des Tachowertes betrug		Tabelle 2 Buchstabe a
12.6	bei einer Geschwindigkeit von mehr als 100 km/h, sofern der Abstand in Metern weniger als ein Viertel des Tachowertes betrug		Tabelle 2 Buchstabe b
12.7	bei einer Geschwindigkeit von mehr als 130 km/h, sofern der Abstand in Metern weniger als ein Viertel des Tachowertes betrug		Tabelle 2 Buchstabe c
13	Vorausgefahren und ohne zwingenden Grund stark gebremst		
13.1	– mit Gefährdung	§ 4 Absatz 1 Satz 2 § 1 Absatz 2 § 49 Absatz 1 Nummer 1, 4	20 €
13.2	– mit Sachbeschädigung		30 €
14	Den zum Einscheren erforderlichen Abstand von dem vorausfahrenden Fahrzeug außerhalb geschlossener Ortschaften nicht eingehalten	§ 4 Absatz 2 Satz 1 § 49 Absatz 1 Nummer 4	25 €
15	Mit Lastkraftwagen (zulässige Gesamtmasse über 3,5 t) oder Kraftomnibus bei einer Geschwindigkeit von mehr als 50 km/h auf einer Autobahn Mindestabstand von 50 m von einem vorausfahrenden Fahrzeug nicht eingehalten	§ 4 Absatz 3 § 49 Absatz 1 Nummer 4	80 €

Lfd. Nr.	Tatbestand	Straßenverkehrs-Ordnung (StVO)	Regelsatz in Euro (€), Fahrverbot in Monaten
	Überholen		
16	Innerhalb geschlossener Ortschaften rechts überholt	§ 5 Absatz 1 § 49 Absatz 1 Nummer 5	30 €
16.1	– mit Sachbeschädigung	§ 5 Absatz 1 § 1 Absatz 2 § 49 Absatz 1 Nummer 1, 5	35 €
17	Außerhalb geschlossener Ortschaften rechts überholt	§ 5 Absatz 1 § 49 Absatz 1 Nummer 5	100 €
18	Mit nicht wesentlich höherer Geschwindigkeit als der zu Überholende überholt	§ 5 Absatz 2 Satz 2 § 49 Absatz 1 Nummer 5	80 €
19	Überholt, obwohl nicht übersehen werden konnte, dass während des ganzen Überholvorgangs jede Behinderung des Gegenverkehrs ausgeschlossen war, oder bei unklarer Verkehrslage	§ 5 Absatz 2 Satz 1, Absatz 3 Nummer 1 § 49 Absatz 1 Nummer 5	100 €
19.1	und dabei ein Überholverbot (§ 19 Absatz 1 Satz 3 StVO, Zeichen 276, 277, 277.1) nicht beachtet oder Fahrstreifenbegrenzung (Zeichen 295, 296) überquert oder überfahren oder der durch Pfeile vorgeschriebenen Fahrtrichtung (Zeichen 297) nicht gefolgt	§ 5 Absatz 2 Satz 1, Absatz 3 Nummer 1 § 19 Absatz 1 Satz 3 § 49 Absatz 1 Nummer 5, 19a § 41 Absatz 1 i.V.m. Anlage 2 zu lfd. Nr. 53, 54 und 54.4 (Zeichen 276, 277, 277.1) Spalte 3, lfd. Nr. 68 (Zeichen 295) Spalte 3 Nummer 1a, lfd. Nr. 69, 70 (Zeichen 296, 297) Spalte 3 Nummer 1 § 49 Absatz 3 Nummer 4	150 €

(Fortsetzung nächstes Blatt)

Lfd. Nr.	Tatbestand	Straßenverkehrs-Ordnung (StVO)	Regelsatz in Euro (€), Fahrverbot in Monaten
19.1.1	– mit Gefährdung	§ 5 Absatz 2 Satz 1, Absatz 3 Nummer 1 § 19 Absatz 1 Satz 3 § 49 Absatz 1 Nummer 5, 19a § 41 Absatz 1 i.V.m. Anlage 2 zu lfd. Nr. 53, 54 und 54.4 (Zeichen 276, 277, 277.1) Spalte 3, lfd. Nr. 68 (Zeichen 295) Spalte 3 Nummer 1a, lfd. Nr. 69, 70 (Zeichen 296, 297) Spalte 3 Nummer 1 § 49 Absatz 3 Nummer 4 § 1 Absatz 2 § 49 Absatz 1 Nummer 1	**250 €** **Fahrverbot 1 Monat**
19.1.2	– mit Sachbeschädigung		250 € **Fahrverbot 1 Monat**
(20)	(aufgehoben)		
21	Mit einem Kraftfahrzeug mit einer zulässigen Gesamtmasse über 7,5 t überholt, obwohl die Sichtweite durch Nebel, Schneefall oder Regen weniger als 50 m betrug	§ 5 Absatz 3a § 49 Absatz 1 Nummer 5	120 €
21.1	– mit Gefährdung	§ 5 Absatz 3a § 1 Absatz 2 § 49 Absatz 1 Nummer 1, 5	200 € **Fahrverbot 1 Monat**
21.2	– mit Sachbeschädigung		240 € **Fahrverbot 1 Monat**
22	Zum Überholen ausgeschert und dadurch nachfolgenden Verkehr gefährdet	§ 5 Absatz 4 Satz 1 § 49 Absatz 1 Nummer 5	80 €
23	Beim Überholen ausreichenden Seitenabstand zu anderen Verkehrsteilnehmern nicht eingehalten	§ 5 Absatz 4 Satz 2, 3 § 49 Absatz 1 Nummer 5	30 €
23.1	– mit Sachbeschädigung	§ 5 Absatz 4 Satz 2, 3 § 1 Absatz 2 § 49 Absatz 1 Nummer 1, 5	35 €
24	Nach dem Überholen nicht so bald wie möglich wieder nach rechts eingeordnet	§ 5 Absatz 4 Satz 5 § 49 Absatz 1 Nummer 5	10 €
25	Nach dem Überholen beim Einordnen, denjenigen, der überholt wurde, behindert	§ 5 Absatz 4 Satz 6 § 49 Absatz 1 Nummer 5	20 €
26	Beim Überholtwerden Geschwindigkeit erhöht	§ 5 Absatz 6 Satz 1 § 49 Absatz 1 Nummer 5	30 €
27	Ein langsameres Fahrzeug geführt und die Geschwindigkeit nicht ermäßigt oder nicht gewartet, um mehreren unmittelbar folgenden Fahrzeugen das Überholen zu ermöglichen	§ 5 Absatz 6 Satz 2 § 49 Absatz 1 Nummer 5	10 €
28	Vorschriftswidrig links überholt, obwohl der Fahrer des vorausfahrenden Fahrzeugs die Absicht, nach links abzubiegen, angekündigt und sich eingeordnet hatte	§ 5 Absatz 7 Satz 1 § 49 Absatz 1 Nummer 5	25 €

Lfd. Nr.	Tatbestand	Straßenverkehrs-Ordnung (StVO)	Regelsatz in Euro (€), Fahrverbot in Monaten
28.1	– mit Sachbeschädigung	§ 5 Absatz 7 Satz 1 § 1 Absatz 2 § 49 Absatz 1 Nummer 1, 5	30 €
	Fahrtrichtungsanzeiger		
29	Fahrtrichtungsanzeiger nicht wie vorgeschrieben benutzt	§ 5 Absatz 4a § 49 Absatz 1 Nummer 5 § 6 Satz 3 § 49 Absatz 1 Nummer 6 § 7 Absatz 5 Satz 2 § 49 Absatz 1 Nummer 7 § 9 Absatz 1 Satz 1 § 49 Absatz 1 Nummer 9 § 10 Satz 2 § 49 Absatz 1 Nummer 10 § 42 Absatz 2 i.V.m. Anlage 3 lfd. Nr. 2.1 (Zusatzzeichen zu Zeichen 306) Spalte 3 Nummer 1 § 49 Absatz 3 Nummer 5	10 €
	Vorbeifahren		
30	An einer Fahrbahnverengung, einem Hindernis auf der Fahrbahn oder einem haltenden Fahrzeug auf der Fahrbahn links vorbeigefahren, ohne ein entgegenkommendes Fahrzeug durchfahren zu lassen	§ 6 Satz 1 § 49 Absatz 1 Nummer 6	20 €
30.1	– mit Gefährdung	§ 6 Absatz 1 § 1 Absatz 2 § 49 Absatz 1 Nummer 1, 6	30 €
30.2	– mit Sachbeschädigung		35 €
	Benutzung von Fahrstreifen durch Kraftfahrzeuge		
31	Fahrstreifen gewechselt und dadurch einen anderen Verkehrsteilnehmer gefährdet	§ 7 Absatz 5 Satz 1 § 49 Absatz 1 Nummer 7	30 €
31.1	– mit Sachbeschädigung	§ 7 Absatz 5 Satz 1 § 1 Absatz 2 § 49 Absatz 1 Nummer 1, 7	35 €
31a	Auf einer Fahrbahn für beide Richtungen den mittleren oder linken von mehreren durch Leitlinien (Zeichen 340) markierten Fahrstreifen zum Überholen benutzt	§ 7 Absatz 3a Satz 1, 2, Absatz 3b § 49 Absatz 1 Nummer 7	30 €
31a.1	– mit Gefährdung	§ 7 Absatz 3a Satz 1, 2, Absatz 3b § 1 Absatz 2 § 49 Absatz 1 Nummer 1, 7	40 €
31b	*Außerhalb geschlossener* Ortschaften linken Fahrstreifen mit einem Lastkraftwagen mit einer zulässigen Gesamtmasse von mehr als 3,5 t oder	§ 7 Absatz 3c Satz 3 § 49 Absatz 1 Nummer 7	15 €

Lfd. Nr.	Tatbestand	Straßenverkehrs-Ordnung (StVO)	Regelsatz in Euro (€), Fahrverbot in Monaten
	einem Kraftfahrzeug mit Anhänger zu einem anderen Zweck als dem des Linksabbiegens benutzt		
31b.1	– mit Behinderung	§ 7 Absatz 3c Satz 3 § 1 Absatz 2 § 49 Absatz 1 Nummer 1, 7	20 €
	Vorfahrt		
32	Nicht mit mäßiger Geschwindigkeit an eine bevorrechtigte Straße herangefahren	§ 8 Absatz 2 Satz 1 § 49 Absatz 1 Nummer 8	10 €
33	Vorfahrt nicht beachtet und dadurch eine vorfahrtberechtigte Person wesentlich behindert	§ 8 Absatz 2 Satz 2 § 49 Absatz 1 Nummer 8	25 €
34	Vorfahrt nicht beachtet und dadurch eine vorfahrtberechtigte Person gefährdet	§ 8 Absatz 2 Satz 2 § 49 Absatz 1 Nummer 8	100 €
	Abbiegen, Wenden, Rückwärtsfahren		
35	Abgebogen, ohne sich ordnungsgemäß oder rechtzeitig eingeordnet oder ohne vor dem Einordnen oder Abbiegen auf den nachfolgenden Verkehr geachtet zu haben	§ 9 Absatz 1 Satz 2, 4 § 49 Absatz 1 Nummer 9	10 €
35.1	– mit Gefährdung	§ 9 Absatz 1 Satz 2, 4 § 1 Absatz 2 § 49 Absatz 1 Nummer 1, 9	30 €
35.2	– mit Sachbeschädigung		35 €
36	Beim Linksabbiegen auf längs verlegten Schienen eingeordnet und dadurch ein Schienenfahrzeug behindert	§ 9 Absatz 1 Satz 3 § 49 Absatz 1 Nummer 9	5 €
(37 bis 37.3)	(aufgehoben)		
38	Beim Linksabbiegen mit dem Fahrrad nach einer Kreuzung oder Einmündung die Fahrbahn überquert und dabei den Fahrzeugverkehr nicht beachtet oder einer Radverkehrsführung im Kreuzungs- oder Einmündungsbereich nicht gefolgt	§ 9 Absatz 2 Satz 2, 3 § 49 Absatz 1 Nummer 9	15 €
38.1	– mit Behinderung	§ 9 Absatz 2 Satz 2, 3 § 1 Absatz 2 § 49 Absatz 1 Nummer 1, 9	20 €
38.2	– mit Gefährdung		25 €
38.3	– mit Sachbeschädigung		30 €
39	Abgebogen, ohne Fahrzeug durchfahren zu lassen	§ 9 Absatz 3 Satz 1, 2, Absatz 4 Satz 1 § 49 Absatz 1 Nummer 9	40 €
39.1	– mit Gefährdung	§ 9 Absatz 3 Satz 1, 2, Absatz 4 Satz 1 § 1 Absatz 2 § 49 Absatz 1 Nummer 1, 9	140 € **Fahrverbot 1 Monat**
(40)	(aufgehoben)		
41	Beim Abbiegen auf zu Fuß Gehende keine besondere Rücksicht genommen und diese dadurch gefährdet	§ 9 Absatz 3 Satz 3 § 1 Absatz 2	140 € **Fahrverbot 1 Monat**

Lfd. Nr.	Tatbestand	Straßenverkehrs-Ordnung (StVO)	Regelsatz in Euro (€), Fahrverbot in Monaten
		§ 49 Absatz 1 Nummer 1, 9	
42	Beim Linksabbiegen nicht voreinander abgebogen	§ 9 Absatz 4 Satz 2 § 49 Absatz 1 Nummer 9	10 €
42.1	– mit Gefährdung	§ 9 Absatz 4 Satz 2 § 1 Absatz 2 § 49 Absatz 1 Nummer 1, 9	70 €
(43)	(aufgehoben)		
44	Beim Abbiegen in ein Grundstück, beim Wenden oder Rückwärtsfahren einen anderen Verkehrsteilnehmer gefährdet	§ 9 Absatz 5 § 49 Absatz 1 Nummer 9	80 €
45	Mit einem Kraftfahrzeug mit einer zulässigen Gesamtmasse über 3,5 t innerorts beim Rechtsabbiegen nicht mit Schrittgeschwindigkeit gefahren	§ 9 Absatz 6 § 49 Absatz 1 Nummer 9	70 €
(46)	(aufgehoben)		
	Einfahren und Anfahren		
47	Aus einem Grundstück, einem Fußgängerbereich (Zeichen 242.1, 242.2), einem verkehrsberuhigten Bereich (Zeichen 325.1, 325.2) auf die Straße oder von einem anderen Straßenteil oder über einen abgesenkten Bordstein hinweg auf die Fahrbahn eingefahren oder vom Fahrbahnrand angefahren und dadurch einen anderen Verkehrsteilnehmer gefährdet	§ 10 Satz 1 § 49 Absatz 1 Nummer 10	30 €
47.1	– mit Sachbeschädigung	§ 10 Satz 1 § 1 Absatz 2 § 49 Absatz 1 Nummer 1, 10	35 €
(48)	(aufgehoben)		
	Besondere Verkehrslagen		
49	Trotz stockenden Verkehrs in eine Kreuzung oder Einmündung eingefahren und dadurch einen Anderen behindert	§ 11 Absatz 1 § 1 Absatz 2 § 49 Absatz 1 Nummer 1, 11	20 €
50	Bei stockendem Verkehr auf einer Autobahn oder Außerortsstraße für die Durchfahrt von Polizei- oder Hilfsfahrzeugen keine vorschriftsmäßige Gasse gebildet	§ 11 Absatz 2 § 49 Absatz 1 Nummer 11	200 € **Fahrverbot 1 Monat**
50.1	– mit Behinderung	§ 11 Absatz 2 § 1 Absatz 2 § 49 Absatz 1 Nummer 1, 11	240 € **Fahrverbot 1 Monat**
50.2	– mit Gefährdung		280 € **Fahrverbot 1 Monat**
50.3	– mit Sachbeschädigung		320 € **Fahrverbot 1 Monat**
50a	*Unberechtigt mit einem Fahrzeug* auf einer Autobahn oder Außerortsstraße eine freie Gasse für die Durchfahrt von Polizei- oder Hilfsfahrzeugen benutzt	§ 11 Absatz 2 § 49 Absatz 1 Nummer 11	240 € **Fahrverbot 1 Monat**

Lfd. Nr.	Tatbestand	Straßenverkehrs-Ordnung (StVO)	Regelsatz in Euro (€), Fahrverbot in Monaten
50a.1	– mit Behinderung	§ 11 Absatz 2 § 1 Absatz 2 § 49 Absatz 1 Nummer 1, 11	280 € **Fahrverbot 1 Monat**
50a.2	– mit Gefährdung		300 € **Fahrverbot 1 Monat**
50a.3	– mit Sachbeschädigung		320 € **Fahrverbot 1 Monat**
	Halten und Parken		
51	Unzulässig gehalten	§ 12 Absatz 1 § 49 Absatz 1 Nummer 12 § 37 Absatz 1 Satz 2, Absatz 5 § 49 Absatz 3 Nummer 2 § 41 Absatz 1 i.V.m. Anlage 2 lfd. Nr. 1, 2, 3 (Zeichen 201, 205, 206) Spalte 3 Nummer 2, lfd. Nr. 8 (Zeichen 215) Spalte 3 Nummer 3, lfd. Nr. 15 (Zeichen 229) Spalte 3 Satz 1, lfd. Nr. 62 (Zeichen 283) Spalte 3, lfd. Nr. 63, 64 (Zeichen 286, 290.1) Spalte 3 Nummer 1, lfd. Nr. 66 (Zeichen 293) Spalte 3, lfd. Nr. 68 (Zeichen 295) Spalte 3 Nummer 2a, lfd. Nr. 70 (Zeichen 297) Spalte 3 Nummer 2, lfd. Nr. 73 (Zeichen 299) Spalte 3 Satz 1 § 49 Absatz 3 Nummer 4	20 €
51.1	– mit Behinderung	§ 12 Absatz 1 § 1 Absatz 2 § 49 Absatz 1 Nummer 1,12 § 37 Absatz 1 Satz 2, Absatz 5 § 1 Absatz 2 § 49 Absatz 1 Nummer 1, Absatz 3 Nummer 2 § 41 Absatz 1 i.V.m. Anlage 2 lfd. Nr. 1, 2, 3 (Zeichen 201, 205, 206) Spalte 3 Nummer 2, lfd. Nr. 8 (Zeichen 215) Spalte 3 Nummer 3, lfd. Nr. 15 (Zeichen 229) Spalte 3 Satz 1, lfd. Nr. 62 (Zeichen 283) Spalte 3, lfd. Nr. 63, 64 (Zeichen 286, 290.1)	35 €

Lfd. Nr.	Tatbestand	Straßenverkehrs-Ordnung (StVO)	Regelsatz in Euro (€), Fahrverbot in Monaten
		Spalte 3 Nummer 1, lfd. Nr. 66 (Zeichen 293) Spalte 3, lfd. Nr. 68 (Zeichen 295) Spalte 3 Nummer 2a, lfd. Nr. 70 (Zeichen 297) Spalte 3 Nummer 2, lfd. Nr. 73 (Zeichen 299) Spalte 3 Satz 1 § 1 Absatz 2 § 49 Absatz 1 Nummer 1, Absatz 3 Nummer 4	
51a	Unzulässig in „zweiter Reihe“ gehalten	§ 12 Absatz 4 Satz 1, 2 Halbsatz 2 § 49 Absatz 1 Nummer 12	55 €
51a.1	– mit Behinderung	§ 12 Absatz 4 Satz 1, 2 Halbsatz 2 § 1 Absatz 2 § 49 Absatz 1 Nummer 1, 12	70 €
51a.2	– mit Gefährdung		80 €
51a.3	– mit Sachbeschädigung		100 €
51b	An einer engen oder unübersichtlichen Straßenstelle oder im Bereich einer scharfen Kurve geparkt (§ 12 Absatz 2 StVO)	§ 12 Absatz 1 Nummer 1, 2 § 49 Absatz 1 Nummer 12	35 €
51b.1	– mit Behinderung	§ 12 Absatz 1 Nummer 1, 2 § 1 Absatz 2 § 49 Absatz 1 Nummer 1, 12	55 €
51b.2	länger als 1 Stunde	§ 12 Absatz 1 Nummer 1, 2 § 49 Absatz 1 Nummer 12	55 €
51b.2.1	– mit Behinderung	§ 12 Absatz 1 Nummer 1, 2 § 1 Absatz 2 § 49 Absatz 1 Nummer 1, 12	55 €
51b.3	wenn ein Rettungsfahrzeug im Einsatz behindert worden ist	§ 12 Absatz 1 Nummer 1, 2 § 1 Absatz 2 § 49 Absatz 1 Nummer 1, 12	100 €
52	Unzulässig geparkt (§ 12 Absatz 2 StVO) in den Fällen, in denen das Halten verboten ist	§ 12 Absatz 1 Nummer 3, 4 § 49 Absatz 1 Nummer 12 § 37 Absatz 1 Satz 2, Absatz 5 § 49 Absatz 3 Nummer 2 § 41 Absatz 1 i.V.m. Anlage 2 lfd. Nr. 1, 2, 3 (Zeichen 201, 205, 206) Spalte 3 Nummer 2, lfd. Nr. 8 (Zeichen 215) Spalte 3	25 €

Lfd. Nr.	Tatbestand	Straßenverkehrs-Ordnung (StVO)	Regelsatz in Euro (€), Fahrverbot in Monaten
		Nummer 3, lfd. Nr. 15 (Zeichen 229) Spalte 3 Satz 1, lfd. Nr. 17 (Zeichen 238) Spalte 3 Nummer 2, lfd. Nr. 62 (Zeichen 283) Spalte 3, lfd. Nr. 63, 64 (Zeichen 286, 290.1) Spalte 3 Nummer 1, lfd. Nr. 66 (Zeichen 293) Spalte 3, lfd. Nr. 68 (Zeichen 295) Spalte 3 Nummer 2a, lfd. Nr. 70 (Zeichen 297) Spalte 3 Nummer 2, lfd. Nr. 73 (Zeichen 299) Spalte 3 Satz 1	
52.1	– mit Behinderung	§ 49 Absatz 3 Nummer 4 § 12 Absatz 1 Nummer 3, 4 § 1 Absatz 2 § 49 Absatz 1 Nummer 1, 12 § 41 Absatz 1 i.V.m. Anlage 2 lfd. Nr. 1, 2, 3 (Zeichen 201, 205, 206) Spalte 3 Nummer 2, lfd. Nr. 8 (Zeichen 215) Spalte 3 Nummer 3, lfd. Nr. 15 (Zeichen 229) Spalte 3 Satz 1, lfd. Nr. 17 (Zeichen 238) Spalte 3 Nummer 2, lfd. Nr. 62 (Zeichen 283) Spalte 3, lfd. Nr. 63, 64 (Zeichen 286, 290.1) Spalte 3 Nummer 1, lfd. Nr. 66 (Zeichen 293) Spalte 3, lfd. Nr. 68 (Zeichen 295) Spalte 3 Nummer 2a, lfd. Nr. 70 (Zeichen 297) Spalte 3 Nummer 2, lfd. Nr. 73 (Zeichen 299) Spalte 3 Satz 1	40 €
52.2	länger als 1 Stunde	§ 1 Absatz 2 § 49 Absatz 1 Nummer 1, Absatz 3 Nummer 4 § 12 Absatz 1 Nummer 3, 4 § 49 Absatz 1 Nummer 12 § 41 Absatz 1 i.V.m. Anlage 2 lfd. Nr. 1, 2, 3 (Zeichen 201, 205, 206) Spalte 3 Nummer 2, lfd. Nr. 8 (Zeichen 215) Spalte 3 Nummer 3, lfd. Nr. 15 (Zeichen 229) Spalte 3 Satz 1, lfd. Nr. 17 (Zeichen 238) Spalte 3 Nummer 2,	40 €

Lfd. Nr.	Tatbestand	Straßenverkehrs-Ordnung (StVO)	Regelsatz in Euro (€), Fahrverbot in Monaten
		lfd. Nr. 62 (Zeichen 283) Spalte 3, lfd. Nr. 63, 64 (Zeichen 286, 290.1) Spalte 3 Nummer 1, lfd. Nr. 66 (Zeichen 293) Spalte 3, lfd. Nr. 68 (Zeichen 295) Spalte 3 Nummer 2a, lfd. Nr. 70 (Zeichen 297) Spalte 3 Nummer 2, lfd. Nr. 73 (Zeichen 299) Spalte 3 Satz 1 § 49 Absatz 3 Nummer 4	
52.2.1	– mit Behinderung	§ 12 Absatz 1 Nummer 3, 4 § 1 Absatz 2 § 49 Absatz 1 Nummer 1, 12 § 41 Absatz 1 i.V.m. Anlage 2 lfd. Nr. 1, 2, 3 (Zeichen 201, 205, 206) Spalte 3 Nummer 2, lfd. Nr. 8 (Zeichen 215) Spalte 3 Nummer 3, lfd. Nr. 15 (Zeichen 229) Spalte 3 Satz 1, lfd. Nr. 17 (Zeichen 238) Spalte 3 Nummer 2, lfd. Nr. 62 (Zeichen 283) Spalte 3, lfd. Nr. 63, 64 (Zeichen 286, 290.1) Spalte 3 Nummer 1, lfd. Nr. 66 (Zeichen 293) Spalte 3, lfd. Nr. 68 (Zeichen 295) Spalte 3 Nummer 2a, lfd. Nr. 70 (Zeichen 297) Spalte 3 Nummer 2, lfd. Nr. 73 (Zeichen 299) Spalte 3 Satz 1 § 1 Absatz 2 § 49 Absatz 1 Nummer 1, Absatz 3 Nummer 4	50 €
52a	Unzulässig auf Geh- und Radwegen geparkt (§ 12 Absatz 2 StVO)	§ 12 Absatz 4 Satz 1, Absatz 4a § 49 Absatz 1 Nummer 12 § 41 Absatz 1 i.V.m. Anlage 2 lfd. Nr. 16, 19, 20 (Zeichen 237, 240, 241) Spalte 3 Nummer 2 § 49 Absatz 3 Nummer 4	55 €
52a.1	– mit Behinderung	§ 12 Absatz 4 Satz 1, Absatz 4a § 1 Absatz 2 § 49 Absatz 1 Nummer 1, 12 § 41 Absatz 1 i.V.m. Anlage 2 lfd. Nr. 16, 19, 20 (Zei-	70 €

Lfd. Nr.	Tatbestand	Straßenverkehrs-Ordnung (StVO)	Regelsatz in Euro (€), Fahrverbot in Monaten
		chen 237, 240, 241) Spalte 3 Nummer 2 § 1 Absatz 2 § 49 Absatz 1 Nummer 1, Absatz 3 Nummer 4	
52a.2	länger als 1 Stunde	§ 12 Absatz 4 Satz 1, Absatz 4a § 49 Absatz 1 Nummer 12 § 41 Absatz 1 i.V.m. Anlage 2 lfd. Nr. 16, 19, 20 (Zeichen 237, 240, 241) Spalte 3 Nummer 2 § 49 Absatz 3 Nummer 4	70 €
52a.2.1	– mit Behinderung	§ 12 Absatz 4 Satz 1, Absatz 4a § 1 Absatz 2 § 49 Absatz 1 Nummer 1, 12 § 41 Absatz 1 i.V.m. Anlage 2 lfd. Nr. 16, 19, 20 (Zeichen 237, 240, 241) Spalte 3 Nummer 2 § 1 Absatz 2 § 49 Absatz 1 Nummer 1, Absatz 3 Nummer 4	80 €
52a.3	– mit Gefährdung		80 €
52a.4	– mit Sachbeschädigung		100 €
53	Vor oder in amtlich gekennzeichneten Feuerwehrzufahrten geparkt (§ 12 Absatz 2 StVO)	§ 12 Absatz 1 Nummer 5 § 49 Absatz 1 Nummer 12	55 €
53.1	und dadurch ein Rettungsfahrzeug im Einsatz behindert	§ 12 Absatz 1 Nummer 5 § 1 Absatz 2 § 49 Absatz 1 Nummer 1, 12	100 €
54	Unzulässig geparkt (§ 12 Absatz 2 StVO) in den in § 12 Absatz 3 Nummer 1 bis 5 genannten Fällen oder in den Fällen der Zeichen 201, 295, 296, 306, 314 mit Zusatzzeichen und 315 StVO	§ 12 Absatz 3 Nummer 1 bis 5 § 49 Absatz 1 Nummer 12 § 41 Absatz 1 i.V.m. Anlage 2 lfd. Nr. 1 (Zeichen 201) Spalte 3 Nummer 3, lfd. Nr. 68 (Zeichen 295) Spalte 3 Nummer 1d, lfd. Nr. 69 (Zeichen 296) Spalte 3 Nummer 2 § 49 Absatz 3 Nummer 4 § 42 Absatz 2 i.V.m. Anlage 3 lfd. Nr. 2 (Zeichen 306) Spalte 3 Satz 1, lfd. Nr. 7 (Zeichen 314 mit Zusatzzeichen) Spalte 3 Nummer 1, 2, lfd. Nr. 10 (Zeichen 315) Spalte 3 Nummer 1, 2 § 49 Absatz 3 Nummer 5	10 €

Lfd. Nr.	Tatbestand	Straßenverkehrs-Ordnung (StVO)	Regelsatz in Euro (€), Fahrverbot in Monaten
54.1	– mit Behinderung	§ 12 Absatz 3 Nummer 1 bis 5 § 1 Absatz 2 § 49 Absatz 1 Nummer 1, 12 § 41 Absatz 1 i.V.m. Anlage 2 lfd. Nr. 1 (Zeichen 201) Spalte 3 Nummer 3, lfd. Nr. 68 (Zeichen 295) Spalte 3 Nummer 1d, lfd. Nr. 69 (Zeichen 296) Spalte 3 Nummer 2 § 1 Absatz 2 § 49 Absatz 1 Nummer 1, Absatz 3 Nummer 4 § 42 Absatz 2 i.V.m. Anlage 3 lfd. Nr. 2 (Zeichen 306) Spalte 3 Satz 1, lfd. Nr. 7 (Zeichen 314 mit Zusatzzeichen) Spalte 3 Nummer 1, 2, lfd. Nr. 10 (Zeichen 315) Spalte 3 Nummer 1, 2 § 1 Absatz 2 § 49 Absatz 1 Nummer 1, Absatz 3 Nummer 5	15 €
54.2	länger als 3 Stunden	§ 12 Absatz 3 Nummer 1 bis 5 § 49 Absatz 1 Nummer 12 § 41 Absatz 1 i.V.m. Anlage 2 lfd. Nr. 1 (Zeichen 201) Spalte 3 Nummer 3, lfd. Nr. 68 (Zeichen 295) Spalte 3 Nummer 1d, lfd. Nr. 69 (Zeichen 296) Spalte 3 Nummer 2 § 49 Absatz 3 Nummer 4 § 42 Absatz 2 i.V.m. Anlage 3 lfd. Nr. 2 (Zeichen 306) Spalte 3 Satz 1, lfd. Nr. 7 (Zeichen 314 mit Zusatzzeichen) Spalte 3 Nummer 1, 2, lfd. Nr. 10 (Zeichen 315) Spalte 3 Nummer 1, 2 § 49 Absatz 3 Nummer 5	20 €
54.2.1	– mit Behinderung	§ 12 Absatz 3 Nummer 1 bis 5 § 1 Absatz 2 § 49 Absatz 1 Nummer 1, 12 § 41 Absatz 1 i.V.m. Anlage 2 lfd. Nr. 1 (Zeichen 201) Spalte 3 Nummer 3, lfd. Nr. 68 (Zeichen 295)	55 €

Lfd. Nr.	Tatbestand	Straßenverkehrs-Ordnung (StVO)	Regelsatz in Euro (€), Fahrverbot in Monaten
		Spalte 3 Nummer 1d, lfd. Nr. 69 (Zeichen 296) Spalte 3 Nummer 2 § 1 Absatz 2 § 49 Absatz 1 Nummer 1, Absatz 3 Nummer 4 § 42 Absatz 2 i.V.m. Anlage 3 lfd. Nr. 2 (Zeichen 306) Spalte 3 Satz 1, lfd. Nr. 7 (Zeichen 314 mit Zusatzzeichen) Spalte 3 Nummer 1, 2, lfd. Nr. 10 (Zeichen 315) Spalte 3 Nummer 1, 2 § 1 Absatz 2 § 49 Absatz 1 Nummer 1, Absatz 3 Nummer 5	
54.3	Unzulässig gehalten in den Fällen des Zeichens 245 auch in Verbindung mit dem Zeichen 299	§ 41 Absatz 1 i.V.m. Anlage 2 lfd. Nr. 25 (Zeichen 245) Spalte 3 Nummer 1 auch i.V.m. lfd. Nr. 73 (Zeichen 299) Spalte 3 Satz 1 § 49 Absatz 3 Nummer 4	55 €
54.3.1	– mit Behinderung	§ 41 Absatz 1 i.V.m. Anlage 2 lfd. Nr. 25 (Zeichen 245) Spalte 3 Nummer 1 auch i.V.m. lfd. Nr. 73 (Zeichen 299) Spalte 3 Satz 1 § 1 Absatz 2 § 49 Absatz 1 Nummer 1, Absatz 3 Nummer 4	70 €
54.3.2	– mit Gefährdung		80 €
54.3.3	– mit Sachbeschädigung		100 €
54.4	Unzulässig geparkt in den Fällen der Zeichen 224, 245 jeweils auch in Verbindung mit dem Zeichen 299	§ 41 Absatz 1 i.V.m. Anlage 2 lfd. Nr. 14 (Zeichen 224) Spalte 3 Satz 1, lfd. Nr. 25 (Zeichen 245), Spalte 3 Nummer 1 auch i.V.m. lfd. 73 (Zeichen 299) Spalte 3 Satz 1 § 49 Absatz 3 Nummer 4	55 €
54.4.1	– mit Behinderung	§ 41 Absatz 1 i.V.m. Anlage 2 lfd. Nr. 14 (Zeichen 224) Spalte 3 Satz 1, lfd. Nr. 25 (Zeichen 245) Spalte 3 Nummer 1 auch i.V.m. lfd. Nr. 73 (Zeichen 299) Spalte 3 Satz 1 § 1 Absatz 2 § 49 Absatz 3 Nummer 4	70 €

Lfd. Nr.	Tatbestand	Straßenverkehrs-Ordnung (StVO)	Regelsatz in Euro (€), Fahrverbot in Monaten
54.4.2	– mit Gefährdung		80 €
54.4.3	– mit Sachbeschädigung		100 €
54.4.4	länger als 3 Stunden	§ 41 Absatz 1 i.V.m. Anlage 2 lfd. Nr. 14 (Zeichen 224) Spalte 3 Satz 1, lfd. Nr. 25 (Zeichen 245) Spalte 3 Nummer 1 auch i.V.m. lfd. Nr. 73 (Zeichen 299) Spalte 3 Satz 1 § 49 Absatz 3 Nummer 4	70 €
54.4.4.1	– mit Behinderung	§ 41 Absatz 1 i.V.m. Anlage 2 lfd. Nr. 14 (Zeichen 224) Spalte 3 Satz 1, lfd. Nr. 25 (Zeichen 245) Spalte 3 Nummer 1 auch i.V.m. lfd. Nr. 73 (Zeichen 299) Spalte 3 Satz 1 § 1 Absatz 2 § 49 Absatz 1 Nummer 1, Absatz 3 Nummer 4	80 €
54.4.4.2	– mit Gefährdung		80 €
54.4.4.3	– mit Sachbeschädigung		100 €
54a	Unzulässig auf Schutzstreifen für den Radverkehr (Zeichen 340) gehalten	§ 42 Absatz 2 i.V.m. Anlage 3 lfd. Nr. 22 (Zeichen 340) Spalte 3 Nummer 3 § 49 Absatz 3 Nummer 5	55 €
54a.1	– mit Behinderung	§ 42 Absatz 2 i.V.m. Anlage 3 lfd. Nr. 22 (Zeichen 340) Spalte 3 Nummer 3 § 1 Absatz 2 § 49 Absatz 1 Nummer 1, Absatz 3 Nummer 5	70 €
54a.2	– mit Gefährdung		80 €
54a.3	– mit Sachbeschädigung		100 €
55	Unberechtigt auf Schwerbehinderten-Parkplatz geparkt (§ 12 Absatz 2 StVO)	§ 42 Absatz 2 i.V.m. Anlage 3 lfd. Nr. 7 (Zeichen 314) Spalte 3 Nummer 1, 2d, lfd. Nr. 10 (Zeichen 315) Spalte 3 Nummer 1 Satz 2, Nummer 2d § 49 Absatz 3 Nummer 5	55 €
55a	Unberechtigt auf einem Parkplatz für elektrisch betriebene Fahrzeuge geparkt (§ 12 Absatz 2 StVO; Zeichen 314, 315)	§ 42 Absatz 2 i.V.m. Anlage 3 lfd. Nr. 7 (Zeichen 314 mit Zusatzzeichen 1010-66) Spalte 3 Nummer 1, 3a, lfd. Nr. 10 (Zeichen 315 mit Zusatzzeichen 1010-66) Spalte 3 Nummer 1 Satz 2, Nummer 3a § 49 Absatz 3 Nummer 5	55 €

Lfd. Nr.	Tatbestand	Straßenverkehrs-Ordnung (StVO)	Regelsatz in Euro (€), Fahrverbot in Monaten
55b	Unberechtigt auf einem Parkplatz für Carsharingfahrzeuge geparkt (§ 12 Absatz 2 StVO; Zeichen 314, 315)	§ 42 Absatz 2 i.V.m. Anlage 3 lfd. Nr. 7 (Zeichen 314 mit Zusatzzeichen 1010-70) Spalte 3 Nummer 1, 4a, lfd. Nr. 10 (Zeichen 315 mit Zusatzzeichen 1010-70) Spalte 3 Nummer 1 Satz 2, Nummer 4a § 49 Absatz 3 Nummer 5	55 €
56	In einem nach § 12 Absatz 3a Satz 1 StVO geschützten Bereich während nicht zugelassener Zeiten mit einem Kraftfahrzeug über 7,5 t zulässiger Gesamtmasse oder einem Kraftfahrzeuganhänger über 2 t zulässiger Gesamtmasse regelmäßig geparkt (§ 12 Absatz 2 StVO)	§ 12 Absatz 3a Satz 1 § 49 Absatz 1 Nummer 12	30 €
57	Mit Kraftfahrzeuganhänger ohne Zugfahrzeug länger als zwei Wochen geparkt (§ 12 Absatz 2 StVO)	§ 12 Absatz 3b Satz 1 § 49 Absatz 1 Nummer 12	20 €
58	In „zweiter Reihe“ geparkt (§ 12 Absatz 2 StVO)	§ 12 Absatz 4 Satz 1 § 49 Absatz 1 Nummer 12	55 €
58.1	– mit Behinderung	§ 12 Absatz 4 Satz 1 § 1 Absatz 2 § 49 Absatz 1 Nummer 1, 12	80 €
58.1.1	– mit Gefährdung		90 €
58.1.2	– mit Sachbeschädigung		110 €
58.2	länger als 15 Minuten	§ 12 Absatz 4 Satz 1 § 49 Absatz 1 Nummer 12	85 €
58.2.1	– mit Behinderung	§ 12 Absatz 4 Satz 1 § 1 Absatz 2 § 49 Absatz 1 Nummer 1, 12	90 €
59	Im Fahrraum von Schienenfahrzeugen gehalten	§ 12 Absatz 4 Satz 5 § 49 Absatz 1 Nummer 12	20 €
59.1	– mit Behinderung	§ 12 Absatz 4 Satz 5 § 1 Absatz 2 § 49 Absatz 1 Nummer 1, 12	30 €
60	Im Fahrraum von Schienenfahrzeugen geparkt (§ 12 Absatz 2 StVO)	§ 12 Absatz 4 Satz 5 § 49 Absatz 1 Nummer 12	55 €
60.1	– mit Behinderung	§ 12 Absatz 4 Satz 5 § 1 Absatz 2 § 49 Absatz 1 Nummer 1, 12	70 €
61	Vorrang des Berechtigten beim Einparken in eine Parklücke nicht beachtet	§ 12 Absatz 5 § 49 Absatz 1 Nummer 12	10 €
62	Nicht Platz sparend gehalten oder geparkt (§ 12 Absatz 2 StVO)	§ 12 Absatz 6 § 49 Absatz 1 Nummer 12	10 €

Lfd. Nr.	Tatbestand	Straßenverkehrs-Ordnung (StVO)	Regelsatz in Euro (€), Fahrverbot in Monaten
	Einrichtungen zur Überwachung der Parkzeit		
63	An einer abgelaufenen Parkuhr, ohne vorgeschriebene Parkscheibe, ohne Parkschein oder unter Überschreiten der erlaubten Höchstparkdauer geparkt (§ 12 Absatz 2 StVO)	§ 13 Absatz 1, 2 § 49 Absatz 1 Nummer 13	20 €
63.1	bis zu 30 Minuten		20 €
63.2	bis zu 1 Stunde		25 €
63.3	bis zu 2 Stunden		30 €
63.4	bis zu 3 Stunden		35 €
63.5	länger als 3 Stunden		40 €
	Sorgfaltspflichten beim Ein- und Aussteigen		
64	Beim Ein- oder Aussteigen einen anderen Verkehrsteilnehmer gefährdet	§ 14 Absatz 1 § 49 Absatz 1 Nummer 14	40 €
64.1	– mit Sachbeschädigung	§ 14 Absatz 1 § 1 Absatz 2 § 49 Absatz 1 Nummer 1, 14	50 €
65	Fahrzeug verlassen, ohne die nötigen Maßnahmen getroffen zu haben, um Unfälle oder Verkehrsstörungen zu vermeiden	§ 14 Absatz 2 Satz 1 § 49 Absatz 1 Nummer 14	15 €
65.1	– mit Sachbeschädigung	§ 14 Absatz 2 Satz 1 § 1 Absatz 2 § 49 Absatz 1 Nummer 1, 14	25 €
	Liegenbleiben von Fahrzeugen		
66	Liegen gebliebenes mehrspuriges Fahrzeug nicht oder nicht wie vorgeschrieben abgesichert, beleuchtet oder kenntlich gemacht und dadurch einen Anderen gefährdet	§ 15, auch i.V.m. § 17 Absatz 4 Satz 1, 3 § 1 Absatz 2 § 49 Absatz 1 Nummer 1, 15	60 €
	Abschleppen von Fahrzeugen		
67	Beim Abschleppen eines auf der Autobahn liegen gebliebenen Fahrzeugs die Autobahn nicht bei der nächsten Ausfahrt verlassen oder mit einem außerhalb der Autobahn liegen gebliebenen Fahrzeug in die Autobahn eingefahren	§ 15a Absatz 1, 2 § 49 Absatz 1 Nummer 15a	20 €
68	Während des Abschleppens Warnblinklicht nicht eingeschaltet	§ 15a Absatz 3 § 49 Absatz 1 Nummer 15a	5 €
69	Kraftrad abgeschleppt	§ 15a Absatz 4 § 49 Absatz 1 Nummer 15a	10 €
	Warnzeichen		
70	Missbräuchlich Schall- oder Leuchtzeichen gegeben und dadurch einen Anderen belästigt oder Schallzeichen gegeben, die aus einer Folge verschieden hoher Töne bestehen	§ 16 Absatz 1, 3 § 1 Absatz 2 § 49 Absatz 1 Nummer 1, 16	10 €
71	Einen Omnibus des Linienverkehrs oder einen gekennzeichneten Schulbus geführt und Warn-	§ 16 Absatz 2 Satz 1 § 49 Absatz 1 Nummer 16	10 €

Lfd. Nr.	Tatbestand	Straßenverkehrs-Ordnung (StVO)	Regelsatz in Euro (€), Fahrverbot in Monaten
	blinklicht bei Annäherung an eine Haltestelle oder für die Dauer des Ein- und Aussteigens der Fahrgäste entgegen der straßenverkehrsbehördlichen Anordnung nicht eingeschaltet		
72	Warnblinklicht missbräuchlich eingeschaltet	§ 16 Absatz 2 Satz 2 § 49 Absatz 1 Nummer 16	5 €
	Beleuchtung		
73	Vorgeschriebene Beleuchtungseinrichtungen nicht oder nicht vorschriftsmäßig benutzt, obwohl die Sichtverhältnisse es erforderten, oder nicht rechtzeitig abgeblendet oder Beleuchtungseinrichtungen in verdecktem oder beschmutztem Zustand benutzt	§ 17 Absatz 1, 2 Satz 3, Absatz 3 Satz 2, 5, Absatz 6 § 49 Absatz 1 Nummer 17	20 €
73.1	– mit Gefährdung	§ 17 Absatz 1, 2 Satz 3, Absatz 3 Satz 2, 5, Absatz 6 § 1 Absatz 2 § 49 Absatz 1 Nummer 1, 17	25 €
73.2	– mit Sachbeschädigung		35 €
74	Nur mit Standlicht oder auf einer Straße mit durchgehender, ausreichender Beleuchtung mit Fernlicht gefahren oder mit einem Kraftrad am Tage nicht mit Abblendlicht oder eingeschalteten Tagfahrleuchten gefahren	§ 17 Absatz 2 Satz 1, 2, Absatz 2a § 49 Absatz 1 Nummer 17	10 €
74.1	– mit Gefährdung	§ 17 Absatz 2 Satz 1, 2, Absatz 2a § 1 Absatz 2 § 49 Absatz 1 Nummer 1, 17	15 €
74.2	– mit Sachbeschädigung		35 €
75	Bei erheblicher Sichtbehinderung durch Nebel, Schneefall oder Regen innerhalb geschlossener Ortschaften am Tage nicht mit Abblendlicht gefahren	§ 17 Absatz 3 Satz 1 § 49 Absatz 1 Nummer 17	25 €
75.1	– mit Sachbeschädigung	§ 17 Absatz 3 Satz 1 § 1 Absatz 2 § 49 Absatz 1 Nummer 1, 17	35 €
76	Bei erheblicher Sichtbehinderung durch Nebel, Schneefall oder Regen außerhalb geschlossener Ortschaften am Tage nicht mit Abblendlicht gefahren	§ 17 Absatz 3 Satz 1 § 49 Absatz 1 Nummer 17	60 €
77	Haltendes mehrspuriges Fahrzeug nicht oder nicht wie vorgeschrieben beleuchtet oder kenntlich gemacht	§ 17 Absatz 4 Satz 1, 3 § 49 Absatz 1 Nummer 17	20 €
77.1	– mit Sachbeschädigung	§ 17 Absatz 4 Satz 1, 3 § 1 Absatz 2 § 49 Absatz 1 Nummer 1, 17	35 €
	Autobahnen und Kraftfahrstraßen		
78	Autobahn oder Kraftfahrstraße mit einem Fahrzeug benutzt, dessen durch die Bauart bestimmte Höchstgeschwindigkeit weniger als 60 km/h be-	§ 18 Absatz 1 § 49 Absatz 1 Nummer 18	20 €

Lfd. Nr.	Tatbestand	Straßenverkehrs-Ordnung (StVO)	Regelsatz in Euro (€), Fahrverbot in Monaten
	trug oder dessen zulässige Höchstabmessungen zusammen mit der Ladung überschritten waren, soweit die Gesamthöhe nicht mehr als 4,20 m betrug		
79	Autobahn oder Kraftfahrstraße mit einem Fahrzeug benutzt, dessen Höhe zusammen mit der Ladung mehr als 4,20 m betrug	§ 18 Absatz 1 Satz 2 § 49 Absatz 1 Nummer 18	70 €
80	An dafür nicht vorgesehener Stelle eingefahren	§ 18 Absatz 2 § 49 Absatz 1 Nummer 18	25 €
80.1	– mit Gefährdung	§ 18 Absatz 2 § 1 Absatz 2 § 49 Absatz 1 Nummer 1, 18	75 €
(81)	(aufgehoben)		
82	Beim Einfahren Vorfahrt auf der durchgehenden Fahrbahn nicht beachtet	§ 18 Absatz 3 § 49 Absatz 1 Nummer 18	75 €
83	Gewendet, rückwärts oder entgegen der Fahrtrichtung gefahren	§ 18 Absatz 7 § 2 Absatz 1 § 49 Absatz 1 Nummer 2, 18	
83.1	in einer Ein- oder Ausfahrt		75 €
83.2	auf der Nebenfahrbahn oder dem Seitenstreifen		130 €
83.3	auf der durchgehenden Fahrbahn		200 € **Fahrverbot 1 Monat**
84	Auf einer Autobahn oder Kraftfahrstraße gehalten	§ 18 Absatz 8 § 49 Absatz 1 Nummer 18	30 €
85	Auf einer Autobahn oder Kraftfahrstraße geparkt (§ 12 Absatz 2 StVO)	§ 18 Absatz 8 § 49 Absatz 1 Nummer 18	70 €
86	Als zu Fuß Gehender Autobahn betreten oder Kraftfahrstraße an dafür nicht vorgesehener Stelle betreten	§ 18 Absatz 9 § 49 Absatz 1 Nummer 18	10 €
87	An dafür nicht vorgesehener Stelle ausgefahren	§ 18 Absatz 10 § 49 Absatz 1 Nummer 18	25 €
87a	Mit einem Lastkraftwagen über 7,5 t zulässiger Gesamtmasse, einschließlich Anhänger, oder einer Zugmaschine den äußerst linken Fahrstreifen bei Schneeglätte oder Glatteis oder, obwohl die Sichtweite durch erheblichen Schneefall oder Regen auf 50 m oder weniger eingeschränkt ist, benutzt	§ 18 Absatz 11 § 49 Absatz 1 Nummer 18	80 €
88	Seitenstreifen zum Zweck des schnelleren Vorwärtskommens benutzt	§ 2 Absatz 1 § 49 Absatz 1 Nummer 2	75 €
	Bahnübergänge		
89	Mit einem Fahrzeug den Vorrang eines Schienenfahrzeugs nicht beachtet	§ 19 Absatz 1 Satz 1 § 49 Absatz 1 Nummer 19 Buchstabe a	80 €
89a	Kraftfahrzeug an einem Bahnübergang (Zeichen 151, 156 bis einschließlich Kreuzungsbereich von Schiene und Straße) unzulässig überholt	§ 19 Absatz 1 Satz 3 § 49 Absatz 1 Nummer 19 Buchstabe a	70 €
89b	Bahnübergang unter Verstoß gegen die Wartepflicht nach § 19 Absatz 2 StVO überquert		

Lfd. Nr.	Tatbestand	Straßenverkehrs-Ordnung (StVO)	Regelsatz in Euro (€), Fahrverbot in Monaten
89b.1	in den Fällen des § 19 Absatz 2 Satz 1 Nummer 1 StVO	§ 19 Absatz 2 Satz 1 Nummer 1 § 49 Absatz 1 Nummer 19 Buchstabe a	80 €
89b.2	in den Fällen des § 19 Absatz 2 Satz 1 Nummer 2 bis 5 StVO (außer bei geschlossener Schranke)	§ 19 Absatz 2 Satz 1 Nummer 2 bis 5 § 49 Absatz 1 Nummer 19 Buchstabe a	240 € **Fahrverbot 1 Monat**
90	Vor einem Bahnübergang Wartepflichten verletzt	§ 19 Absatz 2 bis 5 § 49 Absatz 1 Nummer 19 Buchstabe a	10 €
	Öffentliche Verkehrsmittel und Schulbusse		
91	An einem Omnibus des Linienverkehrs, einer Straßenbahn oder einem gekennzeichneten Schulbus nicht mit Schrittgeschwindigkeit rechts vorbeigefahren, obwohl diese an einer Haltestelle (Zeichen 224) hielten und Fahrgäste ein- oder ausstiegen (soweit nicht von Nummer 11 erfasst)	§ 20 Absatz 2 Satz 1 § 49 Absatz 1 Nummer 19 Buchstabe b	15 €
92	An einer Haltestelle (Zeichen 224) an einem haltenden Omnibus des Linienverkehrs, einer haltenden Straßenbahn oder einem haltenden gekennzeichneten Schulbus nicht mit Schrittgeschwindigkeit oder ohne ausreichenden Abstand rechts vorbeigefahren oder nicht gewartet, obwohl dies nötig war und Fahrgäste ein- oder ausstiegen, und dadurch einen Fahrgast		
92.1	behindert	§ 20 Absatz 2 § 49 Absatz 1 Nummer 19 Buchstabe b	60 €, soweit sich nicht aus Nummer 11 ein höherer Regelsatz ergibt
92.2	gefährdet	§ 20 Absatz 2 Satz 1, 3 § 1 Absatz 2 § 49 Absatz 1 Nummer 1, 19 Buchstabe b	70 €, soweit sich nicht aus Nummer 11, auch i.V.m. Tabelle 4, ein höherer Regelsatz ergibt
93	Omnibus des Linienverkehrs oder gekennzeichneten Schulbus, der sich mit eingeschaltetem Warnblinklicht einer Haltestelle (Zeichen 224) nähert, überholt	§ 20 Absatz 3 § 49 Absatz 1 Nummer 19 Buchstabe b	60 €
94	An einem Omnibus des Linienverkehrs oder einem gekennzeichneten Schulbus nicht mit Schrittgeschwindigkeit vorbeigefahren, obwohl dieser an einer Haltestelle (Zeichen 224) hielt und Warnblinklicht eingeschaltet hatte (soweit nicht von Nummer 11 erfasst)	§ 20 Absatz 4 Satz 1, 2 § 49 Absatz 1 Nummer 19 Buchstabe b	15 €
95	An einem Omnibus des Linienverkehrs oder einem gekennzeichneten Schulbus, die an einer Haltestelle (Zeichen 224) hielten und Warnblink-		

Lfd. Nr.	Tatbestand	Straßenverkehrs-Ordnung (StVO)	Regelsatz in Euro (€), Fahrverbot in Monaten
	licht eingeschaltet hatten, nicht mit Schrittgeschwindigkeit oder ohne ausreichendem Abstand vorbeigefahren oder nicht gewartet, obwohl dies nötig war, und dadurch einen Fahrgast		
95.1	behindert	§ 20 Absatz 4 § 49 Absatz 1 Nummer 19 Buchstabe b	60 €, soweit sich nicht aus Nummer 11 ein höherer Regelsatz ergibt
95.2	gefährdet	§ 20 Absatz 4 Satz 1, 2, 4 § 1 Absatz 2 § 49 Absatz 1 Nummer 1, 19 Buchstabe b	70 €, soweit sich nicht aus Nummer 11, auch i.V.m. Tabelle 4, ein höherer Regelsatz ergibt
96	Einem Omnibus des Linienverkehrs oder einem Schulbus das Abfahren von einer gekennzeichneten Haltestelle nicht ermöglicht	§ 20 Absatz 5 § 49 Absatz 1 Nummer 19 Buchstabe b	5 €
96.1	– mit Gefährdung	§ 20 Absatz 5 § 1 Absatz 2 § 49 Absatz 1 Nummer 1, 19 Buchstabe b	20 €
96.2	– mit Sachbeschädigung		30 €
	Personenbeförderung, Sicherungspflichten		
97	Gegen eine Vorschrift über die Mitnahme von Personen auf oder in Fahrzeugen verstoßen	§ 21 Absatz 1, 2, 3 § 49 Absatz 1 Nummer 20	5 €
98	Ein Kind mitgenommen, ohne für die vorschriftsmäßige Sicherung zu sorgen (außer in KOM über 3,5 t zulässige Gesamtmasse)	§ 21 Absatz 1a Satz 1 § 21a Absatz 1 Satz 1 § 49 Absatz 1 Nummer 20, 20a	
98.1	bei einem Kind		30 €
98.2	bei mehreren Kindern		35 €
99	Ein Kind ohne Sicherung mitgenommen oder nicht für eine Sicherung eines Kindes in einem Kfz gesorgt (außer in Kraftomnibus über 3,5 t zulässige Gesamtmasse) oder beim Führen eines Kraftrades ein Kind befördert, obwohl es keinen Schutzhelm trug	§ 21 Absatz 1a Satz 1 § 21a Absatz 1 Satz 1, Absatz 2 § 49 Absatz 1 Nummer 20, 20a	
99.1	bei einem Kind		60 €
99.2	bei mehreren Kindern		70 €
100	Vorgeschriebenen Sicherheitsgurt während der Fahrt nicht angelegt	§ 21a Absatz 1 Satz 1 § 49 Absatz 1 Nummer 20a	30 €
100.1	Vorgeschriebenes Rollstuhl-Rückhaltesystem *oder Rollstuhlnutzer-Rückhaltesystem* während der Fahrt nicht angelegt	§ 21a Absatz 1 Satz 1 § 49 Absatz 1 Nummer 20a	30 €
101	Während der Fahrt keinen geeigneten Schutzhelm getragen	§ 21a Absatz 2 Satz 1 § 49 Absatz 1 Nummer 20a	15 €

Lfd. Nr.	Tatbestand	Straßenverkehrs-Ordnung (StVO)	Regelsatz in Euro (€), Fahrverbot in Monaten
	Ladung		
102	Ladung oder Ladeeinrichtung nicht so verstaut oder gesichert, dass sie selbst bei Vollbremsung oder plötzlicher Ausweichbewegung nicht verrutschen, umfallen, hin- und herrollen oder herabfallen können		
102.1	bei Lastkraftwagen oder Kraftomnibussen bzw. ihren Anhängern	§ 22 Absatz 1 § 49 Absatz 1 Nummer 21	60 €
102.1.1	– mit Gefährdung	§ 22 Absatz 1 § 1 Absatz 2 § 49 Absatz 1 Nummer 1, 21	75 €
102.2	bei anderen als in Nummer 102.1 genannten Kraftfahrzeugen bzw. ihren Anhängern	§ 22 Absatz 1 § 49 Absatz 1 Nummer 21	35 €
102.2.1	– mit Gefährdung	§ 22 Absatz 1 § 1 Absatz 2 § 49 Absatz 1 Nummer 1, 21	60 €
103	Ladung oder Ladeeinrichtung nicht so verstaut oder gesichert, dass sie keinen vermeidbaren Lärm erzeugen können	§ 22 Absatz 1 § 49 Absatz 1 Nummer 21	10 €
104	Fahrzeug geführt, dessen Höhe zusammen mit der Ladung mehr als 4,20 m betrug	§ 22 Absatz 2 Satz 1 § 49 Absatz 1 Nummer 21	60 €
105	Fahrzeug geführt, das zusammen mit der Ladung eine der höchstzulässigen Abmessungen überschritt, soweit die Gesamthöhe nicht mehr als 4,20 m betrug, oder dessen Ladung unzulässig über das Fahrzeug hinausragte	§ 22 Absatz 2, 3, 4 Satz 1, 2, Absatz 5 Satz 2 § 49 Absatz 1 Nummer 21	20 €
106	Vorgeschriebene Sicherungsmittel nicht oder nicht ordnungsgemäß angebracht	§ 22 Absatz 4 Satz 3 bis 5, Absatz 5 Satz 1 § 49 Absatz 1 Nummer 21	25 €
	Sonstige Pflichten von Fahrzeugführenden		
107	Beim Führen eines Fahrzeugs nicht dafür gesorgt, dass		
107.1	seine Sicht oder das Gehör durch die Besetzung, Tiere, die Ladung, ein Gerät oder den Zustand des Fahrzeugs nicht beeinträchtigt waren	§ 23 Absatz 1 Satz 1 § 49 Absatz 1 Nummer 22	10 €
107.2	das Fahrzeug, der Zug, das Gespann, die Ladung oder die Besetzung vorschriftsmäßig waren oder die Verkehrssicherheit des Fahrzeugs durch die Ladung oder die Besetzung nicht litt	§ 23 Absatz 1 Satz 2 § 49 Absatz 1 Nummer 22	25 €
107.3	die vorgeschriebenen Kennzeichen stets gut lesbar waren	§ 23 Absatz 1 Satz 3 § 49 Absatz 1 Nummer 22	5 €
107.4	an einem Kraftfahrzeug, an dessen Anhänger oder an einem Fahrrad die vorgeschriebene Beleuchtungseinrichtung auch am Tage vorhanden oder betriebsbereit war	§ 23 Absatz 1 Satz 4 § 49 Absatz 1 Nummer 22	20 €
107.4.1	– mit Gefährdung	§ 23 Absatz 1 Satz 4 § 1 Absatz 2 § 49 Absatz 1 Nummer 1, 22	25 €

Lfd. Nr.	Tatbestand	Straßenverkehrs-Ordnung (StVO)	Regelsatz in Euro (€), Fahrverbot in Monaten
107.4.2	– mit Sachbeschädigung		35 €
108	Beim Führen eines Fahrzeugs nicht dafür gesorgt, dass das Fahrzeug, der Zug, das Gespann, die Ladung oder die Besetzung vorschriftsmäßig waren, wenn dadurch die Verkehrssicherheit wesentlich beeinträchtigt war oder die Verkehrssicherheit des Fahrzeugs durch die Ladung oder die Besetzung wesentlich litt	§ 23 Absatz 1 Satz 2 § 49 Absatz 1 Nummer 22	80 €
(109)	(aufgehoben)		
(109a)	(aufgehoben)		
110	Fahrzeug, Zug oder Gespann nicht auf dem kürzesten Weg aus dem Verkehr gezogen, obwohl unterwegs die Verkehrssicherheit wesentlich beeinträchtigende Mängel aufgetreten waren, die nicht alsbald beseitigt werden konnten	§ 23 Absatz 2 Halbsatz 1 § 49 Absatz 1 Nummer 22	10 €
	Fußgänger		
111	Trotz vorhandenen Gehwegs oder Seitenstreifens auf der Fahrbahn oder außerhalb geschlossener Ortschaften nicht am linken Fahrbahnrand gegangen	§ 25 Absatz 1 Satz 2, 3 Halbsatz 2 § 49 Absatz 1 Nummer 24 Buchstabe a	5 €
112	Fahrbahn ohne Beachtung des Fahrzeugverkehrs oder nicht zügig auf dem kürzesten Weg quer zur Fahrtrichtung oder an nicht vorgesehener Stelle überschritten	§ 25 Absatz 3 Satz 1 § 49 Absatz 1 Nummer 24 Buchstabe a	
112.1	– mit Gefährdung	§ 25 Absatz 3 Satz 1 § 1 Absatz 2 § 49 Absatz 1 Nummer 1, 24 Buchstabe a	5 €
112.2	– mit Sachbeschädigung		10 €
	Fußgängerüberweg		
113	An einem Fußgängerüberweg, den zu Fuß Gehende oder Fahrende von Krankenfahrstühlen oder Rollstühlen erkennbar benutzen wollten, das Überqueren der Fahrbahn nicht ermöglicht oder nicht mit mäßiger Geschwindigkeit herangefahren oder an einem Fußgängerüberweg überholt	§ 26 Absatz 1, 3 § 49 Absatz 1 Nummer 24 Buchstabe b	80 €
114	Bei stockendem Verkehr auf einen Fußgängerüberweg gefahren	§ 26 Absatz 2 § 49 Absatz 1 Nummer 24 Buchstabe b	5 €
	Übermäßige Straßenbenutzung		
115	Als Veranstalter erlaubnispflichtige Veranstaltung ohne Erlaubnis durchgeführt	§ 29 Absatz 2 Satz 1 § 49 Absatz 2 Nummer 6	40 €
116	Ohne Erlaubnis ein Fahrzeug oder einen Zug geführt, dessen Abmessungen, Achslasten oder Gesamtmasse die gesetzlich allgemein zugelassenen Grenzen tatsächlich überschritten oder dessen Bauart dem Fahrzeugführenden kein ausreichendes Sichtfeld ließ	§ 29 Absatz 3 § 49 Absatz 2 Nummer 7	60 €

Lfd. Nr.	Tatbestand	Straßenverkehrs-Ordnung (StVO)	Regelsatz in Euro (€), Fahrverbot in Monaten
	Umweltschutz		
117	Bei Benutzung eines Fahrzeugs unnötigen Lärm oder vermeidbare Abgasbelästigungen verursacht	§ 30 Absatz 1 Satz 1, 2 § 49 Absatz 1 Nummer 25	80 €
118	Innerhalb einer geschlossenen Ortschaft unnütz hin- und hergefahren und dadurch Andere belästigt	§ 30 Absatz 1 Satz 3 § 49 Absatz 1 Nummer 25	100 €
	Sonn- und Feiertagsfahrverbot		
119	Verbotswidrig an einem Sonntag oder Feiertag gefahren	§ 30 Absatz 3 Satz 1 § 49 Absatz 1 Nummer 25	120 €
120	Als Halter das verbotswidrige Fahren an einem Sonntag oder Feiertag angeordnet oder zugelassen	§ 30 Absatz 3 Satz 1 § 49 Absatz 1 Nummer 25	570 €
	Inline-Skaten und Rollschuhfahren		
120a	Beim Inline-Skaten oder Rollschuhfahren Fahrbahn, Seitenstreifen oder Radweg unzulässig benutzt oder bei durch Zusatzzeichen erlaubtem Inline-Skaten und Rollschuhfahren sich nicht mit äußerster Vorsicht und unter besonderer Rücksichtnahme auf den übrigen Verkehr am rechten Rand in Fahrtrichtung bewegt oder Fahrzeugen das Überholen nicht ermöglicht	§ 31 Absatz 1 Satz 1, Absatz 2 Satz 3 § 49 Absatz 1 Nummer 26	10 €
120a.1	– mit Behinderung	§ 31 Absatz 1 Satz 1, Absatz 2 Satz 3 § 1 Absatz 2 § 49 Absatz 1 Nummer 1, 26	15 €
120a.2	– mit Gefährdung		20 €
	Verkehrshindernisse		
121	Straße beschmutzt oder benetzt, obwohl dadurch der Verkehr gefährdet oder erschwert werden konnte	§ 32 Absatz 1 Satz 1 § 49 Absatz 1 Nummer 27	10 €
122	Verkehrswidrigen Zustand nicht oder nicht rechtzeitig beseitigt oder nicht ausreichend kenntlich gemacht	§ 32 Absatz 1 Satz 2 § 49 Absatz 1 Nummer 27	10 €
123	Gegenstand auf eine Straße gebracht oder dort liegen gelassen, obwohl dadurch der Verkehr gefährdet oder erschwert werden konnte	§ 32 Absatz 1 Satz 1 § 49 Absatz 1 Nummer 27	60 €
124	Gefährliches Gerät nicht wirksam verkleidet	§ 32 Absatz 2 § 49 Absatz 1 Nummer 27	5 €
	Unfall		
125	Als an einem Unfall beteiligte Person den Verkehr nicht gesichert oder bei geringfügigem Schaden nicht unverzüglich beiseite gefahren	§ 34 Absatz 1 Nummer 2 § 49 Absatz 1 Nummer 29	30 €
125.1	– mit Sachbeschädigung	§ 34 Absatz 1 Nummer 2 § 1 Absatz 2 § 49 Absatz 1 Nummer 1, 29	35 €
126	Unfallspuren beseitigt, bevor die notwendigen Feststellungen getroffen worden waren	§ 34 Absatz 3 § 49 Absatz 1 Nummer 29	30 €

Lfd. Nr.	Tatbestand	Straßenverkehrs-Ordnung (StVO)	Regelsatz in Euro (€), Fahrverbot in Monaten
	Warnkleidung		
127	Bei Arbeiten außerhalb von Gehwegen oder Absperrungen keine auffällige Warnkleidung getragen	§ 35 Absatz 6 Satz 4 § 49 Absatz 4 Nummer 1a	5 €
	Zeichen und Weisungen der Polizeibeamten		
128	Weisung eines Polizeibeamten nicht befolgt	§ 36 Absatz 1 Satz 1, Absatz 3, Absatz 5 Satz 4 § 49 Absatz 3 Nummer 1	20 €
128a	Weisung eines Transportbegleiters bei einem Großraum- oder Schwertransport nicht befolgt	§ 36a Satz 1, § 49 Absatz 3 Nummer 1	20 €
129	Zeichen oder Haltgebot eines Polizeibeamten nicht befolgt	§ 36 Absatz 1 Satz 1, Absatz 2, Absatz 4, Absatz 5 Satz 4 § 49 Absatz 3 Nummer 1	70 €
129a	Zeichen eines Transportbegleiters bei einem Großraum- oder Schwertransport nicht befolgt	§ 36a Satz 1, § 49 Absatz 3 Nummer 1	70 €
	Wechsellichtzeichen, Dauerlichtzeichen und Grünpfeil		
130	Beim zu Fuß gehen rotes Wechsellichtzeichen nicht befolgt oder den Weg beim Überschreiten der Fahrbahn beim Wechsel von Grün auf Rot nicht zügig fortgesetzt	§ 37 Absatz 2 Nummer 1 Satz 7, Nummer 2, 5 Satz 3 § 49 Absatz 3 Nummer 2	5 €
130.1	– mit Gefährdung	§ 37 Absatz 2 Nummer 1 Satz 7, Nummer 2, 5 Satz 3 § 1 Absatz 2 § 49 Absatz 1 Nummer 1, Absatz 3 Nummer 2	5 €
130.2	– mit Sachbeschädigung		10 €
131	Beim Rechtsabbiegen mit Grünpfeil		
131.1	aus einem anderen als dem rechten Fahrstreifen abgebogen	§ 37 Absatz 2 Nummer 1 Satz 9 § 49 Absatz 3 Nummer 2	15 €
131.2	den Fahrzeugverkehr der freigegebenen Verkehrsrichtungen, ausgenommen den Fahrradverkehr auf Radwegfurten, behindert	§ 37 Absatz 2 Nummer 1 Satz 12 § 49 Absatz 3 Nummer 2	35 €
132	Als Kfz-Führer in anderen als den Fällen des Rechtsabbiegens mit Grünpfeil rotes Wechsellichtzeichen oder rotes Dauerlichtzeichen nicht befolgt	§ 37 Absatz 2 Nummer 1 Satz 7, 13, Nummer 2, Absatz 3 Satz 1, 2 § 49 Absatz 3 Nummer 2	90 €
132.1	– mit Gefährdung	§ 37 Absatz 2 Nummer 1 Satz 7, 13, Nummer 2, Absatz 3 Satz 1, 2 § 1 Absatz 2 § 49 Absatz 1 Nummer 1, Absatz 3 Nummer 2	200 € **Fahrverbot 1 Monat**
132.2	– mit Sachbeschädigung		240 € **Fahrverbot 1 Monat**
132.3	bei schon länger als 1 Sekunde andauernder Rotphase eines Wechsellichtzeichens	§ 37 Absatz 2 Nummer 1 Satz 7, 13, Nummer 2 § 49 Absatz 3 Nummer 2	200 € **Fahrverbot 1 Monat**

Lfd. Nr.	Tatbestand	Straßenverkehrs-Ordnung (StVO)	Regelsatz in Euro (€), Fahrverbot in Monaten
132.3.1	– mit Gefährdung	§ 37 Absatz 2 Nummer 1 Satz 7, 13, Nummer 2 § 1 Absatz 2 § 49 Absatz 1 Nummer 1, Absatz 3 Nummer 2	320 € **Fahrverbot 1 Monat**
132.3.2	– mit Sachbeschädigung		360 € **Fahrverbot 1 Monat**

(Fortsetzung nächstes Blatt)

Lfd. Nr.	Tatbestand	Straßenverkehrs-Ordnung (StVO)	Regelsatz in Euro (€), Fahrverbot in Monaten
132a	Als Radfahrer oder Fahrer eines Elektrokleinstfahrzeugs in anderen als den Fällen des Rechtsabbiegens mit Grünpfeil rotes Wechsellichtzeichen oder rotes Dauerlichtzeichen nicht befolgt	§ 37 Absatz 2 Nummer 1 Satz 7, 13, Nummer 2, Absatz 3 Satz 1, 2 § 49 Absatz 3 Nummer 2	60 €
132a.1	– mit Gefährdung	§ 37 Absatz 2 Nummer 1 Satz 7, 13, Nummer 2, Absatz 3 Satz 1, 2	100 €
132a.2	– mit Sachbeschädigung	§ 1 Absatz 2 § 49 Absatz 1 Nummer 1, Absatz 3 Nummer 2	120 €
132a.3	bei schon länger als 1 Sekunde andauernder Rotphase eines Wechsellichtzeichens	§ 37 Absatz 2 Nummer 1 Satz 7, 13, Nummer 2 § 49 Absatz 3 Nummer 2	100 €
132a.3.1	– mit Gefährdung	§ 37 Absatz 2 Nummer 1 Satz 7, 13, Nummer 2 § 1 Absatz 2	160 €
132a.3.2	– mit Sachbeschädigung	§ 49 Absatz 1 Nummer 1, Absatz 3 Nummer 2	180 €
133	Beim Rechtsabbiegen mit Grünpfeil		
133.1	vor dem Rechtsabbiegen nicht angehalten	§ 37 Absatz 2 Nummer 1 Satz 7 § 49 Absatz 3 Nummer 2	70 €
133.2	den Fahrzeugverkehr der freigegebenen Verkehrsrichtungen, ausgenommen den Fahrradverkehr auf Radwegfurten, gefährdet	§ 37 Absatz 2 Nummer 1 Satz 12 § 49 Absatz 3 Nummer 2	100 €
133.3	den Fußgängerverkehr oder den Fahrradverkehr auf Radwegfurten der freigegebenen Verkehrsrichtungen	§ 37 Absatz 2 Nummer 1 Satz 12 § 49 Absatz 3 Nummer 2	
133.3.1	behindert		100 €
133.3.2	gefährdet		150 €
	Blaues und gelbes Blinklicht		
134	Blaues Blinklicht zusammen mit dem Einsatzhorn oder allein oder gelbes Blinklicht missbräuchlich verwendet	§ 38 Absatz 1 Satz 1, Absatz 2, Absatz 3 Satz 3 § 49 Absatz 3 Nummer 3	20 €
135	Einem Einsatzfahrzeug, das blaues Blinklicht zusammen mit dem Einsatzhorn verwendet hatte, nicht sofort freie Bahn geschaffen	§ 38 Absatz 1 Satz 2 § 49 Absatz 3 Nummer 3	240 € **Fahrverbot 1 Monat**
135.1	– mit Gefährdung	§ 38 Absatz 1 Satz 2 § 1 Absatz 2 § 49 Absatz 1 Nummer 1, Absatz 3 Nummer 3	280 € **Fahrverbot 1 Monat**
135.2	– mit Sachbeschädigung		320 € **Fahrverbot 1 Monat**
	Vorschriftzeichen		
136	Dem Schienenverkehr nicht Vorrang gewährt (Zeichen 201)	§ 41 Absatz 1 i.V.m. Anlage 2 lfd. Nr. 1 (Zeichen 201) Spalte 3 Nummer 1 § 49 Absatz 3 Nummer 4	80 €
136.1	Zeichen 206 (Halt. Vorfahrt gewähren.) nicht befolgt	§ 41 Absatz 1 i.V.m. Anlage 2 lfd. Nr. 3 (Zeichen 206) Spalte 3 Nummer 1, 3 § 49 Absatz 3 Nummer 4	10 €

Lfd. Nr.	Tatbestand	Straßenverkehrs-Ordnung (StVO)	Regelsatz in Euro (€), Fahrverbot in Monaten
137	Bei verengter Fahrbahn (Zeichen 208) dem Gegenverkehr keinen Vorrang gewährt	§ 41 Absatz 1 i.V.m. Anlage 2 lfd. Nr. 4 (Zeichen 208) Spalte 3 § 49 Absatz 3 Nummer 4	5 €
137.1	– mit Gefährdung	§ 41 Absatz 1 i.V.m. Anlage 2 lfd. Nr. 4 (Zeichen 208) Spalte 3 § 1 Absatz 2 § 49 Absatz 1 Nummer 1, Absatz 3 Nummer 4	10 €
137.2	– mit Sachbeschädigung		20 €
138	Die durch Vorschriftzeichen (Zeichen 209, 211, 214, 222) vorgeschriebene Fahrtrichtung oder Vorbeifahrt nicht befolgt	§ 41 Absatz 1 i.V.m. Anlage 2 lfd. Nr. 5, 6, 7, 10 (Zeichen 209, 211, 214, 222) Spalte 3 Satz 1 § 49 Absatz 3 Nummer 4	10 €
138.1	– mit Gefährdung	§ 41 Absatz 1 i.V.m. Anlage 2 lfd. Nr. 5, 6, 7, 10 (Zeichen 209, 211, 214, 222) Spalte 3 Satz 1 § 1 Absatz 2 § 49 Absatz 1 Nummer 1, Absatz 3 Nummer 4	15 €
138.2	– mit Sachbeschädigung		25 €
139	Die durch Zeichen 215 (Kreisverkehr) oder Zeichen 220 (Einbahnstraße) vorgeschriebene Fahrtrichtung nicht befolgt	§ 41 Absatz 1 i.V.m. Anlage 2 lfd. Nr. 8 (Zeichen 215) Spalte 3 Nummer 1, lfd. Nr. 9 (Zeichen 220) Spalte 3 Satz 1 § 49 Absatz 3 Nummer 4	
139.1	als Kfz-Führer		25 €
139.2	als Radfahrer		20 €
139.2.1	– mit Behinderung	§ 41 Absatz 1 i.V.m. Anlage 2 lfd. Nr. 8 (Zeichen 215) Spalte 3 Nummer 1, lfd. Nr. 9 (Zeichen 220) Spalte 3 Satz 1 § 1 Absatz 2 § 49 Absatz 1 Nummer 1, Absatz 3 Nummer 4	25 €
139.2.2	– mit Gefährdung		30 €
139.2.3	– mit Sachbeschädigung		35 €
139a	Beim berechtigten Überfahren der Mittelinsel eines Kreisverkehrs einen anderen Verkehrsteilnehmer gefährdet	§ 41 Absatz 1 i.V.m. Anlage 2 lfd. Nr. 8 (Zeichen 215) Spalte 3 Nummer 2 § 49 Absatz 3 Nummer 4	35 €
140	Vorschriftswidrig einen Radweg (Zeichen 237), einen sonstigen Sonderweg (Zeichen 238, 240, 241) benutzt oder mit einem Fahrzeug eine Fahrradstraße (Zeichen 244.1) oder Fahrradzone (Zei*chen 244.3) benutzt*	§ 41 Absatz 1 i.V.m. Anlage 2 lfd. Nr. 16, 17, 19, 20 (Zeichen 237, 238, 240, 241) Spalte 3 Nummer 2, lfd. Nr. 23 (Zeichen 244.1) Spalte 3 Nummer 1,	15 €

Lfd. Nr.	Tatbestand	Straßenverkehrs-Ordnung (StVO)	Regelsatz in Euro (€), Fahrverbot in Monaten
		lfd. Nr. 24.1 (Zeichen 244.3) Spalte 3 Nummer 1 § 49 Absatz 3 Nummer 4	
140.1	– mit Behinderung	§ 41 Absatz 1 i.V.m. Anlage 2 lfd. Nr. 16, 17, 19, 20 (Zeichen 237, 238, 240, 241) Spalte 3 Nummer 2, lfd. Nr. 23 (Zeichen 244.1) Spalte 3 Nummer 1, lfd. Nr. 24.1 (Zeichen 244.3) Spalte 3 Nummer 1 § 1 Absatz 2 § 49 Absatz 1 Nummer 1, Absatz 3 Nummer 4	20 €
140.2	– mit Gefährdung		25 €
140.3	– mit Sachbeschädigung		30 €
141	Vorschriftswidrig einen Gehweg (Zeichen 239), einen gemeinsamen Geh- und Radweg (Zeichen 240), einen Gehweg des getrennten Rad- und Gehwegs (Zeichen 241) oder den Bereich einer Fußgängerzone (Zeichen 242.1) befahren, dort gehalten oder ein Verkehrsverbot (Zeichen 250, 251, 253, 254, 255, 260) nicht beachtet	§ 41 Absatz 1 i.V.m. Anlage 2 lfd. Nr. 18 (Zeichen 239) Spalte 3 Nummer 1, lfd. Nr. 19 (Zeichen 240) Spalte 3 Nummer 2, lfd. Nr. 20 (Zeichen 241) Spalte 3 Nummer 2, lfd. Nr. 21 (Zeichen 242.1) Spalte 3 Nummer 1, lfd. Nr. 26 Spalte 3 Satz 1 i.V.m. lfd. Nr. 28, 29, 30, 31, 32, 34 (Zeichen 250, 251, 253, 254, 255, 260) Spalte 3 § 49 Absatz 3 Nummer 4	
141.1	mit Kraftfahrzeugen über 3,5 t zulässiger Gesamtmasse, ausgenommen Personenkraftwagen und Kraftomnibusse		100 €
141.2	mit den übrigen Kraftfahrzeugen der in § 3 Absatz 3 Nummer 2 Buchstabe a oder b StVO genannten Art		55 €
141.3	mit anderen als in den Nummern 141.1 und 141.2 genannten Kraftfahrzeugen		50 €
141.4	als Radfahrer		25 €
141.4.1	– mit Behinderung	§ 41 Absatz 1 i.V.m. Anlage 2 lfd. Nr. 18 (Zeichen 239) Spalte 3 Nummer 1, lfd. Nr. 19 (Zeichen 240) Spalte 3 Nummer 2, lfd. Nr. 20 (Zeichen 241) Spalte 3 Nummer 2, lfd. Nr. 21 (Zeichen 242.1) Spalte 3 Nummer 1, lfd. Nr. 26 Spalte 3 Satz 1 i.V.m. lfd. Nr. 28, 31 (Zeichen 250, 254) § 1 Absatz 2	30 €

Lfd. Nr.	Tatbestand	Straßenverkehrs-Ordnung (StVO)	Regelsatz in Euro (€), Fahrverbot in Monaten
		§ 49 Absatz 1 Nummer 1, Absatz 3 Nummer 4	
141.4.2	– mit Gefährdung		35 €
141.4.3	– mit Sachbeschädigung		40 €
142	Verkehrsverbot (Zeichen 262 bis 266) nicht beachtet	§ 41 Absatz 1 i.V.m. Anlage 2 lfd. Nr. 36 bis 40 (Zeichen 262 bis 266) Spalte 3 § 49 Absatz 3 Nummer 4	40 €
142a	Verbot des Einfahrens (Zeichen 267) nicht beachtet	§ 41 Absatz 1 i.V.m. Anlage 2 lfd. Nr. 41 (Zeichen 267) Spalte 3 § 49 Absatz 3 Nummer 4	50 €
143	Beim Radfahren Verbot des Einfahrens (Zeichen 267) nicht beachtet	§ 41 Absatz 1 i.V.m. Anlage 2 lfd. Nr. 41 (Zeichen 267) Spalte 3 § 49 Absatz 3 Nummer 4	20 €
143.1	– mit Behinderung	§ 41 Absatz 1 i.V.m. Anlage 2 lfd. Nr. 41 (Zeichen 267) Spalte 3 § 1 Absatz 2 § 49 Absatz 1 Nummer 1, Absatz 3 Nummer 4	25 €
143.2	– mit Gefährdung		30 €
143.3	– mit Sachbeschädigung		35 €
144	Vorschriftswidrig auf einem Gehweg (Zeichen 239), auf einem gemeinsamen Geh- und Radweg (Zeichen 240), auf einem Gehweg des getrennten Rad- und Gehwegs (Zeichen 241), im Bereich einer Fußgängerzone (Zeichen 242.1) oder trotz eines Verkehrsverbotes (Zeichen 250, 251, 253, 254, 255, 260) geparkt	§ 41 Absatz 1 i.V.m. Anlage 2 lfd. Nr. 18 (Zeichen 239) Spalte 3 Nummer 1, lfd. Nr. 19 (Zeichen 240) Spalte 3 Nummer 2, lfd. Nr. 20 (Zeichen 241) Spalte 3 Nummer 2, lfd. Nr. 21 (Zeichen 242.1) Spalte 3 Nummer 1, lfd. Nr. 26 Spalte 3 Satz 1 i.V.m. lfd. Nr. 28, 29, 30, 31, 32, 34 (Zeichen 250, 251, 253, 254, 255, 260) Spalte 3 § 49 Absatz 3 Nummer 4	55 €
144.1	– mit Behinderung	§ 41 Absatz 1 i.V.m. Anlage 2 lfd. Nr. 18 (Zeichen 239) Spalte 3 Nummer 1, lfd. Nr. 19 (Zeichen 240) Spalte 3 Nummer 2, lfd. Nr. 20 (Zeichen 241) Spalte 3 Nummer 2, lfd. Nr. 21 (Zeichen 242.1) Spalte 3 Nummer 1, lfd. Nr. 26 Spalte 3 Satz 1 i.V.m. lfd. Nr. 28, 29, 30, 31, 32, 34 (Zeichen 250, 251, 253, 254, 255, 260) Spalte 3 § 1 Absatz 2	70 €

Lfd. Nr.	Tatbestand	Straßenverkehrs-Ordnung (StVO)	Regelsatz in Euro (€), Fahrverbot in Monaten
144.2	länger als 3 Stunden	§ 49 Absatz 1 Nummer 1, Absatz 3 Nummer 4 § 41 Absatz 1 i.V.m. Anlage 2 lfd. Nr. 18 (Zeichen 239) Spalte 3 Nummer 1, lfd. Nr. 19 (Zeichen 240) Spalte 3 Nummer 2, lfd. Nr. 20 (Zeichen 241) Spalte 3 Nummer 2, lfd. Nr. 21 (Zeichen 242.1) Spalte 3 Nummer 1, lfd. Nr. 26 Spalte 3 Satz 1 i.V.m. lfd. Nr. 28, 29, 30, 31, 32, 34 (Zeichen 250, 251, 253, 254, 255, 260) Spalte 3 § 49 Absatz 3 Nummer 4	70 €
(145 bis 145.3)	(aufgehoben)		
146	Bei zugelassenem Fahrzeugverkehr auf einem Gehweg (Zeichen 239) oder in einem Fußgängerbereich (Zeichen 242.1, 242.2) nicht mit Schrittgeschwindigkeit gefahren (soweit nicht von Nummer 11 erfasst)	§ 41 Absatz 1 i.V.m. Anlage 2 lfd. Nr. 18 (Zeichen 239) Spalte 3 Nummer 2 Satz 3 Halbsatz 2, lfd. Nr. 21 (Zeichen 242.1) Spalte 3 Nummer 2 § 49 Absatz 3 Nummer 4	15 €
146a	Bei zugelassenem Fahrzeugverkehr auf einem Radweg (Zeichen 237), einem gemeinsamen Geh- und Radweg (Zeichen 240), einem getrennten Rad- und Gehweg (Zeichen 241) die Geschwindigkeit nicht angepasst (soweit nicht von lfd. Nr. 11 erfasst)	§ 41 Absatz 1 i.V.m. Anlage 2 lfd. Nr. 16 (Zeichen 237) Spalte 3 Nummer 3, lfd. Nr. 19 (Zeichen 240) Spalte 3 Nummer 3 Satz 2 lfd. Nr. 20 (Zeichen 241) Spalte 3 Nummer 4 Satz 2 § 49 Absatz 3 Nummer 4	15 €
147	Unberechtigt mit einem Fahrzeug einen Bussonderfahrstreifen (Zeichen 245) benutzt	§ 41 Absatz 1 i.V.m. Anlage 2 lfd. Nr. 25 (Zeichen 245) Spalte 3 Nummer 1 und 2 § 49 Absatz 3 Nummer 4	15 €
147.1	– mit Behinderung	§ 41 Absatz 1 i.V.m. Anlage 2 lfd. Nr. 25 (Zeichen 245) Spalte 3 Nummer 1 und 2 § 1 Absatz 2 § 49 Absatz 1 Nummer 1, Absatz 3 Nummer 4	35 €
148	Wendeverbot (Zeichen 272) nicht beachtet	§ 41 Absatz 1 i.V.m. Anlage 2 lfd. Nr. 47 (Zeichen 272) Spalte 3 § 49 Absatz 3 Nummer 4	20 €
149	Vorgeschriebenen Mindestabstand (Zeichen 273) zu einem vorausfahrenden Fahrzeug unterschritten	§ 41 Absatz 1 i.V.m. Anlage 2 lfd. Nr. 48 (Zeichen 273) Spalte 3 Satz 1 § 49 Absatz 3 Nummer 4	25 €

Lfd. Nr.	Tatbestand	Straßenverkehrs-Ordnung (StVO)	Regelsatz in Euro (€), Fahrverbot in Monaten
150	Zeichen 206 (Halt. Vorfahrt gewähren.) nicht befolgt oder trotz Rotlicht nicht an der Haltlinie (Zeichen 294) gehalten und dadurch einen Anderen gefährdet	§ 41 Absatz 1 i.V.m. Anlage 2 lfd. Nr. 3 (Zeichen 206) Spalte 3 Nummer 1, lfd. Nr. 67 (Zeichen 294) Spalte 3 § 1 Absatz 2 § 49 Absatz 1 Nummer 1, Absatz 3 Nummer 4	70 €
151	Beim Führen eines Fahrzeugs in einem Fußgängerbereich (Zeichen 239, 242.1, 242.2) einen Fußgänger gefährdet		
151.1	bei zugelassenem Fahrzeugverkehr (Zeichen 239, 242.1 mit Zusatzzeichen)	§ 41 Absatz 1 i.V.m. Anlage 2 lfd. Nr. 18, 21 (Zeichen 239, 242.1 mit Zusatzzeichen) Spalte 3 Nummer 2 § 49 Absatz 3 Nummer 4	60 €
151.2	bei nicht zugelassenem Fahrzeugverkehr	§ 41 Absatz 1 i.V.m. Anlage 2 lfd. Nr. 18, 21 (Zeichen 239, 242.1) Spalte 3 Nummer 2, § 49 Absatz 3 Nummer 4	70 €
152	Eine für kennzeichnungspflichtige Kraftfahrzeuge mit gefährlichen Gütern (Zeichen 261) oder für Kraftfahrzeuge mit wassergefährdender Ladung (Zeichen 269) gesperrte Straße befahren	§ 41 Absatz 1 i.V.m. Anlage 2 lfd. Nr. 35, 43 (Zeichen 261, 269) Spalte 3 § 49 Absatz 3 Nummer 4	100 €
152.1	bei Eintragung von bereits einer Entscheidung wegen Verstoßes gegen Zeichen 261 oder 269 im Fahreignungsregister		250 € **Fahrverbot 1 Monat**
153	Mit einem Kraftfahrzeug trotz Verkehrsverbotes zur Verminderung schädlicher Luftverunreinigungen (Zeichen 270.1, 270.2) am Verkehr teilgenommen	§ 41 Absatz 1 i.V.m. Anlage 2 lfd. Nr. 44, 45 (Zeichen 270.1, 270.2) Spalte 3 § 49 Absatz 3 Nummer 4	100 €
153a	Überholverbot (Zeichen 276, 277, 277.1) nicht beachtet	§ 41 Absatz 1 i.V.m. Anlage 2 zu lfd. Nr. 53, 54 und 54.4 und lfd. Nr. 53, 54, 54.4 (Zeichen 276, 277, 277.1) Spalte 3 § 49 Absatz 3 Nummer 4	70 €
154	An der Haltlinie (Zeichen 294) nicht gehalten	§ 41 Absatz 1 i.V.m. Anlage 2 lfd. Nr. 67 (Zeichen 294) Spalte 3 § 49 Absatz 3 Nummer 4	10 €
155	Fahrstreifenbegrenzung (Zeichen 295, 296) überfahren oder durch Pfeile vorgeschriebener Fahrtrichtung (Zeichen 297) nicht gefolgt oder Sperrfläche (Zeichen 298) benutzt (außer Parken)	§ 41 Absatz 1 i.V.m. Anlage 2 lfd. Nr. 68 (Zeichen 295) Spalte 3 Nummer 1a, lfd. Nr. 69 (Zeichen 296) Spalte 3 Nummer 1, lfd. Nr. 70 (Zeichen 297) Spalte 3 Nummer 1, lfd. Nr. 72 (Zeichen 298) Spalte 3 § 49 Absatz 3 Nummer 4	10 €

Lfd. Nr.	Tatbestand	Straßenverkehrs-Ordnung (StVO)	Regelsatz in Euro (€), Fahrverbot in Monaten
155.1	– mit Sachbeschädigung	§ 41 Absatz 1 i.V.m. Anlage 2 lfd. Nr. 68 (Zeichen 295) Spalte 3 Nummer 1a, lfd. Nr. 69 (Zeichen 296) Spalte 3 Nummer 1, lfd. Nr. 70 (Zeichen 297) Spalte 3 Nummer 1, lfd. Nr. 72 (Zeichen 298) Spalte 3 § 1 Absatz 2 § 49 Absatz 1 Nummer 1, Absatz 3 Nummer 4	35 €
155.2	und dabei überholt	§ 41 Absatz 1 i.V.m. Anlage 2 lfd. Nr. 68 (Zeichen 295) Spalte 3 Nummer 1a, lfd. Nr. 69 (Zeichen 296) Spalte 3 Nummer 1, lfd. Nr. 70 (Zeichen 297) Spalte 3 Nummer 1, lfd. Nr. 72 (Zeichen 298) Spalte 3 § 49 Absatz 3 Nummer 4	30 €
155.3	und dabei nach links abgebogen oder gewendet	§ 41 Absatz 1 i.V.m. Anlage 2 lfd. Nr. 68 (Zeichen 295) Spalte 3 Nummer 1a, lfd. Nr. 69 (Zeichen 296) Spalte 3 Nummer 1, lfd. Nr. 70 (Zeichen 297) Spalte 3 Nummer 1, lfd. Nr. 72 (Zeichen 298) Spalte 3 § 49 Absatz 3 Nummer 4	30 €
155.3.1	– mit Gefährdung	§ 41 Absatz 1 i.V.m. Anlage 2 lfd. Nr. 68 (Zeichen 295) Spalte 3 Nummer 1a, lfd. Nr. 69 (Zeichen 296) Spalte 3 Nummer 1, lfd. Nr. 70 (Zeichen 297) Spalte 3 Nummer 1, lfd. Nr. 72 (Zeichen 298) Spalte 3 § 1 Absatz 2 § 49 Absatz 1 Nummer 1, Absatz 3 Nummer 4	35 €
156	Sperrfläche (Zeichen 298) zum Parken benutzt	§ 41 Absatz 1 i.V.m. Anlage 2 lfd. Nr. 72 (Zeichen 298) Spalte 3 § 49 Absatz 3 Nummer 4	25 €
	Richtzeichen		
157	Beim Führen eines Fahrzeugs in einem verkehrsberuhigten Bereich (Zeichen 325.1, 325.2)		
157.1	– Schrittgeschwindigkeit nicht eingehalten (soweit nicht von Nummer 11 erfasst)	§ 42 Absatz 2 i.V.m. Anlage 3 lfd. Nr. 12 (Zeichen 325.1) Spalte 3 Nummer 1 § 49 Absatz 3 Nummer 5	15 €
157.2	– Fußgängerverkehr behindert	§ 42 Absatz 2 i.V.m. Anlage 3 lfd. Nr. 12 (Zeichen 325.1) Spalte 3 Nummer 2 § 49 Absatz 3 Nummer 5	15 €

Lfd. Nr.	Tatbestand	Straßenverkehrs-Ordnung (StVO)	Regelsatz in Euro (€), Fahrverbot in Monaten
157.3	– Fußgängerverkehr gefährdet		60 €
(158)	(aufgehoben)		
159	In einem verkehrsberuhigten Bereich (Zeichen 325.1, 325.2) außerhalb der zum Parken gekennzeichneten Flächen geparkt (§ 12 Absatz 2 StVO)	§ 42 Absatz 2 i.V.m. Anlage 3 lfd. Nr. 12 (Zeichen 325.1) Spalte 3 Nummer 4 § 49 Absatz 3 Nummer 5	10 €
159.1	– mit Behinderung	§ 42 Absatz 2 i.V.m. Anlage 3 lfd. Nr. 12 (Zeichen 325.1) Spalte 3 Nummer 4 § 1 Absatz 2 § 49 Absatz 1 Nummer 1, Absatz 3 Nummer 5	15 €
159.2	länger als 3 Stunden	§ 42 Absatz 2 i.V.m. Anlage 3 lfd. Nr. 12 (Zeichen 325.1) Spalte 3 Nummer 4 § 49 Absatz 3 Nummer 5	20 €
159.2.1	– mit Behinderung	§ 42 Absatz 2 i.V.m. Anlage 3 lfd. Nr. 12 (Zeichen 325.1) Spalte 3 Nummer 4 § 1 Absatz 2 § 49 Absatz 1 Nummer 1, Absatz 3 Nummer 5	30 €
159a	In einem Tunnel (Zeichen 327) Abblendlicht nicht benutzt	§ 42 Absatz 2 i.V.m. Anlage 3 lfd. Nr. 14 (Zeichen 327) Spalte 3 Nummer 1 § 49 Absatz 3 Nummer 5	10 €
159a.1	– mit Gefährdung	§ 42 Absatz 2 i.V.m. Anlage 3 lfd. Nr. 14 (Zeichen 327) Spalte 3 Nummer 1 § 1 Absatz 2 § 49 Absatz 1 Nummer 1, Absatz 3 Nummer 5	15 €
159a.2	– mit Sachbeschädigung		35 €
159b	In einem Tunnel (Zeichen 327) gewendet	§ 42 Absatz 2 i.V.m. Anlage 3 lfd. Nr. 14 (Zeichen 327) Spalte 3 Nummer 1 § 49 Absatz 3 Nummer 5	60 €
159c	In einer Nothalte- und Pannenbucht (Zeichen 328) unberechtigt	§ 42 Absatz 2 i.V.m. Anlage 3 lfd. Nr. 15 (Zeichen 328) Spalte 3 § 49 Absatz 3 Nummer 5	
159c.1	– gehalten		20 €
159c.2	– geparkt		25 €
(160 bis 162)	(aufgehoben)		
	Verkehrseinrichtungen		
163	Durch Verkehrseinrichtungen abgesperrte Straßenfläche befahren	§ 43 Absatz 3 Satz 2 i.V.m. Anlage 4 lfd. Nr. 1 bis 7 (Zeichen 600, 605, 628, 629, 610, 615, 616) Spalte 3 § 49 Absatz 3 Nummer 6	5 €

Lfd. Nr.	Tatbestand	Straßenverkehrs-Ordnung (StVO)	Regelsatz in Euro (€), Fahrverbot in Monaten
	Andere verkehrsrechtliche Anordnungen		
164	Einer den Verkehr verbietenden oder beschränkenden Anordnung, die öffentlich bekannt gemacht wurde, zuwidergehandelt	§ 45 Absatz 4 Halbsatz 2 § 49 Absatz 3 Nummer 7	60 €
165	Mit Arbeiten begonnen, ohne zuvor Anordnungen eingeholt zu haben, diese Anordnungen nicht befolgt oder Lichtzeichenanlagen nicht bedient	§ 45 Absatz 6 § 49 Absatz 4 Nummer 3	75 €
	Ausnahmegenehmigung und Erlaubnis		
166	Vollziehbare Auflage einer Ausnahmegenehmigung oder Erlaubnis nicht befolgt	§ 46 Absatz 3 Satz 1 § 49 Absatz 4 Nummer 4	60 €
167	Genehmigungs- oder Erlaubnisbescheid nicht mitgeführt	§ 46 Absatz 3 Satz 3 § 49 Absatz 4 Nummer 5	10 €

Lfd. Nr.	Tatbestand	Fahrerlaubnis-Verordnung (FeV)	Regelsatz in Euro (€), Fahrverbot in Monaten
	b) Fahrerlaubnis-Verordnung		
	Mitführen von Führerscheinen und Bescheinigungen		
168	Führerschein oder Bescheinigung oder die Übersetzung des ausländischen Führerscheins nicht mitgeführt	§ 75 Nummer 4 i.V.m. den dort genannten Vorschriften	10 €
168a	Führerscheinverlust nicht unverzüglich angezeigt und sich kein Ersatzdokument ausstellen lassen	§ 75 Nummer 4	10 €
	Einschränkung der Fahrerlaubnis		
169	Einer vollziehbaren Auflage nicht nachgekommen	§ 10 Absatz 2 Satz 4 § 23 Absatz 2 Satz 1 § 28 Absatz 1 Satz 2 § 46 Absatz 2 § 74 Absatz 3 § 75 Nummer 9, 14, 15	25 €
	Ablieferung und Vorlage des Führerscheins		
170	Einer Pflicht zur Ablieferung oder zur Vorlage eines Führerscheins nicht oder nicht rechtzeitig nachgekommen	§ 75 Nummer 10 i.V.m. den dort genannten Vorschriften	25 €
	Fahrerlaubnis zur Fahrgastbeförderung		
171	Ohne erforderliche Fahrerlaubnis zur Fahrgastbeförderung einen oder mehrere Fahrgäste in einem in § 48 Absatz 1 FeV genannten Fahrzeug befördert	§ 48 Absatz 1 § 75 Nummer 12	75 €
172	Als Halter die Fahrgastbeförderung in einem in § 48 Absatz 1 FeV genannten Fahrzeug angeordnet oder zugelassen, obwohl der Fahrzeugführer die erforderliche Fahrerlaubnis zur Fahrgastbeförderung nicht besaß	§ 48 Absatz 8 § 75 Nummer 12	75 €

Lfd. Nr.	Tatbestand	Fahrerlaubnis-Verordnung (FeV)	Regelsatz in Euro (€), Fahrverbot in Monaten
	Ortskenntnisse bei Fahrgastbeförderung		
173	Als Halter die Fahrgastbeförderung in einem in § 48 Absatz 1 i.V.m. § 48 Absatz 4 Nummer 7 FeV genannten Fahrzeug angeordnet oder zugelassen, obwohl der Fahrzeugführer die erforderlichen Ortskenntnisse nicht nachgewiesen hat	§ 48 Absatz 8 § 75 Nummer 12	35 €

Lfd. Nr.	Tatbestand	Fahrzeug-Zulassungsverordnung (FZV)	Regelsatz in Euro (€), Fahrverbot in Monaten
	c) Fahrzeug-Zulassungsverordnung		
	Mitführen von Fahrzeugpapieren		
174	Die Zulassungsbescheinigung Teil I oder sonstige Bescheinigung nicht mitgeführt	§ 4 Absatz 5 Satz 1 § 13 Absatz 6 Satz 1 § 31 Satz 3 § 52 Absatz 1 Satz 6 § 77 Nummer 4	10 €
	Zulassung		
175	Kraftfahrzeug oder Kraftfahrzeuganhänger ohne die erforderliche EU-Typgenehmigung, Einzelgenehmigung oder Zulassung auf einer öffentlichen Straße in Betrieb gesetzt	§ 3 Absatz 1 Satz 1 § 4 Absatz 1 § 77 Nummer 1	70 €
175a	Kraftfahrzeug oder Kraftfahrzeuganhänger außerhalb des auf dem Saisonkennzeichen angegebenen Betriebszeitraums oder nach dem auf dem Kurzzeitkennzeichen oder nach dem auf dem Ausfuhrkennzeichen angegebenen Ablaufdatum oder Fahrzeug mit Wechselkennzeichen ohne oder mit einem unvollständigen Wechselkennzeichen auf einer öffentlichen Straße in Betrieb gesetzt	§ 9 Absatz 2 Satz 6 Nummer 1 § 10 Absatz 3 Satz 6 Nummer 1 § 42 Absatz 4 Satz 3 § 45 Abs. 2 Satz 5 § 77 Nummer 1	50 €
176	Das vorgeschriebene Kennzeichen an einem von der Zulassungspflicht ausgenommenen Fahrzeug nicht geführt	§ 4 Absatz 2 Satz 1, Absatz 3 Satz 1, 2 § 77 Nummer 1	40 €
177	Fahrzeug außerhalb des auf dem Saisonkennzeichen angegebenen Betriebszeitraums oder mit Wechselkennzeichen ohne oder mit einem unvollständigen Wechselkennzeichen auf einer öffentlichen Straße abgestellt	§ 9 Absatz 2 Satz 6 Nummer 2 § 10 Absatz 3 Satz 6 Nummer 2 § 77 Nummer 10	40 €
	Betriebsverbot und -beschränkungen		
(178)	(aufgehoben)		
178a	Betriebsverbot wegen Verstoßes gegen Mitteilungspflichten oder gegen die Pflichten beim Erwerb des Fahrzeugs nicht beachtet	§ 15 Absatz 1 Satz 5, auch i.V.m. Absatz 4 Satz 2, Absatz 5 Satz 8 § 77 Nummer 6	40 €
179	Ein Fahrzeug in Betrieb gesetzt, dessen Kennzeichen nicht wie vorgeschrieben ausgestaltet oder angebracht ist; ausgenommen ist das Fehlen des vorgeschriebenen *Kennzeichens*	§ 12 Absatz 13 Satz 1 i.V.m. § 12 Absatz 1, 2 Satz 2 und 3, Absatz 6, 7, 8, 9 Satz 1, Absatz 10 Satz 1 auch i.V.m. § 41 Absatz 6 Satz 3 § 42 Absatz 3 Satz 4	10 €

Lfd. Nr.	Tatbestand	Fahrzeug-Zulassungsverordnung (FZV)	Regelsatz in Euro (€), Fahrverbot in Monaten
		§ 43 Absatz 2 Satz 5 § 45 Absatz 2 Satz 5 § 77 Nummer 1	
179a	Fahrzeug in Betrieb gesetzt, obwohl das vorgeschriebene Kennzeichen fehlt	§ 12 Absatz 13 Satz 1 i.V.m. § 12 Absatz 5 Satz 1, Absatz 9 § 77 Nummer 1	60 €
179b	Fahrzeug in Betrieb gesetzt, dessen Kennzeichen mit Glas, Folien oder ähnlichen Abdeckungen versehen ist	§ 12 Absatz 13 Satz 1 i.V.m. § 12 Absatz 2 Satz 1, Absatz 9 § 77 Nummer 1	65 €
179c	Fahrzeug mit CC- oder CD-Zeichen auf öffentlichen Straßen in Betrieb gesetzt, ohne dass hierzu eine Berechtigung besteht und diese in der Zulassungsbescheinigung Teil I eingetragen ist	§ 12 Absatz 12 Satz 3 § 77 Nummer 9	10 €
	Mitteilungs-, Anzeige- und Vorlagepflichten, Zurückziehen aus dem Verkehr, Verwertungsnachweis		
180	Gegen die Mitteilungspflicht bei Änderungen der tatsächlichen Verhältnisse, Wohnsitz- oder Sitzänderung des Halters, Standortverlegung des Fahrzeugs, Veräußerung oder Erwerb verstoßen	§ 15 Absatz 1 Satz 1 bis 3, Absatz 4 Satz 1, Absatz 5 Satz 1 § 77 Nummer 13 und Nummer 14	15 €
180a	Als Halter ein Fahrzeug nicht oder nicht ordnungsgemäß außer Betrieb setzen lassen	§ 17 Absatz 1 Satz 1, Absatz 2 Satz 1 § 77 Nummer 7	15 €
	Internetbasierte Zulassung		
180b	Als Halter einen Plakettenträger nicht, nicht rechtzeitig oder nicht ordnungsgemäß (ausgenommen auf einem anderen als dem zugehörigen zugeteilten Kennzeichen) angebracht	§ 26 Absatz 5 Satz 1 § 77 Nummer 20	40 €
180c	Als Halter einen Plakettenträger auf einem Kennzeichenschild mit einem anderen als dem zugehörigen zugeteilten Kennzeichen angebracht	§ 26 Absatz 5 Satz 2 § 77 Nummer 21	65 €
180d	Fahrzeug ohne die dafür übersandten Plakettenträger oder mit einem anderen als den angebrachten Plakettenträgern zugehörigen zugeteilten Kennzeichen in Betrieb gesetzt	§ 26 Absatz 5 Satz 3 § 77 Nummer 1	70 €
180e	Als Halter die Inbetriebsetzung eines Fahrzeuges ohne die dafür übersandten Plakettenträger oder mit einem anderen als den angebrachten Plakettenträgern zugehörigen zugeteilten Kennzeichen zugelassen oder angeordnet	§ 26 Absatz 5 Satz 4 § 77 Nummer 2	70 €
	Rote Kennzeichen, Kurzzeitkennzeichen		
181	Gegen die Pflicht zur Eintragung in Fahrzeugscheinhefte verstoßen oder das rote Kennzeichen oder das Fahrzeugscheinheft nicht zurückgegeben	§ 41 Absatz 3 Satz 1, 6 § 77 Nummern 23 und 25	10 €
181a	(aufgehoben)		
181b	(aufgehoben)		
182	Kurzzeitkennzeichen oder Oldtimerkennzeichen für unzulässige Fahrten oder an einem anderen Fahrzeug verwendet	§ 42 Absatz 3 Satz 1 § 43 Absatz 2 Satz 1 § 77 Nummer 26	50 €

Lfd. Nr.	Tatbestand	Fahrzeug-Zulassungsverordnung (FZV)	Regelsatz in Euro (€), Fahrverbot in Monaten
183	Gegen die Pflicht zum Fertigen, Aufbewahren oder Aushändigen von Aufzeichnungen über die Fahrten mit rotem Kennzeichen verstoßen	§ 41 Absatz 3 Satz 3, 4 und 5 § 77 Nummer 5, 24	25 €
183a	Fahrzeugscheinheft für Fahrzeuge mit rotem Kennzeichen oder Fahrzeugscheinheft für Oldtimerfahrzeuge mit rotem Kennzeichen nicht mitgeführt	§ 41 Absatz 3 Satz 2 § 43 Absatz 2 Satz 2 § 77 Nummer 4	10 €
183b	Fahrzeugschein für Fahrzeuge mit Kurzzeitkennzeichen nicht mitgeführt	§ 42 Absatz 5 Satz 3 § 77 Nummer 4	20 €
	Versicherungskennzeichen und -plaketten		
184	Fahrzeug in Betrieb gesetzt, dessen Versicherungskennzeichen oder -plakette nicht wie vorgeschrieben ausgestaltet ist, ausgenommen ist das Fehlen des vorgeschriebenen Versicherungskennzeichens oder der vorgeschriebenen Versicherungsplakette	§ 53 Absatz 7 § 56 Absatz 4 § 77 Nummer 1	10 €
	Ausländische Kraftfahrzeuge		
185	Zulassungsbescheinigung oder die Übersetzung des ausländischen Zulassungsscheins nicht mitgeführt oder nicht ausgehändigt	§ 46 Absatz 6 § 77 Nummer 4	10 €
185a	An einem ausländischen Kraftfahrzeug oder ausländischen Kraftfahrzeuganhänger das heimische Kennzeichen oder das Unterscheidungszeichen unter Verstoß gegen eine Vorschrift über deren Anbringung geführt	§ 47 Absatz 1 Satz 1, Absatz 2 Satz 1 § 77 Nummer 27	10 €
185b	An einem ausländischen Kraftfahrzeug oder ausländischen Kraftfahrzeuganhänger das vorgeschriebene heimische Kennzeichen nicht geführt	§ 47 Absatz 1 Satz 1 § 77 Nummer 27	40 €
185c	An einem ausländischen Kraftfahrzeug oder ausländischen Kraftfahrzeuganhänger das Unterscheidungszeichen nicht geführt	§ 47 Absatz 2 Satz 1 § 77 Nummer 27	15 €

Lfd. Nr.	Tatbestand	Straßenverkehrs-Zulassungs-Ordnung (StVZO)	Regelsatz in Euro (€), Fahrverbot in Monaten
	d) Straßenverkehrs-Zulassungs-Ordnung		
	Untersuchung der Kraftfahrzeuge und Anhänger		
186	Als Halter Fahrzeug zur Hauptuntersuchung oder zur Sicherheitsprüfung nicht vorgeführt	§ 29 Absatz 1 Satz 1 i.V.m. Nummer 2.1, 2.2, 2.6, 2.7 Satz 2, 3, Nummer 3.1.1, 3.1.2, 3.2.2 der Anlage VIII § 69a Absatz 2 Nummer 14	
186.1	bei Fahrzeugen, die nach Nummer 2.1 der Anlage VIII zu § 29 StVZO in bestimmten Zeitabständen einer Sicherheitsprüfung zu unterziehen sind, wenn der Vorführtermin überschritten *worden ist um*		

Lfd. Nr.	Tatbestand	Straßenverkehrs-Zulassungs-Ordnung (StVZO)	Regelsatz in Euro (€), Fahrverbot in Monaten
186.1.1	bis zu 2 Monate		15 €
186.1.2	mehr als 2 bis zu 4 Monate		25 €
186.1.3	mehr als 4 bis zu 8 Monate		60 €
186.1.4	mehr als 8 Monate		75 €
186.2	bei anderen als in Nummer 186.1 genannten Fahrzeugen, wenn der Vorführtermin überschritten worden ist um		
186.2.1	mehr als 2 bis zu 4 Monate		15 €
186.2.2	mehr als 4 bis zu 8 Monate		25 €
186.2.3	mehr als 8 Monate		60 €
187	Fahrzeug zur Nachprüfung der Mängelbeseitigung nicht rechtzeitig vorgeführt	§ 29 Absatz 1 Satz 1 i.V.m. Nummer 3.1 4.3 Satz 2 Halbsatz 2 der Anlage VIII § 69a Absatz 2 Nummer 18	15 €
187a	Betriebsverbot oder -beschränkung wegen Fehlens einer gültigen Prüfplakette oder Prüfmarke in Verbindung mit einem SP-Schild nicht beachtet	§ 29 Absatz 7 Satz 5 § 69a Absatz 2 Nummer 15	60 €
	Vorstehende Außenkanten		
188	Fahrzeug oder Fahrzeugkombination in Betrieb genommen, obwohl Teile, die den Verkehr mehr als unvermeidbar gefährdeten, an dessen Umriss hervorragten	§ 30c Absatz 1 § 69a Absatz 3 Nummer 1a	20 €
	Verantwortung für den Betrieb der Fahrzeuge		
189	Als Halter die Inbetriebnahme eines Fahrzeugs oder Zuges angeordnet oder zugelassen, obwohl	§ 31 Absatz 2 § 69a Absatz 5 Nummer 3	
189.1	der Führer zur selbstständigen Leitung nicht geeignet war		
189.1.1	bei Lastkraftwagen oder Kraftomnibussen		180 €
189.1.2	bei anderen als in Nummer 189.1.1 genannten Fahrzeugen		90 €
189.2	das Fahrzeug oder der Zug nicht vorschriftsmäßig war und dadurch die Verkehrssicherheit wesentlich beeinträchtigt war, insbesondere unter Verstoß gegen eine Vorschrift über Lenkeinrichtungen, Bremsen, Einrichtungen zur Verbindung von Fahrzeugen	§ 31 Absatz 2 § 69a Absatz 5 Nummer 3 § 31 Absatz 2, jeweils i.V.m. § 38 § 41 Absatz 1 bis 12, 15 bis 17 § 43 Absatz 1 Satz 1 bis 3, Absatz 4 Satz 1, 3 § 69a Absatz 5 Nummer 3	
189.2.1	bei Lastkraftwagen oder Kraftomnibussen bzw. ihren Anhängern		270 €
189.2.2	bei anderen als in Nummer 189.2.1 genannten Fahrzeugen		135 €
189.3	die Verkehrssicherheit des Fahrzeugs oder des Zuges durch die Ladung oder die Besetzung wesentlich litt	§ 31 Absatz 2 § 69a Absatz 5 Nummer 3	
189.3.1	bei Lastkraftwagen oder Kraftomnibussen bzw. ihren Anhängern		270 €

Lfd. Nr.	Tatbestand	Straßenverkehrs-Zulassungs-Ordnung (StVZO)	Regelsatz in Euro (€), Fahrverbot in Monaten
189.3.2	bei anderen als in Nummer 189.3.1 genannten Fahrzeugen		135 €
189a	Als Halter die Inbetriebnahme eines Fahrzeugs angeordnet oder zugelassen, obwohl die Betriebserlaubnis erloschen war, und dadurch die Verkehrssicherheit wesentlich beeinträchtigt	§ 19 Absatz 5 Satz 1 § 69a Absatz 2 Nummer 1b	
189a.1	bei Lastkraftwagen oder Kraftomnibussen		270 €
189a.2	bei anderen als in Nummer 189a.1 genannten Fahrzeugen		135 €
189b	Als Halter die Inbetriebnahme eines Fahrzeugs angeordnet oder zugelassen, obwohl die Betriebserlaubnis erloschen war, und dadurch die Umwelt wesentlich beeinträchtigt	§ 19 Absatz 5 Satz 1 § 69a Absatz 2 Nummer 1b	
189b.1	bei Lastkraftwagen oder Kraftomnibussen		270 €
189b.2	bei anderen als in Nummer 189b.1 genannten Fahrzeugen		135 €
	Führung eines Fahrtenbuches		
190	Fahrtenbuch nicht ordnungsgemäß geführt, auf Verlangen nicht ausgehändigt oder nicht für die vorgeschriebene Dauer aufbewahrt	§ 31a Absatz 2, 3 § 69a Absatz 5 Nummer 4, 4a	100 €
	Überprüfung mitzuführender Gegenstände		
191	Mitzuführende Gegenstände auf Verlangen nicht vorgezeigt oder zur Prüfung nicht ausgehändigt	§ 31b § 69a Absatz 5 Nummer 4b	5 €
	Abmessungen von Fahrzeugen und Fahrzeugkombinationen		
192	Kraftfahrzeug, Anhänger oder Fahrzeugkombination in Betrieb genommen, obwohl die höchstzulässige Breite, Höhe oder Länge überschritten war	§ 32 Absatz 1 bis 4, 9 § 69a Absatz 3 Nummer 2	60 €
193	Als Halter die Inbetriebnahme eines Kraftfahrzeugs, Anhängers oder einer Fahrzeugkombination angeordnet oder zugelassen, obwohl die höchstzulässige Breite, Höhe oder Länge überschritten war	§ 31 Absatz 2 i.V.m. § 32 Absatz 1 bis 4, 9 § 69a Absatz 5 Nummer 3	75 €
	Unterfahrschutz		
194	Kraftfahrzeug, Anhänger oder Fahrzeug mit austauschbarem Ladungsträger ohne vorgeschriebenen Unterfahrschutz in Betrieb genommen	§ 32b Absatz 1, 2, 4 § 69a Absatz 3 Nummer 3a	25 €
	Kurvenlaufeigenschaften		
195	Kraftfahrzeug oder Fahrzeugkombination in Betrieb genommen, obwohl die vorgeschriebenen Kurvenlaufeigenschaften nicht eingehalten waren	§ 32d Absatz 1, 2 Satz 1 § 69a Absatz 3 Nummer 3c	60 €
196	Als Halter die Inbetriebnahme eines Kraftfahrzeugs oder einer Fahrzeugkombination angeordnet oder zugelassen, obwohl die vorgeschriebenen Kurvenlaufeigenschaften nicht eingehalten waren	§ 31 Absatz 2 i.V.m. § 32d Absatz 1, 2 Satz 1 § 69a Absatz 5 Nummer 3	75 €
	Schleppen von Fahrzeugen		
197	Fahrzeug unter Verstoß gegen eine Vorschrift über das Schleppen von Fahrzeugen in Betrieb genommen	§ 33 Absatz 1 Satz 1, Absatz 2 Nummer 1, 6 § 69a Absatz 3 Nummer 3	25 €

Lfd. Nr.	Tatbestand	Straßenverkehrs-Zulassungs-Ordnung (StVZO)	Regelsatz in Euro (€), Fahrverbot in Monaten
	Achslast, Gesamtgewicht, Anhängelast hinter Kraftfahrzeugen		
198	Kraftfahrzeug, Anhänger oder Fahrzeugkombination in Betrieb genommen, obwohl die zulässige Achslast, das zulässige Gesamtgewicht oder die zulässige Anhängelast hinter einem Kraftfahrzeug überschritten war	§ 34 Absatz 3 Satz 3 § 31d Absatz 1 § 42 Absatz 1, 2 Satz 2 § 69a Absatz 3 Nummer 4	
198.1	bei Kraftfahrzeugen mit einem zulässigen Gesamtgewicht über 7,5 t oder Kraftfahrzeugen mit Anhängern, deren zulässiges Gesamtgewicht 2 t übersteigt		Tabelle 3 Buchstabe a
198.2	bei anderen Kraftfahrzeugen bis 7,5 t zulässiges Gesamtgewicht		Tabelle 3 Buchstabe b
199	Als Halter die Inbetriebnahme eines Kraftfahrzeugs, eines Anhängers oder einer Fahrzeugkombination angeordnet oder zugelassen, obwohl die zulässige Achslast, das zulässige Gesamtgewicht oder die zulässige Anhängelast hinter einem Kraftfahrzeug überschritten war	§ 31 Absatz 2 i.V.m. § 34 Absatz 3 Satz 3 § 42 Absatz 1, 2 Satz 2 § 31d Absatz 1 § 69a Absatz 5 Nummer 3	
199.1	bei Kraftfahrzeugen mit einem zulässigen Gesamtgewicht über 7,5 t oder Kraftfahrzeugen mit Anhängern, deren zulässiges Gesamtgewicht 2 t übersteigt		Tabelle 3 Buchstabe a
199.2	bei anderen Kraftfahrzeugen bis 7,5 t zulässiges Gesamtgewicht		Tabelle 3 Buchstabe b
	Prüfung von Flüssiggasanlagen		
200	Als Halter eine Flüssiggasanlage nicht, nicht richtig, nicht in der vorgeschriebenen Weise oder nicht rechtzeitig prüfen lässt um	§ 60 Absatz 1 Satz 1, Absatz 2 Satz 1 oder Absatz 3 Satz 1, § 69a Absatz 2 Nummer 20	
200.1	mehr als 2 bis zu 4 Monate		15 €
200.2	mehr als 4 bis zu 8 Monate		25 €
200.3	mehr als 8 Monate		60 €
	Besetzung von Kraftomnibussen		
201	Kraftomnibus in Betrieb genommen und dabei mehr Personen oder Gepäck befördert, als in der Zulassungsbescheinigung Teil I Sitz- und Stehplätze eingetragen sind, und die Summe der im Fahrzeug angeschriebenen Fahrgastplätze sowie die Angaben für die Höchstmasse des Gepäcks ausweisen	§ 34a Absatz 1 § 69a Absatz 3 Nummer 5	60 €
202	Als Halter die Inbetriebnahme eines Kraftomnibusses angeordnet oder zugelassen, obwohl mehr Personen befördert wurden, als in der Zulassungsbescheinigung Teil I Plätze ausgewiesen waren	§ 31 Absatz 2 i.V.m. § 34a Absatz 1 § 69a Absatz 5 Nummer 3	75 €
	Kindersitze		
203	Kraftfahrzeug in Betrieb genommen unter Verstoß gegen		
203.1	das Verbot der Anbringung von nach hinten gerichteten Kinderrückhalteeinrichtungen auf Beifahrerplätzen mit Airbag	§ 35a Absatz 8 Satz 1 § 69a Absatz 3 Nummer 7	25 €

Lfd. Nr.	Tatbestand	Straßenverkehrs-Zulassungs-Ordnung (StVZO)	Regelsatz in Euro (€), Fahrverbot in Monaten
203.2	die Pflicht zur Anbringung des Warnhinweises zur Verwendung von Kinderrückhalteeinrichtungen auf Beifahrerplätzen mit Airbag	§ 35a Absatz 8 Satz 2, 4 § 69a Absatz 3 Nummer 7	5 €
203.3	die Pflicht zur rückwärts oder seitlich gerichteten Anbringung von Rückhalteeinrichtungen für Kinder bis zu einem Alter von 15 Monaten	§ 35a Absatz 13 § 69a Absatz 3 Nummer 7	25 €
	Rollstuhlplätze und Rückhaltesysteme		
203a	Als Halter die Inbetriebnahme eines Personenkraftwagens, in dem ein Rollstuhlnutzer befördert wurde, angeordnet oder zugelassen, obwohl er nicht mit dem vorgeschriebenen Rollstuhlstellplatz ausgerüstet war	§ 35a Absatz 4a Satz 1 § 31 Absatz 2 § 69a Absatz 5 Nummer 3	35 €
203b	Personenkraftwagen, in dem ein Rollstuhlnutzer befördert wurde, in Betrieb genommen, obwohl er nicht mit dem vorgeschriebenen Rollstuhlstellplatz ausgerüstet war	§ 35a Absatz 4a Satz 1 § 69a Absatz 3 Nummer 7	35 €
203c	Als Halter die Inbetriebnahme eines Personenkraftwagens, in dem ein Rollstuhlnutzer befördert wurde, angeordnet oder zugelassen, obwohl der Rollstuhlstellplatz nicht mit dem vorgeschriebenen Rollstuhl-Rückhaltesystem oder Rollstuhlnutzer-Rückhaltesystem ausgerüstet war	§ 35a Absatz 4a Satz 2, 3 § 31 Absatz 2, § 69a Absatz 5 Nummer 3	30 €
203d	Einen Personenkraftwagen, in dem ein Rollstuhlnutzer befördert wurde, in Betrieb genommen, obwohl der Rollstuhlstellplatz nicht mit dem vorgeschriebenen Rollstuhl-Rückhaltesystem oder Rollstuhlnutzer-Rückhaltesystem ausgerüstet war	§ 35a Absatz 4a Satz 2, 3 § 69a Absatz 3 Nummer 7	30 €
203e	Als Fahrer nicht sichergestellt, dass das Rollstuhl-Rückhaltesystem oder Rollstuhlnutzer-Rückhaltesystem in der vom Hersteller des jeweiligen Systems vorgesehenen Weise während der Fahrt betrieben wurde	§ 35a Absatz 4a Satz 4 § 69a Absatz 3 Nummer 7	30 €
203f	Als Halter nicht sichergestellt, dass das Rollstuhl-Rückhaltesystem oder Rollstuhlnutzer-Rückhaltesystem in der vom Hersteller des jeweiligen Systems vorgesehenen Weise während der Fahrt betrieben wurde	§ 35a Absatz 4a Satz 4 § 31 Absatz 2 § 69a Absatz 5 Nummer 3	30 €
	Feuerlöscher in Kraftomnibussen		
204	Kraftomnibus unter Verstoß gegen eine Vorschrift über mitzuführende Feuerlöscher in Betrieb genommen	§ 35g Absatz 1, 2 § 69a Absatz 3 Nummer 7c	15 €
205	Als Halter die Inbetriebnahme eines Kraftomnibusses unter Verstoß gegen eine Vorschrift über mitzuführende Feuerlöscher angeordnet oder zugelassen	§ 31 Absatz 2 i.V.m. § 35g Absatz 1, 2 § 69a Absatz 5 Nummer 3	20 €
	Erste-Hilfe-Material in Kraftfahrzeugen		
206	Unter Verstoß gegen eine Vorschrift über mitzuführendes Erste-Hilfe-Material		
206.1	einen Kraftomnibus	§ 35h Absatz 1, 2 § 69a Absatz 3 Nummer 7c	15 €
206.2	ein anderes Kraftfahrzeug	§ 35h Absatz 3 § 69a Absatz 3 Nummer 7c	5 €

Lfd. Nr.	Tatbestand	Straßenverkehrs-Zulassungs-Ordnung (StVZO)	Regelsatz in Euro (€), Fahrverbot in Monaten
	in Betrieb genommen		
207	Als Halter die Inbetriebnahme unter Verstoß gegen eine Vorschrift über mitzuführendes Erste-Hilfe-Material		
207.1	eines Kraftomnibusses	§ 31 Absatz 2 i.V.m. § 35h Absatz 1, 2 § 69a Absatz 5 Nummer 3	25 €
207.2	eines anderen Kraftfahrzeugs	§ 31 Absatz 2 i.V.m. § 35h Absatz 3 § 69a Absatz 5 Nummer 3	10 €
	angeordnet oder zugelassen		
	Bereifung und Laufflächen		
208	Kraftfahrzeug oder Anhänger, die unzulässig mit Diagonal- und mit Radialreifen ausgerüstet waren, in Betrieb genommen	§ 36 Absatz 6 Satz 1, 2 § 69a Absatz 3 Nummer 8	15 €
209	Als Halter die Inbetriebnahme eines Kraftfahrzeugs oder Anhängers, die unzulässig mit Diagonal- und mit Radialreifen ausgerüstet waren, angeordnet oder zugelassen	§ 31 Absatz 2 i.V.m. § 36 Absatz 6 Satz 1, 2 § 69a Absatz 5 Nummer 3	30 €
210	Mofa in Betrieb genommen, dessen Reifen keine ausreichenden Profilrillen oder Einschnitte oder keine ausreichende Profil- oder Einschnitttiefe besaß	§ 36 Absatz 3 Satz 5 § 31d Absatz 4 Satz 1 § 69a Absatz 3 Nummer 1c, 8	25 €
211	Als Halter die Inbetriebnahme eines Mofas angeordnet oder zugelassen, dessen Reifen keine ausreichenden Profilrillen oder Einschnitte oder keine ausreichende Profil- oder Einschnitttiefe besaß	§ 31 Absatz 2 i.V.m. § 36 Absatz 3 Satz 5 § 31d Absatz 4 Satz 1 § 69a Absatz 5 Nummer 3	35 €
212	Kraftfahrzeug (außer Mofa) oder Anhänger in Betrieb genommen, dessen Reifen keine ausreichenden Profilrillen oder Einschnitte oder keine ausreichende Profil- oder Einschnitttiefe besaß	§ 36 Absatz 3 Satz 3 bis 5 § 31d Absatz 4 Satz 1 § 69a Absatz 3 Nummer 1c, 8	60 €
213	Als Halter die Inbetriebnahme eines Kraftfahrzeugs (außer Mofa) oder Anhängers angeordnet oder zugelassen, dessen Reifen keine ausreichenden Profilrillen oder Einschnitte oder keine ausreichende Profil- oder Einschnitttiefe besaß	§ 31 Absatz 2 i.V.m. § 36 Absatz 3 Satz 3 bis 5 § 31d Absatz 4 Satz 1 § 69a Absatz 5 Nummer 3	75 €
213a	Als Halter die Inbetriebnahme eines Kraftfahrzeugs bei Glatteis, Schneeglätte, Schneematsch, Eis- oder Reifglätte angeordnet oder zugelassen, dessen Bereifung, die in § 36 Absatz 4 oder Absatz 4a StVZO beschriebenen Eigenschaften nicht erfüllt, wenn das Kraftfahrzeug gemäß § 2 Absatz 3a StVO bei Glatteis, Schneeglätte, Schneematsch, Eis- oder Reifglätte nur mit solchen Reifen gefahren werden darf, die die in § 36 Absatz 4 StVZO beschriebenen Eigenschaften erfüllen	§ 31 Absatz 2 i.V.m. § 36 Absatz 4 und 4a § 69a Absatz 5 Nummer 3	75 €
	Sonstige Pflichten für den verkehrssicheren Zustand des Fahrzeugs		
214	Kraftfahrzeug oder Kraftfahrzeug mit Anhänger in Betrieb genommen, das sich in einem Zustand befand, der die Verkehrssicherheit wesentlich beeinträchtigt	§ 30 Absatz 1 § 69a Absatz 3 Nummer 1	

Lfd. Nr.	Tatbestand	Straßenverkehrs-Zulassungs-Ordnung (StVZO)	Regelsatz in Euro (€), Fahrverbot in Monaten
	insbesondere unter Verstoß gegen eine Vorschrift über Lenkeinrichtungen, Bremsen, Einrichtungen zur Verbindung von Fahrzeugen	§ 38 § 41 Absatz 1 bis 12, 15 Satz 1, 3, 4, Absatz 16, 17 § 43 Absatz 1 Satz 1 bis 3, Absatz 4 Satz 1, 3 § 69a Absatz 3 Nummer 3, 9, 13	
214.1	bei Lastkraftwagen oder Kraftomnibussen bzw. ihren Anhängern		180 €
214.2	bei anderen als in Nummer 214.1 genannten Fahrzeugen		90 €
	Erlöschen der Betriebserlaubnis		
214a	Fahrzeug trotz erloschener Betriebserlaubnis in Betrieb genommen und dadurch die Verkehrssicherheit wesentlich beeinträchtigt	§ 19 Absatz 5 Satz 1 § 69a Absatz 2 Nummer 1b	
214a.1	bei Lastkraftwagen oder Kraftomnibussen		180 €
214a.2	bei anderen als in Nummer 214a.1 genannten Fahrzeugen		90 €
214b	Fahrzeug trotz erloschener Betriebserlaubnis in Betrieb genommen und dadurch die Umwelt wesentlich beeinträchtigt	§ 19 Absatz 5 Satz 1 § 69a Absatz 2 Nummer 1b	
214b.1	bei Lastkraftwagen oder Kraftomnibussen		180 €
214b.2	bei anderen als in Nummer 214b.1 genannten Fahrzeugen		90 €
	Mitführen von Anhängern hinter Kraftrad oder Personenkraftwagen		
215	Kraftrad oder Personenkraftwagen unter Verstoß gegen eine Vorschrift über das Mitführen von Anhängern in Betrieb genommen	§ 42 Absatz 2 Satz 1 § 69a Absatz 3 Nummer 3	25 €
	Einrichtungen zur Verbindung von Fahrzeugen		
216	Abschleppstange oder Abschleppseil nicht ausreichend erkennbar gemacht	§ 43 Absatz 3 Satz 2 § 69a Absatz 3 Nummer 3	5 €
	Stützlast		
217	Kraftfahrzeug mit einem einachsigen Anhänger in Betrieb genommen, dessen zulässige Stützlast um mehr als 50 % über- oder unterschritten wurde	§ 44 Absatz 3 Satz 1 § 69a Absatz 3 Nummer 3	60 €
(218)	(aufgehoben)		
	Geräuschentwicklung und Schalldämpferanlage		
219	Kraftfahrzeug, dessen Schalldämpferanlage defekt war, in Betrieb genommen	§ 49 Absatz 1 § 69a Absatz 3 Nummer 17	20 €
220	Weisung, den Schallpegel im Nahfeld feststellen zu lassen, nicht befolgt	§ 49 Absatz 4 Satz 1 § 69a Absatz 5 Nummer 5d	10 €
	Lichttechnische Einrichtungen		
221	Kraftfahrzeug oder Anhänger in Betrieb genommen		

Lfd. Nr.	Tatbestand	Straßenverkehrs-Zulassungs-Ordnung (StVZO)	Regelsatz in Euro (€), Fahrverbot in Monaten
221.1	unter Verstoß gegen eine allgemeine Vorschrift über lichttechnische Einrichtungen	§ 49a Absatz 1 bis 4, 5 Satz 1, Absatz 6, 8, 9 Satz 2, Absatz 9a, 10 Satz 1 § 69a Absatz 3 Nummer 18	5 €
221.2	unter Verstoß gegen das Verbot zum Anbringen anderer als vorgeschriebener oder für zulässig erklärter lichttechnischer Einrichtungen	§ 49a Absatz 1 Satz 1 § 69a Absatz 3 Nummer 18	20 €
222	Kraftfahrzeug oder Anhänger in Betrieb genommen unter Verstoß gegen eine Vorschrift über		
222.1	Scheinwerfer für Fern- oder Abblendlicht	§ 50 Absatz 1, 2 Satz 1, 6 Halbsatz 2, Satz 7, Absatz 3 Satz 1, 2, Absatz 5, 6 Satz 1, 3, 4, 6, Absatz 6a Satz 2 bis 5, Absatz 9 § 69a Absatz 3 Nummer 18a	15 €
222.2	Begrenzungsleuchten oder vordere Richtstrahler	§ 51 Absatz 1 Satz 1, 4 bis 6, Absatz 2 Satz 1, 4, Absatz 3 § 69a Absatz 3 Nummer 18b	15 €
222.3	seitliche Kenntlichmachung oder Umrissleuchten	§ 51a Absatz 1 Satz 1 bis 7, Absatz 3 Satz 1, Absatz 4 Satz 2, Absatz 6 Satz 1, Absatz 7 Satz 1, 3 § 51b Absatz 2 Satz 1, 3, Absatz 5, 6 § 69a Absatz 3 Nummer 18c	15 €
222.4	zusätzliche Scheinwerfer oder Leuchten	§ 52 Absatz 1 Satz 2 bis 5, Absatz 2 Satz 2, 3, Absatz 5 Satz 2, Absatz 7 Satz 2, 4, Absatz 9 Satz 2 § 69a Absatz 3 Nummer 18e	15 €
222.5	Schluss-, Nebelschluss-, Bremsleuchten oder Rückstrahler	§ 53 Absatz 1 Satz 1, 3 bis 5, 7, Absatz 2 Satz 1, 2, 4 bis 6, Absatz 4 Satz 1 bis 4, 6, Absatz 5 Satz 1 bis 3, Absatz 6 Satz 2, Absatz 8, 9 Satz 1, § 53d Absatz 2, 3 § 69a Absatz 3 Nummer 18g, 19c	15 €
222.6	*Warndreieck*, *Warnleuchte* oder Warnblinkanlage	§ 53a Absatz 1, 2 Satz 1, Absatz 3 Satz 2, Absatz 4, 5 § 69a Absatz 3 Nummer 19	15 €
222.7	Ausrüstung oder Kenntlichmachung von Anbaugeräten oder Hubladebühnen	§ 53b Absatz 1 Satz 1 bis 3, 4 Halbsatz 2, Absatz 2 Satz 1 bis 3, 4 Halbsatz 2, Absatz 3 Satz 1, Absatz 4, 5 § 69a Absatz 3 Nummer 19a	15 €

Lfd. Nr.	Tatbestand	Straßenverkehrs-Zulassungs-Ordnung (StVZO)	Regelsatz in Euro (€), Fahrverbot in Monaten
	Arztschild		
222a	Bescheinigung zur Berechtigung der Führung des Schildes „Arzt Notfalleinsatz" nicht mitgeführt oder zur Prüfung nicht ausgehändigt	§ 52 Absatz 6 Satz 3 § 69a Absatz 5 Nummer 5f	10 €
	Geschwindigkeitsbegrenzer		
223	Kraftfahrzeug in Betrieb genommen, das nicht mit dem vorgeschriebenen Geschwindigkeitsbegrenzer ausgerüstet war, oder den Geschwindigkeitsbegrenzer auf unzulässige Geschwindigkeit eingestellt oder nicht benutzt, auch wenn es sich um ein ausländisches Kfz handelt	§ 57c Absatz 2, 5 § 31d Absatz 3 § 69a Absatz 3 Nummer 1c, 25b	100 €
224	Als Halter die Inbetriebnahme eines Kraftfahrzeugs angeordnet oder zugelassen, das nicht mit dem vorgeschriebenen Geschwindigkeitsbegrenzer ausgerüstet war oder dessen Geschwindigkeitsbegrenzer auf eine unzulässige Geschwindigkeit eingestellt war oder nicht benutzt wurde	§ 31 Absatz 2 i.V.m. § 57c Absatz 2, 5 § 31d Absatz 3 § 69a Absatz 5 Nummer 3	150 €
225	Als Halter den Geschwindigkeitsbegrenzer in den vorgeschriebenen Fällen nicht prüfen lassen, wenn seit fällig gewordener Prüfung		
225.1	nicht mehr als ein Monat	§ 57d Absatz 2 Satz 1 § 69a Absatz 5 Nummer 6d	25 €
225.2	mehr als ein Monat	§ 57d Absatz 2 Satz 1 § 69a Absatz 5 Nummer 6d	40 €
	vergangen ist		
226	Bescheinigung über die Prüfung des Geschwindigkeitsbegrenzers nicht mitgeführt oder auf Verlangen nicht ausgehändigt	§ 57d Absatz 2 Satz 3 § 69a Absatz 5 Nummer 6e	10 €
(227)	(aufgehoben)		
(228)	(aufgehoben)		
	Einrichtungen an Fahrrädern		
229	Fahrrad unter Verstoß gegen eine Vorschrift über die Einrichtungen für Schallzeichen in Betrieb genommen	§ 64a § 69a Absatz 4 Nummer 4	15 €
230	Fahrrad oder Fahrradanhänger oder Fahrrad mit Beiwagen unter Verstoß gegen eine Vorschrift über lichttechnische Einrichtungen im öffentlichen Straßenverkehr in Betrieb genommen	§ 67 § 67a § 69a Absatz 4 Nummer 8, 9	20 €
	Ausnahmen		
231	Urkunde über eine Ausnahmegenehmigung nicht mitgeführt	§ 70 Absatz 3a Satz 1 § 69a Absatz 5 Nummer 7	10 €
	Auflagen bei Ausnahmegenehmigungen		
232	Als Fahrzeugführer, ohne Halter zu sein, einer vollziehbaren Auflage einer Ausnahmegenehmigung nicht nachgekommen	§ 71 § 69a Absatz 5 Nummer 8	15 €
233	Als Halter einer vollziehbaren Auflage einer Ausnahmegenehmigung nicht nachgekommen	§ 71 § 69a Absatz 5 Nummer 8	70 €

Lfd. Nr.	Tatbestand	Elektrokleinstfahrzeuge-Verordnung (eKFV)	Regelsatz in Euro (€), Fahrverbot in Monaten
	e) Elektrokleinstfahrzeuge-Verordnung (eKFV)		
	Betriebsbeschränkungen		
234	Elektrokleinstfahrzeug ohne die erforderliche Allgemeine Betriebserlaubnis oder Einzelbetriebserlaubnis auf öffentlichen Straßen in Betrieb gesetzt	§ 2 Absatz 1 Satz 1 Nummer 1 § 14 Nummer 1	70 €
234a	Die Inbetriebnahme eines Elektrokleinstfahrzeugs ohne die erforderliche Allgemeine Betriebserlaubnis oder Einzelbetriebserlaubnis auf öffentlichen Straßen angeordnet oder zugelassen	§ 2 Absatz 4 i.V.m. Absatz 1 Satz 1 Nummer 1 § 14 Nummer 3	70 €
235	Elektrokleinstfahrzeug ohne gültige Versicherungsplakette auf öffentlichen Straßen in Betrieb gesetzt	§ 2 Absatz 1 Satz 1 Nummer 2 § 14 Nummer 1	40 €
235a	Die Inbetriebnahme eines Elektrokleinstfahrzeugs auf öffentlichen Straßen ohne die erforderliche Versicherungsplakette angeordnet oder zugelassen	§ 2 Absatz 4 i.V.m. Absatz 1 Satz 1 Nummer 2 § 14 Nummer 3	40 €
236	Elektrokleinstfahrzeug trotz erloschener Betriebserlaubnis auf öffentlichen Straßen in Betrieb gesetzt und dadurch die Verkehrssicherheit wesentlich beeinträchtigt	§ 2 Absatz 3 Satz 2 i.V.m. Absatz 4 § 14 Nummer 1	30 €
236a	Die Inbetriebnahme eines Elektrokleinstfahrzeugs auf öffentlichen Straßen trotz erloschener Betriebserlaubnis angeordnet oder zugelassen	§ 2 Absatz 4 § 14 Nummer 3	30 €
237	Elektrokleinstfahrzeug unter Verstoß gegen die Vorschriften über die Anforderungen an die lichttechnischen Einrichtungen im öffentlichen Straßenverkehr in Betrieb gesetzt	§ 2 Absatz 1 Nummer 4 Buchstabe b § 14 Nummer 1	20 €
237a	Elektrokleinstfahrzeug unter Verstoß gegen die Vorschriften über die Anforderungen an die Schalleinrichtung im öffentlichen Straßenverkehr in Betrieb gesetzt	§ 2 Absatz 1 Nummer 4 Buchstabe c § 14 Nummer 1	15 €
237b	Elektrokleinstfahrzeug unter Verstoß gegen die Vorschriften über die Anforderungen an die sonstigen Sicherheitsanforderungen im öffentlichen Straßenverkehr in Betrieb gesetzt	§ 2 Absatz 1 Nummer 4 Buchstabe d § 14 Nummer 1	25 €
	Verhaltensrechtliche Anforderungen		
238	Mit einem Elektrokleinstfahrzeug eine nicht zulässige Verkehrsfläche befahren	§ 10 Absatz 1 Satz 1, Absatz 2 Satz 1 § 14 Nummer 5	15 €
238.1	– mit Behinderung	§ 10 Absatz 1 Satz 1, Absatz 2 Satz 1 § 14 Nummer 5 § 1 Absatz 2 StVO § 49 Absatz 1 Nummer 1 StVO	20 €
238.2	– mit Gefährdung		25 €
238.3	– mit Sachbeschädigung		30 €

Lfd. Nr.	Tatbestand	Elektrokleinstfahrzeuge-Verordnung (eKFV)	Regelsatz in Euro (€), Fahrverbot in Monaten
238a	Mit einem Elektrokleinstfahrzeug nebeneinander gefahren	§ 11 Absatz 1 § 14 Nummer 6	15 €
238a.1	– mit Behinderung	§ 11 Absatz 1 § 14 Nummer 6 § 1 Absatz 2 StVO § 49 Absatz 1 Nummer 1 StVO	20 €
238a.2	– mit Gefährdung		25 €
238a.3	– mit Sachbeschädigung		30€

Lfd. Nr.	Tatbestand	Ferienreise-Verordnung	Regelsatz in Euro (€), Fahrverbot in Monaten
	f) Ferienreise-Verordnung		
239	Kraftfahrzeug trotz eines Verkehrsverbots innerhalb der Verbotszeiten länger als 15 Minuten geführt	§ 1 § 5 Nummer 1	60 €
240	Als Halter das Führen eines Kraftfahrzeugs trotz eines Verkehrsverbots innerhalb der Verbotszeiten länger als 15 Minuten zugelassen	§ 1 § 5 Nummer 1	150 €

Lfd. Nr.	Tatbestand	Straßenverkehrsgesetz (StVG)	Regelsatz in Euro (€), Fahrverbot in Monaten
	B. Zuwiderhandlungen gegen §§ 24a, 24c StVG		
	0,5-Promille-Grenze		
241	Kraftfahrzeug geführt mit einer Atemalkoholkonzentration von 0,25 mg/l oder mehr oder mit einer Blutalkoholkonzentration von 0,5 Promille oder mehr oder mit einer Alkoholmenge im Körper, die zu einer solchen Atem- oder Blutalkoholkonzentration führt	§ 24a Absatz 1	500 € **Fahrverbot 1 Monat**
241.1	bei Eintragung von bereits einer Entscheidung nach § 24a StVG, § 316 oder § 315c Absatz 1 Nummer 1 Buchstabe a StGB im Fahreignungsregister		1 000 € **Fahrverbot 3 Monate**
241.2	bei Eintragung von bereits mehreren Entscheidungen nach § 24a StVG, § 316 oder § 315c Absatz 1 Nummer 1 Buchstabe a StGB im Fahreignungsregister		1 500 € **Fahrverbot 3 Monate**
	3,5-ng/ml-Tetrahydrocannabinol-Grenze		
242	Kraftfahrzeug geführt mit 3,5 ng/ml oder mehr Tetrahydrocannabinol im Blutserum	§ 24a Absatz 1a	500 € **Fahrverbot 1 Monat**
242.1	bei Eintragung von bereits einer Entscheidung nach § 24a StVG, § 316 oder § 315c Absatz 1 Nummer 1 Buchstabe a StGB im Fahreignungsregister		1 000 € **Fahrverbot 3 Monate**

Lfd. Nr.	Tatbestand	Straßenverkehrsgesetz (StVG)	Regelsatz in Euro (€), Fahrverbot in Monaten
242.2	bei Eintragung von bereits mehreren Entscheidungen nach § 24a StVG, § 316 oder § 315c Absatz 1 Nummer 1 Buchstabe a StGB im Fahreignungsregister		1 500 € **Fahrverbot 3 Monate**
	Berauschende Mittel		
243	Kraftfahrzeug unter Wirkung eines in der Anlage zu § 24a Absatz 2 StVG genannten berauschenden Mittels geführt	§ 24a Absatz 2 Satz 1	500 € **Fahrverbot 1 Monat**
243.1	bei Eintragung von bereits einer Entscheidung nach § 24a StVG, § 316 oder § 315c Absatz 1 Nummer 1 Buchstabe a StGB im Fahreignungsregister		1 000 € **Fahrverbot 3 Monate**
243.2	bei Eintragung von bereits mehreren Entscheidungen nach § 24a StVG, § 316 oder § 315c Absatz 1 Nummer 1 Buchstabe a StGB im Fahreignungsregister		1 500 € **Fahrverbot 3 Monate**
	Alkoholverbot für Cannabiskonsumenten und Cannabiskonsumentinnen		
243a	Als Führer eines Kraftfahrzeugs im Straßenverkehr 3,5 ng/ml oder mehr Tetrahydrocannabinol im Blutserum und 1. ein alkoholisches Getränk zu sich genommen oder 2. die Fahrt unter der Wirkung eines alkoholischen Getränks angetreten	§ 24a Absatz 2a	1 000 € **Fahrverbot 1 Monat**
243a.1	bei Eintragung von bereits einer Entscheidung nach § 24a StVG, § 316 oder § 315c Absatz 1 Nummer 1 Buchstabe a StGB im Fahreignungsregister		1 500 € **Fahrverbot 3 Monate**
243a.2	bei Eintragung von bereits einer Entscheidung nach § 24a StVG, § 316 oder § 315c Absatz 1 Nummer 1 Buchstabe a StGB im Fahreignungsregister		2 000 € **Fahrverbot 3 Monate**
	Alkohol- und Cannabisverbot für Fahranfänger und Fahranfängerinnen		
243b	In der Probezeit nach § 2a StVG oder vor Vollendung des 21. Lebensjahres als Führer eines Kraftfahrzeugs im Straßenverkehr ein alkoholisches Getränk oder die Substanz Tetrahydrocannabinol zu sich genommen oder die Fahrt unter der Wirkung eines alkoholischen Getränks oder der Substanz Tetrahydrocannabinol angetreten	§ 24c Absatz 1	250 €

Abschnitt II. Vorsätzlich begangene Ordnungswidrigkeiten

Lfd. Nr.	Tatbestand	StVO	Regelsatz in Euro (€), Fahrverbot in Monaten
	Zuwiderhandlungen gegen § 24 Absatz 1 StVG		
	a) Straßenverkehrs-Ordnung		
	Bahnübergänge		
244	Beim Führen eines Kraftfahrzeugs Bahnübergang trotz geschlossener Schranke oder Halbschranke überquert	§ 19 Absatz 2 Satz 1 Nummer 3 § 49 Absatz 1 Nummer 19 Buchstabe a	700 € **Fahrverbot 3 Monate**
245	Beim zu Fuß gehen, Rad fahren oder als andere nichtmotorisierte am Verkehr teilnehmende Person Bahnübergang trotz geschlossener Schranke oder Halbschranke überquert	§ 19 Absatz 2 Satz 1 Nummer 3 § 49 Absatz 1 Nummer 19 Buchstabe a	350 €
	Sonstige Pflichten von Fahrzeugführenden		
246	Elektronisches Gerät rechtswidrig benutzt	§ 23 Absatz 1a § 49 Absatz 1 Nummer 22	
246.1	beim Führen eines Fahrzeugs		100 €
246.2	– mit Gefährdung	§ 23 Absatz 1a Satz 1, § 1 Absatz 2 § 49 Absatz 1 Nummer 1, 22	150 € **Fahrverbot 1 Monat**
246.3	– mit Sachbeschädigung		200 € **Fahrverbot 1 Monat**
246.4	beim Radfahren	§ 23 Absatz 1a Satz 1 § 49 Absatz 1 Nummer 22	55 €
247	Beim Führen eines Kraftfahrzeugs verbotswidrig ein technisches Gerät zur Feststellung von Verkehrsüberwachungsmaßnahmen betrieben oder betriebsbereit mitgeführt	§ 23 Absatz 1c § 49 Absatz 1 Nummer 22	75 €
247a	Beim Führen eines Kraftfahrzeugs Gesicht verdeckt oder verhüllt	§ 23 Absatz 4 Satz 1 § 49 Absatz 1 Nummer 22	60 €
248	*(aufgehoben)*		
249	*(aufgehoben)*		
	Genehmigungs- oder Erlaubnisbescheid		
250	Genehmigungs- oder Erlaubnisbescheid auf Verlangen nicht ausgehändigt	§ 46 Absatz 3 Satz 3 § 49 Absatz 4 Nummer 5	10 €
	Verkehrseinrichtigungen zum Schutz der Infrastruktur		
250a	Vorschriftswidrig ein Verbot für Kraftwagen mit einem die Gesamtmasse beschränkenden Zusatzzeichen (Zeichen 251 mit Zusatzzeichen 1053-33) oder eine tatsächliche Höhenbeschränkung (Zeichen 265) nicht beachtet, wobei die Straßenfläche zusätzlich durch Verkehrseinrichtungen (Anlage 4 lfd. Nr. 1 bis 4 zu § 43 Absatz 3 StVO) gekennzeichnet ist.	§ 41 Absatz 1 i. V. m. Anlage 2 lfd. Nr. 27 Spalte 3, lfd. Nr. 29 (Zeichen 251) Spalte 3, lfd. Nr. zu 36 bis 40, lfd. Nr. 39 (Zeichen 265) § 43 Absatz 3 Satz 2 § 49 Absatz 3 Nummer 4, 6	500 € **Fahrverbot 2 Monate**

Lfd. Nr.	Tatbestand	StVO	Regelsatz in Euro (€), Fahrverbot in Monaten
	b) Fahrerlaubnis-Verordnung		
	Aushändigen von Führerscheinen und Bescheinigungen		
251	Führerschein, Bescheinigung oder die Übersetzung des ausländischen Führerscheins auf Verlangen nicht ausgehändigt	§ 4 Absatz 2 Satz 2, 3 § 5 Absatz 4 Satz 2, 3 § 48 Absatz 3 Satz 2 § 48a Absatz 3 Satz 2 § 74 Absatz 4 Satz 5 § 75 Nummer 4 § 75 Nummer 13	10 €
251a	Beim begleiteten Fahren ab 17 Jahren ein Kraftfahrzeug der Klasse B oder BE ohne Begleitung geführt	§ 48a Absatz 2 Satz 1 § 75 Nummer 9	70 €
	c) Fahrzeug-Zulassungsverordnung		
	Aushändigen von Fahrzeugpapieren		
252	Die Zulassungsbescheinigung Teil I oder sonstige Bescheinigung auf Verlangen nicht ausgehändigt	§ 4 Absatz 5 Satz 1 § 13 Absatz 6 Satz 1 § 28 Satz 2 § 31 Satz 3 § 52 Absatz 1 Satz 6 § 77 Nummer 4	10 €
	Betriebsverbot und Beschränkungen		
253	Einem Verbot, ein Fahrzeug in Betrieb zu setzen, zuwidergehandelt oder Beschränkung nicht beachtet	§ 5 Absatz 1 Satz 1 § 77 Nummer 6	70 €
	d) Straßenverkehrs-Zulassungs-Ordnung		
	Erlöschen der Betriebserlaubnis		
253a	Änderungen am Fahrzeug vorgenommen oder vornehmen lassen, die zum Erlöschen der Betriebserlaubnis führen	§ 19 Absatz 2 Satz 3 § 69a Absatz 2 Nummer 1a	
253a.1	– als Hersteller oder Importeur		800 €
253a.2	– als Gewerbetreibender		400 €
	Achslast, Gesamtgewicht, Anhängelast hinter Kraftfahrzeugen		
254	Gegen die Pflicht zur Feststellung der zugelassenen Achslasten oder Gesamtgewichte oder gegen Vorschriften über das Um- oder Entladen bei Überlastung verstoßen	§ 31c Satz 1, 4 Halbsatz 2 § 69a Absatz 5 Nummer 4c	50 €
	Ausnahmen		
255	Urkunde über eine Ausnahmegenehmigung auf Verlangen nicht ausgehändigt	§ 70 Absatz 3a Satz 1 § 69a Absatz 5 Nummer 7	10 €

(Fortsetzung nächstes Blatt)

Anhang[1]
(zu Nummer 11 der Anlage)

Tabelle 1
Geschwindigkeitsüberschreitungen

a) **Kraftfahrzeuge der in § 3 Absatz 3 Nummer 2 Buchstaben a oder b StVO[2] genannten Art**

Lfd. Nr.	Überschreitung in km/h	Regelsatz in Euro bei Begehung innerhalb geschlossener Ortschaften (außer bei Überschreitung für mehr als 5 Minuten Dauer oder in mehr als zwei Fällen nach Fahrtantritt)	Regelsatz in Euro bei Begehung außerhalb geschlossener Ortschaften (außer bei Überschreitung für mehr als 5 Minuten Dauer oder in mehr als zwei Fällen nach Fahrtantritt)
11.1.1	bis 10	40	30
11.1.2	11 – 15	60	50

Die nachfolgenden Regelsätze und Fahrverbote gelten auch für die Überschreitung der festgesetzten Höchstgeschwindigkeit bei Sichtweite unter 50 m durch Nebel, Schneefall oder Regen nach Nummer 9.1 der Anlage.

Lfd. Nr.	Überschreitung in km/h	Regelsatz in Euro bei Begehung		Fahrverbote in Monaten bei Begehung	
		innerhalb geschlossener Ortschaften	außerhalb geschlossener Ortschaften	innerhalb geschlossener Ortschaften	außerhalb geschlossener Ortschaften
11.1.3	bis 15 für mehr als 5 Minuten Dauer oder in mehr als zwei Fällen nach Fahrtantritt	160	140	–	–
11.1.4	16 – 20	160	140	–	–
11.1.5	21 – 25	175	150	–	–
11.1.6	26 – 30	235	175	1 Monat	–
11.1.7	31 – 40	340	255	1 Monat	1 Monat
11.1.8	41 – 50	560	480	2 Monate	1 Monat
11.1.9	51 – 60	700	600	3 Monate	2 Monate
11.1.10	über 60	800	700	3 Monate	3 Monate

b) **kennzeichnungspflichtige Kraftfahrzeuge der in Buchstabe a genannten Art mit gefährlichen Gütern oder Kraftomnibusse mit Fahrgästen**

Lfd. Nr.	Überschreitung in km/h	Regelsatz in Euro bei Begehung innerhalb geschlossener Ortschaften (außer bei Überschreitung für mehr als 5 Minuten Dauer oder in mehr als zwei Fällen nach Fahrtantritt)	Regelsatz in Euro bei Begehung außerhalb geschlossener Ortschaften (außer bei Überschreitung für mehr als 5 Minuten Dauer oder in mehr als zwei Fällen nach Fahrtantritt)
11.2.1	bis 10	70	60

Die nachfolgenden Regelsätze und Fahrverbote gelten auch für die Überschreitung der festgesetzten Höchstgeschwindigkeit bei Sichtweite unter 50 m durch Nebel, Schneefall oder Regen nach Nummer 9.2 der Anlage.

Lfd. Nr.	Überschreitung in km/h	Regelsatz in Euro bei Begehung innerhalb geschlossener Ortschaften (außer bei Überschreitung für mehr als 5 Minuten Dauer oder in mehr als zwei Fällen nach Fahrtantritt)	Regelsatz in Euro bei Begehung außerhalb geschlossener Ortschaften (außer bei Überschreitung für mehr als 5 Minuten Dauer oder in mehr als zwei Fällen nach Fahrtantritt)
11.2.2	11 – 15	120	70

[1] Anh. (Tabelle 1) neu gef. mWv 9.11.2021 durch VO v. 13.10.2021 (BGBl. I S. 4688).
[2] **Habersack, Deutsche Gesetze Nr. 35a.**

Lfd. Nr.	Überschreitung in km/h	Regelsatz in Euro bei Begehung		Fahrverbote in Monaten bei Begehung	
		innerhalb	außerhalb	innerhalb	außerhalb
		geschlossener Ortschaften		geschlossener Ortschaften	
11.2.3	bis 15 für mehr als 5 Minuten Dauer oder in mehr als zwei Fällen nach Fahrtantritt	320	240	–	
11.2.4	16 – 20	320	240	–	–
11.2.5	21 – 25	360	280	1 Monat	–
11.2.6	26 – 30	480	400	1 Monat	1 Monat
11.2.7	31 – 40	640	560	2 Monate	1 Monat
11.2.8	41 – 50	800	700	3 Monate	2 Monate
11.2.9	51 – 60	900	800	3 Monate	3 Monate
11.2.10	über 60	950	900	3 Monate	3 Monate

c) andere als die in Buchstabe a oder b genannten Kraftfahrzeuge

Lfd. Nr.	Überschreitung in km/h	Regelsatz in Euro bei Begehung	
		innerhalb	außerhalb
		geschlossener Ortschaften	
11.3.1	bis 10	30	20
11.3.2	11 – 15	50	40
11.3.3	16 – 20	70	60

Die nachfolgenden Regelsätze und Fahrverbote gelten auch für die Überschreitung der festgesetzten Höchstgeschwindigkeit bei Sichtweite unter 50 m durch Nebel, Schneefall oder Regen nach Nummer 9.3 der Anlage.

Lfd. Nr.	Überschreitung in km/h	Regelsatz in Euro bei Begehung		Fahrverbote in Monaten bei Begehung	
		innerhalb	außerhalb	innerhalb	außerhalb
		geschlossener Ortschaften		geschlossener Ortschaften	
11.3.4	21 – 25	115	100	–	–
11.3.5	26 – 30	180	150	–	–
11.3.6	31 – 40	260	200	1 Monat	–
11.3.7	41 – 50	400	320	1 Monat	1 Monat
11.3.8	51 – 60	560	480	2 Monate	1 Monat
11.3.9	61 – 70	700	600	3 Monate	2 Monate
11.3.10	über 70	800	700	3 Monate	3 Monate

Anhang[1)]
(zu Nummer 12 der Anlage)

Tabelle 2
Nichteinhalten des Abstandes von einem vorausfahrenden Fahrzeug

Lfd. Nr.		Regelsatz in Euro	Fahrverbot
	Der Abstand von einem vorausfahrenden Fahrzeug betrug in Metern		
12.5	a) bei einer Geschwindigkeit von mehr als 80 km/h		
12.5.1	weniger als 5/10 des halben Tachowertes	75	
12.5.2	weniger als 4/10 des halben Tachowertes	100	
12.5.3	weniger als 3/10 des halben Tachowertes	160	
12.5.4	weniger als 2/10 des halben Tachowertes	240	

1) Anh. neu gef. mWv 1.5.2014 durch VO v. 5.11.2013 (BGBl. I S. 3920).

Lfd. Nr.			Regelsatz in Euro	Fahrverbot
12.5.5		weniger als $^{1}/_{10}$ des halben Tachowertes	320	
12.6	b)	bei einer Geschwindigkeit von mehr als 100 km/h		
12.6.1		weniger als $^{5}/_{10}$ des halben Tachowertes	75	
12.6.2		weniger als $^{4}/_{10}$ des halben Tachowertes	100	
12.6.3		weniger als $^{3}/_{10}$ des halben Tachowertes	160	**Fahrverbot 1 Monat**
12.6.4		weniger als $^{2}/_{10}$ des halben Tachowertes	240	**Fahrverbot 2 Monate**
12.6.5		weniger als $^{1}/_{10}$ des halben Tachowertes	320	**Fahrverbot 3 Monate**
12.7	c)	bei einer Geschwindigkeit von mehr als 130 km/h		
12.7.1		weniger als $^{5}/_{10}$ des halben Tachowertes	100	
12.7.2		weniger als $^{4}/_{10}$ des halben Tachowertes	180	
12.7.3		weniger als $^{3}/_{10}$ des halben Tachowertes	240	**Fahrverbot 1 Monat**
12.7.4		weniger als $^{2}/_{10}$ des halben Tachowertes	320	**Fahrverbot 2 Monate**
12.7.5		weniger als $^{1}/_{10}$ des halben Tachowertes	400	**Fahrverbot 3 Monate**

Anhang
(zu den Nummern 198 und 199 der Anlage)

Tabelle 3
Überschreiten der zulässigen Achslast oder des zulässigen Gesamtgewichts von Kraftfahrzeugen, Anhängern, Fahrzeugkombinationen sowie der Anhängelast hinter Kraftfahrzeugen

a) **bei Kraftfahrzeugen mit einem zulässigen Gesamtgewicht über 7,5 t sowie Kraftfahrzeugen mit Anhängern, deren zulässiges Gesamtgewicht 2 t übersteigt**

Lfd. Nr.	Überschreitung in v.H.	Regelsatz in Euro
198.1	**für Inbetriebnahme**	
198.1.1	2 bis 5	30
198.1.2	mehr als 5	80
198.1.3	mehr als 10	110
198.1.4	mehr als 15	140
198.1.5	mehr als 20	190
198.1.6	mehr als 25	285
198.1.7	mehr als 30	380
199.1	**für Anordnen oder Zulassen der Inbetriebnahme**	
199.1.1	2 bis 5	35
199.1.2	mehr als 5	140
199.1.3	mehr als 10	235
199.1.4	mehr als 15	285
199.1.5	mehr als 20	380
199.1.6	mehr als 25	425

b) **bei anderen Kraftfahrzeugen bis 7,5 t für Inbetriebnahme, Anordnen oder Zulassen der Inbetriebnahme**

Lfd. Nr.	Überschreitung in v.H.	Regelsatz in Euro
198.2.1 oder 199.2.1	mehr als 5 bis 10	10
198.2.2 oder 199.2.2	mehr als 10 bis 15	30
198.2.3 oder 199.2.3	mehr als 15 bis 20	35
198.2.4 oder 199.2.4	mehr als 20	95
198.2.5 oder 199.2.5	mehr als 25	140
198.2.6 oder 199.2.6	mehr als 30	235

Anhang[1)]
(zu § 3 Absatz 3)

Tabelle 4
Erhöhung der Regelsätze bei Hinzutreten einer Gefährdung oder Sachbeschädigung

Die im Bußgeldkatalog bestimmten Regelsätze, die einen Betrag von mehr als 55 Euro vorsehen, erhöhen sich beim Hinzutreten einer Gefährdung oder Sachbeschädigung, soweit diese Merkmale nicht bereits im Grundtatbestand enthalten sind, wie folgt:

Bei einem Regelsatz für den Grundtatbestand von Euro	mit Gefährdung auf Euro	mit Sachbeschädigung auf Euro
60	75	90
70	85	105
75	90	110
80	100	120
90	110	135
95	115	140
100	120	145
110	135	165
120	145	175
130	160	195
135	165	200
140	170	205
150	180	220
160	195	235
165	200	240
180	220	265
190	230	280
200	240	290
210	255	310
235	285	345
240	290	350
250	300	360
270	325	390
280	340	410
285	345	415
290	350	420
320	385	465

1) Anh. neu gef. mWv 1.5.2014 durch VO v. 5.11.2013 (BGBl. I S. 3920).

Bei einem Regelsatz für den Grundtatbestand von Euro	mit Gefährdung auf Euro	mit Sachbeschädigung auf Euro
350	420	505
360	435	525
380	460	555
400	480	580
405	490	590
425	510	615
440	530	640
480	580	700
500	600	720
560	675	810
570	685	825
600	720	865
635	765	920
680	820	985
700	840	1 000
760	915	1 000

Enthält der Grundtatbestand bereits eine Gefährdung, führt Sachbeschädigung zu folgender Erhöhung:

Bei einem Regelsatz für den Grundtatbestand von Euro	mit Sachbeschädigung auf Euro
60	75
70	85
75	90
80	100
100	120
150	180

94b. Gesetz zur Bekämpfung der Schwarzarbeit und illegalen Beschäftigung (Schwarzarbeitsbekämpfungsgesetz – SchwarzArbG)[1)]

Vom 23. Juli 2004

(BGBl. I S. 1842)

FNA 453-22

Lfd. Nr.	Änderndes Gesetz	Datum	Fundstelle	Betroffen	Hinweis
1.	Art. 5 G zur Änd. des AufenthaltsG und weiterer Gesetze	14.3.2005	BGBl. I S. 721	Inhaltsübersicht, §§ 2, 5, 6, 9, 10, 11, 12	geänd. mWv 18.3.2005
2.	Art. 6 G zur Umsetzung des BVerfG-Urteils „akustische Wohnraumüberwachung“	24.6.2005	BGBl. I S. 1841	§ 14	geänd. mWv 1.7.2005
3.	Art. 6 Abs. 7 EU-Aufenthalts- und AsylrechtsRL UmsetzungsG[2)]	19.8.2007	BGBl. I S. 1970	Inhaltsübersicht, §§ 2, 6, 11	geänd. mWv 28.8.2007
4.	Art. 4a Zweites BürokratieabbauG	7.9.2007	BGBl. I S. 2246	§ 21	geänd. mWv 14.9.2007
5.	Art. 2 Zweites G zur Änd. des SGB IV und anderer Gesetze	21.12. 2008	BGBl. I S. 2933	Inhaltsübersicht, §§ 2, 8, 12, 17 § 2a	geänd. mWv 1.1.2009 eingef. mWv 1.1.2009
6.	Art. 2 Erstes G zur Änd. des G über die Festsetzung von Mindestarbeitsbedingungen	22.4.2009	BGBl. I S. 818	§§ 2, 6, 16	geänd. mWv 28.4.2009
7.	Art. 2 G zur Änd. des ArbeitnehmerüberlassungsG und des SchwarzarbeitsbekämpfungsG	20.7.2011	BGBl. I S. 1506	§§ 2, 3, 4, 5, 16	geänd. mWv 30.7.2011
8.	Art. 8 G zur Umsetzung aufenthaltsrechtlicher Richtlinien der EU und zur Anpassung nationaler Rechtsvorschriften an den EU-Visakodex[3)]	22.11. 2011	BGBl. I S. 2258	Inhaltsübersicht, §§ 11, 16 § 10a	geänd. mWv 26.11.2011 eingef. mWv 26.11.2011

[1)] Verkündet als Art. 1 G v. 23.7.2004 (BGBl. I S. 1842); Inkrafttreten gem. Art. 26 Abs. 1 dieses G am *1.8.2004.*

[2)] **Amtl. Anm.:** *(vom Abdruck der amtl. Anm. wurde abgesehen)*

[3)] **Amtl. Anm.:** Dieses Gesetz dient der Umsetzung folgender Richtlinien:

1. Richtlinie 2008/115/EG des Europäischen Parlaments und des Rates vom 16. Dezember 2008 über gemeinsame Normen und Verfahren in den Mitgliedstaaten zur Rückführung illegal aufhältiger Drittstaatsangehöriger (ABl. L 348 vom 24.12.2008, S. 98),
2. Richtlinie 2009/52/EG des Europäischen Parlaments und des Rates vom 18. Juni 2009 über Mindeststandards für Sanktionen und Maßnahmen gegen Arbeitgeber, die Drittstaatsangehörige ohne rechtmäßigen Aufenthalt beschäftigen (ABl. L 168 vom 30.6.2009, S. 24).

Ferner dient dieses Gesetz der Anpassung an die Verordnung (EG) Nr. 810/2009 des Europäischen Parlaments und des Rates vom 13. Juli 2009 über einen Visakodex der Gemeinschaft (ABl. L 243 vom 15.9.2009, S. 1).

Lfd. Nr.	Änderndes Gesetz	Datum	Fundstelle	Betroffen	Hinweis
9.	Art. 7 G über die Vereinfachung des Austauschs von Informationen und Erkenntnissen zwischen den Strafverfolgungsbehörden der Mitgliedstaaten der EU	21.7.2012	BGBl. I S. 1566	Inhaltsübersicht	geänd. mWv 26.7.2012
				§ 6a	eingef. mWv 26.7.2012
10.	Art. 3 TarifautonomiestärkungsG	11.8.2014	BGBl. I S. 1348	§§ 2, 6, 16	geänd. mWv 16.8.2014
11.	Art. 2 G zur Änd. des FreizügigkeitsG/EU und weiterer Vorschriften	2.12.2014	BGBl. I S. 1922	§§ 2, 3	geänd. mWv 9.12.2014
12.	Art. 4 Abs. 6 G zur Verbesserung der Bekämpfung des Menschenhandels und zur Änd. des BZRG sowie des SGB VIII	11.10. 2016	BGBl. I S. 2226	§ 10a	geänd. mWv 15.10.2016
13.	Art. 3 G zur Regulierung des Prostitutionsgewerbes	21.10. 2016	BGBl. I S. 2372	§ 2a	geänd. mWv 1.7.2017
14.	Art. 4 G zur Änd. des ArbeitnehmerüberlassungsG und anderer Gesetze	21.2.2017	BGBl. I S. 258	§§ 2, 16, 21	geänd. mWv 1.4.2017
15.	Art. 1 G zur Stärkung der Bekämpfung der Schwarzarbeit und illegalen Beschäftigung	6.3.2017	BGBl. I S. 399	Inhaltsübersicht, §§ 2, 2a, 3, 4, 5, 6, 8, 12, 17, 21	geänd. mWv 10.3.2017
				§§ 16, 19	neu gef. mWv 10.3.2017
				§ 9	aufgeh. mit Ablauf des 9.3.2017
16.	Art. 6 G zur Ums. der Vierten EU-GeldwäscheRL, zur Ausf. der EU-GeldtransferVO und zur Neuorg. der Zentralstelle für Finanztransaktionsuntersuchungen[1]	23.6.2017	BGBl. I S. 1822	§ 17	geänd. mWv 26.6.2017
17.	Art. 2 Abs. 1 G zur Einführung eines Wettbewerbsregisters und zur Änd. des G gegen Wettbewerbsbeschränkungen	18.7.2017	BGBl. I S. 2739, geänd. 2021, S. 2, iVm Bek. v. 18.10. 2021, BAnz AT 29.10. 2021 B3, und Bek. v. 16.2. 2022, BGBl. I S. 306	§ 21	geänd. mWv 1.6.2022

[1] **Amtl. Anm.:** Dieses Gesetz dient der Umsetzung der Richtlinie (EU) 2015/849 des Europäischen Parlaments und des Rates vom 20. Mai 2015 zur Verhinderung der Nutzung des Finanzsystems zum Zwecke der Geldwäsche und der Terrorismusfinanzierung, zur Änderung der Verordnung (EU) Nr. 648/2012 des Europäischen Parlaments und des Rates und zur Aufhebung der Richtlinie 2005/60/EG des Europäischen Parlaments und des Rates und der Richtlinie 2006/70/EG der Kommission (ABl. L 141 vom 5.6.2015, S. 73).

Lfd. Nr.	Änderndes Gesetz	Datum	Fundstelle	Betroffen	Hinweis
18.	Art. 1 G gegen illegale Beschäftigung und Sozialleistungsmissbrauch	11.7.2019	BGBl. I S. 1066	Inhaltsübersicht §§ 1, 2, 2a, 3, 4, 5, 6, 8, 11, 12, 13, 14, 17	geänd. mWv 18.7.2019
				§ 7	neu gef. mWv 18.7.2019
				§§ 5a, 14a, 14b, 14c	eingef. mWv 18.7.2019
19.	Art. 49 FachkräfteeinwanderungsG[1]	15.8.2019	BGBl. I S. 1307	§§ 2, 10a	geänd. mWv 1.3.2020
20.	Art. 63 Zweites Datenschutz-Anpassungs- und UmsetzungsG EU[2]	20.11. 2019	BGBl. I S. 1626	§§ 2, 5, 6, 6a, 13, 16	geänd. mWv 26.11.2019
21.	Art. 26 Abs. 5 G zur Umsetzung der RL (EU) 2016/680 im Strafverfahren sowie zur Anpassung datenschutzrechtlicher Bestimmungen an die VO (EU) 2016/679	20.11. 2019	BGBl. I S. 1724	§ 17	geänd. mWv 26.11.2019
22.	Art. 32 G zur weiteren steuerlichen Förderung der Elektromobilität und zur Änd. weiterer steuerlicher Vorschriften	12.12. 2019	BGBl. I S. 2451	§ 12	geänd. mWv 18.12.2019
23.	Art. 26 Abs. 2 Siebtes G zur Änd. des Vierten Buches SGB und anderer Gesetze	12.6.2020	BGBl. I S. 1248	§§ 2, 5, 11	geänd. mWv 24.6.2020
24.	Art. 8, 9 ArbeitsschutzkontrollG	22.12. 2020	BGBl. I S. 3334	§§ 1, 2, 5	geänd. mWv 1.1.2021
				§§ 1, 2	geänd. mWv 1.4.2021
25.	Art. 10 G zur Anpassung der Regelungen über die Bestandsdatenauskunft an die Vorgaben aus der Entscheidung des BVerfG v. 27.5.2020	30.3.2021	BGBl. I S. 448	§ 7	geänd. mWv 2.4.2021
26.	Art. 10 G zur Regelung des Datenschutzes und des Schutzes der Privatsphäre in der Telekommunikation und bei Telemedien	23.6.2021	BGBl. I S. 1982	§ 7	geänd. mWv 1.12.2021
27.	Art. 22 G zur Fortentwicklung der StrafprozessO und zur Änd. weiterer Vorschriften	25.6.2021	BGBl. I S. 2099	§ 19	geänd. mWv 1.7.2021

[1] **Amtl. Anm.:** *(abgedruckt in Änderungstabelle Nr. 84a)*

[2] **Amtl. Anm.:** Dieses Gesetz dient der Umsetzung der Richtlinie (EU) 2016/680 des Europäischen Parlaments und des Rates vom 27. April 2016 zum Schutz natürlicher Personen bei der Verarbeitung personenbezogener Daten durch die zuständigen Behörden zum Zweck der Verhütung, Ermittlung, Aufdeckung oder Verfolgung von Straftaten oder der Strafvollstreckung sowie zum freien Datenverkehr und zur Aufhebung des Rahmenbeschlusses 2008/977/JI des Rates (ABl. L 119 vom 4.5.2016, S. 89; L 127 vom 23.5.2018, S. 9).

Lfd. Nr.	Änderndes Gesetz	Datum	Fundstelle	Betroffen	Hinweis
28.	Art. 7 G zur Anpassung von Gesetzen und Verordnungen an die neue Behördenbezeichnung des Bundesamtes für Güterverkehr	2.3.2023	BGBl. 2023 I Nr. 56	§ 2	geänd. mWv 9.3.2023
29.	Art. 4 G zur Regelung der Entsendung von Kraftfahrern und Kraftfahrerinnen im Straßenverkehrssektor und zur grenzüberschreitenden Durchsetzung des Entsenderechts[1]	28.6.2023	BGBl. 2023 I Nr. 172	§ 6	geänd. mWv 1.7.2023
30.	Art. 24 G zur Durchführung der VO (EU) 2022/2065 sowie zur Durchführung der VO (EU) 2019/1150 und zur Änd. weiterer Gesetze	6.5.2024	BGBl. 2024 I Nr. 149	§ 7	geänd. mWv 14.5.2024

[1] **Amtl. Anm.:** Dieses Gesetz dient [...] in Artikel 4 Nummer 2 [...] der Umsetzung von Artikel 1 der Richtlinie (EU) 2020/1057 des Europäischen Parlaments und des Rates vom 15. Juli 2020 zur Festlegung besonderer Regeln im Zusammenhang mit der Richtlinie 96/71/EG und der Richtlinie 2014/67/EU für die Entsendung von Kraftfahrern im Straßenverkehrssektor und zur Änderung der Richtlinie 2006/22/EG bezüglich der Durchsetzungsanforderungen und der Verordnung (EU) Nr. 1024/2012 (ABl. L 249 vom 31.7.2020, S. 49) und [...] in Artikel 4 Nummer 2 [...] der Umsetzung von Artikel 9 und Kapitel VI der Richtlinie 2014/67/EU des Europäischen Parlaments und des Rates vom 15. Mai 2014 zur Durchsetzung der Richtlinie 96/71/EG über die Entsendung von Arbeitnehmern im Rahmen der Erbringung von Dienstleistungen und zur Änderung der Verordnung (EU) Nr. 1024/2012 über die Verwaltungszusammenarbeit mit Hilfe des Binnenmarkt-Informationssystems („IMI-Verordnung") (ABl. L 159 vom 28.5.2014, S. 11).

Inhaltsübersicht[1)]

Abschnitt 1. Zweck

§ 1[2)] **Zweck des Gesetzes.** (1) Zweck des Gesetzes ist die Bekämpfung der *Schwarzarbeit und illegalen Beschäftigung.*

[1)] Inhaltsübersicht geänd. mWv 18.3.2005 durch G v. 14.3.2005 (BGBl. I S. 721); mWv 28.8.2007 durch G v. 19.8.2007 (BGBl. I S. 1970); mWv 1.1.2009 durch G v. 21.12.2008 (BGBl. I S. 2933); mWv 26.11.2011 durch G v. 22.11.2011 (BGBl. I S. 2258); mWv 26.7.2012 durch G v. 21.7.2012 (BGBl. I S. 1566); mWv 10.3.2017 durch G v. 6.3.2017 (BGBl. I S. 399); mWv 18.7.2019 durch G v. 11.7.2019 (BGBl. I S. 1066).

[2)] § 1 Abs. 1, Abs. 2 Satz 1 Nr. 4 geänd., Satz 2 angef., Abs. 3 eingef., bish. Abs. 3 wird Abs. 4 und Satz 1 geänd. mWv 18.7.2019 durch G v. 11.7.2019 (BGBl. I S. 1066); Abs. 3 Nr. 4 und 5 geänd., Nr. 6 angef. mWv 1.1.2021, Abs. 3 Nr. 3 Buchst. a und b geänd., Buchst. c angef. mWv 1.4.2021 durch G v. 22.12. 2020 (BGBl. I S. 3334).

(2) [1] Schwarzarbeit leistet, wer Dienst- oder Werkleistungen erbringt oder ausführen lässt und dabei

1. als Arbeitgeber, Unternehmer oder versicherungspflichtiger Selbstständiger seine sich auf Grund der Dienst- oder Werkleistungen ergebenden sozialversicherungsrechtlichen Melde-, Beitrags- oder Aufzeichnungspflichten nicht erfüllt,
2. als Steuerpflichtiger seine sich auf Grund der Dienst- oder Werkleistungen ergebenden steuerlichen Pflichten nicht erfüllt,
3. als Empfänger von Sozialleistungen seine sich auf Grund der Dienst- oder Werkleistungen ergebenden Mitteilungspflichten gegenüber dem Sozialleistungsträger nicht erfüllt,
4. als Erbringer von Dienst- oder Werkleistungen seiner sich daraus ergebenden Verpflichtung zur Anzeige vom Beginn des selbstständigen Betriebes eines stehenden Gewerbes (§ 14 der Gewerbeordnung[1]) nicht nachgekommen ist oder die erforderliche Reisegewerbekarte (§ 55 der Gewerbeordnung) nicht erworben hat oder
5. als Erbringer von Dienst- oder Werkleistungen ein zulassungspflichtiges Handwerk als stehendes Gewerbe selbstständig betreibt, ohne in der Handwerksrolle eingetragen zu sein (§ 1 der Handwerksordnung[2]).

[2] Schwarzarbeit leistet auch, wer vortäuscht, eine Dienst- oder Werkleistung zu erbringen oder ausführen zu lassen, und wenn er selbst oder ein Dritter dadurch Sozialleistungen nach dem Zweiten oder Dritten Buch Sozialgesetzbuch zu Unrecht bezieht.

(3) Illegale Beschäftigung übt aus, wer

1. Ausländer und Ausländerinnen als Arbeitgeber unerlaubt beschäftigt oder als Entleiher unerlaubt tätig werden lässt,
2. als Ausländer oder Ausländerin unerlaubt eine Erwerbstätigkeit ausübt,
3. als Arbeitgeber Arbeitnehmer und Arbeitnehmerinnen
   a) ohne erforderliche Erlaubnis nach § 1 Absatz 1 Satz 1 des Arbeitnehmerüberlassungsgesetzes[3],
   b) entgegen den Bestimmungen nach § 1 Absatz 1 Satz 5 und 6, § 1a oder § 1b des Arbeitnehmerüberlassungsgesetzes oder
   c) entgegen § 6a Absatz 2 in Verbindung mit § 6a Absatz 3 des Gesetzes zur Sicherung von Arbeitnehmerrechten in der Fleischwirtschaft

   überlässt oder für sich tätig werden lässt,
4. als Arbeitgeber Arbeitnehmer und Arbeitnehmerinnen beschäftigt, ohne dass die Arbeitsbedingungen nach Maßgabe des Mindestlohngesetzes[4], des Arbeitnehmer-Entsendegesetzes oder des § 8 Absatz 5 des Arbeitnehmerüberlassungsgesetzes in Verbindung mit einer Rechtsverordnung nach § 3a Absatz 2 Satz 1 des Arbeitnehmerüberlassungsgesetzes eingehalten werden,
5. als Arbeitgeber Arbeitnehmer und Arbeitnehmerinnen zu ausbeuterischen Arbeitsbedingungen beschäftigt oder
6. als Inhaber oder Dritter Personen entgegen § 6a Absatz 2 des Gesetzes zur Sicherung von Arbeitnehmerrechten in der Fleischwirtschaft tätig werden lässt.

---

[1] **Sartorius Nr. 800.**
[2] **Sartorius Nr. 815.**
[3] Nr. **84a**.
[4] Nr. **80c**.

(4) [1]Die Absätze 2 und 3 finden keine Anwendung für nicht nachhaltig auf Gewinn gerichtete Dienst- oder Werkleistungen, die

1. von Angehörigen im Sinne des § 15 der Abgabenordnung oder Lebenspartnern,
2. aus Gefälligkeit,
3. im Wege der Nachbarschaftshilfe oder
4. im Wege der Selbsthilfe im Sinne des § 36 Abs. 2 und 4 des Zweiten Wohnungsbaugesetzes[1)] in der Fassung der Bekanntmachung vom 19. August 1994 (BGBl. I S. 2137) oder als Selbsthilfe im Sinne des § 12 Abs. 1 Satz 2 des Wohnraumförderungsgesetzes[2)] vom 13. September 2001 (BGBl. I S. 2376), zuletzt geändert durch Artikel 7 des Gesetzes vom 29. Dezember 2003 (BGBl. I S. 3076),

erbracht werden. [2]Als nicht nachhaltig auf Gewinn gerichtet gilt insbesondere eine Tätigkeit, die gegen geringes Entgelt erbracht wird.

Abschnitt 2. Prüfungen

§ 2[3)] Prüfungsaufgaben. (1) [1]Die Behörden der Zollverwaltung prüfen, ob

1. die sich aus den Dienst- oder Werkleistungen ergebenden Pflichten nach § 28a des Vierten Buches Sozialgesetzbuch erfüllt werden oder wurden,
2. auf Grund der Dienst- oder Werkleistungen oder der Vortäuschung von Dienst- oder Werkleistungen Sozialleistungen nach dem Zweiten oder Dritten Buch Sozialgesetzbuch zu Unrecht bezogen werden oder wurden,
3. die Angaben des Arbeitgebers, die für die Sozialleistungen nach dem Zweiten und Dritten Buch Sozialgesetzbuch erheblich sind, zutreffend bescheinigt wurden,

---

[1)] Das II. WoBauG wurde mWv 31.12.2001 aufgeh. durch G v. 13.9.2001 (BGBl. I S. 2376). § 36 Abs. 2 und 4 dieser Fassung lauten:

„(2) Zur Selbsthilfe gehören die Arbeitsleistungen, die zur Durchführung eines Bauvorhabens erbracht werden
a) von dem Bauherrn selbst,
b) von seinen Angehörigen,
c) von anderen unentgeltlich oder auf Gegenseitigkeit.

(4) Dem Bauherrn steht bei einem Kaufeigenheim, einer Trägerkleinsiedlung, einer Kaufeigentumswohnung und einer Genossenschaftswohnung der Bewerber gleich."

[2)] **Sartorius Nr. 355.**

[3)] § 2 Abs. 1 Nr. 4, Abs. 2 Satz 1 Nr. 8 neu gef. mWv 18.3.2005 durch G v. 14.3.2005 (BGBl. I S. 721); Abs. 1 Nr. 4 neu gef., Abs. 2 Satz 1 Nr. 8a eingef. mWv 28.8.2007 durch G v. 19.8.2007 (BGBl. I S. 1970); Abs. 2 Satz 1 Nr. 2a eingef. mWv 1.1.2009 durch G v. 21.12.2008 (BGBl. I S. 2933); Abs. 1 Satz 1 Nr. 5 geänd. mWv 28.4.2009 durch G v. 22.4.2009 (BGBl. I S. 818); Abs. 1 Satz 1 Nr. 5 geänd. mWv 30.7.2011 durch G v. 20.7.2011 (BGBl. I S. 1506); Abs. 1 Satz 1 Nr. 5 geänd. mWv 16.8.2014 durch G v. 11.8.2014 (BGBl. I S. 1348); Abs. 2 Satz 1 Nr. 6 neu gef., Nr. 10 und 11 geänd., Nr. 12 angef. mWv 9.12.2014 durch G v. 2.12.2014 (BGBl. I S. 1922); Abs. 1 Nr. 5 geänd. mWv 1.4.2017 durch G v. 21.2.2017 (BGBl. I S. 258); Abs. 2 Satz 1 Nr. 8b eingef. mWv 10.3.2017 durch G v. 6.3.2017 (BGBl. I S. 399); Abs. 1 neu gef., Abs. 2 eingef., bish. Abs. 1a wird Abs. 3, bish. Abs. 2 wird Abs. 4 und Satz 1 Nr. 2 geänd., Nr. 2a–8b werden Nr. 3–11, Nr. 12 eingef., bish. Nr. 9 und 10 werden Nr. 13 und 14, bish. Nr. 11 und 12 werden Nr. 15 und 16 und jeweils geänd., Nr. 17–20 angef. mWv 18.7.2019 durch G v. 11.7.2019 (BGBl. I S. 1066); Abs. 1 Nr. 4 Buchst. a und *b [aufgrund vorheriger Änderung nicht ausführbar]* geänd. mWv 1.3.2020 durch G v. 15.8.2019 (BGBl. I S. 1307); *Änd. von Abs. 2 Satz 1 Nr. 6 mWv 26.11.2019 durch G v. 20.11.2019 (BGBl. I S. 1724) nicht ausführbar aufgrund vorheriger Änderung durch G v. 11.7.2019 (BGBl. I S. 1066)*; Abs. 4 Satz 1 Nr. 7 geänd. mWv 24.6.2020 durch G v. 12.6.2020 (BGBl. I S. 1248); Abs. 1 Satz 1 Nr. 7 und 8 geänd., Nr. 9 angef. mWv 1.1.2021, Abs. 1 Satz 1 Nr. 5 Buchst. a und b geänd., Buchst. c angef. mWv 1.4.2021 durch G v. 22.12.2020 (BGBl. I S. 3334); Abs. 4 Satz 1 Nr. 10 geänd. mWv 9.3.2023 durch G v. 2.3.2023 (BGBl. 2023 I Nr. 56).

4. Ausländer und Ausländerinnen
   a) entgegen § 4a Absatz 4 und 5 Satz 1 und 2 des Aufenthaltsgesetzes[1] beschäftigt oder beauftragt werden oder wurden oder
   b) entgegen § 284 Absatz 1 des Dritten Buches Sozialgesetzbuch beschäftigt werden oder wurden,
5. Arbeitnehmer und Arbeitnehmerinnen
   a) ohne erforderliche Erlaubnis nach § 1 Absatz 1 Satz 1 des Arbeitnehmerüberlassungsgesetzes[2] ver- oder entliehen werden oder wurden,
   b) entgegen den Bestimmungen nach § 1 Absatz 1 Satz 5 und 6, § 1a oder § 1b des Arbeitnehmerüberlassungsgesetzes ver- oder entliehen werden oder wurden oder
   c) entgegen § 6a Absatz 2 in Verbindung mit § 6a Absatz 3 des Gesetzes zur Sicherung von Arbeitnehmerrechten in der Fleischwirtschaft ver- oder entliehen werden oder wurden,
6. die Arbeitsbedingungen nach Maßgabe des Mindestlohngesetzes[3], des Arbeitnehmer-Entsendegesetzes und des § 8 Absatz 5 des Arbeitnehmerüberlassungsgesetzes in Verbindung mit einer Rechtsverordnung nach § 3a Absatz 2 Satz 1 des Arbeitnehmerüberlassungsgesetzes eingehalten werden oder wurden,
7. Arbeitnehmer und Arbeitnehmerinnen zu ausbeuterischen Arbeitsbedingungen beschäftigt werden oder wurden,
8. die Arbeitskraft im öffentlichen Raum entgegen § 5a angeboten oder nachgefragt wird oder wurde und
9. entgegen § 6a oder § 7 Absatz 1 des Gesetzes zur Sicherung von Arbeitnehmerrechten in der Fleischwirtschaft
   a) ein Betrieb oder eine übergreifende Organisation, in dem oder in der geschlachtet wird, Schlachtkörper zerlegt werden oder Fleisch verarbeitet wird, nicht durch einen alleinigen Inhaber geführt wird oder wurde,
   b) die Nutzung eines Betriebes oder einer übergreifenden Organisation, in dem oder in der geschlachtet wird, Schlachtkörper zerlegt werden oder Fleisch verarbeitet wird, ganz oder teilweise einem anderen gestattet wird oder wurde, oder
   c) Personen im Bereich der Schlachtung einschließlich der Zerlegung von Schlachtkörpern sowie im Bereich der Fleischverarbeitung tätig werden oder wurden.

²Zur Erfüllung ihrer Mitteilungspflicht nach § 6 Absatz 1 Satz 1 in Verbindung mit § 6 Absatz 4 Nummer 4 prüfen die Behörden der Zollverwaltung im Rahmen ihrer Prüfungen nach Satz 1 auch, ob Anhaltspunkte dafür bestehen, dass Steuerpflichtige den sich aus den Dienst- oder Werkleistungen ergebenden steuerlichen Pflichten im Sinne von § 1 Absatz 2 Satz 1 Nummer 2 nicht nachgekommen sind. ³Zur Erfüllung ihrer Mitteilungspflicht nach § 6 Absatz 1 Satz 1 in Verbindung mit § 6 Absatz 4 Nummer 4 und 7 prüfen die Behörden der Zollverwaltung im Rahmen ihrer Prüfungen nach Satz 1 auch, ob Anhaltspunkte dafür bestehen, dass Kindergeldempfänger ihren Mitwirkungspflichten nicht nachgekommen sind.

(2) ¹Die Prüfung der Erfüllung steuerlicher Pflichten nach § 1 Absatz 2 Satz 1 Nummer 2 obliegt den zuständigen Landesfinanzbehörden und die Prüfung der

---

[1] **Sartorius Nr. 565.**
[2] Nr. **84a**.
[3] Nr. **80c**.

Erfüllung kindergeldrechtlicher Mitwirkungspflichten den zuständigen Familienkassen. [2] Die Behörden der Zollverwaltung sind zur Mitwirkung an Prüfungen der Landesfinanzbehörden und der Familienkassen bei der Bundesagentur für Arbeit berechtigt. [3] Grundsätze der Zusammenarbeit der Behörden der Zollverwaltung mit den Landesfinanzbehörden werden von den obersten Finanzbehörden des Bundes und der Länder im gegenseitigen Einvernehmen geregelt. [4] Grundsätze der Zusammenarbeit der Behörden der Zollverwaltung mit den Familienkassen bei der Bundesagentur für Arbeit werden von den Behörden der Zollverwaltung und den Familienkassen bei der Bundesagentur für Arbeit im Einvernehmen mit den Fachaufsichtsbehörden geregelt.

(3) Die nach Landesrecht für die Verfolgung und Ahndung von Ordnungswidrigkeiten nach diesem Gesetz zuständigen Behörden prüfen, ob

1. der Verpflichtung zur Anzeige vom Beginn des selbstständigen Betriebes eines stehenden Gewerbes (§ 14 der Gewerbeordnung[1)]) nachgekommen oder die erforderliche Reisegewerbekarte (§ 55 der Gewerbeordnung) erworben wurde,
2. ein zulassungspflichtiges Handwerk als stehendes Gewerbe selbstständig betrieben wird und die Eintragung in die Handwerksrolle vorliegt.

(4) [1] Die Behörden der Zollverwaltung werden bei den Prüfungen nach Absatz 1 unterstützt von

1. den Finanzbehörden,
2. der Bundesagentur für Arbeit, auch in ihrer Funktion als Familienkasse,
3. der Bundesnetzagentur für Elektrizität, Gas, Telekommunikation, Post und Eisenbahnen,
4. den Einzugsstellen (§ 28i des Vierten Buches Sozialgesetzbuch),
5. den Trägern der Rentenversicherung,
6. den Trägern der Unfallversicherung,
7. den gemeinsamen Einrichtungen und den zugelassenen kommunalen Trägern nach dem Zweiten Buch Sozialgesetzbuch sowie der Bundesagentur für Arbeit als Verantwortliche für die zentral verwalteten IT-Verfahren nach § 50 Absatz 3 des Zweiten Buches Sozialgesetzbuch,
8. den nach dem Asylbewerberleistungsgesetz zuständigen Behörden,
9. den in § 71 Abs. 1 bis 3 des Aufenthaltsgesetzes genannten Behörden,
10. dem Bundesamt für Logistik und Mobilität,
11. den nach Landesrecht für die Genehmigung und Überwachung des Gelegenheitsverkehrs mit Kraftfahrzeugen nach § 46 des Personenbeförderungsgesetzes[2)] zuständigen Behörden,
12. den nach Landesrecht für die Genehmigung und Überwachung des gewerblichen Güterkraftverkehrs zuständigen Behörden,
13. den für den Arbeitsschutz zuständigen Landesbehörden,
14. den Polizeivollzugsbehörden des Bundes und der Länder auf Ersuchen im Einzelfall,
15. den nach Landesrecht für die Verfolgung und Ahndung von Ordnungswidrigkeiten nach diesem Gesetz zuständigen Behörden,
16. den nach § 14 der Gewerbeordnung für die Entgegennahme der Gewerbeanzeigen zuständigen Stellen,

---

[1)] **Sartorius Nr. 800.**
[2)] **Sartorius Nr. 950.**

17. den nach Landesrecht für die Überprüfung der Einhaltung der Vergabe- und Tariftreuegesetze der Länder zuständigen Prüfungs- oder Kontrollstellen,
18. den nach Landesrecht für die Entgegennahme der Anmeldung von Prostituierten nach § 3 des Prostituiertenschutzgesetzes und für die Erlaubniserteilung an Prostitutionsgewerbetreibende nach § 12 des Prostituiertenschutzgesetzes zuständigen Behörden,
19. den nach Landesrecht für die Erlaubniserteilung nach § 34a der Gewerbeordnung zuständigen Behörden und
20. den gemeinsamen Einrichtungen der Tarifvertragsparteien im Sinne des § 4 Absatz 2 des Tarifvertragsgesetzes[1].

[2] Die Aufgaben dieser Stellen nach anderen Rechtsvorschriften bleiben unberührt. [3] Die Prüfungen können mit anderen Prüfungen der in diesem Absatz genannten Stellen verbunden werden; die Vorschriften über die Unterrichtung und Zusammenarbeit bleiben hiervon unberührt. [4] Verwaltungskosten der unterstützenden Stellen werden nicht erstattet.

(Fortsetzung nächstes Blatt)

[1] Nr. **81**.

§ 2a[1] Mitführungs- und Vorlagepflicht von Ausweispapieren.

(1) Bei der Erbringung von Dienst- oder Werkleistungen sind die in folgenden Wirtschaftsbereichen oder Wirtschaftszweigen tätigen Personen verpflichtet, ihren Personalausweis, Pass, Passersatz oder Ausweisersatz mitzuführen und den Behörden der Zollverwaltung auf Verlangen vorzulegen:

1. im Baugewerbe,
2. im Gaststätten- und Beherbergungsgewerbe,
3. im Personenbeförderungsgewerbe,
4. im Speditions-, Transport- und damit verbundenen Logistikgewerbe,
5. im Schaustellergewerbe,
6. bei Unternehmen der Forstwirtschaft,
7. im Gebäudereinigungsgewerbe,
8. bei Unternehmen, die sich am Auf- und Abbau von Messen und Ausstellungen beteiligen,
9. in der Fleischwirtschaft,
10. im Prostitutionsgewerbe,
11. im Wach- und Sicherheitsgewerbe.

(2) Der Arbeitgeber hat jeden und jede seiner Arbeitnehmer und Arbeitnehmerinnen nachweislich und schriftlich auf die Pflicht nach Absatz 1 hinzuweisen, diesen Hinweis für die Dauer der Erbringung der Dienst- oder Werkleistungen aufzubewahren und auf Verlangen bei den Prüfungen nach § 2 Abs. 1 vorzulegen.

(3) Die Vorlagepflichten nach den Absätzen 1 und 2 bestehen auch gegenüber den nach Landesrecht für die Verfolgung und Ahndung von Ordnungswidrigkeiten nach diesem Gesetz zuständigen Behörden in den Fällen des § 2 Absatz 3.

§ 3[2] Befugnisse bei der Prüfung von Personen. (1) [1] Zur Durchführung der Prüfungen nach § 2 Absatz 1 sind die Behörden der Zollverwaltung und die sie gemäß § 2 Absatz 4 unterstützenden Stellen befugt, Geschäftsräume, mit Ausnahme von Wohnungen, und Grundstücke des Arbeitgebers, des Auftraggebers von Dienst- oder Werkleistungen, des Entleihers sowie des Selbstständigen während der Arbeitszeiten der dort tätigen Personen oder während der Geschäftszeiten zu betreten. [2] Dabei sind die Behörden der Zollverwaltung und die sie gemäß § 2 Absatz 4 unterstützenden Stellen befugt,

1. von den Personen, die in den Geschäftsräumen und auf den Grundstücken tätig sind, Auskünfte über ihre Beschäftigungsverhältnisse oder ihre tatsächlichen oder scheinbaren Tätigkeiten einzuholen und
2. Einsicht in Unterlagen zu nehmen, die von diesen Personen mitgeführt werden und von denen anzunehmen ist, dass aus ihnen Umfang, Art oder

---

[1] § 2a eingef. mWv 1.1.2009 durch G v. 21.12.2008 (BGBl. I S. 2933); Abs. 1 Nr. 9 geänd., Nr. 10 angef. mWv 1.7.2017 durch G v. 21.10.2016 (BGBl. I S. 2372); Abs. 3 angef. mWv 10.3.2017 durch G v. 6.3.2017 (BGBl. I S. 399); Abs. 1 Nr. 10 geänd., Nr. 11 angef., Abs. 3 geänd. mWv 18.7.2019 durch G v. 11.7.2019 (BGBl. I S. 1066).

[2] § 3 Abs. 1 einl. Satzteil, Abs. 3 Satz 1 geänd. mWv 30.7.2011 durch G v. 20.7.2011 (BGBl. I S. 1506); Abs. 5 Satz 3 geänd. mWv 9.12.2014 durch G v. 2.12.2014 (BGBl. I S. 1922); Abs. 6 angef. mWv 10.3.2017 durch G v. 6.3.2017 (BGBl. I S. 399); Abs. 1 neu gef., Abs. 2 Satz 2 angef., Abs. 3 Satz 1 neu gef., Abs. 6 geänd. mWv 18.7.2019 durch G v. 11.7.2019 (BGBl. I S. 1066).

Dauer ihrer Beschäftigungsverhältnisse oder ihrer tatsächlichen oder scheinbaren Tätigkeiten hervorgehen oder abgeleitet werden können.

(2) [1] Ist eine Person zur Ausführung von Dienst- oder Werkleistungen bei Dritten tätig, gilt Absatz 1 entsprechend. [2] Bietet eine Person im öffentlichen Raum Dienst- oder Werkleistungen an, gilt Absatz 1 Satz 2 entsprechend.

(3) [1] Zur Durchführung der Prüfungen nach § 2 Absatz 1 sind die Behörden der Zollverwaltung und die sie gemäß § 2 Absatz 4 unterstützenden Stellen befugt, die Personalien zu überprüfen

1. der Personen, die in den Geschäftsräumen oder auf dem Grundstück des Arbeitgebers, des Auftraggebers von Dienst- oder Werkleistungen und des Entleihers tätig sind, und
2. des Selbstständigen.

[2] Sie können zu diesem Zweck die in Satz 1 genannten Personen anhalten, sie nach ihren Personalien (Vor-, Familien- und Geburtsnamen, Ort und Tag der Geburt, Beruf, Wohnort, Wohnung und Staatsangehörigkeit) befragen und verlangen, dass sie mitgeführte Ausweispapiere zur Prüfung aushändigen.

(4) Im Verteidigungsbereich darf ein Betretensrecht nur im Einvernehmen mit dem Bundesministerium der Verteidigung ausgeübt werden.

(5) [1] Die Bediensteten der Zollverwaltung dürfen Beförderungsmittel anhalten. [2] Führer von Beförderungsmitteln haben auf Verlangen zu halten und den Zollbediensteten zu ermöglichen, in das Beförderungsmittel zu gelangen und es wieder zu verlassen. [3] Die Zollverwaltung unterrichtet die Polizeivollzugsbehörden der Länder über groß angelegte Kontrollen.

(6) Die Absätze 1 bis 4 gelten entsprechend für die nach Landesrecht für die Verfolgung und Ahndung von Ordnungswidrigkeiten nach diesem Gesetz zuständigen Behörden zur Durchführung von Prüfungen nach § 2 Absatz 3, sofern Anhaltspunkte dafür vorliegen, dass Schwarzarbeit im Sinne des § 1 Absatz 2 Nummer 4 und 5 geleistet wird.

§ 4[1)] Befugnisse bei der Prüfung von Geschäftsunterlagen. (1) Zur Durchführung der Prüfungen nach § 2 Absatz 1 sind die Behörden der Zollverwaltung und die sie gemäß § 2 Absatz 4 unterstützenden Stellen befugt, Geschäftsräume, mit Ausnahme von Wohnungen, und Grundstücke des Arbeitgebers, des Auftraggebers von Dienst- oder Werkleistungen, des Entleihers sowie des Selbstständigen während der Geschäftszeiten zu betreten und dort Einsicht in die Lohn- und Meldeunterlagen, Bücher und andere Geschäftsunterlagen zu nehmen, aus denen Umfang, Art oder Dauer von tatsächlich bestehenden oder vorgespiegelten Beschäftigungsverhältnissen oder Tätigkeiten hervorgehen oder abgeleitet werden können.

(2) Zur Durchführung der Prüfungen nach § 2 Absatz 3 sind die nach Landesrecht für die Verfolgung und Ahndung von Ordnungswidrigkeiten nach diesem Gesetz zuständigen Behörden befugt, Geschäftsräume und Grundstücke einer selbstständig tätigen Person, des Arbeitgebers und des Auftraggebers während der Arbeitszeit der dort tätigen Personen zu betreten und dort Einsicht

---

[1)] § 4 Abs. 1 geänd., Abs. 2 Satz 2 angef. mWv 30.7.2011 durch G v. 20.7.2011 (BGBl. I S. 1506); *Abs. 1a eingef. mWv 10.3.2017* durch G v. 6.3.2017 (BGBl. I S. 399); Abs. 1 neu gef., bish. Abs. 1a wird Abs. 2 und geänd., bish. Abs. 2 wird Abs. 3 und Sätze 1 und 2 geänd., bish. Abs. 3 wird Abs. 4 mWv 18.7.2019 durch G v. 11.7.2019 (BGBl. I S. 1066).

in Unterlagenzu nehmen, von denen anzunehmen ist, dass aus ihnen Umfang, Art oder Dauer der Ausübung eines Gewerbes, eines Reisegewerbes oder eines zulassungspflichtigen Handwerks oder der Beschäftigungsverhältnisse hervorgehen oder abgeleitet werden können, sofern Anhaltspunkte dafür vorliegen, dass Schwarzarbeit im Sinne des § 1 Absatz 2 Nummer 4 und 5 geleistet wird.

(3) [1] Die Behörden der Zollverwaltung sind zur Durchführung der Prüfungen nach § 2 Abs. 1 befugt, Einsicht in die Unterlagen zu nehmen, aus denen die Vergütung der tatsächlich erbrachten oder vorgetäuschten Dienst- oder Werkleistungen hervorgeht, die natürliche oder juristische Personen oder Personenvereinigungen in Auftrag gegeben haben. [2] Satz 1 gilt im Rahmen der Durchführung der Prüfung nach § 2 Absatz 1 Nummer 4, 5 und 6 entsprechend für Unterlagen, aus denen die Vergütung des Leiharbeitsverhältnisses hervorgeht.

(4) Die Behörden der Zollverwaltung sind zur Durchführung der Prüfungen nach § 2 Abs. 1 befugt, bei dem Auftraggeber, der nicht Unternehmer im Sinne des § 2 des Umsatzsteuergesetzes 1999 ist, Einsicht in die Rechnungen, einen Zahlungsbeleg oder eine andere beweiskräftige Unterlage über ausgeführte Werklieferungen oder sonstige Leistungen im Zusammenhang mit einem Grundstück zu nehmen.

§ 5[1)] Duldungs- und Mitwirkungspflichten. (1) [1] Arbeitgeber, tatsächlich oder scheinbar beschäftigte Arbeitnehmer und Arbeitnehmerinnen, Auftraggeber von Dienst- oder Werkleistungen, tatsächlich oder scheinbar selbstständig tätige Personen und Dritte, die bei einer Prüfung nach § 2 Absatz 1 und 3 angetroffen werden, sowie Entleiher, die bei einer Prüfung nach § 2 Absatz 1 Satz 1 Nummer 5 und 6 angetroffen werden, haben

1. die Prüfung zu dulden und dabei mitzuwirken, insbesondere für die Prüfung erhebliche Auskünfte zu erteilen und die in den §§ 3 und 4 genannten Unterlagen vorzulegen,
2. in den Fällen des § 3 Absatz 1, 2 und 6 sowie des § 4 Absatz 1, 2 und 3 auch das Betreten der Grundstücke und der Geschäftsräume zu dulden und
3. in den Fällen des § 2 Absatz 1 auf Verlangen der Behörden der Zollverwaltung schriftlich oder an Amtsstelle mündlich Auskünfte zu erteilen oder die in den §§ 3 und 4 genannten Unterlagen vorzulegen.

[2] Auskünfte, die die verpflichtete Person oder einen ihrer in § 15 der Abgabenordnung bezeichneten Angehörigen der Gefahr aussetzen würden, wegen einer Straftat oder Ordnungswidrigkeit verfolgt zu werden, können verweigert werden.

(2) [1] Die Behörden der Zollverwaltung sind insbesondere dann befugt, eine mündliche Auskunft an Amtsstelle zu verlangen, wenn trotz Aufforderung

---

1) § 5 Abs. 1 Satz 4 geänd. mWv 18.3.2005 durch G v. 14.3.2005 (BGBl. I S. 721); Abs. 1 Satz 1, Abs. 3 Sätze 1 und 2 geänd. mWv 30.7.2011 durch G v. 20.7.2011 (BGBl. I S. 1506); Abs. 1 Sätze 1 und 2 geänd. mWv 10.3.2017 durch G v. 6.3.2017 (BGBl. I S. 399); Abs. 1 und 2 eingef., bish. Abs. 1 wird Abs. 3 und Sätze 1–3 aufgeh., bish. Sätze 4–8 werden Sätze 1–5, bish. Abs. 2 wird Abs. 4 und Satz 1 geänd., bish. Abs. 3 wird Abs. 5 und Sätze 1 und 2 geänd. mWv 18.7.2019 durch G v. 11.7. 2019 (BGBl. I S. 1066); *Änd. von Abs. 1 Sätze 4 und 5 und Abs. 3 Satz 2 mWv 26.11.2019 durch G v. 20.11.2019 (BGBl. I S. 1724) nicht ausführbar aufgrund vorheriger Änderung durch G v. 11.7.2019 (BGBl. I S. 1066)*; Abs. 3 Sätze 1 und 2, Abs. 5 Satz 2 geänd. mWv 24.6.2020 durch G v. 12.6.2020 (BGBl. I S. 1248); Abs. 5 Sätze 1 und 2 geänd. mWv 1.1.2021 durch G v. 22.12.2020 (BGBl. I S. 3334).

keine schriftliche Auskunft erteilt worden ist oder wenn eine schriftliche Auskunft nicht zu einer Klärung des Sachverhalts geführt hat. 2 Über die mündliche Auskunft an Amtsstelle ist auf Antrag des Auskunftspflichtigen eine Niederschrift aufzunehmen. 3 Die Niederschrift soll den Namen der anwesenden Personen, den Ort, den Tag und den wesentlichen Inhalt der Auskunft enthalten. 4 Sie soll von dem Amtsträger, dem die mündliche Auskunft erteilt wird, und dem Auskunftspflichtigen unterschrieben werden. 5 Den Beteiligten ist eine Abschrift der Niederschrift zu überlassen.

(3) 1 Ausländer sind ferner verpflichtet, ihren Pass, Passersatz oder Ausweisersatz und ihren Aufenthaltstitel, ihre Duldung oder ihre Aufenthaltsgestattung den Behörden der Zollverwaltung auf Verlangen vorzulegen und, sofern sich Anhaltspunkte für einen Verstoß gegen ausländerrechtliche Vorschriften ergeben, zur Übermittlung an die zuständige Ausländerbehörde zu überlassen. 2 Werden die Dokumente einbehalten, erhält der betroffene Ausländer eine Bescheinigung, welche die einbehaltenen Dokumente und die Ausländerbehörde bezeichnet, an die die Dokumente übermittelt werden. 3 Der Ausländer ist verpflichtet, unverzüglich mit der Bescheinigung bei der Ausländerbehörde zu erscheinen. 4 Darauf ist in der Bescheinigung hinzuweisen. 5 Gibt die Ausländerbehörde die einbehaltenen Dokumente zurück oder werden Ersatzdokumente ausgestellt oder vorgelegt, behält die Ausländerbehörde die Bescheinigung ein.

(4) 1 In Fällen des § 4 Absatz 4 haben die Auftraggeber, die nicht Unternehmer im Sinne des § 2 des Umsatzsteuergesetzes 1999 sind, eine Prüfung nach § 2 Abs. 1 zu dulden und dabei mitzuwirken, insbesondere die für die Prüfung erheblichen Auskünfte zu erteilen und die in § 4 Absatz 4 genannten Unterlagen vorzulegen. 2 Absatz 1 Satz 3 gilt entsprechend.

(5) 1 In Datenverarbeitungsanlagen gespeicherte Daten haben der Arbeitgeber und der Auftraggeber sowie der Entleiher im Rahmen einer Prüfung nach § 2 Absatz 1 Nummer 4, 5, 6 und 9 auszusondern und den Behörden der Zollverwaltung auf deren Verlangen auf automatisiert verarbeitbaren Datenträgern oder in Listen zu übermitteln. 2 Der Arbeitgeber und der Auftraggeber sowie der Entleiher im Rahmen einer Prüfung nach § 2 Absatz 1 Nummer 4, 5, 6 und 9 dürfen automatisiert verarbeitbare Datenträger oder Datenlisten, die die erforderlichen Daten enthalten, ungesondert zur Verfügung stellen, wenn die Aussonderung mit einem unverhältnismäßigen Aufwand verbunden wäre und überwiegende schutzwürdige Interessen der betroffenen Person nicht entgegenstehen. 3 In diesem Fall haben die Behörden der Zollverwaltung die Daten zu trennen und die nicht nach Satz 1 zu übermittelnden Daten zu löschen. 4 Soweit die übermittelten Daten für Zwecke der Ermittlung von Straftaten oder Ordnungswidrigkeiten, der Ermittlung von steuerlich erheblichen Sachverhalten oder der Festsetzung von Sozialversicherungsbeiträgen oder Sozialleistungen nicht benötigt werden, sind die Datenträger oder Listen nach Abschluss der Prüfungen nach § 2 Abs. 1 auf Verlangen des Arbeitgebers oder des Auftraggebers zurückzugeben oder die Daten unverzüglich zu löschen.

§ 5a[1] Unzulässiges Anbieten und Nachfragen der Arbeitskraft.

(1) 1 Es ist einer Person verboten, ihre Arbeitskraft als Tagelöhner im öffentlichen Raum aus einer Gruppe heraus in einer Weise anzubieten, die geeignet

[1] § 5a eingef. mWv 18.7.2019 durch G v. 11.7.2019 (BGBl. I S. 1066).

ist, Schwarzarbeit oder illegale Beschäftigung zu ermöglichen. [2]Ebenso ist es einer Person verboten, ein unzulässiges Anbieten der Arbeitskraft dadurch nachzufragen, dass sie ein solches Angebot einholt oder annimmt.

(2) Die Behörden der Zollverwaltung können eine Person, die gegen das Verbot des unzulässigen Anbietens und Nachfragens der Arbeitskraft verstößt, vorübergehend von einem Ort verweisen oder ihr vorübergehend das Betreten eines Ortes verbieten.

§ 6[1)] Unterrichtung von und Zusammenarbeit mit Behörden im Inland und in der Europäischen Union sowie im Europäischen Wirtschaftsraum.

(1) [1]Die Behörden der Zollverwaltung und die sie gemäß § 2 Absatz 4 unterstützenden Stellen sind verpflichtet, einander die für deren Prüfungen oder für die Zusammenarbeit nach Absatz 6 erforderlichen Informationen einschließlich personenbezogener Daten und die Ergebnisse der Prüfungen zu übermitteln, soweit deren Kenntnis für die Erfüllung der Aufgaben der Behörden oder Stellen erforderlich ist. [2]Die Behörden der Zollverwaltung einerseits und die Strafverfolgungsbehörden und die Polizeivollzugsbehörden andererseits sind verpflichtet, einander die erforderlichen Informationen, einschließlich personenbezogener Daten, für die Verhütung und Verfolgung von Straftaten und Ordnungswidrigkeiten, die in Zusammenhang mit einem der in § 2 Abs. 1 genannten Prüfgegenstände stehen, zu übermitteln. [3]An Strafverfolgungsbehörden und Polizeivollzugsbehörden sind darüber hinaus Informationen einschließlich personenbezogener Daten zu übermitteln, sofern tatsächliche Anhaltspunkte dafür vorliegen, dass diese Informationen für die Verhütung und Verfolgung von Straftaten oder Ordnungswidrigkeiten, die nicht in Zusammenhang mit einem der in § 2 Abs. 1 genannten Prüfgegenstände stehen, erforderlich sind.

(2) [1]Die Behörden der Zollverwaltung dürfen zur Wahrnehmung ihrer Aufgaben nach § 2 Abs. 1 sowie zur Verfolgung von Straftaten oder Ordnungswidrigkeiten die Dateisysteme der Bundesagentur für Arbeit über erteilte Arbeitsgenehmigungen-EU und Zustimmungen zur Beschäftigung, über im Rahmen von Werkvertragskontingenten beschäftigte ausländische Arbeitnehmer und Arbeitnehmerinnen sowie über Leistungsempfänger nach dem Dritten Buch Sozialgesetzbuch automatisiert abrufen; die Strafverfolgungsbehörden sind zum automatisierten Abruf nur berechtigt, soweit dies zur Verfolgung von Straftaten oder Ordnungswidrigkeiten erforderlich ist. [2]§ 79 Abs. 2 bis 4 des Zehnten Buches Sozialgesetzbuch gilt entsprechend. [3]Die Behörden der Zollverwaltung dürfen, soweit dies zur Verfolgung von Straftaten oder Ordnungswidrigkeiten erforderlich ist, Daten aus den Datenbeständen der Träger der Rentenversicherung automatisiert abrufen; § 150 Absatz 5 Satz 1 des Sechsten Buches Sozialgesetzbuch bleibt unberührt. [4]Die Behörden der Zollverwaltung dürfen, soweit dies zur Vorbereitung und Durchführung von Prüfungen nach § 2 Absatz 1 Satz 1 Nummer 2 und 3 und zur Verhütung und Verfolgung von Straftaten und Ordnungswidrigkeiten, die

[1)] § 6 Abs. 2 Satz 1, Abs. 3 Nr. 5, 6 und 8 geänd. mWv 18.3.2005 durch G v. 14.3.2005 (BGBl. I S. 721); Abs. 3 Nr. 7a eingef. mWv 28.8.2007 durch G v. 19.8.2007 (BGBl. I S. 1970); Abs. 3 Satz 1 Nr. 8 und 9 geänd., Nr. 10 angef. mWv 28.4.2009 durch G v. 22.4.2009 (BGBl. I S. 818); Abs. 3 Satz 1 Nr. 10 geänd. mWv 16.8.2014 durch G v. 11.8.2014 (BGBl. I S. 1348); Abs. 3 Satz 1 Nr. 7b eingef. mWv 10.3. 2017 durch G v. 6.3.2017 (BGBl. I S. 399); Überschrift neu gef., Abs. 1 Sätze 1–3, Abs. 2 Satz 1 geänd., Sätze 3–5 angef., Abs. 3 eingef., bish. Abs. 3 wird Abs. 4 und Satz 1 Nr. 7 eingef., bish. Nr. 7–8 werden Nr. 8–11, bish. Nr. 9 wird Nr. 12 und geänd., bish. Nr. 10 wird Nr. 13 und geänd., Nr. 14 und 15 angef., Satz 2 geänd., bish. Abs. 4 wird Abs. 5 und geänd., Abs. 6 angef. mWv 18.7.2019 durch G v. 11.7.2019 (BGBl. I S. 1066); Abs. 2 Satz 1 geänd. mWv 26.11.2019 durch G v. 20.11.2019 (BGBl. I S. 1626); Abs. 1 Satz 1, Abs. 6 geänd. mWv 1.7.2023 durch G v. 28.6.2023 (BGBl. 2023 I Nr. 172).

mit dieser Prüfungsaufgabe zusammenhängen, erforderlich ist, Daten aus folgenden Datenbeständen automatisiert abrufen:

1. die Datenbestände der gemeinsamen Einrichtungen und der zugelassenen kommunalen Träger nach dem Zweiten Buch Sozialgesetzbuch und
2. die Datenbestände der Bundesagentur für Arbeit als verantwortliche Stelle für die zentral verwalteten IT-Verfahren nach § 50 Absatz 3 des Zweiten Buches Sozialgesetzbuch über Leistungsempfänger nach dem Zweiten Buch Sozialgesetzbuch.

[5] Das Bundesministerium für Arbeit und Soziales wird ermächtigt, durch Rechtsverordnung mit Zustimmung des Bundesrates die Voraussetzungen für das Abrufverfahren nach Satz 4 sowie die Durchführung des Abrufverfahrens festzulegen.

(3) [1] Die Behörden der Zollverwaltung dürfen die beim Bundeszentralamt für Steuern nach § 5 Absatz 1 Nummer 13 des Finanzverwaltungsgesetzes vorgehaltenen Daten abrufen, soweit dies zur Wahrnehmung ihrer Prüfungsaufgaben nach § 2 Absatz 1 oder für die damit unmittelbar zusammenhängenden Bußgeld- und Strafverfahren erforderlich ist. [2] Für den Abruf der nach § 30 der Abgabenordnung[1)] dem Steuergeheimnis unterliegenden Daten ist ein automatisiertes Verfahren auf Abruf einzurichten. [3] Die Verantwortung für die Zulässigkeit des einzelnen Abrufs trägt die Behörde der Zollverwaltung, die die Daten abruft. [4] Die abrufende Stelle darf die Daten nach Satz 1 zu dem Zweck verarbeiten, zu dem sie die Daten abgerufen hat. [5] Ist zu befürchten, dass ein Datenabruf nach Satz 1 den Untersuchungszweck eines Ermittlungsverfahrens im Sinne des § 30 Absatz 2 Nummer 1 Buchstabe b der Abgabenordnung[1)] gefährdet, so kann die für dieses Verfahren zuständige Finanzbehörde oder die zuständige Staatsanwaltschaft anordnen, dass kein Datenabruf erfolgen darf. [6] § 478 Absatz 1 Satz 1 und 2 der Strafprozessordnung[2)] findet Anwendung, wenn die Daten Verfahren betreffen, die zu einem Strafverfahren geführt haben. [7] Weitere Einzelheiten insbesondere zum automatischen Verfahren auf Abruf einschließlich der Protokollierung sowie zum Nachweis der aus den Artikeln 24, 25 und 32 der Verordnung (EU) 2016/679[3)] des Europäischen Parlaments und des Rates vom 27. April 2016 zum Schutz natürlicher Personen bei der Verarbeitung personenbezogener Daten, zum freien Datenverkehr und zur Aufhebung der Richtlinie 95/46/EG (Datenschutz-Grundverordnung; ABl. L 119 vom 4.5.2016, S. 1; L 314 vom 22.11.2016, S. 72; L 127 vom 23.5.2018, S. 2) oder § 64 des Bundesdatenschutzgesetzes[4)] erforderlichen technischen und organisatorischen Maßnahmen regelt eine Rechtsverordnung des Bundesministeriums der Finanzen, die der Zustimmung des Bundesrates bedarf.

(4) [1] Die Behörden der Zollverwaltung unterrichten die jeweils zuständigen Stellen, wenn sich bei der Durchführung ihrer Aufgaben nach diesem Gesetz Anhaltspunkte ergeben für Verstöße gegen

1. dieses Gesetz,
2. das Arbeitnehmerüberlassungsgesetz[5)],
3. Bestimmungen des Vierten und Siebten Buches Sozialgesetzbuch zur Zahlung von Beiträgen,
4. die Steuergesetze,

[1)] Nr. **88b.**
[2)] ***Habersack, Deutsche Gesetze* Nr. 90.**
[3)] **Sartorius Nr. 246.**
[4)] **Sartorius Nr. 245.**
[5)] Nr. **84a.**

5. das Aufenthaltsgesetz[1],
6. die Mitwirkungspflicht nach § 60 Abs. 1 Satz 1 Nr. 1 und 2 des Ersten Buches Sozialgesetzbuch oder die Meldepflicht nach § 8a des Asylbewerberleistungsgesetzes,
7. das Bundeskindergeldgesetz[2],
8. die Handwerks-[3] oder Gewerbeordnung[4],
9. das Güterkraftverkehrsgesetz[5],
10. das Personenbeförderungsgesetz[6],
11. sonstige Strafgesetze,
12. das Arbeitnehmer-Entsendegesetz,
13. das Mindestlohngesetz[7],
14. die Arbeitsschutzgesetze oder
15. die Vergabe- und Tariftreuegesetze der Länder.

[2] Nach § 5 Absatz 3 Satz 1 in Verwahrung genommene Urkunden sind der Ausländerbehörde unverzüglich zu übermitteln.

(5) Bestehen Anhaltspunkte dafür, dass eine nach § 5 Absatz 3 Satz 1 in Verwahrung genommene Urkunde unecht oder verfälscht ist, ist sie an die zuständige Polizeivollzugsbehörde zu übermitteln.

(6) Auf die Zusammenarbeit der Behörden der Zollverwaltung mit Behörden anderer Mitgliedstaaten der Europäischen Union und mit Behörden anderer Vertragsstaaten des Abkommens über den Europäischen Wirtschaftraum gemäß § 20 Absatz 2 des Arbeitnehmer-Entsendegesetzes, § 18 Absatz 2 des Mindestlohngesetzes und § 18 Absatz 6 des Arbeitnehmerüberlassungsgesetzes finden die §§ 8a bis 8e des Verwaltungsverfahrensgesetzes[8] in Verbindung mit den Artikeln 6, 7, 14 bis 18 und 21 der Richtlinie 2014/67/EU des Europäischen Parlaments und des Rates vom 15. Mai 2014 zur Durchsetzung der Richtlinie 96/71/EG über die Entsendung von Arbeitnehmern im Rahmen der Erbringung von Dienstleistungen und zur Änderung der Verordnung (EU) Nr. 1024/2012 über die Verwaltungszusammenarbeit mit Hilfe des Binnenmarkt-Informationssystems („IMI-Verordnung“) (ABl. L 159 vom 28.5.2014, S. 11) auch in Verbindung mit Artikel 1 Absatz 11 Unterabsatz 1 Buchstabe c und Unterabsatz 2 und 3 der Richtlinie (EU) 2020/1057 des Europäischen Parlaments und des Rates vom 15. Juli 2020 zur Festlegung besonderer Regeln im Zusammenhang mit der Richtlinie 96/71/EG und der Richtlinie 2014/67/EU für die Entsendung von Kraftfahrern im Straßenverkehrssektor und zur Änderung der Richtlinie 2006/22/EG bezüglich der Durchsetzungsanforderungen und der Verordnung (EU) Nr. 1024/2012 (ABl. L 249 vom 31.7.2020, S. 49) Anwendung.

---

[1] **Sartorius Nr. 565.**
[2] Nr. **45b**.
[3] **Sartorius Nr. 815.**
[4] **Sartorius Nr. 800.**
[5] **Sartorius Nr. 952.**
[6] **Sartorius Nr. 950.**
[7] Nr. **80c**.
[8] **Sartorius Nr. 100.**

§ 6a[1] Übermittlung personenbezogener Daten an Mitgliedstaaten der Europäischen Union. (1) [1] Die Behörden der Zollverwaltung können personenbezogene Daten, die in Zusammenhang mit einem der in § 2 Absatz 1 genannten Prüfgegenstände stehen, zum Zweck der Verhütung von Straftaten an eine für die Verhütung und Verfolgung zuständige Behörde eines Mitgliedstaates der Europäischen Union übermitteln. [2] Dabei ist eine Übermittlung personenbezogener Daten ohne Ersuchen nur zulässig, wenn im Einzelfall die Gefahr der Begehung einer Straftat im Sinne des Artikels 2 Absatz 2 des Rahmenbeschlusses 2002/584/JI des Rates vom 13. Juni 2002 über den Europäischen Haftbefehl und die Übergabeverfahren zwischen den Mitgliedstaaten (ABl. L 190 vom 18.7.2002, S. 1), der zuletzt durch den Rahmenbeschluss 2009/299/JI (ABl. L 81 vom 27.3.2009, S. 24) geändert worden ist, besteht und konkrete Anhaltspunkte dafür vorliegen, dass die Übermittlung dieser personenbezogenen Daten dazu beitragen könnte, eine solche Straftat zu verhindern.

(2) Die Übermittlung personenbezogener Daten nach Absatz 1 ist nur zulässig, wenn das Ersuchen mindestens folgende Angaben enthält:

1. die Bezeichnung und die Anschrift der ersuchenden Behörde,
2. die Bezeichnung der Straftat, zu deren Verhütung die Daten benötigt werden,
3. die Beschreibung des Sachverhalts, der dem Ersuchen zugrunde liegt,
4. die Benennung des Zwecks, zu dem die Daten erbeten werden,
5. der Zusammenhang zwischen dem Zweck, zu dem die Informationen oder Erkenntnisse erbeten werden, und der Person, auf die sich diese Informationen beziehen,
6. Einzelheiten zur Identität der betroffenen Person, sofern sich das Ersuchen auf eine bekannte Person bezieht, und
7. Gründe für die Annahme, dass sachdienliche Informationen und Erkenntnisse im Inland vorliegen.

(3) Die Datenübermittlung nach Absatz 1 unterbleibt, wenn

1. hierdurch wesentliche Sicherheitsinteressen des Bundes oder der Länder beeinträchtigt würden,
2. die Übermittlung der Daten unverhältnismäßig wäre oder die Daten für die Zwecke, für die sie übermittelt werden sollen, nicht erforderlich sind,
3. die zu übermittelnden Daten bei der ersuchten Behörde nicht vorhanden sind und nur durchdas Ergreifen von Zwangsmaßnahmen erlangt werden können oder
4. besondere bundesgesetzliche Verwendungsregelungen entgegenstehen; die Verpflichtung zur Wahrung gesetzlicher Geheimhaltungspflichten oder von Berufs- oder besonderen Amtsgeheimnissen, die nicht auf gesetzlichen Vorschriften beruhen, bleibt unberührt.

(Fortsetzung nächstes Blatt)

[1] § 6a eingef. mWv 26.7.2012 durch G v. 21.7.2012 (BGBl. I S. 1566); Abs. 5 Sätze 1 und 2 geänd., Satz 3 neu gef., Abs. 6 geänd. mWv 26.11.2019 durch G v. 20.11.2019 (BGBl. I S. 1626).

(4) Die Übermittlung kann unterbleiben, wenn

1. die Tat, zu deren Verhütung die Daten übermittelt werden sollen, nach deutschem Recht mit einer Freiheitsstrafe von im Höchstmaß einem Jahr oder weniger bedroht ist,
2. die übermittelten Daten als Beweismittel vor einer Justizbehörde verwendet werden sollen,
3. die zu übermittelnden Daten bei der ersuchten Behörde nicht vorhanden sind, jedoch ohne das Ergreifen von Zwangsmaßnahmen erlangt werden können, oder
4. der Erfolg laufender Ermittlungen oder Leib, Leben oder Freiheit einer Person gefährdet würde.

(5) [1] Personenbezogene Daten, die nach dem Rahmenbeschluss 2006/960/JI des Rates vom 18. Dezember 2006 über die Vereinfachung des Austauschs von Informationen und Erkenntnissen zwischen den Strafverfolgungsbehörden der Mitgliedstaaten der Europäischen Union (ABl. L 386 vom 29.12.2006, S. 89, L 75 vom 15.3.2007, S. 26) an die Behörden der Zollverwaltung übermittelt worden sind, dürfen ohne Zustimmung des übermittelnden Staates nur für die Zwecke, für die sie übermittelt wurden, oder zur Abwehr einer gegenwärtigen und erheblichen Gefahr für die öffentliche Sicherheit verarbeitet werden. [2] Für einen anderen Zweck oder als Beweismittel in einem gerichtlichen Verfahren dürfen sie nur verarbeitet werden, wenn der übermittelnde Staat zugestimmt hat. [3] Bedingungen, die der übermittelnde Staat für die Verarbeitung der Daten stellt, sind zu beachten.

(6) Die Behörden der Zollverwaltung erteilen dem übermittelnden Staat auf dessen Ersuchen zu Zwecken der Datenschutzkontrolle Auskunft darüber, wie die übermittelten Daten verarbeitet wurden.

(7) Die Absätze 1 bis 6 finden auch Anwendung auf die Übermittlung von personenbezogenen Daten an für die Verhütung und Verfolgung von Straftaten zuständige Behörden eines Schengen-assoziierten Staates im Sinne von § 91 Absatz 3 des Gesetzes über die internationale Rechtshilfe in Strafsachen[1].

§ 7[2] Auskunftsansprüche bei anonymen Angeboten und Werbemaßnahmen. (1) [1] Wurden Angebote oder Werbemaßnahmen ohne Angabe von Name und Anschrift veröffentlicht und bestehen in diesem Zusammenhang Anhaltspunkte für Schwarzarbeit oder illegale Beschäftigung nach § 1, so ist derjenige, der das Angebot oder die Werbemaßnahme veröffentlicht hat, verpflichtet, den Behörden der Zollverwaltung Namen und Anschrift des Auftraggebers des Angebots oder der Werbemaßnahme auf Verlangen unentgeltlich mitzuteilen. [2] Soweit Name und Anschrift nicht vorliegen, sind die Daten mitzuteilen, die eine Identifizierung des Auftraggebers ermöglichen. [3] Bei Anhaltspunkten nach § 1 Absatz 2 Satz 1 Nummer 4 oder 5 besteht diese Verpflichtung gegenüber den nach Landesrecht für die Verfolgung und Ahndung von Ordnungswidrigkeiten nach diesem Gesetz *zuständigen* Behörden.

(2) [1] Die Behörden der Zollverwaltung und die nach Landesrecht für die Verfolgung und Ahndung von Ordnungswidrigkeiten nach diesem Gesetz zuständigen Behörden können zur Erfüllung ihrer Aufgaben nach § 2 Absatz 1 und 3 Auskunft

[1] Nr. **90h**.

[2] § 7 neu gef. mWv 18.7.2019 durch G v. 11.7.2019 (BGBl. I S. 1066); Abs. 2–5 angef. mWv 2.4.2021 durch G v. 30.3.2021 (BGBl. I S. 448); Abs. 2 Sätze 1 und 3 geänd. mWv 1.12.2021 durch G v. 23.6.2021 (BGBl. I S. 1982); Abs. 2 Sätze 1 und 3 geänd. mWv 14.5.2024 durch G v. 6.5.2024 (BGBl. 2024 I Nr. 149).

verlangen von demjenigen, der geschäftsmäßig eigene oder fremde digitale Dienste nach § 1 Absatz 4 Nummer 1 des Digitale-Dienste-Gesetzes zur Nutzung bereithält oder den Zugang zur Nutzung vermittelt, über Bestandsdaten gemäß § 2 Absatz 2 Nummer 2 des Telekommunikation-Digitale-Dienste-Datenschutz-Gesetzes (§ 22 Absatz 1 Satz 1 des Telekommunikation-Digitale-Dienste-Datenschutz-Gesetzes). 2 Die Auskunft nach Satz 1 darf nur verlangt werden, sofern im Einzelfall bei der Veröffentlichung von Angeboten oder Werbemaßnahmen ohne Angabe von Name und Anschrift tatsächliche Anhaltspunkte für Schwarzarbeit oder illegale Beschäftigung nach § 1 vorliegen und die zu erhebenden Daten zur Identifizierung des Auftraggebers erforderlich sind, um Schwarzarbeit oder illegale Beschäftigung aufzudecken. 3 Die Auskunft darf auch anhand einer zu einem bestimmten Zeitpunkt zugewiesenen Internetprotokoll-Adresse verlangt werden (§ 22 Absatz 1 Satz 3 und 4 des Telekommunikation-Digitale-Dienste-Datenschutz-Gesetzes), wenn tatsächliche Anhaltspunkte dafür vorliegen, dass die betroffene Person Nutzer des digitalen Dienstes ist, bei dem die Daten erhoben werden sollen, mit der Maßgabe, dass ein Auskunftsverlangen die Verhütung einer Straftat nach den §§ 10, 10a oder 11 dieses Gesetzes oder § 266a des Strafgesetzbuches[1] voraussetzt. 4 Die rechtlichen und tatsächlichen Grundlagen des Auskunftsverlangens sind aktenkundig zu machen.

(3) 1 Die betroffene Person ist in den Fällen des Absatzes 2 Satz 3 über die Beauskunftung zu benachrichtigen. 2 Die Benachrichtigung erfolgt, soweit und sobald hierdurch der Zweck der Auskunft nicht vereitelt wird. 3 Sie unterbleibt, wenn ihr überwiegende schutzwürdige Belange Dritter oder der betroffenen Person selbst entgegenstehen. 4 Wird die Benachrichtigung nach Satz 2 zurückgestellt oder nach Satz 3 von ihr abgesehen, sind die Gründe aktenkundig zu machen.

(4) Der auf Grund eines Auskunftsverlangens Verpflichtete hat die zur Auskunftserteilung erforderlichen Daten unverzüglich und vollständig zu übermitteln.

(5) 1 Die die Auskunft verlangende Behörde hat den Verpflichteten für ihr erteilte Auskünfte eine Entschädigung zu gewähren. 2 Der Umfang der Entschädigung bemisst sich nach § 23 und Anlage 3 des Justizvergütungs- und -entschädigungsgesetzes[2]; die Vorschriften über die Verjährung in § 2 Absatz 1 und 4 des Justizvergütungs- und -entschädigungsgesetzes finden entsprechend Anwendung.

Abschnitt 3. Bußgeld- und Strafvorschriften

§ 8[3] Bußgeldvorschriften. (1) Ordnungswidrig handelt, wer

1. a)–c) *(aufgehoben)*

   d) der Verpflichtung zur Anzeige vom Beginn des selbstständigen Betriebes eines stehenden Gewerbes (§ 14 der Gewerbeordnung[4]) nicht nachgekommen ist oder die erforderliche Reisegewerbekarte (§ 55 der Gewerbeordnung) nicht erworben hat oder

---

[1] **Habersack, Deutsche Gesetze Nr. 85.**

[2] **Habersack, Deutsche Gesetze Nr. 116.**

[3] § 8 Abs. 2 Nr. 1 und 2 eingef., bish. Nr. 1–3 werden Nr. 3–5, Abs. 3 geänd. mWv 1.1.2009 durch G v. 21.12.2008 (BGBl. I S. 2933); Abs. 1 Nr. 1 Buchst. a–c aufgeh., Abs. 3 geänd. mWv 10.3.2017 durch G *v. 6.3.2017 (BGBl. I S. 399)*; Abs. 1 Nr. 2, Abs. 2 Nr. 3 Buchst. a und b, Nr. 4 und 5 geänd., Nr. 6 und 7 angef., Abs. 3–5 eingef., bish. Abs. 3 wird Abs. 6 und neu gef., bish. Abs. 4 und 5 werden Abs. 7 und 8, Abs. 9 angef. mWv 18.7.2019 durch G v. 11.7.2019 (BGBl. I S. 1066).

[4] **Sartorius Nr. 800.**

e) ein zulassungspflichtiges Handwerk als stehendes Gewerbe selbstständig betreibt, ohne in die Handwerksrolle eingetragen zu sein (§ 1 der Handwerksordnung[1])

und Dienst- oder Werkleistungen in erheblichem Umfang erbringt oder

2. Dienst- oder Werkleistungen in erheblichem Umfang ausführen lässt, indem er eine oder mehrere Personen beauftragt, von der oder denen er weiß oder fahrlässig nicht weiß, dass diese Leistungen unter vorsätzlichem Verstoß gegen eine in Nummer 1 genannte Vorschrift erbringen.

(2) Ordnungswidrig handelt, wer vorsätzlich oder fahrlässig

1. entgegen § 2a Abs. 1 ein dort genanntes Dokument nicht mitführt oder nicht oder nicht rechtzeitig vorlegt,
2. entgegen § 2a Abs. 2 den schriftlichen Hinweis nicht oder nicht für die vorgeschriebene Dauer aufbewahrt oder nicht oder nicht rechtzeitig vorlegt,
3. entgegen
   a) § 5 Absatz 1 Satz 1 Nummer 1, 2 oder 3 oder
   b) § 5 Absatz 4 Satz 1

   eine Prüfung oder das Betreten eines Grundstücks oder eines Geschäftsraumes nicht duldet oder bei einer Prüfung nicht mitwirkt,
4. entgegen § 5 Absatz 3 Satz 1 ein dort genanntes Dokument nicht oder nicht rechtzeitig vorlegt,
5. entgegen § 5 Absatz 5 Satz 1 Daten nicht, nicht richtig, nicht vollständig, nicht in der vorgeschriebenen Weise oder nicht rechtzeitig übermittelt,
6. entgegen § 5a Absatz 1 Satz 1 seine Arbeitskraft anbietet oder
7. entgegen § 5a Absatz 1 Satz 2 eine Arbeitskraft nachfragt.

(3) Ordnungswidrig handelt, wer als Arbeitgeber eine in § 266a Absatz 2 Nummer 1 oder 2 des Strafgesetzbuches[2] bezeichnete Handlung leichtfertig begeht und dadurch der Einzugsstelle Beiträge des Arbeitnehmers oder der Arbeitnehmerin zur Sozialversicherung einschließ-

(Fortsetzung nächstes Blatt)

[1] **Sartorius Nr. 815.**
[2] **Habersack, Deutsche Gesetze Nr. 85.**

lich der Arbeitsförderung, unabhängig davon, ob Arbeitsentgelt gezahlt wird, leichtfertig vorenthält.

(4) Ordnungswidrig handelt, wer

1. einen Beleg ausstellt, der in tatsächlicher Hinsicht nicht richtig ist und das Erbringen oder Ausführenlassen einer Dienst- oder Werkleistung vorspiegelt, oder
2. einen in Nummer 1 genannten Beleg in den Verkehr bringt

und dadurch Schwarzarbeit im Sinne des § 1 Absatz 2 oder illegale Beschäftigung im Sinne des § 1 Absatz 3 ermöglicht.

(5) Ordnungswidrig handelt, wer eine in Absatz 4 genannte Handlung begeht und

1. aus grobem Eigennutz für sich oder einen anderen Vermögensvorteile großen Ausmaßes erlangt oder
2. als Mitglied einer Bande handelt, die sich zur fortgesetzten Begehung solcher Taten verbunden hat.

(6) Die Ordnungswidrigkeit kann in den Fällen des Absatzes 5 mit einer Geldbuße bis zu fünfhunderttausend Euro, in den Fällen des Absatzes 4 mit einer Geldbuße bis zu einhunderttausend Euro, in den Fällen des Absatzes 1 Nummer 1 Buchstabe d und e, Nummer 2 in Verbindung mit Nummer 1 Buchstabe d und e sowie in den Fällen des Absatzes 3 mit einer Geldbuße bis zu fünfzigtausend Euro, in den Fällen des Absatzes 2 Nummer 3 Buchstabe a, Nummer 5 und 7 mit einer Geldbuße bis zu dreißigtausend Euro, in den Fällen des Absatzes 2 Nummer 1 und 6 mit einer Geldbuße bis zu fünftausend Euro und in den übrigen Fällen mit einer Geldbuße bis zu tausend Euro geahndet werden.

(7) [1] Absatz 1 findet keine Anwendung für nicht nachhaltig auf Gewinn gerichtete Dienst- oder Werkleistungen, die

1. von Angehörigen im Sinne des § 15 der Abgabenordnung oder Lebenspartnern,
2. aus Gefälligkeit,
3. im Wege der Nachbarschaftshilfe oder
4. im Wege der Selbsthilfe im Sinne des § 36 Abs. 2 und 4 des Zweiten Wohnungsbaugesetzes[1)] in der Fassung der Bekanntmachung vom 19. August 1994 (BGBl. I S. 2137) oder als Selbsthilfe im Sinne des § 12 Abs. 1 Satz 2 des Wohnraumförderungsgesetzes[2)] vom 13. September 2001 (BGBl. I S. 2376), zuletzt geändert durch Artikel 7 des Gesetzes vom 29. Dezember 2003 (BGBl. I S. 3076),

---

[1)] Das II. WoBauG wurde mWv 31.12.2001 aufgeh. durch G v. 13.9.2001 (BGBl. I S. 2376). § 36 Abs. 2 und 4 dieser Fassung lauten:
„(2) Zur Selbsthilfe gehören die Arbeitsleistungen, die zur Durchführung eines Bauvorhabens erbracht werden
a) von dem Bauherrn selbst,
b) von seinen Angehörigen,
c) von anderen unentgeltlich oder auf Gegenseitigkeit.
(4) Dem Bauherrn steht bei einem Kaufeigenheim, einer Trägerkleinsiedlung, einer Kaufeigentumswohnung und einer Genossenschaftswohnung der Bewerber gleich.“

[2)] **Sartorius Nr. 355.**

erbracht werden. [2] Als nicht nachhaltig auf Gewinn gerichtet gilt insbesondere eine Tätigkeit, die gegen geringes Entgelt erbracht wird.

(8) Das Bundesministerium der Finanzen wird ermächtigt, durch Rechtsverordnung mit Zustimmung des Bundesrates Vorschriften über Regelsätze für Geldbußen wegen einer Ordnungswidrigkeit nach Absatz 1 oder 2 zu erlassen.

(9) Eine Geldbuße wird in den Fällen des Absatzes 3 nicht festgesetzt, wenn der Arbeitgeber spätestens im Zeitpunkt der Fälligkeit oder unverzüglich danach gegenüber der Einzugsstelle

1. schriftlich die Höhe der vorenthaltenen Beiträge mitteilt,
2. schriftlich darlegt, warum die fristgemäße Zahlung nicht möglich ist, obwohl er sich darum ernsthaft bemüht hat, und
3. die vorenthaltenen Beiträge nachträglich innerhalb der von der Einzugsstelle bestimmten angemessenen Frist entrichtet.

§ 9[1)] *(aufgehoben)*

§ 10[2)] **Beschäftigung von Ausländern ohne Genehmigung oder ohne Aufenthaltstitel und zu ungünstigen Arbeitsbedingungen.** (1) Wer vorsätzlich eine in § 404 Abs. 2 Nr. 3 des Dritten Buches Sozialgesetzbuch bezeichnete Handlung begeht und den Ausländer zu Arbeitsbedingungen beschäftigt, die in einem auffälligen Missverhältnis zu den Arbeitsbedingungen deutscher Arbeitnehmer und Arbeitnehmerinnen stehen, die die gleiche oder eine vergleichbare Tätigkeit ausüben, wird mit Freiheitsstrafe bis zu drei Jahren oder mit Geldstrafe bestraft.

(2) [1] In besonders schweren Fällen des Absatzes 1 ist die Strafe Freiheitsstrafe von sechs Monaten bis zu fünf Jahren. [2] Ein besonders schwerer Fall liegt in der Regel vor, wenn der Täter gewerbsmäßig oder aus grobem Eigennutz handelt.

§ 10a[3)] **Beschäftigung von Ausländern ohne Aufenthaltstitel, die Opfer von Menschenhandel sind.** Mit Freiheitsstrafe bis zu drei Jahren oder mit Geldstrafe wird bestraft, wer entgegen § 4a Absatz 5 Satz 1 des Aufenthaltsgesetzes[4)] einen Ausländer beschäftigt und hierbei eine Lage ausnutzt, in der sich der Ausländer durch eine gegen ihn gerichtete Tat eines Dritten nach § 232a Absatz 1 bis 5 oder § 232b des Strafgesetzbuchs[5)] befindet.

§ 11[6)] **Erwerbstätigkeit von Ausländern ohne Genehmigung oder ohne Aufenthaltstitel in größerem Umfang oder von minderjährigen Ausländern.** (1) Wer

---

1) § 9 aufgeh. mWv 10.3.2017 durch G v. 6.3.2017 (BGBl. I S. 399).

2) § 10 Überschrift und Abs. 1 geänd. mWv 18.3.2005 durch G v. 14.3.2005 (BGBl. I S. 721).

3) § 10a eingef. mWv 26.11.2011 durch G v. 22.11.2011 (BGBl. I S. 2258); geänd. mWv 15.10. 2016 durch G v. 11.10.2016 (BGBl. I S. 2226); geänd. mWv 1.3.2020 durch G v. 15.8.2019 (BGBl. I S. 1307).

4) **Sartorius Nr. 565.**

5) **Schönfelder Nr. 85.**

6) § 11 neu gef. mWv 18.3.2005 durch G v. 14.3.2005 (BGBl. I S. 721); Überschrift und Abs. 2 geänd., Abs. 1 neu gef. mWv 28.8.2007 durch G v. 19.8.2007 (BGBl. I S. 1970); Überschrift, Abs. 1 *Nr. 1 und 2 geänd., Nr. 3 angef., Abs. 2* neu gef. mWv 26.11.2011 durch G v. 22.11.2011 (BGBl. I S. 2258); Abs. 1 Nr. 2 Buchst. c geänd. mWv 18.7.2019 durch G v. 11.7.2019 (BGBl. I S. 1066); Abs. 1 Nr. 1 und 3 geänd. mWv 24.6.2020 durch G v. 12.6.2020 (BGBl. I S. 1248).

1. gleichzeitig mehr als fünf Ausländer entgegen § 284 Abs. 1 des Dritten Buches Sozialgesetzbuch beschäftigt oder entgegen § 4a Absatz 5 Satz 1 des Aufenthaltsgesetzes[1] beschäftigt oder mit Dienst- oder Werkleistungen beauftragt,
2. eine in
   a) § 404 Abs. 2 Nr. 3 des Dritten Buches Sozialgesetzbuch,
   b) § 404 Abs. 2 Nr. 4 des Dritten Buches Sozialgesetzbuch,
   c) § 98 Absatz 2a Nummer 1 des Aufenthaltsgesetzes oder
   d) § 98 Abs. 3 Nr. 1 des Aufenthaltsgesetzes

   bezeichnete vorsätzliche Handlung beharrlich wiederholt oder
3. entgegen § 4a Absatz 5 Satz 1 des Aufenthaltsgesetzes eine Person unter 18 Jahren beschäftigt,

wird mit Freiheitsstrafe bis zu einem Jahr oder mit Geldstrafe bestraft.

(2) Handelt der Täter in den Fällen des Absatzes 1 Nummer 1, Nummer 2 Buchstabe a oder Buchstabe c oder Nummer 3 aus grobem Eigennutz, ist die Strafe Freiheitsstrafe bis zu drei Jahren oder Geldstrafe.

Abschnitt 4. Ermittlungen

§ 12[2] Allgemeines zu den Ordnungswidrigkeiten. (1) Verwaltungsbehörden im Sinne des § 36 Abs. 1 Nr. 1 des Gesetzes über Ordnungswidrigkeiten[3] sind

1. *(aufgehoben)*
2. in den Fällen des § 8 Abs. 1 Nr. 1 Buchstabe d und e und Nr. 2 in Verbindung mit Nr. 1 Buchstabe d und e die nach Landesrecht zuständige Behörde,
3. in den Fällen des § 8 Abs. 2 die Behörden der Zollverwaltung sowie die nach Landesrecht zuständige Behörde jeweils für ihren Geschäftsbereich,
4. in den Fällen des § 8 Absatz 3 bis 5 die Behörden der Zollverwaltung.

(2) Die Geldbußen fließen in die Kasse der Verwaltungsbehörde, die den Bußgeldbescheid erlassen hat.

(3) [1] Die nach Absatz 2 zuständige Kasse trägt abweichend von § 105 Abs. 2 des Gesetzes über Ordnungswidrigkeiten die notwendigen Auslagen. [2] Sie ist auch ersatzpflichtig im Sinne des § 110 Abs. 4 des Gesetzes über Ordnungswidrigkeiten.

(4) Die Behörden der Zollverwaltung unterrichten das Gewerbezentralregister über rechtskräftige Bußgeldbescheide nach § 8 Absatz 2 Nummer 3 Buchstabe a und Nummer 5 sowie Absatz 3 bis 5, sofern die Geldbuße mehr als zweihundert Euro beträgt.

---

[1] **Sartorius Nr. 565.**

[2] § 12 Abs. 1 Nr. 1 und 2 neu gef. mWv 18.3.2005 durch G v. 14.3.2005 (BGBl. I S. 721); Abs. 4 geänd. mWv 1.1.2009 durch G v. 21.12.2008 (BGBl. I S. 2933); Abs. 1 Nr. 1 aufgeh., Nr. 3 geänd. mWv 10.3.2017 durch G v. 6.3.2017 (BGBl. I S. 399); Abs. 1 Nr. 3 geänd., Nr. 4 angef., Abs. 4 geänd., Abs. 5 angef. mWv 18.7.2019 durch G v. 11.7.2019 (BGBl. I S. 1066); Abs. 5 Satz 4 geänd. mWv 18.12.2019 durch G v. 12.12.2019 (BGBl. I S. 2451).

[3] **Schönfelder Nr. 94.**

(5) [1] Nimmt die Staatsanwaltschaft an der Hauptverhandlung nach § 75 Absatz 2 des Gesetzes über Ordnungswidrigkeiten nicht teil, so gibt das Gericht den Behörden der Zollverwaltung Gelegenheit, die Gründe vorzubringen, die aus ihrer Sicht für die Entscheidung von Bedeutung sind. [2] Dies gilt auch, wenn das Gericht erwägt, das Verfahren einzustellen. [3] Der Vertreter der Behörden der Zollverwaltung erhält in der Hauptverhandlung auf Verlangen das Wort. [4] Ihm ist zu gestatten, Fragen an Betroffene, Zeugen und Sachverständige zu richten.

§ 13[1)] Zusammenarbeit in Bußgeldverfahren. (1) Die Behörden der Zollverwaltung arbeiten insbesondere mit den in § 2 Absatz 4 genannten unterstützenden Stellen zusammen.

(2) [1] Ergeben sich für die in § 2 Absatz 4 Nummer 2 bis 20 genannten unterstützenden Stellen im Zusammenhang mit der Erfüllung ihrer gesetzlichen Aufgaben Anhaltspunkte für in § 8 genannte Verstöße, unterrichten sie die für die Verfolgung und Ahndung von Ordnungswidrigkeiten nach diesem Gesetz zuständigen Behörden. [2] § 31a der Abgabenordnung[2)] bleibt unberührt.

(3) [1] Gerichte und Staatsanwaltschaften sollen den nach diesem Gesetz zuständigen Stellen Erkenntnisse übermitteln, die aus ihrer Sicht zur Verfolgung von Ordnungswidrigkeiten nach § 8 erforderlich sind, soweit nicht für das Gericht oder die Staatsanwaltschaft erkennbar ist, dass schutzwürdige Interessen der betroffenen Person oder anderer Verfahrensbeteiligter an dem Ausschluss der Übermittlung überwiegen. [2] Dabei ist zu berücksichtigen, wie gesichert die zu übermittelnden Erkenntnisse sind.

§ 14[3)] Ermittlungsbefugnisse. (1) [1] Die Behörden der Zollverwaltung haben bei der Verfolgung von Straftaten und Ordnungswidrigkeiten, die mit einem der in § 2 Abs. 1 genannten Prüfgegenstände unmittelbar zusammenhängen, die gleichen Befugnisse wie die Polizeivollzugsbehörden nach der Strafprozessordnung[4)] und dem Gesetz über Ordnungswidrigkeiten[5)]. [2] Ihre Beamten sind insoweit Ermittlungspersonen der Staatsanwaltschaft. [3] In den Dienst der Zollverwaltung übergeleitete Angestellte nehmen die Befugnisse nach Satz 1 wahr und sind insoweit Ermittlungspersonen der Staatsanwaltschaft, wenn sie

1. das 21. Lebensjahr vollendet haben,
2. am 31. Dezember 2003 im Dienst der Bundesanstalt für Arbeit gestanden haben und
3. dort mindestens zwei Jahre lang zur Bekämpfung der Schwarzarbeit oder der illegalen Beschäftigung eingesetzt waren.

(2) Zur Bekämpfung von Schwarzarbeit und illegaler Beschäftigung können die Behörden der Zollverwaltung, die Polizeibehörden und die Landesfinanz-

---

[1)] § 13 Abs. 1 und 2 Satz 1 geänd. mWv 18.7.2019 durch G v. 11.7.2019 (BGBl. I S. 1066); Abs. 3 Satz 1 geänd. mWv 26.11.2019 durch G v. 20.11.2019 (BGBl. I S. 1626).

[2)] Nr. **88b**.

[3)] § 14 Abs. 1 Sätze 2 und 3 geänd. mWv 1.7.2005 durch G v. 24.6.2005 (BGBl. I S. 1841); Abs. 3 *angef. mWv 18.7.2019 durch G v. 11.7.2019 (BGBl. I S. 1066).*

[4)] **Schönfelder Nr. 90.**

[5)] **Schönfelder Nr. 94.**

behörden in Abstimmung mit der Staatsanwaltschaft gemeinsame Ermittlungsgruppen bilden.

(3) Die Behörden der Zollverwaltung dürfen bei der Verfolgung von Straftaten nach Absatz 1 erkennungsdienstliche Maßnahmen nach § 81b der Strafprozessordnung auch zur Vorsorge für künftige Strafverfahren durchführen.

§ 14a[1] Selbstständige Durchführung von Ermittlungsverfahren.

(1) [1] Die Behörden der Zollverwaltung führen in den Fällen, in denen ihnen die Befugnisse nach § 14 zustehen, die Ermittlungsverfahren nach Maßgabe dieser Vorschrift und in den Grenzen des § 14b selbstständig durch, wenn die Tat ausschließlich eine Straftat nach § 266a des Strafgesetzbuches[2] darstellt und die Staatsanwaltschaft die Strafsache an die Behörden der Zollverwaltung abgegeben hat. [2] Die allgemeinen Gesetze über das Strafverfahren sind anzuwenden.

(2) [1] Eine Abgabe durch die Staatsanwaltschaft nach Absatz 1 erfolgt nicht, wenn besondere Umstände es angezeigt erscheinen lassen, dass das Ermittlungsverfahren unter der Verantwortung der Staatsanwaltschaft fortzuführen ist. [2] Dies ist insbesondere der Fall, wenn

1. eine Maßnahme nach den §§ 99, 102, 103 oder 104 der Strafprozessordnung[3] beantragt worden ist,
2. eine Maßnahme nach § 100a der Strafprozessordnung beantragt worden ist,
3. die Anordnung der Untersuchungshaft nach § 112 der Strafprozessordnung beantragt worden ist,
4. die Strafsache besondere Schwierigkeiten aufweist,
5. der Beschuldigte außer dieser Tat noch einer anderen, prozessual selbstständigen Straftat beschuldigt wird und die Taten in einem einheitlichen Ermittlungsverfahren verfolgt werden sollen,
6. eine Freiheitsstrafe zu erwarten ist, die nicht im Strafbefehlsverfahren festgesetzt werden kann,
7. gegen die folgenden Personen ermittelt wird:
   a) Mitglieder des Europäischen Parlaments, des Deutschen Bundestages oder einer gesetzgebenden Körperschaft eines Landes,
   b) Mitglieder diplomatischer Vertretungen und andere von der inländischen Gerichtsbarkeit befreite Personen,
   c) Mitglieder einer Truppe oder eines zivilen Gefolges eines NATO-Staates oder deren Angehörige,
   d) Personen, die in den Anwendungsbereich des Jugendgerichtsgesetzes[4] fallen, oder
   e) Personen, bei denen Anhaltspunkte dafür vorliegen, dass sie vermindert schuldfähig (§ 21 des Strafgesetzbuches) oder aus psychischen Gründen in ihrer Verteidigung behindert sind, oder
8. ein Amtsträger der Zollverwaltung der Beteiligung verdächtig ist.

---

[1] § 14a eingef. mWv 18.7.2019 durch G v. 11.7.2019 (BGBl. I S. 1066).
[2] **Schönfelder Nr. 85.**
[3] **Schönfelder Nr. 90.**
[4] **Schönfelder Nr. 89.**

(3) [1] Soll nach Abgabe durch die Staatsanwaltschaft nach Absatz 1 eine Maßnahme nach Absatz 2 Satz 2 Nummer 1 oder 2 beantragt werden, so haben die Behörden der Zollverwaltung nicht die Befugnis, bei Gefahr im Verzug selbst Anordnungen vorzunehmen. [2] Soll nach einer Abgabe durch die Staatsanwaltschaft nach Absatz 1 eine Maßnahme nach Absatz 2 Satz 2 Nummer 2 oder 3 beantragt werden oder ergibt sich nachträglich, dass ein Fall des Absatzes 2 Satz 2 Nummer 4 bis 8 vorliegt, geben die Behörden der Zollverwaltung die Strafsache an die Staatsanwaltschaft zurück.

(4) Im Übrigen können die Behörden der Zollverwaltung die Strafsache jederzeit an die Staatsanwaltschaft zurückgeben, die Staatsanwaltschaft kann die Strafsache jederzeit wieder an sich ziehen.

§ 14b[1] Rechte und Pflichten bei der selbstständigen Durchführung von Ermittlungsverfahren. (1) Führen die Behörden der Zollverwaltung das Ermittlungsverfahren nach § 14a selbstständig durch, so nehmen sie die Rechte und Pflichten wahr, die der Staatsanwaltschaft im Ermittlungsverfahren zustehen.

(2) Sie haben nicht die Befugnis, Ermittlungen durch die Behörden und Beamten des Polizeidienstes vornehmen zu lassen.

(3) Bieten die Ermittlungen genügenden Anlass zur Erhebung der öffentlichen Klage, so beantragt die Behörde der Zollverwaltung über die Staatsanwaltschaft bei dem zuständigen Gericht den Erlass eines Strafbefehls, wenn die Strafsache zur Behandlung im Strafbefehlsverfahren geeignet erscheint; andernfalls legt die Behörde der Zollverwaltung die Akten der Staatsanwaltschaft vor.

(4) Hat die Behörde der Zollverwaltung den Erlass eines Strafbefehls beantragt, so nimmt sie die Rechte und Pflichten der Staatsanwaltschaft wahr, solange nicht nach § 408 Absatz 3 Satz 2 der Strafprozessordnung[2] die Hauptverhandlung anberaumt oder Einspruch gegen den Strafbefehl erhoben ist.

(5) Hat die Behörde der Zollverwaltung den Antrag gestellt, eine Einziehung gemäß § 435 der Strafprozessordnung selbstständig anzuordnen oder eine Geldbuße gegen eine juristische Person oder eine Personenvereinigung gemäß § 444 Absatz 3 der Strafprozessordnung selbstständig festzusetzen, so nimmt sie die Rechte und Pflichten der Staatsanwaltschaft wahr, solange die mündliche Verhandlung nicht beantragt oder vom Gericht angeordnet ist.

§ 14c[3] Sachliche und örtliche Zuständigkeit bei der selbstständigen Durchführung von Ermittlungsverfahren. (1) Sachlich zuständig für die Durchführung des selbstständigen Ermittlungsverfahrens nach § 14a ist das Hauptzollamt.

(2) [1] Örtlich zuständig für die Durchführung des selbstständigen Ermittlungsverfahrens ist das Hauptzollamt,

1. in dessen Bezirk die Straftat begangen oder entdeckt worden ist,
2. das zum Zeitpunkt der Abgabe des Ermittlungsverfahrens durch die Staatsanwaltschaft für die Prüfung gemäß § 2 Absatz 1 zuständig ist oder

---

[1] *§ 14b eingef. mWv 18.7.2019 durch G v. 11.7.2019 (BGBl. I S. 1066).*
[2] **Schönfelder Nr. 90.**
[3] § 14c eingef. mWv 18.7.2019 durch G v. 11.7.2019 (BGBl. I S. 1066).

3. in dessen Bezirk der Beschuldigte zum Zeitpunkt der Abgabe des Ermittlungsverfahrens seinen Wohnsitz hat; hat der Beschuldigte im räumlichen Geltungsbereich dieses Gesetzes keinen Wohnsitz, so wird die Zuständigkeit durch den Ort des gewöhnlichen Aufenthalts bestimmt.

[2] Sind nach Satz 1 mehrere Hauptzollämter zuständig, so ist das Hauptzollamt örtlich zuständig, an das die Staatsanwaltschaft das Ermittlungsverfahren abgegeben hat.

(3) [1] Ändert sich in den Fällen des Absatzes 2 Satz 1 Nummer 3 der Wohnsitz oder der Ort des gewöhnlichen Aufenthalts des Beschuldigten nach Abgabe des Ermittlungsverfahrens, so ist auch das Hauptzollamt örtlich zuständig, in dessen Bezirk der neue Wohnsitz oder Ort des gewöhnlichen Aufenthalts liegt. [2] Übergibt das nach Absatz 2 örtlich zuständige Hauptzollamt das Ermittlungsverfahren an das nach Satz 1 auch örtlich zuständige Hauptzollamt, so hat es die Staatsanwaltschaft davon in Kenntnis zu setzen.

Abschnitt 5. Datenschutz

§ 15 Allgemeines. [1] Für die Wahrnehmung der Aufgaben nach diesem Gesetz durch die Behörden der Zollverwaltung gelten hinsichtlich der Sozialdaten die Vorschriften des Zweiten Kapitels des Zehnten Buches Sozialgesetzbuch. [2] Diese Aufgaben gelten in datenschutzrechtlicher Hinsicht auch als Aufgaben nach dem Sozialgesetzbuch. [3] Die Vorschriften des Vierten Abschnitts des Ersten Teils der Abgabenordnung[1)] zum Steuergeheimnis bleiben unberührt.

§ 16[2)] Zentrales Informationssystem für die Finanzkontrolle Schwarzarbeit. (1) Die Behörden der Zollverwaltung führen ein zentrales Informationssystem für die Finanzkontrolle Schwarzarbeit, in dem die zur Aufgabenerfüllung nach diesem Gesetz erhobenen und übermittelten Daten automatisiert verarbeitet werden.

(2) [1] Im zentralen Informationssystem für die Finanzkontrolle Schwarzarbeit werden folgende Daten gespeichert:

1. Familienname, frühere Namen, Vornamen, Tag und Ort der Geburt einschließlich Bezirk, Geburtsland, Geschlecht, Staatsangehörigkeiten, Wohnanschriften, Familienstand, Berufsbezeichnung, Steuernummer, Personalausweis- und Reisepassnummer, Kontodaten, Sozialversicherungsnummer, bei Unternehmen Name, Sitz, Rechtsform, Registernummer und -ort, Vertretungsverhältnisse des Unternehmens, Adressdaten, Steuernummer, Betriebsnummer, Kontodaten,
2. die Bezeichnung der aktenführenden Dienststelle der Zollverwaltung und das Aktenzeichen und
3. der Zeitpunkt der Einleitung des Verfahrens, der Zeitpunkt der letzten Verfahrenshandlung und der Zeitpunkt der Erledigung des Verfahrens, jeweils durch die Behörden der Zollverwaltung, sowie der Zeitpunkt und die Art der Erledigung durch das Gericht oder die Staatsanwaltschaft.

---

1) Auszugsweise abgedruckt unter Nr. **88b**.

2) § 16 neu gef. mWv 10.3.2017 durch G v. 6.3.2017 (BGBl. I S. 399); Abs. 1, Abs. 3 einl. Satzteil, Abs. 4 Satz 2 Nr. 1 geänd. mWv 26.11.2019 durch G v. 20.11.2019 (BGBl. I S. 1626).

[2] Das Bundesministerium der Finanzen kann durch Rechtsverordnung ergänzend weitere Daten bestimmen, soweit diese für die Finanzkontrolle Schwarzarbeit im Rahmen ihrer Aufgaben

1. zur Vorbereitung und Durchführung von Prüfungen nach § 2 Absatz 1, oder
2. zur Verhütung und Verfolgung von Straftaten und Ordnungswidrigkeiten, die mit einem der in § 2 Absatz 1 genannten Prüfgegenstände zusammenhängen,

erforderlich sind.

(3) Im zentralen Informationssystem für die Finanzkontrolle Schwarzarbeit dürfen personenbezogene Daten nur zu folgenden Zwecken verarbeitet werden:

1. zur Vorbereitung und Durchführung von Prüfungen nach § 2 Absatz 1,
2. zur Verhütung und Verfolgung von Straftaten und Ordnungswidrigkeiten, die mit einem der in § 2 Absatz 1 genannten Prüfgegenstände zusammenhängen,
3. zur Besteuerung, soweit sie im Zusammenhang mit der Erbringung von Dienst- oder Werkleistungen steht,
4. zur Erfüllung von Aufgaben, welche den Behörden der Zollverwaltung nach § 5a des Finanzverwaltungsgesetzes oder § 17a des Zollverwaltungsgesetzes zugewiesen sind, und
5. zur Fortbildung im Bereich der Finanzkontrolle Schwarzarbeit, soweit die Daten anonymisiert werden.

(4) [1] Die Generalzolldirektion erstellt für die automatisierte Verarbeitung nach Absatz 1 eine Errichtungsanordnung, die der Zustimmung des Bundesministeriums der Finanzen bedarf. [2] In der Errichtungsanordnung sind festzulegen:

1. die Bezeichnung des Verantwortlichen,
2. die Rechtsgrundlage und der Zweck der Verarbeitung,
3. der Personenkreis, über den Daten gespeichert werden,
4. die Art und der Inhalt der gespeicherten personenbezogenen Daten,
5. die Arten der personenbezogenen Daten, die der Erschließung der Sammlung dienen,
6. die Anlieferung oder die Eingabe der gespeicherten Daten,
7. die Voraussetzungen, unter denen gespeicherte personenbezogene Daten an welche Empfänger und in welchen Verfahren übermittelt werden,
8. die Prüffristen und die Speicherungsdauer,
9. die Protokollierung sowie
10. die Verpflichtung zur Erstellung und zur Pflege eines Rollen- und Berechtigungskonzeptes.

[3] Die oder der Bundesbeauftragte für den Datenschutz und die Informationsfreiheit ist vor Erlass der Errichtungsanordnung anzuhören.

§ 17[1)] Übermittlung von Daten aus dem zentralen Informationssystem. (1) [1] Die Übermittlung von Daten aus dem zentralen Informationssystem für die Finanzkontrolle Schwarzarbeit erfolgt auf Ersuchen an

1. *(aufgehoben)*
2. die Staatsanwaltschaften für Zwecke der Strafverfolgung,
3. die Polizeivollzugsbehörden des Bundes und der Länder für die Verhütung und Verfolgung von Straftaten und Ordnungswidrigkeiten, die im Zusammenhang mit einem der in § 2 Abs. 1 genannten Prüfgegenstände stehen,
4. die Finanzbehörden der Länder zur Durchführung eines Steuerstraf- oder Steuerordnungswidrigkeitenverfahrens und für die Besteuerung, soweit die Besteuerung im Zusammenhang mit der Erbringung oder der Vortäuschung der Erbringung von Dienst- oder Werkleistungen steht,
5. die Zentralstelle für Finanztransaktionsuntersuchungen zur Erfüllung ihrer Aufgaben nach § 28 Absatz 1 Satz 2 Nummer 2 des Geldwäschegesetzes[2)],
6. die Bundesagentur für Arbeit zur Durchführung von Ordnungswidrigkeitenverfahren wegen Leistungsmissbrauchs und für die damit zusammenhängende Einstellung der Gewährung von Leistungen nach dem Dritten Buch Sozialgesetzbuch,
7. die Bundesagentur für Arbeit zur Durchführung von Ordnungswidrigkeitenverfahren nach dem Arbeitnehmerüberlassungsgesetz[3)] sowie für den Widerruf, die Versagung oder die Versagung der Verlängerung der Erlaubnis im Sinne des § 1 Absatz 1 Satz 1 des Arbeitnehmerüberlassungsgesetzes,
8. die Bundesagentur für Arbeit in ihrer Funktion als Familienkasse zur Durchführung von Steuerstrafverfahren und Ordnungswidrigkeitenverfahren und für die damit zusammenhängende Einstellung der Gewährung von Kindergeldleistungen und des Kinderzuschlags,
9. die gemeinsamen Einrichtungen und die zugelassenen kommunalen Träger nach dem Zweiten Buch Sozialgesetzbuch zur Durchführung von Ordnungswidrigkeitenverfahren wegen Leistungsmissbrauchs und für die damit zusammenhängende Leistungsbearbeitung nach dem Zweiten Buch Sozialgesetzbuch oder
10. die Träger nach dem Zwölften Buch Sozialgesetzbuch zur Durchführung von Ordnungswidrigkeitenverfahren wegen Leistungsmissbrauchs und für die damit zusammenhängende Leistungsbearbeitung nach dem Zwölften Buch Sozialgesetzbuch.

[2] Soweit durch eine Übermittlung von Daten die Gefährdung des Untersuchungszwecks eines Ermittlungsverfahrens zu besorgen ist, kann die für dieses Verfahren zuständige Behörde der Zollverwaltung oder die zuständige Staatsanwaltschaft anordnen, dass keine Übermittlung von Daten erfolgen darf. [3] § 480 Absatz 1 Satz 1 und 2 der Strafprozessordnung[4)] findet Anwendung,

---

[1)] § 17 Überschrift und Abs. 1 Satz 1 Nr. 3 geänd. mWv 1.1.2009 durch G v. 21.12.2008 (BGBl. I S. 2933); Überschrift, Abs. 1 Satz 1 einl. Satzteil geänd., Nr. 1 aufgeh., Nr. 2–4, Satz 2 geänd. mWv 10.3.2017 durch G v. 6.3.2017 (BGBl. I S. 399); Abs. 1 Satz 1 Nr. 4 geänd., Nr. 5 angef. mWv 26.6. 2017 durch G v. 23.6.2017 (BGBl. I S. 1822); Überschrift neu gef., Abs. 1 Satz 1 Nr. 4, Nr. 5 geänd., Nr. 6–10 angef. mWv 18.7.2019 durch G v. 11.7.2019 (BGBl. I S. 1066); Abs. 1 Satz 3 geänd. mWv 26.11.2019 durch G v. 20.11.2019 (BGBl. I S. 1724).

[2)] Nr. **88a**.

[3)] Nr. **84a**.

[4)] **Schönfelder Nr. 90.**

wenn die Daten Verfahren betreffen, die zu einem Strafverfahren geführt haben.

(2) [1]Die Übermittlung der Daten erfolgt im Wege eines automatisierten Abrufverfahrens oder eines automatisierten Anfrage- und Auskunftsverfahrens, im Fall einer Störung der Datenfernübertragung oder bei außergewöhnlicher Dringlichkeit telefonisch oder durch Telefax. [2]Die beteiligten Stellen haben zu gewährleisten, dass dem jeweiligen Stand der Technik entsprechende Maßnahmen zur Sicherstellung von Datenschutz und Datensicherheit getroffen werden, die insbesondere die Vertraulichkeit und Unversehrtheit der Daten gewährleisten; im Fall der Nutzung allgemein zugänglicher Netze sind dem jeweiligen Stand der Technik entsprechende Verschlüsselungsverfahren anzuwenden. [3]Es gilt § 79 Abs. 2 bis 4 des Zehnten Buches Sozialgesetzbuch.

§ 18 Auskunft an die betroffene Person. [1]Für die Auskunft an die betroffene Person gilt § 83 des Zehnten Buches Sozialgesetzbuch. [2]Die Auskunft bedarf des Einvernehmens der zuständigen Staatsanwaltschaft, wenn sie Daten aus einem Verfahren betrifft, das zu einem Strafverfahren geführt hat.

§ 19[1)] Löschung. Die Daten im zentralen Informationssystem für die Finanzkontrolle Schwarzarbeit und die dazugehörigen Verfahrensakten in Papierform sind nach den Bestimmungen des § 489 der Strafprozessordnung[2)], des § 49c des Gesetzes über Ordnungswidrigkeiten[3)] und des § 84 des Zehnten Buches Sozialgesetzbuch zu löschen und zu vernichten, spätestens jedoch

1. ein Jahr nach Ablauf des Kalenderjahres, in dem eine Prüfung nach § 2 ohne Einleitung eines Straf- oder Bußgeldverfahrens abgeschlossen worden ist,
2. fünf Jahre nach Ablauf des Kalenderjahres, in dem ein Straf- oder Bußgeldverfahren rechtskräftig abgeschlossen worden ist, oder
3. zwei Jahre nach Ablauf des Kalenderjahres, in dem ein Strafverfahren abgeschlossen worden ist, wenn
   a) die Person, über die Daten nach § 16 gespeichert wurden, von dem betreffenden Tatvorwurf rechtskräftig freigesprochen worden ist,
   b) die Eröffnung des Hauptverfahrens unanfechtbar abgelehnt worden ist oder
   c) das Verfahren nicht nur vorläufig eingestellt worden ist.

Abschnitt 6. Verwaltungsverfahren, Rechtsweg

§ 20 Entschädigung der Zeugen und Sachverständigen. Werden Zeugen und Sachverständige von den Behörden der Zollverwaltung herangezogen, so erhalten sie auf Antrag in entsprechender Anwendung des Justizvergütungs- und -entschädigungsgesetzes[4)] eine Entschädigung oder Vergütung.

[1)] § 19 neu gef. mWv 10.3.2017 durch G v. 6.3.2017 (BGBl. I S. 399); Nr. 1 und 2 geänd. mWv 1.7.2021 durch G v. 25.6.2021 (BGBl. I S. 2099).

[2)] ***Schönfelder Nr. 90.***

[3)] **Schönfelder Nr. 94.**

[4)] **Schönfelder Nr. 116.**

§ 21[1)] **Ausschluss von öffentlichen Aufträgen.** (1) [1] Von der Teilnahme an einem Wettbewerb um einen Liefer-, Bau- oder Dienstleistungsauftrag der in den §§ 99 und 100 des Gesetzes gegen Wettbewerbsbeschränkungen[2)] genannten Auftraggeber sollen Bewerber bis zu einer Dauer von drei Jahren ausgeschlossen werden, die oder deren nach Satzung oder Gesetz Vertretungsberechtigte nach

1. § 8 Abs. 1 Nr. 2, §§ 10 bis 11,
2. § 404 Abs. 1 oder 2 Nr. 3 des Dritten Buches Sozialgesetzbuch,
3. §§ 15, 15a, 16 Abs. 1 Nr. 1, 1c, 1d, 1f oder 2 des Arbeitnehmerüberlassungsgesetzes[3)] oder
4. § 266a Abs. 1 bis 4 des Strafgesetzbuches[4)]

zu einer Freiheitsstrafe von mehr als drei Monaten oder einer Geldstrafe von mehr als neunzig Tagessätzen verurteilt oder mit einer Geldbuße von wenigstens zweitausendfünfhundert Euro belegt worden sind. [2] Das Gleiche gilt auch schon vor Durchführung eines Straf- oder Bußgeldverfahrens, wenn im Einzelfall angesichts der Beweislage kein vernünftiger Zweifel an einer schwerwiegenden Verfehlung nach Satz 1 besteht. [3] Die für die Verfolgung oder Ahndung zuständigen Behörden nach Satz 1 Nr. 1 bis 4 dürfen den öffentlichen Auftraggebern nach § 99 des Gesetzes gegen Wettbewerbsbeschränkungen und solchen Stellen, die von öffentlichen Auftraggebern zugelassene Präqualifikationsverzeichnisse oder Unternehmer- und Lieferantenverzeichnisse führen, auf Verlangen die erforderlichen Auskünfte geben. [4] Öffentliche Auftraggeber nach Satz 3 fordern im Rahmen ihrer Tätigkeit Auskünfte aus dem Wettbewerbsregister an oder verlangen vom Bewerber eine Erklärung, dass die Voraussetzungen für einen Ausschluss nach Satz 1 oder 2 nicht vorliegen; auch im Falle einer Erklärung des Bewerbers können öffentliche Auftraggeber Auskünfte aus dem Wettbewerbsregister jederzeit anfordern. [5] Für den Bewerber, der den Zuschlag erhalten soll, fordert der öffentliche Auftraggeber nach Satz 3 bei Aufträgen ab einer Höhe von 30 000 Euro vor Zuschlagserteilung eine Auskunft aus dem Wettbewerbsregister an. [6] Der Bewerber ist vor der Entscheidung über den Ausschluss zu hören.

(2) Eine Verfehlung nach Absatz 1 steht einer Verletzung von Pflichten nach § 241 Abs. 2 des Bürgerlichen Gesetzbuchs[5)] gleich.

§ 22 Verwaltungsverfahren. Soweit dieses Gesetz nichts anderes bestimmt, gelten die Vorschriften der Abgabenordnung[6)] sinngemäß für das Verwaltungsverfahren der Behörden der Zollverwaltung nach diesem Gesetz.

§ 23 Rechtsweg. In öffentlich-rechtlichen Streitigkeiten über Verwaltungshandeln der Behörden der Zollverwaltung nach diesem Gesetz ist der Finanzrechtsweg gegeben.

[1)] § 21 Abs. 1 Satz 4 neu gef., Satz 5 eingef., bish. Satz 5 wird Satz 6 mWv 14.9.2007 durch G v. 7.9. 2007 (BGBl. I S. 2246); Abs. 1 Nr. 3 geänd. mWv 1.4.2017 durch G v. 21.2.2017 (BGBl. I S. 258); Abs. 1 Satz 1 einl. Satzteil, Nr. 1, Sätze 3–5 geänd. mWv 10.3.2017 durch G v. 6.3.2017 (BGBl. I S. 399); Abs. 1 Sätze 4 und 5 geänd. mWv 1.6.2022 durch G v. 18.7.2017 (BGBl. I S. 2739, geänd. durch G v. 18.1.2021, BGBl. I S. 2) iVm Bek. v. 18.10.2021 (BAnz AT 29.10.2021 B3) und Bek. v. 16.2.2022 (BGBl. I S. 306).

[2)] **Habersack, Deutsche Gesetze Nr. 74.**

[3)] Nr. **84a.**

[4)] **Habersack, Deutsche Gesetze Nr. 85.**

[5)] **Habersack, Deutsche Gesetze Nr. 20.**

[6)] Auszugsweise abgedruckt unter Nr. **88b.**

95 b. Gesetz zur Wahrung der Einheitlichkeit der Rechtsprechung der obersten Gerichtshöfe des Bundes

Vom 19. Juni 1968

(BGBl. I S. 661)

FNA 304-1

Lfd. Nr.	Änderndes Gesetz	Datum	Fundstelle	Betroffen	Hinweis
1.	Art. 11 Bundesdisziplinarrechts-NeuordnungsG	9. 7. 2001	BGBl. I S. 1510	§ 13	geänd.
2.	Art. 5 G zur Einführung einer Rechtsbehelfsbelehrung im Zivilprozess und zur Änd. anderer Vorschriften	5. 12. 2012	BGBl. I S. 2418	§§ 11, 15	geänd. mWv 1. 1. 2013
3.	Art. 144 Zehnte ZuständigkeitsanpassungsVO	31. 8. 2015	BGBl. I S. 1474	§ 8	geänd. mWv 8. 9. 2015

Der Bundestag hat das folgende Gesetz beschlossen:

Erster Abschnitt. Gemeinsamer Senat der obersten Gerichtshöfe

§ 1 Bildung des Gemeinsamen Senats. (1) Zur Wahrung der Einheitlichkeit der Rechtsprechung der in Artikel 95 Abs. 1 des Grundgesetzes[1] genannten obersten Gerichtshöfe des Bundes wird ein Gemeinsamer Senat dieser obersten Gerichtshöfe gebildet.

(2) Der Gemeinsame Senat hat seinen Sitz in Karlsruhe.

§ 2 Zuständigkeit. (1) Der Gemeinsame Senat entscheidet, wenn ein oberster Gerichtshof in einer Rechtsfrage von der Entscheidung eines anderen obersten Gerichtshofs oder des Gemeinsamen Senats abweichen will.

(2) Sind nach den Gerichtsverfassungs- oder Verfahrensgesetzen der Große Senat oder die Vereinigten Großen Senate eines obersten Gerichtshofs anzurufen, so entscheidet der Gemeinsame Senat erst, wenn der Große Senat oder die Vereinigten Großen Senate von der Entscheidung eines anderen obersten Gerichtshofs oder des Gemeinsamen Senats abweichen wollen.

§ 3 Zusammensetzung. (1) Der Gemeinsame Senat besteht aus

1. den Präsidenten der obersten Gerichtshöfe,
2. den Präsidenten[2] der beteiligten Senate und
3. je einem weiteren Richter der beteiligten Senate.

(2) Führt der Präsident eines obersten Gerichtshofs den Vorsitz in einem beteiligten Senat, so wirken außer ihm zwei weitere Richter des beteiligten Senats in dem Gemeinsamen Senat mit.

---

[1] Nr. 1.

[2] Die Amtsbezeichnung lautet jetzt "Vorsitzender Richter"; vgl. § 19 a Deutsches Richtergesetz.

(3) Bei Verhinderung des Präsidenten eines obersten Gerichtshofs tritt sein Vertreter im Großen Senat, bei Verhinderung des *Präsidenten*[1] eines beteiligten Senats sein Vertreter im Vorsitz an seine Stelle.

(4) Die zu entsendenden Richter (Absatz 1 Nr. 3 und Absatz 2) und ihre Vertreter werden von den Präsidien der obersten Gerichtshöfe für die Dauer von zwei Geschäftsjahren bestimmt.

§ 4 Beteiligte Senate. (1) [1] Beteiligt sind der vorlegende Senat und der Senat des obersten Gerichtshofs, von dessen Entscheidung der vorlegende Senat abweichen will. [2] Ist der Senat des anderen obersten Gerichtshofs bei Eingang des Vorlegungsbeschlusses für die Rechtsfrage nicht mehr zuständig, so tritt der nach der Geschäftsverteilung nunmehr zuständige Senat an seine Stelle. [3] Haben mehrere Senate des anderen obersten Gerichtshofs über die Rechtsfrage abweichend entschieden, so ist der Senat beteiligt, der als letzter entschieden hat, sofern nach der Geschäftsverteilung nicht ein anderer Senat bestimmt ist.

(2) [1] Wird die Rechtsfrage von dem Großen Senat eines obersten Gerichtshofs vorgelegt oder will der vorlegende Senat von der Entscheidung des Großen Senats eines anderen obersten Gerichtshofs abweichen, so ist der Große Senat der beteiligte Senat. [2] Entsprechendes gilt für die Vereinigten Großen Senate eines obersten Gerichtshofs.

§ 5 Vorsitz. [1] Den Vorsitz führt der lebensälteste Präsident der nichtbeteiligten obersten Gerichtshöfe. [2] Er wird bei der Leitung der mündlichen Verhandlung sowie der Beratung und Abstimmung durch den lebensältesten der anwesenden Präsidenten der anderen obersten Gerichtshöfe, bei den übrigen Geschäften des Vorsitzenden durch seinen Vertreter im Großen Senat vertreten.

§ 6 Abstimmung. Der Gemeinsame Senat entscheidet mit der Mehrheit der Stimmen seiner Mitglieder.

§ 7 Vorrang der Amtsgeschäfte im Gemeinsamen Senat. Die Tätigkeit im Gemeinsamen Senat geht der Tätigkeit an dem obersten Gerichtshof vor.

§ 8[2] Geschäftsstelle. [1] Für den Gemeinsamen Senat wird eine Geschäftsstelle eingerichtet. [2] Das Nähere bestimmt der Bundesminister der Justiz und für Verbraucherschutz.

§ 9 Rechts- und Amtshilfe. Alle Gerichte und Verwaltungsbehörden leisten dem Gemeinsamen Senat Rechts- und Amtshilfe.

---

[1] Die Amtsbezeichnung lautet jetzt "Vorsitzender Richter"; vgl. § 19 a Deutsches Richtergesetz.
[2] § 8 Satz 2 geänd. mWv 8. 9. 2015 durch VO v. 31. 8. 2015 (BGBl. I S. 1474).

Zweiter Abschnitt. Verfahrensvorschriften

§ 10 Grundsatz. Soweit in den §§ 11 bis 17 nichts anderes bestimmt ist, gelten für das Verfahren vor dem Gemeinsamen Senat die Vorschriften für das Verfahren vor dem vorlegenden Senat entsprechend.

§ 11[1] Vorlegungsverfahren. (1) [1] Das Verfahren vor dem Gemeinsamen Senat wird durch einen Vorlegungsbeschluß eingeleitet. [2] In diesem ist die Entscheidung des obersten Gerichtshofs, von der der vorlegende Senat abweichen will, zu bezeichnen. [3] Der Beschluß ist zu begründen und den am Verfahren Beteiligten zuzustellen.

(2) [1] Die Senate, die Großen Senate oder die Vereinigten Großen Senate der obersten Gerichtshöfe holen die Entscheidung des Gemeinsamen Senats un-

(Fortsetzung nächstes Blatt)

[1] § 11 Abs. 3 angef. mWv 1. 1. 2013 durch G v. 5. 12. 2012 (BGBl. I S. 2418).

mittelbar ein. [2]Gleichzeitig ist das Verfahren vor dem vorlegenden Senat auszusetzen.

(3) [1]Eine Vorlage an den Gemeinsamen Senat im Sinne der Absätze 1 und 2 ist nur zulässig, wenn der Senat, von dessen Entscheidung abgewichen werden soll, auf die zu begründende Anfrage des erkennenden Senats erklärt hat, dass er an seiner Rechtsauffassung festhält. [2]§ 4 gilt entsprechend.

§ 12. Stellungnahmen der obersten Gerichtshöfe. (1) [1]Der Vorsitzende des Gemeinsamen Senats gibt den obersten Gerichtshöfen von dem Vorlegungsbeschluß Kenntnis. [2]Die obersten Gerichtshöfe teilen dem Gemeinsamen Senat mit, ob, mit welchem Ergebnis und mit welcher Begründung sie die streitige Rechtsfrage bisher entschieden haben und welche damit zusammenhängenden Rechtsfragen zur Entscheidung anstehen.

(2) [1]Der Gemeinsame Senat kann einen obersten Gerichtshof ersuchen, seine Auffassung zu einer für die Entscheidung erheblichen Rechtsfrage darzulegen. [2]Der ersuchte oberste Gerichtshof legt eine Äußerung des Senats vor, der nach der Geschäftsverteilung zur Entscheidung über die streitige Rechtsfrage zuständig ist oder, wenn nach der Geschäftsverteilung kein bestimmter Senat zuständig ist, vom Präsidium bestimmt wird. [3]Auch ohne Ersuchen kann ein oberster Gerichtshof dem Gemeinsamen Senat eine Äußerung seines zuständigen Senats zu der Rechtsfrage vorlegen.

(3) Der Vorsitzende des Gemeinsamen Senats teilt die eingegangenen Äußerungen den am Verfahren Beteiligten mit.

§ 13.[1] **Beteiligte am Verfahren.** (1) [1]Die am Verfahren vor dem vorlegenden Senat Beteiligten sind auch am Verfahren vor dem Gemeinsamen Senat beteiligt. [2]Sie sind in dem Vorlegungsbeschluß zu bezeichnen.

(2) [1]Der Generalbundesanwalt beim Bundesgerichtshof kann sich am Verfahren auch beteiligen, wenn er nach den für einen beteiligten Senat geltenden Verfahrensvorschriften berechtigt ist, am Verfahren mitzuwirken. [2]Der Vorsitzende des Gemeinsamen Senats gibt dem Generalbundesanwalt von solchen Verfahren Kenntnis.

(3) [1]Der Vorsitzende des Gemeinsamen Senats soll dem Generalbundesanwalt, auch wenn er am Verfahren nicht beteiligt ist, Gelegenheit zur Äußerung geben, wenn die vorgelegte Rechtsfrage für das Rechtsgebiet, für das der Generalbundesanwalt zuständig ist, Bedeutung hat. [2]Die Äußerung ist den am Verfahren Beteiligten mitzuteilen.

(4) Die Absätze 2 und 3 gelten für den Vertreter des Bundesinteresses beim Bundesverwaltungsgericht und den Bundeswehrdisziplinaranwalt entsprechend.

§ 14. Aufgabe der früheren Rechtsprechung. [1]Schließt sich der Senat des obersten Gerichtshofs, von dessen Entscheidung abgewichen werden soll, innerhalb eines Monats durch Beschluß der Rechtsauffassung des vorlegenden Senats an, so ist das Verfahren einzustellen. [2]Die Frist beginnt mit dem Eingang des Vorlegungsbeschlusses bei dem obersten Gerichtshof, von dessen Entscheidung abgewichen werden soll. [3]Sie kann von dem Vorsitzenden des Gemeinsamen Senats verlängert werden.

---

[1] § 13 Abs. 4 geänd. mWv 1. 1. 2002 durch Art. 11 G v. 9. 7. 2001 (BGBl. I S. 1510).

§ 15.[1] **Gegenstand der Entscheidung.** (1) [1]Der Gemeinsame Senat entscheidet nur über die Rechtsfrage. [2]Die Entscheidung kann ohne mündliche Verhandlung ergehen. [3]Findet keine mündliche Verhandlung statt, so ist vor der Entscheidung den am Verfahren Beteiligten Gelegenheit zur Äußerung zu geben.

(2) Die Entscheidung ist zu begründen und den Beteiligten zuzustellen.

§ 16. Wirkung der Entscheidung. Die Entscheidung des Gemeinsamen Senats ist in der vorliegenden Sache für das erkennende Gericht bindend.

§ 17. Kosten. (1) Das Verfahren vor dem Gemeinsamen Senat ist kostenfrei.

(2) Außergerichtliche Kosten werden nicht erstattet.

Dritter Abschnitt. Schlußvorschriften

§ 18. Erweiterung der Revisions- und Vorlegungsgründe. (1) [1]Hat ein Gericht die Revision oder die Rechtsbeschwerde zuzulassen, wenn es von einer Entscheidung eines obersten Gerichtshofs abweicht, so ist die Revision oder die Rechtsbeschwerde auch zuzulassen, wenn das Gericht von einer Entscheidung des Gemeinsamen Senats abweicht. [2]Findet die Revision oder die Rechtsbeschwerde an einen obersten Gerichtshof bei einer Abweichung von dessen Entscheidung ohne Zulassung statt, so ist die Revision oder Rechtsbeschwerde auch bei einer Abweichung von einer Entscheidung des Gemeinsamen Senats zulässig.

(2) Hat ein Gericht eine Sache einem obersten Gerichtshof vorzulegen, wenn es von dessen Entscheidung abweichen will, so hat das Gericht die Sache dem obersten Gerichtshof auch vorzulegen, wenn es von einer Entscheidung des Gemeinsamen Senats abweichen will.

§§ 19, 20.[2] *(Änderungsvorschriften)*

§ 21. Änderung von Bezeichnungen. Soweit in anderen Gesetzen und in Verordnungen die Bezeichnung „oberes Bundesgericht" verwendet wird, tritt an ihre Stelle die Bezeichnung „oberster Gerichtshof des Bundes".

§ 22. Berlin-Klausel. *(gegenstandslos)*

§ 23. Inkrafttreten. Dieses Gesetz tritt am ersten Tage des auf die Verkündung[3] folgenden Kalendermonats in Kraft.

---

[1] § 15 Abs. 1 Sätze 1 und 2 neugef. mWv 1. 1. 2013 durch Art. 5 G v. 5. 12. 2012 (BGBl. I S. 2418).

[2] § 19 enthält Änderungen des Richterwahlgesetzes, § 20 enthält eine Änderung der Bundesrechtsanwaltsordnung, die unter Nr. **98** bereits berücksichtigt ist.

[3] Verkündet am 25. 6. 1968.

95c. Gesetz über die allgemeine Beeidigung von gerichtlichen Dolmetschern (Gerichtsdolmetschergesetz – GDolmG)[1)]

Vom 10. Dezember 2019
(BGBl. I S. 2121, 2124)

FNA 305-1

Lfd. Nr.	Änderndes Gesetz	Datum	Fundstelle	Betroffen	Hinweis
1.	Art. 7 G zur Fortentwicklung der StrafprozessO und zur Änd. weiterer Vorschriften	25.6.2021	BGBl. I S. 2099	§§ 2, 3, 4, 7	geänd. mWv 1.7.2021 [ausführbar erst mit Inkrafttreten des GDolmG am 1.1.2023]

§ 1 Allgemeine Beeidigung gerichtlicher Dolmetscher. [1]Dolmetscher, die nach § 185 des Gerichtsverfassungsgesetzes[2)], auch in Verbindung mit § 55 der Verwaltungsgerichtsordnung[3)], § 52 Absatz 1 der Finanzgerichtsordnung, § 9 Absatz 2 des Arbeitsgerichtsgesetzes[4)] und § 61 Absatz 1 des Sozialgerichtsgesetzes, zur Sprachenübertragung in Gerichtsverhandlungen zuzuziehen sind, werden nach den Vorschriften dieses Gesetzes allgemein beeidigt. [2]§ 189 Absatz 1 des Gerichtsverfassungsgesetzes bleibt unberührt.

§ 2[5)] Zuständigkeit für die allgemeine Beeidigung; Verordnungsermächtigung. (1) Für die allgemeine Beeidigung von gerichtlichen Dolmetschern ist zuständig:

1. das Oberlandesgericht, in dessen Bezirk der Dolmetscher seinen Wohnsitz oder in Ermangelung eines solchen seine berufliche Niederlassung hat; bei einem Wohnsitz oder einer beruflichen Niederlassung in Berlin das Kammergericht Berlin,
2. im Übrigen das Kammergericht Berlin.

(2)[6)] [1]Die Landesregierungen werden ermächtigt, die Zuständigkeit nach Absatz 1 durch Rechtsverordnung abweichend zu regeln. [2]Die Landesregierungen können die Ermächtigungen auf die Landesjustizverwaltungen übertragen.

§ 3[7)] Antrag auf allgemeine Beeidigung. (1) Als gerichtlicher Dolmetscher für eine Sprache oder mehrere Sprachen wird von der nach § 2 zuständigen Stelle auf Antrag allgemein beeidigt, wer

---

1) Verkündet als Art. 6 G v. 10.12.2019 (BGBl. I S. 2121, geänd. durch G v. 25.6.2021, BGBl. I S. 2099 und G v. 7.11.2022, BGBl. I S. 1982); Inkrafttreten gem. Art. 10 Satz 5 dieses G am 1.1.2023, mit Ausnahme des § 2 Abs. 2, der gem. Art. 10 Satz 4 dieses G bereits am 5.12.2022 in Kraft tritt.

2) **Habersack, Deutsche Gesetze Nr. 95.**

3) **Sartorius Nr. 600.**

4) **Habersack, Deutsche Gesetze Nr. 83.**

5) § 2 Überschrift neu gef., Abs. 2 Satz 1 geänd. mWv 1.7.2021 [ausführbar erst mit Inkrafttreten des GDolmG am 1.1.2023] durch G v. 25.6.2021 (BGBl. I S. 2099).

6) Abs. 2 tritt gem. Art. 10 Satz 4 G v. 10.12.2019 (BGBl. I S. 2121, geänd. durch G v. 25.6.2021, BGBl. I S. 2099 und G v. 7.11.2022, BGBl. I S. 1982) bereits mWv 5.12.2022 in Kraft.

7) § 3 Abs. 1 Nr. 6 geänd., Abs. 2 neu gef., Abs. 3 Nr. 5 geänd. mWv 1.7.2021 [ausführbar erst mit Inkrafttreten des GDolmG am 1.1.2023] durch G v. 25.6.2021 (BGBl. I S. 2099).

1. Staatsangehöriger eines Mitgliedstaates der Europäischen Union oder Staatsangehöriger eines Vertragsstaates des Abkommens über den Europäischen Wirtschaftsraum oder der Schweiz ist oder wer in einem dieser Staaten seine berufliche Niederlassung oder seinen Wohnsitz hat,
2. volljährig ist,
3. geeignet ist,
4. in geordneten wirtschaftlichen Verhältnissen lebt,
5. zuverlässig ist und
6. über die erforderlichen Fachkenntnisse in der deutschen und der zu beeidigenden Sprache verfügt.

(2) [1] Über die erforderlichen Fachkenntnisse nach Absatz 1 Nummer 6 verfügt, wer über Grundkenntnisse der deutschen Rechtssprache verfügt und

1. im Inland die Dolmetscherprüfung eines staatlichen oder staatlich anerkannten Prüfungsamtes oder eine andere staatliche oder staatlich anerkannte Prüfung für den Dolmetscherberuf bestanden hat oder
2. im Ausland eine Prüfung bestanden hat, die von einer zuständigen deutschen Stelle als gleichwertig mit einer Prüfung nach Nummer 1 anerkannt wurde.

[2] Die Grundkenntnisse der deutschen Rechtssprache können auch durch eine Prüfung nach Satz 1 Nummer 1 und 2 nachgewiesen werden.

(3) Dem Antrag auf allgemeine Beeidigung sind die erforderlichen Unterlagen beizufügen, insbesondere

1. ein Lebenslauf,
2. ein Führungszeugnis nach § 30 Absatz 5 des Bundeszentralregistergesetzes[1)], dessen Ausstellung nicht länger als sechs Monate zurückliegen darf,
3. eine Erklärung darüber, ob in den letzten fünf Jahren vor Antragstellung eine Strafe oder eine Maßregel der Besserung und Sicherung gegen den Antragsteller verhängt worden ist,
4. eine Erklärung darüber, ob über das Vermögen des Antragstellers das Insolvenzverfahren eröffnet und noch keine Restschuldbefreiung erteilt worden oder ob der Antragsteller in das Schuldnerverzeichnis eingetragen ist, sowie
5. die für den Nachweis der erforderlichen Fachkenntnisse notwendigen Unterlagen.

(4) [1] Die nach § 2 zuständige Stelle bestätigt binnen eines Monats nach Eingang des Antrags den Empfang der von dem Antragsteller eingereichten Unterlagen und fordert ihn gegebenenfalls auf, weitere Unterlagen nachzureichen. [2] Das Verfahren ist innerhalb von drei Monaten nach vollständigem Eingang aller Unterlagen abzuschließen. [3] Diese Frist kann in begründeten Fällen um einen Monat verlängert werden. [4] Bestehen Zweifel an der Echtheit von vorgelegten Bescheinigungen oder Nachweisen oder benötigt die nach § 2 zuständige Stelle weitere Informationen, so kann sie durch Nachfrage bei der zuständigen Stelle des Herkunftsstaates die Echtheit überprüfen oder entsprechende Informationen einholen.

(5) Für die Dauer der Ermittlungen nach Absatz 4 Satz 4 ist der Fristablauf nach Absatz 4 Satz 2 gehemmt.

[1)] Habersack, Deutsche Gesetze Nr. 92.

§ 4[1)] Alternativer Befähigungsnachweis; gleichwertige Qualifikationen nach der Berufsanerkennungsrichtlinie. (1) Die nach § 3 Absatz 1 Nummer 6 erforderlichen Fachkenntnisse können statt mit einer bestandenen Prüfung nach § 3 Absatz 2 Satz 1 auf andere Weise nachgewiesen werden, wenn ein besonderes Bedürfnis für die allgemeine Beeidigung besteht und

1. für die zu beeidigende Sprache im Inland keine Prüfung nach § 3 Absatz 2 Satz 1 Nummer 1 angeboten wird oder
2. es für eine nach § 3 Absatz 2 Satz 1 Nummer 2 im Ausland bestandene Prüfung keine von einer zuständigen deutschen Stelle als vergleichbar eingestufte Dolmetscherprüfung gibt.

(2) [1]Fachkenntnisse sind in geeigneter Weise nachzuweisen. [2]Als Nachweis im Sinne des Absatzes 1 für Sprachkenntnisse der deutschen sowie der zu beeidigenden Sprache kommen insbesondere in Betracht:

1. die Urkunde über ein abgeschlossenes Studium an einer staatlich anerkannten Hochschule im Ausland, ohne dass der Abschluss von einer zuständigen deutschen Stelle als vergleichbar eingestuft worden ist,
2. ein C2-Sprachzertifikat des Gemeinsamen Europäischen Referenzrahmens für Sprachen eines staatlich anerkannten Sprachinstituts,
3. das Zeugnis einer Industrie- und Handelskammer über den Erwerb des anerkannten Fortbildungsabschlusses Geprüfter Übersetzer oder Geprüfte Übersetzerin nach der Übersetzerprüfungsverordnung vom 8. Mai 2017 (BGBl. I S. 1159) oder
4. der Nachweis über das Bestehen eines staatlichen Verfahrens zur Überprüfung der Sprachkenntnisse.

(3) [1]Bei Antragstellern, deren Qualifikation im Vollzug der Richtlinie 2005/36/EG des Europäischen Parlaments und des Rates vom 7. September 2005 über die Anerkennung von Berufsqualifikationen (ABl. L 255 vom 30.9.2005, S. 22; L 271 vom 16.10.2007, S. 18; L 93 vom 4.4.2008, S. 28; L 33 vom 3.2.2009, S. 49; L 305 vom 24.10.2014, S. 115), die zuletzt durch den Delegierten Beschluss (EU) 2019/608 (ABl. L 104 vom 15.4.2019, S. 1) geändert worden ist, als gleichwertig anerkannt wurde, ist die Voraussetzung des § 3 Absatz 1 Nummer 6 nicht nochmals nachzuprüfen, soweit im Herkunftsland gleichwertige oder vergleichbare Anforderungen an die Ausbildung und Prüfung gestellt wurden. [2]Antragsteller, deren Qualifikation nicht im Sinne des Satzes 1 als gleichwertig anerkannt wurde, können die fehlenden Kenntnisse und Ausbildungsinhalte durch erfolgreichen Abschluss der Eignungsprüfung oder eines Anpassungslehrgangs ausgleichen, wenn die Anforderungen an die Ausbildung und Prüfung im Herkunftsland nur teilweise gleichwertig oder teilweise vergleichbar sind.

§ 5 Beeidigung des Dolmetschers. (1) Der Dolmetscher hat einen Eid dahin zu leisten, dass er treu und gewissenhaft übertragen werde.

(2) Auf die Beeidigung sind im Übrigen die Vorschriften des § 189 Absatz 1 Satz 2 und 3 des Gerichtsverfassungsgesetzes[2)] anzuwenden.

---

1) § 4 Überschrift neu gef., Abs. 1 einl. Satzteil, Nr. 1 und 2 geänd., Abs. 2 neu gef., Abs. 3 Satz 1 geänd., Satz 2 neu gef. mWv 1.7.2021 [ausführbar erst mit Inkrafttreten des GDolmG am 1.1.2023] durch G v. 25.6.2021 (BGBl. I S. 2099).

2) **Schönfelder Nr. 95.**

(3) Dem Dolmetscher ist es untersagt, Tatsachen, die ihm bei der Ausübung seiner Tätigkeit zur Kenntnis gelangen, Dritten unbefugt mitzuteilen oder sie zum Nachteil anderer zu verwerten.

(4) Über die allgemeine Beeidigung ist

1. eine Niederschrift zu fertigen und
2. dem Dolmetscher eine Urkunde auszuhändigen.

§ 6 Bezeichnung der allgemein beeidigten Gerichtsdolmetscher. Die Bezeichnung „allgemein beeidigter Gerichtsdolmetscher für … [Angabe der Sprache, für die er beeidigt ist]“ oder die Bezeichnung „allgemein beeidigte Gerichtsdolmetscherin für … [Angabe der Sprache, für die sie beeidigt ist]“ darf führen, wer nach § 5 allgemein beeidigt ist.

§ 7[1] Befristung der allgemeinen Beeidigung; Verlängerung; Verzicht; Widerruf. (1) [1]Die allgemeine Beeidigung endet nach fünf Jahren. [2]Sie wird auf Antrag des Dolmetschers jeweils um weitere fünf Jahre verlängert, wenn keine Tatsachen vorliegen, die die Annahme rechtfertigen, dass die Voraussetzungen nach § 3 Absatz 1 Nummer 1 und 3 bis 6 fehlen. [3]Dem Antrag auf Verlängerung ist ein aktueller Nachweis nach § 3 Absatz 3 Nummer 1 bis 3 beizufügen. [4]Ist der Dolmetscher zum Zeitpunkt des ersten Verhandlungstages nach diesem Gesetz allgemein beeidigt und beruft er sich auf diesen Eid, so besteht die Beeidigung für dieses Verfahren bis zu dessen Abschluss fort. [5]Hat der Dolmetscher die Verlängerung der allgemeinen Beeidigung vor Ablauf der Frist nach Satz 1 beantragt, so besteht die allgemeine Beeidigung bis zur Entscheidung über die Verlängerung durch die nach § 2 zuständige Stelle fort.

(2) Die allgemeine Beeidigung wird unwirksam, wenn der Dolmetscher auf sie durch schriftliche Erklärung verzichtet.

(3) Die allgemeine Beeidigung kann widerrufen werden, wenn der Dolmetscher

1. die Voraussetzungen des § 3 Absatz 1 Nummer 1, 3, 4, 5 oder 6 nicht mehr erfüllt,
2. wiederholt fehlerhafte Übertragungen ausgeführt hat oder
3. gegen seine Pflicht, treu und gewissenhaft zu übertragen, verstoßen hat.

(4) Die nach § 2 zuständige Stelle nimmt im Rahmen der Amtshilfe und der Verwaltungszusammenarbeit mit Behörden anderer Mitglied- oder Vertragsstaaten die in den Artikeln 8 und 56 Absatz 1 und 2 der Richtlinie 2005/36/EG geregelten Befugnisse und Verpflichtungen wahr.

§ 8 Verlust und Rückgabe der Beeidigungsurkunde. (1) Der Verlust der Beeidigungsurkunde ist dem Aussteller und der nach § 2 zuständigen Stelle unverzüglich mitzuteilen.

(2) Die Beeidigungsurkunde ist an den Aussteller zurückzugeben, wenn die Beeidigung

1. durch Zeitablauf geendet hat (§ 7 Absatz 1 Satz 1),
2. unwirksam geworden ist (§ 7 Absatz 2),

---

[1] § 7 Überschrift neu gef., Abs. 1 Satz 5 angef., Abs. 4 geänd. mWv 1.7.2021 [ausführbar erst mit Inkrafttreten des GDolmG am 1.1.2023] durch G v. 25.6.2021 (BGBl. I S. 2099).

3. unanfechtbar oder vollziehbar zurückgenommen wurde,
4. unanfechtbar oder vollziehbar widerrufen wurde oder
5. aus einem anderen Grund nicht oder nicht mehr wirksam ist.

§ 9 Datenverarbeitung. (1) [1] Die nach § 2 zuständige Stelle darf die für die allgemeine Beeidigung erforderlichen personenbezogenen Daten sowie die Angaben nach § 7 verarbeiten und in automatisierte Abrufverfahren einstellen. [2] Zu den personenbezogenen Daten nach Satz 1 gehören der Name, die Vornamen sowie die ladungsfähige Anschrift, zu den Angaben nach § 7 gehören die Berufsbezeichnung, das Ablaufdatum der Befristung sowie die Sprache, für die der Antragsteller beeidigt ist. [3] Mit Einwilligung des Antragstellers können weitere Daten verarbeitet werden.

(2) [1] Die nach § 2 zuständige Stelle darf die Daten nach Absatz 1 auf Anfrage den in § 2 genannten Gerichten sowie anderen öffentlichen Stellen des Bundes und der Länder übermitteln. [2] Die Übermittlung kann auch dadurch erfolgen, dass die Daten in einer gemeinsamen Datenbank gespeichert werden. [3] Die Daten dürfen von den anderen Stellen nur dazu verarbeitet werden, nach beeidigten Dolmetschern zu suchen.

(3) [1] Die nach § 2 zuständige Stelle erteilt auf Antrag Auskunft über das Bestehen oder Nichtbestehen der allgemeinen Beeidigung einer Person. [2] Der Antrag ist zu begründen. [3] Die Auskunft kann verweigert werden, wenn ihr schutzwürdige Belange des Dolmetschers entgegenstehen.

(4) Mit Einwilligung des Antragstellers werden die in Absatz 1 genannten Daten im Internet veröffentlicht.

(5) Die Eintragung ist auf eigenen Antrag, nach Ablauf der Befristung, im Todesfall, nach Verzicht oder nach bestandskräftiger oder vollziehbarer Rücknahme oder nach bestandskräftigem oder vollziehbarem Widerruf der allgemeinen Beeidigung zu löschen.

§ 10 Anzeigepflichten des allgemein beeidigten Dolmetschers.

(1) Der allgemein beeidigte Dolmetscher hat der nach § 2 zuständigen Stelle unverzüglich die Änderung seiner personenbezogenen Daten gemäß § 9 Absatz 1 Satz 2 und 3 sowie alle sonstigen Änderungen mitzuteilen, die für die Tätigkeit als allgemein beeidigter Dolmetscher erheblich sind, wie insbesondere die Verhängung einer gerichtlichen Strafe oder einer Maßregel der Sicherung und Besserung gegen ihn, seine Eintragung in das Schuldnerverzeichnis sowie die Eröffnung eines Insolvenzverfahrens über sein Vermögen.

(2) [1] Verlegt der allgemein beeidigte Dolmetscher seinen Wohnsitz oder seine berufliche Niederlassung in den Bezirk eines anderen Oberlandesgerichts, so hat die Mitteilung nach Absatz 1 an die nach § 2 nunmehr zuständige Stelle zu erfolgen. [2] Die Rechte und Pflichten zur Datenverwendung nach § 9 gehen insofern auf die nunmehr zuständige Stelle über.

§ 11 Bußgeldvorschriften. (1) Ordnungswidrig handelt, wer sich unbefugt als „allgemein beeidigter Gerichtsdolmetscher" oder „allgemein beeidigte Gerichtsdolmetscherin" nach § 6 bezeichnet oder eine Bezeichnung führt, die damit verwechselt werden kann.

(2) Die Ordnungswidrigkeit kann mit einer Geldbuße bis zu dreitausend Euro geahndet werden.

§ 12 Kosten. Für die Beeidigung und die Verlängerung der Beeidigung von Dolmetschern werden Kosten nach den jeweiligen landesrechtlichen Kostengesetzen erhoben.

95d. Gesetz zur Aufbewahrung und Speicherung von Akten der Gerichte und Staatsanwaltschaften nach Beendigung des Verfahrens (Justizaktenaufbewahrungsgesetz – JAktAG)[1] [2]

Vom 22. März 2005
(BGBl. I S. 837, 852)

FNA 224-20

Lfd. Nr.	Änderndes Gesetz	Datum	Fundstelle	Betroffen	Hinweis
1.	Art. 85 Neunte ZuständigkeitsanpassungsVO	31.10. 2006	BGBl. I S. 2407	§ 2	
2.	Art. 4 G zur Einführung der elektronischen Akte in der Justiz und zur weiteren Förderung des elektronischen Rechtsverkehrs	5.7.2017	BGBl. I S. 2208	Überschrift, § 2 § 1	geänd. mWv 1.1.2018 neu gef. mWv 1.1.2018
3.	Art. 3 WohnungseigentumsmodernisierungsG	16.10. 2020	BGBl. I S. 2187	§§ 1, 2	geänd. mWv 23.10.2020

§ 1[3] Aufbewahrung und Speicherung von Akten. [1]Akten der Gerichte und der Staatsanwaltschaften, die für das Verfahren nicht mehr erforderlich sind, dürfen nach Beendigung des Verfahrens nur so lange aufbewahrt oder gespeichert werden, wie schutzwürdige Interessen der Verfahrensbeteiligten oder sonstiger Personen oder öffentliche Interessen dies erfordern. [2]Dasselbe gilt für Aktenregister, Namens- und sonstige Verzeichnisse sowie Karteien, auch wenn diese elektronisch geführt werden. [3]Aufbewahrungs- und Speicherungsregelungen in anderen Rechtsvorschriften sowie die Anbietungs- und Übergabepflichten nach den Vorschriften der Archivgesetze des Bundes und der Länder bleiben unberührt.

§ 2[4] Verordnungsermächtigung. (1) [1]Die Bundesregierung bestimmt durch Rechtsverordnung mit Zustimmung des Bundesrates das Nähere über die Aufbewahrung und Speicherung nach § 1 Satz 1 und 2 und die hierbei zu beachtenden allgemeinen Aufbewahrungs- und Speicherungsfristen. [2]Die Bundesregierung kann die Ermächtigung durch Rechtsverordnung ohne Zustimmung des Bundesrates übertragen auf das Bundesministerium für Arbeit und Soziales für die Arbeits- und die Sozialgerichtsbarkeit und auf das Bundesministerium der Justiz und für Verbraucherschutz für die übrigen Gerichtsbarkeiten sowie für die Staatsanwaltschaften.

(2) [1]Die Regelungen zur Aufbewahrung und Speicherung haben dem Grundsatz der Verhältnismäßigkeit, insbesondere der Beschränkung der Aufbewahrungs- und Speicherungsfristen auf das Erforderliche, Rechnung zu tragen. [2]Bei der

[1] Verkündet als Art. 11 G v. 22.3.2005 (BGBl. I S. 837); Inkrafttreten gem. Art. 16 Abs. 2 dieses G am 1.4.2006.

[2] Überschrift geänd. mWv 1.1.2018 durch G v. 5.7.2017 (BGBl. I S. 2208).

[3] § 1 neu gef. mWv 1.1.2018 durch G v. 5.7.2017 (BGBl. I S. 2208); Satz 2 geänd. mWv 23.10.2020 durch G v. 16.10.2020 (BGBl. I S. 2187).

[4] § 2 Abs. 1 Satz 3 geänd. mWv 8.11.2006 durch VO v. 31.10.2006 (BGBl. I S. 2407); Abs. 1 neu gef., Abs. 2 Sätze 1, 2 einl. Satzteil und Nr. 1, Abs. 3 geänd. mWv 1.1.2018 durch G v. 5.7.2017 (BGBl. I S. 2208); Abs. 3 neu gef. mWv 23.10.2020 durch G v. 16.10.2020 (BGBl. I S. 2187).

Bestimmung der allgemeinen Aufbewahrungs- und Speicherungsfristen sind insbesondere zu berücksichtigen

1. das Interesse der Betroffenen, dass die zur ihrer Person erhobenen Daten nicht länger als erforderlich aufbewahrt oder gespeichert werden,
2. ein Interesse der Verfahrensbeteiligten, auch nach Beendigung des Verfahrens Ausfertigungen, Auszüge oder Abschriften aus den Akten erhalten zu können,
3. ein rechtliches Interesse nicht am Verfahren beteiligter Personen, Auskünfte aus den Akten erhalten zu können,
4. das Interesse von Verfahrensbeteiligten, Gerichten und Justizbehörden, dass die Akten nach Beendigung des Verfahrens noch für Wiederaufnahmeverfahren, zur Wahrung der Rechtseinheit, zur Fortbildung des Rechts oder für sonstige verfahrensübergreifende Zwecke der Rechtspflege zur Verfügung stehen.

(3) Die Länder können allgemein oder für einzelne Angelegenheiten bestimmen, dass für Akten, Aktenregister, Karteien, Namens- und sonstige Verzeichnisse, die bereits vor dem Inkrafttreten der Verordnung nach Absatz 1 weggelegt wurden, die bis dahin geltenden landesrechtlichen Aufbewahrungs- und Speicherungsfristen fortgelten.

95e. Verordnung über die Aufbewahrung und Speicherung von Justizakten (Justizaktenaufbewahrungsverordnung – JAktAV)

Vom 8. November 2021

(BGBl. I S. 4834)

FNA 224-20-1

Lfd. Nr.	Änderndes Gesetz	Datum	Fundstelle	Betroffen	Hinweis
1.	Art. 6 G zur Abschaffung des Güterrechtsregisters und zur Änd. des COVID-19-InsolvenzaussetzungsG	31.10. 2022	BGBl. I S. 1966	Anl.	geänd. mWv 1.1.2023
2.	Art. 1 Erste ÄndVO	28.11. 2023	BGBl. 2023 I Nr. 335	Anl.	geänd. mWv 5.12.2023

Auf Grund des § 2 Absatz 1 Satz 1 des Justizaktenaufbewahrungsgesetzes[1)], der durch Artikel 4 Nummer 3 Buchstabe a des Gesetzes vom 5. Juli 2017 (BGBl. I S. 2208) neu gefasst worden ist, verordnet die Bundesregierung:

§ 1 Anwendungsbereich. [1]Diese Verordnung regelt die Aufbewahrung und Speicherung der Akten, Aktenregister, Karteien, Namens- und sonstigen Verzeichnisse der Gerichte und der Staatsanwaltschaften, die für das Verfahren nicht mehr erforderlich sind, und die hierbei zu beachtenden Aufbewahrungs- und Speicherungsfristen. [2]Die Regelungen für die Akten der allgemeinen Verwaltung, der Justizverwaltung und der Strafvollzugsbehörden sowie für die Akten zu Verfahren, die auf Landesrecht beruhen, bleiben unberührt.

§ 2 Durchführung der Aufbewahrung und Speicherung. (1) [1]Die weggelegten oder abschließend bearbeiteten Akten, Aktenregister, Karteien, Namens- und sonstigen Verzeichnisse sind bis zum Ablauf der jeweiligen Aufbewahrungs- und Speicherungsfristen vollständig aufzubewahren, vor unbefugtem Zugriff zu sichern und vor Beschädigung und Verfall zu schützen. [2]Ihre Lesbarkeit ist zu gewährleisten.

(2) Bei elektronisch gespeicherten Akten, Aktenregistern, Karteien, Namens- und sonstigen Verzeichnissen sind die Vertraulichkeit, die Integrität, die Verfügbarkeit und die Authentizität durch geeignete Maßnahmen zu gewährleisten.

§ 3 Aufbewahrungs- und Speicherungsfristen. (1) [1]Die Aufbewahrungs- und Speicherungsfristen bestimmen sich nach der Anlage. [2]Für in der Anlage nicht ausdrücklich bezeichnete Akten gelten die für Akten in vergleichbaren Angelegenheiten bestimmten Aufbewahrungs- und Speicherungsfristen.

---

1) Nr. **95d**.

(2) Werden in Papierform geführte Teile einer Akte, für die unterschiedliche Aufbewahrungs- und Speicherungsfristen gelten, in die elektronische Form oder in eine Mikroform übertragen und ist damit ihre jeweils fristgerechte Löschung nicht mehr oder nur noch mit unvertretbarem Aufwand möglich, so bestimmt sich die Aufbewahrungs- und Speicherungsfrist nach der längsten Frist.

(3) [1] Die Leitung der für die Aktenaufbewahrung oder -speicherung zuständigen Stelle kann von Amts wegen im Einzelfall eine längere oder kürzere Aufbewahrungs- und Speicherungsfrist für einzelne Akten oder Aktenteile anordnen, soweit dies aufgrund besonderer Umstände erforderlich ist. [2] Die Anordnung kann auch auf Antrag einer am Verfahren beteiligten oder einer sonstigen Person erlassen werden, sofern diese ein berechtigtes Interesse darlegt. [3] Der Anordnung dürfen weder schutzwürdige Interessen von Verfahrensbeteiligten oder sonstigen Personen noch öffentliche Interessen entgegenstehen. [4] Die Anordnung ist zu begründen und zu dokumentieren. [5] Im Fall einer Verkürzung der Aufbewahrungs- und Speicherungsfrist ist die Dokumentation bis zum Ablauf der ursprünglichen Aufbewahrungs- und Speicherungsfrist aufzubewahren oder zu speichern.

(4) [1] Aktenregister, Karteien, Namens- und sonstige Verzeichnisse sind dauernd aufzubewahren, soweit in ihnen Akten oder Aktenteile verzeichnet sind, die dauernd aufzubewahren sind. [2] Ebenfalls dauernd aufzubewahren sind Namens- und Unternehmensverzeichnisse zum Grundbuch und zu allen sonstigen öffentlichen Registern. [3] Im Übrigen sind Aktenregister, Karteien, Namens- und sonstige Verzeichnisse auszusondern oder darin enthaltene Daten zu löschen oder unkenntlich zu machen, sobald sie für abgeschlossene und laufende Verfahren nicht mehr benötigt werden.

§ 4 Beginn der Aufbewahrungs- und Speicherungsfristen. (1) [1] Die Aufbewahrungs- und Speicherungsfrist beginnt mit Ablauf des Jahres, in dem die Weglegung der Akten angeordnet wurde. [2] Für Akten, für die die Weglegung nicht geregelt ist, beginnt die Aufbewahrungs- und Speicherungsfrist mit Ablauf des Jahres, in dem die letzte Verfügung zur Sache ergangen ist.

(2) Für Akten, die nach einem wieder aufgenommenen oder fortgesetzten Verfahren erneut weggelegt werden, beginnt mit Ablauf des Jahres der erneuten Weglegung eine neue Aufbewahrungs- und Speicherungsfrist.

(3) [1] Beträgt die Aufbewahrungs- und Speicherungsfrist weniger als ein Jahr, beginnt sie abweichend von Absatz 1 mit Ablauf des Monats, in dem die Weglegung der Akten angeordnet wurde oder die letzte Verfügung zur Sache ergangen ist. [2] Absatz 2 gilt mit der Maßgabe, dass die neue Aufbewahrungs- und Speicherungsfrist mit Ablauf des Monats der erneuten Weglegung beginnt.

§ 5 Beginn der Aufbewahrungs- und Speicherungsfristen in Straf- und Bußgeldsachen. (1) [1] Die Aufbewahrungs- und Speicherungsfrist für Akten in Straf- und Bußgeldsachen beginnt mit Ablauf des Jahres, in dem die verfahrensbeendende Entscheidung rechtskräftig geworden ist. [2] Sofern die verfahrensbeendende Entscheidung keiner Rechtskraft bedarf, beginnt die Aufbewahrungs- und Speicherungsfrist mit Ablauf des Jahres, in dem die Entscheidung getroffen worden ist. [3] Bei Verfahren gegen mehrere Beschuldigte oder Betroffene ist die letzte Entscheidung maßgebend.

(2) Wird nachträglich auf eine Gesamtstrafe erkannt, so beginnt für die Akten über die in diese Entscheidung einbezogenen Verurteilungen eine neue Aufbewahrungs- und Speicherungsfrist mit Ablauf des Jahres, in dem diese Entscheidung rechtskräftig geworden ist.

(3) [1]Ist zum Zeitpunkt der Weglegung der Akten die unter Zugrundelegung der Fristbestimmung nach Absatz 1 oder Absatz 2 bestimmte Aufbewahrungs- und Speicherungsfrist bereits abgelaufen oder endet diese mit Ablauf des Jahres der Weglegung oder der beiden darauffolgenden Jahre, so sind die Akten mit Ablauf des Jahres, in dem die Weglegung angeordnet wurde, für weitere drei Jahre aufzubewahren oder zu speichern. [2]In den Fällen der Nummer 1113.1 Buchstabe a der Anlage sind die Akten für weitere zwei Jahre aufzubewahren oder zu speichern.

§ 6 Beginn der Aufbewahrungs- und Speicherungsfristen in Kindschaftssachen. [1]Die Aufbewahrungs- und Speicherungsfrist für Akten in Kindschaftssachen nach § 151 des Gesetzes über das Verfahren in Familiensachen und in den Angelegenheiten der freiwilligen Gerichtsbarkeit[1)] beginnt unabhängig von der tatsächlichen Verfahrensbeendigung mit dem Ablauf des Jahres, in dem die ehemals minderjährige Person das 30. Lebensjahr vollendet hat oder vollendet hätte. [2]Sind mehrere Geschwister vorhanden, so ist die jüngste an der Angelegenheit beteiligte Person maßgebend.

§ 7 Beginn der Aufbewahrungs- und Speicherungsfristen in bestimmten Nachlasssachen. (1) Die Aufbewahrungs- und Speicherungsfrist für Akten über Verfügungen von Todes wegen, soweit diese nicht zurückgegeben wurden, beginnt mit Ablauf des Jahres, in dem die Verfügung von Todes wegen vollständig eröffnet wurde oder die Eröffnung nach dem Letztverstorbenen erfolgt ist.

(2) Die Aufbewahrungs- und Speicherungsfrist für Verwahrungsbücher über Verfügungen von Todes wegen beginnt für den jeweiligen Jahrgang mit dem Ablauf des Jahres, in dem die letzte darin verzeichnete Verfügung von Todes wegen eröffnet wurde.

§ 8 Abweichende Bestimmung des Beginns der Aufbewahrungs- und Speicherungsfrist. [1]Die Leitung der für die Aktenaufbewahrung oder -speicherung zuständigen Stelle kann anordnen, dass die Aufbewahrungs- und Speicherungsfrist allgemein oder für einzelne Angelegenheiten abweichend von den §§ 4 bis 7 unmittelbar mit dem Ereignis beginnt, das dem Fristbeginn zugrunde liegt. [2]Die Anordnung ist zu dokumentieren. [3]Sie kann auch von einer übergeordneten Stelle erlassen werden.

§ 9 Aussetzung der Aussonderung. (1) [1]Die Leitung der für die Aktenaufbewahrung oder -speicherung zuständigen Stelle kann für eine Gruppe von Akten anordnen, dass deren Aussonderung bis zum Ablauf einer von ihr bestimmten Frist auszusetzen ist, wenn ein öffentliches Interesse dies erfordert. [2]Die Frist darf höchstens vier Jahre betragen. [3]Sie kann einmalig um bis zu zwei Jahre verlängert werden. [4]Ein öffentliches Interesse besteht insbesondere dann, wenn Anhaltspunkte dafür vorliegen, dass die Akten für einen parlamentarischen Untersuchungsausschuss von Bedeutung sein können.

(2) [1]Spätestens zwei Jahre nach der Anordnung nach Absatz 1 Satz 1 ist zu prüfen, ob die Voraussetzungen der Anordnung weiterhin vorliegen. [2]Ist dies nicht der Fall, ist die Anordnung aufzuheben.

(3) [1]Entscheidungen nach den Absätzen 1 und 2 sind zu begründen und zu dokumentieren. [2]§ 8 Satz 3 gilt entsprechend.

[1)] **Habersack, Deutsche Gesetze Nr. 112.**

§ 10 Übergangsbestimmung. Die Aufbewahrungs- und Speicherungsfristen nach der Anlage sind, vorbehaltlich abweichender Regelungen der Länder auf der Grundlage des § 2 Absatz 3 des Justizaktenaufbewahrungsgesetzes[1)], auch auf Akten anzuwenden, für die die Aufbewahrungs- und Speicherungsfrist bereits vor dem 1. Januar 2022 begonnen hat.

§ 11 Inkrafttreten. Diese Verordnung tritt am 1. Januar 2022 in Kraft.

Anlage[2)]
(zu § 3 Absatz 1 Satz 1)

Aufbewahrungs- und Speicherungsfristen

---

1) Nr. **95d**.
2) Anl. geänd. mWv 1.1.2023 durch G v. 31.10.2022 (BGBl. I S. 1966); geänd. mWv 5.12.2023 durch VO v. 28.11.2023 (BGBl. 2023 I Nr. 335).

Teil 1. Aufbewahrungs- und Speicherungsfristen für Akten der Gerichte und Staatsanwaltschaften der Länder

Kapitel 1. Ordentliche Gerichtsbarkeit und Staatsanwaltschaften

Nr.	Registerzeichen	Angelegenheit	Aufbewahrungs- und Speicherungsfrist	Vor der Vernichtung herauszunehmende Dokumente	Bemerkungen
1	2	3	4	5	6
		Abschnitt 1 **Amtsgericht** **Unterabschnitt 1** **Allgemeines**			
1111.0	AR	Akten über Angelegenheiten, die in das Allgemeine Register eingetragen sind			
		a) soweit sie Vertreterbestellungen nach § 13 Abs. 2 GWB betreffen	10 Jahre		
		b) soweit sie Schutzschriften enthalten	1 Jahr		
		c) alle übrigen	2 Jahre		
		Unterabschnitt 2 **Zivilprozess-, Insolvenz-, Konkurs- und Vergleichssachen**			
1112.0	B	Mahnsachen			zu den Buchstaben a bis d:
		a) Akten und Datenbestände über Mahnsachen, auch bei automatisierter Bearbeitung, sofern ein (Teil-) Vollstreckungsbescheid bzw. Europäischer Zahlungsbefehl erlassen wurde, der nicht durch Antragsrücknahme wirkungslos geworden ist	30 Jahre		– Bei nicht maschineller Bearbeitung beginnt die Aufbewahrungsfrist mit dem Ablauf des Jahres, in dem das Verfahren als weggelegt gilt. – Bei maschineller Bearbeitung entspricht

Nr.	Regis-terzeichen	Angelegenheit	Aufbewahrungs- und Speicherungsfrist	Vor der Vernichtung herauszunehmende Dokumente	Bemerkungen
1	2	3	4	5	6
					der letzte Zugriff im Sinne einer Verfügung auf den Datensatz der letzten Verfügung in der Sache.
		b) Akten und Datenbestände in übrigen Fällen	2 Jahre		
		c) Erfassungsbelege und Bewegungsdateien	3 Monate		zu den Buchstaben a und b:
		d) Register und Hüllen	Register und Hüllen (falls ein Register nicht geführt wird) in Mahnsachen sind zu vernichten, sobald alle darin verzeichneten Akten und die aus diesen zur längeren Aufbewahrung und Speicherung herausgenommenen Vollstreckungsbescheide bzw. Europäischen Zahlungsbefehle und		– Bei automatisierter Bearbeitung sind Akten nur solche Aktenteile und Eingänge, deren Inhalt nicht im Aktenausdruck des zugehörigen Verfahrens nach § 696 Abs. 2 ZPO wiedergegeben werden kann. Kann deren Inhalt im Aktenausdruck wiedergegeben werden, so handelt es sich um Erfassungsbelege, für die Buchstabe c gilt. – Datenbestände sind nur Datensammlungen, in denen Anträ-

Nr.	Registerzeichen	Angelegenheit	Aufbewahrungs- und Speicherungsfrist	Vor der Vernichtung herauszunehmende Dokumente	Bemerkungen
1	2	3	4	5	6
			Nachweise ausgesondert sind. Die Behördenleitung kann anordnen, dass die Register und Hüllen in Mahnsachen bereits nach Ablauf von 2 Jahren nach der in Spalte 4 zu Spalte 3 Buchstabe b vorgeschriebenen Aufbewahrungs- und Speicherungsfrist für Akten und Datenbestände in übrigen Fällen vernichtet werden.		ge, Rechtsbehelfe und andere Eingänge nach deren Verarbeitung zum Zweck der Verfahrensführung und Wiedergabe in einem Aktenausdruck nach § 696 Abs. 2 ZPO gespeichert werden (Bestandsdateien). zu Buchstabe a: – Die Behördenleitung kann bestimmen, dass die nicht nach Nr. 1112.11 aufzubewahrenden Dokumente bereits nach Ablauf der unter Buchstabe b genannten Frist ausgesondert werden. – Sofern die nach Nr. 1112.11 aufzubewahrenden Dokumente im Aktenausdruck des zugehörigen Verfahrens nach § 696 Abs. 2 ZPO

Nr.	Registerzeichen	Angelegenheit	Aufbewahrungs- und Speicherungsfrist	Vor der Vernichtung herauszunehmende Dokumente	Bemerkungen
1	2	3	4	5	6
					wiedergegeben sind, genügt dessen Aufbewahrung. zu Buchstabe c: – Die Aufbewahrungs- und Speicherungsfrist der Erfassungsbelege beginnt mit deren Eingang, die der Bewegungsdateien mit deren maschineller Verarbeitung. – Bewegungsdateien sind Dateien, in denen Daten zum Zweck der späteren Verarbeitung oder der Weitergabe an die Parteien, die Gerichte und andere Beteiligte zunächst gesammelt werden.
1112.1	C	Prozessakten und sonstige Akten, die betreffen a) Ansprüche nichtehelicher Kinder gegen ihren Vater, soweit der Anspruch in einer rechtskräftigen, vor dem 1. Juli 1970 erlassenen Ent-			

Nr.	Registerzeichen	Angelegenheit	Aufbewahrungs- und Speicherungsfrist	Vor der Vernichtung herauszunehmende Dokumente	Bemerkungen
1	2	3	4	5	6
		scheidung festgestellt worden ist oder der Mann vor diesem Zeitpunkt in einer öffentlichen Urkunde seine Vaterschaft anerkannt oder in einem vollstreckbaren Schuldtitel sich zur Erfüllung der Ansprüche verpflichtet hat, Anfechtungen der Vaterschaft nach § 1600 Abs. 1 BGB und Artikel 12 § 3 Abs. 2 des Gesetzes über die rechtliche Stellung der nichtehelichen Kinder	70 Jahre		
		b) bis zum 30. Juni 1998: alle übrigen Kindschaftssachen, Ansprüche aus einem familienrechtlichen Verhältnis, soweit nicht Familiensache (Unterabschnitt 4), Entmündigungssachen	30 Jahre	Urteile, Protokolle, die Beurkundungen in Kindschaftssachen enthalten (§ 641c ZPO), Entmündigungsbeschlüsse (siehe Nr. 1112.1 Buchstabe c und d)	Kindschaftssachen im Sinne dieser Bestimmung sind die in § 640 Abs. 2 ZPO in der bis zum 30. Juni 1998 geltenden Fassung bezeichneten Verfahren, die ab dem 1. September 2009 als Abstammungssachen bezeichnet werden (siehe § 111 Nr. 3, § 169 FamFG)
		c) bis zum 30. Juni 1998: Urteile und Entmündigungsbeschlüsse aus den Akten zu Buchstabe b	70 Jahre		wie zu Nr. 1112.1 Buchstabe b

Nr.	Registerzeichen	Angelegenheit	Aufbewahrungs- und Speicherungsfrist	Vor der Vernichtung herauszunehmende Dokumente	Bemerkungen
1	2	3	4	5	6
		d) bis zum 30. Juni 1998: Protokolle, die Beurkundungen in Kindschaftssachen enthalten (§ 641c ZPO), aus den Akten zu Buchstabe b	70 Jahre		wie zu Nr. 1112.1 Buchstabe b
		e) Aufgebotsverfahren	10 Jahre	die in Nr. 1112.11 aufgeführten Dokumente	Aufgebotsverfahren ab dem 1. September 2009: siehe Nr. 1114.13 Buchstabe b
		f) alle übrigen Akten	5 Jahre	die in Nr. 1112.11 aufgeführten Dokumente	
1112.2	H	a) Akten über Verfahren nach der Regelunterhaltsverordnung, Akten über Anträge im vereinfachten Verfahren zur Abänderung von Unterhaltstiteln	10 Jahre	die in Nr. 1112.11 aufgeführten Dokumente	Unterhaltssachen ab dem 1. September 2009: siehe Nr. 1114.42
		b) Akten über Anträge auf Durchführung des selbststandigen Beweisverfahrens und sonstige Anträge außerhalb eines anhängigen Rechtsstreits, die nicht Bestandteil der Hauptakten geworden sind	5 Jahre	die in Nr. 1112.11 aufgeführten Dokumente	
1112.3		Sammelakten über die bei dem Gericht niedergelegten Schiedssprüche, schiedsrichterlichen Vergleiche und Vergleiche nach § 1044b Abs. 1 ZPO in der bis			

Nr.	Registerzeichen	Angelegenheit	Aufbewahrungs- und Speicherungsfrist	Vor der Vernichtung herauszunehmende Dokumente	Bemerkungen
1	2	3	4	5	6
		zum 31. Dezember 1997 geltenden Fassung, Sammelakten über die bei dem Gericht nach § 796a ZPO niedergelegten Anwaltsvergleiche	30 Jahre		
1112.4	J	a) Akten über das Verteilungsverfahren	2 Jahre	Verteilungspläne (siehe Nr. 1112.4 Buchstabe b)	
		b) Verteilungspläne	30 Jahre		
1112.5	K	a) Zwangsversteigerungsakten, soweit der Zuschlag nicht erteilt ist	2 Jahre		
		b) Zwangsversteigerungsakten, sofern der Zuschlag erteilt ist	5 Jahre	Beschlüsse über Zuschlagserteilung, Verhandlungen und Protokolle über die Verteilung des Versteigerungserlöses (siehe Nr. 1112.5 Buchstabe c)	Aus den in Spalte 5 genannten Dokumenten sind Sammelakten zu bilden (siehe Nr. 1112.5 Buchstabe c).
		c) Sammelakten mit den Beschlüssen über Zuschlagserteilung im Zwangsversteigerungsverfahren und mit den Verhandlungen und Protokollen über die Verteilung des Versteigerungserlöses	30 Jahre		

Nr.	Regis-terzei-chen	Angelegenheit	Aufbewahrungs- und Speicherungsfrist	Vor der Vernichtung herauszunehmende Dokumente	Bemerkungen
1	2	3	4	5	6
1112.6	L	a) Zwangsverwaltungsakten	2 Jahre	Protokolle über die Leistung von Zahlungen auf das Kapital einer Hypothek oder Grundschuld oder auf die Ablösungssumme einer Rentenschuld	Aus den in Spalte 5 genannten Dokumenten sind Sammelakten zu bilden (siehe Nr. 1112.6 Buchstabe c).
		b) Akten über die Zwangsliquidation von Bahneinheiten	10 Jahre		
		c) Sammelakten mit den Protokollen über die Leistung von Zahlungen auf das Kapital einer Hypothek oder Grundschuld oder auf die Ablösungssumme einer Rentenschuld	30 Jahre		
1112.7	M, MZ	Akten über Zwangsvollstreckungssachen	5 Jahre	die in Nr. 1112.11 aufgeführten Dokumente	Wegen der Vernichtung des Schuldnerverzeichnisses/Löschung im Schuldnerverzeichnis siehe § 882e ZPO.

Nr.	Registerzeichen	Angelegenheit	Aufbewahrungs- und Speicherungsfrist	Vor der Vernichtung herauszunehmende Dokumente	Bemerkungen
1	2	3	4	5	6
1112.8	IN, IK, IE	Insolvenzakten			
		a) die Dokumente über die Verteilung	30 Jahre		
		b) die Bände über das Restschuldbefreiungsverfahren, Insolvenz- und Schuldenbereinigungspläne …………	11 Jahre	Entscheidungen über die Gewährung oder Versagung von Restschuldbefreiung (§§ 289, 290, 296 bis 298, 300 und 303 InsO); rechtskräftig bestätigte Insolvenzpläne nebst Bestätigungsbeschluss, angenommene Schuldenbereinigungspläne samt Annahmebeschluss (siehe Nr. 1112.8 Buchstabe d)	
		c) die übrigen Bände ………………………	5 Jahre	Tabellen über die angemeldeten Insolvenzforderungen nebst den gerichtlichen	

Nr.	Registerzeichen	Angelegenheit	Aufbewahrungs- und Speicherungsfrist	Vor der Vernichtung herauszunehmende Dokumente	Bemerkungen
1	2	3	4	5	6
		d) Tabellen über die angemeldeten Insolvenzforderungen nebst den gerichtlichen Vermerken nach § 178 Abs. 2 InsO; rechtskräftig bestätigte Insolvenzpläne nebst Bestätigungsbeschluss; angenommene Schuldenbereinigungspläne nebst Annahmebeschluss; rechtskräftige Entscheidungen über die Gewährung oder Versagung von Restschuldbefreiung (§§ 289, 290, 296 bis 298, 300 und 303 InsO)	30 Jahre	Vermerken nach § 178 Abs. 2 InsO (siehe Nr. 1112.8 Buchstabe d)	
1112.9	N	Konkursakten			
		a) die Bände mit den Dokumenten über die Verteilung	30 Jahre		
		b) die übrigen Bände	5 Jahre	Tabellen über die angemeldeten Konkursforderungen und die Zwangsvergleiche, Vergleichsvorschlag, Verhandlung und	

Nr.	Registerzeichen	Angelegenheit	Aufbewahrungs- und Speicherungsfrist	Vor der Vernichtung herauszunehmende Dokumente	Bemerkungen
1	2	3	4	5	6
				Bestätigungsbeschluss (siehe Nr. 1112.9 Buchstabe c)	
		c) die Tabellen über die angemeldeten Konkursforderungen und die Zwangsvergleiche, Vergleichsvorschlag, Verhandlung und Bestätigungsbeschluss	30 Jahre		
1112.10	VN	a) Akten über die Verfahren nach der Vergleichsordnung	5 Jahre	Vergleiche aufgrund der Vergleichsordnung, Vorschlag nebst dem zugrunde liegenden Gläubigerverzeichnis, Verhandlung und Bestätigungsbeschluss sowie Verpflichtungserklärungen (siehe Nr. 1112.10 Buchstabe b)	
		b) Vergleiche aufgrund der Vergleichsordnung, Vorschlag nebst dem zugrunde liegenden Gläubigerverzeichnis, Verhandlung und Bestäti-			

Nr.	Registerzeichen	Angelegenheit	Aufbewahrungs- und Speicherungsfrist	Vor der Vernichtung herauszunehmende Dokumente	Bemerkungen
1	2	3	4	5	6
		gungsbeschluss sowie Verpflichtungserklärungen	30 Jahre		
1112.11		a) Die zur Zwangsvollstreckung geeigneten Titel und Entscheidungen, alle Urteile, Vergleiche jeder Art, Vollstreckbarerklärungen und Vollstreckungsbescheide, Bestätigungserklärungen über die Vollstreckbarkeit nach der EuVT-VO, Nachweise über die Zustellung der Mahn- und Vollstreckungsbescheide sowie verfahrenseinleitende Dokumente und weitere Nachweise, die für die Vollstreckbarkeitserklärung nach Artikel 53 EuGVVO gemäß Artikel 37 EuGVVO erforderlich sind, Schiedssprüche, schiedsrichterliche Vergleiche sowie Entscheidungen über deren Vollstreckbarerklärung; ferner Handzeichnungen, Karten, Abrechnungen und sonstige Dokumente, auf die in der Entscheidungsformel oder in einem gerichtlichen Vergleich Bezug genommen ist	30 Jahre		Zur Zwangsvollstreckung geeignete Titel, die durch eine spätere Klage- oder Antragsrücknahme wirkungslos geworden sind (vgl. § 269 Abs. 3 Satz 1, § 700 Abs. 1 ZPO), fallen nicht unter die 30-jährige Aufbewahrungs- und Speicherungsfrist und sind deshalb nur so lange aufzubewahren wie die Verfahrensakten selbst. Unter diese Nummer fallen auch die noch aufzubewahrenden Dokumente des Registerzeichens MSch. Zu den Urteilen usw. im Sinne dieses *Buchstaben*[1]) gehören auch die

[1]) Richtig wohl: „Buchstabens".

Nr.	Registerzeichen	Angelegenheit	Aufbewahrungs- und Speicherungsfrist	Vor der Vernichtung herauszunehmende Dokumente	Bemerkungen
1	2	3	4	5	6
					zu den Akten genommenen beglaubigten Abschriften von Entscheidungen der höheren Instanzen sowie Leseabschriften.
		b) Urteile und Vergleiche über den vorzeitigen Erbausgleich (§§ 1934d und 1934e BGB jeweils in der bis zum 31. März 1998 geltenden Fassung)	130 Jahre		
		c) Prozessvergleiche, die einen Erbvertrag oder Erklärungen enthalten, nach deren Inhalt die Erbfolge festgestellt, geregelt oder geändert wird	130 Jahre		
		Unterabschnitt 3 Straf- und Bußgeldsachen			
1113.0	Bs	a) Akten (einschließlich etwaiger Gnadenhefte) über Privatklagen	5 Jahre	Vergleiche (siehe Nr. 1113.0 Buchstabe b) sowie auf Strafe lautende Urteile, Vollstreckungsnachweise usw. (siehe Nr. 1113.2)	
		b) Vergleiche in Privatklagesachen	30 Jahre		

Nr.	Registerzeichen	Angelegenheit	Aufbewahrungs- und Speicherungsfrist	Vor der Vernichtung herauszunehmende Dokumente	Bemerkungen
1	2	3	4	5	6
1113.1	OWi	Akten über a) Erzwingungshaftverfahren .... b) alle übrigen Bußgeldverfahren	 2 Jahre 5 Jahre	 vollstreckbare Titel (z.B. Kostenfestsetzungsbeschlüsse, Entscheidungen über die Entschädigung wegen erlittener Verfolgungsmaßnahmen) (siehe Nr. 1113.2)	
1113.2		Die Urteile und Strafbefehle, in denen rechtskräftig auf Strafe erkannt ist (hierzu zählen nicht Erziehungsmaßregeln und Zuchtmittel nach dem JGG) einschließlich der Gesamtstrafenbeschlüsse, sowie die Nachweise über die Vollstreckung der Strafe, Anklagen, auf deren zugelassenen Anklagesatz Bezug genommen ist, Anklagen nach § 212a Abs. 2 Satz 2 StPO in der bis zum 30. November 1994 geltenden Fassung und § 418 Abs. 3 Satz 2 StPO, Strafbefehle, Strafbefehlsanträge; bei den Akten befindliche Abbildungen, auf die in den Urteilen Bezug genommen ist; Ur-			Ist eine Geldstrafe durch Teilzahlungen getilgt, so ist nur der Nachweis über die letzte Teilzahlung aufzubewahren. Zu den Urteilen usw. im Sinne dieser Vorschrift gehören auch die zu den Akten genommenen beglaubigten Abschriften von Entscheidungen der höheren Instanzen.

Nr.	Registerzeichen	Angelegenheit	Aufbewahrungs- und Speicherungsfrist	Vor der Vernichtung herauszunehmende Dokumente	Bemerkungen
1	2	3	4	5	6
		teile und sonstige Entscheidungen über die Kostenerstattungspflicht und über die Entschädigungspflicht für Strafverfolgungsmaßnahmen; Entscheidungen nach § 2 Abs. 1 des DNA-Identitätsfeststellungsgesetzes in der bis zum 31. Oktober 2005 geltenden Fassung und § 81g StPO; Kostenfestsetzungsbeschlüsse sowie Entscheidungen, in denen eine Entschädigung nach den §§ 10 und 11 StrEG zuerkannt worden ist; die Beschlüsse oder Mitteilungen über den Erlass oder die Milderung der Strafe sowie über die Anordnung der Nichtaufnahme in ein Führungszeugnis (§ 39 BZRG) oder der Tilgung im Bundeszentralregister (§§ 48 und 49 BZRG)	30 Jahre		
1113.3		Sammelakten mit den Begleitumschlägen der abgehenden Briefe der Untersuchungsgefangenen	1 Jahr		Auf Anordnung der Behördenleitung können die Begleitumschläge statt in Sammelakten auch in Kartons oder anderen Behältnissen

Nr.	Registerzeichen	Angelegenheit	Aufbewahrungs- und Speicherungsfrist	Vor der Vernichtung herauszunehmende Dokumente	Bemerkungen
1	2	3	4	5	6
					geordnet aufbewahrt werden.
		Unterabschnitt 4 **Angelegenheiten der freiwilligen Gerichtsbarkeit und Familiensachen**			
1114.0		a) Grundbücher und Bahngrundbücher	dauernd		
		b) das dazugehörige Schriftgut an Akten, Urkunden usw. mit Ausnahme der unter Buchstabe c und d bezeichneten Sonderhefte und Sammelakten	dauernd		
		c) Sonderhefte mit den Schriften von vorübergehender Bedeutung	2 Jahre		
		d) Anträge auf Erteilung von Grundbuchabschriften	2 Jahre		
1114.1	HR	a) Handelsregister	dauernd		zu den Nrn. 1114.1 bis 1114.8: Beihefte mit Dokumenten von vorübergehender Bedeutung (z.B. Belegblätter über öffentliche Bekanntmachungen) sind nach 10 Jahren zu vernichten.
		b) Handelsregisterakten	10 Jahre		
1114.2	PR	a) Partnerschaftsregister	dauernd		
		b) Partnerschaftsregisterakten	10 Jahre		zu Nr. 1114.1 Buchstabe b:

Nr.	Registerzeichen	Angelegenheit	Aufbewahrungs- und Speicherungsfrist	Vor der Vernichtung herauszunehmende Dokumente	Bemerkungen
1	2	3	4	5	6
1114.3	GR	a) Güterrechtsregister	130 Jahre, längstens bis zum 31. Dezember 2037		Handelsregisterakten zu geschlossenen Registerblättern der Zweigniederlassungen können – unabhängig vom Bestehen der Hauptniederlassung – 10 Jahre nach Schließung des Registerblattes ausgesondert werden.
		b) die zum Güterrechtsregister gehörenden Akten	70 Jahre vom Zeitpunkt der Eintragung an, längstens bis zum 31. Dezember 2037		
1114.4	VR	a) Vereinsregister	dauernd		
		b) die zum Vereinsregister gehörenden Akten	10 Jahre		
1114.5	GnR	a) Genossenschaftsregister	dauernd		
		b) die zum Genossenschaftsregister gehörenden Akten	10 Jahre		
1114.6	SSR	a) Seeschiffsregister	50 Jahre		
		b) die zum Seeschiffsregister gehörenden Akten	30 Jahre		
1114.7	BSR	a) Binnenschiffsregister	50 Jahre		
		b) die zum Binnenschiffsregister gehörenden Akten	30 Jahre		

Nr.	Registerzeichen	Angelegenheit	Aufbewahrungs- und Speicherungsfrist	Vor der Vernichtung herauszunehmende Dokumente	Bemerkungen
1	2	3	4	5	6
1114.8	SBR (früher: PRS)	a) Schiffsbauregister	50 Jahre		Gemäß der Schiffsregisterordnung in der Fassung der Bekanntmachung vom 26. Mai 1951 (BGBl. I S. 359) ist an die Stelle der Bezeichnung „Pfandrechtsregister für Schiffsbauwerke“ die Bezeichnung „Schiffsbauregister“ getreten – Registerzeichen SBR
		b) die zum Schiffsbauregister gehörenden Akten	30 Jahre		
1114.9	LR	a) Register für Pfandrechte an Luftfahrzeugen	50 Jahre		
		b) die zum Register für Pfandrechte an Luftfahrzeugen gehörenden Akten	30 Jahre		
1114.10		Sammelakten in Registersachen			
		a) mit den Anträgen auf Erteilung von Abschriften und Auszugen aus den Registern und den Registerakten	1 Jahr		
		b) alle sonstigen Sammelakten	5 Jahre		
1114.11	PK (früher: Kb)	a) Pachtkreditregister (früher: Register für landwirtschaftliche Kapitalkreditbeschaffungssachen)	30 Jahre		

Nr.	Registerzeichen	Angelegenheit	Aufbewahrungs- und Speicherungsfrist	Vor der Vernichtung herauszunehmende Dokumente	Bemerkungen
1	2	3	4	5	6
		b) Akten über Pachtkreditsachen (früher: Akten über landwirtschaftliche Kapitalkreditbeschaffungssachen)	30 Jahre vom Zeitpunkt der Rückgabe des Verpfändungsvertrages an		
		c) Sammelakten mit den Anträgen auf Erteilung einer Bescheinigung, dass ein Verpfändungsvertrag bei dem Amtsgericht nicht niedergelegt ist (§ 16 Abs. 2 des Pachtkreditgesetzes)	5 Jahre		
1114.12	I	a) gerichtliche Beurkundungen von Rechtsgeschäften unter Lebenden und von tatsächlichen Vorgängen (z.B. gerichtliche Beurkundung von Erbscheinsanträgen und Urkunden über die Übertragung eines Erbteils), einerlei ob für sie besondere Blattsammlungen angelegt oder ob sie zu anderen Akten genommen sind	130 Jahre		
		b) gerichtliche Beurkundungen, die ausschließlich Änderungen der Zahlungsverpflichtung des Vaters eines nichtehelichen Kindes betreffen	30 Jahre		

Nr.	Registerzeichen	Angelegenheit	Aufbewahrungs- und Speicherungsfrist	Vor der Vernichtung herauszunehmende Dokumente	Bemerkungen
1	2	3	4	5	6
1114.13	II	Akten über sonstige Handlungen und Entscheidungen in Sachen der freiwilligen Gerichtsbarkeit			
		a) soweit sie die Gewährung richterlicher Vertragshilfe betreffen	10 Jahre	Entscheidungen und Vergleiche sowie Urkunden, auf die darin Bezug genommen ist (siehe Nr. 1114.13 Buchstabe h)	
		b) soweit sie Aufgebotsverfahren betreffen	10 Jahre	wie zu Nr. 1114.13 Buchstabe a	bis zum 31. August 2009: siehe Nr. 1112.1 Buchstabe e
		c) soweit sie Verfahren nach den §§ 43 bis 50 des Wohnungseigentumsgesetzes betreffen	5 Jahre	wie zu Nr. 1114.13 Buchstabe a	
		d) soweit sie die Regelung der Rechtsverhältnisse an der Wohnung und am Hausrat geschiedener Ehegatten betreffen (AV vom 16. Januar 1945 – Dt. Justiz S. 29)	5 Jahre	wie zu Nr. 1114.13 Buchstabe a	
		e) soweit sie Angelegenheiten nach dem Beratungshilfegesetz betreffen	5 Jahre		
		f) soweit sie Eide und eidesstattliche Versicherungen betreffen	30 Jahre		

Nr.	Registerzeichen	Angelegenheit	Aufbewahrungs- und Speicherungsfrist	Vor der Vernichtung herauszunehmende Dokumente	Bemerkungen
1	2	3	4	5	6
		g) alle übrigen	30 Jahre		
		h) Entscheidungen und Vergleiche in den unter Buchstabe a bis d aufgeführten Angelegenheiten sowie Urkunden, auf die darin Bezug genommen ist	30 Jahre		Zu den Entscheidungen usw. im Sinne dieser Vorschrift gehören auch die zu den Akten genommenen beglaubigten Abschriften der Entscheidungen der höheren Instanzen.
1114.14	III	Standesamtssachen	30 Jahre		Akten zu Verfahren nach dem Transsexuellengesetz sind mindestens bis zum 31. Dezember 2030 aufzubewahren.
1114.15		a) Sammelakten mit den Entscheidungen über die Erteilung der Vollstreckungsklausel für vollstreckbare Urkunden, die von Beamten der Jugendämter aufgenommen worden sind	30 Jahre		
		b) Sammelakten mit den Entscheidungen über die Erteilung weiterer vollstreckbarer Ausfertigungen notarieller Urkunden	30 Jahre		

Nr.	Registerzeichen	Angelegenheit	Aufbewahrungs- und Speicherungsfrist	Vor der Vernichtung herauszunehmende Dokumente	Bemerkungen
1	2	3	4	5	6
1114.16		Sammelakten über Wechsel- und Scheckproteste	5 Jahre		
1114.17	IV	Akten über Verfügungen von Todes wegen (Testamente, Erbverträge, Erklärungen gemäß § 13 EHRV)			
		a) soweit sie lediglich zurückgegebene Verfügungen von Todes wegen betreffen	5 Jahre		
		b) sonstige	130 Jahre		
1114.18		a) Verwahrungsbücher über Verfügungen von Todes wegen	30 Jahre		
		b) die zu den Verwahrungsbüchern über Verfügungen von Todes wegen gehörenden Belege	30 Jahre		
		c) Sammelakten mit den Anzeigen über auswärts hinterlegte Testamente	130 Jahre		
1114.19	V	Akten über die Vermittlung von Auseinandersetzungen	30 Jahre	Auseinandersetzungsverträge unter Miterben oder Teilnehmern an einer Gütergemeinschaft und sonstige in das Urkundsregister un-	

Nr.	Registerzeichen	Angelegenheit	Aufbewahrungs- und Speicherungsfrist	Vor der Vernichtung herauszunehmende Dokumente	Bemerkungen
1	2	3	4	5	6
				ter I eingetragene Beurkundungen (siehe Nr. 1114.12 Buchstabe a)	
1114.20	VI	a) Akten über sonstige Handlungen des Nachlassgerichts	30 Jahre	Erbscheine, Europäische Nachlasszeugnisse, gerichtlich beurkundete Erbscheinsanträge, Urkunden über die Übertragung eines Erbteils, Zeugnisse über Ernennung eines Testamentsvollstreckers und ähnliche Zeugnisse, ferner Ausschlagungen von Erbschaften und Erbverzichtsverträge sowie Unterlagen über die Anfechtung von Verfügungen von Todes wegen	

Nr.	Registerzeichen	Angelegenheit	Aufbewahrungs- und Speicherungsfrist	Vor der Vernichtung herauszunehmende Dokumente	Bemerkungen
1	2	3	4	5	6
				(siehe Nr. 1114.20 Buchstabe c); soweit keine gesonderten Akten über Verfügungen von Todes wegen geführt werden auch die in Nr. 1114.17 Buchstabe b genannten Unterlagen	
		b) Sammelakten mit Sterbefallnachrichten und -anzeigen			
		aa) der Standesämter und des Amtsgerichts Schöneberg (Hauptkartei für Testamente)	30 Jahre		
		bb) des Zentralen Testamentsregisters nach § 78e Satz 3 BNotO	1 Jahr		
		c) Erbscheine, Europäische Nachlasszeugnisse, gerichtlich beurkundete Erbscheinsanträge, Urkunden zur Übertragung eines Erbteils, Zeugnisse über Ernennung eines Testamentsvollstreckers und ähnliche Zeugnisse, ferner Ausschlagungen			

Nr.	Registerzeichen	Angelegenheit	Aufbewahrungs- und Speicherungsfrist	Vor der Vernichtung herauszunehmende Dokumente	Bemerkungen
1	2	3	4	5	6
		von Erbschaften und Erbverzichtsverträge sowie Unterlagen über die Anfechtung von Verfügungen von Todes wegen	130 Jahre		
1114.21	F (bis zum 31.08. 2009 VII, VIII, IX)	a) Akten über Kindschaftssachen nach § 151 FamFG sowie Akten über Vormundschaften, Beistandschaften und Pflegschaften	10 Jahre	Entscheidungen, Anhörungsprotokolle und -vermerke gemäß § 28 Abs. 4 FamFG, Berichte der Jugendämter, Stellungnahmen des Verfahrensbeistandes, Sachverständigengutachten, familiengerichtliche Genehmigung der freiheitsentziehenden Unterbringung/Maßnahme oder ärztlicher Zwangsmaßnahmen (bis zum 31. August 2009: vormundschaftsgerichtli-	Der Beginn der Aufbewahrungsfrist richtet sich nach § 6.

Nr.	Registerzeichen	Angelegenheit	Aufbewahrungs- und Speicherungsfrist	Vor der Vernichtung herauszunehmende Dokumente	Bemerkungen
1	2	3	4	5	6
				che Genehmigung der Unterbringung) siehe Nr. 1114.21 Buchstabe b) Anerkennung der Vaterschaft, Zustimmung des Kindes zur Anerkennung der Vaterschaft und sonstige in das Urkundsregister unter I eingetragene Beurkundungen (siehe Nr. 1114.21 Buchstabe c) Akteteile, die die in Nr. 1114.24 Buchstabe a und b bezeichneten Angelegenheiten betreffen die zur Zwangsvollstreckung geeigneten Titel (siehe Nr. 1114.29)	

Nr.	Registerzeichen	Angelegenheit	Aufbewahrungs- und Speicherungsfrist	Vor der Vernichtung herauszunehmende Dokumente	Bemerkungen
1	2	3	4	5	6
		b) Entscheidungen, Anhörungsprotokolle und -vermerke gemäß § 28 Abs. 4 FamFG, Berichte der Jugendämter, Stellungnahmen des Verfahrensbeistandes, Sachverständigengutachten, familiengerichtliche Genehmigung der freiheitsentziehenden Unterbringung/Maßnahmen oder ärztlicher Zwangsmaßnahmen (bis 31. August 2009: vormundschaftsgerichtliche Genehmigung der Unterbringung)	30 Jahre		
		c) Anerkennung der Vaterschaft, Zustimmung des Kindes zur Anerkennung der Vaterschaft und sonstige in das Urkundsregister unter I eingetragene Beurkundungen	130 Jahre		
1114.22	F (bis zum 31.08. 2009 XVI)	Akten über Adoptionen	130 Jahre		
1114.23	XVII	a) Akten über Betreuungssachen	10 Jahre	Vorgänge über die Genehmigung oder Anordnung einer freiheitsentziehenden Unter-	

Nr.	Registerzeichen	Angelegenheit	Aufbewahrungs- und Speicherungsfrist	Vor der Vernichtung herauszunehmende Dokumente	Bemerkungen
1	2	3	4	5	6
				bringung oder einer ärztlichen Zwangsmaßnahme (§ 312 Nr. 1 und 3 FamFG) oder freiheitsentziehende Maßnahmen nach § 312 Nr. 2 FamFG (bis zum 31. August 2009: § 70 Abs. 1 Satz 2 Nr. 2 des Gesetzes über die Angelegenheiten der freiwilligen Gerichtsbarkeit) Anhörungsvermerke, ärztliche Gutachten und Zeugnisse, betreuungsgerichtliche Genehmigung (bis zum 31. August 2009: vormundschaftsgerichtliche Genehmigung) nach § 1905 Abs. 2	

Nr.	Registerzeichen	Angelegenheit	Aufbewahrungs- und Speicherungsfrist	Vor der Vernichtung herauszunehmende Dokumente	Bemerkungen
1	2	3	4	5	6
				BGB (siehe Nr. 1114.23 Buchstabe b) die zur Zwangsvollstreckung geeigneten Titel (siehe Nr. 1114.29)	
		b) Vorgänge über die Genehmigung oder Anordnung einer freiheitsentziehenden Unterbringung oder einer ärztlichen Zwangsmaßnahme (§ 312 Nr. 1 und 3 FamFG) oder freiheitsentziehende Maßnahmen nach § 312 Nr. 2 FamFG (bis zum 31. August 2009: § 70 Abs. 1 Satz 2 Nr. 2 des Gesetzes über die Angelegenheiten der freiwilligen Gerichtsbarkeit), Vorgänge über die betreuungsgerichtliche Genehmigung (bis zum 31. August 2009: vormundschaftsgerichtliche Genehmigung) nach § 1905 Abs. 2 BGB	30 Jahre		Ist die betreute Person verstorben, so sind die gesamten Akten nach dem Tode nur noch 10 Jahre aufzubewahren.
1114.24	X	a) Akten über betreuungsgerichtliche Zuweisungssachen; bis 31. August 2009: Akten über andere vormundschaftsgerichtliche Angelegenheiten	5 Jahre		
		b) Vorgänge über einstweilige Anordnungen; bis zum 31. August 2009:			Ergibt sich aus der Akte, dass die betroffene Per-

Nr.	Registerzeichen	Angelegenheit	Aufbewahrungs- und Speicherungsfrist	Vor der Vernichtung herauszunehmende Dokumente	Bemerkungen
1	2	3	4	5	6
		Vorgänge über die Genehmigung der Unterbringung und sonstiger Unterbringungsmaßnahmen (§ 70 Abs. 1 Satz 2 Nr. 2 des Gesetzes über die Angelegenheiten der freiwilligen Gerichtsbarkeit)	30 Jahre		son verstorben ist, so sind die gesamten Akten nach dem Tode nur noch 10 Jahre aufzubewahren.
		c) Ehelichkeitserklärungen, Feststellungen der Legitimation durch nachfolgende Ehe, Anfechtungen der Ehelichkeit, Feststellungen der Vaterschaft, Anfechtungen der Vaterschaft, Annahme an Kindes statt	130 Jahre		ab dem 1. September 2009: siehe Nr. 1114.40 Buchstabe c
		d) Erklärungen über Gütertrennung nach Artikel 8 Abschnitt I Nr. 3 bis 5 des Gleichberechtigungsgesetzes, Erklärungen nach den §§ 2 und 3 des Gesetzes über den ehelichen Güterstand von Vertriebenen und Flüchtlingen sowie Erklärungen über die Fortgeltung des bisherigen gesetzlichen Güterstandes nach Artikel 234 § 4 Abs. 2 des Einführungsgesetzes zum bürgerlichen Gesetzbuche	130 Jahre		ab dem 1. September 2009: siehe Nr. 1114.35 Buchstabe b

Nr.	Registerzeichen	Angelegenheit	Aufbewahrungs- und Speicherungsfrist	Vor der Vernichtung herauszunehmende Dokumente	Bemerkungen
1	2	3	4	5	6
1114.25	XI	Akten über Erziehungsbeistandschaften (Schutzaufsichten) nach dem JWG	30 Jahre		
1114.26	XII	Akten über Fürsorgeerziehung nach dem JWG	30 Jahre		
1114.27	XIV	a) Akten über Abschiebehaftsachen und sonstige Freiheitsentziehung/Unterbringung (bis zum 31. August 2009: auch Akten über Minderjährige), sofern nicht unter Buchstabe b erfasst	30 Jahre		bei Minderjährigen ab dem 1. September 2009: siehe Nr. 1114.39 Buchstabe a
		b) Akten über Abschiebehaftsachen und sonstige Freiheitsentziehung/Unterbringung (bis zum 31. August 2009: auch Akten über Minderjährige), in denen keine richterliche Entscheidung ergangen ist	5 Jahre		bei Minderjährigen ab dem 1. September 2009: siehe Nr. 1114.39 Buchstabe a
1114.28		Sammelakten über Anzeigen und Mitteilungen an das Betreuungsgericht, die zu Maßnahmen keinen Anlass geben	5 Jahre		
1114.29		Die zur Zwangsvollstreckung geeigneten Titel sowie verfahrenseinleitende Dokumente und weitere Nachweise, die für die Vollstreckbarkeitserklärung			

Nr.	Registerzeichen	Angelegenheit	Aufbewahrungs- und Speicherungsfrist	Vor der Vernichtung herauszunehmende Dokumente	Bemerkungen
1	2	3	4	5	6
		nach Artikel 54 EuGVVO gemäß Artikel 34 EuGVVO erforderlich sind	30 Jahre		

(Fortsetzung nächstes Blatt)

Nr.	Registerzeichen	Angelegenheit	Aufbewahrungs- und Speicherungsfrist	Vor der Vernichtung herauszunehmende Dokumente	Bemerkungen
1	2	3	4	5	6
1114.30		Sammelakten über Anzeigen und Mitteilungen an das Familiengericht, die zu Maßnahmen keinen Anlass geben	5 Jahre		Bei Erklärungen nach § 21 LPartG ist Nr. 1114.42 Buchstabe e zu beachten.
1114.31	F	Akten über Familiensachen (§ 23b GVG, ab 1. September 2009: § 111 FamFG) einschließlich Akten der diesen Verfahren vorausgehenden Anträge auf Bewilligung von Prozess- und Verfahrenskostenhilfe (§ 117 ZPO) sowie Akten weiterer Einzelangelegenheiten, die zur Zuständigkeit des Familiengerichts gehören, soweit nachfolgend oder bei den Nrn. 1114.21 und 1114.22 keine besonderen Bestimmungen gelten	5 Jahre	die in Nr. 1114.43 bezeichneten Titel	
1114.32	F	a) Akten, die die Scheidung der Ehe oder Aufhebung der Lebenspartnerschaft nach § 15 Abs. 2 S. 1 LPartG betreffen, einschließlich dazugehöriger Sonderhefte über einstweilige Anordnungen und der für Folgesachen angelegten Sonderhefte ...	50 Jahre	Entscheidungen und Vergleiche über den Versorgungsausgleich, beglaubigte Abschriften von Entscheidungen der Berufungs- und Beschwerdeinstanz (siehe Nr. 1114.32 Buchstabe c, ver-	

Nr.	Registerzeichen	Angelegenheit	Aufbewahrungs- und Speicherungsfrist	Vor der Vernichtung herauszunehmende Dokumente	Bemerkungen
1	2	3	4	5	6
				gleiche gemäß Nr. 1114.43 Buchstabe b)	
		b) Akten über sonstige Ehesachen und Lebenspartnerschaften, soweit die Verfahren nicht durch Antrags- oder Klagerücknahme beendet wurden und soweit es sich nicht um isolierte Prozess- und Verfahrenskostenhilfeverfahren handelt	20 Jahre	Entscheidungen, Vergleiche sowie alle anderen in Nr. 1114.43 aufgeführten Titel usw.	
		c) Entscheidungen und Vergleiche über den Versorgungsausgleich, beglaubigte Abschriften von Entscheidungen der Berufungs- und Beschwerdeinstanz aus den unter Buchstabe a genannten Akten	80 Jahre		
1114.33	F	Akten über Streitigkeiten, welche die durch Verwandtschaft, Ehe oder Lebenspartnerschaft begründete gesetzliche Unterhaltspflicht betreffen	15 Jahre	die in Nr. 1114.43 bezeichneten Titel usw.	
1114.34	F	a) Akten über Verfahren, die den Versorgungsausgleich betreffen	30 Jahre	Entscheidungen und Vergleiche, beglaubigte Abschriften von Entscheidungen der Beschwerdeinstanz (siehe	

Nr.	Registerzeichen	Angelegenheit	Aufbewahrungs- und Speicherungsfrist	Vor der Vernichtung herauszunehmende Dokumente	Bemerkungen
1	2	3	4	5	6
				Nr. 1114.34 Buchstabe b)	
		b) Entscheidungen und Vergleiche, beglaubigte Abschriften von Entscheidungen der Beschwerdeinstanz aus den unter Buchstabe a genannten Akten	80 Jahre		
1114.35	F	a) Akten betreffend Streitigkeiten über Ansprüche aus dem ehelichen Güterrecht, auch wenn Dritte am Verfahren beteiligt sind	15 Jahre	die in Nr. 1114.43 bezeichneten Titel usw.	
		b) Erklärungen über Gütertrennung nach Artikel 8 Abschnitt I Nr. 3 bis 5 des Gleichberechtigungsgesetzes, Erklärungen nach den §§ 2, 3 des Gesetzes über den ehelichen Güterstand von Vertriebenen und Flüchtlingen sowie Erklärungen über die Fortgeltung des bisherigen gesetzlichen Güterstandes nach Artikel 234 § 4 Abs. 2 des Einführungsgesetzes zum bürgerlichen Gesetzbuche	130 Jahre		bis zum 31. August 2009: siehe Nr. 1114.24 Buchstabe d
1114.36	F	Akten über Verfahren nach den §§ 1382 und 1383 BGB	10 Jahre	Entscheidungen (siehe Nr. 1114.43)	

Nr.	Registerzeichen	Angelegenheit	Aufbewahrungs- und Speicherungsfrist	Vor der Vernichtung herauszunehmende Dokumente	Bemerkungen
1	2	3	4	5	6
1114.37	F	a) Akten über Kindschaftssachen gemäß § 640 Abs. 2 ZPO in der bis zum 31. August 2009 geltenden Fassung	30 Jahre	Entscheidungen, Protokolle, die Beurkundungen in Kindschaftssachen enthalten (siehe Nr. 1114.37 Buchstabe b)	Kindschaftssachen im Sinne dieser Bestimmung sind die in § 640 Abs. 2 ZPO in der bis zum 31. August 2009 geltenden Fassung bezeichneten Verfahren. Ab dem 1. September 2009 werden sie als Abstammungssachen bezeichnet (siehe § 111 Nr. 3, § 169 FamFG). Soweit es sich um Abstammungssachen handelt (bis 31. August 2009: § 640 Abs. 2 Nr. 1 bis 4 ZPO) gilt Nr. 1114.40; soweit es sich um Kindschaftssachen nach § 151 Nr. 1 FamFG handelt (bis 31. August 2009: § 640 Abs. 2 Nr. 5 ZPO) gilt Nr. 1114.21.
		b) aus den Akten zu Buchstabe a: Entscheidungen sowie Protokolle, die Beurkundungen in Kindschaftssachen enthalten	70 Jahre		wie zu Nr. 1114.37 Buchstabe a

Nr.	Registerzeichen	Angelegenheit	Aufbewahrungs- und Speicherungsfrist	Vor der Vernichtung herauszunehmende Dokumente	Bemerkungen
1	2	3	4	5	6
1114.38	F	Akten über Anträge auf Befreiung vom Erfordernis der Volljährigkeit (§ 1303 Abs. 2 BGB a.F.)	5 Jahre		
1114.39	F	a) Akten über sonstige familienrechtliche Angelegenheiten, soweit sie Vorgänge über die Genehmigung freiheitsentziehender Unterbringungen/Maßnahmen (§ 1631b BGB) enthalten	30 Jahre		
		b) Akten über die Anordnung von Ergänzungspflegschaften, soweit § 1836e BGB Anwendung findet, sowie Akten mit Vermögensverzeichnissen nach § 1640 BGB	10 Jahre	die in Nr. 1114.43 bezeichneten Titel	
1114.40	F	a) Akten über Abstammungssachen	30 Jahre	Entscheidungen und Protokolle, die Beurkundungen in Abstammungssachen enthalten gemäß § 180 FamFG (siehe Nr. 1114.40 Buchstabe b) Ehelicherklärungen, Feststellungen der Legiti-	bis zum 30. Juni 1998: siehe Nr. 1112.1 Buchstabe b; bis zum 31. August 2009: siehe Nr. 1114.37.

Nr.	Registerzeichen	Angelegenheit	Aufbewahrungs- und Speicherungsfrist	Vor der Vernichtung herauszunehmende Dokumente	Bemerkungen
1	2	3	4	5	6
				mation durch nachfolgende Ehe, Anfechtungen der Ehelichkeit, Feststellungen der Vaterschaft, Anfechtungen der Vaterschaft (siehe Nr. 1114.40 Buchstabe c)	
		b) aus den Akten zu Buchstabe a: Entscheidungen und Protokolle gemäß § 180 FamFG	70 Jahre		bis zum 30. Juni 1998: siehe Nr. 1112.1 Buchstabe c und d
		c) Ehelicherklärungen, Feststellungen der Legitimation durch nachfolgende Ehe, Anfechtungen der Ehelichkeit, Feststellungen der Vaterschaft, Anfechtungen der Vaterschaft	130 Jahre		bis zum 31. August 2009: siehe Nr. 1114.24 Buchstabe c
1114.41	F	a) Akten über Wohnungszuweisungs- und Hausratssachen	5 Jahre	Entscheidungen und Vergleiche sowie Urkunden, auf die darin Bezug genommen ist (siehe Nr. 1114.41 Buchstabe c)	bis zum 31. August 2009: siehe Nr. 1112.1 Buchstabe f

Nr.	Registerzeichen	Angelegenheit	Aufbewahrungs- und Speicherungsfrist	Vor der Vernichtung herauszunehmende Dokumente	Bemerkungen
1	2	3	4	5	6
		b) Akten über Gewaltschutzsachen	5 Jahre	wie zu Nr. 1114.41 Buchstabe a	bis zum 31. August 2009: siehe Nr. 1112.1 Buchstabe f
		c) Entscheidungen und Vergleiche sowie Urkunden, auf die darin Bezug genommen ist	30 Jahre		Zu den Entscheidungen usw. gehören auch die zu den Akten genommenen beglaubigten Abschriften der Entscheidungen der höheren Instanzen.
1114.42	FH	a) Akten über Verfahren nach § 53e Abs. 2 und 3 des Gesetzes über die Angelegenheiten der freiwilligen Gerichtsbarkeit	30 Jahre		
		b) Akten über Anträge im vereinfachten Verfahren über den Unterhalt Minderjähriger	5 Jahre	die in Nr. 1114.43 bezeichneten Titel	
		c) Akten über Anträge im vereinfachten Verfahren zur Abänderung von Unterhaltstiteln	5 Jahre	die in Nr. 1114.43 bezeichneten Titel	
		d) Akten über sonstige Anträge außerhalb eines anhängigen Verfahrens ...	5 Jahre	die in Nr. 1114.43 bezeichneten Titel	
		e) Erklärungen nach § 21 LPartG in der bis zum 31. Dezember 2010 geltenden Fassung (auch soweit sie			

Nr.	Registerzeichen	Angelegenheit	Aufbewahrungs- und Speicherungsfrist	Vor der Vernichtung herauszunehmende Dokumente	Bemerkungen
1	2	3	4	5	6
		zu Maßnahmen des Familiengerichts keinen Anlass geben und nicht unter dem Registerzeichen FH erfasst sind)	130 Jahre		
1114.43		a) Die zur Zwangsvollstreckung geeigneten Titel, Entscheidungen, Vergleiche jeder Art, Vollstreckungsbescheide sowie Nachweise über die Zustellung der Mahn- und Vollstreckungsbescheide; verfahrenseinleitende Dokumente und weitere Nachweise, die für die Vollstreckbarkeitserklärung nach Artikel 53 EuGVVO gemäß Artikel 37 EuGVVO erforderlich sind, ferner Handzeichnungen, Abrechnungen und sonstige Dokumente, auf die in der Entscheidungsformel oder in einem gerichtlichen Vergleich Bezug genommen wird	30 Jahre		Zur Zwangsvollstreckung geeignete Titel, die durch spätere Antragsrücknahme wirkungslos geworden sind (vgl. § 269 Abs. 3 Satz 1, § 700 Abs. 1 ZPO, § 22 Abs. 2 Satz 1 FamFG), fallen nicht unter die 30-jährige Aufbewahrungsfrist und sind deshalb nur so lange aufzubewahren wie die Verfahrensakten selbst. Zu den Entscheidungen usw. im Sinne dieser Vorschrift gehören auch die beglaubigten Abschriften von Entscheidungen der höheren Instanzen sowie Leseabschriften.

Nr.	Registerzeichen	Angelegenheit	Aufbewahrungs- und Speicherungsfrist	Vor der Vernichtung herauszunehmende Dokumente	Bemerkungen
1	2	3	4	5	6
		b) Prozessvergleiche, die einen Erbvertrag oder Erklärungen enthalten, nach deren Inhalt die Erbfolge festgestellt, geregelt oder geändert wird	130 Jahre		
		Unterabschnitt 5 Anerbensachen und Landwirtschaftssachen			
1115.0	EhR	Erbhofakten	130 Jahre	Eintragungsbewilligungen, auf die bei der Eintragung eines Rechts im Grundbuch Bezug genommen wurde (sind in die Grundakte zu übernehmen)	
1115.1	Lw (XV) (früher: LwG, LwS, LwP, LwV, PSch)	Akten über Landwirtschaftssachen sowie Entscheidungen und Vergleiche zur Hauptsache sowie Urkunden, auf die darin Bezug genommen ist, Akten in Pachtschutzsachen	30 Jahre		Wegen der Höfeakten siehe Nr. 1115.6. Aus dem Registerzeichen PSch kommen nur abgeschlossene Verfahren in Betracht.
1115.2	Lw (XV) (früher:	Akten über Zuweisungsverfahren	50 Jahre		

Nr.	Registerzeichen	Angelegenheit	Aufbewahrungs- und Speicherungsfrist	Vor der Vernichtung herauszunehmende Dokumente	Bemerkungen
1	2	3	4	5	6
	LwZ)				
1115.3	Lw (XV) (früher: LwH)	a) Verfahren über die Erteilung von Hoffolgezeugnissen und Erbscheinen	30 Jahre	Hoffolgezeugnisse und Erbscheine, Europäische Nachlasszeugnisse, gerichtlich beurkundete Erbscheinsanträge, Urkunden über die Übertragung eines Erbteils (siehe Nr. 1115.3 Buchstabe b)	
		b) Hoffolgezeugnisse und Erbscheine, Europäische Nachlasszeugnisse, gerichtlich beurkundete Erbscheinsanträge, Urkunden über die Übertragung eines Erbteils	130 Jahre		
		c) Verfahren betreffend die Genehmigung von Hofübergabeverträgen	50 Jahre		
		d) Sonstige	30 Jahre		
1115.4	Lw (XV) (früher: HLw)	Akten über sonstige Anträge außerhalb einer anhängigen Landwirtschaftssache, die nicht Bestandteil der Hauptakten geworden sind	30 Jahre		

Nr.	Registerzeichen	Angelegenheit	Aufbewahrungs- und Speicherungsfrist	Vor der Vernichtung herauszunehmende Dokumente	Bemerkungen
1	2	3	4	5	6
1115.5		Sammelakten mit dem Schriftgut über die nicht in das Register für Landwirtschaftssachen oder entsprechende Register eingetragenen Sachen	30 Jahre		
1115.6		Höfeakten gemäß § 10 HöfeVfO	dauernd		
		Abschnitt 2 **Landgericht** **Unterabschnitt 1** **Allgemeines**			
1121.0	AR	a) Akten über Angelegenheiten, die in das Allgemeine Register eingetragen sind, mit Ausnahme der unter Buchstabe b aufgeführten Akten	2 Jahre		
		b) Akten, die Schutzschriften enthalten	1 Jahr		
		Unterabschnitt 2 **Zivilsachen**			
1122.0	O	a) Akten über Ansprüche aus einem familienrechtlichen Verhältnis nach dem bis zum 30. Juni 1998 geltenden Recht	30 Jahre		
		b) alle übrigen Akten	5 Jahre	die in Nr. 1122.7 Buchstabe a bezeichneten Titel sowie Urteile	vgl. auch die Nrn. 1122.10, 1122.11 und 1124.2

Nr.	Registerzeichen	Angelegenheit	Aufbewahrungs- und Speicherungsfrist	Vor der Vernichtung herauszunehmende Dokumente	Bemerkungen
1	2	3	4	5	6
				und Vergleiche jeder Art usw.	
1122.1	OH	Akten über Anträge auf Durchführung des selbstständigen Beweisverfahrens und über sonstige Anträge außerhalb eines anhängigen Rechtsstreits, die nicht Bestandteil der Hauptakten geworden sind	5 Jahre	die in Nr. 1122.7 Buchstabe a bezeichneten Titel sowie Urteile und Vergleiche jeder Art usw.	vgl. auch die Nrn. 1122.10, 1122.11 und 1124.2
1122.2		Sammelakten über die bei dem Gericht vor dem 1. Januar 1998 niedergelegten Schiedssprüche, schiedsrichterlichen Vergleiche und Vergleiche nach § 1044b ZPO in der bis zum 31. Dezember 1997 geltenden Fassung	30 Jahre		
1122.3	R	Urteile aus Akten über Ehe-, Kindschafts- und Entmündigungssachen	50 Jahre		betrifft Altverfahren vor 1977
1122.4	S	Sammelakten mit den in der Berufungsinstanz zurückbehaltenen Dokumenten	5 Jahre	die in Nr. 1122.7 Buchstabe a bezeichneten Titel sowie Urteile und Vergleiche jeder Art usw.	
1122.5	SH	Akten über Anträge außerhalb eines anhängigen Berufungsverfahrens	2 Jahre	Vergleiche (siehe Nr. 1122.7 Buchstabe a)	

Nr.	Registerzeichen	Angelegenheit	Aufbewahrungs- und Speicherungsfrist	Vor der Vernichtung herauszunehmende Dokumente	Bemerkungen
1	2	3	4	5	6
1122.6	T	Sammelakten mit den in der Beschwerdeinstanz zurückbehaltenen Dokumenten	5 Jahre	die in Nr. 1122.7 Buchstabe a bezeichneten Titel sowie Urteile und Vergleiche jeder Art usw.	
1122.7		a) Die zur Zwangsvollstreckung geeigneten Titel und Entscheidungen, Vergleiche jeder Art, Vollstreckbarerklärungen und Vollstreckungsbescheide, Bestätigungserklärungen über die Vollstreckbarkeit nach der EuVT-VO, Nachweise über die Zustellung der Mahn- und Vollstreckungsbescheide sowie verfahrenseinleitende Dokumente und weitere Nachweise, die für die Vollstreckbarkeitserklärung nach Artikel 53 EuGVVO gemäß Artikel 37 EuGVVO erforderlich sind, Schiedssprüche, schiedsrichterliche Vergleiche sowie Entscheidungen über deren Vollstreckbarkeit; ferner Handzeichnungen, Karten, Abrechnungen und sonstige Dokumente, auf die in der Entscheidungsformel oder in einem gerichtlichen Vergleich Bezug genommen ist	30 Jahre		Zur Zwangsvollstreckung geeignete Titel, die durch spätere Klage- oder Antragsrücknahme wirkungslos geworden sind (vgl. § 269 Abs. 3 Satz 1, § 700 Abs. 1 ZPO), fallen nicht unter die 30-jährige Aufbewahrungsfrist und sind deshalb nur so lange aufzubewahren wie die Verfahrensakten selbst. Zu den Entscheidungen usw. im Sinne dieser Vorschrift gehören auch die zu den Akten genommenen beglaubigten Abschriften von Entscheidungen der hö-

Nr.	Registerzeichen	Angelegenheit	Aufbewahrungs- und Speicherungsfrist	Vor der Vernichtung herauszunehmende Dokumente	Bemerkungen
1	2	3	4	5	6
					heren Instanzen sowie Leseabschriften.
		b) Entscheidungen und Vergleiche über den vorzeitigen Erbausgleich (§§ 1934d und 1934e BGB jeweils in der bis zum 31. März 1998 geltenden Fassung)	130 Jahre		
		c) Prozessvergleiche, die einen Erbvertrag oder Erklärungen enthalten, nach deren Inhalt die Erbfolge festgestellt, geregelt oder geändert wird	130 Jahre		
1122.8		Sammelakten mit den Dokumenten über die Erteilung von Notfristzeugnissen usw.	2 Jahre		
1122.9		Sammel- und Sonderakten für Zivilsachen, die nicht in die Register für Berufungs-, Beschwerde- oder sonstige Zivilsachen oder in das Allgemeine Register gehören	2 Jahre		
1122.10	O, OH (VH)	a) Akten über die Gewährung richterlicher Vertragshilfe	5 Jahre	Entscheidungen und Vergleiche sowie Urkunden, auf die darin Bezug genommen ist	

Nr.	Registerzeichen	Angelegenheit	Aufbewahrungs- und Speicherungsfrist	Vor der Vernichtung herauszunehmende Dokumente	Bemerkungen
1	2	3	4	5	6
		b) Entscheidungen und Vergleiche in den zu Buchstabe a genannten Angelegenheiten sowie Urkunden, auf die darin Bezug genommen ist	30 Jahre	(siehe Nr. 1122.10 Buchstabe b)	Zu den Entscheidungen im Sinne dieser Vorschrift gehören auch die zu den Akten genommenen beglaubigten Abschriften von Entscheidungen der höheren Instanzen.
1122.11	O, OH (AktG) (früher: AktE)	Akten über Anträge auf gerichtliche Entscheidungen nach dem Aktiengesetz	30 Jahre		
1122.12	OTh	Akten über Verfahren nach dem Therapieunterbringungsgesetz	30 Jahre		
		Unterabschnitt 3 **Straf- und Bußgeldsachen**			
1123.0		Sammelakten mit den in der Berufungs- oder Beschwerdeinstanz zurückbehaltenen Dokumenten	30 Jahre		
1123.1		Sammelakten mit den Dokumenten über Anträge auf Entscheidung der Strafkammer als oberes Gericht und			

Nr.	Registerzeichen	Angelegenheit	Aufbewahrungs- und Speicherungsfrist	Vor der Vernichtung herauszunehmende Dokumente	Bemerkungen
1	2	3	4	5	6
		über die Ablehnung von Gerichtspersonen	5 Jahre		
1123.2	StVK Vollz.	Akten über Verfahren nach den §§ 109 und 110 StVollzG	10 Jahre		
1123.3		Sammelakten mit den Begleitumschlägen der abgehenden Briefe der Untersuchungsgefangenen	1 Jahr		Auf Anordnung der Behördenleitung können die Begleitumschläge statt in Sammelakten auch in Kartons oder anderen Behältnissen geordnet aufbewahrt werden.
		Unterabschnitt 4 Sonstige Zuständigkeiten des Landgerichts			
1124.0		Akten über Wiedergutmachungssachen (Rückerstattung)	30 Jahre		
1124.1		Akten über Wiedergutmachungssachen (Entschädigung)	30 Jahre		
1124.2	O, OH (Wp)	Akten über Wertpapierbereinigungssachen	10 Jahre		

Nr.	Registerzeichen	Angelegenheit	Aufbewahrungs- und Speicherungsfrist	Vor der Vernichtung herauszunehmende Dokumente	Bemerkungen
1	2	3	4	5	6
		Unterabschnitt 5 Berufsgerichtssachen			
1125.0		Akten über berufsgerichtliche Verfahren			
		a) in denen auf Ausschließung aus dem Beruf erkannt oder in denen ein Beweissicherungsverfahren angeordnet worden ist	30 Jahre		Dies gilt nicht, sofern eine Entfernung nach § 25 BZRG erfolgt.
		b) alle übrigen	20 Jahre		
		Abschnitt 3 Oberlandesgericht, Oberstes Landesgericht			
		Unterabschnitt 1 Allgemeines			
1131.0	AR	a) Akten über Angelegenheiten, die in das Allgemeine Register eingetragen sind, mit Ausnahme der unter den Buchstaben b und c aufgeführten Akten	2 Jahre		
		b) Akten über Anträge auf Enthebung vom Amt des Beisitzers gemäß § 77 der Wirtschaftsprüferordnung und § 101 StBerG	5 Jahre		
		c) Akten, die Schutzschriften enthalten	1 Jahr		

Nr.	Registerzeichen	Angelegenheit	Aufbewahrungs- und Speicherungsfrist	Vor der Vernichtung herauszunehmende Dokumente	Bemerkungen
1	2	3	4	5	6
		Unterabschnitt 2 **Zivil- und Familiensachen**			
1132.0	Sch, Kap, MK, EK, AktG	a) Akten über schiedsrichterliche Verfahren, Verfahren nach dem Kapitalanleger-Musterverfahrensgesetz, Musterfeststellungsverfahren, Entschädigungsverfahren	5 Jahre	zu den Buchstaben a und b: die zur Zwangsvollstreckung geeigneten Titel, Schiedssprüche, schiedsrichterliche Vergleiche sowie Entscheidungen über deren Vollstreckbarkeit (siehe Nr. 1132.0 Buchstabe c)	
		b) Freigabeverfahren nach dem Aktien- und Umwandlungsgesetz	10 Jahre		
		c) die zur Zwangsvollstreckung geeigneten Titel, Schiedssprüche, schiedsrichterliche Vergleiche sowie Entscheidungen über deren Vollstreckbarkeit	30 Jahre		
1132.1	SchH	a) Akten über Anträge auf gerichtliche Entscheidung in den in § 1062 Abs. 1 Nr. 1 bis 3 ZPO genannten Fällen	5 Jahre	die zur Zwangsvollstreckung geeigneten Titel, Beschlüsse etc.	

Nr.	Registerzeichen	Angelegenheit	Aufbewahrungs- und Speicherungsfrist	Vor der Vernichtung herauszunehmende Dokumente	Bemerkungen
1	2	3	4	5	6
				(siehe Nr. 1132.0 Buchstabe a und b)	
		b) die zur Zwangsvollstreckung geeigneten Titel und Beschlüsse	30 Jahre		
1132.2	U, UF	a) Sammelakten und Blattsammlungen (Senatsakten) mit den in der Beschwerdeinstanz (bis zum 31. August 2009: Berufungsinstanz) zurückbehaltenen Dokumenten	5 Jahre	Entscheidungen und Vergleiche (siehe Nr. 1132.2 Buchstabe b und c)	
		b) Entscheidungen und Vergleiche aus den Akten zu Buchstabe a	30 Jahre		
		c) Prozessvergleiche aus den Akten zu Buchstabe a, die einen Erbvertrag oder Erklärungen enthalten, nach deren Inhalt die Erbfolge festgestellt, geregelt oder geändert wird	130 Jahre		
1132.3	UH, UFH	a) Akten über Anträge außerhalb eines anhängigen Beschwerdeverfahrens (bis zum 31. August 2009: Berufungsverfahren), die nicht Bestandteil der Hauptakten geworden sind	2 Jahre	Vergleiche (siehe Nr. 1132.3 Buchstabe b)	
		b) Vergleiche aus den Akten zu Buchstabe a	30 Jahre		
1132.4	W, WF	a) Sammelakten und Blattsammlungen (Senatsakten) mit den in der Be-		vollstreckungsfähige Beschlüsse	

Nr.	Registerzeichen	Angelegenheit	Aufbewahrungs- und Speicherungsfrist	Vor der Vernichtung herauszunehmende Dokumente	Bemerkungen
1	2	3	4	5	6
		schwerdeinstanz zurückbehaltenen Dokumenten	5 Jahre	(siehe Nr. 1132.4 Buchstabe b)	
		b) Instanz abschließende Beschlüsse mit vollstreckungsfähigem Inhalt sowie Entscheidungen über die Vollstreckbarkeit erstinstanzlicher Entscheidungen aus den Akten zu Buchstabe a	30 Jahre	Zwischenentscheidungen (siehe Nr. 1132.4 Buchstabe a)	
1132.5		Sammelakten mit den Dokumenten über die Erteilung von Notfristzeugnissen	2 Jahre		
1132.6		Sammel- und Sonderakten für Zivilsachen, die nicht in die Register für Berufungs-, Beschwerde- oder sonstige Zivilsachen oder in das Allgemeine Register gehören	2 Jahre		
1132.7	Uth, Wth	Sammelakten und Blattsammlungen (Senatsakten) mit den in Verfahren nach dem Therapieunterbringungsgesetz in der Beschwerdeinstanz zurückbehaltenen Dokumenten	30 Jahre		
1132.8	OLG II	Entscheidungen und Vergleiche sowie Urkunden, auf die darin Bezug genommen ist, aus den Akten über die Gewährung richterlicher Vertragshilfe in			Zu den Entscheidungen im Sinne dieser Vorschrift gehören auch die zu den Akten genommenen beglaubigten

Nr.	Registerzeichen	Angelegenheit	Aufbewahrungs- und Speicherungsfrist	Vor der Vernichtung herauszunehmende Dokumente	Bemerkungen
1	2	3	4	5	6
		Energiewirtschaftssachen und bei der Abwicklung von Lieferverträgen	30 Jahre		Abschriften von Entscheidungen der höheren Instanz.
1132.9	FS I	Akten über Fideikommisse, Lehen, Stammgüter sowie Hausgüter, Hausvermögen und sonstige gebundene Vermögen	50 Jahre		
1132.10	FS II	Akten über Schutzforsten, Waldgüter, Deichgüter, Weingüter, Landgüter, Waldgenossenschaften und dergleichen	50 Jahre		
1132.11	VA	Akten über Anträge auf gerichtliche Überprüfung von Justizverwaltungsakten (Zivilakten)			
		a) wenn der Antrag zurückgenommen oder sonst ohne Entscheidung erledigt worden ist oder wenn es sich um die Wiedereinsetzung in den vorigen Stand oder ein Prozesskostenhilfeverfahren handelt	2 Jahre		
		b) in allen übrigen Fällen	30 Jahre		
1132.12	REMiet	Akten über Rechtsentscheide in Mietsachen	30 Jahre		

Nr.	Registerzeichen	Angelegenheit	Aufbewahrungs- und Speicherungsfrist	Vor der Vernichtung herauszunehmende Dokumente	Bemerkungen
1	2	3	4	5	6
		Unterabschnitt 3 Straf- und Bußgeldsachen			
1133.0		Sammelakten und Blattsammlungen (Senatsakten) mit den in der Revisions- oder Beschwerdeinstanz zurückbehaltenen Dokumenten	10 Jahre	Urteile und Beschlüsse (siehe Nr. 1133.2)	
1133.1		Sammelakten mit den Dokumenten über Anträge auf Entscheidung des Strafsenats als oberes Gericht und über die Ablehnung von Gerichtspersonen	5 Jahre		
1133.2		Urteile und Beschlüsse in Revisionen sowie Entscheidungen wegen Ordnungswidrigkeiten	30 Jahre		
1133.3	VAs	Akten über Anträge auf gerichtliche Überprüfung von Justizverwaltungsakten (Strafsachen)			
		a) wenn der Antrag zurückgenommen oder sonst ohne Entscheidung erledigt worden ist oder wenn es sich um die Wiedereinsetzung in den vorigen Stand oder ein Prozesskostenhilfeverfahren handelt	5 Jahre		
		b) in allen übrigen Fällen	30 Jahre		
1133.4		Entscheidungen über Rechtsbeschwerden nach den §§ 116 und 117 StVollzG	30 Jahre		

Nr.	Registerzeichen	Angelegenheit	Aufbewahrungs- und Speicherungsfrist	Vor der Vernichtung herauszunehmende Dokumente	Bemerkungen
1	2	3	4	5	6
1133.5		Sammelakten mit den Begleitumschlägen der abgehenden Briefe der Untersuchungsgefangenen	1 Jahr		Auf Anordnung der Behördenleitung können die Begleitumschläge statt in Sammelakten auch in Kartons oder anderen Behältnissen geordnet aufbewahrt werden.
		Unterabschnitt 4 **Landwirtschaftssachen**			
1134.0		Sammelakten und Blattsammlungen (Senatsakten) mit den in der Beschwerdeinstanz zurückbehaltenen Dokumenten	30 Jahre		
1134.1		Sammelakten mit den Dokumenten über die Erteilung von Notfristzeugnissen usw.	5 Jahre		
		Unterabschnitt 5 **Sonstige Zuständigkeiten des Oberlandesgerichts**			
1135.0		a) Sammelakten und Blattsammlungen (Senatsakten) in Wiedergutmachungssachen (Rückerstattung)	10 Jahre	Entscheidungen (siehe Nr. 1135.0 Buchstabe b)	
		b) Entscheidungen aus den Akten zu Buchstabe a	30 Jahre		

Nr.	Regis-terzei-chen	Angelegenheit	Aufbewahrungs- und Speicherungsfrist	Vor der Vernichtung herauszunehmende Dokumente	Bemerkungen
1	2	3	4	5	6
1135.1		a) Sammelakten und Blattsammlungen (Senatsakten) in Wiedergutmachungssachen (Entschädigung)	10 Jahre	Entscheidungen (siehe Nr. 1135.1 Buchstabe b)	
		b) Entscheidungen aus den Akten zu Buchstabe a	30 Jahre		
1135.2		Sammelakten und Blattsammlungen (Senatsakten) in Wertpapierbereinigungssachen	10 Jahre		
1135.3	Kart (früher: Kart V, Kart B, Kart)	a) Verwaltungsbeschwerden und Bußgeldsachen nach dem Gesetz gegen Wettbewerbsbeschränkungen	10 Jahre	Beschlüsse (siehe Nr. 1135.3 Buchstabe b)	
		b) Beschlüsse	30 Jahre		
1135.4	Verg	a) Akten über sofortige Beschwerden und Entscheidungen nach § 169 Abs. 2 Satz 5 und 6 und Abs. 4 Satz 2 GWB in Vergaberechtssachen	10 Jahre	Beschlüsse (siehe Nr. 1135.4 Buchstabe b)	
		b) Beschlüsse aus den Akten zu Buchstabe a	30 Jahre		
1135.5		a) Akten über Beschwerden nach § 75 EnWG	10 Jahre	Beschlüsse (siehe Nr. 1135.5 Buchstabe b)	
		b) Beschlüsse aus den Akten zu Buchstabe a	30 Jahre		

Nr.	Registerzeichen	Angelegenheit	Aufbewahrungs- und Speicherungsfrist	Vor der Vernichtung herauszunehmende Dokumente	Bemerkungen
1	2	3	4	5	6
		Unterabschnitt 6 **Berufsgerichtssachen**			
1136.0	Not	Akten über			
		a) Disziplinarverfahren gegen Notarinnen und Notare (einschließlich der im Rahmen des Untersuchungsverfahrens entstandenen Akten), in denen auf Entfernung aus dem Amt erkannt worden ist	30 Jahre		
		b) alle anderen Disziplinarverfahren gegen Notarinnen und Notare	20 Jahre		
		c) verwaltungsrechtliche Notarsachen nach § 111 BNotO	30 Jahre		
1136.1	AGH	a) Akten des Anwaltsgerichtshofs über verwaltungsrechtliche Anwaltssachen (§ 112a BRAO und Patentanwaltssachen (§§ 94a ff. PAO)	30 Jahre		
		b) Sammelakten und Blattsammlungen über anwaltsgerichtliche Verfahren vor dem Anwaltsgerichtshof mit den in der Berufungs- oder Beschwerdeinstanz zurückbehaltenen Dokumenten, wenn auf Ausschließung aus dem Beruf erkannt worden ist	50 Jahre		

Nr.	Registerzeichen	Angelegenheit	Aufbewahrungs- und Speicherungsfrist	Vor der Vernichtung herauszunehmende Dokumente	Bemerkungen
1	2	3	4	5	6
		c) alle übrigen der unter Buchstabe b genannten Akten und Blattsammlungen	30 Jahre		
1136.2		Sammelakten und Blattsammlungen (Senatsakten) über berufsgerichtliche Verfahren	20 Jahre		
		Abschnitt 4 **Staatsanwaltschaft, Amtsanwaltschaft** **Unterabschnitt 1** **Allgemeines**			
1141.0	AR	Akten über Angelegenheiten, die in das Allgemeine Register eingetragen sind ..	5 Jahre		
1141.1		Listen der Überführungsstücke	5 Jahre		Die Frist beginnt mit der Ausgabe des letzten Asservats.
		Unterabschnitt 2 **Zivilsachen**			
1142.0		Akten über Zivilsachen	5 Jahre		
		Unterabschnitt 3 **Strafsachen**			
1143.0	Js, UJs	Akten (einschließlich aufzubewahrender Handakten) über			zu den Buchstaben a bis d:

Nr.	Registerzeichen	Angelegenheit	Aufbewahrungs- und Speicherungsfrist	Vor der Vernichtung herauszunehmende Dokumente	Bemerkungen
1	2	3	4	5	6
		a) Verfahren zur Ermittlung der Todesursache Verstorbener (Leichensachen)	30 Jahre		Akten, aus denen sich ergibt, dass der objektive Tatbestand eines Verbrechens oder Vergehens vorliegt, der Täter aber nicht zur Aburteilung zu bringen ist, sind in allen Fällen mindestens so lange aufzubewahren, als nicht die Strafverfolgung durch Verjährung ausgeschlossen ist; in den Fällen, in denen die Tat der Verjährung nicht unterliegt, sind sie so lange aufzubewahren, als eine Strafverfolgung den Umständen nach noch möglich ist.
		b) Verfahren zur Ermittlung von Bränden (Brandsachen)	20 Jahre		
		c) Ermittlungsverfahren, die wegen Schuldunfähigkeit eingestellt sind		verfahrensbeendende Entscheidungen; Gutachten über Feststellung der Schuldunfähigkeit (siehe Nr. 1143.1)	
		aa) im Falle eines Vergehens	10 Jahre		
		bb) im Falle eines Verbrechens sowie bei Straftaten nach den §§ 174 bis 180, 182 StGB oder nach § 240 Abs. 4 Satz 2 Nr. 1 StGB in der bis zum 9. November 2016 geltenden Fassung	20 Jahre		

Nr.	Registerzeichen	Angelegenheit	Aufbewahrungs- und Speicherungsfrist	Vor der Vernichtung herauszunehmende Dokumente	Bemerkungen
1	2	3	4	5	6
		d) sonstige Angelegenheiten, in denen das Verfahren eingestellt ist	5 Jahre		
1143.1		Verfahrensbeendende Entscheidungen; Gutachten über Feststellung der Schuldunfähigkeit aus den unter Nr. 1143.0 Buchstabe c genannten Akten	30 Jahre		wie zu Nr. 1143.0
1143.2	Js (Ks, KLs, Ls, Ds, Cs) (früher: KLs, KMs, Ls, Ms, Cs, DLs, Ds, Es)	Akten (einschließlich aufzubewahrender Handakten und Vollstreckungs-, Bewährungs- sowie Gnadenhefte) über Anklagen, Anträge nach den §§ 413, 435 StPO sowie Strafbefehle			wie zu Nr. 1143.0
		a) in denen auf lebenslange Freiheitsstrafe oder auf Todesstrafe erkannt ist	aufzubewahren bis zum Ablauf des Jahres, in dem die oder der Verurteilte das 100. Lebensjahr vollendet hätte		
		b) wenn auf Sicherungsverwahrung, auf Unterbringung in einem psy-			

Nr.	Registerzeichen	Angelegenheit	Aufbewahrungs- und Speicherungsfrist	Vor der Vernichtung herauszunehmende Dokumente	Bemerkungen
1	2	3	4	5	6
		chiatrischen Krankenhaus (früher: Heil- und Pflegeanstalt), auf Untersagung der Erteilung der Fahrerlaubnis für immer oder auf lebenslanges Berufsverbot erkannt ist	30 Jahre		
		c) wenn wegen einer Straftat, für die das Gesetz als Höchststrafe lebenslange Freiheitsstrafe vorsieht, auf Freiheitsstrafe oder Jugendstrafe von mehr als 1 Jahr erkannt ist	30 Jahre		
		d) wenn wegen einer Straftat nach den §§ 174 bis 180, 182, 223 bis 227, 239 bis 239b StGB oder nach § 240 Abs. 4 Satz 2 Nr. 1 StGB in der bis zum 9. November 2016 geltenden Fassung auf Freiheitsstrafe oder Jugendstrafe von mehr als 1 Jahr erkannt ist	30 Jahre		
		e) wenn das Verfahren wegen Schuldunfähigkeit oder auf psychischer Krankheit beruhender Verhandlungsunfähigkeit ohne Bestrafung abgeschlossen oder eine gerichtliche Entscheidung nach § 413 StPO aus den in § 11 Abs. 1 Nr. 2 BZRG genannten Gründen abgelehnt worden ist		verfahrensbeendende Entscheidungen; Gutachten über Feststellung der Schuldunfähigkeit oder psychischer Krankheit (siehe Nr. 1143.4)	

Nr.	Registerzeichen	Angelegenheit	Aufbewahrungs- und Speicherungsfrist	Vor der Vernichtung herauszunehmende Dokumente	Bemerkungen
1	2	3	4	5	6
		aa) im Fall eines Vergehens	10 Jahre		
		bb) im Fall eines Verbrechens sowie bei Straftaten nach den §§ 174 bis 180, 182 StGB oder nach § 240 Abs. 4 Satz 2 Nr. 1 StGB in der bis zum 9. November 2016 geltenden Fassung	20 Jahre		
		f) wenn auf Freiheitsstrafe von mehr als 1 Jahr erkannt ist	15 Jahre	auf Strafe lautende Urteile, Vollstreckungsnachweise usw. (siehe Nr. 1143.4)	
		g) wenn auf Geldstrafe von mehr als 90 Tagessätzen, auf Freiheitsstrafe oder Strafarrest von mehr als 3 Monaten bis zu 1 Jahr oder auf Jugendstrafe von mehr als 1 Jahr erkannt ist	10 Jahre	auf Strafe lautende Urteile, Strafbefehle, Vollstreckungsnachweise usw. (siehe Nr. 1143.4)	
		h) wenn sonst auf Geldstrafe, Freiheitsstrafe, Strafarrest oder Jugendstrafe erkannt ist	5 Jahre	auf Strafe lautende Urteile, Strafbefehle, Vollstreckungsnachweise usw. (siehe Nr. 1143.4)	

Nr.	Registerzeichen	Angelegenheit	Aufbewahrungs- und Speicherungsfrist	Vor der Vernichtung herauszunehmende Dokumente	Bemerkungen
1	2	3	4	5	6
		i) wenn in Verfahren gegen Jugendliche und Heranwachsende nach Jugendstrafrecht, jedoch nicht auf Jugendstrafe erkannt ist	5 Jahre	nicht freisprechende Urteile, Vollstreckungsnachweise auf Strafe lautende Urteile, Strafbefehle, Vollstreckungsnachweise usw. (siehe Nr. 1143.4)	
		j) sonstige	5 Jahre	auf Strafe lautende Urteile, Strafbefehle, Vollstreckungsnachweise usw. (siehe Nr. 1143.4)	
1143.3	Js (OWi)	Akten über Bußgeldverfahren (einschließlich der gerichtlichen Bußgeldentscheidung)	5 Jahre	vollstreckbare Titel (z.B. Kostenfestsetzungsbeschlüsse, Entscheidungen über die Entschädigung wegen erlittener Verfolgungsmaßnahmen) (siehe Nr. 1143.4)	

Nr.	Registerzeichen	Angelegenheit	Aufbewahrungs- und Speicherungsfrist	Vor der Vernichtung herauszunehmende Dokumente	Bemerkungen
1	2	3	4	5	6
1143.4		a) die Urteile und Strafbefehle, in denen rechtskräftig auf Strafe (hierzu zählen nicht Erziehungsmaßregeln und Zuchtmittel nach dem JGG) erkannt ist, einschließlich der Gesamtstrafenbeschlüsse, verfahrenseinleitende Dokumente und weitere Nachweise, die für die Vollstreckbarkeitserklärung erforderlich sind, sowie die Nachweise über die Vollstreckung der Strafe; Anklagen, auf deren zugelassenen Anklagesatz Bezug genommen ist, Anklagen nach § 212a Abs. 2 Satz 2 StPO in der bis zum 30. November 1994 geltenden Fassung und § 418 Abs. 3 Satz 2 StPO; Strafbefehle, Strafbefehlsanträge; bei den Akten befindliche Abbildungen, auf die in den Urteilen Bezug genommen ist; Urteile und sonstige Entscheidungen über die Kostenerstattungspflicht und über die Entschädigungspflicht für Strafverfolgungsmaßnahmen; Entscheidungen nach § 436 StPO; Entscheidungen nach § 2 Abs. 1 des DNA-Identitätsfeststellungsgesetzes in der bis zum 31. Oktober 2005 geltenden Fas-			Ist eine Geldstrafe durch Teilzahlungen getilgt, so ist nur der Nachweis über die letzte Teilzahlung aufzubewahren. Verfahrensbeendende Entscheidungen, Gutachten über Feststellung der Schuldunfähigkeit oder psychischer Krankheit aus den unter Nr. 1143.2 Buchstabe e genannten Akten. Zu den Urteilen im Sinne dieser Vorschrift gehören auch die zu den Akten genommenen beglaubigten Abschriften von Entscheidungen der höheren Instanzen.

Nr.	Registerzeichen	Angelegenheit	Aufbewahrungs- und Speicherungsfrist	Vor der Vernichtung herauszunehmende Dokumente	Bemerkungen
1	2	3	4	5	6
		sung und § 81g StPO; Kostenfestsetzungsbeschlüsse sowie Entscheidungen, in denen eine Entschädigung nach den §§ 10, 11 StrEG zuerkannt worden ist; die Beschlüsse oder Mitteilungen über den Erlass oder die Milderung der Strafe sowie über die Anordnung der Nichtaufnahme in ein Führungszeugnis (§ 39 BZRG) oder die Tilgung im Bundeszentralregister (§§ 48 und 49 BZRG)	30 Jahre		
		b) nicht freisprechende Urteile sowie die dazugehörigen Vollstreckungsnachweise aus den unter Nr. 1143.2 Buchstabe i genannten Akten	10 Jahre		
1143.5		Sammelakten mit den Begleitumschlägen der abgehenden Briefe der Untersuchungsgefangenen	1 Jahr		Auf Anordnung der Behördenleitung können die Begleitumschläge statt in Sammelakten auch in Kartons oder anderen Behältnissen geordnet aufbewahrt werden.

Nr.	Registerzeichen	Angelegenheit	Aufbewahrungs- und Speicherungsfrist	Vor der Vernichtung herauszunehmende Dokumente	Bemerkungen
1	2	3	4	5	6
		Abschnitt 5 **Generalstaatsanwaltschaft** **Unterabschnitt 1** **Allgemeines**			
1151.0	AR	Akten über Angelegenheiten, die in das Allgemeine Register eingetragen sind ..	5 Jahre		
1151.1		Listen der Überführungsstücke	5 Jahre		Die Frist beginnt mit der Ausgabe des letzten Asservats.
		Unterabschnitt 2 **Zivilsachen**			
1152.0	Rs	Sammelakten für Zivilsachen	5 Jahre		
		Unterabschnitt 3 **Strafsachen**			
1153.0	OJs	Akten über erstinstanzliche Strafsachen beim Oberlandesgericht			wie zu Nr. 1143.0
		a) in denen auf lebenslange Freiheitsstrafe oder auf Todesstrafe erkannt ist	aufzubewahren bis zum Ablauf des Jahres, in dem die oder der Verurteilte das 100. Lebensjahr vollendet hätte		

Nr.	Registerzeichen	Angelegenheit	Aufbewahrungs- und Speicherungsfrist	Vor der Vernichtung herauszunehmende Dokumente	Bemerkungen
1	2	3	4	5	6
		b) wenn auf Sicherungsverwahrung, auf Unterbringung in einem psychiatrischen Krankenhaus (früher: Heil- und Pflegeanstalt) oder auf Untersagung der Erteilung der Fahrerlaubnis für immer oder lebenslanges Berufsverbot erkannt ist	30 Jahre		
		c) wenn wegen einer Straftat, für die das Gesetz als Höchststrafe lebenslange Freiheitsstrafe vorsieht, auf Freiheitsstrafe von mehr als 1 Jahr erkannt ist	30 Jahre		
		d) wenn wegen einer Straftat nach den §§ 174 bis 180, 182, 223 bis 227, 239 bis 239b StGB oder nach § 240 Abs. 4 Satz 2 Nr. 1 StGB in der bis zum 9. November 2016 geltenden Fassung auf Freiheitsstrafe oder Jugendstrafe von mehr als 1 Jahr erkannt ist	30 Jahre		
		e) wenn das Verfahren wegen Schuldunfähigkeit oder auf psychischer Krankheit beruhender Verhandlungsunfähigkeit ohne Bestrafung abgeschlossen oder eine gerichtliche Entscheidung nach § 413 StPO aus den in § 11 Abs. 1 Nr. 2 BZRG		verfahrensbeendende Entscheidungen; Gutachten über Feststellung der Schuldunfähigkeit oder psychischer	

Nr.	Registerzeichen	Angelegenheit	Aufbewahrungs- und Speicherungsfrist	Vor der Vernichtung herauszunehmende Dokumente	Bemerkungen
1	2	3	4	5	6
		genannten Gründen abgelehnt worden ist		Krankheit (siehe Nr. 1153.1)	
		aa) im Fall eines Vergehens	10 Jahre		
		bb) im Fall eines Verbrechens sowie bei Straftaten nach den §§ 174 bis 180, 182 StGB oder nach § 240 Abs. 4 Satz 2 Nr. 1 StGB in der bis zum 9. November 2016 geltenden Fassung	20 Jahre		
		f) wenn auf Freiheitsstrafe von mehr als 1 Jahr erkannt ist	15 Jahre	auf Strafe lautende Urteile, Vollstreckungsnachweise usw. (siehe Nr. 1153.1)	
		g) wenn auf Geldstrafe von mehr als 90 Tagessätzen, auf Freiheitsstrafe oder Strafarrest von mehr als 3 Monaten bis zu 1 Jahr oder auf Jugendstrafe von mehr als 1 Jahr erkannt ist	10 Jahre	auf Strafe lautende Urteile, Strafbefehle, Vollstreckungsnachweise usw. (siehe Nr. 1153.1)	
		h) wenn sonst auf Geldstrafe, Freiheitsstrafe, Strafarrest oder Jugendstrafe erkannt ist	5 Jahre	auf Strafe lautende Urteile, Strafbefehle, Vollstreckungsnachweise usw. (siehe Nr. 1153.1)	

Nr.	Registerzeichen	Angelegenheit	Aufbewahrungs- und Speicherungsfrist	Vor der Vernichtung herauszunehmende Dokumente	Bemerkungen
1	2	3	4	5	6
		i) wenn in Verfahren gegen Jugendliche und Heranwachsende nach Jugendstrafrecht, jedoch nicht auf Jugendstrafe erkannt ist	5 Jahre	nicht freisprechende Urteile, Vollstreckungsnachweise usw. auf Strafe lautende Urteile, Strafbefehle, Vollstreckungsnachweise usw. (siehe Nr. 1153.1)	
		j) sonstige	5 Jahre	auf Strafe lautende Urteile, Strafbefehle, Vollstreckungsnachweise usw. (siehe Nr. 1153.1)	
1153.1		a) die Urteile und Strafbefehle, in denen rechtskräftig auf Strafe (hierzu zählen nicht Erziehungsmaßregeln und Zuchtmittel nach dem JGG) erkannt ist, einschließlich der Gesamtstrafenbeschlüsse, verfahrenseinleitende Dokumente und weitere Nachweise, die für die Vollstreckbarkeitserklärung erforderlich sind, sowie die Nachweise über die Vollstreckung der Strafe; Anklagen, auf deren zugelassenen Anklagesatz			Ist eine Geldstrafe durch Teilzahlungen getilgt, so ist nur der Nachweis über die letzte Teilzahlung aufzubewahren. Urteile und Beschlüsse, in denen eine Maßregel der Besserung und Sicherung angeordnet ist; verfahrensbeendende Entscheidungen, Gutachten über Feststellung

Nr.	Registerzeichen	Angelegenheit	Aufbewahrungs- und Speicherungsfrist	Vor der Vernichtung herauszunehmende Dokumente	Bemerkungen
1	2	3	4	5	6
		Bezug genommen ist, Anklagen nach § 212a Abs. 2 Satz 2 StPO in der bis zum 30. November 1994 geltenden Fassung und § 418 Abs. 3 Satz 2 StPO; Strafbefehle, Strafbefehlsanträge; bei den Akten befindliche Abbildungen, auf die in den Urteilen Bezug genommen ist; Urteile und sonstige Entscheidungen über die Kostenerstattungspflicht und über die Entschädigungspflicht für Strafverfolgungsmaßnahmen; Entscheidungen nach § 436 StPO; Entscheidungen nach § 2 Abs. 1 des DNA-Identitätsfeststellungsgesetzes in der bis zum 31. Oktober 2005 geltenden Fassung und § 81g StPO; Kostenfestsetzungsbeschlüsse sowie Entscheidungen, in denen eine Entschädigung nach den §§ 10 und 11 StrEG zuerkannt worden ist; die Beschlüsse oder Mitteilungen über den Erlass oder die Milderung der Strafe sowie über die Anordnung der Nichtaufnahme in ein Führungszeugnis (§ 39 BZRG) oder die Tilgung (§§ 48 und 49 BZRG)	30 Jahre		der Schuldunfähigkeit oder psychischer Krankheit aus den unter Nr. 1153.0 Buchstabe d genannten Akten.

Nr.	Registerzeichen	Angelegenheit	Aufbewahrungs- und Speicherungsfrist	Vor der Vernichtung herauszunehmende Dokumente	Bemerkungen
1	2	3	4	5	6
		b) nicht freisprechende Urteile sowie die dazugehörigen Vollstreckungsnachweise aus den unter Nr. 1153.0 Buchstabe h genannten Akten	10 Jahre		
1153.2	Zs	Sammelakten über die Beschwerden gegen das Verfahren eines Staatsanwalts (Amtsanwalts), die nicht zu den Hauptakten genommen sind	5 Jahre		
1153.3	Ausl.	Auslieferungssachen	10 Jahre		
1153.4		Handakten über Revisionen in Strafsachen und über Rechtsbeschwerden in Bußgeldsachen	5 Jahre		
1153.5		Akten über Verfahren nach dem Gesetz über die innerdeutsche Rechts- und Amtshilfe in Strafsachen vom 2. Mai 1953 (BGBl. I S. 161)			
		a) soweit sie Entscheidungen enthalten, die die Genehmigung einer Zuführung oder einer Vollstreckung zum Gegenstand haben oder gemäß den §§ 10, 11, 14 oder 15 ergangen sind	50 Jahre		
		b) sonstige	10 Jahre		

Nr.	Registerzeichen	Angelegenheit	Aufbewahrungs- und Speicherungsfrist	Vor der Vernichtung herauszunehmende Dokumente	Bemerkungen
1	2	3	4	5	6
1153.6		Akten über Verfahren nach den §§ 23 bis 30a des Einführungsgesetzes zum Gerichtsverfassungsgesetz	5 Jahre		
1153.7		Handakten über Kartellbußgeldsachen	10 Jahre		
		Unterabschnitt 4 Berufsgerichtssachen			
1154.0		Handakten des Vertreters der Einleitungsbehörde in Disziplinarverfahren gegen Notarinnen und Notare	10 Jahre		
1154.1		a) Handakten über anwaltsgerichtliche Verfahren gegen Rechtsanwältinnen und Rechtsanwälte, sofern die Hauptakten nicht bei der Generalstaatsanwaltschaft geführt werden ...	10 Jahre		
		b) Akten über Ermittlungsverfahren, die nicht zur Einleitung eines anwaltsgerichtlichen Verfahrens geführt haben, einschließlich der dazugehörigen Handakten, soweit die Akten über diese Ermittlungsverfahren nicht an eine andere Stelle abzugeben sind	5 Jahre		
		c) Akten über anwaltsgerichtliche Verfahren gegen Rechtsanwältinnen und Rechtsanwälte (einschließlich			

Nr.	Registerzeichen	Angelegenheit	Aufbewahrungs- und Speicherungsfrist	Vor der Vernichtung herauszunehmende Dokumente	Bemerkungen
1	2	3	4	5	6
		der dazugehörigen Handakten, soweit der Generalstaatsanwaltschaft die Führung der Hauptakten übertragen ist), in denen auf Ausschließung aus dem Beruf erkannt worden ist	40 Jahre		
		d) alle übrigen unter Buchstabe c genannten Akten	20 Jahre		
1154.2		Akten über berufsgerichtliche Verfahren einschließlich der dazugehörigen Handakten			
		a) in denen auf Ausschließung aus dem Beruf erkannt oder in denen ein Beweissicherungsverfahren angeordnet worden ist	aufzubewahren bis zum Tod oder bis zum Ablauf des Jahres, in dem die oder der Verurteilte das 90. Lebensjahr vollendet hätte		Dies gilt, sofern nicht ausnahmsweise eine Entfernung nach § 25 BZRG erfolgt ist.
		b) die nicht zur Einleitung eines berufsgerichtlichen Verfahrens geführt haben	5 Jahre		
		c) alle übrigen	20 Jahre		

Nr.	Registerzeichen	Angelegenheit	Aufbewahrungs- und Speicherungsfrist	Vor der Vernichtung herauszunehmende Dokumente	Bemerkungen
1	2	3	4	5	6
		d) Sammelakten über Rügebescheide	10 Jahre		

Kapitel 2. Fachgerichtsbarkeiten

Nr.	Registerzeichen	Angelegenheit	Aufbewahrungs- und Speicherungsfrist	Vor der Vernichtung herauszunehmende Dokumente	Bemerkungen
1	2	3	4	5	6
		Abschnitt 1 **Gerichte der Verwaltungsgerichtsbarkeit** **Unterabschnitt 1** **Allgemeines**			
1211.0	AR	Akten a) über Angelegenheiten, die in das Allgemeine Register eingetragen sind, mit Ausnahme der unter Buchstabe b aufgeführten Akten .... b) die Schutzschriften enthalten	 2 Jahre 1 Jahr		
		Unterabschnitt 2 **Rechtssachen**			
1212.0		Akten über Flurbereinigungssachen, Lastenausgleichssachen, Disziplinarsachen, berufsgerichtliche Verfahren, Unterbringungs-			

Nr.	Registerzeichen	Angelegenheit	Aufbewahrungs- und Speicherungsfrist	Vor der Vernichtung herauszunehmende Dokumente	Bemerkungen
1	2	3	4	5	6
		sachen, Normenkontrollverfahren	30 Jahre		
1212.1		Akten über Mediationsverfahren und sonstige güterichterliche Verfahren	Dauer des zugrunde liegenden streitigen Verfahrens		
1212.2		Akten über Numerus-Clausus-Verfahren	3 Jahre	siehe Nr. 1212.6	
1212.3		Verfahrensakten, soweit sie nicht unter den Nrn. 1212.0 bis 1212.2 besonders genannt sind	10 Jahre	siehe Nr. 1212.6	
1212.4		Verfahrensakten der in den Nrn. 1212.0, 1212.1 und 1212.3 genannten Art, die durch Antrags- oder Klagerücknahme oder einen Kostenbeschluss nach § 161 Absatz 2 VwGO beendet worden sind	5 Jahre	siehe Nr. 1212.6	
1212.5		Sammelakten und Blattsammlungen mit den in der Berufungs- und Beschwerdeinstanz zurückbehaltenen Schriftstücken	5 Jahre	siehe Nr. 1212.6	
1212.6		Zur Zwangsvollstreckung geeignete Titel, Urteile, rechtskräftige Beschlüsse, Bescheide und Vor-			Zu den Urteilen usw. im Sinne dieser Vorschrift gehören neben den Zustellungsnach-

Nr.	Registerzeichen	Angelegenheit	Aufbewahrungs- und Speicherungsfrist	Vor der Vernichtung herauszunehmende Dokumente	Bemerkungen
1	2	3	4	5	6
		bescheide, Vergleiche, Schiedssprüche, sowie Dokumente, auf die in der Entscheidungsformel Bezug genommen ist	30 Jahre		weisen auch die zu den Akten genommenen beglaubigten Abschriften von Entscheidungen der höheren Instanzen sowie Leseabschriften, sofern das volle Rubrum in keinem anderen in der Sache aufzubewahrenden Dokument enthalten ist. Ausgenommen sind zur Zwangsvollstreckung geeignete Titel, die durch eine spätere Klage- oder Antragsrücknahme wirkungslos geworden sind.

Abschnitt 2

Gerichte der Arbeitsgerichtsbarkeit

Unterabschnitt 1

Allgemeines

Nr.	Registerzeichen	Angelegenheit	Aufbewahrungs- und Speicherungsfrist	Vor der Vernichtung herauszunehmende Dokumente	Bemerkungen
1221.0	AR	Akten			
		a) über Angelegenheiten, die in das Allgemeine Register eingetragen sind, mit Ausnahme der unter Buchstabe b aufgeführten Akten	2 Jahre		
		b) die Schutzschriften enthalten	1 Jahr		

Nr.	Registerzeichen	Angelegenheit	Aufbewahrungs- und Speicherungsfrist	Vor der Vernichtung herauszunehmende Dokumente	Bemerkungen
1	2	3	4	5	6
		Unterabschnitt 2 Rechtssachen			
1222.0	BA	Akten über Mahnsachen	2 Jahre	siehe Nr. 1222.3	
1222.1		Verfahrensakte	5 Jahre	siehe Nr. 1222.3	
1222.2	RNS	Akten über die bei dem Gericht niedergelegten Schiedssprüche und schiedsrichterlichen Vergleiche	30 Jahre		
1222.3		Zur Zwangsvollstreckung geeignete Titel, Urteile, verfahrensbeendende Beschlüsse, Vergleiche; sowie Dokumente, auf die in der Entscheidungsformel Bezug genommen ist	30 Jahre		Zu den Urteilen usw. im Sinne dieser Vorschrift gehören neben den Zustellungsnachweisen auch die zu den Akten genommenen beglaubigten Abschriften von Entscheidungen der höheren Instanzen sowie Leseabschriften, sofern das volle Rubrum in keinem anderen in der Sache aufzubewahrenden Dokument enthalten ist. Ausgenommen sind zur Zwangsvollstreckung geeignete Titel, die durch eine spätere Klage- oder Antragsrücknahme wirkungslos geworden sind.

Nr.	Registerzeichen	Angelegenheit	Aufbewahrungs- und Speicherungsfrist	Vor der Vernichtung herauszunehmende Dokumente	Bemerkungen
1	2	3	4	5	6
1222.4		Vergleiche aus den Akten über Anträge außerhalb eines anhängigen Verfahrens, die nicht Bestandteil der Hauptakten geworden sind	30 Jahre		
		Abschnitt 3 **Gerichte der Sozialgerichtsbarkeit** **Unterabschnitt 1** **Allgemeines**			
1231.0	AR	Akten a) über Angelegenheiten, die in das Allgemeine Register eingetragen sind, mit Ausnahme der unter Buchstabe b aufgeführten Akten ...... b) die Schutzschriften enthalten	 2 Jahre 1 Jahr		
		Unterabschnitt 2 **Rechtssachen**			
1232.0		Verfahrensakten	10 Jahre	siehe Nr. 1232.1	
1232.1		Zur Zwangsvollstreckung geeignete Titel, Urteile, verfahrensbeendende Beschlüsse, Vorbescheide, Bescheide, Vergleiche, Anerkenntnisse, sowie Dokumente, auf die in der Entschei-			Zu den Urteilen usw. im Sinne dieser Vorschrift gehören neben den Zustellungsnachweisen auch die zu den Akten genommenen beglaubigten Abschriften von Entscheidungen der höheren Instanzen so-

Nr.	Registerzeichen	Angelegenheit	Aufbewahrungs- und Speicherungsfrist	Vor der Vernichtung herauszunehmende Dokumente	Bemerkungen
1	2	3	4	5	6
		dungsformel Bezug genommen ist	30 Jahre		wie Leseabschriften, sofern das volle Rubrum in keinem anderen in der Sache aufzubewahrenden Dokument enthalten ist. Ausgenommen sind zur Zwangsvollstreckung geeignete Titel, die durch eine spätere Klage- oder Antragsrücknahme wirkungslos geworden sind.
		Abschnitt 4 **Gerichte der Finanzgerichtsbarkeit** **Unterabschnitt 1** **Allgemeines**			
1241.0	AR	Akten a) über Angelegenheiten, die in das allgemeine Register eingetragen sind, mit Ausnahme der unter Buchstabe b aufgeführten Akten .... b) die Schutzschriften enthalten	 2 Jahre 1 Jahr		
		Unterabschnitt 2 **Rechtssachen**			
1242.0		Verfahrensakten		zu den Buchstaben a und b:	

Nr.	Registerzeichen	Angelegenheit	Aufbewahrungs- und Speicherungsfrist	Vor der Vernichtung herauszunehmende Dokumente	Bemerkungen
1	2	3	4	5	6
		a) die durch Antrags- oder Klagerücknahme oder einen Kostenbeschluss nach § 138 FGO beendet worden sind ...	5 Jahre	siehe Nr. 1242.1	
		b) sonstige	10 Jahre		
1242.1		Zur Zwangsvollstreckung geeignete Titel, Urteile; sowie Dokumente, auf die in der Entscheidungsformel Bezug genommen ist	30 Jahre		Zu den Urteilen usw. im Sinne dieser Vorschrift gehören neben den Zustellungsnachweisen auch die zu den Akten genommenen beglaubigten Abschriften von Entscheidungen der höheren Instanz sowie Leseabschriften, sofern das volle Rubrum in keinem anderen in der Sache aufzubewahrenden Dokument enthalten ist. Ausgenommen sind zur Zwangsvollstreckung geeignete Titel, die durch eine spätere Klage- oder Antragsrücknahme wirkungslos geworden sind.

Teil 2. Aufbewahrungs- und Speicherungsfristen für Akten der Gerichte des Bundes, des Generalbundesanwalts beim Bundesgerichtshof, der Wehrdisziplinaranwaltschaften und des Bundeswehrdisziplinaranwalts beim Bundesverwaltungsgericht

Kapitel 1. Bundesarbeitsgericht

Nr.	Registerzeichen	Angelegenheit	Aufbewahrungs- und Speicherungsfrist	Vor der Vernichtung herauszunehmende Dokumente	Bemerkungen
1	2	3	4	5	6
2100.0		Akten über Verfahren vor dem Bundesarbeitsgericht			
		a) soweit sie Voten oder Vollstreckungstitel enthalten	40 Jahre		
		b) im Übrigen	10 Jahre		
		c) Voten	weitere 50 Jahre		
		d) Akten des Großen Senats und diejenigen, mit denen er befasst war	dauernd		

Kapitel 2. Bundesfinanzhof

(hier nicht wiedergegeben)

Kapitel 3. Bundesgerichtshof

Nr.	Registerzeichen	Angelegenheit	Aufbewahrungs- und Speicherungsfrist	Vor der Vernichtung herauszunehmende Dokumente	Bemerkungen
1	2	3	4	5	6
2300.0		Akten			
		a) der Großen Senate und der Vereinigten Großen Senate ...	50 Jahre		

Nr.	Registerzeichen	Angelegenheit	Aufbewahrungs- und Speicherungsfrist	Vor der Vernichtung herauszunehmende Dokumente	Bemerkungen
1	2	3	4	5	6
		b) übrige Akten	30 Jahre		

Kapitel 4. Bundessozialgericht

(hier nicht wiedergegeben)

Kapitel 5. Bundesverwaltungsgericht

(hier nicht wiedergegeben)

Kapitel 6. Bundespatentgericht

Nr.	Registerzeichen	Angelegenheit	Aufbewahrungs- und Speicherungsfrist	Vor der Vernichtung herauszunehmende Dokumente	Bemerkungen
1	2	3	4	5	6
2600.0		Akten über Verfahren, in denen beim Bundesgerichtshof			
		a) eine Rechtsbeschwerde zugelassen war	30 Jahre		
		b) ohne Zulassung eingelegt worden ist	30 Jahre		
2600.1		Akten über Verfahren, die Gegenstand eines Verfahrens vor dem Bundesverfassungsgericht waren aufgrund			
		a) eines Vorlagebeschlusses	30 Jahre		
		b) einer Verfassungsbeschwerde	30 Jahre		

Nr.	Registerzeichen	Angelegenheit	Aufbewahrungs- und Speicherungsfrist	Vor der Vernichtung herauszunehmende Dokumente	Bemerkungen
1	2	3	4	5	6
		c) aus sonstigen Gründen	30 Jahre		
2600.2		Akten über Verfahren, die Gegenstand eines Verfahrens vor dem Europäischen Gerichtshof waren	30 Jahre		
2600.3		Urteile	30 Jahre		
2600.4		Vergleiche	30 Jahre		
2600.5		Beschlüsse mit Kostenentscheidungen	30 Jahre		
2600.6		Beschlüsse über die Festsetzung des Streitwertes nach § 63 GKG oder über die Festsetzung des Gegenstandswerts nach § 33 RVG ...	30 Jahre		
2600.7		Kostenfestsetzungsbeschlüsse	30 Jahre		
2600.8		Beschlüsse über die Bewilligung der Verfahrenskostenhilfe (VKH)	30 Jahre		
2600.9		Beschlüsse über die Aufhebung der VKH	30 Jahre		
2600.10	Ni	Nichtigkeitsakten nach § 81 des Patentgesetzes			
		a) in denen das Patent oder ein ergänzendes Schutzzertifikat aufrechterhalten bleibt	20 Jahre		
		b) alle übrigen Akten	10 Jahre		

Nr.	Registerzeichen	Angelegenheit	Aufbewahrungs- und Speicherungsfrist	Vor der Vernichtung herauszunehmende Dokumente	Bemerkungen
1	2	3	4	5	6
2600.11	Li	Akten über die Klage auf Erteilung einer Zwangslizenz oder Anpassung der durch Urteil festgesetzten Vergütung für eine Zwangslizenz	20 Jahre		
2600.12	LiQ	Akten über einen Antrag auf Erlass einer einstweiligen Verfügung in Zwangslizenzverfahren	20 Jahre		
2600.13	LiR	Akten über die Klage auf Rücknahme einer Zwangslizenz	20 Jahre		
2600.14	W (pat)	Beschwerdeakten in Patentsachen, in denen das Beschwerdeverfahren geführt hat zur			
		a) Bekanntmachung einer Patentanmeldung (nach der bis 31. Dezember 1980 geltenden Fassung des Patentgesetzes)	30 Jahre		
		b) Erteilung eines Patents	30 Jahre		
		c) Aufrechterhaltung eines Patents	30 Jahre		
		d) beschränkten Aufrechterhaltung eines Patents	30 Jahre		

Nr.	Registerzeichen	Angelegenheit	Aufbewahrungs- und Speicherungsfrist	Vor der Vernichtung herauszunehmende Dokumente	Bemerkungen
1	2	3	4	5	6
		e) Zurückweisung der Beschwerde von Einsprechenden, durch die das Patent ganz oder zum Teil aufrechterhalten bleibt	30 Jahre		
2600.15	W (pat)	Beschwerdeakten in Warenzeichensachen nach dem Warenzeichengesetz, in der bis zum 31. Dezember 1994 geltenden Fassung, in denen das Beschwerdeverfahren geführt hat zur			
		a) Verneinung absoluter Eintragungshindernisse	30 Jahre		
		b) Zurückweisung des Widerspruchs/aller Widersprüche ..	30 Jahre		
2600.16	W (pat)	Beschwerdeakten in Markensachen nach dem Markengesetz, in der ab 1. Januar 1995 geltenden Fassung, in denen das Beschwerdeverfahren geführt hat zur			
		a) Verneinung absoluter Eintragungshindernisse	30 Jahre		
		b) Zurückweisung des Widerspruchs/aller Widersprüche ..	30 Jahre		
2600.17	W (pat)	Beschwerdeakten in Geschmacksmustersachen nach dem Geschmacksmustergesetz, in der			

Nr.	Registerzeichen	Angelegenheit	Aufbewahrungs- und Speicherungsfrist	Vor der Vernichtung herauszunehmende Dokumente	Bemerkungen
1	2	3	4	5	6
		bis zum 31. Dezember 2013 geltenden Fassung, in denen das Beschwerdeverfahren geführt hat zur			
		a) Feststellung der Entstehung eines Geschmacksmusters	30 Jahre		
		b) Anerkennung eines früheren Anmeldetages	30 Jahre		
2600.18	W (pat)	Beschwerdeakten in Designsachen nach dem Designgesetz (DesignG), in der ab 1. Januar 2014 geltenden Fassung, in denen das Beschwerdeverfahren geführt hat zur			
		a) Feststellung der Entstehung eines eingetragenen Designs	30 Jahre		
		b) Anerkennung eines früheren Anmeldetages/Prioritätstages	30 Jahre		
2600.19	W (pat)	Beschwerdeakten in Designsachen nach dem DesignG, in der ab 1. Januar 2014 geltenden Fassung, in Nichtigkeitsverfahren nach § 34a DesignG			
		a) in denen das eingetragene Design aufrechterhalten bleibt	30 Jahre		
		b) alle übrigen Akten	20 Jahre		

Nr.	Registerzeichen	Angelegenheit	Aufbewahrungs- und Speicherungsfrist	Vor der Vernichtung herauszunehmende Dokumente	Bemerkungen
1	2	3	4	5	6
2600.20	W (pat)	Beschwerdeakten in Gebrauchsmustersachen, in denen das Beschwerdeverfahren geführt hat zur			
		a) Eintragung eines Gebrauchsmusters	30 Jahre		
		b) Zurückweisung des Löschungsantrags oder des Antrags auf Feststellung der Unwirksamkeit eines Gebrauchsmusters ganz oder teilweise ...	30 Jahre		
2600.21	W (pat)	Beschwerdeakten in Sortenschutzsachen, in denen das Beschwerdeverfahren zur Erteilung des Sortenschutzes geführt hat	30 Jahre		
2600.22	W (pat)	Alle übrigen Beschwerdeakten, in denen			
		a) eine Sachentscheidung über die Beschwerde ergangen ist	10 Jahre		
		b) eine Sachentscheidung über die Beschwerde nicht ergangen ist	5 Jahre		
2600.23	W (pat)	Beschwerdeakten, in denen das Beschwerdeverfahren zur Zurückverweisung an das Deutsche Patent- und Markenamt geführt hat	30 Jahre		

Nr.	Registerzeichen	Angelegenheit	Aufbewahrungs- und Speicherungsfrist	Vor der Vernichtung herauszunehmende Dokumente	Bemerkungen
1	2	3	4	5	6
2600.24	Ni Li LiR W (pat)	Akten, in denen das Ruhen des Verfahrens angeordnet und das Verfahren länger als sechs Monate nicht betrieben worden ist	20 Jahre		
2600.25	ZA (pat)	Anträge außerhalb eines Hauptverfahrens	5 Jahre		

Kapitel 7. Gemeinsamer Senat der obersten Gerichtshöfe

Nr.	Registerzeichen	Angelegenheit	Aufbewahrungs- und Speicherungsfrist	Vor der Vernichtung herauszunehmende Dokumente	Bemerkungen
1	2	3	4	5	6
2700.0		Akten	50 Jahre		

Kapitel 8. Generalbundesanwalt beim Bundesgerichtshof

Nr.	Registerzeichen	Angelegenheit	Aufbewahrungs- und Speicherungsfrist	Vor der Vernichtung herauszunehmende Dokumente	Bemerkungen
1	2	3	4	5	6

Abschnitt 1
Revisions-Strafsachen und nichtstrafrechtliche Verfahren

Nr.	Registerzeichen	Angelegenheit	Aufbewahrungs- und Speicherungsfrist	Vor der Vernichtung herauszunehmende Dokumente	Bemerkungen
2810.0	StR	Handakten über Revisionen in Strafsachen			

Nr.	Registerzeichen	Angelegenheit	Aufbewahrungs- und Speicherungsfrist	Vor der Vernichtung herauszunehmende Dokumente	Bemerkungen
1	2	3	4	5	6
		a) wenn das Revisionsgericht durch Urteil, Beschluss nach § 349 Abs. 4 StPO oder durch mit Gründen versehenen Beschluss gemäß § 349 Absatz 2 StPO entschieden hat	30 Jahre		
		b) wenn die Unterbringung in der Sicherungsverwahrung nach § 66a StGB vorbehalten wurde	30 Jahre		
		c) in den übrigen Fällen	5 Jahre		
2810.1	StR	Handakten über Vorlegungssachen	30 Jahre		
2810.2	GSSt	Handakten über Verfahren beim Großen Senat für Strafsachen	30 Jahre		
2810.3	VGS	Handakten über Verfahren bei den Vereinigten Großen Senaten	30 Jahre		
2810.4	AR	Handakten über Angelegenheiten, die in das Allgemeine Register der Abteilung für Revisions-Strafsachen einzutragen sind	5 Jahre		
2810.5	BAusl	Handakten über Auslieferungssachen	30 Jahre		
2810.6	AR (Kart)	Handakten über Rechtsbeschwerden in Kartellbußgeldverfahren	30 Jahre		

Nr.	Registerzeichen	Angelegenheit	Aufbewahrungs- und Speicherungsfrist	Vor der Vernichtung herauszunehmende Dokumente	Bemerkungen
1	2	3	4	5	6
2810.7	AnwSt	Akten und Handakten über Anträge auf Einleitung des anwaltsgerichtlichen Verfahrens und Beschwerden in Ordnungsstrafverfahren gegen Rechtsanwältinnen und Rechtsanwälte beim Bundesgerichtshof	30 Jahre		
2810.8	AnwSt	Handakten über Revisionen gegen Urteile von Anwaltsgerichtshöfen	30 Jahre		
2810.9	AnwSt (B)	Handakten über Beschwerden gegen die Nichtzulassung der Revision und Beschwerden gegen Entscheidungen von Anwaltsgerichtshöfen	30 Jahre		
2810.10	NotSt (B)	Handakten über Beschwerden gegen nicht endgültige Beschlüsse oder Oberlandesgerichte in Notarsachen	30 Jahre		
2810.11	NotSt (Brfg)	Handakten über Berufungen gegen Urteile der Oberlandesgerichte in Notarsachen	30 Jahre		
2810.12	Pat-AnwSt (R)	Handakten über Revisionen nach der Patentanwaltsordnung	30 Jahre		

Nr.	Registerzeichen	Angelegenheit	Aufbewahrungs- und Speicherungsfrist	Vor der Vernichtung herauszunehmende Dokumente	Bemerkungen
1	2	3	4	5	6
2810.13	PatAnwSt (B)	Handakten über Beschwerden gegen die Nichtzulassung der Revision und Beschwerden nach der Patentanwaltsordnung	30 Jahre		
2810.14	RiSt	Akten und Handakten über Anträge gegen Richterinnen und Richter, Staatsanwältinnen und Staatsanwälte im Bundesdienst sowie Mitglieder des Bundesrechnungshofes auf Einleitung oder Einstellung eines förmlichen Disziplinarverfahrens, auf vorläufige Dienstenthebung, auf Einbehaltung von Dienstbezügen sowie auf Aufhebung dieser Maßnahmen	30 Jahre		
2810.15	RiSt (R)	Handakten über Revisionen in Disziplinarsachen nach dem Deutschen Richtergesetz	30 Jahre		
2810.16	RiSt (B)	Handakten über Beschwerden gegen Nichtzulassung der Revision und Beschwerden der Richterinnen und Richter, Staatsanwältinnen und Staatsanwälte sowie der Mitglieder des Bundesrechnungshofes gegen Disziplinarverfügungen	30 Jahre		

Nr.	Registerzeichen	Angelegenheit	Aufbewahrungs- und Speicherungsfrist	Vor der Vernichtung herauszunehmende Dokumente	Bemerkungen
1	2	3	4	5	6
2810.17	StbSt (R)	Handakten über Revisionen in berufsgerichtlichen Verfahren in Steuerberater- und Steuerbevollmächtigtensachen	30 Jahre		
2810.18	StbSt (B)	Handakten über Beschwerden gegen die Nichtzulassung der Revision und Beschwerden in berufsgerichtlichen Verfahren in Steuerberater- und Steuerbevollmächtigtensachen	30 Jahre		
2810.19	WpSt (R)	Handakten über Revisionen in berufsgerichtlichen Verfahren in Wirtschaftsprüfersachen	30 Jahre		
2810.20	WpSt (B)	Handakten über Beschwerden gegen die Nichtzulassung der Revision und Beschwerden in berufsgerichtlichen Verfahren in Wirtschaftsprüfersachen	30 Jahre		
2810.21	1004/1 E	Handakten a) über Stellungnahmen in Verfassungsbeschwerdesachen gemäß § 41, § 22 Absatz 5 GOBVerfG	30 Jahre		
	95207 E (SH)	b) über Stellungnahmen gegenüber dem EuGH gemäß Artikel 19, 23 der Satzung des EuGH	30 Jahre		

Nr.	Registerzeichen	Angelegenheit	Aufbewahrungs- und Speicherungsfrist	Vor der Vernichtung herauszunehmende Dokumente	Bemerkungen
1	2	3	4	5	6
		Abschnitt 2 **Strafsachen gegen die innere und äußere Sicherheit (Staatsgefährdungs-Strafsachen und Landesverrats-Strafsachen)**			
2820.0	AR	Akten über Angelegenheiten, die in das Allgemeine Register (AR) eingetragen sind	3 Jahre		
2820.1	ARP	Akten über Staatsschutz-Vorgänge, wenn sie lediglich im Allgemeinen Register eingetragen sind	10 Jahre		
2820.2	BJs	Akten (einschließlich der dazugehörigen Handakten) über Ermittlungsverfahren			zu den Buchstaben a und b:
		a) die wegen Schuldunfähigkeit eingestellt sind	20 Jahre		Akten, aus denen sich ergibt, dass der objektive Tatbestand eines Verbrechens vorliegt, der Täter aber nicht zur Aburteilung zu bringen ist, sind solange aufzubewahren, wie nicht die Strafverfolgung durch Verjährung ausgeschlossen ist.
		b) die aus sonstigen Gründen eingestellt sind	10 Jahre		In den Fällen, in denen die Tat nicht der Verjährung unterliegt, sind die Akten solange aufzubewahren, wie eine Strafverfolgung den Umständen nach möglich ist.

Nr.	Registerzeichen	Angelegenheit	Aufbewahrungs- und Speicherungsfrist	Vor der Vernichtung herauszunehmende Dokumente	Bemerkungen
1	2	3	4	5	6
					Die Anordnung trifft die Abteilungs- oder Referatsleitung.
		c) Handakten abgegebener Verfahren	5 Jahre		
2820.3	StE	Akten (einschließlich der dazugehörigen Handakten und Vollstreckungs-, Bewährungs- sowie Gnadenhefte) in Verfahren			
		a) in denen auf lebenslange Freiheitsstrafe erkannt ist	bis zum Ablauf des Jahres, in dem die oder der Verurteilte das 100. Lebensjahr vollendet hätte		
		b) in denen auf Sicherungsverwahrung, auf Unterbringung in einem psychiatrischen Krankenhaus (früher Heil- oder Pflegeanstalt) oder auf Untersagung der Erteilung der Fahrerlaubnis für immer oder auf lebenslanges Berufsverbot erkannt ist	30 Jahre	siehe Nr. 2820.4	
		c) wenn das Verfahren wegen Schuldunfähigkeit oder auf Geisteskrankheit beruhender		siehe Nr. 2820.4	

Nr.	Registerzeichen	Angelegenheit	Aufbewahrungs- und Speicherungsfrist	Vor der Vernichtung herauszunehmende Dokumente	Bemerkungen
1	2	3	4	5	6
		Verhandlungsunfähigkeit ohne Bestrafung abgeschlossen oder eine gerichtliche Entscheidung nach § 413 StPO aus den in § 12 Abs. 1 Nr. 2 BZRG genannten Gründen abgelehnt worden ist	20 Jahre		
		d) in denen auf Freiheitsstrafe von mehr als 10 Jahren erkannt ist	20 Jahre	siehe Nr. 2820.4	
		e) in denen auf Geldstrafe oder Freiheitsstrafe bis 10 Jahren erkannt ist	20 Jahre	siehe Nr. 2820.4	
2820.4		Auf Strafe lautende Urteile, Gesamtstrafenbeschlüsse, Vollstreckungsnachweise, Bewährungsbeschlüsse und Gnadenerweise aus den Akten der in der Nummer 2820.3 Buchstabe b bis e genannten Art	50 Jahre		
2820.5		Akten über Ansprüche auf Entschädigung nach dem StrEG	20 Jahre		

Kapitel 9. Truppendienstgerichte, Wehrdisziplinaranwaltschaften und Bundeswehrdisziplinaranwalt beim Bundesverwaltungsgericht

(hier nicht wiedergegeben)

97. Deutsches Richtergesetz (DRiG)[1) 2)]

In der Fassung der Bekanntmachung vom 19. April 1972[3)]
(BGBl. I S. 713)

FNA 301-1

Lfd. Nr.	Änderndes Gesetz	Datum	Fundstelle	Betroffen	Hinweis
1.	Art. 1 G zur Änd. der Bezeichnungen der Richter und ehrenamtlichen Richter und der Präsidialverfassung der Gerichte	26.5.1972	BGBl. I S. 841	§§ 12, 14, 29, 54 §§ 19a, 45a, 120a	geänd. mWv 1.10.1972 eingef. mWv 1.10.1972
2.	Art. 3 Abs. 4 Zweites G zur Änd. des BundesbeamtenG	28.7.1972	BGBl. I S. 1288	§ 71a	eingef. mWv 1.8.1972
3.	Art. 4 G zur Änd. beamten- und richterrechtlicher Vorschriften	31.1.1974	BGBl. I S. 131	§§ 48a, 62, 76a, 78	eingef. mWv 6.2.1974
4.	§ 113 BundespersonalvertretungsG	15.3.1974	BGBl. I S. 693	§§ 4, 52, 53, 58, 60	geänd. mWv 1.4.1974
5.	Art. 4 G zur Ergänzung des Ersten G zur Reform des Strafverfahrensrechts	20.12.1974	BGBl. I S. 3686	§§ 45, 123	geänd. mWv 1.1.1975
6.	Art. 6 HaushaltsstrukturG	18.12.1975	BGBl. I S. 3091	§ 48	geänd. mWv 1.1.1976
7.	Art. 1 G zur Änd. von Bezeichnungen der Richter und ehrenamtlichen Richter	22.12.1975	BGBl. I S. 3176	§§ 19a, 45a	geänd. mWv 31.1.1975
8.	Art. 1 Nr. 2 Zweites G zur Änd. des RechtspflegerG	18.8.1976	BGBl. I S. 2186	§ 5b	geänd. mWv 1.9.1976
9.	§ 95 BeamtenversorgungsG	24.8.1976	BGBl. I S. 2485	§§ 71, 71a, 115	geänd. mWv 1.1.1977
10.	Art. 5 G zur Neuregelung der Rechtsverhältnisse der Mitglieder des Deutschen Bundestages	18.2.1977	BGBl. I S. 297	§ 36 § 17a	geänd. mWv 1.4.1977 eingef. mWv 1.4.1977
11.	§ 3 G zur Änd. dienstrechtlicher Vorschriften	30.7.1979	BGBl. I S. 1299	§ 48	geänd. mWv 4.8.1979
12.	Art. 5 Zweites G zur Änd. dienstrechtlicher Vorschriften	30.7.1979	BGBl. I S. 1301	§ 121	geänd. mWv 1.10.1979
13.	Art. 3 Drittes G zur Änd. dienstrechtlicher Vorschriften	10.5.1980	BGBl. I S. 561	§§ 48a, 76a	geänd. mWv 15.5.1980
14.	Art. 4 Nr. 4 G über die Prozeßkostenhilfe	13.6.1980	BGBl. I S. 677	§ 5b	geänd. mWv 1.1.1981
15.	Art. 1 Zweites ÄndG	16.8.1980	BGBl. I S. 1451	§§ 5a, 5b, 5d	geänd. mWv 23.8.1980

1) Gliederungs- und Paragraphenüberschriften neu gef. mWv 1.8.2021 durch G v. 25.6.2021 (BGBl. I S. 2154); die Neufassung aller Gliederungs- und Paragraphenüberschriften ist nicht einzeln in Fußnoten nachgewiesen.

2) Überschrift geänd. mWv 1.8.2021 durch G v. 25.6.2021 (BGBl. I S. 2154).

3) Neubekanntmachung des DRiG v. 8.9.1961 (BGBl. I S. 1665).

Lfd. Nr.	Änderndes Gesetz	Datum	Fundstelle	Betroffen	Hinweis
16.	Art. 3 Viertes G zur Änd. dienstrechtlicher Vorschriften	12.7.1984	BGBl. I S. 875	§ 48a	geänd. mWv 15.7.1984
17.	Art. 1 Drittes ÄndG	25.7.1984	BGBl. I S. 995	§§ 5, 5a, 5b, 5c, 5d, 109	geänd. mWv 16.9.1984
18.	Art. 3 Fünftes G zur Änd. dienstrechtlicher Vorschriften	25.7.1984	BGBl. I S. 998	§§ 48a, 62, 76a, 78	geänd. mWv 1.8.1984
				§ 48b	eingef. mWv 1.8.1984
19.	Art. 2 Nr. 1 G zur Änd. des G über das Bundesverfassungsgericht und zur Änd. des Deutschen RichterG	12.12. 1985	BGBl. I S. 2226	§§ 48, 70	geänd. mWv 1.1.1986
20.	Art. 3 Abs. 4 G zur Änd. des GebrauchsmusterG	15.8.1986	BGBl. I S. 1446	§ 120	geänd. mWv 1.1.1987
21.	Art. 3 Achtes G zur Änd. dienstrechtlicher Vorschriften	30.6.1989	BGBl. I S. 1282	§§ 21, 48a, 48b, 76a, 78	geänd. mWv 1.8.1989
22.	Art. 4 ArbeitsgerichtsG-ÄnderungsG	26.6.1990	BGBl. I S. 1206	§ 45	geänd. mWv 1.7.1990
23.	Art. 7 § 14 BetreuungsG	12.9.1990	BGBl. I S. 2002	§§ 18, 19	geänd. mWv 1.1.1992
24.	Art. 7 Abs. 2 Rechtspflege-VereinfachungsG	17.12. 1990	BGBl. I S. 2847	§ 61	geänd. mWv
25.	Art. 4 Neuntes G zur Änd. dienstrechtlicher Vorschriften	11.6.1992	BGBl. I S. 1030	§§ 48a, 76a	geänd. mWv 1.1.1993
26.	Art. 1 G zur Verkürzung der Juristenausbildung	20.11. 1992	BGBl. I S. 1926	§§ 5a, 5b, 5d	geänd. mWv 28.11.1992
27.	Art. 5 G zur Entlastung der Rechtspflege	11.1.1993	BGBl. I S. 50	§ 29	geänd. mWv 1.3.1993
28.	Art. 4 Zehntes G zur Änd. dienstrechtlicher Vorschriften	20.12. 1993	BGBl. I S. 2136	§§ 48b, 76a	geänd. mWv 24.12.1993
29.	Art. 7 Elftes G zur Änd. dienstrechtlicher Vorschriften	20.5.1994	BGBl. I S. 1078	§§ 48a, 48b, 76a	geänd. mWv 1.6.1994
				§ 76b	eingef. mWv 1.6.1994
30.	Art. 2 G zur Änd. des RechtspflegerG und anderer Gesetze	24.6.1994	BGBl. I S. 1374	§ 112	geänd. mWv 1.7.1994
31.	Art. 4 Zweites GleichberechtigungsG	24.6.1994	BGBl. I S. 1406, ber. S. 2103	§§ 48a, 76a	geänd. mWv 1.9.1994
32.	Art. 5 Anwaltsrechts-NeuordnungsG	2.9.1994	BGBl. I S. 2278	§ 123	geänd. mWv 9.9.1994
33.	Art. 6 ReformG	24.2.1997	BGBl. I S. 322	§§ 48, 48a, 48b, 76, 76a, 76b	geänd. mWv 1.7.1997
				§§ 48c, 48d, 76c, 76d	eingef. mWv 1.7.1997
34.	Art. 9 VersorgungsreformG	29.6.1998	BGBl. I S. 322	§§ 34, 48d, 62, 76b, 78	geänd. mWv 1.1.1999

Lfd. Nr.	Änderndes Gesetz	Datum	Fundstelle	Betroffen	Hinweis
35.	Art. 1 ÄndG	16.7.1998	BGBl. I S. 1826	§ 76c	geänd. mWv 23.7.1998
36.	Art. 7 Bundesbesoldungs- und -versorgungsanpassungsG 1998	6.8.1998	BGBl. I S. 2026	§§ 48, 48b	geänd. mWv 1.1.1999
				§ 76e	eingef. mWv 14.8.1998
37.	Art. 9 Bundesbesoldungs- und -versorgungsanpassungsG 2000	19.4.2001	BGBl. I S. 618	§ 76e	geänd. mWv 1.7.2000
38.	Art. 22 SGB IX	19.6.2001	BGBl. I S. 1046	§ 48	geänd. mWv 1.7.2001
39.	Art. 10 Bundesdisziplinarrechts-NeuordnungsG	9.7.2001	BGBl. I S. 1510	§§ 22, 30, 50, 54, 61, 63, 65, 66, 80, 82, 110, 122	geänd. mWv 1.1.2002
40.	Art. 1 Juristenausbildungs-ReformG	11.7.2002	BGBl. I S. 2592	§§ 5, 5a, 5b, 5d, 6, 9, 109, 112	geänd. mWv 1.7.2003
41.	Art. 1 Viertes ÄndG	7.6.2004	BGBl. I S. 1054	§ 77	geänd. mWv 12.6.2004
42.	Art. 2 G zur Vereinfachung und Vereinheitlichung der Verfahrensvorschriften zur Wahl und Berufung ehrenamtlicher Richter	21.12. 2004	BGBl. I S. 3599	§§ 44, 45	geänd. mWv 1.1.2005
43.	Art. 15b JustizkommunikationsG	22.3.2005	BGBl. I S. 837	§ 76b	geänd. mWv 1.4.2005
44.	Art. 27 Erstes G über die Bereinigung von Bundesrecht im Zuständigkeitsbereich des BMJ	19.4.2006	BGBl. I S. 866	§ 124	geänd. mWv 25.4.2006
				§§ 44a, 44b	eingef. mWv 25.4.2006
				§§ 107, 108, 113, 114, 115, 116, 117, 118, 125	aufgeh. mWv 25.4.2006
45.	Art. 4 Zweites JustizmodernisierungsG	22.12. 2006	BGBl. I S. 3416	§ 112a	eingef. mWv 31.12.2006
46.	§ 62 Abs. 9 BeamtenstatusG	17.6.2008	BGBl. I S. 1010	§§ 71, 76, 76a, 78	geänd. mWv 1.4.2009
				§§ 76b, 76c, 76d, 76e	aufgeh. mWv 1.4.2009
47.	Art. 9 DienstrechtsneuordnungsG	5.2.2009	BGBl. I S. 160	§§ 48, 48b, 63, 83	geänd. mWv 12.2.2009
48.	Art. 17 G zur Verbesserung der Feststellung und Anerkennung im Ausland erworbener Berufsqualifikationen	6.12.2011	BGBl. I S. 2515	§§ 112, 112a	geänd. mWv 1.4.2012
49.	Art. 132 Zehnte ZuständigkeitsanpassungsVO	31.8.2015	BGBl. I S. 1474	§§ 5d, 47, 122	geänd. mWv 8.9.2015
50.	Art. 9 G zu bereichsspezifischen Regelungen der Gesichtsverhüllung und zur Änd. weiterer dienstrechtlicher Vorschriften	8.6.2017	BGBl. I S. 1570	§§ 45, 48	geänd. mWv 15.6.2017
51.	Art. 1 Fünftes ÄndG	22.11. 2019	BGBl. I S. 1755	§§ 5a, 5d	geänd. mWv 29.11.2019

Lfd. Nr.	Änderndes Gesetz	Datum	Fund-stelle	Betroffen	Hinweis
52.	Art. 10 G zur Novellierung des BundespersonalvertretungsG	9.6.2021	BGBl. I S. 1614	§§ 4, 52, 53, 58, 60	geänd. mWv 15.6.2021
53.	Art. 5 G zur Fortentwicklung der StrafprozessO und zur Änd. weiterer Vorschriften	25.6.2021	BGBl. I S. 2099	§ 29	neu gef. mWv 1.7.2021
54.	Art. 4 G zur Modernisierung des notariellen Berufsrechts und zur Änd. weiterer Vorschriften	25.6.2021	BGBl. I S. 2154	Überschrift, §§ 5d, 17a, 47, 122, 123	geänd. mWv 1.8.2021
				Gliederungs-, Paragraphenüberschriften	neu gef. mWv 1.8.2021; die Neufassung aller Gliederungs- und Paragraphenüberschriften ist nicht einzeln in Fußnoten nachgewiesen
				Inhaltsübersicht	eingef. mWv 1.8.2021
				§§ 105, 106, 110, 111	aufgeh. mit Ablauf des 31.7. 2021
				§§ 5a, 5d	geänd. mWv 1.1.2022
				§§ 5b, 5d	geänd. mWv 1.1.2023
55.	Art. 2 G zur Beschleunigung von Disziplinarverfahren in der Bundesverwaltung und zur Änd. weiterer dienstrechtlicher Vorschriften	20.12. 2023	BGBl. 2023 I Nr. 389	§§ 24, 63	geänd. mWv 1.4.2024

Inhaltsübersicht[1)]

[1)] Inhaltsübersicht eingef. mWv 1.8.2021 durch G v. 25.6.2021 (BGBl. I S. 2154).

Teil 1. Richteramt in Bund und Ländern

Abschnitt 1. Einleitende Vorschriften

§ 1 Berufsrichter und ehrenamtliche Richter. Die rechtsprechende Gewalt wird durch Berufsrichter und durch ehrenamtliche Richter ausgeübt.

§ 2 Geltung für Berufsrichter. Die Vorschriften dieses Gesetzes gelten, soweit dieses Gesetz nicht anderes bestimmt, nur für die Berufsrichter.

§ 3 Dienstherr. Die Richter stehen im Dienst des Bundes oder eines Landes.

§ 4[1] Unvereinbare Aufgaben. (1) Ein Richter darf Aufgaben der rechtsprechenden Gewalt und Aufgaben der gesetzgebenden oder der vollziehenden Gewalt nicht zugleich wahrnehmen.

(2) Außer Aufgaben der rechtsprechenden Gewalt darf ein Richter jedoch wahrnehmen

1. Aufgaben der Gerichtsverwaltung,
2. andere Aufgaben, die auf Grund eines Gesetzes Gerichten oder Richtern zugewiesen sind,
3. Aufgaben der Forschung und Lehre an einer wissenschaftlichen Hochschule, öffentlichen Unterrichtsanstalt oder amtlichen Unterrichtseinrichtung,
4. Prüfungsangelegenheiten,

[1] § 4 Abs. 2 Nr. 5 angef. durch G v. 15.3.1974 (BGBl. I S. 693); Abs. 2 Nr. 5 neu gef. mWv 15.6.2021 durch G v. 9.6.2021 (BGBl. I S. 1614).

5. den Vorsitz in Einigungsstellen im Sinne des § 73 Absatz 2 Satz 1 des Bundespersonalvertretungsgesetzes vom 9. Juni 2021 (BGBl. I S. 1614).

Abschnitt 2. Befähigung zum Richteramt

§ 5[1) 2)] Befähigung zum Richteramt. (1) Die Befähigung zum Richteramt erwirbt, wer ein rechtswissenschaftliches Studium an einer Universität mit der ersten Prüfung und einen anschließenden Vorbereitungsdienst mit der zweiten Staatsprüfung abschließt; die erste Prüfung besteht aus einer universitären Schwerpunktbereichsprüfung und einer staatlichen Pflichtfachprüfung.

(2) Studium und Vorbereitungsdienst sind inhaltlich aufeinander abzustimmen.

[1)] § 5 neu gef. durch G v. 25.7.1984 (BGBl. I S. 995); Abs. 1 neu gef. mWv 1.7.2003 durch G v. 11.7. 2002 (BGBl. I S. 2592).

[2)] Die Länder haben ua folgende Vorschriften erlassen:
- **Baden-Württemberg:** G über die juristischen Prüfungen und den juristischen Vorbereitungsdienst (Juristenausbildungsgesetz – JAG) v. 16.7.2003 (GBl. S. 354), zuletzt geänd. durch G v. 17.12.2020 (GBl. 2021 S. 1); VO des Justizministeriums über die Ausbildung und Prüfung der Juristinnen und Juristen (Juristenausbildungs- und Prüfungsordnung – JAPrO) v. 2.5.2019 (GBl. S. 131), zuletzt geänd. durch VO v. 1.2.2023 (GBl. S. 55)
- **Bayern:** Ausbildungs- und Prüfungsordnung für Juristen v. 13.10.2003 (GVBl. S. 758), zuletzt geänd. durch V v. 17.11.2022 (GVBl. S. 680)
- **Berlin:** G über die Ausbildung von Juristinnen und Juristen im Land Berlin (Berliner Juristenausbildungsgesetz – JAG) v. 23.6.2003 (GVBl. S. 232), zuletzt geänd. durch G v. 14.9.2021 (GVBl. S. 1077); Ausbildungs- und PrüfungsO für Juristen (JAO) v. 4.8.2003 (GVBl. S. 298), zuletzt geänd. durch VO v. 23.12.2022 (GVBl. 2023 S. 2)
- **Brandenburg:** G über die Juristenausbildung im Land Brandenburg (Brandenburgisches Juristenausbildungsgesetz – BbgJAG) v. 4.6.2003 (GVBl. I S. 166), zuletzt geänd. durch G v. 20.12.2023 (GVBl. I Nr. 30); Ausbildungs- und PrüfungsO für Juristen im Land Brandenburg (Brandenburgische Juristenausbildungsordnung – BbgJAO) v. 6.8.2003 (GVBl. II S. 438), zuletzt geänd. durch VO v. 21.12.2022 (GVBl. II Nr. 81)
- **Bremen, Hamburg und Schleswig-Holstein:** Übereinkunft über ein Gemeinsames Prüfungsamt und die PrüfungsO für die zweite Staatsprüfung für Juristen, veröffentlicht in Bremen: Bek. v. 25.7.2005 (GBl. S. 393), in Hamburg: G v. 26.6.1972 (GVBl. S. 119), in Schleswig-Holstein: Bek. v. 16.8.2005 (GVOBl. S. 389) und zuletzt geänd. durch ÄndStV v. 15.11.2007, veröffentlicht in Bremen: G v. 26.2. 2008 (GBl. S. 43); in Hamburg: G v. 19.2.2008 (GVBl. S. 71, 72), in Schleswig-Holstein: G v. 17.1.2008 (GVOBl. S. 73)
- **Bremen:** G über die erste juristische Staatsprüfung und den juristischen Vorbereitungsdienst (Juristenausbildungs- und -prüfungsgesetz – JAPG) v. 20.5.2003 (Brem.GBl. S. 251), zuletzt geänd. durch G v. 28.2.2023 (Brem.GBl. S. 132); G zur Regelung der Zulassungsbeschränkung zum Vorbereitungsdienst im Lande Bremen (Vorbereitungsdienst-Zulassungsgesetz) v. 21.2.1977 (Brem.GBl. S. 111), zuletzt geänd. durch G v. 8.5.2018 (Brem.GBl. S. 226)
- **Hamburg:** Hamburgisches Juristenausbildungsgesetz (HmbJAG) v. 11.6.2003 (HmbGVBl. S. 156), zuletzt geänd. durch G v. 20.12.2022 (HmbGVBl. S. 656); siehe auch unter Bremen, Hamburg und Schleswig-Holstein
- **Hessen:** G über die juristische Ausbildung (Juristenausbildungsgesetz – JAG) idF der Bek. v. 15.3.2004 (GVBl. I S. 158), zuletzt geänd. durch G v. 13.10.2022 (GVBl. S. 489); VO zur Ausführung des JuristenausbildungsG (Juristische AusbildungsO – JAO –) v. 25.10.2004 (GVBl. I S. 316), zuletzt geänd. durch G v. 13.10.2022 (GVBl. S. 489)
- **Mecklenburg-Vorpommern:** G über die Juristenausbildung im Land Mecklenburg-Vorpommern – Juristenausbildungsgesetz (JAG M-V) v. 16.12.1992 (GVOBl. M-V S. 725), zuletzt geänd. durch G v. 9.12.2022 (GVOBl. M-V S. 589); VO zur Ausführung des Gesetzes über die Juristenausbildung (Juristenausbildungs- und PrüfungsO – JAPO M-V –) v. 16.6.2004 (GVOBl. M-V S. 281), zuletzt geänd. durch VO v. 5.7.2023 (GVOBl. M-V S. 690); VO über die Beschränkung der Aufnahme in den juristischen Vorbereitungsdienst (KapazitätsVO des jur. Vorbereitungsdienstes – KapVO –) v. 24.3.1993 (GVOBl. M-V S. 227), *geänd. durch VO v. 19.12.1995 (GVOBl. 1996 M-V S. 52)*
- ***Niedersachsen:*** Niedersächsisches G zur Ausbildung der Juristinnen und Juristen (NJAG) idF der Bek. v. 15.1.2004 (Nds. GVBl. S. 7), zuletzt geänd. durch G v. 22.9.2022 (Nds. GVBl. S. 568); VO zum Niedersächsischen Gesetz zur Ausbildung der Juristinnen und Juristen (NJAVO) v. 2.11.1993 (Nds. GVBl. S. 561), zuletzt geänd. durch VO v. 23.5.2023 (Nds. GVBl. S. 88) →

§ 5a[1)] Studium. (1) [1] Die Studienzeit beträgt viereinhalb Jahre; diese Zeit kann unterschritten werden, sofern die jeweils für die Zulassung zur universitären Schwerpunktbereichsprüfung und zur staatlichen Pflichtfachprüfung erforderlichen Leistungen nachgewiesen sind. [2] Mindestens zwei Jahre müssen auf ein Studium an einer Universität im Geltungsbereich dieses Gesetzes entfallen.

(2) [1] Gegenstand des Studiums sind Pflichtfächer und Schwerpunktbereiche mit Wahlmöglichkeiten. [2] Außerdem ist der erfolgreiche Besuch einer fremdsprachigen rechtswissenschaftlichen Veranstaltung oder eines rechtswissenschaftlich ausgerichteten Sprachkurses nachzuweisen; das Landesrecht kann bestimmen, dass die Fremdsprachenkompetenz auch anderweitig nachgewiesen werden kann. [3] Pflichtfächer sind die Kernbereiche des Bürgerlichen Rechts, des Strafrechts, des Öffentlichen Rechts und des Verfahrensrechts einschließlich der europarechtlichen Bezüge, der rechtswissenschaftlichen Methoden und der philosophischen, geschichtlichen und gesellschaftlichen Grundlagen; die Vermittlung der Pflichtfächer erfolgt auch in Auseinandersetzung mit dem nationalsozialistischen Unrecht und dem Unrecht der SED-Diktatur. [4] Die Schwerpunktbereiche dienen der Ergänzung des Studiums, der Vertiefung der mit ihnen zusammenhängenden Pflichtfächer sowie der Vermittlung interdisziplinärer und internationaler Bezüge des Rechts.

(3) [1] Die Inhalte des Studiums berücksichtigen die ethischen Grundlagen des Rechts und fördern die Fähigkeit zur kritischen Reflexion des Rechts; sie berücksichtigen ferner die rechtsprechende, verwaltende und rechtsberatende Praxis einschließlich der hierfür erforderlichen Schlüsselqualifikationen wie Verhandlungsmanagement, Gesprächsführung, Rhetorik, Streitschlichtung, Mediation, Vernehmungslehre und Kommunikationsfähigkeit. [2] Während der vorlesungsfreien Zeit

---

(Fortsetzung der Anm. von voriger Seite)

– **Nordrhein-Westfalen:** Gesetz über die juristischen Prüfungen und den juristischen Vorbereitungsdienst (JuristenausbildungsG – JAG NRW) v. 11.3.2003 (GV. NRW. S. 135, 431), zuletzt geänd. durch G v. 1.2.2022 (GV. NRW. S. 122)
– **Rheinland-Pfalz:** Landesgesetz über die juristische Ausbildung (JAG) v. 23.6.2003 (GVBl. S. 116), zuletzt geänd. durch G v. 22.12.2022 (GVBl. S. 479); Juristische Ausbildungs- und Prüfungsordnung (JAPO) v. 6.7.2023 (GVBl. S. 211)
– **Saarland:** G über die juristische Ausbildung (Juristenausbildungsgesetz – JAG) idF der Bek. v. 12.6.2015 (Amtsbl. I S. 402), zuletzt geänd. durch G v. 17.11.2022 (Amtsbl. I S. 1391); VO zur Ausführung des Gesetzes über die juristische Ausbildung (Ausbildungsordnung für Juristen – JAO) idF der Bek. v. 8.1. 2004 (Amtsbl. S. 90), zuletzt geänd. durch VO v. 7.9.2022 (Amtsbl. I S. 1199)
– **Sachsen:** Sächsisches Juristenausbildungsgesetz – SächsJAG v. 26.2.2021 (SächsGVBl. S. 318), zuletzt geänd. durch G v. 17.1.2024 (SächsGVBl. S. 38); Sächsische Juristenausbildungs- und -prüfungsordnung – SächsJAPO v. 13.9.2021 (SächsGVBl. S. 1124), geänd. durch VO v. 23.12.2022 (SächsGVBl. S. 767)
– **Sachsen-Anhalt:** G über die Juristenausbildung im Land Sachsen-Anhalt (JuristenausbildungsG Sachsen-Anhalt – JAG LSA) v. 16.7.2003 (GVBl. LSA S. 167), geänd. durch G v. 13.6.2018 (GVBl. LSA S. 72); Ausbildungs- und Prüfungsverordnung für Juristen (JAPrVO) v. 2.10.2003 (GVBl. LSA S. 245, ber. S. 349), zuletzt geänd. durch VO v. 12.6.2014 (GVBl. LSA S. 263)
– **Schleswig-Holstein:** G über die Ausbildung der Juristinnen und Juristen im Land Schleswig-Holstein (Juristenausbildungsgesetz – JAG) v. 20.2.2004 (GVOBl. Schl.-H. S. 66), zuletzt geänd. durch G v. 19.12.2022 (GVOBl. Schl.-H. S. 1008); LandesVO über die Ausbildung der Juristinnen und Juristen (Juristenausbildungsverordnung – JAVO) v. 26.7.2023 (GVOBl. Schl.-H. S. 422); siehe auch unter Bremen, Hamburg und Schleswig-Holstein
– **Thüringen:** Thüringer G über die juristischen Staatsprüfungen und den juristischen Vorbereitungsdienst (Thüringer JuristenausbildungsG – ThürJAG –) v. 7.12.2022 (GVBl. S. 485), geänd. durch G v. 10.6.2023 (GVBl. S. 192); Thüringer Juristenausbildungs- und PrüfungsO (ThürJAPO) v. 24.2.2004 (GVBl. S. 217), zuletzt geänd. durch VO v. 12.2.2018 (GVBl. S. 43)

[1)] § 5a neu gef. durch G v. 25.7.1984 (BGBl. I S. 995), Abs. 2 neu gef., Abs. 4 aufgeh., bish. Abs. 5 wird Abs. 4 durch G v. 20.11.1992 (BGBl. I S. 1926); Abs. 1 Satz 1, Abs. 2, 3 Satz 1 neu gef. mWv 1.7.2003 durch G v. 11.7.2002 (BGBl. I S. 2592); Abs. 1 Satz 1 geänd. mWv 29.11.2019 durch G v. 22.11.2019 (BGBl. I S. 1755); Abs. 2 Satz 3 geänd., Abs. 3 Satz 1 neu gef. mWv 1.8.2021 durch G v. 25.6.2021 (BGBl. I S. 2154).

finden praktische Studienzeiten von insgesamt mindestens drei Monaten Dauer statt. [3] Das Landesrecht kann bestimmen, daß die praktische Studienzeit bei einer Stelle und zusammenhängend stattfindet.

(4) Das Nähere regelt das Landesrecht.[1)]

§ 5b[2)] Vorbereitungsdienst. (1) Der Vorbereitungsdienst dauert zwei Jahre.

(2) Die Ausbildung findet bei folgenden Pflichtstationen statt:

1. einem ordentlichen Gericht in Zivilsachen,
2. einer Staatsanwaltschaft oder einem Gericht in Strafsachen,
3. einer Verwaltungsbehörde,
4. einem Rechtsanwalt

sowie bei einer oder mehreren Wahlstationen, bei denen eine sachgerechte Ausbildung gewährleistet ist.

(3) [1] Die Ausbildung kann in angemessenem Umfang bei überstaatlichen, zwischenstaatlichen oder ausländischen Ausbildungsstellen oder ausländischen Rechtsanwälten stattfinden. [2] Eine Ausbildung an einer rechtswissenschaftlichen Fakultät sowie an der Deutschen Hochschule für Verwaltungswissenschaften Speyer kann angerechnet werden. [3] Das Landesrecht kann bestimmen, dass die Ausbildung nach Absatz 2 Nr. 1 zum Teil bei einem Gericht der Arbeitsgerichtsbarkeit, die Ausbildung nach Absatz 2 Nr. 3 zum Teil bei einem Gericht der Verwaltungs-, der Finanz- oder der Sozialgerichtsbarkeit stattfinden kann.

(4) [1] Eine Pflichtstation dauert mindestens drei Monate, die Pflichtstation bei einem Rechtsanwalt neun Monate; das Landesrecht kann bestimmen, dass die Ausbildung nach Absatz 2 Nr. 4 bis zu einer Dauer von drei Monaten bei einem Notar, einem Unternehmen, einem Verband oder bei einer sonstigen Ausbildungsstelle stattfinden kann, bei der eine sachgerechte rechtsberatende Ausbildung gewährleistet ist. [2] Der Vorbereitungsdienst kann im Einzelfall aus zwingenden Gründen verlängert werden, nicht jedoch wegen unzureichender Leistungen.

(5) Während der Ausbildung können Ausbildungslehrgänge bis zu einer Gesamtdauer von drei Monaten vorgesehen werden.

(6) [1] Die Ableistung des Vorbereitungsdienstes in Teilzeit ist auf Antrag zu eröffnen im Falle der tatsächlichen Betreuung oder Pflege

1. mindestens eines Kindes unter 18 Jahren oder
2. eines laut ärztlichen Gutachtens pflegebedürftigen Ehegatten, Lebenspartners oder in gerader Linie Verwandten.

[2] Liegen besondere persönliche Gründe vor, die in Art und Umfang den in Satz 1 genannten Gründen vergleichbar sind und eine besondere Härte darstellen, kann auf Antrag die Ableistung des Vorbereitungsdienstes in Teilzeit eröffnet werden. [3] Für die Ableistung in Teilzeit wird der regelmäßige Dienst um ein Fünftel reduziert. [4] Die Dauer des Vorbereitungsdienstes in Teilzeit beträgt zweieinhalb Jahre. [5] Die Zeit der Verlängerung des Vorbereitungsdienstes ist in angemessener Weise auf die Pflichtstationen zu verteilen.

(7) Das Nähere regelt das Landesrecht.[1)]

[1)] Vgl. Anm. zu § 5.

[2)] § 5b neu gef. mWv 1.7.2003 durch G v. 11.7.2002 (BGBl. I S. 2592); Abs. 6 eingef., bish. Abs. 6 wird Abs. 7 mWv 1.1.2023 durch G v. 25.6.2021 (BGBl. I S. 2154)..

§ 5c[1] Anrechnung einer Ausbildung für den gehobenen Dienst. (1) [1] Eine erfolgreich abgeschlossene Ausbildung für den gehobenen Justizdienst oder für den gehobenen nichttechnischen Verwaltungsdienst kann auf Antrag bis zur Dauer von 18 Monaten auf die Ausbildung angerechnet werden. [2] Auf den Vorbereitungsdienst dürfen jedoch nicht mehr als sechs Monate angerechnet werden.

(2) Das Nähere regelt das Landesrecht.[2]

§ 5d[3] Prüfungen; Verordnungsermächtigung. (1) [1] Staatliche und universitäre Prüfungen berücksichtigen die inhaltlichen Vorgaben des § 5a Absatz 3 Satz 1; unbeschadet von § 5a Abs. 2 Satz 2 können die Prüfungen auch Fremdsprachenkompetenz berücksichtigen. [2] Die Einheitlichkeit der Prüfungsanforderungen und der Leistungsbewertung ist zu gewährleisten. [3] Das Bundesministerium der Justiz und für Verbraucherschutz wird ermächtigt, durch Rechtsverordnung mit Zustimmung des Bundesrates eine Noten- und Punkteskala für die Einzel- und Gesamtnoten aller Prüfungen festzulegen.[4]

(2) [1] Der Stoff der universitären Schwerpunktbereichsprüfung und der staatlichen Pflichtfachprüfung ist so zu bemessen, dass das Studium nach fünf Studien-

---

[1] § 5c neu gef. durch G v. 25.7.1984 (BGBl. I S. 995).

[2] Vgl. Anm. zu § 5.

[3] § 5d neu gef. mWv 1.7.2003 durch G v. 11.7.2002 (BGBl. I S. 2592); Abs. 1 Satz 3 geänd. mWv 8.9. 2015 durch VO v. 31.8.2015 (BGBl. I S. 1474); Abs. 2 Satz 1 geänd. mWv 29.11.2019 durch G v. 22.11. 2019 (BGBl. I S. 1755); Überschrift, Abs. 1 Satz 3 geänd., Abs. 6 Satz 2 angef. mWv 1.8.2021, Abs. 1 Satz 1 geänd. mWv 1.1.2022, Abs. 3 Sätze 1 und 2 geänd. mWv 1.1.2023 durch G v. 25.6.2021 (BGBl. I S. 2154).

[4] VO über eine Noten- und Punkteskala für die erste und zweite juristische Staatsprüfung v. 3.12.1981 (BGBl. I S. 1243), geänd. durch G v. 19.4.2006 (BGBl. I S. 866); §§ 1 und 2 lauten:

„**§ 1 Notenstufen und Punktzahlen.** Die einzelnen Leistungen in der ersten und zweiten Prüfung sind mit einer der folgenden Noten und Punktzahlen zu bewerten:

sehr gut	eine besonders hervorragende Leistung	= 16 bis 18 Punkte
gut	eine erheblich über den durchschnittlichen Anforderungen liegende Leistung	= 13 bis 15 Punkte
vollbefriedigend	eine über den durchschnittlichen Anforderungen liegende Leistung	= 10 bis 12 Punkte
befriedigend	eine Leistung, die in jeder Hinsicht durchschnittlichen Anforderungen entspricht	= 7 bis 9 Punkte
ausreichend	eine Leistung, die trotz ihrer Mängel durchschnittlichen Anforderungen noch entspricht	= 4 bis 6 Punkte
mangelhaft	eine an erheblichen Mängeln leidende, im ganzen nicht mehr brauchbare Leistung	= 1 bis 3 Punkte
ungenügend	eine völlig unbrauchbare Leistung	= 0 Punkte.

§ 2 Bildung von Gesamtnoten. (1) Soweit Einzelbewertungen zu einer Gesamtbewertung zusammengefaßt werden, ist die Gesamtnote bis auf zwei Dezimalstellen ohne Auf- oder Abrundung rechnerisch zu ermitteln.

(2) Den errechneten Punktwerten entsprechen folgende Notenbezeichnungen:

14.00 – 18.00	sehr gut
11.50 – 13.99	gut
9.00 – 11.49	vollbefriedigend
6.50 – 8.99	befriedigend
4.00 – 6.49	ausreichend
1.50 – 3.99	mangelhaft
0 – 1.49	ungenügend.“

jahren abgeschlossen werden kann. [2]In der universitären Schwerpunktbereichsprüfung ist mindestens eine schriftliche Leistung zu erbringen. [3]In der staatlichen Pflichtfachprüfung sind schriftliche und mündliche Leistungen zu erbringen; das Landesrecht kann bestimmen, dass Prüfungsleistungen während des Studiums erbracht werden, jedoch nicht vor Ablauf von zweieinhalb Studienjahren. [4]Das Zeugnis über die erste Prüfung weist die Ergebnisse der bestandenen universitären Schwerpunktbereichsprüfung und der bestandenen staatlichen Pflichtfachprüfung sowie zusätzlich eine Gesamtnote aus, in die das Ergebnis der bestandenen staatlichen Pflichtfachprüfung mit 70 vom Hundert und das Ergebnis der bestandenen universitären Schwerpunktbereichsprüfung mit 30 vom Hundert einfließt; es wird in dem Land erteilt, in dem die staatliche Pflichtfachprüfung bestanden wurde.

(3) [1]Die schriftlichen Leistungen in der zweiten Staatsprüfung sind frühestens im 18. und spätestens im 21. Ausbildungsmonat zu erbringen; bei Teilzeitausbildung nach § 5b Absatz 6 Satz 1 ist die Verlängerung des Vorbereitungsdienstes angemessen zu berücksichtigen. [2]Die schriftlichen Leistungen beziehen sich mindestens auf die Ausbildung bei den Pflichtstationen. [3]Sieht das Landesrecht neben Aufsichtsarbeiten auch eine häusliche Arbeit vor, kann bestimmt werden, dass diese Leistung nach Beendigung der letzten Station erbracht werden muss. [4]Die mündlichen Leistungen beziehen sich auf die gesamte Ausbildung.

(4) [1]In den staatlichen Prüfungen kann das Prüfungsorgan bei seiner Entscheidung von der rechnerisch ermittelten Gesamtnote abweichen, wenn dies auf Grund des Gesamteindrucks den Leistungsstand des Kandidaten besser kennzeichnet und die Abweichung auf das Bestehen der Prüfung keinen Einfluss hat; hierbei sind bei der zweiten Staatsprüfung auch die Leistungen im Vorbereitungsdienst zu berücksichtigen. [2]Die Abweichung darf ein Drittel des durchschnittlichen Umfangs einer Notenstufe nicht übersteigen. [3]Der Anteil der mündlichen Prüfungsleistungen an der Gesamtnote darf 40 vom Hundert nicht übersteigen. [4]Eine rechnerisch ermittelte Anrechnung von im Vorbereitungsdienst erteilten Noten auf die Gesamtnote der zweiten Staatsprüfung ist ausgeschlossen.

(5) [1]Die staatliche Pflichtfachprüfung kann einmal wiederholt werden. [2]Eine erfolglose staatliche Pflichtfachprüfung gilt als nicht unternommen, wenn der Bewerber sich frühzeitig zu dieser Prüfung gemeldet und die vorgesehenen Prüfungsleistungen vollständig erbracht hat. [3]Das Nähere, insbesondere den Ablauf der Meldefrist, die Anrechnung von Zeiten des Auslandsstudiums, der Erkrankung und der Beurlaubung auf die Studiendauer sowie die Folgen einer Prüfungsunterbrechung regelt das Landesrecht. [4]Das Landesrecht kann eine Wiederholung der staatlichen Prüfungen zur Notenverbesserung vorsehen.

(6) [1]Das Nähere regelt das Landesrecht.[1)] [2]Es kann auch bestimmen, dass in den staatlichen Prüfungen schriftliche Leistungen elektronisch erbracht werden dürfen.

§ 6[2)] Anerkennung von Prüfungen. (1) [1]Die Zulassung zum Vorbereitungsdienst darf einem Bewerber nicht deswegen versagt werden, weil er die universitäre Schwerpunktbereichsprüfung oder die staatliche Pflichtfachprüfung nach § 5 in einem anderen Land im Geltungsbereich dieses Gesetzes abgelegt hat. [2]Die in einem Land im Geltungsbereich dieses Gesetzes auf den Vorbereitungsdienst verwendete Zeit ist in jedem deutschen Land anzurechnen.

---

1) Vgl. Anm. zu § 5.
2) § 6 Abs. 1 Satz 1 neu gef. mWv 1.7.2003 durch G v. 11.7.2002 (BGBl. I S. 2592).

(2) Wer im Geltungsbereich dieses Gesetzes die Befähigung zum Richteramt nach § 5 erworben hat, ist im Bund und in jedem deutschen Land zum Richteramt befähigt.

§ 7 Universitätsprofessoren. Jeder ordentliche Professor der Rechte an einer Universität im Geltungsbereich dieses Gesetzes ist zum Richteramt befähigt.

Abschnitt 3. Richterverhältnis

§ 8 Rechtsformen des Richterdienstes. Richter können nur als Richter auf Lebenszeit, auf Zeit, auf Probe oder kraft Auftrags berufen werden.

§ 9[1] Voraussetzungen für die Berufungen. In das Richterverhältnis darf nur berufen werden, wer

1. Deutscher im Sinne des Artikels 116 des Grundgesetzes[2] ist,
2. die Gewähr dafür bietet, dass er jederzeit für die freiheitliche demokratische Grundordnung im Sinne des Grundgesetzes eintritt,
3. die Befähigung zum Richteramt besitzt (§§ 5 bis 7) und
4. über die erforderliche soziale Kompetenz verfügt.

§ 10 Ernennung auf Lebenszeit. (1) Zum Richter auf Lebenszeit kann ernannt werden, wer nach Erwerb der Befähigung zum Richteramt mindestens drei Jahre im richterlichen Dienst tätig gewesen ist.

(2) [1] Auf die Zeit nach Absatz 1 können angerechnet werden Tätigkeiten

1. als Beamter des höheren Dienstes,
2. im deutschen öffentlichen Dienst oder im Dienst einer zwischenstaatlichen oder überstaatlichen Einrichtung, wenn die Tätigkeit nach Art und Bedeutung der Tätigkeit in einem Amt des höheren Dienstes entsprochen hat,
3. als habilitierter Lehrer des Rechts an einer deutschen wissenschaftlichen Hochschule,
4. als Rechtsanwalt, Notar oder als Assessor bei einem Rechtsanwalt oder Notar,
5. in anderen Berufen, wenn die Tätigkeit nach Art und Bedeutung wie die unter den Nummern 1 bis 4 genannten Tätigkeiten geeignet war, Kenntnisse und Erfahrungen für die Ausübung des Richteramts zu vermitteln.

[2] Die Anrechnung von mehr als zwei Jahren dieser Tätigkeiten setzt besondere Kenntnisse und Erfahrungen des zu Ernennenden voraus.

§ 11 Ernennung auf Zeit. Eine Ernennung zum Richter auf Zeit ist nur unter den durch Bundesgesetz bestimmten Voraussetzungen und nur für die bundesgesetzlich bestimmten Aufgaben zulässig.

§ 12[3] Ernennung auf Probe. (1) Wer später als Richter auf Lebenszeit oder als Staatsanwalt verwendet werden soll, kann zum Richter auf Probe ernannt werden.

(2) [1] Spätestens fünf Jahre nach seiner Ernennung ist der Richter auf Probe zum Richter auf Lebenszeit oder unter Berufung in das Beamtenverhältnis auf Lebenszeit zum Staatsanwalt zu ernennen. [2] Die Frist verlängert sich um die Zeit einer Beurlaubung ohne Bezüge.

---

[1] § 9 neu gef. mWv 1.7.2003 durch G v. 11.7.2002 (BGBl. I S. 2592).
[2] **Habersack, Deutsche Gesetze Nr. 1.**
[3] § 12 Abs. 1 Satz 2 aufgeh. durch G v. 26.5.1972 (BGBl. I S. 841).

§ 13 Verwendung eines Richters auf Probe. Ein Richter auf Probe kann ohne seine Zustimmung nur bei einem Gericht, bei einer Behörde der Gerichtsverwaltung oder bei einer Staatsanwaltschaft verwendet werden.

§ 14[1] Ernennung zum Richter kraft Auftrags. (1) Ein Beamter auf Lebenszeit oder auf Zeit kann zum Richter kraft Auftrags ernannt werden, wenn er später als Richter auf Lebenszeit verwendet werden soll.

(2) *(aufgehoben)*

§ 15 Wirkungen auf das Beamtenverhältnis. (1) [1]Der Richter kraft Auftrags behält sein bisheriges Amt. [2]Seine Besoldung und Versorgung bestimmen sich nach diesem Amt. [3]Im übrigen ruhen für die Dauer des Richterverhältnisses kraft Auftrags die Rechte und Pflichten aus dem Beamtenverhältnis mit Ausnahme der Pflicht zur Amtsverschwiegenheit und des Verbots der Annahme von Geschenken.

(2) Wird das Richterverhältnis zu einem anderen Dienstherrn begründet, so ist auch dieser zur Zahlung der Dienstbezüge verpflichtet.

§ 16 Dauer der Verwendung als Richter kraft Auftrags. (1) [1]Spätestens zwei Jahre nach seiner Ernennung ist der Richter kraft Auftrags zum Richter auf Lebenszeit zu ernennen oder einem Richterwahlausschuß zur Wahl vorzuschlagen. [2]Lehnt der Richter die Ernennung ab, so endet das Richterverhältnis kraft Auftrags.

(2) Für die Verwendung des Richters kraft Auftrags gelten die Vorschriften für Richter auf Probe entsprechend.

§ 17 Ernennung durch Urkunde. (1) Der Richter wird durch Aushändigung einer Urkunde ernannt.

(2) Einer Ernennung bedarf es

1. zur Begründung des Richterverhältnisses,
2. zur Umwandlung des Richterverhältnisses in ein solches anderer Art (§ 8),
3. zur Verleihung eines anderen Amtes mit anderem Endgrundgehalt.

(3) [1]In der Ernennungsurkunde müssen bei der Begründung des Richterverhältnisses die Worte „unter Berufung in das Richterverhältnis“ mit dem Zusatz „auf Lebenszeit“, „auf Zeit“, „auf Probe“ oder „kraft Auftrags“ enthalten sein. [2]Bei der Begründung eines Richterverhältnisses auf Zeit ist die Zeitdauer der Berufung in der Urkunde anzugeben.

(4) Bei der Umwandlung eines Richterverhältnisses in ein Richterverhältnis anderer Art müssen in der Ernennungsurkunde die diese Art bestimmenden Worte nach Absatz 3 enthalten sein, bei der ersten Verleihung eines Amtes und bei der Verleihung eines anderen Amtes mit anderem Endgrundgehalt und anderer Amtsbezeichnung muß in der Ernennungsurkunde die Amtsbezeichnung dieses Amtes enthalten sein.

§ 17a[2] Niederlegung eines Mandats im Deutschen Bundestag. Legt ein Richter sein Mandat nieder und bewirbt er sich zu diesem Zeitpunkt erneut um einen Sitz im Deutschen Bundestag, so ist die Übertragung eines anderen Amtes mit höherem Endgrundgehalt nicht zulässig.

---

[1] § 14 Abs. 2 aufgeh. durch G v. 26.5.1972 (BGBl. I S. 841).

[2] § 17a eingef. durch G v. 18.2.1977 (BGBl. I S. 297).; Überschrift eingef. mWv 1.8.2021 durch G v. 25.6.2021 (BGBl. I S. 2154)

§ 18[1] Nichtigkeit der Ernennung. (1) [1] Eine Ernennung ist nichtig, wenn sie von einer sachlich unzuständigen Behörde ausgesprochen wurde. [2] Die Ernennung kann nicht rückwirkend bestätigt werden.

(2) Eine Ernennung ist ferner nichtig, wenn der Ernannte im Zeitpunkt der Ernennung

1. nicht Deutscher im Sinne des Artikels 116 des Grundgesetzes[2] war oder
2. *(aufgehoben)*
3. nicht die Fähigkeit zur Bekleidung öffentlicher Ämter hatte.

(3) Die Nichtigkeit einer Ernennung zum Richter auf Lebenszeit oder zum Richter auf Zeit kann erst geltend gemacht werden, nachdem ein Gericht sie rechtskräftig festgestellt hat.

§ 19[3] Rücknahme der Ernennung. (1) Eine Ernennung ist zurückzunehmen,

1. wenn der Ernannte nicht die Befähigung zum Richteramt besaß,
2. wenn die gesetzlich vorgeschriebene Beteiligung eines Richterwahlausschusses unterblieben war und der Richterwahlausschuß die nachträgliche Bestätigung abgelehnt hat,
3. wenn die Ernennung durch Zwang, arglistige Täuschung oder Bestechung herbeigeführt wurde oder
4. wenn nicht bekannt war, daß der Ernannte ein Verbrechen oder Vergehen begangen hatte, das ihn der Berufung in das Richterverhältnis unwürdig erscheinen läßt, und er deswegen rechtskräftig zu einer Strafe verurteilt war oder wird.

(2) Eine Ernennung kann zurückgenommen werden, wenn nicht bekannt war, daß der Ernannte in einem gerichtlichen Verfahren aus dem Dienst oder Beruf entfernt oder zum Verlust der Versorgungsbezüge verurteilt worden war.

(3) Die Ernennung zum Richter auf Lebenszeit oder zum Richter auf Zeit kann ohne schriftliche Zustimmung des Richters nur auf Grund rechtskräftiger richterlicher Entscheidung zurückgenommen werden.

§ 19a[4] Amtsbezeichnungen. (1) Amtsbezeichnungen der Richter auf Lebenszeit und der Richter auf Zeit sind „Richter", „Vorstzender Richter", „Direktor", „Vizepräsident" oder „Präsident" mit einem das Gericht bezeichnenden Zusatz („Richter am …", „Vorsitzender Richter am …", „Direktor des …", „Vizepräsident des …", „Präsident des …").

(2) Richter kraft Auftrags führen im Dienst die Bezeichnung "Richter" mit einem das Gericht bezeichnenden Zusatz („Richter am …").

(3) Richter auf Probe führen die Bezeichnung „Richter", im staatsanwaltschaftlichen Dienst die Bezeichnung „Staatsanwalt".

§ 20 Allgemeines Dienstalter. [1] Das allgemeine Dienstalter eines Richters bestimmt sich nach dem Tag, an dem ihm sein Richteramt übertragen worden ist. [2] Hat der Richter zuvor ein anderes Richteramt oder ein sonstiges Amt mit

---

[1] § 18 Abs. 2 Nr. 1 geänd., Nr. 2 aufgeh. durch G v. 12.9.1990 (BGBl. I S. 2002).

[2] **Habersack, Deutsche Gesetze Nr. 1.**

[3] § 19 Abs. 2 Nr. 1 und 2 aufgeh. durch G v. 12.9.1990 (BGBl. I S. 2002).

[4] § 19a eingef. durch G v. 26.5.1972 (BGBl. I S. 841), Abs. 1 neu gef. durch G v. 22.12.1975 (BGBl. I S. 3176).

mindestens dem gleichen Anfangsgrundgehalt bekleidet, so bestimmt sich das allgemeine Dienstalter nach dem Tag der Übertragung dieses Amtes.

§ 21[1] **Entlassung aus dem Dienstverhältnis.** (1) [1]Der Richter ist entlassen,

1. wenn er die Eigenschaft als Deutscher im Sinne des Artikels 116 des Grundgesetzes[2] verliert,
2. wenn er in ein öffentlich-rechtliches Dienst- oder Amtsverhältnis zu einem anderen Dienstherrn tritt, sofern gesetzlich nicht anderes bestimmt ist, oder
3. wenn er zum Berufssoldaten oder Soldaten auf Zeit ernannt wird.

[2]In den Fällen der Nummer 2 kann die oberste Dienstbehörde im Einvernehmen mit dem neuen Dienstherrn und mit Zustimmung des Richters die Fortdauer des Richterverhältnisses neben dem neuen Dienst- oder Amtsverhältnis anordnen.

(2) Der Richter ist zu entlassen,

1. wenn er sich weigert, den Richtereid (§ 38) zu leisten,
2. wenn er zur Zeit der Ernennung Mitglied des Bundestages oder eines Landtages war und nicht innerhalb der von der obersten Dienstbehörde gesetzten angemessenen Frist sein Mandat niederlegt,
3. wenn er nach Erreichen der Altersgrenze berufen worden ist,
4. wenn er seine Entlassung schriftlich verlangt,
5. wenn er die Altersgrenze erreicht oder dienstunfähig ist und das Dienstverhältnis nicht durch Eintritt in den Ruhestand endet oder
6. wenn er ohne Genehmigung der obersten Dienstbehörde seinen Wohnsitz oder dauernden Aufenthalt im Ausland nimmt.

(3) [1]Ein Richter auf Lebenszeit oder ein Richter auf Zeit kann ohne seine schriftliche Zustimmung nur auf Grund rechtskräftiger richterlicher Entscheidung entlassen werden. [2]Die Entlassung eines Richters auf Lebenszeit oder eines Richters auf Zeit nach Absatz 1 kann erst geltend gemacht werden, nachdem ein Gericht sie rechtskräftig festgestellt hat.

§ 22[3] **Entlassung eines Richters auf Probe.** (1) Ein Richter auf Probe kann zum Ablauf des sechsten, zwölften, achtzehnten oder vierundzwanzigsten Monats nach seiner Ernennung entlassen werden.

(2) Ein Richter auf Probe kann zum Ablauf des dritten oder vierten Jahres entlassen werden,

1. wenn er für das Richteramt nicht geeignet ist oder
2. wenn ein Richterwahlausschuß seine Übernahme in das Richterverhältnis auf Lebenszeit oder auf Zeit ablehnt.

(3) Ein Richter auf Probe kann ferner bei einem Verhalten, das bei Richtern auf Lebenszeit eine im gerichtlichen Disziplinarverfahren zu verhängende Disziplinarmaßnahme zur Folge hätte, entlassen werden.

(4) Die Fristen der Absätze 1 und 2 verlängern sich um die Zeit einer Beurlaubung ohne Bezüge.

---

[1] § 21 Abs. 1 Satz 1 Nr. 2 aufgeh., bish. Nr. 3 und 4 werden Nr. 2 und 3, Satz 2, Abs. 2 Nr. 4 und 5 geänd., Nr. 6 angef. durch G v. 30.6.1989 (BGBl. I S. 1282).

[2] **Habersack, Deutsche Gesetze Nr. 1.**

[3] § 22 Abs. 3 geänd. mWv 1.1.2002 durch G v. 9.7.2001 (BGBl. I S. 1510).

(5) In den Fällen der Absätze 1 und 2 ist die Entlassungsverfügung dem Richter mindestens sechs Wochen vor dem Entlassungstag mitzuteilen.

§ 23 Entlassung eines Richters kraft Auftrags. Für die Beendigung des Richterverhältnisses kraft Auftrags gelten die Vorschriften über die Beendigung des Richterverhältnisses auf Probe entsprechend.

§ 24[1] Beendigung des Dienstverhältnisses durch richterliche Entscheidung. Wird gegen einen Richter durch Urteil eines deutschen Gerichts im Geltungsbereich dieses Gesetzes erkannt auf

1. Freiheitsstrafe von mindestens einem Jahr wegen einer vorsätzlichen Tat,

1a. Freiheitsstrafe von mindestens sechs Monaten wegen einer Tat, die nach § 130 des Strafgesetzbuchs[2] (Volksverhetzung) strafbar ist,

2. Freiheitsstrafe wegen einer vorsätzlichen Tat, die nach den Vorschriften über Friedensverrat, Hochverrat, Gefährdung des demokratischen Rechtsstaates oder Landesverrat und Gefährdung der äußeren Sicherheit strafbar ist,

3. Aberkennung der Fähigkeit zur Bekleidung öffentlicher Ämter oder

4. Verwirkung eines Grundrechts gemäß Artikel 18 des Grundgesetzes[3],

so endet das Richterverhältnis mit der Rechtskraft dieses Urteils, ohne daß es einer weiteren gerichtlichen Entscheidung bedarf.

(Fortsetzung nächstes Blatt)

---

[1] § 24 Nr. 1a eingef. mWv 1.4.2024 durch G v. 20.12.2023 (BGBl. 2023 I Nr. 389).
[2] **Habersack, Deutsche Gesetze Nr. 85.**
[3] **Habersack, Deutsche Gesetze Nr. 1.**

Abschnitt 4. Unabhängigkeit des Richters[1]

§ 25 Grundsatz. Der Richter ist unabhängig und nur dem Gesetz unterworfen.

§ 26 Dienstaufsicht. (1) Der Richter untersteht einer Dienstaufsicht nur, soweit nicht seine Unabhängigkeit beeinträchtigt wird.

(2) Die Dienstaufsicht umfaßt vorbehaltlich des Absatzes 1 auch die Befugnis, die ordnungswidrige Art der Ausführung eines Amtsgeschäfts vorzuhalten und zu ordnungsgemäßer, unverzögerter Erledigung der Amtsgeschäfte zu ermahnen.

(3) Behauptet der Richter, daß eine Maßnahme der Dienstaufsicht seine Unabhängigkeit beeinträchtige, so entscheidet auf Antrag des Richters ein Gericht nach Maßgabe dieses Gesetzes.

§ 27 Übertragung eines Richteramts. (1) Dem Richter auf Lebenszeit und dem Richter auf Zeit ist ein Richteramt bei einem bestimmten Gericht zu übertragen.

(2) Ihm kann ein weiteres Richteramt bei einem anderen Gericht übertragen werden, soweit ein Gesetz dies zuläßt.

§ 28 Besetzung der Gerichte mit Richtern auf Lebenszeit. (1) Als Richter dürfen bei einem Gericht nur Richter auf Lebenszeit tätig werden, soweit nicht ein Bundesgesetz etwas anderes bestimmt.

(2) [1] Vorsitzender eines Gerichts darf nur ein Richter sein. [2] Wird ein Gericht in einer Besetzung mit mehreren Richtern tätig, so muß ein Richter auf Lebenszeit den Vorsitz führen.

§ 29[2] Besetzung der Gerichte mit Richtern auf Probe, Richtern kraft Auftrags und abgeordneten Richtern. (1) Bei einer gerichtlichen Entscheidung darf nicht mehr als ein Richter auf Probe oder ein Richter kraft Auftrags oder ein abgeordneter Richter mitwirken.

(2) Abweichend von Absatz 1 darf neben einem der in Absatz 1 genannten Richter ein Richter auf Lebenszeit, der während eines laufenden Verfahrens befördert oder an ein anderes Gericht versetzt wird und unmittelbar anschließend ganz oder teilweise an das zur Entscheidung berufene Gericht rückabgeordnet wird, an einer gerichtlichen Entscheidung mitwirken.

(3) Die in den Absätzen 1 und 2 bezeichneten Richter müssen als solche im Geschäftsverteilungsplan kenntlich gemacht werden.

§ 30[3] Versetzung und Amtsenthebung. (1) Ein Richter auf Lebenszeit oder ein Richter auf Zeit kann ohne seine schriftliche Zustimmung nur

1. im Verfahren über die Richteranklage (Artikel 98 Abs. 2 und 5 des Grundgesetzes[4]),
2. im gerichtlichen Disziplinarverfahren,
3. im Interesse der Rechtspflege (§ 31),

---

[1] Beachte hierzu Art. 97 des Grundgesetzes (Nr. **1**).
[2] § 29 neu gef. mWv 1.7.2021 durch G v. 25.6.2021 (BGBl. I S. 2099).
[3] § 30 Abs. 1 Nr. 2 geänd. mWv 1.1.2002 durch G v. 9.7.2001 (BGBl I S. 1510).
[4] Nr. **1**.

4. bei Veränderung der Gerichtsorganisation (§ 32)

in ein anderes Amt versetzt oder seines Amtes enthoben werden.

(2) Die Versetzung oder Amtsenthebung kann – außer im Fall des Absatzes 1 Nr. 4 – nur auf Grund rechtskräftiger richterlicher Entscheidung ausgesprochen werden.

(3) Der Versetzung steht es gleich, wenn ein Richter, der mehrere Richterämter innehat, eines Amtes enthoben wird.

§ 31 Versetzung im Interesse der Rechtspflege. Ein Richter auf Lebenszeit oder ein Richter auf Zeit kann

1. in ein anderes Richteramt mit gleichem Endgrundgehalt,
2. in den einstweiligen Ruhestand oder
3. in den Ruhestand

versetzt werden, wenn Tatsachen außerhalb seiner richterlichen Tätigkeit eine Maßnahme dieser Art zwingend gebieten, um eine schwere Beeinträchtigung der Rechtspflege abzuwenden.

§ 32 Veränderung der Gerichtsorganisation. (1) [1]Bei einer Veränderung in der Einrichtung der Gerichte oder ihrer Bezirke kann einem auf Lebenszeit oder auf Zeit ernannten Richter dieser Gerichte ein anderes Richteramt übertragen werden. [2]Ist eine Verwendung in einem Richteramt mit gleichem Endgrundgehalt nicht möglich, so kann ihm ein Richteramt mit geringerem Endgrundgehalt übertragen werden.

(2) [1]Ist die Übertragung eines anderen Richteramts nicht möglich, so kann der Richter seines Amtes enthoben werden. [2]Ihm kann jederzeit ein neues Richteramt, auch mit geringerem Endgrundgehalt, übertragen werden.

(3) Die Übertragung eines anderen Richteramts (Absatz 1) und die Amtsenthebung (Absatz 2 Satz 1) können nicht später als drei Monate nach Inkrafttreten der Veränderung ausgesprochen werden.

§ 33 Belassung des vollen Gehalts. (1) [1]In den Fällen des § 32 erhält der Richter sein bisheriges Grundgehalt einschließlich ruhegehaltfähiger oder unwiderruflicher Stellenzulagen und steigt in den Dienstaltersstufen seiner bisherigen Besoldungsgruppe weiter auf. [2]Im übrigen richten sich die Dienstbezüge nach den allgemeinen besoldungsrechtlichen Vorschriften. [3]Soweit ihre Höhe durch den dienstlichen Wohnsitz bestimmt ist, ist bei Amtsenthebung (§ 32 Abs. 2 Satz 1) der letzte dienstliche Wohnsitz maßgebend.

(2) Der seines Amtes enthobene Richter gilt für die Anwendung der Vorschriften über das Ruhen der Versorgungsbezüge und über das Zusammentreffen mehrerer Versorgungsbezüge als Richter im Ruhestand.

§ 34[1)] Versetzung in den Ruhestand wegen Dienstunfähigkeit. [1]Ein Richter auf Lebenszeit oder ein Richter auf Zeit kann ohne seine schriftliche Zustimmung nur auf Grund rechtskräftiger richterlicher Entscheidung wegen Dienstunfähigkeit in den Ruhestand versetzt werden. [2]Für Entscheidungen über eine begrenzte Dienstfähigkeit gilt Satz 1 entsprechend.

[1)] § 34 Satz 2 angef. durch G v. 29.6.1998 (BGBl. I S. 1666).

§ 35 Vorläufige Untersagung der Amtsgeschäfte. In einem Verfahren nach § 18 Abs. 3, § 19 Abs. 3, § 21 Abs. 3, §§ 30 und 34 kann das Gericht auf Antrag dem Richter die Führung seiner Amtsgeschäfte vorläufig untersagen.

§ 36[1] Mitgliedschaft in einer Volksvertretung oder Regierung.

(1) Stimmt ein Richter seiner Aufstellung als Bewerber für die Wahl zum Deutschen Bundestag oder zu der gesetzgebenden Körperschaft eines Landes zu, ist ihm auf Antrag innerhalb der letzten zwei Monate vor dem Wahltag der zur Vorbereitung seiner Wahl erforderliche Urlaub unter Wegfall der Dienstbezüge zu gewähren.

(2) Nimmt ein Richter die Wahl in den Deutschen Bundestag oder in die gesetzgebende Körperschaft eines Landes an oder wird ein Richter mit seiner Zustimmung zum Mitglied der Bundesregierung oder der Regierung eines Landes ernannt, so enden das Recht und die Pflicht zur Wahrnehmung des Richteramts ohne gerichtliche Entscheidung nach näherer Bestimmung der Gesetze.

§ 37 Abordnung. (1) Ein Richter auf Lebenszeit oder ein Richter auf Zeit darf nur mit seiner Zustimmung abgeordnet werden.

(2) Die Abordnung ist auf eine bestimmte Zeit auszusprechen.

(3) Zur Vertretung eines Richters darf ein Richter auf Lebenszeit oder ein Richter auf Zeit ohne seine Zustimmung längstens für zusammen drei Monate innerhalb eines Geschäftsjahres an andere Gerichte desselben Gerichtszweigs abgeordnet werden.

Abschnitt 5. Besondere Pflichten des Richters

§ 38 Richtereid. (1) Der Richter hat folgenden Eid in öffentlicher Sitzung eines Gerichts zu leisten:

„Ich schwöre, das Richteramt getreu dem Grundgesetz[2] für die Bundesrepublik Deutschland und getreu dem Gesetz auszuüben, nach bestem Wissen und Gewissen ohne Ansehen der Person zu urteilen und nur der Wahrheit und Gerechtigkeit zu dienen, so wahr mir Gott helfe."

(2) Der Eid kann ohne die Worte „so wahr mir Gott helfe" geleistet werden.

(3) Der Eid kann für Richter im Landesdienst eine Verpflichtung auf die Landesverfassung enthalten und statt vor einem Gericht in anderer Weise öffentlich geleistet werden.

§ 39 Wahrung der Unabhängigkeit. Der Richter hat sich innerhalb und außerhalb seines Amtes, auch bei politischer Betätigung, so zu verhalten, daß das Vertrauen in seine Unabhängigkeit nicht gefährdet wird.

§ 40 Schiedsrichter und Schlichter. (1) [1]Eine Nebentätigkeit als Schiedsrichter oder Schiedsgutachter darf dem Richter nur genehmigt werden, wenn die Parteien des Schiedsvertrags ihn gemeinsam beauftragen oder wenn er von einer unbeteiligten Stelle benannt ist. [2]Die Genehmigung ist zu versagen, wenn der Richter zur Zeit der Entscheidung über die Erteilung der Genehmigung mit der Sache befaßt ist oder nach der Geschäftsverteilung befaßt werden kann.

---

[1] § 36 Abs. 1 neu gef. durch G v. 18.2.1977 (BGBl. I S. 297).

[2] Nr. **1**.

(2) Auf eine Nebentätigkeit als Schlichter in Streitigkeiten zwischen Vereinigungen oder zwischen diesen und Dritten ist Absatz 1 entsprechend anzuwenden.

§ 41 Rechtsgutachten. (1) Ein Richter darf weder außerdienstlich Rechtsgutachten erstatten, noch entgeltlich Rechtsauskünfte erteilen.

(2) [1] Ein beamteter Professor der Rechte oder der politischen Wissenschaften, der gleichzeitig Richter ist, darf mit Genehmigung der obersten Dienstbehörde der Gerichtsverwaltung Rechtsgutachten erstatten und Rechtsauskünfte erteilen. [2] Die Genehmigung darf allgemein oder für den Einzelfall nur erteilt werden, wenn die richterliche Tätigkeit des Professors nicht über den Umfang einer Nebentätigkeit hinausgeht und nicht zu besorgen ist, daß dienstliche Interessen beeinträchtigt werden.

§ 42 Nebentätigkeiten in der Rechtspflege. Ein Richter ist zu einer Nebentätigkeit (Nebenamt, Nebenbeschäftigung) nur in der Rechtspflege und in der Gerichtsverwaltung verpflichtet.

§ 43 Beratungsgeheimnis. Der Richter hat über den Hergang bei der Beratung und Abstimmung auch nach Beendigung seines Dienstverhältnisses zu schweigen.

Abschnitt 6. Ehrenamtliche Richter

§ 44[1)] Bestellung und Abberufung des ehrenamtlichen Richters.

(1) Ehrenamtliche Richter dürfen bei einem Gericht nur auf Grund eines Gesetzes und unter den gesetzlich bestimmten Voraussetzungen tätig werden.

(1a) In den Verfahren zur Wahl, Ernennung oder Berufung ehrenamtlicher Richter sollen Frauen und Männer angemessen berücksichtigt werden.

(2) Ein ehrenamtlicher Richter kann vor Ablauf seiner Amtszeit nur unter den gesetzlich bestimmten Voraussetzungen und gegen seinen Willen nur durch Entscheidung eines Gerichts abberufen werden.

§ 44a[2)] Hindernisse für Berufungen als ehrenamtliche Richter.

(1) Zu dem Amt eines ehrenamtlichen Richters soll nicht berufen werden, wer

1. gegen die Grundsätze der Menschlichkeit oder der Rechtsstaatlichkeit verstoßen hat oder
2. wegen einer Tätigkeit als hauptamtlicher oder inoffizieller Mitarbeiter des Staatssicherheitsdienstes der ehemaligen Deutschen Demokratischen Republik im Sinne des § 6 Abs. 4 des Stasi-Unterlagen-Gesetzes vom 20. Dezember 1991 (BGBl. I S. 2272) oder als diesen Mitarbeitern nach § 6 Abs. 5 des Stasi-Unterlagen-Gesetzes gleichgestellte Person für das Amt eines ehrenamtlichen Richters nicht geeignet ist.

(2) Die für die Berufung zuständige Stelle kann zu diesem Zweck von dem Vorgeschlagenen eine schriftliche Erklärung verlangen, dass bei ihm die Voraussetzungen des Absatzes 1 nicht vorliegen.

[1)] § 44 Abs. 1a eingef. mWv 1.1.2005 durch G v. 21.12.2004 (BGBl. I S. 3599).
[2)] § 44a eingef. mWv 25.4.2006 durch G v. 19.4.2006 (BGBl. I S. 866).

§ 44b[1] Abberufung von ehrenamtlichen Richtern (1) Ein ehrenamtlicher Richter ist von seinem Amt abzuberufen, wenn nachträglich in § 44a Abs. 1 bezeichnete Umstände bekannt werden.

(2) Das Verfahren richtet sich nach den Vorschriften, die im Übrigen für die Abberufung eines ehrenamtlichen Richters der jeweiligen Art gelten, soweit in den Absätzen 3 und 4 nichts anderes bestimmt ist.

(3) [1] Wenn ein Antrag auf Abberufung gestellt oder ein Abberufungsverfahren von Amts wegen eingeleitet worden ist und der dringende Verdacht besteht, dass die Voraussetzungen des § 44a Abs. 1 vorliegen, kann das für die Abberufung zuständige Gericht anordnen, dass der ehrenamtliche Richter bis zur Entscheidung über die Abberufung das Amt nicht ausüben darf. [2] Die Anordnung ist unanfechtbar.

(4) [1] Die Entscheidung über die Abberufung ist unanfechtbar. [2] Der abberufene ehrenamtliche Richter kann binnen eines Jahres nach Wirksamwerden der Entscheidung die Feststellung beantragen, dass die Voraussetzungen des § 44a Abs. 1 nicht vorgelegen haben. [3] Über den Antrag entscheidet das nächsthöhere Gericht durch unanfechtbaren Beschluss. [4] Ist das nächsthöhere Gericht ein oberstes Bundesgericht oder ist die Entscheidung von einem obersten Bundesgericht getroffen worden, entscheidet ein anderer Spruchkörper des Gerichts, das die Entscheidung getroffen hat. [5] Ergibt sich nach den Sätzen 3 und 4 kein zuständiges Gericht, so entscheidet das Oberlandesgericht, in dessen Bezirk die Entscheidung getroffen worden ist.

§ 45[2] Unabhängigkeit und besondere Pflichten des ehrenamtlichen Richters. (1) [1] Der ehrenamtliche Richter ist in gleichem Maße wie ein Berufsrichter unabhängig. [2] Er hat das Beratungsgeheimnis zu wahren (§ 43).

(1a) [1] Niemand darf in der Übernahme oder Ausübung des Amtes als ehrenamtlicher Richter beschränkt oder wegen der Übernahme oder Ausübung des Amtes benachteiligt werden. [2] Ehrenamtliche Richter sind für die Zeit ihrer Amtstätigkeit von ihrem Arbeitgeber von der Arbeitsleistung freizustellen. [3] Die Kündigung eines Arbeitsverhältnisses wegen der Übernahme oder der Ausübung des Amtes ist unzulässig. [4] Weitergehende landesrechtliche Regelungen bleiben unberührt.

(2) [1] Der ehrenamtliche Richter ist vor seiner ersten Dienstleistung in öffentlicher Sitzung des Gerichts durch den Vorsitzenden zu vereidigen. [2] Die Vereidigung gilt für die Dauer des Amtes, bei erneuter Bestellung auch für die sich unmittelbar anschließende Amtszeit. [3] Der Schwörende soll bei der Eidesleistung die rechte Hand erheben.

(3) [1] Der ehrenamtliche Richter leistet den Eid, indem er die Worte spricht:

„Ich schwöre, die Pflichten eines ehrenamtlichen Richters getreu dem Grundgesetz[3] für die Bundesrepublik Deutschland und getreu dem Gesetz zu erfüllen, nach bestem Wissen und Gewissen ohne Ansehen der Person zu urteilen und nur der Wahrheit und Gerechtigkeit zu dienen, so wahr mir Gott helfe."

---

[1] § 44b eingef. mWv 25.4.2006 durch G v. 19.4.2006 (BGBl. I S. 866).

[2] § 45 neu gef. durch G v. 20.12.1974 (BGBl. I S. 3686); Abs. 2 Satz 2 neu gef. durch G v. 26.6. 1990 (BGBl. I S. 1206); Abs. 1a eingef. mWv 1.1.2005 durch G v. 21.12.2004 (BGBl. I S. 3599); Abs. 1a Satz 1 geänd. mWv 15.6.2017 durch G v. 8.6.2017 (BGBl. I S. 1570).

[3] Nr. **1**.

[2] Der Eid kann ohne die Worte „so wahr mir Gott helfe“ geleistet werden. [3] Hierüber ist der Schwörende vor der Eidesleistung durch den Vorsitzenden zu belehren.

(4) [1] Gibt ein ehrenamtlicher Richter an, daß er aus Glaubens- oder Gewissensgründen keinen Eid leisten wolle, so spricht er die Worte:

„Ich gelobe, die Pflichten eines ehrenamtlichen Richters getreu dem Grundgesetz für die Bundesrepublik Deutschland und getreu dem Gesetz zu erfüllen, nach bestem Wissen und Gewissen ohne Ansehen der Person zu urteilen und nur der Wahrheit und Gerechtigkeit zu dienen.“

[2] Das Gelöbnis steht dem Eid gleich.

(5) Gibt ein ehrenamtlicher Richter an, daß er als Mitglied einer Religions- oder Bekenntnisgemeinschaft eine Beteuerungsformel dieser Gemeinschaft verwenden wolle, so kann er diese dem Eid oder dem Gelöbnis anfügen.

(6) [1] Die ehrenamtlichen Richter in der Finanzgerichtsbarkeit leisten den Eid dahin,
die Pflichten eines ehrenamtlichen Richters getreu dem Grundgesetz für die Bundesrepublik Deutschland und getreu dem Gesetz zu erfüllen, das Steuergeheimnis zu wahren, nach bestem Wissen und Gewissen ohne Ansehen der Person zu urteilen und nur der Wahrheit und Gerechtigkeit zu dienen. [2] Dies gilt für das Gelöbnis entsprechend.

(7) Für ehrenamtliche Richter bei den Gerichten der Länder können der Eid und das Gelöbnis eine zusätzliche Verpflichtung auf die Landesverfassung enthalten.

(8) Über die Verpflichtung des ehrenamtlichen Richters auf sein Amt wird ein Protokoll aufgenommen.

(9) Im übrigen bestimmen sich die Rechte und Pflichten der ehrenamtlichen Richter nach den für die einzelnen Gerichtszweige geltenden Vorschriften.

§ 45a[1)] Bezeichnungen der ehrenamtlichen Richter. Die ehrenamtlichen Richter in der Strafgerichtsbarkeit führen die Bezeichnung „Schöffe“, die ehrenamtlichen Richter bei den Kammern für Handelssachen die Bezeichnung „Handelsrichter“ und die anderen ehrenamtlichen Richter die Bezeichnung „ehrenamtlicher Richter“.

Teil 2. Richter im Bundesdienst

Abschnitt 1. Allgemeine Vorschriften

§ 46 Geltung des Bundesbeamtenrechts. Soweit dieses Gesetz nichts anderes bestimmt, gelten für die Rechtsverhältnisse der Richter im Bundesdienst bis zu einer besonderen Regelung die Vorschriften für Bundesbeamte entsprechend.

[1)] § 45a eingef. durch G v. 26.5.1972 (BGBl. I S. 841), neu gef. durch G v. 22.12.1975 (BGBl. I S. 3176).

§ 47[1)] Bundespersonalausschuss in Angelegenheiten der Richter.

[1]In Angelegenheiten der Richter im Bundesdienst wirkt im Bundespersonalausschuß als weiteres ständiges ordentliches Mitglied der Leiter der Personalabteilung des Bundesministeriums der Justiz und für Verbraucherschutz mit, dessen Stellvertreter ein anderer Beamter des Bundesministeriums der Justiz und für Verbraucherschutz ist. [2]Nichtständige ordentliche Mitglieder sind vier Richter; sie und ihre Stellvertreter müssen Richter auf Lebenszeit im Bundesdienst sein. [3]Der Beamte des Bundesministeriums der Justiz und für Verbraucherschutz und die Richter werden vom Bundesministerium der Justiz und für Verbraucherschutz im Einvernehmen mit den beteiligten Bundesministerien vorgeschlagen, davon drei Richter und ihre Stellvertreter auf Grund einer Benennung durch die Spitzenorganisationen der Berufsverbände der Richter.

§ 48[2)] Eintritt in den Ruhestand. (1) [1]Richter auf Lebenszeit treten mit dem Ende des Monats in den Ruhestand, in dem sie die für sie geltende Altersgrenze erreichen. [2]Sie erreichen die Altersgrenze in der Regel mit Vollendung des 67. Lebensjahres (Regelaltersgrenze).

(2) Der Eintritt in den Ruhestand kann nicht hinausgeschoben werden.

(3) [1]Richter auf Lebenszeit, die vor dem 1. Januar 1947 geboren sind, erreichen die Regelaltersgrenze mit Vollendung des 65. Lebensjahres. [2]Für Richter auf Lebenszeit, die nach dem 31. Dezember 1946 geboren sind, wird die Regelaltersgrenze wie folgt angehoben:

Geburtsjahr	Anhebung um Monate	Altersgrenze	
		Jahr	Monat
1947	1	65	1
1948	2	65	2
1949	3	65	3
1950	4	65	4
1951	5	65	5
1952	6	65	6
1953	7	65	7
1954	8	65	8
1955	9	65	9
1956	10	65	10
1957	11	65	11
1958	12	66	0
1959	14	66	2
1960	16	66	4
1961	18	66	6
1962	20	66	8

[1)] § 47 Sätze 1 und 3 geänd. mWv 8.9.2015 durch VO v. 31.8.2015 (BGBl. I S. 1474); Satz 3 geänd. mWv 1.8.2021 durch G v. 25.6.2021 (BGBl. I S. 2154).

[2)] § 48 neu gef. mWv 12.2.2009 durch G v. 5.2.2009 (BGBl. I S. 160); Abs. 6 geänd. mWv 15.6. 2017 durch G v. 8.6.2017 (BGBl. I S. 1570).

Geburtsjahr	Anhebung um Monate	Altersgrenze	
		Jahr	Monat
1963	22	66	10

(4) [1] Richter auf Lebenszeit sind auf ihren Antrag in den Ruhestand zu versetzen, wenn sie das 62. Lebensjahr vollendet haben und schwerbehindert im Sinne des § 2 Abs. 2 des Neunten Buches Sozialgesetzbuch sind. [2] Richter auf Lebenszeit, die schwerbehindert im Sinne des § 2 Abs. 2 des Neunten Buches Sozialgesetzbuch und vor dem 1. Januar 1952 geboren sind, sind auf ihren Antrag in den Ruhestand zu versetzen, wenn sie das 60. Lebensjahr vollendet haben. [3] Für Richter, die schwerbehindert im Sinne des § 2 Abs. 2 des Neunten Buches Sozialgesetzbuch und nach dem 31. Dezember 1951 geboren sind, wird die Altersgrenze wie folgt angehoben:

Geburtsjahr Geburtsmonat	Anhebung um Monate	Altersgrenze	
		Jahr	Monat
1952			
Januar	1	60	1
Februar	2	60	2
März	3	60	3
April	4	60	4
Mai	5	60	5
Juni–Dezember	6	60	6
1953	7	60	7
1954	8	60	8
1955	9	60	9
1956	10	60	10
1957	11	60	11
1958	12	61	0
1959	14	61	2
1960	16	61	4
1961	18	61	6
1962	20	61	8
1963	22	61	10

(5) Richter auf Lebenszeit sind auf ihren Antrag in den Ruhestand zu versetzen, wenn sie das 63. Lebensjahr vollendet haben.

(6) § 147 Absatz 2 des Bundesbeamtengesetzes[1)] gilt entsprechend.

§ 48a[2)] Teilzeitbeschäftigung und Beurlaubung aus familiären Gründen. (1) Einem Richter ist auf Antrag

1. Teilzeitbeschäftigung bis zur Hälfte des regelmäßigen Dienstes,
2. ein Urlaub ohne Dienstbezüge bis zur Dauer von drei Jahren mit der Möglichkeit der Verlängerung

---

[1)] **Sartorius Nr. 160.**

[2)] § 48a neu gef. durch G v. 24.2.1997 (BGBl. I S. 322).

zu bewilligen, wenn er

a) mindestens ein Kind unter achtzehn Jahren oder

b) einen nach ärztlichem Gutachten pflegebedürftigen sonstigen Angehörigen tatsächlich betreut oder pflegt.

(2) [1] Die Dauer des Urlaubs im Sinne des Absatzes 1 darf auch in Verbindung mit Urlaub nach § 48b Abs. 1 zwölf Jahre nicht überschreiten. [2] Der Antrag auf Verlängerung einer Teilzeitbeschäftigung oder eines Urlaubs ist spätestens sechs Monate vor Ablauf der genehmigten Freistellung zu stellen.

(3) [1] Anträge nach Absatz 1 Nr. 1 sind nur zu genehmigen, wenn der Richter zugleich zustimmt, mit Beginn oder bei Änderung der Teilzeitbeschäftigung und beim Übergang zur Vollzeitbeschäftigung auch in einem anderen Gericht desselben Gerichtszweiges verwendet zu werden. [2] Anträge nach Absatz 1 Nr. 2 sind nur dann zu genehmigen, wenn der Richter zugleich einer Verwendung auch in einem anderen Richteramt desselben Gerichtszweiges zustimmt.

(4) Während einer Freistellung vom Dienst nach Absatz 1 dürfen nur solche Nebentätigkeiten genehmigt werden, die dem Zweck der Freistellung nicht zuwiderlaufen.

(5) [1] Über ein Änderung des Umfangs der Teilzeitbeschäftigung oder den Übergang zur Vollzeitbeschäftigung während der Dauer des Bewilligungszeitraumes entscheidet auf Antrag die zuständige Dienstbehörde. [2] Sie soll in besonderen Härtefällen eine Änderung des Umfangs der Teilzeitbeschäftigung oder den Übergang zur Vollzeitbeschäftigung zulassen, wenn dem Richter die Teilzeitbeschäftigung im bisherigen Umfang nicht zugemutet werden kann. [3] Die zuständige Dienstbehörde kann in besonderen Härtefällen eine Rückkehr aus dem Urlaub zulassen, wenn dem Richter eine Fortsetzung des Urlaubs nicht zugemutet werden kann. [4] Absatz 2 Satz 2 gilt entsprechend.

(6) [1] Während der Dauer des Urlaubs nach Absatz 1 Nr. 2 in Verbindung mit Absatz 2 Satz 1 besteht ein Anspruch auf Leistungen der Krankheitsfürsorge in entsprechender Anwendung der Beihilferegelungen für Richter mit Dienstbezügen. [2] Dies gilt nicht, wenn der Richter berücksichtigungsfähiger Angehöriger eines Beihilfeberechtigten wird oder Anspruch auf Familienhilfe nach § 10 des Fünften Buches Sozialgesetzbuch hat.

§ 48b[1)] Beurlaubung aus Arbeitsmarktgründen. (1) Einem Richter ist in einer Arbeitsmarktsituation, in der ein außergewöhnlicher Bewerberüberhang besteht und deshalb ein dringendes öffentliches Interesse daran gegeben ist, verstärkt Bewerber im öffentlichen Dienst zu beschäftigen, nach Vollendung des fünfundfünfzigsten Lebensjahres auf Antrag, der sich auf die Zeit bis zum Beginn des Ruhestandes erstrecken muß, Urlaub ohne Dienstbezüge zu bewilligen.

(2) [1] Dem Antrag darf nur entsprochen werden, wenn der Richter erklärt, während des Urlaubs auf die Ausübung entgeltlicher Nebentätigkeiten zu verzichten und entgeltliche Tätigkeiten nach § 46 dieses Gesetzes in Verbindung mit § 100 Abs. 1 des Bundesbeamtengesetzes[2)] nur in dem Umfang auszuüben,

[1)] § 48b eingef. durch G v. 25.7.1984 (BGBl. I S. 998); Abs. 2 Satz 3 geänd. durch G v. 20.5.1994 (BGBl. I S. 1078); Abs. 1 und 3 neu gef., Abs. 2 Sätze 3 und 4 geänd. durch G v. 24.2.1997 (BGBl. I S. 322); Abs. 4 eingef. durch G v. 6.8.1998 (BGBl. I S. 2026); Abs. 2 Satz 1 geänd. mWv 12.2.2009 durch G v. 5.2.2009 (BGBl. I S. 160).

[2)] **Sartorius Nr. 160.**

wie er sie bei Vollzeitbeschäftigung ohne Verletzung dienstlicher Pflichten ausüben könnte. [2] Wird diese Verpflichtung schuldhaft verletzt, ist die Bewilligung zu widerrufen. [3] Die zuständige Dienstbehörde darf trotz der Erklärung des Richters nach Satz 1 Nebentätigkeiten genehmigen, soweit sie dem Zweck der Bewilligung des Urlaubs nicht zuwiderlaufen. [4] Die zuständige Dienstbehörde kann in besonderen Härtefällen eine Rückkehr aus dem Urlaub zulassen, wenn dem Richter die Fortsetzung des Urlaubs nicht zugemutet werden kann.

(3) Wenn vor dem 1. Juli 1997 Urlaub nach Absatz 1 bewilligt worden ist, gilt für die Bestimmungen des Beginns des Ruhestandes im Sinne dieser Vorschrift § 48 Abs. 3 Satz 1 Nr. 1 in der bis zum 30. Juni 1997 geltenden Fassung fort.

(4) [1] Bis zum 31. Dezember 2004 ist einem Richter Urlaub nach Absatz 1 bereits nach Vollendung des fünfzigsten Lebensjahres zu bewilligen. [2] In Verbindung mit Urlaub nach § 48a Abs. 1 darf die Dauer des Urlaubs fünfzehn Jahre nicht überschreiten.

§ 48c[1)] Teilzeitbeschäftigung. Einem Richter ist nach einer Teilzeitbeschäftigung von mindestens fünfzehn Jahren und nach Vollendung des fünfzigsten Lebensjahres auf Antrag Teilzeitbeschäftigung bis auf drei Viertel des regelmäßigen Dienstes zu bewilligen, wenn die Voraussetzungen des § 48a Abs. 1 nicht vorliegen und es dem Richter nicht mehr zuzumuten ist, zur Vollzeitbeschäftigung zurückzukehren.

§ 48d[2)] Teilzeitbeschäftigung, Beurlaubung und berufliches Fortkommen. Teilzeitbeschäftigung und Beurlaubung nach § 48a oder § 48c dürfen das berufliche Fortkommen nicht beeinträchtigen; eine unterschiedliche Behandlung von Richtern mit Teilzeitbeschäftigung gegenüber Richtern mit Vollzeitbeschäftigung ist nur zulässig, wenn zwingende sachliche Gründe sie rechtfertigen.

Abschnitt 2. Richtervertretungen

§ 49 Richterrat und Präsidialrat. Bei den Gerichten des Bundes werden als Richtervertretungen errichtet

1. Richterräte für die Beteiligung an allgemeinen und sozialen Angelegenheiten,
2. Präsidialräte für die Beteiligung an der Ernennung eines Richters.

§ 50[3)] Zusammensetzung des Richterrats. (1) Der Richterrat besteht bei dem

1. Bundesgerichtshof und Bundespatentgericht aus je fünf gewählten Richtern,
2. Bundesverwaltungsgericht, Bundesfinanzhof, Bundesarbeitsgericht und Bundessozialgericht aus je drei gewählten Richtern.

---

1) § 48c eingef. durch G v. 24.2.1997 (BGBl. I S. 322).

2) § 48d eingef. durch G v. 24.2.1997 (BGBl. I S. 322); geänd. durch G v. 29.6.1998 (BGBl. I S. 1666).

3) § 50 Abs. 1 Nr. 2 neu gef. mWv 1.1.2002 durch G v. 9.7.2001 (BGBl. I S. 1510).

(2) [1]Für die Richter der Truppendienstgerichte wird ein Richterrat aus drei gewählten Richtern errichtet. [2]Der Richterrat bestimmt seinen Sitz bei einem Truppendienstgericht.

(3) Der Präsident des Gerichts und sein ständiger Vertreter können dem Richterrat nicht angehören.

§ 51 Wahl des Richterrats. (1) Die Mitglieder des Richterrats und eine gleiche Anzahl von Stellvertretern werden auf jeweils vier Jahre geheim und unmittelbar gewählt.

(2) [1]Zur Vorbereitung der Wahl beruft der Präsident des Gerichts, bei den Truppendienstgerichten der lebensälteste Richter, eine Versammlung der Richter ein. [2]Die Versammlung beschließt unter dem Vorsitz des lebensältesten Richters das Wahlverfahren.

§ 52[1)] Aufgaben des Richterrats. Für die Befugnisse und Pflichten des Richterrats gelten § 2 Absatz 1, §§ 65 bis 71, §§ 79, 80 Absatz 1 Nummer 1, 4, 6 bis 8, 14, 16 und 18, § 84 Absatz 1 Nummer 1, 2 und Absatz 2 des Bundespersonalvertretungsgesetzes[2)] vom 9. Juni 2021 (BGBl. I S. 1614) entsprechend.

§ 53[3)] Gemeinsame Aufgaben von Richterrat und Personalvertretung.

(1) Sind an einer Angelegenheit sowohl der Richterrat als auch die Personalvertretung beteiligt, so entsendet der Richterrat für die gemeinsame Beschlußfassung Mitglieder in die Personalvertretung.

(2) [1]Die Zahl der entsandten Mitglieder des Richterrats muß zur Zahl der Richter im gleichen Verhältnis stehen wie die Zahl der Mitglieder der Personalvertretung zu der Zahl der Beamten, Angestellten und Arbeiter. [2]Jedoch entsendet der Richterrat mindestens die in § 17 Abs. 3 und Abs. 5 Satz 1 des Bundespersonalvertretungsgesetzes[2)] vom 9. Juni 2021 (BGBl. I S. 1614) bestimmte Zahl von Mitgliedern.

§ 54[4)] Bildung des Präsidialrats. (1) [1]Bei jedem obersten Gerichtshof des Bundes wird ein Präsidialrat errichtet. [2]Der Präsidialrat beim Bundesverwaltungsgericht ist zugleich für die Truppendienstgerichte zuständig. [3]Er besteht bei

1. dem Bundesgerichtshof aus dem Präsidenten als Vorsitzendem, seinem ständigen Vertreter, zwei vom Präsidium aus seiner Mitte gewählten Mitgliedern und drei weiteren Mitgliedern,
2. den anderen obersten Gerichtshöfen des Bundes aus dem Präsidenten als Vorsitzendem, seinem ständigen Vertreter, einem vom Präsidium aus seiner Mitte gewählten Mitglied und zwei weiteren Mitgliedern.

[4]Ist kein ständiger Vertreter ernannt, so wirkt an seiner Stelle der dienstälteste, bei gleichem Dienstalter der lebensälteste Vorsitzende Richter mit. [5]Die wei-

---

[1)] § 52 neu gef. durch G v. 15.3.1974 (BGBl. I S. 693); geänd. mWv 15.6.2021 durch G v. 9.6.2021 (BGBl. I S. 1614).

[2)] **Sartorius Nr. 240.**

[3)] § 53 Abs. 2 Satz 2 neu gef. durch G v. 15.3.1974 (BGBl. I S. 693); Abs. 2 Satz 2 geänd. mWv 15.6.2021 durch G v. 9.6.2021 (BGBl. I S. 1614).

[4)] § 54 Abs. 1 Satz 4 geänd. durch G v. 26.5.1972 (BGBl. I S. 841); Abs. 1 Satz 2, Abs. 2 geänd. mWv 1.1.2002 durch G v. 9.7.2001 (BGBl. I S. 1510).

teren Mitglieder werden von den Richtern des Gerichts, bei dem der Präsidialrat errichtet ist, geheim und unmittelbar gewählt. [6] § 51 Abs. 2 gilt entsprechend.

(2) An die Stelle der beiden von den Richtern des Bundesverwaltungsgerichts gewählten Mitglieder treten in Angelegenheiten der Richter der Truppendienstgerichte zwei von den Richtern dieser Gerichte gewählte Mitglieder; Absatz 1 Satz 5 und 6 gilt entsprechend.

(3) [1] Für die Richter des Bundespatentgerichts wird ein Präsidialrat errichtet; er besteht aus dem Präsidenten als Vorsitzendem, seinem ständigen Vertreter, zwei vom Präsidium aus seiner Mitte gewählten Mitgliedern und drei weiteren Mitgliedern. [2] Absatz 1 Satz 5 und 6 gilt entsprechend.

(4) Die Amtszeit des Präsidialrats beträgt vier Jahre.

§ 55 Aufgabe des Präsidialrats. [1] Vor jeder Ernennung oder Wahl eines Richters ist der Präsidialrat des Gerichts, bei dem der Richter verwendet werden soll, zu beteiligen. [2] Das gleiche gilt, wenn einem Richter ein Richteramt an einem Gericht eines anderen Gerichtszweigs übertragen werden soll.

§ 56 Einleitung der Beteiligung. (1) [1] Die oberste Dienstbehörde beantragt die Stellungnahme des Präsidialrats. [2] Dem Antrag sind die Bewerbungsunterlagen und die Personal- und Befähigungsnachweise beizufügen. [3] Personalakten dürfen nur mit Zustimmung des Bewerbers oder Richters vorgelegt werden.

(2) Auf Ersuchen eines Mitglieds eines Richterwahlausschusses hat die oberste Dienstbehörde die Stellungnahme zu beantragen.

§ 57 Stellungnahme des Präsidialrats. (1) [1] Der Präsidialrat gibt eine schriftlich begründete Stellungnahme ab über die persönliche und fachliche Eignung des Bewerbers oder Richters. [2] Die Stellungnahme ist zu den Personalakten zu nehmen.

(2) Der Präsidialrat hat seine Stellungnahme binnen eines Monats abzugeben.

(3) Ein Richter darf erst ernannt oder gewählt werden, wenn die Stellungnahme des Präsidialrats vorliegt oder die Frist des Absatzes 2 verstrichen ist.

§ 58[1)] Geschäftsführung, Rechtsstellung der Mitglieder. (1) Die Richtervertretungen regeln ihre Beschlußfassung und Geschäftsführung in einer Geschäftsordnung.

(2) [1] Die Kosten der Richtervertretungen fallen dem Haushalt der Gerichte zur Last. [2] Die Gerichtsverwaltung stellt Räume und Geschäftsbedarf zur Verfügung.

(3) [1] Die Mitgliedschaft in der Richtervertretung ist ein Ehrenamt. [2] Für die Rechte und Pflichten der Mitglieder gelten die §§ 10 bis 12 und §§ 52 bis 55 Absatz 2 des Bundespersonalvertretungsgesetzes[2)] vom 9. Juni 2021 (BGBl. I S. 1614) entsprechend.

§ 59 Abgeordnete Richter. (1) [1] Ein an ein Gericht des Bundes abgeordneter Richter wird zum Richterrat dieses Gerichts wahlberechtigt, sobald die

---

[1)] *§ 58 Abs. 3 Satz 2* neu gef. durch G v. 15.3.1974 (BGBl. I S. 693); Abs. 3 Satz 2 neu gef. mWv 15.6.2021 durch G v. 9.6.2021 (BGBl. I S. 1614).

[2)] **Sartorius Nr. 240.**

Abordnung länger als drei Monate gedauert hat. [2]Wird ein Richter im Bundesdienst an ein anderes Gericht oder an eine Verwaltungsbehörde abgeordnet, so verliert er sein Wahlrecht zum Richterrat bei dem bisherigen Gericht nach Ablauf von drei Monaten.

(2) [1]Ein abgeordneter Richter kann dem Präsidialrat für das Gericht des Bundes, an das er abgeordnet ist, nicht angehören; er ist für diesen Präsidialrat nicht wahlberechtigt. [2]Ein Richter im Bundesdienst scheidet mit Beginn der Abordnung aus dem Präsidialrat seines bisherigen Gerichts aus; seine Wahlberechtigung bleibt jedoch unberührt.

§ 60[1)] Rechtsweg in Angelegenheiten der Richtervertretungen. [1]Für Rechtsstreitigkeiten aus der Bildung oder Tätigkeit der Richtervertretungen steht der Rechtsweg zu den Verwaltungsgerichten offen. [2]Das Verwaltungsgericht entscheidet bei Rechtsstreitigkeiten aus der gemeinsamen Beteiligung von Richterrat und Personalvertretung (§ 53 Abs. 1) nach den Verfahrensvorschriften und in der Besetzung des § 108 Absatz 2 und § 109 des Bundespersonalvertretungsgesetzes[2)] vom 9. Juni 2021 (BGBl. I S. 1614).

Abschnitt 3. Dienstgericht des Bundes

§ 61[3)] Verfassung des Dienstgerichts. (1) Für die Richter im Bundesdienst wird als Dienstgericht des Bundes ein besonderer Senat des Bundesgerichtshofs gebildet.

(2) [1]Das Dienstgericht des Bundes verhandelt und entscheidet in der Besetzung mit einem Vorsitzenden, zwei ständigen Beisitzern und zwei nichtständigen Beisitzern. [2]Der Vorsitzende und die ständigen Beisitzer müssen dem Bundesgerichtshof, die nichtständigen Beisitzer als Richter auf Lebenszeit dem Gerichtszweig des betroffenen Richters angehören. [3]Der Präsident eines Gerichts und sein ständiger Vertreter können nicht Mitglied des Dienstgerichts sein.

(3) [1]Das Präsidium des Bundesgerichtshofs bestimmt den Vorsitzenden und die Beisitzer sowie deren Vertreter für fünf Geschäftsjahre. [2]Bei der Hinzuziehung der nichtständigen Beisitzer ist es an die Reihenfolge in den Vorschlagslisten gebunden, die von den Präsidien der obersten Gerichtshöfe des Bundes aufgestellt werden.

(4) Das Dienstgericht gilt als Zivilsenat im Sinne des § 132 des Gerichtsverfassungsgesetzes[4)].

§ 62[5)] Zuständigkeit des Dienstgerichts. (1) Das Dienstgericht des Bundes entscheidet endgültig

1. in Disziplinarsachen, auch der Richter im Ruhestand;
2. über die Versetzung im Interesse der Rechtspflege;

[1)] § 60 Satz 2 neu gef. durch G v. 15.3.1974 (BGBl. I S. 693); Satz 2 geänd. mWv 15.6.2021 durch G v. 9.6.2021 (BGBl. I S. 1614).

[2)] **Sartorius Nr. 240.**

[3)] § 61 Abs. 4 geänd. durch G v. 17.12.1990 (BGBl. I S. 2847); Abs. 4 neu gef. mWv 1.1.2002 durch G v. 9.7.2001 (BGBl. I S. 1510).

[4)] **Habersack, Deutsche Gesetze Nr. 95.**

[5)] § 62 Abs. 1 Nr. 4 Buchst. f neu gef. durch G v. 25.7.1984 (BGBl. I S. 998); Abs. 1 Nr. 3 Buchst. e angef., Abs. 1 Nr. 4 Buchst. f geänd. durch G v. 29.6.1998 (BGBl. I S. 1666).

3. bei Richtern auf Lebenszeit oder auf Zeit über die
   a) Nichtigkeit einer Ernennung,
   b) Rücknahme einer Ernennung,
   c) Entlassung,
   d) Versetzung in den Ruhestand wegen Dienstunfähigkeit,
   e) eingeschränkte Verwendung wegen begrenzter Dienstfähigkeit;
4. bei Anfechtung
   a) einer Maßnahme wegen Veränderung der Gerichtsorganisation,
   b) der Abordnung eines Richters gemäß § 37 Abs. 3,
   c) einer Verfügung, durch die ein Richter auf Probe oder kraft Auftrags entlassen, durch die seine Ernennung zurückgenommen oder die Nichtigkeit seiner Ernennung festgestellt oder durch die er wegen Dienstunfähigkeit in den Ruhestand versetzt wird,
   d) der Heranziehung zu einer Nebentätigkeit,
   e) einer Maßnahme der Dienstaufsicht aus den Gründen des § 26 Abs. 3,
   f) einer Verfügung über Ermäßigung des Dienstes oder Beurlaubung nach §§ 48a bis 48c.

(2) Das Dienstgericht des Bundes entscheidet auch über die Revision gegen Urteile der Dienstgerichte der Länder (§ 79).

§ 63[1] Disziplinarverfahren. (1) Für das Verfahren in Disziplinarsachen gelten die Vorschriften des Bundesdisziplinargesetzes[2] in der am 31. März 2024 geltenden Fassung sinngemäß.

(2) [1]Über die vorläufige Dienstenthebung und die Einbehaltung von Bezügen sowie über die Aufhebung dieser Maßnahmen entscheidet auf Antrag der obersten Dienstbehörde das Dienstgericht durch Beschluss. [2]Der Beschluß ist der obersten Dienstbehörde und dem Richter zuzustellen.

(3) [1]§ 78 des Bundesdisziplinargesetzes ist mit der Maßgabe anzuwenden, dass in Disziplinarverfahren vor dem Dienstgericht des Bundes die für das Verfahren über die Berufung getroffenen gebührenrechtlichen Bestimmungen sinngemäß anzuwenden sind. [2]Dem Verfahren über die Auferlegung einer Geldbuße durch das Dienstgericht steht hinsichtlich der Kosten das Verfahren über die Klage gegen eine entsprechende Disziplinarverfügung des Dienstvorgesetzten gleich. [3]In Verfahren über den Antrag auf Anordnung der vorläufigen Dienstenthebung und der Einbehaltung von Bezügen gelten die für das Verfahren über den Antrag auf Aussetzung dieser Maßnahmen getroffenen gebührenrechtlichen Bestimmungen entsprechend.

§ 64 Disziplinarmaßnahmen. (1) Durch Disziplinarverfügung kann nur ein Verweis ausgesprochen werden.

(2) Gegen einen Richter bei einem obersten Gerichtshof des Bundes kann nur Verweis, Geldbuße oder Entfernung aus dem Dienst verhängt werden.

---

[1] § 63 Abs. 1 geänd., Abs. 2 Satz 1 neu gef., Abs. 3 aufgeh. mWv 1.1.2002 durch G v. 9.7.2001 (BGBl. I S. 1510); Abs. 3 angef. mWv 12.2.2009 durch G v. 5.2.2009 (BGBl. I S. 160); Abs. 1 geänd. mWv 1.4.2024 durch G v. 20.12.2023 (BGBl. 2023 I Nr. 389).

[2] **Sartorius Nr. 220.**

§ 65[1] **Versetzungsverfahren.** (1) Für das Verfahren bei Versetzung im Interesse der Rechtspflege (Versetzungsverfahren) gelten die Vorschriften der Verwaltungsgerichtsordnung[2] sinngemäß.

(2) [1]Das Verfahren wird durch einen Antrag der obersten Dienstbehörde eingeleitet. [2]Ein Vorverfahren findet nicht statt. [3]Der Vertreter des Bundesinteresses beim Bundesverwaltungsgericht wirkt an dem Verfahren nicht mit.

(3) Das Gericht erklärt eine der in § 31 vorgesehenen Maßnahmen für zulässig oder weist den Antrag zurück.

§ 66[3] **Prüfungsverfahren.** (1) [1]Für das Verfahren in den Fällen des § 62 Abs. 1 Nr. 3 und 4 (Prüfungsverfahren) gelten die Vorschriften der Verwaltungsgerichtsordnung[2] sinngemäß. [2]Der Vertreter des Bundesinteresses beim Bundesverwaltungsgericht wirkt an dem Verfahren nicht mit.

(2) Ein Vorverfahren findet nur in den Fällen des § 62 Abs. 1 Nr. 4 statt.

(3) Das Verfahren wird in den Fällen des § 62 Abs. 1 Nr. 3 durch einen Antrag der obersten Dienstbehörde, in den Fällen der Nummer 4 durch einen Antrag des Richters eingeleitet.

§ 67 Urteilsformel im Prüfungsverfahren. (1) In dem Fall des § 62 Abs. 1 Nr. 3 Buchstabe a stellt das Gericht die Nichtigkeit fest oder weist den Antrag zurück.

(2) In den Fällen des § 62 Abs. 1 Nr. 3 Buchstaben b bis d stellt das Gericht die Zulässigkeit der Maßnahme oder die Entlassung fest oder weist den Antrag zurück.

(3) In den Fällen des § 62 Abs. 1 Nr. 4 Buchstaben a bis d hebt das Gericht die angefochtene Maßnahme auf oder weist den Antrag zurück.

(4) In dem Fall des § 62 Abs. 1 Nr. 4 Buchstabe e stellt das Gericht die Unzulässigkeit der Maßnahme fest oder weist den Antrag zurück.

§ 68 Aussetzung von Verfahren. (1) [1]Ist eine Maßnahme der Dienstaufsicht aus den Gründen des § 26 Abs. 3 angefochten und hängt die Entscheidung hierüber von dem Bestehen oder Nichtbestehen eines Rechtsverhältnisses ab, das den Gegenstand eines anderen Verfahrens bildet oder bilden kann, so hat das Dienstgericht die Verhandlung bis zur Erledigung des anderen Verfahrens auszusetzen. [2]Der Aussetzungsbeschluß ist zu begründen.

(2) [1]Ist das Verfahren bei dem anderen Gericht noch nicht anhängig, so setzt das Dienstgericht in dem Aussetzungsbeschluß eine angemessene Frist zur Einleitung des Verfahrens. [2]Nach fruchtlosem Ablauf der Frist weist es den Antrag ohne weitere Sachprüfung zurück.

(3) [1]Hängt die Entscheidung eines anderen Gerichts als eines Dienstgerichts davon ab, ob eine Maßnahme der Dienstaufsicht aus den Gründen des § 26 Abs. 3 unzulässig ist, so hat das Gericht die Verhandlung bis zur Erledigung des Verfahrens vor dem Dienstgericht auszusetzen. [2]Der Aussetzungsbeschluß ist zu begründen. [3]Absatz 2 gilt sinngemäß.

---

[1] § 65 Abs. 2 Satz 3 geänd. mWv 1.1.2002 durch G v. 9.7.2001 (BGBl. I S. 1510).
[2] **Sartorius Nr. 600.**
[3] § 66 Abs. 1 Satz 2 geänd. mWv 1.1.2002 durch G v. 9.7.2001 (BGBl. I S. 1510).

Abschnitt 4. Richter des Bundesverfassungsgerichts

§ 69 Beschränkte Geltung dieses Gesetzes. Für die Richter des Bundesverfassungsgerichts gelten die Vorschriften dieses Gesetzes nur, soweit sie mit der besonderen Rechtsstellung dieser Richter nach dem Grundgesetz[1)] und nach dem Gesetz über das Bundesverfassungsgericht[2)] vereinbar sind.

§ 70[3)] Bundesrichter als Richter des Bundesverfassungsgerichts. (1) Die Rechte und Pflichten eines Richters an den obersten Gerichtshöfen des Bundes ruhen, solange er Mitglied des Bundesverfassungsgerichts ist.

(2) Er ist auf seinen Antrag auch als Richter an einem obersten Gerichtshof des Bundes zu dem Zeitpunkt in den Ruhestand zu versetzen, zu dem sein Amt als Richter des Bundesverfassungsgerichts nach Maßgabe des § 98 des Gesetzes über das Bundesverfassungsgericht[2)] endet.

Teil 3. Richter im Landesdienst[4)]

§ 71[5)] Geltung des Beamtenstatusgesetzes. Soweit dieses Gesetz nichts anderes bestimmt, gelten für das Statusrecht der Richter im Landesdienst bis zu

(Fortsetzung nächstes Blatt)

[1)] **Habersack, Deutsche Gesetze Nr. 1.**

[2)] **Sartorius Nr. 40.**

[3)] § 70 neu gef. durch G v. 12.12.1985 (BGBl. I S. 2226).

[4)] Die Länder haben ua folgende Vorschriften erlassen:
- **Baden-Württemberg:** Landesrichter- und -staatsanwaltsgesetz (LRiStAG) idF der Bek. v. 22.5.2000 (GBl. S. 504), zuletzt geänd. durch G v. 25.7.2023 (GBl. S. 269)
- **Bayern:** Bayerisches Richter- und Staatsanwaltsgesetz (BayRiStAG) v. 22.3.2018 (GVBl. S. 118), zuletzt geänd. durch G v. 7.7.2023 (GVBl. S. 318)
- **Berlin:** Berliner RichterG v. 9.6.2011 (GVBl. S. 238), zuletzt geänd. durch G v. 9.2.2023 (GVBl. S. 38)
- **Brandenburg:** Brandenburgisches RichterG – BbgRiG v. 12.7.2011 (GVBl. I Nr. 18), zuletzt geänd. durch G v. 16.12.2022 (GVBl. I Nr. 32)
- **Bremen:** Bremisches RichterG (BremRiG) v. 28.2.2023 (Brem.GBl. S. 166)
- **Hamburg:** Hamburgisches Richtergesetz (HmbRiG) v. 2.5.1991 (HmbGVBl. S. 169), zuletzt geänd. durch G v. 26.6.2020 (HmbGVBl. S. 380)
- **Hessen:** Hessisches RichterG (HRiG) idF der Bek. v. 11.3.1991 (GVBl. I S. 54), zuletzt geänd. durch G v. 28.3.2023 (GVBl. S. 183)
- **Mecklenburg-Vorpommern:** LandesrichterG des Landes Mecklenburg-Vorpommern v. 7.6.1991 (GVOBl. M-V S. 159), zuletzt geänd. durch G v. 22.8.2023 (GVOBl. M-V S. 710);
- **Niedersachsen:** Niedersächsisches RichterG v. 21.1.2010 (Nds. GVBl. S. 16), zuletzt geänd. durch G v. 22.3.2023 (Nds. GVBl. S. 32)
- **Nordrhein-Westfalen:** Landesrichter- und Staatsanwältegesetz – LRiStaG v. 8.12.2015 (GV. NRW. S. 812), zuletzt geänd. durch G v. 30.5.2023 (GV. NRW. S. 316)
- **Rheinland-Pfalz:** LandesrichterG (LRiG) v. 22.12.2003 (GVBl. 2004 S. 1), zuletzt geänd. durch G v. 27.1.2022 (GVBl. S. 19)
- **Saarland:** Saarländisches RichterG v. 18.4.1975 (Amtsbl. S. 566), zuletzt geänd. durch G v. 30.11.2016 (Amtsbl. 2017 I S. 81, geänd. durch G v. 24.10.2017, Amtsbl. I S. 1005)
- **Sachsen:** Sächsisches RichterG – SächsRiG v. 4.7.2023 (SächsGVBl. S. 446, 451), geänd. durch G v. 6.7.2023 (SächsGVBl. S. 467)
- **Sachsen-Anhalt:** LandesrichterG – LRiG v. 28.1.2011 (GVBl. LSA S. 30), zuletzt geänd. durch G v. 27.9.2022 (GVBl. LSA S. 338)
- ***Schleswig-Holstein:*** *LandesrichterG – LRiG – v. 23.1.1992* (GVOBl. Schl.-H. S. 46), zuletzt geänd. durch VO v. 27.10.2023 (GVOBl. Schl.-H. S. 514)
- **Thüringen:** Thüringer Richter- und StaatsanwälteG v. 14.12.2018 (GVBl. S. 677), geänd. durch G v. 21.12.2021 (GVBl. S. 592)

[5)] § 71 neu gef. mWv 1.4.2009 durch G v. 17.6.2008 (BGBl. I S. 1010).

einer besonderen Regelung die Vorschriften des Beamtenstatusgesetzes[1)] entsprechend.

§ 71a[2)] Anwendung des Beamtenversorgungsgesetzes. Die Abschnitte I bis XIII des Beamtenversorgungsgesetzes[3)] gelten entsprechend für die Versorgung der Richter im Landesdienst, soweit dieses Gesetz nichts anderes bestimmt.

§ 72 Bildung des Richterrats. [1] In den Ländern sind Richterräte zu bilden. [2] Ihre Mitglieder werden durch die Richter unmittelbar und geheim aus ihrer Mitte gewählt.

§ 73 Aufgaben des Richterrats. Der Richterrat hat mindestens folgende Aufgaben:

1. Beteiligung an allgemeinen und sozialen Angelegenheiten der Richter,
2. gemeinsame Beteiligung mit der Personalvertretung an allgemeinen und sozialen Angelegenheiten, die sowohl Richter als auch Bedienstete des Gerichts betreffen.

§ 74 Bildung des Präsidialrats. (1) [1] Für jeden Gerichtszweig ist ein Präsidialrat zu bilden. [2] Für mehrere Gerichtszweige kann durch Gesetz die Bildung eines gemeinsamen Präsidialrats vorgeschrieben werden.

(2) Der Präsidialrat besteht aus dem Präsidenten eines Gerichts als Vorsitzendem und aus Richtern, von denen mindestens die Hälfte durch die Richter zu wählen sind.

§ 75 Aufgaben des Präsidialrats. (1) [1] Der Präsidialrat ist an der Ernennung eines Richters für ein Amt mit höherem Endgrundgehalt als dem eines Eingangsamts zu beteiligen. [2] Er gibt eine schriftlich begründete Stellungnahme ab über die persönliche und fachliche Eignung des Richters.

(2) Dem Präsidialrat können weitere Aufgaben übertragen werden.

§ 76[4)] Altersgrenzen. (1) Die Richter auf Lebenszeit treten nach Erreichen der Altersgrenze in den Ruhestand (Regelaltersgrenze).

(2) Durch Gesetz können besondere Altersgrenzen bestimmt werden, bei deren Erreichen der Richter auf seinen Antrag in den Ruhestand zu versetzen ist.

§ 76a[5)] Teilzeitbeschäftigung. Teilzeitbeschäftigung ist zu ermöglichen.

§ 77[6)] Errichtung von Dienstgerichten. (1) In den Ländern sind Dienstgerichte zu bilden.

(2) [1] Die Dienstgerichte entscheiden in der Besetzung mit einem Vorsitzenden und je zur *Hälfte* mit ständigen und *nichtständigen* Beisitzern. [2] Alle Mit-

---

1) **Sartorius Nr. 150.**

2) § 71a eingef. durch G v. 28.7.1972 (BGBl. I S. 1288); neu gef. durch G v. 24.8.1976 (BGBl. I S. 2485).

3) **Sartorius Nr. 155.**

4) § 76 neu gef. mWv 1.4.2009 durch G v. 17.6.2008 (BGBl. I S. 1010).

5) § 76a neu gef. mWv 1.4.2009 durch G v. 17.6.2008 (BGBl. I S. 1010).

6) § 77 Abs. 4 angef. mWv 12.6.2004 durch G v. 7.6.2004 (BGBl. I S. 1054).

glieder müssen auf Lebenszeit ernannte Richter sein. [3]Die nichtständigen Mitglieder sollen dem Gerichtszweig des betroffenen Richters angehören.

(3) [1]Die Mitglieder der Dienstgerichte werden von dem Präsidium des Gerichts bestimmt, bei dem das Dienstgericht errichtet ist. [2]Die Landesgesetzgebung kann das Präsidium an Vorschlagslisten, die von den Präsidien anderer Gerichte aufgestellt werden, binden. [3]Der Präsident eines Gerichts oder sein ständiger Vertreter kann nicht Mitglied eines Dienstgerichts sein.

(4) [1]Durch Landesgesetz kann abweichend von Absatz 2 Satz 2 bestimmt werden, dass ehrenamtliche Richter aus der Rechtsanwaltschaft als ständige Beisitzer mitwirken. [2]Zum Mitglied des Dienstgerichts kann nur ein Rechtsanwalt ernannt werden, der in den Vorstand der Rechtsanwaltskammer gewählt werden kann. [3]Die Mitglieder des Dienstgerichts dürfen nicht gleichzeitig dem Vorstand der Rechtsanwaltskammer oder der Satzungsversammlung angehören oder bei der Rechtsanwaltskammer oder der Satzungsversammlung im Haupt- oder Nebenberuf tätig sein. [4]Die anwaltlichen Mitglieder werden von dem Präsidium des Gerichts, bei dem das Dienstgericht errichtet ist, für die Dauer von fünf Jahren berufen; sie können nach Ablauf ihrer Amtszeit wieder berufen werden. [5]Das Präsidium ist bei der Hinzuziehung der ständigen Beisitzer aus der Rechtsanwaltschaft an die Vorschlagslisten gebunden, die der Vorstand der Rechtsanwaltskammer aufstellt. [6]Bestehen im Zuständigkeitsbereich des Dienstgerichts mehrere Rechtsanwaltskammern, soll die Zahl der anwaltlichen Mitglieder verhältnismäßig der Mitgliederzahl der einzelnen Rechtsanwaltskammern entsprechen. [7]Das Präsidium bestimmt die erforderliche Zahl von anwaltlichen Mitgliedern. [8]Die Vorschlagslisten müssen mindestens das Eineinhalbfache der erforderlichen Anzahl von Rechtsanwälten enthalten. [9]Das weitere Verfahren zur Bestellung der anwaltlichen Mitglieder des Dienstgerichts bestimmt sich nach Landesrecht.

§ 78[1)] Zuständigkeit des Dienstgerichts. Das Dienstgericht entscheidet

1. in Disziplinarsachen, auch der Richter im Ruhestand;
2. über die Versetzung im Interesse der Rechtspflege;
3. bei Richtern auf Lebenszeit oder auf Zeit über die
   a) Nichtigkeit einer Ernennung,
   b) Rücknahme einer Ernennung,
   c) Entlassung,
   d) Versetzung in den Ruhestand wegen Dienstunfähigkeit,
   e) eingeschränkte Verwendung wegen begrenzter Dienstfähigkeit;
4. bei Anfechtung
   a) einer Maßnahme wegen Veränderung der Gerichtsorganisation,
   b) der Abordnung eines Richters gemäß § 37 Abs. 3,
   c) einer Verfügung, durch die ein Richter auf Probe oder kraft Auftrags entlassen, durch die seine Ernennung zurückgenommen oder die Nichtigkeit seiner Ernennung festgestellt oder durch die er wegen Dienstunfähigkeit in den Ruhestand versetzt wird,
   d) der Heranziehung zu einer Nebentätigkeit,

[1)] *§ 78 Nr. 4 Buchst. f neu gef.* durch G v. 25.7.1984 (BGBl. I S. 998); geänd. durch G v. 30.6.1989 (BGBl. I S. 1282); Nr. 3 Buchst. e angef., Nr. 4 Buchst. f geänd. durch G v. 29.6.1998 (BGBl. I S. 1666); Nr. 4 Buschst. f geänd. mWv 1.4.2009 durch G v. 17.6.2008 (BGBl. I S. 1010).

e) einer Maßnahme der Dienstaufsicht aus den Gründen des § 26 Abs. 3,

f) einer Verfügung über Ermäßigung des Dienstes oder Beurlaubung.

§ 79 Rechtszug. (1) Das Verfahren vor den Dienstgerichten besteht aus mindestens zwei Rechtszügen.

(2) In den Fällen des § 78 Nr. 2, 3 und 4 steht den Beteiligten die Revision an das Dienstgericht des Bundes nach Maßgabe des § 80 zu.

(3) Die Landesgesetzgebung kann in den Fällen des § 78 Nr. 1 die Revision an das Dienstgericht des Bundes vorsehen.

§ 80[1)] Revision im Versetzungsverfahren und im Prüfungsverfahren. (1) [1] Für die Revision im Versetzungsverfahren und im Prüfungsverfahren gelten die Vorschriften der Verwaltungsgerichtsordnung[2)] sinngemäß. [2] Der Vertreter des Bundesinteresses beim Bundesverwaltungsgericht wirkt an dem Verfahren nicht mit.

(2) Die Revision ist stets zuzulassen.

(3) Die Revision kann nur darauf gestützt werden, daß das Urteil auf der Nichtanwendung oder unrichtigen Anwendung einer Rechtsnorm beruht.

§ 81 Zulässigkeit der Revision im Disziplinarverfahren. (1) [1] Soweit die Landesgesetzgebung im Disziplinarverfahren die Revision an das Dienstgericht des Bundes vorgesehen hat (§ 79 Abs. 3), kann die Revision vorbehaltlich des Absatzes 3 nur eingelegt werden, wenn sie von dem Dienstgericht des Landes zugelassen worden ist. [2] Sie ist nur zuzulassen, wenn

1. die Rechtssache grundsätzliche Bedeutung hat oder
2. das Urteil von einer Entscheidung des Dienstgerichts des Bundes abweicht und auf dieser Abweichung beruht.

(2) [1] Die Nichtzulassung der Revision kann selbständig durch Beschwerde innerhalb zweier Wochen nach Zustellung des Urteils angefochten werden. [2] Die Beschwerde ist bei dem Gericht einzulegen, dessen Entscheidung angefochten werden soll. [3] In der Beschwerdeschrift muß die grundsätzliche Bedeutung der Rechtssache dargelegt oder die Entscheidung des Dienstgerichts des Bundes, von dem das angefochtene Urteil abweicht, bezeichnet werden. [4] Die Einlegung der Beschwerde hemmt die Rechtskraft des Urteils. [5] Wird der Beschwerde nicht abgeholfen, so entscheidet das Dienstgericht des Bundes durch Beschluß. [6] Der Beschluß bedarf keiner Begründung, wenn die Beschwerde einstimmig verworfen oder zurückgewiesen wird. [7] Mit Ablehnung der Beschwerde durch das Dienstgericht des Bundes wird das Urteil rechtskräftig. [8] Wird der Beschwerde stattgegeben, so beginnt mit Zustellung des Beschwerdebescheides die Revisionsfrist.

(3) Einer Zulassung bedarf es nicht, wenn als wesentliche Mängel des Verfahrens gerügt werden, daß

1. das erkennende Gericht nicht vorschriftsmäßig besetzt war,
2. bei der Entscheidung ein Richter mitgewirkt hat, der von der Ausübung des Richteramts kraft Gesetzes ausgeschlossen oder wegen Besorgnis der Befangenheit mit Erfolg abgelehnt war, oder

---

1) § 80 Abs. 1 Satz 2 geänd. mWv 1.1.2002 durch G v. 9.7.2001 (BGBl. I S. 1510).

2) **Sartorius Nr. 600.**

3. die Entscheidung nicht mit Gründen versehen ist.

§ 82[1)] Revisionsverfahren im Disziplinarverfahren. (1) [1] Die Revision ist bei dem Gericht, dessen Urteil angefochten wird, innerhalb zweier Wochen nach Zustellung des Urteils oder nach Zustellung des Beschlusses über die Zulassung der Revision schriftlich oder durch schriftlich aufzunehmende Erklärung vor der Geschäftsstelle einzulegen und spätestens innerhalb zweier weiterer Wochen zu begründen. [2] In der Begründung ist anzugeben, inwieweit das Urteil angefochten wird, welche Änderungen des Urteils beantragt und wie diese Anträge begründet werden. [3] § 80 Abs. 3 gilt entsprechend.

(2) Das Dienstgericht des Bundes ist an die in dem angefochtenen Urteil getroffenen tatsächlichen Feststellungen gebunden, es sei denn, daß zulässige und begründete Revisionsgründe gegen diese Feststellungen vorgebracht sind.

(3) [1] § 144 Abs. 1 und § 158 Abs. 1 der Verwaltungsgerichtsordnung[2)] gelten sinngemäß. [2] Das Urteil kann nur auf Zurückweisung der Revision oder auf Aufhebung des angefochtenen Urteils lauten.

§ 83[3)] Verfahrensvorschriften. [1] Disziplinarverfahren, Versetzungsverfahren und Prüfungsverfahren sind entsprechend § 63 Abs. 2, § 64 Abs. 1, §§ 65 bis 68 zu regeln. [2] Die Landesgesetzgebung kann Bestimmungen über die Gerichtskosten in Disziplinarsachen der Richter im Landesdienst treffen.

§ 84 Verfassungsrichter. Das Landesrecht bestimmt, wieweit dieses Gesetz für die Mitglieder des Verfassungsgerichts eines Landes gilt.

Teil 4. Übergangs- und Schlussvorschriften

Abschnitt 1. Änderung von Bundesrecht

§§ 85 bis 103 (Änderungs- und Aufhebungsvorschriften)

§ 104 Verweisung auf aufgehobene Vorschriften. Soweit in anderen Gesetzen und Verordnungen auf Vorschriften oder Bezeichnungen verwiesen wird, die durch dieses Gesetz aufgehoben werden, treten an ihre Stelle die entsprechenden Vorschriften oder die Bezeichnungen dieses Gesetzes.

Abschnitt 2. Überleitung von Rechtsverhältnissen

§§ 105 bis 108[4)] (weggefallen)

§ 109[5)] Befähigung zum Richteramt. Wer am 1. Juli 2003 zum Richteramt befähigt ist, behält diese Befähigung.

§§ 110 und 111[6)] (weggefallen)

---

1) § 82 Abs. 3 Satz 1 neu gef. mWv 1.1.2002 durch G v. 9.7.2001 (BGBl. I S. 1510).
2) **Sartorius Nr. 600.**
3) § 83 Satz 2 angef. mWv 12.2.2009 durch G v. 5.2.2009 (BGBl. I S. 160).
4) *§§ 105–108 neu* gef. mWv *1.8.2021* durch G v. 25.6.2021 (BGBl. I S. 2154).
5) § 109 neu gef. mWv 1.7.2003 durch G v. 11.7.2002 (BGBl. I S. 2592).
6) §§ 110, 111 aufgeh. mWv 1.8.2021 durch G v. 25.6.2021 (BGBl. I S. 2154).

§ 112[1] Anerkennung ausländischer Prüfungen und im Ausland erworbener Ausbildungsnachweise. (1) Die Vorschriften über die Anerkennung von Prüfungen nach dem Bundesvertriebenengesetz und landesrechtliche Vorschriften über die Anerkennung der universitären Schwerpunktbereichsprüfung werden durch dieses Gesetz nicht berührt.

(2) Juristische Prüfungen, die Deutsche aus dem in Artikel 3 des Einigungsvertrages genannten Gebiet vor dem 3. Oktober 1990 im Ausland abgelegt haben, sind als erste Staatsprüfung nach § 5 Abs. 1 anzuerkennen, wenn sie in der Deutschen Demokratischen Republik durch völkerrechtliche Vereinbarung mit der Sowjetunion oder mit Staaten in Mittel- oder Osteuropa, die mit der Sowjetunion verbündet waren, oder durch Rechtsvorschrift dem Abschluß als Diplom-Jurist gleichgestellt wurden und der ersten Staatsprüfung gleichwertig sind.

(3) Das Berufsqualifikationsfeststellungsgesetz ist nicht anzuwenden.

§ 112a[2] Gleichwertigkeitsprüfung für die Zulassung zum juristischen Vorbereitungsdienst. (1) Personen, die ein rechtswissenschaftliches Universitätsdiplom besitzen, das in einem Mitgliedstaat der Europäischen Union, einem anderen Vertragsstaat des Abkommens über den Europäischen Wirtschaftsraum oder der Schweiz erworben wurde und dort den Zugang zur postuniversitären Ausbildung für den Beruf des europäischen Rechtsanwalts gemäß § 1 des Gesetzes über die Tätigkeit europäischer Rechtsanwälte in Deutschland[3] eröffnet, werden auf Antrag zum Vorbereitungsdienst zugelassen, wenn ihre Kenntnisse und Fähigkeiten den durch die bestandene staatliche Pflichtfachprüfung nach § 5 Absatz 1 bescheinigten Kenntnissen und Fähigkeiten entsprechen.

(2) [1]Die Prüfung der nach Absatz 1 erforderlichen Kenntnisse und Fähigkeiten erstreckt sich auf das Universitätsdiplom und die vorgelegten Nachweise, insbesondere Diplome, Prüfungszeugnisse, sonstige Befähigungsnachweise und Nachweise über einschlägige Berufserfahrung. [2]Ergibt die Prüfung keine oder nur eine teilweise Gleichwertigkeit, wird auf Antrag eine Eignungsprüfung durchgeführt.

(3) [1]Die Eignungsprüfung ist eine in deutscher Sprache abzulegende staatliche Prüfung, die die notwendigen Kenntnisse im deutschen Recht betrifft und mit der die Fähigkeit beurteilt werden soll, den juristischen Vorbereitungsdienst erfolgreich abzuschließen. [2]Prüfungsfächer sind das Zivilrecht, das Strafrecht und das Öffentliche Recht einschließlich des jeweils dazugehörigen Verfahrensrechts. [3]Es sind die schriftlichen Prüfungsarbeiten der staatlichen Pflichtfachprüfung in denjenigen der in Satz 2 genannten Rechtsgebieten anzufertigen, deren hinreichende Beherrschung nicht bereits im Rahmen der Prüfung nach Absatz 2 Satz 1 nachgewiesen wurde.

(4) [1]Die Eignungsprüfung ist bestanden, wenn

---

[1] § 112 neu gef. durch G v. 24.6.1994 (BGBl. I S. 1374); Abs. 1 neu gef. mWv 1.7 2003 durch G v. 11.7.2002 (BGBl. I S. 2592); Überschrift neu gef., Abs. 3 angef. mWv 1.4.2012 durch G v. 6.12. 2011 (BGBl. I S. 2515).

[2] § 112a eingef. mWv 31.12.2006 durch G v. 22.12.2006 (BGBl. I S 3416); Abs. 1 neu gef. mWv 1.4.2012 durch G v. 6.12.2011 (BGBl. I S. 2515).

[3] Nr. **98/4**.

1. die nach dem Recht des Landes, in dem die Prüfung abgelegt wird, für das Bestehen der staatlichen Pflichtfachprüfung erforderliche Anzahl von Prüfungsarbeiten, mindestens jedoch die Hälfte der in der staatlichen Pflichtfachprüfung vorgesehenen Prüfungsarbeiten, bestanden sind und
2. Prüfungsarbeiten in mindestens zwei der in Absatz 3 Satz 2 genannten Rechtsgebieten bestanden sind, davon mindestens eine Prüfungsarbeit auf dem Gebiet des Zivilrechts.

2 Sofern die hinreichende Beherrschung eines der in Absatz 3 Satz 2 genannten Rechtsgebiete bereits im Rahmen der Prüfung nach Absatz 2 Satz 1 festgestellt wurde, gelten die Prüfungsarbeiten auf diesem Gebiet als bestanden.

(5) Eine nicht bestandene Eignungsprüfung kann einmal wiederholt werden.

(6) Die Feststellung der Gleichwertigkeit nach Absatz 1 hat die Wirkung einer bestandenen ersten Prüfung im Sinne des § 5 Abs. 1.

(7) 1 Zuständig für die Gleichwertigkeitsprüfung einschließlich der Eignungsprüfung sind die Landesjustizverwaltungen oder die sonstigen nach Landesrecht für die Abnahme der staatlichen Pflichtfachprüfung zuständigen Stellen. 2 Für die Durchführung dieser Prüfungen können mehrere Länder durch Vereinbarung ein gemeinsames Prüfungsamt bilden.

§§ 113 bis 118[1] (weggefallen)

Abschnitt 3. Schlussvorschriften

§ 119[2] (weggefallen)

§ 120[3] **Technische Mitglieder des Bundespatentgerichts.** 1 Zum Richteramt bei dem Bundespatentgericht ist auch befähigt, wer die Voraussetzungen des § 65 Abs. 2 des Patentgesetzes[4] erfüllt. 2 § 19 Abs. 1 Nr. 1 gilt entsprechend.

§ 120a[5] **Besondere Vorschriften über die Amtsbezeichnungen.** Die Vorschriften dieses Gesetzes über die Amtsbezeichnungen gelten nicht für die Richter des Bundesverfassungsgerichts.

§ 121[6] **Richter im Bundesdienst als Mitglieder der gesetzgebenden Körperschaft eines Landes.** 1 Für die Rechtsstellung der nach dem 1. Juni 1978 in die gesetzgebende Körperschaft eines Landes gewählten Richter im Bundesdienst gelten die für in den Deutschen Bundestag gewählte Richter maßgebenden Vorschriften in den §§ 5 bis 7, 23 Abs. 5 und in § 36 Abs. 1 des Abgeordnetengesetzes[7] vom 18. Februar 1977 (BGBl. I S. 297[8]) entsprechend. 2 Steht dem Richter auf Grund seiner Mitgliedschaft in der gesetzgebenden Körperschaft keine Entschädigung mit Alimentationscharakter zu,

---

[1] §§ 113–118 neu gef. mWv 1.8.2021 durch G v. 25.6.2021 (BGBl. I S. 2154).

[2] § 119 neu gef. mWv 1.8.2021 durch G v. 25.6.2021 (BGBl. I S. 2154).

[3] § 120 Satz 1 geänd. durch G v. 15.8.1986 (BGBl. I S. 1446).

[4] Nr. **70**.

[5] § 120a eingef. durch G v. 26.5.1972 (BGBl. I S. 841).

[6] § 121 neu gef. durch G v. 30.7.1979 (BGBl. I S. 1301).

[7] *Sartorius Nr. 48.*

[8] Jetzt §§ 5 bis 7, 23 Abs. 5 und in § 36 Abs. 1 des Abgeordnetengesetzes **(Sartorius Nr. 48)** vom 21.2.1996 (BGBl. I S. 326).

werden ihm fünfzig vom Hundert seiner zuletzt bezogenen Besoldung weitergewährt; allgemeine Besoldungserhöhungen nach § 14 des Bundesbesoldungsgesetzes[1] werden berücksichtigt.

§ 122[2] Staatsanwälte. (1) Zum Staatsanwalt kann nur ernannt werden, wer die Befähigung zum Richteramt (§§ 5 bis 7) besitzt.

(2) Dem richterlichen Dienst im Sinne des § 10 Abs. 1 steht eine staatsanwaltschaftliche Tätigkeit gleich.

(3) Auf die Staatsanwälte ist § 41 entsprechend anzuwenden.

(4) [1] In gerichtlichen Disziplinarverfahren gegen Staatsanwälte entscheiden die Dienstgerichte für Richter. [2] Die nichtständigen Beisitzer müssen auf Lebenszeit berufene Staatsanwälte sein. [3] Das Bundesministerium der Justiz und für Verbraucherschutz bestellt die nichtständigen Beisitzer beim Dienstgericht des Bundes. [4] Die Bestellung der nichtständigen Beisitzer bei den Dienstgerichten der Länder regelt die Landesgesetzgebung.

(5) Die Absätze 1 bis 4 gelten entsprechend für den Vertreter des Bundesinteresses beim Bundesverwaltungsgericht, den Bundeswehrdisziplinaranwalt, die Staatsanwälte und die Landesanwälte bei den Gerichten der Verwaltungsgerichtsbarkeit der Länder; das Bundesministerium der Justiz und für Verbraucherschutz bestellt die nichtständigen Beisitzer beim Dienstgericht des Bundes im Einvernehmen mit dem zuständigen Bundesministerium.

§ 123[3] Besetzung der Berufsgerichte für Rechtsanwälte. [1] § 94 Abs. 1 und § 101 Abs. 3 der Bundesrechtsanwaltsordnung[4] werden durch dieses Gesetz nicht berührt. [2] Die Landesjustizverwaltung bestimmt das Gericht, vor dem die ehrenamtlichen Richter, die Vorsitzende eines Anwaltsgerichts oder eines Anwaltsgerichtshofes sind, auf ihr Amt verpflichtet werden.[5]

§ 124[6] Laufbahnwechsel. (1) Ein Richter, der nach Anlage I Kapitel III Sachgebiet A Abschnitt III Nr. 8 des Einigungsvertrages vom 31. August 1990 in Verbindung mit Artikel 1 des Gesetzes vom 23. September 1990 (BGBl. 1990 II S. 885) die Befähigung zum Berufsrichter besitzt, kann nach seiner Berufung in das Richterverhältnis auf Lebenszeit bei Eignung und Befähigung mit seiner schriftlichen Zustimmung unter Berufung in das Beamtenverhältnis auf Lebenszeit auch zum Staatsanwalt ernannt werden.

(2) Die Eignung und Befähigung ist durch eine zweijährige Erprobung bei einer Staatsanwaltschaft nachzuweisen und in einer dienstlichen Beurteilung festzustellen.

(3) Wird in der dienstlichen Beurteilung nach Absatz 2 die Eignung und Befähigung nicht festgestellt, wird der Richter in dem ihm verliehenen Amt weiterverwendet.

---

[1] **Sartorius Nr. 230.**

[2] § 122 Abs. 4 Satz 1 und Abs. 5 geänd. mWv 1.1.2002 durch G v. 9.7.2001 (BGBl. I S. 1510); Abs. 4 Satz 3 und Abs. 5 geänd. mWv 8.9.2015 durch VO v. 31.8.2015 (BGBl. I S. 1474); Abs. 4 Satz 3, Abs. 5 geänd. mWv 1.8.2021 durch G v. 25.6.2021 (BGBl. I S. 2154)..

[3] § 123 Satz 2 angef. durch G v. 20.12.1974 (BGBl. I S. 3686) und geänd. durch G v. 2.9.1994 (BGBl. I S. 2278); Satz 1 geänd. mWv 1.8.2021 durch G v. 25.6.2021 (BGBl. I S. 2154).

[4] Nr. **98**.

[5] Rheinland-Pfalz: AO vom 25.2.1976 (GVBl. S. 84).

[6] § 124 neu gef. mWv 25.4.2006 durch G v. 19.4.2006 (BGBl. I S. 865).

(4) [1]Die Absätze 1 bis 3 gelten für einen Staatsanwalt, der nach Anlage I Kapitel III Sachgebiet A Abschnitt III Nr. 8 Buchstabe z Doppelbuchstabe cc des Einigungsvertrages vom 31. August 1990 in Verbindung mit Artikel 1 des Gesetzes vom 23. September 1990 (BGBl. 1990 II S. 885) die Befähigung zum Staatsanwalt besitzt und unter Berufung in das Beamtenverhältnis auf Lebenszeit zum Staatsanwalt ernannt ist, für eine Ernennung zum Richter entsprechend. [2]Während der Erprobung im staatsanwaltschaftlichen Dienst führen Richter die Bezeichnung „Staatsanwalt".

§ 125[1] (weggefallen)

§ 126[2] **Inkrafttreten.** [1]Dieses Gesetz tritt am 1. Juli 1962 in Kraft. [2]Die §§ 114 und 116 treten jedoch bereits am Tage nach der Verkündung[3] in Kraft.

---

[1] § 125 neu gef. mWv 1.8.2021 durch G v. 25.6.2021 (BGBl. I S. 2154).

[2] **Amtl. Anm.:** Die Vorschrift betrifft das Inkrafttreten des Gesetzes in der ursprünglichen Fassung vom 8. September 1961. Der Zeitpunkt des Inkrafttretens der späteren Änderungen ergibt sich aus den in der vorangestellten Bekanntmachung näher bezeichneten Vorschriften. [Bek. der Neufassung des Deutschen Richtergesetzes hier nicht wiedergegeben]

[3] Verkündet am 14.9.1961.

98. Bundesrechtsanwaltsordnung (BRAO)[1)]

Vom 1. August 1959

(BGBl. I S. 565)

BGBl. III/FNA 303-8

Lfd. Nr.	Änderndes Gesetz	Datum	Fundstelle	Betroffen	Hinweis
1.	§ 100 Deutsches RichterG	8.9.1961	BGBl. I S. 1665	§ 4	geänd. mWv 1.7.1962
				§ 233	aufgeh. mWv 1.7.1962
2.	Art. 12 Nr. 4 G zur Änd. der StPO und des GVG	19.12. 1964	BGBl. I S. 1081	§ 130	geänd. mWv 1.4.1965
3.	Art. 36 EinführungsG zum G über Ordnungswidrigkeiten	24.5.1968	BGBl. I S. 503	§§ 49, 118	geänd. mWv 1.10.1968
4.	§ 20 G zur Wahrung der Einheitlichkeit der Rechtsprechung der obersten Gerichtshöfe des Bundes	19.6.1968	BGBl. I S. 661	§ 172	geänd. mWv 1.7.1968
5.	Art. 1 G zur Änd. der BundesrechtsanwaltsO und der PatentanwaltsO	13.1.1969	BGBl. I S. 25	§§ 7, 16, 27, 35, 43, 53, 55, 57, 65, 66, 74, 95, 100, 102, 103, 110, 112, 115, 117bis 119, 121bis123, 125 bis 131, 133 bis 135, 137bis139, 143, 146, 148, 149, 151, 153, 154, 156, 158, 160, 163, 195 bis 199, 11. Teil Überschrift, §§ 204, 226	geänd. mWv 16.1.1969
				§§ 74a, 115a, 115b, 117a, 117b, 117c, 118a, 118b, 197a, 205a, 233	eingef. mWv 16.1.1969
				§§ 136, 210	aufgeh. mWv 16.1.1969
6.	Art. 2 Nr. 3 G zur Entlastung des Bundesgerichtshofes in Zivilsachen	15.8.1969	BGBl. I S. 1141	§ 172	geänd. mWv 15.9.1969
7.	Art. II Nr. 6 G zur Änd. des Deutschen RichterG	10.9.1971	BGBl. I S. 1557	§ 53	geänd. mWv 15.6.1972
8.	Art. XII Nr. 2 G zur Änd. der Bezeichnungen der Richter und ehrenamtlichen Richter und der Präsidialverfassung der Gerichte	26.5.1972	BGBl. I S. 841	§§ 97, 105, 106	geänd. mWv 1.10.1972
9.	Art. 1 G zur Änd. der BundesrechtsanwaltsO der BundesgebührenO für Rechtsanwälte und anderer Vorschriften	24.10. 1972	BGBl. I S. 2013	§ 226	geänd. mWv 1.11.1972
				§ 227a	eingef. mWv 1.11.1972
10.	Art. 96 EinführungsG zum Strafgesetzbuch	2.3.1974	BGBl. I S. 469	§§ 10, 33, 65, 115, 115b, 117	geänd. mWv 1.1.1975

1) Überschrift geänd. mWv 1.8.2021 durch G v. 25.6.2021 (BGBl. I S. 2154).

Lfd. Nr.	Änderndes Gesetz	Datum	Fundstelle	Betroffen	Hinweis
11.	Art. 6 Nr. I Erstes G zur Reform des Strafverfahrensrechts	9.12.1974	BGBl. I S. 3393	§§ 66, 69, 74, 115a, 117c wird 117b, 121, 123, 130, 133, 7. Teil 3. Abschnitt Überschrift, §§ 142, 148, 149, 150, 158, 159, 196	geänd. mWv 1.1.1975
				§§ 117b (alt), 124 bis 128	aufgeh. mWv 1.1.1975
12.	Art. 12 G zur Ergänzung des Ersten G zur Reform des Strafverfahrensrechts	20.12. 1974	BGBl. I S. 3686	§ 107	geänd. mWv 1.1.1975
13.	Art. 1 G zur Änd. der BundesrechtsanwaltsO und anderer Vorschriften	20.5.1975	BGBl. I S. 1117	§§ 34, 35, 227a	geänd. mWv 1.6.1973
				§§ 33a, 227b	eingef. mWv 1.6.1973
14.	Art. 4 § 19 G zur Änd. des GerichtskostenG, des G über Kosten der Gerichtsvollzieher, der BundesgebührenO für Rechtsanwälte und anderer Vorschriften	20.8.1975	BGBl. I S. 2189	§§ 192, 193	geänd. mWv 15.9.1975
15.	Art. 2 G zur Änd. der WirtschaftsprüferO und anderer Gesetze	20.8.1975	BGBl. I S. 2258	§ 114	geänd. mWv 24.8.1975
16.	Art. 11 Erstes G zur Reform des Ehe- und Familienrechts	14.6.1976	BGBl. I S. 1421	§ 48	geänd. mWv 1.7.1977
17.	Art. 7 Nr. 7 AdoptionsG	2.7.1976	BGBl. I S. 1749	§ 20	geänd. mWv 1.1.1977
18.	Art. 4 G zur Änd. des Strafgesetzbuches, der Strafprozeßordnung, des GerichtsverfassungsG, der BundesrechtsanwaltsO und des StrafvollzugsG	18.8.1976	BGBl. I S. 2181	§ 66, 69, 114, 115, 115b, 145, 7. Teil 5. Abschnitt Überschrift, §§ 155, 204	geänd. mWv 21.9.1976
				§§ 114a, 159a, 159b, 161a	eingef. mWv 21.9.1976
19.	Art. VII G zur Neuregelung der Rechtsverhältnisse der Mitglieder des Deutschen Bundestags	18.2.1977	BGBl. I S. 297	§ 7	geänd. mWv 1.4.1977
20.	Art. 7 StrafverfahrensänderungsG 1979	5.10.1978	BGBl. I S. 1645	§§ 69, 117b, 122, 161a, 196	geänd. mWv 1.1.1979
				§§ 120a, 150a	eingef. mWv 1.1.1979
21.	Art. 8 Zweites G zur Änd. dienstrechtlicher Vorschriften	30.7.1979	BGBl. I S. 1301	§§ 7, 14	geänd. mWv 1.10.1979
22.	Art. 4 G über die Prozeßkostenhilfe	13.6.1980	BGBl. I S. 677	§ 48	geänd. mWv 1.1.1981
23.	§ 11 BeratungshilfeG	18.6.1980	BGBl. I S. 689	§ 49a	eingef. mWv 1 1. 1981
24.	Art. 2 Abs. 5 Fünftes G zur *Änd. der BundesgebührenO* für Rechtsanwälte	18.8.1980	BGBl. I *S. 1503*	§ 209	geänd. mWv 27.8.1980

Lfd. Nr.	Änderndes Gesetz	Datum	Fundstelle	Betroffen	Hinweis
25.	§ 80 G über die internationale Rechtshilfe in Strafsachen	23.12. 1982	BGBl. I S. 2071	§ 49	geänd. mWv 28.2.1994
26.	Art. 2 Abs 6 Drittes G zur Änd. des Deutschen RichterG	25.7.1984	BGBl. I S. 995	§ 227a	geänd. mWv 1.8.1984
27.	Beschl. des BVerfG – 1 BvL 12/85 –	26.2.1986	BGBl. I S. 744	§ 7 Nr. 3	nichtig
28.	Art. 8 § 1 G zur Änd. von KostenG	9.12.1986	BGBl. I S. 2326	§§ 180, 182, 190, 192, 193	geänd. mWv 1.1.1987
29.	Art. 1 G zur Änd. des Berufsrechts der Rechtsanwälte und der Patentanwälte	13.12. 1989	BGBl. I S. 2135	§§ 5, 7, 9, 14 bis 17, 20, 24, 31, 33, 34 bis 36, 40, 42, 47, 53, 55 bis 57, 66, 71, 72, 77, 89, 95, 103, 114, 118, 139, 140, 150, 151, 154, 161, 161a, 173, 184, 197, 205a, 209, 223, 227a	geänd. mWv 20.12.1989
				§§ 8a, 29a, 36a, 167a, 206, 207	eingef. mWv 20.12.1989
				§§ 214, 216bis 220, 222	aufgeh. mWv 20.12.1989
30.	Art. 3 EG-HochschuldiplomanerkennungsVO	6.7.1990	BGBl. I S. 1349	§§ 4, 93, 101	geänd. mWv 1.1.1991
31.	Art. 7 § 16 BetreuungsG	12.9.1990	BGBl. I S. 2002	§ 48	geänd. mWv 1.1.1992
32.	Art. 7 Abs. 5 RechtspflegeVereinfachungsG	17.12. 1990	BGBl. I S. 2847	§ 106	geänd. mWv 1.1.1992
33.	Art. 2 G zur Änd. des Berufsrechts der Notare und der Rechtsanwälte	29.1.1991	BGBl. I S. 150	§ 209	geänd. mWv 1.8.1991
				42d, 210	eingef. mWv 3.2.1991
				42a, 42b, 42c, 210	eingef. mWv 1.8.1991
34.	Art. 2 G über Fachanwaltsbezeichnungen nach der BundesrechtsanwaltsO und zur Änd. der BundesrechtsanwaltsO	27.2.1992	BGBl. I S. 369	§§ 42c, 42d	geänd. mWv 7.3.1992
35.	Art. 35 EWR-AusführungsG	27.4.1993	BGBl. I S. 512	§ 206	geänd. mWv 1.1.1994
36.	Art. 8 Abs. 2 KostenrechtsänderungsG 1994	24.6.1994	BGBl. I S. 1325	§§ 103, 192, 193, 200	geänd. mWv 1.7.1994
37.	Art. 2 G Gesetz zum WTO-Übereinkommen	30.8.1994	BGBl. II S. 1438	§ 206	geänd. mWv 1.1.1995
38.	*Art. 1 G zur Neuordnung* des Berufsrechts der Rechtsanwälte und der Patentanwälte[1]	2.9.1994	BGBl. I S. 2278, geänd. durch G v. 17.12.	§§ 7, 8a, 9, 11 12, 14, 16, 21, 27, 28, 29, 29a, 30, 31, 33, 35, 36a, 37, 40 bis 42, 45, 46, 49a, 50 wird 51b, 56, 57, 66, 69, 73, 74, 74a,	geänd. mWv 9.9.1994

[1] **Amtl. Anm.:** Gem. Art. 22 Abs. 2 treten Artikel 1 Nr. 5, 11 und 38 in den Ländern Baden-Württemberg, Bayern, Berlin, Bremen, Hamburg, Hessen, Niedersachsen, Nordrhein-Westfalen, Rheinland-Pfalz, Saarland und Schleswig-Holstein am 1. Januar 200 in Kraft. In den übrigen Ländern treten sie am 1. Januar 2005 in Kraft.

Lfd. Nr.	Änderndes Gesetz	Datum	Fundstelle	Betroffen	Hinweis
			1999, BGBl. I S. 2448	89 bis 91, 5. Teil Überschrift, 5. Teil 1. und 2. Abschnitt jeweils Überschrift, §§ 92 bis 105, 107 bis 109, 6. Teil Überschrift, §§ 113, 114, 114a, 115a, 115b, 7. Teil Überschrift, §§ 116 bis 123, 130 bis 132, 7. Teil 2. Abschnitt 3. UAbschnitt Überschrift, §§ 135, 137 bis 141, 7. Teil 3. Abschnitt 1. und 2. UAbschnitt jeweils Überschrift, §§ 142 bis 146, 148 bis 150, 156 bis 158, 159a, 159b, 163, 169, 170, 173, 176, 177, 179, 185, 191, 192, 10. Teil 2. Abschnitt, §§ 195, 197 bis 199, 203, 11. Teil Überschrift, §§ 204 bis 207, 209, 221, 223, 224, 226, 227a, 228	
				§§ 43a, 43b, 43c, 49b, 51 (neu), 51a, 59a, 59b, 172a, 191a, 191b, 191c, 191d, 191e	eingef. mWv 9.9.1994
				§§ 22, 24, 42a bis 42d, 51 (alt), 227a, 227b	aufgeh. mWv 9.9.1994
				§§ 34	geänd. mWv 1.1.2000
				§§ 34	geänd. mWv 1.1.2005
				§§ 22, 24227a, 227b	aufgeh. mWv 1.1.2000
				§§ 22, 24227a, 227b	aufgeh. mWv 1.1.2005
39.	Art. 16 EinführungsG zur InsolvenzO	5.10.1994	BGBl. I S. 2911, geänd. durch G v. 19.12. 1998, BGBl. I S. 3836	§§ 7, 14, 66, 69	geänd. mWv 1.1.1999
40.	Art. 2e Drittes G zur Änd. des RechtspflegerG und anderer Gesetze	6.8.1998	BGBl. I S. 2030	§ 149	geänd. mWv 1.1.1998
41.	Art. 4 Drittes G zur Änd. der BundesnotarO und anderer Gesetze	31.8.1998	BGBl. I S. 2585	§§ 35, 45, 205a, 215	geänd. mWv 8.9.1998
42.	Art. 1 G zur Änd. der BundesrechtsanwaltsO, der PatentanwaltsO und anderer Gesetze	31.8.1998	BGBl. I S. 2600	§§ 36a, 60, 61, 74, 74a, 84, 192, 193	geänd. mWv 1.3.1999
				§ 224a	eingef. mWv 9.9.1998
				3. Teil 1. und 2. Abschnitt jeweils Überschrift, §§ 59c bis 59m, 115c, 224a	eingef. mWv 1.3.1999

Lfd. Nr.	Änderndes Gesetz	Datum	Fundstelle	Betroffen	Hinweis
43.	Art. 2 G zur Umsetzung von Richtlinien der Europäischen Gemeinschaft auf dem Gebiet des Berufsrechts der Rechtsanwälte[1]	9.3.2000	BGBl. I S. 182, ber. S. 1349	§§ 4, 27, 59a, 206, 207	geänd. mWv 14.3.2000
44.	Urt. des BVerfG –1 BvR 335/97–	13.12. 2000	BGBl. 2001 I S. 891	§ 25 § 226	unvereinbar mit Art. 12 Abs. 1 GG ab 1.7.2002 hinsichtlich der Beschränkung auf die dort genannten Länder gegenstandslos
45.	Art. 3 § 14 G zur Beendigung der Diskriminierung gleichgeschlechtlicher Gemeinschaften	16.2.2001	BGBl. I S. 266	§§ 20, 35, 53, 55, 114a, 155, 170	geänd. mWv 1.8.2001
46.	Art. 2 Abs. 5 ZustellungsreformG	25.6.2001	BGBl. I S. 1206	§ 30	geänd. mWv 1.7.2002
47.	Art. 36 ZivilprozessreformG	27.7.2001	BGBl. I S. 1887	§ 172	geänd. mWv 1.1.2002
48.	Art. 5 G zur Änd. der InsolvenzO und anderer Gesetze	26.10. 2001	BGBl. I S. 2710	§ 48	geänd. mWv 1.12.2001
49.	Art. 3 G zur Einführung des Euro in Rechtspflegegesetzen und in Gesetzen des Straf- und Ordnungswidrigkeitenrechts, zur Änd. der Mahnvordruckverordnungen sowie zur Änd. weiterer Gesetze	13.12. 2001	BGBl. I S. 3574	§§ 51, 57, 59j, 114, 192, 193	geänd. mWv 1.1.2002
50.	Art. 31 G zur Gleichstellung behinderter Menschen und zur Änd. anderer Gesetze	27.4.2002	BGBl. I S. 1467	§§ 7, 14 bis 16, 67, 95	geänd. mWv 1.5.2002
51.	Art. 10 G zur Ausführung des Römischen Statuts des Internationalen Strafgerichtshofes	21.6.2002	BGBl. I S. 2144	§ 49	geänd. mWv 1.7.2002
52.	Art. 2 G zur Reform der Juristenausbildung	11.7.2002	BGBl. I S. 2592	§§ 59, 73	geänd. mWv 11.7.2002
53.	Art. 4 Abs. 18 KostenrechtsmodernisierungsG	5.5.2004	BGBl. I S. 718	§§ 49b, 103	geänd. mWv 1.7.2004

[1] **Amtl. Anm.:** Dieses Gesetz setzt folgende Richtlinien um: In Artikel 1 §§ 1, 2 bis 15, 36 bis 42 die Richtlinie 98/5/EG des Europäischen Parlaments und des Rates vom 16. Februar 1998 zur Erleichterung der ständigen Ausübung des Rechtsanwaltsberufs in einem anderen Mitgliedstaat als dem, in dem die Qualifikation erworben wurde (ABl. EG Nr. L 77 S. 36); in Artikel 1 §§ 1, 16 bis 24, 36, 40 die Richtlinie 89/48/EWG des Rates der Europäischen Gemeinschaften vom 21. Dezember 1988 über eine allgemeine Regelung zur Anerkennung der Hochschuldiplome, die eine mindestens dreijährige Berufsausbildung abschließen (ABl. EG 1989 Nr. L 19 S. 16); in Artikel 1 §§ 1, 25 bis 35, 40, 42 die Richtlinie 77/249/EWG des Rates vom 22. März 1977 zur Erleichterung der tatsächlichen Ausübung des freien Dienstleistungsverkehrs der Rechtsanwälte (ABl. EG Nr. L 78 S. 17).

Lfd. Nr.	Änderndes Gesetz	Datum	Fundstelle	Betroffen	Hinweis
54.	Art. 4 G zur Anpassung von Verjährungsvorschriften an das Schuldrechtsmodernisierungs G	9.12.2004	BGBl. I S. 3214	§ 59m	geänd. mWv 15.12.2004
				§§ 51b	aufgeh. mWv 15.12.2004
55.	Art. 4 G zur Vereinfachung und Vereinheitlichung der Verfahrensvorschriften zur Wahl und Berufung ehrenamtlicher Richter	21.12. 2004	BGBl. I S. 3599	§§ 94, 102, 103, 107	geänd. mWv 1.1.2005
56.	Art. 42 Erstes G über die Bereinigung von Bundesrecht im Zuständigkeitsbereich des BMJ	19.4.2006	BGBl. I S. 866	Inhaltsübersicht, §§ 59k, 214	geänd. mWv 25.4.2006
				§§ 221, 233	aufgeh. mWv 25.4.2006
57.	Art. 8 Zweites Justizmodernisierungs G	22.12. 2006	BGBl. I S. 3416	§§ 195, 198, 199	geänd. mWv 31.12.2006
				Anl.	eingef. mWv 31.12.2006
58.	Art. 1 G zur Stärkung der Selbstverwaltung der Rechtsanwaltschaft	26.3.2007	BGBl. I S. 358	§§ 6, 8a (alt) wird 8 (neu), 11, 12 bis 14, 16, 17, 27, 29, 29a, 30, 31, 36a, 37, 40 bis 42, 47, 51, 53, 55, 59g, 59h, 59m, 60, 65, 73, 94, 95, 103, 108, 109, 112, 115, 160, 161, 163, 180, 182, 191b, , 192, 201, 207, 209	geänd. mWv 1.6.2007
				§§ 12a, 172b	eingef. mWv 1.6.2007
				§§ 8, 9, 15, 18 bis 21, 23, 25, 26, 28, 32, 32a, 33, 33a, 34, 35, 36, 38, 39, 171, 193, 194, 213, 224a	aufgeh. mWv 1.6.2007
59.	Beschl. des BVerfG – 1 BvR 2576/04 –	12.12. 2006	BGBl. 2007 I S. 495	§ 49b	teilweise unvereinbar mit Art. 12 Abs. 1 GG
60.	Art. 9 Abs. 3 G zur Reform des Versicherungsvertragsrechts	23.11. 2007	BGBl. I S. 2631	§ 51	geänd. mWv 1.1.2008
61.	Art. 4 G zur Neuregelung des Rechtsberatungsrechts[1]	12.12. 2007	BGBl. I S. 2840	§§ 49b, 59, 59a, 59e, 59f, 59h, 209	geänd. mWv 18.12.2007
				§ 52	aufgeh. mWv 1.7.2008
62.	Art. 1 G zur Neuregelung des Verbots der Vereinbarung von Erfolgshonoraren	12.6.2008	BGBl. I S. 1000	§ 49b	geänd. mWv 1.7.2008

[1] **Amtl. Anm.:** Dieses Gesetz dient der Umsetzung der Richtlinie 2005/36/EG des Europäischen Parlaments und des Rates vom 7. September 2005 über die Anerkennung von Berufsqualifikationen (ABl. EU Nr. L 255 S. 22).

Lfd. Nr.	Änderndes Gesetz	Datum	Fundstelle	Betroffen	Hinweis
63.	Art. 5 Viertes G zur Änd. verwaltungsverfahrensrechtlicher Vorschriften[1)]	11.12. 2008	BGBl. I S. 2418	§ 73a	eingef. mWv 18.12.2008
64.	Art. 4 Abs. 3 G zur Reform der Sachaufklärung in der Zwangsvollstreckung	29.7.2009	BGBl. I S. 2258	§§ 7, 14	geänd. mWv 1.1.2013
65.	Art. 6 Abs. 1 G zur Änd. des Untersuchungshaftrechts	29.7.2009	BGBl. I S. 2274	§ 117b	geänd. mWv 1.1.2010
66.	Art. 4 Zweites OpferrechtsreformG	29.7.2009	BGBl. I S. 2280	§ 49	geänd. mWv 1.10.2009
67.	Art. 1 G zur Modernisierung von Verfahren im anwaltlichen und notariellen Berufsrecht, zur Errichtung einer Schlichtungsstelle der Rechtsanwaltschaft sowie zur Änd. sonstiger Vorschriften[2)]	30.7.2009	BGBl. I S. 2449	§§ 6, 14, 15, 17, 27, 29, 29a, 30 bis 36, 43c, 48, 49b, 51, 53, 55, 56, 59b, 59g bis 59i, 59k, 59m, 61, 73, 74, 74a, 84, 89, 94, 95, 103, 104, 106, 108, 109, 115c, 139, 148, 160, 161, 163, 170, 172b, 173, 174, 192, 197, 204, 207 bis 210, 215, Anl.	geänd. mWv 1.9.2009
				§ 32	geänd. mWv 28.12.2009
				§§ 112a, 112b, 112c, 112d, 112e, 112f, 191f, 193, 194	eingef. mWv 1.9.2009
				§§ 8, 11, 16, 37, 40 bis 42, 54, 90, 91, 191, 200 bis 203, 211, 212, 223 bis 237	aufgeh. mWv 1.9.2009
68.	Art. 1 G zur Umsetzung der Dienstleistungsrichtlinie in der Justiz und zur Änd. weiterer Vorschriften[3)]	22.12. 2010	BGBl. I S. 2248, ber. 2011 S. 223	§§ 32, 88	geänd. mWv 28.12.2010
				§ 73b	eingef. mWv 28.12.2010
69.	Art. 4 G über den Rechtsschutz bei überlangen Gerichtsverfahren und strafrechtlichen Ermittlungsverfahren	24.11. 2011	BGBl. I S. 2302	§§ 57, 74a, 115	geänd. mWv 3.12.2011
				§ 112g	eingef. mWv 3.12.2011
70.	Art. 8 G zur Verbesserung der Feststellung und Anerkennung im Ausland erworbener Berufsqualifikationen	6.12.2011	BGBl. I S. 2515	§ 4	geänd. mWv 1.4.2012
71.	Art. 7 Abs. 1 G zur Stärkung der Rechte von Opfern sexuellen Missbrauchs	26.6.2013	BGBl. I S. 1805	§ 117a	geänd. mWv 1.9.2013

[1)] **Amtl. Anm.:** Dieses Gesetz dient der Umsetzung verwaltungsverfahrensrechtlicher Bestimmungen der Richtlinie 2006/123/EG des Europäischen Parlaments und des Rates vom 12. Dezember 2006 über Dienstleistungen im Binnenmarkt (ABl. EU Nr. L 376 S. 36).

[2)] **Amtl. Anm.:** Dieses Gesetz dient der Umsetzung der Richtlinie 2006/123/EG des Europäischen Parlaments und des Rates vom 12. Dezember 2006 über Dienstleistungen im Binnenmarkt (ABl. L 376 vom 27.12.2006, S. 36).

[3)] **Amtl. Anm.:** Artikel 1 Nummer 1 und 2, Artikel 2 bis 5 und 8 Nummer 1, Artikel 9 bis 11 und 15 Nummer 2 und 4 und Artikel 18 dieses Gesetzes dienen der Umsetzung der Richtlinie 2006/123/EG des Europäischen Parlaments und des Rates vom 12. Dezember 2006 über Dienstleistungen im Binnenmarkt (ABl. L 376 vom 27.12.2006, S. 36).

Lfd. Nr.	Änderndes Gesetz	Datum	Fundstelle	Betroffen	Hinweis
72.	Art. 2 G zur Einführung einer Partnerschaftsgesellschaft mit beschränkter Berufshaftung und zur Änd. des Berufsrechts der Rechtsanwälte, Patentanwälte, Steuerberater und Wirtschaftsprüfer	15.7.2013	BGBl. I S. 2386	§§ 52, 59j, 59m, 118a, 119b § 51a	geänd. mWv 19.7.2013 eingef. mWv 19.7.2013
73.	Art. 46 2. KostenrechtsmodernisierungsG	23.7.2013	BGBl. I S. 2586	§ 31	geänd. mWv 1.8.2013
74.	Art. 2 Abs. 60 G zur Strukturreform des Gebührenrechts des Bundes	7.8.2013	BGBl. I S. 3154	§ 192	geänd. mWv 15.8.2013
75.	Art. 4 G zur Änd. des Prozesskostenhilfe- und Beratungshilferechts	31.8.2013	BGBl. I S. 3533	§ 48	geänd. mWv 1.1.2014
76.	Art. 3 G gegen unseriöse Geschäftspraktiken[1]	1.10.2013	BGBl. I S. 3714	§ 43d	eingef. mWv 1.11.2014
77.	Art. 7 G zur Förderung des elektronischen Rechtsverkehrs mit den Gerichten	10.10. 2013	BGBl. I S. 3786	§ 177 § 31b § 49c	geänd. mWv 1.7.2014 eingef. mWv 1.7.2014 eingef. mWv 1.1.2017
78.	Beschl. des BVerfG – 1 BvR 2998/11, 1 BvR 236/12 –	14.1.2014	BGBl. I S. 111	§ 59e Abs. 2 Satz 1, § 59f Abs. 1	teilweise unvereinbar mit Art. 12 Abs. 1 GG und nichtig
79.	Art. 3 G zur Stärkung des Rechts des Angeklagten auf Vertretung in der Berufungsverhandlung und über die Anerkennung von Abwesenheitsentscheidungen in der Rechtshilfe	17.7.2015	BGBl. I S. 1332	§ 143	geänd. mWv 25.7.2015
80.	Art. 139 Zehnte ZuständigkeitsanpassungsVO	31.8.2015	BGBl. I S. 1474	§§ 31, 31b, 33, 51, 51a, 59j, 107, 109, 112a, 163, 169, 170, 173, 176, 185, 191e, 206	geänd. mWv 8.9.2015
81.	Art. 1 G zur Neuordnung des Rechts der Syndikusanwälte und zur Änd. der FinanzgerichtsO	21.12. 2015	BGBl. I S. 2517	§§ 33, 215 §§ 31, 31c (früherer § 31b), 46 §§ 31a, 31b, 46a, 46b, 46c	geänd. mWv 1.1.2016 neu gef. mWv 1.1.2016 eingef. mWv 1.1.2016
82.	Beschl. des BVerfG – 1 BvL 6/13 –	12.1.2016	BGBl. I S. 244	§ 59a Absatz 1 Satz 1	nichtig, siehe Fußnote dort
83.	Art. 3 G zur Umsetzung der RL über alternative Streit-	19.2.2016	BGBl. I S. 254	§ 191f	geänd. mWv 1.4.2016

[1] **Amtl. Anm.:** Dieses Gesetz dient der Umsetzung von Artikel 13 der Richtlinie 2002/58/EG des Europäischen Parlaments und des Rates vom 12. Juli 2002 über die Verarbeitung personenbezogener Daten und den Schutz der Privatsphäre in der elektronischen Kommunikation (Datenschutzrichtlinie für elektronische Kommunikation) (ABl. L 201 vom 31.7.2002, S. 37), die zuletzt durch Artikel 2 der Richtlinie 2009/136/EG (ABl. L 337 vom 18.12.2009, S. 11) geändert worden ist.

Lfd. Nr.	Änderndes Gesetz	Datum	Fundstelle	Betroffen	Hinweis
	beilegung in Verbraucherangelegenheiten und zur Durchführung der VO über Online-Streitbeilegung in Verbraucherangelegenheiten[1]				
84.	Art. 1 G zur Umsetzung der BerufsanerkennungsRL und zur Änd. weiterer Vorschriften im Bereich der rechtsberatenden Berufe[2]	12.5.2017	BGBl. I S. 1121	§ 46a	geänd. mWv 1.1.2016
				§§ 7, 10, 12, 27, 31, 31a, 33, 46c, 51, 51a, 53, 55, 57, 58, 59a, 59b, 59[illegible], 59m, 63, 66, 73, 74, 74a, 76, 80, 82, 84, 85, 86, 87, 89, 112a, 112d, 115c, 163, 168, 173, 177, 178, 180, 185, 187, 191a, 191b, 191d, 204, 205a, 207, 209, 211, 214	geänd. mWv 18.5.2017
				§§ 31, 31a	geänd. mWv 1.1.2018
				§§ 64, 69, 88, 89	geänd. mWv 1.7.2018
				Inhaltsübersicht, Paragraphenüberschriften und Untergliederungen (teilweise), §§ 4, 50, 60, 112f, 191e	neu gef. mWv 18.5.2017
				§ 112h	eingef. mWv 18.5.2017
				§§ 5, 215	aufgeh. mit Ablauf des 17.5. 2017
85.	Art. 3 G zur Neuregelung des Schutzes von Geheimnissen bei der Mitwirkung Dritter an der Berufsausübung schweigepflichtiger Personen	30.10. 2017	BGBl. I S. 3618	Inhaltsübersicht, §§ 43a, 59m	geänd. mWv 9.11.2017
				§ 43e	eingef. mWv 9.11.2017
86.	Art. 4 G zur Änd. von Vorschriften über die außergerichtliche Streitbeilegung in Verbrauchersachen und zur Änd. weiterer Gesetze	30.11. 2019	BGBl. I S. 1942	§ 191f	geänd. mWv 1.1.2020
87.	Art. 2 G zur Neuregelung des Rechts der notwendigen Verteidigung[3]	10.12. 2019	BGBl. I S. 2128	§ 31	geänd. mWv 13.12.2019

[1] **Amtl. Anm.:** Dieses Gesetz dient der Umsetzung der Richtlinie 2013/11/EU des Europäischen Parlaments und des Rates vom 21. Mai 2013 über die alternative Beilegung verbraucherrechtlicher Streitigkeiten und zur Änderung der Verordnung (EG) Nr. 2006/2004 und der Richtlinie 2009/22/EG (Richtlinie über alternative Streitbeilegung in Verbraucherangelegenheiten) (ABl. L 165 vom 18.6.2013, S. 63).

[2] **Amtl. Anm.:** *(abgedruckt in Änderungstabelle Nr. **69**)*

[3] **Amtl. Anm.:** Dieses Gesetz dient der Umsetzung der Richtlinie (EU) 2016/1919 des Europäischen Parlaments und des Rates vom 26. Oktober 2016 über Prozesskostenhilfe für Verdächtige und beschuldigte Personen in Strafverfahren sowie für gesuchte Personen in Verfahren zur Vollstreckung eines Europäischen Haftbefehls (ABl. L 297 vom 4.11.2016, S. 1; L 91 vom 5.4.2017, S. 40). […]

Lfd. Nr.	Änderndes Gesetz	Datum	Fund-stelle	Betroffen	Hinweis
88.	Art. 14 G zur Umsetzung der ÄndRL zur Vierten EU-GeldwäscheRL[1]	12.12. 2019	BGBl. I S. 2602	§ 73b	geänd. mWv 1.1.2020
89.	Art. 1 G zur Umsetzung der VerhältnismäßigkeitsRL (RL (EU) 2018/958) im Bereich öffentlich-rechtl. Körperschaften[2]	19.6.2020	BGBl. I S. 1403	§§ 59b, 112h, 191e	geänd. mWv 30.7.2020
90.	Art. 3 G zur Verbesserung des Verbraucherschutzes im Inkassorecht und zur Änd. weiterer Vorschriften	22.12. 2020	BGBl. I S. 3320	§ 43d	neu gef. mWv 1.10.2021
91.	Art. 8 G zur Modernisierung des notariellen Berufsrechts und zur Änd. weiterer Vorschriften	25.6.2021	BGBl. I S. 2154	Überschrift, Inhaltsübersicht, §§ 7, 12, 12a, 14, 15, 17, 30, 31, 31a, 43a, 43c, 45, 46a, 46c, 47, 55, 59b, 59h, 70, 71, 72, 73, 75, 77, 81, 89, 94, 103, 107, 110, 140, 149, 163, 167a, 170, 173, 185, 188, 189, 191b, 191c, 191e, 191f, 192, 206, 207, 208, Anl.	geänd. mWv 1.8.2021
				§§ 10, 37, 53, 54, 58, 76, 86, 161, 184	neu gef. mWv 1.8.2021
				§ 61	aufgeh. mit Ablauf des 31.7. 2021
92.	Art. 1 G zur Neuregelung des Berufsrechts der anwaltlichen und steuerberatenden Berufsausübungsgesellschaften sowie zur Änd. weiterer Vorschriften im Bereich der rechtsberatenden Berufe	7.7.2021	BGBl. I S. 2363, ber. 2022, S. 666	Inhaltsübersicht, §§ 29a, 31, 31a, 31c, 31d, 32, 33, 36, 43a, 43c, 46, 46a, 46b, 49b, 51, 52, 58, 59a, 59b, 60, 69, 74, 74a, 113, 114, 114a, 115a, 117b, 118, 119, 122, 123, 130, 131, 133, 137, 138, 139, 143, 145, 146, 148, 149, 150, 150a, 151, 153, 154, 155, 156, 158, 159, 159b, 160, 161, 161a, 163, 172b, 174, 182, 190, 191a, 191b, 192, 196, 197, 197a, 198, 199, 204, 205a, 209, Anl.	geänd. mWv 1.8.2022
				Teil 2 Überschrift, § 45, Teil 3 Abschnitt 2 (§§ 59b, 59c, 59d, 59e, 59f, 59g, 59h, 59i, 59j, 59k, 59l, 59m, 59n, 59o, 59p, 59q), §§ 66, 115, 115b, 118a, 134, Teil 8 Ab-	neu gef. mWv 1.8.2022

[1] **Amtl. Anm.:** Dieses Gesetz dient der Umsetzung der Richtlinie (EU) 2018/843 des Europäischen Parlaments und des Rates vom 30. Mai 2018 zur Änderung der Richtlinie (EU) 2015/849 zur Verhinderung der Nutzung des Finanzsystems zum Zwecke der Geldwäsche und der Terrorismusfinanzierung und zur Änderung der Richtlinien 2009/138/EG und 2013/36/EU (ABl. L 156 vom 19.6.2018, S. 43).

[2] **Amtl. Anm.:** Dieses Gesetz dient der Umsetzung der Richtlinie (EU) 2018/958 des Europäischen Parlaments und des Rates vom 28. Juni 2018 über eine Verhältnismäßigkeitsprüfung vor Erlass neuer Berufsreglementierungen (ABl. L 173 vom 9.7.2018, S. 25).

Lfd. Nr.	Änderndes Gesetz	Datum	Fund-stelle	Betroffen	Hinweis
				schnitt 3 Überschrift, Teil 12 Überschrift, §§ 206, 207	
				§§ 31b, 43f, 113a, 113b, Teil 7 Abschnitt 1 UAbschnitt 1 Überschrift, UAbschnitt 2 (§§ 118c, 118d, 118e, 118f, 118g), Teil 8 Abschnitt 3 UAbschnitt 1 Überschrift, UAbschnitt 2 (§ 173a), §§ 207a, 209a	eingef. mWv 1.8.2022
				§§ 51a, 59a, 115c, 120a, 135, 172a	aufgeh. mit Ablauf des 31.7. 2022
93.	Art. 1 G zur Förderung verbrauchergerechter Angebote im Rechtsdienstleistungsmarkt[1]	10.8.2021	BGBl. I S. 3415	§ 49b	geänd. mWv 1.10.2021
94.	Art. 22 G zum Ausbau des elektronischen Rechtsverkehrs mit den Gerichten und zur Änd. weiterer Vorschriften[1]	5.10.2021	BGBl. I S. 4607	§ 30	geänd. mWv 1.1.2022
95.	Art. 8 G zur Ergänzung der Regelungen zur Umsetzung der DigitalisierungsRL und zur Änd. weiterer Vorschriften[1]	15.7.2022	BGBl. I S. 1146	§ 31b	geänd. mWv 1.8.2022
96.	Art. 4 G zur Stärkung der Aufsicht bei Rechtsdienstleistungen und zur Änd. weiterer Vorschriften	10.3.2023	BGBl. 2023 I Nr. 64	§§ 45, 59c, 59o, 149, 177, 206, 207, 207a	geänd. mWv 16.3.2023
97.	Art. 1 Zweites G zur Umsetzung der VerhältnismäßigkeitsRL (RL (EU) 2018/958) im Bereich öffentlich-rechtlicher Körperschaften[2]	17.1.2024	BGBl. 2024 I Nr. 12	Inhaltsübersicht, §§ 59a, 193, 195, Anl., Anl. 2	geänd. mWv 23.1.2024
				Anl. 1	eingef. mWv 23.1.2024

[1] **Amtl. Anm.:** Notifiziert gemäß der Richtlinie (EU) 2015/1535 des Europäischen Parlaments und des Rates vom 9. September 2015 über ein Informationsverfahren auf dem Gebiet der technischen Vorschriften und der Vorschriften für die Dienste der Informationsgesellschaft (ABl. L 241 vom 17.9.2015, S. 1).

[2] **Amtl. Anm.:** Dieses Gesetz dient der Umsetzung der Richtlinie (EU) 2018/958 des Europäischen Parlaments und des Rates vom 28. Juni 2018 über eine Verhältnismäßigkeitsprüfung vor Erlass neuer Berufsreglementierungen (ABl. L 173 vom 9.7.2018, S. 25).

Inhaltsübersicht[1)]

[1)] Inhaltsübersicht neu gef. mWv 18.5.2017 durch G v. 12.5.2017 (BGBl. I S. 1121); geänd. mWv 9.11.2017 durch G v. 30.10.2017 (BGBl. I S. 3618); geänd. mWv 1.8.2021 durch G v. 25.6.2021 (BGBl. I S. 2154); geänd. mWv 1.8.2022 durch G v. 7.7.2021 (BGBl. I S. 2363); geänd. mWv 23.1.2024 durch G v. 17.1.2024 (BGBl. 2024 I Nr. 12).

Erster Teil. Der Rechtsanwalt

§ 1 Stellung des Rechtsanwalts in der Rechtspflege. Der Rechtsanwalt ist ein unabhängiges Organ der Rechtspflege.

§ 2 Beruf des Rechtsanwalts. (1) Der Rechtsanwalt übt einen freien Beruf aus.

(2) Seine Tätigkeit ist kein Gewerbe.

§ 3 Recht zur Beratung und Vertretung. (1) Der Rechtsanwalt ist der berufene unabhängige Berater und Vertreter in allen Rechtsangelegenheiten.

(2) Sein Recht, in Rechtsangelegenheiten aller Art vor Gerichten, Schiedsgerichten oder Behörden aufzutreten, kann nur durch ein Bundesgesetz beschränkt werden.

(3) Jedermann hat im Rahmen der gesetzlichen Vorschriften das Recht, sich in Rechtsangelegenheiten aller Art durch einen Rechtsanwalt seiner Wahl beraten und vor Gerichten, Schiedsgerichten oder Behörden vertreten zu lassen.

Zweiter Teil.[1)] [2)] Zulassung und allgemeine Vorschriften

Erster Abschnitt.[3)] Zulassung zur Rechtsanwaltschaft[4)]

§ 4[5)] Zugang zum Beruf des Rechtsanwalts. [1] Zur Rechtsanwaltschaft kann nur zugelassen werden, wer

1. die Befähigung zum Richteramt nach dem Deutschen Richtergesetz[6)] erlangt hat,
2. die Eingliederungsvoraussetzungen nach Teil 3 des Gesetzes über die Tätigkeit europäischer Rechtsanwälte in Deutschland[7)] erfüllt oder
3. über eine Bescheinigung nach § 16a Absatz 5 des Gesetzes über die Tätigkeit europäischer Rechtsanwälte in Deutschland verfügt.

[2] Das Berufsqualifikationsfeststellungsgesetz ist nicht anzuwenden.

§ 5[8)] (weggefallen)

§ 6[9)] Antrag auf Zulassung zur Rechtsanwaltschaft. (1) Die Zulassung zur Rechtsanwaltschaft wird auf Antrag erteilt.

(2) Ein Antrag darf nur aus den in diesem Gesetz bezeichneten Gründen abgelehnt werden.

§ 7[10)] Versagung der Zulassung. [1] Die Zulassung zur Rechtsanwaltschaft ist zu versagen,

1. wenn die antragstellende Person nach der Entscheidung des Bundesverfassungsgerichts ein Grundrecht verwirkt hat;

[1)] 2. Teil Überschrift neu gef. mWv 18.5.2017 durch G v. 12.5.2017 (BGBl. I S. 1121); Überschrift neu gef. mWv 1.8.2022 durch G v. 7.7.2021 (BGBl. I S. 2363).

[2)] Nach Art. 21 Abs. 5 G v. 2.9.1994 (BGBl. I S. 2278) wird die Wirksamkeit der auf der Grundlage des RechtsanwaltsG v. 13.9.1990 (GBl. I S. 1504) getroffenen Entscheidungen der Berufsgerichtsbarkeit, der Landesjustizverwaltungen und der Rechtsanwaltskammern durch die Aufhebung dieses Gesetzes nicht berührt.

[3)] 1. Abschnitt Überschrift neu gef., Gliederungsüberschriften vor §§ 4 und 6 aufgeh. mWv 18.5.2017 durch G v. 12.5.2017 (BGBl. I S. 1121).

[4)] Aufgrund des Einigungsvertrages steht ein Rechtsanwalt, der im Gebiet der ehem. DDR oder im Geltungsbereich der Bundesrechtsanwaltsordnung zugelassen ist, in dem jeweils anderen Gebiet einem dort zugelassenen Rechtsanwalt gleich.
Für das Gebiet des beigetretenen Teils des Landes Berlin beachte zur Zulassung von Rechtsanwälten aufgrund des Einigungsvertrages geltende Maßgaben.

[5)] § 4 neu gef. mWv 18.5.2017 durch G v. 12.5.2017 (BGBl. I S. 1121).

[6)] Nr. **97**.

[7)] Nr. **98/4**.

[8)] § 5 aufgeh. mWv 18.5.2017 durch G v. 12.5.2017 (BGBl. I S. 1121).

[9)] § 6 Abs. 2 eingef., bish. Abs. 2 wird Abs. 3 mWv 1.6.2007 durch G v. 26.3.2007 (BGBl. I S. 358); Abs. 2 aufgeh., bish. Abs. 3 wird Abs. 2 mWv 1.9.2009 durch G v. 30.7.2009 (BGBl. I S. 2449).

[10)] § 7 Nr. 3 und 11 eingef., Nr. 7, 9 und 10 neu gef. durch G v. 13.12.1989 (BGBl. I S. 2135); Nr. 8 neu gef. durch G v. 2.9.1994 (BGBl. I S. 2278); Nr. 9 neu gef., Nr. 10 aufgeh., bish. Nr. 11 wird Nr. 10 durch G v. 5.10.1994 (BGBl. I S. 2911); Nr. 7 neu gef. mWv 1.5.2002 durch G v. 27.4.2002 (BGBl. I S. 1467); Nr. 9 geänd. mWv 1.1.2013 durch G v. 29.7.2009 (BGBl. I S. 2258); Überschrift neu gef., Nr. 1–9 geänd., Nr. 10 neu gef. mWv 18.5.2017 durch G v. 12.5.2017 (BGBl. I S. 1121); Satz 1 Nr. 3 und 9 geänd., Sätze 2 und 3 angef. mWv 1.8.2021 durch G v. 25.6.2021 (BGBl. I S. 2154).

2. wenn die antragstellende Person infolge strafgerichtlicher Verurteilung die Fähigkeit zur Bekleidung öffentlicher Ämter nicht besitzt;
3. wenn die antragstellende Person durch rechtskräftiges Urteil aus der Rechtsanwaltschaft ausgeschlossen ist;
4. wenn gegen die antragstellende Person im Verfahren über die Richteranklage auf Entlassung oder im Disziplinarverfahren auf Entfernung aus dem Dienst in der Rechtspflege rechtskräftig erkannt worden ist;
5. wenn die antragstellende Person sich eines Verhaltens schuldig gemacht hat, das sie unwürdig erscheinen läßt, den Beruf eines Rechtsanwalts auszuüben;
6. wenn die antragstellende Person die freiheitliche demokratische Grundordnung in strafbarer Weise bekämpft;
7. wenn die antragstellende Person aus gesundheitlichen Gründen nicht nur vorübergehend unfähig ist, den Beruf eines Rechtsanwalts ordnungsgemäß auszuüben;
8. wenn die antragstellende Person eine Tätigkeit ausübt, die mit dem Beruf des Rechtsanwalts, insbesondere seiner Stellung als unabhängiges Organ der Rechtspflege nicht vereinbar ist oder das Vertrauen in seine Unabhängigkeit gefährden kann;
9. wenn die antragstellende Person sich im Vermögensverfall befindet; ein Vermögensverfall wird vermutet, wenn ein Insolvenzverfahren über das Vermögen der antragstellenden Person eröffnet oder die antragstellende Person in das Schuldnerverzeichnis (§ 882b der Zivilprozessordnung[1]) eingetragen ist;
10. wenn die antragstellende Person Richter, Beamter, Berufssoldat oder Soldat auf Zeit ist, es sei denn, dass sie die ihr übertragenen Aufgaben ehrenamtlich wahrnimmt oder dass ihre Rechte und Pflichten auf Grund der §§ 5, 6, 8 und 36 des Abgeordnetengesetzes[2]) oder entsprechender Rechtsvorschriften ruhen.

[2] Satz 1 Nummer 3 und 4 gilt nur, wenn seit Rechtskraft der Entscheidung noch keine acht Jahre verstrichen sind. [3] Ein Fristablauf nach Satz 2 lässt die Anwendbarkeit des Satzes 1 Nummer 5 unberührt.

§§ 8, 9[3]) (weggefallen)

§ 10[4]) **Aussetzung des Zulassungsverfahrens.** Die Entscheidung über den Antrag auf Zulassung zur Rechtsanwaltschaft kann ausgesetzt werden, wenn gegen die antragstellende Person ein Verfahren wegen des Verdachts einer Straftat anhängig ist, in dem der Tatvorwurf eine Verurteilung erwarten lässt, die eine Versagung der Zulassung zur Folge haben würde.

§ 11[5]) (weggefallen)

---

1) **Habersack, Deutsche Gesetze Nr. 100.**
2) **Sartorius Nr. 48.**
3) §§ 8, 9 neu gef. mWv 18.5.2017 durch G v. 12.5.2017 (BGBl. I S. 1121).
4) § 10 neu gef. mWv 1.8.2021 durch G v. 25.6.2021 (BGBl. I S. 2154).
5) § 11 neu gef. mWv 18.5.2017 durch G v. 12.5.2017 (BGBl. I S. 1121).

§ 12[1) 2) 3)] Zulassung. (1) Die Zulassung zur Rechtsanwaltschaft wird wirksam mit der Aushändigung einer von der Rechtsanwaltskammer ausgestellten Urkunde.

(2) Die Urkunde darf erst ausgehändigt werden, wenn die Bewerberin oder der Bewerber

1. vereidigt ist und
2. den Abschluss der Berufshaftpflichtversicherung nachgewiesen oder eine vorläufige Deckungszusage vorgelegt hat.

(3) Mit der Zulassung wird der Rechtsanwalt Mitglied der zulassenden Rechtsanwaltskammer.

(4) Nach der Zulassung darf die Tätigkeit unter der Berufsbezeichnung „Rechtsanwältin" oder „Rechtsanwalt" ausgeübt werden.

§ 12a[4)] Vereidigung. (1) Der Bewerber hat folgenden Eid vor der Rechtsanwaltskammer zu leisten:
„Ich schwöre bei Gott dem Allmächtigen und Allwissenden, die verfassungsmäßige Ordnung zu wahren und die Pflichten eines Rechtsanwalts gewissenhaft zu erfüllen, so wahr mir Gott helfe."

(2) Der Eid kann auch ohne religiöse Beteuerung geleistet werden.

(3) Gestattet ein Gesetz den Mitgliedern einer Religionsgemeinschaft, an Stelle des Eides eine andere Beteuerungsformel zu gebrauchen, so kann, wer Mitglied einer solchen Religionsgemeinschaft ist, diese Beteuerungsformel sprechen.

(4) Wer aus Glaubens- oder Gewissensgründen keinen Eid leisten will, muss folgendes Gelöbnis leisten:
„Ich gelobe, die verfassungsmäßige Ordnung zu wahren und die Pflichten eines Rechtsanwalts gewissenhaft zu erfüllen."

(5) Leistet eine Bewerberin den Eid nach Absatz 1 oder das Gelöbnis nach Absatz 4, so treten an die Stelle der Wörter „eines Rechtsanwalts" die Wörter „einer Rechtsanwältin".

(6) [1]Über die Vereidigung ist ein Protokoll aufzunehmen, das auch den Wortlaut des Eides, der anderen Beteuerungsformel oder des Gelöbnisses zu enthalten hat. [2]Das Protokoll ist von dem Rechtsanwalt und einem Mitglied des Vorstands der Rechtsanwaltskammer zu unterschreiben. [3]Es ist zu der Mitgliederakte des Rechtsanwalts zu nehmen.

(7) Hat der Bewerber schon einmal den Eid nach Absatz 1 oder das Gelöbnis nach Absatz 4 geleistet, so genügt es in der Regel, wenn er auf den früheren Eid oder das frühere Gelöbnis hingewiesen wird.

---

1) § 12 neu gef. mWv 1.6.2007 durch G v. 26.3.2007 (BGBl. I S. 358); Abs. 2 neu gef. mWv 18.5.2017 durch G v. 12.5.2017 (BGBl. I S. 1121); Abs. 3 geänd. mWv 1.8.2021 durch G v. 25.6.2021 (BGBl. I S. 2154).

2) Für das Gebiet des beigetretenen Teils des Landes Berlin beachte zur Zulassung von Rechtsanwälten aufgrund des *Einigungsvertrages geltende Maßgaben.*

3) Nach Art. 21 Abs. 2 G v. 2.9.1994 (BGBl. I S. 2278) sind nach dem RechtsanwaltsG v. 13.9.1990 (GBl. I S. 1504) zugelassene Rechtsanwälte nach der BundesrechtsanwaltsO zugelassen.

4) § 12a eingef. mWv 1.6.2007 durch G v. 26.3.2007 (BGBl. I S. 358); Abs. 6 Sätze 1 und 3 geänd., Abs. 7 angef. mWv 1.8.2021 durch G v. 25.6.2021 (BGBl. I S. 2154).

§ 13[1] Erlöschen der Zulassung. Die Zulassung zur Rechtsanwaltschaft erlischt, wenn durch ein rechtskräftiges Urteil auf Ausschließung aus der Rechtsanwaltschaft erkannt ist oder wenn die Rücknahme oder der Widerruf der Zulassung bestandskräftig geworden ist.

§ 14[2] Rücknahme und Widerruf der Zulassung. (1) [1] Die Zulassung zur Rechtsanwaltschaft ist mit Wirkung für die Zukunft zurückzunehmen, wenn Tatsachen nachträglich bekannt werden, bei deren Kenntnis die Zulassung hätte versagt werden müssen. [2] Von der Rücknahme der Zulassung kann abgesehen werden, wenn die Gründe, aus denen die Zulassung hätte versagt werden müssen, nicht mehr bestehen.

(2) Die Zulassung zur Rechtsanwaltschaft ist zu widerrufen,

1. wenn der Rechtsanwalt nach der Entscheidung des Bundesverfassungsgerichts ein Grundrecht verwirkt hat;
2. wenn der Rechtsanwalt infolge strafgerichtlicher Verurteilung die Fähigkeit zur Bekleidung öffentlicher Ämter verloren hat;
3. wenn der Rechtsanwalt aus gesundheitlichen Gründen nicht nur vorübergehend unfähig ist, den Beruf eines Rechtsanwalts ordnungsgemäß auszuüben, es sei denn, dass sein Verbleiben in der Rechtsanwaltschaft die Rechtspflege nicht gefährdet;
4. wenn der Rechtsanwalt auf die Rechte aus der Zulassung zur Rechtsanwaltschaft der Rechtsanwaltskammer gegenüber schriftlich verzichtet hat;
5. wenn der Rechtsanwalt zum Richter oder Beamten auf Lebenszeit ernannt, in das Dienstverhältnis eines Berufssoldaten berufen oder nach § 6 des Abgeordnetengesetzes[3] oder entsprechenden Rechtsvorschriften wieder in das frühere Dienstverhältnis als Richter oder Beamter auf Lebenszeit oder als Berufssoldat zurückgeführt wird und nicht auf die Rechte aus der Zulassung zur Rechtsanwaltschaft verzichtet;
6. *(aufgehoben)*
7. wenn der Rechtsanwalt in Vermögensverfall geraten ist, es sei denn, daß dadurch die Interessen der Rechtsuchenden nicht gefährdet sind; ein Vermögensverfall wird vermutet, wenn ein Insolvenzverfahren über das Vermögen des Rechtsanwalts eröffnet oder der Rechtsanwalt in das Schuldnerverzeichnis (§ 882b der Zivilprozessordnung[4]) eingetragen ist;
8. wenn der Rechtsanwalt eine Tätigkeit ausübt, die mit seinem Beruf, insbesondere seiner Stellung als unabhängiges Organ der Rechtspflege nicht vereinbar ist oder das Vertrauen in seine Unabhängigkeit gefährden kann; dies gilt nicht, wenn der Widerruf für ihn eine unzumutbare Härte bedeuten würde;
9. wenn der Rechtsanwalt nicht die vorgeschriebene Berufshaftpflichtversicherung (§ 51) unterhält.

---

[1] § 13 geänd. mWv 1.6.2007 durch G v. 26.3.2007 *(BGBl. I S. 358)*.

[2] § 14 neu gef. durch G v. 13.12.1989 (BGBl. I S. 2135); Abs. 2 Nr. 9 neu gef., Nr. 10 angef. durch G v. 2.9.1994 (BGBl. I S. 2278); Abs. 2 Nr. 7 aufgeh., bish. Nr. 8–10 werden Nr. 7–9, neue Nr. 7 neu gef. durch G v. 5.10.1994 (BGBl. I S. 2911, ber. 1998 I S. 3836); Abs. 2 Nr. 5 neu gef. mWv 1.5.2002 durch G v. 27.4.2002 (BGBl. I S. 1467); Abs. 1 Satz 2 angef., Abs. 2 Nr. 4 geänd., Nr. 6 aufgeh., Abs. 3 neu gef. mWv 1.6.2007 durch G v. 26.3.2007 (BGBl. I S. 358); Abs. 2 Nr. 7 geänd. mWv 1.1.2013 durch G v. 29.7.2009 (BGBl. I S. 2258); Abs. 3 Nr. 1 neu gef., Abs. 4 angef. mWv 1.9.2009 durch G v. 30.7.2009 (BGBl. I S. 2449); Abs. 2 Nr. 7, Abs. 3 Nr. 3 geänd. mWv 1.8.2021 durch G v. 25.6.2021 (BGBl. I S. 2154).

[3] **Sartorius Nr. 48.**

[4] **Habersack, Deutsche Gesetze Nr. 100.**

(3) Die Zulassung zur Rechtsanwaltschaft kann widerrufen werden, wenn der Rechtsanwalt

1. nicht binnen drei Monaten, nachdem die Pflicht hierzu entstanden ist, im Bezirk der Rechtsanwaltskammer eine Kanzlei einrichtet;
2. nicht binnen drei Monaten eine ihm bei der Befreiung nach § 29 Abs. 1 oder § 29a Abs. 2 gemachte Auflage erfüllt;
3. nicht binnen drei Monaten, nachdem er von der Pflicht, eine Kanzlei zu unterhalten, befreit worden (§ 29 Abs. 1, § 29a Abs. 2) oder der bisherige Zustellungsbevollmächtigte weggefallen ist, einen Zustellungsbevollmächtigten benennt;
4. seine Kanzlei aufgibt, ohne dass er von der Pflicht des § 27 Abs. 1 befreit worden ist.

(4) [1] Ordnet die Rechtsanwaltskammer die sofortige Vollziehung der Verfügung an, sind § 155 Abs. 2, 4 und 5, § 156 Abs. 2, § 160 Abs. 1 Satz 2 und § 161 entsprechend anzuwenden. [2] Im Fall des Absatzes 2 Nr. 9 ist die Anordnung in der Regel zu treffen.

§ 15[1)] Ärztliches Gutachten bei Versagung und Widerruf der Zulassung.

(1) [1] Wenn dies zur Entscheidung über den Versagungsgrund des § 7 Satz 1 Nummer 7 oder über den Widerrufsgrund des § 14 Absatz 2 Nummer 3 erforderlich ist, hat die Rechtsanwaltskammer der betroffenen Person aufzugeben, ein ärztliches Gutachten über ihren Gesundheitszustand vorzulegen. [2] Die Rechtsanwaltskammer hat eine angemessene Frist für die Vorlage des Gutachtens sowie den Arzt zu bestimmen, der das Gutachten erstatten soll. [3] Das Gutachten muss auf einer Untersuchung und, wenn dies amtsärztlich als notwendig erachtet wird, auch auf einer klinischen Beobachtung der betroffenen Person beruhen. [4] Die Kosten des Gutachtens sind von der betroffenen Person zu tragen.

(2) [1] Anordnungen nach Absatz 1 sind mit Gründen zu versehen und zuzustellen. [2] Gegen sie können die Rechtsbehelfe gegen belastende Verwaltungsakte eingelegt werden. [3] Sie haben keine aufschiebende Wirkung.

(3) [1] Wird das Gutachten ohne zureichenden Grund nicht innerhalb der von der Rechtsanwaltskammer gesetzten Frist vorgelegt, so wird vermutet, dass die betroffene Person aus gesundheitlichen Gründen nicht nur vorübergehend unfähig ist, den Beruf eines Rechtsanwalts ordnungsgemäß auszuüben. [2] Die betroffene Person ist auf diese Folge bei der Fristsetzung hinzuweisen.

§ 16[2)] (weggefallen)

§ 17[3)] Erlöschen der Befugnis zur Führung der Berufsbezeichnung.

(1) [1] Mit dem Erlöschen der Zulassung zur Rechtsanwaltschaft (§ 13) endet die Befugnis, die Berufsbezeichnung „Rechtsanwalt" oder „Rechtsanwältin" zu füh-

---

[1)] § 15 aufgeh. mWv 1.6.2007 durch G v. 26.3.2007 (BGBl. I S. 358); neu eingef. mWv 1.9.2009 durch G v. 30.7.2009 (BGBl. I S. 2449); Abs. 1 Satz 1 neu gef., Satz 2 eingef., bish. Sätze 2 und 3 werden Sätze 3 und 4 und jeweils geänd., Abs. 3 Sätze 1 und 2 geänd. mWv 1.8.2021 durch G v. 25.6.2021 (BGBl. I S. 2154).

[2)] *§ 16 neu gef. mWv 18.5.2017 durch G v. 12.5.2017 (BGBl. I S. 1121).*

[3)] § 17 Abs. 1 Satz 1 geänd., Abs. 3 neu gef. durch G v. 13.12.1989 (BGBl. I S. 2135); Abs. 1 Satz 1 neu gef., Abs. 2 Satz 2 aufgeh., bish. Satz 1 geänd., Abs. 3 Sätze 1 und 2 geänd. mWv 1.6.2007 durch G v. 26.3.2007 (BGBl. I S. 358); Abs. 3 Satz 2 aufgeh., bish. Satz 1 geänd. mWv 1.9.2009 durch G v. 30.7.2009 (BGBl. I S. 2449); Abs. 2 geänd., Abs. 3 neu gef. mWv 1.8.2021 durch G v. 25.6.2021 (BGBl. I S. 2154).

ren. [2]Die Bezeichnung darf auch nicht mit einem Zusatz, der auf die frühere Berechtigung hinweist, geführt werden.

(2) Die Rechtsanwaltskammer kann einem Rechtsanwalt, der wegen hohen Alters oder aus gesundheitlichen Gründen auf die Rechte aus der Zulassung zur Rechtsanwaltschaft verzichtet, die Erlaubnis erteilen, seine Berufsbezeichnung mit dem Zusatz „im Ruhestand“ weiterzuführen, der auch „i. R.“ abgekürzt werden kann.

(3) Die Rechtsanwaltskammer kann eine nach Absatz 2 erteilte Erlaubnis

1. zurücknehmen, wenn nachträglich Umstände bekanntwerden, die zur Versagung der Erlaubnis geführt hätten, oder
2. widerrufen, wenn nachträglich Umstände eintreten, die bei einem Rechtsanwalt das Erlöschen oder nach § 14 Absatz 2 Nummer 1 oder 2 den Widerruf der Zulassung nach sich ziehen würden.

Zweiter Abschnitt.[1)] [2)] Kanzlei und Rechtsanwaltsverzeichnis

§§ 18–26[3)] (weggefallen)

§ 27[4)] **Kanzlei.** (1) Der Rechtsanwalt muss im Bezirk der Rechtsanwaltskammer, deren Mitglied er ist, eine Kanzlei einrichten und unterhalten.

(2) [1]Verlegt der Rechtsanwalt seine Kanzlei, errichtet er eine weitere Kanzlei oder eine Zweigstelle oder gibt er eine weitere Kanzlei oder eine Zweigstelle auf, hat er dies der Rechtsanwaltskammer unverzüglich anzuzeigen. [2]Die Errichtung oder Aufgabe einer weiteren Kanzlei oder einer Zweigstelle im Bezirk einer anderen Rechtsanwaltskammer ist auch dieser Rechtsanwaltskammer anzuzeigen.

(3) [1]Will der Rechtsanwalt seine Kanzlei in den Bezirk einer anderen Rechtsanwaltskammer verlegen, hat er die Aufnahme in diese Kammer zu beantragen. [2]Die Rechtsanwaltskammer nimmt den Rechtsanwalt auf, sobald er die Verlegung der Kanzlei in ihren Bezirk nachgewiesen hat. [3]Mit der Aufnahme erlischt die Mitgliedschaft in der bisherigen Rechtsanwaltskammer.

§ 28[5)] (weggefallen)

§ 29[6)] **Befreiung von der Kanzleipflicht.** (1) Im Interesse der Rechtspflege oder zur Vermeidung von Härten kann die Rechtsanwaltskammer einen Rechtsanwalt von der Pflicht des § 27 Abs. 1 befreien.

(2) Die Befreiung kann widerrufen werden, wenn es im Interesse der Rechtspflege erforderlich ist.

[1)] *2. Abschnitt* Überschrift neu gef. mWv 1.6.2007 durch G v. 26.3.2007 (BGBl. I S. 358).

[2)] Nach Art. 21 Abs. 2 G v. 2.9.1994 *(BGBl. I S. 2278) wirkt eine* Zulassung bei einem Gericht nach dem RechtsanwaltsG v. 13.9.1990 (GBl. I S. 1504) fort.

[3)] §§ 18–26 neu gef. mWv 18.5.2017 durch G v. 12.5.2017 (BGBl. I S. 1121).

[4)] § 27 neu gef. mWv 1.6.2007 durch G v. 26.3.2007 (BGBl. I S. 358); Abs. 3 Sätze 4 und 5 aufgeh. mWv 1.9.2009 durch G v. 30.7.2009 (BGBl. I S. 2449); Abs. 2 Sätze 1 und 2 geänd. mWv 18.5.2017 durch G v. 12.5.2017 (BGBl. I S. 1121).

[5)] § 28 neu gef. mWv 18.5.2017 durch G v. 12.5.2017 (BGBl. I S. 1121).

[6)] § 29 Überschrift, Abs. 1 Satz 1 und Abs. 3 Sätze 3 und 4 geänd. durch G v. 2.9.1994 (BGBl. I S. 2278); Abs. 1 und 2 neu gef. mWv 1.6.2007 durch G v. 26.3.2007 (BGBl. I S. 358); Abs. 2 Satz 2 aufgeh., bish. Satz 1 geänd., Abs. 3 und 4 aufgeh. mWv 1.9.2009 durch G v. 30.7.2009 (BGBl. I S. 2449); Überschrift neu gef. mWv 18.5.2017 durch G v. 12.5.2017 (BGBl. I S. 1121).

§ 29a[1)] Kanzleien in anderen Staaten. (1) Der Rechtsanwalt darf auch in anderen Staaten Kanzleien einrichten oder unterhalten.

(2) [1] Die Rechtsanwaltskammer befreit einen Rechtsanwalt, der seine Kanzleien ausschließlich in anderen Staaten einrichtet, von der Pflicht des § 27, sofern nicht überwiegende Interessen der Rechtspflege entgegenstehen. [2] Die Befreiung kann widerrufen werden, wenn es im überwiegenden Interesse der Rechtspflege erforderlich ist.

(3) Der Rechtsanwalt hat die Anschrift seiner Kanzlei in einem anderen Staat sowie deren Änderung der Rechtsanwaltskammer mitzuteilen.

§ 30[2)] Zustellungsbevollmächtigter. (1) [1] Ist der Rechtsanwalt von der Pflicht befreit, eine Kanzlei zu unterhalten, so hat er der Rechtsanwaltskammer einen Zustellungsbevollmächtigten zu benennen, der im Inland wohnt oder dort einen Geschäftsraum hat. [2] Der Rechtsanwalt hat dem Zustellungsbevollmächtigten einen Zugang zu seinem besonderen elektronischen Anwaltspostfach einzuräumen. [3] Der Zustellungsbevollmächtigte muss zumindest befugt sein, Posteingänge zur Kenntnis zu nehmen und elektronische Empfangsbekenntnisse abzugeben.

(2) An den Zustellungsbevollmächtigten kann, auch von Anwalt zu Anwalt, wie an den Rechtsanwalt selbst zugestellt werden (§§ 174 und 195[3)] der Zivilprozessordnung[4)]).

(3) [1] Ist ein Zustellungsbevollmächtigter entgegen Absatz 1 nicht benannt, so kann die Zustellung durch Aufgabe zur Post bewirkt werden (§ 184 der Zivilprozessordnung). [2] Das Gleiche gilt, wenn eine Zustellung an den Zustellungsbevollmächtigten nicht ausführbar ist.

§ 31[5)] Verzeichnisse der Rechtsanwaltskammern und Gesamtverzeichnis der Bundesrechtsanwaltskammer. (1) [1] Die Rechtsanwaltskammern führen elektronische Verzeichnisse der in ihren Bezirken zugelassenen Rechtsanwälte und der zugelassenen Berufsausübungsgesellschaften, deren Sitz sich in ihrem Bezirk befindet. [2] Sie können ihre Verzeichnisse als Teil des von der Bundesrechtsanwaltskammer zu führenden Gesamtverzeichnisses führen. [3] Die Rechtsanwaltskammern geben die in ihren Verzeichnissen zu speichernden Daten im automatisierten Verfahren in das Gesamtverzeichnis ein. [4] Aus dem Gesamtverzeichnis muss sich die

---

[1)] § 29a eingef. durch G v. 13.12.1989 (BGBl. I S. 2135); Abs. 1 Satz 2 aufgeh., Abs. 2 geänd. durch G v. 2.9.1994 (BGBl. I S. 2278); Abs. 2 sowie Abs. 3 Sätze 1 und 2 geänd. mWv 1.6.2007 durch G v. 26.3. 2007 (BGBl. I S. 358); Abs. 2 Satz 2 angef., Abs. 3 Satz 2 aufgeh., bish. Satz 1 wird geänd. mWv 1.9.2009 durch G v. 30.7.2009 (BGBl. I S. 2449); Abs. 1 neu gef. mWv 1.8.2022 durch G v. 7.7.2021 (BGBl. I S. 2363).

[2)] § 30 neu gef. mWv 1.6.2007 durch G v. 26.3.2007 (BGBl. I S. 358); Abs. 1 geänd. mWv 1.9.2009 durch G v. 30.7.2009 (BGBl. I S. 2449); Abs. 1 Sätze 2 und 3 angef., Abs. 2 neu gef., Abs. 3 Satz 1 geänd. mWv 1.8.2021 durch G v. 25.6.2021 (BGBl. I S. 2154); Abs. 2 geänd. mWv 1.1.2022 (mangels Textübereinstimmung nicht ausführbar) durch G v. 5.10.2021 (BGBl. I S. 4607).

[3)] Gem. Art. 22 G v. 5.10.2021 (BGBl. I S. 4607) sollte mWv 1.1.2022 die mit dem amtlichen Wortlaut nicht übereinstimmende Angabe „§§ 174, 195" durch die Wörter „§ 173 Absatz 1 und 2, §§ 175, 195" ersetzt werden."

[4)] **Habersack, Deutsche Gesetze Nr. 100.**

[5)] § 31 neu gef. mWv 1.1.2016 durch G v. 21.12.2015 (BGBl. I S. 2517); Abs. 1 Satz 2 neu gef., Sätze 3 und 4 eingef., bish. Sätze 3 und 4 werden Sätze 5 und 6, Abs. 3 Nr. 1 und 8 geänd., Abs. 4 neu gef. mWv 18.5.2017, Abs. 3 Nr. 3, 4 und 7 geänd. mWv 1.1.2018 durch G v. 12.5.2017 (BGBl. I S. 1121); Abs. 3 Nr. 9 geänd., Nr. 10 angef. mWv 13.12.2019 durch G v. 10.12.2019 (BGBl. I S. 2128); Abs. 3 Nr. 8 neu gef. mWv 1.8.2021 durch G v. 25.6.2021 (BGBl. I S. 2154); Abs. 1 Sätze 1 und 4, Abs. 3 einl. Satzteil geänd., Abs. 4 eingef., bish. Abs. 4 wird Abs. 5, bish. Abs. 5 wird Abs. 6 und Satz 1 geänd., Abs. 7 angef. mWv 1.8.2022 durch G v. 7.7.2021 (BGBl. I S. 2363).

Kammerzugehörigkeit der Rechtsanwälte und der zugelassenen Berufsausübungsgesellschaften ergeben. [5]Die Rechtsanwaltskammern nehmen Neueintragungen nur nach Durchführung eines Identifizierungsverfahrens vor. [6]Sie tragen die datenschutzrechtliche Verantwortung für die eingegebenen Daten, insbesondere für ihre Richtigkeit und die Rechtmäßigkeit ihrer Erhebung.

(2) [1]Die Verzeichnisse der Rechtsanwaltskammern und das Gesamtverzeichnis dienen der Information der Behörden und Gerichte, der Rechtsuchenden sowie anderer am Rechtsverkehr Beteiligter. [2]Die Einsicht in die Verzeichnisse und das Gesamtverzeichnis steht jedem unentgeltlich zu. [3]Die Suche in den Verzeichnissen und dem Gesamtverzeichnis wird durch ein elektronisches Suchsystem ermöglicht.

(3) Die Rechtsanwaltskammern tragen in ihre Verzeichnisse zu jedem Rechtsanwalt Folgendes ein:

1. den Familiennamen und den oder die Vornamen des Rechtsanwalts;
2. den Namen der Kanzlei und deren Anschrift; wird keine Kanzlei geführt, eine zustellfähige Anschrift;
3. den Namen und die Anschrift bestehender weiterer Kanzleien und Zweigstellen;
4. von dem Rechtsanwalt mitgeteilte Telekommunikationsdaten und Internetadressen der Kanzlei und bestehender weiterer Kanzleien und Zweigstellen;
5. die Berufsbezeichnung und Fachanwaltsbezeichnungen;
6. den Zeitpunkt der Zulassung;
7. bestehende Berufs-, Berufsausübungs- und Vertretungsverbote sowie bestehende, sofort vollziehbare Rücknahmen und Widerrufe der Zulassung;
8. die durch die Rechtsanwaltskammer erfolgte Bestellung einer Vertretung oder eines Abwicklers sowie die nach § 30 erfolgte Benennung eines Zustellungsbevollmächtigten unter Angabe von Familienname, Vorname oder Vornamen und Anschrift der Vertretung, des Abwicklers oder des Zustellungsbevollmächtigten;
9. in den Fällen des § 29 Absatz 1 oder des § 29a Absatz 2 den Inhalt der Befreiung;
10. ein von dem Rechtsanwalt angezeigtes Interesse an der Übernahme von Pflichtverteidigungen.

(4) Die Rechtsanwaltskammern tragen in ihre Verzeichnisse zu jeder zugelassenen Berufsausübungsgesellschaft Folgendes ein:

1. den Namen oder die Firma;
2. die Rechtsform;
3. die Anschrift der Kanzlei;
4. den Namen und die Anschrift bestehender weiterer Kanzleien, Zweigstellen und Zweigniederlassungen;
5. die von der Berufsausübungsgesellschaft mitgeteilten Telekommunikationsdaten und Internetadressen der Kanzlei und bestehender weiterer Kanzleien, Zweigstellen und Zweigniederlassungen;

6. folgende Angaben zu den Gesellschaftern:
   a) bei natürlichen Personen: den Familiennamen, den oder die Vornamen und den in der Berufsausübungsgesellschaft ausgeübten Beruf;
   b) bei juristischen Personen und rechtsfähigen Personengesellschaften: deren Namen oder Firma, deren Sitz und, sofern gesetzlich vorgesehen, das für sie zuständige Register und die Registernummer;
7. bei juristischen Personen: zu jedem Mitglied des zur gesetzlichen Vertretung berufenen Organs den Familiennamen, den oder die Vornamen und den Beruf;
8. bei rechtsfähigen Personengesellschaften: den Familiennamen, den oder die Vornamen und den Beruf der vertretungsberechtigten Gesellschafter;
9. den Zeitpunkt der Zulassung;
10. bei ausländischen Berufsausübungsgesellschaften: den Familiennamen, den oder die Vornamen und den Beruf der Mitglieder der Geschäftsleitung der deutschen Zweigniederlassung, den Sitz, den Ort der Hauptniederlassung und, sofern nach dem Recht des Staats ihres Sitzes vorgesehen, das für sie zuständige Register und die Registernummer;
11. bestehende Berufs- und Vertretungsverbote sowie bestehende, sofort vollziehbare Rücknahmen und Widerrufe der Zulassung;
12. die durch die Rechtsanwaltskammer erfolgte Bestellung einer Vertretung oder eines Abwicklers sowie die Benennung eines Zustellungsbevollmächtigten unter Angabe von Familienname, Vorname oder Vornamen und Anschrift der Vertretung, des Abwicklers oder des Zustellungsbevollmächtigten;
13. im Fall des § 29a Absatz 2 den Inhalt der Befreiung.

(5) [1] Die Bundesrechtsanwaltskammer hat in das Gesamtverzeichnis zusätzlich die Bezeichnung des besonderen elektronischen Anwaltspostfachs einzutragen. [2] Sie trägt die datenschutzrechtliche Verantwortung für diese Daten. [3] Die Bundesrechtsanwaltskammer hat Rechtsanwälten zudem die Eintragung von Sprachkenntnissen und Tätigkeitsschwerpunkten in das Gesamtverzeichnis zu ermöglichen.

(6) [1] Die Eintragungen zu einem Rechtsanwalt und zu einer zugelassenen Berufsausübungsgesellschaft in den Verzeichnissen der Rechtsanwaltskammern und im Gesamtverzeichnis werden gesperrt, sobald deren Mitgliedschaft in der das Verzeichnis führenden Rechtsanwaltskammer endet. [2] Die Eintragungen werden anschließend nach angemessener Zeit gelöscht. [3] Endet die Mitgliedschaft durch Wechsel der Rechtsanwaltskammer, so ist im Gesamtverzeichnis statt der Sperrung und Löschung eine Berichtigung vorzunehmen. [4] Wird ein Abwickler bestellt, erfolgt keine Sperrung; eine bereits erfolgte Sperrung ist aufzuheben. [5] Eine Löschung erfolgt erst nach Beendigung der Abwicklung.

(7) Die in die Verzeichnisse nach Absatz 1 Satz 1 aufzunehmenden Rechtsanwälte und Berufsausübungsgesellschaften sind verpflichtet, der zuständigen Rechtsanwaltskammer unverzüglich

1. sämtliche Daten, die für die Eintragung in die Verzeichnisse nach den Absätzen 3 *und 4 erforderlich sind, zu übermitteln,*
2. Tatsachen mitzuteilen, die eine Änderung oder Löschung der eingetragenen Daten erforderlich machen.

§ 31a[1] Besonderes elektronisches Anwaltspostfach. (1) [1]Die Bundesrechtsanwaltskammer richtet für jede im Gesamtverzeichnis eingetragene natürliche Person ein besonderes elektronisches Anwaltspostfach empfangsbereit ein. [2]Nach Einrichtung eines besonderen elektronischen Anwaltspostfachs übermittelt die Bundesrechtsanwaltskammer dessen Bezeichnung an die zuständige Rechtsanwaltskammer zur Speicherung in deren Verzeichnis.

(2) [1]Zum Zweck der Einrichtung des besonderen elektronischen Anwaltspostfachs übermittelt die Rechtsanwaltskammer den Familiennamen und den oder die Vornamen sowie eine zustellfähige Anschrift der Personen, die einen Antrag auf Aufnahme in die Rechtsanwaltskammer gestellt haben, an die Bundesrechtsanwaltskammer. [2]Bei Syndikusrechtsanwälten ist zusätzlich mitzuteilen, ob die Tätigkeit im Rahmen mehrerer Arbeitsverhältnisse erfolgt. [3]Die übermittelten Angaben sind zu löschen, wenn der Antrag zurückgenommen oder die Aufnahme in die Rechtsanwaltskammer unanfechtbar versagt wurde.

(3) [1]Die Bundesrechtsanwaltskammer hat sicherzustellen, dass der Zugang zu dem besonderen elektronischen Anwaltspostfach nur durch ein sicheres Verfahren mit zwei voneinander unabhängigen Sicherungsmitteln möglich ist. [2]Sie kann auch Vertretungen, Abwicklern und Zustellungsbevollmächtigten die Nutzung des besonderen elektronischen Anwaltspostfachs ermöglichen; Absatz 2 gilt sinngemäß. [3]Die Bundesrechtsanwaltskammer kann unterschiedlich ausgestaltete Zugangsberechtigungen für Kammermitglieder und andere Personen vorsehen. [4]Sie ist berechtigt, die in dem besonderen elektronischen Anwaltspostfach gespeicherten Nachrichten nach angemessener Zeit zu löschen. [5]Das besondere elektronische Anwaltspostfach soll barrierefrei ausgestaltet sein.

(4) [1]Sobald die Mitgliedschaft in einer Rechtsanwaltskammer aus anderen Gründen als dem Wechsel der Rechtsanwaltskammer erlischt, hebt die Bundesrechtsanwaltskammer die Zugangsberechtigung zu dem besonderen elektronischen Anwaltspostfach auf. [2]Sie löscht dieses, sobald es nicht mehr benötigt wird.

(5) [1]Die Bundesrechtsanwaltskammer kann auch für sich und für die Rechtsanwaltskammern besondere elektronische Anwaltspostfächer einrichten. [2]Absatz 3 Satz 1 und 5 ist anzuwenden.

(6) Der Inhaber des besonderen elektronischen Anwaltspostfachs ist verpflichtet, die für dessen Nutzung erforderlichen technischen Einrichtungen vorzuhalten sowie Zustellungen und den Zugang von Mitteilungen über das besondere elektronische Anwaltspostfach zur Kenntnis zu nehmen.

(7) [1]Die Bundesrechtsanwaltskammer hat für jede im Gesamtverzeichnis eingetragene weitere Kanzlei eines Mitglieds einer Rechtsanwaltskammer ein weiteres besonderes elektronisches Anwaltspostfach einzurichten. [2]Wird die Eintragung der weiteren Kanzlei im Gesamtverzeichnis gelöscht, hebt die Bundesrechtsanwaltskammer die Zugangsberechtigung zu dem weiteren besonderen elektronischen Anwaltspostfach auf und löscht dieses, sobald es nicht mehr benötigt wird. [3]Absatz 1 Satz 2 und die Absätze 3, 4 und 6 dieser Vorschrift sowie § 31 Absatz 5 Satz 1 und 2 gelten für das weitere besondere elektronische Anwaltspostfach entsprechend.

---

[1] § 31a eingef. mWv 1.1.2016 durch G v. 21.12.2015 (BGBl. I S. 2517); Abs. 1 Satz 1, Abs. 2 Satz 1 geänd., Abs. 5 angef. mWv 18.5.2017, Abs. 6 und 7 angef. mWv 1.1.2018 durch G v. 12.5.2017 (BGBl. I S. 1121); Abs. 3 Satz 2 geänd. mWv 1.8.2021 durch G v. 25.6.2021 (BGBl. I S. 2154); Abs. 1 Satz 1, Abs. 7 Satz 3 geänd. mWv 1.8.2022 durch G v. 7.7.2021 (BGBl. I S. 2363).

§ 31b[1)] Besonderes elektronisches Anwaltspostfach für Berufsausübungsgesellschaften. (1) Die Bundesrechtsanwaltskammer richtet für jede im Gesamtverzeichnis eingetragene Berufsausübungsgesellschaft ein besonderes elektronisches Anwaltspostfach empfangsbereit ein.

(2) Die Rechtsanwaltskammer übermittelt der Bundesrechtsanwaltskammer zum Zweck der Einrichtung des besonderen elektronischen Anwaltspostfachs den Namen oder die Firma, die Rechtsform und eine zustellfähige Anschrift der Berufsausübungsgesellschaft.

(3) Die Bundesrechtsanwaltskammer hebt die Zugangsberechtigung zu einem nach Absatz 1 eingerichteten besonderen elektronischen Anwaltspostfach auf, wenn die Zulassung als Berufsausübungsgesellschaft aus einem anderen Grund als dem Wechsel der Rechtsanwaltskammer erlischt.

(4) [1]Die Bundesrechtsanwaltskammer richtet für eine im Gesamtverzeichnis eingetragene Zweigstelle einer Berufsausübungsgesellschaft auf deren Antrag ein weiteres besonderes Anwaltspostfach empfangsbereit ein. [2]Der Antrag nach Satz 1 ist bei der Rechtsanwaltskammer zu stellen, bei der die Berufsausübungsgesellschaft zugelassen ist oder zugelassen werden soll. [3]Die Rechtsanwaltskammer übermittelt der Bundesrechtsanwaltskammer den Namen und die Anschrift der Zweigstelle, für die ein weiteres elektronisches Anwaltspostfach eingerichtet werden soll. [4]Die Bundesrechtsanwaltskammer hebt die Zugangsberechtigung zu einem nach Satz 1 eingerichteten weiteren besonderen elektronischen Anwaltspostfach auf, wenn die Berufsausübungsgesellschaft gegenüber der für sie zuständigen Rechtsanwaltskammer erklärt, kein weiteres *besonders*[2)] Anwaltspostfach für die Zweigstelle mehr zu wünschen, oder wenn die Zweigstelle aufgegeben wird; im Übrigen gilt Absatz 3 entsprechend.

(5) Im Übrigen gelten für die nach den Absätzen 1 und 4 eingerichteten besonderen elektronischen Anwaltspostfächer § 31a Absatz 1 Satz 2, Absatz 2 Satz 3, Absatz 3 und 4 Satz 2 sowie Absatz 6 und 7 entsprechend.

§ 31c[3)] Europäisches Rechtsanwaltsverzeichnis. Die Bundesrechtsanwaltskammer ermöglicht über die Suche nach § 31 Absatz 2 Satz 3 hinaus über das auf den Internetseiten der Europäischen Kommission bestehende elektronische Suchsystem (Europäisches Rechtsanwaltsverzeichnis) den Abruf derjenigen im Gesamtverzeichnis eingetragenen Angaben, die Gegenstand des Europäischen Rechtsanwaltsverzeichnisses sind.

§ 31d[4)] Verordnungsermächtigung. Das Bundesministerium der Justiz und für Verbraucherschutz regelt durch Rechtsverordnung mit Zustimmung des Bundesrates die Einzelheiten

1. der Datenerhebung für die elektronischen Verzeichnisse der Rechtsanwaltskammern, der Führung dieser Verzeichnisse und der Einsichtnahme in sie,
2. der Datenerhebung für das Gesamtverzeichnis, der Führung des Gesamtverzeichnisses und der Einsichtnahme in das Gesamtverzeichnis,

---

[1)] § 31b eingef. mWv 1.8.2022 durch G v. 7.7.2021 (BGBl. I S. 2363); Abs. 2 geänd. mWv 1.8.2022 durch G v. 15.7.2022 (BGBl. I S. 1146).

[2)] Richtig wohl: „besonderes".

[3)] Früherer § 31b eingef. mWv 1.1.2016 durch G v. 21.12.2015 (BGBl. I S. 2517); bish. § 31b wird § 31c mWv 1.8.2022 durch G v. 7.7.2021 (BGBl. I S. 2363).

[4)] Früherer § 31b eingef. mWv 1.7.2014 durch G v. 10.10.2013 (BGBl. I S. 3786; früherer § 31b wird § 31c und neu gef. mWv 1.1.2016 durch G v. 21.12.2015 (BGBl. I S. 2517); bish. § 31c wird § 31d mWv 1.8.2022 durch G v. 7.7.2021 (BGBl. I S. 2363).

3. der besonderen elektronischen Anwaltspostfächer, insbesondere Einzelheiten
   a) ihrer Einrichtung und der hierzu erforderlichen Datenübermittlung,
   b) ihrer technischen Ausgestaltung einschließlich ihrer Barrierefreiheit,
   c) ihrer Führung,
   d) der Zugangsberechtigung und der Nutzung,
   e) des Löschens von Nachrichten und
   f) ihrer Löschung,
4. des Abrufs des Gesamtverzeichnisses über das Europäische Rechtsanwaltsverzeichnis.

Dritter Abschnitt.[1] Verwaltungsverfahren

§ 32[2] Ergänzende Anwendung der Verwaltungsverfahrensgesetze.

(1) [1] Für Verwaltungsverfahren nach diesem Gesetz oder nach einer auf Grund dieses Gesetzes erlassenen Rechtsverordnung gelten, soweit nichts anderes bestimmt ist, für Behörden des Bundes das Verwaltungsverfahrensgesetz[3] des Bundes und für Behörden der Länder die Verwaltungsverfahrensgesetze der Länder. [2] Die Verwaltungsverfahren können über eine einheitliche Stelle nach den Vorschriften des Verwaltungsverfahrensgesetzes abgewickelt werden.

(2) [1] Über Anträge ist innerhalb einer Frist von drei Monaten zu entscheiden; § 42a Absatz 2 Satz 2 bis 4 des Verwaltungsverfahrensgesetzes gilt entsprechend. [2] In den Fällen des § 15 beginnt die Frist erst mit der Vorlage des ärztlichen Gutachtens. [3] § 10 bleibt unberührt.

§ 33[4] Sachliche und örtliche Zuständigkeit. (1) Für die Ausführung dieses Gesetzes und der auf seiner Grundlage erlassenen Rechtsverordnungen sind die Rechtsanwaltskammern zuständig, soweit nichts anderes bestimmt ist.

(2) [1] Das Bundesministerium der Justiz und für Verbraucherschutz wird ermächtigt, die Aufgaben und Befugnisse, die ihm nach diesem Gesetz zustehen, auf den Präsidenten des Bundesgerichtshofes zu übertragen. [2] Die Landesregierungen werden ermächtigt, die Aufgaben und Befugnisse, die den Landesjustizverwaltungen nach diesem Gesetz zustehen, durch Rechtsverordnung auf diesen nachgeordnete Behörden zu übertragen. [3] Die Landesregierungen können diese Ermächtigung durch Rechtsverordnung auf die Landesjustizverwaltungen übertragen.

(3) [1] Örtlich zuständig ist die Rechtsanwaltskammer,

1. deren Mitglied der Rechtsanwalt ist,
2. bei der die Zulassung zur Rechtsanwaltschaft beantragt ist, sofern nicht eine Zuständigkeit einer anderen Rechtsanwaltskammer nach Nummer 1 gegeben ist,

---

[1] 3. Abschnitt (§§ 32–36) neu gef. mWv 1.9.2009 durch G v. 30.7.2009 (BGBl. I S. 2449).

[2] § 32 aufgeh. mWv 1.6.2007 durch G v. 26.3.2007 (BGBl. I S. 358); neu eingef. mWv 1.9.2009, Satz 2 angef. mWv 28.12.2009 durch G v. 30.7.2009 (BGBl. I S. 2449); Abs. 2 angef. mWv 28.12.2010 durch G v. 22.12.2010 (BGBl. I S. 2248); Überschrift geänd., Abs. 1 Satz 1 neu gef. mWv 1.8.2022 durch G v. 7.7.2021 (BGBl. I S. 2363).

[3] **Sartorius Nr. 100.**

[4] § 33 aufgeh. mWv 1.6.2007 durch G v. 26.3.2007 (BGBl. I S. 358); neu eingef. mWv 1.9.2009 durch G v. 30.7.2009 (BGBl. I S. 2449); Abs. 2 Satz 1 geänd. mWv 8.9.2015 durch VO v. 31.8 2015 (BGBl. I S. 1474); Abs. 3 Satz 1 Nr. 2 und Satz 2 geänd. mWv 1.1.2016 durch G v. 21.12.2015 (BGBl. I S. 2517); Abs. 3 Satz 2 geänd. mWv 18.5.2017 durch G v. 12.5.2017 (BGBl. I S. 1121); Abs. 3 Satz 1 Nr. 2 geänd., Nr. 3 neu gef., Nr. 4 angef. mWv 1.8.2022 durch G v. 7.7.2021 (BGBl. I S. 2363).

3. in deren Bezirk die Berufsausübungsgesellschaft ihren Sitz oder ihre Zweigniederlassung hat oder
4. bei der die Berufsausübungsgesellschaft den Antrag auf Befreiung von der Kanzleipflicht nach § 59m Absatz 4 in Verbindung mit § 29a Absatz 2 oder den Antrag auf Befreiung von der Zweigniederlassungspflicht nach § 59m Absatz 5 in Verbindung mit § 29a Absatz 2 gestellt hat, sofern nicht die Zuständigkeit einer anderen Rechtsanwaltskammer nach Nummer 3 gegeben ist.

[2] Wird die Aufnahme in eine andere Rechtsanwaltskammer beantragt (§ 27 Absatz 3), so entscheidet diese über den Antrag.

§ 34[1)] Zustellung. Verwaltungsakte, durch die die Zulassung zur Rechtsanwaltschaft oder die Mitgliedschaft in einer Rechtsanwaltskammer begründet oder versagt wird oder erlischt oder durch die eine Befreiung oder Erlaubnis versagt, zurückgenommen oder widerrufen wird, sind zuzustellen.

§ 35[2)] Bestellung eines Vertreters im Verwaltungsverfahren. Wird auf Ersuchen der Rechtsanwaltskammer für das Verwaltungsverfahren ein Vertreter bestellt, soll ein Rechtsanwalt bestellt werden.

§ 36[3)] Ermittlung des Sachverhalts und Übermittlung von Daten.

(1) Die Rechtsanwaltskammer kann zur Ermittlung des Sachverhalts in Zulassungssachen eine unbeschränkte Auskunft nach § 41 Abs. 1 Nr. 11 des Bundeszentralregistergesetzes[4)] als Regelanfrage einholen.

(2) Gerichte und Behörden einschließlich der Berufskammern übermitteln der Rechtsanwaltskammer oder der für die Entscheidung zuständigen Stelle diejenigen Daten über Personen und Berufsausübungsgesellschaften, deren Kenntnis aus Sicht der übermittelnden Stelle erforderlich ist für
1. die Zulassung zur Rechtsanwaltschaft oder als Berufsausübungsgesellschaft oder die Rücknahme oder den Widerruf einer solchen Zulassung,
2. die Entstehung oder das Erlöschen der Mitgliedschaft in einer Rechtsanwaltskammer,
3. die Rücknahme oder den Widerruf einer Erlaubnis oder Befreiung oder
4. die Einleitung oder die Durchführung eines berufsaufsichtlichen Verfahrens.

(3) [1] Die Übermittlung nach Absatz 2 unterbleibt, soweit
1. sie schutzwürdige Interessen einer betroffenen Person beeinträchtigen würde und das Informationsinteresse des Empfängers das Interesse der betroffenen Person am Unterbleiben der Übermittlung nicht überwiegt oder
2. besondere gesetzliche Verwendungsregelungen entgegenstehen.

[1)] § 34 aufgeh. mWv 1.6.2007 durch G v. 26.3.2007 (BGBl. I S. 358); neu eingef. mWv 1.9.2009 durch G v. 30.7.2009 (BGBl. I S. 2449).

[2)] § 35 aufgeh. mWv 1.6.2007 durch G v. 26.3.2007 (BGBl. I S. 358); neu eingef. mWv 1.9.2009 durch G v. 30.7.2009 (BGBl. I S. 2449).

[3)] *§ 36 aufgeh. m*Wv 1.6.2007 durch G v. 26.3.2007 (BGBl. I S. 358); neu eingef. mWv 1.9.2009 durch G v. 30.7.2009 (BGBl. I S. 2449); Überschrift neu gef. mWv 18.5.2017 durch G v. 12.5.2017 (BGBl. I S. 1121); Überschrift geänd., Abs. 2 und 3 neu gef., Abs. 4 aufgeh. mWv 1.8.2022 durch G v. 7.7.2021 (BGBl. I S. 2363).

[4)] **Habersack, Deutsche Gesetze Nr. 92.**

[2]Satz 1 Nummer 2 gilt nicht für die Verschwiegenheitspflichten der für eine Berufskammer eines freien Berufs im Geltungsbereich dieses Gesetzes tätigen Personen und für das Steuergeheimnis nach § 30 der Abgabenordnung[1)].

§ 37[2)] Ersetzung der Schriftform. [1]Ist nach diesem Gesetz für die Abgabe einer Erklärung die Schriftform vorgeschrieben, so kann die Erklärung auch über das besondere elektronische Anwaltspostfach abgegeben werden, wenn Erklärender und Empfänger über ein solches verfügen. [2]Ist die Erklärung von einer natürlichen Person abzugeben, so ist das Dokument mit einer qualifizierten elektronischen Signatur der Person zu versehen oder von ihr zu signieren und selbst zu versenden.

§§ 38–42[3)] (weggefallen)

Dritter Teil.[4)] Rechte und Pflichten des Rechtsanwalts und berufliche Zusammenarbeit der Rechtsanwälte

Erster Abschnitt.[5)] Allgemeines

§ 43 Allgemeine Berufspflicht. [1]Der Rechtsanwalt hat seinen Beruf gewissenhaft auszuüben. [2]Er hat sich innerhalb und außerhalb des Berufes der Achtung und des Vertrauens, welche die Stellung des Rechtsanwalts erfordert, würdig zu erweisen.

§ 43a[6)] Grundpflichten. (1) Der Rechtsanwalt darf keine Bindungen eingehen, die seine berufliche Unabhängigkeit gefährden.

(2) [1]Der Rechtsanwalt ist zur Verschwiegenheit verpflichtet. [2]Diese Pflicht bezieht sich auf alles, was ihm in Ausübung seines Berufes bekanntgeworden ist. [3]Dies gilt nicht für Tatsachen, die offenkundig sind oder ihrer Bedeutung nach keiner Geheimhaltung bedürfen. [4]Der Rechtsanwalt hat die von ihm beschäftigten Personen in Textform zur Verschwiegenheit zu verpflichten und sie dabei über die strafrechtlichen Folgen einer Pflichtverletzung zu belehren. [5]Zudem hat er bei ihnen in geeigneter Weise auf die Einhaltung der Verschwiegenheitspflicht hinzuwirken. [6]Den von dem Rechtsanwalt beschäftigten Personen stehen die Personen gleich, die im Rahmen einer berufsvorbereitenden Tätigkeit oder einer sonstigen Hilfstätigkeit an seiner beruflichen Tätigkeit mitwirken. [7]Satz 4 gilt nicht für Referendare und angestellte Personen, die im Hinblick auf die Verschwiegenheitspflicht den gleichen Anforderungen wie der Rechtsanwalt unterliegen. [8]Hat sich ein Rechtsanwalt mit anderen Personen, die im Hinblick auf die Verschwiegenheitspflicht den gleichen Anforderungen unterliegen wie er, zur gemeinschaftlichen Berufsausübung zusammengeschlossen und besteht zu den Beschäftigten ein einheitliches Beschäftigungsverhältnis, so genügt auch der Nach-

---

1) Nr. **88b**.

2) § 37 neu gef. mWv 1.8.2021 durch G v. 25.6.2021 (BGBl. I S. 2154)

3) §§ 38–42 neu gef. mWv 18.5.2017 durch G v. 12.5.2017 (BGBl. I S. 1121).

4) 3. Teil Überschrift neu gef. durch G v. 2.9.1994 (BGBl. I S. 2278); Überschrift neu gef. mWv 18.5.2017 durch G v. 12.5.2017 (BGBl. I S. 1121).

5) 1. Abschnitt Überschrift eingef. durch G v. 31.8.1998 (BGBl. I S. 2600).

6) § 43a eingef. durch G v. 2.9.1994 (BGBl. I S. 2278); Überschrift neu gef. mWv 18.5.2017 durch G v. 12.5.2017 (BGBl. I S. 1121); Abs. 2 Sätze 4–8 angef. mWv 9.11.2017 durch G v. 30.10.2017 (BGBl. I S. 3618); Abs. 2 Satz 4 geänd. mWv 1.8.2021 durch G v. 25.6.2021 (BGBl. I S. 2154); Abs. 4 neu gef., Abs. 5 und 6 eingef., bish. Abs. 5 und 6 werden Abs. 7 und 8 mWv 1.8.2022 durch G v. 7.7.2021 (BGBl. I S. 2363).

weis, dass eine andere dieser Personen die Verpflichtung nach Satz 4 vorgenommen hat.

(3) [1]Der Rechtsanwalt darf sich bei seiner Berufsausübung nicht unsachlich verhalten. [2]Unsachlich ist insbesondere ein Verhalten, bei dem es sich um die bewußte Verbreitung von Unwahrheiten oder solche herabsetzenden Äußerungen handelt, zu denen andere Beteiligte oder der Verfahrensverlauf keinen Anlaß gegeben haben.

(4) [1]Der Rechtsanwalt darf nicht tätig werden, wenn er einen anderen Mandanten in derselben Rechtssache bereits im widerstreitenden Interesse beraten oder vertreten hat. [2]Das Tätigkeitsverbot gilt auch für Rechtsanwälte, die ihren Beruf gemeinschaftlich mit einem Rechtsanwalt ausüben, der nach Satz 1 nicht tätig werden darf. [3]Ein Tätigkeitsverbot nach Satz 2 bleibt bestehen, wenn der nach Satz 1 ausgeschlossene Rechtsanwalt die gemeinschaftliche Berufsausübung beendet. [4]Die Sätze 2 und 3 sind nicht anzuwenden, wenn die betroffenen Mandanten der Tätigkeit des Rechtsanwalts nach umfassender Information in Textform zugestimmt haben und geeignete Vorkehrungen die Einhaltung der Verschwiegenheit des Rechtsanwalts sicherstellen. [5]Ein Tätigkeitsverbot nach Satz 1, das gegenüber einer Berufsausübungsgesellschaft besteht, entfällt, wenn die Voraussetzungen des Satzes 4 erfüllt sind. [6]Soweit es für die Prüfung eines Tätigkeitsverbots nach Satz 1 oder Satz 2 erforderlich ist, dürfen der Verschwiegenheitspflicht unterliegende Tatsachen einem Rechtsanwalt auch ohne Einwilligung des Mandanten offenbart werden.

(5) [1]Absatz 4 Satz 1 gilt entsprechend für die Tätigkeit als Referendar im Vorbereitungsdienst im Rahmen der Ausbildung bei einem Rechtsanwalt. [2]Absatz 4 Satz 2 ist nicht anzuwenden, wenn dem Tätigkeitsverbot nach Absatz 4 Satz 1 eine Tätigkeit als Referendar nach Satz 1 zugrunde liegt.

(6) Absatz 4 Satz 1 gilt entsprechend für ein berufliches Tätigwerden des Rechtsanwalts außerhalb des Anwaltsberufs, wenn für ein anwaltliches Tätigwerden ein Tätigkeitsverbot nach Absatz 4 Satz 1 bestehen würde.

(7) [1]Der Rechtsanwalt ist bei der Behandlung der ihm anvertrauten Vermögenswerte zu der erforderlichen Sorgfalt verpflichtet. [2]Fremde Gelder sind unverzüglich an den Empfangsberechtigten weiterzuleiten oder auf ein Anderkonto einzuzahlen.

(8) Der Rechtsanwalt ist verpflichtet, sich fortzubilden.

§ 43b[1)] Werbung. Werbung ist dem Rechtsanwalt nur erlaubt, soweit sie über die berufliche Tätigkeit in Form und Inhalt sachlich unterrichtet und nicht auf die Erteilung eines Auftrags im Einzelfall gerichtet ist.

§ 43c[2) 3)] Fachanwaltschaft. (1) [1]Dem Rechtsanwalt, der besondere Kenntnisse und Erfahrungen in einem Rechtsgebiet erworben hat, kann die Befugnis verliehen werden, eine Fachanwaltsbezeichnung zu führen. [2]Fachanwaltsbezeichnungen gibt es für das Verwaltungsrecht, das Steuerrecht, das Arbeitsrecht und das

---

[1)] § 43b eingef. durch G v. 2.9.1994 (BGBl. I S. 2278).

[2)] § 43c eingef. durch G v. 2.9.1994 (BGBl. I S. 2278); Abs. 1 Sätze 1–3 und Abs. 2 geänd. mWv 1.9. 2009 durch G v. 30.7.2009 (BGBl. I S. 2449); Abs. 3 Satz 3 geänd. mWv 1.8.2021 durch G v. 25.6.2021 *(BGBl. I S. 2154); Abs. 1 Satz 2* geänd. mWv 1.8.2022 durch G v. 7.7.2021 (BGBl. I S. 2363).

[3)] Nach Art. 21 Abs. 11 G v. 2.9.1994 (BGBl. I S. 2278) sind bis zur Regelung der Einzelheiten für die Vergabe der Berechtigung, eine Fachanwaltsbezeichnung zu führen, durch Berufssatzung die Bestimmungen des G über Fachanwaltsbezeichnungen nach der Bundesrechtsanwaltsordnung v. 27.2.1992 (BGBl. I S. 369) weiter anzuwenden.

Sozialrecht sowie für die Rechtsgebiete, die durch Satzung in einer Berufsordnung[1] nach § 59a Absatz 2 Nummer 2 Buchstabe a bestimmt sind. [3]Die Befugnis darf für höchstens drei Rechtsgebiete erteilt werden.

(2) Über den Antrag des Rechtsanwalts auf Erteilung der Erlaubnis entscheidet der Vorstand der Rechtsanwaltskammer, nachdem ein Ausschuß der Kammer die von dem Rechtsanwalt vorzulegenden Nachweise über den Erwerb der besonderen Kenntnisse und Erfahrungen geprüft hat.

(3) [1]Der Vorstand der Rechtsanwaltskammer bildet für jedes Fachgebiet einen Ausschuß und bestellt dessen Mitglieder. [2]Einem Ausschuß gehören mindestens drei Rechtsanwälte an; diese können Mitglieder mehrerer Ausschüsse sein. [3]Die §§ 75 und 76 Absatz 1 und 2 sind entsprechend anzuwenden. [4]Mehrere Rechtsanwaltskammern können gemeinsame Ausschüsse bilden.

(4) [1]Die Erlaubnis zum Führen der Fachanwaltsbezeichnung kann mit Wirkung für die Zukunft von dem Vorstand der Rechtsanwaltskammer zurückgenommen werden, wenn Tatsachen nachträglich bekanntwerden, bei deren Kenntnis die Erlaubnis hätte versagt werden müssen. [2]Sie kann widerrufen werden, wenn eine in der Berufsordnung vorgeschriebene Fortbildung unterlassen wird.

§ 43d[2] Darlegungs- und Informationspflichten bei Inkassodienstleistungen. (1) Der Rechtsanwalt, der Inkassodienstleistungen erbringt, muss mit der ersten Geltendmachung einer Forderung gegenüber einer Privatperson folgende Informationen klar und verständlich in Textform übermitteln:

1. den Namen oder die Firma des Auftraggebers sowie dessen Anschrift, sofern nicht dargelegt wird, dass durch die Angabe der Anschrift überwiegende schutzwürdige Interessen des Auftraggebers beeinträchtigt würden,
2. den Forderungsgrund, bei Verträgen unter konkreter Darlegung des Vertragsgegenstands und des Datums des Vertragsschlusses, bei unerlaubten Handlungen unter Darlegung der Art und des Datums der Handlung,
3. wenn Zinsen geltend gemacht werden, eine Zinsberechnung unter Darlegung der zu verzinsenden Forderung, des Zinssatzes und des Zeitraums, für den die Zinsen berechnet werden,
4. wenn ein Zinssatz über dem gesetzlichen Verzugszinssatz geltend gemacht wird, einen gesonderten Hinweis hierauf und die Angabe, auf Grund welcher Umstände der erhöhte Zinssatz gefordert wird,
5. wenn Inkassokosten geltend gemacht werden, Angaben zu deren Art, Höhe und Entstehungsgrund,
6. wenn mit den Inkassokosten Umsatzsteuerbeträge geltend gemacht werden, eine Erklärung, dass der Auftraggeber diese Beträge nicht als Vorsteuer abziehen kann,
7. wenn die Anschrift der Privatperson nicht vom Gläubiger mitgeteilt, sondern anderweitig ermittelt wurde, einen Hinweis hierauf sowie darauf, wie eventuell aufgetretene Fehler geltend gemacht werden können,
8. Bezeichnung, Anschrift und elektronische Erreichbarkeit der für ihn zuständigen Rechtsanwaltskammer.

---

[1] Nr. **98/1**.
[2] § 43d neu gef. mWv 1.10.2021 durch G v. 22.12.2020 (BGBl. I S. 3320).

(2) Auf eine entsprechende Anfrage einer Privatperson hat der Inkassodienstleistungen erbringende Rechtsanwalt die folgenden ergänzenden Informationen unverzüglich in Textform mitzuteilen:

1. den Namen oder die Firma desjenigen, in dessen Person die Forderung entstanden ist,
2. bei Verträgen die wesentlichen Umstände des Vertragsschlusses.

(3) Beabsichtigt der Inkassodienstleistungen erbringende Rechtsanwalt, mit einer Privatperson eine Stundungs- oder Ratenzahlungsvereinbarung zu treffen, so hat er sie zuvor in Textform auf die dadurch entstehenden Kosten hinzuweisen.

(4) [1] Fordert der Inkassodienstleistungen erbringende Rechtsanwalt eine Privatperson zur Abgabe eines Schuldanerkenntnisses auf, so hat er sie mit der Aufforderung nach Maßgabe des Satzes 2 in Textform darauf hinzuweisen, dass sie durch das Schuldanerkenntnis in der Regel die Möglichkeit verliert, solche Einwendungen und Einreden gegen die anerkannte Forderung geltend zu machen, die zum Zeitpunkt der Abgabe des Schuldanerkenntnisses begründet waren. [2] Der Hinweis muss

1. deutlich machen, welche Teile der Forderung vom Schuldanerkenntnis erfasst werden, und
2. typische Beispiele von Einwendungen und Einreden benennen, die nicht mehr geltend gemacht werden können, wie das Nichtbestehen oder die Erfüllung oder die Verjährung der anerkannten Forderung.

(5) Privatperson im Sinne dieser Vorschrift ist jede natürliche Person, gegen die eine Forderung geltend gemacht wird, die nicht im Zusammenhang mit ihrer gewerblichen oder selbständigen beruflichen Tätigkeit steht.

§ 43e[1)] Inanspruchnahme von Dienstleistungen. (1) [1] Der Rechtsanwalt darf Dienstleistern den Zugang zu Tatsachen eröffnen, auf die sich die Verpflichtung zur Verschwiegenheit gemäß § 43a Absatz 2 Satz 1 bezieht, soweit dies für die Inanspruchnahme der Dienstleistung erforderlich ist. [2] Dienstleister ist eine andere Person oder Stelle, die vom Rechtsanwalt im Rahmen seiner Berufsausübung mit Dienstleistungen beauftragt wird.

(2) [1] Der Rechtsanwalt ist verpflichtet, den Dienstleister sorgfältig auszuwählen. [2] Er hat die Zusammenarbeit unverzüglich zu beenden, wenn die Einhaltung der dem Dienstleister gemäß Absatz 3 zu machenden Vorgaben nicht gewährleistet ist.

(3) [1] Der Vertrag mit dem Dienstleister bedarf der Textform. [2] In ihm ist

1. der Dienstleister unter Belehrung über die strafrechtlichen Folgen einer Pflichtverletzung zur Verschwiegenheit zu verpflichten,
2. der Dienstleister zu verpflichten, sich nur insoweit Kenntnis von fremden Geheimnissen zu verschaffen, als dies zur Vertragserfüllung erforderlich ist, und
3. festzulegen, ob der Dienstleister befugt ist, weitere Personen zur Erfüllung des Vertrags heranzuziehen; für diesen Fall ist dem Dienstleister aufzuerlegen, diese Personen in Textform zur Verschwiegenheit zu verpflichten.

(4) Bei der Inanspruchnahme von Dienstleistungen, die im Ausland erbracht werden, darf der Rechtsanwalt dem Dienstleister den Zugang zu fremden Geheimnissen unbeschadet der übrigen Voraussetzungen dieser Vorschrift nur dann eröffnen, wenn der dort bestehende Schutz der Geheimnisse dem Schutz im

---

1) § 43e eingef. mWv 9.11.2017 durch G v. 30.10.2017 (BGBl. I S. 3618).

Inland vergleichbar ist, es sei denn, dass der Schutz der Geheimnisse dies nicht gebietet.

(5) Bei der Inanspruchnahme von Dienstleistungen, die unmittelbar einem einzelnen Mandat dienen, darf der Rechtsanwalt dem Dienstleister den Zugang zu fremden Geheimnissen nur dann eröffnen, wenn der Mandant darin eingewilligt hat.

(6) Die Absätze 2 und 3 gelten auch im Fall der Inanspruchnahme von Dienstleistungen, in die der Mandant eingewilligt hat, sofern der Mandant nicht ausdrücklich auf die Einhaltung der in den Absätzen 2 und 3 genannten Anforderungen verzichtet hat.

(7) [1] Die Absätze 1 bis 6 gelten nicht, soweit Dienstleistungen auf Grund besonderer gesetzlicher Vorschriften in Anspruch genommen werden. [2] Absatz 3 Satz 2 gilt nicht, soweit der Dienstleister hinsichtlich der zu erbringenden Dienstleistung gesetzlich zur Verschwiegenheit verpflichtet ist.

(8) Die Vorschriften zum Schutz personenbezogener Daten bleiben unberührt.

§ 43f[1)] Kenntnisse im Berufsrecht. (1) [1] Der Rechtsanwalt hat innerhalb des ersten Jahres nach seiner erstmaligen Zulassung zur Rechtsanwaltschaft an einer Lehrveranstaltung über das rechtsanwaltliche Berufsrecht teilzunehmen. [2] Die Lehrveranstaltung muss mindestens zehn Zeitstunden dauern und die wesentlichen Bereiche des anwaltlichen Berufsrechts umfassen.

(2) Die Pflicht nach Absatz 1 Satz 1 besteht nicht, wenn der Rechtsanwalt vor dem 1. August 2022 erstmalig zugelassen wurde oder wenn er nachweist, dass er innerhalb von sieben Jahren vor seiner erstmaligen Zulassung zur Rechtsanwaltschaft an einer Lehrveranstaltung nach Absatz 1 teilgenommen hat.

§ 44 Mitteilung der Ablehnung eines Auftrags. [1] Der Rechtsanwalt, der in seinem Beruf in Anspruch genommen wird und den Auftrag nicht annehmen will, muß die Ablehnung unverzüglich erklären. [2] Er hat den Schaden zu ersetzen, der aus einer schuldhaften Verzögerung dieser Erklärung entsteht.

§ 45[2)] Tätigkeitsverbote bei nichtanwaltlicher Vorbefassung. (1) Der Rechtsanwalt darf nicht tätig werden, wenn er

1. in derselben Rechtssache bereits tätig geworden ist als
   a) Richter, Staatsanwalt, Angehöriger des öffentlichen Dienstes oder als im Vorbereitungsdienst bei diesen Personen tätiger Referendar,
   b) Schiedsrichter, Schlichter oder Mediator oder
   c) Notar, Notarvertretung, Notariatsverwalter, Notarassessor oder als im Vorbereitungsdienst bei einem Notar tätiger Referendar,
2. in derselben Angelegenheit, mit der er bereits als Insolvenzverwalter, Nachlassverwalter, Testamentsvollstrecker oder Betreuer oder in ähnlicher Funktion befasst war, gegen den Träger des von ihm verwalteten Vermögens vorgehen soll, oder
3. in derselben Angelegenheit bereits außerhalb seiner Tätigkeit als Rechtsanwalt für eine andere Partei im widerstreitenden Interesse beruflich tätig geworden ist.

---

1) § 43f eingef. mWv 1.8.2022 durch G v. 7.7.2021 (BGBl. I S. 2363).

2) § 45 neu gef. mWv 1.8.2022 durch G v. 7.7.2021 (BGBl. I S. 2363); Abs. 2 neu gef., Abs. 3 angef. mWv 16.3.2023 durch G v. 10.3.2023 (BGBl. 2023 I Nr. 64).

(2) [1] Ein Tätigkeitsverbot gilt auch für Rechtsanwälte, die ihren Beruf gemeinschaftlich ausüben

1. mit einem Rechtsanwalt, der nach Absatz 1 nicht tätig werden darf, oder
2. mit einem Angehörigen eines anderen Berufs nach § 59c Absatz 1 Satz 1, dem ein Tätigwerden bei entsprechender Anwendung des Absatzes 1 untersagt wäre.

[2] Satz 1 ist nicht anzuwenden, soweit dem Tätigkeitsverbot nach Absatz 1 eine Tätigkeit als Referendar im Vorbereitungsdienst nach Absatz 1 Nummer 1 Buchstabe a oder c oder als wissenschaftlicher Mitarbeiter bei einem Rechtsanwalt oder in einer Berufsausübungsgesellschaft nach Absatz 1 Nummer 3 zugrunde liegt. [3] Die Tätigkeit als wissenschaftlicher Mitarbeiter nach Satz 2 umfasst berufliche Tätigkeiten während des rechtswissenschaftlichen Studiums und in der Zeit nach dem Bestehen der ersten Prüfung bis zum Bestehen der zweiten Staatsprüfung.

(3) [1] Ein Tätigkeitsverbot nach Absatz 2 Satz 1 bleibt bestehen, wenn der nach Absatz 1 ausgeschlossene Rechtsanwalt die gemeinschaftliche Berufsausübung beendet. [2] Absatz 2 Satz 1 findet in den Fällen, in denen das Tätigkeitsverbot auf Absatz 1 Nummer 3 beruht, keine Anwendung, wenn die betroffenen Personen der Tätigkeit nach umfassender Information in Textform durch den Rechtsanwalt zugestimmt haben und geeignete Vorkehrungen die Verhinderung einer Offenbarung vertraulicher Informationen sicherstellen. [3] Soweit es für die Prüfung eines Tätigkeitsverbots erforderlich ist, dürfen der Verschwiegenheit unterliegende Tatsachen einem Rechtsanwalt auch ohne Einwilligung der betroffenen Person offenbart werden.

§ 46[1)] Angestellte Rechtsanwälte und Syndikusrechtsanwälte. (1) Rechtsanwälte dürfen ihren Beruf als Angestellte solcher Arbeitgeber ausüben, die als Rechtsanwälte, Patentanwälte oder rechts- oder patentanwaltliche Berufsausübungsgesellschaften tätig sind.

(2) [1] Angestellte anderer als der in Absatz 1 genannten Personen oder Gesellschaften üben ihren Beruf als Rechtsanwalt aus, sofern sie im Rahmen ihres Arbeitsverhältnisses für ihren Arbeitgeber anwaltlich tätig sind (Syndikusrechtsanwälte). [2] Der Syndikusrechtsanwalt bedarf zur Ausübung seiner Tätigkeit nach Satz 1 der Zulassung zur Rechtsanwaltschaft nach § 46a.

(3) Eine anwaltliche Tätigkeit im Sinne des Absatzes 2 Satz 1 liegt vor, wenn das Arbeitsverhältnis durch folgende fachlich unabhängig und eigenverantwortlich auszuübende Tätigkeiten sowie durch folgende Merkmale geprägt ist:

1. die Prüfung von Rechtsfragen, einschließlich der Aufklärung des Sachverhalts, sowie das Erarbeiten und Bewerten von Lösungsmöglichkeiten,
2. die Erteilung von Rechtsrat,
3. die Ausrichtung der Tätigkeit auf die Gestaltung von Rechtsverhältnissen, insbesondere durch das selbständige Führen von Verhandlungen, oder auf die Verwirklichung von Rechten und
4. die Befugnis, nach außen verantwortlich aufzutreten.

(4) [1] Eine fachlich unabhängige Tätigkeit im Sinne des Absatzes 3 übt nicht aus, wer sich an Weisungen zu halten hat, die eine eigenständige Analyse der Rechtslage und eine einzelfallorientierte Rechtsberatung ausschließen. [2] Die fachliche

---

[1)] § 46 neu gef. mWv 1.1.2016 durch G v. 21.12.2015 (BGBl. I S. 2517); Überschrift neu gef. mWv 18.5.2017 durch G v. 12.5.2017 (BGBl. I S. 1121); Abs. 5 Satz 2 Nr. 3 geänd., Abs. 6 angef. mWv 1.8. 2022 durch G v. 7.7.2021 (BGBl. I S. 2363).

Unabhängigkeit der Berufsausübung des Syndikusrechtsanwalts ist vertraglich und tatsächlich zu gewährleisten.

(5) [1] Die Befugnis des Syndikusrechtsanwalts zur Beratung und Vertretung beschränkt sich auf die Rechtsangelegenheiten des Arbeitgebers. [2] Diese umfassen auch

1. Rechtsangelegenheiten innerhalb verbundener Unternehmen im Sinne des § 15 des Aktiengesetzes[1],

(Fortsetzung nächstes Blatt)

[1] **Habersack, Deutsche Gesetze Nr. 51.**

2. erlaubte Rechtsdienstleistungen des Arbeitgebers gegenüber seinen Mitgliedern, sofern es sich bei dem Arbeitgeber um eine Vereinigung oder Gewerkschaft nach § 7 des Rechtsdienstleistungsgesetzes[1] oder nach § 8 Absatz 1 Nummer 2 des Rechtsdienstleistungsgesetzes handelt, und
3. erlaubte Rechtsdienstleistungen des Arbeitgebers gegenüber Dritten, sofern es sich bei dem Arbeitgeber um einen Angehörigen der in § 59c Absatz 1 Satz 1 Nummer 1 bis 3 genannten sozietätsfähigen Berufe oder um eine Berufsausübungsgesellschaft solcher Berufe handelt.

(6) [1] Ist ein Arbeitgeber, der nicht den in § 59c Absatz 1 Satz 1 Nummer 1 bis 3 genannten Berufen angehört, zur Erbringung von Rechtsdienstleistungen berechtigt, können diese auch durch den Syndikusrechtsanwalt erbracht werden. [2] Der Syndikusrechtsanwalt muss in diesen Fällen darauf hinweisen, dass er keine anwaltliche Beratung im Sinne des § 3 erbringt und ihm kein Zeugnisverweigerungsrecht nach § 53 der Strafprozessordnung[2] zukommt. [3] Die Erbringung von Rechtsdienstleistungen nach Satz 1 ist keine anwaltliche Tätigkeit im Sinne des Absatzes 2 Satz 1.

§ 46a[3] Zulassung als Syndikusrechtsanwalt. (1) [1] Die Zulassung zur Rechtsanwaltschaft als Syndikusrechtsanwalt ist auf Antrag zu erteilen, wenn

1. die allgemeinen Zulassungsvoraussetzungen zum Beruf des Rechtsanwalts gemäß § 4 erfüllt sind,
2. kein Zulassungsversagungsgrund nach § 7 vorliegt und
3. die Tätigkeit den Anforderungen des § 46 Absatz 2 bis 5 entspricht.

[2] Die Zulassung nach Satz 1 kann für mehrere Arbeitsverhältnisse erteilt werden.

(2) [1] Über die Zulassung als Syndikusrechtsanwalt entscheidet die örtlich zuständige Rechtsanwaltskammer nach Anhörung des Trägers der Rentenversicherung. [2] Die Entscheidung ist zu begründen und dem Antragsteller sowie dem Träger der Rentenversicherung zuzustellen. [3] Wie dem Antragsteller steht auch dem Träger der Rentenversicherung gegen die Entscheidung nach Satz 1 Rechtsschutz gemäß § 112a Absatz 1 und 2 zu. [4] Der Träger der Rentenversicherung ist bei seiner Entscheidung über die Befreiung von der Versicherungspflicht in der gesetzlichen Rentenversicherung nach § 6 Absatz 1 Satz 1 Nummer 1 und Absatz 3 des Sechsten Buches Sozialgesetzbuch an die bestandskräftige Entscheidung der Rechtsanwaltskammer nach Satz 1 gebunden.

(3) [1] Dem Antrag auf Zulassung ist eine Ausfertigung oder eine amtlich beglaubigte Abschrift des Arbeitsvertrags oder der Arbeitsverträge beizufügen. [2] Die Rechtsanwaltskammer kann die Vorlage weiterer Nachweise verlangen.

(4) Das Zulassungsverfahren richtet sich nach den §§ 10 bis 12a mit der Maßgabe, dass

1. abweichend von § 12 Absatz 2 der Nachweis des Abschlusses einer Berufshaftpflichtversicherung oder die Vorlage einer vorläufigen Deckungszusage nicht erforderlich ist;

---

[1] Nr. **99**.
[2] **Habersack, Deutsche Gesetze Nr. 90.**
[3] § 46a eingef. mWv 1.1.2016 durch G v. 21.12.2015 (BGBl. I S. 2517); Abs. 4 Nr. 1 geänd., Nr. 2 eingef., bish. Nr. 2 wird Nr. 3 und geänd. mWv 1.1.2016 durch G v. 12.5.2017 (BGBl. I S. 1121); Abs. 4 Nr. 2 geänd. mWv 1.8.2021 durch G v. 25.6.2021 (BGBl. I S. 2154); Abs. 3 Satz 1 geänd. mWv 1.8.2022 durch G v. 7.7.2021 (BGBl. I S. 2363).

2. abweichend von § 12 Absatz 3 der Syndikusrechtsanwalt unbeschadet des § 12 Absatz 1, 2 Nummer 1 und Absatz 4 mit der Zulassung rückwirkend zu dem Zeitpunkt Mitglied der Rechtsanwaltskammer wird, zu dem der Antrag auf Zulassung dort eingegangen ist, sofern nicht die Tätigkeit, für die die Zulassung erfolgt, erst nach der Antragstellung begonnen hat; in diesem Fall wird die Mitgliedschaft erst mit dem Zeitpunkt des Beginns der Tätigkeit begründet;
3. abweichend von § 12 Absatz 4 die Tätigkeit unter der Berufsbezeichnung „Rechtsanwältin (Syndikusrechtsanwältin)" oder „Rechtsanwalt (Syndikusrechtsanwalt)" auszuüben ist.

§ 46b[1)] Erlöschen und Änderung der Zulassung als Syndikusrechtsanwalt. (1) Die Zulassung als Syndikusrechtsanwalt erlischt nach Maßgabe des § 13.

(2) [1] Für die Rücknahme und den Widerruf der Zulassung als Syndikusrechtsanwalt gelten die §§ 14 und 15 mit Ausnahme des § 14 Absatz 2 Nummer 9. [2] Die Zulassung als Syndikusrechtsanwalt ist ferner ganz oder teilweise zu widerrufen, soweit die arbeitsvertragliche Gestaltung eines Arbeitsverhältnisses oder die tatsächlich ausgeübte Tätigkeit nicht mehr den Anforderungen des § 46 Absatz 2 bis 5 entspricht. [3] § 46a Absatz 2 gilt entsprechend. [4] Entgegen Satz 2 ist die Zulassung nicht zu widerrufen, wenn die tatsächlich ausgeübte Tätigkeit als Syndikusrechtsanwalt unterbrochen wird, die Unterbrechung infolge ihrer Eigenart oder vertraglich im Voraus zeitlich begrenzt ist und das der Zulassung als Syndikusrechtsanwalt zugrundeliegende Arbeitsverhältnis fortbesteht.

(3) Werden nach einer Zulassung nach § 46a weitere Arbeitsverhältnisse als Syndikusrechtsanwalt aufgenommen oder tritt innerhalb bereits bestehender Arbeitsverhältnisse eine wesentliche Änderung der Tätigkeit ein, ist auf Antrag die Zulassung nach Maßgabe des § 46a unter den dort genannten Voraussetzungen auf die weiteren Arbeitsverhältnisse oder auf die geänderte Tätigkeit zu erstrecken.

(4) [1] Der Syndikusrechtsanwalt hat der nach § 56 Absatz 3 zuständigen Stelle unbeschadet seiner Anzeige- und Vorlagepflichten nach § 56 Absatz 3 auch jede der folgenden tätigkeitsbezogenen Änderungen des Arbeitsverhältnisses unverzüglich anzuzeigen:
1. jede tätigkeitsbezogene Änderung des Arbeitsvertrags, dazu gehört auch die Aufnahme eines neuen Arbeitsverhältnisses,
2. jede wesentliche Änderung der Tätigkeit innerhalb des Arbeitsverhältnisses.

[2] Im Fall des Satzes 1 Nummer 1 ist der Anzeige eine Ausfertigung oder eine amtlich beglaubigte Abschrift des geänderten Arbeitsvertrags beizufügen. [3] § 57 gilt entsprechend.

§ 46c[2)] Besondere Vorschriften für Syndikusrechtsanwälte. (1) Soweit gesetzlich nichts anderes bestimmt ist, gelten für Syndikusrechtsanwälte die Vorschriften über Rechtsanwälte.

(2) [1] Syndikusrechtsanwälte dürfen ihren Arbeitgeber nicht vertreten

---

[1)] *§ 46b eingef. mWv 1.1.2016 durch G v. 21.12.2015* (BGBl. I S. 2517); Abs. 2 Satz 4 angef., Abs. 4 Satz 2 geänd. mWv 1.8.2022 durch G v. 7.7.2021 (BGBl. I S. 2363).

[2)] § 46c eingef. mWv 1.1.2016 durch G v. 21.12.2015 (BGBl. I S. 2517); Abs. 3 und 4 Satz 2 geänd., Satz 3 aufgeh. mWv 18.5.2017 durch G v. 12.5.2017 (BGBl. I S. 1121); Abs. 3 geänd., Abs. 6 angef. mWv 1.8.2021 durch G v. 25.6.2021 (BGBl. I S. 2154).

1. vor den Landgerichten, Oberlandesgerichten und dem Bundesgerichtshof in zivilrechtlichen Verfahren und Verfahren der freiwilligen Gerichtsbarkeit, sofern die Parteien oder die Beteiligten sich durch einen Rechtsanwalt vertreten lassen müssen oder vorgesehen ist, dass ein Schriftsatz von einem Rechtsanwalt unterzeichnet sein muss, und
2. vor den in § 11 Absatz 4 Satz 1 des Arbeitsgerichtsgesetzes[1)] genannten Gerichten, es sei denn, der Arbeitgeber ist ein vertretungsbefugter Bevollmächtigter im Sinne des § 11 Absatz 4 Satz 2 des Arbeitsgerichtsgesetzes.

[2] In Straf- oder Bußgeldverfahren, die sich gegen den Arbeitgeber oder dessen Mitarbeiter richten, dürfen Syndikusrechtsanwälte nicht als deren Verteidiger oder Vertreter tätig werden; dies gilt, wenn Gegenstand des Straf- oder Bußgeldverfahrens ein unternehmensbezogener Tatvorwurf ist, auch in Bezug auf eine Tätigkeit als Rechtsanwalt im Sinne des § 4.

(3) Auf die Tätigkeit von Syndikusrechtsanwälten finden die §§ 44, 48 bis 49a und 50 Absatz 2 und 3 sowie die §§ 51 bis 55 keine Anwendung.

(4) [1] § 27 findet auf Syndikusrechtsanwälte mit der Maßgabe Anwendung, dass die regelmäßige Arbeitsstätte als Kanzlei gilt. [2] Ist der Syndikusrechtsanwalt zugleich als Rechtsanwalt gemäß § 4 zugelassen oder ist er im Rahmen mehrerer Arbeitsverhältnisse als Syndikusrechtsanwalt tätig, ist für jede Tätigkeit eine weitere Kanzlei zu errichten und zu unterhalten, wovon nur eine im Bezirk der Rechtsanwaltskammer belegen sein muss, deren Mitglied er ist.

(5) [1] In die Verzeichnisse nach § 31 ist ergänzend zu den in § 31 Absatz 3 genannten Angaben aufzunehmen, dass die Zulassung zur Rechtsanwaltschaft als Syndikusrechtsanwalt erfolgt ist. [2] Ist der Syndikusrechtsanwalt zugleich als Rechtsanwalt gemäß § 4 zugelassen oder ist er im Rahmen mehrerer Arbeitsverhältnisse als Syndikusrechtsanwalt tätig, hat eine gesonderte Eintragung für jede der Tätigkeiten zu erfolgen.

(6) [1] Der Syndikusrechtsanwalt hat einen Zustellungsbevollmächtigten zu benennen, wenn er länger als eine Woche daran gehindert ist, seinen Beruf auszuüben. [2] § 30 gilt entsprechend.

§ 47[2)] Rechtsanwälte im öffentlichen Dienst. (1) [1] Rechtsanwälte, die als Richter oder Beamte verwendet werden, ohne auf Lebenszeit ernannt zu sein, die in das Dienstverhältnis eines Soldaten auf Zeit berufen werden oder die vorübergehend als Angestellte im öffentlichen Dienst tätig sind, dürfen ihren Beruf als Rechtsanwalt nicht ausüben, es sei denn, daß sie die ihnen übertragenen Aufgaben ehrenamtlich wahrnehmen. [2] Die Rechtsanwaltskammer kann jedoch dem Rechtsanwalt auf seinen Antrag eine Vertretung bestellen oder ihm gestatten, seinen Beruf selbst auszuüben, wenn die Interessen der Rechtspflege dadurch nicht gefährdet werden.

(2) Bekleidet ein Rechtsanwalt ein öffentliches Amt, ohne in das Beamtenverhältnis berufen zu sein, und darf er nach den für das Amt maßgebenden Vorschriften den Beruf als Rechtsanwalt nicht selbst ausüben, so kann die Rechtsanwaltskammer ihm auf seinen Antrag eine Vertretung bestellen.

[1)] **Habersack, Deutsche Gesetze Nr. 83.**

[2)] § 47 Abs. 1 Satz 1 geänd. durch G v. 13.12.1989 (BGBl. I S. 2135); Abs. 1 Satz 2, Abs. 2 geänd., Abs. 3 aufgeh. mWv 1.6.2007 durch G v. 26.3.2007 (BGBl. I S. 358); Abs. 1 Satz 2, Abs. 2 geänd. mWv 1.8.2021 durch G v. 25.6.2021 (BGBl. I S. 2154).

§ 48[1] **Pflicht zur Übernahme der Prozessvertretung.** (1) Der Rechtsanwalt muß im gerichtlichen Verfahren die Vertretung einer Partei oder die Beistandschaft übernehmen,

1. wenn er der Partei auf Grund des § 121 der Zivilprozeßordnung[2], des § 4a Abs. 2 der Insolvenzordnung[3] oder auf Grund anderer gesetzlicher Vorschriften zur vorläufig unentgeltlichen Wahrnehmung ihrer Rechte beigeordnet ist;
2. wenn er der Partei auf Grund der §§ 78b, 78c der Zivilprozeßordnung beigeordnet ist;
3. wenn er dem Antragsgegner auf Grund des § 138 des Gesetzes über das Verfahren in Familiensachen und in den Angelegenheiten der freiwilligen Gerichtsbarkeit[4] als Beistand beigeordnet ist.

(2) Der Rechtsanwalt kann beantragen, die Beiordnung aufzuheben, wenn hierfür wichtige Gründe vorliegen.

§ 49[5] **Pflichtverteidigung und Beistandsleistung.** (1) Der Rechtsanwalt muss eine Verteidigung oder Beistandsleistung übernehmen, wenn er nach den Vorschriften der Strafprozessordnung[6], des Gesetzes über Ordnungswidrigkeiten[7], des Gesetzes über die internationale Rechtshilfe in Strafsachen[8] oder des IStGH-Gesetzes zum Verteidiger oder Beistand bestellt ist.

(2) § 48 Abs. 2 ist entsprechend anzuwenden.

§ 49a[9] **Pflicht zur Übernahme der Beratungshilfe.** (1) [1]Der Rechtsanwalt ist verpflichtet, die in dem Beratungshilfegesetz[10] vorgesehene Beratungshilfe zu übernehmen. [2]Er kann die Beratungshilfe im Einzelfall aus wichtigem Grund ablehnen.

(2) [1]Der Rechtsanwalt ist verpflichtet, bei Einrichtungen der Rechtsanwaltschaft für die Beratung von Rechtsuchenden mit geringem Einkommen mitzuwirken. [2]Er kann die Mitwirkung im Einzelfall aus wichtigem Grund ablehnen.

§ 49b[11] **Vergütung.** (1) [1]Es ist unzulässig, geringere Gebühren und Auslagen zu vereinbaren oder zu fordern, als das Rechtsanwaltsvergütungsgesetz[12] vorsieht,

---

[1] § 48 Abs. 1 einl. Satzteil und Nr. 2 geänd., Nr. 3 eingef., bish. Nr. 3 wird Nr. 4 durch G v. 14.6.1976 (BGBl. I S. 1421); Abs. 1 Nr. 1 und 2 geänd. durch G v. 13.6.1980 (BGBl. I S. 677); Abs. 1 Nr. 3 geänd., Nr. 4 aufgeh. durch G v. 12.9.1990 (BGBl. I S. 2002); Abs. 1 Nr. 1 geänd. mWv 1.12.2001 durch G v. 26.10.2001 (BGBl. I S. 2710); Abs. 1 Nr. 3 geänd. mWv 1.9.2009 durch G v. 30.7.2009 (BGBl. I S. 2449); Abs. 1 Nr. 1 geänd. mWv 1.1.2014 durch G v. 31.8.2013 (BGBl. I S. 3533); Überschrift neu gef. mWv 18.5.2017 durch G v. 12.5.2017 (BGBl. I S. 1121).

[2] **Habersack, Deutsche Gesetze Nr. 100.**

[3] **Habersack, Deutsche Gesetze Nr. 110.**

[4] **Habersack, Deutsche Gesetze Nr. 112.**

[5] § 49 neu gef. durch G v. 23.12.1982 (BGBl. I S. 2071); Abs. 1 geänd. mWv 1.7.2002 durch G v. 21.6.2002 (BGBl. I S. 2144); Abs. 1 neu gef. mWv 1.10.2009 durch G v. 29.7.2009 (BGBl. I S. 2280); Überschrift neu gef. mWv 18.5.2017 durch G v. 12.5.2017 (BGBl. I S. 1121).

[6] **Habersack, Deutsche Gesetze Nr. 90.**

[7] **Habersack, Deutsche Gesetze Nr. 94.**

[8] Nr. **90h**.

[9] § 49a eingef. durch G v. 18.6.1980 (BGBl. I S. 689); Abs. 2 angef. durch G v. 2.9.1994 (BGBl. I S. 2278).

[10] *Nr.* ***98b***.

[11] § 49b eingef. durch G v. 2.9.1994 (BGBl. I S. 2278); Abs. 1 Satz 1 neu gef., Abs. 2 Satz 2 angef., Abs. 3 Satz 2 geänd., Abs. 5 angef. mWv 1.7.2004 durch G v. 5.5.2004 (BGBl. I S. 718); Abs. 4 neu gef.. mWv 18.12.2007 durch G v. 12.12.2007 (BGBl. I S. 2840); Abs. 2 neu gef. mWv 1.7.2008 durch G v. 12.6.2008 (BGBl. I S. 1000); Abs. 3 Satz 6 geänd. mWv 1.9.2009 durch G v. 30.7.2009 (BGBl. I S. 2449); →

soweit dieses nichts anderes bestimmt. [2]Im Einzelfall darf der Rechtsanwalt besonderen Umständen in der Person des Auftraggebers, insbesondere dessen Bedürftigkeit, Rechnung tragen durch Ermäßigung oder Erlaß von Gebühren oder Auslagen nach Erledigung des Auftrags.

(2) [1]Vereinbarungen, durch die eine Vergütung oder ihre Höhe vom Ausgang der Sache oder vom Erfolg der anwaltlichen Tätigkeit abhängig gemacht wird oder nach denen der Rechtsanwalt einen Teil des erstrittenen Betrages als Honorar erhält (Erfolgshonorar), sind unzulässig, soweit das Rechtsanwaltsvergütungsgesetz nichts anderes bestimmt. [2]Vereinbarungen, durch die sich der Rechtsanwalt verpflichtet, Gerichtskosten, Verwaltungskosten oder Kosten anderer Beteiligter zu tragen, sind nur zulässig, soweit in der Angelegenheit ein Erfolgshonorar nach § 4a Absatz 1 Satz 1 Nummer 2 des Rechtsanwaltsvergütungsgesetzes vereinbart wird. [3]Ein Erfolgshonorar im Sinne des Satzes 1 liegt nicht vor, wenn lediglich vereinbart wird, dass sich die gesetzlichen Gebühren ohne weitere Bedingungen erhöhen.

(3) [1]Die Abgabe und Entgegennahme eines Teils der Gebühren oder sonstiger Vorteile für die Vermittlung von Aufträgen, gleichviel ob im Verhältnis zu einem Rechtsanwalt oder Dritten gleich welcher Art, ist unzulässig. [2]Zulässig ist es jedoch, eine über den Rahmen der Nummer 3400 der Anlage 1 zum Rechtsanwaltsvergütungsgesetz hinausgehende Tätigkeit eines anderen Rechtsanwalts angemessen zu honorieren. [3]Die Honorierung der Leistungen hat der Verantwortlichkeit sowie dem Haftungsrisiko der beteiligten Rechtsanwälte und den sonstigen Umständen Rechnung zu tragen. [4]Die Vereinbarung einer solchen Honorierung darf nicht zur Voraussetzung einer Mandatserteilung gemacht werden. [5]Mehrere beauftragte Rechtsanwälte dürfen einen Auftrag gemeinsam bearbeiten und die Gebühren in einem den Leistungen, der Verantwortlichkeit und dem Haftungsrisiko entsprechenden angemessenen Verhältnis untereinander teilen. [6]Die Sätze 2 und 3 gelten nicht für beim Bundesgerichtshof zugelassene Prozeßbevollmächtigte.

(4) [1]Die Abtretung von Vergütungsforderungen oder die Übertragung ihrer Einziehung an Rechtsanwälte oder Berufsausübungsgesellschaften nach § 59b ist zulässig. [2]Im Übrigen sind Abtretung oder Übertragung nur zulässig, wenn eine ausdrückliche, schriftliche Einwilligung des Mandanten vorliegt oder die Forderung rechtskräftig festgestellt ist. [3]Vor der Einwilligung ist der Mandant über die Informationspflicht des Rechtsanwalts gegenüber dem neuen Gläubiger oder Einziehungsermächtigten aufzuklären. [4]Der neue Gläubiger oder Einziehungsermächtigte ist in gleicher Weise zur Verschwiegenheit verpflichtet wie der beauftragte Rechtsanwalt.

(5) Richten sich die zu erhebenden Gebühren nach dem Gegenstandswert, hat der Rechtsanwalt vor Übernahme des Auftrags hierauf hinzuweisen.

§ 49c[1)] Einreichung von Schutzschriften. Der Rechtsanwalt ist verpflichtet, Schutzschriften ausschließlich zum Schutzschriftenregister nach § 945a der Zivilprozessordnung[2)] einzureichen.

(Fortsetzung der Anm. von voriger Seite)
Abs. 4 Satz 1 geänd. mWv 1.8.2022 durch G v. 7.7.2021 (BGBl. I S. 2363); Abs. 2 Satz 2 neu gef. mWv 1.10.2021 durch G v. 10.8.2021 (BGBl. I S. 3415).

[12)] **Habersack, Deutsche Gesetze Nr. 117.**

[1)] § 49c eingef. mWv 1.1.2017 durch G v. 10.10.2013 (BGBl. I S. 3786).

[2)] **Habersack, Deutsche Gesetze Nr. 100.**

§ 50[1)] Handakten. (1) [1]Der Rechtsanwalt muss durch das Führen von Handakten ein geordnetes und zutreffendes Bild über die Bearbeitung seiner Aufträge geben können. [2]Er hat die Handakten für die Dauer von sechs Jahren aufzubewahren. [3]Die Frist beginnt mit Ablauf des Kalenderjahres, in dem der Auftrag beendet wurde.

(2) [1]Dokumente, die der Rechtsanwalt aus Anlass seiner beruflichen Tätigkeit von dem Auftraggeber oder für ihn erhalten hat, hat der Rechtsanwalt seinem Auftraggeber auf Verlangen herauszugeben. [2]Macht der Auftraggeber kein Herausgabeverlangen geltend, hat der Rechtsanwalt die Dokumente für die Dauer der Frist nach Absatz 1 Satz 2 und 3 aufzubewahren. [3]Diese Aufbewahrungspflicht gilt nicht, wenn der Rechtsanwalt den Auftraggeber aufgefordert hat, die Dokumente in Empfang zu nehmen, und der Auftraggeber dieser Aufforderung binnen sechs Monaten nach Zugang nicht nachgekommen ist. [4]Die Sätze 1 bis 3 gelten nicht für die Korrespondenz zwischen dem Rechtsanwalt und seinem Auftraggeber sowie für die Dokumente, die der Auftraggeber bereits in Urschrift oder Abschrift erhalten hat.

(3) [1]Der Rechtsanwalt kann seinem Auftraggeber die Herausgabe der Dokumente nach Absatz 2 Satz 1 so lange verweigern, bis er wegen der ihm vom Auftraggeber geschuldeten Gebühren und Auslagen befriedigt ist. [2]Dies gilt nicht, soweit das Vorenthalten nach den Umständen unangemessen wäre.

(4) Die Absätze 1 bis 3 gelten entsprechend, sofern sich der Rechtsanwalt zum Führen von Handakten oder zur Verwahrung von Dokumenten der elektronischen Datenverarbeitung bedient.

(5) In anderen Vorschriften getroffene Regelungen zu Aufbewahrungs- und Herausgabepflichten bleiben unberührt.

§ 51[2)] Berufshaftpflichtversicherung. (1) [1]Der Rechtsanwalt ist verpflichtet, eine Berufshaftpflichtversicherung zur Deckung der sich aus seiner Berufstätigkeit ergebenden Haftpflichtgefahren für Vermögensschäden abzuschließen und die Versicherung während der Dauer seiner Zulassung aufrechtzuerhalten. [2]Die Versicherung muß bei einem im Inland zum Geschäftsbetrieb befugten Versicherungsunternehmen zu den nach Maßgabe des Versicherungsaufsichtsgesetzes eingereichten Allgemeinen Versicherungsbedingungen genommen werden und sich auch auf solche Vermögensschäden erstrecken, für die der Rechtsanwalt nach § 278 oder § 831 des Bürgerlichen Gesetzbuchs[3)] einzustehen hat.

(2) Der Versicherungsvertrag hat Versicherungsschutz für jede einzelne Pflichtverletzung zu gewähren, die gesetzliche Haftpflichtansprüche privatrechtlichen Inhalts gegen den Rechtsanwalt zur Folge haben könnte; dabei kann vereinbart werden, daß sämtliche Pflichtverletzungen bei Erledigung eines einheitlichen Auftrags, mögen diese auf dem Verhalten des Rechtsanwalts oder einer von ihm herangezogenen Hilfsperson beruhen, als ein Versicherungsfall gelten.

(3) Von der Versicherung kann die Haftung ausgeschlossen werden:

[1)] § 50 neu gef. mWv 18.5.2017 durch G v. 12.5.2017 (BGBl. I S. 1121).

[2)] § 51 eingef. durch G v. 2.9.1994 (BGBl. I S. 2278); Abs. 4 Satz 1 geänd. mWv 1.1.2002 durch G v. 13.12.2001 (BGBl. I S. 3574); Abs. 6 Satz 2 angef., Satz 1 und Abs. 7 geänd. mWv 1.6.2007 durch G v. 26.3.2007 (BGBl. I S. 358); Abs. 7 geänd. mWv 1.1.2008 durch G v. 23.11.2007 (BGBl. I S. 2631); Abs. 6 *Sätze 1 und 2 geänd. mWv 1.9.2009 durch G v. 30.7.2009* (BGBl. I S. 2449); Abs. 6 Satz 1 und Abs. 8 geänd. mWv 8.9.2015 durch VO v. 31.8.2015 (BGBl. I S. 1474); Abs. 5 geänd., Abs. 8 aufgeh. mWv 18.5.2017 durch G v. 12.5.2017 (BGBl. I S. 1121); Abs. 3 Nr. 5 geänd. mWv 1.8.2022 durch G v. 7.7.2021 (BGBl. I S. 2363).

[3)] **Habersack, Deutsche Gesetze Nr. 20.**

1. für Ersatzansprüche wegen wissentlicher Pflichtverletzung,
2. für Ersatzansprüche aus Tätigkeiten über in anderen Staaten eingerichtete oder unterhaltene Kanzleien oder Büros,
3. für Ersatzansprüche aus Tätigkeiten im Zusammenhang mit der Beratung und Beschäftigung mit außereuropäischem Recht,
4. für Ersatzansprüche aus Tätigkeiten des Rechtsanwalts vor außereuropäischen Gerichten,
5. für Ersatzansprüche wegen Veruntreuung durch Personal, Angehörige oder Mitgesellschafter des Rechtsanwalts.

(4) [1] Die Mindestversicherungssumme beträgt 250 000 Euro für jeden Versicherungsfall. [2] Die Leistungen des Versicherers für alle innerhalb eines Versicherungsjahres verursachten Schäden können auf den vierfachen Betrag der Mindestversicherungssumme begrenzt werden.

(5) Die Vereinbarung eines Selbstbehalts bis zu einem Prozent der Mindestversicherungssumme ist zulässig.

(6) [1] Im Versicherungsvertrag ist der Versicherer zu verpflichten, der zuständigen Rechtsanwaltskammer, bei Rechtsanwälten bei dem Bundesgerichtshof auch dem Bundesministerium der Justiz und für Verbraucherschutz, den Beginn und die Beendigung oder Kündigung des Versicherungsvertrages sowie jede Änderung des Versicherungsvertrages, die den vorgeschriebenen Versicherungsschutz beeinträchtigt, unverzüglich mitzuteilen.[1)] [2] Die Rechtsanwaltskammer erteilt Dritten zur Geltendmachung von Schadensersatzansprüchen auf Antrag Auskunft über den Namen und die Adresse der Berufshaftpflichtversicherung des Rechtsanwalts sowie die Versicherungsnummer, soweit der Rechtsanwalt kein überwiegendes schutzwürdiges Interesse an der Nichterteilung der Auskunft hat; dies gilt auch, wenn die Zulassung zur Rechtsanwaltschaft erloschen ist.

(7) Zuständige Stelle im Sinne des § 117 Abs. 2 des Versicherungsvertragsgesetzes[2)] ist die Rechtsanwaltskammer.

§ 51a[3)] *(aufgehoben)*

§ 52[4)] **Vertragliche Begrenzung von Ersatzansprüchen.** (1) [1] Der Anspruch des Auftraggebers aus dem zwischen ihm und dem Rechtsanwalt bestehenden Vertragsverhältnis auf Ersatz eines fahrlässig verursachten Schadens kann beschränkt werden:

1. durch schriftliche Vereinbarung im Einzelfall bis zur Höhe der Mindestversicherungssumme;
2. durch vorformulierte Vertragsbedingungen für Fälle einfacher Fahrlässigkeit auf den vierfachen Betrag der Mindestversicherungssumme, wenn insoweit Versicherungsschutz besteht.

[1)] Nach Art. 21 Abs. 12 G v. 2.9.1994 (BGBl. I S. 2278) ist der Abschluss der Berufshaftpflichtversicherung binnen eines Jahres nachzuweisen von bei Inkrafttreten dieses Gesetzes [9.9.1994]
a) zugelassenen Rechtsanwälten der Landesjustizverwaltung und der Rechtsanwaltskammer,
b) zugelassenen Patentanwälten dem Präsidenten des Deutschen Patentamts und der Patentanwaltskammer.

[2)] **Habersack, Deutsche Gesetze Nr. 62.**

[3)] § 51a aufgeh. mWv 1.8.2022 durch G v. 7.7.2021 (BGBl. I S. 2363).

[4)] Bish. § 51a wird § 52 und Abs. 1 Satz 2 angef. mWv 19.7.2013 durch G v. 15.7.2013 (BGBl. I S. 2386); Abs. 1 Satz 2, Abs. 2 Sätze 1 und 2 geänd. mWv 1.8.2022 durch G v. 7.7.2021 (BGBl. I S. 2363).

[2] Für Berufsausübungsgesellschaften gilt Satz 1 entsprechend.

(2) [1] Die Mitglieder einer Berufsausübungsgesellschaft ohne Haftungsbeschränkung haften aus dem zwischen ihr und dem Auftraggeber bestehenden Vertragsverhältnis als Gesamtschuldner. [2] Die persönliche Haftung auf Schadensersatz kann auch durch vorformulierte Vertragsbedingungen beschränkt werden auf einzelne Mitglieder einer Berufsausübungsgesellschaft ohne Haftungsbeschränkung, die das Mandat im Rahmen ihrer eigenen beruflichen Befugnisse bearbeiten und namentlich bezeichnet sind. [3] Die Zustimmungserklärung zu einer solchen Beschränkung darf keine anderen Erklärungen enthalten und muß vom Auftraggeber unterschrieben sein.

§ 53[1)] Bestellung einer Vertretung. (1) Der Rechtsanwalt muss für seine Vertretung sorgen, wenn er

1. länger als eine Woche daran gehindert ist, seinen Beruf auszuüben, oder
2. sich länger als zwei Wochen von seiner Kanzlei entfernen will.

(2) [1] Die Vertretung soll einem anderen Rechtsanwalt übertragen werden. [2] Sie kann auch durch Personen erfolgen, die die Befähigung zum Richteramt erworben oder mindestens zwölf Monate des Vorbereitungsdienstes nach § 5b des Deutschen Richtergesetzes[2)] absolviert haben. [3] In den Fällen des Satzes 2 gilt § 7 entsprechend.

(3) [1] Soll die Vertretung einem anderen Rechtsanwalt übertragen werden, so soll der Rechtsanwalt diesen selbst bestellen. [2] Soll die Vertretung durch eine andere Person erfolgen oder findet der Rechtsanwalt keine Vertretung, so ist die Vertretung auf Antrag des Rechtsanwalts von der Rechtsanwaltskammer zu bestellen.

(4) [1] Hat es ein Rechtsanwalt in den Fällen des Absatzes 1 unterlassen, eine Vertretung zu bestellen oder deren Bestellung zu beantragen, so soll die Rechtsanwaltskammer eine Vertretung von Amts wegen bestellen. [2] Zuvor soll sie den Rechtsanwalt auffordern, die Vertretung selbst zu bestellen oder deren Bestellung zu beantragen. [3] Ein Rechtsanwalt, der von Amts wegen als Vertretung bestellt wird, kann die Vertretung nur aus wichtigem Grund ablehnen.

(5) Die Bestellung kann jederzeit widerrufen werden.

§ 54[3)] Befugnisse der Vertretung. (1) [1] Der Vertretung stehen die anwaltlichen Befugnisse des Rechtsanwalts zu, den sie vertritt. [2] Sie wird in eigener Verantwortung, jedoch im Interesse, für Rechnung und auf Kosten des Vertretenen tätig. [3] Die §§ 666, 667 und 670 des Bürgerlichen Gesetzbuchs[4)] gelten entsprechend.

(2) [1] Der Vertretene hat der von ihm selbst bestellten Vertretung einen Zugang zu seinem besonderen elektronischen Anwaltspostfach einzuräumen. [2] Die Vertretung muss zumindest befugt sein, Posteingänge zur Kenntnis zu nehmen und elektronische Empfangsbekenntnisse abzugeben.

(3) [1] Die von Amts wegen bestellte Vertretung ist berechtigt, die Kanzleiräume des Vertretenen zu betreten und die zur Kanzlei gehörenden Gegenstände einschließlich des der anwaltlichen Verwahrung unterliegenden Treugutes in Besitz zu nehmen, herauszuverlangen und hierüber zu verfügen. [2] An Weisungen des

---

[1)] § 53 neu gef. mWv 1.8.2021 durch G v. 25.6.2021 (BGBl. I S. 2154).
[2)] Nr. **97**.
[3)] § 54 neu gef. mWv 1.8.2021 durch G v. 25.6.2021 (BGBl. I S. 2154).
[4)] **Habersack, Deutsche Gesetze Nr. 20.**

Vertretenen ist sie nicht gebunden. [3]Der Vertretene darf die Tätigkeit der Vertretung nicht beeinträchtigen.

(4) [1]Der Vertretene hat der von Amts wegen bestellten Vertretung eine angemessene Vergütung zu zahlen, für die Sicherheit zu leisten ist, wenn die Umstände es erfordern. [2]Können sich die Beteiligten über die Höhe der Vergütung oder über die Sicherheit nicht einigen oder wird die geschuldete Sicherheit nicht geleistet, so setzt der Vorstand der Rechtsanwaltskammer auf Antrag eines Beteiligten die Vergütung fest. [3]Die Vertretung ist befugt, Vorschüsse auf die vereinbarte oder festgesetzte Vergütung zu entnehmen. [4]Für die festgesetzte Vergütung haftet die Rechtsanwaltskammer wie ein Bürge.

§ 55[1)] Bestellung eines Abwicklers der Kanzlei. (1) [1]Ist ein Rechtsanwalt gestorben, so kann die Rechtsanwaltskammer einen Rechtsanwalt oder eine andere Person, welche die Befähigung zum Richteramt erlangt hat, zum Abwickler der Kanzlei bestellen. [2]Für weitere Kanzleien kann derselbe oder ein anderer Abwickler bestellt werden. [3]§ 7 gilt entsprechend. [4]Der Abwickler ist in der Regel nicht länger als für die Dauer eines Jahres zu bestellen. [5]Auf Antrag des Abwicklers ist die Bestellung, höchstens jeweils um ein Jahr, zu verlängern, wenn er glaubhaft macht, daß schwebende Angelegenheiten noch nicht zu Ende geführt werden konnten.

(2) [1]Dem Abwickler obliegt es, die schwebenden Angelegenheiten abzuwickeln. [2]Er führt die laufenden Aufträge fort; innerhalb der ersten sechs Monate ist er auch berechtigt, neue Aufträge anzunehmen. [3]Ihm stehen die anwaltlichen Befugnisse zu, die der verstorbene Rechtsanwalt hatte. [4]Der Abwickler gilt für die schwebenden Angelegenheiten als von der Partei bevollmächtigt, sofern diese nicht für die Wahrnehmung ihrer Rechte in anderer Weise gesorgt hat.

(3) [1]§ 53 Absatz 4 Satz 3 und § 54 Absatz 1 Satz 2 und 3, Absatz 3 und 4 gelten entsprechend. [2]Der Abwickler ist berechtigt, jedoch außer im Rahmen eines Kostenfestsetzungsverfahrens nicht verpflichtet, Kostenforderungen des verstorbenen Rechtsanwalts im eigenen Namen für Rechnung der Erben geltend zu machen.

(4) Die Bestellung kann widerrufen werden.

(5) Abwickler können auch für die Kanzlei und weitere Kanzleien eines früheren Rechtsanwalts bestellt werden, dessen Zulassung zur Rechtsanwaltschaft erloschen ist.

§ 56[2)] Besondere Pflichten gegenüber dem Vorstand der Rechtsanwaltskammer. (1) [1]In Aufsichts- und Beschwerdesachen hat der Rechtsanwalt dem Vorstand der Rechtsanwaltskammer oder einem beauftragten Mitglied des Vorstandes Auskunft zu geben sowie auf Verlangen seine Handakten vorzulegen oder vor dem Vorstand oder dem beauftragten Mitglied zu erscheinen. [2]Das gilt nicht,

---

[1)] § 55 Abs. 1 neu gef. durch G v. 13.1.1969 (BGBl. I S. 25); Abs. 1 Satz 1 geänd., Satz 5 angef., Abs. 3–5 neu gef., Abs. 6 aufgeh. durch G v. 13.12.1989 (BGBl. I S. 2135); Abs. 1 Satz 2 geänd. mWv 1.8.2001 durch G v. 16.2.2001 (BGBl. I S. 266); Abs. 1 Satz 1 geänd., Satz 2 neu gef., Satz 3 aufgeh., bish. Sätze 4 und 5 werden Sätze 3 und 4, Abs. 2 Satz 5 aufgeh. mWv 1.6.2007 durch G v. 26.3.2007 (BGBl. I S. 358); Abs. 3 Satz 1, Abs. 5 geänd. mWv 1.9.2009 durch G v. 30.7.2009 (BGBl. I S. 2449); Abs. 1 Satz 2 eingef., bish. Sätze 2–4 werden Sätze 3–5, Abs. 5 geänd. mWv 18.5.2017 durch G v. 12.5.2017 (BGBl. I S. 1121); Abs. 3 Satz 1 neu gef. mWv 1.8.2021 durch G v. 25.6.2021 (BGBl. I S. 2154).

[2)] § 56 Abs. 2 angef. durch G v. 13.12.1989 (BGBl. I S. 2135); Abs. 1 neu gef. durch G v. 2.9.1994 (BGBl. I S. 2278); Abs. 2 eingef., bish. Abs. 2 wird Abs. 3 mWv 1.9.2009 durch G v. 30.7.2009 (BGBl. I S. 2449).

wenn und soweit der Rechtsanwalt dadurch seine Verpflichtung zur Verschwiegenheit verletzen oder sich durch wahrheitsgemäße Beantwortung oder Vorlage seiner Handakten die Gefahr zuziehen würde, wegen einer Straftat, einer Ordnungswidrigkeit oder einer Berufspflichtverletzung verfolgt zu werden und er sich hierauf beruft. [3] Der Rechtsanwalt ist auf das Recht zur Auskunftsverweigerung hinzuweisen.

(2) [1] In Vermittlungsverfahren der Rechtsanwaltskammer hat der Rechtsanwalt auf Verlangen vor dem Vorstand der Rechtsanwaltskammer oder einem beauftragten Mitglied des Vorstandes zu erscheinen. [2] Das Erscheinen soll angeordnet werden, wenn der Vorstand oder das beauftragte Vorstandsmitglied nach Prüfung zu dem Ergebnis kommt, dass hierdurch eine Einigung gefördert werden kann.

(3) [1] Der Rechtsanwalt hat dem Vorstand der Rechtsanwaltskammer unverzüglich anzuzeigen,

1. daß er ein Beschäftigungsverhältnis eingeht oder daß eine wesentliche Änderung eines bestehenden Beschäftigungsverhältnisses eintritt,
2. daß er dauernd oder zeitweilig als Richter, Beamter, Berufssoldat oder Soldat auf Zeit verwendet wird,
3. daß er ein öffentliches Amt im Sinne des § 47 Abs. 2 bekleidet.

[2] Dem Vorstand der Rechtsanwaltskammer sind auf Verlangen die Unterlagen über ein Beschäftigungsverhältnis vorzulegen.

§ 57[1)] Zwangsgeld bei Verletzung der besonderen Pflichten. (1) [1] Um einen Rechtsanwalt zur Erfüllung seiner Pflichten nach § 56 anzuhalten, kann der Vorstand der Rechtsanwaltskammer gegen ihn, auch zu wiederholten Malen, Zwangsgeld festsetzen. [2] Das einzelne Zwangsgeld darf eintausend Euro nicht übersteigen.

(2) [1] Das Zwangsgeld muß vorher durch den Vorstand oder den Präsidenten schriftlich angedroht werden. [2] Die Androhung und die Festsetzung des Zwangsgelds sind dem Rechtsanwalt zuzustellen.

(3) [1] Gegen die Androhung und gegen die Festsetzung des Zwangsgeldes kann der Rechtsanwalt innerhalb eines Monats nach der Zustellung die Entscheidung des Anwaltsgerichtshofes beantragen. [2] Der Antrag ist bei dem Vorstand der Rechtsanwaltskammer schriftlich einzureichen. [3] Erachtet der Vorstand den Antrag für begründet, so hat er ihm abzuhelfen; andernfalls ist der Antrag unverzüglich dem Anwaltsgerichtshof vorzulegen. [4] Zuständig ist der Anwaltsgerichtshof bei dem Oberlandesgericht, in dessen Bezirk die Rechtsanwaltskammer ihren Sitz hat. [5] Auf das Verfahren sind die §§ 307 bis 309 und 311a der Strafprozessordnung[2)] sinngemäß anzuwenden. [6] Die Gegenerklärung (§ 308 Abs. 1 der Strafprozeßordnung) wird vom Vorstand der Rechtsanwaltskammer abgegeben. [7] Die Staatsanwaltschaft ist an dem Verfahren nicht beteiligt. [8] Der Beschluß des Anwaltsgerichtshofes kann nicht angefochten werden. [9] § 116 Absatz 2 gilt entsprechend.

(4) [1] Das Zwangsgeld fließt der Rechtsanwaltskammer zu. [2] Es wird auf Grund einer von dem Schatzmeister erteilten, mit der Bescheinigung der Vollstreckbarkeit

---

[1)] § 57 neu gef. durch G v. 13.1.1969 (BGBl. I S. 25); Abs. 1 und 3 Satz 1 neu gef. durch G v. 13.12. 1989 *(BGBl. I S. 2135); Abs. 3 Sätze 1, 3, 4 und 8* geänd. durch G v. 2.9.1994 (BGBl. I S. 2278); Abs. 1 Satz 2 geänd. mWv 1.1.2002 durch G v. 13.12.2001 (BGBl. I S. 3574); Abs. 3 Satz 9 angef. mWv 3.12. 2011 durch G v. 24.11.2011 (BGBl. I S. 2302); Abs. 3 Satz 5 neu gef., Abs. 4 Sätze 3 und 4 angef. mWv 18.5.2017 durch G v. 12.5.2017 (BGBl. I S. 1121).

[2)] **Habersack, Deutsche Gesetze Nr. 90.**

versehenen beglaubigten Abschrift des Festsetzungsbescheides nach den Vorschriften beigetrieben, die für die Vollstreckung von Urteilen in bürgerlichen Rechtsstreitigkeiten gelten. [3] § 767 der Zivilprozessordnung[1)] gilt mit der Maßgabe, dass Einwendungen, die den Anspruch selbst betreffen, nur insoweit zulässig sind, als sie nicht in dem Verfahren nach Absatz 3 geltend gemacht werden konnten. [4] Solche Einwendungen sind im Wege der Klage bei dem in § 797 Absatz 5 der Zivilprozessordnung bezeichneten Gericht geltend zu machen.

§ 58[2)] Mitgliederakten. (1) [1] Die Rechtsanwaltskammern führen zur Erfüllung ihrer Aufgaben Akten über ihre Mitglieder (§ 60 Absatz 2). [2] Mitgliederakten können teilweise oder vollständig elektronisch geführt werden. [3] Zu den Mitgliederakten sind insbesondere die Dokumente zu nehmen, die im Zusammenhang mit der Zulassung, der Mitgliedschaft oder der Qualifikation des Mitglieds stehen oder die in Bezug auf das Mitglied geführte berufsaufsichtliche Verfahren betreffen.

(2) [1] Die Mitglieder der Rechtsanwaltskammern haben das Recht, die über sie geführten Akten einzusehen. [2] Bei einer Einsichtnahme dürfen Aufzeichnungen über den Inhalt der Akten oder Kopien der Dokumente gefertigt werden. [3] Bei einer elektronischen Aktenführung hat die Rechtsanwaltskammer den Inhalt elektronisch oder durch Ausdrucke zugänglich zu machen. [4] Die Akteneinsicht kann verweigert werden, solange die in § 29 Absatz 1 Satz 2 und Absatz 2 des Verwaltungsverfahrensgesetzes[3)] und § 147 Absatz 2 Satz 1 der Strafprozessordnung[4)] genannten Gründe vorliegen.

(3) [1] Beantragt ein Mitglied die Aufnahme in eine andere Rechtsanwaltskammer, übersendet die abgebende Kammer der anderen Kammer dessen Mitgliederakte. [2] Ist die Aufnahme in die andere Kammer erfolgt, löscht die abgebende Kammer alle personenbezogenen Daten des Mitglieds mit Ausnahme des Hinweises auf den Wechsel und eventueller weiterer zu ihrer Aufgabenerfüllung noch erforderlicher Daten.

(4) [1] Mitgliederakten sind dreißig Jahre nach dem Ende des Jahres, in dem die Mitgliedschaft in der Rechtsanwaltskammer erloschen war, zu vernichten. [2] Davon abweichende Pflichten, Aktenbestandteile früher zu vernichten, bleiben unberührt. [3] Satz 1 gilt nicht, wenn das Mitglied in eine längere Aufbewahrung eingewilligt hat oder die Akte einem öffentlichen Archiv angeboten wird. [4] Wurde die Zulassung des Mitglieds wegen Unzuverlässigkeit, Ungeeignetheit oder Unwürdigkeit zurückgenommen oder widerrufen oder wurde das Mitglied aus der Rechtsanwaltschaft ausgeschlossen, darf die Akte nicht vernichtet werden, bevor die entsprechende Eintragung im Bundeszentralregister entfernt wurde. [5] Satz 4 gilt auch, wenn das Mitglied während eines Rücknahme- oder Widerrufsverfahrens wegen Unzuverlässigkeit, Ungeeignetheit oder Unwürdigkeit auf die Zulassung verzichtet hat. [6] Bei einer elektronischen Aktenführung tritt an die Stelle der *Vernichtung* der Akten die Löschung der Daten.

(5) Nach dem Tod eines Mitglieds kann die Rechtsanwaltskammer zu Zwecken wissenschaftlicher Forschung Einsicht in die Mitgliederakte gewähren, soweit das wissenschaftliche Interesse die Persönlichkeitsrechte und Interessen der von einer

---

[1)] **Habersack, Deutsche Gesetze Nr. 100.**

[2)] § 58 neu gef. mWv 1.8.2021 durch G v. 25.6.2021 (BGBl. I S. 2154); Abs. 6 Satz 1 geänd. mWv 1.8.2022 durch G v. 7.7.2021 (BGBl. I S. 2363).

[3)] **Sartorius Nr. 100.**

[4)] **Habersack, Deutsche Gesetze Nr. 90.**

Einsicht betroffenen Personen überwiegt und der Zweck der Forschung auf andere Weise nicht oder nur mit unverhältnismäßigem Aufwand erreicht werden kann.

(6) [1] Auf Personen, die einen Antrag auf Zulassung zur Rechtsanwaltschaft oder als Berufsausübungsgesellschaft gestellt haben, sind die Absätze 1, 2, 4 und 5 entsprechend anzuwenden. [2] Absatz 2 gilt auch für frühere Mitglieder.

§ 59[1)] Ausbildung von Referendaren. [1] Der Rechtsanwalt soll in angemessenem Umfang an der Ausbildung der Referendare mitwirken. [2] Er hat den Referendar, der im Vorbereitungsdienst bei ihm beschäftigt ist, in den Aufgaben eines Rechtsanwalts zu unterweisen, ihn anzuleiten und ihm Gelegenheit zu praktischen Arbeiten zu geben. [3] Gegenstand der Ausbildung soll insbesondere sein die gerichtliche und außergerichtliche Anwaltstätigkeit, der Umgang mit Mandanten, das anwaltliche Berufsrecht und die Organisation einer Anwaltskanzlei.

§ 59a[2)] Satzungskompetenz. (1) Das Nähere zu den beruflichen Rechten und Pflichten wird durch Satzung in einer Berufsordnung[3)] bestimmt.

(2) Die Berufsordnung kann im Rahmen der Vorschriften dieses Gesetzes näher regeln:

1. die allgemeinen Berufspflichten und Grundpflichten:
   a) Gewissenhaftigkeit,
   b) Wahrung der Unabhängigkeit,
   c) Verschwiegenheit,
   d) Sachlichkeit,
   e) Verbot der Vertretung widerstreitender Interessen,
   f) sorgfältiger Umgang mit fremden Vermögenswerten,
   g) Kanzleipflicht und Pflichten bei der Einrichtung und Unterhaltung von weiteren Kanzleien und Zweigstellen,
   h) Kenntnisse im Berufsrecht;
2. die besonderen Berufspflichten im Zusammenhang mit dem Führen der Fachanwaltsbezeichnung; hierbei betrifft die Regelungsbefugnis
   a) die Bestimmung der Rechtsgebiete, in denen weitere Fachanwaltsbezeichnungen verliehen werden können,
   b) die Regelung der Voraussetzungen für die Verleihung der Fachanwaltsbezeichnung und des Verfahrens der Erteilung, der Rücknahme und des Widerrufs der Erlaubnis;
3. die besonderen Berufspflichten im Zusammenhang mit der Werbung und Angaben über selbst benannte Interessenschwerpunkte;
4. die besonderen Berufspflichten im Zusammenhang mit der Versagung der Berufstätigkeit;

[1)] § 59 Abs. 1 neu gef. mWv 1.7.2003 durch G v. 11.7.2002 (BGBl. I S. 2592); Abs. 2 aufgeh. mWv 18.12.2007 durch G v. 12.12.2007 (BGBl. I S. 2840).

[2)] Früherer § 59b eingef. durch G v. 2.9.1994 (BGBl. I S. 2278); Abs. 2 Nr. 5 Buchst. b geänd. mWv 1.9.2009 durch G v. 30.7.2009 (BGBl. I S. 2449); Abs. 2 Nr. 1 einl. Satzteil, Buchst. f und g, Nr. 2 einl. Satzteil, Buchst. a und b, Nr. 6 einl. Satzteil und Nr. 8 geänd. mWv 18.5.2017 durch G v. 12.5.2017 (BGBl. I S. 1121); Abs. 3 und 4 angef. mWv 30.7.2020 durch G v. 19.6.2020 (BGBl. I S. 1403); Abs. 2 Nr. 8 geänd. mWv 1.8.2021 durch G v. 25.6.2021 (BGBl. I S. 2154); § 59a aufgeh., bish. § 59b wird § 59a und Abs. 2 Nr. 1 Buchst. g geänd., Buchst. h angef. mWv 1.8.2022 durch G v. 7.7.2021 (BGBl. I S. 2363); Abs. 4 Satz 1 geänd. mWv 23.1.2024 durch G v. 17.1.2024 (BGBl. 2024 I Nr. 12).

[3)] Nr. **98/1**.

5. die besonderen Berufspflichten
   a) im Zusammenhang mit der Annahme, Wahrnehmung und Beendigung eines Auftrags,
   b) gegenüber Rechtsuchenden im Rahmen von Beratungs-, Verfahrenskosten- und Prozesskostenhilfe,
   c) bei der Beratung von Rechtsuchenden mit geringem Einkommen,
   d) bei der Führung der Handakten;
6. die besonderen Berufspflichten gegenüber Gerichten und Behörden:
   a) Pflichten bei der Verwendung von zur Einsicht überlassenen Akten sowie der hieraus erlangten Kenntnisse,
   b) Pflichten bei Zustellungen,
   c) Tragen der Berufstracht;
7. die besonderen Berufspflichten bei der Vereinbarung und Abrechnung der anwaltlichen Gebühren und bei deren Beitreibung;
8. die besonderen Berufspflichten gegenüber der Rechtsanwaltskammer in Fragen der Aufsicht, das berufliche Verhalten gegenüber anderen Mitgliedern der Rechtsanwaltskammer, die Pflichten bei der Zustellung von Anwalt zu Anwalt, die Pflichten bei beruflicher Zusammenarbeit, die Pflichten im Zusammenhang mit der Beschäftigung von Rechtsanwälten und der Ausbildung sowie Beschäftigung anderer Personen;
9. die besonderen Berufspflichten im grenzüberschreitenden Rechtsverkehr.

(3) [1] Die Berufsordnung muss im Einklang mit den Vorgaben des auf sie anzuwendenden europäischen Rechts stehen. [2] Insbesondere sind bei neuen oder zu ändernden Vorschriften, die dem Anwendungsbereich der Richtlinie 2005/36/EG des Europäischen Parlaments und des Rates vom 7. September 2005 über die Anerkennung von Berufsqualifikationen (ABl. L 255 vom 30.9.2005, S. 22; L 271 vom 16.10.2007, S. 18; L 93 vom 4.4.2008, S. 28; L 33 vom 3.2.2009, S. 49; L 305 vom 24.10.2014, S. 115), die zuletzt durch die Richtlinie 2013/55/EU (ABl. L 354 vom 28.12.2013, S. 132; L 268 vom 15.10.2015, S. 35; L 95 vom 9.4.2016, S. 20) geändert worden ist, in der jeweils geltenden Fassung unterfallen, die Vorgaben der Richtlinie (EU) 2018/958 des Europäischen Parlaments und des Rates vom 28. Juni 2018 über eine Verhältnismäßigkeitsprüfung vor Erlass neuer Berufsreglementierungen (ABl. L 173 vom 9.7.2018, S. 25) in der jeweils geltenden Fassung einzuhalten.

(4) [1] Eine Vorschrift im Sinne des Absatzes 3 Satz 2 ist anhand der in der Anlage 1 zu diesem Gesetz festgelegten Kriterien auf ihre Verhältnismäßigkeit zu prüfen. [2] Der Umfang der Prüfung muss im Verhältnis zu der Art, dem Inhalt und den Auswirkungen der Vorschrift stehen. [3] Die Vorschrift ist so ausführlich zu erläutern, dass ihre Übereinstimmung mit dem Verhältnismäßigkeitsgrundsatz bewertet werden kann. [4] Die Gründe, aus denen sich ergibt, dass sie gerechtfertigt und verhältnismäßig ist, sind durch qualitative und, soweit möglich und relevant, quantitative Elemente zu substantiieren. [5] Mindestens zwei Wochen vor der Beschlussfassung der Satzungsversammlung über die Vorschrift ist auf der Internetseite der Bundesrechtsanwaltskammer ein Entwurf mit der Gelegenheit zur Stellungnahme zu veröffentlichen. [6] Nach dem Erlass der Vorschrift ist ihre Übereinstimmung mit dem Verhältnismäßigkeitsgrundsatz zu überwachen und bei einer Änderung der Umstände zu prüfen, ob die Vorschrift anzupassen ist.

Zweiter Abschnitt.[1] Berufliche Zusammenarbeit

§ 59b[1] Berufsausübungsgesellschaften. (1) [1] Rechtsanwälte dürfen sich zur gemeinschaftlichen Ausübung ihres Berufs zu Berufsausübungsgesellschaften verbinden. [2] Sie dürfen sich zur Ausübung ihres Berufs auch in Berufsausübungsgesellschaften organisieren, deren einziger Gesellschafter sie sind.

(2) [1] Berufsausübungsgesellschaften zur gemeinschaftlichen Berufsausübung in der Bundesrepublik Deutschland können die folgenden Rechtsformen haben:

1. Gesellschaften nach deutschem Recht einschließlich der Handelsgesellschaften,
2. Europäische Gesellschaften und
3. Gesellschaften, die zulässig sind nach dem Recht
   a) eines Mitgliedstaats der Europäischen Union oder
   b) eines Vertragsstaats des Abkommens über den Europäischen Wirtschaftsraum.

[2] Für Berufsausübungsgesellschaften nach dem Gesellschaftsrecht eines Staates, der nicht Mitgliedstaat der Europäischen Union oder Vertragsstaat des Abkommens über den Europäischen Wirtschaftsraum ist, gilt § 207a.

§ 59c[2] Berufsausübungsgesellschaften mit Angehörigen anderer Berufe. (1) [1] Die Verbindung zur gemeinschaftlichen Berufsausübung in einer Berufsausübungsgesellschaft nach § 59b ist Rechtsanwälten auch gestattet

1. mit Mitgliedern einer Rechtsanwaltskammer, Mitgliedern der Patentanwaltskammer, Steuerberatern, Steuerbevollmächtigten, Wirtschaftsprüfern und vereidigten Buchprüfern,
2. mit Angehörigen von Rechtsanwaltsberufen aus anderen Staaten, die nach dem Gesetz über die Tätigkeit europäischer Rechtsanwälte in Deutschland oder nach § 206 berechtigt wären, sich in der Bundesrepublik Deutschland niederzulassen, und mit Angehörigen von Patentanwaltsberufen aus anderen Staaten, die nach dem Gesetz über die Tätigkeit europäischer Patentanwälte in Deutschland[3] oder nach § 157 der Patentanwaltsordnung berechtigt wären, sich in der Bundesrepublik Deutschland niederzulassen,
3. mit Steuerberatern, Steuerbevollmächtigten, Wirtschaftsprüfern und vereidigten Buchprüfern anderer Staaten, die nach dem Steuerberatungsgesetz oder der Wirtschaftsprüferordnung ihren Beruf mit Steuerberatern, Steuerbevollmächtigten, Wirtschaftsprüfern oder vereidigten Buchprüfern in der Bundesrepublik Deutschland gemeinschaftlich ausüben dürfen,
4. mit Personen, die in der Berufsausübungsgesellschaft einen freien Beruf nach § 1 Absatz 2 des Partnerschaftsgesellschaftsgesetzes[4] ausüben, es sei denn, dass die Verbindung mit dem Beruf des Rechtsanwalts, insbesondere seiner Stellung als unabhängigem Organ der Rechtspflege, nicht vereinbar ist oder das Vertrauen in seine Unabhängigkeit gefährden kann.

---

[1] 2. Abschnitt (§§ 59b–59q) neu gef. mWv 1.8.2022 durch G v. 7.7.2021 (BGBl. I S. 2363).

[2] § 59c neu gef. mWv 1.8.2022 durch G v. 7.7.2021 (BGBl. I S. 2363); Abs. 1 Satz 1 Nr. 2 geänd., Nr. 3 neu gef. mWv 16.3.2023 durch G v. 10.3.2023 (BGBl. 2023 I Nr. 64).

[3] Nr. **98/4**.

[4] **Habersack, Deutsche Gesetze Nr. 50b.**

[2] Eine Verbindung nach Satz 1 Nummer 4 kann insbesondere dann ausgeschlossen sein, wenn in der anderen Person ein Grund vorliegt, der bei einem Rechtsanwalt nach § 7 zur Versagung der Zulassung führen würde.

(2) [1] Unternehmensgegenstand der Berufsausübungsgesellschaft nach Absatz 1 ist die Beratung und Vertretung in Rechtsangelegenheiten. [2] Daneben kann die Ausübung des jeweiligen nichtanwaltlichen Berufs treten. [3] Die §§ 59d bis 59q gelten nur für Berufsausübungsgesellschaften, die der Ausübung des Rechtsanwaltsberufs dienen.

§ 59d[1)] Berufspflichten bei beruflicher Zusammenarbeit. (1) [1] Gesellschafter, die Angehörige eines in § 59c Absatz 1 Satz 1 genannten Berufs sind, haben bei ihrer Tätigkeit für die Berufsausübungsgesellschaft die in diesem Gesetz und die in der Berufsordnung[2)] nach § 59a bestimmten Pflichten der in der Berufsausübungsgesellschaft tätigen Rechtsanwälte sowie der Berufsausübungsgesellschaft zu beachten. [2] Sie sind insbesondere verpflichtet, die anwaltliche Unabhängigkeit der in der Berufsausübungsgesellschaft tätigen Rechtsanwälte sowie der Berufsausübungsgesellschaft zu wahren.

(2) [1] Gesellschafter, die Angehörige eines in § 59c Absatz 1 Satz 1 genannten Berufs sind, sind zur Verschwiegenheit verpflichtet. [2] Diese Pflicht bezieht sich auf alles, was ihnen bei ihrer Tätigkeit für die Berufsausübungsgesellschaft im Zusammenhang mit der Beratung und Vertretung in Rechtsangelegenheiten bekannt geworden ist. [3] § 43a Absatz 2 Satz 3 gilt entsprechend.

(3) Die Vorschriften über Tätigkeitsverbote nach § 43a Absatz 4 Satz 2 bis 6 gelten für Gesellschafter, die Angehörige eines in § 59c Absatz 1 Satz 1 genannten Berufs sind, entsprechend.

(4) Rechtsanwälte dürfen ihren Beruf nicht mit anderen Personen ausüben, wenn diese in schwerwiegender Weise oder wiederholt gegen Pflichten, die in diesem Gesetz oder in der Berufsordnung nach § 59a bestimmt sind, verstoßen.

(5) Im Gesellschaftsvertrag ist der Ausschluss von Gesellschaftern vorzusehen, die in schwerwiegender Weise oder wiederholt gegen Pflichten, die in diesem Gesetz oder in der Berufsordnung nach § 59a bestimmt sind, verstoßen.

§ 59e[1)] Berufspflichten der Berufsausübungsgesellschaft. (1) Die §§ 43 bis 43b, 43d, 43e, 44, 45 Absatz 1 Nummer 2 und 3, die §§ 48, 49a bis 50, 53, 54, 56 Absatz 1 und 2 und die §§ 57 bis 59a gelten für Berufsausübungsgesellschaften sinngemäß.

(2) [1] Die Berufsausübungsgesellschaft hat durch geeignete Maßnahmen sicherzustellen, dass berufsrechtliche Verstöße frühzeitig erkannt und abgestellt werden. [2] Wenn an der Berufsausübungsgesellschaft Personen beteiligt sind, die Angehörige eines in § 59c Absatz 1 Satz 1 genannten Berufs sind, ist durch geeignete gesellschaftsvertragliche Vereinbarungen sicherzustellen, dass die Berufsausübungsgesellschaft für die Erfüllung der Berufspflichten sorgen kann.

(3) Werden in der Berufsausübungsgesellschaft auch nichtanwaltliche Berufe ausgeübt, so gelten die Absätze 1 und 2 nur, soweit ein Bezug zur Beratung und Vertretung in Rechtsangelegenheiten besteht.

[1)] 2. Abschnitt (§§ 59b–59q) neu gef. mWv 1.8.2022 durch G v. 7.7.2021 (BGBl. I S. 2363).
[2)] Nr. **98/1**.

(4) Die persönliche berufsrechtliche Verantwortlichkeit der Gesellschafter, Organmitglieder und sonstigen Mitarbeiter der Berufsausübungsgesellschaft bleibt unberührt.

§ 59f[1)] Zulassung. (1) [1] Berufsausübungsgesellschaften bedürfen der Zulassung durch die Rechtsanwaltskammer. [2] Keiner Zulassung nach Satz 1 bedürfen Personengesellschaften, bei denen keine Beschränkung der Haftung der natürlichen Personen vorliegt und denen als Gesellschafter und als Mitglieder der Geschäftsführungs- und Aufsichtsorgane ausschließlich Rechtsanwälte oder Angehörige eines in § 59c Absatz 1 Satz 1 Nummer 1 genannten Berufs angehören. [3] Unberührt von Satz 2 bleibt der freiwillige Antrag auf eine Zulassung.

(2) [1] Die Zulassung ist zu erteilen, wenn

1. die Berufsausübungsgesellschaft, ihre Gesellschafter und die Mitglieder der Geschäftsführungs- und Aufsichtsorgane die Voraussetzungen der §§ 59b, 59c, des § 59d Absatz 5, der §§ 59i und 59j erfüllen,
2. die Berufsausübungsgesellschaft sich nicht in Vermögensverfall befindet und
3. der Abschluss der Berufshaftpflichtversicherung nachgewiesen ist oder eine vorläufige Deckungszusage vorliegt.

[2] Ein Vermögensverfall nach Satz 1 Nummer 2 wird vermutet, wenn ein Insolvenzverfahren über das Vermögen der Berufsausübungsgesellschaft eröffnet ist oder die Berufsausübungsgesellschaft in das Schuldnerverzeichnis (§ 882b der Zivilprozessordnung[2)]) eingetragen ist.

(3) Mit der Zulassung wird die Berufsausübungsgesellschaft Mitglied der zulassenden Rechtsanwaltskammer.

§ 59g[1)] Zulassungsverfahren; Anzeigepflicht. (1) [1] Der Antrag auf Zulassung muss folgende Angaben enthalten:

1. Rechtsform, Name, Sitz und Gegenstand der Berufsausübungsgesellschaft,
2. die Geschäftsanschriften der Niederlassungen der Berufsausübungsgesellschaft sowie
3. Name und Beruf der Gesellschafter, der Mitglieder der Geschäftsführungs- und Aufsichtsorgane sowie aller mittelbar beteiligten Personen.

[2] Die zuständige Rechtsanwaltskammer kann zur Prüfung der Voraussetzungen des § 59f Absatz 2 die Vorlage geeigneter Nachweise einschließlich des Gesellschaftsvertrags oder der Satzung verlangen. [3] § 57 gilt entsprechend.

(2) Die Entscheidung über den Antrag auf Zulassung kann ausgesetzt werden, wenn gegen einen Gesellschafter oder ein Mitglied eines Geschäftsführungs- oder Aufsichtsorgans ein auf Rücknahme oder Widerruf seiner Zulassung oder Bestellung gerichtetes Verfahren betrieben wird oder ein vorläufiges Berufs- oder Vertretungsverbot erlassen worden ist.

(3) Die Zulassung wird wirksam mit der Aushändigung einer von der Rechtsanwaltskammer ausgestellten Urkunde.

(4) [1] Die zugelassene Berufsausübungsgesellschaft hat der Rechtsanwaltskammer jede Änderung der nach Absatz 1 Satz 1 anzugebenden Verhältnisse unverzüglich *anzuzeigen.* [2] *Absatz 1 Satz 2 und 3* gilt entsprechend.

[1)] 2. Abschnitt (§§ 59b–59q) neu gef. mWv 1.8.2022 durch G v. 7.7.2021 (BGBl. I S. 2363).
[2)] **Habersack, Deutsche Gesetze Nr. 100.**

§ 59h[1)] Erlöschen, Rücknahme und Widerruf der Zulassung; Abwickler.

(1) [1] Die Zulassung einer Berufsausübungsgesellschaft erlischt durch ihre Auflösung. [2] Im Übrigen gilt § 13 entsprechend.

(2) [1] Die Zulassung ist mit Wirkung für die Zukunft zurückzunehmen, wenn sich ergibt, dass die Zulassung hätte versagt werden müssen. [2] § 14 Absatz 1 Satz 2 ist entsprechend anzuwenden.

(3) [1] Die Zulassung ist zu widerrufen, wenn die Berufsausübungsgesellschaft

1. die Voraussetzungen der §§ 59b, 59c Absatz 1, des § 59d Absatz 5, der §§ 59i, 59j, 59n oder des § 59o nicht mehr erfüllt, es sei denn, dass sie innerhalb einer von der Rechtsanwaltskammer zu bestimmenden angemessenen Frist einen den genannten Vorschriften entsprechenden Zustand herbeiführt,
2. in Vermögensverfall geraten ist, es sei denn, dass dadurch die Interessen der Rechtsuchenden nicht gefährdet sind, oder
3. der Rechtsanwaltskammer gegenüber schriftlich auf die Rechte aus der Zulassung verzichtet hat.

[2] Ein Vermögensverfall nach Satz 1 Nummer 2 wird vermutet, wenn ein Insolvenzverfahren über das Vermögen der Berufsausübungsgesellschaft eröffnet ist oder die Berufsausübungsgesellschaft in das Schuldnerverzeichnis (§ 882b der Zivilprozessordnung[2)]) eingetragen ist.

(4) Die Zulassung kann widerrufen werden, wenn die Berufsausübungsgesellschaft

1. nicht innerhalb von drei Monaten nach der Zulassung im Bezirk der Rechtsanwaltskammer nach § 59m Absatz 1 eine Kanzlei einrichtet,
2. nicht innerhalb von drei Monaten eine ihr bei einer Befreiung nach § 59m Absatz 4 in Verbindung mit § 29a Absatz 2 erteilte Auflage erfüllt,
3. nicht innerhalb von drei Monaten einen Zustellungsbevollmächtigten bestellt, nachdem
   a) sie nach § 59m Absatz 4 in Verbindung mit § 29a Absatz 2 von der Pflicht, eine Kanzlei zu unterhalten, befreit worden ist oder
   b) ein bisheriger Zustellungsbevollmächtigter weggefallen ist, oder
4. ihre Kanzlei aufgibt, ohne dass sie von der Pflicht des § 59m befreit worden ist.

(5) [1] Ordnet die Rechtsanwaltskammer die sofortige Vollziehung an, sind § 155 Absatz 2, 4 und 5, § 156 Absatz 2 und § 161 entsprechend anzuwenden. [2] Wird die Zulassung widerrufen, weil die Berufsausübungsgesellschaft die vorgeschriebene Berufshaftpflichtversicherung nicht unterhält, ist die Anordnung der sofortigen Vollziehung in der Regel zu treffen.

(6) [1] Hat die Berufsausübungsgesellschaft die Zulassung verloren, kann für sie ein Abwickler bestellt werden, wenn die zur gesetzlichen Vertretung bestellten Personen keine hinreichende Gewähr zur ordnungsgemäßen Abwicklung der schwebenden Angelegenheiten bieten. [2] § 55 ist entsprechend anzuwenden. [3] Für die festgesetzte Vergütung des Abwicklers haften die Gesellschafter als Gesamtschuldner. [4] § 54 Absatz 4 Satz 4 bleibt unberührt.

---

1) 2. Abschnitt (§§ 59b–59q) neu gef. mWv 1.8.2022 durch G v. 7.7.2021 (BGBl. I S. 2363).
2) **Habersack, Deutsche Gesetze Nr. 100.**

§ 59i[1)] Gesellschafter- und Kapitalstruktur von Berufsausübungsgesellschaften. (1) [1]Zugelassene Berufsausübungsgesellschaften können Gesellschafter einer Berufsausübungsgesellschaft sein. [2]Bei gesetzlichen Voraussetzungen, die in der Person der Gesellschafter oder der Mitglieder der Geschäftsführung erfüllt sein müssen, kommt es in den Fällen des Satzes 1 auf die Gesellschafter und die Geschäftsführung der beteiligten Berufsausübungsgesellschaft an. [3]Haben sich Rechtsanwälte, Angehörige eines der in § 59c Absatz 1 Satz 1 genannten Berufe sowie Berufsausübungsgesellschaften, die die Voraussetzungen dieses Abschnitts erfüllen, zu einer Gesellschaft bürgerlichen Rechts zusammengeschlossen, deren Zweck ausschließlich das Halten von Anteilen an einer zugelassenen Berufsausübungsgesellschaft ist, so werden ihnen die Anteile an der Berufsausübungsgesellschaft im Verhältnis ihrer Beteiligung an der Gesellschaft bürgerlichen Rechts zugerechnet.

(2) [1]Die Übertragung von Gesellschaftsanteilen muss an die Zustimmung der Gesellschafterversammlung gebunden sein. [2]Bei Aktiengesellschaften oder Kommanditgesellschaften auf Aktien müssen die Aktien auf Namen lauten.

(3) [1]Anteile an der Berufsausübungsgesellschaft dürfen nicht für Rechnung Dritter gehalten werden. [2]Dritte dürfen nicht am Gewinn der Berufsausübungsgesellschaft beteiligt werden.

(4) Sofern Gesellschafter die Voraussetzungen des § 59c Absatz 1 nicht erfüllen, haben sie kein Stimmrecht.

(5) Gesellschafter können nur stimmberechtigte Gesellschafter zur Ausübung von Gesellschafterrechten bevollmächtigen.

§ 59j[1)] Geschäftsführungsorgane; Aufsichtsorgane. (1) [1]Nur Rechtsanwälte oder Angehörige eines der in § 59c Absatz 1 Satz 1 genannten Berufe können Mitglieder des Geschäftsführungs- oder Aufsichtsorgans einer zugelassenen Berufsausübungsgesellschaft sein. [2]Mitbestimmungsrechtliche Regelungen bleiben unberührt. [3]Bei der Beratung und Vertretung in Rechtsangelegenheiten sind Weisungen von Personen, die keine Rechtsanwälte sind, gegenüber Rechtsanwälten unzulässig.

(2) Von der Mitgliedschaft in einem Geschäftsführungs- oder Aufsichtsorgan ist ausgeschlossen, wer einen der Versagungstatbestände des § 7 erfüllt oder gegen wen eine der in Absatz 5 Satz 3 genannten Maßnahmen verhängt wurde.

(3) Dem Geschäftsführungsorgan der Berufsausübungsgesellschaft müssen Rechtsanwälte in vertretungsberechtigter Zahl angehören.

(4) Die Mitglieder des Geschäftsführungs- und Aufsichtsorgans sind verpflichtet, für die Einhaltung des Berufsrechts in der Berufsausübungsgesellschaft zu sorgen.

(5) [1]Für diejenigen Mitglieder des Geschäftsführungs- und Aufsichtsorgans der Berufsausübungsgesellschaft, die keine Gesellschafter sind, gelten die Berufspflichten nach § 59d Absatz 1 bis 3 entsprechend. [2]Die §§ 74 und 74a, die Vorschriften des Sechsten und Siebenten Teils, die §§ 195 bis 199 sowie die Vorschriften des Elften Teils sind auf nichtanwaltliche Mitglieder des Geschäftsführungs- und Aufsichtsorgans entsprechend anzuwenden. [3]An die Stelle der Ausschließung aus der Rechtsanwaltschaft (§ 114 Absatz 1 Nummer 5) tritt

1. bei nichtanwaltlichen Mitgliedern von Geschäftsführungsorganen die Aberkennung der Eignung, eine Berufsausübungsgesellschaft zu vertreten und ihre Geschäfte zu führen, und

---

[1)] 2. Abschnitt (§§ 59b–59q) neu gef. mWv 1.8.2022 durch G v. 7.7.2021 (BGBl. I S. 2363).

2. bei nichtanwaltlichen Mitgliedern eines Aufsichtsorgans die Aberkennung der Eignung, Aufsichtsfunktionen einer Berufsausübungsgesellschaft wahrzunehmen.

(6) [1]Die Unabhängigkeit der Rechtsanwälte, die dem Geschäftsführungsorgan der Berufsausübungsgesellschaften angehören oder in sonstiger Weise die Vertretung der Berufsausübungsgesellschaft wahrnehmen, bei der Ausübung ihres Rechtsanwaltsberufs ist zu gewährleisten. [2]Einflussnahmen durch die Gesellschafter, insbesondere durch Weisungen oder vertragliche Bindungen, sind unzulässig.

(7) Auf Prokuristen und Handlungsbevollmächtigte zum gesamten Geschäftsbetrieb sind die Absätze 1, 5 und 6 entsprechend anzuwenden.

§ 59k[1)] Rechtsdienstleistungsbefugnis. [1]Berufsausübungsgesellschaften sind befugt, Rechtsdienstleistungen im Sinne des § 2 des Rechtsdienstleistungsgesetzes[2)] zu erbringen. [2]Sie handeln durch ihre Gesellschafter und Vertreter, in deren Person die für die Erbringung von Rechtsdienstleistungen gesetzlich vorgeschriebenen Voraussetzungen im Einzelfall vorliegen müssen.

§ 59l[1)] Vertretung vor Gerichten und Behörden. (1) [1]Berufsausübungsgesellschaften können als Prozess- oder Verfahrensbevollmächtigte beauftragt werden. [2]Sie haben in diesem Fall die Rechte und Pflichten eines Rechtsanwalts.

(2) Berufsausübungsgesellschaften handeln durch ihre Gesellschafter und Vertreter, in deren Person die für die Erbringung von Rechtsdienstleistungen gesetzlich vorgeschriebenen Voraussetzungen im Einzelfall vorliegen müssen.

(3) Eine Berufsausübungsgesellschaft kann nicht als Verteidiger im Sinne der §§ 137 bis 149 der Strafprozessordnung[3)] gewählt oder bestellt werden.

§ 59m[1)] Kanzlei der Berufsausübungsgesellschaft. (1) Die Berufsausübungsgesellschaft muss an ihrem Sitz eine Kanzlei unterhalten, in der zumindest ein geschäftsführender Rechtsanwalt tätig ist.

(2) § 27 Absatz 2 ist entsprechend anzuwenden.

(3) Verlegt eine zugelassene Berufsausübungsgesellschaft ihren Sitz in den Bezirk einer anderen Rechtsanwaltskammer, gilt § 27 Absatz 3 entsprechend.

(4) Die §§ 29a und 30 sind entsprechend anzuwenden.

(5) [1]Berufsausübungsgesellschaften, die keinen Sitz im Inland haben, sind verpflichtet, eine Zweigniederlassung im Inland einzurichten und zu unterhalten, in der zumindest ein geschäftsführender Rechtsanwalt tätig ist. [2]Für die Befreiung von der Pflicht nach Satz 1 gelten § 29a Absatz 2 und 3 sowie § 30 entsprechend.

§ 59n[1)] Berufshaftpflichtversicherung. (1) Berufsausübungsgesellschaften sind verpflichtet, eine Berufshaftpflichtversicherung abzuschließen und während der Dauer ihrer Betätigung aufrechtzuerhalten.

(2) [1]Die Berufshaftpflichtversicherung muss die Haftpflichtgefahren für Vermögensschäden decken, die sich aus der Beratung und Vertretung in Rechtsangelegenheiten ergeben. [2]§ 51 Absatz 1 Satz 2, Absatz 2, 3 Nummer 2 bis 5 und Absatz 5 bis 7 ist entsprechend anzuwenden. [3]Ist die Haftung der Gesellschaft nicht rechtsformbedingt beschränkt und liegt keine Beschränkung der Haftung der

---

[1)] 2. Abschnitt (§§ 59b–59q) neu gef. mWv 1.8.2022 durch G v. 7.7.2021 (BGBl. I S. 2363).
[2)] Nr. **99**.
[3)] **Habersack, Deutsche Gesetze Nr. 90.**

natürlichen Personen vor, so ist auch § 51 Absatz 3 Nummer 1 entsprechend anzuwenden.

(3) Wird die Berufshaftpflichtversicherung nicht oder nicht in dem vorgeschriebenen Umfang unterhalten, so haften neben der Berufsausübungsgesellschaft die Gesellschafter und die Mitglieder des Geschäftsführungsorgans persönlich in Höhe des fehlenden Versicherungsschutzes.

§ 59o[1] Mindestversicherungssumme und Jahreshöchstleistung. (1) Für Berufsausübungsgesellschaften, bei denen für Verbindlichkeiten der Berufsausübungsgesellschaft aus Schäden wegen fehlerhafter Berufsausübung rechtsformbedingt keine natürliche Person haftet oder bei denen die Haftung der natürlichen Personen beschränkt wird, beträgt die Mindestversicherungssumme der Berufshaftpflichtversicherung nach § 59n vorbehaltlich des Absatzes 2 für jeden Versicherungsfall 2 500 000 Euro.

(2) Für Berufsausübungsgesellschaften nach Absatz 1, in denen nicht mehr als zehn Personen anwaltlich oder in einem Beruf nach § 59c Absatz 1 Satz 1 tätig sind, beträgt die Mindestversicherungssumme 1 000 000 Euro.

(3) Für alle Berufsausübungsgesellschaften, die keinen rechtsformbedingten Ausschluss der Haftung und keine Beschränkung der Haftung der natürlichen Personen vorsehen, beträgt die Mindestversicherungssumme 500 000 Euro für jeden Versicherungsfall.

(4) [1] Die Leistungen des Versicherers für alle innerhalb eines Versicherungsjahres verursachten Schäden können auf den Betrag der jeweiligen Mindestversicherungssumme, vervielfacht mit der Zahl der anwaltlichen Gesellschafter, die in der Bundesrepublik Deutschland zugelassen oder niedergelassen sind, und der anwaltlichen Geschäftsführer, die nicht Gesellschafter sind, begrenzt werden. [2] Ist eine Berufsausübungsgesellschaft Gesellschafter, so ist bei der Berechnung der Jahreshöchstleistung nicht die beteiligte Berufsausübungsgesellschaft, sondern die Zahl ihrer anwaltlichen Gesellschafter, die in der Bundesrepublik Deutschland zugelassen oder niedergelassen sind, und der anwaltlichen Geschäftsführer, die nicht Gesellschafter sind, maßgeblich. [3] Die Jahreshöchstleistung muss sich jedoch in jedem Fall mindestens auf den vierfachen Betrag der Mindestversicherungssumme belaufen.

§ 59p[2] Rechtsanwaltsgesellschaft. Berufsausübungsgesellschaften, bei denen Rechtsanwälte die Mehrheit der Stimmrechte innehaben und bei denen die Mehrheit der Mitglieder des Geschäftsführungsorgans Rechtsanwälte sind, dürfen die Bezeichnung „Rechtsanwaltsgesellschaft" führen.

§ 59q[2] Bürogemeinschaft. (1) Rechtsanwälte können sich zu einer Gesellschaft verbinden, die der gemeinschaftlichen Organisation der Berufstätigkeit der Gesellschafter unter gemeinschaftlicher Nutzung von Betriebsmitteln dient, jedoch nicht selbst als Vertragspartner von rechtsanwaltlichen Mandatsverträgen auftreten soll (Bürogemeinschaft).

(2) [1] Eine Bürogemeinschaft können Rechtsanwälte auch mit Personen eingehen, die nicht zur Rechtsanwaltschaft zugelassen sind, es sei denn, die Verbindung ist mit dem Beruf des Rechtsanwalts, insbesondere seiner Stellung als unabhängi-

[1] § 59o neu gef. mWv 1.8.2022 durch G v. 7.7.2021 (BGBl. I S. 2363); Abs. 4 Sätze 1 und 2 geänd. mWv 16.3.2023 durch G v. 10.3.2023 (BGBl. 2023 I Nr. 64).

[2] 2. Abschnitt (§§ 59b–59q) neu gef. mWv 1.8.2022 durch G v. 7.7.2021 (BGBl. I S. 2363).

gem Organ der Rechtspflege, nicht vereinbar und kann das Vertrauen in seine Unabhängigkeit gefährden. [2] Eine Bürogemeinschaft nach Satz 1 kann insbesondere dann ausgeschlossen sein, wenn in der anderen Person ein Grund vorliegt, der bei einem Rechtsanwalt nach § 7 Nummer 1, 2 oder 6 zur Versagung der Zulassung führen würde.

(3) Die in der Bürogemeinschaft tätigen Rechtsanwälte sind verpflichtet, angemessene organisatorische, personelle und technische Maßnahmen zu treffen, die die Einhaltung ihrer Berufspflichten gewährleisten.

(4) § 59d Absatz 1, 2, 4 und 5 gilt für die Gesellschafter einer Bürogemeinschaft nach Absatz 2 entsprechend.

(Fortsetzung nächstes Blatt)

Vierter Teil.[1] Die Rechtsanwaltskammern

Erster Abschnitt. Allgemeines

§ 60[2] Bildung und Zusammensetzung der Rechtsanwaltskammer.

(1) [1] Für den Bezirk eines Oberlandesgerichts wird eine Rechtsanwaltskammer gebildet. [2] Sie hat ihren Sitz am Ort des Oberlandesgerichts.

(2) Mitglieder der Rechtsanwaltskammer sind

1. Personen, die von ihr zur Rechtsanwaltschaft zugelassen oder von ihr aufgenommen wurden,
2. Berufsausübungsgesellschaften, die von ihr zugelassen wurden, und
3. Mitglieder von Geschäftsführungs- und Aufsichtsorganen von Berufsausübungsgesellschaften nach Nummer 2, die nicht schon nach Nummer 1 Mitglied einer Rechtsanwaltskammer sind.

(3) Die Mitgliedschaft in der Rechtsanwaltskammer erlischt

1. in den Fällen des Absatzes 2 Nummer 1, wenn die Voraussetzungen des § 13 oder des § 27 Absatz 3 Satz 3 vorliegen,
2. in den Fällen des Absatzes 2 Nummer 2, wenn die Voraussetzungen des § 59h Absatz 1 bis 3 oder des § 59m Absatz 3 in Verbindung mit § 27 Absatz 3 Satz 3 vorliegen,
3. in den Fällen des Absatzes 2 Nummer 3, wenn
   a) bei der Berufsausübungsgesellschaft die Voraussetzungen der Nummer 2 vorliegen,
   b) gegen das Mitglied des Geschäftsführungs- oder Aufsichtsorgans eine bestandskräftige Entscheidung im Sinne des § 59j Absatz 5 Satz 3 ergangen ist oder
   c) die Geschäftsführungstätigkeit für die Berufsausübungsgesellschaft oder die Mitgliedschaft im Aufsichtsorgan beendet ist.

§ 61[3] *(aufgehoben)*

§ 62 Stellung der Rechtsanwaltskammer. (1) Die Rechtsanwaltskammer ist eine Körperschaft des öffentlichen Rechts.

(2) [1] Die Landesjustizverwaltung führt die Staatsaufsicht über die Rechtsanwaltskammer. [2] Die Aufsicht beschränkt sich darauf, daß Gesetz und Satzung beachtet, insbesondere die der Rechtsanwaltskammer übertragenen Aufgaben erfüllt werden.

---

[1] Nach Art. 21 Abs. 3 G v. 2.9.1994 (BGBl. I S. 2278), aufgel. durch G v. 19.4.2006 (BGBl. I S. 866) bestehen nach dem RechtsanwaltsG v. 13.9.1990 (GBl. I S. 1504) gebildete Rechtsanwaltskammern nach den Bestimmungen der Bundesrechtsanwaltsordnung fort.

[2] § 60 neu gef. mWv 18.5.2017 durch G v. 12.5.2017 (BGBl. I S. 1121); Abs. 2 Nr. 2 und 3 geänd., Abs. 3 Nr. 2 und 3 neu gef. mWv 1.8.2022 durch G v. 7.7.2021 (BGBl. I S. 2363).

[3] § 61 aufgeh. mWv 1.8.2021 durch G v. 25.6.2021 (BGBl. I S. 2154).

Zweiter Abschnitt.[1) 2)] Organe der Rechtsanwaltskammer

Erster Unterabschnitt.[3)] Vorstand

§ 63[4)] Zusammensetzung des Vorstandes. (1) Die Rechtsanwaltskammer hat einen Vorstand.

(2) [1]Der Vorstand besteht aus sieben Mitgliedern. [2]Die Kammerversammlung kann eine höhere Zahl festsetzen.

(3) Der Vorstand gibt sich eine Geschäftsordnung.

§ 64[5)] Wahlen zum Vorstand. (1) [1]Die Mitglieder des Vorstandes werden von den Mitgliedern der Kammer in geheimer und unmittelbarer Wahl durch Briefwahl gewählt. [2]Hierbei kann vorgesehen werden, dass die Stimmen auch in der Kammerversammlung abgegeben werden können. [3]Die Wahl kann auch als elektronische Wahl durchgeführt werden. [4]Gewählt sind die Bewerberinnen oder Bewerber, die die meisten Stimmen auf sich vereinigen.

(2) Das Nähere bestimmt die Geschäftsordnung der Kammer.

§ 65[6)] Voraussetzungen der Wählbarkeit. Zum Mitglied des Vorstandes kann nur gewählt werden, wer

1. Mitglied der Kammer ist und
2. den Beruf eines Rechtsanwalts seit mindestens fünf Jahren ohne Unterbrechung ausübt.

§ 66[7)] Verlust der Wählbarkeit. (1) Zum Mitglied des Vorstands kann nicht gewählt werden,

1. gegen wen ein Berufs- oder Vertretungsverbot (§§ 150 und 161a) verhängt ist,
2. gegen wen die sofortige Vollziehung der Rücknahme oder des Widerrufs der Zulassung angeordnet ist,
3. gegen wen in den letzten fünf Jahren ein Verweis (§ 114 Absatz 1 Nummer 2) oder eine Geldbuße (§ 114 Absatz 1 Nummer 3) verhängt wurde,
4. gegen wen in den letzten zehn Jahren ein Vertretungsverbot (§ 114 Absatz 1 Nummer 4) verhängt wurde,
5. wer in den letzten 15 Jahren aus der Rechtsanwaltschaft ausgeschlossen wurde (§ 114 Absatz 1 Nummer 5) oder
6. bei wem in den letzten fünf Jahren nach § 115b von einer anwaltsgerichtlichen Ahndung abgesehen wurde, sofern ohne die anderweitige Ahndung voraussichtlich ein Verweis oder eine Geldbuße verhängt worden wäre.

(2) Die Geschäftsordnung der Kammer kann weitere Ausschlussgründe vorsehen.

[1)] 2. Abschnitt Überschrift neu gef. mWv 18.5.2017 durch G v. 12.5.2017 (BGBl. I S. 1121).

[2)] Nach Art. 21 Abs. 3 G v. 2.9.1994 (BGBl. I S. 2278) bleiben nach dem RechtsanwaltsG v. 13.9.1990 (GBl. I S. 1504) bestimmte Mitglieder der Vorstände, der Präsidien und der Abteilungen für die Dauer ihrer Wahlperiode im Amt. § 69 bleibt unberührt.

[3)] 1. UAbschnitt Überschrift neu gef. mWv 18.5.2017 durch G v. 12.5.2017 (BGBl. I S. 1121).

[4)] *§ 63 Abs. 2 Satz 2 geänd.* mWv 18.5.2017 durch G v. 12.5.2017 (BGBl. I S. 1121).

[5)] § 64 Abs. 1 neu gef. mWv 1.7.2018 durch G v. 12.5.2017 (BGBl. I S. 1121).

[6)] § 65 neu gef. durch G v. 13.1.1969 (BGBl. I S. 25); Nr. 1 geänd., Nr. 2 aufgeh., bish. Nr. 3 wird Nr. 2 mWv 1.6.2007 durch G v. 26.3.2007 (BGBl. I S. 358).

[7)] § 66 neu gef. mWv 1.8.2022 durch G v. 7.7.2021 (BGBl. I S. 2363).

§ 67[1)] Recht zur Ablehnung der Wahl. Die Wahl zum Mitglied des Vorstandes kann ablehnen,

1. wer das fünfundsechzigste Lebensjahr vollendet hat;
2. wer in den letzten vier Jahren Mitglied des Vorstandes gewesen ist;
3. wer aus gesundheitlichen Gründen nicht nur vorübergehend die Tätigkeit im Vorstand nicht ordnungsgemäß ausüben kann.

§ 68 Wahlperiode. (1) [1]Die Mitglieder des Vorstandes werden auf vier Jahre gewählt. [2]Die Wiederwahl ist zulässig.

(2) [1]Alle zwei Jahre scheidet die Hälfte der Mitglieder aus, bei ungerader Zahl zum ersten Mal die größere Zahl. [2]Die zum ersten Mal ausscheidenden Mitglieder werden durch das Los bestimmt.

(3) Wird die Zahl der Mitglieder des Vorstandes erhöht, so ist für die neu eintretenden Mitglieder, die mit dem Ablauf des zweiten Jahres ausscheiden, Absatz 2 Satz 2 entsprechend anzuwenden.

(4) Findet die Wahl, die auf Grund der Erhöhung der Zahl der Mitglieder des Vorstandes erforderlich wird, gleichzeitig mit einer Neuwahl statt, so sind beide Wahlen getrennt vorzunehmen.

§ 69[2)] Vorzeitiges Ausscheiden eines Vorstandsmitgliedes. (1) Ein Rechtsanwalt scheidet als Mitglied des Vorstandes aus,

1. wenn er nicht mehr Mitglied der Kammer ist oder seine Wählbarkeit aus den in § 66 Absatz 1 Nummer 3, 4 und 6 angegebenen Gründen verliert;
2. wenn er sein Amt niederlegt.

(2) [1]Der Rechtsanwalt hat die Erklärung, daß er das Amt niederlege, dem Vorstand gegenüber schriftlich abzugeben. [2]Die Erklärung kann nicht widerrufen werden.

(3) [1]Scheidet ein Mitglied des Vorstandes vorzeitig aus, so ist es für den Rest seiner Amtszeit durch ein neues Mitglied zu ersetzen. [2]Davon kann abgesehen werden, wenn die Zahl der Mitglieder des Vorstandes nicht unter sieben sinkt. [3]Die Ersetzung kann durch das Nachrücken einer bei der letzten Wahl nicht gewählten Person oder durch eine Nachwahl erfolgen. [4]Das Nähere bestimmt die Geschäftsordnung der Kammer.

(4) [1]Wird gegen ein Mitglied des Vorstands eine der in § 66 Absatz 1 Nummer 1 oder 2 genannten Maßnahmen verhängt oder angeordnet, ruht seine Mitgliedschaft für die Dauer der Maßnahme. [2]Besteht gegen ein Mitglied des Vorstandes der Verdacht einer schuldhaften Verletzung seiner beruflichen Pflichten, so ist es von einer Tätigkeit der Rechtsanwaltskammer in dieser Angelegenheit ausgeschlossen.

(5) Die Geschäftsordnung der Kammer kann weitere Gründe vorsehen, die zum Ausscheiden aus dem Vorstand oder zum Ruhen der dortigen Mitgliedschaft führen.

[1)] § 67 Nr. 3 neu gef. mWv 1.5.2002 durch G v. 27.4.2002 (BGBl. I S. 1467).

[2)] § 69 Abs. 4 Satz 2 angef. durch G v. 9.12.1974 (BGBl. I S. 3393) und neu gef. durch G v. 18.8.1976 (BGBl. I S. 2181); Abs. 4 Satz 3 angef. durch G v. 5.10.1978 (BGBl. I S. 1645); Abs. 4 Satz 1 geänd. durch G v. 2.9.1994 (BGBl. I S. 2278); Abs. 1 Nr. 1, Abs. 4 Satz 1 geänd. durch G v. 5.10.1994 (BGBl. I S. 2911); Abs. 3 neu gef. mWv 1.7.2018 durch G v. 12.5.2017 (BGBl. I S. 1121); Abs. 1 Nr. 1 geänd., Abs. 4 Satz 1 neu gef., Satz 2 aufgeh., bish. Satz 3 wird Satz 2, Abs. 5 angef. mWv 1.8.2022 durch G v. 7.7.2021 (BGBl. I S. 2363).

§ 70[1] **Sitzungen des Vorstandes.** (1) Der Vorstand wird durch den Präsidenten einberufen.

(2) Der Präsident muß eine Sitzung anberaumen, wenn ein Viertel der Mitglieder des Vorstandes es schriftlich beantragen und hierbei den Gegenstand angeben, der behandelt werden soll.

(3) Das Nähere regelt die Geschäftsordnung des Vorstandes.

§ 71[2] **Beschlussfähigkeit des Vorstandes.** Der Vorstand ist beschlußfähig, wenn mindestens die Hälfte seiner Mitglieder anwesend ist.

§ 72[3] **Beschlüsse des Vorstandes.** (1) [1] Die Beschlüsse des Vorstandes werden mit einfacher Stimmenmehrheit gefaßt. [2] Das gleiche gilt für die von dem Vorstand vorzunehmenden Wahlen. [3] Bei Stimmengleichheit gibt die Stimme des Vorsitzenden den Ausschlag, bei Wahlen entscheidet das Los.

(2) [1] Ein Mitglied darf in eigenen Angelegenheiten nicht mitstimmen. [2] Dies gilt jedoch nicht für Wahlen.

(3) Über die Beschlüsse des Vorstandes und über die Ergebnisse von Wahlen ist ein Protokoll aufzunehmen, das von dem Vorsitzenden und dem Schriftführer zu unterzeichnen ist.

(4) [1] Beschlüsse des Vorstandes können auch ohne Zusammenkunft gefasst werden, wenn kein Vorstandsmitglied widerspricht und sich mindestens die Hälfte der Vorstandsmitglieder an der Abstimmung beteiligt. [2] Abstimmungen sind schriftlich durchzuführen.

§ 73[4] **Aufgaben des Vorstandes.** (1) [1] Der Vorstand hat die ihm durch Gesetz zugewiesenen Aufgaben zu erfüllen. [2] Ihm obliegen auch die der Rechtsanwaltskammer in diesem Gesetz zugewiesenen Aufgaben und Befugnisse. [3] Er hat die Belange der Kammer zu wahren und zu fördern.

(2) Dem Vorstand obliegt insbesondere,

1. die Mitglieder der Kammer in Fragen der Berufspflichten zu beraten und zu belehren;
2. auf Antrag bei Streitigkeiten unter den Mitgliedern der Kammer zu vermitteln; dies umfasst die Befugnis, Schlichtungsvorschläge zu unterbreiten;
3. auf Antrag bei Streitigkeiten zwischen Mitgliedern der Kammer und ihren Auftraggebern zu vermitteln; dies umfasst die Befugnis, Schlichtungsvorschläge zu unterbreiten;
4. die Erfüllung der den Mitgliedern der Kammer obliegenden Pflichten zu überwachen und das Recht der Rüge zu handhaben;
5. Rechtsanwälte für die Ernennung zu Mitgliedern des Anwaltsgerichts und des Anwaltsgerichtshofes vorzuschlagen;

---

[1] § 70 Abs. 2 geänd. mWv 1.8.2021 durch G v. 25.6.2021 (BGBl. I S. 2154).

[2] § 71 geänd. durch G v. 13.12.1989 (BGBl. I S. 2135); Überschrift neu gef. mWv 18.5.2017 durch G v. 12.5.2017 (BGBl. I S. 1121); geänd. mWv 1.8.2021 durch G v. 25.6.2021 (BGBl. I S. 2154).

[3] § 72 Abs. 4 angef. durch G v. 13.12.1989 (BGBl. I S. 2135); Abs. 4 neu gef. mWv 1.8.2021 durch G v. 25.6.2021 (BGBl. I S. 2154).

[4] § 73 Abs. 2 Nr. 5 geänd. durch G v. 2.9.1994 (BGBl. I S. 2278); Abs. 2 Nr. 9 neu gef. mWv 1.7.2003 *durch G v. 11.7.2002* (BGBl. I S. 2592); Abs. 1 Satz 2 eingef., bish. Satz 2 wird Satz 3, Abs. 3 geänd. mWv 1.6.2007 durch G v. 26.3.2007 (BGBl. I S. 358); Abs. 2 Nr. 2 und 3 geänd., Abs. 3 eingef., bish Abs. 3 wird Abs. 4 und geänd., Abs. 5 angef. mWv 1.9.2009 durch G v. 30.7.2009 (BGBl. I S. 2449); Abs. 2 Nr. 7 geänd. mWv 18.5.2017 durch G v. 12.5.2017 (BGBl. I S. 1121); Abs. 2 Nr. 9 geänd., Nr. 10 aufgeh., Abs. 3 Sätze 1 und 3 geänd. mWv 1.8.2021 durch G v. 25.6.2021 (BGBl. I S. 2154).

6. Vorschläge gemäß §§ 107 und 166 der Bundesrechtsanwaltskammer vorzulegen;
7. der Kammerversammlung über die Verwaltung des Vermögens jährlich Rechnung zu legen;
8. Gutachten zu erstatten, die eine Landesjustizverwaltung, ein Gericht oder eine Verwaltungsbehörde des Landes anfordert;
9. bei der Ausbildung und Prüfung der Studierenden und der Referendare mitzuwirken, insbesondere qualifizierte Arbeitsgemeinschaftsleiter und die anwaltlichen Mitglieder der juristischen Prüfungsausschüsse vorzuschlagen.

(3) [1] In Beschwerdeverfahren setzt der Vorstand die Person, die die Beschwerde erhoben hatte,[1)] von seiner Entscheidung in Kenntnis. [2] Die Mitteilung erfolgt nach Abschluss des Verfahrens einschließlich des Einspruchsverfahrens und ist mit einer kurzen Darstellung der wesentlichen Gründe für die Entscheidung zu versehen. [3] § 76 Absatz 1 bleibt unberührt. [4] Die Mitteilung ist nicht anfechtbar.

(4) Der Vorstand kann die in Absatz 1 Satz 2, Absatz 2 Nr. 1 bis 3 und Absatz 3 bezeichneten Aufgaben einzelnen Mitgliedern des Vorstandes übertragen.

(5) [1] Beantragt bei Streitigkeiten zwischen einem Mitglied der Rechtsanwaltskammer und seinem Auftraggeber der Auftraggeber ein Vermittlungsverfahren, so wird dieses eingeleitet, ohne dass es der Zustimmung des Mitglieds bedarf. [2] Ein Schlichtungsvorschlag ist nur verbindlich, wenn er von beiden Seiten angenommen wird.

§ 73a[2)] Einheitliche Stelle. [1] Die Länder können durch Gesetz den Rechtsanwaltskammern allein oder gemeinsam mit anderen Stellen die Aufgaben einer einheitlichen Stelle im Sinne des Verwaltungsverfahrensgesetzes[3)] übertragen. [2] Das Gesetz regelt die Aufsicht und kann vorsehen, dass die Rechtsanwaltskammern auch für Antragsteller tätig werden, die nicht als Rechtsanwalt tätig werden wollen.

§ 73b[4)] Verwaltungsbehörde für Ordnungswidrigkeiten. (1) Die Rechtsanwaltskammer ist im Sinne des § 36 Absatz 1 Nummer 1 des Gesetzes über Ordnungswidrigkeiten[5)] Verwaltungsbehörde für Ordnungswidrigkeiten nach § 6 der Dienstleistungs-Informationspflichten-Verordnung und nach § 56 des Geldwäschegesetzes[6)], die durch ihre Mitglieder begangen werden.

(2) Die Geldbußen aus der Ahndung von Ordnungswidrigkeiten nach Absatz 1 fließen in die Kasse der Verwaltungsbehörde, die den Bußgeldbescheid erlassen hat.

(3) [1] Die nach Absatz 2 zuständige Kasse trägt abweichend von § 105 Absatz 2 des Gesetzes über Ordnungswidrigkeiten die notwendigen Auslagen. [2] Sie ist auch ersatzpflichtig im Sinne des § 110 Absatz 4 des Gesetzes über Ordnungswidrigkeiten.

---

1) Zeichensetzung nichtamtlich.

2) § 73a eingef. mWv 18.12.2008 durch G v. 11.12.2008 (BGBl. I S. 2418).

3) **Sartorius Nr. 100.**

4) § 73b eingef. mWv 28.12.2010 durch G v. 22.12.2010 (BGBl. I S. 2248); Überschrift neu gef. mWv 18.5.2017 durch G v. 12.5.2017 (BGBl. I S. 1121); Abs. 1 geänd. mWv 1.1.2020 durch G v. 12.12.2019 (BGBl. I S. 2602).

5) **Habersack, Deutsche Gesetze Nr. 94.**

6) Nr. **88a.**

§ 74[1)] Rügerecht des Vorstandes. (1) [1] Der Vorstand kann das Verhalten eines Rechtsanwalts, durch das dieser ihm obliegende Pflichten verletzt hat, rügen, wenn die Schuld des Rechtsanwalts gering ist und ein Antrag auf Einleitung eines anwaltsgerichtlichen Verfahrens nicht erforderlich erscheint. [2] § 113 Absatz 2 und 4, die §§ 115b und 118 Absatz 1 und 2 sowie die §§ 118a und 118b gelten entsprechend. [3] Für die Verjährung und deren Ruhen gilt § 115 Absatz 1 Satz 1 und 3 sowie Absatz 2. [4] Die erste Anhörung des Rechtsanwalts unterbricht die Verjährung ebenso wie die erste Vernehmung durch die Staatsanwaltschaft im anwaltsgerichtlichen Verfahren.

(2) Eine Rüge darf nicht erteilt werden,

1. wenn gegen den Rechtsanwalt ein anwaltsgerichtliches Verfahren eingeleitet wurde oder
2. während ein Verfahren nach § 123 anhängig ist.

(3) Bevor die Rüge erteilt wird, ist der Rechtsanwalt zu hören.

(4) [1] Der Bescheid des Vorstandes, durch den das Verhalten des Rechtsanwalts gerügt wird, ist zu begründen. [2] Er ist dem Rechtsanwalt zuzustellen. [3] Eine Abschrift des Bescheides ist der Staatsanwaltschaft bei dem Oberlandesgericht mitzuteilen.

(5) [1] Gegen den Bescheid kann der Rechtsanwalt binnen eines Monats nach der Zustellung bei dem Vorstand Einspruch erheben. [2] Über den Einspruch entscheidet der Vorstand; Absatz 4 ist entsprechend anzuwenden.

(6) [1] Die Absätze 1 bis 5 sind auf zugelassene Berufsausübungsgesellschaften entsprechend anzuwenden, wenn in den Fällen des § 113 Absatz 3 die Bedeutung der Pflichtverletzung gering ist und ein Antrag auf Einleitung eines anwaltsgerichtlichen Verfahrens nicht erforderlich erscheint. [2] § 113 Absatz 5, die §§ 113b und 118c Absatz 2 sowie die §§ 118d bis 118f sind entsprechend anzuwenden.

§ 74a[2)] Antrag auf anwaltsgerichtliche Entscheidung. (1) [1] Wird der Einspruch gegen den Rügebescheid durch den Vorstand der Rechtsanwaltskammer zurückgewiesen, so kann der Rechtsanwalt innerhalb eines Monats nach der Zustellung die Entscheidung des Anwaltsgerichts beantragen. [2] Zuständig ist das Anwaltsgericht am Sitz der Rechtsanwaltskammer, deren Vorstand die Rüge erteilt hat.

(2) [1] Der Antrag ist bei dem Anwaltsgericht schriftlich einzureichen. [2] Auf das Verfahren sind die §§ 308, 309 und 311a der Strafprozessordnung[3)] sinngemäß anzuwenden. [3] Die Gegenerklärung (§ 308 Abs. 1 der Strafprozeßordnung) wird von dem Vorstand der Rechtsanwaltskammer abgegeben. [4] Die Staatsanwaltschaft ist an dem Verfahren nicht beteiligt. [5] Eine mündliche Verhandlung findet statt,

---

[1)] § 74 Abs. 1 Satz 2 angef., Abs. 2 neu gef., Abs. 5 geänd. durch G v. 13.1.1969 (BGBl. I S. 25); Abs. 2 Satz 2 angef. durch G v. 9.12.1974 (BGBl. I S. 3393); Abs. 1 Satz 1, Abs. 2 Satz 1 geänd. durch G v. 2.9.1994 (BGBl. I S. 2278); Abs. 6 angef. durch G v. 31.8.1998 (BGBl. I S. 2600); Abs. 6 geänd. mWv 1.9.2009 durch G v. 30.7.2009 (BGBl. I S. 2449); Abs. 6 geänd. mWv 18.5.2017 durch G v. 12.5.2017 (BGBl. I S. 1121); Abs. 1 Satz 2 neu gef., Sätze 3 und 4 angef., Abs. 2 und 6 neu gef. mWv 1.8.2022 durch G v. 7.7.2021 (BGBl. I S. 2363).

[2)] § 74a eingef. durch G v. 13.1.1969 (BGBl. I S. 25); Überschrift, Abs. 1 Sätze 1 und 2, Abs. 2 Sätze 1, 5 und 7, Abs. 3 Sätze 1 und 2, Abs. 4 Satz 1, Abs. 5 Sätze 1 und 2 geänd. durch G v. 2.9.1994 (BGBl. I S. 2278); Abs. 6 angef. durch G v. 31.8.1998 (BGBl. I S. 2600); Abs. 6 geänd. mWv 1.9.2009 durch G v. 30.7.2009 (BGBl. I S. 2449); Abs. 7 angef. mWv 3.12.2011 durch G v. 24.11.2011 (BGBl. I S. 2302); Abs. 2 Satz 2 neu gef., Abs. 6 geänd. mWv 18.5.2017 durch G v. 12.5.2017 (BGBl. I S. 1121); Abs. 6 neu gef. mWv 1.8.2022 durch G v. 7.7.2021 (BGBl. I S. 2363).

[3)] **Habersack, Deutsche Gesetze Nr. 90.**

wenn sie der Rechtsanwalt beantragt oder das Anwaltsgericht für erforderlich hält. [6]Von Zeit und Ort der mündlichen Verhandlung sind der Vorstand der Rechtsanwaltskammer, der Rechtsanwalt und sein Verteidiger zu benachrichtigen. [7]Art und Umfang der Beweisaufnahme bestimmt das Anwaltsgericht. [8]Es hat jedoch zur Erforschung der Wahrheit die Beweisaufnahme von Amts wegen auf alle Tatsachen und Beweismittel zu erstrecken, die für die Entscheidung von Bedeutung sind.

(3) [1]Der Rügebescheid kann nicht deshalb aufgehoben werden, weil der Vorstand der Rechtsanwaltskammer zu Unrecht angenommen hat, die Schuld des Rechtsanwalts sei gering und der Antrag auf Einleitung des anwaltsgerichtlichen Verfahrens nicht erforderlich. [2]Treten die Voraussetzungen, unter denen nach § 115b von einer anwaltsgerichtlichen Ahndung abzusehen ist oder nach § 118 Abs. 2 ein anwaltsgerichtliches Verfahren nicht eingeleitet oder fortgesetzt werden darf, erst ein, nachdem der Vorstand die Rüge erteilt hat, so hebt das Anwaltsgericht den Rügebescheid auf. [3]Der Beschluß ist mit Gründen zu versehen. [4]Er kann nicht angefochten werden.

(4) [1]Das Anwaltsgericht, bei dem ein Antrag auf anwaltsgerichtliche Entscheidung eingelegt wird, teilt unverzüglich der Staatsanwaltschaft bei dem Oberlandesgericht eine Abschrift des Antrags mit. [2]Der Staatsanwaltschaft ist auch eine Abschrift des Beschlusses mitzuteilen, mit dem über den Antrag entschieden wird.

(5) [1]Leitet die Staatsanwaltschaft wegen desselben Verhaltens, das der Vorstand der Rechtsanwaltskammer gerügt hat, ein anwaltsgerichtliches Verfahren gegen den Rechtsanwalt ein, bevor die Entscheidung über den Antrag auf anwaltsgerichtliche Entscheidung gegen den Rügebescheid ergangen ist, so wird das Verfahren über den Antrag bis zum rechtskräftigen Abschluß des anwaltsgerichtlichen Verfahrens ausgesetzt. [2]In den Fällen des § 115a Abs. 2 stellt das Anwaltsgericht nach Beendigung der Aussetzung fest, daß die Rüge unwirksam ist.

(6) [1]Die Absätze 1 bis 5 sind auf zugelassene Berufsausübungsgesellschaften entsprechend anzuwenden. [2]Die §§ 113b und 118c Absatz 2 sowie die §§ 118d bis 118f gelten entsprechend.

(7) § 116 Absatz 2 gilt entsprechend.

§ 75[1)] Ehrenamtliche Tätigkeit des Vorstandes. [1]Die Mitglieder des Vorstandes üben ihre Tätigkeit unentgeltlich aus. [2]Sie erhalten jedoch eine angemessene Entschädigung für den mit ihrer Tätigkeit verbundenen Aufwand

(Fortsetzung nächstes Blatt)

[1)] § 75 Satz 3 angef. mWv 1.8.2021 durch G v. 25.6.2021 (BGBl. I S. 2154).

sowie eine Reisekostenvergütung. [3]Die Sätze 1 und 2 gelten auch für Rechtsanwälte, die zur Mitarbeit in der Rechtsanwaltskammer herangezogen werden.

§ 76[1)] Verschwiegenheitspflicht; Inanspruchnahme von Dienstleistungen. (1) [1]Die Mitglieder des Vorstands haben über die Angelegenheiten, die ihnen bei ihrer Tätigkeit im Vorstand über Rechtsanwälte und andere Personen bekannt werden, Verschwiegenheit zu bewahren. [2]Dies gilt auch nach ihrem Ausscheiden aus dem Vorstand. [3]Die Verschwiegenheitspflicht gilt nicht für Tatsachen,

1. deren Weitergabe zur Erfüllung ihrer Aufgaben erforderlich ist,
2. in deren Weitergabe die Betroffenen eingewilligt haben,
3. die offenkundig sind oder
4. die ihrer Bedeutung nach keiner Geheimhaltung bedürfen.

[4]Die Sätze 1 bis 3 gelten auch für Angestellte der Rechtsanwaltskammern und für Personen, die von den Rechtsanwaltskammern oder den Mitgliedern ihres Vorstands zur Mitarbeit herangezogen werden. [5]Die in Satz 4 genannten Personen sind in Textform über ihre Verschwiegenheitspflicht zu belehren.

(2) [1]In Verfahren vor Gerichten und Behörden dürfen die in Absatz 1 genannten Personen über Angelegenheiten, die ihrer Verschwiegenheitspflicht unterliegen, ohne Genehmigung nicht aussagen. [2]Die Genehmigung zur Aussage erteilt der Vorstand der Rechtsanwaltskammer nach pflichtgemäßem Ermessen. [3]Die Genehmigung soll nur versagt werden, wenn dies mit Rücksicht auf die Stellung oder die Aufgaben der Rechtsanwaltskammer oder berechtigte Belange der Personen, über welche die Tatsachen bekannt geworden sind, unabweisbar erforderlich ist. [4]§ 28 Absatz 2 des Bundesverfassungsgerichtsgesetzes[2)] bleibt unberührt.

(3) Für die Inanspruchnahme von Dienstleistungen durch Rechtsanwaltskammern gilt in Bezug auf Angelegenheiten, die der Verschwiegenheitspflicht des Rechtsanwalts nach § 43a Absatz 2 unterliegen § 43e Absatz 1 bis 4, 7 und 8 sinngemäß.

§ 77[3)] Abteilungen des Vorstandes. (1) [1]Der Vorstand kann mehrere Abteilungen bilden, wenn die Geschäftsordnung der Kammer es zuläßt. [2]Er überträgt den Abteilungen die Geschäfte, die sie selbständig führen.

(2) [1]Jede Abteilung muß aus mindestens drei Mitgliedern des Vorstandes bestehen. [2]Die Mitglieder der Abteilung wählen aus ihren Reihen eine Person, die den Abteilungsvorsitz führt, eine Person, die die Protokolle der Abteilungssitzungen führt, sowie je eine Person als deren jeweilige Vertretung.

(3) [1]Vor Beginn des Kalenderjahres setzt der Vorstand die Zahl der Abteilungen und ihrer Mitglieder fest, überträgt den Abteilungen die Geschäfte und bestimmt die Mitglieder der einzelnen Abteilungen. [2]Jedes Mitglied des Vorstandes kann mehreren Abteilungen angehören. [3]Die Anordnungen können im Laufe des Jahres nur geändert werden, wenn dies wegen Überlastung der Abteilung oder infolge Wechsels oder dauernder Verhinderung einzelner Mitglieder der Abteilung erforderlich wird.

[1)] § 76 neu gef. mWv 1.8.2021 durch G v. 25.6.2021 (BGBl. I S. 2154).

[2)] **Sartorius Nr. 40.**

[3)] § 77 Abs. 3 Satz 1 geänd. durch G v. 13.12.1989 (BGBl. I S. 2135); Abs. 2 Satz 2 neu gef. mWv 1.8.2021 durch G v. 25.6.2021 (BGBl. I S. 2154).

(4) Der Vorstand kann die Abteilungen ermächtigen, ihre Sitzungen außerhalb des Sitzes der Kammer abzuhalten.

(5) Die Abteilungen besitzen innerhalb ihrer Zuständigkeit die Rechte und Pflichten des Vorstandes.

(6) An Stelle der Abteilung entscheidet der Vorstand, wenn er es für angemessen hält oder wenn die Abteilung oder ihr Vorsitzender es beantragt.

Zweiter Unterabschnitt.[1] Präsidium

§ 78[2] Zusammensetzung und Wahl des Präsidiums. (1) Der Vorstand wählt aus seiner Mitte ein Präsidium.

(2) Das Präsidium besteht aus

1. dem Präsidenten,
2. dem Vizepräsidenten,
3. dem Schriftführer,
4. dem Schatzmeister.

(3) Der Vorstand kann die Zahl der Mitglieder des Präsidiums erhöhen.

(4) [1]Die Wahl des Präsidiums findet alsbald nach jeder ordentlichen Wahl des Vorstandes statt. [2]Scheidet ein Mitglied des Präsidiums vorzeitig aus, so wird für den Rest seiner Amtszeit innerhalb von drei Monaten ein neues Mitglied gewählt.

§ 79 Aufgaben des Präsidiums. (1) Das Präsidium erledigt die Geschäfte des Vorstandes, die ihm durch dieses Gesetz oder durch Beschluß des Vorstandes übertragen werden.

(2) [1]Das Präsidium beschließt über die Verwaltung des Kammervermögens. [2]Es berichtet hierüber dem Vorstand jedes Vierteljahr.

§ 80[3] Aufgaben des Präsidenten. (1) Der Präsident vertritt die Kammer gerichtlich und außergerichtlich.

(2) [1]Der Präsident vermittelt den geschäftlichen Verkehr der Kammer und des Vorstandes. [2]Er führt die Beschlüsse des Vorstandes und der Kammer aus.

(3) Der Präsident führt in den Sitzungen des Vorstandes und in der Kammerversammlung den Vorsitz.

(4) Durch die Geschäftsordnungen des Vorstandes und der Kammer können ihm weitere Aufgaben übertragen werden.

§ 81[4] Berichte über die Tätigkeit der Kammer und über Wahlergebnisse. (1) Der Präsident erstattet der Landesjustizverwaltung jährlich Bericht über die Tätigkeit der Kammer und des Vorstandes.

(2) Der Präsident zeigt das Ergebnis der Wahlen zum Vorstand und zum Präsidium alsbald der Landesjustizverwaltung und der Bundesrechtsanwaltskammer an.

---

[1] 2. UAbschnitt Überschrift neu gef. mWv 18.5.2017 durch G v. 12.5.2017 (BGBl. I S. 1121).
[2] *§ 78 Überschrift neu gef. mWv 18.5.2017* durch G v. 12.5.2017 (BGBl. I S. 1121).
[3] § 80 Abs. 3 geänd. mWv 18.5.2017 durch G v. 12.5.2017 (BGBl. I S. 1121).
[4] § 81 Abs. 1 geänd. mWv 1.8.2021 durch G v. 25.6.2021 (BGBl. I S. 2154).

§ 82[1] Aufgaben des Schriftführers. [1]Der Schriftführer führt das Protokoll über die Sitzungen des Vorstandes und der Kammerversammlung. [2]Er führt den Schriftwechsel des Vorstandes, soweit es sich nicht der Präsident vorbehält.

§ 83 Aufgaben des Schatzmeisters. (1) [1]Der Schatzmeister verwaltet das Vermögen der Kammer nach den Weisungen des Präsidiums. [2]Er ist berechtigt, Geld in Empfang zu nehmen.

(2) Der Schatzmeister überwacht den Eingang der Beiträge.

§ 84[2] Einziehung rückständiger Beiträge. (1) Rückständige Beiträge, Umlagen, Gebühren und Auslagen werden auf Grund der von dem Schatzmeister ausgestellten, mit der Bescheinigung der Vollstreckbarkeit versehenen Zahlungsaufforderung nach den Vorschriften beigetrieben, die für die Vollstreckung von Urteilen in bürgerlichen Rechtsstreitigkeiten gelten.

(2) Die Zwangsvollstreckung darf jedoch erst zwei Wochen nach Zustellung der vollstreckbaren Zahlungsaufforderung beginnen.

(3) [1]§ 767 der Zivilprozessordnung[3] gilt mit der Maßgabe, dass Einwendungen, die den Anspruch selbst betreffen, nur insoweit zulässig sind, als sie nicht im Wege der Anfechtung der vollstreckbaren Zahlungsaufforderung in dem Verfahren nach § 112a Absatz 1 geltend gemacht werden konnten. [2]Solche Einwendungen sind im Wege der Klage bei dem in § 797 Absatz 5 der Zivilprozessordnung bezeichneten Gericht geltend zu machen.

Dritter Unterabschnitt.[4] Kammerversammlung

§ 85[5] Einberufung der Kammerversammlung. (1) Die Kammerversammlung wird durch den Präsidenten einberufen.

(2) Der Präsident muß die Kammerversammlung einberufen, wenn ein Zehntel der Mitglieder es schriftlich beantragt und hierbei den Gegenstand angibt, der in der Kammerversammlung behandelt werden soll.

(3) Wenn die Geschäftsordnung der Kammer nichts anderes bestimmt, soll die Kammerversammlung am Sitz der Rechtsanwaltskammer stattfinden.

§ 86[6] Einladung und Einberufungsfrist. [1]Die Kammerversammlung ist mindestens zwei Wochen vorher durch schriftliche Einladung einzuberufen. [2]Bei der Fristberechnung sind der Tag der Versendung und der Tag der Versammlung nicht mitzuzählen. [3]In dringenden Fällen kann die Kammerversammlung mit kürzerer Frist einberufen werden.

§ 87[7] Ankündigung der Tagesordnung. (1) Bei der Einberufung der Kammerversammlung ist der Gegenstand, über den in der Kammerversammlung Beschluß gefaßt werden soll, anzugeben.

---

[1] § 82 Satz 1 geänd. mWv 18.5.2017 durch G v. 12.5.2017 (BGBl. I S. 1121).

[2] § 84 Abs. 1 geänd. durch G v. 31.8.1998 (BGBl. I S. 2600); Abs. 1 geänd. mWv 1.9.2009 durch G v. 30.7.2009 (BGBl. I S. 2449); Abs. 3 neu gef. mWv 18.5.2017 durch G v. 12.5.2017 (BGBl. I S. 1121).

[3] **Habersack, Deutsche Gesetze Nr. 100.**

[4] 3. UAbschnitt Überschrift neu gef. mWv 18.5.2017 durch G v. 12.5.2017 (BGBl. I S. 1121).

[5] § 85 Überschrift neu gef., Abs. 1–3 geänd. mWv 18.5.2017 durch G v. 12.5.2017 (BGBl. I S. 1121).

[6] § 86 neu gef. mWv 1.8.2021 durch G v. 25.6.2021 (BGBl. I S. 2154).

[7] § 87 Abs. 1 geänd. mWv 18.5.2017 durch G v. 12.5.2017 (BGBl. I S. 1121).

(2) Über Gegenstände, deren Verhandlung nicht ordnungsmäßig angekündigt ist, dürfen keine Beschlüsse gefaßt werden.

§ 88[1)] Wahlen und Beschlüsse der Kammerversammlung. (1) Die Voraussetzungen, unter denen die Kammerversammlung beschlußfähig ist, werden durch die Geschäftsordnung der Kammer geregelt.

(2) Die Mitglieder können ihr Wahl- oder Stimmrecht nur persönlich ausüben.

(3) [1]Die Beschlüsse der Kammerversammlung werden mit einfacher Stimmenmehrheit gefaßt. [2]Das gleiche gilt für die von der Kammerversammlung vorzunehmenden Wahlen. [3]Wird diese Mehrheit in zwei Wahlgängen nicht erreicht, so ist gewählt, wer in einem weiteren Wahlgang die meisten Stimmen erhält. [4]Bei Stimmengleichheit gibt die Stimme des Vorsitzenden den Ausschlag, bei Wahlen entscheidet das Los.

(4) [1]Ein Mitglied darf in eigenen Angelegenheiten nicht mitstimmen. [2]Dies gilt jedoch nicht für Wahlen.

(5) Über die Beschlüsse und über die Ergebnisse von Wahlen ist ein Protokoll aufzunehmen, das von dem Vorsitzenden und dem Schriftführer zu unterzeichnen ist.

§ 89[2)] Aufgaben der Kammerversammlung. (1) [1]Die Kammerversammlung hat die ihr durch Gesetz zugewiesenen Aufgaben zu erfüllen. [2]Sie hat Angelegenheiten, die von allgemeiner Bedeutung für die Rechtsanwaltschaft sind, zu erörtern.

(2) Der Kammerversammlung obliegt insbesondere,

1. die Geschäftsordnung der Kammer zu beschließen;
2. die Höhe und die Fälligkeit des Beitrags, der Umlagen, Gebühren und Auslagen zu bestimmen;
3. Fürsorgeeinrichtungen für Rechtsanwälte und deren Hinterbliebene zu schaffen;
4. die Mittel zu bewilligen, die erforderlich sind, um den Aufwand für die gemeinschaftlichen Angelegenheiten zu bestreiten;
5. Richtlinien für die Aufwandsentschädigung und die Reisekostenvergütung aufzustellen, die
   a) den in § 43c Absatz 3 und den §§ 75, 95, 140 und 191b genannten Personen zu gewähren ist;
   b) nach Maßgabe des § 40 Absatz 6 und des § 77 Absatz 3 des Berufsbildungsgesetzes für die dort genannten Tätigkeiten zu gewähren ist;
6. die Abrechnung des Vorstandes über die Einnahmen und Ausgaben der Kammer sowie über die Verwaltung des Vermögens zu prüfen und über die Entlastung zu beschließen.

---

1) § 88 Abs. 3 Satz 3 eingef., bish. Satz 3 wird Satz 4 mWv 28.12.2010 durch G v. 22.12.2010 (BGBl. I S. 2248, ber. 2011 S. 223); Überschrift neu gef. mWv 18.5.2017, Abs. 1, 3 Sätze 1 und 2, Abs. 5 geänd. mWv 1.7.2018 durch G v. 12.5.2017 (BGBl. I S. 1121).

2) § 89 Abs. 2 Nr. 5 neu gef. durch G v. 13.12.1989 (BGBl. I S. 2135); Abs. 2 Nr. 2 und 5 geänd., Nr. 7 aufgeh. durch G v. 2.9.1994 (BGBl. I S. 2278); Abs. 2 Nr. 2 geänd. mWv 1.9.2009 durch G v. *30.7.2009 (BGBl. I S. 2449); Abs. 1 Satz 1, Abs. 2 einl.* Satzteil geänd. mWv 18.5.2017, Abs. 2 Nr. 1 neu gef., Abs. 3 aufgeh. mWv 1.7.2018 durch G v. 12.5.2017 (BGBl. I S. 1121); Abs. 2 Nr. 5 neu gef. mWv 1.8.2021 durch G v. 25.6.2021 (BGBl. I S. 2154).

§§ 90 und 91[1] (weggefallen)

Fünfter Teil.[2] Gerichte in Anwaltssachen und gerichtliches Verfahren in verwaltungsrechtlichen Anwaltssachen

Erster Abschnitt.[3] [4] Das Anwaltsgericht

§ 92[5] **Bildung des Anwaltsgerichts.** (1) [1]Für den Bezirk der Rechtsanwaltskammer wird ein Anwaltsgericht errichtet. [2]Es hat seinen Sitz an demselben Ort wie die Rechtsanwaltskammer.

(2) [1]Bei dem Anwaltsgericht werden nach Bedarf mehrere Kammern gebildet. [2]Die Zahl der Kammern bestimmt die Landesjustizverwaltung. [3]Der Vorstand der Rechtsanwaltskammer ist vorher zu hören.

(3) Die Aufsicht über das Anwaltsgericht führt die Landesjustizverwaltung.

§ 93[6] **Besetzung des Anwaltsgerichts.** (1) [1]Das Anwaltsgericht wird mit der erforderlichen Anzahl von Vorsitzenden und weiteren Mitgliedern besetzt. [2]Sind mehrere Vorsitzende ernannt, so wird einer von ihnen zum geschäftsleitenden Vorsitzenden bestellt. [3]Der Vorsitzende und ein weiteres Mitglied der Kammer müssen die Befähigung zum Richteramt haben.[7]

(2) Die Landesjustizverwaltung hat den Vorstand der Rechtsanwaltskammer vor der Ernennung der Vorsitzenden und der Bestellung des geschäftsleitenden Vorsitzenden zu hören.

§ 94[8] **Ernennung der Mitglieder des Anwaltsgerichts.** (1) [1]Zu Mitgliedern des Anwaltsgerichts können nur Rechtsanwälte ernannt werden. [2]Sie müssen der Rechtsanwaltskammer angehören, für deren Bezirk das Anwaltsgericht gebildet ist.

(2) [1]Die Mitglieder des Anwaltsgerichts werden von der Landesjustizverwaltung ernannt. [2]Sie werden der Vorschlagsliste entnommen, die der Vorstand der Rechtsanwaltskammer der Landesjustizverwaltung einreicht. [3]Die Landesjustizverwaltung bestimmt, welche Zahl von Mitgliedern erforderlich ist; sie

---

[1] §§ 90–91 neu gef. mWv 18.5.2017 durch G v. 12.5.2017 (BGBl. I S. 1121).

[2] 5. Teil Überschrift geänd. durch G v. 2.9.1994 (BGBl. I S. 2278); Überschrift neu gef. mWv 1.9. 2009 durch G v. 30.7.2009 (BGBl. I S. 2449); Überschrift neu gef. mWv 18.5.2017 durch G v. 12.5. 2017 (BGBl. I S. 1121).

[3] 5. Teil 1. Abschnitt Überschrift geänd. durch G v. 2.9.1994 (BGBl. I S. 2278).

[4] Nach Art. 21 Abs. 4 G v. 2.9.1994 (BGBl. I S. 2278), aufgeh. durch G v. 19.4.2006 (BGBl. I S. 866) bestehen nach dem RechtsanwaltsG v. 13.9.1990 (GBl. I S. 1504) gebildete Berufsgerichte für Rechtsanwälte und die Berufsgerichtshöfe für Rechtsanwälte als Anwaltsgerichte und Anwaltsgerichtshöfe fort; ihre anwaltlichen und richterlichen Mitglieder bleiben für die Dauer ihrer Ernennung im Amt.

[5] § 92 Überschrift, Abs. 1 Satz 1, Abs. 2 Satz 1, Abs. 3 geänd. durch G v. 2.9.1994 (BGBl. I S. 2278).

[6] § 93 Abs. 1 Satz 3 angef. durch G v. 6.7.1990 (BGBl. I S. 1349); Überschrift, Abs. 1 Satz 1 geänd. durch G v. 2.9.1994 (BGBl. I S. 2278).

[7] Nach Art. 21 Abs. 6 G v. 2.9.1994 (BGBl. I S. 2278) ist § 93 Abs. 1 Satz 3 in den Ländern Brandenburg, Mecklenburg-Vorpommern, Sachsen, Sachsen-Anhalt und Thüringen nicht anzuwenden.

[8] § 94 Überschrift, Abs. 1 Sätze 1 und 2, Abs. 2 Satz 1, Abs. 3 Sätze 1 und 2, Abs. 4 geänd. durch G v. 2.9.1994 (BGBl. I S. 2278); Abs. 4 geänd., Abs. 5 angef. mWv 1.1.2005 durch G v. 21.12.2004 (BGBl. I S. 3599); Abs. 3 Satz 2 neu gef. mWv 1.6.2007 durch G v. 26.3.2007 (BGBl. I S. 358); Abs. 3 Satz 2 neu gef. mWv 1.9.2009 durch G v. 30.7.2009 (BGBl. I S. 2449); Abs. 5 aufgeh. mWv 1.8.2021 durch G v. 25.6.2021 (BGBl. I S. 2154).

hat vorher den Vorstand der Rechtsanwaltskammer zu hören. [4]Die Vorschlagsliste des Vorstandes der Rechtsanwaltskammer muß mindestens die Hälfte mehr als die erforderliche Zahl von Rechtsanwälten enthalten.

(3) [1]Zum Mitglied des Anwaltsgerichts kann nur ein Rechtsanwalt ernannt werden, der in den Vorstand der Rechtsanwaltskammer gewählt werden kann (§§ 65, 66). [2]Die Mitglieder des Anwaltsgerichts dürfen nicht gleichzeitig

1. dem Vorstand der Rechtsanwaltskammer oder der Satzungsversammlung angehören,
2. bei der Rechtsanwaltskammer, der Bundesrechtsanwaltskammer oder der Satzungsversammlung im Haupt- oder Nebenberuf tätig sein oder
3. einem anderen Gericht der Anwaltsgerichtsbarkeit angehören.

(4) Die Mitglieder des Anwaltsgerichts werden für die Dauer von fünf Jahren ernannt; sie können nach Ablauf ihrer Amtszeit wieder berufen werden.

§ 95[1)] Rechtsstellung der Mitglieder des Anwaltsgerichts. (1) [1]Die Mitglieder des Anwaltsgerichts sind ehrenamtliche Richter. [2]Sie haben in ihrer Eigenschaft als ehrenamtliche Richter des Anwaltsgerichts während der Dauer ihres Amtes die Stellung eines Berufsrichters. [3]Sie erhalten von der Rechtsanwaltskammer eine Entschädigung für den mit ihrer Tätigkeit verbundenen Aufwand sowie eine Reisekostenvergütung.

(1a) [1]Das Amt eines Mitglieds des Anwaltsgerichts endet, sobald die Mitgliedschaft in der Rechtsanwaltskammer endet oder nachträglich ein Umstand eintritt, der nach § 94 Abs. 3 Satz 2 der Ernennung entgegensteht, und das Mitglied jeweils zustimmt. [2]Das Mitglied und die Rechtsanwaltskammer haben Umstände nach Satz 1 der Landesjustizverwaltung und dem Anwaltsgericht unverzüglich mitzuteilen. [3]Über die Beendigung des Amtes nach Satz 1 entscheidet auf Antrag der Landesjustizverwaltung der Anwaltsgerichtshof, wenn das betroffene Mitglied der Beendigung nicht zugestimmt hat; Absatz 2 Satz 3 und 4 gilt entsprechend.

(2) [1]Ein Mitglied des Anwaltsgerichts ist auf Antrag der Landesjustizverwaltung seines Amtes zu entheben,

1. wenn nachträglich bekannt wird, daß es nicht hätte ernannt werden dürfen;
2. wenn nachträglich ein Umstand eintritt, welcher der Ernennung entgegensteht;
3. wenn es eine Amtspflicht grob verletzt.

[2]Über den Antrag entscheidet der Anwaltsgerichtshof. [3]Vor der Entscheidung sind der Rechtsanwalt und der Vorstand der Rechtsanwaltskammer zu hören. [4]Die Entscheidung ist endgültig.

(3) Die Landesjustizverwaltung kann ein Mitglied des Anwaltsgerichts auf seinen Antrag aus dem Amt entlassen, wenn es aus gesundheitlichen Gründen auf nicht absehbare Zeit gehindert oder es ihm aus gewichtigen persönlichen Gründen nicht zuzumuten ist, sein Amt weiter auszuüben.

[1)] § 95 Abs. 1 Sätze 1 und 2 neu gef. durch G v. 13.1.1969 (BGBl. I S. 25); Abs. 2 neu gef., Abs. 3 und 4 angef. durch G v. 13.12.1989 (BGBl. I S. 2135); Überschrift, Abs. 1 Sätze 1 und 2, Abs. 2 Sätze 1 und 2, Abs. 3 und 4 geänd. durch G v. 2.9.1994 (BGBl. I S. 2278); Abs. 3 neu gef. mWv 1.5. *2002 durch G v. 27.4.2002 (BGBl. I S. 1467); Abs. 1a eingef.*, Abs. 3 geänd., Abs. 4 aufgeh. mWv 1.6. 2007 durch G v. 26.3.2007 (BGBl. I S. 358); Abs. 1a neu gef. mWv 1.9.2009 durch G v. 30.7.2009 (BGBl. I S. 2449).

§ 96[1] **Besetzung der Kammern des Anwaltsgerichts.** Die Kammern des Anwaltsgerichts entscheiden in der Besetzung von drei Mitgliedern einschließlich des Vorsitzenden.

§ 97[2] **Geschäftsverteilung.** Für die Geschäftsverteilung bei dem Anwaltsgericht gelten die Vorschriften des Zweiten Titels sowie § 70 Abs. 1 des Gerichtsverfassungsgesetzes[3] entsprechend.

§ 98[4] **Geschäftsstelle und Geschäftsordnung.** (1) Bei dem Anwaltsgericht wird eine Geschäftsstelle eingerichtet.

(2) Die erforderlichen Bürokräfte, die Räume und die Mittel für den sonstigen sächlichen Bedarf stellt die Rechtsanwaltskammer zur Verfügung.

(3) Die Dienstaufsicht über die Geschäftsstelle führt der Vorsitzende des Anwaltsgerichts; im Fall des § 92 Abs. 2 obliegt die Aufsicht dem geschäftsleitenden Vorsitzenden.

(4) [1] Der Geschäftsgang bei dem Anwaltsgericht wird durch eine Geschäftsordnung geregelt, die von den Mitgliedern des Anwaltsgerichts beschlossen wird. [2] Sie bedarf der Bestätigung durch die Landesjustizverwaltung.

§ 99[5] **Amts- und Rechtshilfe.** (1) Die Anwaltsgerichte haben sich gegenseitig Amts- und Rechtshilfe zu leisten.

(2) [1] Auf Ersuchen haben auch andere Gerichte und Verwaltungsbehörden dem Anwaltsgericht Amts- und Rechtshilfe zu leisten. [2] Die gleiche Verpflichtung haben die Anwaltsgerichte gegenüber anderen Gerichten und Behörden.

(3) Bei den Anwaltsgerichten können die Rechtshilfeersuchen durch ein einzelnes Mitglied erledigt werden.

Zweiter Abschnitt.[6] [7] Der Anwaltsgerichtshof

§ 100[8] **Bildung des Anwaltsgerichtshofes.** (1) [1] Der Anwaltsgerichtshof wird bei dem Oberlandesgericht errichtet. [2] § 92 Abs. 3 ist entsprechend anzuwenden.

(2) [1] Bestehen in einem Land mehrere Oberlandesgerichte, so kann die Landesregierung durch Rechtsverordnung[9] den Anwaltsgerichtshof für die

---

[1] § 96 Überschrift und Wortlaut geänd. durch G v. 2.9.1994 (BGBl. I S. 2278).

[2] § 97 neu gef. durch G v. 26.5.1972 (BGBl. I S. 841); geänd durch G v. 2.9.1994 (BGBl. I S. 2278).

[3] **Habersack, Deutsche Gesetze Nr. 95.**

[4] § 98 Abs. 1 und 3, Abs. 4 Satz 1 geänd. durch G v. 2.9.1994 (BGBl. I S. 2278).

[5] § 99 Abs. 1, Abs. 2 Sätze 1 und 2, Abs. 3 geänd. durch G v. 2.9.1994 (BGBl. I S. 2278).

[6] 5. Teil 2. Abschnitt Überschrift geänd. durch G v. 2.9.1994 (BGBl. I S. 2278).

[7] Nach Art. 21 Abs. 4 G v. 2.9.1994 (BGBl. I S. 2278), aufgel. durch G v. 19.4.2006 (BGBl. I S. 866) bestehen nach dem RechtsanwaltsG v. 13.9.1990 (GBl. I S. 1504) gebildete Berufsgerichte für Rechtsanwälte und die Berufsgerichtshöfe für Rechtsanwälte als Anwaltsgerichte und Anwaltsgerichtshöfe fort; ihre anwaltlichen und richterlichen Mitglieder bleiben für die Dauer ihrer Ernennung im Amt.

[8] § 100 Abs. 4 angef. durch G v. 13.1.1969 (BGBl. I S. 25); Überschrift, Abs. 1 Satz 1, Abs. 2 Satz 1, Abs. 3 und 4 geänd. durch G v. 2.9.1994 (BGBl. I S. 2278).

[9] In Baden-Württemberg beim OLG Stuttgart für die OLG-Bezirke Karlsruhe und Stuttgart (VO v. 9.11.1959, GesBl. S. 168), in Bayern beim OLG München für die OLG-Bezirke München, Nürnberg und Bamberg (VO v. 8.10.1959, BayRS 303-2-1-J), in Bremen beim OLG Bremen (Bek. v. 3.6.1986, ABl. S. 256), in Hamburg beim Hanseatischen OLG (AV v. 15.12.1980, JMBl. 1981 S. 2), in Niedersachsen beim OLG Celle für die Bezirke aller niedersächsischen OLGe (VO v. 29.8.1997, →

Bezirke aller oder mehrerer Oberlandesgerichte bei einem oder einigen der Oberlandesgerichte oder bei dem obersten Landesgericht errichten, wenn eine solche Zusammenlegung der Rechtspflege in Anwaltssachen, insbesondere der Sicherung einer einheitlichen Rechtsprechung, dienlich ist. [2] Die Vorstände der beteiligten Rechtsanwaltskammern sind vorher zu hören.

(3) Durch Vereinbarung der beteiligten Länder können die Aufgaben, die in diesem Gesetz dem Anwaltsgerichtshof zugewiesen sind, dem hiernach zuständigen Anwaltsgerichtshof eines Landes auch für das Gebiet eines anderen Landes übertragen werden.

(4) Mehrere Länder können die Errichtung eines gemeinsamen Anwaltsgerichtshofes bei dem Oberlandesgericht oder dem obersten Landesgericht eines Landes vereinbaren.

§ 101[1)] **Besetzung des Anwaltsgerichtshofes.** (1) [1] Der Anwaltsgerichtshof wird mit einem Präsidenten, der erforderlichen Anzahl von weiteren Vorsitzenden sowie mit Rechtsanwälten und Berufsrichtern als weiteren Mitgliedern besetzt. [2] Der Präsident und die weiteren Vorsitzenden müssen die Befähigung zum Richteramt haben.[2)]

(2) [1] Bei dem Anwaltsgerichtshof können nach Bedarf mehrere Senate gebildet werden. [2] Die nähere Anordnung trifft die Landesjustizverwaltung. [3] Der Vorstand der Rechtsanwaltskammer ist vorher zu hören.

(3) [1] Zum Präsidenten des Anwaltsgerichtshofes und zu Vorsitzenden der Senate sind anwaltliche Mitglieder des Anwaltsgerichtshofes zu bestellen. [2] § 93 Abs. 2 gilt sinngemäß.

§ 102[3)] **Bestellung von Berufsrichtern zu Mitgliedern des Anwaltsgerichtshofes.** (1) [1] Die Mitglieder des Anwaltsgerichtshofes, die Berufsrichter sind, werden von der Landesjustizverwaltung aus der Zahl der ständigen Mitglieder des Oberlandesgerichts für die Dauer von fünf Jahren bestellt. [2] In den Fällen des § 100 Abs. 2 können die Berufsrichter auch aus der Zahl der ständigen Mitglieder der anderen Oberlandesgerichte oder des obersten Landesgerichts bestellt werden.

(2) Die Mitglieder eines gemeinsamen Anwaltsgerichtshofes, die Berufsrichter sind, werden aus der Zahl der ständigen Mitglieder der Oberlandesgerichte der beteiligten Länder nach Maßgabe der von den Ländern getroffenen Vereinbarung (§ 100 Abs. 4) bestellt.

(Fortsetzung der Anm. von voriger Seite)
GVBl. S. 403), in Nordrhein-Westfalen beim OLG Hamm für die OLG-Bezirke Düsseldorf, Hamm und Köln (VO v. 29.9.1998, GVBl. S. 578), in Rheinland-Pfalz beim OLG Koblenz für die OLG-Bezirke Koblenz und Zweibrücken (LandesVO v. 8.3.1995, GVBl. S. 62).

1) § 101 Abs. 1 Satz 2 angef. durch G v. 6.7.1990 (BGBl. I S. 1349); Überschrift, Abs. 1 Satz 1, Abs. 2 Satz 1, Abs. 3 Satz 1 geänd. durch G v. 2.9.1994 (BGBl. I S. 2278).

2) Nach Art. 21 Abs. 6 G v. 2.9.1994 (BGBl. I S. 2278) ist § 101 Abs. 1 Satz 2 in den Ländern Brandenburg, Mecklenburg-Vorpommern, Sachsen, Sachsen-Anhalt und Thüringen nicht anzuwenden.

3) *§ 102 neu gef. durch G v. 13.1.1969* (BGBl. I S. 25); Überschrift, Abs. 1 Satz 1, Abs. 2 geänd. durch G v. 2.9.1994 (BGBl. I S. 2278); Abs. 1 Satz 1 geänd. mWv 1.1.2005 durch G v. 21.12.2004 (BGBl. I S. 3599).

§ 103[1] Ernennung von Rechtsanwälten zu Mitgliedern des Anwaltsgerichtshofes. (1) Die anwaltlichen Mitglieder des Anwaltsgerichtshofes werden von der Landesjustizverwaltung für die Dauer von fünf Jahren ernannt.

(2) Für die Ernennung der anwaltlichen Mitglieder des Anwaltsgerichtshofes und deren Stellung gelten die §§ 94 und 95 Absatz 1 entsprechend.

(3) Für das Ende des Amtes eines anwaltlichen Mitglieds des Anwaltsgerichtshofes gilt § 95 Abs. 1a Satz 1 und 2 entsprechend mit der Maßgabe, dass keine Mitgliedschaft mehr in einer der Rechtsanwaltskammern im Bezirk der Oberlandesgerichte besteht, für deren Bezirke der Anwaltsgerichtshof errichtet ist.

(4) Für die Amtsenthebung und die Entlassung aus dem Amt ist § 95 Abs. 1a Satz 3, Abs. 2 und 3 mit der Maßgabe anzuwenden, dass über die Amtsenthebung ein Senat des Anwaltsgerichtshofes entscheidet, dem das anwaltliche Mitglied nicht angehört.

(5) [1] Im Fall des § 100 Absatz 2 soll die jeweilige Zahl der anwaltlichen Mitglieder verhältnismäßig der Mitgliederzahl der einzelnen Rechtsanwaltskammern entsprechen. [2] Die anwaltlichen Mitglieder eines gemeinsamen Anwaltsgerichtshofes,[2] werden aus den Mitgliedern der in den beteiligten Ländern bestehenden Rechtsanwaltskammern nach Maßgabe der von den Ländern getroffenen Vereinbarung (§ 100 Abs. 4) ernannt.

(6) [1] Die anwaltlichen Mitglieder erhalten aus der Staatskasse für den mit ihrer Tätigkeit verbundenen Aufwand eine Entschädigung, die sich auf das Eineinhalbfache des in Nummer 7005 der Anlage 1 zum Rechtsanwaltsvergütungsgesetz[3] genannten höchsten Betrages beläuft. [2] Außerdem haben die anwaltlichen Mitglieder Anspruch auf Ersatz ihrer Fahrt- und Übernachtungskosten nach Maßgabe der Nummern 7003, 7004 und 7006 der Anlage 1 zum Rechtsanwaltsvergütungsgesetz.

§ 104[4] Besetzung der Senate des Anwaltsgerichtshofes. [1] Die Senate des Anwaltsgerichtshofes entscheiden in der Besetzung von fünf Mitgliedern einschließlich des Vorsitzenden, soweit nicht gesetzlich bestimmt ist, dass anstelle des Senats der Vorsitzende oder der Berichterstatter entscheidet. [2] Als Beisitzer wirken zwei weitere anwaltliche Mitglieder und zwei Berufsrichter mit.

---

[1] § 103 Abs. 3 Satz 2 angef., Abs. 4 neu gef. durch G v. 13.1.1969 (BGBl. I S. 25); Abs. 2 neu gef. durch G v. 13.12.1989 (BGBl. I S. 2135); Überschrift, Abs. 4 Satz 1 geänd., Satz 2 neu gef. durch G v. 24.6.1994 (BGBl. I S. 1325); Abs. 1, Abs. 2 Sätze 1–4, Abs. 3 Satz 2 geänd. durch G v. 2.9.1994 *(BGBl. I S. 2278);* Abs. 4 Sätze 1 und 2 geänd. mWv 1.7.2004 durch G v. 5.5.2004 (BGBl. I S. 718); Abs. 1 geänd. mWv 1.1.2005 durch G v. 21.12.2004 (BGBl. I S. 3599); Abs. 2 neu gef., Abs. 3 und 4 eingef., bish. Abs. 3 und 4 werden Abs. 5 und 6 mWv 1.6.2007 durch G v. 26.3.2007 (BGBl. I S. 358); Abs. 2 Satz 2 aufgeh., Abs. 3 neu gef., Abs. 4 geänd. mWv 1.9.2009 durch G v. 30.7.2009 (BGBl. I S. 2449); Abs. 1 geänd., Abs. 2 neu gef., Abs. 3–5 Sätze 1 und 2 geänd. mWv 1.8.2021 durch G v. 25.6.2021 (BGBl. I S. 2154).

[2] Zeichensetzung amtlich.

[3] **Habersack, Deutsche Gesetze Nr. 117.**

[4] § 104 Überschrift, Satz 1 geänd. durch G v. 2.9.1994 (BGBl. I S. 2278); Satz 1 geänd. mWv 1.9.2009 durch G v. 30.7.2009 (BGBl. I S. 2449).

§ 105[1] **Geschäftsverteilung und Geschäftsordnung.** (1) Für die Geschäftsverteilung bei dem Anwaltsgerichtshof gelten die Vorschriften des Zweiten Titels sowie § 70 Abs. 1 des Gerichtsverfassungsgesetzes[2] entsprechend.

(2) Der Geschäftsgang wird durch eine Geschäftsordnung geregelt, die von den Mitgliedern des Anwaltsgerichtshofes zu beschließen ist; sie bedarf der Bestätigung durch die Landesjustizverwaltung.

Dritter Abschnitt. Der Bundesgerichtshof in Anwaltssachen

§ 106[3] **Besetzung des Senats für Anwaltssachen.** (1) [1]Für Angelegenheiten, die in diesem Gesetz dem Bundesgerichtshof zugewiesen sind, wird bei dem Bundesgerichtshof ein Senat für Anwaltssachen gebildet. [2]Der Senat gilt, soweit auf das Verfahren die Vorschriften der Verwaltungsgerichtsordnung[4] entsprechend anzuwenden sind, als Zivilsenat und, soweit für das Verfahren die Vorschriften der Strafprozeßordnung[5] entsprechend gelten, als Strafsenat im Sinne des § 132 des Gerichtsverfassungsgesetzes[2].

(2) [1]Der Senat besteht aus dem Präsidenten des Bundesgerichtshofes sowie zwei Mitgliedern des Bundesgerichtshofes und zwei Rechtsanwälten als Beisitzern. [2]Den Vorsitz führt der Präsident des Bundesgerichtshofes oder in seiner Vertretung ein vom Präsidium des Bundesgerichtshofes bestimmter Vorsitzender Richter.

§ 107[6] **Rechtsanwälte als Beisitzer.** (1) [1]Die Beisitzer aus den Reihen der Rechtsanwälte werden von dem Bundesministerium der Justiz und für Verbraucherschutz auf die Dauer von fünf Jahren berufen. [2]Sie können nach Ablauf ihrer Amtszeit wieder berufen werden.

(2) [1]Die anwaltlichen Beisitzer werden der Vorschlagsliste entnommen, die das Präsidium der Bundesrechtsanwaltskammer auf Grund von Vorschlägen der Rechtsanwaltskammern dem Bundesministerium der Justiz und für Verbraucherschutz einreicht. [2]Das Bundesministerium der Justiz und für Verbraucherschutz bestimmt nach Anhörung der Bundesrechtsanwaltskammer, welche Zahl von Mitgliedern erforderlich ist. [3]Die Vorschlagsliste soll mindestens die doppelte Zahl von Rechtsanwälten enthalten.

(3) Scheidet ein anwaltlicher Beisitzer vorzeitig aus, so wird für den Rest seiner Amtszeit ein Nachfolger berufen.

---

[1] § 105 Abs. 1 neu gef. durch G v. 26.5.1972 (BGBl. I S. 841); Abs. 1 und 2 geänd. durch G v. 2.9. 1994 (BGBl. I S. 2278).

[2] **Habersack, Deutsche Gesetze Nr. 95.**

[3] § 106 Abs. 2 Satz 2 neu gef. durch G v. 26.5.1972 (BGBl. I S. 841); Abs. 1 Satz 2 geänd. durch G v. 17.12.1990 (BGBl. I S. 2847); Abs. 1 Satz 2, Abs. 2 Satz 1 geänd. mWv 1.9.2009 durch G v. 30.7. 2009 (BGBl. I S. 2449).

[4] **Sartorius Nr. 600.**

[5] **Habersack, Deutsche Gesetze Nr. 90.**

[6] § 107 Abs. 4 aufgeh. durch G v. 20.12.1974 (BGBl. I S. 3686); Abs. 2 Satz 1 geänd. durch G v. *2.9.1994 (BGBl. I S. 2278); Abs. 1 Satz 1, Abs. 2 Satz 2* geänd. mWv 1.1.2005 durch G v. 21.12.2004 (BGBl. I S. 3599); Abs. 1 Satz 1, Abs. 2 Satz 1 geänd. mWv 8.9.2015 durch VO v. 31.8.2015 (BGBl. I S. 1474); Abs. 2 Satz 2 neu gef. mWv 1.8.2021 durch G v. 25.6.2021 (BGBl. I S. 2154).

§ 108[1)] Voraussetzungen für die Berufung zum Beisitzer und Recht zur Ablehnung. (1) [1]Zum Beisitzer kann nur ein Rechtsanwalt berufen werden, der in den Vorstand der Rechtsanwaltskammer gewählt werden kann (§§ 65, 66). [2]§ 94 Abs. 3 Satz 2 gilt entsprechend.

(2) Die Übernahme des Beisitzeramtes kann aus den in § 67 angeführten Gründen abgelehnt werden.

§ 109[2)] Beendigung des Amtes als Beisitzer. (1) Für das Ende des Amtes des anwaltlichen Beisitzers gilt § 95 Abs. 1a Satz 1 und 2 entsprechend mit der Maßgabe, dass keine Mitgliedschaft in einer Rechtsanwaltskammer mehr besteht.

(2) [1]Für die Amtsenthebung und die Entlassung aus dem Amt des Beisitzers ist § 95 Abs. 1a Satz 3, Abs. 2 und 3 mit der Maßgabe anzuwenden, dass das Bundesministerium der Justiz und für Verbraucherschutz an die Stelle der Landesjustizverwaltung tritt und über die Amtsenthebung ein Zivilsenat des Bundesgerichtshofes entscheidet. [2]Bei der Entscheidung dürfen die Mitglieder des Senats für Anwaltssachen nicht mitwirken. [3]Vor der Entscheidung sind der Rechtsanwalt und die Bundesrechtsanwaltskammer zu hören.

§ 110[3)] Stellung der Rechtsanwälte als Beisitzer und Pflicht zur Verschwiegenheit. (1) [1]Die Rechtsanwälte sind ehrenamtliche Richter. [2]Sie haben in der Sitzung, zu der sie als Beisitzer herangezogen werden, die Stellung eines Berufsrichters.

(2) [1]Die Rechtsanwälte haben über Angelegenheiten, die ihnen bei ihrer Tätigkeit als Beisitzer bekannt werden, Verschwiegenheit zu bewahren. [2]§ 76 Absatz 1 und 2 ist entsprechend anzuwenden. [3]Die Genehmigung zur Aussage erteilt der Präsident des Bundesgerichtshofes.

§ 111 Reihenfolge der Teilnahme an den Sitzungen. Die zu Beisitzern berufenen Rechtsanwälte sind zu den einzelnen Sitzungen in der Reihenfolge einer Liste heranzuziehen, die der Vorsitzende des Senats nach Anhörung der beiden ältesten der zu Beisitzern berufenen Rechtsanwälte vor Beginn des Geschäftsjahres aufstellt.

§ 112[4)] Entschädigung der anwaltlichen Beisitzer. Für die Aufwandsentschädigung der anwaltlichen Beisitzer und für den Ersatz ihrer Reisekosten gilt § 103 Abs. 6 entsprechend.

---

1) *§ 108 Abs. 2 geänd. durch G v. 2.9.1994* (BGBl. I S. 2278); Abs. 2 neu gef. mWv 1.6.2007 durch G v. 26.3.2007 (BGBl. I S. 358); Abs. 1 Satz 2 angef., Abs. 2 aufgeh., bish. Abs. 3 wird Abs. 2 mWv 1.9.2009 durch G v. 30.7.2009 (BGBl. I S. 2449).

2) § 109 neu gef. mWv 1.6.2007 durch G v. 26.3.2007 (BGBl. I S. 358); Abs. 1 und 2 neu gef., Abs. 3 aufgeh. mWv 1.9.2009 durch G v. 30.7.2009 (BGBl. I S. 2449); Abs. 2 Satz 1 geänd. mWv 8.9.2015 durch VO v. 31.8.2015 (BGBl. I S. 1474).

3) § 110 Abs. 1 neu gef. durch G v. 13.1.1969 (BGBl. I S. 25); Abs. 2 Sätze 1 und 2 geänd. mWv 1.8.2021 durch G v. 25.6.2021 (BGBl. I S. 2154).

4) § 112 neu gef. durch G v. 13.1.1969 (BGBl. I S. 25); geänd. mWv 1.6.2007 durch G v. 26.3.2007 (BGBl. I S. 358).

Vierter Abschnitt.[1] Gerichtliches Verfahren in verwaltungsrechtlichen Anwaltssachen

§ 112a[2] Rechtsweg und sachliche Zuständigkeit. (1) Der Anwaltsgerichtshof entscheidet im ersten Rechtszug über alle öffentlich-rechtlichen Streitigkeiten nach diesem Gesetz, nach einer auf Grund dieses Gesetzes erlassenen Rechtsverordnung oder nach einer Satzung einer Rechtsanwaltskammer oder der Bundesrechtsanwaltskammer, soweit nicht die Streitigkeiten anwaltsgerichtlicher Art oder einem anderen Gericht ausdrücklich zugewiesen sind (verwaltungsrechtliche Anwaltssachen).

(2) Der Bundesgerichtshof entscheidet über das Rechtsmittel

1. der Berufung gegen Urteile des Anwaltsgerichtshofes,
2. der Beschwerde nach § 17a Abs. 4 Satz 4 des Gerichtsverfassungsgesetzes[3].

(3) Der Bundesgerichtshof entscheidet in erster und letzter Instanz

1. über Klagen, die Entscheidungen betreffen, die das Bundesministerium der Justiz und für Verbraucherschutz oder die Rechtsanwaltskammer bei dem Bundesgerichtshof getroffen hat oder für die das Bundesministerium der Justiz und für Verbraucherschutz oder die Rechtsanwaltskammer bei dem Bundesgerichtshof zuständig ist,
2. über die Nichtigkeit von Wahlen und Beschlüssen der Bundesrechtsanwaltskammer und der Rechtsanwaltskammer bei dem Bundesgerichtshof.

§ 112b[4] Örtliche Zuständigkeit. [1] Örtlich zuständig ist der Anwaltsgerichtshof, der für den Oberlandesgerichtsbezirk errichtet ist, in dem der Verwaltungsakt erlassen wurde oder zu erlassen wäre; für hoheitliche Maßnahmen, die berufsrechtliche Rechte und Pflichten der Beteiligten beeinträchtigen oder verwirklichen, gilt dies sinngemäß. [2] In allen anderen Angelegenheiten ist der Anwaltsgerichtshof zuständig, der für den Oberlandesgerichtsbezirk errichtet ist, in dem der Beklagte seinen Sitz, seine Kanzlei oder ansonsten seinen Wohnsitz hat.

§ 112c[4] Anwendung der Verwaltungsgerichtsordnung. (1) [1] Soweit dieses Gesetz keine abweichenden Bestimmungen über das gerichtliche Verfahren enthält, gelten die Vorschriften der Verwaltungsgerichtsordnung[5] entsprechend. [2] Der Anwaltsgerichtshof steht einem Oberverwaltungsgericht gleich; § 112e bleibt unberührt.

(2) [1] Die Vorschriften der Verwaltungsgerichtsordnung über die Mitwirkung ehrenamtlicher Richter sowie die §§ 35, 36 und 47 der Verwaltungsgerichtsordnung sind nicht anzuwenden. [2] Die Fristen des § 116 Abs. 2 und des § 117 Abs. 4 der Verwaltungsgerichtsordnung betragen jeweils fünf Wochen.

---

[1] 4. Abschnitt (§§ 112a–112f) angef. mWv 1.9.2009 durch G v. 30.7.2009 (BGBl. I S. 2449); Überschrift neu gef. mWv 18.5.2017 durch G v. 12.5.2017 (BGBl. I S. 1121).

[2] § 112a angef. mWv 1.9.2009 durch G v. 30.7.2009 (BGBl. I S. 2449); Abs. 3 Nr. 1 geänd. mWv 8.9.2015 durch VO v. 31.8.2015 (BGBl. I S. 1474); Abs. 1 geänd. mWv 18.5.2017 durch G v. 12.5. 2017 (BGBl. I S. 1121).

[3] ***Habersack, Deutsche Gesetze* Nr. 95.**

[4] 4. Abschnitt (§§ 112a–112f) angef. mWv 1.9.2009 durch G v. 30.7.2009 (BGBl. I S. 2449).

[5] **Sartorius Nr. 600.**

(3) Die aufschiebende Wirkung der Anfechtungsklage endet abweichend von § 80b der Verwaltungsgerichtsordnung mit der Unanfechtbarkeit des Verwaltungsaktes.

§ 112d[1] **Klagegegner und Vertretung.** (1) Die Klage ist gegen die Rechtsanwaltskammer, die Bundesrechtsanwaltskammer oder die Behörde zu richten,

1. die den Verwaltungsakt erlassen hat oder zu erlassen hätte; für hoheitliche Maßnahmen, die berufsrechtliche Rechte und Pflichten der Beteiligten beeinträchtigen oder verwirklichen, gilt dies sinngemäß;
2. deren Entschließung Gegenstand des Verfahrens ist.

(2) In Verfahren zwischen einem Mitglied des Präsidiums oder Vorstandes und der Rechtsanwaltskammer oder Bundesrechtsanwaltskammer wird die Rechtsanwaltskammer oder Bundesrechtsanwaltskammer durch eines ihrer Mitglieder vertreten, das der Präsident des zuständigen Gerichts besonders bestellt.

§ 112e[2] **Berufung.** [1] Gegen Endurteile einschließlich der Teilurteile, Grundurteile und Zwischenurteile über die Zulässigkeit steht den Beteiligten die Berufung zu, wenn sie vom Anwaltsgerichtshof oder vom Bundesgerichtshof zugelassen wird. [2] Für das Berufungsverfahren gilt der Zwölfte Abschnitt der Verwaltungsgerichtsordnung[3] mit der Maßgabe, dass der Anwaltsgerichtshof an die Stelle des Verwaltungsgerichts und der Bundesgerichtshof an die Stelle des Oberverwaltungsgerichts tritt.

§ 112f[4] **Klagen gegen Wahlen und Beschlüsse.** (1) Für ungültig oder nichtig erklärt werden können, wenn sie unter Verletzung des Gesetzes oder der Satzung zustande gekommen sind oder wenn sie ihrem Inhalt nach mit dem Gesetz oder der Satzung nicht vereinbar sind,

1. Wahlen und Beschlüsse der Organe der Rechtsanwaltskammern und der Organe der Bundesrechtsanwaltskammer mit Ausnahme der Satzungsversammlung sowie
2. Wahlen zu Organen der Rechtsanwaltskammern und der Bundesrechtsanwaltskammer.

(2) [1] Klagen nach Absatz 1 können erhoben werden

1. durch die Behörde, die die Staatsaufsicht führt, und
2. im Fall der Klage gegen eine Rechtsanwaltskammer durch ein Mitglied der Rechtsanwaltskammer; im Fall der Klage gegen die Bundesrechtsanwaltskammer durch eine Rechtsanwaltskammer.

[2] In den Fällen des Satzes 1 Nummer 2 ist die Klage gegen einen Beschluss nur zulässig, wenn der Kläger geltend macht, durch den Beschluss in seinen Rechten verletzt zu sein.

(3) In den Fällen des Absatzes 2 Satz 1 Nummer 2 kann die Klage nur innerhalb eines Monats nach der Wahl oder Beschlussfassung erhoben werden.

---

[1] § 112d angef. mWv 1.9.2009 durch G v. 30.7.2009 (BGBl. I S. 2449); Abs. 1 einl. Satzteil, Abs. 2 geänd. mWv 18.5.2017 durch G v. 12.5.2017 (BGBl. I S. 1121).

[2] § 112e angef. mWv 1.9.2009 durch G v. 30.7.2009 (BGBl. I S. 2449).

[3] **Sartorius Nr. 600.**

[4] § 112f neu gef. mWv 18.5.2017 durch G v. 12.5.2017 (BGBl. I S. 1121).

§ 112g[1] Rechtsschutz bei überlangen Gerichtsverfahren. [1]Auf den Rechtsschutz bei überlangen Gerichtsverfahren sind die Vorschriften des Siebzehnten Titels des Gerichtsverfassungsgesetzes[2] anzuwenden. [2]Die Vorschriften dieses Gesetzes, die die Besetzung des Senats für Anwaltssachen bei dem Bundesgerichtshof regeln, sind nicht anzuwenden.

§ 112h[3] Verwendung gefälschter Berufsqualifikationsnachweise. Wird durch den Anwaltsgerichtshof oder den Bundesgerichtshof festgestellt, dass ein Rechtsanwalt bei einem Antrag auf Anerkennung seiner Berufsqualifikation nach der Richtlinie 2005/36/EG in der jeweils geltenden Fassung einen gefälschten Berufsqualifikationsnachweis verwendet hat, hat das Gericht seine Entscheidung spätestens am Tag nach dem Eintritt der Rechtskraft der Rechtsanwaltskammer zu übermitteln.

Sechster Teil.[4] Anwaltsgerichtliche Ahndung von Pflichtverletzungen

§ 113[5] Ahndung einer Pflichtverletzung. (1) Gegen einen Rechtsanwalt, der schuldhaft gegen Pflichten verstößt, die in diesem Gesetz oder in der Berufsordnung nach § 59a bestimmt sind, wird eine anwaltsgerichtliche Maßnahme verhängt.

(2) Ein außerhalb des Berufs liegendes Verhalten eines Rechtsanwalts, das eine rechtswidrige Tat oder eine mit Geldbuße bedrohte Handlung darstellt, ist eine anwaltsgerichtlich zu ahndende Pflichtverletzung, wenn es nach den Umständen des Einzelfalls in besonderem Maße geeignet ist, Achtung und Vertrauen der Rechtsuchenden in einer für die Ausübung der Anwaltstätigkeit bedeutsamen Weise zu beeinträchtigen.

(3) Gegen eine zugelassene Berufsausübungsgesellschaft wird eine anwaltsgerichtliche Maßnahme verhängt, wenn

1. eine Leitungsperson der Berufsausübungsgesellschaft schuldhaft gegen Pflichten verstößt, die in diesem Gesetz oder in der Berufsordnung[6] nach § 59a bestimmt sind, oder
2. eine Person, die nicht Leitungsperson ist, in Wahrnehmung der Angelegenheiten der Berufsausübungsgesellschaft gegen Pflichten verstößt, die in diesem Gesetz oder in der Berufsordnung nach § 59a bestimmt sind, wenn die Pflichtverletzung durch angemessene organisatorische, personelle oder technische Maßnahmen hätte verhindert oder wesentlich erschwert werden können.

(4) Eine anwaltsgerichtliche Maßnahme kann nicht verhängt werden, wenn der Rechtsanwalt oder die Berufsausübungsgesellschaft zur Zeit der Tat nicht der Anwaltsgerichtsbarkeit unterstand.

(5) Anwaltsgerichtliche Maßnahmen gegen einen Rechtsanwalt und gegen die Berufsausübungsgesellschaft, der dieser angehört, können nebeneinander verhängt werden.

---

[1] § 112g angef. mWv 3.12.2011 durch G v. 24.11.2011 (BGBl. I S. 2302).

[2] **Habersack, Deutsche Gesetze Nr. 95.**

[3] § 112h eingef. mWv 18.5.2017 durch G v. 12.5.2017 (BGBl. I S. 1121); geänd. mWv 30.7.2020 durch G v. 19.6.2020 (BGBl. I S. 1403).

[4] 6. *Teil Überschrift* neu gef. mWv 18.5.2017 durch G v. 12.5.2017 (BGBl. I S. 1121).

[5] § 113 neu gef. durch G v. 2.9.1994 (BGBl. I S. 2278); Abs. 1 geänd., Abs. 3 neu gef., Abs. 4 und 5 angef. mWv 1.8.2022 durch G v. 7.7.2021 (BGBl. I S. 2363).

[6] Nr. **98/1**.

§ 113a[1] Leitungspersonen. Leitungspersonen einer Berufsausübungsgesellschaft sind

1. die Mitglieder eines vertretungsberechtigten Organs einer juristischen Person,
2. die vertretungsberechtigten Gesellschafter einer rechtsfähigen Personengesellschaft,
3. die Generalbevollmächtigten,
4. die Prokuristen und Handlungsbevollmächtigten, soweit sie eine leitende Stellung innehaben, sowie
5. nicht in den Nummern 1 bis 4 genannte Personen, die für die Leitung der Berufsausübungsgesellschaft verantwortlich handeln, wozu auch die Überwachung der Geschäftsführung oder die sonstige Ausübung von Kontrollbefugnissen in leitender Stellung gehört.

§ 113b[2] Rechtsnachfolger. Im Fall einer Gesamtrechtsnachfolge oder einer partiellen Gesamtrechtsnachfolge durch Aufspaltung (§ 123 Absatz 1 des Umwandlungsgesetzes[3]) können anwaltsgerichtliche Maßnahmen gegen den oder die Rechtsnachfolger verhängt werden.

§ 114[4] Anwaltsgerichtliche Maßnahmen. (1) Anwaltsgerichtliche Maßnahmen sind bei Verfahren gegen Rechtsanwälte

1. Warnung,
2. Verweis,
3. Geldbuße bis zu fünfzigtausend Euro,
4. Verbot, auf bestimmten Rechtsgebieten als Vertreter oder Beistand für die Dauer von einem Jahr bis zu fünf Jahren tätig zu werden,
5. Ausschließung aus der Rechtsanwaltschaft.

(2) Anwaltsgerichtliche Maßnahmen sind bei Verfahren gegen Berufsausübungsgesellschaften

1. Warnung,
2. Verweis,
3. Geldbuße bis zu fünfhunderttausend Euro,
4. Verbot, auf bestimmten Rechtsgebieten für die Dauer von einem Jahr bis zu fünf Jahren als Vertreter oder Beistand tätig zu werden,
5. Aberkennung der Rechtsdienstleistungsbefugnis.

(3) Die anwaltsgerichtlichen Maßnahmen des Verweises und der Geldbuße können nebeneinander verhängt werden.

---

[1] § 113a eingef. mWv 1.8.2022 durch G v. 7.7.2021 (BGBl. I S. 2363).
[2] § 113b eingef. mWv 1.8.2022 durch G v. 7.7.2021 (BGBl. I S. 2363).
[3] **Habersack, Deutsche Gesetze Nr. 52a.**
[4] § 114 neu gef. durch G v. 13.1.1969 (BGBl. I S. 25); Abs. 1 Nr. 3 neu gef. durch G v. 13.12.1989 (BGBl. I S. 2135); Abs. 1 Nr. 4 eingef., bish. Nr. 4 wird Nr. 5 durch G v. 18.8.1976 (BGBl. I S. 2181); Überschrift, Abs. 1 einl. Satzteil, Abs. 2 geänd. durch G v. 2.9.1994 (BGBl. I S. 2278); Abs. 1 Nr. 3 geänd. mWv 1.1.2002 durch G v. 13.12.2001 (BGBl. I S. 3574); Abs. 1 einl. Satzteil, Nr. 3 und 4 geänd., Abs. 2 eingef., bish. Abs. 2 wird Abs. 3 mWv 1.8.2022 durch G v. 7.7.2021 (BGBl. I S. 2363).

§ 114a[1)] Wirkungen des Vertretungsverbots und Zuwiderhandlungen.

(1) [1]Der Rechtsanwalt, gegen den ein Vertretungsverbot (§ 114 Abs. 1 Nr. 4) verhängt ist, darf auf dem ihm untersagten Rechtsgebiet nicht als Vertreter oder Beistand vor einem Gericht, vor Behörden, vor einem Schiedsgericht oder gegenüber anderen Personen tätig werden oder Vollmachten oder Untervollmachten erteilen. [2]Er darf jedoch die Angelegenheiten seines Ehegatten oder Lebenspartners und seiner minderjährigen Kinder wahrnehmen, soweit nicht eine Vertretung durch Anwälte geboten ist.

(2) [1]Die Wirksamkeit von Rechtshandlungen des Rechtsanwalts wird durch das Vertretungsverbot nicht berührt. [2]Das gleiche gilt für Rechtshandlungen, die ihm gegenüber vorgenommen werden.

(3) [1]Der Rechtsanwalt, der einem gegen ihn ergangenen Vertretungsverbot wissentlich zuwiderhandelt, wird aus der Rechtsanwaltschaft ausgeschlossen, sofern nicht wegen besonderer Umstände eine mildere anwaltsgerichtliche Maßnahme ausreichend erscheint. [2]Gerichte oder Behörden haben einen Rechtsanwalt, der entgegen einem Vertretungsverbot vor ihnen auftritt, zurückzuweisen.

(4) [1]Absatz 1 Satz 1 sowie die Absätze 2 und 3 sind auf Berufsausübungsgesellschaften entsprechend anzuwenden. [2]An die Stelle der Ausschließung aus der Rechtsanwaltschaft tritt die Aberkennung der Rechtsdienstleistungsbefugnis.

§ 115[2)] Verjährung von Pflichtverletzungen. (1) [1]Die Verfolgung einer Pflichtverletzung verjährt nach fünf Jahren. [2]Abweichend davon verjährt sie

1. nach zehn Jahren, wenn die Pflichtverletzung eine Maßnahme nach § 114 Absatz 1 Nummer 4 oder Absatz 2 Nummer 4 rechtfertigt,
2. nach 20 Jahren, wenn die Pflichtverletzung eine Maßnahme nach § 114 Absatz 1 Nummer 5 oder Absatz 2 Nummer 5 rechtfertigt.

[3]Die Verjährung beginnt, sobald die Tat beendet ist.

(2) [1]Für das Ruhen der Verjährung gilt § 78b Absatz 1 bis 3 des Strafgesetzbuches[3)] entsprechend. [2]Die Verjährung ruht zudem für die Dauer

1. eines wegen desselben Verhaltens eingeleiteten Straf- oder Bußgeldverfahrens,
2. eines wegen desselben Verhaltens eingeleiteten vorrangigen berufsaufsichtlichen Verfahrens und
3. einer Aussetzung des Verfahrens nach § 118b.

(3) Für die Unterbrechung der Verjährung gilt § 78c Absatz 1 bis 4 des Strafgesetzbuches entsprechend.

§ 115a[4)] Rüge und anwaltsgerichtliche Maßnahme. (1) [1]Der Einleitung eines anwaltsgerichtlichen Verfahrens steht es nicht entgegen, daß der Vorstand der Rechtsanwaltskammer bereits wegen desselben Verhaltens eine Rüge erteilt hat (§ 74). [2]Hat das Anwaltsgericht den Rügebescheid aufgehoben (§ 74a), weil es

---

[1)] § 114a eingef. durch G v. 18.8.1976 (BGBl. I S. 2181); Abs. 3 Satz 1 geänd. durch G v. 2.9.1994 (BGBl. I S. 2278); Abs. 1 Satz 2 geänd. mWv 1.8.2001 durch G v. 16.2.2001 (BGBl. I S. 266); Überschrift neu gef. mWv 18.5.2017 durch G v. 12.5.2017 (BGBl. I S. 1121); Abs. 1 Satz, Abs. 3 Satz 2 geänd., Abs. 4 angef. mWv 1.8.2022 durch G v. 7.7.2021 (BGBl. I S. 2363, ber. 2022 S. 666).

[2)] § 115 neu gef. mWv 1.8.2022 durch G v. 7.7.2021 (BGBl. I S. 2363).

[3)] **Habersack, Deutsche Gesetze Nr. 85.**

[4)] *§ 115a eingef. durch G* v. 13.1.1969 (BGBl. I S. 25); Abs. 2 Satz 2 neu gef. durch G v. 9.12.1974 (BGBl. I S. 3393); Überschrift, Abs. 1 Sätze 1 und 2, Abs. 2 Satz 1 geänd. durch G v. 2.9.1994 (BGBl. I S. 2278); Abs. 1 Sätze 1 und 2, Abs. 2 Sätze 1 und 2 geänd. mWv 1.8.2022 durch G v. 7.7.2021 (BGBl. I S. 2363).

eine Pflichtverletzung nach § 113 Absatz 1 bis 3 nicht festgestellt hat, so kann ein anwaltsgerichtliches Verfahren wegen desselben Verhaltens nur auf Grund solcher Tatsachen oder Beweismittel eingeleitet werden, die dem Anwaltsgericht bei seiner Entscheidung nicht bekannt waren.

(2) [1]Die Rüge wird mit der Rechtskraft eines anwaltsgerichtlichen Urteils unwirksam, das wegen desselben Verhaltens gegen den Rechtsanwalt oder die Berufsausübungsgesellschaft ergeht und auf Freispruch oder eine anwaltsgerichtliche Maßnahme lautet. [2]Die Rüge wird auch unwirksam, wenn rechtskräftig die Eröffnung des Hauptverfahrens abgelehnt ist, weil eine Pflichtverletzung nach § 113 Absatz 1 bis 3 nicht festzustellen ist.

§ 115b[1)] Anderweitige Ahndung. [1]Von einer anwaltsgerichtlichen Ahndung ist abzusehen, wenn

1. durch ein Gericht oder eine Behörde wegen desselben Verhaltens bereits eine Strafe, eine Geldbuße nach dem Gesetz über Ordnungswidrigkeiten oder eine berufsaufsichtliche Maßnahme verhängt worden ist oder
2. das Verhalten nach § 153a Absatz 1 Satz 5, auch in Verbindung mit Absatz 2 Satz 2, der Strafprozessordnung[2)] nicht mehr als Vergehen verfolgt werden kann.

[2]Satz 1 gilt nicht, wenn eine anwaltsgerichtliche Maßnahme zusätzlich erforderlich ist, um den Rechtsanwalt oder die Berufsausübungsgesellschaft zur Erfüllung seiner oder ihrer Pflichten anzuhalten. [3]Die Erforderlichkeit einer Maßnahme nach § 114 Absatz 1 Nummer 4 und 5 oder Absatz 2 Nummer 4 und 5 bleibt durch eine anderweitige Ahndung unberührt.

§ 115c[3)] *(aufgehoben)*

Siebenter Teil.[4)] [5)] Anwaltsgerichtliches Verfahren

Erster Abschnitt. Allgemeines

Erster Unterabschnitt.[6)] Allgemeine Verfahrensregeln

§ 116[7)] Vorschriften für das Verfahren und den Rechtsschutz bei überlangen Gerichtsverfahren. (1) [1]Für das anwaltsgerichtliche Verfahren gelten die nachstehenden Vorschriften. [2]Ergänzend sind das Gerichtsverfassungsgesetz[8)] und die Strafprozeßordnung[2)] sinngemäß anzuwenden.

(2) [1]Auf den Rechtsschutz bei überlangen Gerichtsverfahren sind die Vorschriften des Siebzehnten Titels des Gerichtsverfassungsgesetzes anzuwenden. [2]Die Vor-

[1)] § 115b neu gef. mWv 1.8.2022 durch G v. 7.7.2021 (BGBl. I S. 2363).

[2)] **Habersack, Deutsche Gesetze Nr. 90.**

[3)] § 115c aufgeh. mWv 1.8.2022 durch G v. 7.7.2021 (BGBl. I S. 2363).

[4)] 7. Teil Überschrift geänd. durch G v. 2.9.1994 (BGBl. I S. 2278); Überschrift neu gef. mWv 18.5.2017 durch G v. 12.5.2017 (BGBl. I S. 1121).

[5)] Nach Art. 21 Abs. 5 und 7 G v. 2.9.1994 (BGBl. I S. 2278) wird die Wirksamkeit der auf der Grundlage des RechtsanwaltsG v. 13.9.1990 (GBl. I S. 1504) getroffenen Entscheidungen der Berufsgerichtsbarkeit, der Landesjustizverwaltungen und der Rechtsanwaltskammern durch die Aufhebung dieses Gesetzes nicht berührt.
Die berufsrechtlichen Verfahren werden nach der Bundesrechtsanwaltsordnung fortgesetzt.

[6)] 1. UAbschnitt Überschrift eingef. mWv 1.8.2022 durch G v. 7.7.2021 (BGBl. I S. 2363).

[7)] § 116 Satz 1 geänd. durch G v. 2.9.1994 (BGBl. I S. 2278); Überschrift neu gef., Abs. 2 angef. mWv 3.12.2011 durch G v. 24.11.2011 (BGBl. I S. 2302).

[8)] **Habersack, Deutsche Gesetze Nr. 95.**

schriften dieses Gesetzes, die die Besetzung des Senats für Anwaltssachen bei dem Bundesgerichtshof regeln, sind nicht anzuwenden.

§ 117[1)] Keine Verhaftung des Rechtsanwalts. [1]Der Rechtsanwalt darf zur Durchführung des anwaltsgerichtlichen Verfahrens weder vorläufig festgenommen noch verhaftet oder vorgeführt werden. [2]Er kann nicht zur Vorbereitung eines Gutachtens über seinen psychischen Zustand in ein psychiatrisches Krankenhaus gebracht werden.

§ 117a[2)] Verteidigung. Auf die Verteidigung im anwaltsgerichtlichen Verfahren ist § 140 Abs. 1 Nr. 1 bis 3, 6, 7 und 9 der Strafprozeßordnung[3)] nicht anzuwenden.

§ 117b[4)] Akteneinsicht. [1]Der Vorstand der Rechtsanwaltskammer und das Mitglied der Rechtsanwaltskammer, das einer Verletzung seiner Pflichten beschuldigt wird, sind befugt, die Akten, die dem Gericht vorliegen oder diesem im Falle der Einreichung einer Anschuldigungsschrift vorzulegen wären, einzusehen sowie amtlich verwahrte Beweisstücke zu besichtigen. [2]Für die Akteneinsicht durch das Mitglied ist § 147 Abs. 2 Satz 1, Abs. 3, 5 und 6 der Strafprozeßordnung[3)] entsprechend anzuwenden.

§ 118[5)] Verhältnis des anwaltsgerichtlichen Verfahrens zum Straf- oder Bußgeldverfahren. (1) [1]Ist gegen ein Mitglied der Rechtsanwaltskammer, das einer Verletzung seiner Pflichten beschuldigt wird, wegen desselben Verhaltens die öffentliche Klage im Strafverfahren erhoben oder ein Bußgeldbescheid erlassen, so kann gegen das Mitglied ein anwaltsgerichtliches Verfahren eingeleitet werden, das aber bis zur Beendigung des Straf- oder Bußgeldverfahrens ausgesetzt werden muss. [2]Ebenso muß ein bereits eingeleitetes anwaltsgerichtliches Verfahren ausgesetzt werden, wenn während seines Laufes die öffentliche Klage im Strafverfahren erhoben oder ein Bußgeldbescheid erlassen wird. [3]In den Fällen der Sätze 1 und 2 ist das berufsgerichtliche Verfahren vor Beendigung des Straf- oder Bußgeldverfahrens fortzusetzen, wenn die Sachaufklärung so gesichert erscheint, dass sich widersprechende Entscheidungen nicht zu erwarten sind, oder wenn im Straf- oder Bußgeldverfahren aus Gründen nicht verhandelt werden kann, die in der Person des Mitglieds der Rechtsanwaltskammer liegen.

(2) Wird das Mitglied der Rechtsanwaltskammer im gerichtlichen Verfahren wegen einer Straftat oder einer Ordnungswidrigkeit freigesprochen, so kann wegen der Tatsachen, die Gegenstand der gerichtlichen Entscheidung waren, ein anwaltsgerichtliches Verfahren nur dann eingeleitet oder fortgesetzt werden, wenn diese Tatsachen, ohne den Tatbestand einer Strafvorschrift oder einer Bußgeldvorschrift zu erfüllen, eine Verletzung der Pflichten des Mitglieds enthalten.

[1)] § 117 geänd. durch G v. 13.1.1969 (BGBl. I S. 25); Satz 2 neu gef. durch G v. 2.3.1974 (BGBl. I S. 469); Satz 1 geänd. durch G v. 2.9.1994 (BGBl. I S. 2278).

[2)] § 117a eingef. durch G v. 13.1.1969 (BGBl. I S. 25); geänd. durch G v. 2.9.1994 (BGBl. I S. 2278); geänd. mWv 1.9.2013 durch G v. 26.6.2013 (BGBl. I S. 1805).

[3)] **Habersack, Deutsche Gesetze Nr. 90.**

[4)] § 117b neu gef. durch G v. 5.10.1978 (BGBl. I S. 1645); Satz 2 geänd. mWv 1.1.2010 durch G v. 29.7.2009 (BGBl. I S. 2274); Sätze 1 und 2 geänd. mWv 1.8.2022 durch G v. 7.7.2021 (BGBl. I S. 2363).

[5)] § 118 Überschrift geänd., Abs. 2 und 3 Satz 1 neu gef. durch G v. 24.5.1968 (BGBl. I S. 503); Abs. 3 Satz 2 neu gef. durch G v. 13.1.1969 (BGBl. I S. 25); Abs. 1 Satz 3 neu gef., Abs. 4 angef. durch G v. 13.12.1989 (BGBl. I S. 2135); Überschrift, Abs. 1 Sätze 1–3, Abs. 2, 3 Sätze 1 und 2, Abs. 4 Satz 1 geänd. durch G v. 2.9.1994 (BGBl. I S. 2278); Abs. 1 Sätze 1 und 3 neu gef., Satz 2, Abs. 2 und 3 Satz 1, Abs. 4 Sätze 1 und 2 geänd. mWv 1.8.2022 durch G v. 7.7.2021 (BGBl. I S. 2363).

(3) [1] Für die Entscheidung im anwaltsgerichtlichen Verfahren sind die tatsächlichen Feststellungen des Urteils im Straf- oder Bußgeldverfahren bindend, auf denen die Entscheidung des Gerichts beruht. [2] In dem anwaltsgerichtlichen Verfahren kann ein Gericht jedoch die nochmalige Prüfung solcher Feststellungen beschließen, deren Richtigkeit seine Mitglieder mit Stimmenmehrheit bezweifeln; dies ist in den Gründen der anwaltsgerichtlichen Entscheidung zum Ausdruck zu bringen.

(4) [1] Wird ein anwaltsgerichtliches Verfahren nach Absatz 1 Satz 3 fortgesetzt, ist die Wiederaufnahme des rechtskräftig abgeschlossenen anwaltsgerichtlichen Verfahrens auch zulässig, wenn die tatsächlichen Feststellungen, auf denen die Verurteilung oder der Freispruch im anwaltsgerichtlichen Verfahren beruht, den Feststellungen im Straf- oder Bußgeldverfahren widersprechen. [2] Den Antrag auf Wiederaufnahme des Verfahrens kann die Staatsanwaltschaft oder das Mitglied der Rechtsanwaltskammer binnen eines Monats nach Rechtskraft des Urteils im Straf- oder Bußgeldverfahren stellen.

§ 118a[1)] Verhältnis des anwaltsgerichtlichen Verfahrens zu berufsaufsichtlichen Verfahren nach anderen Berufsgesetzen. (1) [1] Über eine Pflichtverletzung eines Mitglieds der Rechtsanwaltskammer, die zugleich Pflichten eines anderen Berufs verletzt, dessen Berufsaufsicht dieses Mitglied untersteht, ist zunächst im anwaltsgerichtlichen Verfahren zu entscheiden, wenn die Pflichtverletzung überwiegend mit der Ausübung des Berufs des Rechtsanwalts in Zusammenhang steht. [2] Ist kein Schwerpunkt der Pflichtverletzung erkennbar oder besteht kein Zusammenhang der Pflichtverletzung mit der Ausübung eines Berufs, so ist zunächst im anwaltsgerichtlichen Verfahren zu entscheiden, wenn das Mitglied hauptsächlich anwaltlich tätig ist.

(2) Kommt eine Maßnahme nach § 114 Absatz 1 Nummer 4 oder 5 oder Absatz 2 Nummer 4 oder 5 in Betracht, ist stets im anwaltsgerichtlichen Verfahren zu entscheiden.

(3) Gegenstand der Entscheidung im anwaltsgerichtlichen Verfahren ist nur die Verletzung der dem Mitglied obliegenden anwaltlichen Pflichten.

§ 118b[2)] Aussetzung des anwaltsgerichtlichen Verfahrens. Das anwaltsgerichtliche Verfahren kann ausgesetzt werden, wenn in einem anderen gesetzlich geordneten Verfahren über eine Frage zu entscheiden ist, deren Beurteilung für die Entscheidung im anwaltsgerichtlichen Verfahren von wesentlicher Bedeutung ist.

Zweiter Unterabschnitt.[3)] Anwaltsgerichtliches Verfahren gegen Berufsausübungsgesellschaften

§ 118c[3)] Anwaltsgerichtliche Verfahren gegen Leitungspersonen und Berufsausübungsgesellschaften. (1) Das anwaltsgerichtliche Verfahren gegen eine *Leitungsperson und* das anwaltsgerichtliche Verfahren gegen eine Berufsausübungsgesellschaft können miteinander verbunden werden.

(2) Von anwaltsgerichtlichen Maßnahmen gegen eine Berufsausübungsgesellschaft kann abgesehen werden, wenn sie unter Berücksichtigung aller Umstände des Einzelfalls, insbesondere der Art der Pflichtverletzung, deren Häufigkeit und

---

[1)] § 118a neu gef. mWv 1.8.2022 durch G v. 7.7.2021 (BGBl. I S. 2363).

[2)] § 118b eingef. durch G v. 13.1.1969 (BGBl. I S. 25); Überschrift und Wortlaut geänd. durch G v. 2.9.1994 (BGBl. I S. 2278).

[3)] 2. UAbschnitt (§§ 118c–118g) eingef. mWv 1.8.2022 durch G v. 7.7.2021 (BGBl. I S. 2363).

Gleichförmigkeit und des Schwerpunkts der Vorwerfbarkeit, neben der Verhängung einer anwaltsgerichtlichen Maßnahme gegen die Leitungsperson nicht erforderlich erscheinen.

§ 118d[1)] Vertretung von Berufsausübungsgesellschaften. (1) Die Berufsausübungsgesellschaft wird vorbehaltlich des § 118e Absatz 1 Satz 2 im anwaltsgerichtlichen Verfahren durch ihre gesetzlichen Vertreter vertreten.

(2) Von der Vertretung ausgeschlossen sind Personen, die einer Berufspflichtverletzung beschuldigt sind.

(3) § 51 Absatz 2 der Zivilprozessordnung[2)] gilt entsprechend.

§ 118e[1)] Besonderer Vertreter. (1) [1] Hat die Berufsausübungsgesellschaft keinen gesetzlichen Vertreter oder sind alle gesetzlichen Vertreter der Berufsausübungsgesellschaft von der Vertretung ausgeschlossen, so bestellt der Vorsitzende des Gerichts, das mit der Sache befasst ist, für die Berufsausübungsgesellschaft einen besonderen Vertreter. [2] Der besondere Vertreter hat im anwaltsgerichtlichen Verfahren bis zum Eintritt eines gesetzlichen Vertreters die Stellung eines gesetzlichen Vertreters.

(2) [1] Vor Einreichung der Anschuldigungsschrift erfolgt die Bestellung des besonderen Vertreters auf Antrag der Staatsanwaltschaft. [2] Für die Bestellung ist der Vorsitzende des Anwaltsgerichts zuständig.

§ 118f[1)] Verfahrenseintritt von Rechtsnachfolgern. Im Fall einer Rechtsnachfolge (§ 113b) treten Rechtsnachfolger der Berufsausübungsgesellschaft in diejenige Lage des anwaltsgerichtlichen Verfahrens ein, in der sich die Berufsausübungsgesellschaft zum Zeitpunkt des Wirksamwerdens der Rechtsnachfolge befunden hat.

§ 118g[1)] Vernehmung des gesetzlichen Vertreters. (1) [1] Dem gesetzlichen Vertreter der Berufsausübungsgesellschaft steht es im anwaltsgerichtlichen Verfahren frei, sich zu äußern oder nicht zur Sache auszusagen. [2] § 133 Absatz 1 sowie die §§ 136 und 136a der Strafprozessordnung[3)] gelten für die Vernehmung des gesetzlichen Vertreters der Berufsausübungsgesellschaft entsprechend.

(2) [1] In anderen Verfahren kann der gesetzliche Vertreter der Berufsausübungsgesellschaft als Zeuge auch die Auskunft auf solche Fragen verweigern, deren Beantwortung der Berufsausübungsgesellschaft die Gefahr zuziehen würde, für eine Berufspflichtverletzung verantwortlich gemacht zu werden. [2] § 55 Absatz 2 und § 56 der Strafprozessordnung gelten entsprechend.

Zweiter Abschnitt.[4)] Verfahren im ersten Rechtszug

Erster Unterabschnitt.[5)] Allgemeine Vorschriften

§ 119[6)] Zuständigkeit. (1) Für das anwaltsgerichtliche Verfahren ist im ersten Rechtszug das Anwaltsgericht zuständig.

---

1) 2. UAbschnitt (§§ 118c–118g) eingef. mWv 1.8.2022 durch G v. 7.7.2021 (BGBl. I S. 2363).

2) **Habersack, Deutsche Gesetze Nr. 100.**

3) ***Habersack, Deutsche Gesetze Nr. 90.***

4) 2. Abschnitt Überschrift neu gef. mWv 18.5.2017 durch G v. 12.5.2017 (BGBl. I S. 1121).

5) 1. UAbschnitt Überschrift neu gef. mWv 18.5.2017 durch G v. 12.5.2017 (BGBl. I S. 1121).

6) § 119 Abs. 2 geänd. durch G v. 13.1.1969 (BGBl. I S. 25); Abs. 1 und 2 geänd. durch G v. 2.9.1994 (BGBl. I S. 2278); Abs. 1 und 2 geänd. mWv 1.8.2022 durch G v. 7.7.2021 (BGBl. I S. 2363).

(2) Die örtliche Zuständigkeit des Anwaltsgerichts bestimmt sich nach dem Sitz der Rechtsanwaltskammer, welcher das Mitglied der Rechtsanwaltskammer zur Zeit der Einleitung des Verfahrens angehört.

§ 120[1)] Mitwirkung der Staatsanwaltschaft. Die Staatsanwaltschaft bei dem Oberlandesgericht, in dessen Bezirk das Anwaltsgericht seinen Sitz hat (§ 119 Abs. 2), nimmt in den Verfahren vor dem Anwaltsgericht die Aufgaben der Staatsanwaltschaft wahr.

§ 120a[2)] *(aufgehoben)*

Zweiter Unterabschnitt.[3)] Einleitung des Verfahrens

§ 121[4)] Einleitung des anwaltsgerichtlichen Verfahrens. Das anwaltsgerichtliche Verfahren wird dadurch eingeleitet, daß die Staatsanwaltschaft bei dem Anwaltsgericht eine Anschuldigungsschrift einreicht.

§ 122[5)] Gerichtliche Entscheidung über die Einleitung des Verfahrens.

(1) Gibt die Staatsanwaltschaft einem Antrag des Vorstandes der Rechtsanwaltskammer, gegen ein Mitglied der Rechtsanwaltskammer das anwaltsgerichtliche Verfahren einzuleiten, keine Folge oder verfügt sie die Einstellung des Verfahrens, so hat sie ihre Entschließung dem Vorstand der Rechtsanwaltskammer unter Angabe der Gründe mitzuteilen.

(2) [1] Der Vorstand der Rechtsanwaltskammer kann gegen den Bescheid der Staatsanwaltschaft binnen eines Monats nach der Bekanntmachung bei dem Anwaltsgerichtshof die gerichtliche Entscheidung beantragen. [2] Der Antrag muß die Tatsachen, welche die Einleitung des anwaltsgerichtlichen Verfahrens begründen sollen, und die Beweismittel angeben. [3] Satz 1 gilt nicht, wenn das Anwaltsgericht der Einstellung zugestimmt hatte.

(3) Auf das Verfahren vor dem Anwaltsgerichtshof sind §§ 173 bis 175 der Strafprozeßordnung[6)] entsprechend anzuwenden.

(4) § 172 der Strafprozeßordnung ist nicht anzuwenden.

§ 123[7)] Antrag des Rechtsanwalts auf Einleitung des anwaltsgerichtlichen Verfahrens. (1) [1] Das Mitglied der Rechtsanwaltskammer kann bei der Staatsanwaltschaft beantragen, das anwaltsgerichtliche Verfahren gegen sich einzuleiten, damit es sich von dem Verdacht einer Pflichtverletzung reinigen kann. [2] Wegen eines Verhaltens, wegen dessen Zwangsgeld angedroht oder festgesetzt

---

1) § 120 geänd. durch G v. 2.9.1994 (BGBl. I S. 2278).

2) § 120a aufgeh. mWv 1.8.2022 durch G v. 7.7.2021 (BGBl. I S. 2363).

3) 2. UAbschnitt Überschrift neu gef. mWv 18.5.2017 durch G v. 12.5.2017 (BGBl. I S. 1121).

4) § 121 neu gef. durch G v. 9.12.1974 (BGBl. I S. 3393); Überschrift und Wortlaut geänd. durch G v. 2.9.1994 (BGBl. I S. 2278).

5) § 122 Abs. 4 angef. durch G v. 13.1.1969 (BGBl. I S. 25); Abs. 3 eingef., bish. Abs. 3 und 4 werden Abs. 4 und 5 durch G v. 5.10.1978 (BGBl. I S. 1645); Abs. 1, 2 Sätze 1 und 2, Abs. 3 Sätze 1 und 2, Abs. 4 geänd. durch G v. 2.9.1994 (BGBl. I S. 2278); Abs. 1 geänd., Abs. 2 Satz 3 angef., Abs. 3 aufgeh., bish. Abs. 4 und 5 werden Abs. 3 und 4 mWv 1.8.2022 durch G v. 7.7.2021 (BGBl. I S. 2363).

6) **Habersack, Deutsche Gesetze Nr. 90.**

7) § 123 neu gef. durch G v. 9.12.1974 (BGBl. I S. 3393); Überschrift, Abs. 1 Satz 1, Abs. 2 Satz 2, Abs. 3 Sätze 1, 2 und 4, Abs. 4 geänd. durch G v. 2.9.1994 (BGBl. I S. 2278); Abs. 1 Sätze 1 und 2, Abs. 2 Satz 1 geänd., Satz 2, Abs. 3 Satz 2 neu gef., Abs. 4 geänd. mWv 1.8.2022 durch G v. 7.7.2021 (BGBl. I S. 2363).

worden ist (§ 57) oder das der Vorstand der Rechtsanwaltskammer gerügt hat (§ 74), kann das Mitglied den Antrag nicht stellen.

(2) [1] Gibt die Staatsanwaltschaft dem Antrag des Mitglieds keine Folge oder verfügt sie die Einstellung des Verfahrens, so hat sie ihre Entschließung dem Mitglied unter Angabe der Gründe mitzuteilen. [2] Das Mitglied kann beim Anwaltsgerichtshof die gerichtliche Entscheidung beantragen, wenn in den Gründen

1. eine Pflichtverletzung nach § 113 Absatz 1 bis 3 festgestellt, das anwaltsgerichtliche Verfahren aber nicht eingeleitet wird oder
2. offengelassen wird, ob eine Pflichtverletzung nach § 113 Absatz 1 bis 3 vorliegt.

[3] Der Antrag ist binnen eines Monats nach der Bekanntmachung der Entschließung der Staatsanwaltschaft zu stellen.

(3) [1] Auf das Verfahren vor dem Anwaltsgerichtshof ist § 173 Abs. 1 und 3 der Strafprozeßordnung[1)] entsprechend anzuwenden. [2] Der Anwaltsgerichtshof entscheidet durch Beschluss, ob eine Pflichtverletzung nach § 113 Absatz 1 bis 3 des Mitglieds der Rechtsanwaltskammer festzustellen ist. [3] Der Beschluß ist mit Gründen zu versehen. [4] Erachtet der Anwaltsgerichtshof den Rechtsanwalt einer anwaltsgerichtlich[2)] zu ahndenden Pflichtverletzung für hinreichend verdächtig, so beschließt er die Einleitung des anwaltsgerichtlichen Verfahrens. [5] Die Durchführung dieses Beschlusses obliegt der Staatsanwaltschaft.

(4) Erachtet der Anwaltsgerichtshof eine Pflichtverletzung nach § 113 Absatz 1 bis 3 nicht für gegeben, so kann nur auf Grund neuer Tatsachen oder Beweismittel wegen desselben Verhaltens ein Antrag auf Einleitung des anwaltsgerichtlichen Verfahrens gestellt oder eine Rüge durch den Vorstand der Rechtsanwaltskammer erteilt werden.

§§ 124 bis 129[3)] (weggefallen)

§ 130[4)] Inhalt der Anschuldigungsschrift. [1] In der Anschuldigungsschrift (§ 121 dieses Gesetzes sowie § 207 Abs. 3 der Strafprozeßordnung[1)]) ist die dem Mitglied der Rechtsanwaltskammer zur Last gelegte Pflichtverletzung unter Anführung der sie begründenden Tatsachen zu bezeichnen (Anschuldigungssatz). [2] Ferner sind die Beweismittel anzugeben, wenn in der Hauptverhandlung Beweise erhoben werden sollen. [3] Die Anschuldigungsschrift enthält den Antrag, das Hauptverfahren vor dem Anwaltsgericht zu eröffnen.

§ 131[5)] Entscheidung über die Eröffnung des Hauptverfahrens vor dem Anwaltsgericht. (1) In dem Beschluß, durch den das Hauptverfahren eröffnet wird, läßt das Anwaltsgericht die Anschuldigung zur Hauptverhandlung zu.

(2) Der Beschluß, durch den das Hauptverfahren eröffnet worden ist, kann von dem Mitglied der Rechtsanwaltskammer nicht angefochten werden.

[1)] **Habersack, Deutsche Gesetze Nr. 90.**

[2)] Gem. Art. 1 Nr. 34 G v. 7.7.2021 (BGBl. I S. 2363) sollten in § 123 Abs. 3 Satz 4 die Wörter „den Rechtsanwalt einer ehrengerichtlich" durch die Wörter „das Mitglied einer anwaltsgerichtlich" ersetzt werden; der Änderungsbefehl ist mangels Textübereinstimmung nicht ausführbar.

[3)] §§ 124–129 neu gef. mWv 18.5.2017 durch G v. 12.5.2017 (BGBl. I S. 1121).

[4)] § 130 neu gef. durch G v. 9.12.1974 (BGBl. I S. 3393); Satz 3 geänd. durch G v. 2.9.1994 (BGBl. I S. 2278); Satz 1 geänd. mWv 1.8.2022 durch G v. 7.7.2021 (BGBl. I S. 2363).

[5)] § 131 Abs. 1 neu gef., Abs. 2 geänd. durch G v. 13.1.1969 (BGBl. I S. 25); Überschrift, Abs. 1 geänd. durch G v. 2.9.1994 (BGBl. I S. 2278); Abs. 2 geänd. mWv 1.8.2022 durch G v. 7.7.2021 (BGBl. I S. 2363).

(3) [1] Der Beschluß, durch den die Eröffnung des Hauptverfahrens abgelehnt wird, ist zu begründen. [2] Gegen den Beschluß steht der Staatsanwaltschaft die sofortige Beschwerde zu.

§ 132[1)] Rechtskraftwirkung eines ablehnenden Beschlusses. Ist die Eröffnung des Hauptverfahrens durch einen nicht mehr anfechtbaren Beschluß abgelehnt, so kann der Antrag auf Einleitung des anwaltsgerichtlichen Verfahrens nur auf Grund neuer Tatsachen oder Beweismittel und nur innerhalb von fünf Jahren, seitdem der Beschluß rechtskräftig geworden ist, erneut gestellt werden.

§ 133[2)] Zustellung des Eröffnungsbeschlusses. [1] Der Beschluß über die Eröffnung des Hauptverfahrens ist dem Mitglied der Rechtsanwaltskammer spätestens mit der Ladung zuzustellen. [2] Entsprechendes gilt in den Fällen des § 207 Abs. 3 der Strafprozeßordnung[3)] für die nachgereichte Anschuldigungsschrift.

Dritter Unterabschnitt.[4)] Hauptverhandlung vor dem Anwaltsgericht

§ 134[5)] Hauptverhandlung trotz Ausbleibens des Mitglieds der Rechtsanwaltskammer. [1] Die Hauptverhandlung kann gegen ein Mitglied der Rechtsanwaltskammer, das nicht erschienen ist, durchgeführt werden, wenn das Mitglied ordnungsmäßig geladen und in der Ladung darauf hingewiesen wurde, dass in seiner Abwesenheit verhandelt werden kann. [2] Eine öffentliche Ladung ist nicht zulässig.

§ 135[6)] *(aufgehoben)*

§ 136[7)] (weggefallen)

§ 137[8)] Beweisaufnahme durch einen beauftragten oder ersuchten Richter. [1] Das Anwaltsgericht kann eines seiner Mitglieder beauftragen, Zeugen oder Sachverständige zu vernehmen. [2] Es kann auch ein anderes Anwaltsgericht oder das Amtsgericht um die Vernehmung ersuchen. [3] Zeugen oder Sachverständige sind jedoch auf Antrag der Staatsanwaltschaft oder des Mitglieds der Rechtsanwaltskammer in der Hauptverhandlung zu vernehmen, es sei denn, dass sie voraussichtlich am Erscheinen in der Hauptverhandlung gehindert sind oder ihnen das Erscheinen wegen großer Entfernung nicht zugemutet werden kann.

§ 138[9)] Verlesen von Protokollen. (1) Das Anwaltsgericht beschließt nach pflichtmäßigem Ermessen, ob die Aussagen von Zeugen oder Sachverständigen, die bereits in dem anwaltsgerichtlichen oder in einem anderen gesetzlich geordneten Verfahren vernommen worden sind, zu verlesen sind.

[1)] § 132 geänd. durch G v. 2.9.1994 (BGBl. I S. 2278).

[2)] § 133 geänd. durch G v. 13.1.1969 (BGBl. I S. 25); Satz 2 geänd. durch G v. 9.12.1974 (BGBl. I S. 3393); Satz 1 geänd. mWv 1.8.2022 durch G v. 7.7.2021 (BGBl. I S. 2363).

[3)] **Habersack, Deutsche Gesetze Nr. 90.**

[4)] 3. UAbschnitt Überschrift geänd. durch G v. 2.9.1994 (BGBl. I S. 2278); Überschrift neu gef. mWv 18.5.2017 durch G v. 12.5.2017 (BGBl. I S. 1121).

[5)] § 134 neu gef. mWv 1.8.2022 durch G v. 7.7.2021 (BGBl. I S. 2363).

[6)] § 135 aufgeh. mWv 1.8.2022 durch G v. 7.7.2021 (BGBl. I S. 2363).

[7)] § 136 neu gef. mWv 18.5.2017 durch G v. 12.5.2017 (BGBl. I S. 1121).

[8)] § 137 geänd. durch G v. 13.1.1969 (BGBl. I S. 25); Sätze 1 und 2 geänd. durch G v. 2.9.1994 (BGBl. I S. 2278); Satz 3 neu gef. mWv 1.8.2022 durch G v. 7.7.2021 (BGBl. I S. 2363).

[9)] § 138 Abs. 2 und 3 geänd. durch G v. 13.1.1969 (BGBl. I S. 25); Abs. 1 geänd. durch G v. 2.9.1994 (BGBl. I S. 2278); Abs. 1 geänd., Abs. 2 Satz 1 neu gef., Satz 2, Abs. 3 Sätze 1 und 2 geänd. mWv 1.8.2022 durch G v. 7.7.2021 (BGBl. I S. 2363).

(2) [1] Bevor der Gerichtsbeschluss ergeht, kann die Staatsanwaltschaft oder das Mitglied der Rechtsanwaltskammer beantragen, Zeugen oder Sachverständige in der Hauptverhandlung zu vernehmen. [2] Einem solchen Antrag ist zu entsprechen, es sei denn, dass die Zeugen oder Sachverständigen voraussichtlich am Erscheinen in der Hauptverhandlung gehindert sind oder ihnen das Erscheinen wegen großer Entfernung nicht zugemutet werden kann. [3] Wird dem Antrag stattgegeben, so darf das Protokoll über die frühere Vernehmung nicht verlesen werden.

(3) [1] Sind Zeugen oder Sachverständige durch einen beauftragten oder ersuchten Richter vernommen worden (§ 137), so kann der Verlesung des Protokolls nicht widersprochen werden. [2] Die Staatsanwaltschaft oder das Mitglied der Rechtsanwaltskammer kann jedoch der Verlesung widersprechen, wenn ein Antrag gemäß § 137 Satz 3 abgelehnt worden ist und Gründe für eine Ablehnung des Antrags jetzt nicht mehr bestehen.

§ 139[1)] Entscheidung des Anwaltsgerichts. (1) Die Hauptverhandlung schließt mit der auf die Beratung folgenden Verkündung des Urteils.

(2) Das Urteil lautet auf Freisprechung, Verurteilung oder Einstellung des Verfahrens.

(3) Das anwaltsgerichtliche Verfahren ist, abgesehen von dem Fall des § 260 Abs. 3 der Strafprozeßordnung[2)], einzustellen,

1. wenn die Zulassung zur Rechtsanwaltschaft (§ 13) oder die Zulassung als Berufsausübungsgesellschaft (§ 59h Absatz 1) erloschen ist;
2. wenn nach § 115b von einer anwaltsgerichtlichen Ahndung abzusehen ist.

§ 140[3)] Protokollführer. (1) [1] In der Hauptverhandlung vor dem Anwaltsgericht werden die Aufgaben des Protokollführers von einem Rechtsanwalt wahrgenommen. [2] Der Protokollführer wird von dem Vorsitzenden oder, bei einem Anwaltsgericht mit mehreren Kammern, von dem geschäftsleitenden Vorsitzenden bestellt. [3] Er ist verpflichtet, der Bestellung Folge zu leisten. [4] § 75 gilt entsprechend.

(2) Der Vorsitzende der Kammer des Anwaltsgerichts verpflichtet den Protokollführer vor der ersten Dienstleistung durch Handschlag auf die gewissenhafte Erfüllung der Obliegenheiten eines Protokollführers.

(3) [1] Der Protokollführer hat über die Angelegenheiten, die ihm bei seiner Tätigkeit bekannt werden, Verschwiegenheit zu bewahren. [2] § 76 Absatz 1 und 2 ist entsprechend anzuwenden. [3] Die Genehmigung zur Aussage erteilt der Vorsitzende der Kammer des Anwaltsgerichts.

§ 141[4)] Ausfertigung der Entscheidungen. Ausfertigungen und Auszüge der Entscheidungen des Anwaltsgerichts werden von dem Vorsitzenden der Kammer des Anwaltsgerichts erteilt.

[1)] § 139 Abs. 3 neu gef. durch G v. 13.1.1969 (BGBl. I S. 25); Abs. 3 Nr. 1 neu gef. durch G v. 13.12. 1989 (BGBl. I S. 2135); Überschrift, Abs. 3 geänd. durch G v. 2.9.1994 (BGBl. I S. 2278); Abs. 3 Nr. 1 geänd. mWv 1.9.2009 durch G v. 30.7.2009 (BGBl. I S. 2449); Abs. 3 Nr. 1 neu gef. mWv 1.8.2022 durch G v. 7.7.2021 (BGBl. I S. 2363).

[2)] **Habersack, Deutsche Gesetze Nr. 90.**

[3)] § 140 Abs. 1 Sätze 2 und 3 angef. durch G v. 13.12.1989 (BGBl. I S. 2135); Abs. 1 Sätze 1 und 2, Abs. 2, 3 Satz 3 geänd. durch G v. 2.9.1994 (BGBl. I S. 2278); Abs. 1 Satz 4 angef., Abs. 3 Sätze 1 und 2 geänd. mWv 1.8.2021 durch G v. 25.6.2021 (BGBl. I S. 2154).

[4)] § 141 geänd. durch G v. 2.9.1994 (BGBl. I S. 2278).

Dritter Abschnitt.[1] Rechtsmittel

Erster Unterabschnitt.[2] Rechtsmittel gegen Entscheidungen des Anwaltsgerichts

§ 142[3] Beschwerde. Soweit Beschlüsse des Anwaltsgerichts mit der Beschwerde angefochten werden können, ist für die Verhandlung und Entscheidung über dieses Rechtsmittel der Anwaltsgerichtshof zuständig.

§ 143[4] Berufung. (1) Gegen das Urteil des Anwaltsgerichts ist die Berufung an den Anwaltsgerichtshof zulässig.

(2) [1]Die Berufung muß binnen einer Woche nach Verkündung des Urteils bei dem Anwaltsgericht schriftlich eingelegt werden. [2]Ist das Urteil nicht in Anwesenheit des Mitglieds der Rechtsanwaltskammer verkündet worden, so beginnt für dieses die Frist mit der Zustellung.

(3) Die Berufung kann nur schriftlich gerechtfertigt werden.

(4) Die §§ 134 und 137 bis 139 sind auf das Berufungsverfahren sinngemäß anzuwenden; hierbei lässt § 134 die sinngemäße Anwendung des § 329 Absatz 1 der Strafprozessordnung[5] unberührt.

§ 144[6] Mitwirkung der Staatsanwaltschaft vor dem Anwaltsgerichtshof. Die Aufgaben der Staatsanwaltschaft in den Verfahren vor dem Anwaltsgerichtshof werden von der Staatsanwaltschaft bei dem Oberlandesgericht oder dem obersten Landesgericht wahrgenommen, bei dem der Anwaltsgerichtshof errichtet ist.

Zweiter Unterabschnitt.[7] Rechtsmittel gegen Entscheidungen des Anwaltsgerichtshofes

§ 145[8] Revision. (1) Gegen ein Urteil des Anwaltsgerichtshofes ist die Revision an den Bundesgerichtshof zulässig,

1. wenn das Urteil auf eine Maßnahme nach § 114 Absatz 1 Nummer 4 oder 5 oder Absatz 2 Nummer 4 oder 5 lautet;
2. wenn der Anwaltsgerichtshof entgegen einem Antrag der Staatsanwaltschaft nicht auf eine Maßnahme nach § 114 Absatz 1 Nummer 4 oder 5 oder Absatz 2 Nummer 4 oder 5 erkannt hat;
3. wenn der Anwaltsgerichtshof sie in dem Urteil zugelassen hat.

---

[1] 3. Abschnitt Überschrift neu gef. mWv 18.5.2017 durch G v. 12.5.2017 (BGBl. I S. 1121).

[2] 1. UAbschnitt Überschrift geänd. durch G v. 9.12.1974 (BGBl. I S. 3393); Überschrift geänd. durch G v. 2.9.1994 (BGBl. I S. 2278); Überschrift neu gef. mWv 18.5.2017 durch G v. 12.5.2017 (BGBl. I S. 1121).

[3] § 142 geänd. durch G v. 9.12.1974 (BGBl. I S. 3393); geänd. durch G v. 2.9.1994 (BGBl. I S. 2278).

[4] § 143 Abs. 2 geänd. durch G v. *13.1.1969 (BGBl. I S. 25)*; Abs. 1, Abs. 2 Satz 1 geänd., Abs. 4 Satz 2 angef. durch G v. 2.9.1994 (BGBl. I S. 2278); Abs. 4 Satz 2 geänd. mWv 25.7.2015 durch G v. 17.7.2015 (BGBl. I S. 1332); Abs. 2 Satz 2 geänd., Abs. 4 neu gef. mWv 1.3.2022 durch G v. 7.7.2021 (BGBl. I S. 2363).

[5] **Habersack, Deutsche Gesetze Nr. 90.**

[6] § 144 Überschrift und Wortlaut geänd. durch G v. 2.9.1994 (BGBl. I S. 2278).

[7] 2. UAbschnitt Überschrift geänd. durch G v. 2.9.1994 (BGBl. I S. 2278); Überschrift neu gef. mWv 18.5.2017 durch G v. 12.5.2017 (BGBl. I S. 1121).

[8] § 145 Abs. 1 neu gef. durch G v. 18.8.1976 (BGBl. I S. 2181); Abs. 1 einl. Satzteil, Abs. 2 und 3 Satz 2 geänd. durch G v. 2.9.1994 (BGBl. I S. 2278); Abs. 1 Nr. 1 und 2 neu gef. mWv 1.8.2022 durch G v. 7.7.2021 (BGBl. I S. 2363).

(2) Der Anwaltsgerichtshof darf die Revision nur zulassen, wenn er über Rechtsfragen oder Fragen der anwaltlichen Berufspflichten entschieden hat, die von grundsätzlicher Bedeutung sind.

(3) [1]Die Nichtzulassung der Revision kann selbständig durch Beschwerde innerhalb eines Monats nach Zustellung des Urteils angefochten werden. [2]Die Beschwerde ist bei dem Anwaltsgerichtshof einzulegen. [3]In der Beschwerdeschrift muß die grundsätzliche Rechtsfrage ausdrücklich bezeichnet werden.

(4) Die Beschwerde hemmt die Rechtskraft des Urteils.

(5) [1]Wird der Beschwerde nicht abgeholfen, so entscheidet der Bundesgerichtshof durch Beschluß. [2]Der Beschluß bedarf keiner Begründung, wenn die Beschwerde einstimmig verworfen oder zurückgewiesen wird. [3]Mit Ablehnung der Beschwerde durch den Bundesgerichtshof wird das Urteil rechtskräftig. [4]Wird der Beschwerde stattgegeben, so beginnt mit Zustellung des Beschwerdebescheides die Revisionsfrist.

§ 146[1)] Einlegung der Revision und Verfahren. (1) [1]Die Revision ist binnen einer Woche bei dem Anwaltsgerichtshof schriftlich einzulegen. [2]Die Frist beginnt mit der Verkündung des Urteils. [3]Ist das Urteil nicht in Anwesenheit des Mitglieds der Rechtsanwaltskammer verkündet worden, so beginnt für dieses die Frist mit der Zustellung.

(2) Seitens des Mitglieds der Rechtsanwaltskammer können die Revisionsanträge und deren Begründung nur schriftlich angebracht werden.

(3) [1]§ 139 Absatz 3 ist auf das Verfahren vor dem Bundesgerichtshof sinngemäß anzuwenden. [2]In den Fällen des § 354 Absatz 2 der Strafprozessordnung[2)] kann die Sache auch an den Anwaltsgerichtshof eines anderen Landes zurückverwiesen werden.

§ 147 Mitwirkung der Staatsanwaltschaft vor dem Bundesgerichtshof. Die Aufgaben der Staatsanwaltschaft in den Verfahren vor dem Bundesgerichtshof werden von dem Generalbundesanwalt wahrgenommen.

Vierter Abschnitt.[3)] Sicherung von Beweisen

§ 148[4)] Anordnung der Beweissicherung. (1) [1]Wird ein anwaltsgerichtliches Verfahren gegen ein Mitglied der Rechtsanwaltskammer eingestellt, weil dessen Zulassung erloschen ist, so kann in der Entscheidung auf Antrag der Staatsanwaltschaft zugleich die Sicherung der Beweise angeordnet werden, wenn dringende Gründe für die Annahme vorliegen, dass auf Ausschließung aus der Rechtsanwaltschaft oder auf Aberkennung der Rechtsdienstleistungsbefugnis erkannt worden wäre. [2]Die Anordnung kann nicht angefochten werden.

(2) [1]Die Beweise werden von dem Anwaltsgericht aufgenommen. [2]Das Anwaltsgericht kann eines seiner Mitglieder mit der Beweisaufnahme beauftragen.

[1)] § 146 Abs. 1 und 2 geänd., Abs. 3 neu gef. durch G v. 13.1.1969 (BGBl. I S. 25); Abs. 1 Satz 1, Abs. 3 Satz 2 geänd. durch G v. 2.9.1994 (BGBl. I S. 2278); Abs. 1 Satz 3, Abs. 2 geänd., Abs. 3 neu gef. mWv 1.8.2022 durch G v. 7.7.2021 (BGBl. I S. 2363).

[2)] **Habersack, Deutsche Gesetze Nr. 90.**

[3)] 4. Abschnitt Überschrift neu gef. mWv 18.5.2017 durch G v. 12.5.2017 (BGBl. I S. 1121).

[4)] § 148 Abs. 1 geänd. durch G v. 13.1.1969 (BGBl. I S. 25); Abs. 2 neu gef. durch G v. 9.12.1974 (BGBl. I S. 3393); Abs. 1 Satz 1, Abs. 2 Sätze 1 und 2 geänd. durch G v. 2.9.1994 (BGBl. I S. 2278); Abs. 1 Satz 1 geänd. mWv 1.9.2009 durch G v. 30.7.2009 (BGBl. I S. 2449); Abs. 1 Satz 1 neu gef. mWv 1.8.2022 durch G v. 7.7.2021 (BGBl. I S. 2363).

§ 149[1] Verfahren. (1) [1]Das Anwaltsgericht hat von Amts wegen alle Beweise zu erheben, die eine Entscheidung darüber begründen können, ob das eingestellte Verfahren zur Ausschließung aus der Rechtsanwaltschaft oder zur Aberkennung der Rechtsdienstleistungsbefugnis geführt hätte. [2]Den Umfang des Verfahrens bestimmt das Anwaltsgericht nach pflichtmäßigem Ermessen, ohne an Anträge gebunden zu sein; seine Verfügungen können insoweit nicht angefochten werden.

(2) Zeugen sind, soweit nicht Ausnahmen vorgeschrieben oder zugelassen sind, eidlich zu vernehmen.

(3) [1]Die Staatsanwaltschaft und das frühere Mitglied der Rechtsanwaltskammer sind an dem Verfahren zu beteiligen. [2]Ein Anspruch auf Benachrichtigung über die Termine, die zum Zwecke der Beweissicherung anberaumt werden, steht dem früheren Mitglied nur zu, wenn dem Gericht eine zustellungsfähige Anschrift in einem Mitgliedstaat der Europäischen Union, einem anderen Vertragsstaat des Abkommens über den Europäischen Wirtschaftsraum oder der Schweiz bekannt ist.

Fünfter Abschnitt.[2] Berufs- und Vertretungsverbot als vorläufige Maßnahme

§ 150[3] Voraussetzung für das Verbot. (1) [1]Liegen dringende Gründe für die Annahme vor, dass gegen ein Mitglied der Rechtsanwaltskammer auf Ausschließung aus der Rechtsanwaltschaft oder Aberkennung der Rechtsdienstleistungsbefugnis erkannt werden wird, kann gegen das Mitglied durch Beschluss ein vorläufiges Berufs- oder Vertretungsverbot verhängt werden. [2]§ 118 Abs. 1 Satz 1 und 2 ist nicht anzuwenden.

(2) [1]Die Staatsanwaltschaft kann vor Einleitung des anwaltsgerichtlichen Verfahrens den Antrag auf Verhängung eines Berufs- oder Vertretungsverbotes stellen. [2]In dem Antrag sind die Pflichtverletzung, die dem Mitglied der Rechtsanwaltskammer zur Last gelegt wird, sowie die Beweismittel anzugeben.

(3) Für die Verhandlung und Entscheidung ist das Gericht zuständig, das über die Eröffnung des Hauptverfahrens gegen das Mitglied der Rechtsanwaltskammer zu entscheiden hat oder vor dem das anwaltsgerichtliche Verfahren anhängig ist.

§ 150a[4] Verfahren zur Erzwingung des Antrags der Staatsanwaltschaft.

Hat der Vorstand der Rechtsanwaltskammer gegenüber der Staatsanwaltschaft beantragt, daß diese den Antrag auf Verhängung eines Berufs- oder Vertretungsverbotes stellen solle, so ist § 122 entsprechend anzuwenden.

---

[1] § 149 Abs. 1 Sätze 1 und 2 geänd., Abs. 4 aufgeh. durch G v. 9.12.1974 (BGBl. I S. 3393); Abs. 3 geänd. durch G v. 13.1.1969 (BGBl. I S. 25); Abs. 1 Sätze 1 und 2, Abs. 3 Satz 2 geänd. durch G v. 2.9.1994 (BGBl. I S. 2278); Abs. 3 Satz 2 geänd. durch G v. 6.8.1998 (BGBl. I S. 2030); Abs. 3 Satz 2 neu gef. mWv 1.8.2021 durch G v. 25.6.2021 (BGBl. I S. 2154); Abs. 1 Satz 1, Abs. 3 Sätze 1 und 2 geänd. mWv 1.8.2022 durch G v. 7.7.2021 (BGBl. I S. 2363); Abs. 1 Satz 1 geänd. mWv 16.3.2023 durch G v. 10.3.2023 (BGBl. 2023 I Nr. 64).

[2] 5. Abschnitt Überschrift neu gef. durch G v. 18.8.1976 (BGBl. I S. 2181); Überschrift neu gef. mWv 18.5.2017 durch G v. 12.5.2017 (BGBl. I S. 1121).

[3] § 150 neu gef. durch G v. 9.12.1974 (BGBl. I S. 3393); Abs. 1 neu gef. durch G v. 13.12.1989 (BGBl. I S. 2135); Abs. 2 Satz 1, Abs. 3 geänd. durch G v. 2.9.1994 (BGBl. I S. 2278); Überschrift neu gef. mWv 18.5.2017 durch G v. 12.5.2017 (BGBl. I S. 1121); Abs. 1 Satz 1 neu gef., Abs. 2 Satz 2, Abs. 3 geänd. mWv 1.8.2022 durch G v. 7.7.2021 (BGBl. I S. 2363).

[4] § 150a eingef. durch G v. 5.10.1978 (BGBl. I S. 1645); Satz 2 aufgeh. mWv 1.8.2022 durch G v. 7.7.2021 (BGBl. I S. 2363).

§ 151[1] Mündliche Verhandlung. (1) Der Beschluß, durch den ein Berufs- oder Vertretungsverbot verhängt wird, kann nur auf Grund mündlicher Verhandlung ergehen.

(2) Auf die Ladung und die mündliche Verhandlung sind die Vorschriften entsprechend anzuwenden, die für die Hauptverhandlung vor dem erkennenden Gericht maßgebend sind, soweit sich nicht aus den folgenden Vorschriften etwas anderes ergibt.

(3) [1] In der ersten Ladung ist die dem Mitglied der Rechtsanwaltskammer zur Last gelegte Pflichtverletzung durch Anführung der sie begründenden Tatsachen zu bezeichnen; ferner sind die Beweismittel anzugeben. [2] Dies ist jedoch nicht erforderlich, wenn dem Mitglied die Anschuldigungsschrift bereits mitgeteilt worden ist.

(4) Den Umfang der Beweisaufnahme bestimmt das Gericht nach pflichtmäßigem Ermessen, ohne an Anträge der Staatsanwaltschaft oder des Mitglieds der Rechtsanwaltskammer gebunden zu sein.

§ 152 Abstimmung über das Verbot. Zur Verhängung des Berufs- oder Vertretungsverbotes ist eine Mehrheit von zwei Dritteln der Stimmen erforderlich.

§ 153[2] Verbot im Anschluss an die Hauptverhandlung. [1] Hat das Gericht auf Ausschließung aus der Rechtsanwaltschaft oder auf Aberkennung der Rechtsdienstleistungsbefugnis erkannt, so kann es im unmittelbaren Anschluß an die Hauptverhandlung über die Verhängung des Berufs- oder Vertretungsverbotes verhandeln und entscheiden. [2] Dies gilt auch dann, wenn das Mitglied der Rechtsanwaltskammer zu der Hauptverhandlung nicht erschienen ist.

§ 154[3] Zustellung des Beschlusses. [1] Der Beschluß ist mit Gründen zu versehen. [2] Er ist dem Mitglied der Rechtsanwaltskammer zuzustellen. [3] War das Mitglied bei der Verkündung des Beschlusses nicht anwesend, ist ihm zusätzlich der Beschluß ohne Gründe unverzüglich nach der Verkündung zuzustellen.

§ 155[4] Wirkungen des Verbots. (1) Der Beschluß wird mit der Verkündung wirksam.

(2) [1] Der Rechtsanwalt, gegen den ein Berufsverbot verhängt ist, darf seinen Beruf nicht ausüben. [2] Die Berufsausübungsgesellschaft, gegen die ein Berufsverbot verhängt ist, darf keine Rechtsdienstleistungen erbringen.

(3) Das Mitglied der Rechtsanwaltskammer, gegen das ein Vertretungsverbot (§ 150 Absatz 1) verhängt ist, darf weder als Vertreter oder Beistand vor einem Gericht, vor Behörden, vor einem Schiedsgericht oder gegenüber anderen Personen tätig werden noch Vollmachten oder Untervollmachten erteilen.

---

[1] § 151 Abs. 3 neu gef. durch G v. 13.12.1989 (BGBl. I S. 2135); Abs. 4 geänd. durch G v. 13.1.1969 (BGBl. I S. 25); Abs. 3 Sätze 1 und 2, Abs. 4 geänd. mWv 1.8.2022 durch G v. 7.7.2021 (BGBl. I S. 2363).

[2] § 153 geänd. durch G v. 13.1.1969 (BGBl. I S. 25); Überschrift neu gef. mWv 18.5.2017 durch G v. 12.5.2017 (BGBl. I S. 1121); Sätze 1 und 2 geänd. mWv 1.8.2022 durch G v. 7.7.2021 (BGBl. I S. 2363).

[3] § 154 geänd. durch G v. 13.1.1969 (BGBl. I S. 25); Satz 3 angef. durch G v. 13.12.1989 (BGBl. I S. 2135); Sätze 2 und 3 geänd. mWv 1.8.2022 durch G v. 7.7.2021 (BGBl. I S. 2363).

[4] § 155 Abs. 3 neu gef. durch G v. 18.8.1976 (BGBl. I S. 2181); Abs. 4 geänd. mWv 1.8.2001 durch G v. 16.2.2001 (BGBl. I S. 266); Überschrift neu gef. mWv 18.5.2017 durch G v. 12.5.2017 (BGBl. I S. 1121); Abs. 2 Satz 2 angef., Abs. 3 und 4 neu gef., Abs. 5 Satz 1 geänd. mWv 1.8.2022 durch G v. 7.7. 2021 (BGBl. I S. 2363).

(4) [1] Das Mitglied der Rechtsanwaltskammer, gegen das ein Berufs- oder Vertretungsverbot verhängt ist, darf jedoch seine eigenen Angelegenheiten wahrnehmen, soweit nicht eine Vertretung durch Rechtsanwälte geboten ist. [2] Satz 1 gilt für einen Rechtsanwalt auch in Bezug auf die Angelegenheiten seines Ehegatten oder Lebenspartners und seiner minderjährigen Kinder.

(5) [1] Die Wirksamkeit von Rechtshandlungen des Mitglieds der Rechtsanwaltskammer wird durch das Berufs- oder Vertretungsverbot nicht berührt. [2] Das gleiche gilt für Rechtshandlungen, die ihm gegenüber vorgenommen werden.

§ 156[1)] Zuwiderhandlungen gegen das Verbot. (1) Gegen ein Mitglied der Rechtsanwaltskammer, das einem gegen sich ergangenen Berufs- oder Vertretungsverbot wissentlich zuwiderhandelt, wird eine Maßnahme nach § 114 Absatz 1 Nummer 5 oder Absatz 2 Nummer 5 verhängt, sofern nicht wegen besonderer Umstände eine mildere anwaltsgerichtliche Maßnahme ausreichend erscheint.

(2) Gerichte oder Behörden haben ein Mitglied der Rechtsanwaltskammer, das entgegen einem Berufs- oder Vertretungsverbot vor ihnen auftritt, zurückzuweisen.

§ 157[2)] Beschwerde. (1) [1] Gegen den Beschluß, durch den das Anwaltsgericht oder der Anwaltsgerichtshof ein Berufs- oder Vertretungsverbot verhängt, ist die sofortige Beschwerde zulässig. [2] Die Beschwerde hat keine aufschiebende Wirkung.

(2) Gegen den Beschluß, durch den das Anwaltsgericht oder der Anwaltsgerichtshof es ablehnt, ein Berufs- oder Vertretungsverbot zu verhängen, steht der Staatsanwaltschaft die sofortige Beschwerde zu.

(3) [1] Über die sofortige Beschwerde entscheidet, sofern der angefochtene Beschluß von dem Anwaltsgericht erlassen ist, der Anwaltsgerichtshof und, sofern er vor dem Anwaltsgerichtshof ergangen ist, der Bundesgerichtshof. [2] Für das Verfahren gelten neben den Vorschriften der Strafprozeßordnung über die Beschwerde § 151 Abs. 1, 2 und 4 sowie §§ 152 und 154 dieses Gesetzes entsprechend.

§ 158[3)] Außerkrafttreten des Verbots. Das Berufs- oder Vertretungsverbot tritt außer Kraft,

1. wenn ein nicht auf eine Maßnahme nach § 114 Absatz 1 Nummer 5 oder Absatz 2 Nummer 5 lautendes Urteil ergeht oder
2. wenn die Eröffnung des Hauptverfahrens vor dem Anwaltsgericht abgelehnt wird.

§ 159[4)] Aufhebung des Verbots. (1) Das Berufs- oder Vertretungsverbot wird aufgehoben, wenn sich ergibt, daß die Voraussetzungen für seine Verhängung nicht oder nicht mehr vorliegen.

(2) Über die Aufhebung entscheidet das nach § 150 Abs. 3 zuständige Gericht.

[1)] § 156 Abs. 1 neu gef. durch G v. 13.1.1969 (BGBl. I S. 25); Abs. 1 geänd. durch G v. 2.9.1994 (BGBl. I S. 2278); Abs. 1 und 2 neu gef. mWv 1.8.2022 durch G v. 7.7.2021 (BGBl. I S. 2363).

[2)] § 157Abs. 1 Satz 1, Abs. 2 und 3 Satz 1 geänd. durch G v. 2.9.1994 (BGBl. I S. 2278).

[3)] § 158 Nr. 2 neu gef. durch G v. 9.12.1974 (BGBl. I S. 3393); Nr. 2 geänd. durch G v. 2.9.1994 (BGBl. I S. 2278); Überschrift neu gef. mWv 18.5.2017 durch G v. 12.5.2017 (BGBl. I S. 1121); Nr. 1 neu gef. mWv 1.8.2022 durch G v. 7.7.2021 (BGBl. I S. 2363).

[4)] § 159 Abs. 3 geänd. durch G v. 13.1.1969 (BGBl. I S. 25); Abs. 2 neu gef. durch G v. 9.12.1974 (BGBl. I S. 3393); Überschrift neu gef. mWv 18.5.2017 durch G v. 12.5.2017 (BGBl. I S. 1121); Abs. 3 Sätze 1 und 2 geänd. mWv 1.8.2022 durch G v. 7.7.2021 (BGBl. I S. 2363).

(3) [1]Beantragt das Mitglied der Rechtsanwaltskammer, das Verbot aufzuheben, so kann eine erneute mündliche Verhandlung angeordnet werden. [2]Der Antrag kann nicht gestellt werden, solange über eine sofortige Beschwerde des Mitglieds der Rechtsanwaltskammer nach § 157 Abs. 1 noch nicht entschieden ist. [3]Gegen den Beschluß, durch den der Antrag abgelehnt wird, ist eine Beschwerde nicht zulässig.

§ 159a[1)] Dreimonatsfrist. (1) Solange das anwaltsgerichtliche Verfahren noch nicht eingeleitet ist, darf ein Berufs- oder Vertretungsverbot über drei Monate hinaus nur aufrechterhalten werden, wenn die besondere Schwierigkeit oder der besondere Umfang der Ermittlungen oder ein anderer wichtiger Grund die Einleitung des anwaltsgerichtlichen Verfahrens noch nicht zuläßt und die Fortdauer des Verbotes rechtfertigt.

(2) In den Fällen des Absatzes 1 ist das Verbot nach Ablauf der drei Monate aufzuheben, wenn der Anwaltsgerichtshof nicht dessen Fortdauer anordnet.

(3) Werden die Akten dem Anwaltsgerichtshof vor Ablauf der in Absatz 2 bezeichneten Frist vorgelegt, so ruht der Fristenlauf bis zu dessen Entscheidung.

§ 159b[2)] Prüfung der Fortdauer des Verbots. (1) In den Fällen des § 159a legt das Anwaltsgericht die Akten durch Vermittlung der Staatsanwaltschaft dem Anwaltsgerichtshof zur Entscheidung vor, wenn es die Fortdauer des Verbotes für erforderlich hält oder die Staatsanwaltschaft es beantragt.

(2) Vor der Entscheidung des Anwaltsgerichtshofes ist das Mitglied der Rechtsanwaltskammer zu hören.

(3) Die Prüfung der Fortdauer des Verbotes muß jeweils spätestens nach drei Monaten von dem Anwaltsgerichtshof wiederholt werden, solange das anwaltsgerichtliche Verfahren noch nicht eingeleitet ist.

§ 160[3)] Mitteilung des Verbots. (1) [1]Der Beschluß, durch den ein Berufs- oder Vertretungsverbot verhängt wird, ist alsbald dem Präsidenten der Rechtsanwaltskammer in beglaubigter Abschrift mitzuteilen. [2]Bei einem Anwaltsnotar ist zudem der Landesjustizverwaltung und der Notarkammer alsbald eine beglaubigte Abschrift zu übersenden.

(2) Tritt das Berufs- oder Vertretungsverbot außer Kraft oder wird es aufgehoben oder abgeändert, so ist Absatz 1 entsprechend anzuwenden.

§ 161[4)] Bestellung einer Vertretung. (1) [1]Für ein Mitglied der Rechtsanwaltskammer, gegen das ein Berufs- oder Vertretungsverbot verhängt ist, wird von der Rechtsanwaltskammer eine Vertretung bestellt, wenn hierfür ein Bedürfnis besteht. [2]Vor der Bestellung ist das Mitglied zu hören. [3]Es kann eine Vertretung vorschlagen.

---

1) § 159a eingef. durch G v. 18.8.1976 (BGBl. I S. 2181); Abs. 1–3 geänd. durch G v. 2.9.1994 (BGBl. I S. 2278).

2) § 159b eingef. durch G v. 18.8.1976 (BGBl. I S. 2181); Abs. 1–3 geänd. durch G v. 2.9.1994 (BGBl. I S. 2278); Überschrift neu gef. mWv 18.5.2017 durch G v. 12.5.2017 (BGBl. I S. 1121); Abs. 2 geänd. mWv 1.8.2022 durch G v. 7.7.2021 (BGBl. I S. 2363).

3) § 160 Abs. 2 geänd. durch G v. 13.1.1969 (BGBl. I S. 25); Abs. 1 geänd., Abs. 2 aufgeh., bish. Abs. 3 wird Abs. 2 und geänd. mWv 1.6.2007 durch G v. 26.3.2007 (BGBl. I S. 358); Abs. 1 Satz 2 angef. mWv 1.9.2009 durch G v. 30.7.2009 (BGBl. I S. 2449); Überschrift neu gef. mWv 18.5.2017 durch G v. 12.5.2017 (BGBl. I S. 1121); Abs. 1 Satz 2 neu gef. mWv 1.8.2022 durch G v. 7.7.2021 (BGBl. I S. 2363).

4) § 161 neu gef. mWv 1.8.2021 durch G v. 25.6.2021 (BGBl. I S. 2154); Abs. 1 Sätze 1–3 geänd. mWv 1.8.2022 durch G v. 7.7.2021 (BGBl. I S. 2363).

(2) § 53 Absatz 2, Absatz 4 Satz 3 und Absatz 5 sowie § 54 Absatz 1, 3 und 4 sind entsprechend anzuwenden.

§ 161a[1)] Gegenständlich beschränktes Vertretungsverbot. (1) Sind dringende Gründe für die Annahme vorhanden, dass gegen ein Mitglied der Rechtsanwaltskammer auf eine Maßnahme nach § 114 Absatz 1 Nummer 4 oder Absatz 2 Nummer 4 erkannt werden wird, so kann gegen das Mitglied durch Beschluss ein vorläufiges Verbot, auf bestimmten Rechtsgebieten als Vertreter oder Beistand tätig zu werden, angeordnet werden.

(2) § 150 Abs. 1 Satz 2, Abs. 2, 3, §§ 150a bis 154, § 155 Abs. 1, 3 bis 5, §§ 156 bis 160 sind entsprechend anzuwenden.

Achter Teil. Die Rechtsanwaltschaft bei dem Bundesgerichtshof

Erster Abschnitt. Allgemeines

§ 162 Entsprechende Anwendung von Vorschriften. Für die Rechtsanwaltschaft bei dem Bundesgerichtshof gelten der Erste bis Siebente Teil dieses Gesetzes, soweit sich nicht aus den nachstehenden Vorschriften etwas Besonderes ergibt.

§ 163[2)] Sachliche Zuständigkeit. [1] Von den Aufgaben, die nach den Vorschriften des Ersten bis Siebenten Teils dieses Gesetzes der Rechtsanwaltskammer zugewiesenen sind, nimmt das Bundesministerium der Justiz und für Verbraucherschutz die Aufgaben wahr, die die Zulassung zur Rechtsanwaltschaft und als Berufsausübungsgesellschaft und ihr Erlöschen, die Kanzlei sowie die Bestellung einer Vertretung oder eines Abwicklers betreffen. [2] Das Bundesministerium der Justiz und für Verbraucherschutz ist die zuständige Stelle nach § 51 Absatz 7. [3] Es nimmt auch die Aufgaben wahr, die der Landesjustizverwaltung zugewiesen sind. [4] Die Wahrnehmung der übrigen Aufgaben obliegt der Rechtsanwaltskammer bei dem Bundesgerichtshof. [5] An die Stelle des Anwaltsgerichts und des Anwaltsgerichtshofes tritt in Verfahren zur Ahndung von Pflichtverletzungen der Bundesgerichtshof. [6] Der Generalbundesanwalt beim Bundesgerichtshof nimmt die Aufgaben der Staatsanwaltschaft wahr.

Zweiter Abschnitt.[3)] Zulassung als Rechtsanwalt bei dem Bundesgerichtshof

§ 164 Besondere Voraussetzung für die Zulassung. Bei dem Bundesgerichtshof kann als Rechtsanwalt nur zugelassen werden, wer durch den Wahlausschuß für Rechtsanwälte bei dem Bundesgerichtshof benannt wird.

[1)] § 161a eingef. durch G v. 18.8.1976 (BGBl. I S. 2181); Abs. 2 geänd. durch G v. 5.10.1978 (BGBl. I S. 1645); Abs. 1 neu gef. mWv 1.8.2022 durch G v. 7.7.2021 (BGBl. I S. 2363).

[2)] § 163 Satz 2 neu gef. durch G v. 13.1.1969 (BGBl. I S. 25); Überschrift, Sätze 1 und 2 geänd. durch G v. 2.9.1994 (BGBl. I S. 2278); Satz 1 geänd. mWv 1.6.2007 durch G v. 26.3.2007 (BGBl. I S. 358); Überschrift, Satz 1 neu gef., Sätze 2–4 eingef., bish. Satz 2 wird Satz 5 und geänd., bish. Satz 3 wird Satz 6 mWv 1.9.2009 durch G v. 30.7.2009 (BGBl. I S. 2449); Sätze 1 und 2 geänd. mWv 8.9.2015 durch VO v. 31.8.2015 (BGBl. I S. 1474); Satz 2 geänd. mWv 18.5.2017 durch G v. 12.5.2017 (BGBl. I S. 1121); Satz 1 geänd. mWv 1.8.2021 durch G v. 25.6.2021 (BGBl. I S. 2154); Satz 1 geänd. mWv 1.8.2022 durch G v. 7.7.2021 (BGBl. I S. 2363).

[3)] 2. Abschnitt Überschrift neu gef. mWv 18.5.2017 durch G v. 12.5.2017 (BGBl. I S. 1121).

§ 165[1] Wahlausschuss für Rechtsanwälte bei dem Bundesgerichtshof.

(1) Der Wahlausschuß besteht aus dem Präsidenten und den Senatspräsidenten der Zivilsenate des Bundesgerichtshofes sowie aus den Mitgliedern des Präsidiums der Bundesrechtsanwaltskammer und des Präsidiums der Rechtsanwaltskammer bei dem Bundesgerichtshof.

(2) [1] Den Vorsitz in dem Wahlausschuß führt der Präsident des Bundesgerichtshofes. [2] Er beruft den Wahlausschuß ein.

(3) Die Einladung muß die Tagesordnung für die Sitzung des Wahlausschusses enthalten und den Mitgliedern mindestens eine Woche vor der Sitzung zugehen.

(4) Die Sitzungen sind nicht öffentlich.

(5) Über jede Sitzung wird ein Protokoll aufgenommen.

§ 166 Vorschlagslisten für die Wahl. (1) Die Wahl findet auf Grund von Vorschlagslisten statt.

(2) Vorschlagslisten können einreichen

1. die Bundesrechtsanwaltskammer auf Grund von Vorschlägen der Rechtsanwaltskammern,
2. die Rechtsanwaltskammer bei dem Bundesgerichtshof.

(3) In die Vorschlagslisten kann nur aufgenommen werden, wer das fünfunddreißigste Lebensjahr vollendet hat und den Beruf des Rechtsanwalts seit mindestens fünf Jahren ohne Unterbrechung ausübt.

§ 167 Prüfung des Wahlausschusses. (1) Der Wahlausschuß prüft, ob der Vorgeschlagene die sachlichen und persönlichen Voraussetzungen für die Tätigkeit als Rechtsanwalt bei dem Bundesgerichtshof besitzt.

(2) Zur Vorbereitung der Wahl bestellt der Wahlausschuß zwei seiner Mitglieder als Berichterstatter.

§ 167a[2] Akteneinsicht. (1) Der Rechtsanwalt, der in die Vorschlagsliste aufgenommen wurde, hat das Recht, die Protokolle des Wahlausschusses einzusehen.

(2) Die persönlichen, beruflichen und wirtschaftlichen Verhältnisse des Rechtsanwalts werden in einem gesonderten Bericht dargestellt, den der Rechtsanwalt einsehen kann.

(3) § 58 Absatz 2 ist entsprechend anzuwenden.

§ 168[3] Entscheidung des Wahlausschusses. (1) [1] Der Wahlausschuß ist beschlußfähig, wenn die Mehrzahl sowohl der dem Bundesgerichtshof angehörenden Mitglieder als auch der Mitglieder der Präsidien der Bundesrechtsanwaltskammer und der Rechtsanwaltskammer bei dem Bundesgerichtshof anwesend ist. [2] Er entscheidet mit einfacher Stimmenmehrheit. [3] Die Abstimmung ist geheim.

(2) Der Wahlausschuß benennt aus den Vorschlagslisten die doppelte Zahl von Rechtsanwälten, die er für die Zulassung bei dem Bundesgerichtshof für angemessen hält.

---

[1] § 165 Überschrift neu gef. mWv 18.5.2017 durch G v. 12.5.2017 (BGBl. I S. 1121).

[2] § 167a eingef. durch G v. 13.12.1989 (BGBl. I S. 2135); Abs. 3 geänd. mWv 1.8.2021 durch G v. 25.6.2021 (BGBl. I S. 2154).

[3] § 168 Abs. 3 geänd. mWv 18.5.2017 durch G v. 12.5.2017 (BGBl. I S. 1121).

(3) Durch die Benennung wird für die Bewerberin oder den Bewerber ein Anspruch auf Zulassung als Rechtsanwalt bei dem Bundesgerichtshof nicht begründet.

§ 169[1)] Mitteilung des Wahlergebnisses. (1) Der Vorsitzende des Wahlausschusses teilt das Ergebnis der Wahlen dem Bundesministerium der Justiz und für Verbraucherschutz mit.

(2) Die Anträge der vom Wahlausschuß benannten Rechtsanwälte, sie beim Bundesgerichtshof zuzulassen, sind der Mitteilung beizufügen.

§ 170[2)] Entscheidung über den Antrag auf Zulassung. (1) [1] Über den Antrag auf Zulassung als Rechtsanwalt bei dem Bundesgerichtshof entscheidet das Bundesministerium der Justiz und für Verbraucherschutz. [2] Die Zulassung kann aufschiebend befristet werden. [3] Die Frist soll drei Monate nicht überschreiten.

(2) Die Entscheidung über den Antrag auf Zulassung kann aus den in § 10 genannten Gründen ausgesetzt werden.

(3) Der Vorstand der Rechtsanwaltskammer bei dem Bundesgerichtshof ist nur dann zu hören, wenn gegen die Zulassung Bedenken bestehen.

(4) Für die Zulassung gilt § 166 Abs. 3 entsprechend.

§ 171[3)] (weggefallen)

Dritter Abschnitt.[4)] Besondere Rechte und Pflichten und berufliche Zusammenarbeit der Rechtsanwälte beim Bundesgerichtshof

Erster Unterabschnitt.[5)] Besondere Rechte und Pflichten der Rechtsanwälte beim Bundesgerichtshof

§ 172[6)] Beschränkung des Auftretens vor anderen Gerichten. (1) [1] Die bei dem Bundesgerichtshof zugelassenen Rechtsanwälte dürfen nur vor dem Bundesgerichtshof, den anderen obersten Gerichtshöfen des Bundes, dem Gemeinsamen Senat der obersten Gerichtshöfe und dem Bundesverfassungsgericht auftreten. [2] Das Recht, vor internationalen oder gemeinsamen zwischenstaatlichen Gerichten aufzutreten, wird hierdurch nicht berührt.

(2) In dem Verfahren vor dem ersuchten Richter dürfen sie auch vor einem anderen Gericht auftreten, wenn das Ersuchen von einem der in Absatz 1 genannten Gerichte ausgeht.

---

1) § 169 Abs. 1 geänd. durch G v. 2.9.1994 (BGBl. I S. 2278); Abs. 1 geänd. mWv 8.9.2015 durch VO v. 31.8.2015 (BGBl. I S. 1474).

2) § 170 Abs. 1 geänd. durch G v. 2.9.1994 (BGBl. I S. 2278); Abs. 4 geänd mWv 1.8.2001 durch G v. 16.2.2001 (BGBl. I S. 266); Abs. 1 Sätze 2 und 3 angef., Abs. 2 geänd. mWv 1.9.2009 durch G v. 30.7. 2009 (BGBl. I S. 2449); Abs. 1 Satz 1 geänd. mWv 8.9.2015 durch VO v. 31.8.2015 (BGBl. I S. 1474); Abs. 2 geänd. mWv 1.8.2021 durch G v. 25.6.2021 (BGBl. I S. 2154).

3) § 171 neu gef. mWv 18.5.2017 durch G v. 12.5.2017 (BGBl. I S. 1121).

4) 3. Abschnitt Überschrift neu gef. mWv 18.5.2017 durch G v. 12.5.2017 (BGBl. I S. 1121); Überschrift neu gef. mWv 1.8.2022 durch G v. 7.7.2021 (BGBl. I S. 2363).

5) 1. UAbschnitt Überschrift eingef. mWv 1.8.2022 durch G v. 7.7.2021 (BGBl. I S. 2363).

6) § 172 Abs. 1 Satz 1 neu gef. durch G v. 19.6.1968 (BGBl. I S. 661); Abs. 2 eingef., bish. Abs. 2 wird Abs. 3 durch G v. 15.8.1969 (BGBl. I S. 1141); Abs. 2 aufgeh., bish. Abs. 3 wird Abs. 2 mWv 1.1.2002 durch G v. 27.7.2001 (BGBl. I S. 1887).

§ 172a[1)] Kanzlei. [1]Der beim Bundesgerichtshof zugelassene Rechtsanwalt hat seine Kanzlei am Sitz des Bundesgerichtshofes einzurichten und zu unterhalten. [2]§ 14 Abs. 3 gilt mit der Maßgabe, dass die Zulassung als Rechtsanwalt bei dem Bundesgerichtshof widerrufen werden kann.

§ 173[2)] Bestellung einer Vertretung und eines Abwicklers der Kanzlei.

(1) [1]Das Bundesministerium der Justiz und für Verbraucherschutz soll als Vertretung einen bei dem Bundesgerichtshof zugelassenen Rechtsanwalt bestellen. [2]Es kann auch einen Rechtsanwalt bestellen, der das fünfunddreißigste Lebensjahr vollendet hat und den Beruf seit mindestens fünf Jahren ohne Unterbrechung ausübt.

(2) [1]Absatz 1 gilt entsprechend für die Bestellung eines Abwicklers der Kanzlei (§ 55). [2]Weist die Rechtsanwaltskammer bei dem Bundesgerichtshof nach, dass für die Erledigung der laufenden Aufträge in einer Weise gesorgt ist, die den Rechtsuchenden nicht schlechter stellt als die Anwendung des § 55, unterbleibt die Bestellung eines Abwicklers.

(3) [1]Für die Bestellung einer Vertretung (§ 47 Absatz 2, § 53 Absatz 3 Satz 2, Absatz 4, § 161 Absatz 1 Satz 1, § 163 Satz 1) wird eine Gebühr von 25 Euro erhoben. [2]Die Gebühr wird mit der Beendigung der Amtshandlung fällig. [3]Sie kann schon vorher eingefordert werden.

Zweiter Unterabschnitt.[3)] Berufliche Zusammenarbeit der Rechtsanwälte beim Bundesgerichtshof

§ 173a[3)] Berufsausübungsgesellschaften von Rechtsanwälten beim Bundesgerichtshof. (1) [1]Rechtsanwälte, die beim Bundesgerichtshof zugelassen sind, dürfen nur untereinander eine Berufsausübungsgesellschaft im Sinne des § 59b Absatz 1 eingehen. [2]Eine solche Berufsausübungsgesellschaft darf nur zwei Rechtsanwälte umfassen.

(2) § 59h Absatz 2 und 3 ist mit der Maßgabe anzuwenden, dass die Zulassung auch zurückgenommen oder widerrufen werden kann, wenn die Voraussetzungen des Absatzes 1 nicht vorliegen.

(3) [1]§ 59m gilt mit der Maßgabe, dass die Berufsausübungsgesellschaft ihre Kanzlei am Sitz des Bundesgerichtshofes einzurichten und zu unterhalten hat. [2]§ 59m Absatz 2 bis 4 findet keine Anwendung.

(4) § 173 gilt entsprechend.

Vierter Abschnitt. Die Rechtsanwaltskammer bei dem Bundesgerichtshof

§ 174[4)] Zusammensetzung und Vorstand. (1) [1]Die Rechtsanwälte und Berufsausübungsgesellschaften, die bei dem Bundesgerichtshof zugelassen sind, bilden

---

1) Früherer § 172b eingef. mWv 1.6.2007 durch G v. 26.3.2007 (BGBl. I S. 358); Satz 2 angef. mWv 1.9.2009 durch G v. 30.7.2009 (BGBl. I S. 2449); § 172a aufgeh., bish. § 172b wird § 172a mWv 1.8.2022 durch G v. 7.7.2021 (BGBl. I S. 2363).

2) § 173 neu gef. mWv 1.9.2009 durch G v. 30.7.2009 (BGBl. I S. 2449); Abs. 1 Satz 1 geänd. mWv 8.9.2015 durch VO v. 31.8.2015 (BGBl. I S. 1474); Abs. 3 Satz 1 geänd. mWv 18.5.2017 durch G v. 12.5.2017 (BGBl. I S. 1121); Überschrift, Abs. 1 Satz 1, Abs. 3 Satz 1 geänd., Satz 4 aufgeh. mWv 1.8.2021 durch G v. 25.6.2021 (BGBl. I S. 2154).

3) 2. Unterabschnitt (§ 173a) eingef. mWv 1.8.2022 durch G v. 7.7.2021 (BGBl. I S. 2363).

4) § 174 Abs. 1 Satz 2 angef. mWv 1.9.2009 durch G v. 30.7.2009 (BGBl. I S. 2449); Abs. 1 Satz 1 geänd. mWv 1.8.2022 durch G v. 7.7.2021 (BGBl. I S. 2363).

die Rechtsanwaltskammer bei dem Bundesgerichtshof. [2] Für die Dauer der Zulassung bei dem Bundesgerichtshof ruht die Mitgliedschaft in der bisherigen Rechtsanwaltskammer.

(2) [1] Die Zahl der Mitglieder des Vorstandes wird durch die Geschäftsordnung der Kammer festgesetzt. [2] § 63 Abs. 2 ist nicht anzuwenden.

Neunter Teil. Die Bundesrechtsanwaltskammer

Erster Abschnitt. Allgemeines

§ 175 Zusammensetzung und Sitz der Bundesrechtsanwaltskammer.

(1) Die Rechtsanwaltskammern werden zu einer Bundesrechtsanwaltskammer zusammengeschlossen.

(2) Der Sitz der Bundesrechtsanwaltskammer wird durch ihre Satzung bestimmt.

§ 176[1] Stellung der Bundesrechtsanwaltskammer. (1) Die Bundesrechtsanwaltskammer ist eine Körperschaft des öffentlichen Rechts.

(2) [1] Das Bundesministerium der Justiz und für Verbraucherschutz führt die Staatsaufsicht über die Bundesrechtsanwaltskammer. [2] Die Aufsicht beschränkt sich darauf, daß Gesetz und Satzung beachtet, insbesondere die der Bundesrechtsanwaltskammer übertragenen Aufgaben erfüllt werden.

§ 177[2] Aufgaben der Bundesrechtsanwaltskammer. (1) Die Bundesrechtsanwaltskammer hat die ihr durch Gesetz zugewiesenen Aufgaben zu erfüllen.

(2) Der Bundesrechtsanwaltskammer obliegt insbesondere,

1. in Fragen, welche die Gesamtheit der Rechtsanwaltskammern angehen, die Auffassung der einzelnen Rechtsanwaltskammern zu ermitteln und im Wege gemeinschaftlicher Aussprache die Auffassung der Mehrheit festzustellen;
2. Richtlinien für die Fürsorgeeinrichtungen der Rechtsanwaltskammern (§ 89 Abs. 2 Nr. 3) aufzustellen;
3. in allen die Gesamtheit der Rechtsanwaltskammern berührenden Angelegenheiten die Auffassung der Bundesrechtsanwaltskammer den zuständigen Gerichten und Behörden gegenüber zur Geltung zu bringen;
4. die Gesamtheit der Rechtsanwaltskammern gegenüber Behörden und Organisationen zu vertreten;
5. Gutachten zu erstatten, die eine an der Gesetzgebung beteiligte Behörde oder Körperschaft des Bundes oder ein Bundesgericht anfordert;
6. die berufliche Fortbildung der Rechtsanwälte zu fördern.[3]
7. die elektronische Kommunikation der Rechtsanwälte mit Gerichten, Behörden und sonstigen Dritten zu unterstützen;
8. die Rechtsanwaltskammern und die Rechtsanwälte bei der Erfüllung ihrer Pflichten im Rahmen der Geldwäschebekämpfung zu unterstützen.

---

[1] § 176 Abs. 2 Satz 1 geänd. durch G v. 2.9.1994 (BGBl. I S. 2278); Abs. 2 Satz 1 geänd. mWv 8.9. 2015 durch VO v. 31.8.2015 (BGBl. I S. 1474).

[2] § 177 Abs. 2 Nr. 2 und 8 aufgeh., bish. Nr. 3–7 werden Nr. 2–6 durch G v. 2.9.1994 (BGBl. I S. 2278); Abs. 2 Nr. 7 angef. mWv 1.7.2014 durch G v. 10.10.2013 (BGBl. I S. 3786); Abs. 2 einl. Satzteil, Nr. 1 geänd. mWv 18.5.2017 durch G v. 12.5.2017 (BGBl. I S. 1121); Abs. 2 Nr. 7 geänd., Nr. 8 angef. mWv 16.3.2023 durch G v. 10.3.2023 (BGBl. 2023 I Nr. 64).

[3] Zeichensetzung amtlich.

§ 178[1)] Beiträge zur Bundesrechtsanwaltskammer. (1) Die Bundesrechtsanwaltskammer erhebt von den Rechtsanwaltskammern Beiträge, die zur Deckung des persönlichen und sächlichen Bedarfs bestimmt sind.

(2) Die Höhe der Beiträge wird von der Hauptversammlung festgesetzt.

(3) Die Hauptversammlung kann einzelnen wirtschaftlich schwächeren Rechtsanwaltskammern Erleichterungen gewähren.

Zweiter Abschnitt.[2)] Organe der Bundesrechtsanwaltskammer

Erster Unterabschnitt.[3)] Präsidium

§ 179[4)] Zusammensetzung des Präsidiums. (1) Die Bundesrechtsanwaltskammer hat ein Präsidium.

(2) Das Präsidium besteht aus

1. dem Präsidenten,
2. mindestens drei Vizepräsidenten,
3. dem Schatzmeister.

(3) Das Präsidium gibt sich eine Geschäftsordnung.

(4) Die Hauptversammlung kann weitere Vizepräsidenten bestimmen.

§ 180[5)] Wahlen zum Präsidium. (1) [1] Das Präsidium der Bundesrechtsanwaltskammer wird von der Hauptversammlung aus ihrer Mitte gewählt. [2] In das Präsidium kann wiedergewählt werden, wer Mitglied des Vorstandes einer Rechtsanwaltskammer ist.

(2) Das Nähere bestimmt die Satzung der Bundesrechtsanwaltskammer.

§ 181 Recht zur Ablehnung der Wahl. Die Wahl zum Mitglied des Präsidiums kann ablehnen,

1. wer das fünfundsechzigste Lebensjahr vollendet hat;
2. wer in den letzten vier Jahren Mitglied des Präsidiums gewesen ist.

§ 182[6)] Wahlperiode und vorzeitiges Ausscheiden. (1) Die Mitglieder des Präsidiums werden auf vier Jahre gewählt.

(2) Scheidet ein Mitglied vorzeitig aus, so wird für den Rest seiner Amtszeit ein neues Mitglied gewählt.

(3) [1] Ein Rechtsanwalt scheidet als Mitglied des Präsidiums vorzeitig aus,

---

[1)] § 178 Abs. 3 geänd. mWv 18.5.2017 durch G v. 12.5.2017 (BGBl. I S. 1121).

[2)] 2. Abschnitt Überschrift neu gef. mWv 18.5.2017 durch G v. 12.5.2017 (BGBl. I S. 1121).

[3)] 1. UAbschnitt Überschrift neu gef. mWv 18.5.2017 durch G v. 12.5.2017 (BGBl. I S. 1121).

[4)] § 179 Abs. 2 Nr. 2 neu gef., Abs. 4 angef. durch G v. 2.9.1994 (BGBl. I S. 2278).

[5)] § 180 Abs. 1 Satz 2 angef. durch G v. 9.12.1986 (BGBl. I S. 2326); Abs. 1 Satz 2 neu gef. mWv 1.6. *2007 durch G v. 26.3.2007* (BGBl. I S. 358); Abs. 2 geänd. mWv 18.5.2017 durch G v. 12.5.2017 (BGBl. I S. 1121).

[6)] § 182 Abs. 3 Nr. 1 neu gef. durch G v. 9.12.1986 (BGBl. I S. 2326); Abs. 3 Satz 1 Nr. 1 neu gef. mWv 1.6.2007 durch G v. 26.3.2007 (BGBl. I S. 358); Abs. 4 angef. mWv 1.8.2022 durch G v. 7.7.2021 (BGBl. I S. 2363).

1. wenn er nicht mehr Mitglied des Vorstandes einer Rechtsanwaltskammer ist;
2. wenn er sein Amt niederlegt.

[2] Der Rechtsanwalt hat die Erklärung, daß er das Amt niederlege, dem Präsidium gegenüber schriftlich abzugeben. [3] Die Erklärung kann nicht widerrufen werden.

(4) Die Mitgliedschaft im Präsidium ruht, solange die Mitgliedschaft im Vorstand einer Rechtsanwaltskammer ruht.

§ 183 Ehrenamtliche Tätigkeit des Präsidiums. [1] Die Mitglieder des Präsidiums üben ihre Tätigkeit unentgeltlich aus. [2] Sie erhalten jedoch eine angemessene Entschädigung für den mit ihrer Tätigkeit verbundenen Aufwand sowie eine Reisekostenvergütung.

§ 184[1)] Verschwiegenheitspflicht; Inanspruchnahme von Dienstleistungen. (1) Für die Verschwiegenheitspflicht der Mitglieder des Präsidiums und der Angestellten der Bundesrechtsanwaltskammer sowie der Personen, die von der Bundesrechtsanwaltskammer oder den Mitgliedern ihres Präsidiums zur Mitarbeit herangezogen werden, gilt § 76 Absatz 1 und 2 entsprechend.

(2) Für die Inanspruchnahme von Dienstleistungen durch die Bundesrechtsanwaltskammer gilt in Bezug auf Angelegenheiten, die der Verschwiegenheitspflicht des Rechtsanwalts nach § 43a Absatz 2 unterliegen, § 43e Absatz 1 bis 4, 7 und 8 sinngemäß.

§ 185[2)] Aufgaben des Präsidenten. (1) Der Präsident vertritt die Bundesrechtsanwaltskammer gerichtlich und außergerichtlich.

(2) [1] Der Präsident vermittelt den geschäftlichen Verkehr der Bundesrechtsanwaltskammer und des Präsidiums. [2] Er führt die Beschlüsse des Präsidiums und der Hauptversammlung aus.

(3) Der Präsident führt in den Sitzungen des Präsidiums und in der Hauptversammlung den Vorsitz.

(4) [1] Der Präsident erstattet dem Bundesministerium der Justiz und für Verbraucherschutz jährlich Bericht über die Tätigkeit der Bundesrechtsanwaltskammer und des Präsidiums. [2] Er zeigt ihm ferner das Ergebnis der Wahlen zum Präsidium an.

(5) Durch die Satzung der Bundesrechtsanwaltskammer können dem Präsidenten weitere Aufgaben übertragen werden.

§ 186 Aufgaben des Schatzmeisters. (1) [1] Der Schatzmeister verwaltet das Vermögen der Bundesrechtsanwaltskammer nach den Weisungen des Präsidiums. [2] Er ist berechtigt, Geld in Empfang zu nehmen.

(2) Über die Einnahmen und Ausgaben sowie über die Verwaltung des Vermögens hat er jährlich der Hauptversammlung Rechnung zu legen.

[1)] § 184 neu gef. mWv 1.8.2021 durch G v. 25.6.2021 (BGBl. I S. 2154).

[2)] § 185 Abs. 4 Satz 1 geänd. durch G v. 2.9.1994 (BGBl. I S. 2278); Abs. 4 Satz 1 geänd. mWv 8.9.2015 durch VO v. 31.8.2015 (BGBl. I S. 1474); Abs. 2 Satz 2 geänd. mWv 18.5.2017 durch G v. 12.5.2017 (BGBl. I S. 1121); Abs. 4 Satz 1, Abs. 5 geänd. mWv 1.8.2021 durch G v. 25.6.2021 (BGBl. I S. 2154).

Zweiter Unterabschnitt.[1] Hauptversammlung

§ 187[2] **Versammlung der Mitglieder.** Die Bundesrechtsanwaltskammer faßt ihre Beschlüsse regelmäßig auf Versammlungen ihrer Mitglieder (Hauptversammlungen).

§ 188[3] **Vertretung der Rechtsanwaltskammern in der Hauptversammlung.** (1) Die Rechtsanwaltskammern werden in der Hauptversammlung durch ihre Präsidenten vertreten.

(2) Der Präsident einer Rechtsanwaltskammer kann durch ein anderes Vorstandsmitglied vertreten werden.

§ 189[4] **Einberufung der Hauptversammlung.** (1) [1]Die Hauptversammlung wird durch den Präsidenten schriftlich einberufen. [2]Der Präsident muß die Hauptversammlung einberufen, wenn mindestens drei Rechtsanwaltskammern es schriftlich beantragen und hierbei den Gegenstand angeben, der in der Hauptversammlung behandelt werden soll.

(2) Bei der Einberufung ist der Gegenstand, über den in der Hauptversammlung Beschluß gefaßt werden soll, anzugeben.

(3) [1]Die Hauptversammlung ist mindestens drei Wochen vor dem Tage, an dem sie zusammentreten soll, einzuberufen. [2]Der Tag, an dem die Einberufung abgesandt ist, und der Tag der Hauptversammlung sind hierbei nicht mitzurechnen.

(4) In dringenden Fällen kann der Präsident die Hauptversammlung mit kürzerer Frist einberufen.

§ 190[5] **Beschlüsse der Hauptversammlung.** (1) [1]In der Hauptversammlung werden die Stimmen der Rechtsanwaltskammern wie folgt gewichtet:
1. die Stimme einer Rechtsanwaltskammer mit bis zu 1 000 Mitgliedern einfach,
2. die Stimme einer Rechtsanwaltskammer mit bis zu 3 000 Mitgliedern zweifach,
3. die Stimme einer Rechtsanwaltskammer mit bis zu 5 000 Mitgliedern dreifach,
4. die Stimme einer Rechtsanwaltskammer mit bis zu 7 000 Mitgliedern vierfach,
5. die Stimme einer Rechtsanwaltskammer mit bis zu 9 000 Mitgliedern fünffach,
6. die Stimme einer Rechtsanwaltskammer mit bis zu 12 000 Mitgliedern sechsfach,
7. die Stimme einer Rechtsanwaltskammer mit bis zu 15 000 Mitgliedern siebenfach,
8. die Stimme einer Rechtsanwaltskammer mit bis zu 20 000 Mitgliedern achtfach,
9. die Stimme einer Rechtsanwaltskammer mit mehr als 20 000 Mitgliedern neunfach.

[2]Berufsausübungsgesellschaften bleiben bei der Ermittlung der Mitgliederzahl unberücksichtigt. [3]Maßgeblich sind die zum 1. Januar des Jahres ermittelten Mitgliederzahlen.

---

[1] 2. UAbschnitt Überschrift neu gef. mWv 18.5.2017 durch G v. 12.5.2017 (BGBl. I S. 1121).
[2] *§ 187 geänd.* mWv 18.5.2017 durch G v. 12.5.2017 (BGBl. I S. 1121).
[3] § 188 Überschrift geänd. mWv 1.8.2021 durch G v. *25.6.2021 (BGBl. I S. 2154).*
[4] § 189 Abs. 4 Satz 2 aufgeh. mWv 1.8.2021 durch G v. 25.6.2021 (BGBl. I S. 2154).
[5] § 190 Abs. 3 Satz 3 neu gef. durch G v. 9.12.1986 (BGBl. I S. 2326); Abs. 1 neu gef., Abs. 3 Satz 2 neu gef., Satz 3 eingef., bish. Satz 3 wird Satz 4 mWv 1.8.2022 durch G v. 7.7.2021 (BGBl. I S. 2363).

(2) Die Voraussetzungen, unter denen die Hauptversammlung beschlußfähig ist, werden durch die Satzung geregelt.

(3) [1] Die Beschlüsse der Hauptversammlung werden, soweit nicht die Satzung etwas anderes vorschreibt, mit einfacher Stimmenmehrheit gefaßt. [2] Ein Beschluss gilt jedoch als nicht gefasst, wenn ihm mindestens 17 Rechtsanwaltskammern widersprochen haben. [3] Satz 1 gilt für die von der Hauptversammlung vorzunehmenden Wahlen entsprechend. [4] Bei Wahlen entscheidet bei Stimmengleichheit das Los.

(4) [1] Beschlüsse, welche die einzelnen Rechtsanwaltskammern wirtschaftlich belasten, kann die Hauptversammlung nur einstimmig fassen. [2] Dies gilt jedoch nicht für die Beschlüsse, durch welche die Höhe der Beiträge der Rechtsanwaltskammern sowie die Höhe der Aufwandsentschädigung und der Reisekostenvergütung für die Mitglieder des Präsidiums festgesetzt werden.

(5) Über die Beschlüsse der Hauptversammlung und über die Ergebnisse von Wahlen ist ein Protokoll aufzunehmen, das von dem Vorsitzenden und von einem Vizepräsidenten als Schriftführer zu unterzeichnen ist.

§ 191[1] (weggefallen)

Dritter Unterabschnitt.[2] Satzungsversammlung

§ 191a[3] **Einrichtung und Aufgabe.** (1) Bei der Bundesrechtsanwaltskammer wird eine Satzungsversammlung eingerichtet.

(2) Die Satzungsversammlung erläßt als Satzung eine Berufsordnung[4] für die Ausübung des Rechtsanwaltsberufes unter Berücksichtigung der beruflichen Pflichten und nach Maßgabe des § 59a.

(3) Die Satzungsversammlung gibt sich eine Geschäftsordnung.

(4) Der Satzungsversammlung gehören an:

1. ohne Stimmrecht die Mitglieder des Präsidiums der Bundesrechtsanwaltskammer und die Präsidenten der Rechtsanwaltskammern;
2. mit Stimmrecht die nach § 191b gewählten Mitglieder.

§ 191b[5] **Wahl der stimmberechtigten Mitglieder der Satzungsversammlung.** (1) [1] Die Zahl der stimmberechtigten Mitglieder der Satzungsversammlung bemißt sich nach der Zahl der Mitglieder der Rechtsanwaltskammern. [2] Es sind zu wählen für je angefangene 2 000 Kammermitglieder ein Mitglied der Satzungsversammlung. [3] Maßgebend ist die Zahl der Kammermitglieder am 1. Januar des Jahres, in dem die Wahl erfolgt. [4] Berufsausübungsgesellschaften bleiben bei der Bestimmung der Anzahl der Kammermitglieder nach Satz 2 unberücksichtigt.

---

[1] § 191 neu gef. mWv 18.5.2017 durch G v. 12.5.2017 (BGBl. I S. 1121).

[2] 4. UAbschnitt (§§ 191a–191e) eingef. durch G v. 2.9.1994 (BGBl. I S. 2278); 3. UAbschnitt (§ 191) *aufgeh., bish. 4. UAbschnitt* wird 3. UAbschnitt mWv 1.9.2009 durch G v. 30.7.2009 (BGBl. I S. 2449); Überschrift neu gef. mWv 18.5.2017 durch G v. 12.5.2017 (BGBl. I S. 1121).

[3] § 191a eingef. durch G v. 2.9.1994 (BGBl. I S. 2278); Abs. 4 neu gef. mWv 18.5.2017 durch G v. 12.5.2017 (BGBl. I S. 1121); Abs. 2 geänd. mWv 1.8.2022 durch G v. 7.7.2021 (BGBl. I S. 2363).

[4] Nr. **98/1**.

[5] § 191b eingef. durch G v. 2.9.1994 (BGBl. I S. 2278); Abs. 1 Satz 2 geänd. mWv 1.6.2007 durch G v. 26.3.2007 (BGBl. I S. 358); Abs. 3 Satz 1 geänd. mWv 19.7.2013 durch G v. 15.7.2013 (BGBl. I S. 2386); Abs. 1 Satz 1, Abs. 2 Satz 1 geänd., Satz 2 eingef., bish. Sätze 2 und 3 ersetzt durch Satz 3, Satz 4 geänd. mWv 18.5.2017 durch G v. 12.5.2017 (BGBl. I S. 1121); Abs. 3 Satz 1 geänd. mWv 1.8.2021 durch G v. 25.6.2021 (BGBl. I S. 2154); Abs. 1 Satz 4 angef., Abs. 3 Satz 1 geänd. mWv 1.8.2022 durch G v. 7.7.2021 (BGBl. I S. 2363).

(2) [1]Die stimmberechtigten Mitglieder der Satzungsversammlung werden von den Mitgliedern der Rechtsanwaltskammern aus dem Kreis der vorgeschlagenen Mitglieder in geheimer und unmittelbarer Wahl durch Briefwahl gewählt. [2]Die Wahl kann auch als elektronische Wahl durchgeführt werden. [3]Die Wahlvorschläge müssen von mindestens zehn Kammermitgliedern unterzeichnet sein; Wahlvorschläge bezüglich der Mitglieder der Rechtsanwaltskammer bei dem Bundesgerichtshof von mindestens drei Kammermitgliedern. [4]Gewählt sind die Bewerberinnen oder Bewerber, die die meisten Stimmen auf sich vereinigen.

(3) [1]Die §§ 65 bis 68 Absatz 1, § 69 Absatz 1, 2, 4 und 5 sowie die §§ 75 und 76 Absatz 1 und 2 gelten entsprechend. [2]Scheidet ein stimmberechtigtes Mitglied der Satzungsversammlung aus, so tritt das nicht gewählte Kammermitglied mit der nächsthöheren Stimmenzahl in die Satzungsversammlung ein.

§ 191c[1)] Einberufung und Stimmrecht. (1) Die Satzungsversammlung wird durch den Präsidenten der Bundesrechtsanwaltskammer schriftlich einberufen.

(2) [1]Der Präsident der Bundesrechtsanwaltskammer muß die Satzungsversammlung einberufen, wenn mindestens fünf Rechtsanwaltskammern oder ein Viertel der stimmberechtigten Mitglieder der Satzungsversammlung es schriftlich beantragen und hierbei den Gegenstand angeben, der in der Satzungsversammlung behandelt werden soll. [2]Im Übrigen gilt § 189 Absatz 2 bis 4 entsprechend.

§ 191d[2)] Leitung der Versammlung und Beschlussfassung. (1) [1]Den Vorsitz der Satzungsversammlung führt der Präsident der Bundesrechtsanwaltskammer. [2]Der Vorsitzende bestimmt den Schriftführer aus der Mitte der Satzungsversammlung.

(2) Die Satzungsversammlung ist beschlußfähig, wenn drei Fünftel ihrer stimmberechtigten Mitglieder anwesend sind.

(3) [1]Die Beschlüsse zur Berufsordnung[3)] werden mit der Mehrheit aller stimmberechtigten Mitglieder gefaßt, sonstige Beschlüsse mit der Mehrheit der anwesenden stimmberechtigten Mitglieder. [2]Jedes Mitglied hat eine Stimme, ist an Weisungen nicht gebunden und kann seine Stimme nur persönlich abgeben. [3]Eine Vertretung findet nicht statt.

(4) Der Wortlaut der von der Satzungsversammlung gefaßten Beschlüsse ist in einer Niederschrift festzuhalten, die vom Vorsitzenden und vom Schriftführer zu unterzeichnen und bei der Geschäftsstelle der Bundesrechtsanwaltskammer zu verwahren ist.

§ 191e[4)] Prüfung von Beschlüssen durch die Aufsichtsbehörde.

(1) [1]Der Vorsitzende der Satzungsversammlung hat die von der Satzungsversammlung gefassten Beschlüsse zur Berufsordnung[3)] dem Bundesministerium der Justiz und für Verbraucherschutz zuzuleiten. [2]Dieses kann die Beschlüsse oder Teile derselben innerhalb von drei Monaten nach Zugang im Rahmen seiner

---

[1)] § 191c eingef. durch G v. 2.9.1994 (BGBl. I S. 2278); Abs. 2 Satz 2 neu gef. mWv 1.8.2021 durch G v. 25.6.2021 (BGBl. I S. 2154).

[2)] § 191d eingef. durch G v. 2.9.1994 (BGBl. I S. 2278); Überschrift neu gef., Abs. 1 Satz 2 geänd., Abs. 5 aufgeh. mWv 18.5.2017 durch G v. 12.5.2017 (BGBl. I S. 1121).

[3)] Nr. **98/1**.

[4)] § 191e neu gef. mWv 18.5.2017 durch G v. 12.5.2017 (BGBl. I S. 1121); Abs. 2 eingef., bish. Abs. 2 wird Abs. 3 mWv 30.7.2020 durch G v. 19.6.2020 (BGBl. I S. 1403); Abs. 3 Satz 1 geänd. mWv 1.8.2021 durch G v. 25.6.2021 (BGBl. I S. 2154).

Staatsaufsicht (§ 176 Absatz 2) aufheben. [3] Beabsichtigt es eine Aufhebung, soll es der Bundesrechtsanwaltskammer zuvor Gelegenheit zur Stellungnahme geben.

(2) [1] Das Bundesministerium der Justiz und für Verbraucherschutz hat zu prüfen, ob die Vorgaben der Richtlinie (EU) 2018/958 in der jeweils geltenden Fassung eingehalten wurden. [2] Zu diesem Zweck hat ihm der Vorsitzende der Satzungsversammlung die Unterlagen zuzuleiten, aus denen sich die Einhaltung der Vorgaben ergibt. [3] Insbesondere sind die Gründe zu übermitteln, auf Grund derer die Satzungsversammlung die Beschlüsse zur Berufsordnung als gerechtfertigt, notwendig und verhältnismäßig beurteilt hat.

(3) [1] Die von der Satzungsversammlung gefassten Beschlüsse sind unter Angabe des Datums ihres Inkrafttretens dauerhaft auf der Internetseite der Bundesrechtsanwaltskammer zu veröffentlichen, sofern sie nicht der Aufhebung unterfallen. [2] Sie treten am ersten Tag des dritten auf die Veröffentlichung folgenden Monats in Kraft.

Dritter Abschnitt.[1)] Schlichtung

§ 191f[2)] Schlichtungsstelle der Rechtsanwaltschaft. (1) [1] Bei der Bundesrechtsanwaltskammer wird eine unabhängige Stelle zur Schlichtung von Streitigkeiten zwischen Mitgliedern von Rechtsanwaltskammern und deren Auftraggebern eingerichtet. [2] Die Stelle führt den Namen „Schlichtungsstelle der Rechtsanwaltschaft".

(2) [1] Der Präsident der Bundesrechtsanwaltskammer bestellt einen oder mehrere Schlichter, die allein oder als Kollegialorgan tätig werden. [2] Zum Schlichter, der allein tätig wird, darf nur bestellt werden, wer die Befähigung zum Richteramt besitzt, weder Rechtsanwalt ist noch in den letzten drei Jahren vor Amtsantritt war und weder im Haupt- noch im Nebenberuf bei der Bundesrechtsanwaltskammer, einer Rechtsanwaltskammer oder einem Verband der Rechtsanwaltschaft tätig ist oder in den letzten drei Jahren vor Amtsantritt tätig war. [3] Erfolgt die Schlichtung durch ein Kollegialorgan, muss mindestens einer der Schlichter die Befähigung zum Richteramt besitzen; höchstens die Hälfte seiner Mitglieder dürfen Rechtsanwälte sein. [4] Nichtanwaltliches Mitglied des Kollegialorgans darf nur sein, wer in den letzten drei Jahren vor Amtsantritt nicht Rechtsanwalt war und weder im Haupt- noch im Nebenberuf bei der Bundesrechtsanwaltskammer, einer Rechtsanwaltskammer oder einem Verband der Rechtsanwaltschaft tätig ist oder in den letzten drei Jahren vor Amtsantritt tätig war. [5] Anwaltliche Mitglieder des Kollegialorgans dürfen nicht dem Vorstand einer Rechtsanwaltskammer oder eines Verbandes der Rechtsanwaltschaft angehören oder im Haupt- oder Nebenberuf bei der Bundesrechtsanwaltskammer, einer Rechtsanwaltskammer oder einem Verband der Rechtsanwaltschaft tätig sein.

(3) [1] Es wird ein Beirat errichtet, in dem die Bundesrechtsanwaltskammer, die Rechtsanwaltskammern, die Verbände der Rechtsanwaltschaft und die Verbraucherverbände vertreten sein müssen. [2] Andere Personen können in den Beirat berufen werden. [3] Höchstens die Hälfte der Mitglieder des Beirats dürfen Rechtsanwälte sein. [4] Dem Beirat ist vor der Bestellung von Schlichtern und vor Erlass und Änderung der Satzung Gelegenheit zur Stellungnahme zu geben. [5] Er kann

---

[1)] 3. Abschnitt (§ 191f) eingef. mWv 1.9.2009 durch G v. 30.7.2009 (BGBl. I S. 2449).

[2)] § 191f eingef. mWv 1.9.2009 durch G v. 30.7.2009 (BGBl. I S. 2449); Abs. 4 und 5 neu gef. mWv 1.4.2016 durch G v. 19.2.2016 (BGBl. I S. 254); Abs. 4 Sätze 1 und 3 geänd. mWv 1.1.2020 durch G v. 30.11.2019 (BGBl. I S. 1942); Abs. 3 Satz 1 neu gef. mWv 1.8.2021 durch G v. 25.6.2021 (BGBl. I S. 2154).

eigene Vorschläge für die Bestellung von Schlichtern und die Ausgestaltung der Satzung unterbreiten.

(4) [1] Die Schlichtungsstelle ist Verbraucherschlichtungsstelle nach dem Verbraucherstreitbeilegungsgesetz[1)] vom 19. Februar 2016 (BGBl. I S. 254), das durch Artikel 1 des Gesetzes vom 30. November 2019 (BGBl. I S. 1942) geändert worden ist,[2)]. [2] Das Verbraucherstreitbeilegungsgesetz ist anzuwenden, soweit dieses Gesetz keine Regelungen zur Schlichtung von Streitigkeiten nach Absatz 1 Satz 1 enthält. [3] Das Bundesministerium der Justiz und für Verbraucherschutz übermittelt der Zentralen Anlaufstelle für Verbraucherschlichtung die Angaben nach § 32 Absatz 3 und 4 des Verbraucherstreitbeilegungsgesetzes. [4] Das Bundesministerium der Justiz und für Verbraucherschutz übermittelt die Evaluationsberichte der Schlichtungsstelle an die Zentrale Anlaufstelle für Verbraucherschlichtung; § 35 Absatz 2 des Verbraucherstreitbeilegungsgesetzes ist nicht anzuwenden.

(5) Die Hauptversammlung der Bundesrechtsanwaltskammer regelt die Einzelheiten der Organisation der Schlichtungsstelle, der Errichtung des Beirats einschließlich der Berufung weiterer Beiratsmitglieder, der Aufgaben des Beirats, der Bestellung der Schlichter, der Geschäftsverteilung und des Schlichtungsverfahrens durch Satzung nach folgenden Grundsätzen:

1. das Schlichtungsverfahren muss für die Beteiligten unentgeltlich durchgeführt werden;
2. die Schlichtung muss jedenfalls für vermögensrechtliche Streitigkeiten bis zu einem Wert von 15 000 Euro statthaft sein;
3. die Durchführung des Schlichtungsverfahrens darf nicht von der Inanspruchnahme eines Vermittlungsverfahrens nach § 73 Absatz 2 Nummer 3 abhängig gemacht werden.

Zehnter Teil.[3)] Kosten in Anwaltssachen

Erster Abschnitt.[4)] Kosten in Verwaltungsverfahren der Rechtsanwaltskammern

§ 192[5)] Erhebung von Gebühren und Auslagen. [1] Die Rechtsanwaltskammer kann für Amtshandlungen nach diesem Gesetz zur Deckung des Verwaltungsaufwands Gebühren nach festen Sätzen und Auslagen erheben. [2] Satz 1 gilt auch für den Verwaltungsaufwand, der der Bundesrechtsanwaltskammer für die Einrichtung und den Betrieb des besonderen elektronischen Anwaltspostfachs entsteht und den sie der Rechtsanwaltskammer in Rechnung stellt. [3] Das Verwaltungskostengesetz in der bis zum 14. August 2013 geltenden Fassung findet mit der Maßgabe Anwendung, dass die allgemeinen Grundsätze für Kostenverordnungen (§§ 2 bis 7 des Verwaltungskostengesetzes in der bis zum 14. August 2013 geltenden Fassung)

[1)] Nr. **107**.

[2)] Zeichensetzung amtlich.

[3)] 10. Teil Überschrift neu gef. mWv 18.5.2017 durch G v. 12.5.2017 (BGBl. I S. 1121).

[4)] 1. Abschnitt Überschrift neu gef. mWv 1.6.2007 durch G v. 26.3.2007 (BGBl. I S. 358); Überschrift neu gef. mWv 1.9.2009 durch G v. 30.7.2009 (BGBl. I S. 2449); Überschrift neu gef. mWv 18.5.2017 *durch G v.* 12.5.2017 (BGBl. I S. 1121).

[5)] § 192 neu gef. mWv 1.9.2009 durch G v. 30.7.2009 (BGBl. I S. 2449); Satz 2 neu gef. mWv 15.8.2013 durch G v. 7.8.2013 (BGBl. I S. 3154); Satz 1 geänd. mWv 1.8.2021 durch G v. 25.6.2021 (BGBl. I S. 2154); Satz 1 geänd., Satz 2 eingef., bish. Satz 2 wird Satz 3 mWv 1.8.2022 durch G v. 7.7.2021 (BGBl. I S. 2363).

beim Erlass von Satzungen auf Grund des § 89 Absatz 2 Nummer 2 entsprechend gelten.

Zweiter Abschnitt.[1] Kosten in gerichtlichen Verfahren in verwaltungsrechtlichen Anwaltssachen

§ 193[2] Gerichtskosten. [1] In verwaltungsrechtlichen Anwaltssachen werden Gebühren nach dem Gebührenverzeichnis der Anlage 2 zu diesem Gesetz erhoben. [2] Im Übrigen sind die für Kosten in Verfahren vor den Gerichten der Verwaltungsgerichtsbarkeit geltenden Vorschriften des Gerichtskostengesetzes[3] entsprechend anzuwenden, soweit in diesem Abschnitt nichts anderes bestimmt ist.

§ 194[4] Streitwert. (1) [1] Der Streitwert bestimmt sich nach § 52 des Gerichtskostengesetzes[3]. [2] Er wird von Amts wegen festgesetzt.

(2) [1] In Verfahren, die Klagen auf Zulassung zur Rechtsanwaltschaft oder deren Rücknahme oder Widerruf betreffen, ist ein Streitwert von 50 000 Euro anzunehmen. [2] Unter Berücksichtigung der Umstände des Einzelfalls, insbesondere des Umfangs und der Bedeutung der Sache sowie der Vermögens- und Einkommensverhältnisse des Klägers, kann das Gericht einen höheren oder einen niedrigeren Wert festsetzen.

(3) Die Festsetzung ist unanfechtbar; § 63 Abs. 3 des Gerichtskostengesetzes bleibt unberührt.

Dritter Abschnitt.[5] Kosten im anwaltsgerichtlichen Verfahren und im Verfahren bei Anträgen auf anwaltsgerichtliche Entscheidung

§ 195[6] Gerichtskosten. [1] Im anwaltsgerichtlichen Verfahren, im Verfahren über den Antrag auf Entscheidung des Anwaltsgerichts über die Rüge (§ 74a Abs. 1) und im Verfahren über den Antrag auf Entscheidung des Anwaltsgerichtshofs gegen die Androhung oder die Festsetzung eines Zwangsgelds (§ 57 Abs. 3) werden Gebühren nach dem Gebührenverzeichnis der Anlage 2 zu diesem Gesetz erhoben. [2] Im Übrigen sind die für Kosten in Strafsachen geltenden Vorschriften des Gerichtskostengesetzes[3] entsprechend anzuwenden.

§ 196[7] Kosten bei Anträgen auf Einleitung des anwaltsgerichtlichen Verfahrens. (1) Einem Mitglied der Rechtsanwaltskammer, das einen Antrag auf gerichtliche Entscheidung über die Entschließung der Staatsanwaltschaft (§ 123 Abs. 2) zurücknimmt, sind die durch dieses Verfahren entstandenen Kosten aufzuerlegen.

---

[1] 2. Abschnitt (§§ 193, 194) eingef. mWv 1.9.2009 durch G v. 30.7.2009 (BGBl. I S. 2449); Überschrift neu gef. mWv 18.5.2017 durch G v. 12.5.2017 (BGBl. I S. 1121).

[2] § 193 aufgeh. mWv 1.6.2007 durch G v. 26.3.2007 (BGBl. I S. 358); neu eingef. mWv 1.9.2009 durch G v. 30.7.2009 (BGBl. I S. 2449); Satz 1 geänd. mWv 23.1.2024 durch G v. 17.1.2024 (BGBl. 2024 I Nr. 12).

[3] **Habersack, Deutsche Gesetze Nr. 115.**

[4] § 194 aufgeh. mWv 1.6.2007 durch G v. 26.3.2007 (BGBl. I S. 358); neu eingef. mWv 1.9.2009 durch G v. 30.7.2009 (BGBl. I S. 2449).

[5] Früherer 2. Abschnitt Überschrift neu gef. durch G v. 13.1.1969 (BGBl. I S. 25); Überschrift geänd. durch G v. 2.9.1994 (BGBl. I S. 2278); bish. 2. Abschnitt wird 3. Abschnitt mWv 1.9.2009 durch G v. 30.7.2009 (BGBl. I S. 2449); Überschrift neu gef. mWv 18.5.2017 durch G v. 12.5.2017 (BGBl. I S. 1121).

[6] § 195 neu gef. mWv 31.12.2006 durch G v. 22.12.2006 (BGBl. I S. 3416); Satz 1 geänd. mWv 23.1.2024 durch G v. 17.1.2024 (BGBl. 2024 I Nr. 12).

[7] § 196 Abs. 1 neu gef. durch G v. 9.12.1974 (BGBl. I S. 3393); Abs. 2 neu gef. durch G v. 5.10.1978 (BGBl. I S. 1645); Überschrift geänd. durch G v. 2.9.1994 (BGBl. I S. 2278); Abs. 1 und 2 geänd. mWv 1.8.2022 durch G v. 7.7.2021 (BGBl. I S. 2363).

(2) Wird ein Antrag des Vorstandes der Rechtsanwaltskammer auf gerichtliche Entscheidung in den Fällen des § 122 Absatz 2, des § 150a oder des § 161a Abs. 2 verworfen, so sind die durch das Verfahren über den Antrag veranlaßten Kosten der Rechtsanwaltskammer aufzuerlegen.

§ 197[1)] Kostenpflicht des Verurteilten. (1) [1] Dem Mitglied der Rechtsanwaltskammer, das im anwaltsgerichtlichen Verfahren verurteilt wird, sind zugleich die in dem Verfahren entstandenen Kosten ganz oder teilweise aufzuerlegen. [2] Dasselbe gilt, wenn das anwaltsgerichtliche Verfahren wegen Erlöschens der Zulassung eingestellt wird und nach dem Ergebnis des bisherigen Verfahrens die Verhängung einer anwaltsgerichtlichen Maßnahme gerechtfertigt gewesen wäre; zu den Kosten des anwaltsgerichtlichen Verfahrens gehören in diesem Fall auch diejenigen, die in einem anschließenden Verfahren zum Zwecke der Beweissicherung (§§ 148, 149) entstehen. [3] Wird das Verfahren nach § 139 Abs. 3 Nr. 2 eingestellt, kann das Gericht dem Mitglied die in dem Verfahren entstandenen Kosten ganz oder teilweise auferlegen, wenn es dies für angemessen erachtet.

(2) [1] Dem Mitglied der Rechtsanwaltskammer, das im anwaltsgerichtlichen Verfahren ein Rechtsmittel zurückgenommen oder ohne Erfolg eingelegt hat, sind zugleich die durch dieses Verfahren entstandenen Kosten aufzuerlegen. [2] Hatte das Rechtsmittel teilweise Erfolg, so kann dem Mitglied ein angemessener Teil dieser Kosten auferlegt werden.

(3) Für die Kosten, die durch einen Antrag auf Wiederaufnahme des durch ein rechtskräftiges Urteil abgeschlossenen Verfahrens verursacht worden sind, ist Absatz 2 entsprechend anzuwenden.

§ 197a[2)] Kostenpflicht im Verfahren bei Anträgen auf anwaltsgerichtliche Entscheidung. (1) [1] Wird der Antrag auf anwaltsgerichtliche Entscheidung gegen die Androhung oder die Festsetzung des Zwangsgelds oder über die Rüge als unbegründet zurückgewiesen, so ist § 197 Abs. 1 Satz 1 entsprechend anzuwenden. [2] Stellt das Anwaltsgericht fest, daß die Rüge wegen der Verhängung einer anwaltsgerichtlichen Maßnahme unwirksam ist (§ 74a Abs. 5 Satz 2) oder hebt es den Rügebescheid gemäß § 74a Abs. 3 Satz 2 auf, so kann es dem Mitglied der Rechtsanwaltskammer die in dem Verfahren entstandenen Kosten ganz oder teilweise auferlegen, wenn es dies für angemessen erachtet.

(2) Nimmt das Mitglied der Rechtsanwaltskammer den Antrag auf anwaltsgerichtliche Entscheidung zurück oder wird der Antrag als unzulässig verworfen, so gilt § 197 Abs. 2 Satz 1 entsprechend.

(3) [1] Wird die Androhung oder die Festsetzung des Zwangsgelds aufgehoben, so sind die notwendigen Auslagen des Mitglieds der Rechtsanwaltskammer der Rechtsanwaltskammer aufzuerlegen. [2] Das gleiche gilt, wenn der Rügebescheid, den Fall des § 74a Abs. 3 Satz 2 ausgenommen, aufgehoben wird oder wenn die Unwirksamkeit der Rüge wegen eines Freispruchs des Mitglieds im anwalts-

---

1) § 197 Abs. 1 und 2 geänd. durch G v. 13.1.1969 (BGBl. I S. 25); Abs. 1 Satz 2 geänd., Satz 3 angef. durch G v. 13.12.1989 (BGBl. I S. 2135); Abs. 1 Sätze 1 und 2, Abs. 2 Satz 1 geänd. durch G v. 2.9.1994 (BGBl. I S. 2278); Abs. 1 Satz 2 geänd. mWv 1.9.2009 durch G v. 30.7.2009 (BGBl. I S. 2449); Abs. 1 Sätze 1–3, Abs. 2 Sätze 1 und 2 geänd. mWv 1.8.2022 durch G v. 7.7.2021 (BGBl. I S. 2363).

2) § 197a eingef. durch G v. 13.1.1969 (BGBl. I S. 25); Überschrift, Abs. 1 Sätze 1 und 2, Abs. 2, Abs. 3 Satz 2 geänd. durch G v. 2.9.1994 (BGBl. I S. 2278); Überschrift neu gef. mWv 18.5.2017 durch G v. 12.5.2017 (BGBl. I S. 1121); Abs. 1 Satz 2, Abs. 2, 3 Sätze 1 und 2 geänd. mWv 1.8.2022 durch G v. 7.7.2021 (BGBl. I S. 2363).

gerichtlichen Verfahren oder aus den Gründen des § 115a Abs. 2 Satz 2 festgestellt wird (§ 74a Abs. 5 Satz 2).

§ 198[1)] Haftung der Rechtsanwaltskammer. (1) Auslagen, die weder dem Mitglied der Rechtsanwaltskammer noch einem Dritten auferlegt noch von dem Mitglied eingezogen werden können, fallen der Rechtsanwaltskammer zur Last, welcher das Mitglied angehört.

(2) [1] In dem Verfahren vor dem Anwaltsgericht haftet die Rechtsanwaltskammer den Zeugen und Sachverständigen für die ihnen zustehende Entschädigung oder Vergütung in dem gleichen Umfang, in dem die Haftung der Staatskasse nach der Strafprozeßordnung[2)] begründet ist. [2] Bei weiterer Entfernung des Aufenthaltsorts der geladenen Personen ist ihnen auf Antrag ein Vorschuß zu bewilligen.

§ 199[3)] Festsetzung der Kosten des Verfahrens vor dem Anwaltsgericht.

(1) Die Kosten, die das Mitglied der Rechtsanwaltskammer in dem Verfahren vor dem Anwaltsgericht zu tragen hat, werden von dem Vorsitzenden der Kammer des Anwaltsgerichts durch Beschluß festgesetzt.

(2) [1] Gegen den Festsetzungsbeschluß kann das Mitglied binnen einer Notfrist von zwei Wochen, die mit der Zustellung des Beschlusses beginnt, Erinnerung einlegen. [2] Über die Erinnerung entscheidet das Anwaltsgericht, dessen Vorsitzender den Beschluß erlassen hat. [3] Gegen die Entscheidung des Anwaltsgerichts kann das Mitglied sofortige Beschwerde einlegen. [4] Die Verfahren sind gebührenfrei. [5] Kosten werden nicht erstattet.

§§ 200 bis 203[4)] (weggefallen)

Elfter Teil.[5)] Vollstreckung anwaltsgerichtlicher Maßnahmen und Kosten sowie Tilgung

§ 204[6)] Vollstreckung anwaltsgerichtlicher Maßnahmen. (1) Die Ausschließung aus der Rechtsanwaltschaft (§ 114 Absatz 1 Nummer 5) und die Aberkennung der Rechtsdienstleistungsbefugnis (§ 114 Absatz 2 Nummer 5) werden mit der Rechtskraft des Urteils wirksam.

(2) Warnung und Verweis (§ 114 Absatz 1 Nummer 1 und 2, Absatz 2 Nummer 1 und 2) gelten mit der Rechtskraft des Urteils als vollstreckt.

---

1) § 198 Abs. 1 geänd. durch G v. 13.1.1969 (BGBl. I S. 25); Abs. 2 Satz 1 geänd. durch G v. 2.9.1994 (BGBl. I S. 2278); Abs 1 und 2 Satz 1 geänd. mWv 31.12.2006 durch G v. 22.12.2006 (BGBl. I S. 3416); Abs. 1 neu gef. mWv 1.8.2022 durch G v. 7.7.2021 (BGBl. I S. 2363).

2) **Habersack, Deutsche Gesetze Nr. 90.**

3) § 199 Abs. 1 und 2 geänd. durch G v. 13.1.1969 (BGBl. I S. 25); Überschrift, Abs. 1, 2 Sätze 2 und 3 geänd. durch G v. 2.9.1994 (BGBl. I S. 2278); Abs. 2 Sätze 4 und 5 angef. mWv 31.12.2006 durch G v. 22.12.2006 (BGBl. I S. 3416); Abs. 1, 2 Sätze 1 und 3 geänd. mWv 1.8.2022 durch G v. 7.7.2021 (BGBl. I S. 2363).

4) §§ 200–203 neu gef. mWv 18.5.2017 durch G v. 12.5.2017 (BGBl. I S. 1121).

5) 11. Teil Überschrift eingef. durch G v. 13.1.1969 (BGBl. I S. 25); Überschrift geänd. durch G v. 2.9. 1994 (BGBl. I S. 2278); Überschrift neu gef. mWv 18.5.2017 durch G v. 12.5.2017 (BGBl. I S. 1121).

6) § 204 Überschrift, Abs. 4 geänd., Abs. 3 Satz 3 eingef. durch G v. 13.1.1969 (BGBl. I S. 25); Abs. 1 Satz 1 geänd., Abs. 5 angef. durch G v. 18.8.1976 (BGBl. I S. 2181); Überschrift, Abs. 3 Satz 1 geänd. durch G v. 2.9.1994 (BGBl. I S. 2278); Abs. 1 Satz 2 aufgeh. mWv 1.9.2009 durch G v. 30.7.2009 (BGBl. I S. 2449); Überschrift neu gef., Abs. 3 Sätze 2 und 3 eingef., bish. Sätze 2 und 3 werden Sätze 4 und 5 mWv 18.5.2017 durch G v. 12.5.2017 (BGBl. I S. 1121); Abs. 1, 2 und 3 Satz 1 geänd., Abs. 4 neu gef., Abs. 5 Satz 1 geänd. mWv 1.8.2022 durch G v. 7.7.2021 (BGBl. I S. 2363).

(3) [1]Die Geldbuße (§ 114 Absatz 1 Nummer 3, Absatz 2 Nummer 3) wird auf Grund einer von dem Vorsitzenden der Kammer des Anwaltsgerichts erteilten, mit der Bescheinigung der Rechtskraft versehenen beglaubigten Abschrift der Entscheidungsformel nach den Vorschriften vollstreckt, die für die Vollstreckung von Urteilen in bürgerlichen Rechtsstreitigkeiten gelten. [2]§ 767 der Zivilprozessordnung[1)] gilt mit der Maßgabe, dass Einwendungen, die den Anspruch selbst betreffen, nur insoweit zulässig sind, als sie nicht im anwaltsgerichtlichen Verfahren geltend gemacht werden konnten. [3]Solche Einwendungen sind im Wege der Klage bei dem in § 797 Absatz 5 der Zivilprozessordnung bezeichneten Gericht geltend zu machen. [4]Sie fließt der Rechtsanwaltskammer zu. [5]Die Vollstreckung wird von der Rechtsanwaltskammer betrieben.

(4) Die Beitreibung der Geldbuße wird nicht dadurch gehindert, dass die Zulassung des Mitglieds der Rechtsanwaltskammer nach rechtskräftigem Abschluss des Verfahrens erloschen ist.

(5) [1]Das Verbot, als Vertreter oder Beistand auf bestimmten Rechtsgebieten tätig zu werden (§ 114 Absatz 1 Nummer 4, Absatz 2 Nummer 4), wird mit der Rechtskraft des Urteils wirksam. [2]In die Verbotsfrist wird die Zeit eines gemäß § 150 oder § 161a angeordneten vorläufigen Verbots eingerechnet.

§ 205[2)] Beitreibung der Kosten. (1) Die Kosten, die in dem Verfahren vor dem Anwaltsgericht entstanden sind, werden auf Grund des Festsetzungsbeschlusses (§ 199) entsprechend § 204 Abs. 3 beigetrieben.

(2) [1]Die Kosten, die vor dem Anwaltsgerichtshof oder dem Bundesgerichtshof entstanden sind, werden nach den Vorschriften eingezogen, die für die Beitreibung der Gerichtskosten gelten. [2]Die vor dem Anwaltsgerichtshof entstandenen Kosten hat die für das Oberlandesgericht zuständige Vollstreckungsbehörde beizutreiben, bei dem der Anwaltsgerichtshof errichtet ist.

(3) § 204 Abs. 4 ist entsprechend anzuwenden.

§ 205a[3)] Tilgung. (1) [1]Eintragungen in den über das Mitglied der Rechtsanwaltskammer geführten Akten über die in den Sätzen 4 und 5 genannten Maßnahmen und Entscheidungen sind nach Ablauf der in den Sätzen 4 und 5 bestimmten Fristen zu tilgen. [2]Dabei sind die über diese Maßnahmen und Entscheidungen entstandenen Vorgänge aus den Akten zu entfernen und zu vernichten. [3]Die Sätze 1 und 2 gelten sinngemäß, wenn die Akten über das Mitglied elektronisch geführt werden. [4]Die Fristen betragen

1. fünf Jahre bei
   a) Warnungen,
   b) Rügen,
   c) Belehrungen,

[1)] **Habersack, Deutsche Gesetze Nr. 100.**

[2)] § 205 Abs. 1, 2 Sätze 1 und 2 geänd. durch G v. 2.9.1994 (BGBl. I S. 2278).

[3)] § 205a eingef. durch G v. 13.1.1969 (BGBl. I S. 25); Abs. 1 Sätze 2 und 3, Abs. 2, 4 und 6 Satz 1 geänd., Abs. 3 neu gef. durch G v. 2.9.1994 (BGBl. I S. 2278); Abs. 6 angef. durch G v. 13.12.1989 *(BGBl. I S. 2135);* Abs. 1 Satz 1 geänd. durch G v. 31.8.1998 (BGBl. I S. 2585); Abs. 1 neu gef., Abs. 2 und 4 geänd., Abs. 5 und 6 aufgeh. mWv 18.5.2017 durch G v. 12.5.2017 (BGBl. I S. 1121); Abs. 1 Sätze 1 und 3 geänd., Satz 4 Nr. 1 Buchst. d neu gef., Buchst. e angef., Nr. 3 neu gef., Satz 5, Abs. 2 Sätze 2 und 3 angef., Abs. 3 neu gef., Abs. 4 geänd. mWv 1.8.2022 durch G v. 7.7.2021 (BGBl. I S. 2363).

d) Entscheidungen in Verfahren wegen der Verletzung von Berufspflichten nach diesem Gesetz, die nicht zu einer anwaltsgerichtlichen Maßnahme oder Rüge geführt haben,

e) Entscheidungen und nicht Satz 5 unterfallende Maßnahmen in Verfahren wegen Straftaten oder Ordnungswidrigkeiten oder in berufsaufsichtlichen Verfahren anderer Berufe;

2. zehn Jahre bei Verweisen und Geldbußen, auch wenn sie nebeneinander verhängt werden;
3. 20 Jahre bei Vertretungsverboten (§ 114 Absatz 1 Nummer 4, Absatz 2 Nummer 4) und bei einer Ausschließung aus der Rechtsanwaltschaft oder einer Aberkennung der Rechtsdienstleistungsbefugnis, nach der das Mitglied erneut zugelassen wurde.

[5] Für Maßnahmen, die in Verfahren wegen Straftaten oder Ordnungswidrigkeiten oder in berufsaufsichtlichen Verfahren anderer Berufe getroffen wurden und bei denen das zugrundeliegende Verhalten zugleich die anwaltlichen Berufspflichten verletzt hat, gelten die für die Tilgung der jeweiligen Maßnahmen geltenden Fristen entsprechend.

(2) [1] Die Frist beginnt mit dem Tage, an dem die Maßnahme oder Entscheidung unanfechtbar geworden ist. [2] Im Fall der erneuten Zulassung nach einer Ausschließung aus der Rechtsanwaltschaft oder einer Aberkennung der Rechtsdienstleistungsbefugnis beginnt die Frist mit dieser Zulassung. [3] Nach Fristablauf kann die Entfernung und Vernichtung nach Absatz 1 Satz 2 bis zum Ende des Kalenderjahres aufgeschoben werden.

(3) Die Frist endet außer in den Fällen des Absatzes 1 Satz 4 Nummer 1 Buchstabe d und e nicht, solange

1. eine andere Eintragung über eine strafrechtliche Verurteilung, eine Ordnungswidrigkeit oder eine berufsaufsichtliche Maßnahme berücksichtigt werden darf,
2. ein Verfahren anhängig ist, das eine in Nummer 1 bezeichnete Eintragung zur Folge haben kann, oder
3. ein auf Geldbuße lautendes anwaltsgerichtliches Urteil noch nicht vollstreckt ist.

(4) Nach Ablauf der Frist gilt das Mitglied der Rechtsanwaltskammer als von den Maßnahmen oder Entscheidungen nach Absatz 1 nicht betroffen.

Zwölfter Teil.[1)] Ausländische Rechtsanwaltsberufe und Berufsausübungsgesellschaften

§ 206[2)] Ausländische Rechtsanwaltsberufe; Verordnungsermächtigung.

(1) Angehörige solcher ausländischer Berufe, die in der Rechtsverordnung nach *Absatz 2* aufgeführt sind, dürfen sich zur Erbringung von Rechtsdienstleistungen in der Bundesrepublik Deutschland niederlassen, wenn sie

1. nach dem Recht des Herkunftsstaats befugt sind, den Beruf im Herkunftsstaat auszuüben, und

---

[1)] 12. Teil eingef. durch G v. 13.12.1989 (BGBl. I S. 2135); Überschrift neu gef. mWv 1.8.2022 durch G v. 7.7.2021 (BGBl. I S. 2363).

[2)] § 206 neu gef. mWv 1.8.2022 durch G v. 7.7.2021 (BGBl. I S. 2363); Abs. 3 einl. Satzteil geänd. mWv 16.3.2023 durch G v. 10.3.2023 (BGBl. 2023 I Nr. 64).

2. auf Antrag in die für den Ort der Niederlassung zuständige Rechtsanwaltskammer aufgenommen wurden.

(2) [1]Das Bundesministerium der Justiz und für Verbraucherschutz kann durch Rechtsverordnung ohne Zustimmung des Bundesrates diejenigen Berufe aus Mitgliedstaaten der Welthandelsorganisation mit Ausnahme

1. der Mitgliedstaaten der Europäischen Union,
2. der Vertragsstaaten des Europäischen Wirtschaftsraums und
3. der Schweiz

festlegen, die in Bezug auf die Ausbildung zum Beruf und die Befugnisse des Berufsträgers dem Beruf des Rechtsanwalts nach diesem Gesetz entsprechen. [2]Das Bundesministerium der Justiz und für Verbraucherschutz kann durch Rechtsverordnung ohne Zustimmung des Bundesrates diejenigen Berufe aus Staaten, die nicht Mitgliedstaaten der Welthandelsorganisation sind, festlegen, die in Bezug auf die Ausbildung zum Beruf und die Befugnisse des Berufsträgers dem Beruf des Rechtsanwalts nach diesem Gesetz entsprechen und für die außerdem die Gegenseitigkeit verbürgt ist.

(3) Die Befugnis zur Erbringung von Rechtsdienstleistungen nach Absatz 1 erstreckt sich

1. für Angehörige von Berufen nach Absatz 2 Satz 1 auf die Gebiete des Rechts des Herkunftsstaats und des Völkerrechts,
2. für Angehörige von Berufen nach Absatz 2 Satz 2 auf das Gebiet des Rechts des Herkunftsstaats.

§ 207[1)] Aufnahme in die Rechtsanwaltskammer und berufliche Stellung; Rücknahme und Widerruf. (1) [1]Dem Antrag auf Aufnahme in die Rechtsanwaltskammer (§ 206 Absatz 1 Nummer 2) ist eine Bescheinigung der im Herkunftsstaat zuständigen Behörde über die Zugehörigkeit zu dem Beruf beizufügen. [2]Eine Bescheinigung nach Satz 1 ist der Rechtsanwaltskammer jährlich vorzulegen. [3]Die Rechtsanwaltskammer kann auf die Vorlage der Bescheinigung nach den Sätzen 1 und 2 verzichten, wenn der ausländische Rechtsanwalt glaubhaft darlegt und so weit wie möglich belegt, dass er

1. trotz Vornahme aller zumutbaren Bemühungen keine Bescheinigung der in seinem Herkunftsstaat zuständigen Behörde hat erlangen können und
2. in seinem Herkunftsstaat dem Beruf des Rechtsanwalts zugehörig ist; hierbei hat er die Zugehörigkeit gegenüber der Rechtsanwaltskammer an Eides statt zu versichern.

(2) Die Aufnahme in die Rechtsanwaltskammer ist zu widerrufen, wenn

1. der niedergelassene ausländische Rechtsanwalt den Pflichten nach Absatz 1 Satz 2 nicht nachkommt oder
2. die Voraussetzungen des § 206 Absatz 1 wegfallen.

(3) [1]Für die Entscheidung über den Antrag, für die Rechtsstellung nach Aufnahme in die Rechtsanwaltskammer sowie für die Rücknahme und den Widerruf der Aufnahme in die Rechtsanwaltskammer gelten im Übrigen

1. sinngemäß der Zweite Teil mit Ausnahme der §§ 4 und 12 Absatz 2 Nummer 1 *und Absatz 4* sowie der §§ 12a und 17, der Dritte Teil mit Ausnahme des § 59j

---

1) § 207 neu gef. mWv 1.8.2022 durch G v. 7.7.2021 (BGBl. I S. 2363); Abs. 1 Satz 3 angef., Abs. 3 Satz 1 Nr. 1 mWv 16.3.2023 durch G v. 10.3.2023 (BGBl. 2023 I Nr. 64).

Absatz 3, der Vierte Teil, der Vierte Abschnitt des Fünften Teils, der Sechste, Siebente, Zehnte, Elfte und Dreizehnte Teil und

2. die auf Grund des § 31d erlassene Rechtsverordnung.

[2] Für die Berufshaftpflichtversicherung gilt § 7 Absatz 1 und 2 des Gesetzes über die Tätigkeit europäischer Rechtsanwälte in Deutschland[1)] entsprechend. [3] Vertretungsverbote nach § 114 Absatz 1 Nummer 4 sowie nach den §§ 150 und 161a sind für den Geltungsbereich dieses Gesetzes auszusprechen. [4] An die Stelle der Ausschließung aus der Rechtsanwaltschaft (§ 114 Absatz 1 Nummer 5) tritt das Verbot, im Geltungsbereich dieses Gesetzes fremde Rechtsangelegenheiten zu besorgen; mit der Rechtskraft dieser Entscheidung verliert der Verurteilte die Mitgliedschaft in der Rechtsanwaltskammer.

(4) [1] Der niedergelassene ausländische Rechtsanwalt hat die Berufsbezeichnung nach dem Recht des Herkunftsstaats zu führen. [2] Er hat bei der Führung seiner Berufsbezeichnung den Herkunftsstaat in deutscher Sprache anzugeben. [3] Wurde er als Syndikusrechtsanwalt in die Rechtsanwaltskammer aufgenommen, so hat er seiner Berufsbezeichnung zudem die Bezeichnung „(Syndikus)“ nachzustellen. [4] Der niedergelassene ausländische Rechtsanwalt ist berechtigt, im beruflichen Verkehr zugleich die Bezeichnung „Mitglied der Rechtsanwaltskammer“ zu verwenden.

(5) Hinsichtlich der Anwendung der folgenden Vorschriften des Strafgesetzbuches[2)] stehen niedergelassene ausländische Rechtsanwälte den Rechtsanwälten und Anwälten gleich:

1. Straflosigkeit der Nichtanzeige geplanter Straftaten (§ 139 Absatz 3 Satz 2 des Strafgesetzbuches),
2. Verletzung von Privatgeheimnissen (§ 203 Absatz 1 Nummer 3, Absatz 3 bis 6, §§ 204 und 205 des Strafgesetzbuches),
3. Gebührenüberhebung (§ 352 des Strafgesetzbuches) und
4. Parteiverrat (§ 356 des Strafgesetzbuches).

§ 207a[3)] Ausländische Berufsausübungsgesellschaften. (1) Eine Berufsausübungsgesellschaft, die ihren Sitz in einem Mitgliedstaat der Welthandelsorganisation hat, darf über eine Zweigniederlassung in der Bundesrepublik Deutschland Rechtsdienstleistungen nach den Absätzen 3 und 4 erbringen, wenn

1. ihr Unternehmensgegenstand die Beratung und Vertretung in Rechtsangelegenheiten ist,
2. sie nach dem Recht des Staats ihres Sitzes zur Erbringung von Rechtsdienstleistungen befugt ist,
3. ihre Gesellschafter Rechtsanwälte oder Angehörige eines der in § 59c Absatz 1 Satz 1 Nummer 1 und 2 genannten Berufe sind,
4. die deutsche Zweigniederlassung eine eigene Geschäftsleitung hat, die die Gesellschaft vertreten kann und die über ausreichende Befugnisse verfügt, um die Wahrung des Berufsrechts in Bezug auf die deutsche Zweigniederlassung sicherzustellen, und

---

[1)] Nr. **98/4**.

[2)] **Habersack, Deutsche Gesetze Nr. 85.**

[3)] § 207a eingef. mWv 1.8.2022 durch G v. 7.7.2021 (BGBl. I S. 2363); Abs. 2 Satz 3 angef. mWv 16.3.2023 durch G v. 10.3.2023 (BGBl. 2023 I Nr. 64).

5. sie durch die für den Ort ihrer deutschen Zweigniederlassung zuständige Rechtsanwaltskammer zugelassen ist.

(2) [1] Für Berufsausübungsgesellschaften nach Absatz 1 gelten § 59c Absatz 2, die §§ 59d, 59e, 59f, 59g, 59h, 59i Absatz 2 bis 5 und die §§ 59j, 59m, 59n und 59o entsprechend. [2] § 59j ist mit der Maßgabe anzuwenden, dass der Geschäftsleitung der deutschen Zweigniederlassung zur Geschäftsführung und Vertretung berechtigte Rechtsanwälte oder nach § 206 Absatz 1 niedergelassene ausländische Rechtsanwälte in vertretungsberechtigter Zahl angehören müssen. [3] § 59o ist mit der Maßgabe anzuwenden, dass nicht auf die Zahl der Geschäftsführer, sondern auf die Zahl der Mitglieder der Geschäftsleitung nach Absatz 1 Nummer 4 abzustellen ist.

(3) Die zugelassene Berufsausübungsgesellschaft ist berechtigt, in der Bundesrepublik Deutschland durch nach § 206 Absatz 3 Nummer 1 befugte niedergelassene ausländische Rechtsanwälte Rechtsdienstleistungen auf den Gebieten des Rechts des Herkunftsstaats des für die Berufsausübungsgesellschaft handelnden niedergelassenen ausländischen Rechtsanwalts und des Völkerrechts zu erbringen.

(4) [1] Die Befugnisse nach den §§ 59k und 59l stehen der zugelassenen Berufsausübungsgesellschaft zu, wenn an ihr mindestens ein Rechtsanwalt als Gesellschafter beteiligt ist und der Geschäftsleitung der deutschen Zweigniederlassung zur Geschäftsführung und Vertretung berechtigte Rechtsanwälte in vertretungsberechtigter Zahl angehören. [2] Sie darf nur durch Gesellschafter und Vertreter handeln, in deren Person die für die Erbringung von Rechtsdienstleistungen gesetzlich vorgeschriebenen Voraussetzungen im Einzelfall vorliegen.

(5) Die Berufsausübungsgesellschaft ist verpflichtet, auf Geschäftsbriefen gleichviel welcher Form auf ihre ausländische Rechtsform unter Angabe ihres Sitzes und der maßgeblichen Rechtsordnung hinzuweisen und das Haftungsregime zu erläutern.

(6) [1] Für Berufsausübungsgesellschaften, die ihren Sitz nicht in einem Mitgliedstaat der Welthandelsorganisation haben, gelten die Absätze 1 bis 3 und 5, wenn die Gegenseitigkeit mit dem Herkunftsstaat verbürgt ist. [2] Die Rechtsdienstleistungsbefugnis nach Absatz 3 beschränkt sich auf das Gebiet des Rechts des Herkunftsstaats des für die Berufsausübungsgesellschaft handelnden niedergelassenen ausländischen Rechtsanwalts.

(7) In der Bundesrepublik Deutschland nach den Absätzen 1 und 6 niedergelassene ausländische Berufsausübungsgesellschaften sind in die Verzeichnisse nach § 31 Absatz 4 einzutragen.

Dreizehnter Teil.[1)] Übergangs- und Schlussvorschriften

§ 208[2)] Landesrechtliche Beschränkungen der Parteivertretung und Beistandschaft. [1] Ist durch Landesgesetz in Verfahren vor Schiedspersonen oder vor anderen Güte- oder Sühnestellen der Ausschluss von Bevollmächtigten oder Beiständen vorgesehen, so kann er auch auf Rechtsanwälte erstreckt werden. [2] Auf Grund von landesrechtlichen Vorschriften können Rechtsanwälte nicht als Bevollmächtigte oder Beistände zurückgewiesen werden.

[1)] Bish. 12. Teil wird 13. Teil durch G v. 13.12.1989 (*BGBl. I S. 2135*); *Überschrift neu gef.* mWv 18.5. 2017 durch G v. 12.5.2017 (BGBl. I S. 1121).

[2)] Überschrift vor § 208 aufgeh., § 208 neu gef. mWv 1.9.2009 durch G v. 30.7.2009 (BGBl. I S. 2449); Satz 1 geänd. mWv 1.8.2021 durch G v. 25.6.2021 (BGBl. I S. 2154).

§ 209[1)] Kammermitgliedschaft von Inhabern einer Erlaubnis nach dem Rechtsberatungsgesetz. (1) [1] Natürliche Personen, die im Besitz einer uneingeschränkt oder unter Ausnahme lediglich des Sozial- oder Sozialversicherungsrechts erteilten Erlaubnis zur geschäftsmäßigen Rechtsbesorgung sind, sind auf Antrag in die für den Ort ihrer Niederlassung zuständige Rechtsanwaltskammer aufzunehmen. [2] Sie dürfen im beruflichen Verkehr zugleich die Bezeichnung „Mitglied der Rechtsanwaltskammer" führen. [3] Für die Entscheidung über den Antrag, die Rechtsstellung nach Aufnahme in die Rechtsanwaltskammer sowie die Aufhebung oder das Erlöschen der Erlaubnis gelten der Zweite Teil mit Ausnahme der §§ 4

(Fortsetzung nächstes Blatt)

[1)] § 209 neu gef. durch G v. 13.12.1989 (BGBl. I S. 2135); Abs. 1 Satz 4 angef. durch G v. 29.1.1991 (BGBl. I S. 150); Abs. 1 Satz 4, Abs. 2 Satz 3 geänd. durch G v. 2.9.1994 (BGBl. I S. 2278); Abs. 1 Satz 3, Abs. 3 Satz 2 geänd., Abs. 4 aufgeh., bish. Abs. 5 wird Abs. 4 und geänd. mWv 1.6.2007 durch G v. 26.3. 2007 (BGBl. I S. 358); Abs. 2 Satz 2 aufgeh., bish. Satz 3 wird Satz 2 mWv 18.12.2007 durch G v. 12.12. 2007 (BGBl. I S. 2840); Abs. 1 Satz 3 geänd., Abs. 4 aufgeh. mWv 1.9.2009 durch G v. 30.7.2009 (BGBl. I S. 2449); Abs. 1 Satz 3 geänd. mWv 18.5.2017 durch G v. 12.5.2017 (BGBl. I S. 1121); Abs. 1 Satz 3 geänd. mWv 1.8.2022 durch G v. 7.7.2021 (BGBl. I S. 2363).

und 12 Absatz 2 Nummer 1 und Absatz 4 sowie der §§ 12a und 17, der Dritte und Vierte Teil, der Vierte Abschnitt des Fünften Teils, der Sechste, Siebente, Zehnte, Elfte und Dreizehnte Teil dieses Gesetzes sinngemäß sowie die auf Grund von § 31d erlassene Rechtsverordnung. [4] Der Erlaubnisinhaber kann auf besondere Kenntnisse in einem der in § 43c Abs. 1 Satz 2 genannten Gebiete durch den Zusatz „Fachgebiet" mit höchstens zwei der in § 43c Abs. 1 Satz 2 geregelten Gebiete hinweisen.

(2) [1] Die Aufnahme in die Rechtsanwaltskammer wird auf Antrag des Erlaubnisinhabers widerrufen. [2] Die Entscheidung über den Widerruf wird ausgesetzt, solange gegen den Erlaubnisinhaber ein anwaltsgerichtliches Verfahren schwebt.

(3) [1] Bei einem Wechsel des Ortes der Niederlassung ist auf Antrag des Erlaubnisinhabers nur der in der Erlaubnis bestimmte Ort zu ändern. [2] Die Änderung wird von der Rechtsanwaltskammer verfügt, in deren Bezirk der neugewählte Ort der Niederlassung liegt. [3] Mit der Änderung wird der Erlaubnisinhaber Mitglied der nunmehr zuständigen Rechtsanwaltskammer.

§ 209a[1)] Zulassung und Befugnisse bestehender Berufsausübungsgesellschaften. (1) Wenn eine Gesellschaft vor dem 1. August 2022 als Rechtsanwaltsgesellschaft zugelassen war, gilt diese Zulassung als Zulassung der Berufsausübungsgesellschaft nach § 59f Absatz 1.

(2) [1] Berufsausübungsgesellschaften, die

1. am 1. August 2022 bestanden,
2. nach § 59f Absatz 1 zulassungsbedürftig sind und
3. nicht schon nach Absatz 1 als zugelassen gelten,

müssen bis zum 1. November 2022 eine Zulassung beantragen. [2] Ihnen stehen bis zur Entscheidung der zuständigen Rechtsanwaltskammer über den Antrag auf Zulassung die Befugnisse nach den §§ 59k und 59l zu.

§ 210[2)] Bestehenbleiben von Rechtsanwaltskammern. Am 1. September 2009 bestehende Rechtsanwaltskammern, die ihren Sitz nicht am Ort eines Oberlandesgerichts haben, bleiben bestehen.

§ 211[3)] Befreiung von der Voraussetzung der Befähigung zum Richteramt. (1) Die Befähigung zur anwaltlichen Tätigkeit besitzen auch Personen, die bis zum 9. September 1996 die fachlichen Voraussetzungen für die Zulassung zur Rechtsanwaltschaft nach § 4 des Rechtsanwaltsgesetzes vom 13. September 1990 (GBl. I Nr. 61 S. 1504) erfüllt haben.

(2) Rechtsanwälte, die schon nach dem Rechtsanwaltsgesetz vom 13. September 1990 zugelassen waren oder die auf Grundlage des Absatzes 1 zugelassen sind, erfüllen die Voraussetzungen der Befähigung zum Richteramt gemäß § 93 Abs. 1 Satz 3 und § 101 Abs. 1 Satz 2.

---

1) § 209a eingef. mWv 1.8.2022 durch G v. 7.7.2021 (BGBl. I S. 2363).

2) § 210 neu gef. mWv 1.9.2009 durch G v. 30.7.2009 (BGBl. I S. 2449).

3) Früherer § 214 aufgeh. durch G v. 13.12.1989 (BGBl. I S. 2135) und neu eingef. mWv 25.4.2006 durch G v. 19.4.2006 (BGBl. I S. 866); bish. § 214 wird § 211 mWv 18.5.2017 durch G v. 12.5.2017 (BGBl. I S. 1121).

Anlage 1[1)]
(zu § 59a Absatz 4 Satz 1)

Verhältnismäßigkeitsprüfung vor Erlass neuer Berufsreglementierungen

I. Begriffsbestimmungen

Im Rahmen dieser Anlage bezeichnen die Begriffe

1. „reglementierter Beruf" eine berufliche Tätigkeit oder eine Gruppe beruflicher Tätigkeiten, bei der die Aufnahme, die Ausübung oder eine der Arten der Ausübung durch Rechts- oder Verwaltungsvorschriften direkt oder indirekt an den Besitz bestimmter Berufsqualifikationen gebunden ist; eine Art der Ausübung ist insbesondere die Führung einer geschützten Berufsbezeichnung, die durch Rechts- oder Verwaltungsvorschriften auf Personen beschränkt ist, die eine bestimmte Berufsqualifikation besitzen;
2. „Berufsqualifikation" eine Qualifikation, die durch einen Ausbildungsnachweis, durch einen Befähigungsnachweis im Sinne des Artikels 11 Buchstabe a Ziffer i der Richtlinie 2005/36/EG oder durch Berufserfahrung nachgewiesen wird;
3. „geschützte Berufsbezeichnung" eine Form der Reglementierung eines Berufs, bei der die Verwendung einer Bezeichnung bei der Ausübung einer beruflichen Tätigkeit oder einer Gruppe von beruflichen Tätigkeiten auf Grund von Rechts- oder Verwaltungsvorschriften unmittelbar oder mittelbar an den Besitz einer bestimmten Berufsqualifikation gebunden ist und bei der bei einer missbräuchlichen Verwendung der Bezeichnung Sanktionen verhängt werden;
4. „vorbehaltene Tätigkeit" eine Form der Reglementierung eines Berufs, bei der der Zugang zu einer beruflichen Tätigkeit oder einer Gruppe von beruflichen Tätigkeiten auf Grund von Rechts- oder Verwaltungsvorschriften unmittelbar oder mittelbar Angehörigen eines reglementierten Berufs vorbehalten wird, die eine bestimmte Berufsqualifikation besitzen, und zwar auch dann, wenn diese Tätigkeit mit anderen reglementierten Berufen geteilt wird.

II. Zu prüfende Kriterien

Eine Vorschrift im Sinne des § 59a Absatz 3 Satz 2

1. darf weder eine direkte noch eine indirekte Diskriminierung auf Grund der Staatsangehörigkeit oder des Wohnsitzes darstellen;
2. muss durch zwingende Ziele des Allgemeininteresses objektiv gerechtfertigt sein; während Gründe, die rein wirtschaftlicher oder verwaltungstechnischer Natur sind, hierbei ausscheiden, kommen insbesondere in Betracht
   a) die öffentliche Sicherheit und Ordnung,
   b) die öffentliche Gesundheit,
   c) die geordnete Rechtspflege,
   d) der Schutz der Verbraucher und der sonstigen Dienstleistungsempfänger,
   e) der Schutz der Arbeitnehmer,
   f) die Lauterkeit des Handelsverkehrs,

[1)] Anl. 1 eingef. mWv 23.1.2024 durch G v. 17.1.2024 (BGBl. 2024 I Nr. 12).

g) die Betrugsbekämpfung,

h) die Verhinderung von Steuerhinterziehung und Steuervermeidung einschließlich der wirksamen Steueraufsicht,

i) der Schutz des geistigen Eigentums,

j) der Umweltschutz,

k) die Sozialpolitik einschließlich des finanziellen Gleichgewichts der sozialen Sicherungssysteme und

l) die Kulturpolitik einschließlich des Schutzes des Kulturerbes;

3. muss zur Erreichung des angestrebten Ziels des Allgemeininteresses geeignet sein und darf nicht über das zur Erreichung dieses Ziels erforderliche Maß hinausgehen; hierbei sind zu berücksichtigen

a) die Eigenarten der mit dem angestrebten Ziel verbundenen Risiken, insbesondere der Risiken für Verbraucher und sonstige Dienstleistungsempfänger, für Berufsangehörige und für Dritte;

b) die Eignung bereits bestehender spezifischer oder allgemeiner Regelungen, etwa solcher des Verbraucherschutzes, das angestrebte Ziel zu erreichen;

c) die Eignung der Vorschrift, das angestrebte Ziel angemessen, kohärent und systematisch zu erreichen, wobei insbesondere zu beachten ist, wie solchen Risiken entgegengewirkt werden soll, die bei vergleichbaren Tätigkeiten in ähnlicher Weise identifiziert wurden;

d) die Auswirkungen auf den freien Personen- und Dienstleistungsverkehr innerhalb der Europäischen Union, den anderen Vertragsstaaten des Europäischen Wirtschaftsraums und der Schweiz;

e) die Auswirkungen auf die Wahlmöglichkeiten der Verbraucher;

f) die Auswirkungen auf die Qualität der bereitgestellten Dienstleistungen;

g) die Möglichkeit, das angestrebte Ziel mit milderen Mitteln zu erreichen; hierbei ist in dem Fall, in dem die Vorschrift nur durch den Verbraucherschutz gerechtfertigt ist und sich die identifizierten Risiken auf das Verhältnis zwischen den Berufsangehörigen und den Verbrauchern beschränken und sich deshalb nicht negativ auf Dritte auswirken, insbesondere zu prüfen, ob mildere Mittel in Betracht kommen, als eine Tätigkeit einem reglementierten Beruf vorzubehalten;

h) die positiven oder negativen Auswirkungen der Vorschrift, wenn sie mit anderen Vorschriften kombiniert wird, die den Zugang zu reglementierten Berufen oder deren Ausübung beschränken; hierbei ist insbesondere zu prüfen, wie die Vorschrift in der Kombination mit anderen Anforderungen zur Erreichung desselben im Allgemeininteresse liegenden Ziels beiträgt und ob sie hierfür notwendig ist; dies gilt insbesondere für folgende Anforderungen:

aa) Tätigkeitsvorbehalte, geschützte Berufsbezeichnungen und sonstige Formen der Reglementierung im Sinne des Artikels 3 Absatz 1 Buchstabe a der Richtlinie 2005/36/EG;

bb) Verpflichtungen zur kontinuierlichen beruflichen Weiterbildung;

cc) Vorgaben zur Berufsorganisation, zu Standesregeln und zur Aufsicht;

dd) Pflichtmitgliedschaften in einer Berufsorganisation sowie Registrierungs- und Genehmigungsregelungen, und zwar insbesondere dann, wenn diese den Besitz einer bestimmten Berufsqualifikation implizieren;

ee) quantitative Beschränkungen, insbesondere Anforderungen, die die Zahl der Zulassungen zur Ausübung eines Berufs begrenzen oder eine Mindest- oder Höchstzahl derjenigen Arbeitnehmer, Geschäftsführer oder Vertreter festsetzen, die bestimmte Berufsqualifikationen besitzen müssen oder dürfen;

ff) Anforderungen an bestimmte Rechtsformen, an Beteiligungsstrukturen oder an die Geschäftsleitung eines Unternehmens, soweit diese Anforderungen unmittelbar mit der Ausübung des reglementierten Berufs zusammenhängen;

gg) geografische Beschränkungen, einschließlich solcher Bestimmungen, die den Beruf in einigen Teilen der Bundesrepublik Deutschland in anderer Weise reglementieren als in anderen Teilen;

hh) Anforderungen, die die gemeinschaftliche oder partnerschaftliche Ausübung eines reglementierten Berufs beschränken;

ii) Unvereinbarkeitsregeln;

jj) Anforderungen an den Versicherungsschutz oder andere Mittel des persönlichen oder kollektiven Schutzes in Bezug auf die Berufshaftpflicht;

kk) Anforderungen an Sprachkenntnisse, die für die Ausübung des Berufs erforderlich sind;

ll) Festlegungen zu Mindest- oder Höchstpreisen;

mm) Anforderungen an die Werbung;

i) die folgenden Kriterien, sofern sie für die Art oder den Inhalt der neuen oder geänderten Vorschrift relevant sind:

aa) der Zusammenhang zwischen dem Umfang der von einem reglementierten Beruf erfassten oder ihm vorbehaltenen Tätigkeiten und der erforderlichen Berufsqualifikation;

bb) der Zusammenhang zwischen der Komplexität der betroffenen Aufgaben und der Notwendigkeit einer bestimmten Berufsqualifikation der sie wahrnehmenden Personen, insbesondere in Bezug auf das Niveau, die Eigenart und die Dauer der erforderlichen Ausbildung oder Erfahrung;

cc) die Möglichkeit, die berufliche Qualifikation auf alternativen Wegen zu erlangen;

dd) die Eignung der einem bestimmten Beruf vorbehaltenen Tätigkeiten, mit anderen Berufen geteilt zu werden;

ee) der Grad an Autonomie bei der Ausübung eines reglementierten Berufs und die Auswirkungen von Organisations- und Überwachungsmodalitäten auf die Erreichung des angestrebten Ziels, insbesondere wenn die mit dem Beruf zusammenhängenden Tätigkeiten unter der Kontrolle und Verantwortung einer ordnungsgemäß qualifizierten Fachkraft stehen;

ff) die wissenschaftlichen und technologischen Entwicklungen, die die Informationsasymmetrie zwischen Berufsangehörigen und Verbrauchern verringern oder verstärken können;

4. muss, soweit sie spezifische Anforderungen im Zusammenhang mit der vorübergehenden oder gelegentlichen Erbringung von Dienstleistungen gemäß Titel II der Richtlinie 2005/36/EG enthält, insbesondere auch im Hinblick auf diese Anforderungen verhältnismäßig sein, es sei denn, dass es sich um Maßnahmen handelt, durch die die Einhaltung geltender Arbeits- und Beschäftigungsbedingungen gewährleistet werden soll und die im Einklang mit dem Recht der Europäischen Union angewendet werden; die Verhältnismäßigkeitsprüfung umfasst vor allem
   a) automatische vorübergehende Eintragungen oder Pro-forma-Mitgliedschaften bei einer Berufsorganisation im Sinne des Artikels 5 Absatz 1 Buchstabe a der Richtlinie 2005/36/EG;
   b) vorherige Meldungen im Sinne des Artikels 7 Absatz 1 der Richtlinie 2005/36/EG, erforderliche Dokumente im Sinne des Artikels 7 Absatz 2 der Richtlinie 2005/36/EG und sonstige gleichwertige Anforderungen;
   c) Gebühren und Entgelte, die vom Dienstleistungserbringer für Verwaltungsverfahren im Zusammenhang mit dem Zugang zu einem reglementierten Beruf oder dessen Ausübung gefordert werden.

Anlage 2[1)]
(zu § 193 Satz 1 und § 195 Satz 1)

Gebührenverzeichnis

Gliederung

---

1) Frühere Anl. angef. mWv 31.12.2006 durch G v. 22.12.2006 (BGBl. I S. 3416); geänd. mWv 1.9.2009 durch G v. 30.7.2009 (BGBl. I S. 2449); geänd. mWv 1.8.2021 durch G v. 25.6.2021 (BGBl. I S. 2154); geänd. mWv 1.8.2022 durch G v. 7.7.2021 (BGBl. I S. 2363); bish. Anl. wird Anl. 2 mWv 23.1.2024 durch G v. 17.1.2024 (BGBl. 2024 I Nr. 12).

Teil 1. Anwaltsgerichtliche Verfahren

Nr.	Gebührentatbestand	Gebührenbetrag oder Satz der jeweiligen Gebühr 1110 bis 1112
	Vorbemerkung 1: (1) Im anwaltsgerichtlichen Verfahren bemessen sich die Gerichtsgebühren vorbehaltlich des Absatzes 2 für alle Rechtszüge nach der rechtskräftig verhängten Maßnahme. (2) Wird ein Rechtsmittel oder ein Antrag auf anwaltsgerichtliche Entscheidung nur teilweise verworfen oder zurückgewiesen, so hat das Gericht die Gebühr zu ermäßigen, soweit es unbillig wäre, das Mitglied der Rechtsanwaltskammer damit zu belasten. (3) Im Verfahren nach Wiederaufnahme werden die gleichen Gebühren wie für das wiederaufgenommene Verfahren erhoben. Wird jedoch nach Anordnung der Wiederaufnahme des Verfahrens das frühere Urteil aufgehoben, gilt für die Gebührenerhebung jeder Rechtszug des neuen Verfahrens mit dem jeweiligen Rechtszug des früheren Verfahrens zusammen als ein Rechtszug. Gebühren werden auch für Rechtszüge erhoben, die nur im früheren Verfahren stattgefunden haben.	
	Abschnitt 1. Verfahren vor dem Anwaltsgericht	
	Unterabschnitt 1. Anwaltsgerichtliches Verfahren erster Instanz	
1110	Verfahren mit Urteil bei Verhängung einer oder mehrerer der folgenden Maßnahmen: 1. einer Warnung, 2. eines Verweises, 3. einer Geldbuße	240,00 EUR
1111	Verfahren mit Urteil bei Verhängung eines Vertretungs- oder Beistandsverbots nach § 114 Abs. 1 Nr. 4 oder Abs. 2 Nr. 4 BRAO	360,00 EUR
1112	Verfahren mit Urteil bei Ausschließung aus der Rechtsanwaltschaft oder Aberkennung der Rechtsdienstleistungsbefugnis	480,00 EUR
	Unterabschnitt 2. Antrag auf gerichtliche Entscheidung über die Rüge	
1120	Verfahren über den Antrag auf gerichtliche Entscheidung über die Rüge nach § 74a Abs. 1 BRAO: Der Antrag wird verworfen oder zurückgewiesen	160,00 EUR
	Abschnitt 2. Verfahren vor dem Anwaltsgerichtshof	
	Unterabschnitt 1. Berufung	
1210	Berufungsverfahren mit Urteil	1,5
1211	Erledigung des Berufungsverfahrens ohne Urteil Die Gebühr entfällt bei Zurücknahme der Berufung vor Ablauf der Begründungsfrist.	0,5
	Unterabschnitt 2. Beschwerde	
1220	Verfahren über Beschwerden im anwaltsgerichtlichen Verfahren, die nicht nach anderen Vorschriften gebührenfrei sind: Die Beschwerde wird verworfen oder zurückgewiesen Von dem Mitglied der Rechtsanwaltskammer wird eine Gebühr nur erhoben, wenn gegen es rechtskräftig eine anwaltsgerichtliche Maßnahme verhängt worden ist.	50,00 EUR

Nr.	Gebührentatbestand	Gebührenbetrag oder Satz der jeweiligen Gebühr 1110 bis 1112
	Unterabschnitt 3. Antrag auf gerichtliche Entscheidung über die Androhung oder die Festsetzung eines Zwangsgelds	
1230	Verfahren über den Antrag auf gerichtliche Entscheidung über die Androhung oder die Festsetzung eines Zwangsgelds nach § 57 Abs. 3 BRAO:	
	Der Antrag wird verworfen oder zurückgewiesen	200,00 EUR
	Abschnitt 3. Verfahren vor dem Bundesgerichtshof	
	Unterabschnitt 1. Revision	
1310	Revisionsverfahren mit Urteil oder mit Beschluss nach § 116 Abs. 1 Satz 2 BRAO i.V.m. § 349 Abs. 2 oder Abs. 4 StPO	2,0
1311	Erledigung des Revisionsverfahrens ohne Urteil und ohne Beschluss nach § 116 Abs. 1 Satz 2 BRAO i.V.m. § 349 Abs. 2 oder Abs. 4 StPO .... Die Gebühr entfällt bei Zurücknahme der Revision vor Ablauf der Begründungsfrist.	1,0
	Unterabschnitt 2. Beschwerde	
1320	Verfahren über die Beschwerde gegen die Nichtzulassung der Revision:	
	Die Beschwerde wird verworfen oder zurückgewiesen ..	1,0
1321	Verfahren über sonstige Beschwerden im anwaltsgerichtlichen Verfahren, die nicht nach anderen Vorschriften gebührenfrei sind:	
	Die Beschwerde wird verworfen oder zurückgewiesen .. Von dem Mitglied der Rechtsanwaltskammer wird eine Gebühr nur erhoben, wenn gegen es rechtskräftig eine anwaltsgerichtliche Maßnahme verhängt worden ist.	50,00 EUR
	Unterabschnitt 3. Verfahren wegen bei dem Bundesgerichtshof zugelassenen Rechtsanwälten oder Berufsausübungsgesellschaften	
1330	Anwaltsgerichtliches Verfahren mit Urteil bei Verhängung einer Maßnahme	1,5
1331	Verfahren über den Antrag auf gerichtliche Entscheidung über die Androhung oder die Festsetzung eines Zwangsgelds nach § 57 Abs. 3 i.V.m. § 163 Satz 2 BRAO:	
	Der Antrag wird verworfen oder zurückgewiesen	240,00 EUR
1332	Verfahren über den Antrag auf gerichtliche Entscheidung über die Rüge nach § 74a Abs. 1 i.V.m. § 163 Satz 2 BRAO:	
	Der Antrag wird verworfen oder zurückgewiesen	240,00 EUR

Nr.	Gebührentatbestand	Gebührenbetrag oder Satz der jeweiligen Gebühr 1110 bis 1112
	Abschnitt 4. Rüge wegen Verletzung des Anspruchs auf rechtliches Gehör	
1400	Verfahren über die Rüge wegen Verletzung des Anspruchs auf rechtliches Gehör: Die Rüge wird in vollem Umfang verworfen oder zurückgewiesen	50,00 EUR

Teil 2. Gerichtliche Verfahren in verwaltungsrechtlichen Anwaltssachen

Nr.	Gebührentatbestand	Gebührenbetrag oder Satz der Gebühr nach § 34 GKG
	Abschnitt 1. Erster Rechtszug	
	Unterabschnitt 1. Anwaltsgerichtshof	
2110	Verfahren im Allgemeinen	4,0
2111	Beendigung des gesamten Verfahrens durch 1. Zurücknahme der Klage a) vor dem Schluss der mündlichen Verhandlung, b) wenn eine solche nicht stattfindet, vor Ablauf des Tages, an dem das Urteil, der Gerichtsbescheid oder der Beschluss in der Hauptsache der Geschäftsstelle übermittelt wird, c) im Fall des § 112c Abs. 1 Satz 1 BRAO i.V.m. § 93a Abs. 2 VwGO vor Ablauf der Erklärungsfrist nach § 93a Abs. 2 Satz 1 VwGO, 2. Anerkenntnis- oder Verzichtsurteil, 3. gerichtlichen Vergleich oder 4. Erledigungserklärungen nach § 112c Abs. 1 Satz 1 BRAO i.V.m. § 161 Abs. 2 VwGO, wenn keine Entscheidung über die Kosten ergeht oder die Entscheidung einer zuvor mitgeteilten Einigung der Beteiligten über die Kostentragung oder der Kostenübernahmeerklärung eines Beteiligten folgt, es sei denn, dass bereits ein anderes als eines der in Nummer 2 genannten Urteile, ein Gerichtsbescheid oder Beschluss in der Hauptsache vorausgegangen ist: Die Gebühr 2110 ermäßigt sich auf .... Die Gebühr ermäßigt sich auch, wenn mehrere Ermäßigungstatbestände erfüllt sind.	2,0
	Unterabschnitt 2. Bundesgerichtshof	
2120	Verfahren im Allgemeinen	5,0
2121	Beendigung des gesamten Verfahrens durch 1. Zurücknahme der Klage a) vor dem Schluss der mündlichen Verhandlung, b) wenn eine solche nicht stattfindet, vor Ablauf des Tages, an dem das Urteil oder der Gerichtsbescheid der Geschäftsstelle übermittelt wird,	

Nr.	Gebührentatbestand	Gebührenbetrag oder Satz der Gebühr nach § 34 GKG
	c) im Fall des § 112c Abs. 1 Satz 1 BRAO i.V.m. § 93a Abs. 2 VwGO vor Ablauf der Erklärungsfrist nach § 93a Abs. 2 Satz 1 VwGO, 2. Anerkenntnis- oder Verzichtsurteil, 3. gerichtlichen Vergleich oder 4. Erledigungserklärungen nach § 112c Abs. 1 Satz 1 BRAO i.V.m. § 161 Abs. 2 VwGO, wenn keine Entscheidung über die Kosten ergeht oder die Entscheidung einer zuvor mitgeteilten Einigung der Beteiligten über die Kostentragung oder der Kostenübernahmeerklärung eines Beteiligten folgt, es sei denn, dass bereits ein anderes als eines der in Nummer 2 genannten Urteile, ein Gerichtsbescheid oder Beschluss in der Hauptsache vorausgegangen ist: Die Gebühr 2120 ermäßigt sich auf	3,0
	Die Gebühr ermäßigt sich auch, wenn mehrere Ermäßigungstatbestände erfüllt sind.	
	Abschnitt 2. Zulassung und Durchführung der Berufung	
2200	Verfahren über die Zulassung der Berufung: Soweit der Antrag abgelehnt wird	1,0
2201	Verfahren über die Zulassung der Berufung: Soweit der Antrag zurückgenommen oder das Verfahren durch anderweitige Erledigung beendet wird	0,5
	Die Gebühr entsteht nicht, soweit die Berufung zugelassen wird.	
2202	Verfahren im Allgemeinen	5,0
2203	Beendigung des gesamten Verfahrens durch Zurücknahme der Berufung oder der Klage, bevor die Schrift zur Begründung der Berufung bei Gericht eingegangen ist: Die Gebühr 2202 ermäßigt sich auf	1,0
	Erledigungserklärungen nach § 112c Abs. 1 Satz 1 BRAO i.V.m. § 161 Abs. 2 VwGO stehen der Zurücknahme gleich, wenn keine Entscheidung über die Kosten ergeht oder die Entscheidung einer zuvor mitgeteilten Einigung der Beteiligten über die Kostentragung oder der Kostenübernahmeerklärung eines Beteiligten folgt.	
2204	Beendigung des gesamten Verfahrens, wenn nicht Nummer 2203 erfüllt ist, durch 1. Zurücknahme der Berufung oder der Klage a) vor dem Schluss der mündlichen Verhandlung, b) wenn eine solche nicht stattfindet, vor Ablauf des Tages, an dem das Urteil oder der Beschluss in der Hauptsache der Geschäftsstelle übermittelt wird, oder c) im Fall des § 112c Abs. 1 Satz 1 BRAO i.V.m. § 93a Abs. 2 VwGO vor Ablauf der Erklärungsfrist nach § 93a Abs. 2 Satz 1 VwGO, 2. Anerkenntnis- oder Verzichtsurteil,	

Nr.	Gebührentatbestand	Gebührenbetrag oder Satz der Gebühr nach § 34 GKG
	3. gerichtlichen Vergleich oder 4. Erledigungserklärungen nach § 112c Abs. 1 Satz 1 BRAO i.V.m. § 161 Abs. 2 VwGO, wenn keine Entscheidung über die Kosten ergeht oder die Entscheidung einer zuvor mitgeteilten Einigung der Beteiligten über die Kostentragung oder der Kostenübernahmeerklärung eines Beteiligten folgt, es sei denn, dass bereits ein anderes als eines der in Nummer 2 genannten Urteile oder ein Beschluss in der Hauptsache vorausgegangen ist: Die Gebühr 2202 ermäßigt sich auf	3,0
	Die Gebühr ermäßigt sich auch, wenn mehrere Ermäßigungstatbestände erfüllt sind.	
	Abschnitt 3. Vorläufiger Rechtsschutz	
	Vorbemerkung 2.3: (1) Die Vorschriften dieses Abschnitts gelten für einstweilige Anordnungen und für Verfahren nach § 112c Abs. 1 Satz 1 BRAO i.V.m. § 80 Abs. 5 und § 80a Abs. 3 VwGO. (2) Im Verfahren über den Antrag auf Erlass und im Verfahren über den Antrag auf Aufhebung einer einstweiligen Anordnung werden die Gebühren jeweils gesondert erhoben. Mehrere Verfahren nach § 112c Abs. 1 Satz 1 BRAO i.V.m. § 80 Abs. 5 und 7 und § 80a Abs. 3 VwGO gelten innerhalb eines Rechtszugs als ein Verfahren.	
	Unterabschnitt 1. Anwaltsgerichtshof	
2310	Verfahren im Allgemeinen	2,0
2311	Beendigung des gesamten Verfahrens durch 1. Zurücknahme des Antrags a) vor dem Schluss der mündlichen Verhandlung oder, b) wenn eine solche nicht stattfindet, vor Ablauf des Tages, an dem der Beschluss der Geschäftsstelle übermittelt wird, 2. gerichtlichen Vergleich oder 3. Erledigungserklärungen nach § 112c Abs. 1 Satz 1 BRAO i.V.m. § 161 Abs. 2 VwGO, wenn keine Entscheidung über die Kosten ergeht oder die Entscheidung einer zuvor mitgeteilten Einigung der Beteiligten über die Kostentragung oder der Kostenübernahmeerklärung eines Beteiligten folgt, es sei denn, dass bereits ein Beschluss über den Antrag vorausgegangen ist: Die Gebühr 2310 ermäßigt sich auf	0,75
	Die Gebühr ermäßigt sich auch, wenn mehrere Ermäßigungstatbestände erfüllt sind.	
	Unterabschnitt 2. Bundesgerichtshof als Rechtsmittelgericht in der Hauptsache	
2320	Verfahren im Allgemeinen	1,5
2321	Beendigung des gesamten Verfahrens durch 1. Zurücknahme des Antrags a) vor dem Schluss der mündlichen Verhandlung oder,	

Nr.	Gebührentatbestand	Gebührenbetrag oder Satz der Gebühr nach § 34 GKG
	b) wenn eine solche nicht stattfindet, vor Ablauf des Tages, an dem der Beschluss der Geschäftsstelle übermittelt wird, 2. gerichtlichen Vergleich oder 3. Erledigungserklärungen nach § 112c Abs. 1 Satz 1 BRAO i.V.m. § 161 Abs. 2 VwGO, wenn keine Entscheidung über die Kosten ergeht oder die Entscheidung einer zuvor mitgeteilten Einigung der Beteiligten über die Kostentragung oder der Kostenübernahmeerklärung eines Beteiligten folgt, es sei denn, dass bereits ein Beschluss über den Antrag vorausgegangen ist: Die Gebühr 2320 ermäßigt sich auf .... Die Gebühr ermäßigt sich auch, wenn mehrere Ermäßigungstatbestände erfüllt sind.	0,5
	Unterabschnitt 3. Bundesgerichtshof *Vorbemerkung 2.3.3:* Die Vorschriften dieses Unterabschnitts gelten, wenn der Bundesgerichtshof auch in der Hauptsache erstinstanzlich zuständig ist.	
2330	Verfahren im Allgemeinen	2,5
2331	Beendigung des gesamten Verfahrens durch 1. Zurücknahme des Antrags a) vor dem Schluss der mündlichen Verhandlung oder, b) wenn eine solche nicht stattfindet, vor Ablauf des Tages, an dem der Beschluss der Geschäftsstelle übermittelt wird, 2. gerichtlichen Vergleich oder 3. Erledigungserklärungen nach § 112c Abs. 1 Satz 1 BRAO i.V.m. § 161 Abs. 2 VwGO, wenn keine Entscheidung über die Kosten ergeht oder die Entscheidung einer zuvor mitgeteilten Einigung der Beteiligten über die Kostentragung oder der Kostenübernahmeerklärung eines Beteiligten folgt, es sei denn, dass bereits ein Beschluss über den Antrag vorausgegangen ist: Die Gebühr 2330 ermäßigt sich auf .... Die Gebühr ermäßigt sich auch, wenn mehrere Ermäßigungstatbestände erfüllt sind.	1,0
	Abschnitt 4. Rüge wegen Verletzung des Anspruchs auf rechtliches Gehör	
2400	Verfahren über die Rüge wegen Verletzung des Anspruchs auf rechtliches Gehör: Die Rüge wird in vollem Umfang verworfen oder zurückgewiesen	50,00 EUR

98/1. Berufsordnung

in der Fassung vom 5. Dezember 2022[1)]
(BRAK-Mitt. 2023 Nr. 2 S. 100)

Lfd. Nr.	Änderndes Gesetz	Datum	Fundstelle	Betroffen	Hinweis
1.	BRAK-Beschl.	5.12.2022	BRAK-Mitt. 2023 Nr. 2 S. 100	gesamte Vorschrift §§ 4, 16, 21, 24	neu gef. mWv 1.6.2023 geänd. mWv 1.6.2023
2.	BRAK-Beschl.	8.5.2023	BRAK-Mitt. Nr. 4 S. 245	§§ 30, 31, 33	mWv 1.10.2023

Nichtamtliche Inhaltsübersicht

Erster Teil. Freiheit der Berufsausübung

Zweiter Teil. Pflichten bei der Berufsausübung

Erster Abschnitt. Allgemeine Berufs- und Grundpflichten

Zweiter Abschnitt. Besondere Berufspflichten im Zusammenhang mit der Werbung

Dritter Abschnitt. Besondere Berufspflichten bei der Annahme, Wahrnehmung und Beendigung des Mandats

Vierter Abschnitt. Besondere Berufspflichten gegenüber Gerichten und Behörden

Fünfter Abschnitt. Besondere Berufspflichten bei Vereinbarung und Abrechnung von Gebühren

Sechster Abschnitt. Besondere Berufspflichten gegenüber der Rechtsanwaltskammer, deren Mitgliedern und gegenüber Mitarbeitenden

---

[1)] Neubekanntmachung der BO v. 22.3.1999 (BRAK-Mitt. Nr. 3 S. 123) in der ab 1.6.2023 geltenden Fassung.

Die Rechtsanwältinnen und Rechtsanwälte in der Bundesrepublik Deutschland sowie die weiteren Mitglieder der Rechtsanwaltskammern geben sich durch die Versammlung ihrer frei gewählten Vertreterinnen und Vertreter folgende Berufsordnung:

Erster Teil. Freiheit der Berufsausübung

§ 1 Freiheit der Advokatur (1) Rechtsanwältinnen und Rechtsanwälte üben ihren Beruf frei, selbstbestimmt und unreglementiert aus, soweit Gesetz oder Berufsordnung sie nicht besonders verpflichten.

(2) [1] Die Freiheitsrechte der Rechtsanwältinnen und Rechtsanwälte gewährleisten die Teilhabe der Bürgerinnen und Bürger am Recht. [2] Anwaltliche Tätigkeit dient der Verwirklichung des Rechtsstaats.

(3) Rechtsanwältinnen und Rechtsanwälte beraten und vertreten ihre Mandantinnen und Mandanten in allen Rechtsangelegenheiten unabhängig und haben sie vor Rechtsverlusten zu schützen, rechtsgestaltend, konfliktvermeidend und streitschlichtend zu begleiten, vor Fehlentscheidungen durch Gerichte und Behörden zu bewahren und gegen verfassungswidrige Beeinträchtigung und staatliche Machtüberschreitung zu sichern.

Zweiter Teil. Pflichten bei der Berufsausübung

Erster Abschnitt. Allgemeine Berufs- und Grundpflichten

§ 2 Verschwiegenheit. (1) [1] Rechtsanwältinnen und Rechtsanwälte sind zur Verschwiegenheit verpflichtet und berechtigt. [2] Dies gilt auch nach Beendigung des Mandats.

(2) [1] Die Verschwiegenheitspflicht gebietet es der Rechtsanwältin und dem Rechtsanwalt, die zum Schutze des Mandatsgeheimnisses erforderlichen organisatorischen und technischen Maßnahmen zu ergreifen, die risikoadäquat und für den Anwaltsberuf zumutbar sind. [2] Technische Maßnahmen sind hierzu ausreichend, soweit sie im Falle der Anwendbarkeit der Vorschriften zum Schutz personenbezogener Daten deren Anforderungen entsprechen. [3] Sonstige technische Maßnahmen müssen ebenfalls dem Stand der Technik entsprechen. [4] Abs. 4 lit. c) bleibt hiervon unberührt. [5] Die Nutzung eines elektronischen oder sonstigen Kommunikationsweges, der mit Risiken für die Vertraulichkeit dieser Kommuni-

kation verbunden ist, ist jedenfalls dann erlaubt, wenn die Mandantin oder der Mandant ihr zustimmt. [6] Von einer Zustimmung ist auszugehen, wenn die Mandantin oder der Mandant diesen Kommunikationsweg vorschlägt oder beginnt und ihn fortsetzt, nachdem die Rechtsanwältin oder der Rechtsanwalt zumindest pauschal und ohne technische Details auf die Risiken hingewiesen hat.

(3) Ein Verstoß gegen die Pflicht zur Verschwiegenheit (§ 43a Abs. 2 Bundesrechtsanwaltsordnung[1)]) liegt nicht vor, soweit Gesetz und Recht eine Ausnahme fordern oder zulassen.

(4) Ein Verstoß ist nicht gegeben, soweit das Verhalten der Rechtsanwältin oder des Rechtsanwalts

a) mit Einwilligung erfolgt oder

b) zur Wahrnehmung berechtigter Interessen erforderlich ist, z.B. zur Durchsetzung oder Abwehr von Ansprüchen aus dem Mandatsverhältnis oder zur Verteidigung in eigener Sache, oder

c) im Rahmen der Arbeitsabläufe der Kanzlei, die außerhalb des Anwendungsbereichs des § 43e Bundesrechtsanwaltsordnung liegen, objektiv einer üblichen, von der Allgemeinheit gebilligten Verhaltensweise im sozialen Leben entspricht (Sozialadäquanz).

(5) Die Vorschriften zum Schutz personenbezogener Daten bleiben unberührt.

§ 3 Interessenwiderstreit. (1) [1] Rechtsanwältinnen und Rechtsanwälte dürfen keine widerstreitenden Interessen vertreten. [2] Sie dürfen in einem laufenden Mandat auch keine Vermögenswerte von der Mandantin oder dem Mandanten und/oder der Anspruchsgegnerin oder dem Anspruchsgegner zum Zweck der treuhänderischen Verwaltung oder Verwahrung für beide Parteien entgegennehmen.

(2) Wer erkennt, dass er entgegen § 43a Abs. 4 bis 6 BRAO[1)] tätig geworden ist, hat unverzüglich die Mandantschaft zu informieren und alle Mandate in derselben Rechtssache zu beenden.

(3) [1] Eine gemeinschaftliche Berufsausübung im Sinne von § 43a Abs. 4 Satz 2 BRAO liegt bei Bürogemeinschaften (§ 59q BRAO) nicht vor. [2] Eine Sozietätserstreckung gilt auch für individuell erteilte Mandate.

(4) [1] Rechtsanwältinnen und Rechtsanwälte dürfen in einem Mandat nach § 43a Abs. 4 Satz 4 BRAO (Befreiung von der Sozietätserstreckung mit Zustimmung der Mandantinnen und Mandanten) nur tätig werden, wenn durch getrennte Bearbeitung die Einhaltung der Verschwiegenheitspflicht sichergestellt ist. [2] Dafür ist, über die allgemeinen Anforderungen des § 2 hinaus, insbesondere erforderlich

a) die inhaltliche Bearbeitung der widerstreitenden Mandate ausschließlich durch verschiedene Personen,

b) der Ausschluss des wechselseitigen Zugriffs auf Papierakten sowie auf elektronische Daten einschließlich des besonderen elektronischen Anwaltspostfachs, und

c) das Verbot an die mandatsbearbeitenden Personen, wechselseitig über das Mandat zu kommunizieren.

[3] Die Einhaltung dieser Vorkehrungen ist zum jeweiligen Mandat zu dokumentieren.

[1)] Nr. **98**.

§ 4[1)] Fremdgelder und andere Vermögenswerte. (1) [1] Fremdgelder und sonstige Vermögenswerte, insbesondere Wertpapiere und andere geldwerte Urkunden, sind unverzüglich an die Berechtigten weiterzuleiten. [2] Solange dies nicht möglich ist, sind Fremdgelder auf Anderkonten zu verwalten; dies sind in der Regel Einzelanderkonten. [3] Die Rechtsanwältin oder der Rechtsanwalt tragen dafür Sorge, dass über Sammelanderkonten keine Zahlungen abgewickelt werden, bei denen Risiken in Bezug auf Geldwäsche oder Terrorismusfinanzierung bestehen. [4] Auf einem Sammelanderkonto dürfen Gelder nicht verwaltet werden,

a) die aus Mandaten stammen, deren Gegenstand zumindest auch ein Geschäft, eine Dienstleistung, eine Hilfeleistung, eine Transaktion oder eine Beratung im Sinne von § 2 Abs. 1 Nr. 10 des Geldwäschegesetzes[2)] mit Ausnahme der Verwaltung von Geld nach § 2 Abs. 1 Nr. 10 Buchstabe a Doppelbuchstabe bb des Geldwäschegesetzes ist,
b) die der Rechtsanwältin oder dem Rechtsanwalt in bar übergeben wurden und die unbeschadet einer Aufteilung auf mehrere Teilbeträge den Betrag von insgesamt 1000 Euro übersteigen oder
c) die der Rechtsanwältin oder dem Rechtsanwalt von einem Bankkonto aus einem Drittstaat überwiesen wurden, der
   1. zu den von der Europäischen Kommission nach Artikel 9 der Richtlinie (EU) 2015/849 des Europäischen Parlaments und des Rates vom 20. Mai 2015 ermittelten Drittstaaten mit hohem Risiko gehört, die im Anhang der Delegierten Verordnung (EU) 2016/1675 der Kommission vom 14. Juli 2016 in der jeweils geltenden Fassung aufgeführt ist, oder
   2. in den jeweils aktuellen Informationsberichten „High-Risk Jurisdictions subject to a Call for Action" und „Jurisdictions under Increased Monitoring" der Financial Action Task Force als Staat mit strategischen Mängeln eingestuft wird.

[5] Gelder, die auf einem Sammelanderkonto verwaltet wurden, darf die Rechtsanwältin oder der Rechtsanwalt nicht in bar auszahlen oder auf Konten in Ländern gemäß Satz 4 Buchstabe c weiterleiten. [6] Über Fremdgelder ist unverzüglich, spätestens mit Beendigung des Mandats, abzurechnen. [7] Sonstige Vermögenswerte sind gesondert zu verwahren. [8] Die Sätze 1 und 2 gelten nicht, soweit etwas anderes in Textform vereinbart ist.

(2) Eigene Forderungen dürfen nicht mit Geldern verrechnet werden, die zweckgebunden zur Auszahlung an andere als die Mandantin oder den Mandanten bestimmt sind.

§ 5 Kanzlei, weitere Kanzlei und Zweigstelle. Rechtsanwältinnen und Rechtsanwälte sind verpflichtet, die für ihre Berufsausübung erforderlichen sachlichen, personellen und organisatorischen Voraussetzungen in Kanzlei und Zweigstelle vorzuhalten.

§ 5a Kenntnisse im Berufsrecht. Die Kenntnisse im rechtsanwaltlichen Berufsrecht gemäß § 43f BRAO[3)] müssen durch die Teilnahme an einer Lehrver-

---

[1)] § 4 Abs. 1 Satz 3 eingef., bish. Satz 3 wird Satz 4 und neu gef., Satz 5 eingef., bish. Satz 4 wird Satz 7, bish. Satz 5 wird Satz 8 und neu gef. mWv 1.6.2023 durch Beschl. v. 5.12.2022 (BRAK-Mitt. 2/2023 S. 100).

[2)] Nr. **88a**.

[3)] Nr. **98**.

anstaltung mit insgesamt mindestens zehn Zeitstunden nachgewiesen werden, die folgende Themen umfassen soll:

1. Organisation des Berufs als freier Beruf sowie der Rechtsanwaltskammern als Selbstverwaltungsorgane einschließlich der Berufsaufsicht und berufsrechtlicher Sanktionen
2. Allgemeine Berufspflicht und Grundpflichten nach §§ 43, 43a BRAO, §§ 2 bis 5a BORA
3. Überblick über die besonderen Berufspflichten nach den §§ 43b ff. BRAO, §§ 6 bis 33 BORA
4. Berufsrechtliche Bezüge zum anwaltlichen Haftungsrecht.

Zweiter Abschnitt. Besondere Berufspflichten im Zusammenhang mit der Werbung

§ 6 Werbung. (1) Rechtsanwältinnen und Rechtsanwälte dürfen über ihre Dienstleistung und ihre Person informieren, soweit die Angaben sachlich unterrichten und berufsbezogen sind.

(2) [1] Die Angabe von Erfolgs- und Umsatzzahlen ist unzulässig, wenn sie irreführend ist. [2] Hinweise auf Mandate und Mandantschaft sind nur zulässig, soweit die Einwilligung ausdrücklich erklärt ist.

(3) Rechtsanwältinnen und Rechtsanwälte dürfen nicht daran mitwirken, dass Dritte für sie Werbung betreiben, die ihnen selbst verboten ist.

§ 7 Benennung von Teilbereichen der Berufstätigkeit. (1) [1] Unabhängig von Fachanwaltsbezeichnungen darf Teilbereiche der Berufstätigkeit nur benennen, wer den eigenen Angaben entsprechende Kenntnisse nachweisen kann, die in der Ausbildung, durch Berufstätigkeit, Veröffentlichungen oder in sonstiger Weise erworben wurden. [2] Wer qualifizierende Zusätze verwendet, muss zusätzlich über entsprechende theoretische Kenntnisse verfügen und auf dem benannten Gebiet in erheblichem Umfang tätig gewesen sein.

(2) Benennungen nach Absatz 1 sind unzulässig, soweit sie die Gefahr einer Verwechslung mit Fachanwaltschaften begründen oder sonst irreführend sind.

(3) Die vorstehenden Regelungen gelten bei gemeinschaftlicher Berufsausübung und bei anderer beruflicher Zusammenarbeit entsprechend.

§ 7a Mediation. Rechtsanwältinnen und Rechtsanwälte, die sich als Mediatorin oder Mediator bezeichnen, haben die Voraussetzungen nach § 5 Abs. 1 Mediationsgesetz[1)] im Hinblick auf Aus- und Fortbildung, theoretische Kenntnisse und praktische Erfahrungen zu erfüllen.

§ 8 Kundgabe gemeinschaftlicher Berufsausübung und anderer beruflicher Zusammenarbeit. [1] Auf eine Verbindung zur gemeinschaftlichen Berufsausübung darf nur hingewiesen werden, wenn sie in einer Berufsausübungsgesellschaft oder in sonstiger Weise mit den in § 59c Bundesrechtsanwaltsordnung[2)] Genannten erfolgt. [2] Die Kundgabe jeder anderen Form der beruflichen Zusammenarbeit ist zulässig, sofern nicht der Eindruck einer gemeinschaftlichen Berufsausübung erweckt wird.

---

1) **Habersack, Deutsche Gesetze Nr. 106.**
2) Nr. **98**.

§ 9 Kurzbezeichnungen. Eine Kurzbezeichnung muss einheitlich geführt werden.

§ 10 Briefbögen. (1) [1] Auf Briefbögen ist die Kanzleianschrift anzugeben. [2] Kanzleianschrift ist die im Rechtsanwaltsverzeichnis als solche eingetragene Anschrift (§ 31 Abs. 3 Nr. 2 Halbsatz 1, § 27 Abs. 1 Bundesrechtsanwaltsordnung[1)]). [3] Werden mehrere Kanzleien, eine oder mehrere Zweigstellen unterhalten, so ist für die auf den Briefbögen Genannten jeweils die Kanzleianschrift anzugeben.

(2) [1] Auf Briefbögen müssen auch bei Verwendung einer Kurzbezeichnung die Namen sämtlicher Gesellschafterinnen und Gesellschafter mit mindestens einem ausgeschriebenen Vornamen aufgeführt werden. [2] Gleiches gilt für Namen anderer Personen, die in einer Kurzbezeichnung gemäß § 9 enthalten sind. [3] Es muss mindestens eine der Kurzbezeichnung entsprechende Zahl der Berufsträgerinnen und Berufsträger auf den Briefbögen namentlich aufgeführt werden.

(3) Bei beruflicher Zusammenarbeit mit Angehörigen anderer Berufe sind die jeweiligen Berufsbezeichnungen anzugeben.

(4) Ausgeschiedene Berufsträgerinnen und Berufsträger können auf den Briefbögen nur weitergeführt werden, wenn ihr Ausscheiden kenntlich gemacht wird.

Dritter Abschnitt. Besondere Berufspflichten bei der Annahme, Wahrnehmung und Beendigung des Mandats

§ 11 Mandatsbearbeitung und Unterrichtung der Mandantschaft.

(1) [1] Rechtsanwältinnen und Rechtsanwälte sind verpflichtet, das Mandat in angemessener Zeit zu bearbeiten und die Mandantinnen und Mandanten über alle für den Fortgang der Sache wesentlichen Vorgänge und Maßnahmen unverzüglich zu unterrichten. [2] Es ist ihnen insbesondere von allen wesentlichen erhaltenen oder versandten Schriftstücken Kenntnis zu geben.

(2) Anfragen der Mandantinnen und Mandanten sind unverzüglich zu beantworten.

§ 12 Umgehungsverbot. (1) Rechtsanwältinnen und Rechtsanwälte dürfen nicht ohne Einwilligung der Rechtsanwältinnen und Rechtsanwälte anderer Beteiligter mit diesen unmittelbar Verbindung aufnehmen oder verhandeln.

(2) [1] Dieses Verbot gilt nicht bei Gefahr im Verzuge. [2] Rechtsanwältinnen und Rechtsanwälte anderer Beteiligter sind unverzüglich zu unterrichten; von schriftlichen Mitteilungen ist ihnen eine Abschrift unverzüglich zu übersenden.

§ 13 *(aufgehoben)*[2)]

§ 14 Zustellungen. [1] Rechtsanwältinnen und Rechtsanwälte haben ordnungsgemäße Zustellungen von Gerichten, Behörden und Rechtsanwältinnen und Rechtsanwälten entgegenzunehmen und das Empfangsbekenntnis mit dem Datum versehen unverzüglich zu erteilen. [2] Wenn Rechtsanwältinnen und Rechtsanwälte bei einer nicht ordnungsgemäßen Zustellung die Mitwirkung verweigern, müssen sie dies der absendenden Stelle unverzüglich mitteilen.

[1)] Nr. **98**.

[2)] **Amtl. Anm.:** Aufgehoben durch Entscheidung des BVerfG v. 14.12.1999, BGBl. 2000 I, 54 = BRAK-Mitt. 2000, 36.

§ 15 Mandatswechsel. (1) Rechtsanwältinnen und Rechtsanwälte, die das anderen Rechtsanwältinnen und Rechtsanwälten übertragene Mandat übernehmen, haben sicherzustellen, dass diese von der Mandatsübernahme unverzüglich benachrichtigt werden.

(2) Rechtsanwältinnen und Rechtsanwälte, die neben anderen Rechtsanwältinnen und Rechtsanwälten ein Mandat übernehmen, haben diese unverzüglich über die Mandatsmitübernahme zu unterrichten.

(3) Absätze 1 und 2 gelten nicht, wenn Rechtsanwältinnen und Rechtsanwälte nur beratend tätig werden.

§ 16[1)] Prozesskostenhilfe, Verfahrenskostenhilfe und Beratungshilfe.

(1) Rechtsanwältinnen und Rechtsanwälte sind verpflichtet, bei begründetem Anlass auf die Möglichkeiten von Prozesskostenhilfe, Verfahrenskostenhilfe und Beratungshilfe hinzuweisen.

(2) Rechtsanwältinnen und Rechtsanwälte dürfen nach Bewilligung von Prozesskostenhilfe, Verfahrenskostenhilfe oder bei Inanspruchnahme von Beratungshilfe von ihren Mandantinnen und Mandanten oder Dritten Zahlungen oder Leistungen nur annehmen, die freiwillig und in Kenntnis der Tatsache gegeben werden, dass keine Verpflichtung zu einer solchen Leistung besteht.

§ 16a Ablehnung der Beratungshilfe. (1) *(aufgehoben)*

(2) Rechtsanwältinnen und Rechtsanwälte sind nicht verpflichtet, einen Beratungshilfeantrag zu stellen.

(3) [1] Rechtsanwältinnen und Rechtsanwälte können die Beratungshilfe im Einzelfall aus wichtigem Grund ablehnen oder beenden. [2] Ein wichtiger Grund kann in der Person der Rechtsanwältin oder des Rechtsanwalts selbst oder in der Person oder dem Verhalten der Mandantin oder des Mandanten liegen. [3] Ein wichtiger Grund kann auch darin liegen, dass die Beratungshilfebewilligung nicht den Voraussetzungen des Beratungshilfegesetzes entspricht. [4] Ein wichtiger Grund liegt insbesondere vor, wenn

a) die Rechtsanwältin oder der Rechtsanwalt durch eine Erkrankung oder durch berufliche Überlastung an der Beratung/Vertretung gehindert ist;

b) *(aufgehoben)*

c) die Beratungshilfeberechtigten ihre für die Mandatsbearbeitung erforderliche Mitarbeit verweigern;

d) das Vertrauensverhältnis zwischen Rechtsanwältin oder Rechtsanwalt und Mandantin oder Mandant aus Gründen, die im Verhalten oder in der Person der Mandantin oder des Mandanten liegen, schwerwiegend gestört ist;

e) sich herausstellt, dass die Einkommens- und/oder Vermögensverhältnisse der Mandantin oder des Mandanten die Bewilligung von Beratungshilfe nicht rechtfertigen;

f) *(aufgehoben)*

g) *(aufgehoben)*.

§ 17 Zurückbehaltung von Handakten. [1] Wer die Herausgabe der Handakten (§ 50 Abs. 3 und 4 Bundesrechtsanwaltsordnung[2)]) verweigert, kann einem berechtigten Interesse der Mandantin oder des Mandanten auf Herausgabe durch die

---

[1)] § 16 neu gef. mWv 1.6.2023 durch Beschl. v. 5.12.2022 (BRAK-Mitt. 2/2023 S. 100).
[2)] Nr. **98**.

Überlassung von Kopien Rechnung tragen. [2] Richtet sich das berechtigte Interesse gerade auf die Herausgabe der Originale, darf die Rechtsanwältin oder der Rechtsanwalt anbieten, die Originale an von der Mandantschaft zu beauftragende Rechtsanwältinnen und Rechtsanwälte zu treuen Händen herauszugeben, wenn damit dem berechtigten Interesse Rechnung getragen wird.

§ 18 Vermittelnde, schlichtende oder mediative Tätigkeit. Werden Rechtsanwältinnen und Rechtsanwälte vermittelnd, schlichtend oder als Mediatorin oder Mediator tätig, so unterliegen sie den Regeln des Berufsrechts.

Vierter Abschnitt. Besondere Berufspflichten gegenüber Gerichten und Behörden

§ 19 Akteneinsicht. (1) [1] Wer Originalunterlagen von Gerichten und Behörden zur Einsichtnahme erhält, darf sie nur an Mitarbeitende aushändigen. [2] Dies gilt auch für das Überlassen der Akte im Ganzen innerhalb der Kanzlei. [3] Die Unterlagen sind sorgfältig zu verwahren und unverzüglich zurückzugeben. [4] Bei deren Ablichtung oder sonstiger Vervielfältigung ist sicherzustellen, dass Unbefugte keine Kenntnis erhalten.

(2) [1] Ablichtungen und Vervielfältigungen dürfen Mandantinnen und Mandanten überlassen werden. [2] Soweit jedoch gesetzliche Bestimmungen oder eine zulässigerweise ergangene Anordnung der die Akten aushändigenden Stelle das Akteneinsichtsrecht beschränken, haben Rechtsanwältinnen und Rechtsanwälte dies auch bei der Vermittlung des Akteninhalts an Mandantinnen und Mandanten oder andere Personen zu beachten.

§ 20 Berufstracht. [1] Rechtsanwältinnen und Rechtsanwälte tragen vor Gericht als Berufstracht die Robe, soweit das üblich ist. [2] Eine Berufspflicht zum Erscheinen in Robe besteht beim Amtsgericht in Zivilsachen nicht.

Fünfter Abschnitt. Besondere Berufspflichten bei Vereinbarung und Abrechnung von Gebühren

§ 21[1] Vergütungsvereinbarung. (1) Das Verbot, geringere als die gesetzlichen Gebühren zu fordern oder zu vereinbaren, gilt auch im Verhältnis zu Dritten, die es anstelle der Mandantschaft oder neben dieser übernehmen, die Gebühren zu bezahlen, oder die sich gegenüber den Mandantinnen oder Mandanten verpflichten, diese von anfallenden Gebühren freizustellen.

(2) *(aufgehoben)*[2]

§ 22 Gebühren- und Honorarteilung. Als eine angemessene Honorierung im Sinne des § 49b Abs. 3 Satz 2 und 3 Bundesrechtsanwaltsordnung[3] ist in der Regel eine hälftige Teilung aller anfallenden gesetzlichen Gebühren ohne Rücksicht auf deren Erstattungsfähigkeit anzusehen.

§ 23 Abrechnungsverhalten. Spätestens mit Beendigung des Mandats haben Rechtsanwältinnen und Rechtsanwälte gegenüber den Mandantinnen und Man-

[1] *§ 21 Überschrift geänd. mWv 1.6.2023 durch Beschl. v. 5.12.2022 (BRAK-Mitt. 2/2023 S. 100).*

[2] **Amtl. Anm.:** Aufgehoben durch Bescheid des Bundesministeriums der Justiz v. 7.3.1997, BAnz v. 8.3.1997 = BRAK-Mitt.1997, 81.

[3] Nr. **98**.

danten und/oder Dritten im Sinne des § 21 über Vorschüsse unverzüglich abzurechnen und ein von ihnen errechnetes Guthaben auszuzahlen.

Sechster Abschnitt. Besondere Berufspflichten gegenüber der Rechtsanwaltskammer, deren Mitgliedern und gegenüber Mitarbeitenden

§ 24[1)] *(aufgehoben)*

§ 25 Beanstandungen gegenüber Rechtsanwältinnen und Rechtsanwälten. Wollen Rechtsanwältinnen und Rechtsanwälte andere Rechtsanwältinnen oder Rechtsanwälte darauf hinweisen, dass sie gegen Berufspflichten verstoßen, so darf dies nur vertraulich geschehen, es sei denn, dass die Interessen der Mandantinnen und Mandanten oder eigene Interessen eine Reaktion in anderer Weise erfordern.

§ 26 Beschäftigung von Rechtsanwältinnen und Rechtsanwälten sowie anderen Mitarbeitenden. (1) [1]Rechtsanwältinnen und Rechtsanwälte dürfen nur zu angemessenen Bedingungen beschäftigt werden. [2]Angemessen sind Bedingungen, die

a) eine unter Berücksichtigung der Kenntnisse und Erfahrungen des Beschäftigten und des Haftungsrisikos der beschäftigenden Rechtsanwältinnen und Rechtsanwälte sachgerechte Mandatsbearbeitung ermöglichen,

b) eine ihrer Qualifikation, ihren Leistungen und dem Umfang ihrer Tätigkeit sowie den Vorteilen der beschäftigenden Rechtsanwältinnen und Rechtsanwälte aus dieser Tätigkeit entsprechende Vergütung gewährleisten,

c) ihnen auf Verlangen angemessene Zeit zur Fortbildung einräumen und

d) bei der Vereinbarung von Wettbewerbsverboten eine angemessene Ausgleichszahlung vorsehen.

(2) Rechtsanwältinnen und Rechtsanwälte dürfen andere Mitarbeitende und Auszubildende nicht zu unangemessenen Bedingungen beschäftigen.

§ 27 Beteiligung Dritter. [1]Am wirtschaftlichen Ergebnis anwaltlicher Tätigkeit dürfen Dritte, die mit den Rechtsanwältinnen und Rechtsanwälten nicht zur gemeinschaftlichen Berufsausübung verbunden sind, nicht beteiligt sein. [2]Das gilt nicht für Vergütungen von Mitarbeitenden, Versorgungsbezüge, Vergütungen für die Übernahme der Kanzlei und Leistungen, die im Zuge einer Auseinandersetzung oder Abwicklung der beruflichen Zusammenarbeit erbracht werden.

§ 28 Ausbildungsverhältnisse. Rechtsanwältinnen und Rechtsanwälte haben zu gewährleisten, dass die Tätigkeit von Auszubildenden in der Kanzlei auf die Erreichung des Ausbildungsziels ausgerichtet ist.

Siebter Abschnitt. Besondere Berufspflichten im grenzüberschreitenden Rechtsverkehr

§ 29 *(aufgehoben)*

§ 29a Zwischenanwaltliche Korrespondenz im grenzüberschreitenden Rechtsverkehr. Rechtsanwältinnen und Rechtsanwälte sind verpflichtet, nach Rücksprache mit ihrer Mandantschaft die Anfrage ausländischer Rechtsanwältin-

---

[1)] § 24 aufgeh. mWv 1.6.2023 durch Beschl. v. 5.12.2022 (BRAK-Mitt. 2/2023 S. 100)

nen und Rechtsanwälte zu beantworten, ob sie „vertraulich“ gegenüber ihrer Mandantschaft oder „ohne Präjudiz“ (d.h. ohne spätere Verwendung gegen die Anfragenden oder deren Mandantschaft) Informationen austauschen oder Gespräche führen können.

§ 29b Einschaltung ausländischer Rechtsanwältinnen und Rechtsanwälte. Wer als Rechtsanwältin oder Rechtsanwalt ausländische Rechtsanwältinnen oder Rechtsanwälte einschaltet, muss bei der Einschaltung darüber informieren, wenn eine sich aus der Einschaltung ergebende eigene Verbindlichkeit oder Haftung für das Honorar, die Kosten und die Auslagen der ausländischen Rechtsanwältinnen oder Rechtsanwälte nicht übernommen werden soll.

Achter Abschnitt. Besondere Berufspflichten bei beruflicher Zusammenarbeit

§ 30[1] Geltung der Berufsordnung bei beruflicher Zusammenarbeit.

(1) *aufgehoben*

(2) Bei beruflicher Zusammenarbeit gleich in welcher Form hat jede Rechtsanwältin und jeder Rechtsanwalt zu gewährleisten, dass die Regeln dieser Berufsordnung auch von der Organisation eingehalten werden.

§ 31[2] Maßnahmen zur Einhaltung des Berufsrechts. (1) Berufsausübungsgesellschaften haben laufend ihre konkreten Risiken für Berufsrechtsverstöße zu ermitteln und zu bewerten, insbesondere solche, die sich aus ihrer Zusammensetzung und Organisationsstruktur, ihren Tätigkeitsfeldern sowie ihren Mandaten ergeben.

(2) [1] Auf Basis der Risikoanalyse nach Absatz 1 stellen Berufsausübungsgesellschaften durch geeignete Maßnahmen sicher, dass berufsrechtliche Verstöße verhindert oder zumindest frühzeitig erkannt und abgestellt werden. [2] Geeignete Maßnahmen können insbesondere sein:

– die Bestellung einer oder eines Berufsrechtsbeauftragten;
– berufsrechtliche Schulungen;
– elektronische Systeme zur Vermeidung von Interessenkollisionen;
– die elektronische Überwachung von Anderkonten zur Sicherstellung der Verpflichtungen nach § 4 BORA;
– eine interne Hinweismeldestelle für berufsrechtsbezogene Beschwerden.

(3) In Berufsausübungsgesellschaften mit regelmäßig mehr als 10 Rechtsanwältinnen und Rechtsanwälten oder anderen Angehörigen eines in § 59c Absatz 1 Satz 1 BRAO[3] genannten Berufs sind die Risikoanalyse nach Absatz 1 und die getroffenen Maßnahmen nach Absatz 2 zu dokumentieren, die Dokumentation ist spätestens alle zwei Jahre zu aktualisieren.

---

[1] Bish. § 33 wird § 30 mWv 1.10.2023 durch Beschl. v. 8.5.2023 (BRAK-Mitt. 4/2023 S. 245).
[2] § 31 neu gef. mWv 1.10.2023 durch Beschl. v. 8.5.2023 (BRAK-Mitt. 4/2023 S. 245).
[3] Nr. **98**.

§ 32 Beendigung einer gemeinschaftlichen Berufsausübung. (1) [1] Bei Auflösung einer Berufsausübungsgesellschaft haben die Gesellschafterinnen und Gesellschafter mangels anderer vertraglicher Regelung jede Mandantin und jeden Mandanten darüber zu befragen, wer künftig ihre laufenden Sachen bearbeiten soll. [2] Wenn sich die bisherigen Gesellschafterinnen und Gesellschafter über die Art der Befragung nicht einigen, hat die Befragung in einem gemeinsamen Rundschreiben zu erfolgen. [3] Kommt eine Verständigung der bisherigen Gesellschafterinnen und Gesellschafter über ein solches Rundschreiben nicht zustande, darf jede oder jeder von ihnen einseitig die Entscheidung der Mandantinnen und Mandanten einholen. [4] Die ausscheidenden Gesellschafterinnen und Gesellschafter dürfen am bisherigen Kanzleisitz und auf der Internetseite der Berufsausübungsgesellschaft einen Hinweis auf ihren Umzug für ein Jahr anbringen. [5] Die verbleibenden Gesellschafterinnen und Gesellschafter haben während dieser Zeit auf Anfrage die neue Kanzleiadresse, Telefon- und Faxnummern der ausgeschiedenen Gesellschafterinnen und Gesellschafter bekannt zu geben.

(2) [1] Für den Fall des Ausscheidens einer Gesellschafterin oder eines Gesellschafters aus der Berufsausübungsgesellschaft gilt Absatz 1 hinsichtlich derjenigen Auftraggebenden, mit deren laufenden Sachen die ausscheidenden Gesellschafterinnen und Gesellschafter zum Zeitpunkt ihres Ausscheidens befasst oder für die sie vor ihrem Ausscheiden regelmäßig tätig waren. [2] Ihr Recht, das Ausscheiden aus der Berufsausübungsgesellschaft allen Mandantinnen und Mandanten bekannt zu geben, bleibt unberührt.

(3) Absätze 1 und 2 gelten entsprechend für die Beendigung einer beruflichen Zusammenarbeit in sonstiger Weise, wenn diese nach außen als Berufsausübungsgesellschaft hervorgetreten ist.

§ 33[1)] *(nicht mehr belegt)*

Neunter Abschnitt. Anwendungsbereich

§ 34 Weitere Mitglieder der Rechtsanwaltskammer, ausländische Rechtsanwältinnen und Rechtsanwälte. (1) Für europäische Rechtsanwältinnen und Rechtsanwälte im Sinne der §§ 1 ff. EuRAG[2)] gelten hinsichtlich ihrer Tätigkeit in der Bundesrepublik Deutschland die §§ 1 bis 33 sowie die Anlagen entsprechend.

(2) Für europäische Rechtsanwältinnen und Rechtsanwälte, die nach den §§ 25 ff. EuRAG vorübergehend in der Bundesrepublik Deutschland tätig werden, gelten die Vorschriften der §§ 1 bis 33 nach Maßgabe des § 27 EuRAG entsprechend.

(3) Für Rechtsanwältinnen und Rechtsanwälte aus anderen Staaten, die Mitglieder einer Rechtsanwaltskammer im Sinne der §§ 206, 207 Bundesrechtsanwaltsordnung[3)] sind, gelten hinsichtlich ihrer Tätigkeit in der Bundesrepublik Deutschland die §§ 1 bis 33 sowie die Anlagen entsprechend.

(4) Für Mitglieder einer Rechtsanwaltskammer nach § 209 Bundesrechtsanwaltsordnung gelten die §§ 2 bis 19, 21 bis 33 sowie die Anlagen entsprechend.

[1)] Bish. § 33 wird § 30 mWv 1.10.2023 durch Beschl. v. 8.5.2023 (BRAK-Mitt. 4/2023 S. 245).
[2)] Nr. **98/4**.
[3)] Nr. **98**.

Dritter Teil. Schlussbestimmungen

§ 35[1] In-Kraft-Treten und Ausfertigung. (1) Diese Berufsordnung[2] tritt drei Monate nach Übermittlung an das Bundesministerium der Justiz in Kraft, soweit nicht das Bundesministerium der Justiz die Satzung oder Teile derselben aufhebt, frühestens jedoch mit dem ersten Tag des dritten Monats, der auf die Veröffentlichung in den BRAK-Mitteilungen folgt.

(2) Der Zeitpunkt des In-Kraft-Tretens ist in den BRAK-Mitteilungen bekannt zu machen.

(3) Die Berufsordnung ist durch Versammlungsleitung und Schriftführung der Satzungsversammlung auszufertigen.

[1] Die Beschlüsse der 4. Sitzung der 7. Satzungsversammlung v. 5.12.2022 wurden vom Bundesministerium der Justiz geprüft und nicht beanstandet. Sie wurden am 30.3.2023 auf der Homepage der Bundesrechtsanwaltskammer veröffentlicht und treten am 1.6.2023 in Kraft.

[2] Bezieht sich auf die ursprüngliche Fassung v. 22.3.1999 (BRAK-Mitt. Nr. 3 S. 123).

98/2. Fachanwältin- und Fachanwaltsordnung

in der Fassung vom 5. Dezember 2022[1)]
(BRAK-Mitt. 2023 Nr. 2 S. 100, 106)

Lfd. Nr.	Änderndes Gesetz	Datum	Fundstelle	Betroffen	Hinweis
1.	BRAK-Beschl.	5.12.2022	BRAK-Mitt. 2023 Nr. 2 S. 100	gesamte Vorschrift §§ 4a, 18, 20	neu gef. mWv 1.6.2023 geänd. mWv 1.6.2023
2.	BRAK-Beschl.	8.5.2023	BRAK-Mitt. Nr. 4 S. 245	§§ 4, 15	mWv 1.10.2023

Nichtamtliche Inhaltsübersicht

Erster Teil. Bezeichnung als Fachanwältin oder Fachanwalt

[1)] Neubekanntmachung der FAO v. 22.3.1999 (BRAK-Mitt. Nr. 3 S. 131) in der ab 1.6.2023 geltenden Fassung.

Die Rechtsanwältinnen und Rechtsanwälte in der Bundesrepublik Deutschland sowie die weiteren Mitglieder der Rechtsanwaltskammern geben sich durch die Versammlung ihrer frei gewählten Vertreterinnen und Vertreter folgende Fachanwältin- und Fachanwaltsordnung (FAO).

Erster Teil. Bezeichnung als Fachanwältin oder Fachanwalt

Erster Abschnitt: Fachgebiete

§ 1 Zugelassene Bezeichnungen als Fachanwältin oder Fachanwalt. [1] Bezeichnungen als Fachanwältin oder Fachanwalt können gemäß § 43c Abs. 1 Satz 2 Bundesrechtsanwaltsordnung[1)] für Verwaltungsrecht, Steuerrecht, Arbeitsrecht und Sozialrecht verliehen werden. [2] Weitere Bezeichnungen als Fachanwältin oder Fachanwalt können für Familienrecht, Strafrecht, Insolvenz- und Sanierungsrecht, Versicherungsrecht, Medizinrecht, Miet- und Wohnungseigentumsrecht, Verkehrsrecht, Bau- und Architektenrecht, Erbrecht, Transport- und Speditionsrecht, gewerblichen Rechtsschutz, Handels- und Gesellschaftsrecht, Urheber- und Medienrecht, Informationstechnologierecht, Bank- und Kapitalmarktrecht, Agrarrecht, Internationales Wirtschaftsrecht, Vergaberecht, Migrationsrecht sowie Sportrecht verliehen werden. [3] Wer die Erlaubnis zur Führung der Bezeichnung als Fachanwältin oder Fachanwalt für Insolvenzrecht besitzt, darf alternativ die Bezeichnung als Fachanwältin oder Fachanwalt für Insolvenz- und Sanierungsrecht führen.

Zweiter Abschnitt: Voraussetzungen für die Verleihung

§ 2 Besondere Kenntnisse und Erfahrungen. (1) Für die Verleihung einer Bezeichnung als Fachanwältin oder Fachanwalt sind bei Antragstellung nach Maßgabe der folgenden Bestimmungen besondere theoretische Kenntnisse und besondere praktische Erfahrungen nachzuweisen.

(2) Besondere theoretische Kenntnisse und besondere praktische Erfahrungen liegen vor, wenn diese auf dem Fachgebiet erheblich das Maß dessen übersteigen, das üblicherweise durch die berufliche Ausbildung und praktische Erfahrung im Beruf vermittelt wird.

(3) Die besonderen theoretischen Kenntnisse müssen die verfassungs-, europa- und menschenrechtlichen Bezüge des Fachgebiets erfassen.

[1)] Nr. **98**.

§ 3 Anforderungen an die anwaltliche Tätigkeit. Voraussetzung für die Verleihung einer Bezeichnung als Fachanwältin oder als Fachanwalt ist eine dreijährige Zulassung und Tätigkeit innerhalb der letzten sechs Jahre vor Antragstellung.

§ 4[1] Erwerb der besonderen theoretischen Kenntnisse. (1) [1]Der Erwerb besonderer theoretischer Kenntnisse setzt in der Regel voraus, dass die Antragstellerin oder der Antragsteller an einem auf die Bezeichnung als Fachanwältin oder Fachanwalt vorbereitenden anwaltsspezifischen Lehrgang teilgenommen hat, der alle relevanten Bereiche des Fachgebiets umfasst. [2]Die Gesamtdauer des Lehrgangs muss, Leistungskontrollen nicht eingerechnet, mindestens 120 Zeitstunden betragen. [3]Im Fachgebiet Steuerrecht kommen für Buchhaltung und Bilanzwesen 40 Zeitstunden hinzu. [4]Im Fachgebiet Insolvenzrecht kommen für betriebswirtschaftliche Grundlagen 60 Zeitstunden hinzu.

(2) [1]Wird der Antrag auf Verleihung der Fachanwaltschaft nicht in dem Kalenderjahr gestellt, in dem der Lehrgang begonnen hat, ist ab diesem Jahr Fortbildung in Art und Umfang von § 15 FAO nachzuweisen. [2]Lehrgangszeiten sind anzurechnen. [3]Kann die Fortbildung nicht vollständig nachgewiesen werden, hat die Rechtsanwaltskammer der Antragstellerin oder dem Antragsteller Gelegenheit zu geben, innerhalb einer angemessenen Frist fehlende Fortbildungsstunden nachzuholen, sofern deren Anzahl zehn nicht überschreitet. [4]In besonderen Härtefällen kann die Rechtsanwaltskammer darüber hinaus auf Antrag die Nachholung weiterer Fortbildungsstunden zulassen.

(3) [1]Außerhalb eines Lehrgangs erworbene besondere theoretische Kenntnisse müssen dem im jeweiligen Fachlehrgang zu vermittelnden Wissen entsprechen. [2]§ 4 Abs. 2 gilt entsprechend.

§ 4a[2] Schriftliche Leistungskontrollen. (1) Die Antragstellerin oder der Antragsteller müssen sich mindestens drei schriftlichen Leistungskontrollen (Aufsichtsarbeiten) in Präsenzform aus verschiedenen Bereichen des Lehrgangs erfolgreich unterzogen haben.

(2) [1]Eine Leistungskontrolle muss mindestens eine Zeitstunde ausfüllen und darf fünf Zeitstunden nicht überschreiten. [2]Die Gesamtdauer der bestandenen Leistungskontrollen darf fünfzehn Zeitstunden nicht unterschreiten.

§ 5 Erwerb der besonderen praktischen Erfahrungen. (1) Der Erwerb besonderer praktischer Erfahrungen setzt voraus, dass die Antragstellerin oder der Antragsteller innerhalb der letzten drei Jahre vor der Antragstellung im Fachgebiet als Rechtsanwältin oder Rechtsanwalt persönlich und weisungsfrei bearbeitet haben:

a) Verwaltungsrecht: 80 Fälle, davon mindestens 30 gerichtliche Verfahren. Mindestens 60 Fälle müssen sich auf drei verschiedene Bereiche des besonderen Verwaltungsrechts beziehen, dabei auf jeden dieser drei Bereiche mindestens 5 Fälle. Von den drei Bereichen muss einer zu den in § 8 Nr. 2 aufgeführten Bereichen gehören.

b) Steuerrecht: 50 Fälle aus allen in § 9 genannten Bereichen. Dabei müssen mit jeweils mindestens 5 Fällen alle in § 9 Nr. 3 genannte Steuerarten erfasst sein. Mindestens 10 Fälle müssen rechtsförmliche Verfahren (Einspruchs- oder Klageverfahren) sein.

---

[1] § 4 Abs. 2 neu gef. mWv 1.10.2023 durch Beschl. v. 8.5.2023 (BRAK-Mitt. 4/2023 S. 245).
[2] § 4a Abs. 1 neu gef. mWv 1.6.2023 durch Beschl. v. 5.12.2022 (BRAK-Mitt. 2/2023 S. 100).

c) Arbeitsrecht: 100 Fälle aus allen der in § 10 Nrn. 1a) bis e) und 2a) und b) bestimmten Gebiete, davon mindestens 5 Fälle aus dem Bereich des § 10 Nr. 2 und mindestens die Hälfte gerichts- oder rechtsförmliche Verfahren. Als Fälle des kollektiven Arbeitsrechts gelten auch solche des Individualarbeitsrechts, in denen kollektives Arbeitsrecht eine nicht unerhebliche Rolle spielt. Beschlussverfahren sind nicht erforderlich.

d) Sozialrecht: 60 Fälle aus mindestens drei der in § 11 Nr. 2 bestimmten Gebiete, davon mindestens 20 gerichtliche Verfahren.

e) Familienrecht: 120 Fälle. Mindestens 60 der Fälle müssen gerichtliche Verfahren sein; dabei zählen gewillkürte Verbundverfahren sowie Verfahren des notwendigen Verbundes mit einstweiligen Anordnungen doppelt.

f) Strafrecht: 60 Fälle, dabei 40 Hauptverhandlungstage vor dem Schöffengericht oder einem übergeordneten Gericht.

g) Insolvenz- und Sanierungsrecht

1. Mindestens 5 eröffnete Verfahren aus dem ersten bis sechsten Teil der InsO als Insolvenzverwalterin oder Insolvenzverwalter oder als Verfahrenskoordinatorin oder Verfahrenskoordinator gemäß § 269e InsO[1]; in zwei Verfahren muss die Schuldnerin oder der Schuldner bei Eröffnung mehr als fünf Arbeitnehmerinnen und Arbeitnehmer beschäftigen;
2. 60 Fälle aus mindestens sieben der in § 14 Nr. 1 und 2 bestimmten Gebiete.
3. Die in Nr. 1 bezeichneten Verfahren können wie folgt ersetzt werden:
   a) Jedes Verfahren mit mehr als fünf Arbeitnehmerinnen und Arbeitnehmern durch sechs Verfahren als
      - Sachwalterin oder Sachwalter nach § 270 InsO,
      - vorläufige Insolvenzverwalterin oder vorläufiger Insolvenzverwalter,
      - vorläufige Sachwalterin oder vorläufiger Sachwalter gemäß § 270b InsO,
      - Beauftragte oder Beauftragter gemäß § 74 StaRUG[2] oder § 78 StaRUG oder § 94 StaRUG,
      - Sanierungsgeschäftsführerin oder Sanierungsgeschäftsführer,
      - Sanierungsgeneralbevollmächtigte oder Sanierungsgeneralbevollmächtigter,
      - Vertreterin oder Vertreter der Schuldnerin oder des Schuldners im Insolvenz- oder gerichtlichen Restrukturierungsverfahren.

   b) Jedes andere Verfahren durch zwei der in Buchstabe a) genannten Verfahren.
4. Außerdem sind für jedes zu ersetzende Verfahren weitere acht Fälle aus den in § 14 Nr. 1 und 2 bestimmten Gebieten nachzuweisen.

h) Versicherungsrecht: 80 Fälle, davon mindestens 10 gerichtliche Verfahren. Die Fälle müssen sich auf mindestens drei verschiedene Bereiche des § 14a beziehen, dabei auf jeden dieser drei Bereiche mindestens 5 Fälle.

i) Medizinrecht: 60 Fälle, davon mindestens 15 rechtsförmliche Verfahren (davon mindestens 12 gerichtliche Verfahren). Die Fälle müssen sich auf mindestens 3 verschiedene Bereiche des § 14b Nr. 1 bis 8 beziehen, dabei auf jeden dieser drei Bereiche mindestens 3 Fälle.

j) Miet- und Wohnungseigentumsrecht: 120 Fälle, davon mindestens 60 gerichtliche Verfahren. Mindestens 60 Fälle müssen sich auf die in § 14c Nr. 1 bis 3

[1] **Habersack, Deutsche Gesetze Nr. 110.**
[2] Nr. **110e.**

bestimmten Bereiche beziehen, dabei auf jeden dieser drei Bereiche mindestens 5 Fälle.

k) Verkehrsrecht: 160 Fälle, davon mindestens 60 gerichtliche Verfahren. Die Fälle müssen sich auf mindestens 3 verschiedene Bereiche des § 14d Nr. 1 bis 4 beziehen, dabei auf jeden dieser drei Bereiche mindestens 5 Fälle.

l) Bau- und Architektenrecht: 80 Fälle, davon mindestens 40 gerichtliche Verfahren (davon mindestens 3 selbstständige Beweisverfahren). Mindestens jeweils 5 Fälle müssen sich auf die Bereiche des § 14e Nr. 1 und 2 beziehen.

m) Erbrecht: 80 Fälle, davon mindestens 20 rechtsförmliche Verfahren (davon höchstens 15 Verfahren der freiwilligen Gerichtsbarkeit). Die Fälle müssen sich

(Fortsetzung nächstes Blatt)

auf alle in § 14f Nr. 1 bis 5 bestimmten Bereiche beziehen, dabei aus drei Bereichen mindestens jeweils 5 Fälle.

n) Transport- und Speditionsrecht: 80 Fälle, davon mindestens 20 gerichtliche Verfahren oder Schiedsverfahren. Die Fälle müssen sich auf den in § 14g Nr. 1 bestimmten Bereich und mindestens zwei weitere Bereiche der Nr. 2 bis 8 beziehen, dabei auf jeden dieser drei Bereiche mindestens 3 Fälle.

o) Gewerblicher Rechtsschutz: 80 Fälle aus mindestens drei verschiedenen Bereichen des § 14h Nr. 1 bis 5, dabei aus jedem dieser drei Bereiche jeweils mindestens 5 Fälle. Höchstens fünf Fälle dürfen Schutzrechtsanmeldungen sein, wobei eine Sammelanmeldung als eine Anmeldung zählt. Mindestens 30 Fälle müssen rechtsförmliche, davon mindestens 15 gerichtliche Verfahren sein.

p) Handels- und Gesellschaftsrecht: 80 Fälle aus mindestens drei verschiedenen Gebieten der Bereiche des § 14i Nr. 1 und 2, davon mindestens 40 Fälle, die gerichtliche Streitverfahren, Schieds- oder Mediationsverfahren und/oder die Gestaltung von Gesellschaftsverträgen oder die Gründung oder Umwandlung von Gesellschaften zum Gegenstand haben. Von diesen 40 Fällen müssen mindestens 10 Fälle gerichtliche Streitverfahren oder Schieds- oder Mediationsverfahren und mindestens 10 Fälle die Gestaltung von Gesellschaftsverträgen oder die Gründung oder Umwandlung von Gesellschaften zum Gegenstand haben.

q) Urheber- und Medienrecht: 80 Fälle aus allen Bereichen des § 14j Nr. 1 bis 6. Von diesen Fällen müssen sich mindestens je 5 auf die in § 14j Nr. 1 bis 3 genannten Bereiche beziehen. Mindestens 20 Fälle müssen gerichtliche Verfahren sein.

r) Informationstechnologierecht (IT-Recht): 50 Fälle aus den in § 14k genannten Bereichen. Die Fälle müssen sich auf die Bereiche des § 14k Nr. 1 und 2 sowie auf einen weiteren Bereich des § 14k beziehen, dabei auf jeden dieser drei Bereiche mindestens 3 Fälle. Mindestens 10 Fälle müssen rechtsförmliche Verfahren (z.B. Gerichtsverfahren, Verwaltungsverfahren, Schlichtungs- oder Schiedsverfahren) sein. Ebensolche Verfahren vor internationalen Stellen werden angerechnet.

s) Bank- und Kapitalmarktrecht: 60 Fälle, davon mindestens 30 rechtsförmliche Verfahren. Die Fälle müssen sich auf mindestens drei verschiedene Bereiche des in § 14l Nr. 1 bis 9 beziehen, dabei auf jeden dieser drei Bereiche mindestens 5 Fälle.

t) Agrarrecht: 80 Fälle. Von diesen Fällen müssen sich mindestens jeweils 10 Fälle auf die in § 14m Nr. 1 und 2 benannten Bereiche beziehen. Mindestens 20 Fälle müssen rechtsförmliche Verfahren (Gerichtsverfahren, außergerichtliche Rechtsbehelfsverfahren, Schlichtungs- oder Schiedsverfahren) sein.

u) Internationales Wirtschaftsrecht: 50 Fälle aus den in § 14n genannten Bereichen, davon mindestens 5 rechtsförmliche Verfahren vor deutschen oder ausländischen (einschließlich EU) Gerichten und Behörden. Die Fälle müssen sich auf mindestens 3 verschiedene Bereiche des § 14n beziehen, dabei mindestens 15 Fälle aus den Bereichen des § 14n Nr. 3, 4 oder 5.

v) Vergaberecht: 40 Fälle aus den Bereichen des § 14o, davon mindestens 5 gerichtliche Verfahren oder Nachprüfungsverfahren.

w) Migrationsrecht: 80 Fälle aus den in § 14p Nr. 1 bis Nr. 6 genannten Bereichen, davon mindestens 60 aus mindestens zwei der in § 14p Nr. 1 bis Nr. 4 genannten Bereiche. Mindestens 30 Fälle müssen gerichtliche Verfahren sein, hiervon mindestens 15 aus den in § 14p Nr. 1 bis Nr. 4 genannten Bereichen.

x) Sportrecht: 80 Fälle, davon mindestens 20 rechtsförmliche Verfahren (Sportverbandsgerichtsverfahren, sonstige Gerichtsverfahren, außergerichtliche Rechtsbehelfsverfahren, Schlichtungs- oder Schiedsverfahren). Die Fälle müssen sich auf mindestens drei verschiedene Bereiche des § 14q Nr. 1, 3 bis 11 beziehen, dabei auf jeden dieser drei Bereiche mindestens fünf Fälle.

(2) Als Fälle im Sinne von Abs. 1 gelten auch solche, die die Rechtsanwältin oder der Rechtsanwalt als Anwaltsnotarin oder Anwaltsnotar bearbeitet hat, sofern sie auch von einer Rechtsanwältin oder einem Rechtsanwalt ohne notarielle Bestellung hätten bearbeitet werden können.

(3) [1] Der Zeitraum des § 5 Abs. 1 verlängert sich

a) um Zeiten eines Beschäftigungsverbotes nach den Mutterschutzvorschriften;

b) um Zeiten der Inanspruchnahme von Elternzeit;

c) um Zeiten, in denen wegen besonderer Härte die anwaltliche Tätigkeit eingeschränkt war. Härtefälle sind auf Antrag und bei entsprechendem Nachweis zu berücksichtigen.

[2] Eine Verlängerung ist auf 36 Monate beschränkt.

(4) Bedeutung, Umfang und Schwierigkeit einzelner Fälle können zu einer höheren oder niedrigeren Gewichtung führen.

§ 6 Nachweise durch Unterlagen. (1) Zur Prüfung der Voraussetzungen nach § 4 sind Zeugnisse, Bescheinigungen oder andere geeignete Unterlagen vorzulegen.

(2) Soweit besondere theoretische Kenntnisse durch eine erfolgreiche Lehrgangsteilnahme (§ 4 Abs. 1, § 4a) dargelegt werden sollen, sind die Zeugnisse über den Lehrgang vorzulegen, die zusammen folgende Nachweise umfassen müssen:

a) dass die Voraussetzungen der §§ 4 Abs. 1 und 4a erfüllt sind,

b) dass, wann und von wem im Lehrgang alle das Fachgebiet in § 2 Abs. 3, §§ 8 bis 14q betreffenden Bereiche unterrichtet worden sind,

c) die Aufsichtsarbeiten und ihre Bewertungen.

(3) [1] Zur Prüfung der Voraussetzungen nach § 5 sind Falllisten vorzulegen, die regelmäßig folgende Angaben enthalten müssen: Aktenzeichen, Gegenstand, Zeitraum, Art und Umfang der Tätigkeit, Stand des Verfahrens. [2] Ferner sind auf Verlangen des Fachausschusses anonymisierte Arbeitsproben vorzulegen.

§ 7 Fachgespräch. (1) [1] Zum Nachweis der besonderen theoretischen Kenntnisse oder der praktischen Erfahrungen führt der Ausschuss ein Fachgespräch. [2] Er kann jedoch davon absehen, wenn er seine Stellungnahme gegenüber dem Vorstand hinsichtlich der besonderen theoretischen Kenntnisse oder der besonderen praktischen Erfahrungen nach dem Gesamteindruck der vorgelegten Zeugnisse und schriftlichen Unterlagen auch ohne ein Fachgespräch abgeben kann.

(2) [1] Bei der Ladung zum Fachgespräch sind Hinweise auf die Bereiche zu geben, die Gegenstand des Fachgespräches sein werden. [2] Die Fragen sollen sich an *in diesen Bereichen in* der Praxis überwiegend vorkommenden Fällen ausrichten. [3] Die auf die einzelne Antragstellerin oder den einzelnen Antragsteller entfallende Befragungszeit soll nicht weniger als 45 und nicht mehr als 60 Minuten betragen. [4] Über das Fachgespräch ist ein Inhaltsprotokoll zu führen.

§ 8 Nachzuweisende besondere Kenntnisse im Verwaltungsrecht. Für das Fachgebiet Verwaltungsrecht sind nachzuweisen

1. besondere Kenntnisse in den Bereichen
   a) allgemeines Verwaltungsrecht,
   b) Verfahrensrecht,
   c) Recht der öffentlich-rechtlichen Ersatzleistung.
2. besondere Kenntnisse in zwei Bereichen des besonderen Verwaltungsrechts, von denen einer aus folgenden Gebieten gewählt sein muss:
   a) öffentliches Baurecht,
   b) Abgabenrecht, soweit die Zuständigkeit der Verwaltungsgerichte gegeben ist,
   c) Wirtschaftsverwaltungsrecht (Gewerberecht, Handwerksrecht, Wirtschaftsförderungsrecht, Gaststättenrecht, Berg- und Energierecht),
   d) Umweltrecht (Immissionsschutzrecht, Abfallrecht, Wasserrecht, Natur- und Landschaftsschutzrecht),
   e) öffentliches Dienstrecht.

§ 9 Nachzuweisende besondere Kenntnisse im Steuerrecht. Für das Fachgebiet Steuerrecht sind besondere Kenntnisse nachzuweisen in den Bereichen

1. Buchführung und Bilanzwesen einschließlich des Rechts der Buchführung und des Jahresabschlusses,
2. Allgemeines Abgabenrecht einschließlich Bewertungs- und Verfahrensrecht,
3. Besonderes Steuer- und Abgabenrecht in den Gebieten
   a) Einkommen-, Körperschaft- und Gewerbesteuer,
   b) Umsatzsteuer- und Grunderwerbsteuerrecht,
   c) Erbschaft- und Schenkungsteuerrecht.
4. Steuerstrafrecht sowie Grundzüge des Verbrauchsteuer- und internationalen Steuerrechts einschließlich des Zollrechts.

§ 10 Nachzuweisende besondere Kenntnisse im Arbeitsrecht. Für das Fachgebiet Arbeitsrecht sind besondere Kenntnisse nachzuweisen in den Bereichen:

1. Individualarbeitsrecht
   a) Abschluss, Inhalt und Änderung des Arbeits- und Berufsausbildungsvertrages,
   b) Beendigung des Arbeits- und Berufsausbildungsverhältnisses einschließlich Kündigungsschutz,
   c) Grundzüge der betrieblichen Altersversorgung,
   d) Schutz besonderer Personengruppen, insbesondere der Schwangeren und Mütter, der Schwerbehinderten und Jugendlichen,
   e) Grundzüge des Arbeitsförderungs- und des Sozialversicherungsrechts,
2. Kollektives Arbeitsrecht
   a) Tarifvertragsrecht,
   b) Personalvertretungs- und Betriebsverfassungsrecht,
   c) Grundzüge des Arbeitskampf- und Mitbestimmungsrechts,
3. Verfahrensrecht.

§ 11 Nachzuweisende besondere Kenntnisse im Sozialrecht. Für das Fachgebiet Sozialrecht sind besondere Kenntnisse nachzuweisen in den Bereichen:

1. allgemeines Sozialrecht einschließlich Verfahrensrecht,
2. besonderes Sozialrecht
   a) Arbeitsförderungs- und Sozialversicherungsrecht (Krankenversicherung, Unfallversicherung, Rentenversicherung, Pflegeversicherung),
   b) Recht der sozialen Entschädigung bei Gesundheitsschäden,
   c) Recht des Familienlastenausgleichs,
   d) Recht der Eingliederung von Menschen mit Behinderung,
   e) Sozialhilferecht,
   f) Ausbildungsförderungsrecht.

§ 12 Nachzuweisende besondere Kenntnisse im Familienrecht. Für das Fachgebiet Familienrecht sind nachzuweisen besondere Kenntnisse in den Bereichen:
1. materielles Ehe-, Familien- und Kindschaftsrecht unter Einschluss familienrechtlicher Bezüge zum Erb-, Gesellschafts-, Sozial-, Schuld-, Steuer- und Vollstreckungsrecht und zum öffentlichen Recht, der nichtehelichen Lebensgemeinschaft und der eingetragenen Lebenspartnerschaft,
2. familienrechtliches Verfahrens- und Kostenrecht,
3. Internationales Privatrecht im Familienrecht,
4. Theorie und Praxis familienrechtlicher Mandatsbearbeitung und Vertragsgestaltung.

§ 13 Nachzuweisende besondere Kenntnisse im Strafrecht. Für das Fachgebiet Strafrecht sind besondere Kenntnisse nachzuweisen in den Bereichen:
1. Methodik und Recht der Strafverteidigung und Grundzüge der maßgeblichen Hilfswissenschaften,
2. materielles Strafrecht einschließlich Jugend-, Betäubungsmittel-, Verkehrs-, Wirtschafts- und Steuerstrafrecht;
3. Strafverfahrensrecht einschließlich Jugendstraf- und Ordnungswidrigkeitenverfahren sowie Strafvollstreckungs- und Strafvollzugsrecht.

§ 14 Nachzuweisende besondere Kenntnisse im Insolvenz- und Sanierungsrecht. Für das Fachgebiet Insolvenz- und Sanierungsrecht sind besondere Kenntnisse nachzuweisen in den Bereichen:
1. Materielles Insolvenz- und Sanierungsrecht
   a) Insolvenzgründe und Wirkungen des Insolvenzantrags
   b) Wirkungen der Verfahrenseröffnung
   c) Das Amt
      - der vorläufigen Insolvenzverwalterin oder des vorläufigen Insolvenzverwalters und der Insolvenzverwalterin oder des Insolvenzverwalters,
      - der vorläufigen Sachwalterin oder des vorläufigen Sachwalters,
      - der Sachwalterin oder des Sachwalters,
      - der Verfahrenskoordinatorin oder des Verfahrenskoordinators,
      - der oder des Restrukturierungsbeauftragten sowie
      - der Sanierungsmoderatorin oder des Sanierungsmoderators
   d) Vermögenssicherung und Stabilisierung sowie Verwaltung der Masse
   e) Aussonderung, Absonderung und Aufrechnung im Insolvenzverfahren

f) Abwicklung und Gestaltung von Rechtsverhältnissen
g) Insolvenzgläubigerinnen und Insolvenzgläubiger
h) Insolvenzanfechtung
i) Arbeits- und Sozialrecht in der Insolvenz
j) Steuerrecht in der Insolvenz
k) Gesellschaftsrecht in der Insolvenz
l) Insolvenzstrafrecht
m) Grundzüge des internationalen Insolvenzrechts

2. Verfahrensrecht
a) Insolvenzeröffnungsverfahren
b) Regelverfahren
c) Restrukturierungs- und Insolvenzplan
d) Verbraucherinsolvenz
e) Restschuldbefreiungsverfahren
f) Sonderinsolvenzen

3. Betriebswirtschaftliche Grundlagen
a) Buchführung, Bilanzierung und Bilanzanalyse
b) Rechnungslegung in der Insolvenz
c) Betriebswirtschaftliche Fragen des Restrukturierungs- und Insolvenzplans, der Sanierung, der übertragenden Sanierung sowie der Liquidation.

§ 14a Nachzuweisende besondere Kenntnisse im Versicherungsrecht. Für das Fachgebiet Versicherungsrecht sind besondere Kenntnisse nachzuweisen in den Bereichen:

1. allgemeines Versicherungsvertragsrecht und Besonderheiten der Prozessführung,
2. Recht der Versicherungsaufsicht,
3. Grundzüge des internationalen Versicherungsrechts,
4. Transport- und Speditionsversicherungsrecht,
5. Sachversicherungsrecht (insbesondere das Recht der Fahrzeug-, Gebäude-, Hausrat-, Reisegepäck-, Feuer-, Einbruchdiebstahl- und Bauwesenversicherung),
6. Recht der privaten Personenversicherung (insbesondere das Recht der Lebens-, Kranken-, Reiserücktritts-, Unfall- und Berufsunfähigkeitsversicherung),
7. Haftpflichtversicherungsrecht (insbesondere das Recht der Pflichtversicherung, privaten Haftpflicht-, betrieblichen Haftpflicht-, Haftpflichtversicherung der freien Berufe, Umwelt- und Produkthaftpflicht, Bauwesenversicherung),
8. Rechtsschutzversicherungsrecht,
9. Grundzüge des Vertrauensschaden- und Kreditversicherungsrechts.

§ 14b Nachzuweisende besondere Kenntnisse im *Medizinrecht*. *Für das* Fachgebiet Medizinrecht sind besondere Kenntnisse nachzuweisen in den Bereichen:

1. Recht der medizinischen Behandlung, insbesondere
a) zivilrechtliche Haftung,
b) strafrechtliche Haftung,
2. Recht der privaten und gesetzlichen Krankenversicherung, insbesondere Vertragsarzt- und Vertragszahnarztrecht, sowie Grundzüge der Pflegeversicherung,

3. Berufsrecht der Heilberufe, insbesondere
   a) ärztliches Berufsrecht,
   b) Grundzüge des Berufsrechts sonstiger Heilberufe,
4. Vertrags- und Gesellschaftsrecht der Heilberufe, einschließlich Vertragsgestaltung,
5. Vergütungsrecht der Heilberufe,
6. Krankenhausrecht einschließlich Bedarfsplanung, Finanzierung und Chefarztvertragsrecht,
7. Grundzüge des Arzneimittel- und Medizinprodukterechts,
8. Grundzüge des Apothekenrechts,
9. Besonderheiten des Verfahrens- und Prozessrechts.

§ 14c Nachzuweisende besondere Kenntnisse im Miet- und Wohnungseigentumsrecht. Für das Fachgebiet Miet- und Wohnungseigentumsrecht sind besondere Kenntnisse nachzuweisen in den Bereichen:

1. Recht der Wohnraummietverhältnisse,
2. Recht der Gewerberaummietverhältnisse und Pachtrecht,
3. Wohnungseigentumsrecht,
4. Maklerrecht, Nachbarrecht und Grundzüge des Immobilienrechts,
5. Miet- und wohnungseigentumsrechtliche Bezüge zum öffentlichen Recht, einschließlich Steuerrecht,
6. Miet- und wohnungseigentumsrechtliche Besonderheiten des Verfahrens- und Vollstreckungsrechts.

§ 14d Nachzuweisende besondere Kenntnisse im Verkehrsrecht. Für das Fachgebiet Verkehrsrecht sind besondere Kenntnisse nachzuweisen in den Bereichen:

1. Verkehrszivilrecht, insbesondere das Verkehrshaftungsrecht und das Verkehrsvertragsrecht,
2. Versicherungsrecht, insbesondere das Recht der Kraftfahrtversicherung, der Kaskoversicherung sowie Grundzüge der Personenversicherungen,
3. Verkehrsstraf- und Ordnungswidrigkeitenrecht,
4. Verkehrsverwaltungsrecht,
5. Besonderheiten der Verfahrens- und Prozessführung.

§ 14e Nachzuweisende besondere Kenntnisse im Bau- und Architektenrecht. Für das Fachgebiet Bau- und Architektenrecht sind besondere Kenntnisse nachzuweisen in den Bereichen:

1. Bauvertragsrecht,
2. Architekten- und Ingenieurrecht,
3. Recht der öffentlichen Vergabe von Bauaufträgen,
4. Grundzüge des öffentlichen Baurechts,
5. Besonderheiten der Verfahrens- und Prozessführung.

§ 14f Nachzuweisende besondere Kenntnisse im Erbrecht. Für das Fachgebiet Erbrecht sind besondere Kenntnisse nachzuweisen in den Bereichen:

1. materielles Erbrecht unter Einschluss erbrechtlicher Bezüge zum Schuld-, Familien-, Gesellschafts-, Stiftungs- und Sozialrecht,

2. Internationales Privatrecht im Erbrecht,
3. vorweggenommene Erbfolge, Vertrags- und Testamentsgestaltung,
4. Testamentsvollstreckung, Nachlassverwaltung, Nachlassinsolvenz und Nachlasspflegschaft,
5. steuerrechtliche Bezüge zum Erbrecht,
6. Besonderheiten der Verfahrens- und Prozessführung.

§ 14g Nachzuweisende besondere Kenntnisse im Transport- und Speditionsrecht. Für das Fachgebiet Transport- und Speditionsrecht sind besondere Kenntnisse nachzuweisen in den Bereichen:

1. Recht des nationalen und grenzüberschreitenden Straßentransports einschließlich des Rechts der allgemeinen Geschäftsbedingungen und der Transportversicherungsbedingungen,
2. Recht des nationalen und grenzüberschreitenden Transports zu Wasser, auf der Schiene und in der Luft,
3. Recht des multimodalen Transports,
4. Recht des Gefahrguttransports, einschließlich diesbezüglicher Straf- und Bußgeldvorschriften,
5. Transportversicherungsrecht,
6. Lagerrecht,
7. Internationales Privatrecht,
8. Zollrecht und Zollabwicklung im grenzüberschreitenden Verkehr sowie Verkehrssteuern,
9. Besonderheiten der Prozessführung und Schiedsgerichtsbarkeit.

§ 14h Nachzuweisende besondere Kenntnisse im gewerblichen Rechtsschutz. Für das Fachgebiet gewerblicher Rechtsschutz sind besondere Kenntnisse nachzuweisen in den Bereichen:

1. Patent-, Gebrauchsmuster- und Sortenschutzrecht, einschließlich des Arbeitnehmererfindungsrechts, des Rechts der europäischen Patente und des europäischen Sortenschutzrechts,
2. Designrecht, einschließlich des Rechts der europäischen Geschmacksmuster,
3. Recht der Marken und sonstigen Kennzeichen, einschließlich des Rechts der europäischen Marken,
4. Recht gegen den unlauteren Wettbewerb,
5. Urheberrechtliche Bezüge des gewerblichen Rechtsschutzes,
6. Verfahrensrecht und Besonderheiten des Prozessrechts.

§ 14i Nachzuweisende besondere Kenntnisse im Handels- und Gesellschaftsrecht. *Für das Fachgebiet Handels- und Gesellschaftsrecht sind besondere* Kenntnisse nachzuweisen in den Bereichen:

1. Materielles Handelsrecht
   a) Recht des Handelsstandes (§§ 1–104 HGB[1]),
   b) Recht der Handelsgeschäfte (§§ 343–406 HGB)
   c) internationales Kaufrecht, insbesondere UN-Kaufrecht.

---

[1] **Habersack, Deutsche Gesetze Nr. 50.**

2. Materielles Gesellschaftsrecht, insbesondere
   a) das Recht der Personengesellschaften,
   b) das Recht der Kapitalgesellschaften,
   c) internationales Gesellschaftsrecht, insbesondere Grundzüge des europäischen Gesellschaftsrechts sowie der europäischen Aktiengesellschaft,
   d) Konzernrecht, insbesondere das Recht der verbundenen Unternehmen,
   e) Umwandlungsrecht,
   f) Grundzüge des Bilanz- und Steuerrechts,
   g) Grundzüge des Dienstvertrags- und Mitbestimmungsrechts.
3. Bezüge des Handels- und Gesellschaftsrechts zum Arbeitsrecht, Kartellrecht, Handwerks- und Gewerberecht, Erb- und Familienrecht, Insolvenz- und Strafrecht sowie Bezüge des Rechts der Aktiengesellschaften zum Wertpapiererwerbs- und Übernahmerecht.
4. Besonderheiten der Verfahrens- und Prozessführung.

§ 14j Nachzuweisende Kenntnisse im Urheber- und Medienrecht. Für das Fachgebiet Urheber- und Medienrecht sind besondere Kenntnisse nachzuweisen in den Bereichen:

1. Urheberrecht einschließlich des Rechts der Wahrnehmungsgesellschaften, Leistungsschutzrechte, Urhebervertragsrecht, internationale Urheberrechtsabkommen,
2. Verlagsrecht einschließlich Musikverlagsrecht, Musikvertragsrecht,
3. Recht der öffentlichen Wort- und Bildberichterstattung,
4. Rundfunkrecht,
5. wettbewerbsrechtliche und werberechtliche Bezüge des Urheber- und Medienrechts, Titelschutz,
6. Grundzüge des Mediendienste-, Teledienste- und Telekommunikationsrechts, des Rechts der Unterhaltungs- und Kulturveranstaltungen sowie des Rechts der deutschen und europäischen Kulturförderung,
7. Verfahrensrecht und Besonderheiten des Prozessrechts.

§ 14k Nachzuweisende besondere Kenntnisse im Informationstechnologierecht. Für das Fachgebiet Informationstechnologierecht sind besondere Kenntnisse nachzuweisen in den Bereichen:

1. Vertragsrecht der Informationstechnologien, einschließlich der Gestaltung individueller Verträge und AGB,
2. Recht des elektronischen Geschäftsverkehrs, einschließlich der Gestaltung von Provider-Verträgen und Nutzungsbedingungen (Online-/Mobile Business),
3. Grundzüge des Immaterialgüterrechts im Bereich der Informationstechnologien, Bezüge zum Kennzeichenrecht, insbesondere Domainrecht,
4. Recht des Datenschutzes und der Sicherheit der Informationstechnologien einschließlich Verschlüsselungen und Signaturen sowie deren berufsspezifischer Besonderheiten,
5. Das Recht der Kommunikationsnetze und -dienste, insbesondere das Recht der Telekommunikation und deren Dienste,
6. Öffentliche Vergabe von Leistungen der Informationstechnologien (einschließlich e-Government) mit Bezügen zum europäischen und deutschen Kartellrecht,

7. Internationale Bezüge einschließlich Internationales Privatrecht,
8. Besonderheiten des Strafrechts im Bereich der Informationstechnologien,
9. Besonderheiten der Verfahrens- und Prozessführung.

§ 14l Nachzuweisende besondere Kenntnisse im Bank- und Kapitalmarktrecht. Für das Fachgebiet Bank- und Kapitalmarktrecht sind besondere Kenntnisse nachzuweisen in den Bereichen:

1. Geschäftsverbindung zwischen Bank und Kunden, insbesondere
   a) Allgemeine Geschäftsbedingungen,
   b) Bankvertragsrecht,
   c) das Konto und dessen Sonderformen,
2. Kreditvertragsrecht und Kreditsicherung einschließlich Auslandsgeschäft,
3. Zahlungsverkehr, insbesondere
   a) Überweisungs-, Lastschrift-, Wechsel- und Scheckverkehr,
   b) EC-Karte und Electronic-/Internet-Banking,
   c) Kreditkartengeschäft,
4. sonstige Bankgeschäfte – insbesondere im Sinne von § 1 Abs. 1 Satz 2 KWG – z.B. Pfandbriefgeschäft, Finanzkommissionsgeschäft, Depotgeschäft, Garantiegeschäft, Emissionsgeschäft, Konsortialgeschäft einschließlich Auslandsgeschäft,
5. Kapitalmarkt- und Kapitalanlagerecht, insbesondere Wertpapierhandel, Investmentgeschäft, alternative Anlageformen, Vermögensverwaltung, Vermögensverwahrung,
6. Factoring/Leasing,
7. Geldwäsche, Datenschutz, Bankentgelte,
8. Recht der Bankenaufsicht, Bankenrecht der europäischen Gemeinschaft und Kartellrecht,
9. Steuerliche Bezüge zum Bank- und Kapitalmarktrecht,
10. Besonderheiten des Verfahrens- und Prozessrechts.

§ 14m Nachzuweisende besondere Kenntnisse im Agrarrecht. Für das Fachgebiet Agrarrecht sind besondere Kenntnisse nachzuweisen in den Bereichen:

1. agrarspezifisches Zivilrecht
   a) agrarspezifische Fragen des besonderen Schuldrechts (z.B. Landpachtrecht),
   b) Produkthaftungsrecht i.V.m. Grundzügen des Lebensmittelrechts,
   c) Jagd- und Jagdpachtrecht,
   d) Besonderheiten des Erb- und Familienrechts,
   e) Besonderheiten der Vertragsgestaltung und besondere Vertragstypen (z.B. landwirtschaftliche Kooperationen, Maschinengemeinschaften, Absatz- und Einkaufsverträge inkl. AGB, Gesellschaften, Bewirtschaftungsverträge, Erwerb landwirtschaftlicher Betriebe),
   f) Besonderheiten des Arbeitsrechts.
2. agrarspezifisches Verwaltungsrecht
   a) Recht der Genehmigungsverfahren (z.B. BImSchG, BauGB, Anlagen zur Verarbeitung nachwachsender Rohstoffe und agrarrechtliche Besonderheiten erneuerbarer Energien),
   b) Grundzüge des Umweltrechts,
   c) Natur- und Pflanzenschutzrecht,

d) Düngemittel- und Saatgutverkehrsrecht, Sortenschutzrecht,
e) Tierschutz-, -zucht und -seuchenrecht,
f) Flurbereinigung und Flurneuordnungsverfahren,
g) Grundstücksverkehrs- und Landpachtverkehrsrecht,
h) Weinrecht, Forstrecht, Jagd- und Fischereirecht,
i) landwirtschaftliches Steuerrecht,
j) Besonderheiten des Sozialversicherungsrechts,
k) Staatsbeihilfenrecht, Agrarbeihilfenrecht, Cross-Compliance-Verpflichtungen.

3. agrarspezifisches Ordnungswidrigkeiten- und Strafrecht
4. agrarspezifisches EU-Recht einschließlich seiner Umsetzung in nationales Recht
   a) EG-Vertrag (Landwirtschaft, Umwelt),
   b) EG-Wettbewerbsrecht, Kartellrecht,
   c) EU-Verordnungen, Richtlinien,
5. agrarspezifisches Verfahrensrecht
   a) Landwirtschaftsverfahrensrecht,
   b) Grundzüge der EU-Gerichtsbarkeit.

§ 14n Nachzuweisende besondere Kenntnisse im internationalen Wirtschaftsrecht. Für das Fachgebiet internationales Wirtschaftsrecht sind besondere Kenntnisse nachzuweisen in den Bereichen:

1. Kollisionsrecht (IPR) der vertraglichen und außervertraglichen Schuldverhältnisse,
2. Internationales Zivilprozess- und Schiedsverfahrensrecht,
3. International vereinheitlichtes Handelsrecht,
4. International vereinheitlichtes Gesellschaftsrecht,
5. Europäisches Beihilfen- und Wettbewerbsrecht,
6. Grundzüge der Regelungen zur Korruptions-, Betrugs- und Geldwäschebekämpfung im internationalen Rechtsverkehr,
7. Grundzüge im internationalen Steuerrecht,
8. Grundzüge der Rechtsvergleichung.

§ 14o Nachzuweisende besondere Kenntnisse im Vergaberecht. Für das Fachgebiet Vergaberecht sind besondere Kenntnisse nachzuweisen in den Bereichen:

1. Europäische und deutsche Vorschriften zur öffentlichen Auftragsvergabe, insbesondere
   a) EU-Vergaberichtlinien einschließlich der jeweiligen Rechtsmittelrichtlinien,
   b) Gesetz gegen Wettbewerbsbeschränkungen (GWB)[1)],
   c) Vergabeverordnung (VgV), Sektorenverordnung (SektVO), Konzessionsvergabeverordnung (KonzVgV) und Vergabeverordnung Verteidigung und Sicherheit (VSVgV),
   d) Grundzüge der Vergabegesetze der einzelnen Bundesländer und (soweit vorhanden) des Bundes,

---

[1)] **Habersack, Deutsche Gesetze Nr. 74.**

2. Besonderheiten der einzelnen Vergabeverfahren bei:
   a) der Vergabe von Liefer- und Dienstleistungen,
   b) Planungswettbewerben und der Vergabe von Architekten- und Ingenieurleistungen,
   c) der Vergabe von Bauleistungen,
   d) der Vergabe von Aufträgen im Bereich Verkehr, Trinkwasserversorgung und Energieversorgung (Sektorenaufträge),
   e) der Vergabe von Konzessionen,
   f) der Vergabe von Aufträgen im Bereich Verteidigung und Sicherheit,
3. Besonderheiten der Verfahrens- und Prozessführung:
   a) Primärrechtsschutz durch Nachprüfungs- und Beschwerdeverfahren,
   b) Grundzüge der vergaberechtlichen Verfahren vor dem EuGH,
   c) sonstiger Rechtsschutz vor Zivilgerichten und Verwaltungsgerichten im Zusammenhang mit Vergabeverfahren,
4. Vergaberechtliche Aspekte des Beihilferechts,
5. Grundzüge des öffentlichen Preisrechts.

§ 14p Nachzuweisende besondere Kenntnisse im Migrationsrecht. Für das Fachgebiet Migrationsrecht sind besondere Kenntnisse nachzuweisen in den Bereichen:

1. Staatsangehörigkeitsrecht, insbesondere
   a) Statusfeststellungen einschließlich Staatenlosigkeit,
   b) Einbürgerung,
   c) Verlusttatbestände,
   d) Vertriebenenverfahren,
2. Aufenthaltsrecht, insbesondere
   a) allgemeine Grundlagen des Erwerbs, der Verlängerung und der Verfestigung von Aufenthaltstiteln,
   b) Visumsverfahren zu kurz- und langfristigen Aufenthaltszwecken,
   c) Aufenthaltstitel und ihre unterschiedlichen Voraussetzungen,
   d) Erlöschen des Aufenthaltsrechts, insbesondere Ausweisung,
   e) Durchsetzung der Ausreisepflicht, insbesondere Duldung, Abschiebung und Abschiebungshaft,
   f) Haftung und Gebühren,
   g) Besonderheiten des Datenschutzes,
3. Unionsrecht, insbesondere
   a) Aufenthaltsrechte von Unionsbürgerinnen und Unionsbürgern sowie ihren Familienangehörigen,
   b) Aufenthaltsrechte aus dem ARB 1/80 EWG-Türkei,
   c) sonstige unionsrechtliche oder völkerrechtliche Migrationsregelungen,
4. Asylrecht, insbesondere
   a) Asylverfahren einschließlich internationaler und nationaler Verteilungsregelungen sowie Entscheidungsarten,
   b) internationaler Flüchtlingsschutz,
   c) nationaler Schutz,
   d) Rechtsschutz,

e) Widerruf/Erlöschen,
f) Folgeverfahren,

5. migrationsrechtliche Bezüge des Sozialrechts, insbesondere vom Aufenthaltsstatus abhängige Leistungsansprüche und Leistungsausschlüsse,
6. migrationsrechtliche Bezüge des Strafrechts,
7. rechtliche Besonderheiten der Auswanderung,
8. Besonderheiten des Verfahrens- und Prozessrechts.

§ 14q Nachzuweisende besondere Kenntnisse im Sportrecht. Für das Fachgebiet Sportrecht sind besondere Kenntnisse nachzuweisen in den Bereichen

1. selbstgesetztes Recht der Sportverbände im Rahmen der Verbandsautonomie und deren Organisationsstrukturen, insbesondere Satzungen und Statuten nationaler und internationaler Sportorganisationen,
2. nationale und internationale Sportverbands- und -schiedsgerichtsbarkeit,
3. sportrechtliche Bezüge des Ordnungswidrigkeiten- und Strafrechts, Strafprozessrecht sowie zwischenstaatliches und Völkerrecht,
4. Schutz vor Sportmanipulationen, insbesondere durch sog. Doping, sportrechtliche Bezüge des Arzneimittelrechts,
5. Vereinsrecht und Grundzüge des Gesellschaftsrechts,
6. sportrechtliche Bezüge des Medienrechts, insbesondere der Fernseh-, Internet- und Hörfunkrechte,
7. Recht des geistigen Eigentums, insbesondere Persönlichkeitsrecht sowie Urheber- und Markenrecht,
8. Recht des Sponsorings, Recht der staatlichen Sportförderung und Subventionsrecht, Sportwettrecht,
9. sportrechtliche Bezüge des nationalen und internationalen Haftungsrechts,
10. Grundzüge des Gemeinnützigkeits- und Spendenrechts,
11. Sportvertragsrecht, sportrechtliche Bezüge des Dienst- und Arbeitsvertragsrechts.

§ 15[1] Fortbildung[2]. (1) [1]Wer eine Bezeichnung als Fachanwältin oder als Fachanwalt führt, muss kalenderjährlich auf diesem Gebiet wissenschaftlich publizieren oder an fachspezifischen der Aus- oder Fortbildung dienenden Veranstaltungen hörend oder dozierend teilnehmen. [2]Die hörende Teilnahme setzt eine anwaltsorientierte oder interdisziplinäre Veranstaltung voraus. [3]Bei dozierender Teilnahme ist die Vorbereitungszeit in angemessenem Umfang zu berücksichtigen.

(2) Bei Fortbildungsveranstaltungen, die nicht in Präsenzform durchgeführt werden, müssen die Möglichkeiten der Interaktion der Referierenden mit den Teilnehmenden sowie der Teilnehmenden untereinander während der Dauer der Fortbildungsveranstaltung sichergestellt sein und der Nachweis der durchgängigen Teilnahme erbracht werden.

(3) Die Gesamtdauer der Fortbildung darf je Fachgebiet 15 Zeitstunden nicht unterschreiten.

(4) Bis zu fünf Zeitstunden können im Wege des Selbststudiums absolviert werden, sofern eine Lernerfolgskontrolle erfolgt.

---

[1] § 15 Abs. 5 neu gef. mWv 1.10.2023 durch Beschl. v. 8.5.2023 (BRAK-Mitt. 4/2023 S. 245).

[2] **Amtl. Anm.:** Der ursprüngliche § 15 FAO (BRAK-Mitt. 1996, 251) wurde durch Bescheid des Bundesministeriums der Justiz v. 7.3.1997 (BAnz v. 8.3.1997 = BRAK-Mitt. 1997, 81) aufgehoben.

(5) [1] Die Erfüllung der Fortbildungspflicht ist der Rechtsanwaltskammer durch Bescheinigungen oder andere geeignete Unterlagen unaufgefordert nachzuweisen. [2] Fortbildung im Sinne des Absatzes 4 ist durch Bescheinigungen und Lernerfolgskontrollen nachzuweisen. [3] Kann die Fortbildung nicht oder nicht vollständig nachgewiesen werden, hat die Rechtsanwaltskammer der Fachanwältin oder dem Fachanwalt Gelegenheit zu geben, innerhalb einer angemessenen Frist fehlende Fortbildungsstunden nachzuholen.

§ 16 Übergangsregelung. (1) [1] Anträge sind nach dem zum Zeitpunkt der Antragstellung geltenden Recht zu entscheiden, wenn dies für die Antragstellenden günstiger ist. [2] Die Fortbildungsregelung des § 4 Abs. 2 in der Fassung vom 3.4.2006 gilt ab 1.1.2007. [3] Die Fortbildungsregelungen des § 4 Abs. 2 in der Fassung vom 15.6.2009 und des § 4 Abs. 3 Satz 2 gelten ab dem 1.1. [4] des auf das Inkrafttreten folgenden Kalenderjahres.

(2) Erfüllen ein Lehrgang oder Leistungskontrollen, die vor In-Kraft-Treten der FAO oder der Einführung neuer Bezeichnungen als Fachanwältin oder Fachanwalt absolviert worden sind, die Voraussetzungen dieser Berufsordnung nicht, kann der Nachweis der besonderen theoretischen Kenntnisse durch die erfolgreiche Teilnahme an einem Ergänzungslehrgang mit vergleichbaren Leistungskontrollen oder durch nachträglich geleistete Aufsichtsarbeiten zu den durch Leistungskontrollen nicht belegten Gebieten geführt werden.

(3) Die Neufassung von § 15 Abs. 3, Abs. 4 und Abs. 5 Satz 2 in der Fassung vom 6.12.2013 wird am 1.1. des auf das Inkrafttreten folgenden Jahres wirksam.

Zweiter Teil. Verfahrensordnung

§ 17 Zusammensetzung der Ausschüsse. (1) Der Vorstand der Rechtsanwaltskammer bildet für jedes Fachgebiet mindestens einen Ausschuss und bestellt dessen Mitglieder sowie die stellvertretenden Mitglieder.

(2) Bilden mehrere Rechtsanwaltskammern gemeinsame Ausschüsse, so soll jede Rechtsanwaltskammer in jedem Ausschuss mit mindestens einem Mitglied vertreten sein.

(3) Jeder Ausschuss besteht aus mindestens drei Mitgliedern und höchstens drei stellvertretenden Mitgliedern.

(4) Der Ausschuss wählt aus seinen Mitgliedern den Vorsitz, die Stellvertretung und die Schriftführung.

(5) Der oder die Vorsitzende des Ausschusses stellt den Vertretungsfall fest.

(6) Der Ausschuss gibt sich eine Geschäftsordnung, die insbesondere das Verfahren zur Bestellung von Berichterstatterinnen und Berichterstattern und das Abstimmungsverfahren regelt.

§ 18[1)] *Gemeinsame* Ausschüsse. [1] Wollen mehrere Rechtsanwaltskammern gemeinsame Ausschüsse bilden, so ist hierüber eine schriftliche, von den Präsidentinnen oder Präsidenten der Kammern zu unterzeichnende Vereinbarung zu treffen. [2] Die Vereinbarung ist nach Maßgabe der Geschäftsordnung der jeweiligen Rechtsanwaltskammer zu veröffentlichen. [3] In der Vereinbarung ist mindestens zu regeln:

a) Die Fachgebiete, für die gemeinsame Ausschüsse gebildet werden.

b) Die Zahl der Mitglieder der Ausschüsse sowie deren Stellvertretung.

[1)] § 18 Satz 3 Buchst. f neu gef. mWv 1.6.2023 durch Beschl. v. 5.12.2022 (BRAK-Mitt. 2/2023 S. 100).

c) Die Zuständigkeit für die Bestimmung der Mitglieder, deren Stellvertretung und des Vorsitzes.

d) Anstelle der gemeinsamen Bestellung der Ausschussmitglieder und der Vorsitzenden kann die Vereinbarung auch einer der vertragsschließenden Kammern die Zuständigkeit für die Bestellung der Mitglieder und der Vorsitzenden in alleiniger Verantwortung zuweisen.

e) Die Bezeichnung derjenigen Kammer, deren Geschäftsstelle die Geschäftsführung des Ausschusses übernimmt.

f) Bestimmungen über die Höhe der Entschädigung der Ausschussmitglieder, soweit eine entsprechend von § 103 Abs. 6 Bundesrechtsanwaltsordnung[1)] abweichende Regelung vorgesehen wird.

g) Bestimmungen über das Recht, die Vereinbarung zu kündigen.

§ 19 Bestellung der Ausschussmitglieder. (1) Die §§ 65 bis 68 Abs. 1 Bundesrechtsanwaltsordnung[1)] gelten entsprechend.

(2) Zum Mitglied oder stellvertretenden Mitglied eines Ausschusses soll in der Regel nur bestellt werden, wer berechtigt ist, die Bezeichnung als Fachanwältin oder Fachanwalt für das jeweilige Fachgebiet zu führen.

(3) Scheidet ein Mitglied oder stellvertretendes Mitglied vorzeitig aus, erfolgt eine Neubestellung für die restliche Dauer der Amtszeit der Ausgeschiedenen.

§ 20[2)] Vorzeitiges Ausscheiden aus dem Ausschuss. Ein Mitglied scheidet aus dem Ausschuss aus, wenn

1. das Mitglied nicht mehr Mitglied der Kammer ist;
2. gegen das Mitglied ein Berufs- oder Vertretungsverbot (§§ 150, 161a BRAO[1)]) verhängt worden ist;
3. das Mitglied seine Wählbarkeit aus den in § 66 Abs. 1 Nr. 3 bis 5 BRAO angegebenen Gründen verloren hat;
4. das Mitglied das Amt niederlegt;
5. das Mitglied vom Vorstand der Kammer, für die es bestellt ist, abberufen wird.

§ 21 Entschädigung. Mitglieder und stellvertretende Mitglieder des Ausschusses können von ihrer Rechtsanwaltskammer eine Aufwandsentschädigung erhalten.

§ 22 Antragstellung. (1) Der Antrag, die Führung einer Bezeichnung als Fachanwältin oder Fachanwalt zu gestatten, ist bei der Rechtsanwaltskammer einzureichen, der die Antragstellerin oder der Antragsteller angehört.

(2) Dem Antrag sind die nach § 6 erforderlichen Unterlagen beizufügen.

(3) Die Rechtsanwaltskammer hat der Antragstellerin oder dem Antragsteller auf Antrag die Zusammensetzung des Ausschusses sowie deren Änderung schriftlich mitzuteilen.

§ 23 Mitwirkungsverbote. (1) [1] Für die Ausschließung und die Ablehnung eines Ausschussmitglieds durch die Antragstellerin oder den Antragsteller gelten die §§ 41 Nr. 2 und 3, 42 Abs. 1 und 2 Zivilprozessordnung[3)] entsprechend. [2] Ein

---

[1)] Nr. **98**.

[2)] § 20 Nr. 3 neu gef. mWv 1.6.2023 durch Beschl. v. 5.12.2022 (BRAK-Mitt. 2/2023 S. 100).

[3)] **Habersack, Deutsche Gesetze Nr. 100.**

Ausschussmitglied ist darüber hinaus von der Mitwirkung ausgeschlossen, wenn es mit der Antragstellerin oder dem Antragsteller in Sozietät oder zur gemeinschaftlichen Berufsausübung in sonstiger Weise oder zu einer Bürogemeinschaft verbunden ist oder in den letzten fünf Jahren vor Antragstellung war. [3] Ausgeschlossen ist auch, wer an Bewertungen nach § 6 Abs. 2 Buchstabe c beteiligt war.

(2) Ein Ablehnungsgesuch ist innerhalb zwei Wochen nach Zugang der Mitteilung über die Zusammensetzung des Ausschusses geltend zu machen; im weiteren Verfahren unverzüglich nach Kenntnis des Ablehnungsgrundes.

(3) [1] Der Vorstand der Rechtsanwaltskammer oder die zuständige Abteilung entscheidet über das Ablehnungsgesuch sowie die Berechtigung einer Selbstablehnung nach Anhörung des Ausschussmitgliedes und der Antragstellerin oder des Antragstellers. [2] Die Entscheidung ist unanfechtbar.

§ 24 Weiteres Verfahren. (1) Der Vorsitz prüft die Vollständigkeit der von der Rechtsanwaltskammer zugegangenen Antragsunterlagen.

(2) [1] Im schriftlichen Verfahren gibt die Berichterstatterin oder der Berichterstatter nach formeller und inhaltlicher Prüfung der Nachweise eine begründete Stellungnahme darüber ab, ob die Antragstellerin oder der Antragsteller die besonderen theoretischen Kenntnisse und praktischen Erfahrungen nachgewiesen hat, ob ein Fachgespräch entbehrlich ist oder ob weitere Nachweise für erforderlich gehalten werden. [2] Diese Stellungnahme ist den anderen Ausschussmitgliedern und anschließend der oder dem Vorsitzenden jeweils zur Abgabe einer schriftlichen Stellungnahme zuzuleiten; Abs. 4 gilt entsprechend.

(3) Bei mündlicher Beratung ist ein Inhaltsprotokoll zu führen, das die Voten der Ausschussmitglieder und deren wesentliche Begründung wiedergibt.

(4) [1] Gewichtet der Ausschuss Fälle zu Ungunsten der Antragstellerin oder des Antragstellers, ist diesen Gelegenheit zu geben, Fälle nachzumelden. [2] Im Übrigen kann der Ausschuss der Antragstellerin oder dem Antragsteller zur ergänzenden Antragsbegründung Auflagen erteilen. [3] Melden die Antragstellerin oder der Antragsteller innerhalb einer angemessenen Ausschlussfrist keine Fälle nach oder erfüllen sie die Auflagen nicht, kann der Ausschuss seine Stellungnahme nach Aktenlage abgeben. [4] Auf diese Rechtsfolge ist die Antragstellerin oder der Antragsteller bei der Fristsetzung hinzuweisen.

(5) Der Vorsitz lädt die Antragstellerin oder den Antragsteller unter Beachtung des § 7 Abs. 2 mit einer Frist von mindestens einem Monat zum Fachgespräch.

(6) [1] Das Fachgespräch ist nicht öffentlich. [2] Mitglieder des Vorstandes der Rechtsanwaltskammer und stellvertretende Ausschussmitglieder können am Fachgespräch und der Beratung zuhörend teilnehmen.

(7) Versäumt die Antragstellerin oder der Antragsteller zwei Termine für das Fachgespräch, zu dem ordnungsgemäß geladen ist, ohne ausreichende Entschuldigung, entscheidet der Ausschuss nach Lage der Akten.

(8) [1] Der Ausschuss beschließt über seine abschließende Stellungnahme mit der Mehrheit seiner Stimmen. [2] Bei Stimmengleichheit entscheidet die Stimme der oder des Vorsitzenden.

(9) [1] Der Vorsitz gibt die abschließende Stellungnahme des Ausschusses dem Vorstand der für die Antragstellerin oder den Antragsteller zuständigen Rechtsanwaltskammer schriftlich bekannt. [2] Auf Aufforderung des Vorstandes hat der Vorsitz oder die Stellvertretung die Stellungnahme mündlich zu erläutern.

(10) Für das Verfahren wird eine Verwaltungsgebühr (§ 89 Abs. 2 Nr. 2 Bundesrechtsanwaltsordnung[1]) erhoben.

§ 25 Rücknahme und Widerruf. (1) Zuständig für die Rücknahme und den Widerruf der Erlaubnis ist der Vorstand der Rechtsanwaltskammer, welcher die Rechtsanwältin oder der Rechtsanwalt im Zeitpunkt dieser Entscheidung angehört.

(2) Die Rücknahme und der Widerruf sind nur innerhalb eines Jahres seit Kenntnis des Vorstandes der Rechtsanwaltskammer von den sie rechtfertigenden Tatsachen zulässig.

(3) [1] Vor der Entscheidung ist die Rechtsanwältin oder der Rechtsanwalt zu hören. [2] Der Bescheid ist mit Gründen zu versehen. [3] Er ist der Rechtsanwältin oder dem Rechtsanwalt zuzustellen.

Dritter Teil. Schlussbestimmungen

§ 26[2] In-Kraft-Treten und Ausfertigung. (1) Diese FAO[3] tritt drei Monate nach Übermittlung an das Bundesministerium der Justiz in Kraft, *so weit*[4] nicht das Bundesministerium der Justiz die Satzung oder Teile derselben aufhebt, frühestens jedoch mit dem ersten Tag des dritten Monats, der auf die Veröffentlichung in den BRAK-Mitteilungen folgt.

(2) Der Zeitpunkt des In-Kraft-Tretens ist in den BRAK-Mitteilungen bekannt zu machen.

(3) Die FAO ist durch Versammlungsleitung und Schriftführung der Satzungsversammlung auszufertigen.

---

[1] Nr. **98**.

[2] Die Beschlüsse der 4. Sitzung der 7. Satzungsversammlung v. 5.12.2022 wurden vom Bundesministerium der Justiz geprüft und nicht beanstandet. Sie wurden am 3.3.2023 auf der Homepage der Bundesrechtsanwaltskammer veröffentlicht und treten am 1.6.2023 in Kraft.

[3] Bezieht sich auf die ursprüngliche Fassung v. 22.3.1999 (BRAK-Mitt. Nr. 3 S. 131).

[4] Schreibweise amtlich.

98/3. Verordnung über die Rechtsanwaltsverzeichnisse und die besonderen elektronischen Anwaltspostfächer (Rechtsanwaltsverzeichnis- und -postfachverordnung – RAVPV)

Vom 23. September 2016
(BGBl. I S. 2167)

FNA 303-8-4

Lfd. Nr.	Änderndes Gesetz	Datum	Fundstelle	Betroffen	Hinweis
1.	Art. 19 G zur Umsetzung der BerufsanerkennungsRL und zur Änd. weiterer Vorschriften im Bereich der rechtsberatenden Berufe[1]	12.5.2017	BGBl. I S. 1121	§§ 2, 10, 11, 15, 17	geänd. mWv 18.5.2017
				Inhaltsübersicht, §§ 1, 2, 3, 5, 6, 10, 16, 19, 21	geänd. mWv 1.1.2018
				§ 31	aufgeh. mit Ablauf des 31.12.2017
2.	Art. 7 G zur Ums. der RL (EU) 2016/680 im Strafverf. sowie zur Anpassung datenschutzrechtl. Bestimmungen an die VO (EU) 2016/679	20.11.2019	BGBl. I S. 1724	§ 18	geänd. mWv 26.11.2019
3.	Art. 3 G zur Neuregelung des Rechts der notwendigen Verteidigung[2]	10.12.2019	BGBl. I S. 2128	§ 7	geänd. mWv 13.12.2019
4.	Art. 9 G zur Modernisierung des notariellen Berufsrechts und zur Änd. weiterer Vorschriften	25.6.2021	BGBl. I S. 2154	Inhaltsübersicht, §§ 2, 11, 19, 23, 25, 30	geänd. mWv 1.8.2021
5.	Art. 2 G zur Neuregelung des Berufsrechts der anwaltlichen und steuerberatenden Berufsausübungsgesellschaften sowie zur Änd. weiterer Vorschriften im Bereich der rechtsberatenden Berufe	7.7.2021	BGBl. I S. 2363	Inhaltsübersicht, §§ 1, 2, 3, 4, 5, 6, 7, 9, 10, 11, 16, 19, 20, 21, 23, 25. 28	geänd. mWv 1.8.2022
6.	Art. 6 VO zur Änd. der VO über die Führung notarieller Akten und Verzeichnisse und weiterer Verordnungen	17.12.2021	BGBl. I S. 5219	§§ 2, 6	geänd. mWv 1.1.2022
7.	Art. 9 G zur Ergänzung der Regelungen zur Umsetzung der DigitalisierungsRL und zur Änd. weiterer Vorschr.[3]	15.7.2022	BGBl. I S. 1146	§§ 21, 23	geänd. mWv 1.8.2022

[1] **Amtl. Anm.:** *(abgedruckt in Änderungstabelle Nr. **69**)*

[2] **Amtl. Anm.:** Dieses Gesetz dient der Umsetzung der Richtlinie (EU) 2016/1919 des Europäischen Parlaments und des Rates vom 26. Oktober 2016 über Prozesskostenhilfe für Verdächtige und beschuldigte Personen in Strafverfahren sowie für gesuchte Personen in Verfahren zur Vollstreckung eines Europäischen Haftbefehls (ABl. L 297 vom 4.11.2016, S. 1; L 91 vom 5.4.2017, S. 40). […]

[3] **Amtl. Anm.:** Notifiziert gemäß der Richtlinie (EU) 2015/1535 des Europäischen Parlaments und des Rates vom 9. September 2015 über ein Informationsverfahren auf dem Gebiet der technischen Vorschriften und der Vorschriften für die Dienste der Informationsgesellschaft (ABl. L 241 vom 17.9.2015, S. 1).

Auf Grund des § 31c der Bundesrechtsanwaltsordnung[1)] in Verbindung mit

– den §§ 31 bis 31b der Bundesrechtsanwaltsordnung[1)], die durch Artikel 1 Nummer 1 des Gesetzes vom 21. Dezember 2015 (BGBl. I S. 2517) geändert worden sind,

– § 207 Absatz 2 Satz 1 der Bundesrechtsanwaltsordnung[1)], der zuletzt durch Artikel 1 Nummer 63 Buchstabe b des Gesetzes vom 30. Juli 2009 (BGBl. I S. 2449) geändert worden ist,

– § 209 Absatz 1 Satz 3 der Bundesrechtsanwaltsordnung[1)], der zuletzt durch Artikel 1 Nummer 66 Buchstabe a des Gesetzes vom 30. Juli 2009 (BGBl. I S. 2449) geändert worden ist, sowie

– § 6 Absatz 1 des Gesetzes über die Tätigkeit europäischer Rechtsanwälte in Deutschland[2)], der durch Artikel 2 Nummer 3 des Gesetzes vom 21. Dezember 2015 (BGBl. I S. 2517) geändert worden ist,

verordnet das Bundesministerium der Justiz und für Verbraucherschutz:

Inhaltsübersicht[3)]

[1)] *Nr.* ***98***.

[2)] Nr. **98/4**.

[3)] Inhaltsübersicht geänd. mWv 1.1.2018 durch G v. 12.5.2017 (BGBl. I S. 1121); mWv 1.8.2021 durch G v. 25.6.2021 (BGBl. I S. 2154); mWv 1.8.2022 durch G v. 7.7.2021 (BGBl. I S. 2363).

Teil 1. Elektronische Verzeichnisse der Rechtsanwaltskammern

§ 1[1] Gegenstand des Verzeichnisses. (1) [1]Jede Rechtsanwaltskammer führt ein elektronisches Verzeichnis der in ihrem Bezirk zugelassenen Rechtsanwälte einschließlich der Syndikusrechtsanwälte. [2]In ihr Verzeichnis sind zudem die folgenden Personen einzutragen:

1. von ihr aufgenommene niedergelassene europäische Rechtsanwälte einschließlich der niedergelassenen europäischen Syndikusrechtsanwälte nach § 2 Absatz 1 des Gesetzes über die Tätigkeit europäischer Rechtsanwälte in Deutschland[2];
2. von ihr aufgenommene Rechtsanwälte aus anderen Staaten einschließlich der Syndikusrechtsanwälte aus anderen Staaten nach § 206 Absatz 1 der Bundesrechtsanwaltsordnung[3];
3. von ihr aufgenommene Inhaber einer Erlaubnis zur geschäftsmäßigen Rechtsbesorgung nach § 209 Absatz 1 Satz 1 der Bundesrechtsanwaltsordnung;
4. dienstleistende europäische Rechtsanwälte einschließlich dienstleistender europäischer Syndikusrechtsanwälte, sofern für diese ein besonderes elektronisches Anwaltspostfach einzurichten und dies nach § 27a Absatz 1 Satz 1 in Verbindung mit § 32 Absatz 4 des Gesetzes über die Tätigkeit europäischer Rechtsanwälte in Deutschland bei ihr zu beantragen ist.

(2) In das Verzeichnis nach Absatz 1 sind von den Rechtsanwaltskammern zudem die Berufsausübungsgesellschaften einzutragen, die in ihrem Bezirk

1. nach § 59f der Bundesrechtsanwaltsordnung zugelassen sind oder
2. als niedergelassene ausländische Berufsausübungsgesellschaften nach § 207a der Bundesrechtsanwaltsordnung zugelassen sind.

§ 2[4] [5] Inhalt des Verzeichnisses. (1) [1]Als Zusatz zum Familiennamen werden, soweit von der eingetragenen Person geführt und mitgeteilt, akademische Grade und Ehrengrade sowie die Bezeichnung „Professor" eingetragen. [2]Nicht-juristische Grade und Bezeichnungen müssen als solche erkennbar sein. [3]Die Rechtsanwaltskammer kann die Eintragung davon abhängig machen, dass die Berechtigung zum Führen des akademischen Grades, des Ehrengrades oder der Bezeichnung „Professor" nachgewiesen wird.

(2) Führt die eingetragene Person einen Berufsnamen und teilt sie diesen mit, wird auch dieser eingetragen.

---

[1] *§ 1 Satz 2 Nr. 3 geänd., Nr. 4 angef. mWv 1.1.2018 durch G v. 12.5.2017 (BGBl. I S. 1121);* Überschrift neu gef., Abs. 1 Satz 2 Nr. 2 geänd., Abs. 2 angef. mWv 1.8.2022 durch G v. 7.7.2021 (BGBl. I S. 2363).

[2] Nr. **98/4**.

[3] Nr. **98**.

[4] § 2 Abs. 6 Satz 3 und Abs. 7–9 treten am 1.1.2018 in Kraft; vgl. § 32 Abs. 2.

[5] § 2 Abs. 3 geänd. mWv 18.5.2017, Abs. 4 Satz 4 und Abs. 7 Satz 4 angef. mWv 1.1.2018 durch G v. 12.5.2017 (BGBl. I S. 1121); Abs. 8 Satz 1 geänd., Satz 2 aufgeh. mWv 1.8.2021 durch G v. 25.6.2021 (BGBl. I S. 2154); Abs. 4 Sätze 1 und 2 neu gef., Abs. 5 Sätze 1 und 2, Abs. 6 Sätze 1 und 4 geänd. mWv 1.8.2022 durch G v. 7.7.2021 (BGBl. I S. 2363); Abs. 8 geänd. mWv 1.1.2022 durch VO v. 17.12.2021 (BGBl. I S. 5219).

(3) Verfügt eine eingetragene Person über mehrere Vornamen, so sind diese nur insoweit einzutragen, als sie im Rahmen der Berufsausübung üblicherweise verwendet werden.

(4) [1] Als Name der Kanzlei, Zweigstelle oder Berufsausübungsgesellschaft ist die Bezeichnung einzutragen, unter der die eingetragene Person oder Berufsausübungsgesellschaft am jeweiligen Standort beruflich auftritt. [2] Führt eine Berufsausübungsgesellschaft eine Kurzbezeichnung, so ist diese als Name einzutragen. [3] Bei Syndikusrechtsanwälten ist als Name der Arbeitgeber einzutragen. [4] Wird eine weitere Kanzlei eingetragen, muss sich deren Name von dem Namen anderer für die Person eingetragener Kanzleien unterscheiden.

(5) [1] An Telekommunikationsdaten werden, soweit von der eingetragenen Person oder Berufsausübungsgesellschaft mitgeteilt, jeweils eine Telefon- und eine Telefaxnummer sowie eine E-Mail-Adresse je Kanzlei und Zweigstelle eingetragen. [2] Zudem wird, soweit von der eingetragenen Person oder Berufsausübungsgesellschaft mitgeteilt, eine Internetadresse je Kanzlei und Zweigstelle eingetragen.

(6) [1] Als Zeitpunkt der Zulassung ist der Zeitpunkt der erstmaligen Zulassung zur Rechtsanwaltschaft oder als Berufsausübungsgesellschaft in der Bundesrepublik Deutschland einzutragen, sofern die eingetragene Person oder Berufsausübungsgesellschaft seitdem ununterbrochen Mitglied einer Rechtsanwaltskammer gewesen ist. [2] Anderenfalls ist der Zeitpunkt der letzten Aufnahme in die Rechtsanwaltskammer einzutragen. [3] Weist die eingetragene Person im Fall des Satzes 2 der Rechtsanwaltskammer den Zeitpunkt ihrer ersten Zulassung zur Rechtsanwaltschaft in der Bundesrepublik Deutschland nach, so ist auch dieser einzutragen. [4] Bei nach § 1 Absatz 1 Satz 2 Nummer 1 und 2 in das Verzeichnis eingetragenen Personen tritt an die Stelle der Zulassung die Aufnahme in die Rechtsanwaltskammer.

(7) [1] Vollziehbare Berufs-, Berufsausübungs- und Vertretungsverbote sind unter Angabe des Zeitpunkts des Beginns sowie der Dauer des Verbots einzutragen. [2] Betrifft das Verbot nur einen Teilbereich der beruflichen Tätigkeit, ist auch der Umfang des Verbots einzutragen. [3] Bei der Eintragung eines Berufsausübungsverbots ist zu vermerken, dass dieses für die Dauer einer Tätigkeit im öffentlichen Dienst oder einer Übernahme eines öffentlichen Amtes besteht. [4] Wurde nach § 14 Absatz 4 Satz 1 der Bundesrechtsanwaltsordnung[1)] die sofortige Vollziehung der Rücknahme oder des Widerrufs der Zulassung angeordnet, so ist auch diese Maßnahme unter Angabe des Zeitpunkts des Beginns einzutragen; Absatz 6 Satz 4 gilt entsprechend.

(8) Die Eintragung einer Vertretung muss den Zeitraum erkennen lassen, für den diese bestellt ist.

(9) Im Fall der Befreiung von der Kanzleipflicht sind auch der Zeitpunkt des Beginns der Befreiung und bestehende Auflagen einzutragen.

§ 3[2)] Eintragungen in das Verzeichnis. [1] Die Eintragung der nach § 1 Absatz 1 Satz 1 und 2 Nummer 1 bis 3 sowie Absatz 2 Nummer 1 und 2 in das Verzeichnis einzutragenden Personen und Berufsausübungsgesellschaften erfolgt unverzüglich nach ihrer Aufnahme in die Rechtsanwaltskammer. [2] Im Fall des § 1 Absatz 1 Satz 2 Nummer 4 erfolgt die Eintragung unverzüglich nach der Feststellung der Voraussetzungen für die Einrichtung des besonderen elektronischen Anwaltspostfachs.

---

1) Nr. **98**.

2) § 3 Satz 2 eingef., bish. Satz 2 wird Satz 3 mWv 1.1.2018 durch G v. 12.5.2017 (BGBl. I S. 1121); Sätze 1 und 2 geänd. mWv 1.8.2022 durch G v. 7.7.2021 (BGBl. I S. 2363).

[3] Im Übrigen nimmt die Rechtsanwaltskammer Eintragungen unverzüglich vor, nachdem sie von den einzutragenden Umständen Kenntnis erlangt hat und ihr erforderliche Nachweise vorgelegt wurden.

§ 4[1)] Berichtigungen des Verzeichnisses. (1) [1] Stellt die Rechtsanwaltskammer fest, dass Eintragungen in ihrem Verzeichnis unrichtig oder unvollständig sind, hat sie diese unverzüglich zu berichtigen. [2] Insbesondere sind nicht mehr bestehende Berufs-, Berufsausübungs- oder Vertretungsverbote unverzüglich aus dem Verzeichnis zu löschen. [3] Bestehen Zweifel an der Richtigkeit oder Vollständigkeit des Verzeichnisses, hat die Rechtsanwaltskammer Auskünfte einzuholen und gegebenenfalls die Vorlage von Nachweisen durch die eingetragene Person oder Berufsausübungsgesellschaft zu verlangen.

(2) Stellt eine andere Rechtsanwaltskammer oder die Bundesrechtsanwaltskammer Umstände fest, die die Unrichtigkeit oder Unvollständigkeit eines von einer Rechtsanwaltskammer geführten Verzeichnisses nahelegen, unterrichtet sie die für die Führung des Verzeichnisses zuständige Rechtsanwaltskammer hiervon.

§ 5[2)] Sperrung und Löschung von Eintragungen. (1) [1] Scheidet eine in das Verzeichnis eingetragene Person oder zugelassene Berufsausübungsgesellschaft aus der das Verzeichnis führenden Rechtsanwaltskammer aus, sperrt die Rechtsanwaltskammer unverzüglich sämtliche zu der Person oder Berufsausübungsgesellschaft eingetragenen Angaben. [2] Die Rechtsfolge des Satzes 1 gilt sinngemäß für die gesonderte Eintragung eines Syndikusrechtsanwalts nach § 46c Absatz 5 Satz 2 der Bundesrechtsanwaltsordnung[3)], soweit dessen Zulassung widerrufen wird. [3] Für dienstleistende europäische Rechtsanwälte gilt Satz 1 mit der Maßgabe nach § 27a Absatz 1 Satz 3 des Gesetzes über die Tätigkeit europäischer Rechtsanwälte in Deutschland[4)] sinngemäß.

(2) Gesperrte Eintragungen dürfen nicht durch Einsichtnahme in das Register ersichtlich sein.

(3) [1] Gesperrte Eintragungen werden spätestens zwei Jahre nach der Sperrung gelöscht, soweit nicht die eingetragene Person oder Berufsausübungsgesellschaft einer längeren Speicherung ausdrücklich zustimmt. [2] Auf Antrag der eingetragenen Person oder Berufsausübungsgesellschaft sind gesperrte Eintragungen unverzüglich zu löschen. [3] § 31 Absatz 6 Satz 5 der Bundesrechtsanwaltsordnung bleibt unberührt.

(4) Eine zu Unrecht erfolgte Sperrung ist unverzüglich rückgängig zu machen.

(5) Ist für die Abwicklung einer Kanzlei oder Berufsausübungsgesellschaft ein Abwickler bestellt, so ist im Verzeichnis zu vermerken, dass die eingetragene Person oder Berufsausübungsgesellschaft nicht mehr Mitglied der Rechtsanwaltskammer ist und dass ein Abwickler bestellt wurde.

§ 6[5)] Einsichtnahme in das Verzeichnis. (1) [1] Die Einsichtnahme in das Verzeichnis der Rechtsanwaltskammer ist ausschließlich über das Internet möglich.

[1)] § 4 Abs. 1 Satz 3 geänd. mWv 1.8.2022 durch G v. 7.7.2021 (BGBl I S. 2363).

[2)] § 5 Abs. 1 Satz 3 angef. mWv 1.1.2018 durch G v. 12.5.2017 (BGBl. I S. 1121); Abs. 1 Satz 1, Abs. 3 Sätze 1–3, Abs. 5 geänd. mWv 1.8.2022 durch G v. 7.7.2021 (BGBl. I S. 2363).

[3)] Nr. **98**.

[4)] Nr. **98/4**.

[5)] § 6 Abs. 3 eingef., bish. Abs. 3 wird Abs. 4 mWv 1.1.2018 durch G v. 12.5.2017 (BGBl. I S. 1121); Abs. 3 geänd. mWv 1.8.2022 durch G v. 7.7.2021 (BGBl. I S. 2363); Abs. 4 geänd. mWv 1.1.2022 durch VO v. 17.12.2021 (BGBl. I S. 5219).

[2]Eine Einsichtnahme muss jederzeit kostenfrei und ohne vorherige Registrierung möglich sein.

(2) Eine anstelle der Kanzleianschrift in das Verzeichnis eingetragene zustellfähige Anschrift ist nicht einsehbar.

(3) Eintragungen nach § 1 Absatz 1 Satz 2 Nummer 4 sind nicht einsehbar.

(4) Die Ausgestaltung der Möglichkeit zur Einsichtnahme soll die Anforderungen der Barrierefreiheit im Sinne der Barrierefreie-Informationstechnik-Verordnung berücksichtigen.

§ 7[1)] [2)] Suchfunktion. (1) [1]Die Rechtsanwaltskammern haben die Einsichtnahme in ihr Verzeichnis über eine Suchfunktion zu gewährleisten. [2]Die Suchfunktion hat die alternative und die kumulative Suche anhand folgender Angaben zu ermöglichen:

1. Familienname; ist als Zusatz hierzu ein Berufsname eingetragen, muss auch dieser bei der Suche gefunden werden können;
2. Vorname;
3. Anschrift von Kanzlei oder Zweigstelle;
4. Kanzleiname, Name oder Firma der Berufsausübungsgesellschaft oder Name der Zweigstelle;
5. Berufsbezeichnung;
6. Fachanwaltsbezeichnung;
7. Interesse an der Übernahme von Pflichtverteidigungen.

(2) Die Nutzung der Suchfunktion kann von der Eingabe eines auf der Internetseite angegebenen Sicherheitscodes abhängig gemacht werden.

§ 8 Datensicherheit und Einsehbarkeit. (1) [1]Die das Verzeichnis führende Rechtsanwaltskammer hat zu gewährleisten, dass Eintragungen, Berichtigungen, Sperrungen, Entsperrungen und Löschungen allein durch sie selbst vorgenommen werden können. [2]Zudem muss nachträglich überprüft und festgestellt werden können, wer diese Maßnahmen innerhalb der Rechtsanwaltskammer zu welchem Zeitpunkt vorgenommen hat.

(2) Jede Rechtsanwaltskammer hat durch geeignete organisatorische und dem aktuellen Stand entsprechende technische Maßnahmen sicherzustellen, dass die in das Verzeichnis aufgenommenen Angaben jederzeit einsehbar sind.

(3) [1]Jede Rechtsanwaltskammer hat durch geeignete organisatorische und dem aktuellen Stand entsprechende technische Maßnahmen Vorkehrungen zu treffen, dass sie von auftretenden Fehlfunktionen des von ihr zu führenden Verzeichnisses unverzüglich Kenntnis erlangt. [2]Schwerwiegende Fehlfunktionen hat sie unverzüglich, andere Fehlfunktionen hat sie zeitnah zu beheben.

Teil 2. Gesamtverzeichnis der Bundesrechtsanwaltskammer

§ 9[3)] Führung des Gesamtverzeichnisses. [1]Die Bundesrechtsanwaltskammer führt ein elektronisches Gesamtverzeichnis aller in den Verzeichnissen der Rechts-

[1)] § 7 Abs. 1 Satz 2 Nr. 5 und 6 treten am 1.1.2018 in Kraft; vgl. § 32 Abs. 2.

[2)] *§ 7 Abs. 1 Satz 2 Nr.* 6 geänd., Nr. 7 angef., Abs. 2 aufgeh., bish. Abs. 3 wird Abs. 2 mWv 13.12. 2019 durch G v. 10.12.2019 (BGBl. I S. 2128); Abs. 1 Satz 2 Nr. 4 geänd. mWv 1.8.2022 durch G v. 7.7. 2021 (BGBl. I S. 2363).

[3)] § 9 Satz 1 geänd. mWv 1.8.2022 durch G v. 7.7.2021 (BGBl. I S. 2363).

anwaltskammern eingetragenen Personen und Berufsausübungsgesellschaften. [2] Es trägt die Bezeichnung „Bundesweites Amtliches Anwaltsverzeichnis".

§ 10[1)] Inhalt des Gesamtverzeichnisses. Das Gesamtverzeichnis enthält zu den einzutragenden Personen und Berufsausübungsgesellschaften

1. die in den Verzeichnissen der Rechtsanwaltskammern enthaltenen Angaben,
2. die Angabe der Kammer, der sie angehören oder die sonst für sie zuständig ist,
3. die von der Bundesrechtsanwaltskammer zusätzlich eingetragenen Angaben und
4. die Sprachkenntnisse und die Tätigkeitsschwerpunkte, die die eingetragenen Personen selbst eingetragen haben.

§ 11[2)] Eintragungen in das Gesamtverzeichnis. (1) Sofern die Rechtsanwaltskammern die in ihren Verzeichnissen enthaltenen Angaben im automatisierten Verfahren in das Gesamtverzeichnis eingeben, sind die zu übertragenden Daten zumindest mit einer fortgeschrittenen elektronischen Signatur zu versehen.

(2) [1] Die Bundesrechtsanwaltskammer trägt zu den eingetragenen Personen und Berufsausübungsgesellschaften die Bezeichnung ihres besonderen elektronischen Anwaltspostfachs in das Gesamtverzeichnis ein. [2] Wurde für eine Vertretung, einen Abwickler oder einen Zustellungsbevollmächtigten ein besonderes elektronisches Anwaltspostfach eingerichtet, ist auch dessen Bezeichnung bei der eingetragenen Person oder Berufsausübungsgesellschaft einzutragen.

(3) [1] Die Bundesrechtsanwaltskammer ermöglicht den in § 16 Satz 2 genannten Personen durch geeignete technische Vorkehrungen für die Zwecke der Suche nach diesen Angaben über das Europäische Rechtsanwaltsverzeichnis die Eintragung von Sprachkenntnissen und Tätigkeitsschwerpunkten in das Gesamtverzeichnis. [2] Dabei sind nur folgende Tätigkeitsschwerpunkte eintragungsfähig:

1. Insolvenzrecht;
2. Wirtschaftsrecht;
3. Verbraucherrecht;
4. Strafrecht;
5. Arbeitsrecht;
6. Umweltrecht;
7. Recht der Europäischen Union (EU);
8. Familienrecht;
9. Menschen- und Bürgerrechte;
10. Immigrations- und Asylrecht;
11. Gewerblicher Rechtsschutz und Urheberrecht;
12. Recht der Informationstechnologie (IT);
13. Prozessvertretung, Mediation und Schiedsverfahren;
14. Schadensersatzrecht;
15. Eigentumsrecht;
16. Öffentliches Recht;

[1)] § 10 Nr. 4 geänd. mWv 18.5.2017, Nr. 2 geänd. mWv 1.1.2018 durch G v. 12.5.2017 (BGBl. I S. 1121) durch G v. 12.5.2017 (BGBl. I S. 1121); einl. Satzteil geänd. mWv 1.8.2022 durch G v. 7.7.2021 (BGBl. I S. 2363).

[2)] § 11 Abs. 3 Satz 1 geänd. mWv 18.5.2017 durch G v. 12.5.2017 (BGBl. I S. 1121); Abs. 2 Satz 2 geänd. mWv 1.8.2021 durch G v. 25.6.2021 (BGBl. I S. 2154); Abs. 2 Sätze 1 und 2 geänd. mWv 1.8. 2022 durch G v. 7.7.2021 (BGBl. I S. 2363).

17. Sozialrecht;
18. Erbrecht;
19. Steuerrecht;
20. Verkehrs- und Transportrecht.

§ 12 Berichtigung des Gesamtverzeichnisses. (1) [1]Sofern die Rechtsanwaltskammern in ihren Verzeichnissen enthaltene Angaben in das Gesamtverzeichnis eingegeben haben, erfolgen Berichtigungen, Sperrungen, Entsperrungen und Löschungen dieser Angaben durch die Rechtsanwaltskammern im automatisierten Verfahren. [2]Zu diesem Zweck zu übertragende Daten sind zumindest mit einer fortgeschrittenen elektronischen Signatur zu versehen.

(2) [1]Erlangt die Bundesrechtsanwaltskammer Kenntnis von einer von ihr zu verantwortenden Unrichtigkeit der Bezeichnung eines besonderen elektronischen Anwaltspostfachs, berichtigt sie diese unverzüglich und unterrichtet den Postfachinhaber hierüber. [2]Stellt eine Rechtsanwaltskammer Umstände fest, die eine Unrichtigkeit im Sinne des Satzes 1 nahelegen, so unterrichtet sie die Bundesrechtsanwaltskammer hiervon.

(3) Die Bundesrechtsanwaltskammer ermöglicht den eingetragenen Personen die Berichtigung und Löschung der jeweiligen von ihnen im Gesamtverzeichnis eingetragenen Sprachkenntnisse und Tätigkeitsschwerpunkte.

§ 13 Einsichtnahme in das Gesamtverzeichnis. (1) § 6 gilt entsprechend.

(2) In das Gesamtverzeichnis eingetragene Sprachkenntnisse und Tätigkeitsschwerpunkte sind ausschließlich über das Europäische Rechtsanwaltsverzeichnis einsehbar.

§ 14 Suchfunktion. [1]Die Einsichtnahme in das Gesamtverzeichnis erfolgt über eine Suchfunktion. [2]§ 7 gilt mit der Maßgabe entsprechend, dass auch eine Suche nach der Kammerzugehörigkeit zu ermöglichen ist.

§ 15[1)] Datensicherheit und Einsehbarkeit. (1) [1]Die Bundesrechtsanwaltskammer gewährleistet, dass die von den Rechtsanwaltskammern vorzunehmenden Eingaben in das Gesamtverzeichnis allein durch die jeweils zuständige Rechtsanwaltskammer erfolgen. [2]Von der Bundesrechtsanwaltskammer vorzunehmende Eintragungen dürfen nur durch diese erfolgen. [3]Die Bundesrechtsanwaltskammer gewährleistet zudem, dass Sprachkenntnisse und Tätigkeitsschwerpunkte nur von der eingetragenen Person eingetragen, berichtigt und gelöscht werden können.

(2) [1]Die Rechtsanwaltskammern gewährleisten, dass hinsichtlich der von ihnen vorgenommenen Eingaben in das Gesamtverzeichnis nachträglich überprüft und festgestellt werden kann, wer diese vorgenommen hat. [2]Gleiches gilt für die Bundesrechtsanwaltskammer hinsichtlich der von ihr in das Gesamtverzeichnis eingetragenen Angaben.

(3) [1]Die Bundesrechtsanwaltskammer stellt durch geeignete organisatorische und dem aktuellen Stand entsprechende technische Maßnahmen sicher, dass die in das Gesamtverzeichnis aufgenommenen Angaben ständig einsehbar sind. [2]Sie hat durch solche Maßnahmen zudem Vorkehrungen zu treffen, dass sie von auftretenden Fehlfunktionen des von ihr zu führenden Verzeichnisses unverzüglich Kenntnis erlangt. [3]Schwerwiegende Fehlfunktionen hat sie unverzüglich, andere Fehlfunktionen hat sie zeitnah zu beheben.

[1)] § 15 Abs. 1 Satz 3 angef. mWv 18.5.2017 durch G v. 12.5.2017 (BGBl. I S. 1121).

Teil 3. Europäisches Rechtsanwaltsverzeichnis

§ 16[1)] Abruf von Angaben über das Europäische Rechtsanwaltsverzeichnis. [1]Die Bundesrechtsanwaltskammer stellt die in § 17 genannten Angaben des Gesamtverzeichnisses für die Einsichtnahme über das auf den Internetseiten der Europäischen Kommission unter der Bezeichnung „Find a lawyer" betriebene elektronische Suchsystem, das im Deutschen die Bezeichnung „Europäisches Rechtsanwaltsverzeichnis" trägt, abrufbereit zur Verfügung. [2]Der Abruf ist bezüglich des in § 1 Absatz 1 Satz 1 und 2 Nummer 1 bis 3 genannten Personenkreises mit Ausnahme der Syndikusrechtsanwälte, der niedergelassenen europäischen Syndikusrechtsanwälte und der Syndikusrechtsanwälte aus anderen Staaten zu ermöglichen.

§ 17[2)] Abrufbare Angaben. (1) Die Bundesrechtsanwaltskammer ermöglicht über das Europäische Rechtsanwaltsverzeichnis den Abruf der folgenden im Gesamtverzeichnis eingetragenen Angaben:

1. Familienname und Vorname oder Vornamen des Rechtsanwalts;
2. Berufsbezeichnung;
3. Name der Kanzlei und deren Anschrift;
4. Telefon- und Telefaxnummer sowie E-Mail-Adresse der Kanzlei;
5. Internetadresse der Kanzlei;
6. Kammerzugehörigkeit.

(2) § 2 Absatz 1 bis 4 Satz 1 und 2 sowie Absatz 5 ist entsprechend anwendbar.

(3) Die Bundesrechtsanwaltskammer stellt zudem die Informationen abrufbereit zur Verfügung, die für eine Suche nach Fachanwaltsbezeichnungen, Sprachkenntnissen und Tätigkeitsschwerpunkten erforderlich sind.

(4) Der Abruf von weiteren, in den Absätzen 1 bis 3 nicht genannten Eintragungen im Gesamtverzeichnis darf über das Europäische Rechtsanwaltsverzeichnis nicht ermöglicht werden.

§ 18[3)] Abrufbarkeit. (1) Die Bundesrechtsanwaltskammer stellt durch geeignete organisatorische und dem aktuellen Stand entsprechende technische Maßnahmen sicher, dass in ihrem Verantwortungsbereich alle Voraussetzungen dafür erfüllt sind, dass die in § 17 genannten Angaben des Gesamtverzeichnisses jederzeit über das Europäische Rechtsanwaltsverzeichnis abrufbar sind.

(2) [1]Die Bundesrechtsanwaltskammer hat durch geeignete organisatorische und dem aktuellen Stand entsprechende technische Maßnahmen zu gewährleisten, dass sie von in ihrem Verantwortungsbereich auftretenden Fehlfunktionen beim Abruf über das Europäische Rechtsanwaltsverzeichnis unverzüglich Kenntnis erlangt. [2]Entsprechende schwerwiegende Fehlfunktionen hat sie unverzüglich, entsprechende andere Fehlfunktionen hat sie zeitnah zu beheben. [3]Über sonstige ihr bekannt werdende Fehlfunktionen des Europäischen Rechtsanwaltsverzeichnisses hat sie den für dessen Führung Verantwortlichen unverzüglich zu unterrichten.

[1)] § 16 Satz 2 geänd. mWv 1.1.2018 durch G v. 12.5.2017 (BGBl. I S. 1121); Satz 2 geänd. mWv 1.8. 2022 durch G v. 7.7.2021 (BGBl. I S. 2363).

[2)] § 17 Abs. 1 Nr. 1 geänd. mWv 18.5.2017 durch G v. 12.5.2017 (BGBl. I S. 1121).

[3)] § 18 Abs. 2 Satz 3 geänd. mWv 26.11.2019 durch G v. 20.11.2019 (BGBl. I S. 1724).

Teil 4. Besonderes elektronisches Anwaltspostfach

§ 19[1)] Besonderes elektronisches Anwaltspostfach. (1) [1] Das besondere elektronische Anwaltspostfach nach den §§ 31a und 31b der Bundesrechtsanwaltsordnung[2)] dient der elektronischen Kommunikation der in das Gesamtverzeichnis eingetragenen Mitglieder der Rechtsanwaltskammern, der Rechtsanwaltskammern und der Bundesrechtsanwaltskammer mit den Gerichten auf einem sicheren Übermittlungsweg. [2] Ebenso dient es der elektronischen Kommunikation der Mitglieder der Rechtsanwaltskammern, der Rechtsanwaltskammern und der Bundesrechtsanwaltskammer untereinander.

(2) Das besondere elektronische Anwaltspostfach kann auch der elektronischen Kommunikation mit anderen Personen oder Stellen dienen.

(3) [1] Die Bundesrechtsanwaltskammer hat den Mitgliedern der Rechtsanwaltskammern, den Rechtsanwaltskammern und sich selbst zum Zweck des Versendens von Nachrichten über das besondere elektronische Anwaltspostfach die elektronische Suche nach allen Personen und Stellen zu ermöglichen, die über das Postfach erreichbar sind. [2] Die Bundesrechtsanwaltskammer hat zudem die Daten, die eine Suche im Sinne des Satzes 1 ermöglichen, auch den Gerichten zugänglich zu machen. [3] Sie kann sie auch anderen Personen und Stellen zugänglich machen, mit denen sie nach Absatz 2 eine Kommunikation ermöglicht.

(4) Den Mitgliedern der Rechtsanwaltskammern nach den Absätzen 1 bis 3 stehen gleich:

1. Vertretungen, Abwickler und Zustellungsbevollmächtigte, die nicht bereits von Absatz 1 Satz 1 erfasst sind, und
2. nach § 1 Absatz 1 Satz 2 Nummer 4 eingetragene Personen.

§ 20[3) 4)] Führung der besonderen elektronischen Postfächer. (1) [1] Die Bundesrechtsanwaltskammer hat die besonderen elektronischen Anwaltspostfächer auf der Grundlage des Protokollstandards „Online Services Computer Interface – OSCI" oder einem künftig nach dem Stand der Technik an dessen Stelle tretenden Standard zu betreiben. [2] Die Bundesrechtsanwaltskammer hat fortlaufend zu gewährleisten, dass die in § 19 Absatz 1 genannten Personen und Stellen miteinander sicher elektronisch kommunizieren können.

(2) Der Zugang zum besonderen elektronischen Anwaltspostfach soll barrierefrei im Sinne der Barrierefreie-Informationstechnik-Verordnung sein.

(3) Die Bundesrechtsanwaltskammer hat zu gewährleisten, dass

1. bei der Übermittlung eines Dokuments mit einer nicht-qualifizierten elektronischen Signatur auf einem sicheren Übermittlungsweg durch einen Rechtsanwalt für den Empfänger feststellbar ist, dass die Nachricht von dem Rechtsanwalt selbst versandt wurde,
2. bei der Übermittlung eines Dokuments mit einer nicht-qualifizierten elektronischen Signatur auf einem sicheren Übermittlungsweg durch eine zugelassene Berufsausübungsgesellschaft für den Empfänger feststellbar ist, dass die Nach-

---

[1)] § 19 Abs. 4 geänd. mWv 1.1.2018 durch G v. 12.5.2017 (BGBl. I S. 1121); Abs. 4 geänd. mWv 1.8. 2021 durch G v. 25.6.2021 (BGBl. I S. 2154); Abs. 1 Satz 1 geänd., Abs. 4 neu gef. mWv 1.8.2022 durch *G v. 7.7.2021 (BGBl. I S. 2363)*.

[2)] Nr. **98**.

[3)] § 20 Abs. 3 tritt am 1.1.2018 in Kraft, vgl. § 32 Abs. 2.

[4)] § 20 Abs. 3 neu gef. mWv 1.8.2022 durch G v. 7.7.2021 (BGBl. I S. 2363).

richt durch einen Rechtsanwalt versandt wurde, der zur Vertretung der Berufsausübungsgesellschaft berechtigt ist.

§ 21[1] Einrichtung eines Postfachs. (1) [1]Die Rechtsanwaltskammern unterrichten die Bundesrechtsanwaltskammer über die bevorstehende Eintragung einer Person oder einer Berufsausübungsgesellschaft in das Gesamtverzeichnis. [2]Die Bundesrechtsanwaltskammer richtet unverzüglich nach der Eintragung einer Person oder einer Berufsausübungsgesellschaft in das Gesamtverzeichnis für diese ein besonderes elektronisches Anwaltspostfach empfangsbereit ein.

(2) Absatz 1 gilt nicht, wenn die eingetragene Person oder Berufsausübungsgesellschaft von einer Rechtsanwaltskammer in eine andere wechselt.

(3) Für weitere besondere elektronische Anwaltspostfächer gelten die §§ 19, 20 und 22 bis 30 entsprechend.

(4) [1]Beantragt ein dienstleistender europäischer Rechtsanwalt die Einrichtung eines besonderen elektronischen Anwaltspostfachs, so hat er eine höchstens einen Monat alte Bescheinigung darüber vorzulegen, dass er zur Ausübung des Berufs des Rechtsanwalts in seinem Niederlassungsstaat berechtigt ist. [2]Verliert ein dienstleistender europäischer Rechtsanwalt, für den ein besonderes elektronisches Anwaltspostfach eingerichtet wurde, seine Zulassung, ist er verpflichtet, der für ihn zuständigen Rechtsanwaltskammer diesen Verlust unverzüglich mitzuteilen. [3]Hierüber ist er von der Rechtsanwaltskammer zu belehren. [4]Die Rechtsanwaltskammer hat zudem die für die Zulassung des Rechtsanwalts in seinem Niederlassungsstaat zuständige Stelle darum zu bitten, ihr einen Verlust der Zulassung unverzüglich mitzuteilen.

§ 22 Erstanmeldung am Postfach. (1) [1]Die Erstanmeldung des Postfachinhabers an seinem besonderen elektronischen Anwaltspostfach erfolgt unter Verwendung eines für ihn zu diesem Zweck erzeugten und auf einer Hardwarekomponente gespeicherten Zertifikats, das die eindeutige Bezeichnung des Postfachs enthält, sowie unter Verwendung der zugehörigen Zertifikats-PIN. [2]Eine Hardwarekomponente im Sinne des Satzes 1 und des § 23 muss vergleichbaren Anforderungen genügen, wie sie nach dem Anhang II der Verordnung (EU) Nr. 910/2014 des Europäischen Parlaments und des Rates vom 23. Juli 2014 über elektronische Identifizierung und Vertrauensdienste für elektronische Transaktionen im Binnenmarkt und zur Aufhebung der Richtlinie 1999/93/EG (ABl. L 257 vom 28.8.2014, S. 73) für qualifizierte elektronische Signaturerstellungseinheiten gelten.

(2) [1]Der Postfachinhaber erlangt das zur Erstanmeldung erforderliche Zertifikat und die zugehörige Zertifikats-PIN durch Bestellung des Zertifikats bei der Bundesrechtsanwaltskammer oder einer von ihr bestimmten Stelle. [2]Der Postfachinhaber kann auch mehrere zur Erstanmeldung geeignete Zertifikate bestellen.

(3) Die Ausgabe des zur Erstanmeldung erforderlichen Zertifikats und die Zuteilung der zugehörigen Zertifikats-PIN haben in einem Verfahren zu erfolgen, das gewährleistet, dass

1. der Postfachinhaber das Zertifikat und die Zertifikats-PIN unverzüglich, jedoch getrennt voneinander erlangt,

[1] § 21 Abs. 3 und 4 angef. mWv 1.1.2018 durch G v. 12.5.2017 (BGBl. I S. 1121); Abs. 1 Sätze 1 und 2, Abs. 2 geänd., Abs. 3 eingef., bish. Abs. 3 und 4 werden Abs. 4 und 5 mWv 1.8.2022 durch G v. 7.7.2021 (BGBl. I S. 2363); Abs. 3 aufgeh., bish. Abs. 4 und 5 werden Abs. 3 und 4 mWv 1.8.2022 durch G v. 15.7.2022 (BGBl. I S. 1146).

2. das besondere elektronische Anwaltspostfach dem Zertifikat zweifelsfrei zugeordnet ist,
3. keine unbefugte Inbesitznahme des Zertifikats durch Dritte erfolgt und
4. keine unbefugte Kenntnisnahme Dritter von der Zertifikats-PIN erfolgt.

(4) [1] Die Bundesrechtsanwaltskammer hat sich in geeigneter Weise davon zu überzeugen, dass das zur Erstanmeldung erforderliche Zertifikat dem Postfachinhaber zugegangen ist. [2] Hierzu kann sie sich einer anderen öffentlichen Stelle bedienen.

(5) Die Bundesrechtsanwaltskammer hat das zur Erstanmeldung erteilte Zertifikat unverzüglich zu sperren, wenn Anhaltspunkte dafür bestehen, dass die Voraussetzungen nach Absatz 3 Nummer 2 bis 4 nicht erfüllt sind.

§ 23[1)] [2)] Weitere Zugangsberechtigungen zum Postfach. (1) [1] Der Postfachinhaber kann mit einem auf einer Hardwarekomponente gespeicherten Zertifikat weitere ihm zugeordnete Zertifikate berechtigen, ihm Zugang zu seinem besonderen elektronischen Anwaltspostfach zu gewähren. [2] Diese Zertifikate müssen nicht auf einer Hardwarekomponente gespeichert sein. [3] Zu ihnen muss jedoch ebenfalls eine Zertifikats-PIN gehören. [4] Zudem müssen sie von einem von der Bundesrechtsanwaltskammer anerkannten Zertifizierungsdiensteanbieter authentifiziert sein.

(2) [1] Der Postfachinhaber kann auch anderen Personen Zugang zu seinem besonderen elektronischen Anwaltspostfach gewähren. [2] Verfügen die anderen Personen nicht über ein eigenes besonderes elektronisches Anwaltspostfach, hat der Postfachinhaber für sie ein Zugangskonto anzulegen. [3] Der Zugang der anderen Personen über ihr Zugangskonto erfolgt unter Verwendung eines ihnen zugeordneten Zertifikats und einer zugehörigen Zertifikats-PIN. [4] Der Postfachinhaber kann hierzu mit einem auf einer Hardwarekomponente gespeicherten Zertifikat weitere Zertifikate berechtigen, anderen Personen Zugang zu seinem Postfach zu gewähren. [5] Für diese Zertifikate gilt Absatz 1 Satz 2 bis 4 entsprechend.

(3) [1] Der Postfachinhaber kann, wenn er mit einem auf einer Hardwarekomponente gespeicherten Zertifikat angemeldet ist, anderen Personen unterschiedlich weit reichende Zugangsberechtigungen zu seinem besonderen elektronischen Anwaltspostfach erteilen. [2] Er kann anderen Personen, deren Zertifikat auf einer Hardwarekomponente gespeichert ist, auch die Befugnis einräumen, weitere Zugangsberechtigungen zu erteilen. [3] Für die Erteilung weiterer Zugangsberechtigungen durch entsprechend ermächtigte andere Personen gelten die Absätze 1 und 2 entsprechend. [4] Der Postfachinhaber kann anderen Personen zudem die Befugnis einräumen, Nachrichten zu versenden. [5] Das Recht, nicht-qualifiziert elektronisch signierte Dokumente auf einem sicheren Übermittlungsweg zu versenden, kann er jedoch nicht auf andere Personen übertragen. [6] Satz 5 gilt nicht für die Befugnis von Vertretungen und Zustellungsbevollmächtigten, elektronische Empfangsbekenntnisse abzugeben. [7] Handelt es sich bei dem Postfachinhaber um eine Berufsausübungsgesellschaft, so darf diese das Recht, nicht-qualifiziert elektronisch signierte Dokumente für die Berufsausübungsgesellschaft auf einem sicheren Übermittlungsweg zu versenden, nur solchen vertretungsberechtigten Rechtsanwälten einräumen, die ihren Beruf in der Berufsausübungsgesellschaft ausüben.

[1)] *§ 23 Abs. 3 Satz 5 tritt am 1.1.2018 in Kraft; vgl. § 32 Abs. 2.*

[2)] § 23 Abs. 3 Satz 6 angef. mWv 1.8.2021 durch G v. 25.6.2021 (BGBl. I S. 2154); Abs. 3 Satz 7 angef. mWv 1.8.2022 durch G v. 7.7.2021 (BGBl. I S. 2363); Abs. 3 Satz 7 neu gef. mWv 1.8.2022 durch G v. 15.7.2022 (BGBl. I S. 1146).

(4) Der Postfachinhaber und die von ihm entsprechend ermächtigten anderen Personen können erteilte Zugangsberechtigungen jederzeit ändern und widerrufen.

§ 24 Zugang zum Postfach. (1) [1]Die Anmeldung des Inhabers an seinem besonderen elektronischen Anwaltspostfach erfolgt mit einem ihm zugeordneten Zertifikat und der zugehörigen Zertifikats-PIN. [2]Hat der Inhaber die Nutzung des Postfachs beendet, hat er sich abzumelden. [3]Die Bundesrechtsanwaltskammer hat für den Fall, dass der aktivierte Zugang für eine bestimmte Zeitdauer nicht genutzt wird, eine automatische Abmeldung des Postfachinhabers durch das System vorzusehen. [4]Bei der Bemessung der Zeitdauer sind die Belange des Datenschutzes gegen den Aufwand für die erneute Anmeldung abzuwägen.

(2) Die Anmeldung anderer Personen an einem besonderen elektronischen Anwaltspostfach erfolgt mit einem ihnen zugeordneten Zertifikat und der zugehörigen Zertifikats-PIN; Absatz 1 Satz 2 bis 4 gilt entsprechend.

§ 25[1)] Vertretungen, Abwickler und Zustellungsbevollmächtigte.

(1) [1]Verfügt eine Person, die für eine im Gesamtverzeichnis eingetragene Person oder Berufsausübungsgesellschaft von der Rechtsanwaltskammer als Vertretung oder Abwickler bestellt wird, nicht über ein besonderes elektronisches Anwaltspostfach, unterrichtet die für die eingetragene Person zuständige Rechtsanwaltskammer die Bundesrechtsanwaltskammer über deren Bestellung oder Benennung. [2]Sie übermittelt hierzu die Angaben zur Identität der eingetragenen Person oder Berufsausübungsgesellschaft sowie den Familiennamen, die Vornamen und eine zustellfähige Anschrift der Person, für die das Postfach einzurichten ist. [3]Die Bundesrechtsanwaltskammer richtet daraufhin für die bestellte oder benannte Person für die Dauer ihrer Tätigkeit ein besonderes elektronisches Anwaltspostfach ein.

(2) Die Rechtsanwaltskammern teilen der Bundesrechtsanwaltskammer mit, wenn aufgrund veränderter Umstände die Voraussetzungen für die Einrichtung eines besonderen elektronischen Anwaltspostfachs im Sinne des Absatzes 1 entfallen sind.

(3) [1]Bestellt die Rechtsanwaltskammer eine Vertretung oder einen Abwickler, so räumt die Bundesrechtsanwaltskammer dieser Person oder der Berufsausübungsgesellschaft für die Dauer ihrer Bestellung einen auf die Übersicht der eingegangenen Nachrichten beschränkten Zugang zum besonderen elektronischen Anwaltspostfach der Person ein, für die sie bestellt wurde. [2]Dabei müssen für die Vertretung oder den Abwickler der Absender und der Eingangszeitpunkt der Nachricht einsehbar sein; der Betreff, der Text und die Anhänge der Nachricht dürfen nicht einsehbar sein. [3]Die zur Einräumung des Zugangs erforderliche Übermittlung von Daten durch die Rechtsanwaltskammer an die Bundesrechtsanwaltskammer erfolgt im automatisierten Verfahren. [4]Zu diesem Zweck zu übertragende Daten sind zumindest mit einer fortgeschrittenen elektronischen Signatur zu versehen.

(4) [1]Hat es ein Rechtsanwalt in den Fällen des § 30, des § 46c Absatz 6 oder des § 54 Absatz 2 der Bundesrechtsanwaltsordnung[2)] unterlassen, einem von ihm

[1)] § 25 Überschrift und Abs. 1 Satz 1 geänd., Abs. 3 Sätze 1 und 2, Abs. 4 neu gef. mWv 1.8.2021 durch G v. 25.6.2021 (BGBl. I S. 2154); Abs. 1 Sätze 1 und 2, Abs. 3 Satz 1 geänd., Abs. 5 angef. mWv 1.8.2022 durch G v. 7.7.2021 (BGBl. I S. 2363).

[2)] Nr. **98**.

benannten Zustellungsbevollmächtigten oder einer von ihm bestellten Vertretung einen Zugang zu seinem besonderen elektronischen Anwaltspostfach einzuräumen, so kann die Bundesrechtsanwaltskammer dieser Person für die Dauer ihrer Benennung oder Bestellung einen auf die Übersicht der eingegangenen Nachrichten beschränkten Zugang zum besonderen elektronischen Anwaltspostfach des Rechtsanwalts einräumen, für den sie benannt oder bestellt wurde. [2] Absatz 3 Satz 2 bis 4 gilt entsprechend. [3] Der Antrag auf Einräumung eines Zugangs nach Satz 1 ist bei der Rechtsanwaltskammer zu stellen.

(5) Hat es eine Berufsausübungsgesellschaft in den Fällen des § 59m Absatz 4 in Verbindung mit § 30 der Bundesrechtsanwaltsordnung oder des § 59e Absatz 1 in Verbindung mit § 54 Absatz 2 der Bundesrechtsanwaltsordnung unterlassen, einem von ihr benannten Zustellungsbevollmächtigten oder einer von ihr bestellten Vertretung einen Zugang zu ihrem besonderen elektronischen Anwaltspostfach einzuräumen, so gilt Absatz 4 entsprechend.

§ 26 Datensicherheit. (1) Die Inhaber eines für sie erzeugten Zertifikats dürfen dieses keiner weiteren Person überlassen und haben die dem Zertifikat zugehörige Zertifikats-PIN geheim zu halten.

(2) Der Postfachinhaber hat unverzüglich alle erforderlichen Maßnahmen zu ergreifen, um einen unbefugten Zugriff auf sein Postfach zu verhindern, sofern Anhaltspunkte dafür bestehen, dass

1. ein Zertifikat in den Besitz einer unbefugten Person gelangt ist,
2. die einem Zertifikat zugehörige Zertifikats-PIN einer unbefugten Person bekannt geworden ist,
3. ein Zertifikat unbefugt kopiert wurde oder
4. sonst von einer Person mittels eines Zertifikats auf das besondere elektronische Anwaltspostfach unbefugt zugegriffen werden könnte.

§ 27 Automatisches Löschen von Nachrichten. [1] Nachrichten dürfen frühestens 90 Tage nach ihrem Eingang automatisch in den Papierkorb des besonderen elektronischen Anwaltspostfachs verschoben werden. [2] Im Papierkorb befindliche Nachrichten dürfen frühestens nach 30 Tagen automatisch gelöscht werden.

§ 28[1)] Aufhebung der Zugangsberechtigung und Sperrung. (1) [1] Die Bundesrechtsanwaltskammer sperrt ein besonderes elektronisches Anwaltspostfach, wenn die Eintragungen zum Postfachinhaber im Gesamtverzeichnis gesperrt wurden. [2] Ein für die Zweigstelle einer Berufsausübungsgesellschaft eingerichtetes weiteres besonderes elektronisches Anwaltspostfach wird zudem gesperrt, wenn die Berufsausübungsgesellschaft dieses nicht mehr wünscht. [3] Der Zugang zu einem gesperrten besonderen elektronischen Anwaltspostfach ist nicht möglich. [4] Dies gilt für den Postfachinhaber und alle anderen Personen, denen eine Zugangsberechtigung zu dem Postfach erteilt wurde. [5] Die Sätze 1 bis 4 gelten nicht, wenn der Postfachinhaber von einer Rechtsanwaltskammer in eine andere wechselt.

(2) [1] Das besondere elektronische Anwaltspostfach wird zudem gesperrt, wenn für dessen Inhaber ein Abwickler bestellt ist. [2] Der Zugang des Abwicklers nach § 25 Absatz 3 Satz 1 und 2 bleibt hiervon unberührt.

(3) *Gesperrte besondere elektronische Anwaltspostfächer* sind nicht adressierbar.

[1)] § 28 Abs. 1 Satz 2 eingef., bish. Sätze 2–4 werden Sätze 3–5, neuer Satz 5 geänd. mWv 1.8.2022 durch G v. 7.7.2021 (BGBl. I S. 2363).

(4) Wird eine Sperrung der Eintragung des Postfachinhabers im Gesamtverzeichnis aufgehoben, ist auch die Sperrung des besonderen elektronischen Anwaltspostfachs unverzüglich rückgängig zu machen.

§ 29 Löschung des Postfachs. [1] Gesperrte besondere elektronische Anwaltspostfächer werden einschließlich der darin gespeicherten Nachrichten sechs Monate nach der Sperrung gelöscht. [2] Wird ein Abwickler bestellt, erfolgt die Löschung nicht vor Beendigung der Abwicklung.

Teil 5. Schlussvorschriften

§ 30[1)] Die Rechtsanwaltschaft bei dem Bundesgerichtshof. Von den Aufgaben, die nach dieser Verordnung der Rechtsanwaltskammer zugewiesen sind, nimmt das Bundesministerium der Justiz und für Verbraucherschutz die Aufgaben wahr, die mit der Zulassung zur Rechtsanwaltschaft bei dem Bundesgerichtshof, dem Erlöschen dieser Zulassung und der Bestellung einer Vertretung oder eines Abwicklers für einen Rechtsanwalt bei dem Bundesgerichtshof verbunden sind.

§ 31[2)] *(aufgehoben)*

§ 32 Inkrafttreten. (1) Diese Verordnung tritt vorbehaltlich des Absatzes 2 am Tag nach der Verkündung[3)] in Kraft.

(2) § 2 Absatz 6 Satz 3, Absatz 7 bis 9, § 7 Absatz 1 Satz 2 Nummer 5 und 6, § 20 Absatz 3 sowie § 23 Absatz 3 Satz 5 treten am 1. Januar 2018 in Kraft.

[1)] § 30 geänd. mWv 1.8.2021 durch G v. 25.6.2021 (BGBl. I S. 2154).
[2)] § 31 aufgeh. mWv 1.1.2018 durch G v. 12.5.2017 (BGBl. I S. 1121).
[3)] Verkündet am 27.9.2016.

98/4. Gesetz über die Tätigkeit europäischer Rechtsanwälte in Deutschland (EuRAG)[1) 2)]

Vom 9. März 2000
(BGBl. I S. 182, ber. S. 1349)

FNA 303-19

Lfd. Nr.	Änderndes Gesetz	Datum	Fundstelle	Betroffen	Hinweis
1.	Art. 7 G zur Einführung des Euro in Rechtspflegegesetzen und in Gesetzen des Straf- und Ordnungswidrigkeitenrechts, zur Änd. der Mahnvordruckverordnungen sowie zur Änd. weiterer Gesetze	13.12.2001	BGBl. I S. 3574	§ 39, Anl.	geänd. mWv 1.1.2002
2.	Art. 13 OLG-VertretungsänderungsG	23.7.2002	BGBl. I S. 2850	§ 27	geänd. mWv 1.8.2002
3.	Art. 1 G zur Änd. des EuRAG und weiterer berufsrechtlicher Vorschriften für Rechts- und Patentanwälte, Steuerberater und Wirtschaftsprüfer[3)]	26.10.2003	BGBl. I S. 2074	§§ 1, 3, 7, 16, 17, 32, 38, 41, Anl.	geänd. mWv 1.11.2003
4.	Art. 4 G zur Anpassung von Rechtsvorschriften des Bundes infolge des Beitritts der Republik Bulgarien und Rumäniens zur EU	7.12.2006	BGBl. I S. 2814	§ 32, Anl.	geänd. mWv 1.1.2007
5.	Art. 2 G zur Stärkung der Selbstverwaltung der Rechtsanwaltschaft	26.3.2007	BGBl. I S. 358	§§ 3, 4, 6, 7, 8, 11, 12, 13, 14, 15, 34, 37, 38, 39, 41	geänd. mWv 1.6.2007
6.	Art. 19 Abs. 9 G zur Neuregelung des Rechtsberatungsrechts[4)]	12.12.2007	BGBl. I S. 2840	§ 28	geänd. mWv 1.7.2008

[1)] Verkündet als Art. 1 G v. 9.3.2000 (BGBl. I S. 182); Inkrafttreten gem. Art. 10 Abs. 2 Satz 1 iVm Abs. 1 dieses G am 14.3.2000.

[2)] **Amtl. Anm. an der Überschrift des MantelG:** „Dieses Gesetz setzt folgende Richtlinien um:
In Artikel 1 §§ 1, 2 bis 15, 36 bis 42 die Richtlinie 98/5/EG des Europäischen Parlaments und des Rates vom 16. Februar 1998 zur Erleichterung der ständigen Ausübung des Rechtsanwaltsberufs in einem anderen Mitgliedstaat als dem, in dem die Qualifikation erworben wurde (ABl. EG Nr. L 77 S. 36); in Artikel 1 §§ 1, 16 bis 24, 36, 40 die Richtlinie 89/48/EWG des Rates der Europäischen Gemeinschaften vom 21. Dezember 1988 über eine allgemeine Regelung zur Anerkennung der Hochschuldiplome, die eine mindestens dreijährige Berufsausbildung abschließen (ABl. EG Nr. L 19 S. 16); in Artikel 1 §§ 1, 25 bis 35, 40, 42 die Richtlinie 77/249/EWG des Rates vom 22. März 1977 zur Erleichterung der tatsächlichen Ausübung des freien Dienstleistungsverkehrs der Rechtsanwälte (ABl. EG Nr. L 78 S. 17)."

[3)] **Amtl. Anm.:** Dieses Gesetz setzt die Richtlinie 2001/19/EG des Europäischen Parlaments und des Rates vom 14. Mai 2001 zur Änderung der Richtlinien 89/48/EWG und 92/51/EWG des Rates über eine allgemeine Regelung zur Anerkennung beruflicher Befähigungsnachweise und der Richtlinien 77/452/EWG, 77/453/EWG, 78/686/EWG, 78/687/EWG, 78/1026/EWG, 78/1027/EWG, 80/154/EWG, 80/155/EWG, 85/384/EWG, 85/432/EWG, 85/433/EWG und 93/16/EWG des Rates über die Tätigkeiten der Krankenschwester und des Krankenpflegers, die für die allgemeine Pflege verantwortlich sind, des Zahnarztes, des Tierarztes, der Hebamme, des Architekten, des Apothekers und des Arztes (ABl. EG Nr. L 206 S. 1) um, soweit sie die Anerkennung beruflicher Befähigungsnachweise von Rechtsanwälten, Patentanwälten, Steuerberatern und Wirtschaftsprüfern betrifft.

Lfd. Nr.	Änderndes Gesetz	Datum	Fundstelle	Betroffen	Hinweis
7.	Art. 2 G zur Modernisierung von Verfahren im anwaltlichen und notariellen Berufsrecht, zur Errichtung einer Schlichtungsstelle der Rechtsanwaltschaft sowie zur Änd. sonstiger Vorschriften[1]	30.7.2009	BGBl. I S. 2449	Inhaltsübersicht, §§ 3, 7, 9, 11, 12, 13, 14, 25, 27, 31, 33, 34, 36, 41	geänd. mWv 1.9.2009
				§§ 35, 39, Teil 8 Überschrift	neu gef. mWv 1.9.2009
				§ 34a, Teil 6 Überschrift, § 43	eingef. mWv 1.9.2009
				Überschrift vor § 36	aufgeh. mWv 1.9.2009
8.	Art. 9 G zur Verbesserung der Feststellung und Anerkennung im Ausland erworbener Berufsqualifikationen	6.12.2011	BGBl. I S. 2515	Inhaltsübersicht, §§ 1, 3, 16	geänd. mWv 1.4.2012
				§ 38a	eingef. mWv 1.4.2012
9.	Art. 3 G zur Anpassung von Rechtsvorschriften des Bundes infolge des Beitritts der Republik Kroatien zur EU	17.6.2013	BGBl. I S. 1555	§ 32, Anl.	geänd. mWv 1.7.2013
10.	Art. 141 Zehnte ZuständigkeitsanpassungsVO	31.8.2015	BGBl. I S. 1474	§ 40	geänd. mWv 8.9.2015
11.	Art. 2 G zur Neuordnung des Rechts der Syndikusanwälte und zur Änd. der FinanzgerichtsO	21.12.2015	BGBl. I S. 2517	§§ 4, 5, 6, 11, 13	geänd. mWv 1.1.2016
12.	Art. 2 G zur Umsetzung der BerufsanerkennungsRL und zur Änd. weiterer Vorschriften im Bereich der rechtsberatenden Berufe[2]	12.5.2017	BGBl. I S. 1121	Inhaltsübersicht, §§ 4, 5, 6, 7, 11, 12, 13, 17, 18, 21, 23, 25, 26, 27, 32, 34, 34a, 40, 41	geänd. mWv 18.5.2017
				Teil 4 Überschrift, §§ 16, 36, 37, 38	neu gef. mWv 18.5.2017
				§ 16a	eingef. mWv 18.5.2017
				§§ 19, 43	aufgeh. mit Ablauf des 17.5.2017
				Inhaltsübersicht, § 31	geänd. mWv 1.1.2018

[4] **Amtl. Anm.:** Dieses Gesetz dient der Umsetzung der Richtlinie 2005/36/EG des Europäischen Parlaments und des Rates vom 7. September 2005 über die Anerkennung von Berufsqualifikationen (ABl. EU Nr. L 255 S. 22).

[1] **Amtl. Anm.:** Dieses Gesetz dient der Umsetzung der Richtlinie 2006/123/EG des Europäischen Parlaments und des Rates vom 12. Dezember 2006 über Dienstleistungen im Binnenmarkt (ABl. L 376 vom 27.12.2006, S. 36).

[2] **Amtl. Anm.:** Dieses Gesetz dient der Umsetzung der Richtlinie 2005/36/EG des Europäischen Parlaments und des Rates vom 7. September 2005 über die Anerkennung von Berufsqualifikationen (ABl. L 255 vom 30.9.2005, S. 22; L 271 vom 16.10.2007, S. 18; L 93 vom 4.4.2008, S. 28; L 33 vom 3.2.2009, S. 49; L 305 vom 24.10.2014, S. 115), die zuletzt durch die Richtlinie 2013/55/EU (ABl. L 354 vom 28.12.2013, S. 132; L 268 vom 15.10.2015, S. 35; L 95 vom 9.4.2016, S. 20) geändert worden ist, sowie der Umsetzung der Richtlinie 2013/55/EU des Europäischen Parlaments und des Rates vom *20. November 2013* zur Änderung der Richtlinie 2005/36/EG über die Anerkennung von Berufsqualifikationen und der Verordnung (EU) Nr. 1024/2012 über die Verwaltungszusammenarbeit mit Hilfe des Binnenmarkt-Informationssystems („IMI-Verordnung") (ABl. L 354 vom 28.12.2013, S. 132; L 268 vom 15.10.2015, S. 35; L 95 vom 9.4.2016, S. 20).

Lfd. Nr.	Änderndes Gesetz	Datum	Fundstelle	Betroffen	Hinweis
				§ 27a	eingef. mWv 1.1.2018
13.	Art. 6 G zur Neuregelung des Schutzes von Geheimnissen bei der Mitwirkung Dritter an der Berufsausübung schweigepflichtiger Personen	30.10. 2017	BGBl. I S. 3618	§§ 27, 42	geänd. mWv 9.11.2017
14.	Art. 1 VO zur Anpassung des anwaltlichen Berufsrechts an den Austritt des Vereinigten Königreichs aus der EU	10.12. 2020	BGBl. I S. 2929	Anl.	geänd. mWv 1.1.2021
15.	Art. 4 G zur Verbesserung des Verbraucherschutzes im Inkassorecht und zur Änd. weiterer Vorschriften	22.12. 2020	BGBl. I S. 3320	§§ 4, 37	geänd. mWv 1.1.2021
16.	Art. 13 G zur Modernisierung des notariellen Berufsrechts und zur Änd. weiterer Vorschriften	25.6.2021	BGBl. I S. 2154	§§ 2, 6, 9, 12, 14, 15, 17, 18, 20, 21, 22, 23, 25, 30, 31, 32, Anl.	geänd. mWv 1.8.2021
17.	Art. 12 G zur Neuregelung des Berufsrechts der anwaltlichen und steuerberatenden Berufsausübungsgesellschaften sowie zur Änd. weiterer Vorschriften im Bereich der rechtsberatenden Berufe	7.7.2021	BGBl. I S. 2363	§§ 4, 6, 8, 9, 27a, 34a	geänd. mWv 1.8.2022
18.	Art. 24 G zum Ausbau des elektronischen Rechtsverkehrs mit den Gerichten und zur Änd. weiterer Vorschriften[1]	5.10.2021	BGBl. I S. 4607	§ 31	geänd. mWv 1.1.2022

Inhaltsübersicht[2]

Teil 1. Allgemeine Vorschriften

Teil 2. Berufsausübung als niedergelassener europäischer Rechtsanwalt

Abschnitt 1. Allgemeine Voraussetzungen

Abschnitt 2. Berufliche Rechte und Pflichten

[1] **Amtl. Anm.:** Notifiziert gemäß der Richtlinie (EU) 2015/1535 des Europäischen Parlaments und des Rates vom 9. September 2015 über ein Informationsverfahren auf dem Gebiet der technischen Vorschriften und der Vorschriften für die Dienste der Informationsgesellschaft (ABl. L 241 vom 17.9.2015, S. 1).

[2] Inhaltsübersicht geänd. mWv 1.9.2009 durch G v. 30.7.2009 (BGBl. I S. 2449); mWv 1.4.2012 durch G v. 6.12.2011 (BGBl. I S. 2515); mWv 18.5.2017 und mWv 1.1.2018 durch G v. 12.5.2017 (BGBl. I S. 1121).

Teil 1. Allgemeine Vorschriften

§ 1[1)] Persönlicher Anwendungsbereich. Dieses Gesetz regelt für natürliche Personen, die berechtigt sind, als Rechtsanwalt unter einer der in der Anlage zu dieser Vorschrift genannten Berufsbezeichnungen selbständig tätig zu sein (europäische Rechtsanwälte), die Berufsausübung und die Zulassung zur Rechtsanwaltschaft in Deutschland.

Teil 2. Berufsausübung als niedergelassener europäischer Rechtsanwalt

Abschnitt 1. Allgemeine Voraussetzungen

§ 2[2)] Niederlassung. (1) Wer als europäischer Rechtsanwalt auf Antrag in die für den Ort seiner Niederlassung zuständige Rechtsanwaltskammer aufgenommen wurde, ist berechtigt, in Deutschland unter der Berufsbezeichnung des Herkunftsstaates die Tätigkeit eines Rechtsanwalts gemäß §§ 1 bis 3 der Bundesrechtsanwaltsordnung[3)] auszuüben (niedergelassener europäischer Rechtsanwalt).

(2) Die Aufnahme in die Rechtsanwaltskammer setzt voraus, dass die antragstellende Person bei der zuständigen Stelle des Herkunftsstaates als europäischer Rechtsanwalt eingetragen ist.

§ 3[4)] Antrag. (1) Über den Antrag auf Aufnahme in die Rechtsanwaltskammer entscheidet die Rechtsanwaltskammer.

(2) [1]Dem Antrag ist eine Bescheinigung der im Herkunftsstaat zuständigen Stelle über die Zugehörigkeit des europäischen Rechtsanwalts zu diesem Beruf beizufügen. [2]Die Rechtsanwaltskammer kann verlangen, dass diese Bescheinigung zum Zeitpunkt ihrer Vorlage nicht älter als drei Monate ist.

§ 4[5)] Verfahren. (1) Für die Aufnahme in die Rechtsanwaltskammer gelten mit Ausnahme des § 12 Absatz 4 sowie der §§ 17 und 46a Absatz 1 Satz 1 Nummer 1 der Bundesrechtsanwaltsordnung[3)] die §§ 6 bis 36, 46a bis 46c Absatz 1, 4 und 5 der Bundesrechtsanwaltsordnung sinngemäß sowie die auf Grund von § 31d der Bundesrechtsanwaltsordnung erlassene Rechtsverordnung.

(2) [1]Die Aufnahme in die Rechtsanwaltskammer ist auch dann zu widerrufen, wenn die Berechtigung zur Berufsausübung im Herkunftsstaat dauernd entzogen wird oder die Person aus sonstigen Gründen den Status eines europäischen Rechtsanwalts verliert. [2]Wird die Berechtigung zur Berufsausübung im Herkunftsstaat vorläufig oder zeitweilig entzogen, so kann die Aufnahme in die Rechtsanwaltskammer widerrufen werden.

[1)] § 1 geänd. mWv 1.11.2003 durch G v. 26.10.2003 (BGBl. I S. 2074); geänd. mWv 1.4.2012 durch G v. 6.12.2011 (BGBl. I S. 2515).

[2)] § 2 Abs. 2 geänd. mWv 1.8.2021 durch G v. 25.6.2021 (BGBl. I S. 2154).

[3)] Nr. **98**.

[4)] § 3 Abs. 2 Nr. 1 geänd. mWv 1.11.2003 durch G v. 26.10.2003 (BGBl. I S. 2074); Abs. 1 und Abs. 2 Nr. 2 geänd. mWv 1.6.2007 durch G v. 26.3.2007 (BGBl. I S. 358); Abs. 3 aufgeh. mWv 1.9.2009 durch G v. 30.7.2009 (BGBl. I S. 2449); Abs. 2 neu gef. mWv 1.4.2012 durch G v. 6.12.2011 (BGBl. I S. 2515).

[5)] § 4 Abs. 1, 2 Satz 1 und Abs. 3 geänd. mWv 1.6.2007 durch G v. 26.3.2007 (BGBl. I S. 358).; Abs. 1 Satz 2 angef. mWv 1.1.2016 durch G v. 21.12.2015 (BGBl. I S. 2517); Abs. 1 neu gef. mWv 18.5.2017 durch G v. 12.5.2017 (BGBl. I S. 1121); Abs. 2 Satz 1 geänd. mWv 1.1.2021 durch G v. 22.12.2020 (BGBl. I S. 3320); Abs. 1 geänd. mWv 1.8.2022 durch G v. 7.7.2021 (BGBl. I S. 2363).

(3) Die Rechtsanwaltskammer setzt die zuständige Stelle des Herkunftsstaates von der Aufnahme in die Rechtsanwaltskammer sowie von der Rücknahme und dem Widerruf der Aufnahme in Kenntnis, um dieser die Ausübung der Berufsaufsicht zu ermöglichen.

Abschnitt 2. Berufliche Rechte und Pflichten

§ 5[1)] Berufsbezeichnung. (1) [1]Der niedergelassene europäische Rechtsanwalt hat die Berufsbezeichnung zu verwenden, die er im Herkunftsstaat nach dem dort geltenden Recht zu führen berechtigt ist. [2]Wer danach berechtigt ist, die Berufsbezeichnung „Rechtsanwalt" zu führen, hat zusätzlich die Berufsorganisation anzugeben, der er im Herkunftsstaat angehört. [3]Der niedergelassene europäische Rechtsanwalt, der als Syndikusrechtsanwalt in die Rechtsanwaltskammer aufgenommen wurde, hat der Berufsbezeichnung nach den Sätzen 1 und 2 die Bezeichnung „Syndikus" in Klammern nachzustellen.

(2) [1]Der niedergelassene europäische Rechtsanwalt ist berechtigt, im beruflichen Verkehr zugleich die Bezeichnung „Mitglied der Rechtsanwaltskammer" zu verwenden. [2]Die Bezeichnung „europäischer Rechtsanwalt" darf als Berufsbezeichnung und in der Werbung nicht verwendet werden.

§ 6[2)] Berufliche Stellung. (1) Für die Rechtsstellung nach Aufnahme in die Rechtsanwaltskammer gelten die Vorschriften des Dritten, Vierten, Sechsten, Siebenten, Neunten bis Elften und Dreizehnten Teils sowie § 207a der Bundesrechtsanwaltsordnung[3)].

(2) [1]Vertretungsverbote nach § 114 Abs. 1 Nr. 4 sowie nach den §§ 150 und 161a der Bundesrechtsanwaltsordnung sind für das Bundesgebiet auszusprechen. [2]An die Stelle der Ausschließung aus der Rechtsanwaltschaft nach § 114 Abs. 1 Nr. 5 der Bundesrechtsanwaltsordnung tritt das Verbot, in Deutschland fremde Rechtsangelegenheiten zu besorgen; mit der Rechtskraft dieser Entscheidung endet die Mitgliedschaft der verurteilten Person in der Rechtsanwaltskammer.

(3) Der niedergelassene europäische Rechtsanwalt hat seine Berufsausübung in Deutschland einzustellen, wenn ihm seitens der zuständigen Stelle des Herkunftsstaates die Berechtigung zur Ausübung seiner beruflichen Tätigkeit vorläufig, zeitweilig oder dauernd entzogen worden ist.

§ 7[4)] Berufshaftpflichtversicherung. (1) [1]Von der Verpflichtung, eine Berufshaftpflichtversicherung nach § 51 der Bundesrechtsanwaltsordnung[3)] zu unterhalten, ist der niedergelassene europäische Rechtsanwalt befreit, wenn er der Rechtsanwaltskammer eine nach den Vorschriften des Herkunftsstaates geschlossene Versicherung oder Garantie nachweist, die hinsichtlich der Bedingungen und des Deckungsumfangs einer Versicherung gemäß § 51 der Bundesrechtsanwaltsord-

---

[1)] § 5 Abs. 1 Satz 3 angef. mWv 1.1.2016 durch G v. 21.12.2015 (BGBl. I S. 2517); Abs. 1 Satz 3 geänd., Abs. 3 aufgeh. mWv 18.5.2017 durch G v. 12.5.2017 (BGBl. I S. 1121).

[2)] § 6 Abs. 2 geänd. mWv 1.6.2007 durch G v. 26.3.2007 (BGBl. I S. 358); Abs. 1 geänd. mWv 1.1.2016 durch G v. 21.12.2015 (BGBl. I S. 2517); Abs. 1 geänd., Abs. 2 aufgeh., bish. Abs. 3 und 4 werden Abs. 2 und 3 mWv 18.5.2017 durch G v. 12.5.2017 (BGBl. I S. 1121); Abs. 2 Satz 2 geänd. mWv 1.8.2021 durch G v. 25.6.2021 (BGBl. I S. 2154); Abs. 1 geänd. mWv 1.8.2022 durch G v. 7.7.2021 (BGBl. I S. 2363).

[3)] Nr. **98**.

[4)] § 7 Abs. 3 angef. mWv 1.11.2003 durch G v. 26.10.2003 (BGBl. I S. 2074); Abs. 1 Satz 1, Abs. 2 Sätze 1 und 2 geänd. mWv 1.6.2007 durch G v. 26.3.2007 (BGBl. I S. 358); Abs. 1 Satz 3 aufgeh. mWv 1.9.2009 durch G v. 30.7.2009 (BGBl. I S. 2449); Abs. 3 geänd. mWv 18.5.2017 durch G v. 12.5.2017 (BGBl. I S. 1121).

nung gleichwertig ist. [2]Bei fehlender Gleichwertigkeit ist durch eine Zusatzversicherung oder ergänzende Garantie ein Schutz zu schaffen, der den Anforderungen des § 51 der Bundesrechtsanwaltsordnung gleichkommt.

(2) [1]Der niedergelassene europäische Rechtsanwalt hat im Fall des Absatzes 1 der Rechtsanwaltskammer jährlich eine Bescheinigung des Versicherers vorzulegen, aus der sich die Versicherungsbedingungen und der Deckungsumfang ergeben. [2]Darüber hinaus hat er die Beendigung oder Kündigung des Versicherungsvertrages sowie jede Änderung des Versicherungsvertrages, die den nach § 51 der Bundesrechtsanwaltsordnung vorgeschriebenen Versicherungsschutz beeinträchtigt, der Rechtsanwaltskammer unverzüglich mitzuteilen. [3]Kommt er den Pflichten gemäß Satz 1 oder Satz 2 nicht nach, so kann die Aufnahme in die Rechtsanwaltskammer widerrufen werden. [4]§ 14 Abs. 2 Nr. 9 der Bundesrechtsanwaltsordnung bleibt unberührt.

(3) Die Absätze 1 und 2 gelten für Rechtsanwälte, die nach Teil 3 oder 4 dieses Gesetzes in Verbindung mit § 4 Satz 1 Nummer 2 oder 3 der Bundesrechtsanwaltsordnung zugelassen sind, entsprechend.

§ 8[1)] Sozietät im Herkunftsstaat. (1) [1]Gehört der niedergelassene europäische Rechtsanwalt im Herkunftsstaat einem Zusammenschluss zur gemeinschaftlichen Berufsausübung an, so hat er dies der Rechtsanwaltskammer mitzuteilen. [2]Er hat die Bezeichnung des Zusammenschlusses und die Rechtsform anzugeben. [3]Die Rechtsanwaltskammer kann ihm auferlegen, weitere zweckdienliche Auskünfte über den betreffenden Zusammenschluss zu geben.

(2) [1]Die persönliche Haftung des niedergelassenen europäischen Rechtsanwalts für Ansprüche des Auftraggebers auf Ersatz eines schuldhaft verursachten Schadens wird durch die Rechtsform eines Zusammenschlusses, dem er im Herkunftsstaat angehört, nur ausgeschlossen oder beschränkt, soweit eine Berufshaftpflichtversicherung oder Garantie besteht, die den Voraussetzungen der §§ 59n und 59o der Bundesrechtsanwaltsordnung[2)] entspricht. [2]§ 7 gilt entsprechend.

(3) [1]Der niedergelassene europäische Rechtsanwalt kann im Rechtsverkehr die Bezeichnung eines Zusammenschlusses zur gemeinschaftlichen Berufsausübung angeben, dem er im Herkunftsstaat angehört. [2]Er hat in diesem Fall auch die Rechtsform des Zusammenschlusses im Herkunftsstaat anzugeben.

Abschnitt 3. Anwaltsgerichtliches Verfahren, Zustellungen

§ 9[3)] Mitteilungspflichten, rechtliches Gehör. (1) [1]Für Zwecke der Prüfung, ob berufsrechtliche Maßnahmen zu ergreifen sind, teilt die ermittelnde Staatsanwaltschaft nach Abschluss der Ermittlungen und vor Einreichung der Anschuldigungsschrift bei dem Anwaltsgericht der zuständigen Stelle des Herkunftsstaates die ermittelten Tatsachen mit, soweit dies aus ihrer Sicht zur Durchführung solcher Maßnahmen erforderlich ist. [2]Die Mitteilung wird durch unmittelbare Übersendung einer Abschrift der Anschuldigungsschrift an die zuständige Stelle des Herkunftsstaates bewirkt.

---

1) § 8 Abs. 1 Sätze 1 und 3 geänd. mWv 1.6.2007 durch G v. 26.3.2007 (BGBl. I S. 358); Abs. 2 Satz 1 geänd. mWv 1.8.2022 durch G v. 7.7.2021 (BGBl. I S. 2363).

2) Nr. **98**.

3) § 9 Abs. 1 neu gef. mWv 1.9.2009 durch G v. 30.7.2009 (BGBl. I S. 2449); Abs. 4 Satz 2 neu gef. mWv 1.8.2021 durch G v. 25.6.2021 (BGBl. I S. 2154); Abs. 4 Satz 2 aufgeh. mWv 1.8.2022 durch G v. 7.7.2021 (BGBl. I S. 2363).

(2) [1] Für Zwecke der Prüfung, ob berufsrechtliche Maßnahmen zu ergreifen sind, sind in anwaltsgerichtlichen Verfahren der zuständigen Stelle des Herkunftsstaates mitzuteilen:

1. die Entscheidung über die Eröffnung des Hauptverfahrens,
2. die Urteile,
3. die Verhängung vorläufiger anwaltsgerichtlicher Maßnahmen, deren Außerkrafttreten und deren Aufhebung,
4. die Verteidigungsschriften,
5. die Berufungsschriften,
6. die Revisionsschriften,
7. die Beschwerdeschriften.

[2] Mitteilungspflichtig ist das Gericht, das die mitzuteilende Entscheidung gefällt hat oder bei dem der mitzuteilende Schriftsatz eingereicht worden ist. [3] Die Mitteilung wird durch unmittelbare Übersendung einer Abschrift der mitzuteilenden Entscheidung an die zuständige Stelle des Herkunftsstaates bewirkt.

(3) [1] Sind personenbezogene Daten, die nach Absatz 1 oder Absatz 2 übermittelt werden dürfen, mit weiteren personenbezogenen Daten des Betroffenen oder eines Dritten so verbunden, dass sie nicht oder nur mit unvertretbarem Aufwand getrennt werden können, ist auch die Übermittlung dieser Daten zulässig, soweit nicht berechtigte Interessen des Betroffenen oder des Dritten an deren Geheimhaltung offensichtlich überwiegen. [2] Eine Verwendung dieser Daten ist unzulässig. [3] Der Empfänger ist darauf hinzuweisen, dass eine Verwendung der Daten des Dritten unzulässig ist und die Daten des Betroffenen nur zu dem Zweck verwendet werden dürfen, der in den Absätzen 1 und 2 genannt ist.

(4) In anwaltsgerichtlichen Verfahren hat das Gericht der zuständigen Stelle des Herkunftsstaates Gelegenheit zur Äußerung zu geben.

§ 10 Zustellungen. Kann in anwaltsgerichtlichen Verfahren und in Verfahren nach den §§ 56, 57, 74, 74a der Bundesrechtsanwaltsordnung[1)] gegen einen niedergelassenen europäischen Rechtsanwalt eine Zustellung nicht in der vorgeschriebenen Weise in Deutschland bewirkt werden und erscheint die Befolgung der Vorschriften für Zustellungen im Ausland unausführbar oder voraussichtlich erfolglos, so gilt die Zustellung als erfolgt, wenn eine Abschrift des zuzustellenden Schriftstücks der zuständigen Stelle des Herkunftsstaates übersandt wird und seit der Aufgabe zur Post vier Wochen verstrichen sind.

Teil 3. Eingliederung

Abschnitt 1. Zulassung zur Rechtsanwaltschaft nach dreijähriger Tätigkeit

§ 11[2)] Voraussetzungen. (1) [1] Wer eine mindestens dreijährige effektive und regelmäßige Tätigkeit als niedergelassener europäischer Rechtsanwalt in Deutschland auf dem Gebiet des deutschen Rechts, einschließlich des Gemeinschaftsrechts, gemäß § 12 nachweist, wird nach den Vorschriften der §§ 6 bis 36, 46a bis 46c

---

[1)] Nr. **98**.

[2)] *§ 11 Abs. 2* Satz 3 geänd. mWv 1.6.2007 durch G v. 26.3.2007 (BGBl. I S. 358); Abs. 1 Satz 1 geänd. mWv 1.9.2009 durch G v. 30.7.2009 (BGBl. I S. 2449); Abs. 1 Satz 1 geänd. mWv 1.1.2016 durch G v. 21.12.2015 (BGBl. I S. 2517); Abs. 1 Satz 1 geänd. mWv 18.5.2017 durch G v. 12.5.2017 (BGBl. I S. 1121).

Absatz 1, 4 und 5 der Bundesrechtsanwaltsordnung[1)] zur Rechtsanwaltschaft zugelassen. [2]Effektive und regelmäßige Tätigkeit ist die tatsächliche Ausübung des Berufs ohne Unterbrechung; Unterbrechungen auf Grund von Ereignissen des täglichen Lebens bleiben außer Betracht.

(2) [1]Unterbrechungen bis zu einer Dauer von drei Wochen sind in der Regel Unterbrechungen auf Grund von Ereignissen des täglichen Lebens. [2]Bei längeren Unterbrechungen sind die Umstände des Einzelfalls maßgeblich. [3]Bei der Beurteilung berücksichtigt die Rechtsanwaltskammer den Grund, die Dauer und die Häufigkeit der Unterbrechung.

(3) [1]Hat eine Unterbrechung stattgefunden, die nicht auf Grund von Ereignissen des täglichen Lebens eingetreten ist, so wird die bis dahin ausgeübte Tätigkeit nach Absatz 1 Satz 1 berücksichtigt, wenn insgesamt eine mindestens dreijährige Tätigkeit nachgewiesen wird und die Unterbrechung einer Beurteilung der Tätigkeit als effektiv und regelmäßig nicht entgegensteht. [2]Die Dauer einer solchen Unterbrechung wird bei der Berechnung des Dreijahreszeitraums nicht berücksichtigt.

§ 12[2)] Nachweis der Tätigkeit. (1) [1]Die antragstellende Person hat die Anzahl und die Art der von ihr im deutschen Recht bearbeiteten Rechtssachen sowie die Dauer ihrer Tätigkeit nachzuweisen. [2]Sie erteilt der Rechtsanwaltskammer alle Auskünfte und übermittelt ihr alle Unterlagen, die für den Nachweis geeignet sind. [3]Die Rechtsanwaltskammer kann die antragstellende Person auffordern, ihre Angaben und Unterlagen zu erläutern.

(2) [1]Zum Nachweis der im deutschen Recht bearbeiteten Rechtssachen sind Falllisten vorzulegen, die regelmäßig folgende Angaben enthalten müssen: Aktenzeichen, Gegenstand, Zeitraum, Art und Umfang der Tätigkeit, Sachstand. [2]Ferner sind auf Verlangen der Rechtsanwaltskammer anonymisierte Arbeitsproben vorzulegen.

Abschnitt 2. Zulassung bei kürzerer Tätigkeit im deutschen Recht

§ 13[3)] Voraussetzungen. (1) Wer mindestens drei Jahre effektiv und regelmäßig als niedergelassener europäischer Rechtsanwalt in Deutschland tätig war, sich dabei im deutschen Recht jedoch nur für kürzere Zeit betätigt hat, wird nach den Vorschriften der §§ 6 bis 36, 46a bis 46c Absatz 1, 4 und 5 der Bundesrechtsanwaltsordnung[1)] zur Rechtsanwaltschaft zugelassen, wenn er seine Fähigkeit, die Tätigkeit weiter auszuüben, gemäß §§ 14 und 15 nachweist.

(2) [1]Bei ihrer Entscheidung berücksichtigt die Rechtsanwaltskammer Art und Umfang der beruflichen Tätigkeit sowie sämtliche Kenntnisse und Berufserfahrungen im deutschen Recht, ferner die Teilnahme an Kursen und Seminaren über das deutsche Recht einschließlich des Berufsrechts der Rechtsanwälte. [2]§ 11 Abs. 1 Satz 2, Abs. 2, 3 gilt entsprechend.

[1)] Nr. **98**.

[2)] § 12 Abs. 1 Sätze 2 und 3, Abs. 2 Satz 2 geänd. mWv 1.6.2007 durch G v. 26.3.2007 (BGBl. I S. 358); Abs. 1 Satz 4 aufgeh. mWv 1.9.2009 durch G v. 30.7.2009 (BGBl. I S. 2449); Abs. 1 Satz 3 geänd. mWv 18.5.2017 durch G v. 12.5.2017 (BGBl. I S. 1121); Abs. 1 Sätze 1–3 geänd. mWv 1.8.2021 durch G v. 25.6.2021 (BGBl. I S. 2154).

[3)] § 13 Abs. 2 Satz 1 geänd. mWv 1.6.2007 durch G v. 26.3.2007 (BGBl. I S. 358); Abs. 1 geänd. mWv 1.9.2009 durch G v. 30.7.2009 (BGBl. I S. 2449); Abs. 1 geänd. mWv 1.1.2016 durch G v. 21.12.2015 (BGBl. I S. 2517); Abs. 1 geänd. mWv 18.5.2017 durch G v. 12.5.2017 (BGBl. I S. 1121).

§ 14[1)] Nachweise. [1]Die antragstellende Person hat die Nachweise gemäß § 12 zu erbringen. [2]Darüber hinaus hat sie der Rechtsanwaltskammer alle Auskünfte zu erteilen und alle Unterlagen zu übermitteln, die als Nachweis für ihre Kenntnisse und Berufserfahrungen im deutschen Recht geeignet sind.

§ 15[2)] Gespräch. [1]Die Rechtsanwaltskammer überprüft in einem Gespräch, ob die antragstellende Person effektiv und regelmäßig als niedergelassener europäischer Rechtsanwalt in Deutschland auf dem Gebiet des deutschen Rechts tätig war und ob sie imstande ist, diese Tätigkeit weiter auszuüben. [2]Die Gegenstände des Gesprächs sind der nachgewiesenen beruflichen Praxis der antragstellenden Person und ihren sonstigen Erfahrungen im deutschen Recht zu entnehmen.

Teil 4.[3)] Feststellung einer gleichwertigen Berufsqualifikation

§ 16[4)] Antrag auf Feststellung einer gleichwertigen Berufsqualifikation.

(1) [1]Eine Person, die eine Ausbildung abgeschlossen hat, die zum unmittelbaren Zugang zum Beruf eines europäischen Rechtsanwalts (§ 1) berechtigt, kann zum Zweck der Zulassung zur Rechtsanwaltschaft ohne Eingliederung nach Teil 3 die Feststellung beantragen, dass die von ihr erworbene Berufsqualifikation die Kenntnisse umfasst, die für die Ausübung des Berufs des Rechtsanwalts in Deutschland erforderlich sind. [2]Der Antrag kann bei jedem der nach § 18 Absatz 1 und 2 zuständigen Prüfungsämter, jedoch nicht bei mehreren gleichzeitig gestellt werden.

(2) Beruht die Zugangsberechtigung zum Beruf eines europäischen Rechtsanwalts auf einem Ausbildungsnachweis,

1. dessen zu Grunde liegende Ausbildung nicht überwiegend in einem Mitgliedstaat der Europäischen Union oder einem anderen Vertragsstaat des Europäischen Wirtschaftsraums oder der Schweiz durchgeführt wurde oder
2. der nicht von einem der in Nummer 1 genannten Staaten ausgestellt wurde,

so muss die antragstellende Person in dem Staat, in dem der Nachweis ausgestellt oder anerkannt wurde, ausweislich einer Bescheinigung der dort zuständigen Behörde den Beruf des europäischen Rechtsanwalts mindestens drei Jahre ausgeübt haben.

(3) Dem Antrag nach Absatz 1 sind beizufügen:

1. ein tabellarischer Lebenslauf;
2. ein Nachweis, der die Berechtigung zum unmittelbaren Zugang zum Beruf eines europäischen Rechtsanwalts bescheinigt, im Original oder in Kopie;
3. ein Nachweis darüber, dass mehr als die Hälfte der Mindestausbildungszeit in einem der in Absatz 2 Nummer 1 genannten Staaten durchgeführt wurde, oder in den Fällen des Absatzes 2 eine Bescheinigung über die mindestens dreijährige Berufsausübung;

[1)] § 14 Satz 2 geänd. mWv 1.6.2007 durch G v. 26.3.2007 (BGBl. I S. 358); Satz 3 aufgeh. mWv 1.9.2009 durch G v. 30.7.2009 (BGBl. I S. 2449); Sätze 1 und 2 geänd. mWv 1.8.2021 durch G v. 25.6.2021 (BGBl. I S. 2154).

[2)] *§ 15 Satz 1* geänd. mWv 1.6.2007 durch G v. 26.3.2007 (BGBl. I S. 358); Sätze 1 und 2 geänd. mWv 1.8.2021 durch G v. 25.6.2021 (BGBl. I S. 2154).

[3)] Teil 4 Überschrift neu gef. mWv 18.5.2017 durch G v. 12.5.2017 (BGBl. I S. 1121).

[4)] § 16 neu gef. mWv 18.5.2017 durch G v. 12.5.2017 (BGBl. I S. 1121).

4. eine Erklärung darüber, ob und gegebenenfalls bei welchen Prüfungsämtern schon einmal ein Antrag nach Absatz 1 gestellt oder eine Eignungsprüfung abgelegt wurde;
5. für den Fall, dass geltend gemacht wird, dass Unterschiede nach § 16a Absatz 3 Satz 1 Nummer 1 nach § 16a Absatz 3 Satz 1 Nummer 2 vollständig ausgeglichen wurden, geeignete Nachweise hierüber.

(4) Der Antrag und die nach Absatz 3 Nummer 1 und 4 beizufügenden Dokumente sind in deutscher Sprache abzufassen.

§ 16a[1)] Entscheidung über den Antrag. (1) [1] Das Prüfungsamt bestätigt den Eingang des Antrags nach § 16 Absatz 1 innerhalb eines Monats. [2] Innerhalb dieser Frist teilt es der antragstellenden Person auch mit, ob Dokumente fehlen oder von Dokumenten einfache oder beglaubigte Übersetzungen vorzulegen sind. [3] Das Prüfungsamt entscheidet über den Antrag spätestens vier Monate nach Eingang aller erforderlichen Dokumente.

(2) Das Prüfungsamt lehnt den Antrag ab, wenn die antragstellende Person keine Zugangsberechtigung im Sinne des § 16 Absatz 1 und 2 besitzt oder die erforderlichen Dokumente nicht vorlegt.

(3) [1] Das Prüfungsamt erlegt der antragstellenden Person die Ablegung einer Eignungsprüfung auf, wenn

1. sich ihre Ausbildung auf Fächer bezog, die sich wesentlich von denen unterscheiden, die für die Ausübung des Berufs des Rechtsanwalts in Deutschland erforderlich sind, und
2. diese Unterschiede nicht anderweitig, insbesondere durch Berufspraxis oder Weiterbildungsmaßnahmen, ausgeglichen wurden.

[2] Die Auferlegung einer Eignungsprüfung gilt als Entscheidung nach Absatz 1 Satz 3. [3] Beabsichtigt das Prüfungsamt, von der Auferlegung einer Eignungsprüfung abzusehen, so hat es zuvor eine Stellungnahme der Rechtsanwaltskammer einzuholen, in deren Bezirk es gelegen ist.

(4) Das Prüfungsamt hat die Auferlegung einer Eignungsprüfung zu begründen und der antragstellenden Person dabei mitzuteilen,

1. welchem Qualifikationsniveau nach Artikel 11 der Richtlinie 2005/36/EG des Europäischen Parlaments und des Rates vom 7. September 2005 über die Anerkennung von Berufsqualifikationen (ABl. L 255 vom 30.9.2005, S. 22; L 271 vom 16.10.2007, S. 18; L 93 vom 4.4.2008, S. 28; L 33 vom 3.2.2009, S. 49; L 305 vom 24.10.2014, S. 115), die zuletzt durch die Richtlinie 2013/55/EU (ABl. L 354 vom 28.12.2013, S. 132; L 268 vom 15.10.2015, S. 35; L 95 vom 9.4.2016, S. 20) geändert worden ist, in der jeweils geltenden Fassung zum einen die von ihr erlangte Berufsqualifikation und zum anderen die zur Erlangung der Befähigung zum Richteramt nach dem Deutschen Richtergesetz[2)] geforderte Berufsqualifikation entspricht und
2. worin die Unterschiede nach Absatz 3 Satz 1 Nummer 1 liegen und warum diese nicht nach Absatz 3 Satz 1 Nummer 2 als ausgeglichen anzusehen sind.

(5) Wer die Voraussetzungen des § 16 unmittelbar erfüllt oder die Eignungsprüfung besteht, erhält hierüber vom Prüfungsamt eine Bescheinigung und wird

---

[1)] § 16a eingef. mWv 18.5.2017 durch G v. 12.5.2017 (BGBl. I S. 1121).
[2)] Nr. **97**.

nach den §§ 6 bis 36 und 46a bis 46c Absatz 1, 4 und 5 der Bundesrechtsanwaltsordnung[1] von der Rechtsanwaltskammer zur Rechtsanwaltschaft zugelassen.

(6) Das Verwaltungsverfahren nach dieser Vorschrift und § 16 kann elektronisch und über eine einheitliche Stelle nach den §§ 71a bis 71e des Verwaltungsverfahrensgesetzes[2] abgewickelt werden.

§ 17[3] Zweck der Eignungsprüfung. [1]Die Eignungsprüfung ist eine staatliche Prüfung, die ausschließlich die beruflichen Kenntnisse und Kompetenzen der antragstellenden Person betrifft und mit der ihre Fähigkeit, den Beruf eines Rechtsanwalts in Deutschland auszuüben, beurteilt werden soll. [2]Die Eignungsprüfung muss dem Umstand Rechnung tragen, dass die antragstellende Person in einem Mitgliedstaat der Europäischen Union oder einem anderen Vertragsstaat des Abkommens über den Europäischen Wirtschaftsraum oder der Schweiz über eine berufliche Qualifikation zur Ausübung eines Rechtsanwaltsberufes verfügt.

§ 18[4] Prüfungsamt. (1) Die Eignungsprüfung wird von dem Prüfungsamt durchgeführt, das für die zweite juristische Staatsprüfung zuständig ist.

(2) [1]Mehrere Länder können durch Vereinbarung ein gemeinsames Prüfungsamt bilden. [2]Die Zuständigkeit eines Prüfungsamts kann durch Vereinbarung auf die Eignungsprüfung von antragstellenden Personen aus einzelnen Herkunftsstaaten beschränkt werden.

(3) Soweit nicht in diesem Gesetz oder in einer auf der Grundlage dieses Gesetzes erlassenen Rechtsverordnung Abweichendes bestimmt ist, gelten für die Eignungsprüfung die Vorschriften für die zweite juristische Staatsprüfung desjenigen Landes entsprechend, in dem das Prüfungsamt eingerichtet ist.

(4) [1]Die Prüfung wird von einer Kommission mit mindestens drei Prüfern abgenommen. [2]Bei Stimmengleichheit entscheidet die Stimme des Vorsitzenden. [3]Das Landesrecht kann vorsehen, dass die schriftlichen Leistungen statt von der Kommission auch von zwei Prüfern bewertet werden, die der Kommission nicht angehören müssen. [4]Können die beiden Prüfer sich nicht einigen, ob eine Aufsichtsarbeit den Anforderungen genügt, so entscheidet ein dritter Prüfer, der vom Prüfungsamt bestimmt wird.

(5) Die Prüfer sind in der Ausübung ihres Amtes unabhängig.

§ 19[5] *(aufgehoben)*

§ 20[6] Prüfungsfächer. (1) [1]Prüfungsfächer sind das Pflichtfach Zivilrecht, zwei Wahlfächer und das Recht für das berufliche Verhalten der Rechtsanwälte. [2]Die antragstellende Person bestimmt je ein Wahlfach aus den beiden Wahlfachgruppen

1. Öffentliches Recht oder Strafrecht,

---

[1] Nr. 98.

[2] **Sartorius Nr. 100.**

[3] § 17 Satz 2 geänd., Satz 3 angef. mWv 1.11.2003 durch G v. 26.10.2003 (BGBl. I S. 2074); Satz 1 geänd., Satz 3 aufgeh. mWv 18.5.2017 durch G v. 12.5.2017 (BGBl. I S. 1121); Sätze 1 und 2 geänd. mWv 1.8.2021 durch G v. 25.6.2021 (BGBl. I S. 2154).

[4] § 18 Abs. 3 eingef., bish. Abs. 3 und 4 werden Abs. 4 und 5 mWv 18.5.2017 durch G v. 12.5.2017 (BGBl. I S. 1121); Abs. 2 Satz 2 geänd. mWv 1.8.2021 durch G v. 25.6.2021 (BGBl. I S. 2154).

[5] § 19 aufgeh. mWv 18.5.2017 durch G v. 12.5.2017 (BGBl. I S. 1121).

[6] § 20 Abs. 1 Satz 2 einl. Satzteil und Satz 3 geänd. mWv 1.8.2021 durch G v. 25.6.2021 (BGBl. I S. 2154).

2. Handelsrecht, Arbeitsrecht, durch das Pflichtfach nicht abgedeckte weitere Bereiche des Zivilrechts, Öffentliches Recht oder Strafrecht.

[3]Die antragstellende Person darf nicht dasselbe Wahlfach in beiden Wahlfachgruppen bestimmen.

(2) Prüfungsinhalte sind durch Rechtsverordnung näher zu bestimmende Bereiche des Pflichtfaches und der beiden Wahlfächer sowie das dazugehörige Verfahrensrecht einschließlich der Grundlagen im Gerichtsverfassungsrecht und die Grundzüge des Zwangsvollstreckungsrechts und des Insolvenzrechts.

§ 21[1)] Prüfungsleistungen. (1) [1]Die Prüfung besteht aus einem schriftlichen und einem mündlichen Teil. [2]Sie wird in deutscher Sprache abgelegt.

(2) [1]Das Prüfungsamt erlässt der antragstellenden Person auf Antrag einzelne Prüfungsleistungen ganz oder teilweise, wenn sie nachweist, dass sie durch ihre berufliche Ausbildung oder anderweitig, insbesondere durch Berufspraxis oder Weiterbildungsmaßnahmen, in einem Prüfungsgebiet die für die Ausübung des Rechtsanwaltsberufs in Deutschland erforderlichen materiell-rechtlichen und verfahrensrechtlichen Kenntnisse im deutschen Recht erworben hat. [2]Ein Antrag nach Satz 1 soll möglichst zusammen mit dem Antrag nach § 16 Absatz 1 gestellt werden. [3]Das Prüfungsamt kann vor dem Erlass von Prüfungsleistungen eine Stellungnahme der Rechtsanwaltskammer einholen, in deren Bezirk es gelegen ist.

(3) [1]Die schriftliche Prüfung, die auch elektronisch durchgeführt werden kann, umfasst zwei Aufsichtsarbeiten. [2]Eine Aufsichtsarbeit bezieht sich auf das Pflichtfach, die andere auf das von der antragstellenden Person bestimmte Wahlfach.

(4) [1]Die antragstellende Person wird zur mündlichen Prüfung nur zugelassen, wenn mindestens eine Aufsichtsarbeit den Anforderungen genügt; andernfalls gilt die Prüfung als nicht bestanden. [2]Satz 1 gilt nicht, wenn der antragstellenden Person eine Aufsichtsarbeit nach Absatz 2 erlassen wurde.

(5) [1]Die mündliche Prüfung besteht aus einem Kurzvortrag und einem Prüfungsgespräch. [2]Sie hat zum Gegenstand das Recht für das berufliche Verhalten der Rechtsanwälte, das Wahlfach, in dem die antragstellende Person keine Aufsichtsarbeit geschrieben hat, und, falls eine Aufsichtsarbeit den Anforderungen nicht genügt, zusätzlich das Fach dieser Arbeit.

§ 22[2)] Prüfungsentscheidung. Die Prüfungskommission entscheidet auf Grund des Gesamteindrucks der Leistungen in der schriftlichen und mündlichen Prüfung mit Stimmenmehrheit, ob die antragstellende Person über die nach § 17 erforderlichen Kenntnisse verfügt.

§ 23[3)] Einwendungen. (1) Die antragstellende Person kann schriftlich oder elektronisch Einwendungen gegen die Bewertung ihrer Prüfungsleistungen erheben.

(2) [1]Ist die *antragstellende Person* zur mündlichen Prüfung zugelassen, so muss sie die Einwendungen gegen die Bewertung der schriftlichen Aufsichtsarbeiten spätestens binnen eines Monats nach Bekanntgabe der Prüfungsentscheidung, die

---

[1)] § 21 Abs. 2 eingef., bish. Abs. 2–4 werden Abs. 3–5, neuer Abs. 4 Satz 2 angef. mWv 18.5.2017 durch G v. 12.5.2017 (BGBl. I S. 1121); Abs. 3 Sätze 1 und 2, Abs. 4 Satz 1 und Abs. 5 Satz 2 geänd. mWv 1.8.2021 durch G v. 25.6.2021 (BGBl. I S. 2154).

[2)] § 22 geänd. mWv 1.8.2021 durch G v. 25.6.2021 (BGBl. I S. 2154).

[3)] § 23 Abs. 1 geänd. mWv 18.5.2017 durch G v. 12.5.2017 (BGBl. I S. 1121); Abs. 1, Abs. 2 Satz 1 und Abs. 3 geänd. mWv 1.8.2021 durch G v. 25.6.2021 (BGBl. I S. 2154).

Einwendungen gegen die Bewertung der mündlichen Prüfung unverzüglich nach Bekanntgabe der Prüfungsentscheidung beim Prüfungsamt (§ 18) geltend machen. [2]Die Einwendungen gegen die Bewertung der schriftlichen Aufsichtsarbeiten sind spätestens binnen zwei Monaten nach Bekanntgabe der Prüfungsentscheidung, die Einwendungen gegen die Bewertung der mündlichen Prüfung sind spätestens binnen eines Monats nach Bekanntgabe der Prüfungsentscheidung im Einzelnen und nachvollziehbar zu begründen.

(3) Ist die antragstellende Person nicht zur mündlichen Prüfung zugelassen, so muss sie die Einwendungen gegen die Bewertung der schriftlichen Aufsichtsarbeiten spätestens binnen eines Monats nach Bekanntgabe der Prüfungsentscheidung beim Prüfungsamt geltend machen und binnen zwei Monaten nach deren Bekanntgabe im Einzelnen und nachvollziehbar schriftlich begründen.

(4) [1]Entsprechen die Einwendungen nicht den Absätzen 1 bis 3, so werden sie vom Prüfungsamt zurückgewiesen. [2]Im Übrigen werden die Einwendungen den jeweiligen Prüfern zur Überprüfung ihrer Bewertung zugeleitet.

§ 24 Wiederholung der Prüfung. Die Prüfung kann wiederholt werden.

Teil 5. Vorübergehende Dienstleistung

§ 25[1)] Vorübergehende Tätigkeit. (1) [1]Ein europäischer Rechtsanwalt darf die Tätigkeiten eines Rechtsanwalts in Deutschland nach den folgenden Vorschriften vorübergehend und gelegentlich ausüben (dienstleistender europäischer Rechtsanwalt). [2]Ob die Tätigkeiten vorübergehend und gelegentlich erbracht werden, ist insbesondere anhand ihrer Dauer, Häufigkeit, regelmäßigen Wiederkehr und Kontinuität zu beurteilen.

(2) [1]Absatz 1 gilt nicht für europäische Rechtsanwälte, die den Beruf des Rechtsanwalts nicht ausüben dürfen, weil

1. sie aus einem der Gründe nach § 7 Satz 1 Nummer 1, 2 oder 4 bis 6 der Bundesrechtsanwaltsordnung[2)] in nicht mehr anfechtbarer Weise zur Rechtsanwaltschaft nicht zugelassen sind oder ihre Zulassung aus einem dieser Gründe nach § 14 Abs. 1 der Bundesrechtsanwaltsordnung in nicht mehr anfechtbarer Weise zurückgenommen worden ist, solange der Grund für die Nichtzulassung oder die Rücknahme der Zulassung besteht,
2. ihre Zulassung nach § 14 Abs. 2 Nr. 1 und 2 der Bundesrechtsanwaltsordnung in nicht mehr anfechtbarer Weise widerrufen worden ist,
3. gegen sie die Maßnahme der Ausschließung aus der Rechtsanwaltschaft nach § 114 Abs. 1 Nr. 5 der Bundesrechtsanwaltsordnung rechtskräftig verhängt worden ist.

[2]Ist einem europäischen Rechtsanwalt nach § 70 des Strafgesetzbuches[3)], § 132a der Strafprozessordnung[4)] oder § 150 der Bundesrechtsanwaltsordnung die Ausübung des Rechtsanwaltsberufs verboten, so ist Absatz 1 für die Dauer des Verbots nicht anzuwenden. [3]Ist gegen eine Person nach § 114 Abs. 1 Nr. 4, §§ 150 oder 161a der Bundesrechtsanwaltsordnung ein Vertretungsverbot verhängt worden, so

[1)] § 25 Abs. 2 Satz 1 Nr. 1 geänd., Nr. 2 neu gef. mWv 1.9.2009 durch G v. 30.7.2009 (BGBl. I S. 2449); Abs. 1 neu gef. mWv 18.5.2017 durch G v. 12.5.2017 (BGBl. I S. 1121); Abs. 2 Satz 1 Nr. 1 geänd. mWv 1.8.2021 durch G v. 25.6.2021 (BGBl. I S. 2154).

[2)] Nr. **98**.

[3)] **Habersack, Deutsche Gesetze Nr. 85.**

[4)] **Habersack, Deutsche Gesetze Nr. 90.**

ist Absatz 1 in dem Umfang nicht anzuwenden, in dem das Vertretungsverbot besteht.

§ 26[1)] Berufsbezeichnung, Nachweis der Rechtsanwaltseigenschaft.

(1) Für die Führung der Berufsbezeichnung ist § 5 Absatz 1 Satz 1 und 2 und Absatz 2 Satz 2 entsprechend anzuwenden.

(2) [1]Der dienstleistende europäische Rechtsanwalt hat der nach § 32 Abs. 4 zuständigen Rechtsanwaltskammer, dem Gericht oder der Behörde, vor der er auftritt, auf Verlangen nachzuweisen, dass er berechtigt ist, den Beruf im Staat der Niederlassung auszuüben. [2]Wird dieses Verlangen gestellt, darf er die Tätigkeiten nach diesem Teil des Gesetzes erst ausüben, wenn der Nachweis erbracht ist.

§ 27[2)] Rechte und Pflichten. (1) [1]Der dienstleistende europäische Rechtsanwalt hat im Zusammenhang mit der Vertretung oder Verteidigung eines Mandanten im Bereich der Rechtspflege oder vor Behörden die Stellung eines Rechtsanwalts, insbesondere dessen Rechte und Pflichten, soweit diese nicht die Zugehörigkeit zu einer Rechtsanwaltskammer sowie die Kanzlei betreffen. [2]Beschränkungen der Vertretungsbefugnis, die sich aus dem Erfordernis der Zulassung bei dem Bundesgerichtshof ergeben, bleiben unberührt.

(2) [1]Bei der Ausübung sonstiger Tätigkeiten sind die für einen Rechtsanwalt geltenden Regeln einzuhalten; hierbei sind insbesondere die beruflichen Pflichten zu befolgen, die sich aus den §§ 43, 43a, 43b, 43d, 43e und 45 der Bundesrechtsanwaltsordnung[3)] ergeben. [2]Diese Regeln gelten nur insoweit, als sie nicht mit der Niederlassung in Deutschland untrennbar verbunden sind, sie wegen ihrer allgemeinen Bedeutung beachtet werden können und das Verlangen, sie einzuhalten, gerechtfertigt ist, um eine ordnungsgemäße Ausübung der Tätigkeiten des Rechtsanwalts sowie die Wahrung des Ansehens und des Vertrauens zu gewährleisten, welche die Stellung des Rechtsanwalts erfordert.

(3) [1]Der dienstleistende europäische Rechtsanwalt ist verpflichtet, eine Berufshaftpflichtversicherung zur Deckung der sich aus seiner Berufstätigkeit in Deutschland ergebenden Haftpflichtgefahren für Vermögensschäden abzuschließen, die nach Art und Umfang den durch seine berufliche Tätigkeit entstehenden Risiken angemessen ist. [2]Ist dem Rechtsanwalt der Abschluss einer solchen Versicherung nicht möglich oder unzumutbar, hat er seinen Mandanten auf diese Tatsache und deren Folgen vor seiner Mandatierung in Textform hinzuweisen. [3]Die Sätze 1 und 2 gelten nicht, soweit die Tätigkeit eines Syndikusrechtsanwalts ausgeübt wird.

§ 27a[4)] Besonderes elektronisches Anwaltspostfach. (1) [1]Der dienstleistende europäische Rechtsanwalt kann bei der nach § 32 Absatz 4 zuständigen Rechtsanwaltskammer die Einrichtung eines besonderen elektronischen Anwaltspostfachs beantragen. [2]Liegen die Voraussetzungen für die Einrichtung vor, wird er nur zu diesem Zweck in das Verzeichnis der Rechtsanwaltskammer und das Gesamtverzeichnis der Bundesrechtsanwaltskammer eingetragen. [3]Für die Eintragung in

---

[1)] § 26 Abs. 1 und 2 Satz 1 geänd. mWv 18.5.2017 durch G v. 12.5.2017 (BGBl. I S. 1121).

[2)] § 27 Abs. 1 Satz 3 aufgeh. mWv 1.8.2002 durch G v. 23.7.2002 (BGBl. I S. 2850); Abs. 1 Satz 2 geänd. mWv 1.9.2009 durch G v. 30.7.2009 (BGBl. I S. 2449); Abs. 2 Satz 1 geänd., Abs. 3 angef. mWv 18.5.2017 durch G v. 12.5.2017 (BGBl. I S. 1121); Abs. 2 Satz 1 geänd. mWv 9.11.2017 durch G v. 30.10.2017 (BGBl. I S. 3618).

[3)] Nr. **98**.

[4)] § 27a eingef. mWv 1.1.2018 durch G v. 12.5.2017 (BGBl. I S. 1121); Abs. 1 Sätze 3 und 4, Abs. 2 Satz 3, Abs. 3 Sätze 2 und 7 geänd. mWv 1.8.2022 durch G v. 7.7.2021 (BGBl I S. 2363).

diese Verzeichnisse gilt § 31 Absatz 1 Satz 3, 5 und 6, Absatz 3 Nummer 1, 2 und 5, Absatz 5 Satz 1 und 2 sowie Absatz 6 Satz 1 und 2 der Bundesrechtsanwaltsordnung[1)] sinngemäß mit der Maßgabe, dass an die Stelle der Beendigung der Mitgliedschaft in der Rechtsanwaltskammer der Verlust der Zulassung zur Rechtsanwaltschaft im Herkunftsstaat oder der Antrag auf Löschung des besonderen elektronischen Anwaltspostfachs tritt. [4] Zudem gilt für die Eintragung in diese Verzeichnisse die auf Grund von § 31d der Bundesrechtsanwaltsordnung erlassene Rechtsverordnung.

(2) [1] Nach der Eintragung im Gesamtverzeichnis richtet die Bundesrechtsanwaltskammer für den dienstleistenden europäischen Rechtsanwalt ein besonderes elektronisches Anwaltspostfach ein. [2] § 31a Absatz 1 Satz 2, Absatz 2 bis 4 und 6 der Bundesrechtsanwaltsordnung gilt sinngemäß mit der Maßgabe nach Absatz 1 Satz 3. [3] Zudem gilt die auf Grund von § 31d der Bundesrechtsanwaltsordnung erlassene Rechtsverordnung.

(3) [1] Die Rechtsanwaltskammer kann zur Deckung des Verwaltungsaufwands für die Einrichtung und den Betrieb des besonderen elektronischen Anwaltspostfachs von dem dienstleistenden europäischen Rechtsanwalt Gebühren nach festen Sätzen sowie Auslagen erheben. [2] Sie bestimmt die Gebühren- und Auslagentatbestände sowie die Höhe und die Fälligkeit der Gebühren und Auslagen durch Satzung; § 192 Satz 2 und 3 der Bundesrechtsanwaltsordnung gilt entsprechend. [3] Die Gebühren und Auslagen dürfen die von den Mitgliedern der Rechtsanwaltskammer für die Einrichtung und den Betrieb des besonderen elektronischen Anwaltspostfachs erhobenen Beträge nicht übersteigen. [4] Die Höhe der Gebühren ist regelmäßig zu überprüfen. [5] Die Satzung ist der Aufsichtsbehörde anzuzeigen. [6] Für die Einziehung rückständiger Gebühren und Auslagen gilt § 84 der Bundesrechtsanwaltsordnung entsprechend. [7] Ab dem in § 84 Absatz 2 der Bundesrechtsanwaltsordnung bezeichneten Zeitpunkt sind § 31 Absatz 6 Satz 1 und 2 und § 31a Absatz 4 der Bundesrechtsanwaltsordnung sinngemäß anwendbar.

§ 28[2)] Vertretung und Verteidigung im Bereich der Rechtspflege.

(1) Der dienstleistende europäische Rechtsanwalt darf in gerichtlichen Verfahren sowie in behördlichen Verfahren wegen Straftaten, Ordnungswidrigkeiten, Dienstvergehen oder Berufspflichtverletzungen, in denen der Mandant nicht selbst den Rechtsstreit führen oder sich verteidigen kann, als Vertreter oder Verteidiger eines Mandanten nur im Einvernehmen mit einem Rechtsanwalt (Einvernehmensanwalt) handeln.

(2) [1] Der Einvernehmensanwalt muss zur Vertretung oder Verteidigung bei dem Gericht oder der Behörde befugt sein. [2] Ihm obliegt es, gegenüber dem dienstleistenden europäischen Rechtsanwalt darauf hinzuwirken, dass dieser bei der Vertretung oder Verteidigung die Erfordernisse einer geordneten Rechtspflege beachtet.

(3) Zwischen dem Einvernehmensanwalt und dem Mandanten kommt kein Vertragsverhältnis zustande, wenn die Beteiligten nichts anderes bestimmt haben.

§ 29 Nachweis des Einvernehmens, Widerruf. (1) Das Einvernehmen ist bei der ersten Handlung gegenüber dem Gericht oder der Behörde schriftlich nachzuweisen.

---

1) Nr. **98**.
2) § 28 Abs. 4 aufgeh. mWv 1.7.2008 durch G v. 12.12.2007 (BGBl. I S. 2840).

(2) [1]Ein Widerruf des Einvernehmens ist schriftlich gegenüber dem Gericht oder der Behörde zu erklären. [2]Er hat Wirkung nur für die Zukunft.

(3) Handlungen, für die der Nachweis des Einvernehmens zum Zeitpunkt ihrer Vornahme nicht vorliegt, sind unwirksam.

§ 30[1)] Besonderheiten bei Verteidigung. (1) [1]Der dienstleistende europäische Rechtsanwalt darf einen Mandanten, dem in einem Strafverfahren die Freiheit auf Grund gerichtlicher oder behördlicher Anordnung entzogen ist, nur in Begleitung eines Einvernehmensanwalts nach § 28 Abs. 1 besuchen und mit dem Mandanten nur über einen solchen schriftlich verkehren. [2]Mit dem Einvernehmensanwalt ist das Einvernehmen über die Ausübung des Besuchs- und Schriftverkehrs herzustellen.

(2) Das Gericht oder die Behörde kann den Besuch ohne Begleitung oder den unmittelbaren schriftlichen Verkehr gestatten, wenn eine Gefährdung der Sicherheit nicht zu besorgen ist.

(3) Die §§ 138a bis 138d, 146, 146a und 148 der Strafprozessordnung[2)] sowie die im jeweiligen Fall für den Besuch von und den Schriftwechsel mit Verteidigern geltenden Vorschriften des Strafvollzugsgesetzes[3)] oder des Justizvollzugsgesetzes des Landes sind auf den Einvernehmensanwalt entsprechend anzuwenden.

§ 31[4)] Zustellungen in behördlichen und gerichtlichen Verfahren.

(1) [1]Der dienstleistende europäische Rechtsanwalt hat einen Zustellungsbevollmächtigten, der im Inland wohnt oder dort einen Geschäftsraum hat, zu benennen, sobald er in Verfahren vor Gerichten oder Behörden tätig wird. [2]Die Benennung erfolgt gegenüber der Behörde oder dem Gericht. [3]Zustellungen, die für den dienstleistenden europäischen Rechtsanwalt bestimmt sind, sind an den Zustellungsbevollmächtigten zu bewirken. [4]An ihn kann, auch von Anwalt zu Anwalt, wie an einen Rechtsanwalt selbst zugestellt werden (§ 173 Absatz 1 und 2, §§ 175, 195 der Zivilprozessordnung[5)]).

(2) Ist ein Zustellungsbevollmächtigter nicht benannt, so gilt in den in § 28 Abs. 1 aufgeführten Verfahren der Einvernehmensanwalt als Zustellungsbevollmächtigter; kann nicht an einen Zustellungsbevollmächtigten im Geltungsbereich dieses Gesetzes zugestellt werden, so kann die Zustellung durch Aufgabe zur Post bewirkt werden (§ 184 der Zivilprozessordnung).

(3) Die Absätze 1 und 2 gelten nicht, sofern ein Gericht oder eine Behörde bei einem dienstleistenden europäischen Rechtsanwalt, der einen sicheren Übermittlungsweg für die Zustellung elektronischer Dokumente eröffnet hat, auf die Bestellung eines Zustellungsbevollmächtigten verzichtet.

[1)] § 30 Abs. 3 geänd. mWv 1.8.2021 durch G v. 25.6.2021 (BGBl. I S. 2154).

[2)] **Habersack, Deutsche Gesetze Nr. 90.**

[3)] Nr. **91.**

[4)] § 31 Abs. 1 Satz 1 geänd., Satz 4 angef., Abs. 2 geänd. mWv 1.9.2009 durch G v. 30.7.2009 (BGBl. I S. 2449); Abs. 3 angef. mWv 1.1.2018 durch G v. 12.5.2017 (BGBl. I S. 1121); Abs. 1 Satz 4 neu gef. mWv 1.8.2021 durch G v. 25.6.2021 (BGBl. I S. 2154); Abs. 1 Satz 4 geänd. mWv 1.1.2022 durch G v. 5.10.2021 (BGBl. I S. 4607).

[5)] **Habersack, Deutsche Gesetze Nr. 100.**

§ 32[1)] Aufsicht, zuständige Rechtsanwaltskammer. (1) [1] Dienstleistende europäische Rechtsanwälte werden durch die zuständigen Rechtsanwaltskammern beaufsichtigt. [2] Dem Vorstand der Rechtsanwaltskammer obliegt es insbesondere,

1. in Fragen der Berufspflichten eines Rechtsanwalts zu beraten und zu belehren;
2. die Erfüllung der beruflichen Pflichten zu überwachen und das Recht der Rüge zu handhaben;
3. die zuständige Stelle des Staates der Niederlassung über Entscheidungen zu unterrichten, die hinsichtlich eines dienstleistenden europäischen Rechtsanwalts getroffen worden sind;
4. die erforderlichen Auskünfte beruflicher Art über dienstleistende europäische Rechtsanwälte einzuholen;
5. auf Antrag bei Streitigkeiten zwischen dienstleistenden europäischen Rechtsanwälten und inländischen Rechtsanwälten zu vermitteln; dies umfasst die Befugnis, Schlichtungsvorschläge zu unterbreiten;
6. auf Antrag bei Streitigkeiten zwischen dienstleistenden europäischen Rechtsanwälten und ihrer Mandantschaft zu vermitteln; dies umfasst die Befugnis, Schlichtungsvorschläge zu unterbreiten.

(2) Der Vorstand kann die in Absatz 1 Nr. 1, 3 bis 6 bezeichneten Aufgaben einzelnen Mitgliedern des Vorstands übertragen.

(3) Die §§ 56 bis 58, 73 Absatz 3 sowie die §§ 74, 74a, 195, 197a bis 199, 205 und 205a der Bundesrechtsanwaltsordnung[2)] gelten entsprechend.

(4) [1] Die Zuständigkeit der Rechtsanwaltskammer für die Aufsicht nach Absatz 1 richtet sich nach dem Staat der Niederlassung des dienstleistenden europäischen Rechtsanwalts. [2] Die Aufsicht wird ausgeübt für dienstleistende europäische Rechtsanwälte aus

1. Belgien und den Niederlanden durch die Rechtsanwaltskammer Düsseldorf in Düsseldorf,
2. Frankreich und Luxemburg durch die Rechtsanwaltskammer für den Oberlandesgerichtsbezirk Koblenz in Koblenz,
3. dem Vereinigten Königreich, Irland, Finnland und Schweden durch die Hanseatische Rechtsanwaltskammer in Hamburg,
4. Italien und Österreich durch die Rechtsanwaltskammer für den Oberlandesgerichtsbezirk München in München,
5. Dänemark, Norwegen und Island durch die Schleswig-Holsteinische Rechtsanwaltskammer in Schleswig,
6. Liechtenstein und der Schweiz durch die Rechtsanwaltskammer Freiburg in Freiburg,
7. Griechenland und der Republik Zypern durch die Rechtsanwaltskammer für den Oberlandesgerichtsbezirk Celle in Celle,
8. Spanien und Estland durch die Rechtsanwaltskammer Stuttgart in Stuttgart,

---

[1)] § 32 Abs. 4 Satz 2 Nr. 6 geänd. mWv 1.11.2003 sowie Nr. 7–9 geänd. und Nr. 10–15 angef. mWv 1.5.2004 durch G v. 26.10.2003 (BGBl. I S. 2074); Abs. 4 Satz 2 Nr. 15 geänd. und Nr. 16 und 17 angef. mWv 1.1.2007 durch G v. 7.12.2006 (BGBl. I S. 2814); Abs. 4 Satz 2 Nr. 17 geänd., Nr. 18 angef. mWv 1.7.2013 durch G v. 17.6.2013 (BGBl. I S. 1555); Abs. 1 Satz 2 Nr. 5 geänd., Nr. 6 angef., Abs. 2 und 3 geänd. mWv 18.5.2017 durch G v. 12.5.2017 (BGBl. I S. 1121); Abs. 3 und 4 Satz 2 Nr. 2, 6, 7 und 9 geänd. mWv 1.8.2021 durch G v. 25.6.2021 (BGBl. I S. 2154).

[2)] Nr. **98**.

9. Portugal durch die Rechtsanwaltskammer für den Oberlandesgerichtsbezirk Oldenburg in Oldenburg,
10. der Tschechischen Republik und der Slowakei durch die Rechtsanwaltskammer Sachsen in Dresden,
11. Polen durch die Rechtsanwaltskammer des Landes Brandenburg in Brandenburg an der Havel,
12. Lettland und Litauen durch die Rechtsanwaltskammer Mecklenburg-Vorpommern in Schwerin,
13. Ungarn durch die Rechtsanwaltskammer Nürnberg in Nürnberg,
14. Malta durch die Rechtsanwaltskammer des Landes Sachsen-Anhalt in Magdeburg,
15. Slowenien durch die Rechtsanwaltskammer Thüringen in Erfurt,
16. Bulgarien durch die Rechtsanwaltskammer Berlin in Berlin,
17. Rumänien durch die Rechtsanwaltskammer Frankfurt am Main in Frankfurt am Main,
18. Kroatien durch die Rechtsanwaltskammer Tübingen in Tübingen.

§ 33[1)] Anwaltsgerichtsbarkeit, Zustellungen. (1) [1]Der dienstleistende europäische Rechtsanwalt untersteht hinsichtlich der Erfüllung seiner Berufspflichten der Anwaltsgerichtsbarkeit. [2]Die örtliche Zuständigkeit des Anwaltsgerichts bestimmt sich nach dem Sitz der Rechtsanwaltskammer, welche die Aufsicht nach § 32 ausübt.

(2) § 10 gilt entsprechend.

§ 34[2)] Anwaltsgerichtliche Ahndung von Pflichtverletzungen, vorläufige anwaltsgerichtliche Maßnahmen. Für die anwaltsgerichtliche Ahndung von Pflichtverletzungen und die Verhängung vorläufiger anwaltsgerichtlicher Maßnahmen gelten für den dienstleistenden europäischen Rechtsanwalt die Vorschriften des Sechsten und des Siebenten Teils, des Dritten Abschnitts des Zehnten Teils und des Elften Teils der Bundesrechtsanwaltsordnung[3)] mit folgenden Maßgaben:

1. das Verbot nach § 114 Abs. 1 Nr. 4 sowie die vorläufigen Maßnahmen nach § 150 Abs. 1 und § 161a dürfen nur für das Bundesgebiet ausgesprochen werden;
2. an die Stelle der Ausschließung aus der Rechtsanwaltschaft (§ 114 Absatz 1 Nummer 5) tritt das Verbot, in Deutschland Dienstleistungen zu erbringen;
3. die Mitteilung nach § 160 Abs. 1 Satz 1, § 161a Abs. 2 ist an alle Rechtsanwaltskammern zu richten;
4. § 161 ist nicht anzuwenden;
5. an die Stelle der Rechtsanwaltskammer nach § 198 tritt die nach § 32 dieses Gesetzes zuständige Rechtsanwaltskammer.

[1)] § 33 Überschrift geänd., Abs. 2 neu gef. mWv 1.9.2009 durch G v. 30.7.2009 (BGBl. I S. 2449).

[2)] § 34 Nr. 3 geänd., Nr. 4 neu gef. mWv 1.6.2007 durch G v. 26.3.2007 (BGBl. I S. 358); Nr. 3 geänd. mWv 1.9.2009 durch G v. 30.7.2009 (BGBl. I S. 2449); einl. Satzteil, Nr. 2 und 4 geänd., Nr. 5 angef. mWv 18.5.2017 durch G v. 12.5.2017 (BGBl. I S. 1121).

[3)] Nr. **98**.

§ 34a[1)] Mitteilungspflichten. [1] Gerichte und Behörden übermitteln personenbezogene Daten, die zur Einleitung eines Rügeverfahrens oder eines anwaltsgerichtlichen Verfahrens aus der Sicht der übermittelnden Stelle erforderlich sind, den für die Einleitung dieser Verfahren zuständigen Stellen, soweit hierdurch schutzwürdige Interessen des Betroffenen nicht beeinträchtigt werden oder das öffentliche Interesse das Geheimhaltungsinteresse des Betroffenen überwiegt. [2] § 36 Absatz 3 der Bundesrechtsanwaltsordnung[2)] gilt entsprechend.

Teil 6.[3)] Rechtsweg in verwaltungsrechtlichen Anwaltssachen und allgemeine Vorschriften für das Verwaltungsverfahren

§ 35[4)] Rechtsweg in verwaltungsrechtlichen Anwaltssachen. Für öffentlich-rechtliche Streitigkeiten nach den Teilen 2, 3, 5 und 6 dieses Gesetzes oder nach einer in Bezug auf diese Teile erlassenen Rechtsverordnung, soweit sie nicht anwaltsgerichtlicher Art sind oder einem anderen Gericht ausdrücklich zugewiesen sind, gelten die Bestimmungen der Bundesrechtsanwaltsordnung[2)] für verwaltungsrechtliche Anwaltssachen entsprechend.

§ 36[5)] Bescheinigungen des Heimat- oder Herkunftsstaates. Sofern für eine Entscheidung über die Aufnahme in die Rechtsanwaltskammer nach Teil 2 oder über die Zulassung zur Rechtsanwaltschaft nach den Teilen 3 oder 4 dieses Gesetzes

1. Bescheinigungen darüber, dass keine schwerwiegenden beruflichen Verfehlungen, Straftaten oder sonstigen Umstände bekannt sind, die die Eignung der Person für den Beruf des Rechtsanwalts in Frage stellen,
2. Bescheinigungen darüber, dass über das Vermögen der Person kein Insolvenzverfahren anhängig ist und die Person nicht für insolvent erklärt wurde,
3. Bescheinigungen über die körperliche oder geistige Gesundheit der Person oder
4. Bescheinigungen über das Bestehen und den Umfang einer Haftpflichtversicherung

(Fortsetzung nächstes Blatt)

[1)] § 34a eingef. mWv 1.9.2009 durch G v. 30.7.2009 (BGBl. I S. 2449); Abs. 2 aufgeh. mWv 18.5.2017 durch G v. 12.5.2017 (BGBl. I S. 1121); Satz 2 geänd. mWv 1.8.2022 durch G v. 7.7.2021 (BGBl. I S. 2363).

[2)] Nr. **98**.

[3)] Teil 6 *Überschrift vor § 35 eingef., bish. Überschrift vor* § 36 aufgeh. mWv 1.9.2009 durch G v. 30.7.2009 (BGBl. I S. 2449).

[4)] § 35 neu gef. mWv 1.9.2009 durch G v. 30.7.2009 (BGBl. I S. 2449).

[5)] § 36 neu gef. mWv 18.5.2017 durch G v. 12.5.2017 (BGBl. I S. 1121).

erforderlich sind, genügen Bescheinigungen des Heimat- oder Herkunftsstaates, die den Anforderungen des Artikels 50 Absatz 1 in Verbindung mit Anhang VII Nummer 1 Buchstabe d bis f der Richtlinie 2005/36/EG entsprechen.

§ 37[1)] Europäische Verwaltungszusammenarbeit; Bescheinigungen.

(1) Für die Verwaltungszusammenarbeit mit Behörden anderer Mitgliedstaaten der Europäischen Union, anderer Vertragsstaaten des Europäischen Wirtschaftsraums und der Schweiz gelten die §§ 8a bis 8d des Verwaltungsverfahrensgesetzes[2)] mit der Maßgabe entsprechend, dass ausgehende Ersuchen auch in anderen Sprachen verfasst werden dürfen und eingehende Ersuchen auch erledigt werden dürfen, wenn sich ihr Inhalt nicht in deutscher Sprache aus den Akten ergibt.

(2) Benötigt ein Rechtsanwalt, um auf der Grundlage eines Rechtsakts der Europäischen Union in einem anderen Staat tätig sein zu können, eine Bescheinigung der Rechtsanwaltskammer, so stellt ihm die Rechtsanwaltskammer diese innerhalb eines Monats aus.

§ 38[3)] Mitteilungspflichten gegenüber anderen Staaten. (1) [1] Ist ein Rechtsanwalt auch in einem anderen Mitgliedstaat der Europäischen Union, einem anderen Vertragsstaat des Europäischen Wirtschaftsraums oder der Schweiz tätig, so teilt die Rechtsanwaltskammer der zuständigen Stelle des anderen Staates über das Binnenmarkt-Informationssystem der Europäischen Union Folgendes mit:

1. berufsrechtliche Sanktionen,
2. strafrechtliche oder in Ordnungswidrigkeitenverfahren verhängte Sanktionen, die sich auf die Ausübung der anwaltlichen Tätigkeit auswirken können, und
3. sonstige schwerwiegende Sachverhalte, die sich auf die Ausübung der anwaltlichen Tätigkeit auswirken können.

[2] Satz 1 gilt auch für niedergelassene europäische Rechtsanwälte, sofern die Mitteilung nicht schon nach § 9 erfolgt ist. [3] Ist der Rechtsanwaltskammer nach § 112h der Bundesrechtsanwaltsordnung[4)] eine Entscheidung übermittelt worden, hat sie den anderen Mitgliedstaaten der Europäischen Union, den anderen Vertragsstaaten des Europäischen Wirtschaftsraums und der Schweiz binnen drei Tagen nach Rechtskraft der Entscheidung über das Binnenmarkt-Informationssystem der Europäischen Union die Angaben zur Identität des Rechtsanwalts und die Tatsache, dass er einen gefälschten Berufsqualifikationsnachweis verwendet hat, mitzuteilen.

(2) [1] Unverzüglich nach einer Mitteilung nach Absatz 1 hat eine Mitteilung nach § 8d Absatz 2 des Verwaltungsverfahrensgesetzes[2)] zu erfolgen. [2] In ihr ist auf die zulässigen Rechtsbehelfe gegen die Entscheidung, die Mitteilung nach Absatz 1 zu veranlassen, hinzuweisen. [3] Wird ein Rechtsbehelf gegen die Entscheidung eingelegt, ergänzt die Rechtsanwaltskammer die Mitteilung nach Absatz 1 um einen entsprechenden Hinweis.

[1)] § 37 neu gef. mWv 18.5.2017 durch G v. 12.5.2017 (BGBl. I S. 1121); Abs. 1 geänd. mWv 1.1. 2021 durch G v. 22.12.2020 (BGBl. I S. 3320).

[2)] **Sartorius Nr. 100.**

[3)] § 38 neu gef. mWv 18.5.2017 durch G v. 12.5.2017 (BGBl. I S. 1121).

[4)] Nr. **98**.

(3) [1]Die Vorschriften des § 9 sind entsprechend anzuwenden auf Rechtsanwälte, die in Deutschland zugelassen und in einem der anderen in Absatz 1 Satz 1 genannten Staaten unter ihrer ursprünglichen Berufsbezeichnung niedergelassen sind. [2]Absatz 1 Satz 1 gilt in diesem Fall nur insoweit, als die Mitteilung nicht schon nach Satz 1 erfolgt.

(4) Absatz 1 Satz 1 gilt für dienstleistende europäische Rechtsanwälte entsprechend.

(5) Hat die zuständige Stelle eines der anderen in Absatz 1 Satz 1 genannten Staaten der Rechtsanwaltskammer zu einem Rechtsanwalt Sanktionen oder Sachverhalte im Sinne des Absatzes 1 Satz 1 mitgeteilt, so unterrichtet die Rechtsanwaltskammer diese Stelle über die auf Grund der Mitteilung getroffenen Maßnahmen.

§ 38a[1)] Statistik. [1]Über Verfahren nach Teil 4 dieses Gesetzes wird eine Bundesstatistik durchgeführt. [2]§ 17 des Berufsqualifikationsfeststellungsgesetzes mit Ausnahme von Absatz 2 Nummer 4 ist anzuwenden.

§ 39[2)] Gebühren und Auslagen. Auf die Erhebung und Beitreibung von Gebühren und Auslagen für Amtshandlungen nach diesem Gesetz sind die Vorschriften der Bundesrechtsanwaltsordnung[3)] entsprechend anzuwenden.

Teil 7. Ermächtigungen, Übertragung von Befugnissen

§ 40[4)] Ermächtigungen. (1) Das Bundesministerium der Justiz und für Verbraucherschutz wird ermächtigt, durch Rechtsverordnung, die nicht der Zustimmung des Bundesrates bedarf, die Anlage zu § 1 anzupassen, wenn sich der Kreis oder die Bezeichnungen der aufgeführten Berufe oder der Kreis der Mitgliedstaaten der Europäischen Union oder der Vertragsstaaten des Abkommens über den Europäischen Wirtschaftsraum ändern.

(2) Das Bundesministerium der Justiz und für Verbraucherschutz wird ermächtigt, durch Rechtsverordnung mit Zustimmung des Bundesrates die Einzelheiten der Eignungsprüfung zu regeln, insbesondere

1. die Bereiche des Pflichtfaches und der Wahlfächer,
2. die prüfenden Personen,
3. den Ablauf des Prüfungsverfahrens,
4. die Prüfungsleistungen,
5. die Folgen eines ordnungswidrigen Verhaltens,
6. den Erlass von Prüfungsleistungen,
7. die Wiederholung der Prüfung und die Zahl der Wiederholungsmöglichkeiten,
8. die Erhebung einer Gebühr.

[1)] § 38a eingef. mWv 1.4.2012 durch G v. 6.12.2011 (BGBl. I S. 2515).
[2)] § 39 neu gef. mWv 1.9.2009 durch G v. 30.7.2009 (BGBl. I S. 2449).
[3)] *Nr.* **98**.
[4)] § 40 Abs. 1 und 2 einl. Satzteil geänd. mWv 8.9.2015 durch VO v. 31.8.2015 (BGBl. I S. 1474); Abs. 2 Nr. 2 und 3 neu gef. mWv 18.5.2017 durch G v. 12.5.2017 (BGBl. I S. 1121).

§ 41[1)] Übertragung von Befugnissen. (1) [1]Die Landesregierungen werden ermächtigt, die Aufgaben und Befugnisse, die den Landesjustizverwaltungen nach diesem Gesetz zustehen, durch Rechtsverordnung auf nachgeordnete Behörden zu übertragen. [2]Die Landesregierungen können diese Ermächtigung durch Rechtsverordnung auf die Landesjustizverwaltungen übertragen.

(2) [1]Die Landesregierungen werden ermächtigt, durch Rechtsverordnung die Durchführung des Antragsverfahrens und der Eignungsprüfung nach Teil 4 dieses Gesetzes ganz oder teilweise auf die Rechtsanwaltskammern zu übertragen. [2]Die Landesregierungen können diese Ermächtigung durch Rechtsverordnung auf die Landesjustizverwaltungen übertragen. [3]In diesem Fall gilt § 73 Abs. 1 Satz 2 und Abs. 3 der Bundesrechtsanwaltsordnung[2)] entsprechend.

Teil 8.[3)] Übergangs- und Schlussbestimmungen

§ 42[4)] Anwendung von Vorschriften des Strafgesetzbuches. (1) Für die Anwendung der Vorschriften des Strafgesetzbuches[5)] über die Straflosigkeit der Nichtanzeige geplanter Straftaten (§ 139 Abs. 3 Satz 2), Verletzung von Privatgeheimnissen (§ 203 Absatz 1 Nummer 3, Absatz 3 bis 6, §§ 204, 205), Gebührenüberhebung (§ 352) und Parteiverrat (§ 356) stehen europäische Rechtsanwälte den Rechtsanwälten und Anwälten gleich.

(2) Zum Schutz der in der Anlage zu § 1 genannten Berufsbezeichnungen ist die Vorschrift des § 132a Abs. 1 Nr. 2, Abs. 2 des Strafgesetzbuches über den Schutz der Berufsbezeichnung Rechtsanwalt entsprechend anzuwenden.

§ 43[6)] *(aufgehoben)*

Anlage[7)]
(zu § 1)

Rechtsanwaltsberufe in Mitgliedstaaten der Europäischen Union, anderen Vertragsstaaten des Abkommens über den Europäischen Wirtschaftsraum und der Schweiz

– in Belgien:	Avocat/Advocaat/Rechtsanwalt
– in Bulgarien:	Адвокат (Advokat)
– in Dänemark:	Advokat
– in Estland:	Vandeadvokaat
– in Finnland:	Asianajaja/Advokat

[1)] § 41 Abs. 4 angef. mWv 1.11.2003 durch G v. 26.10.2003 (BGBl. I S. 2074); Abs. 2 und 3 aufgeh., bish. Abs. 4 wird Abs. 2, neuer Abs. 2 Satz 3 neu gef. mWv 1.6.2007 durch G v. 26.3.2007 (BGBl. I S. 358); Abs. 1 neu gef. mWv 1.9.2009 durch G v. 30.7.2009 (BGBl. I S. 2449); Abs. 2 Satz 1 geänd. mWv 18.5.2017 durch G v. 12.5.2017 (BGBl. I S. 1121).

[2)] Nr. **98**.

[3)] Teil 8 Überschrift neu gef. mWv 1.9.2009 durch G v. 30.7.2009 (BGBl. I S. 2449).

[4)] § 42 Abs. 1 geänd. mWv 9.11.2017 durch G v. 30.10.2017 (BGBl. I S. 3618).

[5)] **Schönfelder Nr. 85.**

[6)] § 43 aufgeh. mWv 18.5.2017 durch G v. 12.5.2017 (BGBl. I S. 1121).

[7)] Anl. neu gef. mWv 1.5.2004 durch G v. 26.10.2003 (BGBl. I S. 2074); geänd. mWv 1.1.2007 durch G v. 7.12.2006 (BGBl. I S. 2814); geänd. mWv 1.7.2013 durch G v. 17.6.2013 (BGBl. I S. 1555); geänd. mWv 1.1.2021 durch VO v. 10.12.2020 (BGBl. I S. 2929); geänd. mWv 1.8.2021 durch G v. 25.6.2021 (BGBl. I S. 2154).

– in Frankreich:	Avocat
– in Griechenland:	Δικηγόρος (Dikigoros)
– in Irland:	Barrister/Solicitor
– in Island:	Lögmaur
– in Italien:	Avvocato
– in Kroatien:	Odvjetnik/Odvjetnica
– in Lettland:	Zvērināts advokāts
– in Liechtenstein:	Rechtsanwalt
– in Litauen:	Advokatas
– in Luxemburg:	Avocat
– in Malta:	Avukat/Prokuratur Legali
– in den Niederlanden:	Advocaat
– in Norwegen:	Advokat
– in Österreich:	Rechtsanwalt
– in Polen:	Adwokat/Radca prawny
– in Portugal:	Advogado
– in Rumänien:	Avocat
– in Schweden:	Advokat
– in der Schweiz:	Advokat, Rechtsanwalt, Anwalt, Fürsprecher, Fürsprech/Avocat/Avvocato
– in der Slowakei:	Advokát/Komerčný právnik
– in Slowenien:	Odvetnik/Odvetnica
– in Spanien:	Abogado/Advocat/Avogado/Abokatu
– in der Tschechischen Republik:	Advokát
– in Ungarn:	Ügyvéd
– in Zypern:	Δικηγόρος (Dikigoros)

98/5. Gesetz über die Tätigkeit europäischer Patentanwälte in Deutschland (EuPAG)[1) 2)]

Vom 12. Mai 2017
(BGBl. I S. 1121, 1137)

FNA 424-5-6

Lfd. Nr.	Änderndes Gesetz	Datum	Fundstelle	Betroffen	Hinweis
1.	Art. 7 G zur Neuregelung des Schutzes von Geheimnissen bei der Mitwirkung Dritter an der Berufsausübung schweigepflichtiger Personen	30.10. 2017	BGBl. I S. 3618	§§ 16, 27, 29	geänd. mWv 9.11.2017
2.	Art. 5 G zur Verbesserung des Verbraucherschutzes im Inkassorecht und zur Änd. weiterer Vorschriften	22.12. 2020	BGBl. I S. 3320	§§ 15, 21, 24	geänd. mWv 1.1.2021
3.	Art. 19 G zur Modernisierung des notariellen Berufsrechts und zur Änd. weiterer Vorschriften	25.6.2021	BGBl. I S. 2154	Inhaltsübersicht §§ 6, 12	geänd. mWv 1.8.2021
				§ 30	aufgeh. mit Ablauf des 31.7. 2021
4.	Art. 27 G zur Neuregelung des Berufsrechts der anwaltlichen und steuerberatenden Berufsausübungsgesellschaften sowie zur Änd. weiterer Vorschriften im Bereich der rechtsberatenden Berufe	7.7.2021	BGBl. I S. 2363	§§ 16, 19, 21	geänd. mWv 1.8.2022
5.	Art. 9 G zur Stärkung der Aufsicht bei Rechtsdienstleistungen und zur Änd. weiterer Vorschriften	10.3.2023	BGBl. 2023 I Nr. 64	§§ 20, 21	geänd. mWv 16.3.2023

[1)] Verkündet als Art. 5 G v. 12.5.2017 (BGBl. I S. 1121); Inkrafttreten gem. Art. 20 Abs. 1 Satz 1 dieses *G am 18.5.2017.*

[2)] **Amtl. Anm. zum MantelG:** Dieses Gesetz dient der Umsetzung der Richtlinie 2005/36/EG des Europäischen Parlaments und des Rates vom 7. September 2005 über die Anerkennung von Berufsqualifikationen (ABl. L 255 vom 30.9.2005, S. 22; L 271 vom 16.10.2007, S. 18; L 93 vom 4.4.2008, S. 28; L 33 vom 3.2.2009, S. 49; L 305 vom 24.10.2014, S. 115), die zuletzt durch die Richtlinie 2013/55/EU (ABl. L 354 vom 28.12.2013, S. 132; L 268 vom 15.10.2015, S. 35; L 95 vom 9.4.2016, S. 20) geändert worden ist, sowie der Umsetzung der Richtlinie 2013/55/EU des Europäischen Parlaments und des Rates vom 20. November 2013 zur Änderung der Richtlinie 2005/36/EG über die Anerkennung von Berufsqualifikationen und der Verordnung (EU) Nr. 1024/2012 über die Verwaltungszusammenarbeit mit Hilfe des Binnenmarkt-Informationssystems („IMI-Verordnung") (ABl. L 354 vom 28.12.2013, S. 132; L 268 vom 15.10.2015, S. 35; L 95 vom 9.4.2016, S. 20).

Inhaltsübersicht[1)]

Teil 1. Voraussetzungen für die Zulassung zur Patentanwaltschaft

§ 1 Feststellungsantrag (1) [1] Eine Person, die im Besitz eines Ausbildungs- oder Befähigungsnachweises im Sinne der Absätze 2 und 3 ist, kann zum Zweck der Zulassung zur Patentanwaltschaft die Feststellung beantragen, dass die von ihr erworbene Berufsqualifikation die Kenntnisse umfasst, die für die Ausübung des Berufs des Patentanwalts in Deutschland erforderlich sind. [2] Der Antrag ist beim Deutschen Patent- und Markenamt zu stellen.

(2) Die antragstellende Person muss im Besitz eines Ausbildungs- oder Befähigungsnachweises im Sinne des Artikels 11 Buchstabe b, c, d oder e der Richtlinie 2005/36/EG des Europäischen Parlaments und des Rates vom 7. September 2005 über die Anerkennung von Berufsqualifikationen (ABl. L 255 vom 30.9.2005, S. 22; L 271 vom 16.10.2007, S. 18; L 93 vom 4.4.2008, S. 28; L 33 vom 3.2.2009, S. 49; L 305 vom 24.10.2014, S. 115), die zuletzt durch die Richtlinie 2013/55/EU (ABl. L 354 vom 28.12.2013, S. 132; L 268 vom 15.10.2015, S. 35; L 95 vom 9.4.2016, S. 20) geändert worden ist, sein, der

[1)] Inhaltsübersicht geänd. mWv 1.8.2021 durch G v. 25.6.2021 (BGBl. I S. 2154).

1. von der zuständigen Behörde eines anderen Mitgliedstaates der Europäischen Union (Mitgliedstaat), in dem der Beruf des Patentanwalts reglementiert ist, ausgestellt wurde und der sie berechtigt, in diesem Mitgliedstaat den Beruf des Patentanwalts auszuüben,
2. von der zuständigen Behörde eines anderen Mitgliedstaates, in dem der Beruf des Patentanwalts nicht reglementiert ist, ausgestellt wurde und der bescheinigt, dass sie in einem reglementierten Ausbildungsgang auf die Ausübung des Berufs vorbereitet wurde,
3. von der zuständigen Behörde eines anderen Mitgliedstaates, in dem der Beruf des Patentanwalts nicht reglementiert ist, ausgestellt wurde und der bescheinigt, dass sie in einem nicht reglementierten Ausbildungsgang auf die Ausübung des Berufs vorbereitet wurde, wobei ein solcher Nachweis jedoch nur

(Fortsetzung nächstes Blatt)

dann ausreichend ist, wenn die Person zudem nachweist, dass sie in einem Mitgliedstaat, in dem der Beruf des Patentanwalts nicht reglementiert ist, innerhalb der vorangegangenen zehn Jahre mindestens ein Jahr lang den Beruf des Patentanwalts ausgeübt hat, oder

4. in einem Staat, der nicht Mitgliedstaat ist, ausgestellt wurde und der von einem anderen Mitgliedstaat, in dem der Beruf des Patentanwalts reglementiert ist, anerkannt wurde, wobei ein solcher Nachweis jedoch nur dann ausreichend ist, wenn die Person zudem in dem Mitgliedstaat ausweislich einer Bescheinigung der dort zuständigen Behörde mindestens drei Jahre den Beruf des Patentanwalts ausgeübt hat.

(3) Betrifft der Ausbildungs- und Befähigungsnachweis in den Fällen des Absatzes 2 Nummer 1 bis 3 eine Ausbildung, die nicht überwiegend in Mitgliedstaaten durchgeführt wurde, so muss die antragstellende Person in dem Mitgliedstaat, in dem der Nachweis ausgestellt wurde, den Beruf des Patentanwalts mindestens drei Jahre ausgeübt haben.

(4) Dem Antrag nach Absatz 1 sind beizufügen:

1. ein tabellarischer Lebenslauf,
2. der nach Absatz 2 erforderliche Ausbildungs- oder Befähigungsnachweis im Original oder in Kopie,
3. in den Fällen des Absatzes 2 Nummer 1 bis 3 ein Nachweis darüber, dass mehr als die Hälfte der Ausbildungszeit in einem Mitgliedstaat durchgeführt wurde,
4. in den Fällen des Absatzes 2 Nummer 3 und 4 sowie des Absatzes 3 die erforderliche Bescheinigung über die Berufsausübung,
5. eine Erklärung darüber, ob schon einmal ein Antrag nach Absatz 1 gestellt oder eine Eignungsprüfung abgelegt wurde, und
6. für den Fall, dass geltend gemacht wird, dass Unterschiede nach § 2 Absatz 3 Satz 1 Nummer 1 *nach*[1] § 2 Absatz 3 Satz 1 Nummer 2 vollständig ausgeglichen wurden, geeignete Nachweise hierüber.

(5) Der Antrag und die nach Absatz 4 Nummer 1 und 5 beizufügenden Dokumente sind in deutscher Sprache abzufassen.

§ 2 Entscheidung über den Antrag. (1) [1] Das Deutsche Patent- und Markenamt bestätigt den Eingang des Antrags nach § 1 innerhalb eines Monats. [2] Innerhalb dieser Frist teilt es der antragstellenden Person auch mit, ob Dokumente fehlen oder von Dokumenten einfache oder beglaubigte Übersetzungen vorzulegen sind. [3] Das Deutsche Patent- und Markenamt entscheidet über den Antrag spätestens vier Monate nach Eingang aller erforderlichen Dokumente.

(2) Das Deutsche Patent- und Markenamt lehnt den Antrag ab, wenn die antragstellende Person die Voraussetzungen des § 1 Absatz 2 und 3 nicht erfüllt oder die erforderlichen Dokumente nicht vorlegt.

(3) [1] Das Deutsche Patent- und Markenamt erlegt der antragstellenden Person die Ablegung einer Eignungsprüfung auf, wenn

1. sich ihre berufliche Ausbildung auf Fächer bezog, die sich wesentlich von denen unterscheiden, die für die Ausübung des Berufs des Patentanwalts in Deutschland erforderlich sind, und

[1] Wortlaut amtlich.

2. diese Unterschiede nicht anderweitig, insbesondere durch Berufspraxis oder Weiterbildungsmaßnahmen, ausgeglichen wurden.

[2]Die Auferlegung einer Eignungsprüfung gilt als Entscheidung nach Absatz 1 Satz 3. [3]Beabsichtigt das Deutsche Patent- und Markenamt, von der Auferlegung einer Eignungsprüfung abzusehen, so hat es zuvor eine Stellungnahme der Patentanwaltskammer einzuholen.

(4) Das Deutsche Patent- und Markenamt hat die Auferlegung einer Eignungsprüfung zu begründen und der antragstellenden Person dabei mitzuteilen,

1. welchem Qualifikationsniveau nach Artikel 11 der Richtlinie 2005/36/EG in der jeweils geltenden Fassung zum einen die von ihr erlangte Berufsqualifikation und zum anderen die nach § 5 Absatz 2 der Patentanwaltsordnung geforderte Berufsqualifikation entspricht und
2. worin die Unterschiede nach Absatz 3 Satz 1 Nummer 1 liegen und warum diese nicht nach Absatz 3 Satz 1 Nummer 2 als ausgeglichen anzusehen sind.

(5) Wer die Voraussetzungen des § 1 unmittelbar erfüllt oder die Eignungsprüfung besteht, erhält hierüber vom Deutschen Patent- und Markenamt eine Bescheinigung und wird nach den §§ 13 bis 34 und 41b bis 41d Absatz 1, 4 und 5 der Patentanwaltsordnung von der Patentanwaltskammer zur Patentanwaltschaft zugelassen.

(6) Wer über eine Bescheinigung nach Absatz 5 verfügt, ist berechtigt, die Bezeichnung „Patentassessor“ oder „Patentassessorin“ zu führen.

§ 3 Zweck der Eignungsprüfung. [1]Die Eignungsprüfung ist eine ausschließlich die beruflichen Kenntnisse und Kompetenzen der antragstellenden Person betreffende staatliche Prüfung. [2]Mit ihr soll die Fähigkeit der antragstellenden Person, den Beruf des Patentanwalts in Deutschland auszuüben, beurteilt werden. [3]Die Eignungsprüfung muss dem Umstand Rechnung tragen, dass die antragstellende Person in einem Mitgliedstaat über eine berufliche Qualifikation für patentanwaltliche Tätigkeiten verfügt.

§ 4 Zuständige Stelle für die Eignungsprüfung. [1]Die Eignungsprüfung wird vor der für die Patentanwaltsprüfung zuständigen Kommission beim Deutschen Patent- und Markenamt abgelegt. [2]Das Deutsche Patent- und Markenamt hat die Ablegung der Eignungsprüfung innerhalb von sechs Monaten nach deren Auferlegung zu ermöglichen.

§ 5[1)] Prüfungsfächer. Die Eignungsprüfung erstreckt sich auf folgende Fächer:

1. Patentrecht und Gebrauchsmusterrecht, jeweils einschließlich des zugehörigen Verfahrensrechts,
2. Markenrecht und Designrecht, jeweils einschließlich des zugehörigen Verfahrensrechts,
3. Bürgerliches Recht, Handelsrecht und Zivilprozessrecht, soweit diese Rechtsgebiete für die Ausübung des Berufs des Patentanwalts von Bedeutung sind,
4. Recht der Arbeitnehmererfindungen,

[1)] Beachte hierzu Übergangsregelung in § 30.

5. Wettbewerbsrecht einschließlich Kartellrecht, soweit diese Rechtsgebiete für die Ausübung des Berufs des Patentanwalts von Bedeutung sind,
6. Sortenschutzrecht und
7. Berufsrecht des Patentanwalts.

§ 6[1) 2)] Prüfungsleistungen. (1) [1]Die Eignungsprüfung besteht aus einem schriftlichen und einem mündlichen Teil. [2]Sie wird in deutscher Sprache abgelegt.

(2) [1]Die Prüfungskommission erlässt dem Prüfling auf Antrag einzelne Prüfungsleistungen ganz oder teilweise, wenn er nachweist, dass er durch seine berufliche Ausbildung oder anderweitig, insbesondere durch Berufspraxis oder Weiterbildungsmaßnahmen, in einem Prüfungsgebiet die für die Ausübung des Patentanwaltsberufs in Deutschland erforderlichen materiellrechtlichen und verfahrensrechtlichen Kenntnisse im deutschen Recht erworben hat. [2]Ein Antrag nach Satz 1 soll möglichst zusammen mit dem Antrag nach § 1 Absatz 1 gestellt werden. [3]Die Prüfungskommission kann vor dem Erlass von Prüfungsleistungen eine Stellungnahme der Patentanwaltskammer einholen.

(3) [1]Die schriftliche Prüfung, die auch elektronisch durchgeführt werden kann, umfasst vier Klausuren. [2]Der Schwerpunkt je einer Klausur hat auf je einem der in § 5 Nummer 1 bis 4 genannten Prüfungsfächer zu liegen.

(4) [1]Der Prüfling wird zur mündlichen Prüfung nur zugelassen, wenn mindestens zwei Klausuren den Anforderungen genügen; anderenfalls gilt die Prüfung als nicht bestanden. [2]Sofern dem Prüfling Klausuren nach Absatz 2 vollständig erlassen wurden, sind diese als den Anforderungen genügend im Sinne des Satzes 1 zu werten.

§ 7 Prüfungsentscheidung. Die Prüfungskommission entscheidet aufgrund des Gesamteindrucks der in der schriftlichen und der mündlichen Prüfung erbrachten Leistungen mit Stimmenmehrheit, ob der Prüfling über die nach § 3 erforderlichen Kenntnisse und Kompetenzen verfügt.

§ 8 Wiederholung der Eignungsprüfung. Die Eignungsprüfung kann wiederholt werden.

§ 9 Prüfungsgebühr. Wer die Eignungsprüfung ablegen will, hat an das Deutsche Patent- und Markenamt eine Prüfungsgebühr zu entrichten.

§ 10 Verordnungsermächtigung. Das Bundesministerium der Justiz und für Verbraucherschutz wird ermächtigt, durch Rechtsverordnung ohne Zustimmung des Bundesrates die Einzelheiten der Eignungsprüfung zu regeln, insbesondere

1. die prüfenden Personen,
2. den Ablauf des Prüfungsverfahrens,
3. *die Prüfungs*leistungen,
4. die Folgen eines ordnungswidrigen Verhaltens,
5. den Erlass von Prüfungsleistungen,
6. die Wiederholung der Prüfung,

---

1) Beachte hierzu Übergangsregelung in § 30.
2) § 6 Abs. 3 Satz 1 geänd. mWv 1.8.2021 durch G v. 25.6.2021 (BGBl. I S. 2154).

7. die Zahl der Wiederholungsmöglichkeiten sowie
8. die Höhe und die Zahlung der Prüfungsgebühr.

§ 11 Bescheinigungen des Heimat- oder Herkunftsstaates. Sofern für eine Entscheidung über die Zulassung zur Patentanwaltschaft nach § 2 Absatz 5 dieses Gesetzes in Verbindung mit § 5 Absatz 1 Satz 1 der Patentanwaltsordnung

1. Bescheinigungen darüber, dass keine schwerwiegenden beruflichen Verfehlungen, Straftaten oder sonstigen Umstände bekannt sind, die die Eignung der antragstellenden Person für den Beruf des Patentanwalts in Frage stellen,
2. Bescheinigungen darüber, dass über das Vermögen der antragstellenden Person kein Insolvenzverfahren anhängig ist und die Person nicht für insolvent erklärt wurde,
3. Bescheinigungen über die körperliche oder geistige Gesundheit der antragstellenden Person oder
4. Bescheinigungen über das Bestehen und den Umfang einer Berufshaftpflichtversicherung

erforderlich sind, genügen Bescheinigungen des Heimat- oder Herkunftsstaates, die den Anforderungen des Artikels 50 Absatz 1 in Verbindung mit Anhang VII Nummer 1 Buchstabe d bis f der Richtlinie 2005/36/EG in der jeweils geltenden Fassung entsprechen.

§ 12[1] Partieller Zugang zum Beruf des Patentanwalts. (1) Personen, deren Berechtigung zur Ausübung des Berufs des Patentanwalts in ihrem Herkunftsstaat auf einen Teil der Rechtsgebiete beschränkt ist, auf denen Patentanwälte in Deutschland tätig werden dürfen, dürfen den Beruf des Patentanwalts mit der Beschränkung auf diese Rechtsgebiete auch in Deutschland ausüben, wenn

1. die Unterschiede zwischen ihrer Tätigkeit und der Tätigkeit eines Patentanwalts in Deutschland so groß sind, dass deren Ausgleich der Anforderung gleichkäme, die Befähigung für den Beruf des Patentanwalts nach § 5 Absatz 2 der Patentanwaltsordnung zu erwerben,
2. sich ihre Tätigkeit von den anderen Tätigkeiten trennen lässt, die von einem Patentanwalt in Deutschland zu erbringen sind,
3. der Erbringung ihrer Tätigkeit in Deutschland keine zwingenden Gründe des Allgemeininteresses entgegenstehen und
4. sie von der Patentanwaltskammer zur Patentanwaltschaft zugelassen wurden.

(2) [1] Für die Erlangung der Bescheinigung nach § 2 Absatz 5 gelten die §§ 1 bis 11 mit der Maßgabe, dass sich insbesondere die nachzuweisenden Qualifikationen und Tätigkeiten, die Eignungsprüfung und die Feststellung der Gleichwertigkeit der Berufsqualifikation der Person jeweils nur auf die Rechtsgebiete erstrecken, auf denen die Person in dem anderen Mitgliedstaat tätig werden darf. [2] Klausuren nach § 6 Absatz 3 entfallen dann, wenn die ihren Schwerpunkt bildenden Prüfungsfächer nach § 5 Nummer 1 bis 4 ausschließlich solche Gegenstände betreffen, die vom Tätigkeitsbereich der Person nicht umfasst sind.

---

[1] § 12 Abs. 3 Satz 1 geänd. mWv 1.8.2021 durch G v. 25.6.2021 (BGBl. I S. 2154).

(3) [1] Nach Absatz 1 partiell zugelassene Patentanwälte haben ihre patentanwaltliche Berufstätigkeit unter der Berufsbezeichnung ihres Herkunftsstaates auszuüben. [2] Sie haben ihre Mandantschaft vor ihrer Mandatierung über den Umfang ihres Tätigkeitsbereichs aufzuklären.

Teil 2. Vorübergehende Dienstleistung

§ 13 Dienstleistender europäischer Patentanwalt. (1) [1] Natürliche Personen, die in einem anderen Mitgliedstaat zur Ausübung des Berufs des Patentanwalts rechtmäßig niedergelassen sind, dürfen die Tätigkeiten eines Patentanwalts in Deutschland vorübergehend und gelegentlich ausüben (dienstleistender europäischer Patentanwalt). [2] Ob die Tätigkeiten vorübergehend und gelegentlich erbracht werden, ist im Einzelfall insbesondere anhand der Dauer, der Häufigkeit, der regelmäßigen Wiederkehr und der Kontinuität der Dienstleistung zu beurteilen.

(2) [1] Der dienstleistende europäische Patentanwalt hat seine Tätigkeit unter der in seinem Niederlassungsstaat geltenden Berufsbezeichnung zu erbringen. [2] Eine Verwechslung mit der Berufsbezeichnung „Patentanwalt" oder „Patentanwältin" muss ausgeschlossen sein. [3] Die Bezeichnung „europäischer Patentanwalt" darf als Berufsbezeichnung und in der Werbung nicht verwendet werden.

§ 14 Berufserfahrung. Ist im Niederlassungsstaat weder der Beruf des Patentanwalts noch die Ausbildung zum Beruf des Patentanwalts reglementiert, darf die Tätigkeit als dienstleistender europäischer Patentanwalt nur ausgeübt werden, wenn der Patentanwalt den Beruf in einem Mitgliedstaat innerhalb der vorangegangenen zehn Jahre mindestens ein Jahr lang ausgeübt hat.

§ 15[1)] Meldung. (1) [1] Der dienstleistende europäische Patentanwalt ist verpflichtet, vor der ersten Erbringung seiner Dienstleistungen der Patentanwaltskammer schriftlich oder elektronisch Meldung zu erstatten. [2] Seine Meldung hat zu enthalten:

1. Vornamen und Familienname,
2. die Geschäftsanschrift im Niederlassungsstaat und, sofern vorhanden, in Deutschland,
3. eine Bescheinigung darüber, dass er zur Ausübung des Berufs des Patentanwalts im Niederlassungsstaat rechtmäßig niedergelassen ist und dass ihm die Ausübung des Berufs nicht, auch nicht vorübergehend, untersagt ist,
4. einen Nachweis seiner Berufsqualifikation,
5. die Berufsbezeichnung nach § 13 Absatz 2,
6. *im Fall des § 14 einen Nachweis,* dass er den Beruf des Patentanwalts innerhalb der vorangegangenen zehn Jahre mindestens ein Jahr lang ausgeübt hat, und
7. einen Nachweis über das Bestehen einer Berufshaftpflichtversicherung nach § 17 oder Angaben dazu, warum der Abschluss einer solchen Versicherung nicht möglich oder unzumutbar ist.

---

1) § 15 Abs. 5 angef. mWv 1.1.2021 durch G v. 22.12.2020 (BGBl. I S. 3320).

(2) Wesentliche Änderungen der nach Absatz 1 Satz 2 erforderlichen Angaben hat der dienstleistende europäische Patentanwalt der Patentanwaltskammer unverzüglich schriftlich oder elektronisch zu melden und, soweit erforderlich, zu belegen.

(3) [1] Der dienstleistende europäische Patentanwalt hat die Meldung nach Absatz 1 Satz 1 jeweils nach Ablauf eines Jahres zu wiederholen, wenn er im folgenden Jahr erneut Dienstleistungen in Deutschland erbringen will. [2] Diese Meldung kann sich auf die Angaben nach Absatz 1 Satz 2 Nummer 1 und 7 beschränken.

(4) [1] Sobald die Meldung nach Absatz 1 vollständig vorliegt, nimmt die Patentanwaltskammer für zunächst ein Jahr eine Eintragung des dienstleistenden europäischen Patentanwalts in einem von ihr zu führenden öffentlichen elektronischen Meldeverzeichnis der dienstleistenden europäischen Patentanwälte vor. [2] Die Eintragung hat die Angaben nach Absatz 1 Satz 2 Nummer 1, 2, 5 und 7 zu umfassen. [3] Werden der Patentanwaltskammer nach Absatz 2 Änderungen mitgeteilt, hat sie das Meldeverzeichnis unverzüglich zu berichtigen. [4] Bei einer Wiederholung der Meldung nach Absatz 3 verlängert die Patentanwaltskammer die Eintragung im Meldeverzeichnis um ein weiteres Jahr. [5] Unterbleibt eine Wiederholung der Meldung nach Absatz 3, wird die Eintragung im Meldeverzeichnis zunächst gesperrt und nach angemessener Zeit gelöscht. [6] Die Eintragung und die Einsicht in das Meldeverzeichnis sind kostenfrei.

(5) Verliert eine im Meldeverzeichnis eingetragene Person den Status eines europäischen Patentanwalts, so wird die Eintragung im Meldeverzeichnis zunächst gesperrt und nach angemessener Zeit gelöscht.

§ 16[1)] Rechte und Pflichten. [1] Der dienstleistende europäische Patentanwalt hat die Stellung eines inländischen Patentanwalts, insbesondere dessen Rechte und Pflichten, soweit diese nicht die Zugehörigkeit zur Patentanwaltskammer sowie die Kanzlei betreffen. [2] Von den Vorschriften des Dritten Teils der Patentanwaltsordnung gelten nur die §§ 39, 39a Absatz 1 bis 5, §§ 39b, 39c, 41, 45b und 51. [3] § 18 Absatz 2 bleibt unberührt. [4] Die Vorschriften der nach § 52a der Patentanwaltsordnung erlassenen Berufsordnung gelten, soweit sie die §§ 39, 39a Absatz 1 bis 5, §§ 39b, 41 und 49a Absatz 1 der Patentanwaltsordnung näher ausgestalten.

§ 17 Berufshaftpflichtversicherung. [1] Der dienstleistende europäische Patentanwalt ist verpflichtet, eine Berufshaftpflichtversicherung zur Deckung der sich aus seiner Berufstätigkeit in Deutschland ergebenden Haftpflichtgefahren für Vermögensschäden abzuschließen, die nach Art und Umfang den durch seine berufliche Tätigkeit entstehenden Risiken angemessen ist. [2] Ist dem Patentanwalt der Abschluss einer solchen Versicherung nicht möglich oder unzumutbar, hat er seinen Mandanten auf diese Tatsache und deren Folgen vor seiner Mandatierung in Textform hinzuweisen. [3] Die Sätze 1 und 2 gelten nicht, soweit die Tätigkeit eines Syndikuspatentanwalts ausgeübt wird.

[1)] § 16 Satz 2 geänd. mWv 9.11.2017 durch G v. 30.10.2017 (BGBl. I S. 3618); Satz 4 geänd. mWv 1.8. 2022 durch G v. 7.7.2021 (BGBl. I S. 2363).

§ 18 Aufsicht. (1) [1] Dienstleistende europäische Patentanwälte werden durch die Patentanwaltskammer beaufsichtigt. [2] Dem Vorstand der Patentanwaltskammer obliegt es insbesondere,

1. in Fragen der Berufspflichten eines Patentanwalts zu beraten und zu belehren;
2. die Erfüllung der Berufspflichten zu überwachen und das Recht der Rüge zu handhaben;
3. auf Antrag bei Streitigkeiten zwischen dienstleistenden europäischen Patentanwälten und inländischen Patentanwälten zu vermitteln; dies umfasst die Befugnis, Schlichtungsvorschläge zu unterbreiten;
4. auf Antrag bei Streitigkeiten zwischen dienstleistenden europäischen Patentanwälten und ihrer Mandantschaft zu vermitteln; dies umfasst die Befugnis, Schlichtungsvorschläge zu unterbreiten.

[3] Der Vorstand kann die in Satz 2 Nummer 1, 3 und 4 bezeichneten Aufgaben einzelnen Mitgliedern des Vorstands übertragen.

(2) § 49 Absatz 1, die §§ 50 und 69 Absatz 3 sowie die §§ 70, 70a, 144a, 148, 150a und 151 der Patentanwaltsordnung gelten entsprechend.

(3) Die Patentanwaltskammer kann bei Zweifeln an der Rechtmäßigkeit der Niederlassung des dienstleistenden europäischen Patentanwalts oder daran, dass gegen ihn keine berufs- oder strafrechtlichen Sanktionen vorliegen, von den zuständigen Behörden des Niederlassungsstaates Informationen einholen.

§ 19[1)] Berufsgerichtsbarkeit und Mitteilungspflichten. (1) Der dienstleistende europäische Patentanwalt untersteht hinsichtlich der Erfüllung seiner Berufspflichten der Berufsgerichtsbarkeit.

(2) Für die berufsgerichtliche Ahndung von Pflichtverletzungen und die Verhängung vorläufiger berufsgerichtlicher Maßnahmen gelten die Vorschriften des Sechsten und Siebenten Teils sowie des Dritten Abschnitts des Achten Teils der Patentanwaltsordnung mit folgenden Maßgaben:

1. an die Stelle der Ausschließung aus der Patentanwaltschaft (§ 96 Absatz 1 Nummer 4) tritt das Verbot, im Bundesgebiet Tätigkeiten eines Patentanwalts auszuüben;
2. ein vorläufiges Berufs- oder Vertretungsverbot (§ 132 Absatz 1 Satz 1) darf nur für das Bundesgebiet ausgesprochen werden;
3. § 143 ist nicht anzuwenden.

(3) Für Zustellungen in berufsgerichtlichen Verfahren und in Verfahren nach den §§ 49, 50, 70 und 70a der Patentanwaltsordnung gilt § 10 des Gesetzes über die Tätigkeit europäischer Rechtsanwälte in Deutschland[2)] entsprechend.

(4) Für die Mitteilungspflichten der Gerichte und Behörden zur Einleitung von Verfahren gelten § 34a Satz 1 des Gesetzes über die Tätigkeit europäischer Rechtsanwälte in Deutschland und § 34 Absatz 3 der Patentanwaltsordnung entsprechend.

[1)] § 19 Abs. 4 geänd. mWv 1.8.2022 durch G v. 7.7.2021 (BGBl. I S. 2363).
[2)] Nr. **98/4**.

Teil 3. Berufsausübung als niedergelassener europäischer Patentanwalt

§ 20[1] Niedergelassener europäischer Patentanwalt. Ein europäischer Patentanwalt, der in einem anderen Mitgliedstaat, in dem der Beruf des Patentanwalts reglementiert ist, zugelassen ist und der in die Patentanwaltskammer aufgenommen ist, ist berechtigt, sich unter der Berufsbezeichnung seines Herkunftsstaates zur Rechtsbesorgung auf dem Gebiet des ausländischen und des internationalen gewerblichen Rechtsschutzes in Deutschland niederzulassen (niedergelassener europäischer Patentanwalt).

§ 21[2] Aufnahme in die Patentanwaltskammer und berufliche Stellung.

(1) [1] Dem Antrag auf Aufnahme in die Patentanwaltskammer ist eine Bescheinigung der im Herkunftsstaat der antragstellenden Person zuständigen Behörde darüber beizufügen, dass die Person in diesem Staat als Patentanwalt niedergelassen ist. [2] Eine solche Bescheinigung ist der Patentanwaltskammer jährlich neu vorzulegen. [3] Kommt der niedergelassene europäische Patentanwalt der Pflicht nach Satz 2 nicht nach, ist die Aufnahme in die Patentanwaltskammer zu widerrufen. [4] Zudem gilt § 4 Absatz 2 des Gesetzes über die Tätigkeit europäischer Rechtsanwälte in Deutschland[3] entsprechend.

(2) [1] Für die Entscheidung über den Antrag auf Aufnahme in die Patentanwaltskammer, für die Rechtsstellung des niedergelassenen europäischen Patentanwalts nach der Aufnahme sowie für die Rücknahme und den Widerruf der Aufnahme gelten mit Ausnahme der §§ 5 bis 13, 18 Absatz 2 Nummer 1 und Absatz 4, der §§ 19 und 24 sowie des § 52j Absatz 3 der Zweite bis Vierte Teil, der Dritte Abschnitt des Fünften Teils sowie der Sechste bis Achte Teil sowie § 159 der Patentanwaltsordnung sinngemäß sowie die aufgrund von § 29 Absatz 6 der Patentanwaltsordnung erlassene Rechtsverordnung. [2] An die Stelle der Ausschließung aus der Patentanwaltschaft nach § 96 Absatz 1 Nummer 4 der Patentanwaltsordnung tritt der Verlust der Mitgliedschaft. [3] Vorläufige Berufs- oder Vertretungsverbote nach § 132 Absatz 1 Satz 1 der Patentanwaltsordnung sind für das Bundesgebiet auszusprechen.

(3) [1] Der niedergelassene europäische Patentanwalt hat bei der Führung seiner Berufsbezeichnung den Herkunftsstaat in deutscher Sprache anzugeben. [2] Wurde er als Syndikuspatentanwalt in die Patentanwaltskammer aufgenommen, hat er der Berufsbezeichnung zudem die Bezeichnung „Syndikus" in Klammern nachzustellen. [3] Der niedergelassene europäische Patentanwalt ist berechtigt, im beruflichen Verkehr die Bezeichnung „Mitglied der Patentanwaltskammer" zu verwenden. [4] Die Bezeichnung „europäischer Patentanwalt" darf als Berufsbezeichnung und in der Werbung nicht verwendet werden.

---

[1] § 20 geänd. mWv 16.3.2023 durch G v. 10.3.2023 (BGBl. 2023 I Nr. 64).

[2] § 21 Abs. 1 Satz 4 angef. mWv 1.1.2021 durch G v. 22.12.2020 (BGBl. I S. 3320); Abs. 2 Satz 1 geänd. mWv 1.8.2022 durch G v. 7.7.2021 (BGBl. I S. 2363); Abs. 2 Satz 1 geänd. mWv 16.3.2023 durch G v. 10.3.2023 (BGBl. 2023 I Nr. 64).

[3] Nr. **98/4**.

Teil 4. Allgemeine Vorschriften

§ 22 Ergänzende Anwendung des Verwaltungsverfahrensgesetzes.

(1) [1] Für Verwaltungsverfahren nach diesem Gesetz oder nach einer aufgrund dieses Gesetzes erlassenen Rechtsverordnung gilt, soweit nichts anderes bestimmt ist, das Verwaltungsverfahrensgesetz[1)]. [2] Die Verwaltungsverfahren nach diesem Gesetz können elektronisch und über eine einheitliche Stelle nach den §§ 71a bis 71e des Verwaltungsverfahrensgesetzes abgewickelt werden.

(2) Über Anträge ist, soweit nichts anderes bestimmt ist, innerhalb einer Frist von drei Monaten zu entscheiden; § 42a Absatz 2 Satz 2 bis 4 des Verwaltungsverfahrensgesetzes gilt entsprechend.

§ 23 Rechtsweg in verwaltungsrechtlichen Angelegenheiten. Für öffentlich-rechtliche Streitigkeiten nach diesem Gesetz oder nach einer nach ihm erlassenen Rechtsverordnung gelten die Bestimmungen der Patentanwaltsordnung für verwaltungsrechtliche Patentanwaltssachen entsprechend, soweit die Streitigkeiten nicht berufsgerichtlicher Art sind oder einem anderen Gericht ausdrücklich zugewiesen sind.

§ 24[2)] Europäische Verwaltungszusammenarbeit und Bescheinigungen. (1) Für die Verwaltungszusammenarbeit mit Behörden anderer Mitgliedstaaten der Europäischen Union, anderer Vertragsstaaten des Europäischen Wirtschaftsraums und der Schweiz gelten die §§ 8a bis 8d des Verwaltungsverfahrensgesetzes[1)] mit der Maßgabe entsprechend, dass ausgehende Ersuchen auch in anderen Sprachen verfasst werden dürfen und eingehende Ersuchen auch erledigt werden dürfen, wenn sich ihr Inhalt nicht in deutscher Sprache aus den Akten ergibt.

(2) Benötigt ein Patentanwalt, um auf der Grundlage eines Rechtsakts der Europäischen Union in einem anderen Mitgliedstaat tätig sein zu können, eine Bescheinigung der Patentanwaltskammer, so stellt ihm die Patentanwaltskammer diese innerhalb eines Monats aus.

§ 25 Mitteilungspflichten gegenüber anderen Mitgliedstaaten.

(1) [1] Ist ein Patentanwalt auch in einem anderen Mitgliedstaat tätig, so teilt die Patentanwaltskammer der zuständigen Stelle dieses Staates über das Binnenmarkt-Informationssystem der Europäischen Union Folgendes mit:

1. berufsrechtliche Sanktionen,
2. strafrechtliche oder in Ordnungswidrigkeitenverfahren verhängte Sanktionen, die sich auf die Ausübung der patentanwaltlichen Tätigkeit auswirken können, und
3. sonstige schwerwiegende Sachverhalte, die sich auf die Ausübung der patentanwaltlichen Tätigkeit auswirken können.

[2] Ist der Patentanwaltskammer nach § 94g der Patentanwaltsordnung eine gerichtliche Entscheidung übermittelt worden, hat sie den anderen Mitgliedstaaten binnen drei Tagen nach Rechtskraft der Entscheidung über das Binnenmarkt-Informationssystem der Europäischen Union die Angaben zur Identität

---

[1)] **Sartorius Nr. 100.**

[2)] § 24 Abs. 1 geänd. mWv 1.1.2021 durch G v. 22.12.2020 (BGBl. I S. 3320).

des Patentanwalts und die Tatsache, dass er einen gefälschten Berufsqualifikationsnachweis verwendet hat, mitzuteilen.

(2) [1] Unverzüglich nach einer Mitteilung nach Absatz 1 hat eine Mitteilung nach § 8d Absatz 2 des Verwaltungsverfahrensgesetzes[1)] zu erfolgen. [2] In ihr ist auf die zulässigen Rechtsbehelfe gegen die Entscheidung, die Mitteilung nach Absatz 1 zu veranlassen, hinzuweisen. [3] Wird ein Rechtsbehelf gegen die Entscheidung eingelegt, ergänzt die Patentanwaltskammer die Mitteilung nach Absatz 1 um einen entsprechenden Hinweis.

(3) Die Absätze 1 und 2 gelten für dienstleistende europäische Patentanwälte und niedergelassene europäische Patentanwälte entsprechend.

(4) Hat die zuständige Stelle eines anderen Mitgliedstaates der Patentanwaltskammer zu einem Patentanwalt Sanktionen oder Sachverhalte im Sinne des Absatzes 1 mitgeteilt, so unterrichtet die Patentanwaltskammer diese Stelle über die aufgrund der Mitteilung getroffenen Maßnahmen.

§ 26 Gleichgestellte Staaten. Im Anwendungsbereich dieses Gesetzes stehen die anderen Vertragsstaaten des Abkommens über den Europäischen Wirtschaftsraum und die Schweiz den Mitgliedstaaten der Europäischen Union gleich.

§ 27[2)] Statistik. [1] Über Verfahren nach den §§ 1, 12 und 15 wird eine Bundesstatistik geführt. [2] § 17 des Berufsqualifikationsfeststellungsgesetzes ist anzuwenden.

§ 28 Gebühren und Auslagen. Auf die Erhebung und Beitreibung von Gebühren und Auslagen für Amtshandlungen nach diesem Gesetz sind die Vorschriften der Patentanwaltsordnung entsprechend anzuwenden.

§ 29[3)] Anwendung von Vorschriften des Strafgesetzbuches. Für die Anwendung der Vorschriften des Strafgesetzbuches[4)] über die Verletzung von Privatgeheimnissen (§ 203 Absatz 1 Nummer 3, Absatz 3 bis 6, §§ 204 und 205), über die Gebührenüberhebung (§ 352) und über den Parteiverrat (§ 356) stehen dienstleistende europäische Patentanwälte und niedergelassene europäische Patentanwälte Patentanwälten und Anwälten gleich.

§ 30[5)] *(aufgehoben)*

[1)] **Sartorius Nr. 100.**
[2)] § 27 geänd. mWv 9.11.2017 durch G v. 30.10.2017 (BGBl. I S. 3618).
[3)] § 29 geänd. mWv 9.11.2017 durch G v. 30.10.2017 (BGBl. I S. 3618).
[4)] **Schönfelder Nr. 85.**
[5)] § 30 aufgeh. mWv 1.8.2021 durch G v. 25.6.2021 (BGBl. I S. 2154).

98a. Bundesnotarordnung (BNotO)[1]

In der Fassung der Bekanntmachung vom 24. Februar 1961[2]
(BGBl. I S. 97)

BGBl. III/FNA 303-1

Lfd. Nr.	Änderndes Gesetz	Datum	Fundstelle	Betroffen	Hinweis
1.–11.	Änderungsgesetze bis einschließlich G v. 7. 8. 1981 nur noch in den Anmerkungen nachgewiesen				
12.	Art. 7 § 15 BetreuungsG	12.9.1990	BGBl. I S. 2002	§§ 39, 54	geänd. mWv 1.1.1992
13.	Art. 1 G zur Änd. des Berufsrechts der Notare und der Rechtsanwälte	29.1.1991	BGBl. I S. 150	§§ 6, 10, 11, 15, 17, 39, 42, 47, 50, 51, 52, 54, 62, 67, 74, 75, 94, 97, 98, 103, 105, 110a, 112, 114, 115	geänd. mWv 3.2.1991
				§§ 10a, 48a, 64a, 69a, 81a	eingef. mWv 3.2.1991
				§§ 4, 6, 7	geänd. mWv 1.8.1991
				§ 6b	eingef. mWv 1.8.1991
14.	Art. 8 Abs. 1 KostenrechtsÄndG 1994	24.6.1994	BGBl. I S. 1325	§ 104	geänd. mWv 1.7.1994
15.	Art. 9 Drittes DurchführungsG/EWG zum VAG	21.7.1994	BGBl. I S. 1630	§ 19a	geänd. mWv 29.7.1994
16.	Art. 8 G zu dem Übereinkommen vom 15. April 1994 zur Errichtung der Welthandelsorganisation und zur Änd. anderer Gesetze	30.8.1994	BGBl. II S. 1438	§ 19a	geänd. mWv 10.9.1994
17.	Art. 6 Anwaltsrechts-NeuordnungsG	2.9.1994	BGBl. I S. 2278	§§ 54, 103, 110, 110a	geänd. mWv 9.9.1994
18.	Art. 2 § 7 SachenrechtsÄndG	21.9.1994	BGBl. I S. 2457	§§ 14, 20	geänd. mWv 1.10.1994
19.	Art. 16 Insolvenzordnung-EinführungsG	5.10.1994	BGBl. I S. 2911	§§ 8, 50	geänd mWv 1.1.1999
20.	Art. 1 Drittes ÄndG	31.8.1998	BGBl. I S. 2585, ber. 1999 S. 194	§§ 2, 3, 6, 6b, 7, 8, 9, 10, 11, 13, 14, 15, 16, 17, 18, 20, 21, 23, 39, 47, 50, 51, 52, 53, 54, 56, 57, 58, 59, 60, 61, 62, 63, 64, 64a, 66, 67, 69a, 71, 77, 78, 80, 83, 93, 97, 98, 108, 110a, 111, 112, 113, 116	geänd. mWv 8.9.1998
				Teil 1 Abschnitt 4 Überschrift	neu gef. mWv 8.9.1998

[1] Gliederungs- und Paragraphenüberschriften neu gef. mWv 1.8.2021 durch G v. 25.6.2021 (BGBl. I S. 2154); die Neufassung aller Gliederungs- und Paragraphenüberschriften ist nicht einzeln in Fußnoten nachgewiesen.

[2] Neubekanntmachung der ReichsnotarO v. 13.2.1937 (RGBl. I S. 191) als BundesnotarO in der ab 1.4.1961 geltenden Fassung.

Lfd. Nr.	Änderndes Gesetz	Datum	Fundstelle	Betroffen	Hinweis
				§§ 11a, 25–32, 48b, 48c, 69b, 113a, 113b, 117a	eingef. mWv 8.9.1998
				§§ 22a, 25, 119	aufgeh. mWv 8.9.1998
				§§ 19a, 67	geänd. mWv 1.3.1999
21.	Art. 2a G zur Änd. der BundesrechtsanwaltsO, der PatentanwaltsO und anderer Gesetze	31.8.1998	BGBl. I S. 2600	§ 64a	geänd. mWv 1.3.1999
22.	Art. 1 Insolvenzrecht-EinführungsGÄndG	19.12. 1998	BGBl. I S. 3836	§§ 8, 50	geänd. mWv 1.1.1999
23.	Art. 22 G zur Änderung des Begriffs „Erziehungsurlaub“	30.11. 2000	BGBl. I S. 1638	§ 6	geänd. mWv 2.1.2001
24.	Art. 12 Bundesdisziplinarrechts-NeuordnungsG	9.7.2001	BGBl. I S. 1510, geänd. S. 3582	§§ 96, 97, 98, 105, 109	geänd. mWv 1.1.2002
25.	Art. 2 Rechtspflege-, Straf- und OWi-Gesetze-EuroeinführungsG	13.12. 2001	BGBl. I S. 3574	§§ 19a, 67, 74	geänd. mWv 1.1.2002
26.	Art. 30 Behindertengleichstellungs-EinführungsG	27.4.2002	BGBl. I S. 1467	§§ 39, 50	geänd. mWv 1.5.2002
27.	Art. 2b Vaterschafts-AnfechtungsÄndG	23.4.2004	BGBl. I S. 598	§§ 78a, 78b, 78c	eingef. mWv 30.4.2004
28.	BVerfGE	13.7.2004	BGBl. I S. 2931	§ 113	
29.	Art. 3 G zur Vereinfachung und Vereinheitlichung der Verfahrensvorschriften zur Wahl und Berufung ehrenamtlicher Richter	21.12. 2004	BGBl. I S. 3599	§§ 102, 103, 104, 107	geänd. mWv 1.1.2005
30.	Art. 15 JustizkommunikationsG	22.3.2005	BGBl. I S. 837	§ 15	geänd. mWv 1.4.2005
31.	BVerfGE	8.3.2005	BGBl. I S. 1413	§ 29	
32.	Art. 1 Viertes ÄndG	22.7.2005	BGBl. I S. 2188	§§ 114, 115	geänd. mWv 29.7.2005
33.	Art. 1 Fünftes ÄndG	22.12. 2005	BGBl. I S. 3679	§§ 96, 105	geänd. mWv 1.1.2006
34.	Art. 39 Erstes G über die Bereinigung von Bundesrecht im Zuständigkeitsbereich des BMJ	19.4.2006	BGBl. I S. 866	§ 24	geänd. mWv 25.4.2006
				§ 117b	eingef. mWv 25.4.2006
35.	Art. 1 Sechstes ÄndG	15.7.2006	BGBl. I S. 1531	§ 113	geänd. mWv 20.7.2006
				§ 119	eingef. mWv 20.7.2006
				§ 113a	aufgeh. mWv 20.7.2006
36.	Art. 6 Zweites JustizmodernisierungsG	22.12. 2006	BGBl. I S. 3416	§§ 67, 78a	geänd. mWv 31.12.2006

Lfd. Nr.	Änderndes Gesetz	Datum	Fundstelle	Betroffen	Hinweis
37.	Art. 3 G zur Stärkung der Selbstverwaltung der Rechtsanwaltschaft	26.3.2007	BGBl. I S. 358	§§ 3, 10, 47, 64a, 111	geänd. mWv 1.6.2007
38.	Art. 9 Abs. 2 Versicherungsvertrags-ReformG	23.11. 2007	BGBl. I S. 2631	§ 19a	geänd. mWv 1.1.2008
39.	Art. 3 G zur Neuregelung des Rechtsberatungsrechts[1]	12.12. 2007	BGBl. I S. 2840	§§ 27, 93	geänd. mWv 18.12.2007
40.	Art. 24 FGG-ReformG	17.12. 2008	BGBl. I S. 2586	§§ 15, 24, 54, 78a, 78c	geänd. mWv 1.9.2009
41.	Art. 1 ÄndG (Neuregelung des Zugangs zum Anwaltsnotariat)	2.4.2009	BGBl. I S. 696	§ 6	geänd. mWv 9.4.2009
				§§ 7a, 7b, 7c, 7c, 7e, 7f, 7g, 7h, 7i, 120	eingef. mWv 9.4.2009
42.	Art. 1 G zur Neuregelung des notariellen Disziplinarrechts	17.6.2009	BGBl. I S. 1282	§§ 54, 75, 95a, 96, 98, 105, 109	geänd. mWv 1.1.2010
				§ 121	eingef. mWv 1.1.2010
43.	Art. 9 G zur Änd. des Zugewinnausgleichs- und Vormundschaftsrechts	6.7.2009	BGBl. I S. 1696	§ 78a	geänd. mWv 1.9.2009
44.	Art. 1, 2 G zur Änd. der BundesnotarO und anderer Gesetze	15.7.2009	BGBl. I S. 1798, Art. 2 aufgeh. durch G v. 23.11. 2015, BGBl. I S. 2090	§ 114	neu gef. mWv 21.7.2009
				§ 115	aufgeh. mWv 21.7.2009
45.	Art. 4 Abs. 2 G zur Reform der Sachaufklärung in der Zwangsvollstreckung	29.7.2009	BGBl. I S. 2258	§ 50	geänd. mWv 1.1.2013
46.	Art. 3 G zur Modernisierung von Verfahren im anwaltlichen und notariellen Berufsrecht, zur Errichtung einer Schlichtungsstelle der Rechtsanwaltschaft sowie zur Änd. sonstiger Vorschriften[2]	30.7.2009	BGBl. I S. 2449	§§ 7c, 7d, 10, 19a 24, 25, Überschrift 1. Teil 6. Abschnitt, §§ 50, 52, 54, 64a, 67, 85, 93, 102, 103, 104, 107, 108, 113	geänd. mWv 1.9.2009
				§§ 111, 112, 118	neu gef. mWv 1.9.2009
				§§ 111a, 111b, 111c, 111d, 111e, 111f, 111g, Anl.	eingef. mWv 1.9.2009
				§ 119	aufgeh. mWv 1.9.2009
47.	Art. 6 G zur Umsetzung der DienstleistungsRL in der Justiz und zur Änd. weiterer Vorschriften	22.12. 2010	BGBl. I S. 2248	§§ 54, 111, 111a, 120	geänd. mWv 28.12.2010

[1] **Amtl. Anm.:** Dieses Gesetz dient der Umsetzung der Richtlinie 2005/36/EG des Europäischen Parlaments und des Rates vom 7. September 2005 über die Anerkennung von Berufsqualifikationen (ABl. EU Nr. L 255 S. 22).

[2] **Amtl. Anm.:** Dieses Gesetz dient der Umsetzung der Richtlinie 2006/123/EG des Europäischen Parlaments und des Rates vom 12. Dezember 2006 über Dienstleistungen im Binnenmarkt (ABl. L 376 vom 27.12.2006, S. 36).

Lfd. Nr.	Änderndes Gesetz	Datum	Fundstelle	Betroffen	Hinweis
48.	Art. 1 G zur Modernisierung des Benachrichtigungswesens in Nachlasssachen durch Schaffung des Zentralen Testamentsregisters bei der Bundesnotarkammer und zur Fristverlängerung nach der HofraumVO	22.12. 2010	BGBl. I S. 2255	§ 78	geänd. mWv 28.12.2010
				§§ 78a, 78b, 78c	neu gef. mWv 28.12.2010
				§§ 78d, 78e, 78f	eingef. mWv 28.12.2010
49.	Art. 3 G über den Rechtsschutz bei überlangen Gerichtsverfahren und strafrechtlichen Ermittlungsverfahren	24.11. 2011	BGBl. I S. 2302	§ 96	geänd. mWv 3.12.2011
				§ 111h	eingef. mWv 3.12.2011
50.	Art. 15 G zur Verbesserung der Feststellung und Anerkennung im Ausland erworbener Berufsqualifikationen	6.12.2011	BGBl. I S. 2515	§ 5	geänd. mWv 13.12.2011
				§§ 5, 114	geänd. mWv 1.4.2012
51.	Art. 2 G zum Schutz des Erbrechts und der Verfahrensbeteiligungsrechte nichtehelicher und einzeladoptierter Kinder im Nachlassverfahren	21.3.2013	BGBl. I S. 554	§§ 78, 78b, 78c, 78d, 78e	geänd. mWv 29.3.2013
52.	Art. 3 G zur Übertragung von Aufgaben im Bereich der freiwilligen Gerichtsbarkeit auf Notare	26.6.2013	BGBl. I S. 1800	§§ 20, 21	geänd. mWv 1.9.2013
53.	Art. 2 G zur Stärkung des Verbraucherschutzes im notariellen Beurkundungsverfahren	15.7.2013	BGBl. I S. 2378	§ 50	geänd. mWv 1.10.2013
54.	Art. 14 2. KostenrechtsmodernisierungsG	23.7.2013	BGBl. I S. 2586	§§ 28, 58, 64, 104	geänd. mWv 1.8.2013
55.	Art. 136 Zehnte ZuständigkeitsanpassungsVO	31.8.2015	BGBl. I S. 1474	§§ 7a, 7c, 7g, 7h, 7i, 19a, 77, 78, 78e, 82, 108, 111	geänd. mWv 8.9.2015
56.	Art. 1 G zur Abwicklung der staatlichen Notariate in Baden-Württemberg	23.11. 2015	BGBl. I S. 2090	§ 116	geänd. mWv 1.1.2018
				§ 114	neu gef. mWv 1.1.2018
57.	Art. 9 G zur Umsetzung der BerufsanerkennungsRL und zur Änd. weiterer Vorschriften im Bereich der rechtsberatenden Berufe[1]	12.5.2017	BGBl. I S. 1121	§§ 4, 6, 7, 7a, 9, 10, 15, 19a, 25, 29, 52, 54, 65, 66, 67, 68, 69, 69a, 69b, 70, 71, 73, 74, 78, 78b, 78c, 78d, 85, 86, 97, 100, 110a, 111a, 111e, 117b, 120	geänd. mWv 18.5.2017
				§ 47	neu gef. mWv 18.5.2017
				§§ 118, 121	aufgeh. mit Ablauf des 17.5. 2017
				§ 116	geänd. mWv 1.1.2018

[1] **Amtl. Anm.:** *(abgedruckt in Änderungstabelle Nr. **69**)*

Lfd. Nr.	Änderndes Gesetz	Datum	Fund-stelle	Betroffen	Hinweis
58.	Art. 1 G zur Neuordnung der Aufbewahrung von Notariatsunterlagen und zur Einrichtung des Elektronischen Urkundenarchivs bei der Bundesnotarkammer sowie zur Änd. weiterer Gesetze	1.6.2017	BGBl. I S. 1396, geänd. durch G v. 25.6. 2021, BGBl. I S. 2154	§§ 23, 67	geänd. mWv 9.6.2017
				§§ 33, 34, 36, 78, 78a, 78b, 78c, 78d, 78e, 78f	neu gef. mWv 9.6.2017
				Teil 1 Abschnitt 4a Überschrift, §§ 78g, 78h, 78i, 78j, 78k, 78l, 78m, 78n, 78o	eingef. mWv 9.6.2017
				§ 35	neu gef. mWv 1.1.2020
				§§ 55, 58, 63, 64, 70, 71, 73, 74, 93, 113	geänd. mWv 1.1.2022
				Inhaltsübersicht, Gliederungs-, Paragraphenüberschriften, §§ 45, 51, 118, 119, 120	neu gef. mWv 1.1.2022, bzgl. Inhaltsübersicht, Gliederungs- und Paragraphenüberschriften aufgeh. durch Art. 24 Abs. 12 G v. 25.6.2021, BGBl. I S. 2154
				§ 51a	eingef. mWv 1.1.2022
59.	Art. 4 G zur Neuregelung des Schutzes von Geheimnissen bei der Mitwirkung Dritter an der Berufsausübung schweigepflichtiger Personen	30.10. 2017	BGBl. I S. 3618, geänd. durch G v. 25.6. 2021, BGBl. I S. 2154	§ 26	neu gef. mWv 9.11.2017
				§ 26a	eingef. mWv 9.11.2017
				Inhaltsübersicht	geänd. mWv 1.1.2022, insoweit aufgeh. durch Art. 24 Abs. 13 G v. 25.6.2021, BGBl. I S. 2154
60.	Art. 12 G zur Änd. von Vorschriften über die außergerichtliche Streitbeilegung in Verbrauchersachen und zur Änd. weiterer Gesetze	30.11. 2019	BGBl. I S. 1942	§ 116	geänd. mWv 6.12.2019
61.	Art. 5 G zur Reform des Vormundschafts- und Betreuungsrechts	4.5.2021	BGBl. I S. 882	§§ 39, 78a, 78b	geänd. mWv 1.1.2023
62.	Art. 1, 2 und 3 G zur Modernisierung des notariellen Berufsrechts und zur Änd. weiterer Vorschriften	25.6.2021	BGBl. I S. 2154	§§ 3, 4, 7, 7a, 7b, 7c, 7d, 7g, 7h, 7i, 8, 9, 10, 11a, 12, 13, 14, 17, 18, 19, 19a, 24, 25, 26a, 28, 29, 31, 33, 34, 35, 42, 43, 44, 45, 47, 48, 50, 51, 53, 54, 55, 57, 61, 64, 64a, 66, 67, 69, 69b, 71, 74, 77, 78, 78c, 78d, 78e, 78f, 78g, 78j, 78k, 78l, 78m, 78n, 79, 81, 82, 83, 87, 88, 89, 91, 92, 93, 95a, 96, 97, 98, 100, 102, 107, 108,	geänd. mWv 1.8.2021

Lfd. Nr.	Änderndes Gesetz	Datum	Fundstelle	Betroffen	Hinweis
				111a, 111b, 111c, 111f, 113, 113b, 114, 116, 117b, Anl. 2	
				Inhaltsübersicht, Gliederungs-, Paragraphenüberschriften, §§ 5, 6, 6a, 39, 40, 41, 46, 48b, 48c, 49, 52, 56, 69a, 75, 80, 81a, 85, 86, 94, 95, 118	neu gef. mWv 1.8.2021; die Neufassung aller Gliederungs- und Paragraphenüberschriften ist nicht einzeln in Fußnoten nachgewiesen
				§§ 4a, 5a, 5b, 18a, 18b, 18c, 18d, 64b, 64c, Teil 3 Abschnitt 3 Überschrift, Anl. 1	eingef. mWv 1.8.2021
				§§ 6b, 84, 117	aufgeh. mit Ablauf des 31.7. 2021
				Inhaltsübersicht, §§ 35, 45, 51, 51a, 55, 58, 63, 70, 119, 120	geänd. mWv 1.1.2022
				Inhaltsübersicht, § 14	geänd. mWv 1.1.2023
				§ 32	aufgeh. mit Ablauf des 31.12. 2022
63.	Art. 10 G zur Neuregelung des Berufsrechts der anwaltlichen und steuerberatenden Berufsausübungsgesellschaften sowie zur Änd. weiterer Vorschriften im Bereich der rechtsberatenden Berufe	7.7.2021	BGBl. I S. 2363, ber. 2022 S. 666	Inhaltsübersicht, §§ 9, 54, 69, 81, 86, 103	geänd. mWv 1.8.2022
				§§ 64a, 95a, 110, 110a	neu gef. mWv 1.8.2022
				§§ 64d, 69c	eingef. mWv 1.8.2022
64.	Art. 3 G zur Umsetzung der DigitalisierungsRL[1)]	5.7.2021	BGBl. I S. 3338	Inhaltsübersicht, §§ 10a, 11, 20, 78, 119	geänd. mWv 1.8.2022
				§§ 78p, 78q	eingef. mWv 1.8.2022
65.	Art. 31 PersonengesellschaftsrechtsmodernisierungsG (MoPeG)	10.8.2021	BGBl. I S. 3436	§ 21	geänd. mWv 1.1.2024
66.	Art. 3, 4 G zum Vorschlag für eine Verordnung des Rates zur Änd. der VO (EG) Nr. 168/2007 zur Errichtung einer Agentur der Europäischen Union für Grundrechte und zur Inbetriebnahme der elektronischen Urkundensammlung	21.12. 2021	BGBl. II S. 1282	§§ 119, 120	geänd. mWv 1.1.2022
				§ 119	geänd. mWv 1.7.2022

[1)] **Amtl. Anm.:** *Dieses Gesetz* dient der Umsetzung der Richtlinie (EU) 2019/1151 des Europäischen Parlaments und des Rates vom 20. Juni 2019 zur Änderung der Richtlinie (EU) 2017/1132 im Hinblick auf den Einsatz digitaler Werkzeuge und Verfahren im Gesellschaftsrecht (ABl. L 186 vom 11.7.2019, S. 80).

Lfd. Nr.	Änderndes Gesetz	Datum	Fundstelle	Betroffen	Hinweis
67.	Art. 2 G zur Ergänzung der Regelungen zur Umsetzung der DigitalisierungsRL und zur Änd. weiterer Vorschriften[1]	15.7.2022	BGBl. I S. 1146	§ 78p §§ 10a, 33	geänd. mWv 22.7.2022 geänd. mWv 1.8.2022
68.	Art. 21 G zur Umsetzung der UmwandlungsRL und zur Änd. weiterer Gesetze	22.2.2023	BGBl. 2023 I Nr. 51	§ 92	geänd. mWv 1.3.2023
69.	Art. 3 G zur Stärkung der Aufsicht bei Rechtsdienstleistungen und zur Änd. weiterer Vorschriften	10.3.2023	BGBl. 2023 I Nr. 64	§ 10a	geänd. mWv 15.3.2023
70.	Art. 3 G zur Beschleunigung von Disziplinarverfahren in der Bundesverwaltung und zur Änd. weiterer dienstrechtlicher Vorschriften	20.12. 2023	BGBl. 2023 I Nr. 389	§§ 96, 105, 109	geänd. mWv 1.4.2024

Zur Ausführung und Durchführung der BNotO haben die Länder ua folgende Vorschriften erlassen:
- **Bayern:** VO v. 10.2.2000 (GVBl. S. 60), zuletzt geänd. durch V v. 2.10.2018 (GVBl. S. 745)
- **Hamburg:** AV v. 20.3.2012 (JVBl S. 20), zuletzt geänd. durch Allgemeine Verfügung v. 18.6.2014 (JVBl S. 76)
- **Hessen:** RdErl. v. 30.10.2014 (JMBl. S. 737), zuletzt geänd. durch Erl. v. 17.7.2017 (JMBl. S. 516)
- **Nordrhein-Westfalen:** VO v. 18.5.1999 (GV. NRW. S. 208), geänd. durch VO v. 13.4.2022 (GV. NRW. S. 543)
- **Rheinland-Pfalz:** VO v. 14.7.1999 (GVBl. S. 189), zuletzt geänd. durch VO v. 25.10.2018 (GVBl. S. 376)
- **Saarland:** VO v. 30.11.1993 (Amtsbl. S. 1236), geänd. durch VO v. 9.2.2005 (Amtsbl. S. 226)
- **Sachsen:** VO idF der Bek. v. 25.3.2013 (SächsGVBl. S. 205), zuletzt geänd. durch VO v. 18.3.2020 (SächsGVBl. S. 122)
- **Sachsen-Anhalt:** VO v. 16.12.1998 (GVBl. LSA S. 486), zuletzt geänd. durch G v. 16.2.2023 (GVBl. LSA S. 37)

[1] **Amtl. Anm.:** Notifiziert gemäß der Richtlinie (EU) 2015/1535 des Europäischen Parlaments und des Rates vom 9. September 2015 über ein Informationsverfahren auf dem Gebiet der technischen Vorschriften und der Vorschriften für die Dienste der Informationsgesellschaft (ABl. L 241 vom 17.9.2015, S. 1).

Inhaltsübersicht[1)]

[1)] Inhaltsübersicht neu gef. mWv 1.8.2021, geänd. mWv 1.1.2022 und mWv 1.1.2023 durch G v. 25.6. 2021 (BGBl. I S. 2154); geänd. mWv 1.8.2022 durch G v. 7.7.2021 (BGBl. I S. 2363, ber. 2022 S. 666); geänd. mWv 1.8.2022 durch G v. 5.7.2021 (BGBl. I S. 3338).

(Fortsetzung nächstes Blatt)

Anlage 1 (zu § 18d Absatz 1) Gebührenverzeichnis (Zugang zu Inhalten notarieller Urkunden und Verzeichnisse zu Forschungszwecken)
Anlage 2 (zu § 111f Satz 1) Gebührenverzeichnis (verwaltungsrechtliche Notarsachen)

Teil 1. Das Amt des Notars

Abschnitt 1. Bestellung zum Notar

§ 1 Stellung und Aufgaben des Notars. Als unabhängige Träger eines öffentlichen Amtes werden für die Beurkundung von Rechtsvorgängen und andere Aufgaben auf dem Gebiete der vorsorgenden Rechtspflege in den Ländern Notare bestellt.

§ 2[1] Beruf des Notars. [1]Die Notare unterstehen, soweit nichts anderes bestimmt ist, ausschließlich den Vorschriften dieses Gesetzes. [2]Sie führen ein Amtssiegel und tragen die Amtsbezeichnung Notarin oder Notar. [3]Ihr Beruf ist kein Gewerbe.

§ 3[2] Hauptberufliche Notare; Anwaltsnotare. (1) Notare werden zur hauptberuflichen Amtsausübung auf Lebenszeit bestellt (hauptberufliche Notare).

(2) In den Gerichtsbezirken, in denen am 1. April 1961 das Amt des Notars nur im Nebenberuf ausgeübt worden ist, werden weiterhin ausschließlich Rechtsanwälte für die Dauer ihrer Mitgliedschaft bei der für den Gerichtsbezirk zuständigen Rechtsanwaltskammer als Notare zu gleichzeitiger Amtsausübung neben dem Beruf des Rechtsanwalts bestellt (Anwaltsnotare).

§ 4[3] Bedürfnis für die Bestellung eines Notars. [1]Es werden so viele Notare bestellt, wie es den Erfordernissen einer geordneten Rechtspflege entspricht. [2]Dabei sind insbesondere das Bedürfnis nach einer angemessenen Versorgung der Rechtsuchenden mit notariellen Leistungen und die Wahrung einer geordneten Altersstruktur der Angehörigen des Berufs zu berücksichtigen.

§ 4a[4] Bewerbung. (1) [1]Notarstellen sind auszuschreiben. [2]Dies gilt nicht bei erneuten Bestellungen nach Amtsniederlegungen im Rahmen des § 48b Absatz 2 Satz 1 oder des § 48c Absatz 3 Satz 1.

(2) Bewerbungen sind innerhalb der in der Ausschreibung gesetzten oder der von der Landesjustizverwaltung allgemein bekanntgegebenen Frist einzureichen.

(3) [1]War jemand ohne sein Verschulden verhindert, die Frist einzuhalten, so ist ihm auf Antrag Wiedereinsetzung in den vorigen Stand zu gewähren. [2]Der Antrag ist innerhalb von zwei Wochen nach Wegfall des Hindernisses zu stellen. [3]Die Tatsachen zur Begründung des Antrags sind glaubhaft zu machen. [4]Die Bewerbung ist innerhalb der Antragsfrist nachzuholen.

§ 5[5] Eignung für das notarielle Amt. (1) Zum Notar darf nur bestellt werden, wer persönlich und *fachlich für* das Amt geeignet ist.

(2) Persönlich nicht geeignet ist insbesondere, wer

---

[1] § 2 Satz 2 geänd. durch G v. 31.8.1998 (BGBl. I S. 2585).

[2] § 3 Abs. 3 aufgeh. durch G v. 31.8.1998 (BGBl. I S. 2585); Abs. 2 geänd. mWv 1.6.2007 durch G v. 26.3.2007 (BGBl. I S. 358); Abs. 1 neu gef. mWv 1.8.2021 durch G v. 25.6.2021 (BGBl. I S. 2154).

[3] § 4 neu gef. durch G v. 29.1.1991 (BGBl. I S. 150); Satz 2 geänd. mWv 18.5.2017 durch G v. 12.5.2017 (BGBl. I S. 1121); Satz 2 geänd. mWv 1.8.2021 durch G v. 25.6.2021 (BGBl. I S. 2154).

[4] § 4a eingef. mWv 1.8.2021 durch G v. 25.6.2021 (BGBl. I S. 2154).

[5] § 5 neu gef. mWv 1.8.2021 durch G v. 25.6.2021 (BGBl. I S. 2154).

1. sich eines Verhaltens schuldig gemacht hat, das ihn unwürdig erscheinen lässt, das notarielle Amt auszuüben,
2. aus gesundheitlichen Gründen nicht nur vorübergehend unfähig ist, das notarielle Amt ordnungsgemäß auszuüben, oder
3. sich im Vermögensverfall befindet; ein Vermögensverfall wird vermutet, wenn ein Insolvenzverfahren über das Vermögen der Person eröffnet oder die Person in das Schuldnerverzeichnis (§ 882b der Zivilprozessordnung[1]) eingetragen ist.

(3) [1] Wenn dies zur Entscheidung über den Versagungsgrund nach Absatz 2 Nummer 2 erforderlich ist, hat die Landesjustizverwaltung der Person aufzugeben, ein ärztliches Gutachten über ihren Gesundheitszustand vorzulegen. [2] Die Landesjustizverwaltung hat eine angemessene Frist für die Vorlage des Gutachtens sowie den Arzt zu bestimmen, der das Gutachten erstatten soll. [3] Das Gutachten muss auf einer Untersuchung und, wenn dies amtsärztlich als notwendig erachtet wurde, auch auf einer klinischen Beobachtung der Person beruhen. [4] Die Kosten des Gutachtens hat die Person zu tragen. [5] Wird das Gutachten ohne zureichenden Grund nicht innerhalb der gesetzten Frist vorgelegt, so wird vermutet, dass der Versagungsgrund nach Absatz 2 Nummer 2 vorliegt. [6] Die Person ist bei der Fristsetzung auf diese Folgen hinzuweisen.

(4) Wer bei Ablauf der Bewerbungsfrist für die Notarstelle das 60. Lebensjahr vollendet hat, kann nicht erstmals zum Notar bestellt werden.

(5) [1] Die fachliche Eignung setzt voraus, dass die Befähigung zum Richteramt nach dem Deutschen Richtergesetz[2] erworben wurde. [2] Das Berufsqualifikationsfeststellungsgesetz ist nicht anzuwenden.

§ 5a[3] Weitere Voraussetzungen für hauptberufliche Notare. [1] Zum hauptberuflichen Notar soll nur bestellt werden, wer bei Ablauf der Bewerbungsfrist einen dreijährigen Anwärterdienst als Notarassessor geleistet hat und sich im Anwärterdienst des Landes befindet, in dem er sich um die Bestellung bewirbt. [2] Die Landesjustizverwaltung kann bestimmen, dass der dreijährige Anwärterdienst erst zum Zeitpunkt der Bestellung geleistet sein muss.

§ 5b[4] Weitere Voraussetzungen für Anwaltsnotare. (1) Zum Anwaltsnotar soll nur bestellt werden, wer bei Ablauf der Bewerbungsfrist

1. mindestens fünf Jahre in nicht unerheblichem Umfang für verschiedene Auftraggeber rechtsanwaltlich tätig war,
2. die Tätigkeit nach Nummer 1 seit mindestens drei Jahren ohne Unterbrechung in dem vorgesehenen Amtsbereich ausübt,
3. die notarielle Fachprüfung nach § 7a bestanden hat und
4. ab dem auf das Bestehen der notariellen Fachprüfung folgenden Kalenderjahr im Umfang von jährlich mindestens 15 Zeitstunden an notarspezifischen Fortbildungsveranstaltungen der Notarkammern oder der Berufsorganisationen teilgenommen hat.

(2) [1] Bei der Tätigkeit nach Absatz 1 Nummer 1 und 2 bleiben Unterbrechungen auf Grund von Ereignissen des täglichen Lebens außer Betracht. [2] Auf Antrag werden auf die Tätigkeit nach Absatz 1 Nummer 1 Unterbrechungen oder Ein-

---

[1] ***Habersack, Deutsche Gesetze Nr. 100.***

[2] Nr. **97**.

[3] § 5a eingef. mWv 1.8.2021 durch G v. 25.6.2021 (BGBl. I S. 2154).

[4] § 5b eingef. mWv 1.8.2021 durch G v. 25.6.2021 (BGBl. I S. 2154).

schränkungen der Tätigkeit wegen einer Schwangerschaft oder wegen der Betreuung von Kindern oder pflegebedürftigen nahen Angehörigen (§ 7 Absatz 3 des Pflegezeitgesetzes) bis zu einer Gesamtdauer von einem Jahr angerechnet. [3] Für die Tätigkeit nach Absatz 1 Nummer 2 gelten die in Satz 2 genannten Zeiten für die Dauer von bis zu einem Jahr nicht als Unterbrechung.

(3) [1] Von der Voraussetzung nach Absatz 1 Nummer 2 kann insbesondere abgesehen werden, wenn keine Bewerbung dieser Voraussetzung genügt, jedoch eine sich bewerbende Person die Tätigkeit nach Absatz 1 Nummer 1 jeweils ohne Unterbrechung entweder seit mindestens zwei Jahren in dem vorgesehenen Amtsbereich oder seit mindestens drei Jahren in einem Amtsgerichtsbezirk ausübt, der innerhalb desselben Landes an den Amtsgerichtsbezirk angrenzt, in dem die ausgeschriebene Notarstelle gelegen ist. [2] Absatz 2 gilt entsprechend.

(4) [1] Die Bestellung zum Anwaltsnotar setzt zudem eine hinreichende Vertrautheit mit der notariellen Berufspraxis voraus. [2] Diese ist in der Regel gegeben, wenn nach Bestehen der notariellen Fachprüfung 160 Stunden Praxisausbildung bei einem Notar durchlaufen wurden, der von der für den vorgesehenen Amtsbereich zuständigen Notarkammer bestimmt wurde. [3] Die Praxisausbildung kann um bis zu 80 Stunden verkürzt werden, wenn vergleichbare Erfahrungen durch eine Tätigkeit als Notarvertretung oder als Notariatsverwalter oder durch die erfolgreiche Teilnahme an Praxislehrgängen der Notarkammern oder der Berufsorganisationen erworben wurden. [4] Die Einzelheiten zu den Sätzen 1 bis 3 regelt die Notarkammer in einer Ausbildungsordnung, die der Genehmigung der Landesjustizverwaltung bedarf.

§ 6[1)] Auswahl bei mehreren geeigneten Personen; Verordnungsermächtigung. (1) [1] Bewerben sich mehrere geeignete Personen um ein Amt, richtet sich die Reihenfolge bei der Auswahl nach der persönlichen und fachlichen Eignung unter Berücksichtigung der die juristische Ausbildung abschließenden Staatsprüfung und der bei der Vorbereitung auf den Notarberuf gezeigten Leistungen. [2] Es sind nur solche Umstände zu berücksichtigen, die bei Ablauf der Bewerbungsfrist vorlagen. [3] Die Landesjustizverwaltung kann bei der Bestellung von hauptberuflichen Notaren einen von Satz 2 abweichenden Zeitpunkt bestimmen.

(2) [1] Bei der Bestellung von hauptberuflichen Notaren ist die Dauer des Anwärterdienstes angemessen zu berücksichtigen. [2] Die Landesregierungen werden ermächtigt, durch Rechtsverordnung Bestimmungen über die Berechnung der Dauer des Anwärterdienstes nach Satz 1 zu treffen. [3] Dies umfasst die Befugnis, Zeiten zu bestimmen, die in angemessenem Umfang auf den Anwärterdienst angerechnet werden können. [4] Die Landesregierungen können die Ermächtigung durch Rechtsverordnung auf die Landesjustizverwaltungen übertragen.

(3) [1] Bei der Bestellung von Anwaltsnotaren wird die fachliche Eignung nach Punkten bewertet. [2] Die Punktzahl bestimmt sich zu 60 Prozent nach dem Ergebnis der notariellen Fachprüfung und zu 40 Prozent nach dem Ergebnis der die juristische Ausbildung abschließenden Staatsprüfung, soweit nicht bei jemandem, der Notar ist oder war, im Einzelfall nach Anhörung der Notarkammer ausnahmsweise besondere, die fachliche Eignung vorrangig kennzeichnende Umstände zu berücksichtigen sind. [3] Bei gleicher Punktzahl ist im Regelfall auf das Ergebnis der notariellen Fachprüfung abzustellen.

[1)] § 6 neu gef. mWv 1.8.2021 durch G v. 25.6.2021 (BGBl. I S. 2154).

§ 6a[1)] Versagung und Aussetzung der Bestellung. (1) Die Bestellung zum Notar ist zu versagen, wenn weder nachgewiesen wird, dass eine Berufshaftpflichtversicherung (§ 19a) besteht, noch eine vorläufige Deckungszusage vorgelegt wird.

(2) Die Bestellung kann ausgesetzt werden, wenn gegen die Person, deren Bestellung beabsichtigt ist, ein Verfahren wegen des Verdachts einer Straftat anhängig ist, in dem der Tatvorwurf eine Verurteilung erwarten lässt, die eine Versagung der Bestellung zur Folge haben würde.

§ 7[2)] Anwärterdienst; Verordnungsermächtigung. (1) [1]Zur Ableistung des Anwärterdienstes vorgesehene Stellen sind auszuschreiben; § 4a Absatz 2 und 3 gilt entsprechend. [2]Abweichend davon kann die Landesjustizverwaltung eine ständige Liste führen, in die sich Personen, die sich um die Aufnahme in den Anwärterdienst bewerben wollen, für eine von ihr bestimmte Zeit eintragen können. [3]Die Führung einer solchen Liste ist allgemein bekanntzugeben.

(2) [1]Bewerben sich mehrere geeignete Personen um die Aufnahme in den Anwärterdienst, hat die Auswahl nach der persönlichen und fachlichen Eignung unter besonderer Berücksichtigung der Leistungen in der die juristische Ausbildung abschließenden Staatsprüfung zu erfolgen. [2]§ 6 Absatz 1 Satz 2 und 3 gilt entsprechend.

(3) [1]Der Notarassessor wird von der Landesjustizverwaltung nach Anhörung der Notarkammer ernannt. [2]Der Präsident der Notarkammer überweist den Notarassessor einem Notar. [3]Er verpflichtet den Notarassessor durch Handschlag auf gewissenhafte Pflichterfüllung.

(4) [1]Der Notarassessor steht während des Anwärterdienstes in einem öffentlich-rechtlichen Dienstverhältnis zum Staat. [2]Er hat mit Ausnahme des § 19a dieselben Amtspflichten wie der Notar. [3]Er erhält vom Zeitpunkt der Zuweisung an für die Dauer des Anwärterdienstes von der Notarkammer Bezüge, die denen eines Richters auf Probe anzugleichen sind. [4]Die Notarkammer erläßt hierzu Richtlinien und bestimmt allgemein oder im Einzelfall, ob und in welcher Höhe der Notar, dem der Notarassessor überwiesen ist, ihr zur Erstattung der Bezüge verpflichtet ist.

(5) [1]Der Notarassessor ist von dem Notar in einer dem Zweck des Anwärterdienstes entsprechenden Weise zu beschäftigen. [2]Die näheren Bestimmungen über die Ausbildung des Notarassessors trifft die Landesregierung oder die von ihr durch Rechtsverordnung bestimmte Stelle durch Rechtsverordnung.[3)]

[1)] § 6a neu gef. mWv 1.8.2021 durch G v. 25.6.2021 (BGBl. I S. 2154).

[2)] § 7 Abs. 3 Satz 2 geänd. durch G v. 7.8.1981 (BGBl. I S. 803); Abs. 1 neu gef., Abs. 2 eingef., bish. Abs. 2–6 werden Abs. 3–7, neuer Abs. 4 Satz 3 geänd. und neuer Abs. 7 Nr. 3 neu gef. durch G v. 29.1.1991 (BGBl. I S. 150); Abs. 2 Satz 2, Abs. 4 Satz 2 und Abs. 7 Nr. 3 geänd. durch G v. 31.8.1998 (BGBl. I S. 2585); Abs. 5 Satz 2 geänd. mWv 18.5.2017 durch G v. 12.5.2017 (BGBl. I S. 1121); Abs. 1 und 2 neu gef., Abs. 4 Sätze 2 und 3, Abs. 7 Sätze 1 und 2 Nr. 3 geänd. mWv 1.8.2021 durch G v. 25.6.2021 (BGBl. I S. 2154).

[3)] **Baden-Württemberg:** VO v. 18.9.2017 (GBl. S. 511), geänd. durch VO v. 15.11.2020 (GBl. S. 1083); **Bayern:** VO v. 10.2.2000 (GVBl. S. 60), zuletzt geänd. durch V v. 2.10.2018 (GVBl. S. 745); **Brandenburg:** VO v. 6.1.2015 (GVBl. II Nr. 1), geänd. durch VO v. 28.2.2019 (GVBl. II Nr. 16); **Hamburg:** AusbildungsO v. 8.10.2009 (HmbGVBl. S. 355), zuletzt geänd. durch VO v. 6.10.2020 (HmbGVBl. S. 523); **Mecklenburg-Vorpommern:** VO v. 25.11.2014 (GVOBl. M-V S. 629); **Niedersachsen:** AV v. 1.3.2001 (Nds. RPfl. S. 100), zuletzt geänd. durch Allgemeine Verfügung v. 9.6.2020 (*Nds. RPfl.* S. 220); **Nordrhein-Westfalen:** VO v. 5.10.2016 (GV. NRW. S. 840), geänd. durch VO v. 13.5.2022 (GV. NRW. S. 761); **Rheinland-Pfalz:** AusbildungsO v. 5.3.1963 (GVBl. S. 101), zuletzt geänd. durch VO v. 22.12.2020 (GVBl. 2021 S. 70); **Sachsen:** VO idF der Bek. v. 25.3.2013 (SächsGVBl. S. 205), zuletzt geänd. durch VO v. 18.3.2020 (SächsGVBl. S. 122); **Sachsen-Anhalt:** VO v. 16.12.1998 (GVBl. LSA S. 486), zuletzt geänd. durch VO v. 22.12.2021 (GVBl. LSA S. 626); **Schleswig-Holstein:** →

(6) Der Anwärterdienst endet

1. mit der Bestellung zum Notar,
2. mit der Entlassung aus dem Dienst.

(7) [1] Der Notarassessor ist aus dem Dienst zu entlassen, wenn er seine Entlassung beantragt; § 48 Satz 2 und 3 gilt entsprechend. [2] Er kann entlassen werden, wenn er

1. sich zur Bestellung zum Notar als ungeeignet erweist,
2. ohne hinreichenden Grund binnen einer von der Landesjustizverwaltung zu bestimmenden Frist, die zwei Monate nicht übersteigen soll, den Anwärterdienst nicht antritt,
3. nach Ableistung des dreijährigen Anwärterdienstes sich ohne hinreichenden Grund um eine ihm von der Landesjustizverwaltung angebotene Notarstelle nicht bewirbt, die zuvor ausgeschrieben worden ist und die mangels geeigneter Bewerbungen nicht besetzt werden konnte.

§ 7a[1)] Notarielle Fachprüfung; Verordnungsermächtigung. (1) Zur notariellen Fachprüfung wird auf Antrag zugelassen, wer seit drei Jahren zur Rechtsanwaltschaft zugelassen ist und die Befähigung zum Richteramt nach dem Deutschen Richtergesetz[2)] besitzt.

(2) [1] Die notarielle Fachprüfung dient dem Nachweis, dass und in welchem Grad ein Rechtsanwalt für die Ausübung des notariellen Amtes als Anwaltsnotar fachlich geeignet ist. [2] Sie gliedert sich in einen schriftlichen und einen mündlichen Teil.

(3) [1] Die notarielle Fachprüfung dient der Bestenauslese. [2] Die Einheitlichkeit der Prüfungsanforderungen und der Leistungsbewertung ist zu gewährleisten. [3] Die Prüfung kann an verschiedenen Orten durchgeführt werden.

(4) [1] Der Prüfungsstoff der schriftlichen und der mündlichen Prüfung umfasst den gesamten Bereich der notariellen Amtstätigkeit. [2] Die Prüfungsgebiete regelt das Bundesministerium der Justiz und für Verbraucherschutz durch Rechtsverordnung, die der Zustimmung des Bundesrates bedarf.

(5) Für die von den einzelnen Prüfenden vorzunehmenden Bewertungen und die Bildung der Prüfungsgesamtnote gelten die §§ 1 und 2 der Verordnung über eine Noten- und Punkteskala für die erste und zweite juristische Staatsprüfung vom 3. Dezember 1981 (BGBl. I S. 1243) entsprechend.

(6) [1] Die schriftliche Prüfung ist mit einem Anteil von 75 Prozent, die mündliche Prüfung ist mit einem Anteil von 25 Prozent bei dem Ergebnis der notariellen Fachprüfung zu berücksichtigen. [2] Die notarielle Fachprüfung ist bestanden, wenn der Prüfling mindestens die Gesamtpunktzahl 4,00 erreicht hat.

(7) [1] Ist die Prüfung nicht bestanden oder für nicht bestanden erklärt worden, kann sie einmal wiederholt werden. [2] Eine bestandene Prüfung kann mit dem Ziel der Notenverbesserung einmal wiederholt werden.

(Fortsetzung der Anm. von voriger Seite)
AV v. 21.8.2006 (SchlHA S. 307), geänd. durch Allgemeine Verfügung v. 18.3.2011 (SchlHA S. 136); **Thüringen:** VO v. 11.4.2011 (GVBl. S. 79), geänd. durch G v. 8.8.2014 (GVBl S. 527).

[1)] § 7a eingef. mWv 9.4.2009 durch G v. 2.4.2009 (BGBl. I S. 696); Abs. 4 Satz 2 geänd. mWv 8.9. 2015 durch VO v. 31.8.2015 (BGBl. I S. 1474); Abs. 6 Satz 1 geänd. mWv 18.5.2017 durch G v. 12.5. 2017 (BGBl. I S. 1121); Abs. 1 und 2 Satz 1, Abs. 5 geänd., Abs. 7 Satz 2 neu gef. mWv 1.8.2021 durch G v. 25.6.2021 (BGBl. I S. 2154).

[2)] Nr. **97**.

§ 7b[1)] Schriftliche Prüfung. (1) [1] Die schriftliche Prüfung umfasst vier fünfstündige Aufsichtsarbeiten. [2] Sie dient der Feststellung, ob der Prüfling die für die notarielle Tätigkeit notwendigen Fachkenntnisse erworben hat und ob er fähig ist, in begrenzter Zeit mit vorgegebenen Hilfsmitteln eine rechtlich einwandfreie und zweckmäßige Lösung für Aufgabenstellungen der notariellen Praxis zu erarbeiten. [3] Sie kann elektronisch durchgeführt werden.

(2) [1] Jede Aufsichtsarbeit wird von zwei Prüfenden nacheinander bewertet. [2] Die Namen der Prüflinge dürfen den Prüfenden vor Abschluss der Begutachtung der Aufsichtsarbeiten nicht bekannt werden. [3] An der Korrektur der Bearbeitungen jeder einzelnen Aufgabe soll mindestens ein Anwaltsnotar mitwirken. [4] Weichen die Bewertungen einer Aufsichtsarbeit um nicht mehr als drei Punkte voneinander ab, so gilt der Mittelwert. [5] Können sich die Prüfenden bei größeren Abweichungen nicht einigen oder bis auf drei Punkte annähern, so entscheidet ein weiterer Prüfender; er kann sich für eine der beiden Bewertungen entscheiden oder eine zwischen den Bewertungen liegende Punktzahl festsetzen.

(3) [1] Die Bewertungen der Aufsichtsarbeiten werden dem Prüfling mit der Ladung zur mündlichen Prüfung bekannt gegeben. [2] Wird mehr als eine Aufsichtsarbeit mit weniger als 4,00 Punkten bewertet oder liegt der Gesamtdurchschnitt aller Aufsichtsarbeiten unter 3,50 Punkten, so ist der Prüfling von der mündlichen Prüfung ausgeschlossen und hat die notarielle Fachprüfung nicht bestanden.

§ 7c[2)] Mündliche Prüfung. (1) [1] Die mündliche Prüfung umfasst einen Vortrag zu einer notariellen Aufgabenstellung und ein Gruppenprüfungsgespräch, das unterschiedliche Prüfungsgebiete zum Gegenstand haben soll. [2] Das Prüfungsgespräch soll je Prüfling etwa 45 Minuten dauern. [3] In der Regel sollen nicht mehr als fünf Prüflinge gleichzeitig geprüft werden. [4] In der mündlichen Prüfung soll der Prüfling neben seinen Kenntnissen insbesondere auch unter Beweis stellen, dass er die einem Notar obliegenden Prüfungs- und Belehrungspflichten sach- und situationsgerecht auszuüben versteht.

(2) [1] Die mündliche Prüfung wird durch einen Prüfungsausschuss abgenommen, der aus drei Mitgliedern besteht. [2] Mindestens ein Mitglied muss von einer Landesjustizverwaltung vorgeschlagen und mindestens ein Mitglied Anwaltsnotar sein. [3] Das Prüfungsamt überträgt einem Mitglied des Prüfungsausschusses den Vorsitz. [4] Die Mitglieder des Prüfungsausschusses müssen während der gesamten Prüfung anwesend sein.

(3) [1] Bei der mündlichen Prüfung können Vertreter der Notarkammern, der Bundesnotarkammer, des Prüfungsamtes, des Bundesministeriums der Justiz und für Verbraucherschutz und der Landesjustizverwaltungen anwesend sein. [2] Das Prüfungsamt kann Personen, die zur notariellen Fachprüfung zugelassen worden sind, das Zuhören gestatten. [3] An den Beratungen nehmen nur die Mitglieder des Prüfungsausschusses teil.

(4) [1] Im Anschluss an die mündliche Prüfung bewerten die Prüfenden den Vortrag und das Prüfungsgespräch gemäß § 7a Abs. 5. [2] Weichen die Bewertungen voneinander ab, so gilt der Mittelwert. [3] Sodann gibt der Prüfungsausschuss dem

---

[1)] § 7b eingef. mWv 9.4.2009 durch G v. 2.4.2009 (BGBl. I S. 696); Abs. 1 Satz 3 angef., Abs. 2 Sätze 1, 2 und 5 geänd. mWv 1.8.2021 durch G v. 25.6.2021 (BGBl. I S. 2154).

[2)] § 7c eingef. mWv 9.4.2009 durch G v. 2.4.2009 (BGBl. I S. 696); Abs. 3 Satz 1 geänd., Satz 2 eingef., bish. Satz 2 wird Satz 3, Abs. 4 Satz 1 geänd. mWv 1.9.2009 durch G v. 30.7.2009 (BGBl. I S. 2449); Abs. 3 Satz 1 geänd. mWv 8.9.2015 durch VO v. 31.8.2015 (BGBl. I S. 1474); Abs. 1 Satz 2 geänd., Abs. 2 neu gef., Abs. 3 Satz 2, Abs. 4 Satz 1 geänd. mWv 1.8.2021 durch G v. 25.6.2021 (BGBl. I S. 2154).

Prüfling die Bewertungen bekannt. [4]Eine nähere Erläuterung der Bewertungen kann nur sofort verlangt werden und erfolgt nur mündlich.

§ 7d[1)] Bescheid; Zeugnis; Rechtsmittel. (1) [1]Der Bescheid über das Ergebnis der notariellen Fachprüfung ist dem Prüfling zuzustellen. [2]Über die bestandene notarielle Fachprüfung wird ein Zeugnis erteilt, aus dem die Prüfungsgesamtnote mit Notenbezeichnung und Punktwert ersichtlich ist. [3]Bei Wiederholung der notariellen Fachprüfung wird ein Zeugnis nur im Fall der Notenverbesserung erteilt.

(2) Über einen Widerspruch entscheidet die Leitung des Prüfungsamtes.

§ 7e[2)] Rücktritt; Versäumnis. (1) Die Prüfung gilt als nicht bestanden, wenn der Prüfling ohne genügende Entschuldigung nach der Zulassung zur Prüfung zurücktritt, eine Aufsichtsarbeit nicht oder nicht rechtzeitig abgibt oder zum Termin für die mündliche Prüfung nicht oder nicht rechtzeitig erscheint.

(2) [1]Wer nachweist, dass er aus einem von ihm nicht zu vertretenden Grund verhindert war, eine oder mehrere Aufsichtsarbeiten anzufertigen oder rechtzeitig abzugeben, kann die fehlenden Aufsichtsarbeiten erneut anfertigen; die bereits erbrachten Prüfungsleistungen bleiben unberührt. [2]Wer nachweist, dass er aus einem von ihm nicht zu vertretenden Grund die mündliche Prüfung ganz oder teilweise versäumt hat, kann diese nachholen.

§ 7f[3)] Täuschungsversuche; Ordnungsverstöße. (1) [1]Versucht ein Prüfling, das Ergebnis der notariellen Fachprüfung durch Benutzung nicht zugelassener Hilfsmittel, unzulässige Hilfe Dritter oder sonstige Täuschung zu beeinflussen, so ist die betroffene Prüfungsleistung mit null Punkten zu bewerten. [2]Im Fall eines schweren oder wiederholten Täuschungsversuchs ist die gesamte notarielle Fachprüfung für nicht bestanden zu erklären.

(2) Wird ein schwerer Täuschungsversuch nach der Verkündung der Prüfungsgesamtnote bekannt, kann die betroffene notarielle Fachprüfung für nicht bestanden erklärt werden.

(3) [1]Ein Prüfling, der erheblich gegen die Ordnung verstößt, kann von der Fortsetzung der Anfertigung der Aufsichtsarbeit oder der mündlichen Prüfung ausgeschlossen werden. [2]Wird der Prüfling von der Fortsetzung der Anfertigung einer Aufsichtsarbeit ausgeschlossen, so gilt diese als mit null Punkten bewertet. [3]Im Fall eines wiederholten Ausschlusses von der Anfertigung einer Aufsichtsarbeit oder des Ausschlusses von der mündlichen Prüfung gilt die notarielle Fachprüfung als nicht bestanden.

§ 7g[4)] Prüfungsamt; Verordnungsermächtigung. (1) Die Durchführung der Prüfung obliegt dem bei der Bundesnotarkammer errichteten „Prüfungsamt für die notarielle Fachprüfung bei der Bundesnotarkammer" (Prüfungsamt).

[1)] § 7d eingef. mWv 9.4.2009 durch G v. 2.4.2009 (BGBl. I S. 696); Abs. 1 Satz 1 und Abs. 2 neu gef., Abs. 3 aufgeh. mWv 1.9.2009 durch G v. 30.7.2009 (BGBl. I S. 2449); Abs. 2 geänd. mWv 1.8.2021 durch G v. 25.6.2021 (BGBl. I S. 2154).

[2)] § 7e eingef. mWv 9.4.2009 durch G v. 2.4.2009 (BGBl. I S. 696).

[3)] § 7f eingef. mWv 9.4.2009 durch G v. 2.4.2009 (BGBl. I S. 696).

[4)] § 7g eingef. mWv 9.4.2009 durch G v. 2.4.2009 (BGBl. I S. 696); Abs. 2 Satz 2, Abs. 3 Satz 3, Abs. 5 Satz 3, Abs. 6 Satz 1 Nr. 1 und 3 geänd. mWv 8.9.2015 durch VO v. 31.8.2015 (BGBl. I S. 1474); Abs. 2 Satz 1, Abs. 3 Sätze 1 und 2 geänd., Satz 4 neu gef., Satz 5 angef., Abs. 4 Satz 4 geänd., Sätze 5 und 6 neu gef., Satz 7 angef., Abs. 5 Satz 2 geänd., Satz 4 angef., Abs. 6 Satz 1 einl. Satzteil, Nr. 1 und 2 geänd., Satz 2 →

(2) [1]Das Prüfungsamt entscheidet über die Zulassung zur Prüfung, bestimmt die Prüfenden einschließlich des weiteren Prüfenden (§ 7b Abs. 2 Satz 5) sowie die Prüfungsausschüsse, setzt die Prüfungstermine fest, lädt die Prüflinge, stellt das Prüfungsergebnis fest, erteilt das Prüfungszeugnis, entscheidet über die Folgen eines Prüfungsverstoßes und über Widersprüche nach § 7d Abs. 2 Satz 1. [2]Die näheren Einzelheiten regelt das Bundesministerium der Justiz und für Verbraucherschutz durch Rechtsverordnung, die der Zustimmung des Bundesrates bedarf.

(3) [1]Die das Prüfungsamt leitende Person (Leitung) des Prüfungsamtes vertritt das Amt im Zusammenhang mit der notariellen Fachprüfung im Verwaltungsverfahren und im gerichtlichen Verfahren. [2]Die Leitung und ihre ständige Vertretung müssen die Befähigung zum Richteramt haben. [3]Sie werden im Einvernehmen mit den Landesjustizverwaltungen, in deren Bereich Anwaltsnotare bestellt werden, nach Anhörung der Bundesnotarkammer durch das Bundesministerium der Justiz und für Verbraucherschutz für die Dauer von fünf Jahren bestellt. [4]Erneute Bestellungen sind möglich. [5]Die Leitung und ihre ständige Vertretung können als Prüfende tätig werden.

(4) [1]Bei dem Prüfungsamt wird eine Aufgabenkommission eingerichtet. [2]Sie bestimmt die Aufgaben für die schriftliche Prüfung, entscheidet über die zugelassenen Hilfsmittel und erarbeitet Vorschläge für die mündlichen Prüfungen. [3]Die Mitglieder der Aufgabenkommission müssen über eine der in Absatz 6 Satz 1 aufgeführten Qualifikationen verfügen. [4]Sie werden von der Leitung des Prüfungsamtes im Einvernehmen mit dem Verwaltungsrat für die Dauer von fünf Jahren bestellt. [5]Erneute Bestellungen sind möglich. [6]Die Mitglieder der Aufgabenkommission sind ehrenamtlich tätig. [7]Sie erhalten jedoch eine angemessene Entschädigung für ihre Tätigkeit sowie einen Ersatz ihrer notwendigen Auslagen.

(5) [1]Bei dem Prüfungsamt wird ein Verwaltungsrat eingerichtet. [2]Er übt die Fachaufsicht über die Leitung des Prüfungsamtes und die Aufgabenkommission aus. [3]Der Verwaltungsrat besteht aus einem vom Bundesministerium der Justiz und für Verbraucherschutz, einem von der Bundesnotarkammer und drei einvernehmlich von den Landesjustizverwaltungen, in deren Bereich Anwaltsnotare bestellt werden, benannten Mitgliedern. [4]Für die Mitglieder des Verwaltungsrats gilt Absatz 4 Satz 6 und 7 entsprechend.

(6) [1]Zu Prüfenden werden vom Prüfungsamt für die Dauer von fünf Jahren bestellt:

1. Richter und Beamte mit der Befähigung zum Richteramt, auch nach Eintritt in den Ruhestand, auf Vorschlag des Bundesministeriums der Justiz und für Verbraucherschutz oder einer Landesjustizverwaltung, in deren Bereich Anwaltsnotare bestellt werden,
2. Notare und Notare außer Dienst auf Vorschlag einer Notarkammer und
3. sonstige Personen, die eine den in den Nummern 1 und 2 genannten Personen gleichwertige Befähigung haben, im Einvernehmen mit dem Bundesministerium der Justiz und für Verbraucherschutz und den Landesjustizverwaltungen, in deren Bereich Anwaltsnotare bestellt werden.

[2]Erneute Bestellungen sind möglich. [3]Die Bestellung kann aus wichtigem Grund widerrufen werden. [4]Mit Vollendung des 70. Lebensjahres scheiden die Prüfenden aus; unberührt hiervon bleibt die Mitwirkung in einem Widerspruchsverfahren.

(Fortsetzung der Anm. von voriger Seite)
neu gef., Satz 4 geänd., Abs. 7 Sätze 1 und 2 geänd., Satz 3 neu gef. mWv 1.8.2021 durch G v. 25.6.2021 (BGBl. I S. 2154).

(7) [1]Die Prüfenden sind bei Prüfungsentscheidungen sachlich unabhängig und an Weisungen nicht gebunden. [2]Im Übrigen unterstehen sie in ihrer Eigenschaft als Prüfende der Aufsicht des Prüfungsamtes. [3]Für die Prüfenden gilt Absatz 4 Satz 6 und 7 entsprechend.

§ 7h[1)] Gebühren. (1) [1]Für die Prüfung und für das erfolglose Widerspruchsverfahren sind Gebühren an die Bundesnotarkammer zu zahlen. [2]Die Zulassung zur Prüfung erfolgt erst, wenn die Prüfungsgebühren bei der Bundesnotarkammer eingegangen sind. [3]Tritt der Prüfling vor Antritt der Prüfung zurück, wird die Gebühr für die Prüfung zu drei Vierteln erstattet. [4]Tritt der Prüfling bis zum Ende der Bearbeitungszeit für die letzte Aufsichtsarbeit zurück, ist die Gebühr zur Hälfte zu erstatten. [5]Eine Erstattung von Gebühren im Fall des § 7f ist ausgeschlossen.

(2) Die Bundesnotarkammer bestimmt die Höhe der Gebühren nach Absatz 1, die Einzelheiten der Gebührenerhebung, die Vergütung der Leitung und der Bediensteten des Prüfungsamtes sowie die Entschädigung und den Auslagenersatz der Mitglieder der Aufgabenkommission, der Mitglieder des Verwaltungsrats und der Prüfenden durch Satzung, die der Genehmigung des Bundesministeriums der Justiz und für Verbraucherschutz bedarf.

§ 7i[2)] Verordnungsermächtigung zur notariellen Fachprüfung. Das Bundesministerium der Justiz und für Verbraucherschutz regelt durch Rechtsverordnung mit Zustimmung des Bundesrates nähere Einzelheiten der Organisation und des Geschäftsablaufs des Prüfungsamtes, der Auswahl und der Berufung der Prüfenden, des Prüfungsverfahrens sowie des Verfahrens zur Beschlussfassung im Verwaltungsrat.

§ 8[3)] Nebentätigkeit. (1) [1]Der Notar darf nicht zugleich Inhaber eines besoldeten Amtes sein. [2]Die Landesjustizverwaltung kann im Einzelfall nach Anhörung der Notarkammer jederzeit widerrufliche Ausnahmen zulassen; der Notar darf in diesem Fall sein Amt nicht persönlich ausüben.

(2) [1]Der Notar darf keinen weiteren Beruf ausüben; § 3 Abs. 2 bleibt unberührt. [2]Der Anwaltsnotar darf zugleich den Beruf des Patentanwalts, Steuerberaters, Wirtschaftsprüfers und vereidigten Buchprüfers ausüben

(3) [1]Der Notar bedarf der Genehmigung der Aufsichtsbehörde

1. zur Übernahme einer Nebenbeschäftigung gegen Vergütung, insbesondere zu einer gewerblichen Tätigkeit,
2. zum Eintritt in den Vorstand, Aufsichtsrat, Verwaltungsrat oder in ein sonstiges Organ einer auf Erwerb gerichteten Gesellschaft, Genossenschaft oder eines in einer anderen Rechtsform betriebenen wirtschaftlichen Unternehmens.

[2]Die Genehmigung ist zu versagen, wenn die Tätigkeit nach Satz 1 mit dem öffentlichen Amt des Notars nicht vereinbar ist oder das Vertrauen in seine Unabhängigkeit oder Unparteilichkeit gefährden kann. [3]Vor der Entscheidung

---

[1)] § 7h eingef. mWv 9.4.2009 durch G v. 2.4.2009 (BGBl. I S. 696); Abs. 2 geänd. mWv 8.9.2015 durch VO v. 31.8.2015 (BGBl. I S. 1474); Abs. 1 Sätze 3 und 4, Abs. 2 geänd. mWv 1.8.2021 durch G v. 25.6.2021 (BGBl. I S. 2154).

[2)] § 7i eingef. mWv 9.4.2009 durch G v. 2.4.2009 (BGBl. I S. 696); geänd. mWv 8.9.2015 durch VO v. 31.8.2015 (BGBl. I S. 1474); geänd. mWv 1.8.2021 durch G v. 25.6.2021 (BGBl. I S. 2154).

[3)] § 8 Abs. 3 geänd. durch G v. 5.10.1994 (BGBl. I S. 2911); Abs. 3 und 4 geänd., Abs. 2 eingef., bish. Abs. 2 und 3 werden Abs. 3 und 4 durch G v. 31.8.1998 (BGBl. I S. 2585); Abs. 4 geänd. durch G v. 19.12.1998 (BGBl. I S. 3836); Abs. 3 Satz 4 geänd. mWv 1.8.2021 durch G v. 25.6.2021 (BGBl. I S. 2154).

über die Genehmigung ist die Notarkammer anzuhören. [4]Die Genehmigung kann mit Nebenbestimmungen verbunden werden.

(4) Nicht genehmigungspflichtig ist die Übernahme des Amtes als Testamentsvollstrecker, Insolvenzverwalter, Schiedsrichter oder Vormund oder einer ähnlichen auf behördlicher Anordnung beruhenden Stellung sowie eine wissenschaftliche, künstlerische oder Vortragstätigkeit.

§ 9[1)] Verbindung zur gemeinsamen Berufsausübung; Verordnungsermächtigung. (1) [1]Notare dürfen sich nur mit am selben Amtssitz bestellten Notaren zur gemeinsamen Berufsausübung verbinden oder mit ihnen gemeinsame Geschäftsräume haben. [2]Die Landesregierungen oder die von ihnen durch Rechtsverordnung bestimmten Stellen werden ermächtigt, um den Erfordernissen einer geordneten Rechtspflege insbesondere im Hinblick auf die örtlichen Bedürfnisse und Gewohnheiten Rechnung zu tragen, durch Rechtsverordnung zu bestimmen, dass eine Verbindung zur gemeinsamen Berufsausübung oder eine Nutzung gemeinsamer Geschäftsräume nach Satz 1

1. nur mit Genehmigung der Aufsichtsbehörde zulässig ist, der eine Anhörung der Notarkammer vorauszugehen hat und die mit Ausnahme eines Widerrufsvorbehalts mit Nebenbestimmungen verbunden werden kann, und
2. bestimmten Anforderungen an die Begründung, Führung, Fortführung und Beendigung unterliegt, insbesondere in Bezug auf die Höchstzahl der beteiligten Berufsangehörigen.

(2) [1]Anwaltsnotare dürfen sich über Absatz 1 hinaus nur miteinander und mit anderen Mitgliedern einer Rechtsanwaltskammer, Patentanwälten, Steuerberatern, Steuerbevollmächtigten, Wirtschaftsprüfern sowie vereidigten Buchprüfern zur gemeinsamen Berufsausübung verbinden oder mit ihnen gemeinsame Geschäftsräume haben. [2]Weitergehende Möglichkeiten der Verbindung, die sich aus dem Berufsrecht dieser Berufsgruppen ergeben, sind ausgeschlossen. [3]Verbindungen nach Satz 1 dürfen sich nicht auf die notarielle Tätigkeit beziehen und sind von einer Verbindung nach Absatz 1 zu trennen.

(3) Die Verbindung zur gemeinsamen Berufsausübung oder die gemeinsame Nutzung der Geschäftsräume ist nur zulässig, soweit hierdurch die persönliche und eigenverantwortliche Amtsführung, Unabhängigkeit und Unparteilichkeit des Notars nicht beeinträchtigt wird.

§ 10[2)] Amtssitz. (1) [1]Dem Notar wird ein bestimmter Ort als Amtssitz zugewiesen. [2]In Städten von mehr als hunderttausend Einwohnern kann dem Notar ein bestimmter Stadtteil oder Amtsgerichtsbezirk als Amtssitz zugewiesen werden. [3]Der Amtssitz darf unter Beachtung der Belange einer geordneten Rechtspflege nach Anhörung der Notarkammer mit Zustimmung des Notars verlegt werden. [4]Für die Zuweisung eines anderen Amtssitzes auf Grund disziplinargerichtlichen Urteils bedarf es der Zustimmung des Notars nicht.

[1)] § 9 neu gef. durch G v. 31.8.1998 (BGBl. I S. 2585); Abs. 1 Satz 2 einl. Satzteil geänd. mWv 18.5.2017 durch G v. 12.5.2017 (BGBl. I S. 1121); Abs. 1 Satz 1, Satz 2 einl. Satzteil geänd., Nr. 1 und 2 neu gef. mWv 1.8.2021 durch G v. 25.6.2021 (BGBl. I S. 2154); Abs. 1 Satz 1 geänd., Abs. 2 neu gef. mWv 1.8.2022 durch G v. 7.7.2021 (BGBl. I S. 2363).

[2)] § 10 Abs. 1, Abs. 2 Satz 2, Abs. 3 und 4 neu gef. durch G v. 31.8.1998 (BGBl. I S. 2585); Abs. 2 Satz 3 angef. mWv 1.6.2007 durch G v. 26.3.2007 (BGBl. I S. 358); Abs. 4 Sätze 3 und 4 angef. mWv 1.9.2009 durch G v. 30.7.2009 (BGBl. I S. 2449); Abs. 2 Satz 3 geänd. mWv 18.5.2017 durch G v. 12.5.2017 (BGBl. I S. 1121); Abs. 2 Satz 2, Abs. 4 Satz 3 geänd. mWv 1.8.2021 durch G v. 25.6.2021 (BGBl. I S. 2154).

(2) [1]Der Notar hat an dem Amtssitz seine Geschäftsstelle zu halten. [2]Er hat seine Wohnung so zu nehmen, daß er in der ordnungsgemäßen Wahrnehmung seiner Amtsgeschäfte nicht beeinträchtigt wird; die Aufsichtsbehörde kann ihn anweisen, seine Wohnung innerhalb einer bestimmten Entfernung zum Amtssitz zu nehmen, wenn dies im Interesse der Rechtspflege geboten ist. [3]Beim Anwaltsnotar müssen die Geschäftsstelle und eine Kanzlei nach § 27 Absatz 1 oder 2 der Bundesrechtsanwaltsordnung[1)] örtlich übereinstimmen.

(3) Der Notar soll seine Geschäftsstelle während der üblichen Geschäftsstunden offen halten.

(4) [1]Dem Notar kann zur Pflicht gemacht werden, mehrere Geschäftsstellen zu unterhalten; ohne Genehmigung der Aufsichtsbehörde ist er hierzu nicht befugt. [2]Das gleiche gilt für die Abhaltung auswärtiger Sprechtage. [3]Die Genehmigung kann mit Nebenbestimmungen verbunden werden. [4]Vor der Erteilung oder der Aufhebung der Genehmigung ist die Notarkammer zu hören.

§ 10a[2)] Amtsbereich. (1) [1]Der Amtsbereich des Notars ist der Bezirk des Amtsgerichts, in dem er seinen Amtssitz hat. [2]Die Landesjustizverwaltung kann nach den Erfordernissen einer geordneten Rechtspflege die Grenzen des Amtsbereichs allgemein oder im Einzelfall mit der Zuweisung des Amtssitzes abweichend festlegen und solche Festlegungen, insbesondere zur Anpassung an eine Änderung von Gerichtsbezirken, ändern.

(2) Der Notar soll seine Urkundstätigkeit (§§ 20 bis 22) nur innerhalb seines Amtsbereichs ausüben, sofern nicht besondere berechtigte Interessen der Rechtsuchenden ein Tätigwerden außerhalb des Amtsbereichs gebieten.

(3) [1]Urkundstätigkeiten, die nach den §§ 16a bis 16e und 40a des Beurkundungsgesetzes[3)] mittels Videokommunikation vorgenommen werden, gelten nur dann als im Amtsbereich ausgeübt, wenn sich in diesem einer der folgenden Orte befindet:

1. der Sitz der betroffenen juristischen Person oder rechtsfähigen Personengesellschaft oder die Hauptniederlassung oder der Wohnsitz des betroffenen Einzelkaufmanns,
2. bei einer juristischen Person oder rechtsfähigen Personengesellschaft mit Sitz im Ausland oder einem Einzelkaufmann mit Hauptniederlassung im Ausland der Sitz oder die Geschäftsanschrift der betroffenen Zweigniederlassung,
3. der Wohnsitz oder Sitz eines organschaftlichen Vertreters der betroffenen juristischen Person oder rechtsfähigen Personengesellschaft oder
4. der Wohnsitz oder Sitz eines Gesellschafters der betroffenen juristischen Person oder rechtsfähigen Personengesellschaft, sofern die Eigenschaft als Gesellschafter aus dem Handelsregister oder einem vergleichbaren Register ersichtlich ist.

[2]*Absatz 1 Satz 2 gilt* entsprechend.

[1)] Nr. **98.**

[2)] § 10a eingef. durch G v. 29.1.1991 (BGBl. I S. 150); Abs. 2 geänd., Abs. 3 neu gef. durch G v. 31.8. 1998 (BGBl. I S. 2585); Abs. 3 eingef., bish. Abs. 3 wird Abs. 4 mWv 1.8.2022 durch G v. 5.7.2021 (BGBl. I S. 3338); Abs. 3 Satz 1 Nr. 1–3 geänd., Nr. 4 angef. mWv 1.8.2022 durch G v 15.7.2022 (BGBl. I S. 1146); Abs. 3 Satz 1 Nr. 2 geänd. mWv 16.3.2023 durch G v. 10.3.2023 (BGBl. 2023 I Nr. 64).

[3)] **Habersack, Deutsche Gesetze Nr. 23.**

(4) Urkundstätigkeiten außerhalb des Amtsbereichs hat der Notar der Aufsichtsbehörde oder nach deren Bestimmung der Notarkammer, der er angehört, unverzüglich und unter Angabe der Gründe mitzuteilen.

§ 11[1] Amtsbezirk. (1) Der Amtsbezirk des Notars ist der Oberlandesgerichtsbezirk, in dem er seinen Amtssitz hat.

(2) Der Notar darf Urkundstätigkeiten außerhalb seines Amtsbezirks nur vornehmen, wenn Gefahr im Verzuge ist oder die Aufsichtsbehörde es genehmigt hat.

(3) Urkundstätigkeiten, die nach den §§ 16a bis 16e und 40a des Beurkundungsgesetzes[2] mittels Videokommunikation vorgenommen werden, gelten in entsprechender Anwendung der Voraussetzungen des § 10a Absatz 3 Satz 1 als im Amtsbezirk ausgeübt.

(4) Ein Verstoß berührt die Gültigkeit der Urkundstätigkeit nicht, auch wenn der Notar die Urkundstätigkeit außerhalb des Landes vornimmt, in dem er zum Notar bestellt ist.

§ 11a[3] Zusammenarbeit mit einem im Ausland bestellten Notar. [1]Der Notar ist befugt, einen im Ausland bestellten Notar auf dessen Ersuchen bei seinen Amtsgeschäften zu unterstützen und sich zu diesem Zweck ins Ausland zu begeben, soweit nicht die Vorschriften des betreffenden Staates entgegenstehen. [2]Er hat hierbei die ihm nach deutschem Recht obliegenden Amtspflichten zu beachten. [3]Ein im Ausland bestellter Notar darf nur auf Ersuchen eines inländischen Notars im Geltungsbereich dieses Gesetzes kollegiale Hilfe leisten; Satz 1 gilt entsprechend. [4]Er hat hierbei die für einen deutschen Notar geltenden Amtspflichten zu beachten.

§ 12[4] Bestellungsurkunde. (1) [1]Die Notare werden von der Landesjustizverwaltung nach Anhörung der Notarkammer durch Aushändigung einer Bestellungsurkunde bestellt. [2]Die Urkunde soll den Amtsbezirk und den Amtssitz des Notars bezeichnen und die Dauer der Bestellung (§ 3 Abs. 1 und 2) angeben.

(2) [1]Abweichend von § 44 des Verwaltungsverfahrensgesetzes[5] ist eine Bestellung nur dann nichtig, wenn keine Bestellungsurkunde ausgehändigt wurde und sich auch aus dem Akteninhalt nicht ergibt, dass eine Bestellung erfolgen sollte. [2]Liegt keine Nichtigkeit vor, ist jedoch die Anhörung der Notarkammer oder die Aushändigung der Bestellungsurkunde unterblieben, so ist dies unverzüglich nachzuholen.

(Fortsetzung nächstes Blatt)

---

[1] § 11 Abs. 2 und 3 geänd. durch G v. 29.1.1991 (BGBl. I S. 150); Abs. 2 geänd. durch G v. 31.8.1998 (BGBl. I S. 2585); Abs. 3 eingef., bish. Abs. 3 wird Abs. 4 mWv 1.8.2022 durch G v. 5.7.2021 (BGBl. I S. 3338).

[2] **Habersack, Deutsche Gesetze Nr. 23.**

[3] § 11a eingef. durch G v. 31.8.1998 (BGBl. I S. 2585); Sätze 2 und 4 geänd. mWv 1.8.2021 durch G v. 25.6.2021 (BGBl. I S. 2154).

[4] § 12 Abs. 1 Satz 1 geänd., Abs. 2 angef. mWv 1.8.2021 durch G v. 25.6.2021 (BGBl. I S. 2154).

[5] **Sartorius Nr. 100.**

§ 13[1] Vereidigung. (1) [1]Nach Aushändigung der Bestellungsurkunde hat der Notar folgenden Eid zu leisten:
„Ich schwöre bei Gott, dem Allmächtigen und Allwissenden, die verfassungsmäßige Ordnung zu wahren und die Amtspflichten eines Notars gewissenhaft und unparteiisch zu erfüllen, so wahr mir Gott helfe!"
[2]Wird der Eid von einer Notarin geleistet, so treten an die Stelle der Wörter „eines Notars" die Wörter „einer Notarin".

(2) [1]Gestattet ein Gesetz den Mitgliedern einer Religionsgesellschaft, an Stelle der Worte „Ich schwöre" andere Beteuerungsformeln zu gebrauchen, so kann der Notar, der Mitglied einer solchen Religionsgesellschaft ist, diese Beteuerungsformel sprechen. [2]Der Eid kann auch ohne religiöse Beteuerung geleistet werden.

(3) [1]Der Notar leistet den Eid vor dem Präsidenten des Landgerichts, in dessen Bezirk er seinen Amtssitz hat. [2]Vor der Eidesleistung soll er keine Amtshandlung vornehmen.

(4) Ist der Notar schon einmal als Notar vereidigt worden, so genügt es in der Regel, wenn er auf den früheren Eid hingewiesen wird.

Abschnitt 2. Ausübung des Amtes

§ 14[2] Allgemeine Berufspflichten. (1) [1]Der Notar hat sein Amt getreu seinem Eide zu verwalten. [2]Er hat nicht eine Partei zu vertreten, sondern die Beteiligten unabhängig und unparteiisch zu betreuen.

(2) Er hat seine Amtstätigkeit zu versagen, wenn sie mit seinen Amtspflichten nicht vereinbar wäre, insbesondere wenn seine Mitwirkung bei Handlungen verlangt wird, mit denen erkennbar unerlaubte oder unredliche Zwecke verfolgt werden.

(3) [1]Der Notar hat sich durch sein Verhalten innerhalb und außerhalb seines Amtes der Achtung und des Vertrauens, die dem notariellen Amt entgegengebracht werden, würdig zu zeigen. [2]Er hat jedes Verhalten zu vermeiden, das den Anschein eines Verstoßes gegen seine Amtspflichten erzeugt, insbesondere den Anschein der Abhängigkeit oder Parteilichkeit.

(4) [1]Dem Notar ist es abgesehen von den ihm durch Gesetz zugewiesenen Vermittlungstätigkeiten verboten, Darlehen sowie Grundstücksgeschäfte zu vermitteln, sich an jeder Art der Vermittlung von Urkundsgeschäften zu beteiligen oder im Zusammenhang mit einer Amtshandlung eine Bürgschaft oder eine sonstige Gewährleistung zu übernehmen. [2]Er hat dafür zu sorgen, daß sich auch die bei ihm beschäftigten Personen nicht mit derartigen Geschäften befassen.

(5) [1]Der Notar darf keine mit seinem Amt unvereinbare Gesellschaftsbeteiligung eingehen. [2]Es ist ihm insbesondere verboten, sich an einer Gesellschaft, *die eine Tätigkeit im Sinne des* § 34c Abs. 1 der Gewerbeordnung[3] ausübt, zu beteiligen, wenn er alleine oder zusammen mit den Personen, mit denen er sich

---

[1] § 13 Abs. 1 Satz 2 angef. durch G v. 31.8.1998 (BGBl. I S. 2585); Abs. 1 Satz 1 geänd., Abs. 4 angef. mWv 1.8.2021 durch G v. 25.6.2021 (BGBl. I S. 2154).

[2] § 14 Abs. 1 geänd., Abs. 3 und 4 neu gef., Abs. 5 und 6 angef. durch G v. 31.8.1998 (BGBl. I S. 2585); Abs. 1 Satz 2 neu gef., Abs. 3 Sätze 1 und 2, Abs. 5 Satz 2 geänd. mWv 1.8.2021, Abs. 6 Satz 2 angef. mWv 1.1.2023 durch G v. 25.6.2021 (BGBl. I S. 2154).

[3] **Sartorius Nr. 800.**

nach § 9 verbunden oder mit denen er gemeinsame Geschäftsräume hat, mittelbar oder unmittelbar einen beherrschenden Einfluß ausübt.

(6) *[ab 1.1.2023: 1]* Der Notar hat sich in dem für seine Amtstätigkeit erforderlichen Umfang fortzubilden. ***[Satz 2 ab 1.1.2023:]*** *2 Dies umfasst die Pflicht, sich über Rechtsänderungen zu informieren.*

§ 15[1] Verweigerung der Amtstätigkeit. (1) 1 Der Notar darf seine Urkundstätigkeit nicht ohne ausreichenden Grund verweigern. 2 Zu einer Beurkundung in einer anderen als der deutschen Sprache ist er nicht verpflichtet.

(2) 1 Gegen die Verweigerung der Urkunds- oder sonstigen Tätigkeit des Notars findet die Beschwerde statt. 2 Beschwerdegericht ist eine Zivilkammer des Landgerichts, in dessen Bezirk der Notar seinen Amtssitz hat. 3 Für das Verfahren gelten die Vorschriften des Gesetzes über das Verfahren in Familiensachen und in den Angelegenheiten der freiwilligen Gerichtsbarkeit[2].

§ 16[3] Verbot der Mitwirkung als Notar; Selbstablehnung. (1) Soweit es sich bei Amtstätigkeiten des Notars nicht um Beurkundungen nach dem Beurkundungsgesetz[4] handelt, gilt § 3 des Beurkundungsgesetzes entsprechend.

(2) Der Notar kann sich der Ausübung des Amtes wegen Befangenheit enthalten.

§ 17[5] Gebühren. (1) 1 Der Notar ist verpflichtet, für seine Tätigkeit die gesetzlich vorgeschriebenen Gebühren zu erheben. 2 Soweit nicht gesetzliche Vorschriften eine Gebührenbefreiung, eine Gebührenermäßigung oder eine Nichterhebung von Kosten wegen unrichtiger Sachbehandlung vorsehen, sind ein Gebührenerlass oder eine Gebührenermäßigung nur zulässig, soweit die Gebührenerhebung aufgrund außergewöhnlicher Umstände des Falls unbillig wäre und die Notarkammer dem Gebührenerlass oder der Gebührenermäßigung zugestimmt hat. 3 In den Tätigkeitsbereichen der Notarkasse und der Ländernotarkasse treten diese an die Stelle der Notarkammern. 4 Das Versprechen und Gewähren von Vorteilen im Zusammenhang mit einem Amtsgeschäft sowie jede Beteiligung Dritter an den Gebühren ist unzulässig.

(2) Beteiligten, denen nach den Vorschriften der Zivilprozeßordnung[6] die Prozeßkostenhilfe zu bewilligen wäre, hat der Notar seine Urkundstätigkeit in sinngemäßer Anwendung der Vorschriften der Zivilprozeßordnung vorläufig gebührenfrei oder gegen Zahlung der Gebühren in Monatsraten zu gewähren.

§ 18[7] Pflicht zur Verschwiegenheit. (1) 1 Der Notar ist zur Verschwiegenheit verpflichtet. 2 Diese Pflicht bezieht sich auf alles, was ihm bei Ausübung

---

[1] § 15 neu gef. durch G v. 31.8.1998 (BGBl. I S. 2585); Abs. 3 angef. mWv 1.4.2005 durch G v. 22.3.2005 (BGBl. I S. 837); Abs. 2 neu gef. mWv 1.9.2009 durch G v. 17.12.2008 (BGBl. I S. 2586); Abs. 3 aufgeh. mWv 18.5.2017 durch G v. 12.5.2017 (BGBl. I S. 1121).

[2] **Habersack, Deutsche Gesetze Nr. 112.**

[3] § 16 Abs. 1 neu gef., Abs. 2, 4 und 5 aufgeh., bish. Abs. 3 wird Abs. 2 durch G v. 28.8.1969 (BGBl. I S. 1513); Abs. 1 geänd. durch G v. 31.8.1998 (BGBl. I S. 2585).

[4] **Habersack, Deutsche Gesetze Nr. 23.**

[5] § 17 Abs. 2 neu gef. durch G v. 13.6.1980 (BGBl. I S. 677) und geänd. durch G v. 29.1.1991 (BGBl. I S. 150); Abs. 1 neu gef. durch G v. 31.8.1998 (BGBl. I S. 2585); Abs. 1 Satz 2 neu gef., Abs. 2 geänd. mWv 1.8.2021 durch G v. 25.6.2021 (BGBl. I S. 2154).

[6] ***Habersack,*** **Deutsche Gesetze Nr. 100.**

[7] § 18 Abs. 1 neu gef., Abs. 2 eingef., bish. Abs. 2 und 3 werden Abs. 3 und 4 durch G v. 31.8.1998 (BGBl. I S. 2585); Abs. 2 geänd. mWv 1.8.2021 durch G v. 25.6.2021 (BGBl. I S. 2154).

seines Amtes bekannt geworden ist. [3]Dies gilt nicht für Tatsachen, die offenkundig sind oder ihrer Bedeutung nach keiner Geheimhaltung bedürfen.

(2) Die Pflicht zur Verschwiegenheit entfällt, wenn die Beteiligten Befreiung hiervon erteilen; sind Beteiligte verstorben oder ist eine Äußerung von ihnen nicht oder nur mit unverhältnismäßigen Schwierigkeiten zu erlangen, so kann an ihrer Stelle die Aufsichtsbehörde die Befreiung erteilen.

(3) [1]Bestehen im Einzelfall Zweifel über die Pflicht zur Verschwiegenheit, so kann der Notar die Entscheidung der Aufsichtsbehörde nachsuchen. [2]Soweit diese die Pflicht verneint, können daraus, daß sich der Notar geäußert hat, Ansprüche gegen ihn nicht hergeleitet werden.

(4) Die Pflicht zur Verschwiegenheit bleibt auch nach dem Erlöschen des Amtes bestehen.

§ 18a[1)] Zugang zu Inhalten notarieller Urkunden und Verzeichnisse zu Forschungszwecken. (1) Personen, die historische oder sonstige wissenschaftliche Forschung betreiben, ist nach Maßgabe der nachfolgenden Vorschriften Zugang zu Inhalten notarieller Urkunden und Verzeichnisse zu gewähren, soweit

1. dies für die Durchführung eines wissenschaftlichen Forschungsvorhabens erforderlich ist und
2. seit dem Tag der Beurkundung oder seit dem Tag der Eintragung in das Verzeichnis mehr als 70 Jahre vergangen sind.

(2) [1]Der Zugang ist in Textform bei der verwahrenden Stelle oder bei der zuständigen Landesjustizverwaltung zu beantragen. [2]In dem Antrag sind das Forschungsvorhaben und die Urkunden und Verzeichnisse, zu deren Inhalten Zugang begehrt wird, möglichst genau zu bezeichnen. [3]Zudem ist in ihm darzulegen, warum der Zugang zur Durchführung des Forschungsvorhabens erforderlich ist. [4]Wird ein nicht anonymisierter Zugang nach § 18b Absatz 1 Nummer 1 begehrt, ist zudem darzulegen, warum der Forschungszweck nur mithilfe von Inhalten erreicht werden kann, die der Verschwiegenheitspflicht unterliegen. [5]Wird der Zugang von einer juristischen Person beantragt, so hat diese eine natürliche Person zu benennen, die das Forschungsvorhaben leitet.

(3) [1]Über den Antrag nach Absatz 2 entscheidet die zuständige Landesjustizverwaltung nach Anhörung der verwahrenden Stelle. [2]Der Antrag kann abgelehnt werden, wenn die Ermittlung und Prüfung der notariellen Urkunden und Verzeichnisse einen unzumutbaren Aufwand erfordern würden.

§ 18b[2)] Form des Zugangs zu Forschungszwecken. (1) Die Landesjustizverwaltung hat den Zugang zu Inhalten notarieller Urkunden und Verzeichnisse zu Forschungszwecken anonymisiert zu gewähren, soweit nicht

1. der Forschungszweck nur mithilfe von Inhalten, die der Verschwiegenheitspflicht nach § 18 unterliegen, erreicht werden kann oder
2. die Anonymisierung einen unverhältnismäßigen Aufwand erfordern würde.

(2) [1]Kommt nach Absatz 1 ein nicht anonymisierter Zugang in Betracht, so darf die Landesjustizverwaltung einen solchen nur gewähren, soweit das Forschungsinteresse das Interesse der vom Inhalt der Urkunde oder des Verzeich-

---

[1)] § 18a eingef. mWv 1.8.2021 durch G v. 25.6.2021 (BGBl. I S. 2154).
[2)] § 18b eingef. mWv 1.8.2021 durch G v. 25.6.2021 (BGBl. I S. 2154).

nisses betroffenen natürlichen oder juristischen Personen an der Geheimhaltung überwiegt. [2] Bestehen Anhaltspunkte dafür, dass das Interesse betroffener Personen an der Geheimhaltung das Forschungsinteresse überwiegen könnte, so ist den betroffenen Personen vor der Gewährung eines nicht anonymisierten Zugangs Gelegenheit zur Stellungnahme zu geben. [3] Kann eine Stellungnahme nicht oder nur mit unverhältnismäßigen Schwierigkeiten erlangt werden, so kann ohne diese Stellungnahme entschieden werden.

(3) [1] Die verwahrende Stelle hat den von der Landesjustizverwaltung gewährten Zugang durch die Erteilung von Auskünften zu eröffnen, soweit hierdurch der Forschungszweck erreicht werden kann und die Erteilung keinen unverhältnismäßigen Aufwand erfordert. [2] Anderenfalls hat sie Einsichtnahme in die Urkunden und Verzeichnisse zu ermöglichen und auf Verlangen Abschriften zur Verfügung zu stellen. [3] Eine Herausgabe der Urkunden und Verzeichnisse ist nicht zulässig.

(4) Ein nicht anonymisierter Zugang wird nur Forschenden eröffnet, die das Forschungsvorhaben als Amtsträger oder für den öffentlichen Dienst besonders Verpflichtete durchführen oder die zuvor entsprechend § 1 Absatz 2, 3 und 4 Nummer 2 des Verpflichtungsgesetzes zur Geheimhaltung verpflichtet wurden.

§ 18c[1)] Schutz von Inhalten beim Zugang zu Forschungszwecken.

(1) [1] Forschende haben diejenigen ihnen zu Forschungszwecken zugänglich gemachten Inhalte notarieller Urkunden und Verzeichnisse, die der Verschwiegenheitspflicht nach § 18 unterliegen, gegen unbefugte Kenntnisnahme zu schützen. [2] Sie haben die an dem Forschungsvorhaben mitwirkenden Personen, die Zugang zu solchen Inhalten erhalten sollen, in Textform zur Verschwiegenheit zu verpflichten und auf die Strafbarkeit einer Pflichtverletzung hinzuweisen. [3] Inhalte im Sinne des Satzes 1 sind zu vernichten, sobald sie für das Forschungsvorhaben nicht mehr benötigt werden.

(2) [1] Inhalte im Sinne des Absatzes 1 Satz 1 dürfen nur für das Forschungsvorhaben verwendet werden, für das der Zugang gewährt worden ist. [2] Die Verwendung für andere Forschungsvorhaben bedarf der vorherigen Zustimmung der Landesjustizverwaltung. [3] Für die Erteilung der Zustimmung gelten § 18a Absatz 1 und § 18b Absatz 1 und 2 Satz 2 und 3 entsprechend.

(3) [1] Forschende dürfen Inhalte im Sinne des Absatzes 1 Satz 1 nur veröffentlichen, wenn dies für die Darstellung des Forschungsergebnisses unerlässlich ist. [2] Eine Veröffentlichung bedarf der vorherigen Zustimmung der Landesjustizverwaltung. [3] § 18b Absatz 2 Satz 2 und 3 gilt entsprechend.

§ 18d[2)] Kosten des Zugangs zu Forschungszwecken. (1) [1] Für den Zugang zu Inhalten notarieller Urkunden und Verzeichnisse zu Forschungszwecken werden Gebühren nach dem Gebührenverzeichnis der Anlage 1 erhoben. [2] Soweit die einen Kostentatbestand auslösende Amtshandlung von einem Notar oder einer Notarkammer vorgenommen wurde, sind bundesrechtliche oder landesrechtliche Vorschriften, durch die eine sachliche oder persönliche Befreiung von Kosten gewährt wird, nicht anzuwenden. [3] Im Übrigen sind mit Aus-

---

[1)] § 18c eingef. mWv 1.8.2021 durch G v. 25.6.2021 (BGBl. I S. 2154).
[2)] § 18d eingef. mWv 1.8.2021 durch G v. 25.6.2021 (BGBl. I S. 2154).

nahme des dortigen § 4 Absatz 2 Satz 1 die Vorschriften des Justizverwaltungskostengesetzes[1)] entsprechend anzuwenden.

(2) [1] Die Kosten werden von der Landesjustizverwaltung angesetzt. [2] Soweit die einen Kostentatbestand auslösende Amtshandlung von einem Notar oder einer Notarkammer vorgenommen wurde, führt die Landesjustizverwaltung die hierfür vereinnahmten Kosten an die vornehmende Stelle ab. [3] Soweit die vornehmende Stelle auf die Kosten Umsatzsteuer zu entrichten hat, ist diese mit anzusetzen.

§ 19[2)] Amtspflichtverletzung. (1) [1] Verletzt der Notar vorsätzlich oder fahrlässig die ihm anderen gegenüber obliegende Amtspflicht, so hat er diesen den daraus entstehenden Schaden zu ersetzen. [2] Fällt dem Notar nur Fahrlässigkeit zur Last, so kann er nur dann in Anspruch genommen werden, wenn die Verletzten nicht auf andere Weise Ersatz zu erlangen vermögen; das gilt jedoch nicht bei Amtsgeschäften der in §§ 23, 24 bezeichneten Art im Verhältnis zwischen dem Notar und seinen Auftraggebern. [3] Im übrigen sind die Vorschriften des Bürgerlichen Gesetzbuchs[3)] über die Schadensersatzpflicht im Fall einer von einem Beamten begangenen Amtspflichtverletzung entsprechend anwendbar. [4] Eine Haftung des Staates an Stelle des Notars besteht nicht.

(2) [1] Hat ein Notarassessor bei selbständiger Erledigung eines Geschäfts der in §§ 23, 24 bezeichneten Art eine Amtspflichtverletzung begangen, so haftet er in entsprechender Anwendung des Absatzes 1. [2] Hatte ihm der Notar das Geschäft zur selbständigen Erledigung überlassen, so haftet er neben dem Assessor gesamtschuldnerisch; im Verhältnis zwischen dem Notar und dem Assessor ist der Assessor allein verpflichtet. [3] Durch das Dienstverhältnis des Assessors zum Staat (§ 7 Abs. 3) wird eine Haftung des Staates nicht begründet. [4] Ist der Assessor als Notarvertretung des Notars tätig gewesen, so bestimmt sich die Haftung nach § 46.

(3) Für Schadensersatzansprüche nach Absatz 1 und 2 sind die Landgerichte ohne Rücksicht auf den Wert des Streitgegenstandes ausschließlich zuständig.

§ 19a[4)] Berufshaftpflichtversicherung. (1) [1] Der Notar ist verpflichtet, eine Berufshaftpflichtversicherung zu unterhalten zur Deckung der Haftpflichtgefahren für Vermögensschäden, die sich aus seiner Berufstätigkeit und der Tätigkeit von Personen ergeben, für die er haftet. [2] Die Versicherung muß bei einem im Inland zum Geschäftsbetrieb befugten Versicherungsunternehmen zu den nach Maßgabe des Versicherungsaufsichtsgesetzes eingereichten allgemeinen Versicherungsbedingungen genommen werden. [3] Die Versicherung muß für alle nach Satz 1 zu versichernden Haftpflichtgefahren bestehen und für jede

---

[1)] **Habersack, Deutsche Gesetze Nr. 120.**

[2)] § 19 Abs. 1 Sätze 1 und 2, Abs. 2 Sätze 1, 2 und 4 geänd. mWv 1.8.2021 durch G v. 25.6.2021 (BGBl. I S. 2154).

[3)] **Habersack, Deutsche Gesetze Nr. 20.**

[4)] § 19a eingef. durch G v. 7.8.1981 (BGBl. I S. 803); Abs. 1 und 2 neu gef., bish. Abs. 1 Sätze 3–6 werden Abs. 3, bish. Abs. 2–4 werden Abs. 4–6 durch G v. 30.8.1994 (BGBl. II S. 1438); Abs. 3 Satz 1 und Abs. 6 geänd., Abs. 2 Sätze 2–4 angef. durch G v. 31.8.1998 (BGBl. I S. 2585); Abs. 3 Satz 1 geänd. mWv 1.1.2002 durch G v. 13.12.2001 (BGBl. I S. 3574); Abs. 5 geänd. mWv 1.1.2008 durch G v. 23.11.2007 (BGBl. I S. 2631); Abs. 6 eingef., bish. Abs. 6 wird Abs. 7 mWv 1.9.2009 durch G v. 30.7.2009 (BGBl. I S. 2449); Abs. 7 geänd. mWv 8.9.2015 durch VO v. 31.8.2015 (BGBl. I S. 1474); Abs. 4 geänd., Abs. 7 aufgeh. mWv 18.5.2017 durch G v. 12.5.2017 (BGBl. I S. 1121); Abs. 1 Satz 3, Abs. 2 Satz 1 Nr. 1, Abs. 3 Satz 4, Abs. 6 geänd. mWv 1.8.2021 durch G v. 25.6.2021 (BGBl. I S. 2154).

einzelne Amtspflichtverletzung gelten, die Haftpflichtansprüche gegen den Notar zur Folge haben könnte.

(2) [1] Vom Versicherungsschutz können ausgeschlossen werden

1. Ersatzansprüche wegen wissentlicher Amtspflichtverletzung,
2. Ersatzansprüche aus der Tätigkeit im Zusammenhang mit der Beratung über außereuropäisches Recht, es sei denn, daß die Amtspflichtverletzung darin besteht, daß die Möglichkeit der Anwendbarkeit dieses Rechts nicht erkannt wurde,
3. Ersatzansprüche wegen Veruntreuung durch Personal des Notars, soweit nicht der Notar wegen fahrlässiger Verletzung seiner Amtspflicht zur Überwachung des Personals in Anspruch genommen wird.

[2] Ist bei Vorliegen einer Amtspflichtverletzung nur streitig, ob der Ausschlußgrund gemäß Nummer 1 vorliegt, und lehnt der Berufshaftpflichtversicherer deshalb die Regulierung ab, hat er gleichwohl bis zur Höhe der für den Versicherer, der Schäden aus vorsätzlicher Handlung deckt, geltenden Mindestversicherungssumme zu leisten. [3] Soweit der Berufshaftpflichtversicherer den Ersatzberechtigten befriedigt, geht der Anspruch des Ersatzberechtigten gegen den Notar, die Notarkammer, den Versicherer gemäß § 67 Abs. 3 Nr. 3 oder einen sonstigen Ersatzberechtigten auf ihn über. [4] Der Berufshaftpflichtversicherer kann von den Personen, für deren Verpflichtungen er gemäß Satz 2 einzustehen hat, wie ein Beauftragter Ersatz seiner Aufwendungen verlangen.

(3) [1] Die Mindestversicherungssumme beträgt 500 000 Euro für jeden Versicherungsfall. [2] Die Leistungen des Versicherers für alle innerhalb eines Versicherungsjahres verursachten Schäden dürfen auf den doppelten Betrag der Mindestversicherungssumme begrenzt werden. [3] Der Versicherungsvertrag muß dem Versicherer die Verpflichtung auferlegen, der Landesjustizverwaltung und der Notarkammer den Beginn und die Beendigung oder Kündigung des Versicherungsvertrages sowie jede Änderung des Versicherungsvertrages, die den vorgeschriebenen Versicherungsschutz beeinträchtigt, unverzüglich mitzuteilen. [4] Im Versicherungsvertrag kann vereinbart werden, daß sämtliche Amtspflichtverletzungen bei der Erledigung eines einheitlichen Amtsgeschäftes, mögen diese auf dem Verhalten des Notars oder einer von ihm herangezogenen Hilfsperson beruhen, als ein Versicherungsfall gelten.

(4) Die Vereinbarung eines Selbstbehaltes bis zu einem Prozent der Mindestversicherungssumme ist zulässig.

(5) Zuständige Stelle im Sinne des § 117 Abs. 2 des Versicherungsvertragsgesetzes[1)] ist die Landesjustizverwaltung.

(6) Die Landesjustizverwaltung oder die Notarkammer, der der Notar angehört, erteilt Dritten zur Geltendmachung von Schadensersatzansprüchen auf Antrag Auskunft über den Namen und die Adresse der Berufshaftpflichtversicherung des Notars sowie die Versicherungsnummer, soweit der Notar kein überwiegendes schutzwürdiges Interesse an der Nichterteilung der Auskunft hat; dies gilt auch, wenn das notarielle Amt erloschen ist.

---

1) Habersack, Deutsche Gesetze Nr. 62.

Abschnitt 3. Die Amtstätigkeit

§ 20[1] **Beurkundungen und Beglaubigungen.** (1) [1]Die Notare sind zuständig, Beurkundungen jeder Art vorzunehmen sowie Unterschriften ***[ab 1.8. 2022:** *, qualifizierte elektronische Signaturen]*, Handzeichen und Abschriften zu beglaubigen. [2]Zu ihren Aufgaben gehören insbesondere auch die Beurkundung von Versammlungsbeschlüssen, die Vornahme von Verlosungen und Auslosungen, die Aufnahme von Vermögensverzeichnissen, Nachlassverzeichnissen und Nachlassinventaren, die Vermittlung von Nachlass- und Gesamtgutsauseinandersetzungen einschließlich der Erteilung von Zeugnissen nach den §§ 36 und 37 der Grundbuchordnung[2], die Anlegung und Abnahme von Siegeln, die Aufnahme von Protesten, die Zustellung von Erklärungen sowie die Beurkundung amtlich von ihnen wahrgenommener Tatsachen.

(2) Die Notare sind auch zuständig, Auflassungen entgegenzunehmen sowie Teilhypotheken- und Teilgrundschuldbriefe auszustellen.

(3) [1]Die Notare sind ferner zuständig, freiwillige Versteigerungen durchzuführen. [2]Eine Versteigerung beweglicher Sachen sollen sie nur vornehmen, wenn diese durch die Versteigerung unbeweglicher Sachen oder durch eine von dem Notar beurkundete oder vermittelte Vermögensauseinandersetzung veranlaßt ist.

(4) Die Notare sind auch zur Vermittlung nach den Bestimmungen des Sachenrechtsbereinigungsgesetzes zuständig.

(5) Inwieweit die Notare zur Anlegung und Abnahme von Siegeln im Rahmen eines Nachlasssicherungsverfahrens zuständig sind bestimmt sich nach den landesrechtlichen Vorschriften.

§ 21[3] **Bescheinigungen.** (1) [1]Die Notare sind zuständig,

1. Bescheinigungen über eine Vertretungsberechtigung sowie
2. Bescheinigungen über das Bestehen oder den Sitz einer juristischen Person oder ***[bis 31.12.2023:*** Handelsgesellschaft, die Firmenänderung***][ab 1.1. 2024:*** *rechtsfähigen Personengesellschaft, die Änderung der Firma oder des Namens]*, eine Umwandlung oder sonstige rechtserhebliche Umstände auszustellen,

wenn sich diese Umstände aus einer Eintragung im Handelsregister oder in einem ähnlichen Register ergeben. [2]Die Bescheinigung hat die gleiche Beweiskraft wie ein Zeugnis des Registergerichts.

(2) [1]Der Notar darf die Bescheinigung nur ausstellen, wenn er sich zuvor über die Eintragung Gewißheit verschafft hat, die auf Einsichtnahme in das Register oder in eine beglaubigte Abschrift hiervon beruhen muß. [2]Er hat den Tag der Einsichtnahme in das Register oder den Tag der Ausstellung der Abschrift in der Bescheinigung anzugeben.

(3) [1]Die Notare sind ferner dafür zuständig, Bescheinigungen über eine durch Rechtsgeschäft begründete Vertretungsmacht auszustellen. [2]Der Notar

---

[1] § 20 Abs. 4 eingef., bish. Abs. 4 wird Abs. 5 durch G v. 21.9.1994 (BGBl. II S. 2457); Abs. 1 Satz 2 geänd. durch G v. 31.8.1998 (BGBl. I S. 2585); Abs. 1 Satz 2 geänd., Abs. 5 neu gef. mWv 1.9. 2013 durch G v. 26.6.2013 (BGBl. I S. 1800); Abs. 1 Satz 1 geänd. mWv 1.8.2022 durch G v. 5.7. 2021 (BGBl. I S. 3338).

[2] **Habersack, Deutsche Gesetze Nr. 114.**

[3] § 21 neu gef. durch G v. 31.8.1998 (BGBl. I S. 2585); Abs. 3 angef. mWv 1.9.2013 durch G v. 26.6.2013 (BGBl. I S. 1800); Abs. 1 Satz 1 Nr. 2 geänd. mWv 1.1.2024 durch G v. 10.8.2021 (BGBl. I S. 3436).

darf die Bescheinigung nur ausstellen, wenn er sich zuvor durch Einsichtnahme in eine öffentliche oder öffentlich beglaubigte Vollmachtsurkunde über die Begründung der Vertretungsmacht vergewissert hat. [3] In der Bescheinigung ist anzugeben, in welcher Form und an welchem Tag die Vollmachtsurkunde dem Notar vorgelegen hat.

§ 22[1)] Abnahme von Eiden; Aufnahme eidesstattlicher Versicherungen. (1) Zur Abnahme von Eiden sowie zu eidlichen Vernehmungen sind die Notare nur zuständig, wenn der Eid oder die eidliche Vernehmung nach dem Recht eines ausländischen Staates oder nach den Bestimmungen einer ausländischen Behörde oder sonst zur Wahrnehmung von Rechten im Ausland erforderlich ist.

(2) Die Aufnahme eidesstattlicher Versicherungen steht den Notaren in allen Fällen zu, in denen einer Behörde oder sonstigen Dienststelle eine tatsächliche Behauptung oder Aussage glaubhaft gemacht werden soll.

§ 23[2)] Aufbewahrung und Ablieferung von Wertgegenständen. Die Notare sind auch zuständig, Geld, Wertpapiere und Kostbarkeiten, die ihnen von den Beteiligten übergeben sind, zur Aufbewahrung oder zur Ablieferung an Dritte zu übernehmen; die §§ 57 bis 62 des Beurkundungsgesetzes[3)] bleiben unberührt.

§ 24[4)] Betreuung und Vertretung der Beteiligten. (1) [1] Zu dem Amt des Notars gehört auch die sonstige Betreuung der Beteiligten auf dem Gebiete vorsorgender Rechtspflege, insbesondere die Anfertigung von Urkundenentwürfen und die Beratung der Beteiligten. [2] Der Notar ist auch, soweit sich nicht aus anderen Vorschriften Beschränkungen ergeben, in diesem Umfange befugt, die Beteiligten vor Gerichten und Verwaltungsbehörden zu vertreten.

(2) [1] Nimmt ein Anwaltsnotar Handlungen der in Absatz 1 bezeichneten Art vor, so ist anzunehmen, daß er als Notar tätig geworden ist, wenn die Handlung bestimmt ist, Amtsgeschäfte der in den §§ 20 bis 23 bezeichneten Art vorzubereiten oder auszuführen. [2] Im übrigen ist im Zweifel anzunehmen, daß er als Rechtsanwalt tätig geworden ist.

(3) [1] Soweit der Notar kraft Gesetzes ermächtigt ist, im Namen der Beteiligten bei dem Grundbuchamt oder bei den Registerbehörden Anträge zu stellen (insbesondere § 15 Abs. 2 der Grundbuchordnung[5)], § 25 der Schiffsregisterordnung, § 378 des Gesetzes über das Verfahren in Familiensachen und in den Angelegenheiten der freiwilligen Gerichtsbarkeit[6)]), ist er auch ermächtigt, die von ihm gestellten Anträge zurückzunehmen. [2] Die Rücknahmeerklärung ist wirksam, wenn sie mit der Unterschrift und dem Amtssiegel des Notars versehen ist; eine Beglaubigung der Unterschrift ist nicht erforderlich.

---

1) § 22 Abs. 1 Satz 1 neu gef., Abs. 3 aufgeh. durch G v. 28.8.1969 (BGBl. I S. 1513).

2) § 23 geänd. durch G v. 31.8.1998 (BGBl. I S. 2585); geänd. mWv 9.6.2017 durch G v. 1.6.2017 (BGBl. I S. 1396).

3) **Habersack, Deutsche Gesetze Nr. 23.**

4) § 24 Abs. 3 Satz 1 geänd. mWv 25.4.2006 durch G v. 19.4.2006 (BGBl. I S. 866); Abs. 3 Satz 1 geänd. mWv 1.9.2009 durch G v. 17.12.2008 (BGBl. I S. 2586); Abs. 3 Satz 1 geänd. mWv 1.9.2009 durch G v. 30.7.2009 (BGBl. I S. 2449); Abs. 2 Satz 1 geänd. mWv 1.8.2021 durch G v. 25.6.2021 *(BGBl. I S.* 2154).

5) **Habersack, Deutsche Gesetze Nr. 114.**

6) **Habersack, Deutsche Gesetze Nr. 112.**

Abschnitt 4.[1] Sonstige Pflichten des Notars

§ 25[2] Beschäftigung von Mitarbeitern; Verordnungsermächtigung.

(1) Der Notar darf Personen mit Befähigung zum Richteramt, Laufbahnprüfung für das Amt des Bezirksnotars oder Abschluß als Diplom-Jurist nur beschäftigen, soweit seine persönliche Amtsausübung nicht gefährdet wird.

(2) [1]Die Landesregierungen oder die von ihnen durch Rechtsverordnung bestimmten Stellen werden ermächtigt, zur Wahrung der Belange einer geordneten Rechtspflege durch Rechtsverordnung zu bestimmen, daß der Notar Personen mit Befähigung zum Richteramt, Laufbahnprüfung für das Amt des Bezirksnotars oder Abschluß als Diplom-Jurist nur beschäftigen darf, wenn die Aufsichtsbehörde dies nach Anhörung der Notarkammer genehmigt hat. [2]Die Genehmigung kann mit Nebenbestimmungen verbunden werden.

§ 26[3] Förmliche Verpflichtung beschäftigter Personen. [1]Der Notar hat die von ihm beschäftigten Personen bei ihrer Einstellung nach § 1 des Verpflichtungsgesetzes förmlich zu verpflichten. [2]Hierbei ist auf die Bestimmungen des § 14 Absatz 4 und des § 18 besonders hinzuweisen. [3]Hat sich ein Notar mit anderen Personen zur gemeinschaftlichen Berufsausübung zusammengeschlossen und besteht zu den Beschäftigten ein einheitliches Beschäftigungsverhältnis, so genügt es, wenn ein Notar die Verpflichtung vornimmt. [4]Der Notar hat in geeigneter Weise auf die Einhaltung der Verschwiegenheitspflicht durch die von ihm beschäftigten Personen hinzuwirken. [5]Den von dem Notar beschäftigten Personen stehen die Personen gleich, die im Rahmen einer berufsvorbereitenden Tätigkeit oder einer sonstigen Hilfstätigkeit an seiner beruflichen Tätigkeit mitwirken. [6]Die Sätze 1 bis 3 gelten nicht für Notarassessoren und Referendare.

§ 26a[4] Inanspruchnahme von Dienstleistungen. (1) [1]Der Notar darf Dienstleistern ohne Einwilligung der Beteiligten den Zugang zu Tatsachen eröffnen, auf die sich die Verpflichtung zur Verschwiegenheit gemäß § 18 bezieht, soweit dies für die Inanspruchnahme der Dienstleistung erforderlich ist. [2]Dienstleister ist eine andere Person oder Stelle, die vom Notar im Rahmen seiner Berufsausübung mit Dienstleistungen beauftragt wird.

(2) [1]Der Notar ist verpflichtet, den Dienstleister sorgfältig auszuwählen. [2]Die Zusammenarbeit muss unverzüglich beendet werden, wenn die Einhaltung der dem Dienstleister gemäß Absatz 3 zu machenden Vorgaben nicht gewährleistet ist.

(3) [1]Der Vertrag mit dem Dienstleister bedarf der Textform. [2]In ihm ist

1. der Dienstleister unter Belehrung über die strafrechtlichen Folgen einer Pflichtverletzung zur Verschwiegenheit zu verpflichten,

---

[1] Abschnitt 4 Überschrift neu gef. durch G v. 31.8.1998 (BGBl. I S. 2585).

[2] Bish. § 25 aufgeh., neuer § 25 eingef. durch G v. 31.8.1998 (BGBl. I S. 2585); Abs. 2 Satz 2 neu gef. mWv 1.9.2009 durch G v. 30.7.2009 (BGBl. I S. 2449); Abs. 2 Satz 1 geänd. mWv 18.5.2017 durch G v. 12.5.2017 (BGBl. I S. 1121); Abs. 1, 2 Sätze 1 und 2 geänd. mWv 1.8.2021 durch G v. 25.6.2021 (BGBl. I S. 2154).

[3] § 26 neu gef. mWv 9.11.2017 durch G v. 30.10.2017 (BGBl. I S. 3618).

[4] § 26a eingef. mWv 9.11.2017 durch G v. 30.10.2017 (BGBl. I S. 3618); Abs. 3 Sätze 1 und 2 Nr. 3 geänd. mWv 1.8.2021 durch G v. 25.6.2021 (BGBl. I S. 2154).

2. der Dienstleister zu verpflichten, sich nur insoweit Kenntnis von fremden Geheimnissen zu verschaffen, als dies zur Vertragserfüllung erforderlich ist, und
3. festzulegen, ob der Dienstleister befugt ist, weitere Personen zur Erfüllung des Vertrags heranzuziehen; für diesen Fall ist dem Dienstleister aufzuerlegen, diese Personen in Textform zur Verschwiegenheit zu verpflichten.

(4) Bei der Inanspruchnahme von Dienstleistungen, die unmittelbar einem einzelnen Amtsgeschäft dienen, darf der Notar dem Dienstleister den Zugang zu fremden Geheimnissen nur dann eröffnen, wenn der Beteiligte darin eingewilligt hat.

(5) Die Absätze 2 und 3 gelten auch für den Fall der Inanspruchnahme von Dienstleistungen, in die die Beteiligten eingewilligt haben, sofern die Beteiligten nicht ausdrücklich auf die Einhaltung der in den Absätzen 2 und 3 genannten Anforderungen verzichtet haben.

(6) [1] Absatz 3 gilt nicht in den Fällen, in denen der Dienstleister nach § 1 des Verpflichtungsgesetzes förmlich verpflichtet wurde. [2] Absatz 3 Satz 2 gilt nicht, soweit der Dienstleister hinsichtlich der zu erbringenden Dienstleistung gesetzlich zur Verschwiegenheit verpflichtet ist.

(7) Andere Vorschriften, die für Notare die Inanspruchnahme von Dienstleistungen einschränken, sowie die Vorschriften zum Schutz personenbezogener Daten bleiben unberührt.

§ 27[1)] Anzeigepflicht bei Verbindung zur gemeinsamen Berufsausübung. (1) [1] Der Notar hat eine Verbindung zur gemeinsamen Berufsausübung oder zur gemeinsamen Nutzung der Geschäftsräume unverzüglich der Aufsichtsbehörde und der Notarkammer anzuzeigen. [2] Diese Anzeigepflicht gilt auch für berufliche Verbindungen im Sinne von § 3 Abs. 1 Satz 1 Nr. 7 des Beurkundungsgesetzes[2)]. [3] Anzuzeigen sind Name, Beruf, weitere berufliche Tätigkeiten und Tätigkeitsort der Beteiligten. [4] § 9 bleibt unberührt.

(2) Auf Anforderung hat der Notar der Aufsichtsbehörde und der Notarkammer die Vereinbarung über die gemeinsame Berufsausübung oder die gemeinsame Nutzung der Geschäftsräume vorzulegen.

§ 28[3)] Sicherstellung der Unabhängigkeit und Unparteilichkeit. Der Notar hat durch geeignete Vorkehrungen die Wahrung der Unabhängigkeit und Unparteilichkeit seiner Amtsführung, insbesondere die Einhaltung der Mitwirkungsverbote und weiterer Amtspflichten nach den Bestimmungen dieses Gesetzes, des Beurkundungsgesetzes[2)] und des Gerichts- und Notarkostengesetzes[4)] sicherzustellen.

[1)] § 27 aufgeh. durch G v. 28.8.1969 (BGBl. I S. 1513); neu eingef. durch G v. 31.8.1998 (BGBl. I S. 2585); Abs. 1 Satz 2 eingef., bish. Sätze 2 und 3 werden Sätze 3 und 4, neuer Satz 3 geänd. mWv 18.12.2007 durch G v. 12.12.2007 (BGBl. I S. 2840).

[2)] **Habersack, Deutsche Gesetze Nr. 23.**

[3)] § 28 aufgeh. durch G v. 28.8.1969 (BGBl. I S. 1513); neu eingef. durch G v. 31.8.1998 (BGBl. I S. 2585); geänd. mWv 1.8.2013 durch G v. 23.7.2013 (BGBl. I S. 2586); geänd. mWv 1.8.2021 durch G v. 25.6.2021 (BGBl. I S. 2154).

[4)] **Habersack, Deutsche Gesetze Nr. 119.**

§ 29[1)] **Werbeverbot.** (1) Der Notar hat jedes gewerbliche Verhalten, insbesondere eine dem öffentlichen Amt widersprechende Werbung zu unterlassen.

(2) [1]Ist ein dem Notar in Ausübung seiner Tätigkeiten nach § 8 erlaubtes Auftreten mit den Maßstäben des Absatzes 1 nicht zu vereinbaren, so ist es von seinem Auftreten als Notar zu trennen. [2]Enthält ein Auftreten im Sinne des Satzes 1 Hinweise auf die notarielle Tätigkeit, so ist deutlich zu machen, dass es sich nicht auf die notarielle Tätigkeit bezieht.

(3) [1]Ein Anwaltsnotar, der sich nach § 9 Absatz 2 mit nicht an seinem Amtssitz tätigen Personen verbunden hat oder der weitere Kanzleien oder Zweigstellen unterhält, darf auf Geschäftspapieren, in Verzeichnissen, in der Werbung und auf nicht an einer Geschäftsstelle befindlichen Geschäftsschildern seine Amtsbezeichnung als Notar nur unter Hinweis auf seinen Amtssitz angeben. [2]Der Hinweis muss der Amtsbezeichnung unmittelbar nachfolgen, ihr im Erscheinungsbild entsprechen und das Wort „Amtssitz" enthalten. [3]Satz 1 gilt nicht, soweit die Geschäftspapiere, die Verzeichnisse oder die Werbung keinen Hinweis auf die Verbindung nach § 9 Absatz 2 oder weitere Kanzleien oder Zweigstellen enthalten.

(4) Amts- und Namensschilder dürfen nur an Geschäftsstellen geführt werden.

§ 30[2)] **Ausbildungspflicht.** (1) Der Notar hat bei der Ausbildung des beruflichen Nachwuchses und von Referendaren nach besten Kräften mitzuwirken.

(2) Der Notar hat den von ihm beschäftigten Auszubildenden eine sorgfältige Fachausbildung zu vermitteln.

§ 31[3)] **Verhalten des Notars.** Der Notar hat sich gegenüber anderen Notaren, Notarassessoren, Gerichten, Behörden, Rechtsanwälten und anderen seine Auftraggeber beratenden Personen in der seinem Amt entsprechenden Weise zu verhalten.

§ 32[4)] *(aufgehoben)*

§ 33[5)] **Elektronische Signatur.** (1) [1]Der Notar muss über ein auf Dauer prüfbares qualifiziertes Zertifikat eines qualifizierten Vertrauensdiensteanbieters und über die technischen Mittel für die Erstellung und Validierung qualifizierter elektronischer Signaturen verfügen. [2]Bei der erstmaligen Beantragung eines qualifizierten Zertifikats für elektronische Signaturen hat die Identifizierung durch die öffentliche Beglaubigung der Unterschrift des Notars unter dem Antrag zu erfolgen. [3]Das qualifizierte Zertifikat muss mit einem Attribut versehen sein, welches den Inhaber als Notar ausweist und daneben den Amtssitz des Notars sowie das Land und die Notarkammer enthält, in deren Bezirk der Notar seinen Amtssitz hat.

[1)] *§ 29 aufgeh. durch G v. 28.8.1969* (BGBl. I S. 1513); neu eingef. durch G v. 31.8.1998 (BGBl. I S. 2585); Abs. 3 neu gef., Abs. 4 angef. mWv 18.5.2017 durch G v. 12.5.2017 (BGBl. I S. 1121); Abs. 2 neu gef. mWv 1.8.2021 durch G v. 25.6.2021 (BGBl. I S. 2154).

[2)] § 30 aufgeh. durch G v. 28.8.1969 (BGBl. I S. 1513); neu eingef. durch G v. 31.8.1998 (BGBl. I S. 2585).

[3)] § 31 aufgeh. durch G v. 28.8.1969 (BGBl. I S. 1513); neu eingef. durch G v. 31.8.1998 (BGBl. I S. 2585); geänd. mWv 1.8.2021 durch G v. 25.6.2021 (BGBl. I S. 2154).

[4)] § 32 aufgeh. mWv 1.1.2023 durch G v. 25.6.2021 (BGBl. I S. 2154).

[5)] § 33 neu gef. mWv 9.6.2017 durch G v. 1.6.2017 (BGBl. I S. 1396); Abs. 3 neu gef., Abs. 4 angef. mWv 1.8.2021 durch G v. 25.6.2021 (BGBl. I S. 2154); Abs. 1 Satz 1, Abs. 3 Sätze 1 und 2 geänd. mWv 1.8.2022 durch G v. 15.7.2022 (BGBl. I S. 1146).

(2) Der Notar darf sein qualifiziertes Zertifikat nur von einem qualifizierten Vertrauensdiensteanbieter beziehen, der gewährleistet, dass das Zertifikat unverzüglich gesperrt wird, sobald das Erlöschen des Amtes des Notars oder eine vorläufige Amtsenthebung in das Notarverzeichnis eingetragen wird.

(3) [1] Die zur Erstellung qualifizierter elektronischer Signaturen erforderlichen elektronischen Signaturerstellungsdaten sind vom Notar auf einer qualifizierten elektronischen Signaturerstellungseinheit zu verwalten. [2] Abweichend davon können sie auch von der Notarkammer oder der Bundesnotarkammer verwaltet werden, wenn sichergestellt ist, dass die qualifizierte elektronische Signatur nur mittels eines kryptografischen Schlüssels erstellt werden kann, der auf einer kryptografischen Hardwarekomponente gespeichert ist.

(4) [1] Der Notar darf die qualifizierte elektronische Signaturerstellungseinheit oder die kryptografische Hardwarekomponente keiner anderen Person überlassen. [2] Der Notar darf keine Wissensdaten preisgeben, die er zur Identifikation gegenüber der qualifizierten elektronischen Signaturerstellungseinheit oder der kryptografischen Hardwarekomponente benutzt.

§ 34[1)] Meldepflichten. [1] Der Notar hat der Aufsichtsbehörde sowie derjenigen Notarkammer, in deren Bezirk er seinen Amtssitz hat, unverzüglich mitzuteilen, wenn er feststellt oder begründeten Anlass zu der Annahme hat, dass

1. sein Amtssiegel dauerhaft oder zeitweise abhandengekommen ist oder missbraucht wurde oder eine Fälschung seines Amtssiegels im Umlauf ist,
2. seine qualifizierte elektronische Signaturerstellungseinheit abhandengekommen ist, missbraucht oder manipuliert wurde oder Wissensdaten zur Identifikation des Notars gegenüber der qualifizierten elektronischen Signaturerstellungseinheit einer anderen Person bekannt geworden sind,
3. Wissensdaten oder andere Vorkehrungen, die zum Schutz des Elektronischen Urkundenarchivs, des Elektronischen Notariatsaktenspeichers, des Zentralen Vorsorgeregisters oder des Zentralen Testamentsregisters vor unbefugtem Zugang vorgesehen sind, missbraucht, manipuliert oder Unbefugten zugänglich geworden sind.

[2] Im Fall des Satzes 1 Nummer 2 hat der Notar außerdem unverzüglich eine Sperrung des qualifizierten Zertifikats bei dem Vertrauensdiensteanbieter zu veranlassen und den Nachweis über die Sperrung mit der Mitteilung nach Satz 1 vorzulegen. [3] Im Fall des Satzes 1 Nummer 3 hat die Notarkammer unverzüglich die Bundesnotarkammer zu unterrichten, wenn Anlass zu der Annahme besteht, dass die Sicherheit des Elektronischen Urkundenarchivs, des Elektronischen Notariatsaktenspeichers, des Zentralen Vorsorgeregisters oder des Zentralen Testamentsregisters auch im Hinblick auf die von anderen Stellen übermittelten oder verwahrten Daten betroffen ist.

[1)] § 34 neu gef. mWv 9.6.2017 durch G v. 1.6.2017 (BGBl. I S. 1396); Satz 1 Nr. 3, Satz 3 geänd. mWv 1.8.2021 durch G v. 25.6.2021 (BGBl. I S. 2154).

Abschnitt 4a.[1] Führung der Akten und Verzeichnisse

§ 35[2] Führung der Akten und Verzeichnisse. (1) [1] Der Notar ist verpflichtet, Akten und Verzeichnisse so zu führen, dass deren Verfügbarkeit, Integrität, Transparenz und Vertraulichkeit gewährleistet sind. [2] Er ist befugt, in den Akten und Verzeichnissen die zur Durchführung der Amtsgeschäfte erforderlichen personenbezogenen Daten, einschließlich solcher besonderer Kategorien, zu verarbeiten. [3] Dies umfasst insbesondere

1. Kontaktdaten der Beteiligten,
2. Daten, die zur Identifizierung der Beteiligten erhoben wurden, und
3. Daten, die für den Gegenstand des Amtsgeschäfts erforderlich sind oder die auf Wunsch der Beteiligten aufgenommen werden sollen.

(2) [1] Der Notar kann Akten und Verzeichnisse in Papierform oder elektronisch führen, soweit die Form nicht durch oder auf Grund eines Gesetzes vorgeschrieben ist. [2] Zusätzlich darf er für die Aktenführung Hilfsmittel verwenden, deren Vertraulichkeit ebenfalls zu gewährleisten ist und für die Absatz 1 Satz 2 und 3 entsprechend gilt. [3] Werden Akten einer anderen Stelle zur Verwahrung übergeben, hat dies auch die zugehörigen Hilfsmittel zu umfassen.

(3) [1] Akten und Verzeichnisse in Papierform darf der Notar außerhalb seiner Geschäftsstelle nur bei der Notarkammer oder mit Genehmigung der Aufsichtsbehörde führen. [2] Seine Verfügungsgewalt muss gewahrt bleiben. [3] Außer im Fall der Führung bei der Notarkammer darf eine gemeinsame Führung nur im Zusammenschluss mit anderen Notaren erfolgen. [4] Die Genehmigung nach Satz 1 ist zu erteilen, wenn sichergestellt ist, dass die Anforderungen des Absatzes 1 und des Satzes 2 eingehalten werden. [5] Die Genehmigung kann mit Nebenbestimmungen verbunden werden. [6] Vor der Erteilung oder der Aufhebung der Genehmigung ist die Notarkammer anzuhören. [7] Die Führung bei der Notarkammer ist der Aufsichtsbehörde mitzuteilen.

(4) Elektronische Akten und Verzeichnisse darf der Notar außerhalb der Geschäftsstelle nur im Elektronischen Urkundenarchiv oder im Elektronischen Notariatsaktenspeicher führen.

(5) [1] Zur Führung der Akten und Verzeichnisse dürfen nur Personen herangezogen werden, die bei dem Notar oder im Fall des Absatzes 3 Satz 3 bei dem Zusammenschluss der Notare beschäftigt sind. [2] Absatz 3 Satz 1 und Absatz 4 bleiben unberührt.

(6) [1] Zum Ablauf der jeweiligen Aufbewahrungsfrist bietet die verwahrende Stelle die Einträge im Urkundenverzeichnis sowie die in der elektronischen Urkundensammlung und in der Sondersammlung verwahrten Dokumente dem zuständigen öffentlichen Archiv nach den jeweiligen archivrechtlichen Vorschriften zur Übernahme an. [2] Im Übrigen ist die verwahrende Stelle verpflichtet, nach *Ablauf der Aufbewahrungsfristen* die in Papierform geführten Akten und Verzeichnisse zu vernichten und die elektronisch geführten Akten und Verzeichnisse zu löschen. [3] Die Sätze 1 und 2 gelten nicht, solange im Einzelfall eine weitere Verwahrung durch die verwahrende Stelle erforderlich ist.

---

[1] Abschnitt 4a Überschrift eingef. mWv 9.6.2017 durch G v. 1.6.2017 (BGBl. I S. 1396).

[2] § 35 neu gef. mWv 1.1.2020 durch G v. 1.6.2017 (BGBl. I S. 1396); Abs. 1 Sätze 2 und 3 angef., Abs. 2 Satz 2 geänd., Satz 3 angef., Abs. 3 Satz 5, Abs. 4 geänd. mWv 1.8.2021, Abs. 6 neu gef. mWv 1.1.2022 durch G v. 25.6.2021 (BGBl. I S. 2154).

§ 36[1)] Verordnungsermächtigung zu Akten und Verzeichnissen.

(1) [1]Das Bundesministerium der Justiz und für Verbraucherschutz hat durch Rechtsverordnung mit Zustimmung des Bundesrates die näheren Bestimmungen zu treffen über die vom Notar zu führenden Akten und Verzeichnisse, über deren Inhalt sowie die Art und Weise ihrer Führung. [2]Insbesondere sind darin nähere Bestimmungen zu treffen über

1. die vom Notar zu den Akten zu nehmenden Unterlagen sowie die in die Verzeichnisse einzutragenden Angaben einschließlich der zu erhebenden Daten und der insoweit zu beachtenden Fristen,
2. die Aufbewahrungsfristen,
3. die Einzelheiten der elektronischen Führung von Akten und Verzeichnissen nach § 35 Absatz 2 sowie über die Maßnahmen zur Gewährleistung der Vertraulichkeit, der Integrität, der Transparenz und der Verfügbarkeit auch über die Amtszeit des Notars hinaus einschließlich der zulässigen Datenformate sowie der Schnittstellen und der Datenverknüpfungen zwischen den Akten und Verzeichnissen,
4. die Voraussetzungen, unter denen die durch oder auf Grund eines Gesetzes vorgesehene Übertragung eines in Papierform vorliegenden Schriftstücks in die elektronische Form unterbleiben kann.

[3]Bei der Bemessung der Aufbewahrungsfristen nach Satz 2 Nummer 2 ist insbesondere der Zweck der Verfügbarkeit der Akten und Verzeichnisse im Hinblick auf die Bedürfnisse einer geordneten Rechtspflege sowie der Umstand zu berücksichtigen, dass bei Amtshaftungsansprüchen die Möglichkeit der Sachaufklärung gegeben bleibt.

(2) [1]Die Rechtsverordnung kann vorsehen, dass neben den für das Auffinden von Urkunden erforderlichen Eintragungen weitere Angaben in das Urkundenverzeichnis eingetragen werden können oder sollen. [2]Sie kann zudem nähere Bestimmungen treffen über die Verwendung der im Urkundenverzeichnis gespeicherten Daten

1. im elektronischen Rechtsverkehr mit Gerichten, Behörden und Dritten,
2. zur Führung anderer Akten und Verzeichnisse des Notars sowie
3. für die Zwecke der Aufsicht.

§ 37[2)] (weggefallen)

Abschnitt 5. Abwesenheit und Verhinderung des Notars; Notarvertreter

§ 38 Anzeige von Abwesenheit oder Verhinderung. [1]Will sich der Notar länger als eine Woche von seinem Amtssitz entfernen oder ist er aus tatsächlichen Gründen länger als eine Woche an der Ausübung seines Amtes verhindert, so hat er dies der Aufsichtsbehörde unverzüglich anzuzeigen. [2]Er bedarf der Genehmigung der Aufsichtsbehörde, wenn die Abwesenheit von dem Amtssitz länger als einen Monat dauern soll.

§ 39[3)] Notarvertretung. (1) [1]Die Aufsichtsbehörde kann dem Notar auf seinen Antrag für die Zeit seiner Abwesenheit oder Verhinderung eine Notarvertreterin

[1)] § 36 neu gef. mWv 9.6.2017 durch G v. 1.6.2017 (BGBl. I S. 1396).
[2)] § 37 neu gef. mWv 1.8.2021 durch G v. 25.6.2021 (BGBl. I S. 2154).
[3)] § 39 neu gef. mWv 1.8.2021 durch G v. 25.6.2021 (BGBl. I S. 2154).

oder einen Notarvertreter (Notarvertretung) bestellen. [2]Die Bestellung kann auch von vornherein für alle Vertretungsfälle ausgesprochen werden, die während eines bestimmten Zeitraums eintreten (ständige Vertretung). [3]Für die Zeit der Abwesenheit oder Verhinderung auch der ständigen Vertretung kann eine weitere, auch ständige Vertretung bestellt werden. [4]Zudem kann im Fall der Bestellung einer ständigen Vertretung ein einem Notar zugewiesener Notarassessor als weitere, auch ständige Vertretung bestellt werden.

(2) [1]Im Fall der vorläufigen Amtsenthebung kann eine Vertretung auch von Amts wegen bestellt werden. [2]Dies gilt auch, wenn ein Notar es unterlässt, einen Antrag nach Absatz 1 oder nach § 48c zu stellen, obwohl er aus gesundheitlichen Gründen zur ordnungsgemäßen Ausübung seines Amtes vorübergehend unfähig ist.

(3) [1]Zur Vertretung darf nur bestellt werden, wer im Sinne des § 5 Absatz 1 und 2 persönlich und im Sinne des § 5 Absatz 5 fachlich geeignet ist. [2]Die ständige Vertretung soll nur einem Notar, einem Notarassessor oder einem Notar außer Dienst übertragen werden. [3]Als ständige Vertretung eines Anwaltsnotars kann nach Anhörung der Notarkammer auch ein Rechtsanwalt bestellt werden. [4]Abgesehen von den Fällen des Absatzes 2 soll als Vertretung nur bestellt werden, wer von dem Notar vorgeschlagen wurde und zur Übernahme des Amtes bereit ist. [5]Für den Notar kann auch ein nach § 1896[1)] des Bürgerlichen Gesetzbuchs[2)] bestellter Betreuer oder ein nach § 1911[3)] des Bürgerlichen Gesetzbuchs bestellter Abwesenheitspfleger den Antrag stellen und die Vertretung vorschlagen.

(4) Auf die Vertretung sind die für den Notar geltenden Vorschriften mit Ausnahme des § 19a entsprechend anzuwenden, soweit nicht nachstehend etwas anderes geregelt ist.

§ 40[4)] Form der Bestellung; Amtseid; Widerruf. (1) [1]Die Bestellung ist der Vertretung unbeschadet einer anderweitigen Bekanntmachung schriftlich zu übermitteln. [2]Abweichend von § 44 des Verwaltungsverfahrensgesetzes[5)] ist eine Bestellung nur dann nichtig, wenn sie diesem Erfordernis nicht genügt und sich aus dem Akteninhalt nicht ergibt, dass eine Bestellung erfolgen sollte.

(2) [1]Die Vertretung hat vor dem Beginn ihrer Amtstätigkeit vor dem Präsidenten des Landgerichts den Amtseid (§ 13) zu leisten. [2]Ist sie schon einmal als Notar, Notarvertretung oder Notariatsverwalter vereidigt worden, so genügt es in der Regel, dass sie auf den früher geleisteten Eid hingewiesen wird.

(3) Die Bestellung der Vertretung kann jederzeit widerrufen werden.

§ 41[6)] Amtsausübung der Vertretung. (1) [1]Die Vertretung versieht das Amt auf Kosten des Notars. [2]Sie hat ihrer Unterschrift einen sie als Vertretung kennzeichnenden Zusatz beizufügen und Siegel und Stempel des Notars zu gebrauchen.

(2) Die Vertretung soll sich der Ausübung des Amtes insoweit enthalten, als dem von ihr vertretenen Notar die Amtsausübung untersagt wäre.

[1)] Gem. Art. 5 Nr. 1 G v. 4.5.2021 (BGBl. I S. 882) ab 1.1.2023 wohl richtig „§ 1814".
[2)] **Habersack, Deutsche Gesetze Nr. 20.**
[3)] Gem. Art. 5 Nr. 1 G v. 4.5.2021 (BGBl. I S. 882) ab 1.1.2023 wohl richtig „§ 1884".
[4)] § 40 neu gef. mWv 1.8.2021 durch G v. 25.6.2021 (BGBl. I S. 2154).
[5)] **Sartorius Nr. 100.**
[6)] § 41 neu gef. mWv 1.8.2021 durch G v. 25.6.2021 (BGBl. I S. 2154).

§ 42[1)] Zuständigkeit für Streitigkeiten zwischen Notar und Vertretung. Für vermögensrechtliche Streitigkeiten zwischen dem Notar und seiner Vertretung, welche die Vergütung oder die Haftung für Amtspflichtverletzungen betreffen, sind die Landgerichte ohne Rücksicht auf den Wert des Streitgegenstandes ausschließlich zuständig.

§ 43[2)] Vergütung der von Amts wegen bestellten Vertretung. Der Notar hat der ihm von Amts wegen bestellten Vertretung (§ 39 Absatz 2) eine angemessene Vergütung zu zahlen.

§ 44[3)] Dauer der Amtsbefugnis der Vertretung. (1) [1] Die Amtsbefugnis der Vertretung beginnt mit der Übernahme des Amtes und endigt, wenn die Bestellung nicht vorher widerrufen wird, mit der Übergabe des Amtes an den Notar. [2] Während dieser Zeit soll sich der Notar der Ausübung seines Amtes enthalten.

(2) Die Amtshandlungen der Vertretung sind nicht deshalb ungültig, weil die für ihre Bestellung nach § 39 erforderlichen Voraussetzungen nicht vorhanden waren oder später weggefallen sind.

§ 45[4)] Verwahrung bei Abwesenheit oder Verhinderung. (1) [1] Für die Dauer der Abwesenheit oder Verhinderung kann der Notar, dem keine Vertretung bestellt ist, seine Akten und Verzeichnisse sowie die ihm amtlich übergebenen Urkunden und Wertgegenstände einem anderen Notar im Bezirk desselben oder eines benachbarten Amtsgerichts in seinem Amtsbezirk oder der Notarkammer, in deren Bezirk er seinen Amtssitz hat, in Verwahrung geben. [2] § 51a gilt entsprechend. [3] Die Verwahrung durch einen anderen Notar ist der Notarkammer und der Aufsichtsbehörde mitzuteilen. [4] Die Verwahrung durch die Notarkammer ist der Aufsichtsbehörde mitzuteilen.

(2) Der Notar oder die Notarkammer, dem oder der die Akten und Verzeichnisse in Verwahrung gegeben sind, hat an Stelle des abwesenden oder verhinderten Notars Ausfertigungen und Abschriften zu erteilen und Einsicht in die Akten zu gewähren.

(3) [1] Hat der Notar für die Dauer seiner Abwesenheit oder Verhinderung seine Akten und Verzeichnisse nicht nach Absatz 1 in Verwahrung gegeben und wird die Erteilung einer Ausfertigung oder Abschrift aus den Akten oder die Einsicht in die Akten verlangt, so hat die Notarkammer, in deren Bezirk der Notar seinen Amtssitz hat, die Akten und Verzeichnisse in Verwahrung zu nehmen und die beantragte Amtshandlung vorzunehmen. [2] § 51a Absatz 1 und 3 gilt entsprechend.

(4) [1] Der Notar, der die Akten und Verzeichnisse in Verwahrung hat, erteilt die Ausfertigungen und beglaubigten Abschriften mit seiner Unterschrift und unter seinem Siegel oder Stempel. [2] Dies gilt entsprechend für die Notarkammer, die die Akten und Verzeichnisse in Verwahrung hat. [3] Im Ausfertigungsvermerk soll auf die Abwesenheit oder Verhinderung des Notars hingewiesen werden.

(5) [1] Werden die Akten und Verzeichnisse durch einen anderen Notar verwahrt, stehen diesem die Kosten für die Erteilung von Ausfertigungen oder Abschriften zu. [2] Werden die Akten und Verzeichnisse durch die Notarkammer verwahrt,

---

1) § 42 Satz 2 aufgeh. durch G v. 29.1.1991 (BGBl. I S. 150); geänd. mWv 1.8.2021 durch G v. 25.6.2021 (BGBl. I S. 2154).

2) § 43 geänd. mWv 1.8.2021 durch G v. 25.6.2021 (BGBl. I S. 2154).

3) § 44 Abs. 1 Satz 1, Abs. 2 geänd. mWv 1.8.2021 durch G v. 25.6.2021 (BGBl. I S. 2154).

4) § 45 neu gef. mWv 1.1.2022 durch G v. 1.6.2017 (BGBl. I S. 1396); Abs. 1 Satz 1, Abs. 3 Satz 2 geänd. mWv 1.1.2022 durch G v. 25.6.2021 (BGBl. I S. 2154).

stehen dieser die Kosten für die Erteilung von Ausfertigungen oder Abschriften zu; die Vorschriften des Gerichts- und Notarkostengesetzes[1] für den Notar, dem die Kosten für seine Tätigkeit selbst zufließen, gelten entsprechend.

§ 46[2] Amtspflichtverletzung der Vertretung. [1] Für eine Amtspflichtverletzung der Vertretung haftet der Notar den Geschädigten neben der Vertretung gesamtschuldnerisch. [2] Im Verhältnis zwischen dem Notar und der Vertretung ist der Notar allein verpflichtet. [3] Satz 2 gilt nicht, wenn die Vertretung die Amtspflichtverletzung vorsätzlich oder grob fahrlässig begangen hat; in diesem Fall ist sie im Verhältnis zum Notar allein verpflichtet.

Abschnitt 6.[3] Erlöschen des Amtes; vorläufige Amtsenthebung; Notariatsverwalter

§ 47[4] Erlöschen des Amtes. Das Amt des Notars erlischt durch

1. Entlassung aus dem Amt (§ 48),
2. Erreichen der Altersgrenze (§ 48a) oder Tod,
3. Amtsniederlegung (§§ 48b, 48c),
4. bestandskräftigen Wegfall der Mitgliedschaft in einer Rechtsanwaltskammer im Fall des § 3 Absatz 2,
5. rechtskräftige strafgerichtliche Verurteilung, die einen Amtsverlust (§ 49) zur Folge hat,
6. bestandskräftige Amtsenthebung (§ 50),
7. rechtskräftiges disziplinargerichtliches Urteil, in dem auf Entfernung aus dem Amt (§ 97 Absatz 1 Satz 1 Nummer 3, Absatz 3) erkannt worden ist.

§ 48[5] Entlassung. [1] Der Notar kann jederzeit seine Entlassung aus dem Amt verlangen. [2] Das Verlangen muß der Landesjustizverwaltung schriftlich erklärt werden. [3] Es kann, solange die Entlassungsverfügung noch nicht zugegangen ist, innerhalb von zwei Wochen nach Zugang bei der Landesjustizverwaltung zurückgenommen werden, mit Zustimmung der zuständigen Behörde auch nach Ablauf dieser Frist. [4] Die Entlassung ist von der Landesjustizverwaltung für den beantragten Zeitpunkt auszusprechen.

§ 48a[6] Altersgrenze. Die Notare erreichen mit dem Ende des Monats, in dem sie das siebzigste Lebensjahr vollenden, die Altersgrenze.

§ 48b[7] Amtsniederlegung zum Zweck der Betreuung oder Pflege.

(1) [1] Wer als Notar ein Kind unter 18 Jahren oder einen nachweislich pflegebedürftigen nahen Angehörigen (§ 7 Absatz 3 des Pflegezeitgesetzes) tatsächlich betreut oder pflegt, kann sein Amt mit Genehmigung der Aufsichtsbehörde niederlegen. [2] Beabsichtigt eine schwangere Notarin, ihr Amt nach Satz 1 niederzulegen, so kann sich die Zeit der Amtsniederlegung auch auf den Zeitraum nach

---

[1] **Habersack, Deutsche Gesetze Nr. 119.**
[2] § 46 neu gef. mWv 1.8.2021 durch G v. 25.6.2021 (BGBl. I S. 2154).
[3] Abschnitt 6 Überschrift geänd. mWv 1.9.2009 durch G v. 30.7.2009 (BGBl. I S. 2449).
[4] § 47 neu gef. mWv 18.5.2017 durch G v. 12.5.2017 (BGBl. I S. 1121); Nr. 3 geänd. mWv 1.8.2021 durch G v. 25.6.2021 (BGBl. I S. 2154).
[5] § 48 Satz 3 eingef., bish. Satz 3 wird Satz 4 mWv 1.8.2021 durch G v. 25.6 2021 (BGBl. I S. 2154).
[6] § 48a eingef. durch G v. 29.1.1991 (BGBl. I S. 150).
[7] § 48b neu gef. mWv 1.8.2021 durch G v. 25.6.2021 (BGBl. I S. 2154).

§ 3 Absatz 1 des Mutterschutzgesetzes[1] erstrecken. [3] Soweit möglich soll ein Antrag auf Amtsniederlegung sechs Monate im Voraus und unter Angabe des voraussichtlichen Zeitraums der Amtsniederlegung gestellt werden. [4] Die Gesamtdauer einer oder mehrerer Amtsniederlegungen darf zwölf Jahre nicht überschreiten.

(2) [1] Erklärt der Notar in dem Antrag auf Amtsniederlegung, sein Amt innerhalb von drei Jahren am bisherigen Amtssitz wieder antreten zu wollen, so wird er innerhalb dieser Frist dort erneut bestellt. [2] § 97 Absatz 3 Satz 2 gilt entsprechend. [3] Die Gesamtdauer einer oder mehrerer Amtsniederlegungen, die im Rahmen des Satzes 1 erfolgen, ist auf drei Jahre begrenzt, soweit nicht ausnahmsweise eine längere Dauer genehmigt wird.

(3) [1] Bei der Entscheidung über die Genehmigung sind die Belange der geordneten Rechtspflege zu berücksichtigen. [2] Die Genehmigung kann mit Ausnahme eines Widerrufsvorbehalts mit Nebenbestimmungen verbunden werden. [3] Die Notarkammer ist vor der Entscheidung anzuhören. [4] Bestehen Anhaltspunkte dafür, dass der Fall des § 56 Absatz 3 Satz 2 eintreten kann, so ist der Notar darauf hinzuweisen.

(4) [1] Fallen die Voraussetzungen nach Absatz 1 Satz 1 oder 2 weg, hat der Notar dies der Aufsichtsbehörde unverzüglich mitzuteilen. [2] Bemüht sich der Notar nach einem Wegfall der Voraussetzungen nicht in zumutbarer Weise um eine erneute Bestellung, so verliert er die Ansprüche nach Absatz 2 Satz 1 und Absatz 5.

(5) Bewirbt sich ein Notar nach einer Amtsniederlegung zum Zweck der Betreuung oder Pflege um eine erneute Bestellung, die nicht nach Absatz 2 Satz 1 erfolgt, so ist bei der Auswahl unter mehreren geeigneten Personen zu seinen Gunsten zu berücksichtigen, dass er bereits ein notarielles Amt ausgeübt und dieses genehmigt niedergelegt hat.

§ 48c[2] Amtsniederlegung aus gesundheitlichen Gründen. (1) Der Notar kann sein Amt mit Genehmigung der Aufsichtsbehörde niederlegen, wenn ärztlich bescheinigt ist, dass

1. er aus gesundheitlichen Gründen unfähig ist, sein Amt ordnungsgemäß auszuüben, jedoch die Aussicht besteht, dass er die erforderliche Fähigkeit innerhalb eines Jahres wiedererlangt, oder
2. eine Amtsniederlegung von höchstens einem Jahr angezeigt ist, um eine aus gesundheitlichen Gründen drohende Unfähigkeit zur ordnungsgemäßen Amtsausübung zu verhindern.

(2) [1] Im Fall des Absatzes 1 Nummer 1 soll die ärztliche Bescheinigung Angaben dazu enthalten, wann die Fähigkeit voraussichtlich wiedererlangt sein wird. [2] Im Fall des Absatzes 1 Nummer 2 soll sie Angaben dazu enthalten, welche Dauer der Amtsniederlegung angezeigt ist. [3] Sofern es aus ärztlicher Sicht angezeigt sein könnte, die Genehmigung mit Befristungen, Bedingungen oder Auflagen zu versehen, soll die Bescheinigung auch dazu Angaben enthalten. [4] Die Aufsichtsbehörde kann die Vorlage einer amtsärztlichen Bescheinigung verlangen.

(3) [1] Erklärt der Notar in dem Antrag auf Amtsniederlegung, sein Amt nach dem Wegfall des Anlasses nach Absatz 1 Satz 1 am bisherigen Amtssitz wieder antreten zu wollen, so wird er innerhalb eines Jahres dort erneut bestellt. [2] Die *Dauer* einer Amtsniederlegung nach Satz 1 ist auf die Gesamtdauer nach § 48b

[1] Nr. **79**.
[2] § 48c neu gef. mWv 1.8.2021 durch G v. 25.6.2021 (BGBl. I S. 2154).

Absatz 1 Satz 4 anzurechnen. [3] Im Übrigen gilt für eine Amtsniederlegung nach Absatz 1 § 48b Absatz 2 Satz 2 und 3 und Absatz 3 bis 5 entsprechend.

§ 49[1)] Strafgerichtliche Verurteilung. Eine strafgerichtliche Verurteilung führt bei einem Notar in gleicher Weise zum Amtsverlust wie bei einem Beamten nach § 24 Absatz 1 des Beamtenstatusgesetzes[2)].

§ 50[3)] Amtsenthebung. (1) Der Notar ist seines Amtes zu entheben,

1. wenn er keine Befähigung zum Richteramt besitzt;
2. wenn keine Haftpflichtversicherung nach § 19a besteht;
3. wenn er sich weigert, den in § 13 vorgeschriebenen Amtseid zu leisten;
4. wenn er ein besoldetes Amt übernimmt oder eine nach § 8 Abs. 3 genehmigungspflichtige Tätigkeit ausübt und die Zulassung nach § 8 Abs. 1 Satz 2 oder die nach § 8 Abs. 3 erforderliche Genehmigung im Zeitpunkt der Entschließung der Landesjustizverwaltung über die Amtsenthebung nicht vorliegen;
5. wenn er entgegen § 8 Abs. 2 eine weitere berufliche Tätigkeit ausübt oder sich entgegen § 9 Absatz 1 oder 2 mit anderen Personen zur gemeinsamen Berufsausübung verbunden oder mit ihnen gemeinsame Geschäftsräume hat;
6. wenn er in Vermögensverfall geraten ist; ein Vermögensverfall wird vermutet, wenn ein Insolvenzverfahren über das Vermögen des Notars eröffnet oder der Notar in das Schuldnerverzeichnis (§ 882b der Zivilprozessordnung[4)]) eingetragen ist;
7. wenn er aus gesundheitlichen Gründen nicht nur vorübergehend unfähig ist, sein Amt ordnungsgemäß auszuüben;
8. wenn seine wirtschaftlichen Verhältnisse, seine Art der Wirtschaftsführung oder seine Art der Durchführung von Verwahrungsgeschäften die Interessen der Rechtsuchenden gefährden;
9. wenn er wiederholt grob gegen
   a) Mitwirkungsverbote gemäß § 3 Absatz 1 des Beurkundungsgesetzes[5)] oder
   b) Amtspflichten gemäß § 17 Absatz 2a Satz 2 Nummer 2 des Beurkundungsgesetzes

   verstößt.

(2) Der Notar ist in der Regel seines Amtes zu entheben, wenn

1. bei der Bestellung nicht bekannt war, dass er sich eines Verhaltens schuldig gemacht hatte, das ihn unwürdig erscheinen ließ, das notarielle Amt auszuüben,

---

[1)] § 49 neu gef. mWv 1.8.2021 durch G v. 25.6.2021 (BGBl. I S. 2154).

[2)] **Sartorius Nr. 150.**

[3)] § 50 Abs. 1 Nr. 8 angef. durch G v. 7.8.1981 (BGBl. I S. 803); Abs. 1 Nr. 6 neu gef. und Abs. 4 angef. *durch G v. 29.1.1991 (BGBl. I S. 150); Abs. 3 Satz 3* geänd., Abs. 1 Nr. 5 neu gef. durch G v. 5.10.1994 (BGBl. I S. 2911); Abs. 3 Satz 3, Abs. 4 Satz 1 geänd., Abs. 1 Nr. 4, neue Nr. 8 neu gef., Nr. 5, 9 eingef., bish. Nr. 5–7 werden Nr. 6–8, bish. Nr. 8 wird Nr. 10 durch G v. 31.8.1998 (BGBl. I S. 2585); Abs. 1 und Abs. 3 Satz 3 geänd. durch G v. 19.12.1998 (BGBl. I S. 3836); Abs. 1 Nr. 7 neu gef. mWv 1.5.2002 durch G v. 27.4.2002 (BGBl. I S. 1467); Abs. 1 Nr. 6 geänd. mWv 1.1.2013 durch G v. 29.7.2009 (BGBl. I S. 2258); Abs. 3 neu gef., Abs. 4 Sätze 1 und 2 geänd. mWv 1.9.2009 durch G v. 30.7.2009 (BGBl. I S. 2449); Abs. 1 Nr. 9 neu gef. mWv 1.10.2013 durch G v. 15.7.2013 (BGBl. I S. 2378); Abs. 1 Nr. 1 und 2 neu gef., Nr. 5, 6, 8, 9 Buchst. b und abschl. Satzteil geänd., Nr. 10 aufgeh., Abs. 2 und 4 neu gef. mWv 1.8.2021 durch G v. 25.6.2021 (BGBl. I S. 2154).

[4)] **Habersack, Deutsche Gesetze Nr. 100.**

[5)] **Habersack, Deutsche Gesetze Nr. 23.**

2. die Bestellung durch Zwang, arglistige Täuschung oder Bestechung herbeigeführt wurde oder
3. die Bestellung durch eine unzuständige Behörde erfolgt ist und von der zuständigen Behörde nicht bestätigt wurde.

(3) [1] Für die Amtsenthebung ist die Landesjustizverwaltung zuständig. [2] Sie entscheidet nach Anhörung der Notarkammer.

(4) Für die auf eine Amtsenthebung nach Absatz 1 Nummer 7 gerichteten Verfahren gilt § 5 Absatz 3 entsprechend.

§ 51[1)] Verwahrung bei Erlöschen des Amtes oder Verlegung des Amtssitzes. (1) [1] Ist das Amt eines Notars erloschen oder ändert sich auf Grund der Verlegung seines Amtssitzes sein Amtsbereich, ist für die Verwahrung seiner Akten und Verzeichnisse sowie der ihm amtlich übergebenen Urkunden und Wertgegenstände die Notarkammer zuständig, in deren Bezirk sich der Amtssitz des Notars befunden hat. [2] Die Landesjustizverwaltung kann die Zuständigkeit für die Verwahrung einer anderen Notarkammer oder einem Notar übertragen. [3] § 35 Absatz 1 und § 45 Absatz 2, 4 und 5 gelten entsprechend. [4] Mehrere Notarkammern können sich zur gemeinsamen Aufbewahrung von Akten und Verzeichnissen zusammenschließen; die eigene Verfügungsgewalt der Notarkammer muss gewahrt bleiben. [5] Die gemeinsame Aufbewahrung ist der Landesjustizverwaltung mitzuteilen.

(2) Die Siegel und Stempel des Notars hat der Präsident des Landgerichts zu vernichten, in dessen Bezirk sich der Amtssitz des Notars befunden hat.

(3) [1] Wird ein Notar nach dem Erlöschen seines Amtes oder der Verlegung seines Amtssitzes erneut zum Notar bestellt und ihm als Amtssitz ein Ort innerhalb seines früheren Amtsbereichs zugewiesen, kann die Landesjustizverwaltung ihm die Zuständigkeit für die Verwahrung wieder übertragen. [2] Die Akten, Verzeichnisse, amtlich übergebenen Urkunden und Wertgegenstände sind dem Notar von der Stelle zu übergeben, in deren Verwahrung sie sich zuletzt befunden haben. [3] § 51a gilt mit Ausnahme von Absatz 1 Satz 2 entsprechend.

(4) [1] Wird der Amtssitz eines Notars innerhalb derselben Stadtgemeinde verlegt, bleibt der Notar für die Verwahrung auch dann zuständig, wenn sich dadurch der Amtsbereich ändert. [2] Die Siegel und Stempel sind nicht abzuliefern.

(5) [1] Die Abgabe von Akten und Verzeichnissen, deren Aufbewahrungsfrist noch nicht abgelaufen ist, an ein öffentliches Archiv regelt die Landesjustizverwaltung. [2] Eine Abgabe nach Satz 1 lässt die über die Aufbewahrung hinausgehenden Zuständigkeiten der die Akten und Verzeichnisse verwahrenden Stelle unberührt. [3] Die Einsicht in notarielle Urkunden und Verzeichnisse, die nach Satz 1 abgegeben wurden, bestimmt sich ausschließlich nach den §§ 18a bis 18d dieses Gesetzes sowie nach § 51 Absatz 3 des Beurkundungsgesetzes[2)].

§ 51a[3)] Ablieferung verwahrter Gegenstände. (1) [1] In den Fällen des § 51 Absatz 1 ist der Notar verpflichtet, die Akten und Verzeichnisse sowie die ihm amtlich übergebenen Urkunden und Wertgegenstände bei der für die Verwahrung zuständigen Stelle abzuliefern und ihr den Zugang zu den elektronisch geführten

---

[1)] § 51 neu gef. mWv 1.1.2022 durch G v. 1.6.2017 (BGBl. I S. 1396); Abs. 1 Sätze 4 und 5 geänd., *Abs. 5 angef. mWv 1.1.2022 durch G v. 25.6.2021* (BGBl. I S. 2154).

[2)] **Habersack, Deutsche Gesetze Nr. 23.**

[3)] § 51a eingef. mWv 1.1.2022 durch G v. 1.6.2017 (BGBl. I S. 1396); Abs. 2 Satz 3 neu gef., Abs. 3 aufgeh., bish. Abs. 4 wird Abs. 3 mWv 1.1.2022 durch G v. 25.6.2021 (BGBl. I S. 2154).

Akten und Verzeichnissen zu ermöglichen. [2]Stempel und Siegel hat der Notar bei dem Präsidenten des Landgerichts abzuliefern. [3]Die Aufsichtsbehörde kann die Ablieferung der in den Sätzen 1 und 2 genannten Gegenstände anordnen. [4]Widerspruch und Anfechtungsklage gegen die Anordnung der Ablieferung haben keine aufschiebende Wirkung.

(2) [1]Die Ablieferung der Akten und Verzeichnisse sowie der amtlich übergebenen Urkunden und Wertgegenstände nach Absatz 1 Satz 1 hat geordnet und in einem zur Aufbewahrung geeigneten Zustand zu erfolgen. [2]Liefert der Notar Akten, Verzeichnisse und die ihm amtlich übergebenen Urkunden oder Wertgegenstände nicht in einem geordneten und zur Aufbewahrung geeigneten Zustand ab, so kann die zuständige Stelle diese auf Kosten des Notars einem geordneten und zur Aufbewahrung geeigneten Zustand zuführen. [3]Satz 2 gilt entsprechend für die Vernichtung oder Löschung von Akten und Verzeichnissen, deren Aufbewahrungsfrist bereits vor dem Übergang der Verwahrungszuständigkeit abgelaufen war.

(3) Die für die Verwahrung zuständige Stelle ist nicht verpflichtet, die Vollständigkeit der abgelieferten Akten und Verzeichnisse sowie der dem Notar amtlich übergebenen Urkunden zu überprüfen.

§ 52[1)] Weiterführung der Amtsbezeichnung. (1) [1]Mit dem Erlöschen des Amtes erlischt die Befugnis, die Amtsbezeichnung „Notarin" oder „Notar" zu führen. [2]Die Amtsbezeichnung darf auch nicht mit einem auf das Erlöschen des Amtes hinweisenden Zusatz geführt werden.

(2) [1]Ist das Amt eines Notars aus den in § 47 Nummer 1 bis 4 bezeichneten Gründen mit Ausnahme des Todes oder durch Amtsenthebung aus den in § 50 Absatz 1 Nummer 7 bezeichneten Gründen erloschen, so kann die Landesjustizverwaltung dem früheren Notar die Erlaubnis erteilen, seine Amtsbezeichnung mit dem Zusatz „außer Dienst" weiterzuführen, der auch „a. D." abgekürzt werden kann. [2]Einem Anwaltsnotar darf diese Erlaubnis nur erteilt werden, wenn er weiterhin seine anwaltliche Berufsbezeichnung führen darf.

(3) [1]Die Landesjustizverwaltung kann die Erlaubnis zum Führen der Bezeichnung „Notarin außer Dienst" oder „Notar außer Dienst" zurücknehmen oder widerrufen, wenn nachträglich Umstände bekannt werden oder eintreten, die bei einem Notar das Erlöschen des Amtes aus den in § 47 Nummer 5 bis 7 bezeichneten Gründen nach sich ziehen würden. [2]Ausgenommen hiervon ist eine Rücknahme oder ein Widerruf aus den in § 50 Absatz 1 Nummer 7 bezeichneten Gründen. [3]Bei einem Anwaltsnotar erlischt die Erlaubnis zum Führen der Bezeichnung zudem, wenn er seine anwaltliche Berufsbezeichnung nicht mehr führen darf. [4]Ist die Erlaubnis nach Satz 3 erloschen, kann sie wieder erteilt werden, wenn die anwaltliche Berufsbezeichnung wieder geführt werden darf.

§ 53[2)] Übernahme von Räumen oder Angestellten des ausgeschiedenen Notars. (1) [1]Ist das Amt eines hauptberuflichen Notars erloschen oder ist sein Amtssitz verlegt worden, so bedarf ein anderer an dem Amtssitz bereits ansässiger Notar der Genehmigung der Landesjustizverwaltung, wenn er seine Geschäftsstelle in Räume des ausgeschiedenen Notars verlegen oder Angestellte, die in einem besonderen Vertrauensverhältnis zu dem ausgeschiedenen Notar standen, in seine

[1)] § 52 neu gef. mWv 1.8.2021 durch G v. 25.6.2021 (BGBl. I S. 2154).

[2)] § 53 Abs. 1 Satz 2 angef. durch G v. 31.8.1998 (BGBl. I S. 2585); Abs. 1 Satz 1 geänd. mWv 1.8.2021 durch G v. 25.6.2021 (BGBl. I S. 2154).

Geschäftsstelle übernehmen will. ²Die Genehmigung darf nur versagt werden, wenn dies im Interesse der Rechtspflege geboten ist.

(2) Die Gültigkeit der aus Anlaß der Übernahme oder Anstellung abgeschlossenen Rechtsgeschäfte wird durch einen Verstoß gegen die Vorschrift des Absatzes 1 nicht berührt.

§ 54[1] Vorläufige Amtsenthebung. (1) ¹Der Notar kann von der Aufsichtsbehörde vorläufig seines Amtes enthoben werden,

1. wenn das Betreuungsgericht der Aufsichtsbehörde eine Mitteilung nach § 308 des Gesetzes über das Verfahren in Familiensachen und in den Angelegenheiten der freiwilligen Gerichtsbarkeit[2] gemacht hat;
2. wenn sie die Voraussetzungen des § 50 für gegeben hält;
3. wenn er sich länger als zwei Monate ohne Zustimmung der Aufsichtsbehörde außerhalb seines Amtssitzes aufhält.

²Widerspruch und Anfechtungsklage gegen die vorläufige Amtsenthebung haben keine aufschiebende Wirkung.

(2) Die Wirkungen der vorläufigen Amtsenthebung treten kraft Gesetzes ein,

1. wenn gegen einen Notar im Strafverfahren die Untersuchungshaft angeordnet ist, für deren Dauer;
2. wenn gegen einen Anwaltsnotar ein Berufs- oder Vertretungsverbot nach § 150 der Bundesrechtsanwaltsordnung[3] oder ein Vertretungsverbot für das Gebiet des Zivilrechts nach § 114 Abs. 1 Nr. 4 der Bundesrechtsanwaltsordnung verhängt ist, für dessen Dauer;
3. wenn gegen einen Anwaltsnotar die Rücknahme oder der Widerruf der Zulassung zur Rechtsanwaltschaft nach § 14 der Bundesrechtsanwaltsordnung mit sofortiger Vollziehung verfügt ist, vom Zeitpunkt der Zustellung der Verfügung an für die Dauer ihrer Wirksamkeit.

(3) Die Vorschriften über die vorläufige Amtsenthebung eines Notars nach Einleitung eines Disziplinarverfahrens bleiben unberührt.

§ 55[4] Verwahrung und Amtshandlungen bei vorläufiger Amtsenthebung. (1) ¹Ist ein Notar vorläufig seines Amtes enthoben und weder eine Notarvertretung noch ein Notariatsverwalter bestellt, so ist in diesem Zeitraum für die Verwahrung seiner Akten und Verzeichnisse sowie der ihm amtlich übergebenen Urkunden und Wertgegenstände die Notarkammer zuständig, in deren Bezirk der Notar seinen Amtssitz hat. ²Die in Papierform vorhandenen Akten und Verzeichnisse des Notars und die ihm amtlich übergebenen Urkunden und Wert-

[1] § 54 Abs. 1 Nr. 1 neu gef. durch G v. 12.9.1990 (BGBl. I S. 2002); Abs. 3 geänd. durch G v. 29.1. 1991 (BGBl. I S. 150); Abs. 2 Satz 1 geänd. durch G v. 2.9.1994 (BGBl. I S. 2278); Abs. 4 Nr. 1 und 2 geänd., Nr. 3 angef. durch G v. 31.8.1998 (BGBl. I S. 2585); Abs. 1 Nr. 1 geänd. mWv 1.9.2009 durch G v. 17.12.2008 (BGBl. I S. 2586); Abs. 2 neu gef. mWv 1.1.2010 durch G v. 17.6.2009 (BGBl. I S. 1282); Abs. 1 Satz 2 und Abs. 2 Satz 3 angef., Abs. 4 Nr. 3 geänd. mWv 1.9.2009 durch G v. 30.7.2009 (BGBl. I S. 2449); Abs. 2 Satz 3 angef. mWv 28.12.2010 durch G v. 22.12.2010 (BGBl. I S. 2248); Abs. 3 geänd. mWv 18.5.2017 durch G v. 12.5.2017 (BGBl. I S. 1121); Abs. 2 Satz 1, Abs. 3, 4 Nr. 2 und 3 geänd. mWv 1.8.2021 durch G v. 25.6.2021 (BGBl. I S. 2154); Abs. 2 und 3 aufgeh., bish. Abs. 4 und 5 werden Abs. 2 und 3 mWv 1.8.2022 durch G v. 7.7.2021 (BGBl. I S. 2363).

[2] **Habersack, Deutsche Gesetze Nr. 112.**

[3] *Nr. 98.*

[4] § 55 Abs. 2 Satz 3 angef. durch G v. 7.8.1981 (BGBl. I S. 803); Abs. 1 neu gef., Abs. 2 eingef., bish. Abs. 2 wird Abs. 3 mWv 1.1.2022 durch G v. 1.6.2017 (BGBl. I S. 1396); Abs. 1 Satz 1 geänd. mWv 1.8. 2021, Sätze 1 und 3 geänd. mWv 1.1.2022 durch G v. 25.6.2021 (BGBl. I S. 2154).

gegenstände sowie Siegel, Stempel und Amtsschild sind von der Notarkammer für die Dauer der vorläufigen Amtsenthebung in Verwahrung zu nehmen. [3] § 45 Absatz 1 Satz 4, Absatz 2, 4 und 5 und § 51a Absatz 3 gelten entsprechend.

(2) [1] Ein vorläufig des Amtes enthobener Notar ist verpflichtet, seine Akten, Verzeichnisse, die ihm amtlich übergebenen Urkunden und Wertgegenstände sowie Stempel und Siegel an die Notarkammer herauszugeben. [2] Die Aufsichtsbehörde kann die Herausgabe der in Satz 1 genannten Gegenstände anordnen. [3] Widerspruch und Anfechtungsklage gegen die Anordnung der Herausgabe haben keine aufschiebende Wirkung.

(3) [1] Der Notar hat sich während der Dauer der vorläufigen Amtsenthebung jeder Amtshandlung zu enthalten. [2] Ein Verstoß berührt jedoch die Gültigkeit der Amtshandlung nicht. [3] Amtsgeschäfte nach § 23 kann der Notar nicht mehr vornehmen.

§ 56[1)] Notariatsverwalter. (1) [1] Ist das Amt eines hauptberuflichen Notars erloschen oder sein Amtssitz verlegt worden, so hat die Aufsichtsbehörde in der Regel an seiner Stelle einen Notariatsverwalter damit zu betrauen, das Amt des Notars vorübergehend wahrzunehmen. [2] Soll im Fall des Satzes 1 die Notarstelle nicht erneut ausgeschrieben werden, gilt Absatz 2 entsprechend.

(2) [1] Ist ein Anwaltsnotar durch Erlöschen des Amtes ausgeschieden, so kann an seiner Stelle zur Abwicklung der Notariatsgeschäfte bis zur Dauer eines Jahres ein Notariatsverwalter bestellt werden, wenn hierfür ein Bedürfnis besteht. [2] In begründeten Ausnahmefällen kann diese Frist über ein Jahr hinaus verlängert werden. [3] Ein nach Satz 1 bestellter Notariatsverwalter ist nur innerhalb der ersten drei Monate berechtigt, auch neue Notariatsgeschäfte vorzunehmen.

(3) [1] Hat ein Notar sein Amt im Rahmen des § 48b Absatz 2 Satz 1 oder des § 48c Absatz 3 Satz 1 niedergelegt, so ist für die Dauer der Amtsniederlegung ein Notariatsverwalter zu bestellen. [2] Sofern während der Dauer der Amtsniederlegung kein geeigneter Notariatsverwalter mehr zur Verfügung steht, kann der frühere Notar aufgefordert werden, vorzeitig seine erneute Bestellung zu beantragen. [3] Kommt er dem nicht nach, verliert er seinen Anspruch aus § 48b Absatz 2 Satz 1 oder § 48c Absatz 3 Satz 1.

(4) In den Fällen des § 39 Absatz 2 kann statt einer Notarvertretung ein Notariatsverwalter bestellt werden, wenn die Bestellung einer Notarvertretung nicht zweckmäßig erscheint.

(5) [1] Übt im Fall des § 8 Absatz 1 Satz 2 ein Notar sein Amt nicht persönlich aus, so gilt bei einem hauptberuflichen Notar Absatz 1 entsprechend. [2] Bei einem Anwaltsnotar kann ein Notariatsverwalter bestellt werden.

(6) [1] Zum Notariatsverwalter darf nur bestellt werden, wer im Sinne des § 5 Absatz 1 und 2 persönlich und im Sinne des § 5 Absatz 5 fachlich geeignet ist. [2] *Notarassessoren sind verpflichtet*, das Amt eines Notariatsverwalters zu übernehmen.

(7) Die Bestellung eines Notariatsverwalters kann vorzeitig widerrufen werden, wenn hierfür ein wichtiger Grund vorliegt.

[1)] § 56 neu gef. mWv 1.8.2021 durch G v. 25.6.2021 (BGBl. I S. 2154).

§ 57[1)] Amtsausübung und Bestellung des Notariatsverwalters. (1) Der Notariatsverwalter untersteht, soweit nichts anderes bestimmt ist, den für die Notare geltenden Vorschriften.

(2) [1] Der Notariatsverwalter wird von der Landesjustizverwaltung nach Anhörung der Notarkammer durch Aushändigung einer Bestellungsurkunde bestellt. [2] § 12 Absatz 2 und § 40 Absatz 2 gelten entsprechend.

§ 58[2)] Fortführung der Amtsgeschäfte; Kostenforderungen. (1) [1] Der Notariatsverwalter ist zuständig für die Verwahrung der Akten und Verzeichnisse des Notars, an dessen Stelle er bestellt ist, sowie für die Verwahrung der dem Notar amtlich übergebenen Urkunden und Wertgegenstände. [2] Sind bei der Bestellung des Notariatsverwalters bereits Akten, Verzeichnisse, amtlich übergebene Urkunden und Wertgegenstände von der Notarkammer in Verwahrung genommen, so sind sie in der Regel zurückzugeben. [3] § 51a Absatz 3 gilt entsprechend.

(2) [1] Der Notariatsverwalter führt die von dem Notar begonnenen Amtsgeschäfte fort. [2] Die Kostenforderungen stehen dem Notariatsverwalter zu, soweit sie nach Übernahme der Geschäfte durch ihn fällig werden. [3] Er muß sich jedoch im Verhältnis zum Kostenschuldner die vor der Übernahme der Geschäfte an den Notar gezahlten Vorschüsse anrechnen lassen.

(3) [1] Soweit die Kostenforderungen dem ausgeschiedenen Notar oder dessen Rechtsnachfolger zustehen, erteilt der Notariatsverwalter die vollstreckbare Ausfertigung der Kostenberechnung (§ 89 des Gerichts- und Notarkostengesetzes[3)]); lehnt er die Erteilung ab, so kann der Notar oder dessen Rechtsnachfolger die Entscheidung des Landgerichts nach § 127 des Gerichts- und Notarkostengesetzes beantragen. [2] Ist dem Notar ein anderer Amtssitz zugewiesen, so bleibt er neben dem Notariatsverwalter zur Erteilung der vollstreckbaren Ausfertigung befugt. [3] Der Notariatsverwalter hat ihm Einsicht in die Akten und Verzeichnisse zu gewähren; die dadurch entstehenden Kosten trägt der Notar.

§ 59[4)] Vergütung; Abrechnung mit der Notarkammer. (1) [1] Der Notariatsverwalter führt sein Amt auf Rechnung der Notarkammer gegen eine von dieser festzusetzende angemessene Vergütung. [2] Er hat mit der Notarkammer, soweit nicht eine andere Abrede getroffen wird, monatlich abzurechnen. [3] Führt er die der Notarkammer zukommenden Beträge nicht ab, so können diese wie rückständige Beiträge beigetrieben werden.

(2) Die Notarkammer kann ein Aufrechnungs- oder Zurückbehaltungsrecht an den Bezügen des Notariatsverwalters nur insoweit geltend machen, als diese pfändbar sind oder als sie einen Anspruch auf Schadensersatz wegen vorsätzlicher unerlaubter Handlung hat.

(3) [1] Die Notarkammer kann allgemein oder im Einzelfall eine von Absatz 1 Satz 1 und 2 abweichende Regelung treffen. [2] Absatz 2 ist in diesem Fall nicht anwendbar.

[1)] § 57 Abs. 1 und 2, Abs. 2 Satz 1 geänd. durch G v. 31.8.1998 (BGBl. I S. 2585); Abs. 2 Satz 1 geänd., Satz 2 neu gef., Satz 3 aufgeh. mWv 1.8.2021 durch G v. 25.6.2021 (BGBl. I S. 2154).

[2)] § 58 Abs. 1–3 geänd. durch G v. 31.8.1998 (BGBl. I S. 2585); Abs. 3 Satz 1 geänd. mWv 1.9.2009 durch G v. 17.12.2008 (BGBl. I S. 2586); Abs. 3 Satz 1 geänd. mWv 1.8.2013 durch G v. 23.7.2013 (BGBl. I S. 2586); Abs. 1 neu gef., Abs. 3 Satz 3 geänd. mWv 1.1.2022 durch G v. 1.6.2017 (BGBl. I S. 1396); Abs. 1 Satz 3 geänd. mWv 1.1.2022 durch G v. 25.6.2021 (BGBl. I S. 2154).

[3)] **Habersack, Deutsche Gesetze Nr. 119.**

[4)] § 59 Abs. 1–3 geänd. durch G v. 31.8.1998 (BGBl. I S. 2585).

§ 60[1] **Überschüsse aus Notariatsverwaltungen.** (1) Die Überschüsse aus den auf Rechnung der Notarkammer durchgeführten Notariatsverwaltungen müssen vorrangig zugunsten der Fürsorge für die Berufsangehörigen und ihre Hinterbliebenen verwendet werden.

(2) [1] Verbleibende Überschüsse sind, soweit Versorgungseinrichtungen nach § 67 Abs. 4 Nr. 2 eingerichtet sind, diesen zuzuwenden. [2] Bestehen Versorgungseinrichtungen nicht, fließen verbleibende Überschüsse der Notarkammer zu.

§ 61[2] **Amtspflichtverletzung des Notariatsverwalters.** (1) [1] Für eine Amtspflichtverletzung des Notariatsverwalters haftet die Notarkammer dem Geschädigten neben dem Notariatsverwalter als Gesamtschuldner; im Verhältnis zwischen der Notarkammer und dem Notariatsverwalter ist dieser allein verpflichtet. [2] Das gleiche gilt, soweit der Notariatsverwalter nach § 46 oder § 19 Abs. 2 für Amtspflichtverletzungen einer Notarvertretung oder eines Notarassessors haftet. [3] § 19 Abs. 1 Satz 2 und 3 ist entsprechend anwendbar. [4] Die Haftung der Notarkammer ist auf den Betrag der Mindestversicherungssummen von nach Absatz 2 abzuschließenden Versicherungen beschränkt.

(2) [1] Die Notarkammer hat sich und den Notariatsverwalter gegen Verluste aus der Haftung nach Absatz 1 durch Abschluß von Versicherungen zu sichern, die den in §§ 19a und 67 Abs. 3 Nr. 3 gestellten Anforderungen genügen müssen. [2] Die Ansprüche aus der Haftpflichtversicherung soll auch der Notariatsverwalter im eigenen Namen geltend machen können.

(3) Eine Haftung des Staates für Amtspflichtverletzungen des Notariatsverwalters besteht nicht.

§ 62[3] **Zuständigkeit für Streitigkeiten zwischen Notarkammer und Notariatsverwaltung.** Für vermögensrechtliche Streitigkeiten zwischen der Notarkammer und dem Notariatsverwalter, welche die Vergütung, die Abrechnung (§ 59) oder die Haftung für Amtspflichtverletzungen betreffen, sind die Landgerichte ohne Rücksicht auf den Wert des Streitgegenstandes ausschließlich zuständig.

§ 63[4] **Einsicht der Notarkammer.** (1) [1] Der Notariatsverwalter ist verpflichtet, Beauftragten der Notarkammer Einsicht in die Akten und Verzeichnisse sowie in die in seiner Verwahrung befindlichen Urkunden zu gewähren. [2] § 78i bleibt unberührt.

(2) Die Prüfungsbefugnisse der Aufsichtsbehörde bleiben unberührt.

§ 64[5] **Dauer der Amtsbefugnis des Notariatsverwalters; Kostenforderungen.** (1) [1] Das Amt eines für einen hauptberuflichen Notar nach § 56 Absatz 1

---

[1] § 60 neu gef. durch G v. 31.8.1998 (BGBl. I S. 2585).

[2] *§ 61 Abs. 2 neu gef. durch G v. 7.8.1981* (BGBl. I S. 803); Abs. 1–3 geänd., Abs. 1 Sätze 3 und 4 angef. durch G v. 31.8.1998 (BGBl. I S. 2585); Abs. 1 Satz 2 geänd. mWv 1.8.2021 durch G v. 25.6.2021 (BGBl. I S. 2154).

[3] § 62 Satz 2 aufgeh. durch G v. 29.1.1991 (BGBl. I S. 150); geänd. durch G v. 31.8.1998 (BGBl. I S. 2585).

[4] § 63 geänd. durch G v. 31.8.1998 (BGBl. I S. 2585); Abs. 1 neu gef. mWv 1.1.2022 durch G v. 1.6. 2017 (BGBl. I S. 1396); Abs. 1 Satz 1 geänd. mWv 1.1.2022 durch G v. 25.6.2021 (BGBl. I S. 2154).

[5] § 64 Abs. 1–4 geänd. durch G v. 31.8.1998 (BGBl. I S. 2585); Abs. 4 Satz 2 geänd. mWv 1.8.2013 durch G v. 23.7.2013 (BGBl. I S. 2586); Abs. 3 Satz 1 geänd. mWv 1.1.2022 durch G v. 1.6.2017 (BGBl. I S. 1396); Abs. 1 und 2 neu gef., Abs. 3 Satz 1 geänd. mWv 1.8.2021 durch G v. 25.6.2021 (BGBl. I S. 2154).

Satz 1, Absatz 3 Satz 1 oder Absatz 5 Satz 1 bestellten Notariatsverwalters endet, wenn

1. ein neuer Notar bestellt worden ist,
2. der Notar, der sein Amt im Rahmen des § 48b Absatz 2 Satz 1 oder des § 48c Absatz 3 Satz 1 niedergelegt hatte, erneut bestellt worden ist oder
3. der vorläufig seines Amtes enthobene oder nach § 8 Absatz 1 Satz 2 an der persönlichen Amtsausübung verhinderte Notar sein Amt wieder übernommen hat.

[2] Im Fall des Satzes 1 dauert die Amtsbefugnis des Notariatsverwalters fort, bis ihm die Beendigung des Amtes von der Landesjustizverwaltung mitgeteilt wurde. [3] Das Amt eines für einen hauptberuflichen Notar nach § 56 Absatz 1 Satz 2 bestellten Notariatsverwalters endet mit Ablauf des Zeitraums, für den er bestellt ist.

(2) [1] Das Amt eines für einen Anwaltsnotar nach § 56 Absatz 2 Satz 1, Absatz 3 Satz 1 oder Absatz 5 Satz 2 bestellten Notariatsverwalters endet mit Ablauf des Zeitraums, für den er bestellt ist. [2] Das Amt endet zudem in den in Absatz 1 Satz 1 Nummer 2 und 3 genannten Fällen; in diesem Fall gilt Absatz 1 Satz 2 entsprechend.

(3) [1] Übernimmt in den in Absatz 1 Satz 1 Nummer 2 und 3 und Absatz 2 Satz 2 genannten Fällen der frühere Notar das Amt wieder oder wird dem neu bestellten Notar gemäß § 51 Abs. 1 Satz 2 die Verwahrung der Akten, Verzeichnisse, amtlich übergebenen Urkunden und Wertgegenstände übertragen, so führt der Notar die von dem Notariatsverwalter begonnenen Amtsgeschäfte fort. [2] Die nach Übernahme des Amtes durch den Notar fällig werdenden Kostenforderungen stehen diesem zu. [3] Er muß sich jedoch im Verhältnis zum Kostenschuldner die vor der Übernahme des Amtes an den Notariatsverwalter gezahlten Vorschüsse anrechnen lassen.

(4) [1] Die dem Notariatsverwalter zustehenden Kostenforderungen werden nach der Beendigung seines Amtes von der Notarkammer im eigenen Namen eingezogen. [2] Die §§ 19, 88 bis 90 und 127 des Gerichts- und Notarkostengesetzes[1] gelten entsprechend. [3] Die Notarkammer kann den neu bestellten oder wieder in sein Amt eingesetzten Notar damit beauftragen, die ausstehenden Forderungen auf ihre Kosten einzuziehen.

Abschnitt 7.[2] Allgemeine Vorschriften für das Verwaltungsverfahren

§ 64a[3] Anwendbarkeit der Verwaltungsverfahrensgesetze. Für Verwaltungsverfahren nach diesem Gesetz oder nach einer auf Grund dieses Gesetzes erlassenen Rechtsverordnung gelten, soweit nichts anderes bestimmt ist, für Behörden des Bundes das Verwaltungsverfahrensgesetz[4] des Bundes und für Behörden der Länder die Verwaltungsverfahrensgesetze der Länder.

§ 64b[5] Bestellung eines Vertreters. Wird in einem nach diesem Gesetz geführten Verwaltungsverfahren für den Notar ein Vertreter bestellt, soll ein Rechtsanwalt oder Notar bestellt werden.

---

[1] **Habersack, Deutsche Gesetze Nr. 119.**
[2] *Abschnitt 7 (§ 64a) eingef. durch G v. 29.1.1991 (BGBl. I S. 150).*
[3] § 64a neu gef. mWv 1.8.2022 durch G v. 7.7.2021 (BGBl. I S. 2363).
[4] **Sartorius Nr. 100.**
[5] § 64b eingef. mWv 1.8.2021 durch G v. 25.6.2021 (BGBl. I S. 2154).

§ 64c[1)] Ersetzung der Schriftform. [1] Ist nach diesem Gesetz oder einer aufgrund dieses Gesetzes erlassenen Rechtsverordnung für die Abgabe einer Erklärung die Schriftform vorgeschrieben, so kann die Erklärung auch über das besondere elektronische Notarpostfach abgegeben werden, wenn Erklärender und Empfänger über ein solches verfügen. [2] Ist die Erklärung von einer natürlichen Person abzugeben, so ist das Dokument mit einer qualifizierten elektronischen Signatur der Person zu versehen oder von ihr zu signieren und selbst zu versenden. [3] Ein besonderes elektronisches Behördenpostfach steht dem besonderen elektronischen Notarpostfach im Sinne des Satzes 1 gleich.

§ 64d[2)] Übermittlung von Daten. (1) Gerichte und Behörden einschließlich der Berufskammern übermitteln der für die Entscheidung zuständigen Stelle diejenigen Daten über Personen, deren Kenntnis aus der Sicht der übermittelnden Stelle erforderlich ist für

1. die Bestellung zum Notar, seine vorläufige Amtsenthebung oder das Erlöschen seines Amtes,
2. die Bestellung zur Notarvertretung oder zum Notariatsverwalter oder deren Widerruf,
3. die Ernennung zum Notarassessor oder dessen Entlassung aus dem Dienst,
4. die Rücknahme oder den Widerruf einer Erlaubnis, Genehmigung oder Befreiung oder
5. die Einleitung oder Durchführung eines wegen einer Amtspflichtverletzung zu führenden Verfahrens.

(2) [1] Die Übermittlung unterbleibt, soweit

1. sie schutzwürdige Interessen einer betroffenen Person beeinträchtigen würde und das Informationsinteresse des Empfängers das Interesse der betroffenen Person an dem Unterbleiben der Übermittlung nicht überwiegt oder
2. besondere gesetzliche Verwendungsregelungen entgegenstehen.

[2] Satz 1 Nummer 2 gilt nicht für die Verschwiegenheitspflichten der für eine Berufskammer eines freien Berufs im Geltungsbereich dieses Gesetzes tätigen Personen und für das Steuergeheimnis nach § 30 der Abgabenordnung[3)]

Teil 2. Notarkammern und Bundesnotarkammer

Abschnitt 1. Notarkammern

§ 65[4)] Bildung; Sitz; Verordnungsermächtigung. (1) [1] Die Notare, die in einem Oberlandesgerichtsbezirk bestellt sind, bilden eine Notarkammer. [2] Die Landesregierung oder die von ihr durch Rechtsverordnung bestimmte Stelle kann jedoch durch Rechtsverordnung bestimmen, daß mehrere Oberlandesgerichtsbezirke oder Teile von Oberlandesgerichtsbezirken oder ein Oberlandesgerichtsbezirk mit Teilen eines anderen Oberlandesgerichtsbezirks den Bezirk einer Notarkammer bilden.

---

1) § 64c eingef. mWv 1.8.2021 durch G v. 25.6.2021 (BGBl. I S. 2154).
2) § 64d eingef. mWv 1.8.2022 durch G v. 7.7.2021 (BGBl. I S. 2363).
3) Nr. **88b**.
4) § 65 Abs. 1 Satz 2 geänd. mWv 18.5.2017 durch G v. 12.5.2017 (BGBl. I S. 1121).

(2) [1]Die Notarkammer hat ihren Sitz am Ort des Oberlandesgerichts. [2]Im Fall des Absatzes 1 Satz 2 bestimmt die Landesregierung oder die von ihr bestimmte Stelle den Sitz der Notarkammer.

§ 66[1)] Satzung; Aufsicht; Tätigkeitsbericht. (1) [1]Die Notarkammer ist eine Körperschaft des öffentlichen Rechts. [2]Die Satzung der Notarkammer und ihre Änderungen werden von der Kammerversammlung beschlossen; sie bedürfen der Genehmigung der Landesjustizverwaltung und sind unter Angabe des Datums ihres Inkrafttretens dauerhaft auf der Internetseite der Notarkammer zu veröffentlichen.

(2) [1]Die Landesjustizverwaltung führt die Staatsaufsicht über die Notarkammer. [2]Die Aufsicht beschränkt sich darauf, daß Gesetz und Satzung beachtet, insbesondere die der Notarkammer übertragenen Aufgaben erfüllt werden.

(3) Am Schlusse des Geschäftsjahrs legt die Notarkammer der Landesjustizverwaltung einen Bericht über ihre Tätigkeit im abgelaufenen Jahr und über die Lage der im Bereich der Notarkammer tätigen Notare und Notarassessoren vor.

§ 67[2)] Aufgaben; Verordnungsermächtigung. (1) [1]Die Notarkammer vertritt die Gesamtheit der in ihr zusammengeschlossenen Notare. [2]Sie hat für eine rechtmäßige und gewissenhafte Berufsausübung der Notare und Notarassessoren zu sorgen, die Aufsichtsbehörden bei ihrer Tätigkeit zu unterstützen, die Pflege und Anwendung des Notariatsrechts zu fördern und für das Ansehen ihrer Mitglieder einzutreten.

(2) [1]Der Notarkammer obliegt es, in Richtlinien die Amtspflichten ihrer Mitglieder im Rahmen der gesetzlichen Vorschriften und der auf deren Grundlage erlassenen Verordnungen durch Satzung näher zu bestimmen. [2]§ 66 Abs. 1 Satz 2 gilt entsprechend. [3]Die Richtlinien können nähere Regelungen enthalten:

1. zur Wahrung der Unabhängigkeit und Unparteilichkeit des Notars,
2. für das nach § 14 Abs. 3 zu beachtende Verhalten,
3. zur Wahrung fremder Vermögensinteressen,
4. zur Beachtung der Pflicht zur persönlichen Amtsausübung,
5. über die Begründung, Führung, Fortführung und Beendigung der Verbindung zur gemeinsamen Berufsausübung oder sonstiger zulässiger beruflicher Zusammenarbeit sowie zur Nutzung gemeinsamer Geschäftsräume,
6. über die Art der nach § 28 zu treffenden Vorkehrungen,
7. für das nach § 29 zu beachtende Verhalten, insbesondere in Bezug auf die Information über die Amtstätigkeit, das Auftreten in der Öffentlichkeit, die

---

[1)] § 66 Abs. 1 Satz 2 geänd. durch G v. 31.8.1998 (BGBl. I S. 2585); Abs. 1 Satz 2 und Abs. 3 geänd. mWv 18.5.2017 durch G v. 12.5.2017 (BGBl. I S. 1121); Abs. 1 Satz 2 geänd. mWv 1.8.2021 durch G v. 25.6.2021 (BGBl. I S. 2154).

[2)] § 67 Abs. 2 Nr. 3 eingef. durch G v. 7.8.1981 (BGBl. I S. 803); Abs. 3 Nr. 3 eingef. durch G v. 29.1.1991 (BGBl. I S. 150); Abs. 3 Nr. 3 Satz 2 Halbsatz 1 und Satz 3, Abs. 4 geänd., Abs. 2 eingef., Abs. 6 angef., bish. Abs. 2–4 werden Abs. 3–5, durch G v. 31.8.1998 (BGBl. I S. 2585); Abs. 3 Nr. 3 Satz 2 Halbsatz 1 geänd. mWv 1.1.2002 durch G v. 13.12.2001 (BGBl. I S. 3574); Abs. 5 eingef., bish. Abs. 5 und 6 werden Abs. 6 und 7 mWv 31.12.2006 durch G v. 22.12.2006 (BGBl. I S. 3416); Abs. 3 Nr. 3 Satz 3 geänd., Abs. 4 neu gef., Abs. 7 aufgeh. mWv 1.9.2009 durch G v. 30.7.2009 (BGBl. I S. 2449); Abs. 2 Satz 3 Nr. 7 neu gef. mWv 18.5.2017 durch G v. 12.5.2017 (BGBl. I S. 1121); Abs. 3 einl. Satzteil, Nr. 3 geänd., Nr. 4 und 5 angef., Abs. 4 Satz 2 Nr. 4 neu gef., Abs. 5 aufgeh., bish. Abs. 6 wird Abs. 5, Abs. 6 angef. mWv 9.6.2017 durch G v. 1.6.2017 (BGBl. I S. 1396); Abs. 1 Satz 2 neu gef., Abs. 2 Satz 1, Satz 3 Nr. 8 geänd., Nr. 11 neu gef., Abs. 3 Nr. 3 und 4, Abs. 4 Satz 2 Nr. 3, Abs. 6 einl. Satzteil, Nr. 1 und 2 geänd., Nr. 3 eingef., bish. Nr. 3–5 werden Nr. 4–6, neue Nr. 6 geänd. mWv 1.8.2021 durch G v. 25.6.2021 (BGBl. I S. 2154).

Geschäftspapiere, die Führung von Titeln und weiteren Berufsbezeichnungen, die Führung des Namens in Verzeichnissen sowie die Anbringung von Amts- und Namensschildern im Rahmen landesrechtlicher Bestimmungen,

8. für die Beschäftigung und Ausbildung der mitarbeitenden Personen,
9. über die bei der Vornahme von Beurkundungen außerhalb des Amtsbereichs und der Geschäftsstelle zu beachtenden Grundsätze,
10. über den erforderlichen Umfang der Fortbildung,
11. über die Amtspflichten im Verhältnis zu anderen Notaren, zu Notarassessoren, Gerichten, Behörden, Rechtsanwälten und anderen Personen, die Auftraggeber des Notars beraten.

(3) Außer den der Notarkammer durch Gesetz zugewiesenen Aufgaben obliegt es ihr,

1. Mittel für die berufliche Fortbildung der Notare, ihrer Hilfskräfte und der Notarassessoren sowie für sonstige gemeinsame Lasten des Berufsstandes bereitzustellen;
2. die Ausbildung und Prüfung der Hilfskräfte der Notare zu regeln;
3. Versicherungsverträge zur Ergänzung der Haftpflichtversicherung nach § 19a abzuschließen, um auch Gefahren aus solchen Amtspflichtverletzungen zu versichern, die nicht durch Versicherungsverträge nach § 19a gedeckt sind, weil die durch sie verursachten Vermögensschäden die Deckungssumme übersteigen oder weil sie als vorsätzliche Handlungen durch die allgemeinen Versicherungsbedingungen vom Versicherungsschutz ausgenommen sind. Für diese Versicherungsverträge gilt, daß die Versicherungssumme für jeden versicherten Notar und für jeden Versicherungsfall mindestens 250 000 Euro für Schäden aus wissentlichen Amtspflichtverletzungen und mindestens 500 000 Euro für Schäden aus sonstigen Amtspflichtverletzungen betragen muß; die Leistungen des Versicherers für alle innerhalb eines Versicherungsjahres von einem Notar verursachten Schäden dürfen jedoch auf den vierfachen Betrag der Mindestversicherungssumme begrenzt werden. § 19a Abs. 7 ist entsprechend anzuwenden. Die Landesregierungen oder die von ihnen durch Rechtsverordnung bestimmten Stellen werden ermächtigt, durch Rechtsverordnung unter Berücksichtigung der möglichen Schäden Beträge zu bestimmen, bis zu denen die Gesamtleistung des Versicherers für alle während eines Versicherungsjahres von allen versicherten Notaren verursachten Schäden in den Versicherungsverträgen begrenzt werden darf;
4. Notardaten und technische Zugangsberechtigungen zum Elektronischen Urkundenarchiv und zum Elektronischen Notariatsaktenspeicher zu verwalten;
5. die Stellung als Notar oder Notariatsverwalter sowie sonstige amts- oder berufsbezogene Angaben bei der Vergabe von qualifizierten Zertifikaten zu bestätigen; die Notarkammer kann die Sperrung eines entsprechenden qualifizierten Zertifikats verlangen.

(4) [1]Die Notarkammer kann weitere, dem Zweck ihrer Errichtung entsprechende Aufgaben wahrnehmen. [2]Sie kann insbesondere

1. Fürsorgeeinrichtungen unterhalten,
2. nach näherer Regelung durch die Landesgesetzgebung Vorsorgeeinrichtungen unterhalten,
3. allein oder gemeinsam mit anderen Notarkammern Einrichtungen unterhalten, deren Zweck darin besteht, als Versicherer die in Absatz 3 Nr. 3 aufgeführten Versicherungsverträge abzuschließen, die Gefahren aus Amtspflichtverletzungen

abdecken, die durch vorsätzliche Handlungen von Notaren verursacht worden sind,
4. allein oder gemeinsam mit anderen Notarkammern Einrichtungen unterhalten, die ohne rechtliche Verpflichtung Leistungen bei folgenden Schäden ermöglichen:
   a) Schäden, die durch vorsätzliche Handlungen von Notaren entstehen und die nicht durch Versicherungsverträge nach Absatz 3 Nummer 3 gedeckt sind,
   b) Schäden, die durch amtlich verwahrte, aber nicht mehr aufzufindende Urkunden entstehen, die nicht durch § 19a oder durch Versicherungsverträge nach Absatz 3 Nummer 3 gedeckt sind und für die der Geschädigte auf keine andere zumutbare Weise Ersatz erlangen kann, wobei die Höhe der Leistungen auf 500 000 Euro je Urkunde beschränkt ist.

(5) Die Notarkammer hat ferner Gutachten zu erstatten, die die Landesjustizverwaltung, ein Gericht oder eine Verwaltungsbehörde des Landes in Angelegenheiten der Notare anfordert.

(6) Die Landesjustizverwaltung benachrichtigt die Notarkammer jeweils unter Angabe der maßgeblichen Zeitpunkte unverzüglich über
1. die Bestellung eines Notars, einer Notarvertretung oder eines Notariatsverwalters,
2. das Erlöschen des Amtes eines Notars oder Notariatsverwalters und den Widerruf der Bestellung einer Notarvertretung,
3. eine Entscheidung nach § 8 Absatz 1 Satz 2,
4. eine vorläufige Amtsenthebung,
5 die Verlegung eines Amtssitzes eines Notars,
6. Änderungen der Verwahrzuständigkeit nach § 51 Absatz 1 Satz 2 und Absatz 3.

§ 68[1)] Organe. Die Organe der Notarkammer sind der Vorstand und die Kammerversammlung.

§ 69[2)] Vorstand. (1) [1] Der Vorstand nimmt, unbeschadet der Vorschrift des § 70, die Befugnisse der Notarkammer wahr. [2] In dringenden Fällen beschließt er an Stelle der Kammerversammlung, deren Genehmigung nachzuholen ist.

(2) [1] Der Vorstand besteht aus dem Präsidenten, seiner Stellvertretung und weiteren Mitgliedern. [2] Die Mitglieder des Vorstands werden von der Kammerversammlung auf vier Jahre gewählt. [3] Die Mitglieder des Vorstands sind ehrenamtlich tätig. [4] Sie können jedoch eine angemessene Entschädigung für ihre Tätigkeit und einen Ersatz ihrer notwendigen Auslagen erhalten.

(3) [1] Sind in dem Bezirk einer Notarkammer hauptberufliche Notare und Anwaltsnotare bestellt, so muss der Präsident der einen und seine Stellvertretung der anderen Berufsgruppe angehören. [2] Bei den übrigen Mitgliedern des Vorstands müssen die beiden Berufsgruppen angemessen vertreten sein.

(4) Zum Mitglied des Vorstands kann nicht gewählt werden,
1. wer vorläufig seines Notaramtes enthoben ist,

[1)] § 68 geänd. mWv 18.5.2017 durch G v. 12.5.2017 (BGBl. I S. 1121).

[2)] § 69 Abs. 1 Satz 2 und Abs. 2 Satz 2 geänd. mWv 18.5.2017 durch G v. 12.5.2017 (BGBl. I S. 1121); Abs. 2 Satz 1 geänd., Sätze 3 und 4 angef., Abs. 3 neu gef. mWv 1.8.2021 durch G v. 25.6.2021 (BGBl. I S. 2154); Abs. 4 und 5 angef. mWv 1.8.2022 durch G v. 7.7.2021 (BGBl. I S. 2363).

2. gegen wen in einem Disziplinarverfahren in den letzten fünf Jahren ein Verweis oder eine Geldbuße verhängt wurde,
3. gegen wen in den letzten zehn Jahren eine Entfernung vom bisherigen Amtssitz oder eine Entfernung aus dem Amt auf bestimmte Zeit verhängt wurde,
4. wer in den letzten 15 Jahren aus dem Amt entfernt wurde,
5. bei wem in den letzten fünf Jahren nach § 110 Absatz 4 von einem Disziplinarverfahren abgesehen wurde, sofern in diesem ohne die anderweitige Ahndung voraussichtlich ein Verweis oder eine Geldbuße verhängt worden wäre, oder
6. bei wem in den letzten fünf Jahren nach § 14 Absatz 1 des Bundesdisziplinargesetzes[1)] in Verbindung mit § 96 Absatz 1 Satz 1 von einer Disziplinarmaßnahme abgesehen wurde.

(5) Die Satzung der Notarkammer kann weitere Ausschlussgründe vorsehen.

§ 69a[2)] Verschwiegenheitspflicht; Inanspruchnahme von Dienstleistungen. (1) [1] Die Mitglieder des Vorstands haben über die Angelegenheiten, die ihnen bei ihrer Tätigkeit im Vorstand über Notare, Notarassessoren und andere Personen bekannt werden, Verschwiegenheit zu bewahren. [2] Dies gilt auch nach ihrem Ausscheiden aus dem Vorstand. [3] Die Verschwiegenheitspflicht gilt nicht für Tatsachen,

1. deren Weitergabe zur Erfüllung ihrer Aufgaben erforderlich ist,
2. in deren Weitergabe die Betroffenen eingewilligt haben,
3. die offenkundig sind oder
4. die ihrer Bedeutung nach keiner Geheimhaltung bedürfen.

[4] Die Sätze 1 bis 3 gelten auch für Angestellte der Notarkammern und der Einrichtungen nach § 67 Absatz 4 sowie für Personen, die von den Notarkammern oder den Mitgliedern ihres Vorstands zur Mitarbeit herangezogen werden. [5] Die in Satz 4 genannten Personen sind in Textform über ihre Verschwiegenheitspflicht zu belehren.

(2) [1] In Verfahren vor Gerichten und Behörden dürfen die in Absatz 1 genannten Personen über Angelegenheiten, die ihrer Verschwiegenheitspflicht unterliegen, ohne Genehmigung nicht aussagen. [2] Die Genehmigung zur Aussage erteilt der Vorstand der Notarkammer nach pflichtgemäßem Ermessen. [3] Die Genehmigung soll nur versagt werden, wenn dies mit Rücksicht auf die Stellung oder die Aufgaben der Notarkammer oder berechtigte Belange der Personen, über welche die Tatsachen bekannt geworden sind, unabweisbar erforderlich ist. [4] § 28 Absatz 2 des Bundesverfassungsgerichtsgesetzes[3)] bleibt unberührt.

(3) Für die Inanspruchnahme von Dienstleistungen durch Notarkammern gilt in Bezug auf Angelegenheiten, die der Verschwiegenheitspflicht des Notars nach § 18 unterliegen, § 26a Absatz 1 bis 3, 6 und 7 sinngemäß.

§ 69b[4)] Abteilungen. *(1)* [1] Der Vorstand kann mehrere Abteilungen bilden, wenn die Satzung der Notarkammer es zuläßt. [2] Er überträgt den Abteilungen die Geschäfte, die sie selbständig führen.

[1)] **Sartorius Nr. 220.**

[2)] § 69a neu gef. mWv 1.8.2021 durch G v. 25.6.2021 (BGBl. I S. 2154).

[3)] **Sartorius Nr. 40.**

[4)] § 69b eingef. durch G v. 31.8.1998 (BGBl. I S. 2585); Abs. 1 Satz 1 und Abs. 4 geänd. mWv 18.5.2017 durch G v. 12.5.2017 (BGBl. I S. 1121); Abs. 1 Satz 1 geänd., Abs. 2 Satz 2 neu gef., Abs. 6 geänd. mWv 1.8.2021 durch G v. 25.6.2021 (BGBl. I S. 2154).

(2) [1] Jede Abteilung muß aus mindestens drei Mitgliedern des Vorstandes bestehen. [2] Die Mitglieder der Abteilung wählen aus ihren Reihen eine Person, die den Vorsitz der Abteilung führt, sowie deren Vertretung.

(3) [1] Vor Beginn des Kalenderjahres setzt der Vorstand die Zahl der Abteilungen und ihrer Mitglieder fest, überträgt den Abteilungen die Geschäfte und bestimmt die Mitglieder der einzelnen Abteilungen. [2] Jedes Mitglied des Vorstandes kann mehreren Abteilungen angehören. [3] Die Anordnungen können im Laufe des Jahres nur geändert werden, wenn dies wegen Überlastung der Abteilung oder infolge Wechsels oder dauernder Verhinderung einzelner Mitglieder der Abteilung erforderlich wird.

(4) Der Vorstand kann die Abteilungen ermächtigen, ihre Sitzungen außerhalb des Sitzes der Notarkammer abzuhalten.

(5) Die Abteilungen besitzen innerhalb ihrer Zuständigkeit die Rechte und Pflichten des Vorstandes.

(6) Anstelle der Abteilung entscheidet der Vorstand, wenn er es für angemessen hält oder wenn die Abteilung oder ihr Vorsitz es beantragt.

§ 69c[1)] Vorzeitiges Ausscheiden eines Vorstandsmitglieds. (1) Ist ein Mitglied des Vorstands nicht mehr Mitglied der Notarkammer oder verliert es seine Wählbarkeit aus den in § 69 Absatz 4 Nummer 2, 3 oder 5 genannten Gründen, scheidet es aus dem Vorstand aus.

(2) Ist ein Mitglied des Vorstands vorläufig seines Notaramtes enthoben, ruht seine Mitgliedschaft während dieser Zeit.

(3) Die Satzung der Notarkammer kann weitere Gründe vorsehen, die zum Ausscheiden aus dem Vorstand oder zum Ruhen der dortigen Mitgliedschaft führen.

§ 70[2)] Präsident. (1) [1] Der Präsident vertritt die Notarkammer gerichtlich und außergerichtlich. [2] Bei der Erteilung von Ausfertigungen und beglaubigten Abschriften der von der Notarkammer nach den Vorschriften dieses Gesetzes verwahrten Urkunden wird die Notarkammer darüber hinaus von denjenigen Personen vertreten, die hierzu vom Präsidenten durch eine dauerhaft aufzubewahrende schriftliche oder elektronische Verfügung bestimmt worden sind. [3] Nach Satz 2 darf zur Vertretung nur bestimmt werden, wer im Sinne des § 5 Absatz 1 und 2 persönlich und im Sinne des § 5 Absatz 5 fachlich geeignet und Mitglied des Vorstands oder mitarbeitende Person der Notarkammer ist. [4] Im Fall des § 51 Absatz 1 Satz 4 darf zur Vertretung auch bestimmt werden, wer im Sinne des Satzes 3 geeignet und Mitglied des Vorstands oder mitarbeitende Person einer anderen an dem Zusammenschluss beteiligten Notarkammer ist.

(2) Der Präsident vermittelt den geschäftlichen Verkehr der Notarkammer und des Vorstands.

(3) Der Präsident führt in den Sitzungen des Vorstands und in der Kammerversammlung den Vorsitz.

(4) Durch die Satzung können dem Präsidenten weitere Aufgaben übertragen werden.

[1)] § 69c eingef. mWv 1.8.2022 durch G v. 7.7.2021 (BGBl. I S. 2363).

[2)] § 70 Abs. 1–3 geänd. mWv 18.5.2017 durch G v. 12.5.2017 (BGBl. I S. 1121); Abs. 1 Satz 2 angef. mWv 1.1.2022 durch G v. 1.6.2017 (BGBl. I S. 1396); Abs. 1 Satz 2 geänd., Sätze 3 und 4 angef. mWv 1.1.2022 durch G v. 25.6.2021 (BGBl. I S. 2154).

§ 71[1)] Kammerversammlung. (1) Die Kammerversammlung wird durch den Präsidenten einberufen.

(2) [1]Der Präsident muß die Kammerversammlung alljährlich einmal einberufen. [2]Er muß sie ferner einberufen, wenn ein Zehntel der Mitglieder es schriftlich beantragt und hierbei den Gegenstand angibt, der in der Kammerversammlung behandelt werden soll.

(3) [1]Die Kammerversammlung ist mindestens zwei Wochen vorher unter Angabe der Tagesordnung durch schriftliche Einladung einzuberufen. [2]Bei der Fristberechnung sind der Tag der Versendung und der Tag der Versammlung nicht mitzuzählen. [3]In dringenden Fällen kann die Kammerversammlung mit kürzerer Frist einberufen werden.

(4) Der Kammerversammlung obliegt insbesondere,

1. die Satzung der Notarkammer nach § 66 Abs. 1 Satz 2 zu beschließen;
2. die Richtlinien nach § 67 Abs. 2 zu beschließen;
3. die Höhe und die Fälligkeit der Beiträge, Gebühren und Auslagen zu bestimmen;
4. die Mittel zu bewilligen, die erforderlich sind, um den Aufwand für die gemeinschaftlichen Angelegenheiten zu bestreiten;
5. die Abrechnung des Vorstands über die Einnahmen und Ausgaben der Notarkammer sowie über die Verwaltung des Vermögens zu prüfen und über die Entlastung zu beschließen.

§ 72 Regelung durch Satzung. Die näheren Bestimmungen über die Organe der Notarkammer und ihre Zuständigkeiten trifft die Satzung.

§ 73[2)] Erhebung von Beiträgen. (1) Die Notarkammer erhebt von den Notaren Beiträge, soweit dies zur Erfüllung ihrer Aufgaben erforderlich ist.

(2) Rückständige Beiträge können auf Grund einer von dem Präsidenten der Notarkammer ausgestellten, mit der Bescheinigung der Vollstreckbarkeit und dem Siegel der Notarkammer versehenen Zahlungsaufforderung nach den Vorschriften über die Vollstreckung der Urteile in bürgerlichen Rechtsstreitigkeiten eingezogen werden.

(3) Nimmt der Notar bei der Notarkammer Anlagen, Einrichtungen und Tätigkeiten für die Führung seiner Akten und Verzeichnisse in Anspruch, kann die Notarkammer dafür von dem Notar Gebühren erheben und den Ersatz von Auslagen verlangen.

§ 74[3)] Auskunfts-, Vorlage- und Vorladerecht. (1) [1]Die Notarkammer kann in Ausübung ihrer Befugnisse von den Notaren und Notarassessoren Auskünfte, die Vorlage von Akten und Verzeichnissen sowie das persönliche Erscheinen vor

---

[1)] *§ 71 Abs. 4 Nr. 1* und 2 eingef., bish. Nr. 1–3 werden Nr. 3–5 durch G v. 31.8.1998 (BGBl. I S. 2585); Abs. 1, 2 Sätze 1 und 2, Abs. 3 Sätze 1–3, Abs. 4 einl. Satzteil, Nr. 1 und 5 geänd. mWv 18.5. 2017 durch G v. 12.5.2017 (BGBl. I S. 1121); Abs. 4 Nr. 3 geänd. mWv 1.1.2022 durch G v. 1.6.2017 (BGBl. I S. 1396); Abs. 3 neu gef. mWv 1.8.2021 durch G v. 25.6.2021 (BGBl. I S. 2154).

[2)] § 73 Abs. 2 geänd. mWv 18.5.2017 durch G v. 12.5.2017 (BGBl. I S. 1121); Abs. 3 angef. mWv 1.1. 2022 durch G v. 1.6.2017 (BGBl. I S. 1396).

[3)] § 74 neu gef. durch G v. 29.1.1991 (BGBl. I S. 150); Abs. 1 geänd. durch G v. 31.8.1998 (BGBl. I S. 2585); Abs. 2 Satz 2 geänd. mWv 1.1.2002 durch G v. 13.12.2001 (BGBl. I S. 3574); Abs. 1 Satz 1 geänd. mWv 18.5.2017 durch G v. 12.5.2017 (BGBl. I S. 1121); Abs. 1 Satz 1 geänd. mWv 1.1.2022 durch G v. 1.6.2017 (BGBl. I S. 1396); Abs. 2 Satz 1 geänd. mWv 1.8.2021 durch G v. 25.6.2021 (BGBl. I S. 2154).

den zuständigen Organen der Notarkammer verlangen. [2] Die Notarkammer ist befugt, hierdurch erlangte Kenntnisse an die Einrichtungen nach § 67 Abs. 4 weiterzugeben, soweit diese von den Einrichtungen für die Erfüllung ihrer Aufgaben benötigt werden.

(2) [1] Die Notarkammer kann zur Erzwingung der den Notaren oder Notarassessoren nach Absatz 1 obliegenden Amtspflichten nach vorheriger schriftlicher Androhung, auch zu wiederholten Malen, Zwangsgeld festsetzen. [2] Das einzelne Zwangsgeld darf eintausend Euro nicht übersteigen. [3] Das Zwangsgeld fließt der Notarkammer zu; es wird wie ein rückständiger Beitrag beigetrieben.

§ 75[1)] Ermahnung. (1) [1] Die Notarkammer ist befugt, Notare und Notarassessoren zu ermahnen, wenn diese eine Amtspflichtverletzung leichter Art begangen haben. [2] Die Notarkammer hat die Einleitung eines auf eine Ermahnung gerichteten Verfahrens der Aufsichtsbehörde anzuzeigen. [3] Will die Aufsichtsbehörde das Verfahren übernehmen, hat sie dies der Notarkammer anzuzeigen. [4] Die Befugnis der Notarkammer nach Satz 1 endet, wenn gegen den Notar oder Notarassessor ein Verfahren nach § 94 oder ein Disziplinarverfahren eingeleitet wird. [5] Für die Verjährung gilt § 95a Absatz 1 Satz 1.

(2) Vor einer Ermahnung ist der Notar oder Notarassessor zu hören.

(3) [1] Die Ermahnung ist zu begründen. [2] Sie ist dem Notar oder Notarassessor zuzustellen. [3] Der Aufsichtsbehörde ist eine Kopie zu übermitteln.

(4) [1] Gegen eine Ermahnung kann der Notar oder Notarassessor innerhalb eines Monats nach Zustellung schriftlich bei dem Vorstand der Notarkammer Einspruch einlegen. [2] Über den Einspruch entscheidet der Vorstand; Absatz 3 gilt entsprechend.

(5) [1] Wird der Einspruch vom Vorstand zurückgewiesen, so kann der Notar oder Notarassessor die Entscheidung des Oberlandesgerichts als Disziplinargericht für Notare beantragen. [2] Der Antrag ist innerhalb eines Monats nach Zustellung der Entscheidung über den Einspruch schriftlich einzureichen und zu begründen. [3] Das Oberlandesgericht entscheidet endgültig durch Beschluss. [4] Auf das Verfahren des Gerichts sind im Übrigen die Vorschriften des Bundesdisziplinargesetzes[2)] über das Disziplinarverfahren vor dem Verwaltungsgericht entsprechend anzuwenden. [5] Soweit nach diesen Vorschriften die Kosten des Verfahrens dem Dienstherrn zur Last fallen, tritt an dessen Stelle die Notarkammer.

(6) [1] Eine Ermahnung lässt das Recht der Aufsichtsbehörde zur Einleitung eines Disziplinarverfahrens unberührt. [2] Hat jedoch das Oberlandesgericht die Ermahnung aufgehoben, weil es keine schuldhafte Amtspflichtverletzung festgestellt hat, so ist die Ausübung der Disziplinarbefugnis wegen desselben Verhaltens nur auf Grund solcher Tatsachen oder Beweismittel zulässig, die dem Gericht bei seiner Entscheidung nicht bekannt waren. [3] Wird gegen den Notar oder Notarassessor eine Disziplinarmaßnahme verhängt, so wird eine bereits ausgesprochene Ermahnung unwirksam.

Abschnitt 2. Bundesnotarkammer

§ 76 Bildung; Sitz. (1) Die Notarkammern werden zu einer Bundesnotarkammer zusammengeschlossen.

(2) Der Sitz der Bundesnotarkammer wird durch ihre Satzung bestimmt.

---

1) § 75 neu gef. mWv 1.8.2021 durch G v. 25.6.2021 (BGBl. I S. 2154).
2) **Sartorius Nr. 220.**

§ 77[1] Rechtsstatus; Aufsicht; Genehmigung der Satzung. (1) Die Bundesnotarkammer ist eine Körperschaft des öffentlichen Rechts.

(2) [1]Das Bundesministerium der Justiz und für Verbraucherschutz führt die Staatsaufsicht über die Bundesnotarkammer. [2]Die Aufsicht beschränkt sich darauf, daß Gesetz und Satzung beachtet, insbesondere die der Bundesnotarkammer übertragenen Aufgaben erfüllt werden.

(3) Die Satzung der Bundesnotarkammer und ihre Änderungen, die von der Generalversammlung beschlossen werden, bedürfen der Genehmigung des Bundesministeriums der Justiz und für Verbraucherschutz.

§ 78[2] Aufgaben. (1) [1]Die Bundesnotarkammer hat die ihr durch Gesetz zugewiesenen Aufgaben zu erfüllen. [2]Sie hat insbesondere

1. in Fragen, welche die Gesamtheit der Notarkammern angehen, die Auffassung der einzelnen Notarkammern zu ermitteln und im Wege gemeinschaftlicher Aussprache die Auffassung der Mehrheit festzustellen;
2. in allen die Gesamtheit der Notarkammern berührenden Angelegenheiten die Auffassung der Bundesnotarkammer den zuständigen Gerichten und Behörden gegenüber zur Geltung zu bringen;
3. die Gesamtheit der Notarkammern gegenüber Behörden und Organisationen zu vertreten;
4. Gutachten zu erstatten, die eine an der Gesetzgebung beteiligte Behörde oder Körperschaft des Bundes oder ein Bundesgericht in Angelegenheiten der Notare anfordert;
5. durch Beschluss der Generalversammlung Empfehlungen für die von den Notarkammern nach § 67 Absatz 2 zu erlassenden Richtlinien auszusprechen;
6. Richtlinien für die Ausbildung der Hilfskräfte der Notare aufzustellen;
7. den Elektronischen Notariatsaktenspeicher (§ 78k) zu führen;
8. das Notarverzeichnis (§ 78l) zu führen;
9. die besonderen elektronischen Notarpostfächer (§ 78n) einzurichten;
10. ein Videokommunikationssystem zu betreiben, das die Vornahme von Urkundstätigkeiten mittels Videokommunikation nach den §§ 16a bis 16e und 40a des Beurkundungsgesetzes[3] (§ 78p) ermöglicht.

(2) Die Bundesnotarkammer führt

1. das Zentrale Vorsorgeregister (§ 78a),
2. das Zentrale Testamentsregister (§ 78c),
3. das Elektronische Urkundenarchiv (§ 78h).

(3) [1]Die Bundesnotarkammer kann weitere dem Zweck ihrer Errichtung entsprechende Aufgaben wahrnehmen. [2]Sie kann insbesondere

1. Maßnahmen ergreifen, die der wissenschaftlichen Beratung der Notarkammern *und ihrer Mitglieder*, der Fortbildung von Notaren, der Aus- und Fortbildung des beruflichen Nachwuchses und der Hilfskräfte der Notare dienen,

---

[1] § 77 Abs. 2 Satz 1 und Abs. 3 geänd. durch G v. 31.8.1998 (BGBl. I S. 2585); Abs. 2 Satz 1 und Abs. 3 geänd. mWv 8.9.2015 durch VO v. 31.8.2015 (BGBl. I S. 1474); Abs. 3 geänd. mWv 1.8.2021 durch G v. 25.6.2021 (BGBl. I S. 2154).

[2] § 78 neu gef. mWv 9.6.2017 durch G v. 1.6.2017 (BGBl. I S. 1396); Abs. 1 Satz 2 Nr. 5 und 7 geänd. mWv 1.8.2021 durch G v. 25.6.2021 (BGBl. I S. 2154); Abs. 1 Satz 2 Nr. 9 geänd., Nr. 10 angef. mWv 1.8.2022 durch G v. 5.7.2021 (BGBl. I S. 3338).

[3] **Habersack, Deutsche Gesetze Nr. 23.**

2. Notardaten verwalten und
3. die elektronische Kommunikation der Notare mit Gerichten, Behörden und sonstigen Dritten sowie die elektronische Aktenführung und die sonstige elektronische Datenverarbeitung der Notare unterstützen.

§ 78a[1] Zentrales Vorsorgeregister; Verordnungsermächtigung.

(1) [1]Die Bundesnotarkammer führt als Registerbehörde ein automatisiertes elektronisches Register über Vorsorgevollmachten, Betreuungsverfügungen, Patientenverfügungen und Widersprüche gegen eine Vertretung durch den Ehegatten nach § 1358 des Bürgerlichen Gesetzbuchs[2]. [2]Das Bundesministerium der Justiz und für Verbraucherschutz führt die Rechtsaufsicht über die Registerbehörde.

(2) In das Zentrale Vorsorgeregister dürfen Angaben aufgenommen werden über
1. Vollmachtgeber,
2. Bevollmächtigte,
3. die Vollmacht und deren Inhalt,
4. Vorschläge zur Auswahl des Betreuers,
5. Wünsche zur Wahrnehmung der Betreuung,
6. den Vorschlagenden,
7. den einer Vertretung durch den Ehegatten nach § 1358 des Bürgerlichen Gesetzbuchs Widersprechenden und
8. den Ersteller einer Patientenverfügung.

(3) Das Bundesministerium der Justiz und für Verbraucherschutz hat durch Rechtsverordnung mit Zustimmung des Bundesrates die näheren Bestimmungen zu treffen über
1. die Einrichtung und Führung des Registers,
2. die Auskunft aus dem Register,
3. die Anmeldung, Änderung und Löschung von Registereintragungen,
4. die Einzelheiten der Datenübermittlung und -speicherung und
5. die Einzelheiten der Datensicherheit.

§ 78b[3] Auskunft und Gebühren. (1) [1]Die Registerbehörde erteilt Gerichten und Ärzten auf Ersuchen Auskunft aus dem Zentralen Vorsorgeregister. [2]Ärzte dürfen nur um Auskunft ersuchen, soweit diese für die Entscheidung über eine dringende medizinische Behandlung erforderlich ist. [3]Die Befugnis der Gerichte, Notare und Notarkammern zur Einsicht in Registrierungen, die von ihnen verwahrte oder registrierte Urkunden betreffen, bleibt unberührt.

(2) [1]Das Zentrale Vorsorgeregister wird durch Gebühren finanziert. [2]Die Registerbehörde kann Gebühren für die Aufnahme von Erklärungen in das Register erheben. [3]Zur Zahlung der Gebühren sind der Antragsteller und derjenige verpflichtet, der für die Gebührenschuld eines anderen kraft Gesetzes haftet. [4]Mehre-

[1] § 78a neu gef. mWv 9.6.2017 durch G v. 1.6.2017 (BGBl. I S. 1396); Abs. 1 Satz 1 geänd., Abs. 2 Nr. 5 und 6 geänd., Nr. 7 und 8 angef. mWv 1.1.2023 durch G v. 4.5.2021 (BGBl. I S. 882).

[2] **Habersack, Deutsche Gesetze Nr. 20.**

[3] § 78b neu gef. mWv 9.6.2017 durch G v. 1.6.2017 (BGBl. I S. 1396); Abs. 1 Satz 1 geänd., Satz 2 eingef., bish. Satz 2 wird Satz 3 mWv 1.1.2023 durch G v. 4.5.2021 (BGBl. I S. 882).

re Gebührenschuldner haften als Gesamtschuldner. [5]Gerichte und Notare können die Gebühren für die Registerbehörde entgegennehmen.

(3) [1]Die Gebühren sind so zu bemessen, dass der mit der Einrichtung, der Inbetriebnahme, der dauerhaften Führung und der Nutzung des Zentralen Vorsorgeregisters durchschnittlich verbundene Verwaltungsaufwand einschließlich der Personal- und Sachkosten gedeckt wird. [2]Dabei ist auch der für die Aufnahme von Erklärungen in das Register gewählte Kommunikationsweg zu berücksichtigen.

(4) [1]Die Registerbehörde bestimmt die Gebühren nach Absatz 2 Satz 2 und die Art ihrer Erhebung durch eine Gebührensatzung. [2]Die Satzung bedarf der Genehmigung durch das Bundesministerium der Justiz und für Verbraucherschutz. [3]Die Höhe der Gebühren ist regelmäßig zu überprüfen.

§ 78c[1)] Zentrales Testamentsregister; Verordnungsermächtigung.

(1) [1]Die Bundesnotarkammer führt als Registerbehörde ein automatisiertes elektronisches Register über die Verwahrung erbfolgerelevanter Urkunden und sonstige Daten nach § 78d. [2]Die Erhebung und Verwendung der Daten ist auf das für die Erfüllung der gesetzlichen Aufgaben der Registerbehörde, der Nachlassgerichte und der Verwahrstellen Erforderliche zu beschränken. [3]Das Bundesministerium der Justiz und für Verbraucherschutz führt die Rechtsaufsicht über die Registerbehörde.

(2) Das Bundesministerium der Justiz und für Verbraucherschutz hat durch Rechtsverordnung mit Zustimmung des Bundesrates die näheren Bestimmungen zu treffen über

1. die Einrichtung und Führung des Registers,
2. die Auskunft aus dem Register,
3. die Anmeldung, Änderung und Löschung von Registereintragungen,
4. die Einzelheiten der Datenübermittlung und -speicherung und
5. die Einzelheiten der Datensicherheit.

(3) [1]In der Rechtsverordnung können darüber hinaus Bestimmungen zum Inhalt der Sterbefallmitteilungen nach § 78e Satz 1 getroffen werden. [2]Ferner können in der Rechtsverordnung Ausnahmen zugelassen werden von

1. § 78e Satz 3, soweit dies die Sterbefallmitteilung an das Nachlassgericht betrifft;
2. der elektronischen Benachrichtigung nach § 78e Satz 4;
3. der Verpflichtung zur elektronischen Übermittlung nach § 34a Absatz 1 und 2 des Beurkundungsgesetzes[2)] und § 347 des Gesetzes über das Verfahren in Familiensachen und in den Angelegenheiten der freiwilligen Gerichtsbarkeit[3)].

§ 78d[4)] Inhalt des Zentralen Testamentsregisters. (1) [1]In das Zentrale Testamentsregister werden Verwahrangaben zu erbfolgerelevanten Urkunden aufgenommen, die

1. von Notaren nach § 34a Absatz 1 oder 2 des Beurkundungsgesetzes[2)] zu übermitteln sind oder

---

[1)] § 78c neu gef. mWv 9.6.2017 durch G v. 1.6.2017 (BGBl. I S. 1396); Abs. 3 Satz 2 Nr. 3 geänd. mWv 1.8.2021 durch G v. 25.6.2021 (BGBl. I S. 2154).

[2)] **Habersack, Deutsche Gesetze Nr. 23.**

[3)] **Habersack, Deutsche Gesetze Nr. 112.**

[4)] § 78d neu gef. mWv 9.6.2017 durch G v. 1.6.2017 (BGBl. I S. 1396); Abs. 1 neu gef. mWv 1.8.2021 durch G v. 25.6.2021 (BGBl. I S. 2154).

2. von Gerichten nach Absatz 4 Satz 1 sowie nach § 347 des Gesetzes über das Verfahren in Familiensachen und in den Angelegenheiten der freiwilligen Gerichtsbarkeit[1)] zu übermitteln sind.

[2] Weiterer Inhalt des Zentralen Testamentsregisters sind

1. Verwahrangaben, die nach § 1 des Testamentsverzeichnis-Überführungsgesetzes überführt worden sind, und
2. Mitteilungen, die nach § 9 des Testamentsverzeichnis-Überführungsgesetzes überführt worden sind.

[3] Die gespeicherten Daten sind mit Ablauf des 30. auf die Sterbefallmitteilung folgenden Kalenderjahres zu löschen.

(2) [1] Erbfolgerelevante Urkunden sind Testamente, Erbverträge und alle Urkunden mit Erklärungen, welche die Erbfolge beeinflussen können, insbesondere Aufhebungsverträge, Rücktritts- und Anfechtungserklärungen, Erb- und Zuwendungsverzichtsverträge, Ehe- und Lebenspartnerschaftsverträge und Rechtswahlen. [2] Verwahrangaben sind Angaben, die zum Auffinden erbfolgerelevanter Urkunden erforderlich sind.

(3) Registerfähig sind nur erbfolgerelevante Urkunden, die

1. öffentlich beurkundet worden sind oder
2. in amtliche Verwahrung genommen worden sind.

(4) [1] Handelt es sich bei einem gerichtlichen Vergleich um eine erbfolgerelevante Urkunde im Sinne von Absatz 2 Satz 1, übermittelt das Gericht unverzüglich die Verwahrangaben an die das Zentrale Testamentsregister führende Registerbehörde nach Maßgabe der nach § 78c Absatz 2 und 3 erlassenen Rechtsverordnung. [2] Der Erblasser teilt dem Gericht die zur Registrierung erforderlichen Daten mit.

§ 78e[2)] Sterbefallmitteilung. [1] Das zuständige Standesamt hat der Registerbehörde den Tod, die Todeserklärung oder die gerichtliche Feststellung der Todeszeit einer Person mitzuteilen (Sterbefallmitteilung). [2] Die Registerbehörde prüft daraufhin, ob im Zentralen Testamentsregister Angaben nach § 78d Absatz 1 Satz 1 und 2 vorliegen. [3] Sie benachrichtigt, soweit es zur Erfüllung der Aufgaben des Nachlassgerichts und der verwahrenden Stellen erforderlich ist, unverzüglich

1. das zuständige Nachlassgericht über den Sterbefall und etwaige Angaben nach § 78d Absatz 1 Satz 1 und 2 und
2. die verwahrenden Stellen über den Sterbefall und etwaige Verwahrangaben nach § 78d Absatz 1 Satz 1 und 2 Nummer 1.

[4] Die Benachrichtigung erfolgt elektronisch.

§ 78f[3)] Auskunft aus dem Zentralen Testamentsregister. (1) [1] Die Registerbehörde erteilt auf Ersuchen

1. Gerichten Auskunft aus dem Zentralen Testamentsregister sowie
2. Notaren Auskunft über Verwahrangaben aus dem Zentralen Testamentsregister.

[1)] **Habersack, Deutsche Gesetze Nr. 112.**

[2)] § 78e neu gef. mWv 9.6.2017 durch G v. 1.6.2017 (BGBl. I S. 1396); Sätze 2, 3 Nr. 1 und 2 geänd. mWv 1.8.2021 durch G v. 25.6.2021 (BGBl. I S. 2154).

[3)] § 78f neu gef. mWv 9.6.2017 durch G v. 1.6.2017 (BGBl. I S. 1396); Abs. 1a eingef., Abs. 3 Satz 2 geänd. mWv 1.8.2021 durch G v. 25.6.2021 (BGBl. I S. 2154).

[2]Die Auskunft wird nur erteilt, soweit sie im Rahmen der Aufgabenerfüllung der Gerichte und Notare erforderlich ist. [3]Auskünfte können zu Lebzeiten des Erblassers nur mit dessen Einwilligung eingeholt werden.

(1a) [1]Auf Ersuchen erteilt die Registerbehörde in Angelegenheiten, die die Rechtsnachfolge von Todes wegen betreffen, innerhalb des Anwendungsbereichs der Verordnung (EU) Nr. 650/2012[1)] des Europäischen Parlaments und des Rates vom 4. Juli 2012 über die Zuständigkeit, das anzuwendende Recht, die Anerkennung und Vollstreckung von Entscheidungen und die Annahme und Vollstreckung öffentlicher Urkunden in Erbsachen sowie zur Einführung eines Europäischen Nachlasszeugnisses (ABl. L 201 vom 27.7.2012, S. 107; L 344 vom 14.12.2012, S. 3; L 41 vom 12.2.2013, S. 16; L 60 vom 2.3.2013, S. 140; L 363 vom 18.12. 2014, S. 186) auch

1. ausländischen Gerichten im Sinne des Artikels 3 Absatz 2 der Verordnung (EU) Nr. 650/2012 und ausländischen Behörden, die für die Ausstellung des Europäischen Nachlasszeugnisses zuständig sind, Auskunft aus dem Zentralen Testamentsregister sowie
2. Notaren, die in einem anderen Mitgliedstaat der Europäischen Union mit Ausnahme Dänemarks und Irlands niedergelassen sind, Auskunft über Verwahrangaben aus dem Zentralen Testamentsregister.

[2]Absatz 1 Satz 2 und 3 gilt entsprechend.

(2) Die Befugnis der Gerichte, Notare und Notarkammern zur Einsicht in Registrierungen, die von ihnen verwahrte oder registrierte Urkunden betreffen, bleibt unberührt.

(3) [1]Die Registerbehörde kann Gerichte bei der Ermittlung besonders amtlich verwahrter Urkunden unterstützen, für die mangels Verwahrungsnachricht keine Eintragung im Zentralen Testamentsregister vorliegt. [2]Die Verwahrangaben der nach Satz 1 ermittelten Verfügungen von Todes wegen sind nach § 347 des Gesetzes über das Verfahren in Familiensachen und in den Angelegenheiten der freiwilligen Gerichtsbarkeit[2)] an das Zentrale Testamentsregister zu melden.

§ 78g[3)] Gebührenerhebung für das Zentrale Testamentsregister.

(1) [1]Das Zentrale Testamentsregister wird durch Gebühren finanziert. [2]Die Registerbehörde kann Gebühren erheben für

1. die Aufnahme von Erklärungen in das Testamentsregister und
2. die Erteilung von Auskünften aus dem Testamentsregister nach § 78f Absatz 1 Satz 1 Nummer 2 und Absatz 1a Satz 1.

(2) [1]Zur Zahlung der Gebühren sind verpflichtet:

1. im Fall des Absatzes 1 Satz 2 Nummer 1 der Erblasser,
2. im Fall des Absatzes 1 Satz 2 Nummer 2 der Veranlasser des Auskunftsverfahrens.

[2]Mehrere Gebührenschuldner haften als Gesamtschuldner. [3]Gerichte und Notare können die Gebühren für die Registerbehörde entgegennehmen.

(3) [1]Die Gebühren sind so zu bemessen, dass der mit der Einrichtung sowie der dauerhaften Führung und Nutzung des Zentralen Testamentsregisters durch-

---

1) Nr. **21e**.

2) **Habersack, Deutsche Gesetze Nr. 112.**

3) § 78g eingef. mWv 9.6.2017 durch G v. 1.6.2017 (BGBl. I S. 1396); Abs. 1 Satz 2 Nr. 2 geänd., Abs. 3 neu gef. mWv 1.8.2021 durch G v. 25.6.2021 (BGBl. I S. 2154).

schnittlich verbundene Verwaltungsaufwand einschließlich Personal- und Sachkosten gedeckt wird. 2 Die durch die Aufnahme von Mitteilungen nach § 78d Absatz 1 Satz 2 Nummer 2 entstehenden Kosten bleiben außer Betracht.

(4) 1 Die Registerbehörde bestimmt die Gebühren nach Absatz 1 Satz 2 und die Art ihrer Erhebung durch eine Gebührensatzung. 2 Die Satzung bedarf der Genehmigung durch das Bundesministerium der Justiz und für Verbraucherschutz. 3 Die Höhe der Gebühren ist regelmäßig zu überprüfen.

§ 78h[1] Elektronisches Urkundenarchiv; Verordnungsermächtigung.

(1) 1 Die Bundesnotarkammer betreibt als Urkundenarchivbehörde ein zentrales elektronisches Archiv, das den Notaren die Führung der elektronischen Urkundensammlung, des Urkundenverzeichnisses und des Verwahrungsverzeichnisses ermöglicht (Elektronisches Urkundenarchiv). 2 Das Bundesministerium der Justiz und für Verbraucherschutz führt die Rechtsaufsicht über die Urkundenarchivbehörde.

(2) 1 Die Verfügbarkeit, die Integrität, die Authentizität, die Vertraulichkeit und die Transparenz der Daten des Urkundenverzeichnisses, des Verwahrungsverzeichnisses und der im Elektronischen Urkundenarchiv verwahrten elektronischen Dokumente müssen für die gesamte Dauer der Aufbewahrungsfrist gewährleistet sein. 2 Die Urkundenarchivbehörde trifft die erforderlichen technischen und organisatorischen Maßnahmen, um die Erhaltung des Beweiswerts der verwahrten elektronischen Dokumente dauerhaft zu gewährleisten, ohne dass es einer erneuten Signatur durch die verwahrende Stelle bedarf.

(3) 1 Elektronische Dokumente, die im Elektronischen Urkundenarchiv zusammen verwahrt werden, müssen derart miteinander verknüpft sein, dass sie nur zusammen abgerufen werden können. 2 § 42 Absatz 3 und § 49 Absatz 5 des Beurkundungsgesetzes[2] bleiben unberührt.

(4) Das Bundesministerium der Justiz und für Verbraucherschutz hat durch Rechtsverordnung ohne Zustimmung des Bundesrates die näheren Bestimmungen zu treffen über

1. die Einrichtung des Elektronischen Urkundenarchivs,
2. die Führung und den technischen Betrieb,
3. die Einzelheiten der Datenübermittlung und -speicherung,
4. die Einzelheiten der Datensicherheit und
5. die Erteilung und Entziehung der technischen Verwaltungs- und Zugangsberechtigungen.

§ 78i[3] Zugangsberechtigung zum Elektronischen Urkundenarchiv.

1 Der Zugang zum Urkundenverzeichnis, zum Verwahrungsverzeichnis und zu den im Elektronischen Urkundenarchiv verwahrten elektronischen Dokumenten steht ausschließlich der für die Verwahrung zuständigen Stelle zu. 2 Hierzu trifft die Urkundenarchivbehörde geeignete technische und organisatorische Maßnahmen.

---

[1] § 78h eingef. mWv 9.6.2017 durch G v. 1.6.2017 (BGBl. I S. 1396).
[2] **Habersack, Deutsche Gesetze Nr. 23.**
[3] § 78i eingef. mWv 9.6.2017 durch G v. 1.6.2017 (BGBl. I S. 1396).

§ 78j[1] Gebührenerhebung für das Elektronische Urkundenarchiv.

(1) [1]Das Elektronische Urkundenarchiv wird durch Gebühren finanziert. [2]Die Urkundenarchivbehörde kann Gebühren erheben für

1. die Aufnahme von elektronischen Dokumenten in die elektronische Urkundensammlung und
2. die Führung des Verwahrungsverzeichnisses.

(2) [1]Zur Zahlung der Gebühren sind verpflichtet:

1. im Fall des Absatzes 1 Satz 2 Nummer 1 derjenige, der zur Zahlung der Kosten für die jeweilige notarielle Amtshandlung verpflichtet ist, abweichend hiervon
   a) im Fall des § 119 Absatz 1 die Staatskasse,
   b) im Fall des § 119 Absatz 3 der Notar,
   c) im Fall des § 119 Absatz 4 die Notarkammer,
2. im Fall des Absatzes 1 Satz 2 Nummer 2 der Notar.

[2]Mehrere Gebührenschuldner haften als Gesamtschuldner. [3]Notare können die Gebühren für die Urkundenarchivbehörde entgegennehmen.

(3) [1]Die Gebühren sind so zu bemessen, dass der mit der Einrichtung, der Inbetriebnahme sowie der dauerhaften Führung und Nutzung des Elektronischen Urkundenarchivs durchschnittlich verbundene Verwaltungsaufwand einschließlich der Personal- und Sachkosten gedeckt wird. [2]Bei der Bemessung der Gebühren für die Aufnahme von elektronischen Dokumenten in die elektronische Urkundensammlung kann der Umfang des elektronischen Dokuments berücksichtigt werden. [3]Die Gebühr kann im Fall von Unterschriftsbeglaubigungen, die nicht mit der Fertigung eines Entwurfs in Zusammenhang stehen, niedriger bemessen werden.

(4) [1]Die Urkundenarchivbehörde bestimmt die Gebühren nach Absatz 1 Satz 2 und die Art ihrer Erhebung durch eine Gebührensatzung. [2]Die Satzung bedarf der Genehmigung durch das Bundesministerium der Justiz und für Verbraucherschutz. [3]Die Höhe der Gebühren ist regelmäßig zu überprüfen.

§ 78k[2] Elektronischer Notariatsaktenspeicher; Verordnungsermächtigung. (1) Die Bundesnotarkammer betreibt einen zentralen elektronischen Aktenspeicher, der den Notaren die elektronische Führung ihrer nicht im Elektronischen Urkundenarchiv zu führenden Akten und Verzeichnisse sowie die Speicherung sonstiger Daten ermöglicht (Elektronischer Notariatsaktenspeicher).

(2) [1]Der Elektronische Notariatsaktenspeicher wird durch Gebühren finanziert. [2]Die Bundesnotarkammer kann Gebühren erheben für die elektronische Führung von Akten und Verzeichnissen sowie die Speicherung sonstiger Daten im Elektronischen Notariatsaktenspeicher. [3]Zur Zahlung der Gebühren ist der Notar verpflichtet.

(3) Die Gebühren sind so zu bemessen, dass der mit der Einrichtung, der Inbetriebnahme sowie der dauerhaften Führung und Nutzung des Elektronischen Notariatsaktenspeichers durchschnittlich verbundene Verwaltungsaufwand einschließlich der Personal- und Sachkosten gedeckt wird.

(4) [1]Die Bundesnotarkammer bestimmt die Gebühren nach Absatz 2 Satz 2 und die Art ihrer Erhebung durch eine Gebührensatzung. [2]Die Satzung bedarf der

---

[1] § 78j eingef. mWv 9.6.2017 durch G v. 1.6.2017 (BGBl. I S. 1396).

[2] § 78k eingef. mWv 9.6.2017 durch G v. 1.6.2017 (BGBl. I S. 1396); Abs. 1, 2 Sätze 1 und 2, Abs. 3 und 5 Nr. 1 geänd. mWv 1.8.2021 durch G v. 25.6.2021 (BGBl. I S. 2154).

Genehmigung durch das Bundesministerium der Justiz und für Verbraucherschutz. [3]Die Höhe der Gebühren ist regelmäßig zu überprüfen.

(5) Das Bundesministerium der Justiz und für Verbraucherschutz hat durch Rechtsverordnung ohne Zustimmung des Bundesrates die näheren Bestimmungen zu treffen über

1. die Einrichtung des Elektronischen Notariatsaktenspeichers,
2. die Führung und den technischen Betrieb,
3. die Einzelheiten der Datenübermittlung und -speicherung,
4. die Einzelheiten der Datensicherheit und
5. die Erteilung und Entziehung der technischen Verwaltungs- und Zugangsberechtigungen.

§ 78l[1)] Notarverzeichnis. (1) [1]Die Bundesnotarkammer führt ein elektronisches Verzeichnis der Notare und Notariatsverwalter (Notarverzeichnis). [2]Jede Notarkammer gibt die Daten zu den in ihr zusammengeschlossenen Notaren und zu den in ihrem Bezirk bestellten Notariatsverwaltern in das Notarverzeichnis ein.

(2) [1]Das Notarverzeichnis dient der Information der Behörden und Gerichte, der Rechtsuchenden und der anderen am Rechtsverkehr Beteiligten über die bestellten Notare und Notariatsverwalter sowie über die Zuständigkeit für die Verwahrung notarieller Akten und Verzeichnisse. [2]Darüber hinaus dient es der Erfüllung der Aufgaben der Notarkammern und der Bundesnotarkammer. [3]Die Einsicht in das Verzeichnis steht jedem unentgeltlich zu. [4]Die Suche in dem Verzeichnis wird durch ein elektronisches Suchsystem ermöglicht.

(3) [1]In das Notarverzeichnis sind einzutragen:

1. die von der Landesjustizverwaltung nach § 67 Absatz 6 Nummer 1 bis 5 mitgeteilten Tatsachen unter Angabe des jeweils maßgeblichen Datums,
2. der Familienname und der oder die Vornamen sowie frühere Familiennamen, die der Notar oder Notariatsverwalter seit seiner Bestellung geführt hat,
3. Zuständigkeiten für die Aktenverwahrung mit Ausnahme solcher nach § 45 Absatz 1,
4. der Amtssitz, die Anschrift von Geschäftsstellen sowie die Orte und Termine auswärtiger Sprechtage,
5. die Kammerzugehörigkeit,
6. die Bezeichnung des besonderen elektronischen Notarpostfachs,
7. die Telekommunikationsdaten, die der Notar oder Notariatsverwalter mitgeteilt hat,
8. Sprachkenntnisse, soweit der Notar oder Notariatsverwalter solche mitteilt.

[2]Die Eintragungen zu Satz 1 Nummer 1 bis 5 sind von der jeweiligen Notarkammer, die Eintragungen zu Satz 1 Nummer 6 bis 8 von der Bundesnotarkammer vorzunehmen. [3]Eintragungen zu Notarvertretungen können auch unmittelbar durch die Aufsichtsbehörde erfolgen. [4]Die Notarkammern, die Bundesnotarkammer und die Aufsichtsbehörde tragen die datenschutzrechtliche Verantwortung für die jeweils von ihnen in das Verzeichnis eingegebenen Daten.

[1)] § 78l eingef. mWv 9.6.2017 durch G v. 1.6.2017 (BGBl. I S. 1396); Abs. 1 Satz 3 aufgeh., Abs. 2 Sätze 1 und 2, Abs. 3 Satz 1 Nr. 1–3, 7 und 8 geänd., Satz 3, Abs. 4–6 neu gef. mWv 1.8.2021 durch G v. 25.6.2021 (BGBl. I S. 2154).

(4) [1]Die zu einem Anwaltsnotar zu erhebenden Daten können auch automatisiert aus dem Gesamtverzeichnis der Bundesrechtsanwaltskammer (§ 31 der Bundesrechtsanwaltsordnung[1)]) abgerufen werden. [2]Das Gleiche gilt bei der Bestellung eines Rechtsanwalts zum Notariatsverwalter oder zur Notarvertretung.

(5) [1]Das Notarverzeichnis kann auch Eintragungen zu früheren Notaren, Notariatsverwaltern und vergleichbaren anderen Amtspersonen enthalten. [2]Zuständig für Eintragungen zu früheren Amtspersonen sind die Notarkammern, die zur Zeit der Amtstätigkeit der früheren Amtspersonen für Eintragungen nach Absatz 1 Satz 2 zuständig waren. [3]Zu früheren Amtspersonen sind nur die Angaben einzutragen, die zum Auffinden derjenigen Urkunden erforderlich sind, die von ihnen beurkundet wurden.

(6) Die Eintragungen im Notarverzeichnis sind zu löschen, wenn sie zur Erfüllung der in Absatz 2 Satz 1 und 2 genannten Zwecke nicht mehr erforderlich sind.

§ 78m[2)] Verordnungsermächtigung zum Notarverzeichnis. (1) [1]Das Bundesministerium der Justiz und für Verbraucherschutz regelt durch Rechtsverordnung[3)] mit Zustimmung des Bundesrates die Einzelheiten der Datenerhebung für das Notarverzeichnis, der Führung des Notarverzeichnisses und der Einsichtnahme in das Notarverzeichnis. [2]Soweit in der Rechtsverordnung nicht anders geregelt, bleibt die Zulässigkeit der Einrichtung gemeinsamer Verfahren nach § 11 des E-Government-Gesetzes unberührt.

(2) [1]Die Rechtsverordnung kann vorsehen oder gestatten, dass weitere den in § 78l Absatz 2 Satz 1 und 2 genannten Zwecken sowie der Bestellung einer Notarvertretung und seiner Tätigkeit dienende Angaben gespeichert werden. [2]Sie hat in diesem Fall deren Verwendungszweck näher zu bestimmen. [3]Dabei kann insbesondere das Einsichtsrecht beschränkt oder ausgeschlossen werden.

§ 78n[4)] Besonderes elektronisches Notarpostfach; Verordnungsermächtigung. (1) Die Bundesnotarkammer richtet für jeden in das Notarverzeichnis eingetragenen Notar ein persönliches elektronisches Postfach ein (besonderes elektronisches Notarpostfach).

(2) [1]Die Bundesnotarkammer hat sicherzustellen, dass der Zugang zum besonderen elektronischen Notarpostfach nur durch ein sicheres Verfahren mit zwei voneinander unabhängigen Sicherungsmitteln möglich ist. [2]Die Bundesnotarkammer kann unterschiedlich ausgestaltete Zugangsberechtigungen für Notare und andere Personen vorsehen. [3]Sie ist berechtigt, die in dem besonderen elektronischen Notarpostfach gespeicherten Nachrichten nach angemessener Zeit zu löschen. [4]Das besondere elektronische Notarpostfach soll barrierefrei ausgestaltet sein.

(3) [1]Wird das Erlöschen des Amtes des Notars oder die vorläufige Amtsenthebung in das Notarverzeichnis eingetragen, hebt die Bundesnotarkammer die Zugangsberechtigung zum besonderen elektronischen Notarpostfach auf. [2]Sie löscht das besondere elektronische Notarpostfach, sobald es nicht mehr benötigt wird.

[1)] Nr. **98**.

[2)] § 78m eingef. mWv 9.6.2017 durch G v. 1.6.2017 (BGBl. I S. 1396); Abs. 2 Satz 1 geänd. mWv 1.8.2021 durch G v. 25.6.2021 (BGBl. I S. 2154).

[3)] Siehe hierzu ua die Notarverzeichnis- und -postfachverordnung – NotVPV v. 4.3.2019 (BGBl. I S. 187), zuletzt geänd. durch VO v. 17.12.2021 (BGBl. I S. 5219).

[4)] § 78n eingef. mWv 9.6.2017 durch G v. 1.6.2017 (BGBl. I S. 1396); Abs. 1 geänd., Abs. 5 und 6 eingef., bish. Abs. 5 wird Abs. 7 mWv 1.8.2021 durch G v. 25.6.2021 (BGBl. I S. 2154).

(4) Die Absätze 1 bis 3 gelten für Notariatsverwalter entsprechend.

(5) [1]Die Bundesnotarkammer kann auch für Notarvertretungen, für Notarassessoren, für sich selbst, für die Notarkammern und für andere notarielle Einrichtungen besondere elektronische Notarpostfächer einrichten. [2]Absatz 2 Satz 1, 3 und 4 ist anzuwenden.

(6) Der Inhaber des besonderen elektronischen Notarpostfachs ist verpflichtet, die für dessen Nutzung erforderlichen technischen Einrichtungen vorzuhalten sowie Zustellungen und den Zugang von Mitteilungen über das besondere elektronische Notarpostfach zur Kenntnis zu nehmen.

(7) Das Bundesministerium der Justiz und für Verbraucherschutz regelt durch Rechtsverordnung mit Zustimmung des Bundesrates die Einzelheiten der besonderen elektronischen Notarpostfächer, insbesondere Einzelheiten
1. ihrer Einrichtung und der hierzu erforderlichen Datenübermittlung,
2. ihrer technischen Ausgestaltung einschließlich ihrer Barrierefreiheit,
3. ihrer Führung,
4. der Zugangsberechtigung und der Nutzung,
5. des Löschens von Nachrichten und
6. ihrer Löschung.

§ 78o[1)] Beschwerde. (1) Gegen Entscheidungen der Registerbehörde nach den §§ 78a bis 78g und der Urkundenarchivbehörde nach § 78j, auch soweit diese auf Grund einer Rechtsverordnung oder Satzung nach den genannten Vorschriften erfolgen, findet ohne Rücksicht auf den Wert des Beschwerdegegenstandes die Beschwerde nach den Vorschriften des Gesetzes über das Verfahren in Familiensachen und in den Angelegenheiten der freiwilligen Gerichtsbarkeit[2)] statt, soweit sich nicht aus den folgenden Absätzen etwas anderes ergibt.

(2) [1]Die Beschwerde ist bei der Behörde einzulegen, die die Entscheidung getroffen hat. [2]Diese kann der Beschwerde abhelfen. [3]Beschwerden, denen sie nicht abhilft, legt sie dem Landgericht am Sitz der Bundesnotarkammer vor.

(3) Die Rechtsbeschwerde ist nicht zulässig.

§ 78p[3)] Videokommunikationssystem für Urkundstätigkeiten; Verordnungsermächtigung. (1) Die Bundesnotarkammer betreibt ein Videokommunikationssystem, das den Notaren die Vornahme von Urkundstätigkeiten mittels Videokommunikation nach den §§ 16a bis 16e und 40a des Beurkundungsgesetzes[4)] ermöglicht.

(2) [1]Der Betrieb des Videokommunikationssystems umfasst insbesondere auch
1. die technische Abwicklung der Videokommunikation zwischen den Notaren und den Beteiligten,
2. die technische Durchführung eines elektronischen Identitätsnachweises nach § 16c Satz 1 des Beurkundungsgesetzes,
3. das Auslesen eines elektronischen Speicher- und Verarbeitungsmediums nach § 16c Satz 2 des Beurkundungsgesetzes und

---

1) § 78o eingef. mWv 9.6.2017 durch G v. 1.6.2017 (BGBl. I S. 1396).
2) **Habersack, Deutsche Gesetze Nr. 112.**
3) § 78p eingef. mWv 1.8.2022 durch G v. 5.7.2021 (BGBl. I S. 3338); Abs. 2 Satz 2 angef., Abs. 3 neu gef. mWv 22.7.2022 durch G v. 15.7.2022 (BGBl. I S. 1146).
4) **Habersack, Deutsche Gesetze Nr. 23.**

4. das Erstellen einer qualifizierten elektronischen Signatur und das Versehen der elektronischen Urkunde mit dieser.

[2]Das Videokommunikationssystem kann weitere Funktionen umfassen, die der Anbahnung, der Vorbereitung, der Durchführung oder dem Vollzug der Urkundstätigkeit dienen.

(3) Das Bundesministerium der Justiz hat im Einvernehmen mit dem Bundesministerium des Innern und für Heimat durch Rechtsverordnung, die nicht der Zustimmung des Bundesrates bedarf, die näheren Bestimmungen zu treffen über

1. die Einrichtung des Videokommunikationssystems,
2. den technischen Betrieb des Videokommunikationssystems,
3. die für die Funktionen des Videokommunikationssystems erforderlichen Datenverarbeitungen,
4. die Datensicherheit und
5. die Erteilung und Entziehung der technischen Zugangsberechtigungen.

§ 78q[1)] Gebührenerhebung für das Videokommunikationssystem.

(1) [1]Das Videokommunikationssystem wird durch Gebühren finanziert, zu deren Zahlung die Notare verpflichtet sind. [2]Die Gebühren sind so zu bemessen, dass der mit der Einrichtung und dem Betrieb des Videokommunikationssystems verbundene Verwaltungsaufwand einschließlich der Personal- und Sachkosten gedeckt wird.

(2)[2)] [1]Die Bundesnotarkammer bestimmt die Gebühren nach Absatz 1 und die Art ihrer Erhebung durch eine Gebührensatzung. [2]Die Gebührensatzung bedarf der Genehmigung des Bundesministeriums der Justiz und für Verbraucherschutz. [3]Die Höhe der Gebühren ist regelmäßig zu überprüfen.

§ 79[3)] Organe. Die Organe der Bundesnotarkammer sind das Präsidium und die Generalversammlung.

§ 80[4)] Präsidium. [1]Das Präsidium der Bundesnotarkammer besteht aus dem Präsidenten und acht weiteren Mitgliedern. [2]Fünf Mitglieder des Präsidiums müssen hauptberufliche Notare sein, vier Mitglieder müssen Anwaltsnotare sein. [3]Jeweils ein hauptberuflicher Notar und ein Anwaltsnotar amtieren dabei als Vertretung des Präsidenten.

§ 81[5)] Wahl des Präsidiums. (1) [1]Das Präsidium wird von der Generalversammlung gewählt. [2]Wählbar sind die Präsidenten der Notarkammern und die von ihnen vorgeschlagenen Mitglieder ihrer Notarkammer. [3]§ 69c gilt mit der Maßgabe entsprechend, dass an die Stelle der Satzung der Notarkammer die der Bundesnotarkammer tritt.

(2) [1]Die Mitglieder des Präsidiums werden auf vier Jahre gewählt. [2]Scheidet ein Mitglied vorzeitig aus, so ist in der auf sein Ausscheiden folgenden Generalversammlung für den Rest seiner Wahlzeit ein neues Mitglied zu wählen.

---

1) § 78q eingef. mWv 1.8.2022 durch G v. 5.7.2021 (BGBl. I S. 3338).

2) Abs. 2 tritt bereits mWv 14.8.2021 in Kraft, vgl. Art. 31 Abs. 2 G v. 5.7.2021 (BGBl. I S. 3338).

3) § 79 geänd. mWv 1.8.2021 durch G v. 25.6.2021 (BGBl. I S. 2154).

4) § 80 neu gef. mWv 1.8.2021 durch G v. 25.6.2021 (BGBl. I S. 2154).

5) § 81 Abs. 1 Satz 1 geänd., Satz 2 neu gef. Abs. 2 Satz 2 geänd. mWv 1.8.2021 durch G v. 25.6.2021 (BGBl. I S. 2154); Abs. 1 Satz 3 angef. mWv 1.8.2022 durch G v. 7.7.2021 (BGBl. I S. 2363).

§ 81a[1)] Verschwiegenheitspflicht; Inanspruchnahme von Dienstleistungen. (1) Für die Verschwiegenheitspflicht der Mitglieder des Präsidiums und der Angestellten der Bundesnotarkammer sowie der Personen, die von der Bundesnotarkammer oder den Mitgliedern ihres Präsidiums zur Mitarbeit herangezogen werden, gilt § 69a Absatz 1 und 2 entsprechend.

(2) Für die Inanspruchnahme von Dienstleistungen durch die Bundesnotarkammer gilt in Bezug auf Angelegenheiten, die der Verschwiegenheitspflicht des Notars nach § 18 unterliegen, § 26a Absatz 1 bis 3, 6 und 7 sinngemäß.

§ 82[2)] Aufgaben des Präsidenten und des Präsidiums. (1) Der Präsident vertritt die Bundesnotarkammer gerichtlich und außergerichtlich.

(2) In den Sitzungen des Präsidiums führt der Präsident den Vorsitz.

(3) [1] Das Präsidium erstattet dem Bundesministerium der Justiz und für Verbraucherschutz jährlich Bericht über die Tätigkeit der Bundesnotarkammer und des Präsidiums. [2] Es zeigt ihm ferner das Ergebnis der Wahlen zum Präsidium an.

§ 83[3)] Generalversammlung. (1) Die Bundesnotarkammer faßt ihre Beschlüsse regelmäßig auf Generalversammlungen.

(2) [1] Die der Bundesnotarkammer in § 78 Abs. 1 Nr. 4 zugewiesenen Aufgaben erledigt das Präsidium nach Anhörung der Generalversammlung. [2] In dringenden Fällen kann die Anhörung unterbleiben; die Mitglieder sind jedoch unverzüglich von den getroffenen Maßnahmen zu unterrichten.

§ 84[4)] (weggefallen)

§ 85[5)] Einberufung der Generalversammlung. (1) [1] Die Generalversammlung wird durch den Präsidenten schriftlich einberufen. [2] Er führt in ihr den Vorsitz. [3] Die Generalversammlung muss einberufen werden, wenn das Präsidium oder mindestens drei Notarkammern dies schriftlich unter Angabe des zu behandelnden Gegenstands beantragen.

(2) [1] Bei der Einberufung der Generalversammlung ist der Gegenstand anzugeben, über den Beschluss gefasst werden soll. [2] Über einen Gegenstand, der nicht innerhalb der in der Satzung für die Einberufung vorgesehenen Fristen mitgeteilt wurde, kann nur mit Zustimmung aller Notarkammern Beschluss gefasst werden.

(3) [1] Beschlüsse der Generalversammlung können auch ohne Zusammenkunft gefasst werden, wenn nicht mehr als drei Notarkammern widersprechen. [2] Abstimmungen sind schriftlich durchzuführen.

§ 86[6)] Zusammensetzung und Beschlussfassung der Generalversammlung. (1) [1] In der Generalversammlung werden die Notarkammern durch ihren jeweiligen Präsidenten oder ein anderes Mitglied ihrer Notarkammer vertreten. [2] Für ein anderes Mitglied gilt § 69 Absatz 4 und 5 sinngemäß. [3] Teilnahmeberech-

---

1) § 81a neu gef. mWv 1.8.2021 durch G v. 25.6.2021 (BGBl. I S. 2154).

2) § 82 Abs. 3 Satz 1 geänd. mWv 8.9.2015 durch VO v. 31.8.2015 (BGBl. I S. 1474); Abs. 3 Satz 1 geänd. mWv 1.8.2021 durch G v. 25.6.2021 (BGBl. I S. 2154).

3) § 83 Abs. 2 geänd. durch G v. 31.8.1998 (BGBl. I S. 2585); Abs. 1, 2 Satz 1 geänd. mWv 1.8.2021 durch G v. 25.6.2021 (BGBl. I S. 2154).

4) § 84 aufgeh. mWv 1.8.2021 durch G v. 25.6.2021 (BGBl. I S. 2154).

5) § 85 neu gef. mWv 1.8.2021 durch G v. 25.6.2021 (BGBl. I S. 2154).

6) § 86 neu gef. mWv 1.8.2021 durch G v. 25.6.2021 (BGBl. I S. 2154); Abs. 1 Satz 2 eingef., bish. Satz 2 wird Satz 3 mWv 1.8.2022 durch G v. 7.7.2021 (BGBl. I S. 2363).

tigt sind zudem die Mitglieder des Präsidiums der Bundesnotarkammer sowie vom Präsidenten der Bundesnotarkammer besonders zugelassene Personen.

(2) [1] In der Generalversammlung werden die Stimmen der Notarkammern nach den Einwohnerzahlen des Bezirks, für den sie gebildet sind, wie folgt gewichtet:

1. bis zu drei Millionen Einwohner einfach,
2. bis zu sechs Millionen Einwohner zweifach,
3. bis zu neun Millionen Einwohner dreifach,
4. über neun Millionen Einwohner vierfach.

[2] Die Einwohnerzahlen bestimmen sich für jeweils ein Kalenderjahr nach den vor Beginn des Jahres zuletzt veröffentlichten Zahlen des Statistischen Bundesamts.

(3) [1] In der Generalversammlung werden Beschlüsse mit der einfachen Mehrheit der abgegebenen Stimmen gefasst, soweit in diesem Gesetz oder in der Satzung der Bundesnotarkammer nichts anderes bestimmt ist. [2] Bei Stimmengleichheit gibt die Stimme des Vorsitzenden den Ausschlag; bei Wahlen entscheidet das Los.

(4) Die Ausführung von Beschlüssen unterbleibt, wenn ihr mit einer Mehrheit von mindestens drei Vierteln entweder der Stimmen, die hauptberuflichen Notaren zustehen, oder der Stimmen, die Anwaltsnotaren zustehen, widersprochen wird.

§ 87[1)] Bericht des Präsidiums. Das Präsidium hat der Generalversammlung über alle wichtigen Angelegenheiten zu berichten.

§ 88[2)] Status der Mitglieder. [1] Die Mitglieder des Präsidiums und der Generalversammlung sind ehrenamtlich tätig. [2] Sie können jedoch eine angemessene Entschädigung für ihre Tätigkeit und einen Ersatz ihrer notwendigen Auslagen erhalten.

§ 89[3)] Regelung durch Satzung. [1] Die näheren Bestimmungen über die Organe der Bundesnotarkammer und ihre Befugnisse trifft die Satzung. [2] Die Satzung und deren Änderungen sind im amtlichen Verkündungsblatt der Bundesnotarkammer bekanntzumachen.

§ 90 Auskunftsrecht. Die Bundesnotarkammer ist befugt, zur Erfüllung der ihr durch Gesetz oder Satzung zugewiesenen Aufgaben von den Notarkammern Berichte und Gutachten einzufordern.

§ 91[4)] Erhebung von Beiträgen. (1) Die Bundesnotarkammer erhebt von den Notarkammern Beiträge, die zur Deckung des persönlichen und sachlichen Bedarfs bestimmt sind.

(2) Die Höhe der Beiträge wird von der Generalversammlung festgesetzt.

---

1) § 87 geänd. mWv 1.8.2021 durch G v. 25.6.2021 (BGBl. I S. 2154).
2) § 88 Satz 1 geänd., Satz 2 angef. mWv 1.8.2021 durch G v. 25.6.2021 (BGBl. I S. 2154).
3) § 89 Satz 2 angef. mWv 1.8.2021 durch G v. 25.6.2021 (BGBl. I S. 2154).
4) § 91 Abs. 2 geänd. mWv 1.8.2021 durch G v. 25.6.2021 (BGBl. I S. 2154).

Teil 3. Aufsicht; Disziplinarverfahren; gerichtliches Verfahren in verwaltungsrechtlichen Notarsachen

Abschnitt 1. Aufsicht

§ 92[1)] Aufsichtsbehörden. (1) Das Recht der Aufsicht steht zu

1. dem Präsidenten des Landgerichts über die Notare und Notarassessoren des Landgerichtsbezirks;
2. dem Präsidenten des Oberlandesgerichts über die Notare und Notarassessoren des Oberlandesgerichtsbezirks;
3. der Landesjustizverwaltung über sämtliche Notare und Notarassessoren des Landes.

(2) Soweit gesetzlich nichts anderes geregelt ist, bestimmt die Landesjustizverwaltung die jeweiligen Zuständigkeiten der Aufsichtsbehörden.

(3) [1] Eine Rechtsverordnung nach § 60 Absatz 2 des Gerichtsverfassungsgesetzes[2)] kann auch vorsehen, dass das Recht der Aufsicht über die Notare und Notarassessoren dem Präsidenten eines Landgerichts für die Bezirke mehrerer Landgerichte zugewiesen wird. [2] Eine Zuweisung nach Satz 1 erstreckt sich auch auf die Zuständigkeiten nach § 13 Absatz 3 Satz 1, § 40 Absatz 2 Satz 1, § 51 Absatz 2 und § 51a Absatz 1 Satz 2.

§ 93[3)] Befugnisse der Aufsichtsbehörden. (1) [1] Den Aufsichtsbehörden obliegt die regelmäßige Prüfung und Überwachung der Amtsführung der Notare und des Dienstes der Notarassessoren. [2] Zusätzliche Zwischenprüfungen und Stichproben sind ohne besonderen Anlaß zulässig. [3] Bei einem neubestellten Notar wird die erste Prüfung innerhalb der ersten zwei Jahre seiner Tätigkeit vorgenommen.

(2) [1] Gegenstand der Prüfung ist die ordnungsmäßige Erledigung der Amtsgeschäfte des Notars. [2] Die Prüfung erstreckt sich auch auf die Einrichtung der Geschäftsstelle auf die Führung und Verwahrung der Akten und Verzeichnisse, auf die ordnungsgemäße automatisierte Verarbeitung personenbezogener Daten, auf die vorschriftsmäßige Verwahrung von Wertgegenständen, auf die rechtzeitige Anzeige von Vertretungen sowie auf das Bestehen der Haftpflichtversicherung. [3] In jedem Fall ist eine größere Anzahl von Urkunden und Nebenakten durchzusehen und dabei auch die Kostenberechnung zu prüfen.

(3) [1] Die Zuständigkeit zur Durchführung der Prüfung richtet sich nach den hierzu erlassenen Bestimmungen der Landesjustizverwaltung. [2] Die Aufsichtsbehörde kann nach Anhörung der Notarkammer Notare zu Prüfungen hinzuziehen. [3] Zur Durchsicht und Prüfung der Verzeichnisse und zur Prüfung der Kostenberechnungen und Abrechnungen über Gebührenabgaben einschließlich deren Einzugs sowie der Verwahrungsgeschäfte und dergleichen dürfen auch Beamte der Justizverwaltung herangezogen werden; eine Aufsichtsbefugnis steht diesen Beam-

---

1) § 92 Abs. 2 angef. mWv 1.8.2021 durch G v. 25.6.2021 (BGBl. I S. 2154); Abs. 3 angef. mWv 1.3.2023 durch G v. 22.2.2023 (BGBl. 2023 I Nr. 51).

2) **Habersack, Deutsche Gesetze Nr. 95.**

3) § 93 neu gef. durch G v. 31.8.1998 (BGBl. I S. 2585); Abs. 4 Satz 3 angef. mWv 18.12.2007 durch G v. 12.12.2007 (BGBl. I S. 2840); Abs. 3 Satz 4 geänd. mWv 1.9.2009 durch G v. 30.7.2009 (BGBl. I S. 2449); Abs. 2 Satz 2 und Abs. 3 Satz 3 geänd., Abs. 4 neu gef. mWv 1.1.2022 durch G v. 1.6.2017 (BGBl. I S. 1396); Abs. 2 Satz 2, Abs. 3 Satz 4 geänd. mWv 1.8.2021 durch G v. 25.6.2021 (BGBl. I S. 2154).

ten nicht zu. [4] Soweit bei dem Notar die Kostenberechnung und der Kosteneinzug bereits von der Notarkasse oder der Ländernotarkasse geprüft wird, ist eine Prüfung nicht erforderlich.

(4) [1] Der Notar ist verpflichtet, den Aufsichtsbehörden oder den von diesen mit der Prüfung Beauftragten Einsicht in die Akten und Verzeichnisse sowie die in seiner Verwahrung befindlichen Urkunden zu gewähren und ihnen diese auszuhändigen. [2] Der Notar hat ihnen zudem den Zugang zu den Anlagen zu gewähren, mit denen personenbezogene Daten automatisiert verarbeitet werden,

(Fortsetzung nächstes Blatt)

sowie ihnen die für die Zwecke der Aufsicht notwendigen Auskünfte zu erteilen. [3] § 78i bleibt unberührt. [4] Personen, mit denen sich der Notar zur gemeinsamen Berufsausübung verbunden oder mit denen er gemeinsame Geschäftsräume hat oder hatte, sind verpflichtet, den Aufsichtsbehörden Auskünfte zu erteilen und Akten und Verzeichnisse vorzulegen, soweit dies für die Prüfung der Einhaltung der Mitwirkungsverbote erforderlich ist. [5] Dies gilt auch für Dritte, mit denen eine berufliche Verbindung im Sinne von § 27 Absatz 1 Satz 2 besteht oder bestanden hat.

§ 94[1)] Missbilligung. (1) [1] Die Aufsichtsbehörden sind befugt, Notaren und Notarassessoren eine Missbilligung auszusprechen, wenn diese eine Amtspflichtverletzung leichter Art begangen haben. [2] Für die Verjährung gilt § 95a Absatz 1 Satz 1.

(2) [1] § 75 Absatz 2 und 3 Satz 1 und 2 gilt entsprechend. [2] Der Notarkammer ist eine Kopie der Missbilligung zu übermitteln.

(3) [1] Gegen eine Missbilligung kann der Notar oder Notarassessor innerhalb eines Monats nach Zustellung schriftlich bei der Aufsichtsbehörde Beschwerde einlegen. [2] Die Aufsichtsbehörde kann der Beschwerde abhelfen. [3] Hilft sie ihr nicht ab, entscheidet über die Beschwerde die nächsthöhere Aufsichtsbehörde. [4] Deren Entscheidung ist zu begründen und dem Notar oder Notarassessor zuzustellen.

(4) [1] Wird die Beschwerde zurückgewiesen, kann der Notar oder Notarassessor die Entscheidung des Oberlandesgerichts als Disziplinargericht für Notare beantragen. [2] § 75 Absatz 5 Satz 2 bis 4 gilt entsprechend.

(5) [1] Eine Missbilligung lässt das Recht der Aufsichtsbehörde zur Einleitung eines Disziplinarverfahrens unberührt. [2] § 75 Absatz 6 Satz 2 und 3 gilt entsprechend.

Abschnitt 2. Disziplinarverfahren

§ 95[2)] Einleitung eines Disziplinarverfahrens. Liegen zureichende tatsächliche Anhaltspunkte dafür vor, dass ein Notar oder ein Notarassessor seine Amtspflichten schuldhaft verletzt hat und die Amtspflichtverletzung nicht nur leichter Art war, so hat die Aufsichtsbehörde gegen ihn wegen des Dienstvergehens ein Disziplinarverfahren einzuleiten.

§ 95a[3)] Verjährung. (1) [1] Die Verfolgung eines Dienstvergehens verjährt nach fünf Jahren. [2] Abweichend davon
1. beträgt die Verjährungsfrist zehn Jahre, wenn das Dienstvergehen eine Maßnahme nach § 97 Absatz 2 Satz 1 oder Absatz 3 Satz 1 rechtfertigt,
2. tritt keine Verjährung ein, wenn das Dienstvergehen eine Maßnahme nach § 97 Absatz 1 Nummer 3 rechtfertigt.

(2) Die Verjährung wird gehemmt für die Dauer
1. eines Widerspruchsverfahrens,
2. eines gerichtlichen Disziplinarverfahrens,
3. einer Aussetzung des Disziplinarverfahrens entsprechend § 22 des Bundesdisziplinargesetzes[4)],
4. eines wegen desselben Verhaltens eingeleiteten Strafverfahrens und

---

1) § 94 neu gef. mWv 1.8.2021 durch G v. 25.6.2021 (BGBl. I S. 2154).
2) § 95 neu gef. mWv 1.8.2021 durch G v. 25.6.2021 (BGBl. I S. 2154).
3) § 95a neu gef. mWv 1.8.2022 durch G v. 7.7.2021 (BGBl. I S. 2363).
4) **Sartorius Nr. 220.**

5. eines wegen desselben Verhaltens eingeleiteten vorrangigen berufsaufsichtlichen Verfahrens.

(3) Die Verjährung wird unterbrochen durch

1. die Einleitung des Disziplinarverfahrens,
2. die Erhebung der Disziplinarklage und
3. die Erhebung der Nachtragsdisziplinarklage.

§ 96[1)] Anwendung der Vorschriften des Bundesdisziplinargesetzes; Verordnungsermächtigung. (1) [1] Soweit in diesem Gesetz nichts Abweichendes bestimmt ist, sind die Vorschriften des Bundesdisziplinargesetzes[2)] in der am 31. März 2024 geltenden Fassung entsprechend anzuwenden. [2] Die in diesen Vorschriften den Dienstvorgesetzten zugewiesenen Aufgaben und Befugnisse nehmen die Aufsichtsbehörden, die Aufgaben und Befugnisse der obersten Dienstbehörde nimmt die Landesjustizverwaltung wahr.

(2) [1] Mit der Durchführung der Ermittlungen ist eine Person zu beauftragen, die die Befähigung zum Richteramt hat. [2] Zur Durchführung einer gerichtlichen Vernehmung gemäß § 25 Absatz 2 des Bundesdisziplinargesetzes kann das Gericht das Amtsgericht um Rechtshilfe ersuchen.

(3) [1] Die über § 3 des Bundesdisziplinargesetzes anzuwendenden Vorschriften der Verwaltungsgerichtsordnung[3)] über die Mitwirkung ehrenamtlicher Richter finden keine Anwendung. [2] Die Fristen des § 3 des Bundesdisziplinargesetzes in Verbindung mit § 116 Absatz 2 und § 117 Absatz 4 der Verwaltungsgerichtsordnung betragen jeweils fünf Wochen.

(4) [1] Von der Anwendbarkeit des § 41 Absatz 1 Satz 1 des Bundesdisziplinargesetzes kann durch Landesgesetz abgesehen werden. [2] Die Landesregierungen werden ermächtigt, die in Absatz 1 Satz 2 genannten Aufgaben und Befugnisse durch Rechtsverordnung auf den Landesjustizverwaltungen nachgeordnete Behörden zu übertragen. [3] Die Landesregierungen können diese Ermächtigung durch Rechtsverordnung auf die Landesjustizverwaltungen übertragen.

(5) [1] Auf den Rechtsschutz bei überlangen Gerichtsverfahren sind die Vorschriften des Siebzehnten Titels des Gerichtsverfassungsgesetzes[4)] anzuwenden. [2] Die Vorschriften dieses Gesetzes, die die Besetzung des Oberlandesgerichts und des Bundesgerichtshofs in Disziplinarsachen gegen Notare regeln, sind nicht anzuwenden.

(6) [1] In Disziplinarverfahren gegen Notare hat das Gericht die Notarkammer, deren Mitglied der Notar ist, von dem Termin der Verhandlung zu benachrichtigen. [2] Vertretern der Notarkammer, die einer Verschwiegenheitspflicht nach § 69a Absatz 1 unterliegen, soll zu einer nicht öffentlichen Verhandlung der Zutritt gestattet werden.

[1)] § 96 neu gef. mWv 1.1.2010 durch G v. 17.6.2009 (BGBl. I S. 1282); Abs. 5 angef. mWv 3.12.2011 *durch G v.* 24.11.2011 (BGBl. I S. 2302); Abs. 6 angef. mWv 1.8.2021 durch G v. 25.6.2021 (BGBl. I S. 2154); Abs. 1 Satz 1 geänd. mWv 1.4.2024 durch G v. 20.12.2023 (BGBl. 2023 I Nr. 389).

[2)] **Sartorius Nr. 220.**

[3)] **Sartorius Nr. 600.**

[4)] **Habersack, Deutsche Gesetze Nr. 95.**

§ 97[1] Disziplinarmaßnahmen. (1) [1] Im Disziplinarverfahren können folgende Maßnahmen verhängt werden:

1. Verweis,
2. Geldbuße,
3. Entfernung aus dem Amt.

[2] Die Disziplinarmaßnahmen des Verweises und der Geldbuße können nebeneinander verhängt werden.

(2) [1] Gegen einen hauptberuflichen Notar kann als Disziplinarmaßnahme auch auf Entfernung vom bisherigen Amtssitz erkannt werden [2] In diesem Fall hat die Landesjustizverwaltung dem Notar nach Rechtskraft der Entscheidung, nachdem die Notarkammer gehört worden ist, unverzüglich einen anderen Amtssitz zuzuweisen. [3] Neben der Entfernung vom bisherigen Amtssitz kann auch eine Geldbuße verhängt werden.

(3) [1] Gegen einen Anwaltsnotar kann als Disziplinarmaßnahme auch auf Entfernung aus dem Amt auf bestimmte Zeit erkannt werden. [2] In diesem Fall darf die erneute Bestellung zum Notar nur versagt werden, wenn sich der Notar in der Zwischenzeit eines Verhaltens schuldig gemacht hat, das ihn unwürdig erscheinen läßt, das Amt eines Notars wieder auszuüben.

(4) [1] Geldbuße kann gegen Notare bis zu fünfzigtausend Euro, gegen Notarassessoren bis zu fünftausend Euro verhängt werden. [2] Beruht die Handlung, wegen der eine Geldbuße verhängt wird, auf Gewinnsucht, so kann auf Geldbuße bis zum Doppelten des erzielten Vorteils erkannt werden.

(5) Die Entfernung aus dem Amt nach Absatz 1 Satz 1 Nummer 3 hat bei einem Anwaltsnotar zugleich die Ausschließung aus der Rechtsanwaltschaft zur Folge.

§ 98[2] Verhängung der Disziplinarmaßnahmen. [1] Verweis und Geldbuße können durch Disziplinarverfügung der Aufsichtsbehörden verhängt werden. [2] Soll gegen den Notar auf Entfernung aus dem Amt, Entfernung vom bisherigen Amtssitz oder Entfernung aus dem Amt auf bestimmte Zeit erkannt werden, ist gegen ihn Disziplinarklage zu erheben. [3] § 14 Absatz 1 Nummer 2 des Bundesdisziplinargesetzes[3] findet auf die Entfernung vom bisherigen Amtssitz und die Entfernung aus dem Amt auf bestimmte Zeit entsprechende Anwendung.

§ 99 Disziplinargericht. Als Disziplinargerichte für Notare sind im ersten Rechtszug das Oberlandesgericht und im zweiten Rechtszug der Bundesgerichtshof zuständig.

§ 100[4] Übertragung von Aufgaben des Disziplinargerichts durch Rechtsverordnung. [1] Sind in einem Land mehrere Oberlandesgerichte errichtet, so kann die Landesregierung durch Rechtsverordnung die örtliche Zuständigkeit der Oberlandesgerichte für die ihnen als Disziplinargericht zugewiesenen Aufgaben abwei-

---

[1] § 97 Abs. 4 neu gef. durch G v. 29.1.1991 (BGBl. I S. 150); Abs. 4 Satz 1 geänd. durch G v. 31.8.1998 (BGBl. I S. 2585); Abs. 4 Satz 1 geänd. mWv 1.1.2002 durch G v. 9.7.2001 (BGBl. I S. 1510); Abs. 1 Satz 1 neu gef., Abs. 5 geänd. mWv 18.5.2017 durch G v. 12.5.2017 (BGBl. I S. 1121); Abs. 2 Satz 1, Abs. 5 geänd. mWv 1.8.2021 durch G v. 25.6.2021 (BGBl. I S. 2154).

[2] § 98 Abs. 2 geänd. durch G v. 31.8.1998 (BGBl. I S. 2585); Abs. 2 geänd. mWv 1.1.2002 durch G v. 9.7.2001 (BGBl. I S. 1510); Abs. 1 Sätze 2 und 3 angef. mWv 1.1.2010 durch G v. 17.6.2009 (BGBl. I S. 1282); Abs. 2 aufgeh. mWv 1.8.2021 durch G v. 25.6.2021 (BGBl. I S. 2154).

[3] **Sartorius Nr. 220.**

[4] § 100 Satz 2 angef. mWv 18.5.2017 durch G v. 12.5.2017 (BGBl. I S. 1121); Satz 1 neu gef. mWv 1.8.2021 durch G v. 25.6.2021 (BGBl. I S. 2154).

chend regeln oder diese Aufgaben dem obersten Landesgericht übertragen. [2]Die Landesregierungen können diese Ermächtigung durch Rechtsverordnung auf die Landesjustizverwaltungen übertragen.

§ 101 Besetzung des Oberlandesgerichts. Das Oberlandesgericht entscheidet in Disziplinarsachen gegen Notare in der Besetzung mit dem Vorsitzenden, einem Beisitzer, der planmäßig angestellter Richter ist, und einem Beisitzer, der Notar ist.

§ 102[1)] Bestellung der richterlichen Mitglieder. [1]Der Vorsitzende, der mindestens Vorsitzender Richter am Oberlandesgericht sein muss, seine Stellvertreter sowie die richterlichen Beisitzer und ihre Stellvertreter werden von dem Präsidium des Oberlandesgerichts aus der Zahl der ständigen Mitglieder des Oberlandesgerichts auf die Dauer von fünf Jahren bestellt. [2]Im übrigen gelten die Vorschriften des Zweiten Titels des Gerichtsverfassungsgesetzes[2)] entsprechend.

§ 103[3)] Bestellung der notariellen Beisitzer. (1) [1]Die Beisitzer aus den Reihen der Notare werden von der Landesjustizverwaltung ernannt. [2]Sie müssen im Zuständigkeitsbereich des Disziplinargerichts als Notare bestellt sein. [3]Sie werden einer Vorschlagsliste entnommen, die der Vorstand der Notarkammer der Landesjustizverwaltung einreicht. [4]Die Landesjustizverwaltung bestimmt, welche Zahl von Beisitzern erforderlich ist; sie hat vorher den Vorstand der Notarkammer zu hören. [5]Die Vorschlagsliste des Vorstandes der Notarkammer muß mindestens die Hälfte mehr als die erforderliche Zahl von Notaren enthalten. [6]Umfaßt ein Oberlandesgericht mehrere Bezirke von Notarkammern oder Teile von solchen Bezirken, so verteilt die Landesjustizverwaltung die Zahl der Beisitzer auf die Bezirke der einzelnen Notarkammern.

(2) Die Beisitzer dürfen nicht gleichzeitig

1. Präsident der Kasse (§ 113 Abs. 3) sein oder dem Vorstand der Notarkammer, dem Verwaltungsrat der Kasse oder dem Präsidium der Bundesnotarkammer angehören;
2. bei der Notarkammer, der Kasse oder der Bundesnotarkammer im Haupt- oder Nebenberuf tätig sein;
3. einem anderen Disziplinargericht (§ 99) angehören.

(3) Zum Beisitzer kann nur ernannt werden, wer mindestens fünf Jahre als Notar tätig war.

(4) Notare, deren Wählbarkeit in den Vorstand der Notarkammer nach § 69 Absatz 4 ausgeschlossen ist, können nicht zum Beisitzer ernannt werden.

(5) [1]Die Beisitzer werden für die Dauer von fünf Jahren ernannt; sie können nach Ablauf ihrer Amtszeit wieder berufen werden. [2]Scheidet ein Beisitzer vorzeitig aus, so wird für den Rest der Amtszeit ein Nachfolger ernannt.

[1)] § 102 Sätze 1 und 2 geänd. mWv 1.1.2005 durch G v. 21.12.2004 (BGBl. I S. 3599); Satz 1 neu gef. mWv 1.9.2009 durch G v. 30.7.2009 (BGBl. I S. 2449); Satz 2 geänd. mWv 1.8.2021 durch G v. 25.6.2021 (BGBl. I S. 2154).

[2)] **Habersack, Deutsche Gesetze Nr. 95.**

[3)] *§ 103 Abs. 4 Nr. 2 und 5 geänd* durch G v. 2.9.1994 (BGBl. I S. 2278); Abs. 4 Nr. 4 neu gef., Nr. 5 angef. durch G v. 29.1.1991 (BGBl. I S. 150); Abs. 5 Satz 1 geänd. mWv 1.1.2005 durch G v. 21.12.2004 (BGBl. I S. 3599); Abs. 1 Satz 2 eingef., bish. Sätze 2–5 werden Sätze 3–6, Abs. 2 neu gef. mWv 1.9.2009 durch G v. 30.7.2009 (BGBl. I S. 2449); Abs. 3 und 4 neu gef. mWv 1.8.2022 durch G v. 7.7.2021 (BGBl. I S. 2363).

§ 104[1)] Rechte und Pflichten der notariellen Beisitzer. (1) [1] Die Beisitzer aus den Reihen der Notare haben als solche während der Dauer ihres Amtes alle Rechte und Pflichten eines Berufsrichters. [2] Ihr Amt ist ein Ehrenamt. [3] Sie erhalten aus der Staatskasse für den mit ihrer Tätigkeit verbundenen Aufwand eine Entschädigung die sich auf das Eineinhalbfache des in Nummer 32008 des Kostenverzeichnisses zum Gerichts- und Notarkostengesetz[2)] genannten höchsten Betrages beläuft. [4] Außerdem haben sie Anspruch auf Ersatz ihrer Fahrt- und Übernachtungskosten nach Maßgabe der Nummern 32006, 32007 und 32009 des Kostenverzeichnisses zum Gerichts- und Notarkostengesetz.

(1a) [1] Das Amt eines Beisitzers endet, sobald das Amt des Notars erlischt oder nachträglich ein Umstand eintritt, der nach § 103 Abs. 2 der Ernennung entgegensteht, und der Beisitzer jeweils zustimmt. [2] Der Beisitzer, die Kasse und die Notarkammer haben Umstände nach Satz 1 unverzüglich der Landesjustizverwaltung und dem Oberlandesgericht mitzuteilen. [3] Über die Beendigung des Amtes nach Satz 1 entscheidet auf Antrag der Landesjustizverwaltung der Erste Zivilsenat des Oberlandesgerichts, das als Disziplinargericht zuständig ist, wenn das betroffene Mitglied der Beendigung nicht zugestimmt hat; Absatz 2 Satz 3 bis 5 gilt entsprechend.

(2) [1] Ein Beisitzer ist auf Antrag der Landesjustizverwaltung seines Amtes zu entheben,

1. wenn nachträglich bekannt wird, dass er nicht hätte ernannt werden dürfen;
2. wenn nachträglich ein Umstand eintritt, der der Ernennung entgegensteht;
3. wenn er eine Amtspflicht grob verletzt.

[2] Über den Antrag entscheidet der Erste Zivilsenat des Oberlandesgerichts oder des obersten Landesgerichts, das als Disziplinargericht zuständig ist. [3] Bei der Entscheidung dürfen die Mitglieder des Disziplinargerichts (§ 102) nicht mitwirken. [4] Vor der Entscheidung sind der Notar und der Vorstand der Notarkammer zu hören. [5] Die Entscheidung ist endgültig.

(3) Die Landesjustizverwaltung kann einen Beisitzer auf seinen Antrag aus dem Amt entlassen, wenn er aus gesundheitlichen Gründen auf nicht absehbare Zeit gehindert oder es ihm aus gewichtigen persönlichen Gründen nicht zuzumuten ist, sein Amt weiter auszuüben.

§ 105[3)] Anfechtung von Entscheidungen des Oberlandesgerichts. Für die Anfechtung von Entscheidungen des Oberlandesgerichts gelten die Vorschriften des Bundesdisziplinargesetzes[4)] in der am 31. März 2024 geltenden Fassung über die Anfechtung von Entscheidungen des Verwaltungsgerichts entsprechend.

§ 106 Besetzung des Bundesgerichtshofs. Der Bundesgerichtshof entscheidet in Disziplinarsachen gegen Notare in der Besetzung mit dem Vorsitzenden, zwei Richtern und zwei Notaren als Beisitzern.

[1)] § 104 Abs. 1 Satz 3 geänd., Satz 4 neu gef., Sätze 5 und 6 aufgeh. mWv 1.7.1994 durch G v. 24.6.1994 (BGBl. I S. 1325); Abs. 3 angef. mWv 1.1.2005 durch G v. 21.12.2004 (BGBl. I S. 3599); Abs. 1a eingef., Abs. 2 Satz 1 und Abs. 3 neu gef. mWv 1.9.2009 durch G v. 30.7.2009 (BGBl. I S. 2449); Abs. 1 Sätze 3 und 4 geänd. mWv 1.8.2013 durch G v. 23.7.2013 (BGBl. I S. 2586).

[2)] **Habersack, Deutsche Gesetze Nr. 119.**

[3)] § 105 neu gef. mWv 1.1.2010 durch G v. 17.6.2009 (BGBl. I S. 1282); geänd. mWv 1.4.2024 durch G v. 20.12.2023 (BGBl. 2023 I Nr. 389).

[4)] **Sartorius Nr. 220.**

§ 107[1] **Bestellung der richterlichen Mitglieder.** [1]Der Vorsitzende, der mindestens Vorsitzender Richter am Bundesgerichtshof sein muss, seine Stellvertreter sowie die richterlichen Beisitzer und ihre Stellvertreter werden von dem Präsidium des Bundesgerichtshofes aus der Zahl der ständigen Mitglieder des Bundesgerichtshofes auf die Dauer von fünf Jahren bestellt. [2]Im übrigen gelten die Vorschriften des Zweiten Titels des Gerichtsverfassungsgesetzes[2] entsprechend.

§ 108[3] **Bestellung der notariellen Beisitzer.** (1) [1]Die Beisitzer aus den Reihen der Notare werden von dem Bundesministerium der Justiz und für Verbraucherschutz berufen. [2]Sie werden einer Vorschlagsliste entnommen, die das Präsidium der Bundesnotarkammer auf Grund von Vorschlägen der Notarkammern dem Bundesministerium der Justiz und für Verbraucherschutz einreicht. [3]Das Bundesministerium der Justiz und für Verbraucherschutz bestimmt, welche Zahl von Beisitzern erforderlich ist; er hat vorher das Präsidium der Bundesnotarkammer zu hören. [4]Die Vorschlagsliste muß mindestens die doppelte Zahl von Notaren enthalten und sich je zur Hälfte aus hauptberuflichen Notaren und Anwaltsnotaren zusammensetzen.

(2) § 103 Abs. 2 bis 5 und § 104 Abs. 1 Satz 2 bis 4, Abs. 1a bis 3 gelten entsprechend mit der Maßgabe, dass das Bundesministerium der Justiz und für Verbraucherschutz an die Stelle der Landesjustizverwaltung tritt und vor der Entscheidung über die Amtsenthebung eines Beisitzers auch das Präsidium der Bundesnotarkammer zu hören ist.

(3) [1]Die Notare sind ehrenamtliche Richter. [2]Sie haben in der Sitzung, zu der sie als Beisitzer herangezogen werden, die Stellung eines Berufsrichters.

(4) [1]Die Notare haben über Angelegenheiten, die ihnen bei ihrer Tätigkeit als Beisitzer bekannt werden, Verschwiegenheit zu bewahren. [2]§ 69a Absatz 1 Satz 1 und 2, Absatz 2 ist entsprechend anzuwenden. [3]Die Genehmigung zur Aussage erteilt der Präsident des Bundesgerichtshofes.

(5) Die zu Beisitzern berufenen Notare sind zu den einzelnen Sitzungen in der Reihenfolge einer Liste heranzuziehen, die der Vorsitzende des Senats nach Anhörung der beiden ältesten der zu Beisitzern berufenen Notare vor Beginn des Geschäftsjahres aufstellt.

§ 109[4] **Anzuwendende Verfahrensvorschriften.** Auf das Verfahren des Bundesgerichtshofs in Disziplinarsachen gegen Notare sind die Vorschriften des Bundesdisziplinargesetzes[5] in der am 31. März 2024 geltenden Fassung über das Disziplinarverfahren vor dem Oberverwaltungsgericht entsprechend anzuwenden.

§ 110[6] **Verhältnis des Disziplinarverfahrens zu berufsaufsichtlichen Verfahren nach anderen Berufsgesetzen.** (1) [1]Über eine Amtspflichtverletzung eines Anwaltsnotars, die zugleich Pflichten eines anderen Berufs verletzt, dessen

---

[1] § 107 Sätze 1 und 2 geänd. mWv 1.1.2005 durch G v. 21.12.2004 (BGBl. I S. 3599); Satz 1 neu gef. mWv 1.9.2009 durch G v. 30.7.2009 (BGBl. I S. 2449); Satz 2 geänd. mWv 1.8.2021 durch G v. 25.6.2021 (BGBl. I S. 2154).

[2] **Habersack, Deutsche Gesetze Nr. 95.**

[3] § 108 Abs. 1 Sätze 1–3 geänd. durch G v. 31.8.1998 (BGBl. I S. 2585); Abs. 2 neu gef., Abs. 3–5 angef. mWv 1.9.2009 durch G v. 30.7.2009 (BGBl. I S. 2449); Abs. 1 Sätze 1–3 und Abs. 2 geänd. mWv 8.9.2015 durch VO v. 31.8.2015 (BGBl. I S. 1474); Abs. 2, 4 Satz 2 geänd. mWv 1.8.2021 durch G v. 25.6.2021 (BGBl. I S. 2154).

[4] § 109 neu gef. mWv 1.1.2010 durch G v. 17.6.2009 (BGBl. I S. 1282); geänd. mWv 1.4.2024 durch G v. 20.12.2023 (BGBl. 2023 I Nr. 389).

[5] **Sartorius Nr. 220.**

[6] § 110 neu gef. mWv 1.8.2022 durch G v. 7.7.2021 (BGBl. I S. 2363).

Berufsaufsicht er untersteht, ist zunächst im Disziplinarverfahren zu entscheiden, wenn die Pflichtverletzung überwiegend mit der Ausübung des Notaramtes in Zusammenhang steht. [2] Ist kein Schwerpunkt der Pflichtverletzung erkennbar oder besteht kein Zusammenhang der Pflichtverletzung mit der Ausübung eines Berufs, ist zunächst im Disziplinarverfahren zu entscheiden, wenn der Anwaltsnotar hauptsächlich als Notar tätig ist.

(2) Kommt die Entfernung des Anwaltsnotars aus dem Amt in Betracht, kann stets im Disziplinarverfahren entschieden werden.

(3) Gegenstand der Entscheidung im Disziplinarverfahren ist jeweils nur die Verletzung der dem Anwaltsnotar obliegenden Amtspflichten.

(4) [1] Ist nach Absatz 1 nicht zunächst im Disziplinarverfahren zu entscheiden, so ist ein solches nach Abschluss des zunächst zu führenden Verfahrens nur dann zu führen, wenn es zusätzlich erforderlich erscheint, um den Anwaltsnotar zur Erfüllung seiner Amtspflichten anzuhalten. [2] Die Erforderlichkeit einer Maßnahme nach § 97 Absatz 1 Nummer 3, Absatz 2 Satz 1 oder Absatz 3 Satz 1 bleibt durch eine anderweitige Ahndung unberührt.

§ 110a[1)] Tilgung. (1) [1] Eintragungen in den über den Notar geführten Akten über die in den Sätzen 4 und 5 genannten Maßnahmen und Entscheidungen sind nach Ablauf der dort bestimmten Fristen zu tilgen. [2] Dabei sind die über diese Maßnahmen und Entscheidungen entstandenen Vorgänge aus den Akten zu entfernen und zu vernichten. [3] Die Sätze 1 und 2 gelten sinngemäß, wenn die Akten über den Notar elektronisch geführt werden. [4] Die Fristen betragen

1. fünf Jahre bei
   a) Ermahnungen durch die Notarkammer,
   b) Missbilligungen durch die Aufsichtsbehörde,
   c) Entscheidungen in Verfahren wegen der Verletzung von Berufspflichten nach diesem Gesetz, die nicht zu einer Disziplinarmaßnahme, Ermahnung oder Missbilligung geführt haben,
   d) Entscheidungen und nicht Satz 5 unterfallende Maßnahmen in Verfahren wegen Straftaten oder Ordnungswidrigkeiten oder in berufsaufsichtlichen Verfahren anderer Berufe;
2. zehn Jahre bei Verweisen und Geldbußen, auch wenn sie nebeneinander verhängt werden;
3. 20 Jahre bei einer Entfernung vom bisherigen Amtssitz, einer Entfernung aus dem Amt auf bestimmte Zeit und einer Entfernung aus dem Amt, nach der eine Wiederbestellung erfolgt ist.

[5] Für Maßnahmen, die in Verfahren wegen Straftaten oder Ordnungswidrigkeiten oder in berufsaufsichtlichen Verfahren anderer Berufe getroffen wurden und bei denen das zugrundeliegende Verhalten zugleich die notariellen Berufspflichten verletzt hat, gelten die für die Tilgung der jeweiligen Maßnahmen geltenden Fristen entsprechend.

(2) [1] Die Frist beginnt mit dem Tag, an dem die Maßnahme oder Entscheidung unanfechtbar geworden ist. [2] Im Fall der erneuten Bestellung nach einer Entfernung aus dem Amt nach § 97 Absatz 1 Nummer 3 beginnt die Frist mit dieser Bestellung. [3] Nach Fristablauf kann die Entfernung und Vernichtung nach Absatz 1 Satz 2 bis zum Ende des Kalenderjahres aufgeschoben werden.

[1)] § 110a neu gef. mWv 1.8.2022 durch G v. 7.7.2021 (BGBl. I S. 2363).

(3) Die Frist endet mit Ausnahme der Fälle des Absatzes 1 Satz 4 Nummer 1 Buchstabe c und d nicht, solange

1. eine andere Eintragung über eine strafrechtliche Verurteilung, eine Ordnungswidrigkeit oder eine berufsaufsichtliche Maßnahme berücksichtigt werden darf,
2. ein Verfahren anhängig ist, das eine in Nummer 1 bezeichnete Eintragung zur Folge haben kann, oder
3. eine im Disziplinarverfahren verhängte Geldbuße noch nicht vollstreckt ist.

(4) Nach Ablauf der Frist gilt der Notar als von den Maßnahmen oder Entscheidungen nach Absatz 1 nicht betroffen.

Abschnitt 3.[1] Gerichtliches Verfahren in verwaltungsrechtlichen Notarsachen

§ 111[2] **Sachliche Zuständigkeit.** (1) Das Oberlandesgericht entscheidet im ersten Rechtszug über öffentlich-rechtliche Streitigkeiten nach diesem Gesetz, einer auf Grund dieses Gesetzes erlassenen Rechtsverordnung oder einer Satzung einer der nach diesem Gesetz errichteten Notarkammern, einschließlich der Bundesnotarkammer, soweit nicht die Streitigkeiten disziplinargerichtlicher Art oder einem anderen Gericht ausdrücklich zugewiesen sind (verwaltungsrechtliche Notarsachen).

(2) Der Bundesgerichtshof entscheidet über das Rechtsmittel

1. der Berufung gegen Urteile des Oberlandesgerichts,
2. der Beschwerde nach § 17a Abs. 4 Satz 4 des Gerichtsverfassungsgesetzes[3].

(3) Der Bundesgerichtshof entscheidet in erster und letzter Instanz

1. über Klagen, die Entscheidungen betreffen, die das Bundesministerium der Justiz und für Verbraucherschutz getroffen hat oder für die dieses zuständig ist,
2. über die Nichtigkeit von Wahlen und Beschlüssen der Bundesnotarkammer.

(4) Das Oberlandesgericht und der Bundesgerichtshof entscheiden in der für Disziplinarsachen gegen Notare vorgeschriebenen Besetzung.

§ 111a[4] **Örtliche Zuständigkeit; Verordnungsermächtigung.** [1] Örtlich zuständig ist das Oberlandesgericht, in dessen Bezirk der Verwaltungsakt erlassen wurde oder zu erlassen wäre; für hoheitliche Maßnahmen, die berufsrechtliche Rechte und Pflichten der Beteiligten beeinträchtigen oder verwirklichen, gilt dies sinngemäß. [2] In allen anderen Angelegenheiten ist das Oberlandesgericht zuständig, in dessen Bezirk der Beklagte seine Geschäftsstelle oder ansonsten seinen Wohnsitz hat. [3] Sind in einem Land mehrere Oberlandesgerichte errichtet, so kann die Landesregierung durch Rechtsverordnung die örtliche Zuständigkeit der Oberlandesgerichte abweichend regeln oder die Zuständigkeit für verwaltungsrechtliche Notarsachen dem obersten Landesgericht übertragen. [4] Die Landes-

---

[1] Abschnitt 3 Überschrift eingef. mWv 1.8.2021 durch G v. 25.6.2021 (BGBl. I S. 2154).

[2] § 111 neu gef. mWv 1.9.2009 durch G v. 30.7.2009 (BGBl. I S. 2449); Abs. 3 Nr. 1 neu gef. mWv 28.12.2010 durch G v. 22.12.2010 (BGBl. I S. 2248); Abs. 3 Nr. 1 geänd. mWv 8.9.2015 durch VO v. 31.8.2015 (BGBl. I S. 1474).

[3] **Habersack, Deutsche Gesetze Nr. 95.**

[4] § 111a eingef. mWv 1.9.2009 durch G v. 30.7.2009 (BGBl. I S. 2449); Satz 3 neu gef., Satz 4 angef. mWv 28.12.2010 durch G v. 22.12.2010 (BGBl. I S. 2248); Satz 4 geänd. mWv 18.5.2017 durch G v. 12.5.2017 (BGBl. I S. 1121); Satz 3 geänd. mWv 1.8.2021 durch G v. 25.6.2021 (BGBl. I S. 2154).

regierungen können die Ermächtigung durch Rechtsverordnung auf die Landesjustizverwaltungen übertragen.

§ 111b[1)] Verfahrensvorschriften. (1) [1] Soweit dieses Gesetz keine abweichenden Bestimmungen über das gerichtliche Verfahren enthält, gelten die Vorschriften der Verwaltungsgerichtsordnung[2)] entsprechend. [2] Das Oberlandesgericht steht einem Oberverwaltungsgericht gleich; § 111d bleibt unberührt.

(2) [1] Die Vorschriften der Verwaltungsgerichtsordnung über die Mitwirkung ehrenamtlicher Richter sowie die §§ 35, 36 und 47 der Verwaltungsgerichtsordnung sind nicht anzuwenden. [2] In Streitigkeiten zwischen dem Notar und der für ihn zuständigen Aufsichtsbehörde hat das Gericht die Notarkammer, deren Mitglied der Notar ist, von dem Termin der Verhandlung zu benachrichtigen. [3] Vertretern der Notarkammer, die einer Verschwiegenheitspflicht nach § 69a Absatz 1 unterliegen, soll zu einer nicht öffentlichen Verhandlung der Zutritt gestattet werden. [4] Die Fristen des § 116 Abs. 2 und des § 117 Abs. 4 der Verwaltungsgerichtsordnung betragen jeweils fünf Wochen.

(3) Notare und Notarassessoren können sich selbst vertreten.

(4) Die aufschiebende Wirkung der Anfechtungsklage endet abweichend von § 80b der Verwaltungsgerichtsordnung mit der Unanfechtbarkeit des Verwaltungsaktes.

§ 111c[3)] Beklagter. (1) [1] Die Klage ist gegen die Notarkammer oder Behörde zu richten,

1. die den Verwaltungsakt erlassen hat oder zu erlassen hätte; für hoheitliche Maßnahmen, die berufsrechtliche Rechte und Pflichten der Beteiligten beeinträchtigen oder verwirklichen, gilt dies sinngemäß;
2. deren Entschließung Gegenstand des Verfahrens ist.

[2] Klagen gegen Prüfungsentscheidungen und sonstige Maßnahmen des Prüfungsamtes sind gegen die Leitung des Prüfungsamtes zu richten.

(2) In Verfahren zwischen einem Mitglied des Präsidiums oder Vorstandes und der Notarkammer wird die Notarkammer durch eines ihrer Mitglieder vertreten, das der Präsident des zuständigen Gerichts besonders bestellt.

§ 111d[4)] Berufung. [1] Gegen Endurteile einschließlich der Teilurteile, Grundurteile und Zwischenurteile über die Zulässigkeit steht den Beteiligten die Berufung zu, wenn sie vom Oberlandesgericht oder vom Bundesgerichtshof zugelassen wird. [2] Für das Berufungsverfahren gilt der Zwölfte Abschnitt der Verwaltungsgerichtsordnung[2)] mit der Maßgabe, dass das Oberlandesgericht an die Stelle des Verwaltungsgerichts und der Bundesgerichtshof an die Stelle des Oberverwaltungsgerichts tritt.

§ 111e[5)] Klagen gegen Wahlen und Beschlüsse. (1) Wahlen und Beschlüsse der Organe der Notarkammern, der Bundesnotarkammer und der Kassen mit

[1)] § 111b eingef. mWv 1.9.2009 durch G v. 30.7.2009 (BGBl. I S. 2449); Abs. 2 Sätze 2 und 3 eingef., bish. Satz 2 wird Satz 4 mWv 1.8.2021 durch G v. 25.6.2021 (BGBl. I S. 2154).

[2)] **Sartorius Nr. 600.**

[3)] § 111c eingef. mWv 1.9.2009 durch G v. 30.7.2009 (BGBl. I S. 2449); Abs. 1 Satz 2 geänd. mWv 1.8.2021 durch G v. 25.6.2021 (BGBl. I S. 2154).

[4)] § 111d eingef. mWv 1.9.2009 durch G v. 30.7.2009 (BGBl. I S. 2449).

[5)] § 111e eingef. mWv 1.9.2009 durch G v. 30.7.2009 (BGBl. I S. 2449); Abs. 3 geänd. mWv 18.5.2017 durch G v. 12.5.2017 (BGBl. I S. 1121).

Ausnahme der Richtlinienbeschlüsse nach § 71 Abs. 4 Nr. 2 können für ungültig oder nichtig erklärt werden, wenn sie unter Verletzung des Gesetzes oder der Satzung zustande gekommen oder wenn sie ihrem Inhalt nach mit dem Gesetz oder der Satzung nicht vereinbar sind.

(2) [1]Die Klage kann durch die Behörde, die die Staatsaufsicht führt, oder ein Mitglied der Notarkammer erhoben werden. [2]Die Klage eines Mitglieds der Notarkammer gegen einen Beschluss ist nur zulässig, wenn es geltend macht, durch den Beschluss in seinen Rechten verletzt zu sein.

(3) Ein Mitglied der Notarkammer kann den Antrag nur innerhalb eines Monats nach der Wahl oder Beschlussfassung stellen.

§ 111f[1)] Gebühren. [1]In verwaltungsrechtlichen Notarsachen werden Gebühren nach dem Gebührenverzeichnis der Anlage 2 erhoben. [2]Im Übrigen sind die für Kosten in Verfahren vor den Gerichten der Verwaltungsgerichtsbarkeit geltenden Vorschriften des Gerichtskostengesetzes[2)] entsprechend anzuwenden, soweit in diesem Gesetz nichts anderes bestimmt ist.

§ 111g[3)] Streitwert. (1) [1]Der Streitwert bestimmt sich nach § 52 des Gerichtskostengesetzes[2)]. [2]Er wird von Amts wegen festgesetzt.

(2) [1]In Verfahren, die Klagen auf Bestellung zum Notar oder die Ernennung zum Notarassessor, die Amtsenthebung, die Entfernung aus dem Amt oder vom bisherigen Amtssitz oder die Entlassung aus dem Anwärterdienst betreffen, ist ein Streitwert von 50 000 Euro anzunehmen. [2]Unter Berücksichtigung der Umstände des Einzelfalls, insbesondere des Umfangs und der Bedeutung der Sache sowie der Vermögens- und Einkommensverhältnisse des Klägers, kann das Gericht einen höheren oder einen niedrigeren Wert festsetzen.

(3) Die Festsetzung ist unanfechtbar; § 63 Abs. 3 des Gerichtskostengesetzes bleibt unberührt.

§ 111h[4)] Rechtsschutz bei überlangen Gerichtsverfahren. [1]Auf den Rechtsschutz bei überlangen Gerichtsverfahren sind die Vorschriften des Siebzehnten Titels des Gerichtsverfassungsgesetzes[5)] anzuwenden. [2]Die Vorschriften dieses Gesetzes, die die Besetzung des Oberlandesgerichts und des Bundesgerichtshofs in verwaltungsrechtlichen Notarsachen regeln, sind nicht anzuwenden.

Teil 4. Übergangs- und Schlussbestimmungen

§ 112[6)] Übertragung von Befugnissen der Landesjustizverwaltung durch Rechtsverordnung. [1]Die Landesregierungen werden ermächtigt, die Aufgaben und Befugnisse, die den Landesjustizverwaltungen nach diesem Gesetz zustehen, durch Rechtsverordnung auf diesen nachgeordnete Behörden zu übertragen. [2]Die Landesregierungen können diese Ermächtigung durch Rechtsverordnung auf die Landesjustizverwaltungen übertragen.

[1)] § 111f eingef. mWv 1.9.2009 durch G v. 30.7.2009 (BGBl. I S. 2449); Satz 1 geänd. mWv 1.8.2021 durch G v. 25.6.2021 (BGBl. I S. 2154).

[2)] **Habersack, Deutsche Gesetze Nr. 115.**

[3)] § 111g eingef. mWv 1.9.2009 durch G v. 30.7.2009 (BGBl. I S. 2449).

[4)] § 111h eingef. mWv 3.12.2011 durch G v. 24.11.2011 (BGBl. I S. 2302).

[5)] **Habersack, Deutsche Gesetze Nr. 95.**

[6)] § 112 neu gef. mWv 1.9.2009 durch G v. 30.7.2009 (BGBl. I S. 2449).

§ 113[1)] Notarkasse und Ländernotarkasse. (1) [1]Die Notarkasse ist eine rechtsfähige Anstalt des öffentlichen Rechts des Freistaates Bayern. [2]Sie hat ihren Sitz in München. [3]Ihr Tätigkeitsbereich umfasst den Freistaat Bayern und den Bezirk des Pfälzischen Oberlandesgerichts Zweibrücken. [4]Sie führt ein Dienstsiegel. [5]Sie untersteht der Rechtsaufsicht des Bayerischen Staatsministeriums der Justiz. [6]Dieses übt die Aufsicht nach näherer Vereinbarung der beteiligten Justizverwaltungen aus. [7]Die Haushalts- und Wirtschaftsführung der Notarkasse wird vom Bayerischen Obersten Rechnungshof nach Maßgabe der Vorschriften der Bayerischen Haushaltsordnung geprüft.

(2) [1]Die Ländernotarkasse ist eine rechtsfähige Anstalt des öffentlichen Rechts des Freistaates Sachsen. [2]Sie hat ihren Sitz in Leipzig [3]Ihr Tätigkeitsbereich umfasst die Bezirke der Notarkammern Brandenburg, Mecklenburg-Vorpommern, Sachsen, Sachsen-Anhalt und Thüringen. [4]Sie führt ein Dienstsiegel. [5]Sie untersteht der Rechtsaufsicht des Sächsischen Staatsministeriums der Justiz. [6]Dieses übt die Aufsicht nach näherer Vereinbarung der beteiligten Justizverwaltungen aus. [7]Die Haushalts- und Wirtschaftsführung der Ländernotarkasse wird vom Sächsischen Rechnungshof nach Maßgabe der Sächsischen Haushaltsordnung geprüft.

(3) Die Notarkasse und die Ländernotarkasse (Kassen) haben folgende Aufgaben zu erfüllen:

1. Ergänzung des Berufseinkommens der Notare, soweit dies zur Aufrechterhaltung einer geordneten vorsorgenden Rechtspflege erforderlich ist;
2. Versorgung der ausgeschiedenen Notare im Alter und bei Amtsunfähigkeit, der Notarassessoren bei Dienstunfähigkeit sowie Versorgung ihrer Hinterbliebenen, wobei sich die Höhe der Versorgung unabhängig von der Höhe der geleisteten Abgaben nach der ruhegehaltfähigen Dienstzeit einschließlich An- und Zurechnungszeiten bemisst;
3. einheitliche Durchführung der Versicherung der Notare nach § 19a und der Notarkammern nach § 61 Abs. 2 und § 67 Abs. 3 Nr. 3;
4. Förderung der wissenschaftlichen und praktischen Fortbildung der Notare und Notarassessoren sowie der fachlichen Ausbildung des Personals der Notare einschließlich der Durchführung von Prüfungen;
5. Bereitstellung der erforderlichen Haushaltsmittel der im Gebiet der Kasse gebildeten Notarkammern;
6. Zahlung der Bezüge der Notarassessoren an Stelle der Notarkammern;
7. wirtschaftliche Verwaltung der von einem Notariatsverwalter wahrgenommenen Notarstellen an Stelle der Notarkammern;
8. Erstattung notarkostenrechtlicher Gutachten, die eine Landesjustizverwaltung, ein Gericht oder eine Verwaltungsbehörde im Tätigkeitsbereich der Kasse anfordert.

(4) [1]Die Kassen können weitere, dem Zweck ihrer Errichtung entsprechende Aufgaben wahrnehmen. [2]Sie können insbesondere

---

[1)] § 113 neu gef. mWv 20.7.2006 durch G v. 15.7.2006 (BGBl. I S. 1531), die Regierung des Freistaates Bayern hat die nach Art. 138 des Grundgesetzes (Nr. 1) erforderliche Zustimmung erteilt; Abs. 4 Satz 2 Nr. 2 eingef., bish. Nr. 2 und 3 werden Nr. 3 und 4 mWv 1.9.2009 durch G v. 30.7.2009 (BGBl. I S. 2449); Abs. 17 Satz 10 und Abs. 18 Satz 1 geänd. mWv 1.1.2022 durch G v. 1.6.2017 (BGBl. I S. 1396); Abs. 4 Satz 2 Nr. 1 und 2, Abs. 6 geänd., Abs. 8 Sätze 2 und 3 angef., Abs. 11 Satz 1 Nr. 4 und 5, Abs. 14 Sätze 1 und 3, Abs. 17 Satz 6 Nr. 6 geänd., Abs. 19 Sätze 3 und 4 aufgeh. mWv 1.8.2021 durch G v. 25.6. 2021 (BGBl. I S. 2154).

1. fachkundige Personen beschäftigen, die den Notaren im Tätigkeitsbereich der Kasse zur Dienstleistung zugewiesen werden,
2. allein oder gemeinsam mit der anderen Kasse oder Notarkammern Einrichtungen im Sinne von § 67 Absatz 4 Nummer 3 unterhalten,
3. über Absatz 3 Nr. 3 hinausgehende Anschlussversicherungen abschließen,
4. die zentrale Erledigung von Verwaltungsaufgaben der einzelnen Notarstellen bei freiwilliger Teilnahme unter Ausschluss der Gewinnerzielung gegen Kostenerstattung übernehmen.

(5) Aufgaben der Notarkammern können mit deren Zustimmung und der Zustimmung der Kasse durch die Landesjustizverwaltungen der Kasse übertragen werden.

(6) Die Notare sind verpflichtet, die ihnen zur Dienstleistung zugewiesenen, in einem Dienstverhältnis zur Kasse stehenden Personen zu beschäftigen.

(7) Auf die nach Absatz 3 Nr. 2 und 6 gegen die Kasse begründeten Versorgungs- und Besoldungsansprüche sind die für Beamtenbezüge geltenden verfahrensrechtlichen Vorschriften entsprechend anzuwenden.

(8) [1] Die Organe der Kasse sind der Präsident und der Verwaltungsrat. [2] Der Präsident und die Mitglieder des Verwaltungsrats sind ehrenamtlich tätig. [3] Sie können jedoch eine angemessene Entschädigung für ihre Tätigkeit und einen Ersatz ihrer notwendigen Auslagen erhalten.

(9) [1] Der Präsident vertritt die Kasse gerichtlich und außergerichtlich. [2] Er leitet ihre Geschäfte und ist für die Erledigung derjenigen Angelegenheiten zuständig, die nicht dem Verwaltungsrat obliegen. [3] Der Präsident führt den Vorsitz in den Sitzungen des Verwaltungsrates und vollzieht dessen Beschlüsse.

(10) [1] Der Präsident der Notarkasse wird von den Notaren im Tätigkeitsbereich der Notarkasse für die Dauer von vier Jahren gewählt. [2] Der Präsident der Ländernotarkasse wird von dem Verwaltungsrat der Ländernotarkasse für die Dauer von vier Jahren gewählt. [3] Der Präsident muss Notar im Tätigkeitsbereich der Kasse und darf nicht zugleich Mitglied des Verwaltungsrates sein.

(11) [1] Der Verwaltungsrat beschließt insbesondere über
1. Satzungen und Verwaltungsvorschriften,
2. den Haushaltsplan sowie die Anpassung der Abgaben an den Haushaltsbedarf,
3. die Höhe der Bezüge der Notarassessoren,
4. die Grundsätze für die Ausbildung, Prüfung und Einstellung von fachkundigen Beschäftigten,
5. die Festlegung der Gesamtzahl und der Grundsätze für die Zuteilung von fachkundigen Beschäftigten an die Notare,
6. die Grundsätze für die Vermögensanlage der Kasse.

[2] Der Verwaltungsrat fasst seine Beschlüsse mit der einfachen Mehrheit der abgegebenen Stimmen, soweit durch Satzung nichts anderes bestimmt ist.

(12) [1] Die Mitglieder des Verwaltungsrates der Notarkasse werden für die Dauer von vier Jahren durch die Notare in den jeweiligen Oberlandesgerichtsbezirken im Tätigkeitsbereich der Notarkasse gewählt. [2] Die Notare eines Oberlandesgerichtsbezirks wählen jeweils zwei Mitglieder in den Verwaltungsrat. [3] Übersteigt die Zahl der Einwohner in einem Oberlandesgerichtsbezirk zwei Millionen, so erhöht sich die Zahl der Verwaltungsratsmitglieder aus diesem Oberlandesgerichtsbezirk für je weitere angefangene zwei Millionen um ein Mitglied. [4] Die Mitglieder des Ver-

waltungsrates müssen Notar mit Amtssitz im Bezirk des jeweiligen Oberlandesgerichts sein.

(13) [1] Die Mitglieder des Verwaltungsrates der Ländernotarkasse werden für die Dauer von vier Jahren durch die Notare in den jeweiligen Notarkammern im Tätigkeitsbereich der Ländernotarkasse gewählt. [2] Die Notare einer Notarkammer wählen jeweils zwei Mitglieder in den Verwaltungsrat; bei mehr als drei Millionen Einwohnern in dem Bezirk einer Notarkammer sind drei Mitglieder zu wählen. [3] Die Mitglieder des Verwaltungsrates müssen Notar mit Amtssitz im Bezirk der jeweiligen Notarkammer sein.

(14) [1] Für die Organe und Beschäftigten der Kasse gilt § 69a entsprechend. [2] Der Verwaltungsrat kann von der Verpflichtung zur Verschwiegenheit befreien. [3] Er erteilt in gerichtlichen und behördlichen Verfahren die Aussagegenehmigung.

(15) Vor der Ausschreibung und Einziehung von Notarstellen und der Ernennung von Notarassessoren im Tätigkeitsbereich der Kasse ist diese anzuhören.

(16) [1] Vor dem Beschluss ihres Haushaltsplans hören die Notarkammern im Tätigkeitsbereich der Kasse diese an. [2] Bei der Kasse wird zur Beratung in Angelegenheiten des Absatzes 3 Nr. 5 ein Beirat gebildet, in den jede Notarkammer im Tätigkeitsbereich der Kasse ein Mitglied und der Verwaltungsrat ebenso viele Mitglieder entsenden. [3] Den Vorsitz in den Beiratssitzungen führt der Präsident der Kasse. [4] Die Kasse ist an das Votum des Beirats nicht gebunden.

(17) [1] Die Kasse erhebt von den Notaren Abgaben auf der Grundlage einer Abgabensatzung, soweit dies zur Erfüllung ihrer Aufgaben erforderlich ist. [2] Zur Sicherstellung der Verpflichtungen, die sich aus den Aufgaben der Kasse ergeben, kann Vermögen gebildet werden. [3] Die Höhe der Abgaben richtet sich nach der Leistungsfähigkeit des Notars. [4] Die Abgaben können auch gestaffelt nach der Summe der durch den Notar zu erhebenden Gebühren festgesetzt werden. [5] Die Abgabensatzung kann Freibeträge und von der Abgabepflicht ausgenommene Gebühren festlegen. [6] Sie regelt ferner

1. die Bemessungsgrundlagen für die Abgaben,
2. die Höhe, die Festsetzung und die Fälligkeit der Abgaben,
3. das Erhebungsverfahren,
4. die abgaberechtlichen Nebenpflichten des Notars,
5. die Stundung und Verzinsung der Abgabeschuld sowie die Geltendmachung von Säumniszuschlägen und Sicherheitsleistungen,
6. ob und in welcher Höhe die Bezüge von Notarassessoren (§ 7 Abs. 4 Satz 4) oder fachkundigen Beschäftigten, die einem Notar zugewiesen sind, zu erstatten sind.

[7] Fehlt eine Abgabensatzung, kann die Aufsichtsbehörde die Abgaben vorläufig festsetzen. [8] Rückständige Abgaben können auf Grund einer vom Präsidenten ausgestellten, mit der Bescheinigung der Vollstreckbarkeit versehenen Zahlungsaufforderung nach den Vorschriften über die Vollstreckbarkeit gerichtlicher Entscheidungen in Zivilsachen eingezogen werden. [9] Die Kasse kann die Erfüllung der Abgabepflicht einschließlich der zu Grunde liegenden Kostenberechnungen und des Kosteneinzugs durch den Notar nachprüfen. [10] Der Notar hat den mit der Prüfung Beauftragten Einsicht in seine Urkunden, Akten, Verzeichnisse und Konten zu gestatten, diese auszuhändigen und die erforderlichen Auskünfte zu erteilen.

(18) [1] Die Kasse kann in Ausübung ihrer Befugnisse von den Notaren und Notarassessoren Auskünfte, die Vorlage von Akten und Verzeichnissen sowie das

persönliche Erscheinen vor dem Präsidenten oder dem Verwaltungsrat verlangen. [2]Der Präsident kann zur Erzwingung dieser Pflichten nach vorheriger schriftlicher Androhung, auch wiederholt, Zwangsgeld festsetzen. [3]Das einzelne Zwangsgeld darf eintausend Euro nicht übersteigen. [4]Das Zwangsgeld fließt der Kasse zu; es wird wie eine rückständige Abgabe beigetrieben.

(19) [1]Im Übrigen bestimmen sich die Aufgaben und Rechtsverhältnisse der Kassen, ihrer Organe und deren Zuständigkeiten nach einer Satzung. [2]Erlass und Änderungen der Satzung und der Abgabensatzung bedürfen zu ihrer Wirksamkeit der Genehmigung durch die Aufsichtsbehörde und der Bekanntmachung.

§ 113a[1)] (weggefallen)

§ 113b[2)] Notarkammern außerhalb der Tätigkeitsbereiche von Notarkasse und Ländernotarkasse. Notarkammern außerhalb der Tätigkeitsbereiche der Notarkasse und Ländernotarkasse, in deren Bereich hauptberufliche Notare bestellt sind, können:

1. Maßnahmen zur erforderlichen Unterstützung von Amtsinhabern neu besetzter Notarstellen treffen;
2. Beiträge nach § 73 Abs. 1 mit Rücksicht auf die Leistungsfähigkeit der Notare gestaffelt erheben; Bemessungsgrundlage können insbesondere einzeln oder gemeinsam die Geschäftszahlen und die Summe der durch den Notar erhobenen Kosten sein;
3. außerordentliche Beiträge von einem Notar erheben, der eine Verbindung zur gemeinsamen Berufsausübung mit dem Amtsnachfolger nicht fortsetzt.

§ 114[3)] Sondervorschriften für das Land Baden-Württemberg.

(1) [1]Im Land Baden-Württemberg werden hauptberufliche Notare bestellt. [2]Ergänzend gelten dort die besonderen Vorschriften der Absätze 2 bis 9.

(2) Wer am 31. Dezember 2017 als Notar im Landesdienst oder als Notarvertreter im Sinne des baden-württembergischen Landesgesetzes über die freiwillige Gerichtsbarkeit vom 12. Februar 1975 (Gesetzblatt für Baden-Württemberg S. 116), das zuletzt durch Artikel 4 des Gesetzes vom 21. April 2015 (Gesetzblatt für Baden-Württemberg S. 281) geändert worden ist, in der am 31. Dezember 2017 geltenden Fassung bei den Abteilungen „Beurkundung und vorsorgende Rechtspflege" der staatlichen Notariate tätig war und mit Ablauf des 31. Dezember 2017 auf eigenen Antrag aus dem Landesdienst entlassen wurde, gilt als am 1. Januar 2018 zum hauptberuflichen Notar bestellt.

(3) [1]Die Notare nach Absatz 2 führen die notariellen Geschäfte aus den von ihnen am 31. Dezember 2017 geleiteten Referaten und Abteilungen der staatlichen Notariate in ihrer Eigenschaft als hauptberuflicher Notar fort. [2]Das Land Baden-Württemberg bleibt nach den bisherigen landesrechtlichen Vorschriften einschließlich der Überleitungsvorschriften an den Kostenforderungen insoweit berechtigt, als ein Notar im Verhältnis zu einem Notariatsverwalter nach § 58 Absatz 2 Satz 2 berechtigt wäre. [3]Die Notare nach Absatz 2 übernehmen die

---

[1)] § 113a neu gef. mWv 1.8.2021 durch G v. 25.6.2021 (BGBl. I S. 2154).

[2)] § 113b eingef. durch G v. 31.8.1998 (BGBl. I S. 2585); einl. Satzteil geänd. mWv 1.8.2021 durch G v. 25.6.2021 (BGBl. I S. 2154).

[3)] § 114 neu gef. mWv 1.1.2018 durch G v. 23.11.2015 (BGBl. I S. 2090); Abs. 1 Sätze 1 und 2, Abs. 2 bish. Satz 1 geänd., Sätze 2 und 3 aufgeh., Abs. 3 Satz 1 geänd., Satz 4 aufgeh., Abs. 5 Sätze 1–3, Abs. 6 Satz 3 geänd., Abs. 8 und 9 angef. mWv 1.8.2021 durch G v. 25.6.2021 (BGBl. I S. 2154).

notariellen Akten und Bücher sowie die amtlich übergebenen Urkunden und Wertgegenstände, die in diesen Referaten und Abteilungen geführt oder die ihnen übergeben wurden.

(4) [1] Die am 31. Dezember 2017 noch nicht abgeschlossenen notariellen Geschäfte der Referate und Abteilungen der staatlichen Notariate, die nicht nach Absatz 3 fortgeführt werden, werden von Notariatsabwicklern abgewickelt. [2] Die näheren Bestimmungen zum Amt des Notariatsabwicklers ergeben sich aus Landesrecht.

(5) [1] Personen, die am 31. Dezember 2017 zum Notar im Landesdienst bestellt waren oder die Voraussetzungen für die Ernennung zum Bezirksnotar erfüllten und sich um eine Bestellung zum hauptberuflichen Notar bewerben, stehen Bewerbern gleich, die einen dreijährigen Anwärterdienst als Notarassessor geleistet haben und sich im Anwärterdienst des Landes Baden-Württemberg befinden. [2] § 5 Absatz 5 gilt insoweit nicht. [3] § 6 Absatz 1 und 2 gilt mit der Maßgabe, dass auch der berufliche Werdegang der Bewerber zu berücksichtigen ist, vor allem die im Justizdienst des Landes erbrachten Leistungen.

(6) [1] Zugang zum Anwärterdienst im Sinne des § 7 hat auch, wer am 31. Dezember 2017 die Befähigung für die Laufbahn des Bezirksnotars besaß. [2] Die Landesjustizverwaltung kann davon absehen, Personen mit Befähigung zum Richteramt nach dem Deutschen Richtergesetz[1)] in den Anwärterdienst zu übernehmen, wenn geeignete Bewerber mit Befähigung für die Laufbahn des Bezirksnotars nach Satz 1 zur Verfügung stehen; die Auswahl unter solchen Bewerbern ist nach der persönlichen und fachlichen Eignung unter besonderer Berücksichtigung des Ergebnisses der Laufbahnprüfung vorzunehmen. [3] Wer einen dreijährigen Anwärterdienst geleistet hat und sich im Anwärterdienst des Landes Baden-Württemberg befindet, gilt als befähigt im Sinne des § 5 Absatz 5.

(7) Die Aufsichtsbehörden können auch Beamte des Landes Baden-Württemberg, die am 31. Dezember 2017 zum Notar im Landesdienst bestellt waren oder die die Voraussetzungen für die Ernennung zum Bezirksnotar erfüllten, mit der Prüfung und Überwachung der Amtsführung der Notare und des Dienstes der Notarassessoren beauftragen.

(8) Als Notarvertretung oder Notariatsverwalter kann auch bestellt werden, wer am 31. Dezember 2017 die Befähigung für die Laufbahn des Bezirksnotars besaß.

(9) § 69 Absatz 3 Satz 1 ist nicht anzuwenden.

§ 115[2)] (weggefallen)

§ 116[3)] Sondervorschriften für einzelne Länder. (1) [1] Anwaltsnotare, die am 31. Dezember 2017 in Baden-Württemberg bestellt sind, bleiben im Amt. [2] Sie können auf Antrag nach Anhörung der Notarkammer an ihrem bisherigen Amtssitz zum hauptberuflichen Notar bestellt werden. [3] Die §§ 4a und 5 Absatz 4, § 6 *Absatz 1* und 2 sowie die §§ 7 und 13 sind nicht anzuwenden. [4] Mit der Bestellung zum hauptberuflichen Notar gilt die Zulassung zur Rechtsanwaltschaft als be-

---

[1)] Nr. **97**.

[2)] § 115 neu gef. mWv 1.8.2021 durch G v. 25.6.2021 (BGBl. I S. 2154).

[3)] § 116 Abs. 3 angef. durch G v. 31.8.1998 (BGBl. I S. 2585); Abs. 1 neu gef. mWv 1.1 2018 durch G v. 23.11.2015 (BGBl. I S. 2090); Abs. 1 Sätze 2–6 angef. mWv 1.1.2018 durch G v. 12.5.2017 (BGBl. I S. 1121); Abs. 1 Satz 4 aufgeh., bish. Sätze 5 und 6 werden Sätze 4 und 5, neuer Satz 5 geänd. mWv 6.12. 2019 durch G v. 30.11.2019 (BGBl. I S. 1942); Abs. 1 Sätze 2 und 4 geänd., Satz 3 neu gef., Abs. 2 Satz 2 aufgeh. mWv 1.8.2021 durch G v. 25.6.2021 (BGBl. I S. 2154).

standskräftig widerrufen. [5] Die Landesjustizverwaltung hat eine Bestellung nach Satz 4 der Rechtsanwaltskammer mitzuteilen.

(2) In den Ländern Hamburg und Rheinland-Pfalz gilt § 3 Abs. 2 nicht.

(3) In dem in Artikel 1 Abs. 1 des Staatsvertrages zwischen den Ländern Mecklenburg-Vorpommern und Niedersachsen über die Umgliederung der Gemeinden im ehemaligen Amt Neuhaus und anderer Gebiete nach Niedersachsen genannten Gebiet werden ausschließlich Anwaltsnotare bestellt.

§ 117[1)] (weggefallen)

§ 117a[2)] **Notarkammern im Oberlandesgerichtsbezirk Frankfurt am Main und in den neuen Bundesländern.** (1) Im Bereich des Oberlandesgerichtsbezirks Frankfurt am Main können abweichend von § 65 Abs. 1 Satz 1 zwei Notarkammern bestehen.

(2) Die am 8. September 1998 in den Ländern Brandenburg, Mecklenburg-Vorpommern, Sachsen, Sachsen-Anhalt und Thüringen bestehenden Notarkammern, deren Sitz sich abweichend von § 65 Abs. 2 nicht am Sitz des Oberlandesgerichts befindet, bleiben bestehen.

§ 117b[3)] **Sondervorschriften für Notarassessoren und Notare aus den neuen Bundesländern.** [1] Abweichend von § 5 Absatz 5 kann auch zum Notar bestellt werden, wer ein rechtswissenschaftliches Studium an einer Universität oder Hochschule der Deutschen Demokratischen Republik mit dem Staatsexamen abgeschlossen und einen zweijährigen Vorbereitungsdienst mit einer Staatsprüfung absolviert hat. [2] Auf den Vorbereitungsdienst mit der Staatsprüfung wird verzichtet, wenn die Person als Notar in einem Staatlichen Notariat tätig war oder zehn Jahre in einem juristischen Beruf tätig war und notariatsspezifische Kenntnisse nachweist.

§ 118[4)] **Übergangsvorschrift für Akten, Bücher und Verzeichnisse.**

(1) Für die Bücher des Notars der Jahrgänge bis einschließlich 2021 gelten die die Akten und Verzeichnisse betreffenden Regelungen der §§ 45, 51a, 55 Absatz 1 und 2, des § 58 Absatz 1 und 3 Satz 3, der §§ 63, 74, 93 Absatz 2 Satz 2, Absatz 3 Satz 3 und Absatz 4 Satz 1 und 2 sowie des § 113 Absatz 17 und 18 entsprechend.

(2) Für Akten, Bücher und Verzeichnisse, die das Amtsgericht bereits vor dem 1. Januar 2022 in Verwahrung genommen hat, sind die §§ 45, 51 Absatz 1 Satz 2 und 3 und Absatz 3, § 55 Absatz 1 und § 58 Absatz 1 in ihrer am 31. Dezember 2021 geltenden Fassung weiter anzuwenden.

(3) Die Aufbewahrungsfristen für die von dem Amtsgericht oder der Notarkammer verwahrten Akten, Bücher und Verzeichnisse richten sich nach den für den Notar geltenden Vorschriften.

---

1) § 117 aufgeh. mWv 1.8.2021 durch G v. 25.6.2021 (BGBl. I S. 2154).

2) § 117a eingef. durch G v. 31.8.1998 (BGBl. I S. 2585).

3) § 117b eingef. mWv 25.4.2006 durch G v. 19.4.2006 (BGBl. I S. 866); bish. Abs. 1 Satz 1 geänd., Abs. 2 aufgeh. mWv 18.5.2017 durch G v. 12.5.2017 (BGBl. I S. 1121); Sätze 1 und 2 geänd. mWv 1.8.2021 durch G v. 25.6.2021 (BGBl. I S. 2154).

4) § 118 neu gef. mWv 1.1.2022 durch G v. 1.6.2017 (BGBl. I S. 1396).

§ 119[1)] Übergangsvorschrift für bereits verwahrte Urkundensammlungen. (1) [1]Das Amtsgericht kann von ihm verwahrte Schriftstücke aus den Urkundensammlungen der Notare einschließlich der Vermerkblätter in die elektronische Form übertragen. [2]Übertragungen nach Satz 1 müssen jeweils den gesamten Jahrgang einer Urkundensammlung umfassen. [3]Die elektronischen Dokumente sind in elektronischen Urkundensammlungen zu verwahren. [4]Für jede elektronische Urkundensammlung ist ein Urkundenverzeichnis anzulegen. [5]§ 55 Absatz 2 des Beurkundungsgesetzes[2)] gilt entsprechend. [6]Die in den Urkundensammlungen verwahrten Erbverträge sind zuvor zu gesonderten Sammlungen zu nehmen und in den Urkundensammlungen durch beglaubigte Abschriften zu ersetzen. [7]Für die Übertragung der Papierdokumente in die elektronische Form und die Einstellung der elektronischen Dokumente in die elektronischen Urkundensammlungen gilt § 56 Absatz 1 und 2 des Beurkundungsgesetzes entsprechend; anstelle des Notars handelt der Urkundsbeamte der Geschäftsstelle. [8]Für die rechtliche Stellung der elektronischen Dokumente gilt § 56 Absatz 4 des Beurkundungsgesetzes entsprechend. [9]In das Urkundenverzeichnis werden aus der Urkundenrolle mindestens die Angaben zum Namen und Amtssitz des Notars, zum Jahrgang der Urkundenrolle und zu der laufenden Nummer aufgenommen, unter der das Amtsgeschäft in der Urkundenrolle eingetragen ist.

(2) [1]An den jeweiligen elektronischen Dokumenten setzen sich die bis zur Übertragung geltenden Aufbewahrungsfristen fort. [2]Die Aufbewahrungsfristen für die übertragenen Dokumente richten sich ab der Übertragung nach § 50 Absatz 1 Satz 1 Nummer 3 der Verordnung über die Führung notarieller Akten und Verzeichnisse. [3]Die Aufbewahrungsfristen für die übertragenen Dokumente beginnen mit dem ersten Tag des auf die Einstellung der elektronischen Dokumente in das Elektronische Urkundenarchiv folgenden Kalenderjahres neu und enden spätestens mit dem Ablauf der Aufbewahrungsfrist für die jeweiligen elektronischen Dokumente. [4]Für die Urkundenverzeichnisse gelten die Aufbewahrungsfristen für die Urkundenrollen entsprechend.

(3) [1]Der Notar kann Schriftstücke aus von ihm verwahrten Urkundensammlungen der Jahrgänge bis einschließlich 2021 einschließlich der Vermerkblätter in die elektronische Form übertragen sowie auch ohne eine solche Übertragung Urkundenverzeichnisse anlegen. [2]Absatz 1 Satz 2 bis 9 und Absatz 2 gelten entsprechend. [3]Für die Übertragung der vom 1. Januar bis zum 30. Juni 2022 erstellten Schriftstücke in die elektronische Form gelten die Sätze 1 und 2 entsprechend mit der Maßgabe, dass an die Stelle des gesamten Jahrgangs nach Absatz 1 Satz 2 das gesamte Halbjahr tritt.

(4) [1]Die Notarkammer kann Schriftstücke aus von ihr verwahrten Urkundensammlungen der Jahrgänge bis einschließlich 2021 einschließlich der Vermerkblätter in die elektronische Form übertragen sowie auch ohne eine solche Übertragung Urkundenverzeichnisse anlegen. [2]Absatz 1 Satz 2 bis 9, Absatz 2 und 3 Satz 3 gelten entsprechend.

[1)] § 119 neu gef. mWv 1.1.2022 durch G v. 1.6.2017 (BGBl. I S. 1396); Abs. 1 Satz 2 eingef., bish. Sätze 2–8 werden Sätze 3–9, Abs. 2 Satz 2, Abs. 3 Satz 2 geänd., Abs. 4 Satz 2 neu gef. mWv 1.1.2022 durch G v. 25.6.2021 (BGBl. I S. 2154); Abs. 1 Satz 8 geänd. mWv 1.8.2022 durch G v. 5.7.2021 (BGBl. I S. 3338); Abs. 2 Satz 2 geänd., Abs. 3 Satz 3 angef., Abs. 4 Satz 2 geänd. Abs. 5 angef. mWv 1.1.2022, Abs. 5 aufgeh. mWv 1.7.2022 durch G v. 21.12.2021 (BGBl. II S. 1282).

[2)] **Habersack, Deutsche Gesetze Nr. 23.**

§ 120[1)] Übergangsvorschrift für die Übernahme durch ein öffentliches Archiv. (1) [1] Zum Ablauf der jeweiligen Aufbewahrungsfristen sind die Urkundenrolle, das Namensverzeichnis zur Urkundenrolle und die in der Urkundensammlung verwahrten Schriftstücke der Jahrgänge bis einschließlich 2021 dem zuständigen öffentlichen Archiv nach den jeweiligen archivrechtlichen Vorschriften zur Übernahme anzubieten. [2] Satz 1 gilt auch für in der Urkundensammlung verwahrte Schriftstücke, die vom 1. Januar bis zum 30. Juni 2022 erstellt wurden.

(2) [1] Werden Urkundensammlungen der Jahrgänge bis einschließlich 2021, die vom Amtsgericht zu verwahren sind, vom zuständigen öffentlichen Archiv aufbewahrt, so gelten für die Erteilung von Ausfertigungen und Abschriften durch das Amtsgericht die Vorschriften über die Erteilung von Ausfertigungen und Abschriften gerichtlicher Urkunden. [2] Abweichend von § 45 Absatz 5 stehen die Kosten in diesem Fall der Staatskasse zu.

Anlage 1[2)]
(zu § 18d Absatz 1)

Gebührenverzeichnis (Zugang zu Inhalten notarieller Urkunden und Verzeichnisse zu Forschungszwecken)

Nr.	Gebührentatbestand	Gebührenbetrag
10	Entscheidung über einen Antrag auf Gewährung des Zugangs zu Inhalten notarieller Urkunden und Verzeichnisse	25,00 bis 250,00 €
20	Erteilung einer Auskunft aus notariellen Urkunden oder Verzeichnissen .... Die Gebühr fällt nur einmal an, auch wenn mehrere Stellen mit der Erteilung der Auskunft befasst sind.	20,00 bis 200,00 €
30	Gewährung der Einsicht in notarielle Urkunden und Verzeichnisse:	
	1. wenn keine Anonymisierung von Inhalten erfolgt, je notarieller Urkunde oder notariellem Verzeichnis ...	10,00 €
	2. wenn eine Anonymisierung von Inhalten erfolgt, je notarieller Urkunde oder notariellem Verzeichnis ...	20,00 €

(Fortsetzung nächstes Blatt)

[1)] § 120 neu gef. mWv 1.1.2022 durch G v. 1.6.2017 (BGBl. I S. 1396); Abs. 2 Satz 1 neu gef., Sätze 2–4 aufgeh., bish. Satz 5 wird Satz 2 mWv 1.1.2022 durch G v. 25.6.2021 (BGBl. I S. 2154); Abs. 1 Satz 2 angef. mWv 1.1.2022 durch G v. 21.12.2021 (BGBl. II S. 1282).
[2)] Anl. 1 eingef. mWv 1.8.2021 durch G v. 25.6.2021 (BGBl. I S. 2154).

Nr.	Gebührentatbestand	Gebührenbetrag
	Die Gebühren betragen insgesamt höchstens 3 000,00 €, wenn die Gewährung der Einsicht aufgrund eines Antrags erfolgt. Die Höchstgebühr gilt unabhängig davon, wie viele Stellen mit der Gewährung der Einsicht befasst sind.	
40	Entscheidung über einen Antrag auf Zustimmung zur Verwendung verschwiegenheitspflichtiger Inhalte für ein anderes Forschungsvorhaben	20,00 bis 100,00 €
50	Entscheidung über einen Antrag auf Zustimmung zur Veröffentlichung verschwiegenheitspflichtiger Inhalte	20,00 bis 100,00 €

Anlage 2[1)]
(zu § 111f Satz 1)

Gebührenverzeichnis (verwaltungsrechtliche Notarsachen)

Gliederung

Nr.	Gebührentatbestand	Gebührenbetrag oder Satz der Gebühr nach § 34 GKG
	Abschnitt 1. Erster Rechtszug *Unterabschnitt 1. Oberlandesgericht*	
110	Verfahren im Allgemeinen	4,0
111	Beendigung des gesamten Verfahrens durch 1. Zurücknahme der Klage a) vor dem Schluss der mündlichen Verhandlung, b) wenn eine solche nicht stattfindet, vor Ablauf des Tages, an dem das Urteil, der Gerichtsbescheid oder der Beschluss in der Hauptsache der Geschäftsstelle übermittelt wird, c) im Fall des § 111b Abs. 1 Satz 1 BNotO i.V.m. § 93a Abs. 2 VwGO vor Ablauf der Erklärungsfrist nach § 93a Abs. 2 Satz 1 VwGO, 2. Anerkenntnis- oder Verzichtsurteil, 3. gerichtlichen Vergleich oder	

1) Frühere Anl. angef. mWv 1.9.2009 durch G v. 30.7.2009 (BGBl. I S. 2449); bish. Anl. wird Anl. 2 und geänd. mWv 1.8.2021 durch G v. 25.6.2021 (BGBl. I S. 2154).

Nr.	Gebührentatbestand	Gebührenbetrag oder Satz der Gebühr nach § 34 GKG
	4. Erledigungserklärungen nach § 111b Abs. 1 Satz 1 BNotO i.V.m. § 161 Abs. 2 VwGO, wenn keine Entscheidung über die Kosten ergeht oder die Entscheidung einer zuvor mitgeteilten Einigung der Beteiligten über die Kostentragung oder der Kostenübernahmeerklärung eines Beteiligten folgt, es sei denn, dass bereits ein anderes als eines der in Nummer 2 genannten Urteile, ein Gerichtsbescheid oder Beschluss in der Hauptsache vorausgegangen ist: Die Gebühr 110 ermäßigt sich auf	2,0
	Die Gebühr ermäßigt sich auch, wenn mehrere Ermäßigungstatbestände erfüllt sind.	
	Unterabschnitt 2. Bundesgerichtshof	
120	Verfahren im Allgemeinen	5,0
121	Beendigung des gesamten Verfahrens durch 1. Zurücknahme der Klage a) vor dem Schluss der mündlichen Verhandlung, b) wenn eine solche nicht stattfindet, vor Ablauf des Tages, an dem das Urteil oder der Gerichtsbescheid der Geschäftsstelle übermittelt wird, c) im Fall des § 111b Abs. 1 Satz 1 BNotO i.V.m. § 93a Abs. 2 VwGO vor Ablauf der Erklärungsfrist nach § 93a Abs. 2 Satz 1 VwGO, 2. Anerkenntnis- oder Verzichtsurteil, 3. gerichtlichen Vergleich oder 4. Erledigungserklärungen nach § 111b Abs. 1 Satz 1 BNotO i.V.m. § 161 Abs. 2 VwGO, wenn keine Entscheidung über die Kosten ergeht oder die Entscheidung einer zuvor mitgeteilten Einigung der Beteiligten über die Kostentragung oder der Kostenübernahmeerklärung eines Beteiligten folgt, es sei denn, dass bereits ein anderes als eines der in Nummer 2 genannten Urteile, ein Gerichtsbescheid oder Beschluss in der Hauptsache vorausgegangen ist: Die Gebühr 120 ermäßigt sich auf	3,0
	Die Gebühr ermäßigt sich auch, wenn mehrere Ermäßigungstatbestände erfüllt sind.	
	Abschnitt 2. Zulassung und Durchführung der Berufung	
200	Verfahren über die Zulassung der Berufung: Soweit der Antrag abgelehnt wird	1,0
201	Verfahren über die Zulassung der Berufung: Soweit der Antrag zurückgenommen oder das Verfahren durch anderweitige Erledigung beendet wird	0,5
	Die Gebühr entsteht nicht, soweit die Berufung zugelassen wird.	

Nr.	Gebührentatbestand	Gebührenbetrag oder Satz der Gebühr nach § 34 GKG
202	Verfahren im Allgemeinen	5,0
203	Beendigung des gesamten Verfahrens durch Zurücknahme der Berufung oder der Klage, bevor die Schrift zur Begründung der Berufung bei Gericht eingegangen ist: Die Gebühr 202 ermäßigt sich auf .... Erledigungserklärungen nach § 111b Abs. 1 Satz 1 BNotO i.V.m. § 161 Abs. 2 VwGO stehen der Zurücknahme gleich, wenn keine Entscheidung über die Kosten ergeht oder die Entscheidung einer zuvor mitgeteilten Einigung der Beteiligten über die Kostentragung oder der Kostenübernahmeerklärung eines Beteiligten folgt.	1,0
204	Beendigung des gesamten Verfahrens, wenn nicht Nummer 203 erfüllt ist, durch 1. Zurücknahme der Berufung oder der Klage a) vor dem Schluss der mündlichen Verhandlung, b) wenn eine solche nicht stattfindet, vor Ablauf des Tages, an dem das Urteil oder der Beschluss in der Hauptsache der Geschäftsstelle übermittelt wird, oder c) im Fall des § 111b Abs. 1 Satz 1 BNotO i.V.m. § 93a Abs. 2 VwGO vor Ablauf der Erklärungsfrist nach § 93a Abs. 2 Satz 1 VwGO, 2. Anerkenntnis- oder Verzichtsurteil, 3. gerichtlichen Vergleich oder 4. Erledigungserklärungen nach § 111b Abs. 1 Satz 1 BNotO i.V.m. § 161 Abs. 2 VwGO, wenn keine Entscheidung über die Kosten ergeht oder die Entscheidung einer zuvor mitgeteilten Einigung der Beteiligten über die Kostentragung oder der Kostenübernahmeerklärung eines Beteiligten folgt, es sei denn, dass bereits ein anderes als eines der in Nummer 2 genannten Urteile oder ein Beschluss in der Hauptsache vorausgegangen ist: Die Gebühr 202 ermäßigt sich auf .... Die Gebühr ermäßigt sich auch, wenn mehrere Ermäßigungstatbestände erfüllt sind.	3,0

Abschnitt 3. Vorläufiger Rechtsschutz

Vorbemerkung 3:

(1) Die Vorschriften dieses Abschnitts gelten für einstweilige Anordnungen und für Verfahren nach § *111b Abs. 1 Satz 1 BNotO* i.V.m. § 80 Abs. 5 und § 80a Abs. 3 VwGO.

(2) Im Verfahren über den Antrag auf Erlass und im Verfahren über den Antrag auf Aufhebung einer einstweiligen Anordnung werden die Gebühren jeweils gesondert erhoben. Mehrere Verfahren nach § 111b Abs. 1 Satz 1 BNotO i.V.m. § 80 Abs. 5 und 7 und § 80a Abs. 3 VwGO gelten innerhalb eines Rechtszugs als ein Verfahren.

Unterabschnitt 1. Oberlandesgericht

310	Verfahren im Allgemeinen	2,0

Nr.	Gebührentatbestand	Gebührenbetrag oder Satz der Gebühr nach § 34 GKG
311	Beendigung des gesamten Verfahrens durch 1. Zurücknahme des Antrags a) vor dem Schluss der mündlichen Verhandlung oder, b) wenn eine solche nicht stattfindet, vor Ablauf des Tages, an dem der Beschluss der Geschäftsstelle übermittelt wird, 2. gerichtlichen Vergleich oder 3. Erledigungserklärungen nach § 111b Abs. 1 Satz 1 BNotO i.V.m. § 161 Abs. 2 VwGO, wenn keine Entscheidung über die Kosten ergeht oder die Entscheidung einer zuvor mitgeteilten Einigung der Beteiligten über die Kostentragung oder der Kostenübernahmeerklärung eines Beteiligten folgt, es sei denn, dass bereits ein Beschluss über den Antrag vorausgegangen ist: Die Gebühr 310 ermäßigt sich auf .... Die Gebühr ermäßigt sich auch, wenn mehrere Ermäßigungstatbestände erfüllt sind.	0,75
	Unterabschnitt 2. Bundesgerichtshof als Rechtsmittelgericht in der Hauptsache	
320	Verfahren im Allgemeinen	1,5
321	Beendigung des gesamten Verfahrens durch 1. Zurücknahme des Antrags a) vor dem Schluss der mündlichen Verhandlung oder, b) wenn eine solche nicht stattfindet, vor Ablauf des Tages, an dem der Beschluss der Geschäftsstelle übermittelt wird, 2. gerichtlichen Vergleich oder 3. Erledigungserklärungen nach § 111b Abs. 1 Satz 1 BNotO i.V.m. § 161 Abs. 2 VwGO, wenn keine Entscheidung über die Kosten ergeht oder die Entscheidung einer zuvor mitgeteilten Einigung der Beteiligten über die Kostentragung oder der Kostenübernahmeerklärung eines Beteiligten folgt, es sei denn, dass bereits ein ein Beschluss über den Antrag vorausgegangen ist: Die Gebühr 320 ermäßigt sich auf .... Die Gebühr ermäßigt sich auch, wenn mehrere Ermäßigungstatbestände erfüllt sind.	0,5
	Unterabschnitt 3. Bundesgerichtshof	
	Vorbemerkung 3.3: Die Vorschriften dieses Unterabschnitts gelten, wenn der Bundesgerichtshof auch in der Hauptsache erstinstanzlich zuständig ist.	
330	Verfahren im Allgemeinen	2,5

Nr.	Gebührentatbestand	Gebührenbetrag oder Satz der Gebühr nach § 34 GKG
331	Beendigung des gesamten Verfahrens durch 1. Zurücknahme des Antrags a) vor dem Schluss der mündlichen Verhandlung oder, b) wenn eine solche nicht stattfindet, vor Ablauf des Tages, an dem der Beschluss der Geschäftsstelle übermittelt wird, 2. gerichtlichen Vergleich oder 3. Erledigungserklärungen nach § 111b Abs. 1 Satz 1 BNotO i.V.m. § 161 Abs. 2 VwGO, wenn keine Entscheidung über die Kosten ergeht oder die Entscheidung einer zuvor mitgeteilten Einigung der Beteiligten über die Kostentragung oder der Kostenübernahmeerklärung eines Beteiligten folgt, es sei denn, dass bereits ein Beschluss über den Antrag vorausgegangen ist: Die Gebühr 330 ermäßigt sich auf .... Die Gebühr ermäßigt sich auch, wenn mehrere Ermäßigungstatbestände erfüllt sind.	1,0
	Abschnitt 4. Rüge wegen Verletzung des Anspruchs auf rechtliches Gehör	
400	Verfahren über die Rüge wegen Verletzung des Anspruchs auf rechtliches Gehör: Die Rüge wird in vollem Umfang verworfen oder zurückgewiesen	50,00 EUR

98b. Gesetz über Rechtsberatung und Vertretung für Bürger mit geringem Einkommen (Beratungshilfegesetz – BerHG)[1)]

Vom 18. Juni 1980
(BGBl. I S. 689)

FNA 303-15

Lfd. Nr.	Änderndes Gesetz	Datum	Fundstelle	Betroffen	Hinweis
1.	Art. 1 G zur Änd. des BeratungshilfeG und anderer Gesetze	14.9.1994	BGBl. I S. 2323	§§ 2, 4, 14	geänd. mWv 23.9.1994
2.	Art. 3 G zur Förderung der außergerichtlichen Streitbeilegung	15.12. 1999	BGBl. I S. 2400	§ 1	geänd. mWv 1.1.2000
3.	Art. 8 Abs. 4 G zur Umstellung des Kostenrechts und der Steuerberatergebühren-VO auf Euro	27.4.2001	BGBl. I S. 751	§ 8	geänd. mWv 1.1.2002
4.	Art. 18 OLG-Vertretungs-ÄndG	23.7.2002	BGBl. I S. 2850	§ 3	geänd. mWv 1.8.2002
5.	Art. 4 Abs. 19 Kostenrechtsmodernisierungs G	5.5.2004	BGBl. I S. 718	§§ 8, 9, 15	geänd. mWv 1.7.2004
6.	Art. 2 EG-ProzesskostenhilfeG[2)]	15.12. 2004	BGBl. I S. 3392	Überschrift, §§ 1–16	geänd. mWv 21.12.2004
				§ 10	neu gef. mWv 21.12.2004
				Abschnittsüberschrift (1., 2. und 3. Abschnitt), §§ 11, 12	aufgeh. mWv 21.12.2004
7.	Beschl. des BVerfG – 1 BvR 2310/06 –	14.10. 2008	BGBl. I S. 2180	§ 2 Abs. 2	mit Art. 3 Abs. 1 GG unvereinbar
8.	Art. 27 FGG-ReformG	17.12. 2008	BGBl. I S. 2586	§ 5	geänd. mWv 1.9.2009
9.	Art. 3 G zur Durchführung der VO (EG) Nr. 4/2009 und zur Neuordnung bestehender Aus- und Durchführungsbestimmungen auf dem Gebiet des internationalen Unterhaltsverfahrensrechts	23.5.2011	BGBl. I S. 898	§ 10a	eingef. mWv 18.6.2011
10.	Art. 2 G zur Änd. des Prozesskostenhilfe- und Beratungshilferechts	31.8.2013	BGBl. I S. 3533	§§ 1, 2, 3, 4, 6, 9, 11, 12	geänd. mWv 1.1.2014
				§§ 6a, 8a	eingef. mWv 1.1.2014
				§§ 7, 8, 13	neu gef. mWv 1.1.2014

1) Überschrift geänd. mWv 21.12.2004 durch G v. 15.12.2004 (BGBl. I S. 3392).

2) **Amtl. Anm.:** Dieses Gesetz dient der Umsetzung der Richtlinie 2003/8/EG des Rates vom 27. Januar 2003 zur Verbesserung des Zugangs zum Recht bei Streitsachen mit grenzüberschreitendem Bezug durch Festlegung gemeinsamer Mindestvorschriften für die Prozesskostenhilfe in derartigen Streitsachen (ABl. EG Nr. L 26 S. 41, ABl. EU Nr. L 32 S. 15).

Lfd. Nr.	Änderndes Gesetz	Datum	Fundstelle	Betroffen	Hinweis
11.	Art. 140 Zehnte ZuständigkeitsanpassungsVO	31.8.2015	BGBl. I S. 1474	§ 11	geänd. mWv 8.9.2015
12.	Art. 12 G zur Modernisierung des notariellen Berufsrechts und zur Änd. weiterer Vorschriften	25.6.2021	BGBl. I S. 2154	§§ 1, 2, 3, 4, 5, 6, 6a, 7, 8, 8a, 9, 10, 10a, 11, 12	geänd. mWv 1.8.2021
				§§ 13, 14	aufgeh. mit Ablauf des 31.7. 2021
13.	Art. 2 G zur Förderung des Einsatzes von Videokonferenztechnik in der Zivilgerichtsbarkeit und den Fachgerichtsbarkeiten	15.7.2024	BGBl. 2024 I Nr. 237	§ 4	geänd. mWv 19.7.2024

Der Bundestag hat mit Zustimmung des Bundesrates das folgende Gesetz beschlossen:

§ 1[1)] Voraussetzungen. (1) Hilfe für die Wahrnehmung von Rechten außerhalb eines gerichtlichen Verfahrens und im obligatorischen Güteverfahren nach § 15a des Gesetzes betreffend die Einführung der Zivilprozeßordnung[2)] (Beratungshilfe) wird auf Antrag gewährt, wenn

1. Rechtsuchende die erforderlichen Mittel nach ihren persönlichen und wirtschaftlichen Verhältnissen nicht aufbringen können,
2. keine anderen Möglichkeiten für eine Hilfe zur Verfügung stehen, deren Inanspruchnahme den Rechtsuchenden zuzumuten ist,
3. die Inanspruchnahme der Beratungshilfe nicht mutwillig erscheint.

(2) [1] Die Voraussetzungen des Absatzes 1 Nummer 1 sind gegeben, wenn den Rechtsuchenden Prozeßkostenhilfe nach den Vorschriften der Zivilprozeßordnung[3)] ohne einen eigenen Beitrag zu den Kosten zu gewähren wäre. [2] Die Möglichkeit, sich durch einen Rechtsanwalt unentgeltlich oder gegen Vereinbarung eines Erfolgshonorars beraten oder vertreten zu lassen, ist keine andere Möglichkeit der Hilfe im Sinne des Absatzes 1 Nummer 2.

(3) [1] Mutwilligkeit liegt vor, wenn Beratungshilfe in Anspruch genommen werden soll, obwohl Rechtsuchende, die nach ihren persönlichen und wirtschaftlichen Verhältnissen keine Beratungshilfe beanspruchen können, bei verständiger Würdigung aller Umstände der Rechtsangelegenheit davon absehen würden, sich auf eigene Kosten rechtlich beraten oder vertreten zu lassen. [2] Bei der Beurteilung der Mutwilligkeit sind die Kenntnisse und Fähigkeiten der Rechtsuchenden sowie ihre besondere wirtschaftliche Lage zu berücksichtigen.

§ 2[4)] Gegenstand der Beratungshilfe. (1) [1] Die Beratungshilfe besteht in Beratung und, soweit erforderlich, in Vertretung. [2] Eine Vertretung ist erforderlich, wenn Rechtsuchende nach der Beratung angesichts des Umfangs, der Schwierigkeit oder der Bedeutung, die die Rechtsangelegenheit für sie hat, ihre Rechte nicht selbst wahrnehmen können.

(2) [1] Beratungshilfe nach diesem Gesetz wird in allen rechtlichen Angelegenheiten gewährt. [2] In Angelegenheiten des Strafrechts und des Ordnungswidrigkeitenrechts wird nur Beratung gewährt.

(3) Beratungshilfe nach diesem Gesetz wird nicht gewährt in Angelegenheiten, in denen das Recht anderer Staaten anzuwenden ist, sofern der Sachverhalt keine Beziehung zum Inland aufweist.

[1)] § 1 Abs. 1 geänd. durch G v. 15.12.1999 (BGBl. I S. 2400); Abs. 1 Nr. 3 geänd., Abs. 2 Satz 2 und Abs. 3 angef. mWv 1.1.2014 durch G v. 31.8.2013 (BGBl. I S. 3533); Überschrift neu gef., Abs. 1 Nr. 1, 2 und Abs. 2 Satz 1 geänd., Abs. 3 Satz 1 neu gef., Satz 2 geänd. mWv 1.8.2021 durch G v. 25.6.2021 (BGBl. I S. 2154).

[2)] **Habersack, Deutsche Gesetze Nr. 101.**

[3)] **Habersack, Deutsche Gesetze Nr. 100.**

[4)] § 2 Abs. 2 Satz 1 Nr. 1 neu gef., Nr. 3 geänd., Nr. 4 angef. durch G v. 14.9.1994 (BGBl. I S. 2323); Abs. 1 Satz 2 angef., Abs. 2 Satz 1 neu gef., Satz 3 aufgeh. mWv 1.1.2014 durch G v. 31.8.2013 (BGBl. I S. 3533); Überschrift und Abs. 1 Satz 2 neu gef. mWv 1.8.2021 durch G v. 25.6.2021 (BGBl. I S. 2154).

§ 3[1)] Gewährung von Beratungshilfe. (1) [1]Die Beratungshilfe wird durch Rechtsanwälte und durch Rechtsbeistände, die Mitglied einer Rechtsanwaltskammer sind, gewährt. [2]Im Umfang ihrer jeweiligen Befugnis zur Rechtsberatung wird sie auch gewährt durch

1. Steuerberater und Steuerbevollmächtigte,
2. Wirtschaftsprüfer und vereidigte Buchprüfer sowie
3. Rentenberater.

[3]Sie kann durch die in den Sätzen 1 und 2 genannten Personen (Beratungspersonen) auch in Beratungsstellen gewährt werden, die auf Grund einer Vereinbarung mit der Landesjustizverwaltung eingerichtet sind.

(2) Die Beratungshilfe kann auch durch das Amtsgericht gewährt werden, soweit dem Anliegen durch eine sofortige Auskunft, einen Hinweis auf andere Möglichkeiten für Hilfe oder die Aufnahme eines Antrags oder einer Erklärung entsprochen werden kann.

§ 4[2)] Verfahren. (1) [1]Über den Antrag auf Beratungshilfe entscheidet das Amtsgericht, in dessen Bezirk die Rechtsuchenden ihren allgemeinen Gerichtsstand haben. [2]Haben Rechtsuchende im Inland keinen allgemeinen Gerichtsstand, so ist das Amtsgericht zuständig, in dessen Bezirk ein Bedürfnis für Beratungshilfe auftritt.

(2) [1]Der Antrag kann vor der Geschäftsstelle zu Protokoll erklärt oder schriftlich gestellt werden; § 130a der Zivilprozessordnung[3)] und auf dessen Grundlage erlassene Rechtsverordnungen gelten entsprechend. [2]Der Sachverhalt, für den Beratungshilfe beantragt wird, ist anzugeben.

(3) [1]Dem Antrag sind beizufügen:

1. eine Erklärung der Rechtsuchenden über ihre persönlichen und wirtschaftlichen Verhältnisse, insbesondere Angaben zu Familienstand, Beruf, Vermögen, Einkommen und Lasten, sowie entsprechende Belege und
2. eine Versicherung der Rechtsuchenden, dass ihnen in derselben Angelegenheit Beratungshilfe bisher weder gewährt noch durch das Gericht versagt worden ist, und dass in derselben Angelegenheit kein gerichtliches Verfahren anhängig ist oder war.

[2]In geeigneten Fällen kann die Geschäftsstelle Erklärungen und Versicherungen nach Satz 1 auch zu Protokoll aufnehmen.

(4) [1]Das Gericht kann verlangen, dass Rechtsuchende ihre tatsächlichen Angaben glaubhaft machen, und kann insbesondere auch die Abgabe einer Versicherung an Eides statt fordern. [2]Es kann Erhebungen anstellen, insbesondere die Vorlegung von Urkunden anordnen und Auskünfte einholen. [3]Zeugen und Sachverständige werden nicht vernommen.

[1)] § 3 Abs. 1 geänd. mWv 1.8.2002 durch G v. 23.7.2002 (BGBl. I S. 2850); Abs. 1 neu gef. mWv 1.1.2014 durch G v. 31.8.2013 (BGBl. I S. 3533); Überschrift neu gef. mWv 1.8.2021 durch G v. 25.6.2021 (BGBl. I S. 2154).

[2)] § 4 Abs. 1 neu gef. durch G v. 14.9.1994 (BGBl. I S. 2323); Abs. 2 Sätze 3 und 4 aufgeh., Abs. 3 –6 *angef. mWv 1.1.2014 durch* G v. 31.8.2013 (BGBl. I S. 3533); Überschrift neu gef., Abs. 1 Sätze 1, 2, Abs. 2 Satz 1, Abs. 3 Nr. 1, 2, Abs. 4 Satz 1, Abs. 5 und 6 geänd. mWv 1.8.2021 durch G v. 25.6.2021 (BGBl. I S. 2154); Abs. 2 Satz 1 geänd., Abs. 3 Satz 2 angef. mWv 19.7.2024 durch G v. 15.7.2024 (BGBl. 2024 I Nr. 237).

[3)] **Habersack, Deutsche Gesetze Nr. 100.**

(5) Haben Rechtsuchende innerhalb einer von dem Gericht gesetzten Frist Angaben über ihre persönlichen und wirtschaftlichen Verhältnisse nicht glaubhaft gemacht oder bestimmte Fragen nicht oder ungenügend beantwortet, so lehnt das Gericht die Bewilligung von Beratungshilfe ab.

(6) In den Fällen nachträglicher Antragstellung (§ 6 Absatz 2) können die Beratungspersonen vor Beginn der Beratungshilfe verlangen, dass die Rechtsuchenden ihre persönlichen und wirtschaftlichen Verhältnisse belegen und erklären, dass ihnen in derselben Angelegenheit Beratungshilfe bisher weder gewährt noch durch das Gericht versagt worden ist, und dass in derselben Angelegenheit kein gerichtliches Verfahren anhängig ist oder war.

§ 5[1] Anwendbare Vorschriften. [1] Für das Verfahren gelten die Vorschriften des Gesetzes über das Verfahren in Familiensachen und in den Angelegenheiten der freiwilligen Gerichtsbarkeit[2] entsprechend, soweit in diesem Gesetz nichts anderes bestimmt ist. [2] § 185 Abs. 3 und § 189 Abs. 3 des Gerichtsverfassungsgesetzes[3] gelten entsprechend.

§ 6[4] Berechtigungsschein. (1) Sind die Voraussetzungen für die Gewährung von Beratungshilfe gegeben und wird die Angelegenheit nicht durch das Amtsgericht erledigt, stellt das Amtsgericht Rechtsuchenden unter genauer Bezeichnung der Angelegenheit einen Berechtigungsschein für Beratungshilfe durch eine Beratungsperson ihrer Wahl aus.

(2) [1] Wenn sich Rechtsuchende wegen Beratungshilfe unmittelbar an eine Beratungsperson wenden, kann der Antrag auf Bewilligung der Beratungshilfe nachträglich gestellt werden. [2] In diesem Fall ist der Antrag spätestens vier Wochen nach Beginn der Beratungshilfetätigkeit zu stellen.

§ 6a[5] Aufhebung der Bewilligung. (1) Das Gericht kann die Bewilligung von Amts wegen aufheben, wenn die Voraussetzungen für die Beratungshilfe zum Zeitpunkt der Bewilligung nicht vorgelegen haben und seit der Bewilligung nicht mehr als ein Jahr vergangen ist.

(2) [1] Beratungspersonen können die Aufhebung der Bewilligung beantragen, wenn Rechtsuchende auf Grund der Beratung oder Vertretung, für die ihnen Beratungshilfe bewilligt wurde, etwas erlangt haben. [2] Der Antrag kann nur gestellt werden, wenn die Beratungspersonen

1. noch keine Beratungshilfevergütung nach § 44 Satz 1 des Rechtsanwaltsvergütungsgesetzes[6] beantragt haben und
2. die Rechtsuchenden bei der Mandatsübernahme auf die Möglichkeit der Antragstellung und der Aufhebung der Bewilligung sowie auf die sich für die Vergütung nach § 8a Absatz 2 ergebenden Folgen in Textform hingewiesen haben.

---

[1] § 5 neu gef. mWv 1.9.2009 durch G v. 17.12.2008 (BGBl. I S. 2586); Überschrift neu gef. mWv 1.8.2021 durch G v. 25.6.2021 (BGBl. I S. 2154).

[2] **Habersack, Deutsche Gesetze Nr. 112.**

[3] **Habersack, Deutsche Gesetze Nr. 95.**

[4] § 6 Abs. 1 geänd., Abs. 2 neu gef. mWv 1.1.2014 durch G v. 31.8.2013 (BGBl. I S. 3533); Überschrift neu gef., Abs. 1 und 2 Satz 1 geänd. mWv 1.8.2021 durch G v. 25.6.2021 (BGBl. I S. 2154).

[5] § 6a eingef. mWv 1.1.2014 durch G v. 31.8.2013 (BGBl. I S. 3533); Überschrift und Abs. 2 Satz 1 neu gef., Satz 2 einl. Satzteil, Nr. 1, 2 und Satz 3 geänd. mWv 1.8.2021 durch G v. 25.6.2021 (BGBl. I S. 2154).

[6] **Habersack, Deutsche Gesetze Nr. 117.**

[3] Das Gericht hebt den Beschluss über die Bewilligung von Beratungshilfe nach Anhörung der Rechtsuchenden auf, wenn diese auf Grund des Erlangten die Voraussetzungen hinsichtlich der persönlichen und wirtschaftlichen Verhältnisse für die Bewilligung von Beratungshilfe nicht mehr erfüllen.

§ 7[1)] Rechtsbehelf. Gegen den Beschluss, durch den der Antrag auf Bewilligung von Beratungshilfe zurückgewiesen oder durch den die Bewilligung von Amts wegen oder auf Antrag der Beratungsperson wieder aufgehoben wird, ist nur die Erinnerung statthaft.

§ 8[2)] Vergütung. (1) [1] Die Vergütung der Beratungsperson richtet sich nach den für die Beratungshilfe geltenden Vorschriften des Rechtsanwaltsvergütungsgesetzes[3)]. [2] Die Beratungsperson, die nicht Rechtsanwalt ist, steht insoweit einem Rechtsanwalt gleich.

(2) [1] Die Bewilligung von Beratungshilfe bewirkt, dass die Beratungsperson gegen Rechtsuchende keinen Anspruch auf Vergütung mit Ausnahme der Beratungshilfegebühr (§ 44 Satz 2 des Rechtsanwaltsvergütungsgesetzes) geltend machen kann. [2] Dies gilt auch in den Fällen nachträglicher Antragstellung (§ 6 Absatz 2) bis zur Entscheidung durch das Gericht.

§ 8a[4)] Folgen der Aufhebung der Bewilligung. (1) [1] Wird die Beratungshilfebewilligung aufgehoben, bleibt der Vergütungsanspruch der Beratungsperson gegen die Staatskasse unberührt. [2] Dies gilt nicht, wenn die Beratungsperson

1. Kenntnis oder grob fahrlässige Unkenntnis davon hatte, dass die Bewilligungsvoraussetzungen im Zeitpunkt der Beratungshilfeleistung nicht vorlagen, oder
2. die Aufhebung der Beratungshilfe selbst beantragt hat (§ 6a Absatz 2).

(2) [1] Die Beratungsperson kann von Rechtsuchenden Vergütung nach den allgemeinen Vorschriften verlangen, wenn sie

1. keine Vergütung aus der Staatskasse fordert oder einbehält und
2. die Rechtsuchenden bei der Mandatsübernahme auf die Möglichkeit der Aufhebung der Bewilligung sowie auf die sich für die Vergütung ergebenden Folgen hingewiesen hat.

[2] Soweit Rechtsuchende die Beratungshilfegebühr (Nummer 2500 der Anlage 1 des Rechtsanwaltsvergütungsgesetzes[3)]) bereits geleistet haben, ist sie auf den Vergütungsanspruch anzurechnen.

(3) Wird die Bewilligung der Beratungshilfe aufgehoben, weil die persönlichen und wirtschaftlichen Voraussetzungen hierfür nicht vorgelegen haben, kann die Staatskasse von den Rechtsuchenden Erstattung des von ihr an die Beratungsperson geleisteten und von dieser einbehaltenen Betrages verlangen.

[1)] § 7 neu gef. mWv 1.1.2014 durch G v. 31.8.2013 (BGBl. I S. 3533); Überschrift neu gef. mWv 1.8.2021 durch G v. 25.6.2021 (BGBl. I S. 2154).

[2)] § 8 neu gef. mWv 1.1.2014 durch G v. 31.8.2013 (BGBl. I S. 3533); Überschrift neu gef., Abs. 2 Satz 1 geänd. mWv 1.8.2021 durch G v. 25.6.2021 (BGBl. I S. 2154).

[3)] **Habersack, Deutsche Gesetze Nr. 117.**

[4)] § 8a eingef. mWv 1.1.2014 durch G v. 31.8.2013 (BGBl. I S. 3533); Überschrift neu gef., Abs. 2 Satz 1 einl Satzteil und Nr. 2, Satz 2, Abs. 3 und Abs. 4 Satz 1 geänd. mWv 1.8.2021 durch G v. 25.6.2021 (BGBl. I S. 2154).

(4) [1]Wird im Fall nachträglicher Antragstellung Beratungshilfe nicht bewilligt, kann die Beratungsperson von den Rechtsuchenden Vergütung nach den allgemeinen Vorschriften verlangen, wenn sie diese bei der Mandatsübernahme hierauf hingewiesen hat. [2]Absatz 2 Satz 2 gilt entsprechend.

§ 9[1)] Kostenersatz durch den Gegner. [1]Ist der Gegner verpflichtet, Rechtsuchenden die Kosten der Wahrnehmung ihrer Rechte zu ersetzen, hat er für die Tätigkeit der Beratungsperson die Vergütung nach den allgemeinen Vorschriften zu zahlen. [2]Der Anspruch geht auf die Beratungsperson über. [3]Der Übergang kann nicht zum Nachteil der Rechtsuchenden geltend gemacht werden.

§ 10[2)] Streitsachen mit grenzüberschreitendem Bezug. (1) Bei Streitsachen mit grenzüberschreitendem Bezug nach der Richtlinie 2003/8/EG des Rates vom 27. Januar 2003 zur Verbesserung des Zugangs zum Recht bei Streitsachen mit grenzüberschreitendem Bezug durch Festlegung gemeinsamer Mindestvorschriften für die Prozesskostenhilfe in derartigen Streitsachen (ABl. EG Nr. L 26 S. 41, ABl. EU Nr. L 32 S. 15) wird Beratungshilfe gewährt

1. für die vorprozessuale Rechtsberatung im Hinblick auf eine außergerichtliche Streitbeilegung,
2. für die Unterstützung bei einem Antrag nach § 1077 der Zivilprozessordnung[3)], bis das Ersuchen im Mitgliedstaat des Gerichtsstands eingegangen ist.

(2) § 2 Absatz 3 findet keine Anwendung.

(3) Für die Übermittlung von Anträgen auf grenzüberschreitende Beratungshilfe gilt § 1077 der Zivilprozessordnung entsprechend.

(4) [1]Für eingehende Ersuchen um grenzüberschreitende Beratungshilfe ist das in § 4 Absatz 1 Satz 2 bezeichnete Amtsgericht zuständig. [2]§ 1078 Absatz 1 Satz 2, Absatz 2 Satz 2 und Absatz 3 der Zivilprozessordnung gilt entsprechend.

§ 10a[4)] Grenzüberschreitende Unterhaltssachen. (1) Bei Unterhaltssachen nach der Verordnung (EG) Nr. 4/2009[5)] des Rates vom 18. Dezember 2008 (ABl. L 7 vom 10.1.2009, S. 1) erfolgt die Gewährung der Beratungshilfe in den Fällen der Artikel 46 und 47 Absatz 2 dieser Verordnung unabhängig von den persönlichen und wirtschaftlichen Verhältnissen der Rechtsuchenden.

(2) [1]Für ausgehende Anträge in Unterhaltssachen auf grenzüberschreitende Beratungshilfe nach § 10 Absatz 1 ist das Amtsgericht am Sitz des Oberlandesgerichts, in dessen Bezirk die Rechtsuchenden ihren gewöhnlichen Aufenthalt haben, zuständig. [2]Für eingehende Ersuchen ist das in § 4 Absatz 1 Satz 2 bezeichnete Gericht zuständig.

[1)] § 9 Satz 4 aufgeh. mWv 1.7.2004 durch G v. 5.5.2004 (BGBl. I S. 718); Satz 1 neu gef., Satz 2 geänd. mWv 1.1.2014 durch G v. 31.8.2013 (BGBl. I S. 3533); Überschrift neu gef., Sätze 1 und 3 geänd. mWv 1.8.2021 durch G v. 25.6.2021 (BGBl. I S. 2154).

[2)] § 10 neu gef. mWv 21.12.2004 durch G v. 15.12.2004 (BGBl. I S. 3392); Überschrift neu gef., Abs. 2 und 4 geänd. mWv 1.8.2021 durch G v. 25.6.2021 (BGBl. I S. 2154).

[3)] **Habersack, Deutsche Gesetze Nr. 100.**

[4)] § 10a eingef. mWv 18.6.2011 durch G v. 23.5.2011 (BGBl. I S. 898); Überschrift neu gef., Abs. 1 und 2 Satz 1 geänd. mWv 1.8.2021 durch G v. 25.6.2021 (BGBl. I S. 2154).

[5)] Nr. **21d**.

§ 11[1] Verordnungsermächtigung. Das Bundesministerium der Justiz und für Verbraucherschutz wird ermächtigt, zur Vereinfachung und Vereinheitlichung des Verfahrens durch Rechtsverordnung[2] mit Zustimmung des Bundesrates Formulare für den Antrag auf Gewährung von Beratungshilfe und auf Zahlung der Vergütung der Beratungsperson nach Abschluß der Beratungshilfe einzuführen und deren Verwendung vorzuschreiben.

§ 12[3] Länderklauseln. (1) In den Ländern Bremen und Hamburg tritt die eingeführte öffentliche Rechtsberatung an die Stelle der Beratungshilfe nach diesem Gesetz, wenn und soweit das Landesrecht nichts anderes bestimmt.

(2) Im Land Berlin haben Rechtsuchende die Wahl zwischen der Inanspruchnahme der dort eingeführten öffentlichen Rechtsberatung und Beratungshilfe nach diesem Gesetz, wenn und soweit das Landesrecht nichts anderes bestimmt.

(3) Die Länder können durch Gesetz die ausschließliche Zuständigkeit von Beratungsstellen nach § 3 Absatz 1 zur Gewährung von Beratungshilfe bestimmen.

(4) Personen, die im Rahmen der öffentlichen Rechtsberatung beraten und über die Befähigung zum Richteramt verfügen, sind in gleicher Weise wie ein beauftragter Rechtsanwalt zur Verschwiegenheit verpflichtet und mit schriftlicher Zustimmung der Rechtsuchenden berechtigt, Auskünfte aus Akten zu erhalten und Akteneinsicht zu nehmen.

§§ 13, 14[4] *(aufgehoben)*

---

[1] §§ 11 und 12 aufgeh., bish. § 13 wird § 11 mWv 21.12.2004 durch G v. 15.12.2004 (BGBl. I S. 3392); geänd. mWv 1.1.2014 durch G v. 31.8.2013 (BGBl. I S. 3533); geänd. mWv 8.9.2015 durch VO v. 31.8. 2015 (BGBl. I S. 1474); Überschrift neu gef. mWv 1.8.2021 durch G v. 25.6.2021 (BGBl. I S. 2154).

[2] VO zur Verwendung von Formularen im Bereich der Beratungshilfe (BeratungshilfeformularVO – BerHFV) v. 2.1.2014 (BGBl. I S. 2), zuletzt geänd. durch G v. 15.7.2024 (BGBl. 2024 I Nr. 237).

[3] *Früherer* § 14 Abs. 3 angef. durch G v. 14.9.1994 (BGBl. I S. 2323); §§ 11 und 12 aufgeh., bish. § 14 wird § 12 mWv 21.12.2004 durch G v. 15.12.2004 (BGBl. I S. 3392); Abs. 2 geänd., Abs. 3 eingef., bish. Abs. 3 wird Abs. 4 mWv 1.1.2014 durch G v. 31.8.2013 (BGBl. I S. 3533); Überschrift neu gef., Abs. 2 und 4 geänd. mWv 1.8.2021 durch G v. 25.6.2021 (BGBl. I S. 2154).

[4] §§ 13 und 14 aufgeh. mWv 1.8.2021 durch G v. 25.6.2021 (BGBl. I S. 2154).

99. Gesetz über außergerichtliche Rechtsdienstleistungen (Rechtsdienstleistungsgesetz – RDG)[1)]

Vom 12. Dezember 2007

(BGBl. I S. 2840)

FNA 303-20

Lfd. Nr.	Änderndes Gesetz	Datum	Fundstelle	Betroffen	Hinweis
1.	Art. 4 Abs. 4 G zur Reform der Sachaufklärung in der Zwangsvollstreckung	29.7.2009	BGBl. I S. 2258	§§ 12, 13	geänd. mWv 1.1.2013
2.	Art. 9 Abs. 2 G zur Modernisierung von Verfahren im anwaltlichen und notariellen Berufsrecht, zur Errichtung einer Schlichtungsstelle der Rechtsanwaltschaft sowie zur Änd. sonstiger Vorschriften[2)]	30.7.2009	BGBl. I S. 2449	§ 13	geänd. mWv 28.12.2009
3.	Art. 2 G zur Umsetzung der DienstleistungsRL in der Justiz und zur Änd. weiterer Vorschriften[3)]	22.12.2010	BGBl. I S. 2248	§§ 13, 16	geänd. mWv 28.12.2010
4.	Art. 16 G zur Verbesserung der Feststellung und Anerkennung im Ausland erworbener Berufsqualifikationen	6.12.2011	BGBl. I S. 2515	Inhaltsübersicht, § 12	geänd. mWv 1.4.2012
				§ 15a	eingef. mWv 1.4.2012
5.	Art. 49 2. KostenrechtsmodernisierungsG	23.7.2013	BGBl. I S. 2586	§§ 10, 12, 15, 18	geänd. mWv 1.8.2013
6.	Art. 14 G zur Förderung der elektronischen Verwaltung sowie zur Änd. weiterer Vorschriften	25.7.2013	BGBl. I S. 2749	§ 13	geänd. mWv 1.8.2013
7.	Art. 1 G gegen unseriöse Geschäftspraktiken[3)]	1.10.2013	BGBl. I S. 3714	Inhaltsübersicht, § 15	geänd. mWv 9.10.2013
				§§ 13a, 15b	eingef. mWv 9.10.2013
				§ 20	neu gef. mWv 9.10.2013
				Inhaltsübersicht, § 14	geänd. mWv 1.11.2014

[1)] Verkündet als Art. 1 G zur Neuregelung des Rechtsberatungsrechts v. 12.12.2007 (BGBl. I S. 2840, geänd. durch G v. 12.6.2008, BGBl. I S. 1000); Inkrafttreten gem. Art. 20 Satz 3 dieses G am 1.7.2008 mit Ausnahme von § 10 Abs. 1 Satz 2, § 12 Abs. 5, § 13 Abs. 6 (bish. Abs. 4), § 16 Abs. 3 Satz 3, § 17 Abs. 2, § 18 Abs. 3 und § 19, die gem. Art. 20 Satz 1 bereits am 18.12.2007 in Kraft getreten sind.

Das G zur Neuregelung des Rechtsberatungsrechts dient der Umsetzung der RL 2005/36/EG des Europäischen Parlaments und des Rates vom 7. September 2005 über die Anerkennung von Berufsqualifikationen (ABl. EU Nr. L 255 S. 22).

[2)] **Amtl. Anm.:** Dieses Gesetz dient der Umsetzung der Richtlinie 2006/123/EG des Europäischen Parlaments und des Rates vom 12. Dezember 2006 über Dienstleistungen im Binnenmarkt (ABl. L 376 vom 27.12.2006, S. 36).

[3)] **Amtl. Anm.:** *(abgedruckt in Änderungstabelle Nr. **98**)*

Lfd. Nr.	Änderndes Gesetz	Datum	Fundstelle	Betroffen	Hinweis
				§ 11a	eingef. mWv 1.11.2014
8.	Art. 142 Zehnte ZuständigkeitsanpassungsVO	31.8.2015	BGBl. I S. 1474	§§ 10, 12, 13, 16, 17, 18	geänd. mWv 8.9.2015
9.	Art. 5 Abs. 1 G zur Weiterentwicklung des Behindertengleichstellungsrechts	19.7.2016	BGBl. I S. 1757	§ 8	geänd. mWv 27.7.2016
10.	Art. 6 G zur Umsetzung der BerufsanerkennungsRL und zur Änd. weiterer Vorschriften im Bereich der rechtsberatenden Berufe[1]	12.5.2017	BGBl. I S. 1121	Inhaltsübersicht, §§ 1, 10, 11, 12, 13, 15, 15a, 16, 17, 18, 20	geänd. mWv 18.5.2017
				§ 14a	eingef. mWv 18.5.2017
11.	Art. 8 G zur Umsetzung der RL (EU) 2016/680 im Strafverfahren sowie zur Anpassung datenschutzrechtlicher Bestimmungen an die VO (EU) 2016/679	20.11. 2019	BGBl. I S. 1724	§ 18	geänd. mWv 26.11.2019
12.	Art. 1 G zur Verbesserung des Verbraucherschutzes im Inkassorecht und zur Änd. weiterer Vorschriften	22.12. 2020	BGBl. I S. 3320	§§ 9, 12, 13, 16, 18, 19	geänd. mWv 1.1.2021
				Inhaltsübersicht, §§ 13e, 14, 15, 18, 20	geänd. mWv 1.10.2021
				§§ 13a, 13b, 13c, 13d	eingef. mWv 1.10.2021
				§ 11a	aufgeh. mit Ablauf des 30.9. 2021
13.	Art. 24 Abs. 6 G zur Modernisierung des notariellen Berufsrechts und zur Änd. weiterer Vorschriften	25.6.2021	BGBl. I S. 2154	§§ 12, 14a	geänd. mWv 1.8.2021
14.	Art. 3 G zur Förderung verbrauchergerechter Angebote im Rechtsdienstleistungsmarkt[2]	10.8.2021	BGBl. I S. 3415	Inhaltsübersicht, §§ 2, 4, 5, 10, 13, 13a, 13h, 14, 15, 18, 20	geänd. mWv 1.10.2021
				§§ 13b, 13c, 13e, 13f, 13g	eingef. mWv 1.10.2021
15.	Art. 32 PersonengesellschaftsrechtsmodernisierungsG (MoPeG)	10.8.2021	BGBl. I S. 3436	§§ 10, 12, 13, 14, 15, 16, 17	geänd. mWv 1.1.2024
16.	Art. 1, 2 G zur Stärkung der Aufsicht bei Rechtsdienstleistungen und zur Änd. weiterer Vorschriften	10.3.2023	BGBl. 2023 I Nr. 64	Inhaltsübersicht, §§ 12, 13, 13c, 16, 17, 18	geänd. mWv 16.3.2023
				Inhaltsübersicht, §§ 9, 10, 12, 13, 13h, 14, 14a, 15, 15b, 16, 17, 18, 20	geänd. mWv 1.1.2025
				§ 3	neu gef. mWv 1.1.2025
				§ 19	aufgeh. mit Ablauf des 31.12. 2024

[1] **Amtl. Anm.:** *(abgedruckt in Änderungstabelle Nr. **69**)*
[2] **Amtl. Anm.:** *(abgedruckt in Änderungstabelle Nr. **98**)*

Vorbemerkung:
Die Änderungen durch G v. 10.3.2023 (BGBl. 2023 I Nr. 64) treten teilweise erst mWv 1.1.2025 in Kraft und sind insoweit im Text noch nicht berücksichtigt.

Inhaltsübersicht[1]

Teil 1. Allgemeine Vorschriften

§ 1[2] **Anwendungsbereich.** (1) [1] Dieses Gesetz regelt die Befugnis, in der Bundesrepublik Deutschland außergerichtliche Rechtsdienstleistungen zu erbringen. [2] Es dient dazu, die Rechtsuchenden, den Rechtsverkehr und die Rechtsordnung vor unqualifizierten Rechtsdienstleistungen zu schützen.

(2) Wird eine Rechtsdienstleistung ausschließlich aus einem anderen Staat heraus erbracht, gilt dieses Gesetz nur, wenn ihr Gegenstand deutsches Recht ist.

(3) Regelungen in anderen Gesetzen über die Befugnis, Rechtsdienstleistungen zu erbringen, bleiben unberührt.

---

[1] Inhaltsübersicht geänd. mWv 1.4.2012 durch G v. 6.12.2011 (BGBl. I S. 2515); geänd. mWv 9.10.2013 und mWv 1.11.2014 durch G v. 1.10.2013 (BGBl. I S. 3714); geänd. mWv 18.5.2017 durch G v. 12.5.2017 (BGBl. I S. 1121); geänd. mWv 1.10.2021 durch G v. 22.12.2020 (BGBl. I S. 3320); geänd. (bei unvollst. Änderungsbefehl) mWv 1.10.2021 durch G v. 10.8.2021 (BGBl. I S. 3415); geänd. mWv 16.3.2023 durch G v. 10.3.2023 (BGBl. 2023 I Nr. 64).

[2] § 1 Abs. 1 Satz 1 geänd., Abs. 2 eingef., bish. Abs. 2 wird Abs. 3 mWv 18.5.2017 durch G v. 12.5.2017 (BGBl. I S. 1121).

§ 2[1] Begriff der Rechtsdienstleistung. (1) Rechtsdienstleistung ist jede Tätigkeit in konkreten fremden Angelegenheiten, sobald sie eine rechtliche Prüfung des Einzelfalls erfordert.

(2) [1] Rechtsdienstleistung ist, unabhängig vom Vorliegen der Voraussetzungen des Absatzes 1, die Einziehung fremder oder zum Zweck der Einziehung auf fremde Rechnung abgetretener Forderungen, wenn die Forderungseinziehung als eigenständiges Geschäft betrieben wird, einschließlich der auf die Einziehung bezogenen rechtlichen Prüfung und Beratung (Inkassodienstleistung). [2] Abgetretene Forderungen gelten für den bisherigen Gläubiger nicht als fremd.

(3) Rechtsdienstleistung ist nicht:
1. die Erstattung wissenschaftlicher Gutachten,
2. die Tätigkeit von Einigungs- und Schlichtungsstellen, Schiedsrichterinnen und Schiedsrichtern,
3. die Erörterung der die Beschäftigten berührenden Rechtsfragen mit ihren gewählten Interessenvertretungen, soweit ein Zusammenhang zu den Aufgaben dieser Vertretungen besteht,
4. die Mediation und jede vergleichbare Form der alternativen Streitbeilegung, sofern die Tätigkeit nicht durch rechtliche Regelungsvorschläge in die Gespräche der Beteiligten eingreift,
5. die an die Allgemeinheit gerichtete Darstellung und Erörterung von Rechtsfragen und Rechtsfällen in den Medien,
6. die Erledigung von Rechtsangelegenheiten innerhalb verbundener Unternehmen (§ 15 des Aktiengesetzes[2]).

§ 3 Befugnis zur Erbringung außergerichtlicher Rechtsdienstleistungen. Die selbständige Erbringung außergerichtlicher Rechtsdienstleistungen ist nur in dem Umfang zulässig, in dem sie durch dieses Gesetz oder durch oder aufgrund anderer Gesetze erlaubt wird.

§ 4[3] Unvereinbarkeit mit einer anderen Leistungspflicht. [1] Rechtsdienstleistungen, die unmittelbaren Einfluss auf die Erfüllung einer anderen Leistungspflicht haben können, dürfen nicht erbracht werden, wenn hierdurch die ordnungsgemäße Erbringung der Rechtsdienstleistung gefährdet wird. [2] Eine solche Gefährdung ist nicht schon deshalb anzunehmen, weil aufgrund eines Vertrags mit einem Prozessfinanzierer Berichtspflichten gegenüber dem Prozessfinanzierer bestehen.

§ 5[4] Rechtsdienstleistungen im Zusammenhang mit einer anderen Tätigkeit. (1) [1] Erlaubt sind Rechtsdienstleistungen im Zusammenhang mit einer anderen Tätigkeit, wenn sie als Nebenleistung zum Berufs- oder Tätigkeitsbild gehören. [2] Ob eine Nebenleistung vorliegt, ist nach ihrem Inhalt, Umfang und sachlichen Zusammenhang mit der Haupttätigkeit unter Berücksichtigung der Rechtskenntnisse zu beurteilen, die für die Haupttätigkeit erforderlich sind. [3] Andere Tätigkeit im Sinne des Satzes 1 kann auch eine andere Rechtsdienstleistung sein.

---

[1] § 2 Abs. 2 Satz 1 geänd. mWv 1.10.2021 durch G v. 10.8.2021 (BGBl. I S. 3415).
[2] **Habersack, Deutsche Gesetze Nr. 51.**
[3] § 4 Satz 2 angef. mWv 1.10.2021 durch G v. 10.8.2021 (BGBl. I S. 3415).
[4] § 5 Abs. 1 Satz 3 angef. mWv 1.10.2021 durch G v. 10.8.2021 (BGBl. I S. 3415).

(2) Als erlaubte Nebenleistungen gelten Rechtsdienstleistungen, die im Zusammenhang mit einer der folgenden Tätigkeiten erbracht werden:
1. Testamentsvollstreckung,
2. Haus- und Wohnungsverwaltung,
3. Fördermittelberatung.

Teil 2. Rechtsdienstleistungen durch nicht registrierte Personen

§ 6 Unentgeltliche Rechtsdienstleistungen. (1) Erlaubt sind Rechtsdienstleistungen, die nicht im Zusammenhang mit einer entgeltlichen Tätigkeit stehen (unentgeltliche Rechtsdienstleistungen).

(2) [1] Wer unentgeltliche Rechtsdienstleistungen außerhalb familiärer, nachbarschaftlicher oder ähnlich enger persönlicher Beziehungen erbringt, muss sicherstellen, dass die Rechtsdienstleistung durch eine Person, der die entgeltliche Erbringung dieser Rechtsdienstleistung erlaubt ist, durch eine Person mit Befähigung zum Richteramt oder unter Anleitung einer solchen Person erfolgt. [2] Anleitung erfordert eine an Umfang und Inhalt der zu erbringenden Rechtsdienstleistungen ausgerichtete Einweisung und Fortbildung sowie eine Mitwirkung bei der Erbringung der Rechtsdienstleistung, soweit dies im Einzelfall erforderlich ist.

§ 7 Berufs- und Interessenvereinigungen, Genossenschaften. (1) [1] Erlaubt sind Rechtsdienstleistungen, die
1. berufliche oder andere zur Wahrung gemeinschaftlicher Interessen gegründete Vereinigungen und deren Zusammenschlüsse,
2. Genossenschaften, genossenschaftliche Prüfungsverbände und deren Spitzenverbände sowie genossenschaftliche Treuhandstellen und ähnliche genossenschaftliche Einrichtungen

im Rahmen ihres satzungsmäßigen Aufgabenbereichs für ihre Mitglieder oder für die Mitglieder der ihnen angehörenden Vereinigungen oder Einrichtungen erbringen, soweit sie gegenüber der Erfüllung ihrer übrigen satzungsmäßigen Aufgaben nicht von übergeordneter Bedeutung sind. [2] Die Rechtsdienstleistungen können durch eine im alleinigen wirtschaftlichen Eigentum der in Satz 1 genannten Vereinigungen oder Zusammenschlüsse stehende juristische Person erbracht werden.

(2) [1] Wer Rechtsdienstleistungen nach Absatz 1 erbringt, muss über die zur sachgerechten Erbringung dieser Rechtsdienstleistungen erforderliche personelle, sachliche und finanzielle Ausstattung verfügen und sicherstellen, dass die Rechtsdienstleistung durch eine Person, der die entgeltliche Erbringung dieser Rechtsdienstleistung erlaubt ist, durch eine Person mit Befähigung zum Richteramt oder unter Anleitung einer solchen Person erfolgt. [2] § 6 Abs. 2 Satz 2 gilt entsprechend.

§ 8[1)] Öffentliche und öffentlich anerkannte Stellen. (1) Erlaubt sind Rechtsdienstleistungen, die
1. gerichtlich oder behördlich bestellte Personen,
2. Behörden und juristische Personen des öffentlichen Rechts einschließlich der von ihnen zur Erfüllung ihrer öffentlichen Aufgaben gebildeten Unternehmen und Zusammenschlüsse,

---

[1)] § 8 Abs. 1 Nr. 5 geänd. mWv 27.7.2016 durch G v. 19.7.2016 (BGBl. I S. 1757).

3. nach Landesrecht als geeignet anerkannte Personen oder Stellen im Sinn des § 305 Abs. 1 Nr. 1 der Insolvenzordnung[1],
4. Verbraucherzentralen und andere mit öffentlichen Mitteln geförderte Verbraucherverbände,
5. Verbände der freien Wohlfahrtspflege im Sinn des § 5 des Zwölften Buches Sozialgesetzbuch, anerkannte Träger der freien Jugendhilfe im Sinn des § 75 des Achten Buches Sozialgesetzbuch[2] und anerkannte Verbände zur Förderung der Belange von Menschen mit Behinderungen im Sinne des § 15 Absatz 3 des Behindertengleichstellungsgesetzes

im Rahmen ihres Aufgaben- und Zuständigkeitsbereichs erbringen.

(2) Für die in Absatz 1 Nr. 4 und 5 genannten Stellen gilt § 7 Abs. 2 entsprechend.

§ 9[3] **Untersagung von Rechtsdienstleistungen.** (1) [1]Die für den Wohnsitz einer Person oder den Sitz einer Vereinigung zuständige Behörde kann den in den §§ 6, 7 Abs. 1 und § 8 Abs. 1 Nr. 4 und 5 genannten Personen und Vereinigungen die weitere Erbringung von Rechtsdienstleistungen für längstens fünf Jahre untersagen, wenn begründete Tatsachen die Annahme dauerhaft unqualifizierter Rechtsdienstleistungen zum Nachteil der Rechtsuchenden oder des Rechtsverkehrs rechtfertigen. [2]Das ist insbesondere der Fall, wenn erhebliche Verstöße gegen die Pflichten nach § 6 Abs. 2, § 7 Abs. 2 oder § 8 Abs. 2 vorliegen.

(2) [1]Die bestandskräftige Untersagung ist bei der zuständigen Behörde zu registrieren und im Rechtsdienstleistungsregister nach § 16 öffentlich bekanntzumachen. [2]Bei einer bestandskräftigen Untersagung gilt § 15b entsprechend.

(3) Von der Untersagung bleibt die Befugnis, unentgeltliche Rechtsdienstleistungen innerhalb familiärer, nachbarschaftlicher oder ähnlich enger persönlicher Beziehungen zu erbringen, unberührt.

Teil 3. Rechtsdienstleistungen durch registrierte Personen

§ 10[4] **Rechtsdienstleistungen aufgrund besonderer Sachkunde.** (1) [1]Natürliche und juristische Personen sowie ***[bis 31.12.2023:*** Gesellschaften ohne Rechtspersönlichkeit***][ab 1.1.2024:*** *Gesellschaften ohne Rechtspersönlichkeit*[5]***]***, die bei der zuständigen Behörde registriert sind (registrierte Personen), dürfen aufgrund besonderer Sachkunde Rechtsdienstleistungen in folgenden Bereichen erbringen:

1. Inkassodienstleistungen (§ 2 Abs. 2 Satz 1),
2. Rentenberatung auf dem Gebiet der gesetzlichen Renten- und Unfallversicherung, des sozialen Entschädigungsrechts, des übrigen Sozialversicherungs- und Schwerbehindertenrechts mit Bezug zu einer gesetzlichen Rente sowie der betrieblichen und berufsständischen Versorgung,

---

[1] **Habersack, Deutsche Gesetze Nr. 110.**

[2] Nr. **46**.

[3] § 9 Abs. 2 Satz 2 angef. mWv 1.1.2021 durch G v. 22.12.2020 (BGBl. I S. 3320).

[4] § 10 Abs. 1 Satz 1 Nr. 3 geänd. mWv 1.8.2013 durch G v. 23.7.2013 (BGBl. I S. 2586); Abs. 1 Satz 2 geänd. mWv 8.9.2015 durch VO v. 31.8.2015 (BGBl. I S. 1474); Abs. 1 Satz 2, Abs. 2 Satz 2 neu gef., Abs. 3 Satz 4 angef. mWv 18.5.2017 durch G v. 12.5.2017 (BGBl. I S. 1121); Abs. 3 Satz 2 aufgeh., bish. Sätze 3 und 4 werden Sätze 2 und 3 mWv 1.10.2021 durch G v. 10.8.2021 (BGBl. I S. 3415); Abs. 1 Satz 1 einl. Satzteil geänd. mWv 1.1.2024 (mangels Textübereinstimmung nicht ausführbar) durch G v. 10.8.2021 (BGBl. I S. 3436).

[5] Nach den Änd. durch G v. 10.8.2021 (BGBl. I S. 3436) jetzt wohl richtig: „rechtsfähige Personengesellschaften".

3. Rechtsdienstleistungen in einem ausländischen Recht; ist das ausländische Recht das Recht eines Mitgliedstaates der Europäischen Union, eines anderen Vertragsstaates des Abkommens über den Europäischen Wirtschaftsraum oder der Schweiz, darf auch auf dem Gebiet des Rechts der Europäischen Union und des Rechts des Europäischen Wirtschaftsraums beraten werden.

[2] Die Registrierung kann auf einen Teilbereich der in Satz 1 genannten Bereiche beschränkt werden, wenn sich der Teilbereich von den anderen in den Bereich fallenden Tätigkeiten trennen lässt und der Registrierung für den Teilbereich keine zwingenden Gründe des Allgemeininteresses entgegenstehen.

(2) [1] Die Registrierung erfolgt auf Antrag. [2] Soll die Registrierung nach Absatz 1 Satz 2 für einen Teilbereich erfolgen, ist dieser im Antrag zu bezeichnen.

(3) [1] Die Registrierung kann, wenn dies zum Schutz der Rechtsuchenden oder des Rechtsverkehrs erforderlich ist, von Bedingungen abhängig gemacht oder mit Auflagen verbunden werden. [2] Auflagen können jederzeit angeordnet oder geändert werden. [3] Ist die Registrierung auf einen Teilbereich beschränkt, muss der Umfang der beruflichen Tätigkeit den Rechtsuchenden gegenüber eindeutig angegeben werden.

§ 11[1)] Besondere Sachkunde, Berufsbezeichnungen. (1) Inkassodienstleistungen erfordern besondere Sachkunde in den für die beantragte Inkassotätigkeit bedeutsamen Gebieten des Rechts, insbesondere des Bürgerlichen Rechts, des Handels-, Wertpapier- und Gesellschaftsrechts, des Zivilprozessrechts einschließlich des Zwangsvollstreckungs- und Insolvenzrechts sowie des Kostenrechts.

(2) Rentenberatung erfordert besondere Sachkunde im Recht der gesetzlichen Renten- und Unfallversicherung und in den übrigen Teilbereichen des § 10 Abs. 1 Satz 1 Nr. 2, für die eine Registrierung beantragt wird, Kenntnisse über Aufbau, Gliederung und Strukturprinzipien der sozialen Sicherung sowie Kenntnisse der gemeinsamen, für alle Sozialleistungsbereiche geltenden Rechtsgrundsätze einschließlich des sozialrechtlichen Verwaltungsverfahrens und des sozialgerichtlichen Verfahrens.

(3) Rechtsdienstleistungen in einem ausländischen Recht erfordern besondere Sachkunde in dem ausländischen Recht oder in den Teilbereichen des ausländischen Rechts, für die eine Registrierung beantragt wird.

(4) Berufsbezeichnungen, die den Begriff „Inkasso" enthalten, sowie die Berufsbezeichnung „Rentenberaterin" oder „Rentenberater" oder diesen zum Verwechseln ähnliche Bezeichnungen dürfen nur von entsprechend registrierten Personen geführt werden.

(5) Personen, die eine Berufsqualifikation im Sinne des § 12 Absatz 3 Satz 4 besitzen und nur für einen Teilbereich nach § 10 Absatz 1 Satz 2 registriert sind, haben ihre Berufstätigkeit unter der in die deutsche Sprache übersetzten Berufsbezeichnung ihres Herkunftsstaates auszuüben.

§ 11a[2)] *(aufgehoben)*

[1)] § 11 Abs. 5 angef. mWv 18.5.2017 durch G v. 12.5.2017 (BGBl. I S. 1121).
[2)] § 11a aufgeh. mWv 1.10.2021 durch G v. 22.12.2020 (BGBl. I S. 3320).

§ 12[1)] Registrierungsvoraussetzungen; Verordnungsermächtigung.

(1) Voraussetzungen für die Registrierung sind

1. persönliche Eignung und Zuverlässigkeit; hieran fehlt es in der Regel, wenn
   a) die Person aus gesundheitlichen Gründen nicht nur vorübergehend unfähig ist, die beantragte Tätigkeit ordnungsgemäß auszuüben,
   b) die Person eine Tätigkeit ausübt, die mit der beantragten Tätigkeit nicht vereinbar ist, insbesondere weil die Wahrscheinlichkeit einer über den Einzelfall hinausgehenden Pflichtenkollision besteht,
   c) die Vermögensverhältnisse der Person ungeordnet sind,
   d) einer der in § 7 Satz 1 Nummer 1, 2 oder 6 der Bundesrechtsanwaltsordnung[2)] genannten Gründe vorliegt oder
   e) die Person in den letzten drei Jahren vor der Antragstellung
      aa) wegen eines Verbrechens oder eines die Berufsausübung betreffenden Vergehens rechtskräftig verurteilt worden ist oder
      bb) aus der Rechts- oder Patentanwaltschaft oder einem im Steuerberatungsgesetz oder in der Wirtschaftsprüferordnung geregelten Beruf ausgeschlossen, im Disziplinarverfahren aus dem notariellen Amt oder dem Dienst in der Rechtspflege entfernt oder im Verfahren über die Richteranklage entlassen worden ist oder sie einer dieser Maßnahmen durch einen Verzicht zuvorgekommen ist,
2. theoretische und praktische Sachkunde in dem Bereich oder den Teilbereichen des § 10 Abs. 1, in denen die Rechtsdienstleistungen erbracht werden sollen,
3. eine Berufshaftpflichtversicherung mit einer Mindestversicherungssumme von 250 000 Euro für jeden Versicherungsfall.

(2) [1] Die Vermögensverhältnisse einer Person sind in der Regel ungeordnet, wenn über ihr Vermögen das Insolvenzverfahren eröffnet worden oder sie in das vom Vollstreckungsgericht zu führende Verzeichnis (§ 26 Abs. 2 der Insolvenzordnung[3)], § 882b der Zivilprozessordnung[4)]) eingetragen ist. [2] Ungeordnete Vermögensverhältnisse liegen nicht vor, wenn im Fall der Insolvenzeröffnung die Gläubigerversammlung einer Fortführung des Unternehmens auf der Grundlage eines Insolvenzplans zugestimmt und das Gericht den Plan bestätigt hat, oder wenn die Vermögensinteressen der Rechtsuchenden aus anderen Gründen nicht konkret gefährdet sind.

(3) [1] Die theoretische Sachkunde ist gegenüber der zuständigen Behörde durch Zeugnisse nachzuweisen. [2] Praktische Sachkunde setzt in der Regel eine mindestens zwei Jahre unter Anleitung erfolgte Berufsausübung oder praktische Berufsausbildung voraus. [3] In der Regel müssen im Fall des § 10 Absatz 1 Satz 1 Nummer 1 zumindest zwölf Monate, im Fall des § 10 Absatz 1 Satz 1 Nummer 2 zumindest 18 Monate der Berufsausübung oder -ausbildung im Inland erfolgen.

[1)] § 12 Abs. 2 Satz 1 geänd. mWv 1.1.2013 durch G v. 29.7.2009 (BGBl. I S. 2258); Abs. 3 Satz 4 angef. mWv 1.4.2012 durch G v. 6.12.2011 (BGBl. I S. 2515); Abs. 3 Satz 3 neu gef. mWv 1.8.2013 durch G v. 23.7.2013 (BGBl. I S. 2586); Abs. 5 geänd. mWv 8.9.2015 durch VO v. 31.8.2015 (BGBl. I S. 1474); Abs. 3 Satz 3 neu gef., Satz 4 eingef., bish. Satz 4 wird Satz 5 mWv 18.5.2017 durch G v. 12.5.2017 (BGBl. I S. 1121); Abs. 1 Nr. 1 neu gef. mWv 1.1.2021 durch G v. 22.12.2020 (BGBl. I S. 3320); Abs. 1 Nr. 1 Buchst. d geänd. mWv 1.8.2021 durch G v. 25.6.2021 (BGBl. I S. 2154); Abs. 4 Satz 1 geänd. mWv 1.1.2024 (mangels Textübereinstimmung nicht ausführbar) durch G v. 10.8.2021 (BGBl. I S. 3436); Überschrift, Abs. 5 geänd. mWv 16.3.2023 durch G v. 10.3.2023 (BGBl. 2023 I Nr. 64).

[2)] Nr. **98.**

[3)] **Habersack, Deutsche Gesetze Nr. 110.**

[4)] **Habersack, Deutsche Gesetze Nr. 100.**

⁴Ist die Person berechtigt, in einem anderen Mitgliedstaat der Europäischen Union, einem anderen Vertragsstaat des Abkommens über den Europäischen Wirtschaftsraum oder der Schweiz einen der in § 10 Absatz 1 Satz 1 Nummer 1 oder 2 genannten Berufe oder einen vergleichbaren Beruf auszuüben, und liegen die Voraussetzungen des § 1 Absatz 2 und 3 des Gesetzes über die Tätigkeit europäischer Patentanwälte in Deutschland[1] sinngemäß vor, so kann die Sachkunde unter Berücksichtigung der bestehenden Berufsqualifikation auch durch einen mindestens sechsmonatigen Anpassungslehrgang nachgewiesen werden. [5]Das Berufsqualifikationsfeststellungsgesetz ist nicht anzuwenden.

(4) [1]Juristische Personen und ***[bis 31.12.2023:*** Gesellschaften ohne Rechtspersönlichkeit***][ab 1.1.2024:*** *Gesellschaften ohne Rechtspersönlichkeit*[2]***]*** müssen mindestens eine natürliche Person benennen, die alle nach Absatz 1 Nr. 1 und 2 erforderlichen Voraussetzungen erfüllt (qualifizierte Person). [2]Die qualifizierte Person muss in dem Unternehmen dauerhaft beschäftigt, in allen Angelegenheiten, die Rechtsdienstleistungen des Unternehmens betreffen, weisungsunabhängig und weisungsbefugt sowie zur Vertretung nach außen berechtigt sein. [3]Registrierte Einzelpersonen können qualifizierte Personen benennen.

(5)[3] Das Bundesministerium der Justiz wird ermächtigt, durch Rechtsverordnung mit Zustimmung des Bundesrates die Einzelheiten zu den Voraussetzungen der Registrierung nach den §§ 11 und 12 zu regeln, insbesondere die Anforderungen an die Sachkunde und ihren Nachweis einschließlich der Anerkennung und Zertifizierung privater Anbieter von Sachkundelehrgängen, an die Anerkennung ausländischer Berufsqualifikationen und den Anpassungslehrgang sowie, auch abweichend von den Vorschriften des Versicherungsvertragsgesetzes[4] für die Pflichtversicherung, an Inhalt und Ausgestaltung der Berufshaftpflichtversicherung.

§ 13[5] **Registrierungsverfahren; Verordnungsermächtigung.** (1) [1]Der Antrag auf Registrierung ist an die für den Ort der inländischen Hauptniederlassung zuständige Behörde zu richten. [2]Hat eine Person im Inland keine Niederlassung, so kann sie den Antrag an jede nach § 19 für die Durchführung dieses Gesetzes zuständige Behörde richten. [3]Das Registrierungsverfahren kann auch über eine einheitliche Stelle nach den Vorschriften des Verwaltungsverfahrensgesetzes[6] abgewickelt werden. [4]Mit dem Antrag, der alle nach § 16 Absatz 2 Satz 1 Nummer 1 Buchstabe a bis d ***[ab 1.1.2024:*** *und Satz 2****]*** in das Rechtsdienstleistungsregister

[1] Nr. 98/5.

[2] Nach den Änd. durch G v. 10.8.2021 (BGBl. I S. 3436) jetzt wohl richtig: "rechtsfähige Personengesellschaften".

[3] § 12 Abs. 5 ist gem. Art. 20 Satz 1 G v. 12.12.2007 (BGBl. I S. 2840) bereits am 18.12.2007 in Kraft getreten.

[4] **Habersack, Deutsche Gesetze Nr. 62.**

[5] § 13 Abs. 1 Satz 3 Nr. 3 geänd. mWv 1.1.2013 durch G v. 29.7.2009 (BGBl. I S. 2258); Abs. 1 Satz 3 eingef., bish. Sätze 3 und 4 werden Sätze 4 und 5 mWv 28.12.2009 durch G v. 30.7.2009 (BGBl. I S. 2449); Abs. 2 Satz 1 neu gef., Satz 2 eingef., bish. Satz 2 wird Satz 3 mWv 28.12.2010 durch G v. 22.12.2010 (BGBl. I S. 2248); Abs. 3 Satz 1 geänd. mWv 1.8.2013 durch G v. 25.7.2013 (BGBl. I S. 2749); Abs. 4 Satz 1 geänd. mWv 8.9.2015 durch VO v. 31.8.2015 (BGBl. I S. 1474); Abs. 1 Satz 4 einl. Satzteil geänd. mWv 18.5.2017 durch G v. 12.5.2017 (BGBl. I S. 1121); Abs. 1 Satz 4 Nr. 3 und 4 neu gef., Satz 5 geänd., Abs. 2 Satz 2 eingef., bish. Sätze 2 und 3 werden Sätze 3 und 4, Abs. 4 Satz 1 geänd. mWv 1.1. *2021 durch G v. 22.12.2020 (BGBl. I S. 3320)*; Abs. 2 eingef., bish. Abs. 2 wird Abs. 3 und Satz 5 angef., bish. Abs. 3 wird Abs. 4, Abs. 5 eingef., bish. Abs. 4 wird Abs. 6 mWv 1.10.2021 durch G v. 10.8.2021 (BGBl. I S. 3415); Abs. 1 Satz 4 einl. Satzteil geänd. mWv 1.1.2024 durch G v. 10.8.2021 (BGBl. I S. 3436); Überschrift, Abs. 6 Satz 1 geänd. mWv 16.3.2023 durch G v. 10.3.2023 (BGBl. 2023 I Nr. 64).

[6] **Sartorius Nr. 100.**

einzutragenden Angaben enthalten muss, sind zur Prüfung der Voraussetzungen nach § 12 Abs. 1 Nr. 1 und 2 sowie Abs. 4 beizubringen:

1. eine zusammenfassende Darstellung des beruflichen Ausbildungsgangs und der bisherigen Berufsausübung,
2. ein Führungszeugnis nach § 30 Abs. 5 des Bundeszentralregistergesetzes[1)],
3. bei einem Antrag auf Registrierung für den Bereich Inkassodienstleistungen eine Auskunft nach § 150 Absatz 5 der Gewerbeordnung[2)],
4. eine Erklärung, ob ein Insolvenzverfahren anhängig ist oder in den letzten drei Jahren vor Antragstellung eine Eintragung in das Schuldnerverzeichnis (§ 882b der Zivilprozessordnung[3)]) erfolgt ist,
5. Unterlagen zum Nachweis der theoretischen und praktischen Sachkunde.

[5] In den Fällen des § 12 Abs. 4 müssen die in Satz 4 genannten Unterlagen sowie Unterlagen zum Nachweis der in § 12 Abs. 4 Satz 2 genannten Voraussetzungen für jede qualifizierte Person gesondert beigebracht werden.

(2) [1] Zur Prüfung der Voraussetzungen nach § 10 Absatz 1 Satz 1 Nummer 1, § 12 Absatz 1 Nummer 2 sowie § 5 Absatz 1 ist mit dem Antrag auf Registrierung einer Inkassodienstleistung eine inhaltliche Darstellung der beabsichtigten Tätigkeiten beizufügen. [2] Diese muss insbesondere Angaben dazu enthalten

1. auf welchen Rechtsgebieten die Tätigkeiten erbracht werden sollen und
2. ob und gegebenenfalls welche weiteren Tätigkeiten als Nebenleistungen erbracht werden sollen.

(3) [1] Über den Antrag ist innerhalb einer Frist von drei Monaten zu entscheiden; § 42a Absatz 2 Satz 2 bis 4 des Verwaltungsverfahrensgesetzes gilt entsprechend. [2] Für Entscheidungen über den Versagungsgrund des § 12 Absatz 1 Nummer 1 Buchstabe a gilt § 15 der Bundesrechtsanwaltsordnung[4)] entsprechend. [3] Wenn die Registrierungsvoraussetzungen nach § 12 Absatz 1 Nummer 1 und 2 sowie Absatz 4 vorliegen, fordert die zuständige Behörde den Antragsteller vor Ablauf der Frist nach Satz 1 auf, den Nachweis über die Berufshaftpflichtversicherung sowie über die Erfüllung von Bedingungen (§ 10 Absatz 3 Satz 1) zu erbringen. [4] Sobald diese Nachweise erbracht sind, nimmt sie die Registrierung vor und veranlasst ihre öffentliche Bekanntmachung im Rechtsdienstleistungsregister. [5] Erachtet die zuständige Behörde eine Nebenleistung, zu der Angaben nach Absatz 2 Satz 2 Nummer 2 erfolgt sind, als nicht zulässig, so hat sie dies dem Antragsteller spätestens mit der Registrierung der Inkassodienstleistung mitzuteilen.

(4) [1] Registrierte Personen oder ihre Rechtsnachfolger müssen alle Änderungen, die sich auf die Registrierung oder den Inhalt des Rechtsdienstleistungsregisters auswirken, der zuständigen Behörde unverzüglich in Textform mitteilen. [2] Diese veranlasst die notwendigen Registrierungen und ihre öffentliche Bekanntmachung im Rechtsdienstleistungsregister. [3] Wirkt sich eine Verlegung der Hauptniederlassung auf die Zuständigkeit nach Absatz 1 Satz 1 aus, so gibt die Behörde den Vorgang an die Behörde ab, die für den Ort der neuen Hauptniederlassung zuständig ist. [4] Diese unterrichtet die registrierte Person über die erfolgte Übernahme, registriert die Änderung und veranlasst ihre öffentliche Bekanntmachung im Rechtsdienstleistungsregister.

[1)] **Habersack, Deutsche Gesetze Nr. 92.**
[2)] **Sartorius Nr. 800.**
[3)] **Habersack, Deutsche Gesetze Nr. 100.**
[4)] Nr. **98.**

(5) [1] Inkassodienstleister, die Tätigkeiten auf anderen als bereits zuvor mitgeteilten Rechtsgebieten erbringen wollen, haben diese Tätigkeiten unverzüglich der zuständigen Behörde in Textform mitzuteilen. [2] Satz 1 gilt entsprechend, wenn andere als bereits zuvor mitgeteilte Nebenleistungen erbracht werden sollen. [3] Erachtet die zuständige Behörde eine nach Satz 2 mitgeteilte Nebenleistung als nicht zulässig, so hat sie dies dem Inkassodienstleister innerhalb von zwei Monaten mitzuteilen.

(6)[1)] [1] Das Bundesministerium der Justiz wird ermächtigt, durch Rechtsverordnung mit Zustimmung des Bundesrates die Einzelheiten des Registrierungsverfahrens und des Meldeverfahrens nach § 15 zu regeln. [2] Dabei sind insbesondere Aufbewahrungs- und Löschungsfristen vorzusehen.

§ 13a[2)] Darlegungs- und Informationspflichten bei Inkassodienstleistungen gegenüber Privatpersonen. (1) Registrierte Personen, die Inkassodienstleistungen erbringen (Inkassodienstleister), müssen mit der ersten Geltendmachung einer Forderung gegenüber einer Privatperson folgende Informationen klar und verständlich in Textform übermitteln:

1. den Namen oder die Firma ihres Auftraggebers sowie dessen Anschrift, sofern nicht dargelegt wird, dass durch die Angabe der Anschrift überwiegende schutzwürdige Interessen des Auftraggebers beeinträchtigt würden,
2. den Forderungsgrund, bei Verträgen unter konkreter Darlegung des Vertragsgegenstands und des Datums des Vertragsschlusses, bei unerlaubten Handlungen unter Darlegung der Art und des Datums der Handlung,
3. wenn Zinsen geltend gemacht werden, eine Zinsberechnung unter Darlegung der zu verzinsenden Forderung, des Zinssatzes und des Zeitraums, für den die Zinsen berechnet werden,
4. wenn ein Zinssatz über dem gesetzlichen Verzugszinssatz geltend gemacht wird, einen gesonderten Hinweis hierauf und die Angabe, aufgrund welcher Umstände der erhöhte Zinssatz gefordert wird,
5. wenn Inkassokosten geltend gemacht werden, Angaben zu deren Art, Höhe und Entstehungsgrund,
6. wenn mit den Inkassokosten Umsatzsteuerbeträge geltend gemacht werden, eine Erklärung, dass der Auftraggeber diese Beträge nicht als Vorsteuer abziehen kann,
7. wenn die Anschrift der Privatperson nicht vom Gläubiger mitgeteilt, sondern anderweitig ermittelt wurde, einen Hinweis hierauf sowie darauf, wie eventuell aufgetretene Fehler geltend gemacht werden können,
8. Bezeichnung, Anschrift und elektronische Erreichbarkeit der für sie zuständigen Aufsichtsbehörde.

(2) Auf die entsprechende Anfrage einer Privatperson hat ein Inkassodienstleister die folgenden ergänzenden Informationen unverzüglich in Textform mitzuteilen:

1. den Namen oder die Firma desjenigen, in dessen Person die Forderung entstanden ist,
2. bei Verträgen die wesentlichen Umstände des Vertragsschlusses.

[1)] *§ 13 Abs. 6 (bish. Abs. 4)* ist gem. Art. 20 Satz 1 G v. 12.12.2007 (BGBl. I S. 2840) bereits am 18.12. 2007 in Kraft getreten.

[2)] § 13a eingef. mWv 1.10.2021 durch G v. 22.12.2020 (BGBl. I S. 3320); Überschrift geänd. mWv 1.10.2021 durch G v. 10.8.2021 (BGBl. I S. 3415).

(3) Beabsichtigt ein Inkassodienstleister, mit einer Privatperson eine Stundungs- oder Ratenzahlungsvereinbarung zu treffen, so hat er sie zuvor in Textform auf die dadurch entstehenden Kosten hinzuweisen.

(4) [1] Fordert ein Inkassodienstleister eine Privatperson zur Abgabe eines Schuldanerkenntnisses auf, so hat er sie mit der Aufforderung nach Maßgabe des Satzes 2 in Textform darauf hinzuweisen, dass sie durch das Schuldanerkenntnis in der Regel die Möglichkeit verliert, solche Einwendungen und Einreden gegen die anerkannte Forderung geltend zu machen, die zum Zeitpunkt der Abgabe des Schuldanerkenntnisses begründet waren. [2] Der Hinweis muss

1. deutlich machen, welche Teile der Forderung vom Schuldanerkenntnis erfasst werden, und
2. typische Beispiele von Einwendungen und Einreden benennen, die nicht mehr geltend gemacht werden können, wie das Nichtbestehen, die Erfüllung oder die Verjährung der anerkannten Forderung.

(5) Privatperson im Sinne dieser Vorschrift ist jede natürliche Person, gegen die eine Forderung geltend gemacht wird, die nicht im Zusammenhang mit ihrer gewerblichen oder selbständigen beruflichen Tätigkeit steht.

§ 13b[1)] Darlegungs- und Informationspflichten bei Inkassodienstleistungen für Verbraucher. (1) Inkassodienstleister, die für einen Verbraucher tätig werden, müssen diesem vor Abgabe seiner Vertragserklärung über eine Inkassodienstleistung folgende Informationen in klarer und verständlicher Weise zur Verfügung stellen:

1. falls ein Erfolgshonorar (§ 49b Absatz 2 Satz 1 der Bundesrechtsanwaltsordnung[2)]) vereinbart werden soll, einen Hinweis darauf, welche anderen Möglichkeiten zur Durchsetzung der Forderung bestehen, insbesondere, wenn diese es dem Verbraucher im Erfolgsfall ermöglichen, seine Forderung in voller Höhe zu realisieren,
2. falls Kostenrisiken durch einen Prozessfinanzierer abgesichert werden sollen, einen Hinweis hierauf und auf die mit dem Prozessfinanzierer im Hinblick auf die Prozessführung getroffenen Vereinbarungen,
3. falls der Inkassodienstleister berechtigt sein soll, mit dem Schuldner einen Vergleich zu schließen, einen Hinweis hierauf und insbesondere Erläuterungen dazu,
   a) ob der Vergleichsschluss der vorherigen Zustimmung des Verbrauchers bedarf oder ob und unter welchen Voraussetzungen er von ihm widerrufen werden kann,
   b) wie sich die Ablehnung oder der Widerruf eines Vergleichsschlusses durch den Verbraucher auf die Vergütung des Inkassodienstleisters und das weitere Verfahren auswirkt,
   c) wie sich ein Vergleichsschluss auf die Vergütung des Inkassodienstleisters auswirkt,
   d) welche Auswirkungen es auf einen Vergleichsschluss haben kann, wenn Forderungen mehrerer Personen zum Gegenstand eines Vergleichs gemacht werden sollen, sofern dies beabsichtigt ist, sowie

---

[1)] § 13b eingef. mWv 1.10.2021 durch G v. 22.12.2020 (BGBl. I S. 3320); neuer § 13b eingef., bish. § 13b aufgeh. mWv 1.10.2021 durch G v. 10.8.2021 (BGBl. I S. 3415).
[2)] Nr. **98**.

4. Bezeichnung, Anschrift und elektronische Erreichbarkeit der für den Inkassodienstleister zuständigen Aufsichtsbehörde.

(2) [1]Inkassodienstleister, die für Verbraucher tätig werden, müssen Verbrauchern, für die sie im Einzelfall nicht tätig werden wollen, die hierfür wesentlichen Gründe mit der Ablehnung der Tätigkeit in Textform mitteilen. [2]In der Mitteilung ist darauf hinzuweisen, ob eine rechtliche Prüfung der Forderung stattgefunden hat und ob diese ganz oder teilweise automatisiert vorgenommen wurde. [3]Die Mitteilung ist mit einem Hinweis zu verbinden, dass die Ablehnung der Tätigkeit andere Möglichkeiten zur Durchsetzung der Forderung unberührt lässt.

§ 13c[1)] Vergütungsvereinbarungen für Inkassodienstleistungen und Rechtsdienstleistungen in einem ausländischen Recht. (1) [1]Eine Vereinbarung über die Vergütung für eine Inkassodienstleistung bedarf, soweit sich die Tätigkeit nicht auf einen mündlichen oder schriftlichen Rat oder eine Auskunft beschränkt, der Textform. [2]Die Vereinbarung muss

1. als Vergütungsvereinbarung oder in vergleichbarer Weise bezeichnet sein,
2. von anderen Vereinbarungen mit Ausnahme der Auftragserteilung deutlich abgesetzt sein,
3. von der Vollmacht getrennt sein und
4. einen Hinweis auf die Rechtsfolge des § 13e Absatz 1 enthalten.

(2) Ist eine vereinbarte Vergütung unter Berücksichtigung aller Umstände unangemessen hoch, so kann sie im Rechtsstreit auf den angemessenen Betrag herabgesetzt werden.

(3) Eine Vereinbarung über ein Erfolgshonorar muss Folgendes enthalten:

1. die Angabe, welche Vergütung bei Eintritt welcher Bedingungen verdient sein soll,
2. die Angabe, ob und gegebenenfalls welchen Einfluss die Vereinbarung auf die gegebenenfalls von dem Auftraggeber zu zahlenden Gerichtskosten, Verwaltungskosten und die von diesem zu erstattenden Kosten anderer Beteiligter haben soll,
3. die wesentlichen Gründe, die für die Bemessung des Erfolgshonorars bestimmend sind, insbesondere im Hinblick auf die Erfolgsaussichten der Rechtsdurchsetzung, den Aufwand des Inkassodienstleisters und die Möglichkeit, die Kosten für die Inkassotätigkeit vom Schuldner ersetzt zu erhalten, sowie
4. die Angabe, ob bei einer vorzeitigen Vertragsbeendigung eine Vergütung fällig wird.

(4) Die Vereinbarung eines Erfolgshonorars ist unzulässig, soweit sich die Inkassodienstleistung auf eine Forderung bezieht, die der Pfändung nicht unterworfen ist.

(5) Für Rechtsdienstleistungen in einem ausländischen Recht gelten Absatz 1 Satz 1 und 2 Nummer 1 bis 3 und die Absätze 2 bis 4 entsprechend.

[1)] § 13c eingef. mWv 1.10.2021 durch G v. 22.12.2020 (BGBl. I S. 3320); neuer § 13c eingef., bish. § 13c aufgeh. mWv 1.10.2021 durch G v. 10.8.2021 (BGBl. I S. 3415); Abs. 3 Nr. 2 geänd. mWv 16.3. 2023 durch G v. 10.3.2023 (BGBl. 2023 I Nr. 64).

§ 13d[1)] Vergütung der Rentenberater. (1) [1] Für die Vergütung der Rentenberater gilt das Rechtsanwaltsvergütungsgesetz[2)] entsprechend. [2] Richtet sich die Vergütung nach dem Gegenstandswert, so hat der Rentenberater den Auftraggeber vor der Übernahme des Auftrags hierauf hinzuweisen.

(2) [1] Rentenberatern ist es untersagt, geringere Gebühren und Auslagen zu vereinbaren oder zu fordern, als das Rechtsanwaltsvergütungsgesetz vorsieht, soweit dieses nichts anderes bestimmt. [2] Die Vereinbarung eines Erfolgshonorars (§ 49b Absatz 2 Satz 1 der Bundesrechtsanwaltsordnung[3)]) ist unzulässig, soweit das Rechtsanwaltsvergütungsgesetz nichts anderes bestimmt; Verpflichtungen, die Gerichtskosten, Verwaltungskosten oder Kosten anderer Beteiligter zu tragen, sind unzulässig. [3] Im Einzelfall darf besonderen Umständen in der Person des Auftraggebers, insbesondere dessen Bedürftigkeit, durch Ermäßigung oder Erlass von Gebühren oder Auslagen nach Erledigung des Auftrags Rechnung getragen werden.

(3) Für die Erstattung der Vergütung der Rentenberater in einem gerichtlichen Verfahren gelten die Vorschriften der Verfahrensordnungen über die Erstattung der Vergütung eines Rechtsanwalts entsprechend.

§ 13e[4)] Erstattungsfähigkeit der Kosten von Inkassodienstleistern.

(1) Ein Gläubiger kann die Kosten, die ihm ein Inkassodienstleister für seine Tätigkeit berechnet hat, von seinem Schuldner nur bis zur Höhe der Vergütung als Schaden ersetzt verlangen, die einem Rechtsanwalt für diese Tätigkeit nach den Vorschriften des Rechtsanwaltsvergütungsgesetzes[2)] zustehen würde.

(2) Die Erstattung der Vergütung von Inkassodienstleistern für die Vertretung im Zwangsvollstreckungsverfahren richtet sich nach § 788 der Zivilprozessordnung[5)].

§ 13f[4)] Beauftragung von Rechtsanwälten und Inkassodienstleistern.

[1] Beauftragt der Gläubiger einer Forderung mit deren Einziehung sowohl einen Inkassodienstleister als auch einen Rechtsanwalt, so kann er die ihm dadurch entstehenden Kosten nur bis zu der Höhe als Schaden ersetzt verlangen, wie sie entstanden wären, wenn er nur einen Rechtsanwalt beauftragt hätte. [2] Dies gilt für alle außergerichtlichen und gerichtlichen Aufträge. [3] Die Sätze 1 und 2 gelten nicht, wenn der Schuldner die Forderung erst nach der Beauftragung eines Inkassodienstleisters bestritten hat und das Bestreiten Anlass für die Beauftragung eines Rechtsanwalts gegeben hat.

§ 13g[4)] Umgang mit Fremdgeldern. Inkassodienstleister haben fremde Gelder unverzüglich an eine empfangsberechtigte Person weiterzuleiten oder auf ein gesondertes Konto einzuzahlen.

§ 13h[6)] Aufsichtsmaßnahmen. (1) [1] Die zuständige Behörde übt die Aufsicht über die Einhaltung dieses Gesetzes aus. [2] Die Aufsicht umfasst zudem die Ein-

---

1) § 13d eingef. mWv 1.10.2021 durch G v. 22.12.2020 (BGBl. I S. 3320).

2) **Habersack, Deutsche Gesetze Nr. 117.**

3) Nr. **98**.

4) §§ 13e–13g eingef. mWv 1.10.2021 durch G v. 10.8.2021 (BGBl. I S. 3415).

5) **Habersack, Deutsche Gesetze Nr. 100.**

6) Früherer § 13a eingef. mWv 9.10.2013 durch G v. 1.10.2013 (BGBl. I S. 3714); bish. § 13a wird § 13e und Abs. 1 Satz 2 angef., Abs. 2 Satz 1 geänd., Satz 2 neu gef., Satz 3 angef., Abs. 3 eingef., bish. Abs. 3 und 4 werden Abs. 4 und 5, Abs. 6 angef. mWv 1.10.2021 durch G v. 22.12.2020 (BGBl. I S. 3320); bish. § 13e wird § 13h mWv 1.10.2021 durch G v. 10.8.2021 (BGBl. I S. 3415).

haltung anderer Gesetze, soweit sich aus diesen Vorgaben für die berufliche Tätigkeit der registrierten Personen ergeben.

(2) [1] Die zuständige Behörde trifft gegenüber Personen, die Rechtsdienstleistungen erbringen, Maßnahmen, um die Einhaltung der in Absatz 1 genannten Gesetze sicherzustellen. [2] Sie kann insbesondere anordnen, dass ein bestimmtes Verhalten zu unterlassen ist. [3] Eine solche Anordnung kommt insbesondere zur Klärung einer Rechtsfrage von grundsätzlicher Bedeutung oder bei einem erheblichen oder wiederholten Verstoß gegen Rechtsvorschriften in Betracht.

(3) Obliegt die Kontrolle der Einhaltung von Vorgaben im Sinne des Absatzes 1 Satz 2 vorrangig einer anderen Behörde oder ist in Bezug auf solche Vorgaben ein sonstiges Verfahren anhängig, so hat die nach diesem Gesetz zuständige Behörde in der Regel den Ausgang der Prüfung der anderen Behörde oder des sonstigen Verfahrens abzuwarten und erst im Anschluss daran zu entscheiden, ob noch Maßnahmen nach diesem Gesetz erforderlich sind.

(4) Die zuständige Behörde kann einer Person, die Rechtsdienstleistungen erbringt, den Betrieb vorübergehend ganz oder teilweise untersagen, wenn begründete Tatsachen die Annahme rechtfertigen, dass

1. eine Voraussetzung für die Registrierung nach § 12 weggefallen ist oder
2. erheblich oder dauerhaft gegen Pflichten verstoßen wird.

(5) [1] Soweit es zur Erfüllung der der zuständigen Behörde als Aufsichtsbehörde übertragenen Aufgaben erforderlich ist, hat die Person, die Rechtsdienstleistungen erbringt, der zuständigen Behörde und den in ihrem Auftrag handelnden Personen das Betreten der Geschäftsräume während der üblichen Betriebszeiten zu gestatten, auf Verlangen die in Betracht kommenden Bücher, Aufzeichnungen, Belege, Schriftstücke und sonstigen Unterlagen in geeigneter Weise zur Einsicht vorzulegen, auch soweit sie elektronisch geführt werden, Auskunft zu erteilen und die erforderliche Unterstützung zu gewähren. [2] Der zur Erteilung einer Auskunft Verpflichtete kann die Auskunft verweigern, wenn er sich damit selbst oder einen der in § 383 Absatz 1 Nummer 1 bis 3 der Zivilprozessordnung[1)] bezeichneten Angehörigen der Gefahr der Verfolgung wegen einer Straftat oder eines Verfahrens nach dem Gesetz über Ordnungswidrigkeiten[2)] aussetzen würde. [3] Er ist auf dieses Recht hinzuweisen.

(6) [1] In Beschwerdeverfahren teilt die Aufsichtsbehörde dem Beschwerdeführer ihre Entscheidung mit, sobald das Verfahren bei ihr abgeschlossen ist. [2] In der Mitteilung sind die wesentlichen Gründe für die Entscheidung kurz darzustellen. [3] Die Mitteilung ist nicht anfechtbar.

§ 14[3)] Widerruf der Registrierung. [1] Die zuständige Behörde widerruft die Registrierung unbeschadet des § 49 des Verwaltungsverfahrensgesetzes[4)] oder entsprechender landesrechtlicher Vorschriften,

1. wenn begründete Tatsachen die Annahme rechtfertigen, dass die registrierte Person oder eine qualifizerte Person die erforderliche persönliche Eignung oder Zuverlässigkeit nicht mehr besitzt; dies ist in der Regel der Fall, wenn einer der

---

[1)] **Habersack, Deutsche Gesetze Nr. 100.**

[2)] **Habersack, Deutsche Gesetze Nr. 94.**

[3)] § 14 Nr. 3 geänd. mWv 1.11.2014 durch G v. 1.10.2013 (BGBl. I S. 3714); Satz 1 Nr. 3 geänd., Satz 2 angef. mWv 1.10.2021 durch G v. 22.12.2020 (BGBl. I S. 3320); Satz 1 Nr. 1 und 3 geänd. mWv 1.10. 2021 durch G v. 10.8.2021 (BGBl. I S. 3415); Satz 1 Nr. 4 geänd. mWv 1.1.2024 durch G v. 10.8.2021 (BGBl. I S. 3436).

[4)] **Sartorius Nr. 100.**

in § 12 Abs. 1 Nr. 1 genannten Gründe nachträglich eintritt oder die registrierte Person beharrlich Änderungsmitteilungen nach § 13 Absatz 4 Satz 1 oder Mitteilungen nach § 13 Absatz 5 Satz 1 oder 2 unterlässt,

2. wenn die registrierte Person keine Berufshaftpflichtversicherung nach § 12 Abs. 1 Nr. 3 mehr unterhält,
3. wenn begründete Tatsachen die Annahme dauerhaft unqualifizierter Rechtsdienstleistungen zum Nachteil der Rechtsuchenden oder des Rechtsverkehrs rechtfertigen; dies ist in der Regel der Fall, wenn die registrierte Person in erheblichem Umfang Rechtsdienstleistungen über die eingetragene Befugnis hinaus erbringt oder beharrlich gegen Auflagen, Darlegungs- und Informationspflichten nach den §§ 13a oder 13b oder Pflichten nach § 13g verstößt,
4. wenn eine juristische Person oder eine ***[bis 31.12.2023:*** Gesellschaft ohne Rechtspersönlichkeit***][ab 1.1.2024:*** *rechtsfähige Personengesellschaft****]***, die keine weitere qualifizierte Person benannt hat, bei Ausscheiden der qualifizierten Person nicht innerhalb von sechs Monaten eine qualifizierte Person benennt.

[2] Für die Entscheidung über einen Widerruf nach Satz 1 Nummer 1 in Verbindung mit § 12 Absatz 1 Nummer 1 Buchstabe a gilt § 15 der Bundesrechtsanwaltsordnung[1)] entsprechend.

§ 14a[2)] Bestellung eines Abwicklers für Rentenberater. (1) [1] Ist eine als Rentenberater registrierte Person (§ 10 Absatz 1 Satz 1 Nummer 2) verstorben oder wurde ihre Registrierung zurückgenommen oder widerrufen, so kann die für die Registrierung zuständige Behörde einen Abwickler für ihre Praxis bestellen. [2] Der Abwickler muss Rechtsanwalt sein oder eine Registrierung für denselben Bereich besitzen wie die registrierte Person, deren Praxis abzuwickeln ist.

(2) Für die Bestellung und Durchführung der Abwicklung gelten § 53 Absatz 4 Satz 3, § 54 Absatz 1 Satz 2 und 3, Absatz 3 und 4 Satz 1 bis 3 sowie § 55 Absatz 1 Satz 4 und 5, Absatz 2 Satz 1 und 4, Absatz 3 Satz 2 und Absatz 4 der Bundesrechtsanwaltsordnung[1)] entsprechend mit der Maßgabe, dass an die Stelle des Vorstands der Rechtsanwaltskammer die Behörde tritt, die den Abwickler bestellt hat.

§ 15[3)] Vorübergehende Rechtsdienstleistungen. (1) [1] Natürliche und juristische Personen sowie ***[bis 31.12.2023:*** Gesellschaften ohne Rechtspersönlichkeit***]*** ***[ab 1.1.2024:*** *rechtsfähige Personengesellschaften****]***, die in einem anderen Mitgliedstaat der Europäischen Union, in einem anderen Vertragsstaat des Abkommens über den Europäischen Wirtschaftsraum oder in der Schweiz zur Ausübung eines in § 10 Absatz 1 Satz 1 Nummer 1 oder 2 genannten oder eines vergleichbaren Berufs rechtmäßig niedergelassen sind, dürfen diesen Beruf in der Bundesrepublik Deutschland mit denselben Rechten und Pflichten wie eine nach § 10 Absatz 1 Satz 1 Nummer 1 oder 2 registrierte Person vorübergehend und gelegentlich

---

[1)] Nr. 98.

[2)] § 14a eingef. mWv 18.5.2017 durch G v. 12.5.2017 (BGBl. I S. 1121); Abs. 2 geänd. mWv 1.8.2021 durch G v. 25.6.2021 (BGBl. I S. 2154).

[3)] § 15 Abs. 1 Satz 1 und Abs. 2 Satz 2 Nr. 1 geänd. mWv 1.8.2013 durch G v. 23.7.2013 (BGBl. I S. 2586); Abs. 2 Satz 1 geänd. mWv 9.10.2013 durch G v. 1.10.2013 (BGBl. I S. 3714); Abs. 1 Sätze 1 und 2, Abs. 2 Satz 1 geänd., Satz 2 eingef., bish. Sätze 2–5 werden Sätze 3–6, neuer Satz 3 einl. Satzteil, Nr. 1 und 2 geänd., Nr. 3, neuer Satz 6 und Abs. 5 neu gef., Abs. 6 und 7 angef. mWv 18.5.2017 durch G v. 12.5.2017 (BGBl. I S. 1121); Abs. 2 Sätze 1, 2 und 3 Nr. 4 geänd., Nr. 5 angef., Satz 4, Abs. 6 Satz 2 Nr. 3 geänd. mWv 1.10.2021 durch G v. 22.12.2020 (BGBl. I S. 3320); Abs. 2 Satz 4 geänd. mWv 1.10.2021 durch G v. 10.8.2021 (BGBl. I S. 3415); Abs. 1 Satz 1, Abs. 2 Satz 3 einl. Satzteil, Abs. 7 Satz 1 geänd. mWv 1.1.2024 durch G v. 10.8.2021 (BGBl. I S. 3436).

ausüben (vorübergehende Rechtsdienstleistungen). [2] Wenn weder der Beruf noch die Ausbildung zu diesem Beruf im Staat der Niederlassung reglementiert sind, gilt dies nur, wenn die Person oder Gesellschaft den Beruf in den in Satz 1 genannten Staaten während der vorhergehenden zehn Jahre mindestens ein Jahr ausgeübt hat. [3] Ob Rechtsdienstleistungen vorübergehend und gelegentlich erbracht werden, ist insbesondere anhand ihrer Dauer, Häufigkeit, regelmäßigen Wiederkehr und Kontinuität zu beurteilen.

(2) [1] Vorübergehende Rechtsdienstleistungen sind nur zulässig, wenn die Person oder Gesellschaft vor der ersten Erbringung von Dienstleistungen im Inland einer nach § 19 zuständigen Behörde in Textform eine Meldung mit dem Inhalt nach Satz 3 erstattet. [2] Das Meldeverfahren kann auch über eine einheitliche Stelle nach den §§ 71a bis 71e des Verwaltungsverfahrensgesetzes[1)] abgewickelt werden. [3] Die Meldung muss neben den nach § 16 Absatz 2 Satz 1 Nummer 1 Buchstabe a bis c ***[ab 1.1.2024: und Satz 2]*** im Rechtsdienstleistungsregister öffentlich bekanntzumachenden Angaben enthalten:

1. eine Bescheinigung darüber, dass die Person oder Gesellschaft in einem Mitgliedstaat der Europäischen Union, in einem anderen Vertragsstaat des Abkommens über den Europäischen Wirtschaftsraum oder in der Schweiz rechtmäßig zur Ausübung eines der in § 10 Absatz 1 Satz 1 Nummer 1 oder 2 genannten Berufe oder eines vergleichbaren Berufs niedergelassen ist und dass ihr die Ausübung dieser Tätigkeit zum Zeitpunkt der Vorlage der Bescheinigung nicht, auch nicht vorübergehend, untersagt ist,
2. einen Nachweis darüber, dass die Person oder Gesellschaft den Beruf in den in Nummer 1 genannten Staaten während der vorhergehenden zehn Jahre mindestens ein Jahr rechtmäßig ausgeübt hat, wenn der Beruf dort nicht reglementiert ist,
3. sofern der Beruf auf dem Gebiet der Bundesrepublik Deutschland ausgeübt wird, einen Nachweis über das Bestehen einer Berufshaftpflichtversicherung nach Absatz 5 oder Angaben dazu, warum der Abschluss einer solchen Versicherung nicht möglich oder unzumutbar ist; anderenfalls eine Erklärung darüber, dass der Beruf ausschließlich aus dem Niederlassungsstaat heraus ausgeübt wird,
4. die Angabe der Berufsbezeichnung, unter der die Tätigkeit im Inland zu erbringen ist, und
5. eine Einwilligung zur Veröffentlichung von Telefonnummer und E-Mail-Adresse im Rechtsdienstleistungsregister, falls eine solche erteilt werden soll.

[4] § 13 Absatz 4 Satz 1 und 2 gilt entsprechend. [5] Die Meldung ist jährlich zu wiederholen, wenn die Person oder Gesellschaft nach Ablauf eines Jahres erneut vorübergehende Rechtsdienstleistungen im Inland erbringen will. [6] In diesem Fall ist der Nachweis oder die Erklärung nach Satz 3 Nummer 3 erneut beizufügen.

(3) [1] Sobald die Meldung nach Absatz 2 vollständig vorliegt, nimmt die zuständige Behörde eine vorübergehende Registrierung oder ihre Verlängerung um ein Jahr vor und veranlasst die öffentliche Bekanntmachung im Rechtsdienstleistungsregister. [2] Das Verfahren ist kostenfrei.

(4) [1] Vorübergehende Rechtsdienstleistungen sind unter der in der Sprache des Niederlassungsstaats für die Tätigkeit bestehenden Berufsbezeichnung zu erbrin-

1) Sartorius Nr. 100.

gen. [2]Eine Verwechslung mit den in § 11 Abs. 4 aufgeführten Berufsbezeichnungen muss ausgeschlossen sein.

(5) [1]Vorübergehend registrierte Personen oder Gesellschaften, die ihren Beruf auf dem Gebiet der Bundesrepublik Deutschland ausüben, sind verpflichtet, eine Berufshaftpflichtversicherung zur Deckung der sich aus ihrer Berufstätigkeit in Deutschland ergebenden Haftpflichtgefahren für Vermögensschäden abzuschließen, die nach Art und Umfang den durch ihre berufliche Tätigkeit entstehenden Risiken angemessen ist. [2]Ist der Person oder Gesellschaft der Abschluss einer solchen Versicherung nicht möglich oder unzumutbar, hat sie ihre Auftraggeberin oder ihren Auftraggeber vor ihrer Beauftragung auf diese Tatsache und deren Folgen in Textform hinzuweisen.

(6) [1]Die zuständige Behörde kann einer vorübergehend registrierten Person oder Gesellschaft die weitere Erbringung von Rechtsdienstleistungen untersagen, wenn aufgrund begründeter Tatsachen anzunehmen ist, dass sie dauerhaft unqualifizierte Rechtsdienstleistungen zum Nachteil der Rechtsuchenden oder des Rechtsverkehrs erbringen wird oder wenn sie in erheblichem Maß gegen Berufspflichten verstoßen hat. [2]Die Voraussetzungen nach Satz 1 sind regelmäßig erfüllt, wenn die Person oder Gesellschaft

1. im Staat der Niederlassung nicht mehr rechtmäßig niedergelassen ist oder ihr die Ausübung der Tätigkeit dort untersagt ist,
2. in erheblichem Umfang Rechtsdienstleistungen über die eingetragene Befugnis hinaus erbringt,
3. beharrlich gegen Darlegungs- und Informationspflichten nach § 13a verstößt,
4. nicht über die für die Ausübung der Berufstätigkeit im Inland erforderlichen deutschen Sprachkenntnisse verfügt,
5. beharrlich entgegen Absatz 4 eine unrichtige Berufsbezeichnung führt oder
6. beharrlich gegen die Vorgaben des Absatzes 5 über die Berufshaftpflichtversicherung verstößt.

(7) [1]Natürliche und juristische Personen sowie ***[bis 31.12.2023:*** Gesellschaften ohne Rechtspersönlichkeit***][ab 1.1.2024:*** *rechtsfähige Personengesellschaften****]***, die in einem in Absatz 1 Satz 1 genannten Staat zur Erbringung von Rechtsdienstleistungen in einem ausländischen Recht (§ 10 Absatz 1 Satz 1 Nummer 3) rechtmäßig niedergelassen sind, dürfen diese Rechtsdienstleistungen in der Bundesrepublik Deutschland mit denselben Befugnissen wie eine nach § 10 Absatz 1 Satz 1 Nummer 3 registrierte Person vorübergehend und gelegentlich ausüben (vorübergehende Rechtsdienstleistungen). [2]Absatz 1 Satz 2 und 3 sowie die Absätze 2 bis 6 gelten entsprechend.

§ 15a[1)] Statistik. [1]Über Verfahren nach § 12 Absatz 3 Satz 4 und § 15 wird eine Bundesstatistik durchgeführt. [2]§ 17 des Berufsqualifikationsfeststellungsgesetzes ist anzuwenden.

§ 15b[2)] Betrieb ohne Registrierung. Werden Rechtsdienstleistungen ohne erforderliche Registrierung oder vorübergehende Registrierung erbracht, so kann die zuständige Behörde die Fortsetzung des Betriebs verhindern.

[1)] § 15a eingef. mWv 1.4.2012 durch G v. 6.12.2011 (BGBl. I S. 2515); Satz 1 geänd. mWv 18.5.2017 durch G v. 12.5.2017 (BGBl. I S. 1121).

[2)] § 15b eingef. mWv 9.10.2013 durch G v. 1.10.2013 (BGBl. I S. 3714).

Teil 4. Rechtsdienstleistungsregister

§ 16[1] Inhalt des Rechtsdienstleistungsregisters; Verordnungsermächtigung. (1) [1] Das Rechtsdienstleistungsregister dient der Information der Rechtsuchenden, der Personen, die Rechtsdienstleistungen anbieten, des Rechtsverkehrs und öffentlicher Stellen. [2] Die Einsicht in das Rechtsdienstleistungsregister steht jedem unentgeltlich zu.

(2) [1] Im Rechtsdienstleistungsregister werden unter Angabe der nach § 9 Absatz 1 Satz 1, § 13 Absatz 1 Satz 1 oder 2 oder § 15 Absatz 2 Satz 1 zuständigen Behörde und des Datums der jeweiligen Registrierung nur öffentlich bekanntgemacht:

1. die Registrierung von Personen, denen Rechtsdienstleistungen in einem oder mehreren der in § 10 Abs. 1 genannten Bereiche oder Teilbereiche erlaubt sind, unter Angabe
   a) ihres Familiennamens und Vornamens, ihres Namens oder ihrer Firma einschließlich ihrer gesetzlichen Vertreter sowie des Registergerichts und der Registernummer, unter der sie in das ***[bis 31.12.2023:*** Handels-, Partnerschafts-, Genossenschafts- oder Vereinsregister***][ab 1.1.2024:*** *Handels-, Genossenschafts-, Gesellschafts-, Partnerschafts- oder Vereinsregister]* eingetragen sind,
   b) ihres Gründungsjahres,
   c) ihrer Geschäftsanschrift einschließlich der Anschriften aller Zweigstellen,
   d) der für sie nach § 12 Abs. 4 benannten qualifizierten Personen unter Angabe des Familiennamens und Vornamens,
   e) des Inhalts und Umfangs der Rechtsdienstleistungsbefugnis einschließlich erteilter Auflagen,
   f) gegebenenfalls des Umstands, dass es sich um eine vorübergehende Registrierung nach § 15 handelt, und der Berufsbezeichnung, unter der die Rechtsdienstleistungen nach § 15 Absatz 4 im Inland zu erbringen sind,
   g) bestehender sofort vollziehbarer Rücknahmen und Widerrufe der Registrierung,
2. die Registrierung von Personen oder Vereinigungen, denen die Erbringung von Rechtsdienstleistungen nach § 9 Abs. 1 bestandskräftig untersagt worden ist, unter Angabe
   a) ihres Familiennamens und Vornamens, ihres Namens oder ihrer Firma einschließlich ihrer gesetzlichen Vertreter sowie des Registergerichts und der Registernummer, unter der sie in das ***[bis 31.12.2023:*** Handels-, Partnerschafts-, Genossenschafts- oder Vereinsregister***][ab 1.1.2024:*** *Handels-, Genossenschafts-, Gesellschafts-, Partnerschafts- oder Vereinsregister]* eingetragen sind,
   b) ihres Gründungsjahres,
   c) ihrer Anschrift,
   d) der Dauer der Untersagung.

---

[1] § 16 Abs. 2 Nr. 1 Buchst. b und d, Nr. 2 Buchst. b geänd. mWv 28.12.2010 durch G v. 22.12.2010 (BGBl. I S. 2248); Abs. 3 Satz 3 geänd. mWv 8.9.2015 durch VO v. 31.8.2015 (BGBl. I S. 1474); Abs. 2 Satz 2 geänd., Satz 3 angef. mWv 18.5.2017 durch G v. 12.5.2017 (BGBl. I S. 1121); Abs. 2 Satz 1einl. Satzteil geänd., Nr. 1 Buchst. e neu gef., Buchst. f und g angef., Satz 2, Abs. 3 Satz 2 geänd. mWv 1.1. 2021 durch G v. 22.12.2020 (BGBl. I S. 3320); Abs. 2 Satz 1 Nr. 1 Buchst. a, Nr. 2 Buchst. a geänd., Satz 2 eingef., bish. Sätze 2 und 3 werden Sätze 3 und 4 mWv 1.1.2024 durch G v. 10.8.2021 (BGBl. I S. 3436); Überschrift, Abs. 3 Satz 3 geänd. mWv 16.3.2023 durch G v. 10.3.2023 (BGBl. 2023 I Nr. 64).

[Satz 2 ab 1.1.2024:] [2] *Bei öffentlichen Bekanntmachungen nach Satz 1 Nummer 1 und 2, die sich auf eine nicht im Gesellschaftsregister eingetragene Gesellschaft bürgerlichen Rechts beziehen, sind anstelle des Registergerichts und der Registernummer Name und Anschrift ihrer vertretungsberechtigten Gesellschafter anzugeben.* [2 *[ab 1.1.2024: 3]*] Bei öffentlichen Bekanntmachungen nach Satz 1 Nummer 1 werden mit der Geschäftsanschrift auch die Telefonnummer und die E-Mail-Adresse der registrierten Person veröffentlicht, wenn sie in die Veröffentlichung dieser Daten in Textform eingewilligt hat. [3 *[ab 1.1.2024: 4]*] Wird ein Abwickler bestellt, ist auch dies unter Angabe von Familienname, Vorname und Anschrift des Abwicklers zu veröffentlichen.

(3) [1] Die öffentliche Bekanntmachung erfolgt durch eine zentrale und länderübergreifende Veröffentlichung im Internet unter der Adresse www.rechtsdienstleistungsregister.de. [2] Die nach § 9 Absatz 1 Satz 1, § 13 Absatz 1 Satz 1 oder 2 oder § 15 Absatz 2 Satz 1 zuständige Behörde trägt die datenschutzrechtliche Verantwortung für die von ihr im Rechtsdienstleistungsregister veröffentlichten Daten, insbesondere für die Rechtmäßigkeit ihrer Erhebung, die Zulässigkeit ihrer Veröffentlichung und ihre Richtigkeit. [3] Das Bundesministerium der Justiz wird ermächtigt, durch Rechtsverordnung mit Zustimmung des Bundesrates die Einzelheiten der öffentlichen Bekanntmachung im Internet zu regeln.[1)]

§ 17[2)] Löschung von Veröffentlichungen; Verordnungsermächtigung.

(1) [1] Die im Rechtsdienstleistungsregister öffentlich bekanntgemachten Daten sind zu löschen

1. bei registrierten Personen mit dem Verzicht auf die Registrierung,
2. bei natürlichen Personen mit ihrem Tod,
3. bei juristischen Personen und ***[bis 31.12.2023:*** Gesellschaften ohne Rechtspersönlichkeit***][ab 1.1.2024:*** *rechtsfähigen Personengesellschaften****]*** mit ihrer Beendigung,
4. bei Personen, deren Registrierung zurückgenommen oder widerrufen worden ist, mit der Bestandskraft der Entscheidung,
5. bei Personen oder Vereinigungen, denen die Erbringung von Rechtsdienstleistungen nach § 9 Abs. 1 untersagt ist, nach Ablauf der Dauer der Untersagung,
6. bei Personen oder Gesellschaften nach § 15 mit Ablauf eines Jahres nach der vorübergehenden Registrierung oder ihrer letzten Verlängerung, im Fall der Untersagung nach § 15 Absatz 6 mit Bestandskraft der Untersagung.

[2] Wird im Fall des Satzes 1 Nummer 2 oder 4 ein Abwickler bestellt, erfolgt eine Löschung erst nach Beendigung der Abwicklung.

(2)[3)] Das Bundesministerium der Justiz wird ermächtigt, durch Rechtsverordnung mit Zustimmung des Bundesrates die Einzelheiten des Löschungsverfahrens zu regeln.

[1)] § 16 Abs. 3 Satz 3 ist gem. Art. 20 Satz 1 G v. 12.12.2007 (BGBl. I S. 2840) bereits am 18.12.2007 in Kraft getreten.

[2)] § 17 Abs. 2 geänd. mWv 8.9.2015 durch VO v. 31.8.2015 (BGBl. I S. 1474); Abs. 1 Nr. 6 geänd., Satz 2 angef. mWv 18.5.2017 durch G v. 12.5.2017 (BGBl. I S. 1121); Abs. 1 Satz 1 Nr. 3 geänd. mWv 1.1.2024 durch G v. 10.8.2021 (BGBl. I S. 3436); Überschrift, Abs. 2 geänd. mWv 16.3.2023 durch G v. 10.3.2023 (BGBl. 2023 I Nr. 64).

[3)] § 17 Abs. 2 ist gem. Art. 20 Satz 1 G v. 12.12.2007 (BGBl. I S. 2840) bereits am 18.12.2007 in Kraft getreten.

Teil 5. Datenübermittlung und Zuständigkeiten, Bußgeldvorschriften

§ 18[1)] Umgang mit personenbezogenen Daten; Verordnungsermächtigung. (1) [1]Die zuständigen Behörden dürfen einander und anderen für die Durchführung dieses Gesetzes zuständigen Behörden Daten über Registrierungen nach § 9 Abs. 2, § 10 Abs. 1 und § 15 Abs. 3 übermitteln, soweit die Kenntnis der Daten zur Durchführung dieses Gesetzes erforderlich ist. [2]Sie dürfen die nach § 16 Abs. 2 öffentlich bekanntzumachenden Daten längstens für die Dauer von drei Jahren nach Löschung der Veröffentlichung zentral und länderübergreifend in einem Dateisystem speichern und aus diesem im automatisierten Verfahren abrufen; § 16 Abs. 3 Satz 2 gilt entsprechend. [3]Gerichte und Behörden dürfen der zuständigen Behörde personenbezogene Daten übermitteln, soweit deren Kenntnis für folgende Zwecke erforderlich ist:

1. die Registrierung oder die Rücknahme oder den Widerruf der Registrierung,
2. eine Untersagung nach § 9 Absatz 1 oder § 15 Absatz 6,
3. eine Aufsichtsmaßnahme nach § 13h,
4. eine Maßnahme nach § 15b oder
5. die europäische Verwaltungszusammenarbeit nach Absatz 2.

[4]Satz 3 gilt nur, soweit durch die Übermittlung der Daten schutzwürdige Interessen der Person nicht beeinträchtigt werden oder soweit das öffentliche Interesse das Geheimhaltungsinteresse der Person überwiegt.

(2) [1]Für die Verwaltungszusammenarbeit mit Behörden anderer Mitgliedstaaten der Europäischen Union, anderer Vertragsstaaten des Europäischen Wirtschaftsraums und der Schweiz gelten die §§ 8a bis 8d des Verwaltungsverfahrensgesetzes[2)] entsprechend. [2]Die zuständige Behörde nutzt für diese Verwaltungszusammenarbeit das Binnenmarkt-Informationssystem der Europäischen Union.

(2a) [1]Wird in einem verwaltungsgerichtlichen Verfahren festgestellt, dass eine Person bei einem Antrag auf Anerkennung ihrer Berufsqualifikation nach der Richtlinie 2005/36/EG des Europäischen Parlaments und des Rates vom 7. September 2005 über die Anerkennung von Berufsqualifikationen (ABl. L 255 vom 30.9.2005, S. 22; L 271 vom 16.10.2007, S. 18; L 93 vom 4.4.2008, S. 28; L 33 vom 3.2.2009, S. 49; L 305 vom 24.10.2014, S. 115), die zuletzt durch die Richtlinie 2013/55/EU (ABl. L 354 vom 28.12.2013, S. 132; L 268 vom 15.10. 2015, S. 35; L 95 vom 9.4.2016, S. 20) geändert worden ist, in der jeweils geltenden Fassung einen gefälschten Berufsqualifikationsnachweis verwendet hat, hat die zuständige Behörde die Angaben zur Identität der Person und die Tatsache, dass sie einen gefälschten Berufsqualifikationsnachweis verwendet hat, binnen drei Tagen nach Rechtskraft der gerichtlichen Entscheidung über das Binnenmarkt-Informationssystem den anderen Mitgliedstaaten der Europäischen Union, den anderen Vertragsstaaten des Abkommens über den Europäischen Wirtschaftsraum

---

[1)] § 18 Abs. 2 Satz 2 geänd. mWv 1.8.2013 durch G v. 23.7.2013 (BGBl. I S. 2586); Abs. 3 Satz 1 geänd. mWv 8.9.2015 durch VO v. 31.8.2015 (BGBl. I S. 1474); Abs. 1 Satz 3 neu gef., Satz 4 angef., Abs. 2 neu gef., Abs. 2a eingef. mWv 18.5.2017 durch G v. 12.5.2017 (BGBl. I S. 1121); Abs. 3 Satz 2 aufgeh. mWv 26.11.2019 durch G v. 20.11.2019 (BGBl. I S. 1724); Abs. 2 Satz 1 neu gef., Satz 2 geänd. mWv 1.1.2021; Abs. 1 Satz 2, Satz 3 Nr. 3 geänd. mWv 1.10.2021 durch G v. 22.12.2020 (BGBl. I S. 3320); Abs. 1 Satz 3 Nr. 3 geänd. mWv 1.10.2021 durch G v. 10.8.2021 (BGBl. I S. 3415); Überschrift, Abs. 3 geänd. mWv 16.3.2023 durch G v. 10.3.2023 (BGBl. 2023 I Nr. 64).

[2)] **Sartorius Nr. 100.**

und der Schweiz mitzuteilen. [2] § 38 Absatz 2 des Gesetzes über die Tätigkeit europäischer Rechtsanwälte in Deutschland[1)] gilt entsprechend.

(3)[2)] Das Bundesministerium der Justiz wird ermächtigt, die Einzelheiten des Umgangs mit personenbezogenen Daten, insbesondere der Veröffentlichung in dem Rechtsdienstleistungsregister, der Einsichtnahme in das Register, der Datenübermittlung einschließlich des automatisierten Datenabrufs und der Amtshilfe, durch Rechtsverordnung mit Zustimmung des Bundesrates zu regeln.

§ 19[3) 4)] **Zuständigkeit und Übertragung von Befugnissen.** (1) [1] Zuständig für die Durchführung dieses Gesetzes sind die Landesjustizverwaltungen, die zugleich zuständige Stellen im Sinn des § 117 Abs. 2 des Gesetzes über den Versicherungsvertrag[5)] sind. [2] Mehrere Länder können eine Aufgabenwahrnehmung durch eine Landesjustizverwaltung vereinbaren.

(2) [1] Die Landesregierungen werden ermächtigt, die Aufgaben und Befugnisse, die den Landesjustizverwaltungen nach diesem Gesetz zustehen, durch Rechtsverordnung auf diesen nachgeordnete Behörden zu übertragen. [2] Die Landesregierungen können diese Ermächtigung durch Rechtsverordnung auf die Landesjustizverwaltungen übertragen.

§ 20[6)] **Bußgeldvorschriften.** (1) Ordnungswidrig handelt, wer

1. einer vollziehbaren Anordnung nach § 9 Absatz 1 Satz 1, § 13h Absatz 2 Satz 3 oder § 15 Absatz 6 Satz 1, auch in Verbindung mit Absatz 7 Satz 2, zuwiderhandelt,
2. ohne Registrierung nach § 10 Absatz 1 eine dort genannte Rechtsdienstleistung erbringt,
3. einer vollziehbaren Auflage nach § 10 Absatz 3 Satz 1 zuwiderhandelt,
4. entgegen § 11 Absatz 4 eine dort genannte Berufsbezeichnung oder Bezeichnung führt oder
5. entgegen § 13g fremde Gelder nicht oder nicht rechtzeitig weiterleitet und nicht oder nicht rechtzeitig einzahlt.

(2) Ordnungswidrig handelt, wer vorsätzlich oder fahrlässig

1. entgegen § 13 Absatz 4 Satz 1, auch in Verbindung mit § 15 Absatz 2 Satz 4, auch in Verbindung mit § 15 Absatz 7 Satz 2, entgegen § 13 Absatz 5 Satz 1, auch in Verbindung mit Satz 2, oder entgegen § 13a Absatz 2 eine Mitteilung nicht, nicht richtig, nicht vollständig oder nicht rechtzeitig macht,
2. entgegen § 13a Absatz 1 eine Information nicht, nicht richtig, nicht vollständig oder nicht rechtzeitig übermittelt,
3. entgegen § 13a Absatz 3 oder 4 Satz 1 einen Hinweis nicht, nicht richtig, nicht vollständig oder nicht rechtzeitig gibt,

---

1) Nr. **98/4**.

2) *§ 18 Abs. 3* ist gem. Art. 20 Satz 1 G v. 12.12.2007 (BGBl. I S. 2840) bereits am 18.12.2007 in Kraft getreten.

3) § 19 ist gem. Art. 20 Satz 1 G v. 12.12.2007 (BGBl. I S. 2840) bereits am 18.12.2007 in Kraft getreten.

4) § 19 Abs. 1 Satz 2 angef. mWv 1.1.2021 durch G v. 22.12.2020 (BGBl. I S. 3320).

5) **Habersack, Deutsche Gesetze Nr. 62.**

6) § 20 neu gef. mWv 9.10.2013 durch G v. 1.10.2013 (BGBl. I S. 3714); Abs. 1 Nr. 1 und 2, Abs. 2 Nr. 3 und 4 geänd. mWv 18.5.2017 durch G v. 12.5.2017 (BGBl. I S. 1121); Abs. 1 Nr. 1 geänd., Abs. 2 Nr. 1 und 2 neu gef., Nr. 3 eingef., bish. Nr. 3 und 4 werden Nr. 4 und 5 und geänd. mWv 1.10.2021 durch G v. 22.12.2020 (BGBl. I S. 3320); Abs. 1 Nr. 1, 3, 4 geänd., Nr. 5 angef., Abs. 2 Nr. 1 geänd. mWv 1.10.2021 durch G v. 10.8.2021 (BGBl. I S. 3415).

4. entgegen § 15 Absatz 2 Satz 1, auch in Verbindung mit Absatz 7 Satz 2, eine vorübergehende Rechtsdienstleistung erbringt oder
5. entgegen § 15 Absatz 2 Satz 5, auch in Verbindung mit Absatz 7 Satz 2, eine dort genannte Meldung nicht, nicht richtig, nicht vollständig oder nicht rechtzeitig wiederholt.

(3) Die Ordnungswidrigkeit kann mit einer Geldbuße bis zu fünfzigtausend Euro geahndet werden.

99a. Einführungsgesetz zum Rechtsdienstleistungsgesetz (RDGEG)[1]

Vom 12. Dezember 2007
(BGBl. I S. 2840, 2846)

FNA 303-21

Lfd. Nr.	Änderndes Gesetz	Datum	Fundstelle	Betroffen	Hinweis
1.	Art. 110 FGG-ReformG	17.12. 2008	BGBl. I S. 2586	§§ 3, 5	geänd. mWv 1.9.2009
2.	Art. 9 Viertes G zur Änderung des SGB IV und anderer Gesetze	22.12. 2011	BGBl. I S. 3057	§ 3	geänd. mWv 1.1.2012
3.	Art. 2 G gegen unseriöse Geschäftspraktiken[2]	1.10.2013	BGBl. I S. 3714	§ 4	geänd. mWv 9.10.2013
4.	Art. 8 G zur Förderung des elektronischen Rechtsverkehrs mit den Gerichten	10.10. 2013	BGBl. I S. 3786	§ 3	geänd. mWv 1.1.2018
5.	Art. 143 Zehnte ZuständigkeitsanpassungsVO	31.8.2015	BGBl. I S. 1474	§ 4	geänd. mWv 8.9.2015
6.	Art. 8 G zur Umsetzung der BerufsanerkennungsRL und zur Änd. weiterer Vorschriften im Bereich der rechtsberatenden Berufe[3]	12.5.2017	BGBl. I S. 1121	§§ 1, 4	geänd. mWv 18.5.2017
				§ 7	aufgeh. mit Ablauf des 17.5. 2017
7.	Art. 7 G zur Verbesserung des Verbraucherschutzes im Inkassorecht und zur Änd. weiterer Vorschriften	22.12. 2020	BGBl. I S. 3320	§§ 1, 2, 3	geänd. mWv 1.1.2021
				§ 5	geänd. mWv 1.10.2021
				§ 4	neu gef. mWv 1.10.2021
8.	Art. 4 Abs. 2 G zur Verbesserung des Schutzes von Gerichtsvollziehern vor Gewalt sowie zur Änd. weiterer zwangsvollstreckungsrechtlicher Vorschriften und zur Änd. des InfektionsschutzG	7.5.2021	BGBl. I S. 850	§ 3	geänd. mWv 1.1.2022
9.	Art. 5 G zur Förderung verbrauchergerechter Angebote im Rechtsdienstleistungsmarkt[2]	10.8.2021	BGBl. I S. 3415	§ 1	geänd. mWv 1.10.2021
				§ 7	eingef. mWv 1.10.2021

[1] Verkündet als Art. 2 G zur Neuregelung des Rechtsberatungsrechts v. 12.12.2007 (BGBl. I S. 2840, geänd. durch G v. 12.6.2008, BGBl. I S. 1000); Inkrafttreten gem. Art. 20 Satz 3 dieses G am 1.7.2008.

Das G zur Neuregelung des Rechtsberatungsrechts dient der Umsetzung der Richtlinie 2005/36/EG des Europäischen Parlaments und des Rates vom 7. September 2005 über die Anerkennung von Berufsqualifikationen (ABl. EU Nr. L 255 S. 22).

[2] **Amtl. Anm.:** *(abgedruckt in Änderungstabelle Nr.* ***98****)*

[3] **Amtl. Anm.:** *(abgedruckt in Änderungstabelle Nr.* ***69****)*

Lfd. Nr.	Änderndes Gesetz	Datum	Fund-stelle	Betroffen	Hinweis
10.	Art. 6 G zur Stärkung der Aufsicht bei Rechtsdienstleistungen und zur Änd. weiterer Vorschriften	10.3.2023	BGBl. 2023 I Nr. 64	§ 5	geänd. mWv 16.3.2023
				§ 7	neu gef. mWv 16.3.2023
				§ 1	geänd. mWv 1.1.2025

Vorbemerkung:
Die Änderungen durch G v. 10.3.2023 (BGBl. 2023 I Nr. 64) treten teilweise erst mWv 1.1.2025 in Kraft und sind insoweit im Text noch nicht berücksichtigt.

§ 1[1] Erlaubnisinhaber nach dem Rechtsberatungsgesetz. (1) Inhaber von behördlichen Erlaubnissen zur Besorgung fremder Rechtsangelegenheiten, die nicht Mitglied einer Rechtsanwaltskammer sind, können unter Vorlage ihrer Erlaubnisurkunde die Registrierung nach § 13 des Rechtsdienstleistungsgesetzes[2] beantragen.

(2) [1] Behördliche Erlaubnisse zur Besorgung fremder Rechtsangelegenheiten von Erlaubnisinhabern, die nach § 209 der Bundesrechtsanwaltsordnung[3] in eine Rechtsanwaltskammer aufgenommen sind (Kammerrechtsbeistände), erlöschen mit ihrem Ausscheiden aus der Rechtsanwaltskammer. [2] Kammerrechtsbeistände, deren Aufnahme in die Rechtsanwaltskammer nach § 209 Abs. 2 der Bundesrechtsanwaltsordnung auf eigenen Antrag widerrufen wird, können die Registrierung nach § 13 des Rechtsdienstleistungsgesetzes beantragen. [3] Wird der Antrag innerhalb von drei Monaten nach dem Widerruf gestellt, bleibt die Erlaubnis abweichend von Satz 1 bis zur Entscheidung über den Antrag gültig.

(3) [1] Inhaber einer Erlaubnis nach Artikel 1 § 1 Abs. 1 Satz 2 Nr. 1, 5 oder Nr. 6 des Rechtsberatungsgesetzes werden unter Angabe des Umfangs ihrer Erlaubnis als registrierte Personen nach § 10 Abs. 1 Satz 1 Nr. 1, 2 oder Nr. 3 des Rechtsdienstleistungsgesetzes registriert. [2] Erlaubnisinhaber, deren Erlaubnis sich auf andere Bereiche erstreckt oder deren Befugnisse über die in § 10 Abs. 1 des Rechtsdienstleistungsgesetzes geregelten Befugnisse hinausgehen, werden gesondert oder zusätzlich zu ihrer Registrierung nach Satz 1 als Rechtsbeistände oder Erlaubnisinhaber registriert (registrierte Erlaubnisinhaber) und entsprechend § 16 Absatz 2 Satz 1 Nummer 1 des Rechtsdienstleistungsgesetzes in das Rechtsdienstleistungsregister eingetragen. [3] Sie dürfen unter ihrer bisher geführten Berufsbezeichnung Rechtsdienstleistungen in allen Bereichen des Rechts erbringen, auf die sich ihre Registrierung erstreckt. [4] Rechtsdienstleistungen auf den Gebieten des Steuerrechts und des gewerblichen Rechtsschutzes dürfen sie nur erbringen, soweit ihre Registrierung diese Gebiete ausdrücklich umfasst.

(4) [1] Abweichend von § 13 des Rechtsdienstleistungsgesetzes prüft die zuständige Behörde vor der Registrierung nur, ob eine ausreichende Berufshaftpflichtversicherung nach § 12 Abs. 1 Nr. 3 des Rechtsdienstleistungsgesetzes besteht. [2] Als qualifizierte Personen werden die zur Zeit der Antragstellung in der Erlaubnisurkunde bezeichneten Ausübungsberechtigten registriert. [3] Kosten werden für die Registrierung und ihre öffentliche Bekanntmachung nicht erhoben. [4] Die spätere Benennung qualifizierter Personen ist nur für registrierte Personen nach § 10 Abs. 1 des Rechtsdienstleistungsgesetzes und nicht für registrierte Erlaubnisinhaber möglich.

(5) [1] Ist ein registrierter Erlaubnisinhaber, der nach Maßgabe des § 3 Absatz 2 zur gerichtlichen Vertretung oder zum Auftreten in der Verhandlung befugt ist, verstorben oder wurde seine Registrierung zurückgenommen oder widerrufen, kann die für die Registrierung zuständige Behörde einen Abwickler für seine Praxis bestellen. [2] § 14a Absatz 1 Satz 2 und Absatz 2 des Rechtsdienstleistungsgesetzes gilt entsprechend.

---

[1] § 1 Abs. 6 angef. mWv 18.5.2017 durch G v. 12.5.2017 (BGBl. I S. 1121); Abs. 1 neu gef., Abs. 3 Satz 2 geänd., Abs. 5 aufgeh., bish. Abs. 6 wird Abs. 5 mWv 1.1.2021 durch G v. 22.12.2020 (BGBl. I S. 3320); Abs. 3 Sätze 3 und 4 geänd. mWv 1.10.2021 durch G v. 10.8.2021 (BGBl. I S. 3415).

[2] Nr. **99**.

[3] Nr. **98**.

§ 2[1)] Versicherungsberater. Abweichend von § 1 Absatz 1 können Personen mit einer Erlaubnis zur Besorgung fremder Rechtsangelegenheiten auf dem Gebiet der Versicherungsberatung (Artikel 1 § 1 Abs. 1 Satz 2 Nr. 2 des Rechtsberatungsgesetzes) nur eine Erlaubnis als Versicherungsberater nach § 34d Absatz 2 der Gewerbeordnung[2)] beantragen.

§ 3[3)] Gerichtliche Vertretung. (1) Kammerrechtsbeistände stehen in den nachfolgenden Vorschriften einem Rechtsanwalt gleich:
1. § 79 Absatz 1 Satz 2 und Absatz 2 Satz 1, § 88 Absatz 2, § 121 Absatz 2 bis 4, § 122 Absatz 1, den §§ 126, 130d und 133 Absatz 2, den §§ 135, 157 und 169 Absatz 2, den §§ 174, 195 und 317 Absatz 5 Satz 2, § 348 Absatz 1 Satz 2 Nummer 2 Buchstabe d, § 397 Absatz 2 und § 702 Absatz 2 Satz 2 der Zivilprozessordnung[4)],
2. § 10 Absatz 2 Satz 1, § 11 Satz 4, § 13 Absatz 4, den §§ 14b und 78 Absatz 2 bis 4 des Gesetzes über das Verfahren in Familiensachen und in den Angelegenheiten der freiwilligen Gerichtsbarkeit[5)],
3. § 11 Absatz 2 Satz 1 und § 46g des Arbeitsgerichtsgesetzes[6)],
4. den §§ 65d und 73 Absatz 2 Satz 1 und Absatz 6 Satz 5 des Sozialgerichtsgesetzes, wenn nicht die Erlaubnis das Sozial- und Sozialversicherungsrecht ausschließt,
5. den §§ 55d und 67 Absatz 2 Satz 1 und Absatz 6 Satz 4 der Verwaltungsgerichtsordnung[7)],
6. den §§ 52d und 62 Absatz 2 Satz 1 und Absatz 6 Satz 4 der Finanzgerichtsordnung, wenn die Erlaubnis die geschäftsmäßige Hilfeleistung in Steuersachen umfasst.

(2) [1] Registrierte Erlaubnisinhaber stehen im Sinn von § 79 Abs. 2 Satz 1 der Zivilprozessordnung, § 10 Abs. 2 Satz 1 des Gesetzes über das Verfahren in Familiensachen und in den Angelegenheiten der freiwilligen Gerichtsbarkeit, § 11 Abs. 2 Satz 1 des Arbeitsgerichtsgesetzes, § 73 Abs. 2 Satz 1 des Sozialgerichtsgesetzes, § 67 Abs. 2 Satz 1 der Verwaltungsgerichtsordnung und § 62 Abs. 2 Satz 1 der Finanzgerichtsordnung einem Rechtsanwalt gleich, soweit ihnen die gerichtliche Vertretung oder das Auftreten in der Verhandlung
1. nach dem Umfang ihrer bisherigen Erlaubnis,
2. als Prozessagent durch Anordnung der Justizverwaltung nach § 157 Abs. 3 der Zivilprozessordnung in der bis zum 30. Juni 2008 geltenden Fassung,
3. durch eine für die Erteilung der Erlaubnis zum mündlichen Verhandeln vor den Sozialgerichten zuständige Stelle,
4. nach § 67 der Verwaltungsgerichtsordnung in der bis zum 30. Juni 2008 geltenden Fassung oder

---

1) § 2 geänd. mWv 1.1.2021 durch G v. 22.12.2020 (BGBl. I S. 3320).

2) **Sartorius Nr. 800.**

3) § 3 Abs. 1 Nr. 2 neu gef., Abs. 2 Satz 1 geänd. mWv 1.9.2009 durch G v. 17.12.2008 (BGBl. I S. 2586); Abs. 1 Nr. 4 geänd. mWv 1.1.2012 durch G v. 22.12.2011 (BGBl. I S. 3057); Nr. 1–6 geänd. mWv 1.1.2018 durch G v. 10.10.2013 (BGBl. I S. 3786); Abs. 1 neu gef., Abs. 2 Satz 2 geänd. mWv 1.1. 2021 durch G v. 22.12.2020 (BGBl. I S. 3320); Abs. 1 Nr. 1 geänd. mWv 1.1.2022 durch G v. 7.5.2021 (BGBl. I S. 850).

4) **Habersack, Deutsche Gesetze Nr. *100*.**

5) **Habersack, Deutsche Gesetze Nr. 112.**

6) **Habersack, Deutsche Gesetze Nr. 83.**

7) **Sartorius Nr. 600.**

5. nach § 13 des Gesetzes über die Angelegenheiten der freiwilligen Gerichtsbarkeit in der bis zum 30. Juni 2008 geltenden Fassung

gestattet war. [2] In den Fällen des Satzes 1 Nummer 1 bis 3 ist der Umfang der Befugnis zu registrieren und im Rechtsdienstleistungsregister bekanntzumachen.

(3) [1] Das Gericht weist registrierte Erlaubnisinhaber, soweit sie nicht nach Maßgabe des Absatzes 2 zur gerichtlichen Vertretung oder zum Auftreten in der Verhandlung befugt sind, durch unanfechtbaren Beschluss zurück. [2] Prozesshandlungen eines nicht vertretungsbefugten Bevollmächtigten und Zustellungen oder Mitteilungen an diesen Bevollmächtigten sind bis zu seiner Zurückweisung wirksam. [3] Das Gericht kann registrierten Erlaubnisinhabern durch unanfechtbaren Beschluss die weitere Vertretung oder das weitere Auftreten in der Verhandlung untersagen, wenn sie nicht in der Lage sind, das Sach- und Streitverhältnis sachgerecht darzustellen. [4] § 335 Abs. 1 Nr. 5 der Zivilprozessordnung gilt entsprechend.

§ 4[1)] Vergütung. (1) Für die Vergütung der registrierten Erlaubnisinhaber mit Ausnahme der Frachtprüferinnen und Frachtprüfer gilt § 13d des Rechtsdienstleistungsgesetzes[2)] entsprechend.

(2) Für die Erstattungsfähigkeit der Vergütung von Kammerrechtsbeiständen gilt § 13d Absatz 3 des Rechtsdienstleistungsgesetzes entsprechend.

§ 5[3)] Diplom-Juristen aus dem Beitrittsgebiet. Personen, die bis zum 9. September 1996 die fachlichen Voraussetzungen für die Zulassung zur Rechtsanwaltschaft nach § 4 des Rechtsanwaltsgesetzes vom 13. September 1990 (GBl. I Nr. 61 S. 1504) erfüllt haben, stehen in den nachfolgenden Vorschriften einer Person mit Befähigung zum Richteramt gleich:

1. § 6 Abs. 2 Satz 1 und § 7 Abs. 2 Satz 1 des Rechtsdienstleistungsgesetzes[2)],
2. § 78 Absatz 2 und § 79 Abs. 2 Satz 2 Nr. 2 der Zivilprozessordnung[4)],
3. § 10 Abs. 2 Satz 2 Nr. 2 des Gesetzes über das Verfahren in Familiensachen und in den Angelegenheiten der freiwilligen Gerichtsbarkeit[5)],
4. § 11 Abs. 2 Satz 2 Nr. 2, Abs. 4 Satz 3 des Arbeitsgerichtsgesetzes[6)],
5. § 73 Abs. 2 Satz 2 Nr. 2, Abs. 4 Satz 3 und 4 des Sozialgerichtsgesetzes,
6. § 67 Abs. 2 Satz 2 Nr. 2, Abs. 4 Satz 4 der Verwaltungsgerichtsordnung[7)],
7. § 62 Abs. 2 Satz 2 Nr. 2, Abs. 4 Satz 4 der Finanzgerichtsordnung,
8. § 97 Abs. 2 Satz 2 Nr. 2 des Patentgesetzes[8)],
9. § 81 Abs. 2 Satz 2 Nr. 2 des Markengesetzes[9)].

§ 6 Schutz der Berufsbezeichnung. Die Berufsbezeichnung „Rechtsbeistand" oder eine ihr zum Verwechseln ähnliche Bezeichnung darf nur von Kammerrechtsbeiständen und registrierten Rechtsbeiständen geführt werden.

[1)] § 4 neu gef. mWv 1.10.2021 durch G v. 22.12.2020 (BGBl. I S. 3320).

[2)] Nr. **99**.

[3)] § 5 Nr. 3 neu gef. mWv 1.9.2009 durch G v. 17.12.2008 (BGBl. I S. 2586); Nr. 2 geänd. mWv 1.10.2021 durch G v. 22.12.2020 (BGBl. I S. 3320); einl. Satzteil geänd. mWv 16.3.2023 durch G v. 10.3.2023 (BGBl. 2023 I Nr. 64).

[4)] **Habersack, Deutsche Gesetze Nr. 100.**

[5)] **Habersack, Deutsche Gesetze Nr. 112.**

[6)] **Habersack, Deutsche Gesetze Nr. 83.**

[7)] **Sartorius Nr. 600.**

[8)] Nr. **70**.

[9)] **Habersack, Deutsche Gesetze Nr. 72.**

§ 7[1)] Übergangsvorschrift zur Änderung der Zuständigkeit im Rechtsdienstleistungsgesetz. (1) [1] Das Bundesamt für Justiz hat in der Zeit vom 1. Januar bis 31. August 2024 über die Landesjustizverwaltungen die von den nach § 19 des Rechtsdienstleistungsgesetzes[2)] zuständigen Behörden zur Durchführung des Rechtsdienstleistungsgesetzes geführten Akten zur Anlage eigener Akten anzufordern. [2] Die aktenführenden Behörden haben dem Bundesamt für Justiz die angeforderten Akten innerhalb von drei Monaten zusammen mit einer Liste der Akten zu übermitteln. [3] Nehmen die aktenführenden Behörden in die nach Satz 1 angeforderten Akten zwischen dem Zeitpunkt ihrer Übermittlung nach Satz 2 und dem 31. Dezember 2024 weitere Inhalte auf oder legen sie in dieser Zeit neue Akten an, so haben sie diese Inhalte oder Akten spätestens am 10. Januar 2025 dem Bundesamt für Justiz zu übermitteln. [4] Zudem haben sie dem Bundesamt für Justiz spätestens am 10. Januar 2025 Listen derjenigen Akten zu übermitteln,

1. in denen am 31. Dezember 2024 Prüfungen noch nicht abgeschlossen waren und
2. bei denen in dem in Satz 3 genannten Zeitraum der Fall des Absatzes 2 Satz 1 eingetreten ist.

[5] Die Sätze 1 bis 3 gelten nicht für Akten, die Absatz 2 Satz 1 unterfallen.

(2) [1] Die Zuständigkeit für die Aufbewahrung von Akten, bei denen die Fristen nach § 7 der Rechtsdienstleistungsverordnung vor dem 1. Januar 2025 begonnen haben, bestimmt sich nach § 19 des Rechtsdienstleistungsgesetzes in der bis zum 31. Dezember 2024 geltenden Fassung. [2] Die Zuständigkeit für vor dem 1. Januar 2025 wegen Zuwiderhandlungen nach § 20 Absatz 1 oder 2 des Rechtsdienstleistungsgesetzes eingeleitete Bußgeldverfahren verbleibt auch nach dem 31. Dezember 2024 bei den an diesem Tag für diese Verfahren sachlich zuständigen Verwaltungsbehörden.

(3) Die nach Absatz 2 am 31. Dezember 2024 zuständigen Behörden haben dem Bundesamt für Justiz auf dessen Anforderung Auskunft über dem Absatz 2 unterfallende Akten zu erteilen und diese zur Einsichtnahme zu übermitteln, soweit dies zur Erfüllung der Aufgaben des Bundesamts für Justiz erforderlich ist.

(4) [1] Die nach § 19 des Rechtsdienstleistungsgesetzes in der bis zum 31. Dezember 2024 geltenden Fassung zuständigen Behörden haben diejenigen von ihnen zur Durchführung des Rechtsdienstleistungsgesetzes geführten Akten, die nicht Absatz 2 Satz 1 unterfallen, mit Ablauf des Jahres 2025 zu vernichten. [2] Das Bundesamt für Justiz hat diejenigen von ihm angelegten Akten, die Absatz 1 Satz 4 Nummer 2 unterfallen, mit Ablauf des Jahres 2025 zu vernichten.

(5) [1] Akten im Sinne dieser Vorschrift sind auch elektronische Akten. [2] Bei diesen tritt an die Stelle der Vernichtung die Löschung.

(6) [1] Die Zuständigkeit für vor dem 1. Januar 2025 wegen Zuwiderhandlungen nach § 160 Absatz 1 des Steuerberatungsgesetzes in der bis zum 31. Dezember 2024 geltenden Fassung eingeleitete Bußgeldverfahren bestimmt sich nach dem 31. Dezember 2024 auch dann nach § 164 des Steuerberatungsgesetzes, wenn sie einen Verstoß gegen § 5 Absatz 1 des Steuerberatungsgesetzes zum Gegenstand hatten. [2] Absatz 3 gilt entsprechend.

[1)] § 7 neu gef. mWv 16.3.2023 durch G v. 10.3.2023 (BGBl. 2023 I Nr. 64).
[2)] Nr. **99**.

101a. Anordnung über Mitteilungen in Zivilsachen (MiZi)[1) 2)]

In der Fassung der Bekanntmachung vom 29. April 1998[3)]
(BAnz. Nr. 138a)

Lfd. Nr.	Änderndes Gesetz	Datum	Fundstelle	Betroffen	Hinweis
1.	Erste ÄndAV	10.8.1999	BAnz. S. 14921		mWv 1.9.1999
2.	Zweite ÄndAV	26.7.2001	BAnz. S. 17722		mWv 1.9.2001
3.	Dritte ÄndAV	1.8.2002	BAnz. S. 19894		mWv 1.10.2002
4.	Vierte ÄndAV	22.7.2003	BAnz. S. 18237		mWv 1.9.2003
5.	Fünfte ÄndAV	18.7.2005	BAnz. S. 12239		mWv 1.9.2005
6.	Sechste ÄndAV	10.7.2006	BAnz. S. 5419		mWv 1.9.2006
7.	Siebte ÄndAV	12.7.2007	BAnz. S. 7083		mWv 1.9.2007
8.	Achte ÄndAV	25.8.2008	BAnz. S. 3428		mWv 1.10.2008
9.	Neunte ÄndAV	27.8.2009	BAnz. S. 3276		mWv 1.10.2009
10.	Zehnte ÄndAV	28.7.2010	BAnz. S. 2893		mWv 1.10.2010
11.	Elfte ÄndAV	7.9.2011	BAnz. S. 3350		mWv 1.10.2011
12.	Zwölfte ÄndAV	17.8.2012	BAnz AT 12.09. 2012 B1		mWv 1.10.2012
13.	13. ÄndAV	15.9.2014	BAnz AT 29.09. 2014 B1		mWv 1.10.2014
14.	14. ÄndAV	23.12. 2016	BAnz AT 24.05. 2017 B1		mWv 1.10.2016
15.	15. ÄndAV	23.11. 2018	BAnz AT 24.12. 2018 B2	Abkürzungsverzeichnis, Nr. I/5, I/10, II/2, II/4, II/5, III/2, III/4, III/5, VI/4, VII/1, VII/2, VIII/4, IX/1, IX/3, XIII/2, XIII/3, XIII/14, XV/5, XV/8, XVI/1, XVIII/1, XVIII/2, XVIII/5, XXI/1, XXI/8, XXII/1,	geänd. mWv 1.10.2018

[1)] Änderungen vor dem 1.1.2012 sind nicht in Fußnoten nachgewiesen.

[2)] Durch Nr. 1 der 16. ÄndAV v. 9.8.2021 (BAnz AT 16.09.2021 B3) wurden in allen Unterabschnitten einschließlich in den allgemeinen Vorschriften (Erster Teil) und in allen Anmerkungen die Angaben „Abs." durch „Absatz", „Buchst." durch „Buchstabe", „Nr." durch „Nummer" und „Nrn." durch „Nummern" ersetzt. Diese Änderungen sind nicht einzeln in den Änderungsfußnoten nachgewiesen.

[3)] Neubekanntmachung der Anordnung über Mitteilungen in Zivilsachen idF der Bek. v. 31.1.1993 (BAnz. S. 945) in der ab 1.6.1998 geltenden Fassung.

Lfd. Nr.	Änderndes Gesetz	Datum	Fund-stelle	Betroffen	Hinweis
				XXII/2, XXV/3, Anl. zu XIV/1 und XIV/2	
				Nr. XVII/6	neu gef. mWv 1.10.2018
				Nr. Va., VI/5	eingef. mWv 1.10.2018
16.	16. ÄndAV[1)]	9.8.2021	BAnz AT 16.09. 2021 B3	Allg/2, Allg/5, Nr. I/1, I/2, I/5, I/7, I/10, I/11, II/2, II/3, II/4, II/5, III/3, IV/1, V/1, VI/3, VIII/2, VIII/3, IX/1, IX/2, IX/3, IX/4, X/1, X/2, XIII/2, XIII/5, XIII/13, XIII/14, XIV/1, XIV/2, XV/1, XV/5, XVI/1, XVI/2, XVI/3, XVII/3, XVII/8, XVIII/1, XVIII/2, XVIII/5, XVIII/13, XVIII/15, XXI/1, XXI/3, XXI/4, XXI/8, XXI/9, XXII/1, XXII/2, XXIII/1, XXIII/2, XXIII/3, XXIII/4, XXIV/2, XXV/1, XXV/3, Anl. zu XIV/1 und XIV/2	geänd. mWv 1.10.2021
				Abkürzungsverzeichnis, Nr. XI/1	neu gef. mWv 1.10.2021
				Nr. I/7a, IXa	eingef. mWv 1.10.2021
				Nr. XV/4	aufgeh. mWv 1.10.2021
17.	17. ÄndAV	3.8.2023	BAnz AT 22.09. 2023 B1	Inhaltsübersicht, Allg/2, Allg/4, Allg/5, Allg/6, Allg/7, Nr. I/2, I/5, I/7, I/8, I/11, I/12, II, II/1, II/2, II/3, II/4, II/5, III/1, III/3, III/6, IV/1, VI/3, VII/2, IX/1, IX/3, IX/4, IXa/1, XI/1, XIII/1, XIII/2, XIII/3, XIII/4, XIII/6, XIII/7, XIII/13, XIII/14, XV/1, XV/2, XV/3, XV/5, XV/6, XV/8, XVI/1, XVI/2, XVII/1, XVII/8, XVIII/2, XVIII/5, XVIII/13, XVIII/15, XXI, XXI/1, XXI/2, XXI/3, XXI/4, XXI/7, XXII/1, XXII/2, XXIII/2, XXIII/3, XXIII/4, XXIV/1, XXIV/2, XXIV/3, XXIV/4, XXV/1, XXV/2, XXV/3, Anl. zu XIV/1 und XIV/2	geänd. mWv 1.10.2023

[1)] Durch Nr. 1 der 16. ÄndAV v. 9.8.2021 (BAnz AT 16.09.2021 B3) wurden in allen Unterabschnitten einschließlich in den allgemeinen Vorschriften (Erster Teil) und in allen Anmerkungen die Angaben „Abs." durch „Absatz", „Buchst." durch „Buchstabe", „Nr." durch „Nummer" und „Nrn." durch „Nummern" ersetzt. Diese Änderungen sind nicht einzeln in den Änderungsfußnoten nachgewiesen.

Lfd. Nr.	Änderndes Gesetz	Datum	Fundstelle	Betreffen	Hinweis
				Abkürzungsverzeichnis, Nr. XIII/11, XV/4, XVII/7, XXIII/1	neu gef. mWv 1.10.2023
				Nr. XIV/3, XV/9	eingef. mWv 1.10.2023

Diese Anordnung gilt mWv 1.6.1998 in sämtlichen Ländern bundeseinheitlich.

Siehe hierzu ua:

- **Baden-Württemberg:** AV v. 15.5.1998 (Die Justiz S. 236), zuletzt geänd. durch VwV v. 18.8.2023 (Die Justiz S. 286); beachte hierbei die Sondervorschriften für Baden-Württemberg v. 21.2.2023 (Die Justiz S. 174)
- **Bayern:** Bek. v. 11.5.1998 (JMBl S. 64), zuletzt geänd. durch Bek. v. 22.9.2023 (BayMBl. Nr. 472)
- **Berlin:** AV v. 14.5.1998 (ABl S. 2092), zuletzt geänd. durch VwV v. 1.8.2023 (ABl. S. 3813)
- **Brandenburg:** AV v. 13.5.1998 (JMBl Sondernr. 2 S. 2), zuletzt geänd. durch AO v. 14.9.2021 (JMBl. S. 86)
- **Hamburg:** AV v. 26.5.1998 (JVBl S. 44), zuletzt geänd. durch AV v. 22.9.2021 (JVBl S. 110)
- **Hessen:** RdErl. v. 23.7.1998 (JMBl. S. 645), zuletzt geänd. durch RdErl. v. 12.9.2023 (JMBl. S. 593)
- **Niedersachsen:** AV v. 13.5.1998 (Nds. RPfl. S. 103), zuletzt geänd. durch AV v. 20.9.2023 (Nds. RPfl. S. 506)
- **Nordrhein-Westfalen:** AV v. 14.5.1998 (JMBl. S. 133), zuletzt geänd. durch AV v. 15.8.2023 (JMBl. S. 727); beachte hierbei die Sondervorschriften für Nordrhein-Westfalen v. 23.9.1998 (JMBl. S. 269), zuletzt geänd. durch AO v. 5.8.2014 (JMBl. S. 201)
- **Rheinland-Pfalz:** VwV v. 20.10.1998 (JBl. S. 324), zuletzt geänd. durch VwV v. 11.10.2018 (JBl. S. 88)
- **Saarland:** AV v. 28.5.1998 (Amtsbl. S. 218), zuletzt geänd. durch AV v. 18.9.2023 (Amtsbl. I S. 846)
- **Sachsen:** VwV v. 6.11.2006 (SächsJMBl. S. 153), zuletzt geänd. durch VwV v. 11.9.2023 (SächsJMBl. S. 203)
- **Sachsen-Anhalt:** AV v. 26.5.1998 (JMBl. LSA S. 253), zuletzt geänd. durch AV v. 18.8.2021 (JMBl. LSA S. 107)
- **Schleswig-Holstein:** AnO v. 18.5.1998 (SchlHA S. 210), zuletzt geänd. durch Allgemeine Verfügung v. 23.1.2019 (SchlHA S. 78)
- **Thüringen:** VwV v. 20.5.1998 (JMBl. S. 22), zuletzt geänd. durch VwV v. 21.9.2018 (JMBl. S. 87)

(Amtliches Abkürzungsverzeichnis und amtliche Inhaltsübersicht nicht wiedergegeben)

Erster Teil. Allgemeine Vorschriften

1. Geltungsbereich

(1) [1] In Verfahren der streitigen Zivilgerichtsbarkeit und der freiwilligen Gerichtsbarkeit sind die Gerichte nach den §§ 12, 13 Absatz 1, §§ 15 bis 17 EGGVG[1)] zur Mitteilung personenbezogener Daten von Amts wegen an öffentliche Stellen für andere Zwecke als die des Verfahrens, für die die Daten erhoben worden sind, befugt. [2] Verpflichtet sind sie zu Mitteilungen nur, wenn dies im Folgenden angeordnet oder in besonderen Vorschriften bestimmt ist.

(2) Absatz 1 gilt entsprechend für die Übermittlung personenbezogener Daten an Stellen der öffentlich-rechtlichen Religionsgesellschaften, sofern eine Befugnis zur Mitteilung geregelt und sichergestellt ist, dass bei dem Empfänger ausreichende Datenschutzmaßnahmen getroffen werden.

(3) Wichtige, in besonderen Rechtsvorschriften enthaltene Mitteilungspflichten werden in dieser Verwaltungsvorschrift neben den erst durch diese Verwaltungsvorschrift angeordneten Mitteilungen wiedergegeben.

(4) [1] Eine Mitteilung ist im Einzelfall auch ohne besondere Anordnung zu machen, soweit die Kenntnis der Daten aus der Sicht der übermittelnden Stelle zu den in §§ 13, 15 und 17 EGGVG genannten Zwecken erforderlich, die Mitteilung wegen eines besonderen öffentlichen Interesses unerlässlich ist und ihr keine besonderen bundes- oder landesgesetzlichen Verwendungsregelungen entgegenstehen. [2] Die Entscheidung treffen Richterinnen oder Richter.

(5) Diese Verwaltungsvorschrift gilt nicht für

1. Mitteilungen an Privatpersonen,
2. Auskünfte und Akteneinsicht auf Ersuchen,
3. Mitteilungen für Verfahrenszwecke, es sei denn, solche Mitteilungen sind im folgenden aufgenommen,
4. Mitteilungen zur Wahrnehmung von Aufsichts-, Kontroll- und Weisungsbefugnissen, zur Rechnungsprüfung, zur Durchführung von Organisationsuntersuchungen oder zu Ausbildungs- und Prüfungszwecken.

2.[2)] Einschränkung vorgeschriebener Mitteilungspflichten; Auskunft an die und Unterrichtung der betroffene(n) Person

(1) [1] Eine an sich vorgeschriebene Mitteilung unterbleibt im Einzelfall, soweit ihr eine besondere bundesrechtliche Verwendungsregelung, insbesondere § 30 AO[3)], § 78 SGB X, oder eine entsprechende landesrechtliche Verwendungsregelung entgegensteht. [2] In anderen als den in § 13 Absatz 1 EGGVG[1)] genannten Fällen unterbleibt eine Mitteilung ferner, wenn im Einzelfall offensichtlich ist, dass schutzwürdige Interessen betroffener Personen an dem Ausschluß der Übermittlung überwiegen (§ 13 Absatz 2 EGGVG). [3] Gesetzlich besonders geregelte Mitteilungspflichten und deren Einschränkungen bleiben von § 13 Absatz 2 EGGVG unberührt.

[1)] **Habersack, Deutsche Gesetze Nr. 95a.**

[2)] Allg/2 Überschrift, Abs. 1 Satz 2, Abs. 3 Sätze 1, 2, 4 und 5 geänd. mWv 1.10.2021 durch AV v. 9.8. 2021 (BAnz AT 16.09.2021 B3); Abs. 3 Satz 4 neu gef., Satz 5 geänd. mWv 1.10.2023 durch AV v. 3.8. 2023 (BAnz AT 22.09.2023 B1).

[3)] Nr. **88b**.

(2) Die Entscheidung treffen Richterinnen oder Richter.

(3) [1]Die Voraussetzungen von Auskunft (auf Antrag) und Unterrichtung (von Amts wegen) der betroffenen Personen sind in § 21 EGGVG geregelt. [2]Ihnen ist danach grundsätzlich nur auf Antrag Auskunft über Mitteilungen zu erteilen; die Unterrichtung von Amts wegen ist nur dann veranlaßt, wenn von einer Mitteilung betroffene Personen nicht zugleich Partei oder Beteiligte im Verfahren sind. [3]Auf die Beschränkungen in § 21 Absatz 3 und 4 EGGVG wird hingewiesen. [4]Die Form der Auskunftserteilung und Unterrichtung unterliegt pflichtgemäßem Ermessen; grundsätzlich empfiehlt sich, betroffenen Personen eine Abschrift der Mitteilung zu übermitteln. [5]Von der Beifügung der Dokumente (etwa Urteile), die betroffenen Personen schon übermittelt worden sind, kann abgesehen werden.

3. Mitteilungspflichtige Stellen und dort funktional zuständige Personen

(1) [1]Mitteilungspflichtige Stelle ist, soweit nichts anderes bestimmt ist, das mit dem Verfahren befaßte Gericht. [2]Für die Mitteilung gerichtlicher Entscheidungen ist das Gericht zuständig, das im ersten Rechtszug entschieden hat. [3]Wird ein Gericht auf Ersuchen eines anderen Gerichts oder einer anderen sonstigen Behörde tätig, so obliegt die Mitteilungspflicht dem ersuchten Gericht.

(2) Die Mitteilungen sind, soweit nichts anderes vorgeschrieben ist, von der Urkundsbeamtin oder dem Urkundsbeamten der Geschäftsstelle zu veranlassen und durchzuführen.

(3) [1]Richterinnen oder Richter ordnen die Mitteilung in den Fällen an, in denen dies ausdrücklich bestimmt ist oder in denen sie sich die Anordnung vorbehalten haben. [2]An ihre Stelle treten Rechtspflegerinnen oder Rechtspfleger, wenn sie ihnen im Rahmen des Rechtspflegergesetzes übertragene Aufgaben wahrnehmen.

4.[1)] Dokumentation der Mitteilung

[1]Ist die Mitteilung durchgeführt, so ist dies

1. im Falle der Übermittlung einer gerichtlichen Urkunde auf der Urschrift der Urkunde,
2. im Falle der Übermittlung einer Urkunde mit gerichtlich beglaubigter Unterschrift auf der zurückbehaltenen beglaubigten Abschrift,
3. in allen übrigen Fällen in den Akten

zu vermerken. [2]Aus dem Vermerk müssen der Inhalt, die Art und Weise der Übermittlung sowie der Empfänger der Mitteilung ersichtlich sein.

5.[2)] Inhalt, Form und Zeitpunkt der Mitteilungen; erforderliche Folge*mitteilungen*

(1) [1]Der Inhalt, die Form und der Zeitpunkt der Mitteilungen sowie die Notwendigkeit etwaiger Folgemitteilungen richten sich nach den besonderen Vorschriften. [2]Soweit dort nichts anderes bestimmt ist, gelten die folgenden Bestimmungen.

[1)] Allg/4 Satz 1 Nr. 1 und 2 geänd. mWv 1.10.2023 durch AV v. 3.8.2023 (BAnz AT 22.09.2023 B1).

[2)] Allg/5 Abs. 2 Nr. 3 geänd. mWv 1.10.2014 durch AV v. 15.9.2014 (BAnz AT 29.09.2014 B1); Abs. 4 und 5 Sätze 2 und 4 geänd. mWv 1.10.2021 durch AV v. 9.8.2021 (BAnz AT 16.09.2021 B3); Abs. 2 neu gef. mWv 1.10.2023 durch AV v. 3.8.2023 (BAnz AT 22.09.2023 B1).

(2) Mitzuteilen sind

1. gerichtliche Entscheidungen durch Übermittlung einer beglaubigten Teilabschrift; diese ist mit einem Rechtskraftvermerk zu versehen, wenn gegen die Entscheidung ein befristeter Rechtsbehelf statthaft war. Die beglaubigte Teilabschrift des Urteils enthält keinen Tatbestand und keine Entscheidungsgründe; die beglaubigte Teilabschrift einer anderen Entscheidung enthält keine Gründe. Die Richterin oder der Richter kann – soweit nichts anderes bestimmt ist – im Einzelfall anordnen, dass auch der Tatbestand und Entscheidungsgründe oder Gründe zu übermitteln sind, soweit dies zur Erfüllung des Zwecks der Mitteilung erforderlich ist. Die richterliche Anordnung ist einzelfallbezogen in geeigneter Form zu dokumentieren,
2. gerichtliche Urkunden durch Übermittlung einer beglaubigten Abschrift,
3. Eintragungen in das Grundbuch oder in ein Register durch Übermittlung einer Abschrift oder eines Ausdrucks der Eintragung oder einer Eintragungsnachricht.

(3) [1] Gerichtliche Entscheidungen sind, wenn gegen sie ein Rechtsbehelf unzweifelhaft nicht eingelegt werden kann oder nur ein unbefristeter Rechtsbehelf stattfindet, alsbald nach ihrem Erlass, sonst nach Rechtskraft mitzuteilen. [2] Sonstige Mitteilungen sind zu bewirken, sobald der mitzuteilende Vorgang vollzogen oder der mitzuteilende Sachverhalt bekannt geworden ist.

(4) Neben den mitzuteilenden Daten dürfen weitere damit in Verbindung stehende Daten der betroffenen Person oder eines Dritten nur dann übermittelt werden, wenn eine Trennung nicht oder nur mit unvertretbarem Aufwand möglich ist und soweit nicht berechtigte Interessen der betroffenen Person oder eines Dritten an deren Geheimhaltung offensichtlich überwiegen (§ 18 Absatz 1 EGGVG[1)]).

(5) [1] Betreffen Daten, die vor Beendigung eines Verfahrens übermittelt worden sind, den Gegenstand des Verfahrens, ist der Empfänger vom Ausgang des Verfahrens zu unterrichten; das Gleiche gilt für die Abänderung oder Aufhebung einer übermittelten Entscheidung sowie dann, wenn nach den Umständen angenommen werden kann, dass das Verfahren nur vorläufig nicht weiterbetrieben wird. [2] Der Empfänger ist über neue Erkenntnisse unverzüglich zu unterrichten, wenn dies erforderlich erscheint, um drohende Nachteile für die betroffene Person zu vermeiden (§ 20 Absatz 1 EGGVG). [3] Sind unrichtige Daten übermittelt worden, ist der Empfänger unverzüglich zu unterrichten (§ 20 Absatz 2 EGGVG). [4] Die Unterrichtung nach § 20 Absatz 1 oder 2 Satz 1 EGGVG kann unterbleiben, wenn sie erkennbar weder zur Wahrung der schutzwürdigen Interessen der betroffenen Person noch zur Erfüllung der Aufgaben des Empfängers erforderlich ist (§ 20 Absatz 3 EGGVG). [5] Schicken Empfänger Unterlagen zurück, weil sie zu ihren Zwecken nicht erforderlich sind, ist sicherzustellen, daß sie keine Folgemitteilungen erhalten. [6] Schicken Empfänger Unterlagen gemäß § 19 Absatz 2 Satz 3 EGGVG weiter, sind Folgemitteilungen an die nach der Mitteilung, der Empfänger tatsächlich zuständigen Stellen zu machen.

(6) [1] Wird ein Antrag auf gerichtliche Entscheidung gestellt, ist der Empfänger zu unterrichten (§ 22 Absatz 2 Satz 1 EGGVG). [2] Auf § 22 Absatz 2 Satz 2 EGGVG soll er hingewiesen werden.

---

1) Habersack, Deutsche Gesetze Nr. 95a.

6.[1] Form der Mitteilungen

(1) [1] Ergibt sich aus Nummer 5 Absatz 2 oder anderen Vorschriften nichts anderes, wird die Form der Mitteilungen von der übermittelnden Stelle nach pflichtgemäßem Ermessen bestimmt. [2] Mitteilungen in Papierform werden in einem verschlossenen Umschlag übermittelt. [3] Elektronische Dokumente können nur auf einem sicheren Übermittlungsweg im Sinne von § 130a Absatz 4 ZPO[2] elektronisch übermittelt werden.

(2) [1] Die Durchführung von Mitteilungen kann auch in einem automatisierten Verfahren erfolgen. [2] Der automatisierte Abruf durch die empfangende Stelle ist unzulässig.

(3) Bedarf es nicht der Übermittlung einer Abschrift oder eines Ausdrucks, sollen Vordrucke oder Muster verwendet werden.

(4) [1] Bei der Mitteilung wird in geeigneter Weise vermerkt:

„(Absendende Stelle) (Ort und Tag)
An
.... – Vertraulich zu behandeln –
in ....
Zum dortigen Aktenzeichen (falls bekannt)
Mitteilung nach der Anordnung über Mitteilungen in Zivilsachen (MiZi).“

[2] Die Mitteilung darf nur zu dem Zweck verwendet werden, zu dessen Erfüllung sie übermittelt worden ist. [3] Eine Verwendung für andere Zwecke ist zulässig, soweit die Daten auch dafür hätten mitgeteilt werden dürfen (§ 19 Absatz 1 EGGVG[3]). [4] Die Zweckbindung ergibt sich aus der angegebenen Nummer der MiZi. [5] Sind die übermittelten Daten im Sinne von § 19 Absatz 2 Satz 1 EGGVG nicht erforderlich, ist nach § 19 Absatz 2 Satz 2 EGGVG zu verfahren. [6] Die Verwendung der mit der Mitteilung verbundenen Daten Dritter ist unzulässig (§ 18 Absatz 1 EGGVG).

7.[4] Mitteilungsweg

(1) [1] Die Mitteilungen werden vorbehaltlich besonderer Vorschriften der empfangenden Stelle unmittelbar übermittelt. [2] Mitteilungen an oberste Bundes- oder Landesbehörden sind auf dem Dienstweg zu übermitteln.

(2) Soweit dies nach der Art der zu übermittelnden Daten und der Organisation der empfangenden Stelle veranlaßt oder im folgenden ausdrücklich angeordnet ist, trifft die übermittelnde Stelle angemessene Vorkehrungen, um sicherzustellen, daß Mitteilungen unmittelbar die bei der empfangenden Stelle funktionell zuständigen Bediensteten erreichen (§ 18 Absatz 2 EGGVG[3]).

---

[1] Allg/6 Abs. 3 geänd. mWv 1.10.2014 durch AV v. 15.9.2014 (BAnz AT 29.09.2014 B1); Abs. 1 Satz 2 eingef., bish. Sätze 2 und 3 aufgeh., Satz 3 angef., Abs. 3 und 4 Satz 1 geänd., Satz 7 aufgeh. mWv 1.10. 2023 durch AV v. 3.8.2023 (BAnz AT 22.09.2023 B1).

[2] **Habersack, Deutsche Gesetze Nr. 100.**

[3] **Habersack, Deutsche Gesetze Nr. 95a.**

[4] Allg/7 Abs. 1 Satz 1 geänd. mWv 1.10.2023 durch AV v. 3.8.2023 (BAnz AT 22.09.2023 B1).

Zweiter Teil. Die einzelnen Mitteilungen

1. Abschnitt. Mitteilungen in Verfahren verschiedener Art

I. Allgemeine Mitteilungen

1.[1] Mitteilungen zur Herbeiführung einer Tätigkeit des Familien- oder Betreuungsgerichts

(1) [1] Wird infolge eines gerichtlichen Verfahrens eine Tätigkeit des Familien- oder Betreuungsgerichts erforderlich, hat das Gericht dem Familien- oder Betreuungsgericht Mitteilung zu machen. [2] Im Übrigen dürfen Gerichte dem Familien- oder Betreuungsgericht personenbezogene Daten übermitteln, wenn deren Kenntnis aus ihrer Sicht für familien- oder betreuungsgerichtliche Maßnahmen erforderlich ist, soweit nicht für die übermittelnde Stelle erkennbar ist, dass schutzwürdige Interessen des Betroffenen an dem Ausschluss der Übermittlung das Schutzbedürfnis eines Minderjährigen oder Betreuten oder das öffentliche Interesse an der Übermittlung überwiegen. [3] Die Übermittlung unterbleibt, wenn ihr eine besondere bundes- oder entsprechende landesgesetzliche Verwendungsregelung entgegensteht (§ 22a Absatz 2 Satz 2 FamFG[2]), § 12 Absatz 3 EGGVG[3])).

(2) Die Mitteilungen sind von der Richterin oder dem Richter zu veranlassen.

Anmerkung: Siehe insbesondere auch XIV/2 Absatz 3, XVI/3 Absatz 2 Nummer 1, XVII/5 Absatz 3 und XVII/6 Absatz 3.

2.[4] Mitteilungen über unrichtige, unvollständige oder unterlassene Anmeldungen zum Handels-, Genossenschafts-, Gesellschafts-, Partnerschafts- oder Vereinsregister

(1) Mitzuteilen sind die zu amtlicher Kenntnis gelangenden Fälle einer unrichtigen, unvollständigen oder unterlassenen Anmeldung zum Handels-, Genossenschafts-, Gesellschafts-, Partnerschafts- oder Vereinsregister (§ 379 Absatz 1 FamFG[2])).

(2) Die Mitteilungen sind von der Richterin oder dem Richter zu veranlassen.

(3) Die Mitteilungen sind an das zuständige Registergericht zu richten.

Anmerkung: Siehe auch XVII/4 (Mitteilungen bei Zugehörigkeit eines Handelsgeschäfts zum Nachlaß).

3. Mitteilungen über Grenzstreitigkeiten

(1) [1] Mitzuteilen sind Grenzstreitigkeiten, die Gegenstand eines Urteils, eines Vergleichs oder eines dem Gericht mitgeteilten außergerichtlichen Vergleichs sind, wenn ihre Kenntnis aus Sicht des Gerichts zur Führung der in § 2 Absatz 2 GBO[5]) bezeichneten amtlichen Verzeichnisse erforderlich ist. [2] Die Mitteilung ist insbesondere dann erforderlich, wenn durch das Urteil oder den Vergleich eine Grundstücksgrenze neu festgelegt wird (§ 15 Nummer 2 EGGVG[3])).

---

[1]) Nr. I/1 Anm. geänd. mWv 1.10.2016 durch AV v. 23.12.2016 (BAnz AT 24.05.2017 B1); Abs. 1 Satz 3 geänd. mWv 1.10.2021 durch AV v. 9.8.2021 (BAnz AT 16.09.2021 B3).

[2]) **Habersack, Deutsche Gesetze Nr. 112.**

[3]) **Habersack, Deutsche Gesetze Nr. 95a.**

[4]) Nr. I/2 Abs. 1 geänd. mWv 1.10.2021 durch AV v. 9.8.2021 (BAnz AT 16.09.2021 B3); Überschrift und Abs. 1 geänd. mWv 1.10.2023 durch AV v. 3.8.2023 (BAnz AT 22.09.2023 B1).

[5]) **Habersack, Deutsche Gesetze Nr. 114.**

(2) Soweit der Rechtsstreit durch rechtskräftiges Urteil beendet wurde, erfolgen die Mitteilungen durch Übersendung einer Ausfertigung der Entscheidungsformel bzw. soweit diese aus sich heraus nicht verständlich ist, der Entscheidung, im übrigen durch Übersendung einer Ausfertigung eines gerichtlichen Vergleichs oder einer Abschrift eines dem Gericht übermittelten außergerichtlichen Vergleichs.

(3) Die Mitteilungen sind von der Richterin oder dem Richter zu veranlassen.

(4) Sie sind an die für die Führung des Liegenschaftskatasters zuständige Behörde zu richten.

4. *(aufgehoben)*

5.[1] Mitteilungen aufgrund des Schwarzarbeitsbekämpfungsgesetzes, des Dritten Buches Sozialgesetzbuch, des Arbeitnehmerüberlassungsgesetzes, Arbeitnehmer-Entsendegesetzes und des Mindestlohngesetzes

(1) [1] Mitzuteilen sind Erkenntnisse, die aus Sicht des übermittelnden Gerichts zur Verfolgung von Ordnungswidrigkeiten nach

1) §§ 8, 13 Absatz 3 SchwarzArbG[2],
2) §§ 404 Absatz 1, Absatz 2 Nummer 3, 405 Absatz 6 SGB III,
3) § 16 Absatz 1 Nummer 1 bis 2, 7a, 7b AÜG[3],
4) § 23 Absatz 1 und 2 AEntG oder
5) § 21 Absatz 1, 2 MiLoG[4]

erforderlich sind, soweit nicht für das übermittelnde Gericht erkennbar ist, daß schutzwürdige Interessen das Betroffenen oder anderer Verfahrensbeteiligter an dem Ausschluß der Übermittlung überwiegen. [2] Dabei ist zu berücksichtigen, wie gesichert die zu übermittelnden Erkenntnisse sind.

(2) Absatz 1 gilt entsprechend für Erkenntnisse, die zur Verfolgung von Straftaten nach

1. §§ 10, 10a, 11 SchwarzArbG,
2. §§ 15, 15a des Arbeitnehmerüberlassungsgesetzes

erforderlich sind.

(3) Die Mitteilungen sind von der Richterin oder dem Richter zu veranlassen.

(4) Die Mitteilungen sind zu richten in den Fällen des Absatzes

1) 1 Nummer 1 an die Behörden der Zollverwaltung, die Leistungsträger (Bundesagentur für Arbeit, Kranken-, Pflege-, Unfall-, Rentenversicherungsträger, Träger der Sozialhilfe, Träger von Leistungen nach dem Asylbewerberleistungsgesetz (AsylbLG), soweit ein Zusammenhang mit einer Verletzung der Mitteilungspflicht gegenüber dem Träger besteht sowie an die nach Landesrecht für

---

[1] Nr. I/5 Überschrift neu gef., Abs. 1 Satz 1 Nr. 2–4, Abs. 2 Nr. 1, Abs. 4 Nr. 2 und Anm. geänd. mWv 1.10.2012 durch AV v. 17.8.2012 (BAnz AT 12.09.2012 B1); Überschrift geänd. mWv 1.10.2014 durch AV v. 15.9.2014 (BAnz AT 29.09.2014 B1); Überschrift, Abs. 1 Satz 1 Nr. 3 geänd., Nr. 4 neu gef., Nr. 5 angef., Abs. 4 Nr. 2 neu gef., Nr. 3 aufgeh., bish. Nr. 4 wird Nr. 3 mWv 1.10.2016 durch AV v. 23.12.2016 (BAnz AT 24.05.2017 B1); Abs. 2 Nr. 1 geänd., Nr. 2 aufgeh., bish. Nr. 3 wird Nr. 2, Abs. 4 Nr. 2 geänd. mWv 1.10.2018 durch AV v. 23.11.2018 (BAnz AT 24.12.2018 B2); Anm. geänd. mWv 1.10.2021 durch AV v. 9.8.2021 (BAnz AT 16.09.2021 B3); Anm. geänd. mWv 1.10.2023 durch AV v. 3.8.2023 (BAnz AT 22.09.2023 B1).

[2] Nr. **94b**.

[3] Nr. **84a**.

[4] Nr. **80c**.

die Verfolgung und Ahndung von Ordnungswidrigkeiten nach dem Gesetz zur Bekämpfung der Schwarzarbeit und illegalen Beschäftigung (SchwarzArbG) zuständigen Behörden,

2) 1 Nummer 2, 3, 4, 5 an die Behörden der Zollverwaltung, in den Fällen des § 16 Absatz 1 Nummer 1b, 1e, 7a AÜG an die Bundesagentur für Arbeit,

3) 2 an die Staatsanwaltschaft und die Bundesagentur für Arbeit.

Anmerkung: Die Mitteilungen an die Bundesagentur für Arbeit sind im Fall des Absatz 4 Nummer 1 an die Dienststelle zu richten, die die unter Verletzung der Mitteilungspflicht gewährte Leistung bewilligt hat.

Nach Landesrecht sind für die Verfolgung und Ahndung von Ordnungswidrigkeiten nach dem Gesetz zur Bekämpfung der Schwarzarbeit zuständige Behörden:

Baden-Württemberg
Landratsämter, große Kreisstädte, Verwaltungsgemeinschaften und in den Stadtkreisen die Gemeinden.

Bayern
Kreisverwaltungsbehörden.

Berlin
Das örtlich zuständige Bezirksamt.

Brandenburg
Kreisordnungsbehörden.

Bremen
Stadtamt Bremen, Stadt Bremerhaven – Ortspolizeibehörde.

Hamburg
Bezirksamt Hamburg-Mitte, Verbraucherschutzamt (M/VS 14), Zentrale Schwarzarbeitsbekämpfung (ZLS).

Hessen
Die Kreissausschüsse der Landkreise, in kreisfreien Städten der Magistrat.

Mecklenburg-Vorpommern
Landräte der Landkreise sowie die Oberbürgermeister der kreisfreien Städte.

Niedersachsen
Landkreise, kreisfreie Städte, große selbständige Städte und die selbständige Gemeinde Stadt Norden.

Nordrhein-Westfalen
Ordnungsbehörden der großen kreisangehörigen Städte, im übrigen die Kreisordnungsbehörden.

Rheinland-Pfalz
Kreisverwaltungen, Stadtverwaltungen der kreisfreien Städte und großen kreisangehörigen Städte.

Saarland
Landkreise, der Regionalverband Saarbrücken und die Landeshauptstadt Saarbrücken.

Sachsen
Landkreise und Kreisfreie Städte.

Sachsen-Anhalt
Landkreise und kreisfreie Städte.

Schleswig-Holstein
Landräte, Bürgermeister der Städte über 20 000 Einwohner.

Thüringen
Landesverwaltungsamt, 99425 Weimar.

6. Mitteilungen über in der Sitzung begangene Straftaten

(1) Mitzuteilen ist das Protokoll, das zur Feststellung des Tatbestandes einer in einer Sitzung begangenen Straftat aufgenommen worden ist (§ 183 GVG[1]).

(2) Die Mitteilungen sind von der Richterin oder dem Richter zu veranlassen.

(3) Sie sind zu richten an die zuständige Staatsanwaltschaft und, falls sofort gerichtliche Untersuchungshandlungen vorzunehmen sind oder eine festgenommene Person der Richterin oder dem Richter vorzuführen ist, auch an das zuständige Amtsgericht.

7.[2] Mitteilungen über Tatsachen, die auf eine Steuerstraftat, eine Steuerordnungswidrigkeit, eine Ordnungswidrigkeit aus der Zuständigkeit der Zollverwaltung, einen Subventionsbetrug und die Zuwendung von Vorteilen schließen lassen

(1) Mitzuteilen sind dienstlich bekannt gewordene Tatsachen, die auf

1. Eine Steuerstraftat oder eine andere Straftat, für deren Verfolgung die Finanzbehörden nach
   § 8 des Investitionszulagengesetzes 1999,
   § 7 des Investitionszulagengesetzes 2005,
   § 14 des Investitionszulagengesetzes 2007,
   § 15 des Investitionszulagengesetzes 2010,
   § 15 Absatz 2 des Eigenheimzulagengesetzes,
   § 96 Absatz 7, §§ 108, 121, 126 des Einkommensteuergesetzes,
   § 29a des Berlinförderungsgesetzes 1990,
   § 14 Absatz 3 des Fünften Vermögensbildungsgesetzes,
   § 8 Absatz 2 des Wohnungsbau-Prämiengesetzes und
   § 13 des Forschungszulagengesetzes zuständig sind,
2. eine Steuerordnungswidrigkeit,
3. eine Straftat oder Ordnungswidrigkeit, für deren Verfolgung nach § 21 des Außenwirtschaftsgesetzes die Staatsanwaltschaft oder Behörden der Zollverwaltung zuständig sind,

3a. Ordnungswidrigkeiten nach
   § 36 des Marktorganisationsgesetzes,
   § 69 Absatz 3 Nummer 22 und 23 und Absatz 4 Nummer 2 des Bundesnaturschutzgesetzes[3],
   § 62 Absatz 1 Nummer 9 bis 11 des Bundes-Immissionsschutzgesetzes[4],
   § 41 Absatz 1 Nummer 5 des Sprengstoffgesetzes,

---

[1] **Habersack, Deutsche Gesetze Nr. 95.**

[2] Nr. I/7 Abs. 1 Nr. 3, Abs. 3 Nr. 1 erster Spiegelstrich und Anm. geänd. mWv 1.10.2014 durch AV v. 15.9.2014 (BAnz AT 29.09.2014 B1); Abs. 1 Nr. 1 und Abs. 3 Nr. 1 Buchst. a geänd. mWv 1.10.2016 durch AV v. 23.12.2016 (BAnz AT 24.05.2017 B1); Überschrift neu gef., Abs. 1 Nr. 1 geänd., Nr. 3a eingef., Abs. 3 und Anm. neu gef. mWv 1.10.2021 durch AV v. 9.8.2021 (BAnz AT 16.09.2021 B3); Abs. 1 Nr. 1 und 3 neu gef., abschl. Satzteil geänd., Abs. 3 Nr. 1 und 2 neu gef., Nr. 1a Buchst. a geänd., Nr. 3 eingef., bish. Nr. 3 wird Nr. 4 mWv 1.10.2023 durch AV v. 3.8.2023 (BAnz AT 22.09.2023 B1).

[3] **Sartorius Nr. 880.**

[4] **Sartorius Nr. 296.**

§ 53 Absatz 1 Nummer 15 des Waffengesetzes[1],
§ 22b des Kriegswaffenkontrollgesetzes[2] und
§ 31a des Zollverwaltungsgesetzes,

4. einen Subventionsbetrug oder
5. eine Zuwendung von Vorteilen, die den Tatbestand eines Strafgesetzes oder eines Gesetzes, welches die Ahndung mit einer Geldbuße zulässt, verwirklicht (§ 4 Absatz 5 Satz 1 Nummer 10 Satz 2 EStG),

schließen lassen (insbesondere § 116 der Abgabenordnung, § 6 SubvG).

(2) Die Mitteilungen sind von der Richterin oder dem Richter zu veranlassen.

(3) Die Mitteilungen sind zu richten

1. in den Fällen des Absatzes 1 Nummer 1 bis 3a:
an die Behörden der Zollverwaltung bei Steuerstraftaten oder Steuerordnungswidrigkeiten im Bereich des Zollrechts, des Verbrauchsteuerrechts, des Kraftfahrzeugsteuer- und des Luftverkehrsteuerrechts (hierzu zählen auch der Bannbruch gemäß § 372 Absatz 1 der Abgabenordnung[3], mithin die verbotswidrige Einfuhr, Ausfuhr oder Durchfuhr von Waren, beispielsweise der Schmuggel von Drogen oder Waffen) sowie bei Straftaten und Ordnungswidrigkeiten, für deren Verfolgung die Behörden der Zollverwaltung gemäß § 21 des Außenwirtschaftsgesetzes zuständig sind;

1a. in den Fällen des Absatzes 1 Nummer 1 und 2:
an das Bundeszentralamt für Steuern, An der Küppe 1, 53225 Bonn, oder, soweit bekannt, an die für das Steuerstrafverfahren zuständigen Finanzbehörden,
   a) bei Steuerstraftaten und Steuerordnungswidrigkeiten im Bereich der Besitzsteuern und der Verkehrsteuern (ausgenommen Kraftfahrzeug- und Luftverkehrsteuer) sowie bei anderen Straftaten, für deren Verfolgung die Finanzbehörden nach
   § 8 des Investitionszulagengesetzes 1999,
   § 7 des Investitionszulagengesetzes 2005,
   § 14 des Investitionszulagengesetzes 2007,
   § 15 des Investitionszulagengesetzes 2010,
   § 15 Absatz 2 des Eigenheimzulagengesetzes,
   § 96 Absatz 7, §§ 108, 121, 126 des Einkommensteuergesetzes,,[4]
   § 29a des Berlinförderungsgesetzes 1990,
   § 14 Absatz 3 des Fünften Vermögensbildungsgesetzes,
   § 8 Absatz 2 des Wohnungsbau-Prämiengesetzes und
   § 13 des Forschungszulagengesetzes zuständig sind und
   b) bei Steuerstraftaten im Kindergeldrecht. Diese Mitteilungen sind zusätzlich an die jeweils zuständige Familienkasse zu richten;

2. in den Fällen des Absatzes 1 Nummer 3 an die Staatsanwaltschaft, wenn diese nach § 21 des Außenwirtschaftsgesetzes für die Verfolgung zuständig ist, andernfalls an die Behörden der Zollverwaltung (vergleiche Nummer 1);
3. in den Fällen des Absatzes 1 Nummer 4 an die Staatsanwaltschaft (mit Ausnahme des Investitionsbetrugs, vergleiche Absatz 3 Nummer 1a[5];

---

[1] ***Sartorius Nr. 820.***
[2] **Sartorius Nr. 823.**
[3] Nr. **88b**.
[4] Zeichensetzung amtlich.
[5] Amtlich ohne schließende Klammer.

4. in den Fällen des Absatzes 1 Nummer 5 an das für den Zuwendenden örtlich zuständige Finanzamt.

Anmerkung: Für die Mitteilungen an die Finanzbehörden sind unter https://www.bzst.de/DE/Behoerden/Steuerstraftaten/MitteilungSteuerstraftaten/mitteilungsteuerstraftaten.html ein erläuterndes Merkblatt und ein Vordruckmuster abrufbar.

7a.[1] Mitteilungen zur Bekämpfung der Geldwäsche und der Terrorismusfinanzierung

(1) Mitzuteilen sind dienstlich bekannt gewordene Tatsachen, die darauf schließen lassen, dass

1. ein Vermögensgegenstand mit Geldwäsche nach § 1 Absatz 1 des Geldwäschegesetzes[2] in Verbindung mit § 261 des Strafgesetzbuchs[3] oder
2. ein Vermögensgegenstand mit Terrorismusfinanzierung nach § 1 Absatz 2 des Geldwäschegesetzes

im Zusammenhang steht.

(2) [1]Die Meldungen im Sinne des § 43 Absatz 1 des Geldwäschegesetzes sind von der Richterin oder dem Richter zu veranlassen. [2]Die Richterin oder der Richter wird nicht zu einem Verpflichteten im Sinne des § 2 des Geldwäschegesetzes. [3]Eine über Absatz 1 hinausgehende Mitteilungspflicht besteht nicht, § 2 Absatz 3 des Geldwäschegesetzes bleibt unberührt.

(3) [1]Die Meldungen haben nach § 45 Absatz 1 Satz 1 des Geldwäschegesetzes elektronisch zu erfolgen, wenn nicht zuvor die Übermittlung auf dem Postweg nach § 45 Absatz 2 des Geldwäschegesetzes genehmigt wurde. [2]Bei einer Störung der elektronischen Datenübermittlung ist die Übermittlung auf dem Postweg an die Generalzolldirektion, Zentralstelle für Finanztransaktionsuntersuchungen, Postfach 85 05 55, 51030 Köln, zu richten.

8.[4] Mitteilungen über gerichtliche Vernehmungen von Personen an Bord ausländischer Seehandelsschiffe und von Angehörigen ihrer Besatzung an Land

(1) Mitzuteilen ist die gerichtliche Vernehmung

1. einer Person an Bord eines ausländischen Seehandelsschiffes, das sich in inländischen Hoheitsgewässern, insbesondere in einem inländischen Hafen, befindet,
2. eines Angehörigen der Besatzung eines ausländischen Seehandelsschiffes an Land,

wenn dies mit dem Staat, dessen Flagge das Seehandelsschiff führt, vertraglich vereinbart ist.

(2) Die Mitteilungen sind rechtzeitig vor der gerichtlichen Vernehmung unter genauer Angabe von deren Zeit und Ort und mit dem Anheimgeben zu bewirken, bei ihr anwesend zu sein; ist Gefahr im Verzuge oder wird die gerichtliche Vernehmung weder am Sitz des Mitteilungsempfängers noch in dessen Nähe vorgenommen, so sind die Mitteilungen unverzüglich nach Durchführung der Vernehmung zu bewirken.

---

[1] Nr. I/7a eingef. mWv 1.10.2021 durch AV v. 9.8.2021 (BAnz AT 16.09.2021 B3).
[2] Nr. **88a**.
[3] **Habersack, Deutsche Gesetze Nr. 85.**
[4] Nr. I/8 Anm. 1 Buchst. a neu gef. mWv 1.10.2023 durch AV v. 3.8.2023 (BAnz AT 22.09.2023 B1).

(3) Die Mitteilungen sind von der Richterin oder dem Richter zu veranlassen.

(4) Sie sind an die konsularische Vertretung oder die Konsularabteilung der diplomatischen Vertretung des Staates zu richten, dessen Flagge das Seehandelsschiff führt.

(5) Einer Mitteilung bedarf es nicht, wenn die Anwesenheit des Mitteilungsempfängers oder seines Vertreters mit den gesetzlichen Vorschriften in Widerspruch stehen würde oder wenn es sich um Angelegenheiten der freiwilligen Gerichtsbarkeit, insbesondere um Verklarungen handelt, die auf Antrag eines Angehörigen der Besatzung vorgenommen werden.

Anmerkung:

1) Die Mitteilungen beruhen im Verhältnis

a) zur ehemaligen Sowjetunion auf Artikel 30 Absatz 2, Artikeln 33 und 34 des Konsularvertrages vom 25. April 1958 (BGBl. 1959 II S. 232, 469) in Verbindung mit den jeweiligen Bekanntmachungen über die Weiteranwendung des Konsularvertrages vom 25. April 1958 im Verhältnis zu den jeweiligen Mitgliedern der Gemeinschaft unabhängiger Staaten; im Einzelnen:
– Aserbaidschan vom 13. August 1996 (BGBl. 1996 Il S. 2471),
– Kasachstan vom 19. Oktober 1992 (BGBl. 1992 II S. 1120),
– Russische Föderation vom 14. August 1992 (BGBl. 1992 II S. 1016),
– Ukraine vom 30. Juni 1993 (BGBl. 1993 II S. 1189),
– Usbekistan vom 26. Oktober 1993 (BGBl. 1993 II S. 2038);
Mitteilungen sind auch zu bewirken, wenn es sich um Handelsschiffe, die nicht Seehandelsschiffe sind, oder um Luftfahrzeuge handelt;

b) zu Spanien – nur hinsichtlich der Mitteilungen nach Absatz 1 Nummer 1 – auf Artikel 14 der Konsular-Konvention vom 22. Februar 1870 (BGBl. des Norddeutschen Bundes S. 99; RGBl. 1872 S. 211).

2) Siehe auch II/5.

9. Mitteilungen bei Auflösungsklagen gegen Aktiengesellschaften und Kommanditgesellschaften auf Aktien

(1) Mitzuteilen sind gerichtliche Entscheidungen, die auf eine Auflösungsklage nach § 396 AktG[1)] oder auf einen Antrag auf Erlaß einer einstweiligen Verfügung nach § 397 AktG gegen eine Aktiengesellschaft oder eine Kommanditgesellschaft auf Aktien ergehen (§ 398 AktG).

(2) Die Mitteilungen sind an das Registergericht zu richten.

10.[2)] Mitteilungen aufgrund des Aufenthaltsgesetzes

(1) Mitzuteilen sind unverzüglich nach Kenntnis

1. der Aufenthalt eines Ausländers, der keinen erforderlichen Aufenthaltstitel besitzt und dessen Abschiebung nicht ausgesetzt ist,
2. der Verstoß gegen eine räumliche Beschränkung oder
3. ein sonstiger Ausweisungsgrund.

[1)] ***Habersack, Deutsche Gesetze* Nr. 51.**

[2)] Nr. I/10 Anm. geänd. mWv 1.10.2012 durch AV v. 17.8.2012 (BAnz AT 12.09.2012 B1); Abs. 2 geänd. mWv 1.10.2014 durch AV v. 15.9.2014 (BAnz AT 29.09.2014 B1); Anm. geänd. mWv 1.10.2018 durch AV v. 23.11.2018 (BAnz AT 24.12.2018 B2); Anm. geänd. mWv 1.10.2021 durch AV v. 9.8.2021 (BAnz AT 16.09.2021 B3).

(2) Die Mitteilungen sind von der Richterin oder dem Richter nach Maßgabe von Nummer 87 der Allgemeinen Verwaltungsvorschrift des Bundesministeriums des Innern zum Aufenthaltsgesetz (AufenthG) zu veranlassen.

(3) [1]Die Mitteilungen sind an die zuständige Ausländerbehörde zu richten. [2]In den Fällen des Absatzes 1 Nummer 1 und 2 und sonstiger strafbarer Handlungen nach dem Aufenthaltsgesetz[1)] kann anstelle der Ausländerbehörde die zuständige Polizeibehörde unterrichtet werden, wenn eine Zurückschiebung, die Durchsetzung der Pflicht des Ausländers, den Teil des Bundesgebietes, in dem er sich ohne Erlaubnis der Ausländerbehörde einer räumlichen Beschränkung zuwider aufhält, unverzüglich zu verlassen, die Durchführung der Abschiebung oder, soweit zur Vorbereitung und Sicherung dieser Maßnahmen erforderlich, die Festnahme und Beantragung der Haft in Betracht kommen (§ 87 Absatz 2 AufenthG).

Anmerkung: Zuständige Ausländer- bzw. Polizeibehörden sind

in **Baden-Württemberg** die unteren Verwaltungsbehörden, Verwaltungsgemeinschaften im Sinne von § 14 LVG jedoch nur, soweit ihnen eine Große Kreisstadt angehört, in den Fällen des Absatzes 3 Satz 2 die Polizeidienststellen;

in **Bayern** die für den Gerichtsort zuständigen Polizeidirektionen und die gemäß § 5 der Verordnung über die Zuständigkeiten zur Ausführung des Aufenthaltsgesetzes und ausländerrechtlicher Bestimmungen in anderen Gesetzen (ZustVAuslR) zuständigen Kreisverwaltungsbehörden;

in **Berlin** das Landesamt für Einwanderung;

in **Brandenburg** die Kreise und kreisfreien Städte, für Asylbewerber die Zentrale Ausländerbehörde in Eisenhüttenstadt; Polizeibehörde ist das Polizeipräsidium;

in **Bremen** das Stadtamt Bremen, in Bremerhaven der Magistrat der Stadt Bremerhaven;

in **Hamburg** die Behörde für Inneres und Sport, für Ausländersachen das Amt für Migration, als Polizeibehörde die Polizei;

in **Hessen** die Kreisordnungsbehörden der Landkreise und kreisfreien Städte sowie die örtlichen Ordnungsbehörden der kreisangehörigen Gemeinden mit mehr als 50 000 Einwohnern;

in **Mecklenburg-Vorpommern** die Landräte der Landkreise sowie die Oberbürgermeister der kreisfreien Städte, sofern die Unterbringung eines Ausländers nicht in einer Aufnahmeeinrichtung des Landes erfolgt. Ist letzteres der Fall, ist das Landesamt für innere Verwaltung als zentrale Ausländerbehörde zuständig;

in **Niedersachsen**

- als Ausländerbehörden: die Landkreise, die kreisfreien Städte, die großen selbständigen Städte, die Landeshauptstadt Hannover, die Region Hannover, die Stadt Göttingen sowie die Zentralen Aufnahme- und Ausländerbehörden (ZAAB) in Braunschweig und Oldenburg für Asylbegehrende und Ausländer, *die zum Wohnen in* zentralen Aufnahmeeinrichtungen verpflichtet sind, sowie
- als Polizeibehörden: die Polizeiinspektionen sowie in den Städten Braunschweig und Hannover die Polizeidirektionen;

in **Nordrhein-Westfalen** die Kreisordnungsbehörden und die örtlichen Ordnungsbehörden der großen kreisangehörigen Städte; kommen Maßnahmen nach Absatz 3 Satz 2 in Betracht, so sind die Mitteilungen an die zuständige Polizeibehörde zu richten;

[1)] **Sartorius Nr. 565.**

in **Rheinland-Pfalz** die Kreisordnungsbehörden, d.h. die Kreisverwaltungen in den Landkreisen und die Stadtverwaltungen in den kreisfreien Städten; zuständige Polizeibehörden sind die Polizeipräsidien;

im **Saarland** das Landesverwaltungsamt;

in **Sachsen** die Landkreise und kreisfreien Städte;

in **Sachsen-Anhalt** die Landkreise und kreisfreien Städte;

in **Schleswig-Holstein** die Landräte der Kreise sowie die Bürgermeister der kreisfreien Städte;

in **Thüringen** die Landkreise und kreisfreien Städte.

11.[1] Mitteilungen an das Bundeskartellamt

(1) Mitzuteilen sind

1. alle bürgerlichen Rechtsstreitigkeiten, die in den geltend gemachten Ansprüchen oder in Vorfragen die Anwendung des Gesetzes gegen Wettbewerbsbeschränkungen, einschließlich des vergaberechtlichen Teils, des Artikels 101 oder 102 des Vertrages über die Arbeitsweise der Europäischen Union[2] oder des Artikels 53 oder 54 des Abkommens über den europäischen Wirtschaftsraum betreffen, einschließlich des zur Anwendung dieser Vorschriften ergangenen Sekundärrechts (§ 90 Absatz 1 GWB[3]),
2. alle Rechtsstreitigkeiten, die die Durchsetzung eines nach § 30 GWB gebundenen Preises gegenüber einem gebundenen Abnehmer oder einem anderen Unternehmen zum Gegenstand haben (§ 90 Absatz 4 GWB),
3. alle Entscheidungen in gerichtlichen Verfahren, in denen Artikel 101 oder 102 des Vertrags über die Arbeitsweise der Europäischen Union zur Anwendung kommt (§ 90a Absatz 1 Satz 1 GWB),
4. schriftliche Stellungnahmen der Europäischen Kommission nach § 90a Absatz 2 GWB,
5. Antworten der Europäischen Kommission auf Ersuchen des Gerichts nach § 90a Absatz 3 GWB.

(2) Die Mitteilungen sind von der Richterin oder dem Richter zu veranlassen.

(3) [1] Die Mitteilung der Entscheidungen nach Absatz 1 Nummer 3 ist unverzüglich nach deren Zustellung an die Parteien zu bewirken (§ 90a Absatz 1 Satz 1 GWB). [2] Mitzuteilen ist eine Abschrift der Entscheidung.

(4) Die Mitteilungen sind an das Bundeskartellamt, Kaiser-Friedrich-Straße 16, 53113 Bonn, zu richten.

(5) Bei Stellungnahmen und Ersuchen nach § 90a Absatz 2 und 3 GWB kann der Geschäftsverkehr zwischen dem Gericht und der Europäischen Kommission auch über das Bundeskartellamt erfolgen (§ 90a Absatz 4 GWB).

---

[1] Nr. I/11 Abs. 1 Nr. 1, 3 und 4, Abs. 4 geänd. mWv 1.10.2014 durch AV v. 15.9.2014 (BAnz AT *29.09.2014 B1); Abs. 1 Nr. 3 eingef.*, bish. Nr. 3 und 4 werden Nr. 4 und 5, Abs. 3 eingef., bish. Abs. 3 und 4 werden Abs. 4 und 5 mWv 1.10.2021 durch AV v. 9.8.2021 (BAnz AT 16.09.2021 B3); Überschrift geänd. mWv 1.10.2023 durch AV v. 3.8.2023 (BAnz AT 22.09.2023 B1).

[2] **Sartorius Nr. 1001.**

[3] **Habersack, Deutsche Gesetze Nr. 74.**

12.[1)] Mitteilungen an die Bundesnetzagentur für Elektrizität, Gas, Telekommunikation, Post und Eisenbahnen (Bundesnetzagentur)

(1) Mitzuteilen sind alle bürgerlichen Rechtsstreitigkeiten, die sich

1. aus dem Telekommunikationsgesetz (§ 220 TKG i.V.m. § 90 Absatz 1 GWB[2)]),
2. aus dem Postgesetz (§ 44 Satz 2 PostG i.V.m. § 220 TKG (ex-§ 80 Absatz 3 TKG 1996), § 90 Absatz 1 GWB),[3)] und
3. aus dem Energiewirtschaftsgesetz – EnWG[4)] (§ 104 Absatz 1 EnWG)

ergeben.

(2) Die Mitteilungen sind von der Richterin oder dem Richter zu veranlassen.

(3) Die Mitteilungen sind an die Bundesnetzagentur für Elektrizität, Gas, Telekommunikation, Post und Eisenbahnen, Tulpenfeld 4, 53113 Bonn, zu richten.

II.[5)] Mitteilungen in Unterbringungs- und Freiheitsentziehungssachen sowie in Verfahren über Unterbringungsmaßnahmen bei Minderjährigen

1.[6)] Mitteilungen über Unterbringungsmaßnahmen an ein anderes Gericht

(1) Mitzuteilen sind in Verfahren in Unterbringungssachen und in Verfahren, die Unterbringungsmaßnahmen bei Minderjährigen betreffen, (§§ 312, 151 Nummer 6 und 7 FamFG[7)])

1. einstweilige Anordnungen oder einstweilige Maßregeln, wenn diese von einem anderen als dem nach § 313 Absatz 1 Nummer 1 oder Nummer 2 oder Absatz 3 FamFG zuständigen Gericht angeordnet werden;
2. die Unterbringungsmaßnahme, ihre Änderung, Verlängerung und Aufhebung, wenn für die Maßnahme ein anderes Gericht zuständig ist als dasjenige, bei dem eine Vormundschaft oder eine die Unterbringung erfassende Betreuung oder Pflegschaft für den Betroffenen anhängig ist (§ 167 Absatz 2 zweiter Halbsatz, § 313 Absatz 2 und 4 in Verbindung mit § 272 FamFG).

(2) Die Mitteilungen sind von der Richterin oder dem Richter zu veranlassen.

(3) Die Mitteilungen sind zu richten in den Fällen

1. des Absatzes 1 Nummer 1
   an das nach § 313 Absatz 1 Nummer 1 oder Nummer 2 FamFG für die Unterbringungsmaßnahme zuständige Gericht;
2. des Absatzes 1 Nummer 2
   an das Gericht, bei dem die Vormundschaft, Betreuung oder Pflegschaft geführt wird.

[1)] Nr. I/12 Abs. 1 Nr. 1 und 2 geänd. mWv 1.10.2016 durch AV v. 23.12 2016 (BAnz AT 24.05.2017 B1); Abs. 1 Nr. 1 und 2 geänd. mWv 1.10.2023 durch AV v. 3.8.2023 (BAnz AT 22.09.2023 B1).

[2)] **Habersack, Deutsche Gesetze Nr. 74.**

[3)] Zeichensetzung amtlich.

[4)] **Sartorius Nr. 830.**

[5)] Nr. II Überschrift geänd. mWv 1.10.2023 durch AV v. 3.8.2023 (BAnz AT 22.09.2023 B1).

[6)] Nr. II/1 Abs. 1 einl. Satzteil., Nr. 1 (mangels Textübereinstimmung nicht ausführbar) und 2 geänd. mWv 1.10.2023 durch AV v. 3.8.2023 (BAnz AT 22.09.2023 B1).

[7)] **Habersack, Deutsche Gesetze Nr. 112.**

2.[1] Mitteilungen über Unterbringungsmaßnahmen zur Unterrichtung anderer Stellen und Personen

(1) Mitzuteilen sind Entscheidungen, durch die

1. eine Unterbringungsmaßnahme einschließlich einer solchen Maßnahme gemäß § 1867 BGB[2] getroffen wird,
2. eine vorläufige Unterbringungsmaßnahme getroffen wird,
3. eine Unterbringungsmaßnahme verlängert wird,
4. eine Unterbringungsmaßnahme abgelehnt wird

(Artikel 104 Absatz 4 GG[3], §§ 167, 312, 325 Absatz 2, §§ 338 und 339 FamFG[4]).

(2) Die Mitteilungen sind von der Richterin oder dem Richter zu veranlassen.

(3) Die Mitteilungen sind zu richten

1. in den Fällen des Absatzes 1 Nummer 1 bis 3
   a) an den Ehegatten/Lebenspartner des Betroffenen, wenn die Ehegatten/Lebenspartner nicht dauernd getrennt leben,
   b) an jeden Elternteil und jedes volljährige Kind, bei dem der Betroffene lebt oder bei Einleitung des Verfahrens gelebt hat,
   c) an den Betreuer des Betroffenen,
   d) an eine von dem Betroffenen benannte Person seines Vertrauens,
   e) an den Leiter der Einrichtung, in der der Betroffene lebt oder untergebracht werden soll,
   f) an
      aa) die Elternteile, denen die Personensorge zusteht,
      bb) den gesetzlichen Vertreter in persönlichen Angelegenheiten,
      cc) die Pflegeeltern, wenn der Betroffene minderjährig ist,
   g) an die zuständige Behörde,
2. in den Fällen des Absatzes 1 Nummer 4
   an die zuständige Behörde, wenn ihr Gelegenheit zur Äußerung gegeben worden war.

Anmerkungen: Zuständige Behörden sind

1) für Unterbringungsmaßnahmen nach § 151 Nummer 6 FamFG
in **Baden-Württemberg** die unteren Verwaltungsbehörden (§ 13 LVG);
in **Bayern** die Landkreise und kreisfreien Städte;
in **Berlin** die Bezirksämter;
in **Brandenburg** die Landkreise und kreisfreien Städte;
in **Bremen** das Amt für Soziale Dienste, in Bremerhaven der Magistrat der Stadt Bremerhaven;
in **Hamburg** die Bezirksämter;
in **Hessen** die Magistrate der kreisfreien Städte sowie die Kreisausschüsse der Landkreise;

---

[1] Nr. II/2 Abs. 1 geänd. mWv 1.10.2016 durch AV v. 23.12.2016 (BAnz AT 24.05.2017 B1); Anm. 1 geänd. mWv 1.10.2018 durch AV v. 23.11.2018 (BAnz AT 24.12.2018 B2); Anm. 2 geänd. mWv 1.10.2021 durch AV v. *9.8.2021 (BAnz AT 16.09.2021 B3)*; Abs. 1 Nr. 1 und abschl. Satzteil geänd. mWv 1.10.2023 durch AV v. 3.8.2023 (BAnz AT 22.09.2023 B1).

[2] **Habersack, Deutsche Gesetze Nr. 20.**

[3] **Habersack, Deutsche Gesetze Nr. 1.**

[4] **Habersack, Deutsche Gesetze Nr. 112.**

in **Mecklenburg-Vorpommern** die Landräte der Landkreise sowie die Oberbürgermeister der kreisfreien Städte – Jugendämter –;
in **Niedersachsen** die Landkreise und kreisfreien Städte;
in **Nordrhein-Westfalen** die Kreise, kreisfreien Städte sowie kreisangehörige Gemeinden mit eigenem Jugendamt;
in **Rheinland-Pfalz** die Kreisverwaltungen, in kreisfreien Städten und großen kreisangehörigen Städten mit eigenem Jugendamt die Stadtverwaltungen;
im **Saarland** die Landkreise, der Regionalverband Saarbrücken, die Landeshauptstadt Saarbrücken und die Mittelstädte St. Ingbert und Völklingen;
in **Sachsen** die Landkreise und kreisfreien Städte;
in **Sachsen-Anhalt** die Landkreise und kreisfreien Städte;
in **Schleswig-Holstein** die bei den Kreisen und kreisfreien Städten eingerichteten Jugendämter;
in **Thüringen** die Landkreise und kreisfreien Städte;

2) für Unterbringungsmaßnahmen nach § 312 Nummern 1 und 2 FamFG
in **Baden-Württemberg** die unteren Verwaltungsbehörden (§ 13 LVG);
in **Bayern** die Landkreise und kreisfreien Städte;
in **Berlin** die Bezirksämter;
in **Brandenburg** die Landkreise und kreisfreien Städte;
in **Bremen** das Amt für Soziale Dienste, in Bremerhaven der Magistrat der Stadt Bremerhaven;
in **Hamburg** die Bezirksämter;
in **Hessen** die Magistrate der kreisfreien Städte sowie die Kreisausschüsse der Landkreise;
in **Mecklenburg-Vorpommern** die Landräte der Landkreise sowie die Oberbürgermeister der kreisfreien Städte – Betreuungsbehörden –;
in **Niedersachsen** die Landkreise und kreisfreien Städte;
in **Nordrhein-Westfalen** die kreisfreien und die großen kreisangehörigen Städte; für die übrigen kreisangehörigen Gemeinden die Kreise;
in **Rheinland-Pfalz** die Kreisverwaltungen, in kreisfreien Städten die Stadtverwaltungen;
im **Saarland** die Landkreise, der Regionalverband Saarbrücken, die Landeshauptstadt Saarbrücken und die Mittelstädte St. Ingbert und Völklingen;
in **Sachsen** die Landkreise und kreisfreien Städte;
in **Sachsen-Anhalt** die Landkreise und kreisfreien Städte;
in **Schleswig-Holstein** die in den Kreisen und kreisfreien Städten eingerichteten Betreuungsbehörden;
in **Thüringen** die Landkreise und kreisfreien Städte;

3) für Unterbringungsmaßnahmen nach § 312 Nummer 3 FamFG
in **Baden-Württemberg** die unteren Verwaltungsbehörden (§ 3 LVG);
in **Bayern** die Landkreise und kreisfreien Städte;
in **Berlin** die Bezirksämter;
in **Brandenburg** die Landkreise und kreisfreien Städte;
in **Bremen**
a) die Ortspolizeibehörde (in Bremen das Stadtamt Bremen, in Bremerhaven der Magistrat der Stadt Bremerhaven),
b) außerdem – wenn Ihnen im Verfahren Gelegenheit zur Äußerung gegeben wurde – sind die Mitteilungen zu richten:
– in Bremen an den Sozialpsychiatrischen Dienst des Gesundheitsamtes,
– in Bremerhaven an den Magistrat der Stadt Bremerhaven – Sozialpsychiatrischer Dienst –;

in **Hamburg** die Bezirksämter;
in **Hessen** die Gemeindevorstände;
in **Mecklenburg-Vorpommern** die Landräte der Landkreise sowie die Oberbürgermeister der kreisfreien Städte;
in **Niedersachsen** die Landkreise und kreisfreien Städte;
in **Nordrhein-Westfalen** das Ordnungsamt;
in **Rheinland-Pfalz** die Kreisverwaltungen, in kreisfreien Städten die Stadtverwaltungen;
im **Saarland** die Landkreise, der Regionalverband Saarbrücken, die Landeshauptstadt Saarbrücken und die Mittelstädte St. Ingbert und Völklingen;
in **Sachsen** die Landkreise und kreisfreien Städte;
in **Sachsen-Anhalt** die Landkreise und kreisfreien Städte;
in **Schleswig-Holstein** die bei den Kreisen und kreisfreien Städten eingerichteten Kreisgesundheitsbehörden;
in **Thüringen** die Landkreise und kreisfreien Städte.

3.[1] Mitteilungen über die Aufhebung und Aussetzung von Unterbringungsmaßnahmen

(1) Mitzuteilen sind Entscheidungen, durch die eine Anordnung einer Unterbringungsmaßnahme
1. aufgehoben oder
2. ausgesetzt
wird (§§ 167, 325, 338 Satz 2 FamFG[2]).

(2) Die Mitteilungen sind von der Richterin oder dem Richter zu veranlassen.

(3) Die Mitteilungen sind zu richten
1. in den Fällen des Absatzes 1 Nummer 1 und 2 an den Leiter der Einrichtung, in der der Betroffene lebt;
2. außerdem in den Fällen des Absatzes 1 Nummer 1 an die zuständige Behörde.

Anmerkung: Wegen der zuständigen Behörden siehe Anmerkungen zu II/2; in Bremen nur die Behörde zu 3a).

4.[3] Mitteilungen zur Gefahrenabwehr

(1) Mitzuteilen sind Entscheidungen, soweit dies unter Beachtung berechtigter Interessen des Betroffenen nach den Erkenntnissen im gerichtlichen Verfahren erforderlich ist, um eine erhebliche Gefahr für das Wohl des Betroffenen, für Dritte oder für die öffentliche Sicherheit abzuwenden (§ 308 Absatz 1 FamFG[2]).

(2) [1] Die Mitteilungen sind von der Richterin oder dem Richter zu veranlassen. [2] Sie sind nach Abschluss des Verfahrens zu bewirken.

---

[1] Nr. II/3 Überschrift und Abs. 1 einl. Satzteil geänd. mWv 1.10.2016 durch AV v. 23.12.2016 (BAnz AT 24.05.2017 B1); Überschrift und Abs. 1 einl. Satzteil geänd. mWv 1.10.2021 durch AV v. 9.8.2021 (BAnz AT 16.09.2021 B3); Überschrift, Abs. 1 einl. und abschl. Satzteil geänd. mWv 1.10.2023 durch AV v. 3.8.2023 (BAnz AT 22.09.2023 B1).

[2] **Habersack, Deutsche Gesetze Nr. 112.**

[3] Nr. II/4 Anm. 2 und 3 geänd. mWv 1.10.2012 durch AV v. 17.8.2012 (BAnz AT 12.09.2012 B1); Anm. 3 geänd. mWv 1.10.2014 durch AV v. 15.9.2014 (BAnz AT 29.09.2014 B1); Anm. 3 geänd. mWv 1.10.2016 durch AV v. 23.12.2016 (BAnz AT 24.05.2017 B1); Anm. 2 und 3 geänd. mWv 1.10.2018 durch AV v. 23.11.2018 (BAnz AT 24.12.2018 B2); Anm. 1–4 geänd. mWv 1.10.2021 durch AV v. 9.8. 2021 (BAnz AT 16.09.2021 B3); Anm. 2–4 geänd. mWv 1.10.2023 durch AV v. 3.8.2023 (BAnz AT 22.09.2023 B1).

(3) Ergeben sich im Verlauf eines Verfahrens Erkenntnisse, die eine Mitteilung vor Abschluss des Verfahrens erforderlich machen, so hat die Richterin oder der Richter diese unverzüglich mitzuteilen (§ 308 Absatz 2 FamFG).

(4) [1] Die Mitteilungen sind an die Stelle zu richten, die für die Abwehr der Gefahr zuständig ist. [2] Erfolgt die Mitteilung im Hinblick auf eine dem Betroffenen erteilte oder von ihm beantragte behördliche Erlaubnis, so ist die Mitteilung an die Stelle zu richten, die für die Erteilung der Erlaubnis zuständig ist.

(5) [1] Zugleich mit der Mitteilung sind der Betroffene, sein Pfleger für das Verfahren und sein Betreuer über den Inhalt und den Empfänger der Mitteilung zu unterrichten. [2] Die Unterrichtung des Betroffenen unterbleibt, wenn

1. der Zweck des Verfahrens oder der Zweck der Mitteilung durch die Unterrichtung gefährdet würde,
2. nach ärztlichem Zeugnis von der Mitteilung erhebliche Nachteile für die Gesundheit des Betroffenen zu besorgen sind oder
3. der Betroffene nach dem unmittelbaren Eindruck des Gerichts offensichtlich nicht in der Lage ist, den Inhalt der Unterrichtung zu verstehen.

[3] Die Unterrichtung ist nachzuholen, sobald die Gründe für ihr Unterbleiben entfallen sind (§ 308 Absatz 3 Satz 3 FamFG).

(6) Ist die übermittelte Entscheidung abgeändert oder aufgehoben worden oder haben neue Erkenntnisse ergeben, daß die erhebliche Gefahr für das Wohl des Betroffenen, für Dritte oder für die öffentliche Sicherheit nicht mehr bestehen, sind die abändernden oder aufhebenden Entscheidungen und die neuen Erkenntnisse an die Stellen und Personen mitzuteilen, die nach den Absätzen 1 bis 5 unterrichtet worden sind.

(7) Der Inhalt der Mitteilung, die Art und Weise der Übermittlung, der Empfänger sowie die Unterrichtung nach Absatz 5 oder die Gründe für deren Unterbleiben sind aktenkundig zu machen (§ 308 Absatz 4 FamFG).

Anmerkungen:

1) Für die Erteilung der Fahrerlaubnis sind zuständig
in **Baden-Württemberg** die Landratsämter und die Stadtkreise;
in **Bayern** die Kreisverwaltungsbehörden;
in **Berlin** das Landesamt für Bürger- und Ordnungsangelegenheiten;
in **Brandenburg** die Landkreise und kreisfreien Städte;
in **Bremen**
– in der Stadt Bremen
a) in den Stadtbezirken Bremen-Mitte, Bremen-West, Bremen-Süd und Bremen-Ost
das Stadtamt – 3 –, Bremen,
b) im Stadtbezirk Bremen-Nord das Straßenverkehrsamt Bremen-Nord,
– *in der Stadt Bremerhaven der* Magistrat der Stadt Bremerhaven;
in **Hamburg** die Behörde für Verkehr und Mobilitätswende – Landesbetrieb Verkehr;
in **Hessen** in kreisfreien Städten der Oberbürgermeister, im übrigen die Landräte;
in **Mecklenburg-Vorpommern** die Landräte der Landkreise sowie die Oberbürgermeister der kreisfreien Städte;
in **Niedersachsen** die Landkreise und kreisfreien Städte sowie die Stadt Göttingen;
in **Nordrhein-Westfalen** die Straßenverkehrsämter;

in **Rheinland-Pfalz** die Kreisverwaltungen, in kreisfreien Städten die Stadtverwaltungen;
im **Saarland** die Gemeinden;
in **Sachsen** die Landkreise und kreisfreien Städte;
in **Sachsen-Anhalt** die Landkreise und kreisfreien Städte;
in **Schleswig-Holstein** die Landräte der Kreise sowie die Bürgermeister der kreisfreien Städte – Verkehrsbehörden –;
in **Thüringen** die Fahrerlaubnisbehörden der Landkreise und kreisfreien Städte.

2) Für die Erteilung waffenrechtlicher Erlaubnisse sind zuständig
das **Bundesverwaltungsamt** in Fällen, in denen deutsche Staatsangehörige ihren gewöhnlichen Aufenthalt nicht im Bundesgebiet haben, sowie in Fällen, in denen natürliche und juristische Personen ihren Unternehmenssitz nicht im Inland haben (§ 48 Absatz 2 Nummer 4 und 5 WaffG[1]);
in **Baden-Württemberg** die unteren Verwaltungsbehörden als Kreispolizeibehörden;
in **Bayern** die Kreisverwaltungsbehörden;
in **Berlin** der Polizeipräsident in Berlin;
in **Brandenburg** das Polizeipräsidium;
in **Bremen**
– in der Stadt Bremen das Stadtamt, Bremen,
– in der Stadt Bremerhaven der Magistrat der Stadt Bremerhaven;
in **Hamburg** die Behörde für Inneres und Sport – Polizei;
in **Hessen**
a) für die Erteilung der Erlaubnis zur Herstellung von Schusswaffen und Munition:
die Oberbürgermeister der kreisfreien Städte und Landräte (Kreisordnungsbehörden),
b) für die Erteilung der Erlaubnis zum Handel mit Schusswaffen und Munition und zur Waffeneinfuhr:
die Regierungspräsidien,
c) für die Erteilung einer Waffenbesitzkarte, eines Munitionserwerbscheins, eines Waffenscheins oder eines Waffenerwerbscheins sowie
d) für die Ausnahmebescheinigung nach § 42 WaffG:
die Oberbürgermeister der kreisfreien Städte und Landräte (Kreisordnungsbehörden),
e) für die Bescheinigung über die Berechtigung zum Erwerb und Besitz von Waffen oder Munition sowie die Bescheinigung zum Führen dieser Waffen:
die dem Ministerium für Wirtschaft, Verkehr und Landesentwicklung unmittelbar nachgeordneten Behörden jeweils für ihre Bediensteten,
die Staatsanwaltschaft bei dem Oberlandesgericht für die Bediensteten der nachgeordneten Behörden,
die Leiter der Justizvollzugsanstalten für die Bediensteten der jeweiligen Anstalt,
das Ministerium der Justiz, für Integration und Europa für die Leiterinnen und Leiter der Justizvollzugsanstalten,
im Übrigen die Regierungspräsidien;

[1] **Sartorius Nr. 820.**

in **Mecklenburg-Vorpommern**

a) die Landräte der Landkreise sowie die Oberbürgermeister der kreisfreien Städte
– Kreisordnungsbehörden –,

b) für Bescheinigungen nach § 55 Absatz 2 WaffG der Ministerpräsident und die Minister in den Fällen, die ihren jeweiligen Geschäftsbereich betreffen; der Innenminister zudem auch in den Fällen, die Mitglieder des Landtags, Bedienstete der Landtagsverwaltung oder Bedienstete des Landesrechnungshofes betreffen;

in **Niedersachsen** die Landkreise, die kreisfreien Städte, die großen selbständigen Städte und die selbständigen Gemeinden und die Polizeidirektionen;
in **Nordrhein-Westfalen** die Kreispolizeibehörden;
in **Rheinland-Pfalz**

a) für Bescheinigungen nach § 55 Absatz 2 WaffG die Staatskanzlei und die Ministerien für Bedienstete ihres Geschäftsbereichs; das Ministerium des Innern und für Sport zudem im Einvernehmen mit der Präsidentin oder dem Präsidenten des Landtags für die Mitglieder und Bediensteten des Landtags, im Einvernehmen mit der Präsidentin oder dem Präsidenten des Rechnungshofs für die Mitglieder und Bediensteten des Rechnungshofs und für alle übrigen Personen, die wegen der von ihnen wahrzunehmenden hoheitlichen Aufgaben des Landes erheblich gefährdet sind,

b) für Bescheinigungen nach § 56 WaffG, soweit nicht das Bundesverwaltungsamt zuständig ist, das Landeskriminalamt,

c) im Übrigen in Landkreisen die Kreisverwaltungen und in kreisfreien Städten die Stadtverwaltungen;

im **Saarland** die Landkreise, der Regionalverband Saarbrücken – mit Ausnahme der Landeshauptstadt Saarbrücken – sowie die Landeshauptstadt Saarbrücken und die Mittelstädte Völklingen und St. Ingbert;
in **Sachsen**

a) die Landkreise und kreisfreie Städte,

b) für waffenrechtliche Bescheinigungen nach § 55 Absatz 2 WaffG das Sächsische Staatsministerium der Justiz, das Landeskriminalamt, das Polizeiverwaltungsamt, das Präsidium der Bereitschaftspolizei, die Polizeidirektionen, die Einrichtungen für den Polizeivollzugsdienst und die Landesdirektion Sachsen jeweils für die Bediensteten ihres Geschäftsbereichs, im Übrigen das Sächsische Staatsministerium des Innern;

in **Sachsen-Anhalt** die Landkreise und die kreisfreie Stadt Dessau-Roßlau sowie die jeweilige Polizeiinspektion anstelle der kreisfreien Städte Halle und Magdeburg;
in **Schleswig-Holstein** der Ministerpräsident und die Ministerien für ihren Geschäftsbereich nach § 55 Absatz 2 WaffG, die Landräte der Kreise und die Bürgermeister der kreisfreien Städte;
in **Thüringen** die Landkreise und kreisfreien Städte.

3) Für die Erteilung sprengstoffrechtlicher Erlaubnisse, Befähigungsscheine und Berechtigungen (§§ 7, 20 und 27 SprengG), Lagergenehmigungen (§ 17 SprengG) und Unbedenklichkeitsbescheinigungen (§ 34 der Ersten Verordnung zum Sprengstoffgesetz) sowie die Durchführung von Zuverlässigkeitsüberprüfungen (§ 8a SprengG) sind zuständig

die **Bundesanstalt Technisches Hilfswerk**
Ausbildungszentrum Neuhausen
– THW-Sprengstoffbehörde –
Novizenweg 1
73765 Neuhausen auf den Fildern
in Fällen, in denen THW-Angehörige Sprengberechtigungen besitzen oder ihnen erteilt werden sollen;
in **Baden-Württemberg**

a) für Betriebe, die der Aufsicht der Bergbehörde unterstehen:
das Regierungspräsidium Freiburg, Landesamt für Geologie, Rohstoffe und Bergbau, 79095 Freiburg im Breisgau,

b) für Lagergenehmigungen:
die Landratsämter und Bürgermeisterämter der Stadtkreise als untere Verwaltungsbehörde,

c) im Übrigen:
die Kreispolizeibehörden einschließlich der Großen Kreisstädte und Verwaltungsgemeinschaften nach § 17 des Landesverwaltungsgesetz als untere Verwaltungsbehörden;

in **Bayern**

a) für Erlaubnisse nach § 7 Sprengstoffgesetz: die Gewerbeaufsichtsämter,

b) für Erlaubnisse nach § 27 Sprengstoffgesetz: die Gewerbeaufsichtsämter;

die Kreisverwaltungsbehörden für Ladungspulver zum Schießen mit Böllern und Vorderladern und zum Laden von Patronenhülsen;
in **Berlin** das Landesamt für Arbeitsschutz, Gesundheitsschutz und technische Sicherheit;
in **Brandenburg** das Landesamt für Arbeitsschutz, Verbraucherschutz und Gesundheit; für Anlagen und Betriebe, die der Bergaufsicht unterliegen, das Landesamt für Bergbau, Geologie und Rohstoffe;
in **Bremen** die Gewerbeaufsichtsämter, für Anlagen und Betriebe, die der Bergaufsicht unterliegen, das Bergamt Hannover; in Bremerhaven das Gewerbeaufsichtsamt;
in **Hamburg** die Behörde für Justiz und Verbraucherschutz – Arbeitsschutz;
in **Hessen** für Erlaubnisse zum gewerbsmäßigen Betrieb und Umgang die Regierungspräsidien, bei Erlaubnissen zum nichtgewerblichen Betrieb und Umgang die Kreisordnungsbehörden;
in **Mecklenburg-Vorpommern**

a) im gewerblichen Bereich:
das Landesamt für Gesundheit und Soziales; für Anlagen und Betriebe, die der Bergaufsicht unterliegen, das Bergamt Stralsund,

b) im nichtgewerblichen Bereich und für Lagergenehmigungen nach § 17 SprengG für pyrotechnische Gegenstände der Kategorie F1 und F2 im Einzelhandel:
die Landräte der Landkreise und Oberbürgermeister der kreisfreien Städte;

in **Niedersachsen**

a) für Erlaubnisse nach § 7 SprengG:
Gewerbeaufsichtsämter Braunschweig, Celle, Göttingen, Hannover, Hildesheim und Osnabrück; für Anlagen und Betriebe, die der Bergaufsicht unterliegen, das Landesamt für Bergbau, Energie und Geologie,

b) für Erlaubnisse nach § 27 SprengG:
die Landkreise, kreisfreien Städte, großen selbstständigen Städte und selbstständigen Gemeinden;

in Hannover und Braunschweig die Polizeidirektionen;
in **Nordrhein-Westfalen** die Bezirksregierungen – Dezernate Gefahrenabwehr –;
in **Rheinland-Pfalz** die Struktur- und Genehmigungsdirektionen Nord und Süd – Regionalstellen Gewerbeaufsicht –, für Anlagen und Betriebe, die der Bergaufsicht unterliegen, das Landesamt für Geologie und Bergbau, Abteilung Bergbau, in Koblenz;
im **Saarland**

a) für Erlaubnisse nach § 7 SprengG für Betriebe, die der Bergaufsicht unterliegen, das Bergamt, im Übrigen das Landesamt für Umwelt- und Arbeitsschutz,
b) für Lagergenehmigungen nach § 17 Absatz 1 Nummer 1 und 2 SprengG das Landesamt für Umwelt- und Arbeitsschutz,
c) für Bauartzulassungen nach § 17 Absatz 4 SprengG das Ministerium für Umwelt, Klima, Mobilität, Agrar und Verbraucherschutz,
d) für die Erteilung von Ausnahmen nach § 22 Absatz 5 SprengG das für Wirtschaft zuständige Ministerium;

in **Sachsen**

a) für Erlaubnisse nach § 7 und für Befähigungsscheine nach § 20 Sprengstoffgesetz die Landesdirektion Sachsen; für Betriebe, die der Bergaufsicht unterliegen, und Personen, die in diesen Betrieben tätig sind, das Sächsische Oberbergamt,
b) für Erlaubnisse nach § 27 Sprengstoffgesetz die Landkreise und kreisfreie Städte;

in **Sachsen-Anhalt**

a) für Erlaubnisse nach § 7 und für Befähigungsscheine nach § 20 des Sprengstoffgesetzes das Landesamt für Verbraucherschutz. Sofern Betriebe und Anlagen der Bergaufsicht unterliegen, tritt das Landesamt für Geologie und Bergwesen Sachsen-Anhalt an die Stelle des Landesamtes für Verbraucherschutz,
b) für Lagergenehmigungen nach § 17 des Sprengstoffgesetzes das Landesamt für Verbraucherschutz. Sofern Betriebe und Anlagen der Bergaufsicht unterliegen, tritt das Landesamt für Geologie und Bergwesen Sachsen-Anhalt an die Stelle des Landesamtes für Verbraucherschutz,
c) für Erlaubnisse nach § 27 des Sprengstoffgesetzes der Landkreis/die kreisfreie Stadt, in Magdeburg und Halle die Polizeiinspektion;

in **Schleswig-Holstein** die Staatliche Arbeitsschutzbehörde bei der Unfallkasse *Nord;*
in **Thüringen** das Thüringer Landesamt für Verbraucherschutz und für den bergbaulichen Bereich das Thüringer Landesamt für Umwelt, Bergbau und Naturschutz (TLUBN).

4) Für die Erteilung jagdrechtlicher Erlaubnisse sind zuständig:
in **Baden-Württemberg** die nach § 33 Absatz 3 Satz 1 Landesjagdgesetz bei den Landratsämtern und den Stadtkreisen errichtete untere Jagdbehörde (Kreisjagdamt);
in **Bayern** die Kreisverwaltungsbehörden;
in **Berlin** der Polizeipräsident in Berlin;

in **Brandenburg** die Landkreise und kreisfreien Städte;
in **Bremen** das Stadtamt Bremen – Jagdbehörde –, in Bremerhaven der Magistrat der Stadt Bremerhaven;
in **Hamburg** die Behörde für Inneres und Sport – Polizei;
in **Hessen** die Kreisausschüsse der Landkreise und der Magistrat der kreisfreien Städte;
in **Mecklenburg-Vorpommern** die Landräte der Landkreise sowie die Oberbürgermeister der kreisfreien Städte – Unteren Jagdbehörden –;
in **Niedersachsen** die Landkreise und kreisfreien Städte;
in **Nordrhein-Westfalen** die untere Jagdbehörde;
untere Jagdbehörde ist der Kreis oder die kreisfreie Stadt als Kreisordnungsbehörde;
in **Rheinland-Pfalz** die Kreisverwaltungen, in kreisfreien Städten die Stadtverwaltungen;
im **Saarland** die Landkreise, der Regionalverband Saarbrücken – mit Ausnahme der Landeshauptstadt Saarbrücken – und die Landeshauptstadt Saarbrücken;
in **Sachsen** die Landkreise und kreisfreie Städte;
in **Sachsen-Anhalt** die Landkreise und kreisfreien Städte – Jagdbehörden –;
in **Schleswig-Holstein** die Landräte der Kreise sowie die Bürgermeister der kreisfreien Städte – Jagdbehörden –;
in **Thüringen** die Landkreise und kreisfreien Städte.

5.[1)] Mitteilungen über die Entziehung der Freiheit von Angehörigen fremder Staaten und von Personen an Bord ausländischer Seehandelsschiffe

(1) Mitzuteilen ist die gerichtliche Entziehung der Freiheit

1. eines Angehörigen eines fremden Staates, wenn der Betroffene nach unverzüglicher Belehrung über seine Rechte die Unterrichtung der zuständigen konsularischen Vertretung verlangt oder wenn eine Mitteilungspflicht ohne Rücksicht auf den Willen das Betroffenen vertraglich mit einem fremden Staat vereinbart ist,
2. einer Person an Bord eines ausländischen Seehandelsschiffes, das sich in inländischen Hoheitsgewässern, insbesondere in einem inländischen Hafen, befindet, wenn dies mit dem Staat, dessen Flagge das Seehandelsschiff führt, vertraglich vereinbart ist.

(2) Die Mitteilungen sind zu bewirken

1. im Falle des Absatzes 1 Nummer 1 unverzüglich nach dem Beginn des Vollzugs der Freiheitsentziehung;
2. im Falle des Absatzes 1 Nummer 2 rechtzeitig v o r der Freiheitsentziehung unter genauer Angabe des Ortes und der Zeit der Amtshandlung und mit dem Anheimgeben, bei ihr anwesend zu sein; ist Gefahr im Verzuge oder wird die Amtshandlung weder am Sitz des Mitteilungsempfängers noch in dessen Nähe vorgenommen, so sind die Mitteilungen unverzüglich n a c h der Freiheitsentziehung zu bewirken.

[1)] Nr. II/5 Anm. 1 geänd. mWv 1.10.2018 durch AV v. 23.11.2018 (BAnz AT 24.12.2018 B2); Abs. 4 neu gef. mWv 1.10.2021 durch AV v. 9.8.2021 (BAnz AT 16.09.2021 B3); Abs. 4 geänd., Abs. 6 angef., Anm. 1 und 2 Buchst. a geänd., Anm. 3 aufgeh., bish. Anm. 4 und 5 werden Anm. 3 und 4 mWv 1.10.2023 durch AV v. 3.8.2023 (BAnz AT 22.09.2023 B1).

(3) Die Mitteilungen sind von der Richterin oder dem Richter zu veranlassen.

(4) Mitzuteilen ist eine abgekürzte Ausfertigung der Entscheidung, es sei denn, die betroffene Person hat in die Übersendung einer vollständigen Ausfertigung eingewilligt und schutzwürdige Belange einer anderen Person werden nicht beeinträchtigt.

(5) Die Mitteilungen sind an die konsularische Vertretung oder die Konsularabteilung der diplomatischen Vertretung des Staates zu richten,

1. dem im Falle des Absatzes 1 Nummer 1 der Betroffene angehört und gegebenenfalls zusätzlich
2. dessen Flagge im Falle des Absatzes 1 Nummer 2 das Seehandelsschiff führt.

(6) Die Belehrung nach Absatz 1 Nummer 1 erste Alternative und die Mitteilungen nach Absatz 1 können entfallen, soweit sie bereits von der Einrichtung, in der sich die betroffene Person befindet (Justizvollzugsanstalt, Bezirkskrankenhaus, Universitätsklinik), bewirkt worden sind.

Anmerkungen:

1) Zu den Mitteilungen auf Verlangen des Betroffenen wird auf Artikel 36 Absatz 1 Buchstabe b des Wiener Übereinkommens vom 24. April 1963 über konsularische Beziehungen (BGBl. 1969 II S. 1585, 1971 II S. 1285) betreffend Mitteilung einer Freiheitsentziehung an die zuständige konsularische Vertretung auf Verlangen des Betroffenen hingewiesen. Artikel 36 Absatz 1 Buchstabe b des Wiener Übereinkommens vom 24. April 1963 über konsularische Beziehungen, der eine Kodifizierung geltenden Völkergewohnheitsrechts darstellt, und die dazu erlassenen Vorschriften in II/5 gelten auch im Verhältnis zu Staaten, die dem Übereinkommen nicht beigetreten sind. Mitteilungen ohne Rücksicht auf den Willen des Betroffenen sind vertraglich vereinbart im Verhältnis

a) zu **Dominica**
(Artikel 18 Absatz 1 des deutsch-britischen Konsularvertrages vom 30. Juli 1956 – BGBl. 1957 II S. 284 –, Verbalnote Nummer 160/01/26/1 vom 22. Juni 2004),

b) zu **Fidschi**
(Bekanntmachung über die Fortgeltung des deutsch-britischen Konsularvertrages vom 30. Juli 1956 im Verhältnis zu Fidschi vom 22. Oktober 1975 – BGBl. 1975 II S. 1739 –),

c) zu **Grenada**
(Bekanntmachung über die Weiteranwendung der Verträge, deren Geltung auf das Hoheitsgebiet von Grenada erstreckt worden war, vom 12. März 1975 – BGBl. 1975 II S. 366 –),

d) zu **Griechenland**
(Artikel 3 Absatz 2 des Gesetzes vom 22. Oktober 1962 zu dem Niederlassungs- und Schifffahrtsvertrag vom 18. März 1960 – BGBl. 1962 II S. 1505, 1963 II S. 912 –),

e) zu **Großbritannien** und **Nordirland**
(Artikel 18 Absatz 1 des Konsularvertrages vom 30. Juli 1956 – BGBl. 1957 II S. 284, 1958 II S. 17 –),

f) zu **Guyana**
(Artikel 18 Absatz1 des deutsch-britischen Konsularvertrages vom 30. Juli 1956 – BGBl. 1957 II S. 284 –, Verbalnote Nummer 272 vom 30. März 2004),

g) zu **Italien**
(Artikel 4 Absatz 2 des Gesetzes vom 19. August 1959 zu dem Freundschafts-, Handels- und Schifffahrtsvertrag vom 21. November 1957 – BGBl. 1959 II S. 949, 1961 II S. 1662 –),

h) zu **Jamaika**
(Bekanntmachung über die Fortgeltung des deutsch-britischen Konsularvertrages im Verhältnis zu Jamaika vom 22. Dezember 1972 – BGBl. 1973 II S. 49 –),

i) zu **Lesotho**
(Artikel 18 Absatz 1 des deutsch-britischen Konsularvertrages vom 30. Juli 1956 – BGBl. 1957 II S. 284 –, Verbalnote Nummer 10 vom 21. Februar 2005),

j) zu **Malawi**
(Bekanntmachung über die Weiteranwendung des deutsch-britischen Konsularvertrages im Verhältnis zu Malawi vom 13. Februar 1967 – BGBl. 1967 II S. 936 –),

k) zu **Malta**
(Artikel 18 Absatz 1 des deutsch-britischen Konsularvertrages vom 30. Juli 1956 – BGBl. 1957 II S. 284 –, Verbalnote Nummer 1130/04 vom 23. Juni 2004),

l) zu **Mauritius**
(Bekanntmachung über die Fortgeltung des deutsch-britischen Konsularvertrages im Verhältnis zu Mauritius vom 27. Dezember 1972 – BGBl. 1973 II S. 50 –),

m) zu **Sierra Leone**
(Artikel 18 Absatz 1 des deutsch-britischen Konsularvertrages vom 30. Juli 1956 – BGBl. 1957 II S. 284 –, Verbalnote Nummer 15277/20 vom 1. Februar 2005),

n) zu **Spanien**
(Artikel 3 Absatz 2 des Gesetzes vom 7. September 1972 zu dem Niederlassungsvertrag vom 23. April 1970 – BGBl. 1972 II S. 1041, 1557 –, eine Mitteilung ist nach Artikel 5 Buchstabe d Halbsatz 2 des deutsch-spanischen Niederlassungsvertrages vom 23. April 1970 von Amts wegen nur dann zu bewirken, wenn die betroffene Person nicht in der Lage ist, die Benachrichtigung der nächsten konsularischen Vertretung zu verlangen),

o) zu **St. Kitts** und **Nevis**
(Artikel 18 Absatz 1 des deutsch-britischen Konsularvertrages vom 30. Juli 1956 – BGBl. 1957 II S. 284 –, Verbalnote Nummer 440/2006 vom 6. Juni 2006),

p) zu **St. Vincent** und die **Grenadinen**
(Artikel 18 Absatz 1 des deutsch-britischen Konsularvertrages vom 30. Juli 1956 – BGBl. 1957 II S. 284 –, Verbalnote Nummer 352/2004 vom 9. Juli 2004)[1)]

q) zu **Zypern**
(Artikel 18 Absatz 1 des deutsch-britischen Konsularvertrages vom 30. Juli *1956 – BGBl. 1957 II S.* 284, Schreiben des Auswärtigen Amtes vom 5. November 2007).

[1)] Amtlich ohne Zeichensetzung.

2) Die Mitteilungen nach Absatz 1 Nummer 2 beruhen im Verhältnis

a) zur ehemaligen Sowjetunion auf Artikel 30 Absatz 2, Artikeln 33 und 34 des Konsularvertrages vom 25. April 1958 (BGBl. 1959 II S. 232 und 469 in Verbindung mit den jeweiligen Bekanntmachungen über die Weiteranwendung des Konsularvertrages vom 25. April 1958 im Verhältnis zu den jeweiligen Mitgliedern der Gemeinschaft Unabhängiger Staaten; im einzelnen:
Aserbaidschan vom 13. August 1996 – BGBl. 1996 II S. 2471 –,
Kasachstan vom 19. Oktober 1992 – BGBl. 1992 II S. 1120 –,
Russische Föderation vom 14. August 1992 – BGBl. 1992 II S. 1016 –,
Ukraine vom 30. Juni 1993 – BGBl. 1993 II S. 1189 –,
Usbekistan vom 26. Oktober 1993 – BGBl. 1993 II S. 2038 –);
danach sind die Mitteilungen auch dann zu bewirken, wenn es sich um Handelsschiffe, die nicht Seehandelsschiffe sind, oder um Luftfahrzeuge handelt,

b) zu Spanien auf Artikel 14 der Konsular-Konvention vom 22. Februar 1870 (BGBl. des Norddeutschen Bundes S. 99, RGBl. 1872 S. 211).

3) Ergänzend wird für Bayern auf folgende landesrechtliche Vorschrift verwiesen: Bekanntmachung über Mitteilungen der Justizvollzugsanstalten über die Entziehung der Freiheit von Angehörigen fremder Staaten außerhalb eines Strafverfahrens vom 14. Dezember 1998 (JMBl. 99, S. 2).

4) Siehe auch I/8.

6.[1)] Mitteilungen zur Verfolgung von Straftaten und Ordnungswidrigkeiten

(1) Mitzuteilen sind Entscheidungen oder Erkenntnisse zur Verfolgung von Straftaten oder Ordnungswidrigkeiten, soweit nicht schutzwürdige Interessen des Betroffenen am Ausschluß der Übermittlung erkennbar überwiegen (§ 338 Satz 1 i.V.m. § 311 Satz 1 FamFG).

(2) Die Mitteilungen sind von der Richterin oder dem Richter zu veranlassen.

(3) [1]Die Mitteilungen sind nach Abschluss des Verfahrens zu bewirken. [2]Ergeben sich im Verlauf eines Verfahrens Erkenntnisse, die eine Mitteilung vor Abschluß des Verfahrens zu Verfolgung von Straftaten und Ordnungswidrigkeiten erforderlich machen, so sind diese Erkenntnisse unverzüglich mitzuteilen.

(4) Die Mitteilungen sind an die Gerichte oder Behörden zu richten, die für die Verfolgung der Straftat oder Ordnungswidrigkeit zuständig sind.

(5) [1]Zugleich mit der Mitteilung sind der Betroffene, sein Pfleger für das Verfahren und sein Betreuer über den Inhalt und den Empfänger der Mitteilung zu unterrichten. [2]Die Unterrichtung des Betroffenen unterbleibt, wenn

1. der Zweck des Verfahrens oder der Zweck der Mitteilung durch die Unterrichtung gefährdet würde,
2. nach ärztlichem Zeugnis von der Mitteilung erhebliche Nachteile für die Gesundheit des Betroffenen zu besorgen sind oder
3. der Betroffene nach dem unmittelbaren Eindruck des Gerichts offensichtlich nicht in der Lage ist, den Inhalt der Unterrichtung zu verstehen.

[1)] Nr. II/6 Abs. 1, Abs. 5 Satz 3 und Abs. 6 geänd. mWv 1.10.2012 durch AV v. 17.8.2012 (BAnz AT 12.09.2012 B1).

[3] Die Unterrichtung ist nachzuholen, sobald die Gründe für ihr Unterbleiben entfallen sind (§ 338 Satz 1 i.V.m. § 311 Satz 2 i.V.m. § 308 Absatz 3 FamFG[1)]).

(6) Der Inhalt der Mitteilung, die Art und Weise der Übermittlung, der Empfänger sowie die Unterrichtung nach Absatz 5 oder die Gründe für deren Unterbleiben sind aktenkundig zu machen (§ 338 Satz 1 i.V.m. § 311 Satz 2 i.V.m. § 308 Absatz 4 FamFG).

III. Mitteilungen bei Beurkundungen

1.[2)] Mitteilungen über die Beurkundung von Schenkungen und Zweckzuwendungen unter Lebenden in einem gerichtlichen Vergleich zu steuerlichen Zwecken

(1) Mitzuteilen ist die in einem gerichtlichen Vergleich erfolgte Beurkundung von Schenkungen im Sinne von § 7 ErbStG und Zweckzuwendungen unter Lebenden im Sinne von § 8 ErbStG sowie von Rechtsgeschäften, die zum Teil oder der Form nach entgeltlich sind, aber nach den Umständen, die bei der Beurkundung oder sonst bekanntgeworden sind, eine Schenkung oder Zweckzuwendung unter Lebenden enthalten (§ 34 ErbStG, § 8 ErbStDV).

(2) Die Mitteilung kann unterbleiben in Fällen, in denen Gegenstand der Schenkung oder Zweckzuwendung nur Hausrat (einschließlich Wäsche und Kleidung) im Wert von nicht mehr als 12 000 Euro und anderes Vermögen im reinen Wert von nicht mehr als 20 000 Euro bildet (§ 8 Absatz 3 ErbStDV).

(3) [1] Außer der beglaubigten Abschrift der Urkunde sind die gemäß § 8 Absatz 1 ErbStDV zu treffenden Feststellungen über das persönliche Verhältnis (Verwandtschaftsverhältnis) des Erwerbers zum Schenker, über den Wert der Zuwendung und – bei einer Zuwendung von Grundbesitz – über den zuletzt festgestellten Einheitswert, Grundsteuerwert oder Grundbesitzwert mit einem Vordruck nach Muster 6 zu § 8 ErbStDV mitzuteilen, soweit die Mitteilung hiernach vorgesehen ist. [2] Darin ist auch der der Kostenberechnung zu Grunde gelegte Wert anzugeben.

(4) [1] Die Mitteilungen sind schriftlich an das für die Verwaltung der Erbschaftsteuer zuständige Finanzamt (§ 34 Absatz 1 ErbStG i.V.m. § 35 ErbStG) zu richten. [2] Eine elektronische Übermittlung der Mitteilungen ist ausgeschlossen.

Anmerkung: Im Saarland werden Schenkungsfälle nicht mehr durch ein saarländisches Finanzamt, sondern auf der Grundlage eines Staatsvertrags im Wege einer Kooperation mit Rheinland-Pfalz durch ein rheinland-pfälzisches Finanzamt bearbeitet. Mitteilungen sind an das Finanzamt Kusel-Landstuhl zu richten.

2.[3)] Mitteilungen über die Beurkundung von Rechtsvorgängen, die sich auf Grundstücke oder grundstücksgleiche Rechte beziehen, zu steuerlichen Zwecken

(1) Mitzuteilen sind die folgenden Rechtsvorgänge, die das Gericht in einem Vergleich oder durch Aufnahme eines Antrags zu Protokoll beurkundet hat:

1. Rechtsvorgänge, die ein Grundstück im Geltungsbereich des GrEStG betreffen (§ 18 Absatz 1 Satz 1 Nummer 1 GrEStG);

[1)] **Habersack, Deutsche Gesetze Nr. 112.**

[2)] *Nr. III/1 Anm. angef.* mWv 1.10.2016 durch AV v. 23.12.2016 (BAnz AT 24.05.2017 B1); Abs. 3 Satz 1 geänd. mWv 1.10.2023 durch AV v. 3.8.2023 (BAnz AT 22.09.2023 B1).

[3)] Nr. III/2 Abs. 5 Satz 3 neu gef. mWv 1.10.2016 durch AV v. 23.12.2016 (BAnz AT 24.05.2017 B1); Abs. 1, 2 und 4 neu gef., Anm. geänd. mWv 1.10.2018 durch AV v. 23.11.2018 (BAnz AT 24.12.2018 B2).

2. Anträge auf Berichtigung des Grundbuchs, wenn der Antrag darauf gestützt wird, dass der Grundstückseigentümer gewechselt hat (§ 18 Absatz 1 Satz 1 Nummer 2 GrEStG);
3. nachträgliche Änderungen oder Berichtigungen eines der unter Nummern 1 und 2 aufgeführten Vorgänge (§ 18 Absatz 1 Satz 1 Nummer 4 GrEStG).

(2) Absatz 1 gilt sinngemäß für die Beurkundung von Rechtsvorgängen, die sich beziehen auf

1. ein Erbbaurecht (§ 18 Absatz 2 Satz 1 GrEStG),
2. ein Gebäude auf fremdem Boden (§ 18 Absatz 2 Satz 1 GrEStG),
3. die Übertragung von Anteilen an einer Kapitalgesellschaft, einer Personenhandelsgesellschaft oder einer Gesellschaft des bürgerlichen Rechts, wenn zum Vermögen der Gesellschaft ein im Geltungsbereich des GrEStG liegendes Grundstück gehört (§ 18 Absatz 2 Satz 2 GrEStG).

(3) Die Mitteilungen sind auch dann zu bewirken, wenn die Wirksamkeit des Rechtsvorgangs vom Eintritt einer Bedingung, vom Ablauf einer Frist oder von einer Genehmigung abhängig ist oder wenn der Rechtsvorgang von der Besteuerung ausgenommen ist (§ 18 Absatz 3 GrEStG).

(4) [1] Die Mitteilungen sind nach amtlich vorgeschriebenem Vordruck binnen zwei Wochen nach der Beurkundung zu bewirken. [2] Ihnen ist eine Abschrift des gerichtlichen Vergleichs bzw. des den Antrag enthaltenden Protokolls beizufügen. [3] Die Absendung der Mitteilung ist auf der Urschrift des gerichtlichen Vergleichs bzw. des den Antrag enthaltenden Protokolls zu vermerken (§ 18 Absatz 1, 3 und 4 GrEStG).

(5) [1] Die Mitteilungen sind schriftlich zu richten

1. bei einem Rechtsvorgang, der sich auf ein Grundstück bezieht, an das Finanzamt, in dessen Bezirk das Grundstück oder der wertvollste Teil des Grundstücks liegt;
2. bei einem Rechtsvorgang, der sich auf mehrere Grundstücke bezieht,
   a) die im Bezirk eines Finanzamts liegen, an dieses Finanzamt,
   b) die in den Bezirken verschiedener Finanzämter liegen, an das Finanzamt, in dessen Bezirk der wertvollste Grundstücksteil oder das wertvollste Grundstück oder der wertvollste Bestand an Grundstücksteilen oder Grundstücken liegt;
3. a) bei Grundstückserwerben durch Umwandlung an das Finanzamt, in dessen Bezirk sich die Geschäftsleitung des Erwerbers befindet,
   und
   b) in den Fällen des Absatzes 2 Nummer 3 an das Finanzamt, in dessen Bezirk sich die Geschäftsleitung der Gesellschaft befindet.

[2] Befindet sich die Geschäftsleitung nicht im Geltungsbereich des GrEStG, so ist die Mitteilung an das unter Nummer 1 oder 2 genannte Finanzamt zu richten (§ 18 Absatz 5, § 17 Absatz 1 bis 3 GrEStG). [3] Bis zum Erlass einer Rechtsverordnung gemäß § 22a GrEStG ist eine elektronische Übermittlung der Mitteilungen ausgeschlossen.

Anmerkung:

Allgemein: Bei den Mitteilungen sind Zuständigkeitskonzentrationen der Finanzämter in den einzelnen Bundesländern zu beachten (vgl. die Suchseite des Bundeszentralamts für Steuern unter www.finanzamt.de).

3.[1] Mitteilungen über die Beurkundung von entgeltlichen Verträgen über Grundstücke und grundstücksgleiche Rechte in einem gerichtlichen Vergleich

(1) [1] Mitzuteilen ist die in einem gerichtlichen Vergleich erfolgte Beurkundung von Verträgen, durch die sich jemand verpflichtet, gegen Entgelt, auch im Wege des Tausches,

1. das Eigentum an einem Grundstück oder Grundstücksteil zu übertragen;
2. ein grundstücksgleiches Recht, z.B. Erbbaurecht, zu begründen oder zu übertragen

(§ 195 Absatz 1 Satz 1, § 200 BauGB[2]). [2] Dies gilt auch für das Angebot und die Annahme eines Vertrages nach Satz 1, wenn diese getrennt beurkundet werden (§ 195 Absatz 1 Satz 2, § 200 BauGB).

(2) [1] Die Mitteilungen sind an den zuständigen Gutachterausschuß zu richten. [2] Ihnen ist eine Abschrift des gerichtlichen Vergleichs beizufügen.

Anmerkung: Die Gutachterausschüsse bzw. ihre Geschäftsstellen sind gebildet

in **Baden-Württemberg**
bei den Gemeinden und Verwaltungsgemeinschaften (§ 1 der VO vom 11. Dezember 1989 – GBl. S. 541 –);

in **Bayern**
bei den Kreisverwaltungsbehörden (§ 1 der VO vom 5. April 2005 – GVBl. S. 88 –);

in **Berlin**
beim Senator für Bau- und Wohnungswesen (§ 7 der VO vom 31. Oktober 1960 – GVBl. S. 1094 –);

in **Brandenburg**
für die Bereiche der Landkreise und der kreisfreien Städte bei dem dort zuständigen Kataster- und Vermessungsamt;

in **Bremen**
bei der Stadtgemeinde Bremen und bei der Stadtgemeinde Bremerhaven, bei der Stadtgemeinde Bremerhaven auch für den Ortsteil Stadtbremisches Überseehafengebiet Bremerhaven der Stadtgemeinde Bremen; Geschäftsstellen bestehen jeweils bei der örtlich zuständigen Katasterbehörde (§ 1 Absatz 1, § 9 Absatz 1 der VO vom 2. September 2008 – Brem. GBl. S. *312*[3] – 2130 – a – 2, zuletzt geändert durch Art. 1 ÄndVO vom 17. Juni 2014 – Brem GBl. S. 314);

in **Hamburg**
bei der Behörde für Stadtentwicklung und Wohnen – Landesbetrieb Geoinformation und Vermessung – (§ 1 der VO vom 12. Mai 2009 – HmbGVBl. S. 124 –);

in **Hessen**
für die Bereiche der Landkreise, der kreisfreien Städte und einzelner kreisangehöriger Städte. Sie befinden sich entweder beim zuständigen Amt für Bodenmanagement oder beim Magistrat der jeweiligen Stadt (§ 1 in Verbindung mit § 8 der DVO-BauGB vom 17. April 2007 [GVBl. I S. 259], zuletzt geändert durch Verordnung vom 25. November 2014 (GVBl. S. 321));

---

[1] Nr. III/3 Anm. geänd. mWv 1.10.2012 durch AV v. 17.8.2012 (BAnz AT 12.09.2012 B1); Anm. *geänd. mWv 1.10.2016 durch AV v. 23.12.2016* (BAnz AT 24.05.2017 B1); Anm. geänd. mWv 1.10.2021 durch AV v. 9.8.2021 (BAnz AT 16.09.2021 B3); Anm. geänd. mWv 1.10.2023 durch AV v. 3.8.2023 (BAnz AT 22.09.2023 B1).

[2] **Sartorius Nr. 300.**

[3] Richtig wohl: „321".

in **Mecklenburg-Vorpommern**
bei den Landkreisen und kreisfreien Städten (§ 1 der LVO vom 29. Juni 2011 – GVOBl. M-V S. 441);

in **Niedersachsen**
bei den Vermessungs- und Katasterbehörden (§ 17 Absatz 1 der VO vom 22. April 1997 – Nds. GVBl. S. 112 –);

in **Nordrhein-Westfalen**
bei den Kreisen, den kreisfreien Städten und den großen kreisangehörigen Städten (§ 1 der VO vom 23. März 2004 – GV.NRW S. 146 –);

in **Rheinland-Pfalz**
für jeden Landkreis, für jede kreisfreie und große kreisangehörige Stadt (§ 1 der VO vom 15. Mai 1989 – GVBl. S. 153 – BS 213 – 10), die Mitteilungen sind an die Geschäftsstellen bei den Katasterämtern bzw. an die Geschäftsstellen bei den kommunalen Vermessungsdienststellen der Städte Kaiserslautern, Koblenz, Ludwigshafen, Mainz, Trier und Worms zu richten;

im **Saarland**
bei den Landkreisen, beim Regionalverband Saarbrücken und bei der Landeshauptstadt Saarbrücken (§ 1 der VO vom 21. August 1990 – Amtbl. S. 957 –);

in **Sachsen**
für jeden Landkreis und für jede kreisfreie Stadt;

in **Sachsen-Anhalt**
bei dem Landesamt für Vermessung und Geoinformation Sachsen-Anhalt, Otto-von-Guericke-Straße 15, 39104 Magdeburg;

in **Schleswig-Holstein**
bei den Kreisen und kreisfreien Städten (§ 1 LVO vom 27. April 2022 – GVOBl. Schl.-H. S. 588 –);

in **Thüringen**
beim Thüringer Landesamt für Bodenmanagement und Geoinformation.

4.[1] Mitteilungen über die Beurkundung von Erklärungen über die Anerkennung der Vaterschaft oder der Mutterschaft und über die gerichtliche Genehmigung solcher Erklärungen

(1) Mitzuteilen sind

1. die Beurkundung
   a) der Anerkennung einer Vaterschaft oder des Widerrufs der Anerkennung und einer dazu erforderlichen Zustimmung (§ 1597 Absatz 2 und 3 Satz 2, § 1599 Absatz 2 Satz 2 BGB[2]), §§ 27 Absatz 2, 44 Absatz 1 PStG[3]), § 56 Absatz 1 Nummer 1 Buchstabe a PStV[4])),
   b) die Anerkennung einer Mutterschaft (§ 44 Absatz 2 PStG, § 56 Absatz 1 Nummer 1 Buchstabe a PStV),

---

[1]) Nr. III/4 Abs. 1 Nr. 2 geänd., Nr. 3 und 4 angef., Abs. 3 Satz 1 geänd., Satz 5 angef. mWv 1.10.2018 durch AV v. 23.11.2018 (BAnz AT 24.12.2018 B2).

[2]) **Habersack, Deutsche Gesetze Nr. 20.**

[3]) Nr. **113**.

[4]) **Sartorius Nr. 261.**

2. die gerichtliche Genehmigung einer Anerkennung, Zustimmung oder des Widerrufs (§ 1597 Absatz 2 und 3, § 1596 Absatz 1 Satz 3 und 4 BGB, § 56 Absatz 1 Nummer 1 Buchstabe a PStV),
3. die Aussetzung der Beurkundung einer Vaterschaftsanerkennung oder einer Zustimmung der Mutter zur Vaterschaftsanerkennung (§ 1597a Absatz 2 und 4 BGB),
4. konkrete Anhaltspunkte für eine missbräuchliche Anerkennung der Vaterschaft.

(2) [1] Zu übersenden ist eine beglaubigte Abschrift der Anerkennungserklärung, der Widerrufserklärung, der etwa erforderlichen Zustimmungserklärung sowie der erteilten Genehmigung des Gerichts. [2] Soweit nicht bereits in der Urkunde enthalten, sind

a) über das Kind und
b) über die Person, die die Vaterschaft oder Mutterschaft anerkannt hat,

nachstehende von dem Standesamt für die Eintragung in die Personenstandsregister benötigten Angaben mitzuteilen:

– Familienname (wenn der Geburtsname hiervon verschieden ist, auch dieser),
– sämtliche Vornamen,
– Geburtstag und -ort, Geburtsstandesamt, Nummer des Eintrags,
– Staatsangehörigkeit,
– auf Wunsch des Anerkennenden die rechtliche Zugehörigkeit zu einer Religionsgemeinschaft, die Körperschaft des öffentlichen Rechts ist,
– Familienstand,
– Tag und Ort der Eheschließung bzw. der Begründung der Lebenspartnerschaft sowie Standesamt, das das Eheregister bzw. Lebenspartnerschaftsregister führt bzw. die Stelle, der nach Landesrecht die Führung des Lebenspartnerschaftsregisters obliegt, oder falls ein solches nicht geführt wird, die Stelle, die die Begründung der Lebenspartnerschaft dokumentiert hat, und Nummer des Eintrags, wenn ein Familienbuch als Heiratseintrag fortgeführt wird, dessen Kennzeichen und Führungsort,
– Anschrift.

[3] Der Angabe des Familienstandes des Anerkennenden bedarf es nur in den Fällen, in denen ein ausländischer Staatsangehöriger die Vaterschaft anerkannt hat.

(3) [1] Die Mitteilungen nach Absatz 1 Nummer 1 bis 3 sind an das Standesamt zu richten, das den Geburtseintrag des Kindes führt. [2] Ist die Geburt des Kindes nicht im Inland beurkundet, so ist die Mitteilung an das Standesamt I in Berlin zu richten (§ 44 Absatz 3 PStG, § 56 Absatz 1 Nummer 4 Buchstabe b PStV). [3] Ändert sich durch die in Absatz 1 Nummer 1 aufgeführten Erklärungen und Entscheidungen der Name einer Person, deren Geburt nicht in einem Personenstandsregister im Inland beurkundet ist, ist eine Mitteilung an das Standesamt zu richten, das das Eheregister führt, im Fall einer Lebenspartnerschaft an das Standesamt, das das Lebenspartnerschaftsregister führt, bzw. an die Stelle, der nach Landesrecht die Führung des Lebenspartnerschaftsregisters obliegt, oder falls ein solches nicht geführt wird, an die Stelle, die die Begründung der Lebenspartnerschaft dokumentiert hat. [4] Ist bei den in Absatz 1 Nummer 1 aufgeführten Entscheidungen der Personenstandsfall, auf den sich die Mitteilung bezieht, nicht im Inland beurkundet worden, ist eine Mitteilung an das Standesamt I in Berlin zu richten (§ 56 Absatz 1 Nummer 2 Buchstabe c, Absatz 1 Nummer 3 Buchstabe b, Absatz 1

Nummer 4 Buchstabe b PStV). [5] Die Mitteilung nach Absatz 1 Nummer 4 ist an die zuständige Behörde nach § 85a des Aufenthaltsgesetzes[1)] zu richten.

5.[2)] Mitteilungen über die Beurkundung von Erbverträgen und sonstigen erbrechtlichen Erklärungen in einem gerichtlichen Vergleich

(1) Mitzuteilen sind

1. ein in einem gerichtlichen Vergleich errichteter Erbvertrag;
2. in einen gerichtlichen Vergleich aufgenommene sonstige Erklärungen, welche die Erbfolge beeinflussen können (z.B. Aufhebungsvertrag, Rücktritts- und Anfechtungserklärung, Erb- und Zuwendungsverzichtsvertrag, Ehe- und Lebenspartnerschaftsvertrag – etwa durch erstmalige Vereinbarung oder Änderung des Vermögensstands – und Rechtswahlen)

(§ 78d Absatz 4 in Verbindung mit § 78d Absatz 2 Satz 1 BNotO[3)]).

(2) Inhalt und Form der Mitteilung richten sich nach der Testamentsregister-Verordnung.

(3) Die Mitteilungen sind von der Richterin oder dem Richter zu veranlassen.

(4) Die Mitteilungen sind an die Bundesnotarkammer als Registerbehörde des Zentralen Testamentsregisters nach Maßgabe der von ihr getroffenen Festlegungen zu richten.

6.[4)] Mitteilungen über die Beurkundung der Vereinbarung der Gütergemeinschaft in einem gerichtlichen Vergleich zu steuerlichen Zwecken

(1) Mitzuteilen ist die in einem gerichtlichen Vergleich erfolgte Beurkundung der Vereinbarung der Gütergemeinschaft (§ 34 ErbStG).

(2) [1] Außer der beglaubigten Abschrift der Urkunde sind die gemäß § 8 Absatz 1 ErbStDV zu treffenden Feststellungen über den Wert der Zuwendung und – bei einer Zuwendung von Grundbesitz – über den zuletzt festgestellten Einheitswert, Grundsteuerwert oder Grundbesitzwert mit einem Vordruck nach Muster 6 zu § 8 ErbStDV mitzuteilen, soweit die Mitteilung hiernach vorgesehen ist. [2] Darin ist auch der der Kostenberechnung zu Grunde gelegte Wert anzugeben.

(3) [1] Die Mitteilungen sind schriftlich an das für die Verwaltung der Erbschaftsteuer zuständige Finanzamt (§ 34 Absatz 1 ErbStG i.V.m. § 35 ErbStG) zu richten. [2] Eine elektronische Übermittlung der Mitteilungen ist ausgeschlossen.

Anmerkung: Im Saarland werden Schenkungsfälle nicht mehr durch ein saarländisches Finanzamt, sondern auf der Grundlage eines Staatsvertrags im Wege einer Kooperation mit Rheinland-Pfalz durch ein rheinland-pfälzisches Finanzamt *bearbeitet. Mitteil*ungen sind an das Finanzamt Kusel-Landstuhl zu richten.

---

1) **Sartorius Nr. 565.**

2) Nr. III/5 neu gef. mWv 1.10.2012 durch AV v. 17.8.2012 (BAnz AT 12.09.2012 B1); Abs. 1 abschl. Satzteil geänd. mWv 1.10.2018 durch AV v. 23.11.2018 (BAnz AT 24.12.2018 B2).

3) Nr. **98a.**

4) Nr. III/6 Anm. angef. mWv 1.10.2016 durch AV v. 23.12.2016 (BAnz AT 24.05.2017 B1); Abs. 2 Satz 1 geänd. mWv 1.10.2023 durch AV v. 3.8.2023 (BAnz AT 22.09.2023 B1).

2. Abschnitt. Mitteilungen in Zivilprozeßverfahren

IV. Mitteilungen in Mietsachen

1.[1] Mitteilungen über Klagen auf Räumung von Wohnraum bei Zahlungsverzug des Mieters

(1) Mitzuteilen ist der Eingang einer Klage, mit der die Räumung von Wohnraum im Falle der Kündigung des Mietverhältnisses wegen Zahlungsverzugs des Mieters nach § 543 Absatz 1, Absatz 2 Satz 1 Nummer 3 in Verbindung mit § 569 Absatz 3 BGB[2] verlangt wird (§ 22 Absatz 9 SGB II, § 36 Absatz 2 SGB XII).

(2) Die Mitteilung unterbleibt, wenn die Nichtzahlung der Miete nach dem Inhalt der Klageschrift offensichtlich nicht auf Zahlungsunfähigkeit des Mieters beruht.

(3) Mitzuteilen sind

1. der Tag des Eingangs der Klage und, falls die Klage bereits zugestellt ist, auch der Tag der Rechtshängigkeit der Klage,
2. die Namen und Anschriften der Parteien,
3. die Höhe der monatlich zu entrichtenden Miete,
4. die Höhe des geltend gemachten Mietrückstandes und der geltend gemachten Entschädigung und
5. der Termin zur mündlichen Verhandlung, sofern dieser bereits bestimmt ist.

(4) Die Mitteilungen sind unverzüglich zu bewirken, in der Regel nach Eingang der Klage.

(5) Die Mitteilungen, für die ein Vordruck gemäß dem als Anlage beigefügten Muster zu verwenden ist, sind an den örtlich für die Übernahme der Kosten der Unterkunft und Heizung zuständigen kommunalen Träger der Sozialhilfe oder die von diesem beauftragte Stelle beziehungsweise an den örtlich zuständigen kommunalen Träger der Grundsicherung für Arbeitsuchende oder die von diesem beauftragte Stelle zu richten.

(6) Zugleich mit der Mitteilung ist der Betroffene über den Inhalt und den Empfänger der Mitteilung zu unterrichten.

Anmerkung: Mitteilungsempfänger sind:

in **Baden-Württemberg** der Stadt- oder Landkreis sowie die gemeinsame Einrichtung im Sinne des § 44b SGB II;

in **Bayern** der Landkreis bzw. die kreisfreie Gemeinde;

in **Berlin** das Bezirksamt – Bereich Soziales – bzw. das Jobcenter (je nachdem, welche Stelle im jeweiligen Amtsgerichtsbezirk für die Entgegennahme zuständig ist);

in **Brandenburg** die Landkreise bzw. kreisfreien Städte;

in **Bremen**

a) in der Stadt Bremen das Amt für Soziale Dienste – Zentrale Fachstelle für Wohnen (ZfW), Bahnhofsplatz 29, 28195 Bremen;

---

[1] Nr. IV/1 Abs. 1 und Anm. geänd. mWv 1.10.2012 durch AV v. 17.8.2012 (BAnz AT 12.09.2012 B1); *Anm. geänd. mWv 1.10.2014 durch* AV v. 15.9.2014 (BAnz AT 29.09.2014 B1); Anm. geänd. mWv 1.10.2016 durch AV v. 23.12.2016 (BAnz AT 24.05.2017 B1); Anm. geänd. mWv 1.10.2021 durch AV v. 9.8.2021 (BAnz AT 16.09.2021 B3); Abs. 5 neu gef. mWv 1.10.2023 durch AV v. 3.8.2023 (BAnz AT 22.09.2023 B1).

[2] **Habersack, Deutsche Gesetze Nr. 20.**

b) in der Stadt Bremerhaven
für Mitteilungen nach § 36 Absatz 2 SGB XII der Magistrat der Stadt Bremerhaven – Sozialamt –,
für Mitteilungen nach § 22 Absatz 9 SGB II das Jobcenter Bremerhaven;

c) für den Bezirk des Amtsgerichts Bremen-Blumenthal das Amt für Soziale Dienste – Zentrale Fachstelle für Wohnen (ZfW) im Sozialamt Nord, Am Sedanplatz 7, 28757 Bremen;

in **Hamburg** das Bezirksamt – Grundsicherungs- und Sozialamt – Fachstelle für Wohnungsnotfälle;

in **Hessen** die Kreisausschüsse der Landkreise und der Magistrat der kreisfreien Städte

in **Mecklenburg-Vorpommern**

a) für Mitteilungen nach § 36 Absatz 2 SGB XII die Landräte der Landkreise sowie die Oberbürgermeister der kreisfreien Städte – Sozialämter –,

b) für Mitteilungen nach § 22 Absatz 9 SGB II die Gemeinsamen Einrichtungen bzw. im Landkreis Vorpommern-Rügen der Landrat;

in **Niedersachsen** der Landkreis bzw. die kreisfreie Stadt;

in **Nordrhein-Westfalen**

a) für Mitteilungen nach § 36 Absatz 2 SGB XII die Gemeinde bzw. die Kreise und kreisfreien Städte (§§ 3, 97 Absatz 1 SGB XII in Verbindung mit § 1 Absatz 1 und § 3 AG-SGB XII NRW)

b) für Mitteilungen nach § 22 Absatz 9 SGB II die Gemeinde bzw. die Kreise und kreisfreien Städte (§ 6 Absatz 1 Satz 1 Nummer 2 SGB II in Verbindung mit § 1 und § 5 Absatz 1 und 2 AG-SGB II NRW);

in **Rheinland-Pfalz** die Landkreise und kreisfreien Städte;

im **Saarland**

a) für Mitteilungen nach § 36 Absatz 2 SGB XII der Regionalverband bzw. die Landkreise,

b) für Mitteilungen nach § 22 Absatz 9 SGB II die Jobcenter Saarbrücken, Saarlouis, Neunkirchen, Saarpfalz oder Merzig-Wadern sowie die Kommunale Arbeitsförderung St. Wendel;

in **Sachsen** die Landkreise und kreisfreien Städte sowie die gemeinsamen Einrichtungen im Sinne des § 44b SGB II;

in **Sachsen-Anhalt** die Landkreise und kreisfreien Städte sowie die gemeinsamen Einrichtungen im Sinne des § 44b SGB II;

in **Schleswig-Holstein** die Landkreise (Kreissozialamt) und die kreisfreien Städte (Sozialamt); diese teilen den Gerichten etwaige von ihnen beauftragte Stellen mit;

in **Thüringen** die Sozialhilfeverwaltung der Landkreise oder der kreisfreien Städte und die Jobcenter der zugelassenen kommunalen Träger nach § 6b SGB II (besondere Einrichtungen) sowie die Jobcenter nach § 44b SGB II (gemeinsame Einrichtungen).

V. Mitteilungen in Handelssachen nach § 95 GVG

1.[1] Mitteilungen an die Bundesanstalt für Finanzdienstleistungsaufsicht

(1) Mitzuteilen sind, wenn für die Gesellschaft als Emittentin von zugelassenen Wertpapieren im Sinne des § 2 Absatz 1 des Wertpapierhandelsgesetzes[2] mit Ausnahme von Anteilen und Aktien an offenen Investmentvermögen im Sinne des § 1 Absatz 4 des Kapitalanlagegesetzbuchs die Bundesrepublik Deutschland der Herkunftsstaat (§ 2 Absatz 13 des Wertpapierhandelsgesetzes) ist,

1. in Verfahren zur Bestellung von Sonderprüfern nach § 142 Absatz 2 Satz 1, § 258 Absatz 1 Satz 1 AktG[3]
   a) der Eingang eines Antrags auf Bestellung von Sonderprüfern,
   b) jede rechtskräftige Entscheidung über die Bestellung von Sonderprüfern,
   c) der Prüfungsbericht der Sonderprüfer,
   d) im Falle des § 258 Absatz 1 Satz 1 AktG zusätzlich die rechtskräftige gerichtliche Entscheidung über die abschließenden Feststellungen der Sonderprüfer nach § 260 Absatz 2 AktG;

   (§ 142 Absatz 7, § 261a AktG);
2. bei Klagen gegen die Gesellschaft auf Feststellung der Nichtigkeit eines Jahresabschlusses
   a) der Eingang der Klage,
   b) die rechtskräftige Entscheidung über die Klage

   (§ 256 Absatz 7 Satz 2 AktG)

(2) Die Mitteilungen sind von der Richterin oder dem Richter zu veranlassen.

(3) Die Mitteilungen sind an die Bundesanstalt für Finanzdienstleistungsaufsicht (BaFin), Postfach 500154, 60391 Frankfurt, zu richten.

Va.[4] Mitteilungen in Verfahren mit Bezug zum Zahlungskontengesetz

1. Mitteilungen nach § 52 des Zahlungskontengesetzes

(1) [1] Mitzuteilen ist in Verfahren, welche die Rechte und Pflichten des Berechtigten und des Verpflichteten auf Grund des ZKG betreffen, eine Abschrift des Schriftsatzes, mit dem in dem betreffenden Verfahren erstmals eine Bezugnahme auf die Bestimmungen des ZKG erfolgt (§ 52 ZKG). [2] Einer Mitteilung bedarf es nicht, wenn die Klage nach § 50 ZKG gegen die Bundesanstalt für Finanzdienstleistungsaufsicht erhoben ist.

(2) Die Mitteilungen sind von der Richterin oder dem Richter zu veranlassen.

(3) Die Mitteilungen sind an die Bundesanstalt für Finanzdienstleistungsaufsicht (BaFin), Postfach 1253, 53002 Bonn, zu richten.

---

[1] *Nr. V/1 Abs. 1 geänd. mWv 1.10.2016* durch AV v. 23.12.2016 (BAnz AT 24.05.2017 B1); Abs. 1 einl. Satzteil neu gef. mWv 1.10.2021 durch AV v. 9.8.2021 (BAnz AT 16.09.2021 B3).

[2] Nr. **58**.

[3] **Habersack, Deutsche Gesetze Nr. 51.**

[4] Nr. Va eingef. mWv 1.10.2018 durch AV v. 23.11.2018 (BAnz AT 24.12.2018 B2).

3. Abschnitt. Mitteilungen in Vollstreckungsverfahren

VI. Mitteilungen in Zwangsvollstreckungssachen

1. *(aufgehoben)*

2.[1] **Mitteilungen zur Unterrichtung der Staatsanwaltschaft**

(1) [1] Mitzuteilen sind Eintragungen in das Schuldnerverzeichnis nach § 882b ZPO[2], wenn das Verfahren eine Aktiengesellschaft, eine Kommanditgesellschaft auf Aktien, eine Gesellschaft mit beschränkter Haftung oder eine Genossenschaft betrifft. [2] Dasselbe gilt, wenn das Verfahren eine offene Handelsgesellschaft oder eine Kommanditgesellschaft betrifft, bei der kein Gesellschafter eine natürliche Person ist (§ 17 Nummer 1 EGGVG[3]).

(2) Die Mitteilungen sind an die für das Amtsgericht im Sinne des § 802e ZPO zuständige Staatsanwaltschaft zu richten.

(3) [1] Mitteilungspflichtige Stelle für Eintragungen in das Schuldnerverzeichnis nach § 882c ZPO, § 284 Absatz 9 AO und § 26 Absatz 2 InsO[4] ist das zentrale Vollstreckungsgericht. [2] Eine Mitteilung muss nur ergehen, soweit die die Eintragung in das Schuldnerverzeichnis anordnende Stelle das zentrale Vollstreckungsgericht über den Mitteilungsfall gesondert in Kenntnis setzt. [3] Wird eine Eintragung gemäß § 882c ZPO von einem Gerichtsvollzieher oder gemäß § 26 Absatz 2 InsO von dem Insolvenzgericht angeordnet, setzt die anordnende Stelle bei Übermittlung der Eintragungsanordnung oder nach Erhalt der Eintragungsmitteilung (§ 3 Absatz 2 Satz 2 SchuFV[5]) unter Angabe der Verfahrensnummer das zentrale Vollstreckungsgericht über eine aus der Eintragung resultierende Mitteilungspflicht in Kenntnis. [4] Mitgeteilt wird nur der Inhalt der Eintragung sowie die absendende Stelle.

Anmerkung:

In **Bayern** sind die Mitteilungen an die Schwerpunktstaatsanwaltschaften für Wirtschaftsstrafsachen (§ 40 BayGZVJu, § 74c Absatz 3 Satz 1, § 143 GVG[6]) zu richten.

In **Sachsen** sind die Mitteilungen an die Schwerpunktstaatsanwaltschaften für Wirtschaftsstrafsachen (§ 23 SächsJOrgVO, § 74c Absatz 3 Satz 1, § 143 GVG) zu richten.

3.[7] **Mitteilungen an das Registergericht**

(1) Mitzuteilen sind Eintragungen in das Schuldnerverzeichnis nach § 882b ZPO[2], wenn das Verfahren eine Aktiengesellschaft, eine Kommanditgesellschaft auf Aktien, eine Gesellschaft mit beschränkter Haftung oder eine Genossenschaft betrifft und ein Vermögensverzeichnis vorliegt, aus dem sich hinreichende An-

---

[1] *Nr. VI/2 Abs. 1 Satz 1 und Abs. 2 neu* gef., Abs. 3 angef. mWv 1.10.2014 durch AV v. 15.9.2014 (BAnz AT 29.09.2014 B1); Anm. geänd. mWv 1.10.2016 durch AV v. 23.12.2016 (BAnz AT 24.05.2017 B1).

[2] **Habersack, Deutsche Gesetze Nr. 100.**

[3] **Habersack, Deutsche Gesetze Nr. 95a.**

[4] **Habersack, Deutsche Gesetze Nr. 110.**

[5] **Habersack, Deutsche Gesetze Nr. 102.**

[6] **Habersack, Deutsche Gesetze Nr. 95.**

[7] Nr. VI/3 Abs. 1 neu gef., Abs. 2 aufgeh., bish. Abs. 3 wird Abs. 2, neuer Abs. 3 angef. mWv 1.10.2014 durch AV v. 15.9.2014 (BAnz AT 29.09.2014 B1); Abs. 3 Satz 3 geänd. mWv 1.10.2021 durch AV v. 9.8.2021 (BAnz AT 16.09.2021 B3); Abs. 3 Satz 1 geänd. mWv 1.10.2023 durch AV v. 3.8.2023 (BAnz AT 22.09.2023 B1).

haltspunkte dafür ergeben, dass die Gesellschaft vermögenslos ist (§ 15 Nummer 1 EGGVG[1)]).

(2) Die Mitteilungen sind an das zuständige Registergericht zu richten.

(3) [1] Mitteilungspflichtige Stelle für Eintragungen in das Schuldnerverzeichnis nach § 882c Absatz 1 Satz 1 Nummer 2 und 3 ZPO, § 284 Absatz 9 AO und § 26 Absatz 2 InsO[2)] ist das zentrale Vollstreckungsgericht. [2] Eine Mitteilung muss nur ergehen, soweit die die Eintragung in das Schuldnerverzeichnis anordnende Stelle das zentrale Vollstreckungsgericht über den Mitteilungsfall gesondert in Kenntnis setzt.
[3] Wird eine Eintragung gemäß § 882c Absatz 1 Satz 1 Nummer 2 und 3 ZPO von einem Gerichtsvollzieher oder gemäß § 26 Absatz 2 InsO von dem Insolvenzgericht angeordnet, setzt die anordnende Stelle bei Übermittlung der Eintragungsanordnung oder nach Erhalt der Eintragungsmitteilung (§ 3 Absatz 2 Satz 2 SchuFV[3)]) unter Angabe der Verfahrensnummer das zentrale Vollstreckungsgericht über eine aus der Eintragung resultierende Mitteilungspflicht in Kenntnis. [4] Mitgeteilt wird nur der Inhalt der Eintragung sowie die absendende Stelle.

4.[4)] Mitteilungen über vorzeitige Löschungen im Schuldnerverzeichnis

(1) Mitzuteilen ist die vorzeitige Löschung einer Eintragung im Schuldnerverzeichnis (§ 882g Absatz 6 Satz 2 ZPO[5)], § 14 Absatz 2 SchuVAbdrV[6)]).

(2) Die Mitteilungen sind innerhalb eines Monats zu bewirken (§ 882g Absatz 6 Satz 2 ZPO).

(3) Die Mitteilungen sind an die Bezieher von Abdrucken aus dem Schuldnerverzeichnis zu richten.

(4) War die Eintragung im Schuldnerverzeichnis von Anfang an rechtswidrig, ist dies bei der Mitteilung nach Absatz 1 auf geeignete Weise kenntlich zu machen.

5.[7)] Mitteilungen an das zentrale Vollstreckungsgericht

Hebt das zuständige Vollstreckungsgericht oder das Beschwerdegericht die Eintragungsanordnung auf, weil sie von Anfang an rechtswidrig war, teilt es dies dem zentralen Vollstreckungsgericht zusammen mit der Entscheidung nach § 882d Absatz 3 ZPO[5)] mit.

VII. Mitteilungen in Zwangsversteigerungssachen

1.[8)] Mitteilungen über die Bestimmung des Versteigerungstermins

(1) Mitzuteilen ist bei der Zwangsversteigerung von Grundstücken und grundstücksgleichen Rechten die Bestimmung des Versteigerungstermins (§ 39 ZVG[9)], § 13 Absatz 1 Nummer 4 EGGVG[1)]).

(2) Die Mitteilungen müssen den Namen und die Anschrift des Vollstreckungsschuldners enthalten.

---

1) **Habersack, Deutsche Gesetze Nr. 95a.**
2) **Habersack, Deutsche Gesetze Nr. 110.**
3) **Habersack, Deutsche Gesetze Nr. 102.**
4) Nr. VI/4 Abs. 1 und 2 geänd. mWv 1.10.2014 durch AV v. 15.9.2014 (BAnz AT 29.09.2014 B1); Abs. 4 angef. mWv 1.10.2018 durch AV v. 23.11.2018 (BAnz AT 24.12.2018 B2).
5) **Habersack, Deutsche Gesetze Nr. 100.**
6) **Habersack, Deutsche Gesetze Nr. 102a.**
7) Nr. VI/5 eingef. mWv 1.10.2018 durch AV v. 23.11.2018 (BAnz AT 24.12.2018 B2).
8) Nr. VII/1 Abs. 2 geänd. mWv 1.10.2018 durch AV v. 23.11.2018 (BAnz AT 24.12.2018 B2).
9) **Habersack, Deutsche Gesetze Nr. 108.**

(3) Die Mitteilungen sind zu richten an

1. die Gemeindeverwaltung (§ 77 Absatz 2 AO, § 134 Absatz 2 BauGB[1]), § 12 GrStG, Beiträge nach Kommunalabgabenrecht);
2. die Stellen, die öffentliche Lasten einziehen, soweit feststeht, daß derartige Abgaben nach landesrechtlichen Bestimmungen in Betracht kommen; zu diesen Lasten gehören insbesondere
   a) Kirchspielsumlagen sowie Abgaben und Leistungen die aus dem Kirchen- und Pfarrverband entspringen oder an Kirchen, Pfarreien oder Kirchenbedienstete zu entrichten sind,
   b) Beiträge, die an Stiftungen, Anstalten und Körperschaften des öffentlichen Rechts, die einen gemeinnützigen Zweck verfolgen, sowie an öffentlich-rechtliche Brandversicherungsanstalten zu entrichten sind,
   c) Beiträge, die an öffentlich-rechtliche Genossenschaften, deren Zweck in der Verbesserung der Bodenverhältnisse besteht, zu entrichten sind,
   d) Beiträge und Gebühren zu öffentlichen Wege-, Siel-, Wasser- und Uferbauten.

2.[2]) Mitteilungen über den Zuschlag zu steuerlichen Zwecken

(1) Mitzuteilen sind Zuschlagsbeschlüsse in Zwangsversteigerungsverfahren über Grundstücke und grundstücksgleiche Rechte, z.B. Erbbaurechte und Wohnungseigentum, ohne Rücksicht darauf, ob der Rechtsübergang grunderwerbsteuerpflichtig ist (§ 18 Absatz 1 Satz 1 Nummer 3 und Absatz 3 Satz 2 GrEStG).

(2) [1]Die Mitteilungen sind nach amtlich vorgeschriebenem Vordruck (§ 18 Absatz 1 Satz 1 GrEStG) binnen zwei Wochen nach der Verkündung des Zuschlagsbeschlusses zu bewirken. [2]Ihnen ist eine Abschrift des Zuschlagsbeschlusses beizufügen (§ 18 Absatz 1 Satz 2 GrEStG). [3]Die Absendung der Mitteilung ist auf der Urschrift des Zuschlagsbeschlusses zu vormerken (§ 18 Absatz 4 GrEStG).

(3) [1]Die Mitteilungen sind schriftlich zu richten

1. bei einem Zuschlagsbeschluss, der sich auf ein Grundstück/Erbbaurecht bezieht, an das Finanzamt, in dessen Bezirk das Grundstück/Erbbaurecht oder der wertvollste Teil des Grundstücks/Erbbaurechts liegt (§ 17 Absatz 1 Satz 1, § 18 Absatz 5 GrEStG);
2. bei einem Zuschlagsbeschluss, der sich auf mehrere Grundstücke/Erbbaurechte bezieht,
   a) die im Bezirk eines Finanzamtes liegen, an dieses Finanzamt,
   b) die in den Bezirken verschiedener Finanzämter liegen, an das Finanzamt, in dessen Bezirk der wertvollste Grundstücksteil/Teil des Erbbaurechts oder das wertvollste Grundstück/Erbbaurecht oder der wertvollste Bestand an Grundstücksteilen/Erbbaurechtsteilen oder Grundstücken/Erbbaurechten liegt (§ 17 Absatz 2 GrEStG).

[2]Bis zum Erlass einer Rechtsverordnung gemäß § 22a GrEStG ist eine elektronische Übermittlung der Mitteilung ausgeschlossen.

Anmerkungen: Bei den Mitteilungen sind die Zuständigkeitskonzentrationen der Finanzämter in den einzelnen Ländern zu beachten (vgl. die Suchseite des Bundeszentralamtes für Steuern www.finanzamt.de).

---

[1]) **Sartorius Nr. 300.**

[2]) Nr. VII/2 Abs. 3 neu gef. mWv 1.10.2018 durch AV v. 23.11.2018 (BAnz AT 24.12.2018 B2); Abs. 3 Satz 2 neu gef., Anm. geänd. mWv 1.10.2023 durch AV v. 3.8.2023 (BAnz AT 22.09.2023 B1).

In **Nordrhein-Westfalen** kann aufgrund einer Vereinbarung mit dem Finanzministerium abweichend von Absatz 2 von der Verwendung des amtlichen Vordrucks abgesehen und statt dessen eine Abschrift des Zuschlagsbeschlusses mit einem kurzen Anschreiben übersandt werden.

3.[1] Mitteilungen über den Zuschlag zu Wertermittlungszwecken des Gutachterausschusses

(1) [1] Mitzuteilen sind alle Zuschlagsbeschlüsse in Zwangsversteigerungsverfahren (§ 195 Absatz 1, § 200 BauGB[2]). [2] Gleichzeitig ist der gerichtlich festgesetzte Verkehrswert mitzuteilen.

(2) Die Mitteilungen sind an den zuständigen Gutachterausschuß zu richten.

Anmerkung: Die Gutachterausschüsse (Absatz 2) sind in der Anmerkung zu III/3 aufgeführt.

VIII. Mitteilungen in Konkurs- und Vergleichssachen[3]

1.[4] *(aufgehoben)*

2.[5] Mitteilungen bei Ablehnung der Eröffnung des Konkursverfahrens (Anschlußkonkursverfahrens) mangels Masse

(1) [1] Mitzuteilen sind

1. die Abweisung des Antrags auf Eröffnung des Konkursverfahrens mangels Masse;
2. die Ablehnung der Eröffnung des Anschlußkonkursverfahrens mangels Masse
   a) nach Ablehnung der Eröffnung des Vergleichsverfahrens,
   b) nach Einstellung des Vergleichsverfahrens,
   c) nach Versagung der Bestätigung des Vergleichs,
   d) nach Einstellung des fortgesetzten Vergleichsverfahrens,

(§ 1 des Gesetzes über die Auflösung und Löschung von Gesellschaften und Genossenschaften BGBl. III 4120.3, § 202 VAG, *§ 81 Absatz 1, § 96 Absatz 6, § 101 VglO*[6], §§ 112, 205 KO, § 13 Absatz 1 Nummer 4 EGGVG[7]). [2] Bei Nachlaßkonkursen entfällt die Mitteilung an die Staatsanwaltschaft.

(2) Die Mitteilungen sind zu richten an

1. die Staatsanwaltschaft, soweit es sich nicht um Verfahren gegen Privatpersonen ohne Bezug zu einer gewerblichen Tätigkeit des Schuldners handelt;
2. das Registergericht,
   a) wenn der Schuldner eine Aktiengesellschaft, eine Kommanditgesellschaft auf Aktien, eine Gesellschaft mit beschränkter Haftung oder ein Versicherungsverein auf Gegenseitigkeit ist (§ 1 des Gesetzes über die Auflösung und

---

[1] Nr. VII/3 Abs. 1 Satz 2 angef. mWv 1.10.2014 durch AV v. 15.9.2014 (BAnz AT 29.09.2014 B1).

[2] **Sartorius Nr. 300.**

[3] **Amtl. Anm.:** Die Mitteilungspflicht in Konkursverfahren erstreckt sich bis zum 31. Dezember 1998 auch auf Gesamtvollstreckungsverfahren.

[4] Nr. VIII/1 aufgeh. mWv 1.10.2014 durch AV v. 15.9.2014 (BAnz AT 29.09.2014 B1).

[5] Nr. VIII/2 Abs. 2 Nr. 2 Buchst. b geänd. mWv 1.10.2014 durch AV v. 15.9.2014 (BAnz AT 29.09.2014 B1); Abs. 1 Satz 1 abschl. Satzteil und Abs. 2 Nr. 2 Buchst. a geänd. mWv 1.10.2016 durch AV v. *23.12.2016 (BAnz AT 24.05.2017 B1)*; Anm. geänd. mWv 1.10.2021 durch AV v. 9.8.2021 (BAnz AT 16.09.2021 B3).

[6] Die VglO wurde aufgehoben mWv 1.1.1999 durch Art. 2 Nr. 1 EGInsO **(Habersack, Deutsche Gesetze Nr. 110a).**

[7] **Habersack, Deutsche Gesetze Nr. 95a.**

Löschung von Gesellschaften und Genossenschaften BGBl. III 4120.3, § 202 VAG, § 32 HGB[1]),

b) außerdem in den Fällen des Absatzes 1 Nummer 2 Buchstabe b bis d, wenn der Schuldner in das Handels-, das Genossenschafts-, das Partnerschafts- oder in das Vereinsregister eingetragen ist (*§ 81 Absatz 1, § 96 Absatz 6, § 101 VglO*[2]), § 102 GenG[3]), § 2 Absatz 2 PartGG[4]) in Verbindung mit § 32 HGB, § 75 BGB[5]));

wenn dies im Hinblick auf den Geschäftsbetrieb des Schuldners erforderlich erscheint, ferner an

3. die Träger der gesetzlichen Krankenversicherung, die für den Sitz oder Wohnsitz des Schuldners zuständig sind,
4. die Agentur für Arbeit, in deren Bezirk die für Arbeitnehmer des Schuldners zuständige Lohnabrechnungsstelle des Schuldners liegt oder, falls der Schuldner im Geltungsbereich des Dritten Buches Sozialgesetzbuch (SGB III) keine Lohnabrechnungsstelle hat, an die Agentur für Arbeit, in deren Bezirk das Konkursgericht seinen Sitz hat.

Anmerkung:

In **Rheinland-Pfalz** sind die Mitteilungen nach Absatz 2 Nummer 1 im OLG-Bezirk Koblenz an die Staatsanwaltschaft Koblenz, im OLG-Bezirk Zweibrücken an die Staatsanwaltschaft Kaiserslautern zu richten.

3.[6]) Mitteilungen über die Eröffnung des Konkursverfahrens (Anschlußkonkursverfahrens)

(1) [1] Mitzuteilen sind unter Bezeichnung des Konkursverwalters

1. die Eröffnung des Konkursverfahrens;
2. die Eröffnung des Anschlußkonkursverfahrens
   a) nach Ablehnung der Eröffnung des Vergleichsverfahrens,
   b) nach Einstellung des Vergleichsverfahrens,
   c) nach Versagung der Bestätigung des Vergleichs,
   d) nach Einstellung des fortgesetzten Vergleichsverfahrens

(§ 112 KO, § 202 VAG, § 13 Absatz 1 Nummer 4 EGGVG[7])). [2] Bei Nachlaßkonkurssachen entfällt die Mitteilung an die Staatsanwaltschaft.

(2) Die Mitteilungen sind in den Fällen des Absatzes 1 Nummer 1 und 2 Buchstabe a alsbald nach Erlaß, im übrigen alsbald nach Rechtskraft des Beschlusses zu bewirken.

---

1) **Habersack, Deutsche Gesetze Nr. 50.**

2) Die VglO wurde aufgehoben mWv 1.1.1999 durch Art. 2 Nr. 1 EGInsO **(Habersack, Deutsche Gesetze Nr. 110a)**.

3) **Habersack, Deutsche Gesetze Nr. 53.**

4) **Habersack, Deutsche Gesetze Nr. 50b.**

5) **Habersack, Deutsche Gesetze Nr. 20.**

6) Nr. VIII/3 Abs. 3 Nr. 2 geänd. mWv 1.10.2014 durch AV v. 15.9.2014 (BAnz AT 29.09.2014 B1); Abs. 1 Satz 1 abschl. Satzteil und Abs. 3 Nr. 2 geänd. mWv 1.10.2016 durch AV v. 23.12.2016 (BAnz AT 24.05.2017 B1); Anm. 1 aufgeh., bish. Anm. 2 wird Anm. mWv 1.10.2021 durch AV v. 9.8.2021 (BAnz AT 16.09.2021 B3).

7) **Habersack, Deutsche Gesetze Nr. 95a.**

(3) Die Mitteilungen sind zu richten an

1. die Dienstbehörde, wenn der Gemeinschuldner Angehöriger des öffentlichen Dienstes ist (§ 112 KO);
2. das Registergericht, wenn der Gemeinschuldner im Handels-, Genossenschafts-, Partnerschafts- oder Vereinsregister eingetragen ist (§ 112 KO, § 202 VAG, § 32 HGB[1)], § 102 GenG[2)], § 2 Absatz 2 PartGG[3)] in Verbindung mit § 32 HGB, § 75 BGB[4)]);

ferner an folgende für den Sitz oder Wohnsitz des Gemeinschuldners zuständige Stellen:

3. die Staatsanwaltschaft, soweit es sich nicht um Verfahren gegen Privatpersonen ohne Bezug zu einer gewerblichen Tätigkeit des Schuldners handelt;
4. den Präsidenten oder den Direktor des Amtsgerichts sowie den Präsidenten des Landgerichts (§ 240 ZPO[5)]);
5. das Nachlaßgericht, wenn die Mitteilungen ein Nachlaßkonkursverfahren betreffen;
6. die Gerichtsvollzieher-Verteilungsstelle;
7. das Arbeitsgericht;
8. das Finanzamt;
9. das Hauptzollamt;
10. die Steuerkasse der Gemeinde;

wenn dies im Hinblick auf den Beruf oder den Geschäftsbetrieb des Gemeinschuldners erforderlich erscheint, auch an

11. folgende für den Sitz oder Wohnsitz des Gemeinschuldners zuständige Stellen:
    a) die Träger der gesetzlichen Krankenversicherung,
    b) die Berufsgenossenschaft,
    c) die Träger der gesetzlichen Rentenversicherung einschließlich der Alterssicherung der Landwirte,
    d) die Industrie- und Handelskammer oder die Handwerkskammer;
12. die Agentur für Arbeit, in deren Bezirk die für Arbeitnehmer des Gemeinschuldners zuständige Lohnabrechnungsstelle des Gemeinschuldners liegt oder, falls der Gemeinschuldner im Geltungsbereich des SGB III keine Lohnabrechnungsstelle hat, an die Agentur für Arbeit, in deren Bezirk das Konkursgericht seinen Sitz hat.

Anmerkungen:

In **Rheinland-Pfalz** sind die Mitteilungen nach Absatz 3 Nummer 3 im OLG-Bezirk Koblenz an die Staatsanwaltschaft Koblenz, im OLG-Bezirk Zweibrücken an die Staatsanwaltschaft Kaiserslautern zu richten.

[1)] **Habersack, Deutsche Gesetze Nr. 50.**
[2)] **Habersack, Deutsche Gesetze Nr. 53.**
[3)] **Habersack, Deutsche Gesetze Nr. 50b.**
[4)] **Habersack, Deutsche Gesetze Nr. 20.**
[5)] **Habersack, Deutsche Gesetze Nr. 100.**

4.[1] Mitteilungen über weitere Entscheidungen im Konkursverfahren (Anschlußkonkursverfahren)

(1) Mitzuteilen sind

1. die Aufhebung des Eröffnungsbeschlusses;
2. die Aufhebung des Konkursverfahrens (Anschlußkonkursverfahrens) nach Bestätigung des Zwangsvergleichs;
3. die Aufhebung des Konkursverfahrens (Anschlußkonkursverfahrens) nach Abhaltung des Schlußtermins;
4. die Einstellung des Konkursverfahrens (Anschlußkonkursverfahrens);
5. die Wiederaufnahme des Konkursverfahrens (Anschlußkonkursverfahrens);
6. die Aufhebung des die Wiederaufnahme anordnenden Beschlusses

(§§ 112, 116, 163 Absatz 3, § 190 Absatz 3, § 198 Absatz 2, § 205 Absatz 2 KO, § 13 Absatz 1 Nummer 4 EGGVG[2]).

(2) Die Mitteilungen sind in den Fällen des Absatzes 1 Nummer 2 bis 5 alsbald nach dem Erlaß, im übrigen alsbald nach Rechtskraft des Beschlusses zu bewirken.

(3) Die Mitteilungen sind zu richten an

1. die Dienstbehörde, wenn der Gemeinschuldner Angehöriger des öffentlichen Dienstes ist (§§ 112, 116, 163 Absatz 3, § 190 Absatz 3, § 198 Absatz 2 und § 205 Absatz 2 KO);
2. das Registergericht, wenn der Gemeinschuldner im Handels-, Genossenschafts-, Partnerschafts- oder Vereinsregister eingetragen ist (§§ 112, 116, 163 Absatz 3, § 190 Absatz 3, § 198 Absatz 2 und § 205 Absatz 2 KO, § 32 HGB[3], § 102 GenG[4], § 2 Absatz 2 PartGG[5] in Verbindung mit § 32 HGB, § 75 BGB[6]);

ferner an folgende für den Sitz oder Wohnsitz des Gemeinschuldners zuständige Stellen:

3. den Präsidenten oder den Direktor des Amtsgerichts sowie den Präsidenten des Landgerichts (§ 240 ZPO[7]);
4. das Nachlaßgericht, wenn die Mitteilungen ein Nachlaßkonkursverfahren betreffen;
5. die Gerichtsvollzieher-Verteilungsstelle;
6. die Gerichtskasse oder die nach § 2 Absatz 1 Satz 2 JBeitrG[8] als Vollstreckungsbehörde bestimmte Behörde.

5.[9] Mitteilungen über vorzeitige Löschungen im Schuldnerverzeichnis

(1) Mitzuteilen ist die vorzeitige Löschung einer Eintragung im Schuldnerverzeichnis (§ 107 Absatz 2 Satz 2 KO, § 882g Absatz 6 Satz 2 ZPO[7], § 14 Absatz 2 *SchVAbdrV*[10] [11]).

---

[1] Nr. VIII/4 Abs. 3 Nr. 2 geänd. mWv 1.10.2014 durch AV v. 15.9.2014 (BAnz AT 29.09.2014 B1); Abs. 3 Nr. 6 geänd. mWv 1.10.2018 durch AV v. 23.11.2018 (BAnz AT 24.12.2018 B2).

[2] **Habersack, Deutsche Gesetze Nr. 95a.**

[3] **Habersack, Deutsche Gesetze Nr. 50.**

[4] **Habersack, Deutsche Gesetze Nr. 53.**

[5] **Habersack, Deutsche Gesetze Nr. 50b.**

[6] **Habersack, Deutsche Gesetze Nr. 20.**

[7] **Habersack, Deutsche Gesetze Nr. 100.**

[8] **Habersack, Deutsche Gesetze Nr. 122.**

[9] Nr. VIII/5 Abs. 1 und 2 geänd. mWv 1.10.2014 durch AV v. 15.9.2014 (BAnz AT 29.09.2014 B1).

[10] **Habersack, Deutsche Gesetze Nr. 102a.**

[11] Richtig wohl: „SchuVAbdrV".

(2) Die Mitteilungen sind innerhalb eines Monats zu bewirken (§ 882g Absatz 6 Satz 2 ZPO).

(3) Die Mitteilungen sind an die Bezieher von Abdrucken aus dem Schuldnerverzeichnis zu richten.

6. Mitteilungen über Entscheidungen in Vergleichsverfahren

(1) Mitzuteilen sind

1. die Eröffnung des Vergleichsverfahrens;
2. die Aufhebung des Vergleichsverfahrens nach Bestätigung des Vergleichs;
3. die Versagung der Bestätigung des Vergleichs, wenn die Eröffnung des Anschlußkonkursverfahrens aus anderen Gründen als mangels Masse abgelehnt wird;
4. die Einstellung des Vergleichsverfahrens, wenn die Eröffnung des Anschlußkonkursverfahrens aus anderen Gründen als mangels Masse abgelehnt wird

(*§ 22 Absatz 1, § 23 Absatz 1, § 81 Absatz 1, § 98 Absatz 3, § 101 VglO*[1], § 13 Absatz 1 Nummer 4 EGGVG[2]).

(2) [1] Die Mitteilungen sind zu richten an

1. das Registergericht, wenn der Schuldner im Handels-, Genossenschafts-, Partnerschafts- oder Vereinsregister eingetragen ist (*§ 23 Absatz 1, § 81 Absatz 1, § 98 Absatz 3, §§ 101, 108 Absatz 1, § 111 Nummer 4 Satz 2 VglO*[1]);

ferner an folgende für den Sitz oder Wohnsitz des Gemeinschuldners zuständige Stellen:

2. die Gerichtsvollzieher-Verteilungsstelle;
3. die Gemeindeverwaltung;
4. das Finanzamt;
5. das Hauptzollamt;
6. a) die Träger der gesetzlichen Krankenversicherung,
   b) die Berufsgenossenschaft,
   c) die Träger der gesetzlichen Rentenversicherung einschließlich der Alterssicherung für Landwirte,
   d) die Industrie- und Handelskammer oder die Handwerkskammer,

   wenn dies im Hinblick auf den Beruf oder den Geschäftsbetrieb des Schuldners erforderlich erscheint.

[2] Den in den Nummern 4 bis 7[3] genannten Stellen ist nur die Eröffnung des Vergleichsverfahrens mitzuteilen.

Anmerkung: Für die Mitteilungen bei Entscheidungen über die Eröffnung des Anschlußkonkursverfahrens gilt

a) im Falle der Eröffnung des Anschlußkonkursverfahrens VIII/1,
b) im Falle der Ablehnung der Eröffnung des Anschlußkonkursverfahrens mangels Masse VIII/2.

---

[1] Die VglO wurde aufgehoben mWv 1.1.1999 durch Art. 2 Nr. 1 EGInsO **(Habersack, Deutsche Gesetze Nr. 110a)**.

[2] **Habersack, Deutsche Gesetze Nr. 95a.**

[3] Richtig wohl: „6".

IX. Mitteilungen in Insolvenzverfahren

1.[1] Mitteilungen über die Anordnung und Aufhebung von Verfügungsbeschränkungen

(1) Mitzuteilen sind die Bestellung eines vorläufigen Insolvenzverwalters, eines vorläufigen Gläubigerausschusses und eines vorläufigen Sachwalters, die Anordnung und Aufhebung einer der in § 21 Absatz 2 Nummer 2 InsO[2] vorgesehenen Verfügungsbeschränkungen sowie die Anordnung und Aufhebung der Untersagung oder einstweiligen Einstellung der Zwangsvollstreckung nach § 21 Absatz 2 Nummer 3 InsO.

(2) Die Mitteilung ist alsbald nach Erlass der Anordnung oder Aufhebung zu bewirken.

(3) Die Mitteilungen über die Bestellung eines vorläufigen Insolvenzverwalters, eines vorläufigen Gläubigerausschusses, die Bestellung eines vorläufigen Sachwalters sowie die Mitteilungen nach § 21 Absatz 2 Nummer 2 InsO sind zu richten an

1. das Registergericht, wenn der Schuldner im Handels-, Genossenschafts-, Partnerschafts- oder Vereinsregister eingetragen ist (§§ 23 Absatz 2, 25 Absatz 1 InsO, § 202 VAG, § 32 HGB[3], § 102 GenG[4], § 2 Absatz 2 PartGG, § 75 BGB[5]);

ferner an folgende für den Sitz oder Wohnsitz des Schuldners zuständige Stellen:

2. die Verteilerstelle für Gerichtsvollzieheraufträge;
3. das Arbeitsgericht, soweit die Bestellung eines vorläufigen Insolvenzverwaltens erfolgt ist (§ 240 ZPO[6], § 46 Absatz 2 Satz 1 ArbGG[7])
4. das Finanzamt (§ 85 AO);
5. die Agentur für Arbeit, in deren Bezirk die für Arbeitnehmer des Schuldners zuständige Lohnabrechnungsstelle des Schuldners liegt oder, falls der Schuldner im Geltungsbereich des SGB III keine Lohnabrechnungsstelle hat, an die Agentur für Arbeit, in deren Bezirk das Insolvenzgericht seinen Sitz hat.[8]
6. das Hauptzollamt;
7. das Sozialgericht und das Landessozialgericht, soweit die Bestellung eines vorläufigen Insolvenzverwalters erfolgt ist (§ 240 ZPO, § 202 SGG).

(4) Die Mitteilungen von Anordnungen und Aufhebungen nach § 21 Absatz 2 Nummer 3 InsO sind zu richten an:

1. das Vollstreckungsgericht;
2. die Gerichtskasse oder die nach § 2 Absatz 1 Satz 2 JBeitrG[9] als Vollstreckungsbehörde bestimmte Stelle;

---

[1] Nr. IX/1 Abs. 1 und 3 einl. Satzteil neu gef. mWv 1.10.2014 durch AV v. 15.9.2014 (BAnz AT 29.09.2014 B1); Abs. 3 Nr. 1 geänd., Nr. 7 angef., Abs. 5 geänd. mWv 1.10.2016 durch AV v. 23.12.2016 (BAnz AT 24.05.2017 B1); Abs. 3 Nr. 7 geänd., Nr. 8 angef., Abs. 4 Nr. 2 geänd. mWv 1.10.2018 durch AV v. 23.11.2018 (BAnz AT 24.12.2018 B2); Abs. 1 und 3 einl. Satzteil, Abs. 4 einl. Satzteil geänd., Nr. 6 neu gef. mWv 1.10.2021 durch AV v. 9.8.2021 (BAnz AT 16.09.2021 B3); Abs. 3 Nr. 2 aufgeh., bish. Nr. 3–8 werden Nr. 2–7 mWv 1.10.2023 durch AV v. 3.8.2023 (BAnz AT 22.09.2023 B1).

[2] **Habersack, Deutsche Gesetze Nr. 110.**

[3] **Habersack, Deutsche Gesetze Nr. 50.**

[4] **Habersack, Deutsche Gesetze Nr. 53.**

[5] **Habersack, Deutsche Gesetze Nr. 20.**

[6] **Habersack, Deutsche Gesetze Nr. 100.**

[7] **Habersack, Deutsche Gesetze Nr. 83.**

[8] Zeichensetzung amtlich.

[9] **Habersack, Deutsche Gesetze Nr. 122.**

3. das Hauptzollamt;
4. die Verteilerstelle für Gerichtsvollzieheraufträge;
5. das Finanzamt;
6. die Agentur für Arbeit.

(5) Soweit gesetzliche Vorschriften nicht entgegenstehen, können die Mitteilungen in einfacher Abschrift oder auch elektronisch übermittelt werden.

2.[1] Mitteilungen bei Ablehnung der Eröffnung des Insolvenzverfahrens mangels Masse

(1) [1] Mitzuteilen ist
die Abweisung des Antrags auf Eröffnung des Insolvenzverfahrens mangels Masse (§ 202 VAG, §§ 26 Absatz 1 Satz 1, 31 InsO[2], § 13 Absatz 1 Nummer 4 EGGVG[3]).
[2] Bei Nachlassinsolvenzverfahren entfällt die Mitteilung an die Staatsanwaltschaft.

(2) [1] Die Mitteilungen sind zu richten an

1. die Staatsanwaltschaft, soweit es sich nicht um Verfahren gegen Privatpersonen ohne Bezug zu einer gewerblichen Tätigkeit des Schuldners handelt;
2. das Registergericht nach Rechtskraft des Beschlusses, wenn der Schuldner im Handels-, Genossenschafts-, Partnerschaftsregister eingetragen und eine juristische Person oder eine Gesellschaft ohne Rechtspersönlichkeit ist, die durch die Anweisung mangels Masse aufgelöst wird (§§ 262 Absatz 1 Nummer 4, 289 Absatz 2 Nummer 1 AktG[4]; § 60 Absatz 1 Nummer 5 GmbHG[5]; § 81a Nummer 1 GenG[6]; § 198 Nummer 4 VAG; §§ 131 Absatz 2 Satz 1 Nummer 1, 161 Absatz 2 HGB[7]; § 9 Absatz 1 PartGG[8]);

wenn dies im Hinblick auf den Geschäftsbetrieb des Schuldners erforderlich erscheint, ferner an

3. die Träger der gesetzlichen Krankenversicherung, mit denen der Schuldner Beiträge abgerechnet hat;
   a) für den Bereich der Deutschen Rentenversicherung Knappschaft-Bahn-See ist die Mitteilung jedoch nur an die Hauptverwaltung der Deutschen Rentenversicherung Knappschaft-Bahn-See, 44781 Bochum, zu richten;
   b) für den gesamten Bereich der landwirtschaftlichen Sozialversicherung (Kranken- und Unfallversicherung sowie Alterssicherung) ist die Mitteilung jedoch nur an den Gesamtverband der landwirtschaftlichen Alterskassen, Weißensteinstraße 70 – 72, 34131 Kassel, zu richten;
4. die Agentur für Arbeit, in deren Bezirk die für Arbeitnehmer des Schuldners zuständige Lohnabrechnungsstelle des Schuldners liegt oder, falls der Schuldner im Geltungsbereich des SGB III keine Lohnabrechnungsstelle hat, an die Agentur für Arbeit, in deren Bezirk das Insolvenzgericht seinen Sitz hat;

---

[1] Nr. IX/2 Abs. 2 Satz 1 Nr. 2 geänd. mWv 1.10.2014 durch AV v. 15.9.2014 (BAnz AT 29.09.2014 B1); Abs. 1 Satz 1 und Abs. 2 Satz 1 Nr. 2 geänd., Nr. 8 angef., Abs. 3 und Anm. geänd. mWv 1.10.2016 durch AV v. 23.12.2016 (BAnz AT 24.05.2017 B1); Anm. geänd. mWv 1.10.2021 durch AV v. 9.8.2021 (BAnz AT 16.09.2021 B3).

[2] **Habersack, Deutsche Gesetze Nr. 110.**

[3] **Habersack, Deutsche Gesetze Nr. 95a.**

[4] **Habersack, Deutsche Gesetze Nr. 51.**

[5] **Habersack, Deutsche Gesetze Nr. 52.**

[6] **Habersack, Deutsche Gesetze Nr. 53.**

[7] **Habersack, Deutsche Gesetze Nr. 50.**

[8] **Habersack, Deutsche Gesetze Nr. 50b.**

5. die für den Sitz des Schuldners zuständigen Regionalträger der Deutschen Rentenversicherung und an die Deutsche Rentenversicherung Bund, 10704 Berlin;
6. die für das Unternehmen des Schuldners zuständige Berufsgenossenschaft;
7. das Finanzamt (§ 85 AO).[1)]
8. das Hauptzollamt[2)]

[2]Die Anordnung der Mitteilungen nach Nummer 3 bis 6 bleibt der Richterin oder dem Richter vorbehalten.
[3]Bei Verbraucherinsolvenzverfahren entfallen die Mitteilungen nach Nummer 2 bis 6.

(3) Soweit gesetzliche Vorschriften nicht entgegenstehen, können die Mitteilungen in einfacher Abschrift oder auch elektronisch übermittelt werden.

Anmerkung: Eine Mitteilung nach Nummer 3 bis 6 ist in jedem Fall erforderlich, wenn der Schuldner Arbeitnehmer beschäftigt hat oder es um eine Mitteilung für den Bereich der landwirtschaftlichen Sozialversicherung geht.

In **Bayern** sind die Mitteilungen nach Absatz 2 Nummer 1 an die Schwerpunktstaatsanwaltschaften für Wirtschaftsstrafsachen (§§ 55, 56 BayGZVJu, § 74c Absatz 1 Nummer 1 bis 3, 5, 5a und 6, Absatz 3 Satz 1, § 143 GVG[3)]) zu richten.

In **Rheinland-Pfalz** sind die Mitteilungen nach Absatz 2 Nummer 1 im OLG-Bezirk Koblenz an die Staatsanwaltschaft Koblenz, im OLG-Bezirk Zweibrücken an die Staatsanwaltschaft Kaiserslautern zu richten.

In **Sachsen** sind die Mitteilungen nach Absatz 2 Nummer 1 an die Schwerpunktstaatsanwaltschaften für Wirtschaftsstrafsachen (*§ 1 JuZustVO in Verbindung mit Anlage 1 Nummer 10*[4)], § 74c Absatz 3 Satz 1, § 143 GVG) zu richten.

3.[5)] Mitteilungen über die Eröffnung des Insolvenzverfahrens

(1) [1]Mitzuteilen ist unter Bezeichnung des Insolvenzverwalters, Sachwalters oder Verfahrenskoordinators
1. die Eröffnung des Insolvenzverfahrens;
2. die Eröffnung eines Insolvenzverfahrens mit der Anordnung der Eigenverwaltung unter Aufsicht eines Sachwalters;
3. die Eröffnung eines Verbraucherinsolvenzverfahrens;
4. die Entscheidung über die Zulässigkeit der Restschuldbefreiung;
5. die Einleitung eines Koordinationsverfahrens

[1)] Zeichensetzung amtlich.
[2)] Amtlich ohne Zeichensetzung.
[3)] **Habersack, Deutsche Gesetze Nr. 95.**
[4)] Die JuZustVO wurde mWv 1.1.2013 aufgeh. durch G v. 14.12.2012 (SächsGVBl. S. 748); siehe nunmehr § 23 SächsJOrgVO.
[5)] Nr. IX/3 Abs. 3 Satz 1 Nr. 12 Buchst. e angef., Nr. 13 und Anm. geänd. mWv 1.10.2014 durch AV v. 15.9.2014 (BAnz AT 29.09.2014 B1); Abs. 1 Nr. 3 geänd., Nr. 4 angef., Abs. 4 und Anm. geänd. mWv 1.10.2016 durch AV v. 23.12.2016 (BAnz AT 24.05.2017 B1); Abs. 2 neu gef., Abs. 3 Satz 1 Nr. 7 eingef., bish. Nr. 7–11 werden Nr. 8–12, Nr. 13 eingef., bish. Nr. 12 und 13 werden Nr. 14 und 15, Satz 2, Anm. 3 und 6 geänd. mWv 1.10.2018 durch AV v. 23.11.2018 (BAnz AT 24.12.2018 B2); Abs. 1 einl. Satzteil, Nr. 3 und 4 geänd., Nr. 5 angef., Anm. 3 aufgeh., bish. Anm. 4–6 werden Anm. 3–5 mWv 1.10.2021 durch AV v. 9.8.2021 (BAnz AT 16.09.2021 B3); Abs. 1 neu gef., Abs. 3 Satz 1 Nr. 4 aufgeh., bish. Nr. 5–15 werden Nr. 4–14, neue Nr. 14 geänd. Nr. 15 angef., Satz 2 geänd., Anm. neu gef. mWv 1.10.2023 durch AV v. 3.8.2023 (BAnz AT 22.09.2023 B1).

(§§ 27, 269d, 270, 287a, 304 InsO[1]), § 202 VAG, § 13 Absatz 1 Nummer 4 EGGVG[2]).
[2] Bei Nachlassinsolvenzverfahren entfällt die Mitteilung an die Staatsanwaltschaft.

(2) Die Mitteilungen sind alsbald nach dem Erlass, im Übrigen alsbald nach Rechtskraft des Beschlusses zu bewirken.

(3) [1] Die Mitteilungen sind zu richten an

1. das Registergericht, wenn der Schuldner im Handels-, Genossenschafts-, Partnerschafts- oder Vereinsregister eingetragen ist (§ 31 InsO, § 32 HGB[3]), § 102 GenG[4]), § 2 Absatz 2 PartGG[5]), § 75 BGB[6]));
2. die Bundesanstalt für Finanzdienstleistungsaufsicht, wenn es sich bei dem Schuldner um ein Kreditinstitut oder um ein Versicherungsunternehmen handelt;

ferner an folgende für den Sitz oder Wohnsitz des Schuldners zuständige Stellen:

3. die Staatsanwaltschaft, soweit es sich nicht um Verfahren gegen Privatpersonen ohne Bezug zu einer gewerblichen Tätigkeit des Schuldners handelt;
4. das Nachlassgericht, wenn die Mitteilungen ein Nachlassinsolvenzverfahren betreffen;
5. das Vollstreckungsgericht;
6. das Betreuungsgericht, wenn für den Schuldner ein Betreuer bestellt ist und dessen Aufgabenkreis die Vermögenssorge umfasst;
7. die Verteilerstelle für Gerichtsvollzieheraufträge;
8. das Arbeitsgericht (§ 240 ZPO[7]));
9. das Finanzamt (§ 85 AO);
10. das Hauptzollamt;
11. die Steuerkasse der Gemeinde;
12. das Sozialgericht und das Landessozialgericht (§ 240 ZPO, § 202 SGG);

wenn dies im Hinblick auf den Beruf oder den Geschäftsbetrieb des Schuldner erforderlich erscheint, auch an

13. folgende Stellen:
    a) die Träger der gesetzlichen Krankenversicherung, mit denen der Schuldner Beiträge abgerechnet hat;
        aa) für den Bereich der Deutschen Rentenversicherung Knappschaft-Bahn-See ist die Mitteilung jedoch nur an die Hauptverwaltung der Deutschen Rentenversicherung Knappschaft-Bahn-See, 44781 Bochum, zu richten;
        bb) für den gesamten Bereich der landwirtschaftlichen Sozialversicherung (Kranken- und Unfallversicherung sowie Altersicherung) ist die Mitteilung jedoch nur an den Gesamtverband der landwirtschaftlichen Alterskassen, Weißensteinstraße 70 – 72, 34131 Kassel, zu richten;
    b) die für das Unternehmen des Schuldners zuständige Berufsgenossenschaft;

---

[1]) **Habersack, Deutsche Gesetze Nr. 110.**
[2]) **Habersack, Deutsche Gesetze Nr. 95a.**
[3]) **Habersack, Deutsche Gesetze Nr. 50.**
[4]) **Habersack, Deutsche Gesetze Nr. 53.**
[5]) **Habersack, Deutsche Gesetze Nr. 50b.**
[6]) **Habersack, Deutsche Gesetze Nr. 20.**
[7]) **Habersack, Deutsche Gesetze Nr. 100.**

c) den für den Sitz oder Wohnsitz des Schuldners zuständigen Regionalträger der Deutschen Rentenversicherung und an die Deutsche Rentenversicherung Bund, 10704 Berlin;
d) die für den Sitz oder Wohnsitz des Schuldners zuständige Industrie- und Handelskammer oder die Handwerkskammer;
e) die für den Apothekenbetrieb des Schuldners zuständige Behörde zur Erteilung der Apothekenerlaubnis;

14. die Agentur für Arbeit, in deren Bezirk die für Arbeitnehmer des Schuldners zuständige Lohnabrechnungsstelle des Schuldners liegt oder, falls der Schuldner im Geltungsbereich des SGB III keine Lohnabrechnungsstelle hat, an die Agentur für Arbeit, in deren Bezirk das Insolvenzgericht seinen Sitz hat;
15. die zuständige Behörde nach § 2 Absatz 4 BtOG[1)], wenn der Schuldner ein beruflicher Betreuer ist.

[2] Die Anordnung der Mitteilungen nach Nummern 13 und 14 bleibt der Richterin oder dem Richter vorbehalten.

(4) Soweit gesetzliche Vorschriften nicht entgegenstehen, können die Mitteilungen in einfacher Abschrift oder auch elektronisch übermittelt werden.

Anmerkungen:

1. Mitteilungen nach Absatz 3 Nummer 3 sind
in **Bayern** an die Schwerpunktstaatsanwaltschaften für Wirtschaftsstrafsachen (§§ 55, 56 BayGZVJu, § 74c Absatz 1 Nummer 1 bis 3, 5, 5a und 6, Absatz 3 Satz 1, § 143 GVG[2)]);
in **Rheinland-Pfalz**
a) im OLG-Bezirk Koblenz an die Staatsanwaltschaft Koblenz
b) im OLG-Bezirk Zweibrücken an die Staatsanwaltschaft Kaiserslautern;
in **Sachsen** an die Schwerpunktstaatsanwaltschaften für Wirtschaftsstrafsachen (§ 23 SächsJOrgVO, § 74c Absatz 3 Satz 1, § 143 GVG)
zu richten.
2. Zu Absatz 3 Nummer 4 siehe auch I/1.
3. Eine Mitteilung nach Absatz 3 Nummer 13 und 14 ist in jedem Fall erforderlich, wenn der Schuldner Arbeitnehmer beschäftigt hat oder es um eine Mitteilung für den Bereich der landwirtschaftlichen Sozialversicherung geht
4. Nach Landesrecht sind zuständige Behörden nach Absatz 3 Nummer 15
in **Baden-Württemberg** die Stadt- und Landkreise;
in **Bayern** die Landkreise und kreisfreien Städte;
in **Brandenburg** die Landkreise und kreisfreien Städte;
in **Hamburg** das Bezirksamt Altona;
in **Hessen** die Kreisausschüsse der Landkreise und der Magistrat der kreisfreien Städte;
in **Mecklenburg-Vorpommern** die Landräte der Landkreise sowie die Oberbürgermeister der kreisfreien Städte – Betreuungsbehörden –;
in **Niedersachsen** die Landkreise und kreisfreien Städte;
in **Nordrhein-Westfalen** die kreisfreien und die großen kreisangehörigen Städte; für die übrigen kreisangehörigen Gemeinden die Kreise;

---

1) Nr. **49c**.
2) **Habersack, Deutsche Gesetze Nr. 95.**

in **Rheinland-Pfalz** die Kreisverwaltungen, in kreisfreien Städten die Stadtverwaltungen;
im **Saarland** die Landkreise und der Regionalverband Saarbrücken;
in **Sachsen** die Landkreise und kreisfreien Städte;
in **Sachsen-Anhalt** die kreisfreien Städte und Landkreise;
in **Schleswig-Holstein** die Kreise und kreisfreien Städte;
in **Thüringen** die Landkreise und kreisfreien Städte.

4.[1] Mitteilungen über weitere Entscheidungen in Insolvenzverfahren

(1) [1] Mitzuteilen sind (§ 13 Absatz 1 Nummer 4 EGGVG[2])

1. die Einstellung des Verfahrens mangels Masse nach Eröffnung (§§ 207, 215 InsO[3]);
2. die Einstellung des Verfahrens nach Wegfall des Eröffnungsgrundes (§§ 212, 215 InsO);
3. die Einstellung mit Zustimmung der Gläubiger (§§ 213, 215 InsO);
4. die Einstellung nach Anzeige der Masseunzulänglichkeit (§§ 211, 215 InsO);
5. die Aufhebung des Verfahrens nach Schlussverteilung (§ 200 InsO);
6. die Aufhebung des Verfahrens nach Bestätigung des Insolvenzplans (§ 258 InsO);
7. die Anordnung und die Aufhebung der Überwachung des Insolvenzplans (§§ 267, 268 InsO);
8. die nachträgliche Anordnung und die Aufhebung der Eigenverwaltung der Insolvenzmasse durch den Schuldner und die Anordnung der Zustimmungsbedürftigkeit zu bestimmten Rechtsgeschäften des Schuldners durch den Sachwalter (§§ 271 bis 273, 277 InsO);
9. die Aufhebung des Eröffnungsbeschlusses (§ 34 InsO);
10. die Entscheidungen über die Ankündigung der Restschuldbefreiung, deren Versagung während der Wohlverhaltensperiode, die Erteilung der Restschuldbefreiung sowie deren Widerruf (§§ 296 bis 300, 303 InsO).

[2] Eine Mitteilung nach Nummer 8 entfällt in Verbraucherinsolvenzverfahren.

(2) Die Mitteilungen sind alsbald nach dem Erlass, im Übrigen alsbald nach Rechtskraft des Beschlusses zu bewirken.

(3) Die Mitteilungen nach Absatz 1 Nummer 1 bis 9 sind zu richten an:

1. das Registergericht, wenn der Schuldner im Handels-, Genossenschafts-, Partnerschafts- oder Vereinsregister eingetragen ist (§ 32 HGB[4], § 102 GenG[5], § 2 Absatz 2 PartGG[6], § 75 BGB[7]);
   ferner an folgende für den Sitz oder Wohnsitz des Schuldners zuständige Stellen:

---

[1] Nr. IX/4 Abs. 3 Nr. 7 angef., Abs. 5 geänd. mWv 1.10.2016 durch AV v. 23.12.2016 (BAnz AT 24.05.2017 B1); Abs. 1 Satz 1 Nr. 10 und Satz 2 neu gef., Abs. 3 Nr. 2 eingef., bish. Nr. 2–7 werden Nr. 3–8, Abs. 4 neu gef., Anm. angef. mWv 1.10.2021 durch AV v. 9.8.2021 (BAnz AT 16.09.2021 B3); Abs. 3 Nr. 3 aufgeh., bish. Nr. 4–8 werden Nr. 3–7, Anm. 5 neu gef. mWv 1.10.2023 durch AV v. 3.8. 2023 (BAnz AT 22.09.2023 B1).

[2] **Habersack, Deutsche Gesetze Nr. 95a.**

[3] **Habersack, Deutsche Gesetze Nr. 110.**

[4] **Habersack, Deutsche Gesetze Nr. 50.**

[5] **Habersack, Deutsche Gesetze Nr. 53.**

[6] **Habersack, Deutsche Gesetze Nr. 50b.**

[7] **Habersack, Deutsche Gesetze Nr. 20.**

2. die Staatsanwaltschaften, die Gerichtskassen und die nach § 2 Absatz 1 Satz 2 JBeitrG als Vollstreckungsbehörde bestimmten Stellen, soweit diese eine Gerichtskostenforderung nach § 174 InsO beim Insolvenzverwalter angemeldet haben;
3. das Nachlassgericht, wenn die Mitteilungen ein Nachlassinsolvenzverfahren betreffen;
4. das Vollstreckungsgericht;
5. die Verteilerstelle für Gerichtsvollzieheraufträge;
6. das Finanzamt (§ 85 AO).[1)]
7. das Hauptzollamt.

(4) Die Mitteilungen nach Absatz 1 Nummer 10 sind zu richten an:
1. die Staatsanwaltschaften, die Gerichtskassen und die nach § 2 Absatz 1 Satz 2 JBeitrG als Vollstreckungsbehörde bestimmten Stellen, soweit diese eine Gerichtskostenforderung nach § 174 InsO beim Insolvenzverwalter angemeldet haben;
2. ferner an folgende für den Sitz oder Wohnsitz des Schuldners zuständige Stellen:
   a) die Verteilerstelle für Gerichtsvollzieheraufträge;
   b) Vollstreckungsgericht;
   c) das Finanzamt;
   d) das Hauptzollamt.

(5) Soweit gesetzliche Vorschriften nicht entgegenstehen, können die Mitteilungen in einfacher Abschrift oder auch elektronisch übermittelt werden.

Anmerkungen: Nach § 2 Absatz 1 Satz 2 JBeitrG als Vollstreckungsbehörde bestimmte Stellen sind:

1. in **Baden-Württemberg**
   a) die Landesoberkasse Baden-Württemberg für alle Ansprüche nach § 1 Absatz 1 Nummer 4 bis 10 des Justizbeitreibungsgesetzes, die von ihr einzuziehen sind,
   b) die Staatsanwaltschaften für die Gerichtskosten in Strafsachen, in Jugendgerichtssachen oder in gerichtlichen oder staatsanwaltschaftlichen Verfahren nach dem Gesetz über Ordnungswidrigkeiten, soweit sie bei ihnen anzusetzen sind (§ 19 Absatz 2 Satz 1 und Satz 2 Halbsatz 2, Absatz 3 des Gerichtskostengesetzes[2)]), und
   c) die Gerichte im Bezirk des Oberlandesgerichts Karlsruhe für Ansprüche nach § 1 Absatz 1 Nummer 4a des Justizbeitreibungsgesetzes, die von ihnen einzuziehen sind.
2. in **Bayern** die Landesjustizkasse Bamberg;
3. *in **Berlin** die beim* Amtsgericht Spandau angesiedelte Kosteneinziehungsstelle der Justiz;
4. in **Brandenburg** die Landeshauptkasse;
5. in **Mecklenburg-Vorpommern** das Landesamt für Finanzen Mecklenburg-Vorpommern;
6. in **Niedersachsen** das Niedersächsische Landesamt für Bezüge und Versorgung;

[1)] Zeichensetzung amtlich.
[2)] **Habersack, Deutsche Gesetze Nr. 115.**

7. in **Nordrhein-Westfalen** die Zentrale Zahlstelle Justiz (ZJJ);
8. in **Rheinland-Pfalz** die Landesjustizkasse Mainz;
9. in **Sachsen** die Landesjustizkasse Chemnitz;
10. in **Sachsen-Anhalt** die Landeshauptkasse Sachsen-Anhalt;
11. in **Schleswig-Holstein** die Landeskasse;
12. in **Thüringen** das Oberlandesgericht – Justizzahlstelle.

5.[1] Mitteilungen über vorzeitige Löschungen im Schuldnerverzeichnis

(1) Mitzuteilen ist die vorzeitige Löschung einer Eintragung im Schuldnerverzeichnis (§ 26 Absatz 2 InsO[2], § 882g Absatz 6 Satz 2 ZPO[3], § 14 Absatz 2 SchuVAbdrV[4]).

(2) Die Mitteilungen sind innerhalb eines Monats zu bewirken (§ 882g Absatz 6 Satz 2 ZPO).

(3) Die Mitteilungen sind an die Bezieher von Abdrucken aus dem Schuldnerverzeichnis zu richten.

IXa.[5] Mitteilungen in Restrukturierungssachen

1.[6] Mitteilungen über die Anordnung und Aufhebung einer Vollstreckungssperre

(1) [1] Mitzuteilen sind die Anordnung und Aufhebung einer Vollstreckungssperre nach § 49 Absatz 1 Nummer 1 StaRUG[7]. [2] Gleiches gilt für Folgeanordnungen und Neuanordnungen nach § 52 StaRUG.

(2) Die Mitteilung ist alsbald nach Erlass der Anordnung oder Aufhebung zu bewirken.

(3) Die Mitteilungen sind zu richten an:

1. das Vollstreckungsgericht;
2. die Gerichtskasse oder die nach § 2 Absatz 1 Satz 2 JBeitrG als Vollstreckungsbehörde bestimmte Stelle;
3. das Hauptzollamt;
4. die Verteilerstelle für Gerichtsvollzieheraufträge;
5. das Finanzamt;
6. die Agentur für Arbeit.

(4) Soweit gesetzliche Vorschriften nicht entgegenstehen, können die Mitteilungen in einfacher Abschrift oder auch elektronisch übermittelt werden.

---

[1] Nr. IX/5 Abs. 1 und 2 geänd. mWv 1.10.2014 durch AV v. 15.9.2014 (BAnz AT 29.09.2014 B1).
[2] ***Habersack, Deutsche Gesetze Nr. 110.***
[3] **Habersack, Deutsche Gesetze Nr. 100.**
[4] **Habersack, Deutsche Gesetze Nr. 102a.**
[5] Nr. IXa eingef. mWv 1.10.2021 durch AV v. 9.8.2021 (BAnz AT 16.09.2021 B3).
[6] Nr. IXa/1 Abs. 1 Satz 2 angef. mWv 1.10.2023 durch AV v. 3.8.2023 (BAnz AT 22.09.2023 B1).
[7] Nr. **110e**.

4. Abschnitt. Mitteilungen in Familiensachen und Verfahren der freiwilligen Gerichtsbarkeit

X. Mitteilungen in Ehesachen

1.[1)] Mitteilungen über Aufhebungs- oder Feststellungsanträge

(1) Mitzuteilen ist der Eingang eines Antrages auf Aufhebung einer Ehe oder auf Feststellung des Bestehens oder Nichtbestehens einer Ehe, der von einem Ehegatten oder einer dritten Person eingereicht wurden (§ 129 Absatz 2 FamFG[2)]).

(2) Die Mitteilungen erfolgen durch Übersendung einer Abschrift der Antragsschrift.

(3) Die Mitteilungen sind an die zuständige Verwaltungsbehörde zu richten.

Anmerkung: Zuständige Verwaltungsbehörden sind:

in **Baden-Württemberg** das Regierungspräsidium Tübingen;

in **Bayern** die Regierung von Mittelfranken;

in **Brandenburg** das Ministerium des Innern und für Kommunales;

in **Bremen** die Standesämter;

in **Hamburg** die Bezirksämter;

in **Hessen** die Regierungspräsidien;

in **Mecklenburg-Vorpommern** die Landräte der Landkreise und Oberbürgermeister der kreisfreien Städte;

in **Niedersachsen** die Landkreise, kreisfreien und großen selbstständigen Städte;

in **Nordrhein-Westfalen**

1. für die Regierungsbezirke Düsseldorf und Köln die Bezirksregierung Köln,
2. für die Regierungsbezirke Arnsberg, Detmold und Münster die Bezirksregierung Arnsberg;

in **Rheinland-Pfalz** die Aufsichts- und Dienstleistungsdirektion Trier;

in **Saarland** das Landesverwaltungsamt;

in **Sachsen** die Landesdirektion Sachsen;

in **Sachsen-Anhalt** die Landkreise und kreisfreien Städte;

in **Schleswig-Holstein** die Landrätinnen und Landräte der Kreise sowie die Bürgermeisterinnen und Bürgermeister der kreisfreien Städte;

in **Thüringen** das Landesverwaltungsamt.

2.[3)] Mitteilungen über Scheidungssachen an das Jugendamt

(1) [1]Mitzuteilen ist die Rechtshängigkeit einer Scheidungssache, wenn gemeinschaftliche minderjährige Kinder vorhanden sind (§ 17 Absatz 3 SGB VIII[4)]). [2]In den Mitteilungen sind Namen und Anschriften der beteiligten Eheleute und Kinder anzugeben. [3]Wird bei einer Mitteilung die geschützte Anschrift einer beteiligten Person (z.B. die einer Schutzwohnung oder eines Frauenhauses) weitergegeben, sind die Mitteilungsempfänger zugleich darauf hinzuweisen, dass es

---

[1)] Nr. X/1 Anm. geänd. mWv 1.10.2012 durch AV v. 17.8.2012 (BAnz AT 12.09.2012 B1); Anm. geänd. mWv 1.10.2021 durch AV v. 9.8.2021 (BAnz AT 16.09.2021 B3).

[2)] **Habersack, Deutsche Gesetze Nr. 112.**

[3)] Nr. X/2 Abs. 1 geänd. mWv 1.10.2012 durch AV v. 17.8.2012 (BAnz AT 12.09.2012 B1); Abs. 1 Satz 3 angef. mWv 1.10.2021 durch AV v. 9.8.2021 (BAnz AT 16.09.2021 B3).

[4)] Nr. **46**.

sich um eine geschützte Anschrift handelt, die dem Geheimhaltungsgebot unterliegt.

(2) Die Mitteilungen sind an das Jugendamt zu richten.

3.[1] Mitteilungen über Entscheidungen für Zwecke des Personenstandswesens

(1) Mitzuteilen sind Entscheidungen, durch die eine Ehe geschieden oder aufgehoben oder das Nichtbestehen einer Ehe festgestellt wird oder nach § 4 des Gesetzes über die Rechtswirkungen des Ausspruches einer nachträglichen Eheschließung vom 29. März 1951 (BGBl. I S. 215) auf Feststellung der Rechtsunwirksamkeit des Ausspruches einer nachträglichen Eheschließung erkannt ist (§ 5 Absatz 4 Satz 2, § 73 Nummer 20 PStG[2] und § 56 Absatz 1 Nummer 2 Buchstabe a und b PStV[3]).

(2)

1. Mitzuteilen ist eine abgekürzte Ausfertigung der Entscheidung mit einem Vermerk über den Tag der Rechtskraft der Entscheidung. In die Ausfertigung sind nur die Entscheidungsteile aufzunehmen, die die in Absatz 1 genannten Rechtsfolgen betreffen.
2. In der Mitteilung sind anzugeben:
   a) der Ehename,
   b) der nicht zum Ehenamen gewordene Geburtsname oder der zur Zeit der Erklärung über die Bestimmung des Ehenamens geführte Name des anderen Ehegatten oder, falls die Ehegatten keinen Ehenamen geführt haben, die Familiennamen des Mannes und der Frau,
   c) Ort und Tag der Eheschließung,
   d) die Bezeichnung des standesamtlichen Eintrags einschließlich der Registernummer der Eheschließung,
   e) die vollständige Anschrift der Ehegatten.

   Die Mitteilung kann durch Übersendung von Ablichtungen der entsprechenden standesamtlichen Urkunden, soweit sie sich bei den Akten befinden, erfolgen.
3. In den Fällen des Absatzes 5 Nummer 5 und 6 sind, soweit nicht bereits in der Entscheidung enthalten, ergänzend
   a) über das Kind und
   b) über die Mutter des Kindes

   die von dem Standesamt für die Eintragung im Geburtenregister benötigten, in III/4 Absatz 2 bezeichneten Angaben sowie
   c) von dem Mann der Familienname, sämtliche Vornamen und die Staatsangehörigkeit – sofern aus den Akten ersichtlich –

mitzuteilen.

(3) Die Mitteilung ist, unabhängig von dem Verfahrensstand der Folgesachen, alsbald nach Eintritt der Rechtskraft des Ausspruchs nach Absatz 1 zu veranlassen.

(4) Ist das Verfahren bei Eintritt der Rechtskraft des Ausspruchs nach Absatz 1 bei dem Rechtsmittelgericht anhängig, so obliegt diesem die Mitteilung.

---

[1] Nr. X/3 Abs. 2 Nr. 2 neu gef. mWv 1.10.2014 durch AV v. 15.9.2014 (BAnz AT 29.09.2014 B1); Abs. 5 Nr. 4 geänd. mWv 1.10.2016 durch AV v. 23.12.2016 (BAnz AT 24.05.2017 B1).
[2] Nr. **113**.
[3] **Sartorius Nr. 261.**

(5) Die Mitteilungen sind zu richten

1. falls die Ehe im Inland geschlossen worden ist, an das Standesamt, das das Eheregister führt (§ 3 Absatz 1 Satz 1 Nummer 1, § 5 Absatz 4 Satz 1 und § 16 Absatz 1 Satz 1 PStG sowie § 56 Absatz 1 Nummer 2 Buchstabe a und b PStV);
2. falls die Ehe vor dem 24. Februar 2007 im Ausland geschlossen worden ist und für diese Ehe ein Familienbuch angelegt ist, an das Standesamt des inländischen Wohnsitzes oder gewöhnlichen Aufenthaltsortes der Ehegatten, den diese am 24. Februar 2007 hatten (§ 77 Absatz 1 Satz 3, Absatz 2 Satz 1 und 4 PStG in Verbindung mit § 15a Absatz 3 Satz 1 des Personenstandsgesetzes in der am 31. Dezember 2008 geltenden Fassung);
3. falls die Ehe zwischen dem 24. Februar 2007 und dem 31. Dezember 2008 im Ausland geschlossen worden ist und für diese Ehe ein Familienbuch angelegt ist, an das Standesamt, das das Familienbuch angelegt hat (§ 77 Absatz 1 Satz 1 und 3, Absatz 2 Satz 1 und 4 PStG in Verbindung mit § 15a Absatz 3 Satz 1 des Personenstandsgesetzes in der am 31. Dezember 2008 geltenden Fassung);
4. falls ein Deutscher die Ehe im Ausland geschlossen hat oder die Ehe im Inland zwischen Eheschließenden, von denen keiner Deutscher ist, vor einer von der Regierung des Staates, dem einer der Eheschließenden angehört, ordnungsgemäß ermächtigten Person in der nach dem Recht dieses Staates vorgeschriebenen Form geschlossen worden ist und die Eheschließung auf Antrag beurkundet worden ist, an das Standesamt, das die Eheschließung beurkundet hat (§ 34 Absatz 1, 2 und 4 PStG);
5. in allen anderen Fällen an das Standesamt I in Berlin;
6. zusätzlich an die in XIV/1 Absatz 3 bezeichneten Standesämter (§ 21 Absatz 3 Nummer 2, § 27 Absatz 3 Nummer 1 und 2 PStG), falls in der Entscheidung auf Nichtbestehen der Ehe erkannt ist und
   a) einem nicht von dem Manne stammenden Kind der Frau nach § 1618 BGB[1] der Ehename erteilt worden war oder nach den am 30. Juni 1976 im damaligen Geltungsbereich des Personenstandsgesetzes geltenden Bestimmungen der Ehemann der Frau dem Kind seinen Namen erteilt hatte,
   b) von dem Mann und der Frau ein Kind als gemeinschaftliches Kind oder von dem Mann oder der Frau ein Kind des anderen Teils angenommen worden ist oder
   c) allein von dem Mann oder der Frau unter ihrem vermeintlichen Ehenamen ein sonstiges Kind angenommen worden ist.

XI. Mitteilungen in Gewaltschutzsachen

1.[2] Mitteilungen in Gewaltschutzsachen und in Verfahren über die Anerkennung und Vollstreckung nach der Richtlinie 2011/99/EU

(1) Mitzuteilen sind

1. Anordnungen nach § 1 des Gewaltschutzgesetzes[3], auch in Verbindung mit § 9 Absatz 1 Satz 1 des EU-Gewaltschutzverfahrensgesetzes, und Anordnungen nach § 2 des Gewaltschutzgesetzes sowie deren Änderung oder Aufhebung (§ 216a Satz 1 FamFG);

---

[1] **Habersack, Deutsche Gesetze Nr. 20.**

[2] Nr. XI/1 neu gef. mWv 1.10.2021 durch AV v. 9.8.2021 (BAnz AT 16.09.2021 B3); Abs. 2 Satz 1 Nr. 1 und 2, Anm. geänd. mWv 1.10.2023 durch AV v. 3.8.2023 (BAnz AT 22.09.2023 B1).

[3] Nr. **49**.

2. der Abschluss eines nach § 214a FamFG gerichtlich bestätigten Vergleichs (§ 216a Satz 3 FamFG);
3. der Verstoß gegen eine nach Anerkennung einer Europäischen Schutzanordnung angeordnete Maßnahme nach § 1 des Gewaltschutzgesetzes (§ 10 Absatz 2 Satz 1 des EU-Gewaltschutzverfahrensgesetzes).

(2) [1] Die Mitteilungen sind zu bewirken

1. im Falle des Absatzes 1 Nummer 1 unverzüglich nach Erlass der gerichtlichen Entscheidung durch Übermittlung einer abgekürzten Ausfertigung oder beglaubigten Abschrift der gerichtlichen Entscheidung ohne Entscheidungsgründe oder durch Übermittlung einer vollständigen Ausfertigung oder beglaubigten Abschrift der gerichtlichen Entscheidung mit Entscheidungsgründen oder Teilen der Entscheidungsgründe, soweit dies aus Sicht des Gerichts zur Verfolgung von Straftaten oder Ordnungswidrigkeiten oder zur Abwehr einer Gefahr für die öffentliche Sicherheit oder einer schwerwiegenden Beeinträchtigung der Rechte einer anderen Person oder einer erheblichen Gefährdung der geschützten Person oder Minderjähriger erforderlich ist;
2. im Falle des Absatzes 1 Nummer 2 unverzüglich nach Abschluss und gerichtlicher Bestätigung des Vergleichs durch Übermittlung einer Ausfertigung oder beglaubigten Abschrift des Vergleichs und der gerichtlichen Bestätigung;
3. im Falle des Absatzes 1 Nummer 3 unverzüglich, nachdem das Gericht von einem Verstoß gegen die angeordnete Maßnahme Kenntnis erlangt hat, durch Übersendung eines Formblattes nach der Anlage zu § 10 Absatz 3 des EU-Gewaltschutzverfahrensgesetzes.

[2] Eine Übersendung nach den Nummern 1 und 2 unterbleibt, soweit schutzbedürftige Interessen eines Beteiligten an dem Ausschluss der Übermittlung das Schutzbedürfnis anderer Beteiligter oder das öffentliche Interesse an der Übermittlung überwiegen (§ 216a Satz 1 FamFG, § 9 Absatz 2 Satz 3 des EU-Gewaltschutzverfahrensgesetzes). [3] Die Beteiligten sollen über die Mitteilung unterrichtet werden (§ 216a Satz 2 FamFG, § 10 Absatz 2 Satz 2 des EU-Gewaltschutzverfahrensgesetzes).

(3) Die Mitteilungen sind von der Richterin oder dem Richter zu veranlassen.

(4) [1] Die Mitteilungen sind an die zuständige Polizeibehörde und, soweit sie von der Durchführung der Anordnung betroffen sind, an das zuständige Jugendamt und an die anderen öffentlichen Stellen zu richten. [2] Maßnahmen nach § 9 Absatz 1 des EU-Gewaltschutzverfahrensgesetzes sind ferner der Anordnungsbehörde mitzuteilen (§ 9 Absatz 2 Satz 1 des EU-Gewaltschutzverfahrensgesetzes). [3] Verstöße gegen eine nach der Anerkennung einer Europäischen Schutzanordnung angeordneten Maßnahme nach § 1 des Gewaltschutzgesetzes sind mittels Formblattes nach der Anlage zu § 10 Absatz 3 des EU-Gewaltschutzverfahrensgesetzes der Anordnungsbehörde und der Überwachungsbehörde mitzuteilen. [4] Darüber hinaus sind die zuständige Polizeibehörde und die anderen öffentlichen Stellen, die von der Durchführung der erlassenen Maßnahme betroffen sind, von dem Verstoß unverzüglich zu unterrichten (§ 10 Absatz 2 Satz 1 des EU-Gewaltschutzverfahrensgesetzes). [5] Die geschützte Person und die gefährdende Person sollen über die *Mitteilungen unterrichtet werden (§ 10* Absatz 2 Satz 2 des EUGewaltschutzverfahrensgesetzes[1]).

[1] Richtig wohl: „EU-Gewaltschutzverfahrensgesetzes".

(5) Entscheidungen nach § 2 des Gewaltschutzgesetzes sind dem zuständigen Jugendamt stets zusätzlich mitzuteilen, wenn Kinder im Haushalt leben (§ 213 Absatz 1 Satz 1, Absatz 2 Satz 1 FamFG).

(6) Wird bei einer Mitteilung nach Absatz 1 Nummer 1 oder 2 (in Verbindung mit Absatz 4 Satz 1), Absatz 4 Satz 4 und nach Absatz 5 auch die geschützte Anschrift einer beteiligten Person (z.B. die einer Schutzwohnung oder eines Frauenhauses) weitergegeben, sind die Mitteilungsempfänger zugleich darauf hinzuweisen, dass es sich um eine geschützte Anschrift handelt, die dem Geheimhaltungsgebot unterliegt.

Anmerkungen:

In **Baden-Württemberg** sind Anträge nach dem Gewaltschutzgesetz sowie hierauf erfolgte Entscheidungen, gerichtliche Vergleiche oder einstweilige Anordnungen, insbesondere die angeordneten Maßnahmen, die Dauer der Maßnahmen sowie Verstöße gegen die Auflagen, an die zuständige Polizeibehörde und die zuständige Polizeidienststelle (§ 30 Absatz 5 des baden-württembergischen Polizeigesetzes) unverzüglich mitzuteilen.

In **Hamburg** sind Anträge nach dem Gewaltschutzgesetz sowie hierauf erfolgte gerichtliche Entscheidungen unverzüglich der Polizei mitzuteilen (§ 12b Absatz 1 des Hamburgischen Gesetzes zum Schutz der öffentlichen Sicherheit und Ordnung – HmbSOG).

In **Hessen** sind Anträge über zivilrechtlichen Schutz sowie der Tag und der Inhalt der gerichtlichen Entscheidung unverzüglich der zuständigen Gefahrenabwehrbehörde oder der Polizeibehörde mitzuteilen (§ 31 Absatz 2 Satz 5 des Hessischen Gesetzes über die öffentliche Sicherheit und Ordnung – HSOG).

In **Mecklenburg-Vorpommern** hat das Gericht die örtlich zuständige Polizeidienststelle unverzüglich über die Entscheidung zu einem Antrag auf zivilrechtlichen Schutz nach dem Gewaltschutzgesetz zu informieren (§ 52 Absatz 2 SOG M-V).

In **Nordrhein-Westfalen** sind Anträge nach dem Gewaltschutzgesetz sowie der Tag der gerichtlichen Entscheidung unverzüglich der zuständigen Polizeibehörde mitzuteilen (§ 34a Absatz 6 des Polizeigesetzes des Landes Nordrhein-Westfalen – PolG NRW). In den Fällen, in denen noch keine gerichtliche Entscheidung ergangen ist bzw. innerhalb der Frist des polizeilichen Rückkehrverbots bzw. der Wohnungsverweisung voraussichtlich ergehen wird, erfolgt die Mitteilung durch Übersendung der Antragsschrift.

XII. Mitteilungen in Lebenspartnerschaftssachen

1.[1] Mitteilungen über Entscheidungen für Zwecke des Personenstandswesens

(1) Mitzuteilen sind Entscheidungen, durch die eine Lebenspartnerschaft aufgehoben wird oder das Nichtbestehen einer Lebenspartnerschaft festgestellt wird (§ 5 Absatz 4 Satz 2, § 17 in Verbindung mit § 16 Absatz 1 Satz 1 Nummern 3 und 4 PStG[2]), § 56 Absatz 1 Nummer 3 Buchstabe a, § 56 Absatz 1 Nummer 4 Buchstabe b PStV[3]).

---

[1] Nr. XII/1 Anm. geänd. mWv 1.10.2012 durch AV v. 17.8.2012 (BAnz AT 12.09.2012 B1); Abs. 2 Nr. 2 neu gef. mWv 1.10.2014 durch AV v. 15.9.2014 (BAnz AT 29.09.2014 B1); Abs. 1 und 4 Nr. 1 geänd., Nr. 2 neu gef. mWv 1.10.2016 durch AV v. 23.12.2016 (BAnz AT 24.05.2017 B1).

[2] Nr. **113**.

[3] **Sartorius Nr. 261.**

(2)

1. Mitzuteilen ist eine abgekürzte Ausfertigung der Entscheidung mit einem Vermerk über den Tag der Rechtskraft der Entscheidung. In die Ausfertigung sind nur die Entscheidungsteile aufzunehmen, die die in Absatz 1 genannte Rechtsfolge betreffen.
2. In der Mitteilung sind anzugeben:
   a) der Lebenspartnerschaftsname,
   b) der nicht zum Lebenspartnerschaftsnamen gewordene Geburtsname oder der zur Zeit der Erklärung über die Bestimmung des Lebenspartnerschaftsnamens geführte Name des anderen Lebenspartners oder, falls die Lebenspartner keinen Lebenspartnerschaftsnamen geführt haben, die Familiennamen beider Lebenspartner,
   c) Ort und Tag der Begründung der Lebenspartnerschaft,
   d) die Bezeichnung des Eintrags in das Lebenspartnerschaftsregister einschließlich der Registernummer der Begründung der Lebenspartnerschaft,
   e) die vollständigen Anschriften beider Lebenspartner.

   Die Mitteilung kann durch Übersendung von Ablichtungen der entsprechenden Urkunden, soweit sie sich bei den Akten befinden, erfolgen.

(3) Ist das Verfahren bei Eintritt der Rechtskraft des Ausspruchs nach Absatz 1 bei dem Rechtsmittelgericht anhängig, so obliegt diesem die Mitteilung.

(4) Die Mitteilungen sind zu richten

1. falls die Lebenspartnerschaft von einem Standesamt beurkundet worden ist, an das Standesamt, das die Beurkundung vorgenommen hat (§ 3 Absatz 1 Satz 1 Nummer 2, § 5 Absatz 4 Satz 2 und § 17 in Verbindung mit § 16 Absatz 1 Satz 1 Nummer 3 PStG sowie § 56 Absatz 1 Nummer 3 Buchstabe a PStV);
2. falls die Lebenspartnerschaft nicht von einem Standesamt beurkundet worden ist, an das zuständige Standesamt, das das Lebenspartnerschaftsregister führt (§ 23 LPartG[1] in Verbindung mit § 16 Absatz 1 Satz 1 Nummer 3 und § 17 PStG, sowie § 56 Absatz 1 Nummer 3 Buchstabe a PStV);
3. falls die Lebenspartnerschaft nicht in einem Personenstandsregister im Inland beurkundet ist, an das Standesamt I in Berlin (§ 35 PStG, § 56 Absatz 1 Nummer 4 Buchstabe b PStV).

Anmerkung:
Thüringen
In Thüringen wurde das Ausführungsgesetz zum Lebenspartnerschaftsgesetz (ThürAGLPartG) mit Ablauf des 31. Dezember 2010 aufgehoben. Die bis zu diesem Zeitpunkt und damit nicht in einem Standesamt entstandenen Vorgänge werden aufgrund der Regelung in § 2 Satz 1 des Gesetzes zur Aufhebung des Ausführungsgesetzes zum Lebenspartnerschaftsgesetz an das Standesamt abgegeben, in dessen Zuständigkeit der Sitz der Behörde liegt, vor der die Lebenspartnerschaft gegründet wurde. Mitteilungen haben an diese nunmehr zuständigen registerführenden Standesämter zu erfolgen. Bei Begründung der Lebenspartnerschaft vor dem Thüringer Landesverwaltungsamt in Weimar erfolgt die Mitteilung damit beispielsweise an das Standesamt Weimar.

---

[1] Nr. **43**.

XIII. Mitteilungen in Kindschaftssachen, Abstammungssachen und Verfahren nach dem Transsexuellengesetz

1.[1] Mitteilungen an das Jugendamt über die Anordnung und die Beendigung einer Vormundschaft oder Pflegschaft und über den Wechsel in der Person des Vormundes oder Pflegers

(1) [1] Mitzuteilen sind

1.[2] die Anordnung
   a) einer Vormundschaft,
   b) einer die Sorge für die Person betreffenden Pflegschaft
   unter Bezeichnung des Vormundes oder des Pflegers;
2. jeder in der Person des Vormundes oder des Pflegers eintretende Wechsel;
3. die Beendigung der Vormundschaft oder Pflegschaft.

[2] Ist ein Vormundschaftsverein als vorläufiger Vormund oder vorläufiger Pfleger oder ein Vereinsvormund als Vormund oder Pfleger bestellt, entfallen die Mitteilungen nach Satz 1 (§ 53a Absatz 2 und 4, § 57 Absatz 3 Satz 1 bis 3, § 57 Absatz 6 SGB VIII[3] in Verbindung mit § 13 Absatz 1 Nummer 1 zweite Alternative EGGVG[4]).

(2) [1] Die Mitteilungen sind an das Jugendamt zu richten. [2] Falls eine Ausfertigung der Entscheidung mitgeteilt wird, ist eine abgekürzte Ausfertigung zu übersenden.

2.[5] Mitteilungen an die Meldebehörde über die Anordnung und die Beendigung einer Vormundschaft und über die Person des Vormundes

(1) Mitzuteilen sind

1. die Anordnung einer Vormundschaft;
2. Name und Anschrift des Vormunds sowie jeder in der Person des Vormunds eintretende Wechsel;
3. die Aufhebung der in Nummer 1 genannten Maßnahme oder ihre Beendigung kraft Gesetzes, soweit sie nicht durch den Tod oder die Volljährigkeit des Mündels eintritt.

(2) [1] Die Mitteilungen sind an die Meldebehörde zu richten, in deren Bezirk der Mündel wohnt. [2] Falls eine Ausfertigung der Entscheidung mitgeteilt wird, ist eine abgekürzte Ausfertigung zu übersenden.

---

[1] Nr. XIII/1 Abs. 1 Satz 2 mWv 1.10.2012 durch AV v. 17.8.2012 (BAnz AT 12.09.*2012 B1*).; Überschrift, Abs. 1 Satz 1 Nr. 1 und 2 geänd., Satz 2 neu gef. mWv 1.10.2023 durch AV v. 3.8.2023 (BAnz AT 22.09.2023 B1)

[2] **Amtl. Anm.:** Gilt in dieser Fassung erst ab 1. Juli 1998.

[3] Nr. **46**.

[4] **Habersack, Deutsche Gesetze Nr. 95a.**

[5] Nr. XIII/2 Anm. geänd. mWv 1.10.2012 durch AV v. 17.8.2012 (BAnz AT 12.09.2012 B1); Anm. geänd. mWv 1.10.2016 durch AV v. 23.12.2016 (BAnz AT 24.05.2017 B1); Anm. geänd. mWv 1.10.2018 durch AV v. 23.11.2018 (BAnz AT 24.12.2018 B2); Abs. 1 Nr. 3 und Anm. geänd. mWv 1.10.2021 durch AV v. 9.8.2021 (BAnz AT 16.09.2021 B3); Anm. geänd. mWv 1.10.2023 durch AV v. 3.8.2023 (BAnz AT 22.09.2023 B1).

Anmerkung: Zuständige Meldebehörden, die nach den Ausführungsgesetzen der Länder zum Bundesmeldegesetz[1] die Daten des gesetzlichen Vertreters des Einwohners zu speichern haben, sind:

in **Baden-Württemberg** die Gemeinden als Ortspolizeibehörden;

in **Bayern** die Gemeinden bzw. Verwaltungsgemeinschaften;

in **Berlin** das Landesamt für Bürger- und Ordnungsangelegenheiten;

in **Brandenburg** die kreisfreien Städte, die Ämter und die amtsfreien Gemeinden;

in **Bremen:**

– in der Stadt Bremen das Stadtamt – Meldebehörde –,

– in der Stadt Bremerhaven der Magistrat der Stadt Bremerhaven;

in **Hamburg** das Bezirksamt Harburg – ZM –;

in **Hessen** die Gemeinden;

in **Mecklenburg-Vorpommern** die (Ober-)Bürgermeister der kreisfreien Städte, die Bürgermeister der amtsfreien Gemeinden und die Amtsvorsteher der Ämter;

in **Niedersachsen** die Gemeinden und Samtgemeinden;

in **Nordrhein-Westfalen** die Gemeinden;

in **Rheinland-Pfalz** die Stadt- und Gemeindeverwaltungen, für Ortsgemeinden die Verbandsgemeindeverwaltungen;

im **Saarland** die Gemeinden;

in **Sachsen** die Gemeinden, erfüllende Gemeinden von Verwaltungsgemeinschaften und Verwaltungsverbände;

in **Sachsen-Anhalt** die Gemeinden;

in **Schleswig-Holstein** die Bürgermeister der Städte und amtsfreien Gemeinden sowie die Amtsvorsteher der Ämter;

in **Thüringen** die Gemeinden bzw. Verwaltungsgemeinschaften.

3.[2] Mitteilungen an das für Unterbringungsmaßnahmen zuständige Gericht über die Anordnung und die Aufhebung einer Vormundschaft oder Pflegschaft und über den Wechsel in der Person des Vormunds oder Pflegers

(1) Mitzuteilen sind bei einer Vormundschaft, bei der der Mündel einer freiheitsentziehenden Unterbringung oder freiheitsentziehenden Maßnahme nach §§ 1631b, 1795 Absatz 1 Satz 3 BGB[3] oder nach den Landesgesetzen über die Unterbringung psychisch Kranker unterworfen ist, oder bei einer die Unterbringung oder freiheitsentziehenden Maßnahme erfassenden Pflegschaft nach den §§ 1631b, 1795 Absatz 1 Satz 3 und 1813 Absatz 1 BGB

1. die Anordnung der Vormundschaft oder Pflegschaft;
2. ein Wechsel in der Person des Vormunds oder Pflegers;

---

[1] *Sartorius Nr. 256.*

[2] Nr. XIII/3 Abs. 1 geänd. mWv 1.10.2012 durch AV v. 17.8.2012 (BAnz AT 12.09.2012 B1); Abs. 1 geänd. mWv 1.10.2018 durch AV v. 23.11.2018 (BAnz AT 24.12.2018 B2); Abs. 1 einl. Satzteil geänd. mWv 1.10.2023 durch AV v. 3.8.2023 (BAnz AT 22.09.2023 B1).

[3] **Habersack, Deutsche Gesetze Nr. 20.**

3. die Aufhebung der Vormundschaft oder Pflegschaft sowie der Wegfall des Aufgabenbereichs Unterbringung,

wenn für die Unterbringungsmaßnahme ein anderes Gericht zuständig ist als dasjenige, bei dem die Vormundschaft oder Pflegschaft anhängig ist (§ 167 Absatz 2 Halbsatz 1 FamFG).

(2) Die Mitteilungen sind von der Richterin oder dem Richter zu veranlassen.

(3) Die Mitteilungen sind an das für die Unterbringungsmaßnahme zuständige Gericht zu richten.

4.[1] Mitteilungen über die familiengerichtliche Anordnung vorläufiger Maßnahmen

(1) Mitzuteilen ist die Anordnung der in den §§ 1693, 1802 Absatz 2 Satz 3 in Verbindung mit § 1867 BGB bezeichneten Maßnahmen, wenn eine Vormundschaft oder Pflegschaft anhängig ist (§ 152 Absatz 4 FamFG).

(2) Die Mitteilungen sind von der Richterin oder dem Richter zu veranlassen.

(3) Sie sind an das Gericht zu richten, bei dem die Vormundschaft oder Pflegschaft anhängig ist.

5.[2] Mitteilungen an die Staatsanwaltschaft über familiengerichtliche Maßnahmen bei Minderjährigen und über die Kenntnis von anhängigen Strafverfahren

(1) Mitzuteilen sind

1. familiengerichtliche Maßnahmen sowie ihre Änderung und Aufhebung, wenn ein anhängiges staatsanwaltschaftliches Ermittlungsverfahren oder gerichtliches Strafverfahren gegen den Minderjährigen bekannt wird (§ 70 Absatz 1 Satz 3 JGG[3]);
2. Kenntnisse des Familiengerichts von einem anderen anhängigen Strafverfahren gegen den Minderjährigen (§ 70 Absatz 1 Satz 2 JGG)

(2) Mitteilungen nach Absatz 1 Nummer 1 unterbleiben, wenn schutzwürdige Interessen des Minderjährigen oder einer sonst von der Mitteilung betroffenen Person oder Stelle an dem Ausschluss der Übermittlung erkennbar überwiegen (§ 70 Absatz 1 Satz 3 JGG).

(3) Die Mitteilungen sind von der Richterin oder dem Richter zu veranlassen.

(4) Sie sind an die zuständigen Jugendstaatsanwaltschaften zu richten.

6.[4] Mitteilungen an das Bundesamt für Justiz über familiengerichtliche Maßnahmen bei Minderjährigen

(1) Mitzuteilen sind

1. die Anordnungen des Familiengerichts über Erziehungsmaßregeln, wenn ihm deren Auswahl und Anordnung vom Jugendgericht oder von dem für allgemei-

---

[1] Nr. XIII/4 Überschrift, Abs. 1 geänd. mWv 1.10.2023 durch AV v. 3.8.2023 (BAnz AT 22.09.2023 B1).

[2] Nr. XIII/5 Abs. 1 Nr. 1 und 2 geänd., Abs. 2 neu gef., Abs. 4 geänd. mWv 1.10.2021 durch AV v. 9.8.2021 (BAnz AT 16.09.2021 B3).

[3] **Habersack, Deutsche Gesetze Nr. 89.**

[4] Nr. XIII/6 Überschrift, Abs. 1 abschl. Satzteil und Abs. 2 geänd. mWv 1.10.2014 durch AV v. 15.9. 2014 (BAnz AT 29.09.2014 B1); Abs. 1 Nr. 2 geänd. mWv 1.10.2023 durch AV v. 3.8.2023 (BAnz AT 22.09.2023 B1).

ne Strafsachen zuständigen Gericht nach den §§ 53, 104 Absatz 4 JGG überlassen worden ist;

2. die vorläufigen und endgültigen Entscheidungen des Familiengerichts nach § 1666 Absatz 1 und § 1666a BGB[1)] sowie die Entscheidungen nach § 1802 Absatz 2 Satz 3 in Verbindung mit § 1666 Absatz 1 und § 1666a BGB, welche die Sorge für die Person des Minderjährigen betreffen; ferner die Entscheidungen, durch welche die vorgenannten Entscheidungen aufgehoben oder geändert werden

(§§ 20, 59, § 60 Absatz 1 Nummer 4, 5, 9 BZRG[2)]).

(2) Die Mitteilungen sind an das Bundesamt für Justiz zu richten.

(3) Form und Inhalt der Mitteilungen richten sich nach der Allgemeinen Verwaltungsvorschrift zur Durchführung des Bundeszentralregistergesetzes (BZRGVwV) vom 16. Dezember 2008 in ihrer jeweils geltenden Fassung.

7.[3)] Mitteilungen über Entscheidungen für Zwecke des Personenstandswesens

(1) Mitzuteilen sind familiengerichtliche Entscheidungen, durch die

1. das Bestehen oder Nichtbestehen eines Eltern- oder Kindesverhältnisses festgestellt oder
2. über die Anfechtung der Vaterschaft entschieden wird,

sofern diese eine Eintragung in einem Personenstandsregister erforderlich machen (§ 27 Absatz 1, 3 Nummer 1 PStG[4)], § 56 Absatz 1 Nummer 1 Buchstabe b PStV[5)]).

(2) Die Mitteilung erfolgt durch Übersendung einer abgekürzten Ausfertigung der Entscheidung mit Rechtskraftvermerk.

(3) Die Mitteilungen sind zu richten

1. wenn die Geburt im Inland beurkundet wurde, an das Standesamt, das die Geburt beurkundet hat (§ 27 Absatz 1 Satz 1 in Verbindung mit § 44 Absatz 3 Satz 1 PStG),
2. wenn die Geburt im Ausland beurkundet wurde, an das Standesamt I in Berlin (§ 27 Absatz 1 Satz 1 in Verbindung mit § 44 Absatz 3 Satz 2 PStG).

Anmerkung:

Siehe auch III/4 (Mitteilungen über die Beurkundung von Erklärungen über die Anerkennung der Vaterschaft oder der Mutterschaft und über die gerichtliche Genehmigung solcher Erklärungen). Mitzuteilen sind diese Erklärungen auch, wenn sie in einem Erörterungstermin zur Niederschrift des Gerichts erfolgen (§ 180 FamFG[6)]).

[1)] **Habersack, Deutsche Gesetze Nr. 20.**

[2)] **Habersack, Deutsche Gesetze Nr. 92.**

[3)] *Nr. XIII/7 Abs. 1 abschl.* Satzteil geänd. mWv 1.10.2014 durch AV v. 15.9.2014 (BAnz AT 29.09.2014 B1); Anm. angef. mWv 1.10.2023 durch AV v. 3.8.2023 (BAnz AT 22.09.2023 B1).

[4)] Nr. **113**.

[5)] **Sartorius Nr. 261.**

[6)] **Habersack, Deutsche Gesetze Nr. 112.**

8.[1] Mitteilungen an das Jugendamt über die Beseitigung einer nach § 1592 Nummer 1 oder 2 BGB bestehenden Vaterschaft

(1) Mitzuteilen sind Entscheidungen, die eine nach § 1592 Nummer 1 oder 2 BGB[2] bestehende Vaterschaft zu einem Kind oder Jugendlichen beseitigen (§ 52a Absatz 3 SGB VIII[3]).

(2) Die Mitteilung erfolgt durch Übersendung einer abgekürzten Ausfertigung der Entscheidung.

(3) Die Mitteilungen sind an das Jugendamt zu richten.

9.[4] Mitteilungen an das Jugendamt über die Begründung einer gemeinsamen elterlichen Sorge im vereinfachten Verfahren nach § 155a Absatz 3 FamFG oder die Protokollierung übereinstimmender Sorgeerklärungen

(1) Mitzuteilen sind

1. Entscheidungen, durch die im vereinfachten Verfahren nach § 155a Absatz 3 FamFG[5] die elterliche Sorge oder ein Teil der elterlichen Sorge beiden Eltern gemeinsam übertragen wird (§ 155a Absatz 3 Satz 3 FamFG),
2. die Abgabe von Sorgeerklärungen und Zustimmungen zur Niederschrift des Gerichts (§ 1626d Absatz 2 BGB[2] in Verbindung mit § 155a Absatz 5 FamFG).

(2) Die Mitteilung erfolgt im Fall des Absatzes 1 Nummer 1 durch Übersendung einer abgekürzten Ausfertigung der Entscheidung und im Fall des Absatzes 1 Nummer 2 durch Übersendung einer abgekürzten Ausfertigung der Niederschrift des Erörterungstermins.

(3) [1] Die Mitteilungen sind unter Angabe des Geburtsdatums und des Geburtsorts des Kindes sowie des Namens, den das Kind zur Zeit der Beurkundung seiner Geburt geführt hat, an das für den Geburtsort des Kindes zuständige Jugendamt zu richten. [2] Liegt der Geburtsort im Ausland oder ist er nicht zu ermitteln, sind die Mitteilungen an die für Jugend zuständige Senatsverwaltung in Berlin zu richten.

10. Mitteilungen an das Standesamt über eine dem Familiengericht bekannt gewordene Annahme als Kind im Ausland

(1) Mitzuteilen ist die dem Familiengericht bekannt gewordene Annahme als Kind im Ausland, wenn der Angenommene im Inland im Personenstandsregister eingetragen ist (§ 56 Absatz 1 Nummer 1 Buchstabe c PStV[6]), sofern nicht ersichtlich ist, dass das in Betracht kommende Standesamt von der Annahme als Kind bereits anderweitig Kenntnis erhalten hat.

(2) Die Mitteilung ist von der Richterin oder dem Richter zu veranlassen.

(3) [1] Der Mitteilung ist eine beglaubigte Abschrift der Urkunde über die Annahme als Kind beizufügen. [2] Dabei sind, soweit nicht bereits in der Urkunde enthalten, die von dem Standesamt für die Eintragung in die Personenstandsregister benötigten, in III/4 Absatz 2 bezeichneten Angaben

a) über das Kind
und gegebenenfalls

---

[1] Nr. XIII/8 Überschrift neu gef. mWv 1.10.2014 durch AV v. 15.9.2014 (BAnz AT 29.09.2014 B1).
[2] **Habersack, Deutsche Gesetze Nr. 20.**
[3] Nr. **46.**
[4] Nr. XIII/9 eingef. mWv 1.10.2014 durch AV v. 15.9.2014 (BAnz AT 29.09.2014 B1).
[5] **Habersack, Deutsche Gesetze Nr. 112.**
[6] **Sartorius Nr. 261.**

b) über den Annehmenden und
c) über die Annehmende
sowie die Bezeichnung des standesamtlichen Eintrags mitzuteilen.

(4) Die Mitteilung ist an das in XIV/1 Absatz 3 bezeichnete zutreffende Standesamt zu richten.

11.[1] Mitteilungen über die Erteilung oder Versagung der Genehmigung eines einseitigen Rechtsgeschäfts

(1) Mitzuteilen sind Entscheidungen über die Erteilung oder Versagung einer nachträglichen Genehmigung eines einseitigen Rechtsgeschäfts, welches der Vormund, der Pfleger oder ein sorgeberechtigter Elternteil gegenüber einem Gericht oder einer Behörde ohne die erforderliche Genehmigung vorgenommen hat (§ 1644 Absatz 3 Satz 1, § 1795 Absatz 4 Satz 1, § 1800 Absatz 2 Satz 1, § 1813 Absatz 1 BGB[2] in Verbindung mit § 1858 Absatz 3 Satz 5 BGB).

(2) Die Mitteilungen sind von der Richterin oder dem Richter zu veranlassen.

(3) Die Mitteilungen sind an das Gericht oder die Behörde zu richten, gegenüber dem oder der das genehmigungspflichtige Rechtsgeschäft vorgenommen wurde.

12. *(aufgehoben)*

13.[3] Mitteilungen über beabsichtigte oder getroffene Maßnahmen im Geltungsbereich des Haager Übereinkommens vom 5. Oktober 1961 über die Zuständigkeit der Behörden und das anzuwendende Recht auf dem Gebiet des Schutzes von Minderjährigen (BGBl. 1971 II S. 217)

(1) Mitzuteilen sind

1. die Absicht, zum Schutz der Person oder des Vermögens eines minderjährigen Deutschen, der seinen gewöhnlichen Aufenthalt in einem ausländischen Vertragsstaat des Übereinkommens hat, Maßnahmen zu treffen (Artikel 4 Absatz 1 des Übereinkommens);
2. die Absicht, die von den Behörden des Staates des früheren gewöhnlichen Aufenthalts eines Minderjährigen getroffenen Maßnahmen aufzuheben oder durch andere Maßnahmen zu ersetzen (Artikel 5 Absatz 2 des Übereinkommens);
3. die Absicht, zum Schutz der Person oder des Vermögens eines Minderjährigen, hinsichtlich dessen bereits andere Vertragsstaaten Maßnahmen getroffen haben, die noch wirksam sind, weitere Maßnahmen zu treffen (Artikel 10 des Übereinkommens). Die Mitteilung unterbleibt, wenn ein Meinungsaustausch mit den Behörden der anderen Vertragsstaaten eine dem Minderjährigen nachteilige Verzögerung zur Folge hätte oder aus einem sonstigen Grund nicht angebracht erscheint;

---

[1] Nr. XIII/11 neu gef. mWv 1.10.2023 durch AV v. 3.8.2023 (BAnz AT 22.09.2023 B1).

[2] **Habersack, Deutsche Gesetze Nr. 20.**

[3] *Nr. XIII/13 Abs. 4 Nr. 4 Buchst.* a neu gef., Anm. geänd. mWv 1.10.2012 durch AV v. 17.8.2012 (BAnz AT 12.09.2012 B1); Anm. geänd. mWv 1.10.2014 durch AV v. 15.9.2014 (BAnz AT 29.09.2014 B1); Anm. neu gef. mWv 1.10.2016 durch AV v. 23.12.2016 (BAnz AT 24.05.2017 B1); Anm. geänd. mWv 1.10.2021 durch AV v. 9.8.2021 (BAnz AT 16.09.2021 B3); Anm. neu gef. mWv 1.10.2023 durch AV v. 3.8.2023 (BAnz AT 22.09.2023 B1).

4. die hinsichtlich eines Minderjährigen getroffenen Maßnahmen (Artikel 11 Absatz 1 des Übereinkommens).

(2) Die Mitteilungen nach Absatz 1 Nummer 4 sind unverzüglich nach Wirksamwerden der Maßnahme zu bewirken.

(3) Die Mitteilungen sind von der Richterin oder dem Richter zu veranlassen.

(4) Die Mitteilungen sind über die Prüfungsstelle gemäß § 9 Absatz 2 der Rechtshilfeordnung für Zivilsachen (ZRHO) zu leiten und zu richten im Falle des

1. Absatzes 1 Nummer 1
   an die Behörden des Staates, in dem der minderjährige Deutsche seinen gewöhnlichen Aufenthalt hat;
2. Absatzes 1 Nummer 2
   an die Behörden des Staates des früheren gewöhnlichen Aufenthalts, deren Maßnahmen aufgehoben oder ersetzt werden sollen;
3. Absatzes 1 Nummer 3
   an die Behörden des Staates, deren Entscheidungen noch wirksam sind;
4. Absatzes 1 Nummer 4
   a) an die Behörden des Staates, dem der Minderjährige angehört, bzw. an die Behörden des Staates, in dem der Minderjährige seinen gewöhnlichen Aufenthalt hat,
   b) falls neben den getroffenen Maßnahmen Entscheidungen von Behörden anderer Staaten wirksam bleiben und nicht schon eine Mitteilung nach Buchstabe a zu bewirken ist, an die Behörden dieser Staaten,
   c) falls Maßnahmen von Behörden des Staates des früheren gewöhnlichen Aufenthalts aufgehoben oder ersetzt werden, zusätzlich an die Behörden dieses Staates.

Anmerkung:

Vertragsstaaten des Übereinkommens sind – außer der Bundesrepublik Deutschland – China (nur Sonderverwaltungsregion Macau), Frankreich, Italien, Lettland, Litauen, Luxemburg, Niederlande (einschließlich Arubas und der Inseln Bonaire, Curaçao, Saba, St. Eustatius und Sint Maarten, der früheren Niederländischen Antillen), Österreich, Polen, Portugal, Schweiz, Spanien, Türkei.

Das Haager Übereinkommen vom 19. Oktober 1996 über die Zuständigkeit, das anzuwendende Recht, die Anerkennung, Vollstreckung und Zusammenarbeit auf dem Gebiet der elterlichen Verantwortung und der Maßnahmen zum Schutz von Kindern (Haager Kinderschutzübereinkommen[1]; BGBl. 2009 II S. 602) ersetzt nach seinem Artikel 51 im Verhältnis zwischen Vertragsstaaten beider Übereinkommen das Haager Übereinkommen vom 5. Oktober 1961 über die Zuständigkeit der Behörden und das anzuwendende Recht auf dem Gebiet des Schutzes von Minderjährigen (Haager Minderjährigenschutzübereinkommen).

Die Mitteilungspflichten nach dem Haager Minderjährigenschutzübereinkommen entfallen insoweit.

Das Haager Kinderschutzübereinkommen ersetzt das Haager Minderjährigenschutzabkommen im Verhältnis zu folgenden Staaten (Stand 1. Januar 2023): Frankreich, Italien, Lettland, Litauen, Luxemburg, Niederlande (einschließlich Curaçao und der karibischen Niederlande [Bonaire, Saba und St. Eustatius]), Österreich, Polen, Portugal, Schweiz, Spanien und Türkei.

Informationen zu den Haager Übereinkommen und der aktuelle Ratifikations-

[1] Nr. **45m**.

stand sind der Internetseite der Haager Konferenz (www.hcch.net) zu entnehmen.
Die Mitteilungen sind zu richten

in **Sint Maarten**
an „de Minister van Justitie van Sint Maarten";
in **Aruba**
an „de Minister van Justitie van Aruba".

Im Verhältnis zu Vertragsstaaten des Übereinkommens, in denen die Verordnung (EU) 2019/1111[1] des Rates vom 25. Juni 2019 über die Zuständigkeit, die Anerkennung und Vollstreckung von Entscheidungen in Ehesachen und in Verfahren betreffend die elterliche Verantwortung und über internationale Kindesentführungen (ABl. L 178 vom 2.7.2019, S. 1) anwendbar ist, geht die Verordnung dem Übereinkommen vor (Artikel 95 Buchstabe a der Verordnung (EU) 2019/1111).
Mitteilungen sind daher nur zulässig, soweit die Verordnung (EU) 2019/1111 keine abschließende Regelung trifft.

14.[2] Mitteilungen über Sachverhalte, die zu familiengerichtlichen Maßnahmen Anlaß geben, im Geltungsbereich des Wiener Übereinkommens vom 24. April 1963 über konsularische Beziehungen (BGBl. 1969 II S. 1585)

(1) [1] Mitzuteilen sind Sachverhalte, bei denen im Interesse eines minderjährigen oder anderen nicht voll geschäftsfähigen Ausländers die Bestellung eines Vormunds oder Pflegers angebracht erscheint, wenn der Ausländer einem Vertragsstaat des Wiener Übereinkommens über konsularische Beziehungen angehört (Artikel 37 Buchstabe b des Wiener Übereinkommens über konsularische Beziehungen). [2] Eine Mitteilung kann nach einer Abwägung im Einzelfall unterbleiben, wenn dadurch die Person oder das Vermögen des minderjährigen oder anderen nicht voll geschäftsfähigen Ausländers in Gefahr geraten könnte oder die Freiheit oder das Leben eines Familienangehörigen ernsthaft bedroht würde.

(2) Die Mitteilungen sind von der Richterin oder dem Richter zu veranlassen.

(3) Die Mitteilungen sind an die zuständige konsularische Vertretung des Staates zu richten, dem der Ausländer angehört.

Anmerkung:
Hinsichtlich der Vertragsstaaten des Wiener Übereinkommens vom 24. April 1963 über konsularische Beziehungen wird auf den als Beilage zu Bundesgesetzblatt Teil II herausgegebenen „Fundstellennachweis B – Völkerrechtliche Vereinbarungen –", Abschnitt „Mehrseitige Verträge", Bezug genommen.
Vertragsstaaten des Wiener Übereinkommens über konsularische Beziehungen sowie solche Staaten, die notifiziert haben, dass sie sich auch nach Erlangung der Unabhängigkeit an das Übereinkommen gebunden betrachten, sind der Internetseite
(https://treaties.un.org/Pages/ViewDetails.aspx?src=IND&mtdsg_no=III-6&chapter=3) zu entnehmen.

---

[1] Nr. **103b**.
[2] Nr. XIII/14 Abs. 1 geänd. mWv 1.10.2018 durch AV v. 23.11.2018 (BAnz AT 24.12.2018 B2); Abs. 1 Satz 2 angef., Anm. geänd. mWv 1.10.2021 durch AV v. 9.8.2021 (BAnz AT 16.09.2021 B3); Anm. neu gef. mWv 1.10.2023 durch AV v. 3.8.2023 (BAnz AT 22.09.2023 B1).

15. Mitteilungen an das Standesamt über Entscheidungen aufgrund des Transsexuellengesetzes

(1) Mitzuteilen sind Entscheidungen, durch die

1. die Vornamen einer Person geändert werden (§ 1 Absatz 1, § 6 Absatz 2 Satz 3, § 7 Absatz 3 Transsexuellengesetz);
2. Entscheidungen nach Nummer 1 aufgehoben werden (§ 6 Absatz 1 Transsexuellengesetz);
3. festgestellt wird, daß eine Person als dem anderen Geschlecht zugehörig anzusehen ist (§ 8 Absatz 1 Transsexuellengesetz), einschließlich des Falles nach § 9 Absatz 3 Satz 1 i.V.m. § 6 dieses Gesetzes;
4. die Abstammung eines Kindes von einer Person festgestellt wird, deren Vornamen geändert wurden (§ 7 Absatz 1 Nummer 2 Transsexuellengesetz)

(§ 27 Absatz 3 Nummer 1 und 4 PStG[1)], § 56 Absatz 1 Nummer 1 Buchstabe d PStV[2)]).

(2) Die Mitteilungen sind zu richten

1. in den Fällen des Absatzes 1 Nummer 1 und 3 an das in XIV/1 Absatz 3 bezeichnete zutreffende Standesamt;
2. in den Fällen des Absatzes 1 Nummer 2 und 4 an das Standesamt, dem die Entscheidung über die Änderung des Vornamens mitgeteilt wurde.

(3) [1] Die Mitteilungen sind durch Übersendung einer abgekürzten Ausfertigung der Entscheidung mit Rechtskraftvermerk zu bewirken. [2] Dabei sind, soweit nicht bereits in den Entscheidungen enthalten, anzugeben

Familienname (wenn der Geburtsname hiervon verschieden ist, auch dieser),
sämtliche Vornamen,
Geburtstag und -ort,
Geburtsstandesamt,
Nummer des Eintrags,
Familienstand,
Tag der Eheschließung sowie Standesamt der Heirat und Nummer des Eintrags oder, wenn ein Familienbuch als Heiratseintrag fortgeführt wird, dessen Kennzeichen und Führungsort,
Anschrift,
Tag der Rechtskraft;
bei Mitteilungen von Entscheidungen nach Absatz 1 Nummer 4 außerdem der Familienname, die Vornamen, das Geburtsdatum, der Geburtsort, das Geburtsstandesamt und die Nummer des Eintrags für das Kind

16. Mitteilungen über gerichtliche Entscheidungen nach dem Gesetz zur Aus- und Durchführung bestimmter Rechtsinstrumente auf dem Gebiet des internationalen Familienrechts (Internationales Familienrechtsverfahrensgesetz; IntFamRVG)

(1) Mitzuteilen sind gerichtliche Entscheidungen nach dem Internationalen Familienrechtsverfahrensgesetz (IntFamRVG); dies gilt auch dann, wenn das Jugendamt am Verfahren nicht beteiligt war (§ 9 Absatz 3 IntFamRVG[3)]).

[1)] Nr. **113**.
[2)] **Sartorius Nr. 261.**
[3)] Nr. **103n**.

(2) Die Mitteilungen sind von der Richterin oder dem Richter zu veranlassen.

(3) [1]Die Mitteilungen sind an das Jugendamt zu richten. [2]Zuständig ist das Jugendamt, in dessen Bereich sich das Kind gewöhnlich aufhält. [3]Solange die Zentrale Behörde oder ein Gericht mit einem Herausgabe- oder Rückgabeantrag oder dessen Vollstreckung befasst ist, oder wenn das Kind keinen gewöhnlichen Aufenthalt im Inland hat, oder das zuständige Jugendamt nicht tätig wird, ist das Jugendamt zuständig, in dessen Bereich sich das Kind tatsächlich aufhält (§ 9 Absatz 2 IntFamRVG).

XIV. Mitteilungen in Adoptionssachen

1.[1] Mitteilungen über Entscheidungen für Zwecke des Personenstandswesens

(1) Mitzuteilen sind Entscheidungen, durch die

1. eine Annahme als Kind ausgesprochen wird;
2. ein Annahmeverhältnis aufgehoben wird;
3. die Anerkennung oder Wirksamkeit einer Annahme als Kind, die auf einer ausländischen Entscheidung oder ausländischen Sachvorschriften beruht, und die Wirkung der Annahme festgestellt worden ist;
4. ausgesprochen worden ist, dass das Kind die Rechtsstellung eines nach den deutschen Sachvorschriften angenommenen Kindes erhält

(§ 5 Absatz 4 PStG[2]), § 56 Absatz 1 Nummer 1 Buchstabe c, Nummer 2 Buchstabe c, Nummer 3 Buchstabe b, Nummer 4 Buchstabe b, § 71 Absatz 3, § 72 Absatz 3 PStV[3]), §§ 1 ff. AdWirkG[4])).

(2) [1]Für Mitteilungen ist ein Vordruck gemäß Anlage zu verwenden, in den die von dem Standesbeamten für die Eintragung in das Personenstandsregister benötigten Angaben aufzunehmen sind. [2]Dem Vordruck ist eine abgekürzte Ausfertigung der Entscheidung beizufügen.

a) Angaben sind zu machen
über das Kind und
über den Annehmenden oder
über beide Ehegatten,
- wenn sie das Kind gemeinschaftlich angenommen haben oder
- wenn der eine Ehegatte das Kind des anderen Ehegatten angenommen hat, oder

über beide Lebenspartner, wenn der eine Lebenspartner das Kind des anderen Lebenspartners angenommen hat, oder über beide Personen, die in einer verfestigten Lebensgemeinschaft im Sinne des § 1766a Absatz 2 BGB[5]) in einem gemeinsamen Haushalt leben, wenn die eine Person das Kind der anderen angenommen hat, oder
im Fall des Absatzes 1 Nummer 1 außerdem nach Maßgabe des Vordrucks, auf welche Rechtsvorschriften sich die Annahme als Kind gründet.

---

[1]) Nr. XIV/1 Abs. 2 Buchst. a geänd. mWv 1.10.2021 durch AV v. 9.8.2021 (BAnz AT 16.09.2021 B3).
[2]) Nr. **113**.
[3]) **Sartorius Nr. 261.**
[4]) Nr. **45j**.
[5]) **Habersack, Deutsche Gesetze Nr. 20.**

b) Von diesen Personen sind nach Maßgabe des Vordrucks anzugeben:
Familienname (wenn der Geburtsname hiervon verschieden ist, auch dieser),
sämtliche Vornamen,
Geburtstag und -ort,
Geburtsstandesamt, Nummer des Eintrags,
Staatsangehörigkeit,
auf Wunsch der Annehmenden die rechtliche Zugehörigkeit zu einer Religionsgemeinschaft, die Körperschaft des öffentlichen Rechts ist,
Familienstand,
Tag und Ort der Eheschließung oder Begründung der Lebenspartnerschaft sowie Standesamt, das das Ehe- oder Lebenspartnerschaftsregister bzw. den Heiratseintrag führt, bzw. Behörde, vor der die Lebenspartnerschaft begründet wurde, und Nummer bzw. Kennzeichen des Eintrags,
Anschrift.

c) Außerdem sind anzugeben

aa) in den Fällen des Absatzes 1 Nummer 1, 3 und 4
der Tag, an dem die Entscheidung dem Annehmenden oder, wenn dieser verstorben ist, dem Kind zugestellt worden ist,
ferner Geburtstag und -ort, Standesamt und Nummer der Geburtseinträge von im Inland geborenen leiblichen Eltern,

bb) in den Fällen des Absatzes 1 Nummer 2
der Tag, an dem die Entscheidung rechtskräftig geworden ist,
ferner, ob mit der Aufhebung angeordnet wurde, dass die Ehegatten oder Lebenspartner als Ehenamen oder Lebenspartnerschaftsnamen den Geburtsnamen führen, den das Kind vor der Annahme geführt hat, falls sich in den Fällen des Absatzes 1 Nummer 1 die Änderung des Geburtsnamens des Kindes auf seinen Ehenamen oder Lebenspartnerschaftsnamen erstreckt hatte.

d) Erstreckt sich in den Fällen des Absatzes 1 Nummer 1, 3 und 4 die Änderung des Geburtsnamens des Kindes auf seinen Ehenamen oder Lebenspartnerschaftsnamen, so ist eine beglaubigte Abschrift der Einwilligungserklärung des Ehegatten oder des Lebenspartners des Kindes beizufügen oder anzugeben, aus welchen Gründen die Einwilligung nicht erforderlich war.

(3) Die Mitteilungen sind zu richten,

1. falls die Geburt des Kindes im Inland beurkundet wurde, an das Standesamt, das den Geburtseintrag führt (§ 56 Absatz 1 PStV),
2. falls ein Konsularbeamter einer deutschen Auslandsvertretung über die Geburtsanzeige eine Niederschrift aufgenommen hat oder das Personenstandsregister von einem solchen Beamten geführt wurde, an das Standesamt I in Berlin (§ 71 Absatz 3 PStV),
3. falls ein deutsches Standesamt einen Geburtseintrag nach deutschen Rechtsvorschriften vorgenommen hat, der Geburtsort des Kindes sich aber jetzt im Ausland befindet, an das Standesamt I in Berlin (§ 72 Absatz 3 PStV),
4. falls der Geburtsort des Kindes im Ausland liegt und die Geburt nicht nach den Nummern 2 und 3 beurkundet worden ist

a) an das Standesamt, das die Geburtseinträge der Annehmenden führt, sowie an das Standesamt, das die Geburtseinträge der leiblichen Eltern führt (§ 56 Absatz 1 Nummer 1 PStV),

b) bei Entscheidungen, die die Änderung des Namens eines Kindes betreffen, dessen Ehe im Inland beurkundet ist, an das Standesamt, das das Eheregister bzw. den Heiratseintrag des Kindes führt (§ 56 Absatz 1 Nummer 2 PStV),

c) bei Entscheidungen, die die Änderung des Namens eines Kindes betreffen, dessen Lebenspartnerschaft im Inland beurkundet ist, an das Standesamt, das das Lebenspartnerschaftsregister führt (§ 56 Absatz 1 Nummer 3 PStV), bzw. an die für die Begründung der Lebenspartnerschaft zuständige Behörde, oder

d) an das Standesamt I in Berlin, falls keine Beurkundung in einem Personenstandsregister im Inland vorliegt (§ 56 Absatz 1 Nummer 4 PStV),

5. falls der Geburtsort des Kindes im Inland liegt, die Geburt aber nicht bei einem Standesamt im Inland beurkundet wurde, weil die Geburt des Kindes nicht der allgemeinen Anzeigepflicht unterlag (Kinder von Mitgliedern einer Truppe der Partner des Nordatlantikvertrages, der Mitglieder eines zivilen Gefolges und der Angehörigen, Kinder der Mitglieder einer Truppe oder eines zivilen Gefolges, die einem internationalen militärischen Hauptquartier der NATO zugeteilt sind, sowie der Angehörigen), an ein Standesamt gemäß Nummer 4.

Anmerkung: Die örtliche Zuständigkeit des Standesamtes für die Führung des Ehe- oder Lebenspartnerschaftsregisters bzw. des Heiratseintrags sowie der Behörde für die Begründung der Lebenspartnerschaft bestimmt sich nach § 11 in Verbindung mit §§ 15, 17, 35 und 77 Absatz 1 PStG, §§ 22 und 23 LPartG[1].

2.[2] Mitteilungen an das Familiengericht, die Zentrale Adoptionsstelle des Landesjugendamtes, das Jugendamt und die Ausländerbehörde

(1) Mitzuteilen sind Entscheidungen, durch welche die Feststellung der Anerkennung oder Wirksamkeit einer Annahme als Kind, die auf einer ausländischen Entscheidung oder auf ausländischen Sachvorschriften beruht (§ 2 AdWirkG[3]), oder der Ausspruch, dass das Kind die Rechtsstellung eines nach den deutschen Sachvorschriften angenommenen Kindes erhält (§ 3 AdWirkG), abgelehnt wird, wenn sich das Kind im Inland aufhält und wenn im Einzelfall die Voraussetzungen des § 22a Absatz 2 FamFG, § 13 Absatz 1 Nummer 3 EGGVG[4], § 17 Nummer 5 EGGVG oder § 87 Absatz 2 AufenthG[5] vorliegen[6]

(2) Die Rücknahme eines Antrags auf Feststellung der Anerkennung oder Wirksamkeit einer Annahme als Kind, die auf einer ausländischen Entscheidung oder auf ausländischen Sachvorschriften beruht, sowie auf den Ausspruch, dass ein Kind die Rechtsstellung eines nach den deutschen Sachvorschriften angenommenen Kindes erhält, ist mitzuteilen, wenn im Einzelfall die Voraussetzungen des § 22a Absatz 2 FamFG, § 13 Absatz 1 Nummer 3 EGGVG, § 17 Nummer 5 EGGVG oder § 87 Absatz 2 AufenthG vorliegen.

(3) Die Mitteilungen sind je nach Einzelfall an das für den Wohnsitz oder Aufenthaltsort des Kindes zuständige Familiengericht (§ 22a FamFG), die Zentrale Adoptionsstelle des Landesjugendamtes und das Jugendamt (§ 13 Absatz 1 Nummer 3 EGGVG, § 17 Nummer 5 EGGVG) und die Ausländerbehörde (§ 87 Absatz 2 AufenthG) zu richten.

---

[1] Nr. **43**.
[2] Nr. XIV/2 Überschrift neu gef., Abs. 3 geänd. mWv 1.10.2012 durch AV v. 17.8.2012 (BAnz AT 12.09.2012 B1); Abs. 1, 3 und 5 geänd. mWv 1.10.2021 durch AV v. 9.8.2021 (BAnz AT 16.09.2021 B3).
[3] Nr. **45j**.
[4] **Habersack, Deutsche Gesetze Nr. 95a.**
[5] **Sartorius Nr. 565.**
[6] Amtlich ohne Zeichensetzung.

(4) ¹Für Mitteilungen ist ein Vordruck gemäß Anlage zu verwenden. ²Dem Vordruck ist eine abgekürzte Ausfertigung der Entscheidung beizufügen. ³Es ist der Tag mitzuteilen, an dem die Entscheidung rechtskräftig geworden ist.

(5) Die Mitteilungen sind von der Richterin oder dem Richter zu veranlassen.

3.[1] Mitteilungen an die Adoptionsvermittlungsstelle

(1) Mitzuteilen ist die Entscheidung über die Annahme eines Minderjährigen als Kind (§ 189 Absatz 4 FamFG[2]).

(2) Die Mitteilung ist an die Adoptionsvermittlungsstelle zu richten, die das Kind vermittelt hat.

XV. Mitteilungen in Betreuungssachen

1.[3] Mitteilungen über einstweilige Maßnahmen und einstweilige Anordnungen

(1) Mitzuteilen sind

1. die Anordnung einstweiliger Maßnahmen nach § 1867 BGB[4];
2. eine einstweilige Anordnung nach § 300 FamFG[2];
3. die Abänderung oder Aufhebung einer in Nummern 1 und 2 genannten Anordnung

(§ 272 Absatz 2 Satz 2 FamFG).

(2) Die Mitteilungen sind von der Richterin oder dem Richter zu veranlassen.

(3) Die Mitteilungen nach Absatz 1 Nummer 1 und 2 sind zu richten

1. wenn für den Betroffenen bereits ein Betreuer bestellt ist, an das Gericht, bei dem die Betreuung anhängig ist,
2. im übrigen
   a) an das Gericht, in dessen Bezirk der Betroffene zu der Zeit, zu der das anordnende Gericht mit der Angelegenheit befaßt wird, seinen gewöhnlichen Aufenthalt hat oder
   b) wenn der Betroffene Deutscher ist und im Inland einen gewöhnlichen Aufenthalt nicht hat, an das Amtsgericht Schöneberg, 10820 Berlin.

(4) ¹Die Mitteilungen nach Absatz 1 Nummer 3 sind an das Gericht zu richten, das die Mitteilung der Anordnung erhalten hat, es sei denn, daß die Zuständigkeit eines anderen Gerichts bekannt geworden ist. ²Dann ist die Mitteilung an dieses Gericht zu richten.

2.[5] Mitteilung an die Betreuungsbehörde

(1) Mitzuteilen ist

1. der Beschluss, durch den
   a) ein Betreuer bestellt,
   b) der Aufgabenkreis eines Betreuers erweitert oder eingeschränkt,

---

[1] Nr. XIV/3 eingef. mWv 1.10.2023 durch AV v. 3.8.2023 (BAnz AT 22.09.2023 B1).

[2] **Habersack, Deutsche Gesetze Nr. 112.**

[3] Nr. XV/1 Abs. 4 Satz 1 geänd. mWv 1.10.2021 durch AV v. 9.8.2021 (BAnz AT 16.09.2021 B3); Überschrift geänd., Abs. 1 neu gef., Abs. 3 einl. Satzteil, Abs. 4 Satz 1 geänd. mWv 1.10.2023 durch AV v. 3.8.2023 (BAnz AT 22.09.2023 B1).

[4] **Habersack, Deutsche Gesetze Nr. 20.**

[5] Nr. XV/2 Überschrift und Abs. 1 neu gef., Abs. 2 und 3 eingef., bish. Abs. 2 wird Abs. 4, Abs. 5 angef. mWv 1.10.2023 durch AV v. 3.8.2023 (BAnz AT 22.09.2023 B1).

c) ein weiterer Betreuer bestellt,

d) die Bestellung eines Betreuers verlängert oder

e) eine Betreuung aufgehoben wird;

2. der Beschluss, durch den

a) ein Einwilligungsvorbehalt angeordnet,

b) der Kreis der einwilligungsbedürftigen Willenserklärungen erweitert oder eingeschränkt,

c) die Anordnung eines Einwilligungsvorbehalts verlängert oder

d) ein Einwilligungsvorbehalt aufgehoben wird.

Andere Beschlüsse sind der Betreuungsbehörde mitzuteilen, wenn sie vor deren Erlass angehört wurde.

(§ 288 Absatz 2 Satz 1 und 2 FamFG[1]), § 288 Absatz 2 Satz 1 FamFG in Verbindung mit § 293 Absatz 1, § 294 Absatz 1, § 295 Absatz 1 Satz 1 FamFG);

3. die Beendigung der Betreuung durch den Tod des Betreuten (§ 309a Absatz 1 FamFG).

(2) Das Gericht kann Umstände mitteilen, die die Eignung oder Zuverlässigkeit des Betreuers betreffen (§ 309a Absatz 2 Satz 1 FamFG).

(3) Die Mitteilung nach Absatz 2 ist von der Richterin oder dem Richter zu veranlassen.

(4) Die Mitteilungen sind zu richten

1. in den Fällen des Absatzes 1 Nummer 1 Buchstabe a an diejenige Betreuungsbehörde, in deren Bezirk der Betroffene seinen gewöhnlichen Aufenthalt hat oder, falls der Betroffene im Inland keinen gewöhnlichen Aufenthalt hat oder ein solcher nicht feststellbar ist, an die Betreuungsbehörde, in deren Bezirk das Bedürfnis für die Betreuung hervortritt;

2. in den übrigen Fällen an die Behörde, an die die Mitteilung nach Absatz 1 Nummer 1 Buchstabe a gerichtet wird oder gerichtet worden ist, sofern nicht eine andere Betreuungsbehörde dem Gericht schriftlich angezeigt hat, daß sie nunmehr zuständig ist.

(5) [1] Zugleich mit der Mitteilung nach Absatz 2 ist der Betreuer über den Inhalt und den Empfänger der Mitteilung zu unterrichten. [2] Die Unterrichtung des Betreuers unterbleibt, solange der Zweck der Mitteilung durch die Unterrichtung gefährdet würde. [3] Die Unterrichtung ist nachzuholen, sobald die Gründe für ihr Unterbleiben entfallen sind (§ 309a Absatz 2 Satz 2 bis 4 FamFG).

Anmerkung: Zuständige Betreuungsbehörden sind:

in **Baden-Württemberg** die Stadt- und Landkreise;

in **Bayern** die Landkreise und kreisfreien Städte;

in **Berlin** die Bezirksämter;

in **Brandenburg** die Landkreise und kreisfreien Städte;

in **Bremen** das Amt für Soziale Dienste, in Bremerhaven der Magistrat der Stadt Bremerhaven;

in **Hamburg** das Bezirksamt Altona;

in ***Hessen*** *die Magistrate* der kreisfreien Städte sowie die Kreisausschüsse der Landkreise;

---

[1]) **Habersack, Deutsche Gesetze Nr. 112.**

in **Mecklenburg-Vorpommern** die Landräte der Landkreise sowie die Oberbürgermeister der kreisfreien Städte – Betreuungsbehörden –;
in **Niedersachsen** die Landkreise und kreisfreien Städte;
in **Nordrhein-Westfalen** die kreisfreien und die großen kreisangehörigen Städte, für die übrigen kreisangehörigen Gemeinden die Kreise;
in **Rheinland-Pfalz** die Kreisverwaltungen, in kreisfreien Städten die Stadtverwaltungen;
im **Saarland** die Landkreise und der Regionalverband Saarbrücken;
in **Sachsen** die Landkreise und kreisfreien Städte;
in **Sachsen-Anhalt** die Landkreise und kreisfreien Städte;
in **Schleswig-Holstein** die Kreise und kreisfreien Städte;
in **Thüringen** die Landkreise und kreisfreien Städte.

3.[1)] Mitteilungen zur Gefahrenabwehr

(1) Mitzuteilen sind Entscheidungen und Erkenntnisse, soweit dies unter Beachtung berechtigter Interessen des Betroffenen nach den Erkenntnissen im gerichtlichen Verfahren erforderlich ist, um eine erhebliche Gefahr für das Wohl des Betroffenen, für Dritte oder für die öffentliche Sicherheit abzuwenden (§ 308 Absatz 1 FamFG[2)]).

(2) Die Mitteilungen sind von der Richterin oder dem Richter zu veranlassen.

(3) [1]Die Mitteilungen sind nach Abschluß des Verfahrens zu bewirken. [2]Ergeben sich im Verlauf eines Verfahrens Erkenntnisse, die eine Mitteilung vor Abschluß des Verfahrens erforderlich machen, so sind diese unverzüglich mitzuteilen (§ 308 Absatz 2 FamFG).

(4) [1]Die Mitteilungen sind an die Stelle zu richten, die für die Abwehr der Gefahr zuständig ist. [2]Erfolgt die Mitteilung im Hinblick auf eine dem Betroffenen erteilte oder von ihm beantragte behördliche Erlaubnis, so ist die Mitteilung an die Stelle zu richten, die für die Erteilung der Erlaubnis zuständig ist.

(5) [1]Zugleich mit der Mitteilung sind der Betroffene, sein Verfahrenspfleger und sein Betreuer über den Inhalt und den Empfänger der Mitteilung zu unterrichten. [2]Die Unterrichtung des Betroffenen unterbleibt wenn

1. der Zweck des Verfahrens oder der Zweck der Mitteilung durch die Unterrichtung gefährdet würde,
2. nach ärztlichem Zeugnis von der Mitteilung erhebliche Nachteile für die Gesundheit des Betroffenen zu besorgen sind oder
3. der Betroffene nach dem unmittelbaren Eindruck des Gerichts offensichtlich nicht in der Lage ist, den Inhalt der Unterrichtung zu verstehen.

[3]Die Unterrichtung ist nachzuholen, sobald die Gründe für ihr Unterbleiben entfallen sind (§ 308 Absatz 3 Satz 3 FamFG).

(6) Ist die übermittelte Entscheidung abgeändert oder aufgehoben worden oder haben neue Erkenntnisse ergeben, daß die erhebliche Gefahr für das Wohl des Betroffenen, für Dritte oder für die öffentliche Sicherheit nicht mehr bestehen, sind die abändernden oder aufhebenden Entscheidungen und die neuen Erkenntnisse an die Stellen und Personen mitzuteilen, die nach den Absätzen 1 bis 5 unterrichtet worden sind.

---

1) Nr. XV/3 Abs. 5 Satz 3 geänd. mWv 1.10.2023 durch AV v. 3.8.2023 (BAnz AT 22.09.2023 B1).
2) **Habersack, Deutsche Gesetze Nr. 112.**

(7) Der Inhalt der Mitteilung, die Art und Weise der Übermittlung, der Empfänger sowie die Unterrichtung nach Absatz 5 oder die Gründe für deren Unterbleiben sind aktenkundig zu machen (§ 308 Absatz 4 FamFG).

Anmerkung: Wegen der zuständigen Behörden siehe Anmerkungen zu II/4.

4.[1] Mitteilungen über die Erteilung oder Versagung der Genehmigung eines einseitigen Rechtsgeschäfts

(1) Mitzuteilen sind Entscheidungen über die Erteilung oder Versagung einer nachträglichen Genehmigung eines einseitigen Rechtsgeschäfts, welches der Betreuer gegenüber einem Gericht oder einer Behörde ohne die erforderliche Genehmigung vorgenommen hat (§ 1858 Absatz 3 Satz 5 BGB[2]).

(2) Die Mitteilungen sind von der Richterin oder dem Richter zu veranlassen.

(3) Die Mitteilungen sind an das Gericht oder die Behörde zu richten, gegenüber dem oder der das genehmigungspflichtige Rechtsgeschäft vorgenommen wurde.

5.[3] Mitteilungen an die Meldebehörde

(1) Mitzuteilen sind

1. die Anordnung eines Einwilligungsvorbehalts, der sich auf die Aufenthaltsbestimmung des Betroffenen erstreckt,
2. ein Wechsel in der Person des von einer Anordnung nach Nummer 1 betroffenen Betreuers und
3. die Aufhebung eines Einwilligungsvorbehalts nach Nummer 1

(§ 309 FamFG[4]).

(2) Die Mitteilungen sind von der Richterin oder dem Richter zu veranlassen.

(3) [1] Mitzuteilen ist eine abgekürzte Ausfertigung des Beschlusses. [2] Ergänzend sind der Name und die Anschrift des Betreuers anzugeben, soweit sie sich nicht aus dem Inhalt der Ausfertigung ergeben.

(4) Die Mitteilungen sind an die Meldebehörde zu richten, in deren Bezirk der Betroffene wohnt oder zuletzt gewohnt hat.

Anmerkung: Zuständige Meldebehörden sind
in **Baden-Württemberg** die Gemeinden als Ortspolizeibehörden;
in **Bayern** die Gemeinden bzw. Verwaltungsgemeinschaften;
in **Berlin** das Landesamt für Bürger- und Ordnungsangelegenheiten;
in **Brandenburg** die kreisfreien Städte, die Ämter und die amtsfreien Gemeinden;
in **Bremen:**
– in der Stadt Bremen das Stadtamt – Meldebehörde –,
– in der Stadt Bremerhaven der Magistrat der Stadt Bremerhaven;
in **Hamburg** das Bezirksamt Harburg – ZM –;
in **Mecklenburg-Vorpommern** die Oberbürgermeister der kreisfreien Städte, die Bürgermeister der amtsfreien Gemeinden und die Amtsvorsteher der Ämter;

---

[1] Nr. XV/4 neu gef. mWv 1.10.2023 durch AV v. 3.8.2023 (BAnz AT 22.09.2023 B1).

[2] **Habersack, Deutsche Gesetze Nr. 20.**

[3] *Nr. XV/5 Anm. geänd. mWv 1.10.2012* durch AV v. 17.8.2012 (BAnz AT 12.09.2012 B1); Anm. geänd. mWv 1.10.2018 durch AV v. 23.11.2018 (BAnz AT 24.12.2018 B2); Abs. 1 abschl. Satzteil und Anm. geänd. mWv 1.10.2021 durch AV v. 9.8.2021 (BAnz AT 16.09.2021 B3); Anm. geänd. mWv 1.10.2023 durch AV v. 3.8.2023 (BAnz AT 22.09.2023 B1).

[4] **Habersack, Deutsche Gesetze Nr. 112.**

in **Niedersachsen** die Gemeinden und Samtgemeinden;
in **Nordrhein-Westfalen** die Gemeinden als örtliche Ordnungsbehörden (Meldebehörden);
in **Rheinland-Pfalz** die Stadt- und Gemeindeverwaltungen, für Ortsgemeinden die Verbandsgemeindeverwaltungen;
im **Saarland** die Gemeinden;
in **Sachsen** die Gemeinden, erfüllende Gemeinden von Verwaltungsgemeinschaften und Verwaltungsverbände;
in **Sachsen-Anhalt** die Gemeinden;
in **Schleswig-Holstein** die Bürgermeister der amtsfreien Gemeinden sowie die Amtsvorsteher der Ämter;
in **Thüringen** die Gemeinden und Verwaltungsgemeinschaften.

6.[1)] Mitteilungen während einer freiheitsentziehenden Unterbringung oder freiheitsentziehenden Maßnahme

(1) Mitzuteilen sind während der Dauer einer freiheitsentziehenden Unterbringung oder freiheitsentziehenden Maßnahme (§ 312 Nummer 1, 2 und 4 FamFG[2)])

1. die Bestellung eines Betreuers, die sich auf die Aufenthaltsbestimmung des Betroffenen oder die Entscheidung über eine der genannten Unterbringungsmaßnahmen erstreckt,
2. jeder Wechsel in der Person eines solchen Betreuers,
3. die Aufhebung einer solchen Betreuung und
4. der Wegfall des Aufgabenbereichs freiheitsentziehende Unterbringung oder freiheitsentziehende Maßnahme (§§ 310, 313 Absatz 4 Satz 1 FamFG).

(2) Die Mitteilungen sind zu richten

1. in den Fällen des Absatzes 1 Nummern 1 bis 3 an den Leiter der Einrichtung, in der die Unterbringungsmaßnahme durchgeführt wird,
2. außerdem in den Fällen des Absatzes 1 Nummern 2 bis 4, wenn die Betreuung den Aufgabenbereich Unterbringung erfaßt und für die Unterbringungsmaßnahme ein anderes Gericht als das Betreuungsgericht zuständig ist, an dieses Gericht.

(3) In den Fällen des Absatzes 2 Nummer 2 sind die Mitteilungen von der Richterin oder dem Richter zu veranlassen.

7. Mitteilungen zur Verfolgung von Straftaten und Ordnungswidrigkeiten

(1) Mitzuteilen sind Entscheidungen oder Erkenntnisse zur Verfolgung von Straftaten oder Ordnungswidrigkeiten, soweit nicht schutzwürdige Interessen des Betroffenen am Ausschluß der Übermittlung erkennbar überwiegen (§ 311 Satz 1 FamFG[2)]).

(2) Die Mitteilungen sind von der Richterin oder dem Richter zu veranlassen.

(3) [1] Die Mitteilungen sind nach Abschluß des Verfahrens zu bewirken. [2] Ergeben sich im Verlauf eines Verfahrens Erkenntnisse die eine Mitteilung vor Abschluß des Verfahrens zur Verfolgung von Straftaten und Ordnungswidrigkeiten erforderlich machen, so sind diese Erkenntnisse unverzüglich mitzuteilen.

[1)] Nr. XV/6 Überschrift und Abs. 1 neu gef., Abs. 2 Nr. 1 geänd. mWv 1.10.2023 durch AV v. 3.8. 2023 (BAnz AT 22.09.2023 B1).

[2)] **Habersack, Deutsche Gesetze Nr. 112.**

(4) Die Mitteilungen sind an Gerichte oder Behörden zu richten, die für die Verfolgung der Straftat oder Ordnungswidrigkeit zuständig sind.

(5) [1] Zugleich mit der Mitteilung sind der Betroffene, sein Verfahrenspfleger und sein Betreuer über den Inhalt und den Empfänger der Mitteilung zu unterrichten. [2] Die Unterrichtung des Betroffenen unterbleibt, wenn

1. der Zweck des Verfahrens oder der Zweck der Mitteilung durch die Unterrichtung gefährdet würde,
2. nach ärztlichem Zeugnis von der Mitteilung erhebliche Nachteile für die Gesundheit des Betroffenen zu besorgen sind oder
3. der Betroffene nach dem unmittelbaren Eindruck des Gerichts offensichtlich nicht in der Lage ist, den Inhalt der Unterrichtung zu verstehen.

[3] Die Unterrichtung ist nachzuholen, sobald die Gründe für ihr Unterbleiben entfallen sind (§ 311 Satz 2 in Verbindung mit § 308 Absatz 3 FamFG).

(6) Der Inhalt der Mitteilung, die Art und Weise ihrer Übermittlung, ihr Empfänger sowie die Unterrichtung nach Absatz 5 oder die Gründe für deren Unterbleiben sind aktenkundig zu machen (§ 311 Satz 2 in Verbindung mit § 308 Absatz 4 FamFG).

8.[1)] Mitteilungen über die Anordnung einer Betreuung im Geltungsbereich des Wiener Übereinkommens vom 24. April 1963 über konsularische Beziehungen (BGBl. 1969 II S. 1585)

(1) [1] Mitzuteilen sind Sachverhalte, bei denen im Interesse eines volljährigen Ausländers die Anordnung einer Betreuung angebracht erscheint, wenn Anhaltspunkte dafür bestehen, dass der Betroffene nicht oder nicht voll geschäftsfähig ist, und der Ausländer einem Vertragsstaat des Wiener Übereinkommens über konsularische Beziehungen angehört (Artikel 37 Buchstabe b des Wiener Übereinkommens über konsularische Beziehungen). [2] Eine Mitteilung kann nach einer Abwägung im Einzelfall unterbleiben, wenn dadurch die Person oder das Vermögen des volljährigen Ausländers in Gefahr geraten könnte oder die Freiheit oder das Leben eines Familienangehörigen ernsthaft bedroht würde.

(2) Die Mitteilungen sind von der Richterin oder dem Richter zu veranlassen.

(3) Die Mitteilungen sind an die zuständige konsularische Vertretung des Staates zu richten, dem der Ausländer angehört.

Anmerkung: Zu den Vertragsstaaten des Wiener Übereinkommens vom 24. April 1963 über konsularische Beziehungen s. Anmerkung zu Unterabschnitt XIII/14.

9.[2)] Mitteilungen nach dem Haager Übereinkommen vom 13. Januar 2000 über den internationalen Schutz von Erwachsenen, BGBl. 2007 II S. 323 (Haager Erwachsenenschutzübereinkommen)

(1) Mitzuteilen sind:

1. die Absicht, zum Schutz der Person oder des Vermögens eines Erwachsenen deutscher Staatsangehörigkeit, der seinen gewöhnlichen Aufenthalt in einem anderen Vertragsstaat des Übereinkommens hat, Maßnahmen zu treffen (Artikel 7 Absatz 1 des Übereinkommens);

---

1) Nr. XV/8 Abs. 1 geänd. mWv 1.10.2018 durch AV v. 23.11.2018 (BAnz AT 24.12.2018 B2); Abs. 1 Satz 2 angef. mWv 1.10.2023 durch AV v. 3.8.2023 (BAnz AT 22.09.2023 B1).

2) Nr. XV/9 eingef. mWv 1.10.2023 durch AV v. 3.8.2023 (BAnz AT 22.09.2023 B1).

2. die Anordnung von Maßnahmen oder die Entscheidung, keine Maßnahmen anzuordnen (Artikel 7 Absatz 3 Satz 2 des Übereinkommens), wenn die Behörde eines anderen Vertragsstaats, dem ein Erwachsener angehört, Schutzmaßnahmen erlassen hat oder zu treffen beabsichtigt (Artikel 7 Absatz 1 des Übereinkommens);
3. in dringenden Fällen getroffene Maßnahmen zum Schutz eines sich im Inland aufhaltenden Erwachsenen oder dessen im Inland befindlichen Vermögens, sofern der Erwachsene seinen gewöhnlichen Aufenthalt in einem anderen Vertragsstaat des Übereinkommens hat (Artikel 10 Absatz 4 des Übereinkommens);
4. die Absicht, zum Schutz der Person eines Erwachsenen, der sich im Inland befindet und der seinen gewöhnlichen Aufenthalt in einem anderen Vertragsstaat des Übereinkommens hat, beschränkte Maßnahmen vorübergehender Art zu treffen (Artikel 11 Absatz 1 des Übereinkommens);
5. eine für einen Erwachsenen bestehende schwere Gefahr und zu seinem Schutz angeordnete oder in der Prüfung befindliche Maßnahmen, sofern das Gericht über den Wechsel des Aufenthaltsortes in einen anderen Vertragsstaat oder die dortige Anwesenheit des Erwachsenen unterrichtet ist (Artikel 34 des Übereinkommens); die Mitteilung unterbleibt, wenn durch sie die Person oder das Vermögen des Erwachsenen in Gefahr geraten könnte oder die Freiheit oder das Leben eines Familienangehörigen des Erwachsenen ernsthaft bedroht würde (Artikel 35 des Übereinkommens).

(2) Die Mitteilungen sind von der Richterin oder dem Richter zu veranlassen.

(3) Die Mitteilungen sind zu richten im Fall des:

1. Absatzes 1 Nummer 1
   an die Behörden des Staates, in dem der Erwachsene seinen gewöhnlichen Aufenthalt hat oder bei denen eine Zuständigkeit nach Artikel 6 Absatz 2 des Übereinkommens besteht;
2. Absatzes 1 Nummer 2
   an die Behörde, die Maßnahmen im Rahmen ihrer Zuständigkeit nach Artikel 7 Absatz 1 des Übereinkommens getroffen hat oder zu treffen beabsichtigt;
3. Absatzes 1 Nummer 3
   an die Behörden des Vertragsstaats, in dem der Erwachsene seinen gewöhnlichen Aufenthalt hat;
4. Absatzes 1 Nummer 4
   an die Behörden des Vertragsstaats, in dem der Erwachsene seinen gewöhnlichen Aufenthalt hat;
5. Absatzes 1 Nummer 5
   an die Behörden des Vertragsstaats, in dem sich der Erwachsene aufhält.

(4) Die Mitteilung kann unmittelbar oder über die zentralen Behörden erfolgen.

Anmerkung:
Vertragsstaaten des Übereinkommens sind – außer der Bundesrepublik Deutschland – Belgien, Estland, Finnland, Frankreich, Griechenland, Lettland, Monaco, Portugal, Schweiz, Tschechische Republik, Vereinigtes Königreich (nur Schottland), Zypern, Österreich.
Informationen zum Übereinkommen, den Zentralen Behörden der Vertragsstaaten und der aktuelle Ratifikationsstand sind der Internetseite der Haager Konferenz (www.hcch.net) zu entnehmen.

Auf die Möglichkeit, die Formblätter der Haager Konferenz, BT-Drucksache 16/3250, Anlage 3, S. 69, zu nutzen, wird hingewiesen.

XVI. Mitteilungen in Todeserklärungs- und Todeszeitfeststellungssachen

1.[1] Mitteilungen über Todeserklärungen und Feststellungen des Todes und der Todeszeit

(1) Mitzuteilen sind

1. Entscheidungen über die Todeserklärung oder die Feststellung des Todes und der Todeszeit;
2. die Anfechtung oder der Antrag auf Aufhebung einer Entscheidung nach Nummer 1;
3. Entscheidungen, durch die eine solche Entscheidung aufgehoben oder geändert wird

(§ 73 Nummer 22 PStG[2], § 56 Absatz 1 Nummer 4a PStV[3], § 34 ErbStG, § 6 ErbStDV).

(2) Die Mitteilungen sind zu richten an

a) das Standesamt I in 13357 Berlin, Schönstedtstraße 5; mit den Entscheidungen sind die für die Aufnahme in die Sammlung für Todeserklärungen nach § 31 Absatz 1 Nummer 1 PStG, § 33 PStG, § 56 Absatz 1 Nummer 4 Buchstabe a PStV erforderlichen sowie die zur Durchführung der standesamtlichen Mitteilungen und Hinweise (§ 60 Absatz 2 PStV) und für statistische Zwecke bestimmten Feststellungen nach dem aus der Anlage ersichtlichen Muster mitzuteilen; die Feststellungen sind bei Entgegennahme oder nach Eingang eines Antrags auf Todeserklärung oder Feststellung der Todeszeit zu treffen;

b) die Meldebehörde, in deren Bezirk die von der Entscheidung betroffene Person ihre letzte alleinige Wohnung oder Hauptwohnung hatte;

c) das für die Verwaltung der Erbschaftsteuer zuständige Finanzamt (§ 34 Absatz 1 i. V. m. § 35 ErbStG); die Mitteilungen sind schriftlich vorzunehmen.
Die Mitteilungen können bei Erbfällen von Kriegsgefangenen und ihnen gleichgestellten Personen sowie bei Erbfällen von Opfern der nationalsozialistischen Verfolgung unterbleiben, wenn der Zeitpunkt des Todes vor dem 1.1. 1946 liegt (§ 6 Absatz 2 ErbStDV).

(3) [1] Die Mitteilungen sind durch Übersendung einer abgekürzten Ausfertigung der Entscheidung zu bewirken; bei Mitteilungen an das Standesamt I in Berlin ist der ausgefüllte Vordruck gemäß Anlage zu XVI/1 beizufügen. [2] Auf Anforderung ist dem Finanzamt eine vollständige Ausfertigung zu übersenden.

Anmerkung zu Absatz 2:

Saarland

Im Saarland werden Erbfälle nicht mehr durch ein saarländisches Finanzamt, sondern auf der Grundlage eines Staatsvertrages im Wege einer Kooperation mit

---

[1] Nr. XVI/1 Abs. 3 Satz 1 geänd. mWv 1.10.2014 durch AV v. 15.9.2014 (BAnz AT 29.09.2014 B1); Abs. 2 neu gef., Anm. angef. mWv 1.10.2016 durch AV v. 23.12.2016 (BAnz AT 24.05.2017 B1); Abs. 2 Satz 1 einl. Satzteil und Buchst. a geänd. mWv 1.10.2018 durch AV v. 23.11.2018 (BAnz AT 24.12.2018 B2); Abs. 1 abschl. Satzteil geänd. mWv 1.10.2021 durch AV v. 9.8.2021 (BAnz AT 16.09.2021 B3); Überschrift, Abs. 1 Nr. 1, Abs. 2 Buchst. c geänd. mWv 1.10.2023 durch AV v. 3.8.2023 (BAnz AT 22.09.2023 B1).

[2] Nr. **113**.

[3] **Sartorius Nr. 261.**

Rheinland-Pfalz durch ein rheinland-pfälzisches Finanzamt bearbeitet. Mitteilungen sind an das Finanzamt Kusel-Landstuhl zu richten.

2.[1] Mitteilungen in Fällen der Kriegsverschollenheit

(1) [1] Mitzuteilen sind die in XVI/1 Absatz 1 genannten Entscheidungen, durch die das Verfahren rechtskräftig abgeschlossen wird. [2] Die Mitteilungen sind nur zu erstatten, wenn sie Verschollenheits- oder Todesfälle von Angehörigen militärischer oder militärähnlicher Verbände betreffen, die vor dem 1. Juli 1948 im Zusammenhang mit Ereignissen oder Zuständen des letzten Krieges vermisst worden sind (Artikel 2 § 5 Absatz 1 Satz 3 des Gesetzes zur Änderung von Vorschriften des Verschollenheitsrechts).

(2) Die Mitteilungen sind an das Bundesarchiv, Fachabteilung PA (Personenbezogene Auskünfte zum Ersten und Zweiten Weltkrieg), Am Borsigturm 130, 13507 Berlin, zu richten.

(3) In den Mitteilungen sind auch der Name und die Anschrift der antragstellenden Person anzugeben.

3.[2] Mitteilungen zur Herbeiführung einer Tätigkeit des Familiengerichts bzw. des Jugendamts

(1) Mitzuteilen sind Entscheidungen über die Todeserklärung oder die Feststellung der Todeszeit, wenn die von der Entscheidung betroffene Person

1. ein minderjähriges Kind hinterlassen hat oder
2. selbst ein minderjähriges Kind gewesen ist

(§ 22a FamFG[3]).

(2) Die Mitteilungen sind zu richten an

1. das Familiengericht[4];
2. das Jugendamt, im Falle des Absatzes 1 Nummer 1 jedoch nur dann, wenn der von der Entscheidung betroffenen Person die elterliche Sorge für das Kind allein zugestanden hat.

Anmerkung: Siehe auch I/1.

XVII. Mitteilungen in Nachlaßsachen

1.[5] Mitteilungen über die Verwahrung und die Rückgabe von Verfügungen von Todes wegen

(1) Mitzuteilen sind

1. die besondere amtliche Verwahrung eines eigenhändigen Testaments oder eines Nottestaments;

---

[1] Nr. XVI/2 Abs. 1 neu gef. mWv 1.10.2016 durch AV v. 23.12.2016 (BAnz AT 24.05.2017 B1); Abs. 2 neu gef. mWv 1.10.2021 durch AV v. 9.8.2021 (BAnz AT 16.09.2021 B3); Abs. 2 geänd. mWv 1.10.2023 durch AV v. 3.8.2023 (BAnz AT 22.09.2023 B1).

[2] Nr. XVI/3 Abs. 1 abschl. Satzteil geänd. mWv 1.10.2021 durch AV v. 9.8.2021 (BAnz AT 16.09.2021 B3).

[3] **Habersack, Deutsche Gesetze Nr. 112.**

[4] **Amtl. Anm.:** Nach Inkrafttreten des Kindschaftsrechtsreformgesetzes am 1. Juli 1998 sind die Mitteilungen entweder an das Vormundschafts- oder das Familiengericht zu richten.

[5] Nr. XVII/1 neu gef., Anm. aufgeh. mWv 1.10.2012 durch AV v. 17.8.2012 (BAnz AT 12.09.2012 B1); Abs. 1 Nr. 2 neu gef. mWv 1.10.2023 durch AV v. 3.8.2023 (BAnz AT 22.09.2023 B1).

2. die Aufbewahrung eines nach dem Tod des Erstverstorbenen eröffneten, eigenhändigen gemeinschaftlichen Testaments oder Erbvertrages, das beziehungsweise der nicht in besondere amtliche Verwahrung genommen war, sofern die gemeinschaftliche Verfügung von Todes wegen nicht ausschließlich Anordnungen enthält, die sich auf den mit dem Tod des Erstverstorbenen eingetretenen Erbfall beziehen;
3. die erneute besondere amtliche Verwahrung eines gemeinschaftlichen Testaments oder Erbvertrags, sofern die gemeinschaftliche Verfügung von Todes wegen nicht ausschließlich Anordnungen enthält, die sich auf den mit dem Tode des verstorbenen Ehegatten oder Lebenspartners eingetretenen Erbfall beziehen;
4. die Rücknahme einer in die besondere amtliche Verwahrung genommenen Verfügung von Todes wegen.

(2) Inhalt und Form der Mitteilungen richten sich nach der Testamentsregister-Verordnung.

(3) Die Mitteilungen sind an die Bundesnotarkammer als Registerbehörde des Zentralen Testamentsregisters zu richten.

2.[1] Mitteilungen zu steuerlichen Zwecken

(1) Mitzuteilen sind

1. eröffnete Verfügungen von Todes wegen mit einer Mehrausfertigung der Niederschrift über die Eröffnungsverhandlung;
2. Erbscheine;
3. Europäische Nachlasszeugnisse;
4. Testamentsvollstreckerzeugnisse;
5. Zeugnisse über die Fortsetzung von Gütergemeinschaften;
6. Beschlüsse über die Einleitung oder Aufhebung einer Nachlaßpflegschaft oder Nachlaßverwaltung;
7. beurkundete Vereinbarungen über die Abwicklung von Erbauseinandersetzungen;
8. Entscheidungen, durch die im Falle einer Nachlaßpflegschaft oder Nachlaßverwaltung ein Wechsel in der Person des Nachlaßpflegers oder Nachlaßverwalters eintritt

(§ 34 ErbStG, § 7 Absatz 1 ErbStDV).

(2) Die Mitteilungen können unterbleiben,

1. wenn die Annahme berechtigt ist, dass außer Hausrat (einschließlich Wäsche und Kleidungsstücken) im Wert von nicht mehr als 12 000 Euro nur noch anderes Vermögen im reinen Wert von nicht mehr als 20 000 Euro vorhanden ist;
2. bei Erbfällen von Kriegsgefangenen und ihnen gleichgestellten Personen sowie bei Erbfällen von Opfern der nationalsozialistischen Verfolgung, wenn der Zeitpunkt des Todes vor dem 1. Januar 1946 liegt;
3. wenn der Erbschein lediglich zur Geltendmachung von Ansprüchen aufgrund des Lastenausgleichsgesetzes beantragt und dem Ausgleichsamt unmittelbar übersandt worden ist;

---

[1] Nr. XVII/2 Abs. 3 Nr. 2 geänd. mWv 1.10.2014 durch AV v. 15.9.2014 (BAnz AT 29.09.2014 B1); Abs. 1 Nr. 3 eingef., bish. Nr. 3–7 werden Nr. 4–8, Abs. 3 Nr. 1 und 4 geänd., Nr. 5 neu gef. mWv 1.10.2016 durch AV v. 23.12.2016 (BAnz AT 24.05.2017 B1).

4. wenn seit dem Zeitpunkt des Todes des Erblassers mehr als zehn Jahre vergangen sind; das gilt nicht für Mitteilungen über die Abwicklung von Erbauseinandersetzungen

(§ 7 Absatz 4 ErbStDV).

(3) Die Mitteilungen sollen enthalten

1. den Namen, die Identifikationsnummer, die letzte Anschrift, den Geburtstag, den Todestag und den Sterbeort des Erblassers;
2. das Standesamt, bei dem der Sterbefall beurkundet worden ist, und die Sterberegisternummer;

ferner, soweit bekannt,

3. den Beruf und den Familienstand des Erblassers;
4. den Güterstand bei verheirateten oder in einer Lebenspartnerschaft lebenden Erblassern;
5. die Anschriften und die Identifikationsnummern der Beteiligten sowie das persönliche Verhältnis (Verwandtschaftsverhältnis, Ehegatte oder Lebenspartner) zum Erblasser;
6. die Höhe und die Zusammensetzung des Nachlasses in Form eines Verzeichnisses;
7. später bekannt gewordene Veränderungen in der Person der Erben oder Vermächtnisnehmer, insbesondere durch den Fortfall von vorgesehenen Erben oder Vermächtnisnehmern

(§ 7 Absatz 2 und 3 ErbStDV).

(4) [1] Die Mitteilungen sind durch Übersendung beglaubigter Abschriften zu bewirken. [2] Außer einer beglaubigten Abschrift der Urkunden ist ein Vordruck nach Muster 5 der Erbschaftsteuer-Durchführungsverordnung zu übersenden (§ 7 Absatz 1 Satz 1 ErbStDV).

(5) [1] Die Mitteilungen sind schriftlich an das für die Verwaltung der Erbschaftsteuer zuständige Finanzamt (§ 34 Absatz 1 i.V.m. § 35 ErbStG) zu richten. [2] Eine elektronische Übermittlung der Mitteilungen ist ausgeschlossen.

3.[1)] Mitteilungen über Maßregeln zur Sicherung eines Nachlasses

(1) Mitzuteilen sind die zur Sicherung eines Nachlasses getroffenen Maßregeln, die von einem anderen als dem nach § 343 FamFG[2)] zuständigen Nachlaßgericht angeordnet worden sind.

(2) Werden bei der Ausführung einer Maßregel, die das Nachlaßgericht zur Sicherung eines Nachlasses angeordnet hat, amtliche Akten oder sonstige Sachen, deren Herausgabe von einer Behörde verlangt werden kann, vorgefunden, so ist hiervon sowie von den Maßregeln zur Sicherung dieser Sachen Mitteilung zu machen.

(3) Die Mitteilungen sind zu richten in den Fällen

1. des Absatzes 1 an das nach § 343 FamFG zuständige Nachlaßgericht;

[1)] Nr. XVII/3 Anm. geänd. mWv 1.10.2016 durch AV v. 23.12.2016 (BAnz AT 24.05.2017 B1); Anm. geänd. mWv 1.10.2021 durch AV v. 9.8.2021 (BAnz AT 16.09.2021 B3).

[2)] **Habersack, Deutsche Gesetze Nr. 112.**

2. des Absatzes 2 an die zuständige Behörde[1].

4.[2] Mitteilungen bei Zugehörigkeit eines Grundstücks, eines Handelsgeschäfts, einer Beteiligung an einer Partnerschaft oder der Mitgliedschaft in einer Genossenschaft zum Nachlaß

(1) Mitzuteilen sind

1. bei Erteilung eines Erbscheins[3] eines Europäischen Nachlasszeugnisses oder bei einer sonstigen Erbenermittlung der Erbfall und die Erben,
2. bei Eröffnung eines Testaments oder eines Erbvertrags der Erbfall,

wenn dem Gericht bekannt ist, daß

a) zu dem Nachlaß ein Grundstück oder grundstücksgleiches Recht gehört (§ 83 GBO[4]) oder

die Erblasserin bzw. der Erblasser

b) Inhaberin oder Inhaber eines Handelsgeschäfts oder Gesellschafterin oder Gesellschafter einer Personenhandelsgesellschaft gewesen ist,

c) Partner einer Partnerschaft gewesen ist,

d) Mitglied einer Genossenschaft gewesen ist

(§ 379 FamFG).

(2) In den Mitteilungen sind anzugeben

1. das zum Nachlaß gehörende Grundstück oder grundstücksgleiche Recht, die Firma des zum Nachlaß gehörenden Handelsgeschäfts oder die Firma der Personenhandelsgesellschaft, der Name der Partnerschaft oder die Firma der Genossenschaft, in der die Erblasserin bzw. der Erblasser Gesellschafterin bzw. Gesellschafter oder Mitglied gewesen ist;
2. die Erblasserin bzw. der Erblasser, der Zeitpunkt des Erbfalls und die Erben mit ihren Anschriften; bei Eröffnung eines Testaments oder eines Erbvertrags die Erblasserin bzw. der Erblasser und die Verfügung von Todes wegen;
3. der Testamentsvollstrecker, wenn ihm die Verwaltung des Grundstücks oder grundstücksgleichen Rechts, des Handelsgeschäfts oder der Beteiligung zusteht.

(3) Die Mitteilungen sind zu richten in den Fällen

1. des Absatzes 1 Buchstabe a an das Grundbuchamt;
2. des Absatzes 1 Buchstaben b bis d an das Registergericht.

---

[1] **Anmerkung:**
Berlin
Artikel 20 Absatz 2 PrFGG (GVBl. Sb I 3212-1).
Hessen
§ 4 HAGFamFG (GVBl. 2015, 315).
Niedersachsen
§ 48 Niedersächsisches Justizgesetz
Nordrhein-Westfalen
§ 79 Justizgesetz (GV.NRW. 2011, S. 30).
Schleswig-Holstein
§ 41 Absatz 2 Landesjustizgesetz (GVOBl. Schl.-H. 2018 S. 231, ber. S. 441).

[2] *Nr. XVII/4 Abs. 1 Nr. 2* Buchst. c und Abs. 2 Nr. 3 geänd. mWv 1.10.2014 durch AV v. 15.9.2014 (BAnz AT 29.09.2014 B1); Abs. 1 Nr. 1, Abs. 4 Satz 3 geänd. mWv 1.10.2016 durch AV v. 23.12.2016 (BAnz AT 24.05.2017 B1).

[3] Amtlich ohne Zeichensetzung.

[4] **Habersack, Deutsche Gesetze Nr. 114.**

(4) [1] Wird ein Testament oder ein Erbvertrag eröffnet, so sind zugleich mit der Mitteilung nach Absatz 1 Buchstabe a die als Erben eingesetzten Personen, soweit ihr Aufenthalt dem Gericht bekannt ist, darauf hinzuweisen, daß durch den Erbfall das Grundbuch unrichtig geworden ist und welche gebührenrechtlichen Vergünstigungen für eine Grundbuchberichtigung bestehen (§ 83 Satz 2 GBO). [2] Ihnen ist gleichzeitig mitzuteilen, daß eine Mitteilung an das Grundbuchamt und/oder das Registergericht erfolgen wird. [3] Entsprechend ist bei Erteilung eines Erbscheins oder eines Europäischen Nachlasszeugnisses zu verfahren.

5. Mitteilungen über den Erwerb von Vermögen von Todes wegen durch ein minderjähriges Kind

(1) Mitzuteilen ist der Erwerb von Vermögen von Todes wegen durch ein minderjähriges Kind, wenn das Vermögen von den Eltern zu verzeichnen ist, weil der Wert des Vermögenserwerbs 15 000 Euro übersteigt und eine durch letztwillige Verfügung getroffene Anordnung des Erblassers, daß die Verzeichnung des Vermögens unterbleiben soll, nicht vorliegt (§ 356 Absatz 1 FamFG[1]), § 1640 Absatz 1 Satz 1, Absatz 2 BGB[2])).

(2) [1] Die Mitteilungen sind durch Übersendung eines beglaubigten Abdrucks der Niederschrift über die Eröffnung der Verfügung von Todes wegen zu bewirken.
[2] Ergänzend sind – soweit nicht bereits aus dem vorbezeichneten Abdruck ersichtlich – Angaben zu machen über

– das minderjährige Kind,
– die gesetzlichen Vertreter,
– sonstige Ansprechpartner (z.B. Testamentsvollstrecker) einschließlich ihrer Anschriften.

(3) Die Mitteilungen sind an das Familiengericht[3]) zu richten.

6.[4]) Mitteilungen über die Bestimmung einer Inventarfrist

(1) Mitzuteilen ist gemäß § 1999 BGB[2]) die Bestimmung der Inventarfrist, wenn

1. der Erbe unter elterlicher Sorge oder unter Vormundschaft steht;
2. die Nachlassangelegenheit in den Aufgabenkreis eines Betreuers des Erben fällt.

(2) Die Mitteilungen sind nach dem Erlass der Entscheidung zu bewirken.

(3) Sie sind zu richten in den Fällen

1. des Absatzes 1 Nummer 1 an das Familiengericht;
2. des Absatzes 1 Nummer 2 an das Betreuungsgericht.

7.[5]) Mitteilungen über ein Stiftungsgeschäft

(1) Mitzuteilen ist ein in einer Verfügung von Todes wegen enthaltenes Stiftungsgeschäft, es sei denn, dem Nachlassgericht ist bekannt, dass die Anerkennung

---

[1]) **Habersack, Deutsche Gesetze Nr. 112.**
[2]) **Habersack, Deutsche Gesetze Nr. 20.**
[3]) **Amtl. Anm.:** Nach Inkrafttreten des Kindschaftsrechtsreformgesetzes am 1. Juli 1998 sind die Mitteilungen entweder an das Vormundschafts- oder das Familiengericht zu richten.
[4]) Nr. XVII/6 neu gef. mWv 1.10.2018 durch AV v. 23.11.2018 (BAnz AT 24.12.2018 B2).
[5]) Nr. XVII/7 neu gef. mWv 1.10.2023 durch AV v. 3.8.2023 (BAnz AT 22.09.2023 B1).

der Stiftung schon von einem Erben oder Testamentsvollstrecker beantragt wurde (§ 356 Absatz 3 FamFG[1]).

(2) Mitzuteilen ist der betreffende Inhalt der Verfügung von Todes wegen.

(3) Die Mitteilung ist an die nach Landesrecht zuständige Behörde für die Anerkennung der Stiftung zu richten.

8.[2] Mitteilungen über Todes- und Erbfälle mit Auslandsbeziehung

(1) Mitzuteilen sind, soweit dies in Staatsverträgen vereinbart ist,

1. der Tod von Angehörigen eines fremden Staates im Inland;
2. das Vorhandensein von inländischem Nachlaß, wenn Angehörige eines fremden Staates im Ausland verstorben sind;
3. das Vorhandensein von inländischem Nachlaß, wenn Angehörige eines fremden Staates, die im Inland weder ansässig sind noch dort eine Vertretung haben, einen Rechtsanspruch auf diesen Nachlaß haben (z.B. letztwillig Begünstigte, Testamentsvollstrecker, Nachlaßgläubiger oder gesetzliche Erben) oder einen solchen Anspruch geltend machen;
4. das Vorhandensein von Geldbeträgen und Gegenständen aus dem persönlichen Besitz von Angehörigen eines fremden Staates, die auf der Reise oder Durchreise im Inland verstorben sind, ohne dort den Wohnsitz oder gewöhnlichen Aufenthalt zu haben.

(2) Die Mitteilungen sind unverzüglich, nachdem der mitzuteilende Sachverhalt dem Nachlaßgericht bekannt geworden ist, zu bewirken.

(3) Die Mitteilungen sind von der Richterin oder dem Richter zu veranlassen.

(4) Sie sind an die konsularische Vertretung oder die Konsularabteilung der diplomatischen Vertretung des Staates zu richten, dem die Betroffenen angehören oder angehört haben.

Anmerkungen:

1) Die Mitteilungen nach Absatz 1 Nummer 1 sind staatsvertraglich vereinbart im Verhältnis
   a) zu **Dominica**
   (Artikel 26 Buchstabe b des deutsch-britischen Konsularvertrags vom 30. Juli 1956 – BGBl. 1957 II S. 284 –, Verbalnote Nummer 160/01/26/1 vom 22. Juni 2004);
   b) zu **Fidschi**
   (Bekanntmachung über die Fortgeltung des deutsch-britischen Konsularvertrags vom 30. Juli 1956 im Verhältnis zu Fidschi vom 22. Oktober 1975 – BGBl. 1975 II S. 1739 –);
   c) zu **Grenada**
   (Bekanntmachung über die Weiteranwendung der Verträge, deren Geltung auf das Hoheitsgebiet von Grenada erstreckt worden war, vom 12. März 1975 – BGBl. 1975 II S. 366 –);
   d) zu **Großbritannien** und **Nordirland**
   (Artikel 26 Buchstabe b des Konsularvertrages vom 30. Juli 1956 – BGBl. 1957 II S. 284, 1958 II S. 17 –); die Mitteilungen sind nur zu

[1] **Habersack, Deutsche Gesetze Nr. 112.**

[2] Nr. XVII/8 Anm. 1 geänd. mWv 1.10.2016 durch AV v. 23.12.2016 (BAnz AT 24.05.2017 B1); Anm. 1 und 2 geänd. mWv 1.10.2021 durch AV v. 9.8.2021 (BAnz AT 16.09.2021 B3); Anm. 1 Buchst. l geänd. mWv 1.10.2023 durch AV v. 3.8.2023 (BAnz AT 22.09.2023 B1).

bewirken, wenn anzunehmen ist, daß im Inland außer öffentlichen Verwaltern oder ähnlichen Beamten keine Person anwesend oder vertreten ist, die das Recht besitzt, die Verwaltung der von den Verstorbenen im Inland etwa hinterlassenen Vermögenswerte zu beanspruchen; diese Annahme ist ebenfalls mitzuteilen;

e) zu **Guyana**
(Artikel 26 Buchstabe b des deutsch-britischen Konsularvertrags vom 30. Juli 1956 – BGBl. 1957 II S. 284 –, Verbalnote Nummer 272 vom 30. März 2004);

f) zu **Jamaika**
(Bekanntmachung über die Fortgeltung des deutsch-britischen Konsularvertrages im Verhältnis zu Jamaika vom 22. Dezember 1972 – BGBl. 1973 II S. 49 –);

g) zu **Lesotho**
(Artikel 26 Buchstabe b des deutsch-britischen Konsularvertrags vom 30. Juli 1956 – BGBl. 1957 II S. 284 –, Verbalnote Nummer 10 vom 21. Februar 2005);

h) zu **Malawi**
(Bekanntmachung über die Weiteranwendung des deutsch-britischen Konsularvertrages im Verhältnis zu Malawi vom 13. Februar 1967 – BGBl. 1967 II S. 936 –);

i) zu **Malta**
(Artikel 26 Buchstabe b des deutsch-britischen Konsularvertrags vom 30. Juli 1956 – BGBl. 1957 II S. 284 –, Verbalnote Nummer 1130/04 vom 23. Juni 2004);

j) zu **Mauritius**
(Bekanntmachung über die Fortgeltung des deutsch-britischen Konsularvertrages im Verhältnis zu Mauritius vom 27. Dezember 1972 – BGBl. 1973 II S. 50 –);

k) zu **Sierra Leone**
(Artikel 26 Buchstabe b des deutsch-britischen Konsularvertrags vom 30. Juli 1956 – BGBl. 1957 II S. 284 –, Verbalnote Nummer 15277/20 vom 1. Februar 2005);

l) zur ehemaligen **Sowjetunion**
(Artikel 25 Absatz 2 des Konsularvertrages vom 25. April 1958 – BGBl. 1959 II S. 232 und 469 in Verbindung mit den jeweiligen Bekanntmachungen über die Weiteranwendung des Konsularvertrages vom 25. April 1958 im Verhältnis zu den jeweiligen Mitgliedern der Gemeinschaft Unabhängiger Staaten; im einzelnen:
– Aserbaidschan vom 13. August 1996 – BGBl. 1995 II S. 2471 –,
– *Kasachstan vom 19. Oktober 1992* – BGBl. 1992 II S. 1120 –,
– Russische Föderation vom 14. August 1992 – BGBl. 1992 II S. 1016 –,
– Ukraine vom 30. Juni 1993 – BGBl. 1993 II S. 1189 –,
– Usbekistan vom 26. Oktober 1993 – BGBl. 1993 II S. 2038 –);
mitzuteilen sind auch die zur Regelung der Nachlaßangelegenheiten ergriffenen oder zu ergreifenden Maßnahmen;

m) zu **Spanien**
(Artikel 11 Absatz 1 der Konsular-Konvention vom 22. Februar 1870 – BGBl. des Norddeutschen Bundes S. 99, RGBl. 1872 S. 211 –);

ist an dem Sterbeort eine spanische Konsularbehörde nicht vorhanden und haben sich Angehörige des nächstgelegenen Konsulats noch nicht eingefunden, so hat das Nachlaßgericht nach den inländischen Gesetzen zur Inventarisierung der Nachlaßgegenstände und zur Liquidierung des Nachlasses zu schreiten und der betreffenden Botschaft oder Gesandtschaft oder der nächstgelegenen Konsularbehörde binnen kürzester Frist das Ergebnis der Amtshandlungen mitzuteilen (Artikel 12 der Konvention);

n) zu **St. Kitts and Nevis**
(Artikel 26 Buchstabe b des deutsch-britischen Konsularvertrags vom 30. Juli 1956 – BGBl. 1957 II S. 284 –, Verbalnote Nummer 440/2006 vom 6. Juni 2006);

o) zu **St. Vincent und die Grenadinen**
(Artikel 26 Buchstabe b des deutsch-britischen Konsularvertrags vom 30. Juli 1956 – BGBl. 1957 II S. 284 –, Verbalnote Nummer 352/2004 vom 9. Juli 2004);

p) zur **Türkei**
(§ 1 der Anlage zu Artikel 20 des Konsularvertrages vom 28. Mai 1929 – RGBl. 1930 II S. 747, BGBl. 1952 II S. 608 –);
mitzuteilen ist auch, was über die Erben und deren Aufenthalt, den Wert und die Zusammensetzung des Nachlasses sowie über das etwaige Vorhandensein einer Verfügung von Todes wegen bekannt ist (§ 1 der Anlage), ferner die Bekanntmachung über die Eröffnung des Nachlasses und über den Aufruf der Erben oder Gläubiger (§ 3 der Anlage); sind ohne Mitwirkung der türkischen Konsularbehörde Maßnahmen zur Sicherung des Nachlasses getroffen worden, so ist ihr ferner sobald wie möglich eine beglaubigte Abschrift des Nachlaßverzeichnisses und das Verhandlungsprotokolls zu übersenden (§ 2 Absatz 3 Satz 3 und § 12 Absatz 1 Satz 2 der Anlage);

q) zu den **Vereinigten Staaten von Amerika**
(Artikel XXIV Absatz 1 des Freundschafts-, Handels- und Konsularvertrages vom 8. Dezember 1923 – RGBl. 1925 II S. 795, BGBl. 1954 II S. 721 und 1051 –);
die Mitteilungen sind nur zu bewirken, wenn die Verstorbenen im Inland keine bekannten Erben oder von ihm ernannte Testamentsvollstrecker hinterlassen haben.

2) Die Mitteilungen nach Absatz 1 Nummer 2 sind staatsvertraglich vereinbart im Verhältnis
zur **Türkei**
(§ 18 i.V.m. § 1 der Anlage zu Artikel 20 des Konsularvertrages vom 28. Mai 1929 – RGBl. 1930 II S. 747, BGBl. 1952 II S. 608 –);
Anmerkung 1 Buchstabe p letzter Absatz gilt entsprechend.

3) Die Mitteilungen nach Absatz 1 Nummer 3 und 4 sind staatsvertraglich vereinbart im Verhältnis

a) zu **Dominica**
(Artikel 26 Buchstabe a des deutsch-britischen Konsularvertrags vom 30. Juli 1956 – BGBl. 1957 II S. 284 –, Verbalnote Nummer 160/01/26/1 vom 22. Juni 2004);

*b) zu **Fidschi***
(Bekanntmachung über die Fortgeltung des deutsch-britischen Konsularvertrags vom 30. Juli 1956 im Verhältnis zu Fidschi vom 22. Oktober 1975 – BGBl. 1975 II S. 1739 –);

c) zu **Grenada**
(Bekanntmachung über die Weiteranwendung der Verträge, deren Geltung auf das Hoheitsgebiet von Grenada erstreckt worden war, vom 12. März 1975 – BGBl. 1975 II S. 366 –);

d) zu **Großbritannien** und **Nordirland**
(Artikel 26 Buchstabe a i.V.m. Artikel 21 Absatz 1 und Artikel 24 Absatz 1 des Konsularvertrages vom 30. Juli 1956 – BGBl. 1957 II S. 284, 1958 II S. 17 –);

e) zu **Guyana**
(Artikel 26 Buchstabe a des deutsch-britischen Konsularvertrags vom 30. Juli 1956 – BGBl. 1957 II S. 284 –, Verbalnote Nummer 272 vom 30. März 2004);

f) zu **Jamaika**
(Bekanntmachung über die Fortgeltung des deutsch-britischen Konsularvertrages im Verhältnis zu Jamaika vom 22. Dezember 1972 – BGBl. 1973 II S. 49 –);

g) zu **Lesotho**
(Artikel 26 Buchstabe a des deutsch-britischen Konsularvertrags vom 30. Juli 1956 – BGBl. 1957 II S. 284 –, Verbalnote Nummer 10 vom 21. Februar 2005);

h) zu **Malawi**
(Bekanntmachung über die Weiteranwendung des deutsch-britischen Konsularvertrages im Verhältnis zu Malawi vom 13. Februar 1967 – BGBl. 1967 II S. 936 –);

i) zu **Malta**
(Artikel 26 Buchstabe a des deutsch-britischen Konsularvertrags vom 30. Juli 1956 – BGBl. 1957 II S. 284 –, Verbalnote Nummer 1130/04 vom 23. Juni 2004);

j) zu **Mauritius**
(Bekanntmachung über die Fortgeltung des deutsch-britischen Konsularvertrages im Verhältnis zu Mauritius vom 27. Dezember 1972 – BGBl. 1973 II S. 50 –);

k) zu **Sierra Leone**
(Artikel 26 Buchstabe a des deutsch-britischen Konsularvertrags vom 30. Juli 1956 – BGBl. 1957 II S. 284 –, Verbalnote Nummer 15277/20 vom 1. Februar 2005);

l) zu **St. Kitts and Nevis**
(Artikel 26 Buchstabe a des deutsch-britischen Konsularvertrags vom 30. Juli 1956 – BGBl. 1957 II S. 284 –, Verbalnote Nummer 440/2006 vom 6. Juni *2006);*

m) zu **St. Vincent und die Grenadinen**
(Artikel 26 Buchstabe a des deutsch-britischen Konsularvertrags vom 30. Juli 1956 – BGBl. 1957 II S. 284 –, Verbalnote Nummer 352/2004 vom 9. Juli 2004).

XVIII. Mitteilungen in Grundbuchsachen

1.[1] Mitteilungen zur Erhaltung der Übereinstimmung von Grundbuch und Liegenschaftskataster

(1) Mitzuteilen sind

1. die Eintragung eines Eigentümers, Wohnungs- oder Teileigentümers, Erbbauberechtigten, Wohnungs- oder Teilerbbauberechtigten, selbständigen Gebäudeeigentümers, Inhabers eines dinglichen Nutzungsrechts im Sinne des § 1 Nummer 2 Buchstabe a GGV (§ 55 Absatz 3 GBO[2]);
2. Veränderungen der grundbuchmäßigen Bezeichnung eines Grundstücks, Wohnungs- oder Teileigentums, Erbbaurechts, Wohnungs- oder Teilerbbaurechts, selbständigen Gebäudeeigentums, dinglichen Nutzungsrechts im Sinne des § 1 Nummer Buchstabe a GGV (§ 55 Absatz 3 GBO);
3. die Neuanlegung eines Grundbuchblattes;
4. die Umschreibung eines Grundbuchblattes (§ 39 GBV);
5. die Übertragung von Miteigentumsanteilen im Falle des § 3 Absatz 8 GBO;
6. die Ausbuchung eines Grundstücks oder Grundstücksteils nach § 3 Absatz 3 GBO;
7. die Eintragung eines vom Buchungszwang befreiten Grundstücks auf ein bereits bestehendes Grundbuchblatt nach § 3 Absatz 2 GBO;
8. die Schließung eines Grundbuchblattes, wenn das Grundstück sich in der Örtlichkeit nicht nachweisen läßt;
9. die Schließung eines Wohnungs- oder Teileigentumsgrundbuchblattes nach § 9 Absatz 1 WEG[3].

(2) Die Mitteilungen erfolgen laufend oder monatlich (je nach den in den Ländern bestehenden Rechtsvorschriften oder nach Vereinbarung mit der für die Führung des Liegenschaftskatasters zuständigen Behörde).

(3) Die Mitteilungen sind außer in den Fällen des Absatzes 4 an die für die Führung des Liegenschaftskatasters zuständige Behörde zu richten.

(4) Von dem Zeitpunkt an, in dem nach Mitteilung der Flurbereinigungsbehörde oder Flurneuordnungsbehörde die rechtlichen Wirkungen des Flurbereinigungsplans oder Tausch- bzw. Bodenordnungsplans eintreten, bis zu dem Zeitpunkt, in dem die Flurbereinigungsbehörde oder Flurneuordnungsbehörde die Abgabe der Berichtigungsunterlagen an die für die Führung des Liegenschaftskatasters zuständige Behörde mitteilt, sind die in Absatz 1 bezeichneten Mitteilungen an die Flurbereinigungsbehörde bzw. Flurneuordnungsbehörde zu richten.

Anmerkungen:

1) Bei den Mitteilungen sind zu berücksichtigen:
in **Baden-Württemberg**
Abschnitt IV Nummer 1 der AV des JM vom 15. Juli 1987 – 3856-II/107 –, bei Verwendung von FOLIA auch Übermittlung durch Datenträger;
in **Bayern** und **Sachsen**
das Automatisierte Grund- und Liegenschaftsbuch (AGLB)-Verfahren;

---

[1] *Nr. XVIII/1 Abs. 1 Nr. 4* und Anm. 1 geänd. mWv 1.10.2016 durch AV v. 23.12.2016 (BAnz AT 24.05.2017 B1); Anm. 3 geänd. mWv 1.10.2018 durch AV v. 23.11.2018 (BAnz AT 24.12.2018 B2); Anm. 1 geänd. mWv 1.10.2021 durch AV v. 9.8.2021 (BAnz AT 16.09.2021 B3).

[2] **Habersack, Deutsche Gesetze Nr. 114.**

[3] **Habersack, Deutsche Gesetze Nr. 37.**

in **Berlin**
die Gemeinsamen Ausführungsvorschriften über die Erhaltung der Übereinstimmung zwischen dem Grundbuch und dem Liegenschaftskataster vom 31.03. 2017 (Abl. 2017 S. 1639);
in **Brandenburg**
die Gemeinsame Allgemeine Verfügung des Ministers des Innern und des Ministers der Justiz über die Erhaltung der Übereinstimmung zwischen dem Grundbuch und dem Liegenschaftskataster in der jeweils geltenden Fassung;
in **Bremen**
Nummer 4.2.2 der AV des Senators für Justiz und Verfassung über die geschäftliche Behandlung der Grundbuchsachen vom 11. Juni 2007 – 3851/1 – (Geschäftsordnung für die Grundbuchämter);
in **Nordrhein-Westfalen**
wahlweise auch die für die Benachrichtigung in Grundbuchsachen eingeführten, im Durchschreibeverfahren auszufüllenden Vordrucke;
in **Rheinland-Pfalz**
die Änderungsmitteilung gemäß Nummer 2.1 Satz 1 der VV des JM und des ISM vom 8. Dezember 2004 (3856-3-2) – JBl. S. 264;
im **Saarland**
die AV JVVS 3850 – 8.6.18;
in **Schleswig-Holstein**
die Bekanntmachung im Sinne das § 55 Absatz 6 GBO, die Kopie oder Durchschrift des Bestandsverzeichnisses und erforderlichenfalls Abteilung I nach Maßgabe der AV des JM vom 5. Januar 1967 (SchlHA S. 98) sowie der Gemeinsamen AV des Ministeriums für Justiz, Bundes- und Europaangelegenheiten und des Innenministeriums vom 8. Oktober 1997.
in **Thüringen** sind die Mitteilungen nach Absatz 4 an den jeweiligen Flurbereinigungsbereich des Thüringer Landesamtes für Bodenmanagement und Geoinformation zu richten.

2) In **Bayern** sind nicht mitzuteilen die Vereinigung von Grundstücken, die Zuschreibung als Bestandteil und die Teilung eines Grundstücks, wenn im Zusammenhang damit keine Grundstücke oder Grundstücksteile auf ein anderes Grundbuchblatt übertragen und keine Flurstücke verschmolzen oder zerlegt werden.

3) In **Brandenburg** sind die Mitteilungen nach Absatz 4 an die Ämter für Agrarordnung zu richten;
in **Mecklenburg-Vorpommern** sind die Mitteilungen nach Absatz 4 an die Staatlichen Ämter für Landwirtschaft und Umwelt zu richten;
in **Nordrhein-Westfalen** sind die Mitteilungen nach Absatz 4 an die Ämter für Agrarordnung zu richten;
in **Sachsen** sind die Mitteilungen nach Absatz 4 an die Landkreise und Kreisfreien Städte zu richten;
in **Sachsen-Anhalt** sind die Mitteilungen nach Absatz 4 an die Ämter für Landwirtschaft, Flurneuordnung und Forsten zu richten;
in **Thüringen** sind die Mitteilungen nach Absatz 4 an die Flurneuordnungsämter zu richten.

2.[1] Mitteilungen über die Eintragung des Verzichts auf das Eigentum

(1) Mitzuteilen ist die Eintragung des Verzichts auf das Eigentum (§ 55 Absatz 4 GBO[2]).

(2) Die Mitteilungen sind zu richten

1. an die für die Abgabe der Aneignungserklärung zuständige Behörde (vgl. § 928 Absatz 2 BGB[3], Artikel 129 EGBGB[4]),
2. an die für die Führung des Liegenschaftskatasters zuständige Behörde,
3. in den Fällen des Artikels 233 § 15 Absatz 3 EGBGB nur an den Landesfiskus und die Gemeinde, in deren Gebiet das Grundstück liegt.

Anmerkungen:

In **Baden-Württemberg** sind die Mitteilungen nach Absatz 2 Nummer 1 an den Landesbetrieb Vermögen und Bau Baden-Württemberg, Rotebühlplatz 30, 70173 Stuttgart zu richten;

in **Bayern** sind die Mitteilungen nach Absatz 2 Nummer 1 an die örtlich zuständige Regionalvertretung der Immobilien Freistaat Bayern zu richten;

in **Brandenburg** sind die Mitteilungen nach Absatz 2 Nummer 1 an den Brandenburgischen Landesbetrieb für Liegenschaften und Bauen, Sophie-Alberti-Straße 4 – 6, 14478 Potsdam zu richten[5]

in **Hessen** sind die Mitteilungen nach Absatz 2 Nummer 1 an den Landesbetrieb Bau und Immobilien Hessen, Abraham-Lincoln-Straße 38 bis 42, 65189 Wiesbaden, zu richten;

in **Mecklenburg-Vorpommern**
sind die Mitteilungen nach Absatz 2 Nummer 1 und 3 an das Finanzministerium, Abteilung Staatshochbau und Liegenschaften, zu richten;

in **Niedersachsen** sind die Mitteilungen nach Absatz 2 Nummer 1 und 3 an das Niedersächsische Landesamt für Bau und Liegenschaften, BL4, Waterloostraße 4, 30169 Hannover, zu richten;

in **Rheinland-Pfalz** sind die Mitteilungen nach Absatz 2 Nummer 1 an das Ministerium der Finanzen (Abteilung 3) zu richten;

In **Sachsen** sind die Mitteilungen an den Staatsbetrieb Sächsisches Immobilien- und Baumanagement, Geschäftsbereich Zentrales Flächenmanagement (ZFM), Riesaer Straße 7h, 01129 Dresden, zu richten.

in **Thüringen** sind die Mitteilungen nach Absatz 2 Nummer 1 an das Thüringer Landesamt für Finanzen und die Mitteilungen nach Absatz 2 Nummer 2 an das Thüringer Landesamt für Bodenmanagement und Geoinformation zu richten.

3. Mitteilungen über subjektiv-dingliche Rechte

(1) Mitzuteilen sind

1. die Eintragung des Vermerks über ein Recht, das dem jeweiligen Eigentümer des Grundstücks zusteht;

---

[1] Nr. XVIII/2 Anm. geänd. mWv 1.10.2014 durch AV v. 15.9.2014 (BAnz AT 29.09.2014 B1); Anm. geänd. mWv 1.10.2018 durch AV v. 23.11.2018 (BAnz AT 24.12.2018 B2); Anm. geänd. mWv 1.10.2021 durch AV v. 9.8.2021 (BAnz AT 16.09.2021 B3); Anm. geänd. mWv 1.10.2023 durch AV v. 3.8.2023 *(BAnz AT 22.09.2023 B1).*

[2] **Habersack, Deutsche Gesetze Nr. 114.**

[3] **Habersack, Deutsche Gesetze Nr. 20.**

[4] **Habersack, Deutsche Gesetze Nr. 21.**

[5] Amtlich ohne Zeichensetzung.

2. jede Änderung oder die Aufhebung eines solchen Rechts, sofern der in Nummer 1 erwähnte Vermerk eingetragen ist (§ 55 Absatz 5 GBO[1]).

(2) Die Mitteilungen sind zu richten

1. im Falle des Absatzes 1 Nummer 1 an das Grundbuchamt, das das Blatt des belasteten Grundstücks führt;
2. in den Fällen des Absatzes 1 Nummer 2 an das Grundbuchamt des herrschenden Grundstücks.

4. Mitteilungen bei Gesamtbelastung von Grundstücken

(1) [1] Mitzuteilen sind, wenn mehrere Grundstücke mit einem Recht belastet sind oder belastet werden,

1. jede das mitbelastete Recht betreffende Eintragung;
2. alle Verfügungen, durch die Anträge oder Ersuchen hinsichtlich dieses Rechts zurückgewiesen werden

(§ 55a Absatz 2 GBO[1]). [2] Dabei ist auf etwaige Abweichungen zwischen der grundbuchmäßigen Bezeichnung der beteiligten Grundstücke, deren Grundbuchblätter bei dem mitteilungspflichtigen Grundbuchamt geführt werden, und ihrer Bezeichnung in den Eintragungsunterlagen hinzuweisen.

(2) Die Mitteilungen sind an die Grundbuchämter, die die Grundbücher der beteiligten Grundstücke führen, zu richten.

5.[2] Mitteilungen über Grundbucheintragungen zu steuerlichen Zwecken

(1) [1] Mitzuteilen sind

1. die Eintragung eines neuen Eigentümers oder Erbbauberechtigten sowie bei einem anderen als rechtsgeschäftlichen Erwerb auch dessen Anschrift, soweit nicht der Erwerb nach den Vorschriften des Zuordnungsrechts erfolgt;
2. die Eintragung der Begründung von Wohnungseigentum oder Teileigentum;
3. die Eintragung der Begründung eines Erbbaurechts, Wohnungserbbaurechts oder Teilerbbaurechts

(§§ 29 Absatz 4 Satz 1, 229 Absatz 4 Satz 1 BewG). [2] Bei einer Eintragung aufgrund Erbfolge ist zugleich das Jahr anzugeben, in dem der Erblasser verstorben ist (§§ 29 Absatz 4 Satz 3, 229 Absatz 4 Satz 3 BewG). [3] Bei Eintragung eines neuen Eigentümers aufgrund eines von einer ausländischen Behörde oder zuständigen Stelle erteilten Europäischen Nachlasszeugnisses ist dies dem zuständigen Erbschaftsteuer-Finanzamt mitzuteilen (§ 34 Absatz 1 ErbStG).

(2) Mitzuteilen ist in den Fällen des Absatzes 1 Nummer 2 und 3 auch der Tag des Eingangs des Eintragungsantrags bei dem Grundbuchamt (§§ 29 Absatz 4 Satz 2, 229 Absatz 4 Satz 2 BewG).

(3) [1] *Die Mitteilungen* nach Absatz 1 und 2 sind an die für die Feststellung des Grundsteuerwertes und an die für die Feststellung des Grundbesitzwertes zuständigen Finanzbehörden zu richten und sollen über die für die Führung des Liegenschaftskatasters zuständige Behörde oder über eine sonstige Behörde, die das

---

[1] **Habersack, Deutsche Gesetze Nr. 114.**

[2] Nr. XVIII/5 Abs. 4 angef., Anm. geänd. mWv 1.10.2016 durch AV v. 23.12.2016 (BAnz AT 24.05.2017 B1); Anm. geänd. mWv 1.10.2018 durch AV v. 23.11.2018 (BAnz AT 24.12.2018 B2); Abs. 1 Satz 1 abschl. Satzteil neu gef., Satz 2 und Abs. 2 geänd., Abs. 3 neu gef., Abs. 4 Sätze 1 und 2, Anm. geänd. mWv 1.10.2021 durch AV v. 9.8.2021 (BAnz AT 16.09.2021 B3); Abs. 1 Satz 3 angef., Abs. 3 neu gef., Anm. geänd. mWv 1.10.2023 durch AV v. 3.8.2023 (BAnz AT 22.09.2023 B1).

amtliche Verzeichnis der Grundstücke (§ 2 Absatz 2 der Grundbuchordnung[1]) führt, weitergeleitet werden. [2]Bis zum 31. Dezember 2024 sind die Mitteilungen nach Absatz 1 und 2 zudem an die für die Feststellung des Einheitswertes zuständigen Finanzbehörden zu richten. [3]Sie sind nach amtlich vorgeschriebenem Datensatz über die amtlich bestimmte Schnittstelle zu übermitteln (§ 229 Absatz 6 Satz 1 BewG). [4]Die Daten sind laufend, mindestens alle drei Monate zu übermitteln (§ 229 Absatz 6 Satz 2 BewG)[2]. [5]Mitteilungen sind in den Fällen des Absatzes 1 Satz 3 schriftlich an das zuständige Erbschaftsteuer-Finanzamt zu richten (§ 34 Absatz 1 ErbStG).

(4) [1]Die betroffenen Personen sind vom Inhalt der Mitteilungen zu unterrichten (§§ 29 Absatz 5 Satz 1, 229 Absatz 5 Satz 1 BewG). [2]Eine Unterrichtung kann unterbleiben, soweit den Finanzbehörden Umstände aus dem Grundbuch, den Grundakten oder aus dem Liegenschaftskataster mitgeteilt werden (§§ 29 Absatz 5 Satz 2, 229 Absatz 5 Satz 2 BewG).

Anmerkungen:

In **Baden-Württemberg** können Mitteilungen nach Absatz 1 unterbleiben, wenn der jeweiligen Eintragung im Grundbuch ein nach § 18 GrEStG anzeigepflichtiger Vorgang vorausgegangen ist.

In **Bayern** können Mitteilungen nach Absatz 1 unterbleiben, wenn der jeweiligen Eintragung im Grundbuch ein nach § 18 GrEStG anzeigepflichtiger Vorgang vorausgegangen ist.

In **Brandenburg** werden die Anforderungen nach Absatz 3 Satz 1 und 2 unter den Vorbehalt gestellt, dass der Beginn und die Einzelheiten der elektronischen Übermittlung zunächst in einem Schreiben des Bundesministeriums der Finanzen festzulegen sind, das im Bundesanzeiger und im Bundessteuerblatt veröffentlicht wird (§§ 29 Absatz 6 Satz 3 und 4, 229 Absatz 6 Satz 3 und 4 BewG). Bis zur Wirksamkeit der in diesem Schreiben getroffenen Bestimmungen werden die Mitteilungen den zuständigen Finanzbehörden direkt übermittelt. Die Übermittlung kann in Papierform erfolgen.

In **Bremen** werden die Mitteilungen nach Absatz 1 über das Katasteramt erstattet.

In **Hamburg** werden die Mitteilungen nach Absatz 1 Satz 1 Nummer 1 bis 3 über den Landesbetrieb Geoinformation und Vermessung erstattet. Nicht mitzuteilen ist das Datum nach Absatz 2.

In **Hessen** erfolgen Mitteilungen nach Absatz 1 Nummer 1 nur in Erbfällen unter Angabe des Jahres, in dem der Erblasser verstorben ist.

In **Mecklenburg-Vorpommern** werden die Anforderungen nach Absatz 3 Satz 1 und 2 unter den Vorbehalt gestellt, dass der Beginn und die Einzelheiten der elektronischen Übermittlung zunächst in einem Schreiben des Bundesministeriums der Finanzen festzulegen sind, das im Bundesanzeiger und im Bundessteuerblatt veröffentlicht wird (§ 29 Absatz 6 Satz 3 und 4, § 229 Absatz 6 Satz 3 und 4 BewG). Bis zur Wirksamkeit der in diesem Schreiben getroffenen Bestimmungen werden die Mitteilungen den zuständigen Finanzbehörden direkt in Papierform übermittelt.

In **Niedersachsen** werden die Mitteilungen über die Vermessungs- und Katasterbehörden erstattet.

---

[1] **Habersack, Deutsche Gesetze Nr. 114.**

[2] **Amtl. Anm.:** Beginn und Einzelheiten der elektronischen Übermittlung sind nach erfolgter Festlegung durch das Bundesministerium der Finanzen dem Bundesanzeiger und dem Bundessteuerblatt zu entnehmen.

In **Nordrhein-Westfalen** werden die Mitteilungen nach Absatz 1 über die Katasterämter erstattet.

In **Rheinland-Pfalz** werden die Mitteilungen über die Katasterämter erstattet.

In **Sachsen** werden die Mitteilungen nach Absatz 1 Satz 1 Nummer 1 bis 3 über den Staatsbetrieb Geobasisdateninformation und Vermessung Sachsen zugeleitet. Verwendung findet das Verfahren ALKIS.

In **Sachsen-Anhalt** werden die Mitteilungen über das Landesamt für Vermessung und Geoinformation Sachsen-Anhalt, Otto-von-Guericke-Straße 15, 39104 Magdeburg zugeleitet; Verwendung findet das Verfahren „Geodatendienst Liegenschaftskataster".

In **Schleswig-Holstein** werden die Anforderungen nach Absatz 3 Satz 1 und 2 unter den Vorbehalt gestellt, dass der Beginn und die Einzelheiten der elektronischen Übermittlung zunächst in einem Schreiben des Bundesministeriums der Finanzen festzulegen sind, das im Bundesanzeiger und im Bundessteuerblatt veröffentlicht wird (§ 29 Absatz 6 Satz 3 und 4, § 229 Absatz 6 Satz 3 und 4 BewG). Bis zur Wirksamkeit der in diesem Schreiben getroffenen Bestimmungen werden die Mitteilungen den zuständigen Finanzbehörden direkt übermittelt. Die Übermittlung kann in Papierform erfolgen. Mitteilungen nach Absatz 1 können unterbleiben, wenn der jeweiligen Eintragung im Grundbuch ein nach § 18 GrEStG anzeigepflichtiger Vorgang vorausgegangen ist.

6. Mitteilungen über Grundbucheintragungen während eines Zwangsversteigerungs- oder Zwangsverwaltungsverfahrens

(1) Mitzuteilen ist jede Eintragung in das Grundbuch, die nach der Eintragung des Vermerks über die Anordnung der Zwangsversteigerung oder der Zwangsverwaltung erfolgt (§ 19 Absatz 3, § 146 Absatz 1 ZVG[1]).

(2) Die Mitteilungen sind an das für die Zwangsversteigerung oder die Zwangsverwaltung zuständige Vollstreckungsgericht zu richten.

7.[2] Mitteilungen über Grundbucheintragungen während eines Enteignungsverfahrens

(1) Mitzuteilen sind alle Eintragungen,

1. die nach dem von der Enteignungsbehörde mitgeteilten Zeitpunkt der Einleitung des Enteignungsverfahrens nach dem Baugesetzbuch im Grundbuch des betroffenen Grundstücks vorgenommen worden sind oder vorgenommen werden (§ 108 Absatz 6 Satz 3 BauGB[3]);
2. die nach dem von der Enteignungsbehörde oder Wasserbehörde mitgeteilten Zeitpunkt des Beginns der öffentlichen Auslegung des Plans nach dem Landbeschaffungsgesetz oder Wassersicherstellungsgesetz in den Grundbüchern der betroffenen Grundstücke vorgenommen worden sind oder vorgenommen werden (§ 31 Absatz 5 LBG; § 20 Absatz 2 WasSiG i.V.m. § 31 Absatz 5 LBG).

(2) Die Mitteilungen sind an die Enteignungsbehörde bzw. Wasserbehörde zu richten.

---

[1] **Habersack, Deutsche Gesetze Nr. 108.**

[2] Nr. XVIII/7 Abs. 1 Nr. 2 geänd. mWv 1.10.2016 durch AV v. 23.12.2016 (BAnz AT 24.05.2017 B1).

[3] **Sartorius Nr. 300.**

8. Mitteilungen über Grundbucheintragungen während eines Umlegungsverfahrens

(1) Mitzuteilen sind alle Eintragungen, die nach dem von der Umlegungsstelle mitgeteilten Zeitpunkt der Einleitung des Umlegungsverfahrens im Grundbuch der betroffenen Grundstücke vorgenommen worden sind oder vorgenommen werden (§ 54 Absatz 2 BauGB[1]).

(2) Die Mitteilungen sind an die Umlegungsstelle zu richten.

9. Mitteilungen über Grundbucheintragungen während eines Flurbereinigungsverfahrens

(1) Mitzuteilen sind bis zum Zeitpunkt des Wirksamwerdens der Schlußfeststellung durch die Flurbereinigungsbehörde, soweit diese nicht auf die Benachrichtigung verzichtet,

1. alle Eintragungen, die nach dem Zeitpunkt der Anordnung des Flurbereinigungsverfahrens im Grundbuch der betroffenen Grundstücke vorgenommen worden sind oder vorgenommen werden;
2. die Eintragung neuer Eigentümer der an das Flurbereinigungsgebiet angrenzenden Grundstücke, soweit die Flurbereinigungsbehörde die Bezeichnung solcher Grundstücke zu diesem Zweck mitgeteilt hat

(§ 12 Absatz 3 FlurbG).

(2) Die Mitteilungen sind an die Flurbereinigungsbehörde zu richten.

Anmerkung: In **Mecklenburg-Vorpommern** gilt statt dessen der gemeinsame Erlaß des Ministers für Justiz-, Bundes- und Europaangelegenheiten und des Landwirtschaftsministers vorn 30. Juni 1994 (ABl. M-V 831[2]).

10.[3] Mitteilungen über Grundbucheintragungen bei Bestehen eines Erbbaurechts

(1) Mitzuteilen sind

1. jede Eintragung in das Erbbaugrundbuch;
2. die Eintragung eines Grundstückseigentümers, die Eintragung von Verfügungsbeschränkungen des Grundstückseigentümers sowie die Eintragung eines Widerspruchs gegen die Eintragung des Eigentümers in das Grundbuch des Grundstücks

(§ 17 Absatz 1 Satz 1, Absatz 2 ErbbauRG[4]).

(2) Die Mitteilungen sind zu richten

1. im Falle des Absatzes 1 Nummer 1 an den Grundstückseigentümer und, soweit es sich um die Eintragung von Verfügungsbeschränkungen des Erbbauberechtigten handelt, auch an die im Erbbaugrundbuch eingetragenen dinglich Berechtigten;
2. in den Fällen des Absatzes 1 Nummer 2 an den Erbbauberechtigten.

---

[1] ***Sartorius Nr. 300.***
[2] Richtig wohl: „S. 831".
[3] Nr. XVIII/10 Abs. 1 und 3 geänd. mWv 1.10.2016 durch AV v. 23.12.2016 (BAnz AT 24.05.2017 B1).
[4] **Habersack, Deutsche Gesetze Nr. 41.**

(3) Im Übrigen sind die allgemeinen Vorschriften über die Bekanntmachung von Eintragungen (§§ 55 ff. GBO[1]) entsprechend anzuwenden (§ 17 Absatz 1 Satz 2 ErbbauRG).

11.[2] Mitteilungen über Grundbucheintragungen bei einem Fideikommißgrundstück

(1) Mitzuteilen sind alle Eintragungen, die Grundstücke oder Rechte betreffen, bei denen der Fideikommißvermerk oder das Recht des Nacherben eingetragen ist (§ 41 der Durchführungsverordnung zum Gesetz über das Erlöschen der Familienfideikommisse und sonstiger gebundener Vermögen vom 20. März 1939 – RGBl. I S. 509 –).

(2) Die Mitteilungen sind an den Fideikommißsenat des Oberlandesgerichts zu richten.

Anmerkung: XVIII/11 gilt nicht in Berlin[3] Brandenburg, Bremen, Hamburg, Niedersachsen, Nordrhein-Westfalen, im Saarland und in Thüringen.

12.[4] *(aufgehoben)*

13.[5] Mitteilungen über die Eintragung eines Bergwerkseigentümers

(1) Mitzuteilen ist die Eintragung eines neuen Bergwerkseigentümers (§ 17 Absatz 4 BBergG).

(2) Die Mitteilungen sind an die zuständige Behörde zu richten.

Anmerkungen: Die Mitteilungen sind zu richten

in **Baden-Württemberg** an das Regierungspräsidium Freiburg, Landesamt für Geologie, Rohstoffe und Bergbau, 79095 Freiburg;

in **Bayern** an das Bayerische Staatsministerium für Wirtschaft, Landesentwicklung und Energie, Prinzregentenstraße 28, 80538 München;

in **Berlin** und **Brandenburg**
an das Landesamt für Bergbau, Geologie und Rohstoffe, Inselstraße 26, 03046 Cottbus;

in **Bremen**, **Hamburg**, **Niedersachsen** und **Schleswig-Holstein** an das Landesamt für Bergbau, Energie und Geologie, Dienstsitz Clausthal-Zellerfeld, An der Marktkirche 9, 38678 Clausthal- Zellerfeld;

in **Hessen** an das Regierungspräsidium Darmstadt, Luisenplatz 2, 64283 Darmstadt;

in **Mecklenburg-Vorpommern** an das Bergamt Stralsund, Frankendamm 17, 18439 Stralsund;

in **Nordrhein-Westfalen** an die Bezirksregierung Arnsberg – Abteilung 6 Bergbau und Energie in NRW –, Goebenstraße 25, 44135 Dortmund;

in **Rheinland-Pfalz** an das Landesamt für Geologie und Bergbau Rheinland-Pfalz, Emy-Roeder-Str. 5, 55129 Mainz;

im **Saarland** an das Oberbergamt des Saarlandes, Am Bergwerk Reden 10, 66578 Schiffweiler;

---

[1] **Habersack, Deutsche Gesetze Nr. 114.**

[2] Nr. XVIII/11 Anm. geänd. mWv 1.10.2016 durch AV v. 23.12.2016 (BAnz AT 24 05.2017 B1).

[3] Amtlich ohne Zeichensetzung.

[4] Nr. XVIII/12 aufgeh. mWv 1.10.2016 durch AV v. 23.12.2016 (BAnz AT 24.05.2017 B1).

[5] Nr. XVIII/13 Anm. geänd. mWv 1.10.2016 durch AV v. 23.12.2016 (BAnz AT 24.05.2017 B1); Anm. geänd. mWv 1.10.2021 durch AV v. 9.8.2021 (BAnz AT 16.09.2021 B3); Anm. geänd. mWv 1.10. 2023 durch AV v. 3.8.2023 (BAnz AT 22.09.2023 B1).

in **Sachsen** an das Sächsische Oberbergamt, Kirchgasse 11, 09599 Freiberg;

in **Sachsen-Anhalt** an das Landesamt für Geologie und Bergwesen Sachsen-Anhalt, An der Fliederwegkaserne 13, 06130 Halle (Saale);

in **Thüringen** an das Thüringer Landesamt für Umwelt, Bergbau und Naturschutz (TLUBN), Außenstelle Gera, Puschkinplatz 7, 07545 Gera.

14. Mitteilungen über Grundbucheintragungen während eines Sanierungs- oder Entwicklungsverfahrens

(1) Mitzuteilen sind alle Eintragungen, die nach der von der Gemeinde erfolgten Mitteilung über die Sanierungs- oder Entwicklungssatzung bis zur Löschung des Sanierungs- oder Entwicklungsvermerks im Grundbuch der betroffenen Grundstücke vorgenommen worden sind oder vorgenommen werden (§ 143 Absatz 2 Satz 3 i.V.m. § 54 Absatz 2 BauGB[1]; § 165 Absatz 9 Satz 4 i.V.m. § 54 Absatz 2 BauGB).

(2) Die Mitteilungen sind an die Gemeinde zu richten.

15.[2] Mitteilungen über Grundbucheintragungen nach Einleitung des bergrechtlichen Grundabtretungsverfahrens

(1) Mitzuteilen sind alle Eintragungen, die nach dem Zeitpunkt der Einleitung des Grundabtretungsverfahrens im Grundbuch des betroffenen Grundstücks vorgenommen worden sind und vorgenommen werden (§ 106 Absatz 1 BBergG).

(2) Die Mitteilungen sind an die zuständige Behörde zu richten.

Anmerkungen: Die Mitteilungen sind zu richten

in **Baden-Württemberg** an das Regierungspräsidium Freiburg, Landesamt für Geologie, Rohstoffe und Bergbau, 79095 Freiburg;

in **Bayern** an die zuständige Kreisverwaltungsbehörde;

in **Berlin** und **Brandenburg**
an das Landesamt für Bergbau, Geologie und Rohstoffe, Inselstraße 26, 03046 Cottbus;

in **Bremen, Hamburg, Niedersachsen** und **Schleswig-Holstein** an das Landesamt für Bergbau, Energie und Geologie, Dienstsitz Clausthal-Zellerfeld, An der Marktkirche 9, 38678 Clausthal- Zellerfeld;

in **Hessen** an die Regierungspräsidien;

in **Mecklenburg-Vorpommern** an das Bergamt Stralsund, Frankendamm 17,18439 Stralsund;

in **Nordrhein-Westfalen** an die Bezirksregierung Arnsberg – Abteilung 6 Bergbau und Energie in NRW –, Goebenstraße 25, 44135 Dortmund;

in **Rheinland-Pfalz** an das Landesamt für Geologie und Bergbau Rheinland-Pfalz, Emy-Roeder-Str. 5, 55129 Mainz;

im **Saarland** an das Oberbergamt des Saarlandes, Am Bergwerk Reden 10, 66578 Schiffweiler;

in **Sachsen** an das Sächsische Oberbergamt, Kirchgasse 11, 09599 Freiberg;

---

[1] ***Sartorius Nr. 300.***

[2] Nr. XVIII/15 Anm. geänd. mWv 1.10.2012 durch AV v. 17.8.2012 (BAnz AT 12.09.2012 B1); Anm. geänd. mWv 1.10.2016 durch AV v. 23.12.2016 (BAnz AT 24.05.2017 B1); Anm. geänd. mWv 1.10.2021 durch AV v. 9.8.2021 (BAnz AT 16.09.2021 B3); Anm. geänd. mWv 1.10.2023 durch AV v. 3.8.2023 (BAnz AT 22.09.2023 B1).

in **Sachsen-Anhalt** an das Landesamt für Geologie und Bergwesen Sachsen-Anhalt, An der Fliederwegkaserne 13, 06130 Halle (Saale);

in **Thüringen** an das Thüringer Landesamt für Umwelt, Bergbau und Naturschutz (TLUBN), Außenstelle Gera, Puschkinplatz 7, 07545 Gera.

16. Mitteilungen über Grundbucheintragungen nach Eintragung eines Sonderungsvermerks

(1) Mitzuteilen sind alle Eintragungen, die in dem Zeitraum zwischen Eintragung und Löschung des Sonderungsvermerks im Grundbuch der betroffenen Grundstücke erfolgen (§ 8 Absatz 2 SPV).

(2) Die Mitteilungen sind an die Sonderungsbehörde zu richten.

17. Mitteilungen über Grundbucheintragungen während eines Bodenordnungsverfahrens

(1) Mitzuteilen sind bis zum Zeitpunkt des Wirksamwerdens der Schlußfeststellung durch die Flurneuordnungsbehörde

1. alle Eintragungen, die nach dem Zeitpunkt der Anordnung des Bodenordnungsverfahrens im Grundbuch der betroffenen Grundstücke vorgenommen worden sind oder vorgenommen werden;
2. die Eintragung neuer Eigentümer der an das Bodenordnungsgebiet angrenzenden Grundstücke, soweit die Flurneuordnungsbehörde die Bezeichnung solcher Grundstücke zu diesem Zweck mitgeteilt hat
(§ 63 Absatz 2 LwAnpG i.V.m. § 12 Absatz 3 FlurbG).

(2) Die Mitteilungen sind an die Flurneuordnungsbehörde zu richten.

Anmerkung: In **Mecklenburg-Vorpommern** gilt statt dessen der gemeinsame Erlaß des Ministers für Justiz-, Bundes- und Europaangelegenheiten und des Landwirtschaftsministers vom 30.6.1994 (ABl. M-V 831[1]).

18. *(aufgehoben)*

19. *(aufgehoben)*

XIX. *(aufgehoben)*

XX. *(aufgehoben)*

XXI.[2] Mitteilungen in Handels-, Gesellschafts-, Partnerschafts-, Genossenschafts- und Vereinsregistersachen

1.[3] Mitteilungen in Handelsregistersachen im Allgemeinen

(1) Mitzuteilen sind

1. die Eintragung eines Einzelkaufmanns, einer juristischen Person oder einer Handelsgesellschaft sowie die Eintragung der Errichtung einer Zweigniederlassung (§ 13 Absatz 1 HGB[4]);

---

[1] Richtig wohl: „S. 831".

[2] Nr. XXI Überschrift neu gef. mWv 1.10.2023 durch AV v. 3.8.2023 (BAnz AT 22.09.2023 B1).

[3] Nr. XXI/1 Anm. geänd. mWv 1.10.2012 durch AV v. 17.8.2012 (BAnz AT 12.09.2012 B1); Abs. 1 Nr. 2 neu gef., Abs. 2 Nr. 1 Buchst. d, Nr. 4 Buchst. c und d, Nr. 5, Abs. 3 Nr. 1, Anm. geänd. mWv 1.10.2016 durch AV v. 23.12.2016 (BAnz AT 24.05.2017 B1); Anm. geänd. mWv 1.10.2018 durch AV v. 23.11.2018 (BAnz AT 24.12.2018 B2); Anm. geänd. mWv 1.10.2021 durch AV v. 9.8.2021 (BAnz AT 16.09.2021 B3); Abs. 1 Nr. 6 geänd. mWv 1.10.2023 durch AV v. 3.8.2023 (BAnz AT 22.09.2023 B1).

[4] **Habersack, Deutsche Gesetze Nr. 50.**

2. die Anmeldung der Verlegung der Hauptniederlassung eines Einzelkaufmanns oder des Sitzes einer juristischen Person oder einer Handelsgesellschaft aus dem Bezirk des Gerichts der bisherigen Hauptniederlassung oder des bisherigen Sitzes;
3. die Eintragung der in Nummer 2 bezeichneten Sitzverlegungen in das Handelsregister des Gerichts der neuen Hauptniederlassung oder des neuen Sitzes;
4. jede Eintragung auf einem Registerblatt (auch Löschungen);
5. bei Kreditinstituten in der Rechtsform der offenen Handelsgesellschaft, der Kommanditgesellschaft oder der Kommanditgesellschaft auf Aktien die gerichtliche Bestellung und Abberufung vertretungsbefugter Personen;
6. bei Europäischen wirtschaftlichen Interessenvereinigungen ihre Gründung und der Schluß ihrer Abwicklung unter Angabe von Nummer, Tag und Ort der Eintragung sowie von Tag und Ort der Bekanntmachung nach § 10 HGB (§ 4 Absatz 2 EWIV-Ausführungsgesetz) binnen eines Monats nach der Bekanntmachung nach § 10 HGB;
7. Eintragungen, die zu einem Wechsel im Grundstückseigentum oder zum Übergang eines Erbbaurechts oder eines Rechts an einem Gebäude auf fremdem Boden führen können (§ 13 Absatz 1 Nummer 4 EGGVG[1]) i.V.m. § 18 Absatz 1 Satz 1 Nummer 3 Satz 2 und Absatz 2 Satz 1 GrEStG); hierzu gehören insbesondere Eintragungen von Verschmelzungen, Spaltungen oder Vermögensübertragungen nach dem Umwandlungsgesetz (UmwG)[2]);

(§ 37 HRV[3]), § 13h Absatz 2 HGB, § 45 Absatz 2 AktG[4]), § 4 Absatz 2 EWIV-Ausführungsgesetz, § 13 Absatz 1 Nummer 4 EGGVG i.V.m. § 18 Absatz 1 Satz 1 Nummer 3 Satz 2 und Absatz 2 Satz 1 GrEStG).

(2) Die Mitteilungen sind zu richten

1. in den Fällen des Absatzes 1 Nummer 1
   a) an die Industrie- und Handelskammer (§ 37 Absatz 1 Nummer 1 HRV),
   b) zusätzlich an die Handwerkskammer, wenn es sich um ein handwerkliches Unternehmen handelt oder handeln kann (§ 37 Absatz 1 Nummer 2 HRV),
   c) zusätzlich an die Landwirtschaftskammer oder, wenn eine Landwirtschaftskammer nicht besteht, an die nach Landesrecht zuständige Stelle, wenn es sich um ein land- oder forstwirtschaftliches Unternehmen handelt oder handeln kann (§ 37 Absatz 1 Nummer 3 HRV),
   d) zusätzlich an das Amt für amtliche Veröffentlichungen der Europäischen Union in Luxemburg, wenn es sich um eine Europäische Gesellschaft (SE) handelt (Artikel 14 Absatz 3 der Verordnung (EG) Nummer 2157/2001 des Rates vom 8. Oktober 2001);

   – zu a) bis c): In den Mitteilungen sind der Ort der Niederlassung oder des Sitzes der Gesellschaft sowie bei Einzelkaufleuten, offenen Handelsgesellschaften, Kommanditgesellschaften und Kommanditgesellschaften auf Aktien die Inhaber oder persönlich haftenden Gesellschafter, bei Aktiengesellschaften und Versicherungsvereinen auf Gegenseitigkeit die Mitglieder des Vorstandes, bei einer Europäischen Gesellschaft (SE) die Mitglieder des Leitungsorgans oder die geschäftsführenden Direktoren, bei Gesellschaften mit beschränkter Haftung die

---

[1]) **Habersack, Deutsche Gesetze Nr. 95a.**
[2]) **Habersack, Deutsche Gesetze Nr. 52a.**
[3]) Nr. **50e**.
[4]) **Habersack, Deutsche Gesetze Nr. 51.**

Geschäftsführer, bei Europäischen wirtschaftlichen Interessenvereinigungen die Mitglieder und die Geschäftsführer zu bezeichnen –

– zu d): In der Mitteilung sind Firma, Sitz und Unternehmensgegenstand der Gesellschaft, Nummer, Datum und Ort der Eintragung sowie Datum, Ort und Titel der Veröffentlichung zu bezeichnen.

2. in den Fällen des Absatzes 1 Nummer 2 an das Registergericht der neuen Hauptniederlassung oder des neuen Sitzes – unter Beifügung der Anmeldung und der Eintragungen für die bisherige Hauptniederlassung oder den bisherigen Sitz sowie der bei dem bisher zuständigen Gericht aufbewahrten Urkunden – (§ 13h Absatz 2 Satz 1 und 2 HGB; § 45 Absatz 2 Satz 1 und 2 AktG);
3. in den Fällen des Absatzes 1 Nummer 3
   a) an das Gericht der bisherigen Hauptniederlassung oder des bisherigen Sitzes (§ 13h Absatz 2 Satz 5 HGB; § 45 Absatz 2 Satz 6 AktG),
   b) zusätzlich an die Industrie- und Handelskammer (§ 37 Absatz 1 Nummer 1 HRV),
   c) zusätzlich an die Handwerkskammer, wenn es sich um ein handwerkliches Unternehmen handelt oder handeln kann (§ 37 Absatz 1 Nummer 2 HRV),
   d) zusätzlich an die Landwirtschaftskammer oder, wenn eine Landwirtschaftskammer nicht besteht, an die nach Landesrecht zuständige Stelle, wenn es sich um ein land- oder forstwirtschaftliches Unternehmen handelt oder handeln kann (§ 37 Absatz 1 Nummer 3 HRV);
4. in den Fällen des Absatzes 1 Nummer 4
   a) an die Industrie- und Handelskammer (§ 37 Absatz 1 Nummer 1 HRV),
   b) zusätzlich an die Handwerkskammer, wenn es sich um ein handwerkliches Unternehmen handelt oder handeln kann (§ 37 Absatz 1 Nummer 2 HRV),
   c) zusätzlich an die Landwirtschaftskammer oder, wenn eine Landwirtschaftskammer nicht besteht, an die nach Landesrecht zuständige Stelle, wenn es sich um ein land- oder forstwirtschaftliches Unternehmen handelt oder handeln kann (§ 37 Absatz 1 Nummer 3 HRV);

   – zu a) bis c): Bei einer Auflösung der Gesellschaft oder einem Wechsel in der Person der Abwickler/Liquidatoren unter Angabe der – neuen – Abwickler/Liquidatoren –

   d) zusätzlich an das Amt für amtliche Veröffentlichungen der Europäischen Union in Luxemburg, wenn es sich um die Löschung einer Europäischen Gesellschaft (SE) handelt (Artikel 14 Absatz 3 der Verordnung (EG) Nummer 2157/2001 des Rates vom 8. Oktober 2001);

   – zu d): In der Mitteilung sind Firma, Sitz und Unternehmensgegenstand der Gesellschaft, Nummer, Datum und Ort der Eintragung sowie Datum, Ort und Titel der Veröffentlichung zu bezeichnen.
5. in den Fällen des Absatzes 1 Nummer 5 an die Industrie- und Handelskammer (§ 37 Absatz 1 Nummer 1 HRV);
6. in den Fällen des Absatzes 1 Nummer 6 an das Amt für amtliche Veröffentlichungen der Europäischen Union in Luxemburg (§ 4 Absatz 2 EWIV-Ausführungsgesetz);
7. in den Fällen des Absatzes 1 Nummer 7 an das nach § 17 GrEStG zuständige Finanzamt; dies ist insbesondere das Finanzamt, in dessen Bezirk sich die Geschäftsleitung des Erwerbers befindet.

(3) Für Form, Inhalt und Zeitpunkt der Mitteilungen gelten folgende besondere Bestimmungen:

1. In die Mitteilungen an die Industrie- und Handelskammer, an das Amt für amtliche Veröffentlichungen der Europäischen Union in Luxemburg (Artikel 14 Absatz 3 der Verordnung (EG) Nummer 2157/2001 des Rates vom 8. Oktober 2001), an die Handwerkskammer und an die Landwirtschaftskammer oder, wenn eine Landwirtschaftskammer nicht besteht, an die nach Landesrecht zuständige Stelle, sind auch die über die Geschäftsräume und den Unternehmensgegenstand gemachten Angaben aufzunehmen.
2. Mitteilungen, die maschinell erstellt werden, brauchen nicht unterschrieben zu werden. In diesem Fall muß anstelle der Unterschrift auf dem Schreiben der Vermerk „Dieses Schreiben ist maschinell erstellt und auch ohne Unterschrift wirksam." angebracht sein. Die Verfügung muß den Verfasser mit Funktionsbezeichnung erkennen lassen. Die Mitteilungen können, wenn die Kenntnisnahme durch den Empfänger allgemein sichergestellt ist, auch durch Bildschirmmitteilung oder in anderer Weise elektronisch übermittelt werden (§ 38a HRV).
3. Die Mitteilungen an das Finanzamt nach Absatz 1 Nummer 7 sind von dem Registergericht vorzunehmen, dessen Eintragung im Register den Rechtsübergang herbeiführt. Die Mitteilungen sind binnen zwei Wochen nach der Registereintragung zu bewirken (§ 18 Absatz 3 GrEStG). Soweit über das betroffene Grundvermögen Angaben im Sinne des § 20 GrEStG vorliegen, sind diese ebenfalls mitzuteilen (§ 20 GrEStG i.V.m. § 18 Absatz 1 und 2 GrEStG).
4. Die Errichtung, die Änderung der Firma, die Verlegung und die Aufhebung einer Zweigniederlassung sind zusätzlich an die in Absatz 2 Nummer 1 aufgeführten Stellen, die für die Hauptniederlassung oder den Sitz einer Handelsgesellschaft zuständig sind, mitzuteilen. Für Form und Inhalt der Mitteilungen gelten die in Nummern 1 und 2 genannten besonderen Bestimmungen.

Anmerkung: Die nach Landesrecht zuständigen Stellen (Absatz 2 Nummer 1 Buchstabe c, Nummer 3 Buchstabe d und Nummer 4 Buchstabe c) sind:

in **Baden-Württemberg**
die Landratsämter als Landwirtschaftsbehörden (in den Stadtkreisen an die in § 29 Absatz 6 des Landwirtschafts- und Landeskulturgesetzes bezeichneten Landratsämter), wenn es sich um ein landwirtschaftliches Unternehmen handelt; die Landratsämter und in den Stadtkreisen die Gemeinden als Forstbehörden, wenn es sich um ein forstwirtschaftliches Unternehmen handelt;

in **Bayern**
der Bayerische Bauernverband;

in **Berlin**
die Senatsverwaltung für Wirtschaft – Abteilung Ernährung, Landwirtschaft und Forsten –;

in **Brandenburg:**[1)]
das Landesamt für Ländliche Entwicklung, Landwirtschaft und Flurneuordnung;

in **Hessen**
die Regierungspräsidien;

in ***Mecklenburg*-Vorpommern**
die LMS Agrarberatung GmbH, Graf-Lippe-Straße 1, 18059 Rostock;

[1)] Zeichensetzung amtlich.

in **Sachsen**
das Landesamt für Umwelt, Landwirtschaft und Geologie, der Staatsbetrieb Sachsenforst sowie die Landratsämter und Kreisfreien Städte als Landwirtschafts- oder Forstbehörden;
in **Sachsen-Anhalt**
die Ämter für Landwirtschaft, Flurneuordnung und Forsten;
in **Thüringen**
das Thüringer Landesamt für Landwirtschaft und Ländlichen Raum bei landwirtschaftlichen Unternehmen, ThüringenForst – Anstalt öffentlichen Rechts bei forstwirtschaftlichen Unternehmen;[1)]

Die Anschrift des Amtes für amtliche Veröffentlichungen der Europäischen Union lautet:
2 rue mercier
L-2985 Luxemburg. Bei den Mitteilungen sind Zuständigkeitskonzentrationen der Finanzämter in den einzelnen Ländern zu beachten (vgl. die Suchseite des Bundeszentralamts für Steuern www.finanzamt.de).

2.[2)] Mitteilungen in Handelsregistersachen in Bezug auf inländische Zweigniederlassungen ausländischer Unternehmen

(1) Mitzuteilen sind, wenn sich die Hauptniederlassung eines Einzelkaufmanns oder der Sitz einer juristischen Person oder einer Handelsgesellschaft im Ausland befindet,
1. die Eintragung einer inländischen Zweigniederlassung;
2. die Anmeldung der Verlegung einer inländischen Zweigniederlassung aus dem Bezirk des Gerichts der bisherigen Zweigniederlassung;
3. die Eintragung der in Nummer 2 bezeichneten Verlegung in das Handelsregister des Gerichts der neuen Zweigniederlassung;
4. die Eintragung der Änderung
   a) der eingetragenen Firma einer inländischen Zweigniederlassung,
   b) der Inhaber, der persönlich haftenden Gesellschafter oder der Mitglieder einer Europäischen wirtschaftlichen Interessenvereinigung,
   c) der Mitglieder des Vorstandes bei Aktiengesellschaften und Versicherungsvereinen auf Gegenseitigkeit und der Geschäftsführer bei Gesellschaften mit beschränkter Haftung oder Europäischen wirtschaftlichen Interessenvereinigungen sowie bei einer Europäischen Gesellschaft (SE) der Mitglieder des Leitungsorgans oder der geschäftsführenden Direktoren;
5. die Eintragung der Aufhebung einer inländischen Zweigniederlassung

(§ 13d Absatz 3 HGB[3)] i.V.m. § 13h Absatz 2 HGB, § 37 HRV[4)]).

(2) Die Mitteilungen sind zu richten
1. in den Fällen des Absatzes 1 Nummer 1
   a) an die Industrie- und Handelskammer (§ 13d Absatz 3 HGB i.V.m. § 37 Absatz 1 Nummer 1 HRV),

---

[1)] Zeichensetzung amtlich.
[2)] Nr. XXI/2 Abs. 1 einl. Satzteil geänd. mWv 1.10.2016 durch AV v. 23.12.2016 (BAnz AT 24.05. 2017 B1); Abs. 2 Nr. 4 geänd., Nr. 5 aufgeh., Anm. geänd. mWv 1.10.2023 durch AV v. 3.8.2023 (BAnz AT 22.09.2023 B1).
[3)] **Habersack, Deutsche Gesetze Nr. 50.**
[4)] Nr. **50e**.

b) zusätzlich an die Handwerkskammer, wenn es sich um ein handwerkliches Unternehmen handelt oder handeln kann (§ 13d Absatz 3 HGB in Verbindung mit § 37 Absatz 1 Nummer 2 HRV),

c) zusätzlich an die Landwirtschaftskammer oder, wenn eine Landwirtschaftskammer nicht besteht, an die nach Landesrecht zuständige Stelle, wenn es sich um ein land- oder forstwirtschaftliches Unternehmen handelt oder handeln kann (§ 13d Absatz 3 HGB in Verbindung mit § 37 Absatz 1 Nummer 3 HRV);

– zu a) bis c): In den Mitteilungen sind der Ort der Niederlassung oder des Sitzes der Gesellschaft sowie bei Einzelkaufleuten, offenen Handelsgesellschaften, Kommanditgesellschaften und Kommanditgesellschaften auf Aktien die Inhaber oder persönlich haftenden Gesellschafter, bei Aktiengesellschaften und Versicherungsvereinen auf Gegenseitigkeit die Mitglieder des Vorstandes, bei einer Europäischen Gesellschaft (SE) die Mitglieder des Leitungsorgans oder die geschäftsführenden Direktoren, bei Gesellschaften mit beschränkter Haftung die Geschäftsführer, bei Europäischen wirtschaftlichen Interessenvereinigungen die Mitglieder und die Geschäftsführer zu bezeichnen. –

2. in den Fällen des Absatzes 1 Nummer 2 an das Registergericht der neuen Zweigniederlassung – unter Beifügung der Anmeldung und der Eintragungen für die bisherige Zweigniederlassung sowie der bei dem bisher zuständigen Gericht aufbewahrten Urkunden – (§ 13d Absatz 3 HGB i.V.m. § 13h Absatz 2 Satz 1 und 2 HGB);

3. in den Fällen des Absatzes 1 Nummer 3
   a) an das Gericht der bisherigen Zweigniederlassung (§ 13d Absatz 3 HGB i.V.m. § 13h Absatz 2 Satz 5 HGB; § 45 Absatz 2 Satz 6 AktG[1]),
   b) zusätzlich an die Industrie- und Handelskammer (§ 13d Absatz 3 HGB in Verbindung mit § 37 Absatz 1 Nummer 1 HRV),
   c) zusätzlich an die Handwerkskammer, wenn es sich um ein handwerkliches Unternehmen handelt oder handeln kann (§ 13d Absatz 3 HGB in Verbindung mit § 37 Absatz 1 Nummer 2 HRV),
   d) zusätzlich an die Landwirtschaftskammer oder, wenn eine Landwirtschaftskammer nicht besteht, an die nach Landesrecht zuständige Stelle, wenn es sich um ein land- oder forstwirtschaftliches Unternehmen handelt oder handeln kann (§ 13d Absatz 3 HGB in Verbindung mit § 37 Absatz 1 Nummer 3 HRV);

4. in den Fällen des Absatzes 1 Nummer 4 und 5
   a) an die Industrie- und Handelskammer (§ 13d Absatz 3 HGB in Verbindung mit § 37 Absatz 1 Nummer 1 HRV),
   b) zusätzlich an die Handwerkskammer, wenn es sich um ein handwerkliches Unternehmen handelt oder handeln kann (§ 13d Absatz 3 HGB in Verbindung mit § 37 Absatz 1 Nummer 2 HRV),
   c) zusätzlich an die Landwirtschaftskammer oder, wenn eine Landwirtschaftskammer nicht besteht, an die nach Landesrecht zuständige Stelle, wenn es sich um ein land- oder forstwirtschaftliches Unternehmen handelt oder handeln kann (§ 13d Absatz 3 HGB in Verbindung mit § 37 Absatz 1 Nummer 3 HRV);[2]

---

[1] **Habersack, Deutsche Gesetze Nr. 51.**
[2] Zeichensetzung amtlich.

(3) Für Form und Inhalt der Mitteilungen gelten die in XXI/1 Absatz 3 genannten besonderen Bestimmungen entsprechend.

Anmerkung: Die nach Landesrecht zuständigen Stellen (Absatz 2 Nummer 1 Buchstabe c), Nummer 3 Buchstabe d, Nummer 4 Buchstabe c sind in der Anmerkung zu XXI/1 aufgeführt.

3.[1] Mitteilungen in Handelsregistersachen in Bezug auf anwaltliche und patentanwaltliche Berufsausübungsgesellschaften

(1) Unbeschadet der Mitteilungen nach XXI/1 sind mitzuteilen

1. Eintragungen, die Berufsausübungsgesellschaften im Sinne der §§ 59b, 59c sowie § 207a Absatz 1 und 6 BRAO[2] – deren Unternehmensgegenstand die Beratung und Vertretung in Rechtsangelegenheiten ist – betreffen (§ 36 Absatz 2 BRAO, § 13 Absatz 1 Nummer 4 EGGVG[3]);
2. Eintragungen, die Berufsausübungsgesellschaften im Sinne der §§ 52b, 52c sowie § 159 Absatz 1 und 6 PAO – deren Unternehmensgegenstand die Beratung und Vertretung in patentanwaltlichen Angelegenheiten ist – betreffen (§ 34 Absatz 2 PAO, § 13 Absatz 1 Nummer 4 EGGVG).

(2) Die Mitteilungen sind zu richten

1. in den Fällen des Absatzes 1 Nummer 1
   a) an die Rechtsanwaltskammer, in deren Bezirk die Berufsausübungsgesellschaft ihren Sitz oder in den Fällen des § 207a Absatz 1 und Absatz 6 BRAO ihre Zweigniederlassung hat;
   b) zusätzlich an eine andere Berufskammer, sofern eine solche für einen von einem Gesellschafter der Berufsausübungsgesellschaft nach § 59b BRAO ausgeübten Beruf besteht (§ 36 Absatz 2 BRAO i.V.m. § 13 Absatz 1 Nummer 4 EGGVG);
2. in den Fällen des Absatzes 1 Nummer 2
   a) an die Patentanwaltskammer, Tal 29, 80331 München (§ 54 PAO);
   b) zusätzlich an eine andere Berufskammer, sofern eine solche für einen Gesellschafter der Berufsausübungsgesellschaft nach § 52b PAO ausgeübten Beruf besteht (§ 34 Absatz 2 PAO, § 13 Absatz 1 Nummer 4 EGGVG).

(3) Für Form und Inhalt der Mitteilungen gelten die in XXI/1 Absatz 3 genannten besonderen Bestimmungen entsprechend.

Anmerkung: Wegen der zuständigen Rechtsanwaltskammern siehe auch die Anmerkungen zu XXIII/4. Die zuständigen Steuerberaterkammern sind in den Anmerkungen zu XXI/4 aufgeführt.

4.[4] Mitteilungen in Handelsregistersachen in Bezug auf steuerberatende Berufsausübungsgesellschaften

(1) Unbeschadet der Mitteilungen nach XXI/1 sind Eintragungen mitzuteilen, die Berufsausübungsgesellschaften im Sinne der §§ 49, 50 StBerG – deren Unternehmensgegenstand insbesondere die geschäftsmäßige Hilfeleistung in Steuersa-

---

[1] Nr. XXI/3 Überschrift geänd. mWv 1.10.2021 durch AV v. 9.8.2021 (BAnz AT 16.09.2021 B3); Überschrift geänd., Abs. 1 Nr. 1 und 2, Abs. 2 Nr. 1 Buchst. a neu gef., Buchst. b, Nr. 2 Buchst. a und b, Anm. geänd. mWv 1.10.2023 durch AV v. 3.8.2023 (BAnz AT 22.09.2023 B1).

[2] Nr. **98**.

[3] **Habersack, Deutsche Gesetze Nr. 95a.**

[4] Nr. XXI/4 Anm. geänd. mWv 1.10.2014 durch AV v. 15.9.2014 (BAnz AT 29.09.2014 B1); Anm. geänd. mWv 1.10.2016 durch AV v. 23.12.2016 (BAnz AT 24.05.2017 B1); Anm. geänd. mWv 1.10.2021 →

chen ist – betreffen (§ 10 Absatz 1 Nummer 3 StBerG, § 13 Absatz 1 Nummer 4 EGGVG[1])).

(2) Die Mitteilungen sind zu richten

1. an die Steuerberaterkammer, in deren Kammerbezirk die Berufsausübungsgesellschaft ihren Sitz hat (§ 53 Absatz 1 Satz 1 StBerG);
2. zusätzlich an eine andere Berufskammer, sofern eine solche für einen von einem Gesellschafter der Berufsausübungsgesellschaft ausgeübten Beruf besteht.

(3) Für Form und Inhalt der Mitteilungen gelten die in XXI/1 Absatz 3 genannten besonderen Bestimmungen entsprechend.

Anmerkungen: Zuständige Steuerberaterkammern sind

in **Baden-Württemberg:**
Steuerberaterkammer Stuttgart
Hegelstraße 33
70174 Stuttgart

oder
Steuerberaterkammer Südbaden
Wentzingerstraße 19
79106 Freiburg
oder
Steuerberaterkammer Nordbaden
Vangerowstraße 16/1
69115 Heidelberg

in **Bayern:**
Steuerberaterkammer München
Nederlinger Staße 9
80638 München
oder
Steuerberaterkammer Nürnberg
Karolinenstraße 28
90402 Nürnberg

in **Berlin:**
Steuerberaterkammer Berlin
Wichmannstraße 6
10787 Berlin

in **Brandenburg:**
Steuerberaterkammer Brandenburg
Tuchmacherstraße 48 B
14482 Potsdam

in **Bremen:**
Hanseatische Steuerberaterkammer Bremen
Am Wall 192
28195 Bremen

(Fortsetzung der Anm. von voriger Seite)
durch AV v. 9.8.2021 (BAnz AT 16.09.2021 B3); Überschrift geänd., Abs. 1 und 2 Nr. 1 neu gef., Nr. 2 geänd. mWv 1.10.2023 durch AV v. 3.8.2023 (BAnz AT 22.09.2023 B1).

[1] **Habersack, Deutsche Gesetze Nr. 95a.**

in **Hamburg:**
Steuerberaterkammer Hamburg
Kurze Mühren 3
20095 Hamburg

in **Hessen:**
Steuerberaterkammer Hessen
Bleichstraße 1
60313 Frankfurt am Main

in **Mecklenburg-Vorpommern:**
Steuerberaterkammer Mecklenburg-Vorpommern
Ostseeallee 40
18107 Rostock

in **Niedersachsen:**
Steuerberaterkammer Niedersachsen
Adenauerallee 20
30175 Hannover
Postfach 57 27
30057 Hannover

in **Nordrhein-Westfalen:**
Steuerberaterkammer Düsseldorf
Grafenberger Allee 98
40237 Düsseldorf

oder
Steuerberaterkammer Köln
Gereonstraße 34–36
50670 Köln

oder
Steuerberaterkammer Westfalen-Lippe
Erphostraße 43
48145 Münster

in **Rheinland-Pfalz:**
Steuerberaterkammer Rheinland-Pfalz
Hölderlinstraße 1
55131 Mainz

im **Saarland:**
Steuerberaterkammer Saarland
Nell-Breuning-Allee 6
66115 Saarbrücken

in **Sachsen:**
Steuerberaterkammer des Freistaates Sachsen
Emil-Fuchs-Straße 2
04105 Leipzig

in **Sachsen-Anhalt:**
Steuerberaterkammer Sachsen-Anhalt
Körperschaft des öffentlichen Rechts
Zum Domfelsen 4
39104 Magdeburg

in **Schleswig-Holstein:**
Steuerberaterkammer Schleswig-Holstein
Hopfenstraße 2 D
24114 Kiel

in **Thüringen:**
Steuerberaterkammer Thüringen
Kartäuserstraße 27a
99084 Erfurt

5.[1)] Mitteilungen in Partnerschaftsregistersachen im allgemeinen

(1) Mitzuteilen sind

1. die Anmeldung der Verlegung des Sitzes einer Partnerschaft aus dem Bezirk des Gerichts des bisherigen Sitzes;
2. die Eintragung der in Nummer 1 bezeichneten Sitzverlegungen in das Partnerschaftsregister des Gerichts des neuen Sitzes;
3. alle weiteren Eintragungen in das Partnerschaftsregister

(§ 1 Absatz 1 PRV i.V.m. § 37 HRV[2)], § 6 PRV, § 5 Absatz 2 PartGG[3)] i.V.m. § 13h Absatz 2 HGB[4)]).

(2) Die Mitteilungen sind zu richten

1. in den Fällen des Absatzes 1 Nummer 1 an das Registergericht des neuen Sitzes – unter Beifügung der Anmeldung und der Eintragung für den bisherigen Sitz sowie der bei dem bisher zuständigen Gericht aufbewahrten Urkunden – (§ 5 Absatz 2 PartGG i.V.m. § 13h Absatz 2 HGB);
2. in den Fällen des Absatzes 1 Nummer 2
   a) an das Gericht des bisherigen Sitzes (§ 5 Absatz 2 PartGG i.V.m. § 13h Absatz 2 Satz 5 HGB),
   b) zusätzlich an die Berufskammer, sofern eine solche für einen in der Partnerschaft ausgeübten Beruf besteht (§ 6 PRV);
3. in den Fällen des Absatzes 1 Nummer 3 an die Berufskammer, sofern eine solche für einen in der Partnerschaft ausgeübten Beruf besteht (§ 6 PRV).

(3) Für Form, Inhalt und Zeitpunkt der Mitteilungen gelten folgende besondere Bestimmungen:

1. In die Mitteilungen an eine für den in der Partnerschaft ausgeübten Beruf bestehende Berufskammer sind auch die über die Geschäftsräume und den Unternehmensgegenstand gemachten Angaben aufzunehmen (§ 1 Absatz 1 PRV in Verbindung mit § 37 Absatz 1 Satz 2 HRV).
2. Mitteilungen, die maschinell erstellt werden, müssen den in XXI/1 Absatz 3 Nummer 2 genannten besonderen Bestimmungen entsprechen (§ 1 Absatz 1 PRV in Verbindung mit § 38a HRV).

[1)] Nr. XXI/5 Abs. 3 Nr. 1 geänd. mWv 1.10.2016 durch AV v. 23.12.2016 (BAnz AT 24.05.2017 B1).
[2)] Nr. **50e**.
[3)] **Habersack, Deutsche Gesetze Nr. 50b.**
[4)] **Habersack, Deutsche Gesetze Nr. 50.**

6.[1] Mitteilungen in Partnerschaftsregistersachen in Bezug auf Zweigniederlassungen

(1) Mitzuteilen sind

1. die Eintragung der Errichtung und der Aufhebung einer Zweigniederlassung einer inländischen Partnerschaft (§ 5 Absatz 2 PartGG[2] in Verbindung mit § 13 Absatz 1 und 3 HGB[3]);
2. die Eintragung
   a) einer Änderung der Firma der Zweigniederlassung einer inländischen Partnerschaft,
   b) der Verlegung einer Zweigniederlassung einer inländischen Partnerschaft;
3. die Anmeldung der Verlegung einer Zweigniederlassung einer ausländischen Partnerschaft aus dem Bezirk des Gerichts der bisherigen Zweigniederlassung (§ 5 Absatz 2 PartGG in Verbindung mit § 13d Absatz 3 HGB und § 13h Absatz 2 HGB);
4. die Eintragung der in Nummer 3 bezeichneten Verlegung in das Partnerschaftsregister des Gerichts der neuen Zweigniederlassung (§ 5 Absatz 2 PartGG in Verbindung mit § 13d Absatz 3 HGB und § 13h Absatz 2 Satz 5 HGB);
5. alle weiteren Eintragungen, die die Zweigniederlassungen einer inländischen oder ausländischen Partnerschaft betreffen (§ 6 PRV).

(2) Die Mitteilungen sind zu richten

1. in den Fällen des Absatzes 1 Nummer 1 und 2
   an die zuständige Berufskammer der Zweigniederlassung, sofern eine solche für einen in der Partnerschaft ausgeübten Beruf besteht (§ 6 PRV);
2. in den Fällen des Absatzes 1 Nummer 3
   an das Registergericht der neuen Zweigniederlassung – unter Beifügung der Anmeldung und der Eintragungen für die bisherige Zweigniederlassung sowie der bei dem bisher zuständigen Gericht aufbewahrten Urkunden – (§ 5 Absatz 2 PartGG in Verbindung mit § 13d Absatz 3 HGB und § 13h Absatz 2 Satz 1 und 2 HGB);
3. in den Fällen des Absatzes 1 Nummer 4
   a) an das Gericht der bisherigen Zweigniederlassung (§ 5 Absatz 2 PartGG in Verbindung mit § 13d Absatz 3 HGB und § 13h Absatz 2 Satz 5 HGB),
   b) an die zuständige Berufskammer, sofern eine solche für einen in der Partnerschaft ausgeübten Beruf besteht (§ 6 PRV);
4. in den Fällen des Absatzes 1 Nummer 5
   an die Berufskammer, sofern eine solche für einen in der Partnerschaft ausgeübten Beruf besteht (§ 6 PRV).

*(3) Für F*orm und Inhalt der Mitteilungen gelten die in XXI/5 Absatz 3 genannten besonderen Bestimmungen.

---

[1] Nr. XXI/6 Abs. 1 Nr. 4 geänd. mWv 1.10.2016 durch AV v. 23.12.2016 (BAnz AT 24 05.2017 B1).
[2] **Habersack, Deutsche Gesetze Nr. 50b.**
[3] **Habersack, Deutsche Gesetze Nr. 50.**

7.[1] Mitteilungen in Partnerschaftsregistersachen in Bezug auf steuerberatende Berufsausübungsgesellschaften

(1) Unbeschadet der Mitteilungen nach XXI/5 und XXI/6 sind alle Eintragungen mitzuteilen, die Partnerschaftsgesellschaften betreffen, die als Berufsausübungsgesellschaft nach § 50 Absatz 1 und § 53 Absatz 1 StBerG anerkannt worden sind (§ 10 Absatz 1 Nummer 3 StBerG, § 13 Absatz 1 Nummer 4 EGGVG[2]).

(2) Die Mitteilungen sind an die Steuerberaterkammer zu richten, in deren Kammerbezirk die Berufsausübungsgesellschaft ihren Sitz hat (§ 53 Absatz 1 Satz 1 StBerG).

(3) Für Form, Inhalt und Zeitpunkt der Mitteilungen gelten die in XXI/5 Absatz 3 ausgeführten besonderen Bestimmungen entsprechend.

Anmerkung: Die zuständigen Steuerberaterkammern sind in den Anmerkungen zu XXI/4 aufgeführt.

8.[3] Mitteilungen in Genossenschaftsregistersachen

(1) Mitzuteilen sind

1. die Eintragung einer Genossenschaft, die sich mit dem Abschluss von Versicherungen befasst; dies gilt auch dann, wenn die Genossenschaft ihre Leistungen als Unterstützungen ohne Rechtsanspruch bezeichnet (§ 10a Absatz 2 VersStG, § 12 Absatz 2 FeuerschStG);
2. Eintragungen, die zu einem Wechsel im Grundstückseigentum oder zum Übergang eines Erbbaurechts oder eines Rechts an einem Gebäude auf fremdem Boden führen können (§ 13 Absatz 1 Nummer 4 EGGVG[2] in Verbindung mit § 18 Absatz 1 Satz 1 Nummer 3 Satz 2 und Absatz 2 Satz 1 GrEStG); hierzu gehören insbesondere Eintragungen von Verschmelzungen, Spaltungen oder Vermögensübertragungen nach dem Umwandlungsgesetz (UmwG)[4];
3. die Eintragung und die Löschung der Eintragung einer Europäischen Genossenschaft (SCE).

(2) Die Mitteilungen sind zu richten

1. im Falle des Absatzes 1 Nummer 1 an das Bundeszentralamt für Steuern, An der Küppe 1, 53225 Bonn (§ 7a VersStG, § 10 FeuerschStG);
2. in den Fällen des Absatzes 1 Nummer 2
   an das nach § 17 GrEStG zuständige Finanzamt; dies ist insbesondere das Finanzamt, in dessen Bezirk sich die Geschäftsleitung des Erwerbers befindet;
3. in den Fällen des Absatzes 1 Nummer 3 an das Amt für amtliche Veröffentlichungen der Europäischen Union in Luxemburg (Artikel 13 Absatz 3 der Verordnung (EG) Nummer 1435/2003 des Rates vom 22. Juli 2003).

---

[1] Nr. XXI/7 Anm. geänd. mWv 1.10.2016 durch AV v. 23.12.2016 (BAnz AT 24.05.2017 B1); Überschrift, Abs. 1 und 2 geänd. mWv 1.10.2023 durch AV v. 3.8.2023 (BAnz AT 22.09.2023 B1).

[2] ***Habersack*, Deutsche Gesetze Nr. 95a.**

[3] Nr. XXI/8 Abs. 1 Nr. 1 geänd., Abs. 2 Nr. 1 neu gef. mWv 1.10.2012 durch AV v. 17.8.2012 (BAnz AT 12.09.2012 B1); Abs. 2 Nr. 3 geänd. mWv 1.10.2016 durch AV v. 23.12.2016 (BAnz AT 24.05.2017 B1); Abs. 1 Nr. 2 geänd. mWv 1.10.2018 durch AV v. 23.11.2018 (BAnz AT 24.12.2018 B2); Abs. 3 Nr. 1 geänd. mWv 1.10.2021 durch AV v. 9.8.2021 (BAnz AT 16.09.2021 B3).

[4] **Habersack, Deutsche Gesetze Nr. 52a.**

(3) Für Form und Inhalt der Mitteilungen gelten folgende Bestimmungen:

1. Mitteilungen, die maschinell erstellt werden, müssen den in XXI/1 Absatz 3 Nummer 2 erwähnten besonderen Bestimmungen entsprechen (§ 1 GenRegV in Verbindung mit § 38a HRV[1]).
2. Die Mitteilungen an das Finanzamt nach Absatz 1 Nummer 2 sind von dem Registergericht vorzunehmen, dessen Eintragung den Rechtsübergang herbeiführt. Die Mitteilungen sind binnen zwei Wochen nach der Registereintragung zu bewirken (§ 18 Absatz 3 GrEStG). Soweit über das betroffene Grundvermögen Angaben im Sinne des § 20 GrEStG vorliegen, sind diese ebenfalls mitzuteilen (§ 20 in Verbindung mit § 18 Absatz 1 und 2 GrEStG).
3. In den Mitteilungen nach Absatz 1 Nummer 3 sind Firma, Sitz und Geschäftszweck der Europäischen Genossenschaft, Nummer, Datum und Ort der Eintragung sowie Datum, Ort und Titel der Bekanntmachung anzugeben.

Anmerkung: Bei den Mitteilungen sind Zuständigkeitskonzentrationen der Finanzämter in den einzelnen Ländern zu beachten (vgl. die Suchseite des Bundeszentralamts für Steuern www.finanzamt.de).

9.[2] Mitteilungen in Vereinsregistersachen

(1) Mitzuteilen sind

1. die Eintragung eines Vereins oder die Eintragung der Satzungsänderung eines eingetragenen Vereins, wenn Anhaltspunkte dafür bestehen, daß dessen Mitglieder oder Leiter sämtlich oder überwiegend Ausländer sind (Ausländerverein) oder der Verein eine organisatorische Einrichtung eines Vereins mit Sitz im Ausland (ausländischer Verein) darstellt (§§ 14, 15 VereinsG[3]; § 400 FamFG);
2. die Eintragung eines Vereins, der sich mit dem Abschluß von Versicherungen befaßt; dies gilt auch dann, wenn der Verein seine Leistungen als Unterstützungen ohne Rechtsanspruch bezeichnet (§ 10a Absatz 2 VersStG, § 12 Absatz 2 FeuerschStG);
3. Eintragungen, die zu einem Wechsel im Grundstückseigentum oder zum Übergang eines Erbbaurechts oder eines Rechts an einem Gebäude auf fremden Boden führen können (§ 13 Absatz 1 Nummer 4 EGGVG[4] i.V.m. § 18 Absatz 1 Satz 1 Nummer 3 Satz 2 und Absatz 2 Satz 1 GrEStG); hierzu gehören insbesondere Eintragungen von Verschmelzungen, Spaltungen oder Vermögensübertragungen nach dem Umwandlungsgesetz (UmwG)[5];
4. die Anmeldung der Verlegung des Sitzes des Vereins aus dem Bezirk des Gerichts des bisherigen Sitzes (§ 6 Absatz 1 Satz 1 VRV);
5. die Eintragung der in Nummer 4 bezeichneten Verlegung in das Vereinsregister des Gerichts des neuen Sitzes (§ 6 Absatz 1 Satz 5 VRV);
6. die Entscheidung über die Eintragung des Vereins, wenn zweifelhaft ist, ob sein Zweck auf einen nichtwirtschaftlichen Geschäftsbetrieb gerichtet ist, das Registergericht daher eine Stellungnahme einer nach § 22 BGB[6] zuständigen Stelle oder der Industrie- und Handelskammer oder einer anderen geeigneten Stelle

[1] Nr. **50e**.

[2] Nr. XXI/9 Abs. 1 Nr. 2 geänd., Abs. 2 Nr. 2 neu gef. mWv 1.10.2012 durch AV v. 17.8.2012 (BAnz AT 12.09.2012 B1); Abs. 1 Nr. 1 und Abs. 2 Nr. 1 geänd., Abs. 3 Nr. 2 neu gef. mWv 1.10.2021 durch AV v. 9.8.2021 (BAnz AT 16.09.2021 B3).

[3] **Sartorius Nr. 425.**

[4] **Habersack, Deutsche Gesetze Nr. 95a.**

[5] **Habersack, Deutsche Gesetze Nr. 52a.**

[6] **Habersack, Deutsche Gesetze Nr. 20.**

eingeholt hat und diese um eine Mitteilung der Entscheidung gebeten haben (§ 9 Absatz 2 Satz 3 VRV).

(2) Die Mitteilungen sind zu richten

1. in den Fällen des Absatzes 1 Nummer 1 an die zuständige Verwaltungsbehörde (§§ 14, 15 VereinsG; § 400 FamFG[1]);
2. im Falle des Absatzes 1 Nummer 2 an das Bundeszentralamt für Steuern, An der Küppe 1, 53225 Bonn (§ 7a VersStG, § 10 FeuerschStG);
3. in den Fällen des Absatzes 1 Nummer 3 an das nach § 17 GrEStG zuständige Finanzamt; dies ist insbesondere das Finanzamt, in dessen Bezirk sich die Geschäftsleitung des Erwerbers befindet;
4. in den Fällen des Absatzes 1 Nummer 4 an das Registergericht des neuen Sitzes – unter Beifügung der Anmeldung, der Eintragungen für den bisherigen Sitz und der Registerakten – (§ 6 Absatz 1 Sätze 1 und 2 VRV);
5. in den Fällen des Absatzes 1 Nummer 5 an das Gericht des bisherigen Sitzes (§ 6 Absatz 1 Satz 5 VRV);
6. in den Fällen des Absatzes 1 Nummer 6 an die nach § 22 BGB zuständige Stelle, die Industrie- und Handelskammer oder die andere geeignete Stelle (§ 9 Absatz 2 Satz 3 VRV).

(3) Für Form, Inhalt und Zeitpunkt der Mitteilungen gelten folgende Bestimmungen:

1. Die Mitteilungen an das Finanzamt nach Absatz 1 Nummer 3 sind von dem Registergericht vorzunehmen, dessen Eintragung den Rechtsübergang herbeiführt. Die Mitteilungen sind binnen zwei Wochen nach der Registereintragung zu bewirken (§ 18 Absatz 3 GrEStG). Soweit über das betroffene Grundvermögen Angaben im Sinne des § 20 GrEStG vorliegen, sind diese ebenfalls mitzuteilen (§ 20 GrEStG i.V.m. § 18 Absatz 1 und 2 GrEStG).
2. Mitteilungen, die maschinell erstellt werden, brauchen nicht unterschrieben zu werden. In diesem Fall muss anstelle der Unterschrift auf dem Schreiben der Vermerk „Dieses Schreiben ist maschinell erstellt und auch ohne Unterschrift wirksam." angebracht sein (§ 13 Absatz 2 VRV).

Anmerkung: Bei den Mitteilungen sind Zuständigkeitskonzentrationen der Finanzämter in den einzelnen Ländern zu beachten (vgl. die Suchseite des Bundeszentralamts für Steuern www.finanzamt.de).

XXII. Mitteilungen in Schiffsregistersachen

1.[2] Mitteilungen aus dem Seeschiffsregister

(1) Mitzuteilen sind

1. Eintragungen (Neueintragungen, Veränderungen, Löschungen) in die erste und zweite Abteilung des Seeschiffsregisters (§ 57 Absatz 2 SchRegO);

---

[1] **Habersack, Deutsche Gesetze Nr. 112.**

[2] Nr. XXII/1 Anm. geänd. mWv 1.10.2012 durch AV v. 17.8.2012 (BAnz AT 12.09.2012 B1); Abs. 2 Nr. 2, Anm. 1 und 2 geänd. mWv 1.10.2016 durch AV v. 23.12.2016 (BAnz AT 24.05.2017 B1); Abs. 2 Nr. 1 Buchst. b neu gef., Anm. 1 aufgeh., bish. Anm. 2 geänd. mWv 1.10.2018 durch AV v. 23.11.2018 (BAnz AT 24.12.2018 B2); Abs. 2 Nr. 1 Buchst. a geänd. mWv 1.10.2021 durch AV v. 9.8.2021 (BAnz AT 16.09.2021 B3); Abs. 1 Nr. 2 und 4 Buchst. b, Abs. 2 Nr. 4 Buchst. b neu gef., Anm. aufgeh. mWv 1.10.2023 durch AV v. 3.8.2023 (BAnz AT 22.09.2023 B1).

2. Eingänge eines Antrags auf Eintragung sowie Eintragungen (Neueintragungen, Veränderungen, Löschungen) in die erste und zweite Abteilung des Seeschiffsregisters (§ 196 SGB VII);
3. Eintragungen (Neueintragungen, Veränderungen, Löschungen) in die erste und zweite Abteilung des Seeschiffsregisters (§§ 5 Absatz 2, 9e SeeAufgG i.V.m. § 13 Absatz 1 Nummer 4 EGGVG[1]);
4. einzelne Eintragungen in besonderen Fällen:
   a) die Neueintragung eines in das Schiffsbauregister eingetragenen Schiffs in das Seeschiffsregister (§ 16 Absatz 3 SchRegO);
   b) die Neueintragung eines von Inländern durch einen Vertragspartner mit Sitz im Ausland erworbenen Schiffs in das Seeschiffsregister sowie die Löschung eines von Ausländern durch einen Vertragspartner mit Sitz im Inland erworbenen Schiffs im Seeschiffsregister (§ 12 Absatz 4 AHStatG, § 20 Absatz 7 AHStatDV); dabei sind neben den vollständigen Informationen aus Abteilung 1 und 2 des Registers auch die vollständigen Adressdaten des (gegebenenfalls federführenden) Eigentümers, auf den die Eintragung beziehungsweise Löschung im Seeschiffsregister lautet, und – soweit vorhanden – das Land, in dem der ausländische Vertragspartner ansässig ist, mitzuteilen;
   c) die Löschung der Eintragung eines Schiffs im Seeschiffsregister (§ 14 Absatz 2 SchRegDV).

(2) Die Mitteilungen sind zu richten

1. in den Fällen des Absatzes 1 Nummer 1:
   a) an das Bundesamt für Seeschifffahrt und Hydrographie, Bernhard-Nocht-Straße 78, 20359 Hamburg,
   b) an die Berufsgenossenschaft Verkehrswirtschaft Post-Logistik Telekommunikation (BG Verkehr);
2. in den Fällen des Absatzes 1 Nummer 2 an die Berufsgenossenschaft Verkehrswirtschaft Post-Logistik Telekommunikation (BG Verkehr) – Dienststelle Schiffssicherheit –, Ottenser Hauptstraße 54, 22765 Hamburg;
3. in den Fällen des Absatzes 1 Nummer 3:
   an die Bundesnetzagentur für Elektrizität, Gas, Telekommunikation, Post und Eisenbahnen – Außenstelle Hamburg –, Sachsenstraße 12–14, 20097 Hamburg;
4. in den Fällen des Absatzes 1 Nummer 4:
   a) Buchstabe a an das Gericht des Schiffsbauregisters,
   b) Buchstabe b an das Statistische Bundesamt, Zweigstelle Bonn,
   c) Buchstabe c an das Registergericht der ersten Eintragung des Schiffs.

2.[2] Mitteilungen aus dem Binnenschiffsregister

(1) Mitzuteilen sind

1. Eintragungen (Neueintragungen, Veränderungen, Löschungen) in die erste und zweite Abteilung des Binnenschiffsregisters (§ 57 Absatz 2 SchRegO);
2. Eintragungen (Neueintragungen, Veränderungen, Löschungen) in die erste und zweite Abteilung des Binnenschiffsregisters sowie Tatsachen, die nach § 4 Absatz 3 SchRegO angegeben werden (§ 10 BinSchAufgG);

---

[1] **Habersack, Deutsche Gesetze Nr. 95a.**

[2] Nr. XII/2 Anm. neu gef. mWv 1.10.2018 durch AV v. 23.11.2018 (BAnz AT 24.12.2018 B2); Abs. 2 Nr. 2 neu gef., Anm. geänd. mWv 1.10.2021 durch AV v. 9.8.2021 (BAnz AT 16.09.2021 B3); Anm. geänd. mWv 1.10.2023 durch AV v. 3.8.2023 (BAnz AT 22.09.2023 B1).

3. Eintragungen (Neueintragungen, Veränderungen, Löschungen) in die erste und zweite Abteilung des Binnenschiffsregisters (§ 1 BinSchAufgG i.V.m. § 13 Absatz 1 Nummer 4 EGGVG[1]);
4. die Neueintragung eines in das Schiffsbauregister eingetragenen Schiffs in das Binnenschiffsregister (§ 16 Absatz 3 SchRegO).

(2) Die Mitteilungen sind zu richten

1. in den Fällen des Absatzes 1 Nummer 1 an die örtlich zuständige Arbeitsschutzbehörde;
2. in den Fällen des Absatzes 1 Nummer 2
an die Generaldirektion Wasserstraßen und Schifffahrt Mainz, zentrale Binnenschiffsbestandsdatei, Brucknerstraße 2, 55127 Mainz;
3. in den Fällen des Absatzes 1 Nummer 3 an die Bundesnetzagentur für Elektrizität, Gas, Telekommunikation, Post und Eisenbahnen – Außenstelle Hamburg –, Sachsenstr. 12–14, 20097 Hamburg;
4. in den Fällen des Absatzes 1 Nummer 4 an das Gericht des Schiffsbauregisters.

Anmerkungen: Arbeitsschutzbehörden sind

in **Baden-Württemberg**
die Stadt- und Landkreise als Arbeitsschutzbehörden;

in **Bayern**
die Gewerbeaufsichtsämter;

in **Berlin**
das Landesamt für Arbeitsschutz, Gesundheitsschutz und technische Sicherheit;

in **Brandenburg**
das Landesamt für Arbeitsschutz, Verbraucherschutz und Gesundheit, Abteilung Arbeitsschutz;

in **Bremen**
die Gewerbeaufsichtsämter;

in **Hamburg**
die Behörde für Justiz und Verbraucherschutz – Amt für Arbeitsschutz;

in **Hessen**
die Regierungspräsidien;

in **Mecklenburg-Vorpommern**
das Landesamt für Gesundheit und Soziales, Abteilung Arbeitsschutz;

in **Niedersachsen**
die staatlichen Gewerbeaufsichtsämter;

in **Nordrhein-Westfalen**
die Bezirksregierungen – Dezernate Arbeitsschutz –;

in **Rheinland-Pfalz**
die Struktur- und Genehmigungsdirektionen Nord und Süd – Regionalstellen Gewerbeaufsicht –;

in **Saarland**
das Landesamt für Umwelt- und Arbeitsschutz;

in **Sachsen**
die Landesdirektion Sachsen;

in **Sachsen-Anhalt**
das Landesamt für Verbraucherschutz;

---

[1] **Habersack, Deutsche Gesetze Nr. 95a.**

in **Schleswig-Holstein**
die Staatliche Arbeitsschutzbehörde bei der Unfallkasse Nord;

in **Thüringen**
das Landesamt für Verbraucherschutz.

3. Mitteilungen aus dem Schiffsbauregister

(1) Mitzuteilen ist die Eintragung eines Schiffsbauwerks oder eines im Bau befindlichen Schwimmdocks in die erste und zweite Abteilung des Schiffsbauregisters, sobald das eingetragene Schiffsbauwerk oder im Bau befindliche Schwimmdock an einen Ort außerhalb des Registerbezirks des ursprünglichen Bauorts gebracht wird (§ 67 Absatz 2, § 73a SchRegO)

(2) Die Mitteilungen sind an das Registergericht des neuen Bauorts zu richten.

5. Abschnitt. Mitteilungen betreffend Angehörige rechts- und steuerberatender Berufe sowie Lohnsteuerhilfevereine

XXIII. Mitteilungen betreffend Angehörige rechtsberatender Berufe

1.[1] Betroffener Personenkreis

a) Rechtsanwälte, niedergelassene europäische Rechtsanwälte im Sinne von § 2 Absatz 1 EuRAG[2] sowie Berufsausübungsgesellschaften nach den §§ 59b und 59c BRAO[3], auch soweit sie sich in Gründung befinden,

b) Angehörige ausländischer Rechtsanwaltsberufe nach § 206 BRAO, ausländische Berufsausübungsgesellschaften nach § 207a BRAO und Mitglieder der Rechtsanwaltskammern nach § 209 BRAO,

c) gemäß § 209 Absatz 2 BRAO ausgeschiedene Mitglieder der Rechtsanwaltskammern, solange über ihren Antrag auf Registrierung nach § 13 RDG[4] nicht entschieden ist und die Voraussetzungen des § 1 Absatz 2 Satz 3 RDGEG[5] gegeben sind,

d) Notare, Notarassessoren,

e) Patentanwälte, niedergelassene europäische Patentanwälte im Sinne von § 20 EuPAG[6] und Berufsausübungsgesellschaften nach den §§ 52b und 52c PAO, auch soweit sie sich in Gründung befinden,

f) Angehörige ausländischer Patentanwaltsberufe nach § 157 PAO und ausländische Berufsausübungsgesellschaften nach § 159 PAO,

g) registrierte Personen im Sinne des Teils 3 RDG,

h) Inhaber von Erlaubnisscheinen nach § 160 PAO in Verbindung mit den §§ 177, 178 und 182 PAO in der bis zum 31. August 2009 geltenden Fassung.

2.[7] Mitteilungen betreffend Angehörige rechtsberatender Berufe

(1) Für die Prüfung und Ergreifung von Maßnahmen im Zusammenhang mit der Rücknahme oder dem Widerruf einer Zulassung beziehungsweise Erlaubnis, Untersagung oder der Einleitung eines rüge- oder berufsgerichtlichen Verfahrens

---

[1] Nr. XXIII/1 neu gef. mWv 1.10.2023 durch AV v. 3.8.2023 (BAnz AT 22.09.2023 B1).
[2] Nr. **98/4**.
[3] Nr. **98**.
[4] Nr. **99**.
[5] Nr. **99a**.
[6] Nr. **98/5**.
[7] Nr. XXIII/2 Abs. 1 Buchst. f Doppelbuchst. bb und cc dritter Spiegelstrich sowie Doppelbuchst. ee und ff geänd., Doppelbuchst. dd neu gef. mWv 1.10.2014 durch AV v. 15.9.2014 (BAnz AT 29.09.2014 →

sind folgende gegen die in 1 genannten Berufsgruppen gerichteten Vorgänge mitzuteilen (§ 36 Absatz 2 BRAO[1]), § 36 Absatz 2 BRAO in Verbindung mit § 4 Absatz 1 EuRAG[2]), § 36 Absatz 2 in Verbindung mit § 207 Absatz 3 Satz 1 Nummer 1 BRAO, § 36 Absatz 2 BRAO in Verbindung mit § 209 Absatz 1 Satz 3 BRAO, § 64d Absatz BNotO[3]), § 34 Absatz 2 PAO, § 34 Absatz 2 PAO in Verbindung mit § 21 Absatz 2 Satz 1 EuPAG[4]), § 160 PAO in Verbindung mit den §§ 181, 32a Absatz 3 PAO in der bis zum 31. August 2009 geltenden Fassung der PAO, § 18 Absatz 1 und 2 RDG[5])):

a) Forderungsklagen und die hierzu ergangenen Entscheidungen oder geschlossenen Vergleiche;

b) Feststellungsklagen wegen Amtspflichtverletzung und die hierzu ergangenen Entscheidungen oder geschlossenen Vergleiche;

von der Beifügung von Anlagen zu einer Klageschrift zu a) oder b) ist in der Regel abzusehen;

c) Räumungsklagen und die hierzu ergangenen Entscheidungen oder geschlossenen Vergleiche;

d) Vollstreckungsbescheide, soweit diese nicht im automatisierten gerichtlichen Mahnverfahren erstellt werden;

e) Arrestgesuche und die hierzu ergangenen Entscheidungen;

f) folgende Anträge, Aufträge und Entscheidungen im Rahmen der Zwangsvollstreckung und des Insolvenzverfahrens:

  aa) Anträge auf Anordnung der Zwangsversteigerung, der Zwangsverwaltung oder auf Eintragung einer Sicherungshypothek und die hierzu ergangenen Entscheidungen;

  bb) Entscheidungen in Insolvenzverfahren, einschließlich der Eröffnungsverfahren, sowie Entscheidungen in noch anhängigen Konkurs-, Vergleichs- und Gesamtvollstreckungsverfahren;

  cc) Anträge und Aufträge wegen Pfändungsmaßnahmen, zum Beispiel

  – Vollstreckungsaufträge nach § 808 ZPO[6]),

  – Anträge auf Pfändung von Geldforderungen und anderen Vermögensrechten nach §§ 829 ff., 857 ZPO,

  – Anträge auf Räumungszwangsvollstreckung nach § 885 ZPO und deren Ergebnisse (Pfändungs- und Pfandabstandsprotokolle, Mitteilungen nach § 32 GVGA[7]));

  dd) Hinterlegung von Vermögensverzeichnissen nach § 802f Absatz 6 ZPO oder § 284 Absatz 7 Satz 4 AO und Anträge auf Haftanordnung nach § 802g Absatz 1 ZPO sowie die hierzu ergangenen Entscheidungen;

(Fortsetzung der Anm. von voriger Seite)
B1); Abs. 1 einl. Satzteil geänd. mWv 1.10.2021 durch AV v. 9.8.2021 (BAnz AT 16.09.2021 B3); Abs. 1 einl. Satzteil neu gef., Buchst. h geänd. mWv 1.10.2023 durch AV v. 3.8.2023 (BAnz AT 22.09.2023 B1).

[1]) Nr. **98**.

[2]) Nr. **98/4**.

[3]) Nr. **98a**.

[4]) Nr. **98/5**.

[5]) Nr. **99**.

[6]) **Habersack, Deutsche Gesetze Nr. 100.**

[7]) Nr. **109**.

ee) Eintragungen in das Schuldnerverzeichnis nach § 882c ZPO, § 284 Absatz 9 AO oder § 26 Absatz 2 InsO[1)];

ff) Verhaftungsaufträge nach § 802g Absatz 2 ZPO und deren Erledigung;

gg) Anträge nach den §§ 888, 890 ZPO und deren Erledigung;

g) die Zustellung vollstreckbarer Urkunden und deren Gegenstand;

h) Anträge auf Bestellung eines Betreuers nach § 1814 BGB[2)] und die hierzu ergangenen Entscheidungen;

i) Anträge und jede richterliche Entscheidung auf Anordnung oder Fortdauer einer Freiheitsentziehung nach dem Buch 7 des Gesetzes über das Verfahren in Familiensachen und in den Angelegenheiten der Freiwilligen Gerichtsbarkeit (FamFG) und den Unterbringungsgesetzen der Länder.

(2) Die Mitteilungen sind entsprechend der jeweiligen Verfahrenszuständigkeit von der Richterin oder dem Richter, der Rechtspflegerin oder dem Rechtspfleger, der Urkundsbeamtin oder dem Urkundsbeamten der Geschäftsstelle bzw. der Gerichtsvollzieherin oder dem Gerichtsvollzieher zu veranlassen.

3.[3)] Einschränkung vorgesehener Mitteilungspflichten

(1) Eine Mitteilung unterbleibt,

– soweit hierdurch schutzwürdige Interessen einer betroffenen Person beeinträchtigt werden und das Informationsinteresse des Empfängers das Interesse der betroffenen Person am Unterbleiben der Übermittlung nicht überwiegt (§ 36 Absatz 3 Satz 1 Nummer 1 BRAO[4)], § 36 Absatz 3 Satz 1 Nummer 1 BRAO in Verbindung mit § 4 Absatz 1 EuRAG[5)], § 36 Absatz 3 Satz 1 Nummer 1 BRAO in Verbindung mit § 207 Absatz 3 Satz 1 Nummer 1 BRAO, § 36 Absatz 3 Satz 1 Nummer 1 BRAO in Verbindung mit § 209 Absatz 1 Satz 3 BRAO, § 64d Absatz 2 Satz 1 Nummer 1 BNotO[6)], § 34 Absatz 3 Satz 1 Nummer 1 PAO, § 34 Absatz 3 Satz 1 Nummer 1 PAO in Verbindung mit § 21 Absatz 2 Satz 1 EuPAG[7)], § 160 PAO in Verbindung mit den §§ 181, 32a Absatz 3 Satz 1 PAO in der bis zum 31. August 2009 geltenden Fassung, § 18 Absatz 1 Satz 4 RDG[8)]),

– § 64d Absatz 2 Satz 1 Nummer 2 BNotO, § 34 Absatz 3 Satz 1 Nummer 2 PAO, § 160 PAO in Verbindung mit den §§ 181, 32a Absatz 3 Satz 2 PAO in der bis zum 31. August 2009 geltenden Fassung). Dies gilt nicht für die Verschwiegenheitspflichten der für eine Berufskammer eines freien Berufs im Geltungsbereich des jeweiligen Gesetzes tätigen Personen und für das Steuergeheimnis nach § 30 der Abgabenordnung[9)] (§ 36 Absatz 3 Satz 2 BRAO, § 64d Absatz 2 Satz 2 BNotO, § 34 Absatz 3 Satz 2 PAO).

(2) Eine Mitteilung ist zu berichtigen, wenn sich herausstellt, dass sie unrichtig war oder unrichtig geworden ist.

[1)] **Habersack, Deutsche Gesetze Nr. 110.**
[2)] **Habersack, Deutsche Gesetze Nr. 20.**
[3)] Nr. XXIII/3 Abs. 1 erster und zweiter Spiegelstrich geänd. mWv 1.10.2021 durch AV v. 9.8.2021 (BAnz AT 16.09.2021 B3); Abs. 1 neu gef. mWv 1.10.2023 durch AV v. 3.8.2023 (BAnz AT 22.09.2023 B1).
[4)] Nr. **98**.
[5)] Nr. **98/4**.
[6)] Nr. **98a**.
[7)] Nr. **98/5**.
[8)] Nr. **99**.
[9)] Nr. **88b**.

(3) Die Entscheidung trifft entsprechend der jeweiligen Verfahrenszuständigkeit die Richterin oder der Richter, die Rechtspflegerin oder der Rechtspfleger, die Urkundsbeamtin oder der Urkundsbeamte der Geschäftsstelle bzw. die Gerichtsvollzieherin oder der Gerichtsvollzieher.

4.[1] Mitteilungspflichtige Stellen, Inhalt und Form der Mitteilungen

(1) Neben den Allgemeinen Vorschriften gilt ergänzend:

a) Bei Aufträgen, die unmittelbar bei den Gerichtsvollziehern eingehen, werden die Mitteilungen von den Gerichtsvollziehern erstellt und dem Empfänger übersandt;
b) Anträge und Aufträge im Rahmen der Zwangsvollstreckung sowie deren Erledigung und gerichtliche Entscheidungen sind unverzüglich mitzuteilen. Bei gerichtlichen Entscheidungen ist zugleich anzugeben, ob und seit wann diese rechtskräftig oder angefochten sind;
c) gerichtliche Entscheidungen sind abweichend von Allg/5 Absatz 2 Nummer 1 durch Übersendung einer vollständigen Ausfertigung mitzuteilen; diese ist mit Rechtskraftvermerk zu versehen, wenn gegen die Entscheidung ein befristetes Rechtsmittel statthaft war.

(2) Aus der Mitteilung sollen sich, soweit dies nicht bereits aus dem mitzuteilenden Schriftstück ersichtlich ist, ergeben

a) die absendende Stelle und das Aktenzeichen;
b) Name und Anschrift des Klägers (Antragstellers, Auftraggebers, Gläubigers) und des Beklagten (Antragsgegners, Schuldners);
c) der Klage- oder Antragsgrund – bei Geldforderungen auch die Höhe des Betrages –, bei Maßnahmen der Zwangsvollstreckung die Bezeichnung des Vollstreckungstitels unter Angabe des Aktenzeichens und des Gerichts oder der Stelle, die den Vollstreckungstitel erlassen hat;
d) bei Aufträgen an den Gerichtsvollzieher der Name und die Anschrift des Gerichtsvollziehers sowie die Dienstregisternummer.

(3) [1] Mitteilungspflichtige Stelle für die Hinterlegung von Vermögensverzeichnissen nach § 802f Absatz 6 ZPO[2] und § 284 Absatz 7 Satz 4 AO ist das zentrale Vollstreckungsgericht. [2] Eine Mitteilung muss nur ergehen, soweit die das Vermögensverzeichnis hinterlegende Stelle das zentrale Vollstreckungsgericht über den Mitteilungsfall gesondert in Kenntnis setzt. [3] Wird das Vermögensverzeichnis gemäß § 802f Absatz 6 ZPO von einem Gerichtsvollzieher hinterlegt, setzt er nach Erhalt der Eintragungsmitteilung (§ 5 Absatz 2 Satz 3 VermVV[3]) das zentrale Vollstreckungsgericht unter Angabe der Verfahrensnummer über eine aus der Eintragung resultierende Mitteilungspflicht in Kenntnis.

(4) [1] Mitteilungspflichtige Stelle für Eintragungen in das Schuldnerverzeichnis nach § 882c ZPO, § 284 Absatz 9 AO und § 26 Absatz 2 InsO[4] ist das zentrale

[1] Nr. XXIII/4 Abs. 3 neu gef., Abs. 4 eingef., bish. Abs. 3 wird Abs. 5, neuer Abs. 5 Nr. 4 aufgeh., bish. Nr. 5 wird Nr. 4, bish. Nr. 6 wird Nr. 5 und geänd., Anm. 1 und 2 geänd. mWv 1.10.2014 durch AV v. 15.9.2014 (BAnz AT 29.09.2014 B1); Anm. 1 und 2 geänd. mWv 1.10.2016 durch AV v. 23.12. 2016 (BAnz AT 24.05.2017 B1); Abs. 5 Nr. 1 und 2 geänd., Nr. 4 eingef., bish. Nr. 4 und 5 werden Nr. 5 und 6, Anm. 1 und 2 geänd. mWv 1.10.2021 durch AV v. 9.8.2021 (BAnz AT 16.09.2021 B3); Abs. 5 Nr. 1, 2, 4 und 5 neu gef., Nr. 6, Anm. 1 und 2 geänd. mWv 1.10.2023 durch AV v. 3.8.2023 (BAnz AT 22.09.2023 B1).

[2] **Habersack, Deutsche Gesetze Nr. 100.**

[3] **Habersack, Deutsche Gesetze Nr. 102b.**

[4] **Habersack, Deutsche Gesetze Nr. 110.**

Vollstreckungsgericht. [2]Eine Mitteilung muss nur ergehen, soweit die die Eintragung in das Schuldnerverzeichnis anordnende Stelle das zentrale Vollstreckungsgericht über den Mitteilungsfall gesondert in Kenntnis setzt. [3]Wird eine Eintragung gemäß § 882c ZPO von einem Gerichtsvollzieher oder gemäß § 26 Absatz 2 InsO von dem Insolvenzgericht angeordnet, setzt die anordnende Stelle nach Erhalt der Eintragungsmitteilung (§ 3 Absatz 2 Satz 2 SchuFV[1)]) das zentrale Vollstreckungsgericht unter Angabe der Verfahrensnummer über eine aus der Eintragung resultierende Mitteilungspflicht in Kenntnis. [4]Mitgeteilt wird nur der Inhalt der Eintragung sowie die absendende Stelle.

(5) Die Mitteilungen sind zu richten

1. bei Rechtsanwälten, niedergelassenen europäischen Rechtsanwälten im Sinne von § 2 Absatz 1 EuRAG[2)], Berufsausübungsgesellschaften nach den §§ 59b und 59c BRAO[3)] – auch in Gründung – sowie Angehörigen ausländischer Rechtsanwaltsberufe nach § 206 BRAO, ausländischen Berufsausübungsgesellschaften nach § 207a BRAO und Mitgliedern der Rechtsanwaltskammern nach § 209 BRAO an die zuständige Rechtsanwaltskammer;
2. bei Rechtsanwälten, die beim Bundesgerichtshof zugelassen sind, oder Berufsausübungsgesellschaften von Rechtsanwälten, die beim Bundesgerichtshof zugelassen sind, zusätzlich an das Bundesministerium der Justiz;
3. bei Notaren und Notarassessoren an die zuständige Notarkammer und an den Präsidenten des zuständigen Landgerichts;
4. bei Patentanwälten, niedergelassenen europäischen Patentanwälten im Sinne von § 20 EuPAG[4)], Berufsausübungsgesellschaften nach den §§ 52b und 52c PAO – auch in Gründung – sowie Angehörigen ausländischer Patentanwaltsberufe nach § 157 PAO und ausländischen Berufsausübungsgesellschaften nach § 159 PAO an die Patentanwaltskammer, Tal 29, 80331 München;
5. bei registrierten Personen im Sinne des Teils 3 RDG[5)], an die gemäß oder aufgrund § 19 RDG zuständige Behörde;
6. bei Inhabern von Erlaubnisscheinen nach § 160 PAO in Verbindung mit den §§ 177, 178 und 182 PAO in der bis zum 31. August 2009 geltenden Fassung an Deutsches Patent- und Markenamt
80297 München.

Anmerkungen:

1) Zuständige Stellen sind bei Rechtsanwälten, niedergelassenen europäischen Rechtsanwälten im Sinne von § 2 Absatz 1 EuRAG, Berufsausübungsgesellschaften nach den §§ 59b und 59c BRAO – auch in Gründung – sowie Angehörigen ausländischer Rechtsanwaltsberufe nach § 206 BRAO, ausländischen Berufsausübungsgesellschaften nach § 207a BRAO und Mitgliedern der Rechtsanwaltskammern nach § 209 BRAO nur
in **Baden-Württemberg:**
Rechtsanwaltskammer Freiburg
Bertoldstraße 44
79098 Freiburg
oder

---

1) **Habersack, Deutsche Gesetze Nr. 102.**
2) Nr. **98/4**.
3) Nr. **98**.
4) Nr. **98/5**.
5) Nr. **99**.

Rechtsanwaltskammer Karlsruhe
Reinhold-Frank-Straße 72
76133 Karlsruhe
oder
Rechtsanwaltskammer Stuttgart
Königstraße 14
70173 Stuttgart
oder
Rechtsanwaltskammer Tübingen
Christophstraße 30
72072 Tübingen
in **Bayern:**
Rechtsanwaltskammer für den
Oberlandesgerichtsbezirk München
Tal 33
80331 München
oder
Rechtsanwaltskammer Nürnberg
Fürther Straße 115
90429 Nürnberg
oder
Rechtsanwaltskammer für den
Oberlandesgerichtsbezirk Bamberg
Friedrichstraße 7
96047 Bamberg
in **Berlin:**
Rechtsanwaltskammer Berlin
Littenstraße 9
10179 Berlin
in **Brandenburg:**
Rechtsanwaltskammer
des Landes Brandenburg
Grillendamm 2
14776 Brandenburg an der Havel
in **Bremen:**
Hanseatische Rechtsanwaltskammer Bremen
Knochenhauerstraße 36/37
28195 Bremen
in **Hamburg:**
Hanseatische Rechtsanwaltskammer
Valentinskamp 88
20355 Hamburg
in **Hessen:**
Rechtsanwaltskammer Frankfurt am Main
Bockenheimer Anlage 36
60322 Frankfurt am Main
oder
Rechtsanwaltskammer Kassel
Karthäuser Straße 5 a
34117 Kassel
in **Mecklenburg-Vorpommern:**
Rechtsanwaltskammer Mecklenburg-Vorpommern

Arsenalstraße 9
19053 Schwerin
in **Niedersachsen:**
Rechtsanwaltskammer für den
Oberlandesgerichtsbezirk Braunschweig
Lessingplatz 1
38100 Braunschweig
oder
Rechtsanwaltskammer für den
Oberlandesgerichtsbezirk Celle
Bahnhofstraße 5
29221 Celle
oder
Rechtsanwaltskammer für den
Oberlandesgerichtsbezirk Oldenburg
Staugraben 5
26122 Oldenburg
in **Nordrhein-Westfalen:**
Rechtsanwaltskammer Düsseldorf
Freiligrathstraße 25
40479 Düsseldorf
oder
Rechtsanwaltskammer Hamm
Ostenallee 18
59063 Hamm
oder
Rechtsanwaltskammer Köln
Riehler Straße 30
50668 Köln
in **Rheinland-Pfalz:**
Pfälzische Rechtsanwaltskammer Zweibrücken
Landauer Straße 17
66482 Zweibrücken
oder
Rechtsanwaltskammer für den
Oberlandesgerichtsbezirk Koblenz
Rheinstraße 24
56068 Koblenz
im **Saarland:**
Rechtsanwaltskammer des Saarlandes
Am Schloßberg 5
66119 Saarbücken
in Sachsen:
Rechtsanwaltskammer Sachsen
Glacisstraße 6
01099 Dresden
in **Sachsen-Anhalt:**
Rechtsanwaltskammer des Landes Sachsen-Anhalt
Gerhart-Hauptmann-Straße 5
39108 Magdeburg
in **Schleswig-Holstein:**
Schleswig-Holsteinische Rechtsanwaltskammer

Gottorfstraße 13
24837 Schleswig
in **Thüringen:**
Rechtsanwaltskammer Thüringen
Bahnhofstraße 46
99084 Erfurt

2) Zuständige Notarkammern sind
in **Baden-Württemberg:**
Notarkammer Baden-Württemberg
Friedrichstraße 9a
70174 Stuttgart
in **Bayern:**
Landesnotarkammer Bayern
Ottostraße 10
80333 München
in Berlin:
Notarkammer Berlin
Littenstraße 10
10179 Berlin
in **Brandenburg:**
Notarkammer Brandenburg
Dortustraße 71
14467 Potsdam
in **Bremen:**
Bremer Notarkammer
Knochenhauer Straße 36/37
28195 Bremen
in **Hamburg:**
Hamburgische Notarkammer
Gustav-Mahler-Platz 1
20354 Hamburg
in **Hessen:**
für die Landgerichtsbezirke Gießen, Limburg, Wiesbaden, Frankfurt a. Main, Hanau und Darmstadt:
Notarkammer Frankfurt am Main
Bockenheimer Anlage 36
60322 Frankfurt am Main
oder
für die Landgerichtsbezirke Marburg, Fulda und Kassel:
Notarkammer Kassel
Karthäuserstraße 5 a
34117 Kassel;
in **Mecklenburg-Vorpommern:**
Notarkammer Mecklenburg-Vorpommern
Alexandrinenstraße 26
19055 Schwerin
in **Niedersachsen:**
Notarkammer für den
Oberlandesgerichtsbezirk Braunschweig
Lessingplatz 1
38100 Braunschweig

oder
Notarkammer für den
Oberlandesgerichtsbezirk Celle
Riemannstraße 15
29225 Celle
oder
Notarkammer für den
Oberlandesgerichtsbezirk Oldenburg
Staugraben 5
26122 Oldenburg
in **Nordrhein-Westfalen:**
für die Oberlandesgerichtsbezirke Düsseldorf und Köln:
Rheinische Notarkammer
Burgmauer 53
50667 Köln
oder
für den Oberlandesgerichtsbezirk Hamm:
Westfälische Notarkammer
Ostenallee 18
59063 Hamm
in **Rheinland-Pfalz:**
für den Oberlandesgerichtsbezirk Koblenz:
Notarkammer Koblenz
Hohenzollernstraße 18
56068 Koblenz
oder
für den Oberlandesgerichtsbezirk Zweibrücken:
Notarkammer Pfalz
Schlossplatz 11a, 66482 Zweibrücken
im **Saarland:**
Saarländische Notarkammer
Rondell 3
66424 Homburg
in **Sachsen:**
Notarkammer Sachsen
Königstraße 23
01097 Dresden
in **Sachsen-Anhalt:**
Notarkammer des Landes Sachsen-Anhalt
Hegelstraße 26, 39104 Magdeburg
in **Schleswig-Holstein:**
Schleswig-Holsteinische Notarkammer
Gottorfstraße 13
24837 Schleswig
in **Thüringen:**
Notarkammer Thüringen
Regierungsstraße 28
99084 Erfurt

XXIV. Mitteilungen betreffend Angehörige der steuerberatenden und wirtschaftsprüfenden Berufe

1.[1] Betroffener Personenkreis

Angehörige der steuerberatenden und wirtschaftsprüfenden Berufe im Sinne dieses Unterabschnitts sind

1. Steuerberater,
2. Steuerbevollmächtigte,
3. Berufsausübungsgesellschaften nach den §§ 49, 50 StBerG,
4. Wirtschaftsprüfer,
5. Wirtschaftsprüfungsgesellschaften,
6. vereidigte Buchprüfer,
7. Buchprüfungsgesellschaften.

2.[2] Mitteilungen betreffend Angehörige der steuerberatenden und wirtschaftsprüfenden Berufe

(1) Für die Prüfung und Ergreifung von Maßnahmen im Zusammenhang mit der Rücknahme oder dem Widerruf der Bestellung als Steuerberater, Steuerbevollmächtigter (§ 10 Absatz 1 Nummer 2 in Verbindung mit § 46 Absatz 1 und 2 StBerG), Wirtschaftsprüfer oder vereidigter Buchprüfer (§ 36a Absatz 3 Nummer 2 in Verbindung mit § 20 und § 130 Absatz 1 WPO) oder der Anerkennung als Berufsausübungsgesellschaft (§ 10 Absatz 1 Nummer 3 in Verbindung mit § 55 Absatz 2 bis 4 StBerG), Wirtschaftsprüfungsgesellschaft oder Buchprüfungsgesellschaft (§ 36a Absatz 3 Nummer 2 in Verbindung mit § 34 Absatz 1 und 2 und § 130 Absatz 2 WPO) oder der Einleitung oder Durchführung eines berufsaufsichtlichen Verfahrens gegen Steuerberater, Steuerbevollmächtigte oder Berufsausübungsgesellschaften nach den §§ 49, 50 StBerG (§ 10 Absatz 1 Nummer 4 StBerG) oder gegen Wirtschaftsprüfer, vereidigte Buchprüfer, Wirtschaftsprüfungsgesellschaften oder Buchprüfungsgesellschaften (§ 36a Absatz 3 Nummer 2 WPO) sind folgende, gegen die in 1 genannten Berufsangehörigen gerichteten Vorgänge mitzuteilen:

a) Forderungsklagen und die hierzu ergangenen Entscheidungen oder geschlossenen Vergleiche;
b) Feststellungsklagen wegen Amtspflichtverletzungen und die hierzu ergangenen Entscheidungen oder geschlossenen Vergleiche; von der Beifügung von Anlagen zu einer Klageschrift zu den Buchstaben a oder b ist in der Regel abzusehen;
c) Räumungsklagen und die hierzu ergangenen Entscheidungen oder geschlossenen Vergleiche;
d) Vollstreckungsbescheide, soweit diese nicht im automatisierten gerichtlichen Mahnverfahren erstellt werden;
e) Arrestgesuche und die hierzu ergangenen Entscheidungen;
f) folgende Anträge, Aufträge und Entscheidungen im Rahmen der Zwangsvollstreckung und des Insolvenzverfahrens:

---

[1] Nr. XXIV/1 einl. Satzteil geänd., Nr. 3 neu gef. mWv 1.10.2021 durch AV v. 9.8.2021 (BAnz AT 16.09.2021 B3).

[2] Nr. XXIV/2 Abs. 1 Buchst. f Doppelbuchst. bb und cc dritter Spiegelstrich sowie Doppelbuchst. ee und ff geänd., Doppelbuchst. dd neu gef. mWv 1.10.2014 durch AV v. 15.9.2014 (BAnz AT 29.09.2014 B1); Abs. 1 einl. Satzteil geänd. mWv 1.10.2021 durch AV v. 9.8.2021 (BAnz AT 16.09.2021 B3); Abs. 1 einl. Satzteil neu gef., Buchst. h geänd. mWv 1.10.2021 durch AV v. 9.8.2021 (BAnz AT 16.09.2021 B3).

aa) Anträge auf Anordnung der Zwangsversteigerung, der Zwangsverwaltung oder auf Eintragung einer Sicherungshypothek und die hierzu ergangenen Entscheidungen;

bb) Entscheidungen in Insolvenzverfahren, einschließlich der Eröffnungsverfahren, sowie Entscheidungen in noch anhängigen Konkurs-, Vergleichs- und Gesamtvollstreckungsverfahren;

cc) Anträge und Aufträge wegen Pfändungsmaßnahmen, z.B.
– Vollstreckungsaufträge nach § 808 ZPO[1)],
– Anträge auf Pfändung von Geldforderungen und anderen Vermögensrechten nach §§ 829 ff., 857 ZPO,
– Anträge auf Räumungszwangsvollstreckung nach § 885 ZPO und deren Ergebnisse (Pfändungs- und Pfandabstandsprotokolle, Mitteilungen nach § 32 GVGA[2)]);

dd) Hinterlegung von Vermögensverzeichnissen nach § 802f Absatz 6 ZPO oder § 284 Absatz 7 Satz 4 AO und Anträge auf Haftanordnung nach § 802g Absatz 1 ZPO sowie die hierzu ergangenen Entscheidungen;

ee) Eintragungen in das Schuldnerverzeichnis nach § 882c ZPO. § 284 Absatz 9 AO oder § 26 Absatz 2 InsO[3)];

ff) Verhaftungsaufträge nach § 802g Absatz 2 ZPO und deren Erledigung;

gg) Anträge nach den §§ 888, 890 ZPO und deren Erledigung;

g) die Zustellung vollstreckbarer Urkunden und deren Gegenstand;

h) Anträge auf Bestellung eines Betreuers nach § 1814 BGB[4)] und die hierzu ergangenen Entscheidungen;

i) Anträge und jede richterliche Entscheidung auf Anordnung oder Fortdauer einer Freiheitsentziehung nach dem Buch 7 des Gesetzes über das Verfahren in Familiensachen und in den Angelegenheiten der freiwilligen Gerichtsbarkeit (FamFG) und den Unterbringungsgesetzen der Länder.

(2) Die Mitteilungen sind entsprechend der jeweiligen Verfahrenszuständigkeit von der Richterin oder dem Richter, der Rechtspflegerin oder dem Rechtspfleger, der Urkundsbeamtin oder dem Urkundsbeamten der Geschäftsstelle bzw. der Gerichtsvollzieherin oder dem Gerichtsvollzieher zu veranlassen.

3.[5)] Einschränkung der Mitteilungspflichten

(1) Eine Mitteilung unterbleibt,

1. soweit sie schutzwürdige Interessen einer betroffenen Person beeinträchtigen würde und das Informationsinteresse des Empfängers das Interesse der betroffenen Person an dem Unterbleiben der Übermittlung nicht überwiegt (§ 10 Absatz 2 Satz 1 Nummer 1 StBerG oder § 36a Absatz 4 Satz 1 Nummer 1 WPO), oder
2. soweit besondere gesetzliche Verwendungsregelungen entgegenstehen (§ 10 Absatz 2 Satz 1 Nummer 2 StBerG, § 36a Absatz 4 Satz 1 Nummer 2 WPO).

---

1) **Habersack, Deutsche Gesetze Nr. 100.**
2) Nr. **109**.
3) **Habersack, Deutsche Gesetze Nr. 110.**
4) **Habersack, Deutsche Gesetze Nr. 20.**
5) Nr. XXIV/3 Abs. 1 Nr. 1 und 2 neu gef. mWv 1.10.2021 durch AV v. 9.8.2021 (BAnz AT 16.09.2021 B3).

(2) Eine Mitteilung ist zu berichtigen, wenn sich herausstellt, dass sie unrichtig war oder unrichtig geworden ist.

(3) Die Entscheidung trifft entsprechend der jeweiligen Verfahrenszuständigkeit die Richterin oder der Richter, die Rechtspflegerin oder der Rechtspfleger, die Urkundsbeamtin oder der Urkundsbeamte der Geschäftsstelle bzw. die Gerichtsvollzieherin oder der Gerichtsvollzieher.

4.[1] Mitteilungspflichtige Stellen, Inhalt und Form der Mitteilungen

(1) Neben den allgemeinen Vorschriften gilt ergänzend:

a) Bei Aufträgen, die unmittelbar bei den Gerichtsvollziehern eingehen, werden die Mitteilungen von den Gerichtsvollziehern erstellt und dem Empfänger übersandt;
b) Anträge und Aufträge im Rahmen der Zwangsvollstreckung sowie deren Erledigung und gerichtliche Entscheidungen sind unverzüglich mitzuteilen. Bei gerichtlichen Entscheidungen ist zugleich anzugeben, ob und seit wann diese rechtskräftig oder angefochten sind;
c) gerichtliche Entscheidungen sind abweichend von Allg/5 Absatz 2 Nummer 1 durch Übersendung einer vollständigen Ausfertigung mitzuteilen; diese ist mit Rechtskraftvermerk zu versehen, wenn gegen die Entscheidung ein befristetes Rechtsmittel statthaft war.

(2) Aus der Mitteilung sollen sich, soweit dies nicht bereits aus dem mitzuteilenden Schriftstück ersichtlich ist, ergeben

a) die absendende Stelle und das Aktenzeichen;
b) Name und Anschrift des Klägers (Antragstellers, Auftraggebers, Gläubigers) und des Beklagten (Antragsgegners, Schuldners);
c) der Klage- oder Antragsgrund – bei Geldforderungen auch die Höhe des Betrages –, bei Maßnahmen der Zwangsvollstreckung die Bezeichnung des Vollstreckungstitels unter Angabe des Aktenzeichens und des Gerichts oder der Stelle, die den Vollstreckungstitel erlassen hat;
d) bei Aufträgen an den Gerichtsvollzieher der Name und die Anschrift des Gerichtsvollziehers sowie die Dienstregisternummer.

(3) [1] Mitteilungspflichtige Stelle für die Hinterlegung von Vermögensverzeichnissen nach § 802f Absatz 6 ZPO[2] und § 284 Absatz 7 Satz 4 AO ist das zentrale Vollstreckungsgericht. [2] Eine Mitteilung muss nur ergehen, soweit die das Vermögensverzeichnis hinterlegende Stelle das zentrale Vollstreckungsgericht über den Mitteilungsfall gesondert in Kenntnis setzt. [3] Wird das Vermögensverzeichnis gemäß § 802f Absatz 6 ZPO von einem Gerichtsvollzieher hinterlegt, setzt er nach Erhalt der Eintragungsmitteilung (§ 5 Absatz 2 Satz 3 VermVV[3]) das zentrale Vollstreckungsgericht unter Angabe der Verfahrensnummer über eine aus der Eintragung resultierende Mitteilungspflicht in Kenntnis.

(4) [1] Mitteilungspflichtige Stelle für Eintragungen in das Schuldnerverzeichnis nach § 882c ZPO, § 284 Absatz 9 AO und § 26 Absatz 2 InsO[4] ist das zentrale Vollstreckungsgericht. [2] Eine Mitteilung muss nur ergehen, soweit die die Eintra-

[1] Nr. XXIV/4 Abs. 3 neu gef., Abs. 4 eingef., bish. Abs. 3 wird Abs. 5 mWv 1.10.2014 durch AV v. *15.9.2014 (BAnz AT 29.09.2014 B1)*; Abs. 5 Nr. 2 neu gef., Nr. 3 geänd. mWv 1.10.2023 durch AV v. 3.8.2023 (BAnz AT 22.09.2023 B1).

[2] **Habersack, Deutsche Gesetze Nr. 100.**

[3] **Habersack, Deutsche Gesetze Nr. 102b.**

[4] **Habersack, Deutsche Gesetze Nr. 110.**

gung in das Schuldnerverzeichnis anordnende Stelle das zentrale Vollstreckungsgericht über den Mitteilungsfall gesondert in Kenntnis setzt. [3] Wird eine Eintragung gemäß § 882c ZPO von einem Gerichtsvollzieher oder gemäß § 26 Absatz 2 InsO von dem Insolvenzgericht angeordnet, setzt die anordnende Stelle nach Erhalt der Eintragungsmitteilung (§ 3 Absatz 2 Satz 2 SchuFV[1)]) das zentrale Vollstreckungsgericht unter Angabe der Verfahrensnummer über eine aus der Eintragung resultierende Mitteilungspflicht in Kenntnis. [4] Mitgeteilt wird nur der Inhalt der Eintragung sowie die absendende Stelle.

(5) Mitteilungen sind zu richten

1. bei Steuerberatern und Steuerbevollmächtigten an die Steuerberaterkammer, in deren Kammerbezirk der Steuerberater oder Steuerbevollmächtigte seine berufliche Niederlassung hat (§ 46 Absatz 4 Satz 1 und 2, § 73 Absatz 1 Satz 1 StBerG);
2. bei Berufsausübungsgesellschaften nach den §§ 49, 50 StBerG an die Steuerberaterkammer, in deren Kammerbezirk die Berufsausübungsgesellschaft ihren Sitz hat (§ 53 Absatz 1 Satz 1, § 74 Absatz 1 Satz 1 StBerG);
3. bei Wirtschaftsprüfern, Wirtschaftsprüfungsgesellschaften, vereidigten Buchprüfern und Buchprüfungsgesellschaften an die Wirtschaftsprüferkammer (§§ 57, 58 Absatz 1, § 128 Absatz 3 WPO).

Anmerkung: Die zuständigen Steuerberaterkammern sind in den Anmerkungen zu XXI/4 aufgeführt.

XXV. Mitteilungen betreffend Lohnsteuerhilfevereine

1.[2)] Mitteilungen betreffend Lohnsteuerhilfevereine

(1) Für die Prüfung und Ergreifung von Maßnahmen im Zusammenhang mit der Rücknahme oder dem Widerruf der Anerkennung als Lohnsteuerhilfeverein (§ 10 Absatz 1 Nummer 3 in Verbindung mit § 20 Absatz 1 und 2 StBerG) oder der Schließung der Beratungsstelle eines Lohnsteuerhilfevereins (§ 10 Absatz 1 Nummer 5 in Verbindung mit § 28 Absatz 5 StBerG) sind folgende gegen Lohnsteuerhilfevereine oder deren Beratungsstellenleiter gerichtete Vorgänge mitzuteilen:

a) Forderungsklagen und die hierzu ergangenen Entscheidungen oder geschlossenen Vergleiche;

b) Feststellungsklagen wegen Amtspflichtverletzung und die hierzu ergangenen Entscheidungen oder geschlossenen Vergleiche;

von der Beifügung von Anlagen zu einer Klageschrift zu den Buchstaben a oder b ist in der Regel abzusehen;

c) Räumungsklagen und die hierzu ergangenen Entscheidungen oder geschlossenen Vergleiche;

d) Vollstreckungsbescheide, soweit diese nicht im automatisierten gerichtlichen Mahnverfahren erstellt werden;

e) Arrestgesuche und die hierzu ergangenen Entscheidungen;

[1)] **Habersack, Deutsche Gesetze Nr. 102.**

[2)] Nr. XXV/1 Abs. 1 Buchst. f Doppelbuchst. bb und cc dritter Spiegelstrich sowie Doppelbuchst. ee und ff geänd., Doppelbuchst. dd neu gef. mWv 1.10.2014 durch AV v. 15.9.2014 (BAnz AT 29.09.2014 B1); Abs. 1 einl. Satzteil geänd. mWv 1.10.2021 durch AV v. 9.8.2021 (BAnz AT 16.09.2021 B3); Abs. 1 einl. Satzteil, Buchst. h geänd. mWv 1.10.2023 durch AV v. 3.8.2023 (BAnz AT 22.09.2023 B1).

f) folgende Anträge, Aufträge und Entscheidungen im Rahmen der Zwangsvollstreckung und des Insolvenzverfahrens:

aa) Anträge auf Anordnung der Zwangsversteigerung, der Zwangsverwaltung oder auf Eintragung einer Sicherungshypothek und die hierzu ergangenen Entscheidungen;

bb) Entscheidungen in Insolvenzverfahren, einschließlich der Eröffnungsverfahren, sowie Entscheidungen in noch anhängigen Konkurs-, Vergleichs- und Gesamtvollstreckungsverfahren;

cc) Anträge und Aufträge wegen Pfändungsmaßnahmen, z.B.
- Vollstreckungsaufträge nach § 808 ZPO[1],
- Anträge auf Pfändung von Geldforderungen und anderen Vermögensrechten nach §§ 829 ff., 857 ZPO,
- Anträge auf Räumungszwangsvollstreckung nach § 885 ZPO und deren Ergebnisse (Pfändungs- und Pfandabstandsprotokolle, Mitteilungen nach § 32 GVGA[2]);

dd) Hinterlegung von Vermögensverzeichnissen nach § 802f Absatz 6 ZPO oder § 284 Absatz 7 Satz 4 AO und Anträge auf Haftanordnung nach § 802g Absatz 1 ZPO sowie die hierzu ergangenen Entscheidungen;

ee) Eintragungen in das Schuldnerverzeichnis nach § 882c ZPO, § 284 Absatz 9 AO oder § 26 Absatz 2 InsO[3];

ff) Verhaftungsaufträge nach § 802g Absatz 2 ZPO und deren Erledigung;

gg) Anträge nach §§ 888, 890 ZPO und deren Erledigung;

g) die Zustellung vollstreckbarer Urkunden und deren Gegenstand;

h) Anträge auf Bestellung eines Betreuers nach § 1814 BGB[4] und die hierzu ergangenen Entscheidungen;

i) Anträge und jede richterliche Entscheidung auf Anordnung oder Fortdauer einer Freiheitsentziehung nach dem Buch 7 des Gesetzes über das Verfahren in Familiensachen und in den Angelegenheiten der Freiwilligen Gerichtsbarkeit (FamFG) und den Unterbringungsgesetzen der Länder.

(2) Die Mitteilungen sind entsprechend der jeweiligen Verfahrenszuständigkeit von der Richterin oder dem Richter, der Rechtspflegerin oder dem Rechtspfleger, der Urkundsbeamtin oder dem Urkundsbeamten der Geschäftsstelle bzw. der Gerichtsvollzieherin oder dem Gerichtsvollzieher zu veranlassen.

2.[5] Einschränkung der Mitteilungspflichten

(1) Eine Mitteilung unterbleibt,

1. soweit hierdurch schutzwürdige Interessen des Betroffenen beeinträchtigt werden und das Informationsinteresse des Empfängers das Geheimhaltungsinteresse des Betroffenen nicht überwiegt (§ 10 Absatz 2 Satz 1 Nummer 1 StBerG);
2. wenn besondere gesetzliche Verwendungsregelungen entgegenstehen (§ 10 Absatz 2 Satz 1 Nummer 2 StBerG).

(2) Eine Mitteilung ist zu berichtigen, wenn sich herausstellt, dass sie unrichtig war oder unrichtig geworden ist.

---

[1] **Habersack, Deutsche Gesetze Nr. 100.**
[2] Nr. **109.**
[3] **Habersack, Deutsche Gesetze Nr. 110.**
[4] **Habersack, Deutsche Gesetze Nr. 20.**
[5] Nr. XXV/2 Abs. 1 neu gef. mWv 1.10.2023 durch AV v. 3.8.2023 (BAnz AT 22.09.2023 B1).

(3) Die Entscheidung trifft entsprechend der jeweiligen Verfahrenszuständigkeit die Richterin oder der Richter, die Rechtspflegerin oder der Rechtspfleger, die Urkundsbeamtin oder der Urkundsbeamte der Geschäftsstelle bzw. die Gerichtsvollzieherin oder der Gerichtsvollzieher.

3.[1] Mitteilungspflichtige Stellen, Inhalt und Form der Mitteilungen

(1) Neben den Allgemeinen Vorschriften gilt ergänzend:

a) Bei Aufträgen, die unmittelbar bei den Gerichtsvollziehern eingehen, werden die Mitteilungen von den Gerichtsvollziehern erstellt und dem Empfänger übersandt;

b) Anträge und Aufträge im Rahmen der Zwangsvollstreckung sowie deren Erledigung und gerichtliche Entscheidungen sind unverzüglich mitzuteilen. Bei gerichtlichen Entscheidungen ist zugleich anzugeben, ob und seit wann diese rechtskräftig oder angefochten sind;

c) gerichtliche Entscheidungen sind abweichend von Allg/5 Absatz 2 Nummer 1 durch Übersendung einer vollständigen Ausfertigung mitzuteilen; diese ist mit Rechtskraftvermerk zu versehen, wenn gegen die Entscheidung ein befristetes Rechtsmittel statthaft war.

(2) Aus der Mitteilung sollen sich, soweit dies nicht bereits aus dem mitzuteilenden Schriftstück ersichtlich ist, ergeben

a) die absendende Stelle und das Aktenzeichen;

b) Name und Anschrift des Klägers (Antragstellers, Auftraggebers, Gläubigers) und des Beklagten (Antraggegners, Schuldners);

c) der Klage- oder Antragsgrund, bei Geldforderungen auch die Höhe des Betrages, bei Maßnahmen der Zwangsvollstreckung die Bezeichnung des Vollstreckungstitels unter Angabe des Aktenzeichens und des Gerichts oder der Stelle, die den Vollstreckungstitel erlassen hat;

d) bei Aufträgen an den Gerichtsvollzieher der Name und die Anschrift des Gerichtsvollziehers sowie die Dienstregisternummer.

(3) [1] Mitteilungspflichtige Stelle für die Hinterlegung von Vermögensverzeichnissen nach § 802f Absatz 6 ZPO[2] und § 284 Absatz 7 Satz 4 AO ist das zentrale Vollstreckungsgericht. [2] Eine Mitteilung muss nur ergehen, soweit die das Vermögensverzeichnis hinterlegende Stelle das zentrale Vollstreckungsgericht über den Mitteilungsfall gesondert in Kenntnis setzt. [3] Wird das Vermögensverzeichnis gemäß § 802f Absatz 6 ZPO von einem Gerichtsvollzieher hinterlegt, setzt er nach Erhalt der Eintragungsmitteilung (§ 5 Absatz 2 Satz 3 VermVV[3]) das zentrale Vollstreckungsgericht unter Angabe der Verfahrensnummer über eine aus der Eintragung resultierende Mitteilungspflicht in Kenntnis.

(4) [1] Mitteilungspflichtige Stelle für Eintragungen in das Schuldnerverzeichnis nach § 882c ZPO, § 284 Absatz 9 AO und § 26 Absatz 2 InsO[4] ist das zentrale Vollstreckungsgericht. [2] Eine Mitteilung muss nur ergehen, soweit die die Eintra-

---

[1] Nr. XXV/3 Abs. 3 neu gef., Abs. 4 eingef., bish. Abs. 3 wird Abs. 5, Anm. geänd. mWv 1.10.2014 durch AV v. 15.9.2014 (BAnz AT 29.09.2014 B1); Anm. geänd. mWv 1.10.2016 durch AV v. 23.12.2016 (BAnz AT 24.05.2017 B1); Anm. geänd. mWv 1.10.2018 durch AV v. 23.11.2018 (BAnz AT 24.12.2018 B2); Anm. geänd. mWv 1.10.2021 durch AV v. 9.8.2021 (BAnz AT 16.09.2021 B3); Anm. geänd. mWv 1.10.2023 durch AV v. 3.8.2023 (BAnz AT 22.09.2023 B1).

[2] **Habersack, Deutsche Gesetze Nr. 100.**

[3] **Habersack, Deutsche Gesetze Nr. 102b.**

[4] **Habersack, Deutsche Gesetze Nr. 110.**

gung in das Schuldnerverzeichnis anordnende Stelle das zentrale Vollstreckungsgericht über den Mitteilungsfall gesondert in Kenntnis setzt. [3] Wird eine Eintragung gemäß § 882c ZPO von einem Gerichtsvollzieher oder gemäß § 26 Absatz 2 InsO von dem Insolvenzgericht angeordnet, setzt die anordnende Stelle nach Erhalt der Eintragungsmitteilung (§ 3 Absatz 2 Satz 2 SchuFV[1)]) das zentrale Vollstreckungsgericht unter Angabe der Verfahrensnummer über eine aus der Eintragung resultierende Mitteilungspflicht in Kenntnis. [4] Mitgeteilt wird nur der Inhalt der Eintragung sowie die absendende Stelle.

(5) Mitteilungen sind zu richten an diejenige in der Anmerkung angegebene Aufsichtsbehörde, in deren Bundesland der Lohnsteuerhilfeverein seinen Sitz hat.

Anmerkung: Zuständige Aufsichtsbehörden sind

in **Baden-Württemberg:**
Oberfinanzdirektion Karlsruhe
Moltkestraße 50
76133 Karlsruhe

in **Bayern:**
Bayerisches Landesamt für Steuern
Krelingstraße 50
90408 Nürnberg

in **Berlin:**
Finanzamt für Körperschaften I
Bredtschneiderstraße 5
14057 Berlin

in **Brandenburg:**
Technisches Finanzamt Cottbus
Lipezker Straße 45, Haus 2
03048 Cottbus

in **Bremen:**
Finanzamt Bremen
Rudolf-Hilferding-Platz 1
28195 Bremen

in **Hamburg:**
Finanzamt Hamburg-Nord
Borsteler Chaussee 45
22453 Hamburg

in **Hessen:**
Oberfinanzdirektion Frankfurt am Main
Zum Gottschalkhof 3
60594 Frankfurt am Main

in **Mecklenburg-Vorpommern:**
Finanzamt Rostock
Möllner Straße 13
18109 Rostock

in **Niedersachsen:**
Landesamt für Steuern Niedersachsen
Waterloostraße 5
30169 Hannover

[1)] **Habersack, Deutsche Gesetze Nr. 102.**

in **Nordrhein-Westfalen:**
Oberfinanzdirektion NRW, Standort Köln, Tunisstraße 23, 50667 Köln
oder
Oberfinanzdirektion NRW, Standort Münster, Albersloher Weg 250, 48155 Münster

in **Rheinland-Pfalz:**
Landesamt für Steuern
Ferdinand-Sauerbruch-Straße 17
56073 Koblenz

im **Saarland:**
Ministerium der Finanzen und für Wissenschaft
Am Stadtgraben 6-8
66111 Saarbrücken

in **Sachsen:**
Landesamt für Steuern und Finanzen
Stauffenbergallee 2
01099 Dresden

in **Sachsen-Anhalt:**
Ministerium der Finanzen des Landes Sachsen-Anhalt
Editharing 40
39108 Magdeburg

in **Schleswig-Holstein:**
Finanzamt Neumünster
Bahnhofstraße 9
24534 Neumünster

in **Thüringen:**
Thüringer Finanzministerium
Ludwig-Erhard-Ring 7
99099 Erfurt

Anlagen. *(hier nicht wiedergegeben)*

103. Verordnung (EU) Nr. 1215/2012 des Europäischen Parlaments und des Rates vom 12. Dezember 2012 über die gerichtliche Zuständigkeit und die Anerkennung und Vollstreckung von Entscheidungen in Zivil- und Handelssachen[1)]

(Neufassung)

(ABl. Nr. L 351 S. 1, ber. 2016 Nr. L 264 S. 43)

Celex-Nr. 3 2012 R 1215

Lfd. Nr.	Änderndes Gesetz	Datum	Fundstelle	Betroffen	Hinweis
1.	Art. 1 ÄndVO (EU) 542/ 2014	15. 5. 2014	ABl. Nr. L 163 S. 1	Art. 71 a, 71 b, 71 c, 71 d	eingef. mWv 10. 1. 2015
2.	Art. 1 ÄndVO (EU) 2015/ 281	26. 11. 2014	ABl. 2015 Nr. L 54 S. 1	Anh. I, II	neu gef. mWv 26. 2. 2015

DAS EUROPÄISCHE PARLAMENT UND DER RAT DER EUROPÄISCHEN UNION –

gestützt auf den Vertrag über die Arbeitsweise der Europäischen Union[2)], insbesondere auf Artikel 67 Absatz 4 und Artikel 81 Absatz 2 Buchstaben a, c und e,

auf Vorschlag der Europäischen Kommission,

nach Zuleitung des Entwurfs des Gesetzgebungsakts an die nationalen Parlamente,

nach Stellungnahme des Europäischen Wirtschafts- und Sozialausschusses[3)],

gemäß dem ordentlichen Gesetzgebungsverfahren[4)],

in Erwägung nachstehender Gründe:

(1) Am 21. April 2009 hat die Kommission einen Bericht über die Anwendung der Verordnung (EG) Nr. 44/2001 des Rates vom 22. Dezember 2000 über die gerichtliche Zuständigkeit und die Anerkennung und Vollstreckung von Entscheidungen in Zivil- und Handelssachen[5)] angenommen. Dem Bericht zufolge herrscht allgemein Zufriedenheit mit der Funktionsweise der genannten Verordnung, doch könnten die Anwendung bestimmter Vorschriften, der freie Verkehr gerichtlicher Entscheidungen sowie der Zugang zum Recht noch weiter verbessert werden. Da einige weitere Änderungen erfolgen sollen, sollte die genannte Verordnung aus Gründen der Klarheit neu gefasst werden.

(2) Der Europäische Rat hat auf seiner Tagung vom 10./11. Dezember 2009 in Brüssel ein neues mehrjähriges Programm mit dem Titel „Das Stockholmer Programm – Ein offenes und sicheres Europa im Dienste und zum

---

[1)] *Beachte* die Übergangsvorschriften in Art. 66; die VO gilt für ab 10. 1. 2015 eingeleitete Verfahren, für ältere Verfahren gilt die EuGVO v. 22. 12. 2000 (ABl. 2001 Nr. L 12 S. 1, ber. ABl. Nr. L 307 S. 28, ABl. 2010 Nr. L 328 S. 36), zuletzt geänd. durch VO v. 16. 1. 2015 (ABl. Nr. L 45 S. 2).

[2)] **Sartorius Nr. 1001.**

[3)] **Amtl. Anm.:** ABl. C 218 vom 23. 7. 2011, S. 78.

[4)] **Amtl. Anm.:** Standpunkt des Europäischen Parlaments vom 20. November 2012 (noch nicht im Amtsblatt veröffentlicht) und Beschluss des Rates vom 6. Dezember 2012.

[5)] **Amtl. Anm.:** ABl. L 12 vom 16. 1. 2001, S. 1.

Schutz der Bürger"[1] angenommen. Im Stockholmer Programm vertritt der Europäische Rat die Auffassung, dass der Prozess der Abschaffung aller zwischengeschalteten Maßnahmen (Exequaturverfahren) während des von dem Programm abgedeckten Zeitraums fortgeführt werden sollte. Gleichzeitig sollte die Abschaffung der Exequaturverfahren von einer Reihe von Schutzvorkehrungen begleitet werden.

(3) Die Union hat sich zum Ziel gesetzt, einen Raum der Freiheit, der Sicherheit und des Rechts zu erhalten und weiterzuentwickeln, indem unter anderem der Zugang zum Recht, insbesondere durch den Grundsatz der gegenseitigen Anerkennung gerichtlicher und außergerichtlicher Entscheidungen in Zivilsachen, erleichtert wird. Zum schrittweisen Aufbau eines solchen Raums hat die Union im Bereich der justiziellen Zusammenarbeit in Zivilsachen, die einen grenzüberschreitenden Bezug aufweisen, Maßnahmen zu erlassen, insbesondere wenn dies für das reibungslose Funktionieren des Binnenmarkts erforderlich ist.

(4) Die Unterschiede zwischen bestimmten einzelstaatlichen Vorschriften über die gerichtliche Zuständigkeit und die Anerkennung von Entscheidungen erschweren das reibungslose Funktionieren des Binnenmarkts. Es ist daher unerlässlich, Bestimmungen zu erlassen, um die Vorschriften über die internationale Zuständigkeit in Zivil- und Handelssachen zu vereinheitlichen und eine rasche und unkomplizierte Anerkennung und Vollstreckung von Entscheidungen zu gewährleisten, die in einem Mitgliedstaat ergangen sind.

(5) Diese Bestimmungen fallen in den Bereich der justiziellen Zusammenarbeit in Zivilsachen im Sinne von Artikel 81 des Vertrags über die Arbeitsweise der Europäischen Union (AEUV)[2].

(6) Um den angestrebten freien Verkehr der Entscheidungen in Zivil- und Handelssachen zu verwirklichen, ist es erforderlich und angemessen, dass die Vorschriften über die gerichtliche Zuständigkeit und die Anerkennung und Vollstreckung von Entscheidungen im Wege eines Unionsrechtsakts festgelegt werden, der verbindlich und unmittelbar anwendbar ist.

(7) Am 27. September 1968 schlossen die seinerzeitigen Mitgliedstaaten der Europäischen Gemeinschaften auf der Grundlage von Artikel 220 vierter Gedankenstrich des Vertrags zur Gründung der Europäischen Wirtschaftsgemeinschaft das Übereinkommen von Brüssel über die gerichtliche Zuständigkeit und die Vollstreckung gerichtlicher Entscheidungen in Zivil- und Handelssachen, dessen Fassung danach durch die Übereinkommen über den Beitritt neuer Mitgliedstaaten zu diesem Übereinkommen[3] geändert wurde („Brüsseler Übereinkommen von 1968"). Am 16. September 1988 schlossen die seinerzeitigen Mitgliedstaaten der Europäischen Gemeinschaften und bestimmte EFTA-Staaten das Übereinkommen von Lugano über die gerichtliche Zuständigkeit und die Vollstreckung gerichtlicher Entscheidungen in Zivil- und Handelssachen[4] („Übereinkommen von Lugano von 1988"), das ein Parallelübereinkommen zu dem Brüsseler

---

[1] **Amtl. Anm.:** ABl. C 115 vom 4. 5. 2010, S. 1.

[2] **Sartorius Nr. 1001.**

[3] **Amtl. Anm.:** ABl. L 299 vom 31. 12. 1972, S. 32; ABl. L 304 vom 30. 10. 1978, S. 1; ABl. L 388 vom 31. 12. 1982, S. 1; ABl. L 285 vom 3. 10. 1989, S. 1; ABl. C 15 vom 15. 1. 1997, S. 1. Siehe konsolidierte Fassung in ABl. C 27 vom 26. 1. 1998, S. 1.

[4] **Amtl. Anm.:** ABl. L 319 vom 25. 11. 1988, S. 9.

Übereinkommen von 1968 darstellt. Am 1. Februar 2000 wurde das Übereinkommen von Lugano von 1988 auf Polen anwendbar.

(8) Am 22. Dezember 2000 nahm der Rat die Verordnung (EG) Nr. 44/2001 an, die das Brüsseler Übereinkommen von 1968 im Verhältnis der Mitgliedstaaten zueinander mit Ausnahme Dänemarks hinsichtlich der Hoheitsgebiete der Mitgliedstaaten ersetzt, die in den Anwendungsbereich des AEUV[1] fallen. Mit dem Beschluss 2006/325/EG des Rates[2] schloss die Gemeinschaft mit Dänemark ein Abkommen über die Anwendung der Bestimmungen der Verordnung (EG) Nr. 44/2001 in Dänemark. Das Übereinkommen von Lugano von 1988 wurde durch das am 30. Oktober 2007 von der Gemeinschaft, Dänemark, Island, Norwegen und der Schweiz in Lugano unterzeichnete Übereinkommen über die gerichtliche Zuständigkeit und die Anerkennung und Vollstreckung von Entscheidungen in Zivil- und Handelssachen[3] („Übereinkommen von Lugano von 2007") geändert.

(9) Das Brüsseler Übereinkommen von 1968 gilt weiter hinsichtlich der Hoheitsgebiete der Mitgliedstaaten, die in seinen territorialen Anwendungsbereich fallen und die aufgrund der Anwendung von Artikel 355 AEUV[1] von der vorliegenden Verordnung ausgeschlossen sind.

(10) Der sachliche Anwendungsbereich dieser Verordnung sollte sich, von einigen genau festgelegten Rechtsgebieten abgesehen, auf den wesentlichen Teil des Zivil- und Handelsrechts erstrecken; aufgrund der Annahme der Verordnung (EG) Nr. 4/2009[4] des Rates vom 18. Dezember 2008 über die Zuständigkeit, das anwendbare Recht, die Anerkennung und Vollstreckung von Entscheidungen und die Zusammenarbeit in Unterhaltssachen[5] sollten insbesondere die Unterhaltspflichten vom Anwendungsbereich dieser Verordnung ausgenommen werden.

(11) Für die Zwecke dieser Verordnung sollten zu den Gerichten der Mitgliedstaaten auch gemeinsame Gerichte mehrerer Mitgliedstaaten gehören, wie der Benelux-Gerichtshof, wenn er seine Zuständigkeit in Angelegenheiten ausübt, die in den Anwendungsbereich dieser Verordnung fallen. Daher sollten Entscheidungen dieser Gerichte gemäß dieser Verordnung anerkannt und vollstreckt werden.

(12) Diese Verordnung sollte nicht für die Schiedsgerichtsbarkeit gelten. Sie sollte die Gerichte eines Mitgliedstaats nicht daran hindern, die Parteien gemäß dem einzelstaatlichen Recht an die Schiedsgerichtsbarkeit zu verweisen, das Verfahren auszusetzen oder einzustellen oder zu prüfen, ob die Schiedsvereinbarung hinfällig, unwirksam oder nicht erfüllbar ist, wenn sie wegen eines Streitgegenstands angerufen werden, hinsichtlich dessen die Parteien eine Schiedsvereinbarung getroffen haben.
Entscheidet ein Gericht eines Mitgliedstaats, ob eine Schiedsvereinbarung hinfällig, unwirksam oder nicht erfüllbar ist, so sollte diese Entscheidung ungeachtet dessen, ob das Gericht darüber in der Hauptsache oder als Vorfrage entschieden hat, nicht den Vorschriften dieser Verordnung über die Anerkennung und Vollstreckung unterliegen.

---

[1] **Sartorius Nr. 1001.**
[2] **Amtl. Anm.:** ABl. L 120 vom 5. 5. 2006, S. 22.
[3] **Amtl. Anm.:** ABl. L 147 vom 10. 6. 2009, S. 5.
[4] Nr. **21 d.**
[5] **Amtl. Anm.:** ABl. L 7 vom 10. 1. 2009, S. 1.

Hat hingegen ein nach dieser Verordnung oder nach einzelstaatlichem Recht zuständiges Gericht eines Mitgliedstaats festgestellt, dass eine Schiedsvereinbarung hinfällig, unwirksam oder nicht erfüllbar ist, so sollte die Entscheidung des Gerichts in der Hauptsache dennoch gemäß dieser Verordnung anerkannt oder vollstreckt werden können. Hiervon unberührt bleiben sollte die Zuständigkeit der Gerichte der Mitgliedstaaten, über die Anerkennung und Vollstreckung von Schiedssprüchen im Einklang mit dem am 10. Juni 1958 in New York unterzeichneten Übereinkommen über die Anerkennung und Vollstreckung ausländischer Schiedssprüche („Übereinkommen von New York von 1958") zu entscheiden, das Vorrang vor dieser Verordnung hat.

Diese Verordnung sollte nicht für Klagen oder Nebenverfahren insbesondere im Zusammenhang mit der Bildung eines Schiedsgerichts, den Befugnissen von Schiedsrichtern, der Durchführung eines Schiedsverfahrens oder sonstigen Aspekten eines solchen Verfahrens oder für eine Klage oder eine Entscheidung in Bezug auf die Aufhebung, die Überprüfung, die Anfechtung, die Anerkennung oder die Vollstreckung eines Schiedsspruchs gelten.

(13) Zwischen den Verfahren, die unter diese Verordnung fallen, und dem Hoheitsgebiet der Mitgliedstaaten muss ein Anknüpfungspunkt bestehen. Gemeinsame Zuständigkeitsvorschriften sollten demnach grundsätzlich dann Anwendung finden, wenn der Beklagte seinen Wohnsitz in einem Mitgliedstaat hat.

(14) Beklagte ohne Wohnsitz in einem Mitgliedstaat sollten im Allgemeinen den einzelstaatlichen Zuständigkeitsvorschriften unterliegen, die im Hoheitsgebiet des Mitgliedstaats gelten, in dem sich das angerufene Gericht befindet. Allerdings sollten einige Zuständigkeitsvorschriften in dieser Verordnung unabhängig vom Wohnsitz des Beklagten gelten, um den Schutz der Verbraucher und der Arbeitnehmer zu gewährleisten, um die Zuständigkeit der Gerichte der Mitgliedstaaten in Fällen zu schützen, in denen sie ausschließlich zuständig sind, und um die Parteiautonomie zu achten.

(15) Die Zuständigkeitsvorschriften sollten in hohem Maße vorhersehbar sein und sich grundsätzlich nach dem Wohnsitz des Beklagten richten. Diese Zuständigkeit sollte stets gegeben sein außer in einigen genau festgelegten Fällen, in denen aufgrund des Streitgegenstands oder der Vertragsfreiheit der Parteien ein anderes Anknüpfungskriterium gerechtfertigt ist. Der Sitz juristischer Personen muss in der Verordnung selbst definiert sein, um die Transparenz der gemeinsamen Vorschriften zu stärken und Kompetenzkonflikte zu vermeiden.

(16) Der Gerichtsstand des Wohnsitzes des Beklagten sollte durch alternative Gerichtsstände ergänzt werden, die entweder aufgrund der engen Verbindung zwischen Gericht und Rechtsstreit oder im Interesse einer geordneten Rechtspflege zuzulassen sind. Das Erfordernis der engen Verbindung soll Rechtssicherheit schaffen und verhindern, dass die Gegenpartei vor einem Gericht eines Mitgliedstaats verklagt werden kann, mit dem sie vernünftigerweise nicht rechnen konnte. Dies ist besonders wichtig bei Rechtsstreitigkeiten, die außervertragliche Schuldverhältnisse infolge der Verletzung der Privatsphäre oder der Persönlichkeitsrechte einschließlich Verleumdung betreffen.

(17) Der Eigentümer eines Kulturguts im Sinne des Artikels 1 Nummer 1 der Richtlinie 93/7/EWG des Rates vom 15. März 1993 über die Rückgabe von unrechtmäßig aus dem Hoheitsgebiet eines Mitgliedstaats verbrachten Kulturgütern[1)] sollte eine auf Eigentum gestützte Zivilklage gemäß dieser Verordnung zur Wiedererlangung dieses Gutes vor dem Gericht des Ortes, an dem sich das Kulturgut zum Zeitpunkt der Anrufung des Gerichts befindet, erheben können. Solche Klagen sollten nach der Richtlinie 93/7/EWG eingeleitete Verfahren unberührt lassen.

(18) Bei Versicherungs-, Verbraucher- und Arbeitsverträgen sollte die schwächere Partei durch Zuständigkeitsvorschriften geschützt werden, die für sie günstiger sind als die allgemeine Regelung.

(19) Vorbehaltlich der in dieser Verordnung festgelegten ausschließlichen Zuständigkeiten sollte die Vertragsfreiheit der Parteien hinsichtlich der Wahl des Gerichtsstands, außer bei Versicherungs-, Verbraucher- und Arbeitsverträgen, wo nur eine begrenztere Vertragsfreiheit zulässig ist, gewahrt werden.

(20) Stellt sich die Frage, ob eine Gerichtsstandsvereinbarung zugunsten eines Gerichts oder der Gerichte eines Mitgliedstaats materiell nichtig ist, so sollte sie nach dem Recht einschließlich des Kollisionsrechts des Mitgliedstaats des Gerichts oder der Gerichte entschieden werden, die in der Vereinbarung bezeichnet sind.

(21) Im Interesse einer abgestimmten Rechtspflege müssen Parallelverfahren so weit wie möglich vermieden werden, damit nicht in verschiedenen Mitgliedstaaten miteinander unvereinbare Entscheidungen ergehen. Es sollte eine klare und wirksame Regelung zur Klärung von Fragen der Rechtshängigkeit und der im Zusammenhang stehenden Verfahren sowie zur Verhinderung von Problemen vorgesehen werden, die sich aus der einzelstaatlich unterschiedlichen Festlegung des Zeitpunkts ergeben, von dem an ein Verfahren als rechtshängig gilt. Für die Zwecke dieser Verordnung sollte dieser Zeitpunkt autonom festgelegt werden.

(22) Um allerdings die Wirksamkeit von ausschließlichen Gerichtsstandsvereinbarungen zu verbessern und missbräuchliche Prozesstaktiken zu vermeiden, ist es erforderlich, eine Ausnahme von der allgemeinen Rechtshängigkeitsregel vorzusehen, um eine befriedigende Regelung in einem Sonderfall zu erreichen, in dem es zu Parallelverfahren kommen kann. Dabei handelt es sich um den Fall, dass ein Verfahren bei einem Gericht, das nicht in einer ausschließlichen Gerichtsstandsvereinbarung vereinbart wurde, anhängig gemacht wird und später das vereinbarte Gericht wegen desselben Anspruchs zwischen denselben Parteien angerufen wird. In einem solchen Fall muss das zuerst angerufene Gericht das Verfahren aussetzen, sobald das vereinbarte Gericht angerufen wurde, und zwar so lange, bis das letztere Gericht erklärt, dass es gemäß der ausschließlichen Gerichtsstandsvereinbarung nicht zuständig ist. Hierdurch soll in einem solchen Fall sichergestellt werden, dass das vereinbarte Gericht vorrangig über die Gültigkeit der Vereinbarung und darüber entscheidet, inwieweit die Vereinbarung auf den bei ihm anhängigen Rechtsstreit Anwendung findet. Das vereinbarte Gericht sollte das Verfahren unabhängig davon

---

[1)] **Amtl. Anm.:** ABl. L 74 vom 27. 3. 1993, S. 74.

fortsetzen können, ob das nicht vereinbarte Gericht bereits entschieden hat, das Verfahren auszusetzen.

Diese Ausnahmeregelung sollte nicht für Fälle gelten, in denen die Parteien widersprüchliche ausschließliche Gerichtsstandsvereinbarungen geschlossen haben oder in denen ein in einer ausschließlichen Gerichtsstandsvereinbarung vereinbartes Gericht zuerst angerufen wurde. In solchen Fällen sollte die allgemeine Rechtshängigkeitsregel dieser Verordnung Anwendung finden.

(23) Diese Verordnung sollte eine flexible Regelung enthalten, die es den Gerichten der Mitgliedstaaten ermöglicht, vor den Gerichten von Drittstaaten anhängige Verfahren zu berücksichtigen, wobei insbesondere die Frage, ob eine in einem Drittstaat ergangene Entscheidung in dem betreffenden Mitgliedstaat nach dem Recht dieses Mitgliedstaats anerkannt und vollstreckt werden kann, sowie die geordnete Rechtspflege zu berücksichtigen sind.

(24) Bei der Berücksichtigung der geordneten Rechtspflege sollte das Gericht des betreffenden Mitgliedstaats alle Umstände des bei ihm anhängigen Falles prüfen. Hierzu können Verbindungen des Streitgegenstands und der Parteien zu dem betreffenden Drittstaat zählen wie auch die Frage, wie weit das Verfahren im Drittstaat zu dem Zeitpunkt, an dem ein Verfahren vor dem Gericht des Mitgliedstaats eingeleitet wird, bereits fortgeschritten ist, sowie die Frage, ob zu erwarten ist, dass das Gericht des Drittstaats innerhalb einer angemessenen Frist eine Entscheidung erlassen wird.

Dabei kann auch die Frage geprüft werden, ob das Gericht des Drittstaats unter Umständen, unter denen ein Gericht eines Mitgliedstaats ausschließlich zuständig wäre, im betreffenden Fall ausschließlich zuständig ist.

(25) Unter den Begriff einstweilige Maßnahmen einschließlich Sicherungsmaßnahmen sollten zum Beispiel Anordnungen zur Beweiserhebung oder Beweissicherung im Sinne der Artikel 6 und 7 der Richtlinie 2004/48/EG des Europäischen Parlaments und des Rates vom 29. April 2004 zur Durchsetzung der Rechte des geistigen Eigentums[1] fallen. Nicht mit eingeschlossen sein sollten Maßnahmen, die nicht auf Sicherung gerichtet sind, wie Anordnungen zur Zeugenvernehmung. Die Anwendung der Verordnung (EG) Nr. 1206/2001[2] des Rates vom 28. Mai 2001 über die Zusammenarbeit zwischen den Gerichten der Mitgliedstaaten auf dem Gebiet der Beweisaufnahme in Zivil- oder Handelssachen[3] sollte hiervon unberührt bleiben.

(26) Das gegenseitige Vertrauen in die Rechtspflege innerhalb der Union rechtfertigt den Grundsatz, dass eine in einem Mitgliedstaat ergangene Entscheidung in allen Mitgliedstaaten anerkannt wird, ohne dass es hierfür eines besonderen Verfahrens bedarf. Außerdem rechtfertigt die angestrebte Reduzierung des Zeit- und Kostenaufwands bei grenzüberschreitenden Rechtsstreitigkeiten die Abschaffung der Vollstreckbarerklärung, die der Vollstreckung im ersuchten Mitgliedstaat bisher vorausgehen musste. Eine von den Gerichten eines Mitgliedstaats erlassene Entscheidung sollte daher so behandelt werden, als sei sie im ersuchten Mitgliedstaat ergangen.

---

[1] **Amtl. Anm.:** ABl. L 157 vom 30. 4. 2004, S. 45.

[2] *Nr. **103 d**.*

[3] **Amtl. Anm.:** ABl. L 174 vom 27. 6. 2001, S. 1.

(27) Für die Zwecke des freien Verkehrs von gerichtlichen Entscheidungen sollte eine in einem Mitgliedstaat ergangene Entscheidung in einem anderen Mitgliedstaat selbst dann anerkannt und vollstreckt werden, wenn sie gegen eine Person ohne Wohnsitz in einem Mitgliedstaat ergangen ist.

(28) Enthält eine Entscheidung eine Maßnahme oder Anordnung, die im Recht des ersuchten Mitgliedstaats nicht bekannt ist, so wird diese Maßnahme oder Anordnung, einschließlich des in ihr bezeichneten Rechts, soweit möglich an eine Maßnahme oder Anordnung angepasst, mit der nach dem Recht dieses Mitgliedstaats vergleichbare Wirkungen verbunden sind und die ähnliche Ziele verfolgt. Wie und durch wen diese Anpassung zu erfolgen hat, sollte durch die einzelnen Mitgliedstaaten bestimmt werden.

(29) Die unmittelbare Vollstreckung ohne Vollstreckbarerklärung einer in einem anderen Mitgliedstaat ergangenen Entscheidung im ersuchten Mitgliedstaat sollte nicht die Achtung der Verteidigungsrechte beeinträchtigen. Deshalb sollte der Schuldner die Versagung der Anerkennung oder der Vollstreckung einer Entscheidung beantragen können, wenn er der Auffassung ist, dass einer der Gründe für die Versagung der Anerkennung vorliegt. Hierzu sollte der Grund gehören, dass ihm nicht die Gelegenheit gegeben wurde, seine Verteidigung vorzubereiten, wenn die Entscheidung in einer Zivilklage innerhalb eines Strafverfahrens in Abwesenheit ergangen ist. Auch sollten hierzu die Gründe gehören, die auf der Grundlage eines Abkommens zwischen dem ersuchten Mitgliedstaat und einem Drittstaat geltend gemacht werden könnten, das nach Artikel 59 des Brüsseler Übereinkommens von 1968 geschlossen wurde.

(30) Eine Partei, die die Vollstreckung einer in einem anderen Mitgliedstaat ergangenen Entscheidung anficht, sollte so weit wie möglich im Einklang mit dem Rechtssystem des ersuchten Mitgliedstaats in der Lage sein, im selben Verfahren außer den in dieser Verordnung genannten Versagungsgründen auch die im einzelstaatlichen Recht vorgesehenen Versagungsgründe innerhalb der nach diesem Recht vorgeschriebenen Fristen geltend zu machen. Allerdings sollte die Anerkennung einer Entscheidung nur versagt werden, wenn mindestens einer der in dieser Verordnung genannten Versagungsgründe gegeben ist.

(31) Solange ein Verfahren zur Anfechtung der Vollstreckung einer Entscheidung anhängig ist, sollten die Gerichte des ersuchten Mitgliedstaats während des gesamten Verfahrens aufgrund einer solchen Anfechtung, einschließlich dagegen gerichteter Rechtsbehelfe, den Fortgang der Vollstreckung unter der Voraussetzung zulassen können, dass die Vollstreckung einer Beschränkung unterliegt oder eine Sicherheit geleistet wird.

(32) Um den Schuldner über die Vollstreckung einer in einem anderen Mitgliedstaat ergangenen Entscheidung zu unterrichten, sollte die gemäß dieser Verordnung ausgestellte Bescheinigung – erforderlichenfalls zusammen mit der Entscheidung – dem Schuldner innerhalb einer angemessenen Frist vor der ersten Vollstreckungsmaßnahme zugestellt werden. In diesem Zusammenhang sollte als erste Vollstreckungsmaßnahme die erste Vollstreckungsmaßnahme nach einer solchen Zustellung gelten.

(33) Werden einstweilige Maßnahmen, einschließlich Sicherungsmaßnahmen, von einem Gericht angeordnet, das in der Hauptsache zuständig ist, so

sollte ihr freier Verkehr nach dieser Verordnung gewährleistet sein. Allerdings sollten einstweilige Maßnahmen, einschließlich Sicherungsmaßnahmen, die angeordnet wurden, ohne dass der Beklagte vorgeladen wurde, nicht gemäß dieser Verordnung anerkannt und vollstreckt werden, es sei denn, die die Maßnahme enthaltende Entscheidung ist dem Beklagten vor der Vollstreckung zugestellt worden. Dies sollte die Anerkennung und Vollstreckung solcher Maßnahmen gemäß einzelstaatlichem Recht nicht ausschließen. Werden einstweilige Maßnahmen, einschließlich Sicherungsmaßnahmen, von einem Gericht eines Mitgliedstaats angeordnet, das für die Entscheidung in der Hauptsache nicht zuständig ist, sollte die Wirkung dieser Maßnahmen auf das Hoheitsgebiet des betreffenden Mitgliedstaats gemäß dieser Verordnung beschränkt werden.

(34) Um die Kontinuität zwischen dem Brüsseler Übereinkommen von 1968, der Verordnung (EG) Nr. 44/2001 und dieser Verordnung zu wahren, sollten Übergangsvorschriften vorgesehen werden. Dies gilt auch für die Auslegung des Brüsseler Übereinkommens von 1968 und der es ersetzenden Verordnungen durch den Gerichtshof der Europäischen Union.

(35) Um die internationalen Verpflichtungen, die die Mitgliedstaaten eingegangen sind, zu wahren, darf sich diese Verordnung nicht auf von den Mitgliedstaaten geschlossene Übereinkommen in besonderen Rechtsgebieten auswirken.

(36) Unbeschadet der Pflichten der Mitgliedstaaten nach den Verträgen sollte diese Verordnung nicht die Anwendung der bilateralen Übereinkünfte und Vereinbarungen berühren, die vor dem Inkrafttreten der Verordnung (EG) Nr. 44/2001 zwischen einem Drittstaat und einem Mitgliedstaat geschlossen wurden und in dieser Verordnung geregelte Angelegenheiten betreffen.

(37) Um sicherzustellen, dass die im Zusammenhang mit der Anerkennung oder Vollstreckung von Entscheidungen, öffentlichen Urkunden und gerichtlichen Vergleichen nach dieser Verordnung zu verwendenden Bescheinigungen stets auf dem neuesten Stand sind, sollte der Kommission die Befugnis übertragen werden, gemäß Artikel 290 AEUV[1] Rechtsakte hinsichtlich Änderungen der Anhänge I und II dieser Verordnung zu erlassen. Es ist besonders wichtig, dass die Kommission bei ihren vorbereitenden Arbeiten angemessene Konsultationen auch auf Expertenebene durchführt. Bei der Vorbereitung und Ausarbeitung delegierter Rechtsakte sollte die Kommission dafür sorgen, dass die einschlägigen Dokumente dem Europäischen Parlament und dem Rat gleichzeitig, rechtzeitig und auf angemessene Weise übermittelt werden.

(38) Diese Verordnung steht im Einklang mit den Grundrechten und Grundsätzen, die mit der Charta der Grundrechte der Europäischen Union[2] anerkannt wurden, insbesondere mit dem in Artikel 47 der Charta verbürgten Recht auf einen wirksamen Rechtsbehelf und ein unparteiisches Gericht.

(39) Da das Ziel dieser Verordnung auf der Ebene der Mitgliedstaaten nicht hinreichend verwirklicht werden kann und besser auf Unionsebene zu

---

[1] **Sartorius Nr. 1001.**
[2] **Sartorius Nr. 1002.**

erreichen ist, kann die Union im Einklang mit dem Subsidiaritätsprinzip nach Artikel 5 des Vertrags über die Europäische Union (EUV)[1] tätig werden. In Übereinstimmung mit dem in demselben Artikel genannten Grundsatz der Verhältnismäßigkeit geht diese Verordnung nicht über das zur Erreichung dieses Ziels erforderliche Maß hinaus.

(40) Das Vereinigte Königreich und Irland haben sich gemäß Artikel 3 des dem EUV und dem seinerzeitigen Vertrag zur Gründung der Europäischen Gemeinschaft beigefügten Protokolls über die Position des Vereinigten Königreichs und Irlands an der Annahme und Anwendung der Verordnung (EG) Nr. 44/2001 beteiligt. Gemäß Artikel 3 des dem EUV und dem AEUV beigefügten Protokolls Nr. 21 über die Position des Vereinigten Königreichs und Irlands hinsichtlich des Raums der Freiheit, der Sicherheit und des Rechts haben das Vereinigte Königreich und Irland mitgeteilt, dass sie sich an der Annahme und Anwendung dieser Verordnung beteiligen möchten.

(41) Gemäß den Artikeln 1 und 2 des dem EUV und dem AEUV beigefügten Protokolls Nr. 22 über die Position Dänemarks beteiligt sich Dänemark nicht an der Annahme dieser Verordnung und ist weder durch diese Verordnung gebunden noch zu ihrer Anwendung verpflichtet; dabei steht es Dänemark jedoch gemäß Artikel 3 des Abkommens vom 19. Oktober 2005 zwischen der Europäischen Gemeinschaft und dem Königreich Dänemark über die gerichtliche Zuständigkeit und die Anerkennung und Vollstreckung von Entscheidungen in Zivil- und Handelssachen[2] frei, die Änderungen der Verordnung (EG) Nr. 44/2001 anzuwenden –

HABEN FOLGENDE VERORDNUNG ERLASSEN:

Kapitel I. Anwendungsbereich und Begriffsbestimmungen

Art. 1 [Anwendungsbereich] (1) [1] Diese Verordnung ist in Zivil- und Handelssachen anzuwenden, ohne dass es auf die Art der Gerichtsbarkeit ankommt. [2] Sie gilt insbesondere nicht für Steuer- und Zollsachen sowie verwaltungsrechtliche Angelegenheiten oder die Haftung des Staates für Handlungen oder Unterlassungen im Rahmen der Ausübung hoheitlicher Rechte *(acta iure imperii)*.

(2) Sie ist nicht anzuwenden auf:

a) den Personenstand, die Rechts- und Handlungsfähigkeit sowie die gesetzliche Vertretung von natürlichen Personen, die ehelichen Güterstände oder Güterstände aufgrund von Verhältnissen, die nach dem auf diese Verhältnisse anzuwendenden Recht mit der Ehe vergleichbare Wirkungen entfalten,

b) Konkurse, Vergleiche und ähnliche Verfahren,

c) die soziale Sicherheit,

d) die Schiedsgerichtsbarkeit,

---

[1] **Sartorius Nr. 1000.**

[2] **Amtl. Anm.:** ABl. L 299 vom 16. 11. 2005, S. 62.

e) Unterhaltspflichten, die auf einem Familien-, Verwandtschafts- oder eherechtlichen Verhältnis oder auf Schwägerschaft beruhen,

f) das Gebiet des Testaments- und Erbrechts, einschließlich Unterhaltspflichten, die mit dem Tod entstehen.

Art. 2 [Begriffsbestimmungen] Für die Zwecke dieser Verordnung bezeichnet der Ausdruck

a) „Entscheidung" jede von einem Gericht eines Mitgliedstaats erlassene Entscheidung ohne Rücksicht auf ihre Bezeichnung wie Urteil, Beschluss, Zahlungsbefehl oder Vollstreckungsbescheid, einschließlich des Kostenfestsetzungsbeschlusses eines Gerichtsbediensteten.
Für die Zwecke von Kapitel III umfasst der Ausdruck „Entscheidung" auch einstweilige Maßnahmen einschließlich Sicherungsmaßnahmen, die von einem nach dieser Verordnung in der Hauptsache zuständigen Gericht angeordnet wurden. Hierzu gehören keine einstweiligen Maßnahmen einschließlich Sicherungsmaßnahmen, die von einem solchen Gericht angeordnet wurden, ohne dass der Beklagte vorgeladen wurde, es sei denn, die Entscheidung, welche die Maßnahme enthält, wird ihm vor der Vollstreckung zugestellt;

b) „gerichtlicher Vergleich" einen Vergleich, der von einem Gericht eines Mitgliedstaats gebilligt oder vor einem Gericht eines Mitgliedstaats im Laufe eines Verfahrens geschlossen worden ist;

c) „öffentliche Urkunde" ein Schriftstück, das als öffentliche Urkunde im Ursprungsmitgliedstaat förmlich errichtet oder eingetragen worden ist und dessen Beweiskraft

   i) sich auf die Unterschrift und den Inhalt der öffentlichen Urkunde bezieht und

   ii) durch eine Behörde oder eine andere hierzu ermächtigte Stelle festgestellt worden ist;

d) „Ursprungsmitgliedstaat" den Mitgliedstaat, in dem die Entscheidung ergangen, der gerichtliche Vergleich gebilligt oder geschlossen oder die öffentliche Urkunde förmlich errichtet oder eingetragen worden ist;

e) „ersuchter Mitgliedstaat" den Mitgliedstaat, in dem die Anerkennung der Entscheidung geltend gemacht oder die Vollstreckung der Entscheidung, des gerichtlichen Vergleichs oder der öffentlichen Urkunde beantragt wird;

f) „Ursprungsgericht" das Gericht, das die Entscheidung erlassen hat, deren Anerkennung geltend gemacht oder deren Vollstreckung beantragt wird.

Art. 3 [Begriff „Gericht"] Für die Zwecke dieser Verordnung umfasst der Begriff „Gericht" die folgenden Behörden, soweit und sofern sie für eine in den Anwendungsbereich dieser Verordnung fallende Angelegenheit zuständig sind:

a) in Ungarn, bei summarischen Mahnverfahren (fizetési meghagyásos eljárás), den Notar (közjegyző),

b) in Schweden, bei summarischen Mahnverfahren (betalningsföreläggande) und Beistandsverfahren (handräckning), das Amt für Beitreibung (Kronofogdemyndigheten).

Kapitel II. Zuständigkeit

Abschnitt 1. Allgemeine Bestimmungen

Art. 4 [Allgemeiner internationaler Gerichtsstand] (1) Vorbehaltlich der Vorschriften dieser Verordnung sind Personen, die ihren Wohnsitz im Hoheitsgebiet eines Mitgliedstaats haben, ohne Rücksicht auf ihre Staatsangehörigkeit vor den Gerichten dieses Mitgliedstaats zu verklagen.

(2) Auf Personen, die nicht dem Mitgliedstaat, in dem sie ihren Wohnsitz haben, angehören, sind die für Staatsangehörige dieses Mitgliedstaats maßgebenden Zuständigkeitsvorschriften anzuwenden.

Art. 5 [Keine exorbitanten Gerichtsstände] (1) Personen, die ihren Wohnsitz im Hoheitsgebiet eines Mitgliedstaats haben, können vor den Gerichten eines anderen Mitgliedstaats nur gemäß den Vorschriften der Abschnitte 2 bis 7 dieses Kapitels verklagt werden.

(2) Gegen die in Absatz 1 genannten Personen können insbesondere nicht die innerstaatlichen Zuständigkeitsvorschriften, welche die Mitgliedstaaten der Kommission gemäß Artikel 76 Absatz 1 Buchstabe a notifizieren, geltend gemacht werden.

Art. 6 [Beklagte ohne Wohnsitz im Hoheitsgebiet eines Mitgliedstaates] (1) Hat der Beklagte keinen Wohnsitz im Hoheitsgebiet eines Mitgliedstaats, so bestimmt sich vorbehaltlich des Artikels 18 Absatz 1, des Artikels 21 Absatz 2 und der Artikel 24 und 25 die Zuständigkeit der Gerichte eines jeden Mitgliedstaats nach dessen eigenem Recht.

(2) Gegenüber einem Beklagten, der keinen Wohnsitz im Hoheitsgebiet eines Mitgliedstaats hat, kann sich unabhängig von ihrer Staatsangehörigkeit jede Person, die ihren Wohnsitz im Hoheitsgebiet eines Mitgliedstaats hat, in diesem Mitgliedstaat auf die dort geltenden Zuständigkeitsvorschriften, insbesondere auf diejenigen, welche die Mitgliedstaaten der Kommission gemäß Artikel 76 Absatz 1 Buchstabe a notifizieren, wie ein Staatsangehöriger dieses Mitgliedstaats berufen.

Abschnitt 2. Besondere Zuständigkeiten

Art. 7 [Besondere Gerichtsstände] Eine Person, die ihren Wohnsitz im Hoheitsgebiet eines Mitgliedstaats hat, kann in einem anderen Mitgliedstaat verklagt werden:

1. a) wenn ein Vertrag oder Ansprüche aus einem Vertrag den Gegenstand des Verfahrens bilden, vor dem Gericht des Ortes, an dem die Verpflichtung erfüllt worden ist oder zu erfüllen wäre;

   b) im Sinne dieser Vorschrift – und sofern nichts anderes vereinbart worden ist – ist der Erfüllungsort der Verpflichtung

   – für den Verkauf beweglicher Sachen der Ort in einem Mitgliedstaat, an dem sie nach dem Vertrag geliefert worden sind oder hätten geliefert werden müssen;

– für die Erbringung von Dienstleistungen der Ort in einem Mitgliedstaat, an dem sie nach dem Vertrag erbracht worden sind oder hätten erbracht werden müssen;

c) ist Buchstabe b nicht anwendbar, so gilt Buchstabe a;

2. wenn eine unerlaubte Handlung oder eine Handlung, die einer unerlaubten Handlung gleichgestellt ist, oder wenn Ansprüche aus einer solchen Handlung den Gegenstand des Verfahrens bilden, vor dem Gericht des Ortes, an dem das schädigende Ereignis eingetreten ist oder einzutreten droht;
3. wenn es sich um eine Klage auf Schadenersatz oder auf Wiederherstellung des früheren Zustands handelt, die auf eine mit Strafe bedrohte Handlung gestützt wird, vor dem Strafgericht, bei dem die öffentliche Klage erhoben ist, soweit dieses Gericht nach seinem Recht über zivilrechtliche Ansprüche erkennen kann;
4. wenn es sich um einen auf Eigentum gestützten zivilrechtlichen Anspruch zur Wiedererlangung eines Kulturguts im Sinne des Artikels 1 Nummer 1 der Richtlinie 93/7/EWG handelt, der von der Person geltend gemacht wurde, die das Recht auf Wiedererlangung eines solchen Gutes für sich in Anspruch nimmt, vor dem Gericht des Ortes, an dem sich das Kulturgut zum Zeitpunkt der Anrufung des Gerichts befindet;
5. wenn es sich um Streitigkeiten aus dem Betrieb einer Zweigniederlassung, einer Agentur oder einer sonstigen Niederlassung handelt, vor dem Gericht des Ortes, an dem sich diese befindet;
6. wenn es sich um eine Klage gegen einen Begründer, Trustee oder Begünstigten eines Trust handelt, der aufgrund eines Gesetzes oder durch schriftlich vorgenommenes oder schriftlich bestätigtes Rechtsgeschäft errichtet worden ist, vor den Gerichten des Mitgliedstaats, in dessen Hoheitsgebiet der Trust seinen Sitz hat;
7. wenn es sich um eine Streitigkeit wegen der Zahlung von Berge- und Hilfslohn handelt, der für Bergungs- oder Hilfeleistungsarbeiten gefordert wird, die zugunsten einer Ladung oder einer Frachtforderung erbracht worden sind, vor dem Gericht, in dessen Zuständigkeitsbereich diese Ladung oder die entsprechende Frachtforderung
   a) mit Arrest belegt worden ist, um die Zahlung zu gewährleisten, oder
   b) mit Arrest hätte belegt werden können, jedoch dafür eine Bürgschaft oder eine andere Sicherheit geleistet worden ist;

   diese Vorschrift ist nur anzuwenden, wenn behauptet wird, dass der Beklagte Rechte an der Ladung oder an der Frachtforderung hat oder zur Zeit der Bergungs- oder Hilfeleistungsarbeiten hatte.

Art. 8 [Gerichtsstand des Sachzusammenhangs] Eine Person, die ihren Wohnsitz im Hoheitsgebiet eines Mitgliedstaats hat, kann auch verklagt werden:

1. wenn mehrere Personen zusammen verklagt werden, vor dem Gericht des Ortes, an dem einer der Beklagten seinen Wohnsitz hat, sofern zwischen den Klagen eine so enge Beziehung gegeben ist, dass eine gemeinsame Verhandlung und Entscheidung geboten erscheint, um zu vermeiden, dass in getrennten Verfahren widersprechende Entscheidungen ergehen könnten;

2. wenn es sich um eine Klage auf Gewährleistung oder um eine Interventionsklage handelt, vor dem Gericht des Hauptprozesses, es sei denn, dass die Klage nur erhoben worden ist, um diese Person dem für sie zuständigen Gericht zu entziehen;
3. wenn es sich um eine Widerklage handelt, die auf denselben Vertrag oder Sachverhalt wie die Klage selbst gestützt wird, vor dem Gericht, bei dem die Klage selbst anhängig ist;
4. wenn ein Vertrag oder Ansprüche aus einem Vertrag den Gegenstand des Verfahrens bilden und die Klage mit einer Klage wegen dinglicher Rechte an unbeweglichen Sachen gegen denselben Beklagten verbunden werden kann, vor dem Gericht des Mitgliedstaats, in dessen Hoheitsgebiet die unbewegliche Sache belegen ist.

Art. 9 [Besonderer Gerichtsstand in Seehaftungssachen] Ist ein Gericht eines Mitgliedstaats nach dieser Verordnung zur Entscheidung in Verfahren wegen einer Haftpflicht aufgrund der Verwendung oder des Betriebs eines Schiffes zuständig, so entscheidet dieses oder ein anderes an seiner Stelle durch das Recht dieses Mitgliedstaats bestimmtes Gericht auch über Klagen auf Beschränkung dieser Haftung.

Abschnitt 3. Zuständigkeit für Versicherungssachen

Art. 10 [Zuständigkeit] Für Klagen in Versicherungssachen bestimmt sich die Zuständigkeit unbeschadet des Artikels 6 und des Artikels 7 Nummer 5 nach diesem Abschnitt.

Art. 11 [Gerichtsstände für Klagen gegen den Versicherer] (1) Ein Versicherer, der seinen Wohnsitz im Hoheitsgebiet eines Mitgliedstaats hat, kann verklagt werden:

a) vor den Gerichten des Mitgliedstaats, in dem er seinen Wohnsitz hat,
b) in einem anderen Mitgliedstaat bei Klagen des Versicherungsnehmers, des Versicherten oder des Begünstigten vor dem Gericht des Ortes, an dem der Kläger seinen Wohnsitz hat, oder
c) falls es sich um einen Mitversicherer handelt, vor dem Gericht eines Mitgliedstaats, bei dem der federführende Versicherer verklagt wird.

(2) Hat der Versicherer im Hoheitsgebiet eines Mitgliedstaats keinen Wohnsitz, besitzt er aber in einem Mitgliedstaat eine Zweigniederlassung, Agentur oder sonstige Niederlassung, so wird er für Streitigkeiten aus ihrem Betrieb so behandelt, wie wenn er seinen Wohnsitz im Hoheitsgebiet dieses Mitgliedstaats hätte.

Art. 12 [Gerichtsstand am Ort des schädigenden Ereignisses] [1] Bei der Haftpflichtversicherung oder bei der Versicherung von unbeweglichen Sachen kann der Versicherer außerdem vor dem Gericht des Ortes, an dem das schädigende Ereignis eingetreten ist, verklagt werden. [2] Das Gleiche gilt, wenn sowohl bewegliche als auch unbewegliche Sachen in ein und demselben Versicherungsvertrag versichert und von demselben Schadensfall betroffen sind.

Art. 13 [Gerichtsstand bei Haftpflichtklagen] (1) Bei der Haftpflichtversicherung kann der Versicherer auch vor das Gericht, bei dem die Klage des Geschädigten gegen den Versicherten anhängig ist, geladen werden, sofern dies nach dem Recht des angerufenen Gerichts zulässig ist.

(2) Auf eine Klage, die der Geschädigte unmittelbar gegen den Versicherer erhebt, sind die Artikel 10, 11 und 12, anzuwenden, sofern eine solche unmittelbare Klage zulässig ist.

(3) Sieht das für die unmittelbare Klage maßgebliche Recht die Streitverkündung gegen den Versicherungsnehmer oder den Versicherten vor, so ist dasselbe Gericht auch für diese Personen zuständig.

Art. 14 [Gerichtsstand für Klage des Versicherers; Widerklage]

(1) Vorbehaltlich der Bestimmungen des Artikels 13 Absatz 3 kann der Versicherer nur vor den Gerichten des Mitgliedstaats klagen, in dessen Hoheitsgebiet der Beklagte seinen Wohnsitz hat, ohne Rücksicht darauf, ob dieser Versicherungsnehmer, Versicherter oder Begünstigter ist.

(2) Die Vorschriften dieses Abschnitts lassen das Recht unberührt, eine Widerklage vor dem Gericht zu erheben, bei dem die Klage selbst gemäß den Bestimmungen dieses Abschnitts anhängig ist.

Art. 15 [Zulässige Gerichtsstandsvereinbarung] Von den Vorschriften dieses Abschnitts kann im Wege der Vereinbarung nur abgewichen werden,

1. wenn die Vereinbarung nach der Entstehung der Streitigkeit getroffen wird,
2. wenn sie dem Versicherungsnehmer, Versicherten oder Begünstigten die Befugnis einräumt, andere als die in diesem Abschnitt angeführten Gerichte anzurufen,
3. wenn sie zwischen einem Versicherungsnehmer und einem Versicherer, die zum Zeitpunkt des Vertragsabschlusses ihren Wohnsitz oder gewöhnlichen Aufenthalt in demselben Mitgliedstaat haben, getroffen ist, um die Zuständigkeit der Gerichte dieses Mitgliedstaats auch für den Fall zu begründen, dass das schädigende Ereignis im Ausland eintritt, es sei denn, dass eine solche Vereinbarung nach dem Recht dieses Mitgliedstaats nicht zulässig ist,
4. wenn sie von einem Versicherungsnehmer geschlossen ist, der seinen Wohnsitz nicht in einem Mitgliedstaat hat, ausgenommen soweit sie eine Versicherung, zu deren Abschluss eine gesetzliche Verpflichtung besteht, oder die Versicherung von unbeweglichen Sachen in einem Mitgliedstaat betrifft, oder
5. wenn sie einen Versicherungsvertrag betrifft, soweit dieser eines oder mehrere der in Artikel 16 aufgeführten Risiken deckt.

Art. 16 [Risiken gemäß Art. 15 Nr. 5] Die in Artikel 15 Nummer 5 erwähnten Risiken sind die folgenden:

1. sämtliche Schäden
   a) an Seeschiffen, Anlagen vor der Küste und auf hoher See oder Luftfahrzeugen aus Gefahren, die mit ihrer Verwendung zu gewerblichen Zwecken verbunden sind,

b) an Transportgütern, ausgenommen Reisegepäck der Passagiere, wenn diese Güter ausschließlich oder zum Teil mit diesen Schiffen oder Luftfahrzeugen befördert werden;

2. Haftpflicht aller Art mit Ausnahme der Haftung für Personenschäden an Passagieren oder Schäden an deren Reisegepäck,

a) aus der Verwendung oder dem Betrieb von Seeschiffen, Anlagen oder Luftfahrzeugen gemäß Nummer 1 Buchstabe a, es sei denn, dass – was die letztgenannten betrifft – nach den Rechtsvorschriften des Mitgliedstaats, in dem das Luftfahrzeug eingetragen ist, Gerichtsstandsvereinbarungen für die Versicherung solcher Risiken untersagt sind,

b) für Schäden, die durch Transportgüter während einer Beförderung im Sinne von Nummer 1 Buchstabe b verursacht werden;

3. finanzielle Verluste im Zusammenhang mit der Verwendung oder dem Betrieb von Seeschiffen, Anlagen oder Luftfahrzeugen gemäß Nummer 1 Buchstabe a, insbesondere Fracht- oder Charterverlust;

4. irgendein zusätzliches Risiko, das mit einem der unter den Nummern 1 bis 3 genannten Risiken in Zusammenhang steht;

5. unbeschadet der Nummern 1 bis 4 alle „Großrisiken" entsprechend der Begriffsbestimmung in der Richtlinie 2009/138/EG des Europäischen Parlaments und des Rates vom 25. November 2009 betreffend die Aufnahme und Ausübung der Versicherungs- und der Rückversicherungstätigkeit (Solvabilität II)[1].

Abschnitt 4. Zuständigkeit bei Verbrauchersachen

Art. 17 [Begriff der Verbrauchersache] (1) Bilden ein Vertrag oder Ansprüche aus einem Vertrag, den eine Person, der Verbraucher, zu einem Zweck geschlossen hat, der nicht der beruflichen oder gewerblichen Tätigkeit dieser Person zugerechnet werden kann, den Gegenstand des Verfahrens, so bestimmt sich die Zuständigkeit unbeschadet des Artikels 6 und des Artikels 7 Nummer 5 nach diesem Abschnitt,

a) wenn es sich um den Kauf beweglicher Sachen auf Teilzahlung handelt,

b) wenn es sich um ein in Raten zurückzuzahlendes Darlehen oder ein anderes Kreditgeschäft handelt, das zur Finanzierung eines Kaufs derartiger Sachen bestimmt ist, oder

c) in allen anderen Fällen, wenn der andere Vertragspartner in dem Mitgliedstaat, in dessen Hoheitsgebiet der Verbraucher seinen Wohnsitz hat, eine berufliche oder gewerbliche Tätigkeit ausübt oder eine solche auf irgendeinem Wege auf diesen Mitgliedstaat oder auf mehrere Staaten, einschließlich dieses Mitgliedstaats, ausrichtet und der Vertrag in den Bereich dieser Tätigkeit fällt.

(2) Hat der Vertragspartner des Verbrauchers im Hoheitsgebiet eines Mitgliedstaats keinen Wohnsitz, besitzt er aber in einem Mitgliedstaat eine Zweigniederlassung, Agentur oder sonstige Niederlassung, so wird er für Streitigkeiten aus ihrem Betrieb so behandelt, wie wenn er seinen Wohnsitz im Hoheitsgebiet dieses Mitgliedstaats hätte.

---

[1] **Amtl. Anm.:** ABl. L 335 vom 17. 12. 2009, S. 1.

(3) Dieser Abschnitt ist nicht auf Beförderungsverträge mit Ausnahme von Reiseverträgen, die für einen Pauschalpreis kombinierte Beförderungs- und Unterbringungsleistungen vorsehen, anzuwenden.

Art. 18 [Gerichtsstände für Klagen des Verbrauchers und seines Vertragspartners] (1) Die Klage eines Verbrauchers gegen den anderen Vertragspartner kann entweder vor den Gerichten des Mitgliedstaats erhoben werden, in dessen Hoheitsgebiet dieser Vertragspartner seinen Wohnsitz hat, oder ohne Rücksicht auf den Wohnsitz des anderen Vertragspartners vor dem Gericht des Ortes, an dem der Verbraucher seinen Wohnsitz hat.

(2) Die Klage des anderen Vertragspartners gegen den Verbraucher kann nur vor den Gerichten des Mitgliedstaats erhoben werden, in dessen Hoheitsgebiet der Verbraucher seinen Wohnsitz hat.

(3) Die Vorschriften dieses Artikels lassen das Recht unberührt, eine Widerklage vor dem Gericht zu erheben, bei dem die Klage selbst gemäß den Bestimmungen dieses Abschnitts anhängig ist.

Art. 19 [Zulässige Gerichtsstandsvereinbarungen] Von den Vorschriften dieses Abschnitts kann im Wege der Vereinbarung nur abgewichen werden,

1. wenn die Vereinbarung nach der Entstehung der Streitigkeit getroffen wird,
2. wenn sie dem Verbraucher die Befugnis einräumt, andere als die in diesem Abschnitt angeführten Gerichte anzurufen, oder
3. wenn sie zwischen einem Verbraucher und seinem Vertragspartner, die zum Zeitpunkt des Vertragsabschlusses ihren Wohnsitz oder gewöhnlichen Aufenthalt in demselben Mitgliedstaat haben, getroffen ist und die Zuständigkeit der Gerichte dieses Mitgliedstaats begründet, es sei denn, dass eine solche Vereinbarung nach dem Recht dieses Mitgliedstaats nicht zulässig ist.

Abschnitt 5. Zuständigkeit für individuelle Arbeitsverträge

Art. 20 [Anwendungsbereich] (1) Bilden ein individueller Arbeitsvertrag oder Ansprüche aus einem individuellen Arbeitsvertrag den Gegenstand des Verfahrens, so bestimmt sich die Zuständigkeit unbeschadet des Artikels 6, des Artikels 7 Nummer 5 und, wenn die Klage gegen den Arbeitgeber erhoben wurde, des Artikels 8 Nummer 1 nach diesem Abschnitt.

(2) Hat der Arbeitgeber, mit dem der Arbeitnehmer einen individuellen Arbeitsvertrag geschlossen hat, im Hoheitsgebiet eines Mitgliedstaats keinen Wohnsitz, besitzt er aber in einem Mitgliedstaat eine Zweigniederlassung, Agentur oder sonstige Niederlassung, so wird er für Streitigkeiten aus ihrem Betrieb so behandelt, wie wenn er seinen Wohnsitz im Hoheitsgebiet dieses Mitgliedstaats hätte.

Art. 21 [Gerichtsstände für Klagen gegen Arbeitgeber] (1) Ein Arbeitgeber, der seinen Wohnsitz im Hoheitsgebiet eines Mitgliedstaats hat, kann verklagt werden:

a) vor den Gerichten des Mitgliedstaats, in dem er seinen Wohnsitz hat, oder

b) in einem anderen Mitgliedstaat

i) vor dem Gericht des Ortes, an dem oder von dem aus der Arbeitnehmer gewöhnlich seine Arbeit verrichtet oder zuletzt gewöhnlich verrichtet hat, oder

ii) wenn der Arbeitnehmer seine Arbeit gewöhnlich nicht in ein und demselben Staat verrichtet oder verrichtet hat, vor dem Gericht des Ortes, an dem sich die Niederlassung, die den Arbeitnehmer eingestellt hat, befindet oder befand.

(2) Ein Arbeitgeber, der seinen Wohnsitz nicht im Hoheitsgebiet eines Mitgliedstaats hat, kann vor dem Gericht eines Mitgliedstaats gemäß Absatz 1 Buchstabe b verklagt werden.

Art. 22 [Gerichtsstände für Klagen gegen Arbeitnehmer; Widerklage]

(1) Die Klage des Arbeitgebers kann nur vor den Gerichten des Mitgliedstaats erhoben werden, in dessen Hoheitsgebiet der Arbeitnehmer seinen Wohnsitz hat.

(2) Die Vorschriften dieses Abschnitts lassen das Recht unberührt, eine Widerklage vor dem Gericht zu erheben, bei dem die Klage selbst gemäß den Bestimmungen dieses Abschnitts anhängig ist.

Art. 23 [Zulässige Gerichtsstandsvereinbarungen] Von den Vorschriften dieses Abschnitts kann im Wege der Vereinbarung nur abgewichen werden,

1. wenn die Vereinbarung nach der Entstehung der Streitigkeit getroffen wird oder
2. wenn sie dem Arbeitnehmer die Befugnis einräumt, andere als die in diesem Abschnitt angeführten Gerichte anzurufen.

Abschnitt 6. Ausschließliche Zuständigkeiten

Art. 24 Ohne Rücksicht auf den Wohnsitz der Parteien sind folgende Gerichte eines Mitgliedstaats ausschließlich zuständig:

1. für Verfahren, welche dingliche Rechte an unbeweglichen Sachen sowie die Miete oder Pacht von unbeweglichen Sachen zum Gegenstand haben, die Gerichte des Mitgliedstaats, in dem die unbewegliche Sache belegen ist. Jedoch sind für Verfahren betreffend die Miete oder Pacht unbeweglicher Sachen zum vorübergehenden privaten Gebrauch für höchstens sechs aufeinander folgende Monate auch die Gerichte des Mitgliedstaats zuständig, in dem der Beklagte seinen Wohnsitz hat, sofern es sich bei dem Mieter oder Pächter um eine natürliche Person handelt und der Eigentümer sowie der Mieter oder Pächter ihren Wohnsitz in demselben Mitgliedstaat haben;
2. für Verfahren, welche die Gültigkeit, die Nichtigkeit oder die Auflösung einer Gesellschaft oder juristischen Person oder die Gültigkeit der Beschlüsse ihrer Organe zum Gegenstand haben, die Gerichte des Mitgliedstaats, in dessen Hoheitsgebiet die Gesellschaft oder juristische Person ihren Sitz hat. Bei der Entscheidung darüber, wo der Sitz sich befindet, wendet das Gericht die Vorschriften seines Internationalen Privatrechts an;
3. für Verfahren, welche die Gültigkeit von Eintragungen in öffentliche Register zum Gegenstand haben, die Gerichte des Mitgliedstaats, in dessen Hoheitsgebiet die Register geführt werden;

4. für Verfahren, welche die Eintragung oder die Gültigkeit von Patenten, Marken, Mustern und Modellen sowie ähnlicher Rechte, die einer Hinterlegung oder Registrierung bedürfen, zum Gegenstand haben, unabhängig davon, ob die Frage im Wege der Klage oder der Einrede aufgeworfen wird, die Gerichte des Mitgliedstaats, in dessen Hoheitsgebiet die Hinterlegung oder Registrierung beantragt oder vorgenommen worden ist oder aufgrund eines Unionsrechtsakts oder eines zwischenstaatlichen Übereinkommens als vorgenommen gilt.
Unbeschadet der Zuständigkeit des Europäischen Patentamts nach dem am 5. Oktober 1973 in München unterzeichneten Übereinkommen über die Erteilung europäischer Patente sind die Gerichte eines jeden Mitgliedstaats für alle Verfahren ausschließlich zuständig, welche die Erteilung oder die Gültigkeit eines europäischen Patents zum Gegenstand haben, das für diesen Mitgliedstaat erteilt wurde;
5. für Verfahren, welche die Zwangsvollstreckung aus Entscheidungen zum Gegenstand haben, die Gerichte des Mitgliedstaats, in dessen Hoheitsgebiet die Zwangsvollstreckung durchgeführt werden soll oder durchgeführt worden ist.

Abschnitt 7. Vereinbarung über die Zuständigkeit

Art. 25[1)] [Zulässigkeit und Form von Gerichtsstandsvereinbarungen]

(1) [1] Haben die Parteien unabhängig von ihrem Wohnsitz vereinbart, dass ein Gericht oder die Gerichte eines Mitgliedstaats über eine bereits entstandene Rechtsstreitigkeit oder über eine künftige aus einem bestimmten Rechtsverhältnis entspringende Rechtsstreitigkeit entscheiden sollen, so sind dieses Gericht oder die Gerichte dieses Mitgliedstaats zuständig, es sei denn, die Vereinbarung ist nach dem Recht dieses Mitgliedstaats materiell ungültig. [2] Dieses Gericht oder die Gerichte dieses Mitgliedstaats sind ausschließlich zuständig, sofern die Parteien nichts anderes vereinbart haben. [3] Die Gerichtsstandsvereinbarung muss geschlossen werden:

a) schriftlich oder mündlich mit schriftlicher Bestätigung,
b) in einer Form, welche den Gepflogenheiten entspricht, die zwischen den Parteien entstanden sind, oder
c) im internationalen Handel in einer Form, die einem Handelsbrauch entspricht, den die Parteien kannten oder kennen mussten und den Parteien von Verträgen dieser Art in dem betreffenden Geschäftszweig allgemein kennen und regelmäßig beachten.

(2) Elektronische Übermittlungen, die eine dauerhafte Aufzeichnung der Vereinbarung ermöglichen, sind der Schriftform gleichgestellt.

(3) Ist in schriftlich niedergelegten Trust-Bedingungen bestimmt, dass über Klagen gegen einen Begründer, Trustee oder Begünstigten eines Trust ein Gericht oder die Gerichte eines Mitgliedstaats entscheiden sollen, so ist dieses Gericht oder sind diese Gerichte ausschließlich zuständig, wenn es sich um Beziehungen zwischen diesen Personen oder ihre Rechte oder Pflichten im Rahmen des Trust handelt.

---

1) Art. 25 Abs. 1 ber. ABl. 2016 Nr. L 264 S. 43.

(4) Gerichtsstandsvereinbarungen und entsprechende Bestimmungen in Trust-Bedingungen haben keine rechtliche Wirkung, wenn sie den Vorschriften der Artikel 15, 19 oder 23 zuwiderlaufen oder wenn die Gerichte, deren Zuständigkeit abbedungen wird, aufgrund des Artikels 24 ausschließlich zuständig sind.

(5) Eine Gerichtsstandsvereinbarung, die Teil eines Vertrags ist, ist als eine von den übrigen Vertragsbestimmungen unabhängige Vereinbarung zu behandeln.

Die Gültigkeit der Gerichtsstandsvereinbarung kann nicht allein mit der Begründung in Frage gestellt werden, dass der Vertrag nicht gültig ist.

Art. 26 [Zuständigkeit infolge rügeloser Einlassung] (1) [1] Sofern das Gericht eines Mitgliedstaats nicht bereits nach anderen Vorschriften dieser Verordnung zuständig ist, wird es zuständig, wenn sich der Beklagte vor ihm auf das Verfahren einlässt. [2] Dies gilt nicht, wenn der Beklagte sich einlässt, um den Mangel der Zuständigkeit geltend zu machen oder wenn ein anderes Gericht aufgrund des Artikels 24 ausschließlich zuständig ist.

(2) In Streitigkeiten nach den Abschnitten 3, 4 oder 5, in denen der Beklagte Versicherungsnehmer, Versicherter, Begünstigter eines Versicherungsvertrags, Geschädigter, Verbraucher oder Arbeitnehmer ist, stellt das Gericht, bevor es sich nach Absatz 1 für zuständig erklärt, sicher, dass der Beklagte über sein Recht, die Unzuständigkeit des Gerichts geltend zu machen, und über die Folgen der Einlassung oder Nichteinlassung auf das Verfahren belehrt wird.

Abschnitt 8. Prüfung der Zuständigkeit und der Zulässigkeit des Verfahrens

Art. 27 [Erklärung der Unzuständigkeit in Fällen des Art. 24] Das Gericht eines Mitgliedstaats hat sich von Amts wegen für unzuständig zu erklären, wenn es wegen einer Streitigkeit angerufen wird, für die das Gericht eines anderen Mitgliedstaats aufgrund des Artikels 24 ausschließlich zuständig ist.

Art. 28 [Erklärung der Unzuständigkeit von Amts wegen in sonstigen Fällen] (1) Lässt sich der Beklagte, der seinen Wohnsitz im Hoheitsgebiet eines Mitgliedstaats hat und der vor dem Gericht eines anderen Mitgliedstaats verklagt wird, auf das Verfahren nicht ein, so hat sich das Gericht von Amts wegen für unzuständig zu erklären, wenn seine Zuständigkeit nicht nach dieser Verordnung begründet ist.

(2) Das Gericht hat das Verfahren so lange auszusetzen, bis festgestellt ist, dass es dem Beklagten möglich war, das verfahrenseinleitende Schriftstück oder ein gleichwertiges Schriftstück so rechtzeitig zu empfangen, dass er sich verteidigen konnte oder dass alle hierzu erforderlichen Maßnahmen getroffen worden sind.

(3) An die Stelle von Absatz 2 tritt Artikel 19 der Verordnung (EG) Nr. 1393/2007[1] des Europäischen Parlaments und des Rates vom 13. November

---

[1] Nr. **103 c**.

2007 über die Zustellung gerichtlicher und außergerichtlicher Schriftstücke in Zivil- oder Handelssachen in den Mitgliedstaaten (Zustellung von Schriftstücken)[1], wenn das verfahrenseinleitende Schriftstück oder ein gleichwertiges Schriftstück nach der genannten Verordnung von einem Mitgliedstaat in einen anderen zu übermitteln war.

(4) Ist die Verordnung (EG) Nr. 1393/2007 nicht anwendbar, so gilt Artikel 15 des Haager Übereinkommens vom 15. November 1965 über die Zustellung gerichtlicher und außergerichtlicher Schriftstücke im Ausland in Zivil- und Handelssachen, wenn das verfahrenseinleitende Schriftstück oder ein gleichwertiges Schriftstück nach dem genannten Übereinkommen im Ausland zu übermitteln war.

Abschnitt 9. Anhängigkeit und im Zusammenhang stehende Verfahren

Art. 29 [Konkurrierende Rechtshängigkeit] (1) Werden bei Gerichten verschiedener Mitgliedstaaten Klagen wegen desselben Anspruchs zwischen denselben Parteien anhängig gemacht, so setzt das später angerufene Gericht unbeschadet des Artikels 31 Absatz 2 das Verfahren von Amts wegen aus, bis die Zuständigkeit des zuerst angerufenen Gerichts feststeht.

(2) In den in Absatz 1 genannten Fällen teilt das angerufene Gericht auf Antrag eines anderen angerufenen Gerichts diesem unverzüglich mit, wann es gemäß Artikel 32 angerufen wurde.

(3) Sobald die Zuständigkeit des zuerst angerufenen Gerichts feststeht, erklärt sich das später angerufene Gericht zugunsten dieses Gerichts für unzuständig.

Art. 30 [Im Zusammenhang stehende Verfahren] (1) Sind bei Gerichten verschiedener Mitgliedstaaten Verfahren, die im Zusammenhang stehen, anhängig, so kann jedes später angerufene Gericht das Verfahren aussetzen.

(2) Ist das beim zuerst angerufenen Gericht anhängige Verfahren in erster Instanz anhängig, so kann sich jedes später angerufene Gericht auf Antrag einer Partei auch für unzuständig erklären, wenn das zuerst angerufene Gericht für die betreffenden Verfahren zuständig ist und die Verbindung der Verfahren nach seinem Recht zulässig ist.

(3) Verfahren stehen im Sinne dieses Artikels im Zusammenhang, wenn zwischen ihnen eine so enge Beziehung gegeben ist, dass eine gemeinsame Verhandlung und Entscheidung geboten erscheint, um zu vermeiden, dass in getrennten Verfahren widersprechende Entscheidungen ergehen könnten.

Art. 31 [Priorität bei ausschließlicher Zuständigkeit] (1) Ist für die Verfahren die ausschließliche Zuständigkeit mehrerer Gerichte gegeben, so hat sich das zuletzt angerufene Gericht zugunsten des zuerst angerufenen Gerichts für unzuständig zu erklären.

(2) Wird ein Gericht eines Mitgliedstaats angerufen, das gemäß einer Vereinbarung nach Artikel 25 ausschließlich zuständig ist, so setzt das Gericht des anderen Mitgliedstaats unbeschadet des Artikels 26 das Verfahren so lange aus,

---

[1] **Amtl. Anm.:** ABl. L 324 vom 10. 12. 2007, S. 79.

bis das auf der Grundlage der Vereinbarung angerufene Gericht erklärt hat, dass es gemäß der Vereinbarung nicht zuständig ist.

(3) Sobald das in der Vereinbarung bezeichnete Gericht die Zuständigkeit gemäß der Vereinbarung festgestellt hat, erklären sich die Gerichte des anderen Mitgliedstaats zugunsten dieses Gerichts für unzuständig.

(4) Die Absätze 2 und 3 gelten nicht für Streitigkeiten, die in den Abschnitten 3, 4 oder 5 genannt werden, wenn der Kläger Versicherungsnehmer, Versicherter, Begünstigter des Versicherungsvertrags, Geschädigter, Verbraucher oder Arbeitnehmer ist und die Vereinbarung nach einer in den genannten Abschnitten enthaltenen Bestimmung nicht gültig ist.

Art. 32 [Anrufung eines Gerichts] (1) Für die Zwecke dieses Abschnitts gilt ein Gericht als angerufen:

a) zu dem Zeitpunkt, zu dem das verfahrenseinleitende Schriftstück oder ein gleichwertiges Schriftstück bei Gericht eingereicht worden ist, vorausgesetzt, dass der Kläger es in der Folge nicht versäumt hat, die ihm obliegenden Maßnahmen zu treffen, um die Zustellung des Schriftstücks an den Beklagten zu bewirken, oder

b) falls die Zustellung an den Beklagten vor Einreichung des Schriftstücks bei Gericht zu bewirken ist, zu dem Zeitpunkt, zu dem die für die Zustellung verantwortliche Stelle das Schriftstück erhalten hat, vorausgesetzt, dass der Kläger es in der Folge nicht versäumt hat, die ihm obliegenden Maßnahmen zu treffen, um das Schriftstück bei Gericht einzureichen.

Die für die Zustellung verantwortliche Stelle im Sinne von Buchstabe b ist die Stelle, die die zuzustellenden Schriftstücke zuerst erhält.

(2) Das Gericht oder die für die Zustellung verantwortliche Stelle gemäß Absatz 1 vermerkt das Datum der Einreichung des verfahrenseinleitenden Schriftstücks oder gleichwertigen Schriftstücks beziehungsweise das Datum des Eingangs der zuzustellenden Schriftstücke.

Art. 33 [Aussetzung/Einstellung eines Verfahrens wegen desselben Anspruchs] (1) Beruht die Zuständigkeit auf Artikel 4 oder auf den Artikeln 7, 8 oder 9 und ist bei Anrufung eines Gerichts eines Mitgliedstaats wegen desselben Anspruchs zwischen denselben Parteien ein Verfahren vor dem Gericht eines Drittstaats anhängig, so kann das Gericht des Mitgliedstaats das Verfahren aussetzen, wenn

a) zu erwarten ist, dass das Gericht des Drittstaats eine Entscheidung erlassen wird, die in dem betreffenden Mitgliedstaat anerkannt und gegebenenfalls vollstreckt werden kann, und

b) das Gericht des Mitgliedstaats davon überzeugt ist, dass eine Aussetzung des Verfahrens im Interesse einer geordneten Rechtspflege erforderlich ist.

(2) Das Gericht des Mitgliedstaats kann das Verfahren jederzeit fortsetzen, wenn

a) das Verfahren vor dem Gericht des Drittstaats ebenfalls ausgesetzt oder eingestellt wurde,

b) das Gericht des Mitgliedstaats es für unwahrscheinlich hält, dass das vor dem Gericht des Drittstaats anhängige Verfahren innerhalb einer angemessenen Frist abgeschlossen wird, oder

c) die Fortsetzung des Verfahrens im Interesse einer geordneten Rechtspflege erforderlich ist.

(3) Das Gericht des Mitgliedstaats stellt das Verfahren ein, wenn das vor dem Gericht des Drittstaats anhängige Verfahren abgeschlossen ist und eine Entscheidung ergangen ist, die in diesem Mitgliedstaat anerkannt und gegebenenfalls vollstreckt werden kann.

(4) Das Gericht des Mitgliedstaats wendet diesen Artikel auf Antrag einer der Parteien oder, wenn dies nach einzelstaatlichem Recht möglich ist, von Amts wegen an.

Art. 34 [Aussetzung/Einstellung bei in Zusammenhang stehenden Verfahren] (1) Beruht die Zuständigkeit auf Artikel 4 oder auf den Artikeln 7, 8 oder 9 und ist bei Anrufung eines Gerichts eines Mitgliedstaats vor einem Gericht eines Drittstaats ein Verfahren anhängig, das mit dem Verfahren vor dem Gericht des Mitgliedstaats in Zusammenhang steht, so kann das Gericht des Mitgliedstaats das Verfahren aussetzen, wenn

a) eine gemeinsame Verhandlung und Entscheidung der in Zusammenhang stehenden Verfahren geboten erscheint, um zu vermeiden, dass in getrennten Verfahren widersprechende Entscheidungen ergehen könnten,

b) zu erwarten ist, dass das Gericht des Drittstaats eine Entscheidung erlassen wird, die in dem betreffenden Mitgliedstaat anerkannt und gegebenenfalls vollstreckt werden kann, und

c) das Gericht des Mitgliedstaats davon überzeugt ist, dass die Aussetzung im Interesse einer geordneten Rechtspflege erforderlich ist.

(2) Das Gericht des Mitgliedstaats kann das Verfahren jederzeit fortsetzen, wenn

a) das Gericht des Mitgliedstaats es für wahrscheinlich hält, dass die Gefahr widersprechender Entscheidungen nicht mehr besteht,

b) das Verfahren vor dem Gericht des Drittstaats ebenfalls ausgesetzt oder eingestellt wurde,

c) das Gericht des Mitgliedstaats es für unwahrscheinlich hält, dass das vor dem Gericht des Drittstaats anhängige Verfahren innerhalb einer angemessenen Frist abgeschlossen wird, oder

d) die Fortsetzung des Verfahrens im Interesse einer geordneten Rechtspflege erforderlich ist.

(3) Das Gericht des Mitgliedstaats kann das Verfahren einstellen, wenn das vor dem Gericht des Drittstaats anhängige Verfahren abgeschlossen ist und eine Entscheidung ergangen ist, die in diesem Mitgliedstaat anerkannt und gegebenenfalls vollstreckt werden kann.

(4) Das Gericht des Mitgliedstaats wendet diesen Artikel auf Antrag einer der Parteien oder, wenn dies nach einzelstaatlichem Recht möglich ist, von Amts wegen an.

Abschnitt 10. Einstweilige Maßnahmen einschließlich Sicherungsmaßnahmen

Art. 35 [Einstweilige Maßnahmen] Die im Recht eines Mitgliedstaats vorgesehenen einstweiligen Maßnahmen einschließlich Sicherungsmaßnahmen können bei den Gerichten dieses Mitgliedstaats auch dann beantragt werden, wenn für die Entscheidung in der Hauptsache das Gericht eines anderen Mitgliedstaats zuständig ist.

Kapitel III. Anerkennung und Vollstreckung

Abschnitt 1. Anerkennung

Art. 36 [Anerkennung einer Entscheidung] (1) Die in einem Mitgliedstaat ergangenen Entscheidungen werden in den anderen Mitgliedstaaten anerkannt, ohne dass es hierfür eines besonderen Verfahrens bedarf.

(2) Jeder Berechtigte kann gemäß dem Verfahren nach Abschnitt 3 Unterabschnitt 2 die Feststellung beantragen, dass keiner der in Artikel 45 genannten Gründe für eine Versagung der Anerkennung gegeben ist.

(3) Wird die Anerkennung in einem Rechtsstreit vor dem Gericht eines Mitgliedstaats, dessen Entscheidung von der Versagung der Anerkennung abhängt, verlangt, so kann dieses Gericht über die Anerkennung entscheiden.

Art. 37 [Vorlegung der Entscheidung und der Bescheinigung] (1) Eine Partei, die in einem Mitgliedstaat eine in einem anderen Mitgliedstaat ergangene Entscheidung geltend machen will, hat Folgendes vorzulegen:

a) eine Ausfertigung der Entscheidung, die die für ihre Beweiskraft erforderlichen Voraussetzungen erfüllt, und

b) die nach Artikel 53 ausgestellte Bescheinigung.

(2) [1] Das Gericht oder die Behörde, bei dem oder der eine in einem anderen Mitgliedstaat ergangene Entscheidung geltend gemacht wird, kann die Partei, die sie geltend macht, gegebenenfalls auffordern, eine Übersetzung oder eine Transliteration des Inhalts der in Absatz 1 Buchstabe b genannten Bescheinigung nach Artikel 57 zur Verfügung zu stellen. [2] Kann das Gericht oder die Behörde das Verfahren ohne eine Übersetzung der eigentlichen Entscheidung nicht fortsetzen, so kann es oder sie die Partei auffordern, eine Übersetzung der Entscheidung statt der Übersetzung des Inhalts der Bescheinigung zur Verfügung zu stellen.

Art. 38 [Aussetzung des Verfahrens] Das Gericht oder die Behörde, bei dem bzw. der eine in einem anderen Mitgliedstaat ergangene Entscheidung geltend gemacht wird, kann das Verfahren ganz oder teilweise aussetzen, wenn

a) die Entscheidung im Ursprungsmitgliedstaat angefochten wird oder

b) die Feststellung, dass keiner der in Artikel 45 genannten Gründe für eine Versagung der Anerkennung gegeben ist, oder die Feststellung, dass die Anerkennung aus einem dieser Gründe zu versagen ist, beantragt worden ist.

Abschnitt 2. Vollstreckung

Art. 39 [Vollstreckbarkeit] Eine in einem Mitgliedstaat ergangene Entscheidung, die in diesem Mitgliedstaat vollstreckbar ist, ist in den anderen Mitgliedstaaten vollstreckbar, ohne dass es einer Vollstreckbarerklärung bedarf.

Art. 40 [Sicherungsmaßnahmen] Eine vollstreckbare Entscheidung umfasst von Rechts wegen die Befugnis, jede Sicherungsmaßnahme zu veranlassen, die im Recht des ersuchten Mitgliedstaats vorgesehen ist.

Art. 41 [Recht des ersuchten Mitgliedstaats] (1) [1] Vorbehaltlich der Bestimmungen dieses Abschnitts gilt für das Verfahren zur Vollstreckung der in einem anderen Mitgliedstaat ergangenen Entscheidungen das Recht des ersuchten Mitgliedstaats. [2] Eine in einem Mitgliedstaat ergangene Entscheidung, die im ersuchten Mitgliedstaat vollstreckbar ist, wird dort unter den gleichen Bedingungen vollstreckt wie eine im ersuchten Mitgliedstaat ergangene Entscheidung.

(2) Ungeachtet des Absatzes 1 gelten die im Recht des ersuchten Mitgliedstaats für die Verweigerung oder Aussetzung der Vollstreckung vorgesehenen Gründe, soweit sie nicht mit den in Artikel 45 aufgeführten Gründen unvereinbar sind.

(3) [1] Von der Partei, die die Vollstreckung einer in einem anderen Mitgliedstaat ergangenen Entscheidung beantragt, kann nicht verlangt werden, dass sie im ersuchten Mitgliedstaat über eine Postanschrift verfügt. [2] Es kann von ihr auch nicht verlangt werden, dass sie im ersuchten Mitgliedstaat über einen bevollmächtigten Vertreter verfügt, es sei denn, ein solcher Vertreter ist ungeachtet der Staatsangehörigkeit oder des Wohnsitzes der Parteien vorgeschrieben.

Art. 42 [Vorlegung der Entscheidung und der Bescheinigung] (1) Soll in einem Mitgliedstaat eine in einem anderen Mitgliedstaat ergangene Entscheidung vollstreckt werden, hat der Antragsteller der zuständigen Vollstreckungsbehörde Folgendes vorzulegen:

a) eine Ausfertigung der Entscheidung, die die für ihre Beweiskraft erforderlichen Voraussetzungen erfüllt, und

b) die nach Artikel 53 ausgestellte Bescheinigung, mit der bestätigt wird, dass die Entscheidung vollstreckbar ist, und die einen Auszug aus der Entscheidung sowie gegebenenfalls relevante Angaben zu den erstattungsfähigen Kosten des Verfahrens und der Berechnung der Zinsen enthält.

(2) Soll in einem Mitgliedstaat eine in einem anderen Mitgliedstaat ergangene Entscheidung vollstreckt werden, mit der eine einstweilige Maßnahme einschließlich einer Sicherungsmaßnahme angeordnet wird, hat der Antragsteller der zuständigen Vollstreckungsbehörde Folgendes vorzulegen:

a) eine Ausfertigung der Entscheidung, die die für ihre Beweiskraft erforderlichen Voraussetzungen erfüllt,

b) die nach Artikel 53 ausgestellte Bescheinigung, die eine Beschreibung der Maßnahme enthält und mit der bestätigt wird, dass

   i) das Gericht in der Hauptsache zuständig ist,

   ii) die Entscheidung im Ursprungsmitgliedstaat vollstreckbar ist, und

c) wenn die Maßnahme ohne Vorladung des Beklagten angeordnet wurde, den Nachweis der Zustellung der Entscheidung.

(3) Die zuständige Vollstreckungsbehörde kann gegebenenfalls vom Antragsteller gemäß Artikel 57 eine Übersetzung oder Transliteration des Inhalts der Bescheinigung verlangen.

(4) Die zuständige Vollstreckungsbehörde darf vom Antragsteller eine Übersetzung der Entscheidung nur verlangen, wenn sie das Verfahren ohne eine solche Übersetzung nicht fortsetzen kann.

Art. 43 [Zustellung der Bescheinigung; Übersetzung] (1) [1] Soll eine in einem anderen Mitgliedstaat ergangene Entscheidung vollstreckt werden, so wird die gemäß Artikel 53 ausgestellte Bescheinigung dem Schuldner vor der ersten Vollstreckungsmaßnahme zugestellt. [2] Der Bescheinigung wird die Entscheidung beigefügt, sofern sie dem Schuldner noch nicht zugestellt wurde.

(2) Hat der Schuldner seinen Wohnsitz in einem anderen Mitgliedstaat als dem Ursprungsmitgliedstaat, so kann er eine Übersetzung der Entscheidung verlangen, um ihre Vollstreckung anfechten zu können, wenn die Entscheidung nicht in einer der folgenden Sprachen abgefasst ist oder ihr keine Übersetzung in einer der folgenden Sprachen beigefügt ist:

a) einer Sprache, die er versteht, oder

b) der Amtssprache des Mitgliedstaats, in dem er seinen Wohnsitz hat, oder, wenn es in diesem Mitgliedstaat mehrere Amtssprachen gibt, in der Amtssprache oder einer der Amtssprachen des Ortes, an dem er seinen Wohnsitz hat.

Wird die Übersetzung der Entscheidung gemäß Unterabsatz 1 verlangt, so darf die Zwangsvollstreckung nicht über Sicherungsmaßnahmen hinausgehen, solange der Schuldner die Übersetzung nicht erhalten hat.

Dieser Absatz gilt nicht, wenn die Entscheidung dem Schuldner bereits in einer der in Unterabsatz 1 genannten Sprachen oder zusammen mit einer Übersetzung in eine dieser Sprachen zugestellt worden ist.

(3) Dieser Artikel gilt nicht für die Vollstreckung einer in einer Entscheidung enthaltenen Sicherungsmaßnahme oder wenn der Antragsteller Sicherungsmaßnahmen gemäß Artikel 40 erwirkt.

Art. 44 [Antrag auf Versagung der Vollstreckung] (1) Wurde eine Versagung der Vollstreckung einer Entscheidung gemäß Abschnitt 3 Unterabschnitt 2 beantragt, so kann das Gericht im ersuchten Mitgliedstaat auf Antrag des Schuldners

a) das Vollstreckungsverfahren auf Sicherungsmaßnahmen beschränken,

b) die Vollstreckung von der Leistung einer vom Gericht zu bestimmenden Sicherheit abhängig machen oder

c) das Vollstreckungsverfahren insgesamt oder teilweise aussetzen.

(2) Die zuständige Behörde des ersuchten Mitgliedstaats setzt das Vollstreckungsverfahren auf Antrag des Schuldners aus, wenn die Vollstreckbarkeit der Entscheidung im Ursprungsmitgliedstaat ausgesetzt ist.

Abschnitt 3. Versagung der Anerkennung und Vollstreckung

Unterabschnitt 1. Versagung der Anerkennung

Art. 45 [Antrag auf Versagung der Anerkennung] (1) Die Anerkennung einer Entscheidung wird auf Antrag eines Berechtigten versagt, wenn

a) die Anerkennung der öffentlichen Ordnung (ordre public) des ersuchten Mitgliedstaats offensichtlich widersprechen würde;

b) dem Beklagten, der sich auf das Verfahren nicht eingelassen hat, das verfahrenseinleitende Schriftstück oder ein gleichwertiges Schriftstück nicht so rechtzeitig und in einer Weise zugestellt worden ist, dass er sich verteidigen konnte, es sei denn, der Beklagte hat gegen die Entscheidung keinen Rechtsbehelf eingelegt, obwohl er die Möglichkeit dazu hatte;

c) die Entscheidung mit einer Entscheidung unvereinbar ist, die zwischen denselben Parteien im ersuchten Mitgliedstaat ergangen ist;

d) die Entscheidung mit einer früheren Entscheidung unvereinbar ist, die in einem anderen Mitgliedstaat oder in einem Drittstaat in einem Rechtsstreit wegen desselben Anspruchs zwischen denselben Parteien ergangen ist, sofern die frühere Entscheidung die notwendigen Voraussetzungen für ihre Anerkennung im ersuchten Mitgliedstaat erfüllt, oder

e) die Entscheidung unvereinbar ist

i) mit Kapitel II Abschnitte 3, 4 oder 5, sofern der Beklagte Versicherungsnehmer, Versicherter, Begünstigter des Versicherungsvertrags, Geschädigter, Verbraucher oder Arbeitnehmer ist, oder

ii) mit Kapitel II Abschnitt 6.

(2) Das mit dem Antrag befasste Gericht ist bei der Prüfung, ob eine der in Absatz 1 Buchstabe e angeführten Zuständigkeiten gegeben ist, an die tatsächlichen Feststellungen gebunden, aufgrund deren das Ursprungsgericht seine Zuständigkeit angenommen hat.

(3) [1] Die Zuständigkeit des Ursprungsgerichts darf, unbeschadet des Absatzes 1 Buchstabe e, nicht nachgeprüft werden. [2] Die Vorschriften über die Zuständigkeit gehören nicht zur öffentlichen Ordnung (ordre public) im Sinne des Absatzes 1 Buchstabe a.

(4) Der Antrag auf Versagung der Anerkennung ist gemäß den Verfahren des Unterabschnitts 2 und gegebenenfalls des Abschnitts 4 zu stellen.

Unterabschnitt 2. Versagung der Vollstreckung

Art. 46 [Versagung] Die Vollstreckung einer Entscheidung wird auf Antrag des Schuldners versagt, wenn festgestellt wird, dass einer der in Artikel 45 genannten Gründe gegeben ist.

Art. 47 [Gerichtliche Zuständigkeit; angewendetes Recht] (1) Der Antrag auf Versagung der Vollstreckung ist an das Gericht zu richten, das der Kommission von dem betreffenden Mitgliedstaat gemäß Artikel 75 Buchstabe a mitgeteilt wurde.

(2) Für das Verfahren zur Versagung der Vollstreckung ist, soweit es nicht durch diese Verordnung geregelt ist, das Recht des ersuchten Mitgliedstaats maßgebend.

(3) Der Antragsteller legt dem Gericht eine Ausfertigung der Entscheidung und gegebenenfalls eine Übersetzung oder Transliteration der Entscheidung vor.

[1] Das Gericht kann auf die Vorlage der in Unterabsatz 1 genannten Schriftstücke verzichten, wenn ihm die Schriftstücke bereits vorliegen oder wenn es

das Gericht für unzumutbar hält, vom Antragsteller die Vorlage der Schriftstücke zu verlangen. [2] Im letztgenannten Fall kann das Gericht von der anderen Partei verlangen, diese Schriftstücke vorzulegen.

(4) [1] Von der Partei, die die Versagung der Vollstreckung einer in einem anderen Mitgliedstaat ergangenen Entscheidung beantragt, kann nicht verlangt werden, dass sie im ersuchten Mitgliedstaat über eine Postanschrift verfügt. [2] Es kann von ihr auch nicht verlangt werden, dass sie im ersuchten Mitgliedstaat über einen bevollmächtigten Vertreter verfügt, es sei denn, ein solcher Vertreter ist ungeachtet der Staatsangehörigkeit oder des Wohnsitzes der Parteien vorgeschrieben.

Art. 48 [Unverzügliche Entscheidung] Das Gericht entscheidet unverzüglich über den Antrag auf Versagung der Vollstreckung.

Art. 49 [Rechtsbehelf] (1) Gegen die Entscheidung über den Antrag auf Versagung der Vollstreckung kann jede Partei einen Rechtsbehelf einlegen.

(2) Der Rechtsbehelf ist bei dem Gericht einzulegen, das der Kommission von dem betreffenden Mitgliedstaat gemäß Artikel 75 Buchstabe b mitgeteilt wurde.

Art. 50 [Weiterer Rechtsbehelf] Gegen die Entscheidung, die über den Rechtsbehelf ergangen ist, kann nur ein Rechtsbehelf eingelegt werden, wenn der betreffende Mitgliedstaat der Kommission gemäß Artikel 75 Buchstabe c mitgeteilt hat, bei welchen Gerichten ein weiterer Rechtsbehelf einzulegen ist.

Art. 51 [Aussetzung des Verfahrens] (1) [1] Das mit einem Antrag auf Verweigerung der Vollstreckung befasste Gericht oder das nach Artikel 49 oder Artikel 50 mit einem Rechtsbehelf befasste Gericht kann das Verfahren aussetzen, wenn gegen die Entscheidung im Ursprungsmitgliedstaat ein ordentlicher Rechtsbehelf eingelegt wurde oder die Frist für einen solchen Rechtsbehelf noch nicht verstrichen ist. [2] Im letztgenannten Fall kann das Gericht eine Frist bestimmen, innerhalb derer der Rechtsbehelf einzulegen ist.

(2) Ist die Entscheidung in Irland, Zypern oder im Vereinigten Königreich ergangen, so gilt jeder im Ursprungsmitgliedstaat statthafte Rechtsbehelf als ordentlicher Rechtsbehelf im Sinne des Absatzes 1.

Abschnitt 4. Gemeinsame Vorschriften

Art. 52 [Keine Nachprüfung in der Sache selbst] Eine in einem Mitgliedstaat ergangene Entscheidung darf im ersuchten Mitgliedstaat keinesfalls in der Sache selbst nachgeprüft werden.

Art. 53 [Ausstellung der Bescheinigung] Das Ursprungsgericht stellt auf Antrag eines Berechtigten die Bescheinigung unter Verwendung des Formblatts in Anhang I aus.

Art. 54 [Anpassung; Übersetzung] (1) Enthält eine Entscheidung eine Maßnahme oder Anordnung, die im Recht des ersuchten Mitgliedstaats nicht bekannt ist, so ist diese Maßnahme oder Anordnung soweit möglich an eine im Recht dieses Mitgliedstaats bekannte Maßnahme oder Anordnung anzupassen, mit der vergleichbare Wirkungen verbunden sind und die ähnliche Ziele und Interessen verfolgt.

Eine solche Anpassung darf nicht dazu führen, dass Wirkungen entstehen, die über die im Recht des Ursprungsmitgliedstaats vorgesehenen Wirkungen hinausgehen.

(2) Jede Partei kann die Anpassung der Maßnahme oder Anordnung vor einem Gericht anfechten.

(3) Die Partei, die die Entscheidung geltend macht oder deren Vollstreckung beantragt, kann erforderlichenfalls aufgefordert werden, eine Übersetzung oder Transliteration der Entscheidung zur Verfügung zu stellen.

Art. 55 [Zwangsgeld] In einem Mitgliedstaat ergangene Entscheidungen, die auf Zahlung eines Zwangsgelds lauten, sind im ersuchten Mitgliedstaat nur vollstreckbar, wenn die Höhe des Zwangsgelds durch das Ursprungsgericht endgültig festgesetzt ist.

Art. 56 [Keine Sicherheitsleistung wegen Ausländereigenschaft] Der Partei, die in einem Mitgliedstaat eine in einem anderen Mitgliedstaat ergangene Entscheidung vollstrecken will, darf wegen ihrer Eigenschaft als Ausländer oder wegen Fehlens eines Wohnsitzes oder Aufenthalts im ersuchten Mitgliedstaat eine Sicherheitsleistung oder Hinterlegung, unter welcher Bezeichnung es auch sei, nicht auferlegt werden.

Art. 57 [Übersetzung/Transliteration] (1) Ist nach dieser Verordnung eine Übersetzung oder Transliteration erforderlich, so erfolgt die Übersetzung oder Transliteration in die Amtssprache des betreffenden Mitgliedstaats oder, wenn es in diesem Mitgliedstaat mehrere Amtssprachen gibt, nach Maßgabe des Rechts dieses Mitgliedstaats in die oder in eine der Verfahrenssprachen des Ortes, an dem eine in einem anderen Mitgliedstaat ergangene Entscheidung geltend gemacht oder ein Antrag gestellt wird.

(2) Bei den in den Artikeln 53 und 60 genannten Formblättern kann eine Übersetzung oder Transliteration auch in eine oder mehrere andere Amtssprachen der Organe der Union erfolgen, die der betreffende Mitgliedstaat für diese Formblätter zugelassen hat.

(3) Eine Übersetzung aufgrund dieser Verordnung ist von einer Person zu erstellen, die zur Anfertigung von Übersetzungen in einem der Mitgliedstaaten befugt ist.

Kapitel IV. Öffentliche Urkunden und gerichtliche Vergleiche

Art. 58 [Öffentliche Urkunden] (1) [1] Öffentliche Urkunden, die im Ursprungsmitgliedstaat vollstreckbar sind, sind in den anderen Mitgliedstaaten vollstreckbar, ohne dass es einer Vollstreckbarerklärung bedarf. [2] Die Zwangsvollstreckung aus der öffentlichen Urkunde kann nur versagt werden, wenn sie der öffentlichen Ordnung (ordre public) des ersuchten Mitgliedstaats offensichtlich widersprechen würde.

Die Vorschriften des Kapitels III Abschnitt 2, des Abschnitts 3 Unterabschnitt 2 und des Abschnitts 4 sind auf öffentlichen Urkunden sinngemäß anzuwenden.

(2) Die vorgelegte öffentliche Urkunde muss die Voraussetzungen für ihre Beweiskraft erfüllen, die im Ursprungsmitgliedstaat erforderlich sind.

Art. 59 [Gerichtliche Vergleiche] Gerichtliche Vergleiche, die im Ursprungsmitgliedstaat vollstreckbar sind, werden in den anderen Mitgliedstaaten unter denselben Bedingungen wie öffentliche Urkunden vollstreckt.

Art. 60 [Bescheinigung über eine öffentliche Urkunde] Die zuständige Behörde oder das Gericht des Ursprungsmitgliedstaats stellt auf Antrag eines Berechtigten die Bescheinigung mit einer Zusammenfassung der in der öffentlichen Urkunde beurkundeten vollstreckbaren Verpflichtung oder der in dem gerichtlichen Vergleich beurkundeten Parteivereinbarung unter Verwendung des Formblatts in Anhang II aus.

Kapitel V. Allgemeine Vorschriften

Art. 61 [Anerkennung von Urkunden] Im Rahmen dieser Verordnung bedarf es hinsichtlich Urkunden, die in einem Mitgliedstaat ausgestellt werden, weder der Legalisation noch einer ähnlichen Förmlichkeit.

Art. 62 [Bestimmung des Wohnsitzes] (1) Ist zu entscheiden, ob eine Partei im Hoheitsgebiet des Mitgliedstaats, dessen Gerichte angerufen sind, einen Wohnsitz hat, so wendet das Gericht sein Recht an.

(2) Hat eine Partei keinen Wohnsitz in dem Mitgliedstaat, dessen Gerichte angerufen sind, so wendet das Gericht, wenn es zu entscheiden hat, ob die Partei einen Wohnsitz in einem anderen Mitgliedstaat hat, das Recht dieses Mitgliedstaats an.

Art. 63 [Bestimmung des Gesellschaftssitzes] (1) Gesellschaften und juristische Personen haben für die Anwendung dieser Verordnung ihren Wohnsitz an dem Ort, an dem sich

a) ihr satzungsmäßiger Sitz,

b) ihre Hauptverwaltung oder

c) ihre Hauptniederlassung befindet.

(2) Im Falle Irlands, Zyperns und des Vereinigten Königreichs ist unter dem Ausdruck „satzungsmäßiger Sitz" das *registered office* oder, wenn ein solches nirgendwo besteht, der *place of incorporation* (Ort der Erlangung der Rechtsfähigkeit) oder, wenn ein solcher nirgendwo besteht, der Ort, nach dessen Recht die *formation* (Gründung) erfolgt ist, zu verstehen.

(3) Um zu bestimmen, ob ein Trust seinen Sitz in dem Mitgliedstaat hat, bei dessen Gerichten die Klage anhängig ist, wendet das Gericht sein Internationales Privatrecht an.

Art. 64 [Besonderheiten von Adhäsionsverfahren] [1] Unbeschadet günstigerer innerstaatlicher Vorschriften können Personen, die ihren Wohnsitz im

Hoheitsgebiet eines Mitgliedstaats haben und die vor den Strafgerichten eines anderen Mitgliedstaats, dessen Staatsangehörigkeit sie nicht besitzen, wegen einer fahrlässig begangenen Straftat verfolgt werden, sich von hierzu befugten Personen vertreten lassen, selbst wenn sie persönlich nicht erscheinen. [2] Das Gericht kann jedoch das persönliche Erscheinen anordnen; wird diese Anordnung nicht befolgt, so braucht die Entscheidung, die über den Anspruch aus einem Rechtsverhältnis des Zivilrechts ergangen ist, ohne dass sich der Angeklagte verteidigen konnte, in den anderen Mitgliedstaaten weder anerkannt noch vollstreckt zu werden.

Art. 65 [Streitverkündung statt Regressklage] (1) [1] Die in Artikel 8 Nummer 2 und Artikel 13 für eine Gewährleistungs- oder Interventionsklage vorgesehene Zuständigkeit kann in den Mitgliedstaaten, die in der von der Kommission nach Artikel 76 Absatz 1 Buchstabe b und Artikel 76 Absatz 2 festgelegten Liste aufgeführt sind, nur geltend gemacht werden, soweit das einzelstaatliche Recht dies zulässt. [2] Eine Person, die ihren Wohnsitz in einem anderen Mitgliedstaat hat, kann aufgefordert werden, nach den Vorschriften über die Streitverkündung gemäß der genannten Liste einem Verfahren vor einem Gericht dieser Mitgliedstaaten beizutreten.

(2) [1] Entscheidungen, die in einem Mitgliedstaat aufgrund des Artikels 8 Nummer 2 oder des Artikels 13 ergangen sind, werden nach Kapitel III in allen anderen Mitgliedstaaten anerkannt und vollstreckt. [2] Die Wirkungen, welche die Entscheidungen, die in den in der Liste nach Absatz 1 aufgeführten Mitgliedstaaten ergangen sind, gemäß dem Recht dieser Mitgliedstaaten infolge der Anwendung von Absatz 1 gegenüber Dritten haben, werden in *den allen*[1] Mitgliedstaaten anerkannt.

(3) Die in der Liste nach Absatz 1 aufgeführten Mitgliedstaaten übermitteln im Rahmen des durch die Entscheidung 2001/470/EG des Rates[2] errichteten Europäischen Justiziellen Netzes für Zivil- und Handelssachen („Europäisches Justizielles Netz") Informationen darüber, wie nach Maßgabe ihres innerstaatlichen Rechts die in Absatz 2 Satz 2 genannten Wirkungen der Entscheidungen bestimmt werden können.

Kapitel VI. Übergangsvorschriften

Art. 66 (1) Diese Verordnung ist nur auf Verfahren, öffentliche Urkunden oder gerichtliche Vergleiche anzuwenden, die am 10. Januar 2015 oder danach eingeleitet, förmlich errichtet oder eingetragen bzw. gebilligt oder geschlossen worden sind.

(2) Ungeachtet des Artikels 80 gilt die Verordnung (EG) Nr. 44/2001 weiterhin für Entscheidungen, die in vor dem 10. Januar 2015 eingeleiteten gerichtlichen Verfahren ergangen sind, für vor diesem Zeitpunkt förmlich errichtete oder eingetragene öffentliche Urkunden sowie für vor diesem Zeitpunkt gebilligte oder geschlossene gerichtliche Vergleiche, sofern sie in den Anwendungsbereich der genannten Verordnung fallen.

---

[1] Amtliche Formulierung.
[2] **Amtl. Anm.:** ABl. L 174 vom 27. 6. 2001, S. 25.

Kapitel VII. Verhältnis zu anderen Rechtsinstrumenten

Art. 67 [Rechtsakte für besondere Rechtsgebiete] Diese Verordnung berührt nicht die Anwendung der Bestimmungen, die für besondere Rechtsgebiete die gerichtliche Zuständigkeit oder die Anerkennung und Vollstreckung von Entscheidungen regeln und in Unionsrechtsakten oder in dem in Ausführung dieser Rechtsakte harmonisierten einzelstaatlichen Recht enthalten sind.

Art. 68 [Verhältnis zu EuGVÜ] (1) Diese Verordnung tritt im Verhältnis zwischen den Mitgliedstaaten an die Stelle des Brüsseler Übereinkommens von 1968, außer hinsichtlich der Hoheitsgebiete der Mitgliedstaaten, die in den territorialen Anwendungsbereich des genannten Übereinkommens fallen und aufgrund der Anwendung von Artikel 355 AEUV[1)] von dieser Verordnung ausgeschlossen sind.

(2) Soweit diese Verordnung die Bestimmungen des Brüsseler Übereinkommens von 1968 zwischen den Mitgliedstaaten ersetzt, gelten Verweise auf dieses Übereinkommen als Verweise auf die vorliegende Verordnung.

Art. 69 [Ersetzung von Übereinkünften] [1]Diese Verordnung ersetzt unbeschadet der Artikel 70 und 71 im Verhältnis zwischen den Mitgliedstaaten die Übereinkünfte, die sich auf dieselben Rechtsgebiete erstrecken wie diese Verordnung. [2]Ersetzt werden insbesondere die Übereinkünfte, die in der von der Kommission nach Artikel 76 Absatz 1 Buchstabe c und Artikel 76 Absatz 2 festgelegten Liste aufgeführt sind.

Art. 70 [Fortgeltung außerhalb des Anwendungsbereichs der EuGVVO] (1) Die in Artikel 69 genannten Übereinkünfte behalten ihre Wirksamkeit für die Rechtsgebiete, auf die diese Verordnung nicht anzuwenden ist.

(2) Sie bleiben auch weiterhin für die Entscheidungen, öffentlichen Urkunden und gerichtlichen Vergleiche wirksam, die vor dem Inkrafttreten der Verordnung (EG) Nr. 44/2001 ergangen, förmlich errichtet oder eingetragen bzw. gebilligt oder geschlossen worden sind.

Art. 71 [Fortgeltung von Übereinkünften für besondere Rechtsgebiete] (1) Diese Verordnung lässt Übereinkünfte unberührt, denen die Mitgliedstaaten angehören und die für besondere Rechtsgebiete die gerichtliche Zuständigkeit, die Anerkennung oder die Vollstreckung von Entscheidungen regeln.

(2) Um eine einheitliche Auslegung des Absatzes 1 zu sichern wird er in folgender Weise angewandt:

a) Diese Verordnung schließt nicht aus, dass ein Gericht eines Mitgliedstaats, der Vertragspartei einer Übereinkunft über ein besonderes Rechtsgebiet ist, seine Zuständigkeit auf eine solche Übereinkunft stützt, und zwar auch dann, wenn der Beklagte seinen Wohnsitz im Hoheitsgebiet eines Mitglied-

1) **Sartorius Nr. 1001.**

staats hat, der nicht Vertragspartei einer solchen Übereinkunft ist. In jedem Fall wendet dieses Gericht Artikel 28 dieser Verordnung an.

b) Entscheidungen, die in einem Mitgliedstaat von einem Gericht erlassen worden sind, das seine Zuständigkeit auf eine Übereinkunft über ein besonderes Rechtsgebiet gestützt hat, werden in den anderen Mitgliedstaaten nach dieser Verordnung anerkannt und vollstreckt.

[1] Sind der Ursprungsmitgliedstaat und der ersuchte Mitgliedstaat Vertragsparteien einer Übereinkunft über ein besonderes Rechtsgebiet, welche die Voraussetzungen für die Anerkennung und Vollstreckung von Entscheidungen regelt, so gelten diese Voraussetzungen. [2] In jedem Fall können die Bestimmungen dieser Verordnung über die Anerkennung und Vollstreckung von Entscheidungen angewandt werden.

Art. 71 a[1)] [Gemeinsames Gericht] (1) Für die Zwecke dieser Verordnung gilt ein gemeinsames Gericht mehrerer Mitgliedstaaten gemäß Absatz 2 („gemeinsames Gericht") als ein Gericht eines Mitgliedstaats, wenn das gemeinsame Gericht gemäß der zu seiner Errichtung geschlossenen Übereinkunft eine gerichtliche Zuständigkeit in Angelegenheiten ausübt, die in den Anwendungsbereich dieser Verordnung fallen.

(2) Jedes der folgenden Gerichte ist für die Zwecke dieser Verordnung ein gemeinsames Gericht:

a) das mit dem am 19. Februar 2013 unterzeichneten Übereinkommen zur Schaffung eines Einheitlichen Patentgerichts („EPG-Übereinkommen") errichtete Einheitliche Patentgericht und

b) der mit dem Vertrag vom 31. März 1965 über die Gründung und die Satzung des Benelux-Gerichtshofs (im Folgenden „Benelux-Gerichtshof-Vertrag") errichtete Benelux-Gerichtshof.

Art. 71 b[1)] [Zuständigkeit eines gemeinsamen Gerichts] Die Zuständigkeit eines gemeinsamen Gerichts wird wie folgt bestimmt:

1. Ein gemeinsames Gericht ist zuständig, wenn die Gerichte eines Mitgliedstaats, der Partei der Übereinkunft zur Errichtung des gemeinsamen Gerichts ist, nach Maßgabe dieser Verordnung in einem unter die betreffende Übereinkunft fallenden Rechtsgebiet zuständig wären.

2. In Fällen, in denen der Beklagte seinen Wohnsitz nicht in einem Mitgliedstaat hat und diese Verordnung die ihn betreffende gerichtliche Zuständigkeit nicht anderweitig begründet, findet Kapitel II, soweit einschlägig, ungeachtet des Wohnsitzes des Beklagten Anwendung.
Einstweilige Maßnahmen einschließlich Sicherungsmaßnahmen können bei einem gemeinsamen Gericht auch dann beantragt werden, wenn für die Entscheidung in der Hauptsache die Gerichte eines Drittstaats zuständig sind.

3. Ist ein gemeinsames Gericht hinsichtlich eines Beklagten nach Nummer 2 in einem Rechtsstreit über eine Verletzung eines Europäischen Patents, die zu einem Schaden innerhalb der Union geführt hat, zuständig, kann dieses

---

[1)] Art. 71 a–71 d eingef. mWv 10. 1. 2015 durch VO v. 15. 5. 2014 (ABl. Nr. L 163 S. 1).

Gericht seine Zuständigkeit auch hinsichtlich eines aufgrund einer solchen Verletzung außerhalb der Union entstandenen Schadens ausüben.
Diese Zuständigkeit kann nur begründet werden, wenn dem Beklagten gehörendes Vermögen in einem Mitgliedstaat belegen ist, der Vertragspartei der Übereinkunft zur Errichtung des gemeinsamen Gerichts ist und der Rechtsstreit einen hinreichenden Bezug zu einem solchen Mitgliedstaat aufweist.

Art. 71 c[1] **[Konkurrierende Rechtshängigkeit]** (1) Die Artikel 29 bis 32 finden Anwendung, wenn ein gemeinsames Gericht und ein Gericht eines Mitgliedstaats, der nicht Vertragspartei der Übereinkunft zur Errichtung des gemeinsamen Gerichts ist, angerufen werden.

(2) Die Artikel 29 bis 32 finden Anwendung, wenn während des Übergangszeitraums gemäß Artikel 83 des EPG-Übereinkommens das Einheitliche Patentgericht und ein Gericht eines Mitgliedstaats angerufen werden, der Vertragspartei des EPG-Übereinkommens ist.

Art. 71 d[1] **[Anerkennung und Vollstreckung]** Diese Verordnung findet Anwendung auf die Anerkennung und Vollstreckung von

a) Entscheidungen eines gemeinsamen Gerichts, die in einem Mitgliedstaat, der nicht Vertragspartei der Übereinkunft zur Errichtung des gemeinsamen Gerichts ist, anerkannt und vollstreckt werden müssen, und

b) Entscheidungen der Gerichte eines Mitgliedstaats, der nicht Vertragspartei der Übereinkunft zur Errichtung des gemeinsamen Gerichts ist, die in einem Mitgliedstaat, der Vertragspartei dieser Übereinkunft ist, anerkannt und vollstreckt werden müssen.

Wird die Anerkennung und Vollstreckung einer Entscheidung eines gemeinsamen Gerichts jedoch in einem Mitgliedstaat beantragt, der Vertragspartei der Übereinkunft zur Errichtung des gemeinsamen Gerichts ist, gelten anstelle dieser Verordnung alle die Anerkennung und Vollstreckung betreffenden Bestimmungen der Übereinkunft.

Art. 72 [Fortgelten von Vereinbarungen nach Art. 59 des Brüsseler Übereinkommens] Diese Verordnung lässt Vereinbarungen unberührt, durch die sich die Mitgliedstaaten vor Inkrafttreten der Verordnung (EG) Nr. 44/2001 nach Artikel 59 des Brüsseler Übereinkommens von 1968 verpflichtet haben, Entscheidungen der Gerichte eines anderen Vertragsstaats des genannten Übereinkommens gegen Beklagte, die ihren Wohnsitz oder gewöhnlichen Aufenthalt im Hoheitsgebiet eines Drittstaats haben, nicht anzuerkennen, wenn die Entscheidungen in den Fällen des Artikels 4 des genannten Übereinkommens nur in einem der in Artikel 3 Absatz 2 des genannten Übereinkommens angeführten Gerichtsstände ergehen können.

Art. 73 [Unberührte Übereinkommen] (1) Diese Verordnung lässt die Anwendung des Übereinkommens von Lugano von 2007 unberührt.

(2) Diese Verordnung lässt die Anwendung des Übereinkommens von New York von 1958 unberührt.

---

[1] Art. 71 a–71 d eingef. mWv 10. 1. 2015 durch VO v. 15. 5. 2014 (ABl. Nr. L 163 S. 1).

(3) Diese Verordnung lässt die Anwendung der bilateralen Übereinkünfte und Vereinbarungen zwischen einem Drittstaat und einem Mitgliedstaat unberührt, die vor dem Inkrafttreten der Verordnung (EG) Nr. 44/2001 geschlossen wurden und in dieser Verordnung geregelte Angelegenheiten betreffen.

Kapitel VIII. Schlussvorschriften

Art. 74 [Übermittlung einzelstaatlicher Vollstreckungsvorschriften und -verfahren] Die Mitgliedstaaten übermitteln im Rahmen des Europäischen Justiziellen Netzes für Zivil- und Handelssachen eine Beschreibung der einzelstaatlichen Vollstreckungsvorschriften und -verfahren, einschließlich Angaben über die Vollstreckungsbehörden, sowie Informationen über alle Vollstreckungsbeschränkungen, insbesondere über Schuldnerschutzvorschriften und Verjährungsfristen, im Hinblick auf die Bereitstellung dieser Informationen für die Öffentlichkeit.

Die Mitgliedstaaten halten diese Informationen stets auf dem neuesten Stand.

Art. 75[1)] [Mitteilung der zuständigen Gerichte] Die Mitgliedstaaten teilen der Kommission bis zum 10. Januar 2014 mit,

a) an welches Gericht der Antrag auf Versagung der Vollstreckung gemäß Artikel 47 Absatz 1 zu richten ist;

b) bei welchen Gerichten der Rechtsbehelf gegen die Entscheidung über den Antrag auf Versagung der Vollstreckung gemäß Artikel 49 Absatz 2 einzulegen ist;

c) bei welchen Gerichten ein weiterer Rechtsbehelf gemäß Artikel 50 einzulegen ist und

d) welche Sprachen für die Übersetzung der Formblätter nach Artikel 57 Absatz 2 zugelassen sind.

Die Angaben werden von der Kommission in geeigneter Weise, insbesondere über das Europäische Justizielle Netz für Zivil- und Handelssachen, der Öffentlichkeit zur Verfügung gestellt.

Art. 76[1)] [Notifizierung] (1) Die Mitgliedstaaten notifizieren der Kommission

a) die Zuständigkeitsvorschriften nach Artikel 5 Absatz 2 und Artikel 6 Absatz 2,

b) die Regeln für die Streitverkündung nach Artikel 65 und

c) die Übereinkünfte nach Artikel 69.

(2) Die Kommission legt anhand der in Absatz 1 genannten Notifizierungen der Mitgliedstaaten die jeweiligen Listen fest.

(3) [1] Die Mitgliedstaaten notifizieren der Kommission alle späteren Änderungen, die an diesen Listen vorgenommen werden müssen. [2] Die Kommission passt diese Listen entsprechend an.

---

1) Beachte zum Inkrafttreten Art. 81 UAbs. 2.

(4) Die Kommission veröffentlicht die Listen und alle späteren Änderungen dieser Listen im *Amtsblatt der Europäischen Union.*

(5) Die Kommission stellt der Öffentlichkeit alle nach den Absätzen 1 und 3 notifizierten Informationen auf andere geeignete Weise, insbesondere über das Europäische Justizielle Netz, zur Verfügung.

Art. 77 [Änderungen] Der Kommission wird die Befugnis übertragen, gemäß Artikel 78 in Bezug auf die Änderung der Anhänge I und II delegierte Rechtsakte zu erlassen.

Art. 78 [Erlass delegierter Rechtsakte] (1) Die der Kommission übertragene Befugnis zum Erlass delegierter Rechtsakte unterliegt den Bedingungen dieses Artikels.

(2) Die Befugnis zum Erlass delegierter Rechtsakte gemäß Artikel 77 wird der Kommission auf unbestimmte Zeit ab dem 9. Januar 2013 übertragen.

(3) [1] Die Befugnisübertragung gemäß Artikel 77 kann vom Europäischen Parlament oder vom Rat jederzeit widerrufen werden. [2] Der Beschluss über den Widerruf beendet die Übertragung der darin genannten Befugnisse. [3] Der Beschluss tritt am Tag nach Veröffentlichung des Beschlusses im *Amtsblatt der Europäischen Union* oder zu einem späteren, in dem Beschluss festgelegten Zeitpunkt in Kraft. [4] Er berührt nicht die Gültigkeit bereits in Kraft getretener delegierter Rechtsakte.

(4) Sobald die Kommission einen delegierten Rechtsakt erlässt, übermittelt sie ihn gleichzeitig dem Europäischen Parlament und dem Rat.

(5) [1] Ein gemäß Artikel 77 erlassener delegierter Rechtsakt tritt nur in Kraft, wenn weder das Europäische Parlament noch der Rat innerhalb einer Frist von zwei Monaten nach Übermittlung dieses Rechtsakts an das Europäische Parlament und den Rat Einwände erhoben hat oder wenn vor Ablauf dieser Frist sowohl das Europäische Parlament als auch der Rat der Kommission mitgeteilt haben, dass sie keine Einwände zu erheben beabsichtigen. [2] Diese Frist wird auf Initiative des Europäischen Parlaments oder des Rates um zwei Monate verlängert.

Art. 79 [Bericht] [1] Die Kommission legt dem Europäischen Parlament, dem Rat und dem Europäischen Wirtschafts- und Sozialausschuss bis zum 11. Januar 2022 einen Bericht über die Anwendung dieser Verordnung vor. [2] Dieser Bericht enthält auch eine Bewertung der Frage, ob die Zuständigkeitsvorschriften weiter ausgedehnt werden sollten auf Beklagte, die ihren Wohnsitz nicht in einem Mitgliedstaat haben, wobei der Funktionsweise dieser Verordnung und möglichen Entwicklungen auf internationaler Ebene Rechnung zu tragen ist. [3] Dem Bericht wird gegebenenfalls ein Vorschlag zur Änderung dieser Verordnung beigefügt.

Art. 80 [Aufhebung] [1] Die Verordnung (EG) Nr. 44/2001 wird durch diese Verordnung aufgehoben. [2] Bezugnahmen auf die aufgehobene Verordnung gelten als Bezugnahmen auf die vorliegende Verordnung und sind nach Maßgabe der Entsprechungstabelle in Anhang III zu lesen.

Art. 81 [Inkrafttreten] Diese Verordnung tritt am zwanzigsten Tag nach ihrer Veröffentlichung[1] im *Amtsblatt der Europäischen Union* in Kraft.

Sie gilt ab dem 10. Januar 2015, mit Ausnahme der Artikel 75 und 76, die ab dem 10. Januar 2014 gelten.

Diese Verordnung ist in allen ihren Teilen verbindlich und gilt gemäß den Verträgen unmittelbar in den Mitgliedstaaten.
Geschehen zu Straßburg am 12. Dezember 2012.

Anhang I–III. *(hier nicht wiedergegeben)*

[1] Veröffentlicht am 20. 12. 2012.

103a. Gesetz zur Ausführung zwischenstaatlicher Verträge und zur Durchführung von Abkommen der Europäischen Union auf dem Gebiet der Anerkennung und Vollstreckung in Zivil- und Handelssachen (Anerkennungs- und Vollstreckungsausführungsgesetz – AVAG)

In der Fassung der Bekanntmachung vom 30. November 2015[1]

(BGBl. I S. 2146)

FNA 319-101

Lfd. Nr.	Änderndes Gesetz	Datum	Fundstelle	Betroffen	Hinweis
1.	Art. 1 G zur Durchführung des Haager Übereinkommens über die Anerkennung und Vollstreckung ausländischer Entscheidungen in Zivil- und Handelssachen sowie zur Änd. der ZPO, des BGB, des WohnungseigentumsG und des G zur Modernisierung des Strafverfahrens	7.11.2022	BGBl. I S. 1982; 2023 I Nr. 216	Inhaltsübersicht, §§ 1, 58 Teil 2 Abschnitt 8 (§ 59)	geänd. mWv 1.9.2023 eingef. mWv 1.9.2023

Inhaltsübersicht[2]

Teil 1. Allgemeines

[1] Neufassung des AVAG idF der Bek. v. 3.12.2009 (BGBl. I S. 3830) in der ab 1.10.2015 geltenden Fassung.

[2] Inhaltsübersicht geänd. mWv 1.9.2023 durch G v. 7.11.2022 (BGBl. I S. 1982; 2023 I Nr. 216).

Teil 1. Allgemeines

Abschnitt 1. Anwendungsbereich; Begriffsbestimmungen

§ 1[1)] Anwendungsbereich. (1) Diesem Gesetz unterliegen

1. die Ausführung folgender zwischenstaatlicher Verträge (Anerkennungs- und Vollstreckungsverträge):
   a) Übereinkommen vom 27. September 1968 über die gerichtliche Zuständigkeit und die Vollstreckung gerichtlicher Entscheidungen in Zivil- und Handelssachen (BGBl. 1972 II S. 773);
   b) Übereinkommen vom 16. September 1988 über die gerichtliche Zuständigkeit und die Vollstreckung gerichtlicher Entscheidungen in Zivil- und Handelssachen (BGBl. 1994 II S. 2658);
   c) Vertrag vom 17. Juni 1977 zwischen der Bundesrepublik Deutschland und dem Königreich Norwegen über die gegenseitige Anerkennung und Vollstreckung gerichtlicher Entscheidungen und anderer Schuldtitel in Zivil- und Handelssachen (BGBl. 1981 II S. 341);
   d) Vertrag vom 20. Juli 1977 zwischen der Bundesrepublik Deutschland und dem Staat Israel über die gegenseitige Anerkennung und Vollstreckung gerichtlicher Entscheidungen in Zivil- und Handelssachen (BGBl. 1980 II S. 925);
   e) Vertrag vom 14. November 1983 zwischen der Bundesrepublik Deutschland und Spanien über die Anerkennung und Vollstreckung von gerichtlichen Entscheidungen und Vergleichen sowie vollstreckbaren öffentlichen Urkunden in Zivil- und Handelssachen (BGBl. 1987 II S. 34);
2. die Durchführung folgender Abkommen der Europäischen Union:
   a) Übereinkommen vom 30. Oktober 2007 über die gerichtliche Zuständigkeit und die Anerkennung und Vollstreckung von Entscheidungen in Zivil- und Handelssachen;
   b) Haager Übereinkommen vom 30. Juni 2005 über Gerichtsstandsvereinbarungen;
   c) Haager Übereinkommen vom 2. Juli 2019 über die Anerkennung und Vollstreckung ausländischer Entscheidungen in Zivil- und Handelssachen.

(2) [1] Abkommen nach Absatz 1 Nummer 2 werden als unmittelbar geltendes Recht der Europäischen Union durch die Durchführungsbestimmungen dieses Gesetzes nicht berührt. [2] Unberührt bleiben auch die Regelungen der Anerkennungs- und Vollstreckungsverträge; dies gilt insbesondere für die Regelungen über

1. den sachlichen Anwendungsbereich,
2. die Art der Entscheidungen und sonstigen Titel, die im Inland anerkannt oder zur Zwangsvollstreckung zugelassen werden können,

---

1) § 1 Abs. 1 Nr. 2 Buchst. b geänd., Buchst. c angef. mWv 1.9.2023 durch G v. 7.11.2022 (BGBl. I S. 1982; 2023 I Nr. 216).

3. das Erfordernis der Rechtskraft der Entscheidungen,
4. die Art der Urkunden, die im Verfahren vorzulegen sind, und
5. die Gründe, die zur Versagung der Anerkennung oder Zulassung der Zwangsvollstreckung führen.

(3) Der Anwendungsbereich des Auslandsunterhaltsgesetzes vom 23. Mai 2011 (BGBl. I S. 898) bleibt unberührt.

§ 2 Begriffsbestimmungen. Im Sinne dieses Gesetzes ist
1. Mitgliedstaat jeder Mitgliedstaat der Europäischen Union,
2. Titel jede Entscheidung, jeder gerichtliche Vergleich und jede öffentliche Urkunde, auf die oder den der jeweils auszuführende Anerkennungs- und Vollstreckungsvertrag nach § 1 Absatz 1 Nummer 1 oder das jeweils durchzuführende Abkommen nach § 1 Absatz 1 Nummer 2 Anwendung findet, und
3. Vertragsstaat jeder Staat, mit dem die Bundesrepublik Deutschland einen Anerkennungs- und Vollstreckungsvertrag nach § 1 Absatz 1 Nummer 1 abgeschlossen hat.

Abschnitt 2. Zulassung der Zwangsvollstreckung aus ausländischen Titeln

§ 3 Zuständigkeit. (1) Für die Vollstreckbarerklärung von Titeln aus einem anderen Staat ist das Landgericht ausschließlich zuständig.

(2) [1] Örtlich zuständig ist ausschließlich das Gericht, in dessen Bezirk der Verpflichtete seinen Wohnsitz hat, oder, wenn er im Inland keinen Wohnsitz hat, das Gericht, in dessen Bezirk die Zwangsvollstreckung durchgeführt werden soll. [2] Der Sitz von Gesellschaften und juristischen Personen steht dem Wohnsitz gleich.

(3) Über den Antrag auf Erteilung der Vollstreckungsklausel entscheidet der Vorsitzende einer Zivilkammer.

§ 4 Antragstellung. (1) Der in einem anderen Staat vollstreckbare Titel wird dadurch zur Zwangsvollstreckung zugelassen, dass er auf Antrag mit der Vollstreckungsklausel versehen wird.

(2) Der Antrag auf Erteilung der Vollstreckungsklausel kann bei dem zuständigen Gericht schriftlich eingereicht oder mündlich zu Protokoll der Geschäftsstelle erklärt werden.

(3) Ist der Antrag entgegen § 184 des Gerichtsverfassungsgesetzes[1)] nicht in deutscher Sprache abgefasst, so kann das Gericht dem Antragsteller aufgeben, eine Übersetzung des Antrags beizubringen, deren Richtigkeit von einer
1. in einem Mitgliedstaat der Europäischen Union oder in einem anderen Vertragsstaat des Abkommens über den Europäischen Wirtschaftsraum oder
2. in einem Vertragsstaat des jeweils auszuführenden Anerkennungs- und Vollstreckungsvertrags

hierzu befugten Person bestätigt worden ist.

[1)] **Habersack, Deutsche Gesetze Nr. 95.**

(4) Der Ausfertigung des Titels, der mit der Vollstreckungsklausel versehen werden soll, und seiner Übersetzung, soweit eine solche vorgelegt wird, sollen zwei Abschriften beigefügt werden.

§ 5 Zustellungsempfänger. (1) Hat die antragstellende Person in dem Antrag keinen Zustellungsbevollmächtigten im Sinn des § 184 Absatz 1 Satz 1 der Zivilprozessordnung[1)] benannt, so können bis zur nachträglichen Benennung alle Zustellungen an sie durch Aufgabe zur Post (§ 184 Absatz 1 Satz 2 und Absatz 2 der Zivilprozessordnung) bewirkt werden.

(2) Absatz 1 gilt nicht, wenn die antragstellende Person einen Verfahrensbevollmächtigten für das Verfahren bestellt hat, an den im Inland zugestellt werden kann.

§ 6 Verfahren. (1) Das Gericht entscheidet ohne Anhörung des Verpflichteten.

(2) [1] Die Entscheidung ergeht ohne mündliche Verhandlung. [2] Jedoch kann eine mündliche Erörterung mit dem Antragsteller oder seinem Bevollmächtigten stattfinden, wenn der Antragsteller oder der Bevollmächtigte hiermit einverstanden ist und die Erörterung der Beschleunigung dient.

(3) Im ersten Rechtszug ist die Vertretung durch einen Rechtsanwalt nicht erforderlich.

§ 7 Vollstreckbarkeit ausländischer Titel in Sonderfällen. (1) [1] Hängt die Zwangsvollstreckung nach dem Inhalt des Titels von einer dem Berechtigten obliegenden Sicherheitsleistung, dem Ablauf einer Frist oder dem Eintritt einer anderen Tatsache ab oder wird die Vollstreckungsklausel zugunsten eines anderen als des in dem Titel bezeichneten Berechtigten oder gegen einen anderen als den darin bezeichneten Verpflichteten beantragt, so ist die Frage, inwieweit die Zulassung der Zwangsvollstreckung von dem Nachweis besonderer Voraussetzungen abhängig oder ob der Titel für oder gegen den anderen vollstreckbar ist, nach dem Recht des Staates zu entscheiden, in dem der Titel errichtet ist. [2] Der Nachweis ist durch Urkunden zu führen, es sei denn, dass die Tatsachen bei dem Gericht offenkundig sind.

(2) [1] Kann der Nachweis durch Urkunden nicht geführt werden, so ist auf Antrag des Berechtigten der Verpflichtete zu hören. [2] In diesem Falle sind alle Beweismittel zulässig. [3] Das Gericht kann auch die mündliche Verhandlung anordnen.

§ 8 Entscheidung. (1) [1] Ist die Zwangsvollstreckung aus dem Titel zuzulassen, so beschließt das Gericht, dass der Titel mit der Vollstreckungsklausel zu versehen ist. [2] In dem Beschluss ist die zu vollstreckende Verpflichtung in *deutscher Sprache wiederzugeben.* [3] Zur Begründung des Beschlusses genügt in der Regel die Bezugnahme auf das durchzuführende Abkommen der Europäischen Union oder den auszuführenden Anerkennungs- und Vollstreckungsvertrag sowie auf von dem Antragsteller vorgelegte Urkunden. [4] Auf die Kosten des Verfahrens ist § 788 der Zivilprozessordnung[1)] entsprechend anzuwenden.

[1)] **Schönfelder Nr. 100.**

(2) [1] Ist der Antrag nicht zulässig oder nicht begründet, so lehnt ihn das Gericht durch mit Gründen versehenen Beschluss ab. [2] Die Kosten sind dem Antragsteller aufzuerlegen.

§ 9 Vollstreckungsklausel. (1) [1] Auf Grund des Beschlusses nach § 8 Absatz 1 erteilt der Urkundsbeamte der Geschäftsstelle die Vollstreckungsklausel in folgender Form:
„Vollstreckungsklausel nach § 4 des Anerkennungs- und Vollstreckungsausführungsgesetzes. Gemäß dem Beschluss des ...... (Bezeichnung des Gerichts und des Beschlusses) ist die Zwangsvollstreckung aus ...... (Bezeichnung des Titels) zugunsten ...... (Bezeichnung des Berechtigten) gegen ...... (Bezeichnung des Verpflichteten) zulässig.
Die zu vollstreckende Verpflichtung lautet:
...... (Angabe der dem Verpflichteten aus dem ausländischen Titel obliegenden Verpflichtung in deutscher Sprache; aus dem Beschluss nach § 8 Absatz 1 zu übernehmen).
Die Zwangsvollstreckung darf über Maßregeln zur Sicherung nicht hinausgehen, bis der Gläubiger eine gerichtliche Anordnung oder ein Zeugnis vorlegt, dass die Zwangsvollstreckung unbeschränkt stattfinden darf."
[2] Lautet der Titel auf Leistung von Geld, so ist der Vollstreckungsklausel folgender Zusatz anzufügen:
„Solange die Zwangsvollstreckung über Maßregeln zur Sicherung nicht hinausgehen darf, kann der Schuldner die Zwangsvollstreckung durch Leistung einer Sicherheit in Höhe von ...... (Angabe des Betrages, wegen dessen der Berechtigte vollstrecken darf) abwenden."

(2) Wird die Zwangsvollstreckung nur für einen oder mehrere der durch die ausländische Entscheidung zuerkannten oder in einem anderen ausländischen Titel niedergelegten Ansprüche oder nur für einen Teil des Gegenstands der Verpflichtung zugelassen, so ist die Vollstreckungsklausel als „Teil-Vollstreckungsklausel nach § 4 des Anerkennungs- und Vollstreckungsausführungsgesetzes" zu bezeichnen.

(3) [1] Die Vollstreckungsklausel ist von dem Urkundsbeamten der Geschäftsstelle zu unterschreiben und mit dem Gerichtssiegel zu versehen. [2] Sie ist entweder auf die Ausfertigung des Titels oder auf ein damit zu verbindendes Blatt zu setzen. [3] Falls eine Übersetzung des Titels vorliegt, ist sie mit der Ausfertigung zu verbinden.

§ 10 Bekanntgabe der Entscheidung. (1) Im Falle des § 8 Absatz 1 sind dem Verpflichteten eine beglaubigte Abschrift des Beschlusses, eine beglaubigte Abschrift des mit der Vollstreckungsklausel versehenen Titels und gegebenenfalls seiner Übersetzung sowie der gemäß § 8 Absatz 1 Satz 3 in Bezug genommenen Urkunden von Amts wegen zuzustellen.

(2) [1] Muss die Zustellung an den Verpflichteten im Ausland oder durch öffentliche Bekanntmachung erfolgen und hält das Gericht die Beschwerdefrist nach § 11 Absatz 3 Satz 1 nicht für ausreichend, so bestimmt es in dem Beschluss nach § 8 Absatz 1 oder nachträglich durch besonderen Beschluss, der ohne mündliche Verhandlung ergeht, eine längere Beschwerdefrist. [2] Die Bestimmungen über den Beginn der Beschwerdefrist bleiben auch im Falle der nachträglichen Festsetzung unberührt.

(3) [1] Dem Antragsteller sind eine beglaubigte Abschrift des Beschlusses nach § 8, im Falle des § 8 Absatz 1 ferner die mit der Vollstreckungsklausel versehene Ausfertigung des Titels und eine Bescheinigung über die bewirkte Zustellung, zu übersenden. [2] In den Fällen des Absatzes 2 ist die festgesetzte Frist für die Einlegung der Beschwerde auf der Bescheinigung über die bewirkte Zustellung zu vermerken.

Abschnitt 3. Beschwerde, Vollstreckungsabwehrklage

§ 11 Einlegung der Beschwerde; Beschwerdefrist. (1) [1] Die Beschwerde gegen die im ersten Rechtszug ergangene Entscheidung über den Antrag auf Erteilung der Vollstreckungsklausel wird bei dem Beschwerdegericht durch Einreichen einer Beschwerdeschrift oder durch Erklärung zu Protokoll der Geschäftsstelle eingelegt. [2] Beschwerdegericht ist das Oberlandesgericht. [3] Der Beschwerdeschrift soll die für ihre Zustellung erforderliche Zahl von Abschriften beigefügt werden.

(2) Die Zulässigkeit der Beschwerde wird nicht dadurch berührt, dass sie statt bei dem Beschwerdegericht bei dem Gericht des ersten Rechtszuges eingelegt wird; die Beschwerde ist unverzüglich von Amts wegen an das Beschwerdegericht abzugeben.

(3) [1] Die Beschwerde des Verpflichteten gegen die Zulassung der Zwangsvollstreckung ist innerhalb eines Monats, im Falle des § 10 Absatz 2 Satz 1 innerhalb der nach dieser Vorschrift bestimmten längeren Frist einzulegen. [2] Die Beschwerdefrist beginnt mit der Zustellung nach § 10 Absatz 1. [3] Sie ist eine Notfrist.

(4) Die Beschwerde ist dem Beschwerdegegner von Amts wegen zuzustellen.

§ 12 Einwendungen gegen den zu vollstreckenden Anspruch im Beschwerdeverfahren. (1) Der Verpflichtete kann mit der Beschwerde, die sich gegen die Zulassung der Zwangsvollstreckung aus einer Entscheidung richtet, auch Einwendungen gegen den Anspruch selbst insoweit geltend machen, als die Gründe, auf denen sie beruhen, erst nach dem Erlass der Entscheidung entstanden sind.

(2) Mit der Beschwerde, die sich gegen die Zulassung der Zwangsvollstreckung aus einem gerichtlichen Vergleich oder einer öffentlichen Urkunde richtet, kann der Verpflichtete die Einwendungen gegen den Anspruch selbst ungeachtet der in Absatz 1 enthaltenen Beschränkung geltend machen.

§ 13 Verfahren und Entscheidung über die Beschwerde. (1) [1] Das Beschwerdegericht entscheidet durch Beschluss, der mit Gründen zu versehen ist und ohne mündliche Verhandlung ergehen kann. [2] Der Beschwerdegegner ist vor der Entscheidung zu hören.

(2) [1] Solange eine mündliche Verhandlung nicht angeordnet ist, können zu Protokoll der Geschäftsstelle Anträge gestellt und Erklärungen abgegeben werden. [2] Wird die mündliche Verhandlung angeordnet, so gilt für die Ladung § 215 der Zivilprozessordnung[1)].

[1)] **Schönfelder Nr. 100.**

(3) Eine vollständige Ausfertigung des Beschlusses ist dem Berechtigten und dem Verpflichteten auch dann von Amts wegen zuzustellen, wenn der Beschluss verkündet worden ist.

(4) [1] Soweit nach dem Beschluss des Beschwerdegerichts die Zwangsvollstreckung aus dem Titel erstmals zuzulassen ist, erteilt der Urkundsbeamte der Geschäftsstelle des Beschwerdegerichts die Vollstreckungsklausel. [2] § 8 Absatz 1 Satz 2 und 4, §§ 9 und 10 Absatz 1 und 3 Satz 1 sind entsprechend anzuwenden. [3] Ein Zusatz, dass die Zwangsvollstreckung über Maßregeln zur Sicherung nicht hinausgehen darf, ist nur aufzunehmen, wenn das Beschwerdegericht eine Anordnung nach diesem Gesetz (§ 22 Absatz 2, § 40 Absatz 1 Nummer 1 oder § 45 Absatz 1 Nummer 1) erlassen hat. [4] Der Inhalt des Zusatzes bestimmt sich nach dem Inhalt der Anordnung.

§ 14 Vollstreckungsabwehrklage. (1) Ist die Zwangsvollstreckung aus einem Titel zugelassen, so kann der Verpflichtete Einwendungen gegen den Anspruch selbst in einem Verfahren nach § 767 der Zivilprozessordnung[1)] nur geltend machen, wenn die Gründe, auf denen seine Einwendungen beruhen, erst

1. nach Ablauf der Frist, innerhalb deren er die Beschwerde hätte einlegen können, oder
2. falls die Beschwerde eingelegt worden ist, nach Beendigung dieses Verfahrens

entstanden sind.

(2) [1] Die Klage nach § 767 der Zivilprozessordnung ist bei dem Gericht zu erheben, das über den Antrag auf Erteilung der Vollstreckungsklausel entschieden hat. [2] Soweit die Klage einen Unterhaltstitel zum Gegenstand hat, ist das Familiengericht zuständig; für die örtliche Zuständigkeit gelten die Vorschriften des Gesetzes über das Verfahren in Familiensachen und in den Angelegenheiten der freiwilligen Gerichtsbarkeit[2)] für Unterhaltssachen.

Abschnitt 4. Rechtsbeschwerde

§ 15 Statthaftigkeit und Frist. (1) Gegen den Beschluss des Beschwerdegerichts findet die Rechtsbeschwerde nach Maßgabe des § 574 Absatz 1 Nummer 1, Absatz 2 der Zivilprozessordnung[1)] statt.

(2) Die Rechtsbeschwerde ist innerhalb eines Monats einzulegen.

(3) Die Rechtsbeschwerdefrist ist eine Notfrist und beginnt mit der Zustellung des Beschlusses (§ 13 Absatz 3).

§ 16 Einlegung und Begründung. (1) Die Rechtsbeschwerde wird durch Einreichen der Beschwerdeschrift bei dem Bundesgerichtshof eingelegt.

(2) [1] Die Rechtsbeschwerde ist zu begründen. [2] § 575 Absatz 2 bis 4 der Zivilprozessordnung[1)] ist entsprechend anzuwenden. [3] Soweit die Rechtsbeschwerde darauf gestützt wird, dass das Beschwerdegericht von einer Entscheidung des Gerichtshofs der Europäischen Union abgewichen sei, muss

---

[1)] **Schönfelder Nr. 100.**
[2)] **Schönfelder Nr. 112.**

die Entscheidung, von der der angefochtene Beschluss abweicht, bezeichnet werden.

(3) Mit der Beschwerdeschrift soll eine Ausfertigung oder beglaubigte Abschrift des Beschlusses, gegen den sich die Rechtsbeschwerde richtet, vorgelegt werden.

§ 17 Verfahren und Entscheidung. (1) [1] Der Bundesgerichtshof kann nur überprüfen, ob der Beschluss auf einer Verletzung des Rechts der Europäischen Union, eines Anerkennungs- und Vollstreckungsvertrags, sonstigen Bundesrechts oder einer anderen Vorschrift beruht, deren Geltungsbereich sich über den Bezirk eines Oberlandesgerichts hinaus erstreckt. [2] Er darf nicht prüfen, ob das Gericht seine örtliche Zuständigkeit zu Unrecht angenommen hat.

(2) [1] Der Bundesgerichtshof kann über die Rechtsbeschwerde ohne mündliche Verhandlung entscheiden. [2] Auf das Verfahren über die Rechtsbeschwerde sind § 574 Absatz 4, § 576 Absatz 3 und § 577 der Zivilprozessordnung[1)] entsprechend anzuwenden.

(3) [1] Soweit die Zwangsvollstreckung aus dem Titel erstmals durch den Bundesgerichtshof zugelassen wird, erteilt der Urkundsbeamte der Geschäftsstelle dieses Gerichts die Vollstreckungsklausel. [2] § 8 Absatz 1 Satz 2 und 4, §§ 9 und 10 Absatz 1 und 3 Satz 1 gelten entsprechend. [3] Ein Zusatz über die Beschränkung der Zwangsvollstreckung entfällt.

Abschnitt 5. Beschränkung der Zwangsvollstreckung auf Sicherungsmaßregeln und unbeschränkte Fortsetzung der Zwangsvollstreckung

§ 18 Beschränkung kraft Gesetzes. Die Zwangsvollstreckung ist auf Sicherungsmaßregeln beschränkt, solange die Frist zur Einlegung der Beschwerde noch läuft und solange über die Beschwerde noch nicht entschieden ist.

§ 19 Prüfung der Beschränkung. Einwendungen des Verpflichteten, dass bei der Zwangsvollstreckung die Beschränkung auf Sicherungsmaßregeln nach dem auszuführenden Anerkennungs- und Vollstreckungsvertrag, nach § 18 dieses Gesetzes oder auf Grund einer auf diesem Gesetz beruhenden Anordnung (§ 22 Absatz 2, §§ 40, 45) nicht eingehalten werde, oder Einwendungen des Berechtigten, dass eine bestimmte Maßnahme der Zwangsvollstreckung mit dieser Beschränkung vereinbar sei, sind im Wege der Erinnerung nach § 766 der Zivilprozessordnung[1)] bei dem Vollstreckungsgericht (§ 764 der Zivilprozessordnung) geltend zu machen.

§ 20 Sicherheitsleistung durch den Verpflichteten. (1) Solange die Zwangsvollstreckung aus einem Titel, der auf Leistung von Geld lautet, nicht über Maßregeln der Sicherung hinausgehen darf, ist der Verpflichtete befugt, die Zwangsvollstreckung durch Leistung einer Sicherheit in Höhe des Betrages abzuwenden, wegen dessen der Berechtigte vollstrecken darf.

[1)] **Schönfelder Nr. 100.**

(2) Die Zwangsvollstreckung ist einzustellen und bereits getroffene Vollstreckungsmaßregeln sind aufzuheben, wenn der Verpflichtete durch eine öffentliche Urkunde die zur Abwendung der Zwangsvollstreckung erforderliche Sicherheitsleistung nachweist.

§ 21 Versteigerung beweglicher Sachen. Ist eine bewegliche Sache gepfändet und darf die Zwangsvollstreckung nicht über Maßregeln zur Sicherung hinausgehen, so kann das Vollstreckungsgericht auf Antrag anordnen, dass die Sache versteigert und der Erlös hinterlegt werde, wenn sie der Gefahr einer beträchtlichen Wertminderung ausgesetzt ist oder wenn ihre Aufbewahrung unverhältnismäßige Kosten verursachen würde.

§ 22 Unbeschränkte Fortsetzung der Zwangsvollstreckung; besondere gerichtliche Anordnungen. (1) Weist das Beschwerdegericht die Beschwerde des Verpflichteten gegen die Zulassung der Zwangsvollstreckung zurück oder lässt es auf die Beschwerde des Berechtigten die Zwangsvollstreckung aus dem Titel zu, so kann die Zwangsvollstreckung über Maßregeln zur Sicherung hinaus fortgesetzt werden.

(2) [1] Auf Antrag des Verpflichteten kann das Beschwerdegericht anordnen, dass bis zum Ablauf der Frist zur Einlegung der Rechtsbeschwerde (§ 15) oder bis zur Entscheidung über diese Beschwerde die Zwangsvollstreckung nicht oder nur gegen Sicherheitsleistung über Maßregeln zur Sicherung hinausgehen darf. [2] Die Anordnung darf nur erlassen werden, wenn glaubhaft gemacht wird, dass die weitergehende Vollstreckung dem Verpflichteten einen nicht zu ersetzenden Nachteil bringen würde. [3] § 713 der Zivilprozessordnung[1)] ist entsprechend anzuwenden.

(3) [1] Wird Rechtsbeschwerde eingelegt, so kann der Bundesgerichtshof auf Antrag des Verpflichteten eine Anordnung nach Absatz 2 erlassen. [2] Der Bundesgerichtshof kann auf Antrag des Berechtigten eine nach Absatz 2 erlassene Anordnung des Beschwerdegerichts abändern oder aufheben.

§ 23 Unbeschränkte Fortsetzung der durch das Gericht des ersten Rechtszuges zugelassenen Zwangsvollstreckung. (1) Die Zwangsvollstreckung aus dem Titel, den der Urkundsbeamte der Geschäftsstelle des Gerichts des ersten Rechtszuges mit der Vollstreckungsklausel versehen hat, ist auf Antrag des Berechtigten über Maßregeln zur Sicherung hinaus fortzusetzen, wenn das Zeugnis des Urkundsbeamten der Geschäftsstelle dieses Gerichts vorgelegt wird, dass die Zwangsvollstreckung unbeschränkt stattfinden darf.

(2) Das Zeugnis ist dem Berechtigten auf seinen Antrag zu erteilen,

1. wenn der Verpflichtete bis zum Ablauf der Beschwerdefrist keine Beschwerdeschrift eingereicht hat,
2. wenn das Beschwerdegericht die Beschwerde des Verpflichteten zurückgewiesen und keine Anordnung nach § 22 Absatz 2 erlassen hat,
3. wenn der Bundesgerichtshof die Anordnung des Beschwerdegerichts nach § 22 Absatz 2 aufgehoben hat (§ 22 Absatz 3 Satz 2) oder

---

[1)] **Schönfelder Nr. 100.**

4. wenn der Bundesgerichtshof den Titel zur Zwangsvollstreckung zugelassen hat.

(3) Aus dem Titel darf die Zwangsvollstreckung, selbst wenn sie auf Maßregeln der Sicherung beschränkt ist, nicht mehr stattfinden, sobald ein Beschluss des Beschwerdegerichts, dass der Titel zur Zwangsvollstreckung nicht zugelassen werde, verkündet oder zugestellt ist.

§ 24 Unbeschränkte Fortsetzung der durch das Beschwerdegericht zugelassenen Zwangsvollstreckung. (1) Die Zwangsvollstreckung aus dem Titel, zu dem der Urkundsbeamte der Geschäftsstelle des Beschwerdegerichts die Vollstreckungsklausel mit dem Zusatz erteilt hat, dass die Zwangsvollstreckung auf Grund der Anordnung des Gerichts nicht über Maßregeln zur Sicherung hinausgehen darf (§ 13 Absatz 4 Satz 3), ist auf Antrag des Berechtigten über Maßregeln zur Sicherung hinaus fortzusetzen, wenn das Zeugnis des Urkundsbeamten der Geschäftsstelle dieses Gerichts vorgelegt wird, dass die Zwangsvollstreckung unbeschränkt stattfinden darf.

(2) Das Zeugnis ist dem Berechtigten auf seinen Antrag zu erteilen,

1. wenn der Verpflichtete bis zum Ablauf der Frist zur Einlegung der Rechtsbeschwerde (§ 15 Absatz 2) keine Beschwerdeschrift eingereicht hat,
2. wenn der Bundesgerichtshof die Anordnung des Beschwerdegerichts nach § 22 Absatz 2 aufgehoben hat (§ 22 Absatz 3 Satz 2) oder
3. wenn der Bundesgerichtshof die Rechtsbeschwerde des Verpflichteten zurückgewiesen hat.

Abschnitt 6. Feststellung der Anerkennung einer ausländischen Entscheidung

§ 25 Verfahren und Entscheidung in der Hauptsache. (1) Auf das Verfahren, das die Feststellung zum Gegenstand hat, ob eine Entscheidung aus einem anderen Staat anzuerkennen ist, sind die §§ 3 bis 6, 8 Absatz 2, die §§ 10 bis 12, § 13 Absatz 1 bis 3, die §§ 15 und 16 sowie § 17 Absatz 1 und 2 entsprechend anzuwenden.

(2) Ist der Antrag auf Feststellung begründet, so beschließt das Gericht, dass die Entscheidung anzuerkennen ist.

§ 26 Kostenentscheidung. [1] In den Fällen des § 25 Absatz 2 sind die Kosten dem Antragsgegner aufzuerlegen. [2] Dieser kann die Beschwerde (§ 11) auf die Entscheidung über den Kostenpunkt beschränken. [3] In diesem Falle sind die Kosten dem Antragsteller aufzuerlegen, wenn der Antragsgegner nicht durch sein Verhalten zu dem Antrag auf Feststellung Veranlassung gegeben hat.

Abschnitt 7. Aufhebung oder Änderung der Beschlüsse über die Zulassung der Zwangsvollstreckung oder die Anerkennung

§ 27 Verfahren nach Aufhebung oder Änderung des für vollstreckbar erklärten ausländischen Titels im Ursprungsstaat. (1) Wird der Titel in dem Staat, in dem er errichtet worden ist, aufgehoben oder geändert und kann der Verpflichtete diese Tatsache in dem Verfahren der Zulassung der

Zwangsvollstreckung nicht mehr geltend machen, so kann er die Aufhebung oder Änderung der Zulassung in einem besonderen Verfahren beantragen.

(2) Für die Entscheidung über den Antrag ist das Gericht ausschließlich zuständig, das im ersten Rechtszug über den Antrag auf Erteilung der Vollstreckungsklausel entschieden hat.

(3) [1] Der Antrag kann bei dem Gericht schriftlich oder durch Erklärung zu Protokoll der Geschäftsstelle gestellt werden. [2] Über den Antrag kann ohne mündliche Verhandlung entschieden werden. [3] Vor der Entscheidung, die durch Beschluss ergeht, ist der Berechtigte zu hören. [4] § 13 Absatz 2 und 3 gilt entsprechend.

(4) [1] Der Beschluss unterliegt der Beschwerde nach den §§ 567 bis 577 der Zivilprozessordnung[1)]. [2] Die Notfrist für die Einlegung der sofortigen Beschwerde beträgt einen Monat.

(5) [1] Für die Einstellung der Zwangsvollstreckung und die Aufhebung bereits getroffener Vollstreckungsmaßregeln sind die §§ 769 und 770 der Zivilprozessordnung entsprechend anzuwenden. [2] Die Aufhebung einer Vollstreckungsmaßregel ist auch ohne Sicherheitsleistung zulässig.

§ 28 Schadensersatz wegen ungerechtfertigter Vollstreckung.

(1) [1] Wird die Zulassung der Zwangsvollstreckung auf die Beschwerde (§ 11) oder die Rechtsbeschwerde (§ 15) aufgehoben oder abgeändert, so ist der Berechtigte zum Ersatz des Schadens verpflichtet, der dem Verpflichteten durch die Vollstreckung des Titels oder durch eine Leistung zur Abwendung der Vollstreckung entstanden ist. [2] Das Gleiche gilt, wenn die Zulassung der Zwangsvollstreckung nach § 27 aufgehoben oder abgeändert wird, sofern die zur Zwangsvollstreckung zugelassene Entscheidung zum Zeitpunkt der Zulassung nach dem Recht des Staats, in dem sie ergangen ist, noch mit einem ordentlichen Rechtsmittel angefochten werden konnte.

(2) Für die Geltendmachung des Anspruchs ist das Gericht ausschließlich zuständig, das im ersten Rechtszug über den Antrag, den Titel mit der Vollstreckungsklausel zu versehen, entschieden hat.

§ 29 Aufhebung oder Änderung ausländischer Entscheidungen, deren Anerkennung festgestellt ist. Wird die Entscheidung in dem Staat, in dem sie ergangen ist, aufgehoben oder abgeändert und kann die davon begünstigte Partei diese Tatsache nicht mehr in dem Verfahren über den Antrag auf Feststellung der Anerkennung (§ 25) geltend machen, so ist § 27 Absatz 1 bis 4 entsprechend anzuwenden.

Abschnitt 8. Vorschriften für Entscheidungen deutscher Gerichte und für das Mahnverfahren

§ 30 Vervollständigung inländischer Entscheidungen zur Verwendung im Ausland. (1) [1] Will eine Partei ein Versäumnis- oder Anerkenntnisurteil, das nach § 313 b der Zivilprozessordnung[1)] in verkürzter Form abgefasst worden ist, in einem anderen Vertrags- oder Mitgliedstaat geltend machen, so ist das Urteil auf ihren Antrag zu vervollständigen. [2] Der Antrag

[1)] **Schönfelder Nr. 100.**

kann bei dem Gericht schriftlich oder durch Erklärung zu Protokoll der Geschäftsstelle gestellt werden. [3] Über den Antrag wird ohne mündliche Verhandlung entschieden.

(2) Zur Vervollständigung des Urteils sind der Tatbestand und die Entscheidungsgründe nachträglich abzufassen, von den Richtern besonders zu unterschreiben und der Geschäftsstelle zu übergeben; der Tatbestand und die Entscheidungsgründe können auch von Richtern unterschrieben werden, die bei dem Urteil nicht mitgewirkt haben.

(3) [1] Für die Berichtigung des nachträglich abgefassten Tatbestands gilt § 320 der Zivilprozessordnung entsprechend. [2] Jedoch können bei der Entscheidung über einen Antrag auf Berichtigung auch solche Richter mitwirken, die bei dem Urteil oder der nachträglichen Anfertigung des Tatbestands nicht mitgewirkt haben.

(4) Die vorstehenden Absätze gelten entsprechend für die Vervollständigung von Arrestbefehlen, einstweiligen Anordnungen und einstweiligen Verfügungen, die in einem anderen Vertrags- oder Mitgliedstaat geltend gemacht werden sollen und nicht mit einer Begründung versehen sind.

§ 31 Vollstreckungsklausel zur Verwendung im Ausland. Vollstreckungsbescheide, Arrestbefehle und einstweilige Verfügungen oder einstweilige Anordnungen, deren Zwangsvollstreckung in einem anderen Vertrags- oder Mitgliedstaat betrieben werden soll, sind auch dann mit der Vollstreckungsklausel zu versehen, wenn dies für eine Zwangsvollstreckung im Inland nach § 796 Absatz 1, § 929 Absatz 1 und § 936 der Zivilprozessordnung[1)] oder nach § 53 Absatz 1 und § 119 des Gesetzes über das Verfahren in Familiensachen und in den Angelegenheiten der freiwilligen Gerichtsbarkeit[2)] nicht erforderlich wäre.

§ 32 Mahnverfahren mit Zustellung im Ausland. (1) [1] Das Mahnverfahren findet auch statt, wenn die Zustellung des Mahnbescheids in einem anderen Vertrags- oder Mitgliedstaat erfolgen muss. [2] In diesem Falle kann der Anspruch auch die Zahlung einer bestimmten Geldsumme in ausländischer Währung zum Gegenstand haben.

(2) Macht der Antragsteller geltend, dass das Gericht auf Grund einer Gerichtsstandsvereinbarung zuständig sei, so hat er dem Mahnantrag die erforderlichen Schriftstücke über die Vereinbarung beizufügen.

(3) Die Widerspruchsfrist (§ 692 Absatz 1 Nummer 3 der Zivilprozessordnung[1)]) beträgt einen Monat.

Abschnitt 9. Verhältnis zu besonderen Anerkennungsverfahren; Konzentrationsermächtigung

§ 33 (weggefallen)

§ 34 Konzentrationsermächtigung. (1) [1] Die Landesregierungen werden für die Durchführung dieses Gesetzes ermächtigt, durch Rechtsverordnung

---

[1)] Schönfelder Nr. 100.
[2)] Schönfelder Nr. 112.

die Entscheidung über Anträge auf Erteilung der Vollstreckungsklausel zu ausländischen Titeln in Zivil- und Handelssachen, über Anträge auf Aufhebung oder Abänderung dieser Vollstreckungsklausel und über Anträge auf Feststellung der Anerkennung einer ausländischen Entscheidung für die Bezirke mehrerer Landgerichte einem von ihnen zuzuweisen, sofern dies der sachlichen Förderung oder schnelleren Erledigung der Verfahren dient. [2] Von der Ermächtigung kann für jeden der in § 1 Absatz 1 Nummer 1 Buchstabe a und b genannten Anerkennungs- und Vollstreckungsverträge und für jedes der in § 1 Absatz 1 Nummer 2 genannten Abkommen der Europäischen Union einzeln Gebrauch gemacht werden.

(2) Die Landesregierungen können die Ermächtigung durch Rechtsverordnung auf die Landesjustizverwaltungen übertragen.

Teil 2. Besonderes

Abschnitt 1. Übereinkommen über die gerichtliche Zuständigkeit und die Vollstreckung gerichtlicher Entscheidungen in Zivil- und Handelssachen vom 27. September 1968 und vom 16. September 1988

§ 35 Sonderregelungen über die Beschwerdefrist. [1] Die Frist für die Beschwerde des Verpflichteten gegen die Entscheidung über die Zulassung der Zwangsvollstreckung beträgt zwei Monate und beginnt von dem Tage an zu laufen, an dem die Entscheidung dem Verpflichteten entweder in Person oder in seiner Wohnung zugestellt worden ist, wenn der Verpflichtete seinen Wohnsitz oder seinen Sitz in einem anderen Vertragsstaat dieser Übereinkommen hat. [2] Eine Verlängerung dieser Frist wegen weiter Entfernung ist ausgeschlossen. [3] § 10 Absatz 2 und 3 Satz 2 sowie § 11 Absatz 3 Satz 1 und 2 finden in diesen Fällen keine Anwendung.

§ 36 Aussetzung des Beschwerdeverfahrens. (1) [1] Das Oberlandesgericht kann auf Antrag des Verpflichteten seine Entscheidung über die Beschwerde gegen die Zulassung der Zwangsvollstreckung aussetzen, wenn gegen die Entscheidung im Ursprungsstaat ein ordentliches Rechtsmittel eingelegt oder die Frist hierfür noch nicht verstrichen ist; im letzteren Falle kann das Oberlandesgericht eine Frist bestimmen, innerhalb deren das Rechtsmittel einzulegen ist. [2] Das Gericht kann die Zwangsvollstreckung auch von einer Sicherheitsleistung abhängig machen.

(2) Absatz 1 ist im Verfahren auf Feststellung der Anerkennung einer Entscheidung (§§ 25 und 26) entsprechend anzuwenden.

Abschnitt 2. (weggefallen)

§§ 37–39 (weggefallen)

Abschnitt 3. Vertrag vom 17. Juni 1977 zwischen der Bundesrepublik Deutschland und dem Königreich Norwegen über die gegenseitige Anerkennung und Vollstreckung gerichtlicher Entscheidungen und anderer Schuldtitel in Zivil- und Handelssachen

§ 40 Abweichungen von § 22. (1) Weist das Oberlandesgericht die Beschwerde des Verpflichteten gegen die Zulassung der Zwangsvollstreckung zurück oder lässt es auf die Beschwerde des Berechtigten die Zwangsvollstreckung aus dem Titel zu, so entscheidet es abweichend von § 22 Absatz 1 zugleich darüber, ob die Zwangsvollstreckung über Maßregeln zur Sicherung hinaus fortgesetzt werden kann:

1. Ist bei einer auf eine bestimmte Geldsumme lautenden Entscheidung der Nachweis, dass die Entscheidung rechtskräftig ist, nicht geführt, so ordnet das Oberlandesgericht an, dass die Vollstreckung erst nach Vorlage einer norwegischen Rechtskraftbescheinigung nebst Übersetzung (Artikel 14 Absatz 1 Nummer 2 und 6 und Absatz 2 des Vertrags) unbeschränkt stattfinden kann.
2. Ist der Nachweis, dass die Entscheidung rechtskräftig ist, geführt oder ist der Titel ein gerichtlicher Vergleich, so ordnet das Oberlandesgericht an, dass die Zwangsvollstreckung unbeschränkt stattfinden darf.

(2) § 22 Absatz 2 und 3 bleibt unberührt.

§ 41 Abweichungen von § 23. (1) Die Zwangsvollstreckung aus dem Titel, den der Urkundsbeamte der Geschäftsstelle des Landgerichts mit der Vollstreckungsklausel versehen hat, ist auf Antrag des Berechtigten auch dann über Maßregeln zur Sicherung hinaus fortzusetzen (§ 23 Absatz 1), wenn eine gerichtliche Anordnung nach § 40 Absatz 1 Nummer 1 oder § 22 Absatz 2 und 3 vorgelegt wird und die darin bestimmten Voraussetzungen erfüllt sind.

(2) [1] Ein Zeugnis gemäß § 23 Absatz 1 ist dem Berechtigten auf seinen Antrag abweichend von § 23 Absatz 2 Nummer 1 nur zu erteilen, wenn der Verpflichtete bis zum Ablauf der Beschwerdefrist keine Beschwerdeschrift eingereicht hat und wenn

1. der Berechtigte bei einer auf eine bestimmte Geldsumme lautenden Entscheidung nachweist, dass die Entscheidung rechtskräftig ist (Artikel 14 Absatz 1 Nummer 2 und 6 und Absatz 2 des Vertrags),
2. die Entscheidung nicht auf eine bestimmte Geldsumme lautet oder
3. der Titel ein gerichtlicher Vergleich ist.

[2] § 23 Absatz 2 Nummer 2 bis 4 findet keine Anwendung.

(3) § 23 Absatz 3 bleibt unberührt.

§ 42 Abweichungen von § 24. [1] Die Zwangsvollstreckung aus dem Titel, zu dem der Urkundsbeamte der Geschäftsstelle des Oberlandesgerichts die Vollstreckungsklausel erteilt hat, ist abweichend von § 24 Absatz 1 auf Antrag des Berechtigten nur im Rahmen einer gerichtlichen Anordnung nach § 40 oder § 22 Absatz 2 und 3 fortzusetzen. [2] Eines besonderen Zeugnisses des Urkundsbeamten der Geschäftsstelle bedarf es nicht.

§ 43 Folgeregelungen für das Rechtsbeschwerdeverfahren. (1) Auf das Verfahren über die Rechtsbeschwerde sind neben den in § 17 Absatz 2 Satz 2 aufgeführten Vorschriften auch die §§ 40 und 42 sinngemäß anzuwenden.

(2) [1] Hat der Bundesgerichtshof eine Anordnung nach Absatz 1 in Verbindung mit § 40 Absatz 1 Nummer 1 erlassen, so ist in Abweichung von § 17 Absatz 3 Satz 3 ein Zusatz aufzunehmen, dass die Zwangsvollstreckung über Maßregeln zur Sicherung nicht hinausgehen darf. [2] Der Inhalt des Zusatzes bestimmt sich nach dem Inhalt der Anordnung.

§ 44 Weitere Sonderregelungen. (1) Hat der Verpflichtete keinen Wohnsitz im Inland, so ist für die Vollstreckbarerklärung von Entscheidungen und gerichtlichen Vergleichen auch das Landgericht örtlich zuständig, in dessen Bezirk der Verpflichtete Vermögen hat.

(2) Ist die Entscheidung auf die Leistung einer bestimmten Geldsumme gerichtet, so bedarf es für die Zulassung zur Zwangsvollstreckung nicht des Nachweises, dass die Entscheidung rechtskräftig ist (Artikel 10 Absatz 2 und Artikel 17 Absatz 1 Satz 2 des Vertrags).

(3) [1] Auf das Verfahren über die Beschwerde des Verpflichteten gegen die Zulassung der Zwangsvollstreckung findet § 12 Absatz 2 keine Anwendung. [2] § 12 Absatz 1 gilt für die Beschwerde, die sich gegen die Zulassung der Zwangsvollstreckung aus einem gerichtlichen Vergleich richtet, sinngemäß.

(4) Die Vorschriften über die Feststellung der Anerkennung einer Entscheidung (§§ 25 und 26) und über die Aufhebung oder Änderung dieser Feststellung (§ 29 in Verbindung mit § 27) finden keine Anwendung.

Abschnitt 4. Vertrag vom 20. Juli 1977 zwischen der Bundesrepublik Deutschland und dem Staat Israel über die gegenseitige Anerkennung und Vollstreckung gerichtlicher Entscheidungen in Zivil- und Handelssachen

§ 45 Abweichungen von § 22. (1) Weist das Oberlandesgericht die Beschwerde des Verpflichteten gegen die Zulassung der Zwangsvollstreckung zurück oder lässt es auf die Beschwerde des Berechtigten die Zwangsvollstreckung aus dem Titel zu, so entscheidet es abweichend von § 22 Absatz 1 zugleich darüber, ob die Zwangsvollstreckung über Maßregeln zur Sicherung hinaus fortgesetzt werden kann:

1. Ist der Nachweis, dass die Entscheidung rechtskräftig ist, nicht geführt, so ordnet das Oberlandesgericht an, dass die Vollstreckung erst nach Vorlage einer israelischen Rechtskraftbescheinigung nebst Übersetzung (Artikel 15 Absatz 1 Nummer 2 und 7 des Vertrags) unbeschränkt stattfinden darf.
2. Ist der Nachweis, dass die Entscheidung rechtskräftig ist, erbracht oder hat die Entscheidung eine Unterhaltspflicht zum Gegenstand oder ist der Titel ein gerichtlicher Vergleich, so ordnet das Oberlandesgericht an, dass die Zwangsvollstreckung unbeschränkt stattfinden darf.

(2) § 22 Absatz 2 und 3 bleibt unberührt.

§ 46 Abweichungen von § 23. (1) Die Zwangsvollstreckung aus dem Titel, den der Urkundsbeamte der Geschäftsstelle des Landgerichts mit der Vollstreckungsklausel versehen hat, ist auf Antrag des Berechtigten auch dann über Maßregeln zur Sicherung hinaus fortzusetzen (§ 23 Absatz 1), wenn eine gerichtliche Anordnung nach § 45 Absatz 1 Nummer 1 oder § 22 Absatz 2 und 3 vorgelegt wird und die darin bestimmten Voraussetzungen erfüllt sind.

(2) [1] Ein Zeugnis gemäß § 23 Absatz 1 ist dem Berechtigten auf seinen Antrag abweichend von § 23 Absatz 2 Nummer 1 nur zu erteilen, wenn der Verpflichtete bis zum Ablauf der Beschwerdefrist keine Beschwerdeschrift eingereicht hat und wenn

1. der Berechtigte den Nachweis führt, dass die Entscheidung rechtskräftig ist (Artikel 21 des Vertrags),
2. die Entscheidung eine Unterhaltspflicht zum Gegenstand hat (Artikel 20 des Vertrags) oder
3. der Titel ein gerichtlicher Vergleich ist.

[2] § 23 Absatz 2 Nummer 2 bis 4 findet keine Anwendung.

(3) § 23 Absatz 3 bleibt unberührt.

§ 47 Abweichungen von § 24. [1] Die Zwangsvollstreckung aus dem Titel, zu dem der Urkundsbeamte der Geschäftsstelle des Oberlandesgerichts die Vollstreckungsklausel erteilt hat, ist abweichend von § 24 Absatz 1 auf Antrag des Berechtigten nur im Rahmen einer gerichtlichen Anordnung nach § 45 oder § 22 Absatz 2 und 3 fortzusetzen. [2] Eines besonderen Zeugnisses des Urkundsbeamten der Geschäftsstelle bedarf es nicht.

§ 48 Folgeregelungen für das Rechtsbeschwerdeverfahren. (1) Auf das Verfahren über die Rechtsbeschwerde sind neben den in § 17 Absatz 2 Satz 2 aufgeführten Vorschriften auch die §§ 45 und 47 sinngemäß anzuwenden.

(2) [1] Hat der Bundesgerichtshof eine Anordnung nach Absatz 1 in Verbindung mit § 45 Absatz 1 Nummer 1 erlassen, so ist in Abweichung von § 17 Absatz 3 Satz 3 ein Zusatz aufzunehmen, dass die Zwangsvollstreckung über Maßregeln zur Sicherung nicht hinausgehen darf. [2] Der Inhalt des Zusatzes bestimmt sich nach dem Inhalt der Anordnung.

§ 49 Weitere Sonderregelungen. (1) Hat der Verpflichtete keinen Wohnsitz im Inland, so ist für die Vollstreckbarerklärung von Entscheidungen und gerichtlichen Vergleichen auch das Landgericht örtlich zuständig, in dessen Bezirk der Verpflichtete Vermögen hat.

(2) [1] Auf das Verfahren über die Beschwerde des Verpflichteten gegen die Zulassung der Zwangsvollstreckung findet § 12 Absatz 2 keine Anwendung. [2] § 12 Absatz 1 gilt für die Beschwerde, die sich gegen die Zulassung der Zwangsvollstreckung aus einem gerichtlichen Vergleich richtet, sinngemäß.

Abschnitt 5. (weggefallen)

§§ 50–54 (weggefallen)

Abschnitt 6. Übereinkommen vom 30. Oktober 2007 über die gerichtliche Zuständigkeit und die Anerkennung und Vollstreckung von Entscheidungen in Zivil- und Handelssachen

§ 55 Abweichungen von Vorschriften des Allgemeinen Teils; ergänzende Regelungen. (1) Die §§ 3, 6 Absatz 1, § 7 Absatz 1 Satz 2 und Absatz 2, § 10 Absatz 2 und 3 Satz 2, § 11 Absatz 1 Satz 2 und Absatz 3 Satz 1 und 2 sowie die §§ 12, 14 und 18 finden keine Anwendung.

(2) [1] Die Beschwerde gegen die Zulassung der Zwangsvollstreckung ist einzulegen

1. innerhalb eines Monats nach Zustellung, wenn der Verpflichtete seinen Wohnsitz im Inland hat;
2. innerhalb von zwei Monaten nach Zustellung, wenn der Verpflichtete seinen Wohnsitz im Ausland hat.

[2] Die Frist beginnt mit dem Tag, an dem die Vollstreckbarerklärung dem Verpflichteten entweder persönlich oder in seiner Wohnung zugestellt worden ist. [3] Eine Verlängerung dieser Frist wegen weiter Entfernung ist ausgeschlossen.

(3) [1] In einem Verfahren, das die Vollstreckbarerklärung einer notariellen Urkunde zum Gegenstand hat, kann diese Urkunde auch von einem Notar für vollstreckbar erklärt werden. [2] Die Vorschriften für das Verfahren der Vollstreckbarerklärung durch ein Gericht gelten sinngemäß.

§ 56 Sonderregelungen für die Vollstreckungsabwehrklage. (1) [1] Ist die Zwangsvollstreckung aus einem Titel zugelassen, so kann der Verpflichtete Einwendungen gegen den Anspruch selbst in einem Verfahren nach § 767 der Zivilprozessordnung[1)] oder, wenn der Titel eine Unterhaltssache betrifft, in einem Verfahren nach § 120 Absatz 1 des Gesetzes über das Verfahren in Familiensachen und in den Angelegenheiten der freiwilligen Gerichtsbarkeit[2)] in Verbindung mit § 767 der Zivilprozessordnung geltend machen. [2] Handelt es sich bei dem Titel um eine gerichtliche Entscheidung, so gilt dies nur, soweit die Gründe, auf denen die Einwendungen beruhen, erst nach dem Erlass der Entscheidung entstanden sind.

(2) [1] Die Klage nach § 767 der Zivilprozessordnung und der Antrag nach § 120 Absatz 1 des Gesetzes über das Verfahren in Familiensachen und in den Angelegenheiten der freiwilligen Gerichtsbarkeit in Verbindung mit § 767 der Zivilprozessordnung sind bei dem Gericht zu erheben, das über den Antrag auf Erteilung der Vollstreckungsklausel entschieden hat. [2] Soweit der Antrag einen Unterhaltstitel zum Gegenstand hat, ist das Familiengericht zuständig; für die örtliche Zuständigkeit gelten die Vorschriften des Gesetzes über das Verfahren in Familiensachen und in den Angelegenheiten der freiwilligen Gerichtsbarkeit für Unterhaltssachen.

§ 57 Bescheinigungen zu inländischen Titeln. [1] Die Bescheinigungen nach den Artikeln 54, 57 und 58 des Übereinkommens vom 30. Oktober 2007 über die gerichtliche Zuständigkeit und die Anerkennung und Vollstreckung von Entscheidungen in Zivil- und Handelssachen werden von dem

---

1) **Schönfelder Nr. 100.**
2) **Schönfelder Nr. 112.**

Gericht, der Behörde oder der mit öffentlichem Glauben versehenen Person ausgestellt, der die Erteilung einer vollstreckbaren Ausfertigung des Titels obliegt. [2] Soweit danach die Gerichte für die Ausstellung der Bescheinigung zuständig sind, wird diese von dem Gericht des ersten Rechtszuges und, wenn das Verfahren bei einem höheren Gericht anhängig ist, von diesem Gericht ausgestellt. [3] Funktionell zuständig ist die Stelle, der die Erteilung einer vollstreckbaren Ausfertigung des Titels obliegt. [4] Für die Anfechtbarkeit der Entscheidung über die Ausstellung der Bescheinigung gelten die Vorschriften über die Anfechtbarkeit der Entscheidung über die Erteilung der Vollstreckungsklausel sinngemäß.

Abschnitt 7. Haager Übereinkommen vom 30. Juni 2005 über Gerichtsstandsvereinbarungen

§ 58[1)] Bescheinigungen zu inländischen Titeln. (1) Bescheinigungen nach Artikel 13 Absatz 1 Buchstabe e und Absatz 3 des Haager Übereinkommens vom 30. Juni 2005 über Gerichtsstandsvereinbarungen werden von dem Gericht ausgestellt, dem die Erteilung einer vollstreckbaren Ausfertigung des Titels obliegt.

(2) [1] Die Entscheidung über die Ausstellung einer Bescheinigung nach Artikel 13 Absatz 1 Buchstabe e oder Absatz 3 des Haager Übereinkommens vom 30. Juni 2005 über Gerichtsstandsvereinbarungen ist anfechtbar. [2] Hierfür gelten die Vorschriften über die Anfechtbarkeit der Entscheidung über die Erteilung der Vollstreckungsklausel sinngemäß.

Abschnitt 8.[2)] Haager Übereinkommen vom 2. Juli 2019 über die Anerkennung und Vollstreckung ausländischer Entscheidungen in Zivil- und Handelssachen

§ 59[2)] Bescheinigungen zu inländischen Titeln. (1) Bescheinigungen nach Artikel 12 Absatz 1 Buchstabe d und Absatz 3 des Haager Übereinkommens vom 2. Juli 2019 über die Anerkennung und Vollstreckung ausländischer Entscheidungen in Zivil- und Handelssachen werden von dem Gericht ausgestellt, dem die Erteilung einer vollstreckbaren Ausfertigung des Titels obliegt.

(2) [1] Die Entscheidung über die Ausstellung der Bescheinigung nach Artikel 12 Absatz 1 Buchstabe d oder Absatz 3 des Haager Übereinkommens vom 2. Juli 2019 über die Anerkennung und Vollstreckung ausländischer Entscheidungen in Zivil- und Handelssachen ist anfechtbar. [2] Hierfür gelten die Vorschriften über die Anfechtbarkeit der Entscheidung über die Erteilung der Vollstreckungsklausel sinngemäß.

---

1) § 58 Abs. 2 Satz 1 neu gef. mWv 1.9.2023 durch G v. 7.11.2022 (BGBl. I S. 1982; 2023 I Nr. 216).
2) Abschnitt 8 (§ 59) angef. mWv 1.9.2023 durch G v. 7.11.2022 (BGBl. I S. 1982; 2023 I Nr. 216).

---

[1] § 57 [illegible]

[2] Abschnitt 3 (§ 58) [illegible] 2023 [illegible]

103b. Verordnung (EU) 2019/1111 des Rates vom 25. Juni 2019 über die Zuständigkeit, die Anerkennung und Vollstreckung von Entscheidungen in Ehesachen und in Verfahren betreffend die elterliche Verantwortung und über internationale Kindesentführungen

(Neufassung)

(ABl. L 178 S. 1, ber. 2022 ABl. L 103 S. 18)

Celex-Nr. 3 2019 R 1111

DER RAT DER EUROPÄISCHEN UNION –

gestützt auf den Vertrag über die Arbeitsweise der Europäischen Union[1)], insbesondere auf Artikel 81 Absatz 3,

auf Vorschlag der Europäischen Kommission,

nach Zuleitung des Entwurfs des Gesetzgebungsakts an die nationalen Parlamente,

nach den Stellungnahmen des Europäischen Parlaments[2)],

nach Stellungnahme des Europäischen Wirtschafts- und Sozialausschusses[3)],

gemäß einem besonderen Gesetzgebungsverfahren,

in Erwägung nachstehender Gründe:

(1) Die Kommission hat am 15. April 2014 einen Bericht über die Anwendung der Verordnung (EG) Nr. 2201/2003 des Rates[4)] angenommen. Darin wurde festgestellt, dass die Verordnung (EG) Nr. 2201/2003 zwar ein gut funktionierendes Instrument und mit einem deutlichen Nutzen für die Bürger verbunden ist, die geltenden Vorschriften aber verbessert werden könnten. Eine Reihe von Änderungen müssen an der Verordnung vorgenommen werden. Aus Gründen der Klarheit sollte eine Neufassung jener Verordnung erstellt werden.

(2) Mit dieser Verordnung werden einheitliche Zuständigkeitsregeln für die Ehescheidung, die Trennung ohne Auflösung des Ehebandes und die Ungültigerklärung einer Ehe sowie für grenzüberschreitende Streitigkeiten über die elterliche Verantwortung festgelegt. Sie erleichtert den Verkehr von Entscheidungen sowie von öffentlichen Urkunden und bestimmten Vereinbarungen in der Union, indem sie Bestimmungen über deren Anerkennung und Vollstreckung in anderen Mitgliedstaaten festlegt. Ferner präzisiert diese Verordnung das Recht des Kindes, in Verfahren, von denen es betroffen ist, die Gelegenheit zur Meinungsäußerung zu erhalten, und sie enthält einige Bestimmungen zur Ergänzung des Haager Übereinkommens vom 25. Oktober 1980 über die zivilrechtlichen Aspekte internationaler Kindesentführung[5)] (im Folgenden

---

1) **Sartorius Nr. 1001.**

2) **Amtl. Anm.:** Stellungnahme vom 18. Januar 2018 (ABl. C 458 vom 19.12.2018, S. 499) und Stellungnahme vom 14. März 2019 (noch nicht im Amtsblatt veröffentlicht).

3) **Amtl. Anm.:** Stellungnahme vom 26. Januar 2017 (ABl. C 125 vom 21.4.2017, S. 46).

4) **Amtl. Anm.:** Verordnung (EG) Nr. 2201/2003 des Rates vom 27. November 2003 über die Zuständigkeit und die Anerkennung und Vollstreckung von Entscheidungen in Ehesachen und in Verfahren betreffend die elterliche Verantwortung und zur Aufhebung der Verordnung (EG) Nr. 1347/2000 (ABl. L 338 vom 23.12.2003, S. 1).

5) Nr. **103l**.

„Haager Übereinkommen von 1980") in den Beziehungen zwischen den Mitgliedstaaten. Daher sollte diese Verordnung dazu beitragen, die Rechtssicherheit zu stärken und die Flexibilität zu erhöhen, den Zugang zu Gerichtsverfahren zu verbessern und effizientere Verfahren zu gewährleisten.

(3) Das reibungslose und ordnungsgemäße Funktionieren der Union als Raum des Rechts, in dem die unterschiedlichen Rechtssysteme und -traditionen geachtet werden, ist für die Union von entscheidender Bedeutung. In dieser Hinsicht sollte das gegenseitige Vertrauen in die jeweiligen Rechtssysteme weiter ausgebaut werden. Die Union hat sich die Schaffung, Aufrechterhaltung und Weiterentwicklung eines Raums der Freiheit, der Sicherheit und des Rechts zum Ziel gesetzt, in dem der freie Personenverkehr und der Zugang zur Justiz gewährleistet sind. Zur Verwirklichung dieses Ziels sollten die Rechte von Personen, insbesondere Kindern, in rechtlichen Verfahren gestärkt werden, um die Zusammenarbeit zwischen Justiz- und Verwaltungsbehörden sowie die Vollstreckung von Entscheidungen in Familiensachen mit grenzüberschreitendem Bezug zu erleichtern. Die gegenseitige Anerkennung von Entscheidungen in Zivilsachen sollte verstärkt, der Zugang zur Justiz vereinfacht und der Informationsaustausch zwischen den Behörden der Mitgliedstaaten verbessert werden.

(4) Hierzu erlässt die Union unter anderem Maßnahmen im Bereich der justiziellen Zusammenarbeit in Zivilsachen mit grenzüberschreitendem Bezug, insbesondere wenn diese für das reibungslose Funktionieren des Binnenmarkts erforderlich sind. Der Begriff „Zivilsachen" sollte im Einklang mit der ständigen Rechtsprechung des Gerichtshofs der Europäischen Union (im Folgenden „Gerichtshof") autonom ausgelegt werden. Er sollte als autonomer Begriff angesehen werden, bei dessen Auslegung erstens die Ziele und die Systematik dieser Verordnung und zweitens die allgemeinen Rechtsgrundsätze, die sich aus der Gesamtheit der nationalen Rechtsordnungen ergeben, berücksichtigt werden müssen. Der Begriff „Zivilsachen" sollte daher dahingehend ausgelegt werden, dass er auch Maßnahmen umfassen kann, die in der Rechtsordnung eines Mitgliedstaats möglicherweise dem öffentlichen Recht unterliegen. Er sollte insbesondere alle Anträge, Maßnahmen oder Entscheidungen in Verfahren betreffend die „elterliche Verantwortung" im Sinne dieser Verordnung gemäß ihrer Ziele abdecken.

(5) Diese Verordnung umfasst „Zivilsachen", wobei dieser Begriff zivilgerichtliche Verfahren und die sich daraus ergebenden Entscheidungen sowie öffentliche Urkunden und bestimmte außergerichtliche Vereinbarungen in Ehesachen und in Sachen der elterlichen Verantwortung einschließt. Darüber hinaus sollte der Begriff „Zivilsachen" Anträge, Maßnahmen oder Entscheidungen sowie öffentliche Urkunden und bestimmte außergerichtliche Vereinbarungen über die Rückgabe eines Kindes nach dem Haager Übereinkommen von 1980 umfassen, die entsprechend der Rechtsprechung des Gerichtshofs und im Einklang mit Artikel 19 des Haager Übereinkommens von 1980[1)] keine Hauptsacheverfahren betreffend die elterliche Verantwortung darstellen, mit diesen aber eng verbunden sind und von bestimmten Vorschriften dieser Verordnung erfasst werden.

(6) Zur Erleichterung des Verkehrs von Entscheidungen in Ehesachen und in Verfahren betreffend die elterliche Verantwortung sowie von öffentlichen Urkunden und bestimmten Vereinbarungen in Ehesachen und in Sachen der

---

[1)] Nr. **1031**.

elterlichen Verantwortung ist es notwendig und angemessen, dass die Vorschriften über die Zuständigkeit und die Anerkennung und Vollstreckung von Entscheidungen durch ein Rechtsinstrument auf Unionsebene geregelt werden, das verbindlich ist und unmittelbar gilt.

(7) Um die Gleichbehandlung aller Kinder sicherzustellen, sollte diese Verordnung für alle Entscheidungen über die elterliche Verantwortung gelten, einschließlich der Maßnahmen zum Schutz des Kindes, ohne Rücksicht darauf, ob eine Verbindung zu Verfahren in Ehesachen oder anderen Verfahren besteht.

(8) Da die Anwendung der Vorschriften über die elterliche Verantwortung in Ehesachen häufig zum Tragen kommt, empfiehlt es sich jedoch, Ehesachen und die elterliche Verantwortung in einem einzigen Rechtsakt zu regeln.

(9) Bezüglich Entscheidungen über die Ehescheidung, die Trennung ohne Auflösung des Ehebandes oder die Ungültigerklärung einer Ehe sollte diese Verordnung nur für die Auflösung einer Ehe gelten. Sie sollte nicht für Fragen wie die Scheidungsgründe, das Ehegüterrecht oder sonstige mögliche Nebenaspekte gelten. Entscheidungen über die Verweigerung der Auflösung des Ehebandes sollten nicht unter die die Anerkennung betreffenden Bestimmungen dieser Verordnung fallen.

(10) Bezüglich des Vermögens des Kindes sollte diese Verordnung nur für Maßnahmen zum Schutz des Kindes gelten, und zwar für die Bestimmung und den Aufgabenbereich einer Person oder Stelle, die damit betraut ist, das Vermögen des Kindes zu verwalten, das Kind zu vertreten und ihm beizustehen, und für Maßnahmen bezüglich der Verwaltung und Erhaltung des Vermögens des Kindes oder der Verfügung darüber. In diesem Zusammenhang sollte diese Verordnung beispielsweise für die Fälle gelten, in denen Gegenstand des Verfahrens die Bestimmung einer Person oder Stelle ist, die das Vermögen des Kindes verwaltet. Das Vermögen des Kindes betreffende Maßnahmen, die nicht den Schutz des Kindes betreffen, sollten weiterhin unter die Verordnung (EU) Nr. 1215/2012[1)] des Europäischen Parlaments und des Rates[2)] fallen. Die Anwendung der Bestimmungen der vorliegenden Verordnung über die Zuständigkeit in Vorfragen sollte in diesen Fällen jedoch möglich sein.

(11) Jede Art von Unterbringung eines Kindes in Pflege, also bei einer oder mehreren Privatpersonen gemäß den nationalen Rechtsvorschriften und Verfahren, oder in einem Heim, beispielsweise in einem Waisenhaus oder in einem Kinderheim, in einem anderen Mitgliedstaat sollte in den Geltungsbereich dieser Verordnung fallen, wenn sie nicht ausdrücklich ausgeschlossen ist, wie dies zum Beispiel bei der Unterbringung im Hinblick auf eine Adoption, der Unterbringung bei einem Elternteil oder gegebenenfalls bei einem anderen nahen Verwandten gemäß der Erklärung des Aufnahmemitgliedstaats der Fall ist. Infolgedessen sollten „Unterbringungen aus erzieherischen Gründen", die von einem Gericht angeordnet oder von einer zuständigen Behörde mit Zustimmung oder auf Antrag der Eltern oder des Kindes infolge eines Problemverhaltens des Kindes veranlasst werden, einbezogen sein. Ausgeschlossen sein sollte nur eine Unterbringung aus erzieherischen

---

[1)] Nr. **103**.

[2)] **Amtl. Anm.:** Verordnung (EU) Nr. 1215/2012 des Europäischen Parlaments und des Rates vom 12. Dezember 2012 über die gerichtliche Zuständigkeit und die Anerkennung und Vollstreckung von Entscheidungen in Zivil- und Handelssachen (ABl. L 351 vom 20.12.2012, S. 1).

Gründen oder als Strafmaßnahme, die aufgrund einer Handlung des Kindes angeordnet oder veranlasst wurde, die, wenn sie von einem Erwachsenen begangen worden wäre, nach nationalem Strafrecht als strafbare Handlung eingestuft werden könnte, unabhängig davon, ob dies im speziellen Fall zu einer Verurteilung führen könnte.

(12) Diese Verordnung sollte weder für die Feststellung des Eltern-Kind-Verhältnisses, da es sich dabei um eine von der Übertragung der elterlichen Verantwortung gesonderte Frage handelt, noch für sonstige Fragen im Zusammenhang mit dem Personenstand gelten.

(13) Unterhaltspflichten sind vom Anwendungsbereich der vorliegenden Verordnung ausgenommen, da diese Pflichten bereits durch die Verordnung (EG) Nr. 4/2009[1)] des Rates[2)] geregelt werden. Neben den Gerichten für den Ort, an dem der Antragsgegner oder die berechtigte Person seinen/ihren gewöhnlichen Aufenthalt hat, sollten die nach der vorliegenden Verordnung für Ehesachen zuständigen Gerichte in Anwendung des Artikels 3 Buchstabe c der genannten Verordnung in der Regel in Nebensachen für Entscheidungen in ehelichen oder nachehelichen Unterhaltssachen zuständig sein. Die nach der vorliegenden Verordnung für Verfahren betreffend die elterliche Verantwortung zuständigen Gerichte sind in Anwendung des Artikels 3 Buchstabe d der genannten Verordnung in der Regel in Nebensachen für Entscheidungen in Kindesunterhaltssachen zuständig.

(14) Nach der Rechtsprechung des Gerichtshofs sollte der Begriff „Gericht" so weit aufgefasst werden, dass er auch Verwaltungsbehörden oder andere Behörden wie Notare einschließt, die in bestimmten Ehesachen oder Verfahren betreffend die elterliche Verantwortung die Zuständigkeit wahrnehmen. Jede vom Gericht nach einer Prüfung in der Sache nach dem nationalen Recht und nach dem nationalen Verfahren gebilligte Vereinbarung sollte als „Entscheidung" anerkannt oder vollstreckt werden. Anderen Vereinbarungen, die im Ursprungsmitgliedstaat nach dem förmlichen Tätigwerden einer Behörde oder einer anderen von einem Mitgliedstaat für diesen Zweck der Kommission mitgeteilten Stelle verbindliche Rechtswirkung erlangen, sollte in anderen Mitgliedstaaten im Einklang mit den besonderen Bestimmungen dieser Verordnung über öffentliche Urkunden und Vereinbarungen Wirkung verliehen werden. Diese Verordnung sollte nicht den freien Verkehr rein privater Vereinbarungen erlauben. Vereinbarungen, bei denen es sich nicht um eine Entscheidung oder eine öffentliche Urkunde handelt, die aber von einer hierzu befugten Behörde registriert wurden, sollten verkehren dürfen. Zu diesen Behörden könnten auch Notare gehören, die Vereinbarungen registrieren, auch wenn sie freiberuflich tätig sind.

(15) In Bezug auf eine „öffentliche Urkunde" ist der Begriff „Ermächtigung" in dieser Verordnung autonom in Einklang mit der Definition des in anderen Rechtsinstrumenten der Union durchgängig verwendeten Begriffs „öffentliche Urkunde" und in Anbetracht der Zwecke dieser Verordnung auszulegen.

(16) Auch wenn Rückgabeverfahren nach dem Haager Übereinkommen von 1980 keine Hauptsacheverfahren betreffend die elterliche Verantwortung sind, soll-

1) Nr. **21d**.

2) **Amtl. Anm.:** Verordnung (EG) Nr. 4/2009 des Rates vom 18. Dezember 2008 über die Zuständigkeit, das anwendbare Recht, die Anerkennung und Vollstreckung von Entscheidungen und die Zusammenarbeit in Unterhaltssachen (ABl. L 7 vom 10.1.2009, S. 1).

ten Entscheidungen, in denen nach dem Haager Übereinkommen von 1980 die Rückgabe eines Kindes in einen anderen Mitgliedstaat angeordnet wird und die aufgrund einer späteren, nach der Anordnung der Rückgabe erfolgten Entführung in einem anderen Mitgliedstaat vollstreckt werden müssen, nach Kapitel IV dieser Verordnung anerkannt und vollstreckt werden. Die Möglichkeit, wegen der späteren Entführung ein neues Verfahren im Hinblick auf die Rückgabe des Kindes nach dem Haager Übereinkommen von 1980 einzuleiten, bleibt davon unberührt. Ferner sollte diese Verordnung weiterhin für andere Aspekte in Fällen des widerrechtlichen Verbringens oder Zurückhaltens eines Kindes gelten, so zum Beispiel die Bestimmungen über die gerichtliche Zuständigkeit des Gerichts des Mitgliedstaats des gewöhnlichen Aufenthalts und die Bestimmungen über die Anerkennung und Vollstreckung aller von diesem Gericht erlassenen Anordnungen.

(17) Diese Verordnung sollte wie das Haager Übereinkommen vom 19. Oktober 1996 über die Zuständigkeit, das anzuwendende Recht, die Anerkennung, Vollstreckung und Zusammenarbeit auf dem Gebiet der elterlichen Verantwortung und der Maßnahmen zum Schutz von Kindern (im Folgenden „Haager Übereinkommen von 1996") für alle Kinder bis zum Alter von 18 Jahren gelten, auch in den Fällen, in denen sie aufgrund des für sie maßgeblichen Personenstandsrechts vorher geschäfts- und handlungsfähig geworden sein sollten, weil sie beispielsweise infolge einer Eheschließung mündig geworden sind. Hierdurch sollten eine Überschneidung mit dem Anwendungsbereich des Haager Übereinkommens vom 13. Januar 2000 über den internationalen Schutz von Erwachsenen, das für Personen ab einem Alter von 18 Jahren gilt, und zugleich Lücken zwischen diesen beiden Rechtsinstrumenten vermieden werden. Das Haager Übereinkommen von 1980 und folglich auch Kapitel III dieser Verordnung, die die Anwendung des Haager Übereinkommens von 1980 im Verhältnis zwischen den Mitgliedstaaten ergänzt, sollten weiterhin für Kinder bis zum Alter von 16 Jahren gelten.

(18) Für die Zwecke dieser Verordnung sollte davon ausgegangen werden, dass eine Person ein „Sorgerecht" hat, wenn aufgrund einer Entscheidung oder kraft Gesetzes oder durch eine rechtlich verbindliche Vereinbarung nach dem Recht des Mitgliedstaats, in dem das Kind seinen gewöhnlichen Aufenthalt hat, ein Träger der elterlichen Verantwortung nicht ohne Zustimmung dieser Person über den Aufenthaltsort des Kindes – ungeachtet der im nationalen Recht verwendeten Begriffe – entscheiden kann. In einigen Rechtsordnungen, die die Begriffe „Sorgerecht" und „Umgang" verwenden, kann dem nicht sorgeberechtigten Elternteil möglicherweise ein bedeutendes Maß an Verantwortung für das Kind betreffende Entscheidungen zukommen, die über ein bloßes Umgangsrecht hinausgehen.

(19) Die Zuständigkeitsvorschriften in Verfahren betreffend die elterliche Verantwortung wurden dem Wohle des Kindes entsprechend ausgestaltet und sollten im Einklang damit angewandt werden. Jede Bezugnahme auf das Kindeswohl sollte vor dem Hintergrund des Artikels 24 der Charta der Grundrechte der Europäischen Union[1] (im Folgenden „Charta") und des Übereinkommens der Vereinten Nationen vom 20. November 1989 über die Rechte des Kindes (im Folgenden „VN-Kinderrechtsübereinkommen") – wie sie im nationalen Recht und in nationalen Verfahren angewendet werden – ausgelegt werden.

[1] **Sartorius Nr. 1002.**

(20) Zum Schutz des Kindeswohls sollte sich die Zuständigkeit in erster Linie nach dem Kriterium der räumlichen Nähe bestimmen. Die Zuständigkeit sollte folglich dem Mitgliedstaat des gewöhnlichen Aufenthalts des Kindes vorbehalten sein, außer in bestimmten, in dieser Verordnung dargelegten Fällen, in denen sich beispielsweise der Aufenthaltsort des Kindes geändert hat oder die Träger der elterlichen Verantwortung etwas anderes vereinbart haben.

(21) Ist noch kein Verfahren betreffend die elterliche Verantwortung anhängig und ändert sich der gewöhnliche Aufenthalt des Kindes nach einem rechtmäßigen Umzug, so sollte die Zuständigkeit das Kind begleiten, damit die räumliche Nähe aufrechterhalten bleibt. Für bereits anhängige Verfahren rechtfertigen es die Rechtssicherheit und die Effizienz der Justiz, diese Zuständigkeit so lange aufrechtzuerhalten, bis in den betreffenden Verfahren eine rechtskräftige Entscheidung ergangen ist oder die Verfahren anderweitig abgeschlossen worden sind. Das Gericht, bei dem ein Verfahren anhängig ist, sollte jedoch unter bestimmten Umständen berechtigt sein, die Zuständigkeit auf den Mitgliedstaat zu übertragen, in dem das Kind nach einem rechtmäßigen Umzug lebt.

(22) Bei einem widerrechtlichen Verbringen oder Zurückhalten eines Kindes sollten vorbehaltlich einer möglichen Gerichtsstandsvereinbarung gemäß dieser Verordnung die Gerichte des Mitgliedstaats des gewöhnlichen Aufenthalts des Kindes ihre Zuständigkeit behalten, bis in einem anderen Mitgliedstaat ein neuer gewöhnlicher Aufenthalt begründet wird und einige besondere Bedingungen erfüllt sind. Die Mitgliedstaaten, die die Zuständigkeit konzentriert haben, sollten in Erwägung ziehen, dem mit dem Rückgabeantrag nach dem Haager Übereinkommen von 1980 befassten Gericht zu ermöglichen, auch die Zuständigkeit in Verfahren betreffend die elterliche Verantwortung wahrzunehmen, auf die sich die Parteien gemäß dieser Verordnung geeinigt oder die sie anerkannt haben, sofern im Laufe des Rückgabeverfahrens eine Vereinbarung zwischen den Parteien zustande gekommen ist. Derartige Vereinbarungen sollten Vereinbarungen sowohl über die Rückgabe als auch über die Nichtrückgabe des Kindes abdecken. Ist die Nichtrückgabe vereinbart, so sollte das Kind in dem Mitgliedstaat des neuen gewöhnlichen Aufenthalts bleiben, und die Zuständigkeit für künftige Sorgerechtsverfahren dort sollte aufgrund des neuen gewöhnlichen Aufenthalts des Kindes bestimmt werden.

(23) Unter bestimmten Bedingungen gemäß dieser Verordnung sollte es möglich sein, die Zuständigkeit in einem Verfahren betreffend die elterliche Verantwortung auch in einem Mitgliedstaat zu begründen, in dem ein Verfahren betreffend die Ehescheidung, die Trennung ohne Auflösung des Ehebandes oder die Ungültigerklärung einer Ehe zwischen den Eltern anhängig ist, oder in einem anderen Mitgliedstaat, zu dem das Kind eine wesentliche Bindung hat und auf den sich die Eltern zuvor, und zwar spätestens zum Zeitpunkt der Anrufung des Gerichts, geeinigt haben oder den sie im Laufe des Verfahrens ausdrücklich anerkannt haben, selbst wenn das Kind seinen gewöhnlichen Aufenthalt nicht in diesem Mitgliedstaat hat, sofern die Wahrnehmung dieser Zuständigkeit im Einklang mit dem Kindeswohl steht. Nach der Rechtsprechung des Gerichtshofs sollte jede andere Person als die Eltern, die nach innerstaatlichem Recht Partei des von den Eltern eingeleiteten Verfahrens ist, als Verfahrenspartei im Sinne dieser Verordnung gelten, und daher sollte der *Einspruch dieser* Partei gegen die Wahl des Gerichtsstands durch die Eltern des betroffenen Kindes nach dem Zeitpunkt der Anrufung des Gerichts verhindern, dass die Zuständigkeit durch alle Parteien des Verfahrens zu diesem Zeitpunkt anerkannt werden kann. Vor der Ausübung seiner Zuständigkeit

aufgrund einer Gerichtsstandsvereinbarung oder der Anerkennung sollte das Gericht prüfen, ob diese Vereinbarung oder Anerkennung auf einer freien und in Kenntnis der Sachlage getroffenen Entscheidung der betreffenden Parteien beruht und nicht dadurch zustande gekommen ist, dass eine Partei die Zwangslage oder schwache Position der anderen Partei ausgenutzt hat. Die Anerkennung der gerichtlichen Zuständigkeit im Laufe des Verfahrens sollte vom Gericht im Einklang mit den nationalen Rechtsvorschriften und Verfahren verzeichnet werden.

(24) Jede vereinbarte oder anerkannte Zuständigkeit sollte – sofern nichts anderes zwischen den Parteien vereinbart wurde – erlöschen, sobald gegen eine Entscheidung in jenem genannten Verfahren betreffend die elterliche Verantwortung kein ordentlicher Rechtsbehelf mehr eingelegt werden kann oder das Verfahren aus einem anderen Grund eingestellt wurde, damit im Hinblick auf etwaige neue künftige Verfahren das Erfordernis der räumlichen Nähe beachtet wird.

(25) Wenn der gewöhnliche Aufenthalt eines Kindes nicht festgestellt werden und die Zuständigkeit aufgrund einer Gerichtsstandsvereinbarung nicht bestimmt werden kann, sollten die Gerichte des Mitgliedstaats zuständig sein, in dem sich das Kind befindet. Diese Regel aufgrund der Anwesenheit sollte auch für Kinder gelten, die Flüchtlinge oder aufgrund von Unruhen in dem Mitgliedstaat ihres gewöhnlichen Aufenthalts ihres Landes Vertriebene sind. Im Lichte dieser Verordnung in Verbindung mit Artikel 52 Absatz 2 des Haager Übereinkommens von 1996[1] sollte diese Zuständigkeitsregel jedoch nur für Kinder gelten, die vor der Vertreibung ihren gewöhnlichen Aufenthalt in einem Mitgliedstaat hatten. War der gewöhnliche Aufenthalt des Kindes vor der Vertreibung in einem Drittstaat, sollte die Zuständigkeitsregel des Haager Übereinkommens von 1996 für geflüchtete Kinder und ihres Landes vertriebene Kinder gelten.

(26) Unter außergewöhnlichen Umständen könnte es sein, dass ein Gericht des Mitgliedstaats des gewöhnlichen Aufenthalts des Kindes nicht das am besten geeignete Gericht zur Behandlung des Falls ist. Ohne dazu verpflichtet zu sein, sollte das zuständige Gericht seine Zuständigkeit in einem bestimmten Fall ausnahmsweise und unter bestimmten Bedingungen einem Gericht eines anderen Mitgliedstaats übertragen können, wenn dieses in diesem besonderen Fall das Kindeswohl besser beurteilen kann. Nach der Rechtsprechung des Gerichtshofs sollte die Zuständigkeit für Verfahren betreffend die elterliche Verantwortung von einem Gericht eines Mitgliedstaats nur einem Gericht eines anderen Mitgliedstaats übertragen werden, zu dem das betroffene Kind eine „besondere Bindung" hat. Diese Verordnung sollte eine erschöpfende Auflistung der maßgeblichen Elemente einer solchen „besonderen Bindung" darlegen. Das zuständige Gericht sollte das Ersuchen nur dann an das Gericht eines anderen Mitgliedstaats richten, wenn seine vorherige Entscheidung, das Verfahren auszusetzen und um Übertragung der Zuständigkeit zu ersuchen, rechtskräftig geworden ist, sofern diese Entscheidung nach nationalem Recht angefochten werden kann.

(27) Unter außergewöhnlichen Umständen und unter Berücksichtigung des Kindeswohls im jeweiligen Einzelfall sollte ein Gericht eines Mitgliedstaats, der nach dieser Verordnung nicht zuständig ist, aber eine besondere Bindung zu dem Kind im Sinne dieser Verordnung aufweist, um Übertragung der Zu-

[1] Nr. **45m**.

ständigkeit vom zuständigen Gericht des Mitgliedstaats des gewöhnlichen Aufenthalts des Kindes ersuchen können. Dies sollte jedoch in Fällen eines widerrechtlichen Verbringens oder Zurückhaltens des Kindes nicht zulässig sein. Das jeweils zuständige Gericht sollte nach dem nationalen Recht des ersuchten Mitgliedstaats ermittelt werden.

(28) Unabhängig davon, ob eine Übertragung der Zuständigkeit von einem Gericht, das seine Zuständigkeit übertragen möchte, oder von einem Gericht, das die Zuständigkeit erhalten möchte, angestrebt wird, sollte diese Übertragung nur für den betreffenden Einzelfall gelten, in dem sie erfolgt. Ist das Verfahren abgeschlossen, für das um Übertragung der Zuständigkeit ersucht und diese gewährt wurde, so sollte die Übertragung keine Wirkung für künftige Verfahren entfalten.

(29) Soweit sich aus dieser Verordnung keine Zuständigkeit eines Gerichts eines Mitgliedstaats ergibt, bestimmt sich die Zuständigkeit in jedem Mitgliedstaat nach dem Recht dieses Mitgliedstaats. Der Ausdruck „Recht dieses Mitgliedstaats" sollte in diesem Mitgliedstaat geltende internationale Übereinkommen einschließen.

(30) Die vorliegende Verordnung sollte die Gerichte eines Mitgliedstaats, die nicht für die Entscheidung in der Hauptsache zuständig sind, nicht daran hindern, in dringenden Fällen einstweilige Maßnahmen einschließlich Schutzmaßnahmen in Bezug auf die Person oder das Vermögen eines Kindes, das sich in diesem Mitgliedstaat aufhält, anzuordnen. Diese Maßnahmen sollten in keinem anderen Mitgliedstaat gemäß dieser Verordnung anerkannt und vollstreckt werden, mit Ausnahme von Maßnahmen zum Schutz des Kindes vor einer in Artikel 13 Absatz 1 Buchstabe b des Haager Übereinkommens von 1980[1)] genannten schwerwiegenden Gefahr. Die Maßnahmen zum Schutz des Kindes vor einer solchen Gefahr sollten in Kraft bleiben, bis ein Gericht des Mitgliedstaats des gewöhnlichen Aufenthalts des Kindes die Maßnahmen angeordnet hat, die es für angebracht hält. Sofern der Schutz des Kindeswohls dies gebietet, sollte das Gericht – direkt oder über die Zentralen Behörden – das Gericht des Mitgliedstaats, der nach dieser Verordnung für die Entscheidung in der Hauptsache zuständig ist, über die getroffenen Maßnahmen unterrichten. Ein Unterbleiben dieser Information sollte jedoch nicht an sich ein Grund für die Nichtanerkennung der Maßnahme sein.

(31) Ein Gericht, das lediglich für einstweilige Maßnahmen einschließlich Schutzmaßnahmen zuständig ist, sollte sich, wenn es mit einem Antrag betreffend die Hauptsache befasst wird, von Amts wegen für unzuständig erklären, falls ein Gericht eines anderen Mitgliedstaats aufgrund dieser Verordnung in der Hauptsache zuständig ist.

(32) Hängt der Ausgang eines Verfahrens vor einem Gericht eines Mitgliedstaats, der nach dieser Verordnung nicht zuständig ist, von der Beurteilung einer in den Anwendungsbereich dieser Verordnung fallenden Vorfrage ab, so sollten die Gerichte dieses Mitgliedstaats durch die vorliegende Verordnung nicht an der Beurteilung dieser Frage gehindert werden. Geht es in dem Verfahren beispielsweise um eine Erbsache, von der das Kind betroffen ist und in der ein Prozesspfleger zu bestellen ist, der das Kind im Verfahren vertritt, so sollte es daher dem für die Erbsache zuständigen Mitgliedstaat erlaubt sein, den Prozesspfleger für das anhängige Verfahren zu bestellen, ungeachtet dessen, ob er für Verfahren betreffend die elterliche Verantwortung nach dieser Verordnung

[1)] Nr. 103l.

zuständig ist. Eine derartige Beurteilung sollte ausschließlich in dem Verfahren Rechtswirkung entfalten, für das sie vorgenommen wurde.

(33) Ist für die Gültigkeit einer Rechtshandlung, die im Namen eines Kindes in Erbsachen bei einem Gericht eines Mitgliedstaats vorgenommen wurde oder vorzunehmen ist, die Einwilligung oder Genehmigung seitens eines Gerichts erforderlich, so sollte ein Gericht in diesem Mitgliedstaat entscheiden dürfen, ob es in diese Rechtshandlung einwilligt oder sie genehmigt, selbst wenn es nach dieser Verordnung nicht zuständig ist. Der Begriff „Rechtshandlung" sollte beispielsweise die Annahme oder Ablehnung eines Erbes oder eine Vereinbarung zwischen den Parteien über die Verteilung oder Aufteilung des Vermögens einschließen.

(34) Die Anwendung des Völkerrechts im Bereich der diplomatischen Immunität sollte durch diese Verordnung nicht berührt werden. Kann das nach dieser Verordnung zuständige Gericht seine Zuständigkeit aufgrund einer diplomatischen Immunität nach dem Völkerrecht nicht wahrnehmen, so sollte die Zuständigkeit in dem Mitgliedstaat, in dem die betreffende Person keine Immunität genießt, nach den Rechtsvorschriften dieses Staats wahrgenommen werden.

(35) In dieser Verordnung wird festgelegt, wann ein Gericht als im Sinne dieser Verordnung angerufen gilt. Da es in den Mitgliedstaaten die beiden unterschiedlichen Systeme gibt, denen zufolge entweder das verfahrenseinleitende Schriftstück zunächst dem Antragsgegner zugestellt oder zunächst beim Gericht eingereicht werden muss, sollte es ausreichen, dass der im nationalen Recht vorgesehene erste Schritt unternommen wurde, sofern der Antragsteller es in der Folge nicht versäumt hat, die ihm nach nationalem Recht obliegenden Maßnahmen zu treffen, damit der zweite Schritt durchgeführt werden kann. In Anbetracht der zunehmenden Bedeutung der Mediation und anderer Arten der alternativen Streitbeilegung auch im Laufe des Verfahrens sollte ein Gericht gemäß der Rechtsprechung des Gerichtshofs auch zu dem Zeitpunkt als angerufen gelten, zu dem beim Gericht das verfahrenseinleitende Schriftstück oder ein gleichwertiges Schriftstück in Fällen eingereicht wird, in denen das Verfahren auf Antrag der Partei, die es eingeleitet hat, inzwischen ausgesetzt wurde, um eine einvernehmliche Lösung zu finden, ohne dass das verfahrenseinleitende Schriftstück dem Antragsgegner bereits zugestellt wurde und ohne dass der Antragsgegner von dem Verfahren Kenntnis hat oder an ihm in irgend einer Weise teilgenommen hat, sofern die Partei, die das Verfahren eingeleitet hat, es in der Folge nicht versäumt hat, die ihm obliegenden Maßnahmen zu treffen, um die Zustellung des Schriftstücks an den Antragsgegner zu bewirken. Nach der Rechtsprechung des Gerichtshofs sollte bei Rechtshängigkeit der Tag, an dem ein obligatorisches Schlichtungsverfahren bei einer nationalen Schlichtungsbehörde eingeleitet wurde, als der Tag gelten, an dem ein „Gericht" als angerufen gilt.

(36) Für die Zustellung von Schriftstücken in Verfahren, die auf der Grundlage der vorliegenden Verordnung eingeleitet wurden, sollte die Verordnung (EG) Nr. 1393/2007 des Europäischen Parlaments und des Rates[1)] gelten.

[1)] **Amtl. Anm.:** Verordnung (EG) Nr. 1393/2007 des Europäischen Parlaments und des Rates vom 13. November 2007 über die Zustellung gerichtlicher und außergerichtlicher Schriftstücke in Zivil- oder Handelssachen in den Mitgliedstaaten (Zustellung von Schriftstücken) und zur Aufhebung der Verordnung (EG) Nr. 1348/2000 des Rates (ABl. L 324 vom 10.12.2007, S. 79).

(37) Ein Gericht eines Mitgliedstaats sollte sich von Amts wegen für unzuständig erklären, wenn es in einer Sache angerufen wird, für die es nach dieser Verordnung keine Zuständigkeit in der Hauptsache hat und für die ein Gericht eines anderen Mitgliedstaats aufgrund dieser Verordnung in der Hauptsache zuständig ist. Einem Gericht eines Mitgliedstaats, der eine besondere Bindung zu dem Kind im Sinne dieser Verordnung aufweist, sollte es jedoch freistehen, um Übertragung der Zuständigkeit gemäß dieser Verordnung zu ersuchen, ohne dass es dazu verpflichtet wäre.

(38) Im Interesse einer abgestimmten Rechtspflege müssen Parallelverfahren so weit wie möglich vermieden werden, damit nicht in verschiedenen Mitgliedstaaten miteinander unvereinbare Entscheidungen ergehen. Es sollte eine klare und wirksame Regelung zur Klärung von Fragen der Rechtshängigkeit und der im Zusammenhang stehenden Verfahren sowie zur Verhinderung von Problemen vorgesehen werden, die sich aus der einzelstaatlich unterschiedlichen Festlegung des Zeitpunkts ergeben, von dem an ein Verfahren als rechtshängig gilt. Für die Zwecke dieser Verordnung sollte dieser Zeitpunkt autonom festgelegt werden. Um jedoch die Wirksamkeit von ausschließlichen Gerichtsstandsvereinbarungen zu verbessern, sollten die Bestimmungen dieser Verordnung über die Rechtshängigkeit dem nicht entgegenstehen, dass Eltern den Gerichten eines Mitgliedstaats die ausschließliche Zuständigkeit zuerkennen.

(39) In Verfahren betreffend die elterliche Verantwortung nach dieser Verordnung sowie in Rückgabeverfahren nach dem Haager Übereinkommen von 1980 sollte dem Kind, das von diesen Verfahren betroffen und fähig ist, sich seine eigene Meinung zu bilden, im Einklang mit der Rechtsprechung des Gerichtshofs grundsätzlich eine echte und wirksame Gelegenheit zur Meinungsäußerung gegeben werden und sollte diese Meinung bei der Bewertung des Kindeswohls gebührend berücksichtigt werden. Die Gelegenheit für das Kind, im Einklang mit Artikel 24 Absatz 1 der Charta[1] und Artikel 12 des VN-Kinderrechtsübereinkommens seine Meinung frei zu äußern, spielt bei der Anwendung dieser Verordnung eine wichtige Rolle. Nach der Verordnung sollte es allerdings weiterhin Sache der Mitgliedstaaten sein, in den nationalen Rechtsvorschriften und Verfahren festzulegen, wer das Kind anhört und wie das Kind angehört wird. Somit sollte es nicht das Ziel dieser Verordnung sein, festzulegen ob das Kind von dem Richter persönlich oder von einem speziell geschulten Sachverständigen angehört werden sollte, der dem Gericht anschließend Bericht erstattet, oder ob die Anhörung des Kindes im Gerichtssaal oder an einem anderen Ort oder auf anderem Wege erfolgen sollte. Außerdem hat das Kind zwar nach wie vor das Recht, angehört zu werden, doch stellt seine Anhörung keine absolute Verpflichtung dar, sondern muss unter Berücksichtigung des Kindeswohls beurteilt werden, beispielsweise in Fällen, die mit Vereinbarungen zwischen den Parteien verbunden sind.

Wenn es auch nach der Rechtsprechung des Gerichtshofs gemäß Artikel 24 der Charta[1] und der Verordnung (EG) Nr. 2201/2003 nicht erforderlich ist, dass das Gericht des Ursprungsmitgliedstaats die Meinung des Kindes in jeder Rechtssache durch eine Anhörung einholt, und diesem Gericht somit ein Ermessensspielraum bleibt, so geht aus der Rechtsprechung jedoch auch hervor, dass das Gericht bei der Entscheidung, dem Kind eine Gelegenheit zur Anhörung zu geben, verpflichtet ist, alle für die Durchführung einer der-

[1] **Sartorius Nr. 1002.**

artigen Anhörung angemessenen Vorkehrungen zu treffen, wobei dem Kindeswohl und den Umständen jedes Einzelfalls Rechnung zu tragen ist, damit die Wirksamkeit dieser Bestimmungen sichergestellt ist und dem Kind eine echte und wirksame Gelegenheit zur Meinungsäußerung gegeben wird. Das Gericht des Ursprungsmitgliedstaats sollte soweit möglich und stets unter Berücksichtigung des Kindeswohls alle Mittel, die ihm im nationalen Recht zur Verfügung stehen, sowie die speziellen Instrumente der internationalen justiziellen Zusammenarbeit einsetzen, gegebenenfalls einschließlich derjenigen der Verordnung (EG) Nr. 1206/2001 des Rates[1].

(40) Bei widerrechtlichem Verbringen oder Zurückhalten eines Kindes sollte dessen Rückgabe unverzüglich erwirkt werden, und zu diesem Zweck sollte das Haager Übereinkommen von 1980, das durch diese Verordnung und insbesondere des Kapitels III ergänzt wird, weiterhin Anwendung finden.

(41) Um die Rückgabeverfahren nach dem Haager Übereinkommen von 1980 so rasch wie möglich abzuschließen, sollen die Mitgliedstaaten entsprechend ihren innerstaatlichen Gerichtssystemen in Erwägung ziehen, die Zuständigkeit für diese Verfahren bei einer möglichst begrenzten Anzahl von Gerichten zu konzentrieren. Die Zuständigkeit für Kindesentführungsfälle könnte bei einem einzigen Gericht für das ganze Land oder bei einer begrenzten Zahl von Gerichten konzentriert werden; dabei ließe sich beispielsweise die Zuständigkeit für internationale Kindesentführungsfälle ausgehend von der Zahl der Rechtsbehelfsgerichte bei einem Gericht erster Instanz in jedem Rechtsbehelfsgerichtsbezirk konzentrieren.

(42) In Rückgabeverfahren nach dem Haager Übereinkommen von 1980 sollten die Gerichte jeder Instanz ihre Entscheidung binnen sechs Wochen treffen, es sei denn, dass dies aufgrund außergewöhnlicher Umstände nicht möglich ist. Der Rückgriff auf alternative Streitbeilegungsverfahren sollte nicht als außergewöhnlicher Umstand betrachtet werden, der eine Überschreitung der Frist rechtfertigt. Im Laufe dieser Verfahren oder als deren Folge können jedoch außergewöhnliche Umstände eintreten. Für ein Gericht erster Instanz sollte die Frist mit dem Zeitpunkt beginnen, zu dem das Gericht angerufen wurde. Für ein Gericht höherer Instanz sollte sie mit dem Zeitpunkt beginnen, zu dem alle erforderlichen Verfahrensschritte unternommen worden sind. Je nach dem betreffenden Rechtssystem könnten diese Schritte die Zustellung des Rechtsbehelfs an den Antragsgegner entweder in dem Mitgliedstaat, in dem das Gericht seinen Sitz hat, oder in einem anderen Mitgliedstaat, die Übermittlung der Akte und die Einlegung von Rechtsbehelfen beim Rechtsbehelfsgericht in Mitgliedstaaten, in denen Rechtsbehelfe bei dem Gericht eingelegt werden müssen, dessen Entscheidung angefochten wird, oder einen Antrag einer Partei auf Abhaltung einer Anhörung umfassen, wenn ein derartiger Antrag nach nationalem Recht erforderlich ist. Die Mitgliedstaaten sollten auch in Erwägung ziehen, die Zahl der möglichen Rechtsbehelfe gegen eine Entscheidung, mit der die Rückgabe eines Kindes nach dem Haager Übereinkommen von 1980 angeordnet oder abgelehnt wird, auf einen Rechtsbehelf zu begrenzen.

(43) In allen Fällen, die Kinder betreffen, insbesondere in Fällen internationaler Kindesentführung, sollten die Gerichte die Möglichkeit der Herbeiführung

[1] **Amtl. Anm.:** Verordnung (EG) Nr. 1206/2001 des Rates vom 28. Mai 2001 über die Zusammenarbeit zwischen den Gerichten der Mitgliedstaaten auf dem Gebiet der Beweisaufnahme in Zivil- oder Handelssachen (ABl. L 174 vom 27.6.2001, S. 1).

einer Lösung durch Mediation oder andere geeignete Mittel prüfen und dabei gegebenenfalls auf die Unterstützung durch bestehende Netzwerke und Unterstützungsstrukturen für Mediation in grenzüberschreitenden Streitigkeiten über die elterliche Verantwortung zurückgreifen. Solche Bemühungen dürfen jedoch die Rückgabeverfahren nach dem Haager Übereinkommen von 1980 nicht über Gebühr in die Länge ziehen. Außerdem dürfte Mediation nicht immer angezeigt sein, insbesondere in Fällen häuslicher Gewalt. Einigen sich die Eltern im Laufe eines Rückgabeverfahrens nach dem Haager Übereinkommen von 1980 über die Rückgabe oder Nichtrückgabe des Kindes, und auch über Verfahren betreffend die elterliche Verantwortung, so sollte diese Verordnung ihnen unter bestimmten Umständen ermöglichen, zu vereinbaren, dass das nach dem Haager Übereinkommen von 1980 befasste Gericht dafür zuständig sein sollte, ihrer Vereinbarung Rechtswirkung zu verleihen, indem es sie in eine Entscheidung aufnimmt, billigt oder auf eine andere in den nationalen Rechtsvorschriften und Verfahren vorgesehene Form zurückgreift. Die Mitgliedstaaten, die die Zuständigkeit konzentriert haben, sollten daher in Erwägung ziehen, das mit dem Rückgabeverfahren nach dem Haager Übereinkommen von 1980 befasste Gericht in die Lage zu versetzen, auch die Zuständigkeit in Verfahren betreffend die elterliche Verantwortung wahrzunehmen, auf die sich die Parteien gemäß dieser Verordnung geeinigt oder die sie anerkannt haben, sofern im Laufe dieses Rückgabeverfahrens eine Vereinbarung zwischen den Parteien zustande gekommen ist.

(44) Das Gericht des Mitgliedstaats, in den das Kind widerrechtlich verbracht wurde oder in dem es widerrechtlich zurückgehalten wird, sollte die Rückgabe in besonderen, ordnungsgemäß begründeten Fällen ablehnen können, wie dies im Haager Übereinkommen von 1980 vorgesehen ist. Zuvor sollte es prüfen, ob angemessene Schutzmaßnahmen getroffen wurden oder getroffen werden könnten, um das Kind vor der schwerwiegenden Gefahr im Sinne des Artikels 13 Absatz 1 Buchstabe b des Haager Übereinkommens von 1980[1] zu schützen.

(45) Zieht ein Gericht in Erwägung, die Rückgabe eines Kindes nur aufgrund von Artikel 13 Absatz 1 Buchstabe b des Haager Übereinkommens von 1980[1] abzulehnen, so sollte es die Rückgabe des Kindes nicht ablehnen, wenn entweder die Partei, die sich um die Rückgabe des Kindes bemüht, das Gericht davon überzeugt oder das Gericht auf andere Weise zu der Überzeugung gelangt, dass angemessene Vorkehrungen zum Schutz des Kindes nach seiner Rückgabe getroffen wurden. Bei diesen Vorkehrungen könnte es sich beispielsweise handeln um eine gerichtliche Anordnung aus diesem Mitgliedstaat, die dem Antragsteller verbietet, sich dem Kind zu nähern, eine einstweilige Maßnahme einschließlich einer Schutzmaßnahme seitens dieses Mitgliedstaats, der zufolge das Kind bei dem Elternteil, der es entzogen hat und der die tatsächliche Sorge wahrnimmt, bleiben kann, bis in diesem Mitgliedstaat nach der Rückgabe eine Sorgerechtsentscheidung gefällt wird, oder den Nachweis, dass für ein behandlungsbedürftiges Kind medizinische Einrichtungen zur Verfügung stehen. Welche Art von Vorkehrungen im Einzelfall angemessen ist, sollte von der konkreten schwerwiegenden Gefahr abhängen, der das Kind bei einer Rückgabe ohne derartige Vorkehrungen ausgesetzt sein könnte. Das Gericht, das feststellen will, ob angemessene Vorkehrungen getroffen wurden, sollte sich in erster Linie an die Parteien halten und

[1] Nr. **103l**.

erforderlichen- und gegebenenfalls die Zentralen Behörden oder die dem Netz angeschlossenen Richter, insbesondere innerhalb des gemäß Beschluss 2001/470/EG des Rates[1)] errichteten Europäischen Justiziellen Netzes für Zivil- und Handelssachen und innerhalb des Internationalen Haager Richternetzwerks, um Unterstützung ersuchen.

(46) Bei der Anordnung der Rückgabe des Kindes sollte es für das Gericht möglich sein, gegebenenfalls alle einstweiligen Maßnahmen, einschließlich Schutzmaßnahmen gemäß dieser Verordnung anzuordnen, die es für erforderlich hält, um das Kind vor der mit der Rückgabe verbundenen schwerwiegenden Gefahr eines körperlichen oder seelischen Schadens zu schützen, die ansonsten zur Ablehnung der Rückgabe führen würde. Derartige einstweilige Maßnahmen und ihr Verkehr sollten weder die Rückgabeverfahren nach dem Haager Übereinkommen von 1980 verzögern noch die Abgrenzung der Zuständigkeit zwischen dem in Rückgabeverfahren nach dem Haager Übereinkommen von 1980 angerufenen Gericht und dem nach dieser Verordnung in der Hauptsache der elterlichen Verantwortung zuständigen Gericht unterlaufen. Erforderlichenfalls sollte das in Rückgabeverfahren nach dem Haager Übereinkommen von 1980 angerufene Gericht mit Hilfe der Zentralen Behörden oder der dem Netz angeschlossenen Richter, insbesondere innerhalb des Europäischen Justiziellen Netzes für Zivil- und Handelssachen und des Internationalen Haager Richternetzwerks, das Gericht oder die zuständigen Behörden des Mitgliedstaats des gewöhnlichen Aufenthalts des Kindes konsultieren. Diese Maßnahmen sollten in allen anderen Mitgliedstaaten, einschließlich des nach dieser Verordnung zuständigen Mitgliedstaats, so lange anerkannt und vollstreckt werden, bis ein Gericht des betreffenden Mitgliedstaats die Maßnahmen getroffen hat, die es als angemessen erachtet. Zu derartigen vorläufigen Maßnahmen – einschließlich Schutzmaßnahmen – könnte beispielsweise gehören, dass das Kind sich weiter bei der Person aufhält, die die tatsächliche Sorge wahrnimmt, oder dass geregelt wird, wie nach der Rückgabe Kontakte zu dem Kind stattfinden sollten, bis das Gericht des gewöhnlichen Aufenthalts des Kindes die seines Erachtens angezeigten Maßnahmen getroffen hat. Dadurch sollte einer Maßnahme oder Entscheidung des Gerichts des gewöhnlichen Aufenthalts des Kindes nach dessen Rückgabe nicht vorgegriffen werden.

(47) Es sollte möglich sein, eine Entscheidung, mit der die Rückgabe des Kindes angeordnet wird, ungeachtet der Einlegung eines Rechtsbehelfs für vorläufig vollstreckbar zu erklären, wenn die Rückgabe des Kindes vor der Entscheidung über den Rechtsbehelf aus Gründen des Kindeswohls erforderlich ist. Im nationalen Recht kann festgelegt werden, von welchem Gericht die Entscheidung für vorläufig vollstreckbar erklärt werden kann.

(48) Entscheidet das Gericht des Mitgliedstaats, in den das Kind widerrechtlich verbracht wurde oder in dem es widerrechtlich zurückgehalten wird, die Anordnung der Rückgabe des Kindes nach dem Haager Übereinkommen von 1980 abzulehnen, so sollte es in seiner Entscheidung ausdrücklich auf die einschlägigen Artikel dieses Übereinkommens verweisen, auf deren Grundlage die Ablehnung erfolgte. Ungeachtet dessen, ob diese ablehnende Entscheidung endgültig oder noch anfechtbar ist, könnte sie dennoch durch eine spätere Entscheidung ersetzt werden, die in einem Sorgerechtsverfahren von

[1)] **Amtl. Anm.:** Entscheidung 2001/470/EG des Rates vom 28. Mai 2001 über die Einrichtung eines Europäischen Justiziellen Netzes für Zivil- und Handelssachen (ABl. L 174 vom 27.6.2001, S. 25).

dem Gericht des Mitgliedstaats gefällt wird, in dem das Kind vor seinem widerrechtlichen Verbringen oder Zurückhalten seinen gewöhnlichen Aufenthalt hatte. Im Laufe dieser Verfahren sollten unter Berücksichtigung des Kindeswohls alle Umstände, einschließlich des Verhaltens der Eltern, eingehend geprüft werden, aber die Prüfung sollte sich nicht auf dieses Verhalten beschränken. Sollte in der daraus resultierenden Sorgerechtsentscheidung die Rückgabe des Kindes angeordnet werden, so sollte die Rückgabe erfolgen, ohne dass es in einem anderen Mitgliedstaat eines besonderen Verfahrens zur Anerkennung und Vollstreckung dieser Entscheidung bedarf.

(49) Das Gericht, das die Rückgabe des Kindes nur aufgrund des Artikels 13 Absatz 1 Buchstabe b oder des Artikels 13 Absatz 2 – oder der beiden Bestimmungen – des Haager Übereinkommens von 1980[1)] ablehnt, sollte von Amts wegen eine Bescheinigung ausstellen, für die das in dieser Verordnung wiedergegebene Formblatt verwendet wird. Mit dieser Bescheinigung sollen die Parteien davon in Kenntnis gesetzt werden, dass sie innerhalb von drei Monaten nach der Mitteilung der Entscheidung, mit der die Rückgabe des Kindes abgelehnt wird, in der Hauptsache Anträge betreffend das Sorgerecht bei einem Gericht in dem Mitgliedstaat einreichen können, in dem das Kind unmittelbar vor dem widerrechtlichen Verbringen oder Zurückhalten seinen gewöhnlichen Aufenthalt hatte, oder dass sie, wenn das Gericht bereits befasst wurde, dem Gericht die einschlägigen Unterlagen hinsichtlich des Rückgabeverfahrens übermitteln können.

(50) Ist in dem Mitgliedstaat, in dem das Kind unmittelbar vor dem widerrechtlichen Verbringen oder Zurückhalten seinen gewöhnlichen Aufenthalt hatte, ein Verfahren in der Hauptsache betreffend das Sorgerecht bereits zu dem Zeitpunkt anhängig, zu dem ein mit dem Rückgabeantrag nach dem Haager Übereinkommen von 1980 befasstes Gericht die Rückgabe des Kindes nur aufgrund des Artikels 13 Absatz 1 Buchstabe b oder des Artikels 13 Absatz 2 – oder der beiden Bestimmungen – des Haager Übereinkommens von 1980[1)] ablehnt, so sollte das Gericht, das die Rückgabe des Kindes abgelehnt hat, falls es von dem betreffenden Verfahren Kenntnis hat, innerhalb eines Monats ab dem Zeitpunkt seiner Entscheidung eine Abschrift seiner Entscheidung, die entsprechende Bescheinigung und gegebenenfalls ein Protokoll, eine Zusammenfassung oder eine Niederschrift der Anhörung sowie alle anderen Unterlagen übermitteln, die es als sachdienlich für das mit dem Verfahren in der Hauptsache betreffend das Sorgerechtbefasste Gericht erachtet. Der Ausdruck „alle anderen Unterlagen, die es als sachdienlich erachtet", sollte sich auf alle Unterlagen beziehen, die sich auf das Ergebnis dieses Sorgerechtsverfahrens auswirken könnten, wenn die entsprechenden Informationen nicht bereits in der Entscheidung enthalten sind, mit der die Rückgabe abgelehnt wird.

(51) Ist in dem Mitgliedstaat, in dem das Kind unmittelbar vor dem widerrechtlichen Verbringen oder Zurückhalten seinen gewöhnlichen Aufenthalt hatte, noch kein Verfahren in der Hauptsache betreffend das Sorgerecht anhängig und ruft eine Partei innerhalb von drei Monaten nach dem Zeitpunkt der Mitteilung der Entscheidung, die Rückgabe des Kindes abzulehnen, ein Gericht in diesem Mitgliedstaat an, so sollte diese Partei dem mit dem Sorgerechtsantrag befassten Gericht eine Abschrift der Entscheidung über die *Ablehnung* der Rückgabe des Kindes gemäß dem Haager Übereinkommen von 1980, die entsprechende Bescheinigung und gegebenenfalls ein Protokoll,

---

[1)] Nr. **103l**.

eine Zusammenfassung oder eine Niederschrift der Anhörung vorlegen. Dies hindert das angerufene Gericht nicht daran, alle weiteren Unterlagen zu verlangen, die es als sachdienlich erachtet und die Informationen enthalten, die sich auf das Ergebnis des Verfahren in der Hauptsache betreffend das Sorgerecht auswirken könnten, wenn diese Informationen nicht bereits in der Entscheidung selbst enthalten sind, mit der die Rückgabe abgelehnt wird.

(52) Wurde innerhalb von drei Monaten nach dem Zeitpunkt der Mitteilung der Entscheidung, die Rückgabe des Kindes nach dem Haager Übereinkommen von 1980 abzulehnen, das für die Sorgerechtsentscheidung zuständige Gericht von einer Partei befasst oder war vor diesem Gericht zum Zeitpunkt des Eingangs dieser Entscheidung des die Rückgabe des Kindes ablehnenden Gerichts bereits ein Sorgerechtsverfahren anhängig, so sollte jede sich aus diesem Verfahren ergebende Sorgerechtsentscheidung, die die Rückgabe des Kindes in diesen Mitgliedstaat zur Folge hat, gemäß Kapitel IV Abschnitt 2 der vorliegenden Verordnung in jedem anderen Mitgliedstaat vollstreckbar sein, ohne dass es eines besonderen Verfahrens bedarf und ohne dass die Anerkennung der Entscheidung angefochten werden kann. Dies sollte gelten, außer wenn – und nur soweit – eine Unvereinbarkeit mit einer späteren Entscheidung über die elterliche Verantwortung betreffend das gleiche Kind festgestellt wird, sofern für die Sorgerechtsentscheidung, die die Rückgabe des Kindes zur Folge hat, eine Bescheinigung für „privilegierte Entscheidungen" ausgestellt wurde. Wird das Gericht, das für die Entscheidung in der Hauptsache zuständig ist, nach Ablauf der drei Monate befasst oder sind die Bedingungen für die Ausstellung einer Bescheinigung für solche privilegierten Entscheidungen nicht erfüllt, so sollte die ergangene Sorgerechtsentscheidung im Einklang mit Kapitel IV Abschnitt 1 der vorliegenden Verordnung in anderen Mitgliedstaaten anerkannt und vollstreckt werden.

(53) Wenn es nicht möglich ist, eine Partei oder ein Kind persönlich anzuhören, und die entsprechenden technischen Mittel verfügbar sind, könnte das Gericht unbeschadet anderer Rechtsakte der Union in Erwägung ziehen, eine Anhörung mittels Videokonferenz oder einer anderen Kommunikationstechnologie durchzuführen, außer wenn in Anbetracht der besonderen Umstände des Falles die Verwendung solcher Technologien dem fairen Ablauf des Verfahrens nicht dienlich wäre.

(54) Das gegenseitige Vertrauen in die Rechtspflege in der Union rechtfertigt den Grundsatz, dass in einem Mitgliedstaat in Ehesachen und in Verfahren betreffend die elterliche Verantwortung ergangene Entscheidungen in allen Mitgliedstaaten anerkannt werden sollten, ohne dass es eines Anerkennungsverfahrens bedarf. Insbesondere wenn ihnen eine in einem anderen Mitgliedstaat ergangene Entscheidung vorgelegt wird, mit der die Ehescheidung, die Trennung ohne Auflösung des Ehebandes oder die Ungültigerklärung der Ehe ausgesprochen wird und die im Ursprungsmitgliedstaat nicht mehr angefochten werden kann, sollten die zuständigen Behörden des ersuchten Mitgliedstaats die Entscheidung von Rechts wegen anerkennen, ohne dass es eines Verfahrens bedarf, und ihre Personenstandsregister entsprechend aktualisieren. Es bleibt dem nationalen Recht überlassen, darüber zu befinden, ob die Versagungsgründe von einer Partei geltend gemacht werden müssen oder nach dem nationalen Recht von Amts wegen geltend gemacht werden. Dies hindert eine interessierte Partei nicht daran, im Einklang mit dieser Verordnung eine Entscheidung zu beantragen, dass keine Gründe für die Versagung der Anerkennung im Sinne dieser Verordnung bestehen. Es sollte im nationa-

len Rechts des Mitgliedstaats, in dem ein derartiger Antrag gestellt wird, festgelegt werden, wer als zu einem derartigen Antrag berechtigte interessierte Partei gilt.

(55) Die Anerkennung und Vollstreckung von in einem Mitgliedstaat ergangenen Entscheidungen, dort errichteten öffentlichen Urkunden und dort geschlossenen Vereinbarungen sollten auf dem Grundsatz des gegenseitigen Vertrauens beruhen. Daher sollten die Gründe für eine Nichtanerkennung in Anbetracht des dieser Verordnung zugrundeliegenden Ziels, also der Erleichterung der Anerkennung und Vollstreckung und des wirksamen Schutzes des Kindeswohls, auf ein Mindestmaß beschränkt werden.

(56) Die Anerkennung einer Entscheidung sollte nur versagt werden, wenn einer oder mehrere der in dieser Verordnung vorgesehenen Gründe für die Nichtanerkennung vorliegen. Die Auflistung der Gründe für die Versagung der Anerkennung in dieser Verordnung sind erschöpfend. Es sollte nicht möglich sein, in dieser Verordnung nicht aufgeführte Gründe, wie z.B. ein Verstoß gegen die Regel zur Rechtshängigkeit, als Gründe für die Versagung geltend zu machen. In Verfahren betreffend die elterliche Verantwortung hat eine spätere Entscheidung stets Vorrang vor einer früheren Entscheidung mit Wirkung für die Zukunft, soweit sie unvereinbar sind.

(57) Was die einem Kind gebotene Gelegenheit zur Meinungsäußerung anbelangt, so sollte es Sache des Ursprungsgerichts sein, über die angemessene Art und Weise der Anhörung des Kindes zu entscheiden. Daher sollte es nicht möglich sein, die Anerkennung einer Entscheidung einzig und allein aus dem Grund zu versagen, dass das Ursprungsgericht die Anhörung des Kindes auf andere Weise vorgenommen hat als dies ein Gericht im Mitgliedstaat der Anerkennung tun würde. Der Mitgliedstaat, in dem die Anerkennung geltend gemacht wird, sollte diese nicht versagen, wenn eine der in dieser Verordnung zugelassenen Ausnahmen von diesem besonderen Ablehnungsgrund Anwendung findet. Diese Ausnahmen wirken sich dahingehend aus, dass es nicht möglich sein sollte, dass ein Gericht in dem Vollstreckungsmitgliedstaat die Vollstreckung einer Entscheidung einzig und allein aus dem Grund versagt, dass dem Kind keine Gelegenheit zur Meinungsäußerung gegeben worden ist, wobei das Kindeswohl berücksichtigt wurde, sofern das Verfahren nur das Vermögen des Kindes betroffen hat und sofern es in Anbetracht des Verfahrensgegenstandes nicht erforderlich war, ihm diese Gelegenheit zu geben, oder sofern es schwerwiegende Gründe gab, wobei insbesondere die Dringlichkeit des Falls zu berücksichtigen ist. Derartige schwerwiegende Gründe könnten beispielsweise vorliegen, wenn eine unmittelbare Gefahr für die körperliche und seelische Unversehrtheit oder das Leben des Kindes besteht und jede weitere Verzögerung das Risiko bergen könnte, dass diese Gefahr wirklich eintritt.

(58) Darüber hinaus rechtfertigt das Ziel, den Zeit- und Kostenaufwand in grenzüberschreitenden Streitigkeiten mit Kindesbezug zu verringern, dass für alle Entscheidungen in Verfahren betreffend die elterliche Verantwortung die Vollstreckbarerklärung vor der Vollstreckung im Vollstreckungsmitgliedstaat oder, soweit anwendbar, die Registrierung zur Vollstreckung abgeschafft wird. Während mit der Verordnung (EG) Nr. 2201/2003 diese Anforderung nur für bestimmte Entscheidungen über das Umgangsrecht und bestimmte Entscheidungen, die die Rückgabe eines Kindes zur Folge haben, abgeschafft wurde, sollte sie mit der vorliegenden Verordnung für die grenzüberschreitende Vollstreckung sämtlicher Entscheidungen in Verfahren betreffend die elterliche Verantwortung abgeschafft werden, während für bestimmte Entscheidungen

über das Umgangsrecht und bestimmte Entscheidungen, die die Rückgabe eines Kindes zur Folge haben, eine sogar noch günstigere Behandlung beibehalten wird. Vorbehaltlich dieser Verordnung ist eine von einem Gericht eines anderen Mitgliedstaats getroffene Entscheidung daher so zu behandeln, als ob sie im Vollstreckungsmitgliedstaat ergangen wäre.

(59) Werden von einem Gericht, das in der Hauptsache zuständig ist, einstweilige Maßnahmen einschließlich Schutzmaßnahmen angeordnet, so sollte der Verkehr dieser Maßnahmen nach Maßgabe dieser Verordnung gewährleistet sein. Allerdings sollten einstweilige Maßnahmen, einschließlich Schutzmaßnahmen, die von einem solchen Gericht angeordnet wurden, ohne dass der Antragsgegner vorgeladen wurde, nicht gemäß dieser Verordnung anerkannt und vollstreckt werden, es sei denn, die die Maßnahme enthaltende Entscheidung ist dem Antragsgegner vor der Vollstreckung zugestellt worden. Dies sollte die Anerkennung und Vollstreckung solcher Maßnahmen gemäß nationalem Recht nicht ausschließen. Werden einstweilige Maßnahmen – einschließlich Schutzmaßnahmen – von einem Gericht eines Mitgliedstaats angeordnet, das in der Hauptsache nicht zuständig ist, so sollte deren Verkehr im Rahmen dieser Verordnung auf Maßnahmen begrenzt werden, die in Fällen internationaler Kindesentführung getroffen werden und die darauf abzielen, das Kind vor einer schwerwiegenden Gefahr im Sinne des Artikels 13 Absatz 1 Buchstabe b des Haager Übereinkommens von 1980[1] zu schützen. Diese Maßnahmen sollten so lange gelten, bis ein Gericht eines für die Entscheidung in der Hauptsache nach dieser Verordnung zuständigen Mitgliedstaats die Maßnahmen getroffen hat, die es als angemessen erachtet.

(60) Da Vollstreckungsverfahren je nach den innerstaatlichen Rechtsvorschriften gerichtlich oder außergerichtlich erfolgen können, kann der Ausdruck „für die Vollstreckung zuständige Behörden" Gerichte, Gerichtsvollzieher und jede andere im nationalen Recht vorgesehene Behörde einschließen. Werden in dieser Verordnung zusätzlich zu den für die Vollstreckung zuständigen Behörden auch Gerichte erwähnt, so sollten damit Fälle abgedeckt werden, in denen im nationalen Recht eine andere Stelle als ein Gericht die für die Vollstreckung zuständige Behörde ist, bestimmte Entscheidungen jedoch Gerichten vorbehalten sind, und zwar entweder von Anfang an oder in Form einer Überprüfung der Handlungen der für die Vollstreckung zuständigen Behörde. Es sollte Sache der für die Vollstreckung zuständigen Behörde oder des Gerichts des Vollstreckungsmitgliedstaats sein, besondere, in der Vollstreckungsphase zu treffende Maßnahmen ebenso wie im nationalen Recht vorgesehene Maßnahmen ohne Zwangscharakter oder im nationalen Recht jenes Mitgliedstaats vorgesehene Zwangsmaßnahmen – einschließlich Geldstrafen, Haft oder Abholen des Kindes durch einen Gerichtsvollzieher – anzuordnen, zu ergreifen oder zu veranlassen.

(61) Um die Vollstreckung von in einem anderen Mitgliedstaat ergangenen Entscheidungen über die Ausübung des Umgangsrechts zu erleichtern, sollten die für die Vollstreckung zuständigen Behörden oder die Gerichte im Vollstreckungsmitgliedstaat berechtigt sein, Einzelheiten in Bezug auf die praktischen Umstände oder nach dem Recht des Vollstreckungsmitgliedstaats erforderliche rechtliche Voraussetzungen genau anzugeben. Durch die in dieser Verordnung vorgesehenen Regelungen sollte die Vollstreckung einer Entscheidung im Vollstreckungsmitgliedstaat erleichtert werden, die dort anderenfalls

[1] Nr. **1031**.

aufgrund ihrer mangelnden Klarheit nicht vollstreckt werden könnte, so dass die für die Vollstreckung zuständige Behörde oder das Vollstreckungsgericht die Entscheidung konkreter und genauer ausgestalten kann. Auch jegliche anderen Regelungen zur Erfüllung der rechtlichen Auflagen nach den nationalen Vollstreckungsvorschriften des Vollstreckungsmitgliedstaats wie beispielsweise die Beteiligung einer Jugendschutzbehörde oder eines Psychologen in der Vollstreckungsphase sollten auf dieselbe Weise festgelegt werden. Derartige Regelungen sollten jedoch nicht in den Wesensgehalt der Entscheidung über das Umgangsrecht eingreifen oder darüber hinausgehen. Außerdem sollte die Befugnis zur Anpassung von Maßnahmen nach dieser Verordnung es nicht ermöglichen, dass das Vollstreckungsgericht im Recht des Vollstreckungsmitgliedstaats unbekannte Maßnahmen durch andere Maßnahmen ersetzt.

(62) Durch die Vollstreckung einer in einem anderen Mitgliedstaat ergangenen Entscheidung ohne eine Vollstreckbarerklärung sollten die Rechte der Verteidigung nicht gefährdet werden. Deshalb sollte die Person, gegen die die Vollstreckung erwirkt werden soll, in der Lage sein, die Versagung der Anerkennung oder Vollstreckung einer Entscheidung zu beantragen, wenn ihrer Ansicht nach einer der in dieser Verordnung enthaltenen Gründe für die Versagung der Anerkennung oder Vollstreckung vorliegt. Es ist im innerstaatlichen Recht festzulegen, ob die in dieser Verordnung vorgesehenen Gründe für eine Versagung der Anerkennung von Amts wegen oder auf Antrag geprüft werden müssen. Dieselbe Prüfung sollte daher auch im Zusammenhang mit der Versagung der Vollstreckung möglich sein. Die Anwendung eines innerstaatlichen Versagungsgrunds sollte nicht dazu führen, dass die Bedingungen und Modalitäten der in dieser Verordnung vorgesehenen Gründe ausgeweitet werden.

(63) Eine Partei, die die Vollstreckung einer in einem anderen Mitgliedstaat ergangenen Entscheidung anficht, sollte dies soweit möglich und im Einklang mit der Rechtsordnung des Vollstreckungsmitgliedstaats in dem Vollstreckungsverfahren tun können und in ein und demselben Verfahren neben den in dieser Verordnung vorgesehenen Versagungsgründen die Gründe geltend machen können, die im Recht des Mitgliedstaats, in dem die Vollstreckung betrieben wird, für deren Versagung vorgesehen sind und die weiterhin gelten, weil sie mit den in dieser Verordnung vorgesehenen Gründen nicht unvereinbar sind. Diese Gründe könnten z.B. Rechtsbehelfe wegen formeller Fehlerhaftigkeit von Vollstreckungsakten nach nationalem Recht oder Rechtsbehelfe einschließen, die sich auf das Vorbringen stützen, dass die von der Entscheidung angeordnete Handlung bereits vollzogen wurde oder unmöglich geworden ist, z.B. bei höherer Gewalt, schwerer Erkrankung der Person, der das Kind übergeben werden soll, Inhaftierung oder Tod dieser Person, in dem Fall, dass der Mitgliedstaat, in den das Kind zurückgebracht werden soll, nach Ergehen der Entscheidung Kriegsgebiet geworden ist, oder bei Versagung der Vollstreckung einer Entscheidung, die nach dem Recht des Mitgliedstaats, in dem die Vollstreckung erwirkt werden soll, keinerlei vollstreckbaren Inhalt besitzt und auch nicht entsprechend angepasst werden kann.

(64) Um die Person, gegen die die Vollstreckung bewirkt werden soll, über die Vollstreckung einer in einem anderen Mitgliedstaat ergangenen Entscheidung zu unterrichten, sollte die gemäß dieser Verordnung ausgestellte Bescheinigung – erforderlichenfalls zusammen mit der Entscheidung – dieser Person

innerhalb einer angemessenen Frist vor der ersten Vollstreckungsmaßnahme zugestellt werden. In diesem Zusammenhang sollte als erste Vollstreckungsmaßnahme die erste Vollstreckungsmaßnahme nach einer solchen Zustellung gelten. Nach der Rechtsprechung des Gerichtshofs hat die Partei, gegen die um Vollstreckung ersucht wird, ein Recht auf einen wirksamen Rechtsbehelf, der die Möglichkeit der Einleitung eines Verfahrens einschließt, mit dem die Vollstreckbarkeit der Entscheidung vor dem tatsächlichen Beginn der Vollstreckung angefochten wird.

(65) In Verfahren betreffend die elterliche Verantwortung betrifft die Vollstreckung stets ein Kind und in vielen Fällen die Übergabe eines Kindes an eine andere Person als die, bei der sich das Kind zu diesem Zeitpunkt aufhält, und/oder die Verbringung des Kindes in einen anderen Mitgliedstaat. Das Hauptziel sollte somit darin bestehen, das Recht des Antragstellers darauf, dass grundsätzlich eine Entscheidung auch in grenzüberschreitenden Fällen innerhalb der Union – erforderlichenfalls auch durch Zwangsmaßnahmen – möglichst rasch ausgeführt wird, und die Notwendigkeit, ein Kind nur in unvermeidlichen Fällen derartigen möglicherweise traumatisierenden Zwangsvollstreckungsmaßnahmen auszusetzen, miteinander in Einklang zu bringen. Diese Abwägung sollte von den für die Vollstreckung zuständigen Behörden und den Gerichten in jedem Mitgliedstaat in Anbetracht jedes Einzelfalls vorgenommen werden.

(66) Mit dieser Verordnung sollen in allen Mitgliedstaaten gleiche Bedingungen für die grenzüberschreitende Vollstreckung von Entscheidungen in Verfahren betreffend die elterliche Verantwortung geschaffen werden. In einer Reihe von Mitgliedstaaten sind diese Entscheidungen bereits vollstreckbar, selbst wenn sie noch angefochten werden können oder bereits angefochten wurden. In anderen Mitgliedstaaten ist nur eine rechtskräftige Entscheidung, gegen die kein ordentlicher Rechtsbehelf mehr eingelegt werden kann, vollstreckbar. Um dringenden Fällen Rechnung zu tragen, ist daher in dieser Verordnung vorgesehen, dass bestimmte Entscheidungen in Verfahren betreffend die elterliche Verantwortung vom Gericht des Ursprungsmitgliedstaats für vorläufig vollstreckbar erklärt werden könnten, selbst wenn sie noch angefochten werden können, nämlich Entscheidungen, in denen die Rückgabe des Kindes nach dem Haager Übereinkommen von 1980 angeordnet wird, und Entscheidungen, die das Umgangsrecht gewähren.

(67) In Vollstreckungsverfahren, die Kinder betreffen, müssen die für die Vollstreckung zuständigen Behörden oder die Gerichte jedoch schnell auf wesentliche Veränderungen der Umstände reagieren können, mit denen sie in der Vollstreckungsphase konfrontiert werden und die unter anderem in der Anfechtung der Entscheidung im Ursprungsmitgliedstaat, im Verlust der Vollstreckbarkeit der Entscheidung und in Hindernissen oder Notfällen bestehen können. Daher sollten die Vollstreckungsverfahren auf Antrag oder von Amts wegen seitens der Behörde oder des Gerichts ausgesetzt werden, wenn die Vollstreckbarkeit der Entscheidung im Ursprungsmitgliedstaat ausgesetzt wird. Die Behörde oder das Gericht, die/das für die Vollstreckung zuständig ist, sollte jedoch nicht verpflichtet sein, aktiv zu ermitteln, ob die Vollstreckbarkeit inzwischen infolge eines Rechtsbehelfs oder auf andere Weise im Ursprungsmitgliedstaat ausgesetzt wurde, wenn nichts auf diese Möglichkeit hindeutet. Außerdem sollte die Aussetzung oder Versagung der Vollstreckung im Vollstreckungsmitgliedstaat auf Antrag möglich sein und, auch wenn einer oder mehrere der in dieser Verordnung vorgesehenen und zugelassenen Grün-

de vorliegen, im Ermessen der für die Vollstreckung zuständigen Behörde oder des Gerichts liegen.

(68) Kann die Entscheidung im Ursprungsmitgliedstaat immer noch angefochten werden und ist die Frist für die Einlegung eines ordentlichen Rechtsbehelfs noch nicht abgelaufen, so sollte es im Ermessen der für die Vollstreckung zuständigen Behörde oder des Gerichts im Vollstreckungsmitgliedstaat liegen, das Vollstreckungsverfahren auf Antrag auszusetzen. In diesen Fällen kann die Frist genau angegeben werden, innerhalb deren im Ursprungsmitgliedstaat ein Rechtsbehelf einzulegen ist, um die Aussetzung des Vollstreckungsverfahrens zu erreichen oder aufrechtzuerhalten. Die genaue Angabe einer Frist sollte nur Wirkung für die Aussetzung des Vollstreckungsverfahrens entfalten und die Frist für die Einlegung eines Rechtsbehelfs gemäß den Verfahrensvorschriften des Ursprungsmitgliedstaats nicht berühren.

(69) In Ausnahmefällen sollte es für die für die Vollstreckung zuständige Behörde oder das Gericht möglich sein, das Vollstreckungsverfahren aussetzen, wenn die Vollstreckung aufgrund – nach Ergehen der Entscheidung aufgetretener – vorübergehender Hindernisse oder aufgrund anderer wesentlicher Änderungen der Umstände für das Kind die schwerwiegende Gefahr eines körperlichen oder seelischen Schadens mit sich bringen würde. Die Vollstreckung sollte wieder aufgenommen werden, sobald die schwerwiegende Gefahr eines körperlichen oder seelischen Schadens nicht mehr besteht. Bleibt diese jedoch bestehen, so sollten vor einer Versagung der Vollstreckung alle geeigneten Schritte im Einklang mit den nationalen Rechtsvorschriften und Verfahren, gegebenenfalls auch mit Unterstützung anderer einschlägiger Fachkräfte wie Sozialarbeiter oder Kinderpsychologen, unternommen werden, um zu versuchen, die Durchführung der Entscheidung sicherzustellen. Insbesondere sollte die für die Vollstreckung zuständigen Behörde oder das Gericht im Einklang mit den nationalen Rechtsvorschriften und Verfahren versuchen, jegliche Hindernisse infolge veränderter Umstände zu überwinden, wie beispielsweise das offensichtliche Widersetzen des Kindes, der erst nach der Entscheidung geäußert wurde, jedoch so stark ist, dass es der schwerwiegenden Gefahr eines körperlichen oder seelischen Schadens für das Kind gleichkäme, ihn außer Acht zu lassen.

(70) In einem Mitgliedstaat vollstreckbare öffentliche Urkunden und Vereinbarungen zwischen den Parteien über die Trennung ohne Auflösung des Ehebandes und Ehescheidung, die in einem Mitgliedstaat rechtsverbindliche Wirkung haben, sollten für die Zwecke der Anwendung der Vorschriften über die Anerkennung „Entscheidungen" gleichgestellt werden. In einem Mitgliedstaat vollstreckbare öffentliche Urkunden und Vereinbarungen zwischen den Parteien in Sachen der elterlichen Verantwortung sollten für die Zwecke der Anwendung der Vorschriften über die Anerkennung und Vollstreckung „Entscheidungen" gleichgestellt werden.

(71) Obwohl die in dieser Verordnung vorgesehene Verpflichtung, dem Kind Gelegenheit zur Meinungsäußerung zu geben, nicht für öffentliche Urkunden und Vereinbarungen gelten sollte, sollte das Recht des Kindes auf Meinungsäußerung nach Artikel 24 der Charta[1)] und nach Artikel 12 des in nationale Rechtsvorschriften und Verfahren umgesetzten VN-Kinderrechtsübereinkommens weiter Anwendung finden. Der Umstand, dass dem Kind keine Gelegenheit zur Meinungsäußerung gegeben wurde, sollte nicht automatisch

---

[1)] **Sartorius Nr. 1002.**

einen Grund für die Versagung der Anerkennung und der Vollstreckung von öffentlichen Urkunden und Vereinbarungen in Verfahren betreffend die elterliche Verantwortung darstellen.

(72) Für Verfahren betreffend die elterliche Verantwortung sollten in allen Mitgliedstaaten Zentrale Behörden benannt werden. Die Mitgliedstaaten sollten in Erwägung ziehen, für diese Verordnung dieselbe Zentrale Behörde zu benennen, die für die Haager Übereinkommen von 1980 und 1996 benannt wurde. Die Mitgliedstaaten sollten dafür sorgen, dass die Zentralen Behörden über ausreichende finanzielle und personelle Ressourcen verfügen, um die ihnen mit dieser Verordnung übertragenen Aufgaben erfüllen zu können.

(73) Die Bestimmungen dieser Verordnung über die Zusammenarbeit bei Verfahren betreffend die elterliche Verantwortung sollten nicht für die Bearbeitung von Rückgabeanträgen gemäß dem Haager Übereinkommen von 1980 gelten, die gemäß Artikel 19 des Übereinkommens und der ständigen Rechtsprechung des Gerichtshofs keine Hauptsacheverfahren betreffend die elterliche Verantwortung darstellen. Die Anwendung des Haager Übereinkommens von 1980 sollte jedoch durch die Bestimmungen dieser Verordnung über internationale Kindesentführung und durch das Kapitel dieser Verordnung über die Anerkennung und Vollstreckung und das Kapitel über die allgemeinen Bestimmungen ergänzt werden.

(74) Die zentralen Behörden sollten die Gerichte und die zuständigen Behörden und in bestimmten Fällen auch die Träger der elterlichen Verantwortung in grenzüberschreitenden Verfahren unterstützen und sowohl in allgemeinen Angelegenheiten als auch in besonderen Fällen, auch zur Förderung der gütlichen Beilegung von Familienstreitigkeiten, zusammenarbeiten.

(75) Außer in dringenden Fällen und unbeschadet der im Rahmen dieser Verordnung zulässigen direkten Zusammenarbeit und Kommunikation zwischen Gerichten können Ersuchen – gemäß dieser Verordnung – bezüglich Zusammenarbeit in Verfahren betreffend die elterliche Verantwortung von Gerichten und zuständigen Behörden ausgehen und sollten der Zentralen Behörde des Mitgliedstaats des ersuchenden Gerichts oder der zuständigen Behörde vorgelegt werden. Bestimmte Ersuchen könnten auch vom Träger der elterlichen Verantwortung ausgehen und der Zentralen Behörde des gewöhnlichen Aufenthalts des Antragstellers vorgelegt werden. In diesen Ersuchen sollte um Informationen und Unterstützung für die Träger der elterlichen Verantwortung gebeten werden, die die Anerkennung und Vollstreckung einer Entscheidung, insbesondere über das Umgangsrecht und die Rückgabe des Kindes, im Gebiet der ersuchten Zentralen Behörde erwirken wollen, erforderlichenfalls auch um Informationen darüber, wie Prozesskostenhilfe erlangt werden kann; darin sollte darum ersucht werden, durch Mediation oder andere Mittel der alternativen Streitbeilegung eine Vereinbarung zwischen den Trägern der elterlichen Verantwortung zu erleichtern, und das Gericht oder die zuständige Behörde sollten ersucht werden, zu prüfen, ob Maßnahmen zum Schutz der Person oder des Vermögens des Kindes getroffen werden müssen.

(76) Ein Beispiel für einen dringenden Fall, der eine direkte erste Kontaktaufnahme zum Gericht oder zur zuständigen Behörde des ersuchten Mitgliedstaats erlaubt, ist ein direktes Ersuchen an die zuständige Behörde eines anderen Mitgliedstaats, wonach geprüft werden soll, ob Maßnahmen zum Schutz des Kindes getroffen werden müssen, wenn vermutet wird, dass für das Kind eine unmittelbare Gefahr besteht. Die Verpflichtung, Ersuchen über die Zentrale

Behörde zu übermitteln, sollte nur für erste Ersuchen gelten; jede anschließende Kommunikation mit dem Gericht, der zuständigen Behörde oder dem Antragsteller könnte auch direkt erfolgen.

(77) Die Zentralen Behörden oder zuständigen Behörden sollten nicht daran gehindert werden, Vereinbarungen oder Abmachungen mit den Zentralen Behörden oder zuständigen Behörden eines oder mehrerer anderer Mitgliedstaaten zu treffen oder beizubehalten, wonach eine direkte Kommunikation in ihren gegenseitigen Beziehungen zulässig ist. Die zuständigen Behörden sollten ihre Zentralen Behörden über derartige Vereinbarungen oder Abmachungen unterrichten.

(78) In bestimmten Verfahren betreffend die elterliche Verantwortung, die in den Anwendungsbereich dieser Verordnung fallen, sollten die Zentralen Behörden bei der Unterstützung der Gerichte und zuständigen Behörden sowie der Träger der elterlichen Verantwortung zusammenarbeiten. Zu der Unterstützung durch die ersuchte Zentrale Behörde sollte insbesondere gehören, das Kind direkt oder über Gerichte, zuständige Behörden oder andere Stellen ausfindig zu machen, wenn dies erforderlich ist, um einem Ersuchen nach dieser Verordnung nachzukommen, und alle anderen Informationen bereitzustellen, die für das Verfahren betreffend die elterliche Verantwortung sachdienlich sind.

(79) Die ersuchten Zentralen Behörden sollten außerdem alle geeigneten Schritte unternehmen, um erforderlichenfalls die Kommunikation zwischen den Gerichten zu erleichtern, und zwar insbesondere in Bezug auf die Anwendung der Vorschriften über die Übertragung der Zuständigkeit, über einstweilige Maßnahmen einschließlich Schutzmaßnahmen in dringenden Fällen, insbesondere wenn sie im Zusammenhang mit internationaler Kindesentführung darauf abzielen, das Kind vor einer schwerwiegenden Gefahr im Sinne des Artikels 13 Absatz 1 Buchstabe b des Haager Übereinkommens von 1980[1)] zu schützen, sowie über die Rechtshängigkeit und abhängige Verfahren. Zu diesem Zweck ist es möglich, dass in bestimmten Fällen die Bereitstellung von Informationen für eine weitere direkte Kommunikation, beispielsweise die Bereitstellung von Kontaktangaben von Kinderschutzbehörden, der dem Netz angeschlossenen Richter oder des zuständigen Gerichts, ausreicht.

(80) Um die Ziele dieser Verordnung zu erreichen, sollte ein ersuchendes Gericht oder eine zuständige Behörde unbeschadet der für sie geltenden nationalen verfahrensrechtlichen Erfordernisse frei zwischen den verschiedenen Kanälen wählen können, die ihnen zur Verfügung stehen, um die erforderlichen Informationen zu erhalten.

(81) Werden in einem begründeten Ersuchen ein Bericht oder eine andere in Verfahren betreffend die elterliche Verantwortung relevante Informationen im ersuchenden Mitgliedstaat angefordert, so sollten die Zentralen Behörden – direkt oder über die Gerichte –, zuständigen Behörden oder anderen Stellen des ersuchten Mitgliedstaats diesem Ersuchen nachkommen. Das Ersuchen sollte insbesondere eine Beschreibung der Verfahren, für das die Informationen benötigt werden, sowie den Sachverhalt enthalten, der diesen Verfahren zugrunde liegt.

(82) Hat ein Gericht eines Mitgliedstaats bereits eine Entscheidung in einem Verfahren betreffend die elterliche Verantwortung getroffen oder steht kurz davor,

[1)] Nr. **1031**.

eine solche Entscheidung zu treffen, und soll diese Entscheidung in einem anderen Mitgliedstaat umgesetzt werden, so sollte das Gericht die Gerichte oder zuständigen Behörden des anderen Mitgliedstaats auffordern können, bei der Umsetzung der Entscheidung Unterstützung zu leisten. Dies sollte beispielsweise für Entscheidungen gelten, mit denen das Recht auf begleiteten Umgang gewährt wird, das in einem anderen Mitgliedstaat als dem Mitgliedstaat des Gerichts ausgeübt werden soll, das das Umgangsrecht gewährt hat, oder für Entscheidungen, die sonstige Begleitmaßnahmen des Gerichts oder der zuständigen Behörden des Mitgliedstaats, in dem die Entscheidung umzusetzen ist, nach sich ziehen.

(83) Zieht ein Gericht oder eine zuständige Behörde eines Mitgliedstaats die Unterbringung eines Kindes in einem anderen Mitgliedstaat in Erwägung, so sollte vor der Unterbringung ein Konsultationsverfahren zur Einholung der Zustimmung durchgeführt werden. Vor der Anordnung oder Veranlassung der Unterbringung sollte das Gericht oder die anordnende Behörde die Zustimmung der zuständigen Behörde des Mitgliedstaats erhalten, in dem das Kind untergebracht werden würde. Außerdem haben die Mitgliedstaaten im Einklang mit der Rechtsprechung des Gerichtshofs für die gemäß der Verordnung einzuholende Zustimmung klare Regeln und Verfahren vorzusehen, um Rechtssicherheit und Schnelligkeit zu gewährleisten. Die Verfahren sollten unter anderem der zuständigen Behörde ermöglichen, ihre Zustimmung rasch zu erteilen oder zu verweigern. Geht innerhalb von drei Monaten keine Antwort ein, so sollte dies nicht als Zustimmung aufgefasst werden, und ohne Zustimmung sollte die Unterbringung nicht erfolgen. Das Ersuchen um Zustimmung sollte zumindest einen Bericht über das Kind zusammen mit den Gründen für die geplante Unterbringung oder Betreuung, die voraussichtliche Dauer der Unterbringung, Informationen über jede in Betracht gezogene Finanzierung enthalten, dazu noch alle anderen Informationen, die der ersuchte Mitgliedstaat als relevant erachten könnte, wie die geplante Überwachung der Maßnahme, Regelungen für den Kontakt zu den Eltern, anderen Verwandten oder anderen Personen, zu denen das Kind eine enge Beziehung hat, oder die Gründe, aus denen ein derartiger Kontakt in Anbetracht des Artikels 8 der Europäischen Konvention zum Schutz der Menschenrechte und Grundfreiheiten[1] nicht in Erwägung gezogen wird. Wurde die Zustimmung zur Unterbringung für eine bestimmte Dauer erteilt, so sollte diese Zustimmung in Anbetracht der Rechtsprechung des Gerichtshofs nicht für Entscheidungen oder Regelungen gelten, mit denen die Dauer der Unterbringung verlängert wird. Unter diesen Umständen sollte ein neues Ersuchen um Zustimmung ergehen.

(84) Wird im Mitgliedstaat des gewöhnlichen Aufenthalts eines Kindes eine Entscheidung in Erwägung gezogen, das Kind in einem Heim oder in Pflege unterzubringen, so sollte das Gericht in der frühesten Verfahrensphase geeignete Maßnahmen in Betracht ziehen, mit denen die Rechte des Kindes gewahrt werden, insbesondere das Recht, seine Identität und das Recht auf Kontakt zu den Eltern oder gegebenenfalls zu anderen Verwandten im Einklang mit den Artikeln 8, 9 und 20 des VN-Kinderrechtsübereinkommens zu behalten. Ist dem Gericht bekannt, dass das Kind eine enge Bindung zu einem anderen Mitgliedstaat hat, könnten die geeigneten Maßnahmen insbesondere eine Benachrichtigung der konsularischen Vertretung dieses Mitgliedstaats

[1] Nr. 2.

umfassen, wenn Artikel 37 Buchstabe b des Wiener Übereinkommens über konsularische Beziehungen gilt. Dieses Wissen könnte auch aufgrund von Informationen der Zentralen Behörde dieses anderen Mitgliedstaats vorhanden sein. Im Rahmen dieser geeigneten Maßnahmen könnte auch ein Ersuchen gemäß dieser Verordnung an diesen Mitgliedstaat gerichtet werden, in dem um Informationen über einen Elternteil, einen Verwandten oder andere Personen gebeten wird, die geeignet sein könnten, für das Kind zu sorgen. Je nach den Umständen kann das Gericht außerdem um Informationen über Verfahren und Entscheidungen betreffend einen Elternteil oder Geschwister des Kindes ersuchen. Wichtigster Gesichtspunkt sollte nach wie vor das Kindeswohl sein. Insbesondere sollte keine dieser Bestimmungen die nationalen Rechtsvorschriften oder Verfahren für eine etwaige Unterbringungsentscheidung berühren, die ein Gericht oder eine zuständige Behörde in dem Mitgliedstaat erlassen hat, der diese Unterbringung in Betracht zieht. Insbesondere wären die Behörden des Mitgliedstaats, der die gerichtliche Zuständigkeit besitzt, durch diese Bestimmungen nicht verpflichtet, das Kind in einem anderen Mitgliedstaat unterzubringen oder diesen Mitgliedstaat weiter an Unterbringungsentscheidungen oder -verfahren zu beteiligen.

(85) Da in einem Verfahren betreffend die elterliche Verantwortung Zeit ein entscheidender Faktor ist, sollten die Informationen, die nach den Bestimmungen dieser Verordnung über Zusammenarbeit – einschließlich über die Erhebung und den Austausch von Informationen in Verfahren betreffend die elterliche Verantwortung – erforderlich sind, und die Entscheidung, in der die Zustimmung zur Unterbringung eines Kindes in einem anderen Mitgliedstaat gewährt oder verweigert wird, dem ersuchenden Mitgliedstaat von der Zentralen Behörde des ersuchten Mitgliedstaats spätestens drei Monate nach Eingang des Ersuchens übermittelt werden, es sei denn, dass dies aufgrund außergewöhnlicher Umstände nicht möglich ist. In diesem Zusammenhang ist die zuständige nationale Behörde auch verpflichtet, die Informationen zur Verfügung zu stellen oder der ersuchten Zentralen Behörde zu erklären, warum sie dazu nicht in der Lage ist, und zwar so rechtzeitig, dass diese imstande ist, diesen Zeitrahmen einzuhalten. Dennoch sollten alle beteiligten zuständigen Behörden sich darum bemühen, noch vor Ablauf dieser Höchstfrist zu antworten.

(86) Der Umstand, dass die Einberufung der Zusammenkünfte der Zentralen Behörden insbesondere durch die Kommission im Rahmen des Europäischen Justiziellen Netzes für Zivil- und Handelssachen im Einklang mit der Entscheidung 2001/470/EG erfolgt, steht dem nicht entgegen, dass andere Zusammenkünfte der Zentralen Behörden abgehalten werden.

(87) Wenn in dieser Verordnung nichts anderes vorgesehen ist, sollte die Verordnung (EU) 2016/679[1)] des Europäischen Parlaments und des Rates[2)] für die in Anwendung der vorliegenden Verordnung erfolgende Verarbeitung personenbezogener Daten durch die Mitgliedstaaten gelten. Um die Erledigung eines Ersuchens nach dieser Verordnung nicht aufs Spiel zu setzen, das beispielsweise die Rückgabe des Kindes gemäß dem Haager Übereinkommen von 1980 oder die gerichtliche Prüfung der Frage zum Gegenstand hat, ob Maß-

---

[1)] *Sartorius Nr. 246.*

[2)] **Amtl. Anm.:** Verordnung (EU) 2016/679 des Europäischen Parlaments und des Rates vom 27. April 2016 zum Schutz natürlicher Personen bei der Verarbeitung personenbezogener Daten, zum freien Datenverkehr und zur Aufhebung der Richtlinie 95/46/EG (Datenschutz-Grundverordnung) (ABl. L 119 vom 4.5.2016, S. 1).

nahmen zum Schutz der Person und des Vermögens des Kindes zu treffen sind, darf insbesondere die Inkenntnissetzung der betroffenen Person gemäß Artikel 14 Absätze 1 bis 4 der Verordnung (EU) 2016/679[1] – etwa von für das Auffinden des Kindes erforderlichen Angaben – aufgeschoben werden, bis das Ersuchen, für das diese Informationen erforderlich sind, erledigt ist. Diese Ausnahme steht im Einklang mit Artikel 14 Absatz 5 sowie Artikel 23 Absatz 1 Buchstaben f, g, i und j der Verordnung (EU) 2016/679[1]. Dies sollte einen Vermittler, ein Gericht oder eine zuständige Behörde, dem/der die Informationen übermittelt wurden, nicht daran hindern, Maßnahmen zum Schutz des Kindes zu ergreifen oder derartige Maßnahmen zu veranlassen, wenn die Gefahr besteht, dass das Kind Schaden nehmen könnte, oder es Anhaltspunkte für eine derartige Gefahr gibt.

(88) In Fällen, in denen die Offenlegung oder Bestätigung der einschlägigen Informationen die Gesundheit, Sicherheit oder Freiheit des Kindes oder einer anderen Person in Gefahr gebracht werden könnte, wie beispielsweise in Fällen häuslicher Gewalt, in denen ein Gericht angeordnet hat, dass die neue Anschrift des Kindes dem Antragsteller nicht bekanntgemacht werden darf, wird in dieser Verordnung ein sorgsam austariertes Gleichgewicht angestrebt. Diese Verordnung sollte zwar vorsehen, dass eine Zentrale Behörde, ein Gericht oder eine zuständige Behörde dem Antragsteller oder einer dritten Partei Informationen, die für die Zwecke dieser Verordnung zusammengestellt oder weitergegeben wurden, nicht offenlegen oder bestätigen sollte, wenn ihres/seines Erachtens durch eine solche Offenlegung oder Bestätigung die Gesundheit, Sicherheit oder Freiheit des Kindes oder einer anderen Person in Gefahr gebracht würde, jedoch sollte die Verordnung betonen, dass dies nicht der Erhebung und Weitergabe von Informationen durch die Zentralen Behörden, Gerichte und zuständigen Behörden und zwischen ihnen entgegenstehen sollte, insofern diese zur Erfüllung ihrer Verpflichtungen aufgrund dieser Verordnung erforderlich sind. Das bedeutet, dass es möglich sein sollte, einen Antrag nach dieser Verordnung zu bearbeiten, ohne dass dem Antragsteller alle zu seiner Bearbeitung erforderlichen Informationen zur Verfügung gestellt werden, wenn dies möglich und angezeigt ist. Wenn es im nationalen Recht vorgesehen ist, könnte beispielsweise eine Zentrale Behörde Verfahren im Namen eines Antragstellers einleiten, ohne dem Antragsteller die Informationen über den Aufenthaltsort des Kindes zur Verfügung zu stellen. In Fällen, in denen schon das Ersuchen selbst die Gesundheit, Sicherheit oder Freiheit des Kindes oder einer anderen Person in Gefahr bringen könnte, sollte nach dieser Verordnung keine Verpflichtung zu einem derartigen Ersuchen bestehen.

(89) Um sicherzustellen, dass die im Zusammenhang mit der Anwendung der Kapitel III und IV dieser Verordnung zu verwendenden Bescheinigungen stets auf dem neuesten Stand sind, sollte der Kommission die Befugnis übertragen werden, gemäß Artikel 290 des Vertrags über die Arbeitsweise der Europäischen Union (AEUV)[2] Rechtsakte hinsichtlich Änderungen der Anhänge I bis IX dieser Verordnung zu erlassen. Es ist von besonderer Bedeutung, dass die Kommission im Zuge ihrer Vorbereitungsarbeit angemessene Konsultationen, auch auf der Ebene von Sachverständigen, durchführt, die mit den Grundsätzen im Einklang stehen, die in der Interinstitutionellen Vereinbarung

[1] **Sartorius Nr. 246.**
[2] **Sartorius Nr. 1001.**

vom 13. April 2016 über bessere Rechtsetzung[1] niedergelegt wurden. Um insbesondere für eine gleichberechtigte Beteiligung an der Ausarbeitung der delegierten Rechtsakte zu sorgen, erhält der Rat alle Dokumente zur gleichen Zeit wie die Sachverständigen der Mitgliedstaaten, und ihre Sachverständigen haben systematisch Zugang zu den Sitzungen der Sachverständigengruppen der Kommission, die mit der Ausarbeitung der delegierten Rechtsakte befasst sind.

(90) Die Kontinuität zwischen dem auf der Grundlage von Artikel K.3 des Vertrags über die Europäische Union[2] ausgearbeitete Übereinkommen von 1998 über die gerichtliche Zuständigkeit und die Anerkennung und Vollstreckung von Entscheidungen in Ehesachen (im Folgenden „Brüssel-II-Übereinkommen")[3], der Verordnung (EG) Nr. 1347/2000, der Verordnung (EG) Nr. 2201/2003 und der vorliegenden Verordnung sollte gewährleistet werden, soweit die Bestimmungen unverändert geblieben sind, und zu diesem Zweck sollten Übergangsbestimmungen festgelegt werden. Die gleiche Kontinuitätsanforderung gilt auch für die Auslegung – auch durch den Gerichtshof – des Brüssel-II-Übereinkommens und der Verordnungen (EG) Nr. 1347/2000 und (EG) Nr. 2201/2003.

(91) Es sei darauf hingewiesen, dass für Abkommen mit einem oder mehreren Drittstaaten, die von einem Mitgliedstaat vor dem Zeitpunkt seines Beitritts zur Union geschlossen wurden, Artikel 351 AEUV[4] Anwendung findet.

(92) Das für Verfahren betreffend die elterliche Verantwortung geltende Recht sollte im Einklang mit den Bestimmungen des Kapitels III des Haager Übereinkommens von 1996 festgelegt werden. Bei der Anwendung dieses Übereinkommens in Verfahren vor einem Gericht eines Mitgliedstaats, in dem diese Verordnung gilt, sollte die Bezugnahme in Artikel 15 Absatz 1 dieses Übereinkommens auf die „Bestimmungen des Kapitels II" dieses Übereinkommens als Bezugnahme auf die „Bestimmungen dieser Verordnung" verstanden werden.

(93) Um eine ordnungsgemäße Anwendung dieser Verordnung sicherzustellen, sollte die Kommission deren Durchführung prüfen und gegebenenfalls die notwendigen Änderungen vorschlagen.

(94) Die Kommission sollte die von den Mitgliedstaaten übermittelten Angaben veröffentlichen und aktualisieren.

(95) Nach Artikel 3 und Artikel 4a Absatz 1 des dem Vertrag über die Europäische Union (EUV)[2] und dem AEUV[4] beigefügten Protokolls Nr. 21 über die Position des Vereinigten Königreichs und Irlands hinsichtlich des Raums der Freiheit, der Sicherheit und des Rechts haben jene Mitgliedstaaten mitgeteilt, dass sie sich an der Annahme und Anwendung dieser Verordnung beteiligen möchten.

(96) Nach den Artikeln 1 und 2 des dem EUV und dem AEUV[4] beigefügten Protokolls Nr. 22 über die Position Dänemarks beteiligt sich Dänemark nicht an der Annahme dieser Verordnung, die für Dänemark weder bindend noch ihm gegenüber anwendbar ist.

(97) Der Europäische Datenschutzbeauftragte wurde gemäß Artikel 41 Absatz 2 Unterabsatz 2 und Artikel 46 Buchstabe d der Verordnung (EG) Nr. 45/2001

---

[1] **Amtl. Anm.:** ABl. L 123 vom 12.5.2016, S. 1.
[2] **Sartorius Nr. 1000.**
[3] **Amtl. Anm.:** ABl. C 221 vom 16.7.1998, S. 1.
[4] **Sartorius Nr. 1001.**

des Europäischen Parlaments und des Rates[1] angehört und hat am 15. Februar 2018 eine Stellungnahme abgegeben[2].

(98) Da die Ziele dieser Verordnung aufgrund der Unterschiede zwischen den nationalen Vorschriften über die Zuständigkeit und die Anerkennung und Vollstreckung von Entscheidungen auf Ebene der Mitgliedstaaten nicht ausreichend erreicht werden können, sondern wegen der unmittelbaren Geltung und Verbindlichkeit dieser Verordnung besser auf Unionsebene zu erreichen sind, kann die Union im Einklang mit dem in Artikel 5 EUV[3] niedergelegten Subsidiaritätsprinzip tätig werden. Entsprechend dem in demselben Artikel genannten Grundsatz der Verhältnismäßigkeit geht diese Verordnung nicht über das für die Verwirklichung dieser Ziele erforderliche Maß hinaus –

HAT FOLGENDE VERORDNUNG ERLASSEN:

Kapitel I. Anwendungsbereich und Begriffsbestimmungen

Art. 1 Anwendungsbereich. (1) Diese Verordnung gilt für Zivilsachen mit folgendem Gegenstand:

a) die Ehescheidung, die Trennung ohne Auflösung des Ehebandes und die Ungültigerklärung einer Ehe,

b) die Zuweisung, die Ausübung, die Übertragung sowie die vollständige oder teilweise Entziehung der elterlichen Verantwortung.

(2) Die in Absatz 1 Buchstabe b genannten Zivilsachen umfassen insbesondere:

a) das Sorgerecht und das Umgangsrecht,

b) die Vormundschaft, die Pflegschaft und entsprechende Rechtsinstitute,

c) die Bestimmung und den Aufgabenbereich jeder Person oder Stelle, die für die Person oder das Vermögen eines Kindes verantwortlich ist, oder ein Kind vertritt oder ihm beisteht,

d) die Heim- oder Pflegeunterbringung eines Kindes,

e) die Maßnahmen zum Schutz eines Kindes im Zusammenhang mit der Verwaltung und Erhaltung seines Vermögens oder der Verfügung darüber.

(3) [1]Die Kapitel III und VI dieser Verordnung gelten bei widerrechtlichem Verbringen oder Zurückhalten eines Kindes, von dem mehr als ein Mitgliedstaat betroffen ist, in Ergänzung des Haager Übereinkommens von 1980. [2]Kapitel IV dieser Verordnung gilt für Entscheidungen, in denen nach dem Haager Übereinkommen von 1980 die Rückgabe eines Kindes in einen anderen Mitgliedstaat angeordnet wird und die in einem anderen Mitgliedstaat vollstreckt werden müssen als in dem Mitgliedstaat, in dem sie ergangen sind.

(4) Diese Verordnung gilt nicht für

a) die Feststellung und die Anfechtung des Eltern-Kind-Verhältnisses,

b) Adoptionsentscheidungen und Maßnahmen zur Vorbereitung einer Adoption sowie die Ungültigerklärung und den Widerruf der Adoption,

c) Namen und Vornamen eines Kindes,

---

[1] **Amtl. Anm.:** Verordnung (EG) Nr. 45/2001 des Europäischen Parlaments und des Rates vom 18. Dezember 2000 zum Schutz natürlicher Personen bei der Verarbeitung personenbezogener Daten durch die Organe und Einrichtungen der Gemeinschaft und zum freien Datenverkehr (ABl. L 8 vom 12.1.2001, S. 1).

[2] **Amtl. Anm.:** ABl. C 120 vom 6.4.2018, S. 18.

[3] **Sartorius Nr. 1000.**

d) die Volljährigkeitserklärung,

e) Unterhaltspflichten,

f) Trusts oder Erbschaften,

g) Maßnahmen infolge von Straftaten, die von Kindern begangen wurden.

Art. 2 Begriffsbestimmungen. (1) *[1]* Für die Zwecke dieser Verordnung bezeichnet der Ausdruck „Entscheidung" eine Entscheidung eines Gerichts eines Mitgliedstaats einschließlich einer Verfügung, eines Beschlusses oder eines Urteils, mit der die Ehescheidung, die Trennung ohne Auflösung des Ehebandes oder die Ungültigerklärung einer Ehe ausgesprochen wird, oder in Verfahren betreffend die elterliche Verantwortung;

[2] Für die Zwecke des Kapitels IV schließt der Ausdruck „Entscheidung" Folgendes ein:

a) eine in einem Mitgliedstaat ergangene Entscheidung, in der nach dem Haager Übereinkommen von 1980 die Rückgabe eines Kindes in einen anderen Mitgliedstaat angeordnet wird und die in einem anderen Mitgliedstaat vollstreckt werden muss als in dem Mitgliedstaat, in dem sie ergangen ist;

b) einstweilige Maßnahmen einschließlich Schutzmaßnahmen, die von einem Gericht, das nach dieser Verordnung in der Hauptsache zuständig ist, angeordnet werden, oder Maßnahmen, die gemäß Artikel 27 Absatz 5 in Verbindung mit Artikel 15 angeordnet werden;

[3] Für die Zwecke des Kapitels IV schließt der Ausdruck „Entscheidung" keine einstweiligen Maßnahmen einschließlich Schutzmaßnahmen ein, die ohne Ladung des Antragsgegners angeordnet wurden, es sei denn, die die Maßnahme enthaltende Entscheidung wird dem Antragsgegner vor der Vollstreckung zugestellt;

(2) Für die Zwecke dieser Verordnung bezeichnet ferner der Ausdruck

1. „Gericht" jede Behörde der Mitgliedstaaten, die für Rechtssachen zuständig ist, die in den Anwendungsbereich dieser Verordnung fallen;
2. „öffentliche Urkunde" ein Schriftstück, das in den in den Anwendungsbereich dieser Verordnung fallenden Angelegenheiten als öffentliche Urkunde in einem Mitgliedstaat förmlich errichtet oder eingetragen worden ist und dessen Beweiskraft
   a) sich auf die Unterschrift und den Inhalt der Urkunde bezieht und
   b) durch eine Behörde oder eine andere hierzu ermächtigte Stelle festgestellt worden ist. Die Mitgliedstaaten teilen der Kommission gemäß Artikel 103 die betreffenden Behörden und Stellen mit;
3. „Vereinbarung" für die Zwecke des Kapitels IV ein Schriftstück, das keine öffentliche Urkunde ist, in den in den Anwendungsbereich dieser Verordnung fallenden Angelegenheiten von den Parteien erstellt wurde und von einer von einem Mitgliedstaat der Kommission hierzu gemäß Artikel 103 mitgeteilten Behörde eingetragen wurde;
4. „Ursprungsmitgliedstaat" den Mitgliedstaat, in dem die Entscheidung ergangen ist, die öffentliche Urkunde förmlich errichtet oder eingetragen worden ist oder die Vereinbarung eingetragen worden ist;
5. „Vollstreckungsmitgliedstaat" den Mitgliedstaat, in dem die Entscheidung, öffentliche Urkunde oder Vereinbarung vollstreckt werden soll;
6. „Kind" jede Person unter 18 Jahren;

7. „elterliche Verantwortung" die gesamten Rechte und Pflichten, die einer natürlichen oder juristischen Person durch Entscheidung oder kraft Gesetzes oder durch eine rechtlich verbindliche Vereinbarung betreffend die Person oder das Vermögen eines Kindes übertragen wurden, einschließlich des Sorge- und des Umgangsrechts;
8. „Träger der elterlichen Verantwortung" jede Person, Einrichtung oder sonstige Stelle, die die elterliche Verantwortung für ein Kind ausübt;
9. „Sorgerecht" die Rechte und Pflichten, die mit der Sorge für die Person eines Kindes verbunden sind, und insbesondere das Recht auf die Bestimmung des Aufenthaltsortes eines Kindes;
10. „Umgangsrecht" das Recht auf Umgang mit dem Kind, einschließlich des Rechts, das Kind für eine begrenzte Zeit an einen anderen Ort als seinen gewöhnlichen Aufenthaltsort zu bringen;
11. „widerrechtliches Verbringen oder Zurückhalten eines Kindes" das Verbringen oder Zurückhalten eines Kindes, wenn
    a) durch eine solches Verbringen oder Zurückhalten das Sorgerecht verletzt wird, das aufgrund einer Entscheidung, kraft Gesetzes oder durch eine rechtlich verbindliche Vereinbarung nach dem Recht des Mitgliedstaats besteht, in dem das Kind unmittelbar vor dem Verbringen oder Zurückhalten seinen gewöhnlichen Aufenthalt hatte, und
    b) das Sorgerecht zum Zeitpunkt des Verbringens oder Zurückhaltens allein oder gemeinsam tatsächlich ausgeübt wurde oder ausgeübt worden wäre, wenn das Verbringen oder Zurückhalten nicht stattgefunden hätte.

(3) Für die Zwecke der Artikel 3, 6, 10, 12, 13, 51, 59, 75, 94 und 102 ersetzt für Irland und das Vereinigte Königreich das Konzept des „domicile" jenes der „Staatsangehörigkeit", und dieser Begriff hat dieselbe Bedeutung wie nach jeder der Rechtsordnungen jener Mitgliedstaaten.

Kapitel II. Zuständigkeit in Ehesachen und in Verfahren betreffend die elterliche Verantwortung

Abschnitt 1.[1] Ehescheidung, Trennung ohne Auflösung des Ehebandes und Ungültigerklärung einer Ehe

Art. 3 Allgemeine Zuständigkeit. Für Entscheidungen über die Ehescheidung, die Trennung ohne Auflösung des Ehebandes oder die Ungültigerklärung einer Ehe sind die Gerichte des Mitgliedstaats zuständig,

a) in dessen Hoheitsgebiet
   i) beide Ehegatten ihren gewöhnlichen Aufenthalt haben,
   ii) die Ehegatten zuletzt beide ihren gewöhnlichen Aufenthalt hatten, sofern einer von ihnen dort noch seinen gewöhnlichen Aufenthalt hat,
   iii) der Antragsgegner seinen gewöhnlichen Aufenthalt hat,
   iv) im Fall eines gemeinsamen Antrags einer der Ehegatten seinen gewöhnlichen Aufenthalt hat,
   v) der Antragsteller seinen gewöhnlichen Aufenthalt hat, wenn er sich dort seit mindestens einem Jahr unmittelbar vor der Antragstellung aufgehalten hat, oder

[1] Abschnitt 1 Überschrift ber. ABl. 2022 L 103 S. 18.

vi) der Antragsteller seinen gewöhnlichen Aufenthalt hat, wenn er sich dort seit mindestens sechs Monaten unmittelbar vor der Antragstellung aufgehalten hat und Staatsangehöriger des betreffenden Mitgliedstaats ist, oder

b) dessen Staatsangehörigkeit beide Ehegatten besitzen.

Art. 4 Gegenantrag. Das Gericht, bei dem ein Antrag gemäß Artikel 3 anhängig ist, ist auch für einen Gegenantrag zuständig, sofern dieser in den Anwendungsbereich dieser Verordnung fällt.

Art. 5 Umwandlung einer Trennung ohne Auflösung des Ehebandes in eine Ehescheidung. Unbeschadet des Artikels 3 ist das Gericht eines Mitgliedstaats, das eine Entscheidung erlassen hat, mit der die Trennung ohne Auflösung des Ehebandes ausgesprochen wird, auch für die Umwandlung dieser Trennung ohne Auflösung des Ehebandes in eine Ehescheidung zuständig, sofern dies im Recht dieses Mitgliedstaats vorgesehen ist.

Art. 6 Restzuständigkeit. (1) Soweit sich aus den Artikeln 3, 4 und 5 keine Zuständigkeit eines Gerichts eines Mitgliedstaats ergibt, bestimmt sich vorbehaltlich des Absatzes 2 die Zuständigkeit in jedem Mitgliedstaat nach dem Recht dieses Staats.

(2) Gegen einen Ehegatten, der seinen gewöhnlichen Aufenthalt im Hoheitsgebiet eines Mitgliedstaats hat oder Staatsangehöriger eines Mitgliedstaats ist, darf ein Verfahren vor den Gerichten eines anderen Mitgliedstaats nur nach Maßgabe der Artikel 3, 4 und 5 geführt werden.

(3) Jeder Staatsangehörige eines Mitgliedstaats, der seinen gewöhnlichen Aufenthalt im Hoheitsgebiet eines anderen Mitgliedstaats hat, kann die in diesem Mitgliedstaat geltenden Zuständigkeitsvorschriften wie ein Staatsangehöriger dieses Mitgliedstaats gegenüber einem Antragsgegner geltend machen, der weder seinen gewöhnlichen Aufenthalt im Hoheitsgebiet eines Mitgliedstaats hat noch die Staatsangehörigkeit eines Mitgliedstaats besitzt.

Abschnitt 2.[1] Elterliche Verantwortung

Art. 7 Allgemeine Zuständigkeit. (1) Für Verfahren betreffend die elterliche Verantwortung sind die Gerichte des Mitgliedstaats zuständig, in dem das Kind zum Zeitpunkt der Antragstellung seinen gewöhnlichen Aufenthalt hat.

(2) Absatz 1 dieses Artikels findet vorbehaltlich der Artikel 8 bis 10 Anwendung.

Art. 8 Aufrechterhaltung der Zuständigkeit in Bezug auf das Umgangsrecht. (1) Beim rechtmäßigen Umzug eines Kindes von einem Mitgliedstaat in einen anderen, durch den es dort einen neuen gewöhnlichen Aufenthalt erlangt, verbleibt abweichend von Artikel 7 die Zuständigkeit für eine Änderung einer vor dem Umzug des Kindes in jenem Mitgliedstaat ergangenen Entscheidung über das Umgangsrecht nach dem Umzug drei Monate lang bei den Gerichten des früheren gewöhnlichen Aufenthalts des Kindes, wenn sich die laut der Entscheidung umgangsberechtigte Person weiterhin gewöhnlich in dem Mitgliedstaat des früheren gewöhnlichen Aufenthalts des Kindes aufhält.

(2) Absatz 1 findet keine Anwendung, wenn die umgangsberechtigte Person im Sinne des Absatzes 1 die Zuständigkeit der Gerichte des Mitgliedstaats des neuen

[1] Abschnitt 2 Überschrift ber. ABl. 2022 L 103 S. 18.

gewöhnlichen Aufenthalts des Kindes dadurch anerkannt hat, dass sie sich an Verfahren vor diesen Gerichten beteiligt, ohne ihre Zuständigkeit anzufechten.

Art. 9 Zuständigkeit im Fall eines widerrechtlichen Verbringens oder Zurückhaltens eines Kindes. Vorbehaltlich des Artikels 10 bleiben bei widerrechtlichem Verbringen oder Zurückhalten eines Kindes die Gerichte des Mitgliedstaats, in dem das Kind unmittelbar vor dem widerrechtlichen Verbringen oder Zurückhalten seinen gewöhnlichen Aufenthalt hatte, so lange zuständig, bis das Kind einen gewöhnlichen Aufenthalt in einem anderen Mitgliedstaat erlangt hat und

a) jede sorgeberechtigte Person, Behörde oder sonstige Stelle dem Verbringen oder Zurückhalten zugestimmt hat oder

b) das Kind sich in diesem anderen Mitgliedstaat mindestens ein Jahr aufgehalten hat, nachdem die sorgeberechtigte Person, Behörde oder sonstige Stelle seinen Aufenthaltsort kannte oder hätte kennen müssen und sich das Kind in seiner neuen Umgebung eingelebt hat, sofern eine der folgenden Bedingungen erfüllt ist:

   i) Innerhalb eines Jahres, nachdem der Sorgeberechtigte den Aufenthaltsort des Kindes kannte oder hätte kennen müssen, wurde kein Antrag auf Rückgabe des Kindes bei den zuständigen Behörden des Mitgliedstaats gestellt, in den das Kind verbracht wurde oder in dem das Kind zurückgehalten wird;

   ii) ein von dem Sorgeberechtigten gestellter Rückgabeantrag wurde zurückgezogen, und innerhalb der in Ziffer i genannten Frist wurde kein neuer Antrag gestellt;

   iii) ein vom Sorgeberechtigten gestellter Rückgabeantrag wurde von einem Gericht eines Mitgliedstaats aus anderen als den in Artikel 13 Absatz 1 Buchstabe b oder Artikel 13 Absatz 2 des Haager Übereinkommens von 1980 angegebenen Gründen abgelehnt und gegen diese Entscheidung kann kein ordentlicher Rechtsbehelf mehr eingelegt werden;

   iv) in dem Mitgliedstaat, in dem das Kind unmittelbar vor dem widerrechtlichen Verbringen oder Zurückhalten seinen gewöhnlichen Aufenthalt hatte, wurde kein Gericht angerufen, wie in Artikel 29 Absätze 3 und 5 vorgesehen;

   v) von den Gerichten des Mitgliedstaats, in dem das Kind unmittelbar vor dem widerrechtlichen Verbringen oder Zurückhalten seinen gewöhnlichen Aufenthalt hatte, wurde eine Sorgerechtsentscheidung erlassen, in der die Rückgabe des Kindes nicht angeordnet wurde.

Art. 10 Gerichtsstandsvereinbarungen. (1) Die Gerichte eines Mitgliedstaats sind zuständig für Verfahren betreffend die elterliche Verantwortung, wenn

a) eine wesentliche Bindung des Kindes zu diesem Mitgliedstaat besteht, insbesondere weil

   i) mindestens einer der Träger der elterlichen Verantwortung in diesem Mitgliedstaat seinen gewöhnlichen Aufenthalt hat;

   ii) das Kind in diesem Mitgliedstaat früher seinen gewöhnlichen Aufenthalt hatte; oder

   iii) das Kind die Staatsangehörigkeit dieses Mitgliedstaats besitzt;

b) die Parteien sowie alle anderen Träger der elterlichen Verantwortung

   i) spätestens zum Zeitpunkt der Anrufung des Gerichts die Zuständigkeit frei vereinbart haben; oder

ii) die Zuständigkeit im Laufe des Verfahrens ausdrücklich anerkannt haben und das Gericht dafür Sorge getragen hat, dass alle Parteien von ihrem Recht, die Zuständigkeit des Gerichts anzufechten, in Kenntnis gesetzt wurden; und

c) die Wahrnehmung der Zuständigkeit im Einklang mit dem Kindeswohl steht.

(2) *[1]* [1] Eine Gerichtsstandsvereinbarung gemäß Absatz 1 Buchstabe b wird von den betreffenden Parteien schriftlich niedergelegt, datiert und unterzeichnet oder gemäß den nationalen Rechtsvorschriften und Verfahren in das Gerichtsprotokoll aufgenommen. [2] Elektronische Übermittlungen, die eine dauerhafte Aufzeichnung der Vereinbarung ermöglichen, sind der Schriftform gleichgestellt.

[2] [1] Personen, die nach der Anrufung des Gerichts Verfahrensparteien werden, können ihre Zustimmung nach Anrufung des Gerichts bekunden. [2] Widersprechen sie nicht, wird ihr Einverständnis als stillschweigend gegeben angenommen.

(3) Sofern die Parteien nichts anderes vereinbaren, endet die Zuständigkeit gemäß Absatz 1, sobald

a) gegen die in diesem Verfahren ergangene Entscheidung kein ordentlicher Rechtsbehelf mehr eingelegt werden kann oder

b) das Verfahren aus einem anderen Grund beendet wurde.

(4) Die Zuständigkeit gemäß Absatz 1 Buchstabe b Ziffer ii ist ausschließlich.

Art. 11 Zuständigkeit aufgrund der Anwesenheit des Kindes. (1) Kann weder der gewöhnliche Aufenthalt eines Kindes festgestellt noch die Zuständigkeit gemäß Artikel 10 bestimmt werden, sind die Gerichte des Mitgliedstaats zuständig, in dem sich das Kind befindet.

(2) Die Zuständigkeit nach Absatz 1 gilt auch für Kinder, die Flüchtlinge oder aufgrund von Unruhen in dem Mitgliedstaat ihres gewöhnlichen Aufenthalts ihres Landes Vertriebene sind.

Art. 12[1)] Übertragung der Zuständigkeit an ein Gericht eines anderen Mitgliedstaats. (1) Ist ein für die Entscheidung in der Hauptsache zuständiges Gericht eines Mitgliedstaats der Auffassung, dass ein Gericht eines anderen Mitgliedstaats, zu dem das Kind eine besondere Bindung hat, das Kindeswohl in dem konkreten Fall besser beurteilen kann, so kann es unter außergewöhnlichen Umständen auf Antrag einer der Parteien oder von Amts wegen das Verfahren oder einen bestimmten Teil des Verfahrens aussetzen und entweder

a) einer oder mehreren Parteien eine Frist setzen, um das Gericht dieses anderen Mitgliedstaats vom anhängigen Verfahren und der Möglichkeit einer Übertragung der Zuständigkeit zu unterrichten und einen Antrag bei diesem Gericht einzureichen, oder

b) ein Gericht eines anderen Mitgliedstaats ersuchen, sich gemäß Absatz 2 für zuständig zu erklären.

(2) *[1]* Das Gericht dieses anderen Mitgliedstaats kann sich, wenn dies aufgrund der besonderen Umstände des Falls dem Kindeswohl entspricht, innerhalb von sechs Wochen für zuständig erklären, nachdem es

a) gemäß Absatz 1 Buchstabe a angerufen wurde, oder

b) das Ersuchen gemäß Absatz 1 Buchstabe b erhalten hat.

[1)] Art. 12 Abs. 3 einl. Satzteil ber. ABl. 2022 L 103 S. 18.

[2] [1] Das Gericht, das als zweites angerufen oder ersucht wurde, sich für zuständig zu erklären, unterrichtet unverzüglich das zuerst angerufene Gericht. [2] Übernimmt es die Zuständigkeit, erklärt sich das zuerst angerufene Gericht für unzuständig.

(3) Das zuerst angerufene Gericht nimmt seine Zuständigkeit weiter wahr, wenn es die Erklärung des Gerichts des anderen Mitgliedstaats betreffend die Übernahme der Zuständigkeit nicht binnen sieben Wochen erhalten hat, nachdem

a) die den Parteien gesetzte Frist für die Einreichung eines Antrags bei dem Gericht eines anderen Mitgliedstaats gemäß Absatz 1 Buchstabe a verstrichen ist; oder
b) dieses Gericht das Ersuchen gemäß Absatz 1 Buchstabe b erhalten hat.

(4) Für die Zwecke des Absatzes 1 wird davon ausgegangen, dass das Kind eine besondere Bindung zu dem Mitgliedstaat hat, wenn

a) das Kind seinen gewöhnlichen Aufenthalt in diesem Mitgliedstaat erworben hat, nachdem das Gericht gemäß Absatz 1 angerufen wurde;
b) das Kind seinen gewöhnlichen Aufenthalt in diesem Mitgliedstaat hatte;
c) das Kind die Staatsangehörigkeit dieses Mitgliedstaats besitzt;
d) ein Träger der elterlichen Verantwortung seinen gewöhnlichen Aufenthalt in diesem Mitgliedstaat hat; oder
e) die Streitsache Maßnahmen zum Schutz des Kindes im Zusammenhang mit der Verwaltung oder der Erhaltung des Vermögens des Kindes oder der Verfügung über dieses Vermögen betrifft und sich dieses Vermögen im Hoheitsgebiet dieses Mitgliedstaats befindet.

(5) Wenn nach Artikel 10 die ausschließliche Zuständigkeit des Gerichts bestimmt wurde, kann dieses Gericht die Zuständigkeit nicht einem Gericht eines anderen Mitgliedstaats übertragen.

Art. 13 Ersuchen um Übertragung der Zuständigkeit durch ein Gericht eines nicht zuständigen Mitgliedstaats. (1) Vertritt ein Gericht eines Mitgliedstaats, der nach dieser Verordnung nicht zuständig ist, zu dem das Kind jedoch eine besondere Bindung gemäß Artikel 12 Absatz 4 besitzt, die Auffassung, dass es das Kindeswohl in dem Einzelfall besser beurteilen kann, so kann es unter außergewöhnlichen Umständen vorbehaltlich des Artikels 9 um Übertragung der Zuständigkeit vom Gericht des Mitgliedstaats des gewöhnlichen Aufenthalts des Kindes ersuchen.

(2) [1] Binnen sechs Wochen nach Eingang des Ersuchens gemäß Absatz 1 kann das ersuchte Gericht zustimmen, seine Zuständigkeit zu übertragen, wenn eine solche Übertragung nach seiner Auffassung aufgrund der besonderen Umstände des Falls dem Kindeswohl entspricht. [2] Wenn das ersuchte Gericht der Übertragung seiner Zuständigkeit zustimmt, setzt es das ersuchende Gericht unverzüglich davon in Kenntnis. [3] Wurde dem Ersuchen innerhalb der Frist nicht stattgegeben, dann ist das ersuchende Gericht nicht zuständig.

Art. 14 Restzuständigkeit. Soweit sich aus den Artikeln 7 bis 11 keine Zuständigkeit eines Gerichts eines Mitgliedstaats ergibt, bestimmt sich die Zuständigkeit in jedem Mitgliedstaat nach dem Recht dieses Mitgliedstaats.

Art. 15 Einstweilige Maßnahmen, einschließlich Schutzmaßnahmen, in dringenden Fällen. (1) Selbst wenn das Gericht eines anderen Mitgliedstaats für die Entscheidung in der Hauptsache zuständig ist, sind in dringenden Fällen die

Gerichte eines Mitgliedstaats für die einstweiligen Maßnahmen einschließlich Schutzmaßnahmen zuständig, die nach dem Recht dieses Mitgliedstaats vorgesehen sind für

a) ein Kind, das sich in diesem Mitgliedstaat aufhält; oder

b) Vermögen, das einem Kind gehört und sich in diesem Mitgliedstaat befindet.

(2) Sofern der Schutz des Kindeswohls es erfordert, informiert das Gericht, das diese Maßnahmen nach Absatz 1 dieses Artikels ergriffen hat, unverzüglich das Gericht oder die zuständige Behörde des Mitgliedstaats, der nach Artikel 7 zuständig ist, oder gegebenenfalls ein Gericht eines Mitgliedstaats, das die Zuständigkeit nach dieser Verordnung für die Entscheidung in der Hauptsache ausübt, entweder direkt gemäß Artikel 86 oder über die nach Artikel 76 benannten Zentralen Behörden.

(3) *[1]* Die Maßnahmen nach Absatz 1 treten außer Kraft, sobald das Gericht des Mitgliedstaats, der gemäß dieser Verordnung für die Entscheidung in der Hauptsache zuständig ist, die Maßnahmen getroffen hat, die es für angemessen hält.

[2] Gegebenenfalls kann dieses Gericht das Gericht, das einstweilige Maßnahmen einschließlich Schutzmaßnahmen getroffen hat, entweder direkt gemäß Artikel 86 oder über die nach Artikel 76 benannten Zentralen Behörden von seiner Entscheidung in Kenntnis setzen.

Art. 16 Vorfragen. (1) Hängt der Ausgang eines Verfahrens in einer nicht in den Anwendungsbereich dieser Verordnung fallenden Sache vor einem Gericht eines Mitgliedstaats von der Beurteilung einer Vorfrage zur elterlichen Verantwortung ab, so kann ein Gericht in dem betreffenden Mitgliedstaat diese Vorfrage für die Zwecke dieses Verfahrens beurteilen, selbst wenn dieser Mitgliedstaat nach dieser Verordnung nicht zuständig ist.

(2) Die Beurteilung einer Vorfrage gemäß Absatz 1 entfaltet nur in dem Verfahren, für das diese Beurteilung vorgenommen wurde, rechtliche Wirkung.

(3) Ist für die Gültigkeit einer Rechtshandlung, die im Namen eines Kindes in Erbsachen bei einem Gericht eines Mitgliedstaats vorgenommen wurde oder vorzunehmen ist, die Einwilligung oder Genehmigung seitens eines Gerichts erforderlich, so kann ein Gericht in diesem Mitgliedstaat entscheiden, ob es in diese Rechtshandlung einwilligt oder sie genehmigt, selbst wenn es nach dieser Verordnung nicht zuständig ist.

(4) Artikel 15 Absatz 2 gilt entsprechend.

Abschnitt 3.[1] Gemeinsame Bestimmungen

Art. 17 Anrufung eines Gerichts. Ein Gericht gilt als angerufen

a) zu dem Zeitpunkt, zu dem das verfahrenseinleitende Schriftstück oder ein gleichwertiges Schriftstück bei Gericht eingereicht wurde, vorausgesetzt, dass der Antragsteller es in der Folge nicht versäumt hat, die ihm obliegenden Maßnahmen zu treffen, um die Zustellung des Schriftstücks an den Antragsgegner zu bewirken;

b) falls die Zustellung an den Antragsgegner vor Einreichung des Schriftstücks bei Gericht zu bewirken ist, zu dem Zeitpunkt, zu dem die für die Zustellung verantwortliche Stelle das Schriftstück erhalten hat, vorausgesetzt, dass der

[1] Abschnitt 3 Überschrift ber. ABl. 2022 L 103 S. 18.

Antragsteller es in der Folge nicht versäumt hat, die ihm obliegenden Maßnahmen zu treffen, um das Schriftstück bei Gericht einzureichen, oder

c) falls das Gericht das Verfahren von Amts wegen einleitet, zu dem Zeitpunkt, zu dem der Beschluss über die Einleitung des Verfahrens vom Gericht gefasst oder, wenn ein solcher Beschluss nicht erforderlich ist, zu dem Zeitpunkt, zu dem die Sache beim Gericht eingetragen wird.

Art. 18 Prüfung der Zuständigkeit. Das Gericht eines Mitgliedstaats hat sich von Amts wegen für unzuständig zu erklären, wenn es in einer Sache angerufen wird, für die es nach dieser Verordnung keine Zuständigkeit in der Hauptsache hat und für die das Gericht eines anderen Mitgliedstaats aufgrund dieser Verordnung in der Hauptsache zuständig ist.

Art. 19 Prüfung der Zulässigkeit. (1) Lässt sich ein Antragsgegner, der seinen gewöhnlichen Aufenthalt nicht in dem Mitgliedstaat hat, in dem das Verfahren eingeleitet wurde, auf das Verfahren nicht ein, so hat das zuständige Gericht das Verfahren so lange auszusetzen, bis festgestellt ist, dass es dem Antragsgegner möglich war, das verfahrenseinleitende Schriftstück oder ein gleichwertiges Schriftstück so rechtzeitig zu empfangen, dass er sich verteidigen konnte, oder dass alle hierzu erforderlichen Maßnahmen getroffen wurden.

(2) Artikel 19 der Verordnung (EG) Nr. 1393/2007 findet statt Absatz 1 Anwendung, wenn das verfahrenseinleitende Schriftstück oder ein gleichwertiges Schriftstück nach Maßgabe jener Verordnung von einem Mitgliedstaat in einen anderen zu übermitteln war.

(3) Ist die Verordnung (EG) Nr. 1393/2007 nicht anwendbar, so gilt Artikel 15 des Haager Übereinkommens vom 15. November 1965 über die Zustellung gerichtlicher und außergerichtlicher Schriftstücke im Ausland in Zivil- und Handelssachen, wenn das verfahrenseinleitende Schriftstück oder ein gleichwertiges Schriftstück nach Maßgabe des genannten Übereinkommens ins Ausland zu übermitteln war.

Art. 20[1)] Rechtshängigkeit und abhängige Verfahren. (1) Werden bei Gerichten verschiedener Mitgliedstaaten Anträge auf Ehescheidung, Trennung ohne Auflösung des Ehebandes oder Ungültigerklärung einer Ehe zwischen denselben Parteien gestellt, so setzt das später angerufene Gericht das Verfahren von Amts wegen aus, bis die Zuständigkeit des zuerst angerufenen Gerichts geklärt ist.

(2) Sofern sich die Zuständigkeit eines der Gerichte nicht nur auf Artikel 15 stützt und bei Gerichten verschiedener Mitgliedstaaten Verfahren bezüglich der elterlichen Verantwortung für ein Kind wegen desselben Anspruchs anhängig gemacht werden, so setzt das später angerufene Gericht das Verfahren von Amts wegen aus, bis die Zuständigkeit des zuerst angerufenen Gerichts geklärt ist.

(3) *[1]* Sobald die Zuständigkeit des zuerst angerufenen Gerichts feststeht, erklärt sich das später angerufene Gericht zugunsten des zuerst angerufenen Gerichts für unzuständig.

[2] In diesem Fall kann die Partei, die das Verfahren bei dem später angerufenen Gericht anhängig gemacht hat, dieses Verfahren bei dem zuerst angerufenen Gericht vorlegen.

(4) Wird ein Gericht eines Mitgliedstaats angerufen, dem durch eine Anerkennung der Zuständigkeit nach Artikel 10 die ausschließliche Zuständigkeit über-

[1)] Art. 20 Abs. 4 ber. ABl. 2022 L 103 S. 18.

tragen wurde, so setzen die Gerichte eines anderen Mitgliedstaats das Verfahren so lange aus, bis das auf der Grundlage der Vereinbarung oder Anerkennung angerufene Gericht erklärt hat, dass es gemäß der Vereinbarung oder Anerkennung nicht zuständig ist.

(5) Sobald und soweit das Gericht die ausschließliche Zuständigkeit durch eine Anerkennung der Zuständigkeit nach Artikel 10 festgestellt hat, erklären sich die Gerichte eines anderen Mitgliedstaats zugunsten dieses Gerichts für unzuständig.

Art. 21 Recht des Kindes auf Meinungsäußerung. (1) Bei der Ausübung ihrer Zuständigkeit nach Abschnitt 2 geben die Gerichte der Mitgliedstaaten im Einklang mit den nationalen Rechtsvorschriften und Verfahren dem Kind, das fähig ist, sich seine eigene Meinung zu bilden, eine echte und wirksame Gelegenheit, diese Meinung direkt oder durch einen Vertreter oder eine geeignete Stelle zu äußern.

(2) Gibt das Gericht im Einklang mit den nationalen Rechtsvorschriften und Verfahren einem Kind Gelegenheit zur Meinungsäußerung gemäß diesem Artikel, so misst es der Meinung des Kindes entsprechend seinem Alter und seiner Reife gebührendes Gewicht bei.

Kapitel III. Internationale Kindesentführung

Art. 22 Rückgabe des Kindes nach dem Haager Übereinkommen von 1980. Beantragt eine Person, Behörde oder sonstige Stelle direkt oder mit Hilfe einer Zentralen Behörde unter Berufung auf eine Verletzung des Sorgerechts bei dem Gericht eines Mitgliedstaats eine Entscheidung auf der Grundlage des Haager Übereinkommens von 1980, mit der die Rückgabe eines Kindes unter 16 Jahren angeordnet wird, das widerrechtlich in einen anderen Mitgliedstaat als den Mitgliedstaat, in dem das Kind unmittelbar vor dem widerrechtlichen Verbringen oder Zurückhalten seinen gewöhnlichen Aufenthalt hatte, verbracht wurde oder dort zurückgehalten wird, so gelten die Artikel 23 bis 29 und Kapitel VI der vorliegenden Verordnung ergänzend zum Haager Übereinkommen von 1980.

Art. 23 Entgegennahme und Bearbeitung von Anträgen durch die Zentralen Behörden. (1) Die ersuchte Zentrale Behörde bearbeitet einen auf das Haager Übereinkommen von 1980 gestützten Antrag im Sinne von Artikel 22 mit gebotener Eile.

(2) [1] Geht bei der Zentralen Behörde des ersuchten Mitgliedstaats ein Antrag gemäß Artikel 22 ein, bestätigt sie dessen Empfang binnen fünf Arbeitstagen nach Eingang des Antrags. [2] Sie unterrichtet ohne ungebührliche Verzögerung die Zentrale Behörde des ersuchenden Mitgliedstaats oder gegebenenfalls den Antragsteller über die ersten Maßnahmen, die im Hinblick auf den Antrag getroffen wurden oder noch getroffen werden, und kann weitere erforderliche Unterlagen und Informationen anfordern.

Art. 24 Zügige Gerichtsverfahren. (1) Das Gericht, bei dem die Rückgabe eines Kindes nach Artikel 22 beantragt wird, befasst sich mit gebotener Eile mit dem Antrag und bedient sich dabei der zügigsten im nationalen Recht vorgesehenen Verfahren.

(2) Unbeschadet des Absatzes 1 erlässt ein Gericht erster Instanz seine Entscheidung spätestens sechs Wochen nach seiner Anrufung, es sei denn, dass dies aufgrund außergewöhnlicher Umstände nicht möglich ist.

(3) Außer wenn dies aufgrund außergewöhnlicher Umstände nicht möglich ist, erlässt ein Gericht höherer Instanz seine Entscheidung spätestens sechs Wochen, nachdem alle erforderlichen Verfahrensschritte durchgeführt wurden und das Gericht in der Lage ist, den Rechtsbehelf entweder in einer Anhörung oder auf andere Weise zu prüfen.

Art. 25 Alternative Streitbeilegungsverfahren. Das Gericht fordert die Parteien zum frühestmöglichen Zeitpunkt und in jeder Lage des Verfahrens entweder direkt oder gegebenenfalls mit Hilfe der Zentralen Behörden auf, zu prüfen, ob sie gewillt sind, eine Mediation oder andere alternative Streitbeilegungsverfahren in Anspruch zu nehmen, es sei denn, dass dies dem Kindeswohl widerspricht, im Einzelfall nicht angebracht wäre oder das Verfahren hierdurch über Gebühr verzögert würde.

Art. 26 Recht des Kindes auf Meinungsäußerung im Rückgabeverfahren.

Artikel 21 dieser Verordnung gilt auch für Rückgabeverfahren nach dem Haager Übereinkommen von 1980.

Art. 27 Verfahren für die Rückgabe des Kindes. (1) Ein Gericht kann die Rückgabe eines Kindes nicht verweigern, wenn der Person, die die Rückgabe des Kindes beantragt hat, nicht die Gelegenheit gegeben wurde, gehört zu werden.

(2) Das Gericht kann im Einklang mit Artikel 15 in jeder Lage des Verfahrens prüfen, ob der Kontakt zwischen dem Kind und der Person, die dessen Rückgabe beantragt, gewährleistet werden soll, wobei das Kindeswohl zu berücksichtigen ist.

(3) Zieht ein Gericht in Erwägung, die Rückgabe eines Kindes nur aufgrund von Artikel 13 Absatz 1 Buchstabe b des Haager Übereinkommens von 1980[1)] abzulehnen, lehnt es die Rückgabe des Kindes nicht ab, wenn die Partei, die sich um die Rückgabe des Kindes bemüht, das Gericht durch Vorlage hinreichender Nachweise davon überzeugt oder das Gericht auf andere Weise zu der Überzeugung gelangt, dass angemessene Vorkehrungen getroffen wurden, um den Schutz des Kindes nach seiner Rückgabe zu gewährleisten.

(4) Für die Zwecke des Absatzes 3 dieses Artikels kann das Gericht entweder direkt nach Artikel 86 oder mit Hilfe der Zentralen Behörden mit den zuständigen Behörden des Mitgliedstaats kommunizieren, in dem das Kind unmittelbar vor dem widerrechtlichen Verbringen oder Zurückhalten seinen gewöhnlichen Aufenthalt hatte.

(5) Wenn das Gericht die Rückgabe des Kindes anordnet, kann das Gericht gegebenenfalls einstweilige Maßnahmen einschließlich Schutzmaßnahmen nach Artikel 15 dieser Verordnung anordnen, um das Kind vor der schwerwiegenden Gefahr im Sinne des Artikels 13 Absatz 1 Buchstabe b des Haager Übereinkommens von 1980 zu schützen, sofern die Prüfung und Anordnung dieser Maßnahmen das Rückgabeverfahren nicht über Gebühr verzögern würde.

(6) Eine Entscheidung, mit der die Rückgabe des Kindes angeordnet wird, kann ungeachtet der Einlegung eines Rechtsbehelfs für vorläufig vollstreckbar erklärt werden, wenn die Rückgabe des Kindes vor der Entscheidung über den Rechtsbehelf aus Gründen des Kindeswohls erforderlich ist.

[1)] Nr. **1031**.

Art. 28 Vollstreckung von Entscheidungen, mit denen die Rückgabe des Kindes angeordnet wird. (1) Eine für die Vollstreckung zuständige Behörde, bei der die Vollstreckung einer Entscheidung beantragt wird, mit der die Rückgabe eines Kindes in einen anderen Mitgliedstaat angeordnet wird, bearbeitet den Antrag mit gebotener Eile.

(2) Wurde eine Entscheidung gemäß Absatz 1 nicht binnen sechs Wochen nach dem Tag der Einleitung des Vollstreckungsverfahrens vollstreckt, hat die die Vollstreckung betreibende Partei oder die Zentrale Behörde des Vollstreckungsmitgliedstaats das Recht, von der für die Vollstreckung zuständige Behörde eine Angabe der Gründe für die Verzögerung zu verlangen.

Art. 29 Verfahren im Anschluss an die Ablehnung der Rückgabe des Kindes gemäß Artikel 13 Absatz 1 Buchstabe b und Artikel 13 Absatz 2 des Haager Übereinkommens von 1980. (1) Dieser Artikel kommt zur Anwendung, wenn eine Entscheidung, die Rückgabe eines Kindes in einen anderen Mitgliedstaat abzulehnen, sich nur auf Artikel 13 Absatz 1 Buchstabe b oder Artikel 13 Absatz 2 des Haager Übereinkommens von 1980[1)] stützt.

(2) [1] Das Gericht, das eine Entscheidung gemäß Absatz 1 fällt, stellt unter Verwendung des in Anhang I wiedergegebenen Formblatts von Amts wegen eine Bescheinigung aus. [2] Die Bescheinigung wird in der Sprache ausgefüllt und ausgestellt, in der die Entscheidung abgefasst ist. [3] Die Bescheinigung kann auch in einer anderen Amtssprache der Organe der Europäischen Union, die von einer Partei gewünscht wird, ausgestellt werden. [4] Dies verpflichtet das die Bescheinigung ausstellende Gericht nicht dazu, eine Übersetzung oder Transliteration der übersetzbaren Inhalte der Freitextfelder bereitzustellen.

(3) Wenn zu dem Zeitpunkt, zu dem das Gericht eine Entscheidung gemäß Absatz 1 fällt, ein Gericht in dem Mitgliedstaat, in dem das Kind unmittelbar vor dem widerrechtlichen Verbringen oder Zurückhalten seinen gewöhnlichen Aufenthalt hatte, bereits mit einem Verfahren zur Prüfung des Sorgerechts befasst wurde, übermittelt das Gericht, wenn es Kenntnis von diesem Verfahren hat, binnen eines Monats ab der Entscheidung nach Absatz 1 dem Gericht dieses Mitgliedstaats direkt oder über die Zentralen Behörden folgende Unterlagen:

a) eine Abschrift seiner Entscheidung gemäß Absatz 1;
b) die nach Absatz 2 ausgestellte Bescheinigung; und
c) gegebenenfalls ein Protokoll, eine Zusammenfassung oder eine Niederschrift der Anhörung und alle anderen Unterlagen, die es als sachdienlich erachtet.

(4) Das Gericht in dem Mitgliedstaat, in dem das Kind unmittelbar vor dem widerrechtlichen Verbringen oder Zurückhalten seinen gewöhnlichen Aufenthalt hatte, kann erforderlichenfalls eine Partei auffordern, gemäß Artikel 91 eine Übersetzung oder Transliteration der Entscheidung gemäß Absatz 1 und aller anderen der Bescheinigung gemäß Absatz 3 Buchstabe c des vorliegenden Artikels beigefügten Unterlagen vorzulegen.

(5) Wenn in anderen als den in Absatz 3 genannten Fällen eine der Parteien binnen drei Monaten nach Mitteilung der Entscheidung nach Absatz 1 ein Gericht in dem Mitgliedstaat, in dem das Kind unmittelbar vor dem widerrechtlichen Verbringen oder Zurückhalten seinen gewöhnlichen Aufenthalt hatte, mit der *Prüfung des Sorgerechts* befasst, legt sie dem Gericht folgende Unterlagen vor:

a) eine Abschrift der Entscheidung gemäß Absatz 1;

[1)] Nr. **103l**.

b) die nach Absatz 2 ausgestellte Bescheinigung; und

c) gegebenenfalls ein Protokoll, eine Zusammenfassung oder eine Niederschrift der Anhörung vor dem Gericht, das die Rückgabe des Kindes abgelehnt hat.

(6) Unbeschadet einer Entscheidung gemäß Absatz 1, ein Kind nicht zurückzugeben, ist jede Sorgerechtsentscheidung, die in einem Verfahren gemäß den Absätzen 3 und 5 ergeht und die Rückgabe des Kindes zur Folge hat, gemäß Kapitel IV in einem anderen Mitgliedstaat vollstreckbar.

Kapitel IV. Anerkennung und Vollstreckung

Abschnitt 1.[1] Allgemeine Bestimmungen über die Anerkennung und die Vollstreckung

Unterabschnitt 1. Anerkennung

Art. 30 Anerkennung einer Entscheidung. (1) Die in einem Mitgliedstaat ergangenen Entscheidungen werden in den anderen Mitgliedstaaten anerkannt, ohne dass es hierfür eines besonderen Verfahrens bedarf.

(2) Unbeschadet des Absatzes 3 bedarf es keines besonderen Verfahrens für die Aktualisierung der Personenstandsbücher eines Mitgliedstaats auf der Grundlage einer in einem anderen Mitgliedstaat ergangenen Entscheidung über Ehescheidung, Trennung ohne Auflösung des Ehebandes oder Ungültigerklärung einer Ehe, gegen die nach dem Recht dieses Mitgliedstaats keine weiteren Rechtsbehelfe eingelegt werden können.

(3) Jede interessierte Partei kann gemäß den Verfahren nach den Artikeln 59 bis 62 und gegebenenfalls nach Abschnitt 5 dieses Kapitels und nach Kapitel VI eine Entscheidung beantragen, in der festgestellt wird, dass keiner der in den Artikeln 38 und 39 genannten Gründe für eine Versagung der Anerkennung gegeben ist.

(4) Das örtlich zuständige Gericht, das jeder Mitgliedstaat gemäß Artikel 103 der Kommission mitteilt, wird durch das nationale Recht des Mitgliedstaats bestimmt, in dem das Verfahren nach Absatz 3 des vorliegenden Artikels eingeleitet wird.

(5) Ist in einem Rechtsstreit vor einem Gericht eines Mitgliedstaats die Frage der Anerkennung einer Entscheidung als Vorfrage zu beurteilen, so kann dieses Gericht hierüber befinden.

Art. 31[2] Zwecks Anerkennung vorzulegende Unterlagen. (1) Die Partei, die in einem Mitgliedstaat eine in einem anderen Mitgliedstaat ergangene Entscheidung geltend machen will, hat Folgendes vorzulegen:

a) eine Ausfertigung der Entscheidung, die die für ihre Beweiskraft erforderlichen Voraussetzungen erfüllt, und

b) die entsprechende Bescheinigung nach Artikel 36.

(2) Das Gericht oder die zuständige Behörde, vor dem/der eine in einem anderen Mitgliedstaat ergangene Entscheidung geltend gemacht wird, kann erforderlichenfalls die Partei, die die Entscheidung geltend macht, dazu auffordern, eine Übersetzung oder Transliteration gemäß Artikel 91 der übersetzbaren Inhalte der

[1] Abschnitt 1 Überschrift ber. ABl. 2022 L 103 S. 18.
[2] Art. 31 Abs. 3 ber. ABl. 2022 L 103 S. 18.

Freitextfelder der Bescheinigung nach Absatz 1 Buchstabe b des vorliegenden Artikels vorzulegen.

(3) Kann das Gericht oder die zuständige Behörde, vor dem/der eine in einem anderen Mitgliedstaat ergangene Entscheidung geltend gemacht wird, das Verfahren ohne eine Übersetzung oder Transliteration nicht fortsetzen, so kann es/sie die Partei auffordern, eine Übersetzung oder Transliteration gemäß Artikel 91 der Entscheidung zusätzlich zu einer Übersetzung oder Transliteration der übersetzbaren Inhalte der Freitextfelder der Bescheinigung vorzulegen.

Art. 32 Fehlen von Unterlagen. (1) Werden die in Artikel 31 Absatz 1 aufgeführten Unterlagen nicht vorgelegt, so kann das Gericht oder die zuständige Behörde eine Frist für deren Vorlage bestimmen oder sich mit gleichwertigen Unterlagen begnügen oder auf deren Vorlage verzichten, wenn die vorliegenden Informationen für ausreichend erachtet werden.

(2) Auf Verlangen des Gerichts oder der zuständigen Behörde, wird eine Übersetzung oder Transliteration gemäß Artikel 91 dieser gleichwertigen Unterlagen vorgelegt.

Art. 33 Aussetzung des Verfahrens. Das Gericht, bei dem eine in einem anderen Mitgliedstaat ergangene Entscheidung geltend gemacht wird, kann das Verfahren in den folgenden Fällen ganz oder teilweise aussetzen:

a) Im Ursprungsmitgliedstaat wurde ein ordentlicher Rechtsbehelf gegen die Entscheidung eingelegt; oder

b) Es wird eine Entscheidung beantragt, dass keine Gründe für eine Nichtanerkennung nach den Artikeln 38 und 39 vorliegen oder dass die Anerkennung aufgrund eines dieser Gründe abzulehnen ist.

Unterabschnitt 2.[1] Vollstreckbarkeit und Vollstreckung

Art. 34 Vollstreckbare Entscheidungen. (1) Eine in einem Mitgliedstaat in Verfahren betreffend die elterliche Verantwortung ergangene Entscheidung, die in diesem Mitgliedstaat vollstreckbar ist, ist in den anderen Mitgliedstaaten vollstreckbar, ohne dass es einer Vollstreckbarerklärung bedarf.

(2) Für die Zwecke der Vollstreckung einer Entscheidung über das Umgangsrecht in einem anderen Mitgliedstaat kann das Gericht des Ursprungsmitgliedstaats die Entscheidung ungeachtet der Einlegung eines Rechtsbehelfs für vorläufig vollstreckbar erklären.

Art. 35 Zwecks Vollstreckung vorzulegende Unterlagen. (1) Soll in einem Mitgliedstaat eine in einem anderen Mitgliedstaat ergangene Entscheidung vollstreckt werden, so hat die die Vollstreckung betreibende Partei der für die Vollstreckung zuständigen Behörde Folgendes vorzulegen:

a) eine Ausfertigung der Entscheidung, die die für ihre Beweiskraft erforderlichen Voraussetzungen erfüllt, und

b) die entsprechende Bescheinigung nach Artikel 36.

(2) Soll in einem Mitgliedstaat eine in einem anderen Mitgliedstaat ergangene Entscheidung vollstreckt werden, in der eine einstweilige Maßnahme einschließlich einer Schutzmaßnahme angeordnet wird, so hat die die Vollstreckung betreibende Partei der für die Vollstreckung zuständigen Behörde Folgendes vorzulegen:

---

[1] UAbschnitt 2 Überschrift ber. ABl. 2022 L 103 S. 18.

a) eine Ausfertigung der Entscheidung, die die für ihre Beweiskraft erforderlichen Voraussetzungen erfüllt,

b) die entsprechende Bescheinigung nach Artikel 36, in der bescheinigt wird, dass die Entscheidung im Ursprungsmitgliedstaat vollstreckbar ist und dass das Ursprungsgericht

i) in der Hauptsache zuständig ist, oder

ii) die Maßnahme gemäß Artikel 27 Absatz 5 in Verbindung mit Artikel 15 angeordnet hat, und

c) wenn die Maßnahme ohne Vorladung des Antraggegners angeordnet wurde, den Nachweis der Zustellung der Entscheidung.

(3) Die für die Vollstreckung zuständige Behörde kann erforderlichenfalls die die Vollstreckung betreibende Partei auffordern, eine Übersetzung oder Transliteration gemäß Artikel 91 der übersetzbaren Inhalte der Freitextfelder der Bescheinigung vorzulegen, in der die zu vollstreckende Verpflichtung angegeben ist.

(4) Kann die für die Vollstreckung zuständige Behörde das Verfahren ohne eine Übersetzung oder Transliteration der Entscheidung nicht fortsetzen, so kann sie die die Vollstreckung betreibende Partei auffordern, eine Übersetzung oder Transliteration gemäß Artikel 91 der Entscheidung vorzulegen.

Unterabschnitt 3. Bescheinigung

Art. 36 Ausstellung der Bescheinigung. (1) Das der Kommission gemäß Artikel 103 mitgeteilte Gericht eines Ursprungsmitgliedstaats stellt auf Antrag einer Partei eine Bescheinigung aus über

a) eine Entscheidung in Ehesachen unter Verwendung des Formblatts in Anhang II,

b) eine Entscheidung in Verfahren betreffend die elterliche Verantwortung unter Verwendung des Formblatts in Anhang III,

c) eine Entscheidung nach Artikel 2 Absatz 1 Buchstabe a, die die Rückgabe eines Kindes anordnet, und gegebenenfalls alle die Entscheidung begleitende und gemäß Artikel 27 Absatz 5 angeordnete einstweilige Maßnahmen einschließlich Schutzmaßnahmen unter Verwendung des Formblatts in Anhang IV.

(2) [1] Die Bescheinigung wird in der Sprache ausgefüllt und ausgestellt, in der die Entscheidung abgefasst ist. [2] Die Bescheinigung kann auch in einer anderen Amtssprache der Organe der Europäischen Union, die von einer Partei gewünscht wird, ausgestellt werden. [3] Dies verpflichtet das die Bescheinigung ausstellende Gericht nicht dazu, eine Übersetzung oder Transliteration der übersetzbaren Inhalte der Freitextfelder bereitzustellen.

(3) Gegen die Ausstellung einer Bescheinigung sind keine Rechtsbehelfe möglich.

Art. 37 Berichtigung der Bescheinigung. (1) Das der Kommission gemäß Artikel 103 mitgeteilte Gericht eines Ursprungsmitgliedstaats berichtigt die Bescheinigung auf Antrag oder kann sie von Amts wegen berichtigen, wenn zwischen der zu vollstreckenden Entscheidung und der Bescheinigung aufgrund eines materiellen Fehlers oder einer Auslassung eine Unstimmigkeit besteht.

(2) Für das Verfahren zur Berichtigung der Bescheinigung gilt das Recht des Ursprungsmitgliedstaats.

Unterabschnitt 4.[1] Versagung der Anerkennung und Vollstreckung

Art. 38 Gründe für die Versagung der Anerkennung von Entscheidungen in Ehesachen. Die Anerkennung einer Entscheidung, die die Ehescheidung, die Trennung ohne Auflösung des Ehebandes oder die Ungültigerklärung einer Ehe betrifft, wird versagt,

a) wenn die Anerkennung der öffentlichen Ordnung des Mitgliedstaats, in dem sie geltend gemacht wird, offensichtlich widerspricht;

b) wenn dem Antragsgegner, der sich auf das Verfahren nicht eingelassen hat, das verfahrenseinleitende Schriftstück oder ein gleichwertiges Schriftstück nicht so rechtzeitig und in einer Weise zugestellt wurde, dass er sich verteidigen konnte, es sei denn, es wird festgestellt, dass er mit der Entscheidung eindeutig einverstanden ist;

c) wenn die Entscheidung mit einer Entscheidung unvereinbar ist, die in einem Verfahren zwischen denselben Parteien in dem Mitgliedstaat, in dem die Anerkennung geltend gemacht wird, ergangen ist; oder

d) wenn die Entscheidung mit einer früheren Entscheidung unvereinbar ist, die in einem anderen Mitgliedstaat oder in einem Drittstaat zwischen denselben Parteien ergangen ist, sofern die frühere Entscheidung die notwendigen Voraussetzungen für ihre Anerkennung in dem Mitgliedstaat erfüllt, in dem die Anerkennung geltend gemacht wird.

Art. 39 Gründe für die Versagung der Anerkennung von Entscheidungen in Verfahren betreffend die elterliche Verantwortung. (1) Die Anerkennung einer Entscheidung in Verfahren betreffend die elterliche Verantwortung wird abgelehnt,

a) wenn die Anerkennung der öffentlichen Ordnung des Mitgliedstaats, in dem sie geltend gemacht wird, offensichtlich widerspricht, wobei das Kindeswohl zu berücksichtigen ist;

b) wenn der betreffenden Person, die sich auf das Verfahren nicht eingelassen hat, das verfahrenseinleitende Schriftstück oder ein gleichwertiges Schriftstück nicht so rechtzeitig und in einer Weise zugestellt wurde, dass sie sich verteidigen konnte, es sei denn, es wird festgestellt, dass sie mit der Entscheidung eindeutig einverstanden ist;

c) wenn eine Person dies mit der Begründung beantragt, dass die Entscheidung in ihre elterliche Verantwortung eingreift, falls die Entscheidung ergangen ist, ohne dass diese Person die Möglichkeit hatte, gehört zu werden;

d) wenn und soweit die Entscheidung mit einer späteren Entscheidung über die elterliche Verantwortung unvereinbar ist, die in dem Mitgliedstaat, in dem die Anerkennung geltend gemacht wird, ergangen ist;

e) wenn und soweit die Entscheidung mit einer späteren Entscheidung über die elterliche Verantwortung unvereinbar ist, die in einem anderen Mitgliedstaat oder in dem Drittstaat des gewöhnlichen Aufenthalts des Kindes ergangen ist, sofern die spätere Entscheidung die notwendigen Voraussetzungen für ihre Anerkennung in dem Mitgliedstaat erfüllt, in dem die Anerkennung geltend gemacht wird, oder

f) wenn das Verfahren des Artikels 82 nicht eingehalten wurde.

---

[1] UAbschnitt 4 Überschrift ber. ABl. 2022 L 103 S. 18.

(2) Die Anerkennung einer Entscheidung in Verfahren betreffend die elterliche Verantwortung kann abgelehnt werden, wenn sie ergangen ist, ohne dass dem Kind, das fähig ist, sich seine eigene Meinung zu bilden, Gelegenheit zur Meinungsäußerung gemäß Artikel 21 gegeben wurde, außer wenn

a) das Verfahren nur das Vermögen des Kindes betraf und sofern es in Anbetracht des Verfahrensgegenstandes nicht erforderlich war, ihm diese Gelegenheit zu geben; oder

b) es schwerwiegende Gründe gab, wobei insbesondere die Dringlichkeit des Falls zu berücksichtigen ist.

Art. 40[1)] Verfahren für die Versagung der Anerkennung. (1) Die Verfahren nach den Artikeln 59 bis 62 und – sofern zutreffend – nach Abschnitt 5 dieses Kapitels und nach Kapitel VI gelten entsprechend für einen Antrag auf Versagung der Anerkennung.

(2) Das örtlich zuständige Gericht, das der Kommission gemäß Artikel 103 von jedem Mitgliedstaat mitgeteilt wird, wird durch das nationale Recht des Mitgliedstaats bestimmt, in dem das Verfahren zur Versagung der Anerkennung eingeleitet wird.

Art. 41 Gründe für die Versagung der Vollstreckung von Entscheidungen in Verfahren betreffend die elterliche Verantwortung. Unbeschadet des Artikels 56 Absatz 6 wird die Vollstreckung einer Entscheidung in Verfahren betreffend die elterliche Verantwortung versagt, wenn festgestellt wurde, dass einer der Gründe für die Versagung der Anerkennung nach Artikel 39 vorliegt.

Abschnitt 2.[2)] Anerkennung und Vollstreckung bestimmter privilegierter Entscheidungen

Art. 42 Anwendungsbereich. (1) Dieser Abschnitt gilt für folgende Arten von Entscheidungen, sofern sie im Ursprungsmitgliedstaat gemäß Artikel 47 bescheinigt wurden:

a) Entscheidungen, soweit sie Umgangsrechte gewähren; und

b) Entscheidungen gemäß Artikel 29 Absatz 6, soweit sie die Rückgabe des Kindes anordnen.

(2) Dieser Abschnitt steht dem nicht entgegen, dass sich eine Partei gemäß den Bestimmungen über die Anerkennung und Vollstreckung in Abschnitt 1 dieses Kapitels um Anerkennung und Vollstreckung einer Entscheidung gemäß Absatz 1 bemüht.

Unterabschnitt 1. Anerkennung

Art. 43 Anerkennung. (1) Eine in einem Mitgliedstaat ergangene Entscheidung im Sinne des Artikels 42 Absatz 1 wird in den übrigen Mitgliedstaaten anerkannt, ohne dass es eines besonderen Verfahrens bedarf und ohne dass die Anerkennung angefochten werden kann, es sei denn, es wird festgestellt, dass die Entscheidung mit einer späteren Entscheidung im Sinne des Artikel 50 unvereinbar ist.

---

1) Art. 40 Abs. 1 ber. ABl. 2022 L 103 S. 18.
2) Abschnitt 2 Überschrift ber. ABl. 2022 L 103 S. 18.

(2) Die Partei, die in einem Mitgliedstaat eine in einem anderen Mitgliedstaat ergangene Entscheidung im Sinne des Artikels 42 Absatz 1 geltend machen will, hat Folgendes vorzulegen:

a) eine Ausfertigung der Entscheidung, die die für ihre Beweiskraft erforderlichen Voraussetzungen erfüllt, und

b) die entsprechende Bescheinigung nach Artikel 47.

(3) Artikel 31 Absätze 2 und 3 gelten entsprechend.

Art. 44 Aussetzung des Verfahrens. Das Gericht, bei dem eine in einem anderen Mitgliedstaat ergangene Entscheidung im Sinne des Artikels 42 Absatz 1 geltend gemacht wird, kann das Verfahren ganz oder teilweise aussetzen, wenn

a) ein Antrag vorgelegt wurde, in dem die Unvereinbarkeit der Entscheidung mit einer späteren Entscheidung im Sinne des Artikels 50 behauptet wird; oder

b) die Person, gegen die die Vollstreckung erwirkt werden soll, gemäß Artikel 48 beantragt hat, eine Bescheinigung nach Artikel 47 zu widerrufen.

Unterabschnitt 2.[1] Vollstreckbarkeit und Vollstreckung

Art. 45 Vollstreckbare Entscheidungen. (1) Die in einem Mitgliedstaat ergangenen und in diesem Mitgliedstaat vollstreckbaren Entscheidungen im Sinne des Artikels 42 Absatz 1 sind gemäß diesem Abschnitt in den anderen Mitgliedstaaten vollstreckbar, ohne dass es einer Vollstreckbarerklärung bedarf.

(2) Für die Zwecke der Vollstreckung einer Entscheidung im Sinne des Artikels 42 Absatz 1 Buchstabe a in einem anderen Mitgliedstaat können die Gerichte des Ursprungsmitgliedstaats die Entscheidung ungeachtet der Einlegung eines Rechtsbehelfs für vorläufig vollstreckbar erklären.

Art. 46 Zwecks Vollstreckung vorzulegende Unterlagen. (1) Soll in einem Mitgliedstaat eine in einem anderen Mitgliedstaat ergangene Entscheidung im Sinne des Artikels 42 Absatz 1 vollstreckt werden, so hat die die Vollstreckung betreibende Partei der für die Vollstreckung zuständigen Behörde Folgendes vorzulegen:

a) eine Ausfertigung der Entscheidung, die die für ihre Beweiskraft erforderlichen Voraussetzungen erfüllt, und

b) die entsprechende Bescheinigung nach Artikel 47.

(2) Soll in einem Mitgliedstaat eine in einem anderen Mitgliedstaat ergangene Entscheidung im Sinne des Artikels 42 Absatz 1 Buchstabe a vollstreckt werden, kann die für die Vollstreckung zuständige Behörde den Antragsteller erforderlichenfalls auffordern, eine Übersetzung oder Transliteration gemäß Artikel 91 der übersetzbaren Inhalte der Freitextfelder der Bescheinigung vorzulegen, in der die zu vollstreckende Verpflichtung angegeben ist.

(3) Soll in einem Mitgliedstaat eine in einem anderen Mitgliedstaat ergangene Entscheidung im Sinne des Artikels 42 Absatz 1 vollstreckt werden, kann die für die Vollstreckung zuständige Behörde den Antragsteller erforderlichenfalls auffordern, eine Übersetzung oder Transliteration gemäß Artikel 91 der Entscheidung *vorzulegen, wenn sie* das Verfahren ohne eine derartige Übersetzung oder Transliteration nicht fortsetzen kann.

---

[1] UAbschnitt 2 Überschrift ber. ABl. 2022 L 103 S. 18.

Unterabschnitt 3.[1] Bescheinigung für privilegierte Entscheidungen

Art. 47 Ausstellung der Bescheinigung. (1) Das Gericht, das eine Entscheidung im Sinne des Artikel 42 Absatz 1 erlassen hat, stellt auf Antrag einer Partei eine Bescheinigung aus über

a) eine Entscheidung über das Umgangsrecht unter Verwendung des Formblatts in Anhang V,

b) eine nach Artikel 29 Absatz 6 ergangene Sorgerechtsentscheidung, die die Rückgabe des Kindes zur Folge hat, unter Verwendung des Formblatts in Anhang VI.

(2) [1] Die Bescheinigung wird in der Sprache ausgefüllt und ausgestellt, in der die Entscheidung abgefasst ist. [2] Die Bescheinigung kann auch in einer anderen Amtssprache der Organe der Europäischen Union, die von einer Partei gewünscht wird, ausgestellt werden. [3] Dies verpflichtet das die Bescheinigung ausstellende Gericht nicht dazu, eine Übersetzung oder Transliteration der übersetzbaren Inhalte der Freitextfelder bereitzustellen.

(3) Das Gericht stellt die Bescheinigung nur aus, wenn folgende Voraussetzungen erfüllt sind:

a) alle betroffenen Parteien hatten Gelegenheit, gehört zu werden,

b) dem Kind wurde gemäß Artikel 21 Gelegenheit zur Meinungsäußerung gegeben;

c) in dem Fall, dass die Entscheidung im Versäumnisverfahren ergangen ist, entweder

   i) der betreffenden Person, die sich auf das Verfahren nicht eingelassen hat, wurde das verfahrenseinleitende Schriftstück oder ein gleichwertiges Schriftstück so rechtzeitig und in einer Weise zugestellt, dass sie sich verteidigen konnte, oder

   ii) es wird festgestellt, dass die Person, die sich auf das Verfahren nicht eingelassen hat, mit der Entscheidung eindeutig einverstanden ist.

(4) Vorbehaltlich des Absatzes 3 des vorliegenden Artikels wird die Bescheinigung für eine Entscheidung im Sinne des Artikel 42 Absatz 1 Buchstabe b nur ausgestellt, wenn das Gericht bei seiner Entscheidung die Gründe und Tatsachen berücksichtigt hat, die der vorherigen Entscheidung zugrunde liegen, die in einem anderen Mitgliedstaat gemäß Artikel 13 Absatz 1 Buchstabe b oder Artikel 13 Absatz 2 des Haager Übereinkommens von 1980 ergangen ist.

(5) Die Bescheinigung ist nur im Rahmen der Vollstreckbarkeit der Entscheidung wirksam.

(6) Die Ausstellung der Bescheinigung kann nur aus den in Artikel 48 genannten Gründen angefochten werden.

Art. 48[2] ***Berichtigung und Widerruf der Bescheinigung.*** (1) Das der Kommission gemäß Artikel 103 mitgeteilte Gericht des Ursprungsmitgliedstaats berichtigt die Bescheinigung auf Antrag oder kann sie von Amts wegen berichtigen, wenn zwischen der zu vollstreckenden Entscheidung und der Bescheinigung aufgrund eines materiellen Fehlers oder einer Auslassung eine Unstimmigkeit besteht.

(2) [1] Das Gericht nach Absatz 1 des vorliegenden Artikels widerruft die Bescheinigung auf Antrag oder von Amts wegen, wenn sie gemessen an den in Artikel 47

---

[1] UAbschnitt 3 Überschrift ber. ABl. 2022 L 103 S. 18.

[2] Art. 48 Abs. 3 ber. ABl. 2022 L 103 S. 18.

festgelegten Voraussetzungen zu Unrecht ausgestellt wurde. [2]Artikel 49 gilt entsprechend.

(3) Das Verfahren für die Berichtigung oder den Widerruf der Bescheinigung, einschließlich eines etwaigen Rechtsbehelfs, unterliegt dem Recht des Ursprungsmitgliedstaats.

Art. 49 Bescheinigung über die Aussetzung oder Einschränkung der Vollstreckbarkeit. (1) Wenn und soweit eine gemäß Artikel 47 bescheinigte Entscheidung nicht mehr vollstreckbar ist oder ihre Vollstreckbarkeit ausgesetzt oder eingeschränkt wurde, wird auf jederzeit möglichen Antrag an das der Kommission gemäß Artikel 103 mitgeteilte Gericht des Ursprungsmitgliedstaats unter Verwendung des Formblatts in Anhang VII eine Bescheinigung über die Aussetzung oder Einschränkung der Vollstreckbarkeit ausgestellt.

(2) [1]Die Bescheinigung wird in der Sprache ausgefüllt und ausgestellt, in der die Entscheidung abgefasst ist. [2]Die Bescheinigung kann auch in einer anderen Amtssprache der Organe der Europäischen Union, die von einer Partei gewünscht wird, ausgestellt werden. [3]Dies verpflichtet das die Bescheinigung ausstellende Gericht nicht dazu, eine Übersetzung oder Transliteration der übersetzbaren Inhalte der Freitextfelder bereitzustellen.

Unterabschnitt 4.[1)] Versagung der Anerkennung und Vollstreckung

Art. 50 Unvereinbare Entscheidungen. Die Anerkennung und Vollstreckung einer Entscheidung nach Artikel 42 Absatz 1 wird versagt, wenn und soweit sie mit einer späteren Entscheidung über die elterliche Verantwortung für dasselbe Kind unvereinbar ist, die ergangen ist

a) in dem Mitgliedstaat, in dem die Anerkennung geltend gemacht werden soll; oder
b) in einem anderen Mitgliedstaat oder in dem Drittstaat des gewöhnlichen Aufenthalts des Kindes, sofern die spätere Entscheidung die notwendigen Voraussetzungen für ihre Anerkennung in dem Mitgliedstaat erfüllt, in dem die Anerkennung geltend gemacht werden soll.

Abschnitt 3.[2)] Gemeinsame Bestimmungen zur Vollstreckung

Unterabschnitt 1. Vollstreckung

Art. 51 Vollstreckungsverfahren. (1) [1]Vorbehaltlich der Bestimmungen dieses Abschnitts ist für das Verfahren der Vollstreckung von in einem anderen Mitgliedstaat ergangenen Entscheidungen das Recht des Vollstreckungsmitgliedstaats maßgebend. [2]Unbeschadet der Artikel 41, 50, 56 und 57 wird eine in einem Mitgliedstaat ergangene Entscheidung, die im Ursprungsmitgliedstaat vollstreckbar ist, im Vollstreckungsmitgliedstaat unter den gleichen Bedingungen vollstreckt wie eine in diesem Mitgliedstaat ergangene Entscheidung.

(2) [1]Von der Partei, die die Vollstreckung einer in einem anderen Mitgliedstaat ergangenen Entscheidung begehrt, kann nicht verlangt werden, dass sie im Vollstreckungsmitgliedstaat über eine Postanschrift verfügt. [2]Von dieser Partei kann nur dann verlangt werden, dass sie im Vollstreckungsmitgliedstaat über einen bevollmächtigten Vertreter verfügt, wenn ein solcher Vertreter nach dem Recht

[1)] UAbschnitt 4 Überschrift ber. ABl. 2022 L 103 S. 18.
[2)] Abschnitt 3 Überschrift ber. ABl. 2022 L 103 S. 18.

des Vollstreckungsmitgliedstaats ungeachtet der Staatsangehörigkeit der Parteien vorgeschrieben ist.

Art. 52 Für die Vollstreckung zuständige Behörden. Der Vollstreckungsantrag ist bei der Behörde zu stellen, die nach dem Recht des Vollstreckungsmitgliedstaats für die Vollstreckung zuständig ist und von diesem Mitgliedstaat der Kommission gemäß Artikel 103 mitgeteilt wurde.

Art. 53 Teilvollstreckung. (1) Eine Partei, die die Vollstreckung einer Entscheidung begehrt, kann eine teilweise Vollstreckung der Entscheidung beantragen.

(2) Ist mit der Entscheidung über mehrere geltend gemachte Ansprüche entschieden worden und wurde die Vollstreckung für einen oder mehrere von ihnen abgelehnt, so ist die Vollstreckung dennoch für die Teile der Entscheidung möglich, die nicht von der Ablehnung betroffen sind.

(3) Die Absätze 1 und 2 des vorliegenden Artikels werden nicht herangezogen, um eine Entscheidung zu vollstrecken, die die Rückgabe eines Kindes anordnet, ohne dass auch eventuelle einstweilige Maßnahmen einschließlich Schutzmaßnahmen vollstreckt werden, die angeordnet wurden, um das Kind vor der Gefahr im Sinne des Artikels 13 Absatz 1 Buchstabe b des Haager Übereinkommens von 1980[1)] zu schützen.

Art. 54 Modalitäten der Ausübung des Umgangsrechts. (1) Die für die Vollstreckung zuständigen Behörden oder die Gerichte des Vollstreckungsmitgliedstaats können die Modalitäten der Ausübung des Umgangsrechts regeln, wenn die notwendigen Vorkehrungen überhaupt nicht oder nicht in ausreichendem Maße in der Entscheidung der Gerichte des für die Entscheidung in der Hauptsache zuständigen Mitgliedstaats getroffen wurden und sofern der Wesensgehalt der Entscheidung unberührt bleibt.

(2) Die nach Absatz 1 festgelegten Modalitäten treten außer Kraft, nachdem die Gerichte des für die Entscheidung in der Hauptsache zuständigen Mitgliedstaats eine Entscheidung erlassen haben.

Art. 55 Zustellung von Bescheinigungen und Entscheidungen. (1) [1] Soll eine in einem anderen Mitgliedstaat ergangene Entscheidung vollstreckt werden, so wird die entsprechende, gemäß Artikel 36 oder 47 ausgestellte Bescheinigung der Person, gegen die die Vollstreckung erwirkt werden soll, vor der ersten Vollstreckungsmaßnahme zugestellt. [2] Wurde die Entscheidung dieser Person noch nicht zugestellt, so wird sie der Bescheinigung beigefügt, gegebenenfalls zusammen mit den Einzelheiten der Modalitäten nach Artikel 54 Absatz 1.

(2) Muss die Zustellung in einem anderen Mitgliedstaat als im Ursprungsmitgliedstaat erfolgen, so kann die Person, gegen die die Vollstreckung erwirkt werden soll, *eine Übersetzung oder Transliteration* folgender Schriftstücke verlangen:

a) der Entscheidung, um die Vollstreckung anzufechten;

b) gegebenenfalls der übersetzbaren Inhalte der Freitextfelder der gemäß Artikel 47 ausgestellten Bescheinigung;

wenn diese weder in einer Sprache, die sie versteht, noch in der Amtssprache des Mitgliedstaats, in dem sie ihren gewöhnlichen Aufenthalt hat, noch in der oder einer der Amtssprachen am Ort ihres gewöhnlichen Aufenthalts, wenn es in dem

---

[1)] Nr. **1031**.

betreffenden Mitgliedstaat mehrere Amtssprachen gibt, abgefasst noch mit einer Übersetzung oder Transliteration in eine dieser Sprachen versehen sind.

(3) Wird nach Absatz 2 eine Übersetzung oder Transliteration verlangt, so können so lange keine Vollstreckungsmaßnahmen außer Schutzmaßnahmen ergriffen werden, bis der Person, gegen die die Vollstreckung erwirkt werden soll, die Übersetzung oder Transliteration zugänglich gemacht worden ist.

(4) Die Absätze 2 und 3 gelten nicht, soweit die Entscheidung und gegebenenfalls die Bescheinigung gemäß Absatz 1 der Person, gegen die die Vollstreckung erwirkt werden soll, in Erfüllung der Anforderungen des Absatzes 2 hinsichtlich einer Übersetzung oder Transliteration bereits zugestellt wurde.

Unterabschnitt 2.[1] Aussetzung der Vollstreckungsverfahren und Versagung der Vollstreckung

Art. 56[2] Aussetzung und Versagung. (1) Die für die Vollstreckung zuständige Behörde oder das Gericht des Vollstreckungsmitgliedstaats setzt von Amts wegen oder auf Antrag der Person, gegen die die Vollstreckung erwirkt werden soll, oder, falls im nationalen Recht vorgesehen, auf Antrag des betroffenen Kindes das Vollstreckungsverfahren aus, wenn die Vollstreckbarkeit der Entscheidung im Ursprungsmitgliedstaat ausgesetzt worden ist.

(2) Die für die Vollstreckung zuständige Behörde oder das Gericht des Vollstreckungsmitgliedstaats kann auf Antrag der Person, gegen die die Vollstreckung erwirkt werden soll, oder, falls im nationalen Recht vorgesehen, auf Antrag des betroffenen Kindes das Vollstreckungsverfahren aus einem der folgenden Gründe ganz oder teilweise aussetzen:

a) Im Ursprungsmitgliedstaat wurde ein ordentlicher Rechtsbehelf gegen die Entscheidung eingelegt;
b) die Frist für einen ordentlichen Rechtsbehelf nach Buchstabe a ist noch nicht abgelaufen;
c) es wurde ein Antrag auf Versagung der Vollstreckung gemäß den Artikeln 41, 50 oder 57 gestellt;
d) die Person, gegen die die Vollstreckung erwirkt werden soll, hat gemäß Artikel 48 beantragt, eine Bescheinigung nach Artikel 47 zu widerrufen.

(3) Setzt die für die Vollstreckung zuständige Behörde oder das Gericht das Vollstreckungsverfahren aus dem in Absatz 2 Buchstabe b genannten Grund aus, so kann sie/es eine Frist bestimmen, innerhalb derer ein Rechtsbehelf einzulegen ist.

(4) *[1]* In Ausnahmefällen kann die für die Vollstreckung zuständige Behörde oder das Gericht auf Antrag der Person, gegen die die Vollstreckung erwirkt werden soll, oder, falls im nationalen Recht vorgesehen, auf Antrag des betroffenen Kindes oder einer interessierten Partei, die im Interesse des Kindeswohls handelt, das Vollstreckungsverfahren aussetzen, wenn die Vollstreckung aufgrund – nach Ergehen der Entscheidung aufgetretener – vorübergehender Hindernisse oder anderer wesentlicher Änderungen der Umstände für das Kind die schwerwiegende Gefahr eines körperlichen oder seelischen Schadens mit sich bringen würde.

[2] Die Vollstreckung wird wieder aufgenommen, sobald die schwerwiegende *Gefahr eines körperlichen* oder seelischen Schadens nicht mehr besteht.

---

[1] UAbschnitt 2 Überschrift ber. ABl. 2022 L 103 S. 18.
[2] Art. 56 Abs. 3 und 6 ber. ABl. 2022 L 103 S. 18.

(5) Bevor die für die Vollstreckung zuständige Behörde oder das Gericht in den Fällen nach Absatz 4 die Vollstreckung gemäß Absatz 6 ablehnt, unternimmt sie geeignete Schritte, um die Vollstreckung im Einklang mit den nationalen Rechtsvorschriften und Verfahren und dem Kindeswohl zu ermöglichen.

(6) Ist die in Absatz 4 genannte schwerwiegende Gefahr dauerhafter Art, so kann die für die Vollstreckung zuständige Behörde oder das Gericht auf Antrag die Vollstreckung der Entscheidung versagen.

Art. 57 Gründe für die Aussetzung oder Versagung der Vollstreckung nach nationalem Recht. Die im Recht des Vollstreckungsmitgliedstaats vorgesehenen Gründe für die Aussetzung oder Versagung der Vollstreckung gelten, sofern sie nicht mit der Anwendung der Artikel 41, 50 und 56 unvereinbar sind.

Art. 58 Für die Versagung der Vollstreckung zuständige Behörden oder Gerichte. (1) [1] Der Antrag auf Versagung der Vollstreckung aufgrund von Artikel 39 ist bei dem Gericht zu stellen, das von jedem Mitgliedstaat der Kommission gemäß Artikel 103 mitgeteilt wird. [2] Der Antrag auf Versagung der Vollstreckung aufgrund anderer in dieser Verordnung vorgesehener oder zugelassener Gründe ist bei der Behörde oder dem Gericht zu stellen, die beziehungsweise das von jedem Mitgliedstaat der Kommission gemäß Artikel 103 mitgeteilt wurde.

(2) Die örtlich zuständige Behörde oder das örtlich zuständige Gericht, die beziehungsweise das von jedem Mitgliedstaat der Kommission gemäß Artikel 103 mitgeteilt wird, wird durch das Recht des Mitgliedstaats bestimmt, in dem das Verfahren nach Absatz 1 des vorliegenden Artikels eingeleitet wird.

Art. 59 Antrag auf Versagung der Vollstreckung. (1) Für das Verfahren zur Beantragung der Versagung der Vollstreckung ist, soweit es nicht durch diese Verordnung geregelt ist, das Recht des Vollstreckungsmitgliedstaats maßgebend.

(2) Der Antragsteller legt der für die Vollstreckung zuständigen Behörde oder dem Gericht eine Ausfertigung der Entscheidung und gegebenenfalls soweit möglich die entsprechende Bescheinigung vor, die nach Artikel 36 oder 47 ausgestellt wurde.

(3) Die für die Vollstreckung zuständige Behörde oder das Gericht kann erforderlichenfalls den Antragsteller auffordern, eine Übersetzung oder Transliteration gemäß Artikel 91 der übersetzbaren Inhalte der Freitextfelder der Bescheinigung vorzulegen, die nach Artikel 36 oder 47 ausgestellt wurde und in der die zu vollstreckende Verpflichtung angegeben ist.

(4) Wenn die für die Vollstreckung zuständige Behörde oder das Gericht ohne eine Übersetzung oder Transliteration der Entscheidung das Verfahren nicht fortsetzen kann, kann sie/es den Antragsteller auffordern, eine derartige Übersetzung oder Transliteration gemäß Artikel 91 vorzulegen.

(5) *[1]* Die für die Vollstreckung zuständige Behörde oder das Gericht kann auf die Vorlage der in Absatz 2 genannten Schriftstücke verzichten, wenn

a) ihr/ihm die Schriftstücke bereits vorliegen oder
b) sie/es es für unzumutbar hält, vom Antragsteller die Vorlage der Schriftstücke zu verlangen.

[2] Im in Unterabsatz 1 Buchstabe b genannten Fall kann die für die Vollstreckung zuständige Behörde oder das Gericht von der anderen Partei verlangen, diese Schriftstücke vorzulegen.

(6) [1] Von der Partei, die die Versagung der Vollstreckung einer in einem anderen Mitgliedstaat ergangenen Entscheidung begehrt, kann nicht verlangt werden, dass sie im Vollstreckungsmitgliedstaat über eine Postanschrift verfügt. [2] Von dieser Partei kann nur dann verlangt werden, dass sie im Vollstreckungsmitgliedstaat über einen bevollmächtigten Vertreter verfügt, wenn ein solcher Vertreter nach dem Recht des Vollstreckungsmitgliedstaats ungeachtet der Staatsangehörigkeit der Parteien vorgeschrieben ist.

Art. 60 Zügige Verfahren. Die für die Vollstreckung zuständige Behörde oder das Gericht geht bei Verfahren über Anträge auf Versagung der Vollstreckung ohne ungebührliche Verzögerung vor.

Art. 61 Anfechtung oder Rechtsbehelf. (1) Jede Partei kann eine Entscheidung über den Antrag auf Ablehnung der Vollstreckung anfechten beziehungsweise einen Rechtsbehelf dagegen einlegen.

(2) Die Anfechtung oder der Rechtsbehelf wird bei der Behörde oder dem Gericht geltend gemacht, die/das vom Vollstreckungsmitgliedstaat der Kommission gemäß Artikel 81 als die Behörde oder das Gericht mitgeteilt wird, bei der/dem eine derartige Anfechtung oder ein derartiger Rechtsbehelf einzulegen ist.

Art. 62 Weitere Anfechtungen oder Rechtsbehelfe. Gegen die Entscheidung, die über die Anfechtung oder den Rechtsbehelf ergangen ist, kann nur durch eine Anfechtung oder einen Rechtsbehelf Einspruch erhoben werden, wenn der betreffende Mitgliedstaat der Kommission gemäß Artikel 103 mitgeteilt hat, bei welchen Gerichten eine weitere Anfechtung oder ein weiterer Rechtsbehelf geltend zu machen ist.

Art. 63 Aussetzung des Verfahrens. (1) Die für die Vollstreckung zuständige Behörde oder das Gericht, die/das mit einem Antrag auf Versagung der Vollstreckung oder mit einem Rechtsbehelf nach Artikel 61 oder 62 befasst ist, kann das Verfahren aus einem der folgenden Gründe aussetzen:

a) Im Ursprungsmitgliedstaat wurde ein ordentlicher Rechtsbehelf gegen die Entscheidung eingelegt;

b) die Frist für einen ordentlichen Rechtsbehelf nach Buchstabe a ist noch nicht verstrichen; oder

c) die Person, gegen die die Vollstreckung erwirkt werden soll, hat gemäß Artikel 48 beantragt, eine Bescheinigung nach Artikel 47 zu widerrufen.

(2) Setzt die für die Vollstreckung zuständige Behörde oder das Gericht das Verfahren aus dem in Absatz 1 Buchstabe b genannten Grund aus, so kann sie/es eine Frist bestimmen, innerhalb deren ein Rechtsbehelf einzulegen ist.

Abschnitt 4.[1)] Öffentliche Urkunden und Vereinbarungen

Art. 64 Anwendungsbereich. Dieser Abschnitt gilt in Sachen der Ehescheidung, Trennung ohne Auflösung des Ehebandes und der elterlichen Verantwortung für öffentliche Urkunden, die in einem Mitgliedstaat, dessen gerichtliche Zuständigkeit nach Kapitel II anzunehmen ist, förmlich errichtet oder eingetragen wurden, und auf Vereinbarungen, die in einem Mitgliedstaat, dessen gerichtliche Zuständigkeit nach Kapitel II anzunehmen ist, eingetragen wurden.

---

1) Abschnitt 4 Überschrift ber. ABl. 2022 L 103 S. 18.

Art. 65 Anerkennung und Vollstreckung von öffentlichen Urkunden und Vereinbarungen. (1) [1] Öffentliche Urkunden und Vereinbarungen über eine Trennung ohne Auflösung des Ehebandes und eine Ehescheidung, die im Ursprungsmitgliedstaat rechtsverbindliche Wirkung haben, werden in anderen Mitgliedstaaten anerkannt, ohne dass es eines besonderen Verfahrens bedarf. [2] Abschnitt 1 dieses Kapitels gilt entsprechend, sofern in diesem Abschnitt nichts anderes bestimmt ist.

(2) [1] Öffentliche Urkunden und Vereinbarungen in Sachen der elterlichen Verantwortung, die rechtsverbindliche Wirkung haben und in dem Ursprungsmitgliedstaat vollstreckbar sind, werden in anderen Mitgliedstaaten anerkannt und vollstreckt, ohne dass es einer Vollstreckbarerklärung bedarf. [2] Die Abschnitte 1 und 3 dieses Kapitels gelten entsprechend, sofern in diesem Abschnitt nichts anderes bestimmt ist.

Art. 66 Bescheinigung. (1) *[1]* Das Gericht oder die zuständige Behörde des Ursprungsmitgliedstaats, das/die der Kommission gemäß Artikel 103 mitgeteilt wurde, stellt auf Antrag einer Partei eine Bescheinigung für eine öffentliche Urkunde oder Vereinbarung aus:

a) in Ehesachen unter Verwendung des Formblatts in Anhang VIII,

b) in Sachen der elterlichen Verantwortung unter Verwendung des Formblatts in Anhang IX.

[2] Die in Buchstabe b genannte Bescheinigung enthält eine Zusammenfassung der vollstreckbaren Verpflichtung, die in der öffentlichen Urkunde oder in der Vereinbarung niedergelegt ist.

(2) Die Bescheinigung darf nur ausgestellt werden, wenn die folgenden Bedingungen erfüllt sind:

a) der Mitgliedstaat, der die Behörde oder andere Stelle zur förmlichen Errichtung oder Eintragung der öffentlichen Urkunde oder zur Eintragung der Vereinbarung ermächtigt hat, war gemäß Kapitel II zuständig; und

b) die öffentliche Urkunde oder die Vereinbarung hat in diesem Mitgliedstaat rechtsverbindliche Wirkung.

(3) Unbeschadet des Absatzes 2 darf die Bescheinigung in Sachen der elterlichen Verantwortung nicht ausgestellt werden, wenn es Hinweise darauf gibt, dass der Inhalt der öffentlichen Urkunde oder der Vereinbarung dem Kindeswohl widerspricht.

(4) [1] Die Bescheinigung wird in der Sprache ausgefüllt, in der die öffentliche Urkunde oder die Vereinbarung abgefasst ist. [2] Sie kann auch in einer anderen Amtssprache der Organe der Europäischen Union, die von einer Partei gewünscht wird, ausgestellt werden. [3] Dies verpflichtet das Gericht oder die zuständige Behörde, das/die die Bescheinigung ausstellt, nicht dazu, eine Übersetzung oder Transliteration der übersetzbaren Inhalte der Freitextfelder bereitzustellen.

(5) Wird die Bescheinigung nicht vorgelegt, so wird die öffentliche Urkunde oder die Vereinbarung in einem anderen Mitgliedstaat nicht anerkannt oder vollstreckt.

Art. 67 Berichtigung und Widerruf der Bescheinigung. (1) Die zuständige Behörde oder das Gericht des Ursprungsmitgliedstaats, die/das der Kommission gemäß Artikel 103 mitgeteilt wurde, berichtigt die Bescheinigung auf Antrag oder kann sie von Amts wegen berichtigen, wenn zwischen der öffentlichen Urkunde oder der Vereinbarung und der Bescheinigung aufgrund eines materiellen Fehlers oder einer Auslassung eine Unstimmigkeit besteht.

(2) Das Gericht oder die zuständige Behörde nach Absatz 1 des vorliegenden Artikels widerruft die Bescheinigung auf Antrag oder von Amts wegen, wenn sie gemessen an den in Artikel 66 festgelegten Voraussetzungen zu Unrecht ausgestellt wurde.

(3) Das Verfahren für die Berichtigung oder der Widerruf der Bescheinigung, einschließlich eines etwaigen Rechtsbehelfs, unterliegt dem Recht des Ursprungsmitgliedstaats.

Art. 68 Gründe für die Ablehnung der Anerkennung oder der Vollstreckung. (1) Die Anerkennung einer öffentlichen Urkunde oder einer Vereinbarung über die Trennung ohne Auflösung des Ehebandes oder die Ehescheidung wird abgelehnt,

a) wenn die Anerkennung der öffentlichen Ordnung des Mitgliedstaats, in dem sie geltend gemacht wird, offensichtlich widerspricht;

b) wenn sie mit einer Entscheidung, öffentlichen Urkunde oder Vereinbarung zwischen denselben Parteien in dem Mitgliedstaat, in dem die Anerkennung geltend gemacht wird, unvereinbar ist; oder

c) wenn sie mit einer früheren Entscheidung, öffentlichen Urkunde oder Vereinbarung unvereinbar ist, die in einem anderen Mitgliedstaat oder in einem Drittstaat zwischen denselben Parteien ergangen ist, sofern die frühere Entscheidung, öffentliche Urkunde oder Vereinbarung die notwendigen Voraussetzungen für ihre Anerkennung in dem Mitgliedstaat erfüllt, in dem die Anerkennung geltend gemacht wird.

(2) Die Anerkennung oder Vollstreckung einer öffentlichen Urkunde oder einer Vereinbarung in Sachen der elterlichen Verantwortung wird versagt,

a) wenn die Anerkennung der öffentlichen Ordnung des Mitgliedstaats, in dem sie geltend gemacht wird, offensichtlich widerspricht, wobei das Kindeswohl zu berücksichtigen ist;

b) wenn eine Person dies mit der Begründung beantragt, dass die öffentliche Urkunde oder die Vereinbarung in ihre elterliche Verantwortung eingreift, falls die öffentliche Urkunde errichtet oder eingetragen wurde oder die Vereinbarung geschlossen und eingetragen wurde, ohne dass diese Person einbezogen wurde;

c) wenn und soweit die Entscheidung mit einer späteren Entscheidung, öffentlichen Urkunde oder Vereinbarung in Sachen der elterlichen Verantwortung unvereinbar ist, die in dem Mitgliedstaat, in dem die Anerkennung oder die Vollstreckung geltend gemacht werden soll, ergangen ist;

d) wenn und soweit die Entscheidung mit einer späteren Entscheidung, öffentlichen Urkunde oder Vereinbarung in Sachen der elterlichen Verantwortung unvereinbar ist, die in einem anderen Mitgliedstaat oder in dem Drittstaat des gewöhnlichen Aufenthalts des Kindes ergangen ist, sofern die spätere Entscheidung, öffentliche Urkunde oder Vereinbarung die notwendigen Voraussetzungen für ihre Anerkennung in dem Mitgliedstaat erfüllt, in dem die Anerkennung *oder die Vollstreck*ung geltend gemacht werden soll.

(3) Die Anerkennung oder Vollstreckung einer öffentlichen Urkunde oder Vereinbarung in Sachen der elterlichen Verantwortung kann abgelehnt werden, wenn die öffentliche Urkunde förmlich errichtet oder eingetragen wurde oder die Ver-

einbarung eingetragen wurde, ohne dass dem Kind, das fähig ist, sich seine eigene Meinung zu bilden, Gelegenheit zur Meinungsäußerung gegeben wurde.

Abschnitt 5.[1] Sonstige Bestimmungen

Art. 69 Verbot der Nachprüfung der Zuständigkeit des Gerichts des Ursprungsmitgliedstaats. [1] Die Zuständigkeit des Gerichts des Ursprungsmitgliedstaats darf nicht überprüft werden. [2] Die Überprüfung der Vereinbarkeit mit der öffentlichen Ordnung gemäß Artikel 38 Buchstabe a und Artikel 39 Buchstabe a darf sich nicht auf die Zuständigkeitsvorschriften der Artikel 3 bis 14 erstrecken.

Art. 70 Unterschiede beim anzuwendenden Recht. Die Anerkennung einer Entscheidung in Ehesachen darf nicht deshalb versagt werden, weil eine Ehescheidung, Trennung ohne Auflösung des Ehebandes oder Ungültigerklärung einer Ehe nach dem Recht des Mitgliedstaats, in dem die Anerkennung geltend gemacht wird, unter Zugrundelegung desselben Sachverhalts nicht zulässig wäre.

Art. 71 Ausschluss einer Nachprüfung in der Sache. Eine in einem anderen Mitgliedstaat ergangene Entscheidung darf keinesfalls in der Sache selbst nachgeprüft werden.

Art. 72 Rechtsbehelfe in bestimmten Mitgliedstaaten. Ist die Entscheidung in Irland, Zypern oder im Vereinigten Königreich ergangen, so gilt jeder im Ursprungsmitgliedstaat statthafte Rechtsbehelf als ordentlicher Rechtsbehelf im Sinne dieses Kapitels.

Art. 73 Kosten. Dieses Kapitel gilt auch für die Festsetzung der Kosten für die nach dieser Verordnung eingeleiteten Verfahren und die Vollstreckung eines Kostenfestsetzungsbeschlusses.

Art. 74 Prozesskostenhilfe. (1) Wurde dem Antragsteller im Ursprungsmitgliedstaat ganz oder teilweise Prozesskostenhilfe oder Kostenbefreiung gewährt, so genießt er in dem Verfahren nach Artikel 30 Absatz 3, Artikel 40 und Artikel 59 hinsichtlich der Prozesskostenhilfe oder der Kostenbefreiung die günstigste Behandlung, die das Recht des Vollstreckungsmitgliedstaats vorsieht.

(2) [1] Hat ein Antragsteller im Ursprungsmitgliedstaat ein unentgeltliches Verfahren vor einer der Kommission gemäß Artikel 103 mitgeteilten Verwaltungsbehörde in Anspruch genommen, so hat er in allen in Artikel 30 Absatz 3, Artikel 40 und Artikel 59 vorgesehenen Verfahren Anspruch auf Prozesskostenhilfe nach Absatz 1 des vorliegenden Artikels. [2] Zu diesem Zweck muss diese Partei ein von der zuständigen Behörde des Ursprungsmitgliedstaats erstelltes Schriftstück vorlegen, mit dem bescheinigt wird, dass sie die wirtschaftlichen Voraussetzungen erfüllt, um ganz oder teilweise Prozesskostenhilfe oder Kosten- und Gebührenbefreiung in Anspruch nehmen zu können.

Art. 75 Sicherheitsleistung, Hinterlegung. Einer Partei, die in einem Mitgliedstaat die Vollstreckung einer in einem anderen Mitgliedstaat ergangenen Entscheidung beantragt, darf wegen ihrer Eigenschaft als ausländischer Staatsangehöriger oder wegen Fehlens eines gewöhnlichen Aufenthalts im Vollstreckungsmitgliedstaat keine Sicherheitsleistung oder Hinterlegung, unter welcher Bezeichnung es auch sei, auferlegt werden.

---

[1] Abschnitt 5 Überschrift ber. ABl. 2022 L 103 S. 18.

Kapitel V. Zusammenarbeit bei Verfahren betreffend die elterliche Verantwortung

Art. 76 Bestimmung der Zentralen Behörden. [1]Jeder Mitgliedstaat bestimmt eine oder mehrere Zentrale Behörden, die ihn bei der Anwendung dieser Verordnung in Verfahren betreffend die elterliche Verantwortung unterstützen, und legt ihre räumliche oder sachliche Zuständigkeit fest. [2]Hat ein Mitgliedstaat mehrere Zentrale Behörden bestimmt, so sind die Mitteilungen grundsätzlich direkt an die zuständige Zentrale Behörde zu richten. [3]Wurde eine Mitteilung an eine nicht zuständige Zentrale Behörde gerichtet, so leitet diese die Mitteilung an die zuständige Zentrale Behörde weiter und setzt den Absender davon in Kenntnis.

Art. 77 Allgemeine Aufgaben der Zentralen Behörden. (1) Die Zentralen Behörden stellen Informationen über nationale Rechtsvorschriften, Verfahren und Dienste, die in Verfahren betreffend die elterliche Verantwortung verfügbar sind, bereit und ergreifen die Maßnahmen, die sie als geeignet erachten, um die Anwendung dieser Verordnung zu verbessern.

(2) Die Zentralen Behörden arbeiten zusammen und fördern die Zusammenarbeit der zuständigen Behörden ihrer Mitgliedstaaten, um die Ziele dieser Verordnung zu verwirklichen.

(3) Für die Zwecke der Absätze 1 und 2 kann das Europäische Justizielle Netz für Zivil- und Handelssachen genutzt werden.

Art. 78 Übermittlung von Ersuchen über die Zentralen Behörden.

(1) Die Zentralen Behörden arbeiten auf Ersuchen der Zentralen Behörde eines anderen Mitgliedstaats in Einzelfällen zusammen, um die Ziele dieser Verordnung zu verwirklichen.

(2) [1]Ersuchen nach diesem Kapitel können von einem Gericht oder einer zuständigen Behörde gestellt werden. [2]Ersuchen nach Artikel 79 Buchstaben c und g sowie Artikel 80 Absatz 1 Buchstabe c können auch von Trägern der elterlichen Verantwortung gestellt werden.

(3) Außer in dringenden Fällen werden unbeschadet des Artikels 86 Ersuchen nach diesem Kapitel der Zentralen Behörde des Mitgliedstaats des ersuchenden Gerichts oder der ersuchenden zuständigen Behörde oder des Mitgliedstaats des gewöhnlichen Aufenthalts des Antragstellers vorgelegt.

(4) Durch diesen Artikel werden die Zentralen Behörden oder zuständigen Behörden nicht daran gehindert, Vereinbarungen oder Abmachungen mit den Zentralen Behörden oder zuständigen Behörden eines oder mehrerer anderer Mitgliedstaaten zu treffen oder beizubehalten, wonach eine direkte Kommunikation in ihren gegenseitigen Beziehungen zulässig ist.

(5) Durch dieses Kapitel wird kein Träger der elterlichen Verantwortung daran gehindert, Anträge direkt an die Gerichte eines anderen Mitgliedstaats zu richten.

(6) Die Artikel 79 und 80 verpflichten eine Zentrale Behörde nicht zur Ausübung von Befugnissen, die nach dem Recht des ersuchten Mitgliedstaats ausschließlich den Gerichten zustehen.

Art. 79 Besondere Aufgaben der ersuchten Zentralen Behörden. Die ersuchten Zentralen Behörden treffen direkt oder durch Einschaltung von Gerichten, zuständigen Behörden oder anderen Stellen alle geeigneten Maßnahmen, um

a) im Einklang mit ihren nationalen Rechtsvorschriften und Verfahren Unterstützung bei der Ermittlung des Aufenthaltsorts eines Kindes zu leisten, wenn der Anschein besteht, dass sich das Kind im Hoheitsgebiet des ersuchten Mitgliedstaats befinden könnte und die betreffende Information für die Erledigung eines Antrags oder eines Ersuchens nach dieser Verordnung erforderlich ist;
b) Informationen einzuholen und auszutauschen, die in Verfahren betreffend die elterliche Verantwortung nach Artikel 80 von Belang sind;
c) den Trägern der elterlichen Verantwortung, die die Anerkennung und Vollstreckung einer Entscheidung, insbesondere über das Umgangsrecht und die Rückgabe des Kindes, im Gebiet der ersuchten Zentralen Behörde begehren, Informationen und Unterstützung bereitzustellen, erforderlichenfalls auch Informationen darüber, wie Prozesskostenhilfe erlangt werden kann;
d) die Kommunikation zwischen den beteiligten Gerichten, zuständigen Behörden und sonstigen Stellen, insbesondere im Hinblick auf die Anwendung des Artikels 81, zu erleichtern;
e) erforderlichenfalls die Kommunikation zwischen Gerichten, insbesondere im Hinblick auf die Anwendung der Artikel 12, 13, 15 und 20, zu erleichtern;
f) alle Informationen und Hilfen, die von den Gerichten und zuständigen Behörden für die Anwendung des Artikels 82 benötigt werden, zur Verfügung zu stellen und
g) durch Mediation oder andere Mittel der alternativen Streitbeilegung eine gütliche Einigung zwischen den Trägern der elterlichen Verantwortung zu erleichtern und hierzu die grenzüberschreitende Zusammenarbeit zu fördern.

Art. 80 Zusammenarbeit bei der Erhebung und dem Austausch von Informationen die in Verfahren betreffend die elterliche Verantwortung von Belang sind. (1) Auf ein begründetes Ersuchen verfährt die Zentrale Behörde des Mitgliedstaats, in dem das Kind seinen gewöhnlichen Aufenthalt hat bzw. hatte, oder in dem es sich befindet bzw. befand, direkt oder durch Einschaltung von Gerichten, zuständigen Behörden oder sonstigen Stellen wie folgt:

a) Sie stellt gegebenenfalls einen Bericht bereit bzw. erstellt ihn und legt ihn vor über
   i) die Situation des Kindes,
   ii) laufende Verfahren betreffend die elterliche Verantwortung für das Kind, oder
   iii) Entscheidungen in Verfahren betreffend die elterliche Verantwortung für das Kind;
b) sie legt alle anderen Informationen vor, die für Verfahren betreffend die elterliche Verantwortung im ersuchenden Mitgliedstaat von Belang sind, insbesondere über die Situation eines Elternteils, eines/einer Verwandten oder einer anderen Person, der/die für die Betreuung des Kindes geeignet wäre, wenn die Situation des Kindes es erfordert, oder
c) sie kann das Gericht oder die zuständige Behörde ihres Mitgliedstaats ersuchen, zu prüfen, ob Maßnahmen zum Schutz der Person oder des Vermögens des Kindes getroffen werden müssen.

(2) [1] Falls das Kind einer schwerwiegenden Gefahr ausgesetzt ist und das Gericht oder die zuständige Behörde, das/die Maßnahmen zum Schutz des Kindes erwägt oder ergriffen hat, feststellt, dass der Aufenthaltsort des Kindes in einen anderen Mitgliedstaat verlegt wurde oder das Kind sich dort befindet, unterrichtet es die

Gerichte oder zuständigen Behörden jenes anderen Mitgliedstaats über die bestehende Gefahr und die ergriffenen oder in Betracht gezogenen Maßnahmen. [2]Die betreffenden Informationen können direkt oder über die Zentralen Behörden übermittelt werden.

(3) [1]Den Ersuchen nach den Absätzen 1 und 2 und etwaigen zusätzlichen Unterlagen wird eine Übersetzung in die Amtssprache des ersuchten Mitgliedstaats oder, wenn es in diesem Mitgliedstaat mehrere Amtssprachen gibt, in die Amtssprache oder eine der Amtssprachen des Ortes, an dem das Ersuchen ausgeführt werden soll, oder in eine andere Sprache, die der ersuchte Mitgliedstaat ausdrücklich akzeptiert, beigefügt. [2]Die Mitgliedstaaten teilen die zugelassenen Sprachen nach Artikel 103 der Kommission mit.

(4) Die Informationen gemäß Absatz 1 werden der ersuchenden Zentralen Behörde spätestens drei Monate nach Eingang des Ersuchens übermittelt, es sei denn, dass dies aufgrund außergewöhnlicher Umstände nicht möglich ist.

Art. 81 Umsetzung der Entscheidungen in Verfahren betreffend die elterliche Verantwortung in einem anderen Mitgliedstaat. (1) Ein Gericht eines Mitgliedstaats kann die Gerichte oder zuständigen Behörden eines anderen Mitgliedstaats ersuchen, es bei der Umsetzung von Entscheidungen in Verfahren betreffend die elterliche Verantwortung nach dieser Verordnung zu unterstützen, insbesondere bei der Sicherstellung der wirksamen Ausübung des Umgangsrechts.

(2) [1]Dem Ersuchen nach Absatz 1 und etwaigen zusätzlichen Unterlagen wird eine Übersetzung in die Amtssprache des ersuchten Mitgliedstaats oder, wenn es in diesem Mitgliedstaat mehrere Amtssprachen gibt, in die Amtssprache oder eine der Amtssprachen des Ortes, an dem das Ersuchen ausgeführt werden soll, oder in eine andere Sprache, die der ersuchte Mitgliedstaat ausdrücklich akzeptiert, beigefügt. [2]Die Mitgliedstaaten teilen die zugelassenen Sprachen nach Artikel 103 der Kommission mit.

Art. 82 Unterbringung eines Kindes in einem anderen Mitgliedstaat.

(1) [1]Erwägt ein Gericht oder eine zuständige Behörde die Unterbringung eines Kindes in einem anderen Mitgliedstaat, so holt es/sie vorher die Zustimmung der zuständigen Behörde jenes anderen Mitgliedstaats ein. [2]Zu diesem Zweck übermittelt die Zentrale Behörde des ersuchenden Mitgliedstaats der Zentralen Behörde des ersuchten Mitgliedstaats, in dem das Kind untergebracht werden soll, ein Ersuchen um Zustimmung, das einen Bericht über das Kind und die Gründe für die geplante Unterbringung oder Betreuung, Informationen über jede in Betracht gezogene Finanzierung und alle anderen als relevant erachteten Informationen wie z.B. die voraussichtliche Dauer der Unterbringung enthält.

(2) *[1]* Absatz 1 gilt nicht, wenn das Kind bei einem Elternteil untergebracht werden soll.

[2] [1]Die Mitgliedstaaten können beschließen, dass ihre Zustimmung gemäß Absatz 1 für Unterbringungen in ihrem eigenen Hoheitsgebiet bei bestimmten Kategorien naher Verwandter über die Eltern hinaus nicht erforderlich ist. [2]Jeder Mitgliedstaat teilt der Kommission die entsprechenden Kategorien gemäß Artikel 103 mit.

(3) [1]Die Zentrale Behörde eines anderen Mitgliedstaats kann ein Gericht oder eine zuständige Behörde, die die Unterbringung eines Kindes in Betracht ziehen, über die enge Bindung des Kindes zu diesem Mitgliedstaat informieren. [2]Dadurch werden die nationalen Rechtsvorschriften und Verfahren des Mitgliedstaats, der die Unterbringung in Betracht zieht, nicht berührt.

(4) [1] Dem Ersuchen und etwaigen zusätzlichen Unterlagen nach Absatz 1 wird eine Übersetzung in die Amtssprache des ersuchten Mitgliedstaats oder, wenn es in diesem Mitgliedstaat mehrere Amtssprachen gibt, in die Amtssprache oder eine der Amtssprachen des Ortes, an dem das Ersuchen ausgeführt werden soll, oder in eine andere Sprache, die der ersuchte Mitgliedstaat ausdrücklich akzeptiert, beigefügt. [2] Die Mitgliedstaaten teilen die zugelassenen Sprachen nach Artikel 103 der Kommission mit.

(5) Die Unterbringung nach Absatz 1 wird vom ersuchenden Mitgliedstaat erst angeordnet oder veranlasst, nachdem die zuständige Behörde des ersuchten Mitgliedstaats der Unterbringung zugestimmt hat.

(6) Die Entscheidung über die Erteilung oder Verweigerung der Zustimmung wird der ersuchenden Zentralen Behörde spätestens drei Monate nach Eingang des Ersuchens übermittelt, es sei denn, dass dies aufgrund außergewöhnlicher Umstände nicht möglich ist.

(7) Für das Verfahren zur Einholung der Zustimmung gilt das nationale Recht des ersuchten Mitgliedstaats.

(8) Durch diesen Artikel werden die Zentralen Behörden oder die zuständigen Behörden nicht daran gehindert, Vereinbarungen oder Abmachungen mit den Zentralen Behörden oder den zuständigen Behörden eines oder mehrerer anderer Mitgliedstaaten zu treffen oder beizubehalten, mit denen das Verfahren der Konsultation zur Einholung der Zustimmung in ihren gegenseitigen Beziehungen vereinfacht wird.

Art. 83 Kosten der Zentralen Behörden. (1) Die Unterstützung durch die Zentralen Behörden nach dieser Verordnung erfolgt unentgeltlich.

(2) Jede Zentrale Behörde trägt die Kosten, die ihr selbst durch die Anwendung dieser Verordnung entstehen.

Art. 84 Zusammenkünfte der Zentralen Behörden. (1) Zur leichteren Anwendung dieser Verordnung werden regelmäßig Zusammenkünfte der Zentralen Behörden einberufen.

(2) Die Einberufung der Zusammenkünfte der Zentralen Behörden erfolgt insbesondere durch die Kommission im Rahmen des Europäischen Justiziellen Netzes für Zivil- und Handelssachen im Einklang mit der Entscheidung 2001/470/EG.

Kapitel VI. Allgemeine Bestimmungen

Art. 85 Anwendungsbereich. Dieses Kapitel gilt für die Bearbeitung von Ersuchen und Anträgen nach den Kapiteln III bis V.

Art. 86 Zusammenarbeit und Kommunikation zwischen Gerichten.

(1) Für die Zwecke dieser Verordnung können die Gerichte direkt miteinander zusammenarbeiten und kommunizieren oder einander direkt um Informationen und Unterstützung ersuchen, vorausgesetzt, die Verfahrensrechte der Parteien sowie die Vertraulichkeit der Informationen werden dabei gewahrt.

(2) [1] Die Zusammenarbeit im Sinne des Absatzes 1 kann auf jedem von dem Gericht als geeignet erachteten Weg erfolgen. [2] Sie kann insbesondere Folgendes betreffen:

a) Kommunikation für die Zwecke der Artikel 12 und 13;

b) Informationen gemäß Artikel 15;

c) Informationen über anhängige Verfahren für die Zwecke des Artikels 20;
d) Kommunikation für die Zwecke der Kapitel III bis V.

Art. 87 Erhebung und Übermittlung von Informationen. (1) Die ersuchte Zentrale Behörde übermittelt etwaige Anträge oder Ersuchen oder die darin enthaltenen Informationen in Verfahren betreffend die elterliche Verantwortung oder gegebenenfalls internationale Kindesentführung gemäß dieser Verordnung dem Gericht, der zuständigen Behörde ihres Mitgliedstaats oder gegebenenfalls einem Vermittler nach den nationalen Rechtsvorschriften und Verfahren.

(2) Ein Vermittler, ein Gericht oder eine zuständige Behörde, dem/der die in Absatz 1 genannten Informationen nach dieser Verordnung übermittelt wurden, darf diese nur für die Zwecke dieser Verordnung verwenden.

(3) Vermittler, Gerichte oder zuständige Behörden, die im ersuchten Mitgliedstaat über die zur Erledigung eines Antrags oder Ersuchens nach dieser Verordnung erforderlichen Informationen verfügen oder für deren Erhebung zuständig sind, stellen diese Informationen der ersuchten Zentralen Behörde auf deren Ersuchen in den Fällen, in denen die ersuchte Zentrale Behörde keinen direkten Zugang zu den Informationen hat, zur Verfügung.

(4) Die ersuchte Zentrale Behörde leitet im Einklang mit den nationalen Rechtsvorschriften und Verfahren die gemäß diesem Artikel erlangten Informationen erforderlichenfalls an die ersuchende Zentrale Behörde weiter.

Art. 88 Benachrichtigung der betroffenen Person. Besteht die Gefahr, dass die Benachrichtigung der betroffenen Person die wirksame Erledigung des Ersuchens oder Antrags nach dieser Verordnung, für das die Informationen übermittelt wurden, beeinträchtigen könnte, so kann die Erfüllung der Verpflichtung, die betroffene Person gemäß Artikel 14 Absätze 1 bis 4 der Verordnung (EU) 2016/679[1)] zu unterrichten, aufgeschoben werden, bis das Ersuchen oder der Antrag erledigt ist.

Art. 89 Nichtoffenlegung von Informationen. (1) Eine Zentrale Behörde, ein Gericht oder eine zuständige Behörde legt Informationen, die für die Zwecke der Kapitel III bis VI erhoben wurden, nicht offen oder bestätigt sie nicht, wenn sie/es feststellt, dass dies die Gesundheit, Sicherheit oder Freiheit des Kindes oder einer anderen Person beeinträchtigen könnte.

(2) Einer in einem Mitgliedstaat diesbezüglich getroffenen Feststellung wird von den Zentralen Behörden, Gerichten und zuständigen Behörden der anderen Mitgliedstaaten Rechnung getragen, insbesondere in Fällen häuslicher Gewalt.

(3) Dieser Artikel steht in keiner Weise der Erhebung und Übermittlung von Informationen durch die Zentralen Behörden, Gerichte und zuständigen Behörden und der Übermittlung der Informationen zwischen ihnen entgegen, soweit dies notwendig ist, um den Verpflichtungen nach den Kapiteln III bis VI nachzukommen.

Art. 90 Legalisation oder ähnliche Förmlichkeit. Im Rahmen dieser Verordnung bedarf es weder der Legalisation noch einer ähnlichen Förmlichkeit.

Art. 91 Sprachenregelung. (1) Ist nach dieser Verordnung eine Übersetzung oder Transliteration erforderlich, so erfolgt diese unbeschadet des Artikels 55

---

1) Sartorius Nr. 246.

Absatz 2 Buchstabe a in die Amtssprache des betreffenden Mitgliedstaats oder, wenn es in diesem Mitgliedstaat mehrere Amtssprachen gibt, im Einklang mit dem Recht dieses Mitgliedstaats in die Verfahrenssprache oder eine der Verfahrenssprachen des Ortes, an dem eine in einem anderen Mitgliedstaat ergangene Entscheidung geltend gemacht oder ein Antrag gestellt wird.

(2) Die Übersetzung oder Transliteration der übersetzbaren Inhalte der Freitextfelder der Bescheinigungen nach den Artikeln 29, 36, 47, 49 und 66 kann in eine andere Amtssprache oder andere Amtssprachen der Organe der Europäischen Union erfolgen, deren Zulassung der betreffende Mitgliedstaat nach Artikel 103 mitgeteilt hat.

(3) Jeder Mitgliedstaat teilt der Kommission die Amtssprache(n) der Organe der Europäischen Union mit, die er außer seiner/seinen eigenen Sprache(n) für Mitteilungen an die Zentralen Behörden zulässt.

(4) Übersetzungen, die für die Zwecke der Kapitel III und IV erforderlich sind, werden von einer Person erstellt, die zur Anfertigung von Übersetzungen in einem der Mitgliedstaaten befugt ist.

Kapitel VII. Delegierte Rechtsakte

Art. 92[1)] Änderungen der Anhänge. Die Kommission wird ermächtigt, gemäß Artikel 93 delegierte Rechtsakte zur Änderung der Anhänge I bis IX anzunehmen, um diese Anhänge zu aktualisieren oder technische Änderungen an ihnen vorzunehmen.

Art. 93[1)] Ausübung der Befugnisübertragung. (1) Die Befugnis zum Erlass delegierter Rechtsakte wird der Kommission unter den in diesem Artikel festgelegten Bedingungen übertragen.

(2) Die Befugnis zum Erlass delegierter Rechtsakte nach Artikel 92 wird der Kommission auf unbestimmte Zeit ab dem 22. Juli 2019 übertragen.

(3) [1] Die Befugnisübertragung nach Artikel 92 kann vom Rat jederzeit widerrufen werden. [2] Der Beschluss über den Widerruf beendet die Übertragung der in diesem Beschluss angegebenen Befugnis. [3] Er wird am Tag nach seiner Veröffentlichung im *Amtsblatt der Europäischen Union* oder zu einem im Beschluss über den Widerruf angegebenen späteren Zeitpunkt wirksam. [4] Die Gültigkeit von delegierten Rechtsakten, die bereits in Kraft sind, wird von dem Beschluss über den Widerruf nicht berührt.

(4) Vor dem Erlass eines delegierten Rechtsakts konsultiert die Kommission die von den einzelnen Mitgliedstaaten benannten Sachverständigen im Einklang mit den in der Interinstitutionellen Vereinbarung vom 13. April 2016 über bessere Rechtsetzung enthaltenen Grundsätzen.

(5) Sobald die Kommission einen delegierten Rechtsakt erlässt, übermittelt sie ihn dem Rat.

(6) [1] Ein delegierter Rechtsakt, der nach Artikel 92 erlassen wurde, tritt nur in Kraft, wenn der Rat innerhalb einer Frist von zwei Monaten nach Übermittlung dieses Rechtsakts an den Rat keine Einwände erhoben hat oder wenn vor Ablauf dieser Frist der Rat der Kommission mitgeteilt hat, dass er keine Einwände erheben wird. [2] Auf Initiative des Rates wird diese Frist um zwei Monate verlängert.

---

1) Zum Geltungsbeginn der Art. 92 und 93 siehe Art. 105 Abs. 2.

(7) Das Europäische Parlament wird von der Annahme eines delegierten Rechtsakts durch die Kommission, von gegen ihn vorgebrachten Einwänden oder von dem Widerruf der Befugnisübertragung durch den Rat in Kenntnis gesetzt.

Kapitel VIII. Verhältnis zu anderen Rechtsinstrumenten

Art. 94 Verhältnis zu anderen Rechtsinstrumenten. (1) Vorbehaltlich des Absatzes 2 dieses Artikels und der Artikel 95 bis 100 ersetzt diese Verordnung die zum Zeitpunkt des Inkrafttretens der Verordnung (EG) Nr. 2201/2003 bestehenden, zwischen zwei oder mehr Mitgliedstaaten geschlossenen Übereinkünfte, die in dieser Verordnung geregelte Bereiche betreffen.

(2) [1] Finnland und Schweden konnten im Einklang mit Artikel 59 Absatz 2 der Verordnung (EG) Nr. 2201/2003 und unter den in dessen Buchstaben b und c aufgeführten Bedingungen erklären, dass das Übereinkommen vom 6. Februar 1931 zwischen Dänemark, Finnland, Island, Norwegen und Schweden mit Bestimmungen des internationalen Verfahrensrechts über Ehe, Adoption und Vormundschaft einschließlich des Schlussprotokolls anstelle dieser Verordnung ganz oder teilweise auf ihre gegenseitigen Beziehungen anwendbar ist. [2] Die jeweiligen Erklärungen wurden im *Amtsblatt der Europäischen Union* als Anhang zur Verordnung (EG) Nr. 2201/2003 veröffentlicht. [3] Die betreffenden Mitgliedstaaten können ihre Erklärung jederzeit ganz oder teilweise widerrufen.

(3) Die Zuständigkeitskriterien in künftigen Übereinkünften zwischen den in Absatz 2 genannten Mitgliedstaaten, die in dieser Verordnung geregelte Bereiche betreffen, müssen mit den Kriterien dieser Verordnung im Einklang stehen.

(4) Der Grundsatz der Nichtdiskriminierung von Bürgern der Union aus Gründen der Staatsangehörigkeit wird eingehalten.

(5) Entscheidungen, die in einem der nordischen Staaten, der eine Erklärung nach Absatz 2 abgegeben hat, aufgrund eines Zuständigkeitskriteriums erlassen werden, das einem der in Kapitel II vorgesehenen Zuständigkeitskriterien entspricht, werden in den anderen Mitgliedstaaten gemäß den Bestimmungen des Kapitels IV Abschnitt 1 anerkannt und vollstreckt.

(6) *[1]* Die Mitgliedstaaten übermitteln der Kommission

a) eine Abschrift der Übereinkünfte sowie der einheitlichen Gesetze zur Durchführung dieser Übereinkünfte gemäß Absatz 3;

b) jede Kündigung oder Änderung der Übereinkünfte sowie der einheitlichen Gesetze im Sinne der Absätze 2 und 3.

[2] Diese Informationen werden im *Amtsblatt der Europäischen Union* veröffentlicht.

Art. 95 Verhältnis zu bestimmten multilateralen Übereinkommen.

Im Verhältnis zwischen den Mitgliedstaaten hat diese Verordnung vor den nachstehenden Übereinkommen insoweit Vorrang, als diese Bereiche betreffen, die in dieser Verordnung geregelt sind:

a) Haager Übereinkommen vom 5. Oktober 1961 über die Zuständigkeit der Behörden und das anzuwendende Recht auf dem Gebiet des Schutzes von Minderjährigen,

b) Luxemburger Übereinkommen vom 8. September 1967 über die Anerkennung von Entscheidungen in Ehesachen,

c) Haager Übereinkommen vom 1. Juni 1970 über die Anerkennung von Ehescheidungen und der Trennung von Tisch und Bett,

d) Europäisches Übereinkommen vom 20. Mai 1980 über die Anerkennung und Vollstreckung von Entscheidungen über das Sorgerecht für Kinder und die Wiederherstellung des Sorgeverhältnisses.

Art. 96[1)] Verhältnis zum Haager Übereinkommen von 1980. [1] Im Falle eines Kindes, das widerrechtlich in einen anderen als den Mitgliedstaat verbracht wurde oder widerrechtlich dort zurückgehalten wird, in dem das Kind unmittelbar vor dem widerrechtlichen Verbringen oder Zurückhalten seinen gewöhnlichen Aufenthalt hatte, wird das Haager Übereinkommen von 1980, ergänzt durch die Bestimmungen der Kapitel III und VI dieser Verordnung, weiterhin angewandt. [2] Muss eine Entscheidung, mit der die Rückgabe des Kindes gemäß dem Haager Übereinkommen von 1980 angeordnet wurde und die in einem Mitgliedstaat ergangen ist, infolge eines weiteren widerrechtlichen Verbringens oder eines weiteren widerrechtlichen Zurückhaltens des Kindes in einem anderen Mitgliedstaat anerkannt und vollstreckt werden, so gilt Kapitel IV.

Art. 97 Verhältnis zum Haager Übereinkommen von 1996. (1) Im Verhältnis zum Haager Übereinkommen von 1996 ist diese Verordnung anwendbar

a) vorbehaltlich des Absatzes 2 des vorliegenden Artikels, wenn das betreffende Kind seinen gewöhnlichen Aufenthalt im Hoheitsgebiet eines Mitgliedstaats hat;

b) in Fragen der Anerkennung und der Vollstreckung einer von einem Gericht eines Mitgliedstaats erlassenen Entscheidung im Hoheitsgebiet eines anderen Mitgliedstaats, auch wenn das betreffende Kind seinen gewöhnlichen Aufenthalt im Hoheitsgebiet eines Staats hat, der Vertragspartei des genannten Übereinkommens ist, in dem diese Verordnung jedoch nicht gilt.

(2) Unbeschadet des Absatzes 1 gilt Folgendes:

a) Haben die Parteien die Zuständigkeit eines Gerichts eines Staats vereinbart, der Vertragspartei des Haager Übereinkommens von 1996 ist, in dem diese Verordnung jedoch nicht gilt, so findet Artikel 10 des genannten Übereinkommens Anwendung;

b) Auf die Übertragung der Zuständigkeit zwischen einem Gericht eines Mitgliedstaats und einem Gericht eines Staats, der Vertragspartei des Haager Übereinkommens von 1996 ist, in dem diese Verordnung jedoch nicht gilt, finden die Artikel 8 und 9 des genannten Übereinkommens Anwendung;

c) Ist ein Verfahren betreffend die elterliche Verantwortung bei einem Gericht eines Staats, der Vertragspartei des Haager Übereinkommens von 1996 ist, in dem diese Verordnung jedoch nicht gilt, zu dem Zeitpunkt anhängig, zu dem ein Gericht in einem Mitgliedstaat mit einem dasselbe Kind betreffenden Verfahren wegen desselben Anspruchs befasst wird, so findet Artikel 13 des genannten Übereinkommens Anwendung.

Art. 98 Fortbestand der Wirksamkeit. (1) Die in den Artikeln 94 bis 97 genannten Übereinkünfte behalten ihre Wirksamkeit für die Rechtsgebiete, die durch diese Verordnung nicht geregelt werden.

---

1) Art. 96 Überschrift ber. ABl. 2022 L 103 S. 18.

(2) Die in den Artikeln 95 bis 97 dieser Verordnung genannten Übereinkommen, insbesondere die Haager Übereinkommen von 1980 und 1996[1)], behalten nach Maßgabe der Artikel 95 bis 97 dieser Verordnung ihre Wirksamkeit zwischen den ihnen angehörenden Mitgliedstaaten.

Art. 99 Verträge mit dem Heiligen Stuhl. (1) Diese Verordnung gilt unbeschadet des am 18. Mai 2004 in der Vatikanstadt zwischen dem Heiligen Stuhl und Portugal unterzeichneten Internationalen Vertrags (Konkordat).

(2) Eine Entscheidung über die Ungültigkeit der Ehe gemäß dem in Absatz 1 genannten Vertrag wird in den Mitgliedstaaten unter den in Kapitel IV Abschnitt 1 Unterabschnitt 1 vorgesehenen Bedingungen anerkannt.

(3) Die Absätze 1 und 2 gelten auch für folgende internationale Verträge mit dem Heiligen Stuhl:

a) Lateranvertrag vom 11. Februar 1929 zwischen Italien und dem Heiligen Stuhl, geändert durch die am 18. Februar 1984 in Rom unterzeichnete Vereinbarung mit Zusatzprotokoll;

b) Vereinbarung vom 3. Januar 1979 über Rechtsangelegenheiten zwischen dem Heiligen Stuhl und Spanien;

c) Vereinbarung zwischen dem Heiligen Stuhl und Malta über die Anerkennung der zivilrechtlichen Wirkungen von Ehen, die nach kanonischem Recht geschlossen wurden, sowie von diese Ehen betreffenden Entscheidungen der Kirchenbehörden und -gerichte vom 3. Februar 1993, einschließlich des Anwendungsprotokolls vom selben Tag, zusammen mit dem dritten Zusatzprotokoll vom 27. Januar 2014.

(4) Für die Anerkennung der Entscheidungen im Sinne des Absatzes 2 können in Spanien, Italien oder Malta dieselben Verfahren und Nachprüfungen vorgegeben werden, die auch für Entscheidungen der Kirchengerichte gemäß den in Absatz 3 genannten internationalen Verträgen mit dem Heiligen Stuhl gelten.

(5) Die Mitgliedstaaten übermitteln der Kommission

a) eine Abschrift der in den Absätzen 1 und 3 genannten Verträge,

b) jede Kündigung oder Änderung dieser Verträge.

Kapitel IX. Schlussbestimmungen

Art. 100 Übergangsbestimmungen. (1) Diese Verordnung gilt nur für am oder nach dem 1. August 2022 eingeleitete gerichtliche Verfahren, förmlich errichtete oder eingetragene öffentliche Urkunden und eingetragene Vereinbarungen.

(2) Die Verordnung (EG) Nr. 2201/2003 gilt weiter für Entscheidungen in vor dem 1. August 2022 eingeleiteten gerichtlichen Verfahren, für vor dem 1. August 2022 förmlich errichtete oder eingetragene öffentliche Urkunden und für Vereinbarungen, die in dem Mitgliedstaat, in dem sie geschlossen wurden, vor dem 1. August 2022 vollstreckbar geworden sind und in den Anwendungsbereich der genannten Verordnung fallen.

Art. 101 Monitoring und Evaluierung. (1) [1] Die Kommission unterbreitet dem Europäischen Parlament, dem Rat und dem Europäischen Wirtschafts- und

---

[1)] Nr. **45m**.

Sozialausschuss bis zum 2. August 2032 gestützt auf die von den Mitgliedstaaten vorgelegten Informationen einen Bericht über die Ex-post-Evaluierung dieser Verordnung. 2Dem Bericht wird, falls notwendig, ein Gesetzgebungsvorschlag beigefügt.

(2) Zum 2. August 2025 stellen die Mitgliedstaaten Informationen, die für die Evaluierung des Funktionierens und der Anwendung dieser Verordnung sachdienlich sind, soweit verfügbar auf Anfrage der Kommission zur Verfügung; dabei handelt es sich um

a) die Zahl der Entscheidungen in Ehesachen oder in Verfahren betreffend die elterliche Verantwortung, in denen die Zuständigkeit auf den in dieser Verordnung festgelegten Zuständigkeitsvorschriften beruhte;
b) in Bezug auf die Anträge auf Vollstreckung einer Entscheidung nach Artikel 28 Absatz 2 die Zahl der Fälle, in denen die Vollstreckung nicht innerhalb von sechs Wochen nach Einleitung des Vollstreckungsverfahrens erfolgte;
c) die Zahl der Anträge auf Versagung der Anerkennung einer Entscheidung nach Artikel 40 und die Zahl der Fälle, in denen die Anerkennung versagt wurde;
d) die Zahl der Anträge auf Versagung der Vollstreckung einer Entscheidung nach Artikel 58 und die Zahl der Fälle, in denen die Vollstreckung versagt wurde;
e) die Zahl der nach den Artikeln 61 beziehungsweise 62 eingelegten Rechtsbehelfe.

Art. 102 Mitgliedstaaten mit zwei oder mehr Rechtssystemen. Für einen Mitgliedstaat, in dem die in dieser Verordnung behandelten Fragen in verschiedenen Gebietseinheiten durch zwei oder mehr Rechtssysteme oder Regelwerke geregelt werden, gilt Folgendes:

a) Jede Bezugnahme auf den gewöhnlichen Aufenthalt in diesem Mitgliedstaat betrifft den gewöhnlichen Aufenthalt in einer Gebietseinheit.
b) Jede Bezugnahme auf die Staatsangehörigkeit betrifft die durch die Rechtsvorschriften dieses Mitgliedstaats bezeichnete Gebietseinheit.
c) Jede Bezugnahme auf die Behörde eines Mitgliedstaats betrifft die zuständige Behörde der Gebietseinheit innerhalb dieses Mitgliedstaats.
d) Jede Bezugnahme auf die Vorschriften des ersuchten Mitgliedstaats betrifft die Vorschriften der Gebietseinheit, in der die Zuständigkeit oder Anerkennung geltend gemacht oder die Vollstreckung beantragt wird.

Art. 103[1] Der Kommission mitzuteilende Angaben. (1) Die Mitgliedstaaten teilen der Kommission Folgendes mit:

a) alle Behörden nach Artikel 2 Absatz 2 Nummer 2 Buchstabe b und Artikel 2 Absatz 2 Nummer 3 und Artikel 74 Absatz 2;
b) die Gerichte und Behörden, die für die Ausstellung der Bescheinigungen nach Artikel 36 Absatz 1 und Artikel 66 zuständig sind, und die Gerichte, die für die Berichtigung der Bescheinigungen nach Artikel 37 Absatz 1, Artikel 48 Absatz 1, Artikel 49 und Artikel 66 Absatz 3 in Verbindung mit Artikel 37 Absatz 1 zuständig sind;
c) die in Artikel 30 Absatz 3, Artikel 52, Artikel 40 Absatz 1, Artikel 58 Absatz 1, Artikel 61 Absatz 2 und Artikel 62 genannten Gerichte sowie die in Artikel 61 Absatz 2 genannten Gerichte;

---

[1] Zum Geltungsbeginn des Art. 103 siehe Art. 105 Abs. 2.

d) die für die Vollstreckung zuständigen Behörden nach Artikel 52;
e) die in den Artikeln 61 und 62 genannten Rechtsbehelfe;
f) die Namen und Anschriften der Zentralen Behörden gemäß Artikel 76 sowie die technischen Kommunikationsmittel;
g) die in Artikel 82 Absatz 2 genannten Kategorien naher Verwandter, sofern anwendbar;
h) die Sprachen, die gemäß Artikel 91 Absatz 3 für Mitteilungen an die Zentralen Behörden zugelassen sind;
i) die Sprachen, die gemäß Artikel 80 Absatz 3, Artikel 81 Absatz 2, Artikel 82 Absatz 4 und Artikel 91 Absatz 2 für die Übersetzungen zugelassen sind.

(2) Die Mitgliedstaaten teilen der Kommission die in Absatz 1 genannten Angaben bis zum 23. April 2021 mit.

(3) Die Mitgliedstaaten teilen der Kommission alle Änderungen der Angaben nach Absatz 1 mit.

(4) Die in Absatz 1 genannten Angaben werden von der Kommission auf geeignete Weise, insbesondere über das Europäische Justizportal, veröffentlicht.

Art. 104 Aufhebung. (1) Vorbehaltlich des Artikels 100 Absatz 2 der vorliegenden Verordnung wird die Verordnung (EG) Nr. 2201/2003 mit Wirkung vom 1. August 2022 aufgehoben.

(2) Bezugnahmen auf die aufgehobene Verordnung gelten als Bezugnahmen auf die vorliegende Verordnung und sind nach Maßgabe der Entsprechungstabelle in Anhang X zu lesen.

Art. 105 Inkrafttreten. (1) Diese Verordnung tritt am zwanzigsten Tag nach ihrer Veröffentlichung[1)] im *Amtsblatt der Europäischen Union* in Kraft.

(2) Diese Verordnung gilt ab dem 1. August 2022, mit Ausnahme der Artikel 92, 93 und 103, die ab dem 22. Juli 2019 gelten.

Diese Verordnung ist in allen ihren Teilen verbindlich und gilt gemäß den Verträgen unmittelbar in den Mitgliedstaaten.
Geschehen zu Luxemburg am 25. Juni 2019.

Anhänge I–IX. *(hier nicht wiedergegeben)*

Anhang X. Entsprechungstabelle

Verordnung (EG) Nr. 2201/2003	Vorliegende Verordnung
Artikel 1	Artikel 1
–	Artikel 1 Absatz 3
Artikel 2	Artikel 2
Artikel 3	Artikel 3
Artikel 4	Artikel 4
Artikel 5	Artikel 5
Artikel 6	Artikel 6 Absatz 2
Artikel 7	Artikel 6 Absätze 1 und 3

1) Veröffentlicht am 2.7.2019.

Verordnung (EG) Nr. 2201/2003	Vorliegende Verordnung
Artikel 8 Absatz 1	Artikel 7 Absatz 1
Artikel 8 Absatz 2	Artikel 7 Absatz 2
Artikel 9 Absatz 1	Artikel 8 Absatz 1
Artikel 9 Absatz 2	Artikel 8 Absatz 2
Artikel 10	Artikel 9
–	Artikel 10
Artikel 11 Absatz 1	Artikel 22
–	Artikel 23
Artikel 11 Absatz 2	Artikel 26
Artikel 11 Absatz 3	Artikel 24 Absatz 1
–	Artikel 24 Absatz 2
–	Artikel 24 Absatz 3
–	Artikel 25
Artikel 11 Absatz 4	Artikel 27 Absatz 3
Artikel 11 Absatz 5	Artikel 27 Absatz 1
–	Artikel 27 Absatz 2
–	Artikel 27 Absatz 4
–	Artikel 27 Absatz 5
–	Artikel 27 Absatz 6
–	Artikel 28
–	Artikel 29 Absätze 1 und 2
Artikel 11 Absatz 6	Artikel 29 Absatz 3
–	Artikel 29 Absatz 4
Artikel 11 Absatz 7	Artikel 29 Absatz 5
Artikel 11 Absatz 8	Artikel 29 Absatz 6
Artikel 12	–
Artikel 13	Artikel 11
Artikel 14	Artikel 14
Artikel 15 Absätze 1, 2 Buchstaben a und b und Absatz 4	Artikel 12 Absatz 1
Artikel 15 Absatz 3	Article 12 Absatz 4
–	Artikel 12 Absätze 2 und 3
–	Artikel 12 Absatz 5
Artikel 15 Absatz 2 Buchstabe c	Artikel 13 Absatz 1
–	Artikel 13 Absatz 2
Artikel 16	Artikel 17 Buchstaben a unc b
–	Artikel 17 Buchstabe c
–	Artikel 16
Artikel 17	Artikel 18
Artikel 18	Artikel 19
Artikel 19	Artikel 20

Verordnung (EG) Nr. 2201/2003	Vorliegende Verordnung
–	Artikel 20 Absätze 4 und 5
–	Artikel 21
Artikel 20 Absatz 1	Artikel 15 Absatz 1
Artikel 20 Absatz 2	Artikel 15 Absatz 3
–	Artikel 15 Absatz 2
Artikel 21 Absätze 1 und 2	Artikel 30 Absätze 1 und 2
Artikel 21 Absatz 3	Artikel 30 Absätze 3 und 4
Artikel 21 Absatz 4	Artikel 30 Absatz 5
Artikel 22	Artikel 38
Artikel 23 Buchstaben a, c, d, e und f	Artikel 39 Buchstaben a, b, c, d und e
Artikel 23 Buchstabe b	Artikel 39 Absatz 2
Artikel 24	Artikel 69
Artikel 25	Artikel 70
Artikel 26	Artikel 71
–	Artikel 72
Artikel 27 Absatz 1	Artikel 33 Buchstabe a und Artikel 44 Buchstabe a
–	Artikel 33 Buchstabe b
–	Artikel 44 Buchstabe b
Artikel 27 Absatz 2	–
Artikel 28	–
Artikel 29	–
–	Artikel 34
–	Artikel 35
–	Artikel 40
–	Artikel 41
Artikel 30	–
Artikel 31	–
Artikel 32	–
Artikel 33	–
Artikel 34	–
Artikel 35	–
Artikel 36	Artikel 53
–	Artikel 53 Absatz 3
Artikel 37 Absatz 1	Artikel 31 Absatz 1
–	Artikel 31 Absätze 2 und 3
Artikel 37 Absatz 2	–
Artikel 38	Artikel 32
Artikel 39	Artikel 36
Artikel 40	*Artikel 42 und 47 Absatz 1*
–	Artikel 45

Verordnung (EG) Nr. 2201/2003	Vorliegende Verordnung
–	Artikel 46
–	Artikel 47 Absatz 2
Artikel 41 Absatz 1	Artikel 43 Absatz 1
Artikel 41 Absatz 2	Artikel 47 Absatz 3
–	Artikel 47 Absätze 4, 5 und 6
Artikel 42 Absatz 1	Artikel 43 Absatz 1
Artikel 42 Absatz 2	Artikel 47 Absatz 3
Artikel 43	Artikel 37 und 48
–	Artikel 49
–	Artikel 50
Artikel 44	–
Artikel 45 Absatz 1	Artikel 31 Absatz 1
Artikel 45 Absatz 2	Artikel 31 Absatz 2
–	Artikel 31 Absatz 3
Artikel 46	Artikel 65
Artikel 47 Absatz 1	Artikel 51 Absatz 1
–	Artikel 51 Absatz 2
–	Artikel 52
Artikel 48	Artikel 54
–	Artikel 55
–	Artikel 56
–	Artikel 57
–	Artikel 58
–	Artikel 59
–	Artikel 60
–	Artikel 61
–	Artikel 62
–	Artikel 63
–	Artikel 64
–	Artikel 66
–	Artikel 67
–	Artikel 68
Artikel 49	Artikel 73
Artikel 50	Artikel 74 Absatz 1
–	Artikel 74 Absatz 2
Artikel 51	Artikel 75
Artikel 52	Artikel 90
Artikel 53	Artikel 76
Artikel 54	Artikel 77 Absatz 1
–	Artikel 77 Absätze 2 und 3
–	Artikel 78

Verordnung (EG) Nr. 2201/2003	Vorliegende Verordnung
–	Artikel 79 Buchstabe a
Artikel 55 Absatz 1 Buchstabe a	Artikel 79 Buchstabe b
Artikel 55 Absatz 1 Buchstabe b	Artikel 79 Buchstabe c
–	Artikel 79 Buchstabe d
Artikel 55 Absatz 1 Buchstabe c	Artikel 79 Buchstabe e
Artikel 55 Absatz 1 Buchstabe d	Artikel 79 Buchstabe f
Artikel 55 Absatz 1 Buchstabe e	Artikel 79 Buchstabe g
–	Artikel 80
–	Artikel 81
Artikel 56 Absatz 1	Artikel 82 Absatz 1
–	Artikel 82 Absätze 2, 3 und 4
Artikel 56 Absatz 2	Artikel 82 Absatz 5
–	Artikel 82 Absatz 6
Artikel 56 Absatz 3	Artikel 82 Absatz 7
–	Artikel 82 Absatz 8
Artikel 57 Absätze 1 und 2	–
Artikel 57 Absatz 3	Artikel 83 Absatz 1
Artikel 57 Absatz 4	Artikel 83 Absatz 2
Artikel 58	Artikel 84
–	Artikel 85
–	Artikel 86
–	Artikel 87
–	Artikel 88
–	Artikel 89
–	Artikel 91
Artikel 59	Artikel 94
Artikel 60 Buchstaben a, b, c und d	Artikel 95
Artikel 60 Buchstabe e	Artikel 96
Artikel 61	Artikel 97 Absatz 1
–	Artikel 97 Absatz 2
Artikel 62	Artikel 98
Artikel 63	Artikel 99
Artikel 64 Absatz 1	Artikel 100 Absatz 1
Artikel 64 Absätze 2, 3 und 4	–
–	Artikel 100 Absatz 2
Artikel 65 Absatz 1	Artikel 101 Absatz 1
–	Artikel 101 Absatz 2
Artikel 66	Artikel 102
Artikel 67	Artikel 103
Artikel 68	Artikel 103
Artikel 69	Artikel 92

Verordnung (EG) Nr. 2201/2003	Vorliegende Verordnung
Artikel 70	–
–	Artikel 93
Artikel 71	Artikel 104
Artikel 72	Artikel 105
Anhang I	Anhang II
–	Anhang I
Anhang II	Anhang III
–	Anhang IV
Anhang III	Anhang V
Anhang IV	Anhang VI
–	Anhang VII
–	Anhang VIII
–	Anhang IX

103c. Verordnung (EU) 2020/1784 des Europäischen Parlaments und des Rates vom 25. November 2020 über die Zustellung gerichtlicher und außergerichtlicher Schriftstücke in Zivil- oder Handelssachen in den Mitgliedstaaten (Zustellung von Schriftstücken)

(Neufassung)

(ABl. L 405 vom 2.12.2020, S. 40, ELI: http://data.europa.eu/eli/reg/2020/1784/oj)

Celex-Nr. 3 2020 R 1784

Lfd. Nr.	Änderndes Gesetz	Datum	Fundstelle	Betroffen	Hinweis
1.	Art. 24 VO (EU) 2023/2844	13.12.2023	ABl. L, 2023/2844, 27.12.2023	Art. 12, 13, 19a, 37	mWv 1.5.2025

Vorbemerkung:

Die Änderungen durch VO v. 13.12.2023 (ABl. L, 2023/2844, 27.12.2023) treten erst mWv 1.5.2025 in Kraft und sind im Text noch nicht berücksichtigt.

DAS EUROPÄISCHE PARLAMENT UND DER RAT DER EUROPÄISCHEN UNION –

gestützt auf den Vertrag über die Arbeitsweise der Europäischen Union[1], insbesondere auf Artikel 81 Absatz 2,

auf Vorschlag der Europäischen Kommission,

nach Zuleitung des Entwurfs des Gesetzgebungsakts an die nationalen Parlamente,

nach Stellungnahme des Europäischen Wirtschafts- und Sozialausschusses[2],

nach Anhörung des Ausschusses der Regionen,

gemäß dem ordentlichen Gesetzgebungsverfahren[3],

in Erwägung nachstehender Gründe:

(1) Die Verordnung (EG) Nr. 1393/2007 des Europäischen Parlaments und des Rates[4] ist bereits früher geändert worden. Da weitere erhebliche Änderungen vorgenommen werden müssen, sollte die Verordnung im Interesse der Klarheit neu gefasst werden.

---

[1] **Sartorius Nr. 1001.**

[2] **Amtl. Anm.:** ABl. C 62 vom 15.2.2019, S. 56.

[3] **Amtl. Anm.:** Standpunkt des Europäischen Parlaments vom 13. Februar 2019 (noch nicht im Amtsblatt veröffentlicht) und Standpunkt des Rates in erster Lesung vom 4. November 2020 (noch nicht im Amtsblatt veröffentlicht). Standpunkt des Europäischen Parlaments vom 23. November 2020 (noch nicht im Amtsblatt veröffentlicht).

[4] **Amtl. Anm.:** Verordnung (EG) Nr. 1393/2007 des Europäischen Parlaments und des Rates vom 13. November 2007 über die Zustellung gerichtlicher und außergerichtlicher Schriftstücke in Zivil- oder Handelssachen in den Mitgliedstaaten (Zustellung von Schriftstücken) und zur Aufhebung der Verordnung (EG) Nr. 1348/2000 des Rates (ABl. L 324 vom 10.12.2007, S. 79).

(2) Die Union hat sich zum Ziel gesetzt, die Union als einen Raum der Freiheit, der Sicherheit und des Rechts, in dem die Freizügigkeit gewährleistet ist, zu erhalten und weiterzuentwickeln. Um diesen Raum aufzubauen, erlässt die Union unter anderem im Bereich der justiziellen Zusammenarbeit in Zivilsachen die für das reibungslose Funktionieren des Binnenmarkts erforderlichen Maßnahmen.

(3) Für das reibungslose Funktionieren des Binnenmarkts und die Entwicklung eines Rechtsraums in Zivilsachen in der Union muss die Übermittlung und Zustellung gerichtlicher und außergerichtlicher Schriftstücke zwischen den Mitgliedstaaten in Zivil- oder Handelssachen weiter verbessert und beschleunigt und zugleich ein hohes Maß an Sicherheit und Schutz bei der Übermittlung solcher Schriftstücke – unter Wahrung des Schutzes der Rechte der Empfänger sowie des Schutzes der Privatsphäre und der personenbezogenen Daten – sichergestellt werden. Diese Verordnung verfolgt das Ziel, die Effizienz und Schnelligkeit von Gerichtsverfahren durch ihre Vereinfachung und Straffung im Bereich der Zustellung gerichtlicher und außergerichtlicher Schriftstücke in der Union zu verbessern, und gleichzeitig dazu beizutragen, Verzögerungen und Kosten für natürliche Personen und Unternehmen zu verringern. Durch die Schaffung größerer Rechtssicherheit und die Vereinfachung, Straffung und Digitalisierung der Verfahren werden natürliche Personen und Unternehmen dazu ermutigt, sich am grenzüberschreitenden Geschäftsverkehr zu beteiligen, wodurch der Handel innerhalb der Union angekurbelt und somit das Funktionieren des Binnenmarkts verbessert wird.

(4) Mit dieser Verordnung werden Regeln über die Zustellung gerichtlicher und außergerichtlicher Schriftstücke in den Mitgliedstaaten in Zivil- oder Handelssachen festgelegt. Sie sollte nicht für die Zustellung gerichtlicher und außergerichtlicher Schriftstücke in anderen Angelegenheiten wie Steuer- und Zollsachen sowie verwaltungsrechtlichen Angelegenheiten gelten.

(5) Bei der grenzüberschreitenden Zustellung sollte es sich um die Zustellung von einem Mitgliedstaat in einen anderen Mitgliedstaat handeln.

(6) Diese Verordnung sollte nicht für die Zustellung von Schriftstücken an einen Bevollmächtigten einer Partei im Forummitgliedstaat gelten, sondern – unabhängig von der Zustellung an den Bevollmächtigten der Partei – für die Zustellung aller Schriftstücke an eine Partei im Ausland, falls diese Zustellung nach dem Recht des Forummitgliedstaats vorgeschrieben ist.

(7) Wenn ein Empfänger keine bekannte Zustelladresse im Forummitgliedstaat, aber eine oder mehrere bekannte Zustelladressen in einem oder mehreren anderen Mitgliedstaaten hat, so sollte das Schriftstück dem betreffenden anderen Mitgliedstaat zwecks Zustellung gemäß dieser Verordnung übermittelt werden. Diese Situation sollte nicht als eine inländische Zustellung im Forummitgliedstaat ausgelegt werden. Insbesondere sollte die Zustellung des Schriftstücks an den Empfänger nicht durch eine Methode der fiktiven Zustellung – wie beispielsweise eine Zustellung durch Anschlag an der Gerichtstafel oder durch Aufbewahrung des Schriftstücks im Gerichtsakt – erfolgen.

(8) Für die Zwecke dieser Verordnung sollte der Begriff „außergerichtliche Schriftstücke" so verstanden werden, dass er von einer Behörde oder einer Amtsperson erstellte oder beglaubigte Schriftstücke umfasst sowie andere Schriftstücke, deren förmliche Übermittlung an einen in einem anderen Mitgliedstaat ansässigen Empfänger zur Geltendmachung, zum Beweis oder zur Wahrung eines Rechts oder Anspruchs in Zivil- oder Handelssachen erforderlich ist. Der Begriff „außergerichtliche Schriftstücke" sollte nicht so verstan-

den werden, dass er Schriftstücke umfasst, die von Verwaltungsbehörden für die Zwecke von Verwaltungsverfahren ausgestellt werden.

(9) Die Wirksamkeit und Schnelligkeit der gerichtlichen Verfahren in Zivilsachen setzt voraus, dass die Übermittlung gerichtlicher und außergerichtlicher Schriftstücke unmittelbar und auf schnellstmöglichem Wege zwischen den von den Mitgliedstaaten benannten örtlichen Stellen erfolgt. Die Mitgliedstaaten sollten separate Übermittlungs- oder Empfangsstellen oder eine einzige oder mehrere Stellen, die beide Funktionen zugleich wahrnehmen, für einen Zeitraum von fünf Jahren benennen können. Es sollte jedoch möglich sein, diese Benennung alle fünf Jahre zu erneuern.

(10) Um die schnelle Übermittlung von Schriftstücken zwischen den Mitgliedstaaten zum Zwecke der Zustellung sicherzustellen, sollten alle geeigneten modernen Kommunikationstechnologien genutzt werden, vorausgesetzt, be-

(Fortsetzung nächstes Blatt)

stimmte Anforderungen an die Integrität und Originaltreue des empfangenen Schriftstücks sind erfüllt. Daher sollten in der Regel jede Kommunikation und jeder Austausch von Schriftstücken zwischen den von den Mitgliedstaaten benannten Stellen über ein sicheres und zuverlässiges dezentrales IT-System erfolgen, das nationale IT-Systeme umfasst, die vernetzt und technisch interoperabel sind, wie beispielsweise – unbeschadet der weiteren technologischen Entwicklung – auf e-CODEX beruhend. Dementsprechend sollte ein dezentrales IT-System für den Datenaustausch nach dieser Verordnung eingerichtet werden. Der dezentrale Charakter dieses IT-Systems würde den Datenaustausch ausschließlich zwischen einem Mitgliedstaat und einem anderen ermöglichen, ohne dass eines der Organe der Union an diesem Austausch beteiligt ist.

(11) Unbeschadet eines möglichen künftigen technologischen Fortschritts sollten das sichere dezentrale IT-System und seine Bestandteile nicht zwingend als qualifizierter Dienst für die Zustellung elektronischer Einschreiben im Sinne der Verordnung (EU) Nr. 910/2014 des Europäischen Parlaments und des Rates[1] aufgefasst werden.

(12) Die Kommission sollte für die Schaffung, Wartung und Pflege sowie künftige Weiterentwicklung einer Referenzimplementierungssoftware verantwortlich sein, die Mitgliedstaaten anstelle eines nationalen IT-Systems nutzen können sollten, gemäß den Grundsätzen des Datenschutzes durch Technikgestaltung und durch datenschutzfreundliche Voreinstellungen. Die Kommission sollte die Referenzimplementierungssoftware gemäß den Datenschutzanforderungen und -grundsätzen der Verordnungen (EU) 2018/1725[2] und (EU) 2016/679[3] des Europäischen Parlaments und des Rates – insbesondere den Grundsätzen des Datenschutzes durch Technikgestaltung und durch datenschutzfreundliche Voreinstellungen – konzipieren, entwickeln und warten. Die Referenzimplementierungssoftware sollte außerdem geeignete technische Maßnahmen enthalten und die organisatorischen Maßnahmen ermöglichen, die dafür erforderlich sind, ein Maß an Sicherheit und Interoperabilität zu gewährleisten, das für den Informationsaustausch im Bereich der Zustellung von Schriftstücken geeignet ist.

(13) Für die Komponenten des dezentralen IT-Systems, für welche die Union zuständig ist, sollte die Verwaltungsstelle über ausreichende Ressourcen verfügen, um das ordnungsgemäße Funktionieren dieses Systems zu gewährleisten.

(14) Die nach nationalem Recht zuständige Behörde oder zuständigen Behörden sollte bzw. sollten als Verantwortliche im Sinne der Verordnung (EU) 2016/679[4] für die Verarbeitung personenbezogener Daten, die sie nach der vor-

[1] **Amtl. Anm.:** Verordnung (EU) Nr. 910/2014 des Europäischen Parlaments und des Rates vom 23. Juli 2014 über elektronische Identifizierung und Vertrauensdienste für elektronische Transaktionen im Binnenmarkt und zur Aufhebung der Richtlinie 1999/93/EG (ABl. L 257 vom 28.8.2014, S. 73).

[2] **Amtl. Anm.:** Verordnung (EU) 2018/1725 des Europäischen Parlaments und des Rates vom 23. Oktober 2018 zum Schutz natürlicher Personen bei der Verarbeitung personenbezogener Daten durch die Organe, Einrichtungen und sonstigen Stellen der Union, zum freien Datenverkehr und zur Aufhebung der Verordnung (EG) Nr. 45/2001 und des Beschlusses Nr. 1247/2002/EG (ABl. L 295 vom 21.11.2018, S. 39).

[3] **Amtl. Anm.:** Verordnung (EU) 2016/679 des Europäischen Parlaments und des Rates vom 27. April 2016 zum Schutz natürlicher Personen bei der Verarbeitung personenbezogener Daten, zum freien Datenverkehr und zur Aufhebung der Richtlinie 95/46/EG (Datenschutz-Grundverordnung) (ABl. L 119 vom 4.5.2016, S. 1).

[4] **Sartorius Nr. 246.**

liegenden Verordnung zur Übermittlung von Schriftstücken zwischen Mitgliedstaaten durchführt bzw. durchführen, zuständig sein.

(15) Die Übermittlung über das dezentrale IT-System könnte aufgrund einer Störung des Systems unmöglich werden. Auch aufgrund außergewöhnlicher Umstände könnten andere Kommunikationsmittel besser geeignet sein, etwa dann, wenn die Digitalisierung einer umfangreichen Dokumentation einen unverhältnismäßigen Verwaltungsaufwand für die Übermittlungsstelle darstellen würde oder wenn zur Beurteilung der Echtheit eines Schriftstücks das Original in Papierform benötigt wird. Wenn das dezentrale IT-System nicht verwendet wird, sollte die Übermittlung mit dem am besten geeigneten alternativen Mittel durchgeführt werden. Dieses alternative Mittel sollte unter anderem dazu führen, dass die Übermittlung so rasch wie möglich und auf sichere Weise durch andere sichere elektronische Mittel oder durch Postdienste durchgeführt wird.

(16) Damit die elektronische grenzüberschreitende Übermittlung von Schriftstücken über das dezentrale IT-System häufiger genutzt wird, sollte solchen Schriftstücken die Rechtswirkung und die Zulässigkeit als Beweismittel in Gerichtsverfahren nicht allein deshalb abgesprochen werden, weil sie in elektronischer Form vorliegen. Jedoch sollte dieser Grundsatz die Beurteilung der Rechtswirkung solcher Schriftstücke oder ihrer Zulässigkeit als Beweismittel nach nationalem Recht nicht berühren. Zudem sollte er nationales Recht über die Umwandlung von Schriftstücken unberührt lassen.

(17) Um die Übermittlung und Zustellung von Schriftstücken zwischen den Mitgliedstaaten zu erleichtern, sollten die in Anhang I enthaltenen Formblätter verwendet werden. Dem zu übermittelnden Schriftstück sollte ein Antrag beigefügt werden, der unter Verwendung des Formblattes A in Anhang I erstellt wird. Das Formblatt sollte in der Amtssprache des Empfangsmitgliedstaats ausgefüllt werden oder, wenn es in diesem Mitgliedstaat mehrere Amtssprachen gibt, der Amtssprache oder einer der Amtssprachen des Ortes, an dem die Zustellung erfolgen soll, oder in einer sonstigen Sprache, die der Empfangsmitgliedstaat zugelassen hat. Jeder Mitgliedstaat sollte die Amtssprache oder die Amtssprachen der Union angeben, die er außer seiner eigenen Amtssprache oder seinen eigenen Amtssprachen akzeptiert.

(18) Der Übermittlungsstelle sollte automatisch über das dezentrale IT-System oder auf andere Weise sobald wie möglich, auf jeden Fall aber innerhalb von sieben Tagen nach Eingang des Schriftstücks, eine Empfangsbestätigung unter Verwendung des Formblatts D in Anhang I übermittelt werden.

(19) Wenn die Übermittlungsstelle eine Bescheinigung über die Nichtzustellung von Schriftstücken erhält, ist es für sie wichtig zu erfahren, ob die Behörden des Empfangsmitgliedstaats Anfragen an Wohnsitzregister oder andere Datenbanken – falls es solche Register oder Datenbanken gibt – gerichtet haben, um eine neue Anschrift des Empfängers des Schriftstücks zu ermitteln. Daher sollten die Mitgliedstaaten der Kommission mitteilen, ob ihre Behörden derartige Anfragen auf eigene Initiative stellen, wenn die im Zustellungsantrag angegebene Anschrift nicht richtig ist. Allerdings sollte diese Verordnung die Behörden der Mitgliedstaaten nicht dazu verpflichten, derartige Anfragen zu stellen.

(20) Kann ein Zustellungsantrag aufgrund der übermittelten Angaben oder Schriftstücke nicht erledigt werden, fällt er nicht in den Anwendungsbereich dieser Verordnung, ist die Zustellung wegen Nichtbeachtung der erforderlichen Formvorschriften nicht möglich oder wurde er an eine örtlich nicht

zuständige Empfangsstelle gesandt, so sollte die Empfangsstelle die in dieser Verordnung vorgesehenen Schritte ohne eine Verzögerung unternehmen, die unter Berücksichtigung der besonderen Umstände – einschließlich der der Empfangsstelle zur Verfügung stehenden Kommunikationsmittel – ungerechtfertigt, unangemessen und unnötig ist.

(21) Auf eine schnelle Übermittlung muss auch eine schnelle Zustellung des Schriftstücks in den Tagen nach seinem Eingang folgen. Die Zustellung von Schriftstücken sollte so bald wie möglich, in jedem Fall aber innerhalb eines Monats nach ihrem Eingang bei der Empfangsstelle erfolgen.

(22) Die Empfangsstelle sollte auch in den Fällen, in denen es – etwa, weil der Beklagte urlaubsbedingt nicht zu Hause war oder sich aus dienstlichen Gründen nicht an seinem Arbeitsplatz aufhielt – nicht möglich war, die Zustellung des Schriftstücks innerhalb eines Monats nach Eingang des Schriftstücks zu bewirken, weiterhin alle für die Zustellung des Schriftstücks erforderlichen Schritte unternehmen. Um jedoch eine unbefristete Verpflichtung der Empfangsstelle, Schritte zur Zustellung des Schriftstücks zu unternehmen, zu vermeiden, sollte die Übermittlungsstelle die Möglichkeit haben, unter Verwendung von Formblatt A in Anhang I eine Frist festzulegen, nach deren Ablauf die Zustellung nicht mehr erforderlich ist.

(23) Um die Wirksamkeit dieser Verordnung zu gewährleisten, sollten die Umstände, unter denen es möglich ist, die Annahme des zuzustellenden Schriftstücks zu verweigern, auf Ausnahmefälle beschränkt werden.

(24) In allen Fällen, in denen das zuzustellende Schriftstück nicht in der Amtssprache oder einer der Amtssprachen des Zustellungsorts abgefasst ist, sollte die Empfangsstelle den Zustellungsempfänger schriftlich unter Verwendung des Formblatts L in Anhang I darüber belehren, dass er die Annahme des zuzustellenden Schriftstücks verweigern kann, wenn es weder in einer Sprache, die er versteht, noch in der Amtssprache oder einer der Amtssprachen des Zustellungsorts abgefasst ist. Diese Regel sollte auch für später erfolgende Zustellungen gelten, wenn der Empfänger das Verweigerungsrecht ausgeübt hat. Dieses Verweigerungsrecht sollte auch im Falle der Zustellung durch diplomatische Vertreter oder konsularische Bedienstete, der Zustellung durch Postdienste, der elektronischen Zustellung und der unmittelbaren Zustellung gelten. Die Zustellung eines Schriftstücks, dessen Annahme verweigert wurde, sollte dadurch geheilt werden können, dass dem Empfänger eine Übersetzung des zurückgewiesenen Schriftstücks zugestellt wird.

(25) Wird dem zuzustellenden Schriftstück eine Übersetzung beigefügt, so sollte sie beglaubigt sein oder auf andere Weise nach dem Recht des Ursprungsmitgliedstaats als für das Verfahren geeignet befunden werden. Die Übersetzung sollte dem Mitgliedstaat, in dem die Zustellung erfolgen soll, zur Verfügung gestellt werden. Die Übersetzung von Schriftstücken in eine andere Sprache zum Zwecke der Gewährleistung der Einhaltung dieser Verordnung berührt nicht die Möglichkeit für den Empfänger, die Richtigkeit der Übersetzung nach dem Recht des Forummitgliedstaats, anzufechten.

(26) Wenn der Empfänger die Annahme des Schriftstücks verweigert hat und das in dem Verfahren angerufene Gericht oder die mit dem Verfahren befasste Behörde nach Überprüfung entscheidet, dass die Verweigerung nicht gerechtfertigt war, sollte dieses Gericht oder diese Behörde eine geeignete Form der Unterrichtung des Empfängers über diese Entscheidung gemäß dem nationalen Recht prüfen. Für die Zwecke der Überprüfung, ob die Verweigerung gerechtfertigt war, sollte das Gericht oder die Behörde alle in der Akte

enthaltenen relevanten Informationen berücksichtigen, um die Sprachkenntnisse des Empfängers zu ermitteln. Bei der Bewertung der Sprachkenntnisse des Empfängers könnte das Gericht oder die Behörde gegebenenfalls Tatsachen berücksichtigen wie zum Beispiel, ob der Empfänger Schriftstücke in der betreffenden Sprache verfasst hat, ob besondere Sprachkenntnisse für den Beruf des Empfängers erforderlich sind, ob der Empfänger Staatsangehöriger des Forummitgliedstaats ist oder ob der Empfänger früher über einen längeren Zeitraum seinen Wohnsitz in diesem Mitgliedstaat hatte.

(27) Aufgrund der verfahrensrechtlichen Unterschiede zwischen den Mitgliedstaaten bestimmt sich der maßgebliche Zustellungszeitpunkt in den einzelnen Mitgliedstaaten nach unterschiedlichen Kriterien. Unter diesen Umständen und in Anbetracht der möglicherweise daraus entstehenden Schwierigkeiten sollte diese Verordnung eine Regelung vorsehen, nach der sich der Zustellungszeitpunkt nach dem Recht des Empfangsmitgliedstaats bestimmt. Muss jedoch nach dem Recht eines Mitgliedstaats ein Schriftstück innerhalb einer bestimmten Frist zugestellt werden, so sollte im Verhältnis zum Antragsteller als Tag der Zustellung der Tag gelten, der sich aus dem Recht dieses Mitgliedstaats ergibt. Diese Regelung des doppelten Datums besteht nur in einer begrenzten Zahl von Mitgliedstaaten. Wenn Mitgliedstaaten diese Regelung anwenden, sollten sie diese Information der Kommission mitteilen, die diese Information über das durch die Verordnung 2001/470/EG des Rates[1)] gegründete Europäische Justizielle Netz für Zivil- und Handelssachen und über das Europäische Justizportal in elektronischer Form zugänglich machen sollte.

(28) Um den Zugang zum Recht zu erleichtern, sollten die Mitgliedstaaten eine einheitliche Festgebühr für die Inanspruchnahme einer Amtsperson oder einer anderen nach dem Recht des Empfangsmitgliedstaats zuständigen Person festlegen. Diese Gebühr sollte den Grundsätzen der Verhältnismäßigkeit und der Nichtdiskriminierung entsprechen. Das Erfordernis einer einheitlichen Festgebühr sollte nicht die Möglichkeit ausschließen, dass die Mitgliedstaaten unterschiedliche Festgebühren für unterschiedliche Arten der Zustellung festlegen, sofern sie diese Grundsätze beachten.

(29) Es sollte jedem Mitgliedstaat freistehen, Personen, die in einem anderen Mitgliedstaat ansässig sind, Schriftstücke durch Postdienste unmittelbar per Einschreiben mit Rückschein oder gleichwertigem Beleg zustellen zu lassen. Für die Zustellung von Schriftstücken in verschiedenen Formen von Briefen, einschließlich Briefkonvoluten, sollte es möglich sein, private oder öffentliche Postdienste zu nutzen.

(30) Nach der ständigen Rechtsprechung des Gerichtshofs der Europäischen Union[2)] gilt die unmittelbare Zustellung durch einen Postdienst im Sinne dieser Verordnung sogar dann als rechtsgültig bewirkt, wenn das Schriftstück zwar nicht dem Empfänger persönlich ausgehändigt, aber an der Privatanschrift des Empfängers an einen Erwachsenen übergeben wurde, der in demselben Haushalt wie der Empfänger lebt oder dort vom Empfänger beschäftigt wird und der das Schriftstück annehmen kann und dazu bereit ist, es sei denn, dass nach dem Recht des Forummitgliedstaats nur die persönliche Aushändigung des Schriftstücks an den Empfänger zulässig ist.

[1)] **Amtl. Anm.:** Entscheidung 2001/470/EG des Rates vom 28. Mai 2001 über die Einrichtung eines Europäischen Justiziellen Netzes für Zivil- und Handelssachen (ABl. L 174 vom 27.6.2001, S. 25).

[2)] **Amtl. Anm.:** Urteil des Gerichtshofs vom 2. März 2017 *Andrew Marcus Henderson gegen Novo Banco* SA, Rechtssache C-354/15, ECLI:EU:C:2017:157.

(31) Effiziente, zügige grenzüberschreitende Gerichtsverfahren erfordern schnelle und sichere direkte Kanäle für die Zustellung von Schriftstücken an Personen in anderen Mitgliedstaaten. Folglich sollte es möglich sein, einem Empfänger, der eine bekannte Zustelladresse in einem anderen Mitgliedstaat hat, Schriftstücke unmittelbar elektronisch zuzustellen. Die Voraussetzungen für diese Art der unmittelbaren elektronischen Zustellung sollten gewährleisten, dass die elektronische Zustellung nur mit elektronischen Mitteln erfolgt, die nach dem Recht des Forummitgliedstaats für die inländische Zustellung von Schriftstücken verwendet werden dürfen, und dass geeignete Garantien für den Schutz der Interessen des Empfängers einschließlich hoher technischer Standards und die Anforderung der ausdrücklichen Zustimmung des Empfängers bestehen.

(32) Die elektronische Zustellung an den Empfänger durch einen qualifizierten Zustelldienst für die Zustellung elektronischer Einschreiben im Sinne der Verordnung (EU) Nr. 910/2014 sollte möglich sein, wenn der Empfänger vorher ausdrücklich der Verwendung elektronischer Mittel für die Zustellung von Schriftstücken in Gerichtsverfahren zugestimmt hat. In solchen Fällen könnte die ausdrückliche Zustimmung für bestimmte Verfahren oder ganz allgemein für die elektronische Zustellung von Schriftstücken in Gerichtsverfahren durch diese Zustellungsarten erteilt werden. Diese Zustimmung könnte auch dann erteilt werden, wenn nach dem Recht des Forummitgliedstaats Verfahrensschriftstücke mithilfe eines elektronischen Systems zugestellt werden können und der Empfänger der Verwendung dieses Systems im Zusammenhang mit der Zustellung von Schriftstücken zugestimmt hat, bevor ihm mithilfe des betreffenden Systems Schriftstücke zugestellt werden.

(33) Eine elektronische Zustellung ohne Verwendung eines qualifizierten Zustelldienstes für die Zustellung elektronischer Einschreiben im Sinne der Verordnung (EU) Nr. 910/2014 an den Empfänger könnte erfolgen, wenn der Empfänger dem in dem Verfahren angerufenen Gericht oder der mit dem Verfahren befassten Behörde oder der in dem betreffenden Verfahren für die Zustellung zuständigen Partei seine vorherige ausdrückliche Zustimmung zur Verwendung von E-Mails an eine bestimmte E-Mail-Adresse für solche Verfahren erteilt hat, sofern eine Bestätigung des Empfangs des Schriftstücks durch den Empfänger eingeht. Der Empfänger sollte den Empfang des Schriftstücks bestätigen, indem er eine Empfangsbestätigung unterzeichnet und zurückschickt oder indem er eine E-Mail von der von ihm für die Zustellung angegebenen E-Mail-Adresse zurückschickt. Die Empfangsbestätigung könnte auch elektronisch unterzeichnet werden. Um die Sicherheit der Übermittlung zu gewährleisten, könnten Mitgliedstaaten zusätzliche Bedingungen mitteilen, unter denen sie die elektronische Zustellung per E-Mail zulassen, wenn nach ihrem Recht für die Zustellung per E-Mail strengere Bedingungen gelten oder wenn ihr Recht eine solche Zustellung per E-Mail nicht zulässt. Diese Bedingungen können Aspekte wie die Identifizierung des Absenders und des Empfängers, die Unversehrtheit der übermittelten Schriftstücke und den Schutz der Übermittlung vor äußeren Eingriffen betreffen.

(34) Jeder an bestimmten gerichtlichen Verfahren Beteiligte sollte die Möglichkeit haben, Schriftstücke unmittelbar durch Amtspersonen, Beamte oder sonstige zuständige Personen des Mitgliedstaats, in dem um Zustellung ersucht wird, zustellen zu lassen, wenn eine solche unmittelbare Zustellung nach dem Recht dieses Mitgliedstaats zulässig ist.

(35) Wenn das nationale Recht und diese Verordnung dem Gericht erlauben, den Rechtsstreit auch dann zu entscheiden, wenn keine Bescheinigung über die

Zustellung oder die Aushändigung bzw. Abgabe des verfahrenseinleitenden Schriftstücks oder des ihm gleichwertigen Schriftstücks eingegangen ist, so sollten alle angemessenen Schritte bei den zuständigen Behörden oder Stellen des Empfangsmitgliedstaats unternommen werden, um die Bescheinigung zu erlangen, bevor eine Gerichtsentscheidung im Einklang auch mit anderen Erfordernissen zum Schutz der Interessen des Beklagten ergeht. Sofern nicht mit dem nationalen Recht unvereinbar, sollten alle angemessenen Schritte unternommen werden, um den Beklagten über alle verfügbaren Kommunikationskanäle – einschließlich der modernen Kommunikationstechnologie –, für die dem angerufenen Gericht eine Anschrift oder ein Konto bekannt ist, davon in Kenntnis zu setzen, dass ein Gerichtsverfahren gegen ihn eingeleitet wurde.

(36) Die Kommission sollte ein Handbuch mit Informationen zur ordnungsgemäßen Anwendung dieser Verordnung erstellen. Das Handbuch sollte über das Europäische Justizielle Netz für die Zusammenarbeit in Zivil- und Handelssachen zugänglich gemacht werden. Die Kommission und die Mitgliedstaaten sollten ihr Möglichstes tun, um sicherzustellen, dass die in dem Handbuch enthaltenen Informationen aktuell und vollständig sind, insbesondere die Kontaktinformationen zu den Empfangs- und den Übermittlungsstellen.

(37) Die Berechnung der in dieser Verordnung vorgesehenen Fristen und Termine sollte nach Maßgabe der Verordnung (EWG, Euratom) Nr. 1182/71 des Rates[1)] erfolgen.

(38) Um die in Anhang I dieser Verordnung enthaltenen Formblätter zu aktualisieren oder technische Anpassungen an diesen Formblättern vorzunehmen, sollte der Kommission die Befugnis übertragen werden, nach Artikel 290 des Vertrags über die Arbeitsweise der Europäischen Union[2)] Rechtsakte zur Änderung des genannten Anhangs zu erlassen. Es ist von besonderer Bedeutung, dass die Kommission im Zuge ihrer Vorbereitungsarbeit angemessene Konsultationen, auch auf der Ebene von Sachverständigen, durchführt, die mit den Grundsätzen in Einklang stehen, die in der Interinstitutionellen Vereinbarung vom 13. April 2016 über bessere Rechtsetzung[3)] niedergelegt wurden. Um insbesondere für eine gleichberechtigte Beteiligung an der Vorbereitung delegierter Rechtsakte zu sorgen, erhalten das Europäische Parlament und der Rat alle Dokumente zur gleichen Zeit wie die Sachverständigen der Mitgliedstaaten, und ihre Sachverständigen haben systematisch Zugang zu den Sitzungen der Sachverständigengruppen der Kommission, die mit der Vorbereitung der delegierten Rechtsakte befasst sind.

(39) Zur Gewährleistung einheitlicher Bedingungen für die Durchführung dieser Verordnung sollten der Kommission Durchführungsbefugnisse übertragen werden. Diese Befugnisse sollten im Einklang mit der Verordnung (EU) Nr. 182/2011 des Europäischen Parlaments und des Rates[4)] ausgeübt werden.

(40) Diese Verordnung sollte Vorrang vor den Bestimmungen bilateraler oder multilateraler Übereinkünfte oder Vereinbarungen mit einem dieser Verord-

---

[1)] **Amtl. Anm.:** Verordnung (EWG, Euratom) Nr. 1182/71 des Rates vom 3. Juni 1971 zur Festlegung der Regeln für die Fristen, Daten und Termine (ABl. L 124 vom 8.6.1971, S. 1).

[2)] **Sartorius Nr. 1001.**

[3)] ***Amtl. Anm.:*** *ABl. L 123 vom 12.5.2016, S. 1.*

[4)] **Amtl. Anm.:** Verordnung (EU) Nr. 182/2011 des Europäischen Parlaments und des Rates vom 16. Februar 2011 zur Festlegung der allgemeinen Regeln und Grundsätze, nach denen die Mitgliedstaaten die Wahrnehmung der Durchführungsbefugnisse durch die Kommission kontrollieren (ABl. L 55 vom 28.2.2011, S. 13).

nung gleichen Anwendungsbereich haben, die Mitgliedstaaten geschlossen haben, insbesondere dem Haager Übereinkommen vom 15. November 1965 über die Zustellung gerichtlicher und außergerichtlicher Schriftstücke im Ausland in Zivil- oder Handelssachen. Diese Verordnung hindert die Mitgliedstaaten nicht daran, Übereinkünfte oder Vereinbarungen zur Beschleunigung oder Vereinfachung der Übermittlung von Schriftstücken beizubehalten oder zu schließen, sofern diese Übereinkünfte oder Vereinbarungen mit dieser Verordnung vereinbar sind.

(41) Die Grundrechte und Grundfreiheiten aller beteiligten Personen sollten gemäß dem Unionsrecht uneingeschränkt gewahrt und geachtet werden, insbesondere das Recht auf gleichberechtigten Zugang zur Justiz, das Recht auf Nichtdiskriminierung und das Recht auf Schutz personenbezogener Daten und der Privatsphäre.

(42) Die nach dieser Verordnung übermittelten Daten sollten angemessen geschützt werden. Dieser Schutz wird durch die Verordnung (EU) 2016/679[1] und die Richtlinie 2002/58/EG des Europäischen Parlaments und des Rates[2] geregelt. Personenbezogene Daten, die für die Bearbeitung eines bestimmten Falls nicht relevant sind, sollten unverzüglich gelöscht werden.

(43) Nach den Nummern 22 und 23 der Interinstitutionellen Vereinbarung vom 13. April 2016 über bessere Rechtsetzung sollte die Kommission diese Verordnung auf der Grundlage der Informationen bewerten, die im Rahmen spezifischer Monitoring-Regelungen eingeholt werden, um die tatsächlichen Auswirkungen dieser Verordnung zu bewerten und zu prüfen, ob weitere Maßnahmen notwendig sind. Erfassen die Mitgliedstaaten Daten zur Zustellung von Schriftstücken nach dieser Verordnung, insbesondere zur Zahl der übermittelten und erhaltenen Ersuchen, zur Zahl der Fälle, in denen die Übermittlung auf anderem Wege als über das dezentrale IT-System erfolgt ist, zur Zahl der erhaltenen Bescheinigungen über die Nichtzustellung von Schriftstücken und zur Zahl der Fälle, in denen Übermittlungsstellen die Annahme von Schriftstücken aus sprachlichen Gründen verweigert wurde, so sollten sie diese Daten für die Zwecke der Überwachung der Kommission bereitstellen. Die von der Kommission als Back-End-System entwickelte Referenzimplementierungssoftware sollte die für die Zwecke der Überwachung erforderlichen Daten durch entsprechende Programmierung erfassen, und diese Daten sollten der Kommission übermittelt werden. Wenn sich die Mitgliedstaaten für die Nutzung eines nationalen IT-Systems anstelle der durch die Kommission entwickelten Referenzimplementierungssoftware entscheiden, so kann dieses System so ausgerüstet sein, dass es diese Daten durch entsprechende Programmierung erfasst; in diesem Fall sollten die Daten der Kommission übermittelt werden.

(44) Da die Ziele dieser Verordnung aufgrund der Unterschiede zwischen den *nationalen Vorschriften* über die gerichtliche Zuständigkeit und die Anerkennung und Vollstreckung von Entscheidungen von den Mitgliedstaaten nicht ausreichend verwirklicht werden können, sondern vielmehr wegen der unmittelbaren Geltung und Verbindlichkeit dieser Verordnung auf Unionsebene

---

[1] **Sartorius Nr. 246.**

[2] **Amtl. Anm.:** Richtlinie 2002/58/EG des Europäischen Parlaments und des Rates vom 12. Juli 2002 über die Verarbeitung personenbezogener Daten und den Schutz der Privatsphäre im Bereich der Telekommunikation (Datenschutzrichtlinie für elektronische Kommunikation) (ABl. L 201 vom 31.7.2002, S. 37).

besser zu verwirklichen sind, kann die Union im Einklang mit dem in Artikel 5 des Vertrags über die Europäische Union[1)] verankerten Subsidiaritätsprinzip tätig werden. Entsprechend dem in demselben Artikel genannten Grundsatz der Verhältnismäßigkeit geht diese Verordnung nicht über das für die Verwirklichung dieser Ziele erforderliche Maß hinaus.

(45) Der Europäische Datenschutzbeauftragte wurde nach Artikel 42 Absatz 1 der Verordnung (EU) 2018/1725 konsultiert und hat am 13. September 2019 eine Stellungnahme abgegeben.[2)]

(46) Im Interesse einer besseren Übersicht und Verständlichkeit sollte die Verordnung (EG) Nr. 1393/2007 aufgehoben und durch die vorliegende Verordnung ersetzt werden.

(47) Nach Artikel 3 und Artikel 4a Absatz 1 des dem Vertrag über die Europäische Union und dem Vertrag über die Arbeitsweise der Europäischen Union beigefügten Protokolls Nr. 21 über die Position des Vereinigten Königreichs und Irlands hinsichtlich des Raums der Freiheit, der Sicherheit und des Rechts haben das Vereinigte Königreich und Irland mitgeteilt, dass sie sich an der Annahme und Anwendung dieser Verordnung beteiligen möchten.

(48) Nach den Artikeln 1 und 2 des dem Vertrag über die Europäische Union und dem Vertrag über die Arbeitsweise der Europäischen Union beigefügten Protokolls Nr. 22 über die Position Dänemarks beteiligt sich Dänemark nicht an der Annahme dieser Verordnung und ist weder durch diese Verordnung gebunden noch zu ihrer Anwendung verpflichtet –

HABEN FOLGENDE VERORDNUNG ERLASSEN:

Kapitel I. Allgemeine Bestimmungen

Art. 1 Anwendungsbereich. (1) [1]Diese Verordnung gilt für die grenzüberschreitende Zustellung gerichtlicher und außergerichtlicher Schriftstücke in Zivil- oder Handelssachen. [2]Sie gilt insbesondere nicht für Steuer- und Zollsachen, verwaltungsrechtliche Angelegenheiten sowie die Haftung eines Mitgliedstaats für Handlungen oder Unterlassungen im Rahmen der Ausübung hoheitlicher Rechte („acta iure imperii").

(2) Mit Ausnahme des Artikels 7 gilt diese Verordnung nicht, wenn die Anschrift des Empfängers eines Schriftstücks unbekannt ist.

(3) Diese Verordnung gilt nicht für die Zustellung eines Schriftstücks in dem Forummitgliedstaat an einen Bevollmächtigten der Person, an die zugestellt werden soll, unabhängig davon, wo diese Person ihren Wohnsitz hat.

Art. 2 Begriffsbestimmungen. Für die Zwecke dieser Verordnung gelten folgende Begriffsbestimmungen:

1. „Forummitgliedstaat" bezeichnet den Mitgliedstaat, in dem das Gerichtsverfahren anhängig ist;
2. „Dezentrales IT-System" bezeichnet ein Netzwerk nationaler IT-Systeme und interoperabler Zugangspunkte, die unter der jeweiligen Verantwortung und Verwaltung eines jeden Mitgliedstaats betrieben werden, das den sicheren und zuverlässigen grenzüberschreitenden Informationsaustausch zwischen den nationalen IT-Systemen ermöglicht.

[1)] **Sartorius Nr. 1000.**
[2)] **Amtl. Anm.:** ABl. C 370 vom 31.10.2019, S. 24.

Art. 3 Übermittlungs- und Empfangsstellen. (1) Jeder Mitgliedstaat benennt die Amtspersonen, Behörden oder sonstigen Personen, die für die Übermittlung gerichtlicher und außergerichtlicher Schriftstücke, die in einem anderen Mitgliedstaat zuzustellen sind, zuständig sind (im Folgenden „Übermittlungsstellen").

(2) Jeder Mitgliedstaat benennt die Amtspersonen, Behörden oder sonstigen Personen, die für die Entgegennahme gerichtlicher und außergerichtlicher Schriftstücke aus einem anderen Mitgliedstaat zuständig sind (im Folgenden „Empfangsstellen").

(3) [1] Die Mitgliedstaaten können entweder separate Übermittlungs- und Empfangsstellen oder eine einzige oder mehrere Stellen benennen, die beide Funktionen zugleich wahrnehmen. [2] Bundesstaatlich organisierte Mitgliedstaaten, Mitgliedstaaten mit mehreren Rechtssystemen und Mitgliedstaaten mit autonomen Gebietskörperschaften können mehrere derartige Stellen benennen. [3] Diese Benennung ist für einen Zeitraum von fünf Jahren gültig und kann um weitere Perioden von fünf Jahren verlängert werden.

(4) *[1]* Jeder Mitgliedstaat teilt der Kommission folgende Angaben mit:

a) die Namen und Anschriften der Empfangsstellen nach den Absätzen 2 und 3,

b) den Bereich, für den diese Empfangsstellen örtlich zuständig sind,

c) die den Empfangsstellen im Anwendungsbereich des Artikels 5 Absatz 4 zur Verfügung stehenden Mittel für den Empfang von Schriftstücken und

d) die Sprachen, in denen die Formblätter in Anhang I ausgefüllt werden dürfen.

[2] Die Mitgliedstaaten teilen der Kommission jede Änderung der in Unterabsatz 1 genannten Angaben mit.

Art. 4 Zentralstelle. *[1]* Jeder Mitgliedstaat benennt eine Zentralstelle, die dafür verantwortlich ist,

a) den Übermittlungsstellen Auskünfte zu erteilen;

b) nach Lösungswegen zu suchen, wenn bei der Übermittlung von Schriftstücken zum Zwecke der Zustellung Schwierigkeiten auftreten;

c) in Ausnahmefällen auf Ersuchen einer Übermittlungsstelle einen Zustellungsantrag an die zuständige Empfangsstelle weiterzuleiten.

[2] Bundesstaatlich organisierte Mitgliedstaaten, Mitgliedstaaten mit mehreren Rechtssystemen und Mitgliedstaaten mit autonomen Gebietskörperschaften können mehrere Zentralstellen benennen.

Art. 5 Von den Übermittlungs- und Empfangsstellen sowie den Zentralstellen zu verwendende Kommunikationsmittel. (1) [1] Zuzustellende Schriftstücke, Ersuchen, Bestätigungen, Empfangsbestätigungen, Bescheinigungen und Mitteilungen, die unter Verwendung der Formblätter in Anhang I erstellt wurden, *werden zwischen den* Übermittlungs- und Empfangsstellen, zwischen diesen Stellen und den Zentralstellen oder zwischen den Zentralstellen der verschiedenen Mitgliedstaaten über ein sicheres und zuverlässiges dezentrales IT-System übermittelt. [2] Dieses dezentrale IT-System beruht auf einer interoperablen Lösung wie beispielsweise e-CODEX.

(2) Für die zuzustellenden Schriftstücke, Ersuchen, Bestätigungen, Empfangsbestätigungen, Bescheinigungen und Mitteilungen, die über das dezentrale IT-System übermittelt werden, gilt der mit der Verordnung (EU) Nr. 910/2014 geschaffene allgemeine Rechtsrahmen für die Verwendung von qualifizierten Vertrauensdiensten.

(3) Erfordern oder enthalten die in Absatz 1 dieses Artikels genannten zuzustellenden Schriftstücke, Ersuchen, Bestätigungen, Empfangsbestätigungen, Bescheinigungen und sonstigen Mitteilungen ein Siegel oder eine eigenhändige Unterschrift, so können stattdessen qualifizierte elektronische Siegel oder qualifizierte elektronische Signaturen im Sinne der Verordnung (EU) Nr. 910/2014 verwendet werden.

(4) Ist die Übermittlung nach Absatz 1 aufgrund einer Störung des dezentralen IT-Systems oder außergewöhnlicher Umstände nicht möglich, so wird die Übermittlung mit dem schnellsten und am besten geeigneten alternativen Mittel durchgeführt, wobei den Erfordernissen der Zuverlässigkeit und Sicherheit Rechnung zu tragen ist.

Art. 6 Rechtswirkung elektronischer Schriftstücke. Den über das dezentrale IT-System übermittelten Schriftstücken darf die Rechtswirkung oder die Zulässigkeit als Beweismittel im Gerichtsverfahren nicht allein deshalb abgesprochen werden, weil sie in elektronischer Form vorliegen.

Art. 7 Unterstützung bei der Ermittlung von Anschriften. (1) Ist die Anschrift der Person, der das gerichtliche oder außergerichtliche Schriftstück in einem anderen Mitgliedstaat zuzustellen ist, nicht bekannt, so leistet der andere Mitgliedstaat bei der Ermittlung der Anschrift in mindestens einer der folgenden Weisen Unterstützung:

a) Angabe benannter Behörden, an welche die Übermittlungsstellen Anfragen um die Ermittlung der Anschrift des Empfängers des Schriftstücks richten;

b) Erlaubnis für Personen aus anderen Mitgliedstaaten, Auskunftsanfragen zu Anschriften von Empfängern, auch auf elektronischem Wege, mittels eines auf dem Europäischen Justizportal verfügbaren Standardformulars, direkt an Wohnsitzregister oder andere öffentlich zugängliche Datenbanken zu richten; oder

c) Bereitstellung ausführlicher Informationen im Europäischen Justizportal darüber, wie Anschriften von Empfängern ermittelt werden können.

(2) *[1]* Jeder Mitgliedstaat teilt der Kommission folgende Angaben mit, damit diese im Europäischen Justizportal zugänglich gemacht werden:

a) die Mittel, mit denen der Mitgliedstaat in seinem Hoheitsgebiet nach Absatz 1 Unterstützung leistet;

b) gegebenenfalls Name und Kontaktdaten der in Absatz 1 Buchstaben a und b genannten Behörden;

c) die Angabe, ob die Behörden des Empfangsmitgliedstaats auf eigene Initiative Auskunftsersuchen an Wohnsitzregister oder andere Datenbanken für Informationen über Anschriften richten, wenn die im Zustellungsantrag angegebene Anschrift nicht richtig ist.

[2] Die Mitgliedstaaten teilen der Kommission jede Änderung der in Unterabsatz 1 genannten Angaben mit.

Kapitel II. Gerichtliche Schriftstücke

Abschnitt 1. Übermittlung und Zustellung von gerichtlichen Schriftstücken

Art. 8 Übermittlung von Schriftstücken. (1) Gerichtliche Schriftstücke werden zwischen den Übermittlungs- und Empfangsstellen unmittelbar und so schnell wie möglich übermittelt.

(2) *[1]* [1]Dem zu übermittelnden Schriftstück ist ein Antrag beizufügen, der unter Verwendung des Formblattes A in Anhang I erstellt wird. [2]Das Formblatt ist in der Amtssprache des Empfangsmitgliedstaats oder, wenn es in diesem Mitgliedstaat mehrere Amtssprachen gibt, in der Amtssprache oder einer der Amtssprachen des Ortes, an dem die Zustellung erfolgen soll, oder in einer sonstigen Sprache, die der Empfangsmitgliedstaat zugelassen hat, auszufüllen.

[2] Jeder Mitgliedstaat teilt der Kommission jede andere Amtssprache der Union als seine eigene mit, in der das Formblatt ausgefüllt werden kann.

(3) Schriftstücke, die gemäß dieser Verordnung übermittelt werden, bedürfen weder der Beglaubigung noch einer anderen gleichwertigen Formalität.

(4) Beantragt die Übermittlungsstelle die Rücksendung einer Kopie eines nach Artikel 5 Absatz 4 in Papierform übermittelten Schriftstücks zusammen mit der in Artikel 14 genannten Bescheinigung, so übermittelt sie das betreffende Schriftstück in zweifacher Ausfertigung.

Art. 9 Übersetzung von Schriftstücken. (1) Die Übermittlungsstelle, welcher der Antragsteller das Schriftstück zum Zweck der Übermittlung übergibt, setzt den Antragsteller davon in Kenntnis, dass der Empfänger die Annahme des Schriftstücks verweigern darf, wenn es nicht in einer der in Artikel 12 Absatz 1 bestimmten Sprachen abgefasst ist.

(2) Der Antragsteller trägt etwaige vor der Übermittlung des Schriftstücks anfallende Übersetzungskosten unbeschadet etwaiger späterer Kostenentscheidungen des zuständigen Gerichts oder der zuständigen Behörde.

Art. 10 Entgegennahme der Schriftstücke durch die Empfangsstelle.

(1) Nach Erhalt eines Schriftstücks übermittelt die Empfangsstelle der Übermittlungsstelle automatisch und so bald wie möglich eine Empfangsbestätigung über das dezentralisierte IT-System oder, wenn die Empfangsbestätigung mit anderen Mitteln übersendet wird, so bald wie möglich, auf jeden Fall aber innerhalb von sieben Tagen nach Erhalt des Schriftstücks, unter Verwendung des Formblatts D in Anhang I.

(2) Kann der Zustellungsantrag aufgrund der übermittelten Angaben oder Schriftstücke nicht erledigt werden, so nimmt die Empfangsstelle unter Verwendung des Formblatts E in Anhang I ohne unangemessene Verzögerung Verbindung zur Übermittlungsstelle auf, um die fehlenden Angaben oder Schriftstücke zu erlangen.

(3) Fällt der Zustellungsantrag offenkundig nicht in den Anwendungsbereich dieser Verordnung oder ist die Zustellung wegen Nichtbeachtung der erforderlichen Formvorschriften nicht möglich, so sind der Zustellungsantrag und die übermittelten Schriftstücke nach Erhalt unter Verwendung des Formblatts F in Anhang I mit einer Benachrichtigung über die Rücksendung ohne unangemessene Verzögerung an die Übermittlungsstelle zurückzusenden.

(4) [1] Erhält eine Empfangsstelle ein Schriftstück zur Zustellung, für dessen Zustellung sie örtlich nicht zuständig ist, so leitet sie dieses Schriftstück zusammen mit dem Zustellungsantrag ohne unangemessene Verzögerung an die örtlich zuständige Empfangsstelle im Empfangsmitgliedstaat weiter, sofern der Antrag den Anforderungen des Artikels 8 Absatz 2 entspricht. [2] Die Empfangsstelle setzt gleichzeitig die Übermittlungsstelle unter Verwendung des Formblatts G in Anhang I davon in Kenntnis. [3] Nachdem die örtlich zuständige Empfangsstelle im Empfangsmitgliedstaat das Schriftstück und den Zustellungsantrag erhalten hat, übermittelt diese Empfangsstelle der Übermittlungsstelle so bald wie möglich, auf jeden Fall aber innerhalb von sieben Tagen nach Erhalt, eine Empfangsbestätigung unter Verwendung des Formblatts H in Anhang I.

Art. 11 Zustellung von Schriftstücken. (1) Die Zustellung des Schriftstücks wird von der Empfangsstelle bewirkt oder veranlasst, entweder nach dem Recht des Empfangsmitgliedstaats oder in einem von der Übermittlungsstelle gewünschten besonderen Verfahren, sofern dieses Verfahren mit dem Recht des Empfangsmitgliedstaats vereinbar ist.

(2) [1] Die Empfangsstelle unternimmt alle erforderlichen Schritte, um die Zustellung des Schriftstücks so rasch wie möglich, in jedem Fall jedoch binnen eines Monats nach seinem Eingang auszuführen. [2] Konnte die Zustellung nicht binnen eines Monats nach Eingang des Schriftstücks vorgenommen werden, verfährt die Empfangsstelle wie folgt:

a) Sie unterrichtet die Übermittlungsstelle unverzüglich unter Verwendung des Formblatts K in Anhang I davon oder, sofern die Übermittlungsstelle unter Verwendung des Formblatts I in Anhang I um Informationen ersucht hat, unter Verwendung des Formblatts J in Anhang I, und

b) sie unternimmt weiterhin alle für die Zustellung des Schriftstücks erforderlichen Schritte, falls die Zustellung innerhalb einer angemessenen Frist möglich erscheint, es sei denn, die Übermittlungsstelle gibt an, dass die Zustellung nicht mehr erforderlich ist.

Art. 12[1)] Verweigerung der Annahme eines Schriftstücks. (1) Der Empfänger darf die Annahme des zuzustellenden Schriftstücks verweigern, wenn das Schriftstück nicht in einer der folgenden Sprachen abgefasst oder keine Übersetzung in eine der folgenden Sprachen beigefügt ist:

a) einer Sprache, die der Empfänger versteht, oder

b) der Amtssprache des Empfangsmitgliedstaats oder, wenn es im Empfangsmitgliedstaat mehrere Amtssprachen gibt, der Amtssprache oder einer der Amtssprachen des Ortes, an dem die Zustellung erfolgen soll.

(2) *[1]* Die Empfangsstelle informiert den Empfänger über sein Recht nach Absatz 1, wenn das Schriftstück nicht in einer der in Absatz 1 Buchstabe b genannten Sprachen abgefasst oder keine Übersetzung in eine dieser Sprachen beigefügt ist, indem sie dem zuzustellenden Schriftstück das Formblatt L in Anhang I in den folgenden Sprachen beifügt:

a) in der Amtssprache oder in einer der Amtssprachen des Ursprungsmitgliedstaats und

b) in einer Sprache nach Absatz 1 Buchstabe b.

---

1) Art. 12 Abs. 3 Satz 2 ber. ABl. 2022 L 173 S. 133.

[2] Gibt es Anzeichen dafür, dass der Empfänger eine Amtssprache eines anderen Mitgliedstaats versteht, so ist auch das in dieser Sprache abgefasste Formblatt L in Anhang I beizufügen.

[3] Übersetzt ein Mitgliedstaat Formblatt L in Anhang I in eine Sprache eines Drittstaats, so stellt er die Übersetzung der Kommission zur Verfügung, damit sie über das Europäische Justizportal zugänglich gemacht wird.

(3) [1] Der Empfänger kann die Annahme eines Schriftstücks entweder bei der Zustellung oder durch eine schriftliche Erklärung der Annahmeverweigerung innerhalb von zwei Wochen ab dem Zeitpunkt der Zustellung verweigern. [2] Zu diesem Zweck kann der Empfänger entweder das Formblatt L in Anhang I oder eine schriftliche Erklärung an die Empfangsstelle mit der Angabe zurücksenden, dass er die Annahme des Schriftstücks aufgrund der Sprache, in der es zugestellt wurde, verweigert.

(4) Wird der Empfangsstelle mitgeteilt, dass der Empfänger die Annahme des Schriftstücks nach den Absätzen 1, 2 und 3 verweigert, so setzt sie die Übermittlungsstelle unter Verwendung der Bescheinigung über die Zustellung bzw. Nichtzustellung, unter Verwendung von Formblatt K in Anhang I, unverzüglich davon in Kenntnis und sendet den Antrag und – falls verfügbar – jedes Schriftstück, um dessen Übersetzung ersucht wird, zurück.

(5) [1] Die Zustellung eines Schriftstücks, dessen Annahme verweigert wurde, kann dadurch geheilt werden, dass dem Empfänger nach Maßgabe dieser Verordnung das Schriftstück zusammen mit einer Übersetzung in einer der in Absatz 1 vorgesehenen Sprachen zugestellt wird. [2] In diesem Fall ist der Tag der Zustellung des Schriftstücks der Tag, an dem die Zustellung des Schriftstücks zusammen mit der Übersetzung nach dem Recht des Empfangsmitgliedstaats bewirkt wird. [3] Muss jedoch nach dem Recht eines Mitgliedstaats ein Schriftstück innerhalb einer bestimmten Frist zugestellt werden, so ist im Verhältnis zum Antragsteller als Tag der Zustellung der nach Artikel 13 Absatz 2 ermittelte Tag maßgebend, an dem das ursprüngliche Schriftstück zugestellt worden ist.

(6) Die Absätze 1 bis 5 gelten auch für die anderen Arten der Übermittlung und Zustellung gerichtlicher Schriftstücke nach Abschnitt 2.

(7) Für die Zwecke der Absätze 1 und 2 gilt Folgendes: Erfolgt die Zustellung nach Artikel 17 durch diplomatische Vertreter oder konsularische Bedienstete und nach Artikel 18, 19 oder 20 durch eine Behörde oder Person, so setzen diese Vertreter oder Bediensteten beziehungsweise die Behörde oder Person den Empfänger davon in Kenntnis, dass er die Annahme des Schriftstücks verweigern darf und dass diesen Vertretern oder Bediensteten beziehungsweise dieser Behörde oder Person eine entweder unter Verwendung des Formblatts L in Anhang I oder freihändig erstellte schriftliche Verweigerungserklärung zu übermitteln ist.

Art. 13 Tag der Zustellung. (1) Unbeschadet des Artikels 12 Absatz 5 ist für das Datum der nach Artikel 11 erfolgten Zustellung eines Schriftstücks das Datum maßgeblich, an dem das Schriftstück nach dem Recht des Empfangsmitgliedstaats zugestellt worden ist.

(2) Erfordert jedoch das Recht eines Mitgliedstaats die Zustellung eines Schriftstücks innerhalb einer bestimmten Frist, so ist im Verhältnis zum Antragsteller als Datum der Zustellung das Datum maßgeblich, das sich aus dem Recht dieses Mitgliedstaats ergibt.

(3) Dieser Artikel gilt auch für die anderen Arten der Übermittlung und Zustellung gerichtlicher Schriftstücke nach Abschnitt 2.

Art. 14 Bescheinigung über die Zustellung und Kopie des zugestellten Schriftstücks. (1) Nach Erledigung der für die Zustellung des Schriftstücks vorzunehmenden Schritte, stellt die Empfangsstelle unter Verwendung von Formblatt K in Anhang I eine Bescheinigung über die Erledigung dieser Schritte aus und sendet sie der Übermittlungsstelle; im Falle des Artikels 8 Absatz 4 wird der Bescheinigung eine Kopie des zugestellten Schriftstücks beigefügt.

(2) [1] Die in Absatz 1 genannte Bescheinigung ist in der Amtssprache oder in einer der Amtssprachen des Ursprungsmitgliedstaats oder in einer sonstigen Sprache auszustellen, die der Ursprungsmitgliedstaat zugelassen hat. [2] Jeder Mitgliedstaat gibt die Amtssprache(n) der Union außer seiner oder seinen eigenen Amtssprache(n) an, in denen das Formblatt K in Anhang I ausgefüllt werden kann.

Art. 15 Kosten der Zustellung. (1) Die Zustellung gerichtlicher Schriftstücke aus einem Mitgliedstaat begründet keine Verpflichtung zur Zahlung oder Erstattung von Gebühren und Auslagen für die Tätigkeit des Empfangsmitgliedstaats.

(2) *[1]* Abweichend von Absatz 1 zahlt oder erstattet der Antragsteller die Kosten

a) der Mitwirkung einer Amtsperson oder einer anderen nach dem Recht des Empfangsmitgliedstaats zuständigen Person bei der Zustellung;

b) für ein besonderes Verfahren der Zustellung.

[2] [1] Die Mitgliedstaaten legen eine einheitliche Festgebühr für die Mitwirkung einer Amtsperson oder einer anderen nach dem Recht des Empfangsmitgliedstaats zuständigen Person fest. [2] Diese Gebühr entspricht den Grundsätzen der Verhältnismäßigkeit und der Nichtdiskriminierung. [3] Die Mitgliedstaaten teilen der Kommission diese Festgebühren mit.

Abschnitt 2. Andere Arten der Übermittlung und Zustellung gerichtlicher Schriftstücke

Art. 16 Übermittlung auf diplomatischem oder konsularischem Weg. In Ausnahmefällen kann jeder Mitgliedstaat den Empfangsstellen oder den Zentralstellen eines anderen Mitgliedstaats gerichtliche Schriftstücke zum Zwecke der Zustellung auf diplomatischem oder konsularischem Weg übermitteln.

Art. 17 Zustellung von Schriftstücken durch diplomatische Vertreter oder konsularische Bedienstete. (1) Jeder Mitgliedstaat kann Personen, die ihren Wohnsitz in einem anderen Mitgliedstaat haben, gerichtliche Schriftstücke unmittelbar durch seine diplomatischen Vertreter oder konsularischen Bediensteten ohne Anwendung von Zwangsmitteln zustellen lassen.

(2) Ein Mitgliedstaat kann der Kommission mitteilen, dass er die Zustellung gerichtlicher Schriftstücke nach Absatz 1 in seinem Hoheitsgebiet nicht zulässt, außer wenn die zuzustellenden Schriftstücke Staatsangehörigen des Übermittlungsmitgliedstaats zuzustellen sind.

Art. 18 Zustellung durch Postdienste. Gerichtliche Schriftstücke können Personen mit Aufenthalt in einem anderen Mitgliedstaat unmittelbar durch Postdienste per Einschreiben mit Empfangsbestätigung oder mittels eines gleichwertigen Nachweises zugestellt werden.

Art. 19 Elektronische Zustellung. (1) Gerichtliche Schriftstücke können einer Person, die eine bekannte Zustelladresse in einem anderen Mitgliedstaat hat, unmittelbar durch elektronische Mittel zugestellt werden, die nach dem Recht des Forummitgliedstaats für die inländische Zustellung von Schriftstücken vorgesehen sind, vorausgesetzt

a) die Schriftstücke werden mittels eines qualifizierten Dienstes für die Zustellung elektronischer Einschreiben im Sinne der Verordnung (EU) Nr. 910/2014 versandt und empfangen und der Empfänger hat vorher ausdrücklich der Verwendung elektronischer Mittel für die Zustellung von Schriftstücken in gerichtlichen Verfahren zugestimmt oder
b) der Empfänger hat dem angerufenen Gericht oder der mit dem Verfahren befassten Behörde oder der in dem betreffenden Verfahren für die Zustellung von Schriftstücken zuständigen Partei seine vorherige ausdrückliche Zustimmung zur Verwendung von E-Mails an eine bestimmte E-Mail-Adresse für die Zustellung von Schriftstücken im Rahmen des betreffenden Verfahrens erteilt und der Empfänger bestätigt die Zustellung des Schriftstücks mit einer Empfangsbestätigung, die das Empfangsdatum enthält.

(2) Um die Sicherheit der Übermittlung zu gewährleisten, kann jeder Mitgliedstaat die zusätzlichen Bedingungen festlegen und der Kommission mitteilen, unter denen er die elektronische Zustellung nach Absatz 1 Buchstabe b zulässt, wenn nach seinem Recht strengere Bedingungen dafür gelten oder die elektronische Zustellung per E-Mail nicht zugelassen ist.

Art. 20 Unmittelbare Zustellung. (1) Jeder an bestimmten Gerichtsverfahren Beteiligte kann gerichtliche Schriftstücke unmittelbar durch Amtspersonen, Beamte oder sonstige zuständige Personen des Mitgliedstaats, in dem Zustellung beantragt wird, zustellen lassen, sofern eine solche unmittelbare Zustellung nach dem Recht dieses Mitgliedstaats zulässig ist.

(2) [1] Ein Mitgliedstaat, der die unmittelbare Zustellung zulässt, informiert die Kommission darüber, welche Berufsgruppen oder qualifizierten Personen in ihrem Hoheitsgebiet die unmittelbare Zustellung von Schriftstücken vornehmen dürfen. [2] Die Kommission macht diese Informationen im Europäischen Justizportal zugänglich.

Kapitel III. Außergerichtliche Schriftstücke

Art. 21 Übermittlung und Zustellung außergerichtlicher Schriftstücke.

Außergerichtliche Schriftstücke können in einen anderen Mitgliedstaat nach Maßgabe dieser Verordnung übermittelt und dort zugestellt werden.

Kapitel IV. Schlussbestimmungen

Art. 22 Nichteinlassung des Beklagten. (1) War ein verfahrenseinleitendes Schriftstück oder ein diesem gleichwertiges Schriftstück nach dieser Verordnung zum Zwecke der Zustellung in einen anderen Mitgliedstaat zu übermitteln und hat sich der Beklagte nicht auf das Verfahren eingelassen, so ergeht kein Urteil, bis festgestellt ist, dass das Schriftstück so rechtzeitig zugestellt oder übergeben worden ist, dass der Beklagte genügend Zeit hatte, um sich verteidigen zu können, und dass

a) das Schriftstück in einer Weise zugestellt worden ist, die das Recht des Empfangsmitgliedstaats für die Zustellung von Schriftstücken in einem innerstaatlichen Rechtsstreit an dort befindliche Personen vorschreibt, oder

b) das Schriftstück tatsächlich entweder dem Beklagten persönlich ausgehändigt oder nach einem anderen in dieser Verordnung vorgesehenen Verfahren in der Wohnung des Beklagten abgegeben worden ist.

(2) *[1]* Jeder Mitgliedstaat kann der Kommission mitteilen, dass ein Gericht ungeachtet des Absatzes 1 den Rechtsstreit entscheiden kann, auch wenn keine Bescheinigung über die Zustellung oder die Aushändigung bzw. Abgabe des verfahrenseinleitenden Schriftstücks oder ein diesem gleichwertiges Schriftstück eingegangen ist, sofern alle folgenden Voraussetzungen erfüllt sind:

a) Das Schriftstück ist nach einem in dieser Verordnung vorgesehenen Verfahren übermittelt worden;

b) seit der Absendung des Schriftstücks ist eine Frist verstrichen, die das Gericht im Einzelfall als angemessen erachtet, mindestens jedoch eine Frist von sechs Monaten;

c) es wurde keine Bescheinigung irgendeiner Art erlangt, obwohl alle zumutbaren Schritte zu ihrer Erlangung durch die zuständigen Behörden oder Stellen des Empfangsmitgliedstaats unternommen wurden.

[2] Diese Informationen werden im Europäischen Justizportal zugänglich gemacht.

(3) Ungeachtet der Absätze 1 und 2 können Gerichte in begründeten dringenden Fällen einstweilige Maßnahmen oder Sicherungsmaßnahmen anordnen.

(4) *[1]* War ein verfahrenseinleitendes Schriftstück oder ein diesem gleichwertiges Schriftstück nach dieser Verordnung zum Zweck der Zustellung in einen anderen Mitgliedstaat zu übermitteln, und ist eine Entscheidung gegen einen Beklagten ergangen, der sich nicht auf das Verfahren eingelassen hat, so kann das Gericht dem Beklagten unter Außerachtlassung des Ablaufs der Frist für die Einlegung von Rechtsmitteln die Wiedereinsetzung in den vorigen Stand gewähren, sofern die beiden folgenden Voraussetzungen erfüllt sind:

a) Der Beklagte hat ohne sein Verschulden nicht so rechtzeitig Kenntnis von dem Schriftstück erlangt, dass er sich hätte verteidigen können, oder nicht so rechtzeitig Kenntnis von der Entscheidung erlangt, dass er ein Rechtsmittel hätte einlegen können, und

b) die Verteidigung des Beklagten scheint nicht von vornherein in der Sache aussichtslos.

[2] Ein Antrag auf Wiedereinsetzung in den vorigen Stand kann nur innerhalb einer angemessenen Frist, nachdem der Beklagte von der Entscheidung Kenntnis erhalten hat, gestellt werden.

[3] [1] Jeder Mitgliedstaat kann der Kommission mitteilen, dass ein Antrag auf Wiedereinsetzung in den vorigen Stand nach Ablauf einer durch den Mitgliedstaat in seiner Mitteilung bestimmten Frist unzulässig ist. [2] Diese Frist muss mindestens ein Jahr ab dem Datum der Entscheidung betragen. [3] Diese Informationen werden über das Europäische Justizportal zugänglich gemacht.

(5) Absatz 4 gilt nicht für Entscheidungen, die den Personenstand oder die Rechtsfähigkeit von Personen betreffen.

Art. 23 Änderung des Anhangs I. Der Kommission wird die Befugnis übertragen, nach Artikel 24 delegierte Rechtsakte zur Änderung des Anhangs I zu erlassen, um die darin vorgesehenen Formblätter zu aktualisieren oder technische Anpassungen an diesen Formblättern vorzunehmen.

Art. 24 Ausübung der Befugnisübertragung. (1) Die Befugnis zum Erlass delegierter Rechtsakte wird der Kommission unter den in diesem Artikel festgelegten Bedingungen übertragen.

(2) [1] Die Befugnis zum Erlass delegierter Rechtsakte gemäß Artikel 23 wird der Kommission für einen Zeitraum von fünf Jahren ab dem 22. Dezember 2020 übertragen. [2] Die Kommission erstellt spätestens neun Monate vor Ablauf des Zeitraums von fünf Jahren einen Bericht über die Befugnisübertragung. [3] Die Befugnisübertragung verlängert sich stillschweigend um Zeiträume gleicher Länge, es sei denn, das Europäische Parlament oder der Rat widersprechen einer solchen Verlängerung spätestens drei Monate vor Ablauf des jeweiligen Zeitraums.

(3) [1] Die Befugnisübertragung gemäß Artikel 23 kann vom Europäischen Parlament oder vom Rat jederzeit widerrufen werden. [2] Der Beschluss über den Widerruf beendet die Übertragung der in dem Beschluss angegebenen Befugnis. [3] Er wird am Tag nach seiner Veröffentlichung im *Amtsblatt der Europäischen Union* oder zu einem im Beschluss über den Widerruf angegebenen späteren Zeitpunkt wirksam. [4] Die Gültigkeit von delegierten Rechtsakten, die bereits in Kraft sind, wird von dem Beschluss über den Widerruf nicht berührt.

(4) Vor dem Erlass eines delegierten Rechtsakts konsultiert die Kommission die von den einzelnen Mitgliedstaaten benannten Sachverständigen, im Einklang mit den in der Interinstitutionellen Vereinbarung vom 13. April 2016 über bessere Rechtsetzung enthaltenen Grundsätzen.

(5) Sobald die Kommission einen delegierten Rechtsakt erlässt, übermittelt sie ihn gleichzeitig dem Europäischen Parlament und dem Rat.

(6) [1] Ein delegierter Rechtsakt, der gemäß Artikel 23 erlassen wurde, tritt nur in Kraft, wenn weder das Europäische Parlament noch der Rat innerhalb einer Frist von zwei Monaten nach Übermittlung dieses Rechtsakts an das Europäische Parlament und den Rat Einwände erhoben haben oder wenn vor Ablauf dieser Frist sowohl das Europäische Parlament als auch der Rat beide der Kommission mitgeteilt haben, dass sie keine Einwände erheben werden. [2] Auf Initiative des Europäischen Parlaments oder des Rates wird diese Frist um zwei Monate verlängert.

Art. 25 Erlass von Durchführungsrechtsakten durch die Kommission.

(1) Die Kommission erlässt Durchführungsrechtsakte[1)] zur Einrichtung des dezentralen IT-Systems, durch die sie Folgendes festlegt:

a) die technischen Spezifikationen zur Festlegung der Methoden zur elektronischen Kommunikation für die Zwecke des dezentralen IT-Systems;

b) die technischen Spezifikationen für Kommunikationsprotokolle;

c) die Informationssicherheitsziele und entsprechenden technischen Maßnahmen zur Gewährleistung von Mindeststandards für die Informationssicherheit bei der Verarbeitung und Übermittlung von Informationen im dezentralen IT-System;

d) die Mindestverfügbarkeitsziele und mögliche damit verbundene technische Anforderungen an die Leistungen des dezentralen IT-Systems;

e) die Einsetzung eines aus Vertretern der Mitgliedstaaten bestehenden Lenkungsausschusses, um zur Verwirklichung der Ziele dieser Verordnung den Betrieb sowie die Wartung und Pflege des dezentralen IT-Systems sicherzustellen.

[1)] Siehe hierzu ua DurchführungsVO (EU) 2022/423.

(2) Die Durchführungsrechtsakte nach Absatz 1 des vorliegenden Artikels werden spätestens am 23. März 2022 gemäß dem in Artikel 26 Absatz 2 genannten Prüfverfahren erlassen.

Art. 26 Ausschussverfahren. (1) [1]Die Kommission wird von einem Ausschuss unterstützt. [2]Dieser Ausschuss ist ein Ausschuss im Sinne der Verordnung (EU) Nr. 182/2011.

(2) Wird auf diesen Absatz Bezug genommen, so gilt Artikel 5 der Verordnung (EU) Nr. 182/2011.

Art. 27 Referenzimplementierungssoftware. (1) [1]Die Kommission ist verantwortlich für die Schaffung, Wartung und Pflege sowie künftige Weiterentwicklung einer Referenzimplementierungssoftware, für deren Einsatz sich die Mitgliedstaaten als ihr Back-End-System anstelle eines nationalen IT-Systems entscheiden können. [2]Die Schaffung, Wartung und Pflege sowie künftige Weiterentwicklung der Referenzimplementierungssoftware werden aus dem Gesamthaushalt der Union finanziert.

(2) Die Kommission übernimmt die Bereitstellung, Wartung und Pflege sowie kostenlose Implementierung der Softwarekomponenten, die den Zugangspunkten zugrunde liegen.

Art. 28 Kosten des dezentralen IT-Systems. (1) Jeder Mitgliedstaat trägt die Kosten für Installation, Betrieb sowie Wartung und Pflege seiner Zugangspunkte, über welche die nationalen IT-Systeme im Rahmen des dezentralen IT-Systems vernetzt sind.

(2) Jeder Mitgliedstaat trägt die Kosten für die Einrichtung und Anpassung seiner nationalen IT-Systeme zur Herstellung der Interoperabilität mit den Zugangspunkten sowie die Kosten für Verwaltung, Betrieb und Instandhaltung dieser Systeme.

(3) Die Absätze 1 und 2 lassen die Möglichkeit der Mitgliedstaaten unberührt, Finanzhilfen zur Unterstützung der in diesen Absätzen genannten Tätigkeiten im Rahmen der Finanzierungsprogramme der Union zu beantragen.

Art. 29 Verhältnis zu Übereinkünften oder Vereinbarungen zwischen Mitgliedstaaten. (1) Diese Verordnung hat in ihrem Anwendungsbereich Vorrang vor anderen Bestimmungen in den von Mitgliedstaaten geschlossenen bilateralen oder multilateralen Übereinkünften oder Vereinbarungen, insbesondere dem Haager Übereinkommen vom 15. November 1965 über die Zustellung gerichtlicher und außergerichtlicher Schriftstücke im Ausland in Zivil- oder Handelssachen, und zwar im Verhältnis der Mitgliedstaaten, die Vertragsparteien dieser Übereinkünfte sind.

(2) Diese Verordnung hindert Mitgliedstaaten nicht daran, Übereinkünfte oder Vereinbarungen zur Beschleunigung oder weiteren Vereinfachung der Übermittlung von Schriftstücken beizubehalten oder zu schließen, sofern diese Übereinkünfte oder Vereinbarungen mit der vorliegenden Verordnung vereinbar sind.

(3) Die Mitgliedstaaten übermitteln der Kommission:

a) eine Abschrift der zwischen den Mitgliedstaaten geschlossenen Übereinkünfte oder Vereinbarungen nach Absatz 2 sowie die Entwürfe von ihnen geplanter Übereinkünfte oder Vereinbarungen und

b) jede Kündigung oder Änderung dieser Übereinkünfte oder Vereinbarungen.

Art. 30 Prozesskostenhilfe. Die vorliegende Verordnung berührt nicht Artikel 24 des Haager Übereinkommens vom 1. März 1954 über den Zivilprozess und Artikel 13 des Abkommens über die Erleichterung des internationalen Zugangs zu den Gerichten vom 25. Oktober 1980 im Verhältnis zwischen den Mitgliedstaaten, die Vertragspartei dieser Übereinkünfte sind.

Art. 31 Schutz übermittelter Informationen. (1) *[1]* Die nach dieser Verordnung durchgeführte Verarbeitung personenbezogener Daten, einschließlich des Austausches oder der Übermittlung personenbezogener Daten durch die zuständigen Behörden, erfolgt gemäß der Verordnung (EU) 2016/679[1].

[2] Der Austausch oder die Übermittlung von Informationen durch die zuständigen Stellen auf Ebene der Union erfolgt gemäß der Verordnung (EU) 2018/1725.

[3] Personenbezogene Daten, die für die Bearbeitung eines einzelnen Falls nicht relevant sind, werden sofort gelöscht.

(2) Die nach nationalem Recht zuständige Behörde oder zuständigen Behörden gilt bzw. gelten für die Verarbeitung personenbezogener Daten im Rahmen der vorliegenden Verordnung als Verantwortliche im Sinne der Verordnung (EU) 2016/679.

(3) Unbeschadet der Absätze 1 und 2 darf die Empfangsstelle die nach dieser Verordnung übermittelten Informationen nur zu dem Zweck verwenden, zu dem sie übermittelt wurden.

(4) Die Empfangsstellen stellen die Vertraulichkeit derartiger Informationen nach Maßgabe ihres nationalen Rechts sicher.

(5) Die Absätze 3 und 4 berühren nicht das Auskunftsrecht von Betroffenen über die Verwendung der nach dieser Verordnung übermittelten Informationen, das ihnen nach dem nationalen Recht zusteht.

(6) Die Richtlinie 2002/58/EG bleibt von dieser Verordnung unberührt.

Art. 32 Achtung der Grundrechte nach dem Unionsrecht. Die Grundrechte und Grundfreiheiten aller beteiligten Personen, insbesondere das Recht auf gleichberechtigten Zugang zur Justiz, das Recht auf Nichtdiskriminierung und das Recht auf Schutz personenbezogener Daten und der Privatsphäre, sind nach Maßgabe des Unionsrechts uneingeschränkt zu wahren und zu achten.

Art. 33[2] Mitteilung, Veröffentlichung und Handbuch. (1) *[1]* Die Mitgliedstaaten teilen der Kommission die Angaben nach den Artikeln 3, 7, 12, 14, 17, 19, 20 und 22 mit.

[2] Die Mitgliedstaaten teilen der Kommission mit, ob ihr nationales Recht die Zustellung eines Schriftstücks nach Artikel 12 Absatz 5 und Artikel 13 Absatz 2 innerhalb einer bestimmten Frist erfordert.

---

[1] **Sartorius Nr. 246.**
[2] Art. 33 Abs. 3 ber. ABl. L, 2024/90073, 2.2.2024.

(2) [1]Sind Mitgliedstaaten in der Lage, den Betrieb des dezentralen IT-Systems früher als in dieser Verordnung vorgeschrieben aufzunehmen, so können sie das der Kommission mitteilen. [2]Die Kommission stellt diese Informationen auf elektronischem Wege zur Verfügung, insbesondere im Europäischen Justizportal.

(3) Die Kommission veröffentlicht die nach Absatz 1 mitgeteilten Angaben auf geeignete Weise, einschließlich über das Europäische Justizportal,[1)]

(4) [1]Die Kommission erstellt und aktualisiert regelmäßig ein Handbuch, das die Angaben nach Absatz 1 enthält. [2]Sie stellt das Handbuch in elektronischer Form bereit, insbesondere über das Europäische Justizielle Netz für Zivil- und Handelssachen und über das Europäische Justizportal.

Art. 34 Monitoring. (1) Die Kommission erstellt bis zum 2. Juli 2023 ein ausführliches Programm für das Monitoring der Leistungen, der Ergebnisse und der Wirkung dieser Verordnung.

(2) [1]In dem Monitoring-Programm wird festgelegt, welche Maßnahmen die Kommission und die Mitgliedstaaten zum Monitoring der Leistungen, der Ergebnisse und der Wirkung dieser Verordnung zu treffen haben. [2]Darin wird festgelegt, wann die in Absatz 3 genannten Daten erstmals zu erfassen sind – spätestens bis zum 2. Juli 2026 – und in welchen weiteren Zeitabständen diese Daten zu erfassen sind.

(3) Die Mitgliedstaaten übermitteln der Kommission je nach Verfügbarkeit folgende für die Zwecke des Monitorings erforderliche Daten:

a) die Anzahl der nach Artikel 8 übermittelten Ersuchen um Zustellung von Schriftstücken;

b) die Anzahl der nach Artikel 11 ausgeführten Ersuchen um Zustellung von Schriftstücken;

c) die Anzahl der Fälle, in denen das Ersuchen um Zustellung von Schriftstücken mit anderen Mitteln als dem dezentralen IT-System nach Artikel 5 Absatz 4 übermittelt wurde;

d) die Anzahl der eingegangenen Bescheinigungen über die Nichtzustellung von Schriftstücken;

e) die Anzahl der Fälle, in denen die Annahme von Schriftstücken, die bei den Übermittlungsstellen eingegangen sind, aus sprachlichen Gründen verweigert wurde.

(4) Die Referenzimplementierungssoftware und – soweit es dafür ausgerüstet ist – das nationale Back-End-System erfassen die in Absatz 3 Buchstaben a, b und d genannten Daten durch entsprechende Programmierung und übermitteln sie regelmäßig der Kommission.

Art. 35 Bewertung. (1) Spätestens fünf Jahre nach Geltungsbeginn des Artikels 5 gemäß Artikel 37 Absatz 2 führt die Kommission eine Bewertung dieser Verordnung durch und legt dem Europäischen Parlament, dem Rat und dem Europäischen Wirtschafts- und Sozialausschuss einen Bericht mit ihren wichtigsten Ergebnissen – gegebenenfalls zusammen mit einem Legislativvorschlag – vor.

(2) Die Mitgliedstaaten übermitteln der Kommission die Angaben, die für die Ausarbeitung des in Absatz 1 genannten Berichts erforderlich sind.

[1)] Wortlaut und Zeichensetzung amtlich.

Art. 36 Aufhebung. (1) Die Verordnung (EG) Nr. 1393/2007 wird mit dem Tag des Beginns der Geltung der vorliegenden Verordnung aufgehoben, mit Ausnahme der Artikel 4 und 6 der Verordnung (EG) Nr. 1393/2007, die mit dem Tag des Geltungsbeginns der Artikel 5, 8 und 10 nach Artikel 37 Absatz 2 der vorliegenden Verordnung aufgehoben werden.

(2) Bezugnahmen auf die aufgehobene Verordnung gelten als Bezugnahmen auf die vorliegende Verordnung und sind nach Maßgabe der Entsprechungstabelle in Anhang III zu lesen.

Art. 37 Inkrafttreten und Geltung. (1) *[1]* Diese Verordnung tritt am zwanzigsten Tag nach ihrer Veröffentlichung[1] im *Amtsblatt der Europäischen Union* in Kraft.

[2] Sie gilt ab dem 1. Juli 2022.

(2) Artikel 5, 8 und 10 gelten ab dem ersten Tag des Monats, der auf den Zeitraum von drei Jahren nach dem Tag des Inkrafttretens der in Artikel 25 genannten Durchführungsrechtsakte folgt.

Anhänge I–III. *(hier nicht wiedergegeben)*

[1] Veröffentlicht am 2.12.2020.

103d. Verordnung (EU) 2020/1783 des Europäischen Parlaments und des Rates vom 25. November 2020 über die Zusammenarbeit zwischen den Gerichten der Mitgliedstaaten auf dem Gebiet der Beweisaufnahme in Zivil- oder Handelssachen (Beweisaufnahme)

(Neufassung)

(ABl. L 405 vom 2.12.2020, S. 1, ELI: http://data.europa.eu/eli/reg/2020/1783/oj)

Celex-Nr. 3 2020 R 1783

DAS EUROPÄISCHE PARLAMENT UND DER RAT DER EUROPÄISCHEN UNION –

gestützt auf den Vertrag über die Arbeitsweise der Europäischen Union[1], insbesondere auf Artikel 81 Absatz 2,

auf Vorschlag der Europäischen Kommission,

nach Zuleitung des Entwurfs des Gesetzgebungsakts an die nationalen Parlamente,

nach Stellungnahme des Europäischen Wirtschafts- und Sozialausschusses[2],

nach Anhörung des Ausschusses der Regionen,

gemäß dem ordentlichen Gesetzgebungsverfahren[3],

in Erwägung nachstehender Gründe:

(1) Die Verordnung (EG) Nr. 1206/2001 des Rates[4] ist bereits früher geändert worden. Da weitere erhebliche Änderungen vorgenommen werden müssen, sollte die Verordnung im Interesse der Klarheit neu gefasst werden.

(2) Die Union hat sich zum Ziel gesetzt, die Union als einen Raum der Freiheit, der Sicherheit und des Rechts, in dem die Freizügigkeit gewährleistet ist, zu erhalten und weiterzuentwickeln. Um diesen Raum aufzubauen, erlässt die Union unter anderem im Bereich der justiziellen Zusammenarbeit in Zivilsachen die für das reibungslose Funktionieren des Binnenmarkts erforderlichen Maßnahmen.

(3) Für das reibungslose Funktionieren des Binnenmarkts und die Entwicklung eines Rechtsraums in Zivilsachen in der Union muss die Zusammenarbeit zwischen den Gerichten der verschiedenen Mitgliedstaaten im Bereich der Beweisaufnahme weiter verbessert und beschleunigt werden. Diese Verordnung verfolgt das Ziel, die Effizienz und Schnelligkeit von Gerichtsverfahren durch Vereinfachung und Optimierung der Abläufe bei der grenzüberschreitenden Zusammenarbeit im Rahmen der Beweisaufnahme zu verbessern, und gleichzeitig dazu beizutragen, Verzögerungen und Kosten für natürliche Personen und Unternehmen zu

---

[1] **Sartorius Nr. 1001.**

[2] **Amtl. Anm.:** ABl. C 62 vom 15.2.2019, S. 56.

[3] **Amtl. Anm.:** Standpunkt des Europäischen Parlaments vom 13. Februar 2019 (noch nicht im Amtsblatt veröffentlicht) und Standpunkt des Rates in erster Lesung vom 4. November 2020 (noch nicht im Amtsblatt veröffentlicht), Standpunkt des Europäischen Parlaments vom 23. November 2020 (noch nicht im Amtsblatt veröffentlicht).

[4] **Amtl. Anm.:** Verordnung (EG) Nr. 1206/2001 des Rates vom 28. Mai 2001 über die Zusammenarbeit zwischen den Gerichten der Mitgliedstaaten auf dem Gebiet der Beweisaufnahme in Zivil- oder Handelssachen (ABl. L 174 vom 27.6.2001, S. 1).

verringern. Durch die Schaffung größerer Rechtssicherheit und die Vereinfachung, Straffung und Digitalisierung der Verfahren werden natürliche Personen und Unternehmen dazu ermutigt, sich am grenzüberschreitenden Geschäftsverkehr zu beteiligen, wodurch der Handel innerhalb der Union angekurbelt und somit das Funktionieren des Binnenmarkts verbessert wird.

(4) Mit dieser Verordnung werden Regeln über die Zusammenarbeit zwischen den Gerichten der verschiedenen Mitgliedstaaten bei der grenzüberschreitenden Beweisaufnahme in Zivil- oder Handelssachen festgelegt.

(5) Für die Zwecke dieser Verordnung sollte der Begriff „Gericht" auch Behörden einschließen, die gerichtliche Funktionen ausüben oder in Ausübung einer Befugnisübertragung durch ein Gericht oder unter der Aufsicht eines Gerichts handeln und nach nationalem Recht zur Beweisaufnahme für die Zwecke von Gerichtsverfahren in Zivil- oder Handelssachen befugt sind. Das schließt insbesondere Behörden ein, die in Anwendung anderer Rechtsakte der Union, beispielsweise der Verordnung (EU) 2019/1111[1] des Rates[2] und der Verordnungen (EU) Nr. 1215/2012[3] [4] und (EU) Nr. 650/2012[5] [6] des Europäischen Parlaments und des Rates, als Gerichte gelten.

(6) Damit ein Höchstmaß an Klarheit und Rechtssicherheit gewährleistet ist, sollten die Ersuchen um Beweisaufnahme unter Verwendung eines Formblatts übermittelt werden, das in der Sprache des Mitgliedstaats des ersuchten Gerichts oder in einer anderen von diesem Mitgliedstaat anerkannten Sprache auszufüllen ist. Aus denselben Gründen empfiehlt es sich, auch für die weitere Kommunikation zwischen den betreffenden Gerichten soweit wie möglich Formblätter zu verwenden.

(7) Um eine schnelle Übermittlung von Ersuchen und Mitteilungen zwischen den Mitgliedstaaten zu Beweisaufnahmezwecken sicherzustellen, sollten alle geeigneten modernen Kommunikationstechnologien genutzt werden. Daher sollten in der Regel jede Kommunikation und jeder Austausch von Schriftstücken über ein sicheres und zuverlässiges dezentrales IT-System erfolgen, das nationale IT-Systeme umfasst, die vernetzt und technisch interoperabel sind, wie beispielsweise – unbeschadet der weiteren technologischen Entwicklung – auf e-CODEX beruhend. Dementsprechend sollte ein dezentrales IT-System für den Datenaustausch nach dieser Verordnung eingerichtet werden. Der dezentrale Charakter dieses IT-Systems würde den Datenaustausch ausschließlich zwischen einem Mitgliedstaat und einem anderen ermöglichen, ohne dass eines der Organe der Union an diesem Austausch beteiligt ist.

(8) Unbeschadet eines möglichen künftigen technologischen Fortschritts sollten das sichere dezentrale IT-System und seine Bestandteile nicht zwingend als qualifizierter Dienst für die Zustellung elektronischer Einschreiben im Sinne

---

[1] Nr. **103b**.

[2] **Amtl. Anm.:** Verordnung (EU) 2019/1111 des Rates vom 25. Juni 2019 über die Zuständigkeit, die Anerkennung und Vollstreckung von Entscheidungen in Ehesachen und in Verfahren betreffend die elterliche Verantwortung und über internationale Kindesentführungen (ABl. L 178 vom 2.7.2019, S. 1).

[3] Nr. **103**.

[4] **Amtl. Anm.:** Verordnung (EU) Nr. 1215/2012 des Europäischen Parlaments und des Rates vom 12. Dezember 2012 über die gerichtliche Zuständigkeit und die Anerkennung und Vollstreckung von Entscheidungen in Zivil- und Handelssachen (ABl. L 351 vom 20.12.2012, S. 1).

[5] Nr. **21e**.

[6] **Amtl. Anm.:** Verordnung (EU) Nr. 650/2012 des Europäischen Parlaments und des Rates vom 4. Juli 2012 über die Zuständigkeit, das anzuwendende Recht, die Anerkennung und Vollstreckung von Entscheidungen und die Annahme und Vollstreckung öffentlicher Urkunden in Erbsachen sowie zur Einführung eines Europäischen Nachlasszeugnisses (ABl. L 201 vom 27.7.2012, S. 107).

der Verordnung (EU) Nr. 910/2014 des Europäischen Parlaments und des Rates[1] aufgefasst werden.

(9) Die Kommission sollte für die Schaffung, Wartung und Pflege sowie künftige Weiterentwicklung einer Referenzimplementierungssoftware verantwortlich sein, die Mitgliedstaaten anstelle eines nationalen IT-Systems nutzen können sollten, gemäß den Grundsätzen des Datenschutzes durch Technikgestaltung und durch datenschutzfreundliche Voreinstellungen. Die Kommission sollte die Referenzimplementierungssoftware gemäß den Datenschutzanforderungen und -grundsätzen der Verordnungen (EU) 2018/1725[2] und (EU) 2016/679[3] [4] des Europäischen Parlaments und des Rates – insbesondere den Grundsätzen des Datenschutzes durch Technikgestaltung und durch datenschutzfreundliche Voreinstellungen – konzipieren, entwickeln und warten. Die Referenzimplementierungssoftware sollte außerdem geeignete technische Maßnahmen enthalten und die organisatorischen Maßnahmen ermöglichen, die dafür erforderlich sind, ein Maß an Sicherheit und Interoperabilität zu gewährleisten, das für den Informationsaustausch im Bereich der Beweisaufnahme geeignet ist.

(10) Für die Komponenten des dezentralen IT-Systems, für welche die Union zuständig ist, sollte die Verwaltungsstelle über ausreichende Ressourcen verfügen, um das ordnungsgemäße Funktionieren dieses Systems zu gewährleisten.

(11) Die nach nationalem Recht zuständige Behörde oder zuständigen Behörden sollte bzw. sollten als Verantwortliche im Sinne der Verordnung (EU) 2016/679 für die Verarbeitung personenbezogener Daten, die sie nach der vorliegenden Verordnung zur Übermittlung von Ersuchen und sonstigen Mitteilungen zwischen Mitgliedstaaten durchführt bzw. durchführen, zuständig sein.

(12) Die Übermittlung über das dezentrale IT-System könnte aufgrund einer Störung des Systems oder der Beschaffenheit des Beweismittels, beispielsweise bei DNA- oder Blutproben, unmöglich werden. Auch aufgrund außergewöhnlicher Umstände könnten andere Kommunikationsmittel besser geeignet sein, etwa dann, wenn die Digitalisierung einer umfangreichen Dokumentation einen unverhältnismäßigen Verwaltungsaufwand für die zuständigen Behörden darstellen würde oder wenn zur Beurteilung der Echtheit eines Schriftstücks das Original in Papierform benötigt wird. Wenn das dezentrale IT-System nicht verwendet wird, sollte die Übermittlung mit dem am besten geeigneten alternativen Mittel durchgeführt werden. Dieses alternative Mittel sollte unter anderem dazu führen, dass die Übermittlung so rasch wie möglich

---

[1] **Amtl. Anm.:** Verordnung (EU) Nr. 910/2014 des Europäischen Parlaments und des Rates vom 23. *Juli 2014 über elektronische Identifizierung und Vertrauensdienste für elektronische Transaktionen im* Binnenmarkt und zur Aufhebung der Richtlinie 1999/93/EG (ABl. L 257 vom 28.8.2014, S. 73).

[2] **Amtl. Anm.:** Verordnung (EU) 2018/1725 des Europäischen Parlaments und des Rates vom 23. Oktober 2018 zum Schutz natürlicher Personen bei der Verarbeitung personenbezogener Daten durch die Organe, Einrichtungen und sonstigen Stellen der Union, zum freien Datenverkehr und zur Aufhebung der Verordnung (EG) Nr. 45/2001 und des Beschlusses Nr. 1247/2002/EG (ABl. L 295 vom 21.11.2018, S. 39.).

[3] **Sartorius Nr. 246.**

[4] **Amtl. Anm.:** Verordnung (EU) 2016/679 des Europäischen Parlaments und des Rates vom 27. April 2016 zum Schutz natürlicher Personen bei der Verarbeitung personenbezogener Daten, zum freien Datenverkehr und zur Aufhebung der Richtlinie 95/46/EG (Datenschutz-Grundverordnung) (ABl. L 119 vom 4.5.2016, S. 1).

und auf sichere Weise durch andere sichere elektronische Mittel oder durch Postdienste durchgeführt wird.

(13) Damit die elektronische grenzüberschreitende Übermittlung von Schriftstücken über das dezentrale IT-System häufiger genutzt wird, sollte solchen Schriftstücken die Rechtswirkung und die Zulässigkeit als Beweismittel in Gerichtsverfahren nicht allein deshalb abgesprochen werden, weil sie in elektronischer Form vorliegen. Jedoch sollte dieser Grundsatz die Beurteilung der Rechtswirkung solcher Schriftstücke oder ihrer Zulässigkeit als Beweismittel nach nationalem Recht nicht berühren. Zudem sollte er nationales Recht über die Umwandlung von Schriftstücken unberührt lassen.

(14) Diese Verordnung sollte die Möglichkeit unberührt lassen, dass Behörden Informationen im Rahmen von Systemen austauschen, die in anderen Rechtsakten der Union wie der Verordnung (EU) 2019/1111 oder der Verordnung (EG) Nr. 4/2009[1] des Rates[2] festgelegt sind, selbst wenn diese Informationen Beweiskraft haben, so dass die Wahl der am besten geeigneten Methode der ersuchenden Behörde überlassen bleibt.

(15) Ersuchen um Beweisaufnahme sollten rasch erledigt werden. Kann ein Ersuchen innerhalb von 90 Tagen nach Eingang beim ersuchten Gericht nicht erledigt werden, so sollte das ersuchte Gericht das ersuchende Gericht hiervon unter Angabe der Gründe, die einer zügigen Erledigung des Ersuchens entgegenstehen, in Kenntnis setzen.

(16) Um die Wirksamkeit dieser Verordnung zu gewährleisten, sollten die Umstände, unter denen es möglich ist, die Erledigung eines Ersuchens um Beweisaufnahme abzulehnen, auf eng begrenzte Ausnahmefälle beschränkt werden.

(17) Das ersuchte Gericht sollte das Ersuchen um Beweisaufnahme nach Maßgabe seines nationalen Rechts erledigen.

(18) Die Parteien und gegebenenfalls ihre Vertreter sollten bei der Beweisaufnahme zugegen sein können, wenn das im Recht des Mitgliedstaats des ersuchenden Gerichts vorgesehen ist, damit sie die Verhandlungen wie im Falle einer Beweisaufnahme im Mitgliedstaat des ersuchenden Gerichts verfolgen können. Sie sollten auch das Recht haben, die Beteiligung an der Beweisaufnahme zu beantragen, damit sie an der Beweisaufnahme aktiver mitwirken können. Die Bedingungen jedoch, unter denen sie teilnehmen dürfen, sollten vom ersuchten Gericht nach Maßgabe seines nationalen Rechts festgelegt werden.

(19) Die Beauftragten des ersuchenden Gerichts sollten bei der Beweisaufnahme zugegen sein können, wenn das mit dem Recht des Mitgliedstaats des ersuchenden Gerichts vereinbar ist, um die Beweise besser würdigen zu können. Sie sollten ebenfalls das Recht haben, die Beteiligung an der Beweisaufnahme zu beantragen – wobei die vom ersuchten Gericht nach Maßgabe seines nationalen Rechts festgelegten Bedingungen zu beachten sind –, damit sie an der Beweisaufnahme aktiver mitwirken können.

(20) Damit die Beweisaufnahme erleichtert wird, sollte es einem Gericht eines Mitgliedstaats möglich sein, nach seinem nationalen Recht in einem anderen Mitgliedstaat unmittelbar Beweise zu erheben, sofern dieser dem Antrag auf unmittelbare Beweisaufnahme zustimmt, wobei die von der Zentralstelle oder

---

[1] Nr. **21d**.

[2] **Amtl. Anm.:** Verordnung (EG) Nr. 4/2009 des Rates vom 18. Dezember 2008 über die Zuständigkeit, das anwendbare Recht, die Anerkennung und Vollstreckung von Entscheidungen und die Zusammenarbeit in Unterhaltssachen (ABl. L 7 vom 10.1.2009, S. 1).

der zuständigen Behörde des ersuchten Mitgliedstaats festgelegten Bedingungen zu beachten sind.

(21) Das Potenzial moderner Kommunikationstechnologien, beispielsweise Videokonferenzen, die ein wichtiges Mittel zur Vereinfachung und Beschleunigung der Beweisaufnahme darstellen, wird derzeit nicht voll ausgeschöpft. Wenn Beweise erhoben werden sollen, indem eine Person mit Aufenthalt in einem anderen Mitgliedstaat, z.B. als Zeuge, Partei oder Sachverständiger, vernommen wird, sollte das ersuchende Gericht diese Beweisaufnahme unmittelbar per Videokonferenz oder mittels einer anderen Fernkommunikationstechnologie durchführen, sofern das Gericht über diese Möglichkeit verfügt und sofern das Gericht den Einsatz dieser Technologie aufgrund der besonderen Umstände des Falls für den fairen Ablauf des Verfahrens als angemessen ansieht. Auch die Vernehmung eines Kindes könnte gemäß der Verordnung (EU) 2019/1111 per Videokonferenz erfolgen. Falls allerdings die Zentralstelle oder die zuständige Behörde des ersuchten Mitgliedstaats bestimmte Bedingungen für erforderlich hält, sollte die unmittelbare Beweisaufnahme nach diesen Bedingungen gemäß dem Recht des ersuchten Mitgliedstaats erfolgen. Die Zentralstelle oder die zuständige Behörde des ersuchten Mitgliedstaats sollte die unmittelbare Beweisaufnahme ganz oder teilweise verweigern können, wenn diese unmittelbare Beweisaufnahme den Grundprinzipien der Rechtsordnung dieses Mitgliedstaats zuwiderlaufen würde.

(22) Wird beabsichtigt, Beweise zu erheben, indem eine Person per Videokonferenz oder mittels einer anderen Fernkommunikationstechnologie vernommen wird, so sollte das ersuchende Gericht auf dessen Antrag hin bei der Suche nach einem Dolmetscher – einschließlich eines beeideten Dolmetschers, wenn das ausdrücklich beantragt wird – unterstützt werden.

(23) Das für das Verfahren zuständige Gericht sollte die Parteien und ihre Rechtsvertreter anleiten, wie bei der Vorlage von Schriftstücken oder anderen Materialien bei Vernehmungen per Videokonferenz oder mittels einer anderen Fernkommunikationstechnologie vorzugehen ist.

(24) Um die Beweisaufnahme durch Bedienstete diplomatischer oder konsularischer Vertretungen zu erleichtern, sollten diese Personen im Hoheitsgebiet eines anderen Mitgliedstaats und innerhalb ihres Akkreditierungsbereichs im Rahmen eines bei den Gerichten des von ihnen vertretenen Mitgliedstaats anhängigen Verfahrens ohne vorheriges Ersuchen eine Beweisaufnahme in Form einer Vernehmung ohne Zwangsmaßnahmen von Staatsangehörigen des von ihnen vertretenen Mitgliedstaats durchführen. Allerdings sollte es im Ermessen der Mitgliedstaaten liegen, darüber zu entscheiden, ob die Bediensteten ihrer diplomatischen oder konsularischen Vertretungen bei der Ausübung ihres Amtes zur Beweisaufnahme befugt sind.

(25) Die Beweisaufnahme durch Bedienstete diplomatischer oder konsularischer Vertretungen sollte in den Räumlichkeiten der diplomatischen oder konsularischen Vertretung durchgeführt werden, sofern keine besonderen Umstände vorliegen. Solche Umstände können darin bestehen, dass die zu vernehmende Person aufgrund einer schweren Erkrankung nicht in der Lage ist, diese Räumlichkeiten aufzusuchen.

(26) Für die Erledigung eines Ersuchens um Beweisaufnahme gemäß dieser Verordnung sollte keine Erstattung von Gebühren oder Auslagen verlangt werden dürfen. Falls jedoch das ersuchte Gericht die Erstattung verlangt, sollten die Aufwendungen für Sachverständige und Dolmetscher sowie die durch die Durchführung gemäß einem besonderen Verfahren nach nationalem Recht

oder durch die Verwendung von Fernkommunikationstechnologien entstehenden Auslagen nicht von jenem Gericht getragen werden. In einem solchen Fall sollte das ersuchende Gericht die erforderlichen Maßnahmen ergreifen, um die unverzügliche Erstattung sicherzustellen. Wird die Stellungnahme eines Sachverständigen verlangt, so sollte das ersuchte Gericht in der Lage sein, vor der Erledigung des Ersuchens das ersuchende Gericht um eine angemessene Kaution oder einen angemessenen Vorschuss für die Sachverständigenkosten bitten.

(27) Um die in Anhang I dieser Verordnung enthaltenen Formblätter zu aktualisieren oder technische Anpassungen an diesen Formblättern vorzunehmen, sollte der Kommission die Befugnis übertragen werden, nach Artikel 290 des Vertrags über die Arbeitsweise der Europäischen Union[1] Rechtsakte zur Änderung des genannten Anhangs zu erlassen. Es ist von besonderer Bedeutung, dass die Kommission im Zuge ihrer Vorbereitungsarbeit angemessene Konsultationen, auch auf der Ebene von Sachverständigen, durchführt, die mit den Grundsätzen in Einklang stehen, die in der Interinstitutionellen Vereinbarung vom 13. April 2016 über bessere Rechtsetzung[2] niedergelegt wurden. Um insbesondere für eine gleichberechtigte Beteiligung an der Vorbereitung delegierter Rechtsakte zu sorgen, erhalten das Europäische Parlament und der Rat alle Dokumente zur gleichen Zeit wie die Sachverständigen der Mitgliedstaaten, und ihre Sachverständigen haben systematisch Zugang zu den Sitzungen der Sachverständigengruppen der Kommission, die mit der Vorbereitung der delegierten Rechtsakte befasst sind.

(28) Zur Gewährleistung einheitlicher Bedingungen für die Durchführung dieser Verordnung sollten der Kommission Durchführungsbefugnisse übertragen werden. Diese Befugnisse sollten im Einklang mit der Verordnung (EU) Nr. 182/2011 des Europäischen Parlaments und des Rates[3] ausgeübt werden.

(29) Diese Verordnung sollte Vorrang vor den Bestimmungen bilateraler oder multilateraler Übereinkünfte oder Vereinbarungen mit einem dieser Verordnung gleichen Anwendungsbereich haben, die Mitgliedstaaten geschlossen haben. Diese Verordnung hindert die Mitgliedstaaten nicht daran, Übereinkünfte oder Vereinbarungen zur weiteren Vereinfachung der Zusammenarbeit auf dem Gebiet der Beweisaufnahme beizubehalten oder zu schließen, sofern diese Übereinkünfte oder Vereinbarungen mit dieser Verordnung vereinbar sind.

(30) Es ist von wesentlicher Bedeutung, dass wirksame Mittel zur Erlangung, Sicherung und Vorlage von Beweisen zur Verfügung stehen und dass die Verteidigungsrechte respektiert und vertrauliche Informationen geschützt werden. In diesem Zusammenhang ist es wichtig, den Einsatz moderner Technologie zu fördern.

(31) Bei den Verfahren zur Aufnahme, Sicherung und Vorlage von Beweisen sollte gewährleistet werden, dass Verfahrensrechte, die Privatsphäre sowie die Integrität und die Vertraulichkeit personenbezogener Daten gemäß dem Unionsrecht und dem nationalen Recht gewahrt werden.

---

[1] **Sartorius Nr. 1001.**

[2] ***Amtl. Anm.:*** *ABl. L 123 vom 12.5.2016, S. 1.*

[3] **Amtl. Anm.:** Verordnung (EU) Nr. 182/2011 des Europäischen Parlaments und des Rates vom 16. Februar 2011 zur Festlegung der allgemeinen Regeln und Grundsätze, nach denen die Mitgliedstaaten die Wahrnehmung der Durchführungsbefugnisse durch die Kommission kontrollieren (ABl. L 55 vom 28.2.2011, S. 13).

(32) Es ist wichtig, sicherzustellen, dass diese Verordnung unter Einhaltung des Datenschutzrechts der Union angewandt wird und dass die Anwendung dieser Verordnung mit dem in der Charta der Grundrechte der Europäischen Union verankerten Schutz der Privatsphäre im Einklang steht. Ferner muss sichergestellt werden, dass die Verarbeitung personenbezogener Daten natürlicher Personen im Rahmen dieser Verordnung gemäß der Verordnung (EU) 2016/679[1)], der Richtlinie 2002/58/EG des Europäischen Parlaments und des Rates[2)] sowie der Verordnung (EU) 2018/1725 erfolgt. Personenbezogene Daten sollten nur für die im Rahmen der vorliegenden Verordnung festgelegten besonderen Zwecke verarbeitet werden.

(33) Nach den Nummern 22 und 23 der Interinstitutionellen Vereinbarung vom 13. April 2016 über bessere Rechtsetzung sollte die Kommission diese Verordnung auf der Grundlage der Informationen bewerten, die im Rahmen spezifischer Monitoring-Regelungen eingeholt werden, um die tatsächlichen Auswirkungen dieser Verordnung zu bewerten und zu prüfen, ob weitere Maßnahmen notwendig sind. Erfassen Mitgliedstaaten Daten zur Zahl der übermittelten und erledigten Ersuchen und zur Zahl der Fälle, in denen die Übermittlung auf anderem Wege als über das dezentrale IT-System erfolgt ist, so sollten sie diese Daten für die Zwecke der Überwachung der Kommission bereitstellen. Die von der Kommission als Back-End-System entwickelte Referenzimplementierungssoftware sollte die für die Zwecke der Überwachung erforderlichen Daten durch entsprechende Programmierung erfassen, und diese Daten sollten der Kommission übermittelt werden. Wenn sich die Mitgliedstaaten für die Nutzung eines nationalen IT-Systems anstelle der durch die Kommission entwickelten Referenzimplementierungssoftware entscheiden, so kann dieses System so ausgerüstet sein, dass es diese Daten durch entsprechende Programmierung erfasst; in diesem Fall sollten die Daten der Kommission übermittelt werden.

(34) Da die Ziele dieser Verordnung von den Mitgliedstaaten nicht ausreichend verwirklicht werden können, sondern vielmehr aufgrund der Schaffung eines vereinfachten rechtlichen Rahmens, der die direkte, effiziente und schnelle Übermittlung von Ersuchen und Mitteilungen im Zusammenhang mit der Beweisaufnahme sicherstellt, auf Unionsebene besser zu verwirklichen sind, kann die Union im Einklang mit dem in Artikel 5 des Vertrags über die Europäische Union[3)] verankerten Subsidiaritätsprinzip tätig werden. Entsprechend dem in demselben Artikel genannten Grundsatz der Verhältnismäßigkeit geht diese Verordnung nicht über das für die Verwirklichung dieser Ziele erforderliche Maß hinaus.

(35) Der Europäische Datenschutzbeauftragte wurde nach Artikel 42 Absatz 1 der Verordnung (EU) 2018/1725 konsultiert und hat am 13. September 2019 eine Stellungnahme abgegeben[4)].

(36) Im Interesse einer besseren Übersicht und Verständlichkeit sollte die Verordnung (EG) Nr. 1206/2001 aufgehoben und durch die vorliegende Verordnung ersetzt werden.

[1)] **Sartorius Nr. 246.**

[2)] **Amtl. Anm.:** Richtlinie 2002/58/EG des Europäischen Parlaments und des Rates vom 12. Juli 2002 über die Verarbeitung personenbezogener Daten und den Schutz der Privatsphäre in der elektronischen Kommunikation (Datenschutzrichtlinie für elektronische Kommunikation) (ABl. L 201 vom 31.7.2002, S. 37).

[3)] **Sartorius Nr. 1000.**

[4)] **Amtl. Anm.:** ABl. C 370 vom 31.10.2019, S. 24.

(37) Nach Artikel 3 und Artikel 4a Absatz 1 des dem Vertrag über die Europäische Union und dem Vertrag über die Arbeitsweise der Europäischen Union beigefügten Protokolls Nr. 21 über die Position des Vereinigten Königreichs und Irlands hinsichtlich des Raums der Freiheit, der Sicherheit und des Rechts hat Irland mitgeteilt, dass es sich an der Annahme und Anwendung dieser Verordnung beteiligen möchte.

(38) Nach den Artikeln 1 und 2 des dem Vertrag über die Europäische Union[1] und dem Vertrag über die Arbeitsweise der Europäischen Union[2] beigefügten Protokolls Nr. 22 über die Position Dänemarks beteiligt sich Dänemark nicht an der Annahme dieser Verordnung und ist weder durch diese Verordnung gebunden noch zu ihrer Anwendung verpflichtet –

HABEN FOLGENDE VERORDNUNG ERLASSEN:

Kapitel I. Allgemeine Bestimmungen

Art. 1 Anwendungsbereich. (1) Diese Verordnung gilt in Zivil- oder Handelssachen, in denen das Gericht eines Mitgliedstaats nach seinem innerstaatlichen Recht

a) das zuständige Gericht eines anderen Mitgliedstaats um Beweisaufnahme ersucht oder

b) darum ersucht, in einem anderen Mitgliedstaat unmittelbar Beweis erheben zu dürfen.

(2) Um Beweisaufnahme darf nicht ersucht werden, wenn die Beweise nicht zur Verwendung in einem bereits eingeleiteten oder einem gerichtlichen Verfahren bestimmt sind, dessen Eröffnung geprüft wird.

Art. 2 Begriffsbestimmungen. Für die Zwecke dieser Verordnung gelten folgende Begriffsbestimmungen:

1. „Gericht" bezeichnet Gerichte und andere Behörden der Mitgliedstaaten, die der Kommission nach Artikel 31 Absatz 3 mitgeteilt wurden, gerichtliche Funktionen ausüben, in Ausübung einer Befugnisübertragung durch eine Justizbehörde oder unter Aufsicht einer Justizbehörde handeln und nach nationalem Recht zur Beweisaufnahme für die Zwecke von Gerichtsverfahren in Zivil- oder Handelssachen befugt sind.
2. „Dezentrales IT-System" bezeichnet ein Netzwerk nationaler IT-Systeme und interoperabler Zugangspunkte, die unter der jeweiligen Verantwortung und Verwaltung eines jeden Mitgliedstaats betrieben werden, das den sicheren und zuverlässigen grenzüberschreitenden Informationsaustausch zwischen den nationalen IT-Systemen ermöglicht.

Art. 3 Unmittelbarer Geschäftsverkehr zwischen Gerichten. (1) Ersuchen nach Artikel 1 Absatz 1 Buchstabe a sind von dem Gericht, bei dem das Verfahren eingeleitet wurde oder eröffnet werden soll (im Folgenden „ersuchendes Gericht"), unmittelbar dem zuständigen Gericht eines anderen Mitgliedstaats (im Folgenden „ersuchtes Gericht") zur Beweisaufnahme zu übersenden.

(2) [1]Jeder Mitgliedstaat erstellt eine Liste der Gerichte, die für Beweisaufnahmen nach dieser Verordnung zuständig sind. [2]In der Liste ist auch der örtliche

---

[1] **Sartorius Nr. 1000.**
[2] **Sartorius Nr. 1001.**

Zuständigkeitsbereich und gegebenenfalls die besondere fachliche Zuständigkeit dieser Gerichte anzugeben.

Art. 4 Zentralstelle. (1) Jeder Mitgliedstaat benennt eine Zentralstelle, die dafür verantwortlich ist,

a) den Gerichten Auskünfte zu erteilen;

b) nach Lösungswegen zu suchen, wenn bei einem Ersuchen Schwierigkeiten auftreten;

c) in Ausnahmefällen auf Ersuchen eines ersuchenden Gerichts ein Ersuchen an das zuständige Gericht weiterzuleiten.

(2) Bundesstaatlich organisierten Mitgliedstaaten, Mitgliedstaaten mit mehreren Rechtssystemen und Mitgliedstaaten mit autonomen Gebietskörperschaften steht es frei, mehrere Zentralstellen zu bestimmen.

(3) Jeder Mitgliedstaat benennt ferner die in Absatz 1 dieses Artikels genannte Zentralstelle oder eine oder mehrere zuständige Behörden als verantwortlich für Entscheidungen über Ersuchen nach Artikel 19.

Kapitel II. Übermittlung und Erledigung der Ersuchen

Abschnitt 1. Übermittlung von Ersuchen

Art. 5 Form und Inhalt von Ersuchen. (1) [1] Ersuchen werden unter Verwendung des Formblattes A oder gegebenenfalls des Formblattes L in Anhang I gestellt. [2] Jedes Ersuchen enthält folgende Angaben:

a) das ersuchende und gegebenenfalls das ersuchte Gericht;

b) Namen und Anschriften der Parteien und gegebenenfalls ihrer Vertreter;

c) die Art und den Gegenstand der Rechtssache sowie eine kurze Darstellung des Sachverhalts;

d) die Beschreibung der ersuchten Beweisaufnahme;

e) bei einem Ersuchen um Vernehmung einer Person:
- Name und Anschrift der zu vernehmenden Person;
- die Fragen, welche an die zu vernehmende Person gerichtet werden sollen, oder den Sachverhalt, über den diese Person vernommen werden soll;
- gegebenenfalls einen Hinweis auf ein nach dem Recht des Mitgliedstaats des ersuchenden Gerichts bestehendes Zeugnisverweigerungsrecht;
- gegebenenfalls den Antrag, die Vernehmung unter Eid oder eidesstattlicher Versicherung durchzuführen, und gegebenenfalls die dabei zu verwendende Formel;
- gegebenenfalls alle anderen Informationen, die das ersuchende Gericht für erforderlich hält;

f) bei einem Ersuchen um eine sonstige, nicht unter Buchstabe e genannte Beweisaufnahme die Urkunden oder anderen Gegenstände, die geprüft werden sollen;

g) gegebenenfalls Anträge nach Artikel 12 Absätze 3 oder 4 oder nach den Artikeln 13 oder 14 und für deren Ausführung erforderliche Erläuterungen.

(2) Die Ersuchen sowie alle beigefügten Unterlagen bedürfen weder der Beglaubigung noch einer anderen gleichwertigen Formalität.

(3) Schriftstücke, deren Beifügung das ersuchende Gericht für die Erledigung des Ersuchens für notwendig hält, sind mit einer Übersetzung der Schriftstücke in die Sprache zu versehen, in der das Ersuchen abgefasst wurde.

Art. 6 Sprachen. *[1]* Ersuchen und die aufgrund dieser Verordnung gemachten Mitteilungen sind in der Amtssprache des ersuchten Mitgliedstaats oder, wenn es in diesem Mitgliedstaat mehrere Amtssprachen gibt, in der Amtssprache oder einer der Amtssprachen des Ortes, an dem die beantragte Beweisaufnahme durchgeführt werden soll, oder in einer anderen Sprache, die dieser Mitgliedstaat zugelassen hat, abzufassen.

[2] Jeder Mitgliedstaat teilt der Kommission jede Amtssprache der Union mit, die er außer seiner eigenen für das Ausfüllen der Formblätter in Anhang I zulässt.

Art. 7[1)] Übermittlung von Ersuchen und sonstigen Mitteilungen.

(1) [1] Ersuchen und Mitteilungen nach dieser Verordnung werden über ein sicheres und zuverlässiges dezentrales IT-System unter angemessener Achtung der Grundrechte und Grundfreiheiten übermittelt. [2] Dieses dezentrale IT-System beruht auf einer interoperablen Lösung wie beispielsweise e-CODEX.

(2) Für Ersuchen und Mitteilungen, die über das dezentrale IT-System übermittelt werden, gilt der mit der Verordnung (EU) Nr. 910/2014 geschaffene allgemeine Rechtsrahmen für die Verwendung von qualifizierten Vertrauensdiensten.

(3) Erfordern oder enthalten die in Absatz 1 dieses Artikels genannten Ersuchen und Mitteilungen ein Siegel oder eine eigenhändige Unterschrift, so können stattdessen qualifizierte elektronische Siegel oder qualifizierte elektronische Signaturen im Sinne der Verordnung (EU) Nr. 910/2014 verwendet werden.

(4) Ist die Übermittlung nach Absatz 1 aufgrund einer Störung des dezentralen IT-Systems, der Beschaffenheit des Beweismittels oder außergewöhnlicher Umstände nicht möglich, so wird die Übermittlung mit dem schnellsten und am besten geeigneten alternativen Mittel durchgeführt, wobei dem Erfordernis der Zuverlässigkeit und Sicherheit Rechnung zu tragen ist.

Art. 8 Rechtswirkung elektronischer Schriftstücke. Den über das dezentrale IT-System übermittelten Schriftstücken darf die Rechtswirkung oder die Zulässigkeit als Beweismittel im Gerichtsverfahren nicht allein deshalb abgesprochen werden, weil sie in elektronischer Form vorliegen.

Abschnitt 2. Entgegennahme von Ersuchen

Art. 9 Entgegennahme von Ersuchen. (1) [1] Das ersuchte zuständige Gericht übersendet dem ersuchenden Gericht innerhalb von sieben Tagen nach Eingang des Ersuchens eine Empfangsbestätigung unter Verwendung des Formblatts B in Anhang I. [2] Entspricht das Ersuchen nicht den Anforderungen der Artikel 6 und 7, so bringt das ersuchte Gericht einen entsprechenden Vermerk in der Empfangsbestätigung an.

(2) Fällt die Erledigung eines unter Verwendung des Formblatts A in Anhang I *gestellten Ersuchens,* das die Anforderungen des Artikels 6 erfüllt, nicht in die Zuständigkeit des ersuchten Gerichts, so leitet dieses das Ersuchen an das zuständi-

[1)] Beachte zum Inkrafttreten Art. 35 Abs. 3.

ge Gericht seines Mitgliedstaats weiter und unterrichtet das ersuchende Gericht unter Verwendung des Formblatts C in Anhang I hiervon.

Art. 10 Unvollständige Ersuchen. (1) Kann ein Ersuchen nicht erledigt werden, weil es nicht alle erforderlichen Angaben gemäß Artikel 5 enthält, so setzt das ersuchte Gericht unverzüglich, spätestens aber innerhalb von 30 Tagen nach Eingang des Ersuchens das ersuchende Gericht unter Verwendung des Formblatts D in Anhang I davon in Kenntnis und ersucht das ersuchende Gericht, die fehlenden Angaben, die in möglichst genauer Weise zu bezeichnen sind, zu übermitteln.

(2) [1]Kann ein Ersuchen nicht erledigt werden, weil eine Kaution oder ein Vorschuss nach Artikel 22 Absatz 3 erforderlich ist, so teilt das ersuchte Gericht dem ersuchenden Gericht das unverzüglich, spätestens 30 Tage nach Eingang des Ersuchens unter Verwendung des Formblatts D in Anhang I mit; es teilt dem ersuchenden Gericht ferner mit, wie die Kaution oder der Vorschuss zu leisten ist. [2]Das ersuchte Gericht bestätigt den Eingang der Kaution oder des Vorschusses unverzüglich, spätestens innerhalb von 10 Tagen nach Erhalt der Kaution oder des Vorschusses unter Verwendung des Formblatts E in Anhang I.

Art. 11 Vervollständigung des Ersuchens. (1) Hat das ersuchte Gericht gemäß Artikel 9 Absatz 1 auf der Empfangsbestätigung vermerkt, dass das Ersuchen die Anforderungen der Artikel 6 und 7 nicht erfüllt, oder hat es das ersuchende Gericht gemäß Artikel 10 davon unterrichtet, dass das Ersuchen nicht erledigt werden kann, weil es nicht alle erforderlichen Angaben nach Artikel 5 enthält, so beginnt die Frist nach Artikel 12 erst mit dem Eingang des ordnungsgemäß ausgefüllten Ersuchens beim ersuchten Gericht zu laufen.

(2) Sofern das ersuchte Gericht nach Artikel 22 Absatz 3 um eine Kaution oder einen Vorschuss gebeten hat, beginnt die Frist nach Artikel 12 erst mit der Hinterlegung der Kaution oder dem Eingang des Vorschusses zu laufen.

Abschnitt 3. Beweisaufnahme durch das ersuchte Gericht

Art. 12 Allgemeine Bestimmungen über die Erledigung eines Ersuchens.

(1) Das ersuchte Gericht erledigt das Ersuchen unverzüglich, spätestens aber innerhalb von 90 Tagen nach Eingang des Ersuchens.

(2) Das ersuchte Gericht erledigt das Ersuchen nach Maßgabe seines nationalen Rechts.

(3) [1]Das ersuchende Gericht kann unter Verwendung des Formblatts A in Anhang I beantragen, dass das Ersuchen nach einer besonderen Form erledigt wird, die sein nationales Recht vorsieht. [2]Das ersuchte Gericht erledigt das Ersuchen gemäß dem besonderen Verfahren, es sei denn, dass das mit seinem nationalen Recht unvereinbar wäre oder dem ersuchten Gericht wegen erheblicher tatsächlicher Schwierigkeiten unmöglich ist. [3]Entspricht das ersuchte Gericht aus einem der genannten Gründe nicht dem Ersuchen nach Erledigung in einer besonderen Form, so unterrichtet es das ersuchende Gericht unter Verwendung des Formblatts H in Anhang I hiervon.

(4) *[1]* Das ersuchende Gericht kann das ersuchte Gericht bitten, die Beweisaufnahme unter Verwendung einer besonderen Kommunikationstechnologie, insbesondere im Wege der Videokonferenz oder Telekonferenz, durchzuführen.

[2] Das ersuchte Gericht verwendet die in Unterabsatz 1 näher bezeichnete Kommunikationstechnologie, es sei denn, dass das mit seinem nationalen Recht

unvereinbar wäre oder dass es dem ersuchten Gericht wegen erheblicher tatsächlicher Schwierigkeiten unmöglich ist.

[3] Verwendet das ersuchte Gericht aus einem der genannten Gründe die besondere Kommunikationstechnologie nicht, so unterrichtet es das ersuchende Gericht unter Verwendung des Formblatts H in Anhang I hiervon.

[4] Hat das ersuchende oder das ersuchte Gericht keinen Zugang zu der in Unterabsatz 1 genannten Kommunikationstechnologie, so können die Gerichten diese Kommunikationstechnologie im gegenseitigen Einvernehmen zur Verfügung stellen.

Art. 13 Beweisaufnahme in Anwesenheit und unter Beteiligung der Parteien. (1) Sofern im Recht des Mitgliedstaats des ersuchenden Gerichts vorgesehen, haben die Parteien und gegebenenfalls ihre Vertreter das Recht, bei der Beweisaufnahme durch das ersuchte Gericht zugegen zu sein.

(2) [1] In seinem Ersuchen teilt das ersuchende Gericht unter Verwendung des Formblatts A in Anhang I dem ersuchten Gericht mit, dass die Parteien und gegebenenfalls ihre Vertreter zugegen sein werden und dass gegebenenfalls ihre Beteiligung bei der Beweisaufnahme beantragt wird. [2] Diese Mitteilung kann auch zu jedem anderen geeigneten Zeitpunkt erfolgen.

(3) Wird die Beteiligung der Parteien und gegebenenfalls ihrer Vertreter an der Beweisaufnahme beantragt, so legt das ersuchte Gericht die Bedingungen für ihre Teilnahme nach Artikel 12 fest.

(4) Das ersuchte Gericht teilt den Parteien und gegebenenfalls ihren Vertretern unter Verwendung des Formblatts I in Anhang I Ort und Zeitpunkt der Beweisaufnahme und gegebenenfalls die Bedingungen mit, unter denen sie an der Beweisaufnahme teilnehmen können.

(5) Die Absätze 1 bis 4 lassen die Möglichkeit des ersuchten Gerichts unberührt, die Parteien und gegebenenfalls ihre Vertreter aufzufordern, bei der Beweisaufnahme zugegen zu sein oder sich daran zu beteiligen, wenn das Recht des Mitgliedstaats des ersuchten Gerichts das vorsieht.

Art. 14 Beweisaufnahme in Anwesenheit und unter Beteiligung von Beauftragten des ersuchenden Gerichts. (1) Sofern mit dem Recht des Mitgliedstaats des ersuchenden Gerichts vereinbar, haben die Beauftragten des ersuchenden Gerichts das Recht, bei der Beweisaufnahme durch das ersuchte Gericht zugegen zu sein.

(2) [1] Im Sinne dieses Artikels umfasst der Begriff „Beauftragte" Gerichtsangehörige, die vom ersuchenden Gericht nach Maßgabe seines nationalen Rechts bestimmt werden. [2] Das ersuchende Gericht kann nach Maßgabe seines nationalen Rechts auch jede andere Person wie etwa einen Sachverständigen bestimmen.

(3) [1] In seinem Ersuchen teilt das ersuchende Gericht unter Verwendung des Formblatts A in Anhang I dem ersuchten Gericht mit, dass seine Beauftragten zugegen sein werden und gegebenenfalls, dass ihre Beteiligung an der Beweisaufnahme beantragt wird. [2] Diese Mitteilung kann auch zu jedem anderen geeigneten Zeitpunkt erfolgen.

(4) Wird die Beteiligung der Beauftragten des ersuchenden Gerichts an der Beweisaufnahme beantragt, so legt das ersuchte Gericht nach Artikel 12 die Bedingungen für ihre Teilnahme fest.

(5) Das ersuchte Gericht teilt dem ersuchenden Gericht unter Verwendung des Formblatts I in Anhang I Ort und Zeitpunkt der Beweisaufnahme und gegebenen-

falls die Bedingungen mit, unter denen seine Beauftragten an der Beweisaufnahme teilnehmen können.

Art. 15 Zwangsmaßnahmen. Soweit erforderlich, wendet das ersuchte Gericht bei der Erledigung des Ersuchens geeignete Zwangsmaßnahmen in den Fällen und in dem Umfang an, wie sie das Recht des Mitgliedstaats des ersuchten Gerichts für die Erledigung eines zum gleichen Zweck gestellten Ersuchens inländischer Behörden oder der beteiligten Parteien vorsieht.

Art. 16 Ablehnung der Erledigung. (1) Ein Ersuchen um Vernehmung einer Person wird nicht erledigt, wenn sich die betreffende Person auf ein Recht zur Aussageverweigerung beruft oder wenn ein Aussageverbot besteht,

a) das nach dem Recht des Mitgliedstaats des ersuchten Gerichts vorgesehen ist oder
b) das nach dem Recht des Mitgliedstaats des ersuchenden Gerichts vorgesehen und im Ersuchen bezeichnet oder erforderlichenfalls auf Verlangen des ersuchten Gerichts von dem ersuchenden Gericht bestätigt worden ist.

(2) Die Erledigung eines Ersuchens kann außer aus den in Absatz 1 genannten Gründen nur abgelehnt werden, wenn einer oder mehrere der folgenden Gründe vorliegen:

a) das Ersuchen fällt nicht in den Anwendungsbereich dieser Verordnung;
b) die Erledigung des Ersuchens fällt nach dem Recht des Mitgliedstaats des ersuchten Gerichts nicht in den Bereich der Gerichtsbarkeit;
c) das ersuchende Gericht kommt der Aufforderung des ersuchten Gerichts zur Ergänzung des Ersuchens um Beweisaufnahme gemäß Artikel 10 nicht innerhalb von 30 Tagen, nachdem das ersuchte Gericht das ersuchende Gericht um Ergänzung des Ersuchens gebeten hat, nach; oder
d) eine Kaution oder ein Vorschuss, die/der gemäß Artikel 22 Absatz 3 verlangt wurde, wird nicht innerhalb von 60 Tagen nach dem entsprechenden Verlangen des ersuchten Gerichts hinterlegt bzw. einbezahlt.

(3) Ein ersuchtes Gericht darf die Erledigung nicht allein aus dem Grund ablehnen, dass nach seinem nationalen Recht die ausschließliche Zuständigkeit für die Sache bei einem anderen Gericht dieses Mitgliedstaats liegt oder das Recht dieses Mitgliedstaats ein Verfahren für diese Streitsache nicht kennt.

(4) Wird die Erledigung des Ersuchens aus einem der in Absatz 2 genannten Gründe abgelehnt, so setzt das ersuchte Gericht unter Verwendung des Formblatts K in Anhang I das ersuchende Gericht innerhalb von 60 Tagen nach Eingang des Ersuchens bei dem ersuchten Gericht davon in Kenntnis.

Art. 17 Mitteilung über Verzögerungen. [1] Ist das ersuchte Gericht nicht in der Lage, das Ersuchen innerhalb von 90 Tagen nach Eingang des Ersuchens zu erledigen, so setzt es das ersuchende Gericht unter Verwendung des Formblatts J in Anhang I hiervon in Kenntnis. [2] Dabei gibt es die Gründe für die Verzögerung sowie den Zeitraum, den es nach seiner Einschätzung für die Erledigung des Ersuchens voraussichtlich benötigen wird, an.

Art. 18 Verfahren nach Erledigung des Ersuchens. [1] Das ersuchte Gericht übermittelt dem ersuchenden Gericht unverzüglich die Schriftstücke, die die Erledigung des Ersuchens bestätigen, und sendet gegebenenfalls die Schriftstücke, die ihm von dem ersuchenden Gericht zugegangen sind, zurück. [2] Diesen Schriftstücken ist eine Erledigungsbestätigung unter Verwendung des Formblatts K in Anhang I beizufügen.

Abschnitt 4. Unmittelbare Beweisaufnahme durch das ersuchende Gericht und Beweisaufnahme durch Bedienstete diplomatischer oder konsularischer Vertretungen

Art. 19 Unmittelbare Beweisaufnahme durch das ersuchende Gericht.

(1) Beantragt ein Gericht eine unmittelbare Beweisaufnahme in einem anderen Mitgliedstaat, so richtet es an die Zentralstelle oder die zuständige Behörde dieses Mitgliedstaats unter Verwendung des Formblatts L in Anhang I ein entsprechendes Ersuchen.

(2) *[1]* Die unmittelbare Beweisaufnahme ist nur statthaft, wenn sie freiwillig und ohne Einsatz von Zwangsmaßnahmen durchgeführt werden kann.

[2] Macht die unmittelbare Beweisaufnahme die Vernehmung einer Person erforderlich, so teilt das ersuchende Gericht dieser Person mit, dass die Beweisaufnahme freiwillig erfolgt.

(3) Die unmittelbare Beweisaufnahme wird von einem Gerichtsangehörigen oder von einer anderen Person wie etwa einem Sachverständigen durchgeführt, der/die nach dem Recht des Mitgliedstaats des ersuchenden Gerichts bestimmt wird.

(4) *[1]* Innerhalb von 30 Tagen nach Eingang des Ersuchens um unmittelbare Beweisaufnahme teilt die Zentralstelle oder die zuständige Behörde des ersuchten Mitgliedstaats dem ersuchenden Gericht unter Verwendung des Formblatts M in Anhang I mit, ob dem Ersuchen stattgegeben wurde und setzt, soweit erforderlich, das ersuchende Gericht davon in Kenntnis, unter welchen Bedingungen die unmittelbare Beweisaufnahme nach Maßgabe des Rechts ihres Mitgliedstaats durchzuführen ist.

[2] Die Zentralstelle oder die zuständige Behörde kann insbesondere ein Gericht ihres Mitgliedstaats bestimmen, das an der unmittelbaren Beweisaufnahme teilnimmt, um sicherzustellen, dass dieser Artikel ordnungsgemäß angewandt wird und die Bedingungen, unter denen die unmittelbare Beweisaufnahme durchzuführen ist, eingehalten werden.

(5) [1] Wurde dem ersuchenden Gericht nicht innerhalb von 30 Tagen nach Bestätigung des Eingangs des Ersuchens um unmittelbare Beweisaufnahme mitgeteilt, ob dem Ersuchen stattgegeben wird, so kann es an die Zentralstelle oder zuständige Behörde des ersuchten Mitgliedstaats eine Erinnerung senden. [2] Erhält das ersuchende Gericht innerhalb von 15 Tagen nach Bestätigung des Eingangs dieser Erinnerung keine Antwort, so wird davon ausgegangen, dass dem Ersuchen um unmittelbare Beweisaufnahme stattgegeben wurde. [3] Wenn jedoch aufgrund außergewöhnlicher Umstände die Zentralstelle oder die zuständige Behörde daran gehindert war, auch innerhalb der auf die Erinnerung folgenden Frist auf das Ersuchen zu reagieren, können ausnahmsweise noch nach Ablauf dieser Frist jederzeit bis zum Zeitpunkt der tatsächlichen unmittelbaren Beweisaufnahme Gründe für die Ablehnung der unmittelbaren Beweisaufnahme geltend gemacht werden.

(6) Die Zentralstelle oder die zuständige Behörde des ersuchten Mitgliedstaats kann ein Gericht ihres Mitgliedstaats beauftragen, praktische Unterstützung bei der unmittelbaren Beweisaufnahme zu leisten.

(7) Die Zentralstelle oder die zuständige Stelle des ersuchten Mitgliedstaats kann das Ersuchen um unmittelbaren Beweisaufnahme nur ablehnen, wenn

a) es nicht in den Anwendungsbereich dieser Verordnung fällt,

b) es nicht alle nach Artikel 5 erforderlichen Angaben enthält oder

c) die beantragte unmittelbare Beweisaufnahme wesentlichen Rechtsgrundsätzen ihres Mitgliedstaats zuwiderläuft.

(8) Unbeschadet der nach Absatz 4 festgelegten Bedingungen nimmt das ersuchende Gericht die unmittelbare Beweisaufnahme nach Maßgabe des Rechts seines Mitgliedstaats vor.

Art. 20 Unmittelbare Beweisaufnahme per Videokonferenz oder mittels anderer Fernkommunikationstechnologie. (1) Wird beabsichtigt, Beweise zu erheben, indem eine Person mit Aufenthalt in einem anderen Mitgliedstaat vernommen wird, und ersucht das Gericht um Zustimmung zur unmittelbaren Beweisaufnahme nach Artikel 19, so führt dieses Gericht die Beweisaufnahme per Videokonferenz oder mittels einer anderen Fernkommunikationstechnologie durch, sofern das Gericht über eine solche Technologie verfügt und es den Einsatz einer solchen Technologie aufgrund der besonderen Umstände des Falls für angemessen hält.

(2) *[1]* [1]Ein Ersuchen um unmittelbare Beweisaufnahme per Videokonferenz oder mittels einer anderen Fernkommunikationstechnologie wird unter Verwendung des Formblatts N in Anhang I gestellt. [2]Das ersuchende Gericht und die Zentralstelle oder die zuständige Behörde des ersuchten Mitgliedstaats oder das mit der praktischen Unterstützung bei der unmittelbaren Beweisaufnahme beauftragte Gericht vereinbaren die praktischen Modalitäten der Vernehmung.

[2] Auf Antrag wird das ersuchende Gericht erforderlichenfalls bei der Suche nach einem Dolmetscher unterstützt.

Art. 21 Beweisaufnahme durch Bedienstete diplomatischer oder konsularischer Vertretungen. [1]Die Mitgliedstaaten können in ihren nationalen Rechtsvorschriften die Möglichkeit für ihre Gerichte vorsehen, die Bediensteten ihrer diplomatischen oder konsularischen Vertretungen im Hoheitsgebiet eines anderen Mitgliedstaats und innerhalb ihres Akkreditierungsbereichs aufzufordern, im Rahmen eines bei den Gerichten des von ihnen vertretenen Mitgliedstaats anhängigen Verfahrens – sofern keine besonderen Umstände vorliegen – ohne vorheriges Ersuchen in den Räumlichkeiten der diplomatischen oder konsularischen Vertretung eine Beweisaufnahme in Form einer Vernehmung von Staatsangehörigen des von ihnen vertretenen Mitgliedstaats auf freiwilliger Basis und ohne den Einsatz von Zwangsmaßnahmen durchzuführen. [2]Der aufgeforderte Bedienstete der diplomatischen oder konsularischen Vertretung erledigt das Ersuchen nach Maßgabe des Rechts seines Mitgliedstaats.

Abschnitt 5. Kosten

Art. 22 Kosten. (1) Die Erledigung eines Ersuchens um Beweisaufnahme nach Artikel 12 begründet keinen Anspruch auf Erstattung von Gebühren oder Auslagen.

(2) *[1]* [1]Abweichend von Absatz 1 kann das ersuchte Gericht die Erstattung von Gebühren oder Auslagen verlangen. [2]Falls das ersuchte Gericht das verlangt, stellt das ersuchende Gericht unverzüglich die Erstattung folgender Beträge sicher:

– der Aufwendungen für Sachverständige und Dolmetscher und

– der Kosten, die durch die Anwendung von Artikel 12 Absätze 3 und 4 entstanden sind.

[2] Die Verpflichtung der Parteien, solche Aufwendungen und Auslagen zu tragen, unterliegt dem Recht des Mitgliedstaats des ersuchenden Gerichts.

(3) *[1]* [1] Wird die Stellungnahme eines Sachverständigen verlangt, so kann das ersuchte Gericht vor der Erledigung des Ersuchens um Beweisaufnahme das ersuchende Gericht um eine angemessene Kaution oder einen angemessenen Vorschuss für die voraussichtlichen Kosten für die Stellungnahme des Sachverständigen bitten. [2] In allen übrigen Fällen darf die Erledigung eines Ersuchens um Beweisaufnahme nicht von einer Kaution oder einem Vorschuss abhängig gemacht werden.

[2] Die Kaution oder der Vorschuss wird von den Parteien hinterlegt bzw. einbezahlt, falls das im Recht des Mitgliedstaats des ersuchenden Gerichts vorgesehen ist.

Kapitel III. Schlussbestimmungen

Art. 23 Handbuch und Änderung des Anhangs I. (1) [1] Die Kommission erstellt und aktualisiert regelmäßig gemäß Artikel 29 Absatz 3 ein Handbuch, das die von den Mitgliedstaaten nach Artikel 31 mitgeteilten Angaben sowie die geltenden Übereinkünfte oder Vereinbarungen enthält. [2] Sie stellt das Handbuch in elektronischer Form bereit, insbesondere über das Europäische Justizielle Netz für Zivil- und Handelssachen und über das Europäische Justizportal.

(2) Der Kommission wird die Befugnis übertragen, nach Artikel 24 delegierte Rechtsakte zur Änderung des Anhangs I zu erlassen, um die darin vorgesehenen Formblätter zu aktualisieren oder technische Anpassungen an diesen Formblättern vorzunehmen.

Art. 24 Ausübung der Befugnisübertragung. (1) Die Befugnis zum Erlass delegierter Rechtsakte wird der Kommission unter den in diesem Artikel festgelegten Bedingungen übertragen.

(2) [1] Die Befugnis zum Erlass delegierter Rechtsakte gemäß Artikel 23 Absatz 2 wird der Kommission für einen Zeitraum von fünf Jahren ab dem 22. Dezember 2020 übertragen. [2] Die Kommission erstellt spätestens neun Monate vor Ablauf des Zeitraums von fünf Jahren einen Bericht über die Befugnisübertragung. [3] Die Befugnisübertragung verlängert sich stillschweigend um Zeiträume gleicher Länge, es sei denn, das Europäische Parlament oder der Rat widersprechen einer solchen Verlängerung spätestens drei Monate vor Ablauf des jeweiligen Zeitraums.

(3) [1] Die Befugnisübertragung gemäß Artikel 23 Absatz 2 kann vom Europäischen Parlament oder vom Rat jederzeit widerrufen werden. [2] Der Beschluss über den Widerruf beendet die Übertragung der in dem Beschluss angegebenen Befugnis. [3] Er wird am Tag nach seiner Veröffentlichung im *Amtsblatt der Europäischen Union* oder zu einem im Beschluss über den Widerruf angegebenen späteren Zeitpunkt wirksam. [4] Die Gültigkeit von delegierten Rechtsakten, die bereits in Kraft sind, wird von dem Beschluss über den Widerruf nicht berührt.

(4) Vor dem Erlass eines delegierten Rechtsakts konsultiert die Kommission die von den einzelnen Mitgliedstaaten benannten Sachverständigen, im Einklang mit den in der Interinstitutionellen Vereinbarung vom 13. April 2016 über bessere Rechtsetzung enthaltenen Grundsätzen.

(5) Sobald die Kommission einen delegierten Rechtsakt erlässt, übermittelt sie ihn gleichzeitig dem Europäischen Parlament und dem Rat.

(6) [1] Ein delegierter Rechtsakt, der gemäß Artikel 23 Absatz 2 erlassen wurde, tritt nur in Kraft, wenn weder das Europäische Parlament noch der Rat innerhalb einer Frist von zwei Monaten nach Übermittlung dieses Rechtsakts an das Europäische Parlament und den Rat Einwände erhoben haben oder wenn vor Ablauf dieser Frist sowohl das Europäische Parlament als auch der Rat beide der Kommission mitgeteilt haben, dass sie keine Einwände erheben werden. [2] Auf Initiative des Europäischen Parlaments oder des Rates wird diese Frist um zwei Monate verlängert.

Art. 25 Erlass von Durchführungsrechtsakten durch die Kommission.
(1) Die Kommission erlässt Durchführungsrechtsakte[1)] zur Einrichtung des dezentralen IT-Systems, durch die sie Folgendes festlegt:

a) die technische Spezifikation zur Festlegung der Methoden zur elektronischen Kommunikation für die Zwecke des dezentralen IT-Systems;
b) die technischen Spezifikationen für Kommunikationsprotokolle;
c) die Informationssicherheitsziele und entsprechenden technischen Maßnahmen zur Gewährleistung von Mindeststandards für die Informationssicherheit bei der Verarbeitung und Übermittlung von Informationen im dezentralen IT-System;
d) die Mindestverfügbarkeitsziele und mögliche damit verbundene technische Anforderungen an die Leistungen des dezentralen IT-Systems;
e) die Einsetzung eines aus Vertretern der Mitgliedstaaten bestehenden Lenkungsausschusses, um zur Verwirklichung der Ziele dieser Verordnung den Betrieb sowie die Wartung und Pflege des dezentralen IT-Systems sicherzustellen.

(2) Die Durchführungsrechtsakte nach Absatz 1 des vorliegenden Artikels werden spätestens am 23. März 2022 gemäß dem in Artikel 26 Absatz 2 genannten Prüfverfahren erlassen.

Art. 26 Ausschussverfahren. (1) [1] Die Kommission wird von einem Ausschuss unterstützt. [2] Dieser Ausschuss ist ein Ausschuss im Sinne der Verordnung (EU) Nr. 182/2011.

(2) Wird auf diesen Absatz Bezug genommen, so gilt Artikel 5 der Verordnung (EU) Nr. 182/2011.

Art. 27 Referenzimplementierungssoftware. (1) [1] Die Kommission ist verantwortlich für die Schaffung, Wartung und Pflege sowie künftige Weiterentwicklung einer Referenzimplementierungssoftware, für deren Einsatz sich die Mitgliedstaaten als ihr Back-End-System anstelle eines nationalen IT-Systems entscheiden können. [2] Die Schaffung, Wartung und Pflege sowie künftige Weiterentwicklung der Referenzimplementierungssoftware werden aus dem Gesamthaushalt der Union finanziert.

(2) Die Kommission übernimmt die Bereitstellung, Wartung und Pflege sowie kostenlose Implementierung der Softwarekomponenten, die den Zugangspunkten zugrunde liegen.

Art. 28 Kosten des dezentralen IT-Systems. (1) Jeder Mitgliedstaat trägt die Kosten für Installation, Betrieb sowie Wartung und Pflege seiner Zugangspunkte,

---

1) Siehe hierzu ua DurchführungsVO (EU) 2022/422.

über welche die nationalen IT-Systeme im Rahmen des dezentralen IT-Systems vernetzt sind.

(2) Jeder Mitgliedstaat trägt die Kosten für die Einrichtung und Anpassung seiner nationalen IT-Systeme zur Herstellung der Interoperabilität mit den Zugangspunkten sowie die Kosten für Verwaltung, Betrieb und Instandhaltung dieser Systeme.

(3) Die Absätze 1 und 2 lassen die Möglichkeit der Mitgliedstaaten unberührt, Finanzhilfen zur Unterstützung der in diesen Absätzen genannten Tätigkeiten im Rahmen der Finanzierungsprogramme der Union zu beantragen.

Art. 29 Verhältnis zu Übereinkünften oder Vereinbarungen zwischen Mitgliedstaaten. (1) Diese Verordnung hat in ihrem Anwendungsbereich und in den Beziehungen zwischen den Mitgliedstaaten, die Vertragsparteien einschlägiger, von den Mitgliedstaaten geschlossener bilateraler oder multilateraler Übereinkünfte oder Vereinbarungen sind, insbesondere des Haager Übereinkommens vom 1. März 1954 über den Zivilprozess und des Haager Übereinkommens vom 18. März 1970 über die Beweisaufnahme im Ausland in Zivil- oder Handelssachen, Vorrang vor anderen Bestimmungen der genannten Übereinkünfte oder Vereinbarungen.

(2) Diese Verordnung hindert Mitgliedstaaten nicht daran, Übereinkünfte oder Vereinbarungen zur weiteren Vereinfachung der Beweisaufnahme beizubehalten oder zu schließen, sofern diese Übereinkünfte oder Vereinbarungen mit der vorliegenden Verordnung vereinbar sind.

(3) Die Mitgliedstaaten übermitteln der Kommission:

a) eine Abschrift der zwischen den Mitgliedstaaten geschlossenen Übereinkünfte oder Vereinbarungen nach Absatz 2 sowie die Entwürfe von ihnen geplanter Übereinkünfte oder Vereinbarungen und
b) jede Kündigung oder Änderung dieser Übereinkünfte oder Vereinbarungen.

Art. 30 Schutz übermittelter Informationen. (1) *[1]* Die nach dieser Verordnung durchgeführte Verarbeitung personenbezogener Daten, einschließlich des Austausches oder der Übermittlung personenbezogener Daten durch die zuständigen Behörden, erfolgt gemäß der Verordnung (EU) 2016/679.

[2] Der Austausch oder die Übermittlung von Informationen durch die zuständigen Stellen auf Ebene der Union erfolgt gemäß der Verordnung (EU) 2018/1725.

[3] Personenbezogene Daten, die für die Bearbeitung eines einzelnen Falls nicht relevant sind, werden sofort gelöscht.

(2) Die nach nationalem Recht zuständige Behörde oder zuständigen Behörden gilt bzw. gelten für die Verarbeitung personenbezogener Daten im Rahmen der vorliegenden Verordnung als Verantwortliche im Sinne der Verordnung (EU) 2016/679[1)].

(3) Unbeschadet der Absätze 1 und 2 darf das ersuchte Gericht die nach dieser Verordnung übermittelten Informationen nur zu dem Zweck verwenden, zu dem sie übermittelt wurden.

*(4) Ersuchte Gerich*te stellen die Vertraulichkeit derartiger Informationen nach Maßgabe ihres nationalen Rechts sicher.

[1)] **Sartorius Nr. 246.**

(5) Die Absätze 3 und 4 berühren nicht das Auskunftsrecht von Betroffenen über die Verwendung der nach dieser Verordnung übermittelten Informationen, das ihnen nach dem nationalen Recht zusteht.

(6) Die Richtlinie 2002/58/EG bleibt von dieser Verordnung unberührt.

Art. 31 Mitteilungen. (1) Die Mitgliedstaaten teilen der Kommission Folgendes mit:

a) die Liste nach Artikel 3 Absatz 2 sowie eine Angabe des örtlichen und gegebenenfalls fachlichen Zuständigkeitsbereichs der Gerichte;

b) die Namen und Anschriften der gemäß Artikel 4 Absatz 3 benannten Zentralstellen und zuständigen Behörden unter Angabe ihres örtlichen Zuständigkeitsbereichs;

c) die technischen Mittel, über welche die in der nach Artikel 3 Absatz 2 erstellten Liste aufgeführten Gerichte für die Entgegennahme von Ersuchen verfügen;

d) die Sprachen, die nach Artikel 6 für Ersuchen zugelassen sind.

(2) Die Mitgliedstaaten teilen der Kommission alle späteren Änderungen der in Absatz 1 angeführten Angaben mit.

(3)[1)] [1]Jeder Mitgliedstaat teilt der Kommission die Angaben zu den anderen Behörden mit, die zur Beweisaufnahme für die Zwecke von Gerichtsverfahren in Zivil- oder Handelssachen befugt sind. [2]Die Mitgliedstaaten teilen der Kommission alle späteren Änderungen dieser Angaben mit.

(4) [1]Sind Mitgliedstaaten in der Lage, den Betrieb des dezentralen IT-Systems früher als in dieser Verordnung vorgeschrieben aufzunehmen, so können sie das der Kommission mitteilen. [2]Die Kommission stellt diese Informationen auf elektronischem Wege zur Verfügung, insbesondere im Europäischen Justizportal.

Art. 32 Monitoring. (1) Die Kommission erstellt bis zum 2. Juli 2023 ein ausführliches Programm für das Monitoring der Leistungen, der Ergebnisse und der Wirkung dieser Verordnung.

(2) [1]In dem Monitoring-Programm wird festgelegt, welche Maßnahmen die Kommission und die Mitgliedstaaten zum Monitoring der Leistungen, der Ergebnisse und der Wirkung dieser Verordnung zu treffen haben. [2]Ferner wird darin festgelegt, wann die in Absatz 3 genannten Daten erstmals zu erfassen sind – spätestens bis zum 2. Juli 2026 – und in welchen weiteren Zeitabständen diese Daten zu erfassen sind.

(3) Die Mitgliedstaaten übermitteln der Kommission je nach Verfügbarkeit folgende für die Zwecke des Monitorings erforderliche Daten:

a) die Anzahl der nach Artikel 7 Absatz 1 bzw. nach Artikel 19 Absatz 1 jeweils übermittelten Ersuchen um Beweisaufnahme;

b) die Anzahl der nach Artikel 12 bzw. nach Artikel 19 Absatz 8 jeweils erledigten Ersuchen um Beweisaufnahme;

c) die Anzahl der Fälle, in denen das Ersuchen um Beweisaufnahme mit anderen Mitteln als dem dezentralen IT-System nach Artikel 7 Absatz 4 übermittelt wurde.

(4) Die Referenzimplementierungssoftware und – soweit es dafür ausgerüstet ist – das nationale Back-End-System erfassen die in Absatz 3 Buchstaben a und b

[1)] Beachte zum Inkrafttreten Art. 35 Abs. 2.

genannten Daten durch entsprechende Programmierung und übermitteln sie regelmäßig der Kommission.

Art. 33 Bewertung. (1) Spätestens fünf Jahre nach Geltungsbeginn des Artikels 7 gemäß Artikel 35 Absatz 3 führt die Kommission eine Bewertung dieser Verordnung durch und legt dem Europäischen Parlament, dem Rat und dem Europäischen Wirtschafts- und Sozialausschuss einen Bericht mit ihren wichtigsten Ergebnissen – gegebenenfalls zusammen mit einem Legislativvorschlag – vor.

(2) Die Mitgliedstaaten übermitteln der Kommission die Angaben, die für die Ausarbeitung des in Absatz 1 genannten Berichts erforderlich sind.

Art. 34 Aufhebung. (1) Die Verordnung (EG) Nr. 1206/2001 wird mit dem Tag des Beginns der Geltung der vorliegenden Verordnung aufgehoben, mit Ausnahme des Artikels 6 der Verordnung (EG) Nr. 1206/2001, der mit dem Tag des Geltungsbeginns des Artikels 7 nach Artikel 35 Absatz 3 der vorliegenden Verordnung aufgehoben wird.

(2) Bezugnahmen auf die aufgehobene Verordnung gelten als Bezugnahmen auf die vorliegende Verordnung und sind nach Maßgabe der Entsprechungstabelle in Anhang III zu lesen.

Art. 35 Inkrafttreten und Geltung. (1) *[1]* Diese Verordnung tritt am zwanzigsten Tag nach ihrer Veröffentlichung[1] im *Amtsblatt der Europäischen Union* in Kraft.

[2] Sie gilt ab dem 1. Juli 2022.

(2) Artikel 31 Absatz 3 gilt ab dem 23. März 2022.

(3) Artikel 7 gilt ab dem ersten Tag des Monats, der auf den Zeitraum von drei Jahren nach dem Tag des Inkrafttretens der in Artikel 25 genannten Durchführungsrechtsakte folgt.

Anhänge I–III. *(hier nicht wiedergegeben)*

---

[1] Veröffentlicht am 2.12.2020.

103e. Verordnung (EG) Nr. 861/2007 des Europäischen Parlaments und des Rates vom 11. Juli 2007 zur Einführung eines europäischen Verfahrens für geringfügige Forderungen

(ABl. L 199 vom 31.7.2007, S. 1, ELI: http://data.europa.eu/eli/reg/2007/861/oj)

Celex-Nr. 3 2007 R 0861

Lfd. Nr.	Änderndes Gesetz	Datum	Fund-stelle	Betroffen	Hinweis
1.	Art. 1 Abs. 1 Buchst. k VO (EU) 517/2013	13.5.2013	ABl. L 158 S. 1	Anh. I, II	mWv 1.7.2013
2.	Art. 1 VO (EU) 2015/2421	16.12. 2015	ABl. L 341 S. 1	Art. 25	mWv 14.1.2017
				Art. 2, 3, 4, 5, 8, 9, 11, 13, 15a, 17, 18, 20, 21, 21a, 23a, 26, 27, 28	mWv 14.7.2017
3.	Art. 1 VO (EU) 2017/1259	19.6.2017	ABl. L 182 vom 13.7. 2017, S. 1	Anh. I, II, III, IV	mWv 14.7.2017
4.	Art. 20 VO (EU) 2023/ 2844	13.12. 2023	ABl. L, 2023/ 2844, 27.12. 2023	Art. 4, 13, 15a	mWv 1.5.2025

Vorbemerkung:
Die Änderungen durch VO v. 13.12.2023 (ABl. L, 2023/2844, 27.12.2023) treten erst mWv 1.5.2025 in Kraft und sind im Text noch nicht berücksichtigt.

DAS EUROPÄISCHE PARLAMENT UND DER RAT DER EUROPÄISCHEN UNION –

gestützt auf den Vertrag zur Gründung der Europäischen Gemeinschaft, insbesondere auf Artikel 61 Buchstabe c und Artikel 67,

auf Vorschlag der Kommission,

nach Stellungnahme des Europäischen Wirtschafts- und Sozialausschusses[1)],

gemäß dem Verfahren des Artikels 251 des Vertrags[2)],

in Erwägung nachstehender Gründe:

(1) Die Gemeinschaft hat sich zum Ziel gesetzt, einen Raum der Freiheit, der Sicherheit und des Rechts, in dem der freie Personenverkehr gewährleistet ist, zu erhalten und weiterzuentwickeln. Zur schrittweisen Schaffung eines solchen Raums erlässt die Gemeinschaft unter anderem im Bereich der justiziellen Zusammenarbeit in Zivilsachen mit grenzüberschreitendem Bezug die für das reibungslose Funktionieren des Binnenmarkts erforderlichen Maßnahmen.

(2) Gemäß Artikel 65 Buchstabe c des Vertrags schließen diese Maßnahmen die Beseitigung der Hindernisse für eine reibungslose Abwicklung von Zivilverfahren

[1)] **Amtl. Anm.:** ABl. C 88 vom 11.4.2006, S. 61.

[2)] **Amtl. Anm.:** Stellungnahme des Europäischen Parlaments vom 14. Dezember 2006 (noch nicht im Amtsblatt veröffentlicht) und Beschluss des Rates vom 13. Juni 2007.

ein, erforderlichenfalls durch Förderung der Vereinbarkeit der in den Mitgliedstaaten geltenden zivilrechtlichen Verfahrensvorschriften.

(3) Bisher hat die Gemeinschaft in diesem Bereich unter anderem bereits folgende Maßnahmen erlassen: Verordnung (EG) Nr. 1348/2000 des Rates vom 29. Mai 2000 über die Zustellung gerichtlicher und außergerichtlicher Schriftstücke in Zivil- oder Handelssachen in den Mitgliedstaaten[1)], Verordnung (EG) Nr. 44/2001 des Rates vom 22. Dezember 2000 über die gerichtliche Zuständigkeit und die Anerkennung und Vollstreckung von Entscheidungen in Zivil- und Handelssachen[2)], Entscheidung 2001/470/EG des Rates vom 28. Mai 2001 über die Einrichtung eines Europäischen Justiziellen Netzes für Zivil- und Handelssachen[3)], Verordnung (EG) Nr. 805/2004[4)] des Europäischen Parlaments und des Rates vom 21. April 2004 zur Einführung eines europäischen Vollstreckungstitels für unbestrittene Forderungen[5)] und Verordnung (EG) Nr. 1896/2006[6)] des Europäischen Parlaments und des Rates vom 12. Dezember 2006 zur Einführung eines Europäischen Mahnverfahrens[7)].

(4) Der Europäische Rat forderte auf seiner Tagung vom 15. und 16. Oktober 1999 in Tampere den Rat und die Kommission auf, gemeinsame Verfahrensregeln für vereinfachte und beschleunigte grenzüberschreitende Gerichtsverfahren bei verbraucher- und handelsrechtlichen Ansprüchen mit geringem Streitwert zu verabschieden.

(5) Am 30. November 2000 verabschiedete der Rat ein gemeinsames Programm der Kommission und des Rates über Maßnahmen zur Umsetzung des Grundsatzes der gegenseitigen Anerkennung gerichtlicher Entscheidungen in Zivil- und Handelssachen[8)]. In dem Programm wird auf die Vereinfachung und Beschleunigung der Beilegung grenzüberschreitender Streitigkeiten Bezug genommen. Dies wurde durch das vom Europäischen Rat am 5. November 2004 angenommene Haager Programm[9)], in dem eine aktive Durchführung der Arbeiten zu geringfügigen Forderungen gefordert wird, weiter vorangebracht.

(6) Am 20. Dezember 2002 nahm die Kommission ein Grünbuch über ein Europäisches Mahnverfahren und über Maßnahmen zur einfacheren und schnelleren Beilegung von Streitigkeiten mit geringem Streitwert an. Mit dem Grünbuch wurde eine Konsultation über Maßnahmen zur Vereinfachung und Beschleunigung von Streitigkeiten mit geringem Streitwert eingeleitet.

(7) Viele Mitgliedstaaten haben vereinfachte zivilrechtliche Verfahren für Bagatellsachen eingeführt, da der Zeit-/Kostenaufwand und die Schwierigkeiten, die mit der Rechtsverfolgung verbunden sind, nicht unbedingt proportional zum Wert der Forderung abnehmen. Die Hindernisse für ein schnelles Urteil mit geringen Kosten verschärfen sich in grenzüberschreitenden Fällen. Es ist daher erforderlich, ein europäisches Verfahren für geringfügige Forderungen einzuführen. Ziel eines solchen europäischen Verfahrens sollte der erleichterte Zugang zur

---

[1)] **Amtl. Anm.:** ABl. L 160 vom 30.6.2000, S. 37.

[2)] **Amtl. Anm.:** ABl. L 12 vom 16.1.2001, S. 1. Geändert durch die Verordnung (EG) Nr. 1791/2006 (ABl. L 363 vom 20.12.2006, S. 1).

[3)] **Amtl. Anm.:** ABl. L 174 vom 27.6.2001, S. 25.

[4)] Nr. **103f**.

[5)] **Amtl. Anm.:** ABl. L 143 vom 30.4.2004, S. 15. Geändert durch die Verordnung (EG) Nr. 1869/2005 der Kommission (ABl. L 300 vom 17.11.2005, S. 6).

[6)] Nr. **103g**.

[7)] **Amtl. Anm.:** ABl. L 399 vom 30.12.2006, S. 1.

[8)] **Amtl. Anm.:** ABl. C 12 vom 15.1.2001, S. 1.

[9)] **Amtl. Anm.:** ABl. C 53 vom 3.3.2005, S. 1.

Justiz sein. Die Verzerrung des Wettbewerbs im Binnenmarkt aufgrund des unterschiedlichen Funktionierens der verfahrensrechtlichen Instrumente, die den Gläubigern in den einzelnen Mitgliedstaaten zur Verfügung stehen, machen eine Gemeinschaftsregelung erforderlich, die für Gläubiger und Schuldner in der gesamten Europäischen Union gleiche Bedingungen gewährleistet. Bei der Festsetzung der Kosten für die Behandlung von Klagen im Rahmen des europäischen Verfahrens für geringfügige Forderungen sollten die Grundsätze der Einfachheit, der Schnelligkeit und der Verhältnismäßigkeit berücksichtigt werden müssen. Zweckdienlicherweise sollten die Einzelheiten zu den zu erhebenden Gebühren veröffentlicht werden und die Modalitäten zur Festsetzung dieser Gebühren transparent sein.

(8) Mit dem europäischen Verfahren für geringfügige Forderungen sollten Streitigkeiten mit geringem Streitwert in grenzüberschreitenden Fällen vereinfacht und beschleunigt und die Kosten verringert werden, indem ein fakultatives Instrument zusätzlich zu den Möglichkeiten geboten wird, die nach dem Recht der Mitgliedstaaten bestehen und unberührt bleiben. Mit dieser Verordnung sollte es außerdem einfacher werden, die Anerkennung und Vollstreckung eines Urteils zu erwirken, das im europäischen Verfahren für geringfügige Forderungen in einem anderen Mitgliedstaat ergangen ist.

(9) Diese Verordnung soll der Förderung der Grundrechte dienen und berücksichtigt insbesondere die Grundsätze, die mit der Charta der Grundrechte der Europäischen Union anerkannt wurden. Das Gericht sollte das Recht auf ein faires Verfahren sowie den Grundsatz des kontradiktorischen Verfahrens wahren, insbesondere wenn es über das Erfordernis einer mündlichen Verhandlung und über die Erhebung von Beweisen und den Umfang der Beweisaufnahme entscheidet.

(10) Zur Vereinfachung der Berechnung des Streitwertes sollten dabei Zinsen, Ausgaben und Auslagen unberücksichtigt bleiben. Dies sollte weder die Befugnis des Gerichts, diese in seinem Urteil zuzusprechen, noch die nationalen Zinsberechnungsvorschriften berühren.

(11) Zur Erleichterung der Einleitung des europäischen Verfahrens für geringfügige Forderungen sollte der Kläger ein Klageformblatt ausfüllen und beim zuständigen Gericht einreichen. Das Klageformblatt sollte nur bei einem zuständigen Gericht eingereicht werden.

(12) Dem Klageformblatt sollten gegebenenfalls zweckdienliche Beweisunterlagen beigefügt werden. Dies steht der Einreichung weiterer Beweisstücke durch den Kläger während des Verfahrens jedoch nicht entgegen. Der gleiche Grundsatz sollte für die Antwort des Beklagten gelten.

(13) Die Begriffe „offensichtlich unbegründet" im Zusammenhang mit der Zurückweisung einer Forderung und „unzulässig" im Zusammenhang mit der Abweisung einer Klage sollten nach Maßgabe des nationalen Rechts bestimmt werden.

(14) Das europäische Verfahren für geringfügige Forderungen sollte schriftlich durchgeführt werden, sofern nicht das Gericht eine mündliche Verhandlung für erforderlich hält oder eine der Parteien einen entsprechenden Antrag stellt. Das Gericht kann einen solchen Antrag ablehnen. Diese Ablehnung kann nicht separat angefochten werden.

(15) Die Parteien sollten nicht verpflichtet sein, sich durch einen Rechtsanwalt oder sonstigen Rechtsbeistand vertreten zu lassen.

(16) Der Begriff der „Widerklage" sollte im Sinne des Artikels 6 Absatz 3 der Verordnung (EG) Nr. 44/2001 als Widerklage verstanden werden, die auf denselben Vertrag oder Sachverhalt wie die Klage selbst gestützt wird. Die Artikel 2 und 4 sowie Artikel 5 Absätze 3, 4 und 5 sollten entsprechend für Widerklagen gelten.

(17) Macht der Beklagte während des Verfahrens ein Recht auf Aufrechnung geltend, so sollte diese Forderung nicht als Widerklage im Sinne dieser Verordnung gelten. Daher sollte der Beklagte nicht verpflichtet sein, das in Anhang I vorgegebene Klageformblatt A für die Inanspruchnahme eines solchen Rechts zu verwenden.

(18) Der Empfangsmitgliedstaat für die Zwecke der Anwendung des Artikels 6 sollte der Mitgliedstaat sein, in dem die Zustellung oder in den die Versendung eines Schriftstücks erfolgt. Damit die Kosten verringert und die Fristen verkürzt werden, sollten Unterlagen den Parteien vorzugsweise durch Postdienste mit Empfangsbestätigung zugestellt werden, aus der das Datum des Empfangs hervorgeht.

(19) Eine Partei kann die Annahme eines Schriftstücks zum Zeitpunkt der Zustellung oder durch Rücksendung innerhalb einer Woche verweigern, wenn dieses nicht in einer Sprache abgefasst ist, die die Partei versteht oder die Amtssprache des Empfangsmitgliedstaates ist, (wenn es in diesem Mitgliedstaat mehrere Amtssprachen gibt, der Amtssprache oder einer der Amtssprachen des Ortes, an dem die Zustellung erfolgen soll oder an den das Schriftstück gesandt werden soll) und ihm auch keine Übersetzung in diese Sprache beiliegt.

(20) Bei der mündlichen Verhandlung und der Beweisaufnahme sollten die Mitgliedstaaten vorbehaltlich der nationalen Rechtsvorschriften des Mitgliedstaats, in dem das Gericht seinen Sitz hat, den Einsatz moderner Kommunikationsmittel fördern. Das Gericht sollte sich für die einfachste und kostengünstigste Art und Weise der Beweisaufnahme entscheiden.

(21) Die praktische Hilfestellung, die die Parteien beim Ausfüllen der Formblätter erhalten sollen, sollte Informationen zur technischen Verfügbarkeit und zum Ausfüllen der Formblätter umfassen.

(22) Informationen zu Verfahrensfragen können auch vom Gerichtspersonal nach Maßgabe des einzelstaatlichen Rechts erteilt werden.

(23) Angesichts des Ziels dieser Verordnung, Streitigkeiten mit geringem Streitwert in grenzüberschreitenden Rechtssachen zu vereinfachen und zu beschleunigen, sollte das Gericht auch in den Fällen, in denen diese Verordnung keine Frist für einen bestimmten Verfahrensabschnitt vorsieht, so schnell wie möglich tätig werden.

(24) Die Berechnung der in dieser Verordnung vorgesehenen Fristen sollte nach Maßgabe der Verordnung (EWG, Euratom) Nr. 1182/71 des Rates vom 3. Juni 1971 zur Festlegung der Regeln für die Fristen, Daten und Termine[1] erfolgen.

---

[1] **Amtl. Anm.:** ABl. L 124 vom 8. 6. 1971, S. 1.

(25) Zur schnelleren Durchsetzung geringfügiger Forderungen sollte das Urteil ohne Rücksicht auf seine Anfechtbarkeit und ohne Sicherheitsleistung vollstreckbar sein, sofern in dieser Verordnung nichts anderes bestimmt ist.

(26) Immer wenn in dieser Verordnung auf Rechtsmittel Bezug genommen wird, sollten alle nach dem einzelstaatlichen Recht möglichen Rechtsmittel umfasst sein.

(27) Dem Gericht muss eine Person angehören, die nach nationalem Recht dazu ermächtigt ist, als Richter tätig zu sein.

(28) Wenn das Gericht eine Frist setzt, sollte es die betroffene Partei über die Folgen der Nichtbeachtung dieser Frist informieren.

(29) Die unterlegene Partei sollte die Kosten des Verfahrens tragen. Die Kosten des Verfahrens sollten nach einzelstaatlichem Recht festgesetzt werden. Angesichts der Ziele der Einfachheit und der Kosteneffizienz sollte das Gericht anordnen, dass eine unterlegene Partei lediglich die Kosten des Verfahrens tragen muss, einschließlich beispielsweise sämtlicher Kosten, die aufgrund der Tatsache anfallen, dass sich die Gegenpartei durch einen Rechtsanwalt oder sonstigen Rechtsbeistand hat vertreten lassen, oder sämtlicher Kosten für die Zustellung oder Übersetzung von Dokumenten, die im Verhältnis zum Streitwert stehen oder die notwendig waren.

(30) Um die Anerkennung und Vollstreckung zu erleichtern, sollte ein im europäischen Verfahren für geringfügige Forderungen ergangenes Urteil in einem anderen Mitgliedstaat anerkannt werden und vollstreckbar sein, ohne dass es einer Vollstreckbarerklärung bedarf und ohne dass die Anerkennung angefochten werden kann.

(31) Es sollte Mindeststandards für die Überprüfung eines Urteils in den Fällen geben, in denen der Beklagte nicht imstande war, die Forderung zu bestreiten.

(32) Im Hinblick auf die Ziele der Einfachheit und Kosteneffizienz sollte die Partei, die ein Urteil vollstrecken lassen will, in dem Vollstreckungsmitgliedstaat – außer bei den Stellen, die gemäß dem einzelstaatlichen Recht dieses Mitgliedstaats für das Vollstreckungsverfahren zuständig sind – keine Postanschrift nachweisen und auch keinen bevollmächtigten Vertreter haben müssen.

(33) Kapitel III dieser Verordnung[1)] sollte auch auf die Kostenfestsetzungsbeschlüsse durch Gerichtsbedienstete aufgrund eines im Verfahren nach dieser Verordnung ergangenen Urteils Anwendung finden.

(34) Die zur Durchführung dieser Verordnung erforderlichen Maßnahmen sollten gemäß dem Beschluss 1999/468/EG des Rates vom 28. Juni 1999 zur Festlegung der Modalitäten für die Ausübung der der Kommission übertragenen Durchführungsbefugnisse[2)] erlassen werden.

---

1) Nr. **103e**.

2) **Amtl. Anm.:** ABl. L 184 vom 17.7.1999, S. 23. Geändert durch den Beschluss 2006/512/EG (ABl. L 200 vom 22.7.2006, S. 11).

(35) Insbesondere sollte die Kommission die Befugnis erhalten, die zur Durchführung dieser Verordnung erforderlichen Maßnahmen im Zusammenhang mit Aktualisierungen oder technischen Änderungen der in den Anhängen vorgegebenen Formblätter zu erlassen. Da es sich hierbei um Maßnahmen von allgemeiner Tragweite handelt, die eine Änderung bzw. Streichung von nicht wesentlichen Bestimmungen und eine Hinzufügung neuer nicht wesentlicher Bestimmungen der vorliegenden Verordnung bewirken, sind diese Maßnahmen gemäß dem Regelungsverfahren mit Kontrolle des Artikels 5a des Beschlusses 1999/468/EG zu erlassen.

(36) Da die Ziele dieser Verordnung, nämlich die Schaffung eines Verfahrens zur Vereinfachung und Beschleunigung von Streitigkeiten mit geringem Streitwert in grenzüberschreitenden Rechtssachen und die Reduzierung der Kosten, auf Ebene der Mitgliedstaaten nicht ausreichend verwirklicht werden können und daher wegen ihres Umfangs und ihrer Wirkung besser auf Gemeinschaftsebene zu verwirklichen sind, kann die Gemeinschaft im Einklang mit dem in Artikel 5 des Vertrags niedergelegten Subsidiaritätsprinzip tätig werden. Entsprechend dem in demselben Artikel genannten Grundsatz der Verhältnismäßigkeit geht diese Verordnung nicht über das zur Erreichung dieser Ziele erforderliche Maß hinaus.

(37) Das Vereinigte Königreich und Irland haben gemäß Artikel 3 des dem Vertrag über die Europäische Union und dem Vertrag zur Gründung der Europäischen Gemeinschaft beigefügten Protokolls über die Position des Vereinigten Königreichs und Irlands mitgeteilt, dass sie sich an der Annahme und Anwendung dieser Verordnung beteiligen möchten.

(38) Gemäß den Artikeln 1 und 2 des dem Vertrag über die Europäische Union und dem Vertrag zur Gründung der Europäischen Gemeinschaft beigefügten Protokolls über die Position Dänemarks beteiligt sich Dänemark nicht an der Annahme dieser Verordnung, die für Dänemark nicht bindend und nicht auf Dänemark anwendbar ist –

HABEN FOLGENDE VERORDNUNG ERLASSEN:

Kapitel I. Gegenstand und Anwendungsbereich

Art. 1 Gegenstand. [1] Mit dieser Verordnung wird ein europäisches Verfahren für geringfügige Forderungen eingeführt, damit Streitigkeiten in grenzüberschreitenden Rechtssachen mit geringem Streitwert einfacher und schneller beigelegt und die Kosten hierfür reduziert werden können. [2] Das europäische Verfahren für geringfügige Forderungen steht den Rechtssuchenden als eine Alternative zu den in den Mitgliedstaaten bestehenden innerstaatlichen Verfahren zur Verfügung.

Mit dieser Verordnung wird außerdem die Notwendigkeit von Zwischenverfahren zur Anerkennung und Vollstreckung der in anderen Mitgliedstaaten im Verfahren für geringfügige Forderungen ergangenen Urteile beseitigt.

Art. 2[1)] Anwendungsbereich. (1) [1]Diese Verordnung gilt in Zivil- und Handelssachen für grenzüberschreitende Rechtssachen im Sinne des Artikels 3, ohne dass es auf die Art der Gerichtsbarkeit ankommt, wenn der Streitwert der Klage ohne Zinsen, Kosten und Auslagen zum Zeitpunkt des Eingangs beim zuständigen Gericht 5 000 EUR nicht überschreitet. [2]Sie erfasst insbesondere nicht Steuer- und Zollsachen, verwaltungsrechtliche Angelegenheiten sowie die Haftung des Staates für Handlungen oder Unterlassungen im Rahmen der Ausübung hoheitlicher Rechte (acta iure imperii).

(2) Diese Verordnung ist nicht anzuwenden auf:

a) den Personenstand, die Rechts- und Handlungsfähigkeit sowie die gesetzliche Vertretung von natürlichen Personen,

b) die ehelichen Güterstände oder Güterstände aufgrund von Verhältnissen, die nach dem auf diese Verhältnisse anzuwendenden Recht mit der Ehe vergleichbare Wirkungen entfalten,

c) Unterhaltspflichten, die auf einem Familien-, Verwandtschafts- oder eherechtlichen Verhältnis oder auf Schwägerschaft beruhen,

d) das Testaments- und Erbrecht, einschließlich Unterhaltspflichten, die mit dem Tod entstehen,

e) Konkurse, Vergleiche und ähnliche Verfahren,

f) die soziale Sicherheit,

g) die Schiedsgerichtsbarkeit,

h) das Arbeitsrecht,

i) die Miete oder Pacht unbeweglicher Sachen, mit Ausnahme von Klagen wegen Geldforderungen, oder

j) die Verletzung der Privatsphäre oder der Persönlichkeitsrechte, einschließlich der Verletzung der Ehre.

Art. 3[2)] Grenzüberschreitende Rechtssachen. (1) Eine grenzüberschreitende Rechtssache im Sinne dieser Verordnung liegt vor, wenn mindestens eine der Parteien ihren Wohnsitz oder gewöhnlichen Aufenthalt in einem anderen Mitgliedstaat als dem des angerufenen Gerichts hat.

(2) Der Wohnsitz bestimmt sich nach den Artikeln 62 und 63 der Verordnung (EU) Nr. 1215/2012[3)] des Europäischen Parlaments und des Rates[4)].

(3) Maßgeblicher Zeitpunkt zur Feststellung, ob eine grenzüberschreitende Rechtssache vorliegt, ist der Tag, an dem das Klageformblatt bei dem zuständigen Gericht eingeht.

[1)] Art. 2 neu gef. mWv 14.7.2017 durch VO v. 16.12.2015 (ABl. Nr. L 341 S. 1).

[2)] Art. 3 Abs. 2 und 3 neu gef. mWv 14.7.2017 durch VO v. 16.12.2015 (ABl. Nr. L 341 S. 1).

[3)] Nr. **103**.

[4)] **Amtl. Anm.:** Verordnung (EU) Nr. 1215/2012 [Nr. **103**] des Europäischen Parlaments und des Rates vom 12. Dezember 2012 über die gerichtliche Zuständigkeit und die Anerkennung und Vollstreckung von Entscheidungen in Zivil- und Handelssachen (ABl. L 351 vom 20.12.2012, S. 1).

Kapitel II. Das Europäische Verfahren für geringfügige Forderungen

Art. 4[1] **Einleitung des Verfahrens.** (1) [1] Der Kläger leitet das europäische Verfahren für geringfügige Forderungen ein, indem er das in Anhang I vorgegebene Klageformblatt A ausgefüllt direkt beim zuständigen Gericht einreicht oder diesem auf dem Postweg übersendet oder auf anderem Wege übermittelt, der in dem Mitgliedstaat, in dem das Verfahren eingeleitet wird, zulässig ist, beispielsweise per Fax oder e-Mail. [2] Das Klageformblatt muss eine Beschreibung der Beweise zur Begründung der Forderung enthalten; gegebenenfalls können ihm als Beweismittel geeignete Unterlagen beigefügt werden.

(2) [1] Die Mitgliedstaaten teilen der Kommission mit, welche Übermittlungsarten sie zulassen. [2] Diese Mitteilung wird von der Kommission bekannt gemacht.

(3) [1] Fällt die erhobene Klage nicht in den Anwendungsbereich dieser Verordnung, so unterrichtet das Gericht den Kläger darüber. [2] Nimmt der Kläger die Klage daraufhin nicht zurück, so verfährt das Gericht mit ihr nach Maßgabe des Verfahrensrechts des Mitgliedstaats, in dem das Verfahren durchgeführt wird.

(4) [1] Sind die Angaben des Klägers nach Ansicht des Gerichts unzureichend oder nicht klar genug, oder ist das Klageformblatt nicht ordnungsgemäß ausgefüllt und ist die Klage nicht offensichtlich unbegründet oder nicht offensichtlich unzulässig, so gibt das Gericht dem Kläger Gelegenheit, das Klageformblatt zu vervollständigen oder zu berichtigen oder ergänzende Angaben zu machen oder Unterlagen vorzulegen oder die Klage zurückzunehmen, und setzt hierfür eine Frist fest. [2] Das Gericht verwendet dafür das in Anhang II vorgegebene Formblatt B.

[1] Ist die Klage offensichtlich unbegründet oder offensichtlich unzulässig oder versäumt es der Kläger, das Klageformblatt fristgerecht zu vervollständigen oder zu berichtigen, so wird die Klage zurück- bzw. abgewiesen. [2] Das Gericht setzt den Kläger von der Zurück- bzw. Abweisung in Kenntnis und teilt ihm mit, ob ein Rechtsmittel gegen die Zurück- bzw. Abweisung zur Verfügung steht.

(5) Die Mitgliedstaaten sorgen dafür, dass das Klageformblatt A bei allen Gerichten, bei denen das europäische Verfahren für geringfügige Forderungen eingeleitet werden kann, erhältlich und über die einschlägigen nationalen Internetseiten zugänglich ist.

Art. 5[2] **Durchführung des Verfahrens.** (1) Das europäische Verfahren für geringfügige Forderungen wird schriftlich durchgeführt.

(1a) [1] Das Gericht hält eine mündliche Verhandlung nur dann ab, wenn es der Auffassung ist, dass es auf der Grundlage der schriftlichen Beweismittel

---

[1] Art. 4 Abs. 4 UAbs. 2 Satz 2 angef., Abs. 5 neu gef. mWv 14.7.2017 durch VO v. 16.12.2015 *(ABl. Nr. L 341 S. 1).*

[2] Art. 5 Abs. 1 neu gef., Abs. 1a eingef. mWv 14.7.2017 durch VO v. 16.12.2015 (ABl. Nr. L 341 S. 1).

kein Urteil fällen kann, oder wenn eine der Parteien einen entsprechenden Antrag stellt. [2] Das Gericht kann einen solchen Antrag ablehnen, wenn es der Auffassung ist, dass in Anbetracht der Umstände des Falles ein faires Verfahren auch ohne mündliche Verhandlung sichergestellt werden kann. [3] Die Ablehnung ist schriftlich zu begründen. [4] Gegen die Abweisung des Antrags ist ohne Anfechtung des Urteils selbst kein gesondertes Rechtsmittel zulässig.

(2) Nach Eingang des ordnungsgemäß ausgefüllten Klageformblatts füllt das Gericht Teil I des in Anhang III vorgegebenen Standardantwortformblatts C aus.

[1] Es stellt dem Beklagten gemäß Artikel 13 eine Kopie des Klageformblatts und gegebenenfalls der Beweisunterlagen zusammen mit dem entsprechend ausgefüllten Antwortformblatt zu. [2] Diese Unterlagen sind innerhalb von 14 Tagen nach Eingang des ordnungsgemäß ausgefüllten Klageformblatts abzusenden.

(3) Der Beklagte hat innerhalb von 30 Tagen nach Zustellung des Klageformblatts und des Antwortformblatts zu antworten, indem er Teil II des Formblatts C ausfüllt und es gegebenenfalls mit als Beweismittel geeigneten Unterlagen an das Gericht zurücksendet oder indem er auf andere geeignete Weise ohne Verwendung des Antwortformblatts antwortet.

(4) Innerhalb von 14 Tagen nach Eingang der Antwort des Beklagten ist eine Kopie der Antwort gegebenenfalls zusammen mit etwaigen als Beweismittel geeigneten Unterlagen an den Kläger abzusenden.

(5) [1] Macht der Beklagte in seiner Antwort geltend, dass der Wert einer nicht lediglich auf eine Geldzahlung gerichteten Klage die in Artikel 2 Absatz 1 festgesetzten Wertgrenze übersteigt, so entscheidet das Gericht innerhalb von 30 Tagen nach Absendung der Antwort an den Kläger, ob die Forderung in den Anwendungsbereich dieser Verordnung fällt. [2] Gegen diese Entscheidung ist ein gesondertes Rechtsmittel nicht zulässig.

(6) [1] Etwaige Widerklagen, die mittels Formblatt A zu erheben sind, sowie etwaige Beweisunterlagen werden dem Kläger gemäß Artikel 13 zugestellt. [2] Die Unterlagen sind innerhalb von 14 Tagen nach deren Eingang bei Gericht abzusenden.

Der Kläger hat auf eine etwaige Widerklage innerhalb von 30 Tagen nach Zustellung zu antworten.

(7) Überschreitet die Widerklage die in Artikel 2 Absatz 1 festgesetzte Wertgrenze, so werden die Klage und die Widerklage nicht nach dem europäischen Verfahren für geringfügige Forderungen, sondern nach Maßgabe des Verfahrensrechts des Mitgliedstaats, in dem das Verfahren durchgeführt wird, behandelt.

Artikel 2 und Artikel 4 sowie die Absätze 3, 4 und 5 des vorliegenden Artikels gelten entsprechend für Widerklagen.

Art. 6 Sprachen. (1) Das Klageformblatt, die Antwort, etwaige Widerklagen, die etwaige Antwort auf eine Widerklage und eine etwaige Beschreibung etwaiger Beweisunterlagen sind in der Sprache oder einer der Sprachen des Gerichts vorzulegen.

(2) Werden dem Gericht weitere Unterlagen nicht in der Verfahrenssprache vorgelegt, so kann das Gericht eine Übersetzung der betreffenden Unter-

lagen nur dann anfordern, wenn die Übersetzung für den Erlass des Urteils erforderlich erscheint.

(3) Hat eine Partei die Annahme eines Schriftstücks abgelehnt, weil es nicht in

a) der Amtssprache des Empfangsmitgliedstaats oder – wenn es in diesem Mitgliedstaat mehrere Amtssprachen gibt – der Amtssprache oder einer der Amtssprachen des Ortes, an dem die Zustellung erfolgen soll oder an den das Schriftstück gesandt werden soll, oder

b) einer Sprache, die der Empfänger versteht,

abgefasst ist, so setzt das Gericht die andere Partei davon in Kenntnis, damit diese eine Übersetzung des Schriftstücks vorlegt.

Art. 7 Abschluss des Verfahrens. (1) Innerhalb von 30 Tagen, nachdem die Antworten des Beklagten oder des Klägers unter Einhaltung der Frist des Artikels 5 Absatz 3 oder Absatz 6 eingegangen sind, erlässt das Gericht ein Urteil oder verfährt wie folgt:

a) Es fordert die Parteien innerhalb einer bestimmten Frist, die 30 Tage nicht überschreiten darf, zu weiteren die Klage betreffenden Angaben auf,

b) es führt eine Beweisaufnahme nach Artikel 9 durch,

c) es lädt die Parteien zu einer mündlichen Verhandlung vor, die innerhalb von 30 Tagen nach der Vorladung stattzufinden hat.

(2) [1] Das Gericht erlässt sein Urteil entweder innerhalb von 30 Tagen nach einer etwaigen mündlichen Verhandlung oder nach Vorliegen sämtlicher Entscheidungsgrundlagen. [2] Das Urteil wird den Parteien gemäß Artikel 13 zugestellt.

(3) Ist bei dem Gericht innerhalb der in Artikel 5 Absatz 3 oder Absatz 6 gesetzten Frist keine Antwort der betreffenden Partei eingegangen, so erlässt das Gericht zu der Klage oder der Widerklage ein Urteil.

Art. 8[1)] Mündliche Verhandlung. (1) Wird gemäß Artikel 5 Absatz 1a eine mündliche Verhandlung für erforderlich gehalten, so werden hierfür dem Gericht zur Verfügung stehende geeignete Mittel der Fernkommunikationstechnologie wie etwa die Video- oder Telekonferenz genutzt, es sei denn, deren Verwendung ist in Anbetracht der besonderen Umstände des Falles für den fairen Ablauf des Verfahrens nicht angemessen.

Hat die anzuhörende Person ihren Wohnsitz oder ihren gewöhnlichen Aufenthalt in einem anderen Mitgliedstaat als dem Mitgliedstaat des angerufenen Gerichts, so wird die Teilnahme dieser Person an einer mündlichen Verhandlung per Videokonferenz, per Telekonferenz oder mithilfe anderer geeigneter Mittel der Fernkommunikationstechnologie in Anwendung der in der Verordnung (EG) Nr. 1206/2001[2)] des Rates[3)] vorgesehenen Verfahren veranlasst.

[1)] Art. 8 neu gef. mWv 14.7.2017 durch VO v. 16.12.2015 (ABl. Nr. L 341 S. 1).

[2)] Nr. **103d**.

[3)] **Amtl. Anm.:** Verordnung (EG) Nr. 1206/2001 [Nr. **103d**] des Rates vom 28. Mai 2001 über die Zusammenarbeit zwischen den Gerichten der Mitgliedstaaten auf dem Gebiet der Beweisaufnahme in Zivil- oder Handelssachen (ABl. L 174 vom 27.6.2001, S. 1).

(2) Eine Partei, die geladen wurde, bei einer mündlichen Verhandlung persönlich anwesend zu sein, kann, sofern derartige Mittel dem Gericht zur Verfügung stehen, die Nutzung von Mitteln der Fernkommunikationstechnologie mit der Begründung beantragen, dass die für ihre persönliche Anwesenheit erforderlichen Vorkehrungen, insbesondere in Anbetracht der ihr dadurch möglicherweise entstehenden Kosten, in keinem angemessenen Verhältnis zu der Klage stehen würden.

(3) [1] Eine Partei, die geladen wurde, unter Verwendung eines Mittels der Fernkommunikationstechnologie an einer mündlichen Verhandlung teilzunehmen, kann ihre persönliche Anwesenheit bei der Verhandlung beantragen. [2] Mit Klageformblatt A und Antwortformblatt C, die nach dem Verfahren gemäß Artikel 27 Absatz 2 erstellt werden, werden die Parteien darüber unterrichtet, dass die Rückerstattung der Kosten, die einer Partei aufgrund der von ihr selbst beantragten persönlichen Anwesenheit bei der mündlichen Verhandlung entstehen, den Bedingungen des Artikels 16 unterliegt.

(4) Gegen die Entscheidung des Gerichts über einen Antrag gemäß den Absätzen 2 und 3 ist ohne Anfechtung des Urteils selbst kein gesondertes Rechtsmittel zulässig.

Art. 9[1)] **Beweisaufnahme.** (1) [1] Das Gericht bestimmt die Beweismittel und den Umfang der Beweisaufnahme, die im Rahmen der für die Zulässigkeit von Beweisen geltenden Bestimmungen für sein Urteil erforderlich sind. [2] Es wählt die einfachste und am wenigsten aufwendige Art der Beweisaufnahme.

(2) Das Gericht kann die Beweisaufnahme mittels schriftlicher Aussagen von Zeugen oder Sachverständigen oder schriftlicher Parteivernehmung zulassen.

(3) Ist eine Person im Rahmen der Beweisaufnahme anzuhören, so findet die Anhörung nach Maßgabe des Artikels 8 statt.

(4) Das Gericht darf Sachverständigenbeweise oder mündliche Aussagen nur dann zulassen, wenn es nicht möglich ist, aufgrund anderer Beweismittel ein Urteil zu fällen.

Art. 10 Vertretung der Parteien. Die Vertretung durch einen Rechtsanwalt oder einen sonstigen Rechtsbeistand ist nicht verpflichtend.

Art. 11[2)] **Hilfestellung für die Parteien.** (1) [1] Die Mitgliedstaaten gewährleisten, dass es den Parteien möglich ist, sowohl praktische Hilfestellung beim Ausfüllen der Formblätter als auch allgemeine Informationen über den Anwendungsbereich des europäischen Verfahrens für geringfügige Forderungen sowie allgemeine Informationen darüber zu erhalten, welche Gerichte in dem betreffenden Mitgliedstaat dafür zuständig sind, ein Urteil in dem europäischen Verfahren für geringfügige Forderungen zu erlassen. [2] Diese Hilfestellung wird unentgeltlich gewährt. [3] Dieser Absatz verpflichtet die Mitgliedstaaten nicht zur Gewährung von Prozesskostenhilfe oder rechtlicher Beratung in Form einer rechtlichen Prüfung im Einzelfall.

---

1) Art. 9 neu gef. mWv 14.7.2017 durch VO v. 16.12.2015 (ABl. Nr. L 341 S. 1).
2) Art. 11 neu gef. mWv 14.7.2017 durch VO v. 16.12.2015 (ABl. Nr. L 341 S. 1).

(2) Die Mitgliedstaaten gewährleisten, dass Angaben zu den Behörden oder Organisationen, die im Sinne des Absatzes 1 Hilfestellung geben können, bei allen Gerichten, bei denen das europäische Verfahren für geringfügige Forderungen eingeleitet werden kann, zur Verfügung stehen und über die einschlägigen nationalen Internetseiten zugänglich sind.

Art. 12 Aufgaben des Gerichts. (1) Das Gericht verpflichtet die Parteien nicht zu einer rechtlichen Würdigung der Klage.

(2) Das Gericht unterrichtet die Parteien erforderlichenfalls über Verfahrensfragen.

(3) Soweit angemessen, bemüht sich das Gericht um eine gütliche Einigung der Parteien.

Art. 13[1] Zustellung von Schriftstücken und sonstiger Schriftverkehr.

(1) [1] Die in Artikel 5 Absätze 2 und 6 genannten Schriftstücke und gemäß Artikel 7 ergangene Urteile werden wie folgt zugestellt:

a) durch Postdienste oder

b) durch elektronische Übermittlung,

i) wenn die Mittel hierfür technisch verfügbar und gemäß den Verfahrensvorschriften des Mitgliedstaats zulässig sind, in dem das europäische Verfahren für geringfügige Forderungen durchgeführt wird, sowie wenn die Partei, der Schriftstücke zuzustellen sind, ihren Wohnsitz oder gewöhnlichen Aufenthalt in einem anderen Mitgliedstaat hat, gemäß den Verfahrensvorschriften jenes Mitgliedstaats zulässig sind und

ii) wenn die Partei, der Schriftstücke zuzustellen sind, der Zustellung durch elektronische Übermittlung vorher ausdrücklich zugestimmt hat oder wenn sie nach den Verfahrensvorschriften des Mitgliedstaats, in dem jene Partei ihren Wohnsitz oder gewöhnlichen Aufenthalt hat, rechtlich dazu verpflichtet ist, diese besondere Art der Zustellung zu akzeptieren.

[2] Die Zustellung wird durch eine Empfangsbestätigung, aus der das Datum des Empfangs hervorgeht, nachgewiesen.

(2) Der gesamte nicht in Absatz 1 genannte Schriftverkehr zwischen dem Gericht und den Parteien oder anderen an dem Verfahren beteiligten Personen erfolgt durch elektronische Übermittlung mit Empfangsbestätigung, wenn die Mittel hierfür technisch verfügbar und nach den Verfahrensvorschriften des Mitgliedstaats, in dem das europäische Verfahren für geringfügige Forderungen durchgeführt wird, zulässig sind, sofern die betreffende Partei oder Person dieser Form der Übermittlung zuvor zugestimmt hat oder sie nach den Verfahrensvorschriften des Mitgliedstaats, in dem betreffende Partei oder Person ihren Wohnsitz oder gewöhnlichen Aufenthalt hat, rechtlich dazu verpflichtet ist, eine solche Form der Übermittlung zu akzeptieren.

(3) Neben anderen Mitteln, die nach den Verfahrensvorschriften der Mitgliedstaaten zur Verfügung stehen und mit denen die nach den Absätzen 1 und 2 erforderliche vorherige Zustimmung zur Verwendung der elektro-

[1] Art. 13 neu gef. mWv 14.7.2017 durch VO v. 16.12.2015 (ABl. Nr. L 341 S. 1).

nischen Übermittlung zum Ausdruck gebracht wird, kann diese Zustimmung auch mittels Klageformblatt A und Antwortformblatt C bekundet werden.

(4) Ist eine Zustellung gemäß Absatz 1 nicht möglich, so kann die Zustellung auf eine der Arten bewirkt werden, die in den Artikeln 13 und 14 der Verordnung (EG) Nr. 1896/2006[1] festgelegt sind.

Ist eine Übermittlung des Schriftverkehrs nach Maßgabe des Absatzes 2 nicht möglich oder in Anbetracht der besonderen Umstände des Falles nicht angezeigt, so kann jede sonstige Art der Übermittlung genutzt werden, die nach dem Recht des Mitgliedstaats, in dem das europäische Verfahren für geringfügige Forderungen durchgeführt wird, zulässig ist.

Art. 14 Fristen. (1) Setzt das Gericht eine Frist fest, so ist die betroffene Partei über die Folgen der Nichteinhaltung dieser Frist zu informieren.

(2) Das Gericht kann die Fristen nach Artikel 4 Absatz 4, Artikel 5 Absätze 3 und 6 und Artikel 7 Absatz 1 ausnahmsweise verlängern, wenn dies notwendig ist, um die Rechte der Parteien zu wahren.

(3) Kann das Gericht die Fristen nach Artikel 5 Absätze 2 bis 6 sowie Artikel 7 ausnahmsweise nicht einhalten, veranlasst es so bald wie möglich die nach diesen Vorschriften erforderlichen Verfahrensschritte.

Art. 15 Vollstreckbarkeit des Urteils. (1) [1] Das Urteil ist ungeachtet eines möglichen Rechtsmittels vollstreckbar. [2] Es darf keine Sicherheitsleistung verlangt werden.

(2) Artikel 23 ist auch anzuwenden, wenn das Urteil in dem Mitgliedstaat zu vollstrecken ist, in dem es ergangen ist.

Art. 15a[2] Gerichtsgebühren und Zahlungsmethoden. (1) Die in einem Mitgliedstaat für das europäische Verfahren für geringfügige Forderungen erhobenen Gerichtsgebühren dürfen nicht unverhältnismäßig hoch sein und die Gerichtsgebühren, die in dem betreffenden Mitgliedstaat für nationale vereinfachte Verfahren erhoben werden, nicht überschreiten.

(2) Die Mitgliedstaaten stellen sicher, dass die Parteien die Gerichtsgebühren mittels Fernzahlungsmöglichkeiten begleichen können, mit deren Hilfe sie die Zahlung auch aus einem anderen als dem Mitgliedstaat vornehmen können, in dem das Gericht seinen Sitz hat, wobei mindestens eine der folgenden Zahlungsmöglichkeiten anzubieten ist:

a) Banküberweisung,

b) Zahlung mit Kredit- oder Debitkarte oder

c) Einzug mittels Lastschrift vom Bankkonto des Klägers.

Art. 16 Kosten. [1] Die unterlegene Partei trägt die Kosten des Verfahrens. [2] Das Gericht spricht der obsiegenden Partei jedoch keine Erstattung für Kosten zu, soweit sie nicht notwendig waren oder in keinem Verhältnis zu der Klage stehen.

---

1) Nr. **103g**.
2) Art. 15a eingef. mWv 14.7.2017 durch VO v. 16.12.2015 (ABl. Nr. L 341 S. 1).

Art. 17[1] Rechtsmittel. (1) [1] Die Mitgliedstaaten teilen der Kommission mit, ob ihr Verfahrensrecht ein Rechtsmittel gegen ein im europäischen Verfahren für geringfügige Forderungen ergangenes Urteil zulässt und innerhalb welcher Frist das Rechtsmittel einzulegen ist. [2] Diese Mitteilung wird von der Kommission bekannt gemacht.

(2) Die Artikel 15a und 16 gelten auch für das Rechtsmittelverfahren.

Art. 18[2] Überprüfung des Urteils in Ausnahmefällen. (1) Der Beklagte, der sich auf das Verfahren nicht eingelassen hat, ist berechtigt, beim zuständigen Gericht des Mitgliedstaats, in dem das Urteil im europäischen Verfahren für geringfügige Forderungen ergangen ist, eine Überprüfung des Urteils zu beantragen, wenn

a) ihm das Klageformblatt oder im Falle einer mündlichen Verhandlung die Ladung zu dieser Verhandlung nicht so rechtzeitig und in einer Weise zugestellt worden ist, dass er Vorkehrungen für seine Verteidigung hätte treffen können, oder

b) er aufgrund höherer Gewalt oder aufgrund außergewöhnlicher Umstände ohne eigenes Verschulden daran gehindert war, das Bestehen der Forderung zu bestreiten,

es sei denn, der Beklagte hat gegen das Urteil kein Rechtsmittel eingelegt, obwohl er die Möglichkeit dazu hatte.

(2) [1] Die Frist für den Antrag auf Überprüfung des Urteils beträgt 30 Tage. [2] Sie beginnt mit dem Tag, an dem der Beklagte vom Inhalt des Urteils tatsächlich Kenntnis genommen hat und in der Lage war, entsprechend tätig zu werden, spätestens aber mit dem Tag der ersten Vollstreckungsmaßnahme, die zur Folge hatte, dass die Vermögensgegenstände des Beklagten ganz oder teilweise seiner Verfügung entzogen wurden. [3] Eine Verlängerung dieser Frist ist ausgeschlossen.

(3) Weist das Gericht den Antrag auf Überprüfung nach Absatz 1 mit der Begründung zurück, dass keine der Voraussetzungen für eine Überprüfung nach jenem Absatz erfüllt ist, bleibt das Urteil in Kraft.

[1] Entscheidet das Gericht, dass eine Überprüfung aus einem der in Absatz 1 genannten Gründe gerechtfertigt ist, so ist das im europäischen Verfahren für geringfügige Forderungen ergangene Urteil nichtig. [2] Der Kläger verliert jedoch nicht die Vorteile, die sich aus einer Unterbrechung der Verjährungs- oder Ausschlussfristen ergeben, sofern eine derartige Unterbrechung nach nationalem Recht gilt.

Art. 19 Anwendbares Verfahrensrecht. Sofern diese Verordnung nichts anderes bestimmt, gilt für das europäische Verfahren für geringfügige Forderungen das Verfahrensrecht des Mitgliedstaats, in dem das Verfahren durchgeführt wird.

---

[1] Art. 17 Abs. 2 neu gef. mWv 14.7.2017 durch VO v. 16.12.2015 (ABl. Nr. L 341 S. 1).
[2] Art. 18 neu gef. mWv 14.7.2017 durch VO v. 16.12.2015 (ABl. Nr. L 341 S. 1).

Kapitel III. Anerkennung und Vollstreckung in einem anderen Mitgliedstaat

Art. 20[1] **Anerkennung und Vollstreckung.** (1) Ein im europäischen Verfahren für geringfügige Forderungen ergangenes Urteil wird in einem anderen Mitgliedstaat anerkannt und vollstreckt, ohne dass es einer Vollstreckbarerklärung bedarf und ohne dass die Anerkennung angefochten werden kann.

(2) [1] Auf Antrag einer Partei fertigt das Gericht ohne zusätzliche Kosten unter Verwendung des in Anhang IV vorgegebenen Formblatts D eine Bestätigung zu einem im europäischen Verfahren für geringfügige Forderungen ergangenen Urteil aus. [2] Auf Antrag stellt das Gericht dieser Partei die Bestätigung in jeder anderen Amtssprache der Organe der Union zur Verfügung, unter Verwendung des über das Europäische Justizportal in allen Amtssprachen der Organe der Union zur Verfügung stehenden dynamischen Standardformblatts. [3] Diese Verordnung verpflichtet das Gericht nicht dazu, eine Übersetzung und/oder Transliteration des in die Freitextfelder der Bestätigung eingetragenen Texts zur Verfügung zu stellen.

Art. 21[2] **Vollstreckungsverfahren.** (1) Unbeschadet der Bestimmungen dieses Kapitels gilt für das Vollstreckungsverfahren das Recht des Vollstreckungsmitgliedstaats.

Jedes im europäischen Verfahren für geringfügige Forderungen ergangene Urteil wird unter den gleichen Bedingungen vollstreckt wie ein im Vollstreckungsmitgliedstaat ergangenes Urteil.

(2) Die Partei, die die Vollstreckung beantragt, muss Folgendes vorlegen:

a) eine Ausfertigung des Urteils, die die Voraussetzungen für den Nachweis seiner Echtheit erfüllt; und

b) die Bestätigung im Sinne des Artikels 20 Absatz 2 sowie, falls erforderlich, ihre Übersetzung in die Amtssprache des Vollstreckungsmitgliedstaats oder – falls es in diesem Mitgliedstaat mehrere Amtssprachen gibt – nach Maßgabe der Rechtsvorschriften dieses Mitgliedstaats in die Verfahrenssprache oder eine der Verfahrenssprachen des Ortes, an dem die Vollstreckung betrieben wird, oder in eine sonstige Sprache, die der Vollstreckungsmitgliedstaat zulässt.

(3) Für die Vollstreckung eines Urteils, das in dem europäischen Verfahren für geringfügige Forderungen in einem anderen Mitgliedstaat erlassen worden ist, darf von der Partei, die die Vollstreckung beantragt, nicht verlangt werden, dass sie im Vollstreckungsstaat über

a) einen bevollmächtigten Vertreter oder

b) eine Postanschrift

außer bei den Vollstreckungsagenten verfügt.

(4) Von einer Partei, die in einem Mitgliedstaat die Vollstreckung eines im europäischen Verfahren für geringfügige Forderungen in einem anderen Mit-

[1] Art. 20 Abs. 2 neu gef. mWv 14.7.2017 durch VO v. 16.12.2015 (ABl. Nr. L 341 S. 1).

[2] Art. 21 Abs. 2 Buchst. b neu gef. mWv 14.7.2017 durch VO v. 16.12.2015 (ABl. Nr. L 341 S. 1).

gliedstaat ergangenen Urteils beantragt, darf weder wegen ihrer Eigenschaft als Ausländer noch wegen Fehlens eines inländischen Wohnsitzes oder Aufenthaltsorts im Vollstreckungsmitgliedstaat eine Sicherheitsleistung oder Hinterlegung, unter welcher Bezeichnung auch immer, verlangt werden.

Art. 21a[1] **Sprache der Bestätigung.** (1) Jeder Mitgliedstaat kann angeben, welche Amtssprache oder Amtssprachen der Organe der Union er neben seiner oder seinen eigenen für die Bestätigung nach Artikel 20 Absatz 2 zulässt.

(2) Jede Übersetzung von Informationen über den Inhalt eines Urteils, die in einer Bestätigung nach Artikel 20 Absatz 2 erteilt werden, ist von einer Person vorzunehmen, die zur Anfertigung von Übersetzungen in einem der Mitgliedstaaten befugt ist.

Art. 22 Ablehnung der Vollstreckung. (1) Auf Antrag der Person, gegen die die Vollstreckung gerichtet ist, wird die Vollstreckung vom zuständigen Gericht im Vollstreckungsmitgliedstaat abgelehnt, wenn das im europäischen Verfahren für geringfügige Forderungen ergangene Urteil mit einem früheren in einem Mitgliedstaat oder einem Drittland ergangenen Urteil unvereinbar ist, sofern

a) das frühere Urteil zwischen denselben Parteien wegen desselben Streitgegenstandes ergangen ist,

b) das frühere Urteil im Vollstreckungsmitgliedstaat ergangen ist oder die Voraussetzungen für die Anerkennung im Vollstreckungsmitgliedstaat erfüllt und

c) die Unvereinbarkeit im gerichtlichen Verfahren des Mitgliedstaats, in dem das Urteil im europäischen Verfahren für geringfügige Forderungen ergangen ist, nicht geltend gemacht wurde und nicht geltend gemacht werden konnte.

(2) Keinesfalls darf ein im europäischen Verfahren für geringfügige Forderungen ergangenes Urteil im Vollstreckungsmitgliedstaat in der Sache selbst nachgeprüft werden.

Art. 23 Aussetzung oder Beschränkung der Vollstreckung. Hat eine Partei ein im europäischen Verfahren für geringfügige Forderungen ergangenes Urteil angefochten oder ist eine solche Anfechtung noch möglich oder hat eine Partei eine Überprüfung nach Artikel 18 beantragt, so kann das zuständige Gericht oder die zuständige Behörde im Vollstreckungsmitgliedstaat auf Antrag der Partei, gegen die sich die Vollstreckung richtet,

a) das Vollstreckungsverfahren auf Sicherungsmaßnahmen beschränken,

b) die Vollstreckung von der Leistung einer von dem Gericht zu bestimmenden Sicherheit abhängig machen oder

c) unter außergewöhnlichen Umständen das Vollstreckungsverfahren aussetzen.

---

[1] Art. 21a eingef. mWv 14.7.2017 durch VO v. 16.12.2015 (ABl. Nr. L 341 S. 1).

Art. 23a[1] **Gerichtliche Vergleiche.** Ein im Laufe des europäischen Verfahrens für geringfügige Forderungen von einem Gericht gebilligter oder vor einem Gericht geschlossener gerichtlicher Vergleich, der in dem Mitgliedstaat, in dem das Verfahren durchgeführt wurde, vollstreckbar ist, wird in einem anderen Mitgliedstaat unter denselben Bedingungen anerkannt und vollstreckt wie ein im europäischen Verfahren für geringfügige Forderungen ergangenes Urteil.

Die Bestimmungen des Kapitels III gelten entsprechend für gerichtliche Vergleiche.

Kapitel IV. Schlussbestimmungen

Art. 24 Information. Die Mitgliedstaaten arbeiten insbesondere im Rahmen des gemäß der Entscheidung 2001/470/EG eingerichteten Europäischen Justiziellen Netzes für Zivil- und Handelssachen zusammen, um die Öffentlichkeit und die Fachwelt über das europäische Verfahren für geringfügige Forderungen, einschließlich der Kosten, zu informieren.

Art. 25[2] **Von den Mitgliedstaaten bereitzustellende Informationen.**

(1) [1] Die Mitgliedstaaten teilen der Kommission bis zum 13. Januar 2017 Folgendes mit:

a) die Gerichte, die für den Erlass von Urteilen im europäischen Verfahren für geringfügige Forderungen zuständig sind;

b) die Kommunikationsmittel, die für die Zwecke des europäischen Verfahrens für geringfügige Forderungen zulässig sind und den Gerichten nach Artikel 4 Absatz 1 zur Verfügung stehen;

c) die Behörden oder Organisationen, die für die Erteilung praktischer Hilfe nach Artikel 11 zuständig sind;

d) die elektronischen Zustellungs- und Kommunikationsmittel, die technisch verfügbar und nach ihren Verfahrensvorschriften gemäß Artikel 13 Absätze 1, 2 und 3 zulässig sind und die nach Artikel 13 Absätze 1 und 2 erforderlichen Mittel, die für die vorherige Zustimmung zur Verwendung der elektronischen Übermittlung im Rahmen ihres nationalen Rechts zur Verfügung stehen;

e) die Personen oder Berufsgruppen, die gegebenenfalls rechtlich verpflichtet sind, die Zustellung von Schriftstücken durch elektronische Übermittlung oder andere Arten des elektronischen Schriftverkehrs gemäß Artikel 13 Absätze 1 und 2 zu akzeptieren;

f) die Gerichtsgebühren, die für das europäische Verfahren für geringfügige Forderungen erhoben werden oder wie sie berechnet werden und welche Zahlungsweise gemäß Artikel 15a anerkannt wird;

---

[1] Art. 23a eingef. mWv 14.7.2017 durch VO v. 16.12.2015 (ABl. Nr. L 341 S. 1).
[2] Art. 25 neu gef. mWv 14.1.2017 durch VO v. 16.12.2015 (ABl. Nr. L 341 S. 1).

g) jegliche Rechtsmittel, die im Sinne des Artikels 17 nach ihrem Verfahrensrecht eingelegt werden können, innerhalb welchen Zeitraums diese Rechtsmittel einzulegen sind und die für diese Rechtsmittel zuständigen Gerichte;

h) die Verfahren für die Beantragung einer Überprüfung gemäß Artikel 18 und die Gerichte, die für eine derartige Überprüfung zuständig sind;

i) die Sprachen, die sie nach Artikel 21a Absatz 1 zulassen und

j) die Behörden, die für die Vollstreckung und die Behörden, die für die Zwecke der Anwendung des Artikels 23 zuständig sind.

[2] Die Mitgliedstaaten unterrichten die Kommission über alle späteren Änderungen dieser Angaben.

(2) Die Kommission macht die nach Absatz 1 mitgeteilten Angaben auf geeignete Weise, beispielsweise über das Europäische Justizportal, öffentlich zugänglich.

Art. 26[1)] **Änderung der Anhänge.** Der Kommission wird die Befugnis übertragen, gemäß Artikel 27 in Bezug auf die Änderung der Anhänge I bis IV delegierte Rechtsakte zu erlassen.

Art. 27[1)] **Ausübung der Befugnisübertragung.** (1) Die Befugnis zum Erlass delegierter Rechtsakte wird der Kommission unter den in diesem Artikel festgelegten Bedingungen übertragen.

(2) Die Befugnis zum Erlass delegierter Rechtsakte gemäß Artikel 26 wird der Kommission auf unbestimmte Zeit ab dem 13. Januar 2016 übertragen.

(3) [1] Die Befugnisübertragung gemäß Artikel 26 kann vom Europäischen Parlament oder vom Rat jederzeit widerrufen werden. [2] Der Beschluss über den Widerruf beendet die Übertragung der in diesem Beschluss angegebenen Befugnis. [3] Er wird am Tag nach seiner Veröffentlichung im *Amtsblatt der Europäischen Union* oder zu einem im Beschluss über den Widerruf angegebenen späteren Zeitpunkt wirksam. [4] Die Gültigkeit von delegierten Rechtsakten, die bereits in Kraft sind, wird von dem Beschluss über den Widerruf nicht berührt.

(4) Sobald die Kommission einen delegierten Rechtsakt erlässt, übermittelt sie ihn gleichzeitig dem Europäischen Parlament und dem Rat.

(5) [1] Ein delegierter Rechtsakt, der gemäß Artikel 26 erlassen wurde, tritt nur in Kraft, wenn weder das Europäische Parlament noch der Rat innerhalb einer Frist von zwei Monaten nach Übermittlung dieses Rechtsakts an das Europäische Parlament und den Rat Einwände erhoben haben oder wenn vor Ablauf dieser Frist das Europäische Parlament und der Rat beide der Kommission mitgeteilt haben, dass sie keine Einwände erheben werden. [2] Auf Initiative des Europäischen Parlaments oder des Rates wird diese Frist um zwei Monate verlängert.

[1)] Art. 26 und 27 neu gef. mWv 14.7.2017 durch VO v. 16.12.2015 (ABl. Nr. L 341 S. 1).

Art. 28[1] **Überprüfung.** (1) [1] Die Kommission legt dem Europäischen Parlament, dem Rat und dem Europäischen Wirtschafts- und Sozialausschuss bis zum 15. Juli 2022 einen Bericht über die Anwendung dieser Verordnung vor, der auch eine Bewertung dahingehend enthält, ob

a) eine weitere Anhebung der in Artikel 2 Absatz 1 genannten Wertgrenze angemessen ist, um das Ziel dieser Verordnung zu erreichen, nämlich Bürgern und kleinen und mittleren Unternehmen den Zugang zur Justiz bei grenzüberschreitenden Rechtssachen zu erleichtern, und

b) eine Ausweitung des Anwendungsbereichs des europäischen Verfahrens für geringfügige Forderungen, insbesondere über Gehaltsansprüche, angemessen ist, um Arbeitnehmern den Zugang zur Justiz bei grenzüberschreitenden arbeitsrechtlichen Streitigkeiten mit ihrem Arbeitgeber zu erleichtern, wobei die gesamten Auswirkungen einer solchen Ausweitung zu berücksichtigten sind.

[2] Dem Bericht werden gegebenenfalls Gesetzgebungsvorschläge beigefügt.

Zu diesem Zweck übermitteln die Mitgliedstaaten der Kommission bis zum 15. Juli 2021 Angaben über die Anzahl der nach dem europäischen Verfahren für geringfügige Forderungen gestellten Anträge sowie über die Anzahl der Anträge auf Vollstreckung von in diesen Verfahren ergangenen Urteilen.

(2) Bis zum 15. Juli 2019 legt die Kommission dem Europäischen Parlament, dem Rat und dem Europäischen Wirtschafts- und Sozialausschuss einen Bericht über die Verbreitung der Information über das europäische Verfahren für geringfügige Forderungen in den Mitgliedstaaten vor und kann Empfehlungen in Bezug auf die Verbesserung der Bekanntheit des Verfahrens erarbeiten.

Art. 29 Inkrafttreten. Diese Verordnung tritt am Tag nach ihrer Veröffentlichung[2] im *Amtsblatt der Europäischen Union* in Kraft.

Sie gilt ab dem 1. Januar 2009, mit Ausnahme des Artikels 25, der ab dem 1. Januar 2008 gilt.

Anhänge I–IV. *(hier nicht wiedergegeben)*

---

[1] Art. 28 neu gef. mWv 14.7.2017 durch VO v. 16.12.2015 (ABl. Nr. L 341 S. 1).

[2] Veröffentlicht am 31.7.2007.

103f. Verordnung (EG) Nr. 805/2004 des Europäischen Parlaments und des Rates vom 21. April 2004 zur Einführung eines europäischen Vollstreckungstitels für unbestrittene Forderungen

(ABl. L 143 vom 30.4.2004, S. 15, ELI: http://data.europa.eu/eli/reg/2004/805/oj)

Celex-Nr. 3 2004 R 0805

Lfd. Nr.	Änderndes Gesetz	Datum	Fundstelle	Betroffen	Hinweis
1.	Art. 1 VO (EG) 1869/2005	16.11. 2005	ABl. L 300 S. 6	Anh. I–VI	mWv 24.11. 2005
2.	Anh. Nr. 4 VO (EG) 1103/2008	22.10. 2008	ABl. L 304 S. 80	Art. 31, 32	mWv 4.12.2008
3.	Art. 1 VO (EU) 2022/2040	19.10. 2022	ABl. L 275 S. 30	Art. 31, 31a, 32	mWv 26.10. 2022
4.	Art. 18 VO (EU) 2023/2844	13.12. 2023	ABl. L, 2023/2844, 27.12. 2023	Art. 13	mWv 1.5.2025

Vorbemerkung:

Die Änderung durch VO v. 13.12.2023 (ABl. L, 2023/2844, 27.12.2023) tritt erst mWv 1.5.2025 in Kraft und ist im Text noch nicht berücksichtigt.

DAS EUROPÄISCHE PARLAMENT UND DER RAT DER EUROPÄISCHEN UNION –

gestützt auf den Vertrag zur Gründung der Europäischen Gemeinschaft, insbesondere auf Artikel 61 Buchstabe c) und Artikel 67 Absatz 5 zweiter Gedankenstrich,

auf Vorschlag der Kommission[1)],

nach Stellungnahme des Europäischen Wirtschafts- und Sozialausschusses[2)],

gemäß dem Verfahren des Artikels 251 des Vertrags[3)],

in Erwägung nachstehender Gründe:

(1) Die Gemeinschaft hat sich zum Ziel gesetzt, einen Raum der Freiheit, der Sicherheit und des Rechts, in dem der freie Personenverkehr gewährleistet ist, zu erhalten und weiterzuentwickeln. Dazu erlässt die Gemeinschaft unter anderem im Bereich der justiziellen Zusammenarbeit in Zivilsachen die für das reibungslose Funktionieren des Binnenmarkts erforderlichen Maßnahmen.

[1)] **Amtl. Anm.:** ABl. C 203 E vom 27.8.2002, S. 86.

[2)] **Amtl. Anm.:** ABl. C 85 vom 8.4.2003, S. 1.

[3)] **Amtl. Anm.:** Stellungnahme des Europäischen Parlaments vom 8. April 2003 (ABl. C 64 E vom 12.3.2004, S. 79). Gemeinsamer Standpunkt des Rates vom 6. Februar 2004 (noch nicht im Amtsblatt veröffentlicht) und Standpunkt des Europäischen Parlaments vom 30. März 2004 (noch nicht im Amtsblatt veröffentlicht).

(2) Am 3. Dezember 1998 nahm der Rat den Aktionsplan des Rates und der Kommission zur bestmöglichen Umsetzung der Bestimmungen des Amsterdamer Vertrags über den Aufbau eines Raums der Freiheit, der Sicherheit und des Rechts[1] an (Wiener Aktionsplan).

(3) Auf seiner Tagung vom 15. und 16. Oktober 1999 in Tampere bekräftigte der Europäische Rat den Grundsatz der gegenseitigen Anerkennung gerichtlicher Entscheidungen als Eckpfeiler für die Schaffung eines echten europäischen Rechtsraums.

(4) Am 30. November 2000 verabschiedete der Rat ein Programm über Maßnahmen zur Umsetzung des Grundsatzes der gegenseitigen Anerkennung gerichtlicher Entscheidungen in Zivil- und Handelssachen[2]. Dieses Programm sieht in seiner ersten Phase die Abschaffung des Vollstreckbarerklärungsverfahrens, d.h. die Einführung eines Europäischen Vollstreckungstitels für unbestrittene Forderungen vor.

(5) Der Begriff „unbestrittene Forderung" sollte alle Situationen erfassen, in denen der Schuldner Art oder Höhe einer Geldforderung nachweislich nicht bestritten hat und der Gläubiger gegen den Schuldner entweder eine gerichtliche Entscheidung oder einen vollstreckbaren Titel, der die ausdrückliche Zustimmung des Schuldners erfordert, wie einen gerichtlichen Vergleich oder eine öffentliche Urkunde, erwirkt hat.

(6) Ein fehlender Widerspruch seitens des Schuldners im Sinne von Artikel 3 Absatz 1 Buchstabe b) liegt auch dann vor, wenn dieser nicht zur Gerichtsverhandlung erscheint oder einer Aufforderung des Gerichts, schriftlich mitzuteilen, ob er sich zu verteidigen beabsichtigt, nicht nachkommt.

(7) Diese Verordnung sollte auch für Entscheidungen, gerichtliche Vergleiche und öffentliche Urkunden über unbestrittene Forderungen und solche Entscheidungen gelten, die nach Anfechtung von als Europäischer Vollstreckungstitel bestätigten Entscheidungen, gerichtlichen Vergleichen und öffentlichen Urkunden ergangen sind.

(8) Der Europäische Rat hat in seinen Schlussfolgerungen von Tampere die Auffassung vertreten, dass der Zugang zur Vollstreckung einer Entscheidung in einem anderen Mitgliedstaat als dem, in dem die Entscheidung ergangen ist, durch den Verzicht auf die dort als Voraussetzung einer Vollstreckung erforderlichen Zwischenmaßnahmen beschleunigt und vereinfacht werden sollte. Eine Entscheidung, die vom Gericht des Ursprungsmitgliedstaats als Europäischer Vollstreckungstitel bestätigt worden ist, sollte im Hinblick auf die Vollstreckung so behandelt werden, als wäre sie im Vollstreckungsmitgliedstaat ergangen. So erfolgt beispielsweise im Vereinigten Königreich die Registrierung einer bestätigten ausländischen Entscheidung nach den gleichen Vorschriften wie die Registrierung einer Entscheidung aus einem anderen Teil des Vereinigten Königreichs und darf nicht mit einer inhaltlichen Überprüfung der ausländischen Entscheidung verbunden sein. Die Umstände der Vollstreckung dieser Entscheidung sollten sich weiterhin nach innerstaatlichem Recht richten.

(9) Dieses Verfahren sollte gegenüber dem Vollstreckbarerklärungsverfahren der Verordnung (EG) Nr. 44/2001 des Rates vom 22. Dezember 2000 über die gerichtliche Zuständigkeit und die Anerkennung und Vollstreckung von Ent-

[1] **Amtl. Anm.:** ABl. C 19 vom 23.1.1999, S. 1.
[2] **Amtl. Anm.:** ABl. C 12 vom 15.1.2001, S. 1.

scheidungen in Zivil- und Handelssachen[1] einen erheblichen Vorteil bieten, der darin besteht, dass auf die Zustimmung des Gerichts eines zweiten Mitgliedstaats mit den daraus entstehenden Verzögerungen und Kosten verzichtet werden kann.

(10) Auf die Nachprüfung einer gerichtlichen Entscheidung, die in einem anderen Mitgliedstaat über eine unbestrittene Forderung in einem Verfahren ergangen ist, auf das sich der Schuldner nicht eingelassen hat, kann nur dann verzichtet werden, wenn eine hinreichende Gewähr besteht, dass die Verteidigungsrechte beachtet worden sind.

(11) Diese Verordnung soll der Förderung der Grundrechte dienen und berücksichtigt die Grundsätze, die insbesondere mit der Charta der Grundrechte der Europäischen Union anerkannt wurden. Sie zielt insbesondere darauf ab, die uneingeschränkte Wahrung des Rechts auf ein faires Verfahren, wie es in Artikel 47 der Charta verankert ist, zu gewährleisten.

(12) Für das gerichtliche Verfahren sollten Mindestvorschriften festgelegt werden, um sicherzustellen, dass der Schuldner so rechtzeitig und in einer Weise über das gegen ihn eingeleitete Verfahren, die Notwendigkeit seiner aktiven Teilnahme am Verfahren, wenn er die Forderung bestreiten will, und

(Fortsetzung nächstes Blatt)

---

[1] **Amtl. Anm.:** ABl. L 12 vom 16.1.2001, S. 1. Zuletzt geändert durch die Verordnung (EG) Nr. 1496/2002 der Kommission (ABl. L 225 vom 22.8.2002, S. 13).

über die Folgen seiner Nichtteilnahme unterrichtet wird, dass er Vorkehrungen für seine Verteidigung treffen kann.

(13) [1]Wegen der Unterschiede im Zivilprozessrecht der Mitgliedstaaten, insbesondere bei den Zustellungsvorschriften, müssen die Mindestvorschriften präzise und detailliert definiert sein. [2]So kann insbesondere eine Zustellungsform, die auf einer juristischen Fiktion beruht, im Hinblick auf die Einhaltung der Mindestvorschriften nicht als ausreichend für die Bestätigung einer Entscheidung als Europäischer Vollstreckungstitel angesehen werden.

(14) [1]Alle in den Artikeln 13 und 14 aufgeführten Zustellungsformen sind entweder durch eine absolute Gewissheit (Artikel 13) oder ein hohes Maß an Wahrscheinlichkeit (Artikel 14) dafür gekennzeichnet, dass das zugestellte Schriftstück dem Empfänger zugegangen ist. [2]In der zweiten Kategorie sollte eine Entscheidung nur dann als Europäischer Vollstreckungstitel bestätigt werden, wenn der Ursprungsmitgliedstaat über einen geeigneten Mechanismus verfügt, der es dem Schuldner unter bestimmten Voraussetzungen ermöglicht, eine vollständige Überprüfung der Entscheidung gemäß Artikel 19 zu verlangen, und zwar dann, wenn das Schriftstück dem Empfänger trotz Einhaltung des Artikels 14 ausnahmsweise nicht zugegangen ist.

(15) Die persönliche Zustellung an bestimmte andere Personen als den Schuldner selbst gemäß Artikel 14 Absatz 1 Buchstaben a) und b) sollte die Anforderungen der genannten Vorschriften nur dann erfüllen, wenn diese Personen das betreffende Schriftstück auch tatsächlich erhalten haben.

(16) Artikel 15 sollte auf Situationen Anwendung finden, in denen der Schuldner sich nicht selbst vor Gericht vertreten kann, etwa weil er eine juristische Person ist, und in denen er durch eine gesetzlich bestimmte Person vertreten wird, sowie auf Situationen, in denen der Schuldner eine andere Person, insbesondere einen Rechtsanwalt, ermächtigt hat, ihn in dem betreffenden gerichtlichen Verfahren zu vertreten.

(17) Die für die Nachprüfung der Einhaltung der prozessualen Mindestvorschriften zuständigen Gerichte sollten gegebenenfalls eine einheitliche Bestätigung als Europäischer Vollstreckungstitel ausstellen, aus der die Nachprüfung und deren Ergebnis hervorgeht.

(18) Gegenseitiges Vertrauen in die ordnungsgemäße Rechtspflege in den Mitgliedstaaten rechtfertigt es, dass das Gericht nur eines Mitgliedstaats beurteilt, ob alle Voraussetzungen für die Bestätigung der Entscheidung als Europäischer Vollstreckungstitel vorliegen, so dass die Vollstreckung der Entscheidung in allen anderen Mitgliedstaaten möglich ist, ohne dass im Vollstreckungsmitgliedstaat zusätzlich von einem Gericht nachgeprüft werden muss, ob die prozessualen Mindestvorschriften eingehalten worden sind.

(19) [1]Diese Verordnung begründet keine Verpflichtung für die Mitgliedstaaten, ihr innerstaatliches Recht an die prozessualen Mindestvorschriften in dieser Verordnung anzupassen. [2]Entscheidungen werden in anderen Mitgliedstaaten jedoch nur dann effizienter und schneller vollstreckt, wenn diese Mindestvorschriften beachtet werden, so dass hier ein entsprechender Anreiz für die Mitgliedstaaten besteht, ihr Recht dieser Verordnung anzupassen.

(20) Dem Gläubiger sollte es frei stehen, eine Bestätigung als Europäischer Vollstreckungstitel für unbestrittene Forderungen zu beantragen oder sich für das Anerkennungs- und Vollstreckungsverfahren nach der Verordnung (EG) Nr. 44/2001 oder für andere Gemeinschaftsrechtsakte zu entscheiden.

(21) Ist ein Schriftstück zum Zwecke der Zustellung von einem Mitgliedstaat in einen anderen Mitgliedstaat zu versenden, so sollte diese Verordnung,

insbesondere die darin enthaltenen Zustellungsvorschriften, zusammen mit der Verordnung (EG) Nr. 1348/2000 des Rates vom 29. Mai 2000 über die Zustellung gerichtlicher und außergerichtlicher Schriftstücke in Zivil- oder Handelssachen in den Mitgliedstaaten[1], und insbesondere mit deren Artikel 14 in Verbindung mit den Erklärungen der Mitgliedstaaten nach deren Artikel 23, gelten.

(22) [1]Da die Ziele der beabsichtigten Maßnahmen auf Ebene der Mitgliedstaaten nicht ausreichend erreicht werden können und daher wegen ihres Umfangs und ihrer Wirkungen besser auf Gemeinschaftsebene zu erreichen sind, kann die Gemeinschaft im Einklang mit dem in Artikel 5 des Vertrags niedergelegten Subsidiaritätsprinzip tätig werden. [2]Entsprechend dem in demselben Artikel genannten Verhältnismäßigkeitsprinzip geht diese Verordnung nicht über das zur Erreichung dieser Ziele erforderliche Maß hinaus.

(23) Die zur Durchführung dieser Verordnung erforderlichen Maßnahmen sollten gemäß dem Beschluss 1999/468/EG des Rates vom 28. Juni 1999 zur Festlegung der Modalitäten für die Ausübung der der Kommission übertragenen Durchführungsbefugnisse[2] erlassen werden.

(24) Gemäß Artikel 3 des dem Vertrag über die Europäische Union und dem Vertrag zur Gründung der Europäischen Gemeinschaft beigefügten Protokolls über die Position des Vereinigten Königreichs und Irlands haben diese Mitgliedstaaten mitgeteilt, dass sie sich an der Annahme und Anwendung dieser Verordnung beteiligen möchten.

(25) Dänemark beteiligt sich gemäß den Artikeln 1 und 2 des dem Vertrag über die Europäische Union und dem Vertrag zur Gründung der Europäischen Gemeinschaft beigefügten Protokolls über die Position Dänemarks nicht an der Annahme dieser Verordnung, die für Dänemark somit nicht bindend oder anwendbar ist.

(26) Gemäß Artikel 67 Absatz 5 zweiter Gedankenstrich des Vertrags ist für die in dieser Verordnung geregelten Maßnahmen ab dem 1. Februar 2003 das Mitentscheidungsverfahren anzuwenden —

HABEN FOLGENDE VERORDNUNG ERLASSEN:

Kapitel I. Gegenstand, Anwendungsbereich und Begriffsbestimmungen

Art. 1. Gegenstand. Mit dieser Verordnung wird ein Europäischer Vollstreckungstitel für unbestrittene Forderungen eingeführt, um durch die Festlegung von Mindestvorschriften den freien Verkehr von Entscheidungen, gerichtlichen Vergleichen und öffentlichen Urkunden in allen Mitgliedstaaten zu ermöglichen, ohne dass im Vollstreckungsmitgliedstaat ein Zwischenverfahren vor der Anerkennung und Vollstreckung angestrengt werden muss.

Art. 2. Anwendungsbereich. (1) [1]Diese Verordnung ist in Zivil- und Handelssachen anzuwenden, ohne dass es auf die Art der Gerichtsbarkeit ankommt. [2]Sie erfasst insbesondere nicht Steuer- und Zollsachen, verwaltungsrechtliche Angelegenheiten sowie die Haftung des Staates für Handlungen

[1] **Amtl. Anm.:** ABl. L 160 vom 30. 6. 2000, S. 37.
[2] **Amtl. Anm.:** ABl. L 184 vom 17. 7. 1999, S. 23.

oder Unterlassungen im Rahmen der Ausübung hoheitlicher Rechte („acta jure imperii").

(2) Diese Verordnung ist nicht anzuwenden auf

a) den Personenstand, die Rechts- und Handlungsfähigkeit sowie die gesetzliche Vertretung von natürlichen Personen, die ehelichen Güterstände, das Gebiet des Erbrechts einschließlich des Testamentsrechts;

b) Konkurse, Vergleiche und ähnliche Verfahren;

c) die soziale Sicherheit;

d) die Schiedsgerichtsbarkeit.

(3) In dieser Verordnung bedeutet der Begriff „Mitgliedstaaten" die Mitgliedstaaten mit Ausnahme Dänemarks.

Art. 3. Vollstreckungstitel, die als Europäischer Vollstreckungstitel bestätigt werden. (1) [1] Diese Verordnung gilt für Entscheidungen, gerichtliche Vergleiche und öffentliche Urkunden über unbestrittene Forderungen. [2] Eine Forderung gilt als „unbestritten", wenn

a) der Schuldner ihr im gerichtlichen Verfahren ausdrücklich durch Anerkenntnis oder durch einen von einem Gericht gebilligten oder vor einem Gericht im Laufe eines Verfahrens geschlossenen Vergleich zugestimmt hat oder

b) der Schuldner ihr im gerichtlichen Verfahren zu keiner Zeit nach den maßgeblichen Verfahrensvorschriften des Rechts des Ursprungsmitgliedstaats widersprochen hat oder

c) der Schuldner zu einer Gerichtsverhandlung über die Forderung nicht erschienen oder dabei nicht vertreten worden ist, nachdem er zuvor im gerichtlichen Verfahren der Forderung widersprochen hatte, sofern ein solches Verhalten nach dem Recht des Ursprungsmitgliedstaats als stillschweigendes Zugeständnis der Forderung oder des vom Gläubiger behaupteten Sachverhalts anzusehen ist oder

d) der Schuldner die Forderung ausdrücklich in einer öffentlichen Urkunde anerkannt hat.

(2) Diese Verordnung gilt auch für Entscheidungen, die nach Anfechtung von als Europäischer Vollstreckungstitel bestätigten Entscheidungen, gerichtlichen Vergleichen oder öffentlichen Urkunden ergangen sind.

Art. 4. Begriffsbestimmungen. Im Sinne dieser Verordnung gelten folgende Begriffsbestimmungen:

1. „Entscheidung": jede von einem Gericht eines Mitgliedstaats erlassene Entscheidung ohne Rücksicht auf ihre Bezeichnung wie Urteil, Beschluss, Zahlungsbefehl oder Vollstreckungsbescheid, einschließlich des Kostenfestsetzungsbeschlusses eines Gerichtsbediensteten.
2. „Forderung": eine Forderung auf Zahlung einer bestimmten Geldsumme, die fällig ist oder deren Fälligkeitsdatum in der Entscheidung, dem gerichtlichen Vergleich oder der öffentlichen Urkunde angegeben ist.
3. „Öffentliche Urkunde":
   a) ein Schriftstück, das als öffentliche Urkunde aufgenommen oder registriert worden ist, wobei die Beurkundung

i) sich auf die Unterschrift und den Inhalt der Urkunde bezieht und
ii) von einer Behörde oder einer anderen von dem Ursprungsmitgliedstaat hierzu ermächtigten Stelle vorgenommen worden ist;

oder

b) eine vor einer Verwaltungsbehörde geschlossene oder von ihr beurkundete Unterhaltsvereinbarung oder -verpflichtung.

4. „Ursprungsmitgliedstaat“: der Mitgliedstaat, in dem eine Entscheidung ergangen ist, ein gerichtlicher Vergleich gebilligt oder geschlossen oder eine öffentliche Urkunde ausgestellt wurde und in dem diese als Europäischer Vollstreckungstitel zu bestätigen sind.
5. „Vollstreckungsmitgliedstaat“: der Mitgliedstaat, in dem die Vollstreckung der/des als Europäischer Vollstreckungstitel bestätigten Entscheidung, gerichtlichen Vergleichs oder öffentlichen Urkunde betrieben wird.
6. „Ursprungsgericht“: das Gericht, das mit dem Verfahren zum Zeitpunkt der Erfüllung der Voraussetzungen nach Artikel 3 Absatz 1 Buchstaben a), b), und c) befasst war.
7. Bei den summarischen Mahnverfahren in Schweden (betalningsföreläggande) umfasst der Begriff „Gericht“ auch die schwedische kronofogdemyndighet (Amt für Beitreibung).

Kapitel II. Der europäische Vollstreckungstitel

Art. 5. Abschaffung des Vollstreckbarerklärungsverfahrens. Eine Entscheidung, die im Ursprungsmitgliedstaat als Europäischer Vollstreckungstitel bestätigt worden ist, wird in den anderen Mitgliedstaaten anerkannt und vollstreckt, ohne dass es einer Vollstreckbarerklärung bedarf und ohne dass die Anerkennung angefochten werden kann.

Art. 6. Voraussetzungen für die Bestätigung als Europäischer Vollstreckungstitel. (1) Eine in einem Mitgliedstaat über eine unbestrittene Forderung ergangene Entscheidung wird auf jederzeitigen Antrag an das Ursprungsgericht als Europäischer Vollstreckungstitel bestätigt, wenn

a) die Entscheidung im Ursprungsmitgliedstaat vollstreckbar ist, und
b) die Entscheidung nicht im Widerspruch zu den Zuständigkeitsregeln in Kapitel II Abschnitte 3 und 6 der Verordnung (EG) Nr. 44/2001 steht, und
c) das gerichtliche Verfahren im Ursprungsmitgliedstaat im Fall einer unbestrittenen Forderung im Sinne von Artikel 3 Absatz 1 Buchstabe b) oder c) den Voraussetzungen des Kapitels III entsprochen hat, und
d) die Entscheidung in dem Mitgliedstaat ergangen ist, in dem der Schuldner seinen Wohnsitz im Sinne von Artikel 59 der Verordnung (EG) Nr. 44/2001 hat, sofern
   - die Forderung unbestritten im Sinne von Artikel 3 Absatz 1 Buchstabe b) oder c) ist,
   - sie einen Vertrag betrifft, den eine Person, der Verbraucher, zu einem Zweck geschlossen hat, der nicht der beruflichen oder gewerblichen Tätigkeit dieser Person zugerechnet werden kann und
   - der Schuldner der Verbraucher ist.

(2) Ist eine als Europäischer Vollstreckungstitel bestätigte Entscheidung nicht mehr vollstreckbar oder wurde ihre Vollstreckbarkeit ausgesetzt oder eingeschränkt, so wird auf jederzeitigen Antrag an das Ursprungsgericht unter Verwendung des Formblatts in Anhang IV eine Bestätigung der Nichtvollstreckbarkeit bzw. der Beschränkung der Vollstreckbarkeit ausgestellt.

(3) Ist nach Anfechtung einer Entscheidung, die als Europäischer Vollstreckungstitel gemäß Absatz 1 bestätigt worden ist, eine Entscheidung ergangen, so wird auf jederzeitigen Antrag unter Verwendung des Formblatts in Anhang V eine Ersatzbestätigung ausgestellt, wenn diese Entscheidung im Ursprungsmitgliedstaat vollstreckbar ist; Artikel 12 Absatz 2 bleibt davon unberührt.

Art. 7. Kosten in Verbindung mit dem gerichtlichen Verfahren. Umfasst eine Entscheidung eine vollstreckbare Entscheidung über die Höhe der mit dem gerichtlichen Verfahren verbundenen Kosten, einschließlich Zinsen, wird sie auch hinsichtlich dieser Kosten als Europäischer Vollstreckungstitel bestätigt, es sei denn, der Schuldner hat im gerichtlichen Verfahren nach den Rechtsvorschriften des Ursprungsmitgliedstaats der Verpflichtung zum Kostenersatz ausdrücklich widersprochen.

Art. 8. Teilbarkeit der Bestätigung als Europäischer Vollstreckungstitel. Wenn die Entscheidung die Voraussetzungen dieser Verordnung nur in Teilen erfüllt, so wird die Bestätigung als Europäischer Vollstreckungstitel nur für diese Teile ausgestellt.

Art. 9. Ausstellung der Bestätigung als Europäischer Vollstreckungstitel. (1) Die Bestätigung als Europäischer Vollstreckungstitel wird unter Verwendung des Formblatts in Anhang I ausgestellt.

(2) Die Bestätigung als Europäischer Vollstreckungstitel wird in der Sprache ausgestellt, in der die Entscheidung abgefasst ist.

Art. 10. Berichtigung oder Widerruf der Bestätigung als Europäischer Vollstreckungstitel. (1) Die Bestätigung als Europäischer Vollstreckungstitel wird auf Antrag an das Ursprungsgericht

a) berichtigt, wenn die Entscheidung und die Bestätigung aufgrund eines materiellen Fehlers voneinander abweichen;

b) widerrufen, wenn sie hinsichtlich der in dieser Verordnung festgelegten Voraussetzungen eindeutig zu Unrecht erteilt wurde.

(2) Für die Berichtigung oder den Widerruf der Bestätigung als Europäischer Vollstreckungstitel ist das Recht des Ursprungsmitgliedstaats maßgebend.

(3) Die Berichtigung oder der Widerruf der Bestätigung als Europäischer Vollstreckungstitel können unter Verwendung des Formblatts in Anhang VI beantragt werden.

(4) Gegen die Ausstellung einer Bestätigung als Europäischer Vollstreckungstitel ist kein Rechtsbehelf möglich.

Art. 11. Wirkung der Bestätigung als Europäischer Vollstreckungstitel. Die Bestätigung als Europäischer Vollstreckungstitel entfaltet Wirkung nur im Rahmen der Vollstreckbarkeit der Entscheidung.

Kapitel III. Mindestvorschriften für Verfahren über unbestrittene Forderungen

Art. 12. Anwendungsbereich der Mindestvorschriften. (1) Eine Entscheidung über eine unbestrittene Forderung im Sinne von Artikel 3 Absatz 1 Buchstabe b) oder c) kann nur dann als Europäischer Vollstreckungstitel bestätigt werden, wenn das gerichtliche Verfahren im Ursprungsmitgliedstaat den verfahrensrechtlichen Erfordernissen nach diesem Kapitel genügt hat.

(2) Dieselben Erfordernisse gelten auch für die Ausstellung der Bestätigung als Europäischer Vollstreckungstitel oder einer Ersatzbestätigung im Sinne des Artikels 6 Absatz 3 für eine Entscheidung, die nach Anfechtung einer Entscheidung ergangen ist, wenn zum Zeitpunkt dieser Entscheidung die Bedingungen nach Artikel 3 Absatz 1 Buchstabe b) oder c) erfüllt sind.

Art. 13. Zustellung mit Nachweis des Empfangs durch den Schuldner. (1) Das verfahrenseinleitende Schriftstück oder ein gleichwertiges Schriftstück kann dem Schuldner wie folgt zugestellt worden sein:

a) durch persönliche Zustellung, bei der der Schuldner eine Empfangsbestätigung unter Angabe des Empfangsdatums unterzeichnet, oder

b) durch persönliche Zustellung, bei der die zuständige Person, die die Zustellung vorgenommen hat, ein Dokument unterzeichnet, in dem angegeben ist, dass der Schuldner das Schriftstück erhalten hat oder dessen Annahme unberechtigt verweigert hat und an welchem Datum die Zustellung erfolgt ist, oder

c) durch postalische Zustellung, bei der der Schuldner die Empfangsbestätigung unter Angabe des Empfangsdatums unterzeichnet und zurückschickt, oder

d) durch elektronische Zustellung wie beispielsweise per Fax oder E-Mail, bei der der Schuldner eine Empfangsbestätigung unter Angabe des Empfangsdatums unterzeichnet und zurückschickt.

(2) Eine Ladung zu einer Gerichtsverhandlung kann dem Schuldner gemäß Absatz 1 zugestellt oder mündlich in einer vorausgehenden Verhandlung über dieselbe Forderung bekannt gemacht worden sein, wobei dies im Protokoll dieser Verhandlung festgehalten sein muss.

Art. 14. Zustellung ohne Nachweis des Empfangs durch den Schuldner. (1) Das verfahrenseinleitende Schriftstück oder ein gleichwertiges Schriftstück sowie eine Ladung zu einer Gerichtsverhandlung kann dem Schuldner auch in einer der folgenden Formen zugestellt worden sein:

a) persönliche Zustellung unter der Privatanschrift des Schuldners an eine in derselben Wohnung wie der Schuldner lebende Person oder an eine dort beschäftigte Person;

b) wenn der Schuldner Selbstständiger oder eine juristische Person ist, persönliche Zustellung in den Geschäftsräumen des Schuldners an eine Person, die vom Schuldner beschäftigt wird;

c) Hinterlegung des Schriftstücks im Briefkasten des Schuldners;

d) Hinterlegung des Schriftstücks beim Postamt oder bei den zuständigen Behörden mit entsprechender schriftlicher Benachrichtigung im Briefkasten des Schuldners, sofern in der schriftlichen Benachrichtigung das Schriftstück eindeutig als gerichtliches Schriftstück bezeichnet oder darauf hingewiesen wird, dass die Zustellung durch die Benachrichtigung als erfolgt gilt und damit Fristen zu laufen beginnen;

e) postalisch ohne Nachweis gemäß Absatz 3, wenn der Schuldner seine Anschrift im Ursprungsmitgliedstaat hat;

f) elektronisch, mit automatisch erstellter Sendebestätigung, sofern sich der Schuldner vorab ausdrücklich mit dieser Art der Zustellung einverstanden erklärt hat.

(2) Für die Zwecke dieser Verordnung ist eine Zustellung gemäß Absatz 1 nicht zulässig, wenn die Anschrift des Schuldners nicht mit Sicherheit ermittelt werden kann.

(3) Die Zustellung nach Absatz 1 Buchstaben a) bis d) wird bescheinigt durch

a) ein von der zuständigen Person, die die Zustellung vorgenommen hat, unterzeichnetes Schriftstück mit den folgenden Angaben:
   i) die gewählte Form der Zustellung und
   ii) das Datum der Zustellung sowie,
   iii) falls das Schriftstück einer anderen Person als dem Schuldner zugestellt wurde, der Name dieser Person und die Angabe ihres Verhältnisses zum Schuldner,

   oder

b) eine Empfangsbestätigung der Person, der das Schriftstück zugestellt wurde, für die Zwecke von Absatz 1 Buchstaben a) und b).

Art. 15. Zustellung an die Vertreter des Schuldners. Die Zustellung gemäß Artikel 13 oder Artikel 14 kann auch an den Vertreter des Schuldners bewirkt worden sein.

Art. 16. Ordnungsgemäße Unterrichtung des Schuldners über die Forderung. Um sicherzustellen, dass der Schuldner ordnungsgemäß über die Forderung unterrichtet worden ist, muss das verfahrenseinleitende Schriftstück oder das gleichwertige Schriftstück folgende Angaben enthalten haben:

a) den Namen und die Anschrift der Parteien;

b) die Höhe der Forderung;

c) wenn Zinsen gefordert werden, den Zinssatz und den Zeitraum, für den Zinsen gefordert werden, es sei denn, die Rechtsvorschriften des Ursprungsmitgliedstaats sehen vor, dass gesetzliche Zinsen automatisch der Hauptforderung hinzugefügt werden;

d) die Bezeichnung des Forderungsgrundes.

Art. 17. Ordnungsgemäße Unterrichtung des Schuldners über die Verfahrensschritte zum Bestreiten der Forderung. In dem verfahrenseinleitenden Schriftstück, einem gleichwertigen Schriftstück oder einer Ladung zu einer Gerichtsverhandlung oder in einer zusammen mit diesem Schriftstück oder dieser Ladung zugestellten Belehrung muss deutlich auf Folgendes hingewiesen worden sein:

a) auf die verfahrensrechtlichen Erfordernisse für das Bestreiten der Forderung; dazu gehören insbesondere die Frist, innerhalb deren die Forderung schriftlich bestritten werden kann bzw. gegebenenfalls der Termin der Gerichtsverhandlung, die Bezeichnung und die Anschrift der Stelle, an die die Antwort zu richten bzw. vor der gegebenenfalls zu erscheinen ist, sowie die Information darüber, ob die Vertretung durch einen Rechtsanwalt vorgeschrieben ist;

b) auf die Konsequenzen des Nichtbestreitens oder des Nichterscheinens, insbesondere die etwaige Möglichkeit einer Entscheidung oder ihrer Vollstreckung gegen den Schuldner und der Verpflichtung zum Kostenersatz.

Art. 18. Heilung der Nichteinhaltung von Mindestvorschriften. (1) Genügte das Verfahren im Ursprungsmitgliedstaat nicht den in den Artikeln 13 bis 17 festgelegten verfahrensrechtlichen Erfordernissen, so sind eine Heilung der Verfahrensmängel und eine Bestätigung der Entscheidung als Europäischer Vollstreckungstitel möglich, wenn

a) die Entscheidung dem Schuldner unter Einhaltung der verfahrensrechtlichen Erfordernisse nach Artikel 13 oder Artikel 14 zugestellt worden ist, und

b) der Schuldner die Möglichkeit hatte, einen eine uneingeschränkte Überprüfung umfassenden Rechtsbehelf gegen die Entscheidung einzulegen, und er in oder zusammen mit der Entscheidung ordnungsgemäß über die verfahrensrechtlichen Erfordernisse für die Einlegung eines solchen Rechtsbehelfs, einschließlich der Bezeichnung und der Anschrift der Stelle, bei der der Rechtsbehelf einzulegen ist, und gegebenenfalls der Frist unterrichtet wurde, und

c) der Schuldner es versäumt hat, einen Rechtsbehelf gegen die Entscheidung gemäß den einschlägigen verfahrensrechtlichen Erfordernissen einzulegen.

(2) Genügte das Verfahren im Ursprungsmitgliedstaat nicht den verfahrensrechtlichen Erfordernissen nach Artikel 13 oder Artikel 14, so ist eine Heilung dieser Verfahrensmängel möglich, wenn durch das Verhalten des Schuldners im gerichtlichen Verfahren nachgewiesen ist, dass er das zuzustellende Schriftstück so rechtzeitig persönlich bekommen hat, dass er Vorkehrungen für seine Verteidigung treffen konnte.

Art. 19. Mindestvorschriften für eine Überprüfung in Ausnahmefällen. (1) Ergänzend zu den Artikeln 13 bis 18 kann eine Entscheidung nur dann als Europäischer Vollstreckungstitel bestätigt werden, wenn der Schuldner nach dem Recht des Ursprungsmitgliedstaats berechtigt ist, eine Überprüfung der Entscheidung zu beantragen, falls

a) i) das verfahrenseinleitende oder ein gleichwertiges Schriftstück oder gegebenenfalls die Ladung zu einer Gerichtsverhandlung in einer der in Artikel 14 genannten Formen zugestellt wurden, und

ii) die Zustellung ohne Verschulden des Schuldners nicht so rechtzeitig erfolgt ist, dass er Vorkehrungen für seine Verteidigung hätte treffen können,

oder

b) der Schuldner aufgrund höherer Gewalt oder aufgrund außergewöhnlicher Umstände ohne eigenes Verschulden der Forderung nicht widersprechen konnte, wobei in beiden Fällen jeweils vorausgesetzt wird, dass er unverzüglich tätig wird.

(2) Dieser Artikel berührt nicht die Möglichkeit der Mitgliedstaaten, eine Überprüfung der Entscheidung unter großzügigeren Bedingungen als nach Absatz 1 zu ermöglichen.

Kapitel IV. Vollstreckung

Art. 20. Vollstreckungsverfahren. (1) [1]Unbeschadet der Bestimmungen dieses Kapitels gilt für das Vollstreckungsverfahren das Recht des Vollstreckungsmitgliedstaats.

[2]Eine als Europäischer Vollstreckungstitel bestätigte Entscheidung wird unter den gleichen Bedingungen vollstreckt wie eine im Vollstreckungsmitgliedstaat ergangene Entscheidung.

(2) [1]Der Gläubiger ist verpflichtet, den zuständigen Vollstreckungsbehörden des Vollstreckungsmitgliedstaats Folgendes zu übermitteln:

a) eine Ausfertigung der Entscheidung, die die für ihre Beweiskraft erforderlichen Voraussetzungen erfüllt, und

b) eine Ausfertigung der Bestätigung als Europäischer Vollstreckungstitel, die die für ihre Beweiskraft erforderlichen Voraussetzungen erfüllt, und

c) gegebenenfalls eine Transkription der Bestätigung als Europäischer Vollstreckungstitel oder eine Übersetzung dieser Bestätigung in die Amtssprache des Vollstreckungsmitgliedstaats oder – falls es in diesem Mitgliedstaat mehrere Amtssprachen gibt – nach Maßgabe der Rechtsvorschriften dieses Mitgliedstaats in die Verfahrenssprache oder eine der Verfahrenssprachen des Ortes, an dem die Vollstreckung betrieben wird, oder in eine sonstige Sprache, die der Vollstreckungsmitgliedstaat zulässt. [2]Jeder Mitgliedstaat kann angeben, welche Amtssprache oder Amtssprachen der Organe der Europäischen Gemeinschaft er neben seiner oder seinen eigenen für die Ausstellung der Bestätigung zulässt. [3]Die Übersetzung ist von einer hierzu in einem der Mitgliedstaaten befugten Person zu beglaubigen.

(3) Der Partei, die in einem Mitgliedstaat eine Entscheidung vollstrecken will, die in einem anderen Mitgliedstaat als Europäischer Vollstreckungstitel bestätigt wurde, darf wegen ihrer Eigenschaft als Ausländer oder wegen Fehlens eines inländischen Wohnsitzes oder Aufenthaltsorts eine Sicherheitsleistung oder Hinterlegung, unter welcher Bezeichnung es auch sei, nicht auferlegt werden.

Art. 21. Verweigerung der Vollstreckung. (1) Auf Antrag des Schuldners wird die Vollstreckung vom zuständigen Gericht im Vollstreckungsmitgliedstaat verweigert, wenn die als Europäischer Vollstreckungstitel bestätigte Entscheidung mit einer früheren Entscheidung unvereinbar ist, die in einem Mitgliedstaat oder einem Drittland ergangen ist, sofern

a) die frühere Entscheidung zwischen denselben Parteien wegen desselben Streitgegenstands ergangen ist und

b) die frühere Entscheidung im Vollstreckungsmitgliedstaat ergangen ist oder die notwendigen Voraussetzungen für ihre Anerkennung im Vollstreckungsmitgliedstaat erfüllt und

c) die Unvereinbarkeit im gerichtlichen Verfahren des Ursprungsmitgliedstaats nicht geltend gemacht worden ist und nicht geltend gemacht werden konnte.

(2) Weder die Entscheidung noch ihre Bestätigung als Europäischer Vollstreckungstitel dürfen im Vollstreckungsmitgliedstaat in der Sache selbst nachgeprüft werden.

Art. 22. Vereinbarungen mit Drittländern. Diese Verordnung lässt Vereinbarungen unberührt, durch die sich die Mitgliedstaaten vor Inkrafttreten der Verordnung (EG) Nr. 44/2001 im Einklang mit Artikel 59 des Brüsseler Übereinkommens über die gerichtliche Zuständigkeit und die Vollstreckung gerichtlicher Entscheidungen in Zivil- und Handelssachen verpflichtet haben, Entscheidungen insbesondere der Gerichte eines anderen Vertragsstaats des genannten Übereinkommens gegen Beklagte, die ihren Wohnsitz oder gewöhnlichen Aufenthalt im Hoheitsgebiet eines Drittlands haben, nicht anzuerkennen, wenn die Entscheidungen in den Fällen des Artikels 4 des genannten Übereinkommens nur in einem der in Artikel 3 Absatz 2 des genannten Übereinkommens angeführten Gerichtsstände ergehen können.

Art. 23. Aussetzung oder Beschränkung der Vollstreckung. Hat der Schuldner
– einen Rechtsbehelf gegen eine als Europäischer Vollstreckungstitel bestätigte Entscheidung eingelegt, wozu auch ein Antrag auf Überprüfung im Sinne des Artikels 19 gehört, oder
– die Berichtigung oder den Widerruf einer Bestätigung als Europäischer Vollstreckungstitel gemäß Artikel 10 beantragt,

so kann das zuständige Gericht oder die befugte Stelle im Vollstreckungsmitgliedstaat auf Antrag des Schuldners

a) das Vollstreckungsverfahren auf Sicherungsmaßnahmen beschränken oder

b) die Vollstreckung von der Leistung einer von dem Gericht oder der befugten Stelle zu bestimmenden Sicherheit abhängig machen oder

c) unter außergewöhnlichen Umständen das Vollstreckungsverfahren aussetzen.

Kapitel V. Gerichtliche Vergleiche und öffentliche Urkunden

Art. 24. Gerichtliche Vergleiche. (1) Ein Vergleich über eine Forderung im Sinne von Artikel 4 Nummer 2, der von einem Gericht gebilligt oder vor einem Gericht im Laufe eines Verfahrens geschlossen wurde, und der in dem Mitgliedstaat, in dem er gebilligt oder geschlossen wurde, vollstreckbar ist, wird auf Antrag an das Gericht, das ihn gebilligt hat oder vor dem er geschlossen wurde, unter Verwendung des Formblatts in Anhang II als Europäischer Vollstreckungstitel bestätigt.

(2) Ein Vergleich, der im Ursprungsmitgliedstaat als Europäischer Vollstreckungstitel bestätigt worden ist, wird in den anderen Mitgliedstaaten vollstreckt, ohne dass es einer Vollstreckbarerklärung bedarf und ohne dass seine Vollstreckbarkeit angefochten werden kann.

(3) Die Bestimmungen von Kapitel II (mit Ausnahme von Artikel 5, Artikel 6 Absatz 1 und Artikel 9 Absatz 1) sowie von Kapitel IV (mit Ausnahme von Artikel 21 Absatz 1 und Artikel 22) finden entsprechende Anwendung.

Art. 25 Öffentliche Urkunden. (1) Eine öffentliche Urkunde über eine Forderung im Sinne von Artikel 4 Absatz 2, die in einem Mitgliedstaat vollstreckbar ist, wird auf Antrag an die vom Ursprungsmitgliedstaat bestimmte Stelle unter Verwendung des Formblatts in Anhang III als Europäischer Vollstreckungstitel bestätigt.

(2) Eine öffentliche Urkunde, die im Ursprungsmitgliedstaat als Europäischer Vollstreckungstitel bestätigt worden ist, wird in den anderen Mitgliedstaaten vollstreckt, ohne dass es einer Vollstreckbarerklärung bedarf und ohne dass ihre Vollstreckbarkeit angefochten werden kann.

(3) Die Bestimmungen von Kapitel II (mit Ausnahme von Artikel 5, Artikel 6 Absatz 1 und Artikel 9 Absatz 1) sowie von Kapitel IV (mit Ausnahme von Artikel 21 Absatz 1 und Artikel 22) finden entsprechende Anwendung.

Kapitel VI. Übergangsbestimmung

Art. 26 Übergangsbestimmung. Diese Verordnung gilt nur für nach ihrem Inkrafttreten ergangene Entscheidungen, gerichtlich gebilligte oder geschlossene Vergleiche und aufgenommene oder registrierte öffentliche Urkunden.

Kapitel VII. Verhältnis zu anderen Rechtsakten der Gemeinschaft

Art. 27 Verhältnis zur Verordnung (EG) Nr. 44/2001. Diese Verordnung berührt nicht die Möglichkeit, die Anerkennung und Vollstreckung einer Entscheidung über eine unbestrittene Forderung, eines gerichtlichen Vergleichs oder einer öffentlichen Urkunde gemäß der Verordnung (EG) Nr. 44/2001 zu betreiben.

Art. 28 Verhältnis zur Verordnung (EG) Nr. 1348/2000. Diese Verordnung lässt die Anwendung der Verordnung (EG) Nr. 1348/2000 unberührt.

Kapitel VIII. Allgemeine und Schlussbestimmungen

Art. 29 Informationen über Vollstreckungsverfahren und -behörden.

Die Mitgliedstaaten arbeiten zusammen, um der Öffentlichkeit und den Fachkreisen folgende Informationen zur Verfügung zu stellen:

a) Informationen über die Vollstreckungsverfahren und -methoden in den Mitgliedstaaten und

b) Informationen über die zuständigen Vollstreckungsbehörden in den Mitgliedstaaten,

insbesondere über das mit der Entscheidung 2001/470/EG des Rates[1)] eingerichtete Europäische Justizielle Netz für Zivil- und Handelssachen.

[1)] **Amtl. Anm.:** ABl. L 174 vom 27.6.2001, S. 25.

Art. 30 Angaben zu den Rechtsbehelfen, Sprachen und Stellen.

(1) Die Mitgliedstaaten teilen der Kommission Folgendes mit:

a) das in Artikel 10 Absatz 2 genannte Berichtigungs- und Widerrufsverfahren sowie das in Artikel 19 Absatz 1 genannte Überprüfungsverfahren;

b) die gemäß Artikel 20 Absatz 2 Buchstabe c) zugelassenen Sprachen;

c) die Listen der in Artikel 25 genannten Stellen;

sowie alle nachfolgenden Änderungen.

(2) Die Kommission macht die nach Absatz 1 mitgeteilten Informationen durch Veröffentlichung im *Amtsblatt der Europäischen Union* und durch andere geeignete Mittel öffentlich zugänglich.

Art. 31[1)] Änderung der Anhänge. Der Kommission wird die Befugnis übertragen, gemäß Artikel 31a delegierte Rechtsakte zur Änderung der Anhänge zu erlassen, um die Formblätter zu aktualisieren.

Art. 31a[2)] Ausübung der Befugnisübertragung. (1) Die Befugnis zum Erlass delegierter Rechtsakte wird der Kommission unter den in diesem Artikel festgelegten Bedingungen übertragen.

(2) [1] Die Befugnis zum Erlass delegierter Rechtsakte gemäß Artikel 31 wird der Kommission für einen Zeitraum von fünf Jahren ab dem 26. Oktober 2022 übertragen. [2] Die Kommission erstellt spätestens neun Monate vor Ablauf des Zeitraums von fünf Jahren einen Bericht über die Befugnisübertragung. [3] Die Befugnisübertragung verlängert sich stillschweigend um Zeiträume gleicher Länge, es sei denn, das Europäische Parlament oder der Rat widersprechen einer solchen Verlängerung spätestens drei Monate vor Ablauf des jeweiligen Zeitraums.

(3) [1] Die Befugnisübertragung gemäß Artikel 31 kann vom Europäischen Parlament oder vom Rat jederzeit widerrufen werden. [2] Der Beschluss über den Widerruf beendet die Übertragung der in diesem Beschluss angegebenen Befugnis. [3] Er wird am Tag nach seiner Veröffentlichung im *Amtsblatt der Europäischen Union* oder zu einem im Beschluss über den Widerruf angegebenen späteren Zeitpunkt wirksam. [4] Die Gültigkeit von delegierten Rechtsakten, die bereits in Kraft sind, wird von dem Beschluss über den Widerruf nicht berührt.

(4) Vor dem Erlass eines delegierten Rechtsakts konsultiert die Kommission die von den einzelnen Mitgliedstaaten benannten Sachverständigen, im Einklang mit den in der Interinstitutionellen Vereinbarung vom 13. April 2016 über bessere Rechtsetzung[3)] enthaltenen Grundsätzen.

(5) Sobald die Kommission einen delegierten Rechtsakt erlässt, übermittelt sie ihn gleichzeitig dem Europäischen Parlament und dem Rat.

(6) [1] Ein delegierter Rechtsakt, der gemäß Artikel 31 erlassen wurde, tritt nur in Kraft, wenn weder das Europäische Parlament noch der Rat innerhalb einer Frist von zwei Monaten nach Übermittlung dieses Rechtsakts an das Europäische Parlament und den Rat Einwände erhoben haben oder wenn vor Ablauf dieser Frist das Europäische Parlament und der Rat beide der Kommission mitgeteilt haben, dass sie keine Einwände erheben werden. [2] Auf Initiative des Europäischen Parlaments oder des Rates wird diese Frist um zwei Monate verlängert.

---

1) Art. 31 neu gef. mWv 26.10.2022 durch VO v. 19.10.2022 (ABl. L 275 S. 30).
2) Art. 31a eingef. mWv 26.10.2022 durch VO v. 19.10.2022 (ABl. L 275 S. 30).
3) **Amtl. Anm.:** ABl. L 123 vom 12.5.2016, S. 1.

Art. 32[1] *(aufgehoben)*

Art. 33 Inkrafttreten. *[1]* Diese Verordnung tritt am 21. Januar 2005 in Kraft.

[2] Sie gilt ab dem 21. Oktober 2005 mit Ausnahme der Artikel 30, 31 und 32, die ab dem 21. Januar 2005 gelten.

Diese Verordnung ist in allen ihren Teilen verbindlich und gilt gemäß dem Vertrag zur Gründung der Europäischen Gemeinschaft unmittelbar in den Mitgliedstaaten.

Anhänge I–VI. *(hier nicht wiedergegeben)*

[1] Art. 32 aufgeh. mWv 26.10.2022 durch VO v. 19.10.2022 (ABl. L 275 S. 30).

103g. Verordnung (EG) Nr. 1896/2006 des Europäischen Parlaments und des Rates vom 12. Dezember 2006 zur Einführung eines Europäischen Mahnverfahrens

(ABl. L 399 vom 30.12.2006, S. 1, ELI: http://data.europa.eu/eli/reg/2006/1896/oj)

Celex-Nr. 3 2006 R 1896

Lfd. Nr.	Änderndes Gesetz	Datum	Fundstelle	Betroffen	Hinweis
1.	Art. 1 VO (EU) 936/2012	4.10.2012	ABl. L 283 S. 1	Anh. I, II, III, IV, V, VI, VII	neu gef. mWv 23.10.2012
2.	Art. 1 VO (EU) 517/2013	13.5.2013	ABl. L 158 S. 1	Anh. I, II, V	geänd. mWv 1.7.2013
3.	Art. 2 VO (EU) 2015/2421	16.12.2015	ABl. L 341 S. 1	Art. 7, 17, 25, 30, 31	mWv 14.7.2017
4.	Art. 1 VO (EU) 2017/1260	19.6.2017	ABl. L 182 S. 20	Anh. I	mWv 14.7.2017
5.	Art. 19 VO (EU) 2023/2844	13.12.2023	ABl. L, 2023/2844, 27.12.2023	Art. 7, 13, 16	mWv 1.5.2025

Vorbemerkung:

Die Änderungen durch VO v. 13.12.2023 (ABl. L, 2023/2844, 27.12.2023) treten erst mWv 1.5.2025 in Kraft und sind im Text noch nicht berücksichtigt.

DAS EUROPÄISCHE PARLAMENT UND DER RAT DER EUROPÄISCHEN UNION –

gestützt auf den Vertrag zur Gründung der Europäischen Gemeinschaft[1)], insbesondere auf Artikel 61 Buchstabe c,

auf Vorschlag der Kommission,

nach Stellungnahme des Europäischen Wirtschafts- und Sozialausschusses[2)],

gemäß dem Verfahren des Artikels 251 des Vertrages[3)],

in Erwägung nachstehender Gründe:

(1) Die Gemeinschaft hat sich zum Ziel gesetzt, einen Raum der Freiheit, der Sicherheit und des Rechts, in dem der freie Personenverkehr gewährleistet ist, zu erhalten und weiterzuentwickeln. Zur schrittweisen Schaffung eines solchen Raums erlässt die Gemeinschaft unter anderem im Bereich der justiziel-

[1)] Nunmehr Vertrag über die Arbeitsweise der Europäischen Union durch Vertrag von Lissabon v. 13.12.2007 (ABl. C 306 S. 1).

[2)] **Amtl. Anm.:** ABl. C 221 vom 8.9.2005, S. 77.

[3)] **Amtl. Anm.:** Stellungnahme des Europäischen Parlaments vom 13. Dezember 2005 (noch nicht im Amtsblatt veröffentlicht), Gemeinsamer Standpunkt des Rates vom 30. Juni 2006 (noch nicht im Amtsblatt veröffentlicht), Standpunkt des Europäischen Parlaments vom 25. Oktober 2006. Beschluss des Rates vom 11. Dezember 2006.

len Zusammenarbeit in Zivilsachen mit grenzüberschreitendem Bezug die für das reibungslose Funktionieren des Binnenmarkts erforderlichen Maßnahmen.

(2) Gemäß Artikel 65 Buchstabe c des Vertrags schließen diese Maßnahmen die Beseitigung der Hindernisse für eine reibungslose Abwicklung von Zivilverfahren ein, erforderlichenfalls durch Förderung der Vereinbarkeit der in den Mitgliedstaaten geltenden zivilrechtlichen Verfahrensvorschriften.

(3) Auf seiner Tagung am 15. und 16. Oktober 1999 in Tampere forderte der Europäische Rat den Rat und die Kommission auf, neue Vorschriften zu jenen Aspekten auszuarbeiten, die unabdingbar für eine reibungslose justizielle Zusammenarbeit und einen verbesserten Zugang zum Recht sind, und nannte in diesem Zusammenhang ausdrücklich auch das Mahnverfahren.

(4) Am 30. November 2000 verabschiedete der Rat ein gemeinsames Programm der Kommission und des Rates über Maßnahmen zur Umsetzung des Grundsatzes der gegenseitigen Anerkennung gerichtlicher Entscheidungen in Zivil- und Handelssachen[1]. Darin wird die Schaffung eines besonderen, gemeinschaftsweit einheitlichen oder harmonisierten Verfahrens zur Erwirkung einer gerichtlichen Entscheidung in speziellen Bereichen, darunter die Beitreibung unbestrittener Forderungen, in Erwägung gezogen. Dies wurde durch das vom Europäischen Rat am 5. November 2004 angenommene Haager Programm, in dem eine zügige Durchführung der Arbeiten am Europäischen Zahlungsbefehl gefordert wird, weiter vorangebracht.

(5) Am 20. Dezember 2002 nahm die Kommission ein Grünbuch über ein Europäisches Mahnverfahren und über Maßnahmen zur einfacheren und schnelleren Beilegung von Streitigkeiten mit geringem Streitwert an. Mit dem Grünbuch wurde eine Anhörung zu den möglichen Zielen und Merkmalen eines einheitlichen oder harmonisierten Europäischen Mahnverfahrens zur Beitreibung unbestrittener Forderungen eingeleitet.

(6) Für die Wirtschaftsbeteiligten der Europäischen Union ist die rasche und effiziente Beitreibung ausstehender Forderungen, die nicht Gegenstand eines Rechtsstreits sind, von größter Bedeutung, da Zahlungsverzug eine der Hauptursachen für Zahlungsunfähigkeit ist, die vor allem die Existenz von kleinen und mittleren Unternehmen bedroht und für den Verlust zahlreicher Arbeitsplätze verantwortlich ist.

(7) Alle Mitgliedstaaten versuchen, dem Problem der Beitreibung unzähliger unbestrittener Forderungen beizukommen, die meisten Mitgliedstaaten im Wege eines vereinfachten Mahnverfahrens, doch gibt es bei der inhaltlichen Ausgestaltung der einzelstaatlichen Vorschriften und der Effizienz der Verfahren erhebliche Unterschiede. Überdies sind die derzeitigen Verfahren in grenzüberschreitenden Rechtssachen häufig entweder unzulässig oder praktisch undurchführbar.

(8) Der daraus resultierende erschwerte Zugang zu einer effizienten Rechtsprechung bei grenzüberschreitenden Rechtssachen und die Verfälschung des Wettbewerbs im Binnenmarkt aufgrund des unterschiedlichen Funktionierens der verfahrensrechtlichen Instrumente, die den Gläubigern in den einzelnen Mitgliedstaaten zur Verfügung stehen, machen eine Gemeinschaftsregelung erforderlich, die für Gläubiger und Schuldner in der gesamten Europäischen Union gleiche Bedingungen gewährleistet.

[1] **Amtl. Anm.:** ABl. C 12 vom 15.1.2001, S. 1.

(9) Diese Verordnung hat Folgendes zum Ziel: die Vereinfachung und Beschleunigung grenzüberschreitender Verfahren im Zusammenhang mit unbestrittenen Geldforderungen und die Verringerung der Verfahrenskosten durch Einführung eines Europäischen Mahnverfahrens sowie die Ermöglichung des freien Verkehrs Europäischer Zahlungsbefehle in den Mitgliedstaaten durch Festlegung von Mindestvorschriften, bei deren Einhaltung die Zwischenverfahren im Vollstreckungsmitgliedstaat, die bisher für die Anerkennung und Vollstreckung erforderlich waren, entfallen.

(10) Das durch diese Verordnung geschaffene Verfahren sollte eine zusätzliche und fakultative Alternative für den Antragsteller darstellen, dem es nach wie vor freisteht, sich für die im nationalen Recht vorgesehenen Verfahren zu entscheiden. Durch diese Verordnung sollen mithin die nach nationalem Recht vorgesehenen Mechanismen zur Beitreibung unbestrittener Forderungen weder ersetzt noch harmonisiert werden.

(11) Der Schriftverkehr zwischen dem Gericht und den Parteien sollte soweit wie möglich mit Hilfe von Formblättern abgewickelt werden, um die Abwicklung der Verfahren zu erleichtern und eine automatisierte Verarbeitung der Daten zu ermöglichen.

(12) Bei der Entscheidung darüber, welche Gerichte dafür zuständig sind, einen Europäischen Zahlungsbefehl zu erlassen, sollten die Mitgliedstaaten dem Erfordernis, den Zugang der Bürger zur Justiz zu gewährleisten, gebührend Rechnung tragen.

(13) Der Antragsteller sollte verpflichtet sein, in dem Antrag auf Erlass eines Europäischen Zahlungsbefehls Angaben zu machen, aus denen die geltend gemachte Forderung und ihre Begründung klar zu entnehmen sind, damit der Antragsgegner anhand fundierter Informationen entscheiden kann, ob er Einspruch einlegen oder die Forderung nicht bestreiten will.

(14) Dabei muss der Antragsteller auch eine Bezeichnung der Beweise, der zum Nachweis der Forderung herangezogen wird, beifügen. Zu diesem Zweck sollte in dem Antragsformular eine möglichst erschöpfende Liste der Arten von Beweisen enthalten sein, die üblicherweise zur Geltendmachung von Geldforderungen angeboten werden.

(15) Die Einreichung eines Antrags auf Erlass eines Europäischen Zahlungsbefehls sollte mit der Entrichtung der gegebenenfalls fälligen Gerichtsgebühren verbunden sein.

(16) Das Gericht sollte den Antrag, einschließlich der Frage der gerichtlichen Zuständigkeit und der Bezeichnung der Beweise, auf der Grundlage der im Antragsformular enthaltenen Angaben prüfen. Dies ermöglicht es dem Gericht, schlüssig zu prüfen, ob die Forderung begründet ist, und unter anderem offensichtlich unbegründete Forderungen oder unzulässige Anträge auszuschließen. Die Prüfung muss nicht von einem Richter durchgeführt werden.

(17) Gegen die Zurückweisung des Antrags kann kein Rechtsmittel eingelegt werden. Dies schließt allerdings eine mögliche Überprüfung der zurückweisenden Entscheidung in derselben Instanz im Einklang mit dem nationalen Recht nicht aus.

(18) Der Europäische Zahlungsbefehl sollte den Antragsgegner darüber aufklären, dass er entweder den zuerkannten Betrag an den Antragsteller zu zahlen hat oder, wenn er die Forderung bestreiten will, innerhalb von 30 Tagen eine Einspruchsschrift versenden muss. Neben der vollen Aufklärung über die vom Antragsteller geltend gemachte Forderung sollte der Antragsgegner auf die rechtliche Bedeutung des Europäischen Zahlungsbefehls und die Folgen eines Verzichts auf Einspruch hingewiesen werden.

(19) Wegen der Unterschiede im Zivilprozessrecht der Mitgliedstaaten, insbesondere bei den Zustellungsvorschriften, ist es notwendig, die im Rahmen des Europäischen Mahnverfahrens anzuwendenden Mindestvorschriften präzise und detailliert zu definieren. So sollte insbesondere eine Zustellungsform, die auf einer juristischen Fiktion beruht, im Hinblick auf die Einhaltung der Mindestvorschriften nicht als ausreichend für die Zustellung eines Europäischen Zahlungsbefehls angesehen werden.

(20) Alle in den Artikeln 13 und 14 aufgeführten Zustellungsformen gewähren entweder eine absolute Gewissheit (Artikel 13) oder ein hohes Maß an Wahrscheinlichkeit (Artikel 14) dafür, dass das zugestellte Schriftstück dem Empfänger zugegangen ist.

(21) Die persönliche Zustellung an bestimmte andere Personen als den Antragsgegner selbst gemäß Artikel 14 Absatz 1 Buchstaben a und b sollte die Anforderungen der genannten Vorschriften nur dann erfüllen, wenn diese Personen den Europäischen Zahlungsbefehl auch tatsächlich erhalten haben.

(22) Artikel 15 sollte auf Situationen Anwendung finden, in denen der Antragsgegner sich nicht selbst vor Gericht vertreten kann, etwa weil er eine juristische Person ist, und in denen er durch einen gesetzlichen Vertreter vertreten wird, sowie auf Situationen, in denen der Antragsgegner eine andere Person, insbesondere einen Rechtsanwalt, ermächtigt hat, ihn in dem betreffenden gerichtlichen Verfahren zu vertreten.

(23) Der Antragsgegner kann seinen Einspruch unter Verwendung des in dieser Verordnung enthaltenen Formblatts einreichen. Die Gerichte sollten allerdings auch einen in anderer Form eingereichten schriftlichen Einspruch berücksichtigen, sofern dieser klar erklärt ist.

(24) Ein fristgerecht eingereichter Einspruch sollte das Europäische Mahnverfahren beenden und zur automatischen Überleitung der Sache in einen ordentlichen Zivilprozess führen, es sei denn, der Antragsteller hat ausdrücklich erklärt, dass das Verfahren in diesem Fall beendet sein soll. Für die Zwecke dieser Verordnung sollte der Begriff „ordentlicher Zivilprozess" nicht notwendigerweise im Sinne des nationalen Rechts ausgelegt werden.

(25) Nach Ablauf der Frist für die Einreichung des Einspruchs sollte der Antragsgegner in bestimmten Ausnahmefällen berechtigt sein, eine Überprüfung des Europäischen Zahlungsbefehls zu beantragen. Die Überprüfung in Ausnahmefällen sollte nicht bedeuten, dass der Antragsgegner eine zweite Möglichkeit hat, Einspruch gegen die Forderung einzulegen. Während des Überprüfungsverfahrens sollte die Frage, ob die Forderung begründet ist, nur im Rahmen der sich aus den vom

Antragsgegner angeführten außergewöhnlichen Umständen ergebenden Begründungen geprüft werden. Zu den anderen außergewöhnlichen Umständen könnte auch der Fall zählen, dass der Europäische Zahlungsbefehl auf falschen Angaben im Antragsformular beruht.

(26) Gerichtsgebühren nach Artikel 25 sollten beispielsweise keine Anwaltshonorare oder Zustellungskosten einer außergerichtlichen Stelle enthalten.

(27) Ein Europäischer Zahlungsbefehl, der in einem Mitgliedstaat ausgestellt wurde und der vollstreckbar geworden ist, sollte für die Zwecke der Vollstreckung so behandelt werden, als ob er in dem Mitgliedstaat ausgestellt worden wäre, in dem die Vollstreckung betrieben wird. Gegenseitiges Vertrauen in die ordnungsgemäße Rechtspflege in den Mitgliedstaaten rechtfertigt es, dass das Gericht nur eines Mitgliedstaats beurteilt, ob alle Voraussetzungen für den Erlass eines Europäischen Zahlungsbefehls vorliegen und der Zahlungsbefehl in allen anderen Mitgliedstaaten vollstreckbar ist, ohne dass im Vollstreckungsmitgliedstaat zusätzlich von einem Gericht geprüft werden muss, ob die prozessualen Mindestvorschriften eingehalten worden sind. Unbeschadet der in dieser Verordnung enthaltenen Vorschriften, insbesondere der in Artikel 22 Absätze 1 und 2 und in Artikel 23 enthaltenen Mindestvorschriften, sollte das Verfahren der Vollstreckung des Europäischen Zahlungsbefehls nach wie vor im nationalen Recht geregelt bleiben.

(28) Die Berechnung der Fristen sollte nach Maßgabe der Verordnung (EWG, Euratom) Nr. 1182/71 des Rates vom 3. Juni 1971 zur Festlegung der Regeln für die Fristen, Daten und Termine[1] erfolgen. Der Antragsgegner sollte darüber unterrichtet sowie darauf hingewiesen werden, dass dabei die gesetzlichen Feiertage in dem Mitgliedstaat des Gerichts, das den Europäischen Zahlungsbefehl erlässt, berücksichtigt werden.

(29) Da die Ziele dieser Verordnung, nämlich die Schaffung eines einheitlichen, zeitsparenden und effizienten Instruments zur Beitreibung unbestrittener Geldforderungen in der Europäischen Union, auf Ebene der Mitgliedstaaten nicht ausreichend verwirklicht werden können und wegen ihres Umfangs und ihrer Wirkung daher besser auf Gemeinschaftsebene zu verwirklichen sind, kann die Gemeinschaft im Einklang mit dem in Artikel 5 des Vertrags niedergelegten Subsidiaritätsprinzip tätig werden. Entsprechend dem in demselben Artikel genannten Grundsatz der Verhältnismäßigkeit geht diese Verordnung nicht über das für die Erreichung dieser Ziele erforderliche Maß hinaus.

(30) Die zur Durchführung dieser Verordnung erforderlichen Maßnahmen sind nach Maßgabe des Beschlusses 1999/468/EG des Rates vom 28. Juni 1999 zur Festlegung der Modalitäten für die Ausübung der der Kommission übertragenen Durchführungsbefugnisse[2] zu erlassen.

(31) Das Vereinigte Königreich und Irland haben gemäß Artikel 3 des dem Vertrag über die Europäische Union und dem Vertrag zur Gründung

---

[1] **Amtl. Anm.**: ABl. L 124 vom 8. 6. 1971, S. 1.

[2] **Amtl. Anm.**: ABl. L 184 vom 17. 7. 1999, S. 23. Geändert durch den Beschluss 2006/512/EG (ABl. L 200 vom 22. 7. 2006, S. 11).

der Europäischen Gemeinschaft beigefügten Protokolls über die Position des Vereinigten Königreichs und Irlands mitgeteilt, dass sie sich an der Annahme und Anwendung der vorliegenden Verordnung beteiligen möchten.

(32) Gemäß den Artikeln 1 und 2 des dem Vertrag über die Europäische Union und dem Vertrag zur Gründung der Europäischen Gemeinschaft beigefügten Protokolls über die Position Dänemarks beteiligt sich Dänemark nicht an der Annahme dieses Beschlusses, der für Dänemark nicht bindend und nicht auf Dänemark anwendbar ist –

HABEN FOLGENDE VERORDNUNG ERLASSEN:

Art. 1 Gegenstand. (1) Diese Verordnung hat Folgendes zum Ziel:

a) Vereinfachung und Beschleunigung der grenzüberschreitenden Verfahren im Zusammenhang mit unbestrittenen Geldforderungen und Verringerung der Verfahrenskosten durch Einführung eines Europäischen Mahnverfahrens,
und

b) Ermöglichung des freien Verkehrs Europäischer Zahlungsbefehle in den Mitgliedstaaten durch Festlegung von Mindestvorschriften, bei deren Einhaltung die Zwischenverfahren im Vollstreckungsmitgliedstaat, die bisher für die Anerkennung und Vollstreckung erforderlich waren, entfallen.

(2) Diese Verordnung stellt es dem Antragsteller frei, eine Forderung im Sinne von Artikel 4 im Wege eines anderen Verfahrens nach dem Recht eines Mitgliedstaats oder nach Gemeinschaftsrecht durchzusetzen.

Art. 2 Anwendungsbereich. (1) [1] Diese Verordnung ist in grenzüberschreitenden Rechtssachen in Zivil- und Handelssachen anzuwenden, ohne dass es auf die Art der Gerichtsbarkeit ankommt. [2] Sie erfasst insbesondere nicht Steuer- und Zollsachen, verwaltungsrechtliche Angelegenheiten sowie die Haftung des Staates für Handlungen oder Unterlassungen im Rahmen der Ausübung hoheitlicher Rechte („acta jure imperii").

(2) Diese Verordnung ist nicht anzuwenden auf

a) die ehelichen Güterstände, das Gebiet des Erbrechts einschließlich des Testamentsrechts,

b) Konkurse, Verfahren im Zusammenhang mit dem Abwickeln zahlungsunfähiger Unternehmen oder anderer juristischer Personen, gerichtliche Vergleiche, Vergleiche und ähnliche Verfahren,

c) die soziale Sicherheit,

d) Ansprüche aus außervertraglichen Schuldverhältnissen, soweit

   i) diese nicht Gegenstand einer Vereinbarung zwischen den Parteien oder eines Schuldanerkenntnisses sind,
   oder

   ii) diese sich nicht auf bezifferte Schuldbeträge beziehen, die sich aus *gemeinsamem* Eigentum an unbeweglichen Sachen ergeben.

(3) In dieser Verordnung bedeutet der Begriff „Mitgliedstaat" die Mitgliedstaaten mit Ausnahme Dänemarks.

Art. 3 Grenzüberschreitende Rechtssachen. (1) Eine grenzüberschreitende Rechtssache im Sinne dieser Verordnung liegt vor, wenn mindestens eine der Parteien ihren Wohnsitz oder gewöhnlichen Aufenthalt in einem anderen Mitgliedstaat als dem des befassten Gerichts hat.

(2) Der Wohnsitz wird nach den Artikeln 59 und 60 der Verordnung (EG) Nr. 44/2001 des Rates vom 22. Dezember 2000 über die gerichtliche Zuständigkeit und die Anerkennung und Vollstreckung von Entscheidungen in Zivil- und Handelssachen[1] bestimmt.

(3) Der maßgebliche Augenblick zur Feststellung, ob eine grenzüberschreitende Rechtssache vorliegt, ist der Zeitpunkt, zu dem der Antrag auf Erlass eines Europäischen Zahlungsbefehls nach dieser Verordnung eingereicht wird.

Art. 4 Europäisches Mahnverfahren. Das Europäische Mahnverfahren gilt für die Beitreibung bezifferter Geldforderungen, die zum Zeitpunkt der Einreichung des Antrags auf Erlass eines Europäischen Zahlungsbefehls fällig sind.

Art. 5 Begriffsbestimmungen. Im Sinne dieser Verordnung bezeichnet der Ausdruck

1. „Ursprungsmitgliedstaat" den Mitgliedstaat, in dem ein Europäischer Zahlungsbefehl erlassen wird,
2. „Vollstreckungsmitgliedstaat" den Mitgliedstaat, in dem die Vollstreckung eines Europäischen Zahlungsbefehls betrieben wird,
3. „Gericht" alle Behörden der Mitgliedstaaten, die für einen Europäischen Zahlungsbefehl oder jede andere damit zusammenhängende Angelegenheit zuständig sind,
4. „Ursprungsgericht" das Gericht, das einen Europäischen Zahlungsbefehl erlässt.

Art. 6 Zuständigkeit. (1) Für die Zwecke der Anwendung dieser Verordnung wird die Zuständigkeit nach den hierfür geltenden Vorschriften des Gemeinschaftsrechts bestimmt, insbesondere der Verordnung (EG) Nr. 44/2001.

(2) Betrifft die Forderung jedoch einen Vertrag, den eine Person, der Verbraucher, zu einem Zweck geschlossen hat, der nicht der beruflichen oder gewerblichen Tätigkeit dieser Person zugerechnet werden kann, und ist der Verbraucher Antragsgegner, so sind nur die Gerichte des Mitgliedstaats zuständig, in welchem der Antragsgegner seinen Wohnsitz im Sinne des Artikels 59 der Verordnung (EG) Nr. 44/2001 hat.

Art. 7[2] Antrag auf Erlass eines Europäischen Zahlungsbefehls.

(1) Der Antrag auf Erlass eines Europäischen Zahlungsbefehls ist unter Verwendung des Formblatts A gemäß Anhang I zu stellen.

---

[1] **Amtl. Anm.:** ABl. L 12 vom 16.1.2001, S. 1. Zuletzt geändert durch die Verordnung (EG) Nr. 2245/2004 der Kommission (ABl. L 381 vom 28.12.2004, S. 10).

[2] Art. 7 Abs. 4 neu gef. mWv 14.7.2017 durch VO v. 16.12.2015 (ABl. Nr. L 341 S. 1).

(2) Der Antrag muss Folgendes beinhalten:

a) die Namen und Anschriften der Verfahrensbeteiligten und gegebenenfalls ihrer Vertreter sowie des Gerichts, bei dem der Antrag eingereicht wird;

b) die Höhe der Forderung einschließlich der Hauptforderung und gegebenenfalls der Zinsen, Vertragsstrafen und Kosten;

c) bei Geltendmachung von Zinsen der Zinssatz und der Zeitraum, für den Zinsen verlangt werden, es sei denn, gesetzliche Zinsen werden nach dem Recht des Ursprungsmitgliedstaats automatisch zur Hauptforderung hinzugerechnet;

d) den Streitgegenstand einschließlich einer Beschreibung des Sachverhalts, der der Hauptforderung und gegebenenfalls der Zinsforderung zugrunde liegt;

e) eine Bezeichnung der Beweise, die zur Begründung der Forderung herangezogen werden;

f) die Gründe für die Zuständigkeit,
und

g) den grenzüberschreitenden Charakter der Rechtssache im Sinne von Artikel 3.

(3) In dem Antrag hat der Antragsteller zu erklären, dass er die Angaben nach bestem Wissen und Gewissen gemacht hat, und anzuerkennen, dass jede vorsätzliche falsche Auskunft angemessene Sanktionen nach dem Recht des Ursprungsmitgliedstaats nach sich ziehen kann.

(4) Der Antragsteller kann in einer Anlage zum Antrag dem Gericht gegenüber erklären, welches der in Artikel 17 Absatz 1 Buchstaben a und b aufgeführten Verfahren gegebenenfalls auf seine Forderung in dem späteren Zivilverfahren angewendet werden soll, falls der Antragsgegner Einspruch gegen den Europäischen Zahlungsbefehl einlegt.

[1] Der Antragsteller kann in der im ersten Unterabsatz vorgesehenen Anlage dem Gericht gegenüber auch erklären, dass er die Überleitung in ein Zivilverfahren im Sinne des Artikels 17 Absatz 1 Buchstabe a oder Buchstabe b für den Fall ablehnt, dass der Antragsgegner Einspruch einlegt. [2] Dies hindert den Antragsteller nicht daran, das Gericht zu einem späteren Zeitpunkt, in jedem Fall aber vor Erlass des Zahlungsbefehls, hierüber zu informieren.

(5) Die Einreichung des Antrags erfolgt in Papierform oder durch andere – auch elektronische – Kommunikationsmittel, die im Ursprungsmitgliedstaat zulässig sind und dem Ursprungsgericht zur Verfügung stehen.

(6) [1] Der Antrag ist vom Antragsteller oder gegebenenfalls von seinem Vertreter zu unterzeichnen. [2] Wird der Antrag gemäß Absatz 5 auf elektronischem Weg eingereicht, so ist er nach Artikel 2 Nummer 2 der Richtlinie

(Fortsetzung nächstes Blatt)

1999/93/EG des Europäischen Parlaments und des Rates vom 13. Dezember 1999 über gemeinschaftliche Rahmenbedingungen für elektronische Signaturen[1)] zu unterzeichnen. [3]Diese Signatur wird im Ursprungsmitgliedstaat anerkannt, ohne dass weitere Bedingungen festgelegt werden können.

[2] [1]Eine solche elektronische Signatur ist jedoch nicht erforderlich, wenn und insoweit es bei den Gerichten des Ursprungsmitgliedstaats ein alternatives elektronisches Kommunikationssystem gibt, das einer bestimmten Gruppe von vorab registrierten und authentifizierten Nutzern zur Verfügung steht und die sichere Identifizierung dieser Nutzer ermöglicht. [2]Die Mitgliedstaaten unterrichten die Kommission über derartige Kommunikationssysteme.

Art. 8 Prüfung des Antrags. [1]Das mit einem Antrag auf Erlass eines Europäischen Zahlungsbefehls befasste Gericht prüft so bald wie möglich anhand des Antragsformulars, ob die in den Artikeln 2, 3, 4, 6 und 7 genannten Voraussetzungen erfüllt sind und ob die Forderung begründet erscheint. [2]Diese Prüfung kann im Rahmen eines automatisierten Verfahrens erfolgen.

Art. 9 Vervollständigung und Berichtigung des Antrags. (1) [1]Das Gericht räumt dem Antragsteller die Möglichkeit ein, den Antrag zu vervollständigen oder zu berichtigen, wenn die in Artikel 7 genannten Voraussetzungen nicht erfüllt sind und die Forderung nicht offensichtlich unbegründet oder der Antrag unzulässig ist. [2]Das Gericht verwendet dazu das Formblatt B gemäß Anhang II.

(2) [1]Fordert das Gericht den Antragsteller auf, den Antrag zu vervollständigen oder zu berichtigen, so legt es dafür eine Frist fest, die ihm den Umständen nach angemessen erscheint. [2]Das Gericht kann diese Frist nach eigenem Ermessen verlängern.

Art. 10 Änderung des Antrags. (1) [1]Sind die in Artikel 8 genannten Voraussetzungen nur für einen Teil der Forderung erfüllt, so unterrichtet das Gericht den Antragsteller hiervon unter Verwendung des Formblatts C gemäß Anhang III. [2]Der Antragsteller wird aufgefordert, den Europäischen Zahlungsbefehl über den von dem Gericht angegebenen Betrag anzunehmen oder abzulehnen; er wird zugleich über die Folgen seiner Entscheidung belehrt. [3]Die Antwort des Antragstellers erfolgt durch Rücksendung des von dem Gericht übermittelten Formblatts C innerhalb der von dem Gericht gemäß Artikel 9 Absatz 2 festgelegten Frist.

(2) [1]Nimmt der Antragsteller den Vorschlag des Gerichts an, so erlässt das Gericht gemäß Artikel 12 einen Europäischen Zahlungsbefehl für den Teil der Forderung, dem der Antragsteller zugestimmt hat. [2]Die Folgen hinsichtlich des *verbleibenden Teils* der ursprünglichen Forderung unterliegen nationalem Recht.

(3) Antwortet der Antragsteller nicht innerhalb der von dem Gericht festgelegten Frist oder lehnt er den Vorschlag des Gerichts ab, so weist das Gericht den Antrag auf Erlass eines Europäischen Zahlungsbefehls insgesamt zurück.

[1)] **Amtl. Anm.:** ABl. L 13 vom 19.1.2000, S. 12.

Art. 11 Zurückweisung des Antrags. (1) *[1]* Das Gericht weist den Antrag zurück,

a) wenn die in den Artikeln 2, 3, 4, 6 und 7 genannten Voraussetzungen nicht erfüllt sind,
oder

b) wenn die Forderung offensichtlich unbegründet ist,
oder

c) wenn der Antragsteller nicht innerhalb der von dem Gericht gemäß Artikel 9 Absatz 2 gesetzten Frist seine Antwort übermittelt,
oder

d) wenn der Antragsteller gemäß Artikel 10 nicht innerhalb der von dem Gericht gesetzten Frist antwortet oder den Vorschlag des Gerichts ablehnt.

[2] Der Antragsteller wird anhand des Formblatts D gemäß Anhang IV von den Gründen der Zurückweisung in Kenntnis gesetzt.

(2) Gegen die Zurückweisung des Antrags kann kein Rechtsmittel eingelegt werden.

(3) Die Zurückweisung des Antrags hindert den Antragsteller nicht, die Forderung mittels eines neuen Antrags auf Erlass eines Europäischen Zahlungsbefehls oder eines anderen Verfahrens nach dem Recht eines Mitgliedstaats geltend zu machen.

Art. 12 Erlass eines Europäischen Zahlungsbefehls. (1) *[1]* Sind die in Artikel 8 genannten Voraussetzungen erfüllt, so erlässt das Gericht so bald wie möglich und in der Regel binnen 30 Tagen nach Einreichung eines entsprechenden Antrags einen Europäischen Zahlungsbefehl unter Verwendung des Formblatts E gemäß Anhang V.

[2] Bei der Berechnung der 30-tägigen Frist wird die Zeit, die der Antragsteller zur Vervollständigung, Berichtigung oder Änderung des Antrags benötigt, nicht berücksichtigt.

(2) [1] Der Europäische Zahlungsbefehl wird zusammen mit einer Abschrift des Antragsformulars ausgestellt. [2] Er enthält nicht die vom Antragsteller in den Anlagen 1 und 2 des Formblatts A gemachten Angaben.

(3) In dem Europäischen Zahlungsbefehl wird der Antragsgegner davon in Kenntnis gesetzt, dass er

a) entweder den im Zahlungsbefehl aufgeführten Betrag an den Antragsteller zahlen kann,
oder

b) gegen den Europäischen Zahlungsbefehl bei dem Ursprungsgericht Einspruch einlegen kann, indem er innerhalb von 30 Tagen ab dem Zeitpunkt der Zustellung des Zahlungsbefehls an ihn seinen Einspruch versendet.

(4) In dem Europäischen Zahlungsbefehl wird der Antragsgegner davon unterrichtet, dass

a) der Zahlungsbefehl ausschließlich auf der Grundlage der Angaben des Antragstellers erlassen und vom Gericht nicht nachgeprüft wurde,

b) der Zahlungsbefehl vollstreckbar wird, wenn nicht bei dem Gericht nach Artikel 16 Einspruch eingelegt wird,

c) im Falle eines Einspruchs das Verfahren von den zuständigen Gerichten des Ursprungsmitgliedstaats gemäß den Regeln eines ordentlichen Zivilprozesses weitergeführt wird, es sei denn, der Antragsteller hat ausdrücklich beantragt, das Verfahren in diesem Fall zu beenden.

(5) Das Gericht stellt sicher, dass der Zahlungsbefehl dem Antragsgegner gemäß den nationalen Rechtsvorschriften in einer Weise zugestellt wird, die den Mindestvorschriften der Artikel 13, 14 und 15 genügen muss.

Art. 13 Zustellung mit Nachweis des Empfangs durch den Antragsgegner. Der Europäische Zahlungsbefehl kann nach dem Recht des Staats, in dem die Zustellung erfolgen soll, dem Antragsgegner in einer der folgenden Formen zugestellt werden:

a) durch persönliche Zustellung, bei der der Antragsgegner eine Empfangsbestätigung unter Angabe des Empfangsdatums unterzeichnet,

b) durch persönliche Zustellung, bei der die zuständige Person, die die Zustellung vorgenommen hat, ein Dokument unterzeichnet, in dem angegeben ist, dass der Antragsgegner das Schriftstück erhalten hat oder dessen Annahme unberechtigt verweigert hat und an welchem Datum die Zustellung erfolgt ist,

c) durch postalische Zustellung, bei der der Antragsgegner die Empfangsbestätigung unter Angabe des Empfangsdatums unterzeichnet und zurückschickt,

d) durch elektronische Zustellung wie beispielsweise per Fax oder E-Mail, bei der der Antragsgegner eine Empfangsbestätigung unter Angabe des Empfangsdatums unterzeichnet und zurückschickt.

Art. 14 Zustellung ohne Nachweis des Empfangs durch den Antragsgegner. (1) Der Europäische Zahlungsbefehl kann nach dem Recht des Staats, in dem die Zustellung erfolgen soll, dem Antragsgegner auch in einer der folgenden Formen zugestellt werden:

a) persönliche Zustellung unter der Privatanschrift des Antragsgegners an eine in derselben Wohnung wie der Antragsgegner lebende Person oder an eine dort beschäftigte Person;

b) wenn der Antragsgegner Selbstständiger oder eine juristische Person ist, persönliche Zustellung in den Geschäftsräumen des Antragsgegners an eine Person, die vom Antragsgegner beschäftigt wird;

c) Hinterlegung des Zahlungsbefehls im Briefkasten des Antragsgegners;

d) Hinterlegung des Zahlungsbefehls beim Postamt oder bei den zuständigen Behörden mit entsprechender schriftlicher Benachrichtigung im Briefkasten des Antragsgegners, sofern in der schriftlichen Benachrichtigung *das Schriftstück eindeutig* als gerichtliches Schriftstück bezeichnet oder darauf hingewiesen wird, dass die Zustellung durch die Benachrichtigung als erfolgt gilt und damit Fristen zu laufen beginnen;

e) postalisch ohne Nachweis gemäß Absatz 3, wenn der Antragsgegner seine Anschrift im Ursprungsmitgliedstaat hat;

f) elektronisch, mit automatisch erstellter Sendebestätigung, sofern sich der Antragsgegner vorab ausdrücklich mit dieser Art der Zustellung einverstanden erklärt hat.

(2) Für die Zwecke dieser Verordnung ist eine Zustellung nach Absatz 1 nicht zulässig, wenn die Anschrift des Antragsgegners nicht mit Sicherheit ermittelt werden kann.

(3) Die Zustellung nach Absatz 1 Buchstaben a, b, c und d wird bescheinigt durch

a) ein von der zuständigen Person, die die Zustellung vorgenommen hat, unterzeichnetes Schriftstück mit den folgenden Angaben:

 i) die gewählte Form der Zustellung,
 und

 ii) das Datum der Zustellung sowie,
 und

 iii) falls der Zahlungsbefehl einer anderen Person als dem Antragsgegner zugestellt wurde, der Name dieser Person und die Angabe ihres Verhältnisses zum Antragsgegner,

oder

b) eine Empfangsbestätigung der Person, der der Zahlungsbefehl zugestellt wurde, für die Zwecke von Absatz 1 Buchstaben a und b.

Art. 15 Zustellung an einen Vertreter. Die Zustellung nach den Artikeln 13 oder 14 kann auch an den Vertreter des Antragsgegners bewirkt werden.

Art. 16 Einspruch gegen den Europäischen Zahlungsbefehl. (1) Der Antragsgegner kann beim Ursprungsgericht Einspruch gegen den Europäischen Zahlungsbefehl unter Verwendung des Formblatts F gemäß Anhang VI einlegen, das dem Antragsgegner zusammen mit dem Europäischen Zahlungsbefehl zugestellt wird.

(2) Der Einspruch muss innerhalb von 30 Tagen ab dem Tag der Zustellung des Zahlungsbefehls an den Antragsgegner versandt werden.

(3) Der Antragsgegner gibt in dem Einspruch an, dass er die Forderung bestreitet, ohne dass er dafür eine Begründung liefern muss.

(4) Der Einspruch ist in Papierform oder durch andere - auch elektronische - Kommunikationsmittel, die im Ursprungsmitgliedstaat zulässig sind und dem Ursprungsgericht zur Verfügung stehen, einzulegen.

(5) [1] Der Einspruch ist vom Antragsgegner oder gegebenenfalls von seinem Vertreter zu unterzeichnen. [2] Wird der Einspruch gemäß Absatz 4 auf elektronischem Weg eingelegt, so ist er nach Artikel 2 Nummer 2 der Richtlinie 1999/93/EG zu unterzeichnen. [3] Diese Signatur wird im Ursprungsmitgliedstaat anerkannt, ohne dass weitere Bedingungen festgelegt werden können.

[1] Eine solche elektronische Signatur ist jedoch nicht erforderlich, wenn und insoweit es bei den Gerichten des Ursprungsmitgliedstaats ein alternatives elektronisches Kommunikationssystem gibt, das einer bestimmten Gruppe von vorab registrierten und authentifizierten Nutzern zur Verfügung steht und die sichere Identifizierung dieser Nutzer ermöglicht. [2] Die Mitgliedstaaten unterrichten die Kommission über derartige Kommunikationssysteme.

Art. 17[1] Wirkungen der Einlegung eines Einspruchs. (1) [1] Wird innerhalb der in Artikel 16 Absatz 2 genannten Frist Einspruch eingelegt, so wird das Verfahren vor den zuständigen Gerichten des Ursprungsmitgliedstaats weitergeführt, es sei denn, der Antragsteller hat ausdrücklich beantragt, das Verfahren in einem solchen Fall zu beenden. [2] Das Verfahren wird weitergeführt gemäß den Regeln

a) des in der Verordnung (EG) Nr. 861/2007[2] festgelegten europäischen Verfahrens für geringfügige Forderungen, falls diese anwendbar ist, oder

b) eines entsprechenden nationalen Zivilverfahrens.

(2) Hat der Antragsteller nicht angegeben, welches der in Absatz 1 Buchstaben a und b genannten Verfahren auf seine Forderung in dem Verfahren angewandt werden soll, das sich an die Einlegung eines Einspruchs anschließt, oder hat der Antragsteller beantragt, das europäische Verfahren für geringfügige Forderungen nach der Verordnung (EG) Nr. 861/2007 auf eine Forderung anzuwenden, die nicht in den Geltungsbereich der Verordnung (EG) Nr. 861/2007 fällt, so wird das Verfahren in das entsprechende einzelstaatliche Zivilverfahren übergeleitet, es sei denn, der Antragsteller hat ausdrücklich beantragt, dass diese Überleitung nicht vorgenommen wird.

(3) Hat der Antragsteller seine Forderung im Wege des Europäischen Mahnverfahrens geltend gemacht, so wird seine Stellung im nachfolgenden Zivilverfahren durch keine Maßnahme nach nationalem Recht präjudiziert.

(4) Die Überleitung in ein Zivilverfahren im Sinne von Absatz 1 Buchstaben a und b erfolgt nach dem Recht des Ursprungsmitgliedstaats.

(5) Dem Antragsteller wird mitgeteilt, ob der Antragsgegner Einspruch eingelegt hat und ob das Verfahren als Zivilverfahren im Sinne des Absatzes 1 weitergeführt wird.

Art. 18 Vollstreckbarkeit. (1) [1] Wurde innerhalb der Frist des Artikels 16 Absatz 2 unter Berücksichtigung eines angemessenen Zeitraums für die Übermittlung kein Einspruch beim Ursprungsgericht eingelegt, so erklärt das Gericht den Europäischen Zahlungsbefehl unter Verwendung des Formblatts G gemäß Anhang VII unverzüglich für vollstreckbar. [2] Das Ursprungsgericht überprüft das Zustellungsdatum des Europäischen Zahlungsbefehls.

(2) Unbeschadet des Absatzes 1 richten sich die Voraussetzungen der Zwangsvollstreckung für die Vollstreckbarkeit nach den Rechtsvorschriften des Ursprungsmitgliedstaats.

(3) Das Gericht übersendet dem Antragsteller den vollstreckbaren Europäischen Zahlungsbefehl.

Art. 19 Abschaffung des Exequaturverfahrens. Der im Ursprungsmitgliedstaat vollstreckbar gewordene Europäische Zahlungsbefehl wird in den anderen Mitgliedstaaten anerkannt und vollstreckt, ohne dass es einer Vollstreckbarerklärung bedarf und ohne dass seine Anerkennung angefochten werden kann.

---

[1] Art. 17 neu gef. mWv 14.7.2017 durch VO v. 16.12.2015 (ABl. Nr. L 341 S. 1).

[2] Nr. **103e**.

Art. 20 Überprüfung in Ausnahmefällen. (1) Nach Ablauf der in Artikel 16 Absatz 2 genannten Frist ist der Antragsgegner berechtigt, bei dem zuständigen Gericht des Ursprungsmitgliedstaats eine Überprüfung des Europäischen Zahlungsbefehls zu beantragen, falls

a) i) der Zahlungsbefehl in einer der in Artikel 14 genannten Formen zugestellt wurde,
   und
   ii) die Zustellung ohne Verschulden des Antragsgegners nicht so rechtzeitig erfolgt ist, dass er Vorkehrungen für seine Verteidigung hätte treffen können,
   oder

b) der Antragsgegner aufgrund höherer Gewalt oder aufgrund außergewöhnlicher Umstände ohne eigenes Verschulden keinen Einspruch gegen die Forderung einlegen konnte,

wobei in beiden Fällen vorausgesetzt wird, dass er unverzüglich tätig wird.

(2) Ferner ist der Antragsgegner nach Ablauf der in Artikel 16 Absatz 2 genannten Frist berechtigt, bei dem zuständigen Gericht des Ursprungsmitgliedstaats eine Überprüfung des Europäischen Zahlungsbefehls zu beantragen, falls der Europäische Zahlungsbefehl gemessen an den in dieser Verordnung festgelegten Voraussetzungen oder aufgrund von anderen außergewöhnlichen Umständen offensichtlich zu Unrecht erlassen worden ist.

(3) Weist das Gericht den Antrag des Antragsgegners mit der Begründung zurück, dass keine der Voraussetzungen für die Überprüfung nach den Absätzen 1 und 2 gegeben ist, bleibt der Europäische Zahlungsbefehl in Kraft.

Entscheidet das Gericht, dass die Überprüfung aus einem der in den Absätzen 1 und 2 genannten Gründe gerechtfertigt ist, wird der Europäische Zahlungsbefehl für nichtig erklärt.

Art. 21 Vollstreckung. (1) Unbeschadet der Bestimmungen dieser Verordnung gilt für das Vollstreckungsverfahren das Recht des Vollstreckungsmitgliedstaats.

Ein vollstreckbar gewordener Europäischer Zahlungsbefehl wird unter den gleichen Bedingungen vollstreckt wie eine im Vollstreckungsmitgliedstaat vollstreckbar gewordene Entscheidung.

(2) Zur Vollstreckung in einem anderen Mitgliedstaat legt der Antragsteller den zuständigen Vollstreckungsbehörden dieses Mitgliedstaats folgende Dokumente vor:

a) eine Ausfertigung des von dem Ursprungsgericht für vollstreckbar erklärten Europäischen Zahlungsbefehls, die die für seine Beweiskraft erforderlichen Voraussetzungen erfüllt,
   und

b) gegebenenfalls eine Übersetzung des Europäischen Zahlungsbefehls in die Amtssprache des Vollstreckungsmitgliedstaats oder - falls es in diesem Mitgliedstaat mehrere Amtssprachen gibt - nach Maßgabe der Rechtsvorschriften dieses Mitgliedstaats in die Verfahrenssprache oder eine der Verfahrenssprachen des Ortes, an dem die Vollstreckung betrieben wird, oder in eine sonstige Sprache, die der Vollstreckungsmitgliedstaat zulässt. Jeder Mitgliedstaat kann angeben, welche Amtssprache oder Amtssprachen der Organe der Europäischen Union er neben seiner oder seinen eigenen für den Europäischen Zahlungsbefehl zulässt. Die Übersetzung ist von einer hierzu in einem der Mitgliedstaaten befugten Person zu beglaubigen.

(3) Einem Antragsteller, der in einem Mitgliedstaat die Vollstreckung eines in einem anderen Mitgliedstaat erlassenen Europäischen Zahlungsbefehls beantragt, darf wegen seiner Eigenschaft als Ausländer oder wegen Fehlens eines inländischen Wohnsitzes oder Aufenthaltsorts im Vollstreckungsmitgliedstaat eine Sicherheitsleistung oder Hinterlegung, unter welcher Bezeichnung es auch sei, nicht auferlegt werden.

Art. 22 Verweigerung der Vollstreckung. (1) Auf Antrag des Antragsgegners wird die Vollstreckung vom zuständigen Gericht im Vollstreckungsmitgliedstaat verweigert, wenn der Europäische Zahlungsbefehl mit einer früheren Entscheidung oder einem früheren Zahlungsbefehl unvereinbar ist, die bzw. der in einem Mitgliedstaat oder einem Drittland ergangen ist, sofern

a) die frühere Entscheidung oder der frühere Zahlungsbefehl zwischen denselben Parteien wegen desselben Streitgegenstands ergangen ist, und

b) die frühere Entscheidung oder der frühere Zahlungsbefehl die notwendigen Voraussetzungen für die Anerkennung im Vollstreckungsmitgliedstaat erfüllt, und

c) die Unvereinbarkeit im gerichtlichen Verfahren des Ursprungsmitgliedstaats nicht geltend gemacht werden konnte.

(2) Auf Antrag wird die Vollstreckung ebenfalls verweigert, sofern und insoweit der Antragsgegner den Betrag, der dem Antragsteller in einem Europäischen Zahlungsbefehl zuerkannt worden ist, an diesen entrichtet hat.

(3) Ein Europäischer Zahlungsbefehl darf im Vollstreckungsmitgliedstaat in der Sache selbst nicht nachgeprüft werden.

Art. 23 Aussetzung oder Beschränkung der Vollstreckung. Hat der Antragsgegner eine Überprüfung nach Artikel 20 beantragt, so kann das zuständige Gericht im Vollstreckungsmitgliedstaat auf Antrag des Antragsgegners

a) das Vollstreckungsverfahren auf Sicherungsmaßnahmen beschränken, oder

b) die Vollstreckung von der Leistung einer von dem Gericht zu bestimmenden Sicherheit abhängig machen, oder

c) unter außergewöhnlichen Umständen das Vollstreckungsverfahren aussetzen.

Art. 24 Rechtliche Vertretung. Die Vertretung durch einen Rechtsanwalt oder sonstigen Rechtsbeistand ist nicht zwingend

a) für den Antragsteller im Hinblick auf die Beantragung eines Europäischen Zahlungsbefehls,

b) für den Antragsgegner bei Einlegung des Einspruchs gegen einen Europäischen Zahlungsbefehl.

Art. 25[1] **Gerichtsgebühren.** (1) Sind in einem Mitgliedstaat die Gerichtsgebühren für Zivilverfahren im Sinne des Artikels 17 Absatz 1 Buchstabe a beziehungsweise Buchstabe b genauso hoch oder höher als die Gerichtsgebühren für das Europäische Mahnverfahren, so dürfen die Gerichtsgebühren für ein Europäisches Mahnverfahren und das sich daran im Falle eines Einspruchs gemäß Artikel 17 Absatz 1 anschließende Zivilverfahren insgesamt nicht höher sein als die Gebühren für solche Verfahren ohne vorausgehendes Europäisches Mahnverfahren in diesem Mitgliedstaat.

Für Zivilverfahren, die sich im Falle eines Einspruchs gemäß Artikel 17 Absatz 1 Buchstabe a beziehungsweise Buchstabe b anschließen, dürfen in einem Mitgliedstaat keine zusätzlichen Gerichtsgebühren erhoben werden, wenn die Gerichtsgebühren für diese Art von Verfahren in diesem Mitgliedstaat niedriger sind als die Gerichtsgebühren für das Europäische Mahnverfahren.

(2) Für die Zwecke dieser Verordnung umfassen die Gerichtsgebühren die dem Gericht zu entrichtenden Gebühren und Abgaben, deren Höhe nach dem nationalen Recht festgelegt wird.

Art. 26 Verhältnis zum nationalen Prozessrecht. Sämtliche verfahrensrechtlichen Fragen, die in dieser Verordnung nicht ausdrücklich geregelt sind, richten sich nach den nationalen Rechtsvorschriften.

Art. 27 Verhältnis zur Verordnung (EG) Nr. 1348/2000. Diese Verordnung berührt nicht die Anwendung der Verordnung (EG) Nr. 1348/2000 des Rates vom 29. Mai 2000 über die Zustellung gerichtlicher und außergerichtlicher Schriftstücke in Zivil- und Handelssachen in den Mitgliedstaaten[2].

Art. 28 Informationen zu den Zustellungskosten und zur Vollstreckung. Die Mitgliedstaaten arbeiten zusammen, um der Öffentlichkeit und den Fachkreisen folgende Informationen zur Verfügung zu stellen:

a) Informationen zu den Zustellungskosten, und

b) Information darüber, welche Behörden im Zusammenhang mit der Vollstreckung für die Anwendung der Artikel 21, 22 und 23 zuständig sind,

insbesondere über das mit der Entscheidung 2001/470/EG des Rates[3] eingerichtete Europäische Justizielle Netz für Zivil- und Handelssachen.

Art. 29 Angaben zu den zuständigen Gerichten, den Überprüfungsverfahren, den Kommunikationsmitteln und den Sprachen. (1) Die Mitgliedstaaten teilen der Kommission bis zum 12. Juni 2008 Folgendes mit:

a) die Gerichte, die dafür zuständig sind, einen Europäischen Zahlungsbefehl zu erlassen;

---

[1] Art. 25 Abs. 1 neu gef. mWv 14.7.2017 durch VO v. 16.12.2015 (ABl. Nr. L 341 S. 1).

[2] **Amtl. Anm.:** ABl. L 160 vom 30.6.2000, S. 37.

[3] **Amtl. Anm.:** ABl. L 174 vom 27.6.2001, S. 25.

b) Informationen über das Überprüfungsverfahren und die für die Anwendung des Artikels 20 zuständigen Gerichte;

c) die Kommunikationsmittel, die im Hinblick auf das Europäische Mahnverfahren zulässig sind und den Gerichten zur Verfügung stehen;

d) die nach Artikel 21 Absatz 2 Buchstabe b zulässigen Sprachen.

Die Mitgliedstaaten unterrichten die Kommission über alle späteren Änderungen dieser Angaben.

(2) Die Kommission macht die nach Absatz 1 mitgeteilten Angaben durch Veröffentlichung im *Amtsblatt der Europäischen Union* und durch andere geeignete Mittel öffentlich zugänglich.

Art. 30[1)] Änderung der Anhänge. Der Kommission wird die Befugnis übertragen, gemäß Artikel 31 in Bezug auf die Änderung der Anhänge I bis VII delegierte Rechtsakte zu erlassen.

Art. 31[1)] Ausübung der Befugnisübertragung. (1) Die Befugnis zum Erlass delegierter Rechtsakte wird der Kommission unter den in diesem Artikel festgelegten Bedingungen übertragen.

(2) Die Befugnis zum Erlass delegierter Rechtsakte gemäß Artikel 30 wird der Kommission auf unbestimmte Zeit ab dem 13. Januar 2016 übertragen.

(3) [1] Die Befugnisübertragung gemäß Artikel 30 kann vom Europäischen Parlament oder vom Rat jederzeit widerrufen werden. [2] Der Beschluss über den Widerruf beendet die Übertragung der in diesem Beschluss angegebenen Befugnis. [3] Er wird am Tag nach seiner Veröffentlichung im *Amtsblatt der Europäischen Union* oder zu einem im Beschluss über den Widerruf angegebenen späteren Zeitpunkt wirksam. [4] Die Gültigkeit von delegierten Rechtsakten, die bereits in Kraft sind, wird von dem Beschluss über den Widerruf nicht berührt.

(4) Sobald die Kommission einen delegierten Rechtsakt erlässt, übermittelt sie ihn gleichzeitig dem Europäischen Parlament und dem Rat.

(5) [1] Ein delegierter Rechtsakt, der gemäß Artikel 30 erlassen wurde, tritt nur in Kraft, wenn weder das Europäische Parlament noch der Rat innerhalb einer Frist von zwei Monaten nach Übermittlung dieses Rechtsakts an das Europäische Parlament und den Rat Einwände erhoben haben oder wenn vor Ablauf dieser Frist das Europäische Parlament und der Rat beide der Kommission mitgeteilt haben, dass sie keine Einwände erheben werden. [2] Auf Initiative des Europäischen Parlaments oder des Rates wird diese Frist um zwei Monate verlängert.

Art. 32 Überprüfung. [1] Die Kommission legt dem Europäischen Parlament, dem Rat und dem Europäischen Wirtschafts- und Sozialausschuss bis zum 12. Dezember 2013 einen detaillierten Bericht über die Überprüfung des Funktionierens des Europäischen Mahnverfahrens vor. [2] Dieser Bericht enthält eine Bewertung des Funktionierens des Verfahrens und eine erweiterte Folgenabschätzung für jeden Mitgliedstaat.

---

1) Art. 30 und 31 neu gef. mWv 14.7.2017 durch VO v. 16.12.2015 (ABl. Nr. L 341 S. 1).

[1] Zu diesem Zweck und damit gewährleistet ist, dass die vorbildliche Praxis in der Europäischen Union gebührend berücksichtigt wird und die Grundsätze der besseren Rechtsetzung zum Tragen kommen, stellen die Mitgliedstaaten der Kommission Angaben zum grenzüberschreitenden Funktionieren des Europäischen Zahlungsbefehls zur Verfügung. [2] Diese Angaben beziehen sich auf die Gerichtsgebühren, die Schnelligkeit des Verfahrens, die Effizienz, die Benutzerfreundlichkeit und die internen Mahnverfahren der Mitgliedstaaten.

Dem Bericht der Kommission werden gegebenenfalls Vorschläge zur Anpassung der Verordnung beigefügt.

Art. 33 Inkrafttreten. Diese Verordnung tritt am Tag nach ihrer Veröffentlichung[1)] im *Amtsblatt der Europäischen Union* in Kraft.

Sie gilt ab dem 12. Dezember 2008 mit Ausnahme der Artikel 28, 29, 30 und 31, die ab dem 12. Juni 2008 gelten.

Anhänge I–VII. *(hier nicht wiedergegeben)*

[1)] Veröffentlicht am 30.12.2006.

103h. Verordnung (EU) Nr. 655/2014 des Europäischen Parlaments und des Rates vom 15. Mai 2014 zur Einführung eines Verfahrens für einen Europäischen Beschluss zur vorläufigen Kontenpfändung im Hinblick auf die Erleichterung der grenzüberschreitenden Eintreibung von Forderungen in Zivil- und Handelssachen[1)]

(ABl. L 189 vom 27.6.2014, S. 59, ELI: http://data.europa.eu/eli/reg/2014/655/oj)

Celex-Nr. 3 2014 R 0655

Lfd. Nr.	Änderndes Gesetz	Datum	Fundstelle	Betroffen	Hinweis
1.	Art. 22 VO (EU) 2023/2844	13.12.2023	ABl. L, 2023/2844, 27.12.2023	Art. 8, 17, 29, 36	mWv 1.5.2025

Vorbemerkung:

Die Änderungen durch VO v. 13.12.2023 (ABl. L, 2023/2844, 27.12.2023) treten erst mWv 1.5.2025 in Kraft und sind im Text noch nicht berücksichtigt.

DAS EUROPÄISCHE PARLAMENT UND DER RAT DER EUROPÄISCHEN UNION –

gestützt auf den Vertrag über die Arbeitsweise der Europäischen Union[2)], insbesondere auf Artikel 81 Absatz 2 Buchstaben a, e und f,

auf Vorschlag der Europäischen Kommission,

nach Zuleitung des Entwurfs des Gesetzgebungsakts an die nationalen Parlamente,

nach Stellungnahme des Europäischen Wirtschafts- und Sozialausschusses[3)],

gemäß dem ordentlichen Gesetzgebungsverfahren[4)],

in Erwägung nachstehender Gründe:

(1) Die Union hat sich zum Ziel gesetzt, einen Raum der Freiheit, der Sicherheit und des Rechts, in dem der freie Personenverkehr gewährleistet ist, zu erhalten und weiterzuentwickeln. Zum schrittweisen Aufbau eines solchen Raums hat die Union im Bereich der justiziellen Zusammenarbeit in Zivilsachen, die einen grenzüberschreitenden Bezug aufweisen, Maßnahmen zu erlassen, insbesondere wenn dies für das reibungslose Funktionieren des Binnenmarkts erforderlich ist.

[1)] Die VO gilt **ab dem 18.1.2017**, abweichend hiervon gilt Art. 50 ab dem 18.7.2016, vgl. Art. 54 UAbs. 2.

[2)] **Sartorius Nr. 1001.**

[3)] **Amtl. Anm.:** ABl. C 191 vom 29.6.2012, S. 57.

[4)] **Amtl. Anm.:** Standpunkt des Europäischen Parlaments vom 15. April 2014 (noch nicht im Amtsblatt veröffentlicht) und Beschluss des Rates vom 13. Mai 2014.

(2) Gemäß Artikel 81 Absatz 2 des Vertrags über die Arbeitsweise der Europäischen Union (AEUV)[1] können dazu Maßnahmen gehören, die unter anderem Folgendes sicherstellen sollen: die gegenseitige Anerkennung und die Vollstreckung gerichtlicher Entscheidungen zwischen den Mitgliedstaaten, einen effektiven Zugang zum Recht und die Beseitigung von Hindernissen für die reibungslose Abwicklung von Zivilverfahren, erforderlichenfalls durch Förderung der Vereinbarkeit der in den Mitgliedstaaten geltenden zivilrechtlichen Verfahrensvorschriften.

(3) Am 24. Oktober 2006 leitete die Kommission mit dem Grünbuch „Effizientere Vollstreckung von Urteilen in der Europäischen Union: vorläufige Kontenpfändung" eine Konsultation über die Notwendigkeit eines einheitlichen europäischen Verfahrens für die vorläufige Pfändung von Bankkonten und etwaige Merkmale dieses Verfahrens ein.

(4) Im Stockholmer Programm vom Dezember 2009[2], in dem die Prioritäten im Bereich Freiheit, Sicherheit und Recht für den Zeitraum 2010-2014 festgelegt sind, forderte der Europäische Rat die Kommission auf, das Erfordernis bestimmter einstweiliger Maßnahmen auf Unionsebene, einschließlich solcher, die auf eine Sicherung gerichtet sind, wie z.B. Verhinderung der Entziehung von Vermögensgegenständen vor Vollstreckung einer Forderung, sowie die Durchführbarkeit solcher Maßnahmen zu prüfen und angemessene Vorschläge zur Verbesserung der Effizienz der Vollstreckung von Urteilen in der Union betreffend Bankkonten und Schuldnervermögen vorzulegen.

(5) Nationale Verfahren zur Erwirkung von Sicherungsmaßnahmen etwa in Gestalt von Beschlüssen zur vorläufigen Kontenpfändung gibt es in allen Mitgliedstaaten; allerdings unterscheiden sie sich hinsichtlich der Bedingungen für ihren Erlass und der Effizienz ihrer Ausführung beträchtlich voneinander. Außerdem kann sich die Inanspruchnahme nationaler Sicherungsmaßnahmen in Fällen mit grenzüberschreitendem Bezug als aufwändig erweisen, vor allem wenn der Gläubiger mehrere Konten in verschiedenen Mitgliedstaaten vorläufig pfänden lassen will. Daher scheint es erforderlich und angemessen, ein verbindliches und unmittelbar geltendes Rechtsinstrument der Union zu erlassen, mit dem ein neues Unionsverfahren eingeführt wird, das in grenzüberschreitenden Fällen die vorläufige Pfändung von Geldern auf Bankkonten in einer effizienten und zügigen Weise ermöglicht.

(6) Das mit dieser Verordnung eingeführte Verfahren sollte dem Gläubiger als weitere fakultative Möglichkeit dienen; es steht ihm nach wie vor frei, von einem anderen Verfahren zur Erwirkung einer gleichwertigen Maßnahme nach nationalem Recht Gebrauch zu machen.

(7) Ein Gläubiger sollte eine Sicherungsmaßnahme in Form eines Europäischen Beschlusses zur vorläufigen Kontenpfändung (im Folgenden „Beschluss zur vorläufigen Pfändung" oder „Beschluss") erwirken können, um die Überweisung oder Abhebung von Geldern, die sein Schuldner auf einem in einem Mitgliedstaat geführten Bankkonto hält, zu verhindern, wenn die Gefahr besteht, dass die spätere Vollstreckung seiner Forderung gegenüber dem Schuldner ohne eine solche Maßnahme unmöglich oder erheblich erschwert wird. Die Pfändung von Geldern auf dem Konto des Schuldners sollte zur Folge haben, dass nicht nur der Schuldner selbst, sondern auch Personen, die von diesem mit der Ausführung von Zahlungen über dieses Konto betraut

---

[1] **Sartorius Nr. 1001.**
[2] **Amtl. Anm.:** ABl. C 115 vom 4.5.2010, S. 1.

sind, z.B. in Form von Daueraufträgen oder durch Lastschriftverfahren oder die Verwendung einer Kreditkarte, daran gehindert werden, die Gelder zu verwenden.

(8) Der sachliche Anwendungsbereich dieser Verordnung sollte sich, von einigen genau festgelegten Rechtsgebieten abgesehen, auf das gesamte Zivil- und Handelsrecht erstrecken. Keine Anwendung finden sollte diese Verordnung insbesondere auf Forderungen gegenüber einem Schuldner

(Fortsetzung nächstes Blatt)

im Rahmen eines Insolvenzverfahrens. Dies sollte bedeuten, dass ein Beschluss zur vorläufigen Pfändung nicht gegen einen Schuldner erlassen werden kann, sobald gegen ihn ein Insolvenzverfahren im Sinne der Verordnung (EG) Nr. 1346/2000 des Rates[1)] eingeleitet worden ist. Andererseits sollte durch diesen Ausschluss ermöglicht werden, dass der Beschluss zur vorläufigen Pfändung zur Sicherung der Rückforderung benachteiligender Zahlungen, die ein solcher Schuldner an Dritte geleistet hat, verwendet werden kann.

(9) Diese Verordnung sollte für Konten gelten, die bei Kreditinstituten unterhalten werden, deren Tätigkeit darin besteht, Einlagen oder andere rückzahlbare Gelder von Kunden entgegenzunehmen und Kredite für eigene Rechnung zu gewähren.
Sie sollte somit nicht für Finanzinstitute gelten, die keine solchen Einlagen entgegennehmen, beispielsweise Institute, die Ausfuhr- und Investitionsprojekte oder Projekte in Entwicklungsländern finanzieren, oder Institute, die Finanzmarktdienstleistungen erbringen. Ferner sollte diese Verordnung weder für Konten gelten, die von oder bei Zentralbanken geführt werden, wenn sie in ihrer Eigenschaft als Währungsbehörden handeln, noch für Konten, die nicht durch nationale Beschlüsse, die einem Beschluss zur vorläufigen Pfändung gleichwertig sind, vorläufig gepfändet werden können oder die auf andere Weise nach dem Recht des Mitgliedstaats, in dem das besagte Konto geführt wird, nicht gepfändet werden dürfen.

(10) Diese Verordnung sollte ausschließlich auf grenzüberschreitende Rechtssachen Anwendung finden und festlegen, in welchem Fall in diesem besonderen Kontext eine grenzüberschreitende Rechtssache vorliegt. Für die Zwecke dieser Verordnung sollte gelten, dass eine grenzüberschreitende Rechtssache dann vorliegt, wenn das mit dem Antrag auf Erlass eines Beschlusses zur vorläufigen Pfändung befasste Gericht seinen Sitz in einem Mitgliedstaat hat und das von dem Beschluss betroffene Bankkonto in einem anderen Mitgliedstaat geführt wird. Ferner sollte gelten, dass eine grenzüberschreitende Rechtssache vorliegt, wenn der Gläubiger seinen Wohnsitz in einem Mitgliedstaat hat und das Gericht sowie das vorläufig zu pfändende Bankkonto in einem anderen Mitgliedstaat belegen sind.
Diese Verordnung sollte nicht auf die vorläufige Pfändung von Konten Anwendung finden, die in dem Mitgliedstaat des Gerichts, bei dem der Beschluss zur vorläufigen Pfändung beantragt worden ist, geführt werden, sofern der Wohnsitz des Gläubigers sich ebenfalls in diesem Mitgliedstaat befindet, auch wenn der Gläubiger zum selben Zeitpunkt einen Antrag auf Erlass eines Beschlusses zur vorläufigen Pfändung stellt, der ein oder mehrere Konten betrifft, die in einem anderen Mitgliedstaat geführt werden. In einem solchen Fall sollte der Gläubiger zwei getrennte Anträge – einen auf Erlass eines Beschlusses zur vorläufigen Pfändung und einen auf Erlass einer nationalen Maßnahme – stellen.

(11) Das Verfahren für einen Beschluss zur vorläufigen Pfändung sollte jeder Gläubiger in Anspruch nehmen können, der vor Einleitung des Hauptsacheverfahrens bzw. in jeder Phase des Rechtsstreits sicherstellen will,

---

1) **Amtl. Anm.:** Verordnung (EG) Nr. 1346/2000 [Auszugsweise abgedruckt unter Nr. **110 b**] des Rates vom 29. Mai 2000 über Insolvenzverfahren (ABl. L 160 vom 30. 6. 2000, S. 1).

dass eine spätere in der Hauptsache ergehende gerichtliche Entscheidung vollstreckt wird. Es sollte auch Gläubigern offenstehen, die bereits eine gerichtliche Entscheidung, einen gerichtlichen Vergleich oder eine öffentliche Urkunde erwirkt haben, mit der bzw. dem der Schuldner aufgefordert wird, die Forderung des Gläubigers zu erfüllen.

(12) Der Beschluss zur vorläufigen Pfändung sollte zur Sicherung bereits fälliger Forderungen in Anspruch genommen werden können. Er sollte ferner in Bezug auf noch nicht fällige Forderungen in Anspruch genommen werden können, sofern diese sich aus einer bereits erfolgten Transaktion oder einem bereits eingetretenen Ereignis ergeben und ihre Höhe bestimmbar ist, einschließlich Forderungen aus einer unerlaubten Handlung oder einer Handlung, die einer unerlaubten Handlung gleichgestellt ist, sowie Klagen auf Schadenersatz oder auf Wiederherstellung des früheren Zustands, die auf eine mit Strafe bedrohte Handlung gestützt werden.
Der Gläubiger sollte die Möglichkeit haben, einen Beschluss zur vorläufigen Pfändung über einen Betrag in Höhe der Hauptforderung oder über einen niedrigeren Betrag zu beantragen. Letzteres könnte beispielsweise in seinem Interesse liegen, wenn er für einen Teil seiner Forderung bereits andere Sicherheiten erhalten hat.

(13) Damit eine enge Verbindung zwischen dem Verfahren zum Erlass eines Beschlusses zur vorläufigen Pfändung und dem Verfahren in der Hauptsache gewährleistet ist, sollte die internationale Zuständigkeit für den Erlass des Beschlusses bei den Gerichten des Mitgliedstaats liegen, dessen Gerichte in der Hauptsache zuständig sind. Für die Zwecke dieser Verordnung sollte der Begriff „Verfahren in der Hauptsache" alle Verfahren abdecken, die darauf gerichtet sind, einen vollstreckbaren Titel über die zugrunde liegende Forderung zu erwirken, einschließlich beispielsweise summarische Mahnverfahren und Verfahren wie das französische Verfahren der einstweiligen Anordnung („procédure de référé"). Ist der Schuldner ein Verbraucher mit Wohnsitz in einem Mitgliedstaat, so sollte die Zuständigkeit für den Erlass des Beschlusses ausschließlich bei den Gerichten dieses Mitgliedstaats liegen.

(14) Hinsichtlich der Bedingungen für den Erlass des Beschlusses zur vorläufigen Pfändung sollten das Interesse des Gläubigers daran, einen Beschluss zu erwirken, und das Interesse des Schuldners daran, dass ein Missbrauch des Beschlusses verhindert wird, angemessen gegeneinander abgewogen werden.
Wenn der Gläubiger einen Beschluss zur vorläufigen Pfändung beantragt, bevor er eine gerichtliche Entscheidung erwirkt hat, sollte sich das Gericht, bei dem der Antrag eingereicht wird, daher anhand der vom Gläubiger vorgelegten Beweismittel vergewissert haben, dass über die Forderung des Gläubigers gegenüber dem Schuldner in der Hauptsache voraussichtlich zugunsten des Gläubigers entschieden wird.
Ferner sollte der Gläubiger in allen Fällen, auch wenn er bereits eine gerichtliche Entscheidung erwirkt hat, dem Gericht hinreichend nachweisen müssen, dass eine gerichtliche Maßnahme zum Schutz seiner Forderung dringend erforderlich ist und dass ohne den Beschluss die Vollstreckung einer bestehenden oder künftigen gerichtlichen Entscheidung wahrscheinlich unmöglich oder erheblich erschwert würde, weil eine tatsächliche Gefahr besteht, dass der Schuldner seine Vermögens-

werte aufbraucht, verschleiert oder vernichtet oder aber unter Wert oder in einem unüblichen Ausmaß oder durch unübliche Handlungen veräußert, noch bevor der Gläubiger die Vollstreckung der bestehenden oder einer künftigen gerichtlichen Entscheidung erwirken kann.
Das Gericht sollte die Beweismittel bewerten, die der Gläubiger vorgelegt hat, um nachzuweisen, dass eine solche Gefahr besteht. Dies könnte sich beispielsweise auf das Verhalten des Schuldners hinsichtlich der Forderung des Gläubigers oder in einer vorangegangenen Streitigkeit zwischen den Parteien, die Kredithistorie des Schuldners, die Art der Vermögenswerte des Schuldners und alle jüngst vorgenommenen Handlungen des Schuldners im Zusammenhang mit seinen Vermögenswerten beziehen. Bei der Bewertung der Beweismittel kann das Gericht dem Umstand Rechnung tragen, dass Kontoabhebungen und Ausgaben des Schuldners zur Erhaltung seiner normalen Geschäftstätigkeit oder regelmäßige Ausgaben für seine Familie als solche nicht unüblich sind. Die bloße Nichtzahlung oder das bloße Bestreiten der Forderung oder die bloße Tatsache, dass der Schuldner mehr als einen Gläubiger hat, sollten an sich nicht als ausreichende Beweismittel gelten, um den Erlass eines Beschlusses zu rechtfertigen. Auch sollte die bloße Tatsache, dass die finanzielle Situation des Schuldners schlecht ist oder schlechter wird, an sich nicht als ausreichender Grund gelten, um den Erlass eines Beschlusses zu rechtfertigen. Das Gericht kann diese Faktoren jedoch bei der Gesamtbewertung des Bestehens einer Gefahr berücksichtigen.

(15) Damit der Überraschungseffekt des Beschlusses zur vorläufigen Pfändung gewährleistet ist und damit sichergestellt wird, dass er ein nützliches Instrument für einen Gläubiger ist, der versucht, in grenzübergreifenden Fällen Schulden von einem Schuldner einzutreiben, sollte der Schuldner weder über den Antrag des Gläubigers informiert noch vor dem Erlass des Beschlusses angehört, noch vor Ausführung des Beschlusses von dem Beschluss in Kenntnis gesetzt werden. Gelangt das Gericht auf Grundlage der vom Gläubiger oder gegebenenfalls dessen Zeuge(n) vorgelegten Beweismittel und Informationen nicht zu der Überzeugung, dass die vorläufige Pfändung des besagten Kontos oder der Konten gerechtfertigt ist, sollte es den Beschluss nicht erlassen.

(16) In Situationen, in denen der Gläubiger einen Beschluss zur vorläufigen Pfändung beantragt, bevor er ein Verfahren in der Hauptsache vor einem Gericht einleitet, sollte er durch diese Verordnung dazu verpflichtet werden, ein solches Verfahren innerhalb einer konkreten Frist einzuleiten sowie dem Gericht, bei dem er den Antrag auf einen Beschluss gestellt hat, einen Nachweis über die Einleitung dieses Verfahrens vorzulegen. Sollte der Gläubiger dieser Verpflichtung nicht nachkommen, so sollte der Beschluss vom Gericht auf eigene Initiative widerrufen werden oder *automatisch enden.*

(17) Da keine vorherige Anhörung des Schuldners erfolgt, sollten in dieser Verordnung spezifische Garantien zur Vermeidung des Missbrauchs des Beschlusses und für den Schutz der Rechte des Schuldners vorgesehen werden.

(18) Eine solche wichtige Garantie sollte in der Möglichkeit bestehen, vom Gläubiger eine Sicherheitsleistung zu verlangen, damit gewährleistet ist, dass der Schuldner für einen etwaigen Schaden, der ihm aufgrund des

Beschlusses zur vorläufigen Pfändung entstanden ist, zu einem späteren Zeitpunkt entschädigt werden kann. Je nach den nationalen Rechtsvorschriften könnte diese Sicherheit in Form einer Kaution oder einer anderweitigen Sicherheitsleistung, wie etwa einer Bankgarantie oder eines Grundpfandrechts, geleistet werden. Das Gericht sollte bei der Bestimmung der Höhe der Sicherheit, die so bemessen sein muss, dass ein Missbrauch des Beschlusses verhindert wird und der Schadenersatz für den Schuldner gewährleistet ist, über eine Ermessensbefugnis verfügen und es sollte in Ermangelung spezifischer Beweismittel in Bezug auf die Höhe des potenziellen Schadens dem Gericht offenstehen, den Betrag, für den der Beschluss erlassen werden soll, als Richtschnur für die Bestimmung der Höhe der Sicherheit zu betrachten.

In Fällen, in denen der Gläubiger noch keine gerichtliche Entscheidung, keinen gerichtlichen Vergleich oder keine öffentliche Urkunde erwirkt hat, mit der bzw. dem der Schuldner aufgefordert wird, die Forderung des Gläubigers zu erfüllen, sollte die Leistung einer Sicherheit die Regel sein; das Gericht sollte nur in Ausnahmefällen von dieser Anforderung absehen oder die Leistung einer geringeren Sicherheit fordern, wenn es der Auffassung ist, dass eine solche Sicherheitsleistung angesichts der Umstände des Falls unangemessen, überflüssig oder unverhältnismäßig ist. Zu diesen Umständen könnte beispielsweise gehören, dass besonders viele Gesichtspunkte für den Gläubiger sprechen, der Gläubiger aber nicht über ausreichende Mittel verfügt, um die Sicherheit zu leisten, dass die Forderung sich auf Unterhalts- oder Lohnzahlungen bezieht oder dass die Forderung so gering ist, dass dem Schuldner wahrscheinlich kein Schaden entsteht; als Beispiel sei eine geringfügige Geschäftsschuld genannt.

In Fällen, in denen der Gläubiger bereits eine gerichtliche Entscheidung, einen gerichtlichen Vergleich oder eine öffentliche Urkunde erwirkt hat, sollte die Leistung einer Sicherheit dem Ermessen des Gerichts überlassen werden. Die Leistung einer Sicherheit kann – von den obengenannten Ausnahmefällen abgesehen – beispielsweise angemessen sein, wenn die gerichtliche Entscheidung, deren Vollstreckung mit dem Beschluss zur vorläufigen Pfändung gesichert werden soll, wegen eines anhängigen Rechtsmittels noch nicht vollstreckbar oder nur vorläufig vollstreckbar ist.

(19) Als ein weiteres wichtiges Element zur Herstellung eines angemessenen Gleichgewichts zwischen den Interessen des Gläubigers und denen des Schuldners sollte die Regel gelten, dass der Gläubiger für jeden Schaden haftet, der dem Schuldner durch den Beschluss zur vorläufigen Pfändung entsteht. Diese Verordnung sollte daher als Mindeststandard die Haftung des Gläubigers für einen Schaden vorsehen, den der Schuldner durch den Beschluss zur vorläufigen Pfändung aufgrund eines Verschuldens des Gläubigers erlitten hat. In diesem Zusammenhang sollte die Beweislast beim Schuldner liegen. Was die in dieser Verordnung angegebenen Haftungsgründe betrifft, so sollte eine harmonisierte Vorschrift eine widerlegbare Vermutung des Verschuldens des Gläubigers vorsehen.

Ferner sollten die Mitgliedstaaten in der Lage sein, andere als die in dieser Verordnung angegebenen Haftungsgründe in ihrem nationalen Recht beizubehalten oder in ihr nationales Recht aufzunehmen. In Bezug auf diese anderen Haftungsgründe sollten die Mitgliedstaaten ferner in der

Lage sein, andere Arten der Haftung wie eine Gefährdungshaftung beizubehalten oder aufzunehmen.

Diese Verordnung sollte ferner eine Kollisionsnorm enthalten, nach der das auf die Haftung des Gläubigers anzuwendende Recht das Recht des Vollstreckungsmitgliedstaats sein sollte. Gibt es mehrere Vollstreckungsmitgliedstaaten, so sollte das anzuwendende Recht das Recht des Vollstreckungsmitgliedstaats, in dem der Schuldner seinen gewöhnlichen Aufenthalt hat, sein. Hat der Schuldner in keinem der Vollstreckungsmitgliedstaaten seinen gewöhnlichen Aufenthalt, so sollte das anzuwendende Recht das Recht des Vollstreckungsmitgliedstaats, der die engste Verknüpfung mit dem Fall aufweist, sein. Bei der Bestimmung der engsten Verknüpfung könnte die Höhe des in den verschiedenen Vollstreckungsmitgliedstaaten vorläufig gepfändeten Betrags einer der vom Gericht zu berücksichtigenden Faktoren sein.

(20) Um die bestehenden praktischen Schwierigkeiten dabei, Informationen über die Belegenheit des Bankkontos des Schuldners in einem grenzüberschreitenden Kontext zu erhalten, zu überwinden, sollte diese Verordnung einen Mechanismus vorsehen, wonach der Gläubiger beantragen kann, dass das Gericht vor dem Erlass eines Beschlusses zur vorläufigen Pfändung die Informationen, die für die Ermittlung des Kontos des Schuldners erforderlich sind, von der benannten Auskunftsbehörde des Mitgliedstaats, in dem der Schuldner der Ansicht des Gläubigers nach ein Konto unterhält, einholt. Angesichts des besonderen Charakters einer solchen Intervention staatlicher Stellen und eines solchen Zugriffs auf private Daten sollte der Zugang zu Kontoinformationen generell nur in Fällen erteilt werden, in denen der Gläubiger bereits eine vollstreckbare gerichtliche Entscheidung, einen vollstreckbaren gerichtlichen Vergleich oder eine vollstreckbare öffentliche Urkunde erwirkt hat. In Ausnahmefällen sollte der Gläubiger jedoch die Einholung von Kontoinformationen auch dann beantragen können, wenn die gerichtliche Entscheidung, der gerichtliche Vergleich oder die öffentliche Urkunde, die er erwirkt hat, noch nicht vollstreckbar ist. Ein entsprechender Antrag sollte gestellt werden können, wenn es sich unter Berücksichtigung der einschlägigen Gegebenheiten um einen vorläufig zu pfändenden Betrag von erheblicher Höhe handelt und wenn das Gericht aufgrund der vom Gläubiger vorgelegten Beweismittel zu der berechtigten Annahme kommt, dass diese Kontoinformationen dringend erforderlich sind, da sonst die spätere Vollstreckung der Forderung des Gläubigers gegenüber dem Schuldner wahrscheinlich gefährdet ist, und dass dies in der Folge zu einer wesentlichen Verschlechterung der finanziellen Lage des Gläubigers führen könnte.

Damit dieser Mechanismus funktioniert, sollten die Mitgliedstaaten zur Einholung dieser Informationen eine oder mehrere Methoden, die wirksam und effizient sind und keinen unverhältnismäßigen Kosten- oder Zeitaufwand verursachen, in ihren nationalen Rechtsvorschriften vorsehen. Der Mechanismus sollte nur angewandt werden, wenn alle Bedingungen und Anforderungen für den Erlass eines Beschlusses zur vorläufigen Pfändung erfüllt sind und der Gläubiger in seinem Antrag gebührend begründet hat, weshalb Grund zu der Annahme besteht, dass der Schuldner in einem bestimmten Mitgliedstaat ein oder mehrere Konten unterhält, z.B. weil der Schuldner in diesem Mitgliedstaat arbeitet oder einer beruflichen Tätigkeit nachgeht oder über Eigentum verfügt.

(21) Damit der Schutz der personenbezogenen Daten des Schuldners gewährleistet wird, sollten die erhaltenen Informationen über die Ermittlung des Bankkontos oder der Bankkonten des Schuldners nicht an den Gläubiger weitergegeben werden. Sie sollten lediglich dem ersuchenden Gericht und in Ausnahmefällen der Bank des Schuldners bereitgestellt werden, wenn die Bank oder die sonstige Stelle, die für die Vollstreckung des Beschlusses im Vollstreckungsmitgliedstaat zuständig ist, nicht in der Lage ist, ein Konto des Schuldners auf der Grundlage der im Beschluss angegebenen Informationen zu ermitteln, beispielsweise wenn mehrere Personen, die den gleichen Namen und die gleiche Anschrift haben, Konten bei der gleichen Bank haben. Ist in einem solchen Fall im Beschluss angegeben, dass die Nummer(n) des/der vorläufig zu pfändenden Kontos/Konten durch einen Antrag auf Einholung von Informationen erlangt wurde/wurden, so sollte die Bank die Einholung dieser Informationen bei der Auskunftsbehörde des Vollstreckungsmitgliedstaats beantragen, und sie sollte diesen Antrag auf informelle und einfache Weise stellen können.

(22) Diese Verordnung sollte dem Gläubiger das Recht auf einen Rechtsbehelf gegen eine Ablehnung des Antrags auf Erlass eines Beschlusses zur vorläufigen Pfändung gewähren. Dieses Recht sollte nicht die Möglichkeit des Gläubigers berühren, auf der Grundlage neuer Fakten oder neuer Beweismittel einen neuen Antrag auf Erlass eines Beschlusses zur vorläufigen Pfändung zu stellen.

(23) Die einzelnen Mitgliedstaaten verfügen über sehr unterschiedliche Strukturen zur Vollstreckung der vorläufigen Pfändung von Bankkonten. Um eine Überschneidung dieser Strukturen in den Mitgliedstaaten zu vermeiden und um die nationalen Verfahren soweit wie möglich einzuhalten, sollte diese Verordnung in Bezug auf die Vollstreckung und die tatsächliche Ausführung des Beschlusses zur vorläufigen Pfändung auf den bestehenden Methoden und Strukturen für die Vollstreckung und Ausführung gleichwertiger nationaler Beschlüsse in dem Mitgliedstaat, in dem der Beschluss zu vollstrecken ist, aufbauen.

(24) Um eine zügige Vollstreckung sicherzustellen, sollte diese Verordnung vorsehen, dass die Übermittlung des Beschlusses vom Ursprungsmitgliedstaat an die zuständige Behörde des Vollstreckungsmitgliedstaats mit geeigneten Mitteln erfolgt, mit denen sichergestellt wird, dass der Inhalt der übermittelten Schriftstücke korrekt und zutreffend sowie mühelos lesbar ist.

(25) Sobald die zuständige Behörde des Vollstreckungsmitgliedstaats einen Beschluss zur vorläufigen Pfändung erhält, sollte sie die erforderlichen Schritte unternehmen, um den Beschluss gemäß ihrem nationalen Recht vollstrecken zu lassen, entweder indem sie den eingegangenen Beschluss an die Bank oder die sonstige Stelle, die für die Vollstreckung dieser Beschlüsse in diesem Mitgliedstaat zuständig ist, weiterleitet, oder indem sie – falls dies im nationalen Recht vorgesehen ist – die Bank anweist, den Beschluss auszuführen.

(26) Der Beschluss zur vorläufigen Pfändung sollte – je nach der nach dem Recht des Vollstreckungsmitgliedstaats für gleichwertige nationale Beschlüsse verfügbaren Methode – ausgeführt werden, indem der vorläufig

zu pfändende Betrag auf dem Konto des Schuldners gesperrt wird oder, wenn dies im nationalen Recht vorgesehen ist, indem dieser Betrag auf ein spezielles Konto zu Pfändungszwecken überwiesen wird, bei dem es sich um ein von der zuständigen Vollstreckungsbehörde, dem Gericht, der Bank, bei der der Schuldner sein Konto führt, oder einer als koordinierende Stelle für die vorläufige Pfändung in einem bestimmten Fall benannten Bank geführtes Konto handeln könnte.

(27) Diese Verordnung sollte der Möglichkeit, dass für die Vollstreckung des Beschlusses zur vorläufigen Pfändung im Voraus die Zahlung von Gebühren verlangt werden kann, nicht entgegenstehen. Die Regelung dieser Frage sollte dem nationalen Recht des Mitgliedstaats, in dem der Beschluss zu vollstrecken ist, überlassen bleiben.

(28) Ein Beschluss zur vorläufigen Pfändung sollte gegebenenfalls denselben Rang haben, den ein gleichwertiger nationaler Beschluss im Vollstreckungsmitgliedstaat besitzt. Falls bestimmte Vollstreckungsmaßnahmen nach nationalem Recht Vorrang vor vorläufigen Pfändungsmaßnahmen haben, sollte ihnen in Bezug auf den Beschluss zur vorläufigen Pfändung nach dieser Verordnung der gleiche Vorrang eingeräumt werden. Für die Zwecke dieser Verordnung sollten Beschlüsse in personam, die es in einigen nationalen Rechtsordnungen gibt, als gleichwertige nationale Beschlüsse angesehen werden.

(29) Diese Verordnung sollte die Bank oder die sonstige Stelle, die für die Vollstreckung des Beschlusses zur vorläufigen Pfändung im Vollstreckungsmitgliedstaat zuständig ist, dazu verpflichten, zu erklären, ob und – falls ja – in welchem Ausmaß durch den Beschluss Guthaben des Schuldners vorläufig gepfändet wurden; ferner sollte sie den Gläubiger verpflichten, für die Freigabe aller vorläufig gepfändeten Guthaben Sorge zu tragen, die über den im Beschluss angegebenen Betrag hinausgehen.

(30) Diese Verordnung sollte das Recht des Schuldners auf ein faires Verfahren sowie sein Recht auf einen wirksamen Rechtsbehelf wahren und es ihm daher – unter Berücksichtigung dessen, dass das Verfahren für den Erlass des Beschlusses zur vorläufigen Pfändung ohne vorherige Anhörung des Antragsgegners erfolgt – ermöglichen, den Beschluss oder seine Vollstreckung aus den in dieser Verordnung vorgesehenen Gründen unmittelbar nach Ausführung des Beschlusses anzufechten.

(31) In diesem Zusammenhang sollte diese Verordnung vorschreiben, dass der Beschluss zur vorläufigen Pfändung, alle dem Gericht im Ursprungsmitgliedstaat vom Gläubiger vorgelegten Schriftstücke und alle erforderlichen Übersetzungen dem Schuldner nach Ausführung des Beschlusses unverzüglich zugestellt werden. Das Gericht sollte nach eigenem Ermessen weitere Schriftstücke beifügen können, auf die es seinen Beschluss gestützt hat und die der Schuldner für seinen Rechtsbehelf benötigen könnte, beispielsweise Mitschriften von Anhörungen.

(32) Der Schuldner sollte insbesondere dann eine Nachprüfung des Beschlusses zur vorläufigen Pfändung verlangen können, wenn die in dieser Verordnung vorgesehenen Bedingungen oder Anforderungen nicht erfüllt wurden oder wenn die Umstände, die zu dem Erlass des Beschlusses geführt haben, sich derart geändert haben, dass der Erlass des Beschlusses nicht mehr gerechtfertigt wäre. So sollte dem Schuldner z.B. ein Rechts-

behelf zur Verfügung stehen, wenn der betreffende Fall keinen grenzüberschreitenden Fall im Sinne dieser Verordnung dargestellt hat, wenn die in dieser Verordnung vorgesehenen Regeln der Zuständigkeit nicht eingehalten worden sind, wenn der Gläubiger nicht innerhalb der in dieser Verordnung vorgesehenen Frist ein Verfahren in der Hauptsache eingeleitet hat und das Gericht folglich nicht auf eigene Initiative den Beschluss widerrufen hat oder der Beschluss nicht automatisch geendet hat, wenn die Forderung des Gläubigers keinen dringenden Schutz in Form eines Beschlusses zur vorläufigen Pfändung erfordert hat, da keine Gefahr bestand, dass die spätere Vollstreckung der Forderung unmöglich oder erheblich erschwert würde, oder wenn die Leistung einer Sicherheit nicht im Einklang mit den Anforderungen dieser Verordnung stand.

Ferner sollte dem Schuldner ein Rechtsbehelf zur Verfügung stehen, wenn der Beschluss und die Erklärung hinsichtlich der vorläufigen Pfändung ihm nicht wie in dieser Verordnung vorgesehen zugestellt worden sind oder wenn die ihm zugestellten Schriftstücke die in dieser Verordnung vorgesehenen Sprachanforderungen nicht erfüllt haben. Dieser Rechtsbehelf sollte jedoch nicht gewährt werden, wenn die fehlende Zustellung oder fehlende Übersetzung innerhalb einer bestimmten Frist geheilt wird. Um die fehlende Zustellung zu heilen, sollte der Gläubiger bei der Stelle, die für die Zustellung im Ursprungsmitgliedstaat zuständig ist, beantragen, dass die einschlägigen Schriftstücke dem Schuldner per Einschreiben zugestellt werden, oder wenn der Schuldner damit einverstanden ist, die Schriftstücke bei dem Gericht abzuholen, dem Gericht die erforderlichen Übersetzungen der Schriftstücke zur Verfügung stellen. Ein solcher Antrag sollte nicht erforderlich sein, wenn die fehlende Zustellung bereits durch andere Mittel geheilt worden ist, beispielsweise wenn das Gericht im Einklang mit dem nationalen Recht die Zustellung auf eigene Initiative eingeleitet hat.

(33) Die Regelung der Frage, wer die gemäß dieser Verordnung erforderlichen Übersetzungen bereitzustellen hat und wer die Kosten für diese Übersetzungen zu tragen hat, bleibt dem nationalen Recht überlassen.

(34) Die Zuständigkeit dafür, den Rechtsbehelfen gegen den Erlass des Beschlusses zur vorläufigen Pfändung stattzugeben, sollte bei den Gerichten des Mitgliedstaats liegen, in dem der Beschluss erlassen wurde. Die Zuständigkeit dafür, den Rechtsbehelfen gegen die Vollstreckung des Beschlusses stattzugeben, sollte bei den Gerichten oder gegebenenfalls bei den zuständigen Vollstreckungsbehörden im Vollstreckungsmitgliedstaat liegen.

(35) Der Schuldner sollte das Recht haben, die Freigabe der gepfändeten Guthaben zu beantragen, wenn er eine angemessene anderweitige Sicherheit leistet. Diese anderweitige Sicherheit könnte in Form einer Kaution oder einer anderweitigen Sicherheitsleistung, wie etwa einer Bankgarantie oder eines Grundpfandrechts, geleistet werden.

(36) Mit dieser Verordnung sollte sichergestellt werden, dass die vorläufige Pfändung des Kontos des Schuldners nicht die Beträge berührt, die nach dem Recht des Vollstreckungsmitgliedstaats von der Pfändung freigestellt sind, zum Beispiel die Beträge, die zur Sicherstellung des Lebensunterhalts des Schuldners und seiner Familie notwendig sind. Entsprechend dem Verfahren, das in diesem Mitgliedstaat anwendbar ist, sollte der einschlägige Betrag entweder von Amts wegen durch die zuständige Stelle, bei

der es sich um ein Gericht, eine Bank oder die zuständige Vollstreckungsbehörde handeln könnte, vor Ausführung des Beschlusses freigestellt werden oder auf Antrag des Schuldners nach Ausführung des Beschlusses freigestellt werden. Werden Konten in mehreren Mitgliedstaaten vorläufig gepfändet und wurde die Freistellung mehrmals angewandt, so sollte der Gläubiger bei dem zuständigen Gericht eines der Vollstreckungsmitgliedstaaten oder, soweit dies im nationalen Recht des betreffenden Vollstreckungsmitgliedstaats vorgesehen ist, bei der zuständigen Vollstreckungsbehörde in diesem Mitgliedstaat eine Anpassung der in diesem Mitgliedstaat geltenden Freistellung beantragen können.

(37) Um sicherzustellen, dass der Beschluss zur vorläufigen Pfändung rasch und zügig erlassen wird, sollten in dieser Verordnung Fristen für den Abschluss der verschiedenen Verfahrensschritte festgesetzt werden. Die an dem Verfahren beteiligten Gerichte oder Behörden sollten nur unter außergewöhnlichen Umständen von diesen Fristen abweichen können, beispielsweise in rechtlich oder sachlich komplexen Fällen.

(38) Für die Berechnung der in dieser Verordnung vorgesehenen Fristen und Termine sollte die Verordnung (EWG, Euratom) Nr. 1182/71 des Rates[1] Anwendung finden.

(39) Um die Anwendung dieser Verordnung zu erleichtern, sollten die Mitgliedstaaten verpflichtet werden, der Kommission bestimmte Informationen über ihre Rechtsvorschriften und Verfahren in Bezug auf Beschlüsse zur vorläufigen Pfändung und gleichwertige nationale Beschlüsse mitzuteilen.

(40) Um die praktische Anwendung dieser Verordnung zu erleichtern, sollten Standardformulare insbesondere für die Beantragung eines Beschlusses zur vorläufigen Pfändung, für den Beschluss selbst, für die Erklärung hinsichtlich der vorläufigen Pfändung von Geldern und für die Einlegung eines Rechtsbehelfs gemäß dieser Verordnung erstellt werden.

(41) Um die Effizienz der Verfahren zu steigern, sollte diese Verordnung die Nutzung moderner Kommunikationstechnologien, die gemäß den Verfahrensvorschriften des betreffenden Mitgliedstaats zulässig sind, im größtmöglichen Ausmaß erlauben, insbesondere für das Ausfüllen der in dieser Verordnung vorgesehenen Standardformulare und für die Kommunikation zwischen den an den Verfahren beteiligten Behörden. Ferner sollten die Verfahren für die Unterzeichnung des Beschlusses zur vorläufigen Pfändung sowie anderer Schriftstücke gemäß dieser Verordnung technologieneutral sein, so dass die Anwendung bestehender Verfahren – wie digitale Bescheinigung oder sichere Authentifizierung – möglich ist und künftige technische Entwicklungen in diesem Bereich berücksichtigt werden können.

(42) Zur Gewährleistung einheitlicher Bedingungen für die Durchführung dieser Verordnung sollten der Kommission Durchführungsbefugnisse im Hinblick auf die Erstellung und spätere Änderung der in dieser Verordnung vorgesehenen Standardformulare übertragen werden. Diese Befug-

[1] **Amtl. Anm.:** Verordnung (EWG, Euratom) Nr. 1182/71 des Rates vom 3. Juni 1971 zur Festlegung der Regeln für die Fristen, Daten und Termine (ABl. L 124 vom 8. 6. 1971, S. 1).

nisse sollten im Einklang mit der Verordnung (EU) Nr. 182/2011 des Europäischen Parlaments und des Rates[1]), ausgeübt werden.

(43) Das Beratungsverfahren sollte für den Erlass von Durchführungsrechtsakten zur Erstellung und anschließenden Änderung der in dieser Verordnung vorgesehenen Standardformulare gemäß Artikel 4 der Verordnung (EU) Nr. 182/2011 angewendet werden.

(44) Diese Verordnung steht im Einklang mit den Grundrechten und Grundsätzen, die mit der Charta der Grundrechte der Europäischen Union anerkannt wurden. Mit ihr sollen insbesondere die Achtung des Privat- und Familienlebens, der Schutz personenbezogener Daten, das Eigentumsrecht sowie das Recht auf einen wirksamen Rechtsbehelf und ein faires Verfahren gemäß den Artikeln 7, 8, 17 bzw. 47 der Charta gefördert werden.

(45) Im Rahmen des Zugangs zu personenbezogenen Daten sowie der Verwendung und Weiterleitung solcher Daten gemäß dieser Verordnung sollten die Anforderungen der Richtlinie 95/46/EG des Europäischen Parlaments und des Rates[2]) wie sie in das nationale Recht der Mitgliedstaaten umgesetzt ist, beachtet werden.

(46) Für die Zwecke der Anwendung dieser Verordnung sind jedoch bestimmte spezifische Bedingungen für den Zugang zu personenbezogenen Daten und für deren Verwendung und Weiterleitung festzulegen. In diesem Zusammenhang wurde die Stellungnahme des Europäischen Datenschutzbeauftragten[3]) berücksichtigt. Die Benachrichtigung der von der Datenerhebung betroffenen Person sollte im Einklang mit dem nationalen Recht erfolgen. Die Benachrichtigung des Schuldners über die Offenlegung von Informationen über sein Konto bzw. seine Konten sollte jedoch um 30 Tage aufgeschoben werden, um zu verhindern, dass eine frühzeitige Benachrichtigung die Wirkung des Beschlusses zur vorläufigen Pfändung gefährdet.

(47) Da das Ziel dieser Verordnung, nämlich die Festlegung eines Unionsverfahrens für eine Sicherungsmaßnahme, die es einem Gläubiger ermöglicht, einen Beschluss zur vorläufigen Pfändung zu erwirken, der verhindert, dass die spätere Vollstreckung der Forderung des Gläubigers durch die Überweisung oder die Abhebung der Gelder, die ein Schuldner auf einem Bankkonto innerhalb der Union hält, gefährdet wird, von den Mitgliedstaaten nicht ausreichend verwirklicht werden kann, sondern vielmehr wegen ihres Umfangs und ihrer Wirkungen auf Unionsebene besser zu verwirklichen ist, kann die Union im Einklang mit dem in Artikel 5 des Vertrags über die Europäische Union (EUV)[4]) niedergelegten Subsidiaritätsprinzip tätig werden. Entsprechend dem in demselben Artikel genannten Grundsatz der Verhältnismäßigkeit geht diese Verordnung nicht über das für die Verwirklichung dieses Ziels erforderliche Maß hinaus.

---

[1]) **Amtl. Anm.:** Verordnung (EU) Nr. 182/2011 des Europäischen Parlaments und des Rates vom 16. Februar 2011 zur Festlegung der allgemeinen Regeln und Grundsätze, nach denen die Mitgliedstaaten die Wahrnehmung der Durchführungsbefugnisse durch die Kommission kontrollieren (ABl. L 55 vom 28. 2. 2011, S. 13).

[2]) **Amtl. Anm.:** Richtlinie 95/46/EG des Europäischen Parlaments und des Rates vom 24. Oktober 1995 zum Schutz natürlicher Personen bei der Verarbeitung personenbezogener Daten und *zum freien Datenverkehr* (ABl. L 281 vom 23. 11. 1995, S. 31).

[3]) **Amtl. Anm.:** ABl. C 373 vom 21. 12. 2011, S. 4.

[4]) **Sartorius Nr. 1000.**

(48) Diese Verordnung sollte nur für die Mitgliedstaaten gelten, für die sie gemäß den Verträgen verbindlich ist. Das Verfahren für das Erwirken eines Beschlusses zur vorläufigen Pfändung nach dieser Verordnung sollte deshalb nur Gläubigern mit Wohnsitz in einem durch diese Verordnung gebundenen Mitgliedstaat zur Verfügung stehen, und aufgrund dieser Verordnung erlassene Beschlüsse sollten nur für die vorläufige Pfändung von Bankkonten gelten, die in einem solchen Mitgliedstaat geführt werden.

(49) Gemäß Artikel 3 des dem EUV[1] und dem AEUV beigefügten Protokolls Nr. 21 über die Position des Vereinigten Königreichs und Irlands hinsichtlich des Raums der Freiheit, der Sicherheit und des Rechts hat Irland mitgeteilt, dass es sich an der Annahme und Anwendung dieser Verordnung beteiligen möchte.

(50) Gemäß den Artikeln 1 und 2 des dem EUV[1] und dem AEUV[2] beigefügten Protokolls Nr. 21 über die Position des Vereinigten Königreichs und Irlands hinsichtlich des Raums der Freiheit, der Sicherheit und des Rechts und unbeschadet des Artikels 4 dieses Protokolls beteiligt sich das Vereinigte Königreich nicht an der Annahme dieser Verordnung und ist weder durch diese Verordnung gebunden noch zu ihrer Anwendung verpflichtet.

(51) Gemäß den Artikeln 1 und 2 des dem EUV[1] und dem AEUV[2] beigefügten Protokolls Nr. 22 über die Position Dänemarks beteiligt sich Dänemark nicht an der Annahme dieser Verordnung und ist weder durch diese Verordnung gebunden noch zu ihrer Anwendung verpflichtet –

HABEN FOLGENDE VERORDNUNG ERLASSEN:

Kapitel 1. Gegenstand, Anwendungsbereich und Begriffsbestimmungen

Art. 1 Gegenstand. (1) Mit dieser Verordnung wird ein Unionsverfahren eingeführt, mit dem ein Gläubiger einen Europäischen Beschluss zur vorläufigen Kontenpfändung (im Folgenden „Beschluss zur vorläufigen Pfändung" oder „Beschluss") erwirken kann, der verhindert, dass die spätere Vollstreckung seiner Forderung dadurch gefährdet wird, dass Gelder bis zu dem im Beschluss angegebenen Betrag, die vom Schuldner oder in seinem Namen auf einem in einem Mitgliedstaat geführten Bankkonto geführt werden, überwiesen oder abgehoben werden.

(2) Der Beschluss zur vorläufigen Pfändung steht dem Gläubiger als eine Alternative zu den Maßnahmen zur vorläufigen Pfändung nach dem nationalen Recht zur Verfügung.

Art. 2 Anwendungsbereich. (1) [1] Diese Verordnung gilt für Geldforderungen in Zivil- und Handelssachen bei grenzüberschreitenden Rechtssachen im Sinne des Artikels 3, ohne dass es auf die Art des Gerichts ankommt. [2] Sie gilt insbesondere nicht für Steuer- und Zollsachen sowie verwaltungsrechtliche Angelegenheiten oder die Haftung des Staates für Handlungen oder Unterlassungen im Rahmen der Ausübung hoheitlicher Rechte *(„acta jure imperii")*.

---

[1] **Sartorius Nr. 1000.**
[2] **Sartorius Nr. 1001.**

(2) Diese Verordnung gilt nicht für:

a) die ehelichen Güterstände oder Güterstände aufgrund von Verhältnissen, die nach dem auf diese Verhältnisse anzuwendenden Recht mit der Ehe vergleichbare Wirkungen entfalten;

b) das Gebiet des Testaments- und Erbrechts, einschließlich Unterhaltspflichten, die mit dem Tod entstehen;

c) Forderungen gegenüber einem Schuldner, gegen den Insolvenzverfahren, Vergleiche oder ähnliche Verfahren eröffnet worden sind;

d) die soziale Sicherheit;

e) die Schiedsgerichtsbarkeit.

(3) Diese Verordnung gilt weder für Bankkonten, die nach dem Recht des Mitgliedstaats, in dem das Konto geführt wird, nicht gepfändet werden dürfen, noch für Konten, die im Zusammenhang mit dem Betrieb eines Systems im Sinne des Artikels 2 Buchstabe a der Richtlinie 98/26/EG des Europäischen Parlaments und des Rates[1)] geführt werden.

(4) Diese Verordnung gilt nicht für Bankkonten, die von oder bei Zentralbanken geführt werden, wenn diese in ihrer Eigenschaft als Währungsbehörden tätig werden.

Art. 3 Grenzüberschreitende Rechtssachen. (1) Für die Zwecke dieser Verordnung gilt eine Rechtssache dann als grenzüberschreitend, wenn das mit dem Beschluss zur vorläufigen Pfändung vorläufig zu pfändende Bankkonto oder die damit vorläufig zu pfändenden Bankkonten in einem anderen Mitgliedstaat geführt werden als

a) dem Mitgliedstaat des Gerichts, bei dem der Beschluss zur vorläufigen Pfändung gemäß Artikel 6 beantragt worden ist, oder

b) dem Mitgliedstaat, in dem der Gläubiger seinen Wohnsitz hat.

(2) Maßgeblicher Zeitpunkt zur Feststellung, ob eine grenzüberschreitende Rechtssache vorliegt, ist der Tag, an dem der Antrag auf Erlass eines Beschlusses zur vorläufigen Pfändung bei dem Gericht, das für den Erlass des Beschlusses zur vorläufigen Pfändung zuständig ist, eingereicht wird.

Art. 4 Begriffsbestimmungen. Für die Zwecke dieser Verordnung bezeichnet der Ausdruck

1. „Bankkonto" oder „Konto" jedes Konto, das im Namen des Schuldners oder in fremdem Namen für den Schuldner bei einer Bank geführt wird und auf dem Gelder gutgeschrieben sind;
2. „Bank" ein Kreditinstitut im Sinne des Artikels 4 Absatz 1 Nummer 1 der Verordnung (EU) Nr. 575/2013 des Europäischen Parlaments und des Rates[2)] einschließlich der Zweigniederlassungen im Sinne des Artikels 4 Absatz 1 Nummer 17 jener Verordnung, die ihren Hauptsitz innerhalb

---

[1)] **Amtl. Anm.:** Richtlinie 98/26/EG des Europäischen Parlaments und des Rates vom 19. Mai 1998 über die Wirksamkeit von Abrechnungen in Zahlungs- sowie Wertpapierliefer- und -abrechnungssystemen (ABl. L 166 vom 11. 6. 1998, S. 45).

[2)] **Amtl. Anm.:** Verordnung (EU) Nr. 575/2013 des Europäischen Parlaments und des Rates vom 26. Juni 2013 über Aufsichtsanforderungen an Kreditinstitute und Wertpapierfirmen und zur Änderung der Verordnung (EU) Nr. 648/2012 (ABl. L 176 vom 27. 6. 2013, S. 1).

oder – gemäß Artikel 47 der Richtlinie 2013/36/EU des Europäischen Parlaments und des Rates[1] – außerhalb der Union haben, wenn sich diese Zweigniederlassungen in der Union befinden;

3. „Gelder" ein in beliebiger Währung auf einem Konto gutgeschriebener Geldbetrag oder vergleichbare Geldforderungen, wie beispielsweise Geldmarkteinlagen;
4. „Mitgliedstaat, in dem das Bankkonto geführt wird"
   a) den Mitgliedstaat, der in der internationalen Kontonummer (IBAN) des Kontos angegeben ist, oder
   b) bei einem Bankkonto ohne IBAN, den Mitgliedstaat, in dem die Bank, bei der das Konto geführt wird, ihren Hauptsitz hat, oder, sofern das Konto bei einer Zweigniederlassung geführt wird, den Mitgliedstaat, in dem sich die Zweigniederlassung befindet;
5. „Forderung" eine Forderung auf Zahlung eines bestimmten fälligen Geldbetrags oder eine Forderung auf Zahlung eines bestimmbaren Geldbetrags, der sich aus einer bereits erfolgten Transaktion oder einem bereits eingetretenen Ereignis ergibt, sofern eine solche Forderung gerichtlich eingeklagt werden kann;
6. „Gläubiger" eine natürliche Person mit Wohnsitz in einem Mitgliedstaat oder eine juristische Person mit Sitz in einem Mitgliedstaat oder ein sonstiger Rechtsträger mit Sitz in einem Mitgliedstaat, der nach dem Recht eines Mitgliedstaats vor Gericht klagen oder verklagt werden kann, welche bzw. welcher einen Beschluss zur vorläufigen Pfändung für eine Forderung beantragt oder bereits erwirkt hat;
7. „Schuldner" eine natürliche oder juristische Person oder ein sonstiger Rechtsträger, der nach dem Recht eines Mitgliedstaats vor Gericht klagen oder verklagt werden kann, gegen die bzw. den der Gläubiger einen Beschluss zur vorläufigen Pfändung für eine Forderung erwirken will oder bereits erwirkt hat;
8. „gerichtliche Entscheidung" jede von einem Gericht eines Mitgliedstaats erlassene Entscheidung ohne Rücksicht auf ihre Bezeichnung, einschließlich des Kostenfestsetzungsbeschlusses eines Gerichtsbediensteten;
9. „gerichtlicher Vergleich" einen Vergleich, der von einem Gericht eines Mitgliedstaats gebilligt oder vor einem Gericht eines Mitgliedstaats im Laufe eines Verfahrens geschlossen worden ist;
10. „öffentliche Urkunde" ein Schriftstück, das in einem Mitgliedstaat als öffentliche Urkunde förmlich errichtet oder eingetragen worden ist und dessen Beweiskraft
    a) sich auf die Unterschrift und den Inhalt der Urkunde bezieht und
    b) durch eine Behörde oder eine andere hierzu ermächtigte Stelle festgestellt worden ist;
11. „Ursprungsmitgliedstaat" den Mitgliedstaat, in dem der Beschluss zur vorläufigen Pfändung erlassen worden ist;

---

[1] **Amtl. Anm.:** Richtlinie 2013/36/EU des Europäischen Parlaments und des Rates vom 26. Juni 2013 über den Zugang zur Tätigkeit von Kreditinstituten und die Beaufsichtigung von Kreditinstituten und Wertpapierfirmen, zur Änderung der Richtlinie 2002/87/EG und zur Aufhebung der Richtlinien 2006/48/EG und 2006/49/EG (ABl. L 176 vom 27. 6. 2013 S. 338).

12. „Vollstreckungsmitgliedstaat" den Mitgliedstaat, in dem das vorläufig zu pfändende Konto geführt wird;
13. „Auskunftsbehörde" die von einem Mitgliedstaat benannte Behörde, die befugt ist, die erforderlichen Informationen zu dem Konto oder den Konten des Schuldners gemäß Artikel 14 einzuholen;
14. „zuständige Behörde" die von einem Mitgliedstaat benannte Behörde oder benannten Behörden, die befugt ist bzw. sind, den Empfang, die Übermittlung oder die Zustellung gemäß Artikel 10 Absatz 2, Artikel 23 Absätze 3, 5 und 6, Artikel 25 Absatz 3, Artikel 27 Absatz 2, Artikel 28 Absatz 3 und Artikel 36 Absatz 5 Unterabsatz 2 vorzunehmen;
15. „Wohnsitz" den Wohnsitz nach Maßgabe der Artikel 62 und 63 der Verordnung (EU) Nr. 1215/2012[1)] des Europäischen Parlaments und des Rates[2)].

Kapitel 2. Verfahren zur Erwirkung eines Beschlusses zur vorläufigen Pfändung

Art. 5 Verfügbarkeit. Ein Beschluss zur vorläufigen Pfändung steht dem Gläubiger in den folgenden Situationen zur Verfügung:

a) bevor der Gläubiger in einem Mitgliedstaat ein Verfahren gegen den Schuldner in der Hauptsache einleitet oder während eines solchen Verfahrens, bis die gerichtliche Entscheidung erlassen oder ein gerichtlicher Vergleich gebilligt oder geschlossen wird;

b) nachdem der Gläubiger in einem Mitgliedstaat eine gerichtliche Entscheidung, einen gerichtlichen Vergleich oder eine öffentliche Urkunde erwirkt hat, mit der bzw. dem der Schuldner aufgefordert wird, die Forderung des Gläubigers zu erfüllen.

Art. 6 Zuständigkeit. (1) In Fällen, in denen der Gläubiger noch keine gerichtliche Entscheidung, keinen gerichtlichen Vergleich oder keine öffentliche Urkunde erwirkt hat, liegt die Zuständigkeit für den Erlass eines Beschlusses zur vorläufigen Pfändung bei den Gerichten des Mitgliedstaats, die gemäß den einschlägigen anzuwendenden Zuständigkeitsvorschriften für die Entscheidung in der Hauptsache zuständig sind.

(2) Ungeachtet des Absatzes 1 sind, sofern der Schuldner ein Verbraucher ist und einen Vertrag mit dem Gläubiger zu einem Zweck geschlossen hat, der nicht der beruflichen oder gewerblichen Tätigkeit des Schuldners zugerechnet werden kann, ausschließlich die Gerichte des Mitgliedstaats, in dem der Schuldner seinen Wohnsitz hat, für den Erlass eines Beschlusses zur vorläufigen Pfändung zur Sicherung einer Forderung aus diesem Vertrag zuständig.

---

1) Nr. **103**.

2) **Amtl. Anm.:** Verordnung (EU) Nr. 1215/2012 [Nr. **103**] des Europäischen Parlaments und des Rates vom 12. Dezember 2012 über die gerichtliche Zuständigkeit und die Anerkennung und Vollstreckung von Entscheidungen in Zivil- und Handelssachen (ABl. L 351 vom 20. 12. 2012, S. 1).

(3) Hat der Gläubiger bereits eine gerichtliche Entscheidung oder einen gerichtlichen Vergleich erwirkt, so sind die Gerichte des Mitgliedstaats, in dem die Entscheidung erlassen wurde oder der gerichtliche Vergleich gebilligt oder geschlossen wurde, für den Erlass des Beschlusses zur vorläufigen Pfändung über die in der gerichtlichen Entscheidung oder dem gerichtlichen Vergleich angegebene Forderung zuständig.

(4) Hat der Gläubiger die Ausstellung einer öffentlichen Urkunde erwirkt, so sind die als hierfür zuständig bezeichneten Gerichte des Mitgliedstaats, in dem die Urkunde errichtet wurde, für den Erlass des Beschlusses zur vorläufigen Pfändung über die in der Urkunde angegebene Forderung zuständig.

Art. 7 Bedingungen für den Erlass eines Beschlusses zur vorläufigen Pfändung. (1) Das Gericht erlässt einen Beschluss zur vorläufigen Pfändung, wenn der Gläubiger hinreichende Beweismittel vorgelegt hat, die das Gericht zu der berechtigten Annahme veranlassen, dass eine Sicherungsmaßnahme in Form eines Beschlusses zur vorläufigen Pfändung dringend erforderlich ist, weil eine tatsächliche Gefahr besteht, dass ohne diese Maßnahme die spätere Vollstreckung der Forderung des Gläubigers gegenüber dem Schuldner unmöglich oder sehr erschwert wird.

(2) Hat der Gläubiger noch in keinem Mitgliedstaat eine gerichtliche Entscheidung, einen gerichtlichen Vergleich oder eine öffentliche Urkunde erwirkt, mit der bzw. mit dem der Schuldner aufgefordert wird, die Forderung des Gläubigers zu erfüllen, so legt er zudem hinreichende Beweismittel vor, die das Gericht zu der berechtigten Annahme veranlassen, dass über die Forderung gegenüber dem Schuldner in der Hauptsache voraussichtlich zugunsten des Gläubigers entschieden wird.

Art. 8 Antrag auf Erlass eines Beschlusses zur vorläufigen Pfändung.

(1) Anträge auf Erlass eines Beschlusses zur vorläufigen Pfändung sind unter Verwendung des gemäß dem Beratungsverfahren nach Artikel 52 Absatz 2 erstellten Formblatts einzureichen.

(2) Der Antrag muss folgende Angaben enthalten:

a) Name und Anschrift des Gerichts, bei dem der Antrag eingereicht wird;

b) Angaben zum Gläubiger: Name und Kontaktdaten sowie gegebenenfalls Name und Kontaktdaten des Vertreters des Gläubigers und

   i) wenn der Gläubiger eine natürliche Person ist, ihr Geburtsdatum und, falls vorhanden und falls verfügbar, ihre Identifikations- oder Passnummer, oder

   ii) wenn der Gläubiger eine juristische Person oder ein sonstiger Rechtsträger ist, der nach dem Recht eines Mitgliedstaats vor Gericht klagen oder verklagt werden kann, den Staat ihrer Gründung, Erlangung der Rechtsfähigkeit oder Registrierung und ihre Identifikations- oder Registrierungsnummer oder, falls keine solche Nummer vorhanden ist, Datum und Ort ihrer Gründung, Erlangung der Rechtsfähigkeit oder Registrierung;

c) Angaben zum Schuldner: Name und Kontaktdaten sowie gegebenenfalls Name und Kontaktdaten des Vertreters des Schuldners und, falls verfügbar:

i) wenn der Schuldner eine natürliche Person ist, ihr Geburtsdatum und ihre Identifikations- oder Passnummer, oder

ii) wenn der Schuldner eine juristische Person oder ein sonstiger Rechtsträger ist, der nach dem Recht eines Mitgliedstaats vor Gericht klagen oder verklagt werden kann, den Staat ihrer Gründung, Erlangung der Rechtsfähigkeit oder Registrierung und ihre Identifikations- oder Registrierungsnummer oder, falls keine solche Nummer vorhanden ist, Datum und Ort ihrer Gründung, Erlangung der Rechtsfähigkeit oder Registrierung;

d) eine Nummer, mit der die Bank identifiziert werden kann, wie IBAN oder BIC und/oder Name und Anschrift der Bank, bei der der Schuldner ein oder mehrere vorläufig zu pfändende Konten unterhält;

e) falls verfügbar die Nummer des oder der vorläufig zu pfändenden Konten und in diesem Fall die Angabe, ob andere Konten des Schuldners bei derselben Bank vorläufig gepfändet werden sollen;

f) falls keine der nach Buchstabe d erforderlichen Angaben vorgelegt werden kann, eine Erklärung, dass die Einholung der Kontoinformationen gemäß Artikel 14 beantragt wurde, sofern ein solcher Antrag möglich ist, und die Angabe der Gründe, warum nach Auffassung des Gläubigers der Schuldner ein oder mehrere Konten bei einer Bank in einem bestimmten Mitgliedstaat unterhält;

g) die Höhe der Forderung, für die der Beschluss zur vorläufigen Pfändung beantragt wird:

i) wenn der Gläubiger noch keine gerichtliche Entscheidung, keinen gerichtlichen Vergleich oder keine öffentliche Urkunde erwirkt hat, die Höhe der Hauptforderung oder eines Teils der Hauptforderung und etwaiger Zinsen, soweit diese gemäß Artikel 15 eingetrieben werden können;

ii) wenn der Gläubiger bereits eine gerichtliche Entscheidung oder einen gerichtlichen Vergleich oder eine öffentliche Urkunde erwirkt hat, die Höhe der Hauptforderung, die in der gerichtlichen Entscheidung, dem gerichtlichen Vergleich oder der öffentlichen Urkunde angegeben ist, oder eines Teils der Hauptforderung und etwaiger Zinsen und Kosten, soweit diese gemäß Artikel 15 eingetrieben werden können;

h) wenn der Gläubiger noch keine gerichtliche Entscheidung, keinen gerichtlichen Vergleich oder keine öffentliche Urkunde erwirkt hat,

i) eine Beschreibung aller sachlich relevanten Umstände, die die Zuständigkeit des Gerichts, bei dem der Antrag auf Erlass eines Beschlusses zur vorläufigen Pfändung eingereicht wird, begründen;

ii) eine Beschreibung aller sachlich relevanten Umstände, auf die sich die Forderung sowie gegebenenfalls die Zinsforderungen gründen;

iii) eine Erklärung, die Auskunft darüber gibt, ob der Gläubiger bereits ein Verfahren gegen den Schuldner in der Hauptsache eingeleitet hat;

i) wenn der Gläubiger bereits eine gerichtliche Entscheidung oder einen gerichtlichen Vergleich oder eine öffentliche Urkunde erwirkt hat, eine Erklärung, dass der gerichtlichen Entscheidung, dem gerichtlichen Vergleich oder der öffentlichen Urkunde noch nicht Folge geleistet wurde, oder, falls dieser bzw. diesem zum Teil Folge geleistet wurde, Angaben darüber, inwieweit ihr bzw. ihm nicht Folge geleistet wurde;

j) eine Beschreibung aller sachlich relevanten Umstände nach Maßgabe des Artikels 7 Absatz 1, die den Erlass eines Beschlusses zur vorläufigen Pfändung rechtfertigen;

k) gegebenenfalls eine Angabe der Gründe, warum der Gläubiger seiner Ansicht nach von der Sicherheitsleistung nach Artikel 12 befreit werden sollte;

l) eine Liste der vom Gläubiger vorgelegten Beweismittel;

m) eine Erklärung gemäß Artikel 16, die Auskunft darüber gibt, ob der Gläubiger bei anderen Gerichten oder Behörden einen Antrag auf Erlass eines gleichwertigen nationalen Beschlusses gestellt hat oder ob ein solcher Beschluss bereits erwirkt oder abgelehnt wurde und, falls ein solcher erwirkt wurde, inwieweit er bereits ausgeführt wurde;

n) eine fakultative Angabe des Bankkontos des Gläubigers, das für eine freiwillige Erfüllung der Forderung durch den Schuldner zu verwenden ist;

o) eine Erklärung, dass die Angaben im Antrag vom Gläubiger nach bestem Wissen und Gewissen wahrheitsgemäß und vollständig gemacht wurden und dass dem Gläubiger bewusst ist, dass vorsätzlich falsche oder unvollständige Angaben Rechtsfolgen nach dem Recht des Mitgliedstaats, in dem der Antrag eingereicht wurde, oder eine Haftung nach Artikel 13 nach sich ziehen können.

(3) Dem Antrag sind alle zweckdienlichen Unterlagen beizufügen sowie, wenn der Gläubiger bereits eine gerichtliche Entscheidung oder einen gerichtlichen Vergleich oder eine öffentliche Urkunde erwirkt hat, eine Ausfertigung der gerichtlichen Entscheidung, des gerichtlichen Vergleichs oder der öffentlichen Urkunde, die die für ihre Beweiskraft erforderlichen Voraussetzungen erfüllt.

(4) Der Antrag und die Unterlagen können auf jedem Weg übermittelt werden, der nach den Verfahrensvorschriften des Mitgliedstaats, in dem der Antrag eingereicht wird, zulässig ist, einschließlich elektronischer Kommunikationswege.

Art. 9 Beweisaufnahme. (1) [1] Das Gericht trifft seine Entscheidung im Wege eines schriftlichen Verfahrens auf Grundlage der Informationen und Beweismittel, die der Gläubiger in seinem Antrag vorgebracht bzw. seinem Antrag beigefügt hat. [2] Erachtet das Gericht die vorgelegten Beweismittel für nicht ausreichend, so kann es, sofern dies nach nationalem Recht zulässig ist, den Gläubiger auffordern, zusätzliche schriftliche Beweismittel vorzulegen.

(2) Ungeachtet des Absatzes 1 und vorbehaltlich des Artikels 11 kann das Gericht, sofern das Verfahren dadurch nicht übermäßig verzögert wird, außerdem jede andere geeignete Methode der Beweiserhebung anwenden, die nach seinem nationalen Recht zur Verfügung steht, wie beispielsweise die mündliche Anhörung des Gläubigers oder seines bzw. seiner Zeugen, unter anderem auch mittels Videokonferenz oder einer anderen Kommunikationstechnologie.

Art. 10 Einleitung des Verfahrens in der Hauptsache. (1) [1] Hat der Gläubiger vor der Einleitung eines Verfahrens in der Hauptsache einen Antrag auf Erlass eines Beschlusses zur vorläufigen Pfändung gestellt, so leitet er ein solches Verfahren ein und weist vor dem Gericht, bei dem der Antrag auf Erlass des Beschlusses zur vorläufigen Pfändung eingereicht wurde, innerhalb von 30 Tagen nach Einreichung seines Antrags oder innerhalb von 14 Tagen nach dem Erlass des Beschlusses, je nachdem, welcher Zeitpunkt der spätere ist, nach, dass er ein solches Verfahren eingeleitet hat. [2] Das Gericht kann diese Frist auf Antrag des Schuldners auch verlängern, beispielsweise um es den Parteien zu ermöglichen, eine Einigung hinsichtlich der Erfüllung der Forderung zu erzielen; es unterrichtet beide Parteien entsprechend.

(2) Geht der Nachweis über die Einleitung des Verfahrens nicht innerhalb der Frist nach Absatz 1 beim Gericht ein, so wird der Beschluss zur vorläufigen Pfändung widerrufen oder er endet und die Parteien werden entsprechend unterrichtet.

Hat das Gericht, das den Beschluss erlassen hat, seinen Sitz im Vollstreckungsmitgliedstaat, so erfolgt der Widerruf oder die Beendigung des Beschlusses in diesem Mitgliedstaat nach dem Recht dieses Mitgliedstaats.

[1] Ist der Widerruf oder die Beendigung in einem anderen Mitgliedstaat als dem Ursprungsmitgliedstaat durchzuführen, so widerruft das Gericht den Beschluss zur vorläufigen Pfändung unter Verwendung des Widerrufsformblatts, das im Wege von gemäß dem Beratungsverfahren nach Artikel 52 Absatz 2 erlassenen Durchführungsakten erstellt wurde, und übermittelt das Widerrufsformblatt gemäß Artikel 29 der zuständigen Behörde des Vollstreckungsmitgliedstaats. [2] Diese Behörde unternimmt die erforderlichen Schritte, indem sie gegebenenfalls Artikel 23 anwendet, damit der Widerruf oder die Beendigung ausgeführt wird.

(3) Für die Zwecke des Absatzes 1 gilt ein Verfahren in der Hauptsache als eingeleitet

a) zu dem Zeitpunkt, zu dem das verfahrenseinleitende Schriftstück oder ein gleichwertiges Schriftstück bei Gericht eingereicht worden ist, vorausgesetzt, dass der Gläubiger es in der Folge nicht versäumt hat, die ihm obliegenden Maßnahmen zu treffen, um die Zustellung des Schriftstücks an den Schuldner zu bewirken, oder

b) falls die Zustellung an den Schuldner vor Einreichung des Schriftstücks bei Gericht zu bewirken ist, zu dem Zeitpunkt, zu dem die für die Zustellung verantwortliche Behörde das Schriftstück erhalten hat, vorausgesetzt, dass der Gläubiger es in der Folge nicht versäumt hat, die ihm obliegenden Maßnahmen zu treffen, um das Schriftstück bei Gericht einzureichen.

Die für die Zustellung verantwortliche Behörde im Sinne des Unterabsatzes 1 Buchstaben b ist die Behörde, die die zuzustellenden Schriftstücke zuerst erhält.

Art. 11 Verfahren ohne vorherige Anhörung des Antragsgegners. Der *Schuldner erhält vor Erlass* des Beschlusses zur vorläufigen Pfändung keine Kenntnis vom Antrag auf Erlass des Beschlusses oder Gelegenheit zur Äußerung.

Art. 12 Sicherheitsleistung des Gläubigers. (1) In Fällen, in denen der Gläubiger noch keine gerichtliche Entscheidung, keinen gerichtlichen Vergleich oder keine öffentliche Urkunde erwirkt hat, verlangt das Gericht vor Erlass eines Beschlusses zur vorläufigen Pfändung vom Gläubiger die Leistung einer Sicherheit in ausreichender Höhe, um einen Missbrauch des in dieser Verordnung vorgesehenen Verfahrens zu verhindern und sicherzustellen, dass der Schuldner für einen etwaigen Schaden, der ihm infolge des Beschlusses entstanden ist, entschädigt werden kann, soweit der Gläubiger gemäß Artikel 13 für einen solchen Schaden haftet.

In Ausnahmefällen kann das Gericht von der Anforderung gemäß Unterabsatz 1 absehen, wenn es der Auffassung ist, dass die Sicherheitsleistung gemäß jenem Unterabsatz in Anbetracht der Umstände des Falls unangemessen ist.

(2) Hat der Gläubiger bereits eine gerichtliche Entscheidung oder einen gerichtlichen Vergleich oder eine öffentliche Urkunde erwirkt, so kann das Gericht vom Gläubiger eine Sicherheitsleistung nach Absatz 1 Unterabsatz 1 verlangen, bevor es den Beschluss erlässt, wenn es der Auffassung ist, dass dies in Anbetracht der Umstände des Falles erforderlich und angemessen ist.

(3) [1] Falls das Gericht gemäß diesem Artikel die Leistung einer Sicherheit verlangt, so teilt es dem Gläubiger den verlangten Betrag und die nach dem Recht des Mitgliedstaats, in dem das Gericht seinen Sitz hat, zulässigen Formen der Sicherheitsleistung mit. [2] Es teilt dem Gläubiger mit, dass es den Beschluss zur vorläufigen Pfändung erlässt, sobald die Sicherheit gemäß diesen Anforderungen geleistet ist.

Art. 13 Haftung des Gläubigers. (1) [1] Der Gläubiger haftet für etwaige Schäden, die dem Schuldner durch den Beschluss zur vorläufigen Pfändung aufgrund eines Verschuldens des Gläubigers entstanden sind. [2] Die Beweislast liegt beim Schuldner.

(2) In den folgenden Fällen wird das Verschulden des Gläubigers vermutet, sofern er nicht das Gegenteil nachweist,

a) wenn der Beschluss widerrufen wird, weil der Gläubiger es unterlassen hat, ein Verfahren in der Hauptsache einzuleiten, es sei denn, diese Unterlassung war eine Folge der Zahlung der Forderung durch den Schuldner oder einer anderen Form des Vergleichs zwischen den Parteien;

b) wenn der Gläubiger es unterlassen hat, die Freigabe überpfändeter Beträge gemäß Artikel 27 zu beantragen;

c) wenn in der Folge festgestellt wird, dass der Erlass des Beschlusses aufgrund der Tatsache, dass der Gläubiger seinen Verpflichtungen nach Artikel 16 nicht nachgekommen ist, nicht oder nur für einen niedrigeren Betrag *gerechtfertigt war, oder*

d) wenn der Beschluss widerrufen oder seine Vollstreckung beendet wird, weil der Gläubiger seinen Verpflichtungen gemäß dieser Verordnung in Bezug auf die Zustellung oder Übersetzung der Schriftstücke oder im Hinblick auf die Heilung der fehlenden Zustellung oder fehlenden Übersetzung nicht nachgekommen ist.

(3) [1] Ungeachtet des Absatzes 1 können die Mitgliedstaaten andere Gründe oder Arten der Haftung oder Vorschriften zur Beweislast in ihrem nationalen

Recht beibehalten oder in ihr nationales Recht aufnehmen. [2] Alle anderen Aspekte im Zusammenhang mit der Haftung des Gläubigers gegenüber dem Schuldner, die in Absatz 1 oder 2 nicht spezifisch behandelt werden, unterliegen dem nationalen Recht.

(4) Das auf die Haftung des Gläubigers anzuwendende Recht ist das Recht des Vollstreckungsmitgliedstaats.

Werden Konten in mehr als einem Mitgliedstaat vorläufig gepfändet, so gilt für die Haftung des Gläubigers das Recht des Vollstreckungsmitgliedstaats,

a) in dem der Schuldner seinen gewöhnlichen Aufenthalt, wie er in Artikel 23 der Verordnung (EG) Nr. 864/2007[1)] des Europäischen Parlaments und des Rates[2)] definiert ist, hat, oder andernfalls
b) der die engste Verknüpfung zu dem Fall hat.

(5) In diesem Artikel wird nicht die Frage etwaiger Haftung des Gläubigers gegenüber einer Bank oder einem Dritten behandelt.

Art. 14 Antrag auf Einholung von Kontoinformationen. (1) Hat der Gläubiger in einem Mitgliedstaat eine vollstreckbare gerichtliche Entscheidung, einen gerichtlichen Vergleich oder eine öffentliche Urkunde erwirkt, mit der bzw. dem vom Schuldner verlangt wird, die Forderung des Gläubigers zu erfüllen, und hat der Gläubiger Grund zu der Annahme, dass der Schuldner ein oder mehrere Konten bei einer Bank in einem bestimmten Mitgliedstaat unterhält, ist ihm jedoch weder der Name noch die Anschrift der Bank noch die IBAN, BIC oder eine andere Banknummer bekannt, welche die Identifizierung der Bank ermöglicht, so kann er bei dem Gericht, bei dem der Beschluss zur vorläufigen Pfändung beantragt wurde, beantragen, die Auskunftsbehörde des Vollstreckungsmitgliedstaats um Einholung der Informationen zu ersuchen, die erforderlich sind, um die Identifizierung der Bank oder der Banken und des Kontos oder der Konten des Schuldners zu ermöglichen.

Ungeachtet des Unterabsatzes 1 kann der Gläubiger den dort genannten Antrag auch dann stellen, wenn die gerichtliche Entscheidung, der gerichtliche Vergleich oder die öffentliche Urkunde, die er erwirkt hat, noch nicht vollstreckbar ist, sofern es sich unter Berücksichtigung der einschlägigen Gegebenheiten um einen vorläufig zu pfändenden Betrag von erheblicher Höhe handelt und sofern der Gläubiger Beweismittel vorgelegt hat, die das Gericht zu der berechtigten Annahme veranlassen, dass die Kontoinformationen dringend erforderlich sind, da sonst die spätere Vollstreckung der Forderung des Gläubigers gegenüber dem Schuldner wahrscheinlich gefährdet ist, und dass dies in der Folge zu einer wesentlichen Verschlechterung der finanziellen Lage des Gläubigers führen könnte.

(2) [1] Der Gläubiger stellt den Antrag gemäß Absatz 1 in dem Antrag auf Erlass des Beschlusses zur vorläufigen Pfändung. [2] Der Gläubiger begründet, warum der Schuldner seiner Auffassung nach ein oder mehrere Konten bei einer Bank in einem bestimmten Mitgliedstaat unterhält, und legt alle ihm

---

1) **Schönfelder Nr. 21 b.**

2) **Amtl. Anm.:** Verordnung (EG) Nr. 864/2007 **[Schönfelder Nr. 21 b]** des Europäischen Parlaments und des Rates vom 11. Juli 2007 über das auf außervertragliche Schuldverhältnisse anzuwendende Recht („Rom II") (ABl. L 199 vom 31. 7. 2007, S. 40).

bekannten relevanten Informationen über den Schuldner und das vorläufig zu pfändende Konto oder die vorläufig zu pfändenden Konten vor. [3] Kommt das Gericht, bei dem der Antrag auf Erlass eines Beschlusses zur vorläufigen Pfändung gestellt worden ist, zu dem Schluss, dass der Antrag des Gläubigers nicht ausreichend begründet ist, so lehnt es den Antrag ab.

(3) Ist das Gericht der Überzeugung, dass der Antrag des Gläubigers ausreichend begründet ist und dass – abgesehen von den Informationspflichten nach Artikel 8 Absatz 2 Buchstabe d – alle Bedingungen und Anforderungen für den Erlass des Beschlusses zur vorläufigen Pfändung sowie gegebenenfalls die Anforderung einer Sicherheitsleistung nach Artikel 12 erfüllt sind, so übermittelt das Gericht gemäß Artikel 29 das Ersuchen um Informationen an die Auskunftsbehörde des Vollstreckungsmitgliedstaats.

(4) Zur Einholung der Informationen nach Absatz 1 bedient sich die Auskunftsbehörde des Vollstreckungsmitgliedstaats einer der Methoden, die in diesem Mitgliedstaat nach Absatz 5 zur Verfügung stehen.

(5) Jeder Mitgliedstaat stellt in seinem nationalen Recht mindestens eine der folgenden Methoden für die Einholung von Informationen nach Absatz 1 zur Verfügung:

a) Alle Banken in seinem Hoheitsgebiet werden verpflichtet, auf Ersuchen der Auskunftsbehörde offenzulegen, ob der Schuldner bei ihnen ein Konto unterhält;

b) die Auskunftsbehörde kann auf die einschlägigen Informationen zugreifen, sofern sie bei Behörden oder öffentlichen Verwaltungen in Registern oder anderweitig gespeichert sind;

c) die Möglichkeit seiner Gerichte, den Schuldner zu verpflichten, offenzulegen, bei welcher Bank oder welchen Banken er in seinem Hoheitsgebiet ein oder mehrere Konten unterhält, wenn eine solche Verpflichtung mit einem Gerichtsbeschluss in personam einhergeht, mit dem ihm die Abhebung oder Überweisung von Geldern auf seinem Konto oder seinen Konten bis zu dem Betrag, der mit dem Beschluss zur vorläufigen Pfändung vorläufig gepfändet werden soll, untersagt wird, oder

d) jede andere Methode, nach der die einschlägigen Informationen wirksam und effizient beschafft werden können, sofern der finanzielle und zeitliche Aufwand nicht unverhältnismäßig ist.

Unabhängig davon, welche Methode oder Methoden ein Mitgliedstaat zur Verfügung stellt, gehen alle an der Einholung der Informationen beteiligten Behörden zügig vor.

(6) Sobald die Auskunftsbehörde des Vollstreckungsmitgliedstaats die Kontoinformationen eingeholt hat, übermittelt sie die Informationen dem ersuchenden Gericht gemäß Artikel 29.

(7) [1] Ist die Auskunftsbehörde nicht imstande, die Informationen nach Absatz 1 einzuholen, so teilt sie dies dem ersuchenden Gericht mit. [2] Wird der Antrag auf einen Beschluss zur vorläufigen Pfändung aufgrund des Fehlens der Kontoinformationen gemäß Absatz 1 vollständig abgelehnt, so gibt das ersuchende Gericht unverzüglich alle Sicherheiten frei, die der Gläubiger nach Artikel 12 möglicherweise geleistet hat.

(8) Erhält die Auskunftsbehörde gemäß diesem Artikel Informationen von einer Bank oder Zugriff auf die bei Behörden oder öffentlichen Verwaltungen

in Registern gespeicherten Kontoinformationen, so wird die Benachrichtigung des Schuldners über die Offenlegung seiner personenbezogenen Daten um 30 Tage aufgeschoben, um zu verhindern, dass eine frühzeitige Benachrichtigung die Wirkung des Beschlusses zur vorläufigen Pfändung gefährdet.

Art. 15 Zinsen und Kosten. (1) Auf Antrag des Gläubigers werden in den Beschluss zur vorläufigen Pfändung alle Zinsen einbezogen, die nach dem auf die Forderung anwendbaren Recht bis zum Zeitpunkt des Erlasses des Beschlusses angefallen sind, sofern die Einbeziehung nicht aufgrund der Höhe und der Art der Zinsen einen Verstoß gegen die Eingriffsnormen nach dem Recht des Ursprungsmitgliedstaats darstellen.

(2) Hat ein Gläubiger bereits eine gerichtliche Entscheidung, einen gerichtlichen Vergleich oder eine öffentliche Urkunde erwirkt, so werden auf Antrag des Gläubigers auch die Kosten für die Erwirkung dieser gerichtlichen Entscheidung, dieses gerichtlichen Vergleichs oder dieser öffentlichen Urkunde in den Beschluss zur vorläufigen Pfändung einbezogen, insoweit entschieden wurde, dass diese Kosten dem Schuldner auferlegt werden.

Art. 16 Parallele Anträge. (1) Der Gläubiger darf nicht bei mehreren Gerichten gleichzeitig parallele Anträge auf Erlass eines Beschlusses zur vorläufigen Pfändung gegen denselben Schuldner zur Sicherung derselben Forderung stellen.

(2) [1] Der Gläubiger erklärt in seinem Antrag auf Erlass eines Beschlusses zur vorläufigen Pfändung, ob er gegen denselben Schuldner im Hinblick auf die Sicherung derselben Forderung bei einem anderen Gericht oder einer anderen Behörde einen Antrag auf Erlass eines gleichwertigen nationalen Beschlusses gestellt oder bereits erwirkt hat. [2] Er gibt außerdem diejenigen Anträge auf Erlass eines solchen Beschlusses an, die als unzulässig oder unbegründet abgelehnt wurden.

(3) [1] Wenn der Gläubiger während des Verfahrens zum Erlass eines Beschlusses zur vorläufigen Pfändung einen gleichwertigen nationalen Beschluss gegen denselben Schuldner und zur Sicherung derselben Forderung erwirkt hat, unterrichtet er unverzüglich das Gericht hierüber und über jede spätere Ausführung des erlassenen nationalen Beschlusses. [2] Er unterrichtet das Gericht außerdem über diejenigen Anträge auf Erlass eines gleichwertigen nationalen Beschlusses, die als unzulässig oder unbegründet abgelehnt wurden.

(4) Wird das Gericht darüber unterrichtet, dass der Gläubiger bereits einen gleichwertigen nationalen Beschluss erwirkt hat, so prüft es unter Berücksichtigung aller Umstände des Falls, ob der Erlass des Beschlusses zur vorläufigen Pfändung im Ganzen oder in Teilen noch angemessen ist.

Art. 17 Entscheidung über den Antrag auf Erlass eines Beschlusses zur vorläufigen Pfändung. (1) Das Gericht, bei dem der Antrag auf Erlass eines Beschlusses zur vorläufigen Pfändung gestellt worden ist, prüft, ob die Bedingungen und Voraussetzungen dieser Verordnung erfüllt sind.

(2) Das Gericht entscheidet über den Antrag unverzüglich, spätestens jedoch vor Ablauf der in Artikel 18 festgelegten Fristen.

(3) [1] Hat der Gläubiger nicht alle Angaben nach Artikel 8 gemacht, so kann das Gericht dem Gläubiger die Möglichkeit einräumen, den Antrag innerhalb

einer vom Gericht festzulegenden Frist zu vervollständigen oder zu berichtigen, sofern der Antrag nicht offensichtlich unzulässig oder unbegründet ist. [2] Versäumt es der Gläubiger, den Antrag fristgerecht zu vervollständigen oder zu berichtigen, so wird der Antrag abgelehnt.

(4) Der Beschluss zur vorläufigen Pfändung wird über einen Betrag erlassen, der durch die Beweismittel nach Artikel 9 und gemäß dem auf die zugrunde liegende Forderung anzuwendenden Recht begründet ist, und umfasst gegebenenfalls die Zinsen und/oder Kosten gemäß Artikel 15.

Der Beschluss wird in keinem Fall über einen Betrag erlassen, der den vom Gläubiger in seinem Antrag angegebenen Betrag übersteigt.

(5) Die Entscheidung über den Antrag wird dem Gläubiger nach dem im nationalen Recht des Ursprungsmitgliedstaats vorgesehenen Verfahren für gleichwertige nationale Beschlüsse mitgeteilt.

Art. 18 Für die Entscheidung über einen Antrag auf Erlass eines Beschlusses zur vorläufigen Pfändung geltende Fristen. (1) Hat der Gläubiger noch keine gerichtliche Entscheidung, keinen gerichtlichen Vergleich oder keine öffentliche Urkunde erwirkt, so erlässt das Gericht seine Entscheidung bis zum Ende des zehnten Arbeitstags, nach dem der Gläubiger seinen Antrag eingereicht oder gegebenenfalls vervollständigt hat.

(2) Hat der Gläubiger bereits eine gerichtliche Entscheidung, einen gerichtlichen Vergleich oder eine öffentliche Urkunde erwirkt, so erlässt das Gericht seine Entscheidung bis zum Ende des fünften Arbeitstags, nach dem der Gläubiger seinen Antrag eingereicht oder gegebenenfalls vervollständigt hat.

(3) Hält das Gericht eine mündliche Anhörung des Gläubigers oder, je nach Sachlage, seines (oder seiner) Zeugen gemäß Artikel 9 Absatz 2 für erforderlich, so führt es diese Anhörung unverzüglich durch und erlässt seine Entscheidung bis zum Ende des fünften Arbeitstags nach der Anhörung.

(4) [1] In Fällen nach Artikel 12 gelten für die Entscheidung, vom Gläubiger eine Sicherheitsleistung zu verlangen, die in den Absätzen 1, 2 und 3 des vorliegenden Artikels genannten Fristen. [2] Das Gericht erlässt seine Entscheidung über einen Antrag auf Erlass eines Beschlusses zur vorläufigen Pfändung unverzüglich, nachdem der Gläubiger die verlangte Sicherheit geleistet hat.

(5) Ungeachtet der Absätze 1, 2 und 3 erlässt das Gericht in Fällen nach Artikel 14 seine Entscheidung unverzüglich, nachdem es die Informationen nach Artikel 14 Absatz 6 oder 7 erhalten hat, sofern der Gläubiger zu diesem Zeitpunkt die gegebenenfalls verlangte Sicherheit geleistet hat.

Art. 19 *Form und Inhalt des Beschlusses zur vorläufigen Pfändung.*

(1) [1] Der Beschluss zur vorläufigen Pfändung wird unter Verwendung des Formblatts erlassen, das im Wege von gemäß dem Beratungsverfahren nach Artikel 52 Absatz 2 erlassenen Durchführungsakten erstellt wurde, und trägt einen Stempel, eine Unterschrift und/oder eine andere Authentifizierung des Gerichts. [2] Das Formblatt besteht aus zwei Teilen:

a) Teil A mit den Informationen nach Absatz 2, die der Bank, dem Gläubiger und dem Schuldner zu übermitteln sind, und

b) Teil B mit den Informationen gemäß Absatz 3, die zusätzlich zu den Informationen nach Absatz 2 dem Gläubiger und dem Schuldner zu übermitteln sind.

(2) Teil A enthält die folgenden Informationen:

a) den Namen, die Anschrift und das Aktenzeichen des Gerichts;

b) Angaben zum Gläubiger gemäß Artikel 8 Absatz 2 Buchstabe b;

c) Angaben zum Schuldner gemäß Artikel 8 Absatz 2 Buchstabe c;

d) den Namen und die Anschrift der Bank, die von dem Beschluss betroffen ist;

e) wenn der Gläubiger die Kontonummer des Schuldners im Antrag angegeben hat, die Nummer des oder der vorläufig zu pfändenden Konten sowie gegebenenfalls die Angabe, ob andere Konten des Schuldners bei derselben Bank ebenfalls vorläufig gepfändet werden müssen;

f) gegebenenfalls die Angabe, dass die Nummer etwaiger vorläufig zu pfändender Konten durch einen Antrag nach Artikel 14 erlangt wurde und dass die Bank, sofern dies gemäß Artikel 24 Absatz 4 Unterabsatz 2 erforderlich ist, die betreffende Nummer oder die betreffenden Nummern von der Auskunftsbehörde des Vollstreckungsmitgliedstaats erlangt;

g) die Höhe des mit dem Beschluss vorläufig zu pfändenden Betrags;

h) eine Anweisung an die Bank, den Beschluss gemäß Artikel 24 auszuführen;

i) das Datum des Erlasses des Beschlusses;

j) wenn der Gläubiger gemäß Artikel 8 Absatz 2 Buchstabe n in seinem Antrag ein Konto angegeben hat, eine an die Bank gerichtete Ermächtigung gemäß Artikel 24 Absatz 3, falls der Schuldner dies beantragt und falls dies nach dem Recht des Vollstreckungsmitgliedstaats zulässig ist, Gelder bis zu der im Beschluss angegebenen Höhe freigeben und von dem vorläufig gepfändeten Konto auf das Konto, das der Gläubiger in seinem Antrag angegeben hat, überweisen kann;

k) Angaben dazu, wo die elektronische Fassung des Formblatts für die Erklärung nach Artikel 25 zu finden ist.

(3) Teil B enthält die folgenden Informationen:

a) eine Beschreibung des Gegenstands des Verfahrens und die Begründung des Gerichts für den Erlass des Beschlusses;

b) die Höhe der vom Gläubiger gegebenenfalls geleisteten Sicherheit;

c) gegebenenfalls die Frist für die Einleitung des Verfahrens in der Hauptsache und für den Nachweis der Verfahrenseinleitung gegenüber dem erlassenden Gericht;

d) gegebenenfalls eine Angabe darüber, welche Schriftstücke gemäß Artikel 49 Absatz 1 Satz 2 zu übersetzen sind;

e) gegebenenfalls die Angabe, dass der Gläubiger dafür zuständig ist, die Vollstreckung des Beschlusses zu veranlassen, und folglich gegebenenfalls dafür zuständig ist, den Beschluss gemäß Artikel 23 Absatz 3 an die zuständige Behörde des Vollstreckungsmitgliedstaats zu übermitteln und die Zustellung an den Schuldner gemäß Artikel 28 Absätze 2, 3 und 4 zu veranlassen, und

f) eine Rechtsbehelfsbelehrung des Schuldners.

(4) [1] Betrifft der Beschluss zur vorläufigen Pfändung Konten bei verschiedenen Banken, so ist für jede Bank ein gesondertes Formblatt (Teil A gemäß Absatz 2) auszufüllen. [2] In diesem Fall enthält das dem Gläubiger und dem Schuldner zur Verfügung gestellte Formular (Teile A und B gemäß den Absätzen 2 bzw. 3) eine Liste aller betroffenen Banken.

Art. 20 Geltungsdauer der vorläufigen Pfändung. Die mit dem Beschluss zur vorläufigen Pfändung vorläufig gepfändeten Gelder bleiben gemäß dem Beschluss oder späteren Änderungen oder Begrenzungen des Beschlusses gemäß Kapitel 4 so lange vorläufig gepfändet,

a) bis der Beschluss widerrufen wird;

b) bis die Vollstreckung des Beschlusses beendet ist oder

c) bis eine Maßnahme zur Vollstreckung einer gerichtlichen Entscheidung, eines gerichtlichen Vergleichs oder einer öffentlichen Urkunde, die bzw. den der Gläubiger hinsichtlich der durch den Beschluss zur vorläufigen Pfändung zu sichernden Forderung erwirkt hat, in Bezug auf die durch den Beschluss vorläufig gepfändeten Gelder wirksam wird.

Art. 21 Rechtsbehelf gegen eine Ablehnung des Antrags auf Erlass eines Beschlusses zur vorläufigen Pfändung. (1) Der Gläubiger kann gegen die Entscheidung des Gerichts, durch die sein Antrag auf Erlass eines Beschlusses zur vorläufigen Pfändung ganz oder teilweise abgelehnt wurde, einen Rechtsbehelf einlegen.

(2) [1] Ein solcher Rechtsbehelf wird innerhalb von 30 Tagen ab dem Tag, an dem die Entscheidung nach Absatz 1 dem Gläubiger mitgeteilt wurde, eingelegt. [2] Er wird bei dem Gericht eingelegt, das der betreffende Mitgliedstaat gemäß Artikel 50 Absatz 1 Buchstabe d der Kommission mitgeteilt hat.

(3) Wurde der Antrag auf Erlass eines Beschlusses zur vorläufigen Pfändung ganz abgelehnt, so wird der Rechtsbehelf gemäß dem Verfahren ohne vorherige Anhörung des Antragsgegners nach Maßgabe des Artikels 11 bearbeitet.

Kapitel 3. Anerkennung, Vollstreckbarkeit und Vollstreckung des Beschlusses zur vorläufigen Pfändung

Art. 22 Anerkennung und Vollstreckbarkeit. Ein in einem Mitgliedstaat gemäß dieser Verordnung erlassener Beschluss zur vorläufigen Pfändung wird in den anderen Mitgliedstaaten anerkannt, ohne dass es eines besonderen Verfahrens bedarf, und ist in den anderen Mitgliedstaaten vollstreckbar, ohne dass es einer Vollstreckbarerklärung bedarf.

Art. 23 Vollstreckung des Beschlusses zur vorläufigen Pfändung.

(1) Vorbehaltlich dieses Kapitels erfolgt die Vollstreckung des Beschlusses zur vorläufigen Pfändung gemäß den Verfahren, die in dem Vollstreckungsmitgliedstaat für die Vollstreckung gleichwertiger nationaler Beschlüsse gelten.

(2) Alle Behörden, die an der Vollstreckung des Beschlusses beteiligt sind, werden unverzüglich tätig.

(3) Wurde der Beschluss zur vorläufigen Pfändung in einem anderen Mitgliedstaat als dem Vollstreckungsmitgliedstaat erlassen, so werden Teil A des Beschlusses gemäß Artikel 19 Absatz 2 und ein Blanko-Standardformblatt für die Erklärung nach Artikel 25 für die Zwecke des Absatzes 1 dieses Artikels nach Maßgabe des Artikels 29 an die zuständige Behörde des Vollstreckungsmitgliedstaats übermittelt.

Die Übermittlung erfolgt durch das erlassende Gericht oder den Gläubiger, je nachdem, wer nach dem Recht des Ursprungsmitgliedstaats für die Einleitung des Vollstreckungsverfahrens zuständig ist.

(4) [1] Dem Beschluss wird erforderlichenfalls eine Übersetzung oder Transliteration in die Amtssprache des Vollstreckungsmitgliedstaats oder, wenn es in diesem Mitgliedstaat mehrere Amtssprachen gibt, in die Amtssprache oder eine der Amtssprachen des Ortes, an dem der Beschluss ausgeführt werden soll, beigefügt. [2] Die Übersetzung oder Transliteration wird von dem erlassenden Gericht, das dafür die passende Sprachfassung des Formblatts gemäß Artikel 19 verwendet, zur Verfügung gestellt.

(5) Die zuständige Behörde des Vollstreckungsmitgliedstaats trifft die erforderlichen Maßnahmen, um den Beschluss gemäß ihrem nationalen Recht vollstrecken zu lassen.

(6) Betrifft der Beschluss zur vorläufigen Pfändung mehr als eine Bank in demselben Mitgliedstaat oder in verschiedenen Mitgliedstaaten, so wird der zuständigen Behörde des jeweiligen Vollstreckungsmitgliedstaats für jede Bank ein gesondertes Formblatt nach Maßgabe des Artikels 19 Absatz 4 übermittelt.

Art. 24 Ausführung des Beschlusses zur vorläufigen Pfändung. (1) Eine Bank, an die ein Beschluss zur vorläufigen Pfändung gerichtet wird, führt diesen unverzüglich nach Eingang des Beschlusses oder, soweit dies im nationalen Recht des Vollstreckungsmitgliedstaats vorgesehen ist, einer entsprechenden Anweisung zur Ausführung des Beschlusses aus.

(2) Zur Ausführung des Beschlusses zur vorläufigen Pfändung nimmt die Bank vorbehaltlich des Artikels 31 die vorläufige Pfändung des in dem Beschluss angegebenen Betrags vor, indem sie entweder

a) sicherstellt, dass dieser Betrag nicht von dem Konto oder den Konten, das bzw. die in dem Beschluss genannt ist/sind oder das bzw. die nach Absatz 4 ermittelt wurde(n), überwiesen oder abgehoben wird, oder

b) soweit dies im nationalen Recht vorgesehen ist, diesen Betrag auf ein für vorläufige Pfändungen bestimmtes Konto überweist.

[1] Der vorläufig gepfändete tatsächliche Betrag kann von der Abwicklung von Transaktionen, die bereits anhängig sind, wenn der Beschluss oder eine entsprechende Anweisung bei der Bank eingeht, abhängen. [2] Derartige anhängige Transaktionen dürfen jedoch nur berücksichtigt werden, wenn sie vor der Ausstellung der Erklärung gemäß Artikel 25 bis zum Ablauf der in Artikel 25 Absatz 1 festgelegten Fristen abgewickelt werden.

(3) Ungeachtet des Absatzes 2 Buchstabe a wird die Bank ermächtigt, auf Wunsch des Schuldners die vorläufig gepfändeten Gelder freizugeben und sie auf das in dem Beschluss angegebene Konto des Gläubigers zur Begleichung

von dessen Forderung zu überweisen, wenn alle folgenden Voraussetzungen erfüllt sind:

a) diese Ermächtigung der Bank ist gemäß Artikel 19 Absatz 2 Buchstabe j in dem Beschluss ausdrücklich angegeben,

b) das Recht des Vollstreckungsmitgliedstaats lässt eine solche Freigabe und Überweisung zu, und

c) zu dem betreffenden Konto liegen keine konkurrierenden Beschlüsse vor.

(4) Enthält der Beschluss zur vorläufigen Pfändung nicht die Kontonummer oder die Kontonummern des Schuldners, sondern nur den Namen und andere Angaben zum Schuldner, so ermittelt die Bank oder die sonstige Stelle, die für die Vollstreckung des Beschlusses zuständig ist, das Konto oder die Konten, die der Schuldner bei der in dem Beschluss angegebenen Bank unterhält.

Kann die Bank oder die sonstige Stelle ein Konto des Schuldners anhand der Angaben in dem Beschluss nicht mit Sicherheit ermitteln, so

a) holt die Bank diese Kontonummer oder Kontonummern bei der Auskunftsbehörde des Vollstreckungsmitgliedstaats ein, wenn gemäß Artikel 19 Absatz 2 Buchstabe f in dem Beschluss angegeben ist, dass die Nummer oder Nummern des vorläufig zu pfändenden Kontos oder der vorläufig zu pfändenden Konten durch einen Antrag nach Artikel 14 erlangt wurde bzw. wurden, und

b) führt die Bank in allen anderen Fällen den Beschluss nicht aus.

(5) Die Gelder auf dem Konto oder den Konten nach Absatz 2 Buchstabe a, die den im Beschluss zur vorläufigen Pfändung angegebenen Betrag übersteigen, bleiben von der Ausführung des Beschlusses unberührt.

(6) Reichen zum Zeitpunkt der Ausführung des Beschlusses zur vorläufigen Pfändung die Gelder auf dem Konto oder den Konten nach Absatz 2 Buchstabe a nicht aus, um den in dem Beschluss angegebenen Gesamtbetrag vorläufig zu pfänden, so wird der Beschluss nur in Bezug auf den Betrag ausgeführt, der auf dem Konto oder den Konten vorhanden ist.

(7) Bezieht sich der Beschluss zur vorläufigen Pfändung auf mehrere Konten des Schuldners bei derselben Bank und übersteigen die Gelder auf diesen Konten den in dem Beschluss angegebenen Betrag, so wird der Beschluss in folgender Reihenfolge ausgeführt:

a) Sparkonten auf den alleinigen Namen des Schuldners;

b) Girokonten auf den alleinigen Namen des Schuldners;

c) gemeinschaftliche Sparkonten auf den Namen mehrerer Personen, vorbehaltlich des Artikels 30;

*d) gemeinschaftliche Giro*konten auf den Namen mehrerer Personen, vorbehaltlich des Artikels 30.

(8) Lauten die Gelder auf dem Konto oder den Konten nach Absatz 2 Buchstabe a auf eine andere Währung als die, die im Beschluss zur vorläufigen Pfändung angegeben ist, so rechnet die Bank den in dem Beschluss angegebenen Betrag zu dem am Tag und zum Zeitpunkt der Ausführung des Beschlusses für den Verkauf der betreffenden Währung geltenden Referenzwechselkurs der Europäischen Zentralbank oder geltenden Wechselkurs der Zentral-

bank des Vollstreckungsmitgliedstaats in die Währung der Gelder um und pfändet vorläufig den entsprechenden Betrag in der Währung der Gelder.

Art. 25 Erklärung betreffend die vorläufige Pfändung von Geldern.

(1) [1] Bis zum Ende des dritten Arbeitstags nach Ausführung des Beschlusses zur vorläufigen Pfändung stellt die Bank oder die sonstige Stelle, die für die Vollstreckung des Beschlusses im Vollstreckungsmitgliedstaat zuständig ist, eine Erklärung unter Verwendung des Erklärungsformblatts, das im Wege von gemäß dem Beratungsverfahren nach Artikel 52 Absatz 2 erlassenen Durchführungsrechtsakten erstellt wurde, aus, in der sie angibt, ob bzw. inwieweit Gelder auf dem Konto oder den Konten des Schuldners vorläufig gepfändet wurden und, wenn dies der Fall ist, an welchem Tag der Beschluss ausgeführt wurde. [2] Kann die Bank oder die sonstige Stelle die Erklärung aufgrund außergewöhnlicher Umstände nicht innerhalb von drei Arbeitstagen ausstellen, so stellt sie die Erklärung so schnell wie möglich, spätestens jedoch bis zum Ablauf des achten Arbeitstages nach der Ausführung des Beschlusses aus.

Die Erklärung wird unverzüglich gemäß den Absätzen 2 und 3 übermittelt.

(2) Wurde der Beschluss im Vollstreckungsmitgliedstaat erlassen, so übermittelt die Bank oder die sonstige Stelle, die für die Vollstreckung des Beschlusses zuständig ist, die Erklärung dem erlassenden Gericht gemäß Artikel 29 und dem Gläubiger per Einschreiben mit Rückschein oder gleichwertige elektronische Mittel.

(3) Wurde der Beschluss in einem anderen Mitgliedstaat als dem Vollstreckungsmitgliedstaat erlassen, so wird die Erklärung der zuständigen Behörde des Vollstreckungsmitgliedstaats gemäß Artikel 29 übermittelt, es sei denn, sie wurde von derselben Behörde ausgestellt.

Diese Behörde übermittelt die Erklärung dem erlassenden Gericht gemäß Artikel 29 und dem Gläubiger per Einschreiben mit Rückschein oder gleichwertige elektronische Mittel bis zum Ende des ersten Arbeitstags nach deren Eingang oder Ausstellung.

(4) [1] Die Bank oder die sonstige Stelle, die für die Vollstreckung des Beschlusses zur vorläufigen Pfändung zuständig ist, legt auf Ersuchen des Schuldners die Einzelheiten des Beschlusses dem Schuldner gegenüber offen. [2] Die Bank oder die sonstige Stelle kann dies auch ohne ein solches Ersuchen tun.

Art. 26 Haftung der Bank. Die Haftung der Bank bei Nichterfüllung der ihr nach dieser Verordnung obliegenden Pflichten richtet sich nach dem Recht des Vollstreckungsmitgliedstaats.

Art. 27 Pflicht des Gläubigers, die Freigabe überschüssiger vorläufig gepfändeter Beträge zu beantragen. (1) Der Gläubiger ist verpflichtet, die erforderlichen Schritte zu unternehmen, um sicherzustellen, dass jeder Betrag, der nach Ausführung des Beschlusses zur vorläufigen Pfändung den in dem Beschluss zur vorläufigen Pfändung angegebenen Betrag übersteigt, freigegeben wird:

a) wenn der Beschluss sich auf mehrere Konten in demselben *Mitgliedstaat* oder in verschiedenen Mitgliedstaaten bezieht oder

b) wenn der Beschluss nach Ausführung eines oder mehrerer gleichwertiger nationaler Beschlüsse gegen denselben Schuldner und zur Sicherung derselben Forderung erlassen wurde.

(2) Der Gläubiger reicht bis zum Ende des dritten Arbeitstags nach Eingang einer Erklärung nach Artikel 25, aus der eine solche überschießende vorläufige Pfändung hervorgeht, auf schnellstmöglichem Wege unter Verwendung des Formblatts, das im Wege von gemäß dem Beratungsverfahren nach Artikel 52 Absatz 2 erlassenen Durchführungsrechtsakten erstellt wurde, für die Beantragung der Freigabe überschüssiger vorläufig gepfändeter Beträge einen Antrag auf Freigabe bei der zuständigen Behörde des Vollstreckungsmitgliedstaats, in dem die überschießende vorläufige Pfändung erfolgte, ein.

[1] Diese Behörde weist nach Eingang des Antrags die betroffene Bank unverzüglich an, die Freigabe der überschüssigen vorläufig gepfändeten Beträge zu veranlassen. [2] Artikel 24 Absatz 7 gilt gegebenenfalls in umgekehrter Reihenfolge.

(3) Dieser Artikel hindert einen Mitgliedstaat nicht daran, in seinen nationalen Rechtsvorschriften gegebenenfalls vorzusehen, dass die Freigabe überschüssiger vorläufig gepfändeter Gelder aus Konten, die in seinem Hoheitsgebiet geführt werden, von der zuständigen Vollstreckungsbehörde dieses Mitgliedstaats von sich aus eingeleitet wird.

Art. 28 Zustellung an den Schuldner. (1) Der Beschluss zur vorläufigen Pfändung, die sonstigen in Absatz 5 genannten Schriftstücke und die Erklärung nach Artikel 25 werden dem Schuldner gemäß diesem Artikel zugestellt.

(2) [1] Hat der Schuldner seinen Wohnsitz im Ursprungsmitgliedstaat, so wird die Zustellung nach dem Recht dieses Mitgliedstaats bewirkt. [2] Die Zustellung wird von dem erlassenden Gericht oder dem Gläubiger, je nachdem, wer im Ursprungsmitgliedstaat für die Veranlassung der Zustellung zuständig ist, bis Ende des dritten Arbeitstags nach dem Tag des Erhalts der Erklärung nach Artikel 25 über vorläufig gepfändete Beträge veranlasst.

(3) [1] Hat der Schuldner seinen Wohnsitz in einem anderen Mitgliedstaat als dem Ursprungsmitgliedstaat, so übermittelt das erlassende Gericht oder der Gläubiger, je nachdem, wer im Ursprungsmitgliedstaat für die Veranlassung der Zustellung zuständig ist, bis Ende des dritten Arbeitstags nach dem Tag des Erhalts der Erklärung nach Artikel 25 über vorläufig gepfändete Beträge die Schriftstücke nach Absatz 1 dieses Artikels der zuständigen Behörde des Mitgliedstaats, in dem der Schuldner seinen Wohnsitz hat, gemäß Artikel 29. [2] Diese Behörde trifft unverzüglich die erforderlichen Maßnahmen, um die Zustellung an den Schuldner nach dem Recht des Mitgliedstaats, in dem der Schuldner seinen Wohnsitz hat, zu bewirken.

[1] Ist der Mitgliedstaat, in dem der Schuldner seinen Wohnsitz hat, der einzige Vollstreckungsmitgliedstaat, so werden die Schriftstücke nach Absatz 5 dieses Artikels der zuständigen Behörde dieses Mitgliedstaats zur gleichen Zeit wie der Beschluss gemäß Artikel 23 Absatz 3 übermittelt. [2] In solchen Fällen veranlasst diese zuständige Behörde die Zustellung sämtlicher Schriftstücke nach Absatz 1 dieses Artikels bis zum Ende des dritten Arbeitstags nach Eingang oder Ausstellung der Erklärung gemäß Artikel 25, aus der hervorgeht, dass Beträge vorläufig gepfändet wurden.

Die zuständige Behörde unterrichtet das erlassende Gericht oder den Gläubiger, je nachdem, wer die zuzustellenden Schriftstücke übermittelt hat, über das Ergebnis der Zustellung an den Schuldner.

(4) Hat der Schuldner seinen Wohnsitz in einem Drittstaat, so wird die Zustellung gemäß den im Ursprungsmitgliedstaat geltenden Vorschriften für die internationale Zustellung bewirkt.

(5) Folgende Schriftstücke, denen erforderlichenfalls eine Übersetzung oder Transliteration nach Artikel 49 Absatz 1 beigefügt wird, werden dem Schuldner zugestellt:

a) der Beschluss zur vorläufigen Pfändung unter Verwendung der Teile A und B des Formblatts nach Artikel 19 Absätze 2 und 3;

b) der Antrag auf Erlass eines Beschlusses zur vorläufigen Pfändung, der vom Gläubiger beim Gericht eingereicht wurde;

c) Abschriften aller Schriftstücke, die der Gläubiger dem Gericht zur Erwirkung des Beschlusses vorgelegt hat.

(6) [1] Betrifft der Beschluss zur vorläufigen Pfändung mehr als eine Bank, so wird dem Schuldner nur die erste Erklärung nach Artikel 25, aus der hervorgeht, dass Beträge vorläufig gepfändet wurden, gemäß diesem Artikel zugestellt. [2] Spätere Erklärungen nach Artikel 25 werden dem Schuldner unverzüglich zur Kenntnis gebracht.

Art. 29 Übermittlung von Schriftstücken. (1) Ist in dieser Verordnung eine Übermittlung von Schriftstücken gemäß diesem Artikel vorgesehen, so kann diese Übermittlung mit geeigneten Mitteln vorgenommen werden, sofern der Inhalt des empfangenen Dokuments mit dem des übermittelten Dokuments inhaltlich genau übereinstimmt und sämtliche enthaltenen Angaben mühelos lesbar sind.

(2) Das Gericht oder die Behörde, bei dem bzw. der Schriftstücke gemäß Absatz 1 dieses Artikels eingegangen sind, übersendet bis zum Ende des dem Tag des Eingangs folgenden Arbeitstags der Behörde, dem Gläubiger oder der Bank, die bzw. der die Schriftstücke übermittelt hat, auf dem schnellstmöglichem Wege eine Empfangsbestätigung unter Verwendung des Formblatts, das im Wege von gemäß dem Beratungsverfahren nach Artikel 52 Absatz 2 erlassenen Durchführungsrechtsakten erstellt wurde.

Art. 30 Vorläufige Pfändung bei Gemeinschaftskonten und Treuhandkonten. Die Gelder auf Konten, über die den Unterlagen der kontoführenden Bank zufolge der Schuldner nicht allein verfügen kann oder über die ein Dritter im Namen des Schuldners oder der Schuldner im Namen eines Dritten verfügen kann, dürfen nach dieser Verordnung nur insoweit vorläufig gepfändet werden, wie sie nach dem Recht des Vollstreckungsmitgliedstaats pfändbar sind.

Art. 31 Von der vorläufigen Pfändung ausgenommene Beträge. (1) Die *nach dem Recht* des Vollstreckungsmitgliedstaats von der Pfändung freigestellten Beträge werden von der vorläufigen Pfändung gemäß dieser Verordnung ausgenommen.

(2) Sind die in Absatz 1 genannten Beträge nach dem Recht des Vollstreckungsmitgliedstaats ohne einen Antrag des Schuldners von der Pfändung freigestellt, so stellt die in diesem Mitgliedstaat für die Freistellung der Beträge zuständige Stelle von sich aus diese Beträge von der vorläufigen Pfändung frei.

(3) Sind die in Absatz 1 dieses Artikels genannten Beträge nach dem Recht des Vollstreckungsmitgliedstaats auf Antrag des Schuldners von der Pfändung freigestellt, so werden diese Beträge auf Antrag des Schuldners von der vorläufigen Pfändung freigestellt, wie in Artikel 34 Absatz 1 Buchstabe a vorgesehen.

Art. 32 Rang des Beschlusses zur vorläufigen Pfändung. Der Beschluss zur vorläufigen Pfändung hat gegebenenfalls denselben Rang, den ein gleichwertiger nationaler Beschluss im Vollstreckungsmitgliedstaat besitzt.

Kapitel 4. Rechtsbehelfe

Art. 33 Rechtsbehelf des Schuldners gegen den Beschluss zur vorläufigen Pfändung. (1) Auf Antrag des Schuldners beim zuständigen Gericht des Ursprungsmitgliedstaats wird der Beschluss zur vorläufigen Pfändung aus dem Grund widerrufen oder gegebenenfalls abgeändert, dass

a) die Bedingungen oder Voraussetzungen dieser Verordnung nicht erfüllt sind;

b) der Beschluss, die Erklärung nach Artikel 25 und/oder die sonstigen Schriftstücke nach Artikel 28 Absatz 5 dem Schuldner nicht innerhalb von 14 Tagen nach der vorläufigen Pfändung seines Kontos oder seiner Konten zugestellt wurden;

c) die Schriftstücke, die dem Schuldner gemäß Artikel 28 zugestellt wurden, nicht die Sprachenanforderungen gemäß Artikel 49 Absatz 1 erfüllten;

d) vorläufig gepfändete Beträge, die den im Beschluss angegebenen Betrag übersteigen, nicht gemäß Artikel 27 freigegeben wurden;

e) die Forderung, deren Vollstreckung der Gläubiger mit dem Beschluss sichern will, ganz oder teilweise beglichen wurde;

f) mit einer gerichtlichen Entscheidung in der Hauptsache die Forderung, deren Vollstreckung der Gläubiger mit dem Beschluss sichern wollte, abgewiesen wurde; oder

g) die gerichtliche Entscheidung in der Hauptsache, der gerichtliche Vergleich oder die öffentliche Urkunde, deren Vollstreckung der Gläubiger mit dem Beschluss sichern wollte, aufgehoben oder gegebenenfalls annulliert wurde.

(2) Auf Antrag des Schuldners beim zuständigen Gericht des Ursprungsmitgliedstaats wird die Entscheidung über die Sicherheit nach Artikel 12 aus dem Grund überprüft, dass geltend gemacht wird, dass die Bedingungen oder Voraussetzungen des genannten Artikels nicht vorlagen.

Verlangt das Gericht aufgrund eines solchen Rechtsbehelfs, dass der Gläubiger eine Sicherheit oder eine zusätzliche Sicherheit leistet, so gilt Artikel 12 Absatz 3 Satz 1 entsprechend und das Gericht erklärt, dass der Beschluss zur vorläufigen Pfändung widerrufen oder abgeändert wird, falls die geforderte (zusätzliche) Sicherheit nicht bis zum Ablauf der vom Gericht gesetzten Frist geleistet wird.

(3) Dem nach Absatz 1 Buchstabe b eingelegten Rechtsbehelf wird stattgegeben, sofern die fehlende Zustellung nicht innerhalb von 14 Tagen nach Unterrichtung des Gläubigers über den Rechtsbehelf des Schuldners nach Absatz 1 Buchstabe b geheilt wird.

Sofern die fehlende Zustellung nicht bereits durch andere Mittel geheilt wurde, gilt sie zum Zwecke der Beurteilung, ob dem nach Absatz 1 Buchstabe b eingelegten Rechtsbehelf stattzugeben ist, als geheilt,

a) wenn der Gläubiger bei der Stelle, die für die Zustellung nach dem Recht des Ursprungsmitgliedstaats zuständig ist, beantragt, dass die Schriftstücke dem Schuldner zugestellt werden, oder

b) wenn der Schuldner in seinem Rechtsbehelf angegeben hat, dass er damit einverstanden ist, die Schriftstücke beim Gericht des Ursprungsmitgliedstaats abzuholen, und wenn der Gläubiger dafür zuständig war, Übersetzungen zur Verfügung zu stellen, sofern der Gläubiger diesem Gericht Übersetzungen gemäß Artikel 49 Absatz 1 übermittelt.

Die Stelle, die für die Zustellung nach dem Recht des Ursprungsmitgliedstaats zuständig ist, stellt die Schriftstücke dem Schuldner auf Antrag des Gläubigers gemäß Unterabsatz 2 Buchstabe a dieses Absatzes unverzüglich per Einschreiben mit Rückschein an die vom Schuldner gemäß Absatz 5 angegebene Anschrift zu.

War der Gläubiger für die Veranlassung der Zustellung der Schriftstücke nach Artikel 28 zuständig, so kann die fehlende Zustellung nur geheilt werden, wenn der Gläubiger nachweist, dass er alle erforderlichen Schritte unternommen hat, um die ursprüngliche Zustellung der Schriftstücke zu bewirken.

(4) Dem nach Absatz 1 Buchstabe c eingelegten Rechtsbehelf wird stattgegeben, sofern der Gläubiger dem Schuldner die gemäß dieser Verordnung erforderlichen Übersetzungen nicht innerhalb von 14 Tagen nach seiner Unterrichtung über den Rechtsbehelf des Schuldners gemäß Absatz 1 Buchstabe c bereitstellt.

Absatz 3 Unterabsätze 2 und 3 gilt entsprechend.

(5) In seinem nach Absatz 1 Buchstaben b und c eingelegten Rechtsbehelf gibt der Schuldner eine Anschrift an, an die die in Artikel 28 genannten Schriftstücke und Übersetzungen gemäß den Absätzen 3 und 4 des vorliegenden Artikels übermittelt werden können, oder gibt an, dass er damit einverstanden ist, diese Schriftstücke beim Gericht des Ursprungsmitgliedstaats abzuholen.

Art. 34 Rechtsbehelfe des Schuldners gegen die Vollstreckung des Beschlusses zur vorläufigen Pfändung. (1) Ungeachtet der Artikel 33 und 35 wird auf Antrag des Schuldners beim zuständigen Gericht oder, soweit dies im nationalen Recht vorgesehen ist, bei der zuständigen Vollstreckungsbehörde des Vollstreckungsmitgliedstaats die Vollstreckung des Beschlusses *zur vor*läufigen Pfändung in diesem Mitgliedstaat:

a) aus dem Grund eingeschränkt, dass nach Artikel 31 Absatz 3 bestimmte Beträge auf dem Konto von der Pfändung freigestellt werden sollten oder dass von der Pfändung freigestellte Beträge bei der Ausführung des Beschlusses gemäß Artikel 31 Absatz 2 nicht oder nicht richtig berücksichtigt wurden, oder

b) aus dem Grund beendet, dass

i) das vorläufig gepfändete Konto gemäß Artikel 2 Absätze 3 und 4 nicht unter diese Verordnung fällt;

ii) die Vollstreckung der gerichtlichen Entscheidung, des gerichtlichen Vergleichs oder der öffentlichen Urkunde, die der Gläubiger mit dem Beschluss sichern wollte, im Vollstreckungsmitgliedstaat verweigert wurde;

iii) die Vollstreckbarkeit der gerichtlichen Entscheidung, deren Vollstreckung der Gläubiger mit dem Beschluss sichern wollte, im Ursprungsmitgliedstaat ausgesetzt wurde, oder

iv) Artikel 33 Absatz 1 Buchstaben b, c, d, e, f oder g Anwendung findet. Artikel 33 Absätze 3, 4 bzw. 5 finden Anwendung.

(2) Auf Antrag des Schuldners beim zuständigen Gericht des Vollstreckungsmitgliedstaats wird die Vollstreckung des Beschlusses zur vorläufigen Pfändung in diesem Mitgliedstaat beendet, wenn sie der öffentlichen Ordnung (ordre public) des Vollstreckungsmitgliedstaats offensichtlich widerspricht.

Art. 35 Sonstige Rechtsbehelfe für den Gläubiger und den Schuldner. (1) Der Gläubiger oder der Schuldner kann bei dem Gericht, das den Beschluss zur vorläufigen Pfändung erlassen hat, aus dem Grund die Abänderung oder den Widerruf des Beschlusses beantragen, dass sich die Umstände, die Anlass für den Erlass des Beschlusses waren, geändert haben.

(2) Das Gericht, das den Beschluss zur vorläufigen Pfändung erlassen hat, kann ferner aufgrund veränderter Umstände, sofern dies nach dem Recht des Ursprungsmitgliedstaats zulässig ist, den Beschluss von sich aus abändern oder widerrufen.

(3) Der Schuldner und der Gläubiger können aus dem Grund, dass sie sich hinsichtlich der Erfüllung der Forderung geeinigt haben, gemeinsam bei dem Gericht, das den Beschluss zur vorläufigen Pfändung erlassen hat, einen Widerruf oder eine Abänderung des Beschlusses bzw. bei dem zuständigen Gericht des Vollstreckungsmitgliedstaats oder, soweit dies im nationalen Recht vorgesehen ist, bei der zuständigen Vollstreckungsbehörde dieses Mitgliedstaats eine Beendigung oder Einschränkung der Vollstreckung des Beschlusses beantragen.

(4) Der Gläubiger kann beim zuständigen Gericht des Vollstreckungsmitgliedstaats oder, soweit dies im nationalen Recht vorgesehen ist, bei der zuständigen Vollstreckungsbehörde dieses Mitgliedstaats eine Abänderung der Vollstreckung des Beschlusses zur vorläufigen Pfändung beantragen, die in einer Anpassung der in diesem Mitgliedstaat gemäß Artikel 31 angewandten Freistellung besteht, aus dem Grund, dass bereits andere Freistellungen in ausreichender Höhe in Bezug auf ein oder mehrere Konten, die in einem oder mehreren anderen Mitgliedstaaten geführt werden, angewandt wurden und dass eine Anpassung daher angebracht ist.

Art. 36 Verfahren für die Rechtsbehelfe gemäß den Artikeln 33, 34 und 35. (1) [1] Die Einlegung eines Rechtsbehelfs nach Artikel 33, 34 oder 35 erfolgt unter Verwendung des Formblatts für den Rechtsbehelf, das im Wege von gemäß dem Beratungsverfahren nach Artikel 52 Absatz 2 erlassenen Durchführungsrechtsakten erstellt wurde. [2] Der Antrag kann jederzeit auf jedem Kommunikationsweg übermittelt werden, der nach den Verfahrensvorschriften des Mitgliedstaats, in dem der Antrag eingereicht wird, zulässig ist – einschließlich elektronischer Kommunikationswege.

(2) Der Antrag wird der anderen Partei zur Kenntnis gebracht.

(3) Außer wenn der Antrag vom Schuldner gemäß Artikel 34 Absatz 1 Buchstabe a oder Artikel 35 Absatz 3 eingereicht wurde, wird die Entscheidung über den Antrag erlassen, nachdem beiden Parteien Gelegenheit gegeben wurde, sich zu äußern, auch mit den nach dem nationalen Recht jedes der beteiligten Mitgliedstaaten zur Verfügung stehenden geeigneten und zulässigen Mitteln der Kommunikationstechnologie.

(4) [1] Die Entscheidung wird unverzüglich erlassen, jedoch nicht später als 21 Tage, nachdem das Gericht oder, soweit dies im nationalen Recht vorgesehen ist, die zuständige Vollstreckungsbehörde alle Informationen erhalten hat, die für seine bzw. ihre Entscheidung erforderlich sind. [2] Die Entscheidung wird den Parteien zur Kenntnis gebracht.

(5) Die Entscheidung, den Beschluss zur vorläufigen Pfändung zu widerrufen oder abzuändern, und die Entscheidung, die Vollstreckung des Beschlusses zur vorläufigen Pfändung einzuschränken oder zu beenden, ist sofort vollstreckbar:

[1] Wurde der Rechtsbehelf im Ursprungsmitgliedstaat eingelegt, so übermittelt das Gericht nach Artikel 29 die Entscheidung über den Rechtsbehelf unverzüglich der zuständigen Behörde des Vollstreckungsmitgliedstaats unter Verwendung des Formblatts, das im Wege von gemäß dem Beratungsverfahren nach Artikel 52 Absatz 2 erlassenen Durchführungsrechtsakten erstellt wurde. [2] Diese Behörde stellt sofort nach Eingang sicher, dass die Entscheidung über den Rechtsbehelf ausgeführt wird.

Bezieht sich die Entscheidung über den Rechtsbehelf auf ein Bankkonto, das im Ursprungsmitgliedstaat geführt wird, so erfolgt die Durchführung in Bezug auf dieses Bankkonto nach dem Recht des Ursprungsmitgliedstaats.

Wurde der Rechtsbehelf im Vollstreckungsmitgliedstaat beantragt, so erfolgt die Durchführung der Entscheidung über den Rechtsbehelf nach dem Recht dieses Vollstreckungsmitgliedstaats.

Art. 37 Rechtsmittel gegen Entscheidungen über den Rechtsbehelf. [1] Jede Partei kann ein Rechtsmittel gegen eine gemäß Artikel 33, 34 oder 35 erlassene Entscheidung einlegen. [2] Ein solches Rechtsmittel wird unter Verwendung des Formblatts, das im Wege von gemäß dem Beratungsverfahren nach Artikel 52 Absatz 2 erlassenen Durchführungsrechtsakten erstellt wurde, für das Rechtsmittel eingelegt.

Art. 38 Sicherheitsleistung anstelle der vorläufigen Pfändung. (1) Auf Antrag des Schuldners

a) kann das Gericht, das den Beschluss zur vorläufigen Pfändung erlassen hat, die Freigabe der vorläufig gepfändeten Gelder anordnen, wenn der Schuldner bei diesem Gericht eine Sicherheit in Höhe des in dem Beschluss angegebenen Betrags oder eine anderweitige Sicherheit in einer Form, die nach dem Recht des Mitgliedstaats, in dem das Gericht seinen Sitz hat, zulässig ist, und in einem Wert, der mindestens jenem Betrag entspricht, leistet;

b) kann das zuständige Gericht oder, soweit dies im nationalen Recht vorgesehen ist, die zuständige Vollstreckungsbehörde des Vollstreckungsmitgliedstaats die Vollstreckung des Beschlusses zur vorläufigen Pfändung im Vollstreckungsmitgliedstaat beenden, wenn der Schuldner bei diesem Gericht oder dieser Behörde eine Sicherheit in Höhe des in diesem Mitgliedstaat vorläufig gepfändeten Betrags oder eine anderweitige Sicherheit in einer Form, die nach dem Recht des Mitgliedstaats, in dem das Gericht seinen Sitz hat, zulässig ist, und in einem Wert, der mindestens jenem Betrag entspricht, leistet.

(2) [1] Die Artikel 23 und 24 gelten entsprechend für die Freigabe der vorläufig gepfändeten Gelder. [2] Die Leistung einer Sicherheit anstelle der vorläufigen Pfändung wird dem Gläubiger nach nationalem Recht zur Kenntnis gebracht.

Art. 39 Rechte Dritter. (1) Das Recht eines Dritten, einen Beschluss zur vorläufigen Pfändung anzufechten, richtet sich nach dem Recht des Ursprungsmitgliedstaats.

(2) Das Recht eines Dritten, die Vollstreckung eines Beschlusses zur vorläufigen Pfändung anzufechten, richtet sich nach dem Recht des Vollstreckungsmitgliedstaats.

(3) Unbeschadet sonstiger Zuständigkeitsvorschriften des Unionsrechts oder des nationalen Rechts sind für Entscheidungen über eine Klage eines Dritten

a) zur Anfechtung eines Beschlusses zur vorläufigen Pfändung die Gerichte des Ursprungsmitgliedstaats zuständig und

b) zur Anfechtung der Vollstreckung eines Beschlusses zur vorläufigen Pfändung im Vollstreckungsmitgliedstaat die Gerichte des Vollstreckungsmitgliedstaats oder, soweit dies im nationalen Recht dieses Mitgliedstaats vorgesehen ist, die zuständige Vollstreckungsbehörde zuständig.

Kapitel 5. Allgemeine Bestimmungen

Art. 40 Legalisation oder ähnliche Förmlichkeiten. Im Rahmen dieser Verordnung bedarf es weder der Legalisation noch einer ähnlichen Förmlichkeit.

Art. 41 Rechtliche Vertretung. [1] In Verfahren, mit denen ein Beschluss zur vorläufigen Pfändung erwirkt werden soll, ist eine Vertretung durch einen Rechtsanwalt oder einen sonstigen Rechtsbeistand nicht verpflichtend. [2] In Verfahren nach Kapitel 4 ist eine Vertretung durch einen Rechtsanwalt oder einen sonstigen Rechtsbeistand nicht verpflichtend, es sei denn, eine solche Vertretung ist nach dem Recht des Mitgliedstaats des Gerichts oder der

Behörde, bei dem bzw. der der Rechtsbehelf gestellt worden ist, ungeachtet der Staatsangehörigkeit oder des Wohnsitzes der Parteien vorgeschrieben.

Art. 42 Gerichtsgebühren. Die Gebühren in Verfahren, in denen ein Beschluss zur vorläufigen Pfändung erwirkt werden soll, oder in einem Rechtsbehelfsverfahren gegen einen Beschluss dürfen nicht höher sein als jene, die für einen gleichwertigen nationalen Beschluss oder einen Rechtsbehelf gegen einen solchen nationalen Beschluss in Rechnung gestellt werden.

Art. 43 Den Banken entstehende Kosten. (1) Eine Bank darf sich die Kosten, die ihr bei der Ausführung eines Beschlusses zur vorläufigen Pfändung entstehen, vom Gläubiger oder vom Schuldner nur dann erstatten oder vergüten lassen, wenn sie nach dem Recht des Vollstreckungsmitgliedstaats im Zusammenhang mit gleichwertigen nationalen Beschlüssen Anspruch auf eine solche Vergütung oder Erstattung hat.

(2) Die Gebühren, die von einer Bank zur Deckung der Kosten nach Absatz 1 erhoben werden, sind unter Berücksichtigung der Komplexität der Ausführung des Beschlusses zur vorläufigen Pfändung festzulegen und dürfen nicht höher sein als die Gebühren, die für die Ausführung gleichwertiger nationaler Beschlüsse erhoben werden.

(3) Die Gebühren, die von einer Bank zur Deckung der Kosten für die Erteilung von Kontoinformationen nach Artikel 14 erhoben werden, dürfen die tatsächlich entstandenen Kosten und gegebenenfalls die Gebühren, die für die Erteilung von Kontoinformationen im Rahmen gleichwertiger nationaler Beschlüsse erhoben werden, nicht übersteigen.

Art. 44 Von den Behörden erhobene Gebühren. [1] Die Gebühren, die von einer Behörde oder sonstigen Stelle des Vollstreckungsmitgliedstaats, die an der Bearbeitung oder Vollstreckung eines Beschlusses zur vorläufigen Pfändung oder an der Erteilung von Kontoinformationen nach Artikel 14 beteiligt ist, erhoben werden, werden anhand einer Gebührenskala oder eines sonstigen Regelwerks bestimmt, die bzw. das jeder Mitgliedstaat im Voraus festlegt und in der bzw. dem die geltenden Gebühren in transparenter Weise aufgeführt sind. [2] Bei der Festlegung der Skala oder des Regelwerks können die Mitgliedstaaten die Höhe des in dem Beschluss angegebenen Betrags und die Komplexität der Bearbeitung des Beschlusses berücksichtigen. [3] Die Gebühren dürfen die im Zusammenhang mit einem gleichwertigen nationalen Beschluss gegebenenfalls erhobenen Gebühren nicht übersteigen.

Art. 45 Fristen. Ist es aufgrund außergewöhnlicher Umstände dem Gericht oder der beteiligten Behörde nicht möglich, die Fristen gemäß Artikel 14 Absatz 7, Artikel 18, Artikel 23 Absatz 2, Artikel 25 Absatz 3 Unterabsatz 2, Artikel 28 Absätze 2, 3 und 6, Artikel 33 Absatz 3 und Artikel 36 Absätze 4 und 5 einzuhalten, so ergreift das Gericht oder die Behörde so rasch wie möglich die nach jenen Vorschriften erforderlichen Maßnahmen.

Art. 46 Verhältnis zum nationalen Prozessrecht. (1) Sämtliche verfahrensrechtlichen Fragen, die in dieser Verordnung nicht ausdrücklich geregelt sind, richten sich nach dem Recht des Mitgliedstaats, in dem das Verfahren stattfindet.

(2) Die Wirkungen der Eröffnung eines Insolvenzverfahrens auf einzelne Vollstreckungshandlungen, wie die Vollstreckung eines Beschlusses zur vorläufigen Pfändung, richten sich nach dem Recht des Mitgliedstaats, in dem das Insolvenzverfahren eröffnet wurde.

Art. 47 Datenschutz. (1) Personenbezogene Daten, die nach dieser Verordnung erhoben, verarbeitet oder übermittelt werden, müssen dem Zweck, zu dem sie erhoben, verarbeitet oder übermittelt wurden, entsprechen, müssen dafür erheblich sein und dürfen nicht darüber hinausgehen; sie werden ausschließlich für diesen Zweck verwendet.

(2) [1] Die zuständige Behörde, die Auskunftsbehörde und jede sonstige Stelle, die für die Vollstreckung des Beschlusses zur vorläufigen Pfändung zuständig ist, bewahrt die Daten nach Absatz 1 nur so lange auf, wie dies für den Zweck, zu dem sie erhoben, verarbeitet oder übermittelt wurden, erforderlich ist, in jedem Fall aber höchstens sechs Monate ab Beendigung des Verfahrens, und gewährleistet während dieser Zeit einen angemessenen Schutz dieser Daten. [2] Dieser Absatz gilt nicht für die Daten, die von Gerichten bei der Ausübung ihrer Aufgaben verarbeitet und gespeichert werden.

Art. 48 Verhältnis zu anderen Rechtsakten. Diese Verordnung berührt nicht die Anwendung

a) der Verordnung (EG) Nr. 1393/2007[1)] des Europäischen Parlaments und des Rates[2)], außer in den Fällen nach Artikel 10 Absatz 2, Artikel 14 Absätze 3 und 6, Artikel 17 Absatz 5, Artikel 23 Absätze 3 und 6, Artikel 25 Absätze 2 und 3, Artikel 28 Absätze 1, 3, 5 und 6, Artikel 29, Artikel 33 Absatz 3, Artikel 36 Absätze 2 und 4 und Artikel 49 Absatz 1 der vorliegenden Verordnung;

b) der Verordnung (EU) Nr. 1215/2012[3)];

c) der Verordnung (EG) Nr. 1346/2000[4)];

d) der Richtlinie 95/46/EG, außer in den Fällen nach Artikel 14 Absatz 8 und Artikel 47 der vorliegenden Verordnung;

e) der Verordnung (EG) Nr. 1206/2001[5)] des Europäischen Parlaments und des Rates[6)];

f) der Verordnung (EG) Nr. 864/2007[7)], außer in den Fällen nach Artikel 13 Absatz 4 der vorliegenden Verordnung.

[1)] Nr. **103 c**.

[2)] **Amtl. Anm.:** Verordnung (EG) Nr. 1393/2007 [Nr. **103 c**] des Europäischen Parlaments und des Rates vom 13. November 2007 über die Zustellung gerichtlicher und außergerichtlicher Schriftstücke in Zivil- oder Handelssachen in den Mitgliedstaaten (Zustellung von Schriftstücken) und zur Aufhebung der Verordnung (EG) Nr. 1348/2000 des Rates (ABl. L 324 vom 10. 12. 2007, S. 79).

[3)] Nr. **103**.

[4)] Auszugsweise abgedruckt unter Nr. **110 b**.

[5)] Nr. **103 d**.

[6)] **Amtl. Anm.:** Verordnung (EG) Nr. 1206/2001 [Nr. **103 d**] des Rates vom 28. Mai 2001 über die Zusammenarbeit zwischen den Gerichten der Mitgliedstaaten auf dem Gebiet der Beweisaufnahme in Zivil- oder Handelssachen (ABl. L 174 vom 27. 6. 2001, S. 1).

[7)] **Schönfelder Nr. 21 b**.

Art. 49 Sprachenregelung. (1) [1] Den in Artikel 28 Absatz 5 Buchstaben a und b aufgeführten und dem Schuldner zuzustellenden Schriftstücken, die nicht in der Amtssprache des Mitgliedstaats, in dem der Schuldner seinen Wohnsitz hat, oder, sofern es mehrere Amtssprachen in diesem Mitgliedstaat gibt, der Amtssprache oder einer der Amtssprachen des Ortes, an dem der Schuldner seinen Wohnsitz hat, oder in einer anderen Sprache, die er versteht, abgefasst sind, ist eine Übersetzung oder Transliteration in eine dieser Sprachen beizufügen. [2] In Artikel 28 Absatz 5 Buchstabe c aufgeführte Schriftstücke werden nicht übersetzt, sofern nicht das Gericht ausnahmsweise beschließt, dass bestimmte Schriftstücke übersetzt oder transliteriert werden müssen, damit der Schuldner seine Rechte geltend machen kann.

(2) Schriftstücke, die gemäß dieser Verordnung an ein Gericht oder eine zuständige Behörde gerichtet werden, können auch in einer anderen Amtssprache der Organe der Union angefertigt werden, wenn der betreffende Mitgliedstaat erklärt hat, dass er diese Sprache akzeptieren kann.

(3) Eine Übersetzung nach Maßgabe dieser Verordnung ist von einem in einem Mitgliedstaat hierzu befugten Übersetzer anzufertigen.

Art. 50[1)] Von den Mitgliedstaaten bereitzustellende Informationen.

(1) Die Mitgliedstaaten teilen der Kommission bis zum 18. Juli 2016 Folgendes mit:

a) die benannten Gerichte, die befugt sind, einen Beschluss zur vorläufigen Pfändung zu erlassen (Artikel 6 Absatz 4);

b) die benannte Behörde, die befugt ist, Kontoinformationen einzuholen (Artikel 14);

c) die nach ihrem nationalen Recht zur Verfügung stehenden Methoden zur Einholung von Kontoinformationen (Artikel 14 Absatz 5);

d) die Gerichte, bei denen ein Rechtsbehelf eingelegt werden kann (Artikel 21);

e) die benannte Behörde oder Behörden, die befugt ist bzw. sind, den Beschluss zur vorläufigen Pfändung und sonstige Schriftstücke nach dieser Verordnung entgegenzunehmen, zu übermitteln und zuzustellen (Artikel 4 Nummer 14);

f) die für die Vollstreckung eines Beschlusses zur vorläufigen Pfändung gemäß Kapitel 3 zuständige Behörde;

g) ihre nationalen Regelungen in Bezug auf die Möglichkeiten der vorläufigen Pfändung von Gemeinschafts- oder Treuhandkonten (Artikel 30);

h) die nationalen Vorschriften in Bezug auf von der Pfändung freigestellte Beträge (Artikel 31);

i) ob nach ihrem nationalem Recht die Banken Gebühren für die Ausführung gleichwertiger nationaler Beschlüsse oder die Erteilung von Kontoinformationen erheben dürfen und, wenn dies der Fall ist, welche Partei diese Gebühren vorläufig und endgültig zu entrichten hat (Artikel 43);

j) die Gebührenskala oder das sonstige Regelwerk, in der bzw. dem die *geltenden* Gebühren aufgeführt sind, die von einer an der Bearbeitung

---

1) Art. 50 gilt ab 18. 7. 2016, vgl. Art. 54 UAbs. 2.

oder Vollstreckung eines Beschlusses zur vorläufigen Pfändung beteiligten Behörde oder sonstigen Stelle erhoben werden (Artikel 44);

k) ob gleichwertigen nationalen Beschlüssen nach nationalem Recht ein bestimmter Rang eingeräumt wird (Artikel 32);

l) die Gerichte oder gegebenenfalls die Vollstreckungsbehörde, die für einen Rechtsbehelf zuständig sind bzw. ist (Artikel 33 Absatz 1, Artikel 34 Absatz 1 oder 2);

m) die Gerichte, bei denen das Rechtsmittel einzulegen ist, die Frist, innerhalb derer dieses Rechtsmittels nach nationalem Recht einzulegen ist, sofern eine solche vorgesehen ist, und das Ereignis, mit dem diese Frist zu laufen beginnt (Artikel 37);

n) eine Angabe der Gerichtsgebühren (Artikel 42) und

o) die Sprachen, die für die Übersetzung der Schriftstücke zugelassen sind (Artikel 49 Absatz 2).

Die Mitgliedstaaten unterrichten die Kommission über spätere Änderungen dieser Angaben.

(2) Die Angaben werden von der Kommission in geeigneter Weise veröffentlicht, insbesondere über das Europäische Justizielle Netz für Zivil- und Handelssachen.

Art. 51 Erstellung und spätere Änderung der Formblätter. [1]Die Kommission erlässt Durchführungsrechtsakte zur Erstellung und späteren Änderung der Formblätter nach Artikel 8 Absatz 1, Artikel 10 Absatz 2, Artikel 19 Absatz 1, Artikel 25 Absatz 1, Artikel 27 Absatz 2, Artikel 29 Absatz 2, Artikel 36 Absatz 1, Artikel 36 Absatz 5 Unterabsatz 2 und Artikel 37. [2]Diese Durchführungsrechtsakte werden gemäß dem in Artikel 52 Absatz 2 genannten Beratungsverfahren erlassen.

Art. 52 Ausschussverfahren. (1) [1]Die Kommission wird von einem Ausschuss unterstützt. [2]Dieser Ausschuss ist ein Ausschuss im Sinne der Verordnung (EU) Nr. 182/2011.

(2) Wird auf diesen Absatz Bezug genommen, so gilt Artikel 4 der Verordnung (EU) Nr. 182/2011.

Art. 53 Überwachung und Überprüfung. (1) Die Kommission übermittelt dem Europäischen Parlament, dem Rat und dem Europäischen Wirtschafts- und Sozialausschuss bis zum 18. Januar 2022 einen Bericht über die Anwendung dieser Verordnung, der auch eine Bewertung der Frage umfasst,

a) ob Finanzinstrumente in den Anwendungsbereich dieser Verordnung aufgenommen werden sollten und

b) ob Beträge, die nach Ausführung des Beschlusses zur vorläufigen Pfändung dem Konto des Schuldners gutgeschrieben wurden, aufgrund des Beschlusses vorläufig pfändbar gemacht werden könnten.

Dem Bericht wird gegebenenfalls ein Vorschlag zur Änderung dieser Verordnung und eine Folgenabschätzung der einzuführenden Änderungen beigefügt.

(2) Für die Zwecke des Absatzes 1 erheben die Mitgliedstaaten folgende Informationen und übermitteln sie der Kommission auf Anfrage:

a) die Zahl der Anträge auf Erlass eines Beschlusses zur vorläufigen Pfändung und die Zahl der erlassenen Beschlüsse;

b) die Zahl der Anträge auf Einlegung eines Rechtsbehelfs gemäß den Artikeln 33 und 34 und, wenn möglich, die Zahl der Fälle, in denen dem Rechtsbehelf stattgegeben wurde, und

c) die Zahl der Anträge auf Einlegung eines Rechtsmittels gemäß Artikel 37 und, sofern möglich, die Zahl der Fälle, in denen das Rechtsmittel erfolgreich war.

Kapitel 6. Schlussbestimmungen

Art. 54 Inkrafttreten. Diese Verordnung tritt am zwanzigsten Tag nach ihrer Veröffentlichung[1] im *Amtsblatt der Europäischen Union* in Kraft.

Sie gilt ab dem 18. Januar 2017 mit Ausnahme des Artikels 50, der ab dem 18. Juli 2016 gilt.

[1] Veröffentlicht am 27. 6. 2014.

103i. Verordnung (EU) 2016/1103 des Rates vom 24. Juni 2016 zur Durchführung einer Verstärkten Zusammenarbeit im Bereich der Zuständigkeit, des anzuwendenden Rechts und der Anerkennung und Vollstreckung von Entscheidungen in Fragen des ehelichen Güterstands

(ABl. Nr. L 183 S. 1, ber. 2017 Nr. L 113 S. 62 und 2018 Nr. L 167 S. 36)
Celex-Nr. 3 2016 R 1103

DER RAT DER EUROPÄISCHEN UNION –

gestützt auf den Vertrag über die Arbeitsweise der Europäischen Union, insbesondere auf Artikel 81 Absatz 3,

gestützt auf den Beschluss (EU) 2016/954 des Rates vom 9. Juni 2016 zur Ermächtigung zu einer Verstärkten Zusammenarbeit im Bereich der Zuständigkeit, des anzuwendenden Rechts und der Anerkennung und Vollstreckung von Entscheidungen in Fragen der Güterstände internationaler Paare (eheliche Güterstände und vermögensrechtliche Wirkungen eingetragener Partnerschaften)[1],

auf Vorschlag der Europäischen Kommission,

nach Zuleitung des Entwurfs des Gesetzgebungsakts an die nationalen Parlamente,

nach Stellungnahme des Europäischen Parlaments,[2]

gemäß einem besonderen Gesetzgebungsverfahren,

in Erwägung nachstehender Gründe:

(1) Die Union hat sich zum Ziel gesetzt, einen Raum der Freiheit, der Sicherheit und des Rechts, in dem der freie Personenverkehr gewährleistet ist, zu erhalten und weiterzuentwickeln. Zum schrittweisen Aufbau eines solchen Raums hat die Union im Bereich der justiziellen Zusammenarbeit in Zivilsachen, die einen grenzüberschreitenden Bezug aufweisen, Maßnahmen zu erlassen, insbesondere wenn dies für das reibungslose Funktionieren des Binnenmarkts erforderlich ist.

(2) Nach Artikel 81 Absatz 2 Buchstabe c des Vertrags über die Arbeitsweise der Europäischen Union[3] (AEUV) können zu solchen Maßnahmen unter anderem Maßnahmen gehören, die die Vereinbarkeit der in den Mitgliedstaaten geltenden Kollisionsnormen und Vorschriften zur Vermeidung von Kompetenzkonflikten sicherstellen sollen.

---

[1] **Amtl. Anm.:** ABl. L 159 vom 16.6.2016, S. 16.
[2] **Amtl. Anm.:** Stellungnahme vom 23. Juni 2016 (noch nicht im Amtsblatt veröffentlicht).
[3] **Sartorius Nr. 1001.**

(3) Auf seiner Tagung vom 15./16. Oktober 1999 in Tampere hatte der Europäische Rat den Grundsatz der gegenseitigen Anerkennung von Urteilen und anderen Entscheidungen von Justizbehörden als Eckstein der justiziellen Zusammenarbeit in Zivilsachen unterstützt und den Rat und die Kommission ersucht, ein Maßnahmenprogramm zur Umsetzung dieses Grundsatzes anzunehmen.

(4) Am 30. November 2000 wurde daraufhin ein für die Kommission und den Rat gleichermaßen geltendes Maßnahmenprogramm zur Umsetzung des Grundsatzes der gegenseitigen Anerkennung gerichtlicher Entscheidungen in Zivil- und Handelssachen[1] angenommen. Dieses Programm weist Maßnahmen zur Harmonisierung der Kollisionsnormen als Maßnahmen aus, die die gegenseitige Anerkennung gerichtlicher Entscheidungen erleichtern können, und stellt die Ausarbeitung eines Rechtsinstruments zu Fragen des ehelichen Güterstands in Aussicht.

(5) Am 4./5. November 2004 nahm der Europäische Rat auf seiner Tagung in Brüssel ein neues Programm mit dem Titel „Haager Programm zur Stärkung von Freiheit, Sicherheit und Recht in der Europäischen Union"[2] an. Darin ersuchte der Rat die Kommission um Vorlage eines Grünbuchs über das Kollisionsrecht im Bereich des ehelichen Güterstands, einschließlich der Frage der Zuständigkeit und der gegenseitigen Anerkennung. Dem Programm zufolge sollte auch ein Rechtsakt in diesem Bereich erlassen werden.

(6) Am 17. Juli 2006 nahm die Kommission daraufhin ein Grünbuch zu den Kollisionsnormen im Güterrecht sowie zur gerichtlichen Zuständigkeit und der gegenseitigen Anerkennung an. Auf der Grundlage dieses Grünbuchs fand eine umfassende Konsultation zu den Problemen statt, die sich in Europa bei der güterrechtlichen Auseinandersetzung für Paare stellen, sowie zu den rechtlichen Lösungsmöglichkeiten.

(7) Auf seiner Tagung vom 10./11. Dezember 2009 in Brüssel nahm der Europäische Rat ein neues mehrjähriges Programm mit dem Titel „Das Stockholmer Programm – Ein offenes und sicheres Europa im Dienste und zum Schutz der Bürger"[3] an. Darin hielt der Europäische Rat fest, dass der Grundsatz der gegenseitigen Anerkennung auf Bereiche ausgeweitet werden sollte, die bisher noch nicht erfasst sind, aber den Alltag der Bürger wesentlich prägen, z.B. das Ehegüterrecht, wobei gleichzeitig die Rechtssysteme einschließlich der öffentlichen Ordnung *(ordre public)* und die nationalen Traditionen der Mitgliedstaaten in diesem Bereich zu berücksichtigen sind.

(8) In ihrem „Bericht über die Unionsbürgerschaft 2010 – Weniger Hindernisse für die Ausübung von Unionsbürgerrechten" vom 27. Oktober 2010 kündigte die Kommission die Vorlage eines Legislativvorschlags an, der Hindernisse für die Freizügigkeit und insbesondere die Schwierigkeiten überwinden soll, mit denen Paare bei der Verwaltung ihres Vermögens oder bei dessen Teilung konfrontiert sind.

---

[1] **Amtl. Anm.:** ABl. C 12 vom 15.1.2001, S. 1.
[2] **Amtl. Anm.:** ABl. C 53 vom 3.3.2005, S. 1.
[3] **Amtl. Anm.:** ABl. C 115 vom 4.5.2010, S. 1.

(9) Am 16. März 2011 nahm die Kommission einen Vorschlag für eine Verordnung des Rates über die Zuständigkeit, das anzuwendende Recht, die Anerkennung und die Vollstreckung von Entscheidungen im Bereich des Ehegüterrechts und einen Vorschlag für eine Verordnung des Rates über die Zuständigkeit, das anzuwendende Recht, die Anerkennung und die Vollstreckung von Entscheidungen im Bereich des Güterrechts eingetragener Partnerschaften an.

(10) Auf seiner Tagung vom 3. Dezember 2015 stellte der Rat fest, dass für die beiden Verordnungsvorschläge zu den ehelichen Güterständen und den Güterständen eingetragener Partnerschaften keine Einstimmigkeit erzielt werden konnte und innerhalb eines vertretbaren Zeitraums die mit einer Zusammenarbeit in diesem Bereich angestrebten Ziele von der Union in ihrer Gesamtheit nicht verwirklicht werden können.

(11) Zwischen Dezember 2015 und Februar 2016 richteten Belgien, Bulgarien, die Tschechische Republik, Deutschland, Griechenland, Spanien, Frankreich, Kroatien, Italien, Luxemburg, Malta, die Niederlande, Österreich, Portugal, Slowenien, Finnland und Schweden Anträge an die Kommission, in denen sie ihren Wunsch bekundeten, untereinander eine Verstärkte Zusammenarbeit im Bereich der Güterstände internationaler Paare, insbesondere im Bereich der Zuständigkeit, des anzuwendenden Rechts, der Anerkennung und Vollstreckung von Entscheidungen in Fragen der ehelichen Güterstände und der Güterstände eingetragener Partnerschaften, begründen zu wollen, und die Kommission um Vorlage eines entsprechenden Vorschlags an den Rat baten. Zypern hat mit Schreiben an die Kommission im März 2016 seinen Wunsch zum Ausdruck gebracht, an dieser Verstärkten Zusammenarbeit teilzunehmen; Zypern hat diesen Wunsch später während der Arbeiten des Rates bestätigt.

(12) Am 9. Juni 2016 erließ der Rat den Beschluss (EU) 2016/954 über die Ermächtigung zu dieser Verstärkten Zusammenarbeit.

(13) Gemäß Artikel 328 Absatz 1 AEUV[1)] steht eine Verstärkte Zusammenarbeit bei ihrer Begründung allen Mitgliedstaaten offen, sofern sie die in dem hierzu ermächtigenden Beschluss gegebenenfalls festgelegten Teilnahmevoraussetzungen erfüllen. Das gilt auch zu jedem anderen Zeitpunkt, sofern sie neben den genannten Voraussetzungen auch die in diesem Rahmen bereits erlassenen Rechtsakte beachten. Die Kommission und die an einer Verstärkten Zusammenarbeit teilnehmenden Mitgliedstaaten sollten dafür sorgen, dass die Teilnahme möglichst vieler Mitgliedstaaten gefördert wird. Diese Verordnung sollte nur in den Mitgliedstaaten in allen ihren Teilen verbindlich sein und unmittelbar gelten, die kraft des Beschlusses (EU) 2016/954 oder kraft eines gemäß Artikel 331 Absatz 1 Unterabsatz 2 oder 3 AEUV[1)] erlassenen Beschlusses an der Verstärkten Zusammenarbeit im Bereich der Gerichtszuständigkeit, des anzuwendenden Rechts und der Anerkennung und Vollstreckung von Entscheidungen in Fragen der Güterstände internationaler Paare (eheliche Güterstände und Güterstände eingetragener Partnerschaften) teilnehmen.

[1)] **Sartorius Nr. 1001.**

(14) Diese Verordnung sollte gemäß Artikel 81 AEUV[1)] auf eheliche Güterstände mit grenzüberschreitendem Bezug Anwendung finden.

(15) Damit für verheiratete Paare Rechtssicherheit in Bezug auf ihr Vermögen und ein gewisses Maß an Vorhersehbarkeit in Bezug auf das anzuwendende Recht gegeben ist, sollten alle Regelungen, welche auf die ehelichen Güterstände anzuwenden sind, in einem einzigen Rechtsinstrument erfasst werden.

(16) Um diese Ziele zu erreichen, sollten in dieser Verordnung die Bestimmungen über die Gerichtszuständigkeit, das anzuwendende Recht, die Anerkennung – oder gegebenenfalls die Annahme –, die Vollstreckbarkeit und die Vollstreckung von Entscheidungen, öffentlichen Urkunden und gerichtlichen Vergleichen zusammengefasst werden.

(17) Der Begriff „Ehe", der sich nach dem nationalen Recht der Mitgliedstaaten bestimmt, wird in dieser Verordnung nicht definiert.

(18) Der Anwendungsbereich dieser Verordnung sollte sich auf alle zivilrechtlichen Aspekte der ehelichen Güterstände erstrecken und sowohl die Verwaltung des Vermögens der Ehegatten im Alltag betreffen als auch die güterrechtliche Auseinandersetzung, insbesondere infolge der Trennung des Paares oder des Todes eines Ehegatten. Für die Zwecke dieser Verordnung sollte der Begriff „ehelicher Güterstand" autonom ausgelegt werden und er sollte nicht nur Regelungen umfassen, von denen die Ehegatten nicht abweichen dürfen, sondern auch fakultative Regelungen, die sie nach Maßgabe des anzuwendenden Rechts vereinbaren können, sowie die Auffangregelungen des anzuwendenden Rechts. Dieser Begriff schließt nicht nur vermögensrechtliche Regelungen ein, die bestimmte einzelstaatliche Rechtsordnungen speziell und ausschließlich für die Ehe vorsehen, sondern auch sämtliche vermögensrechtlichen Verhältnisse, die zwischen den Ehegatten und in ihren Beziehungen gegenüber Dritten direkt infolge der Ehe oder der Auflösung des Eheverhältnisses gelten.

(19) Aus Gründen der Klarheit sollte eine Reihe von Fragen, die als mit dem ehelichen Güterstand zusammenhängend betrachtet werden könnten, ausdrücklich vom Anwendungsbereich dieser Verordnung ausgenommen werden.

(20) Dementsprechend sollte diese Verordnung nicht für Fragen der allgemeinen Rechts-, Geschäfts- und Handlungsfähigkeit der Ehegatten gelten; dieser Ausschluss sollte sich jedoch nicht auf die spezifischen Befugnisse und Rechte eines oder beider Ehegatten – weder im Verhältnis untereinander noch gegenüber Dritten – im Zusammenhang mit dem Vermögen erstrecken, da diese Befugnisse und Rechte in den Anwendungsbereich dieser Verordnung fallen sollten.

(21) Diese Verordnung sollte nicht für andere Vorfragen wie das Bestehen, die Gültigkeit oder die Anerkennung einer Ehe gelten, die weiterhin dem nationalen Recht der Mitgliedstaaten, einschließlich ihrer Vorschriften des Internationalen Privatrechts, unterliegen.

---

1) **Sartorius Nr. 1001.**

(22) Die Unterhaltspflichten im Verhältnis der Ehegatten untereinander sind Gegenstand der Verordnung (EG) Nr. 4/2009[1] des Rates[2] und sollten daher vom Anwendungsbereich der vorliegenden Verordnung ausgenommen werden; das gilt auch für Fragen der Rechtsnachfolge nach dem Tod eines Ehegatten, da diese in der Verordnung (EU) Nr. 650/2012[3] des Europäischen Parlaments und des Rates[4] geregelt sind.

(23) Fragen im Zusammenhang mit der Berechtigung, Ansprüche gleich welcher Art auf Alters- oder Erwerbsunfähigkeitsrente, die während der Ehe erworben wurden und die während der Ehe zu keinem Renteneinkommen geführt haben, zwischen den Ehegatten zu übertragen oder anzupassen, sollten vom Anwendungsbereich dieser Verordnung ausgenommen werden, wobei die in den Mitgliedstaaten bestehenden spezifischen Systeme zu berücksichtigen sind. Allerdings sollte diese Ausnahme eng ausgelegt werden. Somit sollte diese Verordnung insbesondere die Frage der Kategorisierung von Rentenansprüchen, der während der Ehe an einen der Ehegatten bereits ausgezahlten Beträge und des eventuell zu gewährenden Ausgleichs bei mit gemeinsamem Vermögen finanzierten Rentenversicherungen regeln.

(24) Diese Verordnung sollte die sich aus dem ehelichen Güterstand ergebende Begründung oder Übertragung eines Rechts an beweglichen oder unbeweglichen Vermögensgegenständen nach Maßgabe des auf den ehelichen Güterstand anzuwendenden Rechts ermöglichen. Sie sollte jedoch nicht die abschließende Anzahl *(Numerus clausus)* der dinglichen Rechte berühren, die das nationale Recht einiger Mitgliedstaaten kennt. Ein Mitgliedstaat sollte nicht verpflichtet sein, ein dingliches Recht an einer in diesem Mitgliedstaat belegenen Sache anzuerkennen, wenn sein Recht dieses dingliche Recht nicht kennt.

(25) Damit die Ehegatten jedoch die Rechte, die durch den ehelichen Güterstand begründet worden oder auf sie übergegangen sind, in einem anderen Mitgliedstaat ausüben können, sollte diese Verordnung die Anpassung eines unbekannten dinglichen Rechts an das in der Rechtsordnung dieses anderen Mitgliedstaats am ehesten vergleichbare Recht vorsehen. Bei dieser Anpassung sollten die mit dem besagten dinglichen Recht verfolgten Ziele und Interessen und die mit ihm verbundenen Wirkungen berücksichtigt werden. Für die Zwecke der Bestimmung des am ehesten vergleichbaren dinglichen Rechts können die Behörden oder zuständigen Personen des Staates, dessen Recht auf den ehelichen Güterstand Anwendung findet, kontaktiert werden, um weitere Auskünfte zu der Art und den Wirkungen des betreffenden Rechts einzuholen. In diesem Zusammenhang könnten die bestehenden Netze im Bereich der

---

[1] Nr. **21d**.

[2] **Amtl. Anm.:** Verordnung (EG) Nr. 4/2009 [Nr. **21d**] des Rates vom 18. Dezember 2008 über die Zuständigkeit, das anwendbare Recht, die Anerkennung und Vollstreckung von Entscheidungen und die Zusammenarbeit in Unterhaltssachen (ABl. L 7 vom 10.1.2009, S. 1).

[3] Nr. **21e**.

[4] **Amtl. Anm.:** Verordnung (EU) Nr. 650/2012 [Nr. **21e**] des Europäischen Parlaments und des Rates vom 4. Juli 2012 über die Zuständigkeit, das anzuwendende Recht, die Anerkennung und Vollstreckung von Entscheidungen und die Annahme und Vollstreckung öffentlicher Urkunden in Erbsachen sowie zur Einführung eines Europäischen Nachlasszeugnisses (ABl. L 201 vom 27.7.2012, S. 107).

justiziellen Zusammenarbeit in Zivil- und Handelssachen sowie die anderen verfügbaren Mittel, die die Erkenntnis ausländischen Rechts erleichtern, genutzt werden.

(26) Die in dieser Verordnung ausdrücklich vorgesehene Anpassung unbekannter dinglicher Rechte sollte andere Formen der Anpassung im Zusammenhang mit der Anwendung dieser Verordnung nicht ausschließen.

(27) Die Voraussetzungen für die Eintragung von Rechten an beweglichen oder unbeweglichen Vermögensgegenständen in ein Register sollten vom Anwendungsbereich dieser Verordnung ausgenommen werden. Somit sollte das Recht des Mitgliedstaats, in dem das Register geführt wird (für unbewegliches Vermögen das Recht der belegenen Sache *(lex rei sitae)*, bestimmen, unter welchen gesetzlichen Voraussetzungen und wie die Eintragung vorzunehmen ist und welche Behörden wie etwa Grundbuchämter oder Notare dafür zuständig sind zu prüfen, dass alle Eintragungsvoraussetzungen erfüllt sind und die vorgelegten oder erstellten Unterlagen vollständig sind beziehungsweise die erforderlichen Angaben enthalten. Insbesondere können die Behörden prüfen, ob es sich bei dem Recht eines Ehegatten an dem Vermögensgegenstand, der in dem für die Eintragung vorgelegten Schriftstück erwähnt ist, um ein Recht handelt, das als solches in dem Register eingetragen ist oder nach dem Recht des Mitgliedstaats, in dem das Register geführt wird, anderweitig nachgewiesen wird. Um eine doppelte Erstellung von Schriftstücken zu vermeiden, sollten die Eintragungsbehörden diejenigen von den zuständigen Behörden in einem anderen Mitgliedstaat erstellten Schriftstücke annehmen, deren Verkehr nach dieser Verordnung vorgesehen ist. Dies sollte die an der Eintragung beteiligten Behörden nicht daran hindern, von der Person, die die Eintragung beantragt, diejenigen zusätzlichen Angaben oder die Vorlage derjenigen zusätzlichen Schriftstücke zu verlangen, die nach dem Recht des Mitgliedstaats, in dem das Register geführt wird, erforderlich sind, wie beispielsweise Angaben oder Schriftstücke betreffend die Zahlung von Steuern. Die zuständige Behörde kann die Person, die die Eintragung beantragt, darauf hinweisen, wie die fehlenden Angaben oder Schriftstücke beigebracht werden können.

(28) Die Wirkungen der Eintragung eines Rechts in ein Register sollten ebenfalls vom Anwendungsbereich dieser Verordnung ausgenommen werden. Daher sollte das Recht des Mitgliedstaats, in dem das Register geführt wird, dafür maßgebend sein, ob beispielsweise die Eintragung deklaratorische oder konstitutive Wirkung hat. Wenn also zum Beispiel der Erwerb eines Rechts an einer unbeweglichen Sache nach dem Recht des Mitgliedstaats, in dem das Register geführt wird, die Eintragung in ein Register erfordert, damit die Wirkung erga omnes von Registern sichergestellt wird oder Rechtsgeschäfte geschützt werden, sollte der Zeitpunkt des Erwerbs dem Recht dieses Mitgliedstaats unterliegen.

(29) Diese Verordnung sollte den verschiedenen Systemen zur Regelung des ehelichen Güterstands Rechnung tragen, die in den Mitgliedstaaten angewandt werden. Für die Zwecke dieser Verordnung sollte der Begriff „Gericht" daher weit gefasst werden, sodass nicht nur Gerichte im *engeren Sinne*, die gerichtliche Funktionen ausüben, erfasst werden, sondern beispielsweise in einigen Mitgliedstaaten auch Notare, die in bestimmten Fragen des ehelichen Güterstands gerichtliche Funktionen

ausüben, sowie Notare und Angehörige von Rechtsberufen, die in einigen Mitgliedstaaten bei der Regelung eines ehelichen Güterstands aufgrund einer Befugnisübertragung durch ein Gericht gerichtliche Funktionen ausüben. Alle Gerichte im Sinne dieser Verordnung sollten durch die in dieser Verordnung festgelegten Zuständigkeitsregeln gebunden sein. Der Begriff „Gericht" sollte hingegen nicht die nichtgerichtlichen Behörden eines Mitgliedstaats erfassen, die, wie in den meisten Mitgliedstaaten die Notariate, nach nationalem Recht befugt sind, sich mit Fragen des ehelichen Güterstands zu befassen, wenn sie, wie es in der Regel der Fall ist, keine gerichtlichen Funktionen ausüben.

(30) Diese Verordnung sollte es allen Notaren, die für Fragen des ehelichen Güterstands in den Mitgliedstaaten zuständig sind, ermöglichen, diese Zuständigkeit auszuüben. Ob die Notare in einem Mitgliedstaat durch die Zuständigkeitsregeln dieser Verordnung gebunden sind, sollte davon abhängen, ob sie unter den Begriff „Gericht" im Sinne dieser Verordnung fallen.

(31) Die in den Mitgliedstaaten von Notaren in Fragen des ehelichen Güterstands errichteten Urkunden sollten nach Maßgabe dieser Verordnung verkehren. Üben Notare gerichtliche Funktionen aus, so sollten sie durch die Zuständigkeitsregeln dieser Verordnung gebunden sein, und die von ihnen erlassenen Entscheidungen sollten nach den Bestimmungen dieser Verordnung über die Anerkennung, Vollstreckbarkeit und Vollstreckung von Entscheidungen verkehren. Üben Notare keine gerichtlichen Funktionen aus, so sollten sie nicht durch diese Zuständigkeitsregeln gebunden sein, und die von ihnen errichteten öffentlichen Urkunden sollten nach den Bestimmungen dieser Verordnung über öffentliche Urkunden verkehren.

(32) Um der zunehmenden Mobilität von Paaren während ihres Ehelebens Rechnung zu tragen und eine geordnete Rechtspflege zu erleichtern, sollten die Zuständigkeitsvorschriften in dieser Verordnung den Bürgern die Möglichkeit geben, miteinander zusammenhängende Verfahren vor den Gerichten desselben Mitgliedstaats verhandeln zu lassen. Hierzu sollte mit dieser Verordnung angestrebt werden, die Zuständigkeit für den ehelichen Güterstand in dem Mitgliedstaat zu bündeln, dessen Gerichte berufen sind, über die Rechtsnachfolge von Todes wegen nach einem Ehegatten gemäß Verordnung (EU) Nr. 650/2012[1] oder die Ehescheidung, die Trennung ohne Auflösung des Ehebands oder die Ungültigerklärung einer Ehe gemäß der Verordnung (EG) Nr. 2201/2003[2] des Rates[3] zu befinden.

(33) In der vorliegenden Verordnung sollte vorgesehen werden, dass in den Fällen, in denen ein Verfahren über die Rechtsnachfolge von Todes wegen nach einem Ehegatten bei einem gemäß der Verordnung (EU) Nr. 650/2012[1] angerufenen Gericht eines Mitgliedstaats anhängig ist,

---

[1] Nr. **21e**.

[2] Auszugsweise abgedruckt unter Nr. **103b**.

[3] **Amtl. Anm.:** Verordnung (EG) Nr. 2201/2003 [Auszugsweise abgedruckt unter Nr. **103b**] des Rates vom 27. November 2003 über die Zuständigkeit und die Anerkennung und Vollstreckung von Entscheidungen in Ehesachen und in Verfahren betreffend die elterliche Verantwortung und zur Aufhebung der Verordnung (EG) Nr. 1347/2000 (ABl. L 338 vom 23.12.2003, S. 1).

die Gerichte dieses Mitgliedstaats auch für Entscheidungen über Fragen des ehelichen Güterstands zuständig sind, die mit dem Nachlass im Zusammenhang stehen.

(34) Ebenso sollten Fragen des ehelichen Güterstands, die sich im Zusammenhang mit einem Verfahren ergeben, das bei einem mit einer Ehescheidung, einer Trennung ohne Auflösung des Ehebands oder der Ungültigerklärung einer Ehe gemäß der Verordnung (EG) Nr. 2201/2003[1] befassten Gericht eines Mitgliedstaats anhängig ist, in die Zuständigkeit der Gerichte dieses Mitgliedstaats fallen, es sei denn, die Zuständigkeit für Entscheidungen über Ehescheidung, Trennung ohne Auflösung des Ehebands oder Ungültigerklärung der Ehe darf nur auf spezielle Zuständigkeitsregeln gestützt werden. In solchen Fällen sollte eine Bündelung der Zuständigkeit der Zustimmung der Ehegatten bedürfen.

(35) Stehen Fragen des ehelichen Güterstands nicht im Zusammenhang mit einem bei einem Gericht eines Mitgliedstaats anhängigen Verfahren über die Rechtsnachfolge von Todes wegen nach einem Ehegatten oder über Ehescheidung, Trennung ohne Auflösung des Ehebands oder Ungültigerklärung der Ehe, so sollte in dieser Verordnung eine Rangfolge der Anknüpfungspunkte vorgesehen werden, anhand deren die Zuständigkeit bestimmt wird, wobei erster Anknüpfungspunkt der gemeinsame gewöhnliche Aufenthalt der Ehegatten zum Zeitpunkt der Anrufung des Gerichts sein sollte. Diese Anknüpfungspunkte sollen die zunehmende Mobilität der Bürger widerspiegeln und eine wirkliche Verbindung zwischen den Ehegatten und dem Mitgliedstaat, in dem die Zuständigkeit ausgeübt wird, gewährleisten.

(36) Im Interesse einer größeren Rechtssicherheit, einer besseren Vorhersehbarkeit des anzuwendenden Rechts und einer größeren Entscheidungsfreiheit der Parteien sollte es diese Verordnung den Parteien unter bestimmten Voraussetzungen ermöglichen, eine Gerichtsstandsvereinbarung zugunsten der Gerichte des Mitgliedstaats, dessen Recht anzuwenden ist, oder der Gerichte des Mitgliedstaats, in dem die Ehe geschlossen wurde, zu schließen.

(37) Für die Zwecke dieser Verordnung und zur Erfassung aller möglichen Sachverhalte sollte der Mitgliedstaat der Eheschließung der Mitgliedstaat sein, vor dessen Behörden die Ehe geschlossen wurde.

(38) Die Gerichte eines Mitgliedstaats können feststellen, dass nach ihrem Internationalen Privatrecht die betreffende Ehe für die Zwecke eines Verfahrens über den ehelichen Güterstand nicht anerkannt werden kann. In solchen Fällen kann es ausnahmsweise erforderlich sein, die durch diese Verordnung begründete Zuständigkeit abzulehnen. Die Gerichte sollten rasch handeln, und die betroffene Partei sollte die Möglichkeit haben, die Rechtssache in jedem anderen Mitgliedstaat, dessen gerichtliche Zuständigkeit aufgrund eines Anknüpfungspunkts begründet ist, anhängig zu machen, wobei es nicht auf die Rangfolge der Zuständigkeitskriterien ankommt und zugleich die Parteiautonomie zu wahren ist. Jedes nach einer Unzuständigkeitserklärung angerufene Gericht, das *nicht ein* Gericht des Mitgliedstaats ist, in dem die Ehe geschlossen

[1] Auszugsweise abgedruckt unter Nr. **103b**.

wurde, darf sich unter denselben Bedingungen ebenfalls ausnahmsweise für unzuständig erklären. Eine Kombination der verschiedenen Zuständigkeitsregeln sollte jedoch gewährleisten, dass die Parteien jede Möglichkeit haben, ein Gericht eines Mitgliedstaats anzurufen, das sich zu dem Zweck, ihrem ehelichen Güterstand Wirkung zu verleihen, für zuständig erklärt.

(39) Diese Verordnung sollte die Parteien nicht daran hindern, den Rechtsstreit außergerichtlich, beispielsweise vor einem Notar, in einem Mitgliedstaat ihrer Wahl einvernehmlich zu regeln, wenn das nach dem Recht dieses Mitgliedstaats möglich ist. Das sollte auch dann der Fall sein, wenn das auf den ehelichen Güterstand anzuwendende Recht nicht das Recht dieses Mitgliedstaats ist.

(40) Um zu gewährleisten, dass die Gerichte aller Mitgliedstaaten ihre Zuständigkeit in Fragen des ehelichen Güterstands auf derselben Grundlage ausüben können, sollten die Gründe, aus denen diese subsidiäre Zuständigkeit ausgeübt werden kann, in dieser Verordnung abschließend geregelt werden.

(41) Um insbesondere Fällen von Rechtsverweigerung begegnen zu können, sollte in dieser Verordnung auch eine Notzuständigkeit *(forum necessitatis)* vorgesehen werden, wonach ein Gericht eines Mitgliedstaats in besonderen Ausnahmefällen über einen ehelichen Güterstand entscheiden kann, der einen engen Bezug zu einem Drittstaat aufweist. Ein solcher Ausnahmefall könnte gegeben sein, wenn sich ein Verfahren in dem betreffenden Drittstaat als unmöglich erweist, beispielsweise wegen eines Bürgerkriegs, oder wenn von einem Ehegatten vernünftigerweise nicht erwartet werden kann, dass er ein Verfahren in diesem Staat einleitet oder führt. Die Zuständigkeit, die auf *forum necessitatis* gründet, sollte jedoch nur ausgeübt werden, wenn die Sache eine ausreichende Verbindung zu dem Mitgliedstaat des angerufenen Gerichts aufweist.

(42) Im Interesse einer geordneten Rechtspflege sollte vermieden werden, dass in den Mitgliedstaaten Entscheidungen ergehen, die miteinander unvereinbar sind. Hierzu sollte die Verordnung allgemeine Verfahrensvorschriften nach dem Vorbild anderer Rechtsinstrumente der Union im Bereich der justiziellen Zusammenarbeit in Zivilsachen vorsehen. Eine dieser Verfahrensvorschriften ist die Regel zur Rechtshängigkeit, die zum Tragen kommt, wenn dieselbe Güterrechtssache bei Gerichten in verschiedenen Mitgliedstaaten anhängig gemacht wird. Diese Regel bestimmt, welches Gericht sich weiterhin mit der Güterrechtssache zu befassen hat.

(43) Damit die Bürger die Vorteile des Binnenmarkts ohne Einbußen bei der Rechtssicherheit nutzen können, sollte diese Verordnung den Ehegatten *im Voraus Klarheit* über das in ihrem Fall anzuwendende Ehegüterrecht verschaffen. Es sollten daher harmonisierte Kollisionsnormen eingeführt werden, um einander widersprechende Ergebnisse zu vermeiden. Die allgemeine Kollisionsnorm sollte sicherstellen, dass der eheliche Güterstand einem im Voraus bestimmbaren Recht unterliegt, zu dem eine enge Verbindung besteht. Aus Gründen der Rechtssicherheit und um eine Aufspaltung des ehelichen Güterstands zu vermeiden, sollte das anzuwendende Recht den ehelichen Güterstand insgesamt, d.h. das ge-

samte zum Güterstand gehörende Vermögen, erfassen, unabhängig von der Art der Vermögenswerte und unabhängig davon, ob diese in einem anderen Mitgliedstaat oder in einem Drittstaat belegen sind.

(44) Das nach dieser Verordnung bestimmte Recht sollte auch dann Anwendung finden, wenn es nicht das Recht eines Mitgliedstaats ist.

(45) Um Ehegatten die Verwaltung ihres Vermögens zu erleichtern, sollte ihnen diese Verordnung erlauben, unter den Rechtsordnungen, zu denen sie aufgrund ihres gewöhnlichen Aufenthalts oder ihrer Staatsangehörigkeit eine enge Verbindung haben, unabhängig von der Art oder Belegenheit des Vermögens das auf ihren ehelichen Güterstand anzuwendende Recht zu wählen. Diese Wahl kann jederzeit vor der Ehe, zum Zeitpunkt der Eheschließung oder während der Ehe erfolgen.

(46) Im Interesse der Sicherheit des Rechtsverkehrs und um zu verhindern, dass sich das auf den ehelichen Güterstand anzuwendende Recht ändert, ohne dass die Ehegatten davon unterrichtet werden, sollte ein Wechsel des auf den ehelichen Güterstand anzuwendenden Rechts nur nach einem entsprechenden ausdrücklichen Antrag der Parteien möglich sein. Dieser von den Ehegatten beschlossene Wechsel sollte nicht rückwirkend gelten, es sei denn, sie haben das ausdrücklich vereinbart. Auf keinen Fall dürfen dadurch die Rechte Dritter verletzt werden.

(47) Es sollten Regeln zur materiellen Wirksamkeit und zur Formgültigkeit einer Vereinbarung über die Rechtswahl festgelegt werden, die es den Ehegatten erleichtern, ihre Rechtswahl in voller Sachkenntnis zu treffen, und die gewährleisten, dass die einvernehmliche Rechtswahl der Ehegatten im Interesse der Rechtssicherheit sowie eines besseren Rechtsschutzes respektiert wird. Was die Formgültigkeit anbelangt, sollten bestimmte Schutzvorkehrungen getroffen werden, um sicherzustellen, dass sich die Ehegatten der Tragweite ihrer Rechtswahl bewusst sind. Die Vereinbarung über die Rechtswahl sollte zumindest der Schriftform bedürfen und von beiden Parteien mit Datum und Unterschrift versehen werden müssen. Sieht das Recht des Mitgliedstaats, in dem beide Ehegatten zum Zeitpunkt der Rechtswahl ihren gewöhnlichen Aufenthalt haben, zusätzliche Formvorschriften vor, so sollten diese eingehalten werden. Haben die Ehegatten zum Zeitpunkt der Rechtswahl ihren gewöhnlichen Aufenthalt in verschiedenen Mitgliedstaaten, in denen unterschiedliche Formvorschriften vorgesehen sind, so sollte es ausreichen, dass die Formvorschriften eines dieser Mitgliedstaaten eingehalten werden. Hat zum Zeitpunkt der Rechtswahl nur einer der Ehegatten seinen gewöhnlichen Aufenthalt in einem Mitgliedstaat, in dem zusätzliche Formvorschriften vorgesehen sind, so sollten diese Formvorschriften eingehalten werden.

(48) Eine Vereinbarung über den ehelichen Güterstand ist eine Art der Verfügung über das Vermögen, die in den Mitgliedstaaten nicht in gleichem Maße zulässig ist und anerkannt wird. Um die Anerkennung von auf der Grundlage einer Vereinbarung über den ehelichen Güterstand erworbenen Güterstandsrechten in den Mitgliedstaaten zu erleichtern, sollten Vorschriften über die Formgültigkeit einer Vereinbarung über den ehelichen Güterstand festgelegt werden. Die Vereinbarung sollte zumindest der Schriftform bedürfen und datiert und von beiden Parteien unter-

zeichnet werden. Die Vereinbarung sollte jedoch auch zusätzliche Anforderungen an die Formgültigkeit erfüllen, die in dem auf den ehelichen Güterstand anzuwendenden Recht, das nach dieser Verordnung bestimmt wurde, und in dem Recht des Mitgliedstaats, in dem die Ehegatten ihren gewöhnlichen Aufenthalt haben, vorgesehen sind. In dieser Verordnung sollte ferner festgelegt werden, nach welchem Recht sich die materielle Wirksamkeit einer solchen Vereinbarung richtet.

(49) Wird keine Rechtswahl getroffen, so sollte diese Verordnung im Hinblick auf die Vereinbarkeit von Rechtssicherheit und Vorhersehbarkeit des anzuwendenden Rechts mit den tatsächlichen Lebensumständen des Paares die Einführung harmonisierter Kollisionsnormen vorsehen, die sich auf eine Rangfolge der Anknüpfungspunkte stützen, anhand deren sich das auf das gesamte Vermögen der Ehegatten anzuwendende Recht bestimmen lässt. So sollte der erste gemeinsame gewöhnliche Aufenthalt der Ehegatten kurz nach der Eheschließung erster Anknüpfungspunkt noch vor der gemeinsamen Staatsangehörigkeit der Ehegatten zum Zeitpunkt der Eheschließung sein. Ist keiner dieser Anknüpfungspunkte gegeben oder liegen Fälle vor, in denen bei Fehlen eines ersten gemeinsamen gewöhnlichen Aufenthalts die Ehegatten zum Zeitpunkt der Eheschließung jeweils eine doppelte gemeinsame Staatsangehörigkeit haben, sollte drittens an das Recht des Staates angeknüpft werden, zu dem die Ehegatten die engste Verbindung haben. Bei Anwendung des letztgenannten Kriteriums sollten alle Umstände berücksichtigt werden, und es sollte klargestellt werden, dass für diese Verbindung der Zeitpunkt der Eheschließung maßgebend ist.

(50) Wird in dieser Verordnung auf die Staatsangehörigkeit als Anknüpfungspunkt verwiesen, so handelt es sich bei der Frage nach der Behandlung einer Person mit mehrfacher Staatsangehörigkeit um eine Vorfrage, die nicht in den Anwendungsbereich dieser Verordnung fällt; sie sollte sich weiterhin nach nationalem Recht, einschließlich der anwendbaren Übereinkommen, richten, wobei die allgemeinen Grundsätze der Union uneingeschränkt einzuhalten sind. Diese Behandlung sollte keine Auswirkung auf die Gültigkeit einer Rechtswahl haben, die nach dieser Verordnung getroffen wurde.

(51) In Bezug auf die Bestimmung des auf den ehelichen Güterstand anzuwendenden Rechts sollte das Gericht eines Mitgliedstaats bei fehlender Rechtswahl und fehlender Vereinbarung über den ehelichen Güterstand auf Antrag eines Ehegatten in Ausnahmefällen – wenn die Ehegatten sich im Staat ihres gewöhnlichen Aufenthalts für einen langen Zeitraum niedergelassen haben – feststellen können, dass das Recht dieses Staates angewandt werden kann, sofern sich die Ehegatten auf dieses Recht vertraut haben. Auf keinen Fall dürfen dadurch die Rechte Dritter verletzt werden.

(52) Das zur Anwendung auf den ehelichen Güterstand berufene Recht sollte diesen Güterstand angefangen bei der Einteilung des Vermögens eines oder beider Ehegatten in verschiedene Kategorien während der Ehe und nach ihrer Auflösung bis hin zur Vermögensauseinandersetzung regeln. Es sollte auch die Auswirkungen des ehelichen Güterstands auf ein Rechtsverhältnis zwischen einem Ehegatten und Dritten einschließen. Allerdings darf das auf den ehelichen Güterstand zur Regelung solcher

Wirkungen anzuwendende Recht einem Dritten von einem Ehegatten nur dann entgegengehalten werden, wenn das Rechtsverhältnis zwischen diesem Ehegatten und dem Dritten zu einem Zeitpunkt entstanden ist, zu dem der Dritte Kenntnis von diesem Recht hatte oder hätte haben müssen.

(53) Aus Gründen des öffentlichen Interesses wie der Wahrung der politischen, sozialen oder wirtschaftlichen Ordnung eines Mitgliedstaats sollte es gerechtfertigt sein, dass die Gerichte und andere zuständige Behörden der Mitgliedstaaten die Möglichkeit erhalten, in Ausnahmefällen auf der Grundlage von Eingriffsnormen Ausnahmeregelungen anzuwenden. Dementsprechend sollte der Begriff „Eingriffsnormen" Normen von zwingender Natur wie zum Beispiel die Normen zum Schutz der Familienwohnung umfassen. Diese Ausnahme von der Anwendung des auf den ehelichen Güterstand anzuwendenden Rechts ist jedoch eng auszulegen, damit sie der allgemeinen Zielsetzung dieser Verordnung nicht zuwiderläuft.

(54) Aus Gründen des öffentlichen Interesses sollte außerdem den Gerichten und anderen mit Fragen des ehelichen Güterstands befassten zuständigen Behörden in den Mitgliedstaaten in Ausnahmefällen die Möglichkeit gegeben werden, Bestimmungen eines ausländischen Rechts nicht zu berücksichtigen, wenn deren Anwendung in einem bestimmten Fall mit der öffentlichen Ordnung *(ordre public)* des betreffenden Mitgliedstaats offensichtlich unvereinbar wäre. Die Gerichte oder andere zuständige Behörden sollten allerdings nicht aus Gründen der öffentlichen Ordnung *(ordre public)* die Anwendung des Rechts eines anderen Mitgliedstaats ausschließen oder die Anerkennung – oder gegebenenfalls die Annahme – oder die Vollstreckung einer Entscheidung, einer öffentlichen Urkunde oder eines gerichtlichen Vergleichs aus einem anderen Mitgliedstaat versagen dürfen, wenn das gegen die Charta der Grundrechte der Europäischen Union (im Folgenden „Charta"), insbesondere gegen Artikel 21 über den Grundsatz der Nichtdiskriminierung, verstoßen würde.

(55) Da es Staaten gibt, in denen die in dieser Verordnung behandelten Fragen durch zwei oder mehr Rechtssysteme oder Regelwerke geregelt werden, sollte festgelegt werden, inwieweit diese Verordnung in den verschiedenen Gebietseinheiten dieser Staaten Anwendung findet.

(56) Diese Verordnung sollte in Anbetracht ihrer allgemeinen Zielsetzung, nämlich der gegenseitigen Anerkennung der in den Mitgliedstaaten ergangenen Entscheidungen in Fragen des ehelichen Güterstands, Vorschriften für die Anerkennung, Vollstreckbarkeit und Vollstreckung von Entscheidungen nach dem Vorbild anderer Rechtsinstrumente der Union im Bereich der justiziellen Zusammenarbeit in Zivilsachen vorsehen.

(57) Um den verschiedenen Systemen zur Regelung von Fragen des ehelichen Güterstands in den Mitgliedstaaten Rechnung zu tragen, sollte diese Verordnung die Annahme und Vollstreckbarkeit den ehelichen Güterstand betreffender öffentlicher Urkunden in sämtlichen Mitgliedstaaten gewährleisten.

(58) Öffentliche Urkunden sollten in einem anderen Mitgliedstaat die gleiche formelle Beweiskraft wie im Ursprungsmitgliedstaat oder die damit am ehesten vergleichbare Wirkung entfalten. Die formelle Beweiskraft einer

öffentlichen Urkunde in einem anderen Mitgliedstaat oder die damit am ehesten vergleichbare Wirkung sollte durch Bezugnahme auf Art und Umfang der formellen Beweiskraft der öffentlichen Urkunde im Ursprungsmitgliedstaat bestimmt werden. Somit richtet sich die formelle Beweiskraft einer öffentlichen Urkunde in einem anderen Mitgliedstaat nach dem Recht des Ursprungsmitgliedstaats.

(59) Die „Authentizität" einer öffentlichen Urkunde sollte ein autonomer Begriff sein, der Aspekte wie die Echtheit der Urkunde, die Formerfordernisse für die Urkunde, die Befugnisse der Behörde, die die Urkunde errichtet, und das Verfahren, nach dem die Urkunde errichtet wird, erfassen sollte. Der Begriff sollte ferner die von der betreffenden Behörde in der öffentlichen Urkunde beurkundeten Vorgänge erfassen, wie z.B. die Tatsache, dass die genannten Parteien an dem genannten Tag vor dieser Behörde erschienen sind und die genannten Erklärungen abgegeben haben. Eine Partei, die Einwände in Bezug auf die Authentizität einer öffentlichen Urkunde erheben möchte, sollte dies bei dem zuständigen Gericht im Ursprungsmitgliedstaat der öffentlichen Urkunde nach dem Recht dieses Mitgliedstaats tun.

(60) Die Formulierung „die in einer öffentlichen Urkunde beurkundeten Rechtsgeschäfte oder Rechtsverhältnisse" sollte als Bezugnahme auf den in der öffentlichen Urkunde niedergelegten materiellen Inhalt verstanden werden. Eine Partei, die Einwände in Bezug auf die in einer öffentlichen Urkunde beurkundeten Rechtsgeschäfte oder Rechtsverhältnisse erheben möchte, sollte dies bei den nach dieser Verordnung zuständigen Gerichten tun, die nach dem auf den ehelichen Güterstand anzuwendenden Recht über die Einwände entscheiden sollten.

(61) Wird eine Frage in Bezug auf die in einer öffentlichen Urkunde beurkundeten Rechtsgeschäfte oder Rechtsverhältnisse als Vorfrage in einem Verfahren bei einem Gericht eines Mitgliedstaats vorgebracht, so sollte dieses Gericht für die Entscheidung über diese Vorfrage zuständig sein.

(62) Eine öffentliche Urkunde, gegen die Einwände erhoben wurden, sollte in einem anderen Mitgliedstaat als dem Ursprungsmitgliedstaat keine formelle Beweiskraft entfalten, solange die Einwände anhängig sind. Betreffen die Einwände nur einen spezifischen Umstand mit Bezug auf die in einer öffentlichen Urkunde beurkundeten Rechtsgeschäfte oder Rechtsverhältnisse, so sollte die öffentliche Urkunde in Bezug auf den angefochtenen Umstand keine Beweiskraft in einem anderen Mitgliedstaat als dem Ursprungsmitgliedstaat entfalten, solange die Einwände anhängig sind. Eine öffentliche Urkunde, die aufgrund eines Einwands für ungültig erklärt wird, sollte keine Beweiskraft mehr entfalten.

(63) Wenn einer Behörde im Rahmen der Anwendung dieser Verordnung zwei nicht miteinander zu vereinbarende öffentliche Urkunden vorgelegt werden, sollte sie die Frage, welcher Urkunde gegebenenfalls Vorrang einzuräumen ist, unter Berücksichtigung der Umstände des jeweiligen Falls beurteilen. Geht aus diesen Umständen nicht eindeutig hervor, welche Urkunde gegebenenfalls Vorrang haben sollte, so sollte diese Frage von den nach dieser Verordnung zuständigen Gerichten oder, wenn die Frage als Vorfrage im Laufe eines Verfahrens vorgebracht wird, von dem mit diesem Verfahren befassten Gericht geklärt werden. Im

Falle einer Unvereinbarkeit zwischen einer öffentlichen Urkunde und einer Entscheidung sollten die Gründe für die Nichtanerkennung von Entscheidungen nach dieser Verordnung berücksichtigt werden.

(64) Die Anerkennung und Vollstreckung einer Entscheidung über den ehelichen Güterstand nach Maßgabe dieser Verordnung sollte in keiner Weise die Anerkennung der Ehe implizieren, die dem ehelichen Güterstand, der Anlass zu der Entscheidung gegeben hat, zugrunde liegt.

(65) Das Verhältnis zwischen dieser Verordnung und den bilateralen oder multilateralen Übereinkünften, denen die Mitgliedstaaten angehören, sollte bestimmt werden.

(66) Diese Verordnung sollte die Mitgliedstaaten, die Vertragsparteien des Übereinkommens vom 6. Februar 1931 zwischen Dänemark, Finnland, Island, Norwegen und Schweden mit Bestimmungen des Internationalen Privatrechts über Eheschließung, Adoption und Vormundschaft in der Fassung von 2006, des Übereinkommens vom 19. November 1934 zwischen Dänemark, Finnland, Island, Norwegen und Schweden mit Bestimmungen des Internationalen Privatrechts über Rechtsnachfolge von Todes wegen, Testamente und Nachlassverwaltung in der Fassung vom Juni 2012 und des Übereinkommens vom 11. Oktober 1977 zwischen Dänemark, Finnland, Island, Norwegen und Schweden über die Anerkennung und Vollstreckung von Entscheidungen in Zivilsachen sind, nicht daran hindern, weiterhin spezifische Bestimmungen jener Übereinkommen anzuwenden, soweit diese Übereinkommen vereinfachte und zügigere Verfahren für die Anerkennung und Vollstreckung von Entscheidungen in Fragen des ehelichen Güterstands vorsehen.

(67) Um die Anwendung dieser Verordnung zu erleichtern, sollten die Mitgliedstaaten verpflichtet werden, über das mit der Entscheidung 2001/470/EG des Rates[1)] eingerichtete Europäische Justizielle Netz für Zivil- und Handelssachen bestimmte Angaben über ihre den ehelichen Güterstand betreffenden Vorschriften und Verfahren zu machen. Damit sämtliche Informationen, die für die praktische Anwendung dieser Verordnung von Bedeutung sind, rechtzeitig im *Amtsblatt der Europäischen Union* veröffentlicht werden können, sollten die Mitgliedstaaten der Kommission auch diese Informationen vor dem Beginn der Anwendung der Verordnung mitteilen.

(68) Um die Anwendung dieser Verordnung zu erleichtern und um die Nutzung moderner Kommunikationstechnologien zu ermöglichen, sollten auch Standardformulare für die Bescheinigungen, die im Zusammenhang mit einem Antrag auf Vollstreckbarerklärung einer Entscheidung, einer öffentlichen Urkunde oder eines gerichtlichen Vergleichs vorzulegen sind, vorgeschrieben werden.

(69) Die Berechnung der in dieser Verordnung vorgesehenen Fristen und Termine sollte nach Maßgabe der Verordnung (EWG, Euratom) Nr. 1182/71 des Rates[2)] erfolgen.

[1)] **Amtl. Anm.:** Entscheidung 2001/470/EG des Rates vom 28. Mai 2001 über die Einrichtung eines Europäischen Justiziellen Netzes für Zivil- und Handelssachen (ABl. L 174 vom 27.6.2001, S. 25).

[2)] **Amtl. Anm.:** Verordnung (EWG, Euratom) Nr. 1182/71 des Rates vom 3. Juni 1971 zur Festlegung der Regeln für die Fristen, Daten und Termine (ABl. L 124 vom 8.6.1971, S. 1).

(70) Um einheitliche Bedingungen für die Durchführung dieser Verordnung gewährleisten zu können, sollten der Kommission in Bezug auf die Erstellung und spätere Änderung der Bescheinigungen und Formblätter, welche die Vollstreckbarerklärung von Entscheidungen, gerichtlichen Vergleichen und öffentlichen Urkunden betreffen, Durchführungsbefugnisse übertragen werden. Diese Befugnisse sollten nach Maßgabe der Verordnung (EU) Nr. 182/2011 des Europäischen Parlaments und des Rates[1] ausgeübt werden.

(71) Für den Erlass von Durchführungsrechtsakten zur Erstellung und späteren Änderung der in dieser Verordnung vorgesehenen Bescheinigungen und Formulare sollte das Beratungsverfahren herangezogen werden.

(72) Die Ziele dieser Verordnung, nämlich die Freizügigkeit innerhalb der Union und die Möglichkeit für Ehegatten, ihre vermögensrechtlichen Beziehungen untereinander sowie gegenüber Dritten während ihres Ehelebens und zum Zeitpunkt der Auseinandersetzung ihres Vermögens zu regeln, sowie bessere Vorhersehbarkeit des anzuwendenden Rechts und eine größere Rechtssicherheit, können von den Mitgliedstaaten nicht ausreichend verwirklicht werden, und sind vielmehr wegen des Umfangs und der Wirkungen dieser Verordnung besser auf Unionsebene – gegebenenfalls im Wege einer Verstärkten Zusammenarbeit der Mitgliedstaaten – zu verwirklichen. Im Einklang mit dem in Artikel 5 des Vertrags über die Europäische Union[2] verankerten Subsidiaritätsprinzip kann die Union tätig werden. Entsprechend dem in demselben Artikel genannten Grundsatz der Verhältnismäßigkeit geht diese Verordnung nicht über das für die Verwirklichung dieser Ziele erforderliche Maß hinaus.

(73) Diese Verordnung steht im Einklang mit den Grundrechten und Grundsätzen, die mit der Charta anerkannt wurden, namentlich die Artikel 7, 9, 17, 21 und 47, die das Recht auf Achtung des Privat- und Familienlebens, das nach nationalem Recht geschützte Recht, eine Ehe einzugehen und eine Familie zu gründen, das Eigentumsrecht, den Grundsatz der Nichtdiskriminierung sowie das Recht auf einen wirksamen Rechtsbehelf und ein faires Verfahren betreffen. Bei der Anwendung dieser Verordnung sollten die Gerichte und anderen zuständigen Behörden der Mitgliedstaaten diese Rechte und Grundsätze achten –

HAT FOLGENDE VERORDNUNG ERLASSEN:

Kapitel I. Anwendungsbereich und Begriffsbestimmungen

Art. 1 Anwendungsbereich. (1) Diese Verordnung findet auf die ehelichen Güterstände Anwendung.

Sie gilt nicht für Steuer- und Zollsachen sowie verwaltungsrechtliche Angelegenheiten.

---

[1] **Amtl. Anm.:** Verordnung (EU) Nr. 182/2011 des Europäischen Parlaments und des Rates vom 16. Februar 2011 zur Festlegung der allgemeinen Regeln und Grundsätze, nach denen die Mitgliedstaaten die Wahrnehmung der Durchführungsbefugnisse durch die Kommission kontrollieren (ABl. L 55 vom 28.2.2011, S. 13).

[2] **Sartorius Nr. 1000.**

(2) Vom Anwendungsbereich dieser Verordnung ausgenommen sind

a) die Rechts-, Geschäfts- und Handlungsfähigkeit der Ehegatten;

b) das Bestehen, die Gültigkeit oder die Anerkennung einer Ehe;

c) die Unterhaltspflichten;

d) die Rechtsnachfolge nach dem Tod eines Ehegatten;

e) die soziale Sicherheit;

f) die Berechtigung, Ansprüche auf Alters- oder Erwerbsunfähigkeitsrente, die während der Ehe erworben wurden und die während der Ehe zu keinem Renteneinkommen geführt haben, im Falle der Ehescheidung, der Trennung ohne Auflösung des Ehebands oder der Ungültigerklärung der Ehe zwischen den Ehegatten zu übertragen oder anzupassen;

g) die Art der dinglichen Rechte an Vermögen und

h) jede Eintragung von Rechten an beweglichen oder unbeweglichen Vermögensgegenständen in ein Register, einschließlich der gesetzlichen Voraussetzungen für eine solche Eintragung, sowie die Wirkungen der Eintragung oder der fehlenden Eintragung solcher Rechte in ein Register.

Art. 2 Zuständigkeit für Fragen des ehelichen Güterstands innerhalb der Mitgliedstaaten. Diese Verordnung berührt nicht die Zuständigkeit der Behörden der Mitgliedstaaten für Fragen des ehelichen Güterstands.

Art. 3 Begriffsbestimmungen. (1) Im Sinne dieser Verordnung bezeichnet der Ausdruck

a) „ehelicher Güterstand" sämtliche vermögensrechtlichen Regelungen, die zwischen den Ehegatten und in ihren Beziehungen zu Dritten aufgrund der Ehe oder der Auflösung der Ehe gelten;

b) „Vereinbarung über den ehelichen Güterstand" jede Vereinbarung zwischen Ehegatten oder künftigen Ehegatten, mit der sie ihren ehelichen Güterstand regeln;

c) „öffentliche Urkunde" ein den ehelichen Güterstand betreffendes Schriftstück, das als öffentliche Urkunde in einem Mitgliedstaat förmlich errichtet oder eingetragen worden ist und dessen Beweiskraft

   i) sich auf die Unterschrift und den Inhalt der öffentlichen Urkunde bezieht und

   ii) durch eine Behörde oder eine andere vom Ursprungsmitgliedstaat hierzu ermächtigte Stelle festgestellt worden ist;

d) „Entscheidung" jede von einem Gericht eines Mitgliedstaats über einen ehelichen Güterstand erlassene Entscheidung ohne Rücksicht auf ihre Bezeichnung, einschließlich des Kostenfestsetzungsbeschlusses eines Gerichtsbediensteten;

e) „gerichtlicher Vergleich" einen von einem Gericht gebilligten oder vor einem Gericht im Laufe eines Verfahrens geschlossenen Vergleich über den ehelichen Güterstand;

f) „*Ursprungsmitgliedstaat*" den Mitgliedstaat, in dem die Entscheidung ergangen, die öffentliche Urkunde errichtet oder der gerichtliche Vergleich gebilligt oder geschlossen worden ist;

g) „Vollstreckungsmitgliedstaat" den Mitgliedstaat, in dem die Anerkennung und/oder Vollstreckung der Entscheidung, der öffentlichen Urkunde oder des gerichtlichen Vergleichs betrieben wird.

(2) Im Sinne dieser Verordnung bezeichnet der Ausdruck „Gericht" jedes Gericht und alle anderen Behörden und Angehörigen von Rechtsberufen mit Zuständigkeiten in Fragen des ehelichen Güterstands, die gerichtliche Funktionen ausüben oder in Ausübung einer Befugnisübertragung durch ein Gericht oder unter der Aufsicht eines Gerichts handeln, sofern diese anderen Behörden und Angehörigen von Rechtsberufen ihre Unparteilichkeit und das Recht der Parteien auf rechtliches Gehör gewährleisten und ihre Entscheidungen nach dem Recht des Mitgliedstaats, in dem sie tätig sind,

a) vor einem Gericht angefochten oder von einem Gericht nachgeprüft werden können und

b) vergleichbare Rechtskraft und Rechtswirkung haben wie eine Entscheidung eines Gerichts in der gleichen Sache.

Die Mitgliedstaaten teilen der Kommission nach Artikel 64 die in Unterabsatz 1 genannten sonstigen Behörden und Angehörigen von Rechtsberufen mit.

Kapitel II. Gerichtliche Zuständigkeit

Art. 4 Zuständigkeit im Fall des Todes eines Ehegatten. Wird ein Gericht eines Mitgliedstaats im Zusammenhang mit der Rechtsnachfolge von Todes wegen eines Ehegatten nach der Verordnung (EU) Nr. 650/2012[1] angerufen, so sind die Gerichte dieses Staates auch für Entscheidungen über den ehelichen Güterstand in Verbindung mit diesem Nachlass zuständig.

Art. 5 Zuständigkeit im Fall der Ehescheidung, Trennung ohne Auflösung des Ehebands oder Ungültigerklärung einer Ehe. (1) Wird ein Gericht eines Mitgliedstaats zur Entscheidung über eine Ehescheidung, Trennung ohne Auflösung des Ehebands oder Ungültigerklärung der Ehe nach der Verordnung (EG) Nr. 2201/2003[2] angerufen, so sind unbeschadet des Absatzes 2 die Gerichte dieses Staates auch für Fragen des ehelichen Güterstands in Verbindung mit diesem Antrag zuständig.

(2) Die Zuständigkeit für Fragen des ehelichen Güterstands nach Absatz 1 unterliegt der Vereinbarung der Ehegatten, wenn das Gericht, das mit dem Antrag auf Ehescheidung, Trennung ohne Auflösung des Ehebands oder Ungültigerklärung der Ehe angerufen wird,

a) das Gericht eines Mitgliedstaats ist, in dem der Antragsteller nach Artikel 3 Absatz 1 Buchstabe a fünfter Gedankenstrich der Verordnung (EG) Nr. 2201/2003[2] seinen gewöhnlichen Aufenthalt hat und sich dort seit mindestens einem Jahr unmittelbar vor der Antragstellung aufgehalten hat,

b) das Gericht eines Mitgliedstaats ist, dessen Staatsangehörigkeit der Antragsteller nach Artikel 3 Absatz 1 Buchstabe a sechster Gedankenstrich der Verordnung (EG) Nr. 2201/2003[2] besitzt und in dem der Antragsteller

[1] Nr. **21e**.
[2] Auszugsweise abgedruckt unter Nr. **103b**.

seinen gewöhnlichen Aufenthalt hat und sich dort seit mindestens sechs Monaten unmittelbar vor der Antragstellung aufgehalten hat,

c) nach Artikel 5 der Verordnung (EG) Nr. 2201/2003[1)] in Fällen der Umwandlung einer Trennung ohne Auflösung des Ehebands in eine Ehescheidung angerufen wird oder

d) nach Artikel 7 der Verordnung (EG) Nr. 2201/2003[1)] in Fällen angerufen wird, in denen ihm eine Restzuständigkeit zukommt.

(3) Wird eine Vereinbarung nach Absatz 2 des vorliegenden Artikels geschlossen, bevor das Gericht zur Entscheidung über den ehelichen Güterstand angerufen wird, so muss die Vereinbarung den Anforderungen des Artikels 7 Absatz 2 entsprechen.

Art. 6 Zuständigkeit in anderen Fällen. In Fällen, in denen kein Gericht eines Mitgliedstaats gemäß Artikel 4 oder Artikel 5 zuständig ist, oder in anderen als den in diesen Artikeln geregelten Fällen sind für Entscheidungen über Fragen des ehelichen Güterstands die Gerichte des Mitgliedstaats zuständig,

a) in dessen Hoheitsgebiet die Ehegatten zum Zeitpunkt der Anrufung des Gerichts ihren gewöhnlichen Aufenthalt haben oder anderenfalls

b) in dessen Hoheitsgebiet die Ehegatten zuletzt ihren gewöhnlichen Aufenthalt hatten, sofern einer von ihnen zum Zeitpunkt der Anrufung des Gerichts dort noch seinen gewöhnlichen Aufenthalt hat, oder anderenfalls

c) in dessen Hoheitsgebiet der Antragsgegner zum Zeitpunkt der Anrufung des Gerichts seinen gewöhnlichen Aufenthalt hat oder anderenfalls

d) dessen Staatsangehörigkeit beide Ehegatten zum Zeitpunkt der Anrufung des Gerichts besitzen.

Art. 7 Gerichtsstandsvereinbarung. (1) In den Fällen des Artikels 6 können die Parteien vereinbaren, dass die Gerichte des Mitgliedstaats, dessen Recht nach Artikel 22 oder Artikel 26 Absatz 1 Buchstabe a oder b anzuwenden ist, oder die Gerichte des Mitgliedstaats, in dem die Ehe geschlossen wurde, für Entscheidungen über Fragen ihres ehelichen Güterstands ausschließlich zuständig sind.

(2) [1] Die in Absatz 1 genannte Vereinbarung bedarf der Schriftform, ist zu datieren und von den Parteien zu unterzeichnen. [2] Elektronische Übermittlungen, die eine dauerhafte Aufzeichnung der Vereinbarung ermöglichen, sind der Schriftform gleichgestellt.

Art. 8 Zuständigkeit aufgrund rügeloser Einlassung. (1) [1] Sofern das Gericht eines Mitgliedstaats, dessen Recht nach Artikel 22 oder Artikel 26 Absatz 1 Buchstabe a oder b anzuwenden ist, nicht bereits nach anderen Vorschriften dieser Verordnung zuständig ist, wird es zuständig, wenn sich der Beklagte vor ihm auf das Verfahren einlässt. [2] Dies gilt nicht, wenn der Beklagte sich einlässt, um den Mangel der Zuständigkeit geltend zu machen, oder in den Fällen des Artikels 4 oder des Artikels 5 Absatz 1.

[1)] Nr. **103b**.

(2) Bevor sich das Gericht nach Absatz 1 für zuständig erklärt, stellt es sicher, dass der Beklagte über sein Recht, die Unzuständigkeit des Gerichts geltend zu machen, und über die Folgen der Einlassung oder Nichteinlassung auf das Verfahren belehrt wird.

Art. 9 Alternative Zuständigkeit. (1) [1] Wenn ein Gericht eines Mitgliedstaats, das nach Artikel 4, 6, 7 oder 8 zuständig ist, feststellt, dass nach seinem Internationalen Privatrecht die streitgegenständliche Ehe für die Zwecke eines Verfahrens über den ehelichen Güterstand nicht anerkannt wird, kann es sich ausnahmsweise für unzuständig erklären. [2] Beschließt das Gericht, sich für unzuständig zu erklären, so tut es das unverzüglich.

(2) Erklärt sich ein Gericht, das nach Artikel 4 oder 6 zuständig ist, für unzuständig und vereinbaren die Parteien, die Zuständigkeit den Gerichten eines anderen Mitgliedstaats nach Artikel 7 zu übertragen, so sind die Gerichte dieses anderen Mitgliedstaats für Entscheidungen über den ehelichen Güterstand zuständig.

In anderen Fällen sind für Entscheidungen über den ehelichen Güterstand die Gerichte eines anderen Mitgliedstaats nach Artikel 6 oder 8 oder die Gerichte des Mitgliedstaats zuständig, in dem die Ehe geschlossen wurde.

(3) Dieser Artikel findet keine Anwendung, wenn die Parteien eine Ehescheidung, eine Trennung ohne Auflösung des Ehebands oder eine Ungültigerklärung der Ehe erwirkt haben, die im Mitgliedstaat des angerufenen Gerichts anerkannt werden kann.

Art. 10 Subsidiäre Zuständigkeit. Ist kein Gericht eines Mitgliedstaats nach den Artikeln 4, 5, 6, 7 oder 8 zuständig oder haben sich alle Gerichte nach Artikel 9 für unzuständig erklärt und ist kein Gericht nach Artikel 9 Absatz 2 zuständig, so sind die Gerichte eines Mitgliedstaats zuständig, in dessen Hoheitsgebiet unbewegliches Vermögen eines oder beider Ehegatten belegen ist; in diesem Fall ist das angerufene Gericht nur für Entscheidungen über dieses unbewegliche Vermögen zuständig.

Art. 11 Notzuständigkeit (forum necessitatis). Ist kein Gericht eines Mitgliedstaats nach den Artikeln 4, 5, 6, 7, 8 oder 10 zuständig oder haben sich alle Gerichte nach Artikel 9 für unzuständig erklärt und ist kein Gericht eines Mitgliedstaats nach Artikel 9 Absatz 2 und Artikel 10 zuständig, so können die Gerichte eines Mitgliedstaats ausnahmsweise über den ehelichen Güterstand entscheiden, wenn es nicht zumutbar ist oder es sich als unmöglich erweist, ein Verfahren in einem Drittstaat, zu dem die Sache einen engen Bezug aufweist, einzuleiten oder zu führen.

Die Sache muss einen ausreichenden Bezug zu dem Mitgliedstaat des angerufenen Gerichts aufweisen.

Art. 12 Widerklagen. Das Gericht, bei dem ein Verfahren aufgrund der Artikel 4, 5, 6, 7, 8, des Artikels 9 Absatz 2, des Artikels 10 oder des Artikels 11 anhängig ist, ist auch für eine Widerklage zuständig, sofern diese in den Anwendungsbereich dieser Verordnung fällt.

Art. 13 Beschränkung des Verfahrens. (1) Umfasst der Nachlass des Erblassers, der unter die Verordnung (EU) Nr. 650/2012[1)] fällt, Vermögenswerte, die in einem Drittstaat belegen sind, so kann das in der Güterrechtssache angerufene Gericht auf Antrag einer der Parteien beschließen, über einen oder mehrere dieser Vermögenswerte nicht zu befinden, wenn zu erwarten ist, dass seine Entscheidung über diese Vermögenswerte in dem betreffenden Drittstaat nicht anerkannt oder gegebenenfalls nicht für vollstreckbar erklärt wird.

(2) Absatz 1 berührt nicht das Recht der Parteien, den Gegenstand des Verfahrens nach dem Recht des Mitgliedstaats des angerufenen Gerichts zu beschränken.

Art. 14 Anrufung eines Gerichts. Für die Zwecke dieses Kapitels gilt ein Gericht als angerufen

a) zu dem Zeitpunkt, zu dem das verfahrenseinleitende Schriftstück oder ein gleichwertiges Schriftstück bei Gericht eingereicht worden ist, vorausgesetzt, der Antragsteller hat es in der Folge nicht versäumt, die ihm obliegenden Maßnahmen zu treffen, um die Zustellung des Schriftstücks an den Antragsgegner zu bewirken,

b) falls die Zustellung vor Einreichung des Schriftstücks bei Gericht zu bewirken ist, zu dem Zeitpunkt, zu dem die für die Zustellung verantwortliche Stelle das Schriftstück erhalten hat, vorausgesetzt, der Antragsteller hat es in der Folge nicht versäumt, die ihm obliegenden Maßnahmen zu treffen, um das Schriftstück bei Gericht einzureichen, oder,

c) falls das Gericht das Verfahren von Amts wegen einleitet, zu dem Zeitpunkt, zu dem der Beschluss über die Einleitung des Verfahrens vom Gericht gefasst oder, wenn ein solcher Beschluss nicht erforderlich ist, zu dem Zeitpunkt, zu dem die Sache beim Gericht eingetragen worden ist.

Art. 15 Prüfung der Zuständigkeit. Das Gericht eines Mitgliedstaats, das in einer Güterrechtssache angerufen wird, für die es nach dieser Verordnung nicht zuständig ist, erklärt sich von Amts wegen für unzuständig.

Art. 16 Prüfung der Zulässigkeit. (1) Lässt sich der Beklagte, der seinen gewöhnlichen Aufenthalt in einem anderen Staat als dem Mitgliedstaat hat, in dem die Klage erhoben wurde, auf das Verfahren nicht ein, so setzt das nach dieser Verordnung zuständige Gericht das Verfahren so lange aus, bis festgestellt ist, dass es dem Beklagten möglich war, das verfahrenseinleitende Schriftstück oder ein gleichwertiges Schriftstück so rechtzeitig zu empfangen, dass er sich verteidigen konnte oder dass alle hierzu erforderlichen Maßnahmen getroffen wurden.

---

1) Nr. **21e**.

(2) Anstelle des Absatzes 1 des vorliegenden Artikels findet Artikel 19 der Verordnung (EG) Nr. 1393/2007[1] des Europäischen Parlaments und des Rates[2] Anwendung, wenn das verfahrenseinleitende Schriftstück oder ein gleichwertiges Schriftstück nach der genannten Verordnung von einem Mitgliedstaat in einen anderen zu übermitteln war.

(3) Ist die Verordnung (EG) Nr. 1393/2007 nicht anwendbar, so gilt Artikel 15 des Haager Übereinkommens vom 15. November 1965 über die Zustellung gerichtlicher und außergerichtlicher Schriftstücke im Ausland in Zivil- und Handelssachen, wenn das verfahrenseinleitende Schriftstück oder ein gleichwertiges Schriftstück nach Maßgabe dieses Übereinkommens ins Ausland zu übermitteln war.

Art. 17 Rechtshängigkeit. (1) Werden bei Gerichten verschiedener Mitgliedstaaten Verfahren wegen desselben Anspruchs zwischen denselben Parteien anhängig gemacht, so setzt jedes später angerufene Gericht das Verfahren von Amts wegen aus, bis die Zuständigkeit des zuerst angerufenen Gerichts feststeht.

(2) In den in Absatz 1 genannten Fällen teilt das in der Rechtssache angerufene Gericht auf Antrag eines anderen angerufenen Gerichts diesem unverzüglich mit, wann es angerufen wurde.

(3) Sobald die Zuständigkeit des zuerst angerufenen Gerichts feststeht, erklärt sich das später angerufene Gericht zugunsten dieses Gerichts für unzuständig.

Art. 18 Im Zusammenhang stehende Verfahren. (1) Sind bei Gerichten verschiedener Mitgliedstaaten Verfahren, die im Zusammenhang stehen, anhängig, so kann jedes später angerufene Gericht das Verfahren aussetzen.

(2) Sind die in Absatz 1 genannten Verfahren in erster Instanz anhängig, so kann sich jedes später angerufene Gericht auf Antrag einer Partei auch für unzuständig erklären, wenn das zuerst angerufene Gericht für die betreffenden Verfahren zuständig ist und die Verbindung der Verfahren nach seinem Recht zulässig ist.

(3) Für die Zwecke dieses Artikels gelten Verfahren als im Zusammenhang stehend, wenn zwischen ihnen eine so enge Beziehung gegeben ist, dass eine gemeinsame Verhandlung und Entscheidung geboten erscheint, um zu vermeiden, dass in getrennten Verfahren widersprechende Entscheidungen ergehen.

Art. 19 Einstweilige Maßnahmen einschließlich Sicherungsmaßnahmen. Die im Recht eines Mitgliedstaats vorgesehenen einstweiligen Maßnahmen einschließlich Sicherungsmaßnahmen können bei den Gerichten dieses Staates auch dann beantragt werden, wenn für die Entscheidung in der

---

[1] Nr. **103c**.

[2] **Amtl. Anm.:** Verordnung (EG) Nr. 1393/2007 [Nr. **103c**] des Europäischen Parlaments und des Rates vom 13. November 2007 über die Zustellung gerichtlicher und außergerichtlicher Schriftstücke in Zivil- oder Handelssachen in den Mitgliedstaaten (Zustellung von Schriftstücken) und zur Aufhebung der Verordnung (EG) Nr. 1348/2000 des Rates (ABl. L 324 vom 10.12.2007, S. 79).

Hauptsache nach dieser Verordnung die Gerichte eines anderen Mitgliedstaats zuständig sind.

Kapitel III. Anzuwendendes Recht

Art. 20 Universelle Anwendung. Das nach dieser Verordnung bezeichnete Recht ist auch dann anzuwenden, wenn es nicht das Recht eines Mitgliedstaats ist.

Art. 21 Einheit des anzuwendenden Rechts. Das gesamte Vermögen der Ehegatten unterliegt ungeachtet seiner Belegenheit dem gemäß Artikel 22 oder 26 auf den ehelichen Güterstand anzuwendenden Recht.

Art. 22 Rechtswahl. (1) Die Ehegatten oder künftigen Ehegatten können das auf ihren ehelichen Güterstand anzuwendende Recht durch Vereinbarung bestimmen oder ändern, sofern es sich dabei um das Recht eines der folgenden Staaten handelt:

a) das Recht des Staates, in dem die Ehegatten oder künftigen Ehegatten oder einer von ihnen zum Zeitpunkt der Rechtswahl ihren/seinen gewöhnlichen Aufenthalt haben/hat, oder

b) das Recht eines Staates, dessen Staatsangehörigkeit einer der Ehegatten oder künftigen Ehegatten zum Zeitpunkt der Rechtswahl besitzt.

(2) Sofern die Ehegatten nichts anderes vereinbaren, gilt eine während der Ehe vorgenommene Änderung des auf den ehelichen Güterstand anzuwendenden Rechts nur für die Zukunft.

(3) Eine rückwirkende Änderung des anzuwendenden Rechts nach Absatz 2 darf die Ansprüche Dritter, die sich aus diesem Recht ableiten, nicht beeinträchtigen.

Art. 23 Formgültigkeit der Rechtswahlvereinbarung. (1) [1] Eine Vereinbarung nach Artikel 22 bedarf der Schriftform, ist zu datieren und von beiden Ehegatten zu unterzeichnen. [2] Elektronische Übermittlungen, die eine dauerhafte Aufzeichnung der Vereinbarung ermöglicht, sind der Schriftform gleichgestellt.

(2) Sieht das Recht des Mitgliedstaats, in dem beide Ehegatten zum Zeitpunkt der Rechtswahl ihren gewöhnlichen Aufenthalt haben, zusätzliche Formvorschriften für Vereinbarungen über den ehelichen Güterstand vor, so sind diese Formvorschriften anzuwenden.

(3) Haben die Ehegatten zum Zeitpunkt der Rechtswahl ihren gewöhnlichen Aufenthalt in verschiedenen Mitgliedstaaten und sieht das Recht beider Staaten unterschiedliche Formvorschriften für Vereinbarungen über den ehelichen Güterstand vor, so ist die Vereinbarung formgültig, wenn sie den Vorschriften des Rechts eines dieser Mitgliedstaaten genügt.

(4) Hat zum Zeitpunkt der Rechtswahl nur einer der Ehegatten seinen *gewöhnlichen* Aufenthalt in einem Mitgliedstaat und sind in diesem Staat zusätzliche Formvorschriften für Vereinbarungen über den ehelichen Güterstand vorgesehen, so sind diese Formvorschriften anzuwenden.

Art. 24 Einigung und materielle Wirksamkeit. (1) Das Zustandekommen und die Wirksamkeit einer Rechtswahlvereinbarung oder einer ihrer Bestimmungen bestimmen sich nach dem Recht, das nach Artikel 22 anzuwenden wäre, wenn die Vereinbarung oder die Bestimmung wirksam wäre.

(2) Ein Ehegatte kann sich jedoch für die Behauptung, er habe der Vereinbarung nicht zugestimmt, auf das Recht des Staates berufen, in dem er zum Zeitpunkt der Anrufung des Gerichts seinen gewöhnlichen Aufenthalt hat, wenn sich aus den Umständen ergibt, dass es nicht angemessen wäre, die Wirkung seines Verhaltens nach dem in Absatz 1 bezeichneten Recht zu bestimmen.

Art. 25 Formgültigkeit einer Vereinbarung über den ehelichen Güterstand. (1) [1] Die Vereinbarung über den ehelichen Güterstand bedarf der Schriftform, ist zu datieren und von beiden Ehegatten zu unterzeichnen. [2] Elektronische Übermittlungen, die eine dauerhafte Aufzeichnung der Vereinbarung ermöglichen, sind der Schriftform gleichgestellt.

(2) Sieht das Recht des Mitgliedstaats, in dem beide Ehegatten zum Zeitpunkt der Vereinbarung ihren gewöhnlichen Aufenthalt haben, zusätzliche Formvorschriften für Vereinbarungen über den ehelichen Güterstand vor, so sind diese Formvorschriften anzuwenden.

Haben die Ehegatten zum Zeitpunkt der Vereinbarung ihren gewöhnlichen Aufenthalt in verschiedenen Mitgliedstaaten, und sieht das Recht beider Staaten unterschiedliche Formvorschriften für Vereinbarungen über den ehelichen Güterstand vor, so ist die Vereinbarung formgültig, wenn sie den Vorschriften des Rechts eines dieser Mitgliedstaaten genügt.

Hat zum Zeitpunkt der Vereinbarung nur einer der Ehegatten seinen gewöhnlichen Aufenthalt in einem Mitgliedstaat und sind in diesem Staat zusätzliche Formvorschriften für Vereinbarungen über den ehelichen Güterstand vorgesehen, so sind diese Formvorschriften anzuwenden.

(3) Sieht das auf den ehelichen Güterstand anzuwendende Recht zusätzliche Formvorschriften vor, so sind diese Formvorschriften anzuwenden.

Art. 26 Mangels Rechtswahl der Parteien anzuwendendes Recht. (1) Mangels einer Rechtswahlvereinbarung nach Artikel 22 unterliegt der eheliche Güterstand dem Recht des Staates,

a) in dem die Ehegatten nach der Eheschließung ihren ersten gemeinsamen gewöhnlichen Aufenthalt haben, oder anderenfalls

b) dessen Staatsangehörigkeit beide Ehegatten zum Zeitpunkt der Eheschließung besitzen, oder anderenfalls

c) *mit dem die Ehegatten unter Berücksichtigung* aller Umstände zum Zeitpunkt der Eheschließung gemeinsam am engsten verbunden sind.

(2) Besitzen die Ehegatten zum Zeitpunkt der Eheschließung mehr als eine gemeinsame Staatsangehörigkeit, findet nur Absatz 1 Buchstaben a und c Anwendung.

(3) Ausnahmsweise kann das Gericht, das für Fragen des ehelichen Güterstands zuständig ist, auf Antrag eines der Ehegatten entscheiden, dass das Recht eines anderen Staates als des Staates, dessen Recht nach Absatz 1

Buchstabe a anzuwenden ist, für den ehelichen Güterstand gilt, sofern der Antragsteller nachweist, dass

a) die Ehegatten ihren letzten gemeinsamen gewöhnlichen Aufenthalt in diesem anderen Staat über einen erheblich längeren Zeitraum als in dem in Absatz 1 Buchstabe a bezeichneten Staat hatten und

b) beide Ehegatten auf das Recht dieses anderen Staates bei der Regelung oder Planung ihrer vermögensrechtlichen Beziehungen vertraut hatten.

[1] Das Recht dieses anderen Staates gilt ab dem Zeitpunkt der Eheschließung, es sei denn, ein Ehegatte ist damit nicht einverstanden. [2] In diesem Fall gilt das Recht dieses anderen Staates ab Begründung des letzten gemeinsamen gewöhnlichen Aufenthalts in diesem anderen Staat.

Die Anwendung des Rechts des anderen Staates darf die Rechte Dritter, die sich auf dasnach Absatz 1 Buchstabe a anzuwendende Recht gründen, nicht beeinträchtigen.

Dieser Absatz gilt nicht, wenn die Ehegatten vor der Begründung ihres letzten gemeinsamen gewöhnlichen Aufenthalts in diesem anderen Staat eine Vereinbarung über den ehelichen Güterstand getroffen haben.

Art. 27 Reichweite des anzuwendenden Rechts. Das nach dieser Verordnung auf den ehelichen Güterstand anzuwendende Recht regelt unter anderem

a) die Einteilung des Vermögens eines oder beider Ehegatten in verschiedene Kategorien während und nach der Ehe;

b) die Übertragung von Vermögen von einer Kategorie in die andere;

c) die Haftung des einen Ehegatten für die Verbindlichkeiten und Schulden des anderen;

d) die Befugnisse, Rechte und Pflichten eines oder beider Ehegatten in Bezug auf das Vermögen;

e) die Auflösung des ehelichen Güterstands und die Teilung, Aufteilung oder Abwicklung des Vermögens;

f) die Wirkungen des ehelichen Güterstands auf ein Rechtsverhältnis zwischen einem Ehegatten und Dritten und

g) die materielle Wirksamkeit einer Vereinbarung über den ehelichen Güterstand.

Art. 28 Wirkungen gegenüber Dritten. (1) Ungeachtet des Artikels 27 Buchstabe f darf ein Ehegatte in einer Streitigkeit zwischen einem Dritten und einem oder beiden Ehegatten das für den ehelichen Güterstand maßgebende Recht dem Dritten nicht entgegenhalten, es sei denn, der Dritte hatte Kenntnis von diesem Recht oder hätte bei gebührender Sorgfalt davon Kenntnis haben müssen.

(2) Es wird davon ausgegangen, dass der Dritte Kenntnis von dem auf den ehelichen Güterstand anzuwendenden Recht hat, wenn

a) dieses Recht das Recht des Staates ist,

i) dessen Recht auf das Rechtsgeschäft zwischen einem Ehegatten und dem Dritten anzuwenden ist,

ii) in dem der vertragschließende Ehegatte und der Dritte ihren gewöhnlichen Aufenthalt haben oder

iii) in dem die Vermögensgegenstände – im Fall von unbeweglichem Vermögen – belegen sind,

oder

b) ein Ehegatte die geltenden Anforderungen an die Publizität oder Registrierung des ehelichen Güterstands eingehalten hat, die vorgesehen sind im Recht des Staates,

i) dessen Recht auf das Rechtsgeschäft zwischen einem Ehegatten und dem Dritten anzuwenden ist,

ii) in dem der vertragschließende Ehegatte und der Dritte ihren gewöhnlichen Aufenthalt haben oder

iii) in dem die Vermögensgegenstände – im Fall von unbeweglichem Vermögen – belegen sind.

(3) Kann ein Ehegatte das auf seinen ehelichen Güterstand anzuwendende Recht einem Dritten nach Absatz 1 nicht entgegenhalten, so unterliegen die Wirkungen des ehelichen Güterstands gegenüber dem Dritten dem Recht des Staates,

a) dessen Recht auf das Rechtsgeschäft zwischen einem Ehegatten und dem Dritten anzuwenden ist oder

b) in dem die Vermögensgegenstände – im Fall von unbeweglichem Vermögen – belegen sind oder, im Fall eingetragener Vermögenswerte oder im Fall von Rechten, in dem diese Vermögenswerte oder Rechte eingetragen sind.

Art. 29 Anpassung dinglicher Rechte. Macht eine Person ein dingliches Recht geltend, das ihr nach dem auf den ehelichen Güterstand anzuwendenden Recht zusteht, und kennt das Recht des Mitgliedstaats, in dem das Recht geltend gemacht wird, das betreffende dingliche Recht nicht, so ist dieses Recht soweit erforderlich und möglich an das in der Rechtsordnung dieses Mitgliedstaats am ehesten vergleichbare Recht anzupassen, wobei die mit dem besagten dinglichen Recht verfolgten Ziele und Interessen und die mit ihm verbundenen Wirkungen zu berücksichtigen sind.

Art. 30 Eingriffsnormen. (1) Diese Verordnung berührt nicht die Anwendung der Eingriffsnormen des Rechts des angerufenen Gerichts.

(2) Eine Eingriffsnorm ist eine Vorschrift, deren Einhaltung von einem Mitgliedstaat als so entscheidend für die Wahrung seines öffentlichen Interesses, insbesondere seiner politischen, sozialen oder wirtschaftlichen Ordnung, angesehen wird, dass sie ungeachtet des nach Maßgabe dieser Verordnung auf den ehelichen Güterstand anzuwendenden Rechts auf alle Sachverhalte anzuwenden ist, die in ihren Anwendungsbereich fallen.

Art. 31 Öffentliche Ordnung (ordre public). Die Anwendung einer Vorschrift des nach dieser Verordnung bestimmten Rechts eines Staates darf nur versagt werden, wenn ihre Anwendung mit der öffentlichen Ordnung *(ordre public)* des Staates des angerufenen Gerichts offensichtlich unvereinbar ist.

Art. 32 Ausschluss der Rück- und Weiterverweisung. Unter dem nach dieser Verordnung anzuwendenden Recht eines Staates sind die in diesem Staat geltenden Rechtsnormen mit Ausnahme seines Internationalen Privatrechts zu verstehen.

Art. 33 Staaten mit mehr als einem Rechtssystem – interlokale Kollisionsvorschriften. (1) Verweist diese Verordnung auf das Recht eines Staates, der mehrere Gebietseinheiten umfasst, von denen jede eigene Rechtsvorschriften für eheliche Güterstände hat, so bestimmen die internen Kollisionsvorschriften dieses Staates die Gebietseinheit, deren Rechtsvorschriften anzuwenden sind.

(2) In Ermangelung solcher internen Kollisionsvorschriften gilt:

a) Jede Bezugnahme auf das Recht des in Absatz 1 genannten Staates ist für die Bestimmung des anzuwendenden Rechts aufgrund von Vorschriften, die sich auf den gewöhnlichen Aufenthalt der Ehegatten beziehen, als Bezugnahme auf das Recht der Gebietseinheit zu verstehen, in der die Ehegatten ihren gewöhnlichen Aufenthalt haben.

b) Jede Bezugnahme auf das Recht des in Absatz 1 genannten Staates ist für die Bestimmung des anzuwendenden Rechts aufgrund von Vorschriften, die sich auf die Staatsangehörigkeit der Ehegatten beziehen, als Bezugnahme auf das Recht der Gebietseinheit zu verstehen, zu der die Ehegatten die engste Verbindung haben.

c) Jede Bezugnahme auf das Recht des in Absatz 1 genannten Staates ist für die Bestimmung des anzuwendenden Rechts aufgrund sonstiger Bestimmungen, die sich auf andere Anknüpfungspunkte beziehen, als Bezugnahme auf das Recht der Gebietseinheit zu verstehen, in der sich der einschlägige Anknüpfungspunkt befindet.

Art. 34 Staaten mit mehr als einem Rechtssystem – interpersonale Kollisionsvorschriften. [1] Gelten in einem Staat für die ehelichen Güterstände zwei oder mehr Rechtssysteme oder Regelwerke für verschiedene Personengruppen, so ist jede Bezugnahme auf das Recht dieses Staates als Bezugnahme auf das Rechtssystem oder das Regelwerk zu verstehen, das die in diesem Staat geltenden Vorschriften zur Anwendung berufen. [2] In Ermangelung solcher Vorschriften ist das Rechtssystem oder das Regelwerk anzuwenden, zu dem die Ehegatten die engste Verbindung haben.

Art. 35 Nichtanwendung dieser Verordnung auf innerstaatliche Kollisionen. Ein Mitgliedstaat, der mehrere Gebietseinheiten umfasst, von denen jede ihre eigenen Rechtsvorschriften für eheliche Güterstände hat, ist nicht verpflichtet, diese Verordnung auf Kollisionen zwischen den Rechtsordnungen dieser Gebietseinheiten anzuwenden.

Kapitel IV. Anerkennung, Vollstreckbarkeit und Vollstreckung von Entscheidungen

Art. 36 Anerkennung. (1) Die in einem Mitgliedstaat ergangenen Entscheidungen werden in den anderen Mitgliedstaaten anerkannt, ohne dass es hierfür eines besonderen Verfahrens bedarf.

(2) Jede Partei, die die Anerkennung einer Entscheidung zu einem zentralen Element des Streitgegenstands macht, kann in den Verfahren der Artikel 44 bis 57 die Anerkennung der Entscheidung beantragen.

(3) Hängt der Ausgang eines Verfahrens vor dem Gericht eines Mitgliedstaats von der Entscheidung über die inzidente Frage der Anerkennung ab, so ist dieses Gericht für die Entscheidung über die Anerkennung zuständig.

Art. 37 Gründe für die Nichtanerkennung. Eine Entscheidung wird nicht anerkannt, wenn

a) die Anerkennung der öffentlichen Ordnung *(ordre public)* des Mitgliedstaats, in dem sie beantragt wird, offensichtlich widersprechen würde;

b) dem Beklagten, der sich auf das Verfahren nicht eingelassen hat, das verfahrenseinleitende Schriftstück oder ein gleichwertiges Schriftstück nicht so rechtzeitig und in einer Weise zugestellt worden ist, dass er sich verteidigen konnte, es sei denn, der Beklagte hat die Entscheidung nicht angefochten, obwohl er die Möglichkeit dazu hatte;

c) sie mit einer Entscheidung unvereinbar ist, die in einem Verfahren zwischen denselben Parteien in dem Mitgliedstaat, in dem die Anerkennung beantragt wird, ergangen ist;

d) sie mit einer früheren Entscheidung unvereinbar ist, die in einem anderen Mitgliedstaat oder in einem Drittstaat in einem Verfahren zwischen denselben Parteien wegen desselben Anspruchs ergangen ist, sofern die frühere Entscheidung die notwendigen Voraussetzungen für ihre Anerkennung in dem Mitgliedstaat, in dem die Anerkennung geltend gemacht wird, erfüllt.

Art. 38 Grundrechte. Artikel 37 dieser Verordnung ist von den Gerichten und anderen zuständigen Behörden der Mitgliedstaaten unter Beachtung der in der Charta anerkannten Grundrechte und Grundsätze anzuwenden, insbesondere des Grundsatzes der Nichtdiskriminierung in Artikel 21 der Charta.

Art. 39 Ausschluss der Nachprüfung der Zuständigkeit des Gerichts des Ursprungsmitgliedstaats. (1) Die Zuständigkeit des Gerichts des Ursprungsmitgliedstaats darf nicht nachgeprüft werden.

(2) Das Kriterium der öffentlichen Ordnung *(ordre public)* in Artikel 37 findet keine Anwendung auf die Zuständigkeitsvorschriften in den Artikeln 4 bis 11.

Art. 40 Ausschluss der Nachprüfung in der Sache. Die in einem Mitgliedstaat ergangene Entscheidung darf keinesfalls in der Sache selbst nachgeprüft werden.

Art. 41 Aussetzung des Anerkennungsverfahrens. Das Gericht eines Mitgliedstaats, vor dem die Anerkennung einer in einem anderen Mitgliedstaat ergangenen Entscheidung geltend gemacht wird, kann das Verfahren aussetzen, wenn im Ursprungsmitgliedstaat gegen die Entscheidung ein ordentlicher Rechtsbehelf eingelegt worden ist.

Art. 42 Vollstreckbarkeit. Die in einem Mitgliedstaat ergangenen und in diesem Staat vollstreckbaren Entscheidungen sind in einem anderen Mitgliedstaat vollstreckbar, wenn sie auf Antrag eines Berechtigten dort nach den Verfahren der Artikel 44 bis 57 für vollstreckbar erklärt worden sind.

Art. 43 Bestimmung des Wohnsitzes. Ist zu entscheiden, ob eine Partei für die Zwecke des Verfahrens nach den Artikeln 44 bis 57 im Hoheitsgebiet des Vollstreckungsmitgliedstaats einen Wohnsitz hat, so wendet das befasste Gericht sein innerstaatliches Recht an.

Art. 44 Örtlich zuständiges Gericht. (1) Der Antrag auf Vollstreckbarerklärung ist an das Gericht oder die zuständige Behörde des Vollstreckungsmitgliedstaats zu richten, die der Kommission nach Artikel 64 von diesem Mitgliedstaat mitgeteilt wurden.

(2) Die örtliche Zuständigkeit wird durch den Ort des Wohnsitzes der Partei, gegen die die Vollstreckung erwirkt werden soll, oder durch den Ort, an dem die Vollstreckung durchgeführt werden soll, bestimmt.

Art. 45 Verfahren. (1) Für das Verfahren der Antragstellung ist das Recht des Vollstreckungsmitgliedstaats maßgebend.

(2) Von dem Antragsteller kann nicht verlangt werden, dass er im Vollstreckungsmitgliedstaat über eine Postanschrift oder einen bevollmächtigten Vertreter verfügt.

(3) Dem Antrag sind die folgenden Schriftstücke beizufügen:

a) eine Ausfertigung der Entscheidung, die die für die Feststellung ihrer Beweiskraft erforderlichen Voraussetzungen erfüllt;

b) die Bescheinigung, die von dem Gericht oder der zuständigen Behörde des Ursprungsmitgliedstaats unter Verwendung des – nach dem Beratungsverfahren nach Artikel 67 Absatz 2 erstellten – Formulars ausgestellt wurde, unbeschadet des Artikels 46.

Art. 46 Nichtvorlage der Bescheinigung. (1) Wird die Bescheinigung nach Artikel 45 Absatz 3 Buchstabe b nicht vorgelegt, so kann das Gericht oder die sonst befugte Stelle eine Frist bestimmen, innerhalb deren die Bescheinigung vorzulegen ist, oder eine gleichwertige Urkunde akzeptieren oder von der Vorlage der Bescheinigung absehen, wenn es bzw. sie keinen weiteren Klärungsbedarf sieht.

(2) [1] Auf Verlangen des Gerichts oder der zuständigen Behörde ist eine *Übersetzung oder* Transkription der Schriftstücke vorzulegen. [2] Die Übersetzung ist von einer Person zu erstellen, die zur Anfertigung von Übersetzungen in einem der Mitgliedstaaten befugt ist.

Art. 47 Vollstreckbarerklärung. [1] Sobald die in Artikel 45 vorgesehenen Förmlichkeiten erfüllt sind, wird die Entscheidung unverzüglich für vollstreckbar erklärt, ohne dass eine Prüfung nach Artikel 37 erfolgt. [2] Die Partei, gegen die die Vollstreckung erwirkt werden soll, erhält in diesem Abschnitt des Verfahrens keine Gelegenheit, eine Erklärung abzugeben.

Art. 48 Mitteilung der Entscheidung über den Antrag auf Vollstreckbarerklärung. (1) Die Entscheidung über den Antrag auf Vollstreckbarerklärung wird dem Antragsteller unverzüglich nach dem Verfahren mitgeteilt, das das Recht des Vollstreckungsmitgliedstaats vorsieht.

(2) Die Vollstreckbarerklärung und, soweit dies noch nicht geschehen ist, die Entscheidung werden der Partei, gegen die die Vollstreckung erwirkt werden soll, zugestellt.

Art. 49 Rechtsbehelf gegen die Entscheidung über den Antrag auf Vollstreckbarerklärung. (1) Gegen die Entscheidung über den Antrag auf Vollstreckbarerklärung kann jede Partei einen Rechtsbehelf einlegen.

(2) Der Rechtsbehelf wird bei dem Gericht eingelegt, das der betreffende Mitgliedstaat der Kommission nach Artikel 64 mitgeteilt hat.

(3) Über den Rechtsbehelf wird nach den Vorschriften entschieden, die für Verfahren mit beiderseitigem rechtlichem Gehör maßgebend sind.

(4) Lässt sich die Partei, gegen die die Vollstreckung erwirkt werden soll, auf das Verfahren vor dem mit dem Rechtsbehelf des Antragstellers befassten Gericht nicht ein, so ist Artikel 16 auch dann anzuwenden, wenn die Partei, gegen die die Vollstreckung erwirkt werden soll, in keinem Mitgliedstaat einen Wohnsitz hat.

(5) [1] Der Rechtsbehelf gegen die Vollstreckbarerklärung ist innerhalb von 30 Tagen nach ihrer Zustellung einzulegen. [2] Hat die Partei, gegen die die Vollstreckung erwirkt werden soll, ihren Wohnsitz im Hoheitsgebiet eines anderen Mitgliedstaats als dem, in dem die Vollstreckbarerklärung ergangen ist, so beträgt die Frist für den Rechtsbehelf 60 Tage und beginnt mit dem Tag, an dem die Vollstreckbarerklärung ihr entweder persönlich oder in ihrer Wohnung zugestellt worden ist. [3] Eine Verlängerung dieser Frist wegen weiter Entfernung ist ausgeschlossen.

Art. 50 Rechtsbehelf gegen die Entscheidung über den Rechtsbehelf. Gegen die über den Rechtsbehelf ergangene Entscheidung kann ein Rechtsbehelf nur nach dem Verfahren eingelegt werden, das der betreffende Mitgliedstaat der Kommission nach Artikel 64 mitgeteilt hat.

Art. 51 Versagung oder Aufhebung einer Vollstreckbarerklärung. [1] Die Vollstreckbarerklärung darf von dem mit einem Rechtsbehelf nach Artikel 49 oder 50 befassten Gericht nur aus einem der in Artikel 37 aufgeführten Gründe versagt oder aufgehoben werden. [2] Das Gericht erlässt seine Entscheidung unverzüglich.

Art. 52 Aussetzung des Verfahrens. Das nach Artikel 49 oder 50 mit dem Rechtsbehelf befasste Gericht setzt das Verfahren auf Antrag der Partei, gegen die die Vollstreckung erwirkt werden soll, aus, wenn die Entscheidung im Ursprungsmitgliedstaat wegen der Einlegung eines Rechtsbehelfs vorläufig nicht vollstreckbar ist.

Art. 53[1)] Einstweilige Maßnahmen einschließlich Sicherungsmaßnahmen. (1) Ist eine Entscheidung nach diesem Kapitel anzuerkennen, so ist der Antragsteller nicht daran gehindert, einstweilige Maßnahmen einschließlich Sicherungsmaßnahmen nach dem Recht des Vollstreckungsmitgliedstaats in Anspruch zu nehmen, ohne dass es einer Vollstreckbarerklärung nach Artikel 47 bedarf.

(2) Die Vollstreckbarerklärung umfasst von Rechts wegen die Befugnis, alle Sicherungsmaßnahmen zu veranlassen.

(3) Solange die in Artikel 49 Absatz 5 vorgesehene Frist für den Rechtsbehelf gegen die Vollstreckbarerklärung läuft und solange über den Rechtsbehelf nicht entschieden ist, darf die Zwangsvollstreckung in das Vermögen der Partei, gegen welche die Vollstreckung erfolgen soll, nicht über Sicherungsmaßnahmen hinausgehen.

Art. 54 Teilvollstreckbarkeit. (1) Ist durch die Entscheidung über mehrere Ansprüche erkannt worden, und kann die Vollstreckbarerklärung nicht für alle Ansprüche erteilt werden, so erteilt das Gericht oder die zuständige Behörde sie für einen oder mehrere dieser Ansprüche.

(2) Der Antragsteller kann beantragen, dass die Vollstreckbarerklärung nur für einen Teil des Gegenstands der Entscheidung erteilt wird.

Art. 55 Prozesskostenhilfe. Ist dem Antragsteller im Ursprungsmitgliedstaat ganz oder teilweise Prozesskostenhilfe oder Kosten- oder Gebührenbefreiung gewährt worden, so genießt er im Vollstreckbarerklärungsverfahren hinsichtlich der Prozesskostenhilfe oder der Kosten- oder Gebührenbefreiung die günstigste Behandlung, die das Recht des Vollstreckungsmitgliedstaats vorsieht.

Art. 56 Keine Sicherheitsleistung oder Hinterlegung. Der Partei, die in einem Mitgliedstaat die Anerkennung, Vollstreckbarerklärung oder Vollstreckung einer in einem anderen Mitgliedstaat ergangenen Entscheidung beantragt, darf wegen ihrer Eigenschaft als Ausländer oder wegen Fehlens eines inländischen Wohnsitzes oder Aufenthalts im Vollstreckungsmitgliedstaat keine Sicherheitsleistung oder Hinterlegung, unter welcher Bezeichnung es auch sei, auferlegt werden.

Art. 57 Keine Stempelabgaben oder Gebühren. Im Vollstreckungsmitgliedstaat dürfen in Vollstreckbarerklärungsverfahren keine nach dem Streitwert abgestuften Stempelabgaben oder Gebühren erhoben werden.

[1)] Art. 53 Abs. 1 ber. ABl. 2018 Nr. L 167 S. 36.

Kapitel V. Öffentliche Urkunden und gerichtliche Vergleiche

Art. 58 Annahme öffentlicher Urkunden. (1) Eine in einem Mitgliedstaat errichtete öffentliche Urkunde hat in einem anderen Mitgliedstaat die gleiche formelle Beweiskraft wie im Ursprungsmitgliedstaat oder die damit am ehesten vergleichbare Wirkung, sofern das der öffentlichen Ordnung *(ordre public)* des betreffenden Mitgliedstaats nicht offensichtlich widerspricht.

Eine Person, die eine öffentliche Urkunde in einem anderen Mitgliedstaat verwenden möchte, kann die Behörde, die die öffentliche Urkunde im Ursprungsmitgliedstaat errichtet, ersuchen, das nach dem Beratungsverfahren nach Artikel 67 Absatz 2 erstellte Formblatt auszufüllen, das die formelle Beweiskraft der öffentlichen Urkunde im Ursprungsmitgliedstaat beschreibt.

(2) [1] Einwände gegen die Authentizität einer öffentlichen Urkunde sind bei den Gerichten des Ursprungsmitgliedstaats zu erheben; über diese Einwände wird nach dem Recht dieses Staates entschieden. [2] Eine öffentliche Urkunde, gegen die solche Einwände erhoben wurden, entfaltet in einem anderen Mitgliedstaat keine Beweiskraft, solange die Sache bei dem zuständigen Gericht anhängig ist.

(3) [1] Einwände gegen die in einer öffentlichen Urkunde beurkundeten Rechtsgeschäfte oder Rechtsverhältnisse sind bei den nach dieser Verordnung zuständigen Gerichten zu erheben; über diese Einwände wird nach dem nach Kapitel III anzuwendenden Recht entschieden. [2] Eine öffentliche Urkunde, gegen die solche Einwände erhoben wurden, entfaltet in einem anderen als dem Ursprungsmitgliedstaat hinsichtlich des bestrittenen Umstands keine Beweiskraft, solange die Sache bei dem zuständigen Gericht anhängig ist.

(4) Hängt der Ausgang eines Verfahrens vor dem Gericht eines Mitgliedstaats von der Klärung einer Vorfrage im Zusammenhang mit den in einer öffentlichen Urkunde beurkundeten Rechtsgeschäften oder Rechtsverhältnissen betreffend den ehelichen Güterstand ab, so ist dieses Gericht für die Entscheidung über diese Vorfrage zuständig.

Art. 59 Vollstreckbarkeit öffentlicher Urkunden. (1) Öffentliche Urkunden, die im Ursprungsmitgliedstaat vollstreckbar sind, werden in einem anderen Mitgliedstaat auf Antrag eines Berechtigten nach den Verfahren der Artikel 44 bis 57 für vollstreckbar erklärt.

(2) Für die Zwecke des Artikels 45 Absatz 3 Buchstabe b stellt die Behörde, die die öffentliche Urkunde errichtet hat, auf Antrag eines Berechtigten eine Bescheinigung unter Verwendung des nach dem Beratungsverfahren nach Artikel 67 Absatz 2 erstellten Formblattes aus.

(3) Die Vollstreckbarerklärung wird von dem mit einem Rechtsbehelf nach Artikel 49 oder 50 befassten Gericht nur versagt oder aufgehoben, wenn die Vollstreckung der öffentlichen Urkunde der öffentlichen Ordnung *(ordre public)* des Vollstreckungsmitgliedstaats offensichtlich widersprechen würde.

Art. 60 Vollstreckbarkeit gerichtlicher Vergleiche. (1) Gerichtliche Vergleiche, die im Ursprungsmitgliedstaat vollstreckbar sind, werden in einem anderen Mitgliedstaat auf Antrag eines Berechtigten nach den Verfahren der Artikel 44 bis 57 für vollstreckbar erklärt.

(2) Für die Zwecke des Artikels 45 Absatz 3 Buchstabe b stellt das Gericht, das den Vergleich gebilligt hat oder vor dem der Vergleich geschlossen wurde, auf Antrag eines Berechtigten eine Bescheinigung unter Verwendung des nach dem Beratungsverfahren nach Artikel 67 Absatz 2 erstellten Formblattes aus.

(3) Die Vollstreckbarerklärung wird von dem mit einem Rechtsbehelf nach Artikel 49 oder 50 befassten Gericht nur versagt oder aufgehoben, wenn die Vollstreckung des gerichtlichen Vergleichs der öffentlichen Ordnung *(ordre public)* des Vollstreckungsmitgliedstaats offensichtlich widersprechen würde.

Kapitel VI. Allgemeine und Schlussbestimmungen

Art. 61 Legalisation oder ähnliche Förmlichkeiten. Im Rahmen dieser Verordnung bedarf es für Urkunden, die in einem Mitgliedstaat ausgestellt werden, weder der Legalisation noch einer ähnlichen Förmlichkeit.

Art. 62 Verhältnis zu bestehenden internationalen Übereinkünften.

(1) Diese Verordnung lässt unbeschadet der Verpflichtungen der Mitgliedstaaten nach Artikel 351 AEUV[1)] die Anwendung bilateraler oder multilateraler Übereinkünfte unberührt, denen ein oder mehrere Mitgliedstaaten zum Zeitpunkt des Erlasses dieser Verordnung oder eines Beschlusses nach Artikel 331 Absatz 1 Unterabsatz 2 oder 3 AEUV angehören und die Bereiche betreffen, die in dieser Verordnung geregelt sind.

(2) Ungeachtet des Absatzes 1 hat diese Verordnung im Verhältnis zwischen den Mitgliedstaaten Vorrang vor untereinander geschlossenen Übereinkünften, soweit diese Übereinkünfte Bereiche betreffen, die in dieser Verordnung geregelt sind.

(3) Diese Verordnung steht der Anwendung des Übereinkommens vom 6. Februar 1931 zwischen Dänemark, Finnland, Island, Norwegen und Schweden mit Bestimmungen des Internationalen Privatrechts über Eheschließung, Adoption und Vormundschaft in der Fassung von 2006, des Übereinkommens vom 19. November 1934 zwischen Dänemark, Finnland, Island, Norwegen und Schweden mit Bestimmungen des Internationalen Privatrechts über Rechtsnachfolge von Todes wegen, Testamente und Nachlassverwaltung in der Fassung von Juni 2012 und des Übereinkommens vom 11. Oktober 1977 zwischen Dänemark, Finnland, Island, Norwegen und Schweden über die Anerkennung und Vollstreckung von Entscheidungen in Zivilsachen durch die ihnen angehörenden Mitgliedstaaten nicht entgegen, soweit sie vereinfachte und zügigere Verfahren für die Anerkennung und Vollstreckung von Entscheidungen in Fragen des ehelichen Güterstands vorsehen.

Art. 63 Informationen für die Öffentlichkeit. Die Mitgliedstaaten übermitteln der Kommission eine kurze Zusammenfassung ihrer nationalen Vorschriften und Verfahren betreffend die ehelichen Güterstände, einschließlich Informationen zu der Art von Behörde, die für Fragen des ehelichen Güterstands zuständig ist, und zu den Wirkungen gegenüber Dritten gemäß Artikel 28, damit die betreffenden Informationen der Öffentlichkeit im Rah-

---

[1)] Sartorius Nr. 1001.

men des Europäischen Justiziellen Netzes für Zivil- und Handelssachen zur Verfügung gestellt werden können.

Die Mitgliedstaaten halten die Informationen stets auf dem neuesten Stand.

Art. 64 Angaben zu Kontaktdaten und Verfahren. (1) Die Mitgliedstaaten teilen der Kommission bis zum 29. April 2018 Folgendes mit:

a) die für Anträge auf Vollstreckbarerklärung gemäß Artikel 44 Absatz 1 und für Rechtsbehelfe gegen Entscheidungen über derartige Anträge gemäß Artikel 49 Absatz 2 zuständigen Gerichte oder Behörden;

b) die in Artikel 50 genannten Rechtsbehelfe gegen die Entscheidung über den Rechtsbehelf.

Die Mitgliedstaaten unterrichten die Kommission über spätere Änderungen dieser Informationen.

(2) Die Kommission veröffentlicht die nach Absatz 1 übermittelten Angaben im *Amtsblatt der Europäischen Union*, mit Ausnahme der Anschriften und sonstigen Kontaktdaten der in Absatz 1 Buchstabe a genannten Gerichte und Behörden.

(3) Die Kommission stellt der Öffentlichkeit alle nach Absatz 1 übermittelten Angaben auf geeignete Weise, insbesondere über das Europäische Justizielle Netz für Zivil- und Handelssachen, zur Verfügung.

Art. 65 Erstellung und spätere Änderung der Liste der in Artikel 3 Absatz 2 vorgesehenen Informationen. (1) Die Kommission erstellt anhand der Mitteilungen der Mitgliedstaaten die Liste der in Artikel 3 Absatz 2 genannten anderen Behörden und Angehörigen von Rechtsberufen.

(2) [1] Die Mitgliedstaaten teilen der Kommission spätere Änderungen der in dieser Liste enthaltenen Angaben mit. [2] Die Kommission ändert die Liste entsprechend.

(3) Die Kommission veröffentlicht die Liste und etwaige spätere Änderungen im *Amtsblatt der Europäischen Union*.

(4) Die Kommission stellt der Öffentlichkeit alle nach den Absätzen 1 und 2 mitgeteilten Angaben auf andere geeignete Weise, insbesondere über das Europäische Justizielle Netz für Zivil- und Handelssachen, zur Verfügung.

Art. 66 Erstellung und spätere Änderung der Bescheinigungen und der Formblätter nach Artikel 45 Absatz 3 Buchstabe b und den Artikeln 58, 59 und 60. [1] Die Kommission erlässt Durchführungsrechtsakte zur Erstellung und späteren Änderung der Bescheinigungen und der Formblätter nach Artikel 45 Absatz 3 Buchstabe b und den Artikeln 58, 59 und 60. [2] Diese Durchführungsrechtsakte werden nach dem in Artikel 67 Absatz 2 genannten Beratungsverfahren erlassen.

Art. 67 Ausschussverfahren. (1) [1] Die Kommission wird von einem Ausschuss unterstützt. [2] Dieser Ausschuss ist ein Ausschuss im Sinne der Verordnung (EU) Nr. 182/2011.

(2) Wird auf diesen Absatz Bezug genommen, so gilt Artikel 4 der Verordnung (EU) Nr. 182/2011.

Art. 68 Überprüfungsklausel. (1) [1] Die Kommission legt dem Europäischen Parlament, dem Rat und dem Europäischen Wirtschafts- und Sozialausschuss bis zum 29. Januar 2027 einen Bericht über die Anwendung dieser Verordnung vor. [2] Dem Bericht werden gegebenenfalls Vorschläge zur Änderung dieser Verordnung beigefügt.

(2) [1] Die Kommission legt dem Europäischen Parlament, dem Rat und dem Europäischen Wirtschafts- und Sozialausschuss bis zum 29. Januar 2024 einen Bericht über die Anwendung der Artikel 9 und 38 dieser Verordnung vor. [2] In diesem Bericht wird insbesondere bewertet, inwieweit die genannten Artikel den Zugang zur Justiz sichergestellt haben.

(3) Für die Zwecke der in den Absätzen 1 und 2 genannten Berichte übermitteln die Mitgliedstaaten der Kommission sachdienliche Angaben zu der Anwendung dieser Verordnung durch ihre Gerichte.

Art. 69[1)] Übergangsbestimmungen. (1) Diese Verordnung ist vorbehaltlich der Absätze 2 und 3 nur auf Verfahren, öffentliche Urkunden und gerichtliche Vergleiche anzuwenden, die am 29. Januar 2019 oder danach eingeleitet, förmlich errichtet oder eingetragen beziehungsweise gebilligt oder geschlossen worden sind.

(2) Ist das Verfahren im Ursprungsmitgliedstaat vor dem 29. Januar 2019 eingeleitet worden, so werden an oder nach diesem Tag ergangene Entscheidungen nach Maßgabe des Kapitels IV anerkannt und vollstreckt, soweit die angewandten Zuständigkeitsvorschriften mit denen des Kapitels II übereinstimmen.

(3) Kapitel III gilt nur für Ehegatten, die am 29. Januar 2019 oder danach die Ehe eingegangen sind oder eine Rechtswahl des auf ihren Güterstand anzuwendenden Rechts getroffen haben.

Art. 70 Inkrafttreten. (1) Diese Verordnung tritt am zwanzigsten Tag nach ihrer Veröffentlichung[2)] im *Amtsblatt der Europäischen Union* in Kraft.

(2) Diese Verordnung gilt in den Mitgliedstaaten, die an der durch Beschluss (EU) 2016/954 begründeten Verstärkten Zusammenarbeit im Bereich der Zuständigkeit, des anzuwendenden Rechts und der Anerkennung und Vollstreckung von Entscheidungen in Fragen der Güterstände internationaler Paare (eheliche Güterstände und Güterstände eingetragener Partnerschaften) teilnehmen.

[1] Sie gilt ab 29. Januar 2019, mit Ausnahme der Artikel 63 und 64, die ab 29. April 2018 gelten, und der Artikel 65, 66 und 67, die ab 29. Juli 2016 gelten. [2] Für diejenigen Mitgliedstaaten, die sich aufgrund eines nach Artikel 331 Absatz 1 Unterabsatz 2 oder Unterabsatz 3 AEUV[3)] angenommenen Beschlusses der Verstärkten Zusammenarbeit anschließen, gilt diese Verordnung ab dem in dem betreffenden Beschluss angegebenen Tag.

---

1) Art. 69 Abs. 2 und 3 ber. ABl. 2017 Nr. L 113 S. 62.
2) Veröffentlicht am 8.7.2016.
3) **Sartorius Nr. 1001.**

103k. Verordnung (EU) 2016/1104 des Rates vom 24. Juni 2016 zur Durchführung der Verstärkten Zusammenarbeit im Bereich der Zuständigkeit, des anzuwendenden Rechts und der Anerkennung und Vollstreckung von Entscheidungen in Fragen güterrechtlicher Wirkungen eingetragener Partnerschaften

(ABl. Nr. L 183 S. 30, ber. 2017 Nr. L 113 S. 62)

Celex-Nr. 3 2016 R 1104

DER RAT DER EUROPÄISCHEN UNION –

gestützt auf den Vertrag über die Arbeitsweise der Europäischen Union, insbesondere auf Artikel 81 Absatz 3,

gestützt auf den Beschluss (EU) 2016/954 des Rates vom 9. Juni 2016 zur Ermächtigung zu einer Verstärkten Zusammenarbeit im Bereich der Zuständigkeit, des anzuwendenden Rechts und der Anerkennung und Vollstreckung von Entscheidungen in Fragen der Güterstände internationaler Paare (eheliche Güterstände und güterrechtliche Wirkungen eingetragener Partnerschaften)[1],

auf Vorschlag der Europäischen Kommission,

nach Zuleitung des Entwurfs des Gesetzgebungsakts an die nationalen Parlamente,

nach Stellungnahme des Europäischen Parlaments[2],

gemäß einem besonderen Gesetzgebungsverfahren,

in Erwägung nachstehender Gründe:

(1) Die Union hat sich zum Ziel gesetzt, einen Raum der Freiheit, der Sicherheit und des Rechts, in dem der freie Personenverkehr gewährleistet ist, zu erhalten und weiterzuentwickeln. Zum schrittweisen Aufbau eines solchen Raums hat die Union im Bereich der justiziellen Zusammenarbeit in Zivilsachen, die einen grenzüberschreitenden Bezug aufweisen, Maßnahmen zu erlassen, insbesondere wenn dies für das reibungslose Funktionieren des Binnenmarkts erforderlich ist

(2) Nach Artikel 81 Absatz 2 Buchstabe c des Vertrags über die Arbeitsweise der Europäischen Union (AEUV)[3] können zu solchen Maßnahmen unter anderem Maßnahmen gehören, die die Vereinbarkeit der in den Mitgliedstaaten geltenden Kollisionsnormen und Vorschriften zur Vermeidung von Kompetenzkonflikten sicherstellen sollen.

---

[1] **Amtl. Anm.:** ABl. L 159 vom 16.6.2016, S. 16.
[2] **Amtl. Anm.:** Stellungnahme vom 23. Juni 2016 (noch nicht im Amtsblatt veröffentlicht).
[3] **Sartorius Nr. 1001.**

(3) Auf seiner Tagung vom 15./16. Oktober 1999 in Tampere hatte der Europäische Rat den Grundsatz der gegenseitigen Anerkennung von Urteilen und anderen Entscheidungen von Justizbehörden als Eckstein der justiziellen Zusammenarbeit in Zivilsachen unterstützt und den Rat und die Kommission ersucht, ein Maßnahmenprogramm zur Umsetzung dieses Grundsatzes anzunehmen.

(4) Am 30. November 2000 wurde daraufhin ein für die Kommission und den Rat gleichermaßen geltendes Maßnahmenprogramm zur Umsetzung des Grundsatzes der gegenseitigen Anerkennung gerichtlicher Entscheidungen in Zivil- und Handelssachen[1] angenommen. Dieses Programm weist Maßnahmen zur Harmonisierung der Kollisionsnormen als Maßnahmen aus, die die gegenseitige Anerkennung gerichtlicher Entscheidungen erleichtern können, und stellt die Ausarbeitung eines Rechtsinstruments zu den ehelichen Güterständen und den güterrechtlichen Wirkungen der Trennung von nicht verheirateten Paaren in Aussicht.

(5) Am 4. und 5. November 2004 nahm der Europäische Rat auf seiner Tagung in Brüssel ein neues Programm mit dem Titel „Haager Programm zur Stärkung von Freiheit, Sicherheit und Recht in der Europäischen Union"[2] an. Darin ersuchte der Rat die Kommission um Vorlage eines Grünbuchs über das Kollisionsrecht im Bereich des ehelichen Güterstands, einschließlich der Frage der Zuständigkeit und der gegenseitigen Anerkennung. Dem Programm zufolge sollte auch ein Rechtsakt in diesem Bereich erlassen werden.

(6) Am 17. Juli 2006 nahm die Kommission daraufhin ein Grünbuch zu den Kollisionsnormen im Güterrecht sowie zur gerichtlichen Zuständigkeit und der gegenseitigen Anerkennung an. Auf der Grundlage dieses Grünbuchs fand eine umfassende Konsultation zu den Problemen statt, die sich in Europa bei der güterrechtlichen Auseinandersetzung für Paare stellen, sowie zu den rechtlichen Lösungsmöglichkeiten. Im Grünbuch wurden auch sämtliche Fragen des Internationalen Privatrechts behandelt, die sich Paaren stellen, die in einer anderen Form der Lebensgemeinschaft als der Ehe, unter anderem in einer eingetragenen Partnerschaft, zusammenleben, und die speziell für diese Paare von Belang sind.

(7) Auf seiner Tagung vom 10. und 11. Dezember 2009 in Brüssel nahm der Europäische Rat ein neues mehrjähriges Programm mit dem Titel „Das Stockholmer Programm – Ein offenes und sicheres Europa im Dienste und zum Schutz der Bürger"[3] an. Darin hielt der Europäische Rat fest, dass der Grundsatz der gegenseitigen Anerkennung auf Bereiche ausgeweitet werden sollte, die bisher noch nicht erfasst sind, aber den Alltag der Bürger wesentlich prägen, z.B. güterrechtliche Wirkungen einer Trennung, wobei gleichzeitig die Rechtssysteme einschließlich der öffentlichen Ordnung *(ordre public)* und die nationalen Traditionen der Mitgliedstaaten in diesem Bereich zu berücksichtigen sind.

(8) In ihrem „Bericht über die Unionsbürgerschaft 2010 – Weniger Hindernisse für die Ausübung von Unionsbürgerrechten" vom 27. Oktober

---

[1] **Amtl. Anm.:** ABl. C 12 vom 15.1.2001, S. 1.
[2] **Amtl. Anm.:** ABl. C 53 vom 3.3.2005, S. 1.
[3] **Amtl. Anm.:** ABl. C 115 vom 4.5.2010, S. 1.

2010 kündigte die Kommission die Vorlage eines Legislativvorschlags an, der Hindernisse für die Freizügigkeit und insbesondere die Schwierigkeiten überwinden soll, mit denen Paare bei der Verwaltung ihres Vermögens oder bei dessen Teilung konfrontiert sind.

(9) Am 16 März 2011 nahm die Kommission einen Vorschlag für eine Verordnung des Rates über die Zuständigkeit, das anzuwendende Recht, die Anerkennung und die Vollstreckung von Entscheidungen im Bereich des Ehegüterrechts und einen Vorschlag für eine Verordnung des Rates über die Zuständigkeit, das anzuwendende Recht, die Anerkennung und die Vollstreckung von Entscheidungen im Bereich des Güterrechts eingetragener Partnerschaften an.

(10) Auf seiner Tagung vom 3. Dezember 2015 stellte der Rat fest, dass für die beiden Verordnungsvorschläge zu den ehelichen Güterständen und den Güterständen eingetragener Partnerschaften keine Einstimmigkeit erzielt werden konnte und innerhalb eines vertretbaren Zeitraums die mit einer Zusammenarbeit in diesem Bereich angestrebten Ziele von der Union in ihrer Gesamtheit nicht verwirklicht werden können.

(11) Zwischen Dezember 2015 und Februar 2016 richteten Belgien, Bulgarien, die Tschechische Republik, Deutschland, Griechenland, Spanien, Frankreich, Kroatien, Italien, Luxemburg, Malta, die Niederlande, Österreich, Portugal, Slowenien, Finnland und Schweden Anträge an die Kommission, in denen sie ihren Wunsch bekundeten, untereinander eine Verstärkte Zusammenarbeit im Bereich der güterrechtlichen Beziehungen internationaler Paare, insbesondere im Bereich der Zuständigkeit, des anzuwendenden Rechts, der Anerkennung und Vollstreckung von Entscheidungen in Fragen der ehelichen Güterstände und der Güterstände eingetragener Partnerschaften, begründen zu wollen, und die Kommission um Vorlage eines entsprechenden Vorschlags an den Rat baten. Zypern hat mit Schreiben an die Kommission im März 2016 seinen Wunsch zum Ausdruck gebracht, an dieser Verstärkten Zusammenarbeit teilzunehmen; Zypern hat diesen Wunsch später während der Arbeiten des Rates bestätigt.

(12) Am 9. Juni 2016 erließ der Rat den Beschluss (EU) 2016/954 über die Ermächtigung zu dieser Verstärkten Zusammenarbeit.

(13) Gemäß Artikel 328 Absatz 1 AEUV[1] steht eine Verstärkte Zusammenarbeit bei ihrer Begründung allen Mitgliedstaaten offen, sofern sie die in dem hierzu ermächtigenden Beschluss gegebenenfalls festgelegten Teilnahmevoraussetzungen erfüllen. Das gilt auch zu jedem anderen Zeitpunkt, sofern sie neben den genannten Voraussetzungen auch die in diesem Rahmen bereits erlassenen Rechtsakte beachten. Die Kommission und die an einer Verstärkten Zusammenarbeit teilnehmenden Mitgliedstaaten sollten dafür sorgen, dass die Teilnahme möglichst vieler Mitgliedstaaten gefördert wird. Diese Verordnung sollte nur in den Mitgliedstaaten in allen ihren Teilen verbindlich sein und unmittelbar gelten, die kraft des Beschlusses (EU) 2016/954 oder kraft eines gemäß Artikel 331 Absatz 1 Unterabsatz 2 oder 3 AEUV[1] erlassenen Beschlusses an der Verstärkten Zusammenarbeit im Bereich der Gerichtszuständigkeit,

---

[1] **Sartorius Nr. 1001.**

des anzuwendenden Rechts und der Anerkennung und Vollstreckung von Entscheidungen in Fragen der Güterstände internationaler Paare (eheliche Güterstände und Güterstände eingetragener Partnerschaften) teilnehmen.

(14) Diese Verordnung sollte gemäß Artikel 81 AEUV[1] auf die güterrechtlichen Wirkungen eingetragener Partnerschaften mit grenzüberschreitendem Bezug Anwendung finden.

(15) Damit für nicht verheiratete Paare Rechtssicherheit in Bezug auf ihr Vermögen und ein gewisses Maß an Vorhersehbarkeit in Bezug auf das anzuwendende Recht gegeben ist, sollten alle Regelungen, welche auf die güterrechtlichen Wirkungen eingetragener Partnerschaften anzuwenden sind, in einem einzigen Rechtsinstrument erfasst werden.

(16) Nichteheliche Lebensgemeinschaften sind im Recht der Mitgliedstaaten unterschiedlich ausgestaltet, wobei zwischen Paaren, deren Lebensgemeinschaft bei einer Behörde als Partnerschaft eingetragen ist, und einer nicht eingetragenen Lebensgemeinschaft unterschieden werden sollte. Auch wenn nicht eingetragene Lebensgemeinschaften in manchen Mitgliedstaaten gesetzlich geregelt sind, sollten sie von eingetragenen Partnerschaften unterschieden werden, die einen offiziellen Charakter aufweisen, der es ermöglicht, sie in einem Rechtsakt der Union zu regeln, der ihren Besonderheiten Rechnung trägt. Es gilt, im Interesse eines reibungslosen Funktionierens des Binnenmarkts die Hindernisse für die Freizügigkeit von Personen, die in einer eingetragenen Partnerschaft leben, zu beseitigen; hierzu zählen insbesondere die Schwierigkeiten, mit denen diese Paare bei der Verwaltung ihres Vermögens oder bei dessen Teilung konfrontiert sind. Um diese Ziele zu erreichen, sollten in dieser Verordnung Bestimmungen über die Gerichtszuständigkeit, das anzuwendende Recht, die Anerkennung – oder gegebenenfalls die Annahme –, die Vollstreckbarkeit und die Vollstreckung von Entscheidungen, öffentlichen Urkunden und gerichtlichen Vergleichen zusammengefasst werden.

(17) Diese Verordnung sollte Fragen regeln, die sich im Zusammenhang mit den güterrechtlichen Wirkungen eingetragener Partnerschaften ergeben. Der Begriff „eingetragene Partnerschaft" sollte nur für die Zwecke dieser Verordnung definiert werden. Der tatsächliche Inhalt dieses Begriffskonzepts sollte sich weiter nach dem nationalen Recht der Mitgliedstaaten bestimmen. Diese Verordnung sollte einen Mitgliedstaat, dessen Recht das Institut der eingetragenen Partnerschaft nicht regelt, nicht dazu verpflichten, dieses Rechtsinstitut in sein nationales Recht einzuführen.

(18) Der Anwendungsbereich dieser Verordnung sollte sich auf alle zivilrechtlichen Aspekte der Güterstände eingetragener Partnerschaften erstrecken und sowohl die Verwaltung des Vermögens der Partner im Alltag betreffen als auch die güterrechtliche Auseinandersetzung infolge der Trennung des Paares oder des Todes eines Partners.

(19) Diese Verordnung sollte nicht für Bereiche des Zivilrechts gelten, die nicht die güterrechtlichen Wirkungen eingetragener Partnerschaften betreffen. Aus Gründen der Klarheit sollte eine Reihe von Fragen, die als mit den güterrechtlichen Wirkungen eingetragener Partnerschaften zu-

---

[1] **Sartorius Nr. 1001.**

sammenhängend betrachtet werden können, ausdrücklich vom Anwendungsbereich dieser Verordnung ausgenommen werden.

(20) Dementsprechend sollte diese Verordnung nicht für Fragen der allgemeinen Rechts-, Geschäfts- und Handlungsfähigkeit der Partner gelten; dieser Ausschluss sollte sich jedoch nicht auf die spezifischen Befugnisse und Rechte eines oder beider Partner – weder im Verhältnis untereinander noch gegenüber Dritten – im Zusammenhang mit dem Vermögen erstrecken, da diese Befugnisse und Rechte in den Anwendungsbereich dieser Verordnung fallen sollten.

(21) Diese Verordnung sollte nicht für andere Vorfragen wie das Bestehen, die Gültigkeit oder die Anerkennung einer eingetragenen Partnerschaft gelten, die dem nationalen Recht der Mitgliedstaaten, einschließlich ihrer Vorschriften des Internationalen Privatrechts, unterliegen.

(22) Die Unterhaltspflichten im Verhältnis der Partner untereinander sind Gegenstand der Verordnung (EG) Nr. 4/2009[1)] des Rates[2)] und sollten daher vom Anwendungsbereich dieser Verordnung ausgenommen werden; das gilt auch für Fragen der Rechtsnachfolge nach dem Tod eines Partners, da diese in der Verordnung (EU) Nr. 650/2012[3)] des Europäischen Parlaments und des Rates vom 4. Juli 2012[4)] geregelt sind.

(23) Fragen im Zusammenhang mit der Berechtigung, Ansprüche gleich welcher Art auf Alters- oder Erwerbsunfähigkeitsrente, die während der eingetragenen Partnerschaft erworben wurden und die während der eingetragenen Partnerschaft zu keinem Renteneinkommen geführt haben, zwischen den Partnern zu übertragen oder anzupassen, sollten vom Anwendungsbereich dieser Verordnung ausgenommen werden, wobei die in den Mitgliedstaaten bestehenden spezifischen Systeme zu berücksichtigen sind. Allerdings sollte diese Ausnahme eng ausgelegt werden. Somit sollte diese Verordnung insbesondere die Frage der Kategorisierung von Rentenansprüchen, der während der eingetragenen Partnerschaft an einen der Partner bereits ausgezahlten Beträge und des eventuell zu gewährenden Ausgleichs bei mit gemeinsamem Vermögen finanzierten Rentenversicherungen regeln.

(24) Diese Verordnung sollte die sich aus den güterrechtlichen Wirkungen einer eingetragenen Partnerschaft ergebende Begründung oder Übertragung eines Rechts an beweglichen oder unbeweglichen Vermögensgegenständen nach Maßgabe des auf diese güterrechtlichen Wirkungen anzuwendenden Rechts ermöglichen. Sie sollte jedoch nicht die abschließende Anzahl *(Numerus clausus)* der dinglichen Rechte berühren, die das nationale Recht einiger Mitgliedstaaten kennt. Ein Mitgliedstaat sollte nicht verpflichtet sein, ein dingliches Recht an einer in diesem

---

1) Nr. **21d**.

2) **Amtl. Anm.:** Verordnung (EG) Nr. 4/2009 [Nr. **21d**] des Rates vom 18. Dezember 2008 über die Zuständigkeit, das anwendbare Recht, die Anerkennung und Vollstreckung von Entscheidungen und die Zusammenarbeit in Unterhaltssachen (ABl. L 7 vom 10.1.2009, S. 1).

3) Nr. **21e**.

4) **Amtl. Anm.:** Verordnung (EU) Nr. 650/2012 [Nr. **21e**] des Europäischen Parlaments und des Rates vom 4. Juli 2012 über die Zuständigkeit, das anzuwendende Recht, die Anerkennung und Vollstreckung von Entscheidungen und die Annahme und Vollstreckung öffentlicher Urkunden in Erbsachen sowie zur Einführung eines Europäischen Nachlasszeugnisses (ABl. L 201 vom 27.7. 2012, S. 107).

Mitgliedstaat belegenen Sache anzuerkennen, wenn sein Recht dieses dingliche Recht nicht kennt.

(25) Damit die Partner jedoch die Rechte, die durch die güterrechtlichen Wirkungen der eingetragenen Partnerschaft begründet worden oder auf sie übergegangen sind, in einem anderen Mitgliedstaat ausüben können, sollte diese Verordnung die Anpassung eines unbekannten dinglichen Rechts an das in der Rechtsordnung dieses anderen Mitgliedstaats am ehesten vergleichbare Recht vorsehen. Bei dieser Anpassung sollten die mit dem besagten dinglichen Recht verfolgten Ziele und Interessen und die mit ihm verbundenen Wirkungen berücksichtigt werden. Für die Zwecke der Bestimmung des am ehesten vergleichbaren innerstaatlichen Rechts können die Behörden oder zuständigen Personen des Staates, dessen Recht auf die güterrechtlichen Wirkungen der eingetragenen Partnerschaft Anwendung findet, kontaktiert werden, um weitere Auskünfte zu der Art und den Wirkungen des betreffenden Rechts einzuholen. In diesem Zusammenhang könnten die bestehenden Netze im Bereich der justiziellen Zusammenarbeit in Zivil- und Handelssachen sowie die anderen verfügbaren Mittel, die die Erkenntnis ausländischen Rechts erleichtern, genutzt werden.

(26) Die in dieser Verordnung ausdrücklich vorgesehene Anpassung unbekannter dinglicher Rechte sollte andere Formen der Anpassung im Zusammenhang mit der Anwendung dieser Verordnung nicht ausschließen.

(27) Die Voraussetzungen für die Eintragung von Rechten an beweglichen oder unbeweglichen Vermögensgegenständen in ein Register sollten vom Anwendungsbereich dieser Verordnung ausgenommen werden. Somit sollte das Recht des Mitgliedstaats, in dem das Register geführt wird (für unbewegliches Vermögen das Recht der belegenen Sache *(lex rei sitae)*), bestimmen, unter welchen gesetzlichen Voraussetzungen und wie die Eintragung vorzunehmen ist und welche Behörden, wie etwa Grundbuchämter oder Notare, dafür zuständig sind, zu prüfen, dass alle Eintragungsvoraussetzungen erfüllt sind und die vorgelegten oder erstellten Unterlagen vollständig sind beziehungsweise die erforderlichen Angaben enthalten. Insbesondere können die Behörden prüfen, ob es sich bei dem Recht eines Partners an dem Vermögensgegenstand, der in dem für die Eintragung vorgelegten Schriftstück erwähnt ist, um ein Recht handelt, das als solches in dem Register eingetragen ist oder nach dem Recht des Mitgliedstaats, in dem das Register geführt wird, anderweitig nachgewiesen wird. Um eine doppelte Erstellung von Schriftstücken zu vermeiden, sollten die Eintragungsbehörden diejenigen von den zuständigen Behörden in einem anderen Mitgliedstaat erstellten Schriftstücke annehmen, deren Verkehr nach dieser Verordnung vorgesehen ist. Dies sollte die an der Eintragung beteiligten Behörden nicht daran hindern, von der Person, die die Eintragung beantragt, diejenigen zusätzlichen Angaben oder die Vorlage derjenigen zusätzlichen Schriftstücke zu verlangen, die nach dem Recht des Mitgliedstaats, in dem das Register geführt wird, erforderlich sind, wie beispielsweise Angaben oder Schriftstücke betreffend die Zahlung von Steuern. Die zuständige Behörde kann die Person, die die Eintragung beantragt, darauf hinweisen, wie die fehlenden Angaben oder Schriftstücke beigebracht werden können.

(28) Die Wirkungen der Eintragung eines Rechts in ein Register sollten ebenfalls vom Anwendungsbereich dieser Verordnung ausgenommen werden. Daher sollte das Recht des Mitgliedstaats, in dem das Register geführt wird, dafür maßgebend sein, ob beispielsweise die Eintragung deklaratorische oder konstitutive Wirkung hat. Wenn also zum Beispiel der Erwerb eines Rechts an einer unbeweglichen Sache nach dem Recht des Mitgliedstaats, in dem das Register geführt wird, die Eintragung in ein Register erfordert, damit die Wirkung erga omnes von Registern sichergestellt wird oder Rechtsgeschäfte geschützt werden, sollte der Zeitpunkt des Erwerbs dem Recht dieses Mitgliedstaats unterliegen.

(29) Diese Verordnung sollte den verschiedenen Systemen zur Regelung der Güterstände eingetragener Partnerschaften Rechnung tragen, die in den Mitgliedstaaten angewandt werden. Für die Zwecke dieser Verordnung sollte der Begriff „Gericht" daher weit gefasst werden, so dass nicht nur Gerichte im engeren Sinne, die gerichtliche Funktionen ausüben, erfasst werden, sondern beispielsweise in einigen Mitgliedstaaten auch Notare, die in bestimmten Fragen der güterrechtlichen Wirkungen eingetragener Partnerschaften gerichtliche Funktionen ausüben, sowie Notare und Angehörige von Rechtsberufen, die in einigen Mitgliedstaaten bei der Regelung dieser Wirkungen einer eingetragenen Partnerschaft aufgrund einer Befugnisübertragung durch ein Gericht gerichtliche Funktionen ausüben. Alle Gerichte im Sinne dieser Verordnung sollten durch die in dieser Verordnung festgelegten Zuständigkeitsregeln gebunden sein. Der Begriff „Gericht" sollte hingegen nicht die nichtgerichtlichen Behörden eines Mitgliedstaats erfassen, die, wie in den meisten Mitgliedstaaten die Notariate, nach nationalem Recht befugt sind, sich mit Fragen güterrechtlicher Wirkungen eingetragener Partnerschaften zu befassen, wenn sie, wie es in der Regel der Fall ist, keine gerichtlichen Funktionen ausüben.

(30) Diese Verordnung sollte es allen Notaren, die für Fragen der vermögensrechtlichen Wirkungen eingetragener Partnerschaften in den Mitgliedstaaten zuständig sind, ermöglichen, diese Zuständigkeit auszuüben. Ob die Notare in einem Mitgliedstaat durch die Zuständigkeitsregeln dieser Verordnung gebunden sind, sollte davon abhängen, ob sie unter den Begriff „Gericht" im Sinne dieser Verordnung fallen.

(31) Die in den Mitgliedstaaten von Notaren in Fragen der vermögensrechtlichen Wirkungen eingetragener Partnerschaften errichteten Urkunden sollten nach Maßgabe dieser Verordnung verkehren. Üben Notare gerichtliche Funktionen aus, so sollten sie durch die Zuständigkeitsregeln dieser Verordnung gebunden sein, und die von ihnen erlassenen Entscheidungen sollten die Bestimmungen dieser Verordnung über die Anerkennung, Vollstreckbarkeit und Vollstreckung von Entscheidungen verkehren. Üben Notare keine gerichtlichen Funktionen aus, so sollten sie nicht durch diese Zuständigkeitsregeln gebunden sein, und die von ihnen errichteten öffentlichen Urkunden sollten nach den Bestimmungen dieser Verordnung über öffentliche Urkunden verkehren.

(32) Um der zunehmenden Mobilität von Paaren Rechnung zu tragen und eine geordnete Rechtspflge zu erleichtern, sollten die Zuständigkeitsvorschriften in dieser Verordnung den Bürgern die Möglichkeit geben, miteinander zusammenhängende Verfahren vor den Gerichten desselben Mitgliedstaats verhandeln zu lassen. Hierzu sollte mit dieser Verordnung

angestrebt werden, die Zuständigkeit für die güterrechtlichen Wirkungen eingetragener Partnerschaften in dem Mitgliedstaat zu bündeln, dessen Gerichte berufen sind, über die Rechtsnachfolge von Todes wegen nach einem Partner gemäß der Verordnung (EU) Nr. 650/2012[1] oder die Auflösung oder Ungültigerklärung einer eingetragenen Partnerschaft zu befinden.

(33) In der vorliegenden Verordnung sollte vorgesehen werden, dass in Fällen, in denen ein Verfahren über die Rechtsnachfolge von Todes wegen nach einem Partner bei einem gemäß der Verordnung (EU) Nr. 650/2012[1] angerufenen Gericht eines Mitgliedstaats anhängig ist, die Gerichte dieses Mitgliedstaats auch für Entscheidungen über Fragen der vermögensrechtlichen Wirkungen eingetragener Partnerschaften zuständig sind, die mit dem Nachlass im Zusammenhang stehen.

(34) Ebenso sollten Fragen der vermögensrechtlichen Wirkungen eingetragener Partnerschaften, die sich im Zusammenhang mit einem Verfahren ergeben, das bei einem mit einem Antrag auf Auflösung oder Ungültigerklärung einer eingetragenen Partnerschaft befassten Gericht eines Mitgliedstaats anhängig ist, in die Zuständigkeit der Gerichte dieses Mitgliedstaats fallen, sofern die Partner dies vereinbaren.

(35) Stehen Fragen der vermögensrechtlichen Wirkungen eingetragener Partnerschaften nicht im Zusammenhang mit einem bei einem Gericht eines Mitgliedstaats anhängigen Verfahren über die Rechtsnachfolge von Todes wegen nach einem Partner oder über die Auflösung oder Ungültigerklärung einer eingetragenen Partnerschaft, so sollte in dieser Verordnung eine Rangfolge der Anknüpfungspunkte vorgesehen werden, anhand deren die Zuständigkeit bestimmt wird, wobei erster Anknüpfungspunkt der gemeinsame gewöhnliche Aufenthalt der Partner zum Zeitpunkt der Anrufung des Gerichts sein sollte. Die letzte Stufe in der Rangfolge der Anknüpfungspunkte für die Zuständigkeit sollte auf den Mitgliedstaat verweisen, nach dessen Recht die obligatorische Eintragung zur Begründung der Partnerschaft vorgenommen wurde. Diese Anknüpfungspunkte sollen die zunehmende Mobilität der Bürger widerspiegeln und eine wirkliche Verbindung zwischen den Partnern und dem Mitgliedstaat, in dem die Zuständigkeit ausgeübt wird, gewährleisten.

(36) Da nicht alle Mitgliedstaaten das Institut der eingetragenen Partnerschaft kennen, sollten sich die Gerichte eines Mitgliedstaats, dessen Recht dieses Institut nicht kennt, sich möglicherweise im Rahmen dieser Verordnung ausnahmsweise für unzuständig erklären können. In diesen Fällen sollten die Gerichte rasch handeln. Die betroffene Partei sollte die Möglichkeit haben, die Rechtssache in einem anderen Mitgliedstaat, dessen gerichtliche Zuständigkeit aufgrund eines Anknüpfungspunkts begründet ist, anhängig zu machen, wobei es nicht auf die Rangfolge der Zuständigkeitskriterien ankommt und zugleich die Parteiautonomie zu wahren ist. Jedes nach einer Unzuständigkeitserklärung angerufene Gericht, das nicht ein Gericht des Mitgliedstaats ist, in dem die eingetragene Partnerschaft begründet wurde, und das aufgrund einer Gerichtsstands*vereinbarung* oder aufgrund rügeloser Einlassung zuständig ist, darf sich

[1] Nr. **21e**.

unter denselben Bedingungen ebenfalls ausnahmsweise für unzuständig erklären. Für den Fall, dass kein Gericht aufgrund der übrigen Bestimmungen dieser Verordnung zuständig ist, sollte eine subsidiäre Zuständigkeitsregelung in diese Verordnung aufgenommen werden, um der Gefahr einer Rechtsverweigerung vorzubeugen.

(37) Im Interesse einer größeren Rechtssicherheit, einer besseren Vorhersehbarkeit des anzuwendenden Rechts und einer größeren Entscheidungsfreiheit der Parteien sollte es diese Verordnung den Parteien unter bestimmten Voraussetzungen ermöglichen, eine Gerichtsstandsvereinbarung zugunsten der Gerichte des Mitgliedstaats, dessen Recht anzuwenden ist, oder der Gerichte des Mitgliedstaats, in dem die eingetragene Partnerschaft eingegangen wurde, zu schließen.

(38) Diese Verordnung sollte die Parteien nicht daran hindern, den Rechtsstreit außergerichtlich, beispielsweise vor einem Notar, in einem Mitgliedstaat ihrer Wahl einvernehmlich zu regeln, wenn das nach dem Recht dieses Mitgliedstaats möglich ist. Das sollte auch dann der Fall sein, wenn das auf die güterrechtlichen Wirkungen der eingetragenen Partnerschaft anzuwendende Recht nicht das Recht dieses Mitgliedstaats ist.

(39) Um zu gewährleisten, dass die Gerichte aller Mitgliedstaaten ihre Zuständigkeit in Fragen güterrechtlicher Wirkungen eingetragener Partnerschaften auf derselben Grundlage ausüben können, sollten die Gründe, aus denen diese subsidiäre Zuständigkeit ausgeübt werden kann, in dieser Verordnung abschließend geregelt werden.

(40) Um insbesondere Fällen von Rechtsverweigerung begegnen zu können, sollte in dieser Verordnung auch eine Notzuständigkeit *(forum necessitatis)* vorgesehen werden, wonach ein Gericht eines Mitgliedstaats in besonderen Ausnahmefällen über die güterrechtlichen Wirkungen einer eingetragenen Partnerschaft entscheiden kann, die einen engen Bezug zu einem Drittstaat aufweist. Ein solcher Ausnahmefall könnte gegeben sein, wenn sich ein Verfahren in dem betreffenden Drittstaat als unmöglich erweist, beispielsweise wegen eines Bürgerkriegs, oder wenn von einem Partner vernünftigerweise nicht erwartet werden kann, dass er ein Verfahren in diesem Staat einleitet oder führt. Die Zuständigkeit, die auf *forum necessitatis* gründet, sollte jedoch nur ausgeübt werden, wenn die Sache eine ausreichende Verbindung zu dem Mitgliedstaat des angerufenen Gerichts aufweist.

(41) Im Interesse einer geordneten Rechtspflege sollte vermieden werden, dass in den Mitgliedstaaten Entscheidungen ergehen, die miteinander unvereinbar sind. Hierzu sollte diese Verordnung allgemeine Verfahrensvorschriften nach dem Vorbild anderer Rechtsinstrumente der Union im Bereich der justiziellen Zusammenarbeit in Zivilsachen vorsehen. Eine dieser Verfahrensvorschriften ist die Regel zur Rechtshängigkeit, die zum Tragen kommt, wenn dieselbe Güterrechtssache bei Gerichten in verschiedenen Mitgliedstaaten anhängig gemacht wird. Diese Regel bestimmt, welches Gericht sich weiterhin mit der Rechtssache zu befassen hat.

(42) Damit die Bürger die Vorteile des Binnenmarkts ohne Einbußen bei der Rechtssicherheit nutzen können, sollte diese Verordnung den Partnern im Voraus Klarheit über das in ihrem Fall auf die güterrechtlichen

Wirkungen ihrer eingetragenen Partnerschaft anzuwendende Recht verschaffen. Es sollten daher harmonisierte Kollisionsnormen eingeführt werden, um einander widersprechende Ergebnisse zu vermeiden. Die allgemeine Kollisionsnorm sollte sicherstellen, dass die güterrechtlichen Wirkungen einer eingetragenen Partnerschaft einem im Voraus bestimmbaren Recht unterliegen, zu dem eine enge Verbindung besteht. Aus Gründen der Rechtssicherheit und um eine Aufspaltung der güterrechtlichen Wirkungen zu vermeiden, sollte das anzuwendende Recht die güterrechtlichen Wirkungen der eingetragenen Partnerschaft insgesamt, d.h. das gesamte den güterrechtlichen Wirkungen der eingetragenen Partnerschaft unterliegende Vermögen, erfassen, unabhängig von der Art der Vermögenswerte und unabhängig davon, ob diese in einem anderen Mitgliedstaat oder in einem Drittstaat belegen sind.

(43) Das nach dieser Verordnung bestimmte Recht sollte auch dann Anwendung finden, wenn es nicht das Recht eines Mitgliedstaats ist.

(44) Um eingetragenen Partnern die Verwaltung ihres Vermögens zu erleichtern, sollte ihnen diese Verordnung erlauben, unter den Rechtsordnungen, zu denen sie beispielsweise aufgrund ihres gewöhnlichen Aufenthalts oder ihrer Staatsangehörigkeit eine enge Verbindung haben, unabhängig von der Art oder Belegenheit des Vermögens das auf den güterrechtlichen Wirkungen ihrer eingetragenen Partnerschaft anzuwendende Recht zu wählen. Damit die Wahl der Rechtsordnung jedoch nicht wirkungslos ist und für die Partner dadurch ein rechtsfreier Raum entstünde, sollte die Rechtswahl auf ein Recht begrenzt werden, das an eingetragene Partnerschaften güterrechtliche Wirkungen knüpft. Diese Wahl kann jederzeit vor der Eintragung der Partnerschaft, zum Zeitpunkt der Eintragung der Partnerschaft oder auch während des Bestehens der eingetragenen Partnerschaft erfolgen.

(45) Im Interesse der Sicherheit des Rechtsverkehrs und um zu verhindern, dass sich das auf die güterrechtlichen Wirkungen einer eingetragenen Partnerschaft anzuwendende Recht ändert, ohne dass die Partner darüber unterrichtet werden, sollte ein Wechsel des auf die güterrechtlichen Wirkungen der eingetragenen Partnerschaft anzuwendenden Rechts nur nach einem entsprechenden ausdrücklichen Antrag der Parteien möglich sein. Dieser von den Partnern beschlossene Wechsel sollte nicht rückwirkend gelten können, es sei denn, sie haben das ausdrücklich vereinbart. Auf keinen Fall dürfen dadurch die Rechte Dritter verletzt werden.

(46) Es sollten Regeln zur materiellen Wirksamkeit und zur Formgültigkeit einer Vereinbarung über die Rechtswahl festgelegt werden, die es den Partnern erleichtern, ihre Rechtswahl in voller Sachkenntnis zu treffen, und die gewährleisten, dass die einvernehmliche Rechtswahl der Partner im Interesse der Rechtssicherheit sowie eines besseren Rechtsschutzes respektiert wird. Was die Formgültigkeit anbelangt, sollten bestimmte Schutzvorkehrungen getroffen werden, um sicherzustellen, dass sich die Partner der Tragweite ihrer Rechtswahl bewusst sind. Die Vereinbarung über die Rechtswahl sollte zumindest der Schriftform bedürfen und von beiden Parteien mit Datum und Unterschrift versehen werden müssen. Sieht das Recht des Mitgliedstaats, in dem beide Partner zum Zeitpunkt der Rechtswahl ihren gewöhnlichen Aufenthalt haben, zusätzliche Formvorschriften vor, so sollten diese eingehalten werden. Solche zu-

sätzlichen Formvorschriften könnten beispielsweise in einem Mitgliedstaat bestehen, in dem die Rechtswahl Bestandteil der Vereinbarung über die güterrechtlichen Wirkungen einer eingetragenen Partnerschaft ist. Haben die Partner zum Zeitpunkt der Rechtswahl ihren gewöhnlichen Aufenthalt in verschiedenen Mitgliedstaaten, in denen unterschiedliche Formvorschriften vorgesehen sind, so sollte es ausreichen, dass die Formvorschriften eines dieser Mitgliedstaaten eingehalten werden. Hat zum Zeitpunkt der Rechtswahl nur einer der Partner seinen gewöhnlichen Aufenthalt in einem Mitgliedstaat, in dem zusätzliche Formvorschriften vorgesehen sind, so sollten diese Formvorschriften eingehalten werden.

(47) Eine Vereinbarung über die güterrechtlichen Wirkungen einer eingetragenen Partnerschaft ist eine Art der Verfügung über das Vermögen der Partner, die in den Mitgliedstaaten nicht in gleichem Maße zulässig und anerkannt wird. Um die Anerkennung von auf der Grundlage einer Vereinbarung über die güterrechtlichen Wirkungen einer eingetragenen Partnerschaft erworbenen Güterstandsrechten in den Mitgliedstaaten zu erleichtern, sollten Vorschriften über die Formgültigkeit einer Vereinbarung über die güterrechtlichen Wirkungen einer Partnerschaft festgelegt werden. Die Vereinbarung sollte zumindest der Schriftform bedürfen und datiert und von beiden Parteien unterzeichnet werden. Die Vereinbarung sollte jedoch auch zusätzliche Anforderungen an die Formgültigkeit erfüllen, die in dem auf die güterrechtlichen Wirkungen der eingetragenen Partnerschaft anzuwendenden Recht, das nach dieser Verordnung bestimmt wurde, und in dem Recht des Mitgliedstaats, in dem die Partner ihren gewöhnlichen Aufenthalt haben, vorgesehen sind. In dieser Verordnung sollte ferner festgelegt werden, nach welchem Recht sich die materielle Wirksamkeit einer solchen Vereinbarung richtet.

(48) Wird keine Rechtswahl getroffen, so sollte diese Verordnung im Hinblick auf die Vereinbarkeit von Rechtssicherheit und Vorhersehbarkeit des anzuwendenden Rechts mit den tatsächlichen Lebensumständen des Paares vorsehen, dass auf die güterrechtlichen Wirkungen einer eingetragenen Partnerschaft das Recht des Staates anzuwenden ist, nach dessen Recht die verbindliche Eintragung zur Begründung der Partnerschaft vorgenommen wurde.

(49) Wird in dieser Verordnung auf die Staatsangehörigkeit als Anknüpfungspunkt verwiesen, so handelt es sich bei der Frage nach der Behandlung einer Person mit mehrfacher Staatsangehörigkeit um eine Vorfrage, die nicht in den Anwendungsbereich dieser Verordnung fällt; sie sollte sich weiterhin nach nationalem Recht, einschließlich der anwendbaren Übereinkommen, richten, wobei die allgemeinen Grundsätze der Union uneingeschränkt einzuhalten sind. Diese Behandlung sollte keine Auswirkung auf die Gültigkeit einer Rechtswahl haben, die nach dieser Verordnung getroffen wurde.

(50) In Bezug auf die Bestimmung des auf die güterrechtlichen Wirkungen einer eingetragenen Partnerschaft anzuwendenden Rechts sollte das Gericht eines Mitgliedstaats bei fehlender Rechtswahl und fehlender Vereinbarung über die güterrechtlichen Wirkungen der eingetragenen Partnerschaft in Ausnahmefällen und auf Antrag eines Partners wenn die Partner sich im Staat ihres gewöhnlichen Aufenthalts für einen langen Zeitraum niedergelassen haben, feststellen können, dass das Recht dieses

Staates angewandt werden kann, sofern die Partner auf dieses Recht vertraut haben. Auf keinen Fall dürfen dadurch die Rechte Dritter verletzt werden.

(51) Das zur Anwendung auf die güterrechtlichen Wirkungen einer eingetragenen Partnerschaft berufene Recht sollte diese Wirkungen, angefangen bei der Einteilung des Vermögens eines oder beider Partner in verschiedene Kategorien während der eingetragenen Partnerschaft und nach ihrer Auflösung bis hin zur Vermögensauseinandersetzung, regeln. Es sollte auch die Auswirkungen der güterrechtlichen Wirkungen der eingetragenen Partnerschaft auf ein Rechtsverhältnis zwischen einem Partner und Dritten einschließen. Allerdings darf das auf die güterrechtlichen Wirkungen eingetragener Partnerschaften zur Regelung solcher Wirkungen anzuwendende Recht einem Dritten von einem Partner nur dann entgegengehalten werden, wenn das Rechtsverhältnis zwischen diesem Partner und dem Dritten zu einem Zeitpunkt entstanden ist, zu dem der Dritte Kenntnis von diesem Recht hatte oder hätte haben müssen.

(52) Aus Gründen des öffentlichen Interesses wie der Wahrung der politischen, sozialen oder wirtschaftlichen Ordnung eines Mitgliedstaats sollte es gerechtfertigt sein, dass die Gerichte und andere zuständige Behörden der Mitgliedstaaten die Möglichkeit erhalten, in Ausnahmefällen auf der Grundlage von Eingriffsnormen Ausnahmeregelungen anzuwenden. Dementsprechend sollte der Begriff „Eingriffsnormen" Normen von zwingender Natur wie zum Beispiel die Normen zum Schutz der Familienwohnung umfassen. Diese Ausnahme von der Anwendung des auf die güterrechtlichen Wirkungen einer eingetragenen Partnerschaft anzuwendenden Rechts ist jedoch eng auszulegen, damit sie der allgemeinen Zielsetzung dieser Verordnung nicht zuwiderläuft.

(53) Aus Gründen des öffentlichen Interesses sollte außerdem den Gerichten und anderen mit Fragen der güterrechtlichen Wirkungen eingetragener Partnerschaften befassten zuständigen Behörden in den Mitgliedstaaten in Ausnahmefällen die Möglichkeit gegeben werden, Bestimmungen eines ausländischen Rechts nicht zu berücksichtigen, wenn deren Anwendung in einem bestimmten Fall mit der öffentlichen Ordnung *(ordre public)* des betreffenden Mitgliedstaats offensichtlich unvereinbar wäre. Die Gerichte oder andere zuständige Behörden sollten allerdings nicht aus Gründen der öffentlichen Ordnung (ordre public) die Anwendung des Rechts eines anderen Mitgliedstaats ausschließen oder die Anerkennung – oder gegebenenfalls die Annahme – oder die Vollstreckung einer Entscheidung, einer öffentlichen Urkunde oder eines gerichtlichen Vergleichs aus einem anderen Mitgliedstaat versagen dürfen, wenn das gegen die Charta der Grundrechte der Europäischen Union (im Folgenden "Charta"), insbesondere gegen Artikel 21 über den Grundsatz der Nichtdiskriminierung, verstoßen würde.

(54) Da es Staaten gibt, in denen die in dieser Verordnung behandelten Fragen durch zwei oder mehr Rechtssysteme oder Regelwerke geregelt werden, sollte festgelegt werden, inwieweit diese Verordnung in den verschiedenen Gebietseinheiten dieser Staaten Anwendung findet.

(55) Diese Verordnung sollte in Anbetracht ihrer allgemeinen Zielsetzung, nämlich der gegenseitigen Anerkennung der in den Mitgliedstaaten ergangenen Entscheidungen in Fragen der güterrechtlichen Wirkungen eingetragener Partnerschaften, Vorschriften für die Anerkennung, Vollstreckbarkeit und Vollstreckung von Entscheidungen nach dem Vorbild anderer Rechtsinstrumente der Union im Bereich der justiziellen Zusammenarbeit in Zivilsachen vorsehen.

(56) Um den verschiedenen Systemen zur Regelung von Fragen der güterrechtlichen Wirkungen eingetragener Partnerschaften in den Mitgliedstaaten Rechnung zu tragen, sollte diese Verordnung die Annahme und Vollstreckbarkeit diese Wirkungen eingetragener Partnerschaften betreffende öffentliche Urkunden in sämtlichen Mitgliedstaaten gewährleisten.

(57) Öffentliche Urkunden sollten in einem anderen Mitgliedstaat die gleiche formelle Beweiskraft wie im Ursprungsmitgliedstaat oder die damit am ehesten vergleichbare Wirkung entfalten. Die formelle Beweiskraft einer öffentlichen Urkunde in einem anderen Mitgliedstaat oder die damit am ehesten vergleichbare Wirkung sollte durch Bezugnahme auf Art und Umfang der formellen Beweiskraft der öffentlichen Urkunde im Ursprungsmitgliedstaat bestimmt werden. Somit richtet sich die formelle Beweiskraft einer öffentlichen Urkunde in einem anderen Mitgliedstaat nach dem Recht des Ursprungsmitgliedstaats.

(58) Die „Authentizität" einer öffentlichen Urkunde sollte ein autonomer Begriff sein, der Aspekte wie die Echtheit der Urkunde, die Formerfordernisse für die Urkunde, die Befugnisse der Behörde, die die Urkunde errichtet, und das Verfahren, nach dem die Urkunde errichtet wird, erfassen sollte. Der Begriff sollte ferner die von der betreffenden Behörde in der öffentlichen Urkunde beurkundeten Vorgänge erfassen, wie z.B. die Tatsache, dass die genannten Parteien an dem genannten Tag vor dieser Behörde erschienen sind und die genannten Erklärungen abgegeben haben. Eine Partei, die Einwände in Bezug auf die Authentizität einer öffentlichen Urkunde erheben möchte, sollte dies bei dem zuständigen Gericht im Ursprungsmitgliedstaat der öffentlichen Urkunde nach dem Recht dieses Mitgliedstaats tun.

(59) Die Formulierung „die in einer öffentlichen Urkunde beurkundeten Rechtsgeschäfte oder Rechtsverhältnisse" sollte als Bezugnahme auf den in der öffentlichen Urkunde niedergelegten materiellen Inhalt verstanden werden. Eine Partei, die Einwände in Bezug auf die in einer öffentlichen Urkunde beurkundeten Rechtsgeschäfte oder Rechtsverhältnisse erheben möchte, sollte dies bei den nach dieser Verordnung zuständigen Gerichten tun, die nach dem auf die güterrechtlichen Wirkungen der eingetragenen Partnerschaft anzuwendenden Recht über die Einwände *entscheiden sollten.*

(60) Wird eine Frage in Bezug auf die in einer öffentlichen Urkunde beurkundeten Rechtsgeschäfte oder Rechtsverhältnisse als Vorfrage in einem Verfahren bei einem Gericht eines Mitgliedstaats vorgebracht, so sollte dieses Gericht für die Entscheidung über diese Vorfrage zuständig sein.

(61) Eine öffentliche Urkunde, gegen die Einwände erhoben wurden, sollte in einem anderen Mitgliedstaat als dem Ursprungsmitgliedstaat keine formelle Beweiskraft entfalten, solange die Einwände anhängig sind.

Betreffen die Einwände nur einen spezifischen Umstand mit Bezug auf die in einer öffentlichen Urkunde beurkundeten Rechtsgeschäfte oder Rechtsverhältnisse, so sollte die öffentliche Urkunde in Bezug auf den angefochtenen Umstand keine Beweiskraft in einem anderen Mitgliedstaat als dem Ursprungsmitgliedstaat entfalten, solange die Einwände anhängig sind. Eine öffentliche Urkunde, die aufgrund eines Einwands für ungültig erklärt wird, sollte keine Beweiskraft mehr entfalten.

(62) Wenn einer Behörde im Rahmen der Anwendung dieser Verordnung zwei nicht miteinander zu vereinbarende öffentliche Urkunden vorgelegt werden, sollte sie die Frage, welcher Urkunde gegebenenfalls Vorrang einzuräumen ist, unter Berücksichtigung der Umstände des jeweiligen Falls beurteilen. Geht aus diesen Umständen nicht eindeutig hervor, welche Urkunde gegebenenfalls Vorrang haben sollte, so sollte diese Frage von den nach dieser Verordnung zuständigen Gerichten oder, wenn die Frage als Vorfrage im Laufe eines Verfahrens vorgebracht wird, von dem mit diesem Verfahren befassten Gericht geklärt werden. Im Falle einer Unvereinbarkeit zwischen einer öffentlichen Urkunde und einer Entscheidung sollten die Gründe für die Nichtanerkennung von Entscheidungen nach dieser Verordnung berücksichtigt werden.

(63) Die Anerkennung und Vollstreckung einer Entscheidung über die güterrechtlichen Wirkungen einer eingetragenen Partnerschaft nach Maßgabe dieser Verordnung sollte in keiner Weise die Anerkennung der eingetragenen Partnerschaft implizieren, die Anlass zu der Entscheidung gegeben hat.

(64) Das Verhältnis zwischen dieser Verordnung und den bilateralen oder multilateralen Übereinkünften über die vermögensrechtlichen Wirkungen eingetragener Partnerschaften, denen die Mitgliedstaaten angehören, sollte bestimmt werden.

(65) Um die Anwendung dieser Verordnung zu erleichtern, sollten die Mitgliedstaaten verpflichtet werden, über das mit der Entscheidung 2001/470/EG des Rates[1] eingerichtete Europäische Justizielle Netz für Zivil- und Handelssachen bestimmte Angaben über ihre, die güterrechtlichen Wirkungen eingetragener Partnerschaften betreffenden Vorschriften und Verfahren zu machen. Damit sämtliche Informationen, die für die praktische Anwendung dieser Verordnung von Bedeutung sind, rechtzeitig im *Amtsblatt der Europäischen Union* veröffentlicht werden können, sollten die Mitgliedstaaten der Kommission auch diese Informationen vor dem Beginn der Anwendung der Verordnung mitteilen.

(66) Um die Anwendung dieser Verordnung zu erleichtern und um die Nutzung moderner Kommunikationstechnologien zu ermöglichen, sollten auch Standardformulare für die Bescheinigungen, die im Zusammenhang mit einem Antrag auf Vollstreckbarerklärung einer Entscheidung, einer öffentlichen Urkunde oder eines gerichtlichen Vergleichs vorzulegen sind, vorgeschrieben werden.

---

[1] **Amtl. Anm.:** *Entscheidung 2001/470/EG* des Rates vom 28. Mai 2001 über die Einrichtung eines Europäischen Justiziellen Netzes für Zivil- und Handelssachen (ABl. L 174 vom 27.6.2001, S. 25).

(67) Die Berechnung der in dieser Verordnung vorgesehenen Fristen und Termine sollte nach Maßgabe der Verordnung (EWG, Euratom) Nr. 1182/71 des Rates[1)] erfolgen.

(68) Um einheitliche Bedingungen für die Durchführung dieser Verordnung gewährleisten zu können, sollten der Kommission in Bezug auf die Erstellung und spätere Änderung der Bescheinigungen und Formblätter, welche die Vollstreckbarerklärung von Entscheidungen, gerichtlichen Vergleichen und öffentlichen Urkunden betreffen, Durchführungsbefugnisse übertragen werden. Diese Befugnisse sollten nach Maßgabe der Verordnung (EU) Nr. 182/2011 des Europäischen Parlaments und des Rates[2)] ausgeübt werden.

(69) Für den Erlass von Durchführungsrechtsakten zur Erstellung und späteren Änderung der in dieser Verordnung vorgesehenen Bescheinigungen und Formulare sollte das Beratungsverfahren herangezogen werden.

(70) Die Ziele dieser Verordnung, nämlich die Freizügigkeit innerhalb der Union und die Möglichkeit für Partner, ihre vermögensrechtlichen Beziehungen untereinander sowie gegenüber Dritten während ihres Zusammenlebens sowie zum Zeitpunkt der Auseinandersetzung ihres Vermögens zu regeln, sowie bessere Vorhersehbarkeit des anzuwendenden Rechts und eine größere Rechtssicherheit können von den Mitgliedstaaten nicht ausreichend verwirklicht werden, und sind vielmehr wegen des Umfangs und der Wirkungen dieser Verordnung besser auf Unionsebene – gegebenenfalls im Wege einer Verstärkten Zusammenarbeit der Mitgliedstaaten – zu verwirklichen. Im Einklang mit dem in Artikel 5 des Vertrags über die Europäische Union[3)] verankerten Subsidiaritätsprinzip kann die Union tätig werden. Entsprechend dem in demselben Artikel genannten Grundsatz der Verhältnismäßigkeit geht diese Verordnung nicht über das für die Verwirklichung dieser Ziele erforderliche Maß hinaus.

(71) Diese Verordnung steht im Einklang mit den Grundrechten und Grundsätzen, die mit der Charta anerkannt wurden, namentlich die Artikel 7, 9, 17, 21 und 47, die das Recht auf Achtung des Privat- und Familienlebens, das nach nationalem Recht geschützte Recht, eine Familie zu gründen, das Eigentumsrecht, den Grundsatz der Nichtdiskriminierung sowie das Recht auf einen wirksamen Rechtsbehelf und ein faires Verfahren betreffen. Bei der Anwendung dieser Verordnung sollten die Gerichte und anderen zuständigen Behörden der Mitgliedstaaten diese Rechte und Grundsätze achten –

HAT FOLGENDE VERORDNUNG ERLASSEN:

[1)] **Amtl. Anm.:** Verordnung (EWG, Euratom) Nr. 1182/71 des Rates vom 3. Juni 1971 zur Festlegung der Regeln für die Fristen, Daten und Termine (ABl. L 124 vom 8.6.1971, S. 1).

[2)] **Amtl. Anm.:** Verordnung (EU) Nr. 182/2011 des Europäischen Parlaments und des Rates vom 16. Februar 2011 zur Festlegung der allgemeinen Regeln und Grundsätze, nach denen die Mitgliedstaaten die Wahrnehmung der Durchführungsbefugnisse durch die Kommission kontrollieren (ABl. L 55 vom 28.2.2011, S. 13).

[3)] **Sartorius Nr. 1000.**

Kapitel I. Anwendungsbereich und Begriffsbestimmungen

Art. 1 Anwendungsbereich. (1) Diese Verordnung findet auf die Güterstände eingetragener Partnerschaften Anwendung.

Sie gilt nicht für Steuer- und Zollsachen sowie verwaltungsrechtliche Angelegenheiten.

(2) Vom Anwendungsbereich dieser Verordnung ausgenommen sind:

a) die Rechts-, Geschäfts- und Handlungsfähigkeit der Partner,

b) das Bestehen, die Gültigkeit oder die Anerkennung einer eingetragenen Partnerschaft,

c) die Unterhaltspflichten,

d) die Rechtsnachfolge nach dem Tod eines Partners,

e) die soziale Sicherheit,

f) die Berechtigung, Ansprüche auf Alters- oder Erwerbsunfähigkeitsrente, die während der eingetragenen Partnerschaft erworben wurden und die während der eingetragenen Partnerschaft zu keinem Renteneinkommen geführt haben, im Falle der Auflösung oder der Ungültigerklärung der eingetragenen Partnerschaft zwischen den Partnern zu übertragen oder anzupassen,

g) die Art der dinglichen Rechte an Vermögen und

h) jede Eintragung von Rechten an beweglichen oder unbeweglichen Vermögensgegenständen in ein Register, einschließlich der gesetzlichen Voraussetzungen für eine solche Eintragung, sowie die Wirkungen der Eintragung oder der fehlenden Eintragung solcher Rechte in ein Register.

Art. 2 Zuständigkeit für Fragen der güterrechtlichen Wirkungen eingetragener Partnerschaften innerhalb der Mitgliedstaaten. Diese Verordnung berührt nicht die Zuständigkeit der Behörden der Mitgliedstaaten für Fragen der güterrechtlichen Wirkungen eingetragener Partnerschaften.

Art. 3 Begriffsbestimmungen. (1) Im Sinne dieser Verordnung bezeichnet der Ausdruck

a) „eingetragene Partnerschaft" eine rechtlich vorgesehene Form der Lebensgemeinschaft zweier Personen, deren Eintragung nach den betreffenden rechtlichen Vorschriften verbindlich ist und welche die in den betreffenden Vorschriften vorgesehenen rechtlichen Formvorschriften für ihre Begründung erfüllt;

b) „güterrechtliche Wirkungen einer eingetragenen Partnerschaft" die vermögensrechtlichen Regelungen, die im Verhältnis der Partner untereinander und in ihren Beziehungen zu Dritten aufgrund des mit der Eintragung der Partnerschaft oder ihrer Auflösung begründeten Rechtsverhältnisses gelten;

c) „Vereinbarung über die güterrechtlichen Wirkungen einer eingetragenen *Partnerschaft*" *jede* Vereinbarung zwischen Partnern oder künftigen Partnern, mit der sie die güterrechtlichen Wirkungen ihrer eingetragenen Partnerschaft regeln;

d) „öffentliche Urkunde" ein die güterrechtlichen Wirkungen einer eingetragenen Partnerschaft betreffendes Schriftstück, das als öffentliche Urkunde in einem Mitgliedstaat förmlich errichtet oder eingetragen worden ist und dessen Beweiskraft

i) sich auf die Unterschrift und den Inhalt der öffentlichen Urkunde bezieht und

ii) durch eine Behörde oder eine andere vom Ursprungsmitgliedstaat hierzu ermächtigte Stelle festgestellt worden ist;

e) „Entscheidung" jede von einem Gericht eines Mitgliedstaats über die güterrechtlichen Wirkungen einer eingetragenen Partnerschaft erlassene Entscheidung ohne Rücksicht auf ihre Bezeichnung, einschließlich des Kostenfestsetzungsbeschlusses eines Gerichtsbediensteten;

f) „gerichtlicher Vergleich" einen von einem Gericht gebilligten oder vor einem Gericht im Laufe eines Verfahrens geschlossenen Vergleich über die güterrechtlichen Wirkungen einer eingetragenen Partnerschaft;

g) „Ursprungsmitgliedstaat" den Mitgliedstaat, in dem die Entscheidung ergangen, die öffentliche Urkunde errichtet oder der gerichtliche Vergleich gebilligt oder geschlossen worden ist;

h) „Vollstreckungsmitgliedstaat" den Mitgliedstaat, in dem die Anerkennung und/oder Vollstreckung der Entscheidung, der öffentlichen Urkunde oder des gerichtlichen Vergleichs betrieben wird.

(2) Im Sinne dieser Verordnung bezeichnet der Ausdruck „Gericht" jedes Gericht und alle anderen Behörden und Angehörigen von Rechtsberufen mit Zuständigkeiten in Fragen der güterrechtlichen Wirkungen, die gerichtliche Funktionen ausüben oder in Ausübung einer Befugnisübertragung durch ein Gericht oder unter der Aufsicht eines Gerichts handeln, sofern diese anderen Behörden und Angehörigen von Rechtsberufen ihre Unparteilichkeit und das Recht der Parteien auf rechtliches Gehör gewährleisten und ihre Entscheidungen nach dem Recht des Mitgliedstaats, in dem sie tätig sind,

a) vor einem Gericht angefochten oder von einem Gericht nachgeprüft werden können und

b) vergleichbare Rechtskraft und Rechtswirkung haben wie eine Entscheidung eines Gerichts in der gleichen Sache.

Die Mitgliedstaaten teilen der Kommission nach Artikel 64 die in Unterabsatz 1 genannten sonstigen Behörden und Angehörigen von Rechtsberufen mit.

Kapitel II. Gerichtliche Zuständigkeit

Art. 4 *Zuständigkeit im Fall des Todes eines Partners.* Wird ein Gericht eines Mitgliedstaats im Zusammenhang mit der Rechtsnachfolge von Todes wegen nach der Verordnung (EU) Nr. 650/2012[1)] angerufen, so sind die Gerichte dieses Staates auch für Entscheidungen über die güterrechtlichen Wirkungen der eingetragenen Partnerschaft in Verbindung mit diesem Nachlass zuständig.

---

1) Nr. **21e**.

Art. 5 Zuständigkeit im Fall der Auflösung oder Ungültigerklärung der eingetragenen Partnerschaft. (1) Wird ein Gericht eines Mitgliedstaats zur Entscheidung über die Auflösung oder Ungültigerklärung einer eingetragenen Partnerschaft angerufen, so sind die Gerichte dieses Staates auch für Entscheidungen über Fragen der güterrechtlichen Wirkungen der eingetragenen Partnerschaft in Verbindung mit dieser Auflösung oder Ungültigerklärung zuständig, wenn die Partner das vereinbaren.

(2) Wird eine Vereinbarung nach Absatz 1 des vorliegenden Artikels geschlossen, bevor das Gericht zur Entscheidung über die güterrechtlichen Wirkungen der eingetragenen Partnerschaft angerufen wird, so muss die Vereinbarung den Anforderungen des Artikels 7 entsprechen.

Art. 6 Zuständigkeit in anderen Fällen. In Fällen, in denen kein Gericht eines Mitgliedstaats gemäß Artikel 4 oder Artikel 5 zuständig ist, oder in anderen als den in diesen Artikeln geregelten Fällen sind für Entscheidungen über Fragen der güterrechtlichen Wirkungen einer eingetragenen Partnerschaft die Gerichte des Mitgliedstaats zuständig,

a) in dessen Hoheitsgebiet die Partner zum Zeitpunkt der Anrufung des Gerichts ihren gewöhnlichen Aufenthalt haben oder anderenfalls
b) in dessen Hoheitsgebiet die Partner zuletzt ihren gewöhnlichen Aufenthalt hatten, sofern einer von ihnen zum Zeitpunkt der Anrufung des Gerichts dort noch seinen gewöhnlichen Aufenthalt hat, oder anderenfalls
c) in dessen Hoheitsgebiet der Antragsgegner zum Zeitpunkt der Anrufung des Gerichts seinen gewöhnlichen Aufenthalt hat oder anderenfalls
d) dessen Staatsangehörigkeit beide Partner zum Zeitpunkt der Anrufung des Gerichts angehören besitzen oder anderenfalls
e) nach dessen Recht die eingetragene Partnerschaft begründet wurde.

Art. 7 Gerichtsstandsvereinbarung. (1) In den Fällen des Artikels 6 können die Parteien vereinbaren, dass die Gerichte des Mitgliedstaats, dessen Recht nach Artikel 22 oder Artikel 26 Absatz 1 anzuwenden ist, oder die Gerichte des Mitgliedstaats, in dem die eingetragene Partnerschaft begründet wurde, für Entscheidungen über Fragen der güterrechtlichen Wirkungen ihrer eingetragenen Partnerschaft ausschließlich zuständig sein sollen.

(2) [1] Die in Absatz 1 genannte Vereinbarung bedarf der Schriftform, ist zu datieren und von den Parteien zu unterzeichnen. [2] Elektronische Übermittlungen, die eine dauerhafte Aufzeichnung der Vereinbarung ermöglichen, sind der Schriftform gleichgestellt.

Art. 8 Zuständigkeit aufgrund rügeloser Einlassung. (1) [1] Sofern das Gericht eines Mitgliedstaats, dessen Recht nach Artikel 22 oder Artikel 26 Absatz 1 anzuwenden ist, nicht bereits nach anderen Vorschriften dieser Verordnung zuständig ist, wird es zuständig, wenn sich der Beklagte vor ihm auf das Verfahren einlässt. [2] Dies gilt nicht, wenn der Beklagte sich einlässt, um den Mangel der Zuständigkeit geltend zu machen, oder in den Fällen des Artikels 4.

(2) Bevor sich das Gericht nach Absatz 1 für zuständig erklärt, stellt es sicher, dass der Beklagte über sein Recht, die Unzuständigkeit des Gerichts

geltend zu machen, und über die Folgen der Einlassung oder Nichteinlassung auf das Verfahren belehrt wird.

Art. 9 Alternative Zuständigkeit. (1) [1] Wenn ein Gericht eines Mitgliedstaats, das nach Artikel 4, Artikel 5 oder Artikel 6 Buchstaben a, b, c oder d zuständig ist, feststellt, dass seine Rechtsordnung das Rechtsinstitut der eingetragenen Partnerschaft nicht vorsieht, kann es sich für unzuständig erklären. [2] Beschließt das Gericht, sich für unzuständig zu erklären, so tut es das unverzüglich.

(2) Erklärt sich ein in Absatz 1 des vorliegenden Artikels genanntes Gericht für unzuständig und vereinbaren die Parteien, die Zuständigkeit den Gerichten eines anderen Mitgliedstaats nach Artikel 7 zu übertragen, so sind die Gerichte dieses anderen Mitgliedstaats für Entscheidungen über die güterrechtlichen Wirkungen der eingetragenen Partnerschaft zuständig.

In anderen Fällen sind für Entscheidungen über die güterrechtlichen Wirkungen einer eingetragenen Partnerschaft die Gerichte eines anderen Mitgliedstaats nach Artikel 6 oder 8 zuständig.

(3) Dieser Artikel findet keine Anwendung, wenn die Parteien eine Auflösung oder Ungültigerklärung der eingetragenen Partnerschaft erwirkt haben, die im Mitgliedstaat des angerufenen Gerichts anerkannt werden kann.

Art. 10 Subsidiäre Zuständigkeit. Ist kein Gericht eines Mitgliedstaats nach den Artikeln 4, 5, 6, 7 oder 8 zuständig oder haben sich alle Gerichte gemäß Artikel 9 für unzuständig erklärt und ist kein Gericht eines Mitgliedstaats nach Artikel 6 Buchstabe e, Artikel 7 oder Artikel 8 zuständig, so sind die Gerichte eines Mitgliedstaats zuständig, in dessen Hoheitsgebiet unbewegliches Vermögen eines oder beider Partner belegen ist; in diesem Fall ist das angerufene Gericht nur für Entscheidungen über dieses unbewegliche Vermögen zuständig.

Art. 11 Notzuständigkeit (forum necessitatis). Ist kein Gericht eines Mitgliedstaats nach den Artikeln 4, 5, 6, 7, 8 oder 10 zuständig oder haben sich alle Gerichte gemäß Artikel 9 für unzuständig erklärt und ist kein Gericht eines Mitgliedstaats nach Artikel 6 Buchstabe e, Artikel 7, 8 oder 10 zuständig, so können die Gerichte eines Mitgliedstaats ausnahmsweise über die güterrechtlichen Wirkungen der eingetragenen Partnerschaft entscheiden, wenn es nicht zumutbar ist oder es sich als unmöglich erweist, ein Verfahren in einem Drittstaat, zu dem die Sache einen engen Bezug aufweist, einzuleiten oder zu führen.

Die Sache muss einen ausreichenden Bezug zu dem Mitgliedstaat des angerufenen Gerichts aufweisen.

Art. 12 Widerklagen. Das Gericht, bei dem ein Verfahren aufgrund der Artikel 4 bis 8, 10 oder 11 anhängig ist, ist auch für eine Widerklage zuständig, sofern diese in den Anwendungsbereich dieser Verordnung fällt.

Art. 13 Beschränkung des Verfahrens. (1) Umfasst der Nachlass des Erblassers, der unter die Verordnung (EU) Nr. 650/2012[1] fällt, Vermögenswerte, die in einem Drittstaat belegen sind, so kann das zu den güterrechtlichen Wirkungen der eingetragenen Partnerschaft angerufene Gericht auf Antrag einer der Parteien beschließen, über einen oder mehrere dieser Vermögenswerte nicht zu befinden, wenn zu erwarten ist, dass seine Entscheidung über diese Vermögenswerte in dem betreffenden Drittstaat nicht anerkannt oder gegebenenfalls nicht für vollstreckbar erklärt wird.

(2) Absatz 1 berührt nicht das Recht der Parteien, den Gegenstand des Verfahrens nach dem Recht des Mitgliedstaats des angerufenen Gerichts zu beschränken.

Art. 14 Anrufung eines Gerichts. Für die Zwecke dieses Kapitels gilt ein Gericht als angerufen:

a) zu dem Zeitpunkt, zu dem das verfahrenseinleitende Schriftstück oder ein gleichwertiges Schriftstück bei Gericht eingereicht worden ist, vorausgesetzt, der Antragsteller hat es in der Folge nicht versäumt, die ihm obliegenden Maßnahmen zu treffen, um die Zustellung des Schriftstücks an den Antragsgegner zu bewirken, oder

b) falls die Zustellung vor Einreichung des Schriftstücks bei Gericht zu bewirken ist, zu dem Zeitpunkt, zu dem die für die Zustellung verantwortliche Stelle das Schriftstück erhalten hat, vorausgesetzt, der Antragsteller hat es in der Folge nicht versäumt, die ihm obliegenden Maßnahmen zu treffen, um das Schriftstück bei Gericht einzureichen, oder

c) falls das Gericht das Verfahren von Amts wegen einleitet, zu dem Zeitpunkt, zu dem der Beschluss über die Einleitung des Verfahrens vom Gericht gefasst oder, wenn ein solcher Beschluss nicht erforderlich ist, zu dem Zeitpunkt, zu dem die Sache beim Gericht eingetragen worden ist.

Art. 15 Prüfung der Zuständigkeit. Das Gericht eines Mitgliedstaats, das in einem Rechtsstreit über die güterrechtlichen Wirkungen einer eingetragenen Partnerschaft angerufen wird, für die es nach dieser Verordnung nicht zuständig ist, erklärt sich von Amts wegen für unzuständig.

Art. 16 Prüfung der Zulässigkeit. (1) Lässt sich der Beklagte, der seinen gewöhnlichen Aufenthalt in einem anderen Staat als dem Mitgliedstaat hat, in dem die Klage erhoben wurde, auf das Verfahren nicht ein, so setzt das nach dieser Verordnung zuständige Gericht das Verfahren so lange aus, bis festgestellt ist, dass es dem Beklagten möglich war, das verfahrenseinleitende Schriftstück oder ein gleichwertiges Schriftstück so rechtzeitig zu empfangen, dass er sich verteidigen konnte oder dass alle hierzu erforderlichen Maßnahmen getroffen wurden.

[1] Nr. **21e**.

(2) Anstelle des Absatzes 1 des vorliegenden Artikels findet Artikel 19 der Verordnung (EG) Nr. 1393/2007[1] des Europäischen Parlaments und des Rates[2] Anwendung, wenn das verfahrenseinleitende Schriftstück oder ein gleichwertiges Schriftstück nach der genannten Verordnung von einem Mitgliedstaat in einen anderen zu übermitteln war.

(3) Ist die Verordnung (EG) Nr. 1393/2007 nicht anwendbar, so gilt Artikel 15 des Haager Übereinkommens vom 15. November 1965 über die Zustellung gerichtlicher und außergerichtlicher Schriftstücke im Ausland in Zivil- und Handelssachen, wenn das verfahrenseinleitende Schriftstück oder ein gleichwertiges Schriftstück nach Maßgabe dieses Übereinkommens ins Ausland zu übermitteln war.

Art. 17 Rechtshängigkeit. (1) Werden bei Gerichten verschiedener Mitgliedstaaten Verfahren wegen desselben Anspruchs zwischen denselben Parteien anhängig gemacht, so setzt jedes später angerufene Gericht das Verfahren von Amts wegen aus, bis die Zuständigkeit des zuerst angerufenen Gerichts feststeht.

(2) In den in Absatz 1 genannten Fällen teilt das in der Rechtssache angerufene Gericht auf Antrag eines anderen angerufenen Gerichts diesem unverzüglich mit, wann es angerufen wurde.

(3) Sobald die Zuständigkeit des zuerst angerufenen Gerichts feststeht, erklärt sich das später angerufene Gericht zugunsten dieses Gerichts für unzuständig.

Art. 18 Im Zusammenhang stehende Verfahren. (1) Sind bei Gerichten verschiedener Mitgliedstaaten Verfahren, die im Zusammenhang stehen, anhängig, so kann jedes später angerufene Gericht das Verfahren aussetzen.

(2) Sind die in Absatz 1 genannten Verfahren in erster Instanz anhängig, so kann sich jedes später angerufene Gericht auf Antrag einer Partei auch für unzuständig erklären, wenn das zuerst angerufene Gericht für die betreffenden Verfahren zuständig ist und die Verbindung der Verfahren nach seinem Recht zulässig ist.

(3) Für die Zwecke dieses Artikels gelten Verfahren als im Zusammenhang stehend, wenn zwischen ihnen eine so enge Beziehung gegeben ist, dass eine gemeinsame Verhandlung und Entscheidung geboten erscheint, um zu vermeiden, dass in getrennten Verfahren widersprechende Entscheidungen ergehen.

Art. 19 Einstweilige Maßnahmen einschließlich Sicherungsmaßnahmen. Die im Recht eines Mitgliedstaats vorgesehenen einstweiligen Maßnahmen einschließlich Sicherungsmaßnahmen können bei den Gerichten dieses Staates auch dann beantragt werden, wenn für die Entscheidung in der

[1] Nr. **103c**.

[2] **Amtl. Anm.:** Verordnung (EG) Nr. 1393/2007 [Nr. **103c**] des Europäischen Parlaments und des Rates vom 13. November 2007 über die Zustellung gerichtlicher und außergerichtlicher Schriftstücke in Zivil- oder Handelssachen in den Mitgliedstaaten („Zustellung von Schriftstücken") und zur Aufhebung der Verordnung (EG) Nr. 1348/2000 des Rates (ABl. L 324 vom 10.12.2007, S. 79).

Hauptsache nach dieser Verordnung die Gerichte eines anderen Mitgliedstaats zuständig sind.

Kapitel III. Anzuwendendes Recht

Art. 20 Universelle Anwendung. Das nach dieser Verordnung bezeichnete Recht ist auch dann anzuwenden, wenn es nicht das Recht eines Mitgliedstaats ist.

Art. 21 Einheit des anzuwendenden Rechts. Das auf die güterrechtlichen Wirkungen einer eingetragenen Partnerschaft anzuwendende Recht gilt für sämtliche unter diese Wirkungen fallenden Vermögensgegenstände ohne Rücksicht auf deren Belegenheit.

Art. 22 Rechtswahl. (1) Die Partner oder künftigen Partner können das auf die güterrechtlichen Wirkungen ihrer eingetragenen Partnerschaft anzuwendende Recht durch Vereinbarung bestimmen oder ändern, sofern dieses Recht güterrechtliche Wirkungen an das Institut der eingetragenen Partnerschaft knüpft und es sich dabei um das Recht eines der folgenden Staaten handelt:

a) das Recht des Staates, in dem die Partner oder künftigen Partner oder einer von ihnen zum Zeitpunkt der Rechtswahl ihren/seinen gewöhnlichen Aufenthalt haben/hat, oder

b) das Recht eines Staates, dessen Staatsangehörigkeit einer der Partner oder künftigen Partner zum Zeitpunkt der Rechtswahl besitzt, oder

c) das Recht des Staates, nach dessen Recht die eingetragene Partnerschaft begründet wurde.

(2) Sofern die Partner nichts anderes vereinbaren, gilt eine während der Partnerschaft vorgenommene Änderung des auf die güterrechtlichen Wirkungen der eingetragenen Partnerschaft anzuwendenden Rechts nur für die Zukunft.

(3) Eine rückwirkende Änderung des anzuwendenden Rechts nach Absatz 2 darf die Ansprüche Dritter, die sich aus diesem Recht ableiten, nicht beeinträchtigen.

Art. 23 Formgültigkeit der Rechtswahlvereinbarung. (1) [1] Eine Vereinbarung nach Artikel 22 bedarf der Schriftform, ist zu datieren und von beiden Partnern zu unterzeichnen. [2] Elektronische Übermittlungen, die eine dauerhafte Aufzeichnung der Vereinbarung ermöglichen, sind der Schriftform gleichgestellt.

(2) Sieht das Recht des Mitgliedstaats, in dem beide Partner zum Zeitpunkt der Rechtswahl ihren gewöhnlichen Aufenthalt haben, zusätzliche Formvorschriften für Vereinbarungen über die güterrechtlichen Wirkungen einer eingetragenen Partnerschaft vor, so sind diese Formvorschriften anzuwenden.

(3) Haben die Partner zum Zeitpunkt der Rechtswahl ihren gewöhnlichen *Aufenthalt in* verschiedenen Mitgliedstaaten und sieht das Recht beider Staaten unterschiedliche Formvorschriften für Vereinbarungen über die güterrechtlichen Wirkungen einer eingetragenen Partnerschaft vor, so ist die Ver-

einbarung formgültig, wenn sie den Vorschriften des Rechts eines dieser Mitgliedstaaten genügt.

(4) Hat zum Zeitpunkt der Rechtswahl nur einer der Partner seinen gewöhnlichen Aufenthalt in einem Mitgliedstaat und sind in diesem Staat zusätzliche Formvorschriften für Vereinbarungen über die güterrechtlichen Wirkungen einer eingetragenen Partnerschaft vorgesehen, so sind diese Formvorschriften anzuwenden.

Art. 24 Einigung und materielle Wirksamkeit. (1) Das Zustandekommen und die Wirksamkeit einer Rechtswahlvereinbarung oder einer ihrer Bestimmungen bestimmen sich nach dem Recht, das nach Artikel 22 anzuwenden wäre, wenn die Vereinbarung oder die Bestimmung wirksam wäre.

(2) Ein Partner kann sich jedoch für die Behauptung, er habe der Vereinbarung nicht zugestimmt, auf das Recht des Staates berufen, in dem er zum Zeitpunkt der Anrufung des Gerichts seinen gewöhnlichen Aufenthalt hat, wenn sich aus den Umständen ergibt, dass es nicht angemessen wäre, die Wirkung seines Verhaltens nach dem in Absatz 1 bezeichneten Recht zu bestimmen.

Art. 25 Formgültigkeit einer Vereinbarung über die güterrechtlichen Wirkungen einer eingetragenen Partnerschaft. (1) [1] Die Vereinbarung über die güterrechtlichen Wirkungen einer eingetragenen Partnerschaft bedarf der Schriftform, ist zu datieren und von beiden Partnern zu unterzeichnen. [2] Elektronische Übermittlungen, die eine dauerhafte Aufzeichnung der Vereinbarung ermöglichen, sind der Schriftform gleichgestellt.

(2) Sieht das Recht des Mitgliedstaats, in dem beide Partner zum Zeitpunkt der Vereinbarung ihren gewöhnlichen Aufenthalt haben, zusätzliche Formvorschriften für Vereinbarungen über die güterrechtlichen Wirkungen einer eingetragenen Partnerschaft vor, so sind diese Formvorschriften anzuwenden.

Haben die Partner zum Zeitpunkt der Vereinbarung ihren gewöhnlichen Aufenthalt in verschiedenen Mitgliedstaaten und sieht das Recht beider Staaten unterschiedliche Formvorschriften für Vereinbarungen über die güterrechtlichen Wirkungen einer eingetragenen Partnerschaft vor, so ist die Vereinbarung formgültig, wenn sie den Vorschriften des Rechts eines dieser Mitgliedstaaten genügt.

Hat zum Zeitpunkt der Vereinbarung nur einer der Partner seinen gewöhnlichen Aufenthalt in einem Mitgliedstaat und sind in diesem Staat zusätzliche Formvorschriften für Vereinbarungen über die güterrechtlichen Wirkungen einer eingetragenen Partnerschaft vorgesehen, so sind diese Formvorschriften anzuwenden.

(3) Sieht das auf die güterrechtlichen Wirkungen einer eingetragenen Partnerschaft anzuwendende Recht zusätzliche Formvorschriften vor, so sind diese Formvorschriften anzuwenden.

Art. 26 Mangels Rechtswahl der Parteien anzuwendendes Recht.

(1) Mangels einer Rechtswahlvereinbarung nach Artikel 22 unterliegen die güterrechtlichen Wirkungen einer eingetragenen Partnerschaft dem Recht des Staates, nach dessen Recht die eingetragene Partnerschaft begründet wurde.

(2) Ausnahmsweise kann das Gericht, das für Fragen der güterrechtlichen Wirkungen der eingetragenen Partnerschaft zuständig ist, auf Antrag eines der Partner entscheiden, dass das Recht eines anderen Staates als des Staates, dessen Recht nach Absatz 1 anzuwenden ist, für die güterrechtlichen Wirkungen der eingetragenen Partnerschaft gilt, sofern das Recht dieses anderen Staates güterrechtliche Wirkungen an das Institut der eingetragenen Partnerschaft knüpft und sofern der Antragsteller nachweist, dass

a) die Partner ihren letzten gemeinsamen gewöhnlichen Aufenthalt über einen erheblich langen Zeitraum in diesem Staat hatten und

b) beide Partner auf das Recht dieses anderen Staates bei der Regelung oder Planung ihrer güterrechtlichen Beziehungen vertraut hatten.

[1] Das Recht dieses anderen Staates gilt ab dem Zeitpunkt der Begründung der eingetragenen Partnerschaft, es sei denn, ein Partner ist damit nicht einverstanden. [2] In diesem Fall gilt das Recht dieses anderen Staates ab Begründung des letzten gemeinsamen gewöhnlichen Aufenthalts in diesem anderen Staat.

Die Anwendung des Rechts des anderen Staates darf die Rechte Dritter, die sich auf das nach Absatz 1 anzuwendende Recht gründen, nicht beeinträchtigen.

Dieser Absatz gilt nicht, wenn die Partner vor der Begründung ihres letzten gemeinsamen gewöhnlichen Aufenthalts in diesem anderen Staat eine Vereinbarung über die güterrechtlichen Wirkungen der eingetragenen Partnerschaft getroffen haben.

Art. 27 Reichweite des anzuwendenden Rechts. Das nach dieser Verordnung auf die güterrechtlichen Wirkungen eingetragener Partnerschaften anzuwendende Recht regelt unter anderem

a) die Einteilung des Vermögens eines oder beider Partner in verschiedene Kategorien während und nach der eingetragenen Partnerschaft,

b) die Übertragung von Vermögen von einer Kategorie in die andere,

c) die Haftung des einen Partners für die Verbindlichkeiten und Schulden des anderen,

d) die Befugnisse, Rechte und Pflichten eines oder beider Partner in Bezug auf das Vermögen,

e) die Teilung, Aufteilung oder Abwicklung des Vermögens bei Auflösung der eingetragenen Partnerschaft,

f) die Wirkungen der güterrechtlichen Wirkungen eingetragener Partnerschaften auf ein Rechtsverhältnis zwischen einem Partner und Dritten und

g) die materielle Wirksamkeit einer Vereinbarung über die güterrechtlichen Wirkungen einer eingetragenen Partnerschaft.

Art. 28 Wirkungen gegenüber Dritten. (1) Ungeachtet des Artikels 27 Buchstabe f darf ein Partner in einer Streitigkeit zwischen einem Dritten und einem oder beiden Partnern das für die güterrechtlichen Wirkungen seiner *eingetragenen Partnerschaft* maßgebende Recht dem Dritten nicht entgegenhalten, es sei denn, der Dritte hatte Kenntnis von diesem Recht oder hätte bei gebührender Sorgfalt davon Kenntnis haben müssen.

(2) Es wird davon ausgegangen, dass der Dritte Kenntnis von den güterrechtlichen Wirkungen des anzuwendenden Rechts hat, wenn

a) dieses Recht das Recht des Staates ist,
   i) dessen Recht auf das Rechtsgeschäft zwischen einem Partner und dem Dritten anzuwenden ist,
   ii) in dem der vertragschließende Partner und der Dritte ihren gewöhnlichen Aufenthalt haben, oder
   iii) in dem die Vermögensgegenstände – im Fall von unbeweglichem Vermögen – belegen sind,

   oder

b) ein Partner die geltenden Anforderungen an die Publizität oder Registrierung der güterrechtlichen Wirkungen der eingetragenen Partnerschaft eingehalten hat, die vorgesehen sind im Recht des Staates,
   i) dessen Recht auf das Rechtsgeschäft zwischen einem Partner und dem Dritten anzuwenden ist,
   ii) in dem der vertragschließende Partner und der Dritte ihren gewöhnlichen Aufenthalt haben, oder
   iii) in dem die Vermögensgegenstände – im Fall von unbeweglichem Vermögen – belegen sind.

(3) Kann ein Partner das auf seine güterrechtlichen Wirkungen anzuwendende Recht einem Dritten nach Absatz 1 nicht entgegenhalten, so unterliegen die güterrechtlichen Wirkungen gegenüber dem Dritten dem Recht des Staates,

a) dessen Recht auf das Rechtsgeschäft zwischen einem Partner und dem Dritten anzuwenden ist oder
b) in dem die Vermögensgegenstände – im Fall von unbeweglichem Vermögen – belegen sind oder, im Fall eingetragener Vermögenswerte oder im Fall von Rechten, in dem diese Vermögenswerte oder Rechte eingetragen sind.

Art. 29 Anpassung dinglicher Rechte. Macht eine Person ein dingliches Recht geltend, das ihr nach dem auf die güterrechtlichen Wirkungen einer eingetragenen Partnerschaft anzuwendenden Recht zusteht, und kennt das Recht des Mitgliedstaats, in dem das Recht geltend gemacht wird, das betreffende dingliche Recht nicht, so ist dieses Recht, soweit erforderlich und möglich, an das in der Rechtsordnung dieses Mitgliedstaats am ehesten vergleichbare Recht anzupassen, wobei die mit dem besagten dinglichen Recht verfolgten Ziele und Interessen und die mit ihm verbundenen Wirkungen zu berücksichtigen sind.

Art. 30 Eingriffsnormen. (1) Diese Verordnung berührt nicht die Anwendung der Eingriffsnormen des Rechts des angerufenen Gerichts.

(2) Eine Eingriffsnorm ist eine Vorschrift, deren Einhaltung von einem Mitgliedstaat als so entscheidend für die Wahrung seines öffentlichen Interesses, insbesondere seiner politischen, sozialen oder wirtschaftlichen Ordnung, angesehen wird, dass sie ungeachtet des nach Maßgabe dieser Verordnung auf die güterrechtlichen Wirkungen einer eingetragenen Partnerschaft anzuwen-

denden Rechts auf alle Sachverhalte anzuwenden ist, die in ihren Anwendungsbereich fallen.

Art. 31 Öffentliche Ordnung (ordre public). Die Anwendung einer Vorschrift des nach dieser Verordnung bestimmten Rechts eines Staates darf nur versagt werden, wenn ihre Anwendung mit der öffentlichen Ordnung *(ordre public)* des Staates des angerufenen Gerichts offensichtlich unvereinbar ist.

Art. 32 Ausschluss der Rück- und Weiterverweisung. Unter dem nach dieser Verordnung anzuwendenden Recht eines Staates sind die in diesem Staat geltenden Rechtsnormen mit Ausnahme seines Internationalen Privatrechts zu verstehen.

Art. 33 Staaten mit mehr als einem Rechtssystem – interlokale Kollisionsvorschriften. (1) Verweist diese Verordnung auf das Recht eines Staates, der mehrere Gebietseinheiten umfasst, von denen jede eigene Rechtsvorschriften für die güterrechtlichen Wirkungen eingetragener Partnerschaften hat, so bestimmen die internen Kollisionsvorschriften dieses Staates die Gebietseinheit, deren Rechtsvorschriften anzuwenden sind.

(2) In Ermangelung solcher internen Kollisionsvorschriften gilt:

a) Jede Bezugnahme auf das Recht des in Absatz 1 genannten Staates ist für die Bestimmung des anzuwendenden Rechts aufgrund von Vorschriften, die sich auf den gewöhnlichen Aufenthalt der Partner beziehen, als Bezugnahme auf das Recht der Gebietseinheit zu verstehen, in der die Partner ihren gewöhnlichen Aufenthalt haben.

b) Jede Bezugnahme auf das Recht des in Absatz 1 genannten Staates ist für die Bestimmung des anzuwendenden Rechts aufgrund von Vorschriften, die sich auf die Staatsangehörigkeit der Partner beziehen, als Bezugnahme auf das Recht der Gebietseinheit zu verstehen, zu der die Partner die engste Verbindung haben.

c) Jede Bezugnahme auf das Recht des in Absatz 1 genannten Staates ist für die Bestimmung des anzuwendenden Rechts aufgrund sonstiger Bestimmungen, die sich auf andere Anknüpfungspunkte beziehen, als Bezugnahme auf das Recht der Gebietseinheit zu verstehen, in der sich der einschlägige Anknüpfungspunkt befindet.

Art. 34 Staaten mit mehr als einem Rechtssystem – interpersonale Kollisionsvorschriften. [1] Gelten in einem Staat für die güterrechtlichen Wirkungen eingetragener Partnerschaften zwei oder mehr Rechtssysteme oder Regelwerke für verschiedene Personengruppen, so ist jede Bezugnahme auf das Recht dieses Staates als Bezugnahme auf das Rechtssystem oder das Regelwerk zu verstehen, das die in diesem Staat geltenden Vorschriften zur Anwendung berufen. [2] In Ermangelung solcher Vorschriften ist das Rechtssystem oder das Regelwerk anzuwenden, zu dem die Partner die engste Verbindung haben.

***Art. 35 Nichtan*wendung dieser Verordnung auf innerstaatliche Kollisionen.** Ein Mitgliedstaat, der mehrere Gebietseinheiten umfasst, von denen jede ihre eigenen Rechtsvorschriften für güterrechtliche Wirkungen eingetragener Partnerschaften hat, ist nicht verpflichtet, diese Verordnung auf Kollisionen zwischen den Rechtsordnungen dieser Gebietseinheiten anzuwenden.

Kapitel IV. Anerkennung, Vollstreckbarkeit und Vollstreckung von Entscheidungen

Art. 36 Anerkennung. (1) Die in einem Mitgliedstaat ergangenen Entscheidungen werden in den anderen Mitgliedstaaten anerkannt, ohne dass es hierfür eines besonderen Verfahrens bedarf.

(2) Jede Partei, die die Anerkennung einer Entscheidung zu einem zentralen Element des Streitgegenstands macht, kann in den Verfahren der Artikel 44 bis 57 die Anerkennung der Entscheidung beantragen.

(3) Hängt der Ausgang eines Verfahrens vor dem Gericht eines Mitgliedstaats von der Entscheidung über die inzidente Frage der Anerkennung ab, so ist dieses Gericht für die Entscheidung über die Anerkennung zuständig.

Art. 37 Gründe für die Nichtanerkennung. Eine Entscheidung wird nicht anerkannt, wenn

a) die Anerkennung der öffentlichen Ordnung *(ordre public)* des Mitgliedstaats, in dem sie beantragt wird, offensichtlich widersprechen würde;

b) dem Beklagten, der sich auf das Verfahren nicht eingelassen hat, das verfahrenseinleitende Schriftstück oder ein gleichwertiges Schriftstück nicht so rechtzeitig und in einer Weise zugestellt worden ist, dass er sich verteidigen konnte, es sei denn, der Beklagte hat die Entscheidung nicht angefochten, obwohl er die Möglichkeit dazu hatte;

c) sie mit einer Entscheidung unvereinbar ist, die in einem Verfahren zwischen denselben Parteien in dem Mitgliedstaat, in dem die Anerkennung beantragt wird, ergangen ist;

d) sie mit einer früheren Entscheidung unvereinbar ist, die in einem anderen Mitgliedstaat oder in einem Drittstaat in einem Verfahren zwischen denselben Parteien wegen desselben Anspruchs ergangen ist, sofern die frühere Entscheidung die notwendigen Voraussetzungen für ihre Anerkennung in dem Mitgliedstaat, in dem die Anerkennung geltend gemacht wird, erfüllt.

Art. 38 Grundrechte. Artikel 37 dieser Verordnung ist von den Gerichten und anderen zuständigen Behörden der Mitgliedstaaten unter Beachtung der in der Charta anerkannten Grundrechte und Grundsätze anzuwenden, insbesondere des Grundsatzes der Nichtdiskriminierung in Artikel 21 der Charta.

Art. 39 Ausschluss der Nachprüfung der Zuständigkeit des Gerichts des Ursprungsmitgliedstaats. (1) Die Zuständigkeit des Gerichts des Ursprungsmitgliedstaats darf nicht nachgeprüft werden.

(2) Das Kriterium der öffentlichen Ordnung *(ordre public)* in Artikel 37 findet keine Anwendung auf die Zuständigkeitsvorschriften in den Artikeln 4 bis 12.

Art. 40 Ausschluss der Nachprüfung in der Sache. Die in einem Mitgliedstaat ergangene Entscheidung darf keinesfalls in der Sache selbst nachgeprüft werden.

Art. 41 Aussetzung des Anerkennungsverfahrens. Das Gericht eines Mitgliedstaats, vor dem die Anerkennung einer in einem anderen Mitgliedstaat ergangenen Entscheidung geltend gemacht wird, kann das Verfahren aussetzen, wenn im Ursprungsmitgliedstaat gegen die Entscheidung ein ordentlicher Rechtsbehelf eingelegt worden ist.

Art. 42 Vollstreckbarkeit. Die in einem Mitgliedstaat ergangenen und in diesem Staat vollstreckbaren Entscheidungen sind in einem anderen Mitgliedstaat vollstreckbar, wenn sie auf Antrag eines Berechtigten dort nach den Verfahren der Artikel 44 bis 57 für vollstreckbar erklärt worden sind.

Art. 43 Bestimmung des Wohnsitzes. Ist zu entscheiden, ob eine Partei für die Zwecke des Verfahrens nach den Artikeln 44 bis 57 im Hoheitsgebiet des Vollstreckungsmitgliedstaats einen Wohnsitz hat, so wendet das befasste Gericht sein innerstaatliches Recht an.

Art. 44 Örtlich zuständiges Gericht. (1) Der Antrag auf Vollstreckbarerklärung ist an das Gericht oder die zuständige Behörde des Vollstreckungsmitgliedstaats zu richten, die der Kommission nach Artikel 64 von diesem Mitgliedstaat mitgeteilt wurden.

(2) Die örtliche Zuständigkeit wird durch den Ort des Wohnsitzes der Partei, gegen die die Vollstreckung erwirkt werden soll, oder durch den Ort, an dem die Vollstreckung durchgeführt werden soll, bestimmt.

Art. 45 Verfahren. (1) Für das Verfahren der Antragstellung ist das Recht des Vollstreckungsmitgliedstaats maßgebend.

(2) Von dem Antragsteller kann nicht verlangt werden, dass er im Vollstreckungsmitgliedstaat über eine Postanschrift oder einen bevollmächtigten Vertreter verfügt.

(3) Dem Antrag sind die folgenden Schriftstücke beizufügen:

a) eine Ausfertigung der Entscheidung, die die für die Feststellung ihrer Beweiskraft erforderlichen Voraussetzungen erfüllt;

b) die Bescheinigung, die von dem Gericht oder der zuständigen Behörde des Ursprungsmitgliedstaats unter Verwendung des – nach dem Beratungsverfahren nach Artikel 67 Absatz 2 erstellten – Formulars ausgestellt wurde, unbeschadet des Artikels 46.

Art. 46 Nichtvorlage der Bescheinigung. (1) Wird die Bescheinigung nach Artikel 45 Absatz 3 Buchstabe b nicht vorgelegt, so kann das Gericht oder die sonst befugte Stelle eine Frist bestimmen, innerhalb deren die Bescheinigung vorzulegen ist, oder eine gleichwertige Urkunde akzeptieren oder von der Vorlage der Bescheinigung absehen, wenn es bzw. sie keinen *weiteren* Klärungsbedarf sieht.

(2) [1] Auf Verlangen des Gerichts oder der zuständigen Behörde ist eine Übersetzung oder Transkription der Schriftstücke vorzulegen. [2] Die Über-

setzung ist von einer Person zu erstellen, die zur Anfertigung von Übersetzungen in einem der Mitgliedstaaten befugt ist.

Art. 47 Vollstreckbarerklärung. [1] Sobald die in Artikel 45 vorgesehenen Förmlichkeiten erfüllt sind, wird die Entscheidung unverzüglich für vollstreckbar erklärt, ohne dass eine Prüfung nach Artikel 37 erfolgt. [2] Die Partei, gegen die die Vollstreckung erwirkt werden soll, erhält in diesem Abschnitt des Verfahrens keine Gelegenheit, eine Erklärung abzugeben.

Art. 48 Mitteilung der Entscheidung über den Antrag auf Vollstreckbarerklärung. (1) Die Entscheidung über den Antrag auf Vollstreckbarerklärung wird dem Antragsteller unverzüglich nach dem Verfahren mitgeteilt, das das Recht des Vollstreckungsmitgliedstaats vorsieht.

(2) Die Vollstreckbarerklärung und, soweit dies noch nicht geschehen ist, die Entscheidung werden der Partei, gegen die die Vollstreckung erwirkt werden soll, zugestellt.

Art. 49 Rechtsbehelf gegen die Entscheidung über den Antrag auf Vollstreckbarerklärung. (1) Gegen die Entscheidung über den Antrag auf Vollstreckbarerklärung kann jede Partei einen Rechtsbehelf einlegen.

(2) Der Rechtsbehelf wird bei dem Gericht eingelegt, das der betreffende Mitgliedstaat der Kommission nach Artikel 64 mitgeteilt hat.

(3) Über den Rechtsbehelf wird nach den Vorschriften entschieden, die für Verfahren mit beiderseitigem rechtlichen Gehör maßgebend sind.

(4) Lässt sich die Partei, gegen die die Vollstreckung erwirkt werden soll, auf das Verfahren vor dem mit dem Rechtsbehelf des Antragstellers befassten Gericht nicht ein, so ist Artikel 16 auch dann anzuwenden, wenn die Partei, gegen die die Vollstreckung erwirkt werden soll, in keinem Mitgliedstaat einen Wohnsitz hat.

(5) [1] Der Rechtsbehelf gegen die Vollstreckbarerklärung ist innerhalb von 30 Tagen nach ihrer Zustellung einzulegen. [2] Hat die Partei, gegen die die Vollstreckung erwirkt werden soll, ihren Wohnsitz im Hoheitsgebiet eines anderen Mitgliedstaats als dem, in dem die Vollstreckbarerklärung ergangen ist, so beträgt die Frist für den Rechtsbehelf 60 Tage und beginnt mit dem Tag, an dem die Vollstreckbarerklärung ihr entweder in Person oder in ihrer Wohnung zugestellt worden ist. [3] Eine Verlängerung dieser Frist wegen weiter Entfernung ist ausgeschlossen.

Art. 50 Rechtsbehelf gegen die Entscheidung über den Rechtsbehelf. Gegen die über den Rechtsbehelf ergangene Entscheidung kann ein Rechtsbehelf nur nach dem Verfahren eingelegt werden, das der betreffende Mitgliedstaat der Kommission nach Artikel 64 mitgeteilt hat.

Art. 51 Versagung oder Aufhebung einer Vollstreckbarerklärung. [1] Die Vollstreckbarerklärung darf von dem mit einem Rechtsbehelf nach Artikel 49 oder 50 befassten Gericht nur aus einem der in Artikel 37 aufgeführten Gründe versagt oder aufgehoben werden. [2] Das Gericht erlässt seine Entscheidung unverzüglich.

Art. 52 Aussetzung des Verfahrens. Das nach Artikel 49 oder 50 mit dem Rechtsbehelf befasste Gericht setzt das Verfahren auf Antrag der Partei, gegen die die Vollstreckung erwirkt werden soll, aus, wenn die Entscheidung im Ursprungsmitgliedstaat wegen der Einlegung eines Rechtsbehelfs vorläufig nicht vollstreckbar ist.

Art. 53 Einstweilige Maßnahmen einschließlich Sicherungsmaßnahmen. (1) Ist eine Entscheidung nach diesem Kapitel anzuerkennen, so ist der Antragsteller nicht daran gehindert, einstweilige Maßnahmen einschließlich Sicherungsmaßnahmen nach dem Recht des Vollstreckungsmitgliedstaats in Anspruch zu nehmen, ohne dass es einer Vollstreckbarerklärung nach Artikel 47 bedarf.

(2) Die Vollstreckbarerklärung umfasst von Rechts wegen die Befugnis, alle Sicherungsmaßnahmen zu veranlassen.

(3) Solange die in Artikel 49 Absatz 5 vorgesehene Frist für den Rechtsbehelf gegen die Vollstreckbarerklärung läuft und solange über den Rechtsbehelf nicht entschieden ist, darf die Zwangsvollstreckung in das Vermögen der Partei, gegen welche die Vollstreckung erfolgen soll, nicht über Sicherungsmaßnahmen hinausgehen.

Art. 54 Teilvollstreckbarkeit. (1) Ist durch die Entscheidung über mehrere Ansprüche erkannt worden und kann die Vollstreckbarerklärung nicht für alle Ansprüche erteilt werden, so erteilt das Gericht oder die zuständige Behörde sie für einen oder mehrere dieser Ansprüche.

(2) Der Antragsteller kann beantragen, dass die Vollstreckbarerklärung nur für einen Teil des Gegenstands der Entscheidung erteilt wird.

Art. 55 Prozesskostenhilfe. Ist dem Antragsteller im Ursprungsmitgliedstaat ganz oder teilweise Prozesskostenhilfe oder Kosten- oder Gebührenbefreiung gewährt worden, so genießt er im Vollstreckbarerklärungsverfahren hinsichtlich der Prozesskostenhilfe oder der Kosten- oder Gebührenbefreiung die günstigste Behandlung, die das Recht des Vollstreckungsmitgliedstaats vorsieht.

Art. 56 Keine Sicherheitsleistung oder Hinterlegung. Der Partei, die in einem Mitgliedstaat die Anerkennung, Vollstreckbarerklärung oder Vollstreckung einer in einem anderen Mitgliedstaat ergangenen Entscheidung beantragt, darf wegen ihrer Eigenschaft als Ausländer oder wegen Fehlens eines inländischen Wohnsitzes oder Aufenthalts im Vollstreckungsmitgliedstaat keine Sicherheitsleistung oder Hinterlegung, unter welcher Bezeichnung es auch sei, auferlegt werden.

***Art. 57 Keine* Stempelabgaben oder Gebühren.** Im Vollstreckungsmitgliedstaat dürfen in Vollstreckbarerklärungsverfahren keine nach dem Streitwert abgestuften Stempelabgaben oder Gebühren erhoben werden.

Kapitel V. Öffentliche Urkunden und gerichtliche Vergleiche

Art. 58 Annahme öffentlicher Urkunden. (1) Eine in einem Mitgliedstaat errichtete öffentliche Urkunde hat in einem anderen Mitgliedstaat die gleiche formelle Beweiskraft wie im Ursprungsmitgliedstaat oder die damit am ehesten vergleichbare Wirkung, sofern das der öffentlichen Ordnung *(ordre public)* des betreffenden Mitgliedstaats nicht offensichtlich widerspricht.

Eine Person, die eine öffentliche Urkunde in einem anderen Mitgliedstaat verwenden möchte, kann die Behörde, die die öffentliche Urkunde im Ursprungsmitgliedstaat errichtet, ersuchen, das nach dem Beratungsverfahren nach Artikel 67 Absatz 2 erstellte Formblatt auszufüllen, das die formelle Beweiskraft der öffentlichen Urkunde in ihrem Ursprungsmitgliedstaat beschreibt.

(2) [1] Einwände gegen die Authentizität einer öffentlichen Urkunde sind bei den Gerichten des Ursprungsmitgliedstaats zu erheben; über diese Einwände wird nach dem Recht dieses Staates entschieden. [2] Eine öffentliche Urkunde, gegen die solche Einwände erhoben wurden, entfaltet in einem anderen Mitgliedstaat keine Beweiskraft, solange die Sache bei dem zuständigen Gericht anhängig ist.

(3) [1] Einwände gegen die in einer öffentlichen Urkunde beurkundeten Rechtsgeschäfte oder Rechtsverhältnisse sind bei den nach dieser Verordnung zuständigen Gerichten zu erheben; über diese Einwände wird nach dem nach Kapitel III anzuwendenden Recht entschieden. [2] Eine öffentliche Urkunde, gegen die solche Einwände erhoben wurden, entfaltet in einem anderen als dem Ursprungsmitgliedstaat hinsichtlich des bestrittenen Umstands keine Beweiskraft, solange die Sache bei dem zuständigen Gericht anhängig ist.

(4) Hängt der Ausgang eines Verfahrens vor dem Gericht eines Mitgliedstaats von der Klärung einer Vorfrage im Zusammenhang mit den Rechtsgeschäften oder Rechtsverhältnissen ab, die in einer öffentlichen Urkunde über die güterrechtlichen Wirkungen einer eingetragenen Partnerschaft beurkundet sind, so ist dieses Gericht für die Entscheidung über diese Vorfrage zuständig.

Art. 59 Vollstreckbarkeit öffentlicher Urkunden. (1) Öffentliche Urkunden, die im Ursprungsmitgliedstaat vollstreckbar sind, werden in einem anderen Mitgliedstaat auf Antrag eines Berechtigten nach den Verfahren der Artikel 44 bis 57 für vollstreckbar erklärt.

(2) Für die Zwecke des Artikels 45 Absatz 3 Buchstabe b stellt die Behörde, die die öffentliche Urkunde errichtet hat, auf Antrag eines Berechtigten eine Bescheinigung unter Verwendung des nach dem Beratungsverfahren nach Artikel 67 Absatz 2 erstellten Formblatts aus.

(3) Die Vollstreckbarerklärung wird von dem mit einem Rechtsbehelf nach Artikel 49 oder 50 befassten Gericht nur versagt oder aufgehoben, wenn die Vollstreckung der öffentlichen Urkunde der öffentlichen Ordnung *(ordre public)* des Vollstreckungsmitgliedstaats offensichtlich widersprechen würde.

Art. 60 Vollstreckbarkeit gerichtlicher Vergleiche. (1) Gerichtliche Vergleiche, die im Ursprungsmitgliedstaat vollstreckbar sind, werden in einem anderen Mitgliedstaat auf Antrag eines Berechtigten nach den Verfahren der Artikel 44 bis 57 für vollstreckbar erklärt.

(2) Für die Zwecke des Artikels 45 Absatz 3 Buchstabe b stellt das Gericht, das den Vergleich gebilligt hat oder vor dem der Vergleich geschlossen wurde, auf Antrag eines Berechtigten eine Bescheinigung unter Verwendung des nach dem Beratungsverfahren nach Artikel 67 Absatz 2 erstellten Formblatts aus.

(3) Die Vollstreckbarerklärung wird von dem mit einem Rechtsbehelf nach Artikel 49 oder 50 befassten Gericht nur versagt oder aufgehoben, wenn die Vollstreckung des gerichtlichen Vergleichs der öffentlichen Ordnung *(ordre public)* des Vollstreckungsmitgliedstaats offensichtlich widersprechen würde.

Kapitel VI. Allgemeine und Schlussbestimmungen

Art. 61 Legalisation oder ähnliche Förmlichkeiten. Im Rahmen dieser Verordnung bedarf es für Urkunden, die in einem Mitgliedstaat ausgestellt werden, weder der Legalisation noch einer ähnlichen Förmlichkeit.

Art. 62 Verhältnis zu bestehenden internationalen Übereinkünften.

(1) Diese Verordnung lässt unbeschadet der Verpflichtungen der Mitgliedstaaten nach Artikel 351 AEUV[1)] die Anwendung bilateraler oder multilateraler Übereinkünfte unberührt, denen ein oder mehrere Mitgliedstaaten zum Zeitpunkt des Erlasses dieser Verordnung oder eines Beschlusses nach Artikel 331 Absatz 1 Unterabsatz 2 oder 3 AEUV angehören und die Bereiche betreffen, die in dieser Verordnung geregelt sind.

(2) Ungeachtet des Absatzes 1 hat diese Verordnung im Verhältnis zwischen den Mitgliedstaaten Vorrang vor untereinander geschlossenen Übereinkünften, soweit diese Übereinkünfte Bereiche betreffen, die in dieser Verordnung geregelt sind.

Art. 63 Informationen für die Öffentlichkeit. Die Mitgliedstaaten übermitteln der Kommission eine kurze Zusammenfassung ihrer nationalen Vorschriften und Verfahren über die güterrechtlichen Wirkungen eingetragener Partnerschaften, einschließlich Informationen zu der Art von Behörde, die für Fragen der güterrechtlichen Wirkungen eingetragener Partnerschaften zuständig ist, und zu den Wirkungen gegenüber Dritten gemäß Artikel 28, damit die betreffenden Informationen der Öffentlichkeit im Rahmen des Europäischen Justiziellen Netzes für Zivil- und Handelssachen zur Verfügung gestellt werden können.

Die Mitgliedstaaten halten die Informationen stets auf dem neuesten Stand.

Art. 64 Angaben zu Kontaktdaten und Verfahren. (1) Die Mitgliedstaaten teilen der Kommission bis zum 29. April 2018 Folgendes mit:

a) die für Anträge auf Vollstreckbarerklärung gemäß Artikel 44 Absatz 1 und für Rechtsbehelfe gegen Entscheidungen über derartige Anträge gemäß Artikel 49 Absatz 2 zuständigen Gerichte oder Behörden;

[1)] **Sartorius Nr. 1001.**

b) die in Artikel 50 genannten Rechtsbehelfe gegen die Entscheidung über den Rechtsbehelf.

Die Mitgliedstaaten unterrichten die Kommission über spätere Änderungen dieser Informationen.

(2) Die Kommission veröffentlicht die nach Absatz 1 übermittelten Angaben im *Amtsblatt der Europäischen Union*, mit Ausnahme der Anschriften und sonstigen Kontaktdaten der in Absatz 1 Buchstabe a genannten Gerichte und Behörden.

(3) Die Kommission stellt der Öffentlichkeit alle nach Absatz 1 übermittelten Angaben auf geeignete Weise, insbesondere über das Europäische Justizielle Netz für Zivil- und Handelssachen, zur Verfügung.

Art. 65 Erstellung und spätere Änderung der Liste der in Artikel 3 Absatz 2 vorgesehenen Informationen. (1) Die Kommission erstellt anhand der Mitteilungen der Mitgliedstaaten die Liste der in Artikel 3 Absatz 2 genannten anderen Behörden und Angehörigen von Rechtsberufen.

(2) [1] Die Mitgliedstaaten teilen der Kommission spätere Änderungen der in dieser Liste enthaltenen Angaben mit. [2] Die Kommission ändert die Liste entsprechend.

(3) Die Kommission veröffentlicht die Liste und etwaige spätere Änderungen im *Amtsblatt der Europäischen Union*.

(4) Die Kommission stellt der Öffentlichkeit alle nach den Absätzen 1 und 2 mitgeteilten Angaben auf andere geeignete Weise, insbesondere über das Europäische Justizielle Netz für Zivil- und Handelssachen, zur Verfügung.

Art. 66 Erstellung und spätere Änderung der Bescheinigungen und der Formblätter nach Artikel 45 Absatz 3 Buchstabe b und den Artikeln 58, 59 und 60. [1] Die Kommission erlässt Durchführungsrechtsakte zur Erstellung und späteren Änderung der Bescheinigungen und der Formblätter nach Artikel 45 Absatz 3 Buchstabe b und den Artikeln 58, 59 und 60. [2] Diese Durchführungsrechtsakte werden nach dem in Artikel 67 Absatz 2 genannten Beratungsverfahren erlassen.

Art. 67 Ausschussverfahren. (1) [1] Die Kommission wird von einem Ausschuss unterstützt. [2] Dieser Ausschuss ist ein Ausschuss im Sinne der Verordnung (EU) Nr. 182/2011.

(2) Wird auf diesen Absatz Bezug genommen, so gilt Artikel 4 der Verordnung (EU) Nr. 182/2011.

Art. 68 Überprüfungsklausel. (1) [1] Die Kommission legt dem Europäischen Parlament, dem Rat und dem Europäischen Wirtschafts- und Sozialausschuss spätestens bis zum 29. Januar 2027 und danach alle fünf Jahre einen Bericht über die Anwendung dieser Verordnung vor. [2] Dem Bericht werden gegebenenfalls Vorschläge zur Änderung dieser Verordnung beigefügt.

(2) [1] Die Kommission legt dem Europäischen Parlament, dem Rat und dem Europäischen Wirtschafts- und Sozialausschuss spätestens bis zum 29. Januar 2024 einen Bericht über die Anwendung der Artikel 9 und 38 dieser Verordnung vor. [2] In diesem Bericht wird insbesondere bewertet, inwieweit die genannten Artikel den Zugang zur Justiz sichergestellt haben.

(3) Für die Zwecke der in den Absätzen 1 und 2 genannten Berichte übermitteln die Mitgliedstaaten der Kommission sachdienliche Angaben zu der Anwendung dieser Verordnung durch ihre Gerichte.

Art. 69[1] **Übergangsbestimmungen.** (1) Diese Verordnung ist vorbehaltlich der Absätze 2 und 3 nur auf Verfahren, öffentliche Urkunden oder gerichtliche Vergleiche anzuwenden, die am 29. Januar 2019 oder danach eingeleitet, förmlich errichtet oder eingetragen beziehungsweise gebilligt oder geschlossen worden sind.

(2) Ist das Verfahren im Ursprungsmitgliedstaat vor dem 29. Januar 2019 eingeleitet worden, so werden an oder nach diesem Tag ergangene Entscheidungen nach Maßgabe des Kapitels IV anerkannt und vollstreckt, soweit die angewandten Zuständigkeitsvorschriften mit denen des Kapitels II übereinstimmen.

(3) Kapitel III gilt nur für Partner, die am 29. Januar 2019 oder danach ihre Partnerschaft haben eintragen lassen oder eine Rechtswahl des auf die güterrechtlichen Wirkungen ihrer eingetragenen Partnerschaft anzuwendenden Rechts getroffen haben.

Art. 70 Inkrafttreten. (1) Diese Verordnung tritt am zwanzigsten Tag nach ihrer Veröffentlichung[2] im *Amtsblatt der Europäischen Union* in Kraft.

(2) Diese Verordnung gilt in den Mitgliedstaaten, die an der durch Beschluss (EU) 2016/954 begründeten Verstärkten Zusammenarbeit im Bereich der Zuständigkeit, des anzuwendenden Rechts und der Anerkennung und Vollstreckung von Entscheidungen in Fragen der Güterstände internationaler Paare (eheliche Güterstände und Güterstände eingetragener Lebenspartnerschaften) teilnehmen.

[1] Sie gilt ab 29. Januar 2019, mit Ausnahme der Artikel 63 und 64, die ab 29. April 2018 gelten, und der Artikel 65, 66 und 67, die ab 29. Juli 2016 gelten. [2] Für diejenigen Mitgliedstaaten, die sich aufgrund eines nach Artikel 331 Absatz 1 Unterabsatz 2 oder Unterabsatz 3 AEUV[3] angenommenen Beschlusses der Verstärkten Zusammenarbeit anschließen, gilt diese Verordnung ab dem in dem betreffenden Beschluss angegebenen Tag.

---

[1] *Art. 69 Abs. 2 und 3 ber.* ABl. 2017 Nr. L 113 S. 62.
[2] Veröffentlicht am 8.7.2016.
[3] **Sartorius Nr. 1001.**

103 l. Haager Übereinkommen über die zivilrechtlichen Aspekte internationaler Kindesentführung

Vom 25. Oktober 1980 (BGBl. 1990 II S. 207)[1)]

[Übersetzung]

Kapitel I. Anwendungsbereich des Übereinkommens

Art. 1. [Zielsetzung] Ziel dieses Übereinkommens ist es,

a) die sofortige Rückgabe widerrechtlich in einen Vertragsstaat verbrachter oder dort zurückgehaltener Kinder sicherzustellen und

b) zu gewährleisten, daß das in einem Vertragsstaat bestehende Sorgerecht und Recht zum persönlichen Umgang in den anderen Vertragsstaaten tatsächlich beachtet wird.

Art. 2. [Durchsetzung] Die Vertragsstaaten treffen alle geeigneten Maßnahmen, um in ihrem Hoheitsgebiet die Ziele des Übereinkommens zu verwirklichen. Zu diesem Zweck wenden sie ihre schnellstmöglichen Verfahren an.

Art. 3. [Widerrechtlichkeit des Verbringens oder Zurückhalten eines Kindes] Das Verbringen oder Zurückhalten eines Kindes gilt als widerrechtlich, wenn

a) dadurch das Sorgerecht verletzt wird, das einer Person, Behörde oder sonstigen Stelle allein oder gemeinsam nach dem Recht des Staates zusteht, in dem das Kind unmittelbar vor dem Verbringen oder Zurückhalten seinen gewöhnlichen Aufenthalt hatte, und

b) dieses Recht im Zeitpunkt des Verbringens oder Zurückhaltens allein oder gemeinsam tatsächlich ausgeübt wurde oder ausgeübt worden wäre, falls das Verbringen oder Zurückhalten nicht stattgefunden hätte.

Das unter Buchstabe a genannte Sorgerecht kann insbesondere kraft Gesetzes, aufgrund einer gerichtlichen oder behördlichen Entscheidung oder aufgrund einer nach dem Recht des betreffenden Staates wirksamen Vereinbarung bestehen.

[1)] Das Haager Kindesentziehungsübereinkommen ist gegenwärtig im Verhältnis zwischen *Deutschland und den nachfolgend genannten* Staaten in Kraft: Argentinien, Australien, Bahamas, Belarus, Belgien, Belize, Bosnien-Herzegowina, Brasilien, Burkina Faso, Chile, Dänemark (ohne Färöer und Grönland), Ecuador, El Salvador, Estland, Finnland, Frankreich, Georgien, Griechenland, Guatemala, Honduras, Chinesische Sonderverwaltungsregion Hongkong, Irland, Island, Israel, Italien, Kanada, Kolumbien, Kroatien, Lettland, Luxemburg, Macau (zur VR China gehörig), Malta, Mauritius, Mazedonien, Mexiko, Moldau, Monaco, Neuseeland, Niederlande, Norwegen, Österreich, Panama, Paraguay, Polen, Portugal, Rumänien, Schweden, Schweiz, Serbien und Montenegro, Simbabwe, Slowakei, Slowenien, Spanien, Sri Lanka, St. Kitts und Nevis, Südafrika, Tschechische Republik, Türkei Turkmenistan, Ungarn, Uruguay, Venezuela, Vereinigtes Königreich (mit Isle of Man, Falkland Inseln, Kaimaninseln, Bermuda und Montserrat), Vereinigte Staaten von Amerika, Zypern.

Art. 4. [Personeller Anwendungsbereich] Das Übereinkommen wird auf jedes Kind angewendet, das unmittelbar vor einer Verletzung des Sorgerechts oder des Rechts zum persönlichen Umgang seinen gewöhnlichen Aufenthalt in einem Vertragsstaat hatte. Das Übereinkommen wird nicht mehr angewendet, sobald das Kind das 16. Lebensjahr vollendet hat.

Art. 5. [Begriffsbestimmungen] Im Sinn dieses Übereinkommens umfaßt

a) das „Sorgerecht" die Sorge für die Person des Kindes und insbesondere das Recht, den Aufenthalt des Kindes zu bestimmen;

b) das „Recht zum persönlichen Umgang" das Recht, das Kind für eine begrenzte Zeit an einen anderen Ort als seinen gewöhnlichen Aufenthaltsort zu bringen.

Kapitel II. Zentrale Behörden

Art. 6. [Zentrale Behörden] Jeder Vertragsstaat bestimmt eine zentrale Behörde, welche die ihr durch dieses Übereinkommen übertragenen Aufgaben wahrnimmt.

Einem Bundesstaat, einem Staat mit mehreren Rechtssystemen oder einem Staat, der aus autonomen Gebietskörperschaften besteht, steht es frei, mehrere zentrale Behörden zu bestimmen und deren räumliche Zuständigkeit festzulegen. Macht ein Staat von dieser Möglichkeit Gebrauch, so bestimmt er die zentrale Behörde, an welche die Anträge zur Übermittlung an die zuständige zentrale Behörde in diesem Staat gerichtet werden können.

Art. 7. [Aufgaben und Zusammenarbeit] Die zentralen Behörden arbeiten zusammen und fördern die Zusammenarbeit der zuständigen Behörden ihrer Staaten, um die sofortige Rückgabe von Kindern sicherzustellen und auch die anderen Ziele dieses Übereinkommens zu verwirklichen.

Insbesondere treffen sie unmittelbar oder mit Hilfe anderer alle geeigneten Maßnahmen, um

a) den Aufenthaltsort eines widerrechtlich verbrachten oder zurückgehaltenen Kindes ausfindig zu machen;

b) weitere Gefahren von dem Kind oder Nachteile von den betroffenen Parteien abzuwenden, indem sie vorläufige Maßnahmen treffen oder veranlassen;

c) die freiwillige Rückgabe des Kindes sicherzustellen oder eine gütliche Regelung der Angelegenheit herbeizuführen;

d) soweit zweckdienlich Auskünfte über die soziale Lage des Kindes auszutauschen;

e) im Zusammenhang mit der Anwendung des Übereinkommens allgemeine Auskünfte über das Recht ihrer Staaten zu erteilen;

f) ein gerichtliches oder behördliches Verfahren einzuleiten oder die Einleitung eines solchen Verfahrens zu erleichtern, um die Rückgabe des Kindes zu erwirken sowie gegebenenfalls die Durchführung oder die wirksame Ausübung des Rechts zum persönlichen Umgang zu gewährleisten;

g) soweit erforderlich die Bewilligung von Prozeßkosten- und Beratungshilfe, einschließlich der Beiordnung eines Rechtsanwalts, zu veranlassen oder zu erleichtern;

h) durch etwa notwendige und geeignete behördliche Vorkehrungen die sichere Rückgabe des Kindes zu gewährleisten;

i) einander über die Wirkungsweise des Übereinkommens zu unterrichten und Hindernisse, die seiner Anwendung entgegenstehen, soweit wie möglich auszuräumen.

Kapitel III. Rückgabe von Kindern

Art. 8. [Antrag auf Rückgabe des Kindes] Macht eine Person, Behörde oder sonstige Stelle geltend, ein Kind sei unter Verletzung des Sorgerechts verbracht oder zurückgehalten worden, so kann sie sich entweder an die für den gewöhnlichen Aufenthalt des Kindes zuständige zentrale Behörde oder an die zentrale Behörde eines anderen Vertragsstaats wenden, um mit deren Unterstützung die Rückgabe des Kindes sicherzustellen.

Der Antrag muß enthalten

a) Angaben über die Identität des Antragstellers, des Kindes und der Person, die das Kind angeblich verbracht oder zurückgehalten hat;

b) das Geburtsdatum des Kindes, soweit es festgestellt werden kann;

c) die Gründe, die der Antragsteller für seinen Anspruch auf Rückgabe des Kindes geltend macht;

d) alle verfügbaren Angaben über den Aufenthaltsort des Kindes und die Identität der Person, bei der sich das Kind vermutlich befindet.

Der Antrag kann wie folgt ergänzt oder es können ihm folgende Anlagen beigefügt werden:

e) eine beglaubigte Ausfertigung einer für die Sache erheblichen Entscheidung oder Vereinbarung;

f) eine Bescheinigung oder eidesstattliche Erklärung (Affidavit) über die einschlägigen Rechtsvorschriften des betreffenden Staates; sie muß von der zentralen Behörde oder einer sonstigen zuständigen Behörde des Staates, in dem sich das Kind gewöhnlich aufhält, oder von einer dazu befugten Person ausgehen;

g) jedes sonstige für die Sache erhebliche Schriftstück.

Art. 9. [Antragsweiterleitung an betroffenen Staat] Hat die zentrale Behörde, bei der ein Antrag nach Artikel 8 eingeht, Grund zu der Annahme, daß sich das Kind in einem anderen Vertragsstaat befindet, so übermittelt sie den Antrag unmittelbar und unverzüglich der zentralen Behörde dieses Staates; sie unterrichtet davon die ersuchende zentrale Behörde oder gegebenenfalls den Antragsteller.

Art. 10. [Freiwillige Rückgabe des Kindes] Die zentrale Behörde des Staates, in dem sich das Kind befindet, trifft oder veranlaßt alle geeigneten Maßnahmen, um die freiwillige Rückgabe des Kindes zu bewirken.

Art. 11. [Eilbedürftigkeit] In Verfahren auf Rückgabe von Kindern haben die Gerichte oder Verwaltungsbehörden eines jeden Vertragsstaats mit der gebotenen Eile zu handeln.

Hat das Gericht oder die Verwaltungsbehörde, die mit der Sache befaßt sind, nicht innerhalb von sechs Wochen nach Eingang des Antrags eine Entscheidung getroffen, so kann der Antragsteller oder die zentrale Behörde des ersuchten Staates von sich aus oder auf Begehren der zentralen Behörde des ersuchenden Staates eine Darstellung der Gründe für die Verzögerung verlangen. Hat die zentrale Behörde des ersuchten Staates die Antwort erhalten, so übermittelt sie diese der zentralen Behörde des ersuchenden Staates oder gegebenenfalls dem Antragsteller.

Art. 12. [Anordnung der sofortigen Rückgabe des Kindes] Ist ein Kind im Sinn des Artikels 3 widerrechtlich verbracht oder zurückgehalten worden und ist bei Eingang des Antrags bei dem Gericht oder der Verwaltungsbehörde des Vertragsstaats, in dem sich das Kind befindet, eine Frist von weniger als einem Jahr seit dem Verbringen oder Zurückhalten verstrichen, so ordnet das zuständige Gericht oder die zuständige Verwaltungsbehörde die sofortige Rückgabe des Kindes an.

Ist der Antrag erst nach Ablauf der in Absatz 1 bezeichneten Jahresfrist eingegangen, so ordnet das Gericht oder die Verwaltungsbehörde die Rückgabe des Kindes ebenfalls an, sofern nicht erwiesen ist, daß das Kind sich in seine neue Umgebung eingelebt hat.

Hat das Gericht oder die Verwaltungsbehörde des ersuchten Staates Grund zu der Annahme, daß das Kind in einen anderen Staat verbracht worden ist, so kann das Verfahren ausgesetzt oder der Antrag auf Rückgabe des Kindes abgelehnt werden.

Art. 13. [Keine Verpflichtung zur Anordnung] Ungeachtet des Artikels 12 ist das Gericht oder die Verwaltungsbehörde des ersuchten Staates nicht verpflichtet, die Rückgabe des Kindes anzuordnen, wenn die Person, Behörde oder sonstige Stelle, die sich der Rückgabe des Kindes widersetzt, nachweist,

a) daß die Person, Behörde oder sonstige Stelle, der die Sorge für die Person des Kindes zustand, das Sorgerecht zur Zeit des Verbringens oder Zurückhaltens tatsächlich nicht ausgeübt, dem Verbringen oder Zurückhalten zugestimmt oder dieses nachträglich genehmigt hat oder

b) daß die Rückgabe mit der schwerwiegenden Gefahr eines körperlichen oder seelischen Schadens für das Kind verbunden ist oder das Kind auf andere Weise in eine unzumutbare Lage bringt.

Das Gericht oder die Verwaltungsbehörde kann es ferner ablehnen, die Rückgabe des Kindes anzuordnen, wenn festgestellt wird, daß sich das Kind der Rückgabe widersetzt und daß es ein Alter und eine Reife erreicht hat, angesichts deren es angebracht erscheint, seine Meinung zu berücksichtigen.

Bei Würdigung der in diesem Artikel genannten Umstände hat das Gericht oder die Verwaltungsbehörde die Auskünfte über die soziale Lage des Kindes zu berücksichtigen, die von der zentralen Behörde oder einer anderen zuständigen Behörde des Staates des gewöhnlichen Aufenthalts des Kindes erteilt worden sind.

Art. 14. [Geltendes Recht im Staat des gewöhnlichen Aufenthalts des Kindes] Haben die Gerichte oder Verwaltungsbehörden des ersuchten Staates festzustellen, ob ein widerrechtliches Verbringen oder Zurückhalten im Sinn des Artikels 3 vorliegt, so können sie das im Staat des gewöhnlichen Aufenthalts des Kindes geltende Recht und die gerichtlichen oder behördlichen Entscheidungen, gleichviel ob sie dort förmlich anerkannt sind oder nicht, unmittelbar berücksichtigen; dabei brauchen sie die besonderen Verfahren zum Nachweis dieses Rechts oder zur Anerkennung ausländischer Entscheidungen, die sonst einzuhalten wären, nicht zu beachten.

Art. 15. [Nachweis der Widerrechtlichkeit des Verbringens oder Zurückhaltens] Bevor die Gerichte oder Verwaltungsbehörden eines Vertragsstaats die Rückgabe des Kindes anordnen, können sie vom Antragsteller die Vorlage einer Entscheidung oder sonstigen Bescheinigung der Behörden des Staates des gewöhnlichen Aufenthalts des Kindes verlangen, aus der hervorgeht, daß das Verbringen oder Zurückhalten widerrechtlich im Sinn des Artikels 3 war, sofern in dem betreffenden Staat eine derartige Entscheidung oder Bescheinigung erwirkt werden kann. Die zentralen Behörden der Vertragsstaaten haben den Antragsteller beim Erwirken einer derartigen Entscheidung oder Bescheinigung soweit wie möglich zu unterstützen.

Art. 16. [Entscheidung über Sorgerecht] Ist den Gerichten oder Verwaltungsbehörden des Vertragsstaats, in den das Kind verbracht oder in dem es zurückgehalten wurde, das widerrechtliche Verbringen oder Zurückhalten des Kindes im Sinn des Artikels 3 mitgeteilt worden, so dürfen sie eine Sachentscheidung über das Sorgerecht erst treffen, wenn entschieden ist, daß das Kind aufgrund dieses Übereinkommens nicht zurückzugeben ist, oder wenn innerhalb angemessener Frist nach der Mitteilung kein Antrag nach dem Übereinkommen gestellt wird.

Art. 17. [Rückgabe des Kindes bei Entscheidung über Sorgerecht] Der Umstand, daß eine Entscheidung über das Sorgerecht im ersuchten Staat ergangen oder dort anerkennbar ist, stellt für sich genommen keinen Grund dar, die Rückgabe eines Kindes nach Maßgabe dieses Übereinkommens abzulehnen; die Gerichte oder Verwaltungsbehörden des ersuchten Staates können jedoch bei der Anwendung des Übereinkommens die Entscheidungsgründe berücksichtigen.

Art. 18. [Jederzeitige Anordnung der Rückgabe] Die Gerichte oder Verwaltungsbehörden werden durch die Bestimmungen dieses Kapitels nicht daran gehindert, jederzeit die Rückgabe des Kindes anzuordnen.

Art. 19. ***[Rückgabeentscheidung keine Sorgerechtsentscheidung]*** Eine aufgrund dieses Übereinkommens getroffene Entscheidung über die Rückgabe des Kindes ist nicht als Entscheidung über das Sorgerecht anzusehen.

Art. 20. [Ablehnung der Rückgabe bei Verletzung der Menschenrechte] Die Rückgabe des Kindes nach Artikel 12 kann abgelehnt werden, wenn sie nach den im ersuchten Staat geltenden Grundwerten über den Schutz der Menschenrechte und Grundfreiheiten unzulässig ist.

Kapitel IV. Recht zum persönlichen Umgang

Art. 21. [Antrag auf Durchführung oder Ausübung des Rechts zum persönlichen Umgang] Der Antrag auf Durchführung oder wirksame Ausübung des Rechts zum persönlichen Umgang kann in derselben Weise an die zentrale Behörde eines Vertragsstaats gerichtet werden wie ein Antrag auf Rückgabe des Kindes.

Die zentralen Behörden haben aufgrund der in Artikel 7 genannten Verpflichtung zur Zusammenarbeit die ungestörte Ausübung des Rechts zum persönlichen Umgang sowie die Erfüllung aller Bedingungen zu fördern, denen die Ausübung dieses Rechts unterliegt. Die zentralen Behörden unternehmen Schritte, um soweit wie möglich alle Hindernisse auszuräumen, die der Ausübung dieses Rechts entgegenstehen.

Die zentralen Behörden können unmittelbar oder mit Hilfe anderer die Einleitung eines Verfahrens vorbereiten oder unterstützen mit dem Ziel, das Recht zum persönlichen Umgang durchzuführen oder zu schützen und zu gewährleisten, daß die Bedingungen, von denen die Ausübung dieses Rechts abhängen kann, beachtet werden.

Kapitel V. Allgemeine Bestimmungen

Art. 22. [Keine Sicherheitsleistung oder Hinterlegung] In gerichtlichen oder behördlichen Verfahren, die unter dieses Übereinkommen fallen, darf für die Zahlung von Kosten und Auslagen eine Sicherheitsleistung oder Hinterlegung gleich welcher Bezeichnung nicht auferlegt werden.

Art. 23. [Keine Legalisation] Im Rahmen dieses Übereinkommens darf keine Legalisation oder ähnliche Förmlichkeit verlangt werden.

Art. 24. [Originalsprache und Übersetzung] Anträge, Mitteilungen oder sonstige Schriftstücke werden der zentralen Behörde des ersuchten Staates in der Originalsprache zugesandt; sie müssen von einer Übersetzung in die Amtssprache oder eine der Amtssprachen des ersuchten Staates oder, wenn eine solche Übersetzung nur schwer erhältlich ist, von einer Übersetzung ins Französische oder Englische begleitet sein.

Ein Vertragsstaat kann jedoch einen Vorbehalt nach Artikel 42 anbringen und darin gegen die Verwendung des Französischen oder Englischen, jedoch nicht beider Sprachen, in den seiner zentralen Behörde übersandten Anträgen, Mitteilungen oder sonstigen Schriftstücken Einspruch erheben.

Art. 25. [Prozeßkosten- und Beratungshilfe] Angehörigen eines Vertragsstaats und Personen, die ihren gewöhnlichen Aufenthalt in einem solchen Staat haben, wird in allen mit der Anwendung dieses Übereinkommens zusammenhängenden Angelegenheiten Prozeßkosten- und Beratungshilfe in jedem anderen Vertragsstaat zu denselben Bedingungen bewilligt wie Angehörigen des betreffenden Staates, die dort ihren gewöhnlichen Aufenthalt haben.

Art. 26. [Kosten der zentralen Behörden] Jede zentrale Behörde trägt ihre eigenen Kosten, die bei der Anwendung dieses Übereinkommens entstehen.

Für die nach diesem Übereinkommen gestellten Anträge erheben die zentralen Behörden und andere Behörden der Vertragsstaaten keine Gebühren. Insbesondere dürfen sie vom Antragsteller weder die Bezahlung von Verfahrenskosten noch der Kosten verlangen, die gegebenenfalls durch die Beiordnung eines Rechtsanwalts entstehen. Sie können jedoch die Erstattung der Auslagen verlangen, die durch die Rückgabe des Kindes entstanden sind oder entstehen.

Ein Vertragsstaat kann jedoch einen Vorbehalt nach Artikel 42 anbringen und darin erklären, daß er nur insoweit gebunden ist, die sich aus der Beiordnung eines Rechtsanwalts oder aus einem Gerichtsverfahren ergebenden Kosten im Sinn des Absatzes 2 zu übernehmen, als diese Kosten durch sein System der Prozeßkosten- und Beratungshilfe gedeckt sind.

Wenn die Gerichte oder Verwaltungsbehörden aufgrund dieses Übereinkommens die Rückgabe des Kindes anordnen oder Anordnungen über das Recht zum persönlichen Umgang treffen, können sie, soweit angezeigt, der Person, die das Kind verbracht oder zurückgehalten oder die die Ausübung des Rechts zum persönlichen Umgang vereitelt hat, die Erstattung der dem Antragsteller selbst oder für seine Rechnung entstandenen notwendigen Kosten auferlegen; dazu gehören insbesondere die Reisekosten, alle Kosten oder Auslagen für das Auffinden des Kindes, Kosten der Rechtsvertretung des Antragstellers und Kosten für die Rückgabe des Kindes.

Art. 27. [Offensichtliche Unbegründetheit des Antrags] Ist offenkundig, daß die Voraussetzungen dieses Übereinkommens nicht erfüllt sind oder daß der Antrag sonstwie unbegründet ist, so ist eine zentrale Behörde nicht verpflichtet, den Antrag anzunehmen. In diesem Fall teilt die zentrale Behörde dem Antragsteller oder gegebenenfalls der zentralen Behörde, die ihr den Antrag übermittelt hat, umgehend ihre Gründe mit.

Art. 28. [Schriftliche Vollmacht für zentrale Behörde] Eine zentrale Behörde kann verlangen, daß dem Antrag eine schriftliche Vollmacht beigefügt wird, durch die sie ermächtigt wird, für den Antragsteller tätig zu werden oder einen Vertreter zu bestellen, der für ihn tätig wird.

Art. 29. [Verhältnis zur Gerichtsbarkeit eines Vertragsstaates] Dieses Übereinkommen hindert Personen, Behörden oder sonstige Stellen, die eine Verletzung des Sorgerechts oder des Rechts zum persönlichen Umgang im Sinn des Artikels 3 oder 21 geltend machen, nicht daran, sich unmittelbar an die Gerichte oder Verwaltungsbehörden eines Vertragsstaats zu wenden, gleichviel ob dies in Anwendung des Übereinkommens oder unabhängig davon erfolgt.

Art. 30. [Verpflichtung zur Antragsentgegennahme] Jeder Antrag, der nach diesem Übereinkommen an die zentralen Behörden oder unmittelbar an die Gerichte oder Verwaltungsbehörden eines Vertragsstaats gerichtet wird, sowie alle dem Antrag beigefügten oder von einer zentralen Behörde beschafften Schriftstücke und sonstigen Mitteilungen sind von den Gerichten oder Verwaltungsbehörden der Vertragsstaaten ohne weiteres entgegenzunehmen.

Art. 31. [Verweisung in Staaten mit mehreren Rechtssystemen in verschiedenen Gebietseinheiten] Bestehen in einem Staat auf dem Gebiet des Sorgerechts für Kinder zwei oder mehr Rechtssysteme, die in verschiedenen Gebietseinheiten gelten, so ist

a) eine Verweisung auf den gewöhnlichen Aufenthalt in diesem Staat als Verweisung auf den gewöhnlichen Aufenthalt in einer Gebietseinheit dieses Staates zu verstehen;

b) eine Verweisung auf das Recht des Staates des gewöhnlichen Aufenthalts als Verweisung auf das Recht der Gebietseinheit dieses Staates zu verstehen, in der das Kind seinen gewöhnlichen Aufenthalt hat.

Art. 32. [Verweisung in Staaten mit mehreren Rechtssystemen für verschiedene Personenkreise] Bestehen in einem Staat auf dem Gebiet des Sorgerechts für Kinder zwei oder mehr Rechtssysteme, die für verschiedene Personenkreise gelten, so ist eine Verweisung auf das Recht dieses Staates als Verweisung auf das Rechtssystem zu verstehen, das sich aus der Rechtsordnung dieses Staates ergibt.

Art. 33. [Anwendung des Übereinkommens in Staaten mit verschiedenen Gebietseinheiten] Ein Staat, in dem verschiedene Gebietseinheiten ihre eigenen Rechtsvorschriften auf dem Gebiet des Sorgerechts für Kinder haben, ist nicht verpflichtet, dieses Übereinkommen anzuwenden, wenn ein Staat mit einheitlichem Rechtssystem dazu nicht verpflichtet wäre.

Art. 34. [Sachlicher Anwendungsbereich] Dieses Übereinkommen geht im Rahmen seines sachlichen Anwendungsbereichs dem Übereinkommen vom 5. Oktober 1961 über die Zuständigkeit der Behörden und das anzuwendende Recht auf dem Gebiet des Schutzes von Minderjährigen vor, soweit die Staaten Vertragsparteien beider Übereinkommen sind. Im übrigen beschränkt dieses Übereinkommen weder die Anwendung anderer internationaler Übereinkünfte, die zwischen dem Ursprungsstaat und dem ersuchten Staat in Kraft sind, noch die Anwendung des nichtvertraglichen Rechts des ersuchten Staates, wenn dadurch die Rückgabe eines widerrechtlich verbrachten oder zurückgehaltenen Kindes erwirkt oder die Durchführung des Rechts zum persönlichen Umgang bezweckt werden soll.

Art. 35. [Zeitlicher Anwendungsbereich] Dieses Übereinkommen findet zwischen den Vertragsstaaten nur auf ein widerrechtliches Verbringen oder Zurückhalten Anwendung, das sich nach seinem Inkrafttreten in diesen Staaten ereignet hat.

Ist eine Erklärung nach Artikel 39 oder 40 abgegeben worden, so ist die in Absatz 1 des vorliegenden Artikels enthaltene Verweisung auf einen Vertragsstaat als Verweisung auf die Gebietseinheit oder die Gebietseinheiten zu verstehen, auf die das Übereinkommen angewendet wird.

Art. 36. [Einschränkungen der Rückgabe eines Kindes] Dieses Übereinkommen hindert zwei oder mehr Vertragsstaaten nicht daran, Einschränkungen, denen die Rückgabe eines Kindes unterliegen kann, dadurch zu begrenzen, daß sie untereinander vereinbaren, von solchen Bestimmungen des Übereinkommens abzuweichen, die eine derartige Einschränkung darstellen könnten.

Kapitel VI. Schlußbestimmungen

Art. 37. [Unterzeichnung] Dieses Übereinkommen liegt für die Staaten zur Unterzeichnung auf, die zum Zeitpunkt der Vierzehnten Tagung der Haager Konferenz für Internationales Privatrecht Mitglied der Konferenz waren.

Es bedarf der Ratifikation, Annahme oder Genehmigung; die Ratifikations-, Annahme- oder Genehmigungsurkunden werden beim Ministerium für Auswärtige Angelegenheiten des Königreichs der Niederlande hinterlegt.

Art. 38. [Beitritt anderer Staaten] Jeder andere Staat kann dem Übereinkommen beitreten.

Die Beitrittsurkunde wird beim Ministerium für Auswärtige Angelegenheiten des Königreichs der Niederlande hinterlegt

Das Übereinkommen tritt für den beitretenden Staat am ersten Tag des dritten Kalendermonats nach Hinterlegung seiner Beitrittsurkunde in Kraft.

Der Beitritt wirkt nur in den Beziehungen zwischen dem beitretenden Staat und den Vertragsstaaten, die erklären, den Beitritt anzunehmen. Eine solche Erklärung ist auch von jedem Mitgliedstaat abzugeben, der nach dem Beitritt das Übereinkommen ratifiziert, annimmt oder genehmigt. Diese Erklärung wird beim Ministerium für Auswärtige Angelegenheiten des Königreichs der Niederlande hinterlegt; dieses Ministerium übermittelt jedem Vertragsstaat auf diplomatischem Weg eine beglaubigte Abschrift.

Das Übereinkommen tritt zwischen dem beitretenden Staat und dem Staat, der erklärt hat, den Beitritt anzunehmen, am ersten Tag des dritten Kalendermonats nach Hinterlegung der Annahmeerklärung in Kraft.

Art. 39. [Erstreckung auf einzelne Hoheitsgebiete eines Staates] Jeder Staat kann bei der Unterzeichnung, der Ratifikation, der Annahme, der Genehmigung oder dem Beitritt erklären, daß sich das Übereinkommen auf alle oder auf einzelne der Hoheitsgebiete erstreckt, deren internationale Beziehungen er wahrnimmt. Eine solche Erklärung wird wirksam, sobald das Übereinkommen für den betreffenden Staat in Kraft tritt.

Eine solche Erklärung sowie jede spätere Erstreckung wird dem Ministerium für Auswärtige Angelegenheiten des Königreichs der Niederlande notifiziert.

Art. 40. [Staaten mit mehreren Gebietseinheiten mit unterschiedlichen Rechtssystemen] Ein Vertragsstaat, der aus zwei oder mehr Gebietseinheiten besteht, in denen für die in diesem Übereinkommen behandelten Angelegenheiten unterschiedliche Rechtssysteme gelten, kann bei der Unterzeichnung, der Ratifikation, der Annahme, der Genehmigung oder dem Beitritt erklären, daß das Übereinkommen auf alle seine Gebietseinheiten oder nur auf eine oder mehrere davon erstreckt wird; er kann diese Erklärung durch Abgabe einer neuen Erklärung jederzeit ändern.

Jede derartige Erklärung wird dem Ministerium für Auswärtige Angelegenheiten des Königreichs der Niederlande unter ausdrücklicher Bezeichnung der Gebietseinheiten notifiziert, auf die das Übereinkommen angewendet wird.

Art. 41. [Innerstaatliche Gewaltenteilung] Hat ein Vertragsstaat eine Staatsform, aufgrund deren die vollziehende, die rechtsprechende und die gesetzgebende Gewalt zwischen zentralen und anderen Organen innerhalb des betreffenden Staates aufgeteilt sind, so hat die Unterzeichnung oder Ratifikation, Annahme oder Genehmigung dieses Übereinkommens oder der Beitritt zu dem Übereinkommen oder die Abgabe einer Erklärung nach Artikel 40 keinen Einfluß auf die Aufteilung der Gewalt innerhalb dieses Staates.

Art. 42. [Vorbehalte] Jeder Staat kann spätestens bei der Ratifikation, der Annahme, der Genehmigung oder dem Beitritt oder bei Abgabe einer Erklärung nach Artikel 39 oder 40 einen der in Artikel 24 und Artikel 26 Absatz 3 vorgesehenen Vorbehalte oder beide anbringen. Weitere Vorbehalte sind nicht zulässig.

Jeder Staat kann einen von ihm angebrachten Vorbehalt jederzeit zurücknehmen. Die Rücknahme wird dem Ministerium für Auswärtige Angelegenheiten des Königreichs der Niederlande notifiziert.

Die Wirkung des Vorbehalts endet am ersten Tag des dritten Kalendermonats nach der in Absatz 2 genannten Notifikation.

Art. 43. [Inkrafttreten] Das Übereinkommen tritt am ersten Tag des dritten Kalendermonats nach der in den Artikeln 37 und 38 vorgesehenen Hinterlegung der dritten Ratifikations-, Annahme-, Genehmigungs- oder Beitrittsurkunde in Kraft.

Danach tritt das Übereinkommen in Kraft

1. für jeden Staat, der es später ratifiziert, annimmt, genehmigt oder ihm später beitritt, am ersten Tag des dritten Kalendermonats nah Hinterlegung seiner Ratifikations-, Annahme, Genehmigungs- oder Beitrittsurkunde;
2. für jedes Hoheitsgebiet oder jede Gebietseinheit, auf die es nach Artikel 39 oder 40 erstreckt worden ist, am ersten Tag des dritten Kalendermonats nach der in dem betreffenden Artikel vorgesehenen Notifikation.

Art. 44. [Geltungsdauer] Das Übereinkommen bleibt für die Dauer von fünf Jahren in Kraft, vom Tag seines Inkrafttretens nach Artikel 43 Absatz 1 an gerechnet, und zwar auch für die Staaten, die es später ratifiziert, angenommen oder genehmigt haben oder ihm später beigetreten sind.

Die Geltungsdauer des Übereinkommens verlängert sich, außer im Fall der Kündigung, stillschweigend um jeweils fünf Jahre.

Die Kündigung wird spätestens sechs Monate vor Ablauf der fünf Jahre dem Ministerium für Auswärtige Angelegenheiten des Königreichs der Niederlande notifiziert. Sie kann sich auf bestimmte Hoheitsgebiete oder Gebietseinheiten beschränken, auf die das Übereinkommen angewendet wird.

Die Kündigung wirkt nur für den Staat, der sie notifiziert hat. Für die anderen Vertragsstaaten bleibt das Übereinkommen in Kraft.

Art. 45. [Notifizierung] Das Ministerium für Auswärtige Angelegenheiten des Königreichs der Niederlande notifiziert den Mitgliedstaaten der Konferenz sowie den Staaten, die nach Artikel 38 beigetreten sind,

1. jede Unterzeichnung, Ratifikation, Annahme und Genehmigung nach Artikel 37;
2. jeden Beitritt nach Artikel 38;

3. den Tag, an dem das Übereinkommen nach Artikel 43 in Kraft tritt;
4. jede Erstreckung nach Artikel 39;
5. jede Erklärung nach den Artikeln 38 und 40;
6. jeden Vorbehalt nach Artikel 24 und Artikel 26 Absatz 3 und jede Rücknahme von Vorbehalten nach Artikel 42;
7. jede Kündigung nach Artikel 44.

103 m. Europäisches Übereinkommen über die Anerkennung und Vollstreckung von Entscheidungen über das Sorgerecht für Kinder und die Wiederherstellung des Sorgeverhältnisses

Vom 20. Mai 1980 (BGBl. 1990 II S. 220)[1)]

[Übersetzung]

Die Mitgliedstaaten des Europarats, die dieses Übereinkommen unterzeichnen –

in der Erkenntnis, daß in den Mitgliedstaaten des Europarats das Wohl des Kindes bei Entscheidungen über das Sorgerecht von ausschlaggebender Bedeutung ist;

in der Erwägung, daß die Einführung von Regelungen, welche die Anerkennung und Vollstreckung von Entscheidungen über das Sorgerecht für ein Kind erleichtern sollen, einen größeren Schutz für das Wohl der Kinder gewährleisten wird;

in der Erwägung, daß es in Anbetracht dessen wünschenswert ist hervorzuheben, daß das Recht der Eltern zum persönlichen Umgang mit den Kind eine normale Folgeerscheinung des Sorgerechts ist;

im Hinblick auf die wachsende Zahl von Fällen, in denen Kinder in unzulässiger Weise über eine internationale Grenze verbracht worden sind, und die Schwierigkeiten, die dabei entstandenen Probleme in angemessener Weise zu lösen;

in dem Wunsch, geeignete Vorkehrungen zu treffen, die es ermöglichen, das willkürlich unterbrochene Sorgeverhältnis zu Kindern wiederherzustellen;

überzeugt, daß es wünschenswert ist, zu diesem Zweck Regelungen zu treffen, die den verschiedenen Bedürfnissen und den unterschiedlichen Umständen entsprechen;

in dem Wunsch, zwischen ihren Behörden eine Zusammenarbeit auf rechtlichem Gebiet herbeizuführen –

sind wie folgt übereingekommen:

Art. 1. [Begriffsbestimmungen] Im Sinn dieses Übereinkommens bedeutet:

a) Kind eine Person gleich welcher Staatsangehörigkeit, die das 16. Lebensjahr noch nicht vollendet hat und noch nicht berechtigt ist, nach dem Recht ihres gewöhnlichen Aufenthalts, dem Recht des Staates, dem sie angehört, *oder dem innerstaatlichen Recht des ersuchten* Staates ihren eigenen Aufenthalt zu bestimmen;

---

1) Das Europäische Sorgerechtsübereinkommen ist für Deutschland 1991 in Kraft getreten und gilt momentan im Verhältnis zu folgenden Staaten: Belgien, Bulgarien, Dänemark (ohne Färöer und Grönland), Estland, Finnland, Frankreich, Griechenland, Irland, Island, Italien, Lettland, Liechtenstein, Litauen, Luxemburg, Malta, Mazedonien, Moldau, Niederlande, Norwegen, Österreich, Polen, Portugal, Schweden, Schweiz, Serbien und Montenegro, Slowakei, Spanien, Tschechische Republik, Türkei, Ungarn, Vereinigtes Königreich (mit Isle of Man, Falkland Inseln, Kaimaninseln und Montserrat), Zypern.

b) Behörde ein Gericht oder eine Verwaltungsbehörde;

c) Sorgerechtsentscheidung die Entscheidung einer Behörde, soweit sie die Sorge für die Person des Kindes, einschließlich des Rechts auf Bestimmung seines Aufenthalts oder des Rechts zum persönlichen Umgang mit ihm, betrifft;

d) unzulässiges Verbringen das Verbringen eines Kindes über eine internationale Grenze, wenn dadurch eine Sorgerechtsentscheidung verletzt wird, die in einem Vertragsstaat ergangen und in einem solchen Staat vollstreckbar ist; als unzulässiges Verbringen gilt auch der Fall, in dem
   i) das Kind am Ende einer Besuchszeit oder eines sonstigen vorübergehenden Aufenthalts in einem anderen Hoheitsgebiet als dem, in dem das Sorgerecht ausgeübt wird, nicht über eine internationale Grenze zurückgebracht wird;
   ii) das Verbringen nachträglich nach Artikel 12 für widerrechtlich erklärt wird.

Teil I. Zentrale Behörden

Art. 2. [Zentrale Behörden] (1) Jeder Vertragsstaat bestimmt eine zentrale Behörde, welche die in diesem Übereinkommen vorgesehenen Aufgaben wahrnimmt.

(2) Bundesstaaten und Staaten mit mehreren Rechtssystemen steht es frei, mehrere zentrale Behörden zu bestimmen; sie legen deren Zuständigkeit fest.

(3) Jede Bezeichnung nach diesem Artikel wird dem Generalsekretär des Europarats notifiziert.

Art. 3. [Aufgaben und Zusammenarbeit] (1) Die zentralen Behörden der Vertragsstaaten arbeiten zusammen und fördern die Zusammenarbeit der zuständigen Behörden ihrer Staaten. Sie haben mit aller gebotenen Eile zu handeln.

(2) Um die Durchführung dieses Übereinkommens zu erleichtern, werden die zentralen Behörden der Vertragsstaaten

a) die Übermittlung von Auskunftsersuchen sicherstellen, die von zuständigen Behörden ausgehen und sich auf Rechts- oder Tatsachenfragen in anhängigen Verfahren beziehen;

b) einander auf Ersuchen Auskünfte über ihr Recht auf dem Gebiet des Sorgerechts für Kinder und über dessen Änderungen erteilen;

c) einander über alle Schwierigkeiten unterrichten, die bei der Anwendung des Übereinkommens auftreten können, und Hindernisse, die seiner Anwendung entgegenstehen, soweit wie möglich ausräumen.

Art. 4. [Antrag auf Vollstreckung einer Sorgerechtsentscheidung] (1) Wer in einem Vertragsstaat eine Sorgerechtsentscheidung erwirkt hat und sie in einem anderen Vertragsstaat anerkennen oder vollstrecken lassen will, kann zu diesem Zweck einen Antrag an die zentrale Behörde jedes beliebigen Vertragsstaats richten.

(2) Dem Antrag sind die in Artikel 13 genannten Schriftstücke beizufügen.

(3) Ist die zentrale Behörde, bei der der Antrag eingeht, nicht die zentrale Behörde des ersuchten Staates, so übermittelt sie die Schriftstücke unmittelbar und unverzüglich der letztgenannten Behörde.

(4) Die zentrale Behörde, bei der der Antrag eingeht, kann es ablehnen, tätig zu werden, wenn die Voraussetzungen nach diesem Übereinkommen offensichtlich nicht erfüllt sind.

(5) Die zentrale Behörde, bei der der Antrag eingeht, unterrichtet den Antragsteller unverzüglich über den Fortgang seines Antrags.

Art. 5. [Vorkehrungen der zentralen Behörde nach Vollstreckungsantrag] (1) Die zentrale Behörde des ersuchten Staates trifft oder veranlaßt unverzüglich alle Vorkehrungen, die sie für geeignet hält, und leitet erforderlichenfalls ein Verfahren vor dessen zuständigen Behörden ein, um

a) den Aufenthaltsort des Kindes ausfindig zu machen;

b) zu vermeiden, insbesondere durch alle erforderlichen vorläufigen Maßnahmen, daß die Interessen des Kindes oder des Antragstellers beeinträchtigt werden;

c) die Anerkennung oder Vollstreckung der Entscheidung sicherzustellen;

d) die Rückgabe des Kindes an den Antragsteller sicherzustellen, wenn die Vollstreckung der Entscheidung bewilligt wird;

e) die ersuchende Behörde über die getroffenen Maßnahmen und deren Ergebnisse zu unterrichten.

(2) Hat die zentrale Behörde des ersuchten Staates Grund zu der Annahme, daß sich das Kind im Hoheitsgebiet eines anderen Vertragsstaats befindet, so übermittelt sie die Schriftstücke unmittelbar und unverzüglich der zentralen Behörde dieses Staates.

(3) Jeder Vertragsstaat verpflichtet sich, vom Antragsteller keine Zahlungen für Maßnahmen zu verlangen, die für den Antragsteller aufgrund des Absatzes 1 von der zentralen Behörde des betreffenden Staates getroffen werden; darunter fallen auch die Verfahrenskosten und gegebenenfalls die Kosten für einen Rechtsanwalt, nicht aber die Kosten für die Rückführung des Kindes.

(4) Wird die Anerkennung oder Vollstreckung versagt und ist die zentrale Behörde des ersuchten Staates der Auffassung, daß sie dem Ersuchen des Antragstellers stattgeben sollte, in diesem Staat eine Entscheidung in der Sache selbst herbeizuführen, so bemüht sich diese Behörde nach besten Kräften, die Vertretung des Antragstellers in dem Verfahren unter Bedingungen sicherzustellen, die nicht weniger günstig sind als für eine Person, die in diesem Staat ansässig ist und dessen Staatsangehörigkeit besitzt; zu diesem Zweck kann sie insbesondere ein Verfahren vor dessen zuständigen Behörden einleiten.

Art. 6. [Amtssprache in Mitteilungen an die zentrale Behörde] (1) Vorbehaltlich besonderer Vereinbarungen zwischen den beteiligten zentralen Behörden und der Bestimmungen des Absatzes 3

a) müssen Mitteilungen an die zentrale Behörde des ersuchten Staates in der Amtssprache oder einer der Amtssprachen dieses Staates abgefaßt oder von einer Übersetzung in diese Sprache begleitet sein;

b) muß die zentrale Behörde des ersuchten Staates aber auch Mitteilungen annehmen, die in englischer oder französischer Sprache abgefaßt oder von einer Übersetzung in eine dieser Sprachen begleitet sind.

(2) Mitteilungen, die von der zentralen Behörde des ersuchten Staates ausgehen, einschließlich der Ergebnisse von Ermittlungen, können in der Amtssprache oder einer der Amtssprachen dieses Staates oder in englischer oder französischer Sprache abgefaßt sein.

(3) Ein Vertragsstaat kann die Anwendung des Absatzes 1 Buchstabe b ganz oder teilweise ausschließen. Hat ein Vertragsstaat diesen Vorbehalt angebracht, so kann jeder andere Vertragsstaat ihm gegenüber den Vorbehalt auch anwenden.

Teil II. Anerkennung und Vollstreckung von Entscheidungen und Wiederherstellung des Sorgeverhältnisses

Art. 7. [Anerkennung und Vollstreckbarerklärung von Sorgerechtsentscheidungen] Sorgerechtsentscheidungen, die in einem Vertragsstaat ergangen sind, werden in jedem anderen Vertragsstaat anerkannt und, wenn sie im Ursprungsstaat vollstreckbar sind, für vollstreckbar erklärt.

Art. 8. [Wiederherstellung des Sorgeverhältnisses] (1) Im Fall eines unzulässigen Verbringens hat die zentrale Behörde des ersuchten Staates umgehend die Wiederherstellung des Sorgeverhältnisses zu veranlassen, wenn

a) zur Zeit der Einleitung des Verfahrens in dem Staat, in dem die Entscheidung ergangen ist, oder zur Zeit des unzulässigen Verbringens, falls dieses früher erfolgte, das Kind und seine Eltern nur Angehörige dieses Staates waren und das Kind seinen gewöhnlichen Aufenthalt im Hoheitsgebiet dieses Staates hatte, und

b) der Antrag auf Wiederherstellung innerhalb von sechs Monaten nach dem unzulässigen Verbringen bei einer zentralen Behörde gestellt worden ist.

(2) Können nach dem Recht des ersuchten Staates die Voraussetzungen des Absatzes 1 nicht ohne ein gerichtliches Verfahren erfüllt werden, so finden in diesem Verfahren die in dem Übereinkommen genannten Versagungsgründe keine Anwendung.

(3) Ist in einer von einer zuständigen Behörde genehmigten Vereinbarung zwischen dem Sorgeberechtigten und einem Dritten diesem das Recht zum persönlichen Umgang eingeräumt worden und ist das ins Ausland gebrachte Kind am Ende der vereinbarten Zeit dem Sorgeberechtigten nicht zurückgegeben worden, so wird das Sorgeverhältnis nach Absatz 1 Buchstabe b und Absatz 2 wiederhergestellt. Dasselbe gilt, wenn durch Entscheidung der zuständigen Behörde ein solches Recht einer Person zuerkannt wird, die nicht sorgeberechtigt ist.

Art. 9. [Versagung der Anerkennung und Vollstreckung] (1) Ist in anderen als den in Artikel 8 genannten Fällen eines unzulässigen Verbringens ein Antrag innerhalb von sechs Monaten nach dem Verbringen bei einer zentralen Behörde gestellt worden, so können die Anerkennung und Vollstreckung nur in folgenden Fällen versagt werden:

a) wenn bei einer Entscheidung, die in Abwesenheit des Beklagten oder seines gesetzlichen Vertreters ergangen ist, dem Beklagten das das Verfahren einleitende Schriftstück oder ein gleichwertiges Schriftstück weder ordnungsgemäß noch so rechtzeitig zugestellt worden ist, daß er sich verteidigen konnte; die Nichtzustellung kann jedoch dann kein Grund für die Versagung der Anerkennung oder Vollstreckung sein, wenn die Zustellung deswegen nicht bewirkt worden ist, weil der Beklagte seinen Aufenthaltsort der Person verheimlicht hat, die das Verfahren im Ursprungsstaat eingeleitet hatte;

b) wenn bei einer Entscheidung, die in Abwesenheit des Beklagten oder seines gesetzlichen Vertreters ergangen ist, die Zuständigkeit der die Entscheidung treffenden Behörde nicht gegründet war auf
   i) den gewöhnlichen Aufenthalt des Beklagten,
   ii) den letzten gemeinsamen gewöhnlichen Aufenthalt der Eltern des Kindes, sofern wenigstens ein Elternteil seinen gewöhnlichen Aufenthalt noch dort hat, oder
   iii) den gewöhnlichen Aufenthalt des Kindes;

c) wenn die Entscheidung mit einer Sorgerechtsentscheidung unvereinbar ist, die im ersuchten Staat vor dem Verbringen des Kindes vollstreckbar wurde, es sei denn, das Kind habe während des Jahres vor seinem Verbringen den gewöhnlichen Aufenthalt im Hoheitsgebiet des ersuchenden Staates gehabt.

(2) Ist kein Antrag bei einer zentralen Behörde gestellt worden, so findet Absatz 1 auch dann Anwendung, wenn innerhalb von sechs Monaten nach dem unzulässigen Verbringen die Anerkennung und Vollstreckung beantragt wird.

(3) Auf keinen Fall darf die ausländische Entscheidung inhaltlich nachgeprüft werden.

Art. 10. [Weitere Versagungsgründe] (1) In anderen als den in den Artikeln 8 und 9 genannten Fällen können die Anerkennung und Vollstreckung nicht nur aus den in Artikel 9 vorgesehenen, sondern auch aus einem der folgenden Gründe versagt werden:

a) wenn die Wirkungen der Entscheidung mit den Grundwerten des Familien- und Kindschaftsrechts im ersuchten Staat offensichtlich unvereinbar sind;

b) wenn aufgrund einer Änderung der Verhältnisse – dazu zählt auch der Zeitablauf, nicht aber der bloße Wechsel des Aufenthaltsorts des Kindes infolge eines unzulässigen Verbringens – die Wirkungen der ursprünglichen Entscheidung offensichtlich nicht mehr dem Wohl des Kindes entsprechen;

c) wenn zur Zeit der Einleitung des Verfahrens im Ursprungsstaat
   i) das Kind Angehöriger des ersuchten Staates war oder dort seinen gewöhnlichen Aufenthalt hatte und keine solche Beziehung zum Ursprungsstaat bestand;
   ii) das Kind sowohl Angehöriger des Ursprungsstaats als auch des ersuchten Staates war und seinen gewöhnlichen Aufenthalt im ersuchten Staat hatte;

d) wenn die Entscheidung mit einer im ersuchten Staat ergangenen oder mit einer dort vollstreckbaren Entscheidung eines Drittstaats unvereinbar ist; die Entscheidung muß in einem Verfahren ergangen sein, das eingeleitet wurde, bevor der Antrag auf Anerkennung oder Vollstreckung gestellt wurde, und die Versagung muß dem Wohl des Kindes entsprechen.

(2) In diesen Fällen können Verfahren auf Anerkennung oder Vollstreckung aus einem der folgenden Gründe ausgesetzt werden:

a) wenn gegen die ursprüngliche Entscheidung ein ordentliches Rechtsmittel eingelegt worden ist;

b) wenn im ersuchten Staat ein Verfahren über das Sorgerecht für das Kind anhängig ist und dieses Verfahren vor Einleitung des Verfahrens im Ursprungsstaat eingeleitet wurde;

c) wenn eine andere Entscheidung über das Sorgerecht für das Kind Gegenstand eines Verfahrens auf Vollstreckung oder eines anderen Verfahrens auf Anerkennung der Entscheidung ist.

Art. 11. [Recht zum persönlichen Umgang mit dem Kind] (1) Die Entscheidungen über das Recht zum persönlichen Umgang mit dem Kind und die in Sorgerechtsentscheidungen enthaltenen Regelungen über das Recht zum persönlichen Umgang werden unter den gleichen Bedingungen wie andere Sorgerechtsentscheidungen anerkannt und vollstreckt.

(2) Die zuständige Behörde des ersuchten Staates kann jedoch die Bedingungen für die Durchführung und Ausübung des Rechts zum persönlichen Umgang festlegen; dabei werden insbesondere die von den Parteien eingegangenen diesbezüglichen Verpflichtungen berücksichtigt.

(3) Ist keine Entscheidung über das Recht zum persönlichen Umgang ergangen oder ist die Anerkennung oder Vollstreckung der Sorgerechtsentscheidung versagt worden, so kann sich die zentrale Behörde des ersuchten Staates auf Antrag der Person, die das Recht zum persönlichen Umgang beansprucht, an die zuständige Behörde ihres Staates wenden, um eine solche Entscheidung zu erwirken.

Art. 12 [Zeitlicher Anwendungsbereich] Liegt zu dem Zeitpunkt, in dem das Kind über eine internationale Grenze verbracht wird, keine in einem Vertragsstaat ergangene vollstreckbare Sorgerechtsentscheidung vor, so ist dieses Übereinkommen auf jede spätere in einem Vertragsstaat ergangene Entscheidung anzuwenden, mit der das Verbringen auf Antrag eines Beteiligten für widerrechtlich erklärt wird.

Teil III. Verfahren

Art. 13. [Dem Antrag beizufügende Schriftstücke] (1) Dem Antrag auf Anerkennung oder Vollstreckung einer Sorgerechtsentscheidung in einem anderen Vertragsstaat sind beizufügen

a) ein Schriftstück, in dem die zentrale Behörde des ersuchten Staates ermächtigt wird, für den Antragsteller tätig zu werden oder einen anderen Vertreter für diesen Zweck zu bestimmen;

b) eine Ausfertigung der Entscheidung, welche die für ihre Beweiskraft erforderlichen Voraussetzungen erfüllt;

c) im Fall einer in Abwesenheit des Beklagten oder seines gesetzlichen Vertreters ergangenen Entscheidung ein Schriftstück, aus dem sich ergibt, daß das Schriftstück, mit dem das Verfahren eingeleitet wurde, oder ein gleichwertiges Schriftstück dem Beklagten ordnungsgemäß zugestellt worden ist;

d) gegebenenfalls ein Schriftstück, aus dem sich ergibt, daß die Entscheidung nach dem Recht des Ursprungsstaats vollstreckbar ist;

e) wenn möglich eine Angabe über den Aufenthaltsort oder den wahrscheinlichen Aufenthaltsort des Kindes im ersuchten Staat;

f) Vorschläge dafür, wie das Sorgeverhältnis zu dem Kind wiederhergestellt werden soll.

(2) Den obengenannten Schriftstücken ist erforderlichenfalls eine Übersetzung nach Maßgabe des Artikels 6 beizufügen.

Art. 14. [Einfaches und beschleunigtes Verfahren] Jeder Vertragsstaat wendet für die Anerkennung und Vollstreckung von Sorgerechtsentscheidungen ein einfaches und beschleunigtes Verfahren an. Zu diesem Zweck stellt er sicher, daß die Vollstreckbarerklärung in Form eines einfachen Antrags begehrt werden kann.

Art. 15. [Meinung des Kindes] (1) Bevor die Behörde des ersuchten Staates eine Entscheidung nach Artikel 10 Absatz 1 Buchstabe b trifft,

a) muß sie die Meinung des Kindes feststellen, sofern dies nicht insbesondere wegen seines Alters und Auffassungsvermögens undurchführbar ist;

b) kann sie verlangen, daß geeignete Ermittlungen durchgeführt werden.

(2) Die Kosten für die in einem Vertragsstaat durchgeführten Ermittlungen werden von den Behörden des Staates getragen, in dem sie durchgeführt wurden.

(3) Ermittlungsersuchen und die Ergebnisse der Ermittlungen können der ersuchenden Behörde über die zentralen Behörden mitgeteilt werden.

Art. 16. [Keine Legalisation] Für die Zwecke dieses Übereinkommens darf keine Legalisation oder ähnliche Förmlichkeit verlangt werden.

Teil IV. Vorbehalte

Art. 17. [Vorbehalt] (1) Jeder Vertragsstaat kann sich vorbehalten, daß in den von den Artikeln 8 und 9 oder von einem dieser Artikel erfaßten Fällen die Anerkennung und Vollstreckung von Sorgerechtsentscheidungen aus denjenigen der in Artikel 10 vorgesehenen Gründe versagt werden kann, die in dem Vorbehalt bezeichnet sind.

(2) Die Anerkennung und Vollstreckung von Entscheidungen, die in einem Vertragsstaat ergangen sind, der den in Absatz 1 vorgesehenen Vorbehalt angebracht hat, können in jedem anderen Vertragsstaat aus einem der in diesem Vorbehalt bezeichneten zusätzlichen Gründe versagt werden.

Art. 18. [Weiterer Vorbehalt] Jeder Vertragsstaat kann sich vorbehalten, durch Artikel 12 nicht gebunden zu sein. Auf die in Artikel 12 genannten Entscheidungen, die in einem Vertragsstaat ergangen sind, der einen solchen Vorbehalt angebracht hat, ist dieses Übereinkommen nicht anwendbar.

Teil V. Andere Übereinkünfte

Art. 19. [Internationale Übereinkünfte zwischen Ursprungsstaat und ersuchtem Staat] Dieses Übereinkommen schließt nicht aus, daß eine andere internationale Übereinkunft zwischen dem Ursprungsstaat und dem ersuchten Staat oder das nichtvertragliche Recht des ersuchten Staates angewendet wird, um die Anerkennung oder Vollstreckung einer Entscheidung zu erwirken.

Art. 20. [Internationale Übereinkünfte zwischen Vertragsstaat und Nichtvertragsstaat] (1) Dieses Übereinkommen läßt Verpflichtungen unberührt, die ein Vertragsstaat gegenüber einem Nichtvertragsstaat aufgrund einer internationalen Übereinkunft hat, die sich auf in diesem Übereinkommen geregelte Angelegenheiten erstreckt.

(2) Haben zwei oder mehr Vertragsstaaten auf dem Gebiet des Sorgerechts für Kinder einheitliche Rechtsvorschriften erlassen oder ein besonderes System zur Anerkennung oder Vollstreckung von Entscheidungen auf diesem Gebiet geschaffen oder werden sie dies in Zukunft tun, so steht es ihnen frei, anstelle des Übereinkommens oder eines Teiles davon diese Rechtsvorschriften oder dieses System untereinander anzuwenden. Um von dieser Bestimmung Gebrauch machen zu können, müssen diese Staaten ihre Entscheidung dem Generalsekretär des Europarats notifizieren. Jede Änderung oder Aufhebung dieser Entscheidung ist ebenfalls zu notifizieren.

Teil VI. Schlußbestimmungen

Art. 21. [Unterzeichnung] Dieses Übereinkommen liegt für die Mitgliedstaaten des Europarats zur Unterzeichnung auf. Es bedarf der Ratifikation, Annahme oder Genehmigung. Die Ratifikations-, Annahme- oder Genehmigungsurkunden werden beim Generalsekretär des Europarats hinterlegt.

Art. 22. [Inkrafttreten] (1) Dieses Übereinkommen tritt am ersten Tag des Monats in Kraft, der auf einen Zeitabschnitt von drei Monaten nach dem Tag folgt, an dem drei Mitgliedstaaten des Europarats nach Artikel 21 ihre Zustimmung ausgedrückt haben, durch das Übereinkommen gebunden zu sein.

(2) Für jeden Mitgliedstaat, der später seine Zustimmung ausdrückt, durch das Übereinkommen gebunden zu sein, tritt es am ersten Tag des Monats in Kraft, der auf einen Zeitabschnitt von drei Monaten nach Hinterlegung der Ratifikations-, Annahme- oder Genehmigungsurkunde folgt.

Art. 23. [Einladung zum Beitritt an Nichtmitgliedstaaten] (1) Nach Inkrafttreten dieses Übereinkommens kann das Ministerkomitee des Europarats durch einen mit der in Artikel 20 Buchstabe d der Satzung vorgesehenen Mehrheit und mit einhelliger Zustimmung der Vertreter der Vertragsstaaten, die Anspruch auf einen Sitz im Komitee haben, gefaßten Beschluß jeden Nichtmitgliedstaat des Rates einladen, dem Übereinkommen beizutreten.

(2) Für jeden beitretenden Staat tritt das Übereinkommen am ersten Tag des Monats in Kraft, der auf einen Zeitabschnitt von drei Monaten nach Hinterlegung der Beitrittsurkunde beim Generalsekretär des Europarats folgt.

Art. 24. [Erstreckung auf mehrere Hoheitsgebiete eines Staates]

(1) Jeder Staat kann bei der Unterzeichnung oder bei der Hinterlegung seiner Ratifikations-, Annahme-, Genehmigungs- oder Beitrittsurkunde einzelne oder mehrere Hoheitsgebiete bezeichnen, auf die dieses Übereinkommen Anwendung findet.

(2) Jeder Staat kann jederzeit danach durch eine an den Generalsekretär des Europarats gerichtete Erklärung die Anwendung dieses Übereinkommens auf jedes weitere in der Erklärung bezeichnete Hoheitsgebiet erstrecken. Das Übereinkommen tritt für dieses Hoheitsgebiet am ersten Tag des Monats in Kraft, der auf einen Zeitabschnitt von drei Monaten nach Eingang der Erklärung beim Generalsekretär folgt.

(3) Jede nach den Absätzen 1 und 2 abgegebene Erklärung kann in bezug auf jedes darin bezeichnete Hoheitsgebiet durch eine an den Generalsekretär gerichtete Notifikation zurückgenommen werden. Die Rücknahme wird am ersten Tag des Monats wirksam, der auf einen Zeitabschnitt von sechs Monaten nach Eingang der Notifikation beim Generalsekretär folgt.

Art. 25. [Erstreckung auf mehrere Gebietseinheiten mit unterschiedlichen Rechtssystemen] (1) Ein Staat, der aus zwei oder mehr Gebietseinheiten besteht, in denen für Angelegenheiten des Sorgerechts für Kinder und für die Anerkennung und Vollstreckung von Sorgerechtsentscheidungen unterschiedliche Rechtssysteme gelten, kann bei der Unterzeichnung oder bei der Hinterlegung seiner Ratifikations-, Annahme-, Genehmigungs- oder Beitrittsurkunde erklären, daß dieses Übereinkommen auf alle seine Gebietseinheiten oder auf eine oder mehrere davon Anwendung findet.

(2) Ein solcher Staat kann jederzeit danach durch eine an den Generalsekretär des Europarats gerichtete Erklärung die Anwendung dieses Übereinkommens auf jede weitere in der Erklärung bezeichnete Gebietseinheit erstrecken. Das Übereinkommen tritt für diese Gebietseinheit am ersten Tag des Monats in Kraft, der auf einen Zeitabschnitt von drei Monaten nach Eingang der Erklärung beim Generalsekretär folgt.

(3) Jede nach den Absätzen 1 und 2 abgegebene Erklärung kann in bezug auf jede darin bezeichnete Gebietseinheit durch eine an den Generalsekretär gerichtete Notifikation zurückgenommen werden. Die Rücknahme wird am ersten Tag des Monats wirksam, der auf einen Zeitabschnitt von sechs Monaten nach Eingang der Notifikation beim Generalsekretär folgt.

Art. 26. *[Verweisung in Staaten mit mehreren Rechtssystemen mit räumlich verschiedenem Anwendungsbereich]* (1) Bestehen in einem Staat auf dem Gebiet des Sorgerechts für Kinder zwei oder mehr Rechtssysteme, die einen räumlich verschiedenen Anwendungsbereich haben, so ist

a) eine Verweisung auf das Recht des gewöhnlichen Aufenthalts oder der Staatsangehörigkeit einer Person als Verweisung auf das Rechtssystem zu verstehen, das von den in diesem Staat geltenden Rechtsvorschriften bestimmt wird, oder, wenn es solche Vorschriften nicht gibt, auf das Rechtssystem, zu dem die betreffende Person die engste Beziehung hat;

b) eine Verweisung auf den Ursprungsstaat oder auf den ersuchten Staat als Verweisung auf die Gebietseinheit zu verstehen, in der die Entscheidung ergangen ist oder in der die Anerkennung oder Vollstreckung der Entscheidung oder die Wiederherstellung des Sorgeverhältnisses beantragt wird.

(2) Absatz 1 Buchstabe a wird entsprechend auf Staaten angewendet, die auf dem Gebiet des Sorgerechts zwei oder mehr Rechtssysteme mit persönlich verschiedenem Anwendungsbereich haben.

Art. 27. [Abschließende Vorbehaltserklärung] (1) Jeder Staat kann bei der Unterzeichnung oder bei der Hinterlegung seiner Ratifikations-, Annahme-, Genehmigungs- oder Beitrittsurkunde erklären, daß er von einem oder mehreren der in Artikel 6 Absatz 3 und in den Artikeln 17 und 18 vorgesehenen Vorbehalte Gebrauch macht. Weitere Vorbehalte sind nicht zulässig.

(2) Jeder Vertragsstaat, der einen Vorbehalt nach Absatz 1 angebracht hat, kann ihn durch eine an den Generalsekretär des Europarats gerichtete Notifikation ganz oder teilweise zurücknehmen. Die Rücknahme wird mit dem Eingang der Notifikation beim Generalsekretär wirksam.

Art. 28. [Wirksamkeitsüberprüfung] Der Generalsekretär des Europarats lädt am Ende des dritten Jahres, das auf den Tag des Inkrafttretens dieses Übereinkommens folgt, und von sich aus jederzeit danach die Vertreter der von den Vertragsstaaten bestimmten zentralen Behörden zu einer Tagung ein, um die Wirkungsweise des Übereinkommens zu erörtern und zu erleichtern. Jeder Mitgliedstaat des Europarats, der nicht Vertragspartei des Übereinkommens ist, kann sich durch einen Beobachter vertreten lassen. Über die Arbeiten jeder Tagung wird ein Bericht angefertigt und dem Ministerkomitee des Europarats zur Kenntnisnahme vorgelegt.

Art. 29. [Kündigung des Übereinkommens] (1) Jede Vertragspartei kann dieses Übereinkommen jederzeit durch eine an den Generalsekretär des Europarats gerichtete Notifikation kündigen.

(2) Die Kündigung wird am ersten Tag des Monats wirksam, der auf einen Zeitabschnitt von sechs Monaten nach Eingang der Notifikation beim Generalsekretär folgt.

Art. 30. [Notifizierung] Der Generalsekretär des Europarats notifiziert den Mitgliedstaaten des Rates und jedem Staat, der diesem Übereinkommen beigetreten ist,

a) jede Unterzeichnung;
b) jede Hinterlegung einer Ratifikations-, Annahme-, Genehmigungs- oder Beitrittsurkunde;
c) jeden Zeitpunkt des Inkrafttretens dieses Übereinkommens nach den Artikeln 22, 23, 24 und 25;
d) jede andere Handlung, Notifikation oder Mitteilung im Zusammenhang mit diesem Übereinkommen.

103n. Gesetz zur Aus- und Durchführung bestimmter Rechtsinstrumente auf dem Gebiet des internationalen Familienrechts (Internationales Familienrechtsverfahrensgesetz – IntFamRVG)

In der Fassung der Bekanntmachung vom 15. Januar 2024[1)]
(BGBl. 2024 I Nr. 19)

FNA 319-109

Inhaltsübersicht

---

1) Neubekanntmachung des IntFamRVG v. 26.1.2005 (BGBl. I S. 162) in der ab 1.8.2022 geltenden Fassung.

Abschnitt 1. Anwendungsbereich; Begriffsbestimmungen

§ 1 Anwendungsbereich. Dieses Gesetz dient

1. der Durchführung der Verordnung (EU) 2019/1111[1)] des Rates vom 25. Juni 2019 über die Zuständigkeit, die Anerkennung und Vollstreckung von Entscheidungen in Ehesachen und in Verfahren betreffend die elterliche Verantwortung und über internationale Kindesentführungen (ABl. L 178 vom 2.7. 2019, S. 1);
2. der Ausführung des Haager Übereinkommens vom 19. Oktober 1996 über die Zuständigkeit, das anzuwendende Recht, die Anerkennung, Vollstreckung und Zusammenarbeit auf dem Gebiet der elterlichen Verantwortung und der Maßnahmen zum Schutz von Kindern[2)] (BGBl. 2009 II S. 602, 603) – im Folgenden: Haager Kinderschutzübereinkommen;
3. der Ausführung des Haager Übereinkommens vom 25. Oktober 1980 über die zivilrechtlichen Aspekte internationaler Kindesentführung[3)] (BGBl. 1990 II S. 207) – im Folgenden: Haager Kindesentführungsübereinkommen;
4. der Ausführung des Europäischen Übereinkommens vom 20. Mai 1980 über die Anerkennung und Vollstreckung von Entscheidungen über das Sorgerecht für Kinder und die Wiederherstellung des Sorgeverhältnisses[4)] (BGBl. 1990 II S. 220) – im Folgenden: Europäisches Sorgerechtsübereinkommen;
5. der Ausführung des Europäischen Übereinkommens vom 27. November 2008 über die Adoption von Kindern (revidiert) (BGBl. 2015 II S. 3) – im Folgenden: Europäisches Adoptionsübereinkommen.

§ 2 Begriffsbestimmungen. Im Sinne dieses Gesetzes sind „Titel" Entscheidungen, Vereinbarungen und öffentliche Urkunden, auf welche die durchzuführende EU-Verordnung oder das jeweils auszuführende Übereinkommen Anwendung findet.

Abschnitt 2. Zentrale und nationale Behörde; Jugendamt

§ 3 Bestimmung der Zentralen und der nationalen Behörde. (1) [1] Zentrale Behörde nach

1. Artikel 76 der Verordnung (EU) 2019/1111[1)],
2. Artikel 29 des Haager Kinderschutzübereinkommens[2)],
3. Artikel 6 des Haager Kindesentführungsübereinkommens[3)],
4. Artikel 2 des Europäischen Sorgerechtsübereinkommens[4)]

ist das Bundesamt für Justiz. [2] Dieses ist auch nationale Behörde nach Artikel 15 Satz 2 des Europäischen Adoptionsübereinkommens.

(2) Die Verfahren der Zentralen Behörde und der nationalen Behörde gelten als Justizverwaltungsverfahren.

§ 4 Übersetzungen bei eingehenden Ersuchen. (1) [1] Die Zentrale Behörde, bei der ein Antrag aus einem anderen Staat nach der Verordnung (EU) 2019/

[1)] Nr. **103b**.
[2)] Nr. **45m**.
[3)] Nr. **103l**.
[4)] Nr. **103m**.

1111[1] oder nach dem Europäischen Sorgerechtsübereinkommen[2] eingeht, kann es ablehnen, tätig zu werden, solange Anträge oder beizufügende Schriftstücke nicht in deutscher Sprache abgefasst oder von einer Übersetzung in diese Sprache begleitet sind. [2] Satz 1 gilt auch für Mitteilungen nach dem Europäischen Sorgerechtsübereinkommen. [3] Für Mitteilungen nach der Verordnung (EU) 2019/1111 gilt Satz 1, solange die Mitteilungen nicht in deutscher oder englischer Sprache abgefasst oder von einer Übersetzung in eine dieser Sprachen begleitet sind.

(2) Ist ein Schriftstück nach Artikel 54 des Haager Kinderschutzübereinkommens[3] oder nach Artikel 24 Absatz 1 des Haager Kindesentführungsübereinkommens[4] ausnahmsweise nicht von einer deutschen Übersetzung begleitet, so veranlasst die Zentrale Behörde die Übersetzung.

§ 5 Übersetzungen bei ausgehenden Ersuchen. (1) Beschafft die antragstellende Person erforderliche Übersetzungen für Anträge, die in einem anderen Staat zu erledigen sind, nicht selbst, veranlasst die Zentrale Behörde die Übersetzungen auf Kosten der antragstellenden Person.

(2) Das Amtsgericht befreit eine antragstellende natürliche Person, die ihren gewöhnlichen Aufenthalt oder bei Fehlen eines gewöhnlichen Aufenthalts im Inland ihren tatsächlichen Aufenthalt im Gerichtsbezirk hat, auf Antrag von der Erstattungspflicht nach Absatz 1, wenn sie die persönlichen und wirtschaftlichen Voraussetzungen für die Gewährung von Verfahrenskostenhilfe ohne einen eigenen Beitrag zu den Kosten nach den Vorschriften des Gesetzes über das Verfahren in Familiensachen und in Angelegenheiten der freiwilligen Gerichtsbarkeit[5] erfüllt.

§ 6 Aufgabenerfüllung durch die Zentrale Behörde. (1) [1] Zur Erfüllung der ihr obliegenden Aufgaben veranlasst die Zentrale Behörde mit Hilfe der zuständigen Stellen alle erforderlichen Maßnahmen. [2] Sie verkehrt unmittelbar mit allen zuständigen Stellen im In- und Ausland. [3] Mitteilungen leitet sie unverzüglich an die zuständigen Stellen weiter.

(2) [1] Zum Zweck der Ausführung des Haager Kindesentführungsübereinkommens[4] und des Europäischen Sorgerechtsübereinkommens[2] leitet die Zentrale Behörde erforderlichenfalls gerichtliche Verfahren ein. [2] Im Rahmen dieser Übereinkommen gilt sie zum Zweck der Rückgabe des Kindes als bevollmächtigt, im Namen der antragstellenden Person selbst oder im Weg der Untervollmacht durch Vertreter gerichtlich oder außergerichtlich tätig zu werden. [3] Ihre Befugnis, zur Sicherung der Einhaltung der Übereinkommen im eigenen Namen entsprechend zu handeln, bleibt unberührt.

§ 7 Aufenthaltsermittlung. (1) Die Zentrale Behörde trifft alle erforderlichen Maßnahmen einschließlich der Einschaltung von Polizeivollzugsbehörden, um den Aufenthaltsort des Kindes zu ermitteln, wenn dieser unbekannt ist und Anhaltspunkte dafür vorliegen, dass sich das Kind im Inland befindet.

(2) Soweit zur Ermittlung des Aufenthalts des Kindes erforderlich, darf die Zentrale Behörde bei dem Kraftfahrt-Bundesamt erforderliche Halterdaten nach

[1] Nr. **103b.**
[2] Nr. **103m.**
[3] Nr. **45m.**
[4] Nr. **103l.**
[5] **Habersack, Deutsche Gesetze Nr. 112.**

§ 33 Absatz 1 Satz 1 Nummer 2 des Straßenverkehrsgesetzes[1)] erheben und die Leistungsträger im Sinne der §§ 18 bis 29 des Ersten Buches Sozialgesetzbuch um Mitteilung des derzeitigen Aufenthalts einer Person ersuchen.

(3) [1] Unter den Voraussetzungen des Absatzes 1 kann die Zentrale Behörde die Ausschreibung zur Aufenthaltsermittlung durch das Bundeskriminalamt veranlassen. [2] Sie kann auch die Speicherung eines Suchvermerks im Zentralregister veranlassen.

(4) Soweit andere Stellen eingeschaltet werden, übermittelt sie ihnen die zur Durchführung der Maßnahmen erforderlichen personenbezogenen Daten; diese dürfen nur für den Zweck verwendet werden, für den sie übermittelt worden sind.

§ 8 Anrufung des Oberlandesgerichts. (1) Nimmt die Zentrale Behörde einen Antrag nicht an oder lehnt sie es ab, tätig zu werden, so kann die Entscheidung des Oberlandesgerichts beantragt werden.

(2) Zuständig ist das Oberlandesgericht, in dessen Bezirk die Zentrale Behörde ihren Sitz hat.

(3) [1] Das Oberlandesgericht entscheidet im Verfahren der freiwilligen Gerichtsbarkeit. [2] § 14 Absatz 1 und 2 sowie die Abschnitte 4 und 5 des Buches 1 des Gesetzes über das Verfahren in Familiensachen und in den Angelegenheiten der freiwilligen Gerichtsbarkeit[2)] gelten entsprechend.

§ 9 Mitwirkung des Jugendamts an Verfahren. (1) [1] Unbeschadet der Aufgaben des Jugendamts bei der grenzüberschreitenden Zusammenarbeit unterstützt das Jugendamt die Gerichte und die Zentrale Behörde bei allen Maßnahmen nach diesem Gesetz. [2] Insbesondere

1. gibt es auf Anfrage Auskunft über die soziale Lage des Kindes und seines Umfelds,
2. unterstützt es in jeder Lage eine gütliche Einigung,
3. leistet es in geeigneten Fällen Unterstützung bei der Durchführung des Verfahrens, auch bei der Sicherung des Aufenthalts des Kindes,
4. leistet es in geeigneten Fällen Unterstützung bei der Ausübung des Rechts zum persönlichen Umgang, der Heraus- oder Rückgabe des Kindes sowie der Vollstreckung gerichtlicher Entscheidungen.

(2) [1] Zuständig ist das Jugendamt, in dessen Bereich sich das Kind gewöhnlich aufhält. [2] Solange die Zentrale Behörde oder ein Gericht mit einem Herausgabe- oder Rückgabeantrag oder dessen Vollstreckung befasst ist, oder wenn das Kind keinen gewöhnlichen Aufenthalt im Inland hat, oder das zuständige Jugendamt nicht tätig wird, ist das Jugendamt zuständig, in dessen Bereich sich das Kind tatsächlich aufhält. [3] In den Fällen des Artikels 35 Absatz 2 Satz 1 des Haager *Kinderschutzübereinkommens*[3)] ist das Jugendamt örtlich zuständig, in dessen Bezirk der antragstellende Elternteil seinen gewöhnlichen Aufenthalt hat.

(3) Das Gericht unterrichtet das zuständige Jugendamt über Entscheidungen nach diesem Gesetz auch dann, wenn das Jugendamt am Verfahren nicht beteiligt war.

[1)] **Habersack, Deutsche Gesetze Nr. 35.**
[2)] **Habersack, Deutsche Gesetze Nr. 112.**
[3)] Nr. **45m.**

Abschnitt 3. Gerichtliche Zuständigkeit und Zuständigkeitskonzentration

§ 10 Örtliche Zuständigkeit für die Anerkennung und Vollstreckung.

[1] Das Familiengericht, in dessen Zuständigkeitsbereich sich die Person, gegen die sich der Antrag richtet, oder das Kind, auf das sich die Entscheidung bezieht, zum Zeitpunkt der Einleitung des Verfahrens gewöhnlich aufhält, ist örtlich ausschließlich zuständig für

1. Verfahren nach Artikel 30 Absatz 3, Artikel 40 Absatz 1, Artikel 54 Absatz 1, Artikel 56 Absatz 1, 2 und 4 sowie Artikel 59 der Verordnung (EU) 2019/1111[1)],
2. die Zwangsvollstreckung von Titeln nach Kapitel IV der Verordnung (EU) 2019/1111 über die Herausgabe oder Rückgabe von Personen oder die Regelung des Umgangs,
3. Verfahren nach den Artikeln 24 und 26 des Haager Kinderschutzübereinkommens[2)] und
4. Verfahren nach dem Europäischen Sorgerechtsübereinkommen[3)].

[2] Besteht für Verfahren nach Satz 1 keine Zuständigkeit nach dieser Vorschrift, so ist dasjenige Familiengericht örtlich ausschließlich zuständig, in dessen Zuständigkeitsbereich zum Zeitpunkt der Einleitung des Verfahrens das Interesse an der Feststellung hervortritt oder das Bedürfnis der Fürsorge bekannt wird. [3] Besteht für Verfahren nach Satz 1 keine Zuständigkeit nach Satz 1 oder Satz 2, ist das im Bezirk des Kammergerichts zur Entscheidung berufene Gericht örtlich ausschließlich zuständig.

§ 11 Örtliche Zuständigkeit nach dem Haager Kindesentführungsübereinkommen. Örtlich zuständig für Verfahren nach dem Haager Kindesentführungsübereinkommen[4)] ist das Familiengericht, in dessen Zuständigkeitsbereich

1. sich das Kind beim Eingang des Antrags bei der Zentralen Behörde aufgehalten hat oder
2. bei Fehlen einer Zuständigkeit nach Nummer 1 das Bedürfnis der Fürsorge bekannt wird.

§ 12 Zuständigkeitskonzentration. (1) In Verfahren über eine in den §§ 10 und 11 bezeichnete Sache entscheidet das Familiengericht, in dessen Bezirk ein Oberlandesgericht seinen Sitz hat, für den Bezirk dieses Oberlandesgerichts.

(2) Im Bezirk des Kammergerichts entscheidet das Familiengericht Pankow.

(3) [1] Die Landesregierungen werden ermächtigt, diese Zuständigkeit durch Rechtsverordnung einem anderen Familiengericht des Oberlandesgerichtsbezirks oder, wenn in einem Land mehrere Oberlandesgerichte errichtet sind, einem Familiengericht für die Bezirke aller oder mehrerer Oberlandesgerichte zuzuweisen. [2] Sie können die Ermächtigung auf die Landesjustizverwaltungen übertragen.

---

1) Nr. **103b**.
2) Nr. **45m**.
3) Nr. **103m**.
4) Nr. **103l**.

§ 13 Zuständigkeitskonzentration für andere Familiensachen. (1) [1]Das Familiengericht, bei dem eine in den §§ 10 bis 12 bezeichnete Sache anhängig wird, ist von diesem Zeitpunkt an ungeachtet des § 137 Absatz 1 und 3 des Gesetzes über das Verfahren in Familiensachen und in den Angelegenheiten der freiwilligen Gerichtsbarkeit[1)] für alle dasselbe Kind betreffenden Familiensachen nach § 151 Nummer 1 bis 3 des Gesetzes über das Verfahren in Familiensachen und in den Angelegenheiten der freiwilligen Gerichtsbarkeit einschließlich der Verfügungen nach § 44 und den §§ 35 und 89 bis 94 des Gesetzes über das Verfahren in Familiensachen und in den Angelegenheiten der freiwilligen Gerichtsbarkeit zuständig. [2]Die Zuständigkeit nach Satz 1 tritt nicht ein, wenn der Antrag offensichtlich unzulässig ist. [3]Sie entfällt, sobald das angegangene Gericht auf Grund unanfechtbarer Entscheidung unzuständig ist; Verfahren, für die dieses Gericht hiernach seine Zuständigkeit verliert, sind nach näherer Maßgabe des § 281 Absatz 2 und 3 Satz 1 der Zivilprozessordnung[2)] von Amts wegen an das zuständige Gericht abzugeben.

(2) Bei dem Familiengericht, das in dem Oberlandesgerichtsbezirk, in dem sich das Kind gewöhnlich aufhält, für Anträge der in Absatz 1 Satz 1 genannten Art zuständig ist, kann auch eine andere Familiensache nach § 151 Nummer 1 bis 3 des Gesetzes über das Verfahren in Familiensachen und in den Angelegenheiten der freiwilligen Gerichtsbarkeit anhängig gemacht werden, wenn ein Elternteil seinen gewöhnlichen Aufenthalt in einem anderen Mitgliedstaat der Europäischen Union oder in einem anderen Vertragsstaat des Haager Kinderschutzübereinkommens[3)], des Haager Kindesentführungsübereinkommens[4)] oder des Europäischen Sorgerechtsübereinkommens[5)] hat.

(3) [1]Im Falle des Absatzes 1 Satz 1 hat ein anderes Familiengericht, bei dem eine dasselbe Kind betreffende Familiensache nach § 151 Nummer 1 bis 3 des Gesetzes über das Verfahren in Familiensachen und in den Angelegenheiten der freiwilligen Gerichtsbarkeit im ersten Rechtszug anhängig ist oder anhängig wird, dieses Verfahren von Amts wegen an das nach Absatz 1 Satz 1 zuständige Gericht abzugeben. [2]Auf übereinstimmenden Antrag beider Elternteile sind andere Familiensachen, an denen diese beteiligt sind, an das nach Absatz 1 oder Absatz 2 zuständige Gericht abzugeben. [3]§ 281 Absatz 2 Satz 1 bis 3 und Absatz 3 Satz 1 der Zivilprozessordnung gilt entsprechend.

(4) [1]Das Familiengericht, das gemäß Absatz 1 oder Absatz 2 zuständig oder an das die Sache gemäß Absatz 3 abgegeben worden ist, kann diese aus wichtigen Gründen an das nach den allgemeinen Vorschriften zuständige Familiengericht abgeben oder zurückgeben, soweit dies nicht zu einer erheblichen Verzögerung des Verfahrens führt. [2]Als wichtiger Grund ist es in der Regel anzusehen, wenn die besondere Sachkunde des erstgenannten Gerichts für das Verfahren nicht oder nicht mehr benötigt wird. [3]§ 281 Absatz 2 und 3 Satz 1 der Zivilprozessordnung gilt entsprechend. [4]Die Ablehnung einer Abgabe nach Satz 1 ist unanfechtbar.

(5) §§ 4 und 5 Absatz 1 Nummer 5, Absatz 2 und 3 des Gesetzes über das Verfahren in Familiensachen und in den Angelegenheiten der freiwilligen Gerichtsbarkeit bleibt unberührt.

[1)] **Habersack, Deutsche Gesetze Nr. 112.**
[2)] **Habersack, Deutsche Gesetze Nr. 100.**
[3)] Nr. **45m**.
[4)] Nr. **103l**.
[5)] Nr. **103m**.

§ 13a Verfahren bei grenzüberschreitender Abgabe. (1) [1] Ersucht das Familiengericht das Gericht eines anderen Vertragsstaats nach Artikel 8 des Haager Kinderschutzübereinkommens[1] um Übernahme der Zuständigkeit, so setzt es eine Frist, innerhalb derer das ausländische Gericht die Übernahme der Zuständigkeit mitteilen kann. [2] Setzt das Familiengericht das Verfahren nach Artikel 8 des Haager Kinderschutzübereinkommens aus, setzt es den Parteien eine Frist, innerhalb derer das ausländische Gericht anzurufen ist. [3] Ist die Frist nach Satz 1 abgelaufen, ohne dass das ausländische Gericht die Übernahme der Zuständigkeit mitgeteilt hat, so ist in der Regel davon auszugehen, dass das ersuchte Gericht die Übernahme der Zuständigkeit ablehnt. [4] Ist die Frist nach Satz 2 abgelaufen, ohne dass eine Partei das ausländische Gericht angerufen hat, bleibt es bei der Zuständigkeit des Familiengerichts. [5] Das Gericht des ersuchten Staates und die Parteien sind auf diese Rechtsfolgen hinzuweisen.

(2) Ersucht ein Gericht eines anderen Vertragsstaats das Familiengericht nach Artikel 8 des Haager Kinderschutzübereinkommens um Übernahme der Zuständigkeit oder ruft eine Partei das Familiengericht nach dieser Vorschrift an, so kann das Familiengericht die Zuständigkeit innerhalb von sechs Wochen übernehmen.

(3) Die Absätze 1 und 2 sind auf Anträge, Ersuchen und Entscheidungen nach Artikel 9 des Haager Kinderschutzübereinkommens entsprechend anzuwenden.

(4) [1] Der Beschluss des Familiengerichts,

1. das ausländische Gericht nach Absatz 1 Satz 1 oder nach Artikel 12 Absatz 1 Buchstabe b der Verordnung (EU) 2019/1111[2] um Übernahme der Zuständigkeit zu ersuchen,
2. das Verfahren nach Absatz 1 Satz 2 oder nach Artikel 12 Absatz 1 Buchstabe a der Verordnung (EU) 2019/1111 auszusetzen,
3. das zuständige ausländische Gericht nach Artikel 9 des Kinderschutzübereinkommens oder nach Artikel 13 Absatz 1 der Verordnung (EU) 2019/1111 um Abgabe der Zuständigkeit zu ersuchen,
4. die Parteien einzuladen, bei dem zuständigen ausländischen Gericht nach Artikel 9 des Haager Kinderschutzübereinkommens die Abgabe der Zuständigkeit an das Familiengericht zu beantragen, oder
5. die Zuständigkeit auf Ersuchen eines ausländischen Gerichts oder auf Antrag der Parteien nach Artikel 9 des Haager Kinderschutzübereinkommens oder auf Ersuchen eines ausländischen Gerichts nach Artikel 13 Absatz 2 der Verordnung (EU) 2019/1111 an das ausländische Gericht abzugeben,

ist mit der sofortigen Beschwerde in entsprechender Anwendung der §§ 567 bis 572 der Zivilprozessordnung[3] anfechtbar. [2] Die Rechtsbeschwerde ist ausgeschlossen. [3] Die in Satz 1 genannten Beschlüsse werden erst mit ihrer Rechtskraft wirksam. [4] Hierauf ist in dem Beschluss hinzuweisen.

(5) Im Übrigen sind Beschlüsse nach den Artikeln 8 und 9 des Haager Kinderschutzübereinkommens und nach den Artikeln 12 und 13 der Verordnung (EU) 2019/1111 unanfechtbar.

(6) [1] Parteien im Sinne dieser Vorschrift sowie der Artikel 8 und 9 des Haager Kinderschutzübereinkommens und des Artikels 12 der Verordnung (EU) 2019/1111 sind die in § 7 Absatz 1 und 2 Nummer 1 des Gesetzes über das Verfahren in

---

[1] Nr. **45m**.
[2] Nr. **103b**.
[3] **Habersack, Deutsche Gesetze Nr. 100.**

Familiensachen und in den Angelegenheiten der freiwilligen Gerichtsbarkeit[1] genannten Beteiligten. [2]Die Vorschriften über die Hinzuziehung weiterer Beteiligter bleiben unberührt.

Abschnitt 4. Allgemeine gerichtliche Verfahrensvorschriften

§ 14 Familiengerichtliches Verfahren. Soweit nicht anders bestimmt, entscheidet das Familiengericht

1. über eine in den §§ 10 und 12 bezeichnete Ehesache nach den hierfür geltenden Vorschriften des Gesetzes über das Verfahren in Familiensachen und in den Angelegenheiten der freiwilligen Gerichtsbarkeit[1],
2. über die übrigen in den §§ 10, 11, 12 und 47 bezeichneten Angelegenheiten nach den für Kindschaftssachen geltenden Vorschriften des Gesetzes über das Verfahren in Familiensachen und in den Angelegenheiten der freiwilligen Gerichtsbarkeit.

§ 15 Einstweilige Anordnungen. Das Gericht kann auf Antrag oder von Amts wegen einstweilige Anordnungen treffen, um Gefahren von dem Kind abzuwenden oder eine Beeinträchtigung der Interessen der Beteiligten zu vermeiden, insbesondere um den Aufenthaltsort des Kindes während des Verfahrens zu sichern oder eine Vereitelung oder Erschwerung der Rückgabe zu verhindern; Abschnitt 4 des Buches 1 des Gesetzes über das Verfahren in Familiensachen und in den Angelegenheiten der freiwilligen Gerichtsbarkeit[1] gilt entsprechend.

Abschnitt 5. Zulassung der Zwangsvollstreckung, Anerkennungsfeststellung und Wiederherstellung des Sorgeverhältnisses im Anwendungsbereich des Haager Kinderschutzübereinkommens und des Europäischen Sorgerechtsübereinkommens

Unterabschnitt 1. Zulassung der Zwangsvollstreckung im ersten Rechtszug

§ 16 Antragstellung. (1) Im Anwendungsbereich des Haager Kinderschutzübereinkommens und des Europäischen Sorgerechtsübereinkommens wird der in einem anderen Staat vollstreckbare Titel dadurch zur Zwangsvollstreckung zugelassen, dass er auf Antrag mit der Vollstreckungsklausel versehen wird.

(2) Der Antrag auf Erteilung der Vollstreckungsklausel kann bei dem zuständigen Familiengericht schriftlich eingereicht oder mündlich zu Protokoll der Geschäftsstelle erklärt werden.

(3) Ist der Antrag entgegen § 184 des Gerichtsverfassungsgesetzes[2] nicht in *deutscher Sprache abgefasst*, so kann das Gericht der antragstellenden Person aufgeben, eine Übersetzung des Antrags beizubringen, deren Richtigkeit von einer

1. in einem Mitgliedstaat der Europäischen Union oder
2. in einem anderen Vertragsstaat eines auszuführenden Übereinkommens

hierzu befugten Person bestätigt worden ist.

---

[1] **Habersack, Deutsche Gesetze Nr. 112.**
[2] **Habersack, Deutsche Gesetze Nr. 95.**

§ 17 Zustellungsbevollmächtigter. (1) Hat die antragstellende Person in dem Antrag keinen Zustellungsbevollmächtigten im Sinne des § 184 Absatz 1 Satz 1 der Zivilprozessordnung[1)] benannt, so können bis zur nachträglichen Benennung alle Zustellungen an sie durch Aufgabe zur Post (§ 184 Absatz 1 Satz 2, Absatz 2 der Zivilprozessordnung) bewirkt werden.

(2) Absatz 1 gilt nicht, wenn

1. für die Zustellung unmittelbar anwendbare Regelungen der Europäischen Union im Sinne von § 183 Absatz 1 Satz 1 der Zivilprozessordnung maßgeblich sind oder
2. die antragstellende Person einen Verfahrensbevollmächtigten für das Verfahren bestellt hat, an den im Inland zugestellt werden kann.

§ 18 Besondere Regelungen zum Haager Kinderschutzübereinkommen. [1] Im Anwendungsbereich des Haager Kinderschutzübereinkommens[2)] erhält im erstinstanzlichen Verfahren auf Zulassung der Zwangsvollstreckung nur die antragstellende Person Gelegenheit, sich zu äußern. [2] Die Entscheidung ergeht ohne mündliche Verhandlung. [3] Jedoch kann eine mündliche Erörterung mit der antragstellenden oder einer von ihr bevollmächtigten Person stattfinden, wenn diese hiermit einverstanden ist und die Erörterung der Beschleunigung dient.

§ 19 Besondere Regelungen zum Europäischen Sorgerechtsübereinkommen. Die Vollstreckbarerklärung eines Titels aus einem anderen Vertragsstaat des Europäischen Sorgerechtsübereinkommens[3)] ist auch in den Fällen der Artikel 8 und 9 des Übereinkommens ausgeschlossen, wenn die Voraussetzungen des Artikels 10 Absatz 1 Buchstabe a oder b des Übereinkommens vorliegen, insbesondere wenn die Wirkungen des Titels mit den Grundrechten des Kindes oder eines Sorgeberechtigten unvereinbar wären.

§ 20 Entscheidung. (1) [1] Ist die Zwangsvollstreckung aus dem Titel zuzulassen, so beschließt das Gericht, dass der Titel mit der Vollstreckungsklausel zu versehen ist. [2] In dem Beschluss ist die zu vollstreckende Verpflichtung in deutscher Sprache wiederzugeben. [3] Zur Begründung des Beschlusses genügt in der Regel die Bezugnahme auf den auszuführenden Anerkennungs- und Vollstreckungsvertrag sowie auf die von der antragstellenden Person vorgelegten Urkunden.

(2) Auf die Kosten des Verfahrens ist § 81 des Gesetzes über das Verfahren in Familiensachen und in den Angelegenheiten der freiwilligen Gerichtsbarkeit[4)] entsprechend anzuwenden.

(3) [1] Ist der Antrag nicht zulässig oder nicht begründet, so lehnt ihn das Gericht durch mit Gründen versehenen Beschluss ab. [2] Für die Kosten gilt Absatz 2.

§ 21 Bekanntmachung der Entscheidung. (1) [1] Im Falle des § 20 Absatz 1 sind der verpflichteten Person eine beglaubigte Abschrift des Beschlusses, eine beglaubigte Abschrift des noch nicht mit der Vollstreckungsklausel versehenen Titels und gegebenenfalls seiner Übersetzung sowie der gemäß § 20 Absatz 1 Satz 3 in Bezug genommenen Urkunden von Amts wegen zuzustellen. [2] Ein Beschluss nach § 20 Absatz 3 ist der verpflichteten Person formlos mitzuteilen.

[1)] **Habersack, Deutsche Gesetze Nr. 100.**
[2)] Nr. 45m.
[3)] Nr. 103m.
[4)] **Habersack, Deutsche Gesetze Nr. 112.**

(2) [1]Der antragstellenden Person sind eine beglaubigte Abschrift des Beschlusses nach § 20, im Falle des § 20 Absatz 1 ferner eine Bescheinigung über die bewirkte Zustellung zu übersenden. [2]Die mit der Vollstreckungsklausel versehene Ausfertigung des Titels ist der antragstellenden Person erst dann zu übersenden, wenn der Beschluss nach § 20 Absatz 1 wirksam geworden und die Vollstreckungsklausel erteilt ist.

(3) [1]In einem Verfahren, das die Vollstreckbarerklärung einer die elterliche Verantwortung betreffenden Entscheidung zum Gegenstand hat, sind Zustellungen auch an den gesetzlichen Vertreter des Kindes, an den Vertreter des Kindes im Verfahren, an das Kind selbst, wenn es das 14. Lebensjahr vollendet hat und nicht geschäftsunfähig ist, an einen Elternteil, der nicht am Verfahren beteiligt war, sowie an das Jugendamt zu bewirken. [2]Eine Begründung soll dem Kind nicht mitgeteilt werden, wenn Nachteile für dessen Entwicklung, Erziehung oder Gesundheit zu befürchten sind.

(4) Handelt es sich bei der für vollstreckbar erklärten Maßnahme um eine Unterbringung, so ist der Beschluss auch dem Leiter der Einrichtung oder der Pflegefamilie bekannt zu machen, in der das Kind untergebracht werden soll.

§ 22 Wirksamwerden der Entscheidung. [1]Der Beschluss nach § 20 wird erst mit Rechtskraft wirksam. [2]Hierauf ist in dem Beschluss hinzuweisen.

§ 23 Vollstreckungsklausel. (1) Auf Grund eines wirksamen Beschlusses nach § 20 Absatz 1 erteilt der Urkundsbeamte der Geschäftsstelle die Vollstreckungsklausel in folgender Form:
„Vollstreckungsklausel nach § 23 des Internationalen Familienrechtsverfahrensgesetzes vom 26. Januar 2005 (BGBl. I S. 162). Gemäß dem Beschluss des … (Bezeichnung des Gerichts und des Beschlusses) ist die Zwangsvollstreckung aus … (Bezeichnung des Titels) zugunsten … (Bezeichnung der berechtigten Person) gegen … (Bezeichnung der verpflichteten Person) zulässig.
Die zu vollstreckende Verpflichtung lautet:
… (Angabe der aus dem ausländischen Titel der verpflichteten Person obliegenden Verpflichtung in deutscher Sprache; aus dem Beschluss nach § 20 Absatz 1 zu übernehmen).“

(2) Wird die Zwangsvollstreckung nur für einen oder mehrere der durch den ausländischen Titel zuerkannten oder in einem anderen ausländischen Titel niedergelegten Ansprüche oder nur für einen Teil des Gegenstands der Verpflichtung zugelassen, so ist die Vollstreckungsklausel als „Teil-Vollstreckungsklausel nach § 23 des Internationalen Familienrechtsverfahrensgesetzes vom 26. Januar 2005 (BGBl. I S. 162)“ zu bezeichnen.

(3) [1]Die Vollstreckungsklausel ist von dem Urkundsbeamten der Geschäftsstelle zu unterschreiben und mit dem Gerichtssiegel zu versehen. [2]Sie ist entweder auf die Ausfertigung des Titels oder auf ein damit zu verbindendes Blatt zu setzen. [3]Falls eine Übersetzung des Titels vorliegt, ist sie mit der Ausfertigung zu verbinden.

Unterabschnitt 2. Beschwerde

§ 24 Einlegung der Beschwerde; Beschwerdefrist. (1) [1]Gegen die im ersten Rechtszug ergangene Entscheidung findet die Beschwerde zum Oberlandesgericht statt. [2]Die Beschwerde wird bei dem Oberlandesgericht durch Einreichen einer Beschwerdeschrift oder durch Erklärung zu Protokoll der Geschäftsstelle eingelegt.

(2) Die Zulässigkeit der Beschwerde wird nicht dadurch berührt, dass sie statt bei dem Oberlandesgericht bei dem Gericht des ersten Rechtszugs eingelegt wird; die Beschwerde ist unverzüglich von Amts wegen an das Oberlandesgericht abzugeben.

(3) Die Beschwerde gegen die Zulassung der Zwangsvollstreckung ist einzulegen

1. innerhalb eines Monats nach Zustellung, wenn die beschwerdeberechtigte Person ihren gewöhnlichen Aufenthalt im Inland hat;
2. innerhalb von zwei Monaten nach Zustellung, wenn die beschwerdeberechtigte Person ihren gewöhnlichen Aufenthalt im Ausland hat. Die Frist beginnt mit dem Tag, an dem die Vollstreckbarerklärung der beschwerdeberechtigten Person entweder persönlich oder in ihrer Wohnung zugestellt worden ist. Eine Verlängerung dieser Frist wegen weiter Entfernung ist ausgeschlossen.

(4) Die Beschwerdefrist ist eine Notfrist.

(5) Die Beschwerde ist dem Beschwerdegegner von Amts wegen zuzustellen.

§ 25 Einwendungen gegen den zu vollstreckenden Anspruch. Die verpflichtete Person kann mit der Beschwerde gegen die Zulassung der Zwangsvollstreckung aus einem Titel über die Erstattung von Verfahrenskosten auch Einwendungen gegen den Anspruch selbst insoweit geltend machen, als die Gründe, auf denen sie beruhen, erst nach Erlass des Titels entstanden sind.

§ 26 Verfahren und Entscheidung über die Beschwerde. (1) Der Senat des Oberlandesgerichts entscheidet durch Beschluss, der mit Gründen zu versehen ist und ohne mündliche Verhandlung ergehen kann.

(2) Solange eine mündliche Verhandlung nicht angeordnet ist, können zu Protokoll der Geschäftsstelle Anträge gestellt und Erklärungen abgegeben werden.

(3) Eine vollständige Ausfertigung des Beschlusses ist den Beteiligten auch dann von Amts wegen zuzustellen, wenn der Beschluss verkündet worden ist.

(4) § 20 Absatz 1 Satz 2, Absatz 2 und 3, § 21 Absatz 1, 2 und 4 sowie § 23 gelten entsprechend.

§ 27 Anordnung der sofortigen Wirksamkeit. (1) [1] Der Beschluss des Oberlandesgerichts nach § 26 wird erst mit seiner Rechtskraft wirksam. [2] Hierauf ist in dem Beschluss hinzuweisen.

(2) Das Oberlandesgericht kann in Verbindung mit der Entscheidung über die Beschwerde die sofortige Wirksamkeit eines Beschlusses anordnen.

Unterabschnitt 3. Rechtsbeschwerde

§ 28 Statthaftigkeit der Rechtsbeschwerde. Gegen den Beschluss des Oberlandesgerichts findet die Rechtsbeschwerde zum Bundesgerichtshof nach Maßgabe des § 574 Absatz 1 Nr. 1, Absatz 2 der Zivilprozessordnung[1)] statt.

§ 29 Einlegung und Begründung der Rechtsbeschwerde. [1] § 575 Absatz 1 bis 4 der Zivilprozessordnung[1)] ist entsprechend anzuwenden. [2] Soweit die Rechtsbeschwerde darauf gestützt wird, dass das Oberlandesgericht von einer Entscheidung des Gerichtshofs der Europäischen Union abgewichen sei, muss die Entscheidung, von der der angefochtene Beschluss abweicht, bezeichnet werden.

[1)] **Habersack, Deutsche Gesetze Nr. 100.**

§ 30 Verfahren und Entscheidung über die Rechtsbeschwerde. (1) [1]Der Bundesgerichtshof kann nur überprüfen, ob der Beschluss auf einer Verletzung des Rechts der Europäischen Union, eines Anerkennungs- und Vollstreckungsvertrags, sonstigen Bundesrechts oder einer anderen Vorschrift beruht, deren Geltungsbereich sich über den Bezirk eines Oberlandesgerichts hinaus erstreckt. [2]Er darf nicht prüfen, ob das Gericht seine örtliche Zuständigkeit zu Unrecht angenommen hat.

(2) [1]Der Bundesgerichtshof kann über die Rechtsbeschwerde ohne mündliche Verhandlung entscheiden. [2]Entsprechend anzuwenden sind die §§ 546, 547, 560 und 577 der Zivilprozessordnung[1)] mit Ausnahme von Absatz 2 Satz 1 bis 3.

(3) § 20 Absatz 1 Satz 2, Absatz 2 und 3, § 21 Absatz 1, 2 und 4 sowie § 23 gelten entsprechend.

§ 31 Anordnung der sofortigen Wirksamkeit. Der Bundesgerichtshof kann auf Antrag der verpflichteten Person eine Anordnung nach § 27 Absatz 2 aufheben oder auf Antrag der berechtigten Person erstmals eine Anordnung nach § 27 Absatz 2 treffen.

Unterabschnitt 4. Feststellung der Anerkennung

§ 32 Anerkennungsfeststellung. [1]Auf das Verfahren über einen gesonderten Feststellungsantrag nach Artikel 24 des Haager Kinderschutzübereinkommens[2)] oder nach dem Europäischen Sorgerechtsübereinkommen[3)], einen Titel aus einem anderen Staat anzuerkennen oder nicht anzuerkennen, sind die Unterabschnitte 1 bis 3 entsprechend anzuwenden. [2]§ 18 Satz 1 ist nicht anzuwenden, wenn die antragstellende Person die Feststellung begehrt, dass ein Titel aus einem anderen Staat nicht anzuerkennen ist. [3]§ 18 Satz 3 ist in diesem Falle mit der Maßgabe anzuwenden, dass die mündliche Erörterung auch mit weiteren Beteiligten stattfinden kann.

Unterabschnitt 5. Wiederherstellung des Sorgeverhältnisses

§ 33 Anordnung auf Herausgabe des Kindes. (1) Umfasst ein vollstreckungsfähiger Titel im Anwendungsbereich des Haager Kinderschutzübereinkommens[2)] oder des Europäischen Sorgerechtsübereinkommens[3)] nach dem Recht des Staates, in dem er geschaffen wurde, das Recht auf Herausgabe des Kindes, so kann das Familiengericht die Herausgabeanordnung in der Vollstreckungsklausel oder in einer nach § 44 getroffenen Anordnung klarstellend aufnehmen.

(2) Liegt im Anwendungsbereich des Europäischen Sorgerechtsübereinkommens ein vollstreckungsfähiger Titel auf Herausgabe des Kindes nicht vor, so stellt das Gericht nach § 32 fest, dass die Sorgerechtsentscheidung oder die von der zuständigen Behörde genehmigte Sorgerechtsvereinbarung aus dem anderen Vertragsstaat anzuerkennen ist, und ordnet zur Wiederherstellung des Sorgeverhältnisses auf Antrag an, dass die verpflichtete Person das Kind herauszugeben hat.

Unterabschnitt 6. Aufhebung oder Änderung von Beschlüssen

§ 34 Verfahren auf Aufhebung oder Änderung. (1) [1]Wird der Titel in dem Staat, in dem er geschaffen worden ist, aufgehoben oder abgeändert und kann die

---

[1)] **Habersack, Deutsche Gesetze Nr. 100.**
[2)] Nr. **45m.**
[3)] Nr. **103m.**

verpflichtete Person diese Tatsache in dem Verfahren der Zulassung der Zwangsvollstreckung nicht mehr geltend machen, so kann sie die Aufhebung oder Änderung der Zulassung in einem besonderen Verfahren beantragen. [2] Das Gleiche gilt für den Fall der Aufhebung oder Änderung von in den Anwendungsbereich des Haager Kinderschutzübereinkommens[1)] und des Europäischen Sorgerechtsübereinkommens[2)] fallenden Entscheidungen, deren Anerkennung festgestellt ist.

(2) Für die Entscheidung über den Antrag ist das Familiengericht ausschließlich zuständig, das im ersten Rechtszug über den Antrag auf Erteilung der Vollstreckungsklausel oder auf Feststellung der Anerkennung entschieden hat.

(3) [1] Der Antrag kann bei dem Gericht schriftlich oder durch Erklärung zu Protokoll der Geschäftsstelle gestellt werden. [2] Die Entscheidung ergeht durch Beschluss.

(4) Auf die Beschwerde finden die Unterabschnitte 2 und 3 entsprechend Anwendung.

(5) [1] Im Falle eines Titels über die Erstattung von Verfahrenskosten sind für die Einstellung der Zwangsvollstreckung und die Aufhebung bereits getroffener Vollstreckungsmaßregeln die §§ 769 und 770 der Zivilprozessordnung[3)] entsprechend anzuwenden. [2] Die Aufhebung einer Vollstreckungsmaßregel ist auch ohne Sicherheitsleistung zulässig.

§ 35 Schadensersatz wegen ungerechtfertigter Vollstreckung aus Titeln über die Erstattung von Verfahrenskosten. (1) [1] Wird die Zulassung der Zwangsvollstreckung aus einem Titel über die Erstattung von Verfahrenskosten auf die Rechtsbeschwerde aufgehoben oder abgeändert, so ist die berechtigte Person zum Ersatz des Schadens verpflichtet, welcher der verpflichteten Person durch die Vollstreckung des Titels oder durch eine Leistung zur Abwendung der Vollstreckung entstanden ist. [2] Das Gleiche gilt, wenn die Zulassung der Zwangsvollstreckung nach § 34 aufgehoben oder abgeändert wird, sofern der zur Zwangsvollstreckung zugelassene Titel zum Zeitpunkt der Zulassung nach dem Recht des Staates, in dem er ergangen ist, noch mit einem ordentlichen Rechtsbehelf angefochten werden konnte.

(2) [1] Für den Antrag, mit dem ein Anspruch nach Absatz 1 geltend gemacht wird, ist das Gericht ausschließlich zuständig, das im ersten Rechtszug über den Antrag, den Titel mit der Vollstreckungsklausel zu versehen, entschieden hat. [2] Es entscheidet nach den für sonstige Familiensachen im Sinne des § 266 Absatz 1 des Gesetzes über das Verfahren in Familiensachen und in den Angelegenheiten der freiwilligen Gerichtsbarkeit[4)] geltenden Vorschriften.

Unterabschnitt 7. Vollstreckungsabwehrklage

§ 36 Vollstreckungsabwehrklage bei Titeln über die Erstattung von Verfahrenskosten. (1) Ist die Zwangsvollstreckung aus einem Titel über die Erstattung von Verfahrenskosten zugelassen, so kann die verpflichtete Person Einwendungen gegen den Anspruch selbst in einem Verfahren nach § 767 der Zivilprozessordnung[3)] nur geltend machen, wenn die Gründe, auf denen ihre Einwendungen beruhen, erst

---

[1)] Nr. 45m.
[2)] Nr. 103m.
[3)] Habersack, Deutsche Gesetze Nr. 100.
[4)] Habersack, Deutsche Gesetze Nr. 112.

1. nach Ablauf der Frist, innerhalb deren sie die Beschwerde hätte einlegen können, oder
2. falls die Beschwerde eingelegt worden ist, nach Beendigung dieses Verfahrens

entstanden sind.

(2) Die Klage nach § 767 der Zivilprozessordnung ist bei dem Gericht zu erheben, das über den Antrag auf Erteilung der Vollstreckungsklausel entschieden hat.

Abschnitt 6. Verfahren nach dem Haager Kindesentführungsübereinkommen

§ 37 Anwendbarkeit. Kommt im Einzelfall die Rückgabe des Kindes nach dem Haager Kindesentführungsübereinkommen[1] und dem Europäischen Sorgerechtsübereinkommen[2] in Betracht, so sind zunächst die Bestimmungen des Haager Kindesentführungsübereinkommens anzuwenden, sofern die antragstellende Person nicht ausdrücklich die Anwendung des Europäischen Sorgerechtsübereinkommens begehrt.

§ 38 Besondere Verfahrensvorschriften. (1) [1]Das Gericht hat das Verfahren auf Rückgabe eines Kindes in allen Rechtszügen vorrangig und beschleunigt zu behandeln. [2]Mit Ausnahme von Artikel 12 Absatz 3 des Haager Kindesentführungsübereinkommens[1] findet eine Aussetzung des Verfahrens nicht statt. [3]Das Gericht hat alle erforderlichen Maßnahmen zur Beschleunigung des Verfahrens zu treffen, insbesondere auch damit die Entscheidung in der Hauptsache binnen der in Artikel 24 Absatz 2 und 3 der Verordnung (EU) 2019/1111[3] genannten Fristen ergehen kann.

(2) Das Gericht prüft in jeder Lage des Verfahrens, ob das Recht zum persönlichen Umgang mit dem Kind gewährleistet werden kann.

(3) Die Beteiligten haben an der Aufklärung des Sachverhalts mitzuwirken, wie es einem auf Förderung und Beschleunigung des Verfahrens bedachten Vorgehen entspricht.

(4) [1]Werden gerichtliche Verfahren nach dem Haager Kindesentführungsübereinkommen nicht nach § 6 Absatz 2 Satz 1 und 2 von der Zentralen Behörde eingeleitet, so benachrichtigt das Gericht die Zentrale Behörde von der Einleitung des Verfahrens. [2]Auf ihren Antrag ist sie am Verfahren zu beteiligen.

§ 39 Ausstellung von Bescheinigungen nach Artikel 29 Absatz 2 der Verordnung (EU) 2019/1111 und Übersendung von Unterlagen. (1) Die Bescheinigung nach Artikel 29 Absatz 2 der Verordnung (EU) 2019/1111[3] wird beim Gericht des ersten Rechtszugs von dem Familienrichter, in Verfahren vor dem Oberlandesgericht von dem Vorsitzenden des Senats für Familiensachen ausgestellt.

(2) Werden Unterlagen nach Artikel 29 Absatz 3 der Verordnung (EU) 2019/1111 unmittelbar dem zuständigen Gericht oder der Zentralen Behörde im Ausland übermittelt, sind der Zentralen Behörde zur Erfüllung ihrer Aufgaben nach Artikel 7 des Haager Kindesentführungsübereinkommens[1] Abschriften dieser Unterlagen zu übersenden.

---

[1] Nr. **103l**.
[2] Nr. **103m**.
[3] Nr. **103b**.

§ 40 Wirksamkeit der Entscheidung; Rechtsmittel. (1) Eine Entscheidung, die zur Rückgabe des Kindes in einen anderen Vertragsstaat verpflichtet, wird erst mit deren Rechtskraft wirksam.

(2) [1] Gegen eine im ersten Rechtszug ergangene Entscheidung findet die Beschwerde zum Oberlandesgericht nach Unterabschnitt 1 des Abschnitts 5 des Buches 1 des Gesetzes über das Verfahren in Familiensachen und in den Angelegenheiten der freiwilligen Gerichtsbarkeit[1)] statt; § 65 Absatz 2, § 68 Absatz 4 Satz 1 sowie § 69 Absatz 1 Satz 2 bis 4 jenes Gesetzes sind nicht anzuwenden. [2] Die Beschwerde ist innerhalb von zwei Wochen einzulegen und zu begründen. [3] Die Beschwerde gegen eine Entscheidung, die zur Rückgabe des Kindes verpflichtet, steht nur dem Antragsgegner, dem Kind, soweit es das 14. Lebensjahr vollendet hat, und dem beteiligten Jugendamt zu. [4] Eine Rechtsbeschwerde findet nicht statt.

(3) [1] Das Beschwerdegericht hat nach Eingang der Beschwerdeschrift unverzüglich zu prüfen, ob die sofortige Wirksamkeit der angefochtenen Entscheidung über die Rückgabe des Kindes anzuordnen ist. [2] Die sofortige Wirksamkeit soll angeordnet werden, wenn die Beschwerde offensichtlich unbegründet ist oder die Rückgabe des Kindes vor der Entscheidung über die Beschwerde unter Berücksichtigung der berechtigten Interessen der Beteiligten mit dem Wohl des Kindes zu vereinbaren ist. [3] Die Entscheidung über die sofortige Wirksamkeit kann während des Beschwerdeverfahrens abgeändert werden.

§ 41 Bescheinigung über Widerrechtlichkeit. (1) [1] Über einen Antrag, die Widerrechtlichkeit des Verbringens oder des Zurückhaltens eines Kindes nach Artikel 15 Satz 1 des Haager Kindesentführungsübereinkommens[2)] festzustellen, entscheidet in folgender Rangfolge das Familiengericht, in dessen Zuständigkeitsbereich

1. die Sorgerechtsangelegenheit oder Ehesache im ersten Rechtszug anhängig ist oder war,
2. das Kind seinen letzten gewöhnlichen Aufenthalt im Geltungsbereich dieses Gesetzes hatte,
3. das Bedürfnis der Fürsorge bekannt wird.

[2] § 12 gilt entsprechend.

(2) Der Antrag ist zu begründen; die für die Widerrechtlichkeit geltend gemachten Gründe sind glaubhaft zu machen.

(3) [1] Das Gericht kann im schriftlichen Verfahren und ohne Anhörung der Beteiligten entscheiden. [2] Die Entscheidung ist zu begründen.

(4) [1] Der Beschluss ist mit der sofortigen Beschwerde in entsprechender Anwendung der §§ 567 bis 572 der Zivilprozessordnung[3)] anfechtbar. [2] Eine Rechtsbeschwerde findet nicht statt.

§ 42 Einreichung von Anträgen bei dem Amtsgericht. (1) [1] Ein Antrag, der in einem anderen Vertragsstaat zu erledigen ist, kann auch bei dem Amtsgericht als Justizverwaltungsbehörde eingereicht werden, in dessen Bezirk die antragstellende Person ihren gewöhnlichen Aufenthalt oder, mangels eines solchen im Geltungsbereich dieses Gesetzes, ihren tatsächlichen Aufenthalt hat. [2] Das Gericht über-

[1)] **Habersack, Deutsche Gesetze Nr. 112.**
[2)] Nr. 103l.
[3)] **Habersack, Deutsche Gesetze Nr. 100.**

mittelt den Antrag nach Prüfung der förmlichen Voraussetzungen unverzüglich der Zentralen Behörde, die ihn an den anderen Vertragsstaat weiterleitet.

(2) Für die Tätigkeit des Amtsgerichts und der Zentralen Behörde bei der Entgegennahme und Weiterleitung von Anträgen werden mit Ausnahme der Fälle nach § 5 Absatz 1 Kosten nicht erhoben.

§ 43 Verfahrenskosten- und Beratungshilfe. Abweichend von Artikel 26 Absatz 2 des Haager Kindesentführungsübereinkommens[1] findet eine Befreiung von gerichtlichen und außergerichtlichen Kosten bei Verfahren nach diesem Übereinkommen nur nach Maßgabe der Vorschriften über die Beratungshilfe und Verfahrenskostenhilfe statt.

Abschnitt 7. Vollstreckung

Unterabschnitt 1. Besondere Vorschriften zur Vollstreckung von Titeln über die Herausgabe und Rückgabe von Personen und die Regelung des Umgangs

§ 44 Ordnungsmittel; Vollstreckung von Amts wegen. (1) [1] Bei Zuwiderhandlung gegen einen im Inland zu vollstreckenden Titel nach Kapitel IV der Verordnung (EU) 2019/1111[2], nach dem Haager Kinderschutzübereinkommen[3], dem Haager Kindesentführungsübereinkommen[1] oder dem Europäischen Sorgerechtsübereinkommen[4], der auf Herausgabe oder Rückgabe von Personen oder die Regelung des Umgangs gerichtet ist, soll das Gericht Ordnungsgeld und für den Fall, dass dieses nicht beigetrieben werden kann, Ordnungshaft anordnen. [2] Verspricht die Anordnung eines Ordnungsgeldes keinen Erfolg, soll das Gericht Ordnungshaft anordnen.

(2) Für die Vollstreckung eines in Absatz 1 genannten Titels nach dem Haager Kinderschutzübereinkommen, dem Haager Kindesentführungsübereinkommen oder dem Europäischen Sorgerechtsübereinkommen ist das Oberlandesgericht zuständig, sofern es die Anordnung für vollstreckbar erklärt, erlassen oder bestätigt hat.

(3) [1] Ist ein Kind heraus- oder zurückzugeben, so hat das Gericht die Vollstreckung von Amts wegen durchzuführen, es sei denn, die Anordnung ist auf Herausgabe des Kindes zum Zweck des Umgangs gerichtet. [2] Auf Antrag der berechtigten Person soll das Gericht hiervon absehen.

Unterabschnitt 2. Besondere Vorschriften zur Vollstreckung von Titeln nach Kapitel IV der Verordnung (EU) 2019/1111

§ 44a Allgemeine Verfahrensvorschriften. (1) Aus einem Titel nach Kapitel IV der Verordnung (EU) 2019/1111[2], der in einem anderen Mitgliedstaat vollstreckbar ist, findet die Zwangsvollstreckung im Inland statt, ohne dass es einer Vollstreckungsklausel bedarf.

(2) Weist die zur Vollstreckung berechtigte Person bei Vorlage der nach den Artikeln 35, 46 oder 65 Absatz 2 Satz 2 der Verordnung (EU) 2019/1111 zwecks Vollstreckung vorzulegenden Unterlagen nicht nach, wann der verpflichteten

[1] Nr. **103l**.
[2] Nr. **103b**.
[3] Nr. **45m**.
[4] Nr. **103m**.

Person der zu vollstreckende Titel und die nach den Artikeln 36, 47 oder 66 ausgestellte Bescheinigung zugestellt worden sind, so stellt die für die Vollstreckung zuständige Stelle der verpflichteten Person von Amts wegen Abschriften der ihr vorgelegten Bescheinigung sowie der ihr vorgelegten Ausfertigung der Entscheidung zu.

(3) Umfasst ein vollstreckungsfähiger Titel nach Kapitel IV der Verordnung (EU) 2019/1111 nach dem Recht des Staates, in dem er geschaffen wurde, das Recht auf Herausgabe des Kindes, so kann das Familiengericht die Herausgabeanordnung in einer nach § 44 getroffenen Anordnung klarstellend aufnehmen.

§ 44b Verfahren auf Versagung der Vollstreckung nach Artikel 59 der Verordnung (EU) 2019/1111. (1) Mit dem Antrag auf Versagung der Vollstreckung nach Artikel 59 der Verordnung (EU) 2019/1111[1)] können ausschließlich die in den Artikeln 41, 50, 56 Absatz 6 und Artikel 68 Absatz 2 und 3 der Verordnung (EU) 2019/1111 vorgesehenen Vollstreckungsversagungsgründe geltend gemacht werden.

(2) [1] Der Antrag nach Absatz 1 ist bei dem zuständigen Gericht schriftlich einzureichen oder mündlich zu Protokoll der Geschäftsstelle zu erklären. [2] Er soll die Vollstreckungsversagungsgründe bezeichnen, die geltend gemacht werden, und die zu ihrer Begründung dienenden Tatsachen und Beweismittel angeben. [3] Abweichend von § 114 Absatz 1 des Gesetzes über das Verfahren in Familiensachen und in den Angelegenheiten der freiwilligen Gerichtsbarkeit[2)] ist auch in Ehesachen im ersten Rechtszug eine Vertretung durch einen Rechtsanwalt nicht erforderlich.

(3) [1] Das Gericht kann der antragstellenden Person eine Frist für die Bezeichnung der geltend gemachten Vollstreckungsversagungsgründe und die Angabe der zu ihrer Begründung dienenden Tatsachen und Beweismittel setzen. [2] Mit der Fristsetzung ist die antragstellende Person über die Folgen der Versäumung der Frist zu belehren.

(4) [1] Vollstreckungsversagungsgründe und die zu ihrer Begründung dienenden Tatsachen und Beweismittel, die erst nach Ablauf einer nach Absatz 3 Satz 1 gesetzten Frist vorgebracht werden, sind nur zuzulassen, wenn

1. ihre Zulassung nach der freien Überzeugung des Gerichts die Erledigung des Verfahrens nicht verzögern würde oder
2. die antragstellende Person die Verspätung genügend entschuldigt.

[2] Der Entschuldigungsgrund nach Satz 1 Nummer 2 ist auf Verlangen des Gerichts glaubhaft zu machen.

§ 44c Entscheidung über die Versagung der Vollstreckung und Bekanntmachung der Entscheidung. (1) [1] Über den Antrag auf Versagung der Vollstreckung nach Artikel 59 der Verordnung (EU) 2019/1111[1)] entscheidet das Gericht durch Beschluss. [2] Der Beschluss ist zu begründen. [3] Er kann ohne mündliche Verhandlung ergehen.

(2) Für die Kostenentscheidung gelten in Ehesachen die §§ 91 bis 107 der Zivilprozessordnung[3)] und in den übrigen Verfahren die §§ 80 bis 85 des Gesetzes

---

[1)] Nr. **103b.**
[2)] **Habersack, Deutsche Gesetze Nr. 112.**
[3)] **Habersack, Deutsche Gesetze Nr. 100.**

über das Verfahren in Familiensachen und in Angelegenheiten der freiwilligen Gerichtsbarkeit[1] entsprechend.

(3) Der Beschluss ist den Beteiligten zuzustellen.

(4) [1] In einem Verfahren, das die Versagung der Vollstreckung einer die elterliche Verantwortung betreffenden Entscheidung zum Gegenstand hat, ist der Beschluss auch zuzustellen:

1. dem gesetzlichen Vertreter des Kindes,
2. dem Vertreter des Kindes im Verfahren,
3. dem Kind selbst, wenn es das 14. Lebensjahr vollendet hat und nicht geschäftsunfähig ist,
4. einem Elternteil, der nicht am Verfahren beteiligt war, sowie
5. dem Jugendamt.

[2] Eine Begründung soll dem Kind nicht mitgeteilt werden, wenn Nachteile für dessen Entwicklung, Erziehung oder Gesundheit zu befürchten sind

(5) In einem Verfahren, das die Versagung der Vollstreckung einer Unterbringung zum Gegenstand hat, ist der Beschluss auch dem Leiter der Einrichtung oder der Pflegefamilie bekannt zu machen, in der das Kind untergebracht werden soll.

§ 44d Sofortige Beschwerde. (1) Der Beschluss ist in entsprechender Anwendung der §§ 567 bis 572 der Zivilprozessordnung[2] mit der sofortigen Beschwerde anfechtbar.

(2) [1] Abweichend von § 571 Absatz 2 Satz 1 und Absatz 3 der Zivilprozessordnung sind als neue Angriffs- und Verteidigungsmittel nur solche zuzulassen, die im ersten Rechtszug nicht geltend gemacht worden sind, ohne dass dies auf einer Nachlässigkeit der Partei beruht. [2] Das Beschwerdegericht kann verlangen, dass die Tatsachen, aus denen sich die Zulässigkeit der neuen Angriffs- und Verteidigungsmittel nach Satz 1 ergibt, glaubhaft gemacht werden.

(3) Vollstreckungsversagungsgründe und die zu ihrer Begründung dienenden Tatsachen und Beweismittel, die im ersten Rechtszug nach § 44b Absatz 4 zu Recht zurückgewiesen worden sind, bleiben ausgeschlossen.

(4) § 44c Absatz 2 bis 5 ist entsprechend anzuwenden.

§ 44e Rechtsbeschwerde. (1) Gegen den Beschluss des Beschwerdegerichts findet die Rechtsbeschwerde zum Bundesgerichtshof statt, wenn das Beschwerdegericht sie in seinem Beschluss in entsprechender Anwendung des § 574 Absatz 1 Satz 1 Nummer 2 und Absatz 3 der Zivilprozessordnung[2] zugelassen hat.

(2) [1] § 574 Absatz 4, § 575 Absatz 1 bis 4 sowie die §§ 576 und 577 der Zivilprozessordnung und § 44c Absatz 2 bis 5 sind entsprechend anwendbar. [2] In Angelegenheiten der freiwilligen Gerichtsbarkeit bleiben § 574 Absatz 4 und *§ 577 Absatz 2 Satz 1 bis 3 der Zivil*prozessordnung sowie in § 576 Absatz 3 die Verweisung auf § 556 der Zivilprozessordnung außer Betracht.

(3) Soweit die Rechtsbeschwerde darauf gestützt wird, dass das Beschwerdegericht von einer Entscheidung des Gerichtshofs der Europäischen Union abgewichen sei, muss die Entscheidung, von der der angefochtene Beschluss abweicht, in der Beschwerdebegründung bezeichnet werden.

---

[1] **Habersack, Deutsche Gesetze Nr. 112.**
[2] **Habersack, Deutsche Gesetze Nr. 100.**

§ 44f Aussetzung der Vollstreckung nach Artikel 56 Absatz 1, 2 und 4 der Verordnung (EU) 2019/1111. (1) [1]Antragsberechtigt nach Artikel 56 Absatz 1 und 2 der Verordnung (EU) 2019/1111[1)] ist auch das betroffene Kind. [2]Antragsberechtigt nach Artikel 56 Absatz 4 der Verordnung (EU) 2019/1111 sind auch das betroffene Kind und das Jugendamt.

(2) [1]Die Befugnis zur Aussetzung der Vollstreckung im Sinne des Artikels 56 Absatz 1, 2 und 4 der Verordnung (EU) 2019/1111 umfasst die Befugnis zur Aufhebung der bisherigen Vollstreckungsmaßregeln. [2]Die Entscheidung über eine Aussetzung der Vollstreckung nach Artikel 56 Absatz 1, 2 und 4 der Verordnung (EU) 2019/1111 ist unanfechtbar.

(3) Für die Entscheidung über die Aussetzung der Vollstreckung ist das Oberlandesgericht zuständig, wenn dort eine sofortige Beschwerde gegen einen im Vollstreckungsverfahren ergangenen Beschluss anhängig ist.

(4) § 93 des Gesetzes über das Verfahren in Familiensachen und in den Angelegenheiten der freiwilligen Gerichtsbarkeit[2)] findet keine Anwendung.

§ 44g Einstellung der Zwangsvollstreckung. (1) [1]Die Zwangsvollstreckung ist einzustellen, wenn die Ausfertigung einer rechtskräftigen Entscheidung vorgelegt wird, aus der sich ergibt, dass

1. die Vollstreckung im Verfahren nach Artikel 59 der Verordnung (EU) 2019/1111[1)] versagt worden ist oder
2. die Vollstreckung nach Artikel 56 Absatz 1, 2 oder 4 der Verordnung (EU) 2019/1111 ausgesetzt worden ist.

[2]In den Fällen des Satzes 1 Nummer 1 sind die bereits getroffenen Vollstreckungsmaßregeln aufzuheben. [3]In den Fällen des Satzes 1 Nummer 2 bleiben die bereits getroffenen Vollstreckungsmaßregeln einstweilen bestehen, sofern nicht durch die Entscheidung über die Aussetzung der Vollstreckung auch die Aufhebung der bisherigen Vollstreckungsmaßregeln angeordnet ist.

(2) [1]Die Zwangsvollstreckung ist entsprechend § 775 Nummer 1 und 2 und § 776 der Zivilprozessordnung[3)] einzustellen oder zu beschränken, wenn Folgendes vorgelegt wird:

1. im Fall einer nach Artikel 47 der Verordnung (EU) 2019/1111 bescheinigten Entscheidung eine Bescheinigung über die Aussetzung oder Einschränkung der Vollstreckbarkeit nach Artikel 49 Absatz 1 der Verordnung (EU) 2019/1111,
2. im Fall eines nicht in Nummer 1 genannten Titels eine Entscheidung des Mitgliedstaates, in dem der Titel geschaffen wurde, über die Nichtvollstreckbarkeit oder über die Beschränkung der Vollstreckbarkeit.

[2]Im Fall des Satzes 1 Nummer 2 ist auf Verlangen des Vollstreckungsorgans eine Übersetzung der Entscheidung in die deutsche Sprache vorzulegen. [3]Die Übersetzung ist von einer in einem der Mitgliedstaaten der Europäischen Union hierzu befugten Person zu erstellen.

§ 44h Schadensersatz wegen ungerechtfertigter Vollstreckung aus Titeln über die Erstattung von Verfahrenskosten. (1) Wird ein Titel über die Erstattung von Verfahrenskosten in dem Mitgliedstaat, in dem er geschaffen wurde, aufgehoben oder abgeändert, so ist die berechtigte Person zum Ersatz des Schadens

[1)] Nr. 103b.
[2)] **Habersack, Deutsche Gesetze Nr. 112.**
[3)] **Habersack, Deutsche Gesetze Nr. 100.**

verpflichtet, welcher der verpflichteten Person durch die Vollstreckung des Titels oder durch eine Leistung zur Abwendung der Vollstreckung entstanden ist, sofern der Titel zum Zeitpunkt der Zwangsvollstreckungsmaßnahme noch mit einem ordentlichen Rechtsbehelf angefochten werden konnte.

(2) [1] Für den Antrag, mit dem ein Anspruch nach Absatz 1 geltend gemacht wird, ist das Gericht ausschließlich zuständig, das im ersten Rechtszug über den Antrag auf Versagung der Vollstreckung entschieden hat oder über einen solchen Antrag zu entscheiden hätte. [2] Es entscheidet nach den für sonstige Familiensachen im Sinne des § 266 Absatz 1 des Gesetzes über das Verfahren in Familiensachen und in den Angelegenheiten der freiwilligen Gerichtsbarkeit[1)] geltenden Vorschriften.

§ 44i Vollstreckungsabwehrklage bei Titeln über die Erstattung von Verfahrenskosten. (1) Die aus einem Titel über die Erstattung von Verfahrenskosten verpflichtete Person kann Einwendungen gegen den Anspruch selbst im Wege einer Klage entsprechend § 767 der Zivilprozessordnung[2)] insoweit geltend machen, als die Gründe, auf denen sie beruhen, erst nach Erlass des Titels entstanden sind.

(2) Für die Klage nach Absatz 1 ist das Gericht ausschließlich zuständig, das im ersten Rechtszug über den Antrag auf Versagung der Vollstreckung entschieden hat oder über einen solchen Antrag zu entscheiden hätte.

§ 44j Verfahren auf Feststellung des Nichtvorliegens von Anerkennungsversagungsgründen und auf Versagung der Anerkennung. (1) [1] Auf das Verfahren über einen gesonderten Feststellungsantrag nach Artikel 30 Absatz 3 der Verordnung (EU) 2019/1111[3)] und auf das Verfahren über einen gesonderten Antrag auf Versagung der Anerkennung nach Artikel 40 Absatz 1 der Verordnung (EU) 2019/1111 sind § 44b Absatz 2 Satz 1 und 3, Absatz 3 und 4 sowie § 44c entsprechend anzuwenden. [2] Antragsberechtigt ist, wer ein rechtliches Interesse an der Feststellung oder an der Versagung der Anerkennung hat. [3] Der Antrag auf Versagung der Anerkennung nach Artikel 40 Absatz 1 der Verordnung (EU) 2019/1111 soll bezeichnen, welche der in den Artikeln 38, 39, 50 oder 68 der Verordnung (EU) 2019/1111 vorgesehenen Anerkennungsversagungsgründe geltend gemacht werden, und die zu ihrer Begründung dienenden Tatsachen und Beweismittel angeben.

(2) [1] Der erstinstanzliche Beschluss ist mit der sofortigen Beschwerde in entsprechender Anwendung des § 44d anfechtbar. [2] Der Beschluss des Beschwerdegerichts ist in entsprechender Anwendung des § 44e mit der Rechtsbeschwerde anfechtbar.

(3) [1] Wird der Titel in dem Mitgliedstaat, in dem er geschaffen worden ist, aufgehoben oder geändert und kann die Aufhebung oder Änderung in dem Verfahren auf Feststellung des Nichtvorliegens von Anerkennungsversagungsgründen nicht mehr geltend gemacht werden, so kann der Antragsgegner die Aufhebung oder Änderung der Entscheidung, dass kein Anerkennungsversagungsgrund gegeben ist, in einem besonderen Verfahren beantragen. [2] Für die Entscheidung über den Antrag ist das Familiengericht ausschließlich zuständig, das im ersten Rechtszug über den Feststellungsantrag nach Absatz 1 entschieden hat.

[1)] **Habersack, Deutsche Gesetze Nr. 112.**
[2)] **Habersack, Deutsche Gesetze Nr. 100.**
[3)] Nr. **103b**.

[3] § 44b Absatz 2 Satz 1 und 3, die §§ 44c und 44d Absatz 1 und 4 sowie § 44e sind entsprechend anzuwenden.

Abschnitt 8. Grenzüberschreitende Unterbringung

§ 45 Zuständigkeit für die Zustimmung zu einer Unterbringung. [1] Zuständig für die Erteilung der Zustimmung zu einer Unterbringung eines Kindes nach Artikel 82 der Verordnung (EU) 2019/1111[1)] oder nach Artikel 33 des Haager Kinderschutzübereinkommens[2)] im Inland ist der überörtliche Träger der öffentlichen Jugendhilfe, in dessen Bereich das Kind nach dem Vorschlag der ersuchenden Stelle untergebracht werden soll, andernfalls der überörtliche Träger, zu dessen Bereich die Zentrale Behörde den engsten Bezug festgestellt hat. [2] Hilfsweise ist das Land Berlin zuständig.

§ 46 Konsultationsverfahren. (1) Dem Ersuchen soll in der Regel zugestimmt werden, wenn

1. die Durchführung der beabsichtigten Unterbringung im Inland dem Wohl des Kindes entspricht, insbesondere weil es eine besondere Bindung zum Inland hat,
2. die ausländische Stelle einen Bericht und, soweit erforderlich, ärztliche Zeugnisse oder Gutachten vorgelegt hat, aus denen sich die Gründe der beabsichtigten Unterbringung ergeben,
3. das Kind im ausländischen Verfahren angehört wurde, sofern eine Anhörung nicht auf Grund des Alters oder des Reifegrades des Kindes unangebracht erschien,
4. die Zustimmung der geeigneten Einrichtung oder Pflegefamilie vorliegt und der Vermittlung des Kindes dorthin keine Gründe entgegenstehen,
5. eine erforderliche ausländerrechtliche Genehmigung erteilt oder zugesagt wurde,
6. die Übernahme der Kosten geregelt ist.

(2) Im Falle einer Unterbringung, die mit Freiheitsentziehung verbunden ist, ist das Ersuchen ungeachtet der Voraussetzungen des Absatzes 1 abzulehnen, wenn

1. im ersuchenden Staat über die Unterbringung kein Gericht entscheidet oder
2. bei Zugrundelegung des mitgeteilten Sachverhalts nach innerstaatlichem Recht eine Unterbringung, die mit Freiheitsentziehung verbunden ist, nicht zulässig wäre.

(3) Die ausländische Stelle kann um ergänzende Informationen ersucht werden.

(4) Wird um die Unterbringung eines ausländischen Kindes ersucht, ist die Stellungnahme der Ausländerbehörde einzuholen.

(5) [1] Die zu begründende Entscheidung ist auch der Zentralen Behörde und der Einrichtung oder der Pflegefamilie, in der das Kind untergebracht werden soll, mitzuteilen. [2] Sie ist unanfechtbar.

§ 47 Genehmigung des Familiengerichts. (1) [1] Die Zustimmung des überörtlichen Trägers der öffentlichen Jugendhilfe nach den §§ 45 und 46 ist nur mit Genehmigung des Familiengerichts zulässig. [2] Das Gericht soll die Genehmigung in der Regel erteilen, wenn

---

1) Nr. **103b**.
2) Nr. **45m**.

1. die in § 46 Absatz 1 Nummer 1 bis 3 bezeichneten Voraussetzungen vorliegen und
2. kein Hindernis für die Anerkennung der beabsichtigten Unterbringung erkennbar ist.

[3] § 46 Absatz 2 und 3 gilt entsprechend.

(2) [1] Örtlich zuständig ist das Familiengericht, in dessen Bezirk das Oberlandesgericht, in dessen Bezirk das Kind untergebracht werden soll, seinen Sitz hat. [2] § 12 Absatz 2 und 3 gilt entsprechend.

(3) Der zu begründende Beschluss ist unanfechtbar.

Abschnitt 9. Bescheinigungen zu inländischen Entscheidungen nach Kapitel IV der Verordnung (EU) 2019/1111

§ 48 Ausstellung von Bescheinigungen. (1) [1] Bescheinigungen nach Artikel 36 Absatz 1 der Verordnung (EU) 2019/1111[1)] werden von dem Gericht ausgestellt, das die Entscheidung erlassen hat. [2] Bescheinigungen nach Artikel 49 Absatz 1 der Verordnung (EU) 2019/1111 werden von dem Gericht ausgestellt, das die Vollstreckbarkeit der Entscheidung ausgesetzt oder eingeschränkt hat.

(2) [1] Bescheinigungen nach Artikel 36 Absatz 1, Artikel 47 Absatz 1 und Artikel 49 Absatz 1 der Verordnung (EU) 2019/1111 werden beim Gericht des ersten Rechtszugs von dem Familienrichter, bei einem höheren Gericht von dem Vorsitzenden des zuständigen Senats für Familiensachen ausgestellt. [2] Die Bescheinigungen sind ohne Anhörung des Antragsgegners auszustellen.

(3) [1] Eine Ausfertigung der Bescheinigung nach Artikel 36 Absatz 1 und Artikel 47 Absatz 1 der Verordnung (EU) 2019/1111 ist dem Antragsgegner zuzustellen. [2] Die Zustellung erfolgt von Amts wegen. [3] Das gilt nicht, wenn die antragstellende Person Übermittlung an sich zur Zustellung im Parteibetrieb beantragt hat.

(4) [1] Die Entscheidung des Familienrichters, mit der ein Antrag auf Ausstellung einer Bescheinigung nach Artikel 36 Absatz 1 oder nach Artikel 47 Absatz 1 der Verordnung (EU) 2019/1111 zurückgewiesen wird, ist mit der sofortigen Beschwerde in entsprechender Anwendung der §§ 567 bis 572 der Zivilprozessordnung[2)] anfechtbar. [2] Eine Rechtsbeschwerde findet nicht statt.

§ 49 Berichtigung von Bescheinigungen. Für die Berichtigung einer Bescheinigung nach Artikel 36 der Verordnung (EU) 2019/1111[1)] (Artikel 37 der Verordnung (EU) 2019/1111) und für die Berichtigung einer Bescheinigung nach Artikel 47 der Verordnung (EU) 2019/1111 (Artikel 48 Absatz 1 und 3 der Verordnung (EU) 2019/1111) gilt § 319 der Zivilprozessordnung[2)] entsprechend.

§ 50 Widerruf von Bescheinigungen. *(1) Über* den Widerruf einer Bescheinigung nach Artikel 47 der Verordnung (EU) 2019/1111[1)] (Artikel 48 der Verordnung (EU) 2019/1111) entscheidet das Gericht, das die Bescheinigung ausgestellt hat.

(2) § 319 Absatz 2 und 3 der Zivilprozessordnung[2)] ist auf den Widerruf entsprechend anzuwenden.

[1)] Nr. **103b**.
[2)] **Habersack, Deutsche Gesetze Nr. 100.**

Abschnitt 10. Verfahren nach dem Europäischen Adoptionsübereinkommen

§ 51 Verfahren der nationalen Behörde. Auf Anträge aus einem anderen Staat nach Artikel 15 des Europäischen Adoptionsübereinkommens finden § 4 Absatz 1, § 6 Absatz 1 und § 9 entsprechende Anwendung.

Abschnitt 11. Kosten

§ 52 (weggefallen)

§ 53 (weggefallen)

§ 54 Übersetzungen. Die Höhe der Vergütung für die von der Zentralen Behörde veranlassten Übersetzungen richtet sich nach dem Justizvergütungs- und -entschädigungsgesetz[1].

Abschnitt 12. Übergangsvorschriften

§ 55 Übergangsvorschriften zur Verordnung (EU) 2019/1111. Wenn für vor dem 1. August 2022 eingeleitete gerichtliche Verfahren, förmlich errichtete oder eingetragene öffentliche Urkunden und vollstreckbar gewordene Vereinbarungen nach Artikel 100 Absatz 2 der Verordnung (EU) 2019/1111[2] die Verordnung (EG) Nr. 2201/2003 des Rates vom 27. November 2003 über die Zuständigkeit und die Anerkennung und Vollstreckung von Entscheidungen in Ehesachen und in Verfahren betreffend die elterliche Verantwortung und zur Aufhebung der Verordnung (EG) Nr. 1347/2000 (ABl. L 338 vom 23.12.2003, S. 1; L 99 vom 15.4.2016, S. 34), die zuletzt durch die Verordnung (EG) Nr. 2116/2004 (ABl. L 367 vom 14.12.2004, S. 1) geändert worden ist, weiter gilt, ist dieses Gesetz in seiner am 31. Juli 2022 geltenden Fassung anzuwenden.

---

[1] **Habersack, Deutsche Gesetze Nr. 116.**
[2] Nr. **103b**.

103o. Gesetz zur Geltendmachung von Unterhaltsansprüchen im Verkehr mit ausländischen Staaten (Auslandsunterhaltsgesetz – AUG)[1]

Vom 23. Mai 2011
(BGBl. I S. 898)

FNA 319-114

Lfd. Nr.	Änderndes Gesetz	Datum	Fundstelle	Betroffen	Hinweis
1.	Art. 1 G zur Durchführung des Haager Übereinkommens vom 23. November 2007 sowie zur Änd. von Vorschriften auf dem Gebiet des internationalen Unterhaltsverfahrensrechts und des materiellen Unterhaltsrechts	20.2.2013	BGBl. I S. 273 iVm Bek. v. 2.7.2014, BGBl. I S. 887	Inhaltsübersicht, §§ 35, 66 § 44 Inhaltsübersicht, §§ 1, 4, 5, 8, 14, 15, 22 § 59a, Kapitel 2 Abschnitt 4 UAbschnitt 2 (§ 60a)	geänd. mWv 26.2.2013 aufgeh. mWv 26.2.2013 geänd. mWv 1.8.2014 eingef. mWv 1.8.2014
2.	Art. 10 G zur Änd. des Prozesskostenhilfe- und Beratungshilferechts	31.8.2013	BGBl. I S. 3533	§§ 23, 24	geänd. mWv 1.1.2014
3.	Art. 169 Zehnte ZuständigkeitsanpassungsVO	31.8.2015	BGBl. I S. 1474	§§ 1, 4	geänd. mWv 8.9.2015
4.	Art. 5 G zur Änd. des Unterhaltsrechts und des Unterhaltsverfahrensrechts sowie zur Änd. der ZPO und kostenrechtlicher Vorschriften	20.11.2015	BGBl. I S. 2018	Inhaltsübersicht, §§ 7, 9, 10, 11, 21, 28, 35 § 27	geänd. mWv 26.11. 2015 neu gef. mWv 26.11. 2015
5.	Art. 23 G zur Umsetzung der RL (EU) 2016/680 im Strafverfahren sowie zur Anpassung datenschutzrechtl. Bestimmungen an die VO (EU) 2016/679	20.11.2019	BGBl. I S. 1724	Inhaltsübersicht, §§ 16, 19	geänd. mWv 26.11. 2019
6.	Art. 4 Abs. 3 G zur Verbesserung des Schutzes von Gerichtsvollziehern vor Gewalt sowie zur Änd. weiterer zwangsvollstreckungsrechtlicher Vorschriften und zur Änd. des InfektionsschutzG	7.5.2021	BGBl. I S. 850	§§ 16, 17	geänd. mWv 1.1.2022
7.	Art. 4 G zur Durchführung der VO (EU) 2019/1111 sowie zur Änd. sonstiger Vorschriften	10.8.2021	BGBl. I S. 3424	§§ 7, 21, 27, 28, 35 § 25	geänd. mWv 18.8.2021 geänd. mWv 1.8.2022

Inhaltsübersicht[2]

Kapitel 1. Allgemeiner Teil

Abschnitt 1. Anwendungsbereich; Begriffsbestimmungen

---

[1] Verkündet als Art. 1 G v. 23.5.2011 (BGBl. I S. 898); Inkrafttreten gem. Art. 20 Abs. 1 Satz 1 dieses G am 18.6.2011.

[2] Inhaltsübersicht geänd. mWv 26.2.2013 und mWv 1.8.2014 durch G v. 20.2.2013 (BGBl. I S. 273 iVm Bek. v. 2.7.2014, BGBl. I S. 887); mWv 26.11.2015 durch G v. 20.11.2015 (BGBl. I S. 2018); mWv 26.11.2019 durch G v. 20.11.2019 (BGBl. I S. 1724).

(Fortsetzung nächstes Blatt)

Kapitel 1. Allgemeiner Teil

Abschnitt 1. Anwendungsbereich; Begriffsbestimmungen

§ 1[1)] Anwendungsbereich. (1) [1] Dieses Gesetz dient

1. der Durchführung folgender Verordnung und folgender Abkommen der Europäischen Union:
   a) der Verordnung (EG) Nr. 4/2009[2)] des Rates vom 18. Dezember 2008 über die Zuständigkeit, das anwendbare Recht, die Anerkennung und Vollstreckung von Entscheidungen und die Zusammenarbeit in Unterhaltssachen (ABl. L 7 vom 10. 1. 2009, S. 1);
   b) des Abkommens vom 19. Oktober 2005 zwischen der Europäischen Gemeinschaft und dem Königreich Dänemark über die gerichtliche Zuständigkeit und die Anerkennung und Vollstreckung von Entscheidungen in Zivil- und Handelssachen (ABl. L 299 vom 16. 11. 2005, S. 62), soweit dieses Abkommen auf Unterhaltssachen anzuwenden ist;
   c) des Übereinkommens vom 30. Oktober 2007 über die gerichtliche Zuständigkeit und die Anerkennung und Vollstreckung von Entscheidungen in Zivil- und Handelssachen (ABl. L 339 vom 21. 12. 2007, S. 3), soweit dieses Übereinkommen auf Unterhaltssachen anzuwenden ist;
2. der Ausführung folgender völkerrechtlicher Verträge:
   a) des Haager Übereinkommens vom 23. November 2007 über die internationale Geltendmachung der Unterhaltsansprüche von Kindern und anderen Familienangehörigen (ABl. L 192 vom 22. 7. 2011, S. 51) nach Maßgabe des Beschlusses des Rates der Europäischen Union vom 9. Juni 2011 (ABl. L 192 vom 22. 7. 2011, S. 39) über die Genehmigung dieses Übereinkommens;

---

1) § 1 Abs. 1 Satz 1 Nr. 2 Buchst. a eingef., bish. Buchst. a bis c werden Buchst. b bis d mWv 1. 8. *2014 durch* G v. 20. 2. 2013 (BGBl. I S. 273 iVm Bek. v. 2. 7. 2014, BGBl. I S. 887); Abs. 1 Satz 2 geänd. mWv 8. 9. 2015 durch VO v. 31. 8. 2015 (BGBl. I S. 1474).

2) Nr. **21 d**.

b) des Haager Übereinkommens vom 2. Oktober 1973 über die Anerkennung und Vollstreckung von Unterhaltsentscheidungen (BGBl. 1986 II S. 826);

c) des Übereinkommens vom 16. September 1988 über die gerichtliche Zuständigkeit und die Vollstreckung gerichtlicher Entscheidungen in Zivil- und Handelssachen (BGBl. 1994 II S. 2658), soweit dieses Übereinkommen auf Unterhaltssachen anzuwenden ist;

d) des New Yorker UN-Übereinkommens vom 20. Juni 1956 über die Geltendmachung von Unterhaltsansprüchen im Ausland (BGBl. 1959 II S. 150);

3. der Geltendmachung von gesetzlichen Unterhaltsansprüchen, wenn eine der Parteien im Geltungsbereich dieses Gesetzes und die andere Partei in einem anderen Staat, mit dem die Gegenseitigkeit verbürgt ist, ihren gewöhnlichen Aufenthalt hat.

[2] Die Gegenseitigkeit nach Satz 1 Nummer 3 ist verbürgt, wenn das Bundesministerium der Justiz und für Verbraucherschutz dies festgestellt und im Bundesgesetzblatt bekannt gemacht hat (förmliche Gegenseitigkeit).[1)] [3] Staaten im Sinne des Satzes 1 Nummer 3 sind auch Teilstaaten und Provinzen eines Bundesstaates.

(2) [1] Regelungen in völkerrechtlichen Vereinbarungen gehen, soweit sie unmittelbar anwendbares innerstaatliches Recht geworden sind den Vorschriften dieses Gesetzes vor. [2] Die Regelungen der in Absatz 1 Satz 1 Nummer 1 genannten Verordnung und Abkommen werden als unmittelbar geltendes Recht der Europäischen Union durch die Durchführungsbestimmungen dieses Gesetzes nicht berührt.

§ 2 Allgemeine gerichtliche Verfahrensvorschriften. Soweit in diesem Gesetz nichts anderes geregelt ist, werden die Vorschriften des Gesetzes über das Verfahren in Familiensachen und in den Angelegenheiten der freiwilligen Gerichtsbarkeit angewendet.

§ 3 Begriffsbestimmungen. Im Sinne dieses Gesetzes

1. sind Mitgliedstaaten die Mitgliedstaaten der Europäischen Union
2. sind völkerrechtliche Verträge multilaterale und bilaterale Anerkennungs- und Vollstreckungsverträge,
3. sind Berechtigte

   a) natürliche Personen, die einen Anspruch auf Unterhaltsleistungen haben oder geltend machen,

   b) öffentlich-rechtliche Leistungsträger, die Unterhaltsansprüche aus übergegangenem Recht geltend machen, soweit die Verordnung (EG) Nr. 4/2009[2)] oder der auszuführende völkerrechtliche Vertrag auf solche Ansprüche anzuwenden ist,

4. sind Verpflichtete natürliche Personen, die Unterhalt schulden oder denen gegenüber Unterhaltsansprüche geltend gemacht werden,

---

[1)] Siehe die Bek. über die Feststellung der Gegenseitigkeit für die Geltendmachung von Unterhaltsansprüchen nach dem AUG v. 18. 6. 2011 (BGBl. I S. 1109).

[2)] Nr. **21 d**.

5. sind Titel gerichtliche Entscheidungen, gerichtliche Vergleiche und öffentliche Urkunden, auf welche die durchzuführende Verordnung oder der jeweils auszuführende völkerrechtliche Vertrag anzuwenden ist,
6. ist Ursprungsstaat der Staat, in dem ein Titel errichtet worden ist, und
7. ist ein Exequaturverfahren das Verfahren, mit dem ein ausländischer Titel zur Zwangsvollstreckung im Inland zugelassen wird.

Abschnitt 2. Zentrale Behörde

§ 4[1)] **Zentrale Behörde.** (1) [1] Zentrale Behörde für die gerichtliche und außergerichtliche Geltendmachung von Ansprüchen in Unterhaltssachen nach diesem Gesetz ist das Bundesamt für Justiz. [2] Die zentrale Behörde verkehrt unmittelbar mit allen zuständigen Stellen im In- und Ausland. [3] Mitteilungen leitet sie unverzüglich an die zuständigen Stellen weiter.

(2) Das Verfahren der zentralen Behörde gilt als Justizverwaltungsverfahren.

(3) [1] Das Bundesministerium der Justiz und für Verbraucherschutz wird ermächtigt, Aufgaben der zentralen Behörde entsprechend Artikel 51 Absatz 3 der Verordnung (EG) Nr. 4/2009[2)] oder Artikel 6 Absatz 3 des Haager Übereinkommens vom 23. November 2007 über die internationale Geltendmachung der Unterhaltsansprüche von Kindern und anderen Familienangehörigen auf eine andere öffentliche Stelle zu übertragen oder eine juristische Person des Privatrechts mit den entsprechenden Aufgaben zu beleihen. [2] Die Beliehene muss grundlegende Erfahrungen bei der Durchsetzung von Unterhaltsansprüchen im Ausland nachweisen können. [3] Den Umfang der Aufgabenübertragung legt das Bundesministerium der Justiz und für Verbraucherschutz fest. [4] Die Übertragung ist vom Bundesministerium der Justiz und für Verbraucherschutz im Bundesanzeiger bekannt zu geben. [5] Die Beliehene unterliegt der Fachaufsicht des Bundesministeriums der Justiz und für Verbraucherschutz. [6] § 5 Absatz 6 und die §§ 7 und 9 werden auf die Tätigkeit der Beliehenen nicht angewendet.

§ 5[3)] **Aufgaben und Befugnisse der zentralen Behörde.** (1) Die gerichtliche und außergerichtliche Geltendmachung von Unterhaltsansprüchen nach diesem Gesetz erfolgt über die zentrale Behörde als Empfangs- und Übermittlungsstelle.

(2) [1] Die zentrale Behörde unternimmt alle geeigneten Schritte, um den Unterhaltsanspruch des Berechtigten durchzusetzen. [2] Sie hat hierbei die Interessen und den Willen des Berechtigten zu beachten.

(3) Im Anwendungsbereich der Verordnung (EG) Nr. 4/2009 richten sich die Aufgaben der zentralen Behörde nach den Artikeln 50, 51, 53 und 58 dieser Verordnung.

(4) Im Anwendungsbereich des Haager Übereinkommens vom 23. November 2007 über die internationale Geltendmachung der Unterhaltsansprü-

---

[1)] § 4 Abs. 3 Sätze 1 und 6 geänd. mWv 1. 8. 2014 durch G v. 20. 2. 2013 (BGBl. I S. 273 iVm Bek. v. 2. 7. 2014, BGBl. I S. 887); Abs. 3 Sätze 1, 3, 4 und 5 geänd. mWv 8. 9. 2015 durch VO v. 31. 8. 2015 (BGBl. I S. 1474).

[2)] *Nr.* ***21 d.***

[3)] § 5 Abs. 4 eingef., bish. Abs. 4 und 5 werden Abs. 5 und 6 mWv 1. 8. 2014 durch G v. 20. 2. 2013 (BGBl. I S. 273 iVm Bek. v. 2. 7. 2014, BGBl. I S. 887).

che von Kindern und anderen Familienangehörigen richten sich die Aufgaben der zentralen Behörde nach den Artikeln 5, 6, 7 und 12 dieses Übereinkommens.

(5) [1] Die zentrale Behörde gilt bei eingehenden Ersuchen als bevollmächtigt, im Namen des Antragstellers selbst oder im Wege der Untervollmacht durch Vertreter außergerichtlich oder gerichtlich tätig zu werden. [2] Sie ist insbesondere befugt, den Unterhaltsanspruch im Wege eines Vergleichs oder eines Anerkenntnisses zu regeln. [3] Falls erforderlich, darf sie auch einen Unterhaltsantrag stellen und die Vollstreckung eines Unterhaltstitels betreiben.

(6) [1] Die zentrale Behörde übermittelt die von den Verpflichteten eingezogenen Unterhaltsgelder an die Berechtigten nach den für Haushaltsmittel des Bundes geltenden Regeln. [2] Satz 1 gilt für die Rückübermittlung überzahlter Beträge oder für andere bei der Wahrnehmung der Aufgaben der zentralen Behörde erforderlich werdende Zahlungen entsprechend.

§ 6 Unterstützung durch das Jugendamt. Wird die zentrale Behörde tätig, um Unterhaltsansprüche Minderjähriger und junger Volljähriger, die das 21. Lebensjahr noch nicht vollendet haben, geltend zu machen und durchzusetzen, kann sie das Jugendamt um Unterstützung ersuchen.

Abschnitt 3. Ersuchen um Unterstützung in Unterhaltssachen

Unterabschnitt 1. Ausgehende Ersuchen

§ 7[1] Vorprüfung durch das Amtsgericht; Zuständigkeitskonzentration. (1) [1] Die Entgegennahme und Prüfung eines Antrages auf Unterstützung in Unterhaltssachen erfolgt durch das für den Sitz des Oberlandesgerichts, in dessen Bezirk der Antragsteller seinen gewöhnlichen Aufenthalt hat, zuständige Amtsgericht. [2] Für den Bezirk des Kammergerichts entscheidet das Amtsgericht Pankow.

(2) Das Vorprüfungsverfahren ist ein Justizverwaltungsverfahren.

(3) Für das Vorprüfungsverfahren werden keine Kosten erhoben.

§ 8[2] Inhalt und Form des Antrages. (1) Der Inhalt eines an einen anderen Mitgliedstaat mit Ausnahme des Königreichs Dänemark gerichteten Antrages richtet sich nach Artikel 57 der Verordnung (EG) Nr. 4/2009[3].

(2) Der Inhalt eines an einen anderen Vertragsstaat des Haager Übereinkommens vom 23. November 2007 über die internationale Geltendmachung der Unterhaltsansprüche von Kindern und anderen Familienangehörigen gerichteten Antrages richtet sich nach Artikel 11 dieses Übereinkommens.

(3) [1] In den nicht von den Absätzen 1 und 2 erfassten Fällen soll der Antrag alle Angaben enthalten, die für die Geltendmachung des Anspruchs von Bedeutung sein können, insbesondere

1. *den Familiennamen und die Vornamen des Berechtigten;* ferner seine Anschrift, den Tag seiner Geburt, seine Staatsangehörigkeit, seinen Beruf oder

---

[1] § 7 Abs. 1 Satz 2 geänd. mWv 26.11.2015 durch G v. 20.11.2015 (BGBl. I S. 2018); Abs. 1 Satz 2 geänd. mWv 18.8.2021 durch G v. 10.8.2021 (BGBl. I S. 3424).

[2] § 8 Abs. 2 eingef., bish. Abs. 2 wird Abs. 3 und Satz 1 einl. Satzteil geänd., bish Abs. 3 wird. Abs. 4 und Satz 1 geänd., bish. Abs. 4 wird Ab. 5 und Satz 1 geänd., bish. Abs. 5 wird Abs. 6 und geänd. mWv 1.8.2014 durch G v. 20.2.2013 (BGBl. I S. 273 iVm Bek. v. 2.7.2014, BGBl. I S. 887).

[3] Nr. **21d**.

seine Beschäftigung sowie gegebenenfalls den Namen und die Anschrift seines gesetzlichen Vertreters,

2. den Familiennamen und die Vornamen des Verpflichteten; ferner seine Anschrift, den Tag, den Ort und das Land seiner Geburt, seine Staatsangehörigkeit, seinen Beruf oder seine Beschäftigung, soweit der Berechtigte diese Angaben kennt, und
3. nähere Angaben
   a) über die Tatsachen, auf die der Anspruch gestützt wird;
   b) über die Art und Höhe des geforderten Unterhalts;
   c) über die finanziellen und familiären Verhältnisse des Berechtigten, sofern diese Angaben für die Entscheidung bedeutsam sein können;
   d) über die finanziellen und familiären Verhältnisse des Verpflichteten, soweit diese bekannt sind.

[2] Ein Antrag eines Berechtigten im Sinne des § 3 Nummer 3 Buchstabe b soll die in den Nummern 1 und 3 Buchstabe c genannten Angaben der Person enthalten, deren Anspruch übergegangen ist.

(4) [1] Einem Antrag nach Absatz 3 sollen die zugehörigen Personenstandsurkunden und andere sachdienliche Schriftstücke beigefügt sein. [2] Das in § 7 benannte Gericht kann von Amts wegen alle erforderlichen Ermittlungen anstellen.

(5) [1] In den Fällen des Absatzes 3 ist der Antrag vom Antragsteller, von dessen gesetzlichem Vertreter oder von einem bevollmächtigten Vertreter unter Beifügung einer Vollmacht zu unterschreiben. [2] Soweit dies nach dem Recht des zu ersuchenden Staates erforderlich ist, ist die Richtigkeit der Angaben vom Antragsteller oder von dessen gesetzlichem Vertreter eidesstattlich zu versichern. [3] Besonderen Anforderungen des zu ersuchenden Staates an Form und Inhalt des Ersuchens ist zu genügen, soweit dem keine zwingenden Vorschriften des deutschen Rechts entgegenstehen.

(6) In den Fällen des Absatzes 3 ist der Antrag an die Empfangsstelle des Staates zu richten, in dem der Anspruch geltend gemacht werden soll.

§ 9[1)] Umfang der Vorprüfung. (1) [1] Der Vorstand des Amtsgerichts oder der im Rahmen der Verteilung der Justizverwaltungsgeschäfte bestimmte Richter prüft

1. in Verfahren mit förmlicher Gegenseitigkeit (§ 1 Absatz 1 Satz 1 Nummer 3), ob nach dem deutschen Recht die beabsichtigte Rechtsverfolgung hinreichende Aussicht auf Erfolg haben würde,
2. in den übrigen Fällen, ob der Antrag mutwillig oder offensichtlich unbegründet ist.

[2] Bejaht er in den Fällen des Satzes 1 Nummer 1 die Erfolgsaussicht, stellt er hierüber eine Bescheinigung aus, veranlasst deren Übersetzung in die Sprache des zu ersuchenden Staates und fügt diese Unterlagen dem Ersuchen bei.

(1a) [1] Ergeben sich aus einem weitergeleiteten Antrag für die zentrale Behörde Zweifel, ob die Voraussetzungen des Artikels 57 Absatz 2 der Verordnung (EG) Nr. 4/2009[2)], des Artikels 3 Absatz 3 des New Yorker UN-Übereinkom-

---

[1)] § 9 Abs. 1a eingef. mWv 26.11.2015 durch G v. *20.11.2015 (BGBl. I S. 2018).*
[2)] Nr. **21d**.

mens vom 20. Juni 1956 über die Geltendmachung von Unterhaltsansprüchen im Ausland oder des Artikels 11 Absatz 1 des Haager Übereinkommens über die internationale Geltendmachung der Unterhaltsansprüche von Kindern und anderen Familienangehörigen vom 23. November 2007 erfüllt sind, so leitet die zentrale Behörde die Frage dem Richter zur Beantwortung zu. [2]Dieser verfährt erneut nach Absatz 1.

(2) [1]Hat die beabsichtigte Rechtsverfolgung keine hinreichende Aussicht auf Erfolg (Absatz 1 Satz 1 Nummer 1) oder ist der Antrag mutwillig oder offensichtlich unbegründet (Absatz 1 Satz 1 Nummer 2), lehnt der Richter die Weiterleitung des Antrages ab. [2]Die ablehnende Entscheidung ist zu begründen und dem Antragsteller mit einer Rechtsmittelbelehrung zuzustellen. [3]Sie ist nach § 23 des Einführungsgesetzes zum Gerichtsverfassungsgesetz[1)] anfechtbar.

(3) Liegen keine Ablehnungsgründe vor, übersendet das Gericht den Antrag nebst Anlagen und vorliegenden Übersetzungen mit je drei beglaubigten Abschriften unmittelbar an die zentrale Behörde.

(4) Im Anwendungsbereich des New Yorker UN-Übereinkommens vom 20. Juni 1956 über die Geltendmachung von Unterhaltsansprüchen im Ausland (BGBl. 1959 II S. 150) legt der Richter in den Fällen des Absatzes 2 Satz 1 den Antrag der zentralen Behörde zur Entscheidung über die Weiterleitung des Antrages vor.

§ 10[2)] Übersetzung des Antrages. (1) [1]Der Antragsteller hat dem Antrag nebst Anlagen von einem beeidigten Übersetzer beglaubigte Übersetzungen in der Sprache des zu ersuchenden Staates beizufügen. [2]Dies gilt auch für Schriftstücke, die die ausländische zentrale Behörde im weiteren Verlauf des Verfahrens anfordert. [3]Die Artikel 20, 28, 40, 59 und 66 der Verordnung (EG) Nr. 4/2009[3)] bleiben hiervon unberührt. [4]Ist im Anwendungsbereich des jeweils auszuführenden völkerrechtlichen Vertrages eine Übersetzung von Schriftstücken in eine Sprache erforderlich, die der zu ersuchende Staat für zulässig erklärt hat, so ist die Übersetzung von einer Person zu erstellen, die zur Anfertigung von Übersetzungen in einem der Vertragsstaaten befugt ist.

(2) Beschafft der Antragsteller trotz Aufforderung durch die zentrale Behörde die erforderliche Übersetzung nicht selbst, veranlasst die zentrale Behörde die Übersetzung auf seine Kosten.

(3) Das nach § 7 Absatz 1 zuständige Amtsgericht befreit den Antragsteller auf Antrag von der Erstattungspflicht für die Kosten der von der zentralen Behörde veranlassten Übersetzung, wenn der Antragsteller die persönlichen und wirtschaftlichen Voraussetzungen einer ratenfreien Verfahrenskostenhilfe nach § 113 des Gesetzes über das Verfahren in Familiensachen und in den Angelegenheiten der freiwilligen Gerichtsbarkeit[4)] in Verbindung mit § 115 der Zivilprozessordnung[5)] erfüllt.

(4) § 1077 Absatz 4 der Zivilprozessordnung bleibt unberührt.

[1)] **Habersack, Deutsche Gesetze Nr. 95a.**

[2)] § 10 Abs. 1 Satz 2 eingef., bish. Sätze 2 und 3 werden Sätze 3 und 4 mWv 26.11.2015 durch G v. 20.11.2015 (BGBl. I S. 2018).

[3)] Nr. **21d**.

[4)] **Habersack, Deutsche Gesetze Nr. 112.**

[5)] **Habersack, Deutsche Gesetze Nr. 100.**

§ 11[1] Weiterleitung des Antrages durch die zentrale Behörde.

(1) [1]Die zentrale Behörde prüft, ob der Antrag den förmlichen Anforderungen des einzuleitenden ausländischen Verfahrens genügt. [2]Sind diese erfüllt, so leitet sie den Antrag an die im Ausland zuständige Stelle weiter. [3]Soweit erforderlich, fügt sie dem Ersuchen eine Übersetzung dieses Gesetzes bei.

(2) Die zentrale Behörde überwacht die ordnungsmäßige Erledigung des Ersuchens.

(3) Lehnt die zentrale Behörde die Weiterleitung des Antrages ab, ist § 9 Absatz 2 Satz 2 und 3 entsprechend anzuwenden.

(4) [1]Fragen, die die ausländische zentrale Behörde an die deutsche zentrale Behörde übermittelt, leitet diese an das nach § 7 Absatz 1 zur Vorprüfung aufgerufene Gericht weiter. [2]Dieses veranlasst die Beantwortung der Fragen und leitet die Antworten an die deutsche zentrale Behörde zurück. [3]Das weitere Verfahren bei der deutschen zentralen Behörde richtet sich nach Absatz 1.

§ 12 Registrierung eines bestehenden Titels im Ausland. [1]Liegt über den Unterhaltsanspruch bereits eine inländische gerichtliche Entscheidung oder ein sonstiger Titel im Sinne des § 3 Nummer 5 vor, so kann der Berechtigte auch ein Ersuchen auf Registrierung der Entscheidung im Ausland stellen, soweit das dort geltende Recht dies vorsieht. [2]Die §§ 7 bis 11 sind entsprechend anzuwenden; eine Prüfung der Gesetzmäßigkeit des vorgelegten inländischen Titels findet nicht statt.

Unterabschnitt 2. Eingehende Ersuchen

§ 13 Übersetzung des Antrages. (1) Ist eine Übersetzung von Schriftstücken erforderlich, so ist diese in deutscher Sprache abzufassen.

(2) Die Richtigkeit der Übersetzung ist von einer Person zu beglaubigen, die in den nachfolgend genannten Staaten hierzu befugt ist:

1. in einem der Mitgliedstaaten oder in einem anderen Vertragsstaat des Abkommens über den Europäischen Wirtschaftsraum;
2. in einem Vertragsstaat des jeweils auszuführenden völkerrechtlichen Vertrages oder
3. in einem Staat, mit dem die Gegenseitigkeit förmlich verbürgt ist (§ 1 Absatz 1 Satz 1 Nummer 3).

(3) [1]Die zentrale Behörde kann es ablehnen, tätig zu werden, solange Mitteilungen oder beizufügende Schriftstücke nicht in deutscher Sprache abgefasst oder in die deutsche Sprache übersetzt sind. [2]Im Anwendungsbereich der Verordnung (EG) Nr. 4/2009[2] ist sie hierzu jedoch nur befugt, wenn sie nach dieser Verordnung eine Übersetzung verlangen darf.

(4) Die zentrale Behörde kann in Verfahren mit förmlicher Gegenseitigkeit (§ 1 Absatz 1 Satz 1 Nummer 3) im Verkehr mit bestimmten Staaten oder im Einzelfall von dem Erfordernis einer Übersetzung absehen und die Übersetzung selbst besorgen.

---

[1] § 11 Abs. 4 angef. mWv 26.11.2015 durch G v. *20.11.2015 (BGBl. I S. 2018).*
[2] Nr. **21d**.

§ 14[1] Inhalt und Form des Antrages. (1) Der Inhalt eines Antrages aus einem anderen Mitgliedstaat mit Ausnahme des Königreichs Dänemark richtet sich nach Artikel 57 der Verordnung (EG) Nr. 4/2009[2].

(2) Der Inhalt eines Antrages aus einem anderen Vertragsstaat des Haager Übereinkommens vom 23. November 2007 über die internationale Geltendmachung der Unterhaltsansprüche von Kindern und anderen Familienangehörigen richtet sich nach Artikel 11 dieses Übereinkommens.

(3) [1] In den nicht von den Absätzen 1 und 2 erfassten Fällen soll der Antrag alle Angaben enthalten, die für die Geltendmachung des Anspruchs von Bedeutung sein können, insbesondere

1. bei einer Indexierung einer titulierten Unterhaltsforderung die Modalitäten für die Berechnung dieser Indexierung und
2. bei einer Verpflichtung zur Zahlung von gesetzlichen Zinsen den gesetzlichen Zinssatz sowie den Beginn der Zinspflicht.

[2] Im Übrigen gilt § 8 Absatz 3 entsprechend.

(4) [1] In den Fällen des Absatzes 3 soll der Antrag vom Antragsteller, von dessen gesetzlichem Vertreter oder von einem bevollmächtigten Vertreter unter Beifügung einer Vollmacht unterschrieben und mit einer Stellungnahme der ausländischen Stelle versehen sein, die den Antrag entgegengenommen und geprüft hat. [2] Diese Stellungnahme soll auch den am Wohnort des Berechtigten erforderlichen Unterhaltsbetrag nennen. [3] Der Antrag und die Anlagen sollen zweifach übermittelt werden. [4] Die zugehörigen Personenstandsurkunden und andere sachdienliche Schriftstücke sollen beigefügt und sonstige Beweismittel genau bezeichnet sein.

§ 15[3] Behandlung einer vorläufigen Entscheidung. [1] In Verfahren mit förmlicher Gegenseitigkeit (§ 1 Absatz 1 Satz 1 Nummer 3) gilt eine ausländische Entscheidung, die ohne die Anhörung des Verpflichteten vorläufig und vorbehaltlich der Bestätigung durch das ersuchte Gericht ergangen ist, als eingehendes Ersuchen auf Erwirkung eines Unterhaltstitels. [2] § 8 Absatz 3 und § 14 Absatz 3 Satz 1 gelten entsprechend.

Abschnitt 4. Datenerhebung durch die zentrale Behörde

§ 16[4] Auskunftsrecht der zentralen Behörde zur Herbeiführung oder Änderung eines Titels. (1) Ist der gegenwärtige Aufenthaltsort des Berechtigten oder des Verpflichteten nicht bekannt, so darf die zentrale Behörde zur Erfüllung der ihr nach § 5 obliegenden Aufgaben bei einer zuständigen Meldebehörde Angaben zu dessen Anschriften sowie zu dessen Haupt- und Nebenwohnung erheben.

(2) [1] Soweit der Aufenthaltsort nach Absatz 1 nicht zu ermitteln ist, darf die zentrale Behörde folgende Daten erheben:

[1] § 14 Abs. 2 eingef., bish. Abs. 2 wird Abs. 3 und Satz 1 einl. Satzteil und Satz 2 geänd., bish. Abs. 3 wird. Abs. 4 und Satz 1 geänd. mWv 1.8.2014 durch G v. 20.2.2013 (BGBl. I S. 273 iVm Bek. v. 2.7. 2014, BGBl. I S. 887).

[2] Nr. **21d**.

[3] § 15 Satz 2 geänd. mWv 1.8.2014 durch G v. 20.2.2013 (BGBl. I S. 273 iVm Bek. v. 2.7.2014, BGBl. I S. 887).

[4] § 16 Abs. 2 Nr. 1–3 geänd. mWv 26.11.2019 durch G v. 20.11.2019 (BGBl. I S. 1724); Abs. 2 Satz 1 Nr. 1 geänd., Satz 2 angef. mWv 1.1.2022 durch G v. 7.5.2021 (BGBl. I S. 850).

1. von den Trägern der gesetzlichen Rentenversicherung und von einer berufsständischen Versorgungseinrichtung im Sinne des § 6 Absatz 1 Satz 1 Nummer 1 des Sechsten Buches Sozialgesetzbuch die dort bekannte derzeitige Anschrift, den derzeitigen oder zukünftigen Aufenthaltsort der betroffenen Person;
2. vom Kraftfahrt-Bundesamt die Halterdaten der betroffenen Person nach § 33 Absatz 1 Satz 1 Nummer 2 des Straßenverkehrsgesetzes[1];
3. wenn der Betroffene ausländischen Streitkräften angehört, die in Deutschland stationiert sind, von der zuständigen Behörde der Truppe die ladungsfähige Anschrift der betroffenen Person.

[2] Die Erhebung nach Satz 1 Nummer 1 bei einer berufsständischen Versorgungseinrichtung darf die zentrale Behörde nur durchführen, wenn tatsächliche Anhaltspunkte nahelegen, dass die betroffene Person Mitglied dieser berufsständischen Versorgungseinrichtung ist.

(3) Kann die zentrale Behörde den Aufenthaltsort des Verpflichteten nach den Absätzen 1 und 2 nicht ermitteln, darf sie einen Suchvermerk im Zentralregister veranlassen.

§ 17[2] Auskunftsrecht zum Zweck der Anerkennung, Vollstreckbarerklärung und Vollstreckung eines Titels. (1) [1] Ist die Unterhaltsforderung tituliert und weigert sich der Schuldner, auf Verlangen der zentralen Behörde Auskunft über sein Einkommen und Vermögen zu erteilen, oder ist bei einer Vollstreckung in die vom Schuldner angegebenen Vermögensgegenstände eine vollständige Befriedigung des Gläubigers nicht zu erwarten, stehen der zentralen Behörde zum Zweck der Anerkennung, Vollstreckbarerklärung und Vollstreckung eines Titels die in § 16 geregelten Auskunftsrechte zu. [2] Die zentrale Behörde darf nach vorheriger Androhung außerdem

1. bei den Trägern der gesetzlichen Rentenversicherung und bei einer berufsständischen Versorgungseinrichtung im Sinne des § 6 Absatz 1 Satz 1 Nummer 1 des Sechsten Buches Sozialgesetzbuch den Namen und die Vornamen oder die Firma sowie die Anschrift der derzeitigen Arbeitgeber des Schuldners erheben;
2. bei dem zuständigen Träger der Grundsicherung für Arbeitsuchende einen Leistungsbezug nach dem Zweiten Buch Sozialgesetzbuch – Grundsicherung für Arbeitsuchende – abfragen;
3. das Bundeszentralamt für Steuern ersuchen, bei den Kreditinstituten die in § 93b Absatz 1 der Abgabenordnung bezeichneten Daten des Schuldners abzurufen (§ 93 Absatz 8 der Abgabenordnung);
4. vom Kraftfahrt-Bundesamt die Fahrzeug- und Halterdaten nach § 33 Absatz 1 des Straßenverkehrsgesetzes[1] zu einem Fahrzeug, als dessen Halter der Schuldner eingetragen ist, erheben.

[3] Die Erhebung nach Satz 2 Nummer 1 bei einer berufsständischen Versorgungseinrichtung darf die zentrale Behörde nur durchführen, wenn tatsächliche Anhaltspunkte nahelegen, dass der Schuldner Mitglied dieser berufsständischen Versorgungseinrichtung ist.

(2) Daten über das Vermögen des Schuldners darf die zentrale Behörde nur erheben, wenn dies für die Vollstreckung erforderlich ist.

---

[1] **Habersack, Deutsche Gesetze Nr. 35.**

[2] § 17 Abs. 1 Satz 2 Nr. 1 neu gef., Satz 3 angef. mWv 1.1.2022 durch G v. 7.5.2021 (BGBl. I S. 850).

§ 18 Benachrichtigung über die Datenerhebung. (1) Die zentrale Behörde benachrichtigt den Antragsteller grundsätzlich nur darüber, ob ein Auskunftsersuchen nach den §§ 16 und 17 erfolgreich war.

(2) [1] Die zentrale Behörde hat den Betroffenen unverzüglich über die Erhebung von Daten nach den §§ 16 und 17 zu benachrichtigen, es sei denn, die Vollstreckung des Titels würde dadurch vereitelt oder wesentlich erschwert werden. [2] Ungeachtet des Satzes 1 hat die Benachrichtigung spätestens 90 Tage nach Erhalt der Auskunft zu erfolgen.

§ 19[1] Übermittlung von Daten. [1] Die zentrale Behörde darf personenbezogene Daten an andere öffentliche und nichtöffentliche Stellen übermitteln, wenn dies zur Erfüllung der ihr nach § 5 obliegenden Aufgaben erforderlich ist. [2] Die Daten dürfen nur für den Zweck verarbeitet werden, für den sie übermittelt worden sind.

Abschnitt 5. Verfahrenskostenhilfe

§ 20 Voraussetzungen für die Bewilligung von Verfahrenskostenhilfe. Auf die Bewilligung von Verfahrenskostenhilfe ist § 113 Absatz 1 des Gesetzes über das Verfahren in Familiensachen und in den Angelegenheiten der freiwilligen Gerichtsbarkeit[2] in Verbindung mit den §§ 114 bis 127 der Zivilprozessordnung[3] entsprechend anzuwenden, soweit in diesem Gesetz nichts anderes bestimmt ist.

§ 21[4] Zuständigkeit für Anträge auf Verfahrenskostenhilfe nach der Richtlinie 2003/8/EG. (1) [1] Abweichend von § 1077 Absatz 1 Satz 1 der Zivilprozessordnung[3] erfolgt in Unterhaltssachen die Entgegennahme und Übermittlung von Anträgen natürlicher Personen auf grenzüberschreitende Verfahrenskostenhilfe nach § 1076 der Zivilprozessordnung durch das für den Sitz des Oberlandesgerichts, in dessen Bezirk der Antragsteller seinen gewöhnlichen Aufenthalt hat, zuständige Amtsgericht. [2] Für den Bezirk des Kammergerichts entscheidet das Amtsgericht Pankow.

(2) Für eingehende Ersuchen gilt § 1078 Absatz 1 Satz 1 der Zivilprozessordnung.

§ 22[5] Verfahrenskostenhilfe nach Artikel 46 der Verordnung (EG) Nr. 4/2009 und den Artikeln 14 bis 17 des Haager Übereinkommens vom 23. November 2007 über die internationale Geltendmachung der Unterhaltsansprüche von Kindern und anderen Familienangehörigen.

(1) [1] Eine Person, die das 21. Lebensjahr noch nicht vollendet hat, erhält unabhängig von ihren wirtschaftlichen Verhältnissen Verfahrenskostenhilfe für Anträge

1. nach Artikel 56 der Verordnung (EG) Nr. 4/2009[6] gemäß Artikel 46 dieser *Verordnung und*

---

[1] § 19 Überschrift geänd., Abs. 2 aufgeh., bish. Abs. 1 Satz 2 geänd. mWv 26.11.2019 durch G v. 20.11.2019 (BGBl. I S. 1724).

[2] **Habersack, Deutsche Gesetze Nr. 112.**

[3] **Habersack, Deutsche Gesetze Nr. 100.**

[4] § 21 Abs. 1 Satz 2 geänd. mWv 26.11.2015 durch G v. 20.11.2015 (BGBl. I S. 2018); Abs. 1 Satz 2 geänd. mWv 18.8.2021 durch G v. 10.8.2021 (BGBl. I S. 3424).

[5] § 22 Überschrift geänd., Abs. 1 Satz 1 neu gef., Abs. 2 Satz 2 und Abs. 3 geänd. mWv 1.8.2014 durch G v. 20.2.2013 (BGBl. I S. 273 iVm Bek. v. 2.7.2014, BGBl. I S. 887).

[6] Nr. **21d**.

2. nach Kapitel III des Haager Übereinkommens vom 23. November 2007 über die internationale Geltendmachung der Unterhaltsansprüche von Kindern und anderen Familienangehörigen gemäß Artikel 15 dieses Übereinkommens.

[2] Durch die Bewilligung von Verfahrenskostenhilfe wird sie endgültig von der Zahlung der in § 122 Absatz 1 der Zivilprozessordnung[1)] genannten Kosten befreit. [3] Absatz 3 bleibt unberührt.

(2) [1] Die Bewilligung von Verfahrenskostenhilfe kann nur abgelehnt werden, wenn der Antrag mutwillig oder offensichtlich unbegründet ist. [2] In den Fällen des Artikels 56 Absatz 1 Buchstabe a und b der Verordnung (EG) Nr. 4/2009 und des Artikels 10 Absatz 1 Buchstabe a und b des Haager Übereinkommens vom 23. November 2007 über die internationale Geltendmachung der Unterhaltsansprüche von Kindern und anderen Familienangehörigen und in Bezug auf die von Artikel 20 Absatz 4 dieses Übereinkommens erfassten Fälle werden die Erfolgsaussichten nicht geprüft.

(3) Unterliegt der Antragsteller in einem gerichtlichen Verfahren, kann das Gericht gemäß Artikel 67 der Verordnung (EG) Nr. 4/2009 und gemäß Artikel 43 des Haager Übereinkommens vom 23. November 2007 über die internationale Geltendmachung der Unterhaltsansprüche von Kindern und anderen Familienangehörigen eine Erstattung der im Wege der Verfahrenskostenhilfe verauslagten Kosten verlangen, wenn dies unter Berücksichtigung der finanziellen Verhältnisse des Antragstellers der Billigkeit entspricht.

§ 23[2)] Verfahrenskostenhilfe für die Anerkennung, Vollstreckbarerklärung und Vollstreckung von unterhaltsrechtlichen Titeln. [1] Hat der Antragsteller im Ursprungsstaat für das Erkenntnisverfahren ganz oder teilweise Verfahrenskostenhilfe erhalten, ist ihm für das Verfahren der Anerkennung, Vollstreckbarerklärung und Vollstreckung der Entscheidung Verfahrenskostenhilfe zu bewilligen. [2] Durch die Bewilligung von Verfahrenskostenhilfe wird der Antragsteller endgültig von der Zahlung der in § 122 Absatz 1 der Zivilprozessordnung[1)] genannten Kosten befreit. [3] Dies gilt nicht, wenn die Bewilligung nach § 124 Absatz 1 Nummer 1 der Zivilprozessordnung aufgehoben wird.

§ 24[3)] Verfahrenskostenhilfe für Verfahren mit förmlicher Gegenseitigkeit. [1] Bietet in Verfahren gemäß § 1 Absatz 1 Satz 1 Nummer 3 die beabsichtigte Rechtsverfolgung eingehender Ersuchen hinreichende Aussicht auf Erfolg und erscheint sie nicht mutwillig, so ist dem Berechtigten auch ohne ausdrücklichen Antrag Verfahrenskostenhilfe zu bewilligen. [2] In diesem Fall hat er weder Monatsraten noch aus dem Vermögen zu zahlende Beträge zu leisten. [3] Durch die Bewilligung von Verfahrenskostenhilfe wird der Berechtigte endgültig von der Zahlung der in § 122 Absatz 1 der Zivilprozessordnung[1)] genannten Kosten befreit, sofern die Bewilligung nicht nach § 124 Absatz 1 Nummer 1 der Zivilprozessordnung aufgehoben wird.

[1)] **Habersack, Deutsche Gesetze Nr. 100.**
[2)] § 23 Satz 3 geänd. mWv 1.1.2014 durch G v. 31.8.2013 (BGBl. I S. 3533).
[3)] § 24 Satz 3 geänd. mWv 1.1.2014 durch G v. 31.8.2013 (BGBl. I S. 3533).

Abschnitt 6. Ergänzende Zuständigkeitsregelungen; Zuständigkeitskonzentration

§ 25[1] Internationale Zuständigkeit nach Artikel 3 Buchstabe c der Verordnung (EG) Nr. 4/2009. (1) Die deutschen Gerichte sind in Unterhaltssachen nach Artikel 3 Buchstabe c der Verordnung (EG) Nr. 4/2009[2] zuständig, wenn

1. Unterhalt im Scheidungs- oder Aufhebungsverbund geltend gemacht wird und die deutschen Gerichte für die Ehe- oder die Lebenspartnerschaftssache nach den folgenden Bestimmungen zuständig sind:
   a) im Anwendungsbereich der Verordnung (EU) 2019/1111[3] des Rates vom 25. Juni 2019 über die Zuständigkeit, die Anerkennung und Vollstreckung von Entscheidungen in Ehesachen und in Verfahren betreffend die elterliche Verantwortung und über internationale Kindesentführungen (ABl. L 178 vom 2.7.2019, S. 1) nach Artikel 3 der Verordnung (EU) 2019/1111,
   b) nach § 98 Absatz 1 des Gesetzes über das Verfahren in Familiensachen und in den Angelegenheiten der freiwilligen Gerichtsbarkeit[4] oder
   c) nach § 103 Absatz 1 des Gesetzes über das Verfahren in Familiensachen und in den Angelegenheiten der freiwilligen Gerichtsbarkeit;
2. Unterhalt in einem Verfahren auf Feststellung der Vaterschaft eines Kindes geltend gemacht wird und die deutschen Gerichte für das Verfahren auf Feststellung der Vaterschaft international zuständig sind nach
   a) § 100 Nummer 1 des Gesetzes über das Verfahren in Familiensachen und in den Angelegenheiten der freiwilligen Gerichtsbarkeit und sowohl der Berechtigte als auch der Verpflichtete Deutsche sind,
   b) § 100 Nummer 2 des Gesetzes über das Verfahren in Familiensachen und in den Angelegenheiten der freiwilligen Gerichtsbarkeit.

(2) Absatz 1 Nummer 1 Buchstabe b und c ist nicht anzuwenden, wenn deutsche Gerichte auf Grund der deutschen Staatsangehörigkeit nur eines der Beteiligten zuständig sind.

§ 26 Örtliche Zuständigkeit. (1) [1] Örtlich zuständig nach Artikel 3 Buchstabe c der Verordnung (EG) Nr. 4/2009[2] ist das Amtsgericht,

1. bei dem die Ehe- oder Lebenspartnerschaftssache im ersten Rechtszug anhängig ist oder war, solange die Ehe- oder Lebenspartnerschaftssache anhängig ist;
2. bei dem das Verfahren auf Feststellung der Vaterschaft im ersten Rechtszug anhängig ist, wenn Kindesunterhalt im Rahmen eines Abstammungsverfahrens geltend gemacht wird.

[2] In den Fällen des Satzes 1 Nummer 2 gilt für den Erlass einer einstweiligen Anordnung § 248 Absatz 2 des Gesetzes über das Verfahren in Familiensachen und in den Angelegenheiten der freiwilligen Gerichtsbarkeit[4].

(2) § 233 des Gesetzes über das Verfahren in Familiensachen und in den Angelegenheiten der freiwilligen Gerichtsbarkeit bleibt unberührt.

---

[1] § 25 Abs. 1 Nr. 1 Buchst. a neu gef. mWv 1.8.2022 durch G v. 10.8.2021 (BGBl. I S. 3424).
[2] Nr. **21d**.
[3] Nr. **103b**.
[4] **Habersack, Deutsche Gesetze Nr. 112.**

§ 27[1] Örtliche Zuständigkeit für die Auffang- und Notzuständigkeit; Verordnungsermächtigung. (1) [1] Sind die deutschen Gerichte nach Artikel 6 oder Artikel 7 der Verordnung (EG) Nr. 4/2009[2] international zuständig, so entscheidet das Amtsgericht, das für den Sitz desjenigen Oberlandesgerichts zuständig ist, in dessen Bezirk die Beteiligten ihren letzten inländischen gemeinsamen Wohnsitz hatten oder an den der ausreichende Bezug zur Bundesrepublik Deutschland im Sinne des Artikels 7 der Verordnung (EG) Nr. 4/2009 angeknüpft werden kann. [2] § 28 Absatz 1 Satz 2 ist entsprechend anzuwenden. [3] Ergibt sich keine örtliche Zuständigkeit eines inländischen Gerichts nach Satz 1 oder Satz 2, so ist das Amtsgericht Pankow in Berlin örtlich zuständig.

(2) [1] Die Landesregierungen werden ermächtigt, die Zuständigkeit nach Absatz 1 durch Rechtsverordnung einem anderen Amtsgericht des Oberlandesgerichtsbezirks oder, wenn in einem Land mehrere Oberlandesgerichte errichtet sind, einem Amtsgericht für die Bezirke aller oder mehrerer Oberlandesgerichte zuzuweisen. [2] Die Landesregierungen können diese Ermächtigung durch Rechtsverordnung auf die Landesjustizverwaltungen übertragen.

§ 28[3] Zuständigkeitskonzentration; Verordnungsermächtigung.

(1) [1] Wenn ein Beteiligter seinen gewöhnlichen Aufenthalt nicht im Inland hat, entscheidet über Anträge in Unterhaltssachen in den Fällen des Artikels 3 Buchstabe a und b der Verordnung (EG) Nr. 4/2009[2] das für den Sitz des Oberlandesgerichts, in dessen Bezirk der Antragsgegner oder der Berechtigte seinen gewöhnlichen Aufenthalt hat, zuständige Amtsgericht. [2] Für den Bezirk des Kammergerichts ist das Amtsgericht Pankow zuständig.

(2) [1] Die Landesregierungen werden ermächtigt, diese Zuständigkeit durch Rechtsverordnung einem anderen Amtsgericht des Oberlandesgerichtsbezirks

(Fortsetzung nächstes Blatt)

---

[1] *§ 27 neu gef.* mWv 26.11.2015 durch G v. 20.11.2015 (BGBl. I S. 2018); Abs. 1 Satz 3 geänd. mWv 18.8.2021 durch G v. *10.8.2021 (BGBl. I S. 3424).*

[2] Nr. **21d**.

[3] § 28 Abs. 1 Sätze 1 und 2 geänd. mWv 26.11.2015 durch G v. 20.11.2015 (BGBl. I S. 2018); Abs. 1 Satz 2 geänd. mWv 18.8.2021 durch G v. 10.8.2021 (BGBl. I S. 3424).

oder, wenn in einem Land mehrere Oberlandesgerichte errichtet sind, einem Amtsgericht für die Bezirke aller oder mehrerer Oberlandesgerichte zuzuweisen. [2]Die Landesregierungen können diese Ermächtigung durch Rechtsverordnung auf die Landesjustizverwaltungen übertragen.

§ 29 Zuständigkeit im Anwendungsbereich der Verordnung (EG) Nr. 1896/2006. In Bezug auf die Zuständigkeit im Anwendungsbereich der Verordnung (EG) Nr. 1896/2006[1)] des Europäischen Parlaments und des Rates vom 12. Dezember 2006 zur Einführung eines Europäischen Mahnverfahrens (ABl. L 399 vom 30.12.2006, S. 1) bleibt § 1087 der Zivilprozessordnung[2)] unberührt.

Kapitel 2. Anerkennung und Vollstreckung von Entscheidungen

Abschnitt 1. Verfahren ohne Exequatur nach der Verordnung (EG) Nr. 4/2009

§ 30 Verzicht auf Vollstreckungsklausel; Unterlagen. (1) Liegen die Voraussetzungen der Artikel 17 oder 48 der Verordnung (EG) Nr. 4/2009[3)] vor, findet die Vollstreckung aus dem ausländischen Titel statt, ohne dass es einer Vollstreckungsklausel bedarf.

(2) Das Formblatt, das dem Vollstreckungsorgan nach Artikel 20 Absatz 1 Buchstabe b oder Artikel 48 Absatz 3 der Verordnung (EG) Nr. 4/2009 vorzulegen ist, soll mit dem zu vollstreckenden Titel untrennbar verbunden sein.

(3) Hat der Gläubiger nach Artikel 20 Absatz 1 Buchstabe d der Verordnung (EG) Nr. 4/2009 eine Übersetzung oder ein Transkript vorzulegen, so sind diese Unterlagen von einer Person, die in einem der Mitgliedstaaten hierzu befugt ist, in die deutsche Sprache zu übersetzen.

§ 31 Anträge auf Verweigerung, Beschränkung oder Aussetzung der Vollstreckung nach Artikel 21 der Verordnung (EG) Nr. 4/2009[3)].

(1) [1]Für Anträge auf Verweigerung, Beschränkung oder Aussetzung der Vollstreckung nach Artikel 21 der Verordnung (EG) Nr. 4/2009 ist das Amtsgericht als Vollstreckungsgericht zuständig. [2]Örtlich zuständig ist das in § 764 Absatz 2 der Zivilprozessordnung[2)] benannte Gericht.

(2) [1]Die Entscheidung über den Antrag auf Verweigerung der Vollstreckung (Artikel 21 Absatz 2 der Verordnung (EG) Nr. 4/2009) ergeht durch Beschluss. [2]§ 770 der Zivilprozessordnung ist entsprechend anzuwenden. [3]Der Beschluss unterliegt der sofortigen Beschwerde nach § 793 der Zivilprozessordnung. [4]Bis zur Entscheidung nach Satz 1 kann das Gericht Anordnungen nach § 769 Absatz 1 und 3 der Zivilprozessordnung treffen.

(3) [1]Über den Antrag auf Aussetzung oder Beschränkung der Zwangsvollstreckung (Artikel 21 Absatz 3 der Verordnung (EG) Nr. 4/2009) entscheidet das Gericht durch einstweilige Anordnung. [2]Die Entscheidung ist unanfechtbar.

[1)] Nr. **103g**.
[2)] **Habersack, Deutsche Gesetze Nr. 100.**
[3)] Nr. **21d**.

§ 32 Einstellung der Zwangsvollstreckung. [1] Die Zwangsvollstreckung ist entsprechend § 775 Nummer 1 und 2 und § 776 der Zivilprozessordnung[1)] auch dann einzustellen oder zu beschränken, wenn der Schuldner eine Entscheidung eines Gerichts des Ursprungsstaats über die Nichtvollstreckbarkeit oder über die Beschränkung der Vollstreckbarkeit vorlegt. [2] Auf Verlangen ist eine Übersetzung der Entscheidung vorzulegen. [3] In diesem Fall ist die Entscheidung von einer Person, die in einem Mitgliedstaat hierzu befugt ist, in die deutsche Sprache zu übersetzen.

§ 33 Einstweilige Einstellung bei Wiedereinsetzung, Rechtsmittel und Einspruch. (1) Hat der Schuldner im Ursprungsstaat Wiedereinsetzung beantragt oder gegen die zu vollstreckende Entscheidung einen Rechtsbehelf oder ein Rechtsmittel eingelegt, gelten die §§ 707, 719 Absatz 1 der Zivilprozessordnung[1)] und § 120 Absatz 2 Satz 2 und 3 des Gesetzes über das Verfahren in Familiensachen und in den Angelegenheiten der freiwilligen Gerichtsbarkeit[2)].

(2) Zuständig ist das in § 35 Absatz 1 und 2 bestimmte Gericht.

§ 34 Bestimmung des vollstreckungsfähigen Inhalts eines ausländischen Titels. (1) [1] Lehnt das Vollstreckungsorgan die Zwangsvollstreckung aus einem ausländischen Titel, der keiner Vollstreckungsklausel bedarf, mangels hinreichender Bestimmtheit ab, kann der Gläubiger die Bestimmung des vollstreckungsfähigen Inhalts (Konkretisierung) des Titels beantragen. [2] Zuständig ist das in § 35 Absatz 1 und 2 bestimmte Gericht.

(2) [1] Der Antrag kann bei dem Gericht schriftlich gestellt oder zu Protokoll der Geschäftsstelle erklärt werden. [2] Das Gericht kann über den Antrag ohne mündliche Verhandlung entscheiden. [3] Vor der Entscheidung, die durch Beschluss ergeht, wird der Schuldner angehört. [4] Der Beschluss ist zu begründen.

(3) [1] Konkretisiert das Gericht den ausländischen Titel, findet die Vollstreckung aus diesem Beschluss statt, ohne dass es einer Vollstreckungsklausel bedarf. [2] Der Beschluss ist untrennbar mit dem ausländischen Titel zu verbinden und dem Schuldner zuzustellen.

(4) [1] Gegen die Entscheidung ist die Beschwerde nach dem Gesetz über das Verfahren in Familiensachen und in den Angelegenheiten der freiwilligen Gerichtsbarkeit statthaft. [2] § 61 des Gesetzes über das Verfahren in Familiensachen und in den Angelegenheiten der freiwilligen Gerichtsbarkeit[2)] ist nicht anzuwenden.

Abschnitt 2. Gerichtliche Zuständigkeit für Verfahren zur Anerkennung und Vollstreckbarerklärung ausländischer Entscheidungen

§ 35[3)] Gerichtliche Zuständigkeit; Zuständigkeitskonzentration; Verordnungsermächtigung. (1) [1] Über einen Antrag auf Feststellung der Anerkennung oder über einen Antrag auf Vollstreckbarerklärung eines ausländischen Titels nach den Abschnitten 3 bis 5 entscheidet ausschließlich das

---

[1)] **Habersack, Deutsche Gesetze Nr. 100.**

[2)] **Habersack, Deutsche Gesetze Nr. 112.**

[3)] *§ 35 Abs. 1 Satz 1* einl. Satzteil geänd. mWv 26.2.2013 durch G v. 20.2.2013 (BGBl. I S. 273); Abs. 1 Satz 2 geänd. mWv 26.11.2015 durch *G v. 20.11.2015* (BGBl. I S. 2018); Abs. 1 Satz 2 geänd. mWv 18.8.2021 durch G v. 10.8.2021 (BGBl. I S. 3424).

Amtsgericht, das für den Sitz des Oberlandesgerichts zuständig ist, in dessen Zuständigkeitsbezirk

1. sich die Person, gegen die sich der Titel richtet, gewöhnlich aufhält oder
2. die Vollstreckung durchgeführt werden soll.

[2] Für den Bezirk des Kammergerichts entscheidet das Amtsgericht Pankow.

(2) [1] Die Landesregierungen werden ermächtigt, diese Zuständigkeit durch Rechtsverordnung einem anderen Amtsgericht des Oberlandesgerichtsbezirks oder, wenn in einem Land mehrere Oberlandesgerichte errichtet sind, einem Amtsgericht für die Bezirke aller oder mehrerer Oberlandesgerichte zuzuweisen. [2] Die Landesregierungen können diese Ermächtigung durch Rechtsverordnung auf die Landesjustizverwaltungen übertragen.

(3) [1] In einem Verfahren, das die Vollstreckbarerklärung einer notariellen Urkunde zum Gegenstand hat, kann diese Urkunde auch von einem Notar für vollstreckbar erklärt werden im Anwendungsbereich

1. der Verordnung (EG) Nr. 4/2009[1)] oder
2. des Übereinkommens vom 30. Oktober 2007 über die gerichtliche Zuständigkeit und die Anerkennung und Vollstreckung von Entscheidungen in Zivil- und Handelssachen.

[2] Die Vorschriften für das Verfahren der Vollstreckbarerklärung durch ein Gericht gelten sinngemäß.

Abschnitt 3. Verfahren mit Exequatur nach der Verordnung (EG) Nr. 4/2009 und den Abkommen der Europäischen Union

Unterabschnitt 1. Zulassung der Zwangsvollstreckung aus ausländischen Titeln

§ 36 Antragstellung. (1) Der in einem anderen Staat vollstreckbare Titel wird dadurch zur Zwangsvollstreckung zugelassen, dass er auf Antrag mit der Vollstreckungsklausel versehen wird.

(2) Der Antrag auf Erteilung der Vollstreckungsklausel kann bei dem zuständigen Gericht schriftlich eingereicht oder mündlich zu Protokoll der Geschäftsstelle erklärt werden.

(3) Ist der Antrag entgegen § 184 des Gerichtsverfassungsgesetzes[2)] nicht in deutscher Sprache abgefasst, so kann das Gericht von dem Antragsteller eine Übersetzung verlangen, deren Richtigkeit von einer Person bestätigt worden ist, die in einem der folgenden Staaten hierzu befugt ist:

1. in einem Mitgliedstaat oder in einem anderen Vertragsstaat des Abkommens über den Europäischen Wirtschaftsraum oder
2. *in einem Vertragsstaat des jeweils auszuführenden völkerrechtlichen Vertrages.*

(4) Der Ausfertigung des Titels, der mit der Vollstreckungsklausel versehen werden soll, und seiner Übersetzung, soweit eine solche vorgelegt wird, sollen je zwei Abschriften beigefügt werden.

[1)] Nr. **21d**.

[2)] **Habersack, Deutsche Gesetze Nr. 95.**

§ 37 Zustellungsempfänger. (1) Hat der Antragsteller in dem Antrag keinen Zustellungsbevollmächtigten im Sinne des § 184 Absatz 1 Satz 1 der Zivilprozessordnung[1] benannt, so können bis zur nachträglichen Benennung alle Zustellungen an ihn durch Aufgabe zur Post (§ 184 Absatz 1 Satz 2 und Absatz 2 der Zivilprozessordnung) bewirkt werden.

(2) Absatz 1 gilt nicht, wenn der Antragsteller einen Verfahrensbevollmächtigten für das Verfahren benannt hat, an den im Inland zugestellt werden kann.

(3) Die Absätze 1 und 2 sind auf Verfahren nach der Verordnung (EG) Nr. 4/2009[2] nicht anzuwenden.

§ 38 Verfahren. (1) [1]Die Entscheidung ergeht ohne mündliche Verhandlung. [2]Jedoch kann eine mündliche Erörterung mit dem Antragsteller oder seinem Bevollmächtigten stattfinden, wenn der Antragsteller oder der Bevollmächtigte hiermit einverstanden ist und die Erörterung der Beschleunigung dient.

(2) Im ersten Rechtszug ist die Vertretung durch einen Rechtsanwalt nicht erforderlich.

§ 39 Vollstreckbarkeit ausländischer Titel in Sonderfällen. (1) [1]Hängt die Zwangsvollstreckung nach dem Inhalt des Titels von einer dem Gläubiger obliegenden Sicherheitsleistung, dem Ablauf einer Frist oder dem Eintritt einer anderen Tatsache ab oder wird die Vollstreckungsklausel zugunsten eines anderen als des in dem Titel bezeichneten Gläubigers oder gegen einen anderen als den darin bezeichneten Schuldner beantragt, so ist die Frage, inwieweit die Zulassung der Zwangsvollstreckung von dem Nachweis besonderer Voraussetzungen abhängig oder ob der Titel für oder gegen den anderen vollstreckbar ist, nach dem Recht des Staates zu entscheiden, in dem der Titel errichtet ist. [2]Der Nachweis ist durch Urkunden zu führen, es sei denn, dass die Tatsachen bei dem Gericht offenkundig sind.

(2) [1]Kann der Nachweis durch Urkunden nicht geführt werden, so ist auf Antrag des Antragstellers der Antragsgegner zu hören. [2]In diesem Fall sind alle Beweismittel zulässig. [3]Das Gericht kann auch die mündliche Verhandlung anordnen.

(Fortsetzung nächstes Blatt)

[1] **Habersack, Deutsche Gesetze Nr. 100.**
[2] Nr. **21d**.

§ 40. Entscheidung. (1) [1]Ist die Zwangsvollstreckung aus dem Titel zuzulassen, so beschließt das Gericht, dass der Titel mit der Vollstreckungsklausel zu versehen ist. [2]In dem Beschluss ist die zu vollstreckende Verpflichtung in deutscher Sprache wiederzugeben. [3]Zur Begründung des Beschlusses genügt in der Regel die Bezugnahme auf die Verordnung (EG) Nr. 4/2009 oder auf den jeweils auszuführenden völkerrechtlichen Vertrag sowie auf von dem Antragsteller vorgelegte Urkunden. [4]Auf die Kosten des Verfahrens ist § 788 der Zivilprozessordnung entsprechend anzuwenden.

(2) [1]Ist der Antrag nicht zulässig oder nicht begründet, so lehnt ihn das Gericht durch mit Gründen versehenen Beschluss ab. [2]Die Kosten sind dem Antragsteller aufzuerlegen.

(3) Der Beschluss wird mit Bekanntgabe an die Beteiligten wirksam.

§ 41. Vollstreckungsklausel. (1) [1]Auf Grund des Beschlusses nach § 40 Absatz 1 erteilt der Urkundsbeamte der Geschäftsstelle die Vollstreckungsklausel in folgender Form:

„Vollstreckungsklausel nach § 36 des Auslandsunterhaltsgesetzes vom 23. Mai 2011 (BGBl. I S. 898). Gemäß dem Beschluss des ... (Bezeichnung des Gerichts und des Beschlusses) ist die Zwangsvollstreckung aus ... (Bezeichnung des Titels) zugunsten ... (Bezeichnung des Gläubigers) gegen ... (Bezeichnung des Schuldners) zulässig.

Die zu vollstreckende Verpflichtung lautet:
... (Angabe der dem Schuldner aus dem ausländischen Titel obliegenden Verpflichtung in deutscher Sprache; aus dem Beschluss nach § 40 Absatz 1 zu übernehmen).
Die Zwangsvollstreckung darf über Maßregeln zur Sicherung nicht hinausgehen, bis der Gläubiger eine gerichtliche Anordnung oder ein Zeugnis vorlegt, dass die Zwangsvollstreckung unbeschränkt stattfinden darf."

[2]Lautet der Titel auf Leistung von Geld, so ist der Vollstreckungsklausel folgender Zusatz anzufügen:
„Solange die Zwangsvollstreckung über Maßregeln zur Sicherung nicht hinausgehen darf, kann der Schuldner die Zwangsvollstreckung durch Leistung einer Sicherheit in Höhe von ... (Angabe des Betrages, wegen dessen der Gläubiger vollstrecken darf) abwenden."

(2) Wird die Zwangsvollstreckung nur für einen oder mehrere der durch die ausländische Entscheidung zuerkannten oder in einem anderen ausländischen Titel niedergelegten Ansprüche oder nur für einen Teil des Gegenstands der Verpflichtung zugelassen, so ist die Vollstreckungsklausel als „Teil-Vollstreckungsklausel nach § 36 des Auslandsunterhaltsgesetzes vom 23. Mai 2011 (BGBl. I S. 898)" zu bezeichnen.

(3) [1]Die Vollstreckungsklausel ist von dem Urkundsbeamten der Geschäftsstelle zu unterschreiben und mit dem Gerichtssiegel zu versehen. [2]Sie ist entweder auf die Ausfertigung des Titels oder auf ein damit zu verbindendes Blatt zu setzen. [3]Falls eine Übersetzung des Titels vorliegt, ist sie mit der Ausfertigung zu verbinden.

§ 42. Bekanntgabe der Entscheidung. (1) [1]Lässt das Gericht die Zwangsvollstreckung zu (§ 40 Absatz 1), sind dem Antragsgegner eine beglaubigte Abschrift des Beschlusses, eine beglaubigte Abschrift des mit der Vollstreckungsklausel versehenen Titels und gegebenenfalls seiner Übersetzung sowie der gemäß § 40 Absatz 1 Satz 3 in Bezug genommenen Urkunden von Amts wegen zuzustellen. [2]Dem Antragsteller sind eine beglaubigte Abschrift des Beschlusses, die mit der Vollstreckungsklausel versehene Ausfertigung des Titels sowie eine Bescheinigung über die bewirkte Zustellung zu übersenden.

(2) Lehnt das Gericht den Antrag auf Erteilung der Vollstreckungsklausel ab (§ 40 Absatz 2), ist der Beschluss dem Antragsteller zuzustellen.

Unterabschnitt 2. Beschwerde, Rechtsbeschwerde

§ 43. Beschwerdegericht; Einlegung der Beschwerde; Beschwerdefrist. (1) Beschwerdegericht ist das Oberlandesgericht.

(2) [1]Die Beschwerde gegen die im ersten Rechtszug ergangene Entscheidung über den Antrag auf Erteilung der Vollstreckungsklausel wird bei dem Gericht, dessen Beschluss angefochten wird, durch Einreichen einer Beschwerdeschrift oder durch Erklärung zu Protokoll der Geschäftsstelle eingelegt. [2]Der Beschwerdeschrift soll die für ihre Zustellung erforderliche Zahl von Abschriften beigefügt werden.

(3) § 61 des Gesetzes über das Verfahren in Familiensachen und in den Angelegenheiten der freiwilligen Gerichtsbarkeit ist nicht anzuwenden.

(4) [1]Die Beschwerde des Antragsgegners gegen die Zulassung der Zwangsvollstreckung ist einzulegen

1. im Anwendungsbereich der Verordnung (EG) Nr. 4/2009 und des Abkommens vom 19. Oktober 2005 zwischen der Europäischen Gemeinschaft und dem Königreich Dänemark über die gerichtliche Zuständigkeit und die Anerkennung und Vollstreckung von Entscheidungen in Zivil- und Handelssachen innerhalb der Frist des Artikels 32 Absatz 5 der Verordnung (EG) Nr. 4/2009,
2. im Anwendungsbereich des Übereinkommens vom 30. Oktober 2007 über die gerichtliche Zuständigkeit und die Anerkennung und Vollstreckung von Entscheidungen in Zivil- und Handelssachen
   a) innerhalb eines Monats nach Zustellung, wenn der Antragsgegner seinen Wohnsitz im Inland hat, oder
   b) innerhalb von zwei Monaten nach Zustellung, wenn der Antragsgegner seinen Wohnsitz im Ausland hat.

[2]Die Frist beginnt mit dem Tag, an dem die Vollstreckbarerklärung dem Antragsgegner entweder persönlich oder in seiner Wohnung zugestellt worden ist. [3]Eine Verlängerung dieser Frist wegen weiter Entfernung ist ausgeschlossen.

(5) Die Beschwerde ist dem Beschwerdegegner von Amts wegen zuzustellen.

§ 44. [1] *(aufgehoben)*

[1] § 44 aufgeh. durch Art. 1 G v. 20. 2. 2013 (BGBl. I S. 273).

§ 45. Verfahren und Entscheidung über die Beschwerde. (1) [1]Das Beschwerdegericht entscheidet durch Beschluss, der mit Gründen zu versehen ist und ohne mündliche Verhandlung ergehen kann. [2]Der Beschwerdegegner ist vor der Entscheidung zu hören.

(2) [1]Solange eine mündliche Verhandlung nicht angeordnet ist, können zu Protokoll der Geschäftsstelle Anträge gestellt und Erklärungen abgegeben werden. [2]Wird die mündliche Verhandlung angeordnet, so gilt für die Ladung § 215 der Zivilprozessordnung.

(3) Eine vollständige Ausfertigung des Beschlusses ist dem Antragsteller und dem Antragsgegner auch dann von Amts wegen zuzustellen, wenn der Beschluss verkündet worden ist.

(4) [1]Soweit nach dem Beschluss des Beschwerdegerichts die Zwangsvollstreckung aus dem Titel erstmals zuzulassen ist, erteilt der Urkundsbeamte der Geschäftsstelle des Beschwerdegerichts die Vollstreckungsklausel. [2]§ 40 Absatz 1 Satz 2 und 4, §§ 41 und 42 Absatz 1 sind entsprechend anzuwenden. [3]Ein Zusatz, dass die Zwangsvollstreckung über Maßregeln zur Sicherung nicht hinausgehen darf, ist nur aufzunehmen, wenn das Beschwerdegericht eine Anordnung nach § 52 Absatz 2 erlassen hat. [4]Der Inhalt des Zusatzes bestimmt sich nach dem Inhalt der Anordnung.

§ 46. Statthaftigkeit und Frist der Rechtsbeschwerde. (1) Gegen den Beschluss des Beschwerdegerichts findet die Rechtsbeschwerde statt.

(2) Die Rechtsbeschwerde ist innerhalb eines Monats einzulegen.

(3) Die Rechtsbeschwerdefrist beginnt mit der Zustellung des Beschlusses (§ 45 Absatz 3).

(4) § 75 des Gesetzes über das Verfahren in Familiensachen und in den Angelegenheiten der freiwilligen Gerichtsbarkeit ist nicht anzuwenden.

§ 47. Einlegung und Begründung der Rechtsbeschwerde. (1) Die Rechtsbeschwerde wird durch Einreichen der Beschwerdeschrift beim Bundesgerichtshof eingelegt.

(2) [1]Die Rechtsbeschwerde ist zu begründen. [2]§ 71 Absatz 1 Satz 1 des Gesetzes über das Verfahren in Familiensachen und in den Angelegenheiten der freiwilligen Gerichtsbarkeit ist nicht anzuwenden. [3]Soweit die Rechtsbeschwerde darauf gestützt wird, dass das Beschwerdegericht von einer Entscheidung des Gerichtshofs der Europäischen Union abgewichen sei, muss die Entscheidung, von der der angefochtene Beschluss abweicht, bezeichnet werden.

§ 48. Verfahren und Entscheidung über die Rechtsbeschwerde. (1) Der Bundesgerichtshof kann nur überprüfen, ob der Beschluss auf einer Verletzung des Rechts der Europäischen Union, eines einschlägigen völkerrechtlichen Vertrages oder sonstigen Bundesrechts oder einer anderen Vorschrift beruht, deren Geltungsbereich sich über den Bezirk eines Oberlandesgerichts hinaus erstreckt.

(2) [1]Der Bundesgerichtshof kann über die Rechtsbeschwerde ohne mündliche Verhandlung entscheiden. [2]Auf das Verfahren über die Rechtsbeschwerde sind die §§ 73 und 74 des Gesetzes über das Verfahren in Familiensachen und in den Angelegenheiten der freiwilligen Gerichtsbarkeit entsprechend anzuwenden.

(3) [1]Soweit die Zwangsvollstreckung aus dem Titel erstmals durch den Bundesgerichtshof zugelassen wird, erteilt der Urkundsbeamte der Geschäftsstelle dieses Gerichts die Vollstreckungsklausel. [2]§ 40 Absatz 1 Satz 2 und 4, §§ 41 und 42 Absatz 1 gelten entsprechend. [3]Ein Zusatz über die Beschränkung der Zwangsvollstreckung entfällt.

Unterabschnitt 3. Beschränkung der Zwangsvollstreckung auf Sicherungsmaßregeln und unbeschränkte Fortsetzung der Zwangsvollstreckung

§ 49. Prüfung der Beschränkung. Einwendungen des Schuldners, dass bei der Zwangsvollstreckung die Beschränkung auf Sicherungsmaßregeln nach der Verordnung (EG) Nr. 4/2009 oder dem auszuführenden völkerrechtlichen Vertrag oder auf Grund einer auf diesem Gesetz beruhenden Anordnung (§ 52 Absatz 2) nicht eingehalten werde, oder Einwendungen des Gläubigers, dass eine bestimmte Maßnahme der Zwangsvollstreckung mit dieser Beschränkung vereinbar sei, sind im Wege der Erinnerung nach § 766 der Zivilprozessordnung bei dem Vollstreckungsgericht (§ 764 der Zivilprozessordnung) geltend zu machen.

§ 50. Sicherheitsleistung durch den Schuldner. (1) Solange die Zwangsvollstreckung aus einem Titel, der auf Leistung von Geld lautet, nicht über Maßregeln der Sicherung hinausgehen darf, ist der Schuldner befugt, die Zwangsvollstreckung durch Leistung einer Sicherheit in Höhe des Betrages abzuwenden, wegen dessen der Gläubiger vollstrecken darf.

(2) Die Zwangsvollstreckung ist einzustellen und bereits getroffene Vollstreckungsmaßregeln sind aufzuheben, wenn der Schuldner durch eine öffentliche Urkunde die zur Abwendung der Zwangsvollstreckung erforderliche Sicherheitsleistung nachweist.

§ 51. Versteigerung beweglicher Sachen. Ist eine bewegliche Sache gepfändet und darf die Zwangsvollstreckung nicht über Maßregeln zur Sicherung hinausgehen, so kann das Vollstreckungsgericht auf Antrag anordnen, dass die Sache versteigert und der Erlös hinterlegt werde, wenn sie der Gefahr einer beträchtlichen Wertminderung ausgesetzt ist oder wenn ihre Aufbewahrung unverhältnismäßige Kosten verursachen würde.

§ 52. Unbeschränkte Fortsetzung der Zwangsvollstreckung; besondere gerichtliche Anordnungen. (1) Weist das Beschwerdegericht die Beschwerde des Schuldners gegen die Zulassung der Zwangsvollstreckung zurück oder lässt es auf die Beschwerde des Gläubigers die Zwangsvollstreckung aus dem Titel zu, so kann die Zwangsvollstreckung über Maßregeln zur Sicherung hinaus fortgesetzt werden.

(2) [1]Auf Antrag des Schuldners kann das Beschwerdegericht anordnen, dass bis zum Ablauf der Frist zur Einlegung der Rechtsbeschwerde oder bis zur Entscheidung über diese Beschwerde die Zwangsvollstreckung nicht oder nur gegen Sicherheitsleistung über Maßregeln zur Sicherung hinausgehen darf. [2]Die Anordnung darf nur erlassen werden, wenn glaubhaft gemacht wird, dass die weiter gehende Vollstreckung dem Schuldner einen nicht zu ersetzenden Nachteil bringen würde. [3]§ 713 der Zivilprozessordnung ist entsprechend anzuwenden.

(3) [1] Wird Rechtsbeschwerde eingelegt, so kann der Bundesgerichtshof auf Antrag des Schuldners eine Anordnung nach Absatz 2 erlassen. [2] Der Bundesgerichtshof kann auf Antrag des Gläubigers eine nach Absatz 2 erlassene Anordnung des Beschwerdegerichts abändern oder aufheben.

§ 53 Unbeschränkte Fortsetzung der durch das Gericht des ersten Rechtszuges zugelassenen Zwangsvollstreckung. (1) Die Zwangsvollstreckung aus dem Titel, den der Urkundsbeamte der Geschäftsstelle des Gerichts des ersten Rechtszuges mit der Vollstreckungsklausel versehen hat, ist auf Antrag des Gläubigers über Maßregeln zur Sicherung hinaus fortzusetzen, wenn das Zeugnis des Urkundsbeamten der Geschäftsstelle dieses Gerichts vorgelegt wird, dass die Zwangsvollstreckung unbeschränkt stattfinden darf.

(2) Das Zeugnis ist dem Gläubiger auf seinen Antrag zu erteilen,

1. wenn der Schuldner bis zum Ablauf der Beschwerdefrist keine Beschwerdeschrift eingereicht hat,
2. wenn das Beschwerdegericht die Beschwerde des Schuldners zurückgewiesen und keine Anordnung nach § 52 Absatz 2 erlassen hat,
3. wenn der Bundesgerichtshof die Anordnung des Beschwerdegerichts nach § 52 Absatz 2 aufgehoben hat (§ 52 Absatz 3 Satz 2) oder
4. wenn der Bundesgerichtshof den Titel zur Zwangsvollstreckung zugelassen hat.

(3) Aus dem Titel darf die Zwangsvollstreckung, selbst wenn sie auf Maßregeln der Sicherung beschränkt ist, nicht mehr stattfinden, sobald ein Beschluss des Beschwerdegerichts, dass der Titel zur Zwangsvollstreckung nicht zugelassen werde, verkündet oder zugestellt ist.

§ 54 Unbeschränkte Fortsetzung der durch das Beschwerdegericht zugelassenen Zwangsvollstreckung. (1) Die Zwangsvollstreckung aus dem Titel, zu dem der Urkundsbeamte der Geschäftsstelle des Beschwerdegerichts die Vollstreckungsklausel mit dem Zusatz erteilt hat, dass die Zwangsvollstreckung auf Grund der Anordnung des Gerichts nicht über Maßregeln zur Sicherung hinausgehen darf (§ 45 Absatz 4 Satz 3), ist auf Antrag des Gläubigers über Maßregeln zur Sicherung hinaus fortzusetzen, wenn das Zeugnis des Urkundsbeamten der Geschäftsstelle dieses Gerichts vorgelegt wird, dass die Zwangsvollstreckung unbeschränkt stattfinden darf.

(2) Das Zeugnis ist dem Gläubiger auf seinen Antrag zu erteilen,

1. wenn der Schuldner bis zum Ablauf der Frist zur Einlegung der Rechtsbeschwerde (§ 46 Absatz 2) keine Beschwerdeschrift eingereicht hat,
2. wenn der Bundesgerichtshof die Anordnung des Beschwerdegerichts nach § 52 Absatz 2 aufgehoben hat (§ 52 Absatz 3 Satz 2) oder
3. wenn der Bundesgerichtshof die Rechtsbeschwerde des Schuldners zurückgewiesen hat.

Unterabschnitt 4. Feststellung der Anerkennung einer ausländischen Entscheidung

§ 55 Verfahren. (1) Auf das Verfahren, das die Feststellung zum Gegenstand hat, ob eine Entscheidung aus einem anderen Staat anzuerkennen ist, sind die

§§ 36 bis 38, 40 Absatz 2, die §§ 42 bis 45 Absatz 1 bis 3, die §§ 46, 47 sowie 48 Absatz 1 und 2 entsprechend anzuwenden.

(2) Ist der Antrag auf Feststellung begründet, so beschließt das Gericht, die Entscheidung anzuerkennen.

§ 56 Kostenentscheidung. [1] In den Fällen des § 55 Absatz 2 sind die Kosten dem Antragsgegner aufzuerlegen. [2] Dieser kann die Beschwerde (§ 43) auf die Entscheidung über den Kostenpunkt beschränken. [3] In diesem Fall sind die Kosten dem Antragsteller aufzuerlegen, wenn der Antragsgegner durch sein Verhalten keine Veranlassung zu dem Antrag auf Feststellung gegeben hat.

Abschnitt 4. Anerkennung und Vollstreckung von Unterhaltstiteln nach völkerrechtlichen Verträgen

Unterabschnitt 1. Allgemeines

§ 57 Anwendung von Vorschriften. Auf die Anerkennung und Vollstreckbarerklärung von ausländischen Unterhaltstiteln nach den in § 1 Absatz 1 Satz 1 Nummer 2 bezeichneten völkerrechtlichen Verträgen sind die Vorschriften der §§ 36 bis 56 entsprechend anzuwenden, soweit in diesem Abschnitt nichts anderes bestimmt ist.

§ 58 Anhörung. Das Gericht entscheidet in dem Verfahren nach § 36 ohne Anhörung des Antragsgegners.

§ 59 Beschwerdefrist. (1) Die Beschwerde gegen die im ersten Rechtszug ergangene Entscheidung über den Antrag auf Erteilung der Vollstreckungsklausel ist innerhalb eines Monats nach Zustellung einzulegen.

(2) [1] Muss die Zustellung an den Antragsgegner im Ausland oder durch öffentliche Bekanntmachung erfolgen und hält das Gericht die Beschwerdefrist nach Absatz 1 nicht für ausreichend, so bestimmt es in dem Beschluss nach § 40 oder nachträglich durch besonderen Beschluss, der ohne mündliche Verhandlung ergeht, eine längere Beschwerdefrist. [2] Die nach Satz 1 festgesetzte Frist für die Einlegung der Beschwerde ist auf der Bescheinigung über die bewirkte Zustellung (§ 42 Absatz 1 Satz 2) zu vermerken. [3] Die Bestimmungen über den Beginn der Beschwerdefrist bleiben auch im Fall der nachträglichen Festsetzung unberührt.

§ 59 a[1)] Einwendungen gegen den zu vollstreckenden Anspruch im Beschwerdeverfahren. (1) Der Schuldner kann mit der Beschwerde, die sich gegen die Zulassung der Zwangsvollstreckung aus einer Entscheidung richtet, auch Einwendungen gegen den Anspruch selbst insoweit geltend machen, als die Gründe, auf denen sie beruhen, erst nach dem Erlass der Entscheidung entstanden sind.

(2) Mit der Beschwerde, die sich gegen die Zulassung der Zwangsvollstreckung aus einem gerichtlichen Vergleich oder einer öffentlichen Urkunde

1) § 59 a eingef. mWv 1. 8. 2014 durch G v. 20. 2. 2013 (BGBl. I S. 273 iVm *Bek. v. 2. 7. 2014*, BGBl. I S. 887).

richtet, kann der Schuldner die Einwendungen gegen den Anspruch selbst ungeachtet der in Absatz 1 enthaltenen Beschränkung geltend machen.

§ 60 Beschränkung der Zwangsvollstreckung kraft Gesetzes. Die Zwangsvollstreckung ist auf Sicherungsmaßregeln beschränkt, solange die Frist zur Einlegung der Beschwerde noch läuft und solange über die Beschwerde noch nicht entschieden ist.

Unterabschnitt 2.[1] Anerkennung und Vollstreckung von Unterhaltstiteln nach dem Haager Übereinkommen vom 23. November 2007 über die internationale Geltendmachung der Unterhaltsansprüche von Kindern und anderen Familienangehörigen

§ 60 a[1] Beschwerdeverfahren im Bereich des Haager Übereinkommens. Abweichend von § 59 gelten für das Beschwerdeverfahren die Fristen des Artikels 23 Absatz 6 des Haager Übereinkommens.

Unterabschnitt 3.[2] Anerkennung und Vollstreckung von Unterhaltstiteln nach dem Haager Übereinkommen vom 2. Oktober 1973 über die Anerkennung und Vollstreckung von Unterhaltsentscheidungen

§ 61 Einschränkung der Anerkennung und Vollstreckung. (1) Öffentliche Urkunden aus einem anderen Vertragsstaat werden nur anerkannt und vollstreckt, wenn dieser Staat die Erklärung nach Artikel 25 des Übereinkommens abgegeben hat.

(2) Die Anerkennung und Vollstreckung von Entscheidungen aus einem anderen Vertragsstaat über Unterhaltsansprüche zwischen Verwandten in der Seitenlinie und zwischen Verschwägerten ist auf Verlangen des Antragsgegners zu versagen, wenn

1. nach den Sachvorschriften des Rechts desjenigen Staates, dem der Verpflichtete und der Berechtigte angehören, eine Unterhaltspflicht nicht besteht oder
2. der Verpflichtete und der Berechtigte nicht die gleiche Staatsangehörigkeit haben und keine Unterhaltspflicht nach dem am gewöhnlichen Aufenthaltsort des Verpflichteten geltenden Recht besteht.

§ 62 Beschwerdeverfahren im Anwendungsbereich des Haager Übereinkommens. (1) Abweichend von § 59 Absatz 2 Satz 1 beträgt die Frist für die Beschwerde des Schuldners gegen die Zulassung der Zwangsvollstreckung zwei Monate, wenn die Zustellung an den Schuldner im Ausland erfolgen muss.

(2) [1] Das Oberlandesgericht kann seine Entscheidung über die Beschwerde *gegen die Zulassung der Zwangsvollstreckung* auf Antrag des Schuldners aussetzen, wenn gegen die Entscheidung im Ursprungsstaat ein ordentliches Rechtsmittel eingelegt wurde oder die Frist hierfür noch nicht verstrichen ist. [2] Im letzteren Fall kann das Oberlandesgericht eine Frist bestimmen, innerhalb

---

[1] UAbschnitt 2 (§ 60 a) eingef. mWv 1. 8. 2014 durch G v. 20. 2. 2013 (BGBl. I S. 273 iVm Bek. v. 2. 7. 2014, BGBl. I S. 887).

[2] Bish. UAbschnitt 2 wird UAbschnitt 3 mWv 1. 8. 2014 durch G v. 20. 2. 2013 (BGBl. I S. 273 iVm Bek. v. 2. 7. 2014, BGBl. I S. 887).

der das Rechtsmittel einzulegen ist. [3] Das Gericht kann die Zwangsvollstreckung auch von einer Sicherheitsleistung abhängig machen.

(3) Absatz 2 ist in Verfahren auf Feststellung der Anerkennung einer Entscheidung entsprechend anwendbar.

Unterabschnitt 4.[1)] Übereinkommen über die gerichtliche Zuständigkeit und die Vollstreckung gerichtlicher Entscheidungen in Zivil- und Handelssachen vom 16. September 1988

§ 63 Sonderregelungen für das Beschwerdeverfahren. (1) [1] Die Frist für die Beschwerde des Antragsgegners gegen die Entscheidung über die Zulassung der Zwangsvollstreckung beträgt zwei Monate und beginnt von dem Tage an zu laufen, an dem die Entscheidung dem Antragsgegner entweder in Person oder in seiner Wohnung zugestellt worden ist, wenn der Antragsgegner seinen Wohnsitz oder seinen Sitz in einem anderen Vertragsstaat dieses Übereinkommens hat. [2] Eine Verlängerung dieser Frist wegen weiter Entfernung ist ausgeschlossen. [3] § 59 Absatz 2 ist nicht anzuwenden.

(2) § 62 Absatz 2 und 3 ist entsprechend anzuwenden.

Abschnitt 5. Verfahren bei förmlicher Gegenseitigkeit

§ 64 Vollstreckbarkeit ausländischer Titel. (1) [1] Die Vollstreckbarkeit ausländischer Titel in Verfahren mit förmlicher Gegenseitigkeit nach § 1 Absatz 1 Satz 1 Nummer 3 richtet sich nach § 110 Absatz 1 und 2 des Gesetzes über das Verfahren in Familiensachen und in den Angelegenheiten der freiwilligen Gerichtsbarkeit[2)]. [2] Die Rechtskraft der Entscheidung ist für die Vollstreckbarerklärung nicht erforderlich.

(2) [1] Ist der ausländische Titel für vollstreckbar zu erklären, so kann das Gericht auf Antrag einer Partei in seinem Vollstreckungsbeschluss den in dem ausländischen Titel festgesetzten Unterhaltsbetrag hinsichtlich Höhe und Dauer der zu leistenden Zahlungen abändern. [2] Ist die ausländische Entscheidung rechtskräftig, so ist eine Abänderung nur nach Maßgabe des § 238 des Gesetzes über das Verfahren in Familiensachen und in den Angelegenheiten der freiwilligen Gerichtsbarkeit zulässig.

Kapitel 3. Vollstreckung, Vollstreckungsabwehrantrag, besonderes Verfahren; Schadensersatz

Abschnitt 1. Vollstreckung, Vollstreckungsabwehrantrag, besonderes Verfahren

§ 65 Vollstreckung. Für die Vollstreckung von ausländischen Unterhaltstiteln gilt § 120 Absatz 1 des Gesetzes über das Verfahren in Familiensachen und in den Angelegenheiten der freiwilligen Gerichtsbarkeit[2)], soweit in der Verordnung (EG) Nr. 4/2009 und in diesem Gesetz nichts anderes bestimmt ist.

[1)] *Bish. UAbschnitt 3 wird* UAbschnitt 4 mWv 1. 8. 2014 durch G v. 20. 2. 2013 (BGBl. I S. 273 iVm Bek. v. 2. 7. 2014, BGBl. I S. 887).

[2)] **Schönfelder Nr. 112.**

§ 66[1] **Vollstreckungsabwehrantrag.** (1) [1] Ist ein ausländischer Titel nach der Verordnung (EG) Nr. 4/2009[2] ohne Exequaturverfahren vollstreckbar oder nach dieser Verordnung oder einem der in § 1 Absatz 1 Satz 1 Nummer 1 genannten Abkommen für vollstreckbar erklärt, so kann der Schuldner Einwendungen, die sich gegen den Anspruch selbst richten, in einem Verfahren nach § 120 Absatz 1 des Gesetzes über das Verfahren in Familiensachen und in den Angelegenheiten der freiwilligen Gerichtsbarkeit[3] in Verbindung mit § 767 der Zivilprozessordnung[4] geltend machen. [2] Handelt es sich bei dem Titel um eine gerichtliche Entscheidung, so gilt dies nur, soweit die Gründe, auf denen die Einwendungen beruhen, erst nach dem Erlass der Entscheidung entstanden sind.

(2) Ist die Zwangsvollstreckung aus einem Titel nach einem der in § 1 Absatz 1 Satz 1 Nummer 2 genannten Übereinkommen zugelassen, so kann der Schuldner Einwendungen gegen den Anspruch selbst in einem Verfahren nach § 120 Absatz 1 des Gesetzes über das Verfahren in Familiensachen und in den Angelegenheiten der freiwilligen Gerichtsbarkeit in Verbindung mit § 767 der Zivilprozessordnung nur geltend machen, wenn die Gründe, auf denen seine Einwendungen beruhen, erst entstanden sind:

1. nach Ablauf der Frist, innerhalb derer er die Beschwerde hätte einlegen können, oder
2. falls die Beschwerde eingelegt worden ist, nach Beendigung dieses Verfahrens.

(3) [1] Der Antrag nach § 120 Absatz 1 des Gesetzes über das Verfahren in Familiensachen und in den Angelegenheiten der freiwilligen Gerichtsbarkeit in Verbindung mit § 767 der Zivilprozessordnung ist bei dem Gericht zu stellen, das über den Antrag auf Erteilung der Vollstreckungsklausel entschieden hat. [2] In den Fällen des Absatzes 1 richtet sich die Zuständigkeit nach § 35 Absatz 1 und 2.

§ 67 Verfahren nach Aufhebung oder Änderung eines für vollstreckbar erklärten ausländischen Titels im Ursprungsstaat. (1) Wird der Titel in dem Staat, in dem er errichtet worden ist, aufgehoben oder geändert und kann der Schuldner diese Tatsache in dem Verfahren zur Zulassung der Zwangsvollstreckung nicht mehr geltend machen, so kann er die Aufhebung oder Änderung der Zulassung in einem besonderen Verfahren beantragen.

(2) Für die Entscheidung über den Antrag ist das Gericht ausschließlich zuständig, das im ersten Rechtszug über den Antrag auf Erteilung der Vollstreckungsklausel entschieden hat.

(3) [1] Der Antrag kann bei dem Gericht schriftlich oder zu Protokoll der Geschäftsstelle gestellt werden. [2] Über den Antrag kann ohne mündliche Verhandlung entschieden werden. [3] Vor der Entscheidung, die durch Beschluss ergeht, ist der Gläubiger zu hören. [4] § 45 Absatz 2 und 3 gilt entsprechend.

---

[1] § 66 Abs. 1 neu gef., Abs. 2 einl. Satzteil, Abs. 3 Satz 1 geänd. mWv 26. 2. 2013 durch G v. 20. 2. 2013 (BGBl. I S. 273).

[2] Nr. **21 d**.

[3] **Schönfelder Nr. 112.**

[4] **Schönfelder Nr. 100.**

(4) [1] Der Beschluss unterliegt der Beschwerde. [2] Die Frist für die Einlegung der Beschwerde beträgt einen Monat. [3] Im Übrigen sind die §§ 58 bis 60, 62, 63 Absatz 3 und die §§ 65 bis 74 des Gesetzes über das Verfahren in Familiensachen und in den Angelegenheiten der freiwilligen Gerichtsbarkeit[1)] entsprechend anzuwenden.

(5) [1] Für die Einstellung der Zwangsvollstreckung und die Aufhebung bereits getroffener Vollstreckungsmaßregeln sind die §§ 769 und 770 der Zivilprozessordnung[2)] entsprechend anzuwenden. [2] Die Aufhebung einer Vollstreckungsmaßregel ist auch ohne Sicherheitsleistung zulässig.

§ 68 Aufhebung oder Änderung ausländischer Entscheidungen, deren Anerkennung festgestellt ist. Wird die Entscheidung in dem Staat, in dem sie ergangen ist, aufgehoben oder abgeändert und kann die davon begünstigte Partei diese Tatsache nicht mehr in dem Verfahren über den Antrag auf Feststellung der Anerkennung geltend machen, so ist § 67 Absatz 1 bis 4 entsprechend anzuwenden.

Abschnitt 2. Schadensersatz wegen ungerechtfertigter Vollstreckung

§ 69 Schadensersatz wegen ungerechtfertigter Vollstreckung.

(1) Wird die Zulassung der Zwangsvollstreckung auf die Beschwerde (§ 43) oder die Rechtsbeschwerde (§ 46) aufgehoben oder abgeändert, so ist der Gläubiger zum Ersatz des Schadens verpflichtet, der dem Schuldner durch die Vollstreckung des Titels oder durch eine Leistung zur Abwendung der Vollstreckung entstanden ist.

(2) Das Gleiche gilt, wenn

1. die Zulassung der Zwangsvollstreckung nach § 67 aufgehoben oder abgeändert wird, sofern die zur Zwangsvollstreckung zugelassene Entscheidung zum Zeitpunkt der Zulassung nach dem Recht des Staates, in dem sie ergangen ist, noch mit einem ordentlichen Rechtsmittel angefochten werden konnte oder
2. ein nach Artikel 17 der Verordnung (EG) Nr. 4/2009[3)] ohne Exequaturverfahren vollstreckbarer Titel im Ursprungsstaat aufgehoben wurde und der Titel zum Zeitpunkt der Zwangsvollstreckungsmaßnahme noch mit einem ordentlichen Rechtsmittel hätte angefochten werden können.

(3) [1] Für die Geltendmachung des Anspruchs ist das Gericht ausschließlich zuständig, das im ersten Rechtszug über den Antrag, den Titel mit der Vollstreckungsklausel zu versehen, entschieden hat. [2] In den Fällen des Absatzes 2 Nummer 2 richtet sich die Zuständigkeit nach § 35 Absatz 1 und 2.

Kapitel 4. Entscheidungen deutscher Gerichte; Mahnverfahren

§ 70 Antrag des Schuldners nach Artikel 19 der Verordnung (EG) Nr. 4/2009. (1) [1] Der Antrag des Schuldners auf Nachprüfung der Entscheidung

---

[1)] *Schönfelder Nr. 112.*
[2)] **Schönfelder Nr. 100.**
[3)] Nr. **21 d.**

gemäß Artikel 19 der Verordnung (EG) Nr. 4/2009[1] ist bei dem Gericht zu stellen, das die Entscheidung erlassen hat. [2] § 719 Absatz 1 der Zivilprozessordnung[2] ist entsprechend anwendbar.

(2) [1] Hat der Schuldner den Antrag nicht innerhalb der Frist des Artikels 19 Absatz 2 der Verordnung (EG) Nr. 4/2009 eingereicht oder liegen die Voraussetzungen des Artikels 19 Absatz 1 der Verordnung (EG) Nr. 4/2009 nicht vor, weist das Gericht den Antrag durch Beschluss zurück. [2] Der Beschluss kann ohne mündliche Verhandlung ergehen.

(3) [1] Liegen die Voraussetzungen des Artikels 19 der Verordnung (EG) Nr. 4/2009 vor, so wird das Verfahren fortgeführt. [2] Es wird in die Lage zurückversetzt, in der es sich vor Eintritt der Versäumnis befand. [3] Die §§ 343 bis 346 der Zivilprozessordnung werden entsprechend angewendet. [4] Auf Antrag des Schuldners ist die Zwangsvollstreckung auch ohne Sicherheitsleistung einzustellen.

§ 71 Bescheinigungen zu inländischen Titeln. (1) Die Gerichte, Behörden oder Notare, denen die Erteilung einer vollstreckbaren Ausfertigung obliegt, sind zuständig für die Ausstellung

1. des Formblatts nach Artikel 20 Absatz 1 Buchstabe b, Artikel 28 Absatz 1 Buchstabe b, Artikel 40 Absatz 2 und Artikel 48 Absatz 3 der Verordnung (EG) Nr. 4/2009[1],
2. der Bescheinigungen nach den Artikeln 54, 57 und 58 des Übereinkommens vom 30. Oktober 2007 über die gerichtliche Zuständigkeit und die Anerkennung und Vollstreckung von Entscheidungen in Zivil- und Handelssachen.

(2) [1] Soweit nach Absatz 1 die Gerichte für die Ausstellung des Formblatts oder der Bescheinigungen zuständig sind, werden diese Unterlagen von dem Gericht des ersten Rechtszuges ausgestellt oder, wenn das Verfahren bei einem höheren Gericht anhängig ist, von diesem. [2] Funktionell zuständig ist die Stelle, der die Erteilung einer vollstreckbaren Ausfertigung obliegt. [3] Für die Anfechtbarkeit der Entscheidung über die Ausstellung des Formblatts oder der Bescheinigung gelten die Vorschriften über die Anfechtbarkeit der Entscheidung über die Erteilung der Vollstreckungsklausel entsprechend.

(3) Die Ausstellung des Formblatts nach Artikel 20 Absatz 1 Buchstabe b und Artikel 48 Absatz 3 der Verordnung (EG) Nr. 4/2009 schließt das Recht auf Erteilung einer Klausel nach § 724 der Zivilprozessordnung[2] nicht aus.

§ 72 Bezifferung dynamisierter Unterhaltstitel zur Zwangsvollstreckung im Ausland. Soll ein Unterhaltstitel, der den Unterhalt nach § 1612 a *des Bürgerlichen Gesetzbuchs*[3] *als Prozentsatz* des Mindestunterhalts festsetzt, im Ausland vollstreckt werden, gilt § 245 des Gesetzes über das Verfahren in Familiensachen und in den Angelegenheiten der freiwilligen Gerichtsbarkeit[4].

[1] Nr. **21 d.**
[2] **Schönfelder Nr. 100.**
[3] **Schönfelder Nr. 20.**
[4] **Schönfelder Nr. 112.**

§ 73 Vervollständigung inländischer Entscheidungen zur Verwendung im Ausland. (1) [1] Will ein Beteiligter einen Versäumnis- oder Anerkenntnisbeschluss, der nach § 38 Absatz 4 des Gesetzes über das Verfahren in Familiensachen und in den Angelegenheiten der freiwilligen Gerichtsbarkeit[1)] in verkürzter Form abgefasst worden ist, in einem anderen Vertrags- oder Mitgliedstaat geltend machen, so ist der Beschluss auf Antrag dieses Beteiligten zu vervollständigen. [2] Der Antrag kann bei dem Gericht, das den Beschluss erlassen hat, schriftlich gestellt oder zu Protokoll der Geschäftsstelle erklärt werden. [3] Über den Antrag wird ohne mündliche Verhandlung entschieden.

(2) Zur Vervollständigung des Beschlusses sind die Gründe nachträglich abzufassen, von den Richtern gesondert zu unterschreiben und der Geschäftsstelle zu übergeben; die Gründe können auch von Richtern unterschrieben werden, die bei dem Beschluss nicht mitgewirkt haben.

(3) [1] Für die Berichtigung der Sachverhaltsdarstellung in den nachträglich abgefassten Gründen gelten § 113 Absatz 1 Satz 2 des Gesetzes über das Verfahren in Familiensachen und in den Angelegenheiten der freiwilligen Gerichtsbarkeit und § 320 der Zivilprozessordnung[2)]. [2] Jedoch können bei der Entscheidung über einen Antrag auf Berichtigung auch solche Richter mitwirken, die bei dem Beschluss oder der nachträglichen Abfassung der Gründe nicht mitgewirkt haben.

(4) Die vorstehenden Absätze gelten entsprechend für die Vervollständigung von Arrestbefehlen und einstweiligen Anordnungen, die in einem anderen Vertrags- oder Mitgliedstaat geltend gemacht werden sollen und nicht mit einer Begründung versehen sind.

§ 74 Vollstreckungsklausel zur Verwendung im Ausland. Vollstreckungsbescheide, Arrestbefehle und einstweilige Anordnungen, deren Zwangsvollstreckung in einem anderen Vertrags- oder Mitgliedstaat betrieben werden soll, sind auch dann mit der Vollstreckungsklausel zu versehen, wenn dies für eine Zwangsvollstreckung im Inland nach § 796 Absatz 1, § 929 Absatz 1 der Zivilprozessordnung[2)] und nach § 53 Absatz 1 und § 119 des Gesetzes über das Verfahren in Familiensachen und in den Angelegenheiten der freiwilligen Gerichtsbarkeit[1)] nicht erforderlich wäre.

§ 75 Mahnverfahren mit Zustellung im Ausland. (1) [1] Das Mahnverfahren findet auch statt, wenn die Zustellung des Mahnbescheids in einem anderen Vertrags- oder Mitgliedstaat erfolgen muss. [2] In diesem Fall kann der Anspruch auch die Zahlung einer bestimmten Geldsumme in ausländischer Währung zum Gegenstand haben.

(2) Macht der Antragsteller geltend, dass das angerufene Gericht auf Grund einer Gerichtsstandsvereinbarung zuständig sei, so hat er dem Mahnantrag die erforderlichen Schriftstücke über die Vereinbarung beizufügen.

(3) Die Widerspruchsfrist (§ 692 Absatz 1 Nummer 3 der Zivilprozessordnung[2)]) beträgt einen Monat.

[1)] **Schönfelder Nr. 112.**
[2)] **Schönfelder Nr. 100.**

Kapitel 5. Kosten; Übergangsvorschriften

Abschnitt 1. Kosten

§ 76 Übersetzungen. Die Höhe der Vergütung für die von der zentralen Behörde veranlassten Übersetzungen richtet sich nach dem Justizvergütungs- und Entschädigungsgesetz.

Abschnitt 2. Übergangsvorschriften

§ 77 Übergangsvorschriften. (1) Die Anerkennung und Vollstreckbarerklärung eines ausländischen Unterhaltstitels richtet sich für die am 18. Juni 2011 bereits eingeleiteten Verfahren nach dem Anerkennungs- und Vollstreckungsausführungsgesetz[1] in der Fassung vom 3. Dezember 2009 (BGBl. I S. 3830) im Anwendungsbereich

1. der Verordnung (EG) Nr. 44/2001[2] des Rates vom 22. Dezember 2000 über die gerichtliche Zuständigkeit und die Anerkennung und Vollstreckung von Entscheidungen in Zivil- und Handelssachen (ABl. L 12 vom 16. 1. 2001, S. 1),
2. des Abkommens vom 19. Oktober 2005 zwischen der Europäischen Gemeinschaft und dem Königreich Dänemark über die gerichtliche Zuständigkeit und die Anerkennung und Vollstreckung von Entscheidungen in Zivil- und Handelssachen (ABl. L 299 vom 16. 11. 2005, S. 62),
3. des Übereinkommens vom 30. Oktober 2007 über die gerichtliche Zuständigkeit und die Anerkennung und Vollstreckung von Entscheidungen in Zivil- und Handelssachen (ABl. L 339 vom 21. 12. 2007, S. 3),
4. des Übereinkommens vom 16. September 1988 über die gerichtliche Zuständigkeit und die Vollstreckung gerichtlicher Entscheidungen in Zivil- und Handelssachen (BGBl. 1994 II S. 2658) und
5. des Haager Übereinkommens vom 2. Oktober 1973 über die Anerkennung und Vollstreckung von Unterhaltsentscheidungen (BGBl. 1986 II S. 826).

(2) Die Anerkennung und Vollstreckbarerklärung eines ausländischen Titels richtet sich für Verfahren mit förmlicher Gegenseitigkeit (§ 1 Absatz 1 Satz 1 Nummer 3), die am 18. Juni 2011 bereits eingeleitet sind, nach dem Auslandsunterhaltsgesetz[3] vom 19. Dezember 1986 (BGBl. I S. 2563), das zuletzt durch Artikel 4 Absatz 10 des Gesetzes vom 17. Dezember 2006 (BGBl. I S. 3171) geändert worden ist.

(3) Die gerichtliche Zuständigkeit für am 18. Juni 2011 noch nicht abgeschlossene Unterhaltssachen und anhängige Verfahren auf Gewährung von Verfahrenskostenhilfe bleibt unberührt.

(4) Die §§ 30 bis 34 sind nur auf Titel anwendbar, die auf der Grundlage des Haager Protokolls vom 23. November 2007 über das anwendbare Recht (ABl. L 331 vom 16. 12. 2009, S. 19) ergangen sind.

(5) Die §§ 16 bis 19 sind auch auf Ersuchen anzuwenden, die bei der zentralen Behörde am 18. Juni 2011 bereits anhängig sind.

---

[1] Nr. **103 a**.
[2] Nr. **21 d**.
[3] Nr. **103 o**.

103 p. Internationales Erbrechtsverfahrensgesetz (IntErbRVG)[1)]

Vom 29. Juni 2015
(BGBl. I S. 1042)

FNA 319-116

Inhaltsübersicht

[1)] Verkündet als Art. 1 G v. 29. 6. 2015 (BGBl. I S. 1042); Inkrafttreten gem. Art. 22 Abs. 1 dieses G am 17. 8. 2015.

Abschnitt 1. Anwendungsbereich

§ 1 Anwendungsbereich. (1) Dieses Gesetz regelt die Durchführung der Verordnung (EU) Nr. 650/2012[1] des Europäischen Parlaments und des Rates vom 4. Juli 2012 über die Zuständigkeit, das anzuwendende Recht, die Anerkennung und Vollstreckung von Entscheidungen und die Annahme und Vollstreckung öffentlicher Urkunden in Erbsachen sowie zur Einführung eines Europäischen Nachlasszeugnisses.

(2) Mitgliedstaaten im Sinne dieses Gesetzes sind die Mitgliedstaaten der Europäischen Union mit Ausnahme Dänemarks, Irlands und des Vereinigten Königreichs.

---

[1] Nr. **21 e**.

Abschnitt 2. Bürgerliche Streitigkeiten

§ 2 Örtliche Zuständigkeit. (1) Das Gericht, das die Verfahrensparteien in der Gerichtsstandsvereinbarung bezeichnet haben, ist örtlich ausschließlich zuständig, sofern sich die internationale Zuständigkeit der deutschen Gerichte aus den folgenden Vorschriften der Verordnung (EU) Nr. 650/2012[1)] ergibt:

1. Artikel 7 Buchstabe a in Verbindung mit Artikel 6 Buchstabe b Alternative 1 und mit Artikel 5 Absatz 1 Alternative 1 der Verordnung (EU) Nr. 650/2012 oder
2. Artikel 7 Buchstabe b Alternative 1 in Verbindung mit Artikel 5 Absatz 1 Alternative 1 der Verordnung (EU) Nr. 650/2012.

(2) Ergibt sich die internationale Zuständigkeit der deutschen Gerichte aus Artikel 7 Buchstabe c der Verordnung (EU) Nr. 650/2012, ist das Gericht örtlich ausschließlich zuständig, dessen Zuständigkeit die Verfahrensparteien ausdrücklich anerkannt haben.

(3) Ergibt sich die internationale Zuständigkeit der deutschen Gerichte aus Artikel 9 Absatz 1 der Verordnung (EU) Nr. 650/2012 in Verbindung mit den in den vorstehenden Absätzen aufgeführten Vorschriften der Verordnung (EU) Nr. 650/2012, ist das Gericht, das seine Zuständigkeit nach den Absätzen 1 oder 2 ausübt, weiterhin örtlich ausschließlich zuständig.

(4) [1] Ergibt sich die internationale Zuständigkeit der deutschen Gerichte aus anderen Vorschriften des Kapitels II der Verordnung (EU) Nr. 650/2012, ist das Gericht örtlich zuständig, in dessen Bezirk der Erblasser im Zeitpunkt seines Todes seinen gewöhnlichen Aufenthalt hatte. [2] Hatte der Erblasser im Zeitpunkt seines Todes seinen gewöhnlichen Aufenthalt nicht im Inland, ist das Gericht örtlich zuständig, in dessen Bezirk der Erblasser seinen letzten gewöhnlichen Aufenthalt im Inland hatte. [3] Hatte der Erblasser keinen gewöhnlichen Aufenthalt im Inland, ist das Amtsgericht Schöneberg in Berlin örtlich zuständig.

(5) Mit Ausnahme der §§ 27 und 28 der Zivilprozessordnung[2)] gelten neben Absatz 4 auch die Vorschriften in den Titeln 2 und 3 des Ersten Abschnitts des Ersten Buches der Zivilprozessordnung.

Abschnitt 3. Zulassung der Zwangsvollstreckung aus ausländischen Titeln; Anerkennungsfeststellung

Unterabschnitt 1. Vollstreckbarkeit ausländischer Titel

§ 3 Zuständigkeit. (1) Sachlich zuständig für die Vollstreckbarerklärung von Titeln aus einem anderen Mitgliedstaat ist ausschließlich das Landgericht.

(2) [1] Örtlich zuständig ist ausschließlich das Gericht, in dessen Bezirk der Schuldner seinen Wohnsitz hat oder in dessen Bezirk die Zwangsvollstre-

[1)] Nr. **21 e**.
[2)] **Schönfelder Nr. 100.**

ckung durchgeführt werden soll. [2] Der Sitz von Gesellschaften und juristischen Personen steht dem Wohnsitz gleich.

(3) Über den Antrag auf Erteilung der Vollstreckungsklausel entscheidet der Vorsitzende einer Zivilkammer.

(4) [1] In einem Verfahren, das die Vollstreckbarerklärung einer notariellen Urkunde zum Gegenstand hat, kann diese Urkunde auch von einem Notar für vollstreckbar erklärt werden. [2] Die Vorschriften für das Verfahren der Vollstreckbarerklärung durch ein Gericht gelten sinngemäß.

§ 4 Antragstellung. (1) Der in einem anderen Mitgliedstaat vollstreckbare Titel wird dadurch zur Zwangsvollstreckung zugelassen, dass er auf Antrag mit der Vollstreckungsklausel versehen wird.

(2) Der Antrag auf Erteilung der Vollstreckungsklausel kann bei dem zuständigen Gericht schriftlich eingereicht oder mündlich zu Protokoll der Geschäftsstelle erklärt werden.

(3) Ist der Antrag entgegen § 184 Satz 1 des Gerichtsverfassungsgesetzes[1)] nicht in deutscher Sprache abgefasst, so kann das Gericht von dem Antragsteller eine Übersetzung verlangen, deren Richtigkeit von einer in einem Mitgliedstaat der Europäischen Union oder in einem anderen Vertragsstaat des Abkommens über den Europäischen Wirtschaftsraum hierzu befugten Person bestätigt worden ist.

(4) Der Ausfertigung des Titels, der mit der Vollstreckungsklausel versehen werden soll, und seiner Übersetzung, sofern eine solche vorgelegt wird, sollen je zwei Abschriften beigefügt werden.

§ 5 Verfahren. (1) [1] Die Entscheidung über den Antrag ergeht ohne mündliche Verhandlung. [2] Jedoch kann eine mündliche Erörterung mit dem Antragsteller oder seinem Bevollmächtigten stattfinden, wenn der Antragsteller oder der Bevollmächtigte hiermit einverstanden ist und die Erörterung der Beschleunigung dient.

(2) Im ersten Rechtszug ist die Vertretung durch einen Rechtsanwalt nicht erforderlich.

§ 6 Vollstreckbarkeit ausländischer Titel in Sonderfällen. Hängt die Zwangsvollstreckung nach dem Inhalt des Titels von einer dem Gläubiger obliegenden Sicherheitsleistung, dem Ablauf einer Frist oder dem Eintritt einer anderen Tatsache ab oder wird die Vollstreckungsklausel zugunsten eines anderen als des in dem Titel bezeichneten Gläubigers oder gegen einen anderen als den darin bezeichneten Schuldner beantragt, so ist die Frage, inwieweit die Zulassung der Zwangsvollstreckung von dem Nachweis besonderer Voraussetzungen abhängig oder ob der Titel für oder gegen den anderen vollstreckbar ist, nach dem Recht des Staates zu entscheiden, in dem der Titel errichtet ist.

§ 7 Entscheidung. (1) [1] Ist die Zwangsvollstreckung aus dem Titel zuzulassen, so beschließt das Gericht, dass der Titel mit der Vollstreckungsklausel zu versehen ist. [2] In dem Beschluss ist die zu vollstreckende Ver-

---

[1)] **Schönfelder Nr. 95.**

pflichtung in deutscher Sprache wiederzugeben. [3] Zur Begründung des Beschlusses genügt in der Regel die Bezugnahme auf die Verordnung (EU) Nr. 650/2012[1)] sowie auf die von dem Antragsteller vorgelegten Urkunden. [4] Auf die Kosten des Verfahrens ist § 788 der Zivilprozessordnung[2)] entsprechend anzuwenden.

(2) [1] Ist der Antrag nicht zulässig oder nicht begründet, so lehnt ihn das Gericht durch Beschluss ab. [2] Der Beschluss ist zu begründen. [3] Die Kosten sind dem Antragsteller aufzuerlegen.

§ 8 Vollstreckungsklausel. (1) [1] Auf Grund des Beschlusses nach § 7 Absatz 1 erteilt der Urkundsbeamte der Geschäftsstelle die Vollstreckungsklausel in folgender Form:
„Vollstreckungsklausel nach § 4 des Internationalen Erbrechtsverfahrensgesetzes vom 29. Juni 2015 (BGBl. I S. 1042). Gemäß dem Beschluss des ... (Bezeichnung des Gerichts und des Beschlusses) ist die Zwangsvollstreckung aus ... (Bezeichnung des Titels) zugunsten ... (Bezeichnung des Gläubigers) gegen ... (Bezeichnung des Schuldners) zulässig.
Die zu vollstreckende Verpflichtung lautet:
... (Angabe der dem Schuldner aus dem ausländischen Titel obliegenden Verpflichtung in deutscher Sprache; aus dem Beschluss nach § 7 Absatz 1 zu übernehmen).
Die Zwangsvollstreckung darf über Maßregeln zur Sicherung nicht hinausgehen, bis der Gläubiger eine gerichtliche Anordnung oder ein Zeugnis vorlegt, dass die Zwangsvollstreckung unbeschränkt stattfinden darf."
[2] Lautet der Titel auf Leistung von Geld, so ist der Vollstreckungsklausel folgender Zusatz anzufügen:
„Solange die Zwangsvollstreckung über Maßregeln zur Sicherung nicht hinausgehen darf, kann der Schuldner die Zwangsvollstreckung durch Leistung einer Sicherheit in Höhe von ... (Angabe des Betrages, wegen dessen der Gläubiger vollstrecken darf) abwenden."

(2) Wird die Zwangsvollstreckung nicht für alle der in dem ausländischen Titel niedergelegten Ansprüche oder nur für einen Teil des Gegenstands der Verpflichtung zugelassen, so ist die Vollstreckungsklausel als „Teil-Vollstreckungsklausel nach § 4 des Internationalen Erbrechtsverfahrensgesetzes vom 29. Juni 2015 (BGBl. I S. 1042)" zu bezeichnen.

(3) [1] Die Vollstreckungsklausel ist von dem Urkundsbeamten der Geschäftsstelle zu unterschreiben und mit dem Gerichtssiegel zu versehen. [2] Sie ist entweder auf die Ausfertigung des Titels oder auf ein damit zu verbindendes Blatt zu setzen. [3] Falls eine Übersetzung des Titels vorliegt, ist sie mit der Ausfertigung zu verbinden.

§ 9 Bekanntgabe der Entscheidung. (1) [1] Lässt das Gericht die Zwangsvollstreckung zu (§ 7 Absatz 1), sind dem Antragsgegner beglaubigte Abschriften des Beschlusses, des mit der Vollstreckungsklausel versehenen Titels und gegebenenfalls seiner Übersetzung sowie der gemäß § 7 Absatz 1 Satz 3 in Bezug genommenen Urkunden von Amts wegen zuzustellen. [2] Dem Antragsteller sind eine beglaubigte Abschrift des Beschlusses, die mit

---

1) Nr. **21 e**.
2) **Schönfelder Nr. 100**.

der Vollstreckungsklausel versehene Ausfertigung des Titels sowie eine Bescheinigung über die bewirkte Zustellung zu übersenden.

(2) Lehnt das Gericht den Antrag auf Erteilung der Vollstreckungsklausel ab (§ 7 Absatz 2), ist der Beschluss dem Antragsteller zuzustellen.

Unterabschnitt 2. Beschwerde; Rechtsbeschwerde

§ 10 Beschwerdegericht; Einlegung der Beschwerde. (1) Beschwerdegericht ist das Oberlandesgericht.

(2) [1] Die Beschwerde gegen die im ersten Rechtszug ergangene Entscheidung über den Antrag auf Erteilung der Vollstreckungsklausel wird bei dem Gericht, dessen Beschluss angefochten wird, durch Einreichen einer Beschwerdeschrift oder durch Erklärung zu Protokoll der Geschäftsstelle eingelegt. [2] Der Beschwerdeschrift soll die für ihre Zustellung erforderliche Zahl von Abschriften beigefügt werden.

(3) Die Beschwerde ist dem Beschwerdegegner von Amts wegen zuzustellen.

§ 11 Beschwerdeverfahren und Entscheidung über die Beschwerde.

(1) [1] Das Beschwerdegericht entscheidet durch Beschluss, der mit Gründen zu versehen ist und ohne mündliche Verhandlung ergehen kann. [2] Der Beschwerdegegner ist vor der Entscheidung zu hören.

(2) [1] Solange eine mündliche Verhandlung nicht angeordnet ist, können zu Protokoll der Geschäftsstelle Anträge gestellt und Erklärungen abgegeben werden. [2] Wird die mündliche Verhandlung angeordnet, so gilt für die Ladung § 215 der Zivilprozessordnung[1)].

(3) Eine vollständige Ausfertigung des Beschlusses ist dem Antragsteller und dem Antragsgegner auch dann von Amts wegen zuzustellen, wenn der Beschluss verkündet worden ist.

(4) [1] Soweit auf Grund des Beschlusses die Zwangsvollstreckung aus dem Titel erstmals zuzulassen ist, erteilt der Urkundsbeamte der Geschäftsstelle des Beschwerdegerichts die Vollstreckungsklausel. [2] § 7 Absatz 1 Satz 2 und 4 sowie die §§ 8 und 9 Absatz 1 sind entsprechend anzuwenden. [3] Ein Zusatz, dass die Zwangsvollstreckung über Maßregeln zur Sicherung nicht hinausgehen darf (§ 8 Absatz 1), ist nur aufzunehmen, wenn das Beschwerdegericht eine Anordnung nach § 18 Absatz 2 erlassen hat. [4] Der Inhalt des Zusatzes bestimmt sich nach dem Inhalt der Anordnung.

§ 12 Statthaftigkeit und Frist der Rechtsbeschwerde. (1) Gegen den Beschluss des Beschwerdegerichts findet die Rechtsbeschwerde nach Maßgabe des § 574 Absatz 1 Satz 1 Nummer 1 und Absatz 2 der Zivilprozessordnung[1)] statt.

(2) Die Rechtsbeschwerde ist innerhalb eines Monats einzulegen.

(3) Die Rechtsbeschwerdefrist ist eine Notfrist und beginnt mit der Zustellung des Beschlusses (§ 11 Absatz 3).

[1)] **Schönfelder Nr. 100.**

§ 13 Einlegung und Begründung der Rechtsbeschwerde. (1) Die Rechtsbeschwerde wird durch Einreichen der Beschwerdeschrift beim Bundesgerichtshof eingelegt.

(2) [1] Die Rechtsbeschwerde ist zu begründen. [2] § 575 Absatz 2 bis 4 der Zivilprozessordnung[1)] ist entsprechend anzuwenden. [3] Soweit die Rechtsbeschwerde darauf gestützt wird, dass das Beschwerdegericht von einer Entscheidung des Gerichtshofs der Europäischen Union abgewichen sei, muss die Entscheidung, von der der angefochtene Beschluss abweicht, bezeichnet werden.

(3) Mit der Beschwerdeschrift soll eine Ausfertigung oder beglaubigte Abschrift des Beschlusses, gegen den sich die Rechtsbeschwerde richtet, vorgelegt werden.

§ 14 Verfahren und Entscheidung über die Rechtsbeschwerde.

(1) [1] Der Bundesgerichtshof kann über die Rechtsbeschwerde ohne mündliche Verhandlung entscheiden. [2] Auf das Verfahren über die Rechtsbeschwerde sind § 574 Absatz 4, § 576 Absatz 3 und § 577 der Zivilprozessordnung[1)] entsprechend anzuwenden.

(2) [1] Soweit die Zwangsvollstreckung aus dem Titel erstmals durch den Bundesgerichtshof zugelassen wird, erteilt der Urkundsbeamte der Geschäftsstelle dieses Gerichts die Vollstreckungsklausel. [2] § 7 Absatz 1 Satz 2 und 4 sowie die §§ 8 und 9 Absatz 1 gelten entsprechend. [3] Ein Zusatz über die Beschränkung der Zwangsvollstreckung entfällt.

Unterabschnitt 3. Beschränkung der Zwangsvollstreckung auf Sicherungsmaßregeln und unbeschränkte Fortsetzung der Zwangsvollstreckung

§ 15 Prüfung der Beschränkung. Einwendungen des Schuldners, dass bei der Zwangsvollstreckung die Beschränkung auf Sicherungsmaßregeln nach der Verordnung (EU) Nr. 650/2012[2)] oder auf Grund einer Anordnung gemäß § 18 Absatz 2 nicht eingehalten werde, oder Einwendungen des Gläubigers, dass eine bestimmte Maßnahme der Zwangsvollstreckung mit dieser Beschränkung vereinbar sei, sind im Wege der Erinnerung nach § 766 der Zivilprozessordnung[1)] bei dem Vollstreckungsgericht (§ 764 der Zivilprozessordnung) geltend zu machen.

§ 16 Sicherheitsleistung durch den Schuldner. (1) Solange die Zwangsvollstreckung aus einem Titel, der auf Leistung von Geld lautet, nicht über Maßregeln zur Sicherung hinausgehen darf, ist der Schuldner befugt, die Zwangsvollstreckung durch Leistung einer Sicherheit in Höhe des Betrages abzuwenden, wegen dessen der Gläubiger vollstrecken darf.

(2) Die Zwangsvollstreckung ist einzustellen und bereits getroffene Vollstreckungsmaßregeln sind aufzuheben, wenn der Schuldner durch eine öffentliche Urkunde die zur Abwendung der Zwangsvollstreckung erforderliche Sicherheitsleistung nachweist.

---

1) **Schönfelder Nr. 100.**
2) Nr. **21 e.**

§ 17 Versteigerung beweglicher Sachen. Ist eine bewegliche Sache gepfändet und darf die Zwangsvollstreckung nicht über Maßregeln zur Sicherung hinausgehen, so kann das Vollstreckungsgericht auf Antrag des Gläubigers oder des Schuldners anordnen, dass die Sache versteigert und der Erlös hinterlegt werde, wenn sie der Gefahr einer beträchtlichen Wertminderung ausgesetzt ist oder wenn ihre Aufbewahrung unverhältnismäßige Kosten verursachen würde.

§ 18 Unbeschränkte Fortsetzung der Zwangsvollstreckung; besondere gerichtliche Anordnungen. (1) Weist das Beschwerdegericht die Beschwerde des Schuldners gegen die Zulassung der Zwangsvollstreckung zurück oder lässt es auf die Beschwerde des Gläubigers die Zwangsvollstreckung aus dem Titel zu, so kann die Zwangsvollstreckung über Maßregeln zur Sicherung hinaus fortgesetzt werden.

(2) [1] Auf Antrag des Schuldners kann das Beschwerdegericht anordnen, dass bis zum Ablauf der Frist zur Einlegung der Rechtsbeschwerde oder bis zur Entscheidung über die Rechtsbeschwerde die Zwangsvollstreckung nicht oder nur gegen Sicherheitsleistung über Maßregeln zur Sicherung hinausgehen darf. [2] Die Anordnung darf nur erlassen werden, wenn glaubhaft gemacht wird, dass die weiter gehende Vollstreckung dem Schuldner einen nicht zu ersetzenden Nachteil bringen würde. [3] § 713 der Zivilprozessordnung[1)] ist entsprechend anzuwenden.

(3) [1] Wird Rechtsbeschwerde eingelegt, so kann der Bundesgerichtshof auf Antrag des Schuldners eine Anordnung nach Absatz 2 erlassen. [2] Der Bundesgerichtshof kann auf Antrag des Gläubigers eine nach Absatz 2 erlassene Anordnung des Beschwerdegerichts abändern oder aufheben.

§ 19 Unbeschränkte Fortsetzung der durch das Gericht des ersten Rechtszuges zugelassenen Zwangsvollstreckung. (1) Die Zwangsvollstreckung aus dem Titel, den der Urkundsbeamte der Geschäftsstelle des Gerichts des ersten Rechtszuges mit der Vollstreckungsklausel versehen hat, ist auf Antrag des Gläubigers über Maßregeln zur Sicherung hinaus fortzusetzen, wenn das Zeugnis des Urkundsbeamten der Geschäftsstelle dieses Gerichts vorgelegt wird, dass die Zwangsvollstreckung unbeschränkt stattfinden darf.

(2) Das Zeugnis ist dem Gläubiger auf seinen Antrag zu erteilen,

1. wenn der Schuldner bis zum Ablauf der Beschwerdefrist keine Beschwerdeschrift eingereicht hat,
2. wenn das Beschwerdegericht die Beschwerde des Schuldners zurückgewiesen und keine Anordnung nach § 18 Absatz 2 erlassen hat,
3. wenn der Bundesgerichtshof die Anordnung des Beschwerdegerichts aufgehoben hat (§ 18 Absatz 3 Satz 2) oder
4. wenn der Bundesgerichtshof den Titel zur Zwangsvollstreckung zugelassen hat.

(3) Aus dem Titel darf die Zwangsvollstreckung, selbst wenn sie auf Maßregeln zur Sicherung beschränkt ist, nicht mehr stattfinden, sobald ein

[1)] **Schönfelder Nr. 100.**

Beschluss des Beschwerdegerichts, dass der Titel zur Zwangsvollstreckung nicht zugelassen werde, verkündet oder zugestellt ist.

§ 20 Unbeschränkte Fortsetzung der durch das Beschwerdegericht zugelassenen Zwangsvollstreckung. (1) Die Zwangsvollstreckung aus dem Titel, zu dem der Urkundsbeamte der Geschäftsstelle des Beschwerdegerichts die Vollstreckungsklausel mit dem Zusatz erteilt hat, dass die Zwangsvollstreckung auf Grund der Anordnung des Gerichts nicht über Maßregeln zur Sicherung hinausgehen darf (§ 11 Absatz 4 Satz 3), ist auf Antrag des Gläubigers über Maßregeln zur Sicherung hinaus fortzusetzen, wenn das Zeugnis des Urkundsbeamten der Geschäftsstelle dieses Gerichts vorgelegt wird, dass die Zwangsvollstreckung unbeschränkt stattfinden darf.

(2) Das Zeugnis ist dem Gläubiger auf seinen Antrag zu erteilen,

1. wenn der Schuldner bis zum Ablauf der Frist zur Einlegung der Rechtsbeschwerde (§ 12 Absatz 2) keine Beschwerdeschrift eingereicht hat,
2. wenn der Bundesgerichtshof die Anordnung des Beschwerdegerichts aufgehoben hat (§ 18 Absatz 3 Satz 2) oder
3. wenn der Bundesgerichtshof die Rechtsbeschwerde des Schuldners zurückgewiesen hat.

Unterabschnitt 4. Feststellung der Anerkennung einer ausländischen Entscheidung

§ 21 Verfahren. (1) Auf das Verfahren, das die Feststellung zum Gegenstand hat, ob eine Entscheidung aus einem anderen Mitgliedstaat anzuerkennen ist, sind die §§ 3 bis 5, § 7 Absatz 2, die §§ 9 bis 11 Absatz 1 bis 3, die §§ 12, 13 sowie 14 Absatz 1 entsprechend anzuwenden.

(2) Ist der Antrag auf Feststellung begründet, so beschließt das Gericht, die Entscheidung anzuerkennen.

§ 22 Kostenentscheidung. [1] In den Fällen des § 21 Absatz 2 sind die Kosten dem Antragsgegner aufzuerlegen. [2] Dieser kann die Beschwerde (§ 10) auf die Entscheidung über den Kostenpunkt beschränken. [3] In diesem Fall sind die Kosten dem Antragsteller aufzuerlegen, wenn der Antragsgegner durch sein Verhalten keine Veranlassung zu dem Antrag auf Feststellung gegeben hat.

Unterabschnitt 5. Vollstreckungsabwehrklage; besonderes Verfahren; Schadensersatz

§ 23 Vollstreckungsabwehrklage. (1) [1] Ist die Zwangsvollstreckung aus einem Titel zugelassen, so kann der Schuldner Einwendungen gegen den Anspruch selbst in einem Verfahren nach § 767 der Zivilprozessordnung[1)] geltend machen. [2] Handelt es sich bei dem Titel um eine gerichtliche Entscheidung, so gilt dies nur, soweit die Gründe, auf denen die Einwendungen beruhen, erst nach dem Erlass der Entscheidung entstanden sind.

[1)] **Schönfelder Nr. 100.**

(2) Die Klage nach § 767 der Zivilprozessordnung ist bei dem Gericht zu erheben, das über den Antrag auf Erteilung der Vollstreckungsklausel entschieden hat.

§ 24 Verfahren nach Aufhebung oder Änderung eines für vollstreckbar erklärten ausländischen Titels im Ursprungsmitgliedstaat.

(1) Wird der Titel in dem Mitgliedstaat, in dem er errichtet worden ist, aufgehoben oder geändert und kann der Schuldner diese Tatsache in dem Verfahren zur Zulassung der Zwangsvollstreckung nicht mehr geltend machen, so kann er die Aufhebung oder Änderung der Zulassung in einem besonderen Verfahren beantragen.

(2) Für die Entscheidung über den Antrag ist das Gericht ausschließlich zuständig, das im ersten Rechtszug über den Antrag auf Erteilung der Vollstreckungsklausel entschieden hat.

(3) [1] Der Antrag kann bei dem Gericht schriftlich oder zu Protokoll der Geschäftsstelle gestellt werden. [2] Über den Antrag kann ohne mündliche Verhandlung entschieden werden. [3] Vor der Entscheidung, die durch Beschluss ergeht, ist der Gläubiger zu hören. [4] § 11 Absatz 2 und 3 gilt entsprechend.

(4) [1] Der Beschluss unterliegt der Beschwerde nach den §§ 567 bis 577 der Zivilprozessordnung[1)]. [2] Die Notfrist für die Einlegung der sofortigen Beschwerde beträgt einen Monat.

(5) [1] Für die Einstellung der Zwangsvollstreckung und die Aufhebung bereits getroffener Vollstreckungsmaßregeln sind die §§ 769 und 770 der Zivilprozessordnung entsprechend anzuwenden. [2] Die Aufhebung einer Vollstreckungsmaßregel ist auch ohne Sicherheitsleistung zulässig.

§ 25 Aufhebung oder Änderung einer ausländischen Entscheidung, deren Anerkennung festgestellt ist. Wird die Entscheidung in dem Mitgliedstaat, in dem sie ergangen ist, aufgehoben oder abgeändert und kann die davon begünstigte Partei diese Tatsache nicht mehr in dem Verfahren über den Antrag auf Feststellung der Anerkennung geltend machen, so ist § 24 Absatz 1 bis 4 entsprechend anzuwenden.

§ 26 Schadensersatz wegen ungerechtfertigter Vollstreckung.

(1) [1] Wird die Zulassung der Zwangsvollstreckung auf die Beschwerde (§ 10) oder die Rechtsbeschwerde (§ 12) aufgehoben oder abgeändert, so ist der Gläubiger zum Ersatz des Schadens verpflichtet, der dem Schuldner durch die Vollstreckung oder durch eine Leistung zur Abwendung der Vollstreckung entstanden ist. [2] Das Gleiche gilt, wenn die Zulassung der Zwangsvollstreckung nach § 24 aufgehoben oder abgeändert wird, soweit die zur Zwangsvollstreckung zugelassene Entscheidung zum Zeitpunkt der Zulassung nach dem Recht des Mitgliedstaates, in dem sie ergangen ist, noch mit einem ordentlichen Rechtsmittel angefochten werden konnte.

(2) Für die Geltendmachung des Anspruchs ist das Gericht ausschließlich zuständig, das im ersten Rechtszug über den Antrag auf Erteilung der Vollstreckungsklausel entschieden hat.

[1)] **Schönfelder Nr. 100.**

Unterabschnitt 6. Entscheidungen deutscher Gerichte; Mahnverfahren

§ 27 Bescheinigungen zu inländischen Titeln. (1) Für die Ausstellung der Bescheinigungen nach Artikel 46 Absatz 3 Buchstabe b, Artikel 60 Absatz 2 und Artikel 61 Absatz 2 der Verordnung (EU) Nr. 650/2012[1] sind die Gerichte oder Notare zuständig, denen die Erteilung einer vollstreckbaren Ausfertigung des Titels obliegt.

(2) [1] Soweit nach Absatz 1 die Gerichte für die Ausstellung der Bescheinigung zuständig sind, wird diese von dem Gericht des ersten Rechtszuges ausgestellt oder, wenn das Verfahren bei einem höheren Gericht anhängig ist, von diesem. [2] Funktionell zuständig ist die Stelle, der die Erteilung einer vollstreckbaren Ausfertigung obliegt. [3] Für die Anfechtbarkeit der Entscheidung über die Ausstellung der Bescheinigung gelten die Vorschriften über die Anfechtbarkeit der Entscheidung über die Erteilung der Vollstreckungsklausel entsprechend.

(3) Die Ausstellung einer Bescheinigung nach Absatz 1 schließt das Recht auf Erteilung einer Vollstreckungsklausel nach § 724 der Zivilprozessordnung[2] nicht aus.

§ 28 Vervollständigung inländischer Entscheidungen zur Verwendung im Ausland. (1) [1] Will eine Partei ein Versäumnis- oder Anerkenntnisurteil, das nach § 313 b der Zivilprozessordnung[2] in verkürzter Form abgefasst worden ist, in einem anderen Mitgliedstaat geltend machen, so ist das Urteil auf ihren Antrag zu vervollständigen. [2] Der Antrag kann bei dem Gericht, das das Urteil erlassen hat, schriftlich oder durch Erklärung zu Protokoll der Geschäftsstelle gestellt werden. [3] Über den Antrag wird ohne mündliche Verhandlung entschieden.

(2) Zur Vervollständigung des Urteils sind der Tatbestand und die Entscheidungsgründe nachträglich abzufassen, von den Richtern gesondert zu unterschreiben und der Geschäftsstelle zu übergeben; der Tatbestand und die Entscheidungsgründe können auch von Richtern unterschrieben werden, die bei dem Urteil nicht mitgewirkt haben.

(3) [1] Für die Berichtigung des nachträglich abgefassten Tatbestandes gilt § 320 der Zivilprozessordnung. [2] Jedoch können bei der Entscheidung über einen Antrag auf Berichtigung auch solche Richter mitwirken, die bei dem Urteil oder der nachträglichen Anfertigung des Tatbestandes nicht mitgewirkt haben.

(4) Die vorstehenden Absätze gelten entsprechend für die Vervollständigung von Arrestbefehlen, einstweiligen Anordnungen und einstweiligen Verfügungen, die in einem anderen Mitgliedstaat geltend gemacht werden sollen und nicht mit einer Begründung versehen sind.

§ 29 Vollstreckungsklausel zur Verwendung im Ausland. Vollstreckungsbescheide, Arrestbefehle und einstweilige Verfügungen oder einstweilige Anordnungen, deren Zwangsvollstreckung in einem anderen Mitgliedstaat betrieben werden soll, sind auch dann mit der Vollstreckungs-

---

[1] Nr. **21 e.**

[2] **Schönfelder Nr. 100.**

klausel zu versehen, wenn dies für eine Zwangsvollstreckung im Inland nach § 796 Absatz 1, § 929 Absatz 1 oder § 936 der Zivilprozessordnung[1)] nicht erforderlich wäre.

§ 30 Mahnverfahren mit Zustellung im Ausland. (1) [1] Das Mahnverfahren findet auch statt, wenn die Zustellung des Mahnbescheids in einem anderen Mitgliedstaat erfolgen muss. [2] In diesem Fall kann der Anspruch auch die Zahlung einer bestimmten Geldsumme in ausländischer Währung zum Gegenstand haben.

(2) Macht der Antragsteller geltend, dass das angerufene Gericht auf Grund einer Gerichtsstandsvereinbarung zuständig sei, so hat er dem Mahnantrag die erforderlichen Schriftstücke über die Vereinbarung beizufügen.

(3) Die Widerspruchsfrist (§ 692 Absatz 1 Nummer 3 der Zivilprozessordnung[1)]) beträgt einen Monat.

Abschnitt 4. Entgegennahme von Erklärungen; Aneignungsrecht

§ 31 Entgegennahme von Erklärungen. [1] Für die Entgegennahme einer Erklärung, mit der nach dem anzuwendenden Erbrecht eine Erbschaft ausgeschlagen oder angenommen wird, ist in den Fällen des Artikels 13 der Verordnung (EU) Nr. 650/2012[2)] das Nachlassgericht örtlich zuständig, in dessen Bezirk die erklärende Person ihren gewöhnlichen Aufenthalt hat. [2] Die Erklärung ist zur Niederschrift des Nachlassgerichts oder in öffentlich beglaubigter Form abzugeben. [3] Dem Erklärenden ist die Urschrift der Niederschrift oder die Urschrift der Erklärung in öffentlich beglaubigter Form auszuhändigen; auf letzterer hat das Nachlassgericht den Ort und das Datum der Entgegennahme zu vermerken.

§ 32 Aneignungsrecht. (1) Stellt das Nachlassgericht fest, dass nach dem anzuwendenden Erbrecht weder ein durch Verfügung von Todes wegen eingesetzter Erbe noch eine natürliche Person als gesetzlicher Erbe vorhanden ist, so teilt es seine Feststellung unverzüglich der für die Ausübung des Aneignungsrechts zuständigen Stelle mit; eine Amtsermittlungspflicht des Nachlassgerichts wird hierdurch nicht begründet.

(2) [1] Für die Feststellung nach Absatz 1 ist das Nachlassgericht örtlich zuständig, in dessen Bezirk der Erblasser im Zeitpunkt seines Todes seinen gewöhnlichen Aufenthalt hatte. [2] Hatte der Erblasser im Zeitpunkt seines Todes keinen gewöhnlichen Aufenthalt im Inland, ist das Amtsgericht Schöneberg in Berlin zuständig.

(3) [1] Die für die Ausübung des Aneignungsrechts zuständige Stelle übt das Aneignungsrecht durch Erklärung gegenüber dem nach Absatz 2 örtlich zuständigen Nachlassgericht aus. [2] Durch die Erklärung legt sie fest, ob und in welchem Umfang sie in Bezug auf das in Deutschland belegene Vermögen von dem Aneignungsrecht Gebrauch macht. [3] Die Erklärung ist zu

---

1) **Schönfelder Nr. 100.**
2) Nr. **21 e**.

unterschreiben und mit Siegel oder Stempel zu versehen. [4] Zuständig für die Erklärung ist die Stelle, die das Land bestimmt, in dem der Erblasser zur Zeit des Erbfalls seinen gewöhnlichen Aufenthalt hatte, im Übrigen die Bundesanstalt für Immobilienaufgaben.

(4) [1] Mit dem Eingang der Erklärung über die Ausübung des Aneignungsrechts nach Absatz 3 bei dem örtlich zuständigen Nachlassgericht geht das betroffene Nachlassvermögen auf das Land über, dessen Stelle nach Absatz 3 Satz 4 das Aneignungsrecht ausübt. [2] Übt die Bundesanstalt für Immobilienaufgaben das Aneignungsrecht aus, geht das Vermögen auf den Bund über.

(5) [1] Das Nachlassgericht bescheinigt der zuständigen Stelle, zu welchem Zeitpunkt und in welchem Umfang sie das Aneignungsrecht ausgeübt hat. [2] Soweit sich die Ausübung des Aneignungsrechts auf Nachlassvermögen bezieht, das in einem Register verzeichnet ist, soll die nach Absatz 3 Satz 4 zuständige Stelle eine Berichtigung des Registers veranlassen.

(6) Vermächtnisnehmer, die nach dem anzuwendenden Erbrecht eine unmittelbare Berechtigung an einem Nachlassgegenstand hätten, können den ihnen hieraus nach deutschem Recht erwachsenen Anspruch auf Erfüllung des Vermächtnisses an die Stelle richten, die insoweit das Aneignungsrecht ausgeübt hat.

(7) Das Recht der Gläubiger, Befriedigung aus dem gesamten Nachlass zu verlangen, bleibt unberührt.

Abschnitt 5. Europäisches Nachlasszeugnis

§ 33 Anwendungsbereich. Dieser Abschnitt gilt für Verfahren über

1. die Ausstellung, Berichtigung, Änderung oder den Widerruf eines Europäischen Nachlasszeugnisses,
2. die Erteilung einer beglaubigten Abschrift eines Europäischen Nachlasszeugnisses oder die Verlängerung der Gültigkeitsfrist einer beglaubigten Abschrift und
3. die Aussetzung der Wirkungen eines Europäischen Nachlasszeugnisses.

§ 34 Örtliche und sachliche Zuständigkeit. (1) Das Gericht, das die Verfahrensparteien in der Gerichtsstandsvereinbarung bezeichnet haben, ist örtlich ausschließlich zuständig, sofern sich die internationale Zuständigkeit der deutschen Gerichte aus den folgenden Vorschriften der Verordnung (EU) Nr. 650/2012[1)] ergibt:

1. Artikel 64 Satz 1 in Verbindung mit Artikel 7 Buchstabe a in Verbindung mit Artikel 6 Buchstabe b Alternative 1 und mit Artikel 5 Absatz 1 Alternative 1 der Verordnung (EU) Nr. 650/2012 oder
2. Artikel 64 Satz 1 in Verbindung mit Artikel 7 Buchstabe b Alternative 1 in Verbindung mit Artikel 5 Absatz 1 Alternative 1 der Verordnung (EU) Nr. 650/2012.

(2) Ergibt sich die internationale Zuständigkeit der deutschen Gerichte aus Artikel 64 Satz 1 in Verbindung mit Artikel 7 Buchstabe c der Verord-

[1)] Nr. **21 e**.

nung (EU) Nr. 650/2012, ist das Gericht örtlich ausschließlich zuständig, dessen Zuständigkeit die Verfahrensparteien ausdrücklich anerkannt haben.

(3) [1] Ergibt sich die internationale Zuständigkeit der deutschen Gerichte aus anderen, in Artikel 64 Satz 1 der Verordnung (EU) Nr. 650/2012 genannten Vorschriften dieser Verordnung, ist das Gericht örtlich ausschließlich zuständig, in dessen Bezirk der Erblasser im Zeitpunkt seines Todes seinen gewöhnlichen Aufenthalt hatte. [2] Hatte der Erblasser im Zeitpunkt seines Todes seinen gewöhnlichen Aufenthalt nicht im Inland, ist das Gericht örtlich ausschließlich zuständig, in dessen Bezirk der Erblasser seinen letzten gewöhnlichen Aufenthalt im Inland hatte. [3] Hatte der Erblasser keinen gewöhnlichen Aufenthalt im Inland, ist das Amtsgericht Schöneberg in Berlin örtlich ausschließlich zuständig. [4] Das Amtsgericht Schöneberg in Berlin kann die Sache aus wichtigem Grund an ein anderes Nachlassgericht verweisen.

(4) [1] Sachlich zuständig ist ausschließlich das Amtsgericht. [2] Das Amtsgericht entscheidet als Nachlassgericht. [3] Sind nach landesgesetzlichen Vorschriften für die Aufgaben des Nachlassgerichts andere Stellen als Gerichte zuständig, so sind diese sachlich ausschließlich zuständig.

§ 35 Allgemeine Verfahrensvorschriften. (1) Soweit sich aus der Verordnung (EU) Nr. 650/2012[1)] und den Vorschriften dieses Abschnitts nichts anderes ergibt, ist das Gesetz über das Verfahren in Familiensachen und in den Angelegenheiten der freiwilligen Gerichtsbarkeit[2)] anzuwenden.

(2) Ist ein Antrag entgegen § 184 Satz 1 des Gerichtsverfassungsgesetzes[3)] nicht in deutscher Sprache abgefasst, so kann das Gericht der antragstellenden Person aufgeben, eine Übersetzung des Antrags beizubringen, deren Richtigkeit von einer in einem Mitgliedstaat der Europäischen Union oder in einem anderen Vertragsstaat des Abkommens über den Europäischen Wirtschaftsraum hierzu befugten Person bestätigt worden ist.

(3) Für die Unterrichtung der Berechtigten durch öffentliche Bekanntmachung nach Artikel 66 Absatz 4 der Verordnung (EU) Nr. 650/2012 gelten die §§ 435 bis 437 des Gesetzes über das Verfahren in Familiensachen und in den Angelegenheiten der freiwilligen Gerichtsbarkeit entsprechend.

§ 36 Ausstellung eines Europäischen Nachlasszeugnisses. (1) Der Antrag auf Ausstellung des Europäischen Nachlasszeugnisses richtet sich nach Artikel 65 der Verordnung (EU) Nr. 650/2012[1)].

(2) [1] Der Antragsteller hat vor Gericht oder vor einem Notar an Eides statt zu versichern, dass ihm nichts bekannt sei, was der Richtigkeit seiner Angaben zur Ausstellung des Europäischen Nachlasszeugnisses (Artikel 66 Absatz 3 der Verordnung (EU) Nr. 650/2012) entgegensteht. [2] Das Nachlassgericht kann dem Antragsteller die Versicherung erlassen, wenn es sie für nicht erforderlich hält.

---

1) Nr. *21* e.
2) **Schönfelder Nr. 112.**
3) **Schönfelder Nr. 95.**

§ 37 Beteiligte. (1) [1] In Verfahren über die Ausstellung eines Europäischen Nachlasszeugnisses ist der Antragsteller Beteiligter. [2] Als weitere Beteiligte können hinzugezogen werden

1. die gesetzlichen Erben,
2. diejenigen, die nach dem Inhalt einer vorliegenden Verfügung von Todes wegen als Erben in Betracht kommen,
3. diejenigen, die im Fall der Unwirksamkeit der Verfügung von Todes wegen Erben sein würden,
4. die Vermächtnisnehmer mit unmittelbarer Berechtigung am Nachlass,
5. der Testamentsvollstrecker oder der Nachlassverwalter,
6. sonstige Personen mit einem berechtigten Interesse.

[3] Auf ihren Antrag sind sie zu beteiligen.

(2) [1] In Verfahren über die Berichtigung, die Änderung, den Widerruf und die Aussetzung der Wirkungen eines Europäischen Nachlasszeugnisses ist der Antragsteller Beteiligter. [2] Sonstige Personen mit einem berechtigten Interesse können als weitere Beteiligte hinzugezogen werden. [3] Auf ihren Antrag sind sie zu beteiligen.

(3) In Verfahren über die Erteilung einer beglaubigten Abschrift eines Europäischen Nachlasszeugnisses oder die Verlängerung der Gültigkeitsfrist einer beglaubigten Abschrift ist der Antragsteller Beteiligter.

§ 38 Änderung oder Widerruf eines Europäischen Nachlasszeugnisses. [1] Das Gericht hat ein unrichtiges Europäisches Nachlasszeugnis auf Antrag zu ändern oder zu widerrufen. [2] Der Widerruf hat auch von Amts wegen zu erfolgen. [3] Das Gericht hat über die Kosten des Verfahrens zu entscheiden.

§ 39 Art der Entscheidung. (1) [1] Liegen die Voraussetzungen für die Ausstellung eines Europäischen Nachlasszeugnisses vor, entscheidet das Gericht durch Ausstellung der Urschrift eines Europäischen Nachlasszeugnisses. [2] Liegen die Voraussetzungen für die Erteilung einer beglaubigten Abschrift oder für die Verlängerung der Gültigkeitsfrist einer beglaubigten Abschrift vor, entscheidet das Gericht durch Erteilung einer beglaubigten Abschrift oder durch Verlängerung der Gültigkeitsfrist einer beglaubigten Abschrift. [3] Im Übrigen entscheidet das Gericht durch Beschluss.

(2) Für die Ausstellung eines Europäischen Nachlasszeugnisses und die Erteilung einer beglaubigten Abschrift ist das Formblatt nach Artikel 67 Absatz 1 Satz 2 in Verbindung mit Artikel 81 Absatz 2 der Verordnung (EU) Nr. 650/2012[1)] zu verwenden.

§ 40 Bekanntgabe der Entscheidung. [1] Entscheidungen nach § 39 Absatz 1 Satz 1 und 2 werden dem Antragsteller durch Übersendung einer beglaubigten Abschrift bekannt gegeben. [2] Weiteren Beteiligten wird die Entscheidung nach § 39 Absatz 1 Satz 1 durch Übersendung einer einfachen Abschrift des ausgestellten Europäischen Nachlasszeugnisses bekannt gegeben.

[1)] Nr. **21 e**.

§ 41 Wirksamwerden. [1] Die Entscheidung wird wirksam, wenn sie der Geschäftsstelle zum Zweck der Bekanntgabe übergeben wird. [2] Der Zeitpunkt ihrer Wirksamkeit ist auf der Entscheidung zu vermerken.

§ 42 Gültigkeitsfrist der beglaubigten Abschrift eines Europäischen Nachlasszeugnisses. [1] Die Gültigkeitsfrist einer beglaubigten Abschrift eines Europäischen Nachlasszeugnisses beginnt mit ihrer Erteilung. [2] Für die Berechnung der Gültigkeitsfrist gelten die Vorschriften des Bürgerlichen Gesetzbuchs[1)], soweit sich nicht aus der Verordnung (EWG, EURATOM) Nr. 1182/71 des Rates vom 3. Juni 1971 zur Festlegung der Regeln für die Fristen, Daten und Termine etwas anderes ergibt.

§ 43 Beschwerde. (1) [1] Gegen die Entscheidung in Verfahren nach § 33 Nummer 1 und 3 findet die Beschwerde zum Oberlandesgericht statt. [2] § 61 des Gesetzes über das Verfahren in Familiensachen und in den Angelegenheiten der freiwilligen Gerichtsbarkeit[2)] ist nicht anzuwenden. [3] Die Beschwerde ist bei dem Gericht einzulegen, dessen Entscheidung angefochten wird.

(2) Beschwerdeberechtigt sind

1. in den Verfahren nach § 33 Nummer 1, sofern das Verfahren die Ausstellung eines Europäischen Nachlasszeugnisses betrifft, die Erben, die Vermächtnisnehmer mit unmittelbarer Berechtigung am Nachlass und die Testamentsvollstrecker oder die Nachlassverwalter;
2. in den übrigen Verfahren nach § 33 Nummer 1 sowie in den Verfahren nach § 33 Nummer 3 diejenigen Personen, die ein berechtigtes Interesse nachweisen.

(3) [1] Die Beschwerde ist einzulegen

1. innerhalb eines Monats, wenn der Beschwerdeführer seinen gewöhnlichen Aufenthalt im Inland hat;
2. innerhalb von zwei Monaten, wenn der Beschwerdeführer seinen gewöhnlichen Aufenthalt im Ausland hat.

[2] Die Frist beginnt jeweils mit dem Tag der Bekanntgabe der Entscheidung.

(4) Die Beschwerde ist den anderen Beteiligten bekannt zu geben.

(5) [1] Hält das Beschwerdegericht die Beschwerde gegen die Ausstellung des Europäischen Nachlasszeugnisses für begründet, so ändert oder widerruft es das Zeugnis oder weist das Ausgangsgericht an, das Zeugnis zu berichtigen, zu ändern oder zu widerrufen. [2] Hält das Beschwerdegericht die Beschwerde gegen die Ablehnung der Ausstellung des Europäischen Nachlasszeugnisses für begründet, so stellt es das Nachlasszeugnis aus oder verweist die Sache unter Aufhebung des angefochtenen Beschlusses zur erneuten Prüfung und Entscheidung an das Ausgangsgericht zurück. [3] Stellt das Beschwerdegericht das Nachlasszeugnis aus und lässt es die Rechtsbeschwerde nicht zu, gilt § 39 Absatz 1 Satz 1 entsprechend. [4] Bei allen sonstigen Beschwerdeentscheidungen nach diesem Absatz sowie nach Absatz 1 Satz 1 gilt im Übrigen § 69 des Gesetzes über das Verfahren in

[1)] **Schönfelder Nr. 20.**
[2)] **Schönfelder Nr. 112.**

Familiensachen und in den Angelegenheiten der freiwilligen Gerichtsbarkeit.

§ 44 Rechtsbeschwerde. [1] Die Rechtsbeschwerde zum Bundesgerichtshof ist statthaft, wenn sie das Beschwerdegericht zugelassen hat. [2] Die Zulassungsgründe bestimmen sich nach § 70 Absatz 2 des Gesetzes über das Verfahren in Familiensachen und in den Angelegenheiten der freiwilligen Gerichtsbarkeit[1)]. [3] § 43 Absatz 3 gilt entsprechend.

Abschnitt 6. Authentizität von Urkunden

§ 45 Aussetzung des inländischen Verfahrens. Kommt es in einem anderen Mitgliedstaat zur Eröffnung eines Verfahrens über Einwände in Bezug auf die Authentizität einer öffentlichen Urkunde, die in diesem Mitgliedstaat errichtet worden ist, kann das inländische Verfahren bis zur Erledigung des ausländischen Verfahrens ausgesetzt werden, wenn es für die Entscheidung auf die ausländische Entscheidung zur Authentizität der Urkunde ankommt.

§ 46 Authentizität einer deutschen öffentlichen Urkunde. (1) [1] Über Einwände in Bezug auf die Authentizität einer deutschen öffentlichen Urkunde nach Artikel 59 Absatz 2 der Verordnung (EU) Nr. 650/2012[2)] entscheidet bei gerichtlichen Urkunden das Gericht, das die Urkunde errichtet hat. [2] Bei notariellen Urkunden entscheidet das für den Amtssitz des Notars zuständige Gericht. [3] Bei einer von einem Konsularbeamten im Ausland errichteten Urkunde entscheidet das Amtsgericht Schöneberg in Berlin. [4] Im Übrigen entscheidet das Amtsgericht, in dessen Bezirk die Urkunde errichtet worden ist.

(2) Das Verfahren richtet sich nach den Vorschriften des Gesetzes über das Verfahren in Familiensachen und in den Angelegenheiten der freiwilligen Gerichtsbarkeit[1)].

(3) [1] Die Endentscheidung wird mit Rechtskraft wirksam. [2] Eine Abänderung ist ausgeschlossen. [3] Der Beschluss wirkt für und gegen alle.

Abschnitt 7. Zuständigkeit in sonstigen Angelegenheiten der freiwilligen Gerichtsbarkeit

§ 47 Sonstige örtliche Zuständigkeit. Ergibt sich in Angelegenheiten der freiwilligen Gerichtsbarkeit die internationale Zuständigkeit der deutschen Gerichte aus der Verordnung (EU) Nr. 650/2012[2)] und ist die örtliche Zuständigkeit nicht schon in anderen Vorschriften dieses Gesetzes geregelt, bestimmt sich die örtliche Zuständigkeit wie folgt:

---

1) **Schönfelder Nr. 112.**
2) Nr. **21 e**.

1. bei einer internationalen Zuständigkeit, die sich aus den in § 2 Absatz 1 bis 3 genannten Vorschriften der Verordnung (EU) Nr. 650/2012 ergibt, entsprechend § 2 Absatz 1 bis 3;
2. bei einer internationalen Zuständigkeit, die sich aus anderen Vorschriften der Verordnung (EU) Nr. 650/2012 als den in § 2 Absatz 1 bis 3 genannten ergibt, entsprechend den Vorschriften über die örtliche Zuständigkeit im Gesetz über das Verfahren in Familiensachen und in den Angelegenheiten der freiwilligen Gerichtsbarkeit[1].

[1] Schönfelder Nr. 112.

103q. Internationales Güterrechtsverfahrensgesetz (IntGüRVG)[1)]

Vom 17. Dezember 2018
(BGBl. I S. 2573)

FNA 319-118

Inhaltsübersicht

[1)] Verkündet als Art. 1 G v. 17.12.2018 (BGBl. I S. 2573); Inkrafttreten gem. Art. 10 Abs. 1 dieses G am 29.1.2019.

Abschnitt 1. Anwendungsbereich; allgemeine Bestimmungen

§ 1 Anwendungsbereich. (1) Dieses Gesetz regelt die Durchführung der Verordnung (EU) 2016/1103[1)] des Rates vom 24. Juni 2016 zur Durchführung einer Verstärkten Zusammenarbeit im Bereich der Zuständigkeit, des anzuwendenden Rechts und der Anerkennung und Vollstreckung von Entscheidungen in Fragen des ehelichen Güterstands (ABl. L 183 vom 8.7.2016, S. 1; L 113 vom 29.4.2017, S. 62; L 167 vom 4.7.2018, S. 36) und der Verordnung (EU) 2016/1104[2)] des Rates vom 24. Juni 2016 zur Durchführung der Verstärkten Zusammenarbeit im Bereich der Zuständigkeit, des anzuwendenden Rechts und der Anerkennung und Vollstreckung von Entscheidungen in Fragen güterrechtlicher Wirkungen eingetragener Partnerschaften (ABl. L 183 vom 8.7.2016, S. 30; L 113 vom 29.4.2017, S. 62).

(2) Mitgliedstaaten im Sinne dieses Gesetzes sind die Mitgliedstaaten der Europäischen Union, die an der Verstärkten Zusammenarbeit zu den beiden Güterrechtsverordnungen teilnehmen.

§ 2 Allgemeine gerichtliche Verfahrensvorschriften. Auf gerichtliche Verfahren sind die Vorschriften des Gesetzes über das Verfahren in Familiensachen und in den Angelegenheiten der freiwilligen Gerichtsbarkeit[3)] anzuwenden, soweit in der Verordnung (EU) 2016/1103[1)] und der Verordnung (EU) 2016/1104[2)] sowie in diesem Gesetz nichts anderes bestimmt ist.

Abschnitt 2. Bürgerliche Streitigkeiten

§ 3 Örtliche Zuständigkeiten; Rechtsverordnung. (1) Ergibt sich in Fragen des ehelichen Güterstands oder in Fragen güterrechtlicher Wirkungen eingetragener Partnerschaften die internationale Zuständigkeit deutscher Gerichte, so ist folgendes Gericht örtlich zuständig:

[1)] *Nr. 103i.*
[2)] Nr. **103k**.
[3)] **Schönfelder Nr. 112.**

1. im Fall des Artikels 4 der Verordnung (EU) 2016/1103[1] oder des Artikels 4 der Verordnung (EU) 2016/1104[2] ausschließlich das Gericht, das nach § 2 des Internationalen Erbrechtsverfahrensgesetzes[3] angerufen worden ist,
2. im Fall des Artikels 5 Absatz 1 oder Absatz 2 der Verordnung (EU) 2016/1103 ausschließlich das Gericht, das nach § 122 des Gesetzes über das Verfahren in Familiensachen und in den Angelegenheiten der freiwilligen Gerichtsbarkeit[4] in der Ehesache angerufen worden ist,
3. im Fall des Artikels 5 Absatz 1 der Verordnung (EU) 2016/1104 ausschließlich das Gericht, das nach den §§ 122 und 270 des Gesetzes über das Verfahren in Familiensachen und in den Angelegenheiten der freiwilligen Gerichtsbarkeit in der Lebenspartnerschaftssache angerufen worden ist,
4. im Fall des Artikels 6 der Verordnung (EU) 2016/1103 oder des Artikels 6 Buchstabe a bis d der Verordnung (EU) 2016/1104 in dieser Reihenfolge
   a) das Gericht des Ortes, an dem
      aa) die Ehegatten oder eingetragenen Partner ihren gewöhnlichen Aufenthalt haben,
      bb) die Ehegatten oder eingetragenen Partner zuletzt ihren gewöhnlichen Aufenthalt hatten, sofern einer von ihnen zum Zeitpunkt der Anrufung des Gerichts ihn dort noch hat, oder
      cc) der Antragsgegner zum Zeitpunkt der Anrufung des Gerichts seinen gewöhnlichen Aufenthalt hat, oder
   b) das Amtsgericht Schöneberg in Berlin,
5. im Fall des Artikels 6 Buchstabe e der Verordnung (EU) 2016/1104 das Gericht, in dessen Bezirk die eingetragene Partnerschaft begründet worden ist,
6. im Fall des Artikels 7 Absatz 1 der Verordnung (EU) 2016/1103 oder des Artikels 7 Absatz 1 der Verordnung (EU) 2016/1104 ausschließlich das Gericht, das die Beteiligten bestimmt haben; ist kein Gericht bestimmt, so gelten für die örtliche Zuständigkeit die Nummern 4 und 5 entsprechend,
7. im Fall des Artikels 9 Absatz 2 erster Unterabsatz der Verordnung (EU) 2016/1103 oder des Artikels 9 Absatz 2 erster Unterabsatz der Verordnung (EU) 2016/1104 gilt für die örtliche Zuständigkeit Nummer 5 entsprechend; in den Fällen internationaler Zuständigkeit nach Artikel 9 Absatz 2 zweiter Unterabsatz der Verordnung (EU) 2016/1103 oder nach Artikel 9 Absatz 2 zweiter Unterabsatz der Verordnung (EU) 2016/1104 gelten für die örtliche Zuständigkeit die Nummern 4 oder 5 entsprechend, wobei in Fällen der Verordnung (EU) 2016/1103 Nummer 4 um die Zuständigkeit des Gerichts am Ort der Eheschließung ergänzt wird,
8. im Fall des Artikels 10 der Verordnung (EU) 2016/1103 oder des Artikels 10 der Verordnung (EU) 2016/1104 das Gericht des Ortes, an dem das *unbewegliche Vermögen* belegen ist,
9. im Fall des Artikels 11 der Verordnung (EU) 2016/1103 oder des Artikels 11 der Verordnung (EU) 2016/1104 das Amtsgericht Schöneberg in Berlin.

---

[1] Nr. **103i**.
[2] Nr. **103k**.
[3] Nr. **103p**.
[4] **Schönfelder Nr. 112.**

(2) [1] Die Landesregierungen werden ermächtigt, die Zuständigkeiten nach Absatz 1 Nummer 4, 5, 7, soweit es in dieser Nummer auf den Ort der Eheschließung ankommt, und Absatz 1 Nummer 8 und 9 durch Rechtsverordnung einem anderen Gericht des Oberlandesgerichtsbezirks oder, wenn in einem Land mehrere Oberlandesgerichte errichtet sind, einem Gericht für die Bezirke aller oder mehrerer Oberlandesgerichte zuzuweisen. [2] Die Landesregierungen können diese Ermächtigung durch Rechtsverordnung auf die Landesjustizverwaltungen übertragen.

Abschnitt 3. Zulassung der Zwangsvollstreckung aus ausländischen Titeln; Anerkennungsfeststellung

Unterabschnitt 1. Vollstreckbarkeit ausländischer Titel

§ 4 Zuständigkeit; Rechtsverordnung. (1) Sachlich zuständig für die Vollstreckbarerklärung von Titeln aus einem anderen Mitgliedstaat ist ausschließlich das Amtsgericht.

(2) Örtlich zuständig ist ausschließlich das Amtsgericht am Sitz des Oberlandesgerichts, in dessen Bezirk der Schuldner seinen Wohnsitz hat oder in dessen Bezirk die Zwangsvollstreckung durchgeführt werden soll.

(3) [1] Die Landesregierungen werden ermächtigt, die örtliche Zuständigkeit durch Rechtsverordnung einem anderen Amtsgericht des Oberlandesgerichtsbezirks oder, wenn in einem Land mehrere Oberlandesgerichte errichtet sind, einem Amtsgericht für die Bezirke aller oder mehrerer Oberlandesgerichte zuzuweisen. [2] Die Landesregierungen können diese Ermächtigung durch Rechtsverordnung auf die Landesjustizverwaltungen übertragen.

(4) [1] In einem Verfahren, das die Vollstreckbarerklärung einer notariellen Urkunde aus einem anderen Mitgliedstaat zum Gegenstand hat, kann diese Urkunde auch von einem Notar für vollstreckbar erklärt werden. [2] Die Vorschriften für das Verfahren der Vollstreckbarerklärung durch ein Gericht gelten sinngemäß.

§ 5 Zulassung zur Zwangsvollstreckung; Antragstellung. (1) Der in einem anderen Mitgliedstaat vollstreckbare Titel wird dadurch zur Zwangsvollstreckung zugelassen, dass er mit der Vollstreckungsklausel versehen wird.

(2) Der Antrag auf Erteilung der Vollstreckungsklausel kann bei dem zuständigen Gericht schriftlich eingereicht oder mündlich zu Protokoll der Geschäftsstelle erklärt werden.

(3) Ist der Antrag nicht in deutscher Sprache abgefasst, so kann das Gericht von dem Antragsteller eine Übersetzung verlangen, deren Richtigkeit von einer in einem Mitgliedstaat der Europäischen Union oder in einem anderen Vertragsstaat des Abkommens über den Europäischen Wirtschaftsraum hierzu befugten Person bestätigt worden ist.

(4) Der Ausfertigung des Titels, der mit der Vollstreckungsklausel versehen werden soll, und seiner Übersetzung, sofern eine solche vorgelegt wird, sollen je zwei Abschriften beigefügt werden.

§ 6 Verfahren. (1) [1] Die Entscheidung über den Antrag ergeht ohne mündliche Verhandlung. [2] Jedoch kann eine mündliche Erörterung mit dem Antragsteller oder seinem Bevollmächtigten stattfinden, wenn der Antragsteller oder der Bevollmächtigte hiermit einverstanden ist und die Erörterung der Beschleunigung des Verfahrens dient.

(2) Im ersten Rechtszug ist die Vertretung durch einen Rechtsanwalt nicht erforderlich.

§ 7 Vollstreckbarkeit ausländischer Titel in Sonderfällen. Hängt die Zwangsvollstreckung nach dem Inhalt des Titels von einer dem Gläubiger obliegenden Sicherheitsleistung, von dem Ablauf einer Frist oder dem Eintritt einer anderen Tatsache ab oder wird die Erteilung der Vollstreckungsklausel zugunsten eines anderen als des in dem Titel bezeichneten Gläubigers oder gegen einen anderen als den darin bezeichneten Schuldner beantragt, so ist die Frage, inwieweit die Zulassung der Zwangsvollstreckung von dem Nachweis besonderer Voraussetzungen abhängig ist oder ob der Titel zugunsten oder gegen den anderen vollstreckbar ist, nach dem Recht des Mitgliedstaates zu entscheiden, in dem der Titel errichtet ist.

§ 8 Entscheidung. (1) [1] Ist die Zwangsvollstreckung aus dem Titel zuzulassen, so beschließt das Gericht, dass der Titel mit der Vollstreckungsklausel zu versehen ist. [2] In dem Beschluss ist die zu vollstreckende Verpflichtung in deutscher Sprache wiederzugeben. [3] Zur Begründung des Beschlusses genügt in der Regel die Bezugnahme auf die Verordnung (EU) 2016/1103 oder die Verordnung (EU) 2016/1104 sowie auf die von dem Antragsteller vorgelegten Urkunden. [4] Auf die Kosten des Verfahrens ist § 788 der Zivilprozessordnung[1)] entsprechend anzuwenden.

(2) [1] Ist der Antrag auf Erteilung der Vollstreckungsklausel nicht zulässig oder nicht begründet, so lehnt ihn das Gericht durch Beschluss ab. [2] Der Beschluss ist zu begründen. [3] Die Kosten sind dem Antragsteller aufzuerlegen.

§ 9 Vollstreckungsklausel. (1) [1] Auf Grund des Beschlusses nach § 8 Absatz 1 erteilt der Urkundsbeamte der Geschäftsstelle die Vollstreckungsklausel in folgender Form:
„Vollstreckungsklausel nach § 5 des Internationalen Güterrechtsverfahrensgesetzes[2)] vom 17. Dezember 2018 (BGBl. I S. 2573). Gemäß dem Beschluss des ... (Bezeichnung des Gerichts und des Beschlusses) ist die Zwangsvollstreckung aus ... (Bezeichnung des Titels) zugunsten ... (Bezeichnung des Gläubigers) gegen ... (Bezeichnung des Schuldners) zulässig.
Die zu vollstreckende Verpflichtung lautet:
... (Angabe der dem Schuldner aus dem ausländischen Titel obliegenden Verpflichtung in deutscher Sprache; aus dem Beschluss nach § 8 Absatz 1 Satz 2 zu übernehmen).
Die Zwangsvollstreckung darf über Maßregeln zur Sicherung nicht hinausgehen, bis der Gläubiger eine gerichtliche Anordnung oder ein Zeugnis darüber vorlegt, dass die Zwangsvollstreckung unbeschränkt stattfinden darf."

[1)] **Schönfelder Nr. 100.**
[2)] Nr. **103q**.

[2] Lautet der Titel auf Leistung von Geld, so ist der Vollstreckungsklausel folgender Zusatz anzufügen:
„Solange die Zwangsvollstreckung über Maßregeln zur Sicherung nicht hinausgehen darf, kann der Schuldner die Zwangsvollstreckung durch Leistung einer Sicherheit in Höhe von ... (Angabe des Betrages, wegen dessen der Gläubiger vollstrecken darf) abwenden."

(2) Wird die Zwangsvollstreckung nicht für alle der in dem ausländischen Titel niedergelegten Ansprüche oder nur für einen Teil des Gegenstands der Verpflichtung zugelassen, so ist die Vollstreckungsklausel als „Teil-Vollstreckungsklausel nach § 5 des Internationalen Güterrechtsverfahrensgesetzes vom 17. Dezember 2018 (BGBl. I S. 2573)" zu bezeichnen.

(3) [1] Die Vollstreckungsklausel ist von dem Urkundsbeamten der Geschäftsstelle zu unterschreiben und mit dem Gerichtssiegel zu versehen. [2] Sie ist entweder auf die Ausfertigung des Titels oder auf ein damit zu verbindendes Blatt zu setzen. [3] Falls eine Übersetzung des Titels vorliegt, ist sie mit der Ausfertigung zu verbinden.

§ 10 Bekanntgabe der Entscheidung. (1) [1] Lässt das Gericht die Zwangsvollstreckung aus dem Titel zu, sind dem Antragsgegner eine beglaubigte Abschrift des Beschlusses, des mit der Vollstreckungsklausel versehenen Titels und gegebenenfalls seiner Übersetzung sowie der gemäß § 8 Absatz 1 Satz 3 in Bezug genommenen Urkunden von Amts wegen zuzustellen. [2] Dem Antragsteller sind eine beglaubigte Abschrift des Beschlusses, die mit der Vollstreckungsklausel versehene Ausfertigung des Titels sowie eine Bescheinigung über die bewirkte Zustellung zu übersenden.

(2) Lehnt das Gericht den Antrag auf Erteilung der Vollstreckungsklausel ab, ist der Beschluss dem Antragsteller zuzustellen.

Unterabschnitt 2. Beschwerde; Rechtsbeschwerde

§ 11 Beschwerdegericht; Einlegung der Beschwerde. (1) Beschwerdegericht ist das Oberlandesgericht.

(2) [1] Die Beschwerde gegen die im ersten Rechtszug ergangene Entscheidung über den Antrag auf Erteilung der Vollstreckungsklausel wird bei dem Gericht, dessen Beschluss angefochten wird, durch Einreichen einer Beschwerdeschrift eingelegt. [2] Der Beschwerdeschrift soll die für ihre Zustellung erforderliche Zahl von Abschriften beigefügt werden.

(3) § 61 des Gesetzes über das Verfahren in Familiensachen und in den Angelegenheiten der freiwilligen Gerichtsbarkeit[1)] ist nicht anzuwenden.

(4) Die Beschwerde ist dem Beschwerdegegner von Amts wegen zuzustellen.

§ 12 Beschwerdeverfahren und Entscheidung über die Beschwerde.

(1) [1] Das Beschwerdegericht entscheidet durch Beschluss, der zu begründen ist und ohne mündliche Verhandlung ergehen kann. [2] Der Beschwerdegegner ist vor der Entscheidung zu hören.

[1)] **Schönfelder Nr. 112.**

(2) Wird die mündliche Verhandlung angeordnet, so gilt für die Ladung § 215 der Zivilprozessordnung.

(3) Eine vollständige Ausfertigung des Beschlusses ist dem Antragsteller und dem Antragsgegner auch dann von Amts wegen zuzustellen, wenn der Beschluss verkündet worden ist.

(4) [1] Soweit auf Grund des Beschlusses die Zwangsvollstreckung aus dem Titel erstmals zuzulassen ist, erteilt der Urkundsbeamte der Geschäftsstelle des Beschwerdegerichts die Vollstreckungsklausel. [2] § 8 Absatz 1 Satz 2 bis 4 sowie die §§ 9 und 10 Absatz 1 sind entsprechend anzuwenden. [3] Ein Zusatz, dass die Zwangsvollstreckung über Maßregeln zur Sicherung nicht hinausgehen darf (§ 9 Absatz 1), ist nur aufzunehmen, wenn das Beschwerdegericht eine Anordnung nach § 18 Absatz 2 erlassen hat. [4] Der Inhalt des Zusatzes bestimmt sich nach dem Inhalt der Anordnung.

§ 13 Rechtsbeschwerde. (1) Gegen den Beschluss des Beschwerdegerichts findet die Rechtsbeschwerde statt, wenn sie das Beschwerdegericht in dem Beschluss zugelassen hat.

(2) Die Rechtsbeschwerdefrist beginnt mit der Zustellung des Beschlusses (§ 12 Absatz 3).

(3) § 75 des Gesetzes über das Verfahren in Familiensachen und in den Angelegenheiten der freiwilligen Gerichtsbarkeit ist nicht anzuwenden.

§ 14 Entscheidung über die Rechtsbeschwerde. [1] Soweit die Zwangsvollstreckung aus dem Titel durch das Rechtsbeschwerdegericht zugelassen wird, erteilt der Urkundsbeamte der Geschäftsstelle dieses Gerichts die Vollstreckungsklausel. [2] § 8 Absatz 1 Satz 2 bis 4 sowie die §§ 9 und 10 Absatz 1 gelten entsprechend. [3] Ein Zusatz über die Beschränkung der Zwangsvollstreckung entfällt.

Unterabschnitt 3. Beschränkung der Zwangsvollstreckung auf Sicherungsmaßregeln und unbeschränkte Fortsetzung der Zwangsvollstreckung

§ 15 Einwände gegen die Beschränkung auf Maßregeln zur Sicherung. Einwendungen des Schuldners, dass bei der Zwangsvollstreckung die Beschränkung auf Maßregeln zur Sicherung nach der Verordnung (EU) 2016/1103 oder der Verordnung (EU) 2016/1104 oder auf Grund einer Anordnung gemäß § 18 Absatz 2 nicht eingehalten werde, oder Einwendungen des Gläubigers, dass eine bestimmte Maßnahme der Zwangsvollstreckung mit dieser Beschränkung vereinbar sei, sind im Wege der Erinnerung nach § 766 *der Zivilprozessordnung bei dem* Vollstreckungsgericht (§ 764 der Zivilprozessordnung) geltend zu machen.

§ 16 Sicherheitsleistung durch den Schuldner. (1) Solange die Zwangsvollstreckung aus einem Titel, der auf Leistung von Geld lautet, nicht über Maßregeln zur Sicherung hinausgehen darf, ist der Schuldner befugt, die Zwangsvollstreckung durch Leistung einer Sicherheit in Höhe des Betrages abzuwenden, wegen dessen der Gläubiger vollstrecken darf.

(2) Die Zwangsvollstreckung ist einzustellen und bereits getroffene Vollstreckungsmaßregeln sind aufzuheben, wenn der Schuldner durch eine öffentliche Urkunde die zur Abwendung der Zwangsvollstreckung erforderliche Sicherheitsleistung nachweist.

§ 17 Versteigerung beweglicher Sachen. Ist eine bewegliche Sache gepfändet und darf die Zwangsvollstreckung nicht über Maßregeln zur Sicherung hinausgehen, so kann das Vollstreckungsgericht auf Antrag des Gläubigers oder des Schuldners anordnen, dass die Sache versteigert und der Erlös hinterlegt wird, wenn sie der Gefahr einer beträchtlichen Wertminderung ausgesetzt ist oder wenn ihre Aufbewahrung unverhältnismäßige Kosten verursacht.

§ 18 Unbeschränkte Fortsetzung der Zwangsvollstreckung; besondere gerichtliche Anordnungen. (1) Weist das Beschwerdegericht die Beschwerde des Schuldners gegen die Zulassung der Zwangsvollstreckung zurück oder lässt es auf die Beschwerde des Gläubigers die Zwangsvollstreckung aus dem Titel zu, so kann die Zwangsvollstreckung über Maßregeln zur Sicherung hinaus fortgesetzt werden.

(2) [1] Auf Antrag des Schuldners kann das Beschwerdegericht anordnen, dass bis zum Ablauf der Frist zur Einlegung der Rechtsbeschwerde oder bis zur Entscheidung über die Rechtsbeschwerde die Zwangsvollstreckung nicht oder nur gegen Sicherheitsleistung über Maßregeln zur Sicherung hinausgehen darf. [2] Die Anordnung darf nur erlassen werden, wenn der Schuldner glaubhaft macht, dass ihm die weiter gehende Vollstreckung einen nicht zu ersetzenden Nachteil bringen würde. [3] § 713 der Zivilprozessordnung ist entsprechend anzuwenden.

(3) [1] Wird Rechtsbeschwerde eingelegt, so kann das Rechtsbeschwerdegericht auf Antrag des Schuldners eine Anordnung nach Absatz 2 erlassen. [2] Das Rechtsbeschwerdegericht kann auf Antrag des Gläubigers eine nach Absatz 2 erlassene Anordnung des Beschwerdegerichts abändern oder aufheben.

§ 19 Unbeschränkte Fortsetzung der durch das Gericht des ersten Rechtszuges zugelassenen Zwangsvollstreckung. (1) Die Zwangsvollstreckung aus dem für vollstreckbar erklärten Titel ist auf Antrag des Gläubigers über Maßregeln zur Sicherung hinaus fortzusetzen, wenn dem Urkundsbeamten der Geschäftsstelle des Gerichts des ersten Rechtszuges ein Zeugnis darüber vorgelegt wird, dass die Zwangsvollstreckung unbeschränkt stattfinden darf.

(2) Das Zeugnis ist dem Gläubiger auf seinen Antrag zu erteilen, wenn

1. der Schuldner bis zum Ablauf der Beschwerdefrist keine Beschwerdeschrift eingereicht hat,
2. das Beschwerdegericht die Beschwerde des Schuldners zurückgewiesen und keine Anordnung nach § 18 Absatz 2 erlassen hat,
3. das Rechtsbeschwerdegericht die Anordnung des Beschwerdegerichts aufgehoben hat (§ 18 Absatz 3 Satz 2) oder
4. das Rechtsbeschwerdegericht den Titel zur Zwangsvollstreckung zugelassen hat.

§ 20 Unbeschränkte Fortsetzung der durch das Beschwerdegericht zugelassenen Zwangsvollstreckung. (1) Die Zwangsvollstreckung aus dem Titel, zu dem der Urkundsbeamte der Geschäftsstelle des Beschwerdegerichts die Vollstreckungsklausel mit dem Zusatz erteilt hat, dass die Zwangsvollstreckung auf Grund der Anordnung des Gerichts nicht über Maßregeln zur Sicherung hinausgehen darf (§ 12 Absatz 4 Satz 3), ist auf Antrag des Gläubigers über Maßregeln zur Sicherung hinaus fortzusetzen, wenn dem Urkundsbeamten der Geschäftsstelle dieses Gerichts ein Zeugnis darüber vorgelegt wird, dass die Zwangsvollstreckung unbeschränkt stattfinden darf.

(2) Das Zeugnis ist dem Gläubiger auf seinen Antrag zu erteilen, wenn

1. der Schuldner bis zum Ablauf der Frist zur Einlegung der Rechtsbeschwerde keine Beschwerdeschrift eingereicht hat,
2. das Rechtsbeschwerdegericht die Anordnung des Beschwerdegerichts aufgehoben hat (§ 18 Absatz 3 Satz 2) oder
3. das Rechtsbeschwerdegericht die Rechtsbeschwerde des Schuldners zurückgewiesen hat.

Unterabschnitt 4. Feststellung der Anerkennung einer ausländischen Entscheidung

§ 21 Verfahren. (1) Auf das Verfahren, das die Feststellung zum Gegenstand hat, ob eine Entscheidung aus einem anderen Mitgliedstaat anzuerkennen ist, sind die §§ 4 bis 6, 8, 10 bis 12 Absatz 1 bis 3 sowie die §§ 13 und 14 entsprechend anzuwenden.

(2) Ist der Antrag auf Feststellung begründet, so beschließt das Gericht, die Entscheidung anzuerkennen.

§ 22 Kostenentscheidung. [1] Im Fall der Anerkennung einer Entscheidung sind die Kosten dem Antragsgegner aufzuerlegen. [2] Dieser kann die Beschwerde (§ 11) auf die Entscheidung über die Kosten beschränken. [3] In diesem Fall sind die Kosten dem Antragsteller aufzuerlegen, wenn der Antragsgegner durch sein Verhalten keine Veranlassung zu dem Antrag auf Feststellung gegeben hat.

Unterabschnitt 5. Vollstreckungsabwehrklage; besonderes Aufhebungs- und Änderungsverfahren; Schadensersatz

§ 23 *Vollstreckungsabwehrklage.* (1) [1] Ist die Zwangsvollstreckung aus einem Titel zugelassen, so kann der Schuldner Einwendungen gegen den Anspruch selbst in einem Verfahren nach § 767 der Zivilprozessordnung geltend machen. [2] Handelt es sich bei dem Titel um eine gerichtliche Entscheidung, ist dies nur zulässig, wenn die Gründe, auf denen die Einwendungen beruhen, erst nach dem Erlass der Entscheidung entstanden sind.

(2) Die Klage ist bei dem Gericht zu erheben, das über den Antrag auf Erteilung der Vollstreckungsklausel entschieden hat.

§ 24 Verfahren nach Aufhebung oder Änderung eines für vollstreckbar erklärten ausländischen Titels. (1) Wird der Titel in dem Mitgliedstaat, in dem er errichtet worden ist, aufgehoben oder geändert und kann der Schuldner diese Tatsache in dem Verfahren auf Zulassung des Titels zur Zwangsvollstreckung nicht mehr geltend machen, so kann er die Aufhebung oder Änderung der Zulassung in einem selbständigen Verfahren beantragen.

(2) Für die Entscheidung über den Antrag ist das Gericht ausschließlich zuständig, das im ersten Rechtszug über den Antrag auf Erteilung der Vollstreckungsklausel entschieden hat.

(3) [1] Der Antrag kann bei dem Gericht schriftlich oder zu Protokoll der Geschäftsstelle gestellt werden. [2] Über den Antrag kann ohne mündliche Verhandlung entschieden werden. [3] Vor der Entscheidung ist der Gläubiger zu hören. [4] Die Entscheidung ergeht durch Beschluss. [5] § 12 Absatz 2 und 3 gilt entsprechend.

(4) [1] Der Beschluss unterliegt der Beschwerde. [2] § 61 des Gesetzes über das Verfahren in Familiensachen und in den Angelegenheiten der freiwilligen Gerichtsbarkeit[1)] ist nicht anzuwenden. [3] Die Beschwerde ist binnen einer Frist von zwei Wochen nach schriftlicher Bekanntgabe des Beschlusses an den Schuldner einzulegen. [4] Die Entscheidung über die Beschwerde ist unanfechtbar.

(5) [1] Für die Einstellung der Zwangsvollstreckung und die Aufhebung bereits getroffener Vollstreckungsmaßregeln sind die §§ 769 und 770 der Zivilprozessordnung[2)] entsprechend anzuwenden. [2] Die Aufhebung einer Vollstreckungsmaßregel ist auch ohne Sicherheitsleistung zulässig.

§ 25 Verfahren nach Aufhebung oder Änderung einer anerkannten ausländischen Entscheidung. Wird die Entscheidung in dem Mitgliedstaat, in dem sie ergangen ist, aufgehoben oder abgeändert und kann der davon begünstigte Beteiligte diese Tatsache nicht mehr in dem Verfahren über den Antrag auf Feststellung der Anerkennung geltend machen, so ist § 24 Absatz 1 bis 4 entsprechend anzuwenden.

§ 26 Schadensersatzpflicht des Gläubigers. (1) [1] Wird die Zulassung zur Zwangsvollstreckung auf Grund der Beschwerde (§ 11) oder der Rechtsbeschwerde (§ 13) aufgehoben oder abgeändert, so ist der Gläubiger zum Ersatz des Schadens verpflichtet, der dem Schuldner durch die Vollstreckung oder durch eine Leistung zur Abwendung der Vollstreckung entstanden ist. [2] Das Gleiche gilt, wenn die Zulassung zur Zwangsvollstreckung nach § 24 aufgehoben oder abgeändert wird, soweit die zur Zwangsvollstreckung zugelassene Entscheidung zum Zeitpunkt der Zulassung nach dem Recht des Mitgliedstaates, in dem sie ergangen ist, noch mit einem ordentlichen Rechtsmittel angefochten werden konnte.

(2) Für die Entscheidung über den Anspruch auf Schadensersatz ist das Gericht ausschließlich zuständig, das im ersten Rechtszug über den Antrag auf Zulassung zur Zwangsvollstreckung entschieden hat.

---

1) **Schönfelder Nr. 112.**
2) **Schönfelder Nr. 100.**

Unterabschnitt 6. Entscheidungen deutscher Gerichte zu inländischen Titeln; Mahnverfahren

§ 27 Bescheinigungen zu inländischen Titeln. (1) Für die Ausstellung der Bescheinigungen nach Artikel 45 Absatz 3 Buchstabe b, Artikel 59 Absatz 2 und Artikel 60 Absatz 2 der Verordnung (EU) 2016/1103[1] sowie nach Artikel 45 Absatz 3 Buchstabe b, Artikel 59 Absatz 2 und Artikel 60 Absatz 2 der Verordnung (EU) 2016/1104[2] sind die Gerichte oder Notare zuständig, denen die Erteilung einer vollstreckbaren Ausfertigung des Titels obliegt.

(2) [1] Sofern Gerichte für die Ausstellung der Bescheinigungen zuständig sind, werden diese von dem Gericht des ersten Rechtszuges ausgestellt oder, wenn das Verfahren bei einem höheren Gericht anhängig ist, von diesem. [2] Für die Anfechtbarkeit der Entscheidung über die Ausstellung der Bescheinigung gelten die Vorschriften über die Anfechtbarkeit der Entscheidung über die Erteilung der Vollstreckungsklausel entsprechend.

(3) Die Ausstellung einer Bescheinigung schließt das Recht auf Erteilung einer Vollstreckungsklausel nach § 724 der Zivilprozessordnung nicht aus.

§ 28 Ergänzung und Berichtigung inländischer Entscheidungen zur Geltendmachung im Ausland. (1) [1] Will ein Beteiligter eine Versäumnis- oder Anerkenntnisentscheidung, die in verkürzter Form abgefasst worden ist, in einem anderen Mitgliedstaat geltend machen, so ist der Beschluss auf Antrag des Beteiligten zu ergänzen. [2] Der Antrag kann bei dem Gericht, das den Beschluss erlassen hat, schriftlich oder mündlich zu Protokoll der Geschäftsstelle gestellt werden. [3] Über den Antrag wird ohne mündliche Verhandlung entschieden.

(2) [1] Zur Ergänzung des Beschlusses sind die Gründe nachträglich abzufassen. [2] Er ist gesondert zu unterschreiben und der Geschäftsstelle zu übergeben; die nachträgliche Abfassung der Gründe kann auch von Richtern unterschrieben werden, die bei dem Beschluss nicht mitgewirkt haben.

(3) [1] Für eine Berichtigung der Sachverhaltsdarstellung in den nachträglich abgefassten Gründen gilt § 320 der Zivilprozessordnung entsprechend. [2] Jedoch können bei der Entscheidung über einen Antrag auf Berichtigung auch solche Richter mitwirken, die bei dem Beschluss oder der nachträglichen Abfassung der Gründe nicht mitgewirkt haben.

(4) Die vorstehenden Absätze gelten entsprechend für die Ergänzung und Berichtigung von Arrestbefehlen oder einstweiligen Anordnungen, die in einem anderen Mitgliedstaat geltend gemacht werden sollen.

§ 29 Vollstreckungsklausel zur Verwendung im Ausland. Vollstreckungsbescheide, Arrestbefehle oder einstweilige Anordnungen, deren Zwangsvollstreckung in einem anderen Mitgliedstaat betrieben werden soll, sind auch dann mit der Vollstreckungsklausel zu versehen, wenn dies für eine Zwangsvollstreckung im Inland nach § 796 Absatz 1 der Zivilprozessordnung in Verbindung mit § 113 Absatz 2 des Gesetzes über das Verfahren in Familiensachen und in den Angelegenheiten der freiwilligen Gerichtsbarkeit, nach § 929 Absatz 1 der Zivilprozessordnung in Verbindung mit § 119 Absatz 2

[1] Nr. **103i**.
[2] Nr. **103k**.

des Gesetzes über das Verfahren in Familiensachen und in den Angelegenheiten der freiwilligen Gerichtsbarkeit oder nach § 53 Absatz 1 in Verbindung mit § 119 Absatz 1 des Gesetzes über das Verfahren in Familiensachen und in den Angelegenheiten der freiwilligen Gerichtsbarkeit nicht erforderlich wäre.

§ 30 Mahnverfahren mit Zustellung im Ausland. (1) [1] Das Mahnverfahren findet auch statt, wenn die Zustellung des Mahnbescheids in einem anderen Mitgliedstaat erfolgen muss. [2] In diesem Fall kann der Anspruch auch die Zahlung einer bestimmten Geldsumme in ausländischer Währung zum Gegenstand haben.

(2) Macht der Antragsteller geltend, dass das angerufene Gericht auf Grund einer Gerichtsstandsvereinbarung zuständig sei, so hat er dem Mahnantrag einen Nachweis über die Vereinbarung beizufügen.

(3) Die Widerspruchsfrist (§ 692 Absatz 1 Nummer 3 der Zivilprozessordnung) beträgt einen Monat.

Abschnitt 4. Authentizität von Urkunden

§ 31 Authentizität einer deutschen öffentlichen Urkunde. (1) [1] Über Einwände nach Artikel 58 Absatz 2 der Verordnung (EU) 2016/1103 oder Artikel 58 Absatz 2 der Verordnung (EU) 2016/1104 gegen die Authentizität einer deutschen öffentlichen Urkunde entscheidet bei gerichtlichen Urkunden das Gericht, das die Urkunde errichtet hat. [2] Bei notariellen Urkunden entscheidet das für den Amtssitz des Notars zuständige Amtsgericht. [3] Bei einer von einem Konsularbeamten im Ausland errichteten Urkunde entscheidet das Amtsgericht Schöneberg in Berlin. [4] Im Übrigen entscheidet das Amtsgericht, in dessen Bezirk die Urkunde errichtet worden ist.

(2) [1] Die Endentscheidung wird mit Rechtskraft wirksam. [2] Eine Abänderung ist ausgeschlossen. [3] Der Beschluss wirkt für und gegen jedermann.

§ 32 Aussetzung des inländischen Verfahrens. Wird in einem anderen Mitgliedstaat ein Verfahren über Einwände gegen die Authentizität einer dort errichteten öffentlichen Urkunde eröffnet, so kann das inländische Verfahren zur Anerkennung oder Vollstreckbarerklärung dieser Urkunde auf Antrag eines Beteiligten bis zur Entscheidung des ausländischen Verfahrens ausgesetzt werden, wenn diese Entscheidung für das inländische Verfahren maßgeblich ist.

104. Baden-Württembergisches Gesetz zur obligatorischen außergerichtlichen Streitschlichtung (Schlichtungsgesetz – SchlG)[1]

Vom 28. Juni 2000 (GBl. S. 470)[2]

Änderungen des Gesetzes

Lfd. Nr.	Änderndes Gesetz	Datum	Fundstelle	Geänderte Paragraphen	Art der Änderg.
1.	Gesetz zur Umstellung landesrechtlicher Vorschriften auf Euro und zur Änderung des Fischereigesetzes (Euro-Umstellungsgesetz Baden-Württemberg – EurUG)	20. 11. 2001	GBl. 605	1 Abs. 1 Nr. 1	geänd.
2.	Gesetz zu dem Staatsvertrag über die Einrichtung eines gemeinsamen Studienganges für den Amtsanwaltsdienst und die Errichtung eines gemeinsamen Prüfungsamtes für die Abnahme der Amtsanwaltsprüfung sowie zur Änderung des Schlichtungsgesetzes	11. 10. 2007	GBl. 469	3 Abs. 2, 3, 16 Abs. 2, 3, 17 Abs. 1 Sätze 2, 3, Abs. 2 Nr. 1, 18 Abs. 2 Satz 2, 19 Abs. 2 Satz 2, 21 Abs. 2	geänd.

1. Abschnitt. Obligatorische Schlichtung

§ 1.[3] ***Anwendungsbereich.*** *(1) [1] Die Erhebung der Klage vor den Amtsgerichten in bürgerlichen Rechtsstreitigkeiten ist*

1. *in vermögensrechtlichen Streitigkeiten über Ansprüche, deren Gegenstand an Geld oder Geldeswert bei Einreichung der Klage 750 Euro nicht übersteigt,*
2. *in Streitigkeiten über Ansprüche wegen*
   a) *der in § 906 des Bürgerlichen Gesetzbuches (BGB) geregelten Einwirkungen, sofern es sich nicht um Einwirkungen von einem gewerblichen Betrieb handelt,*
   b) *Überwuchses nach § 910 BGB,*
   c) *Hinüberfalls nach § 911 BGB,*
   d) *eines Grenzbaumes nach § 923 BGB,*
   e) *der im Nachbarrechtsgesetz geregelten Nachbarrechte, sofern es sich nicht um Einwirkungen von einem gewerblichen Betrieb handelt,*

---

[1] *Verkündet als Art. 1 Gesetz zur obligatorischen außergerichtlichen Streitschlichtung und zur Änderung anderer Gesetze vom 28. 6. 2000 (GBl. S. 470).*

[2] *Aufgeh. mWv 1. 5. 2013 durch Art. 1 G v. 16. 4. 2013 (GBl. S. 53). Beachte hierzu Übergangsvorschr. in Art. 2 G aaO: „Auf die vor Inkrafttreten dieses Gesetzes bei einem Amtsgericht eingegangenen Anträge auf Einleitung eines Schlichtungsverfahrens findet das Schlichtungsgesetz in der vor Inkrafttreten dieses Gesetzes geltenden Fassung weiterhin Anwendung."*

[3] *§ 1 Abs. 1 Nr. 1 geänd. durch Art. 4 EurUG v. 20. 11. 2001 (GBl. S. 605).*

3. in Streitigkeiten über Ansprüche wegen Verletzungen der persönlichen Ehre, die nicht in Presse oder Rundfunk begangen worden sind,

erst zulässig, nachdem von einer nach § 2 eingerichteten Gütestelle im Sinne von § 15 a Abs. 1 und 6 des Gesetzes betreffend die Einführung der Zivilprozessordnung vom 30. Januar 1877 (RGBI. S. 244), eingefügt durch Gesetz vom 15. Dezember 1999 (BGBl. I S. 2400), versucht worden ist, die Streitigkeit einvernehmlich beizulegen. 2 Der Kläger hat eine von der Schlichtungsperson der Gütestelle ausgestellte Bescheinigung über einen erfolglosen Einigungsversuch mit der Klage einzureichen. 3 Diese Bescheinigung ist ihm auf Antrag auch dann auszustellen, wenn binnen einer Frist von drei Monaten das von ihm beantragte Schlichtungsverfahren nicht durchgeführt worden ist.

(2) Absatz 1 findet keine Anwendung auf

1. Klagen nach §§ 323, 324 und 328 der Zivilprozessordnung (ZPO), Widerklagen und Klagen, die binnen einer gesetzlichen oder gerichtlich angeordneten Frist zu erheben sind,
2. Streitigkeiten in Familiensachen,
3. Wiederaufnahmeverfahren,
4. Ansprüche, die im Urkunden-, Wechsel- oder Scheckprozess geltend gemacht werden,
5. die Durchführung des streitigen Verfahrens, wenn ein Anspruch im Mahnverfahren geltend gemacht worden ist,
6. Klagen wegen vollstreckungsrechtlicher Maßnahmen, insbesondere nach dem achten Buch der Zivilprozessordnung.

(3) Ein Einigungsversuch nach Absatz 1 ist nur erforderlich, wenn alle Parteien im Zeitpunkt des Eingangs des Antrags (§ 5) ihren Wohnsitz, ihren Sitz oder ihre Niederlassung in Baden-Württemberg in demselben oder in benachbarten Landgerichtsbezirken haben.

(4) Das Erfordernis eines Einigungsversuchs vor einer nach § 2 eingerichteten Gütestelle entfällt, wenn die Parteien einvernehmlich einen Einigungsversuch vor einer von der Landesjustizverwaltung nach § 794 Abs. 1 Nr. 1 ZPO anerkannten Gütestelle oder einer sonstigen Gütestelle im Sinne von § 15 a Abs. 3 des Gesetzes betreffend die Einführung der Zivilprozessordnung unternommen haben.

2. Abschnitt. Gütestelle

§ 2. Gütestelle. *(1) 1 Bei jedem Amtsgericht wird für dessen Bezirk eine Gütestelle eingerichtet. 2 Sie trägt die Bezeichnung „Gütestelle beim Amtsgericht ...“ und ist Gütestelle im Sinne von § 794 Abs. 1 Nr. 1 ZPO.*

(2) 1 Örtlich zuständig ist die Gütestelle, auf die sich beide Parteien geeinigt haben. 2 Die Vereinbarung nach Satz 1 muss schriftlich abgeschlossen werden. 3 Im Übrigen ist die Gütestelle zuständig, in deren Bezirk die Antrag stellende Partei ihren Wohnsitz, ihren Sitz oder ihre Niederlassung hat.

§ 3. [1] ***Besetzung der Gütestelle.*** *(1) Die Aufgaben der Gütestelle werden von dem Urkundsbeamten der Geschäftsstelle des Amtsgerichts und der Schlichtungsperson nach Maßgabe von § 4 Abs. 3 und 4 wahrgenommen.*

---

[1] *§ 3 Abs. 2 und 3 neugef. durch Art. 2 G v. 11. 10. 2007 (GBl. I S. 469).*

(2) Zur Schlichtungsperson werden Rechtsanwältinnen und Rechtsanwälte bestimmt, die in der von dem Urkundsbeamten der Geschäftsstelle geführten Schlichtungspersonenliste eingetragen sind.

(3) [1] Alle Rechtsanwältinnen und Rechtsanwälte, die bereit sind, im jeweiligen Gerichtsbezirk als Schlichtungsperson tätig zu werden, sind auf Antrag in die Liste der Schlichtungspersonen aufzunehmen. [2] Die Löschung aus der Liste der Schlichtungspersonen kann jederzeit beantragt werden.

(4) Sofern in die Liste der Schlichtungspersonen keine hinreichende Zahl von Rechtsanwältinnen und Rechtsanwälten eingetragen ist, kann der Präsident oder Direktor des Amtsgerichts, bei dem die Gütestelle eingerichtet ist, die Liste durch weitere geeignete Personen ergänzen, die bereit sind, als Schlichtungsperson tätig zu werden.

(5) Die in die Liste eingetragenen Personen sind verpflichtet, die Aufgabe der Schlichtungsperson zu übernehmen.

§ 4. *Aufgaben der Gütestelle.* *(1) Die Schlichtungsperson hat unverzüglich, längstens jedoch binnen einer Frist von drei Monaten nach Eingang des Antrags bei der Gütestelle, einen Einigungsversuch durchzuführen und im Falle eines erfolglosen Einigungsversuchs der Antrag stellenden Partei eine Bescheinigung hierüber auszustellen.*

(2) [1] Ziel des Verfahrens ist eine gütliche Einigung der Parteien. [2] Der Gang des Verfahrens wird von der Schlichtungsperson nach freiem Ermessen gestaltet.

(3) Der Urkundsbeamte der Geschäftsstelle des Amtsgerichts ist zuständig für

1. die Entgegennahme des schriftlichen Antrags und die Aufnahme des Antrags zu Protokoll,

2. die Registrierung des Antrags,

3. die Bestimmung der Schlichtungsperson,

4. die Mitteilung an die Schlichtungsperson über ihre Bestimmung, über den Tag des Antrageingangs sowie die Übersendung des Antrags an die Schlichtungsperson,

5. die Erteilung der Vollstreckungsklausel (§ 13),

6. die Anordnung von Zahlungen in Fällen des § 17 Abs. 1 Satz 2,

7. die Aufbewahrung des Protokolls (§ 12 Abs. 2).

(4) [1] Die übrigen Aufgaben der Gütestelle werden von der Schlichtungsperson wahrgenommen. [2] Dies sind insbesondere

1. die Übersendung des Antrags an die Gegenpartei,

2. die Ladung der Parteien zur Schlichtungsverhandlung in die Kanzleiräume der Schlichtungsperson oder an einen von ihr zu bestimmenden Ort,

3. die Durchführung der Schlichtungsverhandlung und des Einigungsversuchs,

4. die Protokollierung einer Vereinbarung,

5. die Ausstellung einer Bescheinigung über einen erfolglosen Einigungsversuch bei dessen Scheitern oder auf Antrag der den Antrag nach § 5 stellenden Partei, wenn binnen einer Frist von drei Monaten nach Eingang des Antrags nach § 5 bei der Gütestelle das von ihr beantragte Schlichtungsverfahren nicht durchgeführt worden ist,

6. Erteilung von Abschriften des Protokolls,

7. die Geltendmachung der ihr zustehenden Kosten (§§ 14 bis 19).

3. Abschnitt. Verfahren

§ 5. ***Verfahrenseinleitung.*** *1 Das Schlichtungsverfahren wird auf Antrag einer Partei eingeleitet. 2 Der Antrag kann bei der Gütestelle schriftlich eingereicht oder mündlich zu Protokoll der Gütestelle gegeben werden. 3 Er muss den Namen und die ladungsfähige Anschrift der Parteien, eine kurze Darstellung der Streitsache, den Gegenstand des Streits und des Begehrens enthalten und von der Antrag stellenden Partei oder ihrem Bevollmächtigten unterschrieben sein. 4 Bei schriftlichen Anträgen ist die für die Zustellung erforderliche Zahl von Abschriften beizufügen.*

§ 6. ***Schlichtungsperson.*** *(1) 1 Die Schlichtungsperson ist unparteiisch und unabhängig. 2 Sie ist hinsichtlich der Tatsachen, die Gegenstand des Schlichtungsverfahrens sind, zur Verschwiegenheit verpflichtet.*

(2) 1 Wird mit der Antragstellung eine von beiden Parteien unterzeichnete schriftliche Erklärung vorgelegt, die eine Einigung auf eine in die Schlichtungspersonenliste der Gütestelle eingetragene Schlichtungsperson enthält, so wird diese vom Amtsgericht zur Schlichtungsperson bestimmt. 2 Andernfalls wird die Schlichtungsperson vom Urkundsbeamten der Geschäftsstelle des Amtsgerichts unter Beachtung einer gleichmäßigen Zuteilung aus der Liste bestimmt. 3 Der Präsident oder Direktor des Amtsgerichts, bei dem die Gütestelle eingerichtet ist, kann zur Verteilung der Schlichtungsanträge Vereinbarungen mit der örtlich zuständigen Rechtsanwaltskammer treffen.

(3) 1 Zeigt die zunächst bestimmte Schlichtungsperson an, dass Umstände vorliegen, die den Voraussetzungen der §§ 41, 48 ZPO entsprechen, entbindet die Gütestelle sie und bestimmt nach Maßgabe des Absatzes 2 eine andere Schlichtungsperson. 2 Die Entscheidung ist nicht anfechtbar.

§ 7. ***Terminsbestimmung.*** *(1) Die Schlichtungsperson soll umgehend Ort und Zeit der Schlichtungsverhandlung bestimmen.*

(2) 1 Die Ladung wird den Parteien durch die Schlichtungsperson mittels eingeschriebenem Brief (Einwurf-Einschreibsendung) durch die Post oder ihren bevollmächtigten Rechtsanwälten gegen mit Datum und Unterschrift versehenes Empfangsbekenntnis zugestellt. 2 Die Gegenpartei erhält mit der Ladung eine Abschrift des Antrags. 3 Zugleich werden die Parteien auf die Pflicht, persönlich zur Schlichtungsverhandlung zu erscheinen, und die Folgen hingewiesen, die eine Verletzung dieser Pflicht haben kann (§§ 9 und 17 Abs. 2 Nr. 1).

§ 8. ***Persönliches Erscheinen der Parteien.*** *(1) Die Parteien haben in dem anberaumten Termin persönlich zu erscheinen.*

(2) 1 Dies gilt nicht, wenn die Partei zur Verhandlung einen Vertreter entsendet, der zur Aufklärung des Tatbestandes in der Lage und zu einem Vergleichsabschluss ausdrücklich ermächtigt ist. 2 Handelsgesellschaften und juristische Personen dürfen sich durch Bevollmächtigte vertreten lassen. 3 Eltern als gesetzliche Vertreter ihrer Kinder können sich auf Grund einer schriftlichen Vollmacht gegenseitig vertreten.

(3) Jede Partei kann sich im Schlichtungsverfahren eines Beistandes oder eines Rechtsanwalts bedienen.

(4) 1 Eine Partei kann ihr Ausbleiben an dem anberaumten Termin wegen Krankheit, dringender beruflicher Verhinderung, unvermeidbarer Ortsabwesenheit oder wegen

sonstiger wichtiger Gründe entschuldigen. 2 Sie hat ihr Nichterscheinen der Schlichtungsperson unverzüglich anzuzeigen und dabei die Entschuldigungsgründe glaubhaft zu machen.

(5) Bei genügend entschuldigtem Ausbleiben einer Partei wird ein neuer Termin bestimmt.

§ 9. Folgen des unentschuldigten Ausbleibens. *(1) 1 Bleibt die Antrag stellende Partei im Termin aus, ohne ihr Ausbleiben vor dem Termin oder innerhalb von einer Woche nach dem Termin genügend zu entschuldigen, so gilt der Antrag als zurückgenommen. 2 Eine Bescheinigung über die Erfolglosigkeit des Einigungsversuchs wird nicht erteilt.*

(2) 1 Wenn die Gegenpartei vor dem Termin zur Schlichtungsverhandlung schriftlich der Schlichtungsperson mitteilt, dass sie nicht erscheinen wird, entfällt die Pflicht der Antrag stellenden Partei zum Erscheinen. 2 Der Einigungsversuch gilt als gescheitert. 3 Der Antrag stellenden Partei wird eine Bescheinigung über die Erfolglosigkeit des Einigungsversuchs erteilt.

(3) 1 Erscheint die Gegenpartei zur Schlichtungsverhandlung nicht, ohne ihr Ausbleiben vor dem oder innerhalb von einer Woche nach dem Termin genügend zu entschuldigen, so ist anzunehmen, dass sie sich auf die Schlichtungsverhandlung nicht einlassen will. 2 Der Antrag stellenden Partei wird eine Bescheinigung über die Erfolglosigkeit des Einigungsversuchs erteilt.

§ 10. Schlichtungsverhandlung. *(1) 1 Die Schlichtungsverhandlung ist nicht öffentlich, es sei denn, die Schlichtungsperson und die Parteien vereinbaren etwas anderes. 2 Die Schlichtungsverhandlung ist in der Regel in einem Termin mündlich durchzuführen. 3 Wird die Verhandlung unterbrochen, so ist zugleich ein Termin zu ihrer Fortsetzung zu bestimmen. 4 Eine Ladung zu diesem Termin ist nicht erforderlich.*

(2) 1 Eine Ladung von Zeugen und Sachverständigen durch die Gütestelle erfolgt nicht. 2 Zeugen und Sachverständige, die von den Parteien auf ihre Kosten in den Termin gestellt werden, können angehört werden. 3 Vorgelegte Urkunden können berücksichtigt werden. 4 Mit Zustimmung und in Anwesenheit der Parteien oder deren Vertretern kann auch ein Augenschein eingenommen werden.

(3) Zur Beeidigung von Zeugen oder Sachverständigen, zur eidlichen Parteivernehmung sowie zur Entgegennahme von eidesstattlichen Versicherungen ist die Schlichtungsperson nicht befugt.

§ 11. Vereinbarung, Protokoll. *(1) 1 Kommt eine Einigung zustande, so ist sie zu Protokoll festzustellen. 2 Die Einigung muss auch eine Regelung über die Kosten des Schlichtungsverfahrens enthalten; die Kosten sind der Höhe nach auszuweisen.*

(2) Das Protokoll muss enthalten:

1. den Namen der Schlichtungsperson,

2. den Ort und die Zeit der Verhandlung,

3. die Namen und Anschriften der erschienenen Parteien, gesetzlichen Vertreter, Bevollmächtigten und Beistände,

4. den Gegenstand des Streites,

5. die Vereinbarung der Parteien.

(3) [1]Das Protokoll ist von der Schlichtungsperson zu unterschreiben. [2]Es ist den Parteien oder deren Vertretern vorzulesen oder zur Durchsicht vorzulegen und von ihnen durch Unterschrift zu genehmigen.

(4) Kommt eine Einigung nicht zustande, so ist hierüber ein kurzer Vermerk aufzunehmen, aus dem sich die Parteien, der Gegenstand des Streits sowie der Zeitpunkt der Einleitung und der Beendigung des Schlichtungsverfahrens ergeben.

§ 12. ***Abschrift und Aufbewahrung.*** *(1) Die Schlichtungsperson erteilt den Parteien oder deren Rechtsnachfolgern auf Verlangen Abschriften des Protokolls.*

(2) Nach Erteilung der Abschriften übermittelt die Schlichtungsperson die Urschrift des Protokolls dem Urkundsbeamten zur Aufbewahrung.

(3) Die übrigen Akten hat die Schlichtungsperson auf die Dauer von fünf Jahren nach Beendigung des Verfahrens aufzubewahren.

4. Abschnitt. Vollstreckung

§ 13. ***Vollstreckung aus der Vereinbarung.*** *(1) Aus der vor der Schlichtungsperson geschlossenen Vereinbarung findet die Zwangsvollstreckung nach § 794 Abs. 1 Nr. 1 ZPO statt.*

(2) Auf Antrag wird die Vollstreckungsklausel von dem Urkundsbeamten der Geschäftsstelle des Amtsgerichts, bei dem die Gütestelle eingerichtet ist, erteilt.

(3) Auf der Urschrift des Protokolls ist zu vermerken, wann und von wem sowie für und gegen wen die Vollstreckungsklausel erteilt worden ist.

5. Abschnitt. Kosten

§ 14. ***Gebühren und Auslagen.*** *(1) Die Schlichtungsperson erhebt für ihre Tätigkeit Kosten (Gebühren und Auslagen) nur nach diesem Gesetz.*

(2) Die Schlichtungsperson hat Anspruch auf Ersatz der auf ihre Kosten entfallenden Umsatzsteuer, sofern nicht nach § 19 Abs. 1 des Umsatzsteuergesetzes keine Umsatzsteuer erhoben wird.

§ 15. ***Höhe der Gebühren.*** *(1) Die Gebühr für das Schlichtungsverfahren beträgt*

1. 80 Euro, sofern das Verfahren nach Terminsbestimmung und Ladung der Parteien ohne Durchführung einer Schlichtungsverhandlung endet oder sofern bei der Schlichtungsverhandlung nur eine Partei erscheint;

2. 100 Euro, sofern nach einer Schlichtungsverhandlung mit beiden Parteien eine Einigung nicht erzielt worden ist;

3. 130 Euro, sofern eine Einigung zustande gekommen ist (§ 11 Abs. 1).

(2) Sind auf der Seite einer Partei oder beider Parteien mehrere Personen am Schlichtungsverfahren beteiligt, so wird die Gebühr nur einmal erhoben.

§ 16.[1] ***Auslagen des Schlichtungsverfahrens.*** *(1) Auslagen der Schlichtungsperson sind, mit Ausnahme der Auslagen nach Absatz 2, durch die Gebühren abgegolten.*

---

[1] *§ 16 Abs. 2 neugef., Abs. 3 geänd. durch G v. 11. 10. 2007 (GBl. I S. 469).*

(2) Von der Schlichtungsperson für das Verfahren herangezogene Dolmetscher werden vergütet; die Höhe der Vergütung richtet sich nach dem Justizvergütungs- und -entschädigungsgesetz.

(3) Eine Entschädigung oder Vergütung von Zeugen und Sachverständigen, die von den Parteien in den Termin gestellt werden, findet nicht statt.

§ 17.[1] ***Kostenschuldner.*** *(1) [1] Kostenschuldner ist die Partei, die die Durchführung der Streitschlichtung beantragt hat. [2] Bezieht die Partei Leistungen zur Sicherung des Lebensunterhalts nach dem Zweiten Buch Sozialgesetzbuch, Hilfe zum Lebensunterhalt nach dem Zwölften Buch Sozialgesetzbuch oder Grundleistungen nach dem Asylbewerberleistungsgesetz, so richtet sich der Kostenanspruch gegen die Landeskasse. [3] Der Bezug von in Satz 2 genannten Leistungen ist durch Vorlage des letzten Bewilligungsbescheids des Leistungsträgers glaubhaft zu machen.*

(2) Kostenschuldner ist ferner

1. *die Gegenpartei, wenn sie ihr Ausbleiben in dem anberaumten Termin nicht nach § 8 Abs. 4 genügend entschuldigt hat, es sei denn, sie bezieht Leistungen im Sinne von Absatz 1 Satz 2; Absatz 1 Satz 3 gilt entsprechend,*
2. *derjenige, der die Kostenschuld in der Vereinbarung oder durch eine vor der Gütestelle abgegebene oder ihr mitgeteilte Erklärung übernommen hat,*
3. *derjenige, der für die Kostenschuld eines anderen kraft Gesetzes haftet.*

(3) [1] Mehrere Kostenschuldner haften als Gesamtschuldner. [2] Soweit ein Kostenschuldner nach Absatz 2 Nr. 1 oder 2 haftet, soll die Haftung eines anderen Kostenschuldners nur geltend gemacht werden, wenn eine Zwangsvollstreckung in das bewegliche Vermögen des Ersteren erfolglos geblieben ist oder aussichtslos erscheint.

§ 18.[2] ***Fälligkeit und Vorschuss.*** *(1) Gebühren werden mit Beendigung des Schlichtungsverfahrens, Auslagen nach § 16 Abs. 2 mit ihrer Entstehung fällig.*

(2) [1] Die Schlichtungsperson kann von der Antrag stellenden Partei einen Vorschuss in Höhe der Gebühr nach § 15 Abs. 1 Nr. 3 zuzüglich Umsatzsteuer sowie der voraussichtlichen Auslagen nach § 16 Abs. 2 anfordern und die Durchführung der Schlichtungsverhandlung von der Zahlung dieses Vorschusses abhängig machen; § 9 Abs. 1 Satz 1 findet entsprechende Anwendung. [2] Dies gilt nicht, wenn die Antrag stellende Partei Leistungen im Sinne von § 17 Abs. 1 Satz 2 bezieht und dies entsprechend § 17 Abs. 1 Satz 3 glaubhaft macht.

§ 19.[3] ***Einforderung und Zurückbehaltungsrecht.*** *(1) Die Gebühr für das Verfahren und die Auslagen werden von der Schlichtungsperson auf Grund einer von ihr unterschriebenen und dem Kostenschuldner mitgeteilten Berechnung unter Benennung der Kostenvorschriften erhoben.*

(2) [1] Die Bescheinigung über die Erfolglosigkeit des Schlichtungsversuchs sowie Ausfertigungen und Abschriften des Protokolls können zurückbehalten werden, bis die im Verfahren erwachsenen Kosten bezahlt sind. [2] Von der Zurückbehaltung der Bescheinigung nach Satz 1 ist abzusehen, wenn die Antrag stellende Partei Leistungen im Sinne

---

[1] *§ 17 Abs. 1 Sätze 2 und 3 neugef., Abs. 2 Nr. 1 geänd. durch G v. 11. 10. 2007 (GBl. I S. 469).*

[2] *§ 18 Abs. 2 Satz 2 geänd. durch G v. 11. 10. 2007 (GBl. I S. 469).*

[3] *§ 19 Abs. 2 Satz 2 geänd. durch G v. 11. 10. 2007 (GBl. I S. 469).*

von § 17 Abs. 1 Satz 2 bezieht und dies entsprechend § 17 Abs. 1 Satz 3 glaubhaft macht.

§ 20. *Erstattung der Auslagen der Parteien.* *[1] Jede Partei trägt ihre eigenen Kosten. [1] Eine Erstattung der Kosten der Parteien findet im Schlichtungsverfahren nicht statt.*

(2) Die Parteien können eine hiervon abweichende Vereinbarung treffen.

6. Abschnitt. Übergangsvorschriften

§ 21.[1)] ***Anwendbarkeit.*** *(1) Das Gesetz findet auf alle Klagen Anwendung, die nach dem 30. September 2000 bei Gericht eingehen.*

(2) [1] In die Liste nach § 3 Abs. 2 sind alle Rechtsanwältinnen und Rechtsanwälte aufzunehmen, die in der von der Rechtsanwaltskammer bis zum 1. Dezember 2006 für das Jahr 2007 vorgelegten Liste der Schlichtungspersonen enthalten waren. [2] § 3 Abs. 3 Satz 2 bleibt unberührt.

§ 22. *Währungsumstellung.* *Bis zum 31. Dezember 2001 beträgt die Gebühr nach § 15 Abs. 1 Nr. 1 150 DM, die Gebühr nach § 15 Abs. 1 Nr. 2 200 DM und die Gebühr nach § 15 Abs. 1 Nr. 3 250 DM.*

---

1) *§ 21 Abs. 2 neugef. durch G v. 11. 10. 2007 (GBl. I S. 469).*

104 a. Bayerisches Gesetz zur obligatorischen außergerichtlichen Streitschlichtung in Zivilsachen (Bayerisches Schlichtungsgesetz – BaySchlG)[1)]

Vom 25. April 2000 (GVBl. S. 268)

BayRS 300-1-5-J

(Auszug)

Änderungen des Gesetzes

Lfd. Nr.	Änderndes Gesetz	Datum	Fundstelle	Geänderte Artikel	Art der Änderg.
1.	Gesetz zur Änderung des Bayerischen Schlichtungsgesetzes und des Gesetzes zur Ausführung des Gerichtsverfassungsgesetzes und von Verfahrensgesetzen des Bundes	2. 1. 2002	GVBl. S. 3, ber. S. 39	1 Nr. 1	geänd.
2.	Gesetz zur Auflösung des Bayerischen Obersten Landesgerichts und der Staatsanwaltschaft bei diesem Gericht (Gerichtsauflösungsgesetz – BayObLGAuflG)	25. 10. 2004	GVBl. S. 400	5 Abs. 3 Satz 2	geänd.
3.	Gesetz zur Änderung des Bayerischen Schlichtungsgesetzes und des Gesetzes zur Ausführung des Gerichtsverfassungsgesetzes und von Verfahrensgesetzen des Bundes	24. 12. 2005	GVBl. S. 655	21 Abs. 2, 22	geänd.
4.	Gesetz zur Änderung des Bayerischen Schlichtungsgesetzes	24. 5. 2007	GVBl. S. 343	22 Nr. 2 1 Nr. 4	geänd. eingef.
5.	Gesetz zur Änderung des Bayerischen Schlichtungsgesetzes	22. 12. 2008	GVBl. S. 977	21 Abs. 2 Satz 2, 22 Nr. 2	geänd.
6.	Gesetz zur Änderung des Bayerischen Schlichtungsgesetzes	20. 12. 2011	GVBl. I 713	21 Abs. 2 Satz 1, 22 21 Abs. 2 Satz 2	geänd. aufgeh.
7.	Gesetz zur Bereinigung des Landesrechts	8. 4. 2013	GVBl. S. 174	Gesetzesüberschr. 1 Nr. 1, 20, 21 Abs. 2, 22 Bish. Art. 1 Nrn. 2 bis 4 werden Nr. 1 bis 3	geänd. aufgeh.

1) Gesetzesüberschr. geänd. durch § 2 Abs. 15 G v. 8. 4. 2013 (GVBl. S. 174).

Abschnitt I. Obligatorische Schlichtung als Prozessvoraussetzung

Art. 1.[1] **Sachlicher Umfang der obligatorischen Schlichtung.** Vor den Amtsgerichten kann in folgenden bürgerlichrechtlichen Streitigkeiten mit Ausnahme der in § 15a Abs. 2 EGZPO genannten Streitigkeiten eine Klage erst erhoben werden, wenn die Parteien einen Versuch unternommen haben, die Streitigkeit vor einer in Art. 3 genannten Schlichtungs- oder Gütestelle gütlich beizulegen:

1. in Streitigkeiten über Ansprüche wegen
   a) der in § 906 BGB geregelten Einwirkungen auf das Nachbargrundstück, sofern es sich nicht um Einwirkungen von einem gewerblichen Betrieb handelt,
   b) Überwuchses nach § 910 BGB,
   c) Hinüberfalls nach § 911 BGB,
   d) eines Grenzbaums nach § 923 BGB,
   e) der in den Art. 43 bis 54 AGBGB geregelten Nachbarrechte, sofern es sich nicht um Einwirkungen von einem gewerblichen Betrieb handelt,
2. in Streitigkeiten über Ansprüche wegen der Verletzung der persönlichen Ehre, die nicht in Presse oder Rundfunk begangen worden ist,
3. in Streitigkeiten über Ansprüche nach Abschnitt 3 des Allgemeinen Gleichbehandlungsgesetzes.

Art. 2. Örtlicher Umfang der obligatorischen Schlichtung. [1]Ein Schlichtungsversuch nach Art. 1 vor Erhebung der Klage ist nur erforderlich, wenn die Parteien ihren Wohnsitz, ihren Sitz oder ihre Niederlassung im selben Landgerichtsbezirk haben. [2]Die Bezirke der Landgerichte München I und München II gelten insoweit als ein Landgerichtsbezirk.

Art. 3. Schlichtungsstellen. (1) [1]Die Parteien können sich für einen Schlichtungsversuch einvernehmlich an jeden Rechtsanwalt, der nicht Parteivertreter ist, an jeden Notar oder an dauerhaft eingerichtete Schlichtungsstellen der Kammern, Innungen, Berufsverbände oder ähnliche Institutionen im Sinn von § 15a Abs. 3 EGZPO wenden. [2]Das Einvernehmen nach Satz 1 wird unwiderleglich vermutet, wenn der Verbraucher eine branchengebundene Schlichtungsstelle, eine Schlichtungsstelle der Industrie- und Handelskammer, der Handwerkskammer oder der Innung angerufen hat. [3]Fehlt es am Einvernehmen nach den Sätzen 1 und 2, ist der Schlichtungsversuch vor einem örtlich zuständigen Schlichter der Gütestellen nach Art. 5 durchzuführen.

(2) Ein Schlichter ist von der Schlichtung ausgeschlossen, wenn die Voraussetzungen des § 41 ZPO vorliegen.

---

[1] Art. 1 Nr. 1 geänd. durch § 1 G v. 2. 2. 2002 (GVBl. S. 3, ber. S. 39), Nr. 4 angef. mWv 1. 7. 2007 durch G v. 24. 5. 2007 (GVBl. S. 343), Nr. 1 aufgeh., bish. Nrn. 2 bis 4 werden Nrn. 1 bis 3 durch § 2 Abs. 15 G v. 8. 4. 2013 (GVBl. I S. 174).

Art. 4. Bescheinigung über erfolglosen Schlichtungsversuch. (1) [1]Bleibt der Schlichtungsversuch erfolglos, so ist dem Antragsteller darüber ein Zeugnis auszustellen, das dem Gericht bei Klageerhebung vorzulegen ist. [2]Das Zeugnis wird auf Antrag auch erteilt, wenn binnen einer Frist von drei Monaten das beantragte Schlichtungsverfahren nicht durchgeführt worden ist. [3]Die Frist beginnt nicht vor Einzahlung des Vorschusses gemäß Art. 14.

(2) Das Zeugnis ist außerdem auszustellen, wenn der Schlichter den sachlichen Anwendungsbereich nach Art. 1 oder, soweit dies zwischen den Parteien strittig ist, den örtlichen Anwendungsbereich nach Art. 2 für nicht eröffnet oder die Angelegenheit für eine Schlichtung aus rechtlichen oder tatsächlichen Gründen von vorneherein für ungeeignet erachtet.

(3) [1]Das Zeugnis hat auch die Namen und die Anschriften des Antragstellers und des Antragsgegners, eine kurze Darstellung des Streitgegenstands, Angaben zum Streitwert sowie den Zeitpunkt, zu dem das Verfahren beendet ist, zu enthalten. [2]Wird das Zeugnis ausgestellt, weil der Schlichter die Angelegenheit für eine Schlichtung für ungeeignet erachtet, sind die Gründe dafür im Zeugnis anzugeben.

Abschnitt II. Gütestellen nach § 15 a Abs. 1 EGZPO

Art. 5.[1)] **Einrichtung der Gütestellen.** (1) Jeder Notar ist als Träger eines öffentlichen Amtes Gütestelle.

(2) [1]Jeder Rechtsanwalt, der sich gegenüber der Rechtsanwaltskammer dazu verpflichtet hat, Schlichtung als dauerhafte Aufgabe zu betreiben, ist durch die Rechtsanwaltskammer als Gütestelle zuzulassen. [2]Die Zulassung kann widerrufen werden, wenn die Pflichten nach Art. 8 gröblich vernachlässigt werden.

(3) [1]Die Gütestellen nach den Absätzen 1 und 2 sind landesrechtlich anerkannte Gütestellen nach § 15 a Abs. 6 EGZPO. [2]Der Präsident des Oberlandesgerichts München kann weitere Gütestellen nach § 794 Abs. 1 Nr. 1 ZPO unter den Voraussetzungen des Art. 22 AGGVG einrichten und anerkennen.

Art. 6. Auswahl unter den Gütestellen. [1]Unter mehreren Gütestellen des Landgerichtsbezirks hat die antragstellende Partei die Auswahl. [2]Bestehen in dem Amtsgerichtsbezirk, in dem der Antragsgegner seinen Wohnsitz, seinen Sitz oder seine Niederlassung hat, Gütestellen, so kann die antragstellende Partei nur unter diesen auswählen. [3]Die zuerst angerufene Gütestelle ist auch für einen Gegenantrag zuständig.

Art. 7. Aufnahme des Schlichtungsantrags durch die Gütestelle. [1]Die Gütestelle nimmt den schriftlichen Schlichtungsantrag während der üblichen Geschäftszeiten entgegen und registriert ihn. [2]Der Schlichtungsantrag kann auch zu Protokoll der Gütestelle erklärt werden.

Art. 8. Schlichter, Pflichten aus dem Schlichteramt. (1) [1]Schlichter der Gütestellen nach Art. 5 Abs. 1 und 2 sind Personen, die den Beruf des Notars oder des Rechtsanwalts ausüben. [2]Sie beachten bei Ausübung des

---

[1)] Art. 5 Abs. 3 Satz 2 geänd. durch § 3 G v. 25. 10. 2004 (GVBl. S. 400).

Schlichteramts ihre allgemeinen Berufspflichten. [3]Sie üben ihr Amt unparteiisch und unabhängig aus. [4]Sie tragen für eine zügige Erledigung der Schlichtungsverfahren Sorge.

(2) [1]Den Schlichtern steht hinsichtlich der Tatsachen, die Gegenstand des Schlichtungsverfahrens sind, ein Zeugnisverweigerungsrecht zu. [2]Wer als Schlichter tätig war, kann in derselben Sache keine der Parteien im gerichtlichen Verfahren vertreten.

(3) [1]Die Aufsicht über die Notare als Schlichter führt die Landesnotarkammer, die Aufsicht über die Rechtsanwälte als Schlichter die jeweils zuständige Rechtsanwaltskammer. [2]Die Aufsichtsbehörde kann die hierfür erforderlichen Verwaltungsanordnungen treffen. [3]Sie hat darauf zu achten, dass die Schlichter den ihnen nach diesem Gesetz obliegenden Verpflichtungen nachkommen. [4]Sie kann jederzeit Auskunft über alle die Geschäftsführung betreffenden Angelegenheiten verlangen.

Abschnitt III. Durchführung des Schlichtungsverfahrens vor dem Schlichter der Gütestelle nach Abschnitt II

Art. 9. Verfahrenseinleitung. [1]Das Schlichtungsverfahren wird auf Antrag eingeleitet. [2]Der Antrag muss Namen und ladungsfähige Anschrift der Parteien, eine kurze Darstellung der Streitsache und den Gegenstand des Begehrens enthalten. [3]Ihm sollen die für die förmliche Mitteilung erforderlichen Abschriften beigefügt werden.

Art. 10. Gang des Schlichtungsverfahrens. (1) [1]Sobald dem Schlichter der Antrag vorliegt und der Vorschuss (Art. 14) eingezahlt worden ist, bestimmt er einen Schlichtungstermin, zu dem er die Parteien persönlich lädt. [2]Er erörtert mit den Parteien mündlich die Streitsache und die Konfliktlösungsvorschläge der Parteien. [3]Zur Aufklärung der Interessenlage kann er mit den Parteien in deren Einvernehmen auch Einzelgespräche führen. [4]Auf der Grundlage der Schlichtungsverhandlung kann er den Parteien einen Vorschlag zur Konfliktbeilegung unterbreiten. [5]In geeigneten Fällen sieht der Schlichter von einem Termin ab und verfährt schriftlich.

(2) Die Schlichtungsverhandlung ist nicht öffentlich.

(3) [1]Der Schlichter lädt keine Zeugen und Sachverständigen. [2]Zeugen und Sachverständige, die von den Parteien auf deren Kosten herbeigeschafft werden, können angehört, und ein Augenschein kann eingenommen werden, wenn dadurch der Abschluss des Schlichtungsverfahrens nicht unverhältnismäßig verzögert wird.

(4) Im Übrigen bestimmt der Schlichter das zur zügigen Erledigung der Streitsache zweckmäßige Verfahren nach seinem Ermessen.

Art. 11. Persönliches Erscheinen der Parteien. (1) Die Parteien haben *im Schlichtungstermin* persönlich zu erscheinen.

(2) Dies gilt nicht, wenn eine Partei zu dem Termin eine Vertretung entsendet, die zur Aufklärung des Sachverhalts in der Lage und zu einem unbe-

dingten Vergleichsabschluss schriftlich ermächtigt ist, und der Schlichter dem Fernbleiben der Partei zustimmt.

(3) Jede Partei kann sich im Termin eines Beistands oder eines Rechtsanwalts bedienen.

(4) [1] Erscheint der Antragsteller unentschuldigt nicht zum Schlichtungstermin, gilt der Antrag als zurückgenommen; bei hinreichender Entschuldigung binnen 14 Tagen ist vom Schlichter ein neuer Schlichtungstermin zu bestimmen. [2] Der Antrag gilt auch als zurückgenommen, wenn der Vorschuss nach Art. 14 nicht in der vom Schlichter gesetzten Frist einbezahlt wurde. [3] Fehlt die Gegenpartei unentschuldigt, so ist dem Antragsteller frühestens nach 14 Tagen ein Zeugnis nach Art. 4 auszustellen. [4] In der Ladung sind die Parteien auf die Folgen ihres Ausbleibens hinzuweisen.

Art. 12. Protokollierung der Konfliktbeilegung. [1] Wird vor dem Schlichter eine Vereinbarung zur Konfliktbeilegung geschlossen, so ist diese unter Angabe des Tages ihres Zustandekommens schriftlich niederzulegen und von den Parteien zu unterschreiben. [2] Der Schlichter bestätigt den Abschluss der Vereinbarung mit seiner Unterschrift. [3] Die Konfliktregelung muss auch eine Einigung der Parteien über die Kosten des Schlichtungsverfahrens enthalten. [4] Die Kosten des Schlichtungsverfahrens sind der Höhe nach auszuweisen. [5] Die Parteien erhalten vom Schlichter auf Antrag eine Abschrift der Vereinbarung.

Abschnitt IV. Vergütung für das Güteverfahren der Gütestellen nach Abschnitt II und deren Vollstreckung

Art. 13. Vergütung. (1) [1] Die Schlichter nach Art. 5 Abs. 1 und 2 erheben für ihre Tätigkeit eine Vergütung (Gebühren und Auslagen) nur nach diesem Gesetz. [2] Sie erhalten Ersatz der auf die Vergütung entfallenden Umsatzsteuer, sofern diese nicht nach § 19 Abs. 1 des Umsatzsteuergesetzes unerhoben bleibt.

(2) Die Gebühr für das Schlichtungsverfahren beträgt

1. 50 Euro, wenn das Verfahren ohne Schlichtungsgespräch endet,
2. 100 Euro, wenn ein Schlichtungsgespräch durchgeführt wurde.

(3) Werden Schlichter im Rahmen des Vollzugs der Vereinbarung zur Konfliktbewältigung im Auftrag beider Parteien tätig, entsteht eine weitere Gebühr in Höhe von 50 Euro.

(4) [1] Mit der Gebühr werden die allgemeinen Geschäftsunkosten der Schlichter abgegolten. [2] Für Post- und Telekommunikationsdienstleistungen sowie Schreibauslagen können die Schlichter einen Pauschsatz von 20 Euro fordern.

Art. 14. Vorschuss für die Vergütung. (1) Der Schlichter fordert vom Antragsteller vor Durchführung des Schlichtungsverfahrens einen Vorschuss in Höhe der Gebühr nach Art. 13 Abs. 2 Nr. 2 zuzüglich der Auslagen nach Art. 13 Abs. 4.

(2) Nach Abschluss des Schlichtungsverfahrens rechnet der Schlichter gegenüber dem Antragsteller über den Vorschuss ab.

Art. 15. Vergütungsfreiheit. (1) Eine Partei, die die Voraussetzungen für die Gewährung von Beratungshilfe nach den Vorschriften des Beratungshilfegesetzes erfüllt, ist von der Verpflichtung zur Zahlung der Vergütung befreit.

(2) § 4 Abs. 1, Abs. 2 Sätze 1 bis 3, §§ 5 und 6 des Beratungshilfegesetzes finden entsprechende Anwendung.

(3) 1 Ist die Partei nach Absatz 1 von der Verpflichtung zur Zahlung der Vergütung befreit, erstattet die Staatskasse dem Schlichter die ihm zustehende Vergütung. 2 Die Erstattung der Schlichtervergütung durch die Staatskasse ist in der Bescheinigung nach Art. 4 zu vermerken.

Art. 16. Beitreibung der Vergütung durch die Staatskasse. (1) Ist dem Schlichter die Vergütung nach Art. 15 Abs. 3 erstattet worden, so geht der Anspruch auf Kostenerstattung, der sich aus der Verurteilung des Gegners in die Prozesskosten im nachfolgenden Gerichtsverfahren ergibt, insoweit auf die Staatskasse über.

(2) 1 Der Vergütungsanspruch nach Absatz 1 ist von der Staatskasse nach den Vorschriften über die Einziehung der Kosten des gerichtlichen Verfahrens geltend zu machen. 2 Die Ansprüche werden bei dem Amtsgericht angesetzt, bei dem der nachfolgende Rechtsstreit geführt wurde. 3 Für die Entscheidung über eine gegen den Ansatz gerichtete Erinnerung und über die Beschwerde gilt § 5 Gerichtskostengesetz entsprechend.

Art. 17. Aufwendungen der Beteiligten. 1 Jede Partei trägt ihre eigenen Kosten. 2 Kosten werden, vorbehaltlich einer anderen Regelung in der Vereinbarung zur Konfliktbeilegung, nicht erstattet.

Abschnitt V. Vollstreckung aus dem Vergleich der Gütestellen und Klauselerteilung

Art. 18. Vollstreckung aus einem Vergleich. Aus einem vor dem Schlichter der Gütestelle geschlossenen Vergleich findet die Zwangsvollstreckung nach § 794 Abs. 1 Nr. 1 ZPO statt.

Art. 19. Erteilung der Vollstreckungsklausel. (1) Die Vollstreckungsklausel auf einem Vergleich einer Gütestelle nach Art. 5 Abs. 1 erteilt der Notar.

(2) Die Vollstreckungsklausel auf einem Vergleich einer Gütestelle nach Art. 5 Abs. 2 und Abs. 3 Satz 2 erteilt der Rechtspfleger des Amtsgerichts, in dessen Bezirk die Gütestelle eingerichtet ist.

Abschnitt VI. Änderung des AGGVG, In-Kraft-Treten, Außer-Kraft-Treten und Übergangsvorschriften

Art. 20.[1] *(aufgehoben)*

Art. 21.[1] **In-Kraft-Treten, Außer-Kraft-Treten.** Dieses Gesetz tritt am 1. Mai 2000 in Kraft.

Art. 22.[1] *(aufgehoben)*

[1] Art. 20, 21 Abs. 2 und 22 aufgeh. durch § 2 Abs. 15 G v. 8. 4. 2013 (GVBl. S. 174).

104b. Gesetz zur Regelung der außergerichtlichen Streitbeilegung durch Schiedsstellen und anerkannte Gütestellen im Land Brandenburg (Brandenburgisches Schiedsstellen- und Gütestellengesetz – BbgSchGG)

Vom 16. Dezember 2022
(GVBl. I Nr. 31)

Sa BbgLR 317-1

– Auszug –

Inhaltsübersicht

Abschnitt 1. Allgemeine Bestimmungen

Abschnitt 1. Allgemeine Bestimmungen

§ 1 Gegenstand (1) Dieses Gesetz gilt für die außergerichtliche Beilegung von bürgerlichen Rechtsstreitigkeiten vor Schiedsstellen und anerkannten Gütestellen und für Schlichtungsverfahren in Strafsachen vor Schiedsstellen.

(2) Verfahren der außergerichtlichen Beilegung von bürgerlichen Rechtsstreitigkeiten nach diesem Gesetz umfassen Streitigkeiten der obligatorischen und der freiwilligen Streitbeilegung.

(3) Schlichtungsverfahren in Strafsachen nach diesem Gesetz sind das Sühneverfahren vor Erhebung der Privatklage und der Täter-Opfer-Ausgleich.

§ 2 Begriffsbestimmungen. (1) [1] Schiedsstellen sind von den Gemeinden, Verbandsgemeinden oder Ämtern nach diesem Gesetz eingerichtete Stellen zur Durchführung von Schlichtungsverfahren. [2] Sie gelten als Gütestellen im Sinne des § 794 Absatz 1 Nummer 1 der Zivilprozessordnung[1)].

(2) Gemeinden im Sinne dieses Gesetzes sind die kreisangehörigen Städte und Gemeinden sowie die kreisfreien Städte.

[1)] **Habersack, Deutsche Gesetze Nr. 100.**

(3) Anerkannte Gütestellen sind Personen, rechtsfähige Personenvereinigungen oder deren Einrichtungen, die durch die Landesjustizverwaltung nach diesem Gesetz als Gütestelle im Sinne des § 794 Absatz 1 Nummer 1 der Zivilprozessordnung anerkannt worden sind.

(4) Eine Streitigkeit der obligatorischen außergerichtlichen Streitbeilegung ist eine Streitigkeit, in der der Erhebung einer Klage vor einem Gericht zunächst ein erfolgloser Einigungsversuch vor einer außergerichtlichen Stelle vorauszugehen hat.

(5) [1] Eine Streitigkeit der freiwilligen außergerichtlichen Streitbeilegung ist eine Streitigkeit, in der der Klageweg zu den Gerichten ohne vorherige Durchführung eines außergerichtlichen Streitbeilegungsverfahrens eröffnet ist. [2] Vor Erhebung der Klage kann ein außergerichtlicher Einigungsversuch durchgeführt werden.

(6) Das Sühneverfahren ist ein außergerichtliches Schlichtungsverfahren im Sinne des § 380 Absatz 1 der Strafprozessordnung[1)], das vor Erhebung der Privatklage wegen folgender Straftaten durchzuführen ist:

1. Hausfriedensbruch (§ 123 des Strafgesetzbuchs[2)]),
2. Beleidigung (§§ 185 bis 189 des Strafgesetzbuchs),
3. Verletzung des Briefgeheimnisses (§ 202 des Strafgesetzbuchs),
4. Körperverletzung (§§ 223 und 229 des Strafgesetzbuchs),
5. Bedrohung (§ 241 Absatz 1 bis 3 des Strafgesetzbuchs),
6. Sachbeschädigung (§ 303 des Strafgesetzbuchs),
7. Vollrausch (§ 323a des Strafgesetzbuchs), wenn die im Rausch begangene Tat ein in den Nummern 1 bis 6 genanntes Vergehen ist.

(7) Der Täter-Opfer-Ausgleich ist ein Verfahren zur außergerichtlichen Konfliktbewältigung zwischen dem Opfer einer Straftat und der beschuldigten Person mit dem Ziel, einen Ausgleich zwischen den Beteiligten zu erreichen (§ 46a Nummer 1 des Strafgesetzbuchs).

§ 3 Vollstreckungstitel. Ein vor einer Schiedsstelle oder anerkannten Gütestelle geschlossener Vergleich ist Vollstreckungstitel im Sinne des § 794 Absatz 1 Nummer 1 der Zivilprozessordnung[3)].

Abschnitt 2. Verfahren der außergerichtlichen Beilegung von bürgerlichen Rechtsstreitigkeiten

Unterabschnitt 1. Obligatorische außergerichtliche Streitbeilegung

§ 4 Anwendungsbereich. Die Erhebung einer Klage vor den Amtsgerichten wegen eines Anspruchs, der nicht auf Zahlung einer Geldsumme gerichtet ist, ist erst zulässig, nachdem vor einer Schiedsstelle oder anerkannten Gütestelle versucht worden ist, die Streitigkeit einvernehmlich beizulegen

1. in Streitigkeiten über Ansprüche aus dem Nachbarrecht wegen
   a) Zuführung unwägbarer Stoffe nach § 906 des Bürgerlichen Gesetzbuchs[4)], sofern es sich nicht um Einwirkungen von einem gewerblichen Betrieb handelt,

---

[1)] **Habersack, Deutsche Gesetze Nr. 90.**
[2)] **Habersack, Deutsche Gesetze Nr. 85.**
[3)] **Habersack, Deutsche Gesetze Nr. 100.**
[4)] **Habersack, Deutsche Gesetze Nr. 20.**

b) Überhangs nach § 910 des Bürgerlichen Gesetzbuchs,
c) Überfalls nach § 911 des Bürgerlichen Gesetzbuchs,
d) eines Grenzbaumes nach § 923 des Bürgerlichen Gesetzbuchs sowie
e) der im Brandenburgischen Nachbarrechtsgesetz geregelten Nachbarrechte, sofern es sich nicht um Einwirkungen von einem gewerblichen Betrieb handelt,

2. in Streitigkeiten über Ansprüche wegen Verletzung der persönlichen Ehre, die nicht in Presse oder Rundfunk begangen worden ist.

§ 5 Ausnahmen. Das Erfordernis eines Einigungsversuchs vor einer Schiedsstelle oder anerkannten Gütestelle nach § 4 entfällt:

1. wenn die Parteien ihren Wohnsitz, ihren Sitz oder ihre Niederlassung nicht in demselben Landgerichtsbezirk haben,
2. bei Klagen nach den §§ 323, 323a, 324, 328 der Zivilprozessordnung[1)], Widerklagen und Klagen, die binnen einer gesetzlichen oder gerichtlich angeordneten Frist zu erheben sind,
3. in Wiederaufnahmeverfahren,
4. bei Ansprüchen, die im Urkunden- oder Wechselprozess geltend gemacht werden,
5. bei Klagen wegen vollstreckungsrechtlicher Maßnahmen, insbesondere nach dem Achten Buch der Zivilprozessordnung,
6. bei vermögensrechtlichen Ansprüchen, die im Strafverfahren gemäß den §§ 403 bis 406c der Strafprozessordnung[2)] geltend gemacht werden oder geltend gemacht worden sind,
7. wenn die Parteien einvernehmlich einen Einigungsversuch vor einer sonstigen Gütestelle, die Streitbeilegungen betreibt, unternommen haben. Das Einvernehmen wird unwiderleglich vermutet, wenn die Verbraucherin oder der Verbraucher eine Verbraucherschlichtungsstelle, eine branchengebundene andere Gütestelle oder eine Gütestelle der Industrie- und Handelskammer, der Handwerkskammer oder der Innung angerufen hat. Das Scheitern des Einigungsversuchs ist durch eine von der sonstigen Gütestelle ausgestellte Bescheinigung nachzuweisen.

§ 6 Erfolglosigkeitsbescheinigung. (1) Die Schiedsstelle erteilt den Parteien von Amts wegen eine Bescheinigung über einen erfolglosen Einigungsversuch, wenn

1. die Verhandlung beendet worden ist, weil feststeht, dass die Gegenpartei der Verhandlung unentschuldigt ferngeblieben ist oder sich unentschuldigt vor dem Schluss der Verhandlung wieder entfernt hat, oder
2. eine Vereinbarung zwischen den Parteien nicht zustande gekommen ist.

(2) [1] Die Schiedsstelle erteilt auf Antrag eine Bescheinigung über einen erfolglosen Einigungsversuch, wenn das Einigungsverfahren nicht innerhalb einer Frist von drei Monaten seit der ordnungsgemäßen Stellung des Antrags durchgeführt worden ist. [2] Die Frist beginnt erst, wenn die antragstellende Partei einen angeforderten Kostenvorschuss eingezahlt hat. [3] Zeiten, in denen das Verfahren ruht, werden nicht berücksichtigt.

---

1) **Habersack, Deutsche Gesetze Nr. 100.**
2) **Habersack, Deutsche Gesetze Nr. 90.**

(3) [1]Die Schiedsstelle versieht die Bescheinigung mit ihrer Unterschrift und dem Landessiegel. [2]Die Bescheinigung muss folgende Angaben enthalten:

1. die Familiennamen, Vornamen und Anschriften der Parteien und ihrer gesetzlichen Vertretung,
2. Angaben über den Gegenstand des Streits, insbesondere die Anträge,
3. den Zeitpunkt des Eingangs des Antrags, der Veranlassung seiner Bekanntgabe und der Verfahrensbeendigung sowie
4. Ort und Zeit der Ausstellung.

(4) Wurde das Einigungsverfahren vor einer anerkannten Gütestelle im Sinne des § 794 Absatz 1 Nummer 1 der Zivilprozessordnung[1)] durchgeführt, hat die Gütestelle eine Bescheinigung über den gescheiterten Einigungsversuch entsprechend den Absätzen 1 bis 3 auszustellen.

Unterabschnitt 2. Verfahren vor Schiedsstellen

§ 7 Sachliche Zuständigkeit. (1) Die Schiedsstelle ist zuständig für Schlichtungsverfahren in bürgerlichen Rechtsstreitigkeiten in Fällen

1. der obligatorischen außergerichtlichen Streitbeilegung nach den §§ 4 und 5 und
2. der freiwilligen außergerichtlichen Streitbeilegung.

(2) Schlichtungsverfahren nach Absatz 1 Nummer 2 finden nicht statt in

1. bürgerlichen Rechtsstreitigkeiten, die in die Zuständigkeit der Arbeitsgerichtsbarkeit fallen,
2. Familiensachen und Angelegenheiten der freiwilligen Gerichtsbarkeit und
3. Streitigkeiten über Ansprüche wegen Verletzung der persönlichen Ehre, die in Presse oder Rundfunk begangen worden ist.

§ 8 Örtliche Zuständigkeit. (1) [1]Zuständig ist die Schiedsstelle, in deren Bereich die Gegenpartei wohnt oder ihren Sitz hat. [2]Hat die Streitigkeit einen Bezug auf den Geschäftsbetrieb einer gewerblichen Niederlassung der Gegenpartei, ist auch die Schiedsstelle zuständig, in deren Bereich sich die Niederlassung befindet.

(2) In Streitigkeiten über Ansprüche aus Eigentum oder dinglichen Rechten an unbeweglichen Sachen ist auch die Schiedsstelle zuständig, in deren Bereich die Sache belegen ist.

(3) Unter mehreren zuständigen Schiedsstellen hat die antragstellende Partei die Wahl.

(4) Die angerufene Schiedsstelle ist auch für einen Gegenantrag zuständig.

(5) [1]Die Parteien können eine abweichende örtliche Zuständigkeit vereinbaren. [2]Die Vereinbarung muss schriftlich oder zu Protokoll der Schiedsstelle erklärt werden, vor der die Schlichtungsverhandlung stattfinden soll. [3]§ 11 Absatz 2 Satz 1 gilt entsprechend.

§ 9 Zweck des Verfahrens. Das Schlichtungsverfahren ist darauf gerichtet, den Rechtsstreit im Wege eines Vergleichs beizulegen.

§ 10 Antrag auf Verfahrenseinleitung. (1) Die Schiedsperson leitet das Schlichtungsverfahren auf Antrag einer Partei ein.

---

1) **Habersack, Deutsche Gesetze Nr. 100.**

(2) [1]Endet das Schlichtungsverfahren nicht mit einem Vergleich, so bedarf ein erneuter Antrag in derselben Sache der schriftlichen Zustimmung der Gegenpartei. [2]§ 11 Absatz 2 Satz 1 gilt entsprechend. [3]Die Zustimmung ist mit der Antragstellung einzureichen.

§ 11 Form und Inhalt des Antrags. (1) [1]Der Antrag auf Durchführung des Schlichtungsverfahrens ist bei der Schiedsstelle schriftlich einzureichen oder mündlich zu Protokoll zu erklären. [2]Er muss die Familiennamen, Vornamen und Anschriften der Parteien und ihrer gesetzlichen Vertretung, eine kurze Darstellung der Streitsache sowie das mit der Anrufung der Schiedsstelle angestrebte Ziel enthalten und von der antragstellenden Partei unterschrieben sein. [3]Einem schriftlichen Antrag sollen die für die Zustellung erforderlichen Abschriften beigefügt werden.

(2) [1]Hat die Schiedsperson für ihre Amtstätigkeit einen Zugang für den Empfang elektronischer Dokumente eröffnet, kann der Antrag in Textform im Sinne des § 126b des Bürgerlichen Gesetzbuchs[1)] übermittelt werden. [2]Einer Beifügung von Abschriften bedarf es nicht, soweit der Antrag elektronisch eingereicht wird.

(3) [1]Der Antrag kann bei der Schiedsstelle, in deren Bereich die antragstellende Partei wohnt, schriftlich eingereicht oder zu Protokoll erklärt werden, auch wenn diese örtlich nicht zuständig ist. [2]Der Antrag ist der zuständigen Schiedsstelle unverzüglich zu übermitteln.

§ 12 Rücknahme des Antrags. (1) Der Antrag kann zurückgenommen werden, nach Beginn der Schlichtungsverhandlung jedoch nur, wenn die Gegenpartei nicht widerspricht.

(2) [1]Die Rücknahme des Antrags ist bei der Schiedsstelle schriftlich einzureichen oder mündlich zu Protokoll zu erklären. [2]§ 11 Absatz 2 Satz 1 gilt entsprechend.

§ 13 Ausschluss von der Amtsausübung kraft Gesetzes. Die Schiedsperson ist von der Ausübung ihres Amtes kraft Gesetzes in solchen Angelegenheiten ausgeschlossen,

1. in denen sie selbst Partei ist oder bei denen sie zu einer Partei in dem Verhältnis einer Mitberechtigung, Mitverpflichtung oder Regressverpflichtung steht,
2. die eine Person betreffen, die mit ihr durch Ehe, eingetragene Lebenspartnerschaft oder Verlöbnis verbunden ist oder war,
3. die eine Person betreffen, die mit ihr in gerader Linie verwandt oder verschwägert, in der Seitenlinie bis zum dritten Grade verwandt oder bis zum zweiten Grade verschwägert ist oder war,
4. in denen sie für eine Partei als prozessbevollmächtigte Person oder Beistand bestellt oder als deren Mitarbeiterin oder Mitarbeiter tätig ist oder war,
5. in denen sie als gesetzliche Vertretung einer Partei aufzutreten berechtigt ist oder war,
6. die eine Person betreffen, bei der sie gegen Entgelt beschäftigt oder bei der sie *als Mitglied des Vorstandes*, des Aufsichtsrates oder eines gleichartigen Organs tätig ist oder war.

[1)] **Habersack, Deutsche Gesetze Nr. 20.**

§ 14 Ablehnung der Schiedsperson wegen Besorgnis der Befangenheit. (1) Eine Schiedsperson kann wegen Besorgnis der Befangenheit abgelehnt werden, wenn ein Grund vorliegt, der geeignet ist, Misstrauen gegen ihre Unparteilichkeit zu rechtfertigen.

(2) Das Ablehnungsrecht steht jeder Partei zu.

(3) [1] Das Ablehnungsgesuch ist bei der Schiedsstelle unverzüglich nach Bekanntwerden des Ablehnungsgrundes anzubringen. [2] Es kann mündlich zu Protokoll erklärt werden. [3] Der Ablehnungsgrund ist glaubhaft zu machen.

(4) Hält die abgelehnte Schiedsperson den Antrag für unbegründet, entscheidet die Direktorin, der Direktor, die Präsidentin oder der Präsident des Amtsgerichts (Leitung des Amtsgerichts) über das Gesuch.

(5) Die Leitung des Amtsgerichts hat auch dann zu entscheiden, wenn eine Schiedsperson Gründe anzeigt, die ihre Ablehnung rechtfertigen können.

(6) Bis zur Entscheidung der Leitung des Amtsgerichts kann die abgelehnte Schiedsperson unaufschiebbare Amtshandlungen vornehmen.

(7) Die Entscheidung über das Ablehnungsgesuch ist nicht anfechtbar.

§ 15 Ablehnung der Amtsausübung. (1) Die Schiedsperson wird nicht oder nicht weiter tätig, wenn

1. die zu protokollierende Vereinbarung der notariellen Beurkundung bedarf,
2. die Parteien oder ihre Vertretung ihr nicht bekannt sind und auch nach Unterbrechung oder Vertagung der Schlichtungsverhandlung ihre Identität nicht nachweisen oder
3. Bedenken gegen die Geschäftsfähigkeit oder die Verfügungsbefugnis einer Partei oder ihrer gesetzlichen Vertretung oder gegen die Legitimation ihrer Vertretung bestehen.

(2) Die Schiedsperson soll nicht tätig werden, wenn der Rechtsstreit

1. bei Gericht anhängig ist oder
2. bei einer sonstigen Gütestelle, die Streitbeilegungen betreibt, anhängig oder bereits durchgeführt worden ist.

(3) Absatz 2 gilt nicht, wenn

1. es sich um eine Streitigkeit der obligatorischen außergerichtlichen Streitbeilegung nach den §§ 4 und 5 handelt oder
2. sich beide Parteien mit der Durchführung des Schlichtungsverfahrens vor der Schiedsstelle einverstanden erklärt haben.

§ 16 Terminbestimmung, Zustellung der Ladung. (1) Die Schiedsperson bestimmt Ort und Zeit der Schlichtungsverhandlung.

(2) [1] Zwischen der Zustellung der Ladung und dem Verhandlungstermin muss eine Frist von mindestens zwei Wochen liegen (Ladungsfrist). [2] Die Ladungsfrist kann auf eine Woche verkürzt werden, wenn die antragstellende Partei glaubhaft macht, dass die Angelegenheit dringlich ist. [3] Eine weitere Verkürzung der Ladungsfrist setzt die Zustimmung beider Parteien voraus.

(3) [1] Die Gegenpartei erhält mit der Ladung eine Abschrift des Antrags. [2] In der Ladung werden die Parteien auf die Pflicht, persönlich zum Verhandlungstermin zu erscheinen, und auf die Folgen hingewiesen, die eine Verletzung dieser Pflicht haben kann.

(4) [1]Die Schiedsperson händigt die Ladung den Parteien persönlich gegen Empfangsbekenntnis aus oder lässt sie durch einen nach § 33 Absatz 1 des Postgesetzes beliehenen Unternehmer (Post) mittels Zustellungsurkunde zustellen. [2]Für die Zustellung durch die Post gelten die §§ 177 bis 183 der Zivilprozessordnung[1)] entsprechend. [3]Wird eine Partei gesetzlich vertreten, so ist die Ladung der Vertretung zuzustellen.

(5) [1]Eine Partei kann ihr Ausbleiben in dem anberaumten Termin wegen Krankheit, beruflicher Verhinderung, Ortsabwesenheit oder wegen sonstiger wichtiger Gründe entschuldigen. [2]Sie hat ihr Nichterscheinen der Schiedsperson unverzüglich anzuzeigen und dabei die Entschuldigungsgründe glaubhaft zu machen. [3]Hebt die Schiedsperson den Termin nicht auf, so hat sie das der Partei mitzuteilen.

§ 17 Persönliches Erscheinen der Parteien. (1) Die Parteien haben in dem anberaumten Termin persönlich zu erscheinen.

(2) Wird eine Partei gesetzlich vertreten, ist die Vertretung anstelle der Partei zum Erscheinen im Verhandlungstermin verpflichtet.

(3) [1]Erscheint die antragstellende Partei oder ihre zulässige Vertretung nicht zu dem Termin, so ruht das Verfahren. [2]Es kann jederzeit wieder aufgenommen werden. [3]Ruht das Verfahren länger als sechs Monate, so gilt der Antrag als zurückgenommen.

(4) [1]Steht fest, dass die Gegenpartei oder ihre zulässige Vertretung der Schlichtungsverhandlung unentschuldigt ferngeblieben ist oder sich unentschuldigt vor dem Schluss der Verhandlung entfernt hat, vermerkt die Schiedsperson die Beendigung der Schlichtungsverhandlung. [2]Anderenfalls beraumt sie einen neuen Termin an.

(5) Im Falle der gesetzlichen Vertretung kann die Schiedsstelle das persönliche Erscheinen der vertretenen Person anordnen, wenn dies zur Beilegung des Streits geboten erscheint.

§ 18 Vertretung. (1) Die Vertretung natürlicher Personen in der Schlichtungsverhandlung ist nur zulässig, wenn

1. ein Fall der gesetzlichen Vertretung vorliegt oder
2. eine bevollmächtigte Person zur Aufklärung des Sachverhalts in der Lage und zu einem Vergleichsabschluss ermächtigt ist.

(2) [1]Die bevollmächtigte Person legt der Schiedsperson eine schriftliche Vollmacht vor. [2]Erfolgt die gesetzliche Vertretung durch mehrere Personen, können sich diese unter Vorlage einer schriftlichen Vollmacht gegenseitig vertreten.

(3) [1]Handelsgesellschaften und rechtsfähige Personengesellschaften werden durch ihre vertretungsberechtigten Gesellschafter, juristische Personen durch ihre Organe vertreten. [2]Absatz 1 Nummer 2 und Absatz 2 gelten entsprechend.

§ 19 Beistand. Jede Partei kann in der Schlichtungsverhandlung mit einer Rechtsanwältin oder einem Rechtsanwalt oder einem sonstigen Beistand erscheinen.

[1)] **Habersack, Deutsche Gesetze Nr. 100.**

§ 20 Verhandlungsgrundsätze. (1) [1] Die Schlichtungsverhandlung vor der Schiedsstelle ist nicht öffentlich. [2] Mit Zustimmung der Parteien kann die Schiedsperson Dritten die Anwesenheit gestatten.

(2) [1] Vor der Schiedsstelle wird mündlich verhandelt. [2] Die Verhandlung ist möglichst ohne Unterbrechung zu Ende zu führen. [3] Wird die Verhandlung unterbrochen, ist sofort ein Termin zur Fortsetzung der Verhandlung zu bestimmen.

(3) [1] Die Schiedsperson erörtert mit den Parteien die Streitsache und deren Vorstellungen von einer einvernehmlichen Beilegung des Konflikts. [2] Sie kann ihnen eigene Vergleichsvorschläge unterbreiten.

§ 21 Verfahrenssprache. (1) [1] Das Schlichtungsverfahren wird in deutscher Sprache geführt. [2] Mit Einverständnis der Parteien kann die Verhandlung in einer anderen Sprache geführt werden, wenn die beteiligten Personen sämtlich der Sprache mächtig sind.

(2) [1] Wird unter Beteiligung von Personen verhandelt, die der deutschen Sprache nicht mächtig sind, so kann die Person, die nicht deutsch spricht, eine sprachkundige Person hinzuziehen. [2] Jede Partei kann verlangen, dass eine von der Schiedsperson auszuwählende Dolmetscherin oder ein von ihr auszuwählender Dolmetscher hinzugezogen wird.

(3) Im angestammten Siedlungsgebiet der Sorben/Wenden haben die Parteien das Recht, vor der Schiedsstelle die sorbische/wendische Sprache zu gebrauchen.

§ 22 Beweiserhebung. (1) [1] Zeugen und Sachverständige, die freiwillig erschienen sind, können gehört werden. [2] Mit Zustimmung und in Anwesenheit der Parteien kann auch der Augenschein eingenommen werden. [3] Vorgelegte Urkunden können berücksichtigt werden.

(2) Zur Beeidigung von Zeugen und Sachverständigen, zur eidlichen Parteivernehmung sowie zur Entgegennahme von eidesstattlichen Versicherungen ist die Schiedsperson nicht befugt.

(3) Eine Entschädigung von Zeugen und Sachverständigen findet nicht statt.

§ 23 Tätigkeit außerhalb des Schiedsstellenbereichs. Zu einer amtlichen Tätigkeit außerhalb des Bereichs der Schiedsstelle ist die Schiedsperson nur im Falle der Stellvertretung sowie dann befugt, wenn die Amtsräume außerhalb des Bereichs der Schiedsstelle liegen oder der Augenschein eingenommen werden soll.

§ 24 Protokoll. (1) Über die Schlichtungsverhandlung ist ein Protokoll in deutscher Sprache aufzunehmen.

(2) Das Protokoll enthält

1. den Ort und die Zeit der Verhandlung,
2. die Familiennamen und Vornamen der erschienenen Parteien, der gesetzlichen Vertretung und der Bevollmächtigten sowie die Angabe, ob die Schiedsperson die Beteiligten kennt oder wie sie sich Gewissheit über ihre Person sowie über die Legitimation der gesetzlichen Vertretung und der Bevollmächtigten verschafft hat,
3. die Familiennamen und Vornamen der erschienenen Beistände, Dolmetscherinnen und Dolmetscher,
4. Angaben über den Gegenstand des Streits, insbesondere die Anträge, sowie

5. den Wortlaut eines Vergleichs der Parteien oder die Feststellung, dass eine Vereinbarung zwischen den Parteien nicht zustande gekommen ist.

(3) Vorgelegte Vollmachtsurkunden sind als Anlagen zum Protokoll zu nehmen.

§ 25 Genehmigung und Unterzeichnung des Protokolls. (1) [1] Das Protokoll ist den Parteien vorzulesen oder zur Durchsicht vorzulegen und von ihnen zu genehmigen. [2] Dies ist im Protokoll zu vermerken.

(2) [1] Das Protokoll ist von der Schiedsperson und im Falle eines Vergleichs auch von den Parteien eigenhändig zu unterschreiben. [2] Nach Vollzug der Unterschriften wird ein Vergleich wirksam.

(3) Erklärt eine Partei, dass sie nicht schreiben kann, so muss die Schiedsperson das Handzeichen der schreibunkundigen Person durch einen besonderen Vermerk beglaubigen.

§ 26 Abschriften und Ausfertigungen des Protokolls. (1) Die Parteien oder deren Rechtsnachfolger erhalten auf Verlangen Abschriften oder zum Zwecke der Zwangsvollstreckung Ausfertigungen des Protokolls.

(2) [1] Die Ausfertigung besteht aus der mit dem Ausfertigungsvermerk versehenen Abschrift des Protokolls. [2] Der Ausfertigungsvermerk muss Angaben über den Ort und die Zeit der Ausfertigung sowie die Person enthalten, für die die Ausfertigung erteilt wird, von der Schiedsperson unterschrieben und mit einem Dienstsiegel versehen werden.

(3) [1] Die Ausfertigung wird von der Schiedsstelle erteilt, die die Urschrift des Protokolls verwahrt. [2] Die Schiedsperson hat vor Aushändigung der Ausfertigung auf der Urschrift des Protokolls zu vermerken, wann und für wen die Ausfertigung erteilt worden ist.

(4) Befindet sich das Protokoll in der Verwahrung des Amtsgerichts, so wird die Ausfertigung von der Urkundsbeamtin oder dem Urkundsbeamten der Geschäftsstelle erteilt.

§ 27 Vollstreckung aus dem Vergleich. (1) Aus dem vor einer Schiedsstelle geschlossenen Vergleich findet die Zwangsvollstreckung statt.

(2) Die Vollstreckungsklausel auf der Ausfertigung erteilt das Amtsgericht, in dessen Bezirk die Schiedsstelle ihren Sitz hat.

(3) [1] Auf der Urschrift des Protokolls ist zu vermerken, wann und von wem sowie für und gegen wen die Vollstreckungsklausel erteilt worden ist. [2] Das Amtsgericht benachrichtigt die Schiedsstelle von der Erteilung der Vollstreckungsklausel, wenn es das Protokoll nicht verwahrt.

(4) Im Übrigen finden die Bestimmungen der Zivilprozessordnung[1)] über die Zwangsvollstreckung aus Vergleichen, die vor einer durch die Landesjustizverwaltung eingerichteten oder anerkannten Gütestelle abgeschlossen sind, entsprechende Anwendung.

Unterabschnitt 3. Verfahren vor anerkannten Gütestellen

§ 28 Zuständigkeit und Verfahren. (1) [1] Anerkannte Gütestellen führen Schlichtungsverfahren und sonstige Verfahren der außergerichtlichen Streitbeilegung (Güteverfahren) in bürgerlichen Rechtsstreitigkeiten durch. [2] Gegenstand des Güteverfahrens können Streitigkeiten der obligatorischen außergerichtlichen

[1)] **Habersack, Deutsche Gesetze Nr. 100.**

Streitbeilegung nach den §§ 4 und 5 und der freiwilligen außergerichtlichen Streitbeilegung sein.

(2) Die Verfahrensordnung (§ 61) der jeweiligen anerkannten Gütestelle bestimmt das Güteverfahren und regelt die Einzelheiten seiner Durchführung.

§ 29 Zweck des Verfahrens. Das Güteverfahren ist darauf gerichtet, den Rechtsstreit im Wege eines Vergleichs beizulegen.

Abschnitt 3. Schlichtungsverfahren in Strafsachen

§ 30 Zuständigkeit. (1) Die Schiedsstelle ist Vergleichsbehörde im Sinne des § 380 Absatz 1 der Strafprozessordnung[1)] zur Durchführung des Sühneverfahrens (§ 2 Absatz 6).

(2) Die Schiedsstelle kann einen Täter-Opfer-Ausgleich (§ 2 Absatz 7) durchführen.

§ 31 Verfahrensbestimmungen. [1] Der Sühneversuch wird im Rahmen eines Schlichtungsverfahrens durchgeführt. [2] Für das Sühneverfahren gelten die §§ 8 bis 27 entsprechend, soweit in diesem Abschnitt keine abweichenden Bestimmungen getroffen worden sind.

§ 32 Absehen vom Sühneversuch. (1) [1] Das im Falle der Erhebung der Privatklage zuständige Gericht kann auf Antrag gestatten, dass von dem Sühneversuch abgesehen wird, wenn die antragstellende Partei von der Gemeinde, in der die Verhandlung stattfinden müsste, so weit entfernt wohnt, dass ihr unter Berücksichtigung ihrer Verhältnisse und nach den Umständen des Falles nicht zugemutet werden kann, zu der Verhandlung zu erscheinen. [2] Das Gericht kann stattdessen die antragstellende Partei ermächtigen, sich in der Sühneverhandlung vertreten zu lassen. [3] Die Vertretung legt der Schiedsstelle den gerichtlichen Beschluss sowie eine schriftliche Vollmacht vor.

(2) Die Parteien können die Entscheidung des Gerichts mit der sofortigen Beschwerde nach den Vorschriften der Strafprozessordnung[1)] anfechten.

§ 33 Beschränkte Ablehnung der Amtsausübung. (1) Die Schiedsperson darf den Sühneversuch nur ablehnen, wenn die antragstellende Partei oder ihre Vertretung ihr nicht bekannt ist und ihre Identität nicht nachweist.

(2) Liegt ein sonstiger Grund im Sinne von § 15 Absatz 1 vor, ist dies im Protokoll zu vermerken.

§ 34 Gesetzliche Vertretung der Gegenpartei. [1] Wird die Gegenpartei gesetzlich vertreten, so stellt die Schiedsstelle der Gegenpartei die Ladung und der gesetzlichen Vertretung eine Terminsnachricht zu. [2] Die Gegenpartei ist verpflichtet, im Termin persönlich zu erscheinen. [3] Ihre gesetzliche Vertretung ist als Beistand zur Sühneverhandlung zuzulassen.

§ 35 Vertretung durch Bevollmächtigte. Abgesehen von dem Fall des § 32 Absatz 1 Satz 2 ist eine Vertretung der Parteien durch Bevollmächtigte in der Sühneverhandlung unzulässig.

[1)] **Habersack, Deutsche Gesetze Nr. 90.**

§ 36 Sühnebescheinigung. (1) Auf Antrag bescheinigt die Schiedsperson die Erfolglosigkeit des Sühneversuchs zum Zwecke der Einreichung der Klage nach § 380 Absatz 1 Satz 3 der Strafprozessordnung[1)], wenn

1. in der Sühneverhandlung eine Einigung nicht zustande gekommen ist oder
2. allein die Gegenpartei der Sühneverhandlung unentschuldigt ferngeblieben ist oder sich vor dem Schluss der Sühneverhandlung unentschuldigt entfernt hat; wohnen die Parteien in derselben Gemeinde, in der die Sühneverhandlung stattzufinden hat, so tritt diese Wirkung erst dann ein, wenn die beschuldigte Partei auch in einem zweiten Termin ausbleibt.

(2) [1] Die Bescheinigung ist von der Schiedsperson zu unterschreiben und mit einem Dienstsiegel zu versehen. [2] Sie hat die vorgeworfene Straftat und den Zeitpunkt ihrer Begehung, das Datum der Antragstellung sowie Ort und Datum der Ausstellung zu enthalten.

Abschnitt 4. Kosten

§§ 37–46 *(vom Abdruck wurde abgesehen)*

Abschnitt 5. Schiedsstellen

§ 47 Einrichtung von Schiedsstellen. (1) [1] Zur Durchführung von Schlichtungsverfahren nach diesem Gesetz richtet jede Gemeinde eine oder mehrere Schiedsstellen ein und unterhält sie. [2] Sind mehrere Schiedsstellen errichtet, bestimmt die Gemeinde deren Zuständigkeitsbereiche. [3] Der Bereich einer Schiedsstelle soll in der Regel nicht mehr als 10 000 Einwohnerinnen und Einwohner umfassen.

(2) [1] Haben sich mehrere Gemeinden zu einer Verbandsgemeinde zusammengeschlossen, obliegt der Verbandsgemeinde die Einrichtung und Unterhaltung von Schiedsstellen. [2] Für mehrere Ortsgemeinden kann die Verbandsgemeinde eine oder mehrere gemeinsame Schiedsstellen errichten. [3] Sind mehrere Schiedsstellen errichtet, bestimmt die Verbandsgemeinde die Einteilung der Schiedsstellenbereiche. [4] Absatz 1 Satz 3 gilt entsprechend.

(3) [1] Das Amt richtet Schiedsstellen für amtsangehörige Gemeinden ein und unterhält sie, wenn dem Amt diese Aufgabe nach § 135 Absatz 5 der Kommunalverfassung des Landes Brandenburg übertragen worden ist. [2] Für mehrere amtsangehörige Gemeinden kann das Amt eine oder mehrere gemeinsame Schiedsstellen errichten. [3] Sind mehrere Schiedsstellen errichtet, obliegt dem Amtsausschuss die Einteilung der Schiedsstellenbereiche. [4] Absatz 1 Satz 3 gilt entsprechend.

(4) Bei der Errichtung gemeinsamer Schiedsstellen darf sich der Zuständigkeitsbereich einer Schiedsstelle nicht über einen Amtsgerichtsbezirk hinaus erstrecken.

(5) Die Schiedsstelle führt in ihrer Bezeichnung einen Zusatz, der auf die Gemeinde, die Verbandsgemeinde oder auf den Schiedsstellenbereich hinweist.

(6) Die Gemeinden und die Verbandsgemeinden erfüllen die ihnen nach diesem Gesetz obliegenden Aufgaben als pflichtige Selbstverwaltungsaufgaben.

[1)] **Habersack, Deutsche Gesetze Nr. 90.**

§ 48 Besetzung der Schiedsstelle, Stellvertretung. (1) [1]Die Aufgaben der Schiedsstelle werden von Schiedspersonen wahrgenommen. [2]Sie sind ehrenamtlich tätig.

(2) [1]Für jede Schiedsperson wird eine stellvertretende Schiedsperson bestellt. [2]Bei mehreren Schiedsstellen in der Gemeinde kann diese die Vertretung so regeln, dass die Vertretung gegenseitig erfolgt. [3]Schiedsperson im Sinne dieses Gesetzes ist auch die stellvertretende Schiedsperson.

(3) Ist auch die stellvertretende Schiedsperson vorübergehend oder dauernd verhindert, das Amt auszuüben, so kann die Leitung des Amtsgerichts eine Schiedsperson oder eine stellvertretende Schiedsperson einer anderen Schiedsstelle innerhalb des Amtsgerichtsbezirks beauftragen, das Amt einstweilen wahrzunehmen.

(4) Absatz 3 gilt entsprechend, wenn eine Schiedsstelle vorübergehend unbesetzt ist.

§ 49 Eignung für das Schiedsamt. (1) Die Schiedsperson muss nach ihrer Persönlichkeit und ihren Fähigkeiten für das Amt geeignet sein.

(2) Schiedsperson kann nicht sein, wer

1. infolge strafgerichtlicher Verurteilung die Fähigkeit zur Bekleidung öffentlicher Ämter nicht besitzt oder
2. sich im Vermögensverfall befindet; ein Vermögensverfall wird vermutet, wenn ein Insolvenzverfahren über das Vermögen der Schiedsperson eröffnet oder sie in das vom zentralen Vollstreckungsgericht zu führende Schuldnerverzeichnis nach § 882b der Zivilprozessordnung[1)] eingetragen ist.

(3) In das Amt soll nicht berufen werden,

1. wer nicht das 25. Lebensjahr vollendet hat,
2. wer nicht im Bereich der Schiedsstelle wohnt.

§ 50 Wahl der Schiedsperson, Amtsdauer. (1) Die Schiedsperson wird von der Gemeindevertretung der jeweiligen Gebietskörperschaft, in den Fällen des § 47 Absatz 3 vom Amtsausschuss gewählt.

(2) [1]Die Schiedsperson wird auf fünf Jahre gewählt. [2]Bis zu ihrem Amtsantritt bleibt die bisherige Schiedsperson tätig.

(3) Das Amt der Schiedsperson endet vorzeitig, wenn die Schiedsstelle aufgelöst wird.

§ 51 Bestätigung der Wahl. (1) Die gewählte Schiedsperson bedarf der Bestätigung durch die Leitung des Amtsgerichts, in dessen Bezirk die Schiedsstelle ihren Sitz hat.

(2) Die Leitung des Amtsgerichts prüft, ob bei der Wahl der Schiedsperson die gesetzlichen Voraussetzungen gemäß § 49 beachtet worden sind.

(3) [1]Die Bestätigung oder die Versagung der Bestätigung ist der gewählten Schiedsperson sowie der Bürgermeisterin oder dem Bürgermeister der jeweiligen Gebietskörperschaft schriftlich oder elektronisch mitzuteilen. [2]In den Fällen des § 47 Absatz 3 ergeht die Mitteilung an die Amtsdirektorin oder den Amtsdirektor. [3]Die Entscheidung, durch die die Bestätigung einer Schiedsperson versagt wird, ist zu begründen.

[1)] **Habersack, Deutsche Gesetze Nr. 100.**

§ 52 Verpflichtung der Schiedsperson. Die Schiedsperson wird von der Leitung des Amtsgerichts in ihr Amt berufen und verpflichtet, ihre Aufgaben gewissenhaft und unparteiisch zu erfüllen.

§ 53 Ablehnung und Niederlegung des Amtes. (1) Die Berufung zur Schiedsperson kann ablehnen, wer

1. das 60. Lebensjahr vollendet hat,
2. aus gesundheitlichen Gründen auf voraussichtlich längere Zeit gehindert ist, das Amt auszuüben,
3. aus beruflichen Gründen häufig oder langandauernd von seinem Wohnort abwesend ist oder
4. aus sonstigen wichtigen Gründen das Amt nicht ausüben kann.

(2) Absatz 1 Nummer 2 bis 4 gilt entsprechend für die Niederlegung des Amtes.

(3) Über die Befugnis zur Ablehnung oder Niederlegung des Amtes entscheidet die Leitung des Amtsgerichts.

§ 54 Amtsenthebung. (1) [1]Die Schiedsperson ist ihres Amtes zu entheben, wenn die Voraussetzungen für ihre Wahl nach § 49 Absatz 1 oder Absatz 2 nicht mehr vorliegen oder nachträglich Umstände im Sinne des § 49 Absatz 1 oder Absatz 2 bekannt werden, die ihrer Wahl entgegengestanden hätten. [2]Sie kann ferner aus wichtigem Grund ihres Amtes enthoben werden. [3]Ein wichtiger Grund liegt insbesondere vor, wenn die Schiedsperson

1. ihre Pflichten gröblich verletzt hat,
2. sich als unwürdig erwiesen hat, das Schiedsamt auszuüben, oder
3. ihr Amt nicht mehr ordnungsgemäß ausüben kann.

(2) [1]Über die Amtsenthebung entscheidet die Präsidentin oder der Präsident des Brandenburgischen Oberlandesgerichts auf Antrag der Leitung des Amtsgerichts. [2]Vor der Entscheidung sind die Schiedsperson und die Bürgermeisterin oder der Bürgermeister der jeweiligen Gebietskörperschaft oder in den Fällen des § 47 Absatz 3 die Amtsdirektorin oder der Amtsdirektor zu hören.

§ 55 Aufsicht. (1) [1]Die Tätigkeit der Schiedsperson im Schlichtungsverfahren wird von den Behörden der Justizverwaltung, insbesondere hinsichtlich ihrer fach- und zeitgerechten Durchführung, beaufsichtigt. [2]Die Aufsichtsbehörden treffen die erforderlichen Maßnahmen, um die Schiedsperson zu ordnungsgemäßer Führung ihrer Amtstätigkeit anzuhalten. [3]Sie können Weisungen erteilen. [4]Sie bearbeiten Beschwerden über die Schiedsperson.

(2) Die Schiedsperson untersteht unmittelbar der Aufsicht der Leitung des Amtsgerichts, soweit es ihre Tätigkeit im Rechtspflegebereich betrifft.

§ 56 Geschäftsunterlagen der Schiedsstelle. [1]Die Schiedsperson führt für die Schiedsstelle ein Protokollbuch und ein Kassenbuch sowie eine Sammlung der Kostenrechnungen, die spätestens mit Ablauf der Wahlperiode der Schiedsperson abzuschließen sind. [2]Abgeschlossene Bücher und die abgeschlossene Sammlung der Kostenrechnungen hat sie unverzüglich bei der Leitung des Amtsgerichts einzureichen.

§ 57 Verschwiegenheitspflicht. (1) Die Schiedsperson hat, auch nach Beendigung ihrer Amtstätigkeit, über ihre Verhandlungen und die Verhältnisse der Parteien, soweit sie ihr amtlich bekannt geworden sind, Verschwiegenheit zu wahren, soweit durch Rechtsvorschrift nichts anderes geregelt ist.

(2) Die Verschwiegenheitspflicht gilt nicht, soweit es sich um Tatsachen handelt, die offenkundig sind oder ihrer Bedeutung nach keiner Geheimhaltung bedürfen.

(3) Über Angelegenheiten, über die Verschwiegenheit zu wahren ist, darf die Schiedsperson nur mit Genehmigung der Leitung des Amtsgerichts aussagen.

(4) [1] Die Genehmigung soll erteilt werden, wenn die Parteien zustimmen. [2] Im Übrigen ist § 37 Absatz 4 Satz 1 und Absatz 5 des Beamtenstatusgesetzes[1)] entsprechend anzuwenden. [3] Dabei ist zu berücksichtigen, dass das Vertrauen in die Schiedsperson und ihre Tätigkeit ernstlich gefährdet werden kann, wenn sie über Angelegenheiten aussagt, die ihrer Verschwiegenheitspflicht unterliegen.

§ 58 Sachkosten, Haftung. (1) Die Sachkosten der Schiedsstelle trägt die Gebietskörperschaft, die die Schiedsstelle betreibt, in den Fällen des § 47 Absatz 3 das Amt.

(2) Zu den Sachkosten gehört auch der Ersatz von Sachschäden der Schiedsperson, die durch einen Unfall bei Ausübung ihres Amtes eingetreten sind, soweit die Schiedsperson diesen nicht vorsätzlich oder grob fahrlässig verursacht hat und von Dritten keinen Ersatz verlangen kann.

(3) Für Amtspflichtverletzungen der Schiedsperson im Rahmen des Schlichtungsverfahrens haftet das Land.

Abschnitt 6. Anerkannte Gütestellen

Unterabschnitt 1. Anerkennung als Gütestelle

§ 59 Antrag. [1] Auf schriftlichen oder elektronischen Antrag können Personen, rechtsfähige Personenvereinigungen oder deren Einrichtungen als Gütestelle im Sinne des § 794 Absatz 1 Nummer 1 der Zivilprozessordnung[2)] anerkannt werden, wenn sie die Voraussetzungen der §§ 60 bis 62 erfüllen. [2] Die zur Prüfung dieser Voraussetzungen erforderlichen Unterlagen und Nachweise sind beizufügen.

§ 60 Anerkennungsvoraussetzungen. (1) [1] Natürliche Personen können als Gütestelle anerkannt werden, wenn sie nach ihrer Persönlichkeit und ihren Fähigkeiten für die Tätigkeit geeignet sind und die Gewähr für eine von den Parteien unabhängige und objektive Streitbeilegung bieten. [2] Die erforderlichen Fähigkeiten besitzt, wer theoretische Kenntnisse und praktische Erfahrungen im Bereich der einvernehmlichen Streitbeilegung nachweist. [3] Natürliche Personen müssen sich verpflichten, außergerichtliche Streitbeilegung als dauerhafte Aufgabe zu betreiben.

(2) Die erforderliche Eignung besitzt insbesondere nicht, wer

1. infolge strafgerichtlicher Verurteilung die Fähigkeit zur Bekleidung öffentlicher Ämter nicht besitzt oder
2. sich im Vermögensverfall befindet; ein Vermögensverfall wird vermutet, wenn ein Insolvenzverfahren über das Vermögen der antragstellenden Person eröffnet oder sie in das vom zentralen Vollstreckungsgericht zu führende Schuldnerverzeichnis nach § 882b der Zivilprozessordnung[2)] eingetragen ist.

[1)] **Sartorius Nr. 150.**
[2)] **Habersack, Deutsche Gesetze Nr. 100.**

(3) [1]Juristische Personen, rechtsfähige Personenvereinigungen oder deren Einrichtungen können als Gütestelle anerkannt werden, wenn hinsichtlich der von ihnen zur Durchführung des Güteverfahrens bestellten natürlichen Person (Güteperson) die Voraussetzungen nach Absatz 1 Satz 1 und 2 vorliegen und keine Hindernisse nach Absatz 2 gegeben sind. [2]Die in Satz 1 genannten Stellen müssen sich verpflichten, außergerichtliche Streitbeilegung als dauerhafte Aufgabe zu betreiben, und gewährleisten, dass die Güteperson ihre Tätigkeit unabhängig und ohne Bindung an Weisungen ausübt.

(4) Die Gütestelle muss ihren Sitz im Land Brandenburg haben.

§ 61 Verfahrensordnung. (1) [1]Die Gütestelle gibt sich eine Verfahrensordnung, auf deren Grundlage das Güteverfahren unter Beachtung der Grundsätze eines fairen Verfahrens durchzuführen ist. [2]Diese muss den Parteien des Güteverfahrens jederzeit zugänglich sein.

(2) Die Verfahrensordnung muss vorsehen, dass

1. die Tätigkeit als anerkannte Gütestelle nicht ausgeübt wird, wenn ein in § 13 genannter Ausschlussgrund in der als Gütestelle anerkannten natürlichen Person oder in der Güteperson vorliegt und
2. die am Güteverfahren beteiligten Parteien die Gelegenheit erhalten, selbst oder durch von ihnen beauftragte Personen Tatsachen und Rechtsansichten vorzubringen und sich zu dem Vorbringen der jeweils anderen Partei zu äußern.

(3) [1]Die Verfahrensordnung muss ferner die von der Gütestelle erhobene Vergütung (Gebühren und Auslagen) bezeichnen. [2]Die Vergütung für die Durchführung eines Güteverfahrens in Streitigkeiten der obligatorischen außergerichtlichen Streitbeilegung im Sinne der §§ 4 und 5 darf einschließlich Auslagen und Umsatzsteuer einen Betrag von 250 Euro nicht übersteigen.

§ 62 Haftpflichtversicherung. (1) [1]Soweit die Gütestelle nicht von einer juristischen Person des öffentlichen Rechts getragen wird, muss eine Haftpflichtversicherung für Vermögensschäden bestehen und die Versicherung während der Dauer der Anerkennung als Gütestelle aufrechterhalten bleiben. [2]Die Versicherung muss bei einem im Inland zum Geschäftsbetrieb befugten Versicherungsunternehmen zu den nach Maßgabe des Versicherungsaufsichtsgesetzes eingereichten Allgemeinen Versicherungsbedingungen aufgenommen werden und sich auch auf solche Vermögensschäden erstrecken, für die die Gütestelle nach § 278 oder § 831 des Bürgerlichen Gesetzbuchs[1)] einzustehen hat.

(2) [1]Der Versicherungsvertrag hat Versicherungsschutz für jede einzelne Pflichtverletzung zu gewähren, die gesetzliche Haftpflichtansprüche privatrechtlichen Inhalts gegen die Gütestelle zur Folge haben könnte. [2]Dabei kann vereinbart werden, dass sämtliche Pflichtverletzungen bei Erledigung eines einheitlichen Auftrags, mögen diese auf dem Verhalten der Gütestelle oder einer von ihr herangezogenen Hilfsperson beruhen, als ein Versicherungsfall gelten.

(3) [1]Die Mindestversicherungssumme beträgt 250 000 Euro für jeden Versicherungsfall. [2]Die Leistungen des Versicherers für alle innerhalb eines Versicherungsjahres verursachten Schäden können auf den vierfachen Betrag der Mindestversicherungssumme begrenzt werden.

(4) Die Vereinbarung eines Selbstbehaltes bis zu 1 Prozent der Mindestversicherungssumme ist zulässig.

[1)] **Habersack, Deutsche Gesetze Nr. 20.**

(5) Im Versicherungsvertrag ist der Versicherer zu verpflichten, der nach § 64 Absatz 1 zuständigen Behörde den Beginn und die Kündigung oder sonstige Beendigung des Versicherungsvertrages sowie jede Änderung des Versicherungsvertrages, die den vorgeschriebenen Versicherungsschutz beeinträchtigt, unverzüglich mitzuteilen.

(6) Zuständige Stelle im Sinne des § 117 Absatz 2 des Versicherungsvertragsgesetzes[1)] ist die nach § 64 Absatz 1 zuständige Behörde.

§ 63 Erlöschen, Rücknahme und Widerruf der Anerkennung. (1) Die Anerkennung erlischt, wenn

1. die als Gütestelle anerkannte natürliche Person stirbt oder
2. die als Gütestelle anerkannte juristische Person oder rechtsfähige Personenvereinigung oder deren Einrichtung aufgelöst wird.

(2) [1]Die Anerkennung als Gütestelle ist mit Wirkung für die Zukunft zurückzunehmen, wenn Tatsachen nachträglich bekannt werden, bei deren Kenntnis die Anerkennung hätte versagt werden müssen. [2]Von der Rücknahme der Anerkennung kann abgesehen werden, wenn die Gründe, aus denen die Anerkennung hätte versagt werden müssen, nicht mehr bestehen.

(3) Die Anerkennung ist mit Wirkung für die Zukunft zu widerrufen, wenn

1. die natürliche oder juristische Person, die rechtsfähige Personenvereinigung oder deren Einrichtung nicht mehr die Anerkennungsvoraussetzungen des § 60 erfüllt,
2. die Verfahrensordnung nicht mehr den Anforderungen des § 61 entspricht,
3. die erforderliche Haftpflichtversicherung nach § 62 nicht mehr besteht,
4. die Gütestelle wiederholt und beharrlich ihre Pflichten nicht erfüllt oder
5. die Gütestelle auf die Rechte aus ihrer Anerkennung gegenüber der nach § 64 Absatz 1 zuständigen Behörde schriftlich oder elektronisch verzichtet hat.

§ 64 Zuständigkeit, Gebühren und Verzeichnis der anerkannten Gütestellen. (1) [1]Zuständige Behörde für die Anerkennung als Gütestelle sowie für die Rücknahme und den Widerruf der Anerkennung ist die Präsidentin oder der Präsident des Brandenburgischen Oberlandesgerichts. [2]Sie übt die Aufsicht über die anerkannten Gütestellen aus.

(2) [1]Die nach Absatz 1 zuständige Behörde entscheidet auch über die Ermächtigung nach § 797a Absatz 4 Satz 1 der Zivilprozessordnung[2)]. [2]Die Ermächtigung soll nur einer Notarin oder einem Notar erteilt werden.

(3) [1]Für die Anerkennung als Gütestelle wird eine Gebühr in Höhe von 125 Euro erhoben. [2]Wird der Antrag auf Anerkennung abgelehnt oder zurückgenommen, beträgt die Gebühr 60 Euro.

(4) [1]Die nach Absatz 1 zuständige Behörde ist befugt, ein Verzeichnis über die im Land Brandenburg anerkannten Gütestellen zu führen, um der an einer außergerichtlichen Streitbeilegung interessierten Öffentlichkeit das Auffinden und die Kontaktaufnahme zu anerkannten Gütestellen zu erleichtern. [2]Zu diesem Zweck dürfen der Familienname und Vorname der anerkannten natürlichen Person oder die Bezeichnung der anerkannten juristischen Person, rechtsfähigen Personenvereinigung oder deren Einrichtung sowie der Familienname und Vorname der von

---

[1)] **Habersack, Deutsche Gesetze Nr. 62.**
[2)] **Habersack, Deutsche Gesetze Nr. 100.**

ihr bestellten Güteperson, ihre Anschrift oder ihr Sitz, ihre Telefon- und Faxnummer, ihre Internetadresse und ihre Adresse zum Empfang elektronischer Dokumente verarbeitet werden. [3]Das Verzeichnis darf im Internet veröffentlicht werden.

Unterabschnitt 2. Pflichten der anerkannten Gütestelle

§ 65 Aktenführung. (1) [1]Die Gütestelle hat durch die Führung von Akten sicherzustellen, dass sie jederzeit den Nachweis über die Verfahrenshandlungen der Parteien und die von ihr ausgeübte Tätigkeit erbringen kann. [2]In diesen Akten müssen insbesondere enthalten sein:

1. die Familiennamen, Vornamen und Anschriften der Parteien, der gesetzlichen Vertretung und der Bevollmächtigten,
2. der Inhalt des Güteantrags,
3. der Zeitpunkt des Eingangs des Güteantrags bei der Gütestelle, der Veranlassung seiner Bekanntgabe, weiterer Verfahrenshandlungen der Parteien und der Gütestelle sowie der Beendigung des Güteverfahrens,
4. im Falle des Abschlusses eines Vergleiches zwischen den Parteien dessen genauer Wortlaut und
5. die von der Gütestelle erhobene Vergütung.

(2) [1]Ein Vergleich ist von der als Gütestelle anerkannten natürlichen Person oder von der Güteperson zu unterschreiben. [2]Er ist den Beteiligten vorzulesen oder zur Durchsicht vorzulegen und von ihnen durch Unterschrift zu genehmigen.

(3) [1]Die Gütestelle hat die Akten für die Dauer von fünf Jahren nach Beendigung des Verfahrens aufzubewahren. [2]Wurde ein Vergleich geschlossen, beträgt die Aufbewahrungsfrist 30 Jahre. [3]Im Fall des Erlöschens, der Rücknahme oder des Widerrufs der Anerkennung hat die Gütestelle die aufzubewahrenden Unterlagen unverzüglich der nach § 64 Absatz 1 zuständigen Behörde zur Verwahrung zu übergeben. [4]Für die Aufbewahrung durch diese Behörde sind die Sätze 1 und 2 entsprechend anzuwenden.

(4) Innerhalb des in Absatz 3 genannten Zeitraums können die Parteien oder deren Rechtsnachfolger von der Gütestelle oder im Fall des Absatzes 3 Satz 3 von der zuständigen Behörde gegen Erstattung der hierdurch entstehenden Kosten Ablichtungen aus den Akten und Ausfertigungen geschlossener Vergleiche verlangen.

(5) Auf Anforderung des nach § 797a Absatz 1 der Zivilprozessordnung[1)] zuständigen Gerichts hat die Gütestelle oder im Fall des Absatzes 3 Satz 3 die zuständige Behörde die Urschrift des Vergleichs zur Erteilung der vollstreckbaren Ausfertigung dem Gericht zu übergeben.

§ 66 Mitteilungs- und Auskunftspflichten. (1) Änderungen der für die Anerkennung nach den §§ 60 bis 62 maßgeblichen Umstände sind der nach § 64 Absatz 1 zuständigen Behörde unverzüglich mitzuteilen.

(2) Soll bei juristischen Personen, rechtsfähigen Personenvereinigungen oder deren Einrichtungen die Güteperson ausgetauscht oder eine weitere Güteperson bestellt werden, ist die vorherige Zustimmung der nach § 64 Absatz 1 zuständigen Behörde erforderlich.

[1)] **Habersack, Deutsche Gesetze Nr. 100.**

(3) Auf Anforderung der nach § 64 Absatz 1 zuständigen Behörde hat die Gütestelle Auskunft über ihre Geschäftsführung und die für die Anerkennung nach den §§ 60 bis 62 maßgeblichen Umstände zu erteilen sowie zur Prüfung erforderliche Unterlagen, Nachweise und Akten vorzulegen.

§ 67 Verschwiegenheitspflicht. [1]Die als Gütestelle anerkannte natürliche Person, die Güteperson und die sonstigen für die Gütestelle tätigen Personen sind zur Verschwiegenheit verpflichtet, soweit durch Rechtsvorschrift nichts anderes geregelt ist. [2]Diese Pflicht bezieht sich auf alles, was ihnen im Rahmen des Güteverfahrens anvertraut oder sonst bekannt geworden ist. [3]§ 4 Satz 3 des Mediationsgesetzes[1)] gilt entsprechend.

Unterabschnitt 3. Anfechtung von Entscheidungen

§ 68 Zuständigkeit und Verfahren. [1]Über die Rechtmäßigkeit von Anordnungen, Verfügungen oder sonstigen Maßnahmen nach diesem Abschnitt entscheiden auf Antrag die ordentlichen Gerichte. [2]Für das Verfahren gelten die §§ 23 bis 30a des Einführungsgesetzes zum Gerichtsverfassungsgesetz[2)].

Abschnitt 7. Schlussvorschriften

§§ 69, 70 *(vom Abdruck wurde abgesehen)*

§ 71 Übergangsvorschriften. (1) [1]Für die vor Inkrafttreten dieses Gesetzes bei einer Schiedsstelle oder anerkannten Gütestelle anhängigen oder bereits abgeschlossenen Verfahren sind die Bestimmungen des Schiedsstellengesetzes in der Fassung der Bekanntmachung vom 21. November 2000 (GVBl. I S. 158, 2001 I S. 38), des Brandenburgischen Gütestellengesetzes vom 5. Oktober 2000 (GVBl. I S. 134, 135) und des Brandenburgischen Schlichtungsgesetzes vom 5. Oktober 2000 (GVBl. I S. 134), die zuletzt durch Artikel 1 bis 3 des Gesetzes vom 8. März 2018 (GVBl. I Nr. 4) geändert worden sind, weiter anzuwenden. [2]Dies gilt auch für Vergleiche, die vor Inkrafttreten dieses Gesetzes vor einer Schiedsstelle oder anerkannten Gütestelle geschlossen worden sind, und für Erfolglosigkeitsbescheinigungen, die von diesen Stellen vor Inkrafttreten dieses Gesetzes ausgestellt worden sind.

(2) § 65 Absatz 3 findet auf solche Verfahren Anwendung, in denen vor Inkrafttreten dieses Gesetzes vor einer anerkannten Gütestelle ein Vergleich geschlossen worden ist, wenn die nach § 6 Absatz 2 des Brandenburgischen Gütestellengesetzes vom 5. Oktober 2000 (GVBl. I S. 134, 135), das zuletzt durch Artikel 1 des Gesetzes vom 8. März 2018 (GVBl. I Nr. 4) geändert worden ist, geltende Aufbewahrungsfrist bei Inkrafttreten dieses Gesetzes noch nicht abgelaufen ist.

(3) [1]Für die vor Inkrafttreten dieses Gesetzes bereits gewählten Schiedspersonen und stellvertretenden Schiedspersonen bedarf es keiner erneuten Wahl. [2]Die §§ 49, 51 und 54 sind auf diese Personen für die laufende Amtsperiode nicht anwendbar. [3]Insoweit sind die §§ 3, 5 und 8 des Schiedsstellengesetzes in der Fassung der Bekanntmachung vom 21. November 2000 (GVBl. I S. 158, 2001 I S. 38), das zuletzt durch Artikel 2 des Gesetzes vom 8. März 2018 (GVBl. I Nr. 4) geändert worden ist, nebst in Bezug genommener Normen weiter anzuwenden.

[1)] **Habersack, Deutsche Gesetze Nr. 106.**
[2)] **Habersack, Deutsche Gesetze Nr. 95a.**

(4) [1] Die vor Inkrafttreten dieses Gesetzes anerkannten Gütestellen bedürfen keiner erneuten Anerkennung. [2] Die Vorschriften des Abschnitts 6 finden auf diese Gütestellen mit der Maßgabe Anwendung, dass die Anforderungen an die Verfahrensordnung (§ 61) und die Haftpflichtversicherung (§ 62) innerhalb eines Zeitraums von sechs Monaten nach dem Inkrafttreten dieses Gesetzes zu erfüllen sind. [3] Für diesen Übergangszeitraum sind insoweit die §§ 4, 5, 7, 8 Absatz 3 und § 9 des Brandenburgischen Gütestellengesetzes vom 5. Oktober 2000 (GVBl. I S. 134, 135), das zuletzt durch Artikel 1 des Gesetzes vom 8. März 2018 (GVBl. I Nr. 4) geändert worden ist, nebst in Bezug genommener Normen weiter anzuwenden. [4] § 63 Absatz 3 Nummer 1 bis 3 und § 66 Absatz 1 finden auf diese Gütestellen hinsichtlich der erst nach der Anerkennung geltenden zusätzlichen Voraussetzungen und Anforderungen entsprechende Anwendung.

§ 72 Inkrafttreten, Außerkrafttreten. [1] Dieses Gesetz tritt am Tag nach der Verkündung[1)] in Kraft. [2] Gleichzeitig treten das Brandenburgische Schlichtungsgesetz vom 5. Oktober 2000 (GVBl. I S. 134), das Schiedsstellengesetz in der Fassung der Bekanntmachung vom 21. November 2000 (GVBl. I S. 158, 2001 I S. 38) und das Brandenburgische Gütestellengesetz vom 5. Oktober 2000 (GVBl. I S. 134, 135), die zuletzt durch Artikel 1 bis 3 des Gesetzes vom 8. März 2018 (GVBl. I Nr. 4) geändert worden sind, außer Kraft.

[1)] Verkündet am 16.12.2022.

104c. Gesetz zur Regelung der außergerichtlichen Streitschlichtung[1) 2)]

Vom 6. Februar 2001
(GVBl. I S. 98)

FFN 210-82

Lfd. Nr.	Änderndes Gesetz	Datum	Fundstelle	Betroffen	Hinweis
1.	Art. 3 Euro-UmstellungsG	31.10.2001	GVBl. I S. 434	§ 1 Abs. 1 Nr. 1	
2.	Art. 1 Zweites AusführungsG zu § 15a EGZPO	1.12.2005	GVBl. I S. 782	Überschrift Erster Abschnitt, §§ 1, 2, Zweiter Abschnitt (§§ 6 bis 15), Dritter Abschnitt (§ 16)	
3.	Art. 5 G zur Anpassung der Rechtsstellung von Lebenspartnerschaften und zur Änd. des Hess. AbgeordnetenG	26.3.2010	GVBl. I S. 114	§ 9	mWv 7.4.2010
4.	Art. 1 Fünftes G zur Verlängerung der Geltungsdauer und zur Änd. befristeter Rechtsvorschriften	22.11.2010	GVBl. I S. 403	§§ 1, 6, 10, 14, 16	mWv 3.12.2010
5.	Art. 24 G zur Entfristung und zur Veränderung der Geltungsdauer von befristeten Rechtsvorschriften	13.12.2012	GVBl. S. 622	§ 16	mWv 22.12.2012
6.	Art. 1 Zwölftes G zur Verlängerung der Geltungsdauer und Änd. befristeter Rechtsvorschriften	22.8.2018	GVBl. S. 362	§§ 1, 6, 10, 14, 16	mWv 1.9.2018

Erster Abschnitt.[3)] Allgemeine Vorschriften

§ 1[4)] Sachlicher Anwendungsbereich. (1) Die Erhebung einer Klage vor Gerichten der ordentlichen Gerichtsbarkeit ist erst zulässig, nachdem von einer in § 3 genannten Gütestelle versucht worden ist, die Streitigkeit einvernehmlich beizulegen,

1. in Streitigkeiten über Ansprüche wegen
   a) der in § 906 des Bürgerlichen Gesetzbuches[5)] geregelten Einwirkungen, sofern es sich nicht um Einwirkungen eines gewerblichen Betriebs handelt,

---

[1)] Verkündet als Art. 1 G zur Ausführung des § 15a EGZPO v. 6.2.2001 (GVBl. I S. 98).
[2)] **Das Gesetz tritt mit Ablauf des 31.12.2025 außer Kraft**, vgl. § 16 Satz 2.
[3)] Abschnittsüberschrift eingef. mWv 8.12.2005 durch G v. 1.12.2005 (GVBl. I S. 782).
[4)] § 1 Abs. 1 Nr. 1 geänd. durch G v. 31.10.2001 (GVBl. I S. 434); Abs. 1 Nr. 1 aufgeh., bish. Nr. 2 und 3 werden Nr. 1 und 2 mWv 8.12.2005 durch G v. 1.12.2005 (GVBl. I S. 782); Abs. 1 Nr. 1 Buchst. e geänd. mWv 3.12.2010 durch G v. 22.11.2010 (GVBl. I S. 403); Abs. 1 Nr. 1 Buchst. e geänd. mWv 1.9.2018 durch G v. 22.8.2018 (GVBl. S. 362).
[5)] **Schönfelder Nr. 20.**

b) Überwuchses nach § 910 des Bürgerlichen Gesetzbuches,

c) Hinüberfalls nach § 911 des Bürgerlichen Gesetzbuches,

d) eines Grenzbaums nach § 923 des Bürgerlichen Gesetzbuches,

e) der im Hessischen Nachbarrechtsgesetz vom 24. September 1962 (GVBl. I S. 417), zuletzt geändert durch Gesetz vom 28. September 2014 (GVBl. S. 218), geregelten Nachbarrechte, sofern es sich nicht um Einwirkungen eines gewerblichen Betriebs handelt,

2. in Streitigkeiten über Ansprüche wegen Verletzungen der persönlichen Ehre, die nicht in Presse oder Rundfunk begangen worden sind.

(2) Absatz 1 findet keine Anwendung auf

1. Klagen nach den §§ 323, 324, 328 der Zivilprozessordnung[1)], Widerklagen und Klagen, die binnen einer gesetzlichen oder gerichtlich angeordneten Frist zu erheben sind,
2. Streitigkeiten in Familiensachen,
3. Wiederaufnahmeverfahren,
4. Ansprüche, die im Urkunden- oder Wechselprozess geltend gemacht werden,
5. die Durchführung des streitigen Verfahrens, wenn ein Anspruch im Mahnverfahren geltend gemacht worden ist,
6. Klagen wegen vollstreckungsrechtlicher Maßnahmen, insbesondere nach dem Achten Buch der Zivilprozessordnung,
7. Klagen, die auf Duldung gerichtet und im Gewerbebetrieb der klagenden Partei begründet sind,
8. Anträge, die im Adhäsionsverfahren (§ 403 der Strafprozessordnung[2)]) gestellt werden,
9. Klagen, für die nach anderen Vorschriften ein obligatorisches Vorverfahren angeordnet ist.

§ 2[3)] Räumlicher Anwendungsbereich. Ein Einigungsversuch nach § 1 Abs. 1 ist nur erforderlich, wenn die Parteien in Hessen wohnen oder ihren Sitz oder eine Niederlassung haben.

§ 3 Sachliche Zuständigkeit. (1) Das Schlichtungsverfahren nach diesem Gesetz führt das Schiedsamt oder eine andere von der Landesjustizverwaltung eingerichtete oder anerkannte Gütestelle nach Maßgabe der jeweils für sie geltenden Verfahrensordnung durch (obligatorische Streitschlichtung).

(2) [1]Das Erfordernis eines Einigungsversuchs vor dieser Stelle entfällt, wenn die Parteien einvernehmlich versucht haben, ihren Streit vor einer sonstigen Gütestelle, die Streitbeilegung betreibt, beizulegen (fakultative Streitschlichtung). [2]Die Aufgaben der sonstigen Gütestellen können auch von den Mitgliedern der Rechtsanwalts- und Notarkammern wahrgenommen werden.

[1)] **Schönfelder Nr. 100.**
[2)] **Schönfelder Nr. 90.**
[3)] § 2 geänd. mWv 8.12.2005 durch G v. 1.12.2005 (GVBl. I S. 782).

(3) Im Rahmen der fakultativen Streitschlichtung sind die Mitglieder der Notarkammern befugt, eidesstattliche Versicherungen entgegenzunehmen und formbedürftige Erklärungen zu protokollieren.

§ 4 Örtliche Zuständigkeit. [1] Das Schlichtungsverfahren ist bei der Gütestelle einzuleiten, in deren Bezirk die Gegenpartei wohnt. [2] Bei Streitigkeiten über Ansprüche aus Miet- und Pachtverhältnissen über Räume ist die Gütestelle ausschließlich zuständig, in deren Bezirk sich die Räume befinden.

§ 5 Erfolglosigkeitsbescheinigung. (1) [1] Über einen ohne Erfolg durchgeführten Schlichtungsversuch ist den Parteien von der anerkannten Gütestelle eine Bescheinigung zu erteilen. [2] Die Bescheinigung ist auf Antrag auch auszustellen, wenn binnen einer Frist von drei Monaten das Einigungsverfahren nicht durchgeführt worden ist.

(2) [1] Die Bescheinigung muss enthalten

1. Name und Anschrift der Parteien,
2. Angaben über den Gegenstand des Streites, insbesondere die Anträge.

[2] Außerdem sollen Beginn und Ende des Verfahrens vermerkt werden.

(3) Das Scheitern einer Streitschlichtung vor einer sonstigen Gütestelle ist durch eine Bescheinigung nachzuweisen, die den Anforderungen des Abs. 2 entspricht.

Zweiter Abschnitt.[1)] Einrichtung und Anerkennung von Gütestellen

§ 6[2)] Gütestellen und Schiedsämter. (1) [1] Als Gütestelle im Sinne des § 794 Abs. 1 Nr. 1 der Zivilprozessordnung[3)] können juristische Personen oder bei diesen bestehende Stellen eingerichtet oder anerkannt werden. [2] Auch natürliche Personen können als Gütestellen anerkannt werden.

(2) Schiedsämter im Sinne des Hessischen Schiedsamtsgesetzes vom 23. März 1994 (GVBl. I S. 148), zuletzt geändert durch Gesetz vom 22. August 2018 (GVBl. S. 362), stehen den von der Landesjustizverwaltung anerkannten Gütestellen gleich.

§ 7[4)] Aufgaben. [1] Aufgabe der Gütestelle ist es, die außergerichtliche Streitbeilegung zu fördern und die Inanspruchnahme der Gerichte in geeigneten Fällen entbehrlich zu machen. [2] Ihr obliegt die einvernehmliche Streitbeilegung nach § 1.

[1)] Bish. §§ 6 und 7 aufgeh., Zweiter Abschnitt (§§ 6–15) angef. mWv 8.12.2005 durch G v. 1.12.2005 (GVBl. I S. 782).

[2)] Neuer § 6 angef. mWv 8.12.2005 durch G v. 1.12.2005 (GVBl. I S. 782); Abs. 2 geänd. mWv 3.12.2010 durch G v. 22.11.2010 (GVBl. I S. 403); Abs. 2 geänd. mWv 1.9.2018 durch G v. 22.8.2018 (GVBl. S. 362).

[3)] **Schönfelder Nr. 100.**

[4)] Neuer § 7 angef. mWv 8.12.2005 durch G v. 1.12.2005 (GVBl. I S. 782).

§ 8[1)] Persönliche Voraussetzungen. (1) Natürliche Personen können als Gütestellen anerkannt werden, wenn sie nach ihrer Persönlichkeit und ihren Fähigkeiten für das Amt geeignet sind und sich verpflichtet haben, die Schlichtung als dauerhafte Aufgabe zu betreiben.

(2) Nicht anerkannt werden kann, wer

1. die Fähigkeit zur Bekleidung öffentlicher Ämter nicht besitzt,
2. unter Betreuung steht,
3. durch sonstige, nicht unter Nr. 2 fallende gerichtliche Anordnungen in der Verfügung über sein Vermögen beschränkt ist.

(3) [1] Juristische Personen oder deren Einrichtungen können als Gütestellen anerkannt werden, wenn gewährleistet ist, dass die von ihnen bestellte Schlichtungsperson die Voraussetzungen der Abs. 1 und 2 erfüllt. [2] Es muss darüber hinaus gewährleistet sein, dass die Schlichtungsperson im Rahmen ihrer Schlichtungstätigkeit unabhängig und an Weisungen nicht gebunden ist. [3] Die Bestellung als Schlichtungsperson muss für einen Zeitraum von mindestens drei Jahren erfolgen. [4] Eine Abberufung darf nur stattfinden, wenn Tatsachen vorliegen, die eine unabhängige Erledigung der Schlichtertätigkeit nicht mehr erwarten lassen.

§ 9[2)] Schlichtungsordnung. (1) [1] Die Gütestelle bedarf einer Schlichtungsordnung. [2] Diese muss den Parteien des Schlichtungsverfahrens zugänglich sein.

(2) Die Schlichtungsordnung muss vorsehen, dass

1. die Schlichtungsperson die Schlichtungstätigkeit nicht ausüber darf
   a) in Angelegenheiten, in denen sie selbst Partei ist oder in denen sie zu einer Partei im Verhältnis einer Mitberechtigten, Mitverpflichteten oder Regresspflichtigen steht,
   b) in Angelegenheiten ihrer Ehegattin, ihres Ehegatten, ihrer Lebenspartnerin, ihres Lebenspartners, ihrer Verlobten oder ihres Verlobten, auch wenn die Ehe, Lebenspartnerschaft oder das Verlöbnis nicht mehr besteht,
   c) in Angelegenheiten einer Person, mit der sie in gerader Linie verwandt, verschwägert, in der Seitenlinie bis zum dritten Grade verwandt oder bis zum zweite Grade verschwägert ist, auch wenn die Ehe, durch die die Schwägerschaft begründet ist, nicht mehr besteht,
   d) in Angelegenheiten, in denen sie als Prozessbevollmächtigte oder Beistand einer Partei bestellt oder als gesetzliche Vertreterin einer Partei aufzutreten berechtigt ist oder war,
   e) in Angelegenheiten einer Person, bei der sie gegen Entgelt beschäftigt oder bei der sie als Mitglied des Vorstandes, des Aufsichtsrates oder eines gleichartigen Organs tätig ist oder war,
2. die am Schlichtungsverfahren beteiligten Parteien Gelegenheit erhalten, selbst oder durch von ihnen beauftragte Personen Tatsachen und Rechtsansichten vorzubringen und sich zu dem Vortrag der Gegenseite zu äußern.

[1)] § 8 angef. mWv 8.12.2005 durch G v. 1.12.2005 (GVBl. I S. 782).

[2)] § 9 angef. mWv 8.12.2005 durch G v. 1.12.2005 (GVBl. I S. 782); Abs. 2 Nr. 1 Buchst. b neu gef. mWv 7.4.2010 durch G v. 26.3.2010 (GVBl. I S. 114).

§ 10[1] Haftpflichtversicherung. (1) [1] Soweit die Gütestelle nicht von einer öffentlich-rechtlichen Körperschaft oder Anstalt getragen wird, muss eine Haftpflichtversicherung für Vermögensschäden bestehen und die Versicherung während der Dauer der Anerkennung als Gütestelle aufrechterhalten bleiben. [2] Die Versicherung muss bei einem im Inland zum Geschäftsbetrieb befugten Versicherungsunternehmen zu den nach Maßgabe des Versicherungsaufsichtsgesetzes vom 1. April 2015 (BGBl. I S. 434), zuletzt geändert durch Gesetz vom 17. August 2017 (BGBl. I S. 3214), eingereichten Allgemeinen Versicherungsbedingungen aufgenommen werden und sich auf solche Vermögensschäden erstrecken, für die die Gütestelle nach § 278 oder § 831 des Bürgerlichen Gesetzbuches[2] einzustehen hat.

(2) Der Versicherungsvertrag hat Versicherungsschutz für jede einzelne Pflichtverletzung zu gewähren, die gesetzliche Haftpflichtansprüche privatrechtlichen Inhalts gegen die Gütestelle zur Folge haben könnte.

(3) [1] Die Mindestversicherungssumme beträgt zweihundertfünfzigtausend Euro für jeden Versicherungsfall. [2] Die Leistungen des Versicherers für alle innerhalb eines Versicherungsjahres verursachten Schäden können auf den vierfachen Betrag der Mindestversicherungssumme begrenzt werden.

(4) Die Vereinbarung eines Selbstbehalts bis zu 1 vom Hundert der Mindestversicherungssumme ist zulässig.

(5) Im Versicherungsvertrag ist der Versicherer zu verpflichten, der für die Anerkennung von Gütestellen zuständigen Stelle den Beginn und die Beendigung oder Kündigung des Versicherungsvertrages sowie jede Änderung, die den vorgeschriebenen Versicherungsschutz beeinträchtigt, unverzüglich mitzuteilen.

(6) Zuständige Stelle im Sinne des § 117 Abs. 2 Satz 1 des Versicherungsvertragsgesetzes[3] vom 23. November 2007 (BGBl. I S. 2631), zuletzt geändert durch Gesetz vom 17. August 2017 (BGBl. I S. 3214), ist die für die Anerkennung als Gütestelle zuständige Stelle.

§ 11[4] Aktenführung. (1) [1] Die Gütestelle hat durch Anlegung von Handakten einen geordneten Überblick über die von ihr entfaltete Tätigkeit zu ermöglichen. [2] In diesen Akten sind insbesondere zu dokumentieren

1. der Zeitpunkt der Anbringung eines Güteantrags bei der Gütestelle, weiterer Verfahrenshandlungen der Parteien und der Gütestelle sowie der Beendigung des Güteverfahrens,
2. der Inhalt eines zwischen den Parteien geschlossenen Vergleichs.

(2) Die Gütestelle hat die Akten auf die Dauer von fünf Jahren nach Beendigung des Verfahrens aufzubewahren.

(3) Innerhalb des in Abs. 2 genannten Zeitraums können die Parteien von der Gütestelle gegen Kostenerstattung beglaubigte Ablichtungen der Handakten und Ausfertigungen geschlossenener Vergleiche verlangen.

---

[1] § 10 angef. mWv 8.12.2005 durch G v. 1.12.2005 (GVBl. I S. 782); Abs. 1 Satz 2, Abs. 6 geänd. mWv 3.12.2010 durch G v. 22.11.2010 (GVBl. I S. 403); Abs. 1 Satz 2 und Abs. 6 geänd. mWv 1.9.2018 durch G v. 22.8.2018 (GVBl. S. 362).

[2] **Schönfelder Nr. 20.**

[3] **Schönfelder Nr. 62.**

[4] § 11 angef. mWv 8.12.2005 durch G v. 1.12.2005 (GVBl. I S. 782).

(4) Zur Überprüfung der Geschäftsführung sind die Akten auf Verlangen der nach § 13 Abs. 1 zuständigen Behörde vorzulegen.

§ 12[1)] Rücknahme und Widerruf der Anerkennung. (1) Die Anerkennung als Gütestelle ist mit Wirkung für die Zukunft zurückzunehmen, wenn nachträglich Tatsachen bekannt werden, bei deren Kenntnis die Zulassung hätte versagt werden müssen.

(2) Die Anerkennung ist zu widerrufen, wenn

1. die Schiedsperson nicht mehr die persönlichen Voraussetzungen des § 8 erfüllt,
2. die Schlichtungsordnung nicht mehr den Anforderungen des § 9 entspricht,
3. die erforderliche Haftpflichtversicherung (§ 10) nicht mehr besteht,
4. die Gütestelle auf die Rechte aus ihrer Anerkennung gegenüber der für die Anerkennung zuständigen Behörde schriftlich verzichtet hat.

§ 13[1)] Zuständigkeit, Gebühren und Verfahren. (1) Zuständige Behörde für die Anerkennung sowie die Rücknahme und den Widerruf der Anerkennung als Gütestelle ist das Oberlandesgericht als Verwaltungsbehörde.

(2) [1] Die Anträge sind schriftlich zu stellen. [2] Die Schlichtungsordnung ist beizufügen.

(3) [1] Für die Anerkennung als Gütestelle wird eine Gebühr in Höhe von 125 Euro erhoben. [2] Wird der Antrag auf Anerkennung abgelehnt oder wird dieser zurückgenommen, so beträgt die Gebühr 25 Euro.

(4) Wird eine andere Schlichtungsperson tätig oder die Schlichtungsordnung geändert, so ist dies der nach Abs. 1 zuständigen Behörde unverzüglich anzuzeigen.

(5) [1] Die Anerkennung als Gütestelle sowie die Rücknahme oder der Widerruf der Anerkennung sind öffentlich bekannt zu machen. [2] Die nach Abs. 1 zuständige Behörde führt eine Liste der in ihrem Bezirk anerkannten Gütestellen. [3] Die hierfür erforderlichen Daten dürfen erhoben und gespeichert werden. [4] Die erstellten Listen dürfen in automatisierte Abrufverfahren eingestellt werden.

§ 14[2)] Anfechtung von Entscheidungen. [1] Über die Rechtmäßigkeit von Anordnungen, Verfügungen oder sonstigen Maßnahmen nach diesem Abschnitt entscheiden auf Antrag die ordentlichen Gerichte. [2] Die §§ 23 bis 30a des Einführungsgesetzes zum Gerichtsverfassungsgesetz[3)] in der im Bundesgesetzblatt Teil III, Gliederungsnummer 300-1, veröffentlichten bereinigten Fassung, zuletzt geändert durch Gesetz vom 8. Oktober 2017 (BGBl. I S. 3546), gelten mit der Maßgabe, dass ein Vorverfahren nach § 24 Abs. 2 nicht stattfindet.

[1)] §§ 12 und 13 angef. mWv 8.12.2005 durch G v. 1.12.2005 (GVBl. I S. 782).

[2)] § 14 angef. mWv 8.12.2005 durch G v. 1.12.2005 (GVBl. I S. 782); Satz 2 neu gef. mWv 3.12.2010 durch G v. 22.11.2010 (GVBl. I S. 403); Satz 2 geänd. mWv 1.9.2018 durch G v. 22.8.2018 (GVBl. S. 362).

[3)] **Schönfelder Nr. 95a.**

§ 15[1] **Bestehende Gütestellen.** Dieser Abschnitt findet auf die zum Zeitpunkt seines In-Kraft-Tretens bereits anerkannten Gütestellen mit der Maßgabe Anwendung, dass es einer erneuten Anerkennung nach § 6 nicht bedarf.

Dritter Abschnitt.[2] Geltungsdauer

§ 16[3] **In-Kraft-Treten, Außer-Kraft-Treten.** [1] Dieses Gesetz tritt am Tage nach seiner Verkündung[4] in Kraft. [2] Es tritt mit Ablauf des 31. Dezember 2025 außer Kraft.

---

[1] § 15 angef. mWv 8.12.2005 durch G v. 1.12.2005 (GVBl. I S. 782).

[2] Dritter Abschnitt (§ 16) angef. mWv 8.12.2005 durch G v. 1.12.2005 (GVBl. I S. 782).

[3] § 16 angef. mWv 8.12.2005 durch G v. 1.12.2005 (GVBl. I S. 782); Satz 2 geänd. mWv 3.12.2010 durch G v. 22.11.2010 (GVBl. I S. 403); Satz 2 geänd. mWv 22.12.2012 durch G v. 13.12.2012 (GVBl. S. 622); Satz 2 geänd. mWv 1.9.2018 durch G v. 22.8.2018 (GVBl. S. 362).

[4] Verkündet am 13.2.2001.

104d. Gesetz über die Justiz im Land Nordrhein-Westfalen (Justizgesetz Nordrhein-Westfalen – JustG NRW)[1)]

Vom 26. Januar 2010
(GV. NRW. S. 30)

SGV. NRW. 304

zuletzt geänd. durch Art. 1 ÄndG v. 6.12.2022 (GV. NRW. S. 1072)

– Auszug –

Teil 1: Organisation der Rechtspflege

§§ 1–31g *(vom Abdruck wurde abgesehen)*

Teil 2: Verfahrensrechtliche Bestimmungen

Kapitel 1: Gerichtsverfassung

§§ 32–43a *(vom Abdruck wurde abgesehen)*

Kapitel 2: Ordentliche Gerichtsbarkeit

Abschnitt 1: Gütestellen und Schlichtung

§ 44 Schiedsamt. (1) Die nach dem Schiedsamtsgesetz eingerichteten Schiedsämter sind Gütestellen im Sinne des § 794 Absatz 1 Nummer 1 der Zivilprozessordnung[2)].

(2) Für das Verfahren vor den Schiedsämtern und die hierdurch entstehenden Kosten gilt das Schiedsamtsgesetz in seiner jeweils geltenden Fassung.

§ 45 Weitere Gütestellen. Auf Antrag können weitere Streitschlichtungseinrichtungen als Gütestelle im Sinne des § 794 Absatz 1 Nummer 1 der Zivilprozessordnung[2)] anerkannt werden, wenn sie die Voraussetzungen der §§ 46 bis 49 erfüllen.

§ 46 Persönliche Voraussetzungen. (1) Natürliche Personen können als Gütestelle anerkannt werden, wenn sie nach ihrer Persönlichkeit und ihren Fähigkeiten für das Amt geeignet sind.

(2) Nicht anerkannt werden kann, wer

1. die Fähigkeit zur Bekleidung öffentlicher Ämter nicht besitzt;
2. unter Betreuung steht;
3. durch sonstige, nicht unter Nummer 2 fallende gerichtliche Anordnungen in der Verfügung über sein Vermögen beschränkt ist.

(3) [1]Juristische Personen oder deren Einrichtungen können als Gütestelle anerkannt werden, wenn gewährleistet ist, dass die von ihnen bestellte Schlichtungsperson die Voraussetzungen der Absätze 1 und 2 erfüllt. [2]Es muss darüber hinaus

---

[1)] Verkündet als Art. 1 G zur Modernisierung und Bereinigung von Justizgesetzen im Land NRW v. 26.1.2010 (GV. NRW S. 30); Inkrafttreten gem. Art . 4 dieses G am 1.1.2011.

[2)] **Habersack, Deutsche Gesetze Nr. 100.**

gewährleistet sein, dass die Schlichtungsperson im Rahmen ihrer Schlichtungstätigkeit unabhängig und an Weisungen nicht gebunden ist. [3]Die Bestellung als Schlichtungsperson muss für einen Zeitraum von mindestens drei Jahren erfolgen. [4]Eine Abberufung darf nur erfolgen, wenn Tatsachen vorliegen, die eine unabhängige Erledigung der Schlichtertätigkeit nicht mehr erwarten lassen.

§ 47 Verfahrensordnung. (1) [1]Die Schlichtungseinrichtung bedarf einer Schlichtungs- und Kostenordnung. [2]Diese muss den Parteien des Schlichtungsverfahrens zugänglich sein.

(2) Die Schlichtungsordnung muss vorsehen, dass

1. die Schlichtungstätigkeit nicht ausgeübt wird
   a) in Angelegenheiten, in denen die Schlichtungsperson selbst Partei ist oder bei denen sie zu einer Partei in dem Verhältnis einer Mitberechtigten, Mitverpflichteten oder Regresspflichtigen steht;
   b) in Angelegenheiten ihres Ehegatten oder Verlobten, auch wenn die Ehe oder das Verlöbnis nicht mehr besteht;
   c) in Angelegenheiten ihrer eingetragenen Lebenspartnerin oder ihres eingetragenen Lebenspartners, auch wenn die eingetragene Lebenspartnerschaft nicht mehr besteht;
   d) in Angelegenheiten einer Person, mit der sie in gerader Linie verwandt, verschwägert, in der Seitenlinie bis zum dritten Grade verwandt oder bis zum zweiten Grade verschwägert ist, auch wenn die Ehe, durch die die Schwägerschaft begründet ist, nicht mehr besteht;
   e) in Angelegenheiten, in denen sie oder eine Person, mit der sie zur gemeinsamen Berufsausübung verbunden ist oder mit der sie gemeinsame Geschäftsräume hat, als Prozessbevollmächtigte oder Beistand einer Partei bestellt oder als gesetzliche Vertreterin einer Partei aufzutreten berechtigt ist oder war;
   f) in Angelegenheiten einer Person, bei der sie gegen Entgelt beschäftigt oder bei der sie als Mitglied des Vorstandes, des Aufsichtsrates oder eines gleichartigen Organs tätig ist oder war;
2. die am Schlichtungsverfahren beteiligten Parteien die Gelegenheit erhalten, selbst oder durch von ihnen beauftragte Personen Tatsachen und Rechtsansichten vorzubringen und sich zu dem Vortrag der jeweils anderen Partei zu äußern;

die Regelung eines Mitwirkungsverbotes in der Verfahrensordnung gemäß Nummer 1 ist nicht erforderlich, wenn sich ein entsprechendes Mitwirkungsverbot bereits aus gesetzlichen Bestimmungen ergibt, die die Berufsausübung der Schlichtungsperson regeln.

§ 48 Haftpflichtversicherung. (1) [1]Soweit die Gütestelle nicht von einer öffentlich-rechtlichen Körperschaft oder Anstalt getragen wird, muss für die Schlichtungspersonen eine Haftpflichtversicherung für Vermögensschäden bestehen und die Versicherung während der Dauer der Anerkennung als Gütestelle aufrechterhalten bleiben. [2]Die Versicherung muss bei einem im Inland zum Geschäftsbetrieb befugten Versicherungsunternehmen zu den nach Maßgabe des Versicherungsaufsichtsgesetzes eingereichten Allgemeinen Versicherungsbedingungen aufgenommen werden und sich auch auf solche Vermögensschäden erstrecken, für die *die Gütestelle nach* § 278 oder § 831 des Bürgerlichen Gesetzbuches[1)] einzustehen hat.

[1)] **Habersack, Deutsche Gesetze Nr. 20.**

(2) Der Versicherungsvertrag hat Versicherungsschutz für jede einzelne Pflichtverletzung zu gewähren, die gesetzliche Haftpflichtansprüche privatrechtlichen Inhalts gegen die Gütestelle zur Folge haben könnte.

(3) [1] Die Mindestversicherungssumme beträgt 250 000 Euro für jeden Versicherungsfall. [2] Die Leistungen des Versicherers für alle innerhalb eines Versicherungsjahres verursachten Schäden können auf den vierfachen Betrag der Mindestversicherungssumme begrenzt werden.

(4) Die Vereinbarung eines Selbstbehalts bis zu eins vom Hundert der Mindestversicherungssumme ist zulässig.

(5) Im Versicherungsvertrag ist der Versicherer zu verpflichten, der für die Anerkennung von Gütestellen zuständigen Stelle den Beginn und die Beendigung oder Kündigung des Versicherungsvertrages sowie jede Änderung des Versicherungsvertrages, die den vorgeschriebenen Versicherungsschutz beeinträchtigt, unverzüglich mitzuteilen.

(6) Zuständige Stelle im Sinne des § 117 Absatz 2 des Gesetzes über den Versicherungsvertrag ist die für die Anerkennung als Gütestelle zuständige Stelle.

§ 49 Aktenführung. (1) [1] Es muss gewährleistet sein, dass die Gütestelle durch Anlegung von Handakten ein geordnetes Bild über die von ihr entfaltete Tätigkeit geben kann. [2] In diesen Akten sind insbesondere zu dokumentieren

1. der Zeitpunkt der Anbringung eines Güteantrags bei der Gütestelle, weiterer Verfahrenshandlungen der Parteien und der Gütestelle sowie der Beendigung des Güteverfahrens;
2. der Inhalt eines zwischen den Parteien geschlossenen Vergleichs.

(2) Die Gütestelle hat die Akten auf die Dauer von mindestens fünf Jahren nach Beendigung des Verfahrens aufzubewahren.

(3) Innerhalb des in Absatz 2 genannten Zeitraums können die Parteien von der Gütestelle gegen Erstattung der hierdurch entstehenden Kosten beglaubigte Ablichtungen der Handakten und Ausfertigungen etwa geschlossener Vergleiche verlangen.

(4) Die Gütestellen und ihre Mitarbeiterinnen und Mitarbeiter sind zur Verschwiegenheit über alles, was ihnen im Rahmen der Schlichtungstätigkeit bekannt geworden ist, verpflichtet.

§ 50 Rücknahme und Widerruf der Anerkennung. (1) Die Anerkennung als Gütestelle ist mit Wirkung für die Zukunft zurückzunehmen, wenn Tatsachen nachträglich bekannt werden, bei deren Kenntnis die Zulassung hätte versagt werden müssen.

(2) Die Anerkennung ist zu widerrufen,

1. wenn die schlichtende Person nicht mehr die persönlichen Voraussetzungen des § 46 erfüllt;
2. wenn die Verfahrensordnung nicht mehr den Anforderungen des § 47 entspricht;

3. wenn die erforderliche Haftpflichtversicherung (§ 48) nicht mehr besteht;
4. wenn die Gütestelle auf die Rechte aus ihrer Anerkennung gegenüber der für die Anerkennung zuständigen Behörde schriftlich verzichtet hat.

§ 51[1)] Zuständigkeit, Gebühren und Verfahren. (1) [1] Zuständige Behörde für die Anerkennung als Gütestelle ist die Präsidentin oder der Präsident des Oberlandesgerichts, in dessen Bezirk die Gütestelle ihren Sitz hat. [2] Durch Rechtsverordnung des für Justiz zuständigen Ministeriums kann die Zuständigkeit für mehrere Oberlandesgerichtsbezirke auf die Präsidentin oder den Präsidenten eines Oberlandesgerichts konzentriert werden.

(2) Die Anträge sind schriftlich zu stellen.

(3) Für Anträge über die Anerkennung als Gütestelle werden Gebühren nach der **Anlage 2** zu diesem Gesetz erhoben.

(4) Änderungen betreffend die schlichtende Person sowie der Schlichtungsordnung sind der nach Absatz 1 zuständigen Behörde unverzüglich anzuzeigen.

(5) [1] Die Anerkennung als Gütestelle sowie die Rücknahme oder der Widerruf der Anerkennung sind im Justizministerialblatt für das Land Nordrhein-Westfalen öffentlich bekannt zu machen. [2] Die gemäß Absatz 1 zuständige Behörde führt eine Liste der in ihrem Bezirk anerkannten Gütestellen. [3] Die hierfür erforderlichen Daten dürfen erhoben und gespeichert werden. [4] Die erstellten Listen dürfen in automatisierte Abrufverfahren eingestellt werden.

§ 52 Anfechtung von Entscheidungen. [1] Über die Rechtmäßigkeit von Anordnungen, Verfügungen oder sonstigen Maßnahmen nach diesem Abschnitt entscheiden auf Antrag die ordentlichen Gerichte. [2] Für das Verfahren gelten die Vorschriften der §§ 23 bis 30 des Einführungsgesetzes zum Gerichtsverfassungsgesetz[2)].

§ 53 Sachlicher Anwendungsbereich. (1) Die Erhebung einer Klage ist erst zulässig, nachdem von einer in § 55 genannten Gütestelle versucht worden ist, die Streitigkeit einvernehmlich beizulegen,

1. in Streitigkeiten über Ansprüche wegen
   a) der in § 906 des Bürgerlichen Gesetzbuches[3)] geregelten Einwirkungen, sofern es sich nicht um Einwirkungen von einem gewerblichen Betrieb handelt,
   b) Überwuchses nach § 910 des Bürgerlichen Gesetzbuches,
   c) Hinüberfalls nach § 911 des Bürgerlichen Gesetzbuches,
   d) eines Grenzbaums nach § 923 des Bürgerlichen Gesetzbuches,
   e) der im Nachbarrechtsgesetz für Nordrhein-Westfalen geregelten Nachbarrechte, sofern es sich nicht um Einwirkungen von einem gewerblichen Betrieb handelt,

---

[1)] § 51 Abs. 1 Satz 2 geänd. mWv 9.3.2022 durch G v. 23.2.2022 (GV. NRW. S. 254).
[2)] **Habersack, Deutsche Gesetze Nr. 95a.**
[3)] **Habersack, Deutsche Gesetze Nr. 20.**

2. in Streitigkeiten über Ansprüche wegen Verletzungen der persönlichen Ehre, die nicht in Presse oder Rundfunk begangen worden sind,
3. in Streitigkeiten über Ansprüche nach Abschnitt 3 des Allgemeinen Gleichbehandlungsgesetzes.

(2) Absatz 1 findet keine Anwendung auf

1. Klagen nach §§ 323, 324, 328 der Zivilprozessordnung, Widerklagen und Klagen, die binnen einer gesetzlichen oder gerichtlich angeordneten Frist zu erheben sind,
2. Streitigkeiten in Familiensachen,
3. Wiederaufnahmeverfahren,
4. Ansprüche, die im Urkunden-, Wechsel- oder Scheckprozess geltend gemacht werden,
5. die Durchführung des streitigen Verfahrens, wenn ein Anspruch im Mahnverfahren geltend gemacht worden ist,
6. Klagen wegen vollstreckungsrechtlicher Maßnahmen, insbesondere nach dem Achten Buch der Zivilprozessordnung,
7. Anträge nach § 404 der Strafprozessordnung,
8. Klagen, denen nach anderen gesetzlichen Bestimmungen ein Vorverfahren vorauszugehen hat.

§ 54. Räumlicher Anwendungsbereich. Ein Schlichtungsversuch nach § 53 Absatz 1 ist nur erforderlich, wenn die Parteien in demselben Landgerichtsbezirk wohnen oder ihren Sitz oder eine Niederlassung haben

§ 55. Sachliche Zuständigkeit. (1) [1]Das Schlichtungsverfahren nach diesem Gesetz führt das Schiedsamt oder eine andere durch die Landesjustizverwaltung anerkannte Gütestelle nach Maßgabe der jeweils für sie geltenden Verfahrensordnung durch. [2]Unter mehreren anerkannten Gütestellen hat die antragstellende Partei die Auswahl.

(2) Das Erfordernis eines Einigungsversuchs von einer solchen Stelle entfällt, wenn die Parteien einvernehmlich versucht haben, ihren Streit vor einer sonstigen Gütestelle, die Streitbeilegung betreibt, beizulegen.

§ 56. Erfolglosigkeitsbescheinigung. (1) [1]Über einen ohne Erfolg durchgeführten Schlichtungsversuch ist den Parteien von der anerkannten Gütestelle eine Bescheinigung zu erteilen. [2]Die Bescheinigung ist auf Antrag auch auszustellen, wenn binnen einer Frist von drei Monaten das Einigungsverfahren nicht durchgeführt worden ist.

(2) [1]Die Bescheinigung muss enthalten

1. Name und Anschrift der Parteien,
2. Angaben über den Gegenstand des Streites, insbesondere die Anträge.

[2]Außerdem sollen Beginn und Ende des Verfahrens vermerkt werden.

(3) Das Scheitern einer Streitschlichtung von einer sonstigen Gütestelle ist durch eine Bescheinigung nachzuweisen, die den Anforderungen des Absatzes 2 entspricht.

§§ 57–133. *(vom Abdruck wurde abgesehen)*

104e. Gesetz zur Ausführung des § 15a des Gesetzes betreffend die Einführung der Zivilprozessordnung und zur Änderung von Rechtsvorschriften (Landesschlichtungsgesetz – LSchlG)

Vom 21. Februar 2001

(Amtsbl. I S. 532)

Gesetz Nr. 1464

zuletzt geänd. durch Art. 5 Nr. 5 G zur organisationsrechtlichen Anpassung und Entfristung der Geltungsdauer von Vorschriften des Landesrechts v. 11.11.2020 (Amtsbl. I S. 1262)

– Auszug –

Art. 1 [Änderung des Gesetzes zur Ausführung bundesrechtlicher Justizgesetze (AGJusG)] Das Gesetz zur Ausführung bundesrechtlicher Justizgesetze (AGJusG) vom 5. Februar 1997 (Amtsbl. S. 258), zuletzt geändert durch Artikel 2 Abs. 1 und Artikel 3 Abs. 5 des Gesetzes vom 24. Juni 1998 (Amtsbl. S. 518), wird wie folgt geändert:

1., 2. *(vom Abdruck wurde abgesehen)*

3. Im Zweiten Teil wird dem Kapitel 1 folgendes Kapitel vorangestellt:

„Kapitel 1. Ausführungsvorschriften zum Gesetz betreffend die Einführung der Zivilprozessordnung[1]

§ 37a[2] Einführung eines Schlichtungsverfahrens. (1) Wohnen die Parteien im Saarland oder haben sie hier ihren Sitz oder eine Niederlassung, ist die Erhebung einer Klage erst zulässig, nachdem von einer in § 37b genannten Gütestelle versucht worden ist, die Streitigkeit einvernehmlich beizulegen (Schlichtungsverfahren),

1. in vermögensrechtlichen Streitigkeiten vor dem Amtsgericht über Ansprüche, deren Gegenstand an Geld oder Geldeswert die Summe von 600 Euro nicht übersteigt,
2. in Streitigkeiten über Ansprüche wegen
   a) der in § 906 des Bürgerlichen Gesetzbuchs[3] geregelten Einwirkungen, sofern es sich nicht um Einwirkungen von einem gewerblichen Betrieb handelt,
   b) Überwuchses nach § 910 des Bürgerlichen Gesetzbuchs[3],
   c) Hinüberfalls nach § 911 des Bürgerlichen Gesetzbuchs[3],
   d) eines Grenzbaums nach § 923 des Bürgerlichen Gesetzbuchs[3],
   e) wegen der im Saarländischen Nachbarrechtsgesetz geregelten Nachbarrechte, sofern es sich nicht um Einwirkungen von einem gewerblichen Betrieb handelt,
3. in Streitigkeiten über Ansprüche wegen Verletzung der persönlichen Ehre, die nicht in Presse oder Rundfunk begangen worden sind.

---

[1] **Schönfelder Nr. 101.**
[2] Art. 1 § 37a Abs. 1 Nr. 1 geänd. mWv 1.1.2002 durch G v. 7.11.2001 (Amtsbl. S. 2158).
[3] **Schönfelder Nr. 20.**

(2) Absatz 1 findet keine Anwendung auf

1. Klagen nach den §§ 323, 324 und 328 der Zivilprozessordnung[1], Widerklagen und Klagen, die binnen einer gesetzlichen oder gerichtlich angeordneten Frist zu erheben sind,
2. Streitigkeiten in Familiensachen,
3. Wiederaufnahmeverfahren,
4. Ansprüche, die im Urkunden- oder Wechselprozess geltend gemacht werden,
5. die Durchführung des streitigen Verfahrens, wenn ein Anspruch im Mahnverfahren geltend gemacht worden ist,
6. Klagen wegen vollstreckungsrechtlicher Maßnahmen, insbesondere nach dem Achten Buch der Zivilprozessordnung[2],
7. Anträge nach § 404 der Strafprozessordnung[3],
8. Klagen, denen nach anderen gesetzlichen Vorschriften ein Vorverfahren vorauszugehen hat.

§ 37b Zuständigkeit und Verfahren. (1) [1] Das Schlichtungsverfahren führen die nach der Saarländischen Schiedsordnung bestellten Schiedspersonen in entsprechender Anwendung der Vorschriften des zweiten und vierten Abschnitts dieses Gesetzes durch, soweit in den nachfolgenden Absätzen nichts anderes bestimmt wird (obligatorische Streitschlichtung). [2] Das Erfordernis eines Einigungsversuchs vor der Schiedsperson entfällt, wenn die Parteien einvernehmlich einen Einigungsversuch vor einer vom Ministerium der Justiz eingerichteten oder anerkannten Gütestelle oder einer sonstigen Gütestelle, die Streitbeilegung betreibt, unternommen haben (fakultative Streitschlichtung).

(2) § 17 Abs. 2 Satz 2 sowie § 18 der Saarländischen Schiedsordnung finden keine Anwendung.

(3) Die Vollstreckung von Vergleichen im obligatorischen Schlichtungsverfahren sowie vor von der Landesjustizverwaltung eingerichteten oder anerkannten Gütestellen richtet sich nach den bundesgesetzlichen Vorschriften.

§ 37c Erfolglosigkeitsbescheinigung. (1) Eine Erfolglosigkeitsbescheinigung ist auf Antrag auszustellen

1. wenn sich die Parteien nicht einigen bzw. ein Vergleich nicht zustande kommt oder
2. wenn die Schlichtungsverhandlung beendet worden ist, weil feststeht, dass die antragsgegnerische Partei der Verhandlung unentschuldigt ferngeblieben ist oder sich unentschuldigt vor dem Schluss der Verhandlung wieder entfernt hat (§ 21 Abs. 4 Saarländische Schiedsordnung) oder
3. wenn seit der ordnungsgemäßen Antragstellung (§ 19 Saarländische Schiedsordnung) drei Monate verstrichen sind, ohne dass die Schlichtungsverhandlung durchgeführt worden ist; während des Ruhens des Verfahrens (§ 21 Abs. 3 Saarländische Schiedsordnung) ist der Lauf der Frist gehemmt.

(2) [1] Die Schiedsperson versieht die Bescheinigung mit ihrer Unterschrift und dem Dienstsiegel. [2] In der Bescheinigung sind die Beteiligten, der Antrag

[1] **Schönfelder Nr. 100.**
[2] Vgl. §§ 704 bis 945 der Zivilprozessordnung (**Schönfelder Nr. 100**).
[3] **Schönfelder Nr. 90.**

der antragstellenden Person, der Zeitpunkt des Antragseingangs und der Verfahrensbeendigung sowie Ort und Zeit der Ausstellung anzugeben.

(3) Der Nachweis der Durchführung einer fakultativen Streitschlichtung ist durch eine dem Absatz 2 entsprechende Bescheinigung zu führen, welche außerdem die Feststellung enthalten muss, dass sich die antragsgegnerische Partei mit der Durchführung der fakultativen Streitschlichtung durch diese Stelle einverstanden erklärt hat."

4. Die bisherigen Kapitel 1 bis 4 werden die Kapitel 2 bis 5.

5. Im neuen Kapitel 2 werden folgende §§ 37d bis 37l eingefügt:

„**§ 37d Anerkennung von Gütestellen.** Auf schriftlichen Antrag können Streitschlichtungseinrichtungen vom Ministerium der Justiz als Gütestelle im Sinne des § 794 Abs. 1 Nr. 1 der Zivilprozessordnung[1)] anerkannt werden, wenn sie die Voraussetzungen der §§ 37e bis 37h erfüllen."

„**§ 37e Persönliche Voraussetzungen.** (1) Natürliche Personen können als Gütestelle anerkannt werden, wenn sie nach ihrer Persönlichkeit und ihren Fähigkeiten für das Amt geeignet sind.

(2) Nicht anerkannt werden kann, wer

1. die Fähigkeit zur Bekleidung öffentlicher Ämter nicht besitzt;
2. unter Betreuung steht;
3. durch sonstige, nicht unter Nummer 2 fallende gerichtliche Anordnungen in der Verfügung über sein Vermögen beschränkt ist.

(3) [1] Juristische Personen oder deren Einrichtungen können als Gütestelle anerkannt werden, wenn gewährleistet ist, dass die von ihnen bestellte Schlichtungsperson die Voraussetzungen der Absätze 1 und 2 erfüllt. [2] Es muss darüber hinaus gewährleistet sein, dass die Schlichtungsperson im Rahmen ihrer Schlichtungstätigkeit unabhängig und an Weisungen nicht gebunden ist. [3] Die Bestellung als Schlichtungsperson muss für einen Zeitraum von mindestens drei Jahren erfolgen. [4] Eine Abberufung darf nur erfolgen, wenn Tatsachen vorliegen, die eine unabhängige Erledigung der Schlichtertätigkeit nicht mehr erwarten lassen."

„**§ 37f Verfahrensordnung.** (1) [1] Die Schlichtungseinrichtung bedarf einer Schlichtungsordnung. [2] Diese muss den Parteien des Schlichtungsverfahrens zugänglich sein.

(2) Die Schlichtungsordnung muss vorsehen, dass

1. die Schlichtungstätigkeit nicht ausgeübt wird
   a) in Angelegenheiten, in denen die Schlichtungsperson selbst Partei ist oder bei denen sie zu einer Partei in dem Verhältnis eines/einer Mitberechtigten, Mitverpflichteten oder Regresspflichtigen steht;
   b) in Angelegenheiten ihres Ehegatten/ihrer Ehegattin oder ihres/ihrer Verlobten, auch wenn die Ehe oder das Verlöbnis nicht mehr besteht;
   c) in Angelegenheiten einer Person, mit der sie in gerader Linie verwandt, verschwägert, in der Seitenlinie bis zum dritten Grade verwandt oder bis zum zweiten Grade verschwägert ist, auch wenn die Ehe, durch die die Schwägerschaft begründet ist, nicht mehr besteht;

[1)] **Schönfelder Nr. 100.**

d) in Angelegenheiten, in denen sie als Prozessbevollmächtigter/Prozessbevollmächtigte oder Beistand einer Partei bestellt oder als gesetzlicher Vertreter/gesetzliche Vertreterin einer Partei aufzutreten berechtigt ist oder war;

e) in Angelegenheiten einer Person, bei der sie gegen Entgelt beschäftigt oder bei der sie als Mitglied des Vorstandes, des Aufsichtsrats oder eines gleichartigen Organs tätig ist oder war;

2. die am Schlichtungsverfahren beteiligten Parteien die Gelegenheit erhalten, selbst oder durch von ihnen beauftragte Personen Tatsachen und Rechtsansichten vorzubringen und sich zu dem Vortrag der jeweils anderen Partei zu äußern."

„**§ 37g[1] Haftpflichtversicherung.** (1) [1] Soweit die Gütestelle nicht von einer öffentlich-rechtlichen Körperschaft oder Anstalt getragen wird, muss eine Haftpflichtversicherung für Vermögensschäden bestehen und die Versicherung während der Dauer der Anerkennung als Gütestelle aufrecht erhalten bleiben. [2] Die Versicherung muss bei einem im Inland zum Geschäftsbetrieb befugten Versicherungsunternehmen zu den nach Maßgabe des Versicherungsaufsichtsgesetzes eingereichten Allgemeinen Versicherungsbedingungen aufgenommen werden und sich auch auf solche Vermögensschäden erstrecken, für die die Gütestelle nach § 278 oder § 831 des Bürgerlichen Gesetzbuchs[2] einzustehen hat.

(2) Der Versicherungsvertrag hat Versicherungsschutz für jede einzelne Pflichtverletzung zu gewähren, die gesetzliche Haftpflichtansprüche privatrechtlichen Inhalts gegen die Gütestelle zur Folge haben könnte.

(3) [1] Die Mindestversicherungssumme beträgt 250.000 Euro für jeden Versicherungsfall. [2] Die Leistungen des Versicherungsunternehmens für alle innerhalb eines Versicherungsjahres verursachten Schäden können auf den vierfachen Betrag der Mindestversicherungssumme begrenzt werden.

(4) Die Vereinbarung eines Selbstbehalts bis zu 1 vom Hundert der Mindestversicherungssumme ist zulässig.

(5) Im Versicherungsvertrag ist das Versicherungsunternehmen zu verpflichten, dem Ministerium der Justiz den Beginn und die Beendigung oder Kündigung des Versicherungsvertrags sowie jede Änderung des Versicherungsvertrags, die den vorgeschriebenen Versicherungsschutz beeinträchtigt, unverzüglich mitzuteilen.

(6) Zuständige Stelle im Sinne des § 158c Abs. 2 des Gesetzes über den Versicherungsvertrag[3] in der im Bundesgesetzblatt Teil III, Gliederungsnummer 7632-1, veröffentlichten bereinigten Fassung, zuletzt geändert durch Artikel 8 des Gesetzes vom 9. März 2000 (BGBl. I S. 182), in seiner jeweils geltenden Fassung ist das Ministerium der Justiz."

„**§ 37h Aktenführung.** (1) [1] Es muss gewährleistet sein, dass die Gütestelle durch Anlegung von Handakten ein geordnetes Bild über die von ihr entfaltete Tätigkeit geben kann. [2] In diesen Akten sind insbesondere zu dokumentieren

---

[1] *Art. 1 § 37g Abs. 3 Satz 1 geänd. mWv 1.1.2002 durch G v. 7.11.2001 (Amtsbl. S. 2158).*
[2] **Schönfelder Nr. 20.**
[3] **Schönfelder Nr. 62.**

1. der Zeitpunkt der Anbringung eines Güteantrags bei der Gütestelle, weiterer Verfahrenshandlungen der Parteien und der Gütestelle sowie der Beendigung des Güteverfahrens;
2. der Inhalt eines etwa zwischen den Parteien geschlossenen Vergleichs.

(2) Die Gütestelle hat die Akten auf die Dauer von fünf Jahren nach Beendigung des Verfahrens aufzubewahren.

(3) Innerhalb des in Absatz 2 genannten Zeitraums können die Parteien von der Gütestelle gegen Erstattung der hierdurch entstehenden Kosten beglaubigte Ablichtungen der Handakten und Ausfertigungen etwa geschlossener Vergleiche verlangen."

„**§ 37i Rücknahme und Widerruf der Anerkennung.** (1) Die Anerkennung als Gütestelle ist mit Wirkung für die Zukunft zurückzunehmen, wenn Tatsachen nachträglich bekannt werden, bei deren Kenntnis die Zulassung hätte versagt werden müssen.

(2) Die Anerkennung ist zu widerrufen,

1. wenn die Schlichtungsperson nicht mehr die persönlichen Voraussetzungen des § 37e erfüllt;
2. wenn die Verfahrensordnung nicht mehr den Anforderungen des § 37f entspricht;
3. wenn die erforderliche Haftpflichtversicherung (§ 37g) nicht mehr besteht;
4. wenn die Gütestelle auf die Rechte aus ihrer Anerkennung gegenüber dem Ministerium der Justiz schriftlich verzichtet hat."

„**§ 37j[1] Gebühren und Verfahren.** (1) [1] Für die Anerkennung als Gütestelle wird eine Gebühr in Höhe von 128 Euro erhoben. [2] Wird der Antrag auf Anerkennung abgelehnt oder wird dieser zurückgenommen, so beträgt die Gebühr 30,70 Euro.

(2) Änderungen in der Person der Schlichterin oder des Schlichters, der Wegfall einer der Voraussetzungen für die Bestellung nach § 37e sowie Änderungen der Schlichtungsordnung sind unverzüglich anzuzeigen.

(3) [1] Die Anerkennung als Gütestelle sowie die Rücknahme oder der Widerruf der Anerkennung sind öffentlich bekannt zu machen. [2] Das Ministerium der Justiz führt eine Liste der im Saarland anerkannten Gütestellen."

„**§ 37k Anfechtung von Entscheidungen.** [1] Über die Rechtmäßigkeit von Anordnungen, Verfügungen oder sonstigen Maßnahmen nach den §§ 37d bis 37j entscheiden auf Antrag die ordentlichen Gerichte. [2] Für das Verfahren gelten die Vorschriften der §§ 23 bis 30 des Einführungsgesetzes zum Gerichtsverfassungsgesetz[2] in der im Bundesgesetzblatt Teil III, Gliederungsnummer 300-1, veröffentlichten bereinigten Fassung, zuletzt geändert durch Artikel 7 des Gesetzes vom 2. August 2000 (BGBl. I S. 1253), in seiner jeweils geltenden Fassung."

„**§ 37l Bestehende Gütestellen.** Dieses Gesetz findet auf zum Zeitpunkt seines In-Kraft-Tretens bereits anerkannte Gütestellen mit der Maßgabe Anwendung, dass es einer erneuten Anerkennung gemäß § 37d nicht bedarf."

6.–10. *(vom Abdruck wurde abgesehen)*

---

[1] Art. 1 § 37j Abs. 1 Sätze 1 und 2 geänd. mWv 1.1.2002 durch G v. 7.11.2001 (Amtsbl. S. 2158).
[2] **Schönfelder Nr. 95a.**

Art. 2–5 *(vom Abdruck wurde abgesehen)*

Art. 6[1)] Übergangsvorschrift, *Außer-Kraft-Treten*[2)]. (1) Die §§ 37a bis 37c des Gesetzes zur Ausführung bundesrechtlicher Justizgesetze finden auf alle Klagen Anwendung, die drei Monate nach ihrem In-Kraft-Treten nach Artikel 8 Abs. 2 bei Gericht eingereicht werden.

(2) Mit dem In-Kraft-Treten der durch Artikel 3 Abs. 5 bewirkten Änderungen der Verordnung über die gerichtliche Zuständigkeit in Zivilverfahren und Verfahren der freiwilligen Gerichtsbarkeit nach Artikel 6 Abs. 2 tritt die Verordnung über das maschinell geführte Grundbuch vom 20. Juni 2000 (Amtsbl. S. 1198) außer Kraft.

Art. 7 *(vom Abdruck wurde abgesehen)*

Art. 8[3)] In-Kraft-Treten. (1) *(vom Abdruck wurde abgesehen)*

(2) Im Übrigen tritt das Gesetz am Tag nach der Verkündung[4)] in Kraft.

[1)] Art. 6 Abs. 1 geänd. mWv 30.3.2001 durch G v. 7.11.2001 (Amtsbl. S. 2158); Abs. 1 Satz 2 geänd. mWv 1.7.2007 durch G v. 16.5.2007 (Amtsbl. S. 1226); Abs. 1 Satz 2 geänd. mWv 26.11.2010 durch G v. 26.10.2010 (Amtsbl. I S. 1406); Abs. 1 Satz 2 aufgeh. mWv 11.12.2020 durch G v. 11.11. 2020 (Amtsbl. I S. 1262).

[2)] Überschrift amtlich.

[3)] Art. 8 Abs. 1 Nr. 1 neu gef. mWv 30.3.2001 durch G v. 7.11.2001 (Amtsbl. S. 2158).

[4)] Verkündet am 29.3.2001.

104f. Schiedsstellen- und Schlichtungsgesetz (SchStG)

In der Fassung der Bekanntmachung vom 22. Juni 2001[1]
(GVBl. LSA S. 214)

BS LSA 305.0.1

zuletzt geänd. durch Art. 6 G zur Änd. des G über die Gerichte für Arbeitssachen und anderer Gesetze v. 8.3.2021 (GVBl. LSA S. 88)

– Auszug –

Erster Abschnitt. Die Schiedsstelle

§§ 1–12 *(vom Abdruck wurde abgesehen)*

Zweiter Abschnitt. Das Schlichtungsverfahren in bürgerlichen Rechtsstreitigkeiten

Unterabschnitt 1. Freiwillige außergerichtliche Streitschlichtung

§§ 13–34 *(vom Abdruck wurde abgesehen)*

Unterabschnitt 2. Obligatorische außergerichtliche Streitschlichtung

§ 34a[2] [Zulässigkeit der Klageerhebung] (1) In folgenden bürgerlichen Rechtsstreitigkeiten ist die Erhebung der Klage erst zulässig, nachdem die Parteien einen Versuch unternommen haben, die Streitigkeiten vor einer in § 34b genannten Stelle gütlich beizulegen:

1. *(aufgehoben)*
2. in Streitigkeiten aus dem Nachbarrecht wegen
   a) Einwirkungen auf das Nachbargrundstück nach § 906 des Bürgerlichen Gesetzbuches[3], sofern es sich nicht um Einwirkungen von einem gewerblichen Betrieb handelt,
   b) Überwuchses nach § 910 des Bürgerlichen Gesetzbuches,
   c) Hinüberfalls von Früchten nach § 911 des Bürgerlichen Gesetzbuches,
   d) eines Grenzbaums nach § 923 des Bürgerlichen Gesetzbuches,
   e) der im Nachbarschaftsgesetz des Landes Sachsen-Anhalt geregelten privaten Nachbarrechte, sofern es sich nicht um Einwirkungen von einem gewerblichen Betrieb handelt,
3. in Streitigkeiten über Ansprüche wegen Verletzungen der persönlichen Ehre, die nicht in Presse oder Rundfunk begangen worden sind.

(2) Absatz 1 findet keine Anwendung auf

[1] Neubekanntmachung des SchStG v. 25.3.1999 (GVBl. LSA S. 97) in der ab 1.7.2001 geltenden Fassung.

[2] § 34a Abs. 1 Nr. 1 geänd. durch G v. 7.12.2001 (GVBl. LSA S. 540); Abs. 3 eingef., bish. Abs. 3 wird Abs. 4 mWv 15.12.2005 durch G v. 8.12.2005 (GVBl. LSA S. 726); Abs. 1 Nr. 1 aufgeh. mWv 10.12.2008 durch G v. 2.12.2008 (GVBl. LSA S. 400); Abs. 2 Nr. 1 geänd. mWv 21.4.2010 durch G v. 13.4.2010 (GVBl. LSA S. 192); Abs. 1 Nr. 2 Buchst. a geänd. mWv 12.12.2014 durch G v. 5.12. 2014 (GVBl. LSA S. 512).

[3] **Schönfelder Nr. 20.**

1. Klagen nach den §§ 323, 323a, 324, 328 der Zivilvprozessordnung[1)], Widerklagen und Klagen, die binnen einer gesetzlichen oder gerichtlich angeordneten Frist zu erheben sind,
2. Streitigkeiten in Familiensachen,
3. Wiederaufnahmeverfahren,
4. Ansprüche, die im Urkunden- oder Wechselprozess geltend gemacht werden,
5. die Durchführung des streitigen Verfahrens, wenn ein Anspruch im Mahnverfahren geltend gemacht worden ist,
6. Klagen wegen vollstreckungsrechtlicher Maßnahmen, insbesondere nach dem Achten Buch der Zivilprozessordnung,
7. Adhäsionsverfahren nach den §§ 403 bis 406c der Strafprozessordnung[2)],
8. Klagen, für die nach anderen Vorschriften ein obligatorisches Vorverfahren angeordnet ist,
9. Streitigkeiten, an denen Behörden oder Organe des Bundes, eines Landes, der Gemeinden und Kreise sowie der Körperschaften, Anstalten oder Stiftungen des öffentlichen Rechts beteiligt sind.

(3) Ein Einigungsversuch nach Absatz 1 ist nur erforderlich, wenn alle Parteien ihren Wohnsitz, ihren Sitz oder ihre Niederlassung in Sachsen-Anhalt haben.

(4) Die nach landesrechtlichen Vorschriften bestehenden Ausschlussfristen für die Erhebung der Klage werden durch den Eingang eines Antrags nach § 34d Abs. 1 bei den in § 34b genannten Stellen unterbrochen.

§ 34b[3)] [Sachliche und örtliche Zuständigkeit] (1) Zur obligatorischen außergerichtlichen Streitschlichtung sind die Schiedsstellen nach § 1 sowie Schlichtungsstellen berufen, die jede Notarin und jeder Notar sowie diejenige Rechtsanwältin und derjenige Rechtsanwalt, die oder der in die Liste nach § 34c Abs. 2 eingetragen ist, errichtet.

(2) [1]Die Streitschlichtung obliegt der örtlich zuständigen Schlichtungsstelle, sofern nicht die Parteien die Zuständigkeit einer anderen Schieds- oder Schlichtungsstelle schriftlich vereinbart haben. [2]Örtlich zuständig ist diejenige Schieds- oder Schlichtungsstelle, in deren Bezirk die antragsgegnerische Partei wohnt oder ihren Sitz oder eine Niederlassung hat. [3]Der Bezirk der Schlichtungsstelle wird durch den Bezirk des Amtsgerichts, in dem sich die Geschäftsstelle oder die Kanzlei der Schlichtungsperson befindet, bestimmt. [4]Unter mehreren örtlich zuständigen Stellen trifft die antragstellende Partei die Wahl.

(3) Die Stellen, die nach Absatz 1 tätig werden, sind Gütestelle im Sinne von § 794 Abs. 1 Nr. 1 der Zivilprozessordnung[1)].

(4) [1]§ 10 Abs. 1 Satz 1, Abs. 2, die §§ 11, 17 und 18 Abs. 1 finden entsprechende Anwendung, soweit in § 34c nichts Abweichendes geregelt ist. [2]Die Schlichtungsperson bringt in den Büchern einen Abschlussvermerk an.

[1)] **Schönfelder Nr. 100.**

[2)] **Schönfelder Nr. 90.**

[3)] *§ 34b* Abs. 1, Abs. 2 Satz 1 geänd. mWv 10.12.2008 durch G v. 2.12.2008 (GVBl. LSA S. 400); Abs. 2 Satz 3 eingef., bish. Satz 3 wird Satz 4, Abs. 4 neu gef. mWv 23.1.2010 durch G v. 15.1.2010 (GVBl. LSA S. 8).

§ 34c[1)] [Errichtung von Schlichtungsstellen; Aufgaben; Aufsicht]

(1) [1]Jede Notarin und jeder Notar des Landes errichtet am Amtssitz eine Schlichtungsstelle. [2]Sie können die Durchführung des Schlichtungsverfahrens auch den bei ihnen in der Ausbildung befindlichen Notarassessorinnen und Notarassessoren zur selbständigen Erledigung übertragen.

(2) [1]Die Rechtsanwaltskammer des Landes Sachsen-Anhalt erstellt eine Liste ihrer Mitglieder, die bereit sind, als Schlichtungspersonen tätig zu werden. [2]Die Liste wird jeweils zum 31. Dezember mit Wirkung für das Folgejahr aufgestellt und vom für die Justizverwaltung zuständigen Ministerium im Ministerialblatt für das Land Sachsen-Anhalt veröffentlicht. [3]Die auf den Listen aufgeführten Schlichtungspersonen dürfen ein Tätigwerden nicht ohne ausreichenden Grund verweigern.

(3) [1]Die als Schlichtungspersonen tätigen Notarinnen, Notare, Rechtsanwältinnen und Rechtsanwälte sowie die Notarassessorinnen und Notarassessoren haben ihre Aufgaben gewissenhaft und unparteiisch zu erfüllen. [2]Sie beachten bei der Ausübung des Schlichteramtes ihre allgemeinen standes- und berufsrechtlichen Pflichten. [3]Wer als Schlichter tätig war, kann in derselben Sache keine der Parteien im gerichtlichen Verfahren vertreten.

(4) [1]Die Aufsicht über die Notarinnen und Notare als Schlichtungspersonen üben die in § 92 der Bundesnotarordnung[2)] bezeichneten Behörden aus; die Aufsicht über die Rechtsanwältinnen und Rechtsanwälte als Schlichtungspersonen obliegt den für die Entscheidung über die Zulassung zur Rechtsanwaltschaft nach § 6 der Bundesrechtsanwaltsordnung[3)] zuständigen Stellen. [2]Die Aufsichtsbehörde kann die hierfür erforderlichen Verwaltungsanordnungen treffen. [3]Die Aufsichtsbehörden haben darauf zu achten, dass die Schlichter den ihnen nach diesem Gesetz obliegenden Verpflichtungen nachkommen. [4]Sie können jederzeit Auskunft über die Geschäftsführung in diesen Angelegenheiten verlangen. [5]Sie entscheiden über die Frage der Erteilung einer Aussagegenehmigung. [6]Für die Notarinnen und Notare gelten im Übrigen die §§ 93 bis 110a der Bundesnotarordnung und für die Rechtsanwältinnen und Rechtsanwälte die §§ 113 bis 161a der Bundesrechtsanwaltsordnung entsprechend.

§ 34d[4)] [Antrag; Verweisung] (1) [1]Das Schlichtungsverfahren ist darauf gerichtet, den Rechtsstreit im Wege des Vergleichs beizulegen. [2]Es wird auf Antrag einer Partei eingeleitet. [3]§ 22 findet ensprechende Anwendung.

(2) [1]Soweit ein von der antragstellenden Partei zu zahlender Vorschuss (§ 48 Abs. 2) nicht innerhalb der hierfür bestimmten Frist geleistet wird, gilt der Antrag als zurückgenommen. [2]Auf die Folge ist mit Bestimmung der Frist hinzuweisen.

(3) Die Schlichtungspersonen können die Parteien an eine dazu bereite andere Schlichtungsperson verweisen, wenn das beantragte Schlichtungsverfahren voraussichtlich nicht binnen einer Frist von drei Monaten durchgeführt werden kann.

[1)] § 34c Abs. 4 Satz 1 zweiter Halbs. geänd. mWv 10.12.2008 durch G v. 2.12.2008 (GVBl. LSA S. 400); Abs. 2 Satz 2 geänd. mWv 23.1.2010 durch G v. 15.1.2010 (GVBl. LSA S. 8).

[2)] Nr. **98a**.

[3)] Nr. **98**.

[4)] § 34d Abs. 4 neu gef. mWv 10.12.2008 durch G v. 2.12.2008 (GVBl. LSA S. 400); Abs. 2 Satz 1 und Abs. 4 Satz 1 geänd. mWv 16.3.2021 durch G v. 8.3.2021 (GVBl. LSA S. 88).

(4) [1]Die Schiedsperson kann die Parteien an eine in § 34c Abs. 1 und 2 genannte und dazu bereite Schlichtungsperson verweisen, wenn der Fall rechtlich oder tatsächlich schwierig ist. [2]Für die Verweisung werden Kosten nicht erhoben. [3]Nach Beginn der Schlichtungsverhandlung ist eine Verweisung nur mit Zustimmung der antragstellenden Partei zulässig. [4]Der Beschluss ist unanfechtbar.

(5) Die Schlichtungspersonen können in Streitigkeiten aus dem Nachbarrecht den Antrag auf Einleitung eines Schlichtungsverfahrens ablehnen, wenn der Schwerpunkt im öffentlichen Recht liegt.

§ 34e[1)] [Ablauf der Schlichtungsverhandlung] (1) [1]Die Schlichtungsperson hat umgehend Ort und Zeit der Schlichtungsverhandlung zu bestimmen. [2]§ 23 Abs. 2 bis 4 findet entsprechende Anwendung.

(2) [1]Die Parteien haben in dem anberaumten Termin persönlich zu erscheinen. [2]Dies gilt nicht im Fall der gesetzlichen Vertretung oder des § 51 Abs. 3 der Zivilprozessordnung[2)] sowie dann, wenn die Parteien einen Vertreter entsenden, der zur Aufklärung des Sachverhalts in der Lage und zu einem Vergleichsabschluss ausdrücklich ermächtigt ist, und die Schlichtungsperson dem Fernbleiben der Partei vor der Schlichtungsverhandlung zugestimmt hat. [3]§ 28 Satz 2 und § 29 sind entsprechend anzuwenden.

(3) [1]Bleibt die antragstellende Partei im Termin aus, ohne ihr Ausbleiben vor dem Termin oder innerhalb von zwei Wochen nach dem Termin genügend zu entschuldigen, gilt der Antrag als zurückgenommen. [2]Eine Bescheinigung über die Erfolglosigkeit des Einigungsversuchs (§ 34h) wird nicht erteilt. [3]§ 25 gilt entsprechend.

(4) Erscheint die antragsgegnerische Partei nicht zu dem Termin, gelten § 24 Abs. 2 bis 7, § 25 entsprechend.

§ 34f[3)] [Formvorschriften; Protokoll] (1) [1]Die Schlichtungsverhandlung findet in der Regel mündlich und nicht öffentlich statt. [2]Sie soll möglichst ohne Unterbrechung zu Ende geführt werden; ein Termin zur Fortsetzung der Verhandlung ist sofort zu bestimmen. [3]In geeigneten Fällen sieht die

(Fortsetzung nächstes Blatt)

[1)] § 34e Abs. 1 Satz 1 neu gef., Abs. 2 Satz 2 geänd. mWv 10.12.2008 durch G v. 2.12.2008 (GVBl. LSA S. 400).

[2)] **Schönfelder Nr. 100.**

[3)] § 34f Abs. 2 Satz 2 Nr. 4 geänd., Abs. 3 Satz 2 neu gef. mWv 10.12.2008 durch G v. 2.12.2008 (GVBl. LSA S. 400).

Schlichtungsperson nach Anhörung der Parteien von einem Termin ab und verfährt schriftlich. [4] Beweise sind nur entsprechend § 30 zu erheben. [5] Im Übrigen wird der Gang des Verfahrens von der Schlichtungsperson nach freiem Ermessen bestimmt.

(2) [1] Über die Schlichtungsverhandlung ist ein Protokoll in deutscher Sprache aufzunehmen. [2] Das Protokoll enthält:

1. den Ort und die Zeit der Verhandlung,
2. den Namen der Schlichtungsperson nebst der Angabe, ob es sich um eine Schiedsperson, eine Notarin oder einen Notar, eine Notarassessorin oder einen Notarassessor, eine Rechtsanwältin oder einen Rechtsanwalt handelt,
3. die Namen und Anschriften der erschienen[1)] Parteien, gesetzlichen Vertreterinnen und Vertreter, Bevollmächtigten, Beistände, Dolmetscherinnen und Dolmetscher sowie die Angabe, wie sich diese legitimiert haben,
4. eine gedrängte Beschreibung des Streitgegenstandes,
5. die wesentlichen Vorgänge der Verhandlung.

(3) [1] Kommt ein Vergleich zustande, so ist sein Wortlaut zu Protokoll zu nehmen. [2] § 32 findet entsprechende Anwendung.

(4) [1] Die Parteien oder deren Rechtsnachfolgerinnen oder Rechtsnachfolger erhalten auf Verlangen Abschriften oder Ausfertigungen des Protokolls. [2] § 33 findet entsprechende Anwendung. [3] Der Ausfertigungsvermerk einer Schlichtungsstelle nach § 34 c Abs. 2 ist anstelle eines Dienstsiegels mit einem anwaltlichen Stempel zu versehen.

§ 34 g [Zwangsvollstreckung] (1) [1] Aus dem in der Schlichtungsverhandlung geschlossenen Vergleich findet die Zwangsvollstreckung statt. [2] § 34 Abs. 2 Satz 1 gilt entsprechend.

(2) [1] Die Vollstreckungsklausel auf einem vor einer Schlichtungsstelle geschlossenen Vergleich erteilt im Falle des § 34 c Abs. 1 die Notarin oder der Notar, ansonsten das Amtsgericht. [2] § 34 Abs. 2 Satz 2 und Abs. 3 gilt entsprechend.

§ 34 h[2)] [Erfolglosigkeitsbescheinigung] (1) Bleibt der Einigungsversuch erfolglos, ist der antragstellenden Partei hierüber unverzüglich eine Bescheinigung auszustellen (Erfolglosigkeitsbescheinigung).

(2) [1] Die Bescheinigung hat die Namen und die Anschriften der Parteien, eine Angabe des Streitgegenstands, Beginn und Ende des Verfahrens sowie Ort und Zeit der Ausstellung zu enthalten. [2] Im Falle der Erteilung einer Bescheinigung nach § 15 a Abs. 1 Satz 3 des Gesetzes, betreffend die Einführung der Zivilprozessordnung[3)] ist dies gesondert zu vermerken.

(3) Das Scheitern eines Einigungsversuchs vor einer anderen Gütestelle im Sinne von § 15 a Abs. 3 des Gesetzes, betreffend die Einführung der Zivilprozessordnung ist durch eine Bescheinigung der jeweiligen Gütestelle nachzuweisen, die den Anforderungen des Absatzes 2 entspricht.

---

1) Richtig wohl: „erschienenen".
2) § 34 h Abs. 1 geänd. mWv 10. 12. 2008 durch G v. 2. 12. 2008 (GVBl. LSA S. 400).
3) **Schönfelder Nr. 101.**

(4) Eine Bescheinigung ist auch auszustellen, sofern die Schlichtungsperson den Anwendungsbereich nach § 34 a für nicht eröffnet oder einen Fall des § 34 d Abs. 5 als gegeben erachtet.

§ 34 i [Kosten] (1) [1] Jede Partei trägt ihre eigenen Kosten. [2] Eine Erstattung der Kosten der Parteien findet nicht statt. [3] Die Parteien können eine hiervon abweichende Vereinbarung treffen.

(2) Haben die Parteien einen Vergleich geschlossen, ohne dass darin eine Vereinbarung über die Kostentragung enthalten ist, gelten die Kosten als gegeneinander aufgehoben.

Dritter–Sechster Abschnitt. *(vom Abdruck wurde abgesehen)*

104g. Gesetz zur Ausführung von § 15a des Gesetzes betreffend die Einführung der Zivilprozessordnung (Landesschlichtungsgesetz – LSchliG)

Vom 11. Dezember 2001
(GVOBl. S. 361, ber. 2002 S. 218)

GS Schl.-H. II, Gl.Nr. B 310-3

Lfd. Nr.	Änderndes Gesetz	Datum	Fundstelle	Betroffen	Hinweis
1.	Art. 1 ÄndG	9.12.2005	GVOBl. Schl.-H. S. 538	§ 11	
2.	Art. 1 ÄndG	16.12.2008	GVOBl. Schl.-H. S. 831	§§ 1, 11	
3.	Art. 17 G zur Änd. des LandesjustizG und anderer G	17.3.2022	GVOBl. Schl.-H. S. 301	§ 9	mWv 15.4.2022

Inhaltsübersicht

Der Landtag hat das folgende Gesetz beschlossen:

Erster Teil

§ 1[1] Anwendungsbereich (1) [1]Die Erhebung der Klage ist erst zulässig, nachdem von einer Gütestelle nach § 3 versucht worden ist, die Streitigkeit einvernehmlich beizulegen, in

1. Streitigkeiten über Ansprüche nach Abschnitt 3 des Allgemeinen Gleichbehandlungsgesetzes[2] vom 14. August 2006 (BGBl. I S. 1697), zuletzt geändert durch Artikel 19 Abs. 10 des Gesetzes vom 12. Dezember 2007 (BGBl. I S. 2840).

[1] § 1 Abs. 1 Nr. 1 neu gef. mWv 31.12.2008 durch G v. 16.12.2008 (GVOBl. Schl.-H. S. 831).
[2] **Habersack, Deutsche Gesetze Nr. 34.**

2. Streitigkeiten über Ansprüche wegen
   a) der in § 906 des Bürgerlichen Gesetzbuches[1)] geregelten Einwirkungen auf Grundstücke, sofern es sich nicht um Einwirkungen von einem gewerblichen Betrieb handelt,
   b) Überwuchses nach § 910 des Bürgerlichen Gesetzbuches,
   c) Hinüberfalls nach § 911 des Bürgerlichen Gesetzbuches,
   d) Hinüberfalls nach § 911 des Bürgerlichen Gesetzbuches,
   e) der im Nachbarrechtsgesetz für das Land Schleswig-Holstein geregelten Nachbarrechte, sofern es sich nicht um Einwirkungen von einem gewerblichen Betrieb handelt,
3. Streitigkeiten über Ansprüche wegen Verletzung der persönlichen Ehre, die nicht in Presse oder Rundfunk begangen worden sind.

[2] Die Klägerin oder der Kläger hat eine von der Gütestelle ausgestellte Bescheinigung über einen erfolglosen Einigungsversuch mit der Klage einzureichen.

(2) [1] Absatz 1 findet keine Anwendung auf

1. Klagen nach §§ 323, 324, 328 der Zivilprozessordnung[2)], Widerklagen und Klagen, die binnen einer gesetzlichen oder gerichtlich angeordneten Frist zu erheben sind,
2. Streitigkeiten in Familiensachen,
3. Wiederaufnahmeverfahren,
4. Ansprüche, die im Urkunden-, Wechsel- oder Scheckprozess geltend gemacht werden,
5. die Durchführung des streitigen Verfahrens, wenn ein Anspruch im Mahnverfahren geltend gemacht worden ist,
6. Klagen wegen vollstreckungsrechtlicher Maßnahmen, insbesondere nach dem Achten Buch der Zivilprozessordnung,
7. Anträge nach § 404 der Strafprozessordnung[3)],
8. Klagen, denen nach anderen gesetzlichen Bestimmungen ein Vorverfahren vorauszugehen hat.

[2] Das gleiche gilt, wenn die Parteien nicht in demselben Landgerichtsbezirk wohnen oder ihren Sitz oder eine Niederlassung haben.

§ 2 Bescheinigung über erfolglosen Einigungsversuch. (1) Die Gütestelle erteilt auf Antrag eine unterschriebene Bescheinigung über die Erfolglosigkeit des Schlichtungsverfahrens, wenn

1. in der Schlichtungsverhandlung ein Vergleich nicht zustande gekommen ist,
2. allein die Antragsgegnerin oder der Antragsgegner dem Schlichtungstermin unentschuldigt ferngeblieben ist oder sich vor dem Schluss der Schlichtungsverhandlung unentschuldigt entfernt hat,
3. binnen einer Frist von drei Monaten seit Antragstellung und Zahlung des erforderlichen Vorschusses das beantragte Schlichtungsverfahren nicht durchgeführt worden ist,

---

[1)] **Habersack, Deutsche Gesetze Nr. 20.**
[2)] **Habersack, Deutsche Gesetze Nr. 100.**
[3)] **Habersack, Deutsche Gesetze Nr. 90.**

4. die Gütestelle die Ausübung des Amtes nach § 18 der Schiedsordnung oder deshalb ablehnt, weil die Voraussetzungen nach § 1 dieses Gesetzes nicht vorliegen.

(2) Die Bescheinigung muss enthalten

1. die Namen, Vornamen und Anschriften der Parteien und ihrer gesetzlichen Vertreterinnen oder Vertreter,
2. Angaben über den Gegenstand des Streits, insbesondere die Anträge,
3. die Zeitpunkte des Antragseingangs und der Verfahrensbeendigung sowie
4. Ort und Zeit der Ausstellung.

Zweiter Teil

§ 3 Gütestellen. (1) Gütestellen sind

1. alle Rechtsanwältinnen und Rechtsanwälte, die nicht Parteivertreterinnen oder Parteivertreter sind, sowie sonstige Gütestellen, die Streitbeilegungen betreiben (allgemeine Gütestellen),
2. die Schiedsämter nach der Schiedsordnung für das Land Schleswig-Holstein vom 10. April 1991 (GVOBl. Schl.-H. S. 232), Zuständigkeiten und Ressortbezeichnungen ersetzt durch Verordnung vom 13. Februar 2001 (GVOBl. Schl.-H. S. 34), und
3. die anwaltlichen Gütestellen nach § 6.

(2) Gütestellen im Sinne des Absatzes 1 Nr. 1 und 3 sind auch Rechtsbeistände, die Mitglied einer Rechtsanwaltskammer sind.

§ 4 Auswahl der Gütestelle. (1) [1]Die Parteien können sich für einen Schlichtungsversuch einvernehmlich an eine allgemeine Gütestelle nach § 3 Nr. 1 wenden. [2]Das Einvernehmen wird unwiderleglich vermutet, wenn die Verbraucherin oder der Verbraucher eine branchengebundene Gütestelle, eine Gütestelle der Industrie- und Handelskammer, der Handwerkskammer oder der Innung angerufen hat.

(2) [1]Können sich die Parteien nicht auf eine allgemeine Gütestelle einigen, ist das Schlichtungsverfahren von einer Gütestelle nach § 3 Nr. 2 oder 3 durchzuführen. [2]Unter mehreren örtlich zuständigen Gütestellen hat die antragstellende Partei die Wahl.

§ 5 Schiedsämter. Für das Schlichtungsverfahren vor dem Schiedsamt nach § 3 Nr. 2 gelten die §§ 14 bis 34 und 41 bis 49 der Schiedsordnung entsprechend.

§ 6 Anwaltliche Gütestellen. (1) Gütestelle nach § 3 Nr. 3 ist jede Rechtsanwältin und jeder Rechtsanwalt, die oder der auf Antrag durch die Schleswig-Holsteinische Rechtsanwaltskammer als Gütestelle zugelassen ist.

(2) [1]Jede Rechtsanwältin und jeder Rechtsanwalt, die oder der sich gegenüber der Rechtsanwaltskammer verpflichtet hat, Schlichtung als dauerhafte Aufgabe zu betreiben, ist durch die Rechtsanwaltskammer als Gütestelle zuzulassen. [2]Die Rechtsanwaltskammer kann die Zulassung wegen groben Verstoßes gegen die Pflichten nach § 8 dieses Gesetzes widerrufen.

(3) [1]Die Aufsicht über die anwaltlichen Gütestellen führt die Rechtsanwaltskammer. [2]Sie erlässt die hierzu erforderlichen Verwaltungsvorschriften. [3]Sie kann

von den Gütestellen jederzeit Auskunft über alle die Geschäftsführung betreffenden Angelegenheiten verlangen.

§ 7 Verfahren vor den anwaltlichen Gütestellen. [1] Für das Verfahren vor den anwaltlichen Gütestellen gelten §§ 7 Abs. 1 Satz 2 und Abs. 2, § 10 Abs. 1, §§ 16 bis 18 und 19 Abs. 1, §§ 20 bis 34, 42 Abs. 1 und Abs. 2 Satz 1 und 2, 1. Halbsatz, § 43 Abs. 1, Abs. 2 Satz 1 und Abs. 3, § 44 Abs. 1, § 45 Abs. 3 und § 47 der Schiedsordnung entsprechend. [2] § 14 der Schiedsordnung ist mit der Maßgabe anzuwenden, dass es für die örtliche Zuständigkeit der Gütestelle auf den Amtsgerichtsbezirk ankommt, in dem die Antragsgegnerin oder der Antragsgegner wohnt. [3] § 44 Abs. 2 und 3 der Schiedsordnung ist mit der Maßgabe anzuwenden, dass die Vorschrift lediglich auf die Beitreibung der Ordnungsgelder Anwendung findet. [4] § 48 Abs. 1 der Schiedsordnung ist mit der Maßgabe anzuwenden, dass die Ordnungsgelder der Gemeinde zufließen, in der die Gütestelle ihren Sitz hat.

§ 8 Pflichten der anwaltlichen Gütestellen. (1) [1] Rechtsanwältinnen und Rechtsanwälte unterliegen auch bei der Ausübung ihrer Tätigkeit nach § 6 Abs. 1 ihren allgemeinen Berufspflichten. [2] Ihnen steht hinsichtlich der Tatsachen, die Gegenstand des Schlichtungsverfahrens sind, ein Zeugnisverweigerungsrecht zu.

(2) Anwaltliche Gütestellen sind außer in den Fällen des § 16 der Schiedsordnung von der Ausübung ihres Amtes ausgeschlossen, wenn die Rechtsanwältin oder der Rechtsanwalt oder eine Person, die mit ihr oder ihm zur gemeinsamen Berufsausübung verbunden ist oder mit ihr oder ihm gemeinsame Geschäftsräume hat oder mit der sie oder ihn ein ständiges Dienstverhältnis verbindet, eine der Parteien des Schlichtungsverfahrens in derselben oder einer anderen Angelegenheit vertreten oder beraten hat.

(3) [1] Rechtsanwältinnen und Rechtsanwälte, die als Gütestelle nach § 6 Abs. 1 tätig werden, dürfen die Parteien des Schlichtungsverfahrens in derselben Angelegenheit weder vertreten noch beraten. [2] Satz 1 gilt entsprechend für Personen, die mit den Schlichterinnen und Schlichtern zur gemeinsamen Berufsausübung verbunden sind oder mit ihnen gemeinsame Geschäftsräume haben oder mit denen sie ein ständiges Dienstverhältnis verbindet.

§ 9[1)] Kosten des Verfahrens vor den anwaltlichen Gütestellen. (1) Die Gebühr für die Durchführung des Schlichtungsverfahrens vor der anwaltlichen Gütestelle beträgt 65 Euro; kommt ein Vergleich zustande, beträgt sie 130 Euro.

(2) [1] Für Post- und Telekommunikationsdienstleistungen sowie Schreibauslagen steht der anwaltlichen Gütestelle eine Pauschale von 15 Euro zu. [2] § 46 Abs. 1 Nr. 2, Abs. 2 Satz 1, 3 bis 5 der Schiedsordnung gilt entsprechend.

(3) Die anwaltliche Gütestelle hat ferner Anspruch auf Ersatz der auf die Gebühren und Auslagen entfallenden Umsatzsteuer, sofern diese nicht unerhoben bleibt.

(4) [1] Eine Partei, die die Voraussetzungen für die Gewährung von Beratungshilfe nach den Vorschriften des Beratungshilfegesetzes[2)] vom 18. Juni 1980 (BGBl. I S. 689), zuletzt geändert durch Gesetz vom 25. Juni 2021 (BGBl. I S. 2154), erfüllt, ist von der Verpflichtung zur Zahlung der Vergütung befreit. [2] In diesem Fall

---

[1)] § 9 Abs. 4 Sätze 1 und 3 sowie Abs. 5 Satz 4 geänd. mWv 15.4.2022 durch G v. 17.3.2022 (GVOBl. Schl.-H. S. 301).

[2)] Nr. **98b**.

erstattet die Landeskasse der Gütestelle die Vergütung. [3] §§ 4 bis 6 des Beratungshilfegesetzes finden entsprechende Anwendung.

(5) [1] Ist der Gütestelle die Vergütung nach Absatz 4 Satz 2 erstattet worden, geht der Anspruch auf Kostenerstattung, der sich aus der Verurteilung der gegnerischen Partei in die Prozesskosten im nachfolgenden Gerichtsverfahren ergibt, insoweit auf die Landeskasse über. [2] Diese macht den Anspruch nach den Vorschriften über die Einziehung der Kosten des gerichtlichen Verfahrens geltend. [3] In diesem Fall wird der Anspruch bei dem Gericht der Hauptsache angesetzt. [4] Für die Entscheidung über eine gegen den Ansatz gerichtete Erinnerung und über die Beschwerde gilt § 66 des Gerichtskostengesetzes[1)] entsprechend.

Dritter Teil

§ 10 *(nicht wiedergegebene Änderungsvorschrift)*

§ 11[2)] Inkrafttreten. Dieses Gesetz tritt am ersten Tag des dritten auf die Verkündung[3)] folgenden Kalendermonats in Kraft.

[1)] **Habersack, Deutsche Gesetze Nr. 115.**

[2)] § 11 Satz 2 geänd. mWv 23.12.2005 durch G v. 9.12.2005 (GVOBl. Schl.-H. S. 538); Satz 2 aufgeh. mWv 31.12.2008 durch G v. 16.12.2008 (GVOBl. Schl.-H. S. 831).

[3)] Verkündet am 28.12.2001.

104 h. Rheinland-Pfälzisches Landesgesetz zur Ausführung des § 15 a des Gesetzes betreffend die Einführung der Zivilprozessordnung (Landesschlichtungsgesetz – LSchlG)

Vom 10. September 2008 (GVBl. S. 204)

Der Landtag Rheinland-Pfalz hat das folgende Gesetz beschlossen:

§ 1. Sachlicher Anwendungsbereich. (1) Die Erhebung einer Klage ist erst zulässig, nachdem von einer in § 3 genannten Gütestelle versucht worden ist, die Streitigkeit einvernehmlich beizulegen,

1. in Streitigkeiten über Ansprüche wegen
   a) der in § 906 des Bürgerlichen Gesetzbuches (BGB) geregelten Einwirkungen, sofern es sich nicht um Einwirkungen von einem gewerblichen Betrieb handelt,
   b) Überwuchses nach § 910 BGB,
   c) Hinüberfalls nach § 911 BGB,
   d) eines Grenzbaumes nach § 923 BGB,
   e) der im Landesnachbarrechtsgesetz geregelten Nachbarrechte, sofern es sich nicht um Einwirkungen von einem gewerblichen Betrieb handelt,
2. in Streitigkeiten über Ansprüche wegen Verletzungen der persönlichen Ehre, die nicht in Presse oder Rundfunk begangen worden sind.

(2) Absatz 1 findet keine Anwendung auf

1. Klagen nach den §§ 323, 324 und 328 der Zivilprozessordnung, Widerklagen und Klagen, die binnen einer gesetzlichen oder gerichtlich angeordneten Frist zu erheben sind,
2. Streitigkeiten in Familiensachen,
3. Wiederaufnahmeverfahren,
4. Ansprüche, die im Urkunden- oder Wechselprozess geltend gemacht werden,
5. die Durchführung des streitigen Verfahrens, wenn ein Anspruch im Mahnverfahren geltend gemacht worden ist,
6. Klagen wegen vollstreckungsrechtlicher Maßnahmen, insbesondere nach dem Buch 8 der Zivilprozessordnung,
7. Anträge nach § 404 der Strafprozessordnung und
8. Klagen, für die nach anderen gesetzlichen Bestimmungen ein obligatorisches Vorverfahren angeordnet ist.

§ 2. Räumlicher Anwendungsbereich. Ein Einigungsversuch nach § 1 Abs. 1 ist nur erforderlich, wenn alle Parteien im Zeitpunkt des Eingangs des Antrags auf Durchführung des Schlichtungsverfahrens ihren Wohnsitz, ihren

Sitz oder eine Niederlassung in Rheinland-Pfalz in demselben oder in benachbarten Landgerichtsbezirken haben.

§ 3. Sachliche Zuständigkeit. (1) [1] Das Schlichtungsverfahren nach diesem Gesetz führt die nach der Schiedsamtsordnung bestellte Schiedsperson oder eine andere durch das Ministerium der Justiz anerkannte Gütestelle (§ 794 Abs. 1 Nr. 1 der Zivilprozessordnung) nach Maßgabe der jeweils für sie geltenden Verfahrensordnung durch, soweit dieses Gesetz nicht davon abweichende Regelungen trifft (obligatorische Streitschlichtung). [2] Unter mehreren Gütestellen nach Satz 1 hat die antragstellende Partei die Auswahl.

(2) Das Erfordernis eines Einigungsversuchs vor einer Gütestelle nach Absatz 1 entfällt, wenn die Parteien einvernehmlich einen Einigungsversuch vor einer sonstigen Gütestelle, die Streitbeilegungen betreibt, unternommen haben (fakultative Streitschlichtung).

§ 4. Erfolglosigkeitsbescheinigung. (1) [1] Über einen ohne Erfolg durchgeführten Einigungsversuch ist den Parteien eine Bescheinigung zu erteilen. [2] Diese Bescheinigung ist auf Antrag auch auszustellen, wenn binnen einer Frist von drei Monaten das beantragte Schlichtungsverfahren nicht durchgeführt worden ist.

(2) [1] Die Bescheinigung muss enthalten:

1. die Namen und Anschriften der Parteien,
2. die Bezeichnung des Streitgegenstandes,
3. die Anträge der Parteien,
4. des Zeitpunkt des Antragseingangs und der Beendigung des Schlichtungsverfahrens,
5. Ort und Zeit der Ausstellung sowie
6. die Unterschrift der Schlichtungsperson.

[2] Bei einer fakultativen Streitschlichtung muss die Bescheinigung außerdem die Feststellung enthalten, dass sich die antragsgegnerische Partei mit der Durchführung der fakultativen Streitschlichtung durch diese Gütestelle einverstanden erklärt hatte.

§ 5. Inkrafttreten. Dieses Gesetz tritt am ersten Tage des auf die Verkündung[1)] folgenden dritten Kalendermonats in Kraft.

---

1) Verkündet am 19. 9. 2008.

104i. Schiedsstellen- und Schlichtungsgesetz – SchStG M-V[1) 2)]

Vom 13. September 1990

(GBl. S. 1527)

GS Meckl.-Vorp. Gl. Nr. 304-1

zuletzt geänd. durch Art. 1 G zur Änd. des Schiedsstellen- und SchlichtungsG und des LandesrichterG v. 26.5.2021 (GVOBl. M-V S. 598)

– Auszug –

Inhaltsübersicht[3)]

---

1) Änderungen vor dem 1.1.2005 sind nicht in Fußnoten nachgewiesen.

2) Titel neu gef. mWv 1.10.2010 durch G v. 1.7.2010 (GVOBl. M-V S. 329).

3) Inhaltsübersicht neu gef. mWv 1.10.2010 durch G v. 1.7.2010 (GVOBl. M-V S. 329); geänd. mWv 28.5.2021 durch G v. 26.5.2021 (GVOBl. M-V S. 598).

Abschnitt 1. Die Schiedsstelle

§ 1[1)] Einrichtung der Schiedsstelle, Schiedsstellenbereiche (1) [1] Zur Durchführung der Schlichtungsverfahren nach diesem Gesetz richtet jede Gemeinde eine oder mehrere Schiedsstellen ein und unterhält sie. [2] Amtsangehörige Gemeinden eines Amtes können statt dessen gemeinsame Schiedsstellen bilden. [3] Die Schiedsstelle führt einen auf die Gemeinde oder die Gemeinden hinweisenden Zusatz. [4] Die Einrichtung von Schiedsstellen ist ortsüblich bekanntzumachen.

(2) [1] Werden in einer Gemeinde mehrere Schiedsstellen eingerichtet, bestimmt die Gemeinde die örtliche Abgrenzung der Zuständigkeitsbereiche. [2] Entsprechendes gilt für mehrere gemeinsame Schiedsstellen amtsangehöriger Gemeinden.

(3) Die Gemeinden erfüllen die ihnen nach diesem Gesetz obliegenden Aufgaben im eigenen Wirkungskreis.

(4) Die Schiedsstellen sind Gütestellen im Sinne des § 15a Abs. 1 des Einführungsgesetzes zur Zivilprozessordnung[2)].

§ 2[3)] Besetzung der Schiedsstelle, Vertretung. (1) [1] Die Aufgaben der Schiedsstelle werden von einer Schiedsperson wahrgenommen. [2] Die Schiedsperson ist ehrenamtlich tätig.

(2) [1] Jede Schiedsperson wird durch mindestens eine weitere Schiedsperson vertreten. [2] Gemeinden mit mehreren Schiedsstellen oder Gemeinden innerhalb eines Amtes mit mehreren gemeinsamen Schiedsstellen können die Vertretung in der Weise regeln, daß sich die Schiedspersonen der Schiedsstellen gegenseitig vertreten. [3] Satz 2 gilt auch für amtsfreie Gemeinden und Gemeinden, die unterschiedlichen Ämtern angehören, soweit deren Schiedsstellen ihren Sitz innerhalb eines gemeinsamen Amtsgerichtsbezirks haben.

§ 3 Wahl der Schiedsperson, Amtsdauer. [1] Die Schiedsperson und die stellvertretende Schiedsperson werden von der Gemeindevertretung oder den Gemeindevertretungen auf fünf Jahre gewählt. [2] Wahlvorschläge können auch von Ortsteilvertretungen gemacht werden.

---

1) § 1 Abs. 4 angef. mWv 1.10.2010 durch G v. 1.7.2010 (GVOBl. M-V S. 329).
2) **Schönfelder Nr. 101.**
3) § 2 Abs. 2 Satz 3 angef. mWv 28.5.2021 durch G v. 26.5.2021 (GVOBl. M-V S. 598).

§ 4 Eignung für das Schiedsamt. (1) [1] Die Schiedsperson muß nach ihrer Persönlichkeit und ihren Fähigkeiten für das Amt geeignet sein. [2] Zur Schiedsperson darf nicht gewählt werden:

1. wer infolge gerichtlicher Entscheidung die Fähigkeit zur Bekleidung öffentlicher Ämter nicht besitzt oder wegen einer vorsätzlichen Tat zu einer Freiheitsstrafe von mehr als sechs Monaten verurteilt wurde;
2. eine Person, gegen die ein Ermittlungsverfahren wegen einer Tat anhängig ist oder Anklage wegen einer solchen Tat erhoben wurde, die den Verlust der Fähigkeit zur Bekleidung öffentlicher Ämter zur Folge haben kann;
3. eine Person, die durch gerichtliche Anordnung in der Verfügung über ihr Vermögen beschränkt ist.

(2) Als Schiedsperson soll nicht gewählt werden, wer

1. bei Beginn der Amtsperiode nicht das 25. Lebensjahr vollendet hat,
2. nicht im Bereich der Gemeinde oder im Falle des § 1 Abs. 1 Satz 2 des Amtes wohnt.

§ 5[1)] Bestätigung der gewählten Person durch das Gericht. (1) Die Wahl der Schiedsperson und ihrer Stellvertretung bedarf der Bestätigung durch die Direktorin oder den Direktor des Amtsgerichts, in dessen Bezirk die Schiedsstelle ihren Sitz hat.

(2) Die Direktorin oder der Direktor des Amtsgerichts prüft, ob bei der Wahl der Schiedsperson die Vorschrift des § 4 Abs. 1 Satz 2 beachtet worden ist.

(3) [1] Die Versagung der Bestätigung ist zu begründen. [2] Die Bestätigung oder die Versagung der Bestätigung der Wahl der Schiedsperson ist der Bürgermeisterin oder dem Bürgermeister mitzuteilen, die Versagung auch der betreffenden Schiedsperson.

§ 6[2)] [Verpflichtung der Schiedsperson auf ihr Amt] Die Schiedsperson wird von der Direktorin oder vom Direktor des Amtsgerichts in ihr Amt berufen und verpflichtet, ihre Aufgaben gewissenhaft und unparteiisch zu erfüllen.

§ 7[3)] [Ablehnung und Niederlegung des Amtes] (1) Die Berufung zur Schiedsperson kann ablehnen, wer

1. das 65. Lebensjahr vollendet hat,
2. infolge Krankheit auf voraussichtlich längere Zeit gehindert ist, das Amt auszuüben,
3. aus beruflichen Gründen häufig oder langdauernd von seinem Wohnort abwesend ist,
4. aus sonstigen wichtigen Gründen das Amt nicht ausüben kann.

(2) Absatz 1 Nr. 2 bis 4 gilt entsprechend für die Niederlegung des Amtes.

(3) Über die Befugnis zur Ablehnung oder Niederlegung des Amtes entscheidet die Direktorin oder der Direktor des Amtsgerichts.

---

1) § 5 Abs. 1, Abs. 2 und Abs. 3 Satz 2 geänd. mWv 28.5.2021 durch G v. 26.5.2021 (GVOBl. M-V S. 598).

2) § 6 geänd. mWv 28.5.2021 durch G v. 26.5.2021 (GVOBl. M-V S. 598).

3) § 7 Abs. 3 geänd. mWv 28.5.2021 durch G v. 26.5.2021 (GVOBl. M-V S. 598).

§ 8[1)] [Amtsenthebung der Schiedsperson] (1) [1]Die Schiedsperson ist ihres Amtes zu entheben, wenn die Voraussetzungen ihrer Wahl gemäß § 4 Abs. 1 nicht mehr vorliegen. [2]Sie kann ferner aus wichtigem Grund ihres Amtes enthoben werden. [3]Ein wichtiger Grund liegt insbesondere vor, wenn die Schiedsperson gegen die ihr obliegenden Pflichten gemäß § 10 Absatz 1 verstoßen hat oder ihr Amt in anderer Weise nicht ordnungsgemäß ausübt.

(2) [1]Liegen der Direktorin oder dem Direktor des Amtsgerichts Amtsenthebungsgründe aufgrund eigener Erkenntnisse oder durch Hinweise am Verfahren Beteiligter oder Dritter vor, ist ein Amtsenthebungsverfahren einzuleiten. [2]Vor der Entscheidung über die Amtsenthebung hat die Direktorin oder der Direktor des Amtsgerichts die Schiedsperson sowie die Bürgermeisterin oder den Bürgermeister anzuhören.

§ 9[2)] Aufsicht über die Schiedsperson. [1]Die Tätigkeit der Schiedsperson im Schlichtungsverfahren wird von der Direktorin oder dem Direktor des Amtsgerichts, insbesondere hinsichtlich ihrer fach- und zeitgerechten Durchführung, beaufsichtigt. [2]Sie oder er wirkt auch bei der Anleitung und Fortbildung der Schiedspersonen mit.

§ 10[3)] Geschäftsunterlagen der Schiedsstelle und Pflichten der Schiedsperson. (1) [1]Der Schiedsperson obliegen Dokumentationspflichten. [2]Hierzu führt sie ein Protokollbuch, ein Kassenbuch und eine Sammlung der Kostenrechnungen. [3]Abgeschlossene Bücher samt Anlagen und sonstiges Schriftgut hat sie unverzüglich bei der Direktorin oder dem Direktor des Amtsgerichts einzureichen. [4]Der Jahresbericht für das abgelaufene Berichtsjahr ist spätestens bis zum 31. Januar eines jeden Jahres der Direktorin oder dem Direktor des Amtsgerichts unaufgefordert vorzulegen.

(2) Die Schiedsperson ist verpflichtet, sich mit den Aufgaben ihres Amtes vertraut zu machen und sich darin fortzubilden.

§ 11[4)] [Verschwiegenheitspflicht] [1]Die Schiedsperson hat, auch nach Beendigung ihrer Amtstätigkeit, über ihre Verhandlungen und die Verhältnisse der Parteien, soweit sie ihr amtlich bekanntgeworden sind, Verschwiegenheit zu wahren. [2]Sie darf in solchen Angelegenheiten nur mit Genehmigung der Direktorin oder des Direktors des Amtsgerichts aussagen.

§ 12 [Kostenträger, Haftung] (1) Die Sachkosten der Schiedsstelle trägt die Gemeinde.

(2) Das Land ersetzt die Sachschäden der Schiedsperson, die ihr bei Ausübung des Amtes entstanden sind, soweit sie nicht vorsätzlich oder grob fahrlässig von ihr verursacht worden sind und von Dritten kein Ersatz erlangt werden kann.

(3) Für Amtspflichtverletzungen der Schiedsperson im Rahmen des Schlichtungsverfahrens haftet das Land.

---

1) § 8 Abs. 1 Satz 3 und Abs. 2 neu gef. mWv 28.5.2021 durch G v. 26.5.2021 (GVOBl. M-V S. 598).
2) § 9 Satz 1 neu gef., Satz 2 geänd. mWv 28.5.2021 durch G v. 26.5.2021 (GVOBl. M-V S. 598).
3) § 10 neu gef. mWv 28.5.2021 durch G v. 26.5.2021 (GVOBl. M-V S. 598).
4) § 11 Satz 2 geänd. mWv 28.5.2021 durch G v. 26.5.2021 (GVOBl. M-V S. 598).

Abschnitt 2. Das Schlichtungsverfahren in bürgerlichen Rechtsangelegenheiten

Unterabschnitt 1.[1] Freiwillige außergerichtliche Streitschlichtung

§ 13[2] Sachliche Zuständigkeit. [1] In bürgerlichen Rechtsstreitigkeiten findet das Schlichtungsverfahren statt, soweit die Parteien berechtigt sind, über den Gegenstand des Streits einen Vergleich zu schließen. [2] Das Schlichtungsverfahren findet nicht statt

1. in Angelegenheiten, für die die Zuständigkeit der Arbeitsgerichte besteht,
2. in Streitigkeiten, die in die sachliche Zuständigkeit der Familiengerichte fallen und in Angelegenheiten der freiwilligen Gerichtsbarkeit,
3. in Streitigkeiten wegen Verletzung der persönlichen Ehre in Medien und
4. in Streitigkeiten, an denen Behörden oder Organe des Bundes, der Länder oder der Gemeinden sowie Körperschaften, Anstalten oder Stiftungen des öffentlichen Rechts beteiligt sind.

§ 14 Zweck des Verfahrens. [1] Das Schlichtungsverfahren ist darauf gerichtet, die Streitsache im Wege des Vergleichs beizulegen. [2] Es wird aufgrund des Antrags eines Beteiligten durchgeführt.

§ 15 [Örtliche Zuständigkeit, Zuständigkeitsvereinbarung] (1) Zuständig ist die Schiedsstelle, in deren Bereich der Antragsgegner oder die Antragsgegnerin wohnen.

(2) Die Parteien können nach dem Entstehen der Streitigkeit schriftlich oder zu Protokoll der Schiedsstelle eines anderen Bereichs vereinbaren, daß das Schlichtungsverfahren vor dieser Schiedsstelle stattfindet.

§ 16[3] [Verfahrenssprache] [1] Das Schlichtungsverfahren wird in deutscher Sprache geführt. [2] Auf übereinstimmenden Antrag der Beteiligten kann die Verhandlung ganz oder teilweise in einer anderen Sprache geführt werden, sofern dadurch nicht die Hinzuziehung einer Dolmetscherin oder eines Dolmetschers erforderlich wird.

§ 17[4] [Ausschluß von der Amtsausübung] Die Schiedsperson ist von der Ausübung ihres Amtes kraft Gesetzes ausgeschlossen:

1. in Angelegenheiten, in denen sie selbst Partei ist oder bei denen sie zu einer Partei in dem Verhältnis einer Mitberechtigten, Mitverpflichteten oder Regreßpflichtigen steht;
2. in Angelegenheiten ihres Ehegatten oder früherer Ehegatten oder ihres Lebenspartners oder früherer Lebenspartner;
3. in Angelegenheiten einer Person, die mit ihr in gerader Linie verwandt oder verschwägert, in der Seitenlinie bis zum dritten Grad verwandt oder bis zum zweiten Grad verschwägert ist oder war;
4. in Angelegenheiten, in welchen sie als Prozeßbevollmächtigte oder Beistand einer Partei bestellt ist oder war.

---

[1] Überschrift UAbschnitt 1 eingef. mWv 1.10.2010 durch G v. 1.7.2010 (GVOBl. M-V S. 329).
[2] § 13 Satz 1 geänd., Satz 2 neu gef. mWv 28.5.2021 durch G v. 26.5.2021 (GVOBl. M-V S. 598).
[3] § 16 Satz 2 geänd. mWv 28.5.2021 durch G v. 26.5.2021 (GVOBl. M-V S. 598).
[4] § 17 Nr. 2 neu gef. mWv 29.7.2006 durch G v. 20.7.2006 (GVOBl. M-V S. 576).

§ 18 [Verfahrenshinderungsgründe] (1) Die Schiedsperson wird nicht oder nicht weiter tätig, wenn

1. die zu protokollierende Vereinbarung nur in notarieller Form gültig ist;
2. die Parteien auch nach Unterbrechung oder Vertagung der Schlichtungsverhandlung ihre Identität nicht nachweisen;
3. Bedenken gegen die Geschäftsfähigkeit oder Verfügungsfähigkeit der Parteien oder gegen die Legitimation ihrer Vertreter bestehen;
4. die Angelegenheit bei Gericht anhängig ist.

(2) Die Schiedsperson soll nicht tätig werden, wenn mit der Angelegenheit eine auf privatrechtlicher Grundlage eingerichtete Schieds-, Schlichtungs- oder Einigungsstelle einer berufsständischen Organisation befaßt ist.

§ 19 [Ablehnung der Verfahrenseinleitung] Die Schiedsperson kann den Antrag auf Einleitung eines Schlichtungsverfahrens ablehnen, wenn

1. die streitige Angelegenheit sachlich oder rechtlich schwierig zu beurteilen ist;
2. wegen der Person eines Verfahrensbeteiligten eine besonders schwierige Verfahrensgestaltung zu erwarten ist;
3. der Antrag erkennbar ohne Einigungsabsicht oder sonst offensichtlich mißbräuchlich gestellt ist.

§ 20 [Tätigkeit außerhalb des Schiedsstellenbereichs] Zu einer amtlichen Tätigkeit außerhalb des Bereichs der Schiedsstelle ist die Schiedsperson nur befugt, wenn die Amtsräume außerhalb des Bereichs der Schiedsstelle liegen oder ein Augenschein eingenommen werden soll.

§ 21 [Antrag auf Verfahrenseinleitung] (1) [1] Die Schiedsperson leitet das Schlichtungsverfahren auf Antrag einer Partei ein. [2] Der Antrag kann zurückgenommen werden, nach Beginn der Schlichtungsverhandlung jedoch nur, wenn der Antragsgegner oder die Antragsgegnerin nicht widerspricht.

(2) [1] Endet das Schlichtungsverfahren nicht mit einem Vergleich (§ 31), so bedarf ein erneuter Antrag in derselben Sache der schriftlichen Zustimmung des Antragsgegners oder der Antragsgegnerin. [2] Die Zustimmung ist bei der Antragstellung vorzulegen.

§ 22[1)] [Form und Inhalt des Antrags] (1) [1] Der Antrag auf Durchführung des Schlichtungsverfahrens sowie dessen Rücknahme sind bei der Schiedsstelle schriftlich einzureichen oder zu Protokoll zu erklären. [2] Er muß Namen, Vornamen und Anschrift der Parteien, eine allgemeine Angabe des Streitgegenstandes und die Unterschrift des Antragstellers oder der Antragstellerin enthalten. [3] Die in Händen der antragstellenden Partei befindlichen Schriftstücke, deren sie sich zum Nachweis tatsächlicher Behauptungen bedienen will, sollen beigefügt werden. [4] Einem schriftlichen Antrag sollen die für die Zustellung erforderlichen Abschriften beigefügt werden.

(2) [1] Wohnen die Parteien nicht im Bereich derselben Schiedsstelle, so kann der Antrag auch bei der Schiedsstelle, in dessen Bereich der Antragsteller oder die Antragstellerin wohnt, zu Protokoll gegeben werden. [2] Das Protokoll ist der zuständigen Schiedsstelle unverzüglich zu übermitteln.

[1)] § 22 Abs. 1 Satz 4 angef. mWv 1.10.2010 durch G v. 1.7.2010 (GVOBl. M-V S. 329).

§ 23 [Terminbestimmung, Ladung] (1) Die Schiedsperson bestimmt Ort und Zeit der Schlichtungsverhandlung.

(2) [1] Zwischen der Zustellung der Ladung und dem Tag der Schlichtungsverhandlung muß eine Frist von mindestens zwei Wochen liegen (Ladungsfrist). [2] Die Ladungsfrist kann auf eine Woche verkürzt werden, wenn der Antragsteller oder die Antragstellerin glaubhaft macht, daß die Angelegenheit dringlich ist. [3] Eine weitere Verkürzung der Ladungsfrist setzt die Zustimmung beider Parteien voraus.

(3) [1] Die Schiedsperson händigt die Ladung den Parteien persönlich gegen Empfangsbekenntnis aus oder läßt sie durch die Post zustellen; der Antragsgegner oder die Antragsgegnerin erhält mit der Ladung eine Abschrift des Antrags. [2] Zugleich werden die Parteien auf die Pflicht, persönlich zur Schlichtungsverhandlung zu erscheinen, und auf die Folgen hingewiesen, die eine Verletzung dieser Pflicht haben kann. [3] Hat eine Partei einen gesetzlichen Vertreter, so ist diesem die Ladung zuzustellen.

(4) [1] Eine Partei kann ihr Ausbleiben in dem anberaumten Termin wegen Krankheit, beruflicher Verhinderung, Ortsabwesenheit oder wegen sonstiger wichtiger Gründe entschuldigen. [2] Sie hat ihr Nichterscheinen der Schiedsperson unverzüglich anzuzeigen und dabei die Entschuldigungsgründe glaubhaft zu machen. [3] Wird der Termin nicht aufgehoben, ist dies der Partei mitzuteilen.

§ 24[1)] [Persönliches Erscheinen der Parteien, Sanktionen bei Ausbleiben oder vorzeitiger Entfernung] (1) Die Parteien haben in dem anberaumten Termin persönlich zu erscheinen.

(2) Erscheint eine Partei unentschuldigt nicht zu dem Termin oder entfernt sie sich unentschuldigt vor dem Schluß der Schlichtungsverhandlung, setzt die Schiedsperson durch Bescheid ein Ordnungsgeld bis 70 Euro fest.

(3) Der Bescheid ist dem Betroffenen mit einer Belehrung über die Anfechtung nach Absatz 4 zuzustellen.

(4) [1] Der Betroffene kann den Bescheid durch schriftliche Erklärung anfechten. [2] Die Erklärung ist binnen zwei Wochen nach Zustellung des Bescheids bei dem Amtsgericht, in dessen Bezirk die Schiedsstelle ihren Sitz hat, einzureichen. [3] Der Betroffene kann sie auch gegenüber der Schiedsperson, die den Bescheid erlassen hat, oder zu Protokoll der Geschäftsstelle des Amtsgerichts abgeben. [4] In der Erklärung sind die Tatsachen darzulegen und glaubhaft zu machen, mit denen der Betroffene seine Abwesenheit in der Schlichtungsverhandlung entschuldigt oder sich gegen die Höhe des Ordnungsgeldes wendet.

(5) [1] Das Amtsgericht leitet die ihm gegenüber abgegebene Erklärung der Schiedsperson zu. [2] Hält die Schiedsperson die Anfechtung für begründet, so hebt sie den Bescheid auf oder setzt das Ordnungsgeld herab. [3] Sie legt die Erklärung unverzüglich dem Amtsgericht vor, wenn sie der Anfechtung nicht oder nur zum Teil abhilft; andernfalls unterrichtet sie das Amtsgericht von der Abhilfe, wenn die Anfechtungserklärung diesem gegenüber abgegeben worden war.

(6) [1] Das Amtsgericht entscheidet über die Anfechtung des Bescheids ohne mündliche Verhandlung durch Beschluß, der zu begründen ist. [2] Die Entscheidung des Amtsgerichts ist nicht anfechtbar.

(7) [1] Für das Verfahren vor dem Amtsgericht werden Kosten nicht erhoben. [2] Auslagen der Parteien werden nicht erstattet.

---

1) § 24 Abs. 2 geänd. mWv 28.5.2021 durch G v. 26.5.2021 (GVOBl. M-V S. 598).

(8) [1] Steht fest, daß eine Partei der Schlichtungsverhandlung unentschuldigt ferngeblieben ist, vermerkt die Schiedsperson die Beendigung des Schlichtungsverfahrens. [2] Andernfalls beraumt sie einen neuen Termin an.

§ 25 [Wiedereinsetzung in den vorigen Stand] (1) War der Betroffene ohne Verschulden gehindert, die Frist nach § 24 Abs. 4 Satz 2 einzuhalten, so ist ihm auf Antrag Wiedereinsetzung in den vorigen Stand zu gewähren.

(2) [1] Der Wiedereinsetzungsantrag ist mit der Anfechtungserklärung innerhalb einer Woche nach Wegfall des Hindernisses bei dem Amtsgericht schriftlich einzureichen. [2] § 24 Absatz 4 Satz 3 und 4 gilt entsprechend.

(3) [1] Über den Antrag entscheidet das Amtsgericht ohne mündliche Verhandlung durch Beschluß, der zu begründen ist. [2] Die Entscheidung ist nicht anfechtbar.

(4) [1] Für das Verfahren werden Kosten nicht erhoben. [2] Auslagen der Parteien werden nicht erstattet.

§ 26 [Berechnung der Fristen] Für die Berechnung der Fristen gilt § 222 der Zivilprozeßordnung[1)].

§ 27[2)] [Verhandlungsgrundsätze] (1) [1] Die Verhandlung vor der Schiedsperson ist mündlich und nicht öffentlich. [2] Sie ist möglichst ohne Unterbrechung zu Ende zu führen; ein Termin zur Fortsetzung der Verhandlung ist sofort zu bestimmen.

(2) [1] Die Schiedsperson erörtert mit den Parteien deren Vorstellungen von einer einvernehmlichen Regelung der Streitsache. [2] Zur Aufklärung der Interessenlage kann sie mit den Parteien auch Einzelgespräche führen. [3] Auf der Grundlage der Schlichtungsverhandlung kann die Schiedsperson ihnen einen eigenen Vorschlag zur Streitbeilegung unterbreiten.

§ 28[3)] [Vertretung natürlicher Personen in der Schlichtungsverhandlung]

[1] Die Vertretung natürlicher Personen durch Bevollmächtigte in der Schlichtungsverhandlung ist nur aufgrund einer Vorsorgevollmacht zulässig, soweit diese die bevollmächtigte Person zur Vertretung vor Gerichten berechtigt. [2] Eltern als gesetzliche Vertreter eines Kindes können einander mit einer schriftlichen Vollmacht vertreten.

§ 29 [Beistände und Rechtsanwälte im Schlichtungsverfahren] [1] Jede Partei kann vor der Schiedsperson mit einem Beistand erscheinen. [2] In der Schlichtungsverhandlung darf ein Beistand nur zurückgewiesen werden, wenn er durch sein Verhalten die Verhandlung nachhaltig stört und dadurch die Einigungsbemühungen wesentlich erschwert. [3] Nicht zurückgewiesen werden dürfen Rechtsanwälte und Beistände von Personen, die nicht lesen oder schreiben können, die die deutsche Sprache nicht beherrschen oder die blind, taub oder stumm sind.

---

1) **Schönfelder Nr. 100.**

2) § 27 Abs. 2 angef. mWv 1.10.2010 durch G v. 1.7.2010 (GVOBl. M-V S. 329).

3) § 28 Satz 1 neu gef. mWv 28.5.2021 durch G v. 26.5.2021 (GVOBl. M-V S. 598).

§ 30 [Beweiserhebung, Entschädigung von Personen] (1) [1] Zeugen und Sachverständige, die freiwillig erschienen sind, können gehört werden. [2] Mit Zustimmung und in Anwesenheit der Parteien kann auch ein Augenschein genommen werden.

(2) Zur Beeidigung von Zeugen und Sachverständigen, zur eidlichen Parteivernehmung sowie zur Abnahme von eidesstattlichen Versicherungen ist die Schiedsperson nicht befugt.

(3) Zeugen und Sachverständige haben gegen die Schiedsperson und die Gemeinde keinen Anspruch auf Entschädigung.

§ 31[1)] [Protokollierung der Schlichtungsverhandlung] (1) Kommt ein Vergleich zustande, so ist er zu Protokoll zu nehmen.

(2) Das Protokoll hat zu enthalten:

1. den Ort und die Zeit der Verhandlung;
2. die Namen und Vornamen der erschienenen Parteien, gesetzlichen Vertreter, Bevollmächtigten und Beistände sowie die Angabe, wie diese sich ausgewiesen haben;
3. den Gegenstand des Streites;
4. den Vergleich der Parteien.

(3) Kommt ein Vergleich nicht zustande, so ist hierüber ein kurzer Vermerk aufzunehmen.

(4) Vorgelegte Vollmachtsurkunden sind als Anlage zum Protokoll zu nehmen.

§ 32 [Verlesen und Genehmigung des Protokolls bei Vergleich]

(1) [1] Das den Vergleich enthaltende Protokoll ist den Parteien vorzulesen oder zur Durchsicht vorzulegen und von ihnen zu genehmigen. [2] Dies ist in dem Protokoll zu vermerken.

(2) [1] Das Protokoll ist von der Schiedsperson und den Parteien eigenhändig zu unterschreiben. [2] Nach Vollzug der Unterschriften wird ein Vergleich wirksam.

(3) Erklärt eine Partei, daß sie nicht schreiben könne, so muß die Schiedsperson das Handzeichen der schreibunkundigen Person durch einen besonderen Vermerk beglaubigen.

§ 33 [Abschriften und Ausfertigungen des Protokolls] (1) Die Parteien oder deren Rechtsnachfolger erhalten auf Verlangen Abschriften oder Ausfertigungen des Protokolls.

(2) [1] Die Ausfertigung besteht aus der mit dem Ausfertigungsvermerk versehenen Abschrift des Protokolls. [2] Der Ausfertigungsvermerk muß Angaben über den Ort und die Zeit der Ausfertigung sowie die Person enthalten, für die die Ausfertigung erteilt wird, von der Schiedsperson unterschrieben und mit einem Abdruck des Dienstsiegels versehen werden.

(3) [1] Die Ausfertigung wird von der Schiedsperson erteilt, die die Urschrift des Protokolls verwahrt. [2] Die Schiedsperson hat vor Aushändigung der Aus-

---

1) § 31 Abs. 4 angef. mWv 1. 10. 2010 durch G v. 1. 7. 2010 (GVOBl. M-V S. 329).

fertigung auf der Urschrift des Protokolls zu vermerken, wann und für wen die Ausfertigung erteilt worden ist.

(4) Befindet sich das Protokoll in der Verwahrung des Amtsgerichts, so wird die Ausfertigung von dem Urkundsbeamten der Geschäftsstelle erteilt.

§ 34 [Vergleich als Vollstreckungstitel] (1) Aus dem vor einer Schiedsperson geschlossenen Vergleich findet die Zwangsvollstreckung statt.

(2) [1] Die Bestimmungen der Zivilprozeßordnung[1)] über die Zwangsvollstreckung, die für einen vor einer durch die Landesjustizverwaltung eingerichteten oder anerkannten Gütestelle abgeschlossenen Vergleich gelten, finden entsprechende Anwendung. [2] Die Vollstreckungsklausel erteilt stets das Amtsgericht, in dessen Bezirk die Schiedsstelle ihren Sitz hat.

(3) [1] Auf der Urschrift des Protokolls ist zu vermerken, wann und von wem sowie für und gegen wen die Vollstreckungsklausel erteilt worden ist. [2] Das Amtsgericht benachrichtigt die Schiedsperson von der Erteilung der Vollstreckungsklausel, wenn es das Protokoll nicht verwahrt.

Unterabschnitt 2.[2)] Obligatorische außergerichtliche Streitschlichtung

§ 34 a[3)] Sachlicher Anwendungsbereich. (1) Vorbehaltlich der Regelungen in § 15 a Abs. 2 und 3 des Gesetzes betreffend die Einführung der Zivilprozessordnung ist die Erhebung einer Klage erst zulässig, nachdem von einer Schiedsstelle nach § 1 versucht worden ist, die Streitigkeit einvernehmlich beizulegen,

1. bei Streitigkeiten über alle Ansprüche aus dem Nachbarrecht, sofern es sich nicht um Einwirkungen von einem gewerblichen Betrieb handelt, wegen
   a) der in § 906 des Bürgerlichen Gesetzbuchs[4)] geregelten Einwirkungen,
   b) Überwuchses nach § 910 des Bürgerlichen Gesetzbuchs,
   c) Hinüberfalls nach § 911 des Bürgerlichen Gesetzbuchs,
   d) eeines Grenzbaums nach § 923 des Bürgerlichen Gesetzbuchs;
2. bei Streitigkeiten über alle Ansprüche wegen Verletzungen der persönlichen Ehre, die nicht in Presse oder Rundfunk begangen worden sind.

(2) Ein Schlichtungsversuch nach Absatz 1 ist nur erforderlich, wenn

1. in den Fällen des Absatzes 1 Nr. 1 das Nachbarrechtsverhältnis auf dem Gebiet des Landes Mecklenburg-Vorpommern besteht und für die betreffende Gemeinde eine Schiedsstelle vorhanden ist;
2. in den Fällen des Absatzes 1 Nr. 2 beide Parteien in Mecklenburg-Vorpommern einen Wohnsitz, Sitz oder eine Niederlassung haben und für die nach § 34 b Nr. 2 maßgebliche Gemeinde eine Schiedsstelle vorhanden ist.

---

1) **Schönfelder Nr. 100.**

2) UAbschnitt 2 (§§ 34 a–34 f) eingef. mWv 1. 10. 2010 durch G v. 1. 7. 2010 (GVOBl. M-V S. 329).

3) § 34 a eingef. mWv 1. 10. 2010 durch G v. 1. 7. 2010 (GVOBl. M-V S. 329, ber. S. 436).

4) **Schönfelder Nr. 20.**

§ 34 b[1)] Örtliche Zuständigkeit der Schiedsstelle. Örtlich zuständige Schiedsstelle für einen Schlichtungsversuch nach § 34 a Abs. 1 ist

1. in den Fällen des § 34 a Abs. 1 Nr. 1 die Schiedsstelle, in deren Gemeindegebiet das Nachbarrechtsverhältnis besteht;
2. in den Fällen des § 34 a Abs. 1 Nr. 2 die Schiedsstelle, in deren Gemeindegebiet die Antrag stellende Partei einen Wohnsitz, Sitz oder eine Niederlassung hat.

§ 34 c[1)] Erfolglosigkeitsbescheinigung. (1) [1] Über einen ohne Erfolg durchgeführten Schlichtungsversuch wird den Parteien von der Schiedsstelle eine Bescheinigung erteilt. [2] Die Bescheinigung ist auf Antrag auch auszustellen, wenn binnen einer Frist von drei Monaten das Einigungsverfahren nicht durchgeführt worden ist.

(2) [1] Die Bescheinigung muss enthalten

1. Namen und Anschrift der Parteien,
2. Angaben über den Gegenstand des Streites, insbesondere die Anträge.

[2] Beginn und Ende des Verfahrens sollen vermerkt werden.

(3) Wird die Bescheinigung nicht oder nicht innerhalb von drei Monaten nach Eingang des Antrags ausgestellt, hat die Antrag stellende Partei in der Klageschrift glaubhaft zu machen, dass die Voraussetzungen für die Erteilung der Erfolglosigkeitsbescheinigung nach Absatz 1 vorliegen.

§ 34 d[1)] Verfahren vor der Schiedsstelle. (1) Für das Verfahren nach § 34 a finden die §§ 14, 16, 17, 22, 23, 26, 27 und 29 bis 34 entsprechende Anwendung.

(2) [1] Die Parteien haben in dem anberaumten Termin persönlich zu erscheinen. [2] Sie sind hierüber mit der Ladung zu unterrichten. [3] Wird eine Partei gesetzlich vertreten, trifft die Verpflichtung nach Satz 1 den gesetzlichen Vertreter. [4] In der Schlichtungs Verhandlung werden Handelsgesellschaften durch ihre vertretungsberechtigten Gesellschafter und juristische Personen durch ihre Organe vertreten. [5] Mehrere gesetzliche Vertretungspersonen oder Organe einer Partei können sich unter Vorlage einer schriftlichen Vollmacht gegenseitig vertreten.

§ 34 e[1)] Ausbleiben oder vorzeitige Entfernung. (1) [1] Erscheint die Antrag stellende Partei nicht zu dem Termin oder wird sie nicht ordnungsgemäß vertreten, ruht das Verfahren. [2] Es kann jederzeit wieder aufgenommen werden.

(2) [1] Bleibt die antragsgegnerische Partei der Schlichtungs Verhandlung fern, ohne dies bis zu deren Ende hinreichend zu entschuldigen, wird sie nicht ordnungsgemäß vertreten oder entfernt sie oder ihr Vertreter sich unentschuldigt vor deren Ende, vermerkt die Schiedsperson im Protokoll die Beendigung des Schlichtungsverfahrens, es sei denn, die Antrag stellende Partei beantragt seine Fortsetzung. [2] In diesem Fall bestimmt die Schiedsperson sogleich einen neuen Termin; § 23 Abs. 2 und 3 gilt entsprechend. [3] Dasselbe gilt, wenn die

---

[1)] UAbschnitt 2 (§§ 34 a–34 f) eingef. mWv 1. 10. 2010 durch G v. 1. 7. 2010 (GVOBl. M-V S. 329).

antragsgegnerische Partei sich vor dem Ende des Termins hinreichend entschuldigt hat.

§ 34 f[1)] Erfolglosigkeit der Schlichtung. (1) Der Schlichtungsversuch gilt als gescheitert, wenn

1. die antragsgegnerische Partei nicht zur Schlichtungs Verhandlung erscheint öder sich vorzeitig hieraus entfernt, ohne dies bis zu deren Ende hinreichend zu entschuldigen, und kein neuer Termin bestimmt wird (§ 34 e Abs. 2),
2. die Durchführung der Schlichtungsverhandlung ergibt, dass ein Vergleich nicht abgeschlossen werden kann oder
3. binnen einer Frist von drei Monaten seit Antragstellung das Schlichtungsverfahren nicht durchgeführt worden ist.

(2) [1] Die Frist nach Absatz 1 Nr. 3 beginnt erst zu laufen, wenn die Antrag stellende Partei einen den Anforderungen des § 22 Abs. 1 Satz 2 genügenden Antrag gestellt und einen etwa verlangten Kostenvorschuss eingezahlt hat. [2] Der Zeitraum, während dessen das Verfahren gemäß § 34 e Abs. 1 Satz 1 ruht, wird in die Frist nicht eingerechnet.

Abschnitt 3. Das Sühneverfahren vor Erhebung der Privatklage

§§ 35–45 *(vom Abdruck wurde abgesehen)*

Abschnitt 4. Kosten

§§ 46–54 *(vom Abdruck wurde abgesehen)*

Abschnitt 5. Übergangs- und Schlußvorschriften

§§ 55–57 *(vom Abdruck wurde abgesehen)*

---

1) UAbschnitt 2 (§§ 34 a–34 f) eingef. mWv 1. 10. 2010 durch G v. 1. 7. 2010 (GVOBl. M-V S. 329).

104 j. Niedersächsisches Gesetz zur obligatorischen außergerichtlichen Streitschlichtung (Niedersächsisches Schlichtungsgesetz – NSchlG)[1)]

Vom 17. Dezember 2009
(Nds. GVBl. S. 482)

VORIS 32230

Lfd. Nr.	Änderndes Gesetz	Datum	Fundstelle	Betroffen	Hinweis
1.	Art. 2 G über die Neuordnung von Vorschriften über die Justiz[2)]	16. 12. 2014	Nds. GVBl. S. 436	§ 1	n.Wv 31. 12. 2014

§ 1[3)] **Obligatorische Streitschlichtung.** (1) [1] In den in Absatz 2 genannten Streitigkeiten ist die Erhebung einer Klage vor den Amtsgerichten erst zulässig, nachdem vor einem Schiedsamt nach dem Niedersächsischen Schiedsämtergesetz (NSchÄG) als Gütestelle nach § 15 a des Gesetzes betreffend die Einführung der Zivilprozessordnung[4)] versucht worden ist, die Streitigkeit zwischen den Parteien einvernehmlich beizulegen (obligatorische Streitschlichtung). [2] Der Kläger hat eine vom Schiedsamt ausgestellte Bescheinigung über einen erfolglosen Einigungsversuch mit der Klage einzureichen.

(2) Die obligatorische Streitschlichtung findet statt in Streitigkeiten über Ansprüche

1. nach den §§ 910, 911 und 923 des Bürgerlichen Gesetzbuchs[5)],
2. wegen
   a) der in § 906 des Bürgerlichen Gesetzbuchs genannten Einwirkungen und
   b) der im Niedersächsischen Nachbarrechtsgesetz geregelten Nachbarrechte,

   wenn es sich nicht um Einwirkungen von einem gewerblichen Betrieb handelt,
3. wegen Verletzung der persönlichen Ehre, die nicht in Presse oder Rundfunk begangen worden ist, und
4. nach Abschnitt 3 des Allgemeinen Gleichbehandlungsgesetzes[6)].

(3) Die Absätze 1 und 2 finden keine Anwendung auf

1. Klagen nach den §§ 323, 323 a, 324 und 328 der Zivilprozessordnung[7)], Widerklagen und Klagen, die binnen einer gesetzlichen oder gerichtlich angeordneten Frist zu erheben sind,

---

[1)] Verkündet als Art. 1 G v. 17. 12. 2009 (Nds. GVBl. S. 482); Inkrafttreten gem. Art. 3 dieses G am 1. 1. 2010.

[2)] **Amtl. Anm.:** *(vom Abdruck der amtl. Anm. wurde abgesehen)*

[3)] § 1 Abs. 5 Satz 1 neu gef. mWv 31. 12. 2014 durch G v. 16. 12. 2014 (Nds. GVBl. S. 436).

[4)] **Schönfelder Nr. 101.**

[5)] **Schönfelder Nr. 20.**

[6)] **Schönfelder Nr. 34.**

[7)] **Schönfelder Nr. 100.**

2. Streitigkeiten in Familiensachen,
3. Wiederaufnahmeverfahren,
4. Ansprüche, die im Urkunden- oder Wechselprozess geltend gemacht werden,
5. die Durchführung des streitigen Verfahrens, wenn ein Anspruch im Mahnverfahren geltend gemacht worden ist,
6. Klagen wegen vollstreckungsrechtlicher Maßnahmen, insbesondere nach dem Achten Buch der Zivilprozessordnung, und
7. Klagen, denen nach anderen Rechtsvorschriften ein außergerichtliches Verfahren vorauszugehen hat.

(4) Die obligatorische Streitschlichtung ist nur erforderlich, wenn die Parteien in Niedersachsen in demselben Landgerichtsbezirk oder in aneinander angrenzenden Amtsgerichtsbezirken eine Wohnung oder ihren Sitz oder eine Niederlassung haben.

(5) [1] Die obligatorische Streitschlichtung ist nicht erforderlich, wenn die Parteien einvernehmlich versucht haben, den Streit vor einer nach § 97 des Niedersächsischen Justizgesetzes anerkannten Gütestelle oder einer sonstigen Stelle, die außergerichtliche Streitbeilegung betreibt, beizulegen. [2] Das Einvernehmen nach Satz 1 wird unwiderleglich vermutet, wenn die Verbraucherin oder der Verbraucher eine branchengebundene Gütestelle, eine Gütestelle der Industrie- und Handelskammer, der Handwerkskammer oder der Innung angerufen hat. [3] Absatz 1 Satz 2 gilt entsprechend.

§ 2 Örtliche Zuständigkeit. [1] Für die obligatorische Streitschlichtung ist das Schiedsamt örtlich zuständig, in dessen Bezirk die Antragsgegnerin oder der Antragsgegner eine Wohnung oder ihren oder seinen Sitz oder eine Niederlassung hat. [2] Richtet sich der Anspruch gegen mehrere Personen, die in Bezirken verschiedener Schiedsämter eine Wohnung oder ihren Sitz oder eine Niederlassung haben, so wählt die Antragstellerin oder der Antragsteller unter diesen Schiedsämtern. [3] Die Parteien können nach dem Entstehen der Streitigkeit schriftlich oder zu Protokoll eines anderen Schiedsamts vereinbaren, dass die obligatorische Streitschlichtung vor diesem Schiedsamt stattfindet.

§ 3 Anwendung des Niedersächsischen Schiedsämtergesetzes. Für die obligatorische Streitschlichtung gelten die §§ 9, 10, 12, 15 bis 36 und 43 bis 51 mit Ausnahme des § 17 Abs. 2 Satz 1 Nr. 2 und des § 18 NSchÄG entsprechend, soweit in diesem Gesetz keine abweichenden oder ergänzenden Bestimmungen getroffen sind.

§ 4 Versäumung des Termins der Schlichtungsverhandlung. [1] Erscheint die Antragstellerin oder der Antragsteller unentschuldigt nicht zu dem Termin der Schlichtungsverhandlung oder entfernt sie oder er sich unentschuldigt vor deren Schluss, so ruht das Verfahren. [2] Die Antragstellerin oder der Antragsteller kann es jederzeit wieder aufnehmen.

§ 5 *Entbindung* von der Pflicht zum persönlichen Erscheinen. Die Schiedsperson kann abweichend von § 27 Satz 1 NSchÄG einer Partei auf Antrag gestatten, sich in dem Termin der Schlichtungsverhandlung durch eine bevollmächtigte Person vertreten zu lassen, wenn der Partei unter Berücksichtigung ihrer Verhältnisse und nach den Umständen des Falles nicht zugemutet werden kann, zu der Verhandlung zu erscheinen, und die bevollmächtigte Person zur Aufklärung des Sachverhaltes in der Lage und zu einem Vergleichsabschluss ermächtigt ist.

§ 6 Hinzuziehung einer Dolmetscherin oder eines Dolmetschers. [1] Ist eine Partei der deutschen Sprache nicht hinreichend mächtig, so zieht die Schiedsperson, wenn sie die zur Führung der Verhandlung erforderlichen Sprachkenntnisse nicht selbst besitzt, eine Dolmetscherin oder einen Dolmetscher hinzu. [2] Die Schiedsperson soll vorrangig solche Dolmetscherinnen und Dolmetscher hinzuziehen, die eine Vergütung nicht beanspruchen.

§ 7 Beendigung, Erfolglosigkeitsbescheinigung. (1) [1] Die obligatorische Streitschlichtung endet, wenn

1. die Schiedsperson aus den in § 17 Abs. 1 Nrn. 1 und 3 NSchÄG genannten Gründen nicht tätig werden darf,
2. die Antragsgegnerin oder der Antragsgegner
   a) dem Termin der Schlichtungsverhandlung unentschuldigt ferngeblieben ist,
   b) sich unentschuldigt vor dem Schluss der Schlichtungsverhandlung entfernt hat oder
   c) ihre oder seine Identität nicht nachgewiesen hat

   oder
3. die Streitigkeit zwischen den Parteien nicht einvernehmlich beigelegt werden konnte.

[2] In diesem Fall erteilt die Schiedsperson den Parteien eine Bescheinigung über die Erfolglosigkeit des Schlichtungsverfahrens.

(2) [1] Die Schiedsperson erteilt der Antragstellerin oder dem Antragsteller auf deren oder dessen Antrag eine Bescheinigung über die Erfolglosigkeit des Schlichtungsverfahrens auch dann, wenn das Schlichtungsverfahren nicht innerhalb von drei Monaten seit der Stellung des Antrags (§ 21 NSchÄG) durchgeführt worden ist. [2] Zeiten, in denen das Schlichtungsverfahren ruht, werden nicht berücksichtigt.

(3) [1] Die Bescheinigung enthält

1. die Namen und die Anschriften der Parteien,
2. Angaben über den Gegenstand der Streitigkeit und das Begehren,
3. Angaben über den Zeitpunkt des Eingangs des Antrags nach § 20 Abs. 1 Satz 1 NSchÄG und, außer im Fall des Absatzes 2, der Verfahrensbeendigung sowie
4. die Angabe des Ortes und des Datums ihrer Ausstellung.

[2] Sie wird mit der Unterschrift der Schiedsperson und dem Dienstsiegel versehen.

(4) [1] Für die Bescheinigung über das Scheitern einer Streitschlichtung vor einer Gütestelle oder Stelle nach § 1 Abs. 5 Satz 1 gilt Absatz 3 entsprechend. [2] Aus der Bescheinigung muss sich außerdem ergeben, dass sich die Antragsgegnerin oder der Antragsgegner mit der Durchführung der Streitschlichtung

vor dieser Stelle einverstanden erklärt hat oder es sich bei der Schlichtungsstelle um eine solche nach § 1 Abs. 5 Satz 2 handelt.

§ 8 Gebührenermäßigung und Absehen von der Kostenerhebung. Die Schiedsperson hat

1. die Gebühren zu ermäßigen oder von ihrer Erhebung abzusehen und
2. von der Erhebung von Auslagen einschließlich der Auslagen für die Hinzuziehung einer Dolmetscherin oder eines Dolmetschers ganz oder teilweise abzusehen,

wenn dies mit Rücksicht auf die wirtschaftlichen Verhältnisse der oder des Zahlungspflichtigen oder sonst aus Billigkeitsgründen erforderlich ist.

§ 9 Vorschuss. [1] Zahlt die Antragstellerin oder der Antragsteller den nach § 45 Abs. 2 NSchÄG verlangten Vorschuss nicht oder nicht vollständig innerhalb der für die Zahlung bestimmten Frist, so ruht das Verfahren. [2] Durch Zahlung des verlangten Vorschusses ist das Verfahren wieder aufgenommen.

§ 10 Übergangsregelung. [1] Dieses Gesetz findet keine Anwendung auf Klagen, die vor dem 1. Januar 2010 bei Gericht eingegangen sind. [2] Gleiches gilt für Anträge auf Bewilligung von Prozesskostenhilfe.

104k. Gesetz über die Schiedsstellen in den Gemeinden des Freistaates Sachsen und über die Anerkennung von Gütestellen im Sinne des § 794 Abs. 1 Nr. 1 der Zivilprozessordnung (Sächsisches Schieds- und Gütestellengesetz – SächsSchiedsGütStG)[1]

Vom 27. Mai 1999

(SächsGVBl. S. 247)

BS Sachsen 300-13

zuletzt geänd. durch Art. 2 G zur Änd. von Gesetzen mit Bezug zur Justiz v. 15.11.2017 (SächsGVBl. S. 598)

– Auszug –

Inhaltsübersicht[2]

---

[1] Titel neu gef. mWv 14.7.2007 durch G v. 25.6.2007 (SächsGVBl. S. 193); bis 13.7.2007: „Gesetz über die Schiedsstellen in den Gemeinden des Freistaates Sachsen (Sächsisches Schiedsstellengesetz – SächsSchiedsStG)".

[2] Inhaltsübersicht geänd. mWv 14.7.2007 durch G v. 25.6.2007 (SächsGVBl. S. 193).

Teil 1. Schiedsstellen in den Gemeinden[1)]

Abschnitt 1. Gemeindliche Schiedsstellen

§§ 1–15 *(vom Abdruck wurde abgesehen)*

Abschnitt 2. Das Schlichtungsverfahren in bürgerlichen Rechtsstreitigkeiten

§ 16 Zweck des Verfahrens. Das Schlichtungsverfahren dient dem Ziel, bürgerliche Rechtsstreitigkeiten durch eine Einigung der Parteien beizulegen.

§ 17 Örtliche Zuständigkeit. (1) Zuständig ist die Schiedsstelle, in deren Bezirk der Antragsgegner wohnt.

(2) [1] Die Parteien können eine abweichende Zuständigkeit vereinbaren. [2] Die Vereinbarung muss schriftlich abgeschlossen oder zu Protokoll der Schiedsstelle erklärt werden, vor der die Schlichtungsverhandlung stattfinden soll.

(3) Die örtlich zuständige Schiedsstelle kann zu Zwecken des Augenscheins außerhalb ihres Bezirks tätig werden.

§ 18 Öffentlichkeit. [1] Die Schlichtungsverhandlung vor der Schiedsstelle ist nicht öffentlich. [2] Mit Zustimmung der Parteien kann der Friedensrichter Dritten die Anwesenheit gestatten.

§ 19 Verfahrenssprache. (1) [1] Das Schlichtungsverfahren wird in deutscher Sprache geführt. [2] Mit Einverständnis der Parteien kann die Schlichtungsverhandlung in einer anderen Sprache geführt werden, wenn alle Beteiligten diese Sprache beherrschen.

(2) Die Sorben haben das Recht, im Siedlungsgebiet der sorbischen Volksgruppe vor den Schiedsstellen sorbisch zu sprechen.

§ 20[2)] Ausschluss von der Amtsausübung. Der Friedensrichter ist von der Ausübung des Amtes ausgeschlossen

1. in Angelegenheiten, in denen er selbst Partei ist oder bei denen er zu einer Partei in dem Verhältnis eines Mitberechtigten, Mitverpflichteten oder Rückgriffspflichtigen steht;

[1)] Teil 1 Gliederungsbezeichnung und Überschrift eingef. mWv 14.7.2007 durch G v. 25.6.2007 (SächsGVBl. S. 193).

[2)] § 20 Nr. 2 geänd. mWv 1.7.2010 durch G v. 11.6.2010 (SächsGVBl. S. 154).

2. in Angelegenheiten seines Ehegatten, Lebenspartners oder Verlobten, auch wenn die Ehe, die Lebenspartnerschaft oder das Verlöbnis nicht mehr bestehen;
3. in Angelegenheiten einer Partei, mit der er in gerader Linie verwandt oder verschwägert, in der Seitenlinie bis zum dritten Grade verwandt oder bis zum zweiten Grad verschwägert ist oder war;
4. in Angelegenheiten, in denen er als gerichtlicher oder außergerichtlicher Vertreter beauftragt oder bestellt oder als Beistand einer Partei bestellt oder als gesetzlicher Vertreter einer Partei aufzutreten berechtigt oder in denen er sonst beratend oder gutachterlich tätig ist oder war;
5. in Angelegenheiten, in denen er gegen Entgelt bei einer Partei oder einem mit einer Partei rechtlich verbundenen Unternehmen beschäftigt oder bei denen er Mitglied des Vorstandes, des Aufsichtsrates oder eines gleichartigen Organs bei einer Partei oder eines mit einer Partei rechtlich verbundenen Unternehmens ist oder war.

§ 21 Verbot und Ablehnung der Amtsausübung. (1) [1] Die Schiedsstelle darf nicht tätig werden, wenn

1. die zu protokollierende Vereinbarung der notariellen Beurkundung bedarf;
2. eine Partei dem Friedensrichter nicht bekannt ist und sie ihre Identität auch nicht nachweisen kann oder
3. Bedenken gegen die Geschäfts- oder Verfügungsfähigkeit einer Partei oder gegen die Legitimation ihres Vertreters bestehen.

[2] Ergeben sich solche Umstände während des Verfahrens, beendet die Schiedsstelle ihre Tätigkeit.

(2) [1] Der Friedensrichter soll die Ausübung des Amtes ablehnen, wenn

1. der Rechtsstreit bei einem Gericht anhängig ist oder
2. das Verfahren eine Angelegenheit betrifft, für die von berufsständischen Körperschaften oder von vergleichbaren Organisationen Schieds-, Schlichtungs- oder Einigungsstellen eingerichtet worden sind und das Verfahren dort bereits eingeleitet worden ist.

[2] Dies gilt nicht, wenn sich die Parteien schriftlich mit dem Schlichtungsverfahren nach diesem Gesetz einverstanden erklärt haben.

(3) Der Friedensrichter kann die Ausübung des Amtes ablehnen, wenn

1. ihm die Angelegenheit zu umfangreich oder zu schwierig ist;
2. der Antrag auf Einleitung des Schlichtungsverfahrens erkennbar ohne Einigungsbereitschaft oder sonst offensichtlich missbräuchlich gestellt ist oder
3. die Einigungsbereitschaft im Laufe des Verfahrens nicht feststellbar und die Rechtsverfolgung offensichtlich missbräuchlich ist.

(4) Die Entscheidungen nach den Absätzen 1 bis 3 sind unanfechtbar.

§ 22 Beistände. Jede Partei kann zur Schlichtungsverhandlung mit einem Rechtsanwalt oder sonstigen Beistand erscheinen.

§ 23 Antragstellung. (1) [1] Die Schiedsstelle leitet das Schlichtungsverfahren auf Antrag einer Partei ein. [2] Der Antrag kann jederzeit zurückgenommen werden.

(2) [1] Der Antrag und seine Rücknahme sind bei der Schiedsstelle schriftlich einzureichen oder zu Protokoll zu erklären. [2] Der Antrag muss die Namen und die Anschriften der Parteien, eine knappe Beschreibung des Gegenstandes des Streits und des mit der Anrufung der Schiedsstelle angestrebten Ziels sowie die Unterschrift des Antragstellers enthalten.

(3) [1] Der Antrag kann auch bei der Schiedsstelle zu Protokoll erklärt werden, in deren Bezirk der Antragsteller wohnt. [2] Das Protokoll ist der zuständigen Schiedsstelle unverzüglich zu übersenden.

(4) [1] Endet das Schlichtungsverfahren nicht mit einer Einigung der Parteien oder wurde der Antrag zurückgenommen, bedarf ein erneuter Antrag in derselben Angelegenheit der Zustimmung des Antragsgegners. [2] Die Zustimmungserklärung ist bei der erneuten Antragstellung vorzulegen.

§ 24[1)] Zustellung der Antragsschrift und der Ladung. (1) [1] Die Schiedsstelle stellt die Antragsschrift dem Antragsgegner zu und setzt ihm eine Frist, innerhalb derer er sich zu dem Antrag äußern soll (Einlassungsfrist). [2] Gleichzeitig bestimmt sie Ort und Zeit der Schlichtungsverhandlung und lädt die Parteien.

(2) [1] Zwischen der Zustellung der Ladung und dem Tag der Schlichtungsverhandlung muss eine Frist von mindestens zwei Wochen liegen (Ladungsfrist). [2] Die Ladungsfrist kann auf eine Woche verkürzt werden, wenn der Antragsteller glaubhaft macht, dass die Angelegenheit dringlich ist. [3] Im Übrigen kann die Ladungsfrist nur mit Zustimmung aller Parteien verkürzt werden.

(3) [1] Die Antragsschrift und die Ladung sind den Parteien persönlich durch Übergabe gegen Empfangsbekenntnis zuzustellen. [2] Die Zustellung kann auch durch einen nach § 33 Absatz 1 des Postgesetzes vom 22. Dezember 1997 (BGBl. I S. 3294), das zuletzt durch Artikel 169 des Gesetzes vom 29. März 2017 (BGBl. I S. 626) geändert worden ist, in der jeweils geltenden Fassung, beliehenen Unternehmer (Post) mittels Zustellungsurkunde erfolgen; § 168 Absatz 1 Satz 3, § 176 Absatz 1 und §§ 177 bis 182 der Zivilprozessordnung[2)] sind entsprechend anzuwenden. [3] Die Parteien sind zugleich auf ihre Pflicht, zur Schlichtungsverhandlung persönlich zu erscheinen, und auf die Folgen einer Verletzung dieser Pflicht hinzuweisen.

(4) Handelt ein gesetzlicher Vertreter für eine Partei, ist die Zustellung an ihn zu bewirken.

(5) Ist eine Partei durch einen Bevollmächtigten vertreten, ist dieser von Terminen formlos in Kenntnis zu setzen.

§ 25 Persönliches Erscheinen. (1) [1] Die Parteien sind verpflichtet, zur Schlichtungsverhandlung persönlich zu erscheinen. [2] Die Vertretung durch Bevollmächtigte entbindet die Parteien nicht von dieser Pflicht.

[1)] § 24 Abs. 3 Satz 2 neu gef. mWv 14.7.2007 durch G v. 25.6.2007 (SächsGVBl. S. 193); Abs. 3 Satz 2 neu gef. mWv 9.12.2017 durch G v. 15.11.2017 (SächsGVBl. S. 598).

[2)] **Schönfelder Nr. 100.**

(2) [1] Anstelle der Partei ist deren Vertreter zum Erscheinen in der Schlichtungsverhandlung verpflichtet, wenn

1. die Partei einen gesetzlichen Vertreter hat; Eltern als gesetzliche Vertreter ihrer Kinder können einander mit einer schriftlichen Vollmacht vertreten;
2. für sie ein Betreuer bestellt und ein Einwilligungsvorbehalt angeordnet ist.

[2] Die Schiedsstelle kann jedoch die Pflicht des Vertretenen zum persönlichen Erscheinen anordnen, wenn dies zur Beilegung des Streits angezeigt erscheint.

§ 26[1)] Unentschuldigtes Ausbleiben und Verfahren vor dem Amtsgericht. (1) [1] Gegen eine ordnungsgemäß geladene Partei, die unentschuldigt zur Schlichtungsverhandlung nicht erscheint, setzt die Schiedsstelle ein Ordnungsgeld von 10 bis 100 EUR fest. [2] Entschuldigt die Partei sich nicht so rechtzeitig, dass die anberaumte Schlichtungsverhandlung noch verlegt werden kann, unterbleibt die Verhängung eines Ordnungsgeldes nur, wenn die Partei glaubhaft macht, dass sie an der verspäteten Entschuldigung kein Verschulden trifft.

(2) [1] Der Bescheid, mit dem das Ordnungsgeld festgesetzt wird, ist der betroffenen Partei mit einer Belehrung über die Anfechtungsmöglichkeit nach Absatz 3 zuzustellen. [2] § 24 Abs. 3 und 4 gilt entsprechend.

(3) [1] Die betroffene Partei kann beantragen, das Ordnungsgeld herabzusetzen oder den Bescheid aufzuheben. [2] Der Antrag ist innerhalb von zwei Wochen seit der Zustellung des Bescheids bei der Schiedsstelle, die den Bescheid erlassen hat, schriftlich einzureichen oder zu Protokoll zu erklären.

(4) [1] Der Antrag hat aufschiebende Wirkung. [2] In ihm sind die Tatsachen, mit denen die Partei ihre Abwesenheit im Termin entschuldigt oder sich gegen die Höhe des Ordnungsgeldes wendet, darzulegen und glaubhaft zu machen.

(5) [1] Die Schiedsstelle hebt den Bescheid auf oder setzt das Ordnungsgeld herab, wenn die Partei ihr Ausbleiben in der Schlichtungsverhandlung wegen Krankheit, beruflicher Verhinderung, Ortsabwesenheit oder sonstiger wichtiger Gründe genügend entschuldigt. [2] Hilft sie dem Antrag nicht oder nur zum Teil ab, legt sie ihn mit kurzer Begründung unverzüglich dem Amtsgericht vor.

(6) [1] Das Amtsgericht entscheidet ohne mündliche Verhandlung durch begründeten Beschluss. [2] Die Entscheidung ist nicht anfechtbar und kostenfrei; Auslagen werden nicht erstattet.

(7) [1] Stellt eine Partei keinen Antrag auf Aufhebung des Bescheids oder ist ein solcher Antrag abgewiesen, ist das Schlichtungsverfahren beendet. [2] Andernfalls beraumt die Schiedsstelle eine neue Schlichtungsverhandlung an.

(8) Die Absätze 1 bis 7 gelten bei dem Ausbleiben des Vertreters einer Partei im Sinne von § 25 Abs. 2 entsprechend.

§ 27 Wiedereinsetzung in den vorigen Stand. (1) War die Partei ohne ihr Verschulden gehindert, die Frist nach § 26 Abs. 3 Satz 2 einzuhalten, ist ihr auf Antrag Wiedereinsetzung in den vorigen Stand zu gewähren.

[1)] § 26 Abs. 1 Satz 1 geänd. mWv 1. 1. 2002 durch G v. 28. 6. 2001 (SächsGVBl. S. 426).

(2) [1] Der Wiedereinsetzungsantrag ist mit dem Antrag auf Aufhebung des Bescheids innerhalb einer Woche nach Wegfall des Hindernisses bei der Schiedsstelle, die den Bescheid erlassen hat, schriftlich einzureichen oder zu Protokoll zu erklären. [2] Die Tatsachen zur Begründung des Antrags sind bei der Antragstellung oder im Verfahren über den Antrag glaubhaft zu machen.

(3) [1] Die Schiedsstelle entscheidet über den Antrag ohne mündliche Verhandlung durch Beschluss. [2] Weist die Schiedsstelle den Antrag auf Wiedereinsetzung in den vorigen Stand zurück, ist auf das weitere Verfahren § 26 Abs. 5 Satz 2, Abs. 6 entsprechend anzuwenden.

§ 28 Fristberechnung. Für die Berechnung der Fristen gilt § 222 der Zivilprozessordnung[1)] entsprechend.

§ 29 Schlichtungsverhandlung. (1) Der Friedensrichter soll den Willen der Parteien erforschen, den Sachverhalt klären und mit den Parteien die Tragweite beabsichtigter Vereinbarungen erörtern.

(2) [1] Die Schlichtungsverhandlung vor der Schiedsstelle erfolgt mündlich. [2] Sie ist möglichst ohne Unterbrechung zu Ende zu führen. [3] Wird sie unterbrochen, soll sogleich ein Fortsetzungstermin bestimmt werden.

§ 30 Beweismittel. (1) [1] Zeugen und Sachverständige, die freiwillig erscheinen, können gehört werden. [2] Mit Zustimmung und in Anwesenheit der Parteien kann auch Augenschein genommen werden.

(2) Zur Beeidigung von Parteien, Zeugen und Sachverständigen sowie zur Abnahme einer Versicherung an Eides statt ist der Friedensrichter nicht befugt.

§ 31 Protokoll. (1) Kommt eine Einigung durch Vergleich, Anerkenntnis oder Verzicht zustande, ist hierüber ein Protokoll aufzunehmen.

(2) [1] Das Protokoll ist in deutscher Sprache aufzunehmen. [2] Es enthält:

1. den Ort und den Tag der Schlichtungsverhandlung;
2. die Bezeichnung der Schiedsstelle und den Namen des Friedensrichters;
3. die Namen und die Anschriften der erschienenen Parteien sowie ihrer gesetzlichen Vertreter, Bevollmächtigten und Beistände und die Angabe, wie sich diese ausgewiesen haben;
4. den Gegenstand des Streites;
5. den Wortlaut der Einigung.

(3) Kommt eine Einigung nicht zustande, ist hierüber ein kurzer Vermerk aufzunehmen.

§ 32 Genehmigung des Protokolls. (1) [1] Das Protokoll ist den Parteien vorzulesen oder zur Durchsicht vorzulegen und von ihnen zu genehmigen. [2] Die Genehmigung ist im Protokoll zu vermerken.

(2) [1] Das Protokoll ist von den Parteien, von dem Friedensrichter sowie in Fällen des § 3 Abs. 2 von dem Protokollführer eigenhändig zu unterschreiben. [2] Macht eine Partei glaubhaft, des Schreibens unkundig zu sein, hat sie ein

[1)] **Schönfelder Nr. 100.**

Handzeichen anzubringen, das von dem Friedensrichter durch einen besonderen Vermerk zu bestätigen ist. [3] Macht sie glaubhaft, auch hierzu nicht in der Lage zu sein, muss sie einen Beistand wählen, der für sie das Protokoll unterschreibt. [4] Im Protokoll ist zu vermerken, von welcher Partei und aus welchem Grund die eigenhändige Unterschrift und die Anbringung eines Handzeichens unterblieben sind.

§ 33[1)] Protokollbuch. [1] Der Friedensrichter hat die Protokolle in der Reihenfolge ihrer Erstellung in ein ausschließlich dazu bestimmtes Buch (Protokollbuch) einzulegen und mit einer fortlaufenden Nummer zu versehen. [2] Abgeschlossene Protokollbücher hat er unverzüglich dem Vorstand des Amtsgerichts, in dessen Bezirk die Schiedsstelle ihren Sitz hat, zur Verwahrung zuzuleiten.

§ 34[2)] Abschriften und Ausfertigungen. (1) Die Parteien erhalten auf Antrag Abschriften oder zur Zwangsvollstreckung Ausfertigungen des Protokolls.

(2) [1] Die Ausfertigung erteilt die Schiedsstelle, die das Protokoll verwahrt. [2] Auf dem Protokoll ist zu vermerken, wann und für wen die Ausfertigung erteilt worden ist.

(3) [1] Die Ausfertigung besteht aus der mit dem Ausfertigungsvermerk versehenen Abschrift des Protokolls. [2] Der Ausfertigungsvermerk muss Angaben über den Ort und die Zeit der Ausfertigung sowie die Bezeichnung der Person enthalten, für die die Ausfertigung erteilt wird. [3] Er ist von dem Friedensrichter zu unterschreiben und mit dem Dienstsiegel zu versehen.

(4) Befindet sich das Protokoll in der Verwahrung des Amtsgerichts (§ 33 Satz 2), werden Abschriften und Ausfertigungen von den Urkundsbeamten der Geschäftsstelle erteilt.

§ 35 Pflicht zur Kostentragung. (1) Im Schlichtungsverfahren werden Kosten der Parteien nicht erstattet, es sei denn, eine Partei hat sie in einer Erklärung zu Protokoll der Schiedsstelle ausdrücklich übernommen oder sie ist unentschuldigt nicht zum Termin einer Schlichtungsverhandlung erschienen.

(2) Wenn die Parteien keine Vereinbarung über die Kosten eines abgeschlossenen Vergleichs treffen, trägt jede Partei ihre Kosten selbst, die bei der Schiedsstelle angefallenen Kosten trägt jede Partei zur Hälfte (Kostenaufhebung).

§ 36[3)] Vollstreckung aus dem Vergleich. (1) Aus dem vor der Schiedsstelle geschlossenen Vergleich findet die Zwangsvollstreckung statt.

(2) Die Vollstreckungsklausel auf der Ausfertigung des Vergleichsprotokolls erteilt der Urkundsbeamte der Geschäftsstelle des Amtsgerichts, in dessen Bezirk die Schiedsstelle ihren Sitz hat.

[1)] § 33 Satz 2 angef. mWv 14. 7. 2007 durch G v. 25. 6. 2007 (SächsGVBl. S. 193).
[2)] § 34 Abs. 4 angef. mWv 14. 7. 2007 durch G v. 25. 6. 2007 (SächsGVBl. S. 193).
[3)] § 36 Abs. 2 neu gef., Abs. 3, 4 angef. mWv 14. 7. 2007 durch G v. 25. 6. 2007 (SächsGVBl. S. 193).

(3) [1] Auf der Urschrift des Vergleichsprotokolls ist zu vermerken, wann und von wem sowie für und gegen wen die Vollstreckungsklausel erteilt worden ist. [2] Zu diesem Zweck hat das Amtsgericht, falls es das Protokollbuch nicht verwahrt, den Friedensrichter von der Erteilung der Vollstreckungsklausel zu benachrichtigen.

(4) Im Übrigen finden die Vorschriften der Zivilprozessordnung[1)] über die Zwangsvollstreckung aus Vergleichen, die vor einer durch die Landesjustizverwaltung eingerichteten oder anerkannten Gütestelle abgeschlossen sind, entsprechende Anwendung.

Abschnitt 3. Das Sühneverfahren vor Erhebung der Privatklage

§§ 37–43 *(vom Abdruck wurde abgesehen)*

Abschnitt 4. Kosten und Entschädigung

§§ 44–54 *(vom Abdruck wurde abgesehen)*

Teil 2, 3. *(vom Abdruck wurde abgesehen)*

[1)] **Schönfelder Nr. 100.**

1041. Thüringer Gesetz über die Schiedsstellen in den Gemeinden (Thüringer Schiedsstellengesetz – ThürSchStG –)

In der Fassung der Bekanntmachung vom 17. Mai 1995[1)]
(GVBl. S. 61)

BS Thür 300-7

zuletzt geänd. durch Art. 1 Erstes ÄndG v. 30.3.2022 (GVBl. S. 199)

– Auszug –

Inhaltsübersicht[2)]

Erster Abschnitt. Die Schiedsstelle

§§ 1–12 *(hier nicht wiedergegeben)*

[1)] Neubekanntmachung des ThürSchStG v. 13.9.1990 (GBl S. 1527) in der ab 1.5.1996 geltenden Fassung.

[2)] Inhaltsübersicht geänd. mWv 29.9.2010 durch G v. 9.9.2010 (GVBl. S. 291); geänd. mWv 1.6.2022 durch G v. 30.3.2022 (GVBl. S. 199).

Zweiter Abschnitt. Das Schlichtungsverfahren in bürgerlichen Rechtsangelegenheiten

§ 13[1] Sachliche Zuständigkeit. [1] In bürgerlichen Rechtsstreitigkeiten findet das Schlichtungsverfahren über vermögensrechtliche Ansprüche sowie über Ansprüche aus dem Nachbarrecht und wegen der Verletzung der persönlichen Ehre, auch soweit diese nichtvermögensrechtlicher Art sind, statt. [2] Das Schlichtungsverfahren findet nicht statt, wenn

1. für die Angelegenheit die Zuständigkeit der Arbeitsgerichte besteht,
2. der Anspruch aus einer in § 111 des Gesetzes über das Verfahren in Familiensachen und in den Angelegenheiten der freiwilligen Gerichtsbarkeit[2] genannten Familiensache herrührt,
3. an der Angelegenheit der Bund, ein Land, eine Gemeinde oder eine sonstige Körperschaft, Anstalt oder Stiftung des öffentlichen Rechts beteiligt ist oder
4. sich der Anspruch gegen Medienunternehmen richtet.

§ 14 Zweck des Verfahrens. [1] Das Schlichtungsverfahren ist darauf gerichtet, die Streitsache im Wege des Vergleichs beizulegen. [2] Es wird aufgrund eines Antrags einer an der Streitsache beteiligten Person durchgeführt.

§ 15 Örtliche Zuständigkeit, Zuständigkeitsvereinbarung. (1) Zuständig ist die Schiedsstelle, in deren Bereich die antragsgegnerische Partei wohnt.

(2) Die Parteien können nach dem Entstehen der Streitigkeit schriftlich oder zu Protokoll der Schiedsstelle eines anderen Bereichs vereinbaren, daß das Schlichtungsverfahren vor dieser Schiedsstelle stattfindet.

§ 16 Verfahrenssprache. [1] Das Schlichtungsverfahren wird in deutscher Sprache geführt. [2] Auf Antrag der Parteien kann die Verhandlung ganz oder teilweise in einer anderen Sprache geführt werden, sofern alle Beteiligten dieser Sprache mächtig sind.

§ 17[3] Ausschluß von der Amtsausübung. Die Schiedsperson ist von der Ausübung ihres Amtes kraft Gesetzes ausgeschlossen:

1. in Angelegenheiten, in denen sie selbst Partei ist oder bei denen sie zu einer Partei in dem Verhältnis einer Mitberechtigten, Mitverpflichteten oder Regreßpflichtigen steht;
2. in Angelegenheiten ihres Ehegatten oder früheren Ehegatten; dies gilt auch für Lebenspartner nach dem Lebenspartnerschaftsgesetz[4];
3. in Angelegenheiten einer Person, die mit ihr in gerader Linie verwandt oder verschwägert, in der Seitenlinie bis zum dritten Grad verwandt oder bis zum zweiten Grad verschwägert ist oder war;
4. in Angelegenheiten, in welchen sie als Prozeßbevollmächtigte oder Beistand einer Partei bestellt ist oder war.

---

[1] § 13 neu gef. mWv 1.6.2022 durch G v. 30.3.2022 (GVBl. S. 199).
[2] **Habersack, Deutsche Gesetze Nr. 112.**
[3] § 17 Nr. 2 neu gef. mWv 1.6.2022 durch G v. 30.3.2022 (GVBl. S. 199).
[4] Nr. **43**.

§ 18 Verfahrenshinderungsgründe. (1) Die Schiedsperson wird nicht oder nicht weiter tätig, wenn
1. die zu protokollierende Vereinbarung nur in notarieller Form gültig ist;
2. die Parteien auch nach Unterbrechung oder Vertagung der Schlichtungsverhandlung ihre Identität nicht nachweisen;
3. Bedenken gegen die Geschäftsfähigkeit oder Verfügungsfähigkeit der Parteien oder gegen die Legitimation ihrer Vertreter bestehen;
4. die Angelegenheit bei Gericht anhängig ist.

(2) Die Schiedsperson soll nicht tätig werden, wenn mit der Angelegenheit eine auf privatrechtlicher Grundlage eingerichtete Schieds-, Schlichtungs- oder Einigungsstelle einer berufsständischen Organisation befaßt ist.

§ 19 Ablehnung der Verfahrenseinleitung. Die Schiedsperson kann den Antrag auf Einleitung eines Schlichtungsverfahrens ablehnen, wenn
1. die streitige Angelegenheit sachlich oder rechtlich schwierig zu beurteilen ist;
2. wegen der Person eines Verfahrensbeteiligten eine besonders schwierige Verfahrensgestaltung zu erwarten ist;
3. der Antrag erkennbar ohne Einigungsabsicht oder sonst offensichtlich mißbräuchlich gestellt ist.

§ 20 Tätigkeit außerhalb des Schiedsstellenbereichs. Zu einer amtlichen Tätigkeit außerhalb des Bereichs der Schiedsstelle ist die Schiedsperson nur befugt, wenn die Amtsräume außerhalb des Bereichs der Schiedsstelle liegen oder ein Augenschein eingenommen werden soll.

§ 21 Antrag auf Verfahrenseinleitung. (1) [1]Die Schiedsperson leitet das Schlichtungsverfahren auf Antrag einer Partei ein. [2]Der Antrag kann zurückgenommen werden, nach Beginn der Schlichtungsverhandlung jedoch nur, wenn die antragsgegnerische Partei nicht widerspricht.

(2) [1]Endet das Schlichtungsverfahren nicht mit einem Vergleich (§ 31), so bedarf ein erneuter Antrag in derselben Sache der schriftlichen Zustimmung der antragsgegnerischen Partei. [2]Die Zustimmung ist bei der Antragstellung vorzulegen.

§ 22 Form und Inhalt des Antrags. (1) [1]Der Antrag auf Durchführung des Schlichtungsverfahrens sowie dessen Rücknahme sind bei der Schiedsstelle schriftlich einzureichen oder zu Protokoll zu erklären. [2]Er muß Namen, Vornamen und Anschrift der Parteien, eine allgemeine Angabe des Streitgegenstandes und die Unterschrift der antragstellenden Partei enthalten. [3]Die in Händen der antragstellenden Partei befindlichen Schriftstücke, deren sie sich zum Nachweis tatsächlicher Behauptungen bedienen will, sollen beigefügt werden.

(2) [1]Wohnen die Parteien nicht im Bereich derselben Schiedsstelle, so kann der Antrag auch bei der Schiedsstelle, in dessen Bereich die antragstellende Partei wohnt, zu Protokoll gegeben werden. [2]Das Protokoll ist der zuständigen Schiedsstelle unverzüglich zu übermitteln.

§ 23[1)] Terminbestimmung, Ladung. (1) Die Schiedsperson bestimmt Ort und Zeit der Schlichtungsverhandlung.

[1)] § 23 Abs. 4 neu gef. mWv 1.6.2022 durch G v. 30.3.2022 (GVBl. S. 199).

(2) [1]Zwischen der Zustellung der Ladung und dem Tag der Schlichtungsverhandlung muß eine Frist von mindestens zwei Wochen liegen (Ladungsfrist). [2]Die Ladungsfrist kann auf eine Woche verkürzt werden, wenn die antragstellende Partei glaubhaft macht, daß die Angelegenheit dringlich ist. [3]Eine weitere Verkürzung der Ladungsfrist setzt die Zustimmung beider Parteien voraus.

(3) [1]Die Schiedsperson händigt die Ladung den Parteien persönlich gegen Empfangsbekenntnis aus oder läßt sie durch die Post zustellen; die antragsgegnerische Partei erhält mit der Ladung eine Abschrift des Antrags. [2]Zugleich werden die Parteien auf die Pflicht, persönlich zur Schlichtungsverhandlung zu erscheinen, und auf die Folgen hingewiesen, die eine Verletzung dieser Pflicht haben kann. [3]Hat eine Partei einen gesetzlichen Vertreter, so ist diesem die Ladung zuzustellen.

(4) [1]Eine Partei kann ihr Ausbleiben in dem anberaumten Termin wegen Krankheit, beruflicher Verhinderung, Ortsabwesenheit, zulässiger Vertretung nach § 28 oder wegen sonstiger wichtiger Gründe entschuldigen. [2]Sie hat ihr Nichterscheinen der Schiedsperson unverzüglich anzuzeigen und dabei die Entschuldigungsgründe glaubhaft zu machen. [3]Wird der Termin nicht aufgehoben, ist dies der Partei gegen Nachweis mitzuteilen. [4]Für den Fall einer zulässigen Vertretung nach § 28 kann die Schiedsperson das persönliche Erscheinen der vertretenen Partei anordnen, wenn konkrete Anhaltspunkte dafür vorliegen, dass ohne das persönliche Erscheinen eine Aufklärung des Sachverhalts oder eine Streitbeilegung nicht gelingt.

§ 24[1)] Persönliches Erscheinen der Parteien, Sanktionen bei Ausbleiben oder vorzeitiger Entfernung. (1) [1]Die Parteien haben in dem anberaumten Termin persönlich zu erscheinen. [2]Dies gilt nicht, wenn eine Partei sich in einer nach § 28 zulässigen Weise vertreten lässt, es sei denn, dass die Schiedsperson das persönliche Erscheinen nach § 23 Abs. 4 Satz 4 ausdrücklich angeordnet hat.

(2) Erscheint eine Partei unentschuldigt nicht zu dem Termin oder entfernt sie sich unentschuldigt vor dem Schluß der Schlichtungsverhandlung, setzt die Schiedsperson durch Bescheid ein Ordnungsgeld bis einhundert Euro fest.

(3) Der Bescheid ist dem Betroffenen mit einer Belehrung über die Anfechtung nach Absatz 4 zuzustellen.

(4) [1]Der Betroffene kann den Bescheid durch schriftliche Erklärung anfechten. [2]Die Erklärung ist binnen zwei Wochen nach Zustellung des Bescheids bei dem Amtsgericht, in dessen Bezirk die Schiedsstelle ihren Sitz hat, einzureichen. [3]Der Betroffene kann sie auch zu Protokoll der Geschäftsstelle des Amtsgerichts oder zu Protokoll der Schiedsstelle geben, die den Bescheid erlassen hat. [4]In der Erklärung sind die Tatsachen darzulegen und glaubhaft zu machen, mit denen der Betroffene seine Abwesenheit in der Schlichtungsverhandlung entschuldigt oder sich gegen die Höhe des Ordnungsgeldes wendet.

(5) [1]Das Amtsgericht leitet die ihm gegenüber abgegebene Erklärung der Schiedsperson zu. [2]Hält die Schiedsperson die Anfechtung für begründet, so hebt sie den Bescheid auf oder setzt das Ordnungsgeld herab. [3]Sie legt die Erklärung unverzüglich dem Amtsgericht vor, wenn sie der Anfechtung nicht oder nur zum Teil abhilft; andernfalls unterrichtet sie das Amtsgericht von der Abhilfe, wenn die *Anfechtungs*erklärung diesem gegenüber abgegeben worden war.

[1)] § 24 Abs. 2 geänd. mWv 1.1.2002 durch G v. 24.10.2001 (GVBl. S. 265); Abs. 1 Satz 2 angef., Abs. 2 geänd. mWv 1.6.2022 durch G v. 30.3.2022 (GVBl. S. 199).

(6) [1] Das Amtsgericht entscheidet über die Anfechtung des Bescheids ohne mündliche Verhandlung durch Beschluß, der zu begründen ist. [2] Die Entscheidung des Amtsgerichts ist nicht anfechtbar.

(7) [1] Für das Verfahren vor dem Amtsgericht werden Kosten nicht erhoben. [2] Auslagen der Parteien werden nicht erstattet.

(8) [1] Steht fest, daß eine Partei der Schlichtungsverhandlung unentschuldigt ferngeblieben ist, vermerkt die Schiedsperson die Beendigung des Schlichtungsverfahrens. [2] Andernfalls beraumt sie einen neuen Termin an.

§ 25 Wiedereinsetzung in den vorigen Stand. (1) War der Betroffene ohne Verschulden gehindert, die Frist nach § 24 Abs. 4 Satz 2 einzuhalten, so ist ihm auf Antrag Wiedereinsetzung in den vorigen Stand zu gewähren.

(2) [1] Der Wiedereinsetzungsantrag ist mit der Anfechtungserklärung innerhalb einer Woche nach Wegfall des Hindernisses bei dem Amtsgericht schriftlich einzureichen. [2] Der Betroffene kann ihn auch zu Protokoll der Geschäftsstelle des Amtsgerichts oder zu Protokoll der Schiedsstelle erklären, die den Bescheid erlassen hat. [3] Die Tatsachen zur Begründung des Antrags sind bei der Antragstellung glaubhaft zu machen. [4] Wird der Wiedereinsetzungsantrag zu Protokoll der Schiedsstelle erklärt, so wird er dem Amtsgericht zugeleitet.

(3) [1] Über den Antrag entscheidet das Amtsgericht ohne mündliche Verhandlung durch Beschluß, der zu begründen ist. [2] Die Entscheidung ist nicht anfechtbar.

(4) [1] Für das Verfahren werden Kosten nicht erhoben. [2] Auslagen der Parteien werden nicht erstattet.

§ 26 Berechnung der Fristen. Für die Berechnung der Fristen gilt § 222 der Zivilprozeßordnung[1)].

§ 27 Verhandlungsgrundsätze. [1] Die Verhandlung vor der Schiedsperson ist mündlich und nicht öffentlich. [2] Sie ist möglichst ohne Unterbrechung zu Ende zu führen; ein Termin zur Fortsetzung der Verhandlung ist sofort zu bestimmen.

§ 28[2)] Vertretung natürlicher Personen in der Schlichtungsverhandlung. [1] Die Vertretung natürlicher Personen in der Schlichtungsverhandlung ist unzulässig, es sei denn,

1. es liegt ein Fall der gesetzlichen Vertretung vor oder
2. die vertretende Person weist eine schriftliche Bevollmächtigung nach und ist zur Aufklärung des Sachverhalts in der Lage sowie zu einem Vergleichsschluss ermächtigt.

[2] Erfolgt die gesetzliche Vertretung durch mehrere Personen, können diese sich *unter Vorlage einer schriftlichen* Vollmacht gegenseitig vertreten.

§ 29 Beistände und Rechtsanwälte im Schlichtungsverfahren. [1] Jede Partei kann vor der Schiedsperson mit einem Beistand erscheinen. [2] In der Schlichtungsverhandlung darf ein Beistand nur zurückgewiesen werden, wenn er durch sein Verhalten die Verhandlung nachhaltig stört und dadurch die Einigungsbemühungen wesentlich erschwert. [3] Nicht zurückgewiesen werden dürfen Rechtsanwälte

---

1) **Habersack, Deutsche Gesetze Nr. 100.**
2) § 28 neu gef. mWv 1.6.2022 durch G v. 30.3.2022 (GVBl. S. 199).

und Beistände von Personen, die nicht lesen oder schreiben können, die die deutsche Sprache nicht beherrschen oder die blind, taub oder stumm sind.

§ 30 Beweiserhebung, Entschädigung von Personen. (1) [1] Zeugen und Sachverständige, die freiwillig erschienen sind, können gehört werden. [2] Mit Zustimmung und in Anwesenheit der Parteien kann auch ein Augenschein genommen werden.

(2) Zur Beeidigung von Zeugen und Sachverständigen, zur eidlichen Parteivernehmung sowie zur Abnahme von eidesstattlichen Versicherungen ist die Schiedsperson nicht befugt.

(3) [1] Zeugen und Sachverständige haben gegen die Schiedsperson und die Gemeinde keinen Anspruch auf Entschädigung. [2] Falls die Ladung durch die Schiedsperson erfolgt, ist in der Ladung hierauf hinzuweisen.

§ 31 Protokollierung der Schlichtungsverhandlung. (1) Über die Schlichtungsverhandlung ist ein Protokoll aufzunehmen, in das die wesentlichen, den Ausgang der Verhandlung bestimmenden Vorgänge aufzunehmen sind.

(2) Kommt ein Vergleich zustande, sind in das Protokoll aufzunehmen:

1. der Ort und der Tag der Verhandlung;
2. der Name der Schiedsperson;
3. die Namen der erschienenen Parteien, ihrer Vertreter, Bevollmächtigten und Beistände sowie die Angabe, wie sich die Personen ausgewiesen haben;
4. eine kurze Angabe über den Gegenstand des Schlichtungsverfahrens;
5. der Inhalt des Vergleichs.

§ 32 Verlesen und Genehmigung des Protokolls bei Vergleich. (1) [1] Das den Vergleich enthaltende Protokoll ist den Parteien vorzulesen oder zur Durchsicht vorzulegen und von ihnen zu genehmigen. [2] Dies ist in dem Protokoll zu vermerken.

(2) [1] Das Protokoll ist von der Schiedsperson und den Parteien eigenhändig zu unterschreiben. [2] Nach Vollzug der Unterschriften wird ein Vergleich wirksam.

(3) Erklärt eine Partei, daß sie nicht schreiben könne, so muß die Schiedsperson das Handzeichen der schreibunkundigen Person durch einen besonderen Vermerk beglaubigen.

§ 33 Abschriften und Ausfertigungen des Protokolls. (1) Die Parteien oder deren Rechtsnachfolger erhalten auf Verlangen Abschriften oder Ausfertigungen des Protokolls.

(2) [1] Die Ausfertigung besteht aus der mit dem Ausfertigungsvermerk versehenen Abschrift des Protokolls. [2] Der Ausfertigungsvermerk muß Angaben über den Ort und die Zeit der Ausfertigung sowie die Person enthalten, für die die Ausfertigung erteilt wird, von der Schiedsperson unterschrieben und mit einem Abdruck des Dienstsiegels versehen werden.

(3) [1] Die Ausfertigung wird von der Schiedsstelle erteilt, die die Urschrift des Protokolls verwahrt. [2] Die Schiedsperson hat vor Aushändigung der Ausfertigung *auf der Urschrift des Protokolls* zu vermerken, wann und für wen die Ausfertigung erteilt worden ist.

(4) Befindet sich das Protokoll in der Verwahrung des Amtsgerichts, so wird die Ausfertigung von dem Urkundsbeamten der Geschäftsstelle erteilt.

§ 34 Vergleich als Vollstreckungstitel. (1) Aus dem vor einer Schiedsperson geschlossenen Vergleich findet die Zwangsvollstreckung statt.

(2) [1] Die Bestimmungen der Zivilprozeßordnung[1)] über die Zwangsvollstreckung, die für einen vor einer durch die Landesjustizverwaltung eingerichteten oder anerkannten Gütestelle abgeschlossenen Vergleich gelten, finden entsprechende Anwendung. [2] Die Vollstreckungsklausel erteilt das Amtsgericht, in dessen Bezirk die Schiedsstelle ihren Sitz hat.

(3) [1] Auf der Urschrift des Protokolls ist zu vermerken, wann und von wem sowie für und gegen wen die Vollstreckungsklausel erteilt worden ist. [2] Das Amtsgericht benachrichtigt die Schiedsstelle von der Erteilung der Vollstreckungsklausel, wenn es das Protokoll nicht verwahrt.

Dritter–Fünfter Abschnitt. *(hier nicht wiedergegeben)*

---

1) **Habersack, Deutsche Gesetze Nr. 100.**

105d. Gesetz über Musterverfahren in kapitalmarktrechtlichen Streitigkeiten (Kapitalanleger-Musterverfahrensgesetz – KapMuG)[1)]

Vom 16. Juli 2024

(BGBl. 2024 I Nr. 240)

FNA 310-27

Inhaltsübersicht

[1)] Verkündet als Art. 1 Zweites G zur Reform des Kapitalanleger-Musterverfahrens G v. 16.7.2024 (BGBl. 2024 I Nr. 240); Inkrafttreten gem. Art. 10 Satz 1 dieses G am 20.7.2024.

Abschnitt 1. Musterverfahrensantrag; Vorlageverfahren

§ 1 Anwendungsbereich; Verhältnis zum Verbraucherrechtedurchsetzungsgesetz. (1) Dieses Gesetz ist anwendbar in bürgerlichen Rechtsstreitigkeiten, in denen einer der folgenden Ansprüche geltend gemacht wird:

1. ein Schadensersatzanspruch wegen falscher, irreführender oder unterlassener öffentlicher Kapitalmarktinformation,
2. ein Schadensersatzanspruch wegen Verwendung einer falschen oder irreführenden öffentlichen Kapitalmarktinformation oder wegen Unterlassung der gebotenen Aufklärung darüber, dass eine öffentliche Kapitalmarktinformation falsch oder irreführend ist,
3. ein Erfüllungsanspruch aus einem Vertrag, der auf einem Angebot nach dem Wertpapiererwerbs- und Übernahmegesetz[1], einschließlich eines Anspruchs nach § 39 Absatz 3 Satz 3 und 4 des Börsengesetzes, beruht, oder
4. ein Schadensersatzanspruch nach Artikel 75 Absatz 8 der Verordnung (EU) 2023/1114 des Europäischen Parlaments und des Rates vom 31. Mai 2023 über Märkte für Kryptowerte und zur Änderung der Verordnungen (EU) Nr. 1093/2010 und (EU) Nr. 1095/2010 sowie der Richtlinien 2013/36/EU und (EU) 2019/1937 (ABl. L 150 vom 9.6.2023, S. 40; L, 2024/90275, 2.5.2024), die durch die Verordnung (EU) 2023/2869 (ABl. L, 2023/2869, 20.12.2023) geändert worden ist.

(2) [1] Öffentliche Kapitalmarktinformationen sind Informationen über Tatsachen, Umstände, Kennzahlen und sonstige Unternehmensdaten, die für eine Vielzahl von Kapitalanlegern bestimmt sind und einen Emittenten von Wertpapieren oder einen Anbieter von sonstigen Vermögensanlagen betreffen. [2] Dies sind insbesondere Angaben

1. in Prospekten nach der Verordnung (EU) 2017/1129 des Europäischen Parlaments und des Rates vom 14. Juni 2017 über den Prospekt, der beim öffentlichen Angebot von Wertpapieren oder bei deren Zulassung zum Handel an einem geregelten Markt zu veröffentlichen ist und zur Aufhebung der Richtlinie 2003/71/EG (ABl. L 168 vom 30.6.2017, S. 12), die zuletzt durch die Verordnung (EU) 2023/2869 (ABl. L, 2023/2869, 20.12.2023) geändert worden ist,
2. in Wertpapier-Informationsblättern nach dem Wertpapierprospektgesetz[2] und Informationsblättern nach dem Wertpapierhandelsgesetz[3],
3. in Verkaufsprospekten, Vermögensanlagen-Informationsblättern und wesentlichen Anlegerinformationen nach dem Verkaufsprospektgesetz, dem Vermögensanlagengesetz, dem Investmentgesetz in der bis einschließlich 21. Juli 2013 geltenden Fassung sowie dem Kapitalanlagegesetzbuch,
4. in Anlagebasisinformationsblättern nach der Verordnung (EU) 2020/1503 des Europäischen Parlaments und des Rates vom 7. Oktober 2020 über Europäische Schwarmfinanzierungsdienstleister für Unternehmen und zur Änderung der Verordnung (EU) 2017/1129 und der Richtlinie (EU) 2019/1937 (ABl. L 347 vom 20.10.2020, S. 1), die durch die Delegierte Verordnung (EU) 2022/1988 (ABl. L 273 vom 21.10.2022, S. 3) geändert worden ist,

---

[1] Nr. **58a**.
[2] Nr. **58e**.
[3] Nr. **58**.

5. in Kryptowerte-Whitepapern nach der Verordnung (EU) 2023/1114,
6. in Mitteilungen über Insiderinformationen nach Artikel 17 der Verordnung (EU) Nr. 596/2014 des Europäischen Parlaments und des Rates vom 16. April 2014 über Marktmissbrauch (Marktmissbrauchsverordnung) und zur Aufhebung der Richtlinie 2003/6/EG des Europäischen Parlaments und des Rates und der Richtlinien 2003/124/EG, 2003/125/EG und 2004/72/EG der Kommission (ABl. L 173 vom 12.6.2014, S. 1; L 287 vom 21.10.2016, S. 320; L 348 vom 21.12.2016, S. 83), die zuletzt durch die Verordnung (EU) 2023/2869 (ABl. L, 2023/2869, 20.12.2023) geändert worden ist, sowie nach § 26 des Wertpapierhandelsgesetzes,
7. in Darstellungen, Übersichten, Vorträgen und Auskünften in der Hauptversammlung über die Verhältnisse der Gesellschaft einschließlich ihrer Beziehungen zu verbundenen Unternehmen im Sinne des § 400 Absatz 1 Nummer 1 des Aktiengesetzes[1],
8. in Jahresabschlüssen, Lageberichten, Konzernabschlüssen, Konzernlageberichten sowie Halbjahresfinanzberichten des Emittenten,
9. in auf den Emittenten oder Anbieter von sonstigen Vermögensanlagen bezogenen Ratings nach der Verordnung (EG) Nr. 1060/2009 des Europäischen Parlaments und des Rates vom 16. September 2009 über Ratingagenturen (ABl. L 302 vom 17.11.2009, S. 1; L 350 vom 29.12.2009, S. 59; L 145 vom 31.5.2011, S. 57), die zuletzt durch die Verordnung (EU) 2023/2869 (ABl. L, 2023/2869, 20.12.2023) geändert worden ist, sowie in Bestätigungsvermerken von Abschlussprüfern zu offenzulegenden Jahresabschlüssen und Konzernabschlüssen des Emittenten und
10. in Angebotsunterlagen im Sinne des § 11 Absatz 1 Satz 1 des Wertpapiererwerbs- und Übernahmegesetzes.

(3) [1]Dieses Gesetz ist auf Verbandsklagen nach dem Verbraucherrechtedurchsetzungsgesetz[2] nicht anzuwenden; § 18 Absatz 2 Satz 2 bleibt unberührt. [2]Der Zulässigkeit eines Musterverfahrens nach diesem Gesetz steht nicht entgegen, dass wegen desselben Lebenssachverhalts eine Verbandsklage rechtshängig ist.

§ 2 Musterverfahrensantrag. (1) Durch Musterverfahrensantrag können der Kläger und der Beklagte im ersten Rechtszug die Feststellung des Vorliegens oder Nichtvorliegens von tatsächlichen und rechtlichen Voraussetzungen für das Bestehen oder Nichtbestehen von Ansprüchen oder Rechtsverhältnissen (Feststellungsziele) beantragen.

(2) [1]Der Musterverfahrensantrag ist bei dem Prozessgericht unter Angabe der Feststellungsziele und der betroffenen öffentlichen Kapitalmarktinformationen zu stellen. [2]Im Fall des § 1 Absatz 1 Nummer 4 sind anstelle der betroffenen öffentlichen Kapitalmarktinformationen die Vorfälle nach Artikel 75 Absatz 8 der Verordnung (EU) 2023/1114 anzugeben.

(3) [1]In dem Antrag sind die zur Begründung dienenden Tatsachen und Beweismittel anzugeben. [2]Der Antragsteller muss darlegen, dass der Entscheidung über die Feststellungsziele im Musterverfahren Bedeutung über den einzelnen Rechtsstreit hinaus für andere gleichgelagerte Rechtsstreitigkeiten zukommen kann.

(4) Dem Antragsgegner ist Gelegenheit zur Stellungnahme zu geben.

---

[1] **Habersack, Deutsche Gesetze Nr. 51.**
[2] **Habersack, Deutsche Gesetze Nr. 105a.**

§ 3 Entscheidung über den Musterverfahrensantrag. (1) Das Prozessgericht entscheidet über die Zulässigkeit des Musterverfahrensantrags durch unanfechtbaren Beschluss.

(2) Das Prozessgericht verwirft den Musterverfahrensantrag als unzulässig, soweit

1. die Entscheidung des zugrunde liegenden Rechtsstreits voraussichtlich nicht von den geltend gemachten Feststellungszielen abhängt,
2. die angegebenen Beweismittel zum Beweis der geltend gemachten Feststellungsziele ungeeignet sind,
3. nicht dargelegt ist, dass eine Bedeutung für andere gleichgelagerte Rechtsstreitigkeiten gegeben ist, oder
4. der Musterverfahrensantrag zum Zweck der Prozessverschleppung gestellt ist.

§ 4 Bekanntmachung des Musterverfahrensantrags. (1) [1]Einen zulässigen Musterverfahrensantrag macht das Prozessgericht im Musterverfahrensregister (§ 5) öffentlich bekannt. [2]Die Bekanntmachung soll binnen drei Monaten ab Eingang des Antrags erfolgen.

(2) Die Bekanntmachung ist mit dem Datum ihrer Veröffentlichung zu versehen und enthält die folgenden Angaben:

1. die vollständige Bezeichnung der Beklagten und ihrer gesetzlichen Vertreter,
2. die Bezeichnung des von dem Musterverfahrensantrag betroffenen Emittenten von Wertpapieren, Anbieters von sonstigen Vermögensanlagen oder Anbieters von Kryptowerte-Dienstleistungen,
3. die Bezeichnung des Prozessgerichts,
4. das Aktenzeichen des Prozessgerichts,
5. die Feststellungsziele des Musterverfahrensantrags einschließlich der betroffenen öffentlichen Kapitalmarktinformationen oder der Vorfälle nach Artikel 75 Absatz 8 der Verordnung (EU) 2023/1114,
6. eine knappe Darstellung des vorgetragenen Lebenssachverhalts,
7. die Höhe des vom Kläger geltend gemachten Anspruchs, soweit dieser von den Feststellungszielen des Musterverfahrens betroffen ist, und
8. den Zeitpunkt des Eingangs des Musterverfahrensantrags beim Prozessgericht.

§ 5 Musterverfahrensregister; Verordnungsermächtigung. (1) Das Musterverfahrensregister wird im Bundesanzeiger unter der Rubrik „Register nach dem Kapitalanleger-Musterverfahrensgesetz" geführt.

(2) Die Einsicht in das Musterverfahrensregister steht jedem unentgeltlich zu.

(3) [1]Das Gericht, das die Bekanntmachung veranlasst, trägt die datenschutzrechtliche Verantwortung für die von ihm im Musterverfahrensregister bekannt gemachten Daten, insbesondere für die Rechtmäßigkeit ihrer Erhebung, die Zulässigkeit ihrer Veröffentlichung und die Richtigkeit der Darstellung. [2]Der Betreiber des Musterverfahrensregisters verarbeitet die Daten im Auftrag und nach Weisung des Gerichts, das die jeweilige Bekanntmachung veranlasst.

(4) Die im Musterverfahrensregister gespeicherten Daten sind sechs Monate *nach rechtskräftigem* Abschluss des Musterverfahrens oder im Fall des § 7 Absatz 5 Satz 1 sechs Monate nach Zurückweisung des Musterverfahrensantrags zu löschen.

(5) [1]Das Bundesministerium der Justiz wird ermächtigt, durch Rechtsverordnung ohne Zustimmung des Bundesrates nähere Bestimmungen über Inhalt und

Aufbau des Musterverfahrensregisters, insbesondere über Eintragungen, Änderungen, Löschungen, Einsichtsrechte, Datensicherheit und Datenschutz, zu treffen. [2]Dabei sind Vorschriften vorzusehen, die sicherstellen, dass die Bekanntmachungen

1. unversehrt, vollständig und aktuell bleiben sowie
2. jederzeit ihrem Ursprung zugeordnet werden können.

§ 6 Unterbrechung des Verfahrens. Mit der Bekanntmachung des Musterverfahrensantrags wird das jeweilige Ausgangsverfahren unterbrochen, soweit die Entscheidung des Rechtsstreits voraussichtlich von den geltend gemachten Feststellungszielen abhängt.

§ 7 Vorlage an das Oberlandesgericht; Verordnungsermächtigung.

(1) [1]Durch Vorlagebeschluss ist eine Entscheidung des im Rechtszug übergeordneten Oberlandesgerichts über die Feststellungsziele von Musterverfahrensanträgen herbeizuführen, die den gleichen zugrunde liegenden Lebenssachverhalt betreffen (gleichgerichtete Musterverfahrensanträge), wenn innerhalb von sechs Monaten nach der ersten Bekanntmachung eines Musterverfahrensantrags mindestens neun weitere solcher Anträge bekannt gemacht wurden. [2]Der Vorlagebeschluss ergeht unverzüglich nach Ablauf der in Satz 1 genannten Frist. [3]Der Vorlagebeschluss ist unanfechtbar.

(2) Zuständig für den Vorlagebeschluss ist das Prozessgericht, bei dem der erste bekannt gemachte Musterverfahrensantrag gestellt wurde.

(3) Der Vorlagebeschluss enthält:

1. die Feststellungsziele,
2. eine knappe Darstellung des den Musterverfahrensanträgen zugrunde liegenden gleichen Lebenssachverhalts,
3. die angegebenen Beweismittel und
4. eine Zusammenstellung aller bekannt gemachten gleichgerichteten Musterverfahrensanträge mit den Angaben nach § 4 Absatz 2.

(4) [1]Das Prozessgericht macht den Vorlagebeschluss unverzüglich im Musterverfahrensregister öffentlich bekannt. [2]Zugleich teilt es dem Oberlandesgericht die vollständige Bezeichnung der Kläger derjenigen Ausgangsverfahren mit, die Gegenstand des Vorlagebeschlusses sind.

(5) [1]Sind seit Bekanntmachung des jeweiligen Musterverfahrensantrags innerhalb von sechs Monaten weniger als neun weitere gleichgerichtete Anträge bekannt gemacht worden, so weist das Prozessgericht den Antrag durch Beschluss zurück und setzt das jeweilige Ausgangsverfahren fort. [2]Der Beschluss ist unanfechtbar.

(6) [1]Sind in einem Land mehrere Oberlandesgerichte errichtet, so kann die Zuständigkeit für Musterverfahren nach diesem Gesetz von der Landesregierung durch Rechtsverordnung einem der Oberlandesgerichte oder dem Obersten Landesgericht zugewiesen werden. [2]Die Landesregierungen können die Ermächtigung durch Rechtsverordnung auf die Landesjustizverwaltungen übertragen.

(7) Durch Staatsverträge zwischen Ländern kann die Zuständigkeit eines Oberlandesgerichts für Musterverfahren nach diesem Gesetz für einzelne Bezirke oder für das gesamte Gebiet mehrerer Länder begründet werden.

§ 8 Sperrwirkung des Vorlagebeschlusses. Ab dem Erlass des Vorlagebeschlusses sind weitere gleichgerichtete Musterverfahrensanträge unzulässig; § 3 ist anzuwenden.

Abschnitt 2. Durchführung des Musterverfahrens

§ 9 Eröffnung des Musterverfahrens; Bestimmung des Musterklägers.

(1) [1]Das Oberlandesgericht eröffnet das Musterverfahren durch unanfechtbaren Beschluss (Eröffnungsbeschluss), soweit eine Verhandlung und Entscheidung über die im Vorlageschluss enthaltenen Feststellungsziele im Musterverfahren sachdienlich ist. [2]Dabei kann es den Streitstoff abschichten und die Feststellungsziele neu fassen.

(2) Der Eröffnungsbeschluss enthält:

1. die Feststellungsziele des Musterverfahrens,
2. eine knappe Darstellung des dem Musterverfahren zugrunde liegenden Lebenssachverhalts, wie er sich aus der Zusammenschau der vorgelegten Musterverfahrensanträge ergibt, und
3. die Bestimmung des Musterklägers (Absatz 3).

(3) [1]Den Musterkläger bestimmt das Oberlandesgericht nach billigem Ermessen aus den Klägern der nach § 6 unterbrochenen Ausgangsverfahren. [2]Bei der Auswahl zu berücksichtigen sind:

1. die Eignung des Klägers, das Musterverfahren unter Berücksichtigung der Interessen der übrigen Kläger angemessen zu führen,
2. eine gegebenenfalls bestehende Einigung mehrerer Kläger auf einen Musterkläger und
3. die Höhe des Anspruchs, soweit er von den Feststellungszielen des Musterverfahrens betroffen ist.

(4) [1]Liegen die Voraussetzungen des Absatzes 1 nicht vor, lehnt das Oberlandesgericht die Eröffnung durch unanfechtbaren Beschluss ab. [2]Das Prozessgericht setzt ein nach § 6 unterbrochenes Ausgangsverfahren fort.

(5) Die Entscheidung über die Eröffnung soll binnen vier Monaten ab Bekanntmachung des Vorlagebeschlusses ergehen.

(6) [1]Das Oberlandesgericht macht Eröffnungsbeschlüsse und Beschlüsse über die Ablehnung der Eröffnung unverzüglich im Musterverfahrensregister öffentlich bekannt. [2]In der Bekanntmachung des Eröffnungsbeschlusses ist über Form, Frist und Wirkung der Anmeldung eines Anspruchs zum Musterverfahren (§ 13) zu belehren.

§ 10 Aussetzung von Ausgangsverfahren. (1) [1]Nach Bekanntmachung des Eröffnungsbeschlusses setzt das Prozessgericht ein nach § 6 unterbrochenes Ausgangsverfahren von Amts wegen aus, soweit die Entscheidung des Rechtsstreits voraussichtlich von den Feststellungszielen des Musterverfahrens abhängt. [2]Lehnt es die Aussetzung ab, unterrichtet es darüber das Oberlandesgericht und setzt das Verfahren fort.

(2) [1]Auf Antrag des Klägers setzt das Prozessgericht auch ein bisher nicht unterbrochenes Ausgangsverfahren aus, das bereits anhängig ist oder bis zum rechtskräftigen Abschluss des Musterverfahrens noch anhängig wird, soweit die Entscheidung des Rechtsstreits voraussichtlich von den Feststellungszielen des

Musterverfahrens abhängt. [2]Dem Antragsgegner ist zuvor Gelegenheit zur Stellungnahme zu geben.

(3) [1]Das Prozessgericht hat das Oberlandesgericht unverzüglich über die Aussetzung zu unterrichten. [2]Dabei sind die vollständige Bezeichnung der Parteien des jeweiligen Ausgangsverfahrens und die Höhe des Anspruchs, soweit er von den Feststellungszielen des Musterverfahrens betroffen ist, anzugeben.

(4) Die Kläger ausgesetzter Ausgangsverfahren müssen das Musterverfahren in der Lage annehmen, in der es sich im Zeitpunkt der Aussetzung des von ihnen geführten Ausgangsverfahrens befindet.

§ 11 Beteiligte des Musterverfahrens. (1) Beteiligte des Musterverfahrens sind:
1. der Musterkläger,
2. die Musterbeklagten,
3. die Beigeladenen.

(2) Musterkläger ist derjenige Kläger, den das Oberlandesgericht nach § 9 Absatz 3 als solchen bestimmt.

(3) Musterbeklagte sind die Beklagten der ausgesetzten Ausgangsverfahren.

(4) [1]Diejenigen Kläger der ausgesetzten Ausgangsverfahren, die nicht zum Musterkläger bestimmt worden sind, sind Beigeladene des Musterverfahrens. [2]Sie sind berechtigt, Angriffs- oder Verteidigungsmittel geltend zu machen und alle Prozesshandlungen wirksam vorzunehmen, soweit ihre Erklärungen und Handlungen mit Erklärungen und Handlungen des Musterklägers nicht in Widerspruch stehen.

(5) Das Oberlandesgericht kann den Musterkläger auf Antrag eines Beigeladenen abberufen und nach billigem Ermessen einen neuen Musterkläger nach Maßgabe von § 9 Absatz 3 Satz 2 bestimmen, wenn der Musterkläger das Musterverfahren nicht angemessen führt.

§ 12 Erweiterung des Musterverfahrens. (1) Nach Bekanntmachung des Eröffnungsbeschlusses können Beteiligte des Musterverfahrens jeweils eine Erweiterung des Musterverfahrens um weitere Feststellungsziele beantragen.

(2) [1]Der Antrag ist beim Oberlandesgericht unter Angabe der Feststellungsziele und der betroffenen öffentlichen Kapitalmarktinformationen zu stellen. [2]Im Fall des § 1 Absatz 1 Nummer 4 sind anstelle der betroffenen öffentlichen Kapitalmarktinformationen die Vorfälle nach Artikel 75 Absatz 8 der Verordnung (EU) 2023/1114 anzugeben.

(3) Das Oberlandesgericht erweitert das Musterverfahren durch unanfechtbaren Beschluss (Erweiterungsbeschluss), soweit
1. die weiteren Feststellungsziele denselben Lebenssachverhalt betreffen, der dem Eröffnungsbeschluss zugrunde liegt,
2. die Entscheidung des zugrunde liegenden Rechtsstreits von den weiteren Feststellungszielen abhängt und
3. die Erweiterung sachdienlich ist.

(4) Soweit die Voraussetzungen des Absatzes 3 nicht vorliegen, lehnt das Oberlandesgericht die Erweiterung durch unanfechtbaren Beschluss ab.

(5) Das Oberlandesgericht macht Erweiterungsbeschlüsse und Beschlüsse über die Ablehnung der Erweiterung unverzüglich im Musterverfahrensregister öffentlich bekannt.

§ 13 Anmeldung eines Anspruchs. (1) [1]Binnen sechs Monaten ab Bekanntmachung des Eröffnungsbeschlusses kann gegenüber dem Oberlandesgericht ein Anspruch zum Musterverfahren schriftlich angemeldet werden. [2]Der Anmelder muss sich durch einen Rechtsanwalt vertreten lassen.

(2) Die Anmeldung eines Anspruchs muss enthalten:

1. die Bezeichnung des Anmelders und seiner gesetzlichen Vertreter,
2. das Aktenzeichen des Musterverfahrens,
3. die Bezeichnung der Musterbeklagten, gegen die sich der Anspruch richtet, und
4. die Bezeichnung von Grund und Höhe des Anspruchs, der angemeldet werden soll.

(3) Die Anmeldung ist unzulässig, soweit wegen desselben Anspruchs bereits Klage erhoben wurde.

(4) Die Anmeldung ist den darin bezeichneten Musterbeklagten zuzustellen.

§ 14 Allgemeine Verfahrensregeln. (1) [1]Auf das erstinstanzliche Musterverfahren sind die im ersten Rechtszug für das Verfahren vor den Landgerichten geltenden Vorschriften der Zivilprozessordnung[1)] entsprechend anzuwenden, soweit nichts Abweichendes bestimmt ist. [2]§ 278 Absatz 2 bis 5 sowie die §§ 306, 348 bis 350 und 379 der Zivilprozessordnung sind nicht anzuwenden. [3]Die Beigeladenen werden im Rubrum von Beschlüssen mit Ausnahme des Musterentscheids nicht bezeichnet.

(2) [1]Die Zustellung von Terminsladungen und Zwischenentscheidungen an Beigeladene kann durch öffentliche Bekanntmachung im Musterverfahrensregister ersetzt werden. [2]Zwischen öffentlicher Bekanntmachung und Terminstag müssen mindestens zwei Wochen liegen.

§ 15 Elektronische Aktenführung. Abweichend von § 298a Absatz 1a Satz 1 der Zivilprozessordnung[1)] werden die Prozessakten des erstinstanzlichen Musterverfahrens ab dem 1. Januar 2025 elektronisch geführt.

§ 16 Vorbereitung des Termins; Schriftsätze. (1) Zur Vorbereitung des Termins kann der Vorsitzende oder ein von ihm bestimmtes Mitglied des Senats den Beigeladenen die Ergänzung des Vorbringens des Musterklägers aufgeben, insbesondere eine Frist zur Erklärung über bestimmte klärungsbedürftige Punkte setzen.

(2) [1]Die Schriftsätze der Beteiligten sowie die Zwischenentscheidungen des Oberlandesgerichts im Musterverfahren werden in einem elektronischen Informationssystem, das nur den Beteiligten zugänglich ist, bekannt gegeben. [2]Werden die Prozessakten des erstinstanzlichen Musterverfahrens elektronisch geführt, kann das Oberlandesgericht auf die Verwendung des elektronischen Informationssystems verzichten. [3]Die im elektronischen Informationssystem gespeicherten Daten sind nach rechtskräftigem Abschluss oder nach sonstiger Beendigung aller ausgesetzten Verfahren unverzüglich zu löschen. [4]Die Landesjustizverwaltungen bestimmen das elektronische Informations- und Kommunikationssystem, über das die gespeicherten Daten abrufbar sind, und sind für die Abwicklung des elektronischen Abrufverfahrens zuständig. [5]Die Länder können ein länderübergreifendes, zentrales elektronisches Informations- und Kommunikationssystem bestimmen.

[1)] **Habersack, Deutsche Gesetze Nr. 100.**

§ 17 Vorlage von Beweismitteln. (1) Auf Antrag des Musterklägers ordnet das Oberlandesgericht an, dass ein Musterbeklagter oder ein Dritter in seinem Besitz befindliche Beweismittel vorlegt, die für die Beweisführung des Musterklägers erforderlich sind, wenn der Musterkläger

1. glaubhaft macht, einen in § 1 Absatz 1 genannten Anspruch zu haben, und
2. die Beweismittel so genau bezeichnet, wie dies auf Grundlage der mit zumutbarem Aufwand zugänglichen Tatsachen möglich ist.

(2) Auf Antrag eines Musterbeklagten ordnet das Oberlandesgericht an, dass der Musterkläger, ein Beigeladener oder ein Dritter in seinem Besitz befindliche Beweismittel vorlegt, die für die Verteidigung des Musterbeklagten gegen einen in § 1 Absatz 1 genannten Anspruch erforderlich sind, wenn der Musterbeklagte die Beweismittel so genau bezeichnet, wie dies auf Grundlage der mit zumutbarem Aufwand zugänglichen Tatsachen möglich ist.

(3) [1] Eine Anordnung nach Absatz 1 oder 2 hat zu unterbleiben, soweit sie unter Berücksichtigung der berechtigten Interessen der betroffenen Beteiligten und Dritten unverhältnismäßig wäre. [2] Bei der Abwägung sind insbesondere zu berücksichtigen:

1. in welchem Umfang der Antrag auf zugängliche Informationen und Beweismittel gestützt wird,
2. der Umfang der Beweismittel und die mit deren Vorlage verbundenen Kosten, insbesondere, wenn die Beweismittel von einem Dritten vorzulegen wären,
3. der Ausschluss der Ausforschung von Tatsachen, die für die Durchsetzung eines in § 1 Absatz 1 genannten Anspruchs oder für die Verteidigung gegen einen solchen Anspruch nicht relevant sind,
4. der Schutz von Betriebs- und Geschäftsgeheimnissen und sonstiger vertraulicher Informationen und welche Vorkehrungen zu deren Schutz bestehen.

(4) [1] Dritte sind zur Vorlage nicht verpflichtet, soweit sie zur Zeugnisverweigerung gemäß den §§ 383 bis 385 der Zivilprozessordnung[1)] berechtigt sind. [2] Die §§ 386 bis 390 der Zivilprozessordnung gelten entsprechend.

(5) [1] Die auf Grund einer Anordnung nach Absatz 1 oder 2 vorgelegten Beweismittel dürfen in einem Strafverfahren oder in einem Verfahren nach dem Gesetz über Ordnungswidrigkeiten[2)] wegen einer vor der Vorlage eines Beweismittels begangenen Tat gegen den Verpflichteten oder gegen einen in § 52 Absatz 1 der Strafprozessordnung[3)] bezeichneten Angehörigen nur mit Zustimmung des Verpflichteten verwertet werden. [2] Dies gilt auch, wenn im Rahmen einer Zeugen- oder Parteivernehmung auf das Beweismittel Bezug genommen wird. [3] Die Sätze 1 und 2 sind in Verfahren gegen Unternehmen nicht anzuwenden.

§ 18 Klagerücknahme; Neubestimmung des Musterklägers; Verfahrensbeendigung. (1) Der Musterkläger und die Beigeladenen können ihre jeweilige Klage im Ausgangsverfahren innerhalb von einem Monat ab Zustellung des Aussetzungsbeschlusses ohne Einwilligung des Beklagten zurücknehmen, auch wenn bereits zur Hauptsache mündlich verhandelt wurde.

---

1) Habersack, Deutsche Gesetze Nr. 100.
2) Habersack, Deutsche Gesetze Nr. 94.
3) Habersack, Deutsche Gesetze Nr. 90.

(2) [1] Der Musterkläger und die Beigeladenen können ihre jeweilige Klage in einem nach diesem Gesetz unterbrochenen oder ausgesetzten Ausgangsverfahren jederzeit ohne Einwilligung des Beklagten zurücknehmen, wenn

1. diese Klage die Ansprüche oder Rechtsverhältnisse oder Feststellungsziele und den Lebenssachverhalt einer später erhobenen Verbandsklage nach dem Verbraucherrechtedurchsetzungsgesetz[1)] betrifft und
2. Musterkläger und Beigeladene ihre Ansprüche oder Rechtsverhältnisse zu dieser Verbandsklage anmelden können.

[2] Eine im Fall des Satzes 1 ohne vorherige Rücknahme der Klage erklärte Anmeldung zu einer Verbandsklage bewirkt keine Bindung nach § 11 Absatz 3 Satz 1 des Verbraucherrechtedurchsetzungsgesetzes.

(3) Die Klagerücknahme eines Beigeladenen hat auf den Fortgang des Musterverfahrens keinen Einfluss.

(4) Nimmt der Musterkläger im Laufe des Musterverfahrens seine Klage im Ausgangsverfahren zurück oder wurde über das Vermögen des Musterklägers ein Insolvenzverfahren eröffnet, so bestimmt das Oberlandesgericht nach billigem Ermessen einen neuen Musterkläger nach Maßgabe von § 9 Absatz 3 Satz 2.

(5) Das Gleiche gilt, wenn der Prozessbevollmächtigte des Musterklägers die Aussetzung des Musterverfahrens aus einem der folgenden Gründe beantragt:

1. der Musterkläger ist gestorben,
2. der Musterkläger ist nicht mehr prozessfähig,
3. der gesetzliche Vertreter des Musterklägers ist gestorben oder seine Vertretungsbefugnis ist weggefallen, ohne dass der Musterkläger prozessfähig geworden ist,
4. eine Nachlassverwaltung ist angeordnet oder
5. die Nacherbfolge ist eingetreten.

(6) [1] Ein Musterentscheid ergeht nicht, wenn der Musterkläger, die Musterbeklagten und die Beigeladenen übereinstimmend erklären, dass sie das Musterverfahren beenden wollen. [2] In diesem Fall stellt das Oberlandesgericht durch unanfechtbaren Beschluss die Beendigung des Musterverfahrens fest. [3] Das Oberlandesgericht macht den Beschluss unverzüglich im Musterverfahrensregister öffentlich bekannt.

§ 19 Musterentscheid. (1) [1] Das Oberlandesgericht erlässt auf Grund mündlicher Verhandlung den Musterentscheid durch Beschluss. [2] Der Musterentscheid wird den Beteiligten und den Anmeldern zugestellt. [3] Die Zustellung kann durch öffentliche Bekanntmachung im Musterverfahrensregister ersetzt werden.

(2) Über die im Musterverfahren angefallenen Kosten entscheidet das Prozessgericht.

§ 20 Vergleichsvorschlag. (1) [1] Der Musterkläger und die Musterbeklagten können einen gerichtlichen Vergleich dadurch schließen, dass sie

1. dem Gericht einen schriftlichen Vergleichsvorschlag zur Beendigung des Musterverfahrens und der Ausgangsverfahren unterbreiten oder
2. einen schriftlichen Vergleichsvorschlag des Gerichts durch Schriftsatz gegenüber dem Gericht annehmen.

[2] Den Beigeladenen ist Gelegenheit zur Stellungnahme zu geben.

[1)] **Habersack, Deutsche Gesetze Nr. 105a.**

(2) Der Vergleichsvorschlag soll auch die folgenden Regelungen enthalten:

1. zur Verteilung der vereinbarten Leistungen auf die Beteiligten,
2. zum von den Beteiligten zu erbringenden Nachweis der Leistungsberechtigung,
3. zur Fälligkeit der Leistungen sowie
4. zur Verteilung der Kosten des Musterverfahrens auf die Beteiligten.

§ 21 Genehmigung und Wirksamkeit des Vergleichs. (1) Das Gericht genehmigt den Vergleich durch unanfechtbaren Beschluss, wenn es ihn unter Berücksichtigung des bisherigen Sach- und Streitstandes des Musterverfahrens und des Ergebnisses der Anhörung der Beigeladenen als angemessene gütliche Beilegung der ausgesetzten Rechtsstreitigkeiten erachtet.

(2) Nach der Genehmigung kann der Vergleich nicht mehr widerrufen werden.

(3) Der genehmigte Vergleich wird nur wirksam, wenn weniger als 30 Prozent der Beigeladenen nach § 22 Absatz 2 ihren Austritt aus dem Vergleich erklären.

§ 22 Zustellung des Vergleichs; Austritt. (1) [1]Der genehmigte Vergleich wird den Beigeladenen zugestellt. [2]Die Zustellung kann durch öffentliche Bekanntmachung im Musterverfahrensregister ersetzt werden.

(2) [1]Beigeladene können innerhalb eines Monats ab Zustellung des Vergleichs ihren Austritt aus dem Vergleich erklären. [2]Der Austritt muss schriftlich gegenüber dem Gericht erklärt werden; er kann vor der Geschäftsstelle zu Protokoll erklärt werden.

(3) Die Beigeladenen sind mit der Zustellung oder Bekanntmachung zu belehren über

1. die Wirkung des Vergleichs,
2. das Recht zum Austritt aus dem Vergleich und
3. die für den Austritt aus dem Vergleich einzuhaltende Form und Frist.

§ 23 Rechtsbeschwerde. (1) [1]Gegen den Musterentscheid findet die Rechtsbeschwerde statt. [2]Die Sache hat stets grundsätzliche Bedeutung im Sinne des § 574 Absatz 2 Nummer 1 der Zivilprozessordnung[1)]. [3]Beschwerdeberechtigt sind alle Beteiligten.

(2) Die Rechtsbeschwerde kann nicht darauf gestützt werden, dass das Prozessgericht zu Unrecht einen Vorlagebeschluss oder das Oberlandesgericht zu Unrecht einen Eröffnungsbeschluss erlassen hat.

(3) [1]Das Rechtsbeschwerdegericht benachrichtigt die übrigen Beteiligten des Musterverfahrens und die Anmelder über den Eingang einer Rechtsbeschwerde, wenn diese statthaft ist und in der gesetzlichen Form und Frist eingelegt wurde. [2]Die Benachrichtigung ist zuzustellen. [3]Die Zustellung kann durch öffentliche Bekanntmachung im Musterverfahrensregister ersetzt werden.

(4) [1]Die übrigen Beteiligten können binnen einer Notfrist von einem Monat ab Zustellung der Benachrichtigung nach Absatz 3 dem Rechtsbeschwerdeverfahren beitreten. [2]Der Beitrittsschriftsatz ist innerhalb eines Monats ab Zustellung der Benachrichtigung nach Absatz 3 zu begründen; § 551 Absatz 2 Satz 5 und 6 der Zivilprozessordnung gilt entsprechend.

[1)] **Habersack, Deutsche Gesetze Nr. 100.**

(5) Beitretende Beteiligte sind berechtigt, Angriffs- oder Verteidigungsmittel geltend zu machen und alle Prozesshandlungen wirksam vorzunehmen, soweit ihre Erklärungen und Handlungen mit Erklärungen und Handlungen des unterstützten Beteiligten nicht in Widerspruch stehen.

(6) Lehnt ein Beteiligter den Beitritt ab oder erklärt er sich nicht innerhalb der in Absatz 4 genannten Frist, so wird das Musterverfahren vor dem Rechtsbeschwerdegericht ohne Rücksicht auf ihn fortgesetzt.

(7) [1] Die Entscheidung über die Rechtsbeschwerde wird den Beteiligten und den Anmeldern zugestellt. [2] Die Zustellung kann durch öffentliche Bekanntmachung im Musterverfahrensregister ersetzt werden.

§ 24 Musterrechtsbeschwerdeführer. (1) [1] Legt der Musterkläger Rechtsbeschwerde gegen den Musterentscheid ein, so führt er das Musterverfahren als Musterrechtsbeschwerdeführer in der Rechtsbeschwerdeinstanz fort. [2] Das Rechtsbeschwerdegericht bestimmt nach billigem Ermessen durch Beschluss den Musterrechtsbeschwerdegegner aus den Musterbeklagten. [3] § 574 Absatz 4 Satz 1 der Zivilprozessordnung[1)] ist auf die übrigen Musterbeklagten entsprechend anzuwenden.

(2) Legt nicht der Musterkläger, sondern einer oder mehrere der Beigeladenen Rechtsbeschwerde gegen den Musterentscheid ein, so wird derjenige Beigeladene, welcher als erster das Rechtsmittel eingelegt hat, vom Rechtsbeschwerdegericht zum Musterrechtsbeschwerdeführer bestimmt.

(3) [1] Legt einer oder mehrere der Musterbeklagten Rechtsbeschwerde gegen den Musterentscheid ein, so wird derjenige Musterbeklagte, welcher als erster das Rechtsmittel eingelegt hat, vom Rechtsbeschwerdegericht zum Musterrechtsbeschwerdeführer bestimmt. [2] Musterrechtsbeschwerdegegner ist der Musterkläger. [3] § 574 Absatz 4 Satz 1 der Zivilprozessordnung ist auf die Beigeladenen entsprechend anzuwenden.

(4) Nimmt der Musterrechtsbeschwerdeführer seine Rechtsbeschwerde zurück, so bestimmt das Rechtsbeschwerdegericht entsprechend § 9 Absatz 3 einen neuen Musterrechtsbeschwerdeführer aus dem Kreis der Beteiligten, die dem Rechtsbeschwerdeverfahren auf der Seite des Musterrechtsbeschwerdeführers beigetreten sind, es sei denn, diese verzichten ebenfalls auf die Fortführung der Rechtsbeschwerde.

Abschnitt 3. Wirkung des Musterentscheids und des Vergleichs; Kosten

§ 25 Wirkung des Musterentscheids. (1) [1] Der Musterentscheid bindet die Prozessgerichte in allen nach § 10 ausgesetzten Ausgangsverfahren. [2] Unbeschadet des Absatzes 3 wirkt der Musterentscheid für und gegen alle Beteiligten des Musterverfahrens unabhängig davon, ob der jeweilige Beteiligte alle im Musterverfahren festgestellten Tatsachen selbst ausdrücklich geltend gemacht hat. [3] Dies gilt auch dann, wenn der Musterkläger oder der Beigeladene seine Klage im Ausgangsverfahren zurückgenommen hat, es sei denn, er hat die Rücknahme *innerhalb der in* § 18 Absatz 1 genannten Frist oder unter den in § 18 Absatz 2 genannten Voraussetzungen erklärt.

[1)] **Habersack, Deutsche Gesetze Nr. 100.**

(2) Der Beschluss ist der Rechtskraft insoweit fähig, als über die Feststellungsziele des Musterverfahrens entschieden ist.

(3) Nach rechtskräftigem Abschluss des Musterverfahrens werden die Beigeladenen in ihrem jeweiligen Ausgangsverfahren mit der Behauptung, dass der Musterkläger das Musterverfahren mangelhaft geführt habe, gegenüber den Musterbeklagten nur gehört, soweit

1. sie durch die Lage des Musterverfahrens zum Zeitpunkt der Aussetzung ihres jeweiligen Ausgangsverfahrens oder durch Erklärungen und Handlungen des Musterklägers verhindert worden sind, Angriffs- oder Verteidigungsmittel geltend zu machen, oder
2. Angriffs- oder Verteidigungsmittel, die ihnen unbekannt waren, vom Musterkläger oder Musterbeklagten absichtlich oder durch grobes Verschulden nicht geltend gemacht sind.

(4) Reicht ein Beteiligter des Musterverfahrens in seinem Ausgangsverfahren den rechtskräftigen Musterentscheid ein, so wird dieses Verfahren wieder aufgenommen.

(5) Der Musterentscheid wirkt auch für und gegen die Beteiligten, die dem Rechtsbeschwerdeverfahren nicht beigetreten sind.

§ 26 Wirkung des Vergleichs. (1) [1]Das Gericht stellt durch unanfechtbaren Beschluss fest, ob der genehmigte Vergleich wirksam geworden ist. [2]Das Gericht macht den Beschluss unverzüglich im Musterverfahrensregister öffentlich bekannt. [3]Mit der Bekanntmachung des Beschlusses, der die Wirksamkeit des Vergleichs feststellt, wirkt der Vergleich für und gegen alle Beteiligten, sofern diese nicht ihren Austritt erklärt haben.

(2) Der Vergleich beendet das Musterverfahren.

(3) [1]Sofern ein Kläger nicht seinen Austritt erklärt hat, beendet das Prozessgericht das nach § 10 ausgesetzte Ausgangsverfahren durch Beschluss und entscheidet über die Kosten nach billigem Ermessen und unter Berücksichtigung der nach § 20 Absatz 2 Nummer 4 vereinbarten Regelung. [2]Gegen den Beschluss findet die sofortige Beschwerde statt. [3]Vor der Entscheidung über die Beschwerde ist dem Gegner Gelegenheit zur Stellungnahme zu geben.

(4) [1]Macht ein Kläger die Nichterfüllung des Vergleichs geltend und kann er die Zwangsvollstreckung nicht bereits aus dem Vergleich betreiben, so wird das Ausgangsverfahren auf seinen Antrag wieder eröffnet. [2]Wird die Klage nunmehr auf Erfüllung des Vergleichs gerichtet, so ist die Klageänderung zulässig.

§ 27 Gegenstand der Kostenentscheidung im Ausgangsverfahren.

(1) Die dem Musterkläger und den Beigeladenen im erstinstanzlichen Musterverfahren entstehenden Kosten gelten als Teil der Kosten des ersten Rechtszugs des jeweiligen Ausgangsverfahrens.

(2) Die den Musterbeklagten im erstinstanzlichen Musterverfahren entstehenden Kosten gelten anteilig als Kosten des ersten Rechtszugs des jeweiligen Ausgangsverfahrens, es sei denn, die Klage ist innerhalb der in § 18 Absatz 1 genannten Frist oder unter den in § 18 Absatz 2 genannten Voraussetzungen zurückgenommen worden.

(3) Die Anteile nach Absatz 2 werden nach dem Verhältnis bestimmt, in dem der von dem jeweiligen Kläger geltend gemachte Anspruch, soweit er von den Feststellungszielen des Musterverfahrens betroffen ist, zu der Gesamthöhe der gegen den Musterbeklagten in den nach § 10 ausgesetzten Ausgangsverfahren

geltend gemachten Ansprüche steht, soweit diese von den Feststellungszielen des Musterverfahrens betroffen sind.

(4) Ein Anspruch ist für die Berechnung der Gesamthöhe nach Absatz 3 nicht zu berücksichtigen, wenn die Klage innerhalb der in § 18 Absatz 1 genannten Frist oder unter den in § 18 Absatz 2 genannten Voraussetzungen zurückgenommen worden ist.

(5) § 96 der Zivilprozessordnung[1)] gilt entsprechend.

§ 28 Verstoß gegen die Vorlage- und Eröffnungsvoraussetzungen. Das Rechtsmittel gegen die verfahrensabschließende Entscheidung des Prozessgerichts im Ausgangsverfahren kann nicht darauf gestützt werden, dass das Oberlandesgericht für den Erlass eines Musterentscheids nicht zuständig gewesen ist oder die Voraussetzungen für den Erlass eines Vorlagebeschlusses oder eines Eröffnungsbeschlusses nicht vorgelegen haben.

§ 29 Kostenentscheidung im Rechtsbeschwerdeverfahren. (1) Die Kosten einer ohne Erfolg eingelegten Rechtsbeschwerde haben nach dem Grad ihrer Beteiligung der Musterrechtsbeschwerdeführer und diejenigen Beteiligten zu tragen, welche dem Rechtsbeschwerdeverfahren auf seiner Seite beigetreten sind.

(2) [1] Entscheidet das Rechtsbeschwerdegericht in der Sache selbst, so haben die Kosten einer von einem Musterbeklagten erfolgreich eingelegten Rechtsbeschwerde der Musterkläger und alle Beigeladenen nach dem Grad ihrer Beteiligung im erstinstanzlichen Musterverfahren zu tragen. [2] Wurde die Rechtsbeschwerde erfolgreich vom Musterkläger oder einem Beigeladenen eingelegt, so haben die Kosten der Rechtsbeschwerde alle Musterbeklagten nach dem Grad ihrer Beteiligung im erstinstanzlichen Musterverfahren zu tragen.

(3) [1] Bei teilweisem Obsiegen und Unterliegen gilt § 92 der Zivilprozessordnung[1)] entsprechend. [2] Bei einer verhältnismäßigen Teilung der Kosten kann das Rechtsbeschwerdegericht die im Rechtsbeschwerdeverfahren streitgegenständlichen Feststellungsziele untereinander gleich gewichten, wenn eine anderweitige Gewichtung nicht oder nur mit unverhältnismäßigem Aufwand möglich ist.

(4) [1] Hebt das Rechtsbeschwerdegericht den Musterentscheid des Oberlandesgerichts auf und verweist die Sache zur erneuten Entscheidung zurück, so entscheidet das Oberlandesgericht gleichzeitig mit dem Erlass des Musterentscheids nach billigem Ermessen darüber, wer die Kosten des Rechtsbeschwerdeverfahrens trägt. [2] Dabei ist der Ausgang des Musterverfahrens zugrunde zu legen. [3] § 99 Absatz 1 der Zivilprozessordnung gilt entsprechend.

(5) Werden dem Musterkläger und den Beigeladenen Kosten des Rechtsbeschwerdeverfahrens auferlegt, so haben sie die von den Musterbeklagten entrichteten Gerichtsgebühren und die Gebühren eines Rechtsanwalts der Musterbeklagten jeweils nur nach dem Wert zu erstatten, der sich aus den von ihnen in ihren eigenen Ausgangsverfahren geltend gemachten Ansprüchen, soweit sie von den Feststellungszielen des Musterverfahrens betroffen sind, ergibt.

[1)] **Habersack, Deutsche Gesetze Nr. 100.**

Abschnitt 4. Übergangs- und Schlussvorschriften

§ 30 Übergangsvorschriften. (1) Auf Musterverfahren, in denen vor dem 1. November 2012 bereits mündlich verhandelt worden ist, ist das Kapitalanleger-Musterverfahrensgesetz in seiner bis einschließlich 1. November 2012 geltenden Fassung weiterhin anzuwenden.

(2) Auf Musterverfahren, die aus einem vor dem 20. Juli 2024 gestellten Musterverfahrensantrag herrühren, ist das Kapitalanleger-Musterverfahrensgesetz in seiner bis einschließlich 19. Juli 2024 geltenden Fassung weiterhin anzuwenden.

§ 31 Evaluierung. Dieses Gesetz ist fünf Jahre nach dem Inkrafttreten[1] zu evaluieren.

[1] In Kraft getreten am 20.7.2024.

107. Gesetz über die alternative Streitbeilegung in Verbrauchersachen (Verbraucherstreitbeilegungsgesetz – VSBG)[1) 2)]

Vom 19. Februar 2016
(BGBl. I S. 254, 1039)

FNA 302-8

Lfd. Nr.	Änderndes Gesetz	Datum	Fundstelle	Betroffen	Hinweis
1.	Art. 1 G zur Änd. von Vorschriften über die außergerichtl. Streitbeilegung in Verbrauchersachen und zur Änd. weiterer Gesetze	30.11. 2019	BGBl. I S. 1942	§ 42	geänd. mWv 6.12.2019
				§§ 3, 4, 9, 14, 29, 30, 32, 34, 35, 40, 42, 43	geänd. mWv 1.1.2020
				§ 26, Abschnitt 6 Überschrift, § 31	neu gef. mWv 1.1.2020
2.	Art. 2 Abs. 3 G zur Änd. des EG-VerbraucherschutzdurchsetzungsG sowie des Gesetzes über die Errichtung des Bundesamts für Justiz	25.6.2020	BGBl. I S. 1474	§§ 34, 42	geänd. mWv 30.6.2020
3.	Art. 10 G zur Umsetzung der RL (EU) 2021/2101 im Hinblick auf die Offenlegung von Ertragsteuerinformationen durch bestimmte Unternehmen und Zweigniederlassungen sowie zur Änd. des VerbraucherstreitbeilegungsG und des PflichtversicherungsG	19.6.2023	BGBl. 2023 I Nr. 154	§ 29	geänd. mWv 22.6.2023
4.	Art. 16 VerbandsklagenrichtlinienumsetzungsG (VRUG)[3)]	8.10.2023	BGBl. 2023 I Nr. 272	§§ 9, 14, 30	geänd. mWv 13.10.2023

[1)] **Amtl. Anm.:** Dieses Gesetz dient der Umsetzung der Richtlinie 2013/11/EU des Europäischen Parlaments und des Rates vom 21. Mai 2013 über die alternative Beilegung verbraucherrechtlicher Streitigkeiten und zur Änderung der Verordnung (EG) Nr. 2006/2004 und der Richtlinie 2009/22/EG (Richtlinie über alternative Streitbeilegung in Verbraucherangelegenheiten) (ABl. L 165 vom 18.6.2013, S. 63).

[2)] Verkündet als Art. 1 G v. 19.2.2016 (BGBl. I S. 254, ber. S. 1039); Inkrafttreten gem. Art. 24 dieses G am 1.4.2016; § 40 Abs. 2–5 und § 42 sind gem. Art. 24 Abs. 1 Satz 1 am 26.2.2016 und die §§ 36 und 37 gem. Art. 24 Abs. 1 Satz 2 am 1.2.2017 in Kraft getreten.

[3)] **Amtl. Anm.:** Dieses Gesetz dient der Umsetzung der Richtlinie (EU) 2020/1828 des Europäischen Parlaments und des Rates vom 25. November 2020 über Verbandsklagen zum Schutz der Kollektivinteressen der Verbraucher und zur Aufhebung der Richtlinie 2009/22/EG (ABl. L 409 vom 4.12.2020, S. 1).

Abschnitt 1. Allgemeine Vorschriften

§ 1 Anwendungsbereich. (1) [1] Dieses Gesetz gilt für die außergerichtliche Beilegung von Streitigkeiten durch eine nach diesem Gesetz anerkannte private Verbraucherschlichtungsstelle oder durch eine nach diesem Gesetz eingerichtete behördliche Verbraucherschlichtungsstelle unabhängig von dem angewendeten Konfliktbeilegungsverfahren. [2] Dieses Gesetz gilt auch für Verbraucherschlichtungsstellen, die auf Grund anderer Rechtsvorschriften anerkannt, beauftragt oder eingerichtet wurden, soweit diese anderen Rechtsvorschriften keine abweichende Regelung treffen; von den §§ 2 und 41 darf nicht abgewichen werden.

(2) Dieses Gesetz ist nicht anwendbar auf Kundenbeschwerdestellen oder auf sonstige Einrichtungen zur Beilegung von Streitigkeiten, die nur von einem einzigen Unternehmer oder von mit ihm verbundenen Unternehmen getragen oder finanziert werden oder die nur im Auftrag eines solchen Unternehmers oder von mit ihm verbundenen Unternehmen tätig werden.

§ 2 Verbraucherschlichtungsstelle. (1) Verbraucherschlichtungsstelle ist eine Einrichtung, die

1. Verfahren zur außergerichtlichen Beilegung zivilrechtlicher Streitigkeiten durchführt, an denen Verbraucher oder Unternehmer als Antragsteller oder Antragsgegner beteiligt sind, und
2. nach diesem Gesetz oder auf Grund anderer Rechtsvorschriften als Verbraucherschlichtungsstelle anerkannt, beauftragt oder eingerichtet worden ist.

(2) [1] Eine Einrichtung, die nicht nach diesem Gesetz oder auf Grund anderer Rechtsvorschriften als Verbraucherschlichtungsstelle anerkannt, beauftragt oder eingerichtet ist, darf sich nicht als Verbraucherschlichtungsstelle bezeichnen. [2] Sie darf von ihrem Träger nicht als Verbraucherschlichtungsstelle bezeichnet werden. [3] Das Verbot in den Sätzen 1 und 2 gilt nicht, wenn die Einrichtung in einem anderen Vertragsstaat des Abkommens über den Europäischen Wirtschaftsraum nach der Richtlinie 2013/11/EU des Europäischen Parlaments und des Rates vom 21. Mai 2013 über die alternative Beilegung verbraucherrechtlicher Streitigkeiten und zur Änderung der Verordnung (EG) Nr. 2006/2004 und der Richtlinie 2009/22/EG (ABl. L 165 vom 18.6.2013, S. 63) anerkannt und in die von der Europäischen Kommission geführte Liste aller im Europäischen Wirtschaftsraum anerkannten Streitbeilegungsstellen aufgenommen worden ist.

Abschnitt 2. Private Verbraucherschlichtungsstellen

§ 3[1)] Träger der Verbraucherschlichtungsstelle. [1] Träger der Verbraucherschlichtungsstelle muss ein eingetragener Verein sein. [2] Für den Betrieb der Verbraucherschlichtungsstelle muss ein vom Haushalt des Trägers getrennter, zweckgebundener und ausreichender Haushalt zur Verfügung stehen, wenn der Träger

1. Unternehmerinteressen oder Verbraucherinteressen wahrnimmt oder
2. ausschließlich oder überwiegend wie folgt finanziert wird:
   a) von einem eingetragenen Verein, der Unternehmerinteressen wahrnimmt (Unternehmerverband), oder

---

[1)] § 3 Satz 2 neu gef. mWv 1.1.2020 durch G v. 30.11.2019 (BGBl. I S. 1942).

b) von einem eingetragenen Verein, der Verbraucherinteressen wahrnimmt (Verbraucherverband), oder

c) von einem Unternehmer oder mehreren Unternehmern.

§ 4[1]) Zuständigkeit von Verbraucherschlichtungsstellen. (1) Die Verbraucherschlichtungsstelle führt auf Antrag eines Verbrauchers Verfahren zur außergerichtlichen Beilegung von Streitigkeiten aus einem Verbrauchervertrag nach § 310 Absatz 3 des Bürgerlichen Gesetzbuchs[2]) oder über das Bestehen eines solchen Vertragsverhältnisses durch; arbeitsvertragliche Streitigkeiten sind ausgenommen.

(1a) Die Verbraucherschlichtungsstelle kann ihre Zuständigkeit beschränken

1. auf bestimmte Wirtschaftsbereiche,
2. auf bestimmte Vertragstypen,
3. auf bestimmte Unternehmer oder
4. auf Unternehmer, deren Niederlassung sich in einem bestimmten Land befindet.

(2) [1] Hat die Verbraucherschlichtungsstelle keine einschränkende Zuständigkeitsregelung getroffen, führt sie die Bezeichnung „Allgemeine Verbraucherschlichtungsstelle" und ist für Anträge nach Absatz 1 zuständig, mit Ausnahme von

1. Streitigkeiten aus Verträgen über
   a) nichtwirtschaftliche Dienstleistungen von allgemeinem Interesse,
   b) Gesundheitsdienstleistungen,
   c) Weiter- und Hochschulbildung durch staatliche Einrichtungen,
2. Streitigkeiten, für deren Beilegung Verbraucherschlichtungsstellen nach anderen Rechtsvorschriften anerkannt, beauftragt oder eingerichtet werden.

[2] Die Allgemeine Verbraucherschlichtungsstelle kann ihre Zuständigkeit auf in einem Land niedergelassene Unternehmer beschränken; in diesem Fall führt sie die Bezeichnung „Allgemeine Verbraucherschlichtungsstelle" mit einem Zusatz, der das Land angibt, für das sie zuständig ist. [3] Eine solche Zuständigkeitsbeschränkung kann sich auch auf mehrere Länder beziehen und muss dann dementsprechend angegeben werden.

(3) Die Verbraucherschlichtungsstelle kann ihre Tätigkeit auf die Beilegung sonstiger zivilrechtlicher Streitigkeiten, an denen Verbraucher oder Unternehmer als Antragsteller oder Antragsgegner beteiligt sind, erstrecken; arbeitsvertragliche Streitigkeiten sind ausgenommen.

(4) Die Verbraucherschlichtungsstelle kann ihre Zuständigkeit ausschließen für Verbraucher, die ihren Wohnsitz oder gewöhnlichen Aufenthalt nicht in einem Mitgliedstaat der Europäischen Union oder in einem anderen Vertragsstaat des Abkommens über den Europäischen Wirtschaftsraum haben, oder für Unternehmer, die nicht im Inland niedergelassen sind.

§ 5 Verfahrensordnung. (1) [1] Die Verbraucherschlichtungsstelle muss eine Verfahrensordnung haben. [2] Die Verfahrensordnung bestimmt das Konfliktbeilegungsverfahren und regelt die Einzelheiten seiner Durchführung.

---

[1]) § 4 Abs. 1a eingef., Abs. 2 Satz 1 aufgeh., bish. Sätze 2–4 werden Sätze 1–3 mWv 1.1.2020 durch G v. 30.11.2019 (BGBl. I S. 1942).

[2]) **Habersack, Deutsche Gesetze Nr. 20.**

(2) Die Verbraucherschlichtungsstelle darf keine Konfliktbeilegungsverfahren durchführen, die dem Verbraucher eine verbindliche Lösung auferlegen oder die das Recht des Verbrauchers ausschließen, die Gerichte anzurufen.

§ 6 Streitmittler. (1) [1]Die Verbraucherschlichtungsstelle ist mit mindestens einer Person zu besetzen, die mit der außergerichtlichen Streitbeilegung betraut und für die unparteiische und faire Verfahrensführung verantwortlich ist (Streitmittler). [2]Ist nur ein Streitmittler bestellt, muss er einen Vertreter haben; auf den Vertreter des Streitmittlers sind Satz 1, die Absätze 2 und 3 sowie die §§ 7 bis 9 entsprechend anzuwenden.

(2) [1]Der Streitmittler muss über die Rechtskenntnisse, insbesondere im Verbraucherrecht, das Fachwissen und die Fähigkeiten verfügen, die für die Beilegung von Streitigkeiten in der Zuständigkeit der Verbraucherschlichtungsstelle erforderlich sind. [2]Der Streitmittler muss die Befähigung zum Richteramt besitzen oder zertifizierter Mediator sein.

(3) [1]Der Streitmittler darf in den letzten drei Jahren vor seiner Bestellung nicht tätig gewesen sein

1. für einen Unternehmer, der sich zur Teilnahme an Streitbeilegungsverfahren der Verbraucherschlichtungsstelle verpflichtet hat oder auf Grund von Rechtsvorschriften zur Teilnahme verpflichtet ist,
2. für ein mit einem Unternehmer nach Nummer 1 verbundenes Unternehmen,
3. für einen Verband, dem ein Unternehmer nach Nummer 1 angehört und der Unternehmerinteressen in dem Wirtschaftsbereich wahrnimmt, für den die Verbraucherschlichtungsstelle zuständig ist,
4. für einen Verband, der Verbraucherinteressen in dem Wirtschaftsbereich wahrnimmt, für den die Verbraucherschlichtungsstelle zuständig ist.

[2]Die Tätigkeit als Streitmittler für einen Verband nach Satz 1 Nummer 3 oder 4 steht einer erneuten Bestellung als Streitmittler nicht entgegen.

§ 7 Unabhängigkeit und Unparteilichkeit des Streitmittlers. (1) [1]Der Streitmittler ist unabhängig und an Weisungen nicht gebunden. [2]Er muss Gewähr für eine unparteiische Streitbeilegung bieten.

(2) [1]Der Streitmittler darf nicht nur von einem Unternehmer oder von nur mit einem Unternehmer verbundenen Unternehmen vergütet oder beschäftigt werden. [2]Die Vergütung des Streitmittlers darf nicht mit dem Ergebnis von Streitbeilegungsverfahren in Zusammenhang stehen.

(3) Der Streitmittler ist verpflichtet, Umstände, die seine Unabhängigkeit oder Unparteilichkeit beeinträchtigen können, dem Träger der Verbraucherschlichtungsstelle unverzüglich offenzulegen.

(4) [1]Der Streitmittler hat den Parteien alle Umstände offenzulegen, die seine Unabhängigkeit oder Unparteilichkeit beeinträchtigen können. [2]Der Streitmittler darf bei Vorliegen solcher Umstände nur dann tätig werden, wenn die Parteien seiner Tätigkeit als Streitmittler ausdrücklich zustimmen.

(5) [1]Ist die Aufgabe des Streitmittlers einem Gremium übertragen worden, dem sowohl Vertreter von Verbraucherinteressen als auch von Unternehmerinteressen angehören, so müssen beide Seiten in gleicher Anzahl vertreten sein. [2]§ 6 Absatz 3 ist auf Mitglieder des Gremiums, die Unternehmerinteressen oder Verbraucherinteressen vertreten, nicht anzuwenden.

§ 8 Amtsdauer und Abberufung des Streitmittlers. (1) [1]Der Streitmittler muss für eine angemessene Dauer bestellt werden. [2]Die Amtsdauer soll drei Jahre nicht unterschreiten. [3]Wiederbestellung ist zulässig.

(2) Der Streitmittler kann nur abberufen werden, wenn

1. Tatsachen vorliegen, die eine unabhängige und unparteiische Ausübung der Tätigkeit als Streitmittler nicht mehr erwarten lassen,
2. er nicht nur vorübergehend an der Ausübung der Tätigkeit als Streitmittler gehindert ist oder
3. ein anderer wichtiger Grund vorliegt.

§ 9[1)] Beteiligung von Verbraucherverbänden und Unternehmerverbänden. (1) [1]Die Festlegung und die Änderung der Zuständigkeit der Verbraucherschlichtungsstelle, die Aufstellung und Änderung der Verfahrensordnung sowie die Bestellung und Abberufung eines Streitmittlers bedürfen der Beteiligung eines Verbraucherverbands, wenn der Träger der Verbraucherschlichtungsstelle

1. ein Unternehmerverband ist oder
2. ausschließlich oder überwiegend finanziert wird
   a) von einem Unternehmerverband oder
   b) von einem Unternehmer oder mehreren Unternehmern.

[2]Der Verbraucherverband muss eine Stelle nach § 3 Absatz 1 Satz 1 Nummer 1 des Unterlassungsklagengesetzes[2)] sein und sich für die Vertretung von Verbraucherinteressen im Zuständigkeitsbereich der Verbraucherschlichtungsstelle fachlich eignen. [3]Die Beteiligung ist in den Regeln über die Organisation der Verbraucherschlichtungsstelle vorzusehen.

(2) [1]Ist der Träger der Verbraucherschlichtungsstelle ein Verbraucherverband oder wird der Träger der Verbraucherschlichtungsstelle von einem Verbraucherverband ausschließlich oder überwiegend finanziert, ist Absatz 1 Satz 1 und 3 mit der Maßgabe anzuwenden, dass an Stelle des Verbraucherverbands ein Unternehmerverband tritt. [2]Der Unternehmerverband muss sich für die Vertretung von Unternehmerinteressen im Zuständigkeitsbereich der Verbraucherschlichtungsstelle fachlich eignen.

§ 10 Informationspflichten der Verbraucherschlichtungsstelle. (1) Die Verbraucherschlichtungsstelle unterhält eine Webseite, auf der die Verfahrensordnung und klare und verständliche Informationen zur Erreichbarkeit und zur Zuständigkeit der Verbraucherschlichtungsstelle sowie zu den Streitmittlern, zur Anerkennung als Verbraucherschlichtungsstelle sowie zum Ablauf und zu den Kosten des Streitbeilegungsverfahrens veröffentlicht sind.

(2) Auf Anfrage werden die Informationen nach Absatz 1 in Textform übermittelt.

Abschnitt 3. Streitbeilegungsverfahren

§ 11 Form von Mitteilungen. Der Antrag auf Durchführung eines Streitbeilegungsverfahrens, Stellungnahmen, Belege und sonstige Mitteilungen können der Verbraucherschlichtungsstelle in Textform übermittelt werden.

---

1) § 9 Abs. 1 Satz 1 und Abs. 2 Satz 1 neu gef. mWv 1.1.2020 durch G v. 30.11.2019 (BGBl. I S. 1942); Abs. 1 Satz 2 geänd. mWv 13.10.2023 durch G v. 8.10.2023 (BGBl. 2023 I Nr. 272).
2) **Habersack, Deutsche Gesetze Nr. 105.**

§ 12 Verfahrenssprache. (1) Verfahrenssprache ist Deutsch.

(2) [1]Die Verfahrensordnung kann weitere Sprachen vorsehen, in denen ein Streitbeilegungsverfahren durchgeführt werden kann, wenn eine Partei dies beantragt und die andere Partei sich darauf einlässt. [2]Der Streitmittler kann mit den Parteien durch Individualabrede auch eine nicht in der Verfahrensordnung vorgesehene Verfahrenssprache vereinbaren.

§ 13 Vertretung. (1) Die Parteien können sich im Streitbeilegungsverfahren durch einen Rechtsanwalt oder durch eine andere Person, soweit diese zur Erbringung außergerichtlicher Rechtsdienstleistungen befugt ist, vertreten lassen.

(2) Die Parteien dürfen nicht verpflichtet werden, sich im Streitbeilegungsverfahren vertreten zu lassen.

§ 14[1)] Ablehnungsgründe. (1) Der Streitmittler lehnt die Durchführung eines Streitbeilegungsverfahrens ab, wenn

1. die Streitigkeit nicht in die Zuständigkeit der Verbraucherschlichtungsstelle fällt,
2. der streitige Anspruch nicht zuvor gegenüber dem Antragsgegner geltend gemacht worden ist,
3. Ansprüche oder Rechtsverhältnisse, die Gegenstand des Streitbeilegungsverfahrens sind, zu einer Musterfeststellungsklage oder einer Abhilfeklage im Verbandsklageregister angemeldet wurden und die Klage noch rechtshängig ist,
4. der Antrag offensichtlich ohne Aussicht auf Erfolg ist oder mutwillig erscheint, insbesondere weil
   a) der streitige Anspruch bei Antragstellung bereits verjährt war und der Unternehmer sich auf die Verjährung beruft,
   b) die Streitigkeit bereits beigelegt ist,
   c) zu der Streitigkeit ein Antrag auf Prozesskostenhilfe bereits mit der Begründung zurückgewiesen worden ist, dass die beabsichtigte Rechtsverfolgung keine hinreichende Aussicht auf Erfolg bietet oder mutwillig erscheint.

(2) [1]Die Verfahrensordnung kann vorsehen, dass der Streitmittler die Durchführung eines von einem Verbraucher eingeleiteten Streitbeilegungsverfahrens nach § 4 Absatz 1 in folgenden Fällen ablehnt:

1. eine Verbraucherschlichtungsstelle hat bereits ein Verfahren zur Beilegung der Streitigkeit durchgeführt oder die Streitigkeit ist bei einer anderen Verbraucherschlichtungsstelle anhängig,
2. ein Gericht hat zu der Streitigkeit bereits eine Sachentscheidung getroffen oder die Streitigkeit ist bei einem Gericht rechtshängig, es sei denn, das Gericht ordnet nach § 278a Absatz 2 der Zivilprozessordnung[2)] im Hinblick auf das Verfahren vor der Verbraucherschlichtungsstelle das Ruhen des Verfahrens an,
3. der Streitwert überschreitet oder unterschreitet eine bestimmte Höhe,
4. die Behandlung der Streitigkeit würde den effektiven Betrieb der Verbraucherschlichtungsstelle ernsthaft beeinträchtigen, insbesondere weil
   a) die Verbraucherschlichtungsstelle den Sachverhalt oder rechtliche Fragen nur mit einem unangemessenen Aufwand klären kann,

---

[1)] § 14 Abs. 1 Nr. 2 geänd., Nr. 3 eingef., bish. Nr. 3 wird Nr. 4 und Abs. 2 Satz 1 Nr. 2 geänd. mWv 1.1.2020 durch G v. 30.11.2019 (BGBl. I S. 1942); Abs. 1 Nr. 3 neu gef. mWv 13.10.2023 durch G v. 8.10.2023 (BGBl. 2023 I Nr. 272).

[2)] **Habersack, Deutsche Gesetze Nr. 100.**

b) eine grundsätzliche Rechtsfrage, die für die Bewertung der Streitigkeit erheblich ist, nicht geklärt ist.

[2] Die Ablehnungsgründe dürfen den Zugang von Verbrauchern zu dem Streitbeilegungsverfahren nicht erheblich beeinträchtigen. [3] Für Anträge nach § 4 Absatz 3 gelten die in den Sätzen 1 und 2 vorgesehenen Beschränkungen der zulässigen Ablehnungsgründe nicht.

(3) [1] Die Verbraucherschlichtungsstelle teilt dem Antragsteller und, sofern der Antrag bereits an den Antragsgegner übermittelt worden ist, auch dem Antragsgegner die Ablehnung in Textform und unter Angabe der Gründe mit. [2] Sie übermittelt die Ablehnungsentscheidung innerhalb von drei Wochen nach Eingang des Antrags.

(4) [1] Der Streitmittler kann die weitere Durchführung eines Streitbeilegungsverfahrens aus den in den Absätzen 1 und 2 aufgeführten Gründen ablehnen, wenn der Ablehnungsgrund erst während des Verfahrens eintritt oder bekannt wird. [2] Der Ablehnungsgrund nach Absatz 1 Nummer 2 greift nicht, wenn der Antragsgegner in die Durchführung des Streitbeilegungsverfahrens einwilligt oder Erklärungen zur Sache abgibt. [3] Absatz 3 Satz 1 ist anzuwenden.

(5) [1] Der Streitmittler setzt das Streitbeilegungsverfahren aus, wenn der Antragsgegner geltend macht, dass seit der Geltendmachung des streitigen Anspruchs durch den Antragsteller gegenüber dem Antragsgegner nicht mehr als zwei Monate vergangen sind, und der Antragsgegner den streitigen Anspruch in dieser Zeit weder anerkannt noch abgelehnt hat. [2] Der Streitmittler lehnt die weitere Durchführung des Streitbeilegungsverfahrens ab, wenn der Antragsgegner den streitigen Anspruch innerhalb von zwei Monaten seit dessen Geltendmachung vollständig anerkennt; Absatz 3 Satz 1 ist anzuwenden. [3] Erkennt der Antragsgegner den streitigen Anspruch nicht innerhalb von zwei Monaten seit dessen Geltendmachung vollständig an, so setzt der Streitmittler das Verfahren nach Ablauf von zwei Monaten ab Geltendmachung des streitigen Anspruchs fort.

§ 15 Beendigung des Verfahrens auf Wunsch der Parteien. (1) Das Streitbeilegungsverfahren endet, wenn der Antragsteller seinen Antrag zurücknimmt oder der weiteren Durchführung des Verfahrens widerspricht.

(2) Erklärt der Antragsgegner, an dem Streitbeilegungsverfahren nicht teilnehmen oder es nicht fortsetzen zu wollen, so beendet der Streitmittler das Verfahren, es sei denn, Rechtsvorschriften, Satzungen oder vertragliche Abreden bestimmen etwas anderes.

(3) Das Recht einer Partei, das Streitbeilegungsverfahren bei Vorliegen eines erheblichen Verfahrensmangels zu beenden, darf nicht beschränkt werden.

§ 16 Unterrichtung der Parteien. (1) Die Verbraucherschlichtungsstelle muss den Antragsteller unverzüglich nach Eingang des Antrags auf Durchführung eines Streitbeilegungsverfahrens und den Antragsgegner zugleich mit der Übersendung des Antrags über Folgendes unterrichten:

1. dass das Verfahren nach der Verfahrensordnung durchgeführt wird und dass deren Wortlaut auf der Webseite der Verbraucherschlichtungsstelle verfügbar ist und auf Anfrage in Textform übermittelt wird,
2. dass die Parteien mit ihrer Teilnahme am Streitbeilegungsverfahren der Verfahrensordnung der Verbraucherschlichtungsstelle zustimmen,
3. dass das Ergebnis des Streitbeilegungsverfahrens von dem Ergebnis eines gerichtlichen Verfahrens abweichen kann,

4. dass sich die Parteien im Streitbeilegungsverfahren von einem Rechtsanwalt oder einer anderen Person, soweit diese zur Erbringung von Rechtsdienstleistungen befugt ist, beraten oder vertreten lassen können,
5. dass die Parteien im Streitbeilegungsverfahren nicht durch einen Rechtsanwalt oder durch eine andere Person vertreten sein müssen,
6. über die Möglichkeit einer Beendigung des Streitbeilegungsverfahrens nach § 15,
7. über die Kosten des Verfahrens und
8. über den Umfang der Verschwiegenheitspflicht des Streitmittlers und der weiteren in die Durchführung des Streitbeilegungsverfahrens eingebundenen Personen.

(2) Von der wiederholten Unterrichtung eines Unternehmers, der regelmäßig an Streitbeilegungsverfahren der Verbraucherschlichtungsstelle teilnimmt und auf weitere Unterrichtungen verzichtet hat, kann abgesehen werden.

§ 17 Rechtliches Gehör. (1) [1]Die Parteien erhalten rechtliches Gehör und können Tatsachen und Bewertungen vorbringen. [2]Die Verbraucherschlichtungsstelle kann den Parteien eine angemessene Frist zur Stellungnahme setzen. [3]Die Frist beträgt in der Regel drei Wochen und kann auf Antrag verlängert werden.

(2) Der Streitmittler kann die Streitigkeit mit den Parteien mündlich erörtern, wenn diese Möglichkeit in der Verfahrensordnung der Verbraucherschlichtungsstelle vorgesehen ist und die Parteien zustimmen.

§ 18 Mediation. Führt der Streitmittler nach der Verfahrensordnung der Verbraucherschlichtungsstelle eine Mediation durch, so sind die Vorschriften des Mediationsgesetzes mit Ausnahme des § 2 Absatz 1 des Mediationsgesetzes[1)] ergänzend anzuwenden.

§ 19 Schlichtungsvorschlag. (1) [1]Hat der Streitmittler nach der Verfahrensordnung den Parteien einen Vorschlag zur Beilegung der Streitigkeit (Schlichtungsvorschlag) zu unterbreiten, so beruht dieser auf der sich aus dem Streitbeilegungsverfahren ergebenden Sachlage. [2]Der Schlichtungsvorschlag soll am geltenden Recht ausgerichtet sein und soll insbesondere die zwingenden Verbraucherschutzgesetze beachten. [3]Der Schlichtungsvorschlag ist mit einer Begründung zu versehen, aus der sich der zugrunde gelegte Sachverhalt und die rechtliche Bewertung des Streitmittlers ergeben.

(2) Die Verbraucherschlichtungsstelle übermittelt den Parteien den Schlichtungsvorschlag in Textform.

(3) [1]Die Verbraucherschlichtungsstelle unterrichtet die Parteien mit der Übermittlung des Schlichtungsvorschlags über die rechtlichen Folgen einer Annahme des Vorschlags und darüber, dass der Vorschlag von dem Ergebnis eines gerichtlichen Verfahrens abweichen kann. [2]Sie weist auf die Möglichkeit hin, den Vorschlag nicht anzunehmen und die Gerichte anzurufen. [3]Die Verbraucherschlichtungsstelle setzt den Parteien eine angemessene Frist zur Annahme des Vorschlags.

(4) Von einer Unterrichtung des Unternehmers nach Absatz 3 ist abzusehen, wenn sich dieser dem Schlichtungsvorschlag bereits vorab unterworfen hat.

§ 20 Verfahrensdauer. (1) [1]Die Verbraucherschlichtungsstelle benachrichtigt die Parteien, sobald sie keine weiteren Unterlagen und Informationen mehr

---

[1)] **Habersack, Deutsche Gesetze Nr. 106.**

benötigt (Eingang der vollständigen Beschwerdeakte). [2]Der Eingang der vollständigen Beschwerdeakte ist in der Regel anzunehmen, wenn die Parteien nach § 17 Absatz 1 Gelegenheit zur Stellungnahme hatten.

(2) Die Verbraucherschlichtungsstelle übermittelt den Parteien den Schlichtungsvorschlag oder, sofern kein Schlichtungsvorschlag zu unterbreiten ist, den Inhalt der Einigung über die Beilegung der Streitigkeit oder den Hinweis auf die Nichteinigung innerhalb von 90 Tagen nach Eingang der vollständigen Beschwerdeakte.

(3) [1]Die Verbraucherschlichtungsstelle kann die Frist von 90 Tagen bei besonders schwierigen Streitigkeiten oder mit Zustimmung der Parteien verlängern. [2]Sie unterrichtet die Parteien über die Verlängerung der Frist.

§ 21 Abschluss des Verfahrens. (1) [1]Die Verbraucherschlichtungsstelle übermittelt den Parteien das Ergebnis des Streitbeilegungsverfahrens in Textform mit den erforderlichen Erläuterungen. [2]Mit dieser Mitteilung ist das Streitbeilegungsverfahren beendet.

(2) Kommt es nicht zu einer Einigung, ist die Mitteilung nach Absatz 1 als Bescheinigung über einen erfolglosen Einigungsversuch nach § 15a Absatz 3 Satz 3 des Gesetzes betreffend die Einführung der Zivilprozessordnung[1)] in der im Bundesgesetzblatt Teil III, Gliederungsnummer 310-2, veröffentlichten bereinigten Fassung, das zuletzt durch Artikel 3 des Gesetzes vom 5. Dezember 2014 (BGBl. I S. 1962) geändert worden ist, in der jeweils geltenden Fassung zu bezeichnen.

§ 22 Verschwiegenheit. [1]Der Streitmittler und die weiteren in die Durchführung des Streitbeilegungsverfahrens eingebundenen Personen sind zur Verschwiegenheit verpflichtet, soweit durch Rechtsvorschrift nichts anderes geregelt ist. [2]Die Pflicht bezieht sich auf alles, was ihnen in Ausübung ihrer Tätigkeit bekannt geworden ist. [3]§ 4 Satz 3 des Mediationsgesetzes[2)] gilt entsprechend.

§ 23 Entgelt. (1) [1]Ist ein Unternehmer an dem Streitbeilegungsverfahren beteiligt, so kann von dem Verbraucher ein Entgelt nur erhoben werden, wenn der Antrag des Verbrauchers unter Berücksichtigung der gesamten Umstände als missbräuchlich anzusehen ist; in diesem Fall beträgt das Entgelt höchstens 30 Euro. [2]In sonstigen Fällen kann die Verbraucherschlichtungsstelle vom Verbraucher ein angemessenes Entgelt verlangen, wenn

1. sie diesen unverzüglich nachdem ihr bekannt wurde, dass an dem Verfahren kein Unternehmer beteiligt ist, auf diese Kosten hingewiesen hat, und
2. der Verbraucher an dem Verfahren weiterhin teilnehmen wollte.

(2) Die Verbraucherschlichtungsstelle kann vom Unternehmer, der zur Teilnahme an dem Streitbeilegungsverfahren bereit ist oder verpflichtet ist, ein angemessenes Entgelt verlangen.

Abschnitt 4. Anerkennung privater Verbraucherschlichtungsstellen

§ 24 Anerkennung. [1]Die zuständige Behörde erkennt auf Antrag eine Einrichtung als Verbraucherschlichtungsstelle an, wenn die Einrichtung die organisatorischen und fachlichen Anforderungen an die Streitbeilegung in Verbrauchersachen

---

[1)] **Habersack, Deutsche Gesetze Nr. 101.**
[2)] **Habersack, Deutsche Gesetze Nr. 106.**

nach den Abschnitten 2 und 3 erfüllt, die Einrichtung ihren Sitz im Inland hat, auf Dauer angelegt ist und ihre Finanzierung tragfähig erscheint. [2]Weitergehende Anforderungen an die Einrichtung, die sich aus anderen Rechtsvorschriften ergeben, bleiben unberührt.

§ 25 Antrag auf Anerkennung und Mitteilung von Änderungen. (1) [1]Der Antrag auf Anerkennung als Verbraucherschlichtungsstelle ist zu begründen. [2]Dem Antrag sind beizufügen:

1. die Verfahrensordnung der Einrichtung und
2. die Regeln über die Organisation und die Finanzierung der Einrichtung, einschließlich der Regeln über die Verfahrenskosten.

(2) Die Verbraucherschlichtungsstelle unterrichtet die zuständige Behörde unverzüglich über Änderungen der für die Anerkennung relevanten Umstände und sonstiger im Antrag mitgeteilter Angaben.

(3) [1]Das Ergebnis einer nach § 9 erforderlichen Beteiligung eines Verbraucherverbands oder eines Unternehmerverbands ist der zuständigen Behörde zusammen mit den Angaben nach den Absätzen 1 oder 2 zu übermitteln. [2]Abweichungen von Empfehlungen des beteiligten Verbands sind zu begründen, es sei denn, der Verband hat als Mitglied eines paritätisch besetzten Gremiums an der Entscheidung mitgewirkt.

§ 26[1] Widerruf der Anerkennung. (1) Erfüllt die Verbraucherschlichtungsstelle die für ihre Anerkennung notwendigen Voraussetzungen nicht mehr oder verstößt sie bei ihrer Tätigkeit systematisch gegen gesetzliche Vorschriften oder ihre eigene Verfahrensordnung, so hat die zuständige Behörde den Träger der Verbraucherschlichtungsstelle in Textform aufzufordern, die notwendigen Maßnahmen zu treffen, um die Widerrufsgründe innerhalb von drei Monaten nach Zugang der Aufforderung zu beseitigen.

(2) Die zuständige Behörde hat die Anerkennung zu widerrufen, wenn der Träger die Widerrufsgründe innerhalb der gesetzten Frist nicht beseitigt.

(3) Wird die Anerkennung widerrufen, ist die Eintragung der Verbraucherschlichtungsstelle in der Liste der Verbraucherschlichtungsstellen nach § 33 des Verbraucherstreitbeilegungsgesetzes zu löschen.

§ 27[2] Zuständige Behörde. (1) Zuständige Behörde ist, soweit nicht durch Bundesgesetz etwas anderes bestimmt ist, das Bundesamt für Justiz.

(2) [1]Ist durch Bundesgesetz bestimmt, dass eine andere Behörde als das Bundesamt für Justiz für die Anerkennung einer Einrichtung als Verbraucherschlichtungsstelle zuständig ist, so ist diese andere Behörde im Verhältnis zum Bundesamt für Justiz ausschließlich zuständig. [2]Die Anerkennung richtet sich nach den für die Anerkennung durch diese andere Behörde maßgeblichen Vorschriften, auch wenn die Zuständigkeit der Verbraucherschlichtungsstelle über den Anwendungsbereich der Vorschrift hinausgeht, der die Zuständigkeit dieser anderen Behörde begründet.

---

[1] § 26 neu gef. mWv 1.1.2020 durch G v. 30.11.2019 (BGBl. I S. 1942).
[2] § 27 Überschrift ber. BGBl. 2016 I S. 1039.

Abschnitt 5. Behördliche Verbraucherschlichtungsstellen

§ 28 Behördliche Verbraucherschlichtungsstellen. [1] Für behördliche Verbraucherschlichtungsstellen gelten die §§ 4 bis 7 Absatz 1 und 3 bis 5, die §§ 8, 10 und 11 sowie 13 bis 22 sinngemäß. [2] § 9 Absatz 1 ist nur anzuwenden, wenn die Verbraucherschlichtungsstelle bei einer Kammer eingerichtet ist. [3] Anforderungen an behördliche Verbraucherschlichtungsstellen, die sich aus anderen Rechtsvorschriften ergeben, bleiben unberührt.

Abschnitt 6.[1)] Universalschlichtungsstelle des Bundes

§ 29[2)] Errichtung der Universalschlichtungsstelle des Bundes. (1) Der Bund errichtet eine ergänzende Verbraucherschlichtungsstelle (Universalschlichtungsstelle des Bundes).

(2) [1] Der Bund kann

1. selbst eine behördliche Universalschlichtungsstelle errichten,
2. eine geeignete anerkannte Verbraucherschlichtungsstelle oder den Träger einer bereits eingerichteten Universalschlichtungsstelle mit der Aufgabe der Universalschlichtungsstelle einschließlich der Befugnis, für die Durchführung des Streitbeilegungsverfahrens Gebühren zu erheben, beleihen oder
3. eine geeignete anerkannte Verbraucherschlichtungsstelle mit der Aufgabe der Universalschlichtungsstelle beauftragen.

[2] Ist eine anerkannte Verbraucherschlichtungsstelle mit der Aufgabe der Universalschlichtungsstelle beauftragt, handelt sie als private Verbraucherschlichtungsstelle nach den Abschnitten 2 und 3. [3] Für ihre Tätigkeit als Universalschlichtungsstelle gelten die besonderen Bestimmungen des § 30.

(3) [1] Das Bundesamt für Justiz ist für die Beleihung und die Beauftragung einer geeigneten anerkannten Verbraucherschlichtungsstelle mit der Aufgabe einer bundesweiten Universalschlichtung zuständig. [2] Es hat die Rechts- und Fachaufsicht über die behördliche Universalschlichtungsstelle des Bundes oder die nach Absatz 2 Satz 1 Nummer 2 beliehene Verbraucherschlichtungsstelle.

§ 30[3)] Zuständigkeit und Verfahren der Universalschlichtungsstelle des Bundes. (1) [1] Die Universalschlichtungsstelle des Bundes führt auf Antrag eines Verbrauchers Verfahren zur außergerichtlichen Beilegung folgender Streitigkeiten durch:

1. Streitigkeiten aus einem Verbrauchervertrag nach § 310 Absatz 3 des Bürgerlichen Gesetzbuchs[4)] oder über das Bestehen eines solchen Vertragsverhältnisses;
2. Streitigkeiten, zu welchen in einem rechtskräftigen Urteil über eine Musterfeststellungsklage nach § 1 Absatz 1 Nummer 2 des Verbraucherrechtedurchset-

---

[1)] Abschnitt 6 Überschrift neu gef. mWv 1.1.2020 durch G v. 30.11.2019 (BGBl. I S. 1942).

[2)] § 29 Überschrift und Abs. 1 neu gef., Abs. 2 aufgeh., bish. Abs. 3 wird Abs. 2 und Satz 1 einl. Satzteil und Nr. 1 geänd., bish. Abs. 4 wird Abs. 3 und neu gef. mWv 1.1.2020 durch G v. 30.11.2019 (BGBl. I S. 1942); Abs. 2 Satz 1 Nr. 2 geänd. mWv 22.6.2023 durch G v. 19.6.2023 (BGBl. 2023 I Nr. 154).

[3)] § 30 Überschrift neu gef., Abs. 1 eingef., bish. Abs. 1 wird Abs. 2 und einl. Satzteil, Nr. 3 und 4 geänd., Nr. 1 und 2 neu gef., Nr. 5 eingef., bish. Nr. 5 und 6 werden Nr. 6 und 7, bish. Abs. 2 wird Abs. 3 und geänd., bish. Abs. 3 und 4 werden Abs. 4 und 5 und neu gef., bish. Abs. 5 wird Abs. 6 und Sätze 1–3 geänd. mWv 1.1.2020 durch G v. 30.11.2019 (BGBl. I S. 1942); Abs. 1 Satz 1 Nr. 2, Abs. 2 Nr. 5 neu gef. mWv 13.10.2023 durch G v. 8.10.2023 (BGBl. 2023 I Nr. 272).

[4)] **Habersack, Deutsche Gesetze Nr. 20.**

zungsgesetzes[1] oder in einem Vergleich nach § 9 des Verbraucherrechtedurchsetzungsgesetzes bindende Feststellungen getroffen werden und zu denen die streitgegenständlichen Ansprüche oder Rechtsverhältnisse nach § 46 des Verbraucherrechtedurchsetzungsgesetzes zum Verbandsklageregister angemeldet waren.

[2] Dies gilt nicht, wenn es sich um arbeitsvertragliche Streitigkeiten oder um Streitigkeiten, für deren Beilegung Verbraucherschlichtungsstellen nach anderen Rechtsvorschriften anerkannt, beauftragt oder eingerichtet werden, handelt oder wenn eine Verbraucherschlichtungsstelle, die eine einschränkende Zuständigkeitsregelung gemäß § 4 Absatz 1a Nummer 1 bis 3 getroffen hat, für die außergerichtliche Beilegung der in Satz 1 genannten Streitigkeiten zuständig ist.

(2) Die Universalschlichtungsstelle des Bundes lehnt die Durchführung eines Streitbeilegungsverfahrens ab, wenn

1. eine andere Verbraucherschlichtungsstelle mit einer einschränkenden Zuständigkeitsregelung gemäß § 4 Absatz 1a Nummer 1 bis 3 oder einer vorrangigen Zuständigkeit gemäß § 4 Absatz 2 Satz 1 Nummer 2 für die Beilegung der Streitigkeit zuständig ist,
2. sich die Niederlassung des Unternehmers nicht im Inland befindet,
3. es sich um eine Streitigkeit aus einem in § 4 Absatz 2 Satz 1 Nummer 1 genannten Vertrag handelt,
4. der Wert des Streitgegenstands weniger als 10 Euro oder mehr als 50 000 Euro beträgt,
5. die streitigen Ansprüche oder Rechtsverhältnisse, die den Gegenstand des Streitbeilegungsverfahrens bilden, zu einer Abhilfeklage oder einer Musterfeststellungsklage im Verbandsklageregister angemeldet wurden und die Klage noch rechtshängig ist,
6. der streitige Anspruch nicht zuvor gegenüber dem Unternehmer geltend gemacht worden ist oder
7. der Antrag offensichtlich ohne Aussicht auf Erfolg ist oder mutwillig erscheint, insbesondere weil
   a) der streitige Anspruch bei Antragstellung bereits verjährt war und der Unternehmer sich auf die Verjährung beruft,
   b) die Streitigkeit bereits beigelegt ist,
   c) zu der Streitigkeit ein Antrag auf Prozesskostenhilfe bereits mit der Begründung zurückgewiesen worden ist, dass die beabsichtigte Rechtsverfolgung keine hinreichende Aussicht auf Erfolg bietet oder mutwillig erscheint.

(3) Die Verfahrensordnung der Universalschlichtungsstelle des Bundes kann weitere nach § 14 Absatz 2 Satz 1 Nummer 1, 2 und 4 und Satz 2 zulässige Ablehnungsgründe vorsehen.

(4) Die Universalschlichtungsstelle des Bundes teilt dem Verbraucher im Fall des Absatzes 2 Nummer 1 mit der Ablehnungsentscheidung eine zuständige Verbraucherschlichtungsstelle mit, an die er sich wenden kann.

(5) Die Universalschlichtungsstelle des Bundes kann einen Schlichtungsvorschlag nach Aktenlage unterbreiten, wenn der Unternehmer, der zur Teilnahme am Verfahren der Universalschlichtungsstelle bereit oder verpflichtet ist, zu dem Antrag des Verbrauchers keine Stellungnahme abgibt.

---

[1] **Habersack, Deutsche Gesetze Nr. 105a.**

(6) [1] Von der Bereitschaft des Unternehmers zur Teilnahme am Streitbeilegungsverfahren ist auszugehen, wenn er gegenüber dem Verbraucher, auf seiner Webseite oder in seinen Allgemeinen Geschäftsbedingungen erklärt hat, an Streitbeilegungsverfahren vor der Universalschlichtungsstelle des Bundes teilzunehmen. [2] Von der Bereitschaft des Unternehmers ist auch dann auszugehen, wenn er zwar keine Teilnahmebereitschaft nach Satz 1 erklärt hat, aber die Teilnahme am Verfahren nicht innerhalb von drei Wochen ablehnt, nachdem ihm der Antrag des Verbrauchers von der Universalschlichtungsstelle des Bundes übermittelt worden ist. [3] Die Universalschlichtungsstelle des Bundes muss den Unternehmer zugleich mit der Übermittlung des Antrags auf die in Satz 2 geregelte Rechtsfolge hinweisen und ferner darauf hinweisen, dass für die Durchführung des Streitbeile-

(Fortsetzung nächstes Blatt)

gungsverfahrens eine Gebühr nach § 31 oder im Fall der beauftragten Universalschlichtungsstelle des Bundes ein Entgelt nach § 23 erhoben werden kann.

§ 31[1)] **Gebühr.** (1) [1]Die Universalschlichtungsstelle des Bundes nach § 29 Absatz 2 Satz 1 Nummer 1 und 2 erhebt für die Durchführung des Streitbeilegungsverfahrens vom Unternehmer, der zur Teilnahme am Streitbeilegungsverfahren bereit oder verpflichtet ist, eine Gebühr. [2]Die Höhe der Gebühr richtet sich nach der Höhe des Streitwerts oder dem tatsächlichen Aufwand des Schlichtungsverfahrens.

(2) Erkennt der Unternehmer den geltend gemachten Anspruch sofort vollständig an, kann die Gebühr ermäßigt werden; die Gebühr entfällt im Fall der Ablehnung der weiteren Durchführung des Streitbeilegungsverfahrens nach § 14 Absatz 5 Satz 2.

(3) Vom Verbraucher, der die Durchführung eines Streitbeilegungsverfahrens beantragt hat, kann eine Gebühr nur erhoben werden, wenn der Antrag unter Berücksichtigung der gesamten Umstände als missbräuchlich anzusehen ist.

Abschnitt 7. Zentrale Anlaufstelle für Verbraucherschlichtung, Liste der Verbraucherschlichtungsstellen und Berichtspflichten

§ 32[2)] **Zentrale Anlaufstelle für Verbraucherschlichtung und Mitteilungspflichten der zuständigen Behörden und Aufsichtsbehörden.** (1) Das Bundesamt für Justiz ist zentrale Anlaufstelle für die Europäische Kommission (Zentrale Anlaufstelle für Verbraucherschlichtung).

(2) Die zuständige Behörde teilt der Zentralen Anlaufstelle für Verbraucherschlichtung mit:

1. die Anerkennung sowie den Widerruf und die Rücknahme der Anerkennung einer privaten Verbraucherschlichtungsstelle; eine private Verbraucherschlichtungsstelle nach § 4 Absatz 2 Satz 1 und 2 ist entsprechend auszuweisen;
2. die Angaben, die für die Eintragung der privaten Verbraucherschlichtungsstelle in die Liste nach § 33 Absatz 1 erforderlich sind.

(3) Die für die Aufsicht einer behördlichen Verbraucherschlichtungsstelle zuständige Behörde (Aufsichtsbehörde) teilt der Zentralen Anlaufstelle für Verbraucherschlichtung mit:

1. die Errichtung und die Auflösung einer behördlichen Verbraucherschlichtungsstelle;
2. die für die Eintragung der behördlichen Verbraucherschlichtungsstelle in die Liste der Verbraucherschlichtungsstellen (§ 33 Absatz 1) erforderlichen Angaben.

(4) Änderungen der Angaben nach den Absätzen 2 und 3 sind der Zentralen Anlaufstelle für Verbraucherschlichtung unverzüglich mitzuteilen.

§ 33 Liste der Verbraucherschlichtungsstellen sowie Zugang zur Liste der Europäischen Kommission und zur Europäischen Plattform zur Online-Streitbeilegung. (1) [1]Die Zentrale Anlaufstelle für Verbraucherschlichtung führt eine Liste der Verbraucherschlichtungsstellen. [2]Diese Liste wird der Europäi-

---

1) § 31 neu gef. mWv 1.1.2020 durch G v. 30.11.2019 (BGBl. I S. 1942).

2) § 32 Abs. 2 Nr. 1, Abs. 3 Nr. 1 geänd., Nr. 2 neu gef., Abs. 4 aufgeh., bish. Abs. 5 wird Abs. 4 und neu gef. mWv 1.1.2020 durch G v. 30.11.2019 (BGBl. I S. 1942).

schen Kommission unter Hinweis auf Artikel 20 Absatz 2 der Richtlinie 2013/11/EU übermittelt und regelmäßig aktualisiert. [3] Die Zentrale Anlaufstelle für Verbraucherschlichtung macht die jeweils aktuelle Fassung der Liste auf ihrer Webseite zugänglich und macht die Liste mit Stand 1. Januar jeden Jahres im Bundesanzeiger bekannt[1)].

(2) [1] Die zuständigen Behörden und die Zentrale Anlaufstelle für Verbraucherschlichtung machen die von der Europäischen Kommission erstellte Liste aller im Europäischen Wirtschaftsraum anerkannten Streitbeilegungsstellen auf ihren Webseiten zugänglich, indem sie einen Link zur Webseite der Europäischen Kommission einstellen. [2] Auf Anfrage stellen sie diese Liste in Textform zur Verfügung.

§ 34[2)] Berichtspflichten und Auskunftspflichten der Verbraucherschlichtungsstelle. (1) [1] Die Verbraucherschlichtungsstelle erstellt jährlich einen Tätigkeitsbericht. [2] Sie veröffentlicht den Tätigkeitsbericht auf ihrer Webseite und übermittelt ihn auf Anfrage in Textform. [3] Für die Übermittlung eines Berichts auf Papier kann sie vom Empfänger Ersatz der dafür notwendigen Auslagen verlangen.

(2) [1] Die Verbraucherschlichtungsstelle erstellt alle zwei Jahre einen Bericht mit einer umfassenden Darstellung und Bewertung ihrer Tätigkeit (Evaluationsbericht). [2] Die private Verbraucherschlichtungsstelle übermittelt den Evaluationsbericht der zuständigen Behörde und die behördliche Verbraucherschlichtungsstelle übermittelt den Evaluationsbericht der Aufsichtsbehörde. [3] Die Universalschlichtungsstelle des Bundes übermittelt ihren Bericht an die Zentrale Anlaufstelle für Verbraucherschlichtung.

(3) Die Verbraucherschlichtungsstelle berichtet insbesondere über Geschäftspraktiken, die auffällig häufig Anlass für Anträge auf Durchführung von Streitbeilegungsverfahren waren.

(4) Die Verbraucherschlichtungsstelle gibt über Geschäftspraktiken nach Absatz 3 auch außerhalb der Berichte nach Absatz 1 oder Absatz 2 eine aktuelle Auskunft, wenn eine nach § 2 des EU-Verbraucherschutzdurchführungsgesetzes zuständige Behörde sie im Rahmen ihrer Zuständigkeit darum ersucht.

§ 35[3)] Verbraucherschlichtungsbericht. (1) Die Zentrale Anlaufstelle für Verbraucherschlichtung veröffentlicht zum 9. Juli 2018 und danach alle vier Jahre einen Bericht über die Tätigkeit der Verbraucherschlichtungsstellen im Bundesgebiet (Verbraucherschlichtungsbericht) und übermittelt diesen der Europäischen Kommission.

(2) Für den Verbraucherschlichtungsbericht übermitteln die zuständigen Behörden und die Aufsichtsbehörden der Zentralen Anlaufstelle für Verbraucherschlichtung erstmals zum 31. März 2018 und danach alle zwei Jahre eine Auswertung der ihnen nach § 34 Absatz 2 übermittelten Evaluationsberichte.

[1)] Siehe hierzu ua:
– Bek. v. 2.1.2017 (BAnz AT 02.01.2017 B5)
– Bek. v. 3.1.2018 (BAnz AT 01.02.2018 B6)
– Bek. v. 21.1.2021 (BAnz AT 01.03.2021 B6)
– Bek. v. 31.1.2022 (BAnz AT 09.03.2022 B3)
– Bek. v. 2.1.2023 (BAnz AT 23.01.2023 B7)

[2)] § 34 Abs. 2 Satz 3 neu gef., Abs. 5 aufgeh. mWv 1.1.2020 durch G v. 30.11.2019 (BGBl. I S. 1942); Abs. 4 geänd. mWv 30.6.2020 durch G v. 25.6.2020 (BGBl. I S. 1474).

[3)] § 35 Abs. 2 geänd. mWv 1.1.2020 durch G v. 30.11.2019 (BGBl. I S. 1942).

Abschnitt 8. Informationspflichten des Unternehmers

§ 36[1] Allgemeine Informationspflicht. (1) Ein Unternehmer, der eine Webseite unterhält oder Allgemeine Geschäftsbedingungen verwendet, hat den Verbraucher leicht zugänglich, klar und verständlich

1. in Kenntnis zu setzen davon, inwieweit er bereit ist oder verpflichtet ist, an Streitbeilegungsverfahren vor einer Verbraucherschlichtungsstelle teilzunehmen, und
2. auf die zuständige Verbraucherschlichtungsstelle hinzuweisen, wenn sich der Unternehmer zur Teilnahme an einem Streitbeilegungsverfahren vor einer Verbraucherschlichtungsstelle verpflichtet hat oder wenn er auf Grund von Rechtsvorschriften zur Teilnahme verpflichtet ist; der Hinweis muss Angaben zu Anschrift und Webseite der Verbraucherschlichtungsstelle sowie eine Erklärung des Unternehmers, an einem Streitbeilegungsverfahren vor dieser Verbraucherschlichtungsstelle teilzunehmen, enthalten.

(2) Die Informationen nach Absatz 1 müssen

1. auf der Webseite des Unternehmers erscheinen, wenn der Unternehmer eine Webseite unterhält,
2. zusammen mit seinen Allgemeinen Geschäftsbedingungen gegeben werden, wenn der Unternehmer Allgemeine Geschäftsbedingungen verwendet.

(3) Von der Informationspflicht nach Absatz 1 Nummer 1 ausgenommen ist ein Unternehmer, der am 31. Dezember des vorangegangenen Jahres zehn oder weniger Personen beschäftigt hat.

§ 37[1] Informationen nach Entstehen der Streitigkeit. (1) [1]Der Unternehmer hat den Verbraucher auf eine für ihn zuständige Verbraucherschlichtungsstelle unter Angabe von deren Anschrift und Webseite hinzuweisen, wenn die Streitigkeit über einen Verbrauchervertrag durch den Unternehmer und den Verbraucher nicht beigelegt werden konnte. [2]Der Unternehmer gibt zugleich an, ob er zur Teilnahme an einem Streitbeilegungsverfahren bei dieser Verbraucherschlichtungsstelle bereit ist oder verpflichtet ist. [3]Ist der Unternehmer zur Teilnahme am Streitbeilegungsverfahren einer oder mehrerer Verbraucherschlichtungsstellen bereit oder verpflichtet, so hat er diese Stelle oder diese Stellen anzugeben.

(2) Der Hinweis muss in Textform gegeben werden.

Abschnitt 9. Grenzübergreifende Zusammenarbeit

§ 38 Zusammenarbeit mit ausländischen Streitbeilegungsstellen. Die Verbraucherschlichtungsstelle arbeitet mit Streitbeilegungsstellen zusammen, die in Umsetzung der Richtlinie 2013/11/EU in einem anderen Mitgliedstaat der Europäischen Union oder in einem sonstigen Vertragsstaat des Abkommens über den Europäischen Wirtschaftsraum für die außergerichtliche Beilegung vergleichbarer Streitigkeiten zuständig sind.

§ 39 Zusammenarbeit mit der Europäischen Plattform zur Online-Streitbeilegung. Die Verbraucherschlichtungsstelle ist Stelle für alternative Streitbeilegung im Sinne der Verordnung (EU) Nr. 524/2013 des Europäischen Par-

[1] Inkrafttreten gem. Art. 24 Abs. 1 Satz 2 G v. 19.2.2016 (BGBl. I S. 254) am 1.2.2017.

laments und des Rates vom 21. Mai 2013 über die Online-Beilegung verbraucherrechtlicher Streitigkeiten und zur Änderung der Verordnung (EG) Nr. 2006/2004 und der Richtlinie 2009/22/EG (ABl. L 165 vom 18.6.2013, S. 1).

§ 40[1] Unterstützung von Verbrauchern bei grenzübergreifenden Streitigkeiten; Kontaktstelle für die Europäische Plattform zur Online-Streitbeilegung. (1) Das Bundesamt für Justiz

1. unterstützt Verbraucher bei der Ermittlung der zuständigen Streitbeilegungsstelle in einem anderen Mitgliedstaat der Europäischen Union oder in einem sonstigen Vertragsstaat des Abkommens über den Europäischen Wirtschaftsraum,
2. erfüllt die Aufgaben der Kontaktstelle für die Europäische Plattform zur Online-Streitbeilegung nach Artikel 7 Absatz 2 und 4 der Verordnung (EU) Nr. 524/2013.

(2)[2] [1]Das Bundesamt für Justiz wird ermächtigt, eine juristische Person des Privatrechts, eine rechtsfähige Personengesellschaft oder eine andere geeignete Stelle mit den Aufgaben nach Absatz 1 zu beleihen. [2]Der Beliehene hat die notwendige Gewähr für die ordnungsgemäße Erfüllung der ihm übertragenen Aufgaben zu bieten. [3]Er bietet die notwendige Gewähr, wenn

1. er über die zur Erfüllung der ihm übertragenen Aufgaben notwendige Ausstattung und Organisation verfügt, und
2. die Personen, die seine Geschäftsführung oder Vertretung wahrnehmen, zuverlässig und fachlich geeignet sind.

[4]Der Beliehene untersteht der Rechts- und Fachaufsicht des Bundesamts für Justiz.

(3)[2] Erfüllt der Beliehene die ihm nach Absatz 2 Satz 1 übertragenen Aufgaben nicht sachgerecht, so kann das Bundesamt für Justiz unbeschadet des § 49 des Verwaltungsverfahrensgesetzes[3] die Beleihung ohne Entschädigung beenden.

(4)[2] [1]Der Beliehene kann die Beendigung der Beleihung jederzeit schriftlich verlangen. [2]Dem Begehren ist innerhalb einer angemessenen Frist, die zur Fortführung der Aufgabenerfüllung erforderlich ist, zu entsprechen.

(5)[2] Das Bundesamt für Justiz macht die Beleihung im Bundesanzeiger bekannt.

Abschnitt 10. Schlussvorschriften

§ 41 Bußgeldvorschriften. (1) Ordnungswidrig handelt, wer vorsätzlich oder fahrlässig

1. entgegen § 2 Absatz 2 Satz 1 sich als Verbraucherschlichtungsstelle bezeichnet oder
2. entgegen § 2 Absatz 2 Satz 2 eine Einrichtung als Verbraucherschlichtungsstelle bezeichnet.

(2) Die Ordnungswidrigkeit kann mit einer Geldbuße bis zu fünfzigtausend Euro geahndet werden.

---

[1] § § 40 Abs. 1 Nr. 2 geänd. mWv 1.1.2020 durch G v. 30.11.2019 (BGBl. I S. 1942).
[2] Inkrafttreten gem. Art. 24 Abs. 1 Satz 1 G v. 19.2.2016 (BGBl. I S. 254) am 26.2.2016.
[3] **Sartorius Nr. 100.**

(3) Verwaltungsbehörde im Sinne des § 36 Absatz 1 Nummer 1 des Gesetzes über Ordnungswidrigkeiten[1] ist das Bundesamt für Justiz.

§ 42[2)][3)] **Verordnungsermächtigung.** (1) Das Bundesministerium der Justiz und für Verbraucherschutz wird ermächtigt, im Einvernehmen mit dem Bundesministerium für Wirtschaft und Energie durch Rechtsverordnung mit Zustimmung des Bundesrates

1. die Anforderungen an Inhalt und Form des Antrags auf Anerkennung als Verbraucherschlichtungsstelle nach § 25 Absatz 1 und an die beizufügenden Unterlagen und Belege näher zu bestimmen,
2. die Angaben zu einer Verbraucherschlichtungsstelle, die die zuständige Behörde nach § 32 Absatz 2 und 4 oder die Aufsichtsbehörde nach § 32 Absatz 3 und 4 der Zentralen Anlaufstelle für Verbraucherschlichtung mitzuteilen hat, näher zu bestimmen,
3. die Inhalte der Informationen, die die Verbraucherschlichtungsstelle auf ihrer Webseite nach § 10 Absatz 1 bereitzustellen hat, näher zu bestimmen und weitere Informationen für die Webseite vorzusehen,
4. Einzelheiten zu Inhalt und Form des Tätigkeitsberichts und des Evaluationsberichts der Verbraucherschlichtungsstelle nach § 34 Absatz 1 und 2, zu Inhalt und Form des Verbraucherschlichtungsberichts der Zentralen Anlaufstelle für Verbraucherschlichtung nach § 35 Absatz 1 und der Auswertungen der zuständigen Behörden und Aufsichtsbehörden nach § 35 Absatz 2 näher zu bestimmen,
5. die Zusammenarbeit der Verbraucherschlichtungsstellen zu regeln
   a) nach § 34 Absatz 4 mit den nach § 2 des EU-Verbraucherschutzdurchführungsgesetzes zuständigen Behörden,
   b) nach § 38 mit Streitbeilegungsstellen anderer Mitgliedstaaten der Europäischen Union oder eines sonstigen Vertragsstaats des Abkommens über den Europäischen Wirtschaftsraum.

(2) Das Bundesministerium der Justiz und für Verbraucherschutz wird ermächtigt, durch Rechtsverordnung, die nicht der Zustimmung des Bundesrates bedarf, Folgendes zu regeln:

1. die Einzelheiten der Organisation und des Verfahrens der Universalschlichtung, insbesondere die Höhe der Gebühr, die von dem an einem Schlichtungsverfahren beteiligten Unternehmer durch eine behördliche Universalschlichtungsstelle des Bundes oder eine mit der Aufgabe der Universalschlichtungsstelle des Bundes einschließlich der Befugnis, für die Durchführung des Streitbeilegungsverfahrens Gebühren zu erheben, beliehene geeignete anerkannte Verbraucherschlichtungsstelle zu erheben ist, sowie die weiteren Voraussetzungen für eine Gebührenerhebung durch eine solche Stelle,
2. die Voraussetzungen für eine Beendigung der Beleihung oder der Beauftragung einer geeigneten anerkannten Verbraucherschlichtungsstelle mit der Aufgabe der Universalschlichtungsstelle durch den Bund.

---

1) **Habersack, Deutsche Gesetze Nr. 94.**

2) Inkrafttreten gem. Art. 24 Abs. 1 Satz 1 G v. 19.2.2016 (BGBl. I S. 254) am 26.2.2016.

3) § 42 Abs. 2 neu gef. mWv 6.12.2019; Abs. 1 Nr. 2 geänd. mWv 1.1.2020 durch G v. 30.11.2019 (BGBl. I S. 1942); Abs. 1 Nr. 5 Buchst. a geänd. mWv 30.6.2020 durch G v. 25.6.2020 (BGBl. I S. 1474).

§ 43[1)] Projektförderung, Forschungsvorhaben, Bericht. (1) Das Bundesministerium der Justiz und für Verbraucherschutz fördert bis zum 31. Dezember 2019 die Arbeit einer ausgewählten Allgemeinen Verbraucherschlichtungsstelle (§ 4 Absatz 2 Satz 1), die bundesweit tätig ist.

(2) [1] Begleitend untersucht das Bundesministerium der Justiz und für Verbraucherschutz in einem wissenschaftlichen Forschungsvorhaben die Funktionsweise dieser Allgemeinen Verbraucherschlichtungsstelle, um Erkenntnisse in Bezug auf Inanspruchnahme, Fallzahlen, Arbeitsweise, Verfahrensdauer, Erfolgsquoten, Kosten und Entgelte zu sammeln und auszuwerten. [2] Das Forschungsvorhaben muss bis zum 31. Dezember 2020 abgeschlossen sein.

(3) Das Bundesministerium der Justiz und für Verbraucherschutz berichtet dem Deutschen Bundestag und dem Bundesrat nach Abschluss des wissenschaftlichen Forschungsvorhabens über die Ergebnisse; ein Zwischenbericht ist bis zum 31. Dezember 2018 vorzulegen.

[1)] § 43 Abs. 1 geänd. mWv 1.1.2020 durch G v. 30.11.2019 (BGBl. I S. 1942).

108a. Zwangsverwalterverordnung (ZwVwV)

Vom 19. Dezember 2003
(BGBl. I S. 2804)

FNA 310-14-2

Lfd. Nr.	Änderndes Gesetz	Datum	Fundstelle	Betroffen	Hinweis
1.	Art. 1 ÄndVO	22.3.2024	BGBl. 2024 I Nr. 110	§§ 18, 19, 20, 21 § 25	geänd. mWv 4.4.2024 neu gef. mWv 4.4.2024

Auf Grund des § 152a des Gesetzes über die Zwangsversteigerung und die Zwangsverwaltung[1)] in der im Bundesgesetzblatt Teil III, Gliederungsnummer 310-14, veröffentlichten bereinigten Fassung, der durch Artikel 7 Abs. 23 des Gesetzes vom 17. Dezember 1990 (BGBl. I S. 2847) eingefügt worden ist, in Verbindung mit Artikel 35 des Gesetzes vom 13. Dezember 2001 (BGBl. I S. 3574), verordnet das Bundesministerium der Justiz:

§ 1 Stellung. (1) [1] Zwangsverwalter und Zwangsverwalterinnen führen die Verwaltung selbständig und wirtschaftlich nach pflichtgemäßem Ermessen aus. [2] Sie sind jedoch an die vom Gericht erteilten Weisungen gebunden.

(2) Als Verwalter ist eine geschäftskundige natürliche Person zu bestellen, die nach Qualifikation und vorhandener Büroausstattung die Gewähr für die ordnungsgemäße Gestaltung und Durchführung der Zwangsverwaltung bietet.

(3) [1] Der Verwalter darf die Verwaltung nicht einem anderen übertragen. [2] Ist er verhindert, die Verwaltung zu führen, so hat er dies dem Gericht unverzüglich anzuzeigen. [3] Zur Besorgung einzelner Geschäfte, die keinen Aufschub dulden, kann sich jedoch der Verwalter im Fall seiner Verhinderung anderer Personen bedienen. [4] Ihm ist auch gestattet, Hilfskräfte zu unselbständigen Tätigkeiten unter seiner Verantwortung heranzuziehen.

(4) [1] Der Verwalter ist zum Abschluss einer Vermögensschadenshaftpflichtversicherung für seine Tätigkeit mit einer Deckung von mindestens 500 000 Euro verpflichtet. [2] Durch Anordnung des Gerichts kann, soweit der Einzelfall dies erfordert, eine höhere Versicherungssumme bestimmt werden. [3] Auf Verlangen der Verfahrensbeteiligten oder des Gerichts hat der Verwalter das Bestehen der erforderlichen Haftpflichtversicherung nachzuweisen.

§ 2 Ausweis. Der Verwalter erhält als Ausweis eine Bestallungsurkunde, aus der sich das Objekt der Zwangsverwaltung, der Name des Schuldners, das Datum der Anordnung sowie die Person des Verwalters ergeben.

§ 3 Besitzerlangung über das Zwangsverwaltungsobjekt, Bericht. (1) [1] Der Verwalter hat das Zwangsverwaltungsobjekt in Besitz zu nehmen und darüber einen Bericht zu fertigen. [2] Im Bericht sind festzuhalten:

1. Zeitpunkt und Umstände der Besitzerlangung;
2. eine Objektbeschreibung einschließlich der Nutzungsart und der bekannten Drittrechte;

[1)] **Habersack, Deutsche Gesetze Nr. 108.**

3. alle der Beschlagnahme unterfallenden Mobilien, insbesondere das Zubehör;
4. alle der Beschlagnahme unterfallenden Forderungen und Rechte, insbesondere Miet- und Pachtforderungen, mit dem Eigentum verbundene Rechte auf wiederkehrende Leistungen sowie Forderungen gegen Versicherungen unter Beachtung von Beitragsrückständen;
5. die öffentlichen Lasten des Grundstücks unter Angabe der laufenden Beträge;
6. die Räume, die dem Schuldner für seinen Hausstand belassen werden;
7. die voraussichtlichen Ausgaben der Verwaltung, insbesondere aus Dienst- oder Arbeitsverhältnissen;
8. die voraussichtlichen Einnahmen und die Höhe des für die Verwaltung erforderlichen Kostenvorschusses;
9. alle sonstigen für die Verwaltung wesentlichen Verhältnisse.

(2) [1] Den Bericht über die Besitzerlangung hat der Verwalter bei Gericht einzureichen. [2] Soweit die in Absatz 1 bezeichneten Verhältnisse nicht schon bei Besitzübergang festgestellt werden können, hat der Verwalter dies unverzüglich nachzuholen und dem Gericht anzuzeigen.

§ 4 Mitteilungspflicht. [1] Der Verwalter hat alle betroffenen Mieter und Pächter sowie alle von der Verwaltung betroffenen Dritten unverzüglich über die Zwangsverwaltung zu informieren. [2] Außerdem kann der Verwalter den Erlass von Zahlungsverboten an die Drittschuldner bei dem Gericht beantragen.

§ 5 Nutzungen des Zwangsverwaltungsobjektes. (1) Der Verwalter soll die Art der Nutzung, die bis zur Anordnung der Zwangsverwaltung bestand, beibehalten.

(2) [1] Die Nutzung erfolgt grundsätzlich durch Vermietung oder Verpachtung. [2] Hiervon ausgenommen sind:
1. landwirtschaftlich oder forstwirtschaftlich genutzte Objekte in Eigenverwaltung des Schuldners gemäß § 150b des Gesetzes über die Zwangsversteigerung und die Zwangsverwaltung[1)];
2. die Wohnräume des Schuldners, die ihm gemäß § 149 des Gesetzes über die Zwangsversteigerung und die Zwangsverwaltung unentgeltlich zu belassen sind.

(3) Der Verwalter ist berechtigt, begonnene Bauvorhaben fertig zu stellen.

§ 6 Miet- und Pachtverträge. (1) Miet- oder Pachtverträge sowie Änderungen solcher Verträge sind vom Verwalter schriftlich abzuschließen.

(2) Der Verwalter hat in Miet- oder Pachtverträgen zu vereinbaren,
1. dass der Mieter oder Pächter nicht berechtigt sein soll, Ansprüche aus dem Vertrag zu erheben, wenn das Zwangsverwaltungsobjekt vor der Überlassung an den Mieter oder Pächter im Wege der Zwangsversteigerung veräußert wird;
2. dass die gesetzliche Haftung des Vermieters oder Verpächters für den vom Ersteher zu ersetzenden Schaden ausgeschlossen sein soll, wenn das Grundstück nach der Überlassung an den Mieter oder Pächter im Wege der Zwangsversteigerung veräußert wird und der an die Stelle des Vermieters oder Verpächters tretende Ersteher die sich aus dem Miet- oder Pachtverhältnis ergebenden Verpflichtungen nicht erfüllt;

[1)] **Habersack, Deutsche Gesetze Nr. 108.**

3. dass der Vermieter oder Verpächter auch von einem sich im Fall einer Kündigung (§ 57a Satz 1 des Gesetzes über die Zwangsversteigerung und die Zwangsverwaltung[1)], § 111 der Insolvenzordnung[2)]) möglicherweise ergebenden Schadensersatzanspruch freigestellt sein soll.

§ 7 Rechtsverfolgung. Der Verwalter hat die Rechtsverfolgung seiner Ansprüche im Rahmen des pflichtgemäßen Ermessens zeitnah einzuleiten.

§ 8 Rückstände, Vorausverfügungen. Die Rechtsverfolgung durch den Verwalter erstreckt sich auch auf Rückstände nach § 1123 Abs. 1 und 2 des Bürgerlichen Gesetzbuchs[3)] und unterbrochene Vorausverfügungen nach § 1123 Abs. 1, §§ 1124 und 1126 des Bürgerlichen Gesetzbuchs, sofern nicht der Gläubiger auf die Rechtsverfolgung verzichtet.

§ 9 Ausgaben der Zwangsverwaltung. (1) Der Verwalter hat von den Einnahmen die Liquidität zurückzubehalten, die für Ausgaben der Verwaltung einschließlich der Verwaltervergütung und der Kosten des Verfahrens vorgehalten werden muss.

(2) Der Verwalter soll nur Verpflichtungen eingehen, die aus bereits vorhandenen Mitteln erfüllt werden können.

(3) [1] Der Verwalter ist verpflichtet, das Zwangsverwaltungsobjekt insbesondere gegen Feuer-, Sturm-, Leitungswasserschäden und Haftpflichtgefahren, die vom Grundstück und Gebäude ausgehen, zu versichern, soweit dies durch eine ordnungsgemäße Verwaltung geboten erscheint. [2] Er hat diese Versicherung unverzüglich abzuschließen, sofern

1. Schuldner oder Gläubiger einen bestehenden Versicherungsschutz nicht innerhalb von 14 Tagen nach Zugang des Anordnungsbeschlusses schriftlich nachweisen und
2. der Gläubiger die unbedingte Kostendeckung schriftlich mitteilt.

§ 10 Zustimmungsvorbehalte. (1) Der Verwalter hat zu folgenden Maßnahmen die vorherige Zustimmung des Gerichts einzuholen:

1. wesentliche Änderungen zu der nach § 5 gebotenen Nutzung; dies gilt auch für die Fertigstellung begonnener Bauvorhaben;
2. vertragliche Abweichungen von dem Klauselkatalog des § 6 Abs. 2;
3. Ausgaben, die entgegen dem Gebot des § 9 Abs. 2 aus bereits vorhandenen Mitteln nicht gedeckt sind;
4. Zahlung von Vorschüssen an Auftragnehmer im Zusammenhang insbesondere mit der Erbringung handwerklicher Leistungen;
5. Ausbesserungen und Erneuerungen am Zwangsverwaltungsobjekt, die nicht zu der gewöhnlichen Instandhaltung gehören, insbesondere wenn der Aufwand der jeweiligen Maßnahme 15 Prozent des vom Verwalter nach pflichtgemäßem Ermessen geschätzten Verkehrswertes des Zwangsverwaltungsobjektes überschreitet;
6. Durchsetzung von Gewährleistungsansprüchen im Zusammenhang mit Baumaßnahmen nach § 5 Abs. 3.

[1)] **Habersack, Deutsche Gesetze Nr. 108.**
[2)] **Habersack, Deutsche Gesetze Nr. 110.**
[3)] **Habersack, Deutsche Gesetze Nr. 20.**

(2) Das Gericht hat den Gläubiger und den Schuldner vor seiner Entscheidung anzuhören.

§ 11 Auszahlungen. (1) Aus den nach Bestreiten der Ausgaben der Verwaltung sowie der Kosten des Verfahrens (§ 155 Abs. 1 des Gesetzes über die Zwangsversteigerung und die Zwangsverwaltung[1]) verbleibenden Überschüssen der Einnahmen darf der Verwalter ohne weiteres Verfahren nur Vorschüsse sowie die laufenden Beträge der öffentlichen Lasten nach der gesetzlichen Rangfolge berichtigen.

(2) [1] Sonstige Zahlungen an die Berechtigten darf der Verwalter nur aufgrund der von dem Gericht nach Feststellung des Teilungsplans getroffenen Anordnung leisten. [2] Ist zu erwarten, dass solche Zahlungen geleistet werden können, so hat dies der Verwalter dem Gericht unter Angabe des voraussichtlichen Betrages der Überschüsse und der Zeit ihres Einganges anzuzeigen.

(3) Sollen Auszahlungen auf das Kapital einer Hypothek oder Grundschuld oder auf die Ablösesumme einer Rentenschuld geleistet werden, so hat der Verwalter zu diesem Zweck die Anberaumung eines Termins bei dem Gericht zu beantragen.

§ 12 Beendigung der Zwangsverwaltung. (1) [1] Die Beendigung der Zwangsverwaltung erfolgt mit dem gerichtlichen Aufhebungsbeschluss. [2] Dies gilt auch für den Fall der Erteilung des Zuschlags in der Zwangsversteigerung.

(2) [1] Das Gericht kann den Verwalter nach dessen Anhörung im Aufhebungsbeschluss oder auf Antrag durch gesonderten Beschluss ermächtigen, seine Tätigkeit in Teilbereichen fortzusetzen, soweit dies für den ordnungsgemäßen Abschluss der Zwangsverwaltung erforderlich ist. [2] Hat der Verwalter weiterführende Arbeiten nicht zu erledigen, sind der Anordnungsbeschluss und die Bestallungsurkunde mit der Schlussrechnung zurückzugeben, ansonsten mit der Beendigung seiner Tätigkeit.

(3) [1] Unabhängig von der Aufhebung der Zwangsverwaltung bleibt der Verwalter berechtigt, von ihm begründete Verbindlichkeiten aus der vorhandenen Liquidität zu begleichen und bis zum Eintritt der Fälligkeit Rücklagen zu bilden. [2] Ein weitergehender Rückgriff gegen den Gläubiger bleibt unberührt. [3] Dies gilt auch für den Fall der Antragsrücknahme.

(4) [1] Hat der Verwalter die Forderung des Gläubigers einschließlich der Kosten der Zwangsvollstreckung bezahlt, so hat er dies dem Gericht unverzüglich anzuzeigen. [2] Dasselbe gilt, wenn der Gläubiger ihm mitteilt, dass er befriedigt ist.

§ 13 Masseverwaltung. (1) Der Massebestand ist von eigenen Beständen des Verwalters getrennt zu halten.

(2) [1] Der Verwalter hat für jede Zwangsverwaltung ein gesondertes Treuhandkonto einzurichten, über das er den Zahlungsverkehr führt. [2] Das Treuhandkonto kann auch als Rechtsanwaltsanderkonto geführt werden.

(3) [1] Der Verwalter hat die allgemeinen Grundsätze einer ordnungsgemäßen Buchführung zu beachten. [2] Die Rechnungslegung muss den Abgleich der Solleinnahmen mit den tatsächlichen Einnahmen ermöglichen. [3] Die Einzelbuchungen sind auszuweisen. [4] Mit der Rechnungslegung sind die Kontoauszüge und Belege bei Gericht einzureichen.

(4) Auf Antrag von Gläubiger oder Schuldner hat der Verwalter Auskunft über den Sachstand zu erteilen.

---

[1] **Habersack, Deutsche Gesetze Nr. 108.**

§ 14 Buchführung der Zwangsverwaltung. (1) Die Buchführung der Zwangsverwaltung ist eine um die Solleinnahmen ergänzte Einnahmenüberschussrechnung.

(2) [1] Die Rechnungslegung erfolgt jährlich (Jahresrechnung) nach Kalenderjahren. [2] Mit Zustimmung des Gerichts kann hiervon abgewichen werden.

(3) Bei Aufhebung der Zwangsverwaltung legt der Verwalter Schlussrechnung in Form einer abgebrochenen Jahresrechnung.

(4) Nach vollständiger Beendigung seiner Amtstätigkeit reicht der Verwalter eine Endabrechnung ein, nachdem alle Zahlungsvorgänge beendet sind und das Konto auf Null gebracht worden ist.

§ 15 Gliederung der Einnahmen und Ausgaben. (1) Die Soll- und Isteinnahmen sind nach folgenden Konten zu gliedern:
1. Mieten und Pachten nach Verwaltungseinheiten,
2. andere Einnahmen.

(2) Der Saldo der vorigen Rechnung ist als jeweiliger Anfangsbestand vorzutragen.

(3) Die Gliederung der Ausgaben erfolgt nach folgenden Konten:
1. Aufwendungen zur Unterhaltung des Objektes;
2. öffentliche Lasten;
3. Zahlungen an die Gläubiger;
4. Gerichtskosten der Verwaltung;
5. Vergütung des Verwalters;
6. andere Ausgaben.

(4) Ist zur Umsatzsteuer optiert worden, so sind Umsatzsteueranteile und Vorsteuerbeträge gesondert darzustellen.

§ 16 Auskunftspflicht. Der Verwalter hat jederzeit dem Gericht oder einem mit der Prüfung beauftragten Sachverständigen Buchführungsunterlagen, die Akten und sonstige Schriftstücke vorzulegen und alle weiteren Auskünfte im Zusammenhang mit seiner Verwaltung zu erteilen.

§ 17 Vergütung und Auslagenersatz. (1) [1] Der Verwalter hat Anspruch auf eine angemessene Vergütung für seine Geschäftsführung sowie auf Erstattung seiner Auslagen nach Maßgabe des § 21. [2] Die Höhe der Vergütung ist an der Art und dem Umfang der Aufgabe sowie an der Leistung des Zwangsverwalters auszurichten.

(2) Zusätzlich zur Vergütung und zur Erstattung der Auslagen wird ein Betrag in Höhe der vom Verwalter zu zahlenden Umsatzsteuer festgesetzt.

(3) [1] Ist der Verwalter als Rechtsanwalt zugelassen, so kann er für Tätigkeiten, die ein nicht als Rechtsanwalt zugelassener Verwalter einem Rechtsanwalt übertragen hätte, die gesetzliche Vergütung eines Rechtsanwalts abrechnen. [2] Ist der Verwalter Steuerberater oder besitzt er eine andere besondere Qualifikation, gilt Satz 1 sinngemäß.

§ 18[1)] Regelvergütung. (1) [1] Bei der Zwangsverwaltung von Grundstücken, die durch Vermieten oder Verpachten genutzt werden, erhält der Verwalter als Ver-

[1)] § 18 Abs. 2 geänd. mWv 4.4.2024 durch VO v. 22.3.2024 (BGBl. 2024 I Nr. 110).

gütung in der Regel 10 Prozent des für den Zeitraum der Verwaltung an Mieten oder Pachten eingezogenen Bruttobetrags. ²Für vertraglich geschuldete, nicht eingezogene Mieten oder Pachten erhält er 20 Prozent der Vergütung, die er erhalten hätte, wenn diese Mieten eingezogen worden wären. ³Soweit Mietrückstände eingezogen werden, für die der Verwalter bereits eine Vergütung nach Satz 2 erhalten hat, ist diese anzurechnen.

(2) Ergibt sich im Einzelfall ein Missverhältnis zwischen der Tätigkeit des Verwalters und der Vergütung nach Absatz 1, so kann der in Absatz 1 Satz 1 genannte Prozentsatz bis auf 5 vermindert oder bis auf 20 angehoben werden.

(3) ¹Für die Fertigstellung von Bauvorhaben erhält der Verwalter 6 Prozent der von ihm verwalteten Bausumme. ²Planungs-, Ausführungs- und Abnahmekosten sind Bestandteil der Bausumme und finden keine Anrechnung auf die Vergütung des Verwalters.

§ 19[1)] Abweichende Berechnung der Vergütung. (1) ¹Wenn dem Verwalter eine Vergütung nach § 18 nicht zusteht, bemisst sich die Vergütung nach Zeitaufwand. ²In diesem Fall erhält er für jede Stunde der für die Verwaltung erforderlichen Zeit, die er oder einer seiner Mitarbeiter aufgewendet hat, eine Vergütung von mindestens 50 Euro und höchstens 250 Euro. ³Der Stundensatz ist für den jeweiligen Abrechnungszeitraum einheitlich zu bemessen.

(2) Der Verwalter kann für den Abrechnungszeitraum einheitlich nach Absatz 1 abrechnen, wenn die Vergütung nach § 18 Abs. 1 und 2 offensichtlich unangemessen ist.

§ 20[2)] Mindestvergütung. (1) Ist das Zwangsverwaltungsobjekt von dem Verwalter in Besitz genommen, so beträgt die Vergütung des Verwalters mindestens 1200 Euro.

(2) Ist das Verfahren der Zwangsverwaltung aufgehoben worden, bevor der Verwalter das Grundstück in Besitz genommen hat, so erhält er eine Vergütung von 450 Euro, sofern er bereits tätig geworden ist.

§ 21[3)] Auslagen. (1) ¹Mit der Vergütung sind die allgemeinen Geschäftskosten abgegolten. ²Zu den allgemeinen Geschäftskosten gehört der Büroaufwand des Verwalters einschließlich der Gehälter seiner Angestellten.

(2) ¹Besondere Kosten, die dem Verwalter im Einzelfall, zum Beispiel durch Reisen oder die Einstellung von Hilfskräften für bestimmte Aufgaben im Rahmen der Zwangsverwaltung, tatsächlich entstehen, sind als Auslagen zu erstatten, soweit sie angemessen sind. ²Anstelle der tatsächlich entstandenen Auslagen kann der Verwalter nach seiner Wahl für den jeweiligen Abrechnungszeitraum eine Pauschale von 10 Prozent seiner Vergütung, höchstens jedoch 50 Euro für jeden angefangenen Monat seiner Tätigkeit, fordern.

(3) ¹Mit der Vergütung sind auch die Kosten einer Haftpflichtversicherung abgegolten. ²Ist die Verwaltung jedoch mit einem besonderen Haftungsrisiko verbunden, so sind die durch eine Höherversicherung nach § 1 Abs. 4 begründeten zusätzlichen Kosten als Auslagen zu erstatten.

[1)] § 19 Abs. 1 Satz 2 geänd. mWv 4.4.2024 durch VO v. 22.3.2024 (BGBl. 2024 I Nr. 110).
[2)] § 20 Abs. 1 und 2 geänd. mWv 4.4.2024 durch VO v. 22.3.2024 (BGBl. 2024 I Nr. 110).
[3)] § 21 Abs. 2 Satz 2 geänd. mWv 4.4.2024 durch VO v. 22.3.2024 (BGBl. 2024 I Nr. 110).

§ 22 Festsetzung. [1] Die Vergütung und die dem Verwalter zu erstattenden Auslagen werden im Anschluss an die Rechnungslegung nach § 14 Abs. 2 oder die Schlussrechnung nach § 14 Abs. 3 für den entsprechenden Zeitraum auf seinen Antrag vom Gericht festgesetzt. [2] Vor der Festsetzung kann der Verwalter mit Einwilligung des Gerichts aus den Einnahmen einen Vorschuss auf die Vergütung und die Auslagen entnehmen.

§ 23 Grundstücksgleiche Rechte. Die vorstehenden Bestimmungen sind auf die Zwangsverwaltung von Berechtigungen, für welche die Vorschriften über die Zwangsverwaltung von Grundstücken gelten, entsprechend anzuwenden.

§ 24 Nichtanwendbarkeit der Verordnung. (1) Die Vorschriften dieser Verordnung gelten nicht, falls der Schuldner zum Verwalter bestellt ist (§§ 150b bis 150e des Gesetzes über die Zwangsversteigerung und die Zwangsverwaltung[1]).

(2) Die Vorschriften dieser Verordnung gelten ferner nicht, falls die durch die §§ 150, 153, 154 des Gesetzes über die Zwangsversteigerung und die Zwangsverwaltung dem Gericht zugewiesene Tätigkeit nach landesgesetzlichen Vorschriften von einer landschaftlichen oder ritterschaftlichen Kreditanstalt übernommen worden ist.

§ 25[2] Übergangsvorschrift. (1) Auf die Vergütung des Verwalters und auf den Ersatz seiner Auslagen für Zwangsverwaltungen, die seit dem 1. Januar 2004 angeordnet wurden, sind die §§ 17 bis 22 erst für Abrechnungszeiträume anzuwenden, die auf den 3. April 2024 folgen; für die übrigen Abrechnungszeiträume gelten die §§ 17 bis 22 dieser Verordnung in der Fassung vom 19. Dezember 2003 (BGBl. I S. 2804).

(2) [1] Auf Zwangsverwaltungen, die bis einschließlich 31. Dezember 2003 angeordnet wurden, ist die Verordnung über die Geschäftsführung und die Vergütung des Zwangsverwalters vom 16. Februar 1970 (BGBl. I S. 185), die zuletzt durch Artikel 9 des Gesetzes vom 13. Dezember 2001 (BGBl. I S. 3574) geändert worden ist, weiter anzuwenden. [2] Jedoch richten sich die Vergütung des Verwalters und der Ersatz seiner Auslagen

1. ab dem ersten auf den 31. Dezember 2003 folgenden Abrechnungszeitraum nach den §§ 17 bis 22 dieser Verordnung in der Fassung vom 19. Dezember 2003 (BGBl. I S. 2804),
2. ab dem ersten auf den 3. April 2024 folgenden Abrechnungszeitraum nach den §§ 17 bis 22 dieser Verordnung.

§ 26 Inkrafttreten, Außerkrafttreten. [1] Diese Verordnung tritt am 1. Januar 2004 in Kraft. [2] Gleichzeitig tritt die Verordnung über die Geschäftsführung und die Vergütung des Zwangsverwalters vom 16. Februar 1970 (BGBl. I S. 185), zuletzt geändert durch Artikel 9 des Gesetzes vom 13. Dezember 2001 (BGBl. I S. 3574), außer Kraft.

Der Bundesrat hat zugestimmt.

---

[1] **Habersack, Deutsche Gesetze Nr. 108.**
[2] § 25 neu gef. mWv 4.4.2024 durch VO v. 22.3.2024 (BGBl. 2024 I Nr. 110).

109. Geschäftsanweisung für Gerichtsvollzieher (GVGA)[1) 2)]

Lfd. Nr.	Änderndes Gesetz	Datum	Fundstelle	Betroffen	Hinweis
1.	ÄndBek.	5.9.2016	JMBl. S. 98	§§ 38, 46, 143	mWv 1.10.2016
2.	ÄndBek.	23.11. 2018	JMBl. S. 122	Inhaltsübersicht, §§ 4, 16, 28, 29, 31, 34, 38, 40, 47, 60, 61, 69, 116, 117, 118, 128, 129, 134, Teil 2 Abschnitt 2 Buchst. E Überschrift, §§ 135, 136, 138, 139, 140, 141, 145, 151, 156, 191, Teil 2 Abschnitt 6 Überschrift, §§ 196, 198, Teil 2 Abschnitt 7 (§§ 200, 201)	mWv 1.1.2019
3.	ÄndBek.	7.12.2022	BayMBl. Nr. 754	Inhaltsübersicht, §§ 4, 5, 10, 11, 12, 13, 15, 16, 17, 18, 22, 24, 27, 29, 30, 31, 33, 35, 38, 43, 51, 60, 63, 73, 77, 86, 100, 101, 102, 121, 126, 128, 134, 141, 145, 152, 153, 181, 187	mWv 1.1.2023
				Inhaltsübersicht, §§ 14, 121	mWv 1.6.2023
4.	ÄndBek.	22.3.2024	BayMBl. Nr. 179	§§ 4, 31, 55, 60, 136, 181	mWv 1.5.2024

1) Die GVGA gilt mWv 1.9.2013 in sämtlichen Ländern bundeseinheitlich.
Siehe hierzu u.a.:
- **Baden-Württemberg:** VwV v. 10.7.2013 (Die Justiz S. 240), zuletzt geänd. durch VwV v. 22.12.2022 (Die Justiz 2023 S. 114)
- **Bayern:** Bek. v. 6.8.2013 (JMBl. S. 94), zuletzt geänd. durch Bek. v. 22.3.2024 (BayMBl. Nr. 179)
- **Berlin:** AV v. 9.8.2013 (ABl. S. 1777), zuletzt geänd. durch AV v. 20.3.2024 (ABl. S. 805)
- **Brandenburg:** AV v. 22.7.2013 (JMBl. S. 79), zuletzt geänd. durch AV v. 3.4.2024 (JMBl. S. 27)
- **Hamburg:** AV v. 17.7.2013 (JVBl. S. 82), zuletzt geänd. durch AV v. 21.12.2022 (JVBl 2023 S. 155)
- **Hessen:** RdErl. v. 11.7.2013 (JMBl. S. 416), geänd. durch RdErl. v. 9.9.2016 (JMBl. S 326), neu in Kraft gesetzt durch RdErl. v. 16.10.2018 (JMBl. S. 670), zuletzt geänd. durch RdErl. v. 13.7.2023 (JMBl. S. 525)
- **Mecklenburg-Vorpommern:** VwV v. 14.9.2020 (AmtsBl. M-V S. 439), zuletzt geänd. durch VwV v. 7.2.2023 (AmtsBl. M-V S. 286)
- **Niedersachsen:** AV v. 16.7.2013 (Nds. Rpfl. S. 225), zuletzt geänd. durch AV v. 19.3.2024 (Nds. RPfl. S. 122)
- **Nordrhein-Westfalen:** AV v. 9.8.2013 (JMBl. NRW S. 210), zuletzt geänd. durch AV v. 22.3.2024 (JMBl. S. 322)
- **Rheinland-Pfalz:** GVGA veröffentlicht als Anl. 1 zur VwV Gerichtsvollzieher/-innen-Geschäftsführung v. 1.8.2012 (JBl. S. 360), zuletzt geänd. durch VwV v. 6.12.2022 (JBl. S. 149)
- **Sachsen:** VwV v. 25.9.2013 (SächsJMBl. S. 130), zuletzt geänd. durch VwV v. 25.12.2023 (SächsJMBl. S. 301)
- **Sachsen-Anhalt:** AV v. 2.8.2013 (JMBl. S. 201), zuletzt geänd. durch AV v. 29.12.2022 (JMBl. LSA 2023 S. 204)
- **Schleswig-Holstein:** AV v. 2.8.2013 (SchlHA S. 324), zuletzt geänd. durch AV 19.12.2022 (SchlHA 2023 S. 19)
- **Thüringen:** VwV v. 24.7.2013 (JMBl. S. 57) zuletzt geänd. durch VwV v. 7.12.2022 (JMBl. 2023 S. 4)

2) Der Text folgt der im Bayerischen Staatsministerium der Justiz archivmäßig verwahrten Urschrift (vgl. Bek. v. 6.8.2013, JMBl. S. 94); im Änderungsverzeichnis und in den Änderungsfußnoten wird das Bayerische Justizministerialblatt als Referenzfundstelle angegeben.

Inhaltsübersicht[1)]

[1)] Inhaltsübersicht geänd. mWv 1.1.2019 durch Bek. v. 23.11.2018 (JMBl. S. 122); geänd. mWv 1.1.2023 und mWv 1.6.2023 durch Bek. v. 7.12.2022 (BayMBl. Nr. 754).

Erster Teil. Allgemeine Vorschriften

§ 1 Zweck der Geschäftsanweisung. [1] Das Bundes- und Landesrecht bestimmt, welche Dienstverrichtungen dem Gerichtsvollzieher obliegen und welches Verfahren er dabei zu beachten hat. [2] Diese Geschäftsanweisung soll dem Gerichtsvollzieher das Verständnis der gesetzlichen Vorschriften erleichtern. [3] Sie erhebt keinen Anspruch auf Vollständigkeit und befreit den Gerichtsvollzieher nicht von der Verpflichtung, sich eine genaue Kenntnis der Bestimmungen aus dem Gesetz und den dazu ergangenen gerichtlichen Entscheidungen selbst anzueignen. [4] Die Beachtung der Vorschriften dieser Geschäftsanweisung gehört zu den Amtspflichten des Gerichtsvollziehers.

§ 2 Ausschließung von der dienstlichen Tätigkeit. Der Gerichtsvollzieher ist von der Ausübung seines Amtes in den in § 155 des Gerichtsverfassungsgesetzes (GVG)[1)] genannten Fällen kraft Gesetzes ausgeschlossen

[1)] **Habersack, Deutsche Gesetze Nr. 95.**

§ 3 Amtshandlungen gegen Exterritoriale und die ihnen gleichgestellten Personen sowie gegen NATO-Angehörige. (1) [1] Aufträge zur Vornahme von Amtshandlungen

1. auf exterritorialem Gebiet oder
2. gegen
   a) Mitglieder diplomatischer Missionen, ihre Familienmitglieder und privaten Hausangestellten sowie Mitglieder des Verwaltungs- und technischen Personals und des dienstlichen Hauspersonals der Mission (§ 18 GVG),
   b) Mitglieder konsularischer Vertretungen, Bedienstete des Verwaltungs- und technischen Personals der Vertretung, die im gemeinsamen Haushalt mit einem Mitglied der konsularischen Vertretung lebenden Familienangehörigen und die Mitglieder seines Privatpersonals (§ 19 GVG),
   c) sonstige Personen, die nach den allgemeinen Regeln des Völkerrechts, auf Grund völkerrechtlicher Vereinbarungen oder sonstiger Rechtsvorschriften von der deutschen Gerichtsbarkeit befreit sind, insbesondere Mitglieder von Sonderorganisationen der Vereinten Nationen sowie die Beamten und sonstigen Bediensteten der Europäischen Gemeinschaften (§ 20 GVG),

legt der Gerichtsvollzieher unerledigt seiner vorgesetzten Dienststelle vor und wartet deren Weisung ab. [2] Er benachrichtigt hiervon den Auftraggeber.

(2) Hat der Gerichtsvollzieher Amtshandlungen gegen NATO-Angehörige innerhalb der Anlage einer Truppe durchzuführen, so muss er die besonderen Bestimmungen der Artikel 32, 34 und 36 des Zusatzabkommens zu dem Abkommen zwischen den Parteien des Nordatlantikvertrages über die Rechtsstellung ihrer Truppen hinsichtlich der in der Bundesrepublik Deutschland stationierten ausländischen Truppen vom 3. August 1959 (BGBl. 1961 II S. 1218) beachten.

§ 4[1)] Form des Auftrags (§ 161 GVG, §§ 168, 192, 753 Absatz 2, 3 und 4, §§ 754, 754a, 802a Absatz 2 ZPO[2)]). [1] Aufträge an den Gerichtsvollzieher bedürfen keiner Form, soweit nicht verbindliche Formulare für den Auftrag durch Rechtsverordnung gemäß § 753 Absatz 3 der Zivilprozessordnung (ZPO) eingeführt sind oder ihre entsprechende Geltung durch die Vorschrift eines anderen Gesetzes angeordnet wird (Formularzwang). [2] Aufträge zur Vollstreckung einer privatrechtlichen und, soweit Formularzwang auch dafür besteht, öffentlich-rechtlichen Geldforderung sind unbeschadet von Übergangsregelungen unter Verwendung der nach der Verordnung über Formulare für die Zwangsvollstreckung (ZVFV) verbindlichen Formulare zu stellen. [3] Keiner Formularverwendung bedarf es für einen Auftrag, der ausschließlich die Zustellung eines Schriftstücks zum Inhalt hat. [4] Ein elektronisch eingereichter Auftrag muss den Anforderungen des § 130a Absatz 2 bis 4 ZPO und denjenigen der Elektronischer-Rechtsverkehr-Verordnung (ERVV) genügen; § 130a Absatz 6 ZPO gilt entsprechend. [5] Der nach § 298 Absatz 2 und 3 ZPO anzufertigende Aktenvermerk kann durch den Ausdruck des Prüfvermerks ersetzt werden. [6] Mündlich erteilte Aufträge sind aktenkundig zu machen.

§ 5[3)] Zeit der Erledigung des Auftrags. (1) [1] Die Erledigung der Aufträge darf nicht verzögert werden. [2] Erfolgt die erste Vollstreckungshandlung nicht innerhalb eines Monats, so ist der Grund der Verzögerung aktenkundig zu machen. [3] Der Gerichtsvollzieher entscheidet nach pflichtgemäßem Ermessen, in welcher Rei-

---

[1)] § 4 neu gef. mWv 1.5.2024 durch Bek. v. 22.3.2024 (BayMBl. Nr. 179).
[2)] **Habersack, Deutsche Gesetze Nr. 100.**
[3)] § 5 Abs. 3 Satz 1 Nr. 1 geänd. mWv 1.1.2023 durch Bek. v. 7.12.2022 (BayMBl. Nr. 754).

henfolge die vorliegenden Aufträge nach ihrer Dringlichkeit zu erledigen sind. [4] Er muss in jedem Fall besonders prüfen, ob es sich um eine Eilsache handelt oder nicht. [5] Die Eilbedürftigkeit kann sich aus der Art der vorzunehmenden Amtshandlung ergeben; dies gilt insbesondere für die Vollziehung von Arresten oder einstweiligen Verfügungen, für Proteste, Benachrichtigungen des Drittschuldners nach § 845 ZPO[1)] und für Zustellungen, durch die eine Notfrist oder eine sonstige gesetzliche Frist gewahrt werden soll. [6] Aufträge, deren eilige Ausführung von der Partei verlangt wird, müssen den für die besondere Beschleunigung maßgebenden Grund erkennen lassen.

(2) [1] Der Gerichtsvollzieher führt die Zwangsvollstreckung schnell und nachdrücklich durch. [2] Die Frist für die Bearbeitung eines Vollstreckungsauftrags ergibt sich aus der Sachlage im Einzelfall; so kann es angebracht sein, einen Pfändungsauftrag umgehend auszuführen, um den Rang des Pfändungsrechts zu sichern. [3] Anträge zur Vollziehung von einstweiligen Verfügungen nach § 940a ZPO oder zur Vollziehung von einstweiligen Anordnungen, die das Familiengericht nach den §§ 1 und 2 des Gewaltschutzgesetzes[2)] (GewSchG) erlassen hat, sind umgehend auszuführen, insbesondere, wenn die Vollziehung der einstweiligen Anordnung vor ihrer Zustellung an den Antragsgegner erfolgt (§ 214 Absatz 2 des Gesetzes über das Verfahren in Familiensachen und in den Angelegenheiten der freiwilligen Gerichtsbarkeit[3)] (FamFG)).

(3) [1] Der Gerichtsvollzieher führt die Zustellung aus:

1. innerhalb von drei Tagen nach dem Empfang des Auftrags, möglichst jedoch schon am darauffolgenden Tag, wenn an seinem Amtssitz oder unter seiner Vermittlung durch die Post oder elektronisch zuzustellen ist;
2. auf der ersten Reise, spätestens jedoch binnen einer Woche, wenn außerhalb seines Amtssitzes durch ihn selbst zuzustellen ist.

[2] Die Fristen gelten nicht, wenn die Eilbedürftigkeit der Sache eine noch frühere Erledigung des Auftrags erfordert. [3] Sonntage, allgemeine Feiertage und Sonnabende werden bei den Fristen nicht mitgerechnet.

(4) Absatz 3 findet keine Anwendung auf die Zustellung von Vollstreckungstiteln zur Einleitung der Zwangsvollstreckung gemäß § 750 Absatz 1 Satz 2 ZPO sowie von Urkunden, welche die rechtliche Grundlage für eine gleichzeitig vorzunehmende Zwangsvollstreckung bilden.

§ 6 Post. Post im Sinne dieser Bestimmungen ist jeder nach § 33 Absatz 1 des Postgesetzes (PostG) mit Zustellungsaufgaben beliehene Unternehmer.

§ 7 Allgemeine Vorschriften über die Beurkundung. (1) Bei der Aufnahme von Protokollen und anderen Urkunden hat der Gerichtsvollzieher neben den für einzelne Urkunden getroffenen besonderen Vorschriften folgende allgemeine Regeln zu beachten:

1. [1] Jede Urkunde muss die Zeit und den Ort ihrer Abfassung enthalten und von dem Gerichtsvollzieher unter Beifügung seiner Amtseigenschaft und der Bezeichnung seines Amtssitzes unterschrieben werden. [2] Zur Unterschriftleistung dürfen Faksimilestempel nicht verwendet werden.

---

1) **Habersack, Deutsche Gesetze Nr. 100.**
2) Nr. 49.
3) **Habersack, Deutsche Gesetze Nr. 112.**

2. [1] Die Urkunden sind vollständig, deutlich und klar abzufassen. [2] In Vordrucken sind die zur Ausfüllung bestimmten Zwischenräume, soweit sie durch die erforderlichen Eintragungen nicht ausgefüllt werden, durch Füllstriche zu weiteren Eintragungen ungeeignet zu machen. [3] Die Schrift muss haltbar sein; der Bleistift darf auch bei Abschriften nicht verwendet werden.
3. In dem Protokoll über ein Geschäft, das nach der aufgewendeten Zeit vergütet wird, ist die Zeitdauer unter Beachtung der für die Berechnung der Kosten maßgebenden Grundsätze nach den einzelnen Zeitabschnitten genau anzugeben.
4. [1] Abschriften sind als solche zu bezeichnen. [2] Die dem Gerichtsvollzieher obliegende Beglaubigung erfolgt durch den Vermerk „Beglaubigt" unter Beifügung der Unterschrift und des Abdrucks des Dienststempels. [3] Bei mehreren selbständigen Abschriften muss, sofern nicht jede Abschrift besonders beglaubigt wird, aus ihrer äußeren Aufeinanderfolge oder aus dem Beglaubigungsvermerk erkennbar sein, welche Abschriften die Beglaubigung umfasst. [4] Die Beglaubigung darf erst erfolgen, nachdem sich der Gerichtsvollzieher davon überzeugt hat, dass die Abschrift mit der Urschrift wörtlich übereinstimmt.
5. Auf den Urschriften und Abschriften der Urkunden hat der Gerichtsvollzieher eine Berechnung seiner Gebühren und Auslagen aufzustellen und die Geschäftsnummer anzugeben, die das beurkundete Geschäft bei ihm hat.
6. Besteht eine Urkunde aus mehreren Bogen oder einzelnen Blättern, so sind diese zusammenzuheften oder sonst in geeigneter Weise zu verbinden.
7. [1] Radierungen sind untersagt. [2] Nachträgliche Berichtigungen von Urkunden müssen in der Urkunde selbst oder – soweit dies nicht tunlich ist – in einer besonderen Anlage erfolgen. [3] Sie müssen den Grund der Berichtigung erkennen lassen, sind mit Datum und Unterschrift zu versehen und nötigenfalls den Parteien zuzustellen.

(2) [1] Der Gerichtsvollzieher muss sich beständig vergegenwärtigen, dass die von ihm aufgenommenen Urkunden öffentlichen Glauben haben; er soll sie daher mit größter Sorgfalt abfassen. [2] Die Urkunde muss dem tatsächlichen Hergang in jedem einzelnen Punkt entsprechen.

§ 8 Amtshandlungen gegenüber Personen, die der deutschen Sprache nicht mächtig sind. (1) [1] Ist derjenige, dem gegenüber der Gerichtsvollzieher eine Amtshandlung vorzunehmen hat, der deutschen Sprache nicht hinreichend mächtig, um Grund und Inhalt der Amtshandlung zu erfassen sowie etwaige Einwendungen dagegen vorzubringen, so zieht der Gerichtsvollzieher, sofern er die fremde Sprache nicht selbst genügend beherrscht, eine dieser Sprache kundige Person hinzu, die dazu bereit ist. [2] Der Gerichtsvollzieher bedient sich dabei in erster Linie solcher Personen, die sofort erreichbar sind und den Umständen nach eine Vergütung nicht beanspruchen. [3] Ist die Zuziehung eines Dolmetschers mit Kosten verbunden, so veranlasst der Gerichtsvollzieher sie erst nach vorheriger Verständigung mit dem Auftraggeber, es sei denn, dass es mit Rücksicht auf die Eilbedürftigkeit nicht tunlich erscheint oder die Kosten verhältnismäßig gering sind.

(2) [1] Ist ein zur Abgabe der Vermögensauskunft oder der eidesstattlichen Versicherung gemäß § 836 Absatz 3, § 883 Absatz 2 ZPO[1)] oder § 94 FamFG[2)]

[1)] **Habersack, Deutsche Gesetze Nr. 100.**
[2)] **Habersack, Deutsche Gesetze Nr. 112.**

verpflichteter Schuldner der deutschen Sprache nicht mächtig, so hat der Gerichtsvollzieher einen Dolmetscher zuzuziehen. [2]Sind für die fremde Sprache Dolmetscher allgemein beeidigt, so sollen andere Personen nur zugezogen werden, wenn besondere Umstände es erfordern. [3]§ 185 Absatz 2 und § 186 GVG[1)] sind entsprechend anzuwenden. [4]Absatz 1 Satz 3 ist zu beachten.

Zweiter Teil. Einzelne Geschäftszweige

Erster Abschnitt. Zustellung

A. Allgemeine Vorschriften

§ 9 Zuständigkeit im Allgemeinen. (1) [1]Der Gerichtsvollzieher ist zuständig, im Auftrag eines Beteiligten Zustellungen in bürgerlichen Rechtsstreitigkeiten, in Strafsachen und in nichtgerichtlichen Angelegenheiten durchzuführen, soweit eine Zustellung auf Betreiben der Parteien zugelassen oder vorgeschrieben ist. [2]Ferner hat er im Auftrag des Verhandlungsleiters Schiedssprüche nach dem Arbeitsgerichtsgesetz zuzustellen. [3]Schiedssprüche nach der Zivilprozessordnung[2)] stellt der Gerichtsvollzieher zu, wenn er mit der Zustellung beauftragt wird.

(2) [1]Für Zustellungen von Amts wegen ist der Gerichtsvollzieher zuständig, soweit ihm solche Zustellungen durch Gesetz, Rechtsverordnung oder Verwaltungsanordnung übertragen sind oder ihn der Vorsitzende des Prozessgerichts oder ein von diesem bestimmtes Mitglied des Prozessgerichts mit der Ausführung der Zustellung beauftragt. [2]Er führt sie nach den dafür bestehenden besonderen Vorschriften aus.

§ 10[3)] Zustellungsaufträge mit Auslandsbezug. (1) [1]Gehen dem Gerichtsvollzieher Aufträge in einem Verfahren vor einer ausländischen (nichtdeutschen) Behörde unmittelbar von einer ausländischen Behörde, einem Beteiligten oder einem Beauftragten (zum Beispiel einem deutschen Rechtsanwalt oder Notar) zu, so legt er sie unerledigt seiner vorgesetzten Dienststelle vor und wartet ihre Weisungen ab (§ 126 der Rechtshilfeordnung für Zivilsachen (ZRHO)). [2]Eine Vorlage ist nicht erforderlich, soweit

1. ausländische Schuldtitel zur Vollstreckung geeignet sind (§§ 40, 41),
2. auf der Grundlage des deutsch-britischen Rechtshilfeabkommens vom 20. März 1928 unmittelbare Zustellungen im Parteibetrieb erfolgen sollen,
3. gerichtliche oder außergerichtliche Schriftstücke nach Artikel 20 und 21 der Verordnung (EU) 2020/1784[4)] des Europäischen Parlaments und des Rates vom 25. November 2020 über die Zustellung gerichtlicher und außergerichtlicher Schriftstücke in Zivil- oder Handelssachen in den Mitgliedstaaten (Zustellung von Schriftstücken) (ABl. L 405 vom 02.12.2020, S. 40; ABl. L 173 vom 30.06. 2022, S. 133) im Inland unmittelbar durch den Gerichtsvollzieher zugestellt werden können und dieser das hierbei zu beachtende Verfahren einhält.

[3]Der Empfänger hat ein Annahmeverweigerungsrecht von zwei Wochen, sofern das zuzustellende Schriftstück nicht in einer Sprache abgefasst oder in eine Sprache übersetzt ist, die er versteht oder die Amtssprache am Zustellungsort ist. [4]Der Empfänger ist durch den Gerichtsvollzieher mit dem Formblatt L über sein

---

[1)] **Habersack, Deutsche Gesetze Nr. 95.**

[2)] **Habersack, Deutsche Gesetze Nr. 100.**

[3)] § 10 Abs. 1 neu gef. mWv 1.1.2023 durch Bek. v. 7.12.2022 (BayMBl. Nr. 754).

[4)] Nr. **103c**.

Annahmeverweigerungsrecht zu belehren, sofern das zuzustellende Schriftstück nicht in der Amtssprache oder einer der Amtssprachen am Zustellungsort abgefasst oder in diese übersetzt ist. [5] Zu diesem Zweck sollte dem Zustellungsantrag erforderlichenfalls das Formblatt L in der oder einer der Amtssprachen des Ursprungsstaats und der oder einer der Amtssprachen am Zustellungsort beigefügt sein. [6] Bei Anzeichen dafür, dass der Empfänger eine Amtssprache eines weiteren Mitgliedstaates versteht, ist das Formblatt auch in dieser Sprache beizufügen.

(2) [1] Aufträge zu Zustellungen nach Orten außerhalb des Bereichs deutscher Gerichtsbarkeit legt der Gerichtsvollzieher unerledigt seiner vorgesetzten Dienststelle vor und wartet ihre Weisung ab. [2] Für Pfändungs- und Überweisungsbeschlüsse gelten die besonderen Bestimmungen nach § 15 Absatz 1 Satz 3.

§ 11[1)] Zustellung eines Dokuments an mehrere Beteiligte. (1) [1] Eine Zustellung an mehrere Beteiligte ist bei der Zustellung eines Dokuments als Schriftstück (§ 193 ZPO[2)]) durch Übergabe einer Ausfertigung oder beglaubigten Abschrift und bei der Zustellung eines Dokuments als elektronisches Dokument (§ 193a ZPO) durch Zustellung an jeden einzelnen Beteiligten zu bewirken. [2] Dies gilt auch, wenn die Zustellungsempfänger in häuslicher Gemeinschaft leben (zum Beispiel Ehegatten, Lebenspartner, Eltern, Kinder).

(2) [1] Bei der Zustellung an den Vertreter mehrerer Beteiligter (zum Beispiel den gesetzlichen Vertreter oder Prozessbevollmächtigten) genügt es, wenn dem Vertreter nur eine Ausfertigung oder beglaubigte Abschrift eines Schriftstücks übergeben oder das elektronische Dokument einmal zugestellt wird. [2] Einem bloßen Zustellungsbevollmächtigten mehrerer Beteiligter sind in einer einzigen Zustellung so viele Ausfertigungen oder Abschriften eines Schriftstücks zu übergeben, wie Beteiligte vorhanden sind.

(3) Ist der Zustellungsadressat der Zustellung zugleich für seine eigene Person und als Vertreter beteiligt, so muss die Zustellung an ihn in seiner Eigenschaft als Vertreter besonders erfolgen.

§ 12[3)] Zustellung mehrerer Dokumente an einen Beteiligten. (1) Sind einem Beteiligten mehrere Dokumente zuzustellen, die verschiedene Rechtsangelegenheiten betreffen, so stellt der Gerichtsvollzieher jedes Dokument besonders zu.

(2) Betreffen die Dokumente dieselbe Rechtsangelegenheit, so erledigt der Gerichtsvollzieher den Auftrag durch eine einheitliche Zustellung, wenn die Dokumente als zusammengehörig gekennzeichnet sind oder wenn der Auftraggeber eine gemeinsame Zustellung beantragt hat.

§ 13[4)] Vorbereitung der Zustellung. [1] Die Zustellung ist mit Sorgfalt vorzubereiten. [2] Der Gerichtsvollzieher prüft dabei auch, ob Schriftstücke unterschrieben und ordnungsgemäß beglaubigte Abschriften in der erforderlichen Zahl vorhanden sind. [3] Reicht der Auftraggeber das zuzustellende Dokument als elektronisches Dokument ein, prüft der Gerichtsvollzieher, ob das Dokument nach Maßgabe des § 130a ZPO[2)] wirksam eingegangen ist. [4] Er sorgt dafür, dass Mängel auf dem

---

[1)] *§ 11 Überschrift geänd.,* Abs. 1 und 2 neu gef. mWv 1.1.2023 durch Bek. v. 7.12.2022 (BayMBl. Nr. 754).

[2)] **Habersack, Deutsche Gesetze Nr. 100.**

[3)] § 12 neu gef. mWv 1.1.2023 durch Bek. v. 7.12.2022 (BayMBl. Nr. 754).

[4)] § 13 neu gef. mWv 1.1.2023 durch Bek. v. 7.12.2022 (BayMBl. Nr. 754).

kürzesten Wege abgestellt werden, möglichst sofort bei Entgegennahme des Auftrags. [5] Soweit es angängig ist, beseitigt er die Mängel selbst.

[§ 14 bis 31.5.2023:]

§ 14 Örtliche Zuständigkeit. [1] Persönliche Zustellungen darf der Gerichtsvollzieher nur in dem Bezirk ausführen, für den er örtlich zuständig ist. [2] Bei gerichtlichen Pfändungsbeschlüssen mit mehreren Drittschuldnern kann im Fall des § 840 ZPO[1)] der für die Zustellung an den im Pfändungsbeschluss an erster Stelle genannten Drittschuldner zuständige Gerichtsvollzieher auch die Zustellung an die anderen in demselben Amtsgerichtsbezirk wohnenden Drittschuldner vornehmen.

[§ 14 ab 1.6.2023:]

§ 14[2)] *(aufgehoben)*

§ 15[3)] **Wahl der Zustellungsart bei Schriftstücken.** (1) [1] Die Zustellung durch Aufgabe zur Post ist nur in den gesetzlich bestimmten Fällen zulässig (zum Beispiel § 829 Absatz 2, § 835 Absatz 3 ZPO[1)]). [2] Sie darf nur auf ausdrückliches Verlangen des Auftraggebers vorgenommen werden. [3] Satz 2 gilt nicht für die Zustellung eines Pfändungs- und Überweisungsbeschlusses an einen Schuldner im Ausland (§ 829 Absatz 2 Satz 3, § 835 Absatz 3 ZPO); ist der Pfändungsbeschluss jedoch in einem anderen Schuldtitel, zum Beispiel in einem Arrestbefehl enthalten, so legt der Gerichtsvollzieher den Auftrag nach der Zustellung an den Drittschuldner im Inland seiner vorgesetzten Dienststelle vor und wartet ihre Weisung ab.

(2) [1] Zwischen der persönlichen Zustellung und der Zustellung durch die Post hat der Gerichtsvollzieher unbeschadet der folgenden Bestimmungen nach pflichtgemäßem Ermessen die Wahl. [2] Er hat insbesondere persönlich zuzustellen, sofern

1. die Sache eilbedürftig ist oder besondere Umstände es erfordern,
2. der Auftraggeber es beantragt hat oder bei der Zustellung durch die Post höhere Kosten entstehen würden; dies gilt nur, soweit die persönliche Zustellung mit der sonstigen Geschäftsbelastung des Gerichtsvollziehers vereinbar ist und die Zustellung sich nicht dadurch verzögert, dass der Gerichtsvollzieher sie selbst vornimmt.

(3) Lässt der Gerichtsvollzieher eilige Zustellungen durch die Post ausführen, so muss er ihre rechtzeitige Erledigung überwachen.

(4) Von der Zustellung durch die Post sind ausgeschlossen:

1. gerichtliche Pfändungsbeschlüsse im Fall des § 840 ZPO,
2. Zustellungen von Willenserklärungen, bei denen eine Urkunde vorzulegen ist.

(5) [1] Während eines Insolvenzverfahrens behandelt die Post Sendungen an den *Schuldner als unzustellbar*, wenn das Gericht die Aushändigung der für den Schuldner bestimmten Briefe an den Insolvenzverwalter angeordnet hat (§ 99 der Insolvenzordnung[4)] (InsO)). [2] Der Gerichtsvollzieher stellt daher Sendungen an den Schuldner nicht durch die Post zu, solange die Postsperre nicht aufgehoben ist.

[1)] **Habersack, Deutsche Gesetze Nr. 100.**
[2)] § 14 aufgeh. mWv 1.6.2023 durch Bek. v. 7.12.2022 (BayMBl. Nr. 754).
[3)] § 15 Überschrift geänd. mWv 1.1.2023 durch Bek. v. 7.12.2022 (BayMBl. Nr. 754).
[4)] **Habersack, Deutsche Gesetze Nr. 110.**

B. Zustellung in bürgerlichen Rechtsstreitigkeiten

I. Zustellung auf Betreiben der Parteien

1. Allgemeines

§ 16[1)] Empfangnahme von Dokumenten und Beglaubigung der Schriftstücke (§§ 192, 193 ZPO[2)]). (1) [1]Beim Empfang der zuzustellenden Schriftstücke vermerkt der Gerichtsvollzieher den Zeitpunkt der Übergabe auf den Urschriften, Ausfertigungen und allen Abschriften. [2]Bei unmittelbar erteilten Aufträgen bescheinigt er der Partei auf Verlangen den Zeitpunkt der Übergabe. [3]Fertigt der Gerichtsvollzieher von einem elektronischen Dokument die für die Zustellung als Schriftstück erforderlichen Abschriften als Ausdrucke selbst, vermerkt er auf allen Abschriften den Zeitpunkt des Eingangs und den Übermittlungsweg oder fügt den Abschriften jeweils einen Ausdruck des technischen Prüfdokuments bei.

(2) [1]Soll ein Dokument als Schriftstück zugestellt werden, hat der Rechtsanwalt, der eine Partei vertritt, dem Gerichtsvollzieher die zur Ausführung des Zustellungsauftrags erforderlichen Abschriften mit zu übergeben, wenn er dem Gerichtsvollzieher das zuzustellende Dokument in Papierform übermittelt. [2]Dies gilt auch für den Rechtsanwalt, der einer Partei im Wege der Prozess- oder Verfahrenskostenhilfe beigeordnet ist. [3]Ist der Partei, der Prozess- oder Verfahrenskostenhilfe bewilligt ist, kein Rechtsanwalt beigeordnet, so hat die mit der Vermittlung der Zustellung beauftragte Geschäftsstelle die fehlenden Abschriften herstellen zu lassen. [4]Wenn der Rechtsanwalt oder die Geschäftsstelle die erforderlichen Abschriften nicht übergeben hat, fordert der Gerichtsvollzieher sie nach. [5]Er stellt sie selbst her,

1. wenn durch die Nachforderung die rechtzeitige Erledigung gefährdet würde oder
2. wenn eine Partei, die nicht durch einen Rechtsanwalt vertreten ist und der auch Prozess- oder Verfahrenskostenhilfe nicht bewilligt ist, dem Gerichtsvollzieher die erforderlichen Abschriften nicht mit übergeben hat.

[6]Auch im Übrigen kann der Gerichtsvollzieher die Abschriften selbst herstellen, wenn der Partei dadurch nicht wesentlich höhere Kosten entstehen. [7]Satz 1 bis 6 gilt entsprechend, wenn der Auftrag von einem Notar oder Rechtsbeistand erteilt wird.

(3) [1]Besteht die Zustellung in der Übergabe einer beglaubigten Abschrift des zuzustellenden Schriftstücks, so achtet der Gerichtsvollzieher darauf, dass ein ordnungsgemäßer Beglaubigungsvermerk vorhanden ist. [2]Die Beglaubigung geschieht

1. bei allen von der Partei unmittelbar oder durch Vermittlung der Geschäftsstelle erteilten Aufträgen durch den zustellenden Gerichtsvollzieher, soweit sie nicht schon durch einen Rechtsanwalt erfolgt ist,
2. bei den auf Betreiben von Rechtsanwälten oder in Anwaltsprozessen zuzustellenden Schriftstücken durch den betreibenden Anwalt (§§ 191, 169 Absatz 2 ZPO), soweit nicht etwa der Gerichtsvollzieher die Abschriften selbst hergestellt hat.

[1)] § 16 Abs. 4 Sätze 1 und 2 neu gef., Satz 4 geänd. mWv 1.1.2019 durch Bek. v. 23.11.2018 (JMBl. S. 122); Überschrift neu gef., Abs. 1 Satz 3 angef., Abs. 2 Satz 1 neu gef., Abs. 3 Satz 3 geänd. mWv 1.1. 2023 durch Bek. v. 7.12.2022 (BayMBl. Nr. 754).

[2)] **Habersack, Deutsche Gesetze Nr. 100.**

[3] Für die Beglaubigung sind gemäß § 3 Absatz 1 Nummer 1 des Einführungsgesetzes zum Rechtsdienstleistungsgesetz (RDGEG)[1)] auch Erlaubnisinhaber, die nach § 209 der Bundesrechtsanwaltsordnung (BRAO)[2)] in eine Rechtsanwaltskammer aufgenommen sind (Kammerrechtsbeistände), zuständig.

(4) [1] Bei der Zustellung eines Vollstreckungsbescheids hat der Gerichtsvollzieher die für den Antragsgegner bestimmte Ausfertigung zu übergeben. [2] Liegt eine solche nicht vor, ist eine beglaubigte Abschrift der für den Antragsteller gefertigten Ausfertigung zu übergeben. [3] In jedem Fall ist darauf zu achten, dass dem Antragsgegner zusammen mit der beglaubigten Abschrift der Ausfertigung des Vollstreckungsbescheids auch die dazugehörigen Hinweise des Gerichts ausgehändigt werden. [4] Wenn diese Hinweise nicht bereits schon auf der für den Antragsgegner bestimmten Ausfertigung enthalten sind, händigt der Gerichtsvollzieher dem Antragsgegner ein Blatt mit den Hinweisen des Gerichts aus (vergleiche Anlage 5 zur Gerichtsvollzieherordnung (GVO)[3)]).

2. Die Zustellungsarten

a) Persönliche Zustellung

§ 17[4)] [§§ 191 bis 193, 194, 195 und §§ 166 bis 172, 174 bis 190 ZPO[5)]]

[1] Die persönliche Zustellung führt der Gerichtsvollzieher nach Maßgabe der §§ 191 bis 193, 194, 195 und §§ 166 bis 172, 174 bis 190 ZPO aus. [2] § 58 Absatz 1 Satz 2 ist zu beachten.

§ 18[6)] Gesetzlicher Vertreter, rechtsgeschäftlich bestellter Vertreter.

(1) [1] Ist im Schuldtitel oder im Auftrag eine bestimmte Person als gesetzlicher Vertreter bezeichnet, stellt der Gerichtsvollzieher an diese Person zu. [2] Es besteht keine Prüfungspflicht, ob die bezeichnete Person tatsächlich gesetzlicher Vertreter ist. [3] Fehlt die Angabe des gesetzlichen Vertreters und ergeben sich die gesetzlichen Vertretungsverhältnisse nicht anderweitig, veranlasst der Gerichtsvollzieher den Auftraggeber zu einer Ergänzung des Zustellungsauftrags.

(2) [1] Ist der Zustellungsadressat keine natürliche Person (zum Beispiel Behörde, Gemeinde, Körperschaft, Stiftung, Verein, eingetragene Genossenschaft, Gesellschaft), erfolgt die Zustellung eines Schriftstücks an den Leiter oder gesetzlichen Vertreter. [2] Sind mehrere Leiter oder gesetzliche Vertreter vorhanden, so genügt die Zustellung an einen von ihnen.

(3) [1] Die gesetzliche Vertretung richtet sich nach den materiell-rechtlichen Vorschriften. [2] In den Fällen des § 246 Absatz 2 Satz 2, § 249 Absatz 1, § 250 Absatz 3, § 251 Absatz 3, § 253 Absatz 2, § 254 Absatz 2, § 255 Absatz 3, § 256 Absatz 7, § 257 Absatz 2 und des § 275 Absatz 4 des Aktiengesetzes[7)] (AktG) sowie des § 51 des Genossenschaftsgesetzes[8)] (GenG) hat die Zustellung sowohl an den Vorstand als auch an den Aufsichtsrat zu erfolgen; das *gleiche*[9)] gilt in den Fällen des § 75 des

---

[1)] Nr. **99a**.
[2)] Nr. **98**.
[3)] Nr. **109a**.
[4)] § 17 Satz 1 neu gef. mWv 1.1.2023 durch Bek. v. 7.12.2022 (BayMBl. Nr. 754).
[5)] **Habersack, Deutsche Gesetze Nr. 100.**
[6)] § 18 Abs. 2 Satz 1 geänd., Abs. 4 neu gef. mWv 1.1.2023 durch Bek. v. 7 12.2022 (BayMBl. Nr. 754).
[7)] **Habersack, Deutsche Gesetze Nr. 51.**
[8)] **Habersack, Deutsche Gesetze Nr. 53.**
[9)] Richtig wohl: „Gleiche".

Gesetzes betreffend die Gesellschaften mit beschränkter Haftung[1] (GmbHG) wenn ein Aufsichtsrat bestellt ist.

(4) [1] Ist im Auftrag eine Person als rechtsgeschäftlich bestellter Vertreter mit den erforderlichen Angaben bezeichnet, so stellt der Gerichtsvollzieher nach Vorlage der schriftlichen Vollmacht an diese Person zu. [2] Das gilt auch, wenn anlässlich der Zustellung ein anderer rechtsgeschäftlich bestellter Vertreter die Vertretung des Adressaten anzeigt. [3] Die Vollmacht kann als elektronisches Dokument übermittelt werden, wenn der Aussteller der Erklärung dieser seinen Namen hinzugefügt und das elektronische Dokument mit einer qualifizierten elektronischen Signatur versehen hat. [4] Es bedarf keiner Ermittlungen darüber, ob ein Dritter bevollmächtigt ist oder ob die ihm vorgelegte Vollmacht ordnungsgemäß ist. [5] Die Zustellung unterbleibt, wenn der Gerichtsvollzieher Zweifel an der Echtheit und am Umfang der Vollmacht hat. [6] Auf der Zustellungsurkunde (§ 24) ist zu vermerken, dass die Vollmachtsurkunde vorgelegen hat. [7] Erfolgt die Zustellung als elektronisches Dokument kann der Gerichtsvollzieher einen gesonderten Vermerk erstellen, aus dem er mit automatisierter Eingangsbestätigung und zuzustellendem Dokument ein neues, einheitliches elektronisches Dokument herstellt.

§ 19 Ersatzzustellung. (1) Kann die Zustellung nicht an den Adressaten oder seinen gesetzlichen oder rechtsgeschäftlich bestellten Vertreter in Person erfolgen, so bewirkt der Gerichtsvollzieher die Zustellung nach Maßgabe der §§ 191, 178 bis 181 ZPO[2] und der nachfolgenden Bestimmungen.

(2) [1] Bevor der Gerichtsvollzieher die Zustellung an einen Ersatzempfänger, durch Einlegung in den Briefkasten oder eine ähnliche Vorrichtung oder durch Niederlegung bewirkt, überzeugt er sich davon, dass

1. die Wohnung oder die Geschäftsräume, worin die Zustellung vorgenommen oder versucht wird, auch die Wohnung oder die Geschäftsräume des Adressaten sind;
2. die Gemeinschaftseinrichtung, in der die Zustellung vorgenommen oder versucht wird, die Einrichtung ist, in der der Zustellungsadressat wohnt;
3. die Personen, mit denen er verhandelt, auch diejenigen sind, für die sie sich ausgeben, und dass sie zu dem Adressaten in dem angegebenen Verhältnis stehen.

[2] Bei Zustellungen an Gewerbetreibende, die ein offenes Geschäft haben oder eine Gaststätte betreiben, hat der Gerichtsvollzieher den Namen zu beachten, der zur Bezeichnung des Geschäftsinhabers an der Außenseite oder dem Eingang des Ladens oder der Wirtschaft angebracht ist. [3] Bei Handelsfirmen hat er sich zu vergewissern, ob der Inhaber ein Einzelkaufmann oder eine Gesellschaft ist. [4] Ist der Inhaber ein Einzelkaufmann, so gibt der Gerichtsvollzieher in der Zustellungsurkunde den bürgerlichen Namen (Vor- und Zunamen) des Firmeninhabers an.

(3) Eine Ersatzzustellung ist unzulässig, wenn der Zustellungsadressat verstorben ist.

(4) [1] Hat der Gerichtsvollzieher den Adressaten an dem Ort, an dem er ihn zuerst aufgesucht hat, nicht angetroffen, so kann er statt der Ersatzzustellung auch den Versuch wiederholen, dem Adressaten in Person zuzustellen. [2] Ob er dies tun will, hängt von seinem Ermessen ab; es darf jedoch nicht geschehen, wenn *dadurch das Interesse* des Auftraggebers an rascher Durchführung der Zustellung

---

[1] **Habersack, Deutsche Gesetze Nr. 52.**
[2] **Habersack, Deutsche Gesetze Nr. 100.**

gefährdet oder die Besorgung anderer Geschäfte in nachteiliger Weise verzögert würde.

§ 20 Ersatzzustellung in der Wohnung, in Geschäftsräumen sowie Gemeinschaftseinrichtungen. (1) [1] Zum Zweck der Zustellung begibt sich der Gerichtsvollzieher – vorbehaltlich von Absatz 2 und 3 – in der Regel in die Wohnung des Zustellungsadressaten. [2] Trifft er den Adressaten dort nicht an, kann er die Zustellung in der Wohnung nach Maßgabe des § 178 ZPO[1)] bewirken.

(2) [1] Hat der Gerichtsvollzieher an einen Zustellungsadressaten zuzustellen, der einen Geschäftsraum unterhält (zum Beispiel Gewerbetreibender, Rechtsanwalt, Notar, Kammerrechtsbeistand (§ 16 Absatz 3 Satz 3), Gerichtsvollzieher, gesetzlicher Vertreter oder Leiter einer Behörde, einer Gemeinde, einer Gesellschaft oder eines Vereins), so begibt sich der Gerichtsvollzieher in der Regel in die Geschäftsräume. [2] Geschäftsraum ist regelmäßig der Raum, in dem der Kunden- oder Publikumsverkehr des Adressaten stattfindet und zu dem der Gerichtsvollzieher Zutritt hat. [3] Trifft er den Adressaten dort nicht an, so kann er die Zustellung in den Geschäftsräumen an eine anwesende, bei dem Adressaten beschäftigte Person bewirken. [4] Beschäftigte Personen können insbesondere ein Gewerbegehilfe, ein Gehilfe oder eine Büro- oder Schreibkraft eines Rechtsanwalts, Kammerrechtsbeistands, Notars oder Gerichtsvollziehers oder ein Beamter oder Bediensteter sein. [5] Aus dem Umstand, dass der Geschäftsinhaber dieser Person das Geschäftslokal überlässt, kann der Gerichtsvollzieher schließen, dass der Geschäftsinhaber ihr auch das für Zustellungen notwendige Vertrauen entgegenbringt. [6] Liegen die Geschäftsräume des Adressaten innerhalb seiner Wohnung, so kann die Ersatzzustellung sowohl an eine dort beschäftigte Person als auch an eine der in § 178 ZPO bezeichneten Personen erfolgen.

(3) Wohnt der Zustellungsadressat in einer Gemeinschaftseinrichtung (zum Beispiel einem Altenheim, Lehrlingsheim, Arbeiterwohnheim, Schwesternheim, einer Kaserne, einer Unterkunft für Asylbewerber oder einer ähnlichen Einrichtung) und trifft der Gerichtsvollzieher ihn dort nicht an, kann der Gerichtsvollzieher die Zustellung auch an den Leiter der Gemeinschaftseinrichtung oder einen dazu ermächtigten Vertreter bewirken.

(4) [1] Dem Nichtantreffen des Zustellungsadressaten in der Wohnung, dem Geschäftsraum oder der Gemeinschaftseinrichtung steht es gleich, wenn der Adressat zwar anwesend, jedoch wegen Erkrankung, unabwendbarer Dienstgeschäfte oder vergleichbaren Gründen an der Entgegennahme verhindert ist. [2] Dasselbe gilt, wenn bei der Zustellung an Anstaltsinsassen, insbesondere an Pflegebefohlene, im Einzelfall eine Anordnung der Anstaltsleitung einer Zustellung an die verwahrte Person selbst entgegensteht.

(5) Der Grund, der eine Zustellung an einen Ersatzempfänger nach Absatz 1 bis 4 rechtfertigt, ist in der Zustellungsurkunde (§ 24) zu vermerken.

§ 21 Ersatzzustellung durch Einlegen in den Briefkasten oder eine ähnliche Vorrichtung (§§ 191, 180 ZPO[1)]). (1) [1] Der Gerichtsvollzieher hat sich bei der Ersatzzustellung durch Einlegen in den Briefkasten davon zu überzeugen, dass dieser in einem ordnungsgemäßen Zustand ist. [2] Ein ordnungsgemäßer Zustand liegt insbesondere nicht vor, wenn Anzeichen bestehen, dass dieser nicht regelmäßig geleert wird. [3] In diesem Fall ist das Schriftstück durch Niederlegung zuzustellen.

[1)] **Habersack, Deutsche Gesetze Nr. 100.**

(2) Ein Postfach ist eine ähnliche Vorrichtung im Sinne von § 180 Satz 1 ZPO, wenn eine Wohnanschrift der Person, der zugestellt werden soll, unbekannt oder nicht vorhanden ist.

(3) [1] Der Gerichtsvollzieher vermerkt auf der Zustellungsurkunde (§ 24) den Grund, aus dem die Sendung in den Briefkasten oder eine ähnliche Vorrichtung einzulegen war, sowie den Zeitpunkt. [2] Eine Ersatzzustellung durch Einlegen in den Briefkasten einer Gemeinschaftseinrichtung ist unzulässig.

§ 22[1)] Besondere Vorschriften über die Ersatzzustellung. [1] Bei jeder Zustellung, die durch Übergabe an einen Ersatzempfänger, durch Niederlegung oder durch Einlegen in den Briefkasten oder eine ähnliche Vorrichtung geschieht, verschließt der Gerichtsvollzieher das zu übergebende Schriftstück in einem Umschlag, nachdem er auf dem Umschlag das Datum, die Dienstregisternummer und gegebenenfalls die Uhrzeit der Zustellung vermerkt hat und den Vermerk unterschrieben hat. [2] Das Schriftstück ist so zu verschließen, dass es ohne Öffnung nicht eingesehen werden kann. [3] Die Außenseite des Briefumschlags ist mit dem Namen und der Amtsbezeichnung des Gerichtsvollziehers sowie mit dem Namen des Zustellungsadressaten zu versehen. [4] Dies gilt nicht, wenn die Ersatzzustellung mit der Aufforderung zur Abgabe der Erklärung nach § 840 Absatz 1 ZPO[2)] verbunden und der Ersatzempfänger zur Abgabe der Erklärung bereit ist und seine Befugnis versichert oder sich an die Zustellung sofort eine Vollstreckungshandlung anschließt. [5] Der Gerichtsvollzieher weist den Ersatzempfänger darauf hin, dass er verpflichtet ist, die Schriftstücke dem Zustellungsadressaten alsbald auszuhändigen.

§ 23 Zustellung durch Niederlegung (§ 181 ZPO[2)]). (1) [1] Das zu übergebende Schriftstück ist auf der Geschäftsstelle des Amtsgerichts niederzulegen, in dessen Bezirk der Ort der Zustellung liegt. [2] Ist bei dem Amtsgericht ein Eildienst für Entscheidungen außerhalb der gewöhnlichen Geschäftszeiten eingerichtet, kann die Niederlegung und Abholung des Schriftstücks auch bei diesem erfolgen.

(2) [1] Der Gerichtsvollzieher teilt dem Adressaten die Niederlegung schriftlich mit. [2] Die Mitteilung erfolgt auf dem Vordruck nach Anlage 4 der Zustellungsvordruckverordnung (ZustVV) unter der Anschrift des Zustellungsadressaten durch Abgabe in der bei gewöhnlichen Briefen üblichen Weise, zum Beispiel durch Einwerfen in den Briefkasten oder in den Briefeinwurf an der Wohnungstür oder der Tür des Geschäftsraumes. [3] Ist die Abgabe der Mitteilung ausnahmsweise auf diese Weise nicht durchführbar, so heftet der Gerichtsvollzieher die Mitteilung an die Tür der Wohnung, des Geschäftsraums oder der Gemeinschaftseinrichtung an. [4] Dabei hat der Gerichtsvollzieher zu prüfen, ob die Anheftung der Mitteilung an die Zimmertür in einer Gemeinschaftseinrichtung, insbesondere bei Einrichtungen wie Unterkünften für Asylbewerber, im Hinblick auf die Sicherheit des Zugangs der Mitteilung tunlich ist. [5] In der Mitteilung ist anzugeben, wo das Schriftstück niedergelegt ist, ferner ist zu vermerken, dass das Schriftstück mit der Abgabe dieser schriftlichen Mitteilung als zugestellt gilt. [6] Auf der Zustellungsurkunde (§ 24) ist zu vermerken, wie die Mitteilung über die Niederlegung abgegeben wurde.

§ 24[3)] Zustellungsnachweis (§§ 193, 182, § 193a Absatz 2 ZPO[2)]). (1) [1] Der Gerichtsvollzieher nimmt über jede von ihm bewirkte Zustellung eines Schrift-

[1)] § 22 Satz 4 neu gef. mWv 1.1.2023 durch Bek. v. 7.12.2022 (BayMBl. Nr. 754).
[2)] **Habersack, Deutsche Gesetze Nr. 100.**
[3)] § 24 Überschrift, Abs. 1–4 neu gef. mWv 1.1.2023 durch Bek. v. 7.12.2022 (BayMBl. Nr. 754).

stücks am Zustellungsort eine Urkunde auf, die den Bestimmungen des § 193 Absatz 2 und § 182 ZPO entsprechen muss. [2] Als Nachweis der Zustellung eines elektronischen Dokuments dient die automatisierte Eingangsbestätigung (§ 193a Absatz 2 Satz 1 ZPO).

(2) [1] Hat der Auftraggeber die genaue Angabe der Zeit der Zustellung verlangt oder erscheint diese Angabe nach dem Ermessen des Gerichtsvollziehers im Einzelfall von Bedeutung, so ist die Zeit in der Zustellungsurkunde auch nach Stunden und Minuten zu bezeichnen. [2] Dies gilt zum Beispiel bei der Zustellung eines Pfändungsbeschlusses an den Drittschuldner, bei der Benachrichtigung des Drittschuldners nach § 845 ZPO sowie dann, wenn durch die Zustellung eine nach Stunden berechnete Frist in Lauf gesetzt wird.

(3) [1] Die Zustellungsurkunde ist auf die Urschrift des zuzustellenden Schriftstücks oder auf einen damit zu verbindenden Vordruck nach Anlage 1 der Zustellungsvordruckverordnung zu setzen. [2] Auf der Zustellungsurkunde vermerkt der Gerichtsvollzieher die Person, in deren Auftrag er zugestellt hat. [3] Hat der Auftraggeber dem Gerichtsvollzieher das zuzustellende Dokument elektronisch auf einem sicheren Übermittlungsweg übermittelt, verbindet der Gerichtsvollzieher die automatisierte Eingangsbestätigung mit dem zuzustellenden elektronischen Dokument und übermittelt diese anschließend dem Auftraggeber. [4] Hierzu kann der Gerichtsvollzieher aus automatisierter Eingangsbestätigung und zuzustellendem Dokument ein neues, einheitliches elektronisches Dokument herstellen.

(4) [1] Eine durch den Gerichtsvollzieher beglaubigte Abschrift der Zustellungsurkunde ist auf das bei der Zustellung zu übergebende Schriftstück oder auf einen mit ihm zu verbindenden Bogen zu setzen. [2] Die Übergabe einer Abschrift der Zustellungsurkunde kann dadurch ersetzt werden, dass der Gerichtsvollzieher den Tag der Zustellung auf dem zu übergebenden Schriftstück vermerkt. [3] Jedoch soll der Gerichtsvollzieher von dieser Möglichkeit keinen Gebrauch machen, wenn der Zustellungsadressat ein anzuerkennendes Interesse daran hat, die Wirksamkeit der Zustellung anhand einer Zustellungsurkunde nachzuprüfen.

(5) [1] Ist die Zustellungsurkunde auf einem Vordruck oder die für den Empfänger beglaubigte Abschrift auf einem besonderen Bogen geschrieben, so ist besonders darauf zu achten, dass die herzustellende Verbindung mit dem Schriftstück haltbar ist. [2] Auf der Urkunde ist in diesem Fall auch die Geschäftsnummer anzugeben, die das zuzustellende Schriftstück trägt.

(6) [1] Die Zustellungsurkunde ist der Partei, für welche die Zustellung erfolgt, unverzüglich zu übergeben oder zu übersenden. [2] War der Auftrag von mehreren Personen erteilt, so übermittelt der Gerichtsvollzieher beim Fehlen einer besonderen Anweisung die Urkunde an eine von ihnen, die er nach seinem Ermessen auswählt. [3] Hatte die Geschäftsstelle den Auftrag vermittelt, so übermittelt der Gerichtsvollzieher die Zustellungsurkunde unmittelbar dem Auftraggeber, der die Vermittlung der Geschäftsstelle in Anspruch genommen hatte.

b) Zustellung durch die Post

§ 25 Zustellungsauftrag (§§ 194, 191, 176 Absatz 1 ZPO) [1] Stellt der Gerichtsvollzieher durch die Post zu, so übergibt er der Post die Ausfertigung oder beglaubigte Abschrift des zuzustellenden Schriftstücks verschlossen in dem Umschlagvordruck nach Anlage 2 der ZustVV mit dem Auftrag, einen Postbediensteten des Bestimmungsorts mit der Zustellung zu beauftragen. [2] Die Zustellung durch den Postbediensteten erfolgt sodann nach §§ 177 bis 182 ZPO[1]. [3]Im Übrigen beachtet der Gerichtsvollzieher die Bestimmungen der ZustVV und die jeweils geltenden Allgemeinen Geschäftsbedingungen der Post.

§ 26 Vordrucke nach der Zustellungsvordruckverordnung. (1) [1]Der Gerichtsvollzieher gibt auf dem Umschlagvordruck nach Anlage 2 der ZustVV an:

1. seinen eigenen Namen nebst Amtssitz und Amtseigenschaft,
2. die Geschäftsnummer, die der Vorgang bei ihm hat,
3. die Anschrift des Zustellungsadressaten.

[2]Hierbei achtet er darauf, dass Zustellungsadressat und Bestimmungsort genau bezeichnet sind. [3]Insbesondere sorgt er bei häufig vorkommenden Familiennamen und gleich oder ähnlich lautenden Ortsnamen für eine hinreichend bestimmte Bezeichnung. [4]Bei der Zustellung an Personenmehrheiten (§ 18 Absatz 2 und 3) gibt der Gerichtsvollzieher die Anschrift der Behörde, Gemeinde und so weiter an und fügt den Zusatz „zu Händen des Leiters (Vorstandes und so weiter)" bei.

(2) [1]Auf dem Umschlagvordruck nach Absatz 1 Satz 1 hat der Gerichtsvollzieher auch anzugeben, wenn

1. die Zustellung mit Angabe der Uhrzeit erfolgen soll,
2. die Ersatzzustellung an eine Person oder durch Einlegen in den Briefkasten ausgeschlossen ist,
3. die Ersatzzustellung an eine bestimmte Person aufgrund des § 178 Absatz 2 ZPO[1] unzulässig ist,
4. die Niederlegung des zuzustellenden Schriftstücks gemäß § 181 ZPO ausgeschlossen werden soll,
5. eine Weitersendung des Zustellungsauftrags innerhalb des Amtsgerichtsbezirks, des Landgerichtsbezirks oder des Inlands von dem Auftraggeber gewünscht ist.

[2]Im Fall von Satz 1 Nummer 5 soll der Gerichtsvollzieher ein Postunternehmen auswählen, das die Zustellung in dem gewünschten Bereich ausführen kann.

III. Zustellung von Anwalt zu Anwalt

§ 27[2] Zustellung von Anwalt zu Anwalt. (1) [1]Der Gerichtsvollzieher kann beauftragt werden, die Zustellung des Schriftstücks eines Rechtsanwalts oder Kammerrechtsbeistands (§ 16 Absatz 3 Satz 3) an den Gegenanwalt oder an dessen allgemeinen Vertreter oder Zustellungsbevollmächtigten nach § 195 ZPO[1] zu vermitteln. [2]Ein solcher Auftrag liegt in der Bestimmung, dass die Zustellung „von Anwalt zu Anwalt" erfolgen solle.

(2) [1]Der Gerichtsvollzieher holt in diesem Fall lediglich ein mit Datum und Unterschrift zu versehendes Empfangsbekenntnis des Zustellungsadressaten ein und übermittelt es dem Auftraggeber. [2]Der zustellende Anwalt hat dem anderen Anwalt auf Verlangen eine Bescheinigung über die Zustellung zu erteilen. [3]Diese Bescheinigung hat der Gerichtsvollzieher dem anderen Anwalt, wenn er sie verlangt, Zug um Zug gegen Aushändigung des Empfangsbekenntnisses zu übergeben. [4]Der Gerichtsvollzieher soll daher Aufträge zu derartigen Zustellungen in der Regel nur übernehmen, wenn ihm zugleich von dem zustellenden Anwalt eine Bescheinigung über die Zustellung – in der das Datum zur Ausfüllung durch den *Gerichtsvollzieher offen* gelassen sein kann – ausgehändigt wird. [5]Eine Beurkun-

[1] **Habersack, Deutsche Gesetze Nr. 100.**
[2] § 27 Abs. 1 Satz 1 geänd. mWv 1.1.2023 durch Bek. v. 7.12.2022 (BayMBl. Nr. 754).

dung des Vorgangs durch den Gerichtsvollzieher findet nicht statt. [6] Eine Ersatzzustellung oder eine Niederlegung ist ausgeschlossen.

(3) [1] Das schriftliche Empfangsbekenntnis kann auf die Urschrift des zuzustellenden Schriftstücks, die Bescheinigung auf die zu übergebende Abschrift gesetzt werden. [2] Werden die Bescheinigungen besonders ausgestellt, so müssen sie das zugestellte Schriftstück genau bezeichnen.

(4) Wird die Ausstellung des Empfangsbekenntnisses verweigert oder ist es wegen Abwesenheit des Gegenanwalts oder aus einem sonstigen Grund nicht zu erlangen, so nimmt der Gerichtsvollzieher die Zustellung unter Aufnahme der gewöhnlichen Zustellungsurkunde nach den allgemeinen Vorschriften vor, soweit nicht der Auftraggeber für diesen Fall etwas anderes bestimmt hat.

C. Besondere Zustellungen

§ 28[1)] Zustellungen in Straf- und Bußgeldsachen (§ 38 StPO[2)]). (1) [1] Soweit die an einem Strafverfahren oder einem Bußgeldverfahren Beteiligten nach den gesetzlichen Vorschriften befugt sind, Zeugen und Sachverständige unmittelbar zu laden, erfolgt dies durch Zustellung einer von dem Auftraggeber unterschriebenen Ladungsschrift. [2] Die Vorschriften über Zustellung auf Betreiben der Parteien in bürgerlichen Rechtsstreitigkeiten sind entsprechend anzuwenden.

(2) [1] Der unmittelbar geladene Zeuge oder Sachverständige ist nur zum Erscheinen verpflichtet, wenn ihm bei der Ladung die gesetzliche Entschädigung für Reisekosten und Versäumnis bar dargeboten oder wenn ihm nachgewiesen wird, dass die Entschädigung bei der zuständigen Stelle (zum Beispiel Kasse oder Zahlstelle) hinterlegt ist (§ 220 Absatz 2 der Strafprozessordnung (StPO)). [2] Der Gerichtsvollzieher hat daher auf Verlangen des Auftraggebers

1. der geladenen Person die Entschädigung bei der Zustellung gegen Quittung zu übergeben, wenn ihm der Auftraggeber den Betrag in bar ausgehändigt hat, oder
2. die Bescheinigung der zuständigen Stelle (zum Beispiel Kasse oder Zahlstelle) über die Hinterlegung mit zuzustellen, wenn der Auftraggeber den Betrag hinterlegt hat.

[3] Der Gerichtsvollzieher übermittelt dem Auftraggeber mit der Zustellungsurkunde die Quittung des Empfängers. [4] Hat der Empfänger die Entschädigung zurückgewiesen, so gibt der Gerichtsvollzieher dem Auftraggeber den Betrag mit der Zustellungsurkunde wieder zurück.

(3) Auf der Zustellungsurkunde oder einem Nachtrag zu ihr muss der Gerichtsvollzieher ersichtlich machen:

1. das Anbieten der Entschädigung,
2. ihre Auszahlung oder Zurückweisung; im Fall der Zurückweisung ist der Grund zu vermerken, den der Empfänger hierfür angegeben hat,
3. die Mitzustellung der Bescheinigung der zuständigen Stelle (zum Beispiel Kasse oder Zahlstelle), wenn der Auftraggeber den Betrag hinterlegt hat.

(4) [1] Der Gerichtsvollzieher führt die Zustellung auch dann aus, wenn ihm der Auftraggeber die Entschädigung weder zur Auszahlung übergeben noch sie hinterlegt hat. [2] In diesem Fall darf aber die Ladung keinen Hinweis auf die gesetzli-

---

1) § 28 Abs. 2 Satz 1, Abs. 2 Satz 2 Nr. 2 und Abs. 3 Nr. 3 geänd. mWv 1.1.2019 durch Bek. v. 23.11. 2018 (JMBl. S. 122).

2) **Habersack, Deutsche Gesetze Nr. 90.**

chen Folgen des Ausbleibens enthalten. [3] Dieser Sachverhalt ist in der Zustellungsurkunde ersichtlich zu machen; bei einer Zustellung durch die Post geschieht dies neben dem Vermerk, der auf das zu übergebende Schriftstück gesetzt wird.

§ 29[1)] Zustellung von Willenserklärungen (§ 132 Absatz 1 BGB[2)]).

(1) Der Gerichtsvollzieher ist zuständig, auch außerhalb einer anhängigen Rechtsangelegenheit die Zustellung von schriftlichen Willenserklärungen jeder Art zu bewirken, die ihm von einem Beteiligten aufgetragen wird.

(2) Die Zustellung von Dokumenten mit unsittlichem, offensichtlich rechtsmissbräuchlichem, beleidigendem oder sonst strafbarem Inhalt sowie die Zustellung von verschlossenen Sendungen im Parteiauftrag lehnt der Gerichtsvollzieher ab.

(3) [1] Die Zustellung erfolgt nach den Vorschriften der Zivilprozessordnung[3)]. [2] Die Bestimmungen über die Zustellung auf Betreiben der Parteien in bürgerlichen Rechtsstreitigkeiten finden entsprechende Anwendung.

(4) [1] Ist bei der Zustellung einer schriftlichen Willenserklärung dem Adressaten zugleich eine Urkunde vorzulegen (vergleiche zum Beispiel §§ 111, 174, 410, 1160, 1858 Absatz 2 des Bürgerlichen Gesetzbuches (BGB)), so bewirkt der Gerichtsvollzieher auf Verlangen des Auftraggebers auch die Vorlegung. [2] Die Zustellung durch die Post oder auf elektronischem Weg ist in diesem Fall ausgeschlossen. [3] Trifft der Gerichtsvollzieher den Adressaten nicht an, so legt er die Urkunde der Person vor, an die er ersatzweise zustellt. [4] In der Zustellungsurkunde ist anzugeben, welcher Person die Urkunde vorgelegt worden ist. [5] Ist die Vorlegung unterblieben, so sind die Gründe hierfür in der Zustellungsurkunde zu vermerken; außerdem ist ausdrücklich zu beurkunden, ob der Gerichtsvollzieher zur Vorlegung imstande und bereit gewesen ist. [6] Die vorzulegende Urkunde wird nur zugestellt, wenn der Auftraggeber dies ausdrücklich verlangt.

Zweiter Abschnitt. Zwangsvollstreckung nach den Vorschriften der ZPO

A. Allgemeine Vorschriften

I. Zuständigkeit

§ 30[4)] Zuständigkeit des Gerichtsvollziehers. (1) [1] Der Gerichtsvollzieher führt die Zwangsvollstreckung durch, soweit sie nicht den Gerichten zugewiesen ist. [2] Zum Aufgabenbereich des Gerichtsvollziehers gehören:

1. die Zwangsvollstreckung wegen Geldforderungen in bewegliche körperliche Sachen einschließlich der Wertpapiere und der noch nicht vom Boden getrennten Früchte (§§ 802a, 803 bis 827 ZPO[3)]);
2. die Pfändung von Forderungen aus Wechseln und anderen Papieren, die durch Indossament übertragen werden können, durch Wegnahme dieser Papiere (§ 831 ZPO);
3. die Zwangsvollstreckung zur Erwirkung der Herausgabe von beweglichen Sachen sowie zur Erwirkung der Herausgabe, Überlassung und Räumung von unbeweglichen Sachen und eingetragenen Schiffen und Schiffsbauwerken (§§ 883 bis 885 ZPO);

[1)] *§ 29 Abs. 2 geänd.* mWv 1.1.2019 durch Bek. v. 23.11.2018 (JMBl. S. 122); Abs. 2 geänd., Abs. 4 neu gef. mWv 1.1.2023 durch Bek. v. 7.12.2022 (BayMBl. Nr. 754).

[2)] **Habersack, Deutsche Gesetze Nr. 20.**

[3)] **Habersack, Deutsche Gesetze Nr. 100.**

[4)] § 30 Abs. 2 Nr. 3 geänd. mWv 1.1.2023 durch Bek. v. 7.12.2022 (BayMBl. Nr. 754).

4. die Zwangsvollstreckung zur Beseitigung des Widerstandes des Schuldners gegen Handlungen, die er nach den §§ 887 und 890 ZPO zu dulden hat (§ 892 ZPO); oder zur Beseitigung von Zuwiderhandlungen des Schuldners gegen eine Unterlassungsverpflichtung aus einer Anordnung nach § 1 GewSchG[1] (§ 95 FamFG);
5. die Zwangsvollstreckung durch Abnahme der Vermögensauskunft und Haft (§§ 802c bis 802j ZPO);
6. die Vollziehung von Arrestbefehlen und einstweiligen Verfügungen in dem Umfang, in dem die Zwangsvollstreckung dem Gerichtsvollzieher zusteht (§§ 916 bis 945 ZPO);
7. die gütliche Erledigung durch Zahlungsvereinbarung (§ 802b ZPO);
8. die auf Antrag (§ 755 ZPO) oder von Amts wegen (§ 882c Absatz 3 ZPO) durchzuführenden Aufenthaltsermittlungen sowie die Einholung von Drittstellenauskünften (§ 802l ZPO);
9. die Erwirkung der Auskunft nach § 836 Absatz 3, § 883 Absatz 2 ZPO oder § 94 FamFG durch Abnahme der eidesstattlichen Versicherung und Haft;
10. die Anordnung der Eintragung des Schuldners in das Schuldnerverzeichnis gemäß § 882c ZPO in Verbindung mit der Schuldnerverzeichnisführungsverordnung[2] (SchuFV).

(2) Außerdem hat der Gerichtsvollzieher mitzuwirken:

1. bei der Zwangsvollstreckung in Forderungen (siehe §§ 121 bis 126);
2. in bestimmten Einzelfällen bei der Zwangsvollstreckung in das unbewegliche Vermögen (vergleiche zum Beispiel §§ 57b, 65, 93, 94 Absatz 2, § 150 Absatz 2, §§ 165, 171, 171c Absatz 2 und 3 sowie § 171h des Gesetzes über die Zwangsversteigerung und die Zwangsverwaltung (ZVG)[3])[4];
3. soweit weitere gesetzliche Vorschriften dies vorschreiben (vergleiche zum Beispiel § 372a Absatz 2, § 380 Absatz 2, § 390 Absatz 2 ZPO, § 25 Absatz 4 des Straßenverkehrsgesetzes (StVG)[5], § 98 Absatz 2, § 153 Absatz 2 Satz 2 InsO[6], § 284 Absatz 8, § 315 Absatz 2 Satz 4 der Abgabenordnung (AO)).

II. Der Auftrag und seine Behandlung

§ 31[7] Auftrag zur Zwangsvollstreckung (§§ 753 bis 758 ZPO) (1) [1] Der Auftrag zur Zwangsvollstreckung wird dem Gerichtsvollzieher unmittelbar vom Gläubiger oder seinem Vertreter oder Bevollmächtigten erteilt. [2] Der Auftraggeber darf die Vermittlung der Geschäftsstelle in Anspruch nehmen. [3] Der durch Vermittlung der Geschäftsstelle beauftragte Gerichtsvollzieher wird unmittelbar für den Gläubiger tätig; er hat insbesondere auch die beigetriebenen Gelder und sonstigen Gegenstände dem Gläubiger unmittelbar abzuliefern. [4] Ist eine einstweilige Anordnung nach dem Gewaltschutzgesetz[1] ohne mündliche Erörterung erlassen, so gilt der Antrag auf Erlass der einst-

[1] Nr. 49.
[2] **Habersack, Deutsche Gesetze Nr. 102.**
[3] **Habersack, Deutsche Gesetze Nr. 108.**
[4] Zeichensetzung nichtamtlich.
[5] **Habersack, Deutsche Gesetze Nr. 35.**
[6] **Habersack, Deutsche Gesetze Nr. 110.**
[7] § 31 Abs. 1 Satz 4 und Abs. 4 Satz 4 neu gef., Abs. 5 Satz 5 aufgeh., Abs. 6 und 7 eingef., bish. Abs. 6 und 7 werden Abs. 8 und 9 mWv 1.1.2019 durch Bek. v. 23.11.2018 (JMBl. S. 122); Abs. 3 Satz 2, Abs. 4 neu gef., Abs. 10 angef. mWv 1.1.2023 durch Bek. v. 7.12.2022 (BayMBl. Nr. 754); Abs. 3 neu gef. mWv 1.5.2024 durch Bek. v. 22.3.2024 (BayMBl. Nr. 179).

weiligen Anordnung zugleich als Auftrag zur Vollstreckung (§ 214 Absatz 2 Satz 3 FamFG[1]).

(2) Weisungen des Gläubigers hat der Gerichtsvollzieher insoweit zu berücksichtigen, als sie mit den Gesetzen oder der Geschäftsanweisung nicht in Widerspruch stehen.

(3) [1] Der Prozessbevollmächtigte des Gläubigers ist auf Grund seiner Prozessvollmacht befugt, den Gerichtsvollzieher mit der Zwangsvollstreckung zu beauftragen und den Gläubiger im Zwangsvollstreckungsverfahren zu vertreten. [2] Der Gerichtsvollzieher hat den Mangel der Vollmacht oder der Versicherung der ordnungsgemäßen Bevollmächtigung gemäß § 753a ZPO[2] grundsätzlich von Amts wegen zu berücksichtigen. [3] Ist Auftraggeber jedoch ein Rechtsanwalt oder Kammerrechtsbeistand (§ 16 Absatz 3 Satz 3), hat er dessen Vollmacht nur auf ausdrückliche Rüge zu überprüfen. [4] Zum Nachweis der Vollmacht genügt die Bezeichnung als Prozessbevollmächtigter im Schuldtitel. [5] Jedoch ermächtigt die bloße Prozessvollmacht den Bevollmächtigten nicht, die beigetriebenen Gelder oder sonstigen Gegenstände in Empfang zu nehmen; eine Ausnahme besteht nur für die vom Gegner zu erstattenden Prozesskosten (§ 81 ZPO). [6] Der Gerichtsvollzieher darf daher die beigetriebenen Gelder oder sonstigen Gegenstände nur dann an den Prozessbevollmächtigten abliefern, wenn dieser von dem Gläubiger zum Empfang besonders ermächtigt ist. [7] Die besondere Ermächtigung kann sich aus dem Inhalt der Vollmachtsurkunde ergeben. [8] Bei Bevollmächtigten nach § 79 Absatz 2 Satz 1 und 2 Nummer 3 und 4 ZPO genügt es, wenn sie ihre ordnungsgemäße Bevollmächtigung zum Geldempfang versichern. [9] Der Gläubiger kann die Ermächtigung auch dem Gerichtsvollzieher gegenüber mündlich erklären.

(4) [1] Aufgrund eines entsprechenden Auftrags hat der nach § 17 GVO[3] zuständige Gerichtsvollzieher den Aufenthalt des Schuldners nach Maßgabe des § 755 ZPO zu ermitteln. [2] Der Gläubiger kann dem Gerichtsvollzieher zum Nachweis, dass der Aufenthaltsort des Schuldners nicht zu ermitteln ist (§ 755 Absatz 2 Satz 1 ZPO), eine entsprechende Auskunft der Meldebehörde vorlegen, die der Gläubiger selbst bei dieser eingeholt hat. [3] Die Negativauskunft sollte in der Regel bei der Auftragserteilung nach § 755 Absatz 2 Satz 1 ZPO nicht älter als ein Monat sein.

(5) [1] Die vollstreckbare Ausfertigung des Schuldtitels muss dem Gerichtsvollzieher übergeben werden. [2] Der schriftliche oder mündliche Auftrag zur Zwangsvollstreckung in Verbindung mit der Übergabe der vollstreckbaren Ausfertigung ermächtigt und verpflichtet den Gerichtsvollzieher – ohne dass es einer weiteren Erklärung des Auftraggebers bedarf –, die Zahlung oder die sonstigen Leistungen in Empfang zu nehmen, darüber wirksam zu quittieren und dem Schuldner die vollstreckbare Ausfertigung auszuliefern, wenn er seine Verbindlichkeit vollständig erfüllt hat. [3] Der Besitz der vollstreckbaren Ausfertigung ist demnach für den Gerichtsvollzieher dem Schuldner und Dritten gegenüber der unerlässliche, aber auch ausreichende Ausweis zur Zwangsvollstreckung und zu allen für ihre Ausführung erforderlichen Handlungen. [4] Der Gerichtsvollzieher trägt deshalb bei Vollstreckungshandlungen die vollstreckbare Ausfertigung stets bei sich und zeigt sie auf Verlangen vor (§ 754 ZPO).

(6) In den Fällen des § 754a ZPO bedarf es der Übergabe einer Ausfertigung des Schuldtitels nicht, soweit der Gerichtsvollzieher die Ausfertigung nicht gemäß § 754a Absatz 2 ZPO nachgefordert hat.

(7) Hat der Schuldner nur gegen Aushändigung einer Urkunde zu leisten, zum Beispiel eines Wechsels, einer Anweisung oder eines Orderpapiers, so muss sich

---

[1] **Habersack, Deutsche Gesetze Nr. 112.**
[2] **Habersack, Deutsche Gesetze Nr. 100.**
[3] Nr. **109a.**

der Gerichtsvollzieher vor Beginn der Zwangsvollstreckung auch diese Urkunde aushändigen lassen.

(8) [1]Bei der Zwangsvollstreckung aus einer Urteilsausfertigung, auf die ein Kostenfestsetzungsbeschluss gesetzt ist (§§ 105, 795a ZPO), hat der Gläubiger zu bestimmen, ob aus beiden oder nur aus einem der beiden Schuldtitel vollstreckt werden soll. [2]Hat der Gläubiger keine Bestimmung getroffen, so vollstreckt der Gerichtsvollzieher aus beiden Schuldtiteln.

(9) [1]Verlangen der Gläubiger oder sein mit Vollmacht versehener Vertreter ihre Zuziehung zur Zwangsvollstreckung, so benachrichtigt der Gerichtsvollzieher sie rechtzeitig von dem Zeitpunkt der Vollstreckung. [2]In ihrer Abwesenheit darf der Gerichtsvollzieher erst nach Ablauf der festgesetzten Zeit mit der Zwangsvollstreckung beginnen, es sei denn, dass gleichzeitig für einen anderen Gläubiger gegen den Schuldner vollstreckt werden soll. [3]Der Gläubiger oder sein Vertreter sind in der Benachrichtigung hierauf hinzuweisen. [4]Leistet der Schuldner gegen die Zuziehung des Gläubigers Widerstand oder verwehrt der Schuldner dem Gläubiger den Zutritt zur Wohnung, so gelten die §§ 61 und 62 entsprechend. [5]Ein selbständiges Eingreifen des Gläubigers oder seines Bevollmächtigten in den Gang der Vollstreckungshandlung, zum Beispiel das Durchsuchen von Behältnissen, darf der Gerichtsvollzieher nicht dulden.

(10) [1]Der Gerichtsvollzieher kann die zuständige Polizeidienststelle um Auskunft dahingehend, ob nach polizeilicher Einschätzung eine Gefahr für Leib und Leben des Gerichtsvollziehers oder einer weiteren an der Vollstreckung beteiligten Person besteht, sowie Unterstützung bei einer durchzuführenden Vollstreckungshandlung ersuchen (§ 757a ZPO). [2]Der notwendige Inhalt eines Auskunftsersuchens ist in § 757a Absatz 2 ZPO geregelt. [3]Ein Unterstützungsersuchen kann darüber hinaus entweder sogleich mit einem Auskunftsersuchen verbunden werden (§ 757a Absatz 3 Satz 2 ZPO), erst nach einer polizeilichen Auskunft (§ 757a Absatz 3 Satz 1 ZPO) oder unter besonderen Voraussetzungen auch isoliert von einem Auskunftsersuchen (§ 757a Absatz 4 Satz 1 ZPO) gestellt werden. [4]Der notwendige Inhalt eines isoliert gestellten Unterstützungsersuchens ist in § 757a Absatz 4 Satz 2 ZPO normiert. [5]Nach Erledigung des Vollstreckungsauftrages hat der Gerichtsvollzieher die betroffenen Personen unverzüglich über das oder die vorangegangenen Ersuchen zu informieren (§ 757a Absatz 5 Satz 1 ZPO).

§ 32 Aufträge zur Vollstreckung gegen vermögenslose Schuldner.

(1) [1]Wurde der Gerichtsvollzieher mit einer Pfändung beauftragt (§ 803 ZPO[1)]) und hat er begründeten Anhalt dafür, dass die Zwangsvollstreckung fruchtlos verlaufen werde, so sendet er dem Gläubiger unverzüglich den Schuldtitel mit einer entsprechenden Bescheinigung zurück, wenn der Gläubiger nicht zugleich weitere Aufträge erteilt hat. [2]Dabei teilt er dem Gläubiger mit, dass er den Auftrag zur Vermeidung unnötiger Kosten als zurückgenommen betrachtet. [3]Der Zeitpunkt der Wirksamkeit der Rücknahme bestimmt sich nach § 3 Absatz 4 Satz 4 des Gerichtsvollzieherkostengesetzes (GvKostG)[2)]. [4]Die Erwartung, dass die Vollstreckung fruchtlos verlaufen werde, kann insbesondere begründet sein, wenn ein Pfändungsversuch gegen den Schuldner in den letzten drei Monaten fruchtlos verlaufen ist oder der Schuldner in den letzten drei Monaten die Vermögensauskunft abgegeben hat und sich daraus keine Anhaltspunkte ergeben, dass er über

---

1) Habersack, Deutsche Gesetze Nr. 100.
2) Habersack, Deutsche Gesetze Nr. 123.

pfändbare Gegenstände verfügt. [5] War der Gerichtsvollzieher auch beauftragt, dem Schuldner den Schuldtitel zuzustellen, so führt er diesen Auftrag aus.

(2) Die Bestimmungen nach Absatz 1 gelten nicht, wenn der Wunsch des Gläubigers auf Ausführung des Auftrags aus der Sachlage hervorgeht (zum Beispiel der Pfändungsauftrag zum Zwecke des Neubeginns der Verjährung erteilt ist) oder wenn das Gläubigerinteresse an der Ermittlung von Drittschuldnern ersichtlich oder zu unterstellen ist.

§ 33[1)] Zeit der Zwangsvollstreckung (§ 758a Absatz 4 ZPO[2)]). (1) [1] An Sonntagen und allgemeinen Feiertagen sowie zur Nachtzeit darf der Gerichtsvollzieher außerhalb von Wohnungen (§ 61 Absatz 1 Satz 2) Zwangsvollstreckungshandlungen vornehmen, wenn dies weder für den Schuldner noch für die Mitgewahrsamsinhaber eine unbillige Härte darstellt und wenn der zu erwartende Erfolg in keinem Missverhältnis zu dem Eingriff steht. [2] Zuvor soll der Gerichtsvollzieher in der Regel wenigstens einmal zur Tageszeit an einem gewöhnlichen Wochentag die Vollstreckung vergeblich versucht haben.

(2) [1] In Wohnungen darf der Gerichtsvollzieher an Sonntagen und allgemeinen Feiertagen sowie zur Nachtzeit nur aufgrund einer besonderen richterlichen Anordnung vollstrecken. [2] Dies gilt auch dann, wenn die Vollstreckungshandlung auf die Räumung oder Herausgabe von Räumen oder auf die Vollstreckung eines Haftbefehls nach § 802g ZPO gerichtet ist. [3] Die Anordnung erteilt der Richter bei dem Amtsgericht, in dessen Bezirk die Vollstreckungshandlung vorgenommen werden soll. [4] Es ist Sache des Gläubigers, die Anordnung zu erwirken. [5] Die Anordnung ist bei der Zwangsvollstreckung vorzuzeigen, dies ist im Protokoll über die Zwangsvollstreckungshandlung zu vermerken. [6] Die erteilte Anordnung gilt, soweit aus *Ihrem*[3)] Inhalt nichts anderes hervorgeht, nur für die einmalige Durchführung der Zwangsvollstreckung. [7] Sie umfasst die Erlaubnis zur Durchsuchung der Wohnung, falls die Vollstreckungshandlung eine solche erfordert. [8] Es besteht keine gesetzliche Bestimmung, die es dem Gerichtsvollzieher ausdrücklich gestattet, eine zur Tageszeit in einer Wohnung begonnene Vollstreckung nach Beginn der Nachtzeit weiterzuführen. [9] Daher empfiehlt es sich, die Anordnung des Richters bei dem Amtsgericht vorsorglich einholen zu lassen, wenn zu erwarten ist, dass eine Vollstreckung nicht vor Beginn der Nachtzeit beendet werden kann.

(3) [1] Bei Vollziehung von Aufträgen der Steuerbehörde zur Nachtzeit sowie an Sonntagen und allgemeinen Feiertagen ist gemäß § 289 Absatz 1 und 2 AO die schriftliche Erlaubnis der Vollstreckungsbehörde erforderlich. [2] Absatz 2 Satz 5 gilt entsprechend.

§ 34[4)] Unterrichtung des Gläubigers. Der Gerichtsvollzieher unterrichtet den Gläubiger über die Erledigung des Auftrages zur Zwangsvollstreckung.

III. Voraussetzungen der Zwangsvollstreckung

1. Allgemeines

§ 35[5)] [Allgemeines] (1) Die Zwangsvollstreckung ist nur zulässig, wenn folgende Voraussetzungen erfüllt sind:

---

1) § 33 Abs. 2 Satz 2 geänd. mWv 1.1.2023 durch Bek. v. 7.12.2022 (BayMBl. Nr. 754).
2) **Habersack, Deutsche Gesetze Nr. 100.**
3) Richtig wohl: „ihrem".
4) § 34 Satz 2 aufgeh. mWv 1.1.2019 durch Bek. v. 23.11.2018 (JMBl. S. 122).
5) § 35 Abs. 4 Satz 3 geänd. mWv 1.1.2023 durch Bek. v. 7.12.2022 (BayMBl. Nr. 754).

1. ein Schuldtitel zugrunde liegt (§§ 36 bis 41),
2. die Ausfertigung des Schuldtitels vorschriftsmäßig mit der Vollstreckungsklausel versehen ist (vollstreckbare Ausfertigung, §§ 42, 43),
3. vor Beginn der Zwangsvollstreckung sämtliche Urkunden zugestellt sind, welche die rechtliche Grundlage für die Zwangsvollstreckung bilden (§§ 44 bis 46).

(2) Vollstreckungstitel nach § 86 Absatz 1 Nummer 1 bis 3 FamFG[1)] bedürfen nur dann der Vollstreckungsklausel, wenn die Vollstreckung nicht durch das Gericht erfolgt, das den Titel erlassen hat (§ 86 Absatz 3 FamFG).

(3) Die nach § 801 ZPO[2)] zulässigen landesrechtlichen Schuldtitel bedürfen der Vollstreckungsklausel, sofern die Gesetze des Landes, in dem der Titel errichtet ist, nichts anderes bestimmen.

(4) [1] Vollstreckungsbescheide, Arrestbefehle, einstweilige Anordnungen und einstweilige Verfügungen sind ohne Vollstreckungsklausel zur Zwangsvollstreckung geeignet. [2] Eine besondere Klausel ist nur nötig, wenn die Zwangsvollstreckung für einen anderen als den ursprünglichen Gläubiger oder gegen einen anderen als den ursprünglichen Schuldner erfolgen soll (vergleiche §§ 796, 929, 936 ZPO, § 53 Absatz 1 FamFG). [3] Pfändungsbeschlüsse im Fall des § 830 Absatz 1 ZPO, Überweisungsbeschlüsse nach § 836 Absatz 3 ZPO und Haftbefehle nach § 802g ZPO bedürfen ebenfalls keiner Vollstreckungsklausel.

(5) [1] Die Zwangsvollstreckung aus einem Kostenfestsetzungsbeschluss, der gemäß § 105 ZPO auf das Urteil gesetzt ist, erfolgt auf Grund der vollstreckbaren Ausfertigung des Urteils. [2] Einer besonderen Vollstreckungsklausel für den Festsetzungsbeschluss bedarf es nicht (§ 795a ZPO).

2. Schuldtitel

§ 36 Schuldtitel nach der Zivilprozessordnung[2)] (ohne ausländische Schuldtitel). (1) Die Zwangsvollstreckung findet nach der ZPO insbesondere aus folgenden Schuldtiteln statt:

1. aus Endurteilen und Vorbehaltsurteilen deutscher Gerichte, die rechtskräftig oder für vorläufig vollstreckbar erklärt sind (§§ 704, 300, 301, § 302 Absatz 3, § 599 Absatz 3 ZPO),
2. aus Arresten und einstweiligen Verfügungen (§§ 922, 928, 936 ZPO),
3. aus den in § 794 ZPO bezeichneten Entscheidungen und vollstreckbaren Urkunden.

(2) [1] Zu den im § 794 Absatz 1 Nummer 3 ZPO genannten Titeln gehören auch Entscheidungen, gegen welche die Beschwerde gegeben wäre, wenn sie von einem Gericht erster Instanz erlassen worden wären. [2] Beispiele für beschwerdefähige Entscheidungen sind:

1. die Anordnung der Rückgabe einer Sicherheit (§ 109 Absatz 2, § 715 ZPO),
2. die Anordnung von Zwangsmaßnahmen nach den §§ 887 bis 891 ZPO,
3. das Zwischenurteil nach § 135 ZPO.

---

1) Habersack, Deutsche Gesetze Nr. 112.
2) Habersack, Deutsche Gesetze Nr. 100.

§ 37 Schuldtitel nach dem Gesetz über das Verfahren in Familiensachen und in den Angelegenheiten der freiwilligen Gerichtsbarkeit (FamFG)[1)]

(1) In Familiensachen und Angelegenheiten der freiwilligen Gerichtsbarkeit, soweit es sich nicht um Ehesachen und Familienstreitsachen handelt, findet die Zwangsvollstreckung aus folgenden Titeln statt:

1. Beschlüsse über Zwangsmittel nach § 35 FamFG;
2. aus wirksamen gerichtlichen Beschlüssen nach § 86 Absatz 1 Nummer 1 FamFG (auch einstweilige Anordnungen);
3. aus gerichtlich gebilligten Vergleichen nach § 86 Absatz 1 Nummer 2 FamFG;
4. aus Vollstreckungstiteln im Sinne des § 794 ZPO[2)] nach § 86 Absatz 1 Nummer 3 FamFG (Vollstreckungstitel im Sinne des § 794 ZPO sind insbesondere Prozessvergleiche (§ 36 FamFG) und bestimmte notarielle Urkunden, soweit die Beteiligten über den Gegenstand des Verfahrens verfügen können);
5. nach § 371 Absatz 2 FamFG aus rechtskräftig bestätigten Vereinbarungen über eine vorbereitende Maßnahme nach § 366 Absatz 1 FamFG und rechtskräftig bestätigten Auseinandersetzungen nach § 368 FamFG;
6. aus rechtskräftig bestätigten Dispachen (§ 409 Absatz 2 FamFG).

(2) In Familienstreitsachen findet die Zwangsvollstreckung aus wirksamen Beschlüssen (§ 120 Absatz 2 FamFG in Verbindung mit § 116 FamFG (auch einstweilige Anordnungen)) und Arresten (§ 119 FamFG) statt.

§ 38[3)] Schuldtitel nach anderen Gesetzen. Die Zwangsvollstreckung findet insbesondere auch statt aus:

1. Vergütungsfestsetzungen nach § 35 Absatz 3, § 85 Absatz 3, § 104 Absatz 7, § 142 Absatz 6, § 147 Absatz 2, § 258 Absatz 5 und § 265 Absatz 4 AktG[4)], § 26 Absatz 4 des Umwandlungsgesetzes (UmwG)[5)] und nach § 318 Absatz 5 des Handelsgesetzbuches (HGB)[6)];
2. Zuschlagsbeschlüssen im Zwangsversteigerungsverfahren (§§ 93, 118, 132 ZVG[7)]);
3. für vollstreckbar erklärten Vorschuss-, Zusatz- und Nachschussberechnungen (§§ 105 bis 115d GenG[8)]);
4. Entscheidungen in Strafsachen, durch die der Verfall einer Sicherheit ausgesprochen ist (§ 124 StPO[9)]);
5. Entscheidungen über die Entschädigung des Verletzten im Strafverfahren (§§ 406, 406b StPO);
6. Entscheidungen der Gerichte in Arbeitssachen (§§ 62, 64 Absatz 7, §§ 85, 87 Absatz 2, § 92 Absatz 2 des Arbeitsgerichtsgesetzes (ArbGG)[10)]) und der Gerichte der Sozialgerichtsbarkeit (§ 199 des Sozialgerichtsgesetzes (SGG));

[1)] **Habersack, Deutsche Gesetze Nr. 112.**

[2)] **Habersack, Deutsche Gesetze Nr. 100.**

[3)] § 38 Nr. 19 geänd. mWv 1.10.2016 durch Bek. v. 5.9.2016 (JMBl. S. 98); Nr. 1, 10, 11 und 28 geänd., Nr. 29–33 angef. mWv 1.1.2019 durch Bek. v. 23.11.2018 (JMBl. S. 122); Nr. 25 geänd. mWv 1.1.2023 durch Bek. v. 7.12.2022 (BayMBl. Nr. 754).

[4)] **Habersack, Deutsche Gesetze Nr. 51.**

[5)] **Habersack, Deutsche Gesetze Nr. 52a.**

[6)] **Habersack, Deutsche Gesetze Nr. 50.**

[7)] **Habersack, Deutsche Gesetze Nr. 108.**

[8)] **Habersack, Deutsche Gesetze Nr. 53.**

[9)] **Habersack, Deutsche Gesetze Nr. 90.**

[10)] **Habersack, Deutsche Gesetze Nr. 83.**

7. gerichtlichen Vergleichen, Schiedssprüchen und Schiedsvergleichen in Arbeitsstreitigkeiten (§ 54 Absatz 2, §§ 62, 109 ArbGG) sowie Anerkenntnissen und gerichtlichen Vergleichen nach § 199 Absatz 1 Nummer 3 SGG;
8. Widerrufbescheiden der Entschädigungsbehörden, soweit die Entscheidungsformel die Verpflichtung zur Rückzahlung bestimmter Beträge enthält (§ 205 des Bundesentschädigungsgesetzes (BEG));
9. Verwaltungsakten nach dem Sozialgesetzbuch gemäß § 66 Absatz 4 des Zehnten Buches Sozialgesetzbuch – Sozialverwaltungsverfahren und Sozialdatenschutz – (SGB X);
10. Vergleichen vor den Einigungsstellen in Wettbewerbssachen (§ 15 Absatz 7 des Gesetzes gegen den unlauteren Wettbewerb (UWG)[1]);
11. vom Präsidenten der Notarkammer ausgestellten, mit der Bescheinigung der Vollstreckbarkeit und dem Siegel der Notarkammer versehenen Zahlungsaufforderungen wegen rückständiger Beiträge (§ 73 Absatz 2 der Bundesnotarordnung (BNotO)[2]) wegen der von der Notarkammer festgesetzten Zwangsgelder (§ 74 Absatz 2 BNotO) oder wegen der der Notarkammer zukommenden Beträge aus Notariatsverwaltungen (§ 59 Absatz 1 Satz 3 BNotO); ferner aus von dem Präsidenten der Notarkasse in München und dem Präsidenten der Ländernotarkasse in Leipzig ausgestellten, mit der Bescheinigung der Vollstreckbarkeit versehenen Zahlungsaufforderungen wegen rückständiger Abgaben (§ 113 Absatz 17 Satz 8 BNotO) und festgesetzter Zwangsgelder (§ 113 Absatz 18 BNotO);
12. vom Schatzmeister der Rechtsanwaltskammer erteilten, mit der Bescheinigung der Vollstreckbarkeit versehenen beglaubigten Abschriften der Bescheide des Vorstandes der Rechtsanwaltskammer über die Festsetzung eines Zwangsgeldes (§ 57 Absatz 4 BRAO[3]) und vom Schatzmeister der Patentanwaltskammer erteilten, mit der Bescheinigung der Vollstreckbarkeit versehenen beglaubigten Abschriften der Bescheide des Vorstandes der Patentanwaltskammer über die Festsetzung eines Zwangsgeldes (§ 50 Absatz 4 der Patentanwaltsordnung (PAO));
13. vom Schatzmeister der Rechtsanwaltskammer ausgestellten, mit der Bescheinigung der Vollstreckbarkeit versehenen Zahlungsaufforderungen wegen rückständiger Beiträge (§ 84 Absatz 1 BRAO) und vom Schatzmeister der Patentanwaltskammer ausgestellten, mit der Bescheinigung der Vollstreckbarkeit versehenen Zahlungsaufforderungen wegen rückständiger Beiträge (§ 77 Absatz 1 PAO);
14. vom Vorsitzenden der Kammer des Anwaltsgerichts erteilten, mit der Bescheinigung der Rechtskraft versehenen beglaubigten Abschriften der Entscheidungsformel über die Verhängung einer Geldbuße und der Kostenfestsetzungsbeschlüsse in Verfahren vor dem Ehrengericht (§ 204 Absatz 3, § 205 Absatz 1 BRAO);
15. Kostenfestsetzungs- und Kostenerstattungsbeschlüssen im die Todeserklärungen betreffenden Verfahren (§ 38 des Verschollenheitsgesetzes[4]);
16. Kostenfestsetzungsbeschlüssen in Strafsachen (§ 464b StPO);

---

[1] **Habersack, Deutsche Gesetze Nr. 73.**
[2] Nr. **98a**.
[3] Nr. **98**.
[4] Nr. **45**.

17. gerichtlichen Kostenfestsetzungsbeschlüssen in Bußgeldsachen (§ 46 Absatz 1 des Gesetzes über Ordnungswidrigkeiten (OWiG)[1] in Verbindung mit § 464b StPO);
18. Vergütungsfestsetzungsbeschlüssen nach § 11 des Rechtsanwaltsvergütungsgesetzes (RVG)[2];
19. mit der Vollstreckungsklausel versehenen Ausfertigungen der Kostenberechnungen der Notare und Notariatsverwalter (§ 89 des Gerichts- und Notarkostengesetzes (GNotKG)[3]; § 58 Absatz 2 und 3 BNotO);
20. den von einer Urkundsperson des Jugendamtes beurkundeten Verpflichtungen zur Erfüllung von Unterhaltsansprüchen nach § 59 Absatz 1 Satz 1 Nummer 3 oder 4 des Achten Buches Sozialgesetzbuch – Kinder- und Jugendhilfe – (SGB VIII)[4] in Verbindung mit § 60 SGB VIII;
21. mit der Vollstreckungsklausel versehenen Ausfertigungen von Niederschriften und Festsetzungsbescheiden einer Wasser- und Schifffahrtsdirektion (§ 38 des Bundeswasserstraßengesetzes (WaStrG)[5]);
22. Niederschriften über eine Einigung und Festsetzungsbescheiden über Entschädigungen und Ersatzleistungen nach § 52 des Bundesleistungsgesetzes;
23. Niederschriften über eine Einigung und Beschlüssen über Leistungen, Geldentschädigungen oder Ausgleichszahlungen nach § 122 des Baugesetzbuches (BauGB)[6];
24. Niederschriften über eine Einigung und Entscheidungen über Entschädigungsleistungen oder sonstige Leistungen nach § 104 des Bundesberggesetzes (BBergG);
25. rechtskräftig bestätigten Insolvenzplänen in Verbindung mit der Eintragung in die Tabelle (§ 257 InsO[7]) sowie rechtskräftig bestätigten Restrukturierungsplänen (§ 71 StaRUG[8]);
26. Eintragungen in die Insolvenztabelle nach § 201 Absatz 2 InsO;
27. Beschlüssen über die Eröffnung des Insolvenzverfahrens (§§ 34, 148 InsO);
28. Auszügen aus dem Schuldenbereinigungsplan in Verbindung mit dem Feststellungsbeschluss des Insolvenzgerichts nach § 308 Absatz 1 InsO;
29. Vergütungsfestsetzungsbeschlüssen des Insolvenzgerichts bei Nichteröffnung des Verfahrens (§ 26a InsO);
30. Beitragsbescheiden des Trägers der Insolvenzsicherung (§ 10 Absatz 4 Betriebsrentengesetz (BetrAVG));
31. Vergleichen vor der Schiedsstelle wegen der Wahrnehmung von Urheberrechten und verwandten Schutzrechten durch Verwertungsgesellschaften (§ 102 Absatz 2 Satz 2 Verwertungsgesellschaftengesetz (VGG)[9]);
32. angenommenen Einigungsvorschlägen der Schiedsstelle wegen der Wahrnehmung von Urheberrechten und verwandten Schutzrechten durch Verwertungsgesellschaften (§ 105 Absatz 5 VGG);

---

[1] **Habersack, Deutsche Gesetze Nr. 94.**
[2] **Habersack, Deutsche Gesetze Nr. 117.**
[3] **Habersack, Deutsche Gesetze Nr. 119.**
[4] Nr. **46**.
[5] ***Sartorius* Nr. 971.**
[6] **Sartorius Nr. 300.**
[7] **Habersack, Deutsche Gesetze Nr. 110.**
[8] Nr. **110e**.
[9] Nr. **65a**.

33. Kostenfestsetzungsbeschlüssen des Deutschen Patent- und Markenamtes als Aufsichtsbehörde nach dem VGG (§ 122 Absatz 3 VGG).

§ 39 Landesrechtliche Schuldtitel (§ 801 ZPO[1]). Hat der Gerichtsvollzieher Zweifel, ob ein landesrechtlicher Schuldtitel nach § 801 ZPO vollstreckbar ist, so legt er ihn seiner vorgesetzten Dienststelle zur Prüfung der Vollstreckbarkeit vor.

§ 40[2] Ausländische Schuldtitel, die keiner besonderen Anerkennung bedürfen. (1) [1]Schuldtitel nach den in § 1 Absatz 1 des Anerkennungs- und Vollstreckungsausführungsgesetzes (AVAG)[3] genannten zwischenstaatlichen Verträgen und europarechtlichen Verordnungen oder §§ 36 folgende des Auslandsunterhaltsgesetzes (AUG)[4] bedürfen keiner besonderen Anerkennung; sie sind nach der Erteilung der Vollstreckungsklausel aufgrund des Beschlusses des Vorsitzenden einer Kammer beim Landgericht oder des Familiengerichts zur Zwangsvollstreckung geeignet. [2]Solange die Rechtsbehelfsfrist nach Zustellung der Entscheidung über die Zulassung der Zwangsvollstreckung noch nicht abgelaufen oder über einen Rechtsbehelf noch nicht entschieden ist, darf die Zwangsvollstreckung über Maßregeln der Sicherung nicht hinausgehen (§§ 18 folgende AVAG oder §§ 41, 49 folgende AUG). [3]Gepfändetes Geld ist zu hinterlegen. [4]Der Gläubiger kann die Zwangsvollstreckung ohne Einschränkung fortsetzen, wenn dem Gerichtsvollzieher ein Zeugnis des Urkundsbeamten der Geschäftsstelle vorgelegt wird, wonach die Zwangsvollstreckung unbeschränkt stattfinden darf (§§ 23 folgende AVAG oder §§ 53 folgende AUG).

(2) [1]Aus einem Titel, der in einem anderen Mitgliedstaat der Europäischen Union nach der Verordnung (EG) Nr. 805/2004[5] des Europäischen Parlaments und des Rates vom 21. April 2004 zur Einführung eines Europäischen Vollstreckungstitels für unbestrittene Forderungen (ABl. L 143 vom 30.4.2004, S. 15, ber. ABl. L 97 vom 15.4.2005, S. 64, ber. ABl. L 50 vom 23.2.2008, S. 71) bestätigt worden ist, findet die Zwangsvollstreckung statt, ohne dass es einer Vollstreckungsklausel bedarf (§ 1082 ZPO[1]). [2]Einer deutschen Übersetzung bedarf es nicht, wenn die Bestätigung ausschließlich aus dem nach der Verordnung zu verwendenden Formblatt besteht, welches ausgefüllt (nur durch die Eintragung von Namen, Zahlen und das Ankreuzen von Kästchen) und nicht mit weiteren Zusätzen versehen ist.

(3) [1]Aus für vollstreckbar erklärten Europäischen Zahlungsbefehlen nach der Verordnung (EG) Nr. 1896/2006[6] des Europäischen Parlaments und des Rates vom 12. Dezember 2006 zur Einführung eines Europäischen Mahnverfahrens (ABl. L 399 vom 30.12.2006, S. 1, ber. ABl. L 46 vom 21.2.2008, S. 52, ber. ABl. L 333 vom 11.12.2008, S. 17), findet die Zwangsvollstreckung statt (§ 794 Absatz 1 Nummer 6 ZPO), ohne dass es einer Vollstreckungsklausel bedarf (§ 1093 ZPO). [2]Einer deutschen Übersetzung bedarf es nicht, wenn die Bestätigung ausschließlich aus dem nach der Verordnung zu verwendenden Formblatt besteht, welches ausgefüllt (nur durch die Eintragung von Namen, Zahlen und das Ankreuzen von Kästchen) und nicht mit weiteren Zusätzen versehen ist.

---

[1] **Habersack, Deutsche Gesetze Nr. 100.**

[2] § 40 Abs. 1 Satz 1 neu gef., Sätze 2 und 4 geänd., Abs. 5 angef. mWv 1.1.2019 durch Bek. v. 23.11. 2018 (JMBl. S. 122).

[3] Nr. **103a**.

[4] Nr. **103o**.

[5] Nr. **103f**.

[6] Nr. **103g**.

(4) [1] Aus einem Titel, der in einem Mitgliedsstaat der Europäischen Union nach der Verordnung (EG) Nr. 861/2007[1)] des Europäischen Parlaments und des Rates vom 11. Juli 2007 zur Einführung eines europäischen Verfahrens für geringfügige Forderungen (ABl. L 199 vom 31.7.2007, S. 1) ergangen ist, findet die Zwangsvollstreckung im Inland statt, ohne dass es einer Vollstreckungsklausel bedarf (§ 1107 ZPO). [2] Einer deutschen Übersetzung bedarf es nicht, wenn die Bestätigung ausschließlich aus dem nach der Verordnung zu verwendenden Formblatt besteht, welches ausgefüllt (nur durch die Eintragung von Namen, Zahlen und das Ankreuzen von Kästchen) und nicht mit weiteren Zusätzen versehen ist.

(5) [1] Aus Titeln eines anderen Mitgliedstaats der Europäischen Union, die nach der Verordnung (EG) Nr. 1215/2012[2)] des Europäischen Parlaments und des Rates vom 12. Dezember 2012 über die gerichtliche Zuständigkeit und die Anerkennung der Vollstreckung von Entscheidungen in Zivil- und Handelssachen oder aus Unterhaltstiteln, die nach der Verordnung (EG) Nr. 4/2009[3)] des Europäischen Parlaments und des Rates vom 18. Dezember 2008 zu vollstrecken sind, findet die Zwangsvollstreckung statt, ohne dass es einer Vollstreckungsklausel bedarf (§ 1112 ZPO, § 30 AUG). [2] Der Antragsteller hat eine Ausfertigung der Entscheidung und eine – auf dem nach der Verordnung zu verwendenden Formblatt ausgestellte – Bescheinigung des Ursprungsgerichts vorzulegen. [3] Die Bescheinigung enthält einen Auszug der Entscheidung. [4] Der Gerichtsvollzieher darf vom Antragsteller eine Übersetzung nur verlangen, wenn er das Verfahren ohne eine solche Übersetzung nicht fortsetzen kann.

§ 41 Sonstige ausländische Schuldtitel. (1) [1] Ausländische Schuldtitel sind zur Vollstreckung nur geeignet, wenn ihre Vollstreckbarkeit durch ein deutsches Gericht anerkannt ist. [2] Die Anerkennung erfolgt durch Vollstreckungsurteil (§§ 722, 723 ZPO[4)]) oder durch Beschluss (§ 110 FamFG[5)]).

(2) Die Zwangsvollstreckung erfolgt allein auf Grund des mit der Vollstreckungsklausel versehenen deutschen Urteils oder Beschlusses, wenn diese den Inhalt des zu vollstreckenden Anspruchs wiedergeben, sonst auf Grund des deutschen Urteils oder Beschlusses in Verbindung mit dem ausländischen Titel.

(3) Aus einem ausländischen Schiedsspruch findet die Zwangsvollstreckung ebenfalls nur statt, wenn die vollstreckbare Ausfertigung einer Entscheidung des deutschen Gerichts vorgelegt wird, durch die der Schiedsspruch für vorläufig vollstreckbar erklärt worden ist.

(4) [1] Diese Vorschriften gelten nicht, soweit Staatsverträge oder Rechtsakte der Europäischen Union etwas anderes bestimmen (vergleiche auch § 97 FamFG und § 40). [2] Wird der Gerichtsvollzieher beauftragt, aus einem ausländischen Titel zu vollstrecken, der nicht den Erfordernissen der Absätze 1 bis 3 entspricht, und ist er im Zweifel, ob die Vollstreckung zulässig ist, so legt er den Vorgang seiner vorgesetzten Dienstbehörde vor und wartet ihre Weisungen ab.

(5) Entscheidungen außerdeutscher Rheinschifffahrtsgerichte und außerdeutscher Moselschifffahrtsgerichte werden auf Grund einer vom Rheinschifffahrtsobergericht Köln beziehungsweise einer vom Moselschifffahrtsobergericht mit der

---

1) *Nr. 103e.*
2) Nr. **103**.
3) Nr. **21d**.
4) **Habersack, Deutsche Gesetze Nr. 100.**
5) **Habersack, Deutsche Gesetze Nr. 112.**

Vollstreckungsklausel versehenen Ausfertigung vollstreckt (§ 21 des Gesetzes über das gerichtliche Verfahren in Binnenschifffahrtssachen).

3. Vollstreckungsklausel

§ 42 Prüfungspflicht des Gerichtsvollziehers. (1) [1]Der Gerichtsvollzieher prüft in jedem Falle die Notwendigkeit, das Vorhandensein, die Form und den Wortlaut der Vollstreckungsklausel. [2]Soweit die Vollstreckung für oder gegen andere als im Schuldtitel oder der Vollstreckungsklausel bezeichnete Personen erfolgt, sind die Besonderheiten nach §§ 727 bis 730 ZPO[1)] zu beachten.

(2) [1]Es ist nicht erforderlich, dass die Vollstreckungsklausel genau den vom Gesetz festgelegten Wortlaut hat (§ 725 ZPO). [2]Sie muss aber inhaltlich der gesetzlichen Fassung entsprechen, insbesondere die Zwangsvollstreckung als Zweck hervorheben und den Gläubiger ausreichend bezeichnen.

(3) Das Zeugnis über die Rechtskraft (§ 706 ZPO) ersetzt die Vollstreckungsklausel nicht.

(4) Sind in dem Schuldtitel oder in der Vollstreckungsklausel Beschränkungen ausgesprochen, etwa hinsichtlich des Gegenstandes der Zwangsvollstreckung oder des beizutreibenden Betrags, so darf der Gerichtsvollzieher bei seiner Vollstreckungstätigkeit die Grenzen nicht überschreiten, die ihm hierdurch gezogen sind.

(5) Ein Schuldtitel, in dem als Gläubiger oder Schuldner ein Einzelkaufmann mit seiner Firma bezeichnet ist, ist nicht für oder gegen den jeweiligen Firmeninhaber vollstreckbar.

(6) Tritt auf Seiten des Gläubigers die Rechtsnachfolge erst nach Beginn der Zwangsvollstreckung ein, so darf die Zwangsvollstreckung für den Rechtsnachfolger erst fortgesetzt werden, wenn die Vollstreckungsklausel auf diesen umgeschrieben und dem Schuldner zugestellt ist.

§ 43[2)] Zuständigkeit für die Erteilung der Vollstreckungsklausel. Die vollstreckbare Ausfertigung erteilt:

1. bei gerichtlichen Entscheidungen und Vergleichen grundsätzlich der Urkundsbeamte der Geschäftsstelle des Gerichts erster Instanz; ist der Rechtsstreit bei einem höheren Gericht anhängig, so kann die vollstreckbare Ausfertigung auch von dem Urkundsbeamten der Geschäftsstelle dieses Gerichts erteilt werden (§§ 724, 725 ZPO[1)]); dies gilt auch für die Gerichte für Arbeitssachen und die Gerichte der Sozialgerichtsbarkeit;
2. in den Fällen nach § 726 Absatz 1, §§ 727 bis 729, 733, 738, 742, 744, 745 Absatz 2 und § 749 ZPO der Rechtspfleger (§ 20 Nummer 12 des Rechtspflegergesetzes[3)] (RPflG); soweit die Zuständigkeit durch landesrechtliche Bestimmung übertragen wurde, kann auch der Urkundsbeamte der Geschäftsstelle die weitere vollstreckbare Ausfertigung nach § 733 ZPO erteilen (§ 36b Absatz 1 Satz 1 Nummer 3 RPflG);
3. in den Fällen der §§ 9, 13 Absatz 4 und § 17 Absatz 3 AVAG[4)] der Urkundsbeamte der Geschäftsstelle;
4. bei Vergleichen vor Gütestellen nach § 794 Absatz 1 Nummer 1 ZPO der Urkundsbeamte der Geschäftsstelle des Amtsgerichts, in dessen Bezirk die Güte-

---

[1)] **Habersack, Deutsche Gesetze Nr. 100.**
[2)] § 43 Nr. 1 neu gef. mWv 1.1.2023 durch Bek. v. 7.12.2022 (BayMBl. Nr. 754).
[3)] **Habersack, Deutsche Gesetze Nr. 96.**
[4)] Nr. **103a**.

stelle ihren Sitz hat, soweit nicht nach landesrechtlicher Bestimmung der Vorsteher der Gütestelle zuständig ist (§ 797a ZPO);

5. bei gerichtlichen Urkunden (§ 794 Absatz 1 Nummer 5 ZPO) der Urkundsbeamte der Geschäftsstelle des Gerichts, das die Urkunde verwahrt (§ 797 Absatz 1 ZPO); eine weitere vollstreckbare Ausfertigung erteilt der Rechtspfleger (§ 20 Nummer 13 RPflG); soweit die Zuständigkeit durch landesrechtliche Bestimmung übertragen wurde, kann auch der Urkundsbeamte der Geschäftsstelle die weitere vollstreckbare Ausfertigung erteilen (§ 36b Absatz 1 Satz 1 Nummer 4 RPflG);
6. bei notariellen Urkunden der Notar oder die Behörde, welche die Urkunde verwahrt (§ 797 Absatz 2 ZPO).

4. Zustellung von Urkunden vor Beginn der Zwangsvollstreckung

§ 44 Allgemeines. (1) [1]Vor Beginn der Zwangsvollstreckung prüft der Gerichtsvollzieher, ob dem Schuldner sämtliche Urkunden zugestellt sind, welche die rechtliche Grundlage für die Zwangsvollstreckung bilden. [2]Nötigenfalls stellt der Gerichtsvollzieher diese Urkunden selbst zu.

(2) Die Zustellung auf Betreiben des Gläubigers ist entbehrlich, soweit die Urkunden zulässigerweise schon von Amts wegen zugestellt sind und die Zustellung dem Gerichtsvollzieher nachgewiesen wird.

(3) Die Vollstreckung vor Zustellung der Entscheidung an den Verpflichteten ist zulässig, wenn das Familiengericht dies angeordnet hat:

1. bei einstweiligen Anordnungen in Gewaltschutzsachen sowie in sonstigen Fällen, in denen hierfür ein besonderes Bedürfnis besteht (§ 53 Absatz 2 FamFG[1]),
2. bei Entscheidungen in Ehewohnungssachen nach § 200 Absatz 1 Nummer 1 FamFG (§ 209 Absatz 3 FamFG),
3. bei Entscheidungen in Gewaltschutzsachen (§ 216 Absatz 2 FamFG).

§ 45 Die zuzustellenden Urkunden. (1) [1]Der Schuldtitel muss dem Schuldner und den zur Duldung der Zwangsvollstreckung verurteilten Personen zugestellt sein. [2]Dies gilt nicht in den Fällen des § 44 Absatz 3 und soweit in den §§ 126, 134 und 152 etwas anderes bestimmt ist. [3]Die Vollstreckungsklausel braucht nur zugestellt zu werden, wenn

1. sie für oder gegen einen Rechtsnachfolger oder für oder gegen eine andere als die ursprüngliche Partei erteilt worden ist (zum Beispiel Erben, Nacherben, Testamentsvollstrecker, Übernehmer eines Vermögens oder eines Handelsgeschäfts, Nießbraucher, Ehegatten, Abkömmlinge),
2. es sich um ein Urteil handelt, dessen Vollstreckung von dem durch den Gläubiger zu beweisenden Eintritt einer anderen Tatsache als einer dem Gläubiger obliegenden Sicherheitsleistung abhängt, so dass die Vollstreckungsklausel erst erteilt werden konnte, nachdem dieser Nachweis geführt war (§ 726 Absatz 1 ZPO[2]).

(2) [1]Ist die Vollstreckungsklausel in den in Absatz 1 bezeichneten Fällen auf Grund öffentlicher oder öffentlich beglaubigter Urkunden erteilt worden, so müssen außer der Vollstreckungsklausel auch diese Urkunden zugestellt werden (*§ 750 Absatz 2 ZPO*). [2]Jedoch bedarf es keiner Zustellung der das Rechtsnach-

---

[1] **Habersack, Deutsche Gesetze Nr. 112.**
[2] **Habersack, Deutsche Gesetze Nr. 100.**

folgeverhältnis beweisenden öffentlichen oder öffentlich beglaubigten Urkunden, wenn der Eigentümer eines Grundstücks sich in einer Urkunde nach § 794 Absatz 1 Nummer 5 ZPO wegen einer auf dem Grundstück lastenden Hypothek, Grundschuld oder Rentenschuld der sofortigen Zwangsvollstreckung unterworfen hat und der Rechtsnachfolger des Gläubigers, dem auf Grund der Rechtsnachfolge eine vollstreckbare Ausfertigung der Urkunde erteilt ist, im Grundbuch als Gläubiger eingetragen ist. [3] Dasselbe gilt, wenn sich der Eigentümer wegen der Hypothek, Grundschuld oder Rentenschuld der sofortigen Zwangsvollstreckung in der Weise unterworfen hat, dass die Zwangsvollstreckung gegen den jeweiligen Eigentümer des Grundstücks zulässig sein soll, sofern die Unterwerfung im Grundbuch vermerkt ist und der Rechtsnachfolger, gegen den die Vollstreckungsklausel erteilt ist, im Grundbuch als Eigentümer eingetragen ist (§§ 799, 800 ZPO).

(3) [1] Hängt die Vollstreckung von einer Sicherheitsleistung des Gläubigers ab, so muss die öffentliche oder öffentlich beglaubigte Urkunde, aus der sich die Sicherheitsleistung ergibt, ebenfalls zugestellt werden (§ 751 Absatz 2 ZPO). [2] Wird die Sicherheitsleistung durch Bankbürgschaft erbracht, ist dem Gegner das Original der Bürgschaftsurkunde zu übergeben.

(4) [1] Hat der Schuldner Zug um Zug gegen eine von dem Gläubiger zu bewirkende Gegenleistung zu erfüllen, so müssen auch die öffentlichen oder öffentlich beglaubigten Urkunden zugestellt werden, aus denen sich ergibt, dass der Schuldner wegen der Gegenleistung befriedigt oder dass er im Annahmeverzug ist. [2] Dies gilt nicht, wenn der Gerichtsvollzieher die Gegenleistung selbst anbietet (§ 756 ZPO).

§ 46[1)] Zeit der Zustellung in besonderen Fällen. (1) Die Zwangsvollstreckung aus den folgenden Schuldtiteln darf nur beginnen, wenn der Titel mindestens zwei Wochen vorher zugestellt ist:

1. aus einem Kostenfestsetzungsbeschluss, der nicht auf das Urteil gesetzt ist, aus Beschlüssen nach § 794 Absatz 1 Nummer 4b ZPO[2)] sowie aus den nach § 794 Absatz 1 Nummer 5 ZPO aufgenommenen Urkunden;
2. aus Kostenentscheidungen ausländischer Gerichte, die auf Grund zwischenstaatlicher Vereinbarungen und der Ausführungsgesetze hierzu für vollstreckbar erklärt wurden,[3)]
3. aus den mit der Vollstreckungsklausel des Notars oder Notariatsverwalters versehenen Ausfertigungen seiner Kostenberechnungen (§ 89 GNotKG[4)], § 58 Absatz 2 und 3 BNotO[5)]);
4. aus der in § 38 Nummer 13 aufgeführten, vom Schatzmeister der Rechtsanwaltskammer bzw. Patentanwaltskammer ausgestellten vollstreckbaren Zahlungsaufforderung (§ 84 Absatz 2 BRAO[6)], § 77 Absatz 2 PAO).

(2) [1] Die Sicherungsvollstreckung nach § 720a ZPO darf nur beginnen, wenn das Urteil mindestens zwei Wochen vorher zugestellt wurde. [2] Im Falle des § 750 Absatz 2 ZPO gilt dies auch für die Vollstreckungsklausel und die Abschriften der öffentlichen oder öffentlich beglaubigten Urkunden, die der Vollstreckungsklausel zugrunde liegen (§ 750 Absatz 3 ZPO).

[1)] § 46 Abs. 1 Nr. 3 und 4 geänd. mWv 1.10.2016 durch Bek. v. 5.9.2016 (JMBl. S. 98).
[2)] **Habersack, Deutsche Gesetze Nr. 100.**
[3)] Zeichensetzung amtlich.
[4)] **Habersack, Deutsche Gesetze Nr. 119.**
[5)] Nr. **98a**.
[6)] Nr. **98**.

(3) Die Zwangsvollstreckung aus der Niederschrift über die Einigung nach § 38 des Bundeswasserstraßengesetzes[1] findet statt, wenn die vollstreckbare Ausfertigung mindestens eine Woche vorher zugestellt ist.

5. Außenwirtschaftsverkehr und Devisenverkehr

§ 47[2] Vollstreckungsbeschränkungen im Außenwirtschaftsverkehr.

(1) [1] Der Gerichtsvollzieher hat die Vollstreckungsbeschränkungen zu beachten, die sich für den Außenwirtschaftsverkehr aus dem Außenwirtschaftsgesetz (AWG) und der Außenwirtschaftsverordnung (AWV) ergeben. [2] Außenwirtschaftsverkehr ist gemäß § 1 Absatz 1 Satz 1 AWG:

1. der Güter-, Dienstleistungs-, Kapital-, Zahlungs- und sonstige Wirtschaftsverkehr mit dem Ausland,
2. der Verkehr mit Auslandswerten und Gold zwischen Inländern.

(2) [1] Ist nach den in Absatz 1 Satz 1 genannten Vorschriften zur Leistung des Schuldners eine Genehmigung erforderlich, so ist die Zwangsvollstreckung nur zulässig, wenn und soweit diese Genehmigung erteilt ist. [2] Soweit Vermögenswerte nur mit Genehmigung erworben oder veräußert werden dürfen, gilt dies auch für den Erwerb und die Veräußerung im Wege der Zwangsvollstreckung (§ 16 Absatz 2 Satz 2 AWG).

(3) Eine Genehmigung ist nicht erforderlich für die Vollziehung von Arresten und einstweiligen Verfügungen, die lediglich der Sicherung des zugrunde liegenden Anspruchs dienen (§ 16 Absatz 1 Satz 3 AWG).

(4) [1] Der Gerichtsvollzieher braucht im Hinblick auf § 16 Absatz 1 Satz 1 und 2 AWG die Erteilung der Genehmigung vom Gläubiger vor der Vollstreckung nur nachweisen zu lassen, wenn vollstreckt werden soll

1. aus einer gerichtlichen Entscheidung, die ohne Vollstreckungsklausel zur Zwangsvollstreckung geeignet ist (vergleiche § 35 Absatz 3 bis 5) und den Vorbehalt enthält, dass die Leistung oder Zwangsvollstreckung erst erfolgen darf, wenn die dazu erforderliche Genehmigung erteilt ist, oder
2. aus einem Titel, der gemäß §§ 727 bis 729 ZPO[3] auf einen Rechtsnachfolger des Gläubigers oder des Schuldners umgeschrieben ist, sofern der Rechtsnachfolger seinen Wohnsitz, seinen gewöhnlichen Aufenthalt, den Sitz oder den Ort der Leitung oder Verwaltung im Ausland (vergleiche Absatz 1 Satz 2 Nummer 1) hat.

[2] Hat der Gerichtsvollzieher begründete Zweifel, ob zur Zwangsvollstreckung eine Genehmigung nach den in Absatz 1 Satz 1 genannten Vorschriften erforderlich ist, so gibt er dem Gläubiger auf, eine solche Genehmigung oder eine Bescheinigung der Deutschen Bundesbank, der obersten Wirtschaftsbehörde des Landes oder der sonst zuständigen Stelle beizubringen, wonach gegen die Zwangsvollstreckung keine außenwirtschaftsrechtlichen Bedenken bestehen. [3] Die Vorlage einer solchen Bescheinigung gibt der Gerichtsvollzieher dem Gläubiger auch dann auf, wenn dieser geltend macht, dass ein im Titel enthaltener Genehmigungsvorbehalt inzwischen gegenstandslos geworden sei.

---

[1] **Sartorius Nr. 971.**

[2] § 47 Abs. 1 Satz 2 neu gef., Abs. 2 Satz 2, Abs. 3 und 4 Satz 1 einl. Satzteil, Nr. 2 und Satz 2 geänd. mWv 1.1.2019 durch Bek. v. 23.11.2018 (JMBl. S. 122).

[3] **Habersack, Deutsche Gesetze Nr. 100.**

IV. Zwangsvollstreckung in besonderen Fällen

1. Fälle, in denen der Gerichtsvollzieher bestimmte besondere Voraussetzungen der Zwangsvollstreckung festzustellen hat

§ 48 Abhängigkeit der Zwangsvollstreckung von einer Sicherheitsleistung des Gläubigers (§ 751 Absatz 2, § 752 ZPO[1)]). (1) [1] Ist die Zwangsvollstreckung von einer Sicherheitsleistung des Gläubigers abhängig und beabsichtigt dieser nur wegen eines bezifferten oder ohne weiteres bezifferbaren Teilbetrages einer Geldforderung zu vollstrecken, so hat er die entsprechende Teilsicherheitsleistung nachzuweisen. [2] Der Gerichtsvollzieher prüft, ob die geleistete Teilsicherheit für die beantragte Teilvollstreckung ausreicht, andernfalls führt er die Teilvollstreckung nur in der Höhe aus, die der Teilsicherheit entspricht. [3] Bei der Berechnung ist von der in dem Urteil angegebenen Gesamtsicherheit (auch bei weiteren Teilvollstreckungen) und von dem Gesamtbetrag der Vollstreckungsforderung zur Zeit der Auftragserteilung, der sich aus der von dem Gläubiger vorzulegenden Forderungsaufstellung ergibt, auszugehen. [4] Der Gläubiger kann mehrfach Teilvollstreckung bei Nachweis weiterer Teilsicherheiten verlangen. [5] Ist bei einer Verurteilung zu verschiedenartigen Leistungen die Gesamtsicherheit für die Geldleistung nicht gesondert ausgewiesen, kommt eine Teilvollstreckung gegen Teilsicherheitsleistung nicht in Betracht. [6] Die Höhe des zulässigen Betrages für eine Teilvollstreckung errechnet sich wie folgt:

$$\frac{\text{Teilsicherheitsleistung} \times \text{Gesamtbetrag der zu vollstreckenden Forderung}}{\text{Gesamtsicherheitsleistung}}$$

[7] Die Höhe einer Teilsicherheitsleistung kann wie folgt errechnet werden:

$$\frac{\text{Zu vollstreckender Teilbetrag} \times \text{Gesamtsicherheitsleistung}}{\text{Gesamtbetrag der zu vollstreckenden Forderung}}$$

[8] Soweit der Gerichtsvollzieher die Teilvollstreckung durchführt, vermerkt er dies zusammen mit Art, Höhe und Datum der geleisteten Sicherheit und – bei der ersten Teilvollstreckung – mit dem Gesamtbetrag der zu vollstreckenden Forderung auf dem Titel. [9] Eine Teilvollstreckung ist auch bei einer entsprechenden Gegensicherheitsleistung des Gläubigers im Falle des § 711 Satz 1 ZPO möglich.

(2) Von dem Nachweis der Sicherheitsleistung hat der Gerichtsvollzieher abzusehen:

1. wenn die Entscheidung rechtskräftig geworden ist und der Urkundsbeamte der Geschäftsstelle dies auf dem Schuldtitel bescheinigt hat,
2. wenn ihm ein vorläufig vollstreckbares Berufungsurteil gegen das Urteil erster Instanz vorgelegt wird (§ 708 Nummer 10 ZPO),
3. wenn ihm die Entscheidung eines Gerichts vorgelegt wird, durch die gemäß §§ 537, 558 und 718 ZPO die vorläufige Vollstreckbarkeit ohne Sicherheitsleistung angeordnet worden ist,
4. wenn die Sicherungsvollstreckung betrieben wird (§§ 720a, 795 Satz 2 ZPO).

§ 49 Hinweis bei Sicherungsvollstreckung (§§ 720a, 795 Satz 2, § 930 ZPO[1)]). Hat der Gläubiger aus einem nur gegen Sicherheitsleistung vorläufig vollstreckbaren Urteil gemäß § 720a ZPO ohne Sicherheitsleistung pfänden lassen und erscheint ein Antrag auf Versteigerung erforderlich, weil die gepfändete Sache der Gefahr einer beträchtlichen Wertminderung ausgesetzt ist oder ihre Auf-

---

[1)] **Habersack, Deutsche Gesetze Nr. 100.**

bewahrung unverhältnismäßig hohe Kosten verursachen würde, so soll der Gerichtsvollzieher die Beteiligten darauf hinweisen.

2. Zwangsvollstreckung gegen juristische Personen des öffentlichen Rechts

§ 50 Zwangsvollstreckung gegen den Bund und die Länder sowie gegen Körperschaften, Anstalten und Stiftungen des öffentlichen Rechts (§ 882a ZPO[1)], § 15 Nummer 3 EGZPO[2)]). (1) [1] In den Fällen der Zwangsvollstreckung gegen den Bund und die Länder sowie gegen Körperschaften, Anstalten und Stiftungen des öffentlichen Rechts mit Ausnahme von Gemeinden und Gemeindeverbänden ist nur der Gerichtsvollzieher zuständig, der auf Antrag des Gläubigers vom Vollstreckungsgericht besonders dazu bestimmt worden ist. [2] Er lässt sich vom Gläubiger die Erstattung der Anzeige nach § 882a Absatz 1 Satz 1 ZPO und den Zeitpunkt ihres Eingangs bei der zuständigen Stelle nachweisen. [3] Der Nachweis ist aktenkundig zu machen. [4] Er wird in der Regel durch die Empfangsbescheinigung zu führen sein, die dem Gläubiger vom Schuldner auszustellen ist.

(2) Bei der Zwangsvollstreckung wegen einer Geldforderung gegen eine Gemeinde oder einen Gemeindeverband beachtet der Gerichtsvollzieher, soweit nicht dingliche Rechte verfolgt werden, die besonderen landesrechtlichen Bestimmungen (zum Beispiel die Gemeindeordnung oder die Kreisordnung).

3. Zwangsvollstreckung während eines Insolvenzverfahrens

§ 51[3)] [Zwangsvollstreckung während eines Insolvenzverfahrens]

(1) Der Beschluss, durch den ein Insolvenzverfahren eröffnet wird, ist ein vollstreckbarer Titel zugunsten des Verwalters auf Herausgabe der Masse und auf Räumung der im Besitz des Schuldners befindlichen Räume.

(2) [1] Eine Benennung der zur Masse gehörenden Gegenstände ist weder für den Eröffnungsbeschluss vorgesehen noch in der Vollstreckungsklausel nötig. [2] Die mit der Vollstreckung zu erfassenden Gegenstände bezeichnet der Verwalter in seinem Auftrag an den Gerichtsvollzieher. [3] Der Insolvenzverwalter kann zur Sicherung der Sachen, die zur Insolvenzmasse gehören, durch den Gerichtsvollzieher Siegel anbringen lassen (§ 150 Satz 1 InsO[4)]).

(3) [1] Während der Dauer eines Insolvenzverfahrens finden Zwangsvollstreckungen und Arreste zugunsten einzelner Insolvenzgläubiger (§ 38 InsO) in die Insolvenzmasse und in das sonstige Vermögen des Schuldners (§ 89 Absatz 1 InsO) nicht statt. [2] Einen Auftrag zu solchen Zwangsvollstreckungen lehnt der Gerichtsvollzieher ab. [3] Hat ein Insolvenzgläubiger im letzten Monat vor dem Antrag auf Eröffnung des Insolvenzverfahrens oder nach diesem Antrag durch Zwangsvollstreckung eine Sicherung an dem zur Insolvenzmasse gehörenden Vermögen des Schuldners erlangt, so wird diese Sicherung mit der Eröffnung des Verfahrens unwirksam (§ 88 Absatz 1, § 139 InsO). [4] Wird ein Verbraucherinsolvenzverfahren eröffnet, so beträgt die Frist drei Monate (§ 88 Absatz 2 InsO). [5] § 120 Absatz 2 ist zu beachten.

[1)] **Habersack, Deutsche Gesetze Nr. 100.**

[2)] **Habersack, Deutsche Gesetze Nr. 101.**

[3)] § 51 Abs. 3 Satz 3 geänd., Satz 4 neu gef., Abs. 4 Satz 1 Nr. 3 geänd., Abs. 6 Satz 1, Abs. 7 neu gef. mWv 1.1.2023 durch Bek. v. 7.12.2022 (BayMBl. Nr. 754).

[4)] **Habersack, Deutsche Gesetze Nr. 110.**

(4) [1] Während des Insolvenzverfahrens ist die Zwangsvollstreckung zulässig:

1. wegen der Ansprüche gegen den Schuldner, die erst nach der Insolvenzeröffnung entstanden sind, in das bei Anwendung der §§ 35 bis 37 InsO nicht zur Insolvenzmasse gehörende Vermögen,
2. wegen der Ansprüche auf Herausgabe von Gegenständen, die dem Schuldner nicht gehören,
3. wegen der Forderungen, für die ein Recht auf abgesonderte Befriedigung besteht, in die zur abgesonderten Befriedigung dienenden Gegenstände (§§ 50, 51 InsO), wenn der Insolvenzverwalter sie nicht in Besitz hat,
4. wegen der Masseverbindlichkeiten in die Masse.

[2] Abweichend von Satz 1 Nummer 4 sind für die Dauer von sechs Monaten seit der Eröffnung des Insolvenzverfahrens Zwangsvollstreckungsmaßnahmen wegen Masseverbindlichkeiten, die nicht durch eine Rechtshandlung des Insolvenzverwalters begründet sind, unzulässig (§ 90 Absatz 1 InsO). [3] Die Vollstreckung wegen einer Masseverbindlichkeit im Sinne des § 209 Absatz 1 Nummer 3 InsO ist ebenfalls unzulässig, sobald der Insolvenzverwalter die Masseunzulänglichkeit angezeigt hat (§ 210 InsO). [4] Eine Zwangsvollstreckung in die Masse wegen einer Sozialplanforderung ist unzulässig (§ 123 Absatz 3 Satz 2 InsO).

(5) Ist dem Gerichtsvollzieher die Eröffnung des Insolvenzverfahrens nicht nachgewiesen und auch nicht auf andere Weise, insbesondere über die öffentliche Bekanntmachung im Internet, bekannt geworden, so stellt er – soweit dies ohne Verzögerung der Zwangsvollstreckung möglich ist – durch Nachfrage bei dem zuständigen Gericht (§ 3 InsO) fest, ob das Verfahren eröffnet ist.

(6) [1] Ein ausländisches Insolvenzverfahren erfasst auch das im Inland befindliche Vermögen des Schuldners (Artikel 102c des Einführungsgesetzes zur Insolvenzordnung (EGInsO)[1)], Artikel 20 der Verordnung (EU) 2015/848[2)] des Europäischen Parlaments und des Rates vom 20. Mai 2015 über Insolvenzverfahren – ABl. L 141 S. 19, ber. 2016 L 349 S. 6). [2] Wird der Gerichtsvollzieher beauftragt, in das im Inland befindliche Vermögen des Schuldners zu vollstrecken, und ist ihm bekannt, dass im Ausland ein Insolvenzverfahren gegen den Schuldner eröffnet ist, so legt er die Akten seiner vorgesetzten Dienstbehörde vor und wartet ihre Weisungen ab. [3] Die Bestimmungen des § 47 bleiben unberührt.

(7) Nach der Entscheidung des Insolvenzgerichts über die Erlangung der Restschuldbefreiung (§ 287a InsO) ist die Zwangsvollstreckung zugunsten einzelner Insolvenzgläubiger in das Vermögen des Schuldners nicht zulässig, solange nicht die Restschuldbefreiung versagt worden ist (§ 294 Absatz 1, § 299 InsO).

4. Zwangsvollstreckung in einen Nachlass gegen den Erben

§ 52 Zwangsvollstreckung auf Grund eines Schuldtitels gegen den Erblasser, Erben, Nachlasspfleger, Nachlassverwalter oder Testamentsvollstrecker. (1) [1] *Eine Zwangsvollstreckung* oder Arrestvollziehung, die zu Lebzeiten des Schuldners bereits begonnen hat, ist nach seinem Tode ohne Weiteres in den Nachlass fortzusetzen, und zwar sowohl vor als auch nach der Annahme der Erbschaft (§ 779 Absatz 1 ZPO). [2] Die Vollstreckung ist nicht nur in die Gegenstände zulässig, in die sie bereits begonnen hat; sie kann vielmehr auf alle Gegenstände weiter ausgedehnt werden, die zum Nachlass gehören. [3] Ist die Zuziehung des Schuldners zu einer Vollstreckungshandlung notwendig, so hat das Vollstre-

---

1) **Habersack, Deutsche Gesetze Nr. 110a.**
2) Nr. **110b**.

ckungsgericht dem Erben auf Antrag des Gläubigers einen einstweiligen besonderen Vertreter zu bestellen, wenn der Erbe unbekannt ist oder wenn er die Erbschaft noch nicht angenommen hat oder wenn es ungewiss ist, ob er die Erbschaft angenommen hat (§ 779 Absatz 2 ZPO[1]). [4]In diesen Fällen darf der Gerichtsvollzieher die Zwangsvollstreckung erst fortsetzen, wenn ein solcher Vertreter bestellt ist.

(2) Hat die Zwangsvollstreckung oder Arrestvollziehung zu Lebzeiten des Schuldners noch nicht begonnen, so darf sie nur durchgeführt werden, wenn die Vollstreckungsklausel des Schuldtitels gegen den Erben, Nachlassverwalter, Nachlasspfleger oder Testamentsvollstrecker umgeschrieben ist.

1. [1]Vor der Annahme der Erbschaft kann die Vollstreckungsklausel nicht gegen den Erben umgeschrieben werden, sondern nur gegen einen Nachlasspfleger, Nachlassverwalter oder Testamentsvollstrecker (§§ 1958, 1960 Absatz 3, §§ 1961, 1984, 2213 Absatz 2 BGB[2]). [2]Die Zwangsvollstreckung auf Grund einer solchen Vollstreckungsklausel ist nur in den Nachlass zulässig, nicht auch in das übrige Vermögen des Erben (§ 778 Absatz 1 ZPO). [3]Ist die Klausel gegen einen Testamentsvollstrecker erteilt, so ist die Zwangsvollstreckung nur in die Nachlassgegenstände zulässig, die seiner Verwaltung unterliegen (§ 749 ZPO).
2. [1]Nach der Annahme der Erbschaft kann die Vollstreckungsklausel auch gegen den Erben umgeschrieben werden. [2]Auf Grund einer solchen vollstreckbaren Ausfertigung ist die Zwangsvollstreckung sowohl in den Nachlass als auch in das übrige Vermögen des Erben zulässig. [3]Sind mehrere Erben vorhanden, so ist zur Zwangsvollstreckung in den Nachlass bis zu dessen Teilung eine gegen sämtliche Erben umgeschriebene Vollstreckungsklausel erforderlich (§ 747 ZPO). [4]Wendet der Erbe ein, dass er für die Nachlassverbindlichkeiten nur beschränkt hafte, so ist er auf den Klageweg zu verweisen.

(3) Bei der Zwangsvollstreckung auf Grund eines Schuldtitels gegen den Erben, Nachlasspfleger, Nachlassverwalter oder Testamentsvollstrecker sind vor allem die §§ 747, 748, 778 und 794 Absatz 2 ZPO zu berücksichtigen.

§ 53 Vorbehalt der Beschränkung der Erbenhaftung (§§ 780 bis 785 ZPO[1]). [1]Sind Erben unter Vorbehalt der Beschränkung ihrer Haftung verurteilt, so kann der Schuldtitel ohne Rücksicht auf diese Beschränkung vollstreckt werden. [2]Widerspricht der Schuldner der Pfändung unter Berufung auf den Vorbehalt der Beschränkung seiner Haftung, so führt der Gerichtsvollzieher die Pfändung ohne Rücksicht auf diesen Widerspruch durch und verweist den Schuldner mit seinen Einwendungen nach §§ 785 und 767 ZPO an das Gericht.

5. Zwangsvollstreckung in sonstige Vermögensmassen

§ 54 Zwangsvollstreckung in das Vermögen eines nicht rechtsfähigen Vereins (§ 50 Absatz 2, §§ 735, 736 ZPO[1]). (1) [1]Zur Zwangsvollstreckung in das Vermögen eines nicht rechtsfähigen Vereins genügt ein Schuldtitel gegen den Verein, vertreten durch den Vorstand. [2]Aus einem solchen Schuldtitel findet jedoch die Zwangsvollstreckung in das in Gewahrsam der Vereinsmitglieder befindliche Vereinsvermögen nur statt, soweit sie den Gewahrsam als Organ des Vereins haben.

[1] **Habersack, Deutsche Gesetze Nr. 100.**
[2] **Habersack, Deutsche Gesetze Nr. 20.**

(2) Hat der Gläubiger wegen einer Vereinsschuld einen Schuldtitel gegen alle Vereinsmitglieder erwirkt, so erfolgt die Zwangsvollstreckung nach den Bestimmungen über die Vollstreckung gegen die Gesellschaft bürgerlichen Rechts (§ 55).

§ 55[1)] Zwangsvollstreckung in das Gesellschaftsvermögen einer Gesellschaft bürgerlichen Rechts (GbR) (§ 722 BGB, § 736 ZPO, § 45 EGZPO[2)]). (1) [1] Zur Zwangsvollstreckung in das Gesellschaftsvermögen einer nach §§ 705 bis 739 BGB[3)] begründeten rechtsfähigen Gesellschaft bürgerlichen Rechts (GbR) ist ein Schuldtitel gegen die Gesellschaft erforderlich. [2] Dies gilt nicht für die Zwangsvollstreckung aus einem vor dem 1. Januar 2024 erwirkten Schuldtitel gegen alle Gesellschafter. [3] Aus einem Schuldtitel gegen die Gesellschaft findet die Zwangsvollstreckung in das Privatvermögen der Gesellschafter nicht statt.

(2) Bei nachträglicher Eintragung einer rechtsfähigen GbR in das Gesellschaftsregister ist § 736 ZPO[4)] zu beachten.

§ 56 Zwangsvollstreckung in das Gesellschaftsvermögen einer offenen Handelsgesellschaft (OHG) oder einer Kommanditgesellschaft (KG) (§ 124 Absatz 2, § 129 Absatz 4, § 161 Absatz 2 HGB[5)]). [1] Zur Zwangsvollstreckung in das Gesellschaftsvermögen einer offenen Handelsgesellschaft (OHG) oder einer Kommanditgesellschaft (KG) ist ein Schuldtitel gegen die Gesellschaft erforderlich. [2] Die Verurteilung sämtlicher Gesellschafter genügt nicht. [3] Andererseits findet aus einem Schuldtitel gegen die Gesellschaft die Zwangsvollstreckung in das Privatvermögen der Gesellschafter nicht statt.

§ 57 Zwangsvollstreckung in ein Vermögen, an dem ein Nießbrauch besteht (§§ 737, 738 ZPO) (1) [1] Bei dem Nießbrauch an einem Vermögen ist wegen der Verbindlichkeiten des Bestellers, die vor der Bestellung des Nießbrauchs entstanden sind, die Zwangsvollstreckung in die dem Nießbrauch unterliegenden Gegenstände ohne Rücksicht auf den Nießbrauch zulässig, wenn der Besteller zur Leistung und der Nießbraucher zur Duldung der Zwangsvollstreckung verurteilt ist. [2] Dasselbe gilt bei dem Nießbrauch an einer Erbschaft für die Nachlassverbindlichkeiten (§ 737 ZPO[4)]). [3] § 794 Absatz 2 ZPO ist zu berücksichtigen.

(2) Ist der Nießbrauch an einem Vermögen oder an einer Erbschaft bestellt worden, nachdem die Schuld des Bestellers oder des Erblassers rechtskräftig festgestellt war, so muss der Schuldtitel zum Zweck der Zwangsvollstreckung in die dem Nießbrauch unterworfenen Gegenstände auch mit der Vollstreckungsklausel gegen den Nießbraucher versehen sein (§ 738 ZPO).

V. Verhalten bei der Zwangsvollstreckung

§ 58 Allgemeines. (1) [1] Bei der Zwangsvollstreckung wahrt der Gerichtsvollzieher neben dem Interesse des Gläubigers auch das des Schuldners, soweit dies *ohne Gefährdung des Erfolgs der Zwangsvollstreckung* geschehen kann. [2] Er vermeidet jede unnötige Schädigung oder Ehrenkränkung des Schuldners und die Erregung überflüssigen Aufsehens. [3] Er ist darauf bedacht, dass nur die unbedingt notwendigen Kosten und Aufwendungen entstehen.

---

1) § 55 neu gef. mWv 1.5.2024 durch Bek. v. 22.3.2024 (BayMBl. Nr. 179).
2) **Habersack, Deutsche Gesetze Nr. 101.**
3) **Habersack, Deutsche Gesetze Nr. 20.**
4) **Habersack, Deutsche Gesetze Nr. 100.**
5) **Habersack, Deutsche Gesetze Nr. 50.**

(2) Auf etwaige Wünsche des Gläubigers oder des Schuldners hinsichtlich der Ausführung der Zwangsvollstreckung nimmt der Gerichtsvollzieher Rücksicht, soweit es ohne überflüssige Kosten und Schwierigkeiten und ohne Beeinträchtigung des Zwecks der Vollstreckung geschehen kann.

§ 59 Leistungsaufforderung an den Schuldner. (1) [1]Vor Beginn der Zwangsvollstreckung setzt der Gerichtsvollzieher den Schuldner über die bevorstehende Zwangsvollstreckung nicht in Kenntnis. [2]Die Vorschriften des § 802f Absatz 1 Satz 1 ZPO[1)], des § 128 Absatz 2 und § 145 Absatz 1 Satz 2 bleiben hiervon unberührt. [3]Jedoch kann der Gerichtsvollzieher einen Schuldner vor der Vornahme einer Zwangsvollstreckung unter Hinweis auf die Kosten der Zwangsvollstreckung auffordern, binnen kurzer Frist zu leisten oder den Leistungsnachweis zu erbringen, wenn die Kosten der Zwangsvollstreckung in einem Missverhältnis zu dem Wert des Vollstreckungsgegenstandes stehen würden und der Gerichtsvollzieher mit gutem Grund annehmen kann, dass der Schuldner der Aufforderung entsprechen wird.

(2) [1]Zu Beginn der Zwangsvollstreckung fordert der Gerichtsvollzieher den Schuldner zur freiwilligen Leistung auf, sofern er ihn antrifft. [2]Trifft er nicht den Schuldner, aber eine erwachsene Person an, so weist er sich zunächst nur mit seinem Dienstausweis aus und befragt die Person, ob sie über das Geld des Schuldners verfügen darf oder aus eigenen Mitteln Zahlungen für den Schuldner bewirken möchte; bejaht die Person die Frage, fordert er sie zur freiwilligen Leistung auf.

§ 60[2)] Annahme und Ablieferung der Leistung. (1) [1]Der Gerichtsvollzieher ist verpflichtet, die ihm angebotene Leistung oder Teilleistung anzunehmen und den Empfang zu bescheinigen. [2]Leistungen, die ihm unter einer Bedingung oder einem Vorbehalt angeboten werden, weist er zurück. [3]Wird der Anspruch des Gläubigers aus dem Schuldtitel einschließlich aller Nebenforderungen und Kosten durch freiwillige oder zwangsweise Leistung an den Gerichtsvollzieher vollständig gedeckt, so übergibt der Gerichtsvollzieher dem Schuldner die vollstreckbare Ausfertigung nebst einer Quittung (§ 757 ZPO[1)]). [4]Leistet der Schuldner durch Übergabe eines Bar- oder Verrechnungsschecks, ist Absatz 3 Satz 3 und Absatz 5 zu beachten. [5]Bei einer teilweisen Leistung ist diese auf der vollstreckbaren Ausfertigung zu vermerken und dem Schuldner lediglich eine Quittung zu erteilen. [6]Im vereinfachten Vollstreckungsverfahren nach § 754a ZPO bedarf es einer Quittierung auf dem Titel oder einer Aushändigung des Titels an den Schuldner nicht. [7]Die empfangene Leistung oder den dem Gerichtsvollzieher-Dienstkonto gutgeschriebenen Gegenwert des Schecks liefert der Gerichtsvollzieher unverzüglich an den Gläubiger ab, sofern dieser nichts anderes bestimmt hat. [8]Verlangen der als Gläubigervertreter tätige Prozessbevollmächtigte oder eine dritte Person die Herausgabe der Leistung, haben sie dem Gerichtsvollzieher eine Geldempfangsvollmacht vorzulegen. [9]Für die in § 79 Absatz 2 Satz 1 und 2 Nummer 3 und 4 ZPO genannten Bevollmächtigten genügt die Versicherung der ordnungsgemäßen Bevollmächtigung (§ 753a ZPO).

[1)] **Habersack, Deutsche Gesetze Nr. 100.**

[2)] § 60 Abs. 1 Satz 6 eingef., bish. Sätze 6 und 7 werden Sätze 7 und 8 mWv 1.1.2019 durch Bek. v. 23.11.2018 (JMBl. S. 122); Abs. 1 Satz 8 aufgeh. mWv 1.1.2023 durch Bek. v. 7.12.2022 (BayMBl. Nr. 754); Abs. 1 Sätze 8 und 9 angef. mWv 1.5.2024 durch Bek. v. 22.3.2024 (BayMBl. Nr. 179).

(2) 1 Ist dem Schuldner im Schuldtitel nachgelassen, die Zwangsvollstreckung durch eine Ersatzleistung abzuwenden, so nimmt der Gerichtsvollzieher diese Leistung an. 2 Im Übrigen darf er Ersatzleistungen, die ihm der Schuldner an Erfüllungs Statt oder erfüllungshalber anbietet, nur annehmen, wenn ihn der Gläubiger hierzu ermächtigt hat.

(3) 1 Die Übergabe und die Person des Empfängers des Schuldtitels sind aktenkundig zu machen. 2 Hat der Schuldner unmittelbar an den Gläubiger oder dessen Vertreter oder Prozessbevollmächtigten vollständig geleistet, so darf der Gerichtsvollzieher dem Schuldner die vollstreckbare Ausfertigung erst nach Zustimmung

(Fortsetzung nächstes Blatt)

des Auftraggebers übergeben. [3] Bei Entgegennahme von Schecks ist dem Schuldner die vollstreckbare Ausfertigung erst auszuhändigen, wenn der Scheckbetrag dem Dienstkonto des Gerichtsvollziehers gutgeschrieben ist oder wenn der Auftraggeber der Aushändigung zustimmt.

(4) [1] Eine nur teilweise Leistung vermerkt der Gerichtsvollzieher auf dem Schuldtitel. [2] In diesem Fall ist der Titel dem Schuldner nicht auszuhändigen. [3] Wegen des Restbetrags ist die Zwangsvollstreckung fortzusetzen, sofern sich aus dem Auftrag nichts anderes ergibt.

(5) [1] Bar- und Verrechnungsschecks darf der Gerichtsvollzieher auch ohne Ermächtigung des Gläubigers erfüllungshalber annehmen. [2] In diesem Fall hat er die Vollstreckungsmaßnahmen in der Regel auftragsgemäß durchzuführen; die auf die Verwertung gepfändeter Gegenstände gerichteten Maßnahmen sind jedoch in der Regel erst vorzunehmen, wenn feststeht, dass der Scheck nicht eingelöst wird. [3] Der Gerichtsvollzieher erteilt dem Schuldner eine Quittung über die Entgegennahme des Schecks. [4] Schecks hat der Gerichtsvollzieher, sofern der Gläubiger keine andere Weisung erteilt hat, unverzüglich dem Kreditinstitut, das sein Dienstkonto führt, einzureichen mit dem Ersuchen, den Gegenwert dem Dienstkonto gutzuschreiben. [5] Verlangt der Schuldner ausdrücklich, dass der Gerichtsvollzieher den Scheck an den Gläubiger weitergibt, ist dies im Protokoll zu vermerken; der Scheck sowie der Titel sind – falls die Vollstreckung nicht fortgesetzt wird – dem Gläubiger zu übermitteln. [6] Der Gerichtsvollzieher belehrt den Schuldner über dessen Anspruch auf Herausgabe des Titels bei vollständiger Befriedigung des Gläubigers sowie über die Gefahr weiterer Vollstreckungsmaßnahmen, die mit der Aushändigung des Titels an den Gläubiger verbunden ist. [7] Belehrung und Weitergabe des Schecks an den Gläubiger sind aktenkundig zu machen.

§ 61[1] Durchsuchung (§ 758 Absatz 1 und 2, § 758a ZPO[2], § 91 FamFG[3]). (1) [1] Der Gerichtsvollzieher ist befugt, die Wohnung und die Behältnisse des Schuldners zu durchsuchen, wenn dieser in die Durchsuchung einwilligt; dies ist im Protokoll zu vermerken. [2] Zur Wohnung gehören alle Räumlichkeiten, die den häuslichen oder beruflichen Zwecken ihres Inhabers dienen, insbesondere die eigentliche Wohnung, ferner Arbeits-, Betriebs- und andere Geschäftsräume, dazugehörige Nebenräume sowie das angrenzende befriedete Besitztum (Hofraum, Hausgarten).

(2) [1] Gestattet der Schuldner die Durchsuchung nicht, so ist er vom Gerichtsvollzieher nach den Gründen zu befragen, die er gegen eine Durchsuchung geltend machen will. [2] Seine Erklärungen sind ihrem wesentlichen Inhalt nach im Protokoll festzuhalten. [3] Der Gerichtsvollzieher belehrt den Schuldner zugleich, dass er aufgrund der Durchsuchungsverweigerung zur Abgabe der Vermögensauskunft nach § 807 Absatz 1 Nummer 1 ZPO verpflichtet ist, sofern ein entsprechender Antrag des Gläubigers vorliegt, dass er deren sofortiger Abnahme jedoch widersprechen kann. [4] Die Belehrung vermerkt er im Protokoll.

(3) [1] Es ist Sache des Gläubigers, die richterliche Durchsuchungsanordnung zu erwirken. [2] Die Durchsuchungsanordnung erteilt der Richter bei dem Amtsgericht, in dessen Bezirk die Durchsuchung erfolgen soll. [3] Der Gerichtsvollzieher übersendet dem Gläubiger die Vollstreckungsunterlagen und eine Abschrift des Protokolls; ein Antrag auf Übersendung des Protokolls ist zu unterstellen.

---

[1] § 61 Abs. 7 geänd. mWv 1.1.2019 durch Bek. v. 23.11.2018 (JMBl. S. 122).
[2] **Habersack, Deutsche Gesetze Nr. 100.**
[3] **Habersack, Deutsche Gesetze Nr. 112.**

(4) Auch ohne eine richterliche Anordnung darf der Gerichtsvollzieher die Wohnung des Schuldners durchsuchen, wenn die Verzögerung, die mit der vorherigen Einholung einer solchen Anordnung verbunden ist, den Erfolg der Durchsuchung gefährden würde.

(5) Die Durchsuchungsanordnung ist bei der Zwangsvollstreckung vorzuzeigen und in dem Protokoll zu erwähnen.

(6) [1] Trifft der Gerichtsvollzieher bei einem Vollstreckungsversuch keine Person in der Wohnung des Schuldners an, so vermerkt er dies in den Akten und verfährt im Übrigen, wenn er den Schuldner wiederholt nicht angetroffen hat, nach den Bestimmungen der Absätze 3 bis 4. [2] Liegt ein kombinierter Auftrag gemäß § 807 ZPO vor, stimmt der Gerichtsvollzieher im Falle des wiederholten Nichtantreffens des Schuldners das weitere Vorgehen mit dem Gläubiger ab, sofern der Auftrag nicht bereits für diesen Fall bestimmte Vorgaben enthält. [3] Er soll die Wohnung in der Regel erst dann gewaltsam öffnen, wenn er dies dem Schuldner schriftlich angekündigt hat. [4] Die Ankündigung soll Hinweise auf § 758 ZPO und § 288 des Strafgesetzbuchs[1)] (StGB), auf die Durchsuchungsanordnung sowie eine Zahlungsaufforderung enthalten.

(7) Die Absätze 1 bis 6 gelten entsprechend, wenn die Wohnung wegen der Herausgabe beweglicher Sachen oder zur Vollstreckung von Anordnungen nach § 1 Absatz 1 Nummer 2a des Justizbeitreibungsgesetzes (JBeitrG)[2)] einschließlich der Wegnahme des Führerscheins durchsucht werden soll.

(8) Dagegen ist eine richterliche Durchsuchungsanordnung für die Räumung einer Wohnung und die Verhaftung einer Person auf Grund eines richterlichen Haftbefehls nicht erforderlich; *gleiches*[3)] gilt für die spätere Abholung gepfändeter, im Gewahrsam des Schuldners belassener Sachen, wenn bereits für die Pfändung eine Durchsuchungsanordnung vorgelegen hatte.

(9) [1] Liegt eine richterliche Durchsuchungsanordnung vor, können auch alle weiteren dem Gerichtsvollzieher vorliegenden Aufträge gleichzeitig vollstreckt werden, wenn die Vollstreckung wegen dieser Aufträge keine zusätzlichen weitergehenden Maßnahmen (Durchsuchung anderer Räume und Behältnisse) erfordert, die zwangsläufig zu einem längeren Verweilen des Gerichtsvollziehers in den Räumen des Schuldners führen. [2] Anderenfalls bedarf es gesonderter richterlicher Durchsuchungsanordnungen.

(10) [1] Die Kleider und Taschen des Schuldners darf der Gerichtsvollzieher durchsuchen. [2] Einer besonderen Anordnung des Richters bedarf es nur dann, wenn die Durchsuchung in der Wohnung des Schuldners gegen dessen Willen erfolgen soll. [3] Die Absätze 1 bis 5 finden entsprechende Anwendung. [4] Die Durchsuchung einer weiblichen Person lässt der Gerichtsvollzieher durch eine zuverlässige weibliche Hilfsperson durchführen. [5] Die Durchsuchung einer männlichen Person ist durch eine zuverlässige männliche Hilfskraft durchzuführen, wenn eine Gerichtsvollzieherin vollstreckt.

(11) [1] Personen, die gemeinsam mit dem Schuldner die Wohnung bewohnen, haben die Durchsuchung zu dulden, wenn diese gegen den Schuldner zulässig ist. [2] Trotz dieser grundsätzlichen Duldungspflicht hat der Gerichtsvollzieher besondere persönliche Umstände der Mitbewohner, wie zum Beispiel eine offensichtliche oder durch ärztliches Zeugnis nachgewiesene akute Erkrankung oder eine ernst-

---

1) **Habersack, Deutsche Gesetze Nr. 85.**
2) **Habersack, Deutsche Gesetze Nr. 122.**
3) Richtig wohl: „Gleiches".

hafte Gefährdung ihrer Gesundheit zur Vermeidung unbilliger Härten zu berücksichtigen und danach in Ausnahmefällen auch die Durchsuchung zu unterlassen.

(12) Für eine Durchsuchung zur Vollstreckung von Entscheidungen über die Herausgabe von Personen und die Regelung des Umgangs gilt § 156.

§ 62 Widerstand gegen die Zwangsvollstreckung und Zuziehung von Zeugen (§ 758 Absatz 3, § 759 ZPO[1], § 90 FamFG[2]). (1) Findet der Gerichtsvollzieher Widerstand, so darf er unbeschadet der Regelung des § 61 Gewalt anwenden und zu diesem Zweck polizeiliche Unterstützung anfordern (§ 758 Absatz 3 ZPO).

(2) [1] Der Gerichtsvollzieher muss zu einer Vollstreckungshandlung zwei erwachsene Personen oder einen Gemeinde- oder Polizeibeamten als Zeugen zuziehen (§ 759 ZPO), wenn

1. Widerstand geleistet wird,
2. bei einer Vollstreckungshandlung in der Wohnung des Schuldners weder der Schuldner selbst noch eine zur Familie gehörige oder in seiner Familie beschäftigte erwachsene Person gegenwärtig ist.

[2] Als Zeugen sollen unbeteiligte und geeignet erscheinende Personen ausgewählt werden, die möglichst am Ort der Vollstreckung oder in dessen Nähe wohnen sollen. [3] Die Zeugen haben das Protokoll mit zu unterschreiben (vergleiche § 63 Absatz 3). [4] Den Zeugen ist auf Verlangen eine angemessene Entschädigung zu gewähren. [5] Die Entschädigung richtet sich nach den Bestimmungen des Justizvergütungs- und -entschädigungsgesetzes (JVEG)[3].

(3) Widerstand im Sinne dieser Bestimmungen ist jedes Verhalten, das geeignet ist, die Annahme zu begründen, die Zwangsvollstreckung werde sich nicht ohne Gewaltanwendung durchführen lassen.

(4) Für die Anwendung unmittelbaren Zwangs zur Vollstreckung von Entscheidungen über die Herausgabe von Personen und die Regelung des Umgangs gilt § 156.

VI. Protokoll

§ 63[4] (§§ 762, 763 ZPO[1]). (1) [1] Der Gerichtsvollzieher muss über jede Vollstreckungshandlung ein Protokoll nach den Vorschriften der §§ 762 und 763 ZPO aufnehmen; dies gilt auch für versuchte Vollstreckungshandlungen und vorbereitende Tätigkeiten. [2] Vollstreckungshandlungen sind alle Handlungen, die der Gerichtsvollzieher zum Zweck der Zwangsvollstreckung vornimmt, auch das Betreten der Wohnung des Schuldners und ihre Durchsuchung, die Aufforderung zur Zahlung (§ 59 Absatz 2) und die Annahme der Zahlung, die nachträgliche Wegschaffung der gepfändeten Sachen und ihre Verwertung. [3] Das Protokoll muss den Gang der Vollstreckungshandlung unter Hervorhebung aller wesentlichen Vorgänge angeben. [4] Die zur Vollstreckungshandlung gehörenden Aufforderungen und Mitteilungen des Gerichtsvollziehers und die Erklärungen des Schuldners oder eines anderen Beteiligten sind vollständig in das Protokoll aufzunehmen (zum Beispiel das Vorbringen des Schuldners zur glaubhaften Darlegung seiner Ratenzahlungsfähigkeit nach § 802b ZPO). [5] Ist die Zwangsvollstreckung von einer Zug

[1] **Habersack, Deutsche Gesetze Nr. 100.**
[2] **Habersack, Deutsche Gesetze Nr. 112.**
[3] **Habersack, Deutsche Gesetze Nr. 116.**
[4] § 63 Abs. 5 Satz 2 neu gef. mWv 1.1.2023 durch Bek. v. 7.12.2022 (BayMBl. Nr. 754).

um Zug zu bewirkenden Gegenleistung abhängig, beurkundet der Gerichtsvollzieher das Angebot und die Erklärung des Schuldners in dem Pfändungsprotokoll oder in einem besonderen Protokoll (§§ 756, 762, 763 ZPO).

(2) [1] Der Schuldtitel, auf Grund dessen vollstreckt wird, ist genau zu bezeichnen. [2] Bleibt die Vollstreckung ganz oder teilweise ohne Erfolg, so muss das Protokoll erkennen lassen, dass der Gerichtsvollzieher alle zulässigen Mittel versucht hat, dass aber kein anderes Ergebnis zu erreichen war. [3] Bei dem erheblichen Interesse des Gläubigers an einem Erfolg der Zwangsvollstreckung darf der Gerichtsvollzieher die Vollstreckung nur nach sorgfältiger Prüfung ganz oder teilweise als erfolglos bezeichnen.

(3) [1] Das Protokoll ist im unmittelbaren Anschluss an die Vollstreckungshandlungen und an Ort und Stelle aufzunehmen. [2] Werden Abweichungen von dieser Regel notwendig, so sind die Gründe hierfür im Protokoll anzugeben. [3] Das Protokoll ist auch von den nach § 759 ZPO zugezogenen Zeugen zu unterschreiben (§ 762 Nummer 3 und 4 ZPO). [4] Nimmt das Geschäft mehrere Tage in Anspruch, so ist das Protokoll an jedem Tage abzuschließen und zu unterzeichnen.

(4) [1] Im Übrigen sind die allgemeinen Bestimmungen über die Beurkundungen des Gerichtsvollziehers zu beachten (vergleiche § 7). [2] Der Dienststempelabdruck braucht dem Protokoll nicht beigefügt zu werden.

(5) [1] Kann der Gerichtsvollzieher die zur Vollstreckungshandlung gehörenden Aufforderungen und sonstigen Mitteilungen nicht mündlich ausführen, so übersendet er demjenigen, an den die Aufforderung oder Mitteilung zu richten ist, eine Abschrift des Protokolls durch gewöhnlichen Brief. [2] Der Gerichtsvollzieher kann die Aufforderung oder Mitteilung auch unter entsprechender Anwendung des § 191 ZPO in Verbindung mit §§ 173, 178 bis 181 ZPO zustellen. [3] Er wählt die Zustellung jedoch nur, wenn andernfalls ein sicherer Zugang nicht wahrscheinlich ist. [4] Die Befolgung dieser Vorschriften muss im Protokoll vermerkt sein. [5] Bei der Übersendung durch die Post bedarf es keiner weiteren Beurkundung als dieses Vermerks. [6] Eine öffentliche Zustellung findet nicht statt.

(6) Sofern nichts anderes vorgeschrieben ist, darf der Gerichtsvollzieher Abschriften von Protokollen nur auf ausdrücklichen Antrag erteilen.

VII. Einstellung, Beschränkung, Aufhebung und Aufschub der Zwangsvollstreckung

§ 64 Einstellung, Beschränkung und Aufhebung der Zwangsvollstreckung in anderen Fällen (§§ 753, 775 bis 776 ZPO[1]). (1) Der Gerichtsvollzieher muss die getroffenen Zwangsvollstreckungsmaßnahmen aufheben oder die Zwangsvollstreckung einstellen oder beschränken, wenn ihn der Gläubiger hierzu anweist.

(2) [1] Durch den Widerspruch des Schuldners oder dritter Personen darf er sich von der Durchführung der Zwangsvollstreckung nicht abhalten lassen (§ 61 bleibt hiervon unberührt). [2] Nur in den Fällen der §§ 775 und 776 ZPO hat er die Zwangsvollstreckung von Amts wegen einzustellen oder zu beschränken. [3] In den Fällen des § 775 Nummer 1 und 3 ZPO sind zugleich die bereits erfolgten Vollstreckungsmaßregeln aufzuheben.

(3) Der Gerichtsvollzieher hat hierbei Folgendes zu beachten:

1. [1] *Er hat die Vollstreckbarkeit* der vorgelegten Entscheidung zu prüfen, wenn sie nicht schon in Form einer vollstreckbaren Ausfertigung vorgelegt wird. [2] Voll-

---

[1] **Habersack, Deutsche Gesetze Nr. 100.**

streckbar ist eine Entscheidung, wenn sie für vorläufig vollstreckbar erklärt oder wenn sie mit dem Zeugnis der Rechtskraft versehen ist (§ 706 ZPO); es ist nicht erforderlich, dass die Entscheidung mit der Vollstreckungsklausel versehen oder nach § 750 ZPO zugestellt ist. [3] Urteile, die in der Revisionsinstanz erlassen sind, sind auch ohne Zeugnis als rechtskräftig anzusehen, es sei denn, dass es sich um Versäumnisurteile handelt. [4] Eine in der Beschwerdeinstanz erlassene Entscheidung sowie eine Entscheidung, durch die ein vorläufig vollstreckbares Urteil oder dessen vorläufige Vollstreckbarkeit aufgehoben wird, ist in jedem Fall geeignet, die Einstellung der Zwangsvollstreckung zu begründen.

2. [1] Im Fall der einstweiligen Einstellung der Vollstreckung ist es nicht erforderlich, dass die gerichtliche Entscheidung rechtskräftig oder vorläufig vollstreckbar ist. [2] Bei einer Einstellung auf unbestimmte Zeit ist der Schuldtitel zurückzugeben und der Antrag des Gläubigers auf Fortsetzung der Vollstreckung abzuwarten, es sei denn, dass mit der alsbaldigen Fortsetzung der Zwangsvollstreckung zu rechnen ist.

(4) [1] Die für Urteile getroffenen Bestimmungen finden auf die sonstigen Schuldtitel entsprechende Anwendung (§ 795 ZPO). [2] Die Einstellung der Vollstreckung aus einem Titel hat von selbst auch dieselbe Wirkung für einen auf dem Titel beruhenden Kostenfestsetzungsbeschluss.

(5) [1] Die Einstellung oder Beschränkung sowie gegebenenfalls die Aufhebung der Zwangsvollstreckung ist – sofern sie nicht bei der Vollstreckungshandlung erfolgt und in dem über die Vollstreckungshandlung aufzunehmenden Protokoll zu erwähnen ist – unter genauer Bezeichnung der zugrunde liegenden Schriftstücke zu den Vollstreckungsakten zu vermerken. [2] Der Gläubiger ist von der Einstellung, Beschränkung oder Aufhebung von Vollstreckungsmaßregeln unverzüglich zu benachrichtigen. [3] Besteht die Gefahr einer beträchtlichen Wertverringerung oder unverhältnismäßiger Kosten der Aufbewahrung der gepfändeten Sachen, so soll der Gerichtsvollzieher die Beteiligten darauf aufmerksam machen und dies in den Akten vermerken.

(6) [1] Ohne die Voraussetzungen der §§ 775 und 776 ZPO darf der Gerichtsvollzieher nur dann die Zwangsvollstreckung einstellen oder durchgeführte Vollstreckungsmaßnahmen aufheben, wenn es besonders bestimmt ist (vergleiche § 60 Absatz 2 und 5, §§ 75, 95 Absatz 4, § 103 Absatz 4). [2] Ein Entscheidungsrecht darüber, ob er die Zwangsvollstreckung aufschieben darf, steht ihm nur in den gesetzlich bestimmten Fällen zu (vergleiche § 65). [3] Der Gerichtsvollzieher weist deshalb einen Beteiligten, der den Aufschub, die Einstellung oder die Aufhebung der Zwangsvollstreckung begehrt, auf die zulässigen Rechtsbehelfe hin.

(7) Für die Akten- und Listenführung gelten die Vorschriften der Gerichtsvollzieherordnung über die Behandlung und Überwachung ruhender Vollstreckungsaufträge.

§ 65 Aufschub von Vollstreckungsmaßnahmen zur Erwirkung der Herausgabe von Sachen (§ 765a Absatz 2 ZPO[1]). (1) Der Gerichtsvollzieher kann eine Maßnahme zur Erwirkung der Herausgabe von Sachen (§§ 127 bis 132) gemäß § 765a Absatz 2 ZPO aufschieben.

(2) [1] Schiebt der Gerichtsvollzieher die Zwangsvollstreckung auf, so weist er den Schuldner darauf hin, dass die Vollstreckung nach Ablauf einer Woche durchgeführt wird, falls der Schuldner bis dahin keine Einstellung durch das Vollstre-

---

[1] **Habersack, Deutsche Gesetze Nr. 100.**

ckungsgericht erwirkt hat. [2] Er belehrt den Schuldner zugleich über die strafrechtlichen Folgen einer Vollstreckungsvereitelung (§ 288 StGB[1])).

VIII. Prüfungs- und Mitteilungspflichten bei der Wegnahme und Weitergabe von Waffen und Munition

§ 66 [Prüfungs- und Mitteilungspflichten bei der Wegnahme und Weitergabe von Waffen und Munition] (1) [1] Hat der Gerichtsvollzieher Schusswaffen, Munition oder diesen gleichstehende Gegenstände in Besitz genommen und will er sie dem Gläubiger oder einem Dritten übergeben, so prüft er, ob der Erwerb erlaubnis- oder anmeldepflichtig ist. [2] Ist dies zweifelhaft, überlässt er die Gegenstände erst dann, wenn die zuständige Verwaltungsbehörde dies für unbedenklich erklärt hat.

(2) [1] Ist der Erwerb erlaubnis- oder anmeldepflichtig, so zeigt er die beabsichtigte Übergabe der zuständigen Verwaltungsbehörde unverzüglich an. [2] In der Anzeige bezeichnet er:

1. den früheren Inhaber und den Empfänger der Schusswaffe, der Munition oder des gleichstehenden Gegenstandes mit Namen und Anschrift,
2. Art (gegebenenfalls Fabrikat und Nummer) und Kaliber der Waffe, der Munition oder des gleichstehenden Gegenstandes.

[3] Die Waffe, Munition oder die ihnen gleichstehenden Gegenstände händigt er erst einen Monat nach dieser Anzeige an den Gläubiger oder Dritten aus; hierauf weist er in der Anzeige hin.

(3) Örtlich zuständig ist die Behörde, in deren Bezirk derjenige, dem der Gerichtsvollzieher den Gegenstand aushändigen will, seinen gewöhnlichen Aufenthalt oder bei Fehlen eines gewöhnlichen Aufenthalts seinen jeweiligen Aufenthalt hat.

B. Zwangsvollstreckung wegen Geldforderungen

I. Allgemeine Vorschriften

§ 67 Begriff der Geldforderung. (1) [1] Geldforderung ist jede Forderung, die auf Leistung einer bestimmten Wertgröße in Geld gerichtet ist. [2] Geldforderungen im Sinne des Vollstreckungsrechts sind auch die Haftungsansprüche für Geldleistungen, zum Beispiel die Ansprüche im Fall der Verurteilung zur Duldung der Zwangsvollstreckung.

(2) Sollen Stücke einer bestimmten Münzsorte oder bestimmte Wertzeichen geleistet werden (Geldsortenschuld), so erfolgt die Zwangsvollstreckung nach den Vorschriften über die Herausgabe beweglicher Sachen (§§ 884, 883 Absatz 1 ZPO[2])).

§ 68 Zügige und gütliche Erledigung des Zwangsvollstreckungsverfahrens; Einziehung von Teilbeträgen (§ 802b ZPO[2])). (1) [1] Der Gerichtsvollzieher soll in jeder Lage des Verfahrens auf eine gütliche Erledigung bedacht sein. [2] Hat der Gläubiger seine Einwilligung zu der Einräumung einer Zahlungsfrist oder der Tilgung durch Teilleistungen (Ratenzahlung) von Bedingungen abhängig gemacht, ist der Gerichtsvollzieher daran gebunden. [3] Setzt der Gerichtsvollzieher nach § 802b Absatz 2 Satz 2 ZPO einen Ratenzahlungsplan fest, belehrt er den Schuldner darüber, dass der Plan hinfällig wird und der damit verbundene Vollstre-

---

[1]) Habersack, Deutsche Gesetze Nr. 85.
[2]) Habersack, Deutsche Gesetze Nr. 100.

ckungsaufschub endet, sobald der Gläubiger widerspricht und der Gerichtsvollzieher den Schuldner, nachdem der Gläubiger widersprochen hat, über dessen Widerspruch unterrichtet hat oder sobald der Schuldner mit einer festgesetzten Zahlung ganz oder teilweise länger als zwei Wochen in Rückstand gerät (§ 802b Absatz 3 Satz 2 und 3 ZPO). [4] Die Tilgungsfrist soll in der Regel zwölf Monate nicht übersteigen; in Einzelfällen kann der Gerichtsvollzieher nach pflichtgemäßem Ermessen eine längere Frist bestimmen. [5] Die Frist beginnt mit der Mitteilung des gewährten Aufschubs an den Schuldner.

(2) [1] Bestimmt der Gerichtsvollzieher unter den Voraussetzungen des § 802b Absatz 2 ZPO und des Absatzes 1 eine Zahlungsfrist oder setzt er einen Ratenzahlungsplan fest, hat er

1. die konkreten Zahlungstermine,
2. die Höhe der Zahlungen oder Teilzahlungen,
3. den Zahlungsweg,
4. die Gründe, die der Schuldner zur Glaubhaftmachung der Erfüllung der Vereinbarung vorbringt, sowie
5. die erfolgte Belehrung über die in § 802b Absatz 3 Satz 2 und 3 ZPO getroffenen Regelungen

zu protokollieren. [2] Der Gerichtsvollzieher hat die Gründe, aus denen er die Einräumung einer Zahlungsfrist oder die Einziehung von Raten ablehnt, ebenfalls zu protokollieren. [3] Der Gerichtsvollzieher hat dem Gläubiger unverzüglich eine Abschrift des Zahlungsplans zu übermitteln und dabei auf den Vollstreckungsaufschub sowie auf die Möglichkeit des unverzüglichen Widerspruchs hinzuweisen.

(3) [1] Widerspricht der Gläubiger unverzüglich dem Zahlungsplan, teilt der Gerichtsvollzieher dies dem Schuldner mit und setzt die Vollstreckung entsprechend den Anträgen des Gläubigers fort. [2] Wendet sich der Gläubiger lediglich gegen die Ausgestaltung (zum Beispiel die Höhe, die Zahlungstermine) der durch den Gerichtsvollzieher festgesetzten Teilzahlungsbestimmungen, liegt kein Widerspruch vor. [3] In diesem Fall ändert der Gerichtsvollzieher die Teilzahlungsbestimmungen nach den Auflagen des Gläubigers und unterrichtet den Schuldner.

(4) [1] Hat der Gerichtsvollzieher mit dem Schuldner eine Ratenzahlungsvereinbarung getroffen oder eine Zahlungsfrist vereinbart und gehen in dem Zeitraum, innerhalb dessen die Forderung getilgt sein soll, Vollstreckungsaufträge weiterer Gläubiger ein, steht dies dem Abschluss weiterer Ratenzahlungsvereinbarungen oder der Einräumung von Zahlungsfristen nicht entgegen, sofern der Vorschlag des Schuldners die gesetzlichen Voraussetzungen für eine gütliche Erledigung in jeder einzelnen weiteren Vollstreckungsangelegenheit erfüllt. [2] Der Schuldner hat in diesem Fall für jede Angelegenheit seine Leistungsfähigkeit und -bereitschaft glaubhaft darzulegen. [3] Der Gerichtsvollzieher wägt dann die zumutbaren Möglichkeiten des Schuldners und das Interesse des Auftraggebers an einer auch teilweisen alsbaldigen Befriedigung ab. [4] Kommt danach eine gütliche Erledigung nicht in Betracht, verfährt der Gerichtsvollzieher nach Absatz 3.

(5) [1] Für jeden einzelnen Auftraggeber hat der Gerichtsvollzieher einen gesonderten Ratenzahlungsplan zu erstellen. [2] Das gilt auch, wenn mehrere Vollstreckungsaufträge gleichzeitig gegen einen Schuldner eingehen. [3] Die Erstellung eines Gesamtratenzahlungsplans bei mehreren, gleichzeitig vorliegenden Aufträgen ist zulässig. [4] § 802b Absatz 3 ZPO gilt für jeden einzelnen Gläubiger.

§ 69[1] Zahlungsverkehr mit Personen im Ausland. (1) Zahlungen zwischen dem Geltungsbereich des Außenwirtschaftsgesetzes und dem Ausland unterliegen keinen Beschränkungen, soweit nicht nach den §§ 4 bis 8 AWG Rechtsgeschäfte und Handlungen beschränkt oder Handlungspflichten angeordnet werden.

(2) [1] Zahlungen, die der Gerichtsvollzieher von Ausländern (§ 63 Satz 1 Nummer 3, Satz 2 AWV) oder für deren Rechnung von Inländern (§ 63 Satz 1 Nummer 2 AWV) entgegennimmt (eingehende Zahlungen) oder die der Gerichtsvollzieher an Ausländer oder für deren Rechnung an Inländer leistet (ausgehende Zahlungen), sind gemäß den §§ 63 bis 73 AWV gegenüber der Deutschen Bundesbank meldepflichtig, es sei denn, dass die Zahlung einen Betrag von 12 500 Euro oder den entsprechenden Gegenwert in ausländischer Währung nicht übersteigt. [2] Die Meldungen sind der Deutschen Bundesbank elektronisch einzureichen (§ 72 Absatz 1 Satz 1 AWV). [3] Hierfür sind die von der Deutschen Bundesbank erlassenen Formvorschriften zu beachten (§ 72 Absatz 1 Satz 2 AWV). [4] Der Gerichtsvollzieher hat die Meldefristen des § 71 AWV zu beachten.

II. Zwangsvollstreckung in bewegliche körperliche Sachen

1. Pfändung

a) Gegenstand der Pfändung, Gewahrsam

§ 70 Allgemeines (§§ 808, 809 ZPO; Artikel 13 GG[2]). (1) [1] Der Pfändung unterliegen diejenigen beweglichen Sachen des Schuldners, die sich in seinem Gewahrsam befinden. [2] Gewahrsam kann der Schuldner unter Umständen auch an Sachen haben, die sich in den Räumen eines Dritten befinden. [3] Dies kann zum Beispiel der Fall sein, wenn der Untermieter einen Teil seiner Sachen, die er in dem ihm vermieteten Zimmer nicht unterbringen kann, in anderen Räumen des Untervermieters verwahrt. [4] In solchen Fällen ist der Gerichtsvollzieher auch berechtigt, die Räume des Dritten zur Durchführung der Vollstreckung zu betreten. [5] Sachen, die der gesetzliche Vertreter des Schuldners für diesen im Gewahrsam hat, sind wie solche im Gewahrsam des Schuldners zu behandeln.

(2) [1] Sachen, die sich nicht im Gewahrsam des Schuldners befinden, können vom Gerichtsvollzieher gepfändet werden, wenn der Gewahrsamsinhaber zur Herausgabe der Sachen bereit oder wenn der Gläubiger selbst Gewahrsamsinhaber ist. [2] Befindet sich eine Sache im gemeinsamen Gewahrsam des Schuldners und eines Dritten, so darf sie nur mit Zustimmung des Dritten gepfändet werden. [3] Die Erklärungen des Dritten, dass er zur Herausgabe bereit sei oder der Pfändung zustimme, müssen unbedingt sein, sofern nicht die gestellten Bedingungen von allen Beteiligten angenommen werden; sie müssen auch ergeben, dass er mit der Verwertung der Sache einverstanden ist. [4] Nach Durchführung der Pfändung können die Erklärungen nicht mehr widerrufen werden. [5] Auf die Bereitschaft des Dritten zur Herausgabe oder seine Zustimmung kommt es nicht an, wenn er zur Duldung der Zwangsvollstreckung verurteilt ist oder wenn die Zwangsvollstreckung auf Grund des Urteils gegen den Schuldner auch gegen ihn zulässig ist.

(3) [1] Personen, die nur Besitzdiener (§ 855 BGB[3]) sind, zum Beispiel Hausangestellte, Gewerbegehilfen, Kellner, haben keinen Gewahrsam an Sachen, die ihnen vom Schuldner überlassen sind. [2] Alleiniger Gewahrsamsinhaber bleibt der Schuldner. [3] Der Gerichtsvollzieher darf solche Sachen auch gegen den Willen des

---

[1] § 69 neu gef. mWv 1.1.2019 durch Bek. v. 23.11.2018 (JMBl. S. 122).
[2] **Habersack, Deutsche Gesetze Nr. 1.**
[3] **Habersack, Deutsche Gesetze Nr. 20.**

Besitzdieners pfänden; er kann den Widerstand des Besitzdieners mit Gewalt brechen (§ 758 Absatz 3 ZPO[1]).

(4) [1] Haftet der Schuldner nicht mit seinem eigenen, sondern nur mit fremdem Vermögen (zum Beispiel Testamentsvollstrecker, Insolvenzverwalter), so ist der Gewahrsam allein nicht genügend. [2] Der Gerichtsvollzieher hat in diesem Fall vielmehr auch zu prüfen, ob die Sache zu dem Vermögen gehört, in das zu vollstrecken ist.

(5) In den Fällen der Absätze 1 und 3 ist § 61 anzuwenden.

§ 71 Rechte Dritter an den im Gewahrsam des Schuldners befindlichen Gegenständen. (1) [1] Der Gerichtsvollzieher prüft im Allgemeinen nicht, ob die im Gewahrsam des Schuldners befindlichen Sachen zu dessen Vermögen gehören. [2] Dies gilt sowohl dann, wenn zugunsten einer dritten Person ein die Veräußerung hinderndes Recht in Anspruch genommen wird, als auch dann, wenn der Schuldner behauptet, dass er die tatsächliche Gewalt über die Sachen nur für den Besitzer ausübe oder dass er sein Besitzrecht von einem anderen ableite. [3] Für den Gerichtsvollzieher kommt es hiernach nur auf den äußeren Befund an. [4] Für ihn gilt als Vermögen des Schuldners alles, was sich in dessen Gewahrsam befindet.

(2) [1] Gegenstände, die offensichtlich zum Vermögen eines Dritten gehören, pfändet der Gerichtsvollzieher nicht, zum Beispiel dem Handwerker zur Reparatur, dem Frachtführer zum Transport und dem Pfandleiher zum Pfand übergebene Sachen, Klagewechsel in den Akten eines Rechtsanwalts. [2] Dies gilt nicht, wenn der Dritte erklärt, dass er der Pfändung nicht widerspreche oder wenn der Gläubiger die Pfändung ausdrücklich verlangt.

b) Pfändungsbeschränkungen

§ 72 Allgemeines. (1) [1] Soweit nach dem Gesetz Pfändungsbeschränkungen bestehen, entscheidet der Gerichtsvollzieher selbständig, welche Sachen des Schuldners von der Pfändung auszuschließen sind. [2] Sachen, deren Pfändbarkeit zweifelhaft ist, pfändet er, sofern sonstige Pfandstücke nicht in ausreichendem Maß vorhanden sind.

(2) [1] Hat der Gerichtsvollzieher eine Pfändung durchgeführt, so darf er sie nicht eigenmächtig wieder aufheben, auch wenn er sich von ihrer Unrechtmäßigkeit überzeugt hat. [2] § 95 Absatz 4 bleibt unberührt. [3] Die Pfändung ist auf Anweisung des Gläubigers, bei Verzicht des Gläubigers auf das Pfandrecht oder auf Anordnung des Vollstreckungsgerichts aufzuheben.

§ 73[2] Unpfändbare Sachen und Tiere (§§ 811, 863 ZPO[1]). [1] Die in § 811 Absatz 1 Nummer 1 Buchstabe a und b sowie Nummer 2 ZPO bezeichneten Sachen oder die in § 811 Absatz 1 Nummer 8 Buchstabe b ZPO bezeichneten Tiere kann der Gerichtsvollzieher nur dann pfänden, wenn

1. der Vorbehaltsverkäufer wegen der durch Eigentumsvorbehalt gesicherten Kaufpreisforderung aus dem Verkauf der zu pfändenden Sache oder des zu pfändenden Tieres vollstreckt und auf die Pfändbarkeit hinweist,
2. ein einfacher Eigentumsvorbehalt, der sich lediglich auf die verkaufte, unter Eigentumsvorbehalt übereignete Sache oder auf das verkaufte, unter Eigentumsvorbehalt übereignete Tier erstreckt und mit dem Eintritt der Bedingung der sofortigen Kaufpreiszahlung erlischt, oder ein weitergegebener einfacher Eigen-

[1] **Habersack, Deutsche Gesetze Nr. 100.**
[2] § 73 neu gef. mWv 1.1.2023 durch Bek. v. 7.12.2022 (BayMBl. Nr. 754).

tumsvorbehalt gegeben ist, bei dem der Vorbehaltsverkäufer mit dem Käufer einen einfachen Eigentumsvorbehalt vereinbart hat, aber seinerseits die Sache oder das Tier von seinem Lieferanten ebenfalls nur unter einfachem Eigentumsvorbehalt erworben hatte, und

3. der Vorbehaltskäufer die Vereinbarung des Eigentumsvorbehalts durch Originalurkunden oder beglaubigte Ablichtungen derselben nachweist.

[2] Wegen der an ihn abgetretenen Kaufpreisforderung kann auch der Lieferant des Verkäufers die Sache oder das Tier pfänden lassen. [3] Soweit sich der Nachweis des einfachen oder weitergegebenen einfachen Eigentumsvorbehalts nicht aus dem zu vollstreckenden Titel ergibt, kommen als Nachweis auch andere Urkunden (§ 416 ZPO), insbesondere der Kaufvertrag, in Betracht.

§ 74 Austauschpfändung (§ 811a ZPO[1]). (1) [1] Wird dem Gerichtsvollzieher ein Beschluss des Vollstreckungsgerichts nach § 811a Absatz 2 ZPO vorgelegt, durch den die Austauschpfändung zugelassen wird, so führt er die Pfändung durch. [2] Spätestens bei der Wegnahme der Sache übergibt er dem Schuldner gegen Quittung das Ersatzstück oder den von dem Vollstreckungsgericht festgesetzten Geldbetrag – sofern die Übergabe nicht schon vom Gläubiger vorgenommen worden ist – und vermerkt dies im Pfändungsprotokoll. [3] Hat das Vollstreckungsgericht zugelassen, dass dem Schuldner der zur Ersatzbeschaffung notwendige Geldbetrag aus dem Vollstreckungserlös erstattet wird, so ist die Wegnahme der gepfändeten Sache erst nach Rechtskraft des Zulassungsbeschlusses zulässig.

(2) [1] Der vom Vollstreckungsgericht festgesetzte Geldbetrag ist dem Gläubiger aus dem Vollstreckungserlös zu erstatten; er gehört zu den Kosten der Zwangsvollstreckung. [2] Ist dem Schuldner der zur Ersatzbeschaffung notwendige Betrag aus dem Versteigerungserlös zu erstatten, so ist er vorweg aus dem Erlös zu entnehmen.

§ 75 Vorläufige Austauschpfändung (§ 811b ZPO[1]). [1] Sachen, deren vorläufige Pfändung nach § 811b ZPO zulässig ist, pfändet der Gerichtsvollzieher, wenn er im Gewahrsam des Schuldners keine pfändbaren Sachen vorfindet oder wenn die vorhandenen pfändbaren Sachen zur Befriedigung des Gläubigers nicht ausreichen. [2] Er belässt die vorläufig gepfändeten Sachen jedoch im Gewahrsam des Schuldners. [3] Im Pfändungsprotokoll vermerkt er, dass er die Pfändung als vorläufige Austauschpfändung durchgeführt hat. [4] Sodann verfährt er wie folgt:

1. [1] Er benachrichtigt den Gläubiger davon, dass er die Pfändung als vorläufige Austauschpfändung durchgeführt hat und weist ihn darauf hin, dass die Pfändung nach § 811b Absatz 2 ZPO aufgehoben werden müsse, wenn der Gläubiger nicht binnen zwei Wochen nach Eingang der Nachricht die Zulassung der Austauschpfändung bei dem Vollstreckungsgericht beantragt habe. [2] In der Benachrichtigung bezeichnet der Gerichtsvollzieher das Pfandstück, dessen gewöhnlichen Verkaufswert und den voraussichtlichen Erlös. [3] Ferner gibt er an, welches Ersatzstück nach Art und besonderen Eigenschaften in Betracht kommt, um dem geschützten Verwendungszweck zu genügen, und weist darauf hin, dass er die Vollstreckung nach gerichtlicher Zulassung der Austauschpfändung nur auf Anweisung des Gläubigers fortsetzt.
2. [1] Stellt der Gläubiger den Antrag auf Zulassung der Austauschpfändung nicht fristgemäß, so hebt der Gerichtsvollzieher die Pfändung auf. [2] Wird der Antrag

[1] **Habersack, Deutsche Gesetze Nr. 100.**

dagegen fristgemäß gestellt, so wartet der Gerichtsvollzieher die gerichtliche Entscheidung über ihn ab.

3. Weist das Gericht den Antrag rechtskräftig zurück, so hebt der Gerichtsvollzieher die Pfändung auf.
4. [1] Lässt das Vollstreckungsgericht eine Austauschpfändung zu, so übergibt der Gerichtsvollzieher nach Anweisung des Gläubigers dem Schuldner gegen Quittung das Ersatzstück oder den zu seiner Beschaffung erforderlichen Geldbetrag und setzt die Zwangsvollstreckung sodann fort; er darf nunmehr dem Schuldner auch das Pfandstück wegnehmen. [2] Die Rechtskraft des Zulassungsbeschlusses braucht der Gerichtsvollzieher nicht abzuwarten.
5. [1] Lässt das Vollstreckungsgericht die Austauschpfändung mit der Maßgabe zu, dass der zur Ersatzbeschaffung notwendige Geldbetrag dem Schuldner aus dem Vollstreckungserlös erstattet wird, so setzt der Gerichtsvollzieher die Zwangsvollstreckung fort, sofern ihn der Gläubiger hierzu anweist. [2] Er darf jedoch in diesem Fall dem Schuldner das Pfandstück erst dann wegnehmen, wenn der Zulassungsbeschluss rechtskräftig geworden ist.
6. Erteilt der Gläubiger innerhalb von sechs Monaten seit dem Erlass des Zulassungsbeschlusses keine Anweisung zur Fortsetzung der Vollstreckung, so gelten die Vorschriften der Gerichtsvollzieherordnung über die Behandlung und Überwachung ruhender Vollstreckungsaufträge.

§ 76 Pfändung von Gegenständen, deren Veräußerung unzulässig ist oder die dem Washingtoner Artenschutzübereinkommen unterliegen.

(1) Gegenstände, deren Veräußerung unzulässig ist, dürfen nicht gepfändet werden (zum Beispiel Lebensmittel, deren Verzehr die Gesundheit schädigen kann, – § 5 des Lebensmittel- und Futtermittelgesetzbuches (LFGB) – und Bildnisse, die nach § 22 des Gesetzes betreffend das Urheberrecht an Werken der bildenden Künste und der Photographie[1)] nicht verbreitet werden dürfen).

(2) [1] Bei der Zwangsvollstreckung, die lebende Tiere betrifft oder in Pflanzen sowie Teile und Erzeugnisse von Exemplaren besonders geschützter Arten (siehe die Anhänge I und II des Washingtoner Artenschutzübereinkommens vom 3. März 1973 – BGBl. II 1975, S. 777, 799 –, die Verordnung (EG) Nr. 338/97 des Rates vom 9. Dezember 1996 über den Schutz von Exemplaren wildlebender Tier- und Pflanzenarten durch Überwachung des Handels (ABl. L 61 vom 3.3.1997, S. 1, ber. ABl. L 100 vom 17.4.1997, S. 72, ber. ABl. L 298 vom 1.11.1997, S. 70) und die durch die Bundesartenschutzverordnung (BArtSchV) besonders unter Schutz gestellte Arten) bestehen häufig Vermarktungsverbote. [2] Der Gerichtsvollzieher hat sich vor der Versteigerung im Zweifel mit der zuständigen Naturschutzbehörde in Verbindung zu setzen. [3] Dies gilt bei Arten, die dem Washingtoner Artenschutzübereinkommen unterliegen (etwa exotischen Tieren und Pflanzen) insbesondere dann, wenn der Schuldner keine CITES-Bescheinigung vorweisen kann.

§ 77[2)] Pfändung von Barmitteln aus dem Verkauf landwirtschaftlicher Erzeugnisse und/oder aus Miet- und Pachtzahlungen (§§ 851a, 851b ZPO[3)]). [1] Barmittel, die aus dem Verkauf landwirtschaftlicher Erzeugnisse herrühren, sollen nicht gepfändet werden, wenn offenkundig ist, dass sie der Schuldner zu seinem Unterhalt, dem seiner Familie, seiner Arbeitnehmer oder zur Aufrecht-

[1)] **Habersack, Deutsche Gesetze Nr. 67.**
[2)] § 77 Satz 3 geänd. mWv 1.1.2023 durch Bek. v. 7.12.2022 (BayMBl. Nr. 754).
[3)] **Habersack, Deutsche Gesetze Nr. 100.**

erhaltung einer geordneten Wirtschaftsführung benötigt. [2]Barmittel, die aus Miet- und Pachtzahlungen herrühren, sollen nicht gepfändet werden, wenn offenkundig ist, dass sie der Schuldner zur laufenden Unterhaltung des Grundstücks, zur Vornahme notwendiger Instandsetzungsarbeiten und zur Befriedigung von Ansprüchen braucht, welche bei der Zwangsvollstreckung in das Grundstück dem Anspruch des Gläubigers nach § 10 ZVG[1)] vorgehen würden. [3]Sind diese Voraussetzungen nicht offenkundig, so führt der Gerichtsvollzieher die Pfändung durch, verweist den Schuldner an das Vollstreckungsgericht und belehrt ihn darüber, dass das Gericht einen verspäteten Antrag auf Aufhebung der Pfändung ohne sachliche Prüfung zurückweisen kann (§ 851b Absatz 2 Satz 1 ZPO). [4]Die Belehrung vermerkt er im Protokoll.

§ 78 Pfändung von Erzeugnissen, Bestandteilen und Zubehörstücken.

(1) [1]Bewegliche Sachen, auf die sich bei Grundstücken die Hypothek erstreckt und die daher der Zwangsvollstreckung in das unbewegliche Vermögen unterliegen, sind nur nach Maßgabe des § 865 ZPO[2)] pfändbar. [2]Der Gerichtsvollzieher hat hierbei die Absätze 2 bis 5 zu beachten.

(2) [1]Das Bürgerliche Gesetzbuch bestimmt in den §§ 1120 bis 1122, auf welche Gegenstände außer dem Grundstück nebst hängenden und stehenden Früchten sich die Hypothek erstreckt. [2]Insbesondere gehören hierzu die vom Boden getrennten Erzeugnisse, die sonstigen Bestandteile sowie die Zubehörstücke eines Grundstücks, sofern diese Gegenstände in das Eigentum des Grundstückseigentümers gelangt und nicht wieder veräußert, auch nicht von dem Grundstück entfernt sind.

(3) Der Gerichtsvollzieher hat hinsichtlich dieser Gegenstände zu unterscheiden:

1. [1]Zubehörstücke eines Grundstücks, die dem Grundstückseigentümer gehören, sind unpfändbar. [2]Was Zubehör ist, bestimmen die §§ 97 und 98 BGB[3)]. [3]Der Gerichtsvollzieher darf zum Beispiel bei der Zwangsvollstreckung gegen den Eigentümer eines landwirtschaftlichen Betriebes das Milch- und Zuchtvieh, bei der Zwangsvollstreckung gegen den Eigentümer einer Fabrik die zum Betrieb bestimmten Maschinen nicht pfänden.
2. Im Übrigen unterliegen die Gegenstände, auf die sich die Hypothek erstreckt (zum Beispiel Getreidevorräte auf einem landwirtschaftlichen Betrieb, die nicht zur Fortführung der Wirtschaft, sondern zum Verkauf bestimmt sind, § 98 BGB), der Pfändung, solange nicht ihre Beschlagnahme im Wege der Zwangsvollstreckung in das unbewegliche Vermögen erfolgt ist.

(4) Für die Zwangsvollstreckung in Früchte, die noch nicht vom Boden getrennt sind, gelten die besonderen Regelungen der §§ 101 bis 103.

(5) Die genannten Vorschriften finden entsprechende Anwendung auf die Zwangsvollstreckung in Erzeugnisse oder Zubehörteile einer Berechtigung, für welche die Vorschriften gelten, die sich auf Grundstücke beziehen.

(6) [1]Die Schiffshypothek bei Schiffen, Schiffsbauwerken, im Bau befindlichen oder fertig gestellten Schwimmdocks sowie das Registerpfandrecht bei Luftfahrzeugen erstrecken sich auf das Zubehör des Schiffes, Schiffsbauwerks, Schwimmdocks (bei Schiffsbauwerken und im Bau befindlichen Schwimmdocks auch die

---

[1)] **Habersack, Deutsche Gesetze Nr. 108.**
[2)] **Habersack, Deutsche Gesetze Nr. 100.**
[3)] **Habersack, Deutsche Gesetze Nr. 20.**

auf der Bauwerft zum Einbau bestimmten und als solche gekennzeichneten Bauteile) oder des Luftfahrzeugs mit Ausnahme der Zubehörstücke oder der Bauteile, die nicht in das Eigentum des Eigentümers des Schiffes, Schiffsbauwerks, im Bau befindlichen oder fertig gestellten Schwimmdocks oder Luftfahrzeugs gelangt sind. [2] Im Übrigen wird auf die §§ 31, 79 und 81a des Gesetzes über Rechte an eingetragenen Schiffen und Schiffsbauwerken (SchRG) und § 31 des Gesetzes über Rechte an Luftfahrzeugen (LuftFzgG) verwiesen. [3] Zubehör eines Seeschiffes sind auch die Schiffsboote. [4] Wegen der Zwangsvollstreckung in Ersatzteile für Luftfahrzeuge, die sich in einem Ersatzteillager befinden, vergleiche § 115.

§ 79 Pfändung urheberrechtlich geschützter Sachen. (1) [1] Ist der Schuldner Urheber oder dessen Rechtsnachfolger, so können nach den näheren Bestimmungen der §§ 114, 116 bis 118 des Urheberrechtsgesetzes[1)] (UrhG) die ihm gehörenden Originale

1. von Werken (§ 114 UrhG),
2. von wissenschaftlichen Ausgaben (§ 118 Nummer 1 UrhG),
3. von Lichtbildern sowie solchen Erzeugnissen, die ähnlich wie Lichtbilder hergestellt werden (§ 118 Nummer 2 UrhG),

nur mit seiner Einwilligung, im Falle des § 117 UrhG nur mit Einwilligung des Testamentsvollstreckers, gepfändet werden. [2] Der Einwilligung bedarf es in den in § 114 Absatz 2 und § 116 Absatz 2 UrhG bezeichneten Fällen nicht.

(2) Vorrichtungen, die ausschließlich

1. zur Vervielfältigung oder Funksendung eines Werkes bestimmt sind, wie Formen, Platten, Steine, Druckstöcke, Matrizen und Negative (§ 119 Absatz 1 Satz 1 UrhG),
2. zur Vorführung eines Filmwerks bestimmt sind, wie Filmstreifen und dergleichen (§ 119 Absatz 2 UrhG),
3. entsprechend der Nummern 1 und 2 zur Vervielfältigung und Wiedergabe,
   a) der nach § 70 UrhG geschützten wissenschaftlichen Ausgaben urheberrechtlich nicht geschützter Werke oder Texte,
   b) der nach § 71 UrhG geschützten Ausgaben nachgelassener Werke,
   c) der nach § 72 UrhG geschützten Lichtbilder und ähnlicher Erzeugnisse,
   d) der nach § 75 Satz 2, §§ 85, 87, 94 und 95 UrhG geschützten Bild- und Tonträger

bestimmt sind (§ 119 Absatz 3 UrhG), sind nur pfändbar, soweit der Gläubiger zur Nutzung des Werkes oder sonstigen Gegenstandes des Urheberrechtsschutzes mittels dieser Vorrichtungen berechtigt ist.

c) Verfahren bei der Pfändung

§ 80 Berechnung der Forderung des Gläubigers. (1) [1] Vor der Pfändung berechnet der Gerichtsvollzieher den Betrag der beizutreibenden Geldsumme oder prüft die vom Gläubiger aufgestellte Berechnung nach; Herabsetzungen, die sich aus der Nachprüfung ergeben, teilt er dem Gläubiger mit. [2] Bei der Feststellung des Betrags kommen insbesondere in Betracht:

1. die im Schuldtitel bezeichnete Hauptforderung;
2. die Nebenforderungen, die dem Gläubiger im Schuldtitel zuerkannt sind. Hierbei sind Zinsen, die dem Gläubiger ohne Bestimmung des Endes des Zinsen-

---

1) **Habersack, Deutsche Gesetze Nr. 65.**

laufes zugesprochen sind, vorläufig bis zu dem Tage anzusetzen, an dem die Zwangsvollstreckung erfolgt. Die Berechnung erfolgt – für den Fall, dass der Schuldner an diesem Tag nicht zahlt – vorbehaltlich der Erhöhung um den Zinsenbetrag bis zu dem Tage, an dem der Erlös der gepfändeten Sachen voraussichtlich in die Hände des Gerichtsvollziehers gelangt (§ 819 ZPO[1]);

3. die Prozesskosten. Diese sind jedoch nur insoweit zu berücksichtigen, als sich ihr Betrag aus einem auf die vollstreckbare Ausfertigung des Titels gesetzten oder aus dem vom Gläubiger in besonderer Ausfertigung zu überreichenden Festsetzungsbeschluss ergibt;
4. die Kosten der Zwangsvollstreckung.

(2) [1]Bei der Berechnung nach Absatz 1 Satz 2 sind etwaige Abschlagszahlungen des Schuldners zu berücksichtigen. [2]Die Verrechnung geschieht nach den §§ 366 und 367 BGB[2]. [3]Handelt es sich um eine Forderung auf Grund eines Verbraucherdarlehensvertrages (§ 491 BGB), so richtet sich die Verrechnung nach § 497 Absatz 3 BGB.

(3) Unter besonderen Umständen kann der Gerichtsvollzieher vom Gläubiger eine Berechnung der Forderung verlangen, insbesondere, wenn es wegen zahlreicher Posten mit verschiedenem Zinsenlauf und mit Abschlagszahlungen einer umfangreichen Berechnung bedarf.

(4) [1]Ist die Geldforderung in einer ausländischen Währung ausgedrückt, so erfolgt die Umrechnung nach dem Kurswert, der zur Zeit der Zahlung für den Zahlungsort maßgebend ist (§ 244 Absatz 2 BGB). [2]Bei der Berechnung des Betrags ist daher seine Erhöhung oder Herabsetzung entsprechend dem am Zahltage geltenden Kurs vorzubehalten.

(5) [1]Sind nach dem Schuldtitel mehrere zur Zahlung verpflichtet, so schuldet im Zweifel jeder nur den gleichen Anteil (§ 420 BGB). [2]Haften mehrere als Gesamtschuldner (§ 421 BGB), so kann bei jedem von ihnen bis zur vollen Deckung der Forderung vollstreckt werden. [3]Die Haftung als Gesamtschuldner muss sich aus dem vollstreckbaren Titel ergeben.

§ 81 Aufsuchen und Auswahl der Pfandstücke. (1) [1]Bleibt die Aufforderung zur Leistung (§ 59 Absatz 2) ohne Erfolg, so fordert der Gerichtsvollzieher den Schuldner auf, ihm seine bewegliche Habe vorzuzeigen und – soweit der Zweck der Vollstreckung es erfordert – seine Zimmer, Keller, Böden und anderen Räume sowie die darin befindlichen Schränke, Kästen und anderen Behältnisse zu öffnen. [2]Trifft der Gerichtsvollzieher den Schuldner nicht an, so richtet er eine entsprechende Aufforderung an eine zur Familie des Schuldners gehörige oder beim Schuldner beschäftigte erwachsene Person, die er in der Wohnung oder in den Geschäftsräumen antrifft. [3]Werden die Behältnisse nicht freiwillig geöffnet oder trifft der Gerichtsvollzieher weder den Schuldner noch eine der vorstehend bezeichneten Personen an, so wendet er Gewalt an und verfährt dabei nach den §§ 61 und 62 (§§ 758, 759 ZPO[1]).

(2) [1]Bei der Auswahl der zu pfändenden Gegenstände achtet der Gerichtsvollzieher darauf, dass der Gläubiger auf dem kürzesten Wege befriedigt wird, ohne dass der Hausstand des Schuldners unnötig beeinträchtigt wird. [2]Der Gerichtsvollzieher richtet daher die Pfändung in erster Linie auf Geld, Kostbarkeiten oder *solche Wertpapiere, die den* Vorschriften über die Zwangsvollstreckung in beweg-

[1] **Habersack, Deutsche Gesetze Nr. 100.**
[2] **Habersack, Deutsche Gesetze Nr. 20.**

liche körperliche Sachen unterliegen (vergleiche §§ 104 bis 106), sowie auf Sachen, die der Schuldner sonst am ehesten entbehren kann. [3] Sachen, deren Aufbewahrung, Unterhaltung oder Fortschaffung unverhältnismäßig hohe Kosten verursachen oder deren Versteigerung nur mit großem Verlust oder mit großen Schwierigkeiten möglich sein würde, pfändet er nur, wenn keine anderen Pfandstücke in ausreichendem Maße vorhanden sind. [4] Ist es zweifelhaft, ob die Pfändung eines im Besitz des Schuldners befindlichen Wertpapiers durch den Gerichtsvollzieher zulässig ist, und sind keine anderen geeigneten Pfandstücke vorhanden, so pfändet der Gerichtsvollzieher das Papier einstweilen und überlässt es dem Gläubiger, den notwendigen Gerichtsbeschluss herbeizuführen.

§ 82 Vollziehung der Pfändung (§§ 803, 808, 813 ZPO[1]). (1) [1] Werden die Pfandstücke im Gewahrsam des Schuldners belassen, so ist die Pfändung nur wirksam, wenn sie kenntlich gemacht ist. [2] Dies gilt auch dann, wenn die Fortschaffung nur aufgeschoben wird. [3] Die Pfändung ist so kenntlich zu machen, dass sie jedem Dritten, der die im Verkehr übliche Sorgfalt aufwendet, erkennbar ist. [4] Der Gerichtsvollzieher versieht daher in der Regel jedes einzelne Pfandstück an einer in die Augen fallenden Stelle mit einer Siegelmarke oder einem sonst geeigneten Pfandzeichen. [5] Das Pfandzeichen muss mit dem Pfandstück mechanisch verbunden sein. [6] Es ist so anzubringen, dass die Sache dadurch nicht beschädigt wird. [7] Das Dienstsiegel oder der Dienststempel ist zur Kennzeichnung gepfändeter Gegenstände nur dann zu verwenden, wenn die Anbringung von Siegelmarken oder anderen Pfandzeichen unmöglich oder unzweckmäßig ist. [8] Für eine Mehrzahl von Pfandstücken – insbesondere eine Menge von Waren oder anderen vertretbaren Sachen, die sich in einem Behältnis oder in einer Umhüllung befinden oder mit Zustimmung des Schuldners in einem abgesonderten Raum untergebracht werden – genügt ein gemeinschaftliches Pfandzeichen, wenn es so angelegt wird, dass kein Stück aus dem Behältnis, der Umhüllung oder dem Raum entfernt werden kann, ohne dass das Pfandzeichen zerstört wird. [9] Den Schlüssel zu versiegelten Behältnissen oder Räumen nimmt der Gerichtsvollzieher an sich.

(2) [1] Die Pfändung kann auch durch eine Pfandanzeige erkennbar gemacht werden. [2] Der Gerichtsvollzieher bringt in diesem Fall an dem Ort, an dem sich die Pfandstücke befinden (zum Beispiel dem Lagerboden, dem Speicher, dem Viehstall), ein Schriftstück an, das auf die Pfändung hinweist. [3] Das Schriftstück ist so anzubringen, dass jedermann davon Kenntnis nehmen kann. [4] Es ist mit der Unterschrift und dem Abdruck des Dienststempels des Gerichtsvollziehers zu versehen und soll die Pfandstücke genau bezeichnen. [5] Werden Vorräte gepfändet, so ist der dem Schuldner belassene Teil der Vorräte von dem gepfändeten Teil äußerlich zu trennen. [6] Wenn die Umstände es erfordern, ist für die Pfandstücke ein Hüter zu bestellen.

(3) [1] Belässt der Gerichtsvollzieher Tiere im Gewahrsam des Schuldners, so kann er mit dem Schuldner vereinbaren, dass dieser befugt sein soll, die gewöhnlichen Nutzungen der Tiere (zum Beispiel die Milch gepfändeter Kühe) als Entgelt für deren Fütterung und Pflege im Haushalt zu verbrauchen. [2] Der Gerichtsvollzieher weist den Schuldner an, ihm eine Erkrankung der Tiere, insbesondere eine etwa erforderliche Notschlachtung, sofort anzuzeigen.

(4) [1] Der Gerichtsvollzieher eröffnet dem Schuldner oder in dessen Abwesenheit den in § 81 Absatz 1 Satz 2 bezeichneten Personen, dass der Besitz der Pfandstücke auf ihn übergegangen sei. [2] Er weist darauf hin,

---

[1] **Habersack, Deutsche Gesetze Nr. 100.**

1. dass der Schuldner und jeder andere jede Handlung zu unterlassen hat, die diesen Besitz beeinträchtigt, wie etwa die Veräußerung, die Wegschaffung oder den Verbrauch der gepfändeten Sachen,
2. dass jede Beschädigung oder Zerstörung der Pfandzeichen untersagt ist,
3. dass Zuwiderhandlungen gegen diese Bestimmungen strafbar sind.

(5) [1] Nach den Vorschriften der Absätze 1 bis 4 verfährt der Gerichtsvollzieher auch, wenn er dem Schuldner Pfandstücke, die nicht in dessen Gewahrsam waren oder belassen sind, nachträglich unter Aufrechterhaltung der Pfändung herausgibt. [2] Eine Herausgabe ohne Anbringung von Pfandzeichen bringt das Pfändungspfandrecht zum Erlöschen.

(6) [1] Hinsichtlich der Überpfändung und der Schätzung sind die §§ 803 und 813 ZPO zu beachten. [2] Erscheint dem Gerichtsvollzieher nach einer Neuschätzung die volle Befriedigung des Gläubigers nicht mehr gesichert, so führt er eine weitere Pfändung durch.

(7) [1] Sind die Vorkehrungen, die dazu dienten, die Pfändung erkennbar zu machen, später beseitigt oder sind die angebrachten Siegelmarken abgefallen, so sorgt der Gerichtsvollzieher, sobald er davon Kenntnis erhält, für die Erneuerung. [2] Er prüft dabei auch, ob die Befriedigung des Gläubigers gefährdet wird, wenn er die Pfandstücke weiter im Gewahrsam des Schuldners belässt; ist eine Gefährdung gegeben, so entfernt er die Pfandstücke nachträglich aus dem Gewahrsam des Schuldners.

(8) Bei Verstrickungsbruch und Siegelbruch (§ 136 StGB[1)]) und bei Vereiteln der Zwangsvollstreckung (§ 288 StGB) hat der Gerichtsvollzieher keine Anzeigepflicht, sofern nicht allgemein oder für den besonderen Fall etwas Abweichendes angeordnet ist; er hat jedoch in jedem Fall den Gläubiger zu benachrichtigen.

§ 83 Pfändung von Sachen in einem Zolllager. [1] Sollen Waren gepfändet werden, die in einem unter Mitverschluss der Zollbehörde stehenden Zolllager niedergelegt sind, so benachrichtigt der Gerichtsvollzieher die zuständige Überwachungszollstelle von der beabsichtigten Pfändung. [2] Er darf die Pfändung erst durchführen, wenn diese Zollstelle die Öffnung des Lagers zur Vornahme der Pfändung veranlasst hat.

§ 84 Pfändung von Schiffen (§§ 870a, 931 ZPO[2)]). (1) Die Pfändung von Schiffen, Schiffsbauwerken oder Schwimmdocks geschieht nach den Bestimmungen über die Zwangsvollstreckung in das bewegliche Vermögen, wenn

1. es sich um nicht eingetragene Schiffe, um ausländische Schiffe, die, wenn es deutsche Schiffe wären, nicht in das Schiffsregister eingetragen werden müssten, um nicht eingetragene und nicht eintragungsfähige Schiffsbauwerke oder um nicht eingetragene oder nicht eintragungsfähige im Bau befindliche oder fertig gestellte Schwimmdocks handelt (wegen der eingetragenen Schiffe und so weiter vergleiche § 78 Absatz 6) oder
2. die Pfändung zur Vollziehung eines Arrestes erfolgt (vergleiche § 931 ZPO).

(2) [1] Die Pfändung ist in der Regel in der Weise ersichtlich zu machen, dass dem Schiff, Schiffsbauwerk oder Schwimmdock eine mit Schloss und Siegel versehene Kette angelegt wird. [2] Ist dies nicht angängig oder handelt es sich um ein *kleineres Fahrzeug*, so verfährt der Gerichtsvollzieher nach § 82 Absatz 1 und 2.

---

1) Habersack, Deutsche Gesetze Nr. 85.
2) Habersack, Deutsche Gesetze Nr. 100.

(3) [1] Die zur Bewachung und Verwahrung des gepfändeten Schiffes, Schiffsbauwerkes oder Schwimmdocks erforderlichen Maßregeln veranlasst der Gerichtsvollzieher bei Gefahr im Verzug sofort nach der Pfändung und im Übrigen, sobald die durch die Maßregeln voraussichtlich entstehenden Kosten gesichert sind. [2] Zur Vollstreckung und zur Bewachung des Schiffes, Schiffsbauwerks oder Schwimmdocks ist die Hafenbehörde um ihre Unterstützung zu ersuchen, soweit es erforderlich und zweckmäßig erscheint.

(4) Bei der Pfändung eines ausländischen Schiffes benachrichtigt der Gerichtsvollzieher die konsularische Vertretung des Flaggenstaates.

§ 85 Pfändung von Luftfahrzeugen. [1] Inländische Luftfahrzeuge, die nicht in der Luftfahrzeugrolle oder im Register für Pfandrechte an Luftfahrzeugen eingetragen sind, werden nach den Bestimmungen über die Zwangsvollstreckung in das bewegliche Vermögen gepfändet. [2] §§ 115 und 153 Absatz 5 bleiben unberührt.

§ 86[1)] Besondere Vorschriften über das Pfändungsprotokoll (§§ 762, 763 ZPO[2)]). (1) [1] Das Pfändungsprotokoll muss enthalten:

1. ein genaues Verzeichnis der Pfandstücke unter fortlaufender Nummer, geeignetenfalls mit Angabe der Zahl, des Maßes, des Gewichts, der besonderen Merkmale und Kennzeichen der gepfändeten Sachen (zum Beispiel Fabrikmarke, Baujahr, Typ, Fabriknummer und dergleichen) nebst den vom Gerichtsvollzieher oder einem Sachverständigen geschätzten gewöhnlichen Verkaufswerten;
2. eine Beschreibung der angelegten Pfandzeichen;
3. den wesentlichen Inhalt der Eröffnungen, die dem Schuldner oder den in § 81 Absatz 1 Satz 2 bezeichneten Personen gemacht sind.

[2] Es soll ferner den Inhalt der angebrachten Pfandanzeigen sowie den Inhalt der Vereinbarungen wiedergeben, die mit einem Hüter (§ 82 Absatz 2) getroffen sind.

(2) [1] Werden Pfandstücke aus dem Gewahrsam des Schuldners entfernt, so ist dies im Protokoll zu begründen. [2] Auch ist anzugeben, welche Maßnahmen für die Verwahrung der Pfandstücke getroffen sind (vergleiche § 90 Absatz 2).

(3) Das Protokoll hat auch die Angaben der Zeit und des Ortes des Versteigerungstermins oder die Gründe zu enthalten, aus denen die sofortige Ansetzung des Versteigerungstermins unterblieben ist (vergleiche § 92).

(4) [1] Sind dieselben Sachen gleichzeitig für denselben Gläubiger gegen denselben Schuldner auf Grund mehrerer Schuldtitel gepfändet, so ist nur ein Protokoll aufzunehmen. [2] In diesem sind die einzelnen Schuldtitel genau zu bezeichnen.

(5) [1] Eine Abschrift des Pfändungsprotokolls ist zu erteilen:

1. dem Gläubiger, wenn er es verlangt,
2. dem Schuldner, wenn er es verlangt oder wenn die Vollstreckung in seiner Abwesenheit stattgefunden hat.

[2] Die Absendung ist auf dem Protokoll zu vermerken.

(6) [1] Kann eine Pfändung überhaupt nicht oder nicht in Höhe der beizutreibenden Forderung erfolgen, weil der Schuldner nur Sachen besitzt, die nicht gepfändet werden dürfen oder nicht gepfändet werden sollen oder von deren Verwertung ein Überschuss über die Kosten der Zwangsvollstreckung nicht zu erwarten ist, so genügt im Protokoll der allgemeine Hinweis, dass eine Pfändung aus diesen

[1)] § 86 Abs. 6 Satz 2 Nr. 4 geänd. mWv 1.1.2023 durch Bek. v. 7.12.2022 (BayMBl. Nr. 754).
[2)] **Habersack, Deutsche Gesetze Nr. 100.**

Gründen unterblieben ist. [2] Abweichend von Satz 1 sind im Protokoll zu verzeichnen:

1. Sachen, deren Pfändung vom Gläubiger ausdrücklich beantragt war, unter Angabe der Gründe, aus denen der Gerichtsvollzieher von einer Pfändung abgesehen hat,
2. die Art der Früchte, die vom Boden noch nicht getrennt sind, und die gewöhnliche Zeit der Reife, wenn eine Pfändung noch nicht erfolgen durfte (§ 810 Absatz 1 Satz 2 ZPO),
3. Art, Beschaffenheit und Wert der Sachen, wenn eine Austauschpfändung (§ 811a ZPO) in Betracht kommt, unter Angabe der Gründe, aus denen der Gerichtsvollzieher von einer vorläufigen Austauschpfändung (§ 811b ZPO) abgesehen hat,
4. Art und Wert eines Tieres, das im häuslichen Bereich und nicht zu Erwerbszwecken gehalten wird, wenn dessen Pfändung in Betracht kommt (§ 811 Absatz 3 ZPO).

[3] Sind bereits Entscheidungen des Vollstreckungsgerichts ergangen, durch die die Unpfändbarkeit vergleichbarer Sachen festgestellt wurde, so soll sie der Gerichtsvollzieher im Protokoll erwähnen, soweit sie für den Gläubiger von Belang sind.

§ 87 Widerspruch eines Dritten (§§ 771 bis 774, 805, 815 ZPO[1]).

(1) [1] Wird ein Widerspruch dem Gerichtsvollzieher gegenüber von dem Dritten geltend gemacht oder von dem Schuldner angekündigt, so darf der Gerichtsvollzieher die Pfändung der Sachen, auf die sich der Widerspruch erstreckt, nur dann unterlassen, wenn die sonst vorhandene, von einem Widerspruch nicht betroffene bewegliche Habe des Schuldners zur Deckung der beizutreibenden Forderung ausreicht. [2] Ist dies nicht der Fall, so führt der Gerichtsvollzieher die Pfändung ohne Rücksicht auf den Widerspruch durch und verweist die Beteiligten darauf, ihre Ansprüche bei dem Gläubiger und gegebenenfalls bei dem Gericht geltend zu machen. [3] Da sich hierbei nicht im Voraus übersehen lässt, welcher Teil der Pfandstücke nach Durchführung des Widerspruchs zur Befriedigung des Gläubigers verwendbar bleiben wird, wird in diesem Fall die Pfändung auch über die in § 803 Absatz 1 Satz 2 ZPO bezeichnete Wertgrenze hinaus zu erstrecken sein. [4] Dasselbe gilt, wenn ein Dritter ein Recht geltend macht, das ihn zur vorzugsweisen Befriedigung aus dem Erlös berechtigt (§ 805 ZPO), zum Beispiel der Vermieter sein gesetzliches Vermieterpfandrecht in Anspruch nimmt; denn solche Rechte schmälern bei erfolgreicher Geltendmachung den Erlös, der zur Befriedigung des Gläubigers verfügbar ist.

(2) [1] Werden Sachen trotz des Widerspruchs des Dritten oder der Ankündigung eines derartigen Widerspruchs gepfändet, so beurkundet der Gerichtsvollzieher diese Erklärungen im Protokoll, möglichst unter näherer Angabe der Person des Berechtigten und des Rechtsgrundes seines Anspruchs, und benachrichtigt den Gläubiger unverzüglich von dem Widerspruch. [2] Dem Dritten ist auf Verlangen eine Abschrift des Protokolls zu erteilen. [3] Wenn der Dritte bei oder nach der Erstpfändung eines ihm gehörenden Gegenstandes gegenüber dem Gerichtsvollzieher ein die Veräußerung hinderndes Recht geltend gemacht hat, muss der *Gerichtsvollzieher ihn über* die Anschlusspfändung (§ 116) desselben Gegenstands unverzüglich unterrichten.

[1] **Habersack, Deutsche Gesetze Nr. 100.**

(3) [1] Gepfändetes Geld hinterlegt der Gerichtsvollzieher, wenn ihm vor der Ablieferung an den Gläubiger (zum Beispiel durch eine eidesstattliche Versicherung) glaubhaft gemacht wird, dass einem Dritten an dem Geld ein die Veräußerung hinderndes oder zur vorzugsweisen Befriedigung berechtigendes Recht zusteht. [2] Wird ihm nicht binnen zwei Wochen seit dem Tage der Pfändung eine gerichtliche Entscheidung über die Einstellung der Zwangsvollstreckung vorgelegt, so veranlasst er die Rückgabe des Geldes zur Aushändigung an den Gläubiger (§§ 805, 815 Absatz 2 ZPO).

§ 88 Pfändung von Sachen, die sich im Gewahrsam des Gläubigers oder eines Dritten befinden (§ 809 ZPO[1]). [1] Die Pfändung von Sachen im Gewahrsam des Gläubigers oder eines Dritten (§ 70 Absatz 2) geschieht ebenso wie die Pfändung von Sachen im Gewahrsam des Schuldners. [2] Der Sachverhalt, insbesondere die Erklärung des Dritten, ob er zur Herausgabe bereit sei oder nicht, ist im Protokoll zu vermerken. [3] Verlangt der Gewahrsamsinhaber die Fortschaffung der Pfandstücke, so ist diesem Verlangen stattzugeben. [4] Von einer Pfändung bei dem Gläubiger oder einem Dritten ist der Schuldner durch Übersendung einer Protokollabschrift zu benachrichtigen. [5] Auf Antrag ist auch dem Dritten eine Protokollabschrift zu erteilen.

d) Unterbringung der Pfandstücke

§ 89 Unterbringung von Geld, Kostbarkeiten und Wertpapieren. (1) [1] Gepfändetes oder ihm gezahltes Geld liefert der Gerichtsvollzieher nach Abzug der Vollstreckungskosten unverzüglich an den Gläubiger ab (§ 815

(Fortsetzung nächstes Blatt)

[1] **Habersack, Deutsche Gesetze Nr. 100.**

Absatz 1 ZPO) oder hinterlegt es, sofern die Hinterlegung erfolgen muss (§ 155). [2]Ist dem Gläubiger Prozess- oder Verfahrenskostenhilfe bewilligt und reicht der gepfändete oder gezahlte Geldbetrag nicht zur Tilgung der Forderung des Gläubigers und der Vollstreckungskosten aus, so beachtet der Gerichtsvollzieher die Bestimmungen des § 15 Absatz 3 Satz 2 bis 4 GvKostG.

(2) [1]Gepfändete Kostbarkeiten und Wertpapiere sowie Geld bis zur Auszahlung oder Hinterlegung verwahrt der Gerichtsvollzieher unter sicherem Verschluss und getrennt von seinen eigenen Geldern und Wertgegenständen; nötigenfalls gibt er Kostbarkeiten und Wertpapiere bei einer sicheren Bank oder öffentlichen Sparkasse in Verwahrung oder trifft besondere Schutzmaßregeln. [2]In letzterem Fall ist er berechtigt, die tatsächlichen Auslagen zu berechnen. [3]Dasselbe gilt für Wechsel und andere indossable Papiere.

§ 90. Unterbringung anderer Pfandstücke. (1) [1]Der Gerichtsvollzieher ist verpflichtet, für eine sichere Unterbringung und Verwahrung der Pfandstücke zu sorgen, die er nicht im Gewahrsam des Schuldners belässt. [2]Er muss auch die notwendigen Maßnahmen zur Erhaltung der Pfandstücke treffen. [3]Er hat hierbei besondere Sorgfalt anzuwenden, um Schadensersatzansprüche wegen Verlustes oder Beschädigung der Sachen zu vermeiden.

(2) [1]Im Pfändungsprotokoll oder in einem Nachtrag darunter vermerkt der Gerichtsvollzieher, welche Maßnahmen er zur Unterbringung der Pfandstücke getroffen hat. [2]Entfernt er die Pfandstücke erst nachträglich aus dem Gewahrsam des Schuldners, so nimmt er auch darüber ein Protokoll auf; jedoch genügt ein Vermerk im Versteigerungsprotokoll, wenn die Wegschaffung nur zum Zwecke der anschließenden sofortigen Versteigerung erfolgt.

(3) [1]Die in der Pfandkammer verwahrten Sachen bezeichnet der Gerichtsvollzieher mit der Geschäftsnummer, die der Vorgang bei ihm hat. [2]Er bewahrt sie getrennt von den Sachen auf, die zu anderen Zwangsvollstreckungen gehören. [3]Der Gerichtsvollzieher darf die Pfandkammer nicht zur Verwahrung benutzen, wenn die Versteigerung der Pfandstücke an einem anderen Ort notwendig oder zweckmäßig ist, wenn die Pfandstücke nach ihrer Beschaffenheit zur Verwahrung in der Pfandkammer nicht geeignet sind oder wenn die Beförderung zur Pfandkammer besondere Schwierigkeiten bereiten oder außergewöhnlich hohe Kosten verursachen würde.

(4) [1]Pfandstücke, die der Gerichtsvollzieher nicht nach § 89 oder in einer Pfandkammer verwahren kann, übergibt er einem Verwahrer. [2]Zum Verwahrer soll er möglichst nur eine zuverlässige, zahlungsfähige und am Ort der Vollstreckung ansässige Person wählen; bei ihrer Auswahl ist in Landgemeinden tunlichst die Mitwirkung des Hauptverwaltungsbeamten der Gemeinde zu erbitten, falls dieser die Verwahrung nicht selbst übernimmt. [3]Die Bestellung des Gläubigers zum Verwahrer wird in der Regel nicht angebracht sein. [4]Die Vergütung für die Verwahrung, Beaufsichtigung und gegebenenfalls auch für die Erhaltung der Sache vereinbart der Gerichtsvollzieher mit dem Verwahrer möglichst bei Übergabe. [5]Der Verwahrungsvertrag soll schriftlich abgeschlossen werden. [6]Der Verwahrer hat unter einem Verzeichnis der übergebenen Sachen ihren Empfang zu bescheinigen; eine Abschrift dieses Verzeichnisses nebst der Bescheinigung ist ihm auf Verlangen auszuhändigen. [7]Der Gerichtsvollzieher vermerkt die Bestellung eines Verwahrers und die mit ihm getroffenen Vereinbarungen im Pfändungsprotokoll oder in einem Nachtrag darunter.

8 Er verbindet die Bescheinigung des Verwahrers über den Empfang mit dem Protokoll, sofern sie nicht in das Protokoll selbst aufgenommen ist.

(5) 1 Belässt der Gerichtsvollzieher gepfändete Tiere nicht im Gewahrsam des Schuldners, so ist er verpflichtet, die notwendigen Maßnahmen für die ordnungsgemäße Fütterung und Pflege der Tiere zu treffen. 2 Werden ihm die hierzu nötigen Geldmittel nicht rechtzeitig zur Verfügung gestellt, so versteigert er die Tiere unverzüglich, selbst wenn er hierbei die Fristen für die Vornahme und die Bekanntmachung der Versteigerung nicht einhalten kann (§ 816 ZPO).

(6) Gepfändete oder zu verwertende Waffen sind entsprechend dem Waffengesetz (WaffG) und der Allgemeinen Waffengesetz-Verordnung (AWaffV) zu verwahren.

2. Verwertung

a) Allgemeines

§ 91. (§§ 814 bis 825 ZPO). (1) 1 Die Verwertung der Pfandstücke erfolgt in der Regel durch öffentliche Versteigerung in Form der Präsenzversteigerung (§§ 92 bis 96); soweit dies landesrechtlich vorgesehen ist, ist auch die allgemein zugängliche Versteigerung im Internet (§ 814 Absatz 2 Nummer 2 ZPO) möglich. 2 Als Formen der anderweitigen Verwertung kommen insbesondere in Betracht:

1. freihändiger Verkauf durch den Gerichtsvollzieher (§§ 97 bis 99),
2. freihändiger Verkauf durch einen Dritten – gegebenenfalls unter Festsetzung eines Mindestpreises –,
3. Übereignung an den Gläubiger zu einem bestimmten Preis,
4. Versteigerung durch den Gerichtsvollzieher an einem anderen Ort als nach § 816 Absatz 2 ZPO vorgesehen.

3 Ist nach der Auffassung des Gerichtsvollziehers wegen der Art der gepfändeten Sachen bei einer Verwertung durch öffentliche Versteigerung kein angemessener Erlös zu erwarten, so soll er den Schuldner und den Gläubiger sofort auf die Möglichkeit der anderweitigen Verwertung (§ 825 Absatz 1 ZPO) aufmerksam machen. 4 Beantragt eine der Parteien nach § 825 Absatz 1 ZPO eine Verwertung der Sache in anderer Weise oder an einem anderen Ort, unterrichtet der Gerichtsvollzieher den Antragsgegner über alle Einzelheiten der beabsichtigten anderweitigen Verwertung, insbesondere den Mindestpreis, und belehrt ihn, dass er die Sache ohne seine Zustimmung nicht vor Ablauf von zwei Wochen nach Zustellung der Unterrichtung verwerten wird. 5 Der Gerichtsvollzieher besorgt selbst die Zustellung der Unterrichtung. 6 Nach der Zustimmung des Antragsgegners oder spätestens nach dem Ablauf der Frist, wenn eine Einstellungsanordnung des Vollstreckungsgerichts nicht ergangen ist, führt der Gerichtsvollzieher die anderweitige Verwertung durch. 7 Er kann sie schon vor Fristablauf vorbereiten. 8 Ist bei der beantragten anderweitigen Verwertung nach der Überzeugung des Gerichtsvollziehers kein höherer Erlös zu erwarten, teilt er dies dem Antragsteller unter Fortsetzung des Verwertungsverfahrens mit.

(2) 1 Der Gerichtsvollzieher führt die Verwertung – ohne einen besonderen Auftrag des Gläubigers abzuwarten – nach den §§ 814 bis 825 ZPO durch. 2 Die Verwertung ist auch dann vorzunehmen, wenn der Schuldner verstorben

ist oder wenn das Insolvenzverfahren über sein Vermögen eröffnet worden ist. [3] § 51 Absatz 3 und § 120 Absatz 2 Satz 2 sind zu beachten. [4] Führt der Gerichtsvollzieher die allgemein zugängliche Versteigerung im Internet (§ 814 Absatz 2 Nummer 2 ZPO) durch, teilt er dies dem Schuldner und sämtlichen beteiligten Gläubigern mit und bezeichnet den von ihm bestimmten Zeitpunkt, zu dem die Versteigerung im Internet beginnen wird.

(3) [1] Ein Aufschub der Verwertung ist nur zulässig, wenn eine Zahlungsvereinbarung gemäß § 802b ZPO geschlossen wird. [2] Dies ist in jeder Lage des Verfahrens, auch noch kurz vor einem bereits bestimmten Versteigerungstermin, möglich, es sei denn, der Gläubiger hat den Abschluss einer Zahlungsvereinbarung ausgeschlossen (§ 802b Absatz 2 Satz 1 ZPO). [3] Wenn der Gläubiger lediglich einen Vollstreckungsauftrag mit einem Auftrag zur Abnahme der Vermögensauskunft verbunden hat, hindert dies einen Verwertungsaufschub durch den Gerichtsvollzieher zunächst nicht. [4] § 68 ist zu beachten.

(4) [1] Zwischen dem Zahlungstermin und dem Verwertungstermin sollen wenigstens zwei Wochen liegen. [2] Wird der Verwertungstermin verlegt, nachdem der Schuldner die Rate gezahlt hat, gehören die Kosten der öffentlichen Bekanntmachung der Terminsverlegung (§ 93) zu den notwendigen Kosten der Zwangsvollstreckung im Sinne des § 788 Absatz 1 ZPO. [3] Bei der Bestimmung der Termine für die Verwertung soll der Gerichtsvollzieher im Einzelfall einerseits die Notwendigkeit, den Schuldner durch die Terminsbestimmung zur pünktlichen Zahlung zu veranlassen, und andererseits die Höhe der zusätzlichen Vollstreckungskosten, zum Beispiel für die öffentliche Bekanntmachung, berücksichtigen.

(5) Bei der Verwertung muss der Gerichtsvollzieher gesetzliche und behördliche Veräußerungs- oder Erwerbsbeschränkungen beachten (vergleiche zum Beispiel § 772 ZPO).

(6) [1] Bei der Verwertung dürfen der Gerichtsvollzieher und die von ihm zugezogenen Gehilfen weder für sich (persönlich oder durch einen anderen) noch als Vertreter eines anderen kaufen (§§ 450, 451 BGB). [2] Der Gerichtsvollzieher darf auch seinen Angehörigen und den bei ihm beschäftigten Personen das Mitbieten nicht gestatten.

(7) Auf Antrag des Gläubigers oder des Schuldners kann das Vollstreckungsgericht anordnen, dass eine gepfändete Sache durch eine andere Person als den Gerichtsvollzieher versteigert wird (§ 825 Absatz 2 ZPO).

b) Öffentliche Versteigerung nach § 814 Absatz 2 Nummer 1 ZPO (Präsenzversteigerung)

§ 92. Ort und Zeit der Versteigerung (§§ 816 Absatz 1 und 2, § 825 Absatz 1 ZPO). (1) [1] Der Gerichtsvollzieher bestimmt den Termin zur öffentlichen Versteigerung in der Regel sogleich bei der Pfändung. [2] Die Anberaumung des Termins ist nur dann einstweilen auszusetzen,

1. wenn die Parteien einverstanden sind, dass der Termin erst später bestimmt werden soll,
2. wenn die sofortige Terminbestimmung im Einzelfall nicht tunlich oder nicht zweckmäßig erscheint, zum Beispiel weil Früchte auf dem Halm gepfändet sind und der Eintritt der Reife der Früchte noch nicht mit Sicherheit übersehen werden kann oder weil das Vollstreckungsgericht voraus-

sichtlich eine andere Art der Veräußerung oder die Versteigerung an einem anderen Ort anordnen wird.

(2) 1 Die Pfandstücke werden in der Gemeinde versteigert, in der sie gepfändet worden sind, an einem anderen Ort im Bezirk des Vollstreckungsgerichts oder am Amtssitz des Gerichtsvollziehers, sofern nicht der Gläubiger und der Schuldner sich auf einen anderen Ort einigen oder der Gerichtsvollzieher auf Antrag des Gläubigers oder des Schuldners einen anderen Ort bestimmt hat (§ 816 Absatz 2, § 825 Absatz 1 ZPO). 2 Liegt die Versteigerung an einem anderen Ort im Interesse der Parteien, so soll der Gerichtsvollzieher auf die Möglichkeit eines Antrags nach § 825 Absatz 1 ZPO hinweisen.

(3) 1 Der erste Versteigerungstermin darf nicht vor Ablauf einer Woche seit dem Tage der Pfändung stattfinden. 2 Ein früherer Termin darf nur bestimmt werden, wenn

1. der Gläubiger und der Schuldner sich über eine frühere Versteigerung einigen,
2. die frühere Versteigerung nach der pflichtgemäßen Überzeugung des Gerichtsvollziehers erforderlich ist, um die Gefahr einer beträchtlichen Wertminderung der Pfandstücke oder eines unverhältnismäßigen Kostenaufwands für längere Aufbewahrung abzuwenden.

3 Die Einigung der Parteien oder die sonstigen Gründe für die vorzeitige Versteigerung sind aktenkundig zu machen. 4 In der Regel soll die Versteigerung nicht später als einen Monat nach der Pfändung stattfinden; wird sie weiter hinausgeschoben, so ist der Grund dafür in den Akten zu vermerken.

(4) 1 Sämtliche beteiligten Gläubiger und der Schuldner sind von dem Versteigerungstermin besonders zu benachrichtigen, wenn ihnen der Termin nicht bereits anderweitig bekannt gegeben worden ist, etwa durch die übersandte Abschrift des Pfändungsprotokolls. 2 Der Gerichtsvollzieher kann den Gläubiger hierbei auf die Bedeutung seiner persönlichen Teilnahme hinweisen.

§ 93. Öffentliche Bekanntmachung (§ 816 Absatz 3 ZPO). (1) 1 Die Versteigerung muss öffentlich bekannt gemacht werden. 2 Die Bekanntmachung muss rechtzeitig erfolgen, spätestens am Tag vor dem Versteigerungstermin. 3 Eine Bekanntmachung am Tage der Versteigerung genügt nur, wenn die Pfandstücke alsbald versteigert werden müssen, etwa weil sie dem Verderb oder einer beträchtlichen Wertminderung ausgesetzt sind. 4 Erfolgt die Bekanntmachung nicht spätestens am Tag vor der Versteigerung, so ist der Grund dafür aktenkundig zu machen.

(2) 1 Die Bekanntmachung enthält

1. den Ort, den Tag und die Stunde der Versteigerung,
2. eine allgemeine Bezeichnung der Gegenstände, die zu versteigern sind; besonders wertvolle Sachen sind dabei hervorzuheben; zur allgemeinen Bezeichnung gehört auch die Fabrikmarke (zum Beispiel bei Motoren, Kraftwagen, Krafträdern, Fahrrädern, Büromaschinen und dergleichen); vielfach wird es sich empfehlen, auch die Herstellungsnummer anzugeben, da sie *Interessenten die Feststellung* des Herstellungsjahres ermöglicht.

2 Die Bekanntmachung soll ferner die Zeit und den Ort enthalten, an dem die Pfandstücke vor der Versteigerung besichtigt werden können. 3 In der Be-

kanntmachung ist ersichtlich zu machen, dass es sich um eine Versteigerung im Wege der Zwangsvollstreckung handelt; die Namen des Gläubigers und des Schuldners sind wegzulassen. [4]Die Bekanntmachung ist aktenkundig zu machen; die Belegblätter und Rechnungen sind zu den Sachakten zu nehmen, soweit nicht in Absatz 5 eine andere Aufbewahrung angeordnet ist.

(3) [1]Über die Art der Bekanntmachung (Aushang, Veröffentlichung in Zeitungen) entscheidet der Gerichtsvollzieher nach pflichtgemäßem Ermessen unter besonderer Berücksichtigung des Einzelfalles, sofern nicht die Justizverwaltung bestimmte Weisungen erteilt hat. [2]Die öffentliche Bekanntmachung hat das Ziel, die Personen, die im Einzelfall als Kaufinteressenten in Betracht kommen, möglichst umfassend auf die bevorstehende Versteigerung hinzuweisen und durch Heranziehung zahlreicher Bieter ein günstiges Versteigerungsergebnis zu erzielen. [3]Die Kosten der Bekanntmachung müssen, soweit sie nicht vom Auftraggeber übernommen werden, in angemessenem Verhältnis zu dem Wert des Versteigerungsgutes und zu dem voraussichtlichen Erlös stehen. [4]Die Beachtung dieser Richtlinien wird vielfach zu folgendem Verfahren führen:

1. Werden Gegenstände von geringem Wert versteigert, so kann eine öffentliche Bekanntmachung durch Anschlag genügen. Erfahrungsgemäß hat sich in diesem Fall, insbesondere bei Versteigerungen in ständig dafür bestimmten und daher allgemein bekannten Pfandkammern oder Versteigerungsräumen, ein Anschlag an einer Tafel oder in einem Kasten vor den Versteigerungsräumen als ausreichend erwiesen.
2. [1]Haben die zur Versteigerung bestimmten Gegenstände einen hohen Wert, so wird die Bekanntmachung durch eine Zeitung in Betracht kommen. [2]Bei der Auswahl der Zeitung wird zu beachten sein, dass in diesen Fällen neben den Händlern meist solche Kauflustige infrage kommen, die den Ort der Versteigerung ohne Aufwendung von Fahrkosten erreichen und das Versteigerungsgut ohne wesentliche Transportkosten wegschaffen können. [3]Der Gerichtsvollzieher wird daher zu prüfen haben, ob eine mit mäßigen Kosten verbundene Anzeige in einer Ortszeitung oder – in größeren Städten – einer Bezirks- oder Vorortzeitung genügt.
3. [1]Hat das Versteigerungsgut beträchtlichen Wert (zum Beispiel Kunstgegenstände, echte Teppiche, Luxusgegenstände), so muss die Bekanntmachung die Kreise umfassen, die für den Erwerb solcher Sachen Interesse haben und über die notwendigen Mittel dazu verfügen. [2]Daher ist eine Zeitung zu wählen, die einen entsprechenden Leserkreis und ein entsprechendes Verbreitungsgebiet hat.
4. Sollen Gegenstände versteigert werden, deren Erwerb nur für bestimmte Berufsgruppen infrage kommt (zum Beispiel Rohstoffe, Maschinen, kaufmännische und gewerbliche Einrichtungen, Halbfabrikate), so wird vielfach die Bekanntmachung in einer Fachzeitschrift oder Fachzeitung zu bevorzugen sein.
5. Bei besonders umfangreichen Versteigerungen kann eine Bekanntmachung in mehreren Zeitungen in Betracht kommen, sofern die hierzu erforderlichen Kosten im angemessenen Verhältnis zum Wert des Versteigerungsgutes stehen.

(4) [1]Zur Verminderung der Bekanntmachungskosten vereinigt der Gerichtsvollzieher mehrere Bekanntmachungen von Versteigerungsterminen, die

an demselben Tage und an demselben Ort abgehalten werden sollen, zu einer Bekanntmachung. [2]Er soll auch möglichst mehrere Bekanntmachungen von Versteigerungsterminen, die zu verschiedenen Zeiten und an verschiedenen Orten stattfinden, in einer Sammelbekanntmachung vereinigen. [3]In diesen Fällen nimmt er das Belegblatt und die Rechnung zu einem der Handaktenstücke, berechnet dabei die Kosten, die auf die einzelnen Angelegenheiten abfallen, und vermerkt in den Akten über die anderen Angelegenheiten, wie hoch die anteiligen Kosten sind und wo sich Rechnung und Belegblatt befinden. [4]Der Gerichtsvollzieher kann Rechnung und Belegblätter auch zu besonderen Sammelakten über Bekanntmachungen nehmen. [5]Er vermerkt dann in den einzelnen Sonderakten die Höhe der anteiligen Kosten und verweist auf die Blattzahl der Sammelakte, wo sich Belegblatt, Rechnung und Berechnung der anteiligen Kosten befinden.

(5) [1]Auch die Bekanntmachungen mehrerer Gerichtsvollzieher können aus Kostenersparnisgründen zu einer Sammelbekanntmachung vereinigt werden. [2]In diesen Fällen muss jeder Gerichtsvollzieher ein Belegblatt zu seinen Akten nehmen und dabei die Kosten angeben, die auf seine Bekanntmachung entfallen. [3]Im Übrigen ist entsprechend den Bestimmungen des Absatzes 4 zu verfahren.

(6) [1]Wird der Versteigerungstermin aufgehoben, so sind Aushänge und Anschläge sofort zu entfernen. [2]Die Aufhebung ist öffentlich bekannt zu machen, soweit dies noch tunlich ist. [3]Eine Terminverlegung oder -aufhebung ist den Beteiligten unverzüglich mitzuteilen.

§ 94. Bereitstellung der Pfandstücke. (1) [1]Vor Beginn des Termins sind die zu versteigernden Sachen zum Verkauf und zur Besichtigung durch Kaufinteressenten bereitzustellen; ihre Identität ist aus dem Pfändungsprotokoll festzustellen. [2]War ein Verwahrer oder Hüter bestellt, so ist mit ihm über die Rückgabe der Sachen ein Protokoll aufzunehmen; auf Verlangen ist ihm eine Bescheinigung hierüber zu erteilen. [3]Ergibt sich, dass Pfandstücke fehlen oder beschädigt sind, so ist dies im Protokoll oder zu den Akten zu vermerken und den Beteiligten bekannt zu geben.

(2) [1]Die Pfandstücke sollen zur Erzielung eines ihrem Wert angemessenen Erlöses in sauberem und möglichst ansehnlichem Zustand zur Versteigerung gestellt werden. [2]Die hierdurch entstehenden Kosten sind als Kosten der Zwangsvollstreckung zu behandeln. [3]Solche Kosten dürfen jedoch nur aufgewendet werden, wenn sie in einem angemessenen Verhältnis zu dem zu erwartenden Mehrerlös stehen. [4]Dagegen ist der Gerichtsvollzieher nicht berechtigt, gebrauchte oder beschädigte Pfandstücke ohne Einverständnis des Gläubigers und des Schuldners instand setzen zu lassen.

§ 95. Versteigerungstermin (§ 816 Absatz 4, §§ 817, 817 a, 818 ZPO). (1) [1]Bei der Eröffnung des Termins sind zunächst die Versteigerungsbedingungen bekannt zu machen. [2]Abweichungen von den in § 817 ZPO bestimmten Versteigerungsbedingungen sind nur zulässig, wenn das Vollstreckungsgericht sie angeordnet hat oder der Gläubiger und der Schuldner sie vereinbart haben. [3]Versteigert der Gerichtsvollzieher Gase, Flüssigkeiten oder *andere Sachen, die sich in* Behältnissen befinden, welche dem Schuldner zweifellos nicht gehören, so nimmt er in die Versteigerungsbedingungen die Bestimmung auf, dass

1. die Behältnisse alsbald nach der Entleerung, spätestens binnen einer festzusetzenden Frist, dem Eigentümer zu übergeben seien,
2. der Ersteher eine dem Betrag nach zu bestimmende Sicherheit außer dem Meistgebot an den Gerichtsvollzieher zu leisten habe.

4 Versteigert der Gerichtsvollzieher Schusswaffen, Munition oder diesen gleichstehende Gegenstände, deren Erwerb erlaubnis- oder anmeldepflichtig ist, so nimmt er in die Versteigerungsbedingungen die Bestimmung auf, dass sie nur von einem Berechtigten ersteigert werden können (vergleiche § 66).

(2) 1 Der Gerichtsvollzieher fordert alsdann zum Bieten auf. 2 Er bietet die Pfandstücke regelmäßig einzeln aus; jedoch kann er auch Gegenstände, die sich dazu eignen, zusammen anbieten, insbesondere Gegenstände gleicher Art. 3 Die Pfandstücke sind tunlichst nach ihrer Reihenfolge im Pfändungsprotokoll aufzurufen, sofern nicht die Beteiligten andere Wünsche haben. 4 Beim Ausbieten sind der gewöhnliche Verkaufswert der gepfändeten Sachen und das Mindestgebot bekannt zu geben, bei Gold- und Silbersachen auch der Gold- und Silberwert.

(3) Der Gläubiger und der Schuldner können bei der Versteigerung mitbieten; jedoch ist ein Gebot des Schuldners zurückzuweisen, wenn er nicht den Betrag sofort bar hinterlegt.

(4) 1 Der Zuschlag ist zu versagen, wenn das Meistgebot nicht die Hälfte des gewöhnlichen Verkehrswertes erreicht (Mindestgebot; § 817 a Absatz 1 Satz 1 ZPO). 2 Der Gerichtsvollzieher hat dann auf Antrag des Gläubigers einen neuen Versteigerungstermin anzuberaumen oder es dem Gläubiger anheim zu geben, einen Antrag nach § 825 ZPO zu stellen. 3 Bleibt auch der neue Termin oder der Versuch anderweitiger Verwertung ohne Erfolg und ist auch von weiteren Verwertungsversuchen kein Erfolg zu erwarten, so kann der Gerichtsvollzieher die Pfändung aufheben. 4 Vor der Aufhebung gibt er dem Gläubiger Gelegenheit zur Äußerung binnen einer angemessenen, von ihm zu bestimmenden Frist. 5 Eine Versagung des Zuschlags kommt jedoch nicht in Betracht, wenn alle beteiligten Gläubiger und der Schuldner mit der Erteilung des Zuschlags zu einem Gebot einverstanden sind, welches das gesetzliche Mindestgebot nicht erreicht, oder wenn die sofortige Versteigerung erforderlich ist, um die Gefahr einer beträchtlichen Wertverringerung der zu versteigernden Sachen abzuwenden oder um unverhältnismäßige Kosten für eine längere Aufbewahrung zu vermeiden.

(5) 1 Bei Gold- und Silbersachen ist der Zuschlag ferner zu versagen, wenn das Meistgebot den Gold- und Silberwert nicht erreicht. 2 Der Gerichtsvollzieher kann diese Sachen dann durch freihändigen Verkauf verwerten (vergleiche § 97).

(6) Ist eine Austauschpfändung mit der Maßgabe zugelassen, dass dem Schuldner der zur Ersatzbeschaffung notwendige Geldbetrag aus dem Vollstreckungserlös zu erstatten ist (§ 74 Absatz 1 Satz 3), so ist der Zuschlag zu versagen, wenn das Meistgebot nicht den vom Vollstreckungsgericht zur Ersatzbeschaffung bestimmten Geldbetrag sowie die Kosten der Zwangsvollstreckung deckt.

(7) 1 Erweist sich im Versteigerungstermin eine andere Schätzung des gewöhnlichen Verkaufswertes als notwendig, zum Beispiel wegen Veränderung der Marktlage (Mangel an ausreichenden Geboten genügt nicht), so ist das Ergebnis der Schätzung bekannt zu geben. 2 Ist eine der Parteien im Termin

nicht vertreten und wird der gewöhnliche Verkaufswert niedriger geschätzt als bisher, so wird ein neuer Versteigerungstermin anzuberaumen und den Parteien zunächst das Ergebnis der abweichenden Schätzung mitzuteilen sein. 3Dies gilt jedoch nicht, wenn die sofortige Versteigerung aus den in Absatz 4 genannten Gründen notwendig ist. 4Falls es erforderlich ist, muss der Gerichtsvollzieher zur Sicherung des Gläubigers eine weitere Pfändung durchführen.

(8) Beim Einzelausgebot von Gegenständen, die sich zum Gesamtausgebot eignen, kann der Gerichtsvollzieher den Zuschlag davon abhängig machen, dass beim darauf folgenden Gesamtausgebot kein höherer Erlös erzielt wird.

(9) 1Der Gerichtsvollzieher hat für den ordnungsmäßigen Ablauf der Versteigerung zu sorgen. 2Er hat insbesondere unzulässigen Einwirkungen der Händlerringe (Verkäuferringe, Zusammenschlüsse) entgegenzutreten. 3Weiß er oder muss er nach den Umständen annehmen, dass Verabredungen getroffen sind, auf Grund deren Andere vom Bieten abgehalten oder Sachen durch vorgeschobene Personen ersteigert werden sollen, um unter den Teilnehmern sodann zum gemeinsamen Vorteil veräußert zu werden, so hat er Personen, die an solchen Verabredungen beteiligt sind, zu entfernen, nötigenfalls mit polizeilicher Hilfe. 4Er kann die Versteigerung auch unterbrechen.

(10) 1Der Zuschlag ist dem Meistbietenden zu erteilen. 2Dem Zuschlag soll ein dreimaliger Aufruf vorausgehen. 3Dabei muss der Gerichtsvollzieher mit strenger Unparteilichkeit verfahren. 4Er darf insbesondere den Zuschlag nicht zugunsten eines Bieters übereilen. 5Die Verpflichtung eines jeden Bieters erlischt, wenn ein Übergebot abgegeben wird oder wenn die Versteigerung ohne Erteilung des Zuschlags geschlossen wird (§ 156 BGB, § 817 Absatz 1 ZPO).

(11) 1Die zugeschlagene Sache ist dem Ersteher zu übergeben, und zwar nur gegen bare Zahlung des Kaufpreises. 2Einen Scheck darf der Gerichtsvollzieher nur mit Zustimmung des Auftraggebers annehmen. 3Hat der Meistbietende nicht bis zu der in den Versteigerungsbedingungen bestimmten Zeit oder mangels einer solchen Bestimmung nicht vor dem Schluss des Versteigerungstermins die Ablieferung gegen Zahlung des Kaufgeldes verlangt, so ist die Sache anderweit zu versteigern. 4Bei der Wiederversteigerung wird der Meistbietende zu keinem weiteren Gebot zugelassen. 5Er haftet für den Ausfall; auf den Mehrerlös hat er keinen Anspruch (§ 817 Absatz 3 ZPO).

(12) 1Wird der Zuschlag dem Gläubiger erteilt, so ist dieser von der Verpflichtung zur Barzahlung insoweit befreit, als der Erlös zu seiner Befriedigung zu verwenden ist. 2Der Gläubiger hat mithin nur die Beträge bar zu zahlen, die zur Deckung der Zwangsvollstreckungskosten erforderlich sind oder sich nach seiner Befriedigung als Überschuss ergeben. 3Sofern jedoch dem Schuldner nachgelassen ist, die Vollstreckung durch Sicherheitsleistung oder Hinterlegung abzuwenden, hat auch der Gläubiger den Preis für die von ihm erstandene Sache bar zu entrichten (§ 817 Absatz 4 ZPO). 4Dasselbe gilt, wenn und soweit der Gläubiger das Recht eines Dritten auf vorzugsweise Befriedigung (§ 805 ZPO) anerkannt hat, ein vorrangiges Pfändungspfandrecht eines anderen Gläubigers (§ 804 Absatz 3 ZPO) besteht, der Erlös auf Grund einer gerichtlichen Anordnung zu hinterlegen ist oder dem Schuldner im Rahmen einer Austauschpfändung gemäß § 811 a Absatz 1 Halbsatz 2 ZPO der zur Ersatzbeschaffung erforderliche Geldbetrag aus dem Vollstreckungserlös zu überlassen ist.

(13) [1]Die Versteigerung ist einzustellen, sobald der Erlös zur Befriedigung des Gläubigers und zur Deckung der Kosten der Zwangsvollstreckung hinreicht (§ 818 ZPO). [2]Um die Versteigerung nicht zu weit auszudehnen, hat der Gerichtsvollzieher die bereits erzielten Erlöse von Zeit zu Zeit zusammenzurechnen. [3]Der Erlös darf an den Gläubiger erst abgeführt werden, wenn die Übergabe der verkauften Sachen stattgefunden hat.

(14) Hat nach dem Ergebnis der Verwertung der Pfandstücke die Vollstreckung nicht zur vollen Befriedigung des Gläubigers geführt oder sind Pfandstücke abhanden gekommen oder beschädigt worden, so muss der Gerichtsvollzieher auch ohne ausdrückliche Weisung des Gläubigers alsbald die weitere Vollstreckung betreiben, wenn nach seinem pflichtgemäßen Ermessen eine erneute Pfändung zur weiteren Befriedigung des Gläubigers führen kann.

§ 96. Versteigerungsprotokoll. (1) Das Protokoll über die Versteigerung hat insbesondere zu enthalten:

1. die betreibenden Gläubiger nach ihrer Rangfolge;
2. die Beträge der beizutreibenden Forderungen und der Zwangsvollstreckungskosten;
3. den Hinweis auf die gesetzlichen Versteigerungsbedingungen oder den Wortlaut der Versteigerungsbedingungen, soweit von den gesetzlichen abweichende oder ergänzende Bestimmungen getroffen sind;
4. die Bezeichnung der ausgebotenen Sachen sowie ihre Nummern nach dem Pfändungsprotokoll und die abgegebenen Meistgebote;
5. die Namen der Bieter, denen der Zuschlag erteilt ist; bei Geboten über 100 Euro auch deren Anschriften; der Gerichtsvollzieher kann verlangen, dass ihm der Erwerber einen amtlichen Ausweis über seine Person vorlegt;
6. die Angabe, dass der Kaufpreis bezahlt und die Sache abgeliefert ist oder dass Zahlung und Ablieferung unterblieben sind.

(2) [1]Die ausgebotenen Sachen sind sogleich beim Ausgebot im Versteigerungsprotokoll zu verzeichnen. [2]Neben jeder Sache sind alsbald nach dem Zuschlag das Meistgebot und der Ersteher zu vermerken. [3]Dasselbe gilt von der Zahlung des Kaufgeldes, sobald sie erfolgt. [4]Die dem Meistgebot vorangegangenen Gebote und deren Bieter, die den Zuschlag nicht erhalten haben, sind nicht zu verzeichnen. [5]Ein zurückgewiesenes Gebot ist im Protokoll zu vermerken, jedoch nicht in der Spalte, die für das Meistgebot bestimmt ist. [6]Bei Gold- und Silbersachen ist zutreffendenfalls zu beurkunden, dass trotz des wiederholten Aufrufs kein Gebot abgegeben worden ist, das den Gold- und Silberwert deckt. [7]Ein entsprechender Vermerk ist zu machen, wenn bei anderen Sachen nach § 95 Absatz 2 bis 8 ein Zuschlag nicht erteilt ist. [8]Am Schluss des Verzeichnisses ist die Summe des erzielten Erlöses festzustellen.

(3) [1]Das Protokoll braucht nicht im Ganzen vorgelesen zu werden. [2]Von den Bietern brauchen nur diejenigen in oder unter dem Protokoll zu unterzeichnen, die den Zuschlag erhalten haben oder – falls der Zuschlag im Termin nicht erteilt ist – an ihr Gebot gebunden bleiben. [3]Unterbleibt die Unterzeichnung, etwa weil ein Beteiligter sich entfernt hat oder die Unterschrift verweigert, so ist der Grund dafür im Protokoll aufzunehmen.

c) Freihändiger Verkauf

§ 97. Zulässigkeit des freihändigen Verkaufs (§§ 817 a, 821, 825 ZPO). Die Veräußerung erfolgt durch freihändigen Verkauf

1. bei Gold- und Silbersachen, wenn bei der Versteigerung kein Gebot abgegeben worden ist, das den Gold- und Silberwert erreicht (§ 817 a ZPO),
2. bei Wertpapieren, die einen Börsen- oder Marktpreis haben (§ 821 ZPO),
3. im Einzelfall auf Antrag des Gläubigers oder des Schuldners (§ 825 Absatz 1 ZPO).

§ 98. Verfahren beim freihändigen Verkauf. (1) [1]Für den freihändigen Verkauf gilt die in § 92 Absatz 3 Satz 1 bezeichnete Frist nicht. [2]Der Gerichtsvollzieher führt den Verkauf – gegebenenfalls unter Beachtung von § 825 Absatz 1 ZPO (§ 91 Absatz 1 Satz 4 bis 7) – unverzüglich durch, falls das Vollstreckungsgericht nichts anderes angeordnet hat oder die Beteiligten nichts anderes vereinbart haben. [3]Er ist darauf bedacht, einen möglichst hohen Preis zu erzielen.

(2) [1]Die Bestimmungen des § 95 Absatz 4 über das Mindestgebot finden beim freihändigen Verkauf entsprechende Anwendung (§ 817 a ZPO). [2]Gold- und Silbersachen darf der Gerichtsvollzieher nicht unter ihrem Gold- und Silberwert und nicht unter der Hälfte des gewöhnlichen Verkaufswerts, Wertpapiere nicht unter dem Tageskurs verkaufen, der für den Ort des Verkaufs maßgebend ist.

(3) Die Sache darf dem Käufer nur gegen bare Zahlung des Kaufpreises oder, falls der Auftraggeber dem zustimmt, gegen Übergabe eines über den Kaufpreis ausgestellten Schecks übergeben werden, soweit das Vollstreckungsgericht nichts anderes angeordnet hat oder alle Beteiligten einer anderen Regelung zustimmen.

(4) [1]Der Verkauf kann auch an den Gläubiger erfolgen. [2]§ 95 Absatz 12 ist in diesem Fall entsprechend anzuwenden.

(5) Bei dem Verkauf von Wertpapieren bleibt es dem Ermessen des Gerichtsvollziehers überlassen, ob er den Verkauf selbst besorgen oder sich der Vermittlung eines Bankgeschäfts bedienen will.

(6) [1]Hat das Vollstreckungsgericht den Verkauf angeordnet, so beachtet der Gerichtsvollzieher die etwaigen besonderen Anordnungen des Gerichts. [2]Ist eine Sache durch Beschluss des Vollstreckungsgerichts dem Gläubiger oder einem Dritten übereignet, so hat der Gerichtsvollzieher die Sache zu übergeben.

§ 99. Protokoll beim freihändigen Verkauf. [1]Das Protokoll über den freihändigen Verkauf hat insbesondere zu enthalten:

1. den Grund des freihändigen Verkaufs,
2. die genaue Bezeichnung des verkauften Gegenstandes mit Angabe des geschätzten Gold- und Silberwerts, des Tageskurses oder des vom Vollstreckungsgericht bestimmten Preises,
3. die mit Käufern getroffenen Abreden, den Nachweis der Preiszahlung und die Erfüllung des Geschäfts.

[2] § 96 Absatz 1 Nummer 5 gilt entsprechend. [3] Verkauft der Gerichtsvollzieher ein Wertpapier durch Vermittlung eines Bankgeschäfts, so wird das Protokoll durch die Abrechnung ersetzt, die das Bankgeschäft über den Verkauf erteilt. [4] Die Abrechnung ist zu den Akten zu nehmen.

3. Pfändung und Veräußerung in besonderen Fällen

a) Pfändung bei Personen, die Landwirtschaft betreiben

§ 100[1)] (§ 813 Absatz 3 ZPO[2)]). (1) [1] Ist der Gerichtsvollzieher mit der Pfändung bei einer Person beauftragt, die Landwirtschaft betreibt, und werden voraussichtlich

1. Früchte, die vom Boden noch nicht getrennt sind,
2. Sachen nach § 811 Absatz 1 Nummer 1 Buchstabe b ZPO,
3. Tiere nach § 811 Absatz 1 Nummer 8 Buchstabe b ZPO oder
4. landwirtschaftliche Erzeugnisse

zu pfänden sein, so zieht der Gerichtsvollzieher einen landwirtschaftlichen Sachverständigen hinzu, wenn anzunehmen ist, dass der Wert der zu pfändenden Sachen und Tiere insgesamt den Betrag von 2000 Euro übersteigt. [2] Bei einem geringeren Wert soll ein Sachverständiger zugezogen werden, wenn der Schuldner es verlangt und wenn dadurch die Zwangsvollstreckung weder verzögert wird noch unverhältnismäßige Kosten entstehen.

(2) [1] Der Sachverständige hat zu begutachten, ob die zu pfändenden Sachen und Tiere zu denen gehören, die im § 813 Absatz 3 ZPO bezeichnet sind oder auf die sich die Hypothek und so weiter erstreckt (vergleiche § 78). [2] Das Gutachten des Sachverständigen ist für den Gerichtsvollzieher nicht bindend; jedoch soll er nur aus besonderen und gewichtigen Gründen von ihm abweichen.

(3) [1] Das Ergebnis des Gutachtens ist, sofern der Sachverständige es nicht sofort schriftlich oder in einer Anlage zum Pfändungsprotokoll niederlegt, nebst den wesentlichen Gründen in dieses Protokoll aufzunehmen. [2] Ist der Gerichtsvollzieher dem Gutachten bei der Pfändung nicht gefolgt, so sind die Gründe dafür im Protokoll anzugeben.

(4) [1] Dem Sachverständigen ist eine Vergütung nach dem ortsüblichen Preis seiner Leistung zu gewähren. [2] Der Gerichtsvollzieher zahlt die Vergütung sofort bei der Pfändung gegen Empfangsbescheinigung aus. [3] Soweit nicht ein anderer ortsüblicher Preis feststeht, sind für die Bemessung die Sätze des JVEG[3)] maßgebend. [4] Die Vergütung umfasst sowohl den Wert der Leistung als auch die Aufwandsentschädigung. [5] An Reisekosten sind dem Sachverständigen nur die tatsächlichen Auslagen zu erstatten. [6] Ist der Sachverständige mit der Bemessung seiner Entschädigung nicht einverstanden, so verweist ihn der Gerichtsvollzieher mit seinen Einwendungen gemäß § 766 ZPO an das Vollstreckungsgericht.

b) Pfändung und Versteigerung von Früchten, die noch nicht vom Boden getrennt sind

§ 101[4)] Zulässigkeit der Pfändung (§ 810 ZPO[2)]). (1) [1] Früchte, die noch nicht vom Boden getrennt sind, können gepfändet werden, solange nicht ihre Beschlagnahme im Wege der Zwangsvollstreckung in das unbewegliche Vermögen erfolgt ist, und soweit sie nicht nach § 811 Absatz 1 Nummer 1 Buchstabe b ZPO unpfändbar

---

1) § 100 Abs. 1 Satz 1 neu gef., Abs. 2 Satz 1 geänd. mWv 1.1.2023 durch Bek. v. 7.12.2022 (BayMBl. Nr. 754).

2) **Habersack, Deutsche Gesetze Nr. 100.**

3) **Habersack, Deutsche Gesetze Nr. 116.**

4) § 101 Abs. 1 Sätze 1 und 3 geänd. mWv 1.1.2023 durch Bek. v. 7.12.2022 (BayMBl. Nr. 754).

sind. 2 Diese Früchte werden jedoch von der Beschlagnahme dann nicht umfasst, wenn das Grundstück verpachtet ist (§ 21 Absatz 3 ZVG[1]). 3 Gegen den Pächter ist daher die Pfändung trotz der Beschlagnahme des Grundstücks zulässig, soweit ihr nicht § 811 Absatz 1 Nummer 1 Buchstabe b ZPO entgegensteht. 4 Früchte im Sinne dieser Bestimmung sind nur die wiederkehrend geernteten Früchte (zum Beispiel Getreide, Hackfrüchte, Obst; dagegen nicht Holz auf dem Stamm, Torf, Kohle, Steine und Mineralien).

(2) 1 Die Pfändung darf nicht früher als einen Monat vor der gewöhnlichen Reife der Früchte erfolgen. 2 Auf den bevorstehenden Eintritt der Reife achtet der Gerichtsvollzieher besonders, damit er den Versteigerungstermin so rechtzeitig ansetzen kann, dass nicht durch Überreife der Früchte Verluste entstehen können. 3 Der Gerichtsvollzieher verpflichtet den Hauptverwaltungsbeamten der Gemeinde oder den etwa bestellten Hüter, ihm rechtzeitig von der herannahenden Ernte Kenntnis zu geben.

§ 102[2] Verfahren bei der Pfändung (§ 813 Absatz 3 ZPO[3]). (1) 1 Die Pfändung von Früchten, die vom Boden noch nicht getrennt sind, erfolgt nach den Vorschriften über die Pfändung beweglicher Sachen. 2 Insbesondere dürfen die Früchte nur gepfändet werden, wenn sie sich im Alleingewahrsam des Schuldners oder eines zur Herausgabe bereiten Dritten befinden. 3 Ist zum Beispiel ein Grundstück verpachtet oder ist ein Nießbrauch daran bestellt, so ist die Pfändung der Früchte im Rahmen der Zwangsvollstreckung gegen den Pächter oder Nießbraucher als Schuldner ohne Weiteres zulässig; richtet sich die Zwangsvollstreckung dagegen gegen den Grundstückseigentümer, den Verpächter oder den Besteller des Nießbrauchs, so dürfen die Früchte nur mit Zustimmung des Pächters oder des Nießbrauchers gepfändet werden.

(2) 1 Die Pfändung ist in geeigneter Weise für jedermann kenntlich zu machen. 2 Dies geschieht durch Aufstellung von Pfandtafeln oder Pfandwischen (Pfandzeichen) mit einer vom Gerichtsvollzieher unterschriebenen Pfandanzeige oder durch andere zweckentsprechende Vorrichtungen, tunlichst unter Verwendung des Dienstsiegels (Dienststempels). 3 In geeigneten Fällen bestellt der Gerichtsvollzieher einen Hüter.

(3) 1 Werden bei der Zwangsvollstreckung gegen eine Person, die Landwirtschaft betreibt, voraussichtlich Früchte zu pfänden sein, die noch nicht vom Boden getrennt sind, so zieht der Gerichtsvollzieher einen landwirtschaftlichen Sachverständigen zu, wenn anzunehmen ist, dass der Wert der zu pfändenden Gegenstände 2000 Euro übersteigt. 2 Der Sachverständige hat zu begutachten, ob die gewöhnliche Zeit der Reife binnen einem Monat zu erwarten ist (§ 101 Absatz 2) und ob die Früchte ganz oder zum Teil für die Ausübung der Erwerbstätigkeit benötigt werden (§ 811 Absatz 1 Nummer 1 Buchstabe b ZPO). 3 Im Übrigen gelten für die Zuziehung des Sachverständigen die Bestimmungen des § 100 Absatz 2 bis 4. 4 Auch wenn der Wert der zu pfändenden Gegenstände unter 2000 Euro liegt, soll der Gerichtsvollzieher einen Sachverständigen zuziehen,

1. wenn nach seinem pflichtgemäßen Ermessen mit Rücksicht auf die Art und den Umfang des landwirtschaftlichen Betriebes eine sachgemäße Entscheidung der vorstehend bezeichneten Fragen nur auf Grund des Gutachtens eines Sachverständigen erfolgen kann,
2. wenn der Schuldner die Zuziehung verlangt und hierdurch die Zwangsvollstreckung weder verzögert wird noch unverhältnismäßige Kosten entstehen.

---

[1] **Habersack, Deutsche Gesetze Nr. 108.**

[2] § 102 Abs. 3 Sätze 1, 2 und 4 einl. Satzteil geänd. mWv 1.1.2023 durch Bek. v. 7.12.2022 (BayMBl. Nr. 754).

[3] **Habersack, Deutsche Gesetze Nr. 100.**

(4) Das Pfändungsprotokoll hat insbesondere zu enthalten:

1. die Bezeichnung des Grundstücks nach Lage und ungefährem Flächeninhalt und die Bezeichnung der Fruchtart, die darauf steht,
2. die Angabe, welcher Erlös aus der Verwertung der gepfändeten Früchte voraussichtlich zu erwarten ist,
3. die Angabe, in welcher Weise die Pfändung äußerlich erkennbar gemacht und wer als Hüter bestellt ist oder aus welchen Gründen die Bestellung eines Hüters unterblieben ist,
4. die Angabe, wann der Eintritt der Ernte zu erwarten ist,
5. die in Absatz 3 Satz 1 bis 3 bezeichneten Angaben, wenn ein landwirtschaftlicher Sachverständiger zugezogen ist.

§ 103. Trennung der Früchte und Versteigerung (§ 824 ZPO).

(1) [1]Die Früchte dürfen vor der Reife nicht vom Boden getrennt werden. [2]Ihre Versteigerung ist erst nach der Reife zulässig. [3]Sie kann vor oder nach der Trennung der Früchte erfolgen. [4]Hierüber entscheidet der Gerichtsvollzieher – gegebenenfalls nach Anhörung eines Sachverständigen – insbesondere mit Rücksicht darauf, auf welche Weise voraussichtlich ein höherer Erlös zu erzielen ist. [5]Nach diesem Gesichtspunkt entscheidet er auch, ob die Versteigerung im Ganzen oder in einzelnen Teilen geschehen soll.

(2) [1]Sollen die reifen Früchte vor ihrer Aberntung versteigert werden, so hält der Gerichtsvollzieher den Termin in der Regel an Ort und Stelle ab. [2]Sollen die Früchte nach der Trennung versteigert werden, so lässt sie der Gerichtsvollzieher durch eine zuverlässige Person abernten. [3]Es ist nicht unbedingt ausgeschlossen, dass er hierfür auch den Schuldner wählt. [4]Die Vergütung für die Aberntung vereinbart der Gerichtsvollzieher im Voraus. [5]Er beaufsichtigt die Aberntung, soweit es erforderlich ist, um den Ertrag der Ernte mit Sicherheit festzustellen. [6]Er sorgt auch dafür, dass die Ernte bis zur Versteigerung sicher untergebracht und verwahrt wird.

(3) [1]In den Versteigerungsbedingungen ist zu bestimmen, innerhalb welcher Zeit der Käufer die Früchte von dem Grund und Boden wegzuschaffen hat. [2]Der Erlös darf erst ausgezahlt werden, wenn die Früchte weggeschafft sind oder die für ihre Fortschaffung bestimmte Frist verstrichen ist.

(4) [1]Wird dem Gerichtsvollzieher ein Gerichtsbeschluss vorgelegt, durch den die Zwangsvollstreckung in das Grundstück angeordnet ist, so stellt er die Zwangsvollstreckung einstweilen ein; er unterlässt also die Pfändung, die Aberntung und die Versteigerung der Früchte sowie – falls der Käufer die Früchte noch nicht an sich genommen hat – die Auszahlung des Erlöses. [2]Wird die Zwangsversteigerung des Grundstücks angeordnet, so ist die Zwangsvollstreckung einzustellen, wenn die Beschlagnahme (§§ 20 bis 26 ZVG) erfolgt, *solange die Früchte noch nicht* vom Boden getrennt sind. [3]Hat die Trennung schon stattgefunden, so ist die Vollstreckung trotz der Beschlagnahme fortzusetzen. [4]Von der Einstellung der Zwangsvollstreckung ist der Gläubiger unverzüglich zu benachrichtigen.

c) Pfändung und Veräußerung von Wertpapieren

§ 104. Pfändung von Wertpapieren. (1) [1]Bei der Zwangsvollstreckung wegen Geldforderungen werden Wertpapiere wie bewegliche körperliche

Sachen behandelt. [2]Sie werden dadurch gepfändet, dass der Gerichtsvollzieher sie in Besitz nimmt.

(2) [1]Zu den Wertpapieren nach Absatz 1 gehören alle Inhaberpapiere, auch wenn sie auf den Namen eines bestimmten Berechtigten umgeschrieben sind, sowie alle Aktien, auch wenn sie auf den Namen eines bestimmten Berechtigten lauten. [2]Dagegen gehören Legitimationspapiere nicht dazu (zum Beispiel Sparbücher, Pfandscheine, Lebensversicherungspolicen).

(3) Für die Pfändung von Forderungen aus Wechseln und anderen auf den Namen lautenden, aber durch Indossament übertragbaren Forderungspapieren gelten die Bestimmungen des § 123.

(4) Inländische Banknoten sind bei der Zwangsvollstreckung nicht als Wertpapiere, sondern als bares Geld zu behandeln.

§ 105. Veräußerung von Wertpapieren (§§ 821 bis 823 ZPO). (1) Die Veräußerung von Wertpapieren erfolgt, wenn sie einen Börsen- oder Marktpreis haben, durch freihändigen Verkauf, sonst durch öffentliche Versteigerung (§ 821 ZPO).

(2) [1]Bei der Veräußerung von Inhaberpapieren genügt die Übergabe des veräußerten Papiers an den Erwerber, um das im Papier verbriefte Recht auf ihn zu übertragen. [2]Dagegen sind Papiere, die durch Indossament übertragen werden können, jedoch nicht Forderungspapiere sind, zum Zweck der Übertragung mit dem Indossament zu versehen (zum Beispiel Namensaktien). [3]Andere Papiere, die auf den Namen lauten, sind mit der Abtretungserklärung zu versehen. [4]Dies gilt auch für auf den Namen umgeschriebene Inhaberpapiere, sofern nicht ihre Rückverwandlung (Absatz 3) beantragt wird.

(3) [1]Die Abtretungserklärung oder das Indossament stellt der Gerichtsvollzieher anstelle des Schuldners aus, nachdem ihn das Vollstreckungsgericht dazu ermächtigt hat (§ 822 ZPO). [2]Ebenso bedarf der Gerichtsvollzieher der Ermächtigung des Vollstreckungsgerichts, wenn er anstelle des Schuldners die Erklärungen abgeben soll, die zur Rückverwandlung einer auf den Namen umgeschriebenen Schuldverschreibung in eine Inhaberschuldverschreibung erforderlich sind (§ 823 ZPO). [3]Der Gerichtsvollzieher fügt dem Antrag, durch den er die Ermächtigung erbittet, den Schuldtitel und das Pfändungsprotokoll bei.

§ 106. Hilfspfändung. [1]Papiere, die nur eine Forderung beweisen, aber nicht Träger des Rechts sind (zum Beispiel Sparbücher, Pfandscheine, Versicherungsscheine und Depotscheine, ferner Hypotheken- und solche Grundschuld- und Rentenschuldbriefe, die nicht auf den Inhaber lauten), sind nicht Wertpapiere im Sinne des § 104. [2]Sie können deshalb auch nicht nach den Vorschriften über die Zwangsvollstreckung in bewegliche körperliche Sachen gepfändet werden. [3]Der Gerichtsvollzieher kann aber diese Papiere vorläufig in Besitz nehmen (Hilfspfändung). [4]Er teilt dem Gläubiger die vorläufige Wegnahme unverzüglich mit und bezeichnet die Forderungen, auf die sich die Legitimationspapiere beziehen. [5]Die Papiere sind jedoch dem Schuldner zurückzugeben, wenn der Gläubiger nicht alsbald, spätestens innerhalb eines Monats, den Pfändungsbeschluss über die Forderung vorlegt, die dem Papier zugrunde liegt. [6]Die in Besitz genommenen Papiere sind im Pfändungsprotokoll genau zu bezeichnen. [7]Grund- und Rentenschuldbriefe, die auf den Inhaber lauten, werden nach § 104 gepfändet.

d) Pfändung und Veräußerung von Kraftfahrzeugen

§ 107. Entfernung des Kraftfahrzeugs aus dem Gewahrsam des Schuldners. (1) [1]Bei der Pfändung eines Kraftfahrzeugs wird in der Regel davon auszugehen sein, dass die Befriedigung des Gläubigers gefährdet wird, wenn das Fahrzeug im Gewahrsam des Schuldners verbleibt (vergleiche § 808 ZPO). [2]Der Gerichtsvollzieher nimmt das gepfändete Fahrzeug daher in Besitz, sofern nicht der Gläubiger damit einverstanden ist, dass es im Gewahrsam des Schuldners bleibt, oder eine Wegnahme aus sonstigen Gründen ausnahmsweise nicht erforderlich erscheint.

(2) Kann der Gerichtsvollzieher – obwohl die gesetzlichen Voraussetzungen hierfür gegeben sind – das Fahrzeug nicht in Besitz nehmen (zum Beispiel wegen fehlender Unterbringungsmöglichkeiten) und erscheint die Wegnahme der Kraftfahrzeugpapiere (§§ 108 bis 110) nicht ausreichend, um eine missbräuchliche Benutzung des Kraftfahrzeugs zu verhindern, so muss der Gerichtsvollzieher weitere geeignete Sicherungsmaßnahmen treffen (zum Beispiel die Abnahme und Verwahrung des amtlichen Kennzeichens).

§ 108. Zulassungsbescheinigung Teil I und Teil II. (1) Der Gerichtsvollzieher muss bei der Zwangsvollstreckung in Kraftfahrzeuge die Bedeutung der Zulassungsbescheinigung Teil I (früher: Fahrzeugschein) und Teil II (früher: Fahrzeugbrief) beachten.

(2) Die Bestimmungen für Kraftfahrzeuge, amtliche Kennzeichen und Zulassungsbescheinigungen Teil I und Teil II gelten entsprechend für Anhänger.

§ 109. Behandlung der Zulassungsbescheinigung Teil I. (1) [1]Pfändet der Gerichtsvollzieher ein Kraftfahrzeug, so nimmt er die über das Kraftfahrzeug ausgestellte und im Gewahrsam des Schuldners befindliche Zulassungsbescheinigung Teil I in Besitz, sofern das Fahrzeug nicht gemäß § 107 Absatz 1 im Gewahrsam des Schuldners belassen wird. [2]Findet der Gerichtsvollzieher die Zulassungsbescheinigung Teil I nicht, vermerkt er dies im Protokoll.

(2) Der Gerichtsvollzieher händigt die in seinem Besitz befindliche Zulassungsbescheinigung Teil I dem Erwerber bei der Übergabe des Kraftfahrzeugs gegen Empfangsbestätigung aus.

§ 110. Behandlung der Zulassungsbescheinigung Teil II. (1) Bei der Pfändung eines Kraftfahrzeugs nimmt der Gerichtsvollzieher auch die über das Fahrzeug ausgestellte Zulassungsbescheinigung Teil II in Besitz, wenn er sie im Gewahrsam des Schuldners findet.

(2) [1]Findet der Gerichtsvollzieher die Zulassungsbescheinigung Teil II *nicht, so forscht er durch* Befragen des Schuldners oder der bei der Vollstreckung anwesenden Personen (Familienangehörige, beim Schuldner Beschäftigte) nach dem Verbleib der Bescheinigung; das Ergebnis vermerkt er im Protokoll. [2]Befindet sich die Zulassungsbescheinigung Teil II hiernach angeblich in der Hand eines Dritten, so teilt der Gerichtsvollzieher dem Gläubiger den Namen und die Wohnung des Dritten mit; er gibt möglichst auch an, weshalb sich die Bescheinigung in der Hand des Dritten befindet.

(3) Hat der Gerichtsvollzieher die Zulassungsbescheinigung Teil II nicht in Besitz nehmen können, so kann er in geeigneten Fällen den Schuldner darauf

hinweisen, dass die Pfändung voraussichtlich nach § 111 der Zulassungsstelle mitgeteilt werden wird.

§ 111. Benachrichtigung der Zulassungsstelle, Versteigerung.
(1) [1]Hat der Gerichtsvollzieher die Zulassungsbescheinigung Teil II nicht in Besitz nehmen können, so teilt er dies unverzüglich der für das Fahrzeug zuständigen Zulassungsstelle mit, soweit nicht § 112 etwas anderes bestimmt. [2]Kennt die Zulassungsstelle den Verbleib der Bescheinigung, so verständigt sie den Gerichtsvollzieher; die Zwangsvollstreckung setzt der Gerichtsvollzieher trotzdem fort.

(2) Die Mitteilung soll folgende Angaben enthalten:
1. Namen und Wohnung des Gläubigers;
2. Namen, Dienststelle und Geschäftsnummer des Gerichtsvollziehers;
3. Bezeichnung des Fahrzeugs unter Angabe der Fabrikmarke;
4. amtliches Kennzeichen;
5. den aus der Zulassungsbescheinigung Teil I ersichtlichen Namen und die Wohnung dessen, für den das Kraftfahrzeug zugelassen ist;
6. Nummer des Fahrgestells;
7. Tag der Pfändung und Versteigerung;
8. Namen und Wohnung des angeblichen Briefbesitzers.

(3) Der Gerichtsvollzieher vermerkt die Absendung der Mitteilung unter Angabe des Tages in seinen Akten.

(4) [1]Die Versteigerung soll nicht vor Ablauf von vier Wochen seit der Pfändung stattfinden. [2]Der Gerichtsvollzieher braucht jedoch die Mitteilung der Zulassungsstelle nicht abzuwarten. [3]Vor der Aufforderung zum Bieten weist der Gerichtsvollzieher darauf hin, dass er die Zulassungsbescheinigung Teil II nicht im Besitz hat und dass es Sache des Erwerbers ist, sich diese für die Zulassung zu beschaffen oder eine Ersatzbescheinigung ausstellen zu lassen; die Belehrung ist im Versteigerungsprotokoll zu vermerken.

§ 112. Wegfall oder Aussetzung der Benachrichtigung. (1) Von der Nachricht an die Zulassungsstelle ist abzusehen, wenn
1. der gewöhnliche Verkaufswert eines Kraftwagens den Betrag von 400 Euro und der eines Kraftrades den Betrag von 200 Euro nicht übersteigt,
2. besondere Umstände die baldige Verwertung erfordern, zum Beispiel die Kosten der Verwahrung im Verhältnis zum voraussichtlichen Erlös zu hoch sind.

(2) [1]Von der Nachricht an die Zulassungsstelle kann einstweilen abgesehen werden, wenn
1. ein sicherer Anhalt für die gütliche Erledigung der Vollstreckung besteht,
2. der Versteigerungstermin von vornherein mit einer Frist von mehr als sechs Wochen angesetzt wird.

[2]Sobald jedoch feststeht, dass das Fahrzeug im Wege der Zwangsvollstreckung veräußert werden wird, ist die Zulassungsstelle spätestens vier Wochen vor dem Termin zu benachrichtigen.

§ 113 Behandlung der Zulassungsbescheinigung Teil II bei der Veräußerung des Kraftfahrzeugs. (1) Besitzt der Gerichtsvollzieher die Zulassungsbescheinigung Teil II, so händigt er sie dem Erwerber bei der Übergabe des Fahrzeugs gegen Empfangsbestätigung aus.

(2) Besitzt der Gerichtsvollzieher die Zulassungsbescheinigung Teil II nicht, so gibt er dem Erwerber eine mit seiner Unterschrift und dem Dienststempelabdruck versehene Bescheinigung dahin, dass der Erwerber das nach § 111 Absatz 2 Nummer 3, 4 und 6 näher bezeichnete Kraftfahrzeug in der Zwangsvollstreckung erworben hat und dass die Zulassungsbescheinigung Teil II bei der Pfändung nicht gefunden worden ist.

§ 114 Anzeige des Erwerbers an die Zulassungsstelle. Geht ein zugelassenes und nicht endgültig abgemeldetes Kraftfahrzeug im Wege der Zwangsvollstreckung auf einen neuen Eigentümer über, so zeigt der Gerichtsvollzieher den Namen und die Anschrift des Erwerbers unter Bezeichnung des Fahrzeugs nach § 111 Absatz 2 Nummer 3, 4 und 6 unverzüglich der für das Kraftfahrzeug zuständigen Zulassungsstelle an und fügt die etwaigen Empfangsbestätigungen nach § 109 Absatz 2 und § 113 Absatz 1 bei.

e) Pfändung und Versteigerung von Ersatzteilen eines Luftfahrzeugs, die sich in einem Ersatzteillager befinden

§ 115 [Pfändung und Versteigerung von Ersatzteilen eines Luftfahrzeugs in einem Ersatzteillager] [1] Das Registerpfandrecht an einem inländischen oder ein Recht an einem ausländischen Luftfahrzeug kann sich auf Ersatzteile erstrecken, die an einer bestimmten Stelle (Ersatzteillager) lagern oder von ihr entfernt werden, nachdem sie in Beschlag genommen worden sind (vergleiche hierzu §§ 68, 69, 71, 105, 106 Absatz 1 Nummer 2 LuftFzgG). [2] Soll wegen einer Geldforderung die Zwangsvollstreckung in solche Ersatzteile betrieben werden, so sind die besonderen Vorschriften des § 100 LuftFzgG zu beachten.

f) Pfändung bereits gepfändeter Sachen

§ 116[1] (§§ 826, 827 ZPO[2]). (1) [1] Die Pfändung bereits gepfändeter Sachen muss in derselben Form wie eine Erstpfändung erfolgen, wenn sie sich gegen einen anderen Schuldner als den der Erstpfändung richtet (so genannte Doppelpfändung). [2] Der Gerichtsvollzieher vermerkt in diesem Fall in den Akten über beide Pfändungen, dass und wann er die Sache auch gegen den anderen Schuldner gepfändet hat.

(2) [1] Die Pfändung bereits gepfändeter Sachen ist, wenn sie sich gegen denselben Schuldner richtet, ebenfalls als Erstpfändung zulässig. [2] Der Gerichtsvollzieher soll aber in diesen Fällen regelmäßig durch Anschlusspfändung (§ 826 ZPO) und nicht in der Form einer Erstpfändung pfänden, es sei denn, dass die Rechtsgültigkeit oder das Fortbestehen der vorangegangenen Pfändung zweifelhaft oder die Wirksamkeit einer durch bloße Erklärung bewirkten Anschlusspfändung aus sonstigen Gründen fraglich erscheint (Absatz 3). [3] Zur Bewirkung der Anschlusspfändung genügt die mit Zeitangabe in das Pfändungsprotokoll aufzunehmende Erklärung des Gerichtsvollziehers, dass er die Sache für seinen

[1] § 116 Abs. 9 Satz 1 geänd. mWv 1.1.2019 durch Bek. v. 23.11.2018 (JMBl. S. 122).
[2] **Schönfelder Nr. 100.**

Auftraggeber gleichfalls pfände. [4] War die Erstpfändung von einem anderen Gerichtsvollzieher bewirkt, so ist diesem eine Abschrift des Pfändungsprotokolls zuzustellen. [5] Der Gerichtsvollzieher muss sicherstellen, dass bei der weiteren Bearbeitung, insbesondere bei der Versteigerung, keine der Pfändungen übersehen wird, insbesondere, dass Pfändungspfandrechte ruhender Vollstreckungen nicht gefährdet werden.

(3) [1] Die Anschlusspfändung setzt zu ihrer Wirksamkeit das Bestehen einer staatlichen Verstrickung voraus. [2] Der Gerichtsvollzieher vergewissert sich deshalb, dass die erste Pfändung eine wirksame Verstrickung herbeigeführt hat und dass diese noch besteht. [3] Er sieht in der Regel das Protokoll ein, das über die erste Pfändung aufgenommen ist. [4] Bei Pfandstücken, die sich im Gewahrsam des Schuldners oder eines anderen befinden, sieht der Gerichtsvollzieher grundsätzlich an Ort und Stelle nach, ob die Pfandstücke noch vorhanden sind und ob die Pfändung noch ersichtlich ist. [5] Unterbleibt die Nachschau, weil der Angetroffene dem Gerichtsvollzieher die Durchsuchung der Wohnung des Schuldners nicht gestattet oder weil der Gerichtsvollzieher an Ort und Stelle niemand angetroffen hat, so hat der Gerichtsvollzieher dies im Protokoll über die Anschlusspfändung festzuhalten, den Gläubiger durch Übersendung einer Protokollabschrift zu unterrichten und auf die Möglichkeit des § 758a ZPO zur Überprüfung des Pfandrechts hinzuweisen; ein Antrag auf Übersendung des Protokolls ist erforderlichenfalls zu unterstellen. [6] Eine Anschlusspfändung darf nicht deshalb unterbleiben, weil eine Nachschau nicht möglich ist. [7] Bei der Anschlusspfändung von Sachen im Gewahrsam eines Dritten ist dessen Herausgabebereitschaft (vergleiche § 70 Absatz 2) erneut festzustellen. [8] Den Wert der Pfandstücke prüft der Gerichtsvollzieher nach. [9] Hat sich der Wert verändert, so gibt er den Wert zum Zeitpunkt der Anschlusspfändung an.

(4) [1] Die Pfändung bereits gepfändeter Gegenstände ist ohne Rücksicht darauf vorzunehmen, ob sich nach Befriedigung der Ansprüche des Gläubigers der Erstpfändung und der Kosten der ersten Vollstreckung noch ein Überschuss erwarten lässt. [2] Eine solche Pfändung soll jedoch nur erfolgen, wenn die Befriedigung des Gläubigers aus anderen Pfandstücken nicht erlangt werden kann oder wenn sie entweder vom Gläubiger ausdrücklich verlangt wird oder aus besonderen Gründen zweckentsprechender erscheint als die Pfändung anderer, noch nicht gepfändeter Sachen.

(5) [1] Der Auftrag des Gläubigers, für den eine Anschlusspfändung bewirkt ist, geht kraft Gesetzes auf den Gerichtsvollzieher über, der die Erstpfändung durchgeführt hat (§ 827 Absatz 1 ZPO). [2] Daher ist dem Gerichtsvollzieher, der die Erstpfändung durchgeführt hat, der Schuldtitel nebst den sonstigen für die Vollstreckung erforderlichen Urkunden auszuhändigen, sofern nicht das Vollstreckungsgericht die Verrichtungen dieses Gerichtsvollziehers einem anderen überträgt (§ 827 Absatz 1 ZPO). [3] Dem Auftraggeber und dem Schuldner ist hiervon Kenntnis zu geben. [4] Der Gerichtsvollzieher, dem die Fortsetzung der Vollstreckung obliegt, hat sich als von allen Gläubigern beauftragt zu betrachten.

(6) [1] Die Versteigerung erfolgt durch den hiernach zuständigen Gerichtsvollzieher für alle beteiligten Gläubiger. [2] Reicht der Erlös zur Deckung sämtlicher Forderungen nicht aus, so ist er nach der Reihenfolge der Pfändungen zu verteilen. [3] Verlangt ein Gläubiger ohne Zustimmung der übrigen Gläubiger eine andere Art der Verteilung, so ist gemäß § 827 Absatz 2 ZPO zu verfahren.

(7) [1] Die Stundung seitens eines der Gläubiger oder die Einstellung des Verfahrens gegenüber einem der Gläubiger hat auf die Fortsetzung der Vollstreckung für die anderen Gläubiger keinen Einfluss. [2] Wird die Vollstreckung fortgesetzt, so ist der Gläubiger, der gestundet hat oder demgegenüber die Vollstreckung eingestellt ist, zur Wahrung seiner Interessen ohne Verzug zu benachrichtigen. [3] Der auf diesen Gläubiger entfallende Betrag ist zu hinterlegen, und zwar im Fall der Einstellung unter Vorbehalt einer anderweitigen Überweisung, falls der Anspruch des Gläubigers ganz oder teilweise wegfallen sollte. [4] Im Fall der Stundung bedarf es beim Einverständnis des Schuldners mit der Zahlung nicht der Hinterlegung, sofern sie nicht aus anderen Gründen zu erfolgen hat.

(8) [1] Wenn ein anderer Gerichtsvollzieher als derjenige, der die Erstpfändung vorgenommen hat, bei der weiteren Pfändung noch pfandfreie Gegenstände pfändet, so hat er geeignetenfalls bei seinem Auftraggeber nachzufragen, ob dieser mit der Erledigung des ganzen Vollstreckungsauftrags – also auch wegen der neu gepfändeten Sachen – durch den Gerichtsvollzieher einverstanden ist, dem die Versteigerung der früher gepfändeten Sachen zusteht. [2] Wird dieses Einverständnis erteilt, so ist der Auftrag wegen der neu gepfändeten Sachen an den anderen Gerichtsvollzieher abzugeben.

(9) [1] Ist derselbe Gegenstand im Verwaltungsvollstreckungsverfahren oder zur Beitreibung von Abgaben und durch Gerichtsvollzieher für andere Auftraggeber gepfändet, so sind die besonderen Bestimmungen zu beachten die hierfür in Betracht kommen (§ 6 JBeitrG[1]), die noch anzuwendenden landesrechtlichen Vorschriften, §§ 307, 308 AO). [2] Ist die erste Pfändung im Wege der Verwaltungsvollstreckung erfolgt, so hat der Gerichtsvollzieher bei einer folgenden Vollstreckung nach der Zivilprozessordnung die Form der Erstpfändung (§ 808 ZPO) zu wählen.

g) Gleichzeitige Pfändung für mehrere Gläubiger

§ 117[2]) (§ 827 Absatz 3 ZPO[3])). (1) [1] Ein Gerichtsvollzieher, der vor Ausführung einer ihm aufgetragenen Pfändung von den anderen Gläubigern mit der Pfändung gegen denselben Schuldner beauftragt wird, muss alle Aufträge als gleichzeitige behandeln und deshalb die Pfändung für alle beteiligten Gläubiger zugleich bewirken. [2] Auf die Reihenfolge, in der die Vollstreckungsaufträge an den Gerichtsvollzieher gelangt sind, kommt es nicht an, sofern nicht die Pfändung auf Grund eines früheren Auftrags schon vollzogen ist; denn der Eingang des Vollstreckungsauftrags für sich allein begründet kein Vorzugsrecht des Gläubigers vor anderen Gläubigern. [3] Steht der Vollziehung eines oder einzelner Aufträge ein Hindernis entgegen, so darf die Erledigung der anderen Aufträge deshalb nicht verzögert werden.

(2) [1] Über die gleichzeitige Pfändung für mehrere Gläubiger ist nur ein *Pfändungsprotokoll aufzunehmen*; dieses muss die beteiligten Gläubiger und ihre Schuldtitel bezeichnen und die Erklärung enthalten, dass die Pfändung gleichzeitig für alle bewirkt ist. [2] Bei erfolgloser Vollstreckung gilt Satz 1 Halbsatz 1 entsprechend. [3] § 86 Absatz 5 Satz 1 ist mit der Maßgabe anzuwenden,

---

[1]) **Schönfelder Nr. 122.**

[2]) § 117 Abs. 2 aufgeh., bish. Abs. 3–7 werden Abs. 2–6, neue Abs. 5 und 6 geänd. mWv 1.1.2019 durch Bek. v. 23.11.2018 (JMBl. S. 122).

[3]) **Schönfelder Nr. 100.**

dass ein Gläubiger auf Grund eines allgemein gehaltenen Antrags auf Abschrift eines Pfändungsprotokolls nur eine Teilabschrift mit den ihn betreffenden Daten erhält; eine vollständige Protokollabschrift mit den Namen und Forderungen aller beteiligten Gläubiger ist nur auf ausdrücklichen Antrag zu erteilen.

(3) Alle zu pfändenden Sachen sind für alle beteiligten Gläubiger zu pfänden, sofern nicht ein Gläubiger bestimmte Sachen ausgeschlossen hat.

(4) [1] Die Versteigerung erfolgt für alle beteiligten Gläubiger. [2] Der Erlös ist nach dem Verhältnis der beizutreibenden Forderungen zu verteilen, wenn er zur Deckung der Forderungen aller Gläubiger nicht ausreicht. [3] Verlangt ein Gläubiger ohne Zustimmung der übrigen Gläubiger eine andere Art der Verteilung, so ist nach § 827 Absatz 2 ZPO zu verfahren. [4] Im Übrigen gilt § 116 Absatz 7 entsprechend.

(5) Hat der Gerichtsvollzieher für einen Gläubiger ganz oder teilweise erfolglos vollstreckt und findet er bei der Erledigung des Auftrags eines anderen Gläubigers weitere pfändbare Sachen vor, so verfährt er nach den Bestimmungen der Absätze 1 bis 4, sofern der Auftrag des ersten Gläubigers noch besteht und er den Schuldtitel dieses Gläubigers noch besitzt.

(6) Hat der Gerichtsvollzieher eine Pfändung im Verwaltungsvollstreckungsverfahren und im Auftrag eines anderen Gläubigers durchzuführen, so finden die Absätze 1 bis 5 entsprechende Anwendung.

4. Auszahlung des Erlöses

§ 118[1)] Berechnung der auszuzahlenden Beträge. (1) Der Gerichtsvollzieher muss in seinen Akten eine Abrechnung über die Geldbeträge aufstellen, die infolge der Zwangsvollstreckung in seine Hände gelangt sind.

(2) [1] Aus dem Erlös sind vorweg ein etwa dem Schuldner zu erstattender Ersatzbetrag (§§ 74, 75) sowie die Kosten gemäß § 15 Absatz 1 GvKostG[2)] zu entnehmen. [2] Darauf ist der Betrag, der dem Gläubiger zusteht, einschließlich der Zinsen und Kosten anzusetzen und der Überschuss festzustellen, der dem Schuldner etwa verbleibt. [3] Reicht der Erlös zur Deckung der Forderung des Gläubigers nicht aus, so ist er zunächst auf die Kosten der Zwangsvollstreckung, sodann auf die übrigen Kosten des Gläubigers, weiter auf die Zinsen der beizutreibenden Forderung und schließlich auf die Hauptleistung zu verrechnen (§ 367 BGB[3)]), es sei denn, dass die Anrechnung der Teilleistung nach § 497 Absatz 3 BGB vorzunehmen ist. [4] Wird der Gläubiger nicht voll befriedigt, so muss die Berechnung ergeben, welche von diesen Forderungsarten ungetilgt bleiben. [5] Reicht im Fall der Bewilligung von Prozess- oder Verfahrenskostenhilfe der Erlös nicht zur Befriedigung des Gläubigers aus, so beachtet der Gerichtsvollzieher die Bestimmungen des § 15 Absatz 3 Satz 3 bis 4 GvKostG.

(3) [1] Sind mehrere Gläubiger an dem Erlös beteiligt und reicht dieser nicht zur Deckung aller Forderungen aus, so sind – vorbehaltlich des § 15 Absatz 3 Satz 3 bis 4 GvKostG – zunächst die Kosten des § 15 Absatz 1 GvKostG aus dem Erlös zu entnehmen. [2] Der Resterlös wird sodann nach § 116 Absatz 6 und § 117 Absatz 4 verteilt.

[1)] § 118 Abs. 3 Satz 2 geänd. mWv 1.1.2019 durch Bek. v. 23.11.2018 (JMBl. S. 122).
[2)] **Schönfelder Nr. 123.**
[3)] **Schönfelder Nr. 20.**

(4) Dem Schuldner ist eine Abschrift der Abrechnung zu erteilen, falls deren wesentlicher Inhalt nicht bereits in die ihm ausgestellte Quittung (§ 757 ZPO[1]) aufgenommen ist.

§ 119 Verfahren bei der Auszahlung. (1) Bei Ablieferung von Geld an den Gläubiger sind – vorbehaltlich des § 15 Absatz 3 Satz 3 bis 4 GvKostG[2] – die gesamten Gerichtsvollzieherkosten, für die der Gläubiger haftet, einzubehalten, soweit sie nicht bereits nach § 118 Absatz 2 Satz 1 dem Erlös vorweg entnommen sind; das gilt auch, wenn Geld an einen Bevollmächtigten des Gläubigers abzuführen ist (vergleiche § 31 Absatz 2).

(2) [1] Der Gerichtsvollzieher führt die Beträge, die auf die Gläubiger entfallen, sowie den etwa für den Schuldner verbleibenden Überschuss unverzüglich an die Empfangsberechtigten ab, soweit die Gelder nicht zu hinterlegen sind. [2] Macht ein Dritter dem Gerichtsvollzieher glaubhaft, dass die alsbaldige Auszahlung seine Rechte auf den Erlös gefährden würde (vergleiche §§ 771, 781, 786, 805 ZPO[1]) und dass deshalb in Kürze ein Einstellungsbeschluss des Gerichts zu erwarten sei, so muss der Gerichtsvollzieher mit der Auszahlung eine angemessene Frist warten. [3] Diese Frist soll regelmäßig nicht mehr als zwei Wochen betragen.

(3) [1] Die Auszahlung ist grundsätzlich über das Gerichtsvollzieher-Dienstkonto abzuwickeln (§ 52 Absatz 7 GVO[3]). [2] Ist im Einzelfall nur eine Barauszahlung möglich, ist diese durch Quittung zu belegen. [3] Die Gründe für die Barauszahlung sind aktenkundig zu machen.

(4) [1] Macht ein Dritter auf Grund eines Pfand- oder Vorzugsrechts seinen Anspruch auf vorzugsweise Befriedigung aus dem Erlös geltend (§ 805 ZPO), so darf ihm der Gerichtsvollzieher den beanspruchten Betrag nur dann auszahlen, wenn sämtliche Beteiligten einwilligen oder wenn ein rechtskräftiges Urteil gegen den nicht zustimmenden Gläubiger oder Schuldner vorgelegt wird. [2] Die Einwilligung ist aktenkundig zu machen.

(5) [1] Wird durch den Widerspruch eines Gläubigers gegen die in Aussicht genommene Verteilung eine gerichtliche Verteilung notwendig, so hinterlegt der Gerichtsvollzieher den Erlös, der nach Abzug der zu entnehmenden Kosten (§ 118 Absatz 3) verbleibt. [2] Er zeigt die Sachlage dem Vollstreckungsgericht an und fügt die Schriftstücke bei, die sich auf das Verfahren beziehen.

5. Rückgabe von Pfandstücken

§ 120 [Rückgabe von Pfandstücken] (1) [1] Pfandstücke, deren Veräußerung nicht erforderlich gewesen ist oder die entweder auf Anweisung des Gläubigers oder auf Grund einer gerichtlichen Entscheidung freigegeben sind, stellt der Gerichtsvollzieher ohne Verzug dem Empfangsberechtigten zur Verfügung und gibt sie gegen Empfangsbescheinigung heraus, wenn sie aus dem Gewahrsam des Schuldners oder eines Dritten entfernt waren. [2] War die Pfändung zu Recht erfolgt, hat der Schuldner die Kosten der Zurückschaffung zu tragen, war sie zu Unrecht erfolgt, hat der Gläubiger die Kosten zu tragen. [3] Bei der Bekanntmachung der Freigabe ist der Schuldner ausdrücklich zur Entfernung der Pfandzeichen zu ermächtigen. [4] Ein etwa bestellter Hüter ist von dem Ende der Vollstreckung zu benachrichtigen.

---

[1] **Habersack, Deutsche Gesetze Nr. 100.**
[2] **Habersack, Deutsche Gesetze Nr. 123.**
[3] Nr. **109a**.

(2) [1] Empfangsberechtigt ist grundsätzlich derjenige, aus dessen Gewahrsam die Sachen genommen worden sind. [2] Ist über das Vermögen des Schuldners das Insolvenzverfahren eröffnet, so stellt der Gerichtsvollzieher die zurückzugebenden Gegenstände dem Insolvenzverwalter bzw. Treuhänder zur Verfügung, soweit sie zur Masse gehören.

(3) [1] Befinden sich die Pfandstücke im Gewahrsam des Gerichtsvollziehers oder eines Verwahrers und verweigert oder unterlässt der Empfangsberechtigte innerhalb einer ihm gestellten angemessenen Frist die Abholung der Pfandstücke oder ist der Aufenthalt des Empfangsberechtigten nicht zu ermitteln, so kann der Gerichtsvollzieher die Pfandstücke hinterlegen (§ 372 BGB[1)]) oder nach § 383 BGB verfahren, sofern dessen Voraussetzungen vorliegen. [2] Bei der Fristsetzung ist der Empfangsberechtigte hierauf hinzuweisen. [3] Gegenstände, die sich in der Pfandkammer befinden, können auch nach § 983 BGB versteigert werden, wenn sich der Empfangsberechtigte oder sein Aufenthalt nicht ermitteln lässt. [4] Die Gründe, aus denen zu einer dieser Maßregeln geschritten wird, sind aktenkundig zu machen; auch ist zu vermerken, welche Versuche zur Ermittlung des Empfangsberechtigten unternommen worden sind. [5] Das Verfahren nach den §§ 383 oder 983 BGB darf der Gerichtsvollzieher nur auf Anordnung seiner vorgesetzten Dienststelle einleiten. [6] Der Gerichtsvollzieher legt dieser die Akten vor.

III. Zwangsvollstreckung in Forderungen und andere Vermögensrechte

§ 121[2)] Zustellung des Pfändungs- und Überweisungsbeschlusses (§§ 829, 835, 840, 857 ZPO[3)]). (1) [1] Die Pfändung einer Forderung ist mit der Zustellung des Pfändungsbeschlusses an den Drittschuldner als bewirkt anzusehen (§ 829 Absatz 3 ZPO). [2] Die Zustellung an den Drittschuldner ist daher regelmäßig vor der Zustellung an den Schuldner durchzuführen, wenn nicht der Auftraggeber ausdrücklich etwas anderes verlangt (vergleiche Absatz 3). [3] Diese Zustellung ist zu beschleunigen; in der Zustellungsurkunde über die Zustellung eines Schriftstücks ist der Zeitpunkt der Zustellung nach Stunde und Minute anzugeben. [4] Bei Zustellung durch die Post ist nach § 26 Absatz 2 Satz 1 Nummer 1 zu verfahren. [5] Ist der Gerichtsvollzieher mit der Zustellung mehrerer Pfändungsbeschlüsse an denselben Drittschuldner beauftragt, so stellt er sie alle in dem gleichen Zeitpunkt zu. [6] Der Gerichtsvollzieher vermerkt in den einzelnen Zustellungsurkunden, welche Beschlüsse er gleichzeitig zugestellt hat. [7] Lässt ein Gläubiger eine Forderung pfänden, die dem Schuldner gegen ihn selbst zusteht, so ist der Pfändungsbeschluss dem Gläubiger wie einem Drittschuldner zuzustellen.

(2) [1] Auf Verlangen des Gläubigers fordert der Gerichtsvollzieher den Drittschuldner bei der Zustellung des Pfändungsbeschlusses auf, binnen zwei Wochen, von der Zustellung an gerechnet, dem Gläubiger die in § 840 Absatz 1 Nummer 1 bis 5 ZPO aufgeführten Erklärungen zu machen, deren Wortlaut in der Aufforderung wiederzugeben ist. [2] Die Aufforderung zur Abgabe dieser Erklärungen muss, wenn der Beschluss als Schriftstück zugestellt wird, in die Zustellungsurkunde aufgenommen werden (§ 840 Absatz 2 Satz 1 Halbsatz 1 ZPO). [3] Die Zustellung an den Drittschuldner kann in solchen Fällen nur im Wege der persönlichen Zustellung bewirkt werden. [4] Stellt der Gerichtsvollzieher den Pfändungsbeschluss als elektronisches Dokument zu, muss die Aufforderung als elektro-

---

[1)] ***Habersack, Deutsche Gesetze* Nr. 20.**

[2)] § 121 Abs. 1 und 2 Satz 2 neu gef., Satz 4 eingef., bish. Satz 4 wird Satz 5 und geänd., Sätze 5–10 werden Sätze 6–11, Abs. 3 neu gef. mWv 1.1.2023, Abs. 2 neue Sätze 8–11 neu gef. mWv 1.6.2023 durch Bek. v. 7.12.2022 (BayMBl. Nr. 754).

[3)] **Habersack, Deutsche Gesetze Nr. 100.**

nisches Dokument zusammen mit dem Beschluss übermittelt werden (§ 840 Absatz 2 Satz 1 Halbsatz 2 ZPO). 5 Eine Erklärung, die der Drittschuldner bei der persönlichen Zustellung abgibt, ist in die Zustellungsurkunde aufzunehmen und von dem Drittschuldner nach Durchsicht oder nach Vorlesung zu unterschreiben. 6 Gibt der Drittschuldner keine Erklärung ab oder verweigert er die Unterschrift, so ist dies in der Zustellungsurkunde zu vermerken. 7 Eine Erklärung, die der Drittschuldner später dem Gerichtsvollzieher gegenüber abgibt, ist ohne Verzug dem Gläubiger zu übermitteln und, soweit sie mündlich erfolgt, zu diesem Zweck durch ein Protokoll festzustellen. ***[Satz 8 bis 31.5.2023:]*** 8 Sollen mehrere Drittschuldner, die in verschiedenen Amtsgerichtsbezirken wohnen, aber in einem Pfändungsbeschluss genannt sind, zur Abgabe der Erklärungen aufgefordert werden, so führt zunächst der für den zuerst genannten Drittschuldner zuständige Gerichtsvollzieher die Zustellung an die in seinem Amtsgerichtsbezirk wohnenden Drittschuldner aus. ***[Satz 8 ab 1.6.2023:]*** *8 Sollen mehrere Drittschuldner, die in verschiedenen Amtsgerichtsbezirken ansässig, aber in einem Pfändungsbeschluss genannt sind, mündlich zur Abgabe der Erklärungen aufgefordert werden, so führt zunächst der für die Zustellung an den zuerst genannten Drittschuldner zuständige Gerichtsvollzieher die erforderlichen Zustellungen aus.* ***[Satz 9 bis 31.5.2023:]*** 9 Hiernach gibt er den Pfändungsbeschluss an den Gerichtsvollzieher ab, der für die Zustellung an die im nächsten Amtsgerichtsbezirk wohnenden Drittschuldner zuständig ist. ***[Satz 9 ab 1.6.2023:]*** *9 Hiernach gibt er den Pfändungsbeschluss an den Gerichtsvollzieher ab, der für die persönliche Zustellung an den an oberster Stelle stehenden unerledigten Drittschuldner örtlich zuständig ist.* ***[Satz 10 bis 31.5.2023:]*** 10 Dieser verfährt ebenso, bis an sämtliche Drittschuldner zugestellt ist. ***[Satz 10 ab 1.6.2023:]*** *10 Dieser verfährt ebenso, bis an sämtliche Drittschuldner zugestellt ist.* ***[Satz 11 bis 31.5.2023:]*** 11 Die Zustellung an den Schuldner (vergleiche Absatz 3) nimmt der zuletzt tätig gewesene Gerichtsvollzieher vor. ***[Satz 11 ab 1.6.2023:]*** *11 Die Zustellung an den Schuldner (vergleiche Absatz 3) nimmt der zuletzt tätig gewesene Gerichtsvollzieher vor.*

(3) 1 Nach der Zustellung an den Drittschuldner stellt der Gerichtsvollzieher den Pfändungsbeschluss mit dem Zustellungsnachweis an den Drittschuldner – im Fall der Zustellung durch die Post mit einer beglaubigten Abschrift der Postzustellungsurkunde – auch ohne besonderen Auftrag sofort dem Schuldner zu. 2 Muss diese Zustellung im Ausland bewirkt werden, so geschieht sie in der Regel durch Aufgabe zur Post. 3 Die Zustellung an den Schuldner unterbleibt, wenn eine öffentliche Zustellung erforderlich sein würde. 4 Ist auf Verlangen des Gläubigers die Zustellung an den Schuldner erfolgt, bevor die Zustellung an den Drittschuldner stattgefunden hat oder ehe die Postzustellungsurkunde dem Gerichtsvollzieher zugegangen ist, so stellt der Gerichtsvollzieher dem Schuldner den Zustellungsnachweis nachträglich zu. 5 Ist ein Drittschuldner nicht vorhanden (zum Beispiel bei Pfändung von Urheber- und Patentrechten), so ist die Pfändung mit der Zustellung des Pfändungsbeschlusses an den Schuldner erfolgt (§ 857 Absatz 2 ZPO).

(4) Wird neben dem Pfändungsbeschluss ein besonderer Überweisungsbeschluss erlassen, so ist dieser ebenfalls dem Drittschuldner und sodann unter entsprechender Anwendung von Absatz 3 dem Schuldner zuzustellen (§ 835 Absatz 3 ZPO).

(5) 1 Hat der Gerichtsvollzieher die Zustellung im Fall des Absatzes 1 durch die Post bewirken lassen, so überprüft er die Zustellungsurkunde an den Drittschuldner nach ihrem Eingang und achtet darauf, ob die Zustellung richtig durchgeführt und mit genauer Zeitangabe beurkundet ist. 2 Ist die Zustellung durch die Post fehlerhaft, so stellt er umgehend erneut zu. 3 Sofern es die Umstände erfordern, wählt er dabei die persönliche Zustellung.

§ 122 Wegnahme von Urkunden über die gepfändete Forderung (§§ 830, 836, 837 ZPO[1]). (1) [1] Hat der Gläubiger die Pfändung einer Forderung, für die eine Hypothek besteht, oder die Pfändung einer Grundschuld oder Rentenschuld erwirkt, so ist der Schuldner verpflichtet, den etwa bestehenden Hypotheken-, Grundschuld- oder Rentenschuldbrief an den Gläubiger herauszugeben (§§ 830, 857 Absatz 6 ZPO). [2] Dasselbe gilt für andere über eine Forderung vorhandene Urkunden (zum Beispiel Schuldschein, Sparbuch, Pfandschein, Versicherungspolice), wenn außer der Pfändung auch schon die Überweisung zugunsten des Gläubigers erfolgt ist (§ 836 ZPO).

(2) [1] Verweigert der Schuldner die Herausgabe der Urkunden, so nimmt der Gerichtsvollzieher sie ihm weg. [2] Die Wegnahme ist im Wege der Zwangsvollstreckung zu bewirken (§§ 127 bis 132). [3] Der Gerichtsvollzieher wird dazu durch den Besitz des Schuldtitels und einer Ausfertigung des Pfändungsbeschlusses (bei Wegnahme eines Hypotheken-, Grundschuld- oder Rentenschuldbriefes) oder des Überweisungsbeschlusses (bei Wegnahme anderer Urkunden) ermächtigt. [4] Der Pfändungs- oder Überweisungsbeschluss ist dem Schuldner spätestens bis zum Beginn der Vollstreckungstätigkeit zuzustellen, welche die Wegnahme der Urkunde zum Ziel hat.

(3) Sind die wegzunehmenden Urkunden in dem Pfändungs- oder Überweisungsbeschluss nicht so genau bezeichnet, dass sie der Gerichtsvollzieher nach dieser Bezeichnung bei dem Schuldner aufsuchen kann, so überlässt er es dem Gläubiger, eine Vervollständigung des Beschlusses bei dem Gericht zu beantragen.

§ 123 Pfändung von Forderungen aus Wechseln, Schecks und anderen Papieren, die durch Indossament übertragen werden können (§ 831 ZPO[1]). (1) [1] Die Zwangsvollstreckung in Forderungen aus Wechseln, Schecks und anderen Wertpapieren, die durch Indossament übertragen werden können, zum Beispiel aus kaufmännischen Anweisungen und Verpflichtungsscheinen, Konnossementen, Ladescheinen, Lagerscheinen, die an Order gestellt sind (vergleiche § 363 HGB[2]), erfolgt durch ein Zusammenwirken des Gerichtsvollziehers und des Vollstreckungsgerichts. [2] Der Gerichtsvollzieher pfändet die Forderungen dadurch, dass er die bezeichneten Papiere in Besitz nimmt. [3] Ein Pfändungsbeschluss ist nicht erforderlich. [4] Die weitere Durchführung der Vollstreckung erfolgt sodann auf Antrag des Gläubigers durch das Vollstreckungsgericht.

(2) [1] Forderungen aus Wechseln und ähnlichen Papieren sind Vermögensstücke von ungewissem Wert, wenn die Zahlungsfähigkeit des Drittschuldners nicht unzweifelhaft feststeht. [2] Der Gerichtsvollzieher soll diese Forderungen nur pfänden, wenn ihn der Gläubiger ausdrücklich dazu angewiesen hat oder wenn andere Pfandstücke entweder nicht vorhanden sind oder zur Befriedigung des Gläubigers nicht ausreichen.

(3) [1] In dem Pfändungsprotokoll ist die weggenommene Urkunde nach Art, Gegenstand und Betrag der Forderung, nach dem Namen des Gläubigers und des Schuldners, dem Tag der Ausstellung und eventuell mit der Nummer genau zu bezeichnen. [2] Auch der Fälligkeitstag der Forderung ist nach Möglichkeit anzugeben. [3] Von der Pfändung ist der Gläubiger unter genauer Bezeichnung der gepfändeten Urkunden und eventuell auch des Fälligkeitstages unverzüglich zu benachrichtigen. [4] Der Schuldtitel ist dem Gläubiger zurückzugeben; dieser benötigt ihn zur Erwirkung des Überweisungsbeschlusses.

[1] **Habersack, Deutsche Gesetze Nr. 100.**
[2] **Habersack, Deutsche Gesetze Nr. 50.**

(4) Der Gerichtsvollzieher verwahrt die weggenommene Urkunde so lange, bis das Gericht sie einfordert oder bis ihm ein Beschluss des Vollstreckungsgerichts vorgelegt wird, durch den die Überweisung der Forderung an den Gläubiger ausgesprochen oder eine andere Art der Verwertung der Forderung angeordnet wird, zum Beispiel die Veräußerung oder die Herausgabe der den Gegenstand der Forderung bildenden körperlichen Sachen an einen Gerichtsvollzieher.

(5) 1 Werden gepfändete Schecks oder Wechsel zahlbar, bevor eine gerichtliche Entscheidung über ihre Verwertung ergangen ist, so sorgt der Gerichtsvollzieher in Vertretung des Gläubigers für die rechtzeitige Vorlegung, eventuell auch für die Protesterhebung. 2 Wird der Wechsel oder der Scheck bezahlt, so hinterlegt der Gerichtsvollzieher den gezahlten Betrag und benachrichtigt den Gläubiger und den Schuldner hiervon.

(6) Der Gerichtsvollzieher darf die Urkunde über die gepfändete Forderung nur gegen Empfangsbescheinigung des Gläubigers oder – wenn die Forderung freigegeben wird – des Schuldners herausgeben.

§ 124 Zwangsvollstreckung in Ansprüche auf Herausgabe oder Leistung von beweglichen körperlichen Sachen (§§ 846 bis 849, 854 ZPO[1]).

(1) 1 Bei der Zwangsvollstreckung in Ansprüche des Schuldners, auf Grund deren der Drittschuldner bewegliche körperliche Sachen herauszugeben oder zu leisten hat, erfolgt die Pfändung nach den Vorschriften über die Pfändung von Geldforderungen, also regelmäßig durch die Zustellung eines gerichtlichen Pfändungsbeschlusses. 2 Eine Ausnahme gilt, wenn die Forderung in einem indossablen Papier verbrieft ist (zum Beispiel bei kaufmännischen Anweisungen über die Leistung von Wertpapieren oder anderen vertretbaren Sachen, bei Lagerscheinen, Ladescheinen und Konnossementen); in diesen Fällen geschieht die Pfändung dadurch, dass der Gerichtsvollzieher das Papier in Besitz nimmt. 3 In dem gerichtlichen Pfändungsbeschluss oder im Fall des § 123 durch einen besonderen Beschluss wird angeordnet, dass die geschuldeten Sachen an einen von dem Gläubiger zu beauftragenden Gerichtsvollzieher herauszugeben sind (§ 847 ZPO).

(2) 1 Der Pfändungsbeschluss als solcher ermächtigt jedoch den Gerichtsvollzieher nicht, die Herausgabe der Sachen gegen den Willen des Drittschuldners zu erzwingen. 2 Verweigert der Drittschuldner die Herausgabe, so muss sich der Gläubiger den Anspruch zur Einziehung überweisen lassen und dann Klage gegen den Drittschuldner erheben. 3 Der Gerichtsvollzieher beurkundet deshalb in diesem Fall die Weigerung des Drittschuldners und überlässt das Weitere dem Gläubiger.

(3) 1 Ist dagegen der Drittschuldner zur Herausgabe oder zur Leistung bereit, so nimmt der Gerichtsvollzieher, dessen Ermächtigung durch den Besitz des Schuldtitels und einer Ausfertigung des Beschlusses dargetan wird, die Sache beim Drittschuldner gegen Quittung oder gegen Herausgabe des indossablen Papiers in Empfang. 2 In dem aufzunehmenden Protokoll bezeichnet er die Sache. 3 Das weitere Verfahren wegen Unterbringung und Verwertung der übernommenen Sache richtet sich nach den Vorschriften, die für die Verwertung gepfändeter Sachen gelten (§ 847 Absatz 2 ZPO). 4 Durch die Herausgabe des Gegenstands seitens des Drittschuldners geht das Pfandrecht, das durch die Pfändung des Anspruchs begründet worden ist, ohne neue Pfändung in ein Pfandrecht an der Sache selbst über.

[1] **Habersack, Deutsche Gesetze Nr. 100.**

(4) Von der Übernahme und von dem anberaumten Versteigerungstermin sind der Schuldner und der Gläubiger zu benachrichtigen.

(5) Hat der Gläubiger gegen den Drittschuldner einen vollstreckbaren Titel erlangt, nach dessen Inhalt der Drittschuldner die Sache zum Zweck der Zwangsvollstreckung an einen Gerichtsvollzieher herauszugeben hat, so nimmt der Gerichtsvollzieher die Sache dem Drittschuldner auf Grund dieses Titels nach den Vorschriften über die Zwangsvollstreckung zur Erwirkung der Herausgabe von Sachen weg und verwertet sie.

(6) [1] Das Verfahren bei einer Pfändung desselben Anspruchs für mehrere Gläubiger ist in § 854 ZPO näher geregelt. [2] Für die Reihenfolge der Pfändungen ist die Zeit entscheidend, zu der die einzelnen Pfändungsbeschlüsse dem Drittschuldner zugestellt sind.

(7) Liegt der Antrag eines anderen Gläubigers zur Pfändung der an den Gerichtsvollzieher herauszugebenden Sachen vor, so sind die Sachen bei der Übernahme gleichzeitig zu pfänden.

§ 125 Zwangsvollstreckung in Ansprüche auf Herausgabe oder Leistung von unbeweglichen Sachen und eingetragenen Schiffen, Schiffsbauwerken, Schwimmdocks, inländischen Luftfahrzeugen, die in der Luftfahrzeugrolle eingetragen sind, sowie ausländischen Luftfahrzeugen (§§ 846, 847a, 848 ZPO[1]); § 99 Absatz 1, § 106 Absatz 1 Nummer 1 LuftFzgG).

[1] Die Zwangsvollstreckung in Ansprüche auf Herausgabe oder Leistung folgender Gegenstände:

1. unbewegliche Sachen,
2. eingetragene Schiffe,
3. eingetragene und eintragungsfähige Schiffsbauwerke und im Bau befindliche oder fertig gestellte Schwimmdocks,
4. inländische Luftfahrzeuge, die in der Luftfahrzeugrolle oder im Register für Pfandrechte an Luftfahrzeugen eingetragen sind,
5. ausländische Luftfahrzeuge,

erfolgt gleichfalls durch Zustellung eines gerichtlichen Pfändungsbeschlusses. [2] Für die Zustellung gelten die Bestimmungen in § 121 entsprechend (§ 846 ZPO). [3] Die unbewegliche Sache wird an einen von dem Amtsgericht der belegenen Sache zu bestellenden Sequester, das Schiff, Schiffsbauwerk, im Bau befindliche oder fertig gestellte Schwimmdock oder Luftfahrzeug an einen vom Vollstreckungsgericht zu bestellenden Treuhänder herausgegeben (§ 847a ZPO in Verbindung mit Artikel 3 des Gesetzes zur Änderung des Gesetzes über Rechte an eingetragenen Schiffen und Schiffsbauwerken, der Schiffsregisterordnung und des Gesetzes über die Zwangsversteigerung und die Zwangsverwaltung (SchRGÄndG), §§ 848, 855, 855a ZPO; § 99 Absatz 1, § 106 Absatz 1 Nummer 1 LuftFzgG).

§ 126[2] Zustellung der Benachrichtigung, dass die Pfändung einer Forderung oder eines Anspruchs bevorsteht (so genannte Vorpfändung)

(1) [1] Der Gläubiger kann dem Drittschuldner und dem Schuldner schon vor der Pfändung einer Forderung oder eines Anspruchs die Benachrichtigung, dass die

[1] **Habersack, Deutsche Gesetze Nr. 100.**

[2] § 126 Abs. 2 Satz 2 eingef., bish. Sätze 2 und 3 werden Sätze 3 und 4 mWv 1.1.2023 durch Bek. v. 7.12.2022 (BayMBl. Nr. 754).

Pfändung bevorsteht, mit den in § 845 ZPO[1)] näher bezeichneten Aufforderungen zustellen lassen. [2] Die Benachrichtigung an den Drittschuldner hat zugunsten des Gläubigers die Wirkung eines Arrestes, sofern innerhalb eines Monats seit ihrer Zustellung die angekündigte Pfändung erfolgt.

(2) [1] Der Gerichtsvollzieher muss deshalb die Zustellung dieser Benachrichtigung an den Drittschuldner besonders beschleunigen und den Zustellungszeitpunkt (Tag, Stunde, Minute) beurkunden oder veranlassen, dass dies durch den Postbediensteten erfolgt. [2] Stellt er die Benachrichtigung als elektronisches Dokument zu, dient ihm zur Beurkundung die automatisierte Eingangsbestätigung. [3] Auf die Zustellung finden die Vorschriften des § 121 Absatz 1 und 3 bis 5 entsprechende Anwendung. [4] Der Gerichtsvollzieher hat nicht zu prüfen, ob dem Gläubiger eine vollstreckbare Ausfertigung erteilt und ob der Schuldtitel bereits zugestellt ist.

(3) [1] Der Gerichtsvollzieher hat die Benachrichtigung mit den Aufforderungen selbst anzufertigen, wenn er von dem Gläubiger hierzu ausdrücklich beauftragt worden ist. [2] Dies gilt nicht für die Vorpfändung von Vermögensrechten im Sinne des § 857 ZPO (vergleiche § 857 Absatz 7 ZPO). [3] In diesem Fall hat der Gerichtsvollzieher zu prüfen, ob der Gläubiger einen vollstreckbaren Schuldtitel erwirkt hat und ob die Voraussetzungen der §§ 711, 712, 720a, 751, 752, 756, 795, 930 ZPO vorliegen. [4] Der Gerichtsvollzieher hat die vorzupfändende Forderung nach Gläubiger, Schuldner und Rechtsgrund in der Benachrichtigung möglichst so genau zu bezeichnen, dass über die Identität der Forderung kein Zweifel bestehen kann.

(4) [1] Stellt der Gerichtsvollzieher lediglich eine vom Gläubiger selbst angefertigte Benachrichtigung zu, so obliegt ihm nicht die Prüfungspflicht nach Absatz 3 Satz 3. [2] In diesem Fall wirkt er bei der Vorpfändung nur als Zustellungsorgan mit.

C. Zwangsvollstreckung zur Erwirkung der Herausgabe von Sachen

§ 127 Bewegliche Sachen (§§ 883, 884, 897 ZPO[1)]). (1) [1] Hat der Schuldner nach dem Schuldtitel eine bestimmte bewegliche Sache oder eine gewisse Menge von bestimmten beweglichen Sachen herauszugeben, so wird die Zwangsvollstreckung dadurch bewirkt, dass der Gerichtsvollzieher die Sache dem Schuldner wegnimmt und sie dem Gläubiger übergibt. [2] Hat der Schuldner eine Menge von vertretbaren Sachen (§ 91 BGB[2)]) oder von Wertpapieren zu leisten, so ist in derselben Weise zu verfahren, sofern der Gerichtsvollzieher Sachen der geschuldeten Gattung im Gewahrsam des Schuldners vorfindet. [3] Befindet sich die herauszugebende Sache im Gewahrsam eines Dritten, so darf sie der Gerichtsvollzieher nur wegnehmen, wenn der Dritte zur Herausgabe bereit ist (§ 70 Absatz 2) oder wenn die Zwangsvollstreckung auch in das in seinem Gewahrsam befindliche Vermögen zulässig ist. [4] In den übrigen Fällen überlässt es der Gerichtsvollzieher dem Gläubiger, bei dem Vollstreckungsgericht die Überweisung des Anspruches des Schuldners auf Herausgabe der Sache zu erwirken (§ 886 ZPO).

(2) [1] Der Gerichtsvollzieher händigt die weggenommenen Sachen dem Gläubiger unverzüglich gegen Empfangsbescheinigung aus oder sendet sie an ihn ab. [2] Die Sachen sollen dem Gläubiger tunlichst an Ort und Stelle ausgehändigt werden. [3] Der Gerichtsvollzieher zeigt dem Gläubiger den Tag und die Stunde der beabsichtigten Vollstreckung rechtzeitig an, damit sich dieser zur Empfangnahme

---

[1)] **Habersack, Deutsche Gesetze Nr. 100.**
[2)] **Habersack, Deutsche Gesetze Nr. 20.**

der Sachen an dem Ort der Vollstreckung einfinden oder einen Vertreter entsenden und die notwendigen Maßnahmen zur Fortschaffung der Sachen treffen kann.

(3) Macht ein Dritter bei der Vollstreckung ein Recht an dem wegzunehmenden Gegenstand geltend, das ihn zur Erhebung der Widerspruchsklage (§ 771 ZPO) berechtigt, so verweist ihn der Gerichtsvollzieher an das Gericht.

(4) Trifft mit dem Auftrag des Gläubigers auf Wegnahme einer Sache ein Pfändungsbeschluss nach § 124 zusammen, so nimmt der Gerichtsvollzieher die Sache in Besitz und überlässt es den Beteiligten, eine Einigung oder eine gerichtliche Entscheidung über ihre Rechte herbeizuführen.

(5) [1] Trifft mit dem Auftrag eines Gläubigers auf die Wegnahme einer Sache der Auftrag eines anderen Gläubigers auf Pfändung zusammen, so verfährt der Gerichtsvollzieher – sofern nicht die Sachlage oder der Inhalt der Aufträge eine andere Erledigung erfordern – wie folgt. [2] Er führt zunächst die Pfändung durch. [3] Hierbei pfändet er die herauszugebenden Sachen nur dann ganz oder teilweise, wenn andere Pfandstücke nicht oder nicht in ausreichendem Umfang vorhanden sind. [4] Pfändet er zugunsten des einen Gläubigers Sachen, die der Schuldner an den anderen Gläubiger herauszugeben hat, so nimmt er sie dem Schuldner auf Verlangen des Gläubigers, der die Herausgabe verlangen kann, für diesen Gläubiger weg. [5] Er darf sie jedoch dem Gläubiger nicht herausgeben, sondern muss sie in seinem Besitz behalten. [6] Die Zwangsvollstreckung in diese Sachen darf er erst fortsetzen, sobald sie der eine Gläubiger von dem Recht des anderen befreit hat. [7] Soweit die herauszugebenden Sachen nicht gepfändet sind, nimmt der Gerichtsvollzieher sie dem Schuldner weg und übergibt sie dem Gläubiger.

(6) [1] In dem Protokoll über die Vollstreckungshandlung sind die weggenommenen Sachen genau zu bezeichnen. [2] Bei vertretbaren Sachen sind Maß, Zahl und Gewicht anzugeben, bei Wertpapieren der Nennwert, die Nummer oder die sonstigen Unterscheidungsmerkmale sowie die bei dem Stammpapier vorgefundenen Zins- oder Gewinnanteil- oder Erneuerungsscheine. [3] Das Protokoll muss ferner ergeben, ob die Sachen dem Gläubiger ausgehändigt, an ihn abgesandt oder in welcher anderen Weise sie untergebracht sind. [4] Findet der Gerichtsvollzieher die geschuldeten Sachen nicht oder nur zum Teil vor, so macht er dies im Protokoll ersichtlich; ebenso vermerkt er es im Protokoll, wenn der Schuldner bestreitet, dass die weggenommenen Sachen die geschuldeten sind, oder wenn ein Dritter Rechte auf den Besitz der Sachen geltend macht.

(7) [1] Ist der Schuldner zur Übertragung des Eigentums oder zur Bestellung eines Rechts an einer beweglichen Sache, auf Grund dessen der Gläubiger die Besitzeinräumung verlangen kann, verurteilt, so nimmt der Gerichtsvollzieher die Sache dem Schuldner unter Beachtung der vorstehenden Vorschriften weg und händigt sie dem Gläubiger aus. [2] Dasselbe gilt für den Hypotheken-, Grundschuld- oder Rentenschuldbrief, wenn der Schuldner zur Bestellung, zur Abtretung oder zur Belastung der durch diese Urkunde verbrieften Hypothek, Grundschuld oder Rentenschuld verurteilt ist (§ 897 ZPO).

§ 128[1)] Unbewegliche Sachen sowie eingetragene Schiffe, Schiffsbauwerke und Schwimmdocks (§ 765a Absatz 3, § 885 ZPO[2)]). (1) [1] Hat der Schuldner nach dem Schuldtitel ein Grundstück, einen Teil eines Grundstücks, Wohnräume oder sonstige Räume oder ein eingetragenes Schiff, Schiffsbauwerk

---

[1)] § 128 Abs. 2 Satz 4 geänd. mWv 1.1.2019 durch Bek. v. 23.11.2018 (JMBl. S. 122); Abs. 2 Satz 6 neu gef., Abs. 7 Satz 2 geänd. mWv 1.1.2023 durch Bek. v. 7.12.2022 (BayMBl. Nr. 754).

[2)] **Habersack, Deutsche Gesetze Nr. 100.**

oder im Bau befindliches oder fertig gestelltes Schwimmdock herauszugeben, so wird die Zwangsvollstreckung dadurch vollzogen, dass der Gerichtsvollzieher den Schuldner aus dem Besitz setzt und den Gläubiger in den Besitz einweist. [2]Der Gerichtsvollzieher hat den Schuldner aufzufordern, eine Anschrift zum Zweck von Zustellungen oder einen Zustellungsbevollmächtigten zu benennen.

(2) [1]Der Gerichtsvollzieher teilt dem Gläubiger und dem Schuldner Tag und Stunde der beabsichtigten Vollstreckung rechtzeitig vor dem Vollstreckungstermin mit. [2]Die Benachrichtigung ist dem Schuldner zuzustellen. [3]Der Gerichtsvollzieher benachrichtigt den Schuldner zusätzlich durch einfachen Brief von dem Vollstreckungstermin, wenn zu besorgen ist, dass die zuzustellende Benachrichtigung den Schuldner nicht erreicht. [4]Dies gilt nicht, wenn der Gerichtsvollzieher eine Entscheidung des Familiengerichts in einer Gewaltschutz- oder Ehewohnungssache (§§ 210, 200 Absatz 1 FamFG[1)]) vor der Zustellung vollziehen darf, weil das Gericht dies gemäß § 53 Absatz 2 Satz 1, § 209 Absatz 3 Satz 1 oder § 216 Absatz 2 Satz 1 FamFG als zulässig angeordnet hat, oder die Zustellung auf Verlangen des Antragstellers gegenüber dem Gerichtsvollzieher gemäß § 214 Absatz 2 Satz 3 Halbsatz 2 FamFG nicht vor der Vollstreckung erfolgen darf. [5]Zwischen dem Tag der Zustellung und dem Tag des Vollstreckungstermins müssen wenigstens drei Wochen liegen. [6]Die Zustellung kann unterbleiben, wenn der Schuldner unbekannt verzogen oder sein Aufenthalt unbekannt ist und ihm die Benachrichtigung auch nicht als elektronisches Dokument übermittelt werden kann. [7]Eine öffentliche Zustellung soll nicht erfolgen. [8]Die Herausgabe der Räume kann auch in Abwesenheit des Gläubigers bewirkt werden, wenn der Gläubiger durch die von dem Gerichtsvollzieher getroffenen Maßregeln (zum Beispiel Übergabe der Schlüssel, Bestellung des Hüters) in die Lage versetzt wird, die tatsächliche Gewalt über das Grundstück oder die Räume auszuüben. [9]Auch die Anwesenheit des Schuldners ist nicht notwendig.

(3) [1]Das bewegliche Zubehör (§§ 97, 98 BGB[2)]) ist Gegenstand der Vollstreckung in das Grundstück, auch wenn es im Schuldtitel nicht ausdrücklich erwähnt ist. [2]Es ist dem Räumungsgläubiger herauszugeben oder auf dem Grundstück zu belassen.

(4) [1]Bewegliche Sachen, die weder mit herauszugeben noch wegen einer gleichzeitig beizutreibenden Forderung oder wegen der Kosten zu pfänden sind, entfernt der Gerichtsvollzieher von dem Grundstück, Schiff (Schiffsbauwerk, im Bau befindlichen oder fertig gestellten Schwimmdock) oder aus den Räumen, falls nicht der Gläubiger der Entfernung wegen eines Pfand- oder Zurückbehaltungsrechts widerspricht, das er an diesen Sachen in Anspruch nimmt. [2]Macht der Gläubiger sein Vermieter- oder Verpächterpfandrecht an allen in den Räumen befindlichen Sachen geltend, darf der Gerichtsvollzieher die Existenz eines solchen Rechts nicht prüfen, und zwar auch nicht im Hinblick auf § 811 ZPO. [3]Er belässt die Sachen in den Räumen und weist den Gläubiger in den Besitz der Räume ein. [4]*Damit ist die Räumung beendet und der Räumungstitel verbraucht.* [5]In den Fällen, in denen die Überlassung der Wohnung an den Gläubiger (verletzte Person) gemäß § 2 Absatz 2 GewSchG[3)] befristet ist, kommt die Entfernung der beweglichen Sachen des Schuldners (Täter) aus der Wohnung gegen seinen Willen nicht in Betracht. [6]Die Sachen sind dem Schuldner außerhalb des zu räumenden Objekts zu übergeben oder zur Verfügung zu stellen. [7]Ist der Schuldner abwesend,

---

[1)] **Habersack, Deutsche Gesetze Nr. 112.**
[2)] **Habersack, Deutsche Gesetze Nr. 20.**
[3)] Nr. **49.**

so tritt an seine Stelle sein Bevollmächtigter oder eine erwachsene Person, die zu seiner Familie gehört oder in seiner Familie beschäftigt ist, oder ein erwachsener ständiger Mitbewohner. [8]Der Gerichtsvollzieher ist nicht verpflichtet, die herauszugebenden Sachen in ein anderes (zum Beispiel neu angemietetes) Objekt des Schuldners zu schaffen. [9]Er ist jedoch befugt, dies auf Antrag des Schuldners dann zu tun, wenn die hierdurch entstehenden Kosten nicht höher als diejenigen sind, die durch den Transport des Räumungsguts in die Pfandkammer und durch dessen Lagerung entstehen würden.

(5) [1]Ist weder der Schuldner noch eine der in Absatz 4 Satz 7 bezeichneten Personen anwesend oder wird die Entgegennahme verweigert, so schafft der Gerichtsvollzieher die in Absatz 4 Satz 1 bezeichneten Sachen auf Kosten des Schuldners in die Pfandkammer oder trägt sonst für ihre Verwahrung Sorge. [2]Unpfändbare Sachen und solche Sachen, bei denen nach seinem pflichtgemäßen Ermessen ein Verwertungserlös nicht zu erwarten ist, hat er bis zu ihrer Veräußerung oder ihrer Vernichtung jederzeit, das heißt zu den üblichen Geschäftszeiten des Gerichtsvollziehers, ohne Weiteres, insbesondere ohne irgendwelche Kostenzahlungen des Schuldners auf dessen Verlangen herauszugeben. [3]Bewegliche Sachen, an deren Aufbewahrung auch bei Anlegung eines engen Maßstabs an die Erfüllung der Voraussetzungen und unter Berücksichtigung der Betrachtung der weiteren Verwendung durch einen unvoreingenommenen Dritten offensichtlich kein Interesse seitens des Schuldners besteht, sollen unverzüglich vernichtet werden. [4]Ein offensichtlich fehlendes Interesse an der Aufbewahrung kann der Gerichtsvollzieher in der Regel bei gewöhnlichem Abfall und Unrat annehmen, die durch Verwertung oder Beseitigung unter Beachtung der einschlägigen abfallrechtlichen Bestimmungen zu vernichten sind. [5]Allerdings umfasst der Vollstreckungsauftrag nicht die unmittelbare Beseitigung durch den Gerichtsvollzieher in solchen Fällen, die eine aufwändige und kostenintensive Entsorgung von sehr großen Mengen Mülls, die auf dem herauszugebenden Grundstück lagern, oder von Altlasten erforderlich machen. [6]Für die entstehenden Kosten der Räumung einschließlich der Kosten der ersten Einlagerung ist der Gläubiger dem Gerichtsvollzieher gemäß § 4 GvKostG[1)] vorschusspflichtig.

(6) [1]Der Gerichtsvollzieher benachrichtigt den Schuldner, dass er die verwertbaren Sachen, auch soweit sie unpfändbar sind, verkaufen und den Erlös nach Abzug der Unkosten hinterlegen und die unverwertbaren Sachen vernichten wird, wenn der Schuldner die Sachen nicht innerhalb einer Frist von einem Monat nach der Räumung herausverlangt oder sie zwar innerhalb dieser Frist herausverlangt, aber die aufgelaufenen Kosten nicht innerhalb einer weiteren Frist von einem Monat, das heißt in diesem Fall nicht binnen einer Frist von zwei Monaten nach der Räumung, bezahlt. [2]Die Mitteilung soll zugleich die Höhe der zu erstattenden Kosten und den Hinweis enthalten, dass unpfändbare Sachen und Sachen, für die ein Verwertungserlös nicht zu erwarten ist, jederzeit und ohne irgendwelche Kostenzahlungen an den Schuldner herausgegeben werden. [3]Der Gerichtsvollzieher kann die Mitteilung schon in die Benachrichtigung über den Vollstreckungstermin aufnehmen (Absatz 2). [4]In diesem Fall ist der Schuldner darauf hinzuweisen, dass dieser die Höhe der zu erstattenden Kosten bei ihm erfragen kann.

(7) [1]Die Veräußerung der verwertbaren Sachen erfolgt nach den Vorschriften *über die Pfandversteigerung* (§§ 806, 814 und 817 ZPO). [2]Die Schutzvorschriften, die bei der Pfändung von Sachen gelten (§§ 803 Absatz 2, 811, 816, 817a

---

[1)] **Habersack, Deutsche Gesetze Nr. 123.**

ZPO), finden keine Anwendung. [3]Der Gerichtsvollzieher darf aus dem Erlös, bevor er diesen hinterlegt, seine noch offenen, durch den Vorschuss des Gläubigers nicht gedeckten Kosten für Räumung, Einlagerung und Verkauf (Versteigerung) unmittelbar abziehen. [4]Über die Hinterlegung unterrichtet er den Gläubiger, der einen Vorschuss geleistet hat.

(8) [1]Nach Ablauf der in Absatz 6 Satz 1 genannten Frist entscheidet der Gerichtsvollzieher nach pflichtgemäßem Ermessen über die Vernichtung des wertlosen oder nach seiner Einschätzung unverwertbaren Räumungsgutes. [2]Eines vorangehenden erfolglosen Verwertungsversuches bedarf es nicht.

(9) [1]In dem Protokoll über die Vollstreckungshandlung ist das zu räumende Objekt genau zu bezeichnen. [2]Das Protokoll muss ferner ergeben, welche Personen der Vollstreckungshandlung beigewohnt haben, welche Maßregeln getroffen worden sind, um den Schuldner aus dem Besitz zu setzen und den Gläubiger in den Besitz einzuweisen, und welche Zubehörstücke dem Gläubiger mit übergeben worden sind. [3]Nimmt der Gerichtsvollzieher Sachen des Schuldners in Verwahrung, so gibt er die Sachen, den Grund und die Art der Verwahrung im Protokoll an.

§ 129[1)] Beschränkter Vollstreckungsauftrag (§ 885a ZPO[2)]). (1) Der Vollstreckungsauftrag kann auf die Maßnahmen nach § 128 Absatz 1 beschränkt werden.

(2) [1]Der Gerichtsvollzieher hat in seinem Protokoll die frei ersichtlichen beweglichen Sachen zu dokumentieren, die er bei der Vornahme der Vollstreckungshandlung vorfindet. [2]Die Dokumentation muss nicht die Anforderungen an eine vollständige Inventarisierung erfüllen. [3]Sie beschränkt sich auf die in Räumen frei einsehbaren beweglichen Sachen. [4]Behältnisse muss der Gerichtsvollzieher für die Dokumentation nicht öffnen. [5]Insbesondere muss er weder Schranktüren öffnen noch Schubladen herausziehen und den Inhalt von Schränken und Schubladen weder vollständig noch zum Teil herausnehmen. [6]Eine Pflicht zur weitergehenden Dokumentation, die unter Umständen mit aufwändigen Feststellungen über den Zustand aller in den Räumlichkeiten befindlichen Sachen verbunden sein kann, trifft den Gerichtsvollzieher nicht. [7]Er kann nach seinem Ermessen bei der Dokumentation Bildaufnahmen in elektronischer oder in analoger Form herstellen. [8]Die elektronischen Bilder sind im Gerichtsvollzieherbüro unter Verwendung geeigneter, den üblichen Standards der Datensicherheit und des Datenschutzes entsprechender elektronischer Speichermedien zu verwahren. [9]Der genaue Speicherort der Dokumentation ist aktenkundig zu machen.

(3) In den Fällen des Absatzes 1 weist der Gerichtsvollzieher zusammen mit der Mitteilung des Räumungstermins sowohl den Schuldner als auch den Gläubiger ausdrücklich schriftlich auf die Bestimmungen des § 885a Absatz 2 bis 5 ZPO hin.

§ 130 Besondere Vorschriften über die Räumung von Wohnungen.

(1) Die Anberaumung des Räumungstermins ist schon vor Ablauf der Räumungsfrist zulässig.

(2) [1]Während der Geltungsdauer einer einstweiligen Anordnung in Gewaltschutzsachen, soweit Gegenstand des Verfahrens Regelungen aus dem Bereich der Ehewohnungssachen sind, und in Ehewohnungssachen kann der Gerichtsvollzieher den Schuldner mehrfach aus dem Besitz der Wohnung setzen und den

---

[1)] § 129 Abs. 2 Satz 9 angef. mWv 1.1.2019 durch Bek. v. 23.11.2018 (JMBl. S. 122).
[2)] **Habersack, Deutsche Gesetze Nr. 100.**

Gläubiger in den Besitz der Wohnung einweisen, ohne dass es weiterer Anordnungen oder einer erneuten Zustellung an den inzwischen wieder in die Wohnung eingezogenen Schuldner bedarf (§ 96 Absatz 2 FamFG[1]). [2]Nach jeder Erledigung eines Auftrags ist der Vollstreckungstitel innerhalb seiner Geltungsdauer jeweils dem Gläubiger zurückzugeben, der dem Gerichtsvollzieher durch die erneute Übergabe des Titels einen neuen Auftrag erteilen kann. [3]Im Übrigen ist bei der Vollziehung von Entscheidungen des Familiengerichts in Verfahren nach § 2 GewSchG[2] zur Überlassung einer von Gläubiger (verletzte Person) und Schuldner (Täter) gemeinsam genutzten Wohnung und der in solchen Verfahren erlassenen einstweiligen Anordnungen entsprechend § 134 zu verfahren.

(3) [1]Ist zu erwarten, dass der Räumungsschuldner durch Vollstreckung des Räumungstitels obdachlos werden wird, so benachrichtigt der Gerichtsvollzieher unverzüglich die für die Unterbringung von Obdachlosen zuständige Verwaltungsbehörde. [2]Die Befugnis des Gerichtsvollziehers, die Zwangsvollstreckung aufzuschieben, richtet sich nach § 65.

(4) Nimmt die für die Unterbringung von Obdachlosen zuständige Behörde die bisherigen Räume des Schuldners ganz oder teilweise für dessen vorläufige Unterbringung auf ihre Kosten in Anspruch, so unterlässt der Gerichtsvollzieher die Zwangsvollstreckung hinsichtlich der in Anspruch genommenen Räume.

§ 131 Räumung eines zwangsweise versteigerten Grundstücks, Schiffes, Schiffsbauwerks oder Schwimmdocks oder eines unter Zwangsverwaltung gestellten Grundstücks. (1) [1]Im Fall des § 93 ZVG[3] erfolgt die Räumung im Auftrag des Erstehers nach den Vorschriften der §§ 128 bis 130. [2]Im Hypothekenhaftungsverband befindliche und im Rahmen der Zwangsverwaltung oder Zwangsversteigerung beschlagnahmte Sachen, insbesondere Zubehör gemäß §§ 97 und 98 BGB[4], sind auf dem Grundstück zu belassen und dem Ersteher zu übergeben. [3]Diese Vorschriften finden im Fall der Räumung eines versteigerten eingetragenen Schiffes, Schiffsbauwerks oder (im Bau befindlichen oder fertig gestellten) Schwimmdocks entsprechende Anwendung.

(2) [1]In den Fällen der § 94 Absatz 2 und § 150 Absatz 2 ZVG kann der Gerichtsvollzieher von dem Vollstreckungsgericht beauftragt werden, ein Grundstück dem Zwangsverwalter zu übergeben. [2]Der Gerichtsvollzieher setzt in diesem Fall den Schuldner aus dem Besitz und weist den Zwangsverwalter in den Besitz ein. [3]Er wird zur Vornahme dieser Handlung durch den gerichtlichen Auftrag oder den Auftrag des Zwangsverwalters ermächtigt. [4]Einer Klausel und einer (erneuten) Zustellung dieser Urkunden bedarf es nicht. [5]Der Auftrag ist dem Schuldner oder der an Stelle des Schuldners angetroffenen Person vorzuzeigen und auf Verlangen in Abschrift mitzuteilen. [6]Wohnt der Schuldner auf dem Grundstück, so sind ihm die für seinen Hausstand unentbehrlichen Räume zu belassen, sofern das Vollstreckungsgericht nichts anderes bestimmt hat (§ 149 ZVG).

§ 132 Bewachung und Verwahrung eines Schiffes, Schiffsbauwerks, Schwimmdocks oder Luftfahrzeugs. [1]Werden Schiffe, Schiffsbauwerke, im Bau befindliche oder fertig gestellte Schwimmdocks oder Luftfahrzeuge zwangsversteigert, so kann das Vollstreckungsgericht in den Fällen der §§ 165, 170, 171c Absatz 2 und 3 sowie § 171g ZVG[3] den Gerichtsvollzieher mit ihrer Bewachung

[1] **Habersack, Deutsche Gesetze Nr. 112.**
[2] Nr. 49.
[3] **Habersack, Deutsche Gesetze Nr. 108.**
[4] **Habersack, Deutsche Gesetze Nr. 20.**

und Verwahrung beauftragen. [2] In diesem Fall beschränkt sich die Tätigkeit des Gerichtsvollziehers, soweit das Vollstreckungsgericht keine besonderen Anweisungen erteilt, in der Regel darauf, sie anzuketten, die Beschlagnahme kenntlich zu machen, das Inventar aufzunehmen, die vorhandenen Schiffs- oder Bordpapiere wegzunehmen sowie einen Wachtposten (Hüter, Bewachungsunternehmen) zu bestellen und zu überwachen. [3] Die Bestellung des *Wachtposten*[1)] und die dadurch entstehenden Kosten teilt der Gerichtsvollzieher dem Vollstreckungsgericht unverzüglich mit. [4] Ohne Weisung des Vollstreckungsgerichts darf der Gerichtsvollzieher von der Bestellung eines Wachtpostens nur absehen, wenn die Sicherheit des Schiffes (Schiffsbauwerks, Schwimmdocks) oder Luftfahrzeugs anderweit gewährleistet erscheint. [5] Für die Bewachung ist der Gerichtsvollzieher nicht verantwortlich, wenn er nur mit der Übergabe zur Bewachung und Verwahrung an eine ihm bezeichnete Person beauftragt ist.

D. Zwangsvollstreckung zur Beseitigung des Widerstands des Schuldners gegen Handlungen, die er nach den §§ 887, 890 ZPO[2)] zu dulden hat, oder zur Beseitigung von Zuwiderhandlungen des Schuldners gegen eine Unterlassungsverpflichtung aus einer Anordnung nach § 1 GewSchG[3)] (§ 96 FamFG[4)])

§ 133 [§§ 758 und 759 ZPO] [1] Einen unberechtigten Widerstand des Schuldners muss der Gerichtsvollzieher unter Beachtung der §§ 758 und 759 ZPO[2)] – nötigenfalls mit Gewalt, jedoch unter Vermeidung jeder unnötigen Härte – überwinden. [2] Die Zwangsmaßnahmen dürfen nicht über das zur Beseitigung des Widerstandes notwendige Maß hinausgehen.

§ 134[5)] (§§ 96, 214, 216 FamFG[4)], § 1 GewSchG[3)]). (1) [1] Die gerichtliche Anordnung gemäß § 1 GewSchG ist ein vollstreckbarer Schuldtitel; er muss daher insbesondere auch dem Schuldner vor Beginn der Tätigkeit des Gerichtsvollziehers zugestellt werden, die auf Beseitigung des Widerstandes gerichtet ist. [2] Abweichend von der Regel der §§ 44 und 45 ist die Vollstreckung einer Anordnung des Familiengerichts nach § 1 GewSchG gemäß § 216 Absatz 2 Satz 1 FamFG oder die Vollziehung einer einstweiligen Anordnung des Familiengerichts nach § 214 Absatz 1 Satz 1 FamFG gemäß § 53 Absatz 2 Satz 1 FamFG auch zulässig, bevor die Entscheidung dem Antragsgegner, das heißt dem Schuldner, zugestellt ist, wenn das Gericht dies ausdrücklich angeordnet hat. [3] Der Antrag auf Erlass einer einstweiligen Anordnung gemäß § 214 Absatz 1 Satz 1 FamFG gilt zugleich als Auftrag zur Vollstreckung, wenn die einstweilige Anordnung ohne mündliche Erörterung erlassen wurde. [4] Der Beschluss nach § 214 Absatz 1 FamFG ist von Amts wegen zuzustellen. [5] Mit der Zustellung beauftragt die Geschäftsstelle den Gerichtsvollzieher auf die in § 176 Absatz 1 ZPO[2)] bestimmte Weise (vgl. § 15 Absatz 2 Satz 1 FamFG in Verbindung mit § 176 Absatz 1 ZPO). [6] Verlangt der Antragsteller in diesem Fall von dem Gerichtsvollzieher, die Zustellung nicht vor der Vollstreckung durchzuführen, so ist der Gerichtsvollzieher an dieses Verlangen gebunden.

[1)] Richtig wohl: „Wachtpostens".

[2)] **Habersack, Deutsche Gesetze Nr. 100.**

[3)] Nr. **49**.

[4)] **Habersack, Deutsche Gesetze Nr. 112.**

[5)] § 134 Abs. 1 Satz 3 neu gef., Sätze 4 und 5 eingef., bish. Satz 4 wird Satz 5 mWv 1.1.2019 durch Bek. v. 23.11.2018 (JMBl. S. 122); Abs. 1 Satz 5 geänd. mWv 1.1.2023 durch Bek. v. 7.12.2022 (BayMBl. Nr. 754).

(2) [1]Der Gerichtsvollzieher wird zur Beseitigung der Zuwiderhandlung durch den Besitz einer Ausfertigung der gerichtlichen Entscheidung ermächtigt. [2]Er prüft nach deren Inhalt selbstständig, ob und wieweit das Verlangen des Gläubigers gerechtfertigt erscheint. [3]Zuwiderhandlungen des Schuldners muss der Gerichtsvollzieher unter Beachtung des § 758 Absatz 3 und des § 759 ZPO, nötigenfalls mit Gewalt, jedoch unter Vermeidung jeder unnötigen Härte, überwinden.

E.[1)] Zwangsvollstreckung durch Abnahme der Vermögensauskunft gemäß § 802c, der eidesstattlichen Versicherung gemäß § 836 Absatz 3 oder § 883 Absatz 2 ZPO[2)] oder § 94 FamFG und durch Haft; Vorführung von Parteien und Zeugen

§ 135[3)] Vorbereitung des Termins zur Abgabe der Vermögensauskunft. [1]Bevor der Gerichtsvollzieher einen Termin zur Abgabe der Vermögensauskunft bestimmt, holt er eine Auskunft aus dem Vermögensverzeichnisregister ein. [2]Daneben kann er das Schuldnerverzeichnis einsehen und den Schuldner befragen, ob dieser innerhalb der letzten zwei Jahre eine Vermögensauskunft abgegeben hat. [3]Ein Verzicht des Gläubigers auf Zuleitung des Vermögensverzeichnisses ist unbeachtlich (§ 802d Absatz 1 Satz 2 ZPO[2)]).

§ 136[4)] Behandlung des Auftrags, Ladung zum Termin. (1) [1]Der Ladung an den Schuldner fügt der Gerichtsvollzieher den Text der nach § 802f Absatz 3 ZPO[2)] erforderlichen Belehrungen, je eine Abschrift des Auftrags und der Forderungsaufstellung sowie einen Ausdruck der Vorlage für die abzugebende Vermögensauskunft oder ein entsprechendes Merkblatt bei. [2]Soweit dafür amtliche Vordrucke eingeführt sind, verwendet der Gerichtsvollzieher diese. [3]Hat der Gläubiger mit dem Auftrag schriftlich Fragen eingereicht, die der Schuldner bei der Abnahme der Vermögensauskunft beantworten soll, fügt der Gerichtsvollzieher auch diesen Fragenkatalog der Ladung bei. [4]Reicht der Gläubiger nach Auftragserteilung einen solchen Fragenkatalog ein, so übersendet der Gerichtsvollzieher dem Schuldner eine Ablichtung des Fragenkatalogs nachträglich formlos durch die Post unter Hinweis auf den Termin.

(2) [1]Den Prozessbevollmächtigten des Schuldners muss der Gerichtsvollzieher von dem Termin nicht unterrichten. [2]Dem Gläubiger oder dessen Verfahrensbevollmächtigten teilt er die Terminbestimmung formlos mit.

(3) [1]Hat der Schuldner im Falle des § 807 Absatz 1 ZPO der sofortigen Abnahme der Vermögensauskunft widersprochen (§ 807 Absatz 2 Satz 1 ZPO) oder sind seit einer vorherigen Zahlungsaufforderung zwei Wochen erfolglos verstrichen (§ 802f Absatz 1 Satz 4 ZPO), bedarf es der Setzung einer Zahlungsfrist nicht. [2]Zwischen dem Terminstag und dem Tag der Zustellung der Ladung (§ 802f Absatz 4 Satz 1 ZPO) müssen wenigstens drei Tage liegen (§ 217 ZPO).

§ 137 Anschriftenänderung, Rechthilfeersuchen[5)], Erledigung des Rechtshilfeersuchens. (1) [1]Ist der Schuldner nach der Rückbriefadresse an einen Ort außerhalb des Bezirkes des Gerichtsvollziehers verzogen, kann der Gerichtsvollzieher mangels anderer Anhaltspunkte regelmäßig davon ausgehen,

---

1) Buchst. E Überschrift geänd. mWv 1.1.2019 durch Bek. v. 23.11.2018 (JMBl. S. 122).
2) **Habersack, Deutsche Gesetze Nr. 100.**
3) § 135 Satz 3 angef. mWv 1.1.2019 durch Bek. v. 23.11.2018 (JMBl. S. 122).
4) § 136 Abs. 3 Satz 1 geänd. mWv 1.1.2019 durch Bek. v. 23.11.2018 (JMBl. S. 122); Abs. 1 Satz 1 geänd. mWv 1.5.2024 durch Bek. v. 22.3.2024 (BayMBl. Nr. 179).
5) Richtig wohl: „Rechtshilfeersuchen".

dass der Schuldner bereits bei Auftragseingang an den anderen Ort verzogen war. [2]In diesem Fall hebt er den Termin auf. [3]Ist der Schuldner innerhalb des Amtsgerichtsbezirks in den Bezirk eines anderen Gerichtsvollziehers umgezogen, so gibt er den Auftrag unverzüglich an den zuständigen Gerichtsvollzieher ab. [4]Ist der Schuldner außerhalb des Amtsgerichtsbezirks verzogen, leitet der Gerichtsvollzieher den Auftrag auf Antrag des Gläubigers an das zuständige Amtsgericht weiter und benachrichtigt unverzüglich den Gläubiger. [5]Ist der Wohnsitz oder gewöhnliche Aufenthaltsort nach der Rückbriefadresse unbekannt und hat der Gläubiger für diesen Fall den Gerichtsvollzieher mit der Ermittlung des Aufenthaltsortes des Schuldners beauftragt, führt er zunächst diesen Auftrag aus. [6]Ist ein Auftrag nach § 755 ZPO[1)] nicht erteilt oder bleibt die Aufenthaltsermittlung erfolglos, so ist der Auftrag dem Gläubiger mit entsprechender Mitteilung zurückzusenden (§ 20 Absatz 2 Satz 1 Nummer 2 GVO[2)]).

(2) [1]Ist der Schuldner nach Eingang des Auftrags zur Abnahme der Vermögensauskunft nach Kenntnis des Gerichtsvollziehers an einen Ort außerhalb des Amtsgerichtsbezirks verzogen, ersucht der Gerichtsvollzieher den für den jetzigen Wohnort oder Aufenthaltsort zuständigen Gerichtsvollzieher, den Schuldner im Wege der Rechtshilfe dort zur Abgabe der Vermögensauskunft bei ihm zu laden. [2]Der Gerichtsvollzieher benachrichtigt den Gläubiger formlos von seinem Rechtshilfeersuchen.

(3) [1]Nach Abnahme der Vermögensauskunft hat der ersuchte Gerichtsvollzieher die Urschrift des Protokolls und das elektronisch errichtete Vermögensverzeichnis an den ersuchenden Gerichtsvollzieher zu senden. [2]Das Vermögensverzeichnis ist dabei als elektronisches Dokument unter Nutzung des OSCI-Transportprotokolls (zum Beispiel über das Elektronische Gerichts- und Verwaltungspostfach (EGVP)) zu übermitteln. [3]Der Gerichtsvollzieher hinterlegt das Vermögensverzeichnis bei dem zentralen Vollstreckungsgericht und leitet dem Gläubiger unverzüglich nach Eingang der Information des zentralen Vollstreckungsgerichts über die erfolgte Eintragung in das Vermögensregister einen mit einem Übereinstimmungsvermerk versehenen Ausdruck des Vermögensverzeichnisses zu. [4]Er kann auf Antrag des Gläubigers auch nach § 802d Absatz 2 ZPO verfahren.

(4) Soweit dem Gerichtsvollzieher nach Ladung und vor dem Termin zur Abnahme der Vermögensauskunft im Einzelfall Mängel in den von Amts wegen zu beachtenden Voraussetzungen bekannt werden, hebt er stets den Termin unter Benachrichtigung von Gläubiger und Schuldner endgültig oder einstweilen auf.

§ 138[3)] Durchführung des Termins. (1) [1]Der Termin ist nicht öffentlich. [2]Der Gerichtsvollzieher achtet darauf, dass Dritte vom Inhalt der Sitzung keine Kenntnisse erlangen. [3]Der Gläubiger, sein Verfahrensbevollmächtigter, der Verfahrensbevollmächtigte des Schuldners, Bürokräfte des Gerichtsvollziehers, Personen der Dienstaufsicht, Prüfungsbeamte, in der Gerichtsvollzieherausbildung befindliche Anwärter sowie Personen, die der Gerichtsvollzieher zu seiner Unterstützung, insbesondere zur Aufrechterhaltung der Ordnung hinzugezogen hat, dürfen an dem Termin teilnehmen. [4]Der Gerichtsvollzieher kann auf Verlangen des Schuldners auch weiteren Personen die Anwesenheit gestatten. [5]Nimmt der Gläubiger am Termin teil, kann er den Schuldner innerhalb der diesem nach § 802c

1) **Habersack, Deutsche Gesetze Nr. 100.**
2) Nr. **109a**.
3) § 138 Abs. 1 Satz 3 neu gef., Satz 4 eingef., bish. Sätze 4–6 werden Sätze 5–7 mWv 1.1.2019 durch Bek. v. 23.11.2018 (JMBl. S. 122).

ZPO[1] obliegenden Auskunftspflicht befragen und Vorhalte machen. [6]Er kann den Gerichtsvollzieher zum Termin auch schriftlich auf Vermögenswerte des Schuldners, zu denen er fehlende oder unrichtige Angaben des Schuldners befürchtet, hinweisen, damit dieser dem Schuldner bei Abwesenheit des Gläubigers im Termin den Vorhalt macht. [7]Der Grundsatz der gütlichen Erledigung des Zwangsvollstreckungsverfahrens (§ 802b ZPO) ist auch in dem Termin vorrangig zu beachten (vergleiche § 68).

(2) [1]Zu Beginn des Termins belehrt der Gerichtsvollzieher den Schuldner nach § 802f Absatz 3 ZPO eingehend über die Bedeutung einer eidesstattlichen Versicherung und weist auf die Strafvorschriften der §§ 156 und 161 StGB[2] hin. [2]Der Gerichtsvollzieher errichtet gemäß § 802f Absatz 5 ZPO selbst eine Aufstellung mit den nach § 802c Absatz 1 und 2 ZPO erforderlichen Angaben als elektronisches Dokument (Vermögensverzeichnis). [3]Dem Schuldner nicht verständliche Begriffe, die dem zu erstellenden Vermögensverzeichnis zugrunde liegen, erläutert er. [4]Der Gerichtsvollzieher hat auf Vollständigkeit der Angaben unter Beachtung der vom Gläubiger im Termin oder zuvor schriftlich gestellten Fragen zu dringen. [5]Auf ein erkennbar unvollständiges Vermögensverzeichnis darf die eidesstattliche Versicherung nicht abgenommen werden, es sei denn, der Schuldner erklärt glaubhaft, genauere und vollständigere Angaben insoweit nicht machen zu können. [6]Der Schuldner hat an Eides statt zu versichern, dass er die verlangten Angaben nach bestem Wissen und Gewissen richtig und vollständig gemacht hat. [7]Über den Ablauf des Termins erstellt der Gerichtsvollzieher in entsprechender Anwendung der §§ 159 bis 163 ZPO ein Protokoll. [8]Zu den in das Protokoll aufzunehmenden rechtserheblichen Erklärungen des Schuldners zählen auch die von ihm vorgebrachten Gründe, aus denen er die eidesstattliche Versicherung nicht abgeben will. [9]Soweit ein amtlicher Protokollvordruck eingeführt ist, hat sich der Gerichtsvollzieher desselben zu bedienen.

§ 139[3] Aufträge mehrerer Gläubiger. [1]Hat der Gerichtsvollzieher Aufträge mehrerer Gläubiger zur Abnahme der Vermögensauskunft erhalten, so bestimmt er den Termin zur Abgabe in diesen Verfahren auf dieselbe Zeit am selben Ort, soweit er die Ladungsfrist und die gegebenenfalls nach § 802f Absatz 1 ZPO[1] erforderliche Frist jeweils einhalten kann. [2]Gibt der Schuldner die Vermögensauskunft ab, so nimmt der Gerichtsvollzieher für alle Gläubiger in allen Verfahren zusammen nur ein Protokoll und ein Vermögensverzeichnis auf.

§ 140[4] Verfahren nach Abgabe der Vermögensauskunft. (1) [1]Der Gerichtsvollzieher hinterlegt das Vermögensverzeichnis nach Maßgabe der Vermögensverzeichnisverordnung[5] (VermVV) spätestens nach drei Werktagen als elektronisches Dokument bei dem zentralen Vollstreckungsgericht. [2]Die elektronische Kommunikation mit dem zentralen Vollstreckungsgericht richtet sich nach den dazu ergangenen landesrechtlichen Bestimmungen.

(2) [1]Der Gerichtsvollzieher speichert die durch das zentrale Vollstreckungsgericht nach § 5 Absatz 2 Satz 3 VermVV übersandte Eintragungsmitteilung in elektronischer Form. [2]Sodann erstellt er den für die Übermittlung an den Gläubi-

[1] **Habersack, Deutsche Gesetze Nr. 100.**

[2] ***Habersack, Deutsche Gesetze Nr. 85.***

[3] § 139 Satz 1 geänd. mWv 1.1.2019 durch Bek. v. 23.11.2018 (JMBl. S. 122).

[4] § 140 Abs. 2 Satz 1 geänd., Abs. 3 Satz 2 eingef., bish. Sätze 2–4 werden Sätze 3–5 mWv 1.1.2019 durch Bek. v. 23.11.2018 (JMBl. S. 122).

[5] **Habersack, Deutsche Gesetze Nr. 102b.**

ger bestimmten Ausdruck oder das für die Übermittlung an den Gläubiger bestimmte elektronische Dokument.

(3) [1] Der Gerichtsvollzieher leitet dem Gläubiger unverzüglich nach Eingang der Information des zentralen Vollstreckungsgerichts über die erfolgte Eintragung in das Vermögensverzeichnisregister einen mit einem Übereinstimmungsvermerk versehenen Ausdruck des Vermögensverzeichnisses zu. [2] Ein Verzicht des Gläubigers auf die Zuleitung des Vermögensverzeichnisses ist unbeachtlich (§ 802d Absatz 1 Satz 2 ZPO[1)]). [3] Er kann auf Antrag des Gläubigers auch nach § 802d Absatz 2 ZPO verfahren. [4] Der Vermerk, mit dem der Gerichtsvollzieher bescheinigt, dass der an den Gläubiger übermittelte Ausdruck mit dem Inhalt des Vermögensverzeichnisses übereinstimmt, enthält die Formulierung „Dieser Ausdruck stimmt mit dem Inhalt des Vermögensverzeichnisses überein." sowie Datum, Unterschrift, Name und Dienstbezeichnung des Gerichtsvollziehers. [5] Der Vermerk, mit dem der Gerichtsvollzieher bescheinigt, dass das an den Gläubiger übermittelte elektronische Dokument mit dem Inhalt des Vermögensverzeichnisses übereinstimmt, enthält die Formulierung „Dieses elektronische Dokument stimmt mit dem Inhalt des Vermögensverzeichnisses überein." sowie Datum, Unterschrift, Name und Dienstbezeichnung des Gerichtsvollziehers.

§ 141[2)] Einholung der Auskünfte Dritter zu Vermögensgegenständen (§ 802l ZPO[1)]). [1] Der Gläubiger kann den Gerichtsvollzieher beauftragen, gemäß § 802l Absatz 1 ZPO bei Dritten Auskünfte zu Vermögensgegenständen des Schuldners einzuholen. [2] Im Hinblick auf Anträge von Folgegläubigern ist § 802l Absatz 4 und 5 ZPO zu beachten.

§ 142 Wiederholung, Ergänzung oder Nachbesserung des Vermögensverzeichnisses. [1] In den Fällen der Wiederholung, Ergänzung oder Nachbesserung des Vermögensverzeichnisses ist immer ein vollständiges Vermögensverzeichnis zu errichten. [2] Der Gerichtsvollzieher dokumentiert in dem neu erstellten Vermögensverzeichnis, an welchem Tag die Versicherung an Eides statt für das Vermögensverzeichnis erstmals erfolgt ist (§ 3 Absatz 2 Nummer 3 VermVV[3)]).

§ 143[4)] Erzwingungshaft. (1) Beantragt der Gläubiger gemäß § 802g Absatz 1 ZPO[1)] den Erlass eines Haftbefehls, so leitet der Gerichtsvollzieher den Antrag zusammen mit seiner Akte an das nach § 764 Absatz 2 ZPO zuständige Vollstreckungsgericht weiter.

(2) [1] Das Verfahren richtet sich nach § 145. [2] Der Zweck des Haftbefehls entfällt, wenn der Schuldner die Verpflichtung, deren Befriedigung durch die Abgabe der Vermögensauskunft vorbereitet werden soll, vollständig erfüllt. [3] § 68 findet Anwendung.

§ 144 Zulässigkeit der Verhaftung (§§ 802c, 802g, 836, 883, 888, 889 ZPO[1)]; § 94 FamFG[5)]; § 153 Absatz 2 InsO[6)]). (1) [1] Auf Antrag des Gläubigers kann das Gericht gegen den Schuldner einen Haftbefehl erlassen, um von ihm

1. die Abgabe der in § 802c ZPO bezeichneten Vermögensauskunft oder

---

[1)] **Habersack, Deutsche Gesetze Nr. 100.**
[2)] § 141 neu gef. mWv 1.1.2023 durch Bek. v. 7.12.2022 (BayMBl. Nr. 754).
[3)] **Habersack, Deutsche Gesetze Nr. 102b.**
[4)] § 143 Abs. 1 Satz 1 geänd., Satz 2 aufgeh. mWv 1.10.2016 durch Bek. v. 5.9.2016 (JMBl. S. 93).
[5)] **Habersack, Deutsche Gesetze Nr. 112.**
[6)] **Habersack, Deutsche Gesetze Nr. 110.**

2. die Abgabe der in §§ 836, 883 ZPO, § 94 FamFG und § 153 InsO bezeichneten eidesstattlichen Versicherung oder
3. die Abgabe der ihm nach dem bürgerlichen Recht obliegenden eidesstattlichen Versicherung oder die Vornahme einer sonstigen Handlung, zu welcher der Schuldner verurteilt worden ist und die ein anderer nicht vornehmen kann (zum Beispiel die Erteilung einer Auskunft; vergleiche §§ 802g, 888, 889 ZPO) zu erzwingen.

²Eine Zwangsvollstreckung auf Grund des § 888 ZPO ist jedoch ausgeschlossen, wenn im Fall der Verurteilung zur Vornahme einer Handlung der Beklagte für den Fall, dass die Handlung nicht binnen einer zu bestimmenden Frist vorgenommen wird, zur Zahlung einer Entschädigung verurteilt ist (§§ 510b, 888a ZPO).

(2) ¹Der Gerichtsvollzieher hat vor einer Verhaftung § 802h ZPO zu beachten. ²Er soll eine Verhaftung auch erst durchführen, wenn die Besorgnis ausgeschlossen erscheint, dass dadurch eine Gefährdung der öffentlichen Sicherheit und Ordnung entstehen kann.

(3) ¹Die Verhaftung unterbleibt, wenn der Schuldner die Leistung bewirkt, die ihm nach dem Schuldtitel obliegt, die Vermögensauskunft oder die eidesstattliche Versicherung freiwillig abgibt. ²§ 802b ZPO findet Anwendung.

§ 145[1)] Verfahren bei der Verhaftung. (1) ¹Der Gerichtsvollzieher vermeidet bei der Verhaftung unnötiges Aufsehen und jede durch den Zweck der Vollstreckung nicht gebotene Härte. ²In geeigneten Fällen kann er den Schuldner schriftlich zur Zahlung und zum Erscheinen an der Gerichtsstelle auffordern. ³Dies hat jedoch zu unterbleiben, wenn zu befürchten ist, der Schuldner werde sich der Verhaftung entziehen oder Vermögenswerte beiseiteschaffen. ⁴Bei Widerstand wendet der Gerichtsvollzieher Gewalt an und beachtet dabei die §§ 758 und 759 ZPO[2)]. ⁵Der Gerichtsvollzieher händigt dem Schuldner von Amts wegen eine beglaubigte Abschrift des Haftbefehls aus (§ 802g Absatz 2 Satz 2 ZPO). ⁶Er befragt den Verhafteten, ob er jemanden von seiner Verhaftung zu benachrichtigen wünsche, und gibt ihm Gelegenheit zur Benachrichtigung seiner Angehörigen und anderer nach Lage des Falles in Betracht kommender Personen, soweit es erforderlich ist und ohne Gefährdung der Inhaftnahme geschehen kann. ⁷Der Gerichtsvollzieher kann die Benachrichtigung auch selbst ausführen. ⁸Der Gerichtsvollzieher, der den Schuldner verhaftet hat, liefert ihn in die nächste zur Aufnahme von Zivilhäftlingen bestimmte Justizvollzugsanstalt ein. ⁹Der Haftbefehl ist dem zuständigen Vollzugsbediensteten zu übergeben. ¹⁰Ist das Amtsgericht des Haftorts nicht die Dienstbehörde des einliefernden Gerichtsvollziehers, so weist er den Vollzugsbediensteten außerdem darauf hin, dass der verhaftete Schuldner zu jeder Zeit verlangen kann, bei dem zuständigen Gerichtsvollzieher des Amtsgerichts des Haftorts die Vermögensauskunft oder die eidesstattliche Versicherung (vergleiche § 144 Absatz 1 Satz 1, § 147) abzugeben. ¹¹Er weist ihn ferner darauf hin, den Schuldner sogleich zu unterrichten, zu welchen Zeiten Gründe der Sicherheit der Justizvollzugsanstalt einer Abnahme entgegenstehen. ¹²Außerdem übergibt er dem Vollzugsbediensteten die Vollstreckungsunterlagen, der sie dem bei Abgabebereitschaft des Schuldners herbeigerufenen Gerichtsvollzieher des Amtsgerichts des Haftorts aushändigt. ¹³Eines besonderen Annahmebefehls bedarf

---

1) § 145 Abs. 1 Satz 5 eingef., bish. Sätze 5–14 werden Sätze 6–15, neuer Satz 6 geänd., Abs. 3 Sätze 8 und 9 aufgeh., Abs. 7 Satz 1 geänd. mWv 1.1.2019 durch Bek. v. 23.11.2018 (JMBl. S. 122); Abs. 1 Satz 14 neu gef., Satz 15 aufgeh. mWv 1.1.2023 durch Bek. v. 7.12.2022 (BayMBl. Nr. 754).

2) **Habersack, Deutsche Gesetze Nr. 100.**

es nicht. [14] Einer Vollziehung des Haftbefehls steht entgegen, dass der Schuldner sofortige Beschwerde gegen den Haftbefehl eingelegt hat (§ 570 Absatz 1 ZPO).

(2) [1] Das Protokoll muss die genaue Bezeichnung des Haftbefehls und die Bemerkung enthalten, dass dem Schuldner eine beglaubigte Abschrift desselben übergeben worden ist; es muss ferner ergeben, ob und zu welcher Zeit der Schuldner verhaftet worden oder aus welchem Grund die Verhaftung unterblieben ist. [2] Die Einlieferung des Schuldners in die Justizvollzugsanstalt ist von dem zuständigen Vollzugsbediensteten unter dem Protokoll zu bescheinigen; dabei ist die Stunde der Einlieferung anzugeben.

(3) [1] Für die Verhaftung des Vollstreckungsschuldners in Steuersachen ist der Gerichtsvollzieher zuständig. [2] Die Vollstreckungsbehörde (Finanzamt/Hauptzollamt) teilt dem Gerichtsvollzieher den geschuldeten Betrag sowie den Schuldgrund mit und ermächtigt ihn, den geschuldeten Betrag anzunehmen und über den Empfang Quittung zu erteilen. [3] Ist der verhaftete Vollstreckungsschuldner vor Einlieferung in die Justizvollzugsanstalt zur Abgabe der Vermögensauskunft bereit, hat ihn der Gerichtsvollzieher grundsätzlich der Vollstreckungsbehörde vorzuführen. [4] Abweichend hiervon kann der Gerichtsvollzieher des Amtsgerichts des Haftortes die Vermögensauskunft abnehmen, wenn sich der Sitz der in § 284 Absatz 5 AO bezeichneten Vollstreckungsbehörde nicht im Bezirk dieses Amtsgerichts befindet oder wenn die Abnahme der Vermögensauskunft durch die Vollstreckungsbehörde nicht möglich ist, weil die Verhaftung zu einer Zeit stattfindet, zu der der zuständige Beamte der Vollstreckungsbehörde nicht erreichbar ist. [5] In diesem Fall hinterlegt der Gerichtsvollzieher das Vermögensverzeichnis beim zentralen Vollstreckungsgericht und benachrichtigt die Vollstreckungsbehörde unter Angabe der Verfahrensnummer und Übersendung des Vermögensverzeichnisses von der Hinterlegung. [6] Über die Anordnung der Eintragung des Schuldners in das Schuldnerverzeichnis entscheidet die Vollstreckungsbehörde. [7] Hat die Vollstreckungsbehörde Weisungen für die Durchführung der Verhaftung getroffen, zum Beispiel die Einziehung von Raten ausgeschlossen, ist der Gerichtsvollzieher daran gebunden.

(4) [1] Ist die Vollstreckung des Haftbefehls nicht möglich, weil der Schuldner nicht aufzufinden oder nicht anzutreffen ist, so vermerkt der Gerichtsvollzieher dies zu den Akten und benachrichtigt unverzüglich den Gläubiger. [2] Nach wiederholtem fruchtlosen Verhaftungsversuch binnen drei Monaten nach Auftragseingang in einer Wohnung (§ 61 Absatz 1 Satz 2), der mindestens einmal unmittelbar vor Beginn oder nach Beendigung der Nachtzeit erfolgt sein muss, hat der Gerichtsvollzieher dem Gläubiger anheimzugeben, einen Beschluss des zuständigen Richters bei dem Amtsgericht darüber herbeizuführen, dass die Verhaftung auch an Sonntagen und allgemeinen Feiertagen sowie zur Nachtzeit in den bezeichneten Wohnungen erfolgen kann.

(5) [1] Der Gerichtsvollzieher des Amtsgerichts des Haftorts ist zuständig, das Vermögensverzeichnis (§ 802f Absatz 5 ZPO) zu errichten. [2] Er entlässt den Schuldner nach Abgabe der Vermögensauskunft oder Bewirkung der geschuldeten Leistung aus der Haft. [3] Der Haftbefehl ist damit verbraucht. [4] Der Gerichtsvollzieher des Amtsgerichts des Haftorts übermittelt dem zentralen Vollstreckungsgericht das Vermögensverzeichnis in elektronischer Form und leitet dem Gläubiger unverzüglich nach Eingang der Information des zentralen Vollstreckungsgerichts über die erfolgte Eintragung in das Vermögensregister einen mit dem Übereinstimmungsvermerk versehenen Ausdruck zu (§ 802f Absatz 6 ZPO).

(6) [1] Die Vollziehung des persönlichen Sicherheitsarrestes richtet sich nach den Vorschriften über die Haft im Zwangsvollstreckungsverfahren (§§ 802g, 802h

bis 802j Absatz 1 und 2, § 933 ZPO). 2 Absatz 1 bis 5 findet entsprechende Anwendung.

(7) 1 Der Gerichtsvollzieher, der den Schuldner verhaftet hat (Absatz 1 Satz 8), ist für das Eintragungsanordnungsverfahren zuständig. 2 Dazu unterrichtet ihn der Gerichtsvollzieher des Amtsgerichts des Haftorts unverzüglich über die Entlassung des Schuldners aus der Haft und den Entlassungsgrund.

§ 146 Nachverhaftung. (1) 1 Ist der Schuldner bereits nach den §§ 144 und 145 in Erzwingungshaft genommen, so ist ein weiterer Haftbefehl gegen ihn dadurch zu vollstrecken, dass der Gerichtsvollzieher sich in die Justizvollzugsanstalt zu dem Schuldner begibt und ihn durch persönliche Eröffnung unter Übergabe einer beglaubigten Abschrift des Haftbefehls für nachverhaftet erklärt. 2 Der Haftbefehl ist dem zuständigen Vollzugsbediensteten mit dem Ersuchen auszuhändigen, an dem Schuldner die fernere Haft nach Beendigung der zuerst verhängten Haft zu vollstrecken.

(2) 1 Das Protokoll muss die Bezeichnung des Haftbefehls und die vom Gerichtsvollzieher abgegebenen Erklärungen enthalten. 2 Die Aushändigung des Haftbefehls ist von dem Vollzugsbediensteten unter dem Protokoll zu bescheinigen. 3 Im Übrigen findet § 145 entsprechende Anwendung.

(3) 1 Gegen einen Schuldner, der sich in Untersuchungshaft oder in Strafhaft befindet, kann die Erzwingungshaft erst nach Beendigung der Untersuchungshaft oder der Strafhaft vollzogen werden. 2 Der Gerichtsvollzieher erfragt bei dem Vollzugsbediensteten, bis zu welchem Tag gegen den Schuldner voraussichtlich noch Untersuchungshaft oder Strafhaft vollstreckt wird. 3 Liegt dieser Tag vor dem Tag, von dem an die Vollziehung des Haftbefehls unstatthaft ist, weil seit seinem Erlass zwei Jahre vergangen sind (§ 802h Absatz 1 ZPO[1]), verfährt der Gerichtsvollzieher entsprechend Absatz 1 und 2. 4 Andernfalls gibt der Gerichtsvollzieher den Auftrag unerledigt an den Gläubiger zurück. 5 Es bleibt dem Gläubiger überlassen, sich nötigenfalls mit dem Gericht, der Staatsanwaltschaft oder dem Anstaltsleiter in Verbindung zu setzen, um die Beendigung der Untersuchungshaft oder Strafhaft zu erfahren. 6 Sodann kann er den Gerichtsvollzieher erneut mit der Verhaftung beauftragen.

(4) Absatz 1 bis 3 findet bei der Vollziehung des persönlichen Sicherheitsarrests entsprechende Anwendung (§ 145 Absatz 6).

§ 147 Verhaftung im Insolvenzverfahren (§§ 21, 98 InsO[2]). 1 Für die Verhaftung des Schuldners nach § 21 InsO und nach § 98 InsO gelten die Vorschriften der Zivilprozessordnung[1] über die Zwangsvollstreckung durch Haft entsprechend (§ 98 Absatz 3 InsO). 2 Die Verhaftung erfolgt jedoch auf Anordnung des Gerichts.

§ 148 Vollziehung eines Haftbefehls gegen einen Zeugen (§ 390 ZPO[1]).

(1) 1 Ist gegen einen Zeugen zur Erzwingung des Zeugnisses die Haft angeordnet (§ 390 Absatz 2 ZPO), so finden die Vorschriften über die Erzwingungshaft im Zwangsvollstreckungsverfahren (§§ 144, 145) entsprechende Anwendung. 2 Den Auftrag zur Verhaftung des Zeugen erteilt die Partei, die den Antrag auf Erlass des Haftbefehls gestellt hat. 3 Der Gerichtsvollzieher wird zur Verhaftung durch den Besitz des gerichtlichen Haftbefehls ermächtigt.

---

[1] **Habersack, Deutsche Gesetze Nr. 100.**
[2] **Habersack, Deutsche Gesetze Nr. 110.**

(2) [1]Ist gegen den Zeugen oder Beteiligten wegen unentschuldigten Ausbleibens oder unberechtigter Verweigerung des Zeugnisses für den Fall, dass das gegen ihn festgesetzte Ordnungsgeld nicht beigetrieben werden kann, Ordnungshaft festgesetzt (§ 380 Absatz 1, § 390 Absatz 1 ZPO), so wird die Entscheidung von Amts wegen nach den Vorschriften vollstreckt, die für Strafsachen gelten. [2]Das vollstreckende Gericht kann mit der Verhaftung auch einen Gerichtsvollzieher beauftragen.

(3) Dasselbe gilt für die Vollstreckung einer Ordnungshaft, die nach § 178 GVG[1)] festgesetzt wird.

§ 149 Vorführung von Zeugen, Parteien und Beteiligten (§ 372a Absatz 2, § 380 Absatz 2 ZPO[2)], § 33 Absatz 3, § 96a Absatz 2, § 128 Absatz 4, § 178 Absatz 2 FamFG[3)]; § 98 InsO[4)]). [1]Das Gericht kann den Gerichtsvollzieher mit der zwangsweisen Vorführung einer Person, insbesondere eines Zeugen oder einer Partei, beauftragen. [2]Der Gerichtsvollzieher führt den Auftrag nach den Anordnungen des Gerichts aus. [3]Der Auftrag ist schriftlich zu erteilen; das Schriftstück ist dem Betroffenen vor der Ausführung des Auftrages vorzuzeigen. [4]Im Übrigen findet § 145 entsprechende Anwendung. [5]Die in § 145 Absatz 4 Satz 1 vorgesehene unverzügliche Benachrichtigung erfolgt durch den Gerichtsvollzieher fernmündlich gegenüber der zuständigen Geschäftsstelle des Gerichts, wenn nur auf diese Weise gewährleistet ist, dass der Termin noch rechtzeitig aufgehoben werden kann.

§ 150 Verhaftung ausländischer Staatsangehöriger. [1]Bei der Verhaftung ausländischer Staatsangehöriger gelten Artikel 36 Absatz 1 Buchstabe b des Wiener Übereinkommens über konsularische Beziehungen vom 24. April 1963 (BGBl. 1969 II S. 1585, 1587) und die dazu ergangenen besonderen landesspezifischen Regelungen. [2]Die Belehrungs- und Benachrichtigungspflicht obliegt dem Gerichtsvollzieher in den Fällen der §§ 145 bis 149.

§ 151[5)] Verfahren zur Eintragung in das Schuldnerverzeichnis (§ 882b bis 882h ZPO[2)]). [1]Die Übermittlung der Eintragungsanordnung an das zentrale Vollstreckungsgericht erfolgt nach Maßgabe der Schuldnerverzeichnisführungsverordnung[6)]. [2]Erhält der Gerichtsvollzieher von dem zentralen Vollstreckungsgericht nach § 3 Absatz 3 Satz 2 SchuFV die Mitteilung, dass seine elektronische Übermittlung die Anforderungen nicht erfüllt, veranlasst er unverzüglich nach § 3 Absatz 3 Satz 2 SchuFV eine erneute elektronische Übermittlung der Eintragungsanordnung, die dann den Anforderungen entspricht. [3]Die elektronische Kommunikation mit dem zentralen Vollstreckungsgericht richtet sich nach den landesrechtlichen Bestimmungen. [4]Bei der Erstellung und Übermittlung der Eintragungsanordnungen sind die in der „Definition bundeseinheitlicher Standards zur Erstellung und Übermittlung von Eintragungsanordnungen gemäß § 882c ZPO" niedergelegten bundeseinheitlichen Vorgaben in der jeweils gültigen Fassung einzuhalten.

[1)] **Habersack, Deutsche Gesetze Nr. 95.**
[2)] **Habersack, Deutsche Gesetze Nr. 100.**
[3)] **Habersack, Deutsche Gesetze Nr. 112.**
[4)] **Habersack, Deutsche Gesetze Nr. 110.**
[5)] § 151 Satz 2 geänd., Satz 4 angef. mWv 1.1.2019 durch Bek. v. 23.11.2018 (JMBl. S. 122).
[6)] **Habersack, Deutsche Gesetze Nr. 102.**

F. Vollziehung von Arresten und einstweiligen Verfügungen

I. Allgemeines

§ 152[1] (§§ 916 bis 945 ZPO[2]). (1) [1]Arrestbefehle und einstweilige Verfügungen sind Schuldtitel, die nicht eine Befriedigung des Gläubigers, sondern nur eine Sicherung seines Anspruchs oder die einstweilige Regelung eines rechtlichen Zustandes bezwecken. [2]Der dingliche Arrest wird durch Beschlagnahme des gesamten Vermögens des Schuldners oder eines in dem Befehl näher bezeichneten Teiles hiervon, der persönliche Sicherheitsarrest je nach dem Inhalt des Befehls durch Verhaftung des Schuldners oder eine sonstige Beschränkung seiner persönlichen Freiheit vollzogen. [3]Bei der einstweiligen Verfügung trifft das Gericht in dem Befehl die zur Erreichung des Zwecks erforderlichen Anordnungen, die zum Beispiel darin bestehen können, dass dem Schuldner eine Handlung geboten oder verboten, unter Umständen auch eine Leistung an den Gläubiger oder die Herausgabe einer beweglichen Sache oder eines Grundstücks aufgegeben wird.

(2) [1]Arrestbefehle und einstweilige Verfügungen ergehen in Form eines Urteils oder eines Beschlusses. [2]Sie werden dem Gläubiger von dem Gericht durch Verkündung oder durch Zustellung von Amts wegen bekannt gemacht, dem Schuldner dagegen auf Betreiben und im Auftrag des Gläubigers durch einen Gerichtsvollzieher zugestellt, sofern der Arrest oder die einstweilige Verfügung durch Beschluss angeordnet worden ist (vergleiche § 922 Absatz 2 ZPO). [3]Ist über das Gesuch durch Urteil entschieden worden, kann eine Zustellung an den Schuldner von Amts wegen nach § 317 Absatz 1 Satz 1 ZPO oder zum Zwecke der Einleitung der Vollziehung im Parteibetrieb nach § 750 Absatz 1 Satz 2 Halbsatz 1, § 795 ZPO erfolgen. [4]In Familienstreitsachen kann das Gericht gemäß § 119 Absatz 2 Satz 1 FamFG[3] den Arrest anordnen. [5]Satz 2 und 3 finden entsprechende Anwendung.

(3) [1]Die Vollziehung des Arrestes ist innerhalb einer Ausschlussfrist von einem Monat zulässig. [2]Die Frist beginnt mit der Verkündung des Arrestbefehls oder dessen Zustellung an den Gläubiger (§ 929 Absatz 2 Satz 1 ZPO). [3]Kann ein ausländischer Sicherungstitel im Inland ohne vorherige Vollstreckbarerklärung vollzogen werden, beträgt die Frist nach Satz 1 zwei Monate (§ 929 Absatz 2 Satz 2 ZPO). [4]Dasselbe gilt für die Vollziehung einer einstweiligen Verfügung, soweit sich nicht aus den darin getroffenen Anordnungen etwas anderes ergibt (§ 936 ZPO). [5]Der Gerichtsvollzieher prüft selbstständig, ob die Ausschlussfrist abgelaufen ist. [6]Er beachtet dabei, dass der Arrestbefehl dem Gläubiger auch dann zugestellt ist, wenn er ihm an der Amtsstelle ausgehändigt worden ist (§ 174 ZPO). [7]Die Frist ist schon dadurch gewahrt, dass der Antrag des Gläubigers auf Vornahme der Vollstreckungshandlung vor ihrem Ablauf bei dem Gerichtsvollzieher eingeht. [8]Soweit die Vollziehung nicht mehr statthaft ist, lehnt er den Auftrag ab.

(4) Eine Vollstreckungsklausel ist auf Arrestbefehlen und einstweiligen Verfügungen nur dann erforderlich, wenn die Vollziehung für einen anderen als den im Befehl bezeichneten Gläubiger oder gegen einen anderen als den im Befehl bezeichneten Schuldner erfolgen soll (§ 929 Absatz 1 ZPO).

---

[1] § 152 Abs. 3 neu gef., Abs. 5 Satz 2 geänd. mWv 1.1.2023 durch Bek. v. 7.12.2022 (BayMBl. Nr. 754).

[2] **Habersack, Deutsche Gesetze Nr. 100.**

[3] **Habersack, Deutsche Gesetze Nr. 112.**

(5) [1] Abweichend von der Regel der §§ 44 und 45 ist die Vollziehung eines Arrestes oder einer einstweiligen Verfügung auch zulässig, bevor die Entscheidung oder – falls eine Vollstreckungsklausel erteilt ist – bevor die Klausel und die in ihr erwähnten, die Rechtsnachfolge beweisenden Urkunden dem Schuldner zugestellt sind. [2] Die Wirksamkeit der Vollziehung ist dadurch bedingt, dass die Zustellung innerhalb einer Woche nach der Vollziehung und zugleich vor Ablauf der Ausschlussfrist nachgeholt wird (§ 929 Absatz 3 ZPO; vergleiche auch § 167 ZPO). [3] Der mit der Vollziehung beauftragte Gerichtsvollzieher hat auch ohne ausdrückliche Anweisung des Gläubigers für die rechtzeitige Zustellung der Entscheidung zu sorgen.

II. Verfahren bei der Vollziehung

§ 153[1)] Dinglicher Arrest. (1) Bei der Vollziehung des dinglichen Arrestes wirkt der Gerichtsvollzieher in gleicher Weise mit wie bei der sonstigen Zwangsvollstreckung.

(2) [1] In bewegliche körperliche Sachen wird der Arrest durch Pfändung nach den Vorschriften vollzogen, die für die Zwangsvollstreckung gelten (§§ 928, 929 ZPO[2)]). [2] Zu den beweglichen Sachen rechnen in diesem Fall auch die in das Schiffsregister eingetragenen Schiffe, Schiffsbauwerke und im Bau befindlichen oder fertiggestellten Schwimmdocks (§ 931 Absatz 1 ZPO in Verbindung mit § 3 SchRG); dies gilt nicht nur für deutsche, sondern auch für alle ausländischen Schiffe. [3] Wegen der Benachrichtigung der konsularischen Vertretung bei der Pfändung von ausländischen Schiffen vergleiche § 84 Absatz 4.

(3) [1] Die Pfandstücke dürfen auf Grund des Arrestbefehls nicht veräußert werden. [2] Das Vollstreckungsgericht kann jedoch die Versteigerung und die Hinterlegung des Erlöses anordnen, wenn eine im Arrestwege gepfändete Sache der Gefahr einer beträchtlichen Wertverringerung ausgesetzt ist oder wenn ihre Aufbewahrung unverhältnismäßig hohe Kosten verursachen würde (§ 930 ZPO); erscheint die Stellung eines Antrags auf Versteigerung erforderlich, so soll der Gerichtsvollzieher die Beteiligten darauf aufmerksam machen. [3] Die Pfändung auf Grund eines Arrestbefehls steht der Veräußerung der Pfandstücke für einen anderen Gläubiger nicht entgegen. [4] Der Teil des Erlöses, der auf die durch das Arrestpfandrecht gesicherte Forderung entfällt, ist zu hinterlegen.

(4) [1] Bei der Vollziehung des Arrestes in ein Schiff, Schiffsbauwerk oder Schwimmdock sorgt der Gerichtsvollzieher durch geeignete Maßnahmen für die Bewachung und Verwahrung des Schiffes, Schiffsbauwerks oder Schwimmdocks. [2] Die Vollziehung des Arrestes in das Schiff ist nicht zulässig, wenn sich das Schiff auf der Reise befindet und nicht in einem Hafen liegt (§ 930 Absatz 4 ZPO). [3] Ist zur Zeit der Arrestvollziehung die Zwangsversteigerung des Schiffes, Schiffsbauwerks oder Schwimmdocks eingeleitet, so reicht der Gerichtsvollzieher eine Abschrift des Pfändungsprotokolls beim Vollstreckungsgericht ein (§ 931 Absatz 5 ZPO).

(5) [1] In inländische Luftfahrzeuge, die in der Luftfahrzeugrolle oder im Register für Pfandrechte an Luftfahrzeugen eingetragen sind, wird der Arrest dadurch vollzogen, dass der Gerichtsvollzieher das Luftfahrzeug in Bewachung und Verwahrung nimmt und ein Registerpfandrecht für die Forderung eingetragen wird (§ 99 Absatz 2 LuftFzgG). [2] In ausländische Luftfahrzeuge wird der Arrest dadurch vollzogen, dass der Gerichtsvollzieher das Luftfahrzeug in Bewachung und Verwah-

---

1) § 153 Abs. 2 Satz 2, Abs. 4 Satz 2 geänd. mWv 1.1.2023 durch Bek. v. 7.12.2022 (BayMBl. Nr. 754).
2) **Habersack, Deutsche Gesetze Nr. 100.**

rung nimmt und es nach den Vorschriften über die Zwangsvollstreckung pfändet (§ 106 Absatz 3 LuftFzgG). [3] Die Bewachung und Verwahrung sowie die Pfändung des Luftfahrzeugs unterbleiben, soweit nach den Vorschriften des Gesetzes über die Unzulässigkeit der Sicherungsbeschlagnahme von Luftfahrzeugen eine Pfändung unzulässig ist.

(6) [1] Soll ein Arrestbefehl vor oder bei der Zustellung vollzogen werden (§ 929 Absatz 3, § 750 Absatz 1 ZPO) und übergibt der Schuldner dem Gerichtsvollzieher die im Arrestbefehl bestimmte Lösungssumme (§ 923 ZPO), so darf der Gerichtsvollzieher die Summe in Empfang nehmen und von der Vollstreckung absehen, vorausgesetzt, der Schuldner entrichtet auch die erwachsenen Gerichtsvollzieherkosten. [2] Der Gerichtsvollzieher handelt in diesem Fall in amtlicher Eigenschaft und hat die ihm übergebene Lösungssumme unverzüglich zu hinterlegen.

(7) [1] Erwirkt der Gläubiger demnächst wegen der Arrestforderung einen vollstreckbaren Titel und liegen im Übrigen die Voraussetzungen der Zwangsvollstreckung vor, so bedarf es zur Durchführung der Vollstreckung keiner nochmaligen Pfändung, es sei denn, die Arrestpfändung ist unwirksam oder aufgehoben (§ 934 ZPO). [2] Das Arrestpfandrecht geht ohne Weiteres in ein Vollstreckungspfandrecht über; der Gläubiger kann daher die Auszahlung des hinterlegten Geldes verlangen. [3] Dem Schuldner steht das Recht nicht mehr zu, die Versteigerung oder sonstige Durchführung des Verfahrens durch Hinterlegung gemäß § 923 ZPO abzuwenden.

(8) [1] Bei der Vollziehung des dinglichen Arrestes in eine Forderung, die dem Schuldner gegen eine dritte Person (den Drittschuldner) zusteht, oder in andere zum beweglichen Vermögen gehörende Vermögensrechte des Schuldners erfolgt die Pfändung durch das Arrestgericht. [2] Die Mitwirkung des Gerichtsvollziehers regelt sich nach §§ 121 bis 126. [3] Der mit der Zustellung des Pfändungsbeschlusses beauftragte Gerichtsvollzieher achtet darauf, dass die Zustellung dieses Beschlusses an den Drittschuldner innerhalb der Ausschlussfrist von einem Monat (§ 152 Absatz 3) geschieht. [4] Er stellt dem Schuldner innerhalb derselben Frist und zugleich vor Ablauf einer Woche nach der Zustellung an den Drittschuldner den Arrestbefehl zu, sofern dessen Zustellung nicht schon vorher erfolgt war. [5] Für die Zustellung des Pfändungsbeschlusses an den Schuldner gilt § 121 Absatz 3.

§ 154 Einstweilige Verfügung, Sequestration, Verwahrung. (1) [1] Nach § 938 ZPO[1)] kann die einstweilige Verfügung auch in einer Sequestration bestehen, das heißt in der Verwahrung und Verwaltung durch eine Vertrauensperson. [2] Der Gerichtsvollzieher wird bei der Vollziehung einer solchen Verfügung nur insoweit tätig, als es sich darum handelt, dem Sequester durch eine Zwangsmaßnahme die Durchführung der Sequestration zu ermöglichen, zum Beispiel durch die Wegnahme einer beweglichen Sache oder die Räumung eines Grundstücks und die Übergabe an den Sequester. [3] Der Gerichtsvollzieher ist nicht verpflichtet, das Amt eines Sequesters zu übernehmen.

(2) [1] Erfordert die in einer einstweiligen Verfügung angeordnete Sicherstellung einer Sache nur eine Verwahrung (ohne Verwaltung), so liegt keine Sequestration vor. [2] Der Gerichtsvollzieher muss die Verwahrung mit übernehmen, da sie noch *eine Vollstreckungshandlung darstellt*. [3] Die Kosten einer solchen Verwahrung sind Vollstreckungskosten. [4] Die Sicherstellung einer beweglichen Sache bedeutet in

[1)] **Habersack, Deutsche Gesetze Nr. 100.**

der Regel keine Sequestration, da sie keine selbständige Verwaltung notwendig macht.

(3) Ist in der einstweiligen Verfügung die Sequestration angeordnet, so kann der Gerichtsvollzieher im Zweifel davon ausgehen, dass es sich um die Anordnung einer Verwaltung handelt; er kann in diesen Fällen nach Absatz 1 verfahren.

G. Hinterlegung

§ 155 (§§ 711, 712, 720, 720a, 827, 854, 930ZPO[1]; § 100 LuftFzgG).

[1] Der Gerichtsvollzieher darf gepfändetes Geld oder den durch Verwertung der Pfandstücke erzielten Erlös in den Fällen nicht auszahlen, in denen die Hinterlegung erfolgen muss. [2] Dies gilt insbesondere,

1. wenn dem Schuldner im Urteil nachgelassen ist, die Zwangsvollstreckung durch Sicherheitsleistung oder durch Hinterlegung abzuwenden (§ 711 Satz 1, § 712 Absatz 1 Satz 1, § 720 ZPO in Verbindung mit § 817 Absatz 4, §§ 819, 847 Absatz 2 ZPO);
2. wenn gegen den Schuldner nur die Sicherungsvollstreckung nach § 720a ZPO betrieben wird oder nach § 712 Absatz 1 Satz 2 ZPO im Urteil die Vollstreckung auf die in § 720a Absatz 1 und 2 ZPO bezeichneten Maßregeln beschränkt ist;
3. wenn ein gerichtliches Verteilungsverfahren erforderlich wird (§ 827 Absatz 2 und 3, § 854 Absatz 2 und 3, § 872 ZPO; vergleiche auch § 119 Absatz 5);

(Fortsetzung nächstes Blatt)

---

[1] **Habersack, Deutsche Gesetze Nr. 100.**

4. wenn dem Gerichtsvollzieher glaubhaft gemacht wird, dass an dem gepfändeten Geld ein die Veräußerung hinderndes oder zur vorzugsweisen Befriedigung berechtigendes Recht eines Dritten besteht (§§ 805, 815 Absatz 2 ZPO; vergleiche auch § 87 Absatz 3);
5. wenn auf Grund eines Arrestbefehls Geld vom Gerichtsvollzieher gepfändet oder als Lösungssumme gemäß § 923 ZPO an ihn geleistet wird oder wenn in einem anhängig gewordenen Verteilungsverfahren auf den Arrestgläubiger ein Betrag von dem Erlös der Pfandstücke entfallen ist (§ 930 Absatz 2 ZPO);
6. wenn das Gericht die Hinterlegung angeordnet hat (vergleiche § 805 Absatz 4, § 885 Absatz 4 ZPO);
7. wenn die Auszahlung aus Gründen, die in der Person des Empfangsberechtigten liegen, nicht bewirkt werden kann;
8. wenn im Verfahren zum Zweck der Zwangsversteigerung eines Grundstücks eine Forderung oder eine bewegliche Sache besonders versteigert oder in anderer Weise verwertet worden ist (§ 65 ZVG[1]);
9. wenn Ersatzteile eines Luftfahrzeugs verwertet sind, auf die sich ein Sicherungsrecht erstreckt (vergleiche § 115).

[3] Die Hinterlegung ist unverzüglich bei der zuständigen Hinterlegungsstelle nach Maßgabe der landesrechtlichen Regelungen zu bewirken.

Dritter Abschnitt. Vollstreckung gerichtlicher Anordnungen nach dem Gesetz über das Verfahren in Familiensachen und in den Angelegenheiten der freiwilligen Gerichtsbarkeit

§ 156[2] Kindesherausgabe (§§ 88 bis 94 FamFG[3]). (1) [1] Das Familiengericht (nicht der Herausgabeberechtigte) ersucht den Gerichtsvollzieher um die Vollstreckung. [2] Über die Erledigung des Ersuchens hat der Gerichtsvollzieher dem Gericht schriftlich zu berichten. [3] Der Gerichtsvollzieher ist befugt, die Vollstreckung in sinngemäßer Anwendung und im Rahmen des § 65 aufzuschieben. [4] Ein Ersuchen zur Herausgabe eines Kindes ist grundsätzlich vorrangig zu bearbeiten und beschleunigt durchzuführen (§ 88 Absatz 3 Satz 1 FamFG).

(2) [1] Unmittelbaren Zwang darf der Gerichtsvollzieher nur anwenden, wenn er hierzu von dem Gericht durch eine besondere Anordnung ermächtigt worden ist (§ 90 Absatz 1 FamFG). [2] Die gerichtliche Anordnung berechtigt den Gerichtsvollzieher, den Widerstand des Herausgabepflichtigen zu überwinden. [3] Die Wohnung des Herausgabepflichtigen darf ohne dessen Einwilligung nur aufgrund eines richterlichen Beschlusses durchsucht werden (§ 91 Absatz 1 FamFG). [4] Die gerichtlichen Entscheidungen sind der Person vorzuzeigen, die von der Amtshandlung betroffen ist; auf Verlangen ist ihr eine Abschrift zu erteilen.

(3) [1] Der Gerichtsvollzieher ist befugt, erforderlichenfalls die Unterstützung der polizeilichen Vollzugsorgane in Anspruch zu nehmen. [2] Soweit er die Hilfe

---

[1] **Schönfelder Nr. 108.**
[2] § 156 Abs. 1 Satz 4 angef. mWv 1.1.2019 durch Bek. v. 23.11.2018 (JMBl. S. 122).
[3] **Schönfelder Nr. 112.**

der polizeilichen Vollzugsorgane nicht in Anspruch nimmt, sollte der Gerichtsvollzieher zu seiner eigenen Absicherung Zeugen hinzuziehen (§ 759 ZPO[1]).

(4) Bevor der Termin zur Wegnahme bestimmt wird, weist der Gerichtsvollzieher den Herausgabeberechtigten darauf hin, dass die Vollstreckung nur durchgeführt werden kann, wenn der Berechtigte das Kind an Ort und Stelle übernimmt.

(5) Der Gerichtsvollzieher vergewissert sich vor Beginn der Vollstreckung durch Besprechung mit dem Herausgabeberechtigten und gegebenenfalls mit dem Jugendamt und dem Familiengericht, ob zur Vermeidung und notfalls Überwindung eines Kindeswiderstandes von vornherein ein Vertreter des Jugendamts zur Unterstützung des Herausgabeberechtigten zuzuziehen ist.

(6) [1] Der Gerichtsvollzieher darf Sachen, die für den persönlichen Gebrauch des Kindes bestimmt sind und im Zeitpunkt der Herausgabe nicht dringend vom Kind benötigt werden, gegen den Willen des Herausgabepflichtigen nur dann wegnehmen, wenn er durch einen entsprechenden Vollstreckungstitel dazu legitimiert ist (zum Beispiel einstweilige Anordnung nach § 49 FamFG). [2] Sachen, die das Kind sofort benötigt, wie zum Beispiel angemessene Kleidung für eine Reise sowie Schulsachen, können gleichzeitig weggenommen werden.

(7) Die vorstehenden Bestimmungen gelten entsprechend für die Vollstreckung von Anordnungen

1. über den Umgang mit dem Kind;
2. über die Herausgabe von erwachsenen Personen.

Vierter Abschnitt. Wechsel- und Scheckprotest

A. Allgemeine Vorschriften

§ 157 Zuständigkeit. (1) Wechsel- und Scheckproteste werden durch einen Notar oder einen Gerichtsbeamten aufgenommen (Artikel 79 des Wechselgesetzes[2] (WG); Artikel 55 Absatz 3 des Scheckgesetzes[3] (ScheckG)).

(2) Zu den Gerichtsbeamten, die für die Aufnahme von Protesten zuständig sind, gehört auch der Gerichtsvollzieher.

(Fortsetzung nächstes Blatt)

[1] *Schönfelder* **Nr. 100.**
[2] Nr. **54**.
[3] Nr. **56**.

§ 158. Begriff und Bedeutung des Protestes. (1) 1 Hat ein Wechselbeteiligter eine wechselrechtliche Leistung unterlassen – zum Beispiel die Zahlung oder die Annahme –, so hängt die weitere Geltendmachung und Durchführung der wechselrechtlichen Ansprüche des Wechselgläubigers in der Regel davon ab, dass er

1. den Wechselbeteiligten durch einen der im § 157 bezeichneten Beamten unter Vorlegung des Wechsels, gegebenenfalls einer Ausfertigung oder Abschrift davon, zur Leistung auffordern lässt und,
2. falls die Leistung nicht erfolgt, durch den Beamten in urkundlicher Form feststellen lässt, dass die Aufforderung zu der wechselrechtlichen Leistung oder Handlung ohne Erfolg geblieben ist.

2 Den Vorgang der Vorlegung, der Aufforderung zur Leistung und der Beurkundung durch den Beamten bezeichnet man als Protesterhebung, die Urkunde als Protest oder Protesturkunde.

(2) 1 Wird ein Scheck nicht bezahlt, so muss dies ebenfalls durch einen Protest festgestellt werden (Artikel 40 Nummer 1 ScheckG). 2 Jedoch genügen an Stelle des Protestes auch die in Artikel 40 Nummer 2 und 3 ScheckG bezeichneten schriftlichen Erklärungen des Bezogenen oder der Abrechnungsstelle.

(3) 1 Der Protest liefert den urkundlichen, unter Umständen ausschließlichen Beweis für die Tatsachen, die zur Erhaltung und Geltendmachung der Rechte aus dem Wechsel oder Scheck erheblich sind, insbesondere für den Rückgriff des Inhabers gegen seine Vormänner. 2 Für die Protesterhebung sind kurze Fristen maßgebend; auch muss der Inhaber des Wechsels oder Schecks nach den Bestimmungen des Artikels 45 WG und des Artikels 42 ScheckG seinen unmittelbaren Vormann und den Aussteller innerhalb kurzer Frist davon benachrichtigen, dass die Annahme oder die Zahlung unterblieben ist. 3 Der Gerichtsvollzieher muss daher bei der Protesterhebung besondere Sorgfalt anwenden. 4 Jeder Verstoß gegen die Formvorschriften und jede Verzögerung bei der Aufnahme des Protestes oder der Rückgabe des protestierten Wechsels oder Schecks können zu Rechtsnachteilen für den Auftraggeber führen und das Land und den Gerichtsvollzieher zum Schadenersatz verpflichten.

§ 159. Auftrag zur Protesterhebung. (1) 1 Der Auftrag zur Protesterhebung wird dem Gerichtsvollzieher von dem Berechtigten oder dessen Vertreter unmittelbar erteilt. 2 Ob ihm die Protesterhebung auch durch das Amtsgericht übertragen werden kann, bei dem der Berechtigte die Erhebung des Protestes beantragt hat, richtet sich nach den landesrechtlichen Bestimmungen.

(2) 1 Der Auftrag zur Protesterhebung verpflichtet den Gerichtsvollzieher, alle im Einzelfall erforderlichen Handlungen vorzunehmen, insbesondere den *Wechselverpflichteten* zu der wechselmäßigen Leistung aufzufordern, wegen deren Nichterfüllung Protest erhoben werden soll, und diese Leistung anzunehmen. 2 Die Befugnis des Gerichtsvollziehers zur Annahme der Zahlung kann nicht ausgeschlossen werden (Artikel 84 WG, Artikel 55 Absatz 3 ScheckG). 3 Ein Auftrag, der allgemein auf Protesterhebung lautet, verpflichtet den Gerichtsvollzieher im Zweifel auch, den von dem Bezogenen nicht eingelösten Wechsel bei dem am Zahlungsort wohnenden Notadressaten oder Ehrenannehmer vorzulegen und, falls dieser nicht leistet, zu protestieren (Artikel 60 WG).

(3) Der Gerichtsvollzieher darf den Auftrag zur Protesterhebung auch dann nicht ablehnen, wenn er der Meinung ist, der Protest sei nicht notwendig oder die Protestfrist sei versäumt oder wenn er weiß, dass keine Zahlung erfolgen wird, weil der Schuldner zahlungsunfähig ist.

§ 160. Zeit der Protesterhebung (Artikel 72 Absatz 1, Artikel 86 WG, Artikel 55 ScheckG). (1) Die Protesterhebung darf nur an einem Werktag, jedoch nicht an einem Sonnabend, stattfinden.

(2) [1]Die Proteste sollen in der Zeit von 9 bis 18 Uhr erhoben werden (Proteststunden); die Protesturkunde braucht jedoch nicht innerhalb dieser Zeit errichtet zu werden. [2]Bei der Protesterhebung in den Geschäftsräumen des Protestgegners (vergleiche § 167) ist tunlichst auf die übliche Geschäftszeit Rücksicht zu nehmen. [3]Außerhalb der Proteststunden soll die Protesterhebung nur erfolgen, wenn der Protestgegner ausdrücklich einwilligt.

§ 161. Berechnung von Fristen (Artikel 72 Absatz 2, Artikel 73 WG, Artikel 55, 56 ScheckG). [1]Bei der Berechnung der gesetzlichen oder im Wechsel bestimmten Fristen wird der Tag, an dem sie zu laufen beginnen, nicht mitgezählt. [2]Fällt der letzte Tag einer Frist, innerhalb deren eine wechsel- oder scheckrechtliche Handlung vorgenommen werden muss, auf einen Sonntag, einen sonstigen gesetzlichen Feiertag oder einen Sonnabend, so wird die Frist bis zum nächsten Werktag verlängert. [3]Feiertage, die in den Lauf der Frist fallen, werden bei der Berechnung der Frist mitgezählt.

B. Wechselprotest

§ 162. Anzuwendende Vorschriften. (1)[1)] Der Gerichtsvollzieher führt die Aufnahme von Wechselprotesten nach den Artikeln 79 bis 87 WG und den folgenden §§ 163 bis 171 durch.

§ 163. Arten des Wechselprotestes. Das Wechselgesetz kennt folgende Arten des Protestes:

1. den Protest mangels Zahlung, wenn der Bezogene, der Annehmer, der am Zahlungsort wohnende Notadressat oder Ehrenannehmer sowie – beim eigenen Wechsel – der Aussteller den Wechsel nicht bezahlt hat (Artikel 44, 56, 60, 77 WG);
2. den Protest mangels Annahme,
   a) wenn der Bezogene oder der am Zahlungsort wohnende Notadressat die Annahme des Wechsels ganz oder teilweise verweigert hat oder wenn die Annahme wegen einer anderen Abweichung von den Bestimmungen des Wechsels als verweigert gilt (Artikel 44, 56, 26 Absatz 2 WG),
   b) wenn in den besonderen Fällen des Artikels 25 Absatz 2 WG (Nachsichtwechsel, Wechsel mit Annahmefrist) die Annahmeerklärung den Tag der Annahme oder Vorlegung nicht bezeichnet;
3. den Protest mangels Sichtbestätigung, wenn der Aussteller eines eigenen Nachsichtwechsels die Sichtbestätigung oder ihre Datierung verweigert hat (Artikel 78 Absatz 2 WG);

[1)] Zählung amtlich.

4. den Protest mangels Aushändigung
   a) einer zur Annahme versandten Ausfertigung, wenn der Verwahrer der Ausfertigung dem rechtmäßigen Inhaber einer anderen Ausfertigung die Aushändigung verweigert hat und die Annahme oder Zahlung auch nicht auf eine andere Ausfertigung zu erlangen war (Artikel 66 WG);
   b) der Urschrift, wenn der Verwahrer der Urschrift dem rechtmäßigen Inhaber der Abschrift die Aushändigung verweigert hat (Artikel 68, 77 WG).

§ 164. Protestfristen. (1) 1 Der Protest mangels Annahme muss innerhalb der Frist erhoben werden, die für die Vorlegung zur Annahme gilt. 2 Die Vorlegung kann nur bis zum Verfall erfolgen. 3 Die Frist zur Vorlegung kann im Wechsel näher bestimmt sein. 4 Nachsichtwechsel müssen spätestens binnen einem Jahr nach dem Tag der Ausstellung zur Annahme vorgelegt werden, falls nicht der Aussteller eine kürzere oder längere Frist bestimmt hat oder die Indossanten die Vorlegungsfrist abgekürzt haben (Artikel 44 Absatz 2, Artikel 21 bis 23 WG). 5 Der Bezogene kann verlangen, dass ihm der Wechsel am Tag nach der ersten Vorlegung nochmals vorgelegt wird (Artikel 24 Absatz 1 WG). 6 Ist in diesem Fall der Wechsel am letzten Tage der Frist zum ersten Mal vorgelegt worden, so kann der Protest noch am folgenden Tag erhoben werden (Artikel 44 Absatz 2 WG). 7 Wegen des Verfahrens des Gerichtsvollziehers vergleiche § 168 Absatz 4.

(2) 1 Der Protest mangels Zahlung muss bei einem Wechsel, der an einem bestimmten Tag oder bestimmte Zeit nach der Ausstellung oder nach Sicht zahlbar ist, an einem der beiden auf den Zahlungstag folgenden Werktage erhoben werden. 2 Der Auftrag, einen Wechsel mangels Zahlung zu protestieren, darf auch dann nicht abgelehnt werden, wenn der Protest erst an einem Tag erhoben werden kann, welcher – ohne den dem Zahlungstag folgenden Sonnabend mitzuzählen – der zweite Werktag nach dem Zahlungstag ist. 3 Bei einem Sichtwechsel muss der Protest mangels Zahlung in den Fristen erhoben werden, die für den Protest mangels Annahme vorgesehen sind (Absatz 1). 4 Der Inhaber eines Sichtwechsels ist daher nicht genötigt, stets nach der ersten Vorlegung Protest erheben zu lassen. 5 Er kann die Vorlegung innerhalb der hierfür bestimmten Frist beliebig wiederholen (Artikel 44 Absatz 3 WG). 6 Der Protest wegen unterbliebener Ehrenzahlung ist spätestens am Tag nach Ablauf der Frist für die Erhebung des Protestes mangels Zahlung, in der Regel also am dritten Werktag nach dem Zahlungstag, zu erheben (Artikel 60 WG). 7 Zahlungstag ist in der Regel der Verfalltag (vergleiche Artikel 33 bis 37 WG). 8 Verfällt jedoch der Wechsel an einem Sonntag, einem sonstigen gesetzlichen Feiertag oder einem Sonnabend, so kann die Zahlung erst am nächsten Werktag verlangt werden.

(3) 1 Der Protest mangels Sichtbestätigung muss in der Frist für die Vorlegung zur Sicht erhoben werden (Artikel 78 Absatz 2, Artikel 23, 44 Absatz 2 WG). 2 Dem Aussteller steht die Überlegungsfrist nach Artikel 24 Absatz 1 WG nicht zu.

(4) 1 Für die Erhebung des Protestes mangels Aushändigung gegen den Verwahrer einer zur Annahme versandten Ausfertigung (Ausfolgungsprotest nach Artikel 66 Absatz 2 Nummer 1 WG) gilt dieselbe Frist wie für den Hauptprotest mangels Annahme oder Zahlung (Artikel 66 Absatz 2 Nummer 2 WG).

2 Die Frist für den Protest mangels Aushändigung der Urschrift (Ausfolgungsprotest nach Artikel 68 Absatz 2 WG) richtet sich nach den Fristen für den Protest mangels Zahlung.

(5) 1 Die in den Absätzen 1 bis 4 bezeichneten Fristen sind gesetzliche Ausschlussfristen. 2 Steht jedoch der rechtzeitigen Vorlegung des Wechsels oder der rechtzeitigen Protesterhebung ein unüberwindliches Hindernis entgegen, so werden die für diese Handlungen bestimmten Fristen verlängert. 3 Der Gerichtsvollzieher gibt in diesem Fall dem Auftraggeber den Wechsel unverzüglich zurück und teilt ihm die Gründe mit, die der rechtzeitigen Erledigung des Auftrags entgegenstehen. 4 Ein unüberwindliches Hindernis kann durch die gesetzliche Vorschrift eines Staates (zum Beispiel ein Moratorium) oder durch einen anderen Fall höherer Gewalt (zum Beispiel Kriegsereignisse, Überschwemmungen, Erdbeben) gegeben sein (vergleiche Artikel 54 Absatz 1 WG). 5 Jedoch gelten solche Tatsachen nicht als Fälle höherer Gewalt, die rein persönlich den mit der Vorlegung oder Protesterhebung beauftragten Gerichtsvollzieher betreffen (Artikel 54 Absatz 6 WG). 6 Der Gerichtsvollzieher sorgt daher bei persönlicher Verhinderung für die beschleunigte Weitergabe des Auftrags an seinen Vertreter; gegebenenfalls unterrichtet er unter Vorlegung des Auftrags den aufsichtführenden Richter.

§ 165. Protestgegner (Protestat). (1) 1 Der Protest mangels Zahlung muss in jedem Fall

1. beim gezogenen Wechsel gegen den Bezogenen (nicht etwa gegen den Annehmer),
2. beim eigenen Wechsel gegen den Aussteller erhoben werden.

2 Dies gilt insbesondere auch dann, wenn der Wechsel bei einem Dritten am Wohnort des Bezogenen (beim eigenen Wechsel am Wohnort des Ausstellers) oder an einem anderen Ort zahlbar gestellt ist (Artikel 4, 27, 77 Absatz 2 WG). 3 Die Angabe eines Dritten im Wechsel selbst oder in der Annahmeerklärung, bei dem Zahlung geleistet werden soll, oder die Angabe eines vom Wohnort des Bezogenen (beim eigenen Wechsel vom Wohnort des Ausstellers) verschiedenen Zahlungsorts oder einer am Zahlungsort befindlichen Stelle, wo Zahlung geleistet werden soll, ist somit nur entscheidend für den Ort, an dem der Protest zu erheben ist, nicht aber für die Person des Protestgegners. 4 Befindet sich auf dem Wechsel eine Notadresse oder Ehrenannahme von Personen, die ihren Wohnsitz am Zahlungsort haben, so ist gegebenenfalls auch gegen diese Person Protest wegen unterbliebener Ehrenzahlung zu erheben (Artikel 60, 77 Absatz 1 WG). 5 Ist Protest mangels Annahme erhoben worden, so bedarf es weder der Vorlegung zur Zahlung noch des Protestes mangels Zahlung (Artikel 44 Absatz 4 WG).

(2) 1 Der Protest mangels Annahme muss gegen den Bezogenen erhoben werden (Artikel 21 WG). 2 Befindet sich auf dem Wechsel eine auf den Zahlungsort lautende Notadresse, so erfolgt gegebenenfalls die Protesterhebung auch gegen den Notadressaten (Artikel 56 Absatz 2 WG).

(3) Der Protest mangels Sichtbestätigung muss gegen den Aussteller erhoben werden.

(4) Der Protest mangels Aushändigung einer zur Annahme versandten Ausfertigung (Artikel 66 Absatz 2 Nummer 1 WG) oder mangels Aushändigung

der Urschrift des Wechsels (Artikel 68 Absatz 2 WG) muss gegen den Verwahrer der Ausfertigung oder der Urschrift erhoben werden.

(5) 1 Ist über das Vermögen des Protestgegners (Absatz 1 bis 4) das Insolvenzverfahren eröffnet worden, so ist der Protest gleichwohl gegen ihn selbst und nicht etwa gegen den Insolvenzverwalter zu erheben. 2 Der Gerichtsvollzieher muss in diesem Fall einen ihm aufgetragenen Protest auch dann erheben, wenn ausnahmsweise die Protesterhebung zur Ausübung des Rückgriffsrechts nicht erforderlich ist (vergleiche Artikel 44 Absatz 6 WG).

(6) Ist der Protestgegner gestorben, so ist in seinen letzten Geschäftsräumen oder in seiner letzten Wohnung ein Protest des Inhalts aufzunehmen, dass der Protestgegner nach Angabe einer mit Namen, Stand und Wohnort zu bezeichnenden Auskunftsperson verstorben sei (vergleiche auch § 171 Absatz 3).

§ 166. Protestort. (1) 1 Der Protest muss – mit Ausnahme der in Absatz 2 Satz 2 und 3 bezeichneten Fälle – an dem Protestort erhoben werden. 2 Protestort ist

1. beim Protest mangels Zahlung der Zahlungsort,
2. beim Protest mangels Annahme der Wohnort des Bezogenen, beim eigenen Wechsel der Wohnort des Ausstellers,
3. beim Protest mangels Sichtbestätigung der Wohnort des Ausstellers,
4. beim Protest mangels Aushändigung der Wohnort des Verwahrers der Ausfertigung oder der Urschrift.

(2) 1 Dabei gilt beim Fehlen einer besonderen Angabe der bei dem Namen (Firma) des Bezogenen angegebene Ort als Zahlungsort und zugleich als Wohnort des Bezogenen, beim eigenen Wechsel der Ausstellungsort als Zahlungsort und zugleich als Wohnort des Ausstellers (Artikel 2 Absatz 3, Artikel 76 Absatz 3 WG). 2 Der Ort, der gesetzlich als Zahlungsort oder Wohnort gilt, bleibt für die Protesterhebung auch dann maßgebend, wenn der Beteiligte während des Wechselumlaufs nach einem anderen Ort verzieht. 3 Der Protest mangels Zahlung muss daher zum Beispiel auch dann an dem Wohnort erhoben werden, den der Bezogene nach dem Inhalt des Wechsels zur Zeit der Wechselausstellung hatte, wenn der Gerichtsvollzieher weiß, dass der Bezogene inzwischen seinen Wohnort gewechselt hat.

§ 167. Proteststelle. (1) 1 Innerhalb des Protestorts muss der Protest an der gesetzlich vorgeschriebenen Proteststelle erhoben werden. 2 An einer anderen Stelle, zum Beispiel an der Börse, kann dies nur mit beiderseitigem Einverständnis geschehen (Artikel 87 Absatz 1 WG).

(2) 1 Proteststelle sind die Geschäftsräume des Protestgegners, im Fall der Bezeichnung eines Dritten, bei dem die Zahlung erfolgen soll, die Geschäftsräume dieses Dritten. 2 Geschäftsräume sind zum Beispiel Büros, Kontore und Verkaufsräume, dagegen nicht bloße Lagerräume. 3 Lassen sich die Geschäftsräume des Protestgegners (des Dritten) nicht ermitteln, so muss der Protest in dessen Wohnung erhoben werden. 4 Ist im Wechsel eine bestimmte Stelle als Zahlstelle bezeichnet, so ist diese Proteststelle. 5 Für den Fall, dass der Bezogene seine Zahlungen eingestellt hat oder gegen ihn fruchtlos vollstreckt worden ist, ferner auf ausdrücklichen Antrag des Inhabers des Wechsels auch bei eröffnetem Insolvenzverfahren gegen den Bezogenen, kann der Inhaber auch schon vor Verfall des Wechsels Protest erheben lassen (vergleiche Artikel 43

Absatz 2 Nummer 2 WG). 6 Der Wechsel ist in diesen Fällen trotz Angabe einer Zahlstelle stets beim Bezogenen vorzulegen und zu protestieren.

(3) 1 Ist im Wechsel eine Zahlstelle angegeben oder sind darin Geschäftsräume vermerkt oder ergibt sich aus seinem Inhalt, dass der Protestgegner zu den Personen gehört, die in der Regel Geschäftsräume haben, so stellt der Gerichtsvollzieher nach den Geschäftsräumen oder der Zahlstelle geeignete Ermittlungen an. 2 Findet der Gerichtsvollzieher den Protestgegner in den Geschäftsräumen nicht vor oder kann er die Geschäftsräume nicht betreten, etwa weil sie vorübergehend geschlossen sind oder weil ihm der Zutritt verweigert wird, so braucht er sich nicht in die Wohnung des Protestgegners zu begeben. 3 Er erhebt dann Protest nach § 168 Absatz 6. 4 Ermittelt der Gerichtsvollzieher die Geschäftsräume nicht, so begibt er sich in die Wohnung des Protestgegners und erhebt dort Protest (Artikel 87 Absatz 1 WG). 5 Nötigenfalls stellt er geeignete Ermittlungen nach der Wohnung an; ist eine Nachfrage bei der Polizeibehörde des Ortes ohne Erfolg geblieben, so ist der Gerichtsvollzieher zu weiteren Nachforschungen nicht verpflichtet (Artikel 87 Absatz 3 WG).

§ 168. Verfahren bei der Protesterhebung. (1) 1 An der Proteststelle erkundigt sich der Gerichtsvollzieher nach dem Protestgegner und, falls die Zahlung bei einem Dritten erfolgen soll, nach diesem. 2 Trifft er den Protestgegner oder den Dritten an, so legt er ihm den Wechsel je nach dem Inhalt seines Auftrags zur Zahlung, Annahme, Datierung und so weiter vor und nimmt seine Erklärungen entgegen.

(2) 1 Trifft der Gerichtsvollzieher nicht den Protestgegner, aber dessen Vertreter an, so erfragt er Namen und Beruf des Vertreters und richtet an ihn unter Vorlegung des Wechsels die erforderlichen Aufforderungen. 2 Vertreter im Sinne dieser Bestimmung ist nur der gesetzliche Vertreter oder der Bevollmächtigte; Gewerbegehilfen, Lehrlinge, Hausdiener und so weiter sind ohne Vollmacht nicht ermächtigt, die Aufforderung des Gerichtsvollziehers entgegenzunehmen.

(3) 1 Bietet der Protestgegner oder ein anderer für ihn die Zahlung des Wechsels oder die andere wechselrechtliche Leistung tatsächlich an, so nimmt der Gerichtsvollzieher sie entgegen. 2 Ist die Wechselsumme in Buchstaben und in Ziffern angegeben, so gilt bei Abweichungen die in Buchstaben angegebene Summe. 3 Ist die Wechselsumme mehrmals in Buchstaben oder mehrmals in Ziffern angegeben, so gilt bei Abweichungen die geringste Summe (Artikel 6 WG). 4 Gegen Vollzahlung, das heißt gegen Zahlung der Wechselsumme und der etwa entstandenen Zinsen und Protestkosten, quittiert der Gerichtsvollzieher auf dem Wechsel, sofern dieser noch nicht vom Gläubiger quittiert ist; er händigt den Wechsel demjenigen aus, der ihn eingelöst hat. 5 Zahlt der Notadressat oder Ehrenannehmer die Wechselsumme, so ist in der Quittung und auf dem Wechsel auch anzugeben, für wen gezahlt worden ist (Artikel 62 WG). 6 Eine Teilzahlung darf der Gerichtsvollzieher nicht zurückweisen. 7 Er erhebt in diesem Fall wegen des Restes Protest. 8 Die Teilzahlung vermerkt er im Protest; der Bezogene kann verlangen, dass sie auch auf dem Wechsel vermerkt wird und dass ihm eine besondere Quittung erteilt wird (Artikel 39 WG). 9 Das gezahlte Geld führt der Gerichtsvollzieher nach Abzug der Gerichtsvollzieherkosten unverzüglich an den Berechtigten ab. 10 Bei teilweiser Annahme ist wegen des Restes Protest zu erheben, desgleichen auch,

wenn die Annahmeerklärung irgendeine andere Abweichung von den Bestimmungen des Wechsels enthält.

(4) [1] Verlangt der Bezogene bei der Vorlegung zur Annahme dass ihm der Wechsel nach der ersten Vorlegung nochmals vorgelegt wird, so ist diesem Verlangen zu entsprechen. [2] Der Gerichtsvollzieher nimmt über die Vorlegung und das Verlangen des Bezogenen einen urkundlichen Vermerk auf, legt den Wechsel dem Bezogenen am nächsten Tag nochmals vor und erhebt dann Protest, wenn die Annahme verweigert wird. [3] In dem Protest vermerkt er auch, dass der Bezogene die nochmalige Vorlegung des Wechsels verlangt hat. [4] Dasselbe gilt, wenn der Bezogene bei der Protesterhebung erneut die nochmalige Vorlegung verlangt. [5] Ohne Zustimmung des Wechselinhabers darf der Gerichtsvollzieher den zur Annahme vorgelegten Wechsel während der Überlegungsfrist nicht in der Hand des Bezogenen lassen (Artikel 23, 44 Absatz 2 WG).

(5) Wird der Auftrag ohne Protesterhebung erledigt, so muss der Gerichtsvollzieher dies urkundlich vermerken und den Vermerk zu den Protestsammelakten (§ 179) nehmen.

(6) Trifft der Gerichtsvollzieher weder den Protestgegner (Dritten) noch seinen Vertreter an der Proteststelle an oder findet er die Proteststelle vorübergehend verschlossen vor oder wird er an dem Zutritt zu der Proteststelle aus einem nicht in seiner Person liegenden Grund gehindert oder kann er die Proteststelle oder den Protestort nicht ermitteln, so erhebt er durch Feststellung dieser Tatsachen Protest.

(7) Eine Protesterhebung ist auch dann erforderlich, wenn derjenige, für den protestiert wird (Protestnehmer), und der Dritte, bei dem der Wechsel zahlbar gestellt ist (vergleiche § 165 Absatz 1), ein und dieselbe Person ist.

(8) [1] Über die Erledigung des Auftrags zur Protesterhebung macht der Gerichtsvollzieher dem Auftraggeber unverzüglich Mitteilung. [2] War ihm die Protesterhebung durch das Amtsgericht übertragen (§ 159 Absatz 1), so richtet er die Mitteilung an das Amtsgericht und fügt alle entstandenen Schriftstücke bei. [3] Wegen des Wechsels und der Protesturkunde vergleiche jedoch § 171 Absatz 8.

§ 169. Fremdwährungswechsel (Artikel 41 WG). (1) [1] Lautet der Wechsel auf eine fremde, am Zahlungsort nicht geltende Währung, so kann die Wechselsumme in der Landeswährung nach dem Wert bezahlt werden, den sie am Verfalltag besitzt. [2] Verzögert der Schuldner die Zahlung, so kann der Inhaber wählen, ob die Wechselsumme nach dem Kurs des Verfalltages oder nach dem Kurs des Zahlungstages in die Landeswährung umgerechnet werden soll. [3] Für den Gerichtsvollzieher ist insoweit die nähere Bestimmung durch den Auftraggeber maßgebend.

(2) [1] Der Wert der fremden Währung bestimmt sich nach den Handelsbräuchen des Zahlungsorts. [2] Der Aussteller kann jedoch im Wechsel für die zu zahlende Summe einen Umrechnungskurs bestimmen. [3] Hat der Gerichtsvollzieher hinsichtlich der Umrechnung Zweifel, so kann er den Auftraggeber um die Umrechnung ersuchen, falls dies im Hinblick auf die Protestfrist angängig ist.

(3) Die Vorschriften in Absatz 1 und 2 gelten nicht, wenn der Aussteller die Zahlung in einer bestimmten Währung vorgeschrieben hat (Effektivvermerk).

§ 170. Wechsel in fremder Sprache. [1]Erhält der Gerichtsvollzieher den Auftrag, einen Wechsel in fremder Sprache zu protestieren, so soll er von dem Auftraggeber die Aushändigung einer Übersetzung des Wechsels verlangen. [2]Ist dies wegen der Kürze der Protestfrist nicht möglich, so lässt er den Wechsel durch einen Gerichtsdolmetscher oder einen gerichtlich beeidigten Dolmetscher übersetzen. [3]Die Übersetzung kann er an Stelle des in § 179 Absatz 2 vorgeschriebenen Vermerks zu den Protestsammelakten nehmen.

§ 171. Protesturkunde (Artikel 80 bis 83, 85 Absatz 1 WG). (1) Über den Verlauf der Protesterhebung ist eine Urkunde (Protest) aufzunehmen.

(2) Der Protest muss enthalten:

1. den Namen (Firma) des Protestnehmers; Wechsel, die von den Kreditinstituten nach dem Wechseleinzugsabkommen eingezogen werden, sind an dem Inkassostempel mit dem Inhalt „Vollmacht gemäß Wechseleinzugsabkommen" zu erkennen. Protesturkunden über derartige Wertpapiere müssen stets die erste Inkassostelle als Protestnehmerin ausweisen und dürfen die letzte Inkassostelle allenfalls in der Funktion als Vertreterin der ersten Inkassostelle erwähnen;
2. den Namen (Firma) des Protestgegners, zum Beispiel des Bezogenen, Notadressaten, Ehrenannehmers, Ausstellers oder Verwahrers; ferner den Namen des Dritten, wenn die Zahlung bei einem Dritten bewirkt werden soll, und die Bezeichnung eines etwa angetroffenen Vertreters, falls der Protestgegner oder der Dritte nicht angetroffen worden ist;
3. die Angabe, dass der Protestgegner (der Dritte) oder sein Vertreter ohne Erfolg zur Vornahme der wechselrechtlichen Leistung aufgefordert worden oder nicht anzutreffen gewesen ist oder dass seine Geschäftsräume oder seine Wohnung sich nicht haben ermitteln lassen. Ist eine Nachfrage bei der Polizeibehörde des Ortes ohne Erfolg geblieben, so ist dies im Protest zu vermerken. Wegen des Inhalts der Protesturkunde in besonderen Fällen vergleiche § 168 Absatz 4 und 6;
4. den Ort und den Tag, an dem die Aufforderung geschehen oder ohne Erfolg versucht worden ist;
5. die Unterschrift des Gerichtsvollziehers unter Beifügung eines Abdrucks des Dienstsiegels oder Dienststempels.

(3) [1]Erfährt der Gerichtsvollzieher, dass der Protestgegner verstorben ist oder dass über sein Vermögen das Insolvenzverfahren eröffnet ist, so vermerkt er dies nachrichtlich im Protest. [2]Um klarzustellen, dass keine Gewähr für die Richtigkeit der mitgeteilten Tatsache übernommen wird, fasst er den Vermerk wie folgt:

NN. (Protestgegner) soll verstorben sein.

oder

Über das Vermögen des NN. soll das Insolvenzverfahren eröffnet worden sein.

(4) Wird der Protest mit Einverständnis des Protestgegners außerhalb der Proteststunden (§ 160 Absatz 2) oder außerhalb der Proteststelle (§ 167) erhoben, so ist in dem Protest auch zu beurkunden,

1. dass der Protestgegner einverstanden gewesen ist,

2. ob der Gerichtsvollzieher ihn gekannt hat oder wie er seine Persönlichkeit festgestellt hat.

(5) [1] Muss eine wechselrechtliche Leistung von mehreren Personen oder von derselben Person mehrfach verlangt werden, so ist über die mehrfache Aufforderung nur eine Protesturkunde erforderlich. [2] Dagegen können Proteste, die auf Grund mehrerer Wechsel erhoben werden, nicht in einer Urkunde aufgenommen werden.

(6) Für die äußere Form des Protestes gelten folgende Vorschriften:

1. Der Protest ist auf den Wechsel oder ein damit zu verbindendes Blatt zu setzen.
2. Der Protest soll unmittelbar hinter den letzten auf der Rückseite des Wechsels befindlichen Vermerk, beim Fehlen eines solchen unmittelbar an den Rand der Rückseite gesetzt werden.
3. Wird der Protest auf ein Blatt gesetzt, das mit dem Wechsel verbunden wird, so soll die Verbindungsstelle mit dem Abdruck des Dienstsiegels oder Dienststempels des Gerichtsvollziehers versehen werden. Ist dies geschehen, so braucht der Unterschrift des Gerichtsvollziehers kein Abdruck des Siegels oder Stempels beigefügt werden.
4. Wird der Protest unter Vorlegung mehrerer Ausfertigungen desselben Wechsels oder unter Vorlegung der Urschrift und einer Abschrift erhoben, so genügt die Beurkundung auf einer der Ausfertigungen oder auf der Urschrift. Auf den anderen Ausfertigungen oder auf der Abschrift ist zu vermerken, auf welche Ausfertigung der Protest gesetzt ist oder dass er sich auf der Urschrift befindet. Für diesen Vermerk gelten die Vorschriften in Nummer 2 und 3 Satz 1 entsprechend. Der Gerichtsvollzieher muss den Vermerk unterschreiben.
5. Der Protest wegen Verweigerung der Aushändigung der Urschrift ist auf die Abschrift oder ein damit zu verbindendes Blatt zu setzen. Die Vorschriften in Nummer 2 und 3 finden entsprechende Anwendung.
6. Wird Protest erhoben, weil die Annahme auf einen Teil der Wechselsumme beschränkt worden ist, so ist eine Abschrift des Wechsels anzufertigen und der Protest auf diese Abschrift oder ein damit zu verbindendes Blatt zu setzen. Die Abschrift hat auch die Indossamente und anderen Vermerke zu enthalten, die sich auf dem Wechsel befinden. Die Bestimmungen in Nummer 2 und 3 gelten entsprechend. Die Abschrift nebst Protest ist im Fall des Rückgriffs für den Rückgriffsschuldner bestimmt, der den nicht angenommenen Teil der Wechselsumme gezahlt hat (Artikel 51 WG).

(7) [1] Die Urkunde soll möglichst im unmittelbaren Anschluss an den zu beurkundenden Vorgang aufgenommen werden. [2] Sie ist noch vor Ablauf der gesetzlichen Protestfrist fertig zu stellen. [3] Schreibfehler, Auslassungen und sonstige Mängel der Protesturkunde kann der Gerichtsvollzieher bis zur Aushändigung der Urkunde an den Protestnehmer berichtigen. [4] Die Berichtigung ist als solche unter Beifügung der Unterschrift kenntlich zu machen.

(8) [1] Der Protest ist dem Auftraggeber mit dem Wechsel in Urschrift auszuhändigen oder durch eingeschriebenen Brief zu übersenden. [2] Hatte das Amtsgericht dem Gerichtsvollzieher die Protestaufnahme übertragen, so ist der Protest dem Berechtigten gleichfalls unmittelbar auszuhändigen, sofern sich nicht das Gericht die Vermittlung der Aushändigung vorbehalten hat.

(9) [1]Eine abhanden gekommene oder vernichtete Protesturkunde kann durch ein Zeugnis über die Protesterhebung ersetzt werden. [2]Das Zeugnis ist von der Stelle zu erteilen, welche die beglaubigte Abschrift der Urkunde verwahrt (§ 179), in der Regel also von dem Gerichtsvollzieher oder dem Amtsgericht. [3]In dem Zeugnis muss der Inhalt des Protestes und des gemäß § 179 Absatz 2 aufgenommenen Vermerks angegeben sein (Artikel 90 Absatz 2 WG).

C. Scheckprotest

§ 172. Anzuwendende Vorschriften. Die Aufnahme von Scheckprotesten führt der Gerichtsvollzieher nach den Vorschriften des Scheckgesetzes, den dort in Artikel 55 Absatz 3 bezeichneten Vorschriften des Wechselgesetzes und den folgenden §§ 173 bis 178 durch.

§ 173. Arten des Scheckprotestes (Artikel 40 ScheckG). [1]Das Scheckgesetz kennt lediglich den Protest mangels Zahlung. [2]Er dient zum Nachweis dafür, dass der Scheck rechtzeitig zur Zahlung vorgelegt und nicht eingelöst oder dass die Vorlegung vergeblich versucht worden ist. [3]Die Protesterhebung ist auch beim Verrechnungsscheck erforderlich.

§ 174. Fälligkeit (Artikel 28 ScheckG). [1]Der Scheck ist bei Sicht zahlbar. [2]Jede gegenteilige Angabe gilt als nicht geschrieben. [3]Ein Scheck, der vor Eintritt des auf ihm angegebenen Ausstellungstages zur Zahlung vorgelegt wird, ist am Tag der Vorlegung zahlbar.

§ 175. Protestfristen (Artikel 29, 41 ScheckG). (1) Der Protest muss vor Ablauf der Vorlegungsfrist erhoben werden.

(2) [1]Die Vorlegungsfristen sind in Artikel 29 ScheckG festgelegt. [2]Danach sind in Deutschland zahlbare Schecks vorzulegen

1. wenn sie in Deutschland ausgestellt sind, binnen acht Tagen,
2. wenn sie in einem anderen europäischen oder in einem an das Mittelmeer angrenzenden Land ausgestellt sind, binnen 20 Tagen,
3. wenn sie in einem anderen Erdteil ausgestellt sind, binnen 70 Tagen.

[3]Diese Fristen beginnen an dem Tag zu laufen, der im Scheck als Ausstellungstag angegeben ist.

(3) Ist die Vorlegung am letzten Tag der Frist erfolgt, so kann der Protest auch noch an dem folgenden Werktag erhoben werden.

§ 176. Protestgegner. [1]Protestgegner ist der Bezogene, und zwar auch dann, wenn der Scheck bei einem Dritten zahlbar gestellt ist. [2]Bezogener kann nur ein Bankier (Geldinstitut) im Sinne der Artikel 3, 54 ScheckG sein. [3]Der Scheck kann nicht angenommen werden (Artikel 4 ScheckG).

§ 177. Protestort. (1) [1]Protestort ist der Zahlungsort. [2]Fehlt eine besondere Angabe, so gilt der bei dem Namen des Bezogenen angegebene Ort als Zahlungsort. [3]Sind mehrere Orte bei dem Namen des Bezogenen angegeben, *so ist der Scheck an dem Ort* zahlbar, der an erster Stelle genannt ist. [4]Fehlt jede Angabe, so ist der Scheck an dem Ort zahlbar, an dem der Bezogene seine Hauptniederlassung hat (Artikel 2 Absatz 2 und 3 ScheckG).

(2) Der Scheck kann bei einem Dritten, am Wohnort des Bezogenen oder an einem anderen Ort zahlbar gestellt werden, sofern der Dritte Bankier ist (Artikel 8 ScheckG).

§ 178. Proteststelle, Verfahren bei der Protesterhebung und Protesturkunde. (1) Die Vorschriften des § 167 über die Proteststelle, des § 168 über das Verfahren bei der Protesterhebung und des § 171 über die Protesturkunde finden für den Scheckprotest sinngemäße Anwendung.

(2) Für die Protesterhebung beim Verrechnungsscheck gelten folgende besondere Bestimmungen:

1. Der Scheckinhaber hat dem Gerichtsvollzieher Weisung zu erteilen, wie die Verrechnung vorgenommen werden soll, zum Beispiel durch Gutschrift auf seinem bei dem Bezogenen bereits vorhandenen oder einzurichtenden Konto. Der Bezogene kann jedoch jede andere Art einer rechtlich zulässigen Verrechnung wählen.
2. Ist der Bezogene zur Verrechnung bereit, so darf der Gerichtsvollzieher den Scheck erst aushändigen, wenn er von dem Bezogenen eine Gutschriftsanzeige oder eine sonstige verbindliche Erklärung über die Verrechnung erhalten hat.
3. Bietet der Bezogene dem Gerichtsvollzieher bei der Vorlegung eines Verrechnungsschecks Barzahlung an, so ist der Gerichtsvollzieher trotz des Verrechnungsvermerks berechtigt und verpflichtet, die Zahlung anzunehmen. Ferner ist er verpflichtet, angebotene Teilzahlungen anzunehmen (Artikel 34 Absatz 2 ScheckG).

D. Protestsammelakten

§ 179. (Artikel 85 Absatz 2 WG, Artikel 55 Absatz 3 ScheckG). (1) Von jedem Wechsel- oder Scheckprotest ist eine beglaubigte Abschrift zurückzubehalten.

(2) [1]Über den Inhalt des Wechsels, der Wechselabschrift oder des Schecks ist ein Vermerk aufzunehmen, der enthalten muss:

1. den Betrag des Wechsels oder des Schecks;
2. die Verfallzeit;
3. den Ort und den Tag der Ausstellung;
4. den Namen des Ausstellers, den Namen dessen, an den oder an dessen Order gezahlt werden soll, und den Namen des Bezogenen;
5. falls eine vom Bezogenen (oder beim eigenen Wechsel vom Aussteller) verschiedene Person angegeben ist, bei der die Zahlung bewirkt werden soll, den Namen dieser Person;
6. die Namen der etwaigen Notadressaten und Ehrenannehmer.

[2]Wegen des Vermerks bei Wechseln in fremder Sprache vergleiche § 170.

(3) Der Vermerk über den Inhalt des Wechsels, der Wechselabschrift oder des Schecks sowie die Protestabschrift sind tunlichst auf dasselbe Blatt zu schreiben.

(4) [1]Die Protestabschriften und die Vermerke sind nach der zeitlichen Reihenfolge in Protestsammelakten einzuheften. [2]Die Protestabschriften erhalten

innerhalb eines jeden Bandes laufende Nummern. [3]Enthält ein Band 200 Nummern, so ist ein neuer Band anzulegen.

Fünfter Abschnitt. Öffentliche Versteigerung und freihändiger Verkauf außerhalb der Zwangsvollstreckung

A. Allgemeine Vorschriften

§ 180. [Allgemeine Vorschriften] (1) Außerhalb der Zwangsvollstreckung ist der Gerichtsvollzieher zuständig,

1. die öffentliche Versteigerung oder den freihändigen Verkauf in allen Fällen durchzuführen, in denen das Gesetz einen Berechtigten ermächtigt, bewegliche Sachen oder Wertpapiere zum Zweck seiner Befriedigung oder sonst für Rechnung eines anderen öffentlich versteigern oder durch eine zu öffentlichen Versteigerungen befugte Person aus freier Hand verkaufen zu lassen,
2. freiwillige Versteigerungen für Rechnung des Auftraggebers durchzuführen.

(2) [1]Die Versteigerung oder der freihändige Verkauf erfolgt auf Betreiben des Berechtigten. [2]Eines Schuldtitels oder einer gerichtlichen Ermächtigung bedarf es nicht.

(3) Dem Gerichtsvollzieher ist es nicht gestattet,

1. Sachen zu versteigern, die ihm, seinen Angehörigen oder seinen anlässlich der Versteigerung zugezogenen Gehilfen gehören,
2. selbst, durch einen anderen oder für einen anderen zu bieten oder zu kaufen,
3. seinen Angehörigen oder seinen Gehilfen das Bieten oder das Kaufen zu gestatten,
4. eine Gewähr für den Eingang der Kaufgelder (Kaufgeldergewähr) oder für eine bestimmte Höhe des Versteigerungserlöses (Ausbietungsgewähr) zu übernehmen,
5. eine Beteiligung an einem Überpreis oder eine besondere Vergütung für den Empfang des Erlöses und seiner Ablieferung zu vereinbaren,
6. die zu versteigernden Gegenstände anzupreisen.

(4) [1]In Gastwirtschaften sollen Versteigerungen nur stattfinden, wenn keine anderen geeigneten Räume vorhanden sind und wenn während der Versteigerung keine alkoholischen Getränke ausgeschenkt werden. [2]Betrunkene sind zum Bieten nicht zuzulassen und aus den Versteigerungsräumen zu entfernen.

(5) [1]Der Gerichtsvollzieher muss die Versteigerung unterbrechen oder abbrechen, wenn er weiß oder nach den Umständen annehmen muss, dass

1. Personen Verabredungen getroffen haben, nach denen andere vom Mitbieten oder Weiterbieten abgehalten werden sollen,
2. Sachen durch vorgeschobene Personen ersteigert werden sollen, um von den Beteiligten zum gemeinsamen Vorteil veräußert oder unter ihnen verteilt zu werden,
3. Personen mitbieten, die gewerbsmäßig das Mitbieten für andere übernehmen oder sich dazu erbieten.

[2]Der Gerichtsvollzieher kann die in Satz 1 Nummer 1 bis 3 bezeichneten Personen nötigenfalls mit polizeilicher Hilfe entfernen lassen.

B. Pfandverkauf

I. Allgemeines

§ 181[1)] [Allgemeines] (1) [1]Aus einem Pfand, das aus beweglichen Sachen oder Inhaberpapieren (§§ 1293, 1296 BGB[2)]) besteht, kann sich der Pfandgläubiger ohne gerichtliches Verfahren nach den §§ 1228 bis 1248 BGB im Wege des Pfandverkaufs befriedigen; es macht keinen Unterschied, ob das Pfandrecht durch Rechtsgeschäft bestellt oder kraft Gesetzes entstanden war (§ 1257 BGB). [2]Ein gesetzliches Pfandrecht haben insbesondere

1. der aus einer Hinterlegung Berechtigte (§ 233 BGB),
2. der Vermieter (§§ 562 bis 562d BGB),
3. der Verpächter (§ 581 Absatz 2, § 592 BGB),
4. der Pächter (§ 583 BGB),
5. der Unternehmer eines Werkes (§ 647 BGB),
6. der Gastwirt (§ 704 BGB),
7. der Kommissionär, Spediteur, Lagerhalter und Frachtführer (§§ 397, 398, 464, 475b, 440 HGB).

(2) [1]Der Verkauf des Pfandes ist – vorbehaltlich der in § 188 bezeichneten Befugnis des Pfandgläubigers – nach den §§ 1234 bis 1240 BGB durchzuführen. [2]Der Auftraggeber ist gegenüber dem Eigentümer des Pfandes dafür verantwortlich, dass das Pfand unter den gesetzlichen Voraussetzungen und in der gesetzlichen Form veräußert wird. [3]Der Gerichtsvollzieher muss sich an die Weisungen des Auftraggebers halten. [4]Er soll jedoch den Auftraggeber auf die Folgen (§ 1243 BGB) aufmerksam machen, wenn dieser einen Pfandverkauf unter einer anderen als der gesetzlichen Form ohne die erforderliche Einwilligung des Eigentümers und der Personen, denen sonstige Rechte an dem Pfand zustehen (§ 1245 BGB) oder ohne die erforderliche Anordnung des Gerichts (§ 1246 BGB) verlangt. [5]Den Auftrag zu einem offenbar unzulässigen Pfandverkauf lehnt der Gerichtsvollzieher ab.

(3) [1]Der Verkauf darf – vorbehaltlich der Abweichung nach § 187 Absatz 2 – nicht vor dem Ablauf eines Monats nach der Androhung (§ 1234 BGB) oder, wenn die Androhung unterblieben ist, nach dem Eintritt der Verkaufsberechtigung erfolgen. [2]Die Androhung ist Sache des Pfandgläubigers; er kann den Gerichtsvollzieher beauftragen, die Androhung in seinem Namen vorzunehmen (vergleiche § 182 Absatz 2). [3]Der Verkauf ist durch öffentliche Versteigerung oder, wenn das Pfand einen Börsen- oder Marktpreis hat, aus freier Hand zum laufenden Preis zu bewirken (§§ 1235, 1221 BGB). [4]Bei der Versteigerung oder bei dem freihändigen Verkauf ist der zu veräußernde Gegenstand ausdrücklich als Pfand zu bezeichnen.

(4) [1]Der Gerichtsvollzieher trägt die zum Verkauf gestellten Gegenstände unter fortlaufender Nummer in ein Verzeichnis ein. [2]Dabei sind die Gegenstände so genau wie möglich zu bezeichnen. [3]Fabrikmarken und Herstellungsnummern sind anzugeben; falls erforderlich, müssen mehrere Nummern angegeben werden, zum

---

[1)] § 181 Abs. 1 Satz 2 Nr. 7 geänd. mWv 1.1.2023 durch Bek. v. 7.12.2022 (BayMBl. Nr. 754); Abs. 1 Satz 2 neu gef. mWv 1.5.2024 durch Bek. v. 22.3.2024 (BayMBl. Nr. 179).

[2)] **Habersack, Deutsche Gesetze Nr. 20.**

Beispiel Fahrgestell- und Motoren-Nummern bei Kraftfahrzeugen. [4] Das Verzeichnis ist dem Auftraggeber zur Anerkennung vorzulegen und von diesem zu unterzeichnen. [5] Hat der Auftraggeber ein solches Verzeichnis bereits übergeben, so prüft der Gerichtsvollzieher die Vollständigkeit und bestätigt dies schriftlich. [6] Nimmt der Gerichtsvollzieher auf Verlangen die Pfandgegenstände bis zum Versteigerungstermin in Verwahrung, so nimmt er über die Übernahme ein Protokoll auf und verbindet es mit dem Verzeichnis. [7] Schätzpreise sind nur auf besonderes Verlangen in das Verzeichnis aufzunehmen; bei Gold- und Silbersachen muss das Verzeichnis den Gold- und Silberwert, erforderlichenfalls nach der Schätzung eines Sachverständigen, ergeben. [8] Der Sachverständige braucht nicht vereidigt zu sein.

II. Öffentliche Versteigerung

§ 182 Ort, Zeit und Bekanntmachung der Versteigerung. (1) [1] Die Versteigerung erfolgt an dem Ort, an dem das Pfand aufbewahrt wird oder an einem anderen geeigneten Ort (§ 1236 BGB[1)]). [2] Die Bestimmung des Ortes ist Sache des Auftraggebers. [3] Zeit und Ort der Versteigerung werden unter allgemeiner Bezeichnung des Pfandes öffentlich bekanntgemacht. [4] Bei der Wahl der Art der Bekanntmachung (zum Beispiel durch Veröffentlichung in Zeitungen) ist der Wert des Gegenstandes zu berücksichtigen (vergleiche § 93 Absatz 3). [5] Es ist ersichtlich zu machen, dass es sich um einen Pfandverkauf handelt. [6] Die Namen des Pfandgläubigers und des Verpfänders sind nicht bekanntzumachen. [7] Die Bekanntmachung ist aktenkundig zu machen; war sie in öffentliche Blätter eingerückt, so ist ein Belegblatt zu den Akten zu nehmen.

(2) [1] Der Eigentümer des Pfandes und die von dem Pfandgläubiger etwa bezeichneten dritten Personen, denen Rechte an dem Pfand zustehen, sind von dem Versteigerungstermin zu benachrichtigen (§ 1237 BGB). [2] Die Benachrichtigung des Eigentümers kann mit der Androhung des Pfandverkaufs verbunden werden. [3] Die Benachrichtigungen erfolgen durch Einschreiben, sofern der Auftraggeber nichts anderes bestimmt.

(3) [1] Die Aufhebung eines Versteigerungstermins ist öffentlich bekanntzumachen. [2] Die nach Absatz 2 benachrichtigten Personen sind von der Aufhebung des Termins zu verständigen.

§ 183 Versteigerungstermin. (1) [1] Vor dem Beginn des Versteigerungstermins sind die zu versteigernden Sachen bereitzustellen und mit dem Verzeichnis zu vergleichen. [2] Fehlende oder beschädigte Gegenstände sind in dem Verzeichnis zu vermerken. [3] § 94 Absatz 1 gilt entsprechend.

(2) [1] Die Versteigerungsbedingungen müssen § 1238 BGB[1)] entsprechen. [2] Insbesondere ist aufzunehmen, dass der Käufer den Kaufpreis sofort bar zu entrichten hat und andernfalls seine Rechte verliert (§ 1238 Absatz 1 BGB). [3] Verlangt der Pfandgläubiger die Versteigerung unter anderen Bedingungen (vergleiche § 1238 Absatz 2 BGB), so soll er darauf hingewiesen werden, dass er für den Schaden haftet, der daraus für den Eigentümer des Pfandes entsteht.

(3) [1] Im Termin sind die Kaufbedingungen bekanntzumachen. [2] Sodann ist zum Bieten aufzufordern. [3] Die Gegenstände sind regelmäßig einzeln und in der Reihenfolge des Verzeichnisses aufzurufen und zur Besichtigung vorzuzeigen. [4] Gegenstände, die sich dazu eignen, insbesondere eine Anzahl von Gegenständen derselben Art, können auch zusammen ausgeboten werden. [5] Der Auftraggeber und der Eigentümer des Pfandes können bei der Versteigerung mitbieten (§ 1239

[1)] **Habersack, Deutsche Gesetze Nr. 20.**

Absatz 1 BGB). [6]Das Gebot des Eigentümers und – wenn das Pfand für eine fremde Schuld haftet – das Gebot des Schuldners ist zurückzuweisen, wenn nicht der gebotene Betrag sogleich bar vorgelegt wird (§ 1239 Absatz 2 BGB). [7]Dies gilt nicht, wenn der Auftraggeber etwas anderes bestimmt. [8]Dem Zuschlag an den Meistbietenden soll ein dreimaliger Aufruf vorausgehen. [9]Gold- und Silbersachen dürfen nicht unter dem Gold- und Silberwert zugeschlagen werden (§ 1240 Absatz 1 BGB). [10]Die Verpflichtung eines Bieters erlischt, sobald ein Übergebot abgegeben wird oder wenn die Versteigerung ohne Erteilung des Zuschlags geschlossen wird (§ 156 BGB).

(4) [1]Wenn die Versteigerungsbedingungen nichts anderes ergeben oder der Auftraggeber nichts anderes bestimmt (vergleiche Absatz 2), hat der Ersteher den zugeschlagenen Gegenstand gegen Zahlung des Kaufpreises unverzüglich in Empfang zu nehmen. [2]Unterbleibt die Zahlung bis zu der in den Versteigerungsbedingungen bestimmten Zeit oder beim Fehlen einer solchen Bestimmung bis zum Schluss des Termins, so kann die Wiederversteigerung zu Lasten des Erstehers sofort vorgenommen werden.

(5) Wird der Zuschlag dem Auftraggeber erteilt, so ist dieser von der Verpflichtung zur baren Zahlung insoweit befreit, als der Erlös nach Abzug der Kosten an ihn abzuführen wäre; der Gerichtsvollzieher ist zur Herausgabe der Sache an ihn nur verpflichtet, wenn die Gerichtsvollzieherkosten bar gezahlt werden.

(6) [1]Die Versteigerung ist einzustellen, sobald der Erlös zur Befriedigung des Auftraggebers und zur Deckung der Kosten ausreicht. [2]Der Gerichtsvollzieher rechnet deshalb die bereits erzielten Erlöse von Zeit zu Zeit zusammen.

§ 184 Versteigerungsprotokoll. (1) [1]Das Protokoll über die Versteigerung muss insbesondere enthalten:

1. den Namen des Pfandgläubigers und des Eigentümers der Pfandgegenstände; wenn das Pfand für eine fremde Schuld haftet, auch den Namen des Schuldners,
2. den Betrag der Forderung und der Kosten, derentwegen der Gläubiger seine Befriedigung aus dem Pfand sucht,
3. den Hinweis auf die gesetzlichen Versteigerungsbedingungen und den Wortlaut der Versteigerungsbedingungen, soweit sie von den gesetzlichen Bestimmungen abweichen; ferner die Bemerkung, dass die Gegenstände als Pfand verkauft werden,
4. die Bezeichnung der angebotenen Gegenstände, die abgegebenen Meistgebote und die Namen der Bieter, denen der Zuschlag erteilt ist,
5. die Angabe, dass der Kaufpreis bezahlt oder dass die Zahlung und die Übergabe der Sachen unterblieben ist.

[2]Die Gegenstände werden in dem Versteigerungsprotokoll sogleich bei dem Ausgebot verzeichnet. [3]Zu jedem Gegenstand ist nach dem Zuschlag das Meistgebot und der Name des Meistbietenden anzugeben, bei Geboten über 100 Euro auch dessen Anschrift. [4]Ebenso ist die Zahlung des Kaufpreises alsbald zu vermerken. [5]Die dem Meistgebot vorangegangenen Gebote und deren Bieter, die den Zuschlag nicht erhalten haben, sind nicht zu verzeichnen. [6]Jedoch ist ein zurückgewiesenes Gebot im Protokoll zu vermerken, aber nicht in der Spalte, die für das Meistgebot bestimmt ist. [7]Bei Gold- und Silbersachen ist es zudem zu protokollieren, falls trotz des wiederholten Aufrufs kein genügendes Gebot abgegeben worden ist.

(2) [1]Das Protokoll braucht nicht im Ganzen vorgelesen zu werden. [2]Von den Bietern brauchen nur diejenigen in oder unter dem Protokoll zu unterzeichnen,

die den Zuschlag erhalten haben oder – falls der Zuschlag in dem Termin nicht erteilt ist – an ihr Gebot gebunden bleiben. 3 Unterbleibt die Unterzeichnung, etwa weil ein Beteiligter sich entfernt hat oder die Unterschrift verweigert, so ist der Grund dafür im Protokoll zu vermerken.

III. Freihändiger Verkauf

§ 185 [Freihändiger Verkauf] 1 Ein freihändiger Verkauf findet statt:

1. bei Wertpapieren, Waren und anderen Pfändern, die einen Börsen- oder Marktpreis haben (§ 1235 Absatz 2, § 1295 BGB[1)]),
2. bei Gold- und Silbersachen, deren Versteigerung fruchtlos versucht worden ist (§ 1240 Absatz 2 BGB),
3. auf Anordnung des Gerichts (§ 1246 Absatz 2 BGB, § 411 Absatz 4 FamFG[2)]).

2 Der Verkauf ist unter entsprechender Anwendung der Vorschriften der §§ 98 und 99 durchzuführen. 3 Die Bestimmungen über das Mindestgebot (vergleiche § 98) gelten jedoch nicht. 4 Beim Verkauf ist die Sache als Pfand zu bezeichnen. 5 Die in Satz 1 Nummer 1 genannten Sachen sind nur zum laufenden Preis, die in Satz 1 Nummer 2 genannten Sachen nur zu einem den Gold- und Silberwert erreichenden Preis zu verkaufen. 6 Unter dem laufenden Preis ist der Börsen- oder Marktpreis zu verstehen, der am Tage des Verkaufs für den Verkaufsort gilt. 7 Der Pfandgläubiger kann solche Pfandgegenstände, die einen Börsen- oder Marktpreis haben, statt durch freihändigen Verkauf auch durch Versteigerung veräußern lassen, sofern es sich nicht um die im § 1295 BGB bezeichneten indossablen Papiere handelt.

IV. Behandlung des Erlöses und der nicht versteigerten Gegenstände

§ 186 [Behandlung des Erlöses und der nicht versteigerten Gegenstände]

(1) 1 Der Gerichtsvollzieher führt den Erlös der Versteigerung oder des freihändigen Verkaufs nach Abzug der Gerichtsvollzieherkosten unverzüglich an den Auftraggeber ab. 2 Dies gilt auch dann, wenn der Erlös den Betrag der Forderung und der Kosten übersteigt, es sei denn, dass der Gläubiger den Gerichtsvollzieher beauftragt hat, den Überschuss an den Eigentümer des Pfandes abzuführen oder für diesen zu hinterlegen. 3 In gleicher Weise ist mit Gegenständen zu verfahren, die gemäß § 183 Absatz 6 nicht versteigert worden sind.

(2) Die Benachrichtigung des Eigentümers über das Ergebnis des Pfandverkaufs ist dem Pfandgläubiger zu überlassen (§ 1241 BGB[1)]).

V. Pfandverkauf in besonderen Fällen

§ 187[3)] [Pfandverkauf in besonderen Fällen] (1) Die Vorschriften über den Pfandverkauf finden auch Anwendung auf eine Versteigerung,

1. die zwecks Auseinandersetzung unter den Teilhabern einer Gemeinschaft (§ 753 BGB[1)]), unter den Mitgliedern einer Gesellschaft (§ 731 BGB in Verbindung mit § 753 BGB), unter Ehegatten bei Auflösung der Gütergemeinschaft (§ 1477 BGB), unter den Beteiligten bei Aufhebung der fortgesetzten Gütergemeinschaft (§ 1498 BGB) oder unter Miterben (§ 2042 in Verbindung mit § 753 BGB) vorgenommen wird,

---

1) **Habersack, Deutsche Gesetze Nr. 20.**
2) **Habersack, Deutsche Gesetze Nr. 112.**
3) § 187 Abs. 2 Satz 4 geänd. mWv 1.1.2023 durch Bek. v. 7.12.2022 (BayMBl. Nr. 754).

2. die der Besitzer einer beweglichen Sache veranlasst, um sich wegen seiner Verwendungen aus der Sache zu befriedigen (§§ 1003, 2022 BGB).

(2) [1]Steht einem Kaufmann ein Zurückbehaltungsrecht auf Grund des § 369 HGB[1)] zu, so darf er sich aus den zurückbehaltenen Gegenständen für seine Forderungen im Wege des Pfandverkaufs befriedigen, vorausgesetzt, dass er einen vollstreckbaren Titel über sein Recht zur Befriedigung aus den Gegenständen besitzt (§ 371 Absatz 3 HGB). [2]Bei einem Pfandverkauf, der auf Grund eines kaufmännischen Zurückbehaltungsrechts oder auf Grund eines Pfandrechts vorgenommen wird, dessen Bestellung auf Seiten des Pfandgläubigers und des Verpfänders ein Handelsgeschäft war, verkürzt sich die in § 181 Absatz 3 genannte Frist auf eine Woche. [3]Dies gilt entsprechend auch für das gesetzliche Pfandrecht des Kommissionärs, des Spediteurs, des Lagerhalters und des Frachtführers, für das Pfandrecht des Spediteurs und des Frachtführers auch dann, wenn der Speditions- oder Frachtvertrag nur auf ihrer Seite ein Handelsgeschäft ist (§ 368 HGB). [4]Bei einem Pfandverkauf im Auftrag eines Frachtführers oder Verfrachters sind die Androhung und die Benachrichtigung an den Empfänger des Gutes zu richten; ist dieser nicht zu ermitteln oder verweigert er die Annahme des Gutes, so hat die Androhung und Benachrichtigung gegenüber dem Absender zu erfolgen (§ 440 HGB). [5]Der Kommissionär kann auch solches Kommissionsgut, dessen Eigentümer er ist, im Wege des Pfandverkaufs veräußern lassen; der Verkauf erfolgt dann für Rechnung des Kommittenten (§ 398 HGB).

VI. Befriedigung des Pfandgläubigers im Wege der Zwangsvollstreckung

§ 188 [Befriedigung des Pfandgläubigers im Wege der Zwangsvollstreckung] [1]Im Fall von § 1233 Absatz 2 BGB[2)] hat der Pfandgläubiger das Pfand und den vollstreckbaren Titel an den Gerichtsvollzieher herauszugeben, den er mit der Veräußerung beauftragt. [2]In dem Übernahmeprotokoll sind die einzelnen Stücke in der Weise aufzuführen, die für das Pfändungsprotokoll vorgeschrieben ist. [3]Die Zustellung des Schuldtitels, die Unterbringung und Verwertung der Gegenstände sowie die Verrechnung und Abführung des Erlöses erfolgt nach den Bestimmungen für das Zwangsvollstreckungsverfahren.

C. Sonstige Versteigerungen, die kraft gesetzlicher Ermächtigung für einen anderen erfolgen

§ 189 [Sonstige Versteigerungen] (1) [1]Die Bestimmungen über den Pfandverkauf finden keine Anwendung, wenn der Auftraggeber seine gesetzliche Ermächtigung zur Versteigerung auf andere als die in den §§ 181 bis 188 bezeichneten Vorschriften gründet. [2]In diesem Fall richtet sich das Verfahren des Gerichtsvollziehers nach den folgenden Absätzen 2 bis 8. [3]Dies gilt insbesondere für die Versteigerung

1. von Fundsachen, deren Verderb zu besorgen oder deren Aufbewahrung mit unverhältnismäßigen Kosten verbunden ist (§ 966 BGB[2)]), oder von Sachen, die in den Geschäftsräumen oder Beförderungsmitteln einer öffentlichen Behörde oder einer dem öffentlichen Verkehr dienenden Anstalt gefunden worden sind (§ 979 BGB),

---

[1)] **Habersack, Deutsche Gesetze Nr. 50.**
[2)] **Habersack, Deutsche Gesetze Nr. 20.**

2. von verpfändeten oder anderen Sachen wegen drohenden Verderbs oder wegen der Besorgnis wesentlicher Wertminderung (§ 1219 BGB; §§ 379, 388, 391, 437 HGB[1]),
3. von Sachen, die zur Hinterlegung nicht geeignet sind, im Fall des Verzugs des Gläubigers (§ 383 Absatz 1 BGB),
4. von Waren wegen Verzugs des Käufers mit der Annahme der Ware gemäß § 373 HGB,
5. von Sachen wegen des Erfüllungsverzugs beim Fixgeschäft gemäß § 376 HGB.

(2) Die nach den gesetzlichen Vorschriften erforderliche Androhung des Verkaufs und die im Fall des § 966 BGB erforderliche Anzeige bei der zuständigen Behörde obliegt dem Auftraggeber.

(3) [1] Die zum Verkauf gestellten Sachen sind in ein Verzeichnis einzutragen, das den Bestimmungen des § 181 Absatz 4 entspricht. [2] Die Versteigerungsbedingungen, die Zeit und den Ort der Versteigerung sowie die Art der Bekanntmachung hat der Auftraggeber zu bestimmen. [3] Der Gerichtsvollzieher soll den Auftraggeber nötigenfalls darauf hinweisen, dass der Gegner den Verkauf nicht als für seine Rechnung geschehen anzuerkennen brauche, wenn er zu ungewöhnlichen oder den Umständen des Falles nicht angemessenen Bedingungen vorgenommen worden ist, zum Beispiel unter Ausschluss der Gewährleistung. [4] Bleibt die Bestimmung dem Gerichtsvollzieher überlassen, so erfolgt die Versteigerung ohne besondere Bedingungen nach den Vorschriften des Bürgerlichen Gesetzbuchs, die für den Kauf gelten. [5] Die Bekanntmachung erfolgt nach den Grundsätzen des § 93 Absatz 3, soweit sie erforderlich und ohne Gefährdung des Versteigerungszwecks ausführbar ist.

(4) [1] Von dem Versteigerungstermin sind der Auftraggeber und nach dessen Bestimmungen auch die Personen, für deren Rechnung der Verkauf erfolgt, zu benachrichtigen. [2] Die Benachrichtigung geschieht durch eingeschriebenen Brief, sofern der Auftraggeber nichts anderes angeordnet hat. [3] Gold- und Silbersachen dürfen – vorbehaltlich einer anderen Bestimmung des Auftraggebers – auch unter dem Gold- und Silberwert zugeschlagen werden. [4] Für die Versteigerung gelten im Übrigen die Bestimmungen des § 183 Absatz 3 entsprechend. [5] Die Versteigerung ist solange fortzusetzen, bis alle zum Verkauf stehenden Sachen angeboten sind, wenn nicht der Auftraggeber den früheren Schluss verlangt.

(5) [1] Das Protokoll muss den gesetzlichen Grund der Versteigerung angeben. [2] Die Vorschriften des § 184 Absatz 1 finden entsprechende Anwendung. [3] Die Bemerkung, dass die Sachen als Pfand angeboten werden, ist nur aufzunehmen, wenn der Fall des § 1219 BGB vorliegt.

(6) Der Erlös ist nach Abzug der Gerichtsvollzieherkosten ohne Verzug an den Auftraggeber abzuführen oder auf sein Verlangen für die von ihm bestimmten Personen zu hinterlegen.

(7) [1] Wird der Gerichtsvollzieher beauftragt, Sachen, die einen Börsen- oder Marktpreis haben, aus freier Hand zu veräußern (vergleiche §§ 385, 1221 BGB; § 373 Absatz 2 HGB), so ist der Verkauf unter entsprechender Anwendung der §§ 98 und 99 vorzunehmen. [2] Die Sachen sind jedoch zum laufenden Preis zu verkaufen, sofern der Auftraggeber nichts anderes bestimmt hat.

[1] **Habersack, Deutsche Gesetze Nr. 50.**

(8) Nach den vorstehenden Bestimmungen ist auch die Veräußerung einer Aktie oder eines Anteilrechts im Auftrag einer Aktiengesellschaft in den Fällen der §§ 65 und 226 Absatz 3 AktG[1] sowie eines Geschäftsanteils in den Fällen der §§ 23 und 27 GmbHG[2] durchzuführen.

D. Freiwillige Versteigerungen für Rechnung des Auftraggebers

§ 190 Zuständigkeit und Verfahrensvorschriften. (1) [1] Der Gerichtsvollzieher darf außerhalb der Zwangsvollstreckung freiwillige Versteigerungen von

1. beweglichen Sachen,
2. Früchten, die vom Boden noch nicht getrennt sind (zum Beispiel Früchte auf dem Halm, Holz auf dem Stamm),

für Rechnung des Auftraggebers ausführen. [2] Die nachfolgenden Vorschriften finden auf die Versteigerung von Früchten, die vom Boden noch nicht getrennt sind, entsprechende Anwendung.

(2) [1] Dem Gerichtsvollzieher ist es nicht gestattet, um Aufträge zu freiwilligen Versteigerungen nachzusuchen. [2] Der Auftrag zu einer freiwilligen Versteigerung ist schriftlich zu erteilen. [3] Ihm ist eine vollständige Liste der zur Versteigerung bestimmten Sachen beizufügen. [4] Sollen Waren versteigert werden, die in offenen Verkaufsstellen angeboten werden und die ungebraucht sind oder deren bestimmungsgemäßer Gebrauch in ihrem Verbrauch besteht, so ist dem Auftrag ferner eine Bescheinigung der nach § 155 Absatz 2 der Gewerbeordnung[3] (GewO) zuständigen Behörde darüber beizufügen, dass der Versteigerung unter den Gesichtspunkten des § 34b Absatz 6 Nummer 5 Buchstabe b GewO und des § 6 der Versteigererverordnung (VerstV) keine Bedenken entgegenstehen.

(3) [1] Der Gerichtsvollzieher muss die zur Versteigerung bestimmten Sachen auf Verlangen des Auftraggebers durch Sachverständige schätzen oder begutachten lassen. [2] Das gilt auch für den Wert von Gold- und Silbersachen, sofern nicht der Auftraggeber schriftlich hierauf verzichtet oder schriftlich erklärt, dass er mit der Erteilung des Zuschlags unter dem Gold- und Silberwert einverstanden ist.

§ 191[4] Ablehnung des Auftrags. (1) Der Gerichtsvollzieher kann den Auftrag ohne Angabe von Gründen ablehnen.

(2) Der Gerichtsvollzieher muss den Auftrag oder seine Durchführung ablehnen, wenn er weiß oder den Umständen nach annehmen muss, dass

1. der Auftraggeber nicht über die Sache verfügen darf,
2. eine Umgehung des § 34b GewO[3] oder der Versteigererverordnung beabsichtigt ist,
3. die Allgemeinheit über die Herkunft, den Wert, die Beschaffenheit und so weiter der Sachen getäuscht werden soll, zum Beispiel durch unrichtige Herkunftsbezeichnungen, durch Beseitigung oder Veränderung von Firmenzeichen und Schutzmarken, durch gemeinschaftliche Versteigerung einer Nachlass-, Insolvenz- oder Liquidationsmasse sowie von Wohnungs- und Geschäftseinrichtungen mit anderen Sachen,

---

[1] **Habersack, Deutsche Gesetze Nr. 51.**
[2] **Habersack, Deutsche Gesetze Nr. 52.**
[3] **Sartorius Nr. 800.**
[4] § 191 Abs. 3 aufgeh., bish. Abs. 4 wird Abs. 3 mWv 1.1.2019 durch Bek. v. 23.11.2018 (MBl. S. 122).

4. nach der Beschaffenheit der Sachen die Versteigerung nur gewählt wird, um Mängel der Sachen zu verheimlichen,
5. die Sachen lediglich für die Versteigerung angefertigt oder beschafft sind,
6. durch Ausführung des Auftrags sonstige gesetzliche oder polizeiliche Bestimmungen verletzt werden.

(3) Hat der Auftraggeber einen Mindestpreis festgesetzt, so darf der Gerichtsvollzieher den Auftrag nur annehmen, falls er unwiderruflich ermächtigt wird, den Zuschlag zu erteilen, wenn das Meistgebot den Mindestpreis erreicht oder überschreitet.

§ 192 Versteigerungsbedingungen. (1) Der Auftraggeber soll die Versteigerungsbestimmungen bestimmen.

(2) [1] Bleibt die Bestimmung dem Gerichtsvollzieher überlassen, so erfolgt die Versteigerung nach den Vorschriften des Bürgerlichen Gesetzbuchs[1)] über den Kauf. [2] Dabei ist in die Versteigerungsbedingungen aufzunehmen, dass

1. das Los entscheidet, wenn zwei oder mehrere Personen gleichzeitig ein und dasselbe Gebot abgeben und die Aufforderung zur Abgabe eines höheren Gebots erfolglos bleibt,
2. die Übergabe der zugeschlagenen Sachen gegen sofortige Barzahlung erfolgt,
3. der Meistbietende, wenn er nicht vor Schluss der Versteigerung oder der sonst etwa bestimmten Zeit die Übergabe gegen Barzahlung verlangt, seine Rechte aus dem Zuschlag verliert und bei der weiteren Versteigerung der Sache nicht als Bieter zugelassen wird, jedoch für den Ausfall haftet.

§ 193 Bekanntmachung der Versteigerung. (1) [1] Die Art der Bekanntmachung bestimmt der Auftraggeber. [2] Unterlässt dieser die Bestimmung, so verfährt der Gerichtsvollzieher nach § 93 Absatz 3.

(2) [1] Neben den allgemeinen Bestimmungen über die Bekanntmachung nach § 93 Absatz 3 muss die Bekanntmachung die Bezeichnung als freiwillige Versteigerung und den Anlass der Versteigerung enthalten. [2] Eine freiwillige Versteigerung darf nicht in Verbindung mit einer Versteigerung anderer Art bekanntgemacht werden.

(3) Der Auftraggeber ist von der Zeit und dem Ort der Versteigerung rechtzeitig zu benachrichtigen, falls er nicht selbst die Zeit und den Ort der Versteigerung bestimmt hat.

§ 194 Versteigerungstermin. (1) Eine freiwillige Versteigerung darf nicht in Verbindung mit einer Versteigerung anderer Art durchgeführt werden.

(2) [1] Vor der Aufforderung zum Bieten verliest der Gerichtsvollzieher die Versteigerungsbedingungen. [2] Während der Versteigerung sind die Versteigerungsbedingungen an einer den Beteiligten zugänglichen Stelle auszuhängen.

(3) [1] Die zu versteigernden Sachen müssen in der Reihenfolge der Liste oder Verzeichnisse (Kataloge) ausgeboten werden. [2] Beim Ausbieten sind die Bezeichnung der Sachen und die Nummer, die sie in der Liste oder in dem Verzeichnis haben, zu verkünden. [3] Das Zurückstellen von Sachen ist bekanntzugeben; es ist nur zulässig, wenn ein besonderer Grund dafür vorliegt, insbesondere wenn anzunehmen ist, dass für eine Sache später ein höherer Preis erzielt werden kann. [4] Der Gerichtsvollzieher darf eine Sache erst ausbieten, wenn er die vorher aus-

---

1) Habersack, Deutsche Gesetze Nr. 20.

gebotenen Sachen zugeschlagen oder von der Versteigerung zurückgezogen hat oder wenn er erklärt hat, dass der Zuschlag vorbehalten ist.

(4) Den Zuschlag darf der Gerichtsvollzieher erst erteilen, wenn nach dreimaligem Wiederholen des Höchstgebotes kein Übergebot abgegeben wird.

(5) [1] Der Auftraggeber kann sich den Zuschlag vorbehalten; der Gerichtsvollzieher hat dies nach dreimaligem Wiederholen des Höchstgebots zu erklären. [2] Der Meistbietende ist in diesem Fall nur bis zum Schluss der Versteigerung an sein Gebot gebunden.

(6) [1] Wird eine Sache dem Eigentümer oder dem Auftraggeber zugeschlagen, so gibt der Gerichtsvollzieher dies bei Erteilung des Zuschlags bekannt. [2] Hat der Auftraggeber einen Mindestpreis festgesetzt, so muss der Gerichtsvollzieher den Zuschlag erteilen, wenn das Meistgebot den Mindestpreis erreicht oder überschreitet.

(7) [1] Gold- und Silbersachen dürfen nicht unter dem Gold- und Silberwert, Wertpapiere, die einen Börsen- oder Marktpreis haben, nicht unter dem Tageskurs zugeschlagen werden; dies gilt nicht, wenn sich der Auftraggeber schriftlich mit der Versteigerung zu einem geringeren Preis einverstanden erklärt hat. [2] Der Gerichtsvollzieher kann in der Versteigerung nicht verkaufte Gold- und Silbersachen oder Wertpapiere, die nach Satz 1 nicht zugeschlagen worden sind, nach Schluss der Versteigerung aus freier Hand zu einem Preis verkaufen, der dem zulässigen Gebot entspricht; dies gilt nicht, wenn der Auftraggeber etwas anderes bestimmt hat.

(8) Der Gerichtsvollzieher kann verlangen, dass ihm der Erwerber einen amtlichen Ausweis über seine Person vorlegt.

§ 195 Versteigerungsprotokoll und Abwicklung. (1) Das Protokoll über die freiwillige Versteigerung muss neben dem Ort und der Zeit der Versteigerung, dem Namen des Auftraggebers und der Bezeichnung der zu versteigernden Sachen enthalten:

1. die Versteigerungsbedingungen, soweit sie von den Vorschriften des Bürgerlichen Gesetzbuchs[1)] über den Kauf abweichen;
2. das Gebot und den Namen des Erstehers oder des Bieters, der an sein Gebot gebunden bleibt, wenn der Zuschlag nicht in der Versteigerung erteilt wird; bei Geboten über 100 Euro auch die Anschriften;
3. einen Vermerk, wenn ein Gebot zurückgewiesen oder ein ungenügendes Gebot abgegeben wird;
4. Angaben über die Versagung des Zuschlags, die Übergabe und die Zahlung;
5. die Maßnahmen, die beim Ausbleiben der Zahlung getroffen worden sind.

(2) [1] Wenn der Auftraggeber nichts anderes bestimmt hat, händigt der Gerichtsvollzieher den Versteigerungserlös dem Auftraggeber nach Abzug der Kosten unverzüglich nach Beendigung der Versteigerung aus. [2] Die versteigerten Sachen händigt der Gerichtsvollzieher dem Käufer oder seinem Bevollmächtigten gegen Empfang des Kaufgeldes aus.

[1)] **Habersack, Deutsche Gesetze Nr. 20.**

Sechster Abschnitt.[1] Besondere Vorschriften über die Beitreibung nach dem Justizbeitreibungsgesetz und im Verwaltungsvollstreckungsverfahren

§ 196[2] Zuständigkeit. (1) [1] Der Gerichtsvollzieher ist zuständig, als Vollziehungsbeamter nach dem Justizbeitreibungsgesetz[3] für die nach dieser Vorschrift beizutreibenden Ansprüche mitzuwirken. [2] Dies gilt nicht, soweit Beitreibungen nach den bestehenden Verwaltungsanordnungen den Vollziehungsbeamten der Justiz übertragen sind.

(2) [1] Zwangsgelder, die gegen den Schuldner im Zwangsvollstreckungsverfahren zur Erzwingung einer Handlung festgesetzt sind (§ 888 Absatz 1 ZPO[4]), werden nach der Zivilprozessordnung auf Antrag des Gläubigers vollstreckt. [2] Sie stehen der Landeskasse zu. [3] Daneben sind die Gerichtsvollzieherkosten gesondert zu vollstrecken.

(3) [1] Vollstreckungsbehörden sind die in § 2 Absatz 1 und 2 JBeitrG bezeichneten Behörden. [2] Dies ist in den Fällen, auf die die Strafvollstreckungsordnung anzuwenden ist, die darin bezeichnete Behörde; im Übrigen diejenige Behörde, die auf die Verpflichtung zur Zahlung des Geldbetrages erkannt hat. [3] In den übrigen Fällen ist Vollstreckungsbehörde die durch Landesrecht bestimmte Behörde.

(4) [1] Der Gerichtsvollzieher wird zu Vollstreckungshandlungen durch einen schriftlichen Auftrag der Vollstreckungsbehörde ermächtigt. [2] Er prüft dabei nicht, ob die sonstigen Voraussetzungen für die Beitreibung erfüllt sind.

(5) [1] Der Gerichtsvollzieher wendet bei der Vollstreckung die Bestimmungen an, die für eine Vollstreckung in bürgerlichen Rechtsstreitigkeiten maßgebend sind. [2] Werden ihm gegenüber Einwendungen gegen die Vollstreckung erhoben, denen er nicht selbst abhelfen kann, so verweist er die Beteiligten an die Stelle, die über die Einwendungen zu entscheiden hat (vergleiche §§ 6 und 8 JBeitrG); kann er diese Stelle nicht selbst feststellen, so verweist er die Beteiligten an die Vollstreckungsbehörde.

§ 197 Vollstreckung für Stellen außerhalb der Justizverwaltung. [1] Die Zuständigkeit des Gerichtsvollziehers für die Vollstreckung von Geldbußen, Nebenfolgen, Zwangs- und Ordnungsgeldern, die nicht von der Justiz verhängt worden sind, richtet sich nach den dafür geltenden besonderen Bestimmungen. [2] Will der Gerichtsvollzieher einen solchen Vollstreckungsauftrag wegen Unzuständigkeit ablehnen, so legt er den Vorgang unverzüglich dem aufsichtführenden Richter vor. [3] Für die Ablieferung der eingezogenen Beträge (Geldbußen, Zwangs- und Ordnungsgelder sowie Nebenkosten) sind die Weisungen des Auftraggebers maßgebend.

§ 198[5] Vollstreckung von Entscheidungen in Straf- und Bußgeldverfahren über die Einziehung und die Unbrauchbarmachung von Sachen.

(1) [1] Mit der Rechtskraft der Entscheidung geht das Eigentum an eingezogenen Sachen auf das Land (Justizfiskus) über, dessen Gericht im ersten Rechtszug ent-

---

[1] 6. Abschnitt Überschrift geänd. mWv 1.1.2019 durch Bek. v. 23.11.2018 (JMBl. S. 122).

[2] § 196 Abs. 1 Satz 1, Abs. 3 Satz 1 und Abs. 5 Satz 2 geänd. mWv 1.1.2019 durch Bek. v. 23.11.2018 *(JMBl. S. 122).*

[3] **Habersack, Deutsche Gesetze Nr. 122.**

[4] **Habersack, Deutsche Gesetze Nr. 100.**

[5] § 198 Überschrift, Abs. 1 Sätze 1, 3 und 4, Abs. 2, Abs. 3 Satz 1 und Abs. 4 Satz 1 geänd., Abs. 5 neu gef. mWv 1.1.2019 durch Bek. v. 23.11.2018 (JMBl. S. 122).

schieden hat. [2]Dies gilt auch dann, wenn im ersten Rechtszug in Ausübung der Gerichtsbarkeit des Bundes entschieden worden ist. [3]Hat jedoch das Gericht die Einziehung zu Gunsten des Bundes angeordnet, so wird die Bundesrepublik Deutschland (Justizfiskus) Eigentümer. [4]Die eingezogenen Sachen werden durch die Vollstreckungsbehörde verwertet, soweit nichts anderes bestimmt ist.

(2) Mit der Wegnahme von Sachen, auf deren Einziehung oder Unbrauchbarmachung erkannt ist, kann die Vollstreckungsbehörde den Gerichtsvollzieher beauftragen.

(3) [1]Die Wegnahme (§ 459g Absatz 1 StPO[1)]) richtet sich nach den Bestimmungen des Justizbeitreibungsgesetzes[2)]. [2]Der Gerichtsvollzieher wird zur Wegnahme durch einen schriftlichen Auftrag der Vollstreckungsbehörde ermächtigt. [3]Der Gerichtsvollzieher zeigt der Vollstreckungsbehörde den Tag und die Stunde der beabsichtigten Vollstreckung an, wenn sie darum ersucht hat. [4]Für die Übergabe oder Verwahrung der weggenommenen Gegenstände sind etwaige Weisungen der Vollstreckungsbehörde maßgebend.

(4) [1]Die Vollstreckungsbehörde kann den Gerichtsvollzieher aufgrund eines schriftlichen Auftrags mit der öffentlichen Versteigerung und in der Regel auch mit dem freihändigen Verkauf eingezogener Sachen beauftragen. [2]Der Auftrag kann nähere Weisungen hinsichtlich der Veräußerung enthalten; er soll die Personen bezeichnen, an welche die Sache nicht veräußert werden darf. [3]Die Versteigerung erfolgt nach den Bestimmungen für freiwillige Versteigerungen und der freihändige Verkauf nach den Bestimmungen für freihändige Verkäufe.

(5) [1]Der Versteigerungstermin ist der Vollstreckungsbehörde mitzuteilen. [2]Die eingezogenen Sachen dürfen an Täter oder Teilnehmer der Straftat oder Beteiligte an der Ordnungswidrigkeit nur mit Einwilligung der obersten Justizbehörde veräußert werden. [3]Der freihändige Verkauf an Richter, Beamte, Angestellte oder Arbeiter der Justizverwaltung oder an Ermittlungspersonen der Staatsanwaltschaft (§ 152 GVG[3)]) ist nicht zulässig.

§ 199 Beitreibung im Verwaltungsvollstreckungsverfahren. [1]Nach bundesrechtlichen und landesrechtlichen Vorschriften können die Gerichtsvollzieher durch die Behörden anderer Verwaltungen um die Erledigung von Vollstreckungen im Verwaltungsvollstreckungsverfahren ersucht werden. [2]Auch kann die Justizverwaltung nach landesrechtlichen Vorschriften die Gerichtsvollzieher anderen Dienststellen allgemein für die Durchführung von Vollstreckungen im Verwaltungsvollstreckungsverfahren zur Verfügung stellen. [3]Solche Aufträge führt der Gerichtsvollzieher nach den dafür geltenden bundes- oder landesrechtlichen Vorschriften aus. [4]Der Gerichtsvollzieher hat in diesen Verfahren die Stellung eines Vollziehungsbeamten.

[1)] **Habersack, Deutsche Gesetze Nr. 90.**
[2)] **Habersack, Deutsche Gesetze Nr. 122.**
[3)] **Habersack, Deutsche Gesetze Nr. 95.**

109a. Gerichtsvollzieherordnung (GVO)[1) 2)]

Lfd. Nr.	Änderndes Gesetz	Datum	Fundstelle	Betroffen	Hinweis
1.	ÄndBek.	5.9.2016	JMBl. S. 98	§ 7	mWv 1.10.2016
2.	ÄndBek.	23.11. 2018	JMBl. S. 125	Inhaltsübersicht, §§ 6, 9 16, 17, 23, 24, 30, 35, 37, 39, 41, 46, 49, 52, 53, 59, 74, 75, 78, Anl.	mWv 1.1.2019
3.	ÄndBek.	8.2.2022	BayMBl. Nr. 124	§ 39	mWv 1.3.2022
4.	ÄndBek.	7.12.2022	BayMBl. Nr. 732	Inhaltsübersicht, §§ 6, 7, 9, 17, 39, 42, 43, 49, 55, 56, 60, 63, 74, 75, Abschnitt 14 (§§ 82, 83), Anl.	mWv 1.1.2023
				Inhaltsübersicht, § 16	mWv 1.6.2023
5.	ÄndBek.	22.3.2024	BayMBl. Nr. 180	Inhaltsübersicht, §§ 6, 30, 30a, 52, 74	mWv 1.5.2024

[1)] Die GVO gilt mWv 1.9.2013 in sämtlichen Ländern bundeseinheitlich.

Siehe hierzu u.a.:
- **Baden-Württemberg:** VwV v. 10.7.2013 (Die Justiz S. 240), zuletzt geänd. durch VwV v. 22.12.2022 (Die Justiz 2023 S. 114)
- **Bayern:** Bek. v. 6.8.2013 (JMBl. S. 95), zuletzt geänd. durch Bek. v. 22.3.2024 (BayMBl. Nr. 180)
- **Berlin:** AV v. 9.8.2013 (ABl. S. 1777), zuletzt geänd. durch AV v. 20.3.2024 (ABl. S. 805)
- **Brandenburg:** AV v. 22.7.2013 (JMBl. S. 79), zuletzt geänd. durch AV v. 3.4.2024 (JMBl. S. 27)
- **Hamburg:** AV v. 17.7.2013 (JVBl. S. 82), zuletzt geänd. durch AV v. 21.12.2022 (JVBl 2023 S. 155)
- **Hessen:** RdErl. v. 11.7.2013 (JMBl. S. 349), zuletzt geänd. durch RdErl. v. 4.11.2022 (JMBl. 2023 S. 3)
- **Mecklenburg-Vorpommern:** VwV v. 14.9.2020 (AmtsBl. M-V S. 439), geänd. durch VwV v. 7.2. 2023 (AmtsBl. M-V S. 286)
- **Niedersachsen:** AV v. 16.7.2013 (Nds. RPfl. S. 225), zuletzt geänd. durch AV v. 18.12.2023 (Nds. RPfl. 2024 S. 21)
- **Nordrhein-Westfalen:** AV v. 9.8.2013 (JMBl. S. 211), zuletzt geänd. durch AV v. 22.3.2024 (JMBl. S. 317)
- **Rheinland-Pfalz:** GVO veröffentlicht als Anl. 2 zur VwV Gerichtsvollzieher/-innen-Geschäftsführung v. 1.8.2012 (JBl. S. 360), zuletzt geänd. durch VwV v. 6.12.2022 (JBl. S. 149)
- **Sachsen:** VwV v. 25.9.2013 (SächsJMBl. S. 130), zuletzt geänd. durch VwV v. 25.12.2023 (SächsJMBl. S. 301)
- **Sachsen-Anhalt:** AV v. 2.8.2013 (JMBl. LSA S. 171), zuletzt geänd. durch AV v. 29.12.2022 (JMBl. LSA 2023 S. 204)
- **Schleswig-Holstein:** AV v. 2.8.2013 (SchlHA S. 324), zuletzt geänd. durch AV v. 19.12.2022 (SchlHA 2023 S. 17)
- **Thüringen:** VwV v. 24.7.2013 (JMBl. S. 57), zuletzt geänd. durch VwV v. 7.12.2022 (JMBl. 2023 S. 4)

[2)] Der Text folgt der im Bayerischen Staatsministerium der Justiz archivmäßig verwahrten Urschrift (vgl. Bek. v. 6.8.2013, JMBl. S. 95); im Änderungsverzeichnis und in den Änderungsfußnoten wird das Bayerische Justizministerialblatt als Referenzfundstelle angegeben.

Inhaltsübersicht[1)]

[1)] Inhaltsübersicht geänd. mWv 1.1.2019 durch Bek. v. 23.11.2018 (JMBl. S. 125); geänd. mWv 1.1.2023 und mWv 1.6.2023 durch Bek. v. 7.12.2022 (BayMBl. Nr. 732); geänd. mWv 1.5.2024 durch Bek. v. 22.3.2024 (BayMBl. Nr. 180).

Erster Abschnitt. Dienstverhältnis

A. Allgemeine Vorschriften

§ 1 Dienstaufsicht. [1] Bei der ihm zugewiesenen Zwangsvollstreckung handelt der Gerichtsvollzieher selbstständig. [2] Er unterliegt hierbei zwar der Aufsicht, aber nicht der unmittelbaren Leitung des Gerichts. [3] Unmittelbarer Dienstvorgesetzter des Gerichtsvollziehers ist der aufsichtführende Richter des Amtsgerichts.

§ 2 Amtssitz. [1] Amtssitz des Gerichtsvollziehers ist der Sitz seiner Dienstbehörde. [2] Hat das Amtsgericht seinen Sitz an einem Ort mit mehr als 100 000 Einwohnern, so kann der Präsident des Landgerichts (Amtsgerichts) den Amtssitz auf einen Teil des Ortes beschränken. [3] Der Präsident des Landgerichts (Amtsgerichts) kann ferner einen anderen Ort des Gerichtsvollzieherbezirks zum Amtssitz des Gerichtsvollziehers bestimmen. [4] Diese Anordnung ist durch dauernden Aushang an der Gerichtstafel, erforderlichenfalls auch in sonst geeigneter Weise, bekanntzumachen.

§ 3 Persönliche Amtsausübung. [1] Der Gerichtsvollzieher übt sein Amt persönlich aus. [2] Er darf die Ausführung eines Dienstgeschäfts keiner anderen Person übertragen, soweit nicht ausdrücklich etwas anderes bestimmt ist.

§ 4 Dienstsiegel. (1) [1] Der Gerichtsvollzieher führt für dienstliche Zwecke ein Dienstsiegel (Dienststempel) nach den hierfür geltenden Bestimmungen. [2] Die Umschrift des Dienstsiegels lautet: „Gerichtsvollzieher bei dem Amtsgericht … (Ort)".

(2) Dienstsiegel werden auf Kosten der Landeskasse beschafft.

(3) Dienstsiegel sind so zu verwahren, dass jeder Missbrauch ausgeschlossen ist.

(4) Bei maschineller Erstellung des Schriftstücks ist es zulässig, das Siegel mit auszudrucken.

§ 5 Dienstausweis. (1) Der Gerichtsvollzieher erhält einen Dienstausweis nach den landesrechtlichen Bestimmungen.

(2) Dieser trägt ein Lichtbild des Inhabers (ohne Kopfbedeckung).

(3) Die Dienstausweise werden auf Kosten der Landeskasse beschafft.

(4) Der Gerichtsvollzieher führt den Dienstausweis bei Amtshandlungen stets bei sich und zeigt ihn den Beteiligten bei Vollstreckungshandlungen unaufgefordert, bei sonstigen Amtshandlungen auf Verlangen vor.

§ 6[1] Maßnahmen bei Beendigung und Unterbrechung der Beschäftigung. (1) Endet die Beschäftigung des Gerichtsvollziehers bei der Dienstbehörde zum Beispiel durch Tod, Versetzung, Eintritt in den Ruhestand, Ablauf des Dienstleistungsauftrags, vorläufige Dienstenthebung oder Entlassung, so veranlasst die Dienstbehörde, dass

1. die im Besitz des Gerichtsvollziehers befindlichen Dienstgegenstände (zum Beispiel Dienstsiegel (Dienststempel), Geschäftsbücher und Akten) sowie der

[1] § 6 Abs. 1 Nr. 4 geänd., Nr. 5 und 6 angef. mWv 1.1.2019 durch Bek. v. 23.11.2018 (JMBl. S. 125); Abs. 1 neu gef. mWv 1.1.2023 durch Bek. v. 7.12.2022 (BayMBl. Nr. 732); Abs. 1 Nr. 5 geänd. mWv 1.5.2024 durch Bek. v. 22.3.2024 (BayMBl. Nr. 180).

Dienstausweis an sie abgeliefert werden und das Schild (§ 30 Absatz 2 Satz 1) entfernt wird,
2. die aus dienstlichem Anlass der Verfügung des Gerichtsvollziehers unterliegenden Gegenstände (zum Beispiel Geld, Giroguthaben, Pfandstücke, Schriftstücke) sichergestellt werden,
3. ihr eine vollständige Datensicherung des vom Gerichtsvollzieher dienstlich genutzten IT-Systems (insbesondere bestehend aus Dienstregistern und Kassenbüchern) zur Verfügung gestellt wird und sämtliche elektronisch gespeicherten Daten des Gerichtsvollziehers gelöscht werden,
4. das Ende der Beschäftigung unmittelbar dem zentralen Vollstreckungsgericht nach § 882h der Zivilprozessordnung (ZPO)[1] mitgeteilt wird,
5. EGVP-Postfächer oder andere nach dem OSCI-Standard eingerichtete Postfächer sowie ausschließlich dienstlich genutzte E-Mail-Postfächer, sofern diese im Falle einer Versetzung nicht weiterhin dienstlich benötigt werden, gelöscht und die bis zur Löschung eingegangenen elektronischen Nachrichten und Dokumente dem Vertreter oder Nachfolger zugeleitet werden; hierzu darf die Dienstbehörde die gemäß § 30a Absatz 4 Satz 2 und Absatz 5 hinterlegten Zugangsdaten nutzen und in den Geschäftszimmern des Gerichtsvollziehers dessen IT-Systeme nutzen,
6. das Bundeszentralamt für Steuern, das Kraftfahrtbundesamt, die Träger der gesetzlichen Rentenversicherung, die berufsständischen Versorgungseinrichtungen, das Registerportal der Länder und die nach dem Umsatzsteuergesetz (UStG) zuständige Organisationseinheit über das Ende der Beschäftigung unterrichtet werden,
7. die Aussteller der Signaturkarten über den Wegfall der bestätigten Eigenschaft (Attribut) als Gerichtsvollzieher in Kenntnis gesetzt werden.

(2) [1] Wird die Beschäftigung des Gerichtsvollziehers vorübergehend unterbrochen, zum Beispiel durch Urlaub oder Krankheit, so trifft die Dienstbehörde die erforderlichen Anordnungen unter entsprechender Anwendung der Vorschriften in Absatz 1. [2] Sie befindet insbesondere darüber, ob und inwieweit dem verhinderten Gerichtsvollzieher noch die Abwicklung laufender Dienstgeschäfte zu überlassen ist.

B. Diensteinkommen

§ 7[2] Entschädigung und Vergütungen. (1) [1] Der Gerichtsvollzieher hat die ihm zustehenden Gebührenanteile bei den Abrechnungen mit der für ihn nach Landesrecht zuständigen Stelle (zum Beispiel Kasse) vorläufig zu errechnen und einzubehalten. [2] Er darf über diese erst nach Ablieferung der Gebühren verfügen, die der Landeskasse verbleiben (§ 54 Absatz 2 Satz 2).

(2) [1] Als Entschädigung für den Aufwand bei der Erledigung der Aufträge werden dem Gerichtsvollzieher die von ihm vereinnahmten Auslagen gemäß Nummer 701 bis 716 des Kostenverzeichnisses zum Gesetz über Kosten der Gerichtsvollzieher[3] (KV-GvKostG) überlassen. [2] Sofern für Auslagen in Eingangsrechnungen ein Vorsteuerabzug erfolgt, erhält der Gerichtsvollzieher auch die

[1] **Habersack, Deutsche Gesetze Nr. 100.**

[2] § 7 Abs. 2 geänd. mWv 1.10.2016 durch Bek. v. 5.9.2016 (JMBl. S. 98); Abs. 2 Satz 2 angef. mWv 1.1.2023 durch Bek. v. 7.12.2022 (BayMBl. Nr. 732).

[3] **Habersack, Deutsche Gesetze Nr. 123.**

Auslagen nach Nummer 717 KV-GvKostG als Entschädigung für die hierauf gezahlte Umsatzsteuer.

(3) [1]Können die Auslagen nach Absatz 2 ohne Verschulden des Gerichtsvollziehers nicht eingezogen werden, so sind sie ihm mit Ausnahme der Wegegelder (Nummer 711 KV-GvKostG) und der Reisekosten (Nummer 712 KV-GvKostG) aus der Landeskasse zu ersetzen. [2]Dies gilt auch für die Ausbuchung von Kleinbeträgen und bei einem Erlass der Gerichtsvollzieherkosten. [3]Wenn Prozess- oder Verfahrenskostenhilfe bewilligt ist, und bei Aufträgen des Gerichts werden darüber hinaus die sonst bei den Kostenschuldnern zu erhebenden Wegegelder und Reisekosten

1. in den Fällen der Nummer 712 KV-GvKostG in voller Höhe,
2. in den übrigen Fällen zur Hälfte

ersetzt, und zwar ohne Rücksicht darauf, ob ein Gericht des eigenen oder ein Gericht eines anderen Landes die Prozess- oder Verfahrenskostenhilfe bewilligt oder den Auftrag erteilt hat. [4]Aufträge der Strafvollstreckungsbehörden und der Gerichtskassen sind nicht als Aufträge des Gerichts anzusehen.

(4) Die Gebührenanteile und Entschädigungen sowie die aus der Landeskasse zu ersetzenden Beträge werden nach § 56 festgesetzt.

(5) Landesrechtliche Bestimmungen über die Abfindung der Gerichtsvollzieher bei Dienstreisen und Dienstgängen in Vollstreckungsangelegenheiten sowie über die Festsetzung von Gebühren und Entschädigung im Sinne der Absätze 1 bis 3 bleiben unberührt.

§ 8 Auslagenvorschuss/Auslagenabschlag. [1]Die Dienstbehörde ist ermächtigt, dem Gerichtsvollzieher auf die in den Spalten 12 und 13 des Kassenbuchs II einzustellenden Auslagen einen angemessenen Vorschuss/Abschlag zu gewähren. [2]Für die Bemessung des Vorschusses/Abschlages bieten die Durchschnittsbeträge der vorangegangenen beiden Vierteljahre einen Anhalt, sofern nicht im Einzelfall durch nachweislich besonders hohe Auslagen ein höherer Betrag gerechtfertigt ist. [3]Für eine Einzelsache soll ein Vorschuss/Abschlag nur dann gewährt werden, wenn die Durchführung eines Auftrages voraussichtlich mehr als 10 Euro Auslagen erfordert.

§ 9[1)] Reisekostenzuschuss. (1) [1]Dem Gerichtsvollzieher kann auf Antrag aus der Landeskasse ein Reisekostenzuschuss gewährt werden, wenn die im Laufe eines Quartals vereinnahmten Wegegelder und Reisekosten die tatsächlichen Aufwendungen für sämtliche notwendigen Dienstreisen und Wege im Sinne der Nummern 711 und 712 KV-GvKostG nicht decken. [2]Über die Gewährung des Reisekostenzuschusses entscheidet die Dienstbehörde; um ein einheitliches Verfahren sicherzustellen, bedarf die Gewährung der Zustimmung des Präsidenten des Landgerichts (Amtsgerichts). [3]Die Festsetzung richtet sich nach § 56.

(2) [1]Die Gewährung eines Reisekostenzuschusses setzt voraus, dass der Gerichtsvollzieher ein Reisetagebuch führt. [2]Anhand des Reisetagebuchs und der Dienstregister ist zu prüfen, ob der Gerichtsvollzieher die für die Gewährung des Zuschusses maßgebenden Grundsätze beachtet hat, insbesondere ob er die einzelnen Reisen und Wege nach den zu erledigenden Dienstgeschäften zweckmäßig eingerichtet, ob er die Zahl der Reisen und Wege möglichst eingeschränkt und darauf geachtet hat, Reisen zur Erledigung von Aufträgen nach dem Justizbeitrei-

[1)] § 9 Abs. 2 Satz 2 geänd. mWv 1.1.2019 durch Bek. v. 23.11.2018 (JMBl. S. 125); Abs. 3 Satz 2 geänd. mWv 1.1.2023 durch Bek. v. 7.12.2022 (BayMBl. Nr. 732).

bungsgesetz[1)] mit Reisen in anderen Angelegenheiten zu verbinden oder ob der Ansatz einer Pauschentschädigung für die Verwendung des eigenen Kraftwagens gerechtfertigt war.

(3) [1] Die Höhe des Reisekostenzuschusses richtet sich nach dem Quartalsergebnis des Reisetagebuchs. [2] Ergibt ein Vergleich der Summe der im Quartal vereinnahmten Wegegelder und Reisekosten, einschließlich der aus der Landeskasse in Prozess- oder Verfahrenskostenhilfeangelegenheiten und bei Aufträgen des Gerichts zu gewährenden Entschädigung (Spalte 8 und 12 des Kassenbuchs II) mit dem Quartalsergebnis des Reisetagebuchs (Spalte 6e) einen Minderbetrag, so ist dieser als Zuschuss aus der Landeskasse zu gewähren.

(4) [1] Die Dienstbehörde ist ermächtigt, dem Gerichtsvollzieher einen angemessenen Abschlag auf einen Reisekostenzuschuss zu gewähren, der im Laufe des Vierteljahres voraussichtlich erforderlich wird. [2] Für die Bemessung des Vorschusses sind die Durchschnittsbeträge der vorangegangenen beiden Quartale zugrunde zu legen, sofern nicht im Einzelfall durch nachgewiesene und notwendige Aufwendungen ein höherer Betrag gerechtfertigt ist.

Zweiter Abschnitt. Zuständigkeit

A. Gerichtsvollzieherbezirk

§ 10 Geschäftsverteilung. (1) [1] Der aufsichtführende Richter weist jedem im Amtsgericht beschäftigten Gerichtsvollzieher einen örtlich begrenzten Bezirk (Gerichtsvollzieherbezirk) zu. [2] Bei der Einteilung der Bezirke nimmt er auf eine gleichmäßige Verteilung der Geschäfte und auf die Möglichkeit einer zweckmäßigen Gestaltung der Reisen der Vollstreckungsbeamten Rücksicht. [3] Für jeden Beamten bestellt er im Voraus einen oder, falls es die örtlichen Verhältnisse erfordern, mehrere Gerichtsvollzieher als ständige Vertreter. [4] Mit Genehmigung des Präsidenten des Landgerichts (Amtsgerichts) können die Geschäfte anders als nach örtlichen Bezirken verteilt werden.

(2) [1] Von der Geschäftsverteilung bleiben Eilaufträge (§ 26) unberührt. [2] Der aufsichtführende Richter regelt die Zuständigkeit für die Aufträge. [3] Zur Erledigung dieser Aufträge ist jeder Gerichtsvollzieher des Amtsgerichts ohne örtliche Beschränkung berechtigt und verpflichtet. [4] Der nach Absatz 1 zuständige Gerichtsvollzieher ist von Pfändungen – unbeschadet der Vorschrift des § 826 Absatz 2 ZPO[2)] – in jedem Fall zur Wahrung früherer Pfändungen und zur Berücksichtigung bei Anschlusspfändungen durch Übersendung einer Abschrift der Pfändungsniederschrift zu benachrichtigen.

(3) Die Geschäftsverteilung ist in geeigneter Weise bekanntzumachen.

(4) Die Gültigkeit einer Amtshandlung wird dadurch nicht berührt, dass sie von einem anderen als dem nach der Geschäftsverteilung zuständigen Gerichtsvollzieher vorgenommen worden ist.

§ 11 Amtsgerichte mit einem Gerichtsvollzieher. (1) Ist bei einem Amtsgericht nur ein Gerichtsvollzieher beschäftigt, so ist der Amtsgerichtsbezirk der Gerichtsvollzieherbezirk.

(2) [1] Der Präsident des Landgerichts (Amtsgerichts) bestellt im Voraus einen Gerichtsvollzieher eines benachbarten Amtsgerichts als ständigen Vertreter, wenn

[1)] **Habersack, Deutsche Gesetze Nr. 122.**
[2)] **Habersack, Deutsche Gesetze Nr. 100.**

auch das benachbarte Amtsgericht seiner Dienstaufsicht untersteht; in allen übrigen Fällen wird der ständige Vertreter von dem Präsidenten des Oberlandesgerichts bestimmt. [2] Falls es die örtlichen Verhältnisse erfordern, können auch mehrere Gerichtsvollzieher je für einen bestimmten Teil des Bezirks als ständige Vertreter bestellt werden. [3] In Eilfällen ist der aufsichtführende Richter des Amtsgerichts oder bei seiner Verhinderung der Geschäftsleiter ermächtigt, die Vertretung durch andere Beamte nach Maßgabe der Notwendigkeit zu regeln und diesen Beamten die für die Erledigung des einzelnen Dienstgeschäfts erforderlichen Weisungen zu erteilen.

§ 12 Amtsgerichte ohne Gerichtsvollzieher. (1) Ist bei einem Amtsgericht kein Gerichtsvollzieher beschäftigt, so teilt, soweit landesrechtlich nichts anderes bestimmt ist, der Präsident des Oberlandesgerichts den Amtsgerichtsbezirk dem Bezirk eines, ausnahmsweise unter zweckmäßiger Aufteilung auch den Bezirken mehrerer Gerichtsvollzieher benachbarter Amtsgerichte zu (zugeschlagener Bezirk).

(2) Eigener Gerichtsvollzieherbezirk und zugeschlagener Bezirk bilden den Gesamtbezirk des Gerichtsvollziehers.

(3) Name, Bezirk und Amtssitz des zuständigen Gerichtsvollziehers sind im Gebäude des Amtsgerichts des zugeschlagenen Bezirks durch ständigen Aushang oder in sonst geeigneter Weise mit dem Hinweis bekanntzumachen, dass Aufträge, Anfragen und Mitteilungen nach Möglichkeit unmittelbar an den Gerichtsvollzieher zu richten sind, aber auch in der Geschäftsstelle des Amtsgerichts zur Übermittlung an den Gerichtsvollzieher angebracht werden können.

(4) [1] Die Geschäftsstelle des Amtsgerichts des zugeschlagenen Bezirks leitet die bei ihr eingehenden, für den Gerichtsvollzieher bestimmten Schriftstücke täglich an diesen weiter. [2] Dies gilt nicht, wenn mit Sicherheit zu erwarten ist, dass der Gerichtsvollzieher an dem betreffenden Tage auf der Geschäftsstelle anwesend sein wird.

(5) [1] Ist der Gerichtsvollzieher am Sitz des Amtsgerichts des zugeschlagenen Bezirks anwesend, so hat er sich stets in der Geschäftsstelle zur Entgegennahme seiner Eingänge und zu etwa erforderlichen Dienstbesprechungen einzufinden. [2] Von der Einrichtung bestimmter Sprechtage ist regelmäßig abzusehen.

(6) [1] Für Eilaufträge, die im zugeschlagenen Bezirk zu erledigen sind, bestellt der aufsichtführende Richter des Amtsgerichts des zugeschlagenen Bezirks im Voraus einen oder, falls es erforderlich ist, mehrere geeignete Beamte des Amtsgerichts als ständige Vertreter des Gerichtsvollziehers für die Wahrnehmung einzelner Gerichtsvollziehergeschäfte. [2] Die Bestimmungen über die Regelung der ständigen Vertretung des Gerichtsvollziehers (§§ 10, 11) werden hierdurch nicht berührt. [3] Macht ein eiliger Auftrag eine weitere nicht mehr dringliche Amtshandlung erforderlich, so sind die Vorgänge nach Erledigung des dringlichen Teils an den zuständigen Gerichtsvollzieher abzugeben.

§ 13 Zuteilung eines zugeschlagenen Bezirks in Sonderfällen. [1] Soweit landesrechtlich nichts anderes bestimmt ist, kann der Präsident des Oberlandesgerichts den Gerichts*vollzieherdienst eines* Amtsgerichtsbezirks oder eines Be*zirksteils* auch in anderen als den in § 12 Absatz 1 bezeichneten Fällen einem Gerichtsvollzieher eines benachbarten Amtsgerichts übertragen. [2] Die Bestimmungen in § 12 Absatz 2 bis 6 gelten in diesem Fall entsprechend.

B. Örtliche Zuständigkeit

§ 14 Allgemeines. (1) Die örtliche Zuständigkeit des Gerichtsvollziehers beschränkt sich, soweit nichts anderes bestimmt ist, auf den ihm zugewiesenen Gerichtsvollzieherbezirk.

(2) Eine Amtshandlung ist nicht aus dem Grund unwirksam, weil der Gerichtsvollzieher sie außerhalb seines Gerichtsvollzieherbezirks vorgenommen hat.

§ 15 Freiwillige Versteigerungen. [1]Für freiwillige Versteigerungen ist der Gerichtsvollzieher zuständig, in dessen Bezirk sich die zu versteigernde Sache befindet. [2]Die Weitergabe des Auftrags an einen zur Übernahme bereiten Gerichtsvollzieher ist möglich. [3]§ 191 der Geschäftsanweisung für Gerichtsvollzieher (GVGA)[1)] bleibt unberührt.

§ 16[2)] Zustellungen. (1) Für Zustellungen ist der Gerichtsvollzieher zuständig, in dessen Bezirk der Schuldner oder in Ermangelung eines solchen der Zustellungsempfänger seinen allgemeinen Gerichtsstand hat.

(2) [1]Persönliche Zustellungen darf der Gerichtsvollzieher nur in dem ihm zugewiesenen Gerichtsvollzieherbezirk ausführen. [2]Bei gerichtlichen Pfändungsbeschlüssen mit mehreren Drittschuldnern kann der für die persönliche Zustellung (§ 840 Absatz 3 Satz 2 ZPO[3)]) an den im Pfändungsbeschluss zuerst genannten Drittschuldner zuständige Gerichtsvollzieher auch die persönliche Zustellung an die anderen in demselben Amtsgerichtsbezirk ansässigen Drittschuldner vornehmen. [3]Zudem kann er sämtliche elektronisch durchführbaren Zustellungen vornehmen.

§ 17[4)] Ermittlung des Aufenthaltsortes. (1) [1]Die Ermittlung des Aufenthaltsortes, der gegenwärtigen Anschriften, des Ortes der Hauptniederlassung oder des Sitzes des Schuldners nach § 755 ZPO[3)] obliegt dem für die letzte bekannte Anschrift des Schuldners zuständigen Gerichtsvollzieher. [2]Ist keine solche Anschrift bekannt, obliegt die Ermittlung dem für den Wohnsitz des Gläubigers zuständigen Gerichtsvollzieher.

(2) Für die Einholung von Drittstellenauskünften (§ 802l ZPO) gilt Absatz 1 entsprechend.

(3) Ist aufgrund des Ergebnisses der Ermittlung ein anderer Gerichtsvollzieher zuständig, gibt der Gerichtsvollzieher den Vollstreckungsvorgang von Amts wegen an diesen ab.

§ 18 In mehreren Gerichtsvollzieherbezirken zu erledigende Aufträge.
(1) Für die Erledigung eines Auftrags, der eine Tätigkeit in mehreren Gerichtsvollzieherbezirken des gemeinsamen Landgerichtsbezirks erfordert, ist der Gerichtsvollzieher eines jeden der beteiligten Gerichtsvollzieherbezirke zuständig.

(2) Die Zuständigkeit ist auch gegeben, wenn der Gerichtsvollzieher zur Durchführung der in seinem Gerichtsvollzieherbezirk begonnenen Amtshandlung die Grenze dieses Bezirks (auch über die Landesgrenze hinaus) überschreiten muss.

---

1) Nr. **109**.
2) § 16 neu gef. mWv 1.6.2023 durch Bek. v. 7.12.2022 (BayMBl. Nr. 732).
3) **Habersack, Deutsche Gesetze Nr. 100.**
4) § 17 Abs. 1 Satz 1 geänd. mWv 1.1.2019 durch Bek. v. 23.11.2018 (JMBl. S. 125); Abs. 2 eingef., bish. Abs. 2 wird Abs. 3 mWv 1.1.2023 durch Bek. v. 7.12.2022 (BayMBl. Nr. 732).

Dritter Abschnitt. Aufträge

A. Ablehnung und Abgabe von Aufträgen

§ 19 Rechtliche oder tatsächliche Verhinderung. [1] Ist der Gerichtsvollzieher von der Ausübung seines Amts kraft Gesetzes ausgeschlossen, so gibt er den Auftrag unter Angabe des Grundes seiner Verhinderung an seinen ständigen Vertreter ab. [2] Ist auch der ständige Vertreter verhindert, so zeigt dieser die Sachlage unverzüglich der Dienstbehörde an. [3] Die Dienstbehörde sorgt für die Bestellung eines besonderen Vertreters zur Durchführung des Dienstgeschäfts. [4] Der übernehmende Beamte (Satz 1 und 3) teilt dem Auftraggeber die Übernahme des Auftrags unverzüglich mit. [5] Die Mitteilung kann unterbleiben, wenn sie bei dem Auftraggeber nicht früher als die Nachricht über das Ergebnis der Amtshandlung eingehen würde. [6] Ist der Gerichtsvollzieher an der Erledigung eines Auftrags tatsächlich verhindert, so gelten die Bestimmungen in den Sätzen 1 bis 5 entsprechend.

§ 20 Örtliche Unzuständigkeit bei Erteilung des Auftrags. (1) Ist der Gerichtsvollzieher für die Erledigung eines mündlich erteilten Auftrags örtlich unzuständig, so verweist er den Auftraggeber an den zuständigen Gerichtsvollzieher.

(2) [1] Ist der Gerichtsvollzieher für einen ihm schriftlich erteilten Auftrag nicht zuständig, so gibt er ihn nach Eintragung in das Dienstregister

1. falls der Auftrag im eigenen Amtsgerichtsbezirk oder in einem zugeschlagenen Bezirk des Amtsgerichts zu erledigen ist, unverzüglich an den zuständigen Gerichtsvollzieher ab, der den Auftraggeber umgehend von der Übernahme des Auftrags zu benachrichtigen hat;
2. falls der Auftrag in einem anderen Amtsgerichtsbezirk zu erledigen ist, unter Benachrichtigung des Auftraggebers an das zuständige Amtsgericht weiter; ist dies nicht angängig oder zweckmäßig, so ist der Auftrag dem Auftraggeber mit entsprechender Mitteilung zurückzusenden; § 802e ZPO[1)] bleibt unberührt.

[2] Der Verbleib des Auftrags ist im Dienstregister unter Angabe des Tages der Abgabe und der vollen Anschrift des Empfängers zu vermerken.

§ 21 Eintritt der örtlichen Unzuständigkeit nach Auftragserteilung. Tritt die örtliche Unzuständigkeit infolge Veränderung der tatsächlichen Verhältnisse nach Annahme des Auftrags ein, so verfährt der Gerichtsvollzieher nach § 20 Absatz 2, auch wenn der Auftrag durch die Verteilungsstelle vermittelt ist.

B. Vermittlung von Aufträgen durch die Verteilungsstelle

§ 22 Aufgabe; Zuständigkeit. (1) Bei jedem Amtsgericht ist eine Verteilungsstelle einzurichten.

(2) [1] Aufgabe der Verteilungsstelle ist es, Aufträge, auch wenn sie durch Vermittlung der Geschäftsstelle gestellt werden, und sonstige für die Gerichtsvollzieher bestimmte Eingänge entgegenzunehmen und an den zuständigen Gerichtsvollzieher weiterzuleiten. [2] Das Recht, dem Gerichtsvollzieher Aufträge unmittelbar zu erteilen, bleibt unberührt.

(3) [1] Die Dienstaufsicht ist befugt, einen Zwangsvollstreckungsauftrag aus besonderen Gründen einem anderen als dem zuständigen Gerichtsvollzieher oder

---

[1)] **Habersack, Deutsche Gesetze Nr. 100.**

seinem ständigen Vertreter zur Erledigung zuzuteilen. [2]Die Zuteilung muss schriftlich erfolgen.

(4) Aufträge zur Erhebung von Wechsel- und Scheckprotesten sind grundsätzlich dem Gerichtsvollzieher zuzuteilen, zu dessen Bezirk die Örtlichkeit gehört, an welcher der Protest oder die erste von mehreren Protesthandlungen vorzunehmen ist.

(5) [1]Aufträge zur Abnahme der Vermögensauskunft nach § 802c ZPO[1)] und der eidesstattlichen Versicherung in den Fällen der §§ 836, 883 ZPO und § 94 FamFG[2)] sind dem Gerichtsvollzieher zuzuteilen, in dessen Bezirk der Schuldner nach den in dem Auftrag enthaltenen Angaben seinen Wohnsitz oder Aufenthaltsort hat. [2]Dies gilt auch für nachträgliche Aufträge nach § 802l ZPO.

(6) Die Verteilungsstelle darf Kosten, Vorschüsse oder sonstige Geldbeträge für den Gerichtsvollzieher nicht annehmen.

§ 23[3)] Geschäftszeit; Geschäftszimmer. (1) [1]Die Verteilungsstelle muss während der allgemeinen Dienststunden des Amtsgerichts für den Publikumsverkehr geöffnet sein. [2]Soweit eine besondere Regelung der Dienststunden für den Verkehr mit dem Gerichtsvollzieher erforderlich ist, trifft sie der aufsichtführende Richter.

(2) Im Geschäftszimmer der Verteilungsstelle sind die Dienststunden der Verteilungsstelle, die Namen und Anschriften der Gerichtsvollzieher und ihrer ständigen Vertreter, die Bezirkseinteilung sowie sonstige Anordnungen zur Verteilung der Geschäfte unter die Gerichtsvollzieher durch Aushang oder in sonst geeigneter Weise bekanntzumachen.

§ 24[4)] Entgegennahme von Aufträgen. (1) [1]Die Erteilung des Auftrags bei der Verteilungsstelle nebst der Aushändigung der erforderlichen Schriftstücke steht der unmittelbaren Auftragserteilung an den zuständigen Gerichtsvollzieher gleich. [2]Die Verteilungsstelle hat den Zeitpunkt der Übergabe auf den Schriftstücken zu vermerken. [3]Ein offensichtlich unvollständiger Auftrag ist dem Auftraggeber zur Vervollständigung zurückzugeben, sofern der festgestellte Mangel nicht durch mündliche oder fernmündliche Rücksprache mit ihm behoben werden kann.

(2) [1]Besondere Weisungen des Auftraggebers über Art und Umfang der Erledigung vermerkt die Verteilungsstelle nötigenfalls auf den übergebenen Schriftstücken oder einem besonderen Umschlag. [2]Der erschienene Auftraggeber ist an den zuständigen Gerichtsvollzieher selbst zu verweisen, wenn ein Vermerk nicht genügen würde, um den Gerichtsvollzieher über die Sachlage hinreichend zu unterrichten, oder wenn der Auftraggeber eine beschleunigte Erledigung verlangt.

(3) Auf elektronischem Wege eingegangene Dokumente sind dem Gerichtsvollzieher nach landesrechtlicher Bestimmung zuzuleiten.

§ 25 Verteilung der Aufträge. (1) Für jeden Gerichtsvollzieher wird bei der Verteilungsstelle ein Abholfach eingerichtet, in das die für ihn bestimmten Eingänge gelegt werden.

[1)] **Habersack, Deutsche Gesetze Nr. 100.**
[2)] **Habersack, Deutsche Gesetze Nr. 112.**
[3)] § 23 Abs. 1 Satz 1 geänd. mWv 1.1.2019 durch Bek. v. 23.11.2018 (JMBl. S. 125).
[4)] § 24 Überschrift neu gef., Abs. 3 angef. mWv 1.1.2019 durch Bek. v. 23.11.2018 (JMBl. S. 125).

(2) Der Gerichtsvollzieher hat die Eingänge täglich abzuholen oder auf eigene Verantwortung durch eine zuverlässige, der Verteilungsstelle zu bezeichnende erwachsene Person abholen zu lassen.

(3) Hat der zuständige Gerichtsvollzieher seinen Amtssitz nicht am Sitz des Amtsgerichts, so leitet ihm die Verteilungsstelle die für ihn bestimmten Eingänge täglich zu, sofern nicht mit Sicherheit zu erwarten ist, dass er an dem betreffenden Tag auf der Verteilungsstelle anwesend sein wird.

(4) Eingehende besonders eilbedürftige Aufträge sind dem Gerichtsvollzieher schnellstens zuzuleiten.

(5) Die Verteilungsstelle hat dem Auftraggeber auf Verlangen den Gerichtsvollzieher zu benennen, dem der Auftrag zugeleitet wird, sofern dieses Verlangen im Auftrag augenfällig gekennzeichnet ist; sie hat ihn dann darauf hinzuweisen, dass weitere Anfragen oder Aufträge in der Angelegenheit unmittelbar an den Gerichtsvollzieher zu richten sind.

(6) [1] Aufzeichnungen über den Eingang und die Verteilung der Aufträge bei der Verteilungsstelle sind im Allgemeinen nicht erforderlich. [2] Der Präsident des Landgerichts (Amtsgerichts) kann anordnen, dass hierüber Listen in einfacher Form geführt werden, sofern es ausnahmsweise notwendig erscheint.

§ 26 Erledigung von Eilaufträgen. (1) Bei Amtsgerichten mit großem Geschäftsumfang kann der aufsichtführende Richter anordnen, dass sich ein oder mehrere Gerichtsvollzieher an den einzelnen Wochentagen abwechselnd in einer im Voraus festgelegten Reihenfolge in ihrem Geschäftszimmer oder in der Verteilungsstelle zur Durchführung von Aufträgen bereithalten, die sofort erledigt werden müssen.

(2) [1] Ob eine Sache eilbedürftig ist, ist unter Berücksichtigung aller ersichtlichen Umstände nach Lage des Einzelfalles zu entscheiden. [2] Die Bezeichnung eines Auftrags als Eilsache genügt für sich allein nicht, um die Eilbedürftigkeit zu begründen. [3] Aufträge zur Vollziehung von Arresten, einstweiligen Verfügungen und einstweiligen Anordnungen nach dem Gewaltschutzgesetz[1)] sowie Aufträge zur Erhebung von Protesten sind stets als Eilaufträge zu behandeln.

(3) [1] Der aufsichtführende Richter kann allgemein anordnen, dass die dem Eilgerichtsvollzieher übergebenen Aufträge unverzüglich an den zuständigen Gerichtsvollzieher zur weiteren Erledigung abzugeben sind, sobald sie nicht mehr eilbedürftig sind. [2] Etwa erforderliche Bestimmungen über die geschäftliche Behandlung dieser Aufträge durch die beteiligten Gerichtsvollzieher trifft der aufsichtführende Richter.

C. Behandlung und Überwachung ruhender Vollstreckungsaufträge

§ 27 Ruhen von Vollstreckungsaufträgen (§ 64 Absatz 3 Nummer 2 GVGA[2)]). (1) [1] Gewährt der Gläubiger oder der Gerichtsvollzieher dem Schuldner eine Frist von unbestimmter Dauer oder von mehr als zwölf Monaten oder mehrere aufeinander folgende Fristen von zusammen mehr als zwölf Monaten, so bleiben die getroffenen Vollstreckungsmaßnahmen zwar bestehen, für die Akten- und Buchführung des Gerichtsvollziehers gilt der Auftrag als büromäßig erledigt (Ruhen des Vollstreckungsauftrags). [2] Der Gerichtsvollzieher gibt dem Gläubiger den Schuldtitel und die sonstigen ihm übergebenen Urkunden zurück. [3] Er setzt

---

[1)] Nr. **49**.
[2)] Nr. **109**.

die Vollstreckung nur auf besonderen Antrag des Gläubigers fort. [4]Sind die Pfandstücke nicht im Gewahrsam des Schuldners belassen worden, so ruht der Auftrag erst dann, wenn ihre weitere Aufbewahrung durch eine Einigung der Beteiligten oder durch eine gerichtliche Anordnung geregelt ist.

(2) [1]Wird die Zwangsvollstreckung bis zur Entscheidung in der Hauptsache über die Klage, den Einspruch, die Berufung oder die Revision eingestellt (§§ 707, 719, 769, 771, 785, 805, 924 ZPO[1)]) oder eine Maßnahme der Zwangsvollstreckung nach § 765a ZPO einstweilen eingestellt, so ruht der Auftrag ebenfalls. [2]Das weitere Verfahren des Gerichtsvollziehers richtet sich nach Absatz 1.

(3) [1]Wird die Zwangsvollstreckung nur kurzfristig einstweilen eingestellt, so gilt der Auftrag als fortbestehend (zum Beispiel bei Einstellung bis zur Entscheidung über die Erinnerung oder die Beschwerde – §§ 570, 766 ZPO – oder über Einwendungen gegen die Zulässigkeit der Vollstreckungsklausel – § 732 ZPO). [2]Der Gerichtsvollzieher setzt die Zwangsvollstreckung fort, sobald die für die einstweilige Einstellung maßgebliche Frist abgelaufen ist. [3]Sind jedoch seit der einstweiligen Einstellung mehr als drei Monate verstrichen und ist nach dem pflichtgemäßen Ermessen des Gerichtsvollziehers mit einer baldigen Entscheidung nicht zu rechnen, so verfährt er auch in diesen Fällen nach den Bestimmungen in Absatz 1.

(4) [1]Gibt der Gerichtsvollzieher seinem Auftraggeber anheim, einen richterlichen Durchsuchungsbeschluss oder einen Beschluss nach § 758a Absatz 4 ZPO einzuholen, gilt der Auftrag als büromäßig erledigt. [2]Legt der Auftraggeber den Beschluss vor, setzt der Gerichtsvollzieher die Zwangsvollstreckung unter der alten Nummer fort.

(5) Das Ruhen des Vollstreckungsauftrags ist bei noch nicht vorgenommenen Vollstreckungsmaßnahmen auf höchstens sechs Monate, in allen anderen Fällen auf 24 Monate beschränkt.

§ 28 Überwachung ruhender Aufträge. (1) [1]Der Gerichtsvollzieher vermerkt bei den nach § 27 ruhenden Aufträgen in Spalte 5 des Dienstregisters II unter Hinzufügung des Datums „Ruht seit …". [2]Bei einer späteren Übertragung in das neue Dienstregister II ist dieser Vermerk zu übernehmen. [3]Das Ruhen ist auf dem Umschlag der Sonderakten zu vermerken. [4]Die Sonderakten sind nach dem Namen der Schuldner alphabetisch geordnet und getrennt von anderen Akten aufzubewahren. [5]Im Fall des § 27 Absatz 4 enthält der Vermerk in Spalte 5 den Klammerzusatz „(§ 27 Absatz 4 GVO)". [6]Einer Überwachung dieser Aufträge bedarf es nur, wenn Pfandstücke im Gewahrsam des Schuldners belassen worden sind.

(2) [1]Wird die Zwangsvollstreckung fortgesetzt oder erledigt sie sich (zum Beispiel durch Zahlung, durch Freigabe oder durch Rücknahme des Auftrags), so vermerkt der Gerichtsvollzieher in Spalte 5 des Dienstregisters II „Fortgesetzt" oder „Erledigt". [2]Als Fortsetzung gilt nur die tatsächliche Fortsetzung des Verfahrens, zum Beispiel die Anberaumung eines Versteigerungstermins oder eine weitere Pfändung, jedoch nicht die Erklärung des Gläubigers, dass die Sache noch nicht erledigt sei.

(3) [1]Ist in dem Vollstreckungsverfahren eine Vollstreckungsmaßnahme nicht vorgenommen oder sind vor dem Ruhen lediglich Raten entgegengenommen worden und sind seit dem Ruhen ohne einen Fortsetzungsantrag sechs Monate

[1)] **Habersack, Deutsche Gesetze Nr. 100.**

vergangen, so ist der Vorgang als erledigt anzusehen. [2]Der Gerichtsvollzieher vermerkt in Spalte 5 des Dienstregisters II „Erledigt aufgrund des Ablaufs der Ruhensfrist (sechs Monate)". [3]Sind Vollstreckungsmaßnahmen, insbesondere Pfändungen, vorgenommen worden und seit dem Abschluss der Eintragung zwei Jahre verstrichen, so teilt der Gerichtsvollzieher dem Gläubiger durch zuzustellenden Brief Folgendes mit: „Nachdem die Zwangsvollstreckung gegen … zwei Jahre geruht hat, bitte ich um Mitteilung innerhalb von zwei Wochen nach der Zustellung, ob die Angelegenheit erledigt ist oder ob Sie die Fortsetzung des Verfahrens beantragen". [4]Teilt der Gläubiger mit, dass die Sache erledigt sei oder äußert er sich nicht, so vermerkt der Gerichtsvollzieher in Spalte 5 des Dienstregisters II „Erledigt". [5]Beantragt der Gläubiger die Fortsetzung der Zwangsvollstreckung, so vermerkt der Gerichtsvollzieher in Spalte 5 des Dienstregisters II unter Hinzufügung des Datums „Fortgesetzt am …".

Vierter Abschnitt. Geschäftsbetrieb

§ 29 Allgemeines. Der Gerichtsvollzieher regelt seinen Geschäftsbetrieb nach eigenem pflichtgemäßen Ermessen, soweit hierüber keine besonderen Bestimmungen bestehen.

§ 30[1] Geschäftszimmer. (1) [1]Der Gerichtsvollzieher muss an seinem Amtssitz ein Geschäftszimmer auf eigene Kosten unterhalten. [2]Der Präsident des Landgerichts (Amtsgerichts) kann dem Gerichtsvollzieher gestatten, das Geschäftszimmer an einem anderen Ort als dem des Amtssitzes zu unterhalten, wenn das Geschäftszimmer verkehrsgünstig in der Nähe des Amtssitzes eingerichtet wird, eine Internetanbindung gewährleistet ist und die ordnungsmäßige Erledigung der Dienstgeschäfte und die Belange der Parteien nicht beeinträchtigt werden, insbesondere dem Land und den Parteien keine Mehrkosten entstehen. [3]In diesem Fall kann der Präsident des Landgerichts (Amtsgerichts) dem Gerichtsvollzieher gestatten, an seinem Amtssitz zusätzlich einen Raum zur Abhaltung von Sprechstunden (Sprechzimmer) zu unterhalten. [4]Mehrere Gerichtsvollzieher können sich zu einer Bürogemeinschaft zusammenschließen.

(2) [1]Der Gerichtsvollzieher ist verpflichtet, das Geschäftszimmer durch ein an der Außenseite des Hauses in der Nähe des Hauseingangs anzubringendes Schild kenntlich zu machen, das den Namen des Gerichtsvollziehers und die Aufschrift „Gerichtsvollzieher" enthalten muss. [2]Ist eine Anbringung an der Außenseite des Hauses nicht möglich, genügt auch, dass das Schild in einem erkennbaren Zusammenhang mit dem Gebäude steht. [3]Das Schild beschafft der Gerichtsvollzieher auf eigene Kosten. [4]Das Schild einer Bürogemeinschaft muss neben der Aufschrift „Gerichtsvollzieher" die Namen sämtlicher Gerichtsvollzieher, die Mitglieder der Bürogemeinschaft sind, enthalten. [5]Am Eingang zum Geschäftszimmer oder in dem für eine Briefkastenanlage vorgesehenen Eingangs- oder Außenbereich des Gebäudes muss sich ein Briefeinwurf oder Briefkasten befinden. [6]Der Gerichtsvollzieher hat mindestens ein elektronisches Gerichts- und Verwaltungspostfach oder ein anderes nach dem OSCI-Standard eingerichtetes Postfach zu unterhalten. [7]Die Vorrichtungen für Briefeinwürfe sowie das elektronische Postfach oder die elektronischen Postfächer sind mindestens einmal arbeitstäglich zu leeren bzw. abzurufen.

---

[1] § 30 neu gef. mWv 1.5.2024 durch Bek. v. 22.3.2024 (BayMBl. Nr. 180).

(3) [1]Das Geschäftszimmer des Gerichtsvollziehers muss abschließbar sein und von dessen privaten Räumlichkeiten getrennt, vor dem Zutritt Unbefugter geschützt und – sofern es für Sprechstunden genutzt wird – für den Publikumsverkehr geeignet sein. [2]Ein vorhandener Zugang zu Gesetzes- und Entscheidungsdatenbanken steht der Ausstattung mit Gesetzen und Dienstvorschriften gleich. [3]Weitere Räume, in denen sich Akten zur Lagerung oder Komponenten der IT-Systeme, insbesondere für Zwecke der Datensicherung und Netzwerkverbindung, befinden, müssen ebenfalls abschließbar sein und vor dem Zugriff Unbefugter geschützt werden.

(4) Der Gerichtsvollzieher hat durch Einsatz geeigneter elektronischer Kommunikationsmittel sicherzustellen, dass er täglich während der Geschäftszeiten des Amtsgerichts für Nachrichten der Verteilungsstelle und der Dienstaufsicht telefonisch und über sein IT-System, gegebenenfalls per Telefax, empfangsbereit ist und zeitnah auf Rückfragen antworten kann.

(5) Der Gerichtsvollzieher hat Vorsorge zu treffen, dass eilige Aufträge unverzüglich an seinen Vertreter oder die Dienstbehörde gelangen können, falls er abwesend oder sonst an der Erledigung der Aufträge verhindert ist.

(6) [1]Der Gerichtsvollzieher hat mindestens zweimal in der Woche an unterschiedlichen Tagen Sprechstunden abzuhalten, während derer er sich in seinem Geschäftszimmer oder Sprechzimmer aufhalten muss. [2]Die Sprechstunden sind nach § 2 Satz 4 bekannt zu machen.

§ 30a[1)] Daten- und Informationssicherheit im Geschäftsbetrieb. (1) Der Gerichtsvollzieher regelt den Geschäftsbetrieb unter Beachtung der Bestimmungen der Verordnung (EU) 2016/679[2)] des Europäischen Parlaments und des Rates vom 27. April 2016 zum Schutz natürlicher Personen bei der Verarbeitung personenbezogener Daten, zum freien Datenverkehr und zur Aufhebung der Richtlinie 95/46/EG (Datenschutz-Grundverordnung) sowie der einschlägigen bundes- und landesrechtlichen Regelungen zum Schutz personenbezogener Daten und trifft geeignete technische und organisatorische Maßnahmen, um sicherzustellen und nachweisen zu können, dass die Verarbeitung personenbezogener Daten im Einklang mit diesen Vorschriften erfolgt.

(2) [1]Das Geschäftszimmer ist so einzurichten, dass bei Publikumsverkehr personenbezogene Daten Dritter nicht offengelegt werden. [2]Akten, Register, Kassenbücher und sonstige dienstliche Unterlagen sowie für dienstliche Zwecke genutzte IT-Systeme und Datenträger dürfen ausschließlich in Räumen, die den Anforderungen des § 30 Absatz 3 entsprechen, aufbewahrt und betrieben werden. [3]Entsprechendes gilt für Unterlagen, die nach Landesrecht für die Geschäftsprüfung vorzuhalten sind. [4]Der Gerichtsvollzieher hat dafür Sorge zu tragen, dass zu Zwecken der Dienstaufsicht der Zugang zu dem Geschäftszimmer und dem Sprechzimmer sowie ein Zugriff auf sämtliche dienstlichen Unterlagen, die vom Gerichtsvollzieher genutzte Fachanwendung, Archivräume, Briefkästen, IT-Systeme und Datenträger sowie eingerichtete elektronische Postfächer gewährleistet ist.

(3) [1]Die Vertraulichkeit, Integrität und Verfügbarkeit der verarbeiteten Daten ist durch geeignete technische und organisatorische Maßnahmen sicherzustellen. [2]Die verwendeten IT-Anlagen sowie die darauf verwendeten Softwareprogramme, die Telekommunikationseinrichtungen und Datenträger sind insbesondere

---

[1)] § 30a eingef. mWv 1.5.2024 durch Bek. v. 22.3.2024 (BayMBl. Nr. 180).
[2)] **Sartorius Nr. 246.**

1. gegen den physischen Zugriff Dritter sowie gegen physische Gefährdungen zu schützen;
2. gegen unbefugte digitale Zugriffe und Gefährdungen zu schützen, u.a. durch
   a) eine Firewall und eine Antivirensoftware, die regelmäßig zu aktualisieren sind, und
   b) die Verwendung von Kennwörtern oder Codes, die den Anforderungen von Absatz 5 entsprechen;
3. zum Schutz ihrer Integrität arbeitstäglich durch eine zu dokumentierende Anfertigung von Sicherungskopien der dienstlichen Daten so zu sichern, dass eine vollständige Wiederherstellung der Daten zum Sicherungszeitpunkt möglich ist; eine angefertigte Sicherungskopie darf erst dann überschrieben oder gelöscht werden, wenn eine neue Sicherungskopie gefertigt und in ihrer Eignung zur vollständigen Wiederherstellung verifiziert worden ist.

[3] Die für die Datensicherung nach Satz 2 Nummer 3 genutzten Sicherungsdatenträger sind eindeutig zu kennzeichnen, vor unberechtigtem Zugriff und zufälliger Zerstörung zu schützen und sollen vom IT-System räumlich getrennt aufbewahrt werden. [4] Die verwendeten Programme und die programmierte Kurzbezeichnung der Register und Kassenbücher dürfen nicht verändert werden; ausgenommen sind Veränderungen durch Software-Updates. [5] Bei Wartungs- oder Reparaturarbeiten an IT-Systemen wählt der Gerichtsvollzieher erforderliche Dienstleistungsunternehmen sorgfältig aus und trifft erforderlichenfalls Vereinbarungen über Auftragsverarbeitungen nach Artikel 28 der Datenschutz-Grundverordnung.

(4) [1] Die elektronische Kommunikation hat, soweit darin personenbezogene oder solche Daten verarbeitet werden, die unter die amtliche Verschwiegenheitspflicht fallen, in verschlüsselter Form zu erfolgen, soweit sie nicht innerhalb der geschlossenen Kommunikationsnetze des Landes oder des Bundes erfolgt. [2] Richtet der Gerichtsvollzieher elektronische Postfächer selbst ein, verfährt er mit den Zugangsdaten nach Absatz 5.

(5) [1] Kennwörter, Codes und andere Zugangsdaten zu den Einrichtungen und Geräten nach Absatz 2 bis 4 dürfen nicht identisch und müssen ausreichend lang und komplex sein. [2] Anlassbezogen, insbesondere bei dem Verdacht auf Kompromittierung des Zugangs, ist eine Änderung von Kennwörtern, Codes und anderen Zugangsdaten vorzunehmen. [3] Sie sind zum Zwecke der Dienstaufsicht in einem vom Gerichtsvollzieher versiegelten Umschlag bei der Dienstbehörde zu hinterlegen. [4] Im Falle der Änderung der Zugangsdaten sind die geänderten Daten in gleicher Weise zu hinterlegen. [5] Der zuvor hinterlegte versiegelte Umschlag wird zurückgegeben. [6] Die Übergabe nach Satz 1 bis 4 ist durch die Dienstbehörde jeweils in einem schriftlich oder elektronisch geführten Register zu protokollieren.

(6) [1] Kommt es zu einer Verletzung des Schutzes personenbezogener Daten, hat der Gerichtsvollzieher unverzüglich seinen unmittelbaren Dienstvorgesetzten und den Datenschutzbeauftragten seiner Dienstbehörde zu benachrichtigen. [2] Der nach Landesrecht Verantwortliche im Sinne des Artikels 4 Nummer 7 der Datenschutz-Grundverordnung hat die Artikel 33 und 34 der Datenschutz-Grundverordnung zu beachten.

§ 31 Gehaltsvorschuss zur Einrichtung eines Geschäftszimmers. [1] Dem Gerichtsvollzieher kann im Bedarfsfall auf Antrag ein Gehaltsvorschuss zur Einrichtung eines Geschäftszimmers und zu dessen Ausstattung mit Büro- und Informationstechnik gewährt werden. [2] Die näheren Einzelheiten richten sich nach den von den Landesjustizverwaltungen für die Bewilligung von Vorschüssen getroffenen Bestimmungen.

§ 32 Pfandkammer. [1] Der Gerichtsvollzieher unterhält, sofern es erforderlich ist, eine Pfandkammer auf eigene Kosten. [2] Mit Genehmigung der Dienstbehörde können mehrere Gerichtsvollzieher dann eine gemeinsame Pfandkammer unterhalten, wenn die Pfandgegenstände von den Gerichtsvollziehern gegen einen Verlust ausreichend versichert sind. [3] Eine behördeneigene Pfandkammer überlässt die Dienstbehörde dem Gerichtsvollzieher

(Fortsetzung nächstes Blatt)

gegen Entgelt. [4] Die Dienstbehörde kann dem Gerichtsvollzieher die Benutzung einer bestimmten Pfandkammer vorschreiben.

§ 33 Büroangestellte. (1) [1] Der Gerichtsvollzieher ist verpflichtet, Büroangestellte auf eigene Kosten zu beschäftigen, soweit es der Geschäftsbetrieb erfordert. [2] Für ihre Tätigkeit ist er verantwortlich.

(2) [1] Die Büroangestellten dürfen die ihnen übertragenen Arbeiten nur im Geschäftszimmer des Gerichtsvollziehers erledigen, soweit sie nicht von dem Gerichtsvollzieher bei Dienstgeschäften zugezogen werden, die außerhalb des Geschäftszimmers zu erledigen sind. [2] Sie dürfen nur mit Büro- und Schreibarbeiten und, soweit es die Dienstbehörde im Einzelfall zugelassen hat, mit der Buchführung und beim Zahlungsverkehr beschäftigt werden. [3] Die Vornahme von Amtshandlungen darf ihnen der Gerichtsvollzieher nicht übertragen.

§ 34 Einstellung, Beschäftigung und Entlassung von Büroangestellten und Beschäftigung anderer Personen. (1) [1] Die Büroangestellten des Gerichtsvollziehers müssen volljährig, gewissenhaft, zuverlässig und mit den Aufgaben, die sie zu erledigen haben, völlig vertraut sein. [2] Ihre wirtschaftlichen Verhältnisse müssen geordnet sein.

(2) [1] Der Gerichtsvollzieher hat die Eignung von Büroangestellten sorgfältig zu prüfen. [2] Dazu hat er sich die Zeugnisse der früheren Arbeits- und Dienststellen vorlegen zu lassen.

(3) [1] Der Gerichtsvollzieher hat die von ihm beschäftigten Personen bei der Einstellung oder der Auftragserteilung nach § 1 des Verpflichtungsgesetzes förmlich zu verpflichten. [2] Der Gerichtsvollzieher hat die Niederschrift über die Verpflichtung der bei ihm beschäftigten Personen bei den Generalakten aufzubewahren. [3] Die Verpflichtung hat auch zu erfolgen, wenn zwischen denselben Personen bereits früher ein Beschäftigungsverhältnis bestanden hat oder Beschäftigte eines anderen Gerichtsvollziehers übernommen worden sind.

(4) Der Gerichtsvollzieher ist ferner verpflichtet, die Tätigkeit der Büroangestellten ständig sorgfältig zu überwachen und sofort einzugreifen, wenn sich gegen ihre Weiterbeschäftigung begründete Bedenken ergeben.

(5) [1] Die Einstellung und die Entlassung eines Büroangestellten sind der Dienstbehörde unverzüglich anzuzeigen. [2] In der Anzeige über die Einstellung sind folgende Angaben über den Büroangestellten zu machen:

1. Name, Vorname, Wohnanschrift,
2. Geburtsdatum, Geburtsort, gegebenenfalls Geburtsname,
3. *frühere Beschäftigung,*
4. Tag der Einstellung,
5. Vergütung und Vergütung für Überstunden,
6. Kündigungsfrist,
7. werktägliche Arbeitszeit und Sonntagsarbeit.

[3] Die Pflicht zur Anzeige erstreckt sich auch auf die Beschäftigung von Angehörigen des Gerichtsvollziehers, die zu seinem Haushalt gehören.

(6) [1] Die Dienstbehörde hat die Anzeige nach den Richtlinien in Absatz 1 zu prüfen und darauf zu achten, dass die Vereinbarungen des Gerichtsvollziehers mit den Büroangestellten unbedenklich sind. [2] Ermittlungen über die Zuverlässigkeit eines Büroangestellten sind in der Regel nur dann einzuleiten, wenn besondere Umstände dazu Anlass geben.

§ 35[1)] Unfallversicherung der Beschäftigten und der Arbeitshilfen.

(1) [1] Die Beschäftigten des Gerichtsvollziehers, insbesondere die Büroangestellten, sind kraft Gesetzes unfallversichert. [2] Der Gerichtsvollzieher ist Mitglied der Verwaltungs-Berufsgenossenschaft und hat die sich daraus ergebenden Verpflichtungen zu erfüllen. [3] Hierzu gehören unter anderem Pflichten zu Anzeigen an die Berufsgenossenschaft und die Leistung von Beiträgen.

(2) Soweit der Gerichtsvollzieher zur Durchführung von Amtshandlungen Privatpersonen als Arbeitshilfen oder in sonstiger Weise heranzieht, hat er für deren gesetzliche Unfallversicherung nicht einzustehen.

§ 36 Geschäftsbedarf. (1) Den Geschäftsbedarf beschafft der Gerichtsvollzieher auf eigene Kosten.

(2) Die zur Kennzeichnung gepfändeter Gegenstände erforderlichen Pfandsiegelmarken und Pfandanzeigen sowie Quittungsblöcke werden auf Kosten der Landeskasse beschafft.

(3) [1] Die Pfandsiegelmarken haben die Form eines Rechtecks in der Größe von 3,5 × 5 cm. [2] Sie sind in roter Farbe auf weißem Grund gehalten. [3] Ihre Beschriftung ergibt sich aus der Anlage 1. [4] Der Gerichtsvollzieher hat bei der Verwendung der Pfandsiegelmarken seinen Namen und sein Geschäftszeichen nebst abgekürzter Jahreszahl deutlich einzutragen. [5] Name und Ortsangabe können durch Stempelaufdruck angebracht werden.

(4) [1] Die Pfandanzeigen sind in der Regel in der Größe von 14,8 × 21 cm zu halten. [2] Ihre Beschriftung ergibt sich aus der Anlage 2. [3] Die Vordrucke sind in Blockform herzustellen. [4] Die Vordruckblätter sind abwechselnd in roter und weißer Farbe zu halten und derart mit durchlaufenden Zahlen zu versehen, dass je ein Rotzettel die gleiche Zahl trägt wie der folgende Weißzettel. [5] Die Weißzettel tragen die Überschrift: „Anlage zum Protokoll vom … DR II Nummer …“. [6] Die Rotzettel sind an dem Ort anzubringen, an dem sich die Pfandstücke befinden (vergleiche § 82 Absatz 2, § 102 Absatz 2 GVGA[2)]). [7] Die Weißzettel, auf denen eine Abschrift der Pfandanzeige anzubringen ist, sind als Anlage zum Pfändungsprotokoll zu nehmen. [8] Die Abschrift kann im Durchschreibeverfahren hergestellt werden.

(5) [1] Die Dienstbehörde ermittelt im Monat Juni jeden Jahres den voraussichtlichen Jahresbedarf ihrer Gerichtsvollzieher an Pfandsiegelmarken und Pfandanzeigen und bestellt ihn bis zum 1. Juli unmittelbar bei der Herstellerfirma. [2] Aus diesem Bestand gibt sie den laufenden Bedarf an die Gerichtsvollzieher ab.

(6) [1] Die Quittungsblöcke beschafft die Dienstbehörde; sie werden dem Gerichtsvollzieher in der Regel nach dem Bedarf für ein halbes Jahr überlassen. [2] Der Gerichtsvollzieher bestätigt der Dienstbehörde den Empfang

---

[1)] § 35 Abs. 1 Satz 2 geänd. mWv 1.1.2019 durch Bek. v. 23.11.2018 (JMBl. S. 125).
[2)] Nr. **109**.

unter Bezeichnung der Nummern der Quittungsblöcke. [3] Die Amtsgerichte melden ihren Jahresbedarf an Quittungsblöcken dem Präsidenten des Oberlandesgerichts bis zum 15. September jeden Jahres.

§ 37[1)] Schriftverkehr. Der Gerichtsvollzieher führt den Schriftverkehr und den elektronischen Rechtsverkehr unter eigenem Namen mit Amtsbezeichnung.

Fünfter Abschnitt. Aktenführung

§ 38 Generalakten. (1) [1] Über die Verwaltungsbestimmungen, die den Gerichtsvollzieherdienst betreffen, sind Generalakten zu führen. [2] Sie sind wie folgt aufzugliedern:

1. Gerichtsvollzieherdienst im Allgemeinen,
2. Kostenwesen,
3. Zustellungen,
4. Zwangsvollstreckungen,
5. Wechsel- und Scheckproteste,
6. öffentliche Versteigerungen,
7. Einziehung von Gerichtskosten und Geldbeträgen nach § 1 Absatz 1 der Einforderungs- und Beitreibungsanordnung (EBAO),
8. Elektronische Datenverarbeitung.

(2) Die Generalakten sind entsprechend zu beschriften.

§ 39[2)] Sonderakten und Verzeichnisse. (1) Über jeden in das Dienstregister II einzutragenden Auftrag sind Sonderakten zu führen; dies gilt nicht für die in § 20 Absatz 1 bezeichneten Aufträge, wenn für sie keine Kosten entstehen.

(2) [1] Aus den Sonderakten muss sich der Stand der Angelegenheit jederzeit vollständig ergeben. [2] Über die im Einzelnen vorgeschriebenen Protokolle oder Aktenvermerke hinaus ist alles festzuhalten, was zum Verständnis und zur rechtlichen Wertung der Amtshandlungen des Gerichtsvollziehers, zur Begründung des Kostenansatzes und der Steuerpflichten, zur Überprüfung der Dauer der einzelnen Verrichtungen und zum Nachweis des Verbleibs von Urkunden und sonstigen Schriftstücken erforderlich ist.

(3) [1] In den Sonderakten sind alle in dem Verfahren entstandenen Schriftstücke der Zeitfolge nach zu ordnen und fortlaufend zu nummerieren. [2] Sonderakten mit mehr als 15 Blättern sind mit einem Umschlag zu versehen. [3] Wird ein zu den Akten gehöriges Schriftstück dauernd oder vorübergehend herausgegeben, so ist dies in den Akten zu vermerken; von Anfragen und ähnlichen Schriftstücken, die urschriftlich zurückgesandt werden, ist eine Ablichtung zu den Akten zu nehmen. [4] Die Herausgabe von Sonderakten ist im Dienstregister, die endgültige Erledigung auf dem Aktendeckel zu vermerken. [5] Wegen der in den Sonderakten zu erstellenden Kostenrechnungen wird auf Nummer 7 DB-GvKostG und § 49 Absatz 5 verwiesen. [6] Die im Zwangsvollstreckungsverfahren mittels Informationstechnik erstellten Schriftstücke sind, soweit sich deren Inhalt nicht aus sonstigem Akten-

---

1) § 37 geänd. mWv 1.1.2019 durch Bek. v. 23.11.2018 (JMBl. S. 125).

2) § 39 Abs. 3 Sätze 6 und 7 neu gef., Sätze 8 und 9 angef., Abs. 4 Satz 7 geänd. mWv 1.1.2019 durch Bek. v. 23.11.2018 (JMBl. S. 125); Abs. 4 eingef., bish. Abs. 4–6 werden Abs. 5–7 mWv 1.3.2022 durch Bek. v. 8.2.2022 (BayMBl. Nr. 124); Abs. 2 Satz 2 geänd. mWv 1.1.2023 durch Bek. v. 7.12.2022 (BayMBl. Nr. 732).

inhalt oder Verfügungen ergibt, in lesbarer Form zur Sonderakte zu nehmen; in entsprechender Weise ist mit den im Zwangsvollstreckungsverfahren auf elektronischem Wege bei dem Gerichtsvollzieher eingegangenen Dokumenten und Unterlagen zu verfahren. [7]Die elektronische Speicherung oder ein Ausdruck im XML-Format reicht nicht aus. [8]Das gilt auch für die auf elektronischem Wege bei dem Gerichtsvollzieher eingegangenen Dokumente (§ 298 Absatz 1 ZPO[1)]), die zu speichern sind. [9]§ 130a Absatz 6 und § 298 Absatz 2 bis 4 ZPO sind zu beachten.

(4) [1]Bei der Übergabe von Akten an einen anderen Gerichtsvollzieher sind zusätzlich zur Sonderakte die Verfahrensdaten in einem strukturierten, maschinenlesbaren Datensatz im Dateiformat XML, der den nach § 5 Absatz 1 Nummer 2 der Elektronischer-Rechtsverkehr-Verordnung (ERVV) bekannt gemachten Definitions- oder Schemadateien entspricht, vollständig zu übergeben. [2]Die Übergabe dieser Daten muss über das Elektronische Gerichts- und Verwaltungspostfach (EGVP) oder ein nach dem OSCI-Standard oder einem diesen ersetzenden, dem jeweiligen Stand der Technik entsprechenden Protokollstandard eingerichtetes Postfach erfolgen. [3]Eine weitere Verschlüsselung der Daten vor der Übergabe durch die Fachanwendung ist unzulässig. [4]Kann eine Übergabe vorübergehend aus technischen Gründen nicht erfolgen, ist die Übergabe der Daten auf einem nach § 5 Absatz 1 Nummer 4 ERVV bekannt gemachten zulässigen, verschlüsselten physischen Datenträger ausnahmsweise zulässig. [5]Die Verfahrensdaten sind auch in diesem Fall im Format gemäß Satz 1 zu übertragen. [6]Der übergebende Gerichtsvollzieher hat in diesem Fall dem empfangenden Gerichtsvollzieher die zur Entschlüsselung der Daten notwendigen Informationen auf gesondertem Weg mitzuteilen.

(5) [1]Nimmt der Gerichtsvollzieher, der die Erstpfändung durchgeführt hat, eine Anschlusspfändung vor, so trägt er diese und alle folgenden Anschlusspfändungen in ein Verzeichnis der gegen den Schuldner vorgenommenen Anschlusspfändungen ein. [2]Das Verzeichnis enthält folgende Spalten:

1. Laufende Nummern,
2. Dienstregisternummer,
3. Name des Gläubigers,
4. Höhe der beizutreibenden Forderung,
5. Pfändungstag,
6. Versteigerungstermine,
7. Angabe über Fristen, Freigabe und Erledigung,
8. Besondere Bemerkungen.

[3]In der Spalte 8 sind auch die Pfandstücke zu bezeichnen, soweit es erforderlich ist. [4]Bei jeder weiteren Bearbeitung der einzelnen Pfändungen zieht der Gerichtsvollzieher das Verzeichnis heran, um sicherzustellen, dass keine Pfändung übersehen werden kann. [5]Die Anlegung des Verzeichnisses ist auf dem Umschlag der Sonderakten über die Erstpfändung zu vermerken. [6]Die Verzeichnisse sind nach Namen der Schuldner alphabetisch geordnet aufzubewahren. [7]Erledigte Pfändungen sind in Spalte 8 zu vermerken; die entsprechenden Eintragungen können erkennbar abgesetzt werden. [8]Nach der Erledigung sämtlicher Anschlusspfändungen gegen einen Schuldner ist das Verzeichnis gesondert unter „Erledigte Verzeichnisse über Anschlusspfändungen" abzulegen.

[1)] **Habersack, Deutsche Gesetze Nr. 100.**

(6) Abgeschlossene Sonderakten sind gesondert und nach der Folge der Geschäftsnummern geordnet aufzubewahren.

(7) Der Gerichtsvollzieher hat über die in der Pfandkammer oder anderweitig eingelagerten Gegenstände (Pfandstücke, Räumungsgut etc.) eine jahrgangsweise Liste mit folgendem Inhalt zu führen:

1. Bezeichnung der Parteien und der DR II-Nummer,
2. Ort der eingelagerten Gegenstände,
3. Bezeichnung der eingelagerten Gegenstände und
4. Datum der Einlagerung und deren Beendigung.

§ 40 Sammelakten. (1) Sonstige Schriftstücke, die weder zu Generalakten noch zu Sonderakten gehören, sind nach Abschluss des Verfahrens jahrgangsweise und nach der Folge der Dienstregisternummern geordnet in Sammelakten aufzubewahren.

(2) Die Abschriften von Wechsel- und Scheckprotesten nebst Wechsel- und Scheckvermerken sind nach § 179 GVGA[1)] zu besonderen Protestsammelakten zu vereinigen.

(3) Die Behandlungen der Rechnungen und Belegblätter bei Sammelbekanntmachungen richtet sich nach § 93 Absatz 4 und 5 GVGA.

(4) [1] Belege über Kosten für Hilfeleistung, Transport und die Verwahrung eingelagerter Gegenstände sind, soweit sie mehrere Sachen betreffen, zu besonderen Sammelakten zu nehmen. [2] Im Übrigen ist § 93 Absatz 4 und 5 GVGA entsprechend anzuwenden.

(5) Belege über den Eingang und die Weiterleitung von Geldbeträgen, die dem Gerichtsvollzieher nicht gebühren oder die auf das Dienstkonto des Gerichtsvollziehers eingezahlt werden, obwohl sie dem Gerichtsvollzieher persönlich zustehen (§ 49 Absatz 4), sind zu besonderen Sammelakten zu nehmen; auf diesen Belegen ist die Kassenbuchnummer anzugeben.

§ 41[2)] Rückgabe von Schriftstücken. (1) [1] Nach Abschluss des Verfahrens gibt der Gerichtsvollzieher die ihm mit dem Auftrag in Papierform überlassenen Schriftstücke an den Auftraggeber zurück, soweit sie nicht dem Schuldner auszuhändigen sind. [2] Den Tag der Rückgabe vermerkt er in den Akten.

(2) Soweit der Schuldtitel dem Gerichtsvollzieher vorliegt, ist er zu den Sonderakten zu nehmen, wenn der Schuldner auf die Aushändigung verzichtet oder wenn sich mehrere Gesamtschuldner, von denen jeder einen Teil des Anspruchs des Gläubigers getilgt hat, über seinen Verbleib nicht einigen; er bleibt von der Vernichtung ausgeschlossen.

§ 42[3)] Recht auf Einsichtnahme. (1) [1] Ein Recht auf Einsichtnahme in die Akten des *Gerichtsvollziehers* steht nur den Beteiligten zu. [2] Abweichend von Satz 1 ist bei Auskunfts- und Unterstützungsersuchen § 757a Absatz 5 Satz 2 ZPO[4)] zu beachten. [3] Auf Verlangen sind diesen Personen auch kostenpflichtige Abschriften einzelner Schriftstücke zu erteilen. [4] Die Einsichtnahme muss in An-

---

[1)] Nr. **109**.

[2)] § 41 Abs. 1 Satz 1 und Abs. 2 geänd. mWv 1.1.2019 durch Bek. v. 23.11.2018 (JMBl. S. 125).

[3)] § 42 Abs. 1 Satz 2 eingef., bish. Sätze 2 und 3 werden Sätze 3 und 4 mWv 1.1.2023 durch Bek. v. 7.12.2022 (BayMBl. Nr. 732).

[4)] **Habersack, Deutsche Gesetze Nr. 100.**

wesenheit des Gerichtsvollziehers, dessen Vertreters oder der Dienstaufsicht geschehen.

(2) Der Dienstbehörde und den Prüfungsdienststellen sind die Akten jederzeit, auf Anforderung auch außerhalb des Geschäftszimmers, vorzulegen.

(3) Dem Finanzamt ist auf Verlangen Einsicht in die Akten zu gewähren.

(4) [1] Den Gerichten sind angeforderte Akten über die Dienstbehörde zu übersenden. [2] Sonstigen Behörden und Dienststellen dürfen Akten nur mit Genehmigung der Dienstbehörde auf kurze Zeit gegen Empfangsbescheinigung überlassen werden.

§ 43[1)] Aufbewahrung; Vernichtung. (1) [1] Der Gerichtsvollzieher hat die Akten nach Jahrgängen geordnet und so aufzubewahren, dass jeder Missbrauch, insbesondere eine Einsichtnahme durch Unberechtigte, ausgeschlossen ist. [2] Erfolgt die Aufbewahrung ausnahmsweise in Archivräumen außerhalb des Geschäftszimmers, ist dies der unmittelbaren Dienstaufsicht unter genauer Bezeichnung der Lage anzuzeigen.

(2) [1] Sonder- und Sammelakten sind von dem Gerichtsvollzieher fünf Jahre nach Erledigung des letzten in ihnen enthaltenen Vorgangs zu vernichten oder zur Vernichtung zu verkaufen. [2] Die Vorschriften über die Vernichtung oder den Verkauf des ausgesonderten Schriftgutes bei den Justizbehörden gelten entsprechend.

(3) In der Regel soll der Gerichtsvollzieher seine vernichtungsreifen Sonder- und Sammelakten der Dienstbehörde zur gleichzeitigen Vernichtung mit den gerichtlichen Akten überlassen.

Sechster Abschnitt. Buchführung

§ 44 Arten der Geschäftsbücher. (1) Der Gerichtsvollzieher führt, soweit nachstehend keine Ausnahmen zugelassen sind und landesrechtlich nichts anderes bestimmt ist:

1. Dienstregister I (DR I),
2. Dienstregister II (DR II),
3. Namenverzeichnis,
4. Kassenbuch I (KB I),
5. Kassenbuch II (KB II),
6. Reisetagebuch (RTB).

(2) [1] Jeder Gerichtsvollzieher führt seine eigenen Bücher. [2] Für Dienstgeschäfte aus einem zugeschlagenen Bezirk oder aus einem anderen Gerichtsvollzieherbezirk werden keine besonderen Geschäftsbücher geführt. [3] Bei Versetzungen oder Abordnungen an eine andere Dienstbehörde hat der Gerichtsvollzieher neue Bücher anzulegen; die bisher geführten Bücher verbleiben bei der bisherigen Dienstbehörde (vergleiche auch § 6).

§ 45 Äußere Form der Geschäftsbücher. [1] Die Geschäftsbücher sind in gebundener Form in Heften oder in Lose-Blatt-Form zu führen. [2] Die Dienstregister *I und II und die Kassenbücher* I und II müssen mit laufenden Blattzahlen versehen sein.

[1)] § 43 Abs. 1 Satz 2 angef. mWv 1.1.2023 durch Bek. v. 7.12.2022 (BayMBl. Nr. 732).

§ 46[1] Führung, Aufbewahrung, Vernichtung der Geschäftsbücher.

(1) [1] Die Geschäftsbücher sind nach den folgenden Bestimmungen und den auf der Aufschriftseite der einzelnen Vordruckmuster enthaltenen Anleitungen zu führen. [2] Die Eintragungen sind fortlaufend (ohne Leerzeilen) in leserlicher Schrift mit dunkler, urkundenechter Tinte vorzunehmen. [3] Radieren, Überkleben und Überschreiben ist nicht gestattet. [4] Streichungen sind so vorzunehmen, dass die ursprüngliche Fassung lesbar bleibt.

(2) [1] Beträge, die in den Geldspalten abzusetzen sind, sind dort erkennbar zu buchen. [2] Bei der Aufrechnung der Spalten sind die erkennbar gebuchten Beträge von der Summe der übrigen Beträge abzuziehen. [3] Der Restbetrag stellt die Spaltensumme dar. [4] Sind Beträge an der Stelle, an der sie gebucht sind, in voller Höhe abzusetzen, so genügt es, sie erkennbar zu unterstreichen. [5] Sie sind dann bei der Spaltenaufrechnung unberücksichtigt zu lassen.

(3) Für die Einsichtnahme in die Geschäftsbücher durch Privatpersonen, Behörden und Dienststellen gelten die Bestimmungen in § 42 entsprechend.

(4) [1] Abgeschlossene Geschäftsbücher sind der Zeitfolge nach geordnet aufzubewahren. [2] Sie sind nach fünfjähriger Aufbewahrung, jedoch nicht vor der Vernichtung sämtlicher in den Büchern behandelter Akten, zu vernichten. [3] § 43 Absatz 2 und 3 gilt entsprechend.

§ 47 Dienstregister. (1) [1] Das Dienstregister I wird nach dem Vordruck GV 1 für reine Zustellungsaufträge und Protestaufträge, das Dienstregister II nach dem Vordruck GV 2 für alle sonstigen Aufträge geführt. [2] Bewirkt der Gerichtsvollzieher nur die Zustellung einer Vorpfändungsbenachrichtigung, so ist diese im Dienstregister I einzutragen. [3] Hat ihm dagegen der Gläubiger den Auftrag erteilt, die Benachrichtigung mit den Aufforderungen selbst anzufertigen, ist dieser Auftrag in dem Dienstregister II einzutragen. [4] Stellt der Gläubiger mit einem anderen Auftrag auf Vollstreckung zugleich einen Antrag nach § 845 Absatz 1 Satz 2 ZPO[2], so vermerkt ihn der Gerichtsvollzieher in dem Dienstregister II unter der Dienstregisternummer des anderen Vollstreckungsauftrages, sobald er die Vorpfändungsbenachrichtigungen zugestellt hat.

(2) [1] Die Dienstregister werden in Jahresheften geführt. [2] Bei Bedarf können Fortsetzungshefte angelegt werden.

(3) [1] Die Aufträge sind am Tag des Eingangs und nach der Zeit des Eingangs hintereinander einzutragen. [2] Die Dienstregisternummer nebst Jahreszahl bildet die Geschäftsnummer (zum Beispiel DR I 405/11 oder DR II 320/11). [3] Der Tag des Eingangs sowie die Geschäftsnummer sind auf den Aufträgen, die Geschäftsnummer ist auch auf den Anlagen zu vermerken. [4] Bei Zustellungsaufträgen muss der Eingangsvermerk gegebenenfalls auch die Zeit der Übergabe enthalten.

(4) [1] Bei Vertretungsfällen kann die Dienstbehörde zulassen, dass eingehende Aufträge, die der Vertretene nicht mehr bis zum Beginn der Vertretung erledigen kann, bis längstens sieben Tage vor Beginn der Vertretung dem Vertreter zur Eintragung in dessen Dienstregister zugeleitet werden. [2] Entsprechend können die Aufträge behandelt werden, die längstens bis zu sieben Tage vor Beendigung der Vertretung eingehen. [3] Eilsachen (§ 5 GVGA[3]) sind von dieser Regelung ausgenommen.

---

[1] § 46 Abs. 2 Sätze 1, 2 und 4 geänd. mWv 1.1.2019 durch Bek. v. 23.11.2018 (JMBl. S. 125).
[2] **Habersack, Deutsche Gesetze Nr. 100.**
[3] Nr. **109**.

(5) [1]Der Gerichtsvollzieher hat die Dienstregister persönlich zu führen. [2]Er kann die Führung einem Büroangestellten übertragen. [3]Unter der Aufsicht und in Verantwortung des Gerichtsvollziehers kann ein ihm zur Ausbildung überwiesener Anwärter das Dienstregister führen.

(6) [1]Übernimmt ein Gerichtsvollzieher Dienstgeschäfte aus einem anderen Gerichtsvollzieherbezirk, so sind ihm die Akten über die noch nicht vollständig erledigten Aufträge unverzüglich zu übergeben. [2]Der übernehmende Gerichtsvollzieher hat alle noch nicht vollständig erledigten Aufträge in seine Dienstregister zu übernehmen. [3]In den Dienstregistern beider Gerichtsvollzieher sind in den Vermerkspalten entsprechende Hinweise zu fertigen. [4]Bei einer kurzfristigen Vertretung kann die Dienstbehörde den Vertreter von der Übernahme solcher Aufträge in seine Dienstregister befreien, die durch den Vertreter nicht bearbeitet zu werden brauchen. [5]Nimmt ein Gerichtsvollzieher Dienstgeschäfte in mehreren Gerichtsvollzieherbezirken wahr, so kann der Präsident des Oberlandesgerichts die Führung getrennter Dienstregister oder die bezirksweise Kenntlichmachung der Aufträge in den Dienstregistern anordnen.

§ 48 Namenverzeichnis. (1) In dem Namenverzeichnis sind alle dem Gerichtsvollzieher zugegangenen, im Dienstregister II nachgewiesenen Zwangsvollstreckungsaufträge nach dem Namen der Schuldner in der Buchstabenfolge geordnet unter Hinweis auf die Eintragung im Dienstregister II anzuführen.

(2) Die Dienstbehörde kann anordnen, dass die Führung des Namenverzeichnisses unterbleibt, wenn hiervon keine Unzuträglichkeiten zu besorgen sind.

§ 49[1)] Kassenbücher; Abrechnungsschein. (1) Das Kassenbuch I wird nach dem Vordruck GV 3 für Einnahmen, die nicht sofort verwendet werden können, in Jahresheften, das Kassenbuch II nach dem Vordruck GV 4 für verwendete Einnahmen in Vierteljahresheften geführt.

(2) [1]Die Kassenbücher dienen zum Nachweis des Eingangs und der Verwendung aller Einnahmen, die bei der Erledigung der in den Dienstregistern verzeichneten Aufträge erwachsen sind. [2]In das Kassenbuch I sind alle Einnahmen einzutragen, die nicht binnen drei Tagen verwendet werden können, zum Beispiel Vorschüsse, Versteigerungserlöse, die nicht sofort abgerechnet werden können und Zahlungen, die sich infolge fehlerhafter oder unvollständiger Angaben nicht sofort verwenden lassen. [3]In das Kassenbuch II sind alle Einnahmen einzutragen, die binnen drei Tagen verwendet werden können. [4]Vorschüsse nach § 4 Absatz 3 in Verbindung mit § 3 Absatz 4 Satz 2 und 3 GvKostG[2)] werden abweichend von Satz 2 in das Kassenbuch II eingetragen.

(3) [1]Beträge, die aufgrund eines Auftrags einer Justizbehörde eingezogen wurden, sind über das Kassenbuch II abzuwickeln. [2]Bei der Einziehung einer Kostenforderung aufgrund eines Vollstreckungsauftrags einer für den Amtssitz des Gerichtsvollziehers nicht zuständigen Stelle (zum Beispiel Kasse oder Zahlstelle) führt der Gerichtsvollzieher die in dem Auftrag aufgeführten Beträge einschließlich der Nebenkosten unmittelbar an diese Stelle ab. [3]Die hiernach an die empfangsberechtigte zuständige Stelle (zum Beispiel Kasse oder Zahlstelle) abgeführten Beträge sind in Spalte 11 des Kassenbuches II einzutragen. [4]Die Aufträge sind im Dienstregister II und im Kassenbuch II in der jeweiligen Vermerkspalte durch

[1)] § 49 Abs. 3 Satz 2 neu gef., Sätze 3 und 6, Abs. 6 Sätze 1, 3 und 5–7 geänd., Satz 8 neu gef. mWv 1.1.2019 durch Bek. v. 23.11.2018 (JMBl. S. 125); Abs. 6 Sätze 1–3, Abs. 8 Nr. 3 und 4 geänd. mWv 1.1.2023 durch Bek. v. 7.12.2022 (BayMBl. Nr. 732).

[2)] **Habersack, Deutsche Gesetze Nr. 123.**

Eintragung des Buchstabens J zu kennzeichnen und in den Fällen einer fruchtlosen Pfändung oder einer Einstellung an die Auftrag gebende Justizbehörde zurückzusenden, im Übrigen zu den Sonderakten zu nehmen. [5]Der Gerichtsvollzieher hat die den Auftrag gebende Justizbehörde wie einen Privatgläubiger zu benachrichtigen; dabei hat er sich des gegebenenfalls bereits von der Justizbehörde beigefügten amtlichen Vordrucks zu bedienen. [6]Über die Kosten der Vollstreckung ist stets mit der für den Gerichtsvollzieher zuständigen Stelle (zum Beispiel Kasse oder Zahlstelle) zusammen mit den Kosten der sonstigen Vollstreckungsaufträge unter Verwendung des Abrechnungsscheins abzurechnen.

(4) In den Kassenbüchern sind auch der Eingang und die Verwendung von Beträgen nachzuweisen, die dem Gerichtsvollzieher in amtlicher Eigenschaft zugehen, ihm aber nicht gebühren oder die auf das Dienstkonto des Gerichtsvollziehers eingezahlt werden, obwohl sie dem Gerichtsvollzieher persönlich zustehen.

(5) Die laufende Nummer der Eintragung in den Kassenbüchern ist bei der Kostenrechnung oder, wenn eine Kostenrechnung nicht zu erstellen ist, auf dem der Eintragung zugrundeliegenden Schriftstück zu vermerken; dies gilt auch für Kostenrechnungen in den Fällen des § 57 Absatz 1.

(6) [1]Die Eintragungen in den Spalten 5, 6 und 9 und gegebenenfalls nach landesspezifischer Regelung Spalte 7 des Kassenbuchs II bilden die Grundlage für die Abrechnung über die in diesen Spalten nachgewiesenen Kosten des Gerichtsvollziehers. [2]Die Spalten sind nach der Anleitung 10 zum Kassenbuch II aufzurechnen. [3]Die Schlusssummen der Spalten 5, 6, 9 und gegebenenfalls 7 sind in den Abrechnungsschein zu übernehmen; sie sind nach Abzug der dem Gerichtsvollzieher zustehenden Gebührenanteile auf Grund des Abrechnungsscheins am Abrechnungstag abzuliefern. [4]Den Abrechnungsschein hat der Gerichtsvollzieher zu unterschreiben und dabei Ort und Tag der Ausstellung anzugeben. [5]Gleichzeitig muss der Gerichtsvollzieher der zuständigen Stelle (zum Beispiel Kasse oder Zahlstelle) eine für die Erteilung der Empfangsbescheinigung bestimmte Durchschrift des Abrechnungsscheins vorlegen. [6]Die Durchschrift mit den Buchungsvermerken der zuständigen Stelle (zum Beispiel Kasse oder Zahlstelle) ist als Abrechnungsbeleg im Kassenbuch II hinter der letzten Seite einzukleben. [7]Die Urschrift des Abrechnungsscheins bleibt bei der zuständigen Stelle (zum Beispiel Kasse oder Zahlstelle). [8]Liefert der Gerichtsvollzieher durch Vermittlung einer weiteren zuständigen Stelle ab, so dient die Quittung dieser Stelle bis zum Eingang der Durchschrift des Abrechnungsscheins als vorläufiger Beleg zum Kassenbuch.

(7) [1]Der Gerichtsvollzieher muss die Kassenbücher persönlich führen. [2]Unter der Aufsicht des Gerichtsvollziehers kann auch ein ihm zur Ausbildung überwiesener Anwärter die Kassenbücher führen. [3]Er kann die Führung der Spalten 5 bis 14 des Kassenbuchs II oder die Führung der gesamten Kassenbücher nach § 33 Absatz 2 Satz 2 einem geeigneten Büroangestellten übertragen. [4]Der Gerichtsvollzieher bleibt für die Führung verantwortlich.

(8) Der jeweilige Kassensollbestand des Gerichtsvollziehers ergibt sich

1. aus der Gegenüberstellung der Beträge im Kassenbuch I Spalte 4 und 5 bis 8,
2. aus den Beträgen des Kassenbuchs II Spalte 4, soweit sie noch nicht in die Spalten 5 bis 11 eingestellt sind (vergleiche auch Anleitung 4 zum Kassenbuch II),
3. aus den Spalten 5, 6, 9 und gegebenenfalls 7 des Kassenbuchs II, soweit die Beträge noch nicht an die Kasse abgeliefert sind (vergleiche Absatz 6 Satz 3),

4. aus den in Spalte 5a, 5b und 5e des Dienstregisters I verzeichneten Beträgen, soweit sie eingegangen, aber noch nicht in das Kassenbuch II übernommen sind (vergleiche auch Anleitung 9 zum Dienstregister I),
5. aus den sonst eingezogenen Beträgen, die noch nicht in die Kassenbücher eingetragen oder im Dienstregister I Spalte 6 als eingegangen vermerkt sind,
6. aus den in Spalte 10a und 11 des Kassenbuchs II eingestellten Beträgen, soweit sie noch nicht bar ausgezahlt sind oder nach dem zuletzt vorgelegten Kontoauszug vom Dienstkonto noch nicht überwiesen worden sind.

§ 50 Reisetagebuch. (1) Das Reisetagebuch bildet die Grundlage für die Prüfung, ob dem Gerichtsvollzieher ein Reisekostenzuschuss gewährt werden kann (vergleiche § 9 Absatz 1 Satz 1).

(2) Das Reisetagebuch wird in Vierteljahresheften nach dem Vordruck GV 6 geführt.

(3) Das Reisetagebuch ist nicht zu führen, wenn der Gerichtsvollzieher auf einen Reisekostenzuschuss im Voraus allgemein schriftlich verzichtet.

Siebenter Abschnitt. Kassenführung

§ 51 Aufbewahrung von Geld, Wertsachen und Kostbarkeiten. Der Gerichtsvollzieher hat fremde Geldbeträge, Wertpapiere und Kostbarkeiten getrennt von seinen eigenen unter sicherem Verschluss (zum Beispiel in einem einbruchsicheren Behältnis) aufzubewahren.

§ 52[1] Zahlungsverkehr. (1) [1] Der Gerichtsvollzieher ist verpflichtet, für den dienstlichen Zahlungsverkehr ein Dienstkonto bei einer öffentlichen Sparkasse, einem privaten Kreditinstitut, das dem Einlagensicherungsfonds des Bundesverbandes Deutscher Banken e.V. angehört, oder bei einer Genossenschaftsbank, die der Sicherungseinrichtung des Bundesverbandes der Deutschen Volksbanken und Raiffeisenbanken e.V. angehört (Kreditinstitut), zu unterhalten. [2] Das Dienstkonto ist bei einem Kreditinstitut einzurichten, das eine Niederlassung oder Filiale innerhalb des Landgerichtsbezirks, in dem der Gerichtsvollzieher beschäftigt ist, oder innerhalb des zugeschlagenen Bezirks eingerichtet hat und das auch außerhalb seiner Geschäftszeiten die Ablieferung von Bargeld ermöglichen sollte. [3] Der Präsident des Landgerichts (Amtsgerichts) kann dem Gerichtsvollzieher gestatten, sein Dienstkonto bei einem Kreditinstitut einzurichten, das außerhalb der in Satz 2 genannten Bezirke eine Niederlassung eingerichtet hat, wenn besondere Gründe dies rechtfertigen und Belange der Dienstaufsicht nicht entgegenstehen. [4] Der Gerichtsvollzieher kann ein weiteres Dienstkonto bei einem Kreditinstitut einrichten, das nicht über eine Niederlassung innerhalb der in Satz 2 genannten Bezirke verfügen muss. [5] Für die Einrichtung jedes Dienstkontos hat der Gerichtsvollzieher eine Einwilligung des unmittelbaren Dienstvorgesetzten einzuholen. [6] Hierfür hat der Gerichtsvollzieher den Entwurf der Vertragsunterlagen vorzulegen. [7] Die Einwilligung zur Kontoeröffnung setzt voraus, dass die Anforderungen nach Satz 8 bis 11 erfüllt sind bzw. ein Abweichen davon zwischen dem unmittelbaren Dienstvorgesetzten und dem Gerichtsvollzieher vereinbart und dokumentiert wird. [8] Das für den dienstlichen Zahlungsverkehr bestimmte Konto sollte mit dem Zusatz „Dienstkonto" geführt werden. [9] Der Gerichtsvollzieher bevollmächtigt bis zu drei von seinem unmittelbaren Dienstvorgesetzten zu bestimmende Beamte (Konto-

[1] § 52 neu gef. mWv 1.5.2024 durch Bek. v. 22.3.2024 (BayMBl. Nr. 180).

bevollmächtigte) zur jeweils alleinigen Verfügung über sein Dienstkonto, wobei das Online-Banking einzubeziehen ist. [10] Die Bevollmächtigung muss über seinen Tod hinaus gelten und die Möglichkeit umfassen, einer weiteren Person Untervollmacht zu erteilen (z.B. bei Vertretung oder Verhinderung des Gerichtsvollziehers). [11] Ein Widerruf oder eine Änderung der Vollmacht bedarf der Einwilligung des unmittelbaren Dienstvorgesetzten.

(2) [1] Das Dienstkonto darf nur für den dienstlichen Zahlungsverkehr des Gerichtsvollziehers benutzt werden; dazu gehören beispielsweise nicht die Zahlungen von Dienstbezügen durch die gehaltszahlende Stelle. [2] Das Dienstkonto darf nicht überzogen werden.

(3) [1] Der Gerichtsvollzieher ist verpflichtet, in seinem Schriftverkehr die IBAN und den SWIFT-BIC mit dem Zusatz „Dienstkonto" anzugeben. [2] Er darf sein privates Konto im dienstlichen Schriftverkehr nicht angeben.

(4) [1] Der dienstliche Zahlungsverkehr ist über das Dienstkonto abzuwickeln. [2] Auszahlungen durch Übergabe von Zahlungsmitteln dürfen nur geleistet werden, wenn der Empfänger kein Girokonto bei einem Kreditinstitut hat. [3] Einzugsermächtigungen für Abbuchungen vom Dienstkonto dürfen nicht erteilt werden. [4] Dies gilt nicht, soweit Kosten der Kontoführung nicht anders geleistet werden können. [5] Geht eine für das Dienstkonto bestimmte Zahlung auf dem Privatkonto des Gerichtsvollziehers ein, so ist der Gerichtsvollzieher verpflichtet, den Betrag unverzüglich auf das Dienstkonto zu überweisen. [6] Auf dem Dienstkonto eingegangene Zahlungen, die für das Privatkonto bestimmt sind, kann der Gerichtsvollzieher auf sein Privatkonto überweisen. [7] Entnahmen der dem Gerichtsvollzieher zustehenden Gelder (Gebührenanteile und Auslagen) vom Dienstkonto des Gerichtsvollziehers sind bar oder durch Überweisung zulässig, nachdem der Gerichtsvollzieher einen aufzubewahrenden Kassensturz erstellt hat. [8] Auf dem Kassensturz sind Grund, Datum und Betrag der Entnahme zu vermerken. [9] Er ist vom Gerichtsvollzieher zu unterschreiben.

(5) [1] Über das Guthaben auf dem Dienstkonto dürfen nur der Gerichtsvollzieher und, falls er verhindert ist (zum Beispiel Urlaub, Erkrankung, Dienstunfall, Amtsenthebung, Tod), die nach Absatz 1 Satz 9 bestimmten Kontobevollmächtigten verfügen. [2] Der Gerichtsvollzieher ist nicht befugt, seine Büroangestellten oder andere Personen zur Verfügung über das Dienstkonto zu bevollmächtigen und deren Unterschriftsproben beim Kreditinstitut zu hinterlegen.

(6) [1] Aufträge für mehrere Empfänger in Sammelaufträgen (mit Überweisungen, Zahlungsanweisungen oder Zahlungsanweisungen zur Verrechnung) sind zulässig. [2] Der Kontoauszug allein oder in Verbindung mit der ausgeführten Sammelliste der Online-Banking-Software muss den Inhalt der Sammelaufträge (Einzelbeträge und Einzelempfänger mit Empfängerkonto) vollständig und zweifelsfrei erkennen lassen.

(7) Die zum Kontoauszug gehörenden Belege sind entsprechend der Regelung des § 53 Absatz 5 unterzubringen.

(8) [1] Die Kontoauszüge und Sammellisten sind jahrgangsweise, vollständig, chronologisch geordnet zu sammeln und nach Ablauf des Jahres der Buchung noch fünf Jahre aufzubewahren,wenn sich nicht aus anderen Rechtsvorschriften, etwa solcher des Umsatzsteuerrechts, längere Aufbewahrungsfristen ergeben. [2] Auf den Kontoauszügen ist neben den einzelnen Buchungsposten die Nummer des Kassenbuches oder des Dienstregisters I anzugeben. [3] Bei Sammelüberweisungen ist neben dem ausgewiesenen Gesamtbetrag die Nummer der ausgeführten Sammelliste der Online-Banking-Software anzugeben, aus der sich die Nummer des

Kassenbuches oder des Dienstregisters I der Einzelabbuchungen ergibt. [4]Nach Ablauf derAufbewahrungsfrist sind die Kontoauszüge zu vernichten; § 43 Absatz 2 und 3 gilt entsprechend.

§ 53[1)] Quittung. (1) [1]Über alle Barzahlungen und gepfändeten Beträge hat der Gerichtsvollzieher dem Einzahler unaufgefordert eine Quittung zu erteilen. [2]Bei Versteigerungen kann der Gerichtsvollzieher nach pflichtgemäßem Ermessen von einer Quittungserteilung absehen, wenn im Einzelfall der Ersteher bei einem Zuschlag auf ein Gebot unter 50 Euro die Erteilung einer Quittung nicht verlangt. [3]Der Gerichtsvollzieher lässt sich in diesem Fall die Höhe der Zahlung durch Gegenzeichnung des Einzahlers im Protokoll bestätigen. [4]In der dem Meistbietenden zu erteilenden Quittung ist der Raum für die Bezeichnung des Gläubigers und des Schuldners zu durchstreichen. [5]Die Annahme von Schecks ist ebenfalls zu quittieren, es sei denn, ein vom Auftraggeber ausgestellter Scheck wird zur Begleichung von Gerichtsvollzieherkosten angenommen. [6]Die Verpflichtung zur Erteilung einer Quittung trifft auch jede andere Person, die für den Gerichtsvollzieher eine Zahlung oder einen Scheck annimmt. [7]Ermächtigt der Gerichtsvollzieher einen Büroangestellten oder eine andere Person zur Annahme von Einzahlungen oder Schecks, so bleibt er für den Betrag der Zahlung oder den Scheck verantwortlich.

(2) [1]Für die Quittung sind durchlaufend nummerierte Durchschreibequittungsblöcke nach dem Vordruck GV 7 zu benutzen. [2]Auf dem Umschlag der Blöcke ist der Zeitraum anzugeben, für den sie verwendet werden. [3]Die Urschrift der Quittung ist dem Einzahler oder demjenigen auszuhändigen, der den Scheck übergeben hat. [4]Die erste Durchschrift ist zu den Akten oder sonstigen Vorgängen zu nehmen, die weitere Durchschrift verbleibt im Quittungsblock. [5]Auf den Durchschriften ist die laufende Nummer des Kassenbuchs zu vermerken, unter der die Einzahlung oder der Betrag des eingelösten Schecks gebucht ist. [6]Ungültige Quittungen sind unter Angabe des Grundes zu bezeichnen und im Block zu belassen. [7]Der Gerichtsvollzieher darf, soweit es der Geschäftsbetrieb erfordert, bis zu drei Quittungsblöcke gleichzeitig in Verwendung haben; im Rahmen der Ausbildung von Gerichtsvollzieherbewerbern und während der Geschäftsprüfung darf die Anzahl der Quittungsblöcke um die dafür notwendige Zahl überschritten werden. [8]Die Quittungsblöcke mit den Durchschriften bewahrt der Gerichtsvollzieher nach der Zeitfolge geordnet auf. [9]Sie sind fünf Jahre nach der Erledigung, jedoch nicht vor der Vernichtung der dazugehörigen Sonderakten und Geschäftsbücher, zu vernichten. [10]§ 43 Absatz 2 und 3 gilt entsprechend.

(3) [1]Auszahlungen durch Übergabe von Zahlungsmitteln darf der Gerichtsvollzieher nur gegen Quittung leisten. [2]Für diese Quittung ist kein Muster vorgeschrieben. [3]Die Quittungen und sonstigen Zahlungsbeweise (Belege für den Auftraggeber bei Überweisungsaufträgen, Einlieferungsbescheinigungen und so weiter) sind mit der Nummer des Kassenbuchs II zu versehen und zu den Akten oder sonstigen Vorgängen zu nehmen.

(4) Quittungen sind mit Tintenstift oder Kugelschreiber mit dunkler, urkundenechter Tinte auszustellen.

(5) [1]Alle sonstigen Belege über Ein- und Auszahlungen im Geschäftsverkehr des Gerichtsvollziehers (zum Kontoauszug gehörige Belege, Bestätigungen von Banken und so weiter) sind, sofern besondere Akten geführt werden, zu diesen,

---

[1)] § 53 Abs. 2 Satz 7 eingef., bish. Sätze 7–9 werden Sätze 8–10 mWv 1.1.2019 durch Bek. v. 23.11. 2018 (JMBl. S. 125).

sonst zu Sammelakten zu nehmen. [2]Betrifft ein Beleg mehrere Akten, so ist er in den Vorgängen über den zuerst eingegangenen Auftrag unterzubringen; in den anderen Akten ist zu vermerken, wo sich der Beleg befindet.

§ 54 Abrechnung mit der nach Landesrecht zuständigen Stelle; Ablieferung. (1) Der Gerichtsvollzieher liefert die der Landeskasse zustehenden Geldbeträge, sobald sie den Betrag von 500 Euro oder die von der Dienstbehörde etwa festgesetzten niedrigeren Beträge übersteigen, schon vor der Abrechnung an die nach Landesrecht zuständige Stelle (zum Beispiel Kasse) ab.

(2) [1]Die nach Absatz 1 abgelieferten Beträge sind in dem Kassenbuch II nicht als Ablieferung zu buchen. [2]Bis zur Abrechnung mit der nach Landesrecht zuständigen Stelle (zum Beispiel Kasse) gelten die Empfangsbescheinigungen oder sonstigen Zahlungsnachweise (Posteinlieferungsschein, Lastschriftzettel, Kontoauszug) für den Gerichtsvollzieher als bares Geld und sind von ihm als solches zu behandeln.

(3) [1]Der Gerichtsvollzieher rechnet an den von der nach Landesrecht zuständigen Stelle (zum Beispiel Kasse) allgemein bestimmten Abrechnungstagen aufgrund des Abrechnungsscheins mit der Stelle ab. [2]Den Geldbetrag, der nach der Abrechnung der Landeskasse zusteht, liefert er an die Stelle unbar ab. [3]Die Beträge gelten als abgeliefert, wenn der Abrechnungsschein ausgeschrieben und der Überweisungsauftrag erteilt und in dem über die Überweisung zu führenden Übersendungsnachweis eingetragen ist.

§ 55[1)] Abschluss der Geschäftsbücher, Kosteneinziehung und Abrechnung in besonderen Fällen. (1) [1]Endet die Beschäftigung eines Gerichtsvollziehers durch Tod, Entlassung, vorläufige Dienstenthebung, Versetzung, Erkrankung, Beurlaubung, Ablauf des Dienstleistungsauftrags oder aus ähnlichen Gründen, so sind seine Geschäftsbücher unverzüglich abzuschließen. [2]Der Abschluss obliegt in der Regel dem Gerichtsvollzieher selbst, wird aber in besonderen Fällen, zum Beispiel bei Tod, Entlassung, vorläufiger Dienstenthebung, Erkrankung und so weiter von der Dienstbehörde einem anderen hierfür geeigneten Beamten übertragen.

(2) [1]Auf den Abschluss finden die Bestimmungen über den regelmäßigen Abschluss der Geschäftsbücher (Vierteljahres- oder Jahresabschluss) entsprechende Anwendung. [2]Soweit nach diesen Bestimmungen Aufträge oder Geldbeträge in Geschäftsbücher für das neue Vierteljahr oder das neue Haushaltsjahr zu übertragen sind, sind sie in die entsprechenden Geschäftsbücher des Dienstnachfolgers oder Vertreters zu übertragen. [3]Dabei sind die Geldbeträge im Dienstregister I besonders zu kennzeichnen. [4]Das Kennzeichen ist auf der Titelseite des Dienstregisters I zu erläutern.

(3) Die Geldbeträge, die nach dem Abschluss des Kassenbuchs II Spalte 5, 6, 9 und gegebenenfalls 7 der nach Landesrecht bestimmten Stelle (zum Beispiel Kasse) *zustehen, sind unverzüglich* an die Stelle abzuliefern.

(4) Der nach dem Abschluss des Kassenbuchs I Spalte 9 verbleibende Kassenbestand, die etwa für auswärtige nach Landesrecht bestimmte Stellen (zum Beispiel Kasse), Gerichtsvollzieher oder andere Dienststellen eingezogenen, diesen aber noch nicht übersandten Kosten, die im Besitz des ausgeschiedenen Gerichtsvollziehers befindlichen Wertsachen und Kostbarkeiten sowie die Akten und sonstigen

---

1) § 55 Abs. 3 geänd., Abs. 5 neu gef., Abs. 6 Satz 2 geänd. mWv 1.1.2023 durch Bek. v. 7.12.2022 (BayMBl. Nr. 732).

Geschäftspapiere über die in die Geschäftsbücher des Dienstnachfolgers oder Vertreters übertragenen Aufträge sind gegen Empfangsbestätigung zu übergeben.

(5) [1] Der Dienstnachfolger oder Vertreter des ausgeschiedenen Gerichtsvollziehers führt die noch nicht vollständig erledigten Aufträge weiter aus, wickelt die von ihm übernommenen, noch nicht verwendeten Einzahlungen ab und zieht die rückständigen Kosten ein. [2] Er hat unverzüglich zu prüfen, ob die nach Umsatzsteuerrecht erforderliche Meldung und Abführung an die von der Justizverwaltung bestimmte zuständige Stelle erfolgt ist. [3] Die durch die Tätigkeit des ausgeschiedenen Beamten entstandenen Gebühren und Auslagen sind bei der Buchung im Kassenbuch II besonders zu kennzeichnen.

(6) [1] Für die Abrechnung mit der nach Landesrecht bestimmten Stelle (zum Beispiel Kasse) und die Ablieferung der eingezogenen Kostenrückstände an diese Stelle gelten im Übrigen die allgemeinen Bestimmungen. [2] Bei der Aufrechnung des Kassenbuchs II Spalte 5, 6, 9 und gegebenenfalls 7 sind jedoch die besonders gekennzeichneten Beträge (Absatz 5 Satz 2) auch für sich zusammen zu rechnen und von den Schlusssummen der Spalten abzuziehen.

(7) [1] Soweit die eingezogenen Kosten bei ihrem Eingang dem ausgeschiedenen Gerichtsvollzieher zustehen, sind sie an ihn zu zahlen, falls die Dienstbehörde nichts anderes bestimmt. [2] Dasselbe gilt für die Gebührenanteile, die bei den Ablieferungen an die nach Landesrecht bestimmte Stelle (zum Beispiel Kasse) zurückbehalten wurden. [3] Die Art der Abrechnung im Einzelnen bleibt dem Einvernehmen der beteiligten Beamten überlassen.

(8) Beim Abschluss des Dienstregisters I und des Kassenbuchs II des Dienstnachfolgers oder Vertreters sind die besonders gekennzeichneten Beträge und die Beträge der Abrechnungsscheine für den ausgeschiedenen Beamten auch für sich allein aufzurechnen und von den entsprechenden Abschlusssummen abzuziehen.

(9) [1] Soweit beim Abschluss des Dienstregisters I besonders gekennzeichnete Beträge noch ganz oder zum Teil ausstehen und deshalb in das Dienstregister I des neuen Jahres oder im Fall des Absatzes 1 des Dienstnachfolgers oder Vertreters übertragen werden müssen, sind sie auch dort in der bisherigen Weise und unter Beachtung von Absatz 2 Satz 3 kenntlich zu machen. [2] Im Fall des Absatzes 1 gilt dies nicht, wenn der Dienstnachfolger oder Vertreter der Beamte ist, für dessen frühere dienstliche Tätigkeit die Kosten entstanden sind.

(10) [1] Die vorstehenden Bestimmungen sind nicht anzuwenden, wenn der Gerichtsvollzieher nur vorübergehend kurze Zeit an der Ausübung seines Dienstes gehindert ist und deshalb für ihn ein Vertreter nicht bestellt wird. [2] Die Dienstbehörde bestimmt, ob und inwieweit bei Erkrankung oder Beurlaubung des Gerichtsvollziehers von der Befolgung der Bestimmungen in den Absätzen 1, 3 und 4 sowie von der Einziehung der rückständigen Kosten durch den Vertreter abgesehen werden kann, wenn der Beamte seine Dienstgeschäfte bis zum Vierteljahresabschluss voraussichtlich wieder aufnehmen wird.

§ 56[1)] Festsetzung der Entschädigung und Kassenanordnung. (1) Gebührenanteile, Dokumentenpauschale, Wegegelder, sonstige Auslagen und Reisekostenzuschüsse – letztere mit Zustimmung des Präsidenten des Landgerichts (Amtsgerichts) – setzt die Dienstbehörde nach Ablauf eines jeden Kalendervierteljahres *fest oder im* Laufe des Kalendervierteljahres, wenn die Beschäftigung des Gerichtsvollziehers bei der Dienstbehörde endet.

[1)] § 56 Abs. 2 Satz 1 geänd. mWv 1.1.2023 durch Bek. v. 7.12.2022 (BayMBl. Nr. 732).

(2) [1]Der Gerichtsvollzieher überreicht der Dienstbehörde das abgeschlossene Kassenbuch II nebst Durchschriften der Abrechnungsscheine alsbald nach der letzten Ablieferung der in den Spalten 5, 6, 9 und gegebenenfalls 7 gebuchten Kosten sowie ein etwa geführtes Reisetagebuch. [2]Der Geschäftsleiter oder der hierfür bestimmte Beamte prüft die Aufrechnungen und die Schlusszusammenstellung und bescheinigt nach Aufklärung etwaiger Unstimmigkeiten ihre Richtigkeit. [3]Er überzeugt sich auch davon, dass die Durchschriften der Abrechnungsscheine die vorgeschriebenen Buchungsvermerke der nach Landesrecht zuständigen Stelle (zum Beispiel Kasse) tragen und die einzelnen Abrechnungsscheine richtig in die Schlusszusammenstellung des Kassenbuchs II übernommen worden sind.

(3) [1]Über die Entschädigung des Gerichtsvollziehers wird eine Auszahlungsanordnung nach dem von der Landesjustizverwaltung festgestellten Vordruck erlassen. [2]Die Grundlage für die Festsetzung bilden die in der Anleitung zu dem Vordruck bezeichneten Geschäftsbücher. [3]Festsetzung und Kassenanordnung sollen regelmäßig alsbald nach Eingang der dazu erforderlichen Unterlagen vollzogen werden.

(4) [1]Alsbald nach dem Jahresabschluss überreicht der Gerichtsvollzieher der Dienstbehörde ferner das Kassenbuch I, das Dienstregister I und die Kassenbücher II der ersten drei Vierteljahre. [2]Der Geschäftsleiter oder der hierfür bestimmte Beamte prüft die Aufrechnungen im Kassenbuch I und im Dienstregister I, die richtige Übertragung der Seitensummen des Dienstregisters I in das Kassenbuch II und die richtige Übertragung der in Spalte 9 des Kassenbuchs I eingestellten Beträge in das Kassenbuch I des neuen Jahres. [3]Nach Aufklärung etwaiger Unstimmigkeiten bescheinigt er die Richtigkeit. [4]Zur Prüfung der richtigen Übertragung legt der Gerichtsvollzieher auch das Kassenbuch I für das neue Jahr vor, das ihm sofort zurückzugeben ist.

§ 57 Kostenvermerke; Antrag auf Beitreibung rückständiger Kosten.

(1) [1]Soweit Auslagen nach § 7 Absatz 3 aus der Landeskasse zu erstatten sind, sind die nach dem GvKostG entstandenen Kosten in voller Höhe in den Sonderakten zu vermerken. [2]Dort sind auch die Vermerke nach Nummer 6 Absatz 5 DB-GvKostG zu fertigen. [3]Bei Aufträgen, die im Dienstregister I eingetragen werden, sind diese Vermerke in Spalte 8 des Dienstregisters I zu machen (vergleiche auch Anleitung 8 zum Kassenbuch II und Anleitung 7 zum Dienstregister I).

(2) Für die Mitteilung der Gerichtsvollzieherkosten nach Nummer 6 Absatz 2 und 3 DB-GvKostG ist der Vordruck GV 10, für den Antrag auf Einziehung rückständiger Kosten nach Nummer 9 Absatz 2 DB-GvKostG der Vordruck GV 9 zu verwenden.

§ 58 Abführung von Kosten an den Gerichtsvollzieher. [1]In den Fällen der Nummer 6 Absatz 2 Satz 2 und Absatz 3 sowie Nummer 9 Absatz 2 DB-GvKostG werden die durch die Kasse oder eine andere landesrechtlich dafür bestimmte Stelle eingezogenen Gerichtsvollzieherkosten an den Gerichtsvollzieher abgeführt. [2]Er behandelt sie so, als ob er sie selbst eingezogen hätte. [3]Im Falle der Bewilligung von Prozess- oder Verfahrenskostenhilfe (Nummer 6 Absatz 2 Satz 1 DB-GvKostG) verbleiben die nachträglich von der Kasse oder einer anderen landesrechtlich dafür bestimmten Stelle eingezogenen Gerichtsvollzieherkosten in voller Höhe der Landeskasse.

Achter Abschnitt. Auszahlung von Kleinbeträgen; Bewilligung von Prozess- oder Verfahrenskostenhilfe

§ 59[1] **Auszahlung von Kleinbeträgen.** (1) Kleinbeträge bis zu 3,00 Euro sind nicht auszuzahlen, sofern die Auszahlung nicht ohne besondere Kosten geschehen kann; sie sind im Dienstregister I Spalte 5b oder im Kassenbuch II Spalte 6 gesondert einzutragen und im Dienstregister I in Spalte 8, im Kassenbuch II in Spalte 14 durch den Buchstaben K als Kleinbetrag zu kennzeichnen.

(2) Kleinbeträge von weniger als 5,00 Euro, die aus Gründen, die in der Person des Empfangsberechtigten liegen, nicht ausgezahlt werden können, sind im Dienstregister I Spalte 5b oder im Kassenbuch II Spalte 6 gesondert einzutragen und im Dienstregister I in Spalte 8, im Kassenbuch II in Spalte 14 durch den Buchstaben M als Mehrbetrag zu bezeichnen.

(3) [1] Kleinbeträge nach den Absätzen 1 und 2 sind auf Verlangen des Empfangsberechtigten auszuzahlen. [2] Ist der Betrag bereits an die Kasse abgeliefert, so ist die Sache erneut in das laufende Dienstregister I oder Kassenbuch II einzutragen und der Betrag in Spalte 5b des Dienstregisters I oder in Spalte 6 des Kassenbuchs II mit erkennbar abgesetzt (vergleiche § 46 Absatz 2) zu buchen.

(4) Die Behandlung von Kleinbeträgen bei der Kosteneinziehung richtet sich nach Nummer 8 Absatz 1 DB-GvKostG.

§ 60[2] **Bewilligung von Prozesskostenhilfe nach der ZPO und Verfahrenskostenhilfe nach dem FamFG.** (1) [1] Die einer Partei für ein Erkenntnisverfahren bewilligte Prozesskostenhilfe oder Verfahrenskostenhilfe erstreckt sich auch auf die Zustellung eines in dem Verfahren erwirkten Titels an die Gegenpartei, jedoch nicht auf die Zwangsvollstreckung. [2] Ist der Partei auch für die Zwangsvollstreckung Prozess- oder Verfahrenskostenhilfe bewilligt, so darf der Gerichtsvollzieher von der Partei für seine Tätigkeit Kosten nicht erheben (§ 122 Absatz 1 Nummer 1 Buchstabe 3 ZPO[3], § 76 des Gesetzes über das Verfahren in Familiensachen und in den Angelegenheiten der freiwilligen Gerichtsbarkeit (FamFG)[4]).

(2) Der Gerichtsvollzieher kann verlangen, dass ihm die Bewilligung von Prozess- oder Verfahrenskostenhilfe durch Vorlegung der darüber ergangenen gerichtlichen Entscheidung nachgewiesen wird.

(3) Auch wenn der Partei Prozess- oder Verfahrenskostenhilfe noch nicht bewilligt ist, muss der Gerichtsvollzieher Zustellungsaufträge, die von einem Rechtsanwalt oder Kammerrechtsbeistand (§ 16 Absatz 3 Satz 3 GVGA[5]) erteilt werden, auf Verlangen vorläufig unentgeltlich erledigen, wenn der Rechtsanwalt oder Kammerrechtsbeistand sich bereit erklärt, die Kosten aus eigenen Mitteln zu zahlen, falls die Prozess- oder Verfahrenskostenhilfe nicht mit rückwirkender Kraft bewilligt werden sollte.

§ 61 Behandlung der Anwaltskosten bei Bewilligung von Prozesskostenhilfe oder Verfahrenskostenhilfe. [1] Zahlt der erstattungspflichtige Gegner einer Partei, der Prozess- oder Verfahrenskostenhilfe bewilligt ist, bei der Vollstreckung aus dem Kostenfestsetzungsbeschluss freiwillig auch die in dem Kostenfestsetzungs-

---

[1] § 59 Abs. 3 Satz 2 geänd. mWv 1.1.2019 durch Bek. v. 23.11.2018 (JMBl. S. 125).
[2] § 60 Abs. 1 Satz 2 geänd. mWv *1.1.2023 durch Bek. v.* 7.12.2022 (BayMBl. Nr. 732).
[3] **Habersack, Deutsche Gesetze Nr. 100.**
[4] **Habersack, Deutsche Gesetze Nr. 112.**
[5] Nr. 109.

beschluss abgesetzte oder ihm von dem Urkundsbeamten der Geschäftsstelle mitgeteilte Vergütung, die der Anwalt der Partei, der Prozess- oder Verfahrenskostenhilfe bewilligt ist, aus der Staatskasse erhalten hat, so hat der Gerichtsvollzieher sie anzunehmen und an die Kasse abzuführen. 2 Zieht der Gerichtsvollzieher nur den nach Abzug dieser Vergütung verbleibenden Restbetrag ein, so hat er dies zu den Gerichtsakten mitzuteilen, damit der auf die Staatskasse übergegangene Betrag eingezogen werden kann.

Neunter Abschnitt. Pflichten zur Sicherung des Aufkommens aus Steuern und Abgaben

§ 62 Steuerabzug vom Arbeitslohn. (1) Lässt die Bezeichnung des Streitgegenstandes in einem Urteil oder der sonstige Inhalt eines vollstreckbaren Titels erkennen, dass es sich um die Beitreibung einer Arbeitslohnforderung handelt, so benachrichtigt der Gerichtsvollzieher das für den Vollstreckungsort zuständige Finanzamt nach dem als Anlage 3 beigefügten Muster, wenn der an den Gläubiger abzuführende Betrag höher als 40 Euro ist.

(2) 1 Gleichzeitig benachrichtigt der Gerichtsvollzieher den zuständigen Sozialversicherungsträger des Gläubigers nach dem als Anlage 4 beigefügten Muster, wenn er diesen von dem Schuldner erfährt. 2 Andernfalls erfragt er bei dem Gläubiger den zuständigen Sozialversicherungsträger. 3 Erst wenn ihm dieser bekannt ist, führt er den beigetriebenen Betrag an den Gläubiger ab und benachrichtigt zugleich den Sozialversicherungsträger.

(3) Von den Benachrichtigungen nach Absatz 1 und (oder) 2 kann der Gerichtsvollzieher absehen, wenn ihm nachgewiesen wird, dass die zu benachrichtigenden Stellen bereits Kenntnis von der Beitreibung der Arbeitslohnforderung haben.

§ 63[1] Hinweispflicht. 1 Werden im Wege der Zwangsvollstreckung Sachen öffentlich versteigert oder freihändig verkauft und fällt die Veräußerung beim Schuldner in den Rahmen seines Unternehmens (§ 2 Absatz 1 Satz 2 UStG; zum Beispiel weil die Sache zum Unternehmensvermögen gehört), so unterliegt die Veräußerung beim Schuldner gemäß § 1 Absatz 1 Nummer 1 UStG der Umsatzsteuer. 2 Das gleiche gilt für den Auftraggeber bei freiwilligen Versteigerungen, Pfandverkäufen und Versteigerungen auf Grund gesetzlicher Ermächtigung, wenn im Wege einer Versteigerung oder eines Pfandverkaufs Sachen abgesetzt werden und die Veräußerung in den Rahmen des Unternehmens des Auftraggebers fällt. 3 Der Gerichtsvollzieher weist in den Fällen des Satzes 1 den Schuldner und in den Fällen des Satzes 2 den Auftraggeber darauf hin, dass die Veräußerungen der Umsatzsteuer unterliegen und dass die Umsätze in den Umsatzsteuervoranmeldungen und Jahreserklärungen anzugeben sind.

§ 64 Einkommensteuer und Körperschaftssteuer. 1 Verwertet der Gerichtsvollzieher Anteile an einer Kapitalgesellschaft (zum Beispiel durch Versteigerung), weist er den Schuldner darauf hin, dass die daraus resultierenden Einkünfte der Einkommen- oder Körperschaftsteuer[2] unterliegen können und gegebenenfalls in der entsprechenden Steuererklärung anzugeben sind. 2 Anteile an einer Kapitalgesellschaft sind Aktien, Anteile an einer Gesellschaft mit beschränkter Haftung, Genussscheine oder ähnliche Beteiligungen und Anwartschaften auf solche Betei-

[1] § 63 Überschrift neu gef., Satz 1 geänd. mWv 1.1.2023 durch Bek. v. 7.12.2022 (BayMBl. Nr. 732).
[2] Richtig wohl: „Körperschaftssteuer".

ligungen. [3]Der Gerichtsvollzieher übersendet dem in § 19 oder § 20 der Abgabenordnung (AO) bezeichneten Finanzamt (Wohnsitzfinanzamt des Schuldners, wenn der Schuldner eine natürliche Person ist; wenn der Schuldner eine Körperschaft, Personenvereinigung oder Vermögensmasse ist, dem Finanzamt, in dessen Bezirk sich die Geschäftsleitung befindet) alsbald, spätestens aber binnen zwei Wochen vom Tage der Verwertung ab gerechnet, eine beglaubigte Abschrift des Protokolls über die Art der Verwertung. [4]Sie soll mit der Steuernummer gekennzeichnet sein, unter welcher der Schuldner, der die verwerteten Anteile an der Kapitalgesellschaft innehatte, steuerlich geführt wird. [5]Die Übersendung einer Abschrift des Protokolls kann unterbleiben, wenn die Übertragung der Anteile der notariellen Form bedarf. [6]Der Gerichtsvollzieher ist berechtigt und verpflichtet, den Vollstreckungsauftrag ohne Rücksicht auf das Steuerfestsetzungsverfahren nach den für ihn geltenden Dienstvorschriften abzuwickeln.

§ 65 Einfuhrabgaben. [1]Will der Gerichtsvollzieher Waren versteigern oder freihändig verkaufen, die der zollamtlichen Überwachung unterliegen, zum Beispiel im Falle

1. einer vorübergehenden Verwahrung (Artikel 50 bis 53 Zollkodex),
2. eines zollrechtlichen freien Verkehrs zur besonderen Verwendung (Artikel 82 Zollkodex, gegebenenfalls in Verbindung mit § 1 Truppenzollgesetz, Artikel I und XI NATO-Truppenstatut),
3. eines Versandverfahrens (Artikel 91 bis 97, 163 Zollkodex, Übereinkommen über ein gemeinsames Versandverfahren vom 20. Mai 1987),
4. eines Zolllagerverfahrens (Artikel 98 bis 113 Zollkodex),
5. einer aktiven Veredelung (Artikel 114 bis 129 Zollkodex),
6. einer vorübergehenden Verwendung (Artikel 137 bis 144 Zollkodex),

so zeigt er dies der zuständigen Zollstelle rechtzeitig an. [2]Im Fall von Satz 1 Nummer 5 ist die Anzeige nur erforderlich, wenn die eingeführten Waren selbst verwertet werden sollen. [3]Die Zollstelle veranlasst das Erforderliche wegen der Erhebung der Einfuhrabgaben. [4]Der Gerichtsvollzieher darf die Waren nur mit Einverständnis der Zollstelle wegschaffen und veräußern. [5]Kann im Einzelfall das Einverständnis der Zollstelle vor der Wegschaffung nicht eingeholt werden, ohne dass die Zwangsvollstreckung gefährdet würde, so hat der Gerichtsvollzieher die Waren einstweilen im Betrieb des Schuldners, bei Waren, die sich in einem Zolllager befinden, innerhalb des Zolllagers, zu sichern, zum Beispiel durch Verbringen in einen von ihm zu verschließenden Raum oder durch Bestellung eines Hüters. [6]Ist dies nicht möglich, so können die Waren ohne vorheriges Einverständnis der Zollstelle weggeschafft werden. [7]Die Zollstelle ist in diesem Fall unverzüglich über den Verbleib der Waren zu unterrichten. [8]Kommen die Waren zur Versteigerung oder freihändigen Veräußerung, so hat der Gerichtsvollzieher auf Ersuchen der Zollstelle in die Versteigerungs- oder Veräußerungsbedingungen aufzunehmen, dass die Waren für einen von der Zollstelle dem Gerichtsvollzieher anzugebenden Einfuhrabgabenbetrag haften und der Erwerber über die Waren erst verfügen darf, wenn die darauf ruhenden Abgaben entrichtet sind oder die Zollstelle sich mit der Verfügung einverstanden erklärt hat.

§ 66 Verbrauchssteuern (Tabak-, Branntwein-, Mineralöl-, Kaffee-, Bier-, *Schaumweinsteuer)* (1) [1]Will der Gerichtsvollzieher

1. Tabakwaren (Zigaretten, Zigarren, Zigarillos, Rauchtabak),
2. Branntwein (Branntwein und branntweinhaltige Erzeugnisse),

3. Mineralöle (zum Beispiel Benzin, Kerosin, Petroleum, Dieselkraftstoff, Heizöle, rohes Erdöl, Flüssiggas, Erdgas),
4. Kaffee (Röstkaffee, löslicher Kaffee, kaffeehaltige Waren),
5. Bier, Schaumwein und Zwischenerzeugnisse

versteigern oder freihändig veräußern, so hat er die Anberaumung des Versteigerungstermins oder die Veräußerungsabsicht dem Hauptzollamt, in dessen Bezirk die Ware lagert, rechtzeitig anzuzeigen. [2]Wird, nachdem eine solche Anzeige erfolgt ist, der Versteigerungstermin aufgehoben oder die Veräußerungsabsicht aufgegeben, so hat er hiervon ebenfalls dem Hauptzollamt Nachricht zu geben. [3]In der Anzeige ist die Ware ihrer Menge nach (Kilogramm, Stück, Liter, Flaschen) und, soweit möglich, auch ihrer Beschaffenheit nach näher zu bezeichnen. [4]Bei Branntwein und Trinkbranntweinerzeugnissen ist auch der Alkoholgehalt in Raumhundertteilen (% Vol) anzugeben, falls sich dieser aus der Rechnung oder sonstigen Unterlagen oder bei Flaschen aus dem Etikett ersehen lässt. [5]Gegebenenfalls ist das Hauptzollamt um Feststellung des Alkoholgehalts zu ersuchen.

(2) [1]Befinden sich die genannten Waren in einem Steueraussetzungsverfahren (Steuerlager, Versand unter Steueraussetzung) oder im Besitz eines Inhabers einer Erlaubnis zur steuerbegünstigten Verwendung, so ist die Wegschaffung dem Gerichtsvollzieher verboten. [2]Ist dadurch im Einzelfall die Zwangsvollstreckung gefährdet, so hat der Gerichtsvollzieher die Waren einstweilen innerhalb der betreffenden Betriebs- oder Lagerstätte zu sichern, zum Beispiel durch Verbringung in einen von ihm zu verschließenden Raum oder durch Bestellung eines Hüters.

(3) Kommen die Waren zur Versteigerung oder freihändigen Veräußerung, so hat der Gerichtsvollzieher auf Ersuchen des Hauptzollamts in die Versteigerungs- oder Veräußerungsbedingungen aufzunehmen, dass die Ware für einen vom Hauptzollamt dem Gerichtsvollzieher anzugebenden Steuer- oder Abgabenbetrag haftet und der Erwerber über die Ware erst verfügen darf, wenn die auf der Ware ruhende Steuer oder Abgabe entrichtet ist oder das Hauptzollamt sich mit der Verfügung einverstanden erklärt hat.

(4) [1]Nach § 106 des Gesetzes über das Branntweinmonopol (BranntwMonG) darf Branntwein zu Trinkzwecken und Trinkbranntwein nicht zu einem Preis angeboten, gehandelt oder erworben werden, der niedriger ist als der Regelsatz nach § 131 Absatz 1 BranntwMonG, der am Tage des Angebots, Handels oder Erwerbs gilt. [2]Den im Einzelfall maßgeblichen Mindestpreis kann der Gerichtsvollzieher selbst berechnen, indem er je Behältnis oder Partie zuerst die Alkoholmenge errechnet und dann diese mit dem vollen Steuersatz je Liter Alkohol vervielfältigt. [3]Für die Alkoholmenge gilt die Formel

$$\text{Alkoholmenge} = \frac{\text{Raummenge in Liter} \times \text{Alkoholgehalt in \% Vol}}{100}$$

[4]Bei einer 0,7-l-Flasche Likör mit einem Alkoholgehalt von 30 % Vol würde sich die Alkoholmenge auf

$$\frac{0{,}7 \times 30}{100} = 0{,}21 \text{ Liter Alkohol}$$

errechnen, aus dem derzeitigen vollen Steuersatz von 13,03 Euro/Liter Alkohol ergibt sich dann der Mindestpreis von 0,21 [l] × 13,03 [Euro/l] = 2,74 Euro. [5]Dieser Preis ist ein Nettopreis, das heißt er enthält keine Umsatzsteuer. [6]Die Besteuerung alkoholischer Getränke nach Volumen-Prozenten des Alkoholgehalts ist nur zulässig, sofern sie in Fertigpackungen (Behältnissen) bis zu 10 Litern abgefüllt sind. [7] Bestehen wegen der Berechnung des Mindestpreises Bedenken, so hat sich der Gerichtsvollzieher an das zuständige Hauptzollamt zu wenden. [8] Ist eine Verwertung zum vorgeschriebenen Mindestpreis nicht möglich (zum Beispiel wegen Minderwertigkeit), so ist bei der Bundesmonopolverwaltung für Branntwein über das zuständige Hauptzollamt die Einwilligung nachzusuchen, den Branntwein unter dem vorgeschriebenen Mindestpreis zu verwerten. [9] Im übrigen bleiben die Vorschriften über das Mindestgebot bei der Versteigerung gepfändeter Sachen (§ 817a ZPO[1)]) unberührt.

(5) [1] Tabakwaren, deren Packungen mit vorschriftsmäßigen Steuerzeichen versehen sind, dürfen nach § 26 Tabaksteuergesetz (TabStG) nicht unter dem auf dem Steuerzeichen angegebenen Packungspreis oder dem sich daraus ergebenden Kleinverkaufspreis abgegeben werden. [2] Die Abgabe von Tabakwaren zu einem höheren als dem auf dem Steuerzeichen angegebenen Preis ist nach § 28 TabStG unzulässig. [3] Der Preis darf gemäß § 27 TabStG unterschritten werden, sofern die Verwertung sonst nicht möglich oder der Wert der Tabakwaren gemindert ist, wenn die Preisermäßigung bis zu einem Gesamtsteuerwert von 2.556 Euro vom zuständigen Hauptzollamt, sonst von der zuständigen Oberfinanzdirektion genehmigt worden ist.

(6) Sind Brennvorrichtungen, die zur Erzeugung oder Reinigung von Branntwein geeignet sind, versteigert oder freihändig veräußert worden, so hat der Gerichtsvollzieher dem örtlich zuständigen Hauptzollamt Namen, Wohnort und Wohnung des Erwerbers unverzüglich anzuzeigen.

(7) Rohes Erdöl darf nur an angemeldete Mineralölherstellungsbetriebe, an den Erdölbevorratungsverband oder an Verwender, die eine vom Hauptzollamt ausgestellte Bescheinigung vorlegen, abgegeben werden.

§ 67 Amtshilfe. Die Gerichtsvollzieher sind den Finanzämtern und Hauptzollämtern gegenüber gemäß §§ 6, 93, 97 und 111 AO zur Auskunft und zur Amtshilfe verpflichtet.

§ 68 Anzeigepflicht bei Steuerstraftaten. Der Gerichtsvollzieher ist verpflichtet, alle ihm dienstlich bekannt gewordenen Tatsachen, die den Verdacht einer Steuerstraftat begründen, dem Finanzamt mitzuteilen (§ 116 AO).

§ 69 Aktenvermerk; Auslagen. (1) Der Gerichtsvollzieher muss die Einhaltung der Pflichten, die ihm nach den vorstehenden Bestimmungen obliegen, aktenkundig machen.

(2) Eine Dokumentenpauschale und Entgelte für Postdienstleistungen mit Ausnahme der Entgelte nach Nummer 701 KV-GvKostG (Zustellung) dürfen für die in diesem Abschnitt genannten Benachrichtigungen und Abschriften nicht berechnet werden.

Zehnter Abschnitt. Übersichten über Diensteinnahmen und Geschäftstätigkeit

§ 70 Übersicht über die Diensteinnahmen. (1) [1] Die Dienstbehörde führt *eine* Jahresübersicht nach Vordruck GV 11 über die Diensteinnahmen aller Beamten, die bei ihr als Gerichtsvollzieher beschäftigt gewesen sind. [2] Die Übersicht ist

---

[1)] **Habersack, Deutsche Gesetze Nr. 100.**

zu Beginn des Haushaltsjahres anzulegen. [3] Die Einnahmen sind im Anschluss an die Festsetzung der Entschädigungen, in der Regel also vierteljährlich, in die Übersicht zu übernehmen.

(2) [1] Nach Ablauf des Haushaltsjahres sind die Spalten 5 bis 16 der Übersicht aufzurechnen, sobald die Entschädigungen der Beamten für das letzte Vierteljahr des Haushaltsjahres festgesetzt sind. [2] Eine besondere Darstellung der Schlusssummen für jeden einzelnen Gerichtsvollzieher ist nicht erforderlich.

(3) Die Dienstbehörde teilt dem Präsidenten des Landgerichts das Jahresergebnis der einzelnen Spalten bis zum 25. Februar mit; sie verwendet hierbei den Vordruck für die Übersicht.

(4) Die Jahresergebnisse der Amtsgerichte werden beim Landgericht zusammengestellt und aufgerechnet.

(5) Der Präsident des Landgerichts reicht die Zusammenstellung bis zum 5. März dem Präsidenten des Oberlandesgerichts ein; dieser überreicht sie mit einer aufgerechneten Zusammenstellung der Schlussergebnisse der einzelnen Landgerichtsbezirke bis zum 20. März der obersten Landesjustizbehörde.

(6) Die Richtigkeit der Zusammenstellung und Aufrechnungen (Absätze 2, 4 und 5) ist von dem zuständigen Beamten zu bescheinigen.

§ 71 Übersicht über die Geschäftstätigkeit. (1) Der Gerichtsvollzieher führt eine Jahresübersicht über seine Geschäftstätigkeit nach dem Vordruck GV 12.

(2) [1] Nach Ablauf des Haushaltsjahres reicht der Gerichtsvollzieher die abgeschlossene Übersicht bis zum 25. Januar der Dienstbehörde ein. [2] Die Dienstbehörde kann die Aufstellung der Geschäftsübersicht auch für kürzere Zeiträume anordnen.

(3) [1] Die Schlusszahlen der Übersichten der Gerichtsvollzieher werden bei dem Amtsgericht zusammengestellt. [2] Vorher sind die einzelnen Übersichten von dem Geschäftsleiter des Amtsgerichts oder von dem hierzu bestimmten Beamten rechnerisch und nach Stichproben auch sachlich anhand der Geschäftsbücher zu prüfen. [3] Die rechnerische Feststellung hat der Beamte unter den Aufrechnungen zu bescheinigen.

(4) Die Schlusszahlen der Zusammenstellung sind in der Form der Übersicht bis zum 25. Februar dem Präsidenten des Landgerichts anzuzeigen.

(5) Die Übersichten der Amtsgerichte überreicht der Präsident des Landgerichts mit einer Zusammenstellung der Geschäftszahlen der einzelnen Amtsgerichte für den Landgerichtsbezirk bis zum 5. März dem Präsidenten des Oberlandesgerichts; dieser leitet sie mit den Zusammenstellungen für die Landgerichtsbezirke und einer Zusammenstellung der Schlussergebnisse der Landgerichtsbezirke für den Oberlandesgerichtsbezirk bis zum 20. März an die oberste Landesjustizbehörde weiter.

(6) Die Zusammenstellungen sind aufzurechnen und nach der Buchstabenfolge der Gerichtsbezirke zu ordnen.

(7) Die Präsidenten der Land- und Oberlandesgerichte können für ihre Zwecke die Einreichung von weiteren Stücken der Übersichten anordnen.

Elfter Abschnitt. Geschäftsprüfungen

§ 72 Ordentliche Geschäftsprüfung. (1) [1] Der aufsichtführende Richter des Amtsgerichts oder ein besonders bestimmter Beamter des gehobenen Justizdienstes überprüft die Geschäftsführung des Gerichtsvollziehers vierteljährlich. [2] Die Prüfungen, die auch ohne Ankündigung zulässig sind, können bei allen oder bei einzelnen Gerichtsvollziehern auch in kürzeren Zeitabständen durchgeführt werden.

(2) Die ordentliche Geschäftsprüfung kann unterbleiben, wenn in dem maßgebenden Zeitraum (Absatz 1) eine außerordentliche Prüfung (§ 79 Absatz 1) stattfindet.

§ 73 Beschränkung der Zahl der Geschäftsprüfungen. [1] Der Präsident des Landgerichts (Amtsgerichts) kann die Zahl der ordentlichen Geschäftsprüfungen für bestimmt bezeichnete Gerichtsvollzieher widerruflich bis auf eine Prüfung jährlich beschränken. [2] Die Anordnung ist rückgängig zu machen, wenn sie im Einzelfall zu Unzuträglichkeiten führt.

§ 74[1)] Unterlagen für die Geschäftsprüfung. (1) Der Gerichtsvollzieher legt dem Prüfungsbeamten zur Prüfung vor:

1. die Dienstregister, die noch nicht erledigte oder nicht übertragene Aufträge enthalten, mit den dazugehörigen und einem Verzeichnis der fehlenden Sonderakten,
2. die Kassenbücher mit den Durchschriften der Abrechnungsscheine zum Kassenbuch II,
3. die überlassenen Quittungsblöcke, soweit sie nicht schon bei früheren Geschäftsprüfungen vorgelegen haben und keine unbenutzten Vordrucke mehr enthielten,
4. die zugehörigen Kontoauszüge über das Dienstkonto,
5. das Reisetagebuch, falls es geführt wird,
6. die Sonderakten, die bei der letzten Geschäftsprüfung gefehlt haben, sowie das Dienstregister und die Quittungsblöcke hierzu,
7. die Kassenstürze nach § 52 Absatz 4,
8. die Erfassungs- und Meldelisten über umsatzsteuerbare Geschäfte.

(2) Bei den Geschäftsprüfungen sind auch die Sonderakten und Dienstregister über die Geschäfte vorzulegen, die bei den vorangegangenen Geschäftsprüfungen noch nicht erledigt waren.

(3) [1] Bei zwei von der Dienstbehörde bestimmten ordentlichen Geschäftsprüfungen in jedem Jahr sind auch die Protestsammelakten vorzulegen. [2] Die Vorlegung dieser Akten kann auch zu jeder Geschäftsprüfung angeordnet werden.

(4) Die Unterlagen für die Geschäftsprüfung sind dem Gerichtsvollzieher nach Beendigung der Prüfung unverzüglich zurückzugeben, soweit sie nicht für die nach dem Ergebnis der Prüfung erforderlichen Maßnahmen benötigt werden.

(5) Soweit die Prüfung hierzu Anlass gibt, ist dem Prüfungsbeamten Einsicht in die dem Gerichtsvollzieher elektronisch zugegangenen und von ihm gespeicherten Dokumente zu gewähren.

§ 75[2)] Zweck und Durchführung der Geschäftsprüfung. (1) [1] Die Prüfung soll feststellen, ob der Gerichtsvollzieher seine Dienstgeschäfte während des Prü-

---

[1)] § 74 Abs. 5 angef. mWv 1.1.2019 durch Bek. v. 23.11.2018 (JMBl. S. 125); Abs. 1 Nr. 7 geänd., Nr. 8 angef. mWv 1.1.2023 durch Bek. v. 7.12.2022 (BayMBl. Nr. 732); Abs. 1 Nr. 7 geänd. mWv 1.5.2024 durch Bek. v. *22.3.2024 (BayMBl. Nr. 180).*

[2)] § 75 Abs. 2 Satz 8 neu gef., Satz 9 eingef., bish. Sätze 9 und 10 werden Sätze 10 und 11, Abs. 3 Satz 2 geänd., Satz 3 eingef., bish. Satz 3 wird Satz 4 mWv 1.1.2019 durch Bek. v. 23.11.2018 (JMBl. S. 125); Abs. 1 neu gef. mWv 1.1.2023 durch Bek. v. 7.12.2022 (BayMBl. Nr. 732).

fungszeitraums ordnungsgemäß erledigt hat. [2] Sie umfasst daher den gesamten Inhalt der Geschäftsbücher und Akten. [3] Die dienstlichen Daten in den vom Gerichtsvollzieher genutzten Fachsoftwares sind ebenfalls von der Geschäftsprüfung erfasst. [4] Bei der Prüfung ist besonders darauf zu achten, ob

1. die Aufträge vollzählig in die Dienstregister eingetragen und die geleisteten Vorschüsse richtig gebucht sind,
2. die Aufträge rechtzeitig erledigt sind,
3. die Kosten einschließlich Umsatzsteuer richtig angesetzt und eingetragen sind,
4. die eingezogenen Geldbeträge richtig und rechtzeitig an die Auftraggeber und sonstigen Empfangsberechtigten ausgezahlt oder an die Kasse abgeliefert sind,
5. die im Dienstregister I Spalte 8 und im Dienstregister II Spalte 5 eingetragenen Vermerke zutreffen,
6. die Eintragungen in den Sonderakten, den Dienstregistern, den Kassenbüchern, dem Reisetagebuch, den Quittungsblöcken und den Kontoauszügen des Kreditinstituts miteinander übereinstimmen,
7. die Kassenbücher richtig und sauber geführt und die Geldspalten richtig aufgerechnet sind,
8. die Sonderakten ordentlich geführt sind und die Belege über die Auslagen enthalten,
9. unverhältnismäßig viele Vollstreckungsverfahren erfolglos geblieben sind,
10. die Vollstreckungskosten in auffallendem Missverhältnis zu dem Ergebnis der Vollstreckung stehen,
11. die Meldepflichten gemäß § 82 in Bezug auf die Abführung der Umsatzsteuer eingehalten werden.

(2) [1] Die Geschäftsprüfung beginnt mit der Prüfung des Kassenbestandes. [2] Sodann ist festzustellen, ob die in § 74 bezeichneten Prüfungsunterlagen vorhanden sind; bei den Sonderakten genügt diese Feststellung für eine ausreichende Anzahl in lückenloser Reihenfolge. [3] Ferner ist durch eine ausreichende Anzahl von Stichproben zu prüfen, ob die dem Gerichtsvollzieher nach § 36 Absatz 6 überlassenen Quittungsblöcke ordnungsgemäß verwendet worden und die noch nicht in Gebrauch genommenen Quittungsblöcke vollständig vorhanden sind. [4] Fehlen Sonderakten, Quittungsblöcke oder einzelne Quittungsvordrucke, so sind die Gründe hierfür festzustellen. [5] Haben bei der vorhergehenden Geschäftsprüfung Sonderakten gefehlt, so ist festzustellen, ob sie jetzt zur Prüfung vorliegen. [6] Sodann ist eine ausreichende Zahl von Sonderakten, von Eintragungen in den Geschäftsbüchern, von Durchschriften des Quittungsblocks und von Posten in den Kontoauszügen zu prüfen und zu vergleichen. [7] Dabei sind die Richtlinien in Absatz 1 zu beachten. [8] Die im Dienstregister I Spalte 7 und im Kassenbuch II Spalten 12 und 13 eingestellten Auslagen sind stichprobenhaft zu prüfen und mit dem Inhalt der Sonderakten zu vergleichen*; daneben ist festzustellen*, ob die Beträge bei *Eingang der Kosten* erkennbar abgesetzt wurden. [9] Bei festgestellten Verstößen gegen die Erfassungen im Dienstregister I und im Kassenbuch II sind weitere Überprüfungen möglich. [10] Die richtige Aufrechnung der Geldspalten im Kassenbuch ist nach Stichproben zu prüfen. [11] Schließlich ist, um einen genauen Einblick in die Arbeitsweise des Gerichtsvollziehers zu erhalten, bei jeder Geschäftsprüfung eine ausreichende Zahl von Sonderakten eingehend daraufhin zu überprüfen, ob der Gerichtsvollzieher das Verfahren nach den bestehenden Bestimmungen sachgemäß durchgeführt hat, insbesondere, ob er die einschlägigen Verfahrensvorschriften und die Geschäftsanweisung für Gerichtsvollzieher beachtet hat.

(3) [1] Die Prüfung umfasst in der Regel auch dann nur die Geschäftsführung des vorangegangenen Vierteljahres, wenn die Zahl der Geschäftsprüfungen nach § 73 beschränkt worden ist. [2] Der Prüfungsbeamte muss jedoch die im Dienstregister I Spalte 5b oder im Kassenbuch II Spalte 6 ausgebuchten Kleinbeträge (vergleiche Nummer 8 Absatz 1 DB-GvKostG) und eine angemessene Anzahl der im Dienstregister I Spalte 7 und im Kassenbuch II Spalte 12 und 13 gebuchten Auslagen für die Zeit seit der letzten Geschäftsprüfung überprüfen und nach Stichproben mit dem Inhalt der Sonderakten vergleichen. [3] Daneben hat er festzustellen, ob ersetzte Auslagen beim Eingang der Kosten erkennbar abgesetzt wurden (Nr. 7 Satz 5 der Anleitung zum Dienstregister I, Nr. 8 Satz 5 und 6 der Anleitung zum Kassenbuch II). [4] Es bleibt ihm ferner unbenommen, auch die übrige Geschäftsführung seit der letzten Prüfung zu überprüfen.

(4) Die Prüfung erstreckt sich auf die zweckmäßige Einrichtung des Geschäftsbetriebs und auf die Beschäftigung von Büroangestellten im erforderlichen Umfang (§ 33 Absatz 1 Satz 1).

(5) Nach Abschluss der Prüfung trägt der Prüfungsbeamte in die Dienstregister, die Kassenbücher, das Reisetagebuch und die geprüften Sonderakten einen Prüfungsvermerk ein.

(6) Zwischen dem Prüfungsbeamten und dem Gerichtsvollzieher soll eine Schlussbesprechung stattfinden, bei der dem Gerichtsvollzieher Gelegenheit zu geben ist, sich zu etwa festgestellten Mängeln zu äußern oder etwaige Unstimmigkeiten aufzuklären.

§ 76 Niederschrift über die Geschäftsprüfung. (1) [1] Der Prüfungsbeamte legt die Ergebnisse der Prüfung in einer Niederschrift nach Vordruck GV 13 nieder. [2] In der Niederschrift müssen auch die Geschäftsnummern der

1. bei der Prüfung fehlenden Sonderakten,
2. für die Akten- und Registerführung als nicht erledigt geltenden Sachen,
3. nach § 75 Absatz 2 eingehend geprüften Sonderakten angegeben werden.

(2) [1] Hat der aufsichtführende Richter des Amtsgerichts die Prüfung nicht selbst vorgenommen, so ist ihm die Niederschrift unverzüglich vorzulegen. [2] Er versieht sie mit einem Sichtvermerk.

§ 77 Maßnahmen der Dienstaufsicht. [1] Gibt eine Geschäftsprüfung Anlass zu Beanstandungen oder Bedenken hinsichtlich der Geschäftsführung, so trifft die Dienstbehörde die erforderlichen Maßnahmen. [2] Es empfiehlt sich, die bei den Geschäftsprüfungen gewonnenen Erfahrungen auch zu Hinweisen an die anderen Gerichtsvollzieher zu verwerten.

§ 78[1)] Überlange Verfahrensdauer. [1] Bei den Geschäftsprüfungen ist eine angemessene Anzahl von Sonderakten mit einer langen Verfahrensdauer zu prüfen und mit den Eintragungen in den Geschäftsbüchern zu vergleichen. [2] Zu prüfen sind in erster Linie Verfahren mit einer Dauer von mehr als sechs Monaten, in jedem Fall solche von mehr als 14 Monaten.

§ 79 Außerordentliche Geschäftsprüfung. (1) [1] Mindestens einmal im Haushaltsjahr muss der aufsichtführende Richter des Amtsgerichts unvermutet eine *außerordent*liche Geschäftsprüfung im Geschäftszimmer des Gerichtsvollziehers durchführen oder durch einen Beamten des gehobenen Justizdienstes durchführen

[1)] § 78 neu gef. mWv 1.1.2019 durch Bek. v. 23.11.2018 (JMBl. S. 125).

lassen. 2 Der Zeitpunkt hierfür ist unter Berücksichtigung der örtlichen und persönlichen Verhältnisse zu wählen. 3 Die Prüfung soll möglichst nicht über 19 Uhr ausgedehnt werden. 4 Eine Geschäftsprüfung in späteren Abendstunden oder an Sonntagen und allgemeinen Feiertagen ist nur zulässig, wenn besondere Umstände es rechtfertigen. 5 Ist die Zahl der ordentlichen Geschäftsprüfungen nach § 73 beschränkt worden, so ist für die außerordentliche Geschäftsprüfung ein Monat zu wählen, in dem keine ordentliche Geschäftsprüfung stattfindet.

(2) 1 Die Prüfung beginnt mit der Feststellung des Kassenbestandes. 2 Anschließend ist die Geschäftsführung des Gerichtsvollziehers seit der letzten außerordentlichen Geschäftsprüfung nach Stichproben zu überprüfen. 3 Dabei sind die Richtlinien in den §§ 74 bis 77 zu beachten. 4 Es ist auch darauf zu achten, ob der Gerichtsvollzieher etwa überlastet ist. 5 Ferner ist festzustellen,

1. ob das vorgeschriebene Schild angebracht ist und ob das Geschäftszimmer für seinen Zweck geeignet und ausreichend eingerichtet ist,
2. wie das Dienstsiegel (Dienststempel) und der amtliche Kassenbestand aufbewahrt werden,
3. ob zur Ausübung einer ordnungsgemäßen Geschäftstätigkeit ausreichende Kommunikationsmittel und Büroausstattung vorhanden sind,
4. ob die Generalakten ordnungsgemäß geführt werden,
5. ob die Sonderakten geordnet aufbewahrt werden,
6. ob die erforderlichen Gesetze und Dienstvorschriften vorhanden sind,
7. ob Büroangestellte beschäftigt sind.

(3) Die Niederschrift über die außerordentliche Geschäftsprüfung ist nach Vordruck GV 13 zu fertigen.

(4) 1 Ob gelegentlich des Abschlusses der Geschäftsbücher bei Tod, Entlassung oder vorläufiger Dienstenthebung des Gerichtsvollziehers oder in anderen Fällen auch eine außerordentliche Geschäftsprüfung vorzunehmen ist, bestimmt die Dienstbehörde. 2 Wird eine außerordentliche Geschäftsprüfung nach dem Tod eines Gerichtsvollziehers angeordnet, so soll einem Vertreter seiner Erben Gelegenheit gegeben werden, hierbei anwesend zu sein.

(5) Die vorstehenden Bestimmungen sind bei den Geschäftsprüfungen entsprechend anzuwenden, die nach besonderen Vorschriften von dem Bezirksrevisor oder einem sonst zuständigen Beamten durchgeführt werden.

Zwölfter Abschnitt. Vordrucke

§ 80 Einführung von Vordrucken. Die verbindliche Einführung von Vordrucken, die durch die Gerichtsvollzieher zu verwenden sind, sowie deren Ausgestaltung ist der obersten Landesjustizbehörde vorbehalten, soweit sie dies nicht einer anderen Stelle übertragen hat.

Dreizehnter Abschnitt. Hilfsbeamte des Gerichtsvollziehers

§ 81 Hilfsbeamte. (1) Zur Aushilfe im Gerichtsvollzieherdienst, und zwar als Vertreter oder als Verwalter von Plan- oder Hilfsstellen, sind vorwiegend Beamte zu verwenden, die die Gerichtsvollzieherprüfung bestanden haben.

(2) Beamte, die sich in der Ausbildung für die Gerichtsvollzieherlaufbahn befinden oder sie bereits erfolgreich abgeschlossen haben, und Beamte, die die Befähigung für das Rechtspflegeramt haben, dürfen zur Aushilfe im Gerichtsvollzieher-

dienst herangezogen werden, soweit sie sich in geordneten wirtschaftlichen Verhältnissen befinden.

(3) Den Dienstleistungsauftrag für den Hilfsbeamten erteilt der Präsident des Oberlandesgerichts.

(4) Der Hilfsbeamte führt seine bisherige Amtsbezeichnung mit dem Zusatz „als Gerichtsvollzieher".

(5) [1] Für Hilfsbeamte, die nur befristet beschäftigt werden, können Ausnahmeregelungen vom unmittelbaren Dienstvorgesetzten getroffen werden. [2] Ein Arbeitsplatz im Amtsgericht kann gegen Zahlung einer angemessenen Entschädigung zur Verfügung gestellt werden.

(6) Im Übrigen gelten die Vorschriften des ersten bis elften Abschnitts entsprechend.

Vierzehnter Abschnitt.[1] Behandlung steuerbarer Geschäfte

§ 82[1] Meldung an die jeweilige Organisationseinheit. (1) [1] Der Gerichtsvollzieher meldet die für die Umsatzsteuerbemessung maßgeblichen Entgelte sowie Umsatzsteuerbeträge und umsatzsteuerbaren Geschäfte innerhalb der festgelegten Meldefrist an die nach dem Umsatzsteuergesetz zuständige Organisationseinheit oder an eine von dieser bestimmte Stelle. [2] Wenn keine umsatzsteuerbaren Geschäfte angefallen sind, ist eine Nullmeldung zu erstatten.

(2) [1] Die Meldung enthält eine Einzelauflistung der im vergangenen Monat für

a) im Inland steuerbare Leistungen in Rechnung gestellten Netto-Entgelte und Umsatzsteuerbeträge,
b) nicht steuerbare sonstige Leistungen ins EU-Gemeinschaftsgebiet nach § 18a Absatz 2 UStG in Rechnung gestellten Netto-Entgelte sowie die Umsatzsteueridentifikationsnummer des Leistungsempfängers,
c) übrige nicht steuerbare Umsätze in ein Drittland in Rechnung gestellten Netto-Entgelte sowie
d) in Abzug zu bringende Vorsteuerbeträge und
e) eventuelle Berichtigungen zu bereits erfolgten Meldungen

unter Angabe der jeweiligen Rechnungsnummer nach Vordruck GV-ML. [2] Sofern die Meldung elektronisch erfolgt, ist sie gemäß § 130a Absatz 3 ZPO[2] einzureichen.

§ 83[1] Anforderung an die Kostenrechnung. (1) Die Kostenrechnung des Gerichtsvollziehers hat die sich aus § 14 Absatz 4, § 14a Absatz 1 UStG ergebenden Angaben zu enthalten.

(2) Die nach § 14 Absatz 4 Satz 1 Nummer 4 UStG erforderliche Rechnungsnummer wird durch die Geschäftsnummer in Verbindung mit der laufenden Nummer der Rechnung in dem jeweiligen Verfahren und einen Zusatz nach landesspezifischer Vorgabe gebildet.

Anlagen 1–5

(vom Abdruck wurde abgesehen)

---

[1] 14. Abschnitt (§§ 82 und 83) angef. mWv 1.1.2023 durch Bek. v. 7.12.2022 (BayMBl. Nr. 732).
[2] **Habersack, Deutsche Gesetze Nr. 100.**

110b. Verordnung (EU) 2015/848 des Europäischen Parlaments und des Rates vom 20. Mai 2015 über Insolvenzverfahren[1)]

(Neufassung)

(ABl. L 141 vom 5.6.2015, S. 19, ELI: http://data.europa.eu/eli/reg/2015/848/oj)

Celex-Nr. 3 2015 R 0848

Lfd. Nr.	Änderndes Gesetz	Datum	Fundstelle	Betroffen	Hinweis
1.	Art. 1 VO (EU) 2017/353	15.2.2017	ABl. L 57 S. 19	Anh. A, B	mWv 26.6.2017
2.	Art. 1 VO (EU) 2018/946	4.7.2018	ABl. L 171 S. 1	Anh. A, B	mWv 26.7.2018
3.	Art. 1 VO (EU) 2021/2260	15.12. 2021	ABl. L 455 S. 4	Anh. A, B	mWv 9.1.2022
4.	Art. 23 VO (EU) 2023/ 2844	13.12. 2023	ABl. L, 2023/ 2844, 27.12. 2023	Art. 42, 53, 57	mWv 1.5.2025

Vorbemerkung:

Die Änderungen durch VO v. 13.12.2023 (ABl. L, 2023/2844, 27.12.2023) treten erst mWv 1.5.2025 in Kraft und sind im Text noch nicht berücksichtigt.

DAS EUROPÄISCHE PARLAMENT UND DER RAT DER EUROPÄISCHEN UNION –

gestützt auf den Vertrag über die Arbeitsweise der Europäischen Union[2)], insbesondere auf Artikel 81,

auf Vorschlag der Europäischen Kommission,

nach Zuleitung des Entwurfs des Gesetzgebungsakts an die nationalen Parlamente,

nach Stellungnahme des Europäischen Wirtschafts- und Sozialausschusses[3)],

gemäß dem ordentlichen Gesetzgebungsverfahren[4)],

in Erwägung nachstehender Gründe:

(1) Die Kommission hat am 12. Dezember 2012 einen Bericht über die Anwendung der Verordnung (EG) Nr. 1346/2000 des Rates[5)] angenommen. Dem Bericht zufolge funktioniert die Verordnung im Allgemeinen gut, doch sollte die An-

---

[1)] *Siehe hierzu* VO (EU) 2017/1105 zur Festlegung der Formulare gem. Insolvenz-VO v. 12.6.2017 (ABl. L 160 vom 22.6.2017, S. 1)

[2)] **Sartorius Nr. 1001.**

[3)] **Amtl. Anm.:** ABl. C 271 vom 19.9.2013, S. 55.

[4)] **Amtl. Anm.:** Standpunkt des Europäischen Parlaments vom 5. Februar 2014 (noch nicht im Amtsblatt veröffentlicht) und Standpunkt des Rates in erster Lesung vom 12. März 2015 (noch nicht im Amtsblatt veröffentlicht). Standpunkt des Europäischen Parlaments vom 20. Mai 2015 (noch nicht im Amtsblatt veröffentlicht).

[5)] **Amtl. Anm.:** Verordnung (EG) Nr. 1346/2000 des Rates vom 29. Mai 2000 über Insolvenzverfahren (ABl. L 160 vom 30.6.2000, S. 1).

wendung einiger Vorschriften verbessert werden, um grenzüberschreitende Insolvenzverfahren noch effizienter abwickeln zu können. Da die Verordnung mehrfach geändert wurde und weitere Änderungen erfolgen sollen, sollte aus Gründen der Klarheit eine Neufassung vorgenommen werden.

(2) Die Union hat sich die Schaffung eines Raums der Freiheit, der Sicherheit und des Rechts zum Ziel gesetzt.

(3) Für ein reibungsloses Funktionieren des Binnenmarktes sind effiziente und wirksame grenzüberschreitende Insolvenzverfahren erforderlich. Die Annahme dieser Verordnung ist zur Verwirklichung dieses Ziels erforderlich, das in den Bereich der justiziellen Zusammenarbeit in Zivilsachen im Sinne des Artikels 81 des Vertrags[1)] fällt.

(4) Die Geschäftstätigkeit von Unternehmen greift mehr und mehr über die einzelstaatlichen Grenzen hinaus und unterliegt damit in zunehmendem Maß den Vorschriften des Unionsrechts. Die Insolvenz solcher Unternehmen hat auch nachteilige Auswirkungen auf das ordnungsgemäße Funktionieren des Binnenmarktes, und es bedarf eines Unionsrechtsakts, der eine Koordinierung der Maßnahmen in Bezug auf das Vermögen eines zahlungsunfähigen Schuldners vorschreibt.

(5) Im Interesse eines ordnungsgemäßen Funktionierens des Binnenmarkts muss verhindert werden, dass es für Beteiligte vorteilhafter ist, Vermögensgegenstände oder Gerichtsverfahren von einem Mitgliedstaat in einen anderen zu verlagern, um auf diese Weise eine günstigere Rechtsstellung zum Nachteil der Gesamtheit der Gläubiger zu erlangen (im Folgenden „Forum Shopping").

(6) Diese Verordnung sollte Vorschriften enthalten, die die Zuständigkeit für die Eröffnung von Insolvenzverfahren und für Klagen regeln, die sich direkt aus diesen Insolvenzverfahren ableiten und eng damit verknüpft sind. Darüber hinaus sollte diese Verordnung Vorschriften für die Anerkennung und Vollstreckung von in solchen Verfahren ergangenen Entscheidungen sowie Vorschriften über das auf Insolvenzverfahren anwendbare Recht enthalten. Sie sollte auch die Koordinierung von Insolvenzverfahren regeln, die sich gegen denselben Schuldner oder gegen mehrere Mitglieder derselben Unternehmensgruppe richten.

(7) Konkurse, Vergleiche und ähnliche Verfahren sowie damit zusammenhängende Klagen sind vom Anwendungsbereich der Verordnung (EU) Nr. 1215/2012[2)] des Europäischen Parlaments und des Rates ausgenommen[3)]. Diese Verfahren sollten unter die vorliegende Verordnung fallen. Die vorliegende Verordnung ist so auszulegen, dass Rechtslücken zwischen den beiden vorgenannten Rechtsinstrumenten so weit wie möglich vermieden werden. Allerdings sollte der alleinige Umstand, dass ein nationales Verfahren nicht in Anhang A dieser Verordnung aufgeführt ist, nicht bedeuten, dass es unter die Verordnung (EU) Nr. 1215/2012[2)] fällt.

(8) Zur Verwirklichung des Ziels einer Verbesserung der Effizienz und Wirksamkeit der Insolvenzverfahren mit grenzüberschreitender Wirkung ist es notwendig und angemessen, die Bestimmungen über den Gerichtsstand, die Anerkennung und das anwendbare Recht in diesem Bereich in

(Fortsetzung nächstes Blatt)

[1)] **Sartorius Nr. 1001.**

[2)] ***Nr. 103.***

[3)] **Amtl. Anm.:** Verordnung (EU) Nr. 1215/2012 des Europäischen Parlaments und des Rates vom 12. Dezember 2012 über die gerichtliche Zuständigkeit und die Anerkennung und Vollstreckung von Entscheidungen in Zivil- und Handelssachen (ABl. L 351 vom 20.12.2012, S. 1).

einer Maßnahme der Union zu bündeln, die in den Mitgliedstaaten verbindlich ist und unmittelbar gilt.

(9) Diese Verordnung sollte für alle Insolvenzverfahren gelten, die die in ihr festgelegten Voraussetzungen erfüllen, unabhängig davon, ob es sich beim Schuldner um eine natürliche oder juristische Person, einen Kaufmann oder eine Privatperson handelt. Diese Insolvenzverfahren sind erschöpfend in Anhang A aufgeführt. Bezüglich der in Anhang A aufgeführten nationalen Verfahren sollte diese Verordnung Anwendung finden, ohne dass die Gerichte eines anderen Mitgliedstaats die Erfüllung der Anwendungsvoraussetzungen dieser Verordnung nachprüfen. Nationale Insolvenzverfahren, die nicht in Anhang A aufgeführt sind, sollten nicht in den Anwendungsbereich dieser Verordnung fallen.

(10) In den Anwendungsbereich dieser Verordnung sollten Verfahren einbezogen werden, die die Rettung wirtschaftlich bestandsfähiger Unternehmen, die sich jedoch in finanziellen Schwierigkeiten befinden, begünstigen und Unternehmern eine zweite Chance bieten. Einbezogen werden sollten vor allem Verfahren, die auf eine Sanierung des Schuldners in einer Situation gerichtet sind, in der lediglich die Wahrscheinlichkeit einer Insolvenz besteht, und Verfahren, bei denen der Schuldner ganz oder teilweise die Kontrolle über seine Vermögenswerte und Geschäfte behält. Der Anwendungsbereich sollte sich auch auf Verfahren erstrecken, die eine Schuldbefreiung oder eine Schuldenanpassung in Bezug auf Verbraucher und Selbständige zum Ziel haben, indem z.B. der vom Schuldner zu zahlende Betrag verringert oder die dem Schuldner gewährte Zahlungsfrist verlängert wird. Da in solchen Verfahren nicht unbedingt ein Verwalter bestellt werden muss, sollten sie unter diese Verordnung fallen, wenn sie der Kontrolle oder Aufsicht eines Gerichts unterliegen. In diesem Zusammenhang sollte der Ausdruck „Kontrolle" auch Sachverhalte einschließen, in denen ein Gericht nur aufgrund des Rechtsbehelfs eines Gläubigers oder anderer Verfahrensbeteiligter tätig wird.

(11) Diese Verordnung sollte auch für Verfahren gelten, die einen vorläufigen Aufschub von Vollstreckungsmaßnahmen einzelner Gläubiger gewähren, wenn derartige Maßnahmen die Verhandlungen beeinträchtigen und die Aussichten auf eine Sanierung des Unternehmens des Schuldners mindern könnten. Diese Verfahren sollten sich nicht nachteilig auf die Gesamtheit der Gläubiger auswirken und sollten, wenn keine Einigung über einen Sanierungsplan erzielt werden kann, anderen Verfahren, die unter diese Verordnung fallen, vorgeschaltet sein.

(12) Diese Verordnung sollte für Verfahren gelten, deren Eröffnung öffentlich bekanntzugeben ist, damit Gläubiger Kenntnis von dem Verfahren erlangen und ihre Forderungen anmelden können, und dadurch der kollektive Charakter des Verfahrens sichergestellt wird, und damit den Gläubigern Gelegenheit gegeben wird, die Zuständigkeit des Gerichts überprüfen zu lassen, das das Verfahren eröffnet hat.

(13) Dementsprechend sollten vertraulich geführte Insolvenzverfahren vom Anwendungsbereich dieser Verordnung ausgenommen werden. Solche Verfahren mögen zwar in manchen Mitgliedstaaten von großer Bedeutung sein, es ist jedoch aufgrund ihrer Vertraulichkeit unmöglich, dass ein Gläubiger oder Gericht in einem anderen Mitgliedstaat Kenntnis von

der Eröffnung eines solchen Verfahrens erlangt, so dass es schwierig ist, ihren Wirkungen unionsweit Anerkennung zu verschaffen.

(14) Ein Gesamtverfahren, das unter diese Verordnung fällt, sollte alle oder einen wesentlichen Teil der Gläubiger des Schuldners einschließen, auf die die gesamten oder ein erheblicher Anteil der ausstehenden Verbindlichkeiten des Schuldners entfallen, vorausgesetzt, dass die Forderungen der Gläubiger, die nicht an einem solchen Verfahren beteiligt sind, davon unberührt bleiben. Verfahren, die nur die finanziellen Gläubiger des Schuldners betreffen, sollten auch unter diese Verordnung fallen. Ein Verfahren, das nicht alle Gläubiger eines Schuldners einschließt, sollte ein Verfahren sein, dessen Ziel die Rettung des Schuldners ist. Ein Verfahren, das zur endgültigen Einstellung der Unternehmenstätigkeit des Schuldners oder zur Verwertung seines Vermögens führt, sollte alle Gläubiger des Schuldners einschließen. Einige Insolvenzverfahren für natürliche Personen schließen bestimmte Arten von Forderungen, wie etwa Unterhaltsforderungen, von der Möglichkeit einer Schuldenbefreiung aus, was aber nicht bedeuten sollte, dass diese Verfahren keine Gesamtverfahren sind.

(15) Diese Verordnung sollte auch für Verfahren gelten, die nach dem Recht einiger Mitgliedstaaten für eine bestimmte Zeit vorläufig oder einstweilig eröffnet und durchgeführt werden können, bevor ein Gericht durch eine Entscheidung die Fortführung des Verfahrens als nicht vorläufiges Verfahren bestätigt. Auch wenn diese Verfahren als „vorläufig" bezeichnet werden, sollten sie alle anderen Anforderungen dieser Verordnung erfüllen.

(16) Diese Verordnung sollte für Verfahren gelten, die sich auf gesetzliche Regelungen zur Insolvenz stützen. Allerdings sollten Verfahren, die sich auf allgemeines Gesellschaftsrecht stützen, das nicht ausschließlich auf Insolvenzfälle ausgerichtet ist, nicht als Verfahren gelten, die sich auf gesetzliche Regelungen zur Insolvenz stützen. Ebenso sollten Verfahren zur Schuldenanpassung nicht bestimmte Verfahren umfassen, in denen es um den Erlass von Schulden einer natürlichen Person mit sehr geringem Einkommen und Vermögen geht, sofern derartige Verfahren nie eine Zahlung an Gläubiger vorsehen.

(17) Der Anwendungsbereich dieser Verordnung sollte sich auf Verfahren erstrecken, die eingeleitet werden, wenn sich ein Schuldner in nicht finanziellen Schwierigkeiten befindet, sofern diese Schwierigkeiten mit der tatsächlichen und erheblichen Gefahr verbunden sind, dass der Schuldner gegenwärtig oder in Zukunft seine Verbindlichkeiten bei Fälligkeit nicht begleichen kann. Der maßgebliche Zeitraum zur Feststellung einer solchen Gefahr kann mehrere Monate oder auch länger betragen, um Fällen Rechnung zu tragen, in denen sich der Schuldner in nicht finanziellen Schwierigkeiten befindet, die die Fortführung seines Unternehmens und mittelfristig seine Liquidität gefährden. Dies kann beispielsweise der Fall sein, wenn der Schuldner einen Auftrag verloren hat, der für ihn von entscheidender Bedeutung war.

(18) Die Vorschriften über die Rückforderung staatlicher Beihilfen von insolventen Unternehmen, wie sie nach der Rechtsprechung des Gerichtshofs der Europäischen Union ausgelegt worden sind, sollten von dieser Verordnung unberührt bleiben.

(19) Insolvenzverfahren über das Vermögen von Versicherungsunternehmen, Kreditinstituten, Wertpapierfirmen und anderen Firmen, Einrichtungen oder Unternehmen, die unter die Richtlinie 2001/24/EG des Europäischen Parlaments und des Rates[1)] fallen, und Organismen für gemeinsame Anlagen sollten vom Anwendungsbereich dieser Verordnung ausgenommen werden, da für sie besondere Vorschriften gelten und die nationalen Aufsichtsbehörden weitreichende Eingriffsbefugnisse haben.

(20) Insolvenzverfahren sind nicht zwingend mit dem Eingreifen einer Justizbehörde verbunden. Der Ausdruck „Gericht" in dieser Verordnung sollte daher in einigen Bestimmungen weit ausgelegt werden und Personen oder Stellen umfassen, die nach einzelstaatlichem Recht befugt sind, Insolvenzverfahren zu eröffnen. Damit diese Verordnung Anwendung findet, muss es sich um ein Verfahren (mit den entsprechenden gesetzlich festgelegten Handlungen und Formalitäten) handeln, das nicht nur im Einklang mit dieser Verordnung steht, sondern auch in dem Mitgliedstaat der Eröffnung des Insolvenzverfahrens offiziell anerkannt und rechtsgültig ist.

(21) Verwalter sind in dieser Verordnung definiert und in Anhang B aufgeführt. Verwalter, die ohne Beteiligung eines Justizorgans bestellt werden, sollten nach nationalem Recht einer angemessenen Regulierung unterliegen und für die Wahrnehmung von Aufgaben in Insolvenzverfahren zugelassen sein. Der nationale Regelungsrahmen sollte angemessene Vorschriften über den Umgang mit potenziellen Interessenkonflikten umfassen.

(22) Diese Verordnung erkennt die Tatsache an, dass aufgrund der großen Unterschiede im materiellen Recht ein einziges Insolvenzverfahren mit universaler Geltung für die Union nicht realisierbar ist. Die ausnahmslose Anwendung des Rechts des Staates der Verfahrenseröffnung würde vor diesem Hintergrund häufig zu Schwierigkeiten führen. Dies gilt etwa für die in den Mitgliedstaaten sehr unterschiedlich ausgeprägten nationalen Regelungen zu den Sicherungsrechten. Aber auch die Vorrechte einzelner Gläubiger im Insolvenzverfahren sind teilweise vollkommen anders ausgestaltet. Bei der nächsten Überprüfung dieser Verordnung wird es erforderlich sein, weitere Maßnahmen zu ermitteln, um die Vorrechte der Arbeitnehmer auf europäischer Ebene zu verbessern. Diese Verordnung sollte solchen unterschiedlichen nationalen Rechten auf zweierlei Weise Rechnung tragen. Zum einen sollten Sonderanknüpfungen für besonders bedeutsame Rechte und Rechtsverhältnisse vorgesehen werden (z.B. dingliche Rechte und Arbeitsverträge). Zum anderen sollten neben einem Hauptinsolvenzverfahren mit universaler Geltung auch innerstaatliche Verfahren zugelassen werden, die lediglich das im Eröffnungsstaat befindliche Vermögen erfassen.

(23) Diese Verordnung gestattet die Eröffnung des Hauptinsolvenzverfahrens in dem Mitgliedstaat, in dem der Schuldner den Mittelpunkt seiner hauptsächlichen Interessen hat. Dieses Verfahren hat universale Geltung sowie das Ziel, das gesamte Vermögen des Schuldners zu erfassen. Zum Schutz der unterschiedlichen Interessen gestattet diese Verordnung die Eröffnung von Sekundärinsolvenzverfahren parallel zum Hauptinsol-

---

1) **Amtl. Anm.:** Richtlinie 2001/24/EG des Europäischen Parlaments und des Rates vom 4. April 2001 über die Sanierung und Liquidation von Kreditinstituten (ABl. L 125 vom 5.5.2001, S. 15).

venzverfahren. Ein Sekundärinsolvenzverfahren kann in dem Mitgliedstaat eröffnet werden, in dem der Schuldner eine Niederlassung hat. Seine Wirkungen sind auf das in dem betreffenden Mitgliedstaat belegene Vermögen des Schuldners beschränkt. Zwingende Vorschriften für die Koordinierung mit dem Hauptinsolvenzverfahren tragen dem Gebot der Einheitlichkeit in der Union Rechnung.

(24) Wird über das Vermögen einer juristischen Person oder einer Gesellschaft ein Hauptinsolvenzverfahren in einem anderen Mitgliedstaat als dem, in dem sie ihren Sitz hat, eröffnet, so sollte die Möglichkeit bestehen, im Einklang mit der Rechtsprechung des Gerichtshofs der Europäischen Union ein Sekundärinsolvenzverfahren in dem Mitgliedstaat zu eröffnen, in dem sie ihren Sitz hat, sofern der Schuldner einer wirtschaftlichen Aktivität nachgeht, die den Einsatz von Personal und Vermögenswerten in diesem Mitgliedstaat voraussetzt.

(25) Diese Verordnung gilt nur für Verfahren in Bezug auf einen Schuldner, der Mittelpunkt seiner hauptsächlichen Interessen in der Union hat.

(26) Die Zuständigkeitsvorschriften dieser Verordnung legen nur die internationale Zuständigkeit fest, das heißt, sie geben den Mitgliedstaat an, dessen Gerichte Insolvenzverfahren eröffnen dürfen. Die innerstaatliche Zuständigkeit des betreffenden Mitgliedstaats sollte nach dem nationalen Recht des betreffenden Staates bestimmt werden.

(27) Vor Eröffnung des Insolvenzverfahrens sollte das zuständige Gericht von Amts wegen prüfen, ob sich der Mittelpunkt der hauptsächlichen Interessen des Schuldners oder der Niederlassung des Schuldners tatsächlich in seinem Zuständigkeitsbereich befindet.

(28) Bei der Beantwortung der Frage, ob der Mittelpunkt der hauptsächlichen Interessen des Schuldners für Dritte feststellbar ist, sollte besonders berücksichtigt werden, welchen Ort die Gläubiger als denjenigen wahrnehmen, an dem der Schuldner der Verwaltung seiner Interessen nachgeht. Hierfür kann es erforderlich sein, die Gläubiger im Fall einer Verlegung des Mittelpunkts der hauptsächlichen Interessen zeitnah über den neuen Ort zu unterrichten, an dem der Schuldner seine Tätigkeiten ausübt, z.B. durch Hervorhebung der Adressänderung in der Geschäftskorrespondenz, oder indem der neue Ort in einer anderen geeigneten Weise veröffentlicht wird.

(29) Diese Verordnung sollte eine Reihe von Schutzvorkehrungen enthalten, um betrügerisches oder missbräuchliches Forum Shopping zu verhindern.

(30) Folglich sollten die Annahmen, dass der Sitz, die Hauptniederlassung und der gewöhnliche Aufenthalt jeweils der Mittelpunkt des hauptsächlichen Interesses sind, widerlegbar sein, und das jeweilige Gericht eines Mitgliedstaats sollte sorgfältig prüfen, ob sich der Mittelpunkt der hauptsächlichen Interessen des Schuldners tatsächlich in diesem Mitgliedstaat befindet. Bei einer Gesellschaft sollte diese Vermutung widerlegt werden können, wenn sich die Hauptverwaltung der Gesellschaft in einem anderen Mitgliedstaat befindet als in dem Mitgliedstaat, in dem sich der Sitz der Gesellschaft befindet, und wenn eine Gesamtbetrachtung aller relevanten Faktoren die von Dritten überprüfbare Feststellung zulässt, dass sich der tatsächliche Mittelpunkt der Verwaltung und der Kontrolle der Gesellschaft sowie der Verwaltung ihrer Interessen in diesem anderen Mitgliedstaat befindet. Bei

einer natürlichen Person, die keine selbständige gewerbliche oder freiberufliche Tätigkeit ausübt, sollte diese Vermutung widerlegt werden können, wenn sich z.B. der Großteil des Vermögens des Schuldners außerhalb des Mitgliedstaats des gewöhnlichen Aufenthalts des Schuldners befindet oder wenn festgestellt werden kann, dass der Hauptgrund für einen Umzug darin bestand, einen Insolvenzantrag im neuen Gerichtsstand zu stellen, und die Interessen der Gläubiger, die vor dem Umzug eine Rechtsbeziehung mit dem Schuldner eingegangen sind, durch einen solchen Insolvenzantrag wesentlich beeinträchtigt würden.

(31) Im Rahmen desselben Ziels der Verhinderung von betrügerischem oder missbräuchlichem Forum Shopping sollte die Vermutung, dass der Mittelpunkt der hauptsächlichen Interessen der Sitz, die Hauptniederlassung der natürlichen Person bzw. der gewöhnliche Aufenthalt der natürlichen Person ist, nicht gelten, wenn – im Falle einer Gesellschaft, einer juristischen Person oder einer natürlichen Person, die eine selbständige gewerbliche oder freiberufliche Tätigkeit ausübt, – der Schuldner seinen Sitz oder seine Hauptniederlassung in einem Zeitraum von drei Monaten vor dem Antrag auf Eröffnung des Insolvenzverfahrens in einen anderen Mitgliedstaat verlegt hat, oder – im Falle einer natürlichen Person, die keine selbständige gewerbliche oder freiberufliche Tätigkeit ausübt – wenn der Schuldner seinen gewöhnlichen Aufenthalt in einem Zeitraum von sechs Monaten vor dem Antrag auf Eröffnung des Insolvenzverfahrens in einen anderen Mitgliedstaat verlegt hat.

(32) Das Gericht sollte in allen Fällen, in denen die Umstände des Falls Anlass zu Zweifeln an seiner Zuständigkeit geben, den Schuldner auffordern, zusätzliche Nachweise für seine Behauptung vorzulegen, und, wenn das für das Insolvenzverfahren geltende Recht dies erlaubt, den Gläubigern des Schuldners Gelegenheit geben, sich zur Frage der Zuständigkeit zu äußern.

(33) Stellt das mit dem Antrag auf Eröffnung eines Insolvenzverfahrens befasste Gericht fest, dass der Mittelpunkt der hauptsächlichen Interessen nicht in seinem Hoheitsgebiet liegt, so sollte es das Hauptinsolvenzverfahren nicht eröffnen.

(34) Allen Gläubigern des Schuldners sollte darüber hinaus ein wirksamer Rechtsbehelf gegen die Entscheidung, ein Insolvenzverfahren zu eröffnen, zustehen. Die Folgen einer Anfechtung der Entscheidung, ein Insolvenzverfahren zu eröffnen, sollten dem nationalen Recht unterliegen.

(35) Die Gerichte des Mitgliedstaats, in dessen Hoheitsgebiet das Insolvenzverfahren eröffnet wurde, sollten auch für Klagen zuständig sein, die sich direkt aus dem Insolvenzverfahren ableiten und eng damit verknüpft sind. Zu solchen Klagen sollten unter anderem Anfechtungsklagen gegen Beklagte in anderen Mitgliedstaaten und Klagen in Bezug auf Verpflichtungen gehören, die sich im Verlauf des Insolvenzverfahrens ergeben, wie z.B. zu Vorschüssen für Verfahrenskosten. Im Gegensatz dazu leiten sich Klagen wegen der Erfüllung von Verpflichtungen aus einem Vertrag, der vom Schuldner vor der Eröffnung des Verfahrens abgeschlossen wurde, nicht unmittelbar aus dem Verfahren ab. Steht eine solche Klage im Zusammenhang mit einer anderen zivil- oder handelsrechtlichen Klage, so sollte der Verwalter beide Klagen vor die Gerichte am Wohnsitz

des Beklagten bringen können, wenn er sich von einer Erhebung der Klagen an diesem Gerichtsstand einen Effizienzgewinn verspricht. Dies kann beispielsweise dann der Fall sein, wenn der Verwalter eine insolvenzrechtliche Haftungsklage gegen einen Geschäftsführer mit einer gesellschaftsrechtlichen oder deliktsrechtlichen Klage verbinden will.

(36) Das für die Eröffnung des Hauptinsolvenzverfahrens zuständige Gericht sollte zur Anordnung einstweiliger Maßnahmen und von Sicherungsmaßnahmen ab dem Zeitpunkt des Antrags auf Verfahrenseröffnung befugt sein. Sicherungsmaßnahmen sowohl vor als auch nach Beginn des Insolvenzverfahrens sind zur Gewährleistung der Wirksamkeit des Insolvenzverfahrens von großer Bedeutung. Diese Verordnung sollte hierfür verschiedene Möglichkeiten vorsehen. Zum einen sollte das für das Hauptinsolvenzverfahren zuständige Gericht einstweilige Maßnahmen und Sicherungsmaßnahmen auch über Vermögensgegenstände anordnen können, die sich im Hoheitsgebiet anderer Mitgliedstaaten befinden. Zum anderen sollte ein vor Eröffnung des Hauptinsolvenzverfahrens bestellter vorläufiger Verwalter in den Mitgliedstaaten, in denen sich eine Niederlassung des Schuldners befindet, die nach dem Recht dieser Mitgliedstaaten möglichen Sicherungsmaßnahmen beantragen können.

(37) Das Recht, vor der Eröffnung des Hauptinsolvenzverfahrens die Eröffnung eines Insolvenzverfahrens in dem Mitgliedstaat, in dem der Schuldner eine Niederlassung hat, zu beantragen, sollte nur lokalen Gläubigern und Behörden zustehen beziehungsweise auf Fälle beschränkt sein, in denen das Recht des Mitgliedstaats, in dem der Schuldner den Mittelpunkt seiner hauptsächlichen Interessen hat, die Eröffnung eines Hauptinsolvenzverfahrens nicht zulässt. Der Grund für diese Beschränkung ist, dass die Fälle, in denen die Eröffnung eines Partikularverfahrens vor dem Hauptinsolvenzverfahren beantragt wird, auf das unumgängliche Maß beschränkt werden sollen.

(38) Das Recht, nach der Eröffnung des Hauptinsolvenzverfahrens die Eröffnung eines Insolvenzverfahrens in dem Mitgliedstaat, in dem der Schuldner eine Niederlassung hat, zu beantragen, wird durch diese Verordnung nicht beschränkt. Der Verwalter des Hauptinsolvenzverfahrens oder jede andere, nach dem Recht des betreffenden Mitgliedstaats dazu befugte Person sollte die Eröffnung eines Sekundärverfahrens beantragen können.

(39) Diese Verordnung sollte Vorschriften für die Bestimmung der Belegenheit der Vermögenswerte des Schuldners vorsehen, und diese Vorschriften sollten bei der Feststellung, welche Vermögenswerte zur Masse des Haupt- oder des Sekundärinsolvenzverfahrens gehören, und auf Situationen, in denen die dinglichen Rechte Dritter betroffen sind, Anwendung finden. Insbesondere sollte in dieser Verordnung bestimmt werden, dass Europäische Patente mit einheitlicher Wirkung, eine Gemeinschaftsmarke oder jedes andere ähnliche Recht, wie gemeinschaftliche Sortenschutzrechte oder das Gemeinschaftsgeschmacksmuster, nur in das Hauptinsolvenzverfahren mit einbezogen werden dürfen.

(40) Ein Sekundärinsolvenzverfahren kann neben dem Schutz der inländischen Interessen auch anderen Zwecken dienen. Dies kann der Fall sein, wenn die Insolvenzmasse des Schuldners zu verschachtelt ist, um als Ganzes verwaltet zu werden, oder weil die Unterschiede in den betroffenen

Rechtssystemen so groß sind, dass sich Schwierigkeiten ergeben können, wenn das Recht des Staates der Verfahrenseröffnung seine Wirkung in den anderen Staaten, in denen Vermögensgegenstände belegen sind, entfaltet. Aus diesem Grund kann der Verwalter des Hauptinsolvenzverfahrens die Eröffnung eines Sekundärinsolvenzverfahrens beantragen, wenn dies für die effiziente Verwaltung der Masse erforderlich ist.

(41) Sekundärinsolvenzverfahren können eine effiziente Verwaltung der Insolvenzmasse auch behindern. Daher sind in dieser Verordnung zwei spezifische Situationen vorgesehen, in denen das mit einem Antrag auf Eröffnung eines Sekundärinsolvenzverfahrens befasste Gericht auf Antrag des Verwalters des Hauptinsolvenzverfahrens die Eröffnung eines solchen Verfahrens aufschieben oder ablehnen können sollte.

(42) Erstens erhält der Verwalter des Hauptinsolvenzverfahrens im Rahmen dieser Verordnung die Möglichkeit, den lokalen Gläubigern die Zusicherung zu geben, dass sie so behandelt werden, als wäre das Sekundärinsolvenzverfahren eröffnet worden. Bei dieser Zusicherung ist eine Reihe von in dieser Verordnung festgelegten Voraussetzungen zu erfüllen, insbesondere muss sie von einer qualifizierten Mehrheit der lokalen Gläubiger gebilligt werden. Wurde eine solche Zusicherung gegeben, so sollte das mit einem Antrag auf Eröffnung eines Sekundärinsolvenzverfahrens befasste Gericht den Antrag ablehnen können, wenn es der Überzeugung ist, dass diese Zusicherung die allgemeinen Interessen der lokalen Gläubiger angemessen schützt. Das Gericht sollte bei der Beurteilung dieser Interessen die Tatsache berücksichtigen, dass die Zusicherung von einer qualifizierten Mehrheit der lokalen Gläubiger gebilligt worden ist.

(43) Für die Zwecke der Abgabe einer Zusicherung an die lokalen Gläubiger sollten die in dem Mitgliedstaat, in dem der Schuldner eine Niederlassung hat, belegenen Vermögenswerte und Rechte eine Teilmasse der Insolvenzmasse bilden, und der Verwalter des Hauptinsolvenzverfahrens sollte bei ihrer Verteilung bzw. der Verteilung des aus ihrer Verwertung erzielten Erlöses die Vorzugsrechte wahren, die Gläubiger bei Eröffnung eines Sekundärinsolvenzverfahrens in diesem Mitgliedstaat hätten.

(44) Für die Billigung der Zusicherung sollte, soweit angemessen, das nationale Recht Anwendung finden. Insbesondere sollten Forderungen der Gläubiger für die Zwecke der Abstimmung über die Zusicherung als festgestellt gelten, wenn die Abstimmungsregeln für die Annahme eines Sanierungsplans nach nationalem Recht die vorherige Feststellung dieser Forderungen vorschreiben. Gibt es nach nationalem Recht unterschiedliche Verfahren für die Annahme von Sanierungsplänen, so sollten die Mitgliedstaaten das spezifische Verfahren benennen, das in diesem Zusammenhang maßgeblich sein sollte.

(45) *Zweitens sollte in dieser* Verordnung die Möglichkeit vorgesehen werden, dass das Gericht die Eröffnung des Sekundärinsolvenzverfahrens vorläufig aussetzt, wenn im Hauptinsolvenzverfahren eine vorläufige Aussetzung von Einzelvollstreckungsverfahren gewährt wurde, um die Wirksamkeit der im Hauptinsolvenzverfahren gewährten Aussetzung zu wahren. Das Gericht sollte die vorläufige Aussetzung gewähren können, wenn es der Überzeugung ist, dass geeignete Maßnahmen zum Schutz der Interessen der lokalen Gläubiger bestehen. In diesem Fall sollten alle

Gläubiger, die von dem Ergebnis der Verhandlungen über einen Sanierungsplan betroffen sein könnten, über diese Verhandlungen informiert werden und daran teilnehmen dürfen.

(46) Im Interesse eines wirksamen Schutzes lokaler Interessen sollte es dem Verwalter im Hauptinsolvenzverfahren nicht möglich sein, das in dem Mitgliedstaat der Niederlassung befindliche Vermögen missbräuchlich zu verwerten oder missbräuchlich an einen anderen Ort zu bringen, insbesondere wenn dies in der Absicht geschieht, die wirksame Befriedigung dieser Interessen für den Fall, dass im Anschluss ein Sekundärinsolvenzverfahren eröffnet wird, zu vereiteln.

(47) Diese Verordnung sollte die Gerichte der Mitgliedstaaten, in denen Sekundärinsolvenzverfahren eröffnet worden sind, nicht daran hindern, gegen Mitglieder der Geschäftsleitung des Schuldners Sanktionen wegen etwaiger Pflichtverletzung zu verhängen, sofern diese Gerichte nach nationalem Recht für diese Streitigkeiten zuständig sind.

(48) Hauptinsolvenzverfahren und Sekundärinsolvenzverfahren können zur wirksamen Verwaltung der Insolvenzmasse oder der effizienten Verwertung des Gesamtvermögens beitragen, wenn die an allen parallelen Verfahren beteiligten Akteure ordnungsgemäß zusammenarbeiten. Ordnungsgemäße Zusammenarbeit setzt voraus, dass die verschiedenen beteiligten Verwalter und Gerichte eng zusammenarbeiten, insbesondere indem sie einander wechselseitig ausreichend informieren. Um die dominierende Rolle des Hauptinsolvenzverfahrens sicherzustellen, sollten dem Verwalter dieses Verfahrens mehrere Einwirkungsmöglichkeiten auf gleichzeitig anhängige Sekundärinsolvenzverfahren gegeben werden. Der Verwalter sollte insbesondere einen Sanierungsplan oder Vergleich vorschlagen oder die Aussetzung der Verwertung der Masse im Sekundärinsolvenzverfahren beantragen können. Bei ihrer Zusammenarbeit sollten Verwalter und Gerichte die bewährten Praktiken für grenzüberschreitende Insolvenzfälle berücksichtigen, wie sie in den Kommunikations- und Kooperationsgrundsätzen und -leitlinien, die von europäischen und internationalen Organisationen auf dem Gebiet des Insolvenzrechts ausgearbeitet worden sind, niedergelegt sind, insbesondere den einschlägigen Leitlinien der Kommission der Vereinten Nationen für internationales Handelsrecht (UNCITRAL).

(49) Zum Zwecke dieser Zusammenarbeit sollten Verwalter und Gerichte Vereinbarungen schließen und Verständigungen herbeiführen können, die der Erleichterung der grenzüberschreitenden Zusammenarbeit zwischen mehreren Insolvenzverfahren in verschiedenen Mitgliedstaaten über das Vermögen desselben Schuldners oder von Mitgliedern derselben Unternehmensgruppe dienen, sofern dies mit den für die jeweiligen Verfahren geltenden Vorschriften vereinbar ist. Diese Vereinbarungen und Verständigungen können in der Form – sie können schriftlich oder mündlich sein – und im Umfang – von allgemein bis spezifisch – variieren und von verschiedenen Parteien geschlossen werden. In einfachen allgemeinen Vereinbarungen kann die Notwendigkeit einer engen Zusammenarbeit der Parteien hervorgehoben werden, ohne dass dabei auf konkrete Punkte eingegangen wird, während in spezifischen Vereinbarungen ein Rahmen von Grundsätzen für die Verwaltung mehrerer Insolvenzverfahren festgelegt werden und von den beteiligten Gerichten

gebilligt werden kann, sofern die nationalen Rechtsvorschriften dies erfordern. In ihnen kann zum Ausdruck gebracht werden, dass Einvernehmen unter den Parteien besteht, bestimmte Schritte zu unternehmen oder Maßnahmen zu treffen oder davon abzusehen.

(50) In ähnlicher Weise können Gerichte verschiedener Mitgliedstaaten durch die Koordinierung der Bestellung von Verwaltern zusammenarbeiten. In diesem Zusammenhang können sie dieselbe Person zum Verwalter für mehrere Insolvenzverfahren über das Vermögen desselben Schuldners oder verschiedener Mitglieder einer Unternehmensgruppe bestellen, vorausgesetzt, dies ist mit den für die jeweiligen Verfahren geltenden Vorschriften – insbesondere mit etwaigen Anforderungen an die Qualifikation und Zulassung von Verwaltern – vereinbar.

(51) Diese Verordnung sollte gewährleisten, dass Insolvenzverfahren über das Vermögen verschiedener Gesellschaften, die einer Unternehmensgruppe angehören, effizient geführt werden.

(52) Wurden über das Vermögen mehrerer Gesellschaften derselben Unternehmensgruppe Insolvenzverfahren eröffnet, so sollten die an diesen Verfahren beteiligten Akteure ordnungsgemäß zusammenarbeiten. Die verschiedenen beteiligten Verwalter und Gerichte sollten deshalb in ähnlicher Weise wie die Verwalter und Gerichte in denselben Schuldner betreffenden Haupt- und Sekundärinsolvenzverfahren verpflichtet sein, miteinander zu kommunizieren und zusammenzuarbeiten. Die Zusammenarbeit der Verwalter sollte nicht den Interessen der Gläubiger in den jeweiligen Verfahren zuwiderlaufen, und das Ziel dieser Zusammenarbeit sollte sein, eine Lösung zu finden, durch die Synergien innerhalb der Gruppe ausgeschöpft werden.

(53) Durch die Einführung von Vorschriften über die Insolvenzverfahren von Unternehmensgruppen sollte ein Gericht nicht in seiner Möglichkeit eingeschränkt werden, Insolvenzverfahren über das Vermögen mehrerer Gesellschaften, die derselben Unternehmensgruppe angehören, nur an einem Gerichtsstand zu eröffnen, wenn es feststellt, dass der Mittelpunkt der hauptsächlichen Interessen dieser Gesellschaften in einem einzigen Mitgliedstaat liegt. In diesen Fällen sollte das Gericht für alle Verfahren gegebenenfalls dieselbe Person als Verwalter bestellen können, sofern dies mit den dafür geltenden Vorschriften vereinbar ist.

(54) Um die Koordinierung der Insolvenzverfahren über das Vermögen von Mitgliedern einer Unternehmensgruppe weiter zu verbessern und eine koordinierte Sanierung der Gruppe zu ermöglichen, sollten mit dieser Verordnung Verfahrensvorschriften für die Koordinierung der Insolvenzverfahren gegen Mitglieder einer Unternehmensgruppe eingeführt werden. Bei einer derartigen Koordinierung sollte angestrebt werden, *dass die Effizienz der Koordinierung* gewährleistet wird, wobei gleichzeitig die eigene Rechtspersönlichkeit jedes einzelnen Gruppenmitglieds zu achten ist.

(55) Ein Verwalter, der in einem Insolvenzverfahren über das Vermögen eines Mitglieds einer Unternehmensgruppe bestellt worden ist, sollte die Eröffnung eines Gruppen-Koordinationsverfahrens beantragen können. Allerdings sollte dieser Verwalter vor der Einreichung eines solchen Antrags die erforderliche Genehmigung einholen, sofern das

für das Insolvenzverfahren geltende Recht dies vorschreibt. Im Antrag sollten Angaben zu den wesentlichen Elementen der Koordinierung erfolgen, insbesondere eine Darlegung des Koordinationsplans, ein Vorschlag für die als Koordinator zu bestellende Person und eine Übersicht der geschätzten Kosten für die Koordinierung.

(56) Um die Freiwilligkeit des Gruppen-Koordinationsverfahrens sicherzustellen, sollten die beteiligten Verwalter innerhalb einer festgelegten Frist Widerspruch gegen ihre Teilnahme am Verfahren einlegen können. Damit die beteiligten Verwalter eine fundierte Entscheidung über ihre Teilnahme am Gruppen-Koordinationsverfahren treffen können, sollten sie in einer frühen Phase über die wesentlichen Elemente der Koordinierung unterrichtet werden. Allerdings sollten Verwalter, die einer Einbeziehung in ein Gruppen-Koordinationsverfahren ursprünglich widersprochen haben, eine Beteiligung nachträglich beantragen können. In einem solchen Fall sollte der Koordinator über die Zulässigkeit des Antrags befinden. Alle Verwalter einschließlich des antragstellenden Verwalters sollten über die Entscheidung des Koordinators in Kenntnis gesetzt werden und die Gelegenheit haben, diese Entscheidung bei dem Gericht anzufechten, von dem das Gruppen-Koordinationsverfahren eröffnet wurde.

(57) Gruppen-Koordinationsverfahren sollten stets zum Ziel haben, dass die wirksame Verwaltung in den Insolvenzverfahren über das Vermögen der Gruppenmitglieder erleichtert wird, und sie sollten sich allgemein positiv für die Gläubiger auswirken. Mit dieser Verordnung sollte daher sichergestellt werden, dass das Gericht, bei dem ein Antrag auf ein Gruppen-Koordinationsverfahren gestellt wurde, diese Kriterien vor der Eröffnung des Gruppen-Koordinationsverfahrens prüft.

(58) Die Kosten des Gruppen-Koordinationsverfahrens sollten dessen Vorteile nicht überwiegen. Daher muss sichergestellt werden, dass die Kosten der Koordinierung und der von jedem Gruppenmitglied zu tragende Anteil an diesen Kosten angemessen, verhältnismäßig und vertretbar sind und im Einklang mit den nationalen Rechtsvorschriften des Mitgliedstaats, in dem das Gruppen-Koordinationsverfahren eröffnet wurde, festzulegen sind. Die beteiligten Verwalter sollten auch die Möglichkeit haben, diese Kosten ab einer frühen Phase des Verfahrens zu kontrollieren. Wenn es die nationalen Rechtsvorschriften erfordern, kann die Kontrolle der Kosten ab einer frühen Phase des Verfahrens damit verbunden sein, dass der Verwalter die Genehmigung eines Gerichts oder eines Gläubigerausschusses einholt.

(59) Wenn nach Überlegung des Koordinators die Wahrnehmung seiner Aufgaben zu einer – im Vergleich zu der eingangs vorgenommenen Kostenschätzung – erheblichen Kostensteigerung führen wird, und auf jeden Fall, wenn die Kosten 10 % der geschätzten Kosten übersteigen, sollte der Koordinator von dem Gericht, das das Gruppen-Koordinationsverfahren eröffnet hat, die Genehmigung zur Überschreitung dieser Kosten einholen. Bevor das Gericht, das das Gruppen-Koordinationsverfahren eröffnet hat, seine Entscheidung trifft, sollte es den beteiligten Verwaltern Gelegenheit geben, gehört zu werden und dem Gericht ihre Bemerkungen dazu darzulegen, ob der Antrag des Koordinators angebracht ist.

(60) Diese Verordnung sollte für Mitglieder einer Unternehmensgruppe, die nicht in ein Gruppen-Koordinationsverfahren einbezogen sind, auch einen alternativen Mechanismus vorsehen, um eine koordinierte Sanierung der Gruppe zu erreichen. Ein in einem Verfahren, das über das Vermögen eines Mitglieds einer Unternehmensgruppe anhängig ist, bestellter Verwalter sollte die Aussetzung jeder Maßnahme im Zusammenhang mit der Verwertung der Masse in Verfahren über das Vermögen anderer Mitglieder der Unternehmensgruppe, die nicht in ein Gruppen-Koordinationsverfahren einbezogen sind, beantragen können. Es sollte nur möglich sein, eine solche Aussetzung zu beantragen, wenn ein Sanierungsplan für die betroffenen Mitglieder der Gruppe vorgelegt wird, der den Gläubigern des Verfahrens, für das die Aussetzung beantragt wird, zugute kommt und die Aussetzung notwendig ist, um die ordnungsgemäße Durchführung des Plans sicherzustellen.

(61) Diese Verordnung sollte die Mitgliedstaaten nicht daran hindern, nationale Bestimmungen zu erlassen, mit denen die Bestimmungen dieser Verordnung über die Zusammenarbeit, Kommunikation und Koordinierung im Zusammenhang mit Insolvenzverfahren über das Vermögen von Mitgliedern einer Unternehmensgruppe ergänzt würden, vorausgesetzt, der Geltungsbereich der nationalen Vorschriften beschränkt sich auf die nationale Rechtsordnung und ihre Anwendung beeinträchtigt nicht die Wirksamkeit der in dieser Verordnung enthaltenen Vorschriften.

(62) Die Vorschriften dieser Verordnung über die Zusammenarbeit, Kommunikation und Koordinierung im Rahmen von Insolvenzverfahren über das Vermögen von Mitgliedern einer Unternehmensgruppe sollten nur insoweit Anwendung finden, als Verfahren über das Vermögen verschiedener Mitglieder derselben Unternehmensgruppe in mehr als einem Mitgliedstaat eröffnet worden sind.

(63) Jeder Gläubiger, der seinen gewöhnlichen Aufenthalt, Wohnsitz oder Sitz in der Union hat, sollte das Recht haben, seine Forderungen in jedem in der Union anhängigen Insolvenzverfahren über das Vermögen des Schuldners anzumelden. Dies sollte auch für Steuerbehörden und Sozialversicherungsträger gelten. Diese Verordnung sollte den Verwalter nicht daran hindern, Forderungen im Namen bestimmter Gläubigergruppen – z.B. der Arbeitnehmer – anzumelden, sofern dies im nationalen Recht vorgesehen ist. Im Interesse der Gläubigergleichbehandlung sollte jedoch die Verteilung des Erlöses koordiniert werden. Jeder Gläubiger sollte zwar behalten dürfen, was er im Rahmen eines Insolvenzverfahrens erhalten hat, sollte aber an der Verteilung der Masse in einem anderen Verfahren erst dann teilnehmen können, wenn die Gläubiger gleichen Rangs die gleiche Quote auf ihre Forderungen erlangt haben.

(64) Es ist von grundlegender Bedeutung, dass Gläubiger, die ihren gewöhnlichen Aufenthalt, Wohnsitz oder Sitz in der Union haben, über die Eröffnung von Insolvenzverfahren über das Vermögen ihres Schuldners informiert werden. Um eine rasche Übermittlung der Informationen an die Gläubiger sicherzustellen, sollte die Verordnung (EG) Nr. 1393/

2007[1] des Europäischen Parlaments und des Rates[2] keine Anwendung finden, wenn in der vorliegenden Verordnung auf die Pflicht zur Information der Gläubiger verwiesen wird. Gläubigern sollte die Anmeldung ihrer Forderungen in Verfahren, die in einem anderen Mitgliedstaat eröffnet werden, durch die Bereitstellung von Standardformularen in allen Amtssprachen der Organe der Union erleichtert werden. Die Folgen des unvollständigen Ausfüllens des Standardformulars sollten durch das nationale Recht geregelt werden.

(65) In dieser Verordnung sollte die unmittelbare Anerkennung von Entscheidungen zur Eröffnung, Abwicklung und Beendigung der in ihren Geltungsbereich fallenden Insolvenzverfahren sowie von Entscheidungen, die in unmittelbarem Zusammenhang mit diesen Insolvenzverfahren ergehen, vorgesehen werden. Die automatische Anerkennung sollte somit zur Folge haben, dass die Wirkungen, die das Recht des Mitgliedstaats der Verfahrenseröffnung dem Verfahren beilegt, auf alle übrigen Mitgliedstaaten ausgedehnt werden. Die Anerkennung der Entscheidungen der Gerichte der Mitgliedstaaten sollte sich auf den Grundsatz des gegenseitigen Vertrauens stützen. Die Gründe für eine Nichtanerkennung sollten daher auf das unbedingt notwendige Maß beschränkt sein. Nach diesem Grundsatz sollte auch der Konflikt gelöst werden, wenn sich die Gerichte zweier Mitgliedstaaten für zuständig halten, ein Hauptinsolvenzverfahren zu eröffnen. Die Entscheidung des zuerst eröffnenden Gerichts sollte in den anderen Mitgliedstaaten anerkannt werden; diese Mitgliedstaaten sollten die Entscheidung dieses Gerichts keiner Überprüfung unterziehen dürfen.

(66) Diese Verordnung sollte für den Insolvenzbereich einheitliche Kollisionsnormen formulieren, die die nationalen Vorschriften des internationalen Privatrechts ersetzen. Soweit nichts anderes bestimmt ist, sollte das Recht des Staates der Verfahrenseröffnung (*lex concursus*) Anwendung finden. Diese Kollisionsnorm sollte für Hauptinsolvenzverfahren und Partikularverfahren gleichermaßen gelten. Die *lex concursus* regelt sowohl die verfahrensrechtlichen als auch die materiellen Wirkungen des Insolvenzverfahrens auf die davon betroffenen Personen und Rechtsverhältnisse. Nach ihr bestimmen sich alle Voraussetzungen für die Eröffnung, Abwicklung und Beendigung des Insolvenzverfahrens.

(67) Die automatische Anerkennung eines Insolvenzverfahrens, auf das regelmäßig das Recht des Staats der Verfahrenseröffnung Anwendung findet, kann mit den Vorschriften anderer Mitgliedstaaten für die Vornahme von Rechtshandlungen kollidieren. Um in den anderen Mitgliedstaaten als dem Staat der Verfahrenseröffnung Vertrauensschutz und Rechtssicherheit zu gewährleisten, sollte eine Reihe von Ausnahmen von der allgemeinen Vorschrift vorgesehen werden.

(68) Ein besonderes Bedürfnis für eine vom Recht des Eröffnungsstaats abweichende Sonderanknüpfung besteht bei dinglichen Rechten, da solche

---

[1] Nr. **103c**.

[2] **Amtl. Anm.**: Verordnung (EG) Nr. 1393/2007 [Nr. **103c**] des Europäischen Parlaments und des Rates vom *13. November* 2007 über die Zustellung gerichtlicher und außergerichtlicher Schriftstücke in Zivil- oder Handelssachen in den Mitgliedstaaten (Zustellung von Schriftstücken) und zur Aufhebung der Verordnung (EG) Nr. 1348/2000 des Rates (ABl. L 324 vom 10.12.2007, S. 79).

Rechte für die Gewährung von Krediten von erheblicher Bedeutung sind. Die Begründung, Gültigkeit und Tragweite von dinglichen Rechten sollten sich deshalb regelmäßig nach dem Recht des Belegenheitsorts bestimmen und von der Eröffnung des Insolvenzverfahrens nicht berührt werden. Der Inhaber des dinglichen Rechts sollte somit sein Recht zur Aus- bzw. Absonderung an dem Sicherungsgegenstand weiter geltend machen können. Falls an Vermögensgegenständen in einem Mitgliedstaat dingliche Rechte nach dem Recht des Belegenheitsstaats bestehen, das Hauptinsolvenzverfahren aber in einem anderen Mitgliedstaat stattfindet, sollte der Verwalter des Hauptinsolvenzverfahrens die Eröffnung eines Sekundärinsolvenzverfahrens in dem Zuständigkeitsgebiet, in dem die dinglichen Rechte bestehen, beantragen können, sofern der Schuldner dort eine Niederlassung hat. Wird kein Sekundärinsolvenzverfahren eröffnet, so sollte ein etwaiger überschießender Erlös aus der Veräußerung der Vermögensgegenstände, an denen dingliche Rechte bestanden, an den Verwalter des Hauptinsolvenzverfahrens abzuführen sein.

(69) Diese Verordnung enthält mehrere Bestimmungen, wonach ein Gericht die Aussetzung der Eröffnung eines Verfahrens oder die Aussetzung von Vollstreckungsverfahren anordnen kann. Eine solche Aussetzung sollte die dinglichen Rechte von Gläubigern oder Dritten unberührt lassen.

(70) Ist nach dem Recht des Staats der Verfahrenseröffnung eine Aufrechnung von Forderungen nicht zulässig, so sollte ein Gläubiger gleichwohl zur Aufrechnung berechtigt sein, wenn diese nach dem für die Forderung des insolventen Schuldners maßgeblichen Recht möglich ist. Auf diese Weise würde die Aufrechnung eine Art Garantiefunktion aufgrund von Rechtsvorschriften erhalten, auf die sich der betreffende Gläubiger zum Zeitpunkt der Entstehung der Forderung verlassen kann.

(71) Ein besonderes Schutzbedürfnis besteht auch bei Zahlungssystemen und Finanzmärkten, etwa im Zusammenhang mit den in diesen Systemen anzutreffenden Glattstellungsverträgen und Nettingvereinbarungen sowie der Veräußerung von Wertpapieren und den zur Absicherung dieser Transaktionen gestellten Sicherheiten, wie dies insbesondere in der Richtlinie 98/26/EG des Europäischen Parlaments und des Rates[1] geregelt ist. Für diese Transaktionen sollte deshalb allein das Recht maßgebend sein, das auf das betreffende System bzw. den betreffenden Markt anwendbar ist. Dieses Recht soll verhindern, dass im Fall der Insolvenz eines Geschäftspartners die in Zahlungs- oder Aufrechnungssystemen und auf den geregelten Finanzmärkten der Mitgliedstaaten vorgesehenen Mechanismen zur Zahlung und Abwicklung von Transaktionen geändert werden können. Die Richtlinie 98/26/EG enthält Sondervorschriften, die den in dieser Verordnung festgelegten allgemeinen Regelungen vorgehen sollten.

(72) Zum Schutz der Arbeitnehmer und der Arbeitsverhältnisse sollten die Wirkungen der Insolvenzverfahren auf die Fortsetzung oder Beendigung von Arbeitsverhältnissen sowie auf die Rechte und Pflichten aller an einem solchen Arbeitsverhältnis beteiligten Parteien durch das gemäß den allgemeinen Kollisionsnormen für den jeweiligen Arbeitsvertrag maßgeb-

[1] **Amtl. Anm.:** Richtlinie 98/26/EG des Europäischen Parlaments und des Rates vom 19. Mai 1998 über die Wirksamkeit von Abrechnungen in Zahlungs- sowie Wertpapierliefer- und -abrechnungssystemen (ABl. L 166 vom 11.6.1998, S. 45).

liche Recht bestimmt werden. Zudem sollte in Fällen, in denen zur Beendigung von Arbeitsverträgen die Zustimmung eines Gerichts oder einer Verwaltungsbehörde erforderlich ist, die Zuständigkeit zur Erteilung dieser Zustimmung bei dem Mitgliedstaat verbleiben, in dem sich eine Niederlassung des Schuldners befindet, selbst wenn in diesem Mitgliedstaat kein Insolvenzverfahren eröffnet wurde. Für sonstige insolvenzrechtliche Fragen, wie etwa, ob die Forderungen der Arbeitnehmer durch ein Vorrecht geschützt sind und welchen Rang dieses Vorrecht gegebenenfalls erhalten soll, sollte das Recht des Mitgliedstaats maßgeblich sein, in dem das Insolvenzverfahren (Haupt- oder Sekundärverfahren) eröffnet wurde, es sei denn, im Einklang mit dieser Verordnung wurde eine Zusicherung gegeben, um ein Sekundärinsolvenzverfahren zu vermeiden.

(73) Auf die Wirkungen des Insolvenzverfahrens auf ein anhängiges Gerichts- oder Schiedsverfahren über einen Vermögenswert oder ein Recht, der bzw. das Teil der Insolvenzmasse ist, sollte das Recht des Mitgliedstaats Anwendung finden, in dem das Gerichtsverfahren anhängig ist oder die Schiedsgerichtsbarkeit ihren Sitz hat. Diese Bestimmung sollte allerdings die nationalen Vorschriften über die Anerkennung und Vollstreckung von Schiedssprüchen nicht berühren.

(74) Um den verfahrensrechtlichen Besonderheiten der Rechtssysteme einiger Mitgliedstaaten Rechnung zu tragen, sollten bestimmte Vorschriften dieser Verordnung die erforderliche Flexibilität aufweisen. Dementsprechend sollten Bezugnahmen in dieser Verordnung auf Mitteilungen eines Justizorgans eines Mitgliedstaats, sofern es die Verfahrensvorschriften eines Mitgliedstaats erforderlich machen, eine Anordnung dieses Justizorgans umfassen, die Mitteilung vorzunehmen.

(75) Im Interesse des Geschäftsverkehrs sollte der wesentliche Inhalt der Entscheidung über die Verfahrenseröffnung auf Antrag des Verwalters in einem anderen Mitgliedstaat als in dem, in dem das Gericht diese Entscheidung erlassen hat, bekanntgemacht werden. Befindet sich in dem betreffenden Mitgliedstaat eine Niederlassung, sollte die Bekanntmachung obligatorisch sein. In keinem dieser Fälle sollte die Bekanntmachung jedoch Voraussetzung für die Anerkennung des ausländischen Verfahrens sein.

(76) Um eine bessere Information der betroffenen Gläubiger und Gerichte zu gewährleisten und die Eröffnung von Parallelverfahren zu verhindern, sollten die Mitgliedstaaten verpflichtet werden, relevante Informationen in grenzüberschreitenden Insolvenzfällen in einem öffentlich zugänglichen elektronischen Register bekanntzumachen. Um Gläubigern und Gerichten in anderen Mitgliedstaaten den Zugriff auf diese Informationen zu erleichtern, sollte diese Verordnung die Vernetzung solcher Insolvenzregister über das Europäische Justizportal vorsehen. Den Mitgliedstaaten sollte freistehen, relevante Informationen in verschiedenen Registern bekanntzumachen, und es sollte möglich sein, mehr als ein Register je Mitgliedstaat zu vernetzen.

(77) In dieser Verordnung sollte der Mindestumfang der Informationen, die *in den* Insolvenzregistern bekanntzumachen sind, festgelegt werden. Die Mitgliedstaaten sollten zusätzliche Informationen aufnehmen dürfen. Ist der Schuldner eine natürliche Person, so sollte in den Insolvenzregistern

nur dann eine Registrierungsnummer angegeben werden, wenn der Schuldner eine selbständige gewerbliche oder freiberufliche Tätigkeit ausübt. Diese Registrierungsnummer sollte gegebenenfalls als die einheitliche Registrierungsnummer seiner selbständigen oder freiberuflichen Tätigkeit im Handelsregister zu verstehen sein.

(78) Informationen über bestimmte Aspekte des Insolvenzverfahrens, wie z.B. die Fristen für die Anmeldung von Forderungen oder die Anfechtung von Entscheidungen, sind für die Gläubiger von grundlegender Bedeutung. Diese Verordnung sollte allerdings die Mitgliedstaaten nicht dazu verpflichten, diese Fristen im Einzelfall zu berechnen. Die Mitgliedstaaten sollten ihren Pflichten nachkommen können, indem sie Hyperlinks zum Europäischen Justizportal einfügen, über das selbsterklärende Angaben zu den Kriterien zur Berechnung dieser Fristen verfügbar zu machen sind.

(79) Damit ausreichender Schutz der Informationen über natürliche Personen, die keine selbständige gewerbliche oder freiberufliche Tätigkeit ausüben, gewährleistet ist, sollte es den Mitgliedstaaten möglich sein, den Zugang zu diesen Informationen von zusätzlichen Suchkriterien wie der persönlichen Kennnummer des Schuldners, seiner Anschrift, seinem Geburtsdatum oder dem Bezirk des zuständigen Gerichts abhängig zu machen oder den Zugang an die Voraussetzung eines Antrags an die zuständige Behörde oder der Feststellung eines rechtmäßigen Interesses zu knüpfen.

(80) Den Mitgliedstaaten sollte es auch möglich sein, Informationen über natürliche Personen, die keine selbständige gewerbliche oder freiberufliche Tätigkeit ausüben, nicht in ihre Insolvenzregister aufzunehmen. In solchen Fällen sollten die Mitgliedstaaten sicherstellen, dass die einschlägigen Informationen durch individuelle Mitteilung an die Gläubiger übermittelt werden und die Forderungen von Gläubigern, die die Informationen nicht erhalten haben, durch die Verfahren nicht berührt werden.

(81) Es kann der Fall eintreten, dass einige der betroffenen Personen keine Kenntnis von der Eröffnung des Insolvenzverfahrens haben und gutgläubig im Widerspruch zu der neuen Sachlage handeln. Zum Schutz solcher Personen, die in Unkenntnis der ausländischen Verfahrenseröffnung eine Zahlung an den Schuldner statt an den ausländischen Verwalter leisten, sollte eine schuldbefreiende Wirkung der Leistung bzw. Zahlung vorgesehen werden.

(82) Zur Gewährleistung einheitlicher Bedingungen für die Durchführung dieser Verordnung sollten der Kommission Durchführungsbefugnisse übertragen werden. Diese Befugnisse sollten im Einklang mit der Verordnung (EU) Nr. 182/2011 des Europäischen Parlaments und des Rates[1] ausgeübt werden.

(83) *Diese Verordnung steht* im Einklang mit den Grundrechten und Grundsätzen, die mit der Charta der Grundrechte der Europäischen Union[2] anerkannt wurden. Die Verordnung zielt insbesondere darauf ab, die An-

---

[1] **Amtl. Anm.:** Verordnung (EU) Nr. 182/2011 des Europäischen Parlaments und des Rates vom 16. Februar 2011 zur Festlegung der allgemeinen Regeln und Grundsätze, nach denen die Mitgliedstaaten die Wahrnehmung der Durchführungsbefugnisse durch die Kommission kontrollieren (ABl. L 55 vom 28.2.2011, S. 13).

[2] **Sartorius Nr. 1002.**

wendung der Artikel 8, 17 und 47 der Charta[1] zu fördern, die den Schutz der personenbezogenen Daten, das Recht auf Eigentum und das Recht auf einen wirksamen Rechtsbehelf und ein faires Verfahren betreffen.

(84) Die Richtlinie 95/46/EG des Europäischen Parlaments und des Rates[2] und die Verordnung (EG) Nr. 45/2001 des Europäischen Parlaments und des Rates[3] regeln die Verarbeitung personenbezogener Daten im Rahmen dieser Verordnung.

(85) Diese Verordnung lässt die Verordnung (EWG, Euratom) Nr. 1182/71 des Rates[4] unberührt.

(86) Da das Ziel dieser Verordnung von den Mitgliedstaaten nicht ausreichend verwirklicht werden kann, sondern vielmehr aufgrund der Schaffung eines rechtlichen Rahmens für die geordnete Abwicklung von grenzüberschreitenden Insolvenzverfahren auf Unionsebene besser zu verwirklichen ist, kann die Union im Einklang mit dem in Artikel 5 des Vertrags über die Europäische Union[5] verankerten Subsidiaritätsprinzip tätig werden. Entsprechend dem in demselben Artikel genannten Grundsatz der Verhältnismäßigkeit geht diese Verordnung nicht über das zur Verwirklichung dieses Ziels erforderliche Maß hinaus.

(87) Gemäß Artikel 3 und Artikel 4a Absatz 1 des dem Vertrag über die Europäische Union und dem Vertrag über die Arbeitsweise der Europäischen Union beigefügten Protokolls Nr. 21 über die Position des Vereinigten Königreichs und Irlands hinsichtlich des Raums der Freiheit, der Sicherheit und des Rechts haben diese Mitgliedstaaten mitgeteilt, dass sie sich an der Annahme und Anwendung der vorliegenden Verordnung beteiligen möchten.

(88) Gemäß den Artikeln 1 und 2 des dem Vertrag über die Europäische Union und dem Vertrag über die Arbeitsweise der Europäischen Union beigefügten Protokolls Nr. 22 über die Position Dänemarks beteiligt sich Dänemark nicht an der Annahme dieser Verordnung und ist weder durch diese Verordnung gebunden noch zu ihrer Anwendung verpflichtet.

(89) Der Europäische Datenschutzbeauftragte wurde angehört und hat seine Stellungnahme am 27. März 2013 abgegeben[6] –

HABEN FOLGENDE VERORDNUNG ERLASSEN:

---

[1] **Sartorius Nr. 1002.**

[2] **Amtl. Anm.:** Richtlinie 95/46/EG des Europäischen Parlaments und des Rates vom 24. Oktober 1995 zum Schutz natürlicher Personen bei der Verarbeitung personenbezogener Daten und zum freien Datenverkehr (ABl. L 281 vom 23.11.1995, S. 31).

[3] **Amtl. Anm.:** Verordnung (EG) Nr. 45/2001 des Europäischen Parlaments und des Rates vom 18. Dezember 2000 zum Schutz natürlicher Personen bei der Verarbeitung personenbezogener Daten durch die Organe und Einrichtungen der Gemeinschaft und zum freien Datenverkehr (ABl. L 8 vom 12.1.2001, S. 1).

[4] **Amtl. Anm.:** Verordnung (EWG, Euratom) Nr. 1182/71 des Rates vom 3. Juni 1971 zur Festlegung der Regeln für die Fristen, Daten und Termine (ABl. L 124 vom 8.6.1971, S. 1).

[5] **Sartorius Nr. 1000.**

[6] **Amtl. Anm.:** ABl. C 358 vom 7.12.2013, S. 15.

Kapitel I. Allgemeine Bestimmungen

Art. 1 Anwendungsbereich. (1) Diese Verordnung gilt für öffentliche Gesamtverfahren einschließlich vorläufiger Verfahren, die auf der Grundlage gesetzlicher Regelungen zur Insolvenz stattfinden und in denen zu Zwecken der Rettung, Schuldenanpassung, Reorganisation oder Liquidation

a) dem Schuldner die Verfügungsgewalt über sein Vermögen ganz oder teilweise entzogen und ein Verwalter bestellt wird,

b) das Vermögen und die Geschäfte des Schuldners der Kontrolle oder Aufsicht durch ein Gericht unterstellt werden oder

c) die vorübergehende Aussetzung von Einzelvollstreckungsverfahren von einem Gericht oder kraft Gesetzes gewährt wird, um Verhandlungen zwischen dem Schuldner und seinen Gläubigern zu ermöglichen, sofern das Verfahren, in dem die Aussetzung gewährt wird, geeignete Maßnahmen zum Schutz der Gesamtheit der Gläubiger vorsieht und in dem Fall, dass keine Einigung erzielt wird, einem der in den Buchstaben a oder b genannten Verfahren vorgeschaltet ist.

Kann ein in diesem Absatz genanntes Verfahren in Situationen eingeleitet werden, in denen lediglich die Wahrscheinlichkeit einer Insolvenz besteht, ist der Zweck des Verfahrens die Vermeidung der Insolvenz des Schuldners oder der Einstellung seiner Geschäftstätigkeit.

Die Verfahren, auf die in diesem Absatz Bezug genommen wird, sind in Anhang A aufgeführt.

(2) Diese Verordnung gilt nicht für Verfahren nach Absatz 1 in Bezug auf

a) Versicherungsunternehmen,

b) Kreditinstitute,

c) Wertpapierfirmen und andere Firmen, Einrichtungen und Unternehmen, soweit sie unter die Richtlinie 2001/24/EG fallen, oder

d) Organismen für gemeinsame Anlagen.

Art. 2 Begriffsbestimmungen. Für die Zwecke dieser Verordnung bezeichnet der Ausdruck

1. „Gesamtverfahren" ein Verfahren, an dem alle oder ein wesentlicher Teil der Gläubiger des Schuldners beteiligt sind, vorausgesetzt, dass im letzteren Fall das Verfahren nicht die Forderungen der Gläubiger berührt, die nicht daran beteiligt sind;
2. „Organismen für gemeinsame Anlagen" Organismen für gemeinsame Anlagen in Wertpapieren (OGAW) im Sinne der Richtlinie 2009/65/EG des Europäischen Parlaments und des Rates[1] und alternative Investment-

[1] **Amtl. Anm.:** Richtlinie 2009/65/EG des Europäischen Parlaments und des Rates vom 13. Juli 2009 zur Koordinierung der Rechts- und Verwaltungsvorschriften betreffend bestimmte Organismen für gemeinsame Anlagen in Wertpapieren (OGAW) (ABl. L 302 vom 17.11.2009, S. 32).

fonds (AIF) im Sinne der Richtlinie 2011/61/EU des Europäischen Parlaments und des Rates[1]);

3. „Schuldner in Eigenverwaltung" einen Schuldner, über dessen Vermögen ein Insolvenzverfahren eröffnet wurde, das nicht zwingend mit der Bestellung eines Verwalters oder der vollständigen Übertragung der Rechte und Pflichten zur Verwaltung des Vermögens des Schuldners auf einen Verwalter verbunden ist, und bei dem der Schuldner daher ganz oder zumindest teilweise die Kontrolle über sein Vermögen und seine Geschäfte behält;
4. „Insolvenzverfahren" ein in Anhang A aufgeführtes Verfahren;
5. „Verwalter" jede Person oder Stelle, deren Aufgabe es ist, auch vorläufig
   i) die in Insolvenzverfahren angemeldeten Forderungen zu prüfen und zuzulassen;
   ii) die Gesamtinteressen der Gläubiger zu vertreten;
   iii) die Insolvenzmasse entweder vollständig oder teilweise zu verwalten;
   iv) die Insolvenzmasse im Sinne der Ziffer iii zu verwerten oder
   v) die Geschäftstätigkeit des Schuldners zu überwachen.

   Die in Unterabsatz 1 genannten Personen und Stellen sind in Anhang B aufgeführt;
6. „Gericht"
   i) in Artikel 1 Absatz 1 Buchstaben b und c, Artikel 4 Absatz 2, Artikel 5, Artikel 6, Artikel 21 Absatz 3, Artikel 24 Absatz 2 Buchstabe j, Artikel 36, Artikel 39 und Artikel 61 bis Artikel 77 das Justizorgan eines Mitgliedstaats;
   ii) in allen anderen Artikeln das Justizorgan oder jede sonstige zuständige Stelle eines Mitgliedstaats, die befugt ist, ein Insolvenzverfahren zu eröffnen, die Eröffnung eines solchen Verfahrens zu bestätigen oder im Rahmen dieses Verfahrens Entscheidungen zu treffen;
7. „Entscheidung zur Eröffnung eines Insolvenzverfahrens"
   i) die Entscheidung eines Gerichts zur Eröffnung eines Insolvenzverfahrens oder zur Bestätigung der Eröffnung eines solchen Verfahrens und
   ii) die Entscheidung eines Gerichts zur Bestellung eines Verwalters;
8. „Zeitpunkt der Verfahrenseröffnung" den Zeitpunkt, zu dem die Entscheidung zur Eröffnung des Insolvenzverfahrens wirksam wird, unabhängig davon, ob die Entscheidung endgültig ist oder nicht;
9. „Mitgliedstaat, in dem sich ein Vermögensgegenstand befindet", im Fall von
   i) Namensaktien, soweit sie nicht von Ziffer ii erfasst sind, den Mitgliedstaat, in dessen Hoheitsgebiet die Gesellschaft, die die Aktien ausgegeben hat, ihren Sitz hat;

---

[1]) **Amtl. Anm.:** Richtlinie 2011/61/EU des Europäischen Parlaments und des Rates vom 8. Juni 2011 über die Verwalter alternativer Investmentfonds und zur Änderung der Richtlinien 2003/41/EG und 2009/65/EG und der Verordnungen (EG) Nr. 1060/2009 und (EU) Nr. 1095/2010 (ABl. L 174 vom 1.7.2011, S. 1).

ii) Finanzinstrumenten, bei denen die Rechtsinhaberschaft durch Eintrag in ein Register oder Buchung auf ein Konto, das von einem oder für einen Intermediär geführt wird, nachgewiesen wird („im Effektengiro übertragbare Wertpapiere"), den Mitgliedstaat, in dem das betreffende Register oder Konto geführt wird;

iii) Guthaben auf Konten bei einem Kreditinstitut den Mitgliedstaat, der in der internationalen Kontonummer (IBAN) angegeben ist, oder im Fall von Guthaben auf Konten bei einem Kreditinstitut ohne IBAN den Mitgliedstaat, in dem das Kreditinstitut, bei dem das Konto geführt wird, seine Hauptverwaltung hat, oder, sofern das Konto bei einer Zweigniederlassung, Agentur oder sonstigen Niederlassung geführt wird, den Mitgliedstaat, in dem sich die Zweigniederlassung, Agentur oder sonstige Niederlassung befindet;

iv) Gegenständen oder Rechten, bei denen das Eigentum oder die Rechtsinhaberschaft in anderen als den unter Ziffer i genannten öffentlichen Registern eingetragen ist, den Mitgliedstaat, unter dessen Aufsicht das Register geführt wird;

v) Europäischen Patenten den Mitgliedstaat, für den das Europäische Patent erteilt wurde;

vi) Urheberrechten und verwandten Schutzrechten den Mitgliedstaat, in dessen Hoheitsgebiet der Eigentümer solcher Rechte seinen gewöhnlichen Aufenthalt oder Sitz hat;

vii) anderen als den unter den Ziffern i bis iv genannten körperlichen Gegenständen den Mitgliedstaat, in dessen Hoheitsgebiet sich der Gegenstand befindet;

viii) anderen Forderungen gegen Dritte als solchen, die sich auf Vermögenswerte gemäß Ziffer iii beziehen, den Mitgliedstaat, in dessen Hoheitsgebiet der zur Leistung verpflichtete Dritte den Mittelpunkt seiner hauptsächlichen Interessen im Sinne des Artikels 3 Absatz 1 hat;

10. „Niederlassung" jeden Tätigkeitsort, an dem der Schuldner einer wirtschaftlichen Aktivität von nicht vorübergehender Art nachgeht oder in den drei Monaten vor dem Antrag auf Eröffnung des Hauptinsolvenzverfahrens nachgegangen ist, die den Einsatz von Personal und Vermögenswerten voraussetzt;

11. „lokaler Gläubiger" den Gläubiger, dessen Forderungen gegen den Schuldner aus oder in Zusammenhang mit dem Betrieb einer Niederlassung in einem anderen Mitgliedstaat als dem Mitgliedstaat entstanden sind, in dem sich der Mittelpunkt der hauptsächlichen Interessen des Schuldners befindet;

12. „ausländischer Gläubiger" den Gläubiger, der seinen gewöhnlichen Aufenthalt, Wohnsitz oder Sitz in einem anderen Mitgliedstaat als dem Mitgliedstaat der Verfahrenseröffnung hat, einschließlich der Steuerbehörden und der Sozialversicherungsträger der Mitgliedstaaten;

13. „Unternehmensgruppe" ein Mutterunternehmen und alle seine Tochterunternehmen;

14. „Mutterunternehmen" ein Unternehmen, das ein oder mehrere Tochterunternehmen entweder unmittelbar oder mittelbar kontrolliert. Ein Un-

ternehmen, das einen konsolidierten Abschluss gemäß der Richtlinie 2013/34/EU des Europäischen Parlaments und des Rates[1)] erstellt, wird als Mutterunternehmen angesehen.

Art. 3 Internationale Zuständigkeit. (1) [1] Für die Eröffnung des Insolvenzverfahrens sind die Gerichte des Mitgliedstaats zuständig, in dessen Hoheitsgebiet der Schuldner den Mittelpunkt seiner hauptsächlichen Interessen hat (im Folgenden „Hauptinsolvenzverfahren"). [2] Mittelpunkt der hauptsächlichen Interessen ist der Ort, an dem der Schuldner gewöhnlich der Verwaltung seiner Interessen nachgeht und der für Dritte feststellbar ist.

[1] Bei Gesellschaften oder juristischen Personen wird bis zum Beweis des Gegenteils vermutet, dass der Mittelpunkt ihrer hauptsächlichen Interessen der Ort ihres Sitzes ist. [2] Diese Annahme gilt nur, wenn der Sitz nicht in einem Zeitraum von drei Monaten vor dem Antrag auf Eröffnung des Insolvenzverfahrens in einen anderen Mitgliedstaat verlegt wurde.

[1] Bei einer natürlichen Person, die eine selbständige gewerbliche oder freiberufliche Tätigkeit ausübt, wird bis zum Beweis des Gegenteils vermutet, dass der Mittelpunkt ihrer hauptsächlichen Interessen ihre Hauptniederlassung ist. [2] Diese Annahme gilt nur, wenn die Hauptniederlassung der natürlichen Person nicht in einem Zeitraum von drei Monaten vor dem Antrag auf Eröffnung des Insolvenzverfahrens in einen anderen Mitgliedstaat verlegt wurde.

[1] Bei allen anderen natürlichen Personen wird bis zum Beweis des Gegenteils vermutet, dass der Mittelpunkt ihrer hauptsächlichen Interessen der Ort ihres gewöhnlichen Aufenthalts ist. [2] Diese Annahme gilt nur, wenn der gewöhnliche Aufenthalt nicht in einem Zeitraum von sechs Monaten vor dem Antrag auf Eröffnung des Insolvenzverfahrens in einen anderen Mitgliedstaat verlegt wurde.

(2) [1] Hat der Schuldner den Mittelpunkt seiner hauptsächlichen Interessen im Hoheitsgebiet eines Mitgliedstaats, so sind die Gerichte eines anderen Mitgliedstaats nur dann zur Eröffnung eines Insolvenzverfahrens befugt, wenn der Schuldner eine Niederlassung im Hoheitsgebiet dieses anderen Mitgliedstaats hat. [2] Die Wirkungen dieses Verfahrens sind auf das im Hoheitsgebiet dieses letzteren Mitgliedstaats befindliche Vermögen des Schuldners beschränkt.

(3) Wird ein Insolvenzverfahren nach Absatz 1 eröffnet, so ist jedes zu einem späteren Zeitpunkt nach Absatz 2 eröffnete Insolvenzverfahren ein Sekundärinsolvenzverfahren.

(4) [1] Vor der Eröffnung eines Insolvenzverfahrens nach Absatz 1 kann ein Partikularverfahren nach Absatz 2 nur eröffnet werden, falls:

a) die Eröffnung eines Insolvenzverfahrens nach Absatz 1 angesichts der Bedingungen, die das Recht des Mitgliedstaats vorschreibt, in dessen Hoheits-

---

[1)] **Amtl. Anm.:** Richtlinie 2013/34/EU des Europäischen Parlaments und des Rates vom 26. Juni 2013 über den Jahresabschluss, den konsolidierten Abschluss und damit verbundene Berichte von Unternehmen bestimmter Rechtsformen und zur Änderung der Richtlinie 2006/43/EG des Europäischen Parlaments und des Rates und zur Aufhebung der Richtlinien 78/660/EWG und 83/349/EWG des Rates (ABl. L 182 vom 29.6.2013, S. 19).

gebiet der Schuldner den Mittelpunkt seiner hauptsächlichen Interessen hat, nicht möglich ist oder

b) die Eröffnung des Partikularverfahrens von

i) einem Gläubiger beantragt wird, dessen Forderung sich aus dem Betrieb einer Niederlassung ergibt oder damit im Zusammenhang steht, die sich im Hoheitsgebiet des Mitgliedstaats befindet, in dem die Eröffnung des Partikularverfahrens beantragt wird, oder

ii) einer Behörde beantragt wird, die nach dem Recht des Mitgliedstaats, in dessen Hoheitsgebiet sich die Niederlassung befindet, das Recht hat, die Eröffnung von Insolvenzverfahren zu beantragen.

[2] Nach der Eröffnung des Hauptinsolvenzverfahrens wird das Partikularverfahren zum Sekundärinsolvenzverfahren.

Art. 4 Prüfung der Zuständigkeit. (1) [1] Das mit einem Antrag auf Eröffnung eines Insolvenzverfahrens befasste Gericht prüft von Amts wegen, ob es nach Artikel 3 zuständig ist. [2] In der Entscheidung zur Eröffnung des Insolvenzverfahrens sind die Gründe anzugeben, auf denen die Zuständigkeit des Gerichts beruht sowie insbesondere, ob die Zuständigkeit auf Artikel 3 Absatz 1 oder Absatz 2 gestützt ist.

(2) [1] Unbeschadet des Absatzes 1 können die Mitgliedstaaten in Insolvenzverfahren, die gemäß den nationalen Rechtsvorschriften ohne gerichtliche Entscheidung eröffnet werden, den in einem solchen Verfahren bestellten Verwalter damit betrauen, zu prüfen, ob der Mitgliedstaat, in dem der Antrag auf Eröffnung des Verfahrens anhängig ist, gemäß Artikel 3 zuständig ist. [2] Ist dies der Fall, führt der Verwalter in der Entscheidung zur Verfahrenseröffnung die Gründe auf, auf welchen die Zuständigkeit beruht sowie insbesondere, ob die Zuständigkeit auf Artikel 3 Absatz 1 oder Absatz 2 gestützt ist.

Art. 5 Gerichtliche Nachprüfung der Entscheidung zur Eröffnung des Hauptinsolvenzverfahrens. (1) Der Schuldner oder jeder Gläubiger kann die Entscheidung zur Eröffnung des Hauptinsolvenzverfahrens vor Gericht aus Gründen der internationalen Zuständigkeit anfechten.

(2) Die Entscheidung zur Eröffnung des Hauptinsolvenzverfahrens kann von anderen als den in Absatz 1 genannten Verfahrensbeteiligten oder aus anderen Gründen als einer mangelnden internationalen Zuständigkeit angefochten werden, wenn dies nach nationalem Recht vorgesehen ist.

Art. 6 Zuständigkeit für Klagen, die unmittelbar aus dem Insolvenzverfahren hervorgehen und in engem Zusammenhang damit stehen.

(1) Die Gerichte des Mitgliedstaats, in dessen Hoheitsgebiet das Insolvenzverfahren nach Artikel 3 eröffnet worden ist, sind zuständig für alle Klagen, die unmittelbar aus dem Insolvenzverfahren hervorgehen und in engem Zusammenhang damit stehen, wie beispielsweise Anfechtungsklagen.

(2) Steht eine Klage nach Absatz 1 im Zusammenhang mit einer anderen zivil- oder handelsrechtlichen Klage gegen denselben Beklagten, so kann der Verwalter beide Klagen bei den Gerichten in dem Mitgliedstaat, in dessen Hoheitsgebiet der Beklagte seinen Wohnsitz hat, oder – bei einer Klage gegen mehrere Beklagte – bei den Gerichten in dem Mitgliedstaat, in dessen Hoheitsgebiet einer der Beklagten seinen Wohnsitz hat, erheben, vorausgesetzt,

die betreffenden Gerichte sind nach der Verordnung (EU) Nr. 1215/2012[1] zuständig.

Unterabsatz 1 gilt auch für den Schuldner in Eigenverwaltung, sofern der Schuldner in Eigenverwaltung nach nationalem Recht Klage für die Insolvenzmasse erheben kann.

(3) Klagen gelten für die Zwecke des Absatzes 2 als miteinander im Zusammenhang stehend, wenn zwischen ihnen eine so enge Beziehung gegeben ist, dass eine gemeinsame Verhandlung und Entscheidung zweckmäßig ist, um die Gefahr zu vermeiden, dass in getrennten Verfahren miteinander unvereinbare Entscheidungen ergehen.

Art. 7 Anwendbares Recht. (1) Soweit diese Verordnung nichts anderes bestimmt, gilt für das Insolvenzverfahren und seine Wirkungen das Insolvenzrecht des Mitgliedstaats, in dessen Hoheitsgebiet das Verfahren eröffnet wird (im Folgenden „Staat der Verfahrenseröffnung").

(2) [1] Das Recht des Staates der Verfahrenseröffnung regelt, unter welchen Voraussetzungen das Insolvenzverfahren eröffnet wird und wie es durchzuführen und zu beenden ist. [2] Es regelt insbesondere:

a) bei welcher Art von Schuldnern ein Insolvenzverfahren zulässig ist;
b) welche Vermögenswerte zur Insolvenzmasse gehören und wie die nach der Verfahrenseröffnung vom Schuldner erworbenen Vermögenswerte zu behandeln sind;
c) die jeweiligen Befugnisse des Schuldners und des Verwalters;
d) die Voraussetzungen für die Wirksamkeit einer Aufrechnung;
e) wie sich das Insolvenzverfahren auf laufende Verträge des Schuldners auswirkt;
f) wie sich die Eröffnung eines Insolvenzverfahrens auf Rechtsverfolgungsmaßnahmen einzelner Gläubiger auswirkt; ausgenommen sind die Wirkungen auf anhängige Rechtsstreitigkeiten;
g) welche Forderungen als Insolvenzforderungen anzumelden sind und wie Forderungen zu behandeln sind, die nach der Eröffnung des Insolvenzverfahrens entstehen;
h) die Anmeldung, die Prüfung und die Feststellung der Forderungen;
i) die Verteilung des Erlöses aus der Verwertung des Vermögens, den Rang der Forderungen und die Rechte der Gläubiger, die nach der Eröffnung des Insolvenzverfahrens aufgrund eines dinglichen Rechts oder infolge einer Aufrechnung teilweise befriedigt wurden;
j) die Voraussetzungen und die Wirkungen der Beendigung des Insolvenzverfahrens, insbesondere durch Vergleich;
k) die Rechte der Gläubiger nach der Beendigung des Insolvenzverfahrens;
l) wer die Kosten des Insolvenzverfahrens einschließlich der Auslagen zu tragen hat;
m) welche Rechtshandlungen nichtig, anfechtbar oder relativ unwirksam sind, weil sie die Gesamtheit der Gläubiger benachteiligen.

---

[1] Nr. **103**.

Art. 8 Dingliche Rechte Dritter. (1) Das dingliche Recht eines Gläubigers oder eines Dritten an körperlichen oder unkörperlichen, beweglichen oder unbeweglichen Gegenständen des Schuldners – sowohl an bestimmten Gegenständen als auch an einer Mehrheit von nicht bestimmten Gegenständen mit wechselnder Zusammensetzung –, die sich zum Zeitpunkt der Eröffnung des Insolvenzverfahrens im Hoheitsgebiet eines anderen Mitgliedstaats befinden, wird von der Eröffnung des Verfahrens nicht berührt.

(2) Rechte im Sinne von Absatz 1 sind insbesondere

a) das Recht, den Gegenstand zu verwerten oder verwerten zu lassen und aus dem Erlös oder den Nutzungen dieses Gegenstands befriedigt zu werden, insbesondere aufgrund eines Pfandrechts oder einer Hypothek;

b) das ausschließliche Recht, eine Forderung einzuziehen, insbesondere aufgrund eines Pfandrechts an einer Forderung oder aufgrund einer Sicherheitsabtretung dieser Forderung;

c) das Recht, die Herausgabe von Gegenständen von jedermann zu verlangen, der diese gegen den Willen des Berechtigten besitzt oder nutzt;

d) das dingliche Recht, die Früchte eines Gegenstands zu ziehen.

(3) Das in einem öffentlichen Register eingetragene und gegen jedermann wirksame Recht, ein dingliches Recht im Sinne von Absatz 1 zu erlangen, wird einem dinglichen Recht gleichgestellt.

(4) Absatz 1 steht der Nichtigkeit, Anfechtbarkeit oder relativen Unwirksamkeit einer Rechtshandlung nach Artikel 7 Absatz 2 Buchstabe m nicht entgegen.

Art. 9 Aufrechnung. (1) Die Befugnis eines Gläubigers, mit seiner Forderung gegen eine Forderung eines Schuldners aufzurechnen, wird von der Eröffnung des Insolvenzverfahrens nicht berührt, wenn diese Aufrechnung nach dem für die Forderung des insolventen Schuldners maßgeblichen Recht zulässig ist.

(2) Absatz 1 steht der Nichtigkeit, Anfechtbarkeit oder relativen Unwirksamkeit einer Rechtshandlung nach Artikel 7 Absatz 2 Buchstabe m nicht entgegen.

Art. 10 Eigentumsvorbehalt. (1) Die Eröffnung eines Insolvenzverfahrens gegen den Käufer einer Sache lässt die Rechte der Verkäufer aus einem Eigentumsvorbehalt unberührt, wenn sich diese Sache zum Zeitpunkt der Eröffnung des Verfahrens im Hoheitsgebiet eines anderen Mitgliedstaats als dem der Verfahrenseröffnung befindet.

(2) Die Eröffnung eines Insolvenzverfahrens gegen den Verkäufer einer Sache nach deren Lieferung rechtfertigt nicht die Auflösung oder Beendigung des Kaufvertrags und steht dem Eigentumserwerb des Käufers nicht entgegen, wenn sich diese Sache zum Zeitpunkt der Verfahrenseröffnung im Hoheitsgebiet eines anderen Mitgliedstaats als dem der Verfahrenseröffnung befindet.

(3) Die Absätze 1 und 2 stehen der Nichtigkeit, Anfechtbarkeit oder relativen Unwirksamkeit einer Rechtshandlung nach Artikel 7 Absatz 2 Buchstabe m nicht entgegen.

Art. 11 Vertrag über einen unbeweglichen Gegenstand. (1) Für die Wirkungen des Insolvenzverfahrens auf einen Vertrag, der zum Erwerb oder zur Nutzung eines unbeweglichen Gegenstands berechtigt, ist ausschließlich das Recht des Mitgliedstaats maßgebend, in dessen Hoheitsgebiet sich dieser Gegenstand befindet.

(2) Die Zuständigkeit für die Zustimmung zu einer Beendigung oder Änderung von Verträgen nach diesem Artikel liegt bei dem Gericht, das das Hauptinsolvenzverfahren eröffnet hat, wenn

a) ein derartiger Vertrag nach den für diese Verträge geltenden Rechtsvorschriften des Mitgliedstaats nur mit Zustimmung des Gerichts der Verfahrenseröffnung beendet oder geändert werden kann und

b) in dem betreffenden Mitgliedstaat kein Insolvenzverfahren eröffnet worden ist.

Art. 12 Zahlungssysteme und Finanzmärkte. (1) Unbeschadet des Artikels 8 ist für die Wirkungen des Insolvenzverfahrens auf die Rechte und Pflichten der Mitglieder eines Zahlungs- oder Abwicklungssystems oder eines Finanzmarktes ausschließlich das Recht des Mitgliedstaats maßgebend, das für das betreffende System oder den betreffenden Markt gilt.

(2) Absatz 1 steht einer Nichtigkeit, Anfechtbarkeit oder relativen Unwirksamkeit der Zahlungen oder Transaktionen gemäß den für das betreffende Zahlungssystem oder den betreffenden Finanzmarkt geltenden Rechtsvorschriften nicht entgegen.

Art. 13 Arbeitsvertrag. (1) Für die Wirkungen des Insolvenzverfahrens auf einen Arbeitsvertrag und auf das Arbeitsverhältnis gilt ausschließlich das Recht des Mitgliedstaats, das auf den Arbeitsvertrag anzuwenden ist.

(2) Die Zuständigkeit für die Zustimmung zu einer Beendigung oder Änderung von Verträgen nach diesem Artikel verbleibt bei den Gerichten des Mitgliedstaats, in dem ein Sekundärinsolvenzverfahren eröffnet werden kann, auch wenn in dem betreffenden Mitgliedstaat kein Insolvenzverfahren eröffnet worden ist.

Unterabsatz 1 gilt auch für eine Behörde, die nach nationalem Recht für die Zustimmung zu einer Beendigung oder Änderung von Verträgen nach diesem Artikel zuständig ist.

Art. 14 Wirkung auf eintragungspflichtige Rechte. Für die Wirkungen des Insolvenzverfahrens auf Rechte des Schuldners an einem unbeweglichen Gegenstand, einem Schiff oder einem Luftfahrzeug, die der Eintragung in ein öffentliches Register unterliegen, ist das Recht des Mitgliedstaats maßgebend, unter dessen Aufsicht das Register geführt wird.

Art. 15 Europäische Patente mit einheitlicher Wirkung und Gemeinschaftsmarken. Für die Zwecke dieser Verordnung kann ein Europäisches Patent mit einheitlicher Wirkung, eine Gemeinschaftsmarke oder jedes andere durch Unionsrecht begründete ähnliche Recht nur in ein Verfahren nach Artikel 3 Absatz 1 miteinbezogen werden.

Art. 16 Benachteiligende Handlungen. Artikel 7 Absatz 2 Buchstabe m findet keine Anwendung, wenn die Person, die durch eine die Gesamtheit der Gläubiger benachteiligende Handlung begünstigt wurde, nachweist, dass

a) für diese Handlung das Recht eines anderen Mitgliedstaats als des Staates der Verfahrenseröffnung maßgeblich ist und

b) diese Handlung im vorliegenden Fall in keiner Weise nach dem Recht dieses Mitgliedstaats angreifbar ist.

Art. 17 Schutz des Dritterwerbers. Verfügt der Schuldner durch eine nach Eröffnung des Insolvenzverfahrens vorgenommene Handlung gegen Entgelt über

a) einen unbeweglichen Gegenstand,

b) ein Schiff oder ein Luftfahrzeug, das der Eintragung in ein öffentliches Register unterliegt, oder

c) Wertpapiere, deren Eintragung in ein gesetzlich vorgeschriebenes Register Voraussetzung für ihre Existenz ist,

so richtet sich die Wirksamkeit dieser Rechtshandlung nach dem Recht des Staats, in dessen Hoheitsgebiet sich dieser unbewegliche Gegenstand befindet oder unter dessen Aufsicht das Register geführt wird.

Art. 18 Wirkungen des Insolvenzverfahrens auf anhängige *Rechtstreitigkeiten*[1] und Schiedsverfahren. Für die Wirkungen des Insolvenzverfahrens auf einen anhängigen Rechtsstreit oder ein anhängiges Schiedsverfahren über einen Gegenstand oder ein Recht, der bzw. das Teil der Insolvenzmasse ist, gilt ausschließlich das Recht des Mitgliedstaats, in dem der Rechtsstreit anhängig oder in dem das Schiedsgericht belegen ist.

Kapitel II. Anerkennung der Insolvenzverfahren

Art. 19 Grundsatz. (1) Die Eröffnung eines Insolvenzverfahrens durch ein nach Artikel 3 zuständiges Gericht eines Mitgliedstaats wird in allen übrigen Mitgliedstaaten anerkannt, sobald die Entscheidung im Staat der Verfahrenseröffnung wirksam ist.

Die Regel nach Unterabsatz 1 gilt auch, wenn in den übrigen Mitgliedstaaten über das Vermögen des Schuldners wegen seiner Eigenschaft ein Insolvenzverfahren nicht eröffnet werden könnte.

(2) [1] Die Anerkennung eines Verfahrens nach Artikel 3 Absatz 1 steht der Eröffnung eines Verfahrens nach Artikel 3 Absatz 2 durch ein Gericht eines anderen Mitgliedstaats nicht entgegen. [2] In diesem Fall ist das Verfahren nach Artikel 3 Absatz 2 ein Sekundärinsolvenzverfahren im Sinne von Kapitel III.

Art. 20 Wirkungen der Anerkennung. (1) Die Eröffnung eines Insolvenzverfahrens nach Artikel 3 Absatz 1 entfaltet in jedem anderen Mitgliedstaat, ohne dass es hierfür irgendwelcher Förmlichkeiten bedürfte, die Wirkungen, die das Recht des Staates der Verfahrenseröffnung dem Verfahren beilegt, sofern

---

[1] Richtig wohl: „Rechtsstreitigkeiten".

diese Verordnung nichts anderes bestimmt und solange in diesem anderen Mitgliedstaat kein Verfahren nach Artikel 3 Absatz 2 eröffnet ist.

(2) [1] Die Wirkungen eines Verfahrens nach Artikel 3 Absatz 2 dürfen in den anderen Mitgliedstaaten nicht in Frage gestellt werden. [2] Jegliche Beschränkung der Rechte der Gläubiger, insbesondere eine Stundung oder eine Schuldbefreiung infolge des Verfahrens, wirkt hinsichtlich des im Hoheitsgebiet eines anderen Mitgliedstaats befindlichen Vermögens nur gegenüber den Gläubigern, die ihre Zustimmung hierzu erteilt haben.

Art. 21 Befugnisse des Verwalters. (1) [1] Der Verwalter, der durch ein nach Artikel 3 Absatz 1 zuständiges Gericht bestellt worden ist, darf im Gebiet eines anderen Mitgliedstaats alle Befugnisse ausüben, die ihm nach dem Recht des Staates der Verfahrenseröffnung zustehen, solange in dem anderen Staat nicht ein weiteres Insolvenzverfahren eröffnet ist oder eine gegenteilige Sicherungsmaßnahme auf einen Antrag auf Eröffnung eines Insolvenzverfahrens hin ergriffen worden ist. [2] Er darf insbesondere vorbehaltlich der Artikel 8 und 10 die zur Masse gehörenden Gegenstände aus dem Hoheitsgebiet des Mitgliedstaats entfernen, in dem diese sich befinden.

(2) [1] Der Verwalter, der durch ein nach Artikel 3 Absatz 2 zuständiges Gericht bestellt worden ist, darf in jedem anderen Mitgliedstaat gerichtlich und außergerichtlich geltend machen, dass ein beweglicher Gegenstand nach der Eröffnung des Insolvenzverfahrens aus dem Hoheitsgebiet des Staates der Verfahrenseröffnung in das Hoheitsgebiet dieses anderen Mitgliedstaats verbracht worden ist. [2] Des Weiteren kann der Verwalter eine den Interessen der Gläubiger dienende Anfechtungsklage erheben.

(3) [1] Bei der Ausübung seiner Befugnisse hat der Verwalter das Recht des Mitgliedstaats, in dessen Hoheitsgebiet er handeln will, zu beachten, insbesondere hinsichtlich der Art und Weise der Verwertung eines Gegenstands der Masse. [2] Diese Befugnisse dürfen nicht die Anwendung von Zwangsmitteln ohne Anordnung durch ein *Gerichts*[1)] dieses Mitgliedstaats oder das Recht umfassen, Rechtsstreitigkeiten oder andere Auseinandersetzungen zu entscheiden.

Art. 22 Nachweis der Verwalterbestellung. Die Bestellung zum Verwalter wird durch eine beglaubigte Abschrift der Entscheidung, durch die er bestellt worden ist, oder durch eine andere von dem zuständigen Gericht ausgestellte Bescheinigung nachgewiesen.

[1] Es kann eine Übersetzung in die Amtssprache oder eine der Amtssprachen des Mitgliedstaats, in dessen Hoheitsgebiet er handeln will, verlangt werden. [2] Eine Legalisation oder eine entsprechende andere Förmlichkeit wird nicht verlangt.

Art. 23 Herausgabepflicht und Anrechnung. (1) Ein Gläubiger, der nach der Eröffnung eines Insolvenzverfahrens nach Artikel 3 Absatz 1 auf irgendeine Weise, insbesondere durch Zwangsvollstreckung, vollständig oder teilweise aus einem Gegenstand der Masse befriedigt wird, der im Hoheitsgebiet eines anderen *Mitgliedstaat*[2)] belegen ist, hat vorbehaltlich der Artikel 8 und 10 das Erlangte an den Verwalter herauszugeben.

[1)] Richtig wohl: „Gericht".
[2)] Richtig wohl: „Mitgliedstaats".

(2) Zur Wahrung der Gleichbehandlung der Gläubiger nimmt ein Gläubiger, der in einem Insolvenzverfahren eine Quote auf seine Forderung erlangt hat, an der Verteilung im Rahmen eines anderen Verfahrens erst dann teil, wenn die Gläubiger gleichen Ranges oder gleicher Gruppenzugehörigkeit in diesem anderen Verfahren die gleiche Quote erlangt haben.

Art. 24 Einrichtung von Insolvenzregistern. (1)[1] [1] Die Mitgliedstaaten errichten und unterhalten in ihrem Hoheitsgebiet ein oder mehrere Register, um Informationen über Insolvenzverfahren bekanntzumachen (im Folgenden „Insolvenzregister"). [2] Diese Informationen werden so bald als möglich nach Eröffnung eines solchen Verfahrens bekanntgemacht.

(2) Die Informationen nach Absatz 1 sind gemäß den Voraussetzungen nach Artikel 27 öffentlich bekanntzumachen und umfassen die folgenden Informationen (im Folgenden „Pflichtinformationen"):

a) Datum der Eröffnung des Insolvenzverfahrens;

b) Gericht, das das Insolvenzverfahren eröffnet hat, und – soweit vorhanden – Aktenzeichen;

c) Art des eröffneten Insolvenzverfahrens nach Anhang A und gegebenenfalls Unterart des nach nationalem Recht eröffneten Verfahrens;

d) Angaben dazu, ob die Zuständigkeit für die Eröffnung des Verfahrens auf Artikel 3 Absatz 1, 2 oder 4 beruht;

e) Name, Registernummer, Sitz oder, sofern davon abweichend, Postanschrift des Schuldners, wenn es sich um eine Gesellschaft oder eine juristische Person handelt;

f) Name, gegebenenfalls Registernummer sowie Postanschrift des Schuldners oder, falls die Anschrift geschützt ist, Geburtsort und Geburtsdatum des Schuldners, wenn er eine natürliche Person ist, unabhängig davon, ob er eine selbständige gewerbliche oder freiberufliche Tätigkeit ausübt;

g) gegebenenfalls Name, Postanschrift oder E-Mail-Adresse des für das Verfahren bestellten Verwalters;

h) gegebenenfalls die Frist für die Anmeldung der Forderungen bzw. einen Verweis auf die Kriterien für die Berechnung dieser Frist;

i) gegebenenfalls das Datum der Beendigung des Hauptinsolvenzverfahrens;

j) das Gericht, das gemäß Artikel 5 für eine Anfechtung der Entscheidung zur Eröffnung des Insolvenzverfahrens zuständig ist und gegebenenfalls die Frist für die Anfechtung bzw. einen Verweis auf die Kriterien für die Berechnung dieser Frist.

(3) Absatz 2 hindert die Mitgliedstaaten nicht, Dokumente oder zusätzliche Informationen, beispielsweise *denn*[2] Ausschluss von einer Tätigkeit als Geschäftsleiter im Zusammenhang mit der Insolvenz, in ihre nationalen Insolvenzregister aufzunehmen.

(4) Die Mitgliedstaaten sind nicht verpflichtet, die in Absatz 1 dieses Artikels genannten Informationen über natürliche Personen, die keine selbständige gewerbliche oder freiberufliche Tätigkeit ausüben, in die Insolvenzregis-

[1] Art. 24 Abs. 1 gilt ab dem 26.6.2018, vgl. Art. 92 UAbs. 2 Buchst. b.
[2] Richtig wohl: „den".

ter aufzunehmen oder diese Informationen über das System der Vernetzung dieser Register öffentlich zugänglich zu machen, sofern bekannte ausländische Gläubiger gemäß Artikel 54 über die in Absatz 2 Buchstabe j dieses Artikels genannten Elemente informiert werden.

Macht ein Mitgliedstaat von der in Unterabsatz 1 genannten Möglichkeit Gebrauch, so berührt das Insolvenzverfahren nicht die Forderungen der ausländischen Gläubiger, die die Informationen gemäß Unterabsatz 1 nicht erhalten haben.

(5) Die Bekanntmachung von Informationen in den Registern gemäß dieser Verordnung hat keine anderen Rechtswirkungen als die, die nach nationalem Recht und in Artikel 55 Absatz 6 festgelegt sind.

Art. 25[1] Vernetzung von Insolvenzregistern. (1) [1] Die Kommission richtet im Wege von Durchführungsrechtsakten ein dezentrales System zur Vernetzung der Insolvenzregister ein. [2] Dieses System besteht aus den Insolvenzregistern und dem Europäischen Justizportal, das für die Öffentlichkeit als zentraler elektronischer Zugangspunkt zu Informationen im System dient. [3] Das System bietet für die Abfrage der Pflichtinformationen und alle anderen Dokumente oder Informationen in den Insolvenzregistern, die von den Mitgliedstaaten über das Europäische Justizportal verfügbar gemacht werden, einen Suchdienst in allen Amtssprachen der Organe der Union.

(2) Die Kommission legt im Wege von Durchführungsrechtsakten gemäß dem Verfahren nach Artikel 87 bis zum 26. Juni 2019 Folgendes fest:

a) die technischen Spezifikationen für die elektronische Kommunikation und den elektronischen Informationsaustausch auf der Grundlage der festgelegten Schnittstellenspezifikation für das System zur Vernetzung der Insolvenzregister;

b) die technischen Maßnahmen, durch die die IT-Mindestsicherheitsstandards für die Übermittlung und Verbreitung von Informationen innerhalb des Systems zur Vernetzung der Insolvenzregister gewährleistet werden;

c) die Mindestkriterien für den vom Europäischen Justizportal bereitgestellten Suchdienst anhand der Informationen nach Artikel 24;

d) die Mindestkriterien für die Anzeige der Suchergebnisse in Bezug auf die Informationen nach Artikel 24;

e) die Mittel und technischen Voraussetzungen für die Verfügbarkeit der durch das System der Vernetzung von Insolvenzregistern angebotenen Dienste und

f) ein Glossar mit einer allgemeinen Erläuterung der in Anhang A aufgeführten nationalen Insolvenzverfahren.

Art. 26 Kosten für die Einrichtung und Vernetzung der Insolvenzregister. (1) Die Einrichtung, Unterhaltung und Weiterentwicklung des Systems zur Vernetzung der Insolvenzregister wird aus dem Gesamthaushalt der Union finanziert.

(2) [1] Jeder Mitgliedstaat trägt die Kosten für die Einrichtung und Anpassung seiner nationalen Insolvenzregister für deren Interoperabilität mit dem

---

[1] Art. 25 gilt ab dem 26.6.2019, vgl. Art. 92 UAbs. 2 Buchst. c.

Europäischen Justizportal sowie die Kosten für die Verwaltung, den Betrieb und die Pflege dieser Register. [2] Davon unberührt bleibt die Möglichkeit, Zuschüsse zur Unterstützung dieser Vorhaben im Rahmen der Finanzierungsprogramme der Union zu beantragen.

Art. 27 Voraussetzungen für den Zugang zu Informationen über das System der Vernetzung. (1) Die Mitgliedstaaten stellen sicher, dass die Pflichtinformationen nach Artikel 24 Absatz 2 Buchstaben a bis j über das System der Vernetzung von Insolvenzregistern gebührenfrei zur Verfügung stehen.

(2) Diese Verordnung hindert die Mitgliedstaaten nicht, für den Zugang zu den Dokumenten oder zusätzlichen Informationen nach Artikel 24 Absatz 3 über das System der Vernetzung von Insolvenzregister eine angemessene Gebühr zu erheben.

(3) Die Mitgliedstaaten können den Zugang zu Pflichtinformationen bezüglich natürlicher Personen, die keine selbständige gewerbliche oder freiberufliche Tätigkeit ausüben sowie bezüglich natürlicher Personen, die eine selbständige gewerbliche oder freiberufliche Tätigkeit ausüben, sofern sich das Insolvenzverfahren nicht auf diese Tätigkeit bezieht, von zusätzlichen, über die Mindestkriterien nach Artikel 25 Absatz 2 Buchstabe c hinausgehenden Suchkriterien in Bezug auf den Schuldner abhängig machen.

(4) [1] Die Mitgliedstaaten können ferner verlangen, dass der Zugang zu den Informationen nach Absatz 3 von einem Antrag an die zuständige Behörde abhängig zu machen ist. [2] Die Mitgliedstaaten können den Zugang von der Prüfung des berechtigten Interesses am Zugang zu diesen Daten anhängig machen. [3] Der anfragenden Person muss es möglich sein, die Auskunftsanfrage in elektronischer Form anhand eines Standardformulars über das Europäische Justizportal zu übermitteln. [4] Ist ein berechtigtes Interesse erforderlich, so ist es zulässig, dass die anfragende Person die Rechtmäßigkeit ihres Antrags anhand von Kopien einschlägiger Dokumente in elektronischer Form belegt. [5] Die anfragende Person erhält innerhalb von drei Arbeitstagen eine Antwort von der zuständigen Behörde.

Die anfragende Person ist weder verpflichtet, Übersetzungen der Dokumente, die die Berechtigung ihrer Anfrage belegen, zur Verfügung zu stellen, noch dazu, die bei der Behörde möglicherweise aufgrund der Übersetzungen anfallenden Kosten zu tragen.

Art. 28 Öffentliche Bekanntmachung in einem anderen Mitgliedstaat. (1) [1] Der Verwalter oder der Schuldner in Eigenverwaltung hat zu beantragen, dass eine Bekanntmachung der Entscheidung zur Eröffnung des Insolvenzverfahrens und gegebenenfalls der Entscheidung zur Bestellung des Verwalters in jedem anderen Mitgliedstaat, in dem sich eine Niederlassung des Schuldners befindet, nach den in diesem Mitgliedstaat vorgesehenen Verfahren veröffentlicht wird. [2] In der Bekanntmachung ist gegebenenfalls anzugeben, wer als Verwalter bestellt wurde und ob sich die Zuständigkeit aus Artikel 3 Absatz 1 oder Absatz 2 ergibt.

(2) Der Verwalter oder der Schuldner in Eigenverwaltung kann beantragen, dass die Bekanntmachung nach Absatz 1 in jedem anderen Mitgliedstaat, in

dem er dies für notwendig hält, nach dem in diesem Mitgliedstaat vorgesehenen Verfahren der Bekanntmachung veröffentlicht wird.

Art. 29 Eintragung in öffentliche Register eines anderen Mitgliedstaats. (1) Ist es in einem Mitgliedstaat, in dem sich eine Niederlassung des Schuldners befindet und diese Niederlassung in einem öffentlichen Register dieses Mitgliedstaats eingetragen ist oder in dem unbewegliches Vermögen des Schuldners belegen ist, gesetzlich vorgeschrieben, dass die Informationen nach Artikel 28 über die Eröffnung eines Insolvenzverfahrens im Grundbuch, Handelsregister oder einem sonstigen öffentlichen Register einzutragen sind, stellt der Verwalter oder der Schuldner in Eigenverwaltung die Eintragung im Register durch alle dazu erforderlichen Maßnahmen sicher.

(2) Der Verwalter oder der Schuldner in Eigenverwaltung kann diese Eintragung in jedem anderen Mitgliedstaat beantragen, sofern das Recht des Mitgliedstaats, in dem das Register geführt wird, eine solche Eintragung zulässt.

Art. 30 Kosten. Die Kosten der öffentlichen Bekanntmachung nach Artikel 28 und der Eintragung nach Artikel 29 gelten als Kosten und Aufwendungen des Verfahrens.

Art. 31 Leistung an den Schuldner. (1) Wer in einem Mitgliedstaat an einen Schuldner leistet, über dessen Vermögen in einem anderen Mitgliedstaat ein Insolvenzverfahren eröffnet worden ist, obwohl er an den Verwalter des Insolvenzverfahrens hätte leisten müssen, wird befreit, wenn ihm die Eröffnung des Verfahrens nicht bekannt war.

(2) [1] Erfolgt die Leistung vor der öffentlichen Bekanntmachung nach Artikel 28, so wird bis zum Beweis des Gegenteils vermutet, dass dem Leistenden die Eröffnung nicht bekannt war. [2] Erfolgt die Leistung nach der Bekanntmachung gemäß Artikel 28, so wird bis zum Beweis des Gegenteils vermutet, dass dem Leistenden die Eröffnung bekannt war.

Art. 32 Anerkennung und Vollstreckbarkeit sonstiger Entscheidungen. (1) [1] Die zur Durchführung und Beendigung eines Insolvenzverfahrens ergangenen Entscheidungen eines Gerichts, dessen Eröffnungsentscheidung nach Artikel 19 anerkannt wird, sowie ein von diesem Gericht bestätigter Vergleich werden ebenfalls ohne weitere Förmlichkeiten anerkannt. [2] Diese Entscheidungen werden nach den Artikeln 39 bis 44 und 47 bis 57 der Verordnung (EU) Nr. 1215/2012[1)] vollstreckt.

Unterabsatz 1 gilt auch für Entscheidungen, die unmittelbar aufgrund des Insolvenzverfahrens ergehen und in engem Zusammenhang damit stehen, auch wenn diese Entscheidungen von einem anderen Gericht erlassen werden.

Unterabsatz 1 gilt auch für Entscheidungen über Sicherungsmaßnahmen, die nach dem Antrag auf Eröffnung eines Insolvenzverfahrens oder in Verbindung damit getroffen werden.

[1)] Nr. **103**.

(2) Die Anerkennung und Vollstreckung anderer als der in Absatz 1 dieses Artikels genannten Entscheidungen unterliegen der Verordnung (EU) Nr. 1215/2012, sofern jene Verordnung anwendbar ist.

Art. 33 Öffentliche Ordnung. Jeder Mitgliedstaat kann sich weigern, ein in einem anderen Mitgliedstaat eröffnetes Insolvenzverfahren anzuerkennen oder eine in einem solchen Verfahren ergangene Entscheidung zu vollstrecken, soweit diese Anerkennung oder Vollstreckung zu einem Ergebnis führt, das offensichtlich mit seiner öffentlichen Ordnung, insbesondere mit den Grundprinzipien oder den verfassungsmäßig garantierten Rechten und Freiheiten des Einzelnen, unvereinbar ist.

Kapitel III. Sekundärinsolvenzverfahren

Art. 34 Verfahrenseröffnung. [1] Ist durch ein Gericht eines Mitgliedstaats ein Hauptinsolvenzverfahren eröffnet worden, das in einem anderen Mitgliedstaat anerkannt worden ist, kann ein nach Artikel 3 Absatz 2 zuständiges Gericht dieses anderen Mitgliedstaats nach Maßgabe der Vorschriften dieses Kapitels ein Sekundärinsolvenzverfahren eröffnen. [2] War es für das Hauptinsolvenzverfahren erforderlich, dass der Schuldner insolvent ist, so wird die Insolvenz des Schuldners in dem Mitgliedstaat, in dem ein Sekundärinsolvenzverfahren eröffnet werden kann, nicht erneut geprüft. [3] Die Wirkungen des Sekundärinsolvenzverfahrens sind auf das Vermögen des Schuldners beschränkt, das im Hoheitsgebiet des Mitgliedstaats belegen ist in dem dieses Verfahren eröffnet wurde.

Art. 35 Anwendbares Recht. Soweit diese Verordnung nichts anderes bestimmt, finden auf das Sekundärinsolvenzverfahren die Rechtsvorschriften des Mitgliedstaats Anwendung, in dessen Hoheitsgebiet das Sekundärinsolvenzverfahren eröffnet worden ist.

Art. 36 Recht, zur Vermeidung eines Sekundärinsolvenzverfahrens eine Zusicherung zu geben. (1) [1] Um die Eröffnung eines Sekundärinsolvenzverfahrens zu vermeiden, kann der Verwalter des Hauptinsolvenzverfahrens in Bezug auf das Vermögen, das in dem Mitgliedstaat, in dem ein Sekundärinsolvenzverfahren eröffnet werden könnte, belegen ist, eine einseitige Zusicherung (im Folgenden „Zusicherung") des Inhalts geben, dass er bei der Verteilung dieses Vermögens oder des bei seiner Verwertung erzielten Erlöses die Verteilungs- und Vorzugsrechte nach nationalem Recht wahrt, die Gläubiger hätten, wenn ein Sekundärinsolvenzverfahren in diesem Mitgliedstaat eröffnet worden wäre. [2] Die Zusicherung nennt die ihr zugrunde liegenden tatsächlichen Annahmen, insbesondere in Bezug auf den Wert der in dem betreffenden Mitgliedstaat belegenen Gegenstände der Masse und die Möglichkeiten ihrer Verwertung.

(2) [1] Wurde eine Zusicherung im Einklang mit diesem Artikel gegeben, so gilt für die Verteilung des Erlöses aus der Verwertung von Gegenständen der Masse nach Absatz 1, für den Rang der Forderungen und für die Rechte der Gläubiger in Bezug auf Gegenstände der Masse nach Absatz 1 das Recht des Mitgliedstaats, in dem das Sekundärinsolvenzverfahren hätte eröffnet werden

können. [2] Maßgebender Zeitpunkt für die Feststellung, welche Gegenstände nach Absatz 1 betroffen sind, ist der Zeitpunkt der Abgabe der Zusicherung.

(3) Die Zusicherung erfolgt in der Amtssprache oder einer der Amtssprachen des Mitgliedstaats, in dem ein Sekundärinsolvenzverfahren hätte eröffnet werden können, oder – falls es in dem betreffenden Mitgliedstaat mehrere Amtssprachen gibt – in der Amtssprache oder einer Amtssprache des Ortes, an dem das Sekundärinsolvenzverfahren hätte eröffnet werden können.

(4) [1] Die Zusicherung erfolgt in schriftlicher Form. [2] Sie unterliegt den gegebenenfalls im Staat der Eröffnung des Hauptinsolvenzverfahrens geltenden Formerfordernissen und Zustimmungserfordernissen hinsichtlich der Verteilung.

(5) [1] Die Zusicherung muss von den bekannten lokalen Gläubigern gebilligt werden. [2] Die Regeln über die qualifizierte Mehrheit und über die Abstimmung, die für die Annahme von Sanierungsplänen gemäß dem Recht des Mitgliedstaats, in dem ein Sekundärinsolvenzverfahren hätte eröffnet werden können, gelten, gelten auch für die Billigung der Zusicherung. [3] Die Gläubiger können über Fernkommunikationsmittel an der Abstimmung *teilzunehmen*[1)], sofern das nationale Recht dies gestattet. [4] Der Verwalter unterrichtet die bekannten lokalen Gläubiger über die Zusicherung, die Regeln und Verfahren für deren Billigung sowie die Billigung oder deren Ablehnung.

(6) [1] Eine gemäß diesem Artikel gegebene und gebilligte Zusicherung ist für die Insolvenzmasse verbindlich. [2] Wird ein Sekundärinsolvenzverfahren gemäß den Artikeln 37 und 38 eröffnet, so gibt der Verwalter des Hauptinsolvenzverfahrens Gegenstände der Masse, die er nach Abgabe der Zusicherung aus dem Hoheitsgebiet dieses Mitgliedstaats entfernt hat, oder – falls diese bereits verwertet wurden – ihren Erlös an den Verwalter des Sekundärinsolvenzverfahrens heraus.

(7) [1] Hat der Verwalter eine Zusicherung gegeben, so benachrichtigt er die lokalen Gläubiger, bevor er Massegegenstände und Erlöse im Sinne des Absatzes 1 verteilt, über die beabsichtigte Verteilung. [2] Entspricht diese Benachrichtigung nicht dem Inhalt der Zusicherung oder dem geltendem Recht, so kann jeder lokale Gläubiger diese Verteilung vor einem Gericht des Mitgliedstaats anfechten, in dem das Hauptinsolvenzverfahren eröffnet wurde, um eine Verteilung gemäß dem Inhalt der Zusicherung und dem geltendem Recht zu erreichen. [3] In diesen Fällen findet keine Verteilung statt, bis das Gericht über die Anfechtung entschieden hat.

(8) Lokale Gläubiger können die Gerichte des Mitgliedstaats, in dem das Hauptinsolvenzverfahren eröffnet wurde, anrufen, um den Verwalter des Hauptinsolvenzverfahrens zu verpflichten, die Einhaltung des Inhalts der Zusicherung durch alle geeigneten Maßnahmen nach dem Recht des Staats, in dem das Hauptinsolvenzverfahren eröffnet wurde, sicherzustellen.

(9) Lokale Gläubiger können auch die Gerichte des Mitgliedstaats, in dem ein Sekundärinsolvenzverfahren eröffnet worden wäre, anrufen, damit das Gericht einstweilige Maßnahmen oder Sicherungsmaßnahmen trifft, um die Einhaltung des Inhalts der Zusicherung durch den Verwalter sicherzustellen.

---

1) Richtig wohl: „teilnehmen".

(10) Der Verwalter haftet gegenüber den lokalen Gläubigern für jeden Schaden infolge der Nichterfüllung seiner Pflichten und Auflagen im Sinne dieses Artikels.

(11) Für die Zwecke dieses Artikels gilt eine Behörde, die in dem Mitgliedstaat, in dem ein Sekundärinsolvenzverfahren hätte eröffnet werden können, eingerichtet ist und die nach der Richtlinie 2008/94/EG des Europäischen Parlaments und des Rates[1)] verpflichtet ist, die Befriedigung nicht erfüllter Ansprüche von Arbeitnehmern aus Arbeitsverträgen oder Arbeitsverhältnissen zu garantieren, als lokaler Gläubiger, sofern dies im nationalen Recht geregelt ist.

Art. 37 Recht auf Beantragung eines Sekundärinsolvenzverfahrens.

(1) Die Eröffnung eines Sekundärinsolvenzverfahrens kann beantragt werden von

a) dem Verwalter des Hauptinsolvenzverfahrens,

b) jeder anderen Person oder Behörde, die nach dem Recht des Mitgliedstaats, in dessen Hoheitsgebiet die Eröffnung des Sekundärinsolvenzverfahrens beantragt wird, dazu befugt ist.

(2) Ist eine Zusicherung im Einklang mit Artikel 36 bindend geworden, so ist der Antrag auf Eröffnung eines Sekundärinsolvenzverfahrens innerhalb von 30 Tagen nach Erhalt der Mitteilung über die Billigung der Zusicherung zu stellen.

Art. 38 Entscheidung zur Eröffnung eines Sekundärinsolvenzverfahrens. (1) Das mit einem Antrag auf Eröffnung eines Sekundärinsolvenzverfahrens befasste Gericht unterrichtet den Verwalter oder den Schuldner in Eigenverwaltung des Hauptinsolvenzverfahrens umgehend davon und gibt ihm Gelegenheit, sich zu dem Antrag zu äußern.

(2) Hat der Verwalter des Hauptinsolvenzverfahrens eine Zusicherung gemäß Artikel 36 gegeben, so eröffnet das in Absatz 1 dieses Artikels genannte Gericht auf Antrag des Verwalters kein Sekundärinsolvenzverfahren, wenn es der Überzeugung ist, dass die Zusicherung die allgemeinen Interessen der lokalen Gläubiger angemessen schützt.

(3) Wurde eine vorübergehende Aussetzung eines Einzelvollstreckungsverfahrens gewährt, um Verhandlungen zwischen dem Schuldner und seinen Gläubigern zu ermöglichen, so kann das Gericht auf Antrag des Verwalters oder des Schuldners in Eigenverwaltung die Eröffnung eines Sekundärinsolvenzverfahrens für einen Zeitraum von höchstens drei Monaten aussetzen, wenn geeignete Maßnahmen zum Schutz des Interesses der lokalen Gläubiger bestehen.

[1] Das in Absatz 1 genannte Gericht kann Sicherungsmaßnahmen zum Schutz des Interesses der lokalen Gläubiger anordnen, indem es dem Verwalter oder Schuldner in Eigenverwaltung untersagt, Gegenstände der Masse, die in dem Mitgliedstaat belegen sind, in dem sich seine Niederlassung befindet, zu entfernen oder zu veräußern, es sei denn, dies erfolgt im Rahmen des gewöhnlichen Geschäftsbetriebs. [2] Das Gericht kann ferner andere Maßnahmen zum Schutz des Interesses der lokalen Gläubiger während einer

---

1) **Amtl. Anm.:** Richtlinie 2008/94/EG des Europäischen Parlaments und des Rates vom 22. Oktober 2008 über den Schutz der Arbeitnehmer bei Zahlungsunfähigkeit des Arbeitgebers (ABl. L 283 vom 28.10.2008, S. 36).

Aussetzung anordnen, es sei denn, dies ist mit den nationalen Vorschriften über Zivilverfahren unvereinbar.

Die Aussetzung der Eröffnung eines Sekundärinsolvenzverfahrens wird vom Gericht von Amts wegen oder auf Antrag eines Gläubigers widerrufen, wenn während der Aussetzung im Zuge der Verhandlungen gemäß Unterabsatz 1 eine Vereinbarung geschlossen wurde.

Die Aussetzung kann vom Gericht von Amts wegen oder auf Antrag eines Gläubigers widerrufen werden, wenn die Fortdauer der Aussetzung für die Rechte des Gläubigers nachteilig ist, insbesondere wenn die Verhandlungen zum Erliegen gekommen sind oder wenn offensichtlich geworden ist, dass sie wahrscheinlich nicht abgeschlossen werden, oder wenn der Verwalter oder der Schuldner in Eigenverwaltung gegen das Verbot der Veräußerung von Gegenständen der Masse oder ihres Entfernens aus dem Hoheitsgebiet des Mitgliedstaats, in dem sich seine Niederlassung befindet, verstoßen hat.

(4) [1] Auf Antrag des Verwalters des Hauptinsolvenzverfahrens kann das Gericht nach Absatz 1 abweichend von der ursprünglich beantragten Art des Insolvenzverfahrens ein anderes in Anhang A aufgeführtes Insolvenzverfahren eröffnen, sofern die Voraussetzungen für die Eröffnung dieses anderen Verfahrens nach nationalem Recht erfüllt sind und dieses Verfahren im Hinblick auf die Interessen der lokalen Gläubiger und die Kohärenz zwischen Haupt- und Sekundärinsolvenzverfahren am geeignetsten ist. [2] Artikel 34 Satz 2 findet Anwendung.

Art. 39 Gerichtliche Nachprüfung der Entscheidung zur Eröffnung des Sekundärinsolvenzverfahrens. Der Verwalter des Hauptinsolvenzverfahrens kann die Entscheidung zur Eröffnung eines Sekundärinsolvenzverfahrens bei dem Gericht des Mitgliedstaats, in dem das Sekundärinsolvenzverfahren eröffnet wurde, mit der Begründung anfechten, dass das Gericht den Voraussetzungen und Anforderungen des Artikels 38 nicht entsprochen hat.

Art. 40 Kostenvorschuss. Verlangt das Recht des Mitgliedstaats, in dem ein Sekundärinsolvenzverfahren beantragt wird, dass die Kosten des Verfahrens einschließlich der Auslagen ganz oder teilweise durch die Masse gedeckt sind, so kann das Gericht, bei dem ein solcher Antrag gestellt wird, vom Antragsteller einen Kostenvorschuss oder eine angemessene Sicherheitsleistung verlangen.

Art. 41 Zusammenarbeit und Kommunikation der Verwalter.

(1) [1] Der Verwalter des Hauptinsolvenzverfahrens und der oder die in Sekundärinsolvenzverfahren über das Vermögen desselben Schuldners bestellten Verwalter arbeiten soweit zusammen, wie eine solche Zusammenarbeit mit den für das jeweilige Verfahren geltenden Vorschriften vereinbar ist. [2] Die Zusammenarbeit kann in beliebiger Form, einschließlich durch den Abschluss von Vereinbarungen oder Verständigungen, erfolgen.

(2) Bei der Durchführung der Zusammenarbeit nach Absatz 1 obliegt es den Verwaltern,

a) einander so bald wie möglich alle Informationen mitzuteilen, die für das jeweilige andere Verfahren von Bedeutung sein können, insbesondere den Stand der Anmeldung und Prüfung der Forderungen sowie alle Maßnahmen zur Rettung oder Sanierung des Schuldners oder zur Beendigung des Insolvenzverfahrens, vorausgesetzt, es bestehen geeignete Vorkehrungen zum Schutz vertraulicher Informationen;

b) die Möglichkeit einer Sanierung des Schuldners zu prüfen und, falls eine solche Möglichkeit besteht, die Ausarbeitung und Umsetzung eines Sanierungsplans zu koordinieren;

c) die Verwertung oder Verwendung der Insolvenzmasse und die Verwaltung der Geschäfte des Schuldners zu koordinieren; der Verwalter eines Sekundärinsolvenzverfahrens gibt dem Verwalter des Hauptinsolvenzverfahrens frühzeitig Gelegenheit, Vorschläge für die Verwertung oder Verwendung der Masse des Sekundärinsolvenzverfahrens zu unterbreiten.

(3) Die Absätze 1 und 2 gelten sinngemäß für Fälle, in denen der Schuldner im Haupt- oder Sekundärinsolvenzverfahren oder in einem der Partikularverfahren über das Vermögen desselben Schuldners, das zur gleichen Zeit eröffnet ist, die Verfügungsgewalt über sein Vermögen behält.

Art. 42 Zusammenarbeit und Kommunikation der Gerichte.

(1) [1] Um die Koordinierung von Hauptinsolvenzverfahren, Partikularverfahren und Sekundärinsolvenzverfahren über das Vermögen desselben Schuldners zu erleichtern, arbeitet ein Gericht, das mit einem Antrag auf Eröffnung eines Insolvenzverfahrens befasst ist oder das ein solches Verfahren eröffnet hat, mit jedem anderen Gericht, das mit einem Antrag auf Eröffnung eines Insolvenzverfahrens befasst ist oder das ein solches Verfahren eröffnet hat, zusammen, soweit diese Zusammenarbeit mit den für jedes dieser Verfahren geltenden Vorschriften vereinbar ist. [2] Die Gerichte können hierzu bei Bedarf eine unabhängige Person oder Stelle bestellen bzw. bestimmen, die auf ihre Weisungen hin tätig wird, sofern dies mit den für sie geltenden Vorschriften vereinbar ist.

(2) Bei der Durchführung der Zusammenarbeit nach Absatz 1 können die Gerichte oder eine von ihnen bestellte bzw. bestimmte und in ihrem Auftrag tätige Person oder Stelle im Sinne des Absatzes 1 direkt miteinander kommunizieren oder einander direkt um Informationen und Unterstützung ersuchen, vorausgesetzt, bei dieser Kommunikation werden die Verfahrensrechte der Verfahrensbeteiligten sowie die Vertraulichkeit der Informationen gewahrt.

(3) [1] Die Zusammenarbeit im Sinne des Absatzes 1 kann auf jedem von dem Gericht als geeignet erachteten Weg erfolgen. [2] Sie kann sich insbesondere beziehen auf

a) die Koordinierung bei der Bestellung von Verwaltern,

b) die Mitteilung von Informationen auf jedem von dem betreffenden Gericht als geeignet erachteten Weg,

c) die Koordinierung der Verwaltung und Überwachung des Vermögens und der Geschäfte des Schuldners,

d) die Koordinierung der Verhandlungen,

e) soweit erforderlich die Koordinierung der Zustimmung zu einer Verständigung der Verwalter.

Art. 43 Zusammenarbeit und Kommunikation zwischen Verwaltern und Gerichten. (1) Um die Koordinierung von Hauptinsolvenzverfahren, Partikularverfahren und Sekundärinsolvenzverfahren über das Vermögen desselben Schuldners zu erleichtern,

a) arbeitet der Verwalter des Hauptinsolvenzverfahrens mit jedem Gericht, das mit einem Antrag auf Eröffnung eines Sekundärinsolvenzverfahrens befasst ist oder das ein solches Verfahren eröffnet hat, zusammen und kommuniziert mit diesem,

b) arbeitet der Verwalter eines Partikularverfahrens oder Sekundärinsolvenzverfahrens mit dem Gericht, das mit einem Antrag auf Eröffnung des Hauptinsolvenzverfahrens befasst ist oder das ein solches Verfahren eröffnet hat, zusammen und kommuniziert mit diesem, und

c) arbeitet der Verwalter eines Partikularverfahrens oder Sekundärinsolvenzverfahrens mit dem Gericht, das mit einem Antrag auf Eröffnung eines anderen Partikularverfahrens oder Sekundärinsolvenzverfahrens befasst ist oder das ein solches Verfahren eröffnet hat, zusammen und kommuniziert mit diesem,

soweit diese Zusammenarbeit und Kommunikation mit den für die einzelnen Verfahren geltenden Vorschriften vereinbar sind und keine Interessenkonflikte nach sich ziehen.

(2) Die Zusammenarbeit im Sinne des Absatzes 1 kann auf jedem geeigneten Weg, wie etwa in Artikel 42 Absatz 3 bestimmt, erfolgen.

Art. 44 Kosten der Zusammenarbeit und Kommunikation. Die Anforderungen nach Artikel 42 und 43 dürfen nicht zur Folge haben, dass Gerichte einander die Kosten der Zusammenarbeit und Kommunikation in Rechnung stellen.

Art. 45 Ausübung von Gläubigerrechten. (1) Jeder Gläubiger kann seine Forderung im Hauptinsolvenzverfahren und in jedem Sekundärinsolvenzverfahren anmelden.

(2) Die Verwalter des Hauptinsolvenzverfahrens und der Sekundärinsolvenzverfahren melden in den anderen Verfahren die Forderungen an, die in dem Verfahren, für das sie bestellt sind, bereits angemeldet worden sind, soweit dies für die Gläubiger des letztgenannten Verfahrens zweckmäßig ist und vorbehaltlich des Rechts dieser Gläubiger, eine solche Anmeldung abzulehnen oder die Anmeldung ihrer Ansprüche zurückzunehmen, sofern das anwendbare Recht dies vorsieht.

(3) Der Verwalter eines Haupt- oder eines Sekundärinsolvenzverfahrens ist berechtigt, wie ein Gläubiger an einem anderen Insolvenzverfahren mitzuwirken, insbesondere indem er an einer Gläubigerversammlung teilnimmt.

Art. 46 Aussetzung der Verwertung der Masse. (1) [1] Das Gericht, welches das Sekundärinsolvenzverfahren eröffnet hat, setzt auf Antrag des Verwalters des Hauptinsolvenzverfahrens die Verwertung der Masse ganz oder teilweise aus. [2] In diesem Fall kann das Gericht jedoch vom Verwalter des Hauptinsolvenzverfahrens verlangen, alle angemessenen Maßnahmen zum Schutz der Interessen der Gläubiger des Sekundärinsolvenzverfahrens sowie einzelner Gruppen von Gläubigern zu ergreifen. [3] Der Antrag des Verwalters des Hauptinsolvenzverfahrens kann nur abgelehnt werden, wenn die Aussetzung offensichtlich für die Gläubiger des Hauptinsolvenzverfahrens nicht von Interesse ist. [4] Die Aussetzung der Verwertung der Masse kann für höchstens drei Monate angeordnet werden. [5] Sie kann für jeweils denselben Zeitraum verlängert oder erneuert werden.

(2) Das Gericht nach Absatz 1 hebt die Aussetzung der Verwertung der Masse in folgenden Fällen auf:

a) auf Antrag des Verwalters des Hauptinsolvenzverfahrens,

b) von Amts wegen, auf Antrag eines Gläubigers oder auf Antrag des Verwalters des Sekundärinsolvenzverfahrens, wenn sich herausstellt, dass diese Maßnahme insbesondere nicht mehr mit dem Interesse der Gläubiger des Haupt- oder des Sekundärinsolvenzverfahrens zu rechtfertigen ist.

Art. 47 Recht des Verwalters, Sanierungspläne vorzuschlagen.

(1) Kann nach dem Recht des Mitgliedstaats, in dem das Sekundärinsolvenzverfahren eröffnet worden ist, ein solches Verfahren ohne Liquidation durch einen Sanierungsplan, einen Vergleich oder eine andere vergleichbare Maßnahme beendet werden, so hat der Verwalter des Hauptinsolvenzverfahrens das Recht, eine solche Maßnahme im Einklang mit dem Verfahren des betreffenden Mitgliedstaats vorzuschlagen.

(2) Jede Beschränkung der Rechte der Gläubiger, wie zum Beispiel eine Stundung oder eine Schuldbefreiung, die sich aus einer im Sekundärinsolvenzverfahren vorgeschlagenen Maßnahme im Sinne des Absatzes 1 ergibt, darf ohne Zustimmung aller von ihr betroffenen Gläubiger keine Auswirkungen auf das nicht von diesem Verfahren erfasste Vermögen des Schuldners haben.

Art. 48 Auswirkungen der Beendigung eines Insolvenzverfahrens.

(1) Unbeschadet des Artikels 49 steht die Beendigung eines Insolvenzverfahrens der Fortführung eines zu diesem Zeitpunkt noch anhängigen anderen Insolvenzverfahrens über das Vermögen desselben Schuldners nicht entgegen.

(2) Hätte ein Insolvenzverfahren über das Vermögen einer juristischen Person oder einer Gesellschaft in dem Mitgliedstaat, in dem diese Person oder Gesellschaft ihren Sitz hat, deren Auflösung zur Folge, so besteht die betreffende juristische Person oder Gesellschaft so lange fort, bis jedes andere Insolvenzverfahren über das Vermögen desselben Schuldners beendet ist oder von dem Verwalter in diesem bzw. den Verwaltern in diesen anderen Verfahren der Auflösung zugestimmt wurde.

Art. 49 Überschuss im Sekundärinsolvenzverfahren. Können bei der Verwertung der Masse des Sekundärinsolvenzverfahrens alle in diesem Verfahren festgestellten Forderungen befriedigt werden, so übergibt der in diesem Verfahren bestellte Verwalter den verbleibenden Überschuss unverzüglich dem Verwalter des Hauptinsolvenzverfahrens.

Art. 50 Nachträgliche Eröffnung des Hauptinsolvenzverfahrens. Wird ein Verfahren nach Artikel 3 Absatz 1 eröffnet, nachdem in einem anderen Mitgliedstaat ein Verfahren nach Artikel 3 Absatz 2 eröffnet worden ist, so gelten die Artikel 41, 45, 46, 47 und 49 für das zuerst eröffnete Insolvenzverfahren, soweit dies nach dem Stand dieses Verfahrens möglich ist.

Art. 51 Umwandlung von Sekundärinsolvenzverfahren. (1) Auf Antrag des Verwalters des Hauptinsolvenzverfahrens kann das Gericht eines Mitgliedstaats, bei dem ein Sekundärinsolvenzverfahren eröffnet worden ist, die Umwandlung des Sekundärinsolvenzverfahrens in ein anderes der in Anhang A aufgeführten Insolvenzverfahren anordnen, sofern die Voraussetzungen nach nationalem Recht für die Eröffnung dieses anderen Verfahrens erfüllt sind und dieses Verfahren im Hinblick auf die Interessen der lokalen Gläubiger und die Kohärenz zwischen Haupt- und Sekundärinsolvenzverfahren am geeignetsten ist.

(2) Bei der Prüfung des Antrags nach Absatz 1 kann das Gericht Informationen von den Verwaltern beider Verfahren anfordern.

Art. 52 Sicherungsmaßnahmen. Bestellt das nach Artikel 3 Absatz 1 zuständige Gericht eines Mitgliedstaats zur Sicherung des Schuldnervermögens einen vorläufigen Verwalter, so ist dieser berechtigt, zur Sicherung und Erhaltung des Schuldnervermögens, das sich in einem anderen Mitgliedstaat befindet, jede Maßnahme zu beantragen, die nach dem Recht dieses Mitgliedstaats für die Zeit zwischen dem Antrag auf Eröffnung eines Insolvenzverfahrens und dessen Eröffnung vorgesehen ist.

Kapitel IV. Unterrichtung der Gläubiger und Anmeldung ihrer Forderungen

Art. 53 Recht auf Forderungsanmeldung. [1] Jeder ausländische Gläubiger kann sich zur Anmeldung seiner Forderungen in dem Insolvenzverfahren aller Kommunikationsmittel bedienen, die nach dem Recht des Staats der Verfahrenseröffnung zulässig sind. [2] Allein für die Anmeldung einer Forderung ist die Vertretung durch einen Rechtsanwalt oder sonstigen Rechtsbeistand nicht zwingend.

Art. 54 Pflicht zur Unterrichtung der Gläubiger. (1) Sobald in einem Mitgliedstaat ein Insolvenzverfahren eröffnet wird, unterrichtet das zuständige Gericht dieses Staates oder der von diesem Gericht bestellte Verwalter unverzüglich alle bekannten ausländischen Gläubiger.

(2) [1] Die Unterrichtung nach Absatz 1 erfolgt durch individuelle Übersendung eines Vermerks und gibt insbesondere an, welche Fristen einzuhalten sind, welches die Versäumnisfolgen sind, welche Stelle für die Entgegennahme der Anmeldungen zuständig ist und welche weiteren Maßnahmen vorgeschrieben sind. [2] In dem Vermerk ist auch anzugeben, ob die bevorrechtigten oder dinglich gesicherten Gläubiger ihre Forderungen anmelden müssen. [3] Dem Vermerk ist des Weiteren eine Kopie des Standardformulars für die Anmeldung von Forderungen gemäß Artikel 55 beizufügen oder es ist anzugeben, wo dieses Formular erhältlich ist.

(3) [1] Die Unterrichtung nach den Absätzen 1 und 2 dieses Artikels erfolgt mithilfe eines Standardmitteilungsformulars, das gemäß Artikel 88 festgelegt wird. [2] Das Formular wird im Europäischen Justizportal veröffentlicht und

trägt die Überschrift „Mitteilung über ein Insolvenzverfahren" in sämtlichen Amtssprachen der Organe der Union. [3] Es wird in der Amtssprache des Staates der Verfahrenseröffnung oder – falls es in dem betreffenden Mitgliedstaat mehrere Amtssprachen gibt – in der Amtssprache oder einer der Amtssprachen des Ortes, an dem das Insolvenzverfahren eröffnet wurde, oder in einer anderen Sprache übermittelt, die dieser Staat gemäß Artikel 55 Absatz 5 zugelassen hat, wenn anzunehmen ist, dass diese Sprache für ausländische Gläubiger leichter zu verstehen ist.

(4) Bei Insolvenzverfahren bezüglich einer natürlichen Person, die keine selbständige gewerbliche oder freiberufliche Tätigkeit ausübt, ist die Verwendung des in diesem Artikel genannten Standardformulars nicht vorgeschrieben, sofern die Gläubiger nicht verpflichtet sind, ihre Forderungen anzumelden, damit diese im Verfahren berücksichtigt werden.

Art. 55 Verfahren für die Forderungsanmeldung. (1) [1] Ausländische Gläubiger können ihre Forderungen mithilfe des Standardformulars anmelden, das gemäß Artikel 88 festgelegt wird. [2] Das Formular trägt die Überschrift „Forderungsanmeldung" in sämtlichen Amtssprachen der Organe der Union.

(2) [1] Das Standardformular für die Forderungsanmeldung nach Absatz 1 enthält die folgenden Angaben:

a) Name, Postanschrift, E-Mail-Adresse sofern vorhanden, persönliche Kennnummer sofern vorhanden sowie Bankverbindung des ausländischen Gläubigers nach Absatz 1,

b) Forderungsbetrag unter Angabe der Hauptforderung und gegebenenfalls der Zinsen sowie Entstehungszeitpunkt der Forderung und – sofern davon abweichend – Fälligkeitsdatum,

c) umfasst die Forderung auch Zinsen, den Zinssatz unter Angabe, ob es sich um einen gesetzlichen oder vertraglich vereinbarten Zinssatz handelt, sowie den Zeitraum, für den die Zinsen gefordert werden, und den Betrag der kapitalisierten Zinsen,

d) falls Kosten für die Geltendmachung der Forderung vor Eröffnung des Verfahrens gefordert werden, Betrag und Aufschlüsselung dieser Kosten

e) Art der Forderung,

f) ob ein Status als bevorrechtigter Gläubiger beansprucht wird und die Grundlage für einen solchen Anspruch,

g) ob für die Forderung eine dingliche Sicherheit oder ein Eigentumsvorbehalt geltend gemacht wird und wenn ja, welche Vermögenswerte Gegenstand der Sicherheit sind, Zeitpunkt der Überlassung der Sicherheit und Registernummer, wenn die Sicherheit in ein Register eingetragen wurde, und

h) ob eine Aufrechnung beansprucht wird und wenn ja, die Beträge der zum Zeitpunkt der Eröffnung des Insolvenzverfahrens bestehenden gegenseitigen Forderungen, den Zeitpunkt ihres Entstehens und den geforderten Saldo nach Aufrechnung.

[2] Der Forderungsanmeldung sind etwaige Belege in Kopie beizufügen.

(3) Das Standardformular für die Forderungsanmeldung enthält den Hinweis, dass die Bankverbindung und die persönliche Kennnummer des Gläubigers nach Absatz 2 Buchstabe a nicht zwingend anzugeben sind.

(4) Meldet ein Gläubiger seine Forderung auf anderem Wege als mithilfe des in Absatz 1 genannten Standardformulars an, so muss seine Anmeldung die in Absatz 2 genannten Angaben enthalten.

(5) [1] Forderungen können in einer Amtssprache der Organe der Union angemeldet werden. [2] Das Gericht, der Verwalter oder der Schuldner in Eigenverwaltung können vom Gläubiger eine Übersetzung in die Amtssprache des Staats der Verfahrenseröffnung oder – falls es in dem betreffenden Mitgliedstaat mehrere Amtssprachen gibt – in die Amtssprache oder in eine der Amtssprachen des Ortes, an dem das Insolvenzverfahren eröffnet wurde, oder in eine andere Sprache, die dieser Mitgliedstaat zugelassen hat, verlangen. [3] Jeder Mitgliedstaat gibt an, ob er neben seiner oder seinen eigenen Amtssprachen andere Amtssprachen der Organe der Union für eine Forderungsanmeldung zulässt.

(6) [1] Forderungen sind innerhalb der im Recht des Staats der Verfahrenseröffnung festgelegten Frist anzumelden. [2] Bei ausländischen Gläubigern beträgt diese Frist mindestens 30 Tage nach Bekanntmachung der Eröffnung des Insolvenzverfahrens im Insolvenzregister des Staats der Verfahrenseröffnung. [3] Stützt sich ein Mitgliedstaat auf Artikel 24 Absatz 4, so beträgt diese Frist mindestens 30 Tage ab Unterrichtung eines Gläubigers gemäß Artikel 54.

(7) Hat das Gericht, der Verwalter oder der Schuldner in Eigenverwaltung Zweifel an einer nach Maßgabe dieses Artikels angemeldeten Forderung, so gibt er dem Gläubiger Gelegenheit, zusätzliche Belege für das Bestehen und die Höhe der Forderung vorzulegen.

Kapitel V. Insolvenzverfahren über das Vermögen von Mitgliedern einer Unternehmensgruppe

Abschnitt 1. Zusammenarbeit und Kommunikation

Art. 56 Zusammenarbeit und Kommunikation der Verwalter.

(1) [1] Bei Insolvenzverfahren über das Vermögen von zwei oder mehr Mitgliedern derselben Unternehmensgruppe arbeiten die Verwalter dieser Verfahren zusammen, soweit diese Zusammenarbeit die wirksame Abwicklung der Verfahren erleichtern kann, mit den für die einzelnen Verfahren geltenden Vorschriften vereinbar ist und keine Interessenkonflikte nach sich zieht. [2] Diese Zusammenarbeit kann in beliebiger Form, einschließlich durch den Abschluss von Vereinbarungen oder Verständigungen, erfolgen.

(2) Bei der Durchführung der Zusammenarbeit nach Absatz 1 obliegt es den Verwaltern,

a) einander so bald wie möglich alle Informationen mitzuteilen, die für das jeweilige andere Verfahren von Bedeutung sein können, vorausgesetzt, es bestehen geeignete Vorkehrungen zum Schutz vertraulicher Informationen;

b) zu prüfen, ob Möglichkeiten einer Koordinierung der Verwaltung und Überwachung der Geschäfte der Gruppenmitglieder, über deren Vermögen ein Insolvenzverfahren eröffnet wurde, bestehen; falls eine solche Möglichkeit besteht, koordinieren sie die Verwaltung und Überwachung dieser Geschäfte;

c) zu prüfen, ob Möglichkeiten einer Sanierung von Gruppenmitgliedern, über deren Vermögen ein Insolvenzverfahren eröffnet wurde, bestehen und, falls eine solche Möglichkeit besteht, sich über den Vorschlag für einen koordinierten Sanierungsplan und dazu, wie er ausgehandelt werden soll, abzustimmen.

[1] Für die Zwecke der Buchstaben b und c können alle oder einige der in Absatz 1 genannten Verwalter vereinbaren, einem Verwalter aus ihrer Mitte zusätzliche Befugnisse zu übertragen, wenn eine solche Vereinbarung nach den für die jeweiligen Verfahren geltenden Vorschriften zulässig ist. [2] Sie können ferner vereinbaren, bestimmte Aufgaben unter sich aufzuteilen, wenn eine solche Aufteilung nach den für die jeweiligen Verfahren geltenden Vorschriften zulässig ist.

Art. 57 Zusammenarbeit und Kommunikation der Gerichte. (1) [1] Bei Insolvenzverfahren über das Vermögen von zwei oder mehr Mitgliedern derselben Unternehmensgruppe arbeitet ein Gericht, das ein solches Verfahren eröffnet hat, mit Gerichten, die mit einem Antrag auf Eröffnung eines Insolvenzverfahrens über das Vermögen eines anderen Mitglieds derselben Unternehmensgruppe befasst sind oder die ein solches Verfahren eröffnet haben, zusammen, soweit diese Zusammenarbeit eine wirksame Verfahrensführung erleichtern kann, mit den für die einzelnen Verfahren geltenden Vorschriften vereinbar ist und keine Interessenkonflikte nach sich zieht. [2] Die Gerichte können hierzu bei Bedarf eine unabhängige Person oder Stelle bestellen bzw. bestimmen, die auf ihre Weisungen hin tätig wird, sofern dies mit den für sie geltenden Vorschriften vereinbar ist.

(2) Bei der Durchführung der Zusammenarbeit nach Absatz 1 können die Gerichte oder eine von ihnen bestellte bzw. bestimmte und in ihrem Auftrag tätige Person oder Stelle im Sinne des Absatzes 1 direkt miteinander kommunizieren oder einander direkt um Informationen und Unterstützung ersuchen, vorausgesetzt, bei dieser Kommunikation werden die Verfahrensrechte der Verfahrensbeteiligten sowie die Vertraulichkeit der Informationen gewahrt.

(3) [1] Die Zusammenarbeit im Sinne des Absatzes 1 kann auf jedem von dem Gericht als geeignet erachteten Weg erfolgen. [2] Sie kann insbesondere Folgendes betreffen:

a) die Koordinierung bei der Bestellung von Verwaltern,

b) die Mitteilung von Informationen auf jedem von dem betreffenden Gericht als geeignet erachteten Weg,

c) die Koordinierung der Verwaltung und Überwachung der Insolvenzmasse und Geschäfte der Mitglieder der Unternehmensgruppe,

d) die Koordinierung der Verhandlungen,

e) soweit erforderlich die Koordinierung der Zustimmung zu einer Verständigung der Verwalter.

Art. 58 Zusammenarbeit und Kommunikation zwischen Verwaltern und Gerichten. Ein Verwalter, der in einem Insolvenzverfahren über das Vermögen eines Mitglieds einer Unternehmensgruppe bestellt worden ist,

a) arbeitet mit jedem Gericht, das mit einem Antrag auf Eröffnung eines Insolvenzverfahrens über das Vermögen eines anderen Mitglieds derselben Unternehmensgruppe befasst ist oder das ein solches Verfahren eröffnet hat, zusammen und kommuniziert mit diesem und

b) kann dieses Gericht um Informationen zum Verfahren über das Vermögen des anderen Mitgliedes der Unternehmensgruppe oder um Unterstützung in dem Verfahren, für das er bestellt worden ist, ersuchen,

soweit eine solche Zusammenarbeit und Kommunikation die wirkungsvolle Verfahrensführung erleichtern können, keine Interessenkonflikte nach sich ziehen und mit den für die Verfahren geltenden Vorschriften vereinbar sind.

Art. 59 Kosten der Zusammenarbeit und Kommunikation bei Verfahren über das Vermögen von Mitgliedern einer Unternehmensgruppe. Die Kosten der Zusammenarbeit und Kommunikation nach den Artikeln 56 bis 60, die einem Verwalter oder einem Gericht entstehen, gelten als Kosten und Auslagen des Verfahrens, in dem sie angefallen sind.

Art. 60 Rechte des Verwalters bei Verfahren über das Vermögen von Mitgliedern einer Unternehmensgruppe. (1) Der Verwalter eines über das Vermögen eines Mitglieds einer Unternehmensgruppe eröffneten Insolvenzverfahrens kann, soweit dies eine effektive Verfahrensführung erleichtern kann,

a) in jedem über das Vermögen eines anderen Mitglieds derselben Unternehmensgruppe eröffneten Verfahren gehört werden,

b) eine Aussetzung jeder Maßnahme im Zusammenhang mit der Verwertung der Masse in jedem Verfahren über das Vermögen eines anderen Mitglieds derselben Unternehmensgruppe beantragen, sofern

   i) für alle oder einige Mitglieder der Unternehmensgruppe, über deren Vermögen ein Insolvenzverfahren eröffnet worden ist, ein Sanierungsplan gemäß Artikel 56 Absatz 2 Buchstabe c vorgeschlagen wurde und hinreichende Aussicht auf Erfolg hat;

   ii) die Aussetzung notwendig ist, um die ordnungsgemäße Durchführung des Sanierungsplans sicherzustellen;

   iii) der Sanierungsplan den Gläubigern des Verfahrens, für das die Aussetzung beantragt wird, zugute käme und

   iv) weder das Insolvenzverfahren, für das der Verwalter gemäß Absatz 1 bestellt wurde, noch das Verfahren, für das die Aussetzung beantragt wird, einer Koordinierung gemäß Abschnitt 2 dieses Kapitels unterliegt;

c) die Eröffnung eines Gruppen-Koordinationsverfahrens gemäß Artikel 61 beantragen.

(2) Das Gericht, das das Verfahren nach Absatz 1 Buchstabe b eröffnet hat, setzt alle Maßnahmen im Zusammenhang mit der Verwertung der Masse in dem Verfahren ganz oder teilweise aus, wenn es sich überzeugt hat, dass die Voraussetzungen nach Absatz 1 Buchstabe b erfüllt sind.

[1]Vor Anordnung der Aussetzung hört das Gericht den Verwalter des Insolvenzverfahrens, für das die Aussetzung beantragt wird. [2]Die Aussetzung kann für jeden Zeitraum bis zu drei Monaten angeordnet werden, den das Gericht für angemessen hält und der mit den für das Verfahren geltenden Vorschriften vereinbar ist.

Das Gericht, das die Aussetzung anordnet, kann verlangen, dass der Verwalter nach Absatz 1 alle geeigneten Maßnahmen nach nationalem Recht zum Schutz der Interessen der Gläubiger des Verfahrens ergreift.

Das Gericht kann die Dauer der Aussetzung um einen weiteren Zeitraum oder mehrere weitere Zeiträume verlängern, die es für angemessen hält und die mit den für das Verfahren geltenden Vorschriften vereinbar sind, sofern die in Absatz 1 Buchstabe b Ziffern ii bis iv genannten Voraussetzungen weiterhin erfüllt sind und die Gesamtdauer der Aussetzung (die anfängliche Dauer zuzüglich aller Verlängerungen) sechs Monate nicht überschreitet.

Abschnitt 2. Koordinierung

Unterabschnitt 1. Verfahren

Art. 61 Antrag auf Eröffnung eines Gruppen-Koordinationsverfahrens. (1) Ein Gruppen-Koordinationsverfahren kann von einem Verwalter, der in einem Insolvenzverfahren über das Vermögen eines Mitglieds der Gruppe bestellt worden ist, bei jedem Gericht, das für das Insolvenzverfahren eines Mitglieds der Gruppe zuständig ist, beantragt werden.

(2) Der Antrag nach Absatz 1 erfolgt gemäß dem für das Verfahren, in dem der Verwalter bestellt wurde, geltenden Recht.

(3) Dem Antrag nach Absatz 1 ist Folgendes beizufügen:

a) ein Vorschlag bezüglich der Person, die zum Gruppenkoordinator (im Folgenden: „Koordinator") ernannt werden soll, Angaben zu ihrer Eignung nach Artikel 71, Angaben zu ihren Qualifikationen und ihre schriftliche Zustimmung zur Tätigkeit als Koordinator;

b) eine Darlegung der vorgeschlagenen Gruppen-Koordination, insbesondere der Gründe, weshalb die Voraussetzungen nach Artikel 63 Absatz 1 erfüllt sind;

c) eine Liste der für die Mitglieder der Gruppe bestellten Verwalter und gegebenenfalls die Gerichte und zuständigen Behörden, die in den Insolvenzverfahren über das Vermögen der Mitglieder der Gruppe betroffen sind;

d) eine Darstellung der geschätzten Kosten der vorgeschlagenen Gruppen-Koordination und eine Schätzung des von jedem Mitglied der Gruppe zu tragenden Anteils dieser Kosten.

Art. 62 Prioritätsregel. Unbeschadet des Artikels 66 gilt Folgendes: Wird die Eröffnung eines Gruppen-Koordinationsverfahrens bei Gerichten verschiedener Mitgliedstaaten beantragt, so erklären sich die später angerufenen Gerichte zugunsten des zuerst angerufenen Gerichts für unzuständig.

Art. 63 Mitteilung durch das befasste Gericht. (1) Das mit einem Antrag auf Eröffnung eines Gruppen-Koordinationsverfahrens befasste Gericht unterrichtet so bald als möglich die für die Mitglieder der Gruppe bestellten Verwalter, die im Antrag gemäß Artikel 61 Absatz 3 Buchstabe c angegeben sind, über den Antrag auf Eröffnung eines Gruppen-Koordinationsverfahrens und den vorgeschlagenen Koordinator, wenn es davon überzeugt ist, dass

a) die Eröffnung eines solchen Verfahrens die effektive Führung der Insolvenzverfahren über das Vermögen der verschiedenen Mitglieder der Gruppe erleichtern kann,

b) nicht zu erwarten ist, dass ein Gläubiger eines Mitglieds der Gruppe, das voraussichtlich am Verfahren teilnehmen wird, durch die Einbeziehung dieses Mitglieds in das Verfahren finanziell benachteiligt wird, und

c) der vorgeschlagene Koordinator die Anforderungen gemäß Artikel 71 erfüllt.

(2) In der Mitteilung nach Absatz 1 dieses Artikels sind die in Artikel 61 Absatz 3 Buchstaben a bis d genannten Bestandteile des Antrags aufzulisten.

(3) Die Mitteilung nach Absatz 1 ist eingeschrieben mit Rückschein aufzugeben.

(4) Das befasste Gericht gibt den beteiligten Verwaltern die Gelegenheit, sich zu äußern.

Art. 64 Einwände von Verwaltern. (1) Ein für ein Mitglied einer Gruppe bestellter Verwalter kann Einwände erheben gegen

a) die Einbeziehung des Insolvenzverfahrens, für das er bestellt wurde, in ein Gruppen-Koordinationsverfahren oder

b) die als Koordinator vorgeschlagene Person.

(2) Einwände nach Absatz 1 dieses Artikels sind innerhalb von 30 Tagen nach Eingang der Mitteilung über den Antrag auf Eröffnung eines Gruppen-Koordinationsverfahrens durch den Verwalter gemäß Absatz 1 dieses Artikels bei dem Gericht nach Artikel 63 zu erheben.

Der Einwand kann mittels des nach Artikel 88 eingeführten Standardformulars erhoben werden.

(3) Vor der Entscheidung über eine Teilnahme bzw. Nichtteilnahme an der Koordination gemäß Absatz 1 Buchstabe a hat ein Verwalter die Genehmigungen, die gegebenenfalls nach dem Recht des Staats der Verfahrenseröffnung, für das er bestellt wurde, erforderlich sind, zu erwirken.

Art. 65 Folgen eines Einwands gegen die Einbeziehung in ein Gruppen-Koordinationsverfahren. (1) Hat ein Verwalter gegen die Einbeziehung des Verfahrens, für das er bestellt wurde, in ein Gruppen-Koordinationsverfahren Einwand erhoben, so wird dieses Verfahren nicht in das Gruppen-Koordinationsverfahren einbezogen.

(2) Die Befugnisse des Gerichts gemäß Artikel 68 oder des Koordinators, die sich aus diesem Verfahren ergeben, haben keine Wirkung hinsichtlich des betreffenden Mitglieds und ziehen keine Kosten für dieses Mitglied nach sich.

Art. 66 Wahl des Gerichts für ein Gruppen-Koordinationsverfahren.

(1) Sind sich mindestens zwei Drittel aller Verwalter, die für Insolvenzverfahren über das Vermögen der Mitglieder der Gruppe bestellt wurden, darü-

ber einig, dass ein zuständiges Gericht eines anderen Mitgliedstaats am besten für die Eröffnung eines Gruppen-Koordinationsverfahrens geeignet ist, so ist dieses Gericht ausschließlich zuständig.

(2) [1] Die Wahl des Gerichts erfolgt als gemeinsame Vereinbarung in Schriftform oder wird schriftlich festgehalten. [2] Sie kann bis zum Zeitpunkt der Eröffnung des Gruppen-Koordinationsverfahrens gemäß Artikel 68 erfolgen.

(3) Jedes andere als das gemäß Absatz 1 befasste Gericht erklärt sich zugunsten dieses Gerichts für unzuständig.

(4) Der Antrag auf Eröffnung eines Gruppen-Koordinationsverfahrens wird bei dem vereinbarten Gericht gemäß Artikel 61 eingereicht.

Art. 67 Folgen von Einwänden gegen den vorgeschlagenen Koordinator. Werden gegen die als Koordinator vorgeschlagene Person Einwände von einem Verwalter vorgebracht, der nicht gleichzeitig Einwände gegen die Einbeziehung des Mitglieds, für das er bestellt wurde, in das Gruppen-Koordinationsverfahren erhebt, kann das Gericht davon absehen, diese Person zu bestellen und den Einwände erhebenden Verwalter auffordern, einen den Anforderungen nach Artikel 61 Absatz 3 entsprechenden neuen Antrag einzureichen.

Art. 68 Entscheidung zur Eröffnung eines Gruppen-Koordinationsverfahrens. (1) [1] Nach Ablauf der in Artikel 64 Absatz 2 genannten Frist kann das Gericht ein Gruppen-Koordinationsverfahren eröffnen, sofern es davon überzeugt ist, dass die Voraussetzungen nach Artikel 63 Absatz 1 erfüllt sind. [2] In diesem Fall hat das Gericht:

a) einen Koordinator zu bestellen,

b) über den Entwurf der Koordination zu entscheiden und

c) über die Kostenschätzung und den Anteil, der von den Mitgliedern der Gruppe zu tragen ist, zu entscheiden.

(2) Die Entscheidung zur Eröffnung eines Gruppen-Koordinationsverfahrens wird den beteiligten Verwaltern und dem Koordinator mitgeteilt.

Art. 69 Nachträgliches Opt-in durch Verwalter. (1) Im Einklang mit dem dafür geltenden nationalen Recht kann jeder Verwalter im Anschluss an die Entscheidung des Gerichts nach Artikel 68 die Einbeziehung des Verfahrens, für das er bestellt wurde, beantragen, wenn

a) ein Einwand gegen die Einbeziehung des Insolvenzverfahrens in das Gruppen-Koordinationsverfahren erhoben wurde oder

b) ein Insolvenzverfahren über das Vermögen eines Mitglieds der Gruppe eröffnet wurde, nachdem das Gericht ein Gruppen-Koordinationsverfahren eröffnet hat.

(2) Unbeschadet des Absatzes 4 kann der Koordinator einem solchen Antrag nach Anhörung der beteiligten Verwalter entsprechen, wenn

a) er davon überzeugt ist, dass unter Berücksichtigung des Stands, den das Gruppen-Koordinationsverfahren zum Zeitpunkt des Antrags erreicht hat, die Voraussetzungen gemäß Artikel 63 Absatz 1 Buchstaben a und b erfüllt sind, oder

b) alle beteiligten Verwalter gemäß den Bestimmungen ihres nationalen Rechts zustimmen.

(3) Der Koordinator unterrichtet das Gericht und die am Verfahren teilnehmenden Verwalter über seine Entscheidung gemäß Absatz 2 und über die Gründe, auf denen sie beruht.

(4) Jeder beteiligte Verwalter und jeder Verwalter, dessen Antrag auf Einbeziehung in das Gruppen-Koordinationsverfahren abgelehnt wurde, kann die in Absatz 2 genannte Entscheidung gemäß dem Verfahren anfechten, das nach dem Recht des Mitgliedstaats, in dem das Gruppen-Koordinationsverfahren eröffnet wurde, bestimmt ist.

Art. 70 Empfehlungen und Gruppen-Koordinationsplan. (1) Bei der Durchführung ihrer Insolvenzverfahren berücksichtigen die Verwalter die Empfehlungen des Koordinators und den Inhalt des in Artikel 72 Absatz 1 genannten Gruppen-Koordinationsplans.

(2) Ein Verwalter ist nicht verpflichtet, den Empfehlungen des Koordinators oder dem Gruppen-Koordinationsplan ganz oder teilweise Folge zu leisten.

Folgt er den Empfehlungen des Koordinators oder dem Gruppen-Koordinationsplan nicht, so informiert er die Personen oder Stellen, denen er nach seinem nationalen Recht Bericht erstatten muss, und den Koordinator über die Gründe dafür.

Unterabschnitt 2. Allgemeine Vorschriften

Art. 71 Der Koordinator. (1) Der Koordinator muss eine Person sein, die nach dem Recht eines Mitgliedstaats geeignet ist, als Verwalter tätig zu werden.

(2) Der Koordinator darf keiner der Verwalter sein, die für ein Mitglied der Gruppe bestellt sind, und es darf kein Interessenkonflikt hinsichtlich der Mitglieder der Gruppe, ihrer Gläubiger und der für die Mitglieder der Gruppe bestellten Verwalter vorliegen.

Art. 72 Aufgaben und Rechte des Koordinators. (1) Der Koordinator

a) legt Empfehlungen für die koordinierte Durchführung der Insolvenzverfahren fest und stellt diese dar,

b) schlägt einen Gruppen-Koordinationsplan vor, der einen umfassenden Katalog geeigneter Maßnahmen für einen integrierten Ansatz zur Bewältigung der Insolvenz der Gruppenmitglieder festlegt, beschreibt und empfiehlt. Der Plan kann insbesondere Vorschläge enthalten zu

i) den Maßnahmen, die zur Wiederherstellung der wirtschaftlichen Leistungsfähigkeit und der Solvenz der Gruppe oder einzelner Mitglieder zu ergreifen sind,

ii) der Beilegung gruppeninterner Streitigkeiten in Bezug auf gruppeninterne Transaktionen und Anfechtungsklagen,

iii) Vereinbarungen zwischen den Verwaltern der insolventen Gruppenmitglieder.

(2) Der Koordinator hat zudem das Recht

a) in jedem Insolvenzverfahren über das Vermögen eines Mitglieds der Unternehmensgruppe gehört zu werden und daran mitzuwirken, insbesondere durch Teilnahme an der Gläubigerversammlung,

b) bei allen Streitigkeiten zwischen zwei oder mehr Verwaltern von Gruppenmitgliedern zu vermitteln,

c) seinen Gruppen-Koordinationsplan den Personen oder Stellen vorzulegen und zu erläutern, denen er aufgrund der nationalen Rechtsvorschriften seines Landes Bericht erstatten muss,

d) von jedem Verwalter Informationen in Bezug auf jedes Gruppenmitglied anzufordern, wenn diese Informationen bei der Festlegung und Darstellung von Strategien und Maßnahmen zur Koordinierung der Verfahren von Nutzen sind oder sein könnten, und

e) eine Aussetzung von Verfahren über das Vermögen jedes Mitglieds der Gruppe für bis zu sechs Monate zu beantragen, sofern die Aussetzung notwendig ist, um die ordnungsgemäße Durchführung des Plans sicherzustellen, und den Gläubigern des Verfahrens, für das die Aussetzung beantragt wird, zugute käme, oder die Aufhebung jeder bestehenden Aussetzung zu beantragen. Ein derartiger Antrag ist bei dem Gericht zu stellen, das das Verfahren eröffnet hat, für das die Aussetzung beantragt wird.

(3) Der in Absatz 1 Buchstabe b genannte Plan darf keine Empfehlungen zur Konsolidierung von Verfahren oder Insolvenzmassen umfassen.

(4) Die in diesem Artikel festgelegten Aufgaben und Rechte des Koordinators erstrecken sich nicht auf Mitglieder der Gruppe, die nicht am Gruppen-Koordinationsverfahren beteiligt sind.

(5) Der Koordinator übt seine Pflichten unparteiisch und mit der gebotenen Sorgfalt aus.

(6) Wenn nach Ansicht des Koordinators die Wahrnehmung seiner Aufgaben zu einer – im Vergleich zu der in Artikel 61 Absatz 3 Buchstabe d genannten Kostenschätzung – erheblichen Kostensteigerung führen wird, und auf jeden Fall, wenn die Kosten die geschätzten Kosten um 10 % übersteigen, hat der Koordinator

a) unverzüglich die beteiligten Verwalter zu informieren und

b) die vorherige Zustimmung des Gerichts einzuholen, das das Gruppen-Koordinationsverfahren eröffnet hat.

Art. 73 Sprachen. (1) Der Koordinator kommuniziert mit dem Verwalter eines beteiligten Gruppenmitglieds in der mit dem Verwalter vereinbarten Sprache oder bei Fehlen einer entsprechenden Vereinbarung in der Amtssprache oder in einer der Amtssprachen der Organe der Union und des Gerichts, das das Verfahren für dieses Gruppenmitglied eröffnet hat.

(2) Der Koordinator kommuniziert mit einem Gericht in der Amtssprache, die dieses Gericht verwendet.

Art. 74 Zusammenarbeit zwischen den Verwaltern und dem Koordinator. (1) Die für die Mitglieder der Gruppe bestellten Verwalter und der Koordinator arbeiten soweit zusammen, wie diese Zusammenarbeit mit den für das betreffende Verfahren geltenden Vorschriften vereinbar ist.

(2) Insbesondere übermitteln die Verwalter jede Information, die für den Koordinator zur Wahrnehmung seiner Aufgaben von Belang ist.

Art. 75 Abberufung des Koordinators. Das Gericht ruft den Koordinator von Amts wegen oder auf Antrag des Verwalters eines beteiligten Gruppenmitglieds ab, wenn der Koordinator

a) zum Schaden der Gläubiger eines beteiligten Gruppenmitglieds handelt oder

b) nicht seinen Verpflichtungen nach diesem Kapitel nachkommt.

Art. 76 Schuldner in Eigenverwaltung. Die gemäß diesem Kapitel für den Verwalter geltenden Bestimmungen gelten soweit einschlägig entsprechend für den Schuldner in Eigenverwaltung.

Art. 77 Kosten und Kostenaufteilung. (1) Die Vergütung des Koordinators muss angemessen und verhältnismäßig zu den wahrgenommenen Aufgaben sein sowie angemessene Aufwendungen berücksichtigen.

(2) Nach Erfüllung seiner Aufgaben legt der Koordinator die Endabrechnung der Kosten mit dem von jedem Mitglied zu tragenden Anteil vor und übermittelt diese Abrechnung jedem beteiligten Verwalter und dem Gericht, das das Koordinationsverfahren eröffnet hat.

(3) [1] Legt keiner der Verwalter innerhalb von 30 Tagen nach Eingang der in Absatz 2 genannten Abrechnung Widerspruch ein, gelten die Kosten und der von jedem Mitglied zu tragende Anteil als gebilligt. [2] Die Abrechnung wird dem Gericht, das das Koordinationsverfahren eröffnet hat, zur Bestätigung vorgelegt.

(4) Im Falle eines Widerspruchs entscheidet das Gericht, das das Gruppen-Koordinationsverfahren eröffnet hat, auf Antrag des Koordinators oder eines beteiligten Verwalters über die Kosten und den von jedem Mitglied zu tragenden Anteil im Einklang mit den Kriterien gemäß Absatz 1 dieses Artikels und unter Berücksichtigung der Kostenschätzung gemäß Artikel 68 Absatz 1 und gegebenenfalls Artikel 72 Absatz 6.

(5) Jeder beteiligte Verwalter kann die in Absatz 4 genannte Entscheidung gemäß dem Verfahren anfechten, das nach dem Recht des Mitgliedstaats, in dem das Gruppen-Koordinationsverfahren eröffnet wurde, vorgesehen ist.

Kapitel VI. Datenschutz

Art. 78 Datenschutz. (1) Sofern keine Verarbeitungsvorgänge im Sinne des Artikels 3 Absatz 2 der Richtlinie 95/46/EG betroffen sind, finden die nationalen Vorschriften zur Umsetzung der Richtlinie 95/46/EG auf die nach Maßgabe dieser Verordnung in den Mitgliedstaaten durchgeführte Verarbeitung personenbezogener Daten Anwendung.

(2) Die Verordnung (EG) Nr. 45/2001 gilt für die Verarbeitung personenbezogener Daten, die von der Kommission nach Maßgabe der vorliegenden Verordnung durchgeführt wird.

Art. 79 Aufgaben der Mitgliedstaaten hinsichtlich der Verarbeitung personenbezogener Daten in nationalen Insolvenzregistern. (1) Jeder Mitgliedstaat teilt der Kommission im Hinblick auf seine Bekanntmachung im Europäischen Justizportal den Namen der natürlichen oder juristischen Person, Behörde, Einrichtung oder jeder anderen Stelle mit, die nach den nationalen Rechtsvorschriften für die Ausübung der Aufgaben eines für die Verarbeitung Verantwortlichen gemäß Artikel 2 Buchstabe d der Richtlinie 95/46/EG benannt worden ist.

(2) Die Mitgliedstaaten stellen sicher, dass die technischen Maßnahmen zur Gewährleistung der Sicherheit der in ihren nationalen Insolvenzregistern nach Artikel 24 verarbeiteten personenbezogenen Daten durchgeführt werden.

(3) Es obliegt den Mitgliedstaaten, zu überprüfen, dass der gemäß Artikel 2 Buchstabe d der Richtlinie 95/46/EG benannte für die Verarbeitung Verantwortliche die Einhaltung der Grundsätze in Bezug auf die Qualität der Daten, insbesondere die Richtigkeit und die Aktualisierung der in nationalen Insolvenzregistern gespeicherten Daten sicherstellt.

(4) Es obliegt den Mitgliedstaaten gemäß der Richtlinie 95/46/EG, Daten zu erheben und in nationalen Datenbanken zu speichern und zu entscheiden, diese Daten im vernetzten Register, das über das Europäische Justizportal eingesehen werden kann, zugänglich zu machen.

(5) Als Teil der Information, die betroffene Personen erhalten, um ihre Rechte und insbesondere das Recht auf Löschung von Daten wahrnehmen zu können, teilen die Mitgliedstaaten betroffenen Personen mit, für welchen Zeitraum ihre in Insolvenzregistern gespeicherten personenbezogenen Daten zugänglich sind.

Art. 80 Aufgaben der Kommission im Zusammenhang mit der Verarbeitung personenbezogener Daten. (1) Die Kommission nimmt die Aufgaben des für die Verarbeitung Verantwortlichen gemäß Artikel 2 Buchstabe d der Verordnung (EG) Nr. 45/2001 im Einklang mit den diesbezüglich in diesem Artikel festgelegten Aufgaben wahr.

(2) Die Kommission legt die notwendigen Grundsätze fest und wendet die notwendigen technischen Lösungen an, um ihre Aufgaben im Aufgabenbereich des für die Verarbeitung Verantwortlichen zu erfüllen.

(3) Die Kommission setzt die technischen Maßnahmen um, die erforderlich sind, um die Sicherheit der personenbezogenen Daten bei der Übermittlung, insbesondere die Vertraulichkeit und Unversehrtheit bei der Übermittlung zum und vom Europäischen Justizportal, zu gewährleisten.

(4) Die Aufgaben der Mitgliedstaaten und anderer Stellen in Bezug auf den Inhalt und den Betrieb der von ihnen geführten, vernetzten nationalen Datenbanken bleiben von den Verpflichtungen der Kommission unberührt.

Art. 81 Informationspflichten. Unbeschadet der anderen den betroffenen Personen nach Artikel 11 und 12 der Verordnung (EG) Nr. 45/2001 zu erteilenden Informationen informiert die Kommission die betroffenen Personen durch Bekanntmachung im Europäischen Justizportal über ihre Rolle bei der Datenverarbeitung und die Zwecke dieser Datenverarbeitung.

Art. 82 Speicherung personenbezogener Daten. [1]Für Informationen aus vernetzten nationalen Datenbanken gilt, dass keine personenbezogenen Daten von betroffenen Personen im Europäischen Justizportal gespeichert werden. [2]Sämtliche derartige Daten werden in den von den Mitgliedstaaten oder anderen Stellen betriebenen nationalen Datenbanken gespeichert.

Art. 83 Zugang zu personenbezogenen Daten über das Europäische Justizportal. Die in den nationalen Insolvenzregistern nach Artikel 24 gespeicherten personenbezogenen Daten sind *solange*[1)] über das Europäische Justizportal zugänglich, wie sie nach nationalem Recht zugänglich bleiben.

Kapitel VII. Übergangs- und Schlussbestimmungen

Art. 84[2)] **Zeitlicher Anwendungsbereich.** (1) [1]Diese Verordnung ist nur auf solche Insolvenzverfahren anzuwenden, die ab dem 26. Juni 2017 eröffnet worden sind. [2]Für Rechtshandlungen des Schuldners vor diesem Datum gilt weiterhin das Recht, das für diese Rechtshandlungen anwendbar war, als sie vorgenommen wurden.

(2) Unbeschadet des Artikels 91 der vorliegenden Verordnung gilt die Verordnung (EG) Nr. 1346/2000 weiterhin für Verfahren, die in den Geltungsbereich jener Verordnung fallen und vor dem 26. Juni 2017 eröffnet wurden.

Art. 85 Verhältnis zu Übereinkünften. (1) Diese Verordnung ersetzt in ihrem sachlichen Anwendungsbereich hinsichtlich der Beziehungen der Mitgliedstaaten untereinander die zwischen zwei oder mehreren Mitgliedstaaten geschlossenen Übereinkünfte, insbesondere

a) das am 8. Juli 1899 in Paris unterzeichnete belgisch-französische Abkommen über die gerichtliche Zuständigkeit, die Anerkennung und die Vollstreckung von gerichtlichen Entscheidungen, Schiedssprüchen und öffentlichen Urkunden;

b) das am 16. Juli 1969 in Brüssel unterzeichnete belgisch-österreichische Abkommen über Konkurs, Ausgleich und Zahlungsaufschub (mit Zusatzprotokoll vom 13. Juni 1973);

c) das am 28. März 1925 in Brüssel unterzeichnete belgisch-niederländische Abkommen über die Zuständigkeit der Gerichte, den Konkurs sowie die Anerkennung und die Vollstreckung von gerichtlichen Entscheidungen, Schiedssprüchen und öffentlichen Urkunden;

d) den am 25. Mai 1979 in Wien unterzeichneten deutsch-österreichischen Vertrag auf dem Gebiet des Konkurs- und Vergleichs-(Ausgleichs-)rechts;

e) das am 27. Februar 1979 in Wien unterzeichnete französisch-österreichische Abkommen über die gerichtliche Zuständigkeit, die Anerkennung und die Vollstreckung von Entscheidungen auf dem Gebiet des Insolvenzrechts;

[1)] Richtig wohl: „so lange".

[2)] Art. 84 Abs. 1 ber. ABl. 2016 Nr. L 349 S. 6.

f) das am 3. Juni 1930 in Rom unterzeichnete französisch-italienische Abkommen über die Vollstreckung gerichtlicher Urteile in Zivil- und Handelssachen;

g) das am 12. Juli 1977 in Rom unterzeichnete italienisch-österreichische Abkommen über Konkurs und Ausgleich;

h) den am 30. August 1962 in Den Haag unterzeichneten deutsch-niederländischen Vertrag über die gegenseitige Anerkennung und Vollstreckung gerichtlicher Entscheidungen und anderer Schuldtitel in Zivil- und Handelssachen;

i) das am 2. Mai 1934 in Brüssel unterzeichnete britisch-belgische Abkommen zur gegenseitigen Vollstreckung gerichtlicher Entscheidungen in Zivil- und Handelssachen mit Protokoll;

j) das am 7. November 1933 in Kopenhagen zwischen Dänemark, Finnland, Norwegen, Schweden und Irland geschlossene Konkursübereinkommen;

k) das am 5. Juni 1990 in Istanbul unterzeichnete Europäische Übereinkommen über bestimmte internationale Aspekte des Konkurses;

l) das am 18. Juni 1959 in Athen unterzeichnete Abkommen zwischen der Föderativen Volksrepublik Jugoslawien und dem Königreich Griechenland über die gegenseitige Anerkennung und Vollstreckung gerichtlicher Entscheidungen;

m) das am 18. März 1960 in Belgrad unterzeichnete Abkommen zwischen der Föderativen Volksrepublik Jugoslawien und der Republik Österreich über die gegenseitige Anerkennung und die Vollstreckung von Schiedssprüchen und schiedsgerichtlichen Vergleichen in Handelssachen;

n) das am 3. Dezember 1960 in Rom unterzeichnete Abkommen zwischen der Föderativen Volksrepublik Jugoslawien und der Republik Italien über die gegenseitige justizielle Zusammenarbeit in Zivil- und Handelssachen;

o) das am 24. September 1971 in Belgrad unterzeichnete Abkommen zwischen der Sozialistischen Föderativen Republik Jugoslawien und dem Königreich Belgien über die justizielle Zusammenarbeit in Zivil- und Handelssachen;

p) das am 18. Mai 1971 in Paris unterzeichnete Abkommen zwischen den Regierungen Jugoslawiens und Frankreichs über die Anerkennung und Vollstreckung gerichtlicher Entscheidungen in Zivil- und Handelssachen;

q) das am 22. Oktober 1980 in Athen unterzeichnete Abkommen zwischen der Tschechoslowakischen Sozialistischen Republik und der Hellenischen Republik über die Rechtshilfe in Zivil- und Strafsachen, der zwischen der Tschechischen Republik und Griechenland noch in Kraft ist;

r) das am 23. April 1982 in Nikosia unterzeichnete Abkommen zwischen der Tschechoslowakischen Sozialistischen Republik und der Republik Zypern über die Rechtshilfe in Zivil- und Strafsachen, der zwischen der Tschechischen Republik und Zypern noch in Kraft ist;

s) den am 10. Mai 1984 in Paris unterzeichneten Vertrag zwischen der Regierung der Tschechoslowakischen Sozialistischen Republik und der Regierung der Französischen Republik über die Rechtshilfe und die Anerkennung und Vollstreckung gerichtlicher Entscheidungen in Zivil-,

Familien- und Handelssachen, der zwischen der Tschechischen Republik und Frankreich noch in Kraft ist;

t) den am 6. Dezember 1985 in Prag unterzeichneten Vertrag zwischen der Tschechoslowakischen Sozialistischen Republik und der Republik Italien über die Rechtshilfe in Zivil- und Strafsachen, der zwischen der Tschechischen Republik und Italien noch in Kraft ist;

u) das am 11. November 1992 in Tallinn unterzeichnete Abkommen zwischen der Republik Lettland, der Republik Estland und der Republik Litauen über Rechtshilfe und Rechtsbeziehungen;

v) das am 27. November 1998 in Tallinn unterzeichnete Abkommen zwischen Estland und Polen über Rechtshilfe und Rechtsbeziehungen in Zivil-, Arbeits- und Strafsachen;

w) das am 26. Januar 1993 in Warschau unterzeichnete Abkommen zwischen der Republik Litauen und der Republik Polen über Rechtshilfe und Rechtsbeziehungen in Zivil-, Familien-, Arbeits- und Strafsachen;

x) das am 19. Oktober 1972 in Bukarest unterzeichnete Abkommen zwischen der Sozialistischen Republik Rumänien und der Hellenischen Republik über die Rechtshilfe in Zivil- und Strafsachen mit Protokoll;

y) das am 5. November 1974 in Paris unterzeichnete Abkommen zwischen der Sozialistischen Republik Rumänien und der Französischen Republik über die Rechtshilfe in Zivil- und Handelssachen;

z) das am 10. April 1976 in Athen unterzeichnete Abkommen zwischen der Volksrepublik Bulgarien und der Hellenischen Republik über die Rechtshilfe in Zivil- und Strafsachen;

aa) das am 29. April 1983 in Nikosia unterzeichnete Abkommen zwischen der Volksrepublik Bulgarien und der Republik Zypern über die Rechtshilfe in Zivil- und Strafsachen;

ab) das am 18. Januar 1989 in Sofia unterzeichnete Abkommen zwischen der Volksrepublik Bulgarien und der Regierung der Französischen Republik über die gegenseitige Rechtshilfe in Zivilsachen;

ac) den am 11. Juli 1994 in Bukarest unterzeichneten Vertrag zwischen Rumänien und der Tschechischen Republik über die Rechtshilfe in Zivilsachen;

ad) den am 15. Mai 1999 in Bukarest unterzeichneten Vertrag zwischen Rumänien und der Republik Polen über die Rechtshilfe und die Rechtsbeziehungen in Zivilsachen.

(2) Die in Absatz 1 aufgeführten Übereinkünfte behalten ihre Wirksamkeit hinsichtlich der Verfahren, die vor Inkrafttreten der Verordnung (EG) Nr. 1346/2000 eröffnet worden sind.

(3) Diese Verordnung gilt nicht

a) in einem Mitgliedstaat, soweit es in Konkurssachen mit den Verpflichtungen aus einer Übereinkunft unvereinbar ist, die dieser Mitgliedstaat mit einem oder mehreren Drittstaaten vor Inkrafttreten der Verordnung (EG) Nr. 1346/2000 geschlossen hat;

b) im Vereinigten Königreich Großbritannien und Nordirland, soweit es in Konkurssachen mit den Verpflichtungen aus Vereinbarungen, die im Rahmen des Commonwealth geschlossen wurden und die zum Zeitpunkt des Inkrafttretens der Verordnung (EG) Nr. 1346/2000 wirksam sind, unvereinbar ist.

Art. 86[1)] **Informationen zum Insolvenzrecht der Mitgliedstaaten und der Union.** (1) Die Mitgliedstaaten übermitteln im Rahmen des durch die Entscheidung 2001/470/EG des Rates[2)] geschaffenen Europäischen Justiziellen Netzes für Zivil- und Handelssachen eine kurze Beschreibung ihres nationalen Rechts und ihrer Verfahren zum Insolvenzrecht, insbesondere zu den in Artikel 7 Absatz 2 aufgeführten Aspekten, damit die betreffenden Informationen der Öffentlichkeit zur Verfügung gestellt werden können.

(2) Die in Absatz 1 genannten Informationen werden von den Mitgliedstaaten regelmäßig aktualisiert.

(3) Die Kommission macht Informationen bezüglich dieser Verordnung öffentlich verfügbar.

Art. 87 Einrichtung der Vernetzung der Register. [1]Die Kommission erlässt Durchführungsrechtsakte zur Einrichtung der Vernetzung der Insolvenzregister gemäß Artikel 25. [2]Diese Durchführungsrechtsakte werden gemäß dem in Artikel 89 Absatz 3 genannten Prüfverfahren erlassen.

Art. 88 Erstellung und spätere Änderung von Standardformularen.

[1]Die Kommission erlässt Durchführungsrechtsakte zur Erstellung und soweit erforderlich Änderung der in Artikel 27 Absatz 4, Artikel 54, Artikel 55 und Artikel 64 Absatz 2 genannten Formulare. [2]Diese Durchführungsrechtsakte werden gemäß dem in Artikel 89 Absatz 2 genannten Beratungsverfahren erlassen.

Art. 89 Ausschussverfahren. (1) [1]Die Kommission wird von einem Ausschuss unterstützt. [2]Dieser Ausschuss ist ein Ausschuss im Sinne der Verordnung (EU) Nr. 182/2011.

(2) Wird auf diesen Absatz Bezug genommen, so gilt Artikel 4 der Verordnung (EU) Nr. 182/2011.

(3) Wird auf diesen Absatz Bezug genommen, so gilt Artikel 5 der Verordnung (EU) Nr. 182/2011.

Art. 90 Überprüfungsklausel. (1) [1]Die Kommission legt dem Europäischen Parlament, dem Rat und dem Europäischen Wirtschafts- und Sozialausschuss spätestens bis zum 27. Juni 2027 und danach alle fünf Jahre einen Bericht über die Anwendung dieser Verordnung vor. [2]Der Bericht enthält gegebenenfalls einen Vorschlag zur Anpassung dieser Verordnung.

(2) [1]Die Kommission legt dem Europäischen Parlament, dem Rat und dem Europäischen Wirtschafts- und Sozialausschuss spätestens bis zum 27. Juni 2022 einen Bericht über die Anwendung des Gruppen-Koordinationsverfahrens vor. [2]Der Bericht enthält gegebenenfalls einen Vorschlag zur Anpassung dieser Verordnung.

(3) Die Kommission übermittelt dem Europäischen Parlament, dem Rat und dem Europäischen Wirtschafts- und Sozialausschuss spätestens bis zum 1. Januar 2016 eine Studie zu den grenzüberschreitenden Aspekten der Haftung von Geschäftsleitern und ihres Ausschlusses von einer Tätigkeit.

[1)] Art. 86 gilt ab dem 26.6.2016, vgl. Art. 92 UAbs. 2 Buchst. a.

[2)] **Amtl. Anm.:** Entscheidung 2001/470/EG des Rates vom 28. Mai 2001 über die Einrichtung eines Europäischen Justiziellen Netzes für Zivil- und Handelssachen (ABl. L 174 vom 27.6.2001, S. 25).

(4) Die Kommission übermittelt dem Europäischen Parlament, dem Rat und dem Europäischen Wirtschafts- und Sozialausschuss spätestens bis zum 27. Juni 2020 eine Studie zur Frage der Wahl des Gerichtsstands in missbräuchlicher Absicht.

Art. 91 Aufhebung. *[1]* Die Verordnung (EG) Nr. 1346/2000 wird aufgehoben.

[2] Verweisungen auf die aufgehobene Verordnung gelten als Verweisungen auf die vorliegende Verordnung und sind nach der Entsprechungstabelle in Anhang D dieser Verordnung zu lesen.

Art. 92 Inkrafttreten. *[1]* Diese Verordnung tritt am zwanzigsten Tag nach ihrer Veröffentlichung[1] im *Amtsblatt der Europäischen Union* in Kraft.

[2] Sie gilt ab dem 26. Juni 2017 mit Ausnahme von

a) Artikel 86, der ab dem 26. Juni 2016 gilt,
b) Artikel 24 Absatz 1, der ab dem 26. Juni 2018 gilt und
c) Artikel 25, der ab dem 26. Juni 2019 gilt.

Diese Verordnung ist in allen ihren Teilen verbindlich und gilt gemäß den Verträgen unmittelbar in den Mitgliedstaaten.

Anhang A.[2] Insolvenzverfahren im Sinne von Artikel 2 Nummer 4

…

DEUTSCHLAND

– Das Konkursverfahren,
– Das gerichtliche Vergleichsverfahren,
– Das Gesamtvollstreckungsverfahren,
– Das Insolvenzverfahren,
– Die öffentliche Restrukturierungssache,

(vom Abdruck der die anderen Mitgliedstaaten betreffenden Verfahren wurde abgesehen)

…

Anhang B.[3] Verwalter im Sinne von Artikel 2 Nummer 5

…

DEUTSCHLAND

– Konkursverwalter,
– Vergleichsverwalter,
– Sachwalter (nach der Vergleichsordnung),
– Verwalter,
– Insolvenzverwalter,
– Sachwalter (nach der Insolvenzordnung),
– Treuhänder,

---

[1] Veröffentlicht am 5.6.2015.

[2] Anh. A neu gef. mWv 9.1.2022 durch VO v. 15.12.2021 (ABl. L 455 S. 4).

[3] Anh. B neu gef. mWv 9.1.2022 durch VO v. 15.12.2021 (ABl. L 455 S. 4).

– Vorläufiger Insolvenzverwalter,
– Vorläufiger Sachwalter,
– Restrukturierungsbeauftragter,

(vom Abdruck der die anderen Mitgliedstaaten betreffenden Verfahren wurde abgesehen)

…

Anhang C. Aufgehobene Verordnung mit Liste ihrer nachfolgenden Änderungen

(vom Abdruck wurde abgesehen)

Anhang D. Entsprechungstabelle

Verordnung (EG) Nr. 1346/2000	In dieser Verordnung wird Folgendes festgelegt:
Artikel 1	Artikel 1
Artikel 2 Eingangsteil	Artikel 2 Eingangsteil
Artikel 2 Buchstabe a	Artikel 2 Nummer 4
Artikel 2 Buchstabe b	Artikel 2 Nummer 5
Artikel 2 Buchstabe c	–
Artikel 2 Buchstabe d	Artikel 2 Nummer 6
Artikel 2 Buchstabe e	Artikel 2 Nummer 7
Artikel 2 Buchstabe f	Artikel 2 Nummer 8
Artikel 2 Buchstabe g Eingangsteil	Artikel 2 Nummer 9 Eingangsteil
Artikel 2 Buchstabe g erster Gedankenstrich	Artikel 2 Nummer 9 Ziffer vii
Artikel 2 Buchstabe g zweiter Gedankenstrich	Artikel 2 Nummer 9 Ziffer iv
Artikel 2 Buchstabe g dritter Gedankenstrich	Artikel 2 Nummer 9 Ziffer viii
Artikel 2 Buchstabe h	Artikel 2 Nummer 10
–	Artikel 2 Nummern 1 bis 3 und 11 bis 13
–	Artikel 2 Nummer 9 Ziffern i bis iii, v, vi
Artikel 3	Artikel 3
–	Artikel 4
–	Artikel 5
–	Artikel 6
Artikel 4	Artikel 7
Artikel 5	Artikel 8
Artikel 6	Artikel 9
Artikel 7	Artikel 10
Artikel 8	Artikel 11 Absatz 1
–	Artikel 11 Absatz 2

Verordnung (EG) Nr. 1346/2000	In dieser Verordnung wird Folgendes festgelegt:
Artikel 9	Artikel 12
Artikel 10	Artikel 13 Absatz 1
–	Artikel 13 Absatz 2
Artikel 11	Artikel 14
Artikel 12	Artikel 15
Artikel 13 Absatz 1	Artikel 16 Buchstabe a
Artikel 13 Absatz 2	Artikel 16 Buchstabe b
Artikel 14 Gedankenstrich 1	Artikel 17 Buchstabe a
Artikel 14 Gedankenstrich 2	Artikel 17 Buchstabe b
Artikel 14 Gedankenstrich 3	Artikel 17 Buchstabe c
Artikel 15	Artikel 18
Artikel 16	Artikel 19
Artikel 17	Artikel 20
Artikel 18	Artikel 21
Artikel 19	Artikel 22
Artikel 20	Artikel 23
–	Artikel 24
–	Artikel 25
–	Artikel 26
–	Artikel 27
Artikel 21 Absatz 1	Artikel 28 Absatz 2
Artikel 21 Absatz 2	Artikel 28 Absatz 1

(Fortsetzung nächstes Blatt)

Verordnung (EG) Nr. 1346/2000	In dieser Verordnung wird Folgendes festgelegt:
Artikel 22	Artikel 29
Artikel 23	Artikel 30
Artikel 24	Artikel 31
Artikel 25	Artikel 32
Artikel 26	Artikel 33
Artikel 27	Artikel 34
Artikel 28	Artikel 35
–	Artikel 36
Artikel 29	Artikel 37 Absatz 1
–	Artikel 37 Absatz 2
–	Artikel 38
–	Artikel 39
Artikel 30	Artikel 40
Artikel 31	Artikel 41
–	Artikel 42
–	Artikel 43
–	Artikel 44
Artikel 32	Artikel 45
Artikel 33	Artikel 46
Artikel 34 Absatz 1	Artikel 47 Absatz 1
Artikel 34 Absatz 2	Artikel 47 Absatz 2
Artikel 34 Absatz 3	–
–	Artikel 48
Artikel 35	Artikel 49
Artikel 36	Artikel 50
Artikel 37	Artikel 51
Artikel 38	Artikel 52
Artikel 39	Artikel 53
Artikel 40	Artikel 54
Artikel 41	Artikel 55
Artikel 42	–
–	Artikel 56
–	Artikel 57
–	Artikel 58
–	Artikel 59
–	Artikel 60
–	Artikel 61
–	Artikel 62
–	Artikel 63

Verordnung (EG) Nr. 1346/2000	In dieser Verordnung wird Folgendes festgelegt:
–	Artikel 64
–	Artikel 65
–	Artikel 66
–	Artikel 67
–	Artikel 68
–	Artikel 69
–	Artikel 70
–	Artikel 71
–	Artikel 72
–	Artikel 73
–	Artikel 74
–	Artikel 75
–	Artikel 76
–	Artikel 77
–	Artikel 78
–	Artikel 79
–	Artikel 80
–	Artikel 81
–	Artikel 82
–	Artikel 83
Artikel 43	Artikel 84 Absatz 1
–	Artikel 84 Absatz 2
Artikel 44	Artikel 85
–	Artikel 86
Artikel 45	–
–	Artikel 87
–	Artikel 88
–	Artikel 89
Artikel 46	Artikel 90 Absatz 1
–	Artikel 90 Absätze 2 bis 4
–	Artikel 91
Artikel 47	Artikel 92
Anhang A	Anhang A
Anhang B	–
Anhang C	Anhang B
–	Anhang C
–	Anhang D

110c. Insolvenzrechtliche Vergütungsverordnung (InsVV)

Vom 19. August 1998

(BGBl. I S. 2205)

FNA 311-13-1

Lfd. Nr.	Änderndes Gesetz	Datum	Fundstelle	Betroffen	Hinweis
1.	Art. 12 G zur Einführung des Euro in Rechtspflegegesetzen und in Gesetzen des Straf- und Ordnungswidrigkeitenrechts	13.12.2001	BGBl. I S. 3574	§§ 2, 8, 12, 13, 14, 15, 17	geänd. mWv 1.1.2002
2.	Art. 4 Abs. 21 KostenrechtsmodernisierungsG	5.5.2004	BGBl. I S. 718	§§ 5, 11	geänd. mWv 1.7.2004
3.	Art. 1 ÄndVO	4.10.2004	BGBl. I S. 2569	§§ 2, 8, 9, 11, 13, 14, 15, 16, 17, 19	geänd. mWv 7.10.2004
4.	Art. 1 Zweite ÄndVO	21.12.2006	BGBl. I S. 3389	§§ 11, 19	geänd. mWv 29.12.2006
5.	Art. 2 G zur weiteren Erleichterung der Sanierung von Unternehmen	7.12.2011	BGBl. I S. 2582	§§ 17, 19	geänd. mWv 1.3.2012
6.	Art. 5 G zur Verkürzung des Restschuldbefreiungsverfahrens und zur Stärkung der Gläubigerrechte	15.7.2013	BGBl. I S. 2379	§ 11	geänd. mWv 19.7.2013
				§§ 3, Zweiter Abschnitt Überschrift, 10, 17, 19	geänd. mWv 1.7.2014
				§ 13	neu gef. mWv 1.7.2014
7.	Art. 3 G zur Erleichterung der Bewältigung von Konzerninsolvenzen	13.4.2017	BGBl. I S. 866	§ 3	geänd. mWv 21.4.2018
8.	Art. 6 Sanierungs- und Insolvenzrechtsfortentwicklungs G[1]	22.12.2020	BGBl. I S. 3256	§§ 2, 4, 8, 10, 12, 13, 14, 15, 17, 19	geänd. mWv 1.1.2021
				§ 12a	eingef. mWv 1.1.2021
9.	Art. 4 G zur weiteren Verkürzung des Restschuldbefreiungsverfahrens und zur Anpassung pandemiebedingter Vorschriften im Gesellschafts-, Genossenschafts-, Vereins- und Stiftungsrecht sowie im Miet- und Pachtrecht	22.12.2020	BGBl. I S. 3328	§§ 1, 19	geänd. mWv 1.10.2020

Auf Grund des § 65 in Verbindung mit § 21 Abs. 2 Nr. 1, § 73 Abs. 2, § 274 Abs. 1, § 293 Abs. 2 und § 313 Abs. 1 der Insolvenzordnung[2] vom 5. Oktober 1994 (BGBl. I S. 2866) verordnet das Bundesministerium der Justiz:

[1] **Amtl. Anm.:** Dieses Gesetz dient der weiteren Umsetzung der Richtlinie (EU) 2019/1023 des Europäischen Parlaments und des Rates vom 20. Juni 2019 über präventive Restrukturierungsrahmen, über Entschuldung und über Tätigkeitsverbote sowie über Maßnahmen zur Steigerung der Effizienz von Restrukturierungs-, Insolvenz- und Entschuldungsverfahren und zur Änderung der Richtlinie (EU) 2017/1132 (Richtlinie über Restrukturierung und Insolvenz) (ABl. L 172 vom 26.6.2019, S. 18).

[2] **Schönfelder Nr. 110.**

Erster Abschnitt. Vergütung des Insolvenzverwalters

§ 1[1)] Berechnungsgrundlage. (1) [1]Die Vergütung des Insolvenzverwalters wird nach dem Wert der Insolvenzmasse berechnet, auf die sich die Schlußrechnung bezieht. [2]Wird das Verfahren nach Bestätigung eines Insolvenzplans aufgehoben oder durch Einstellung vorzeitig beendet, so ist die Vergütung nach dem Schätzwert der Masse zur Zeit der Beendigung des Verfahrens zu berechnen.

(2) Die maßgebliche Masse ist im einzelnen wie folgt zu bestimmen:

1. Massegegenstände, die mit Absonderungsrechten belastet sind, werden berücksichtigt, wenn sie durch den Verwalter verwertet werden. Der Mehrbetrag der Vergütung, der auf diese Gegenstände entfällt, darf jedoch 50 vom Hundert des Betrages nicht übersteigen, der für die Kosten ihrer Feststellung in die Masse geflossen ist. Im übrigen werden die mit Absonderungsrechten belasteten Gegenstände nur insoweit berücksichtigt, als aus ihnen der Masse ein Überschuß zusteht.
2. Werden Aus- und Absonderungsrechte abgefunden, so wird die aus der Masse hierfür gewährte Leistung vom Sachwert der Gegenstände abgezogen, auf die sich diese Rechte erstreckten.
3. Steht einer Forderung eine Gegenforderung gegenüber, so wird lediglich der Überschuß berücksichtigt, der sich bei einer Verrechnung ergibt.
4. Die Kosten des Insolvenzverfahrens und die sonstigen Masseverbindlichkeiten werden nicht abgesetzt. Es gelten jedoch folgende Ausnahmen:
   a) Beträge, die der Verwalter nach § 5 als Vergütung für den Einsatz besonderer Sachkunde erhält, werden abgezogen.
   b) Wird das Unternehmen des Schuldners fortgeführt, so ist nur der Überschuß zu berücksichtigen, der sich nach Abzug der Ausgaben von den Einnahmen ergibt.
5. Ein Vorschuß, der von einer anderen Person als dem Schuldner zur Durchführung des Verfahrens geleistet worden ist, und ein Zuschuß, den ein Dritter zur Erfüllung eines Insolvenzplans oder zum Zweck der Erteilung der Restschuldbefreiung vor Ablauf der Abtretungsfrist geleistet hat, bleiben außer Betracht.

§ 2[2)] Regelsätze. (1) Der Insolvenzverwalter erhält in der Regel

1. von den ersten 35 000 Euro der Insolvenzmasse 40 Prozent,
2. von dem Mehrbetrag bis zu 70 000 Euro 26 Prozent,
3. von dem Mehrbetrag bis zu 350 000 Euro 7,5 Prozent,
4. von dem Mehrbetrag bis zu 700 000 Euro 3,3 Prozent,

---

1) § 1 Abs. 2 Nr. 5 geänd. mWv 1.10.2020 durch G v. 22.12.2020 (BGBl. I S. 3328).

2) *§ 2* neu gef. mWv *1.1.2002* durch G v. 13.12.2001 (BGBl. I S. 3574); Abs. 2 neu gef. mWv 7.10.2004 durch VO v. 4.10.2004 (BGBl. I S. 2569); Abs. 1 Nr. 1–6 geänd., Nr. 7 neu gef., Nr. 8 und 9 angef., Abs. 2 Sätze 1–3 geänd. mWv 1.1.2021 durch G v. 22.12.2020 (BGBl. I S. 3256).

5. von dem Mehrbetrag bis zu 35 000 000 Euro 2,2 Prozent,
6. von dem Mehrbetrag bis zu 70 000 000 Euro 1,1 Prozent,
7. von dem Mehrbetrag bis zu 350 000 000 Euro 0,5 Prozent,
8. von dem Mehrbetrag bis zu 700 000 000 Euro 0,4 Prozent,
9. von dem darüber hinausgehenden Betrag 0,2 Prozent.

(2) [1] Haben in dem Verfahren nicht mehr als 10 Gläubiger ihre Forderungen angemeldet, so soll die Vergütung in der Regel mindestens 1 400 Euro betragen. [2] Von 11 bis zu 30 Gläubigern erhöht sich die Vergütung für je angefangene 5 Gläubiger um 210 Euro. [3] Ab 31 Gläubiger erhöht sich die Vergütung je angefangene 5 Gläubiger um 140 Euro.

§ 3[1)] Zu- und Abschläge. (1) Eine den Regelsatz übersteigende Vergütung ist insbesondere festzusetzen, wenn

a) die Bearbeitung von Aus- und Absonderungsrechten einen erheblichen Teil der Tätigkeit des Insolvenzverwalters ausgemacht hat, ohne daß ein entsprechender Mehrbetrag nach § 1 Abs. 2 Nr. 1 angefallen ist,

b) der Verwalter das Unternehmen fortgeführt oder Häuser verwaltet hat und die Masse nicht entsprechend größer geworden ist,

c) die Masse groß war und die Regelvergütung wegen der Degression der Regelsätze keine angemessene Gegenleistung dafür darstellt, daß der Verwalter mit erheblichem Arbeitsaufwand die Masse vermehrt oder zusätzliche Masse festgestellt hat,

d) arbeitsrechtliche Fragen zum Beispiel in bezug auf das Insolvenzgeld den Kündigungsschutz oder einen Sozialplan den Verwalter erheblich in Anspruch genommen haben oder

e) der Verwalter einen Insolvenzplan ausgearbeitet hat.

(2) Ein Zurückbleiben hinter dem Regelsatz ist insbesondere gerechtfertigt, wenn

a) ein vorläufiger Insolvenzverwalter im Verfahren tätig war,

b) die Masse bereits zu einem wesentlichen Teil verwertet war als der Verwalter das Amt übernahm,

c) das Insolvenzverfahren vorzeitig beendet wird oder das Amt des Verwalters vorzeitig endet,

d) die Masse groß war und die Geschäftsführung geringe Anforderungen an den Verwalter stellte,

e) die Vermögensverhältnisse des Schuldners überschaubar sind und die Zahl der Gläubiger oder die Höhe der Verbindlichkeiten gering ist oder

f) der Schuldner in ein Koordinationsverfahren einbezogen ist, in dem ein Verfahrenskoordinator nach § 269e der Insolvenzordnung[2)] bestellt worden ist.

[1)] § 3 Abs. 2 Buchst. c und d geänd., Buchst. e angef. mWv 1.7.2014 durch G v. 15.7.2013 (BGBl. I S. 2379); Abs. 2 Buchst. d und e geänd., Buchst. f angef. mWv 21.4.2018 durch G v. 13.4.2017 (BGBl. I S. 866).

[2)] **Schönfelder Nr. 110.**

§ 4[1)] Geschäftskosten. Haftpflichtversicherung. (1) [1]Mit der Vergütung sind die allgemeinen Geschäftskosten abgegolten. [2]Zu den allgemeinen Geschäftskosten gehört der Büroaufwand des Insolvenzverwalters einschließlich der Gehälter seiner Angestellten, auch soweit diese anläßlich des Insolvenzverfahrens eingestellt worden sind. [3]Unberührt bleibt das Recht des Verwalters, zur Erledigung besonderer Aufgaben im Rahmen der Verwaltung für die Masse Dienst- oder Werkverträge abzuschließen und die angemessene Vergütung aus der Masse zu zahlen.

(2) [1]Besondere Kosten, die dem Verwalter im Einzelfall, zum Beispiel durch Reisen, tatsächlich entstehen, sind als Auslagen zu erstatten. [2]Für die Übertragung der Zustellungen im Sinne des § 8 Absatz 3 der Insolvenzordnung[2)] gilt Nummer 9002 des Kostenverzeichnisses zum Gerichtskostengesetz[3)] entsprechend.

(3) [1]Mit der Vergütung sind auch die Kosten einer Haftpflichtversicherung mit einer Versicherungssumme bis zu 2 000 000 Euro pro Versicherungsfall und mit einer Jahreshöchstleistung bis zu 4 000 000 Euro abgegolten. [2]Ist die Verwaltung mit einem darüber hinausgehenden Haftungsrisiko verbunden, so sind die Kosten einer entsprechend höheren Versicherung als Auslagen zu erstatten.

§ 5[4)] Einsatz besonderer Sachkunde. (1) Ist der Insolvenzverwalter als Rechtsanwalt zugelassen, so kann er für Tätigkeiten, die ein nicht als Rechtsanwalt zugelassener Verwalter angemessenerweise einem Rechtsanwalt übertragen hätte, nach Maßgabe des Rechtsanwaltsvergütungsgesetzes[5)] Gebühren und Auslagen gesondert aus der Insolvenzmasse entnehmen.

(2) Ist der Verwalter Wirtschaftsprüfer oder Steuerberater oder besitzt er eine andere besondere Qualifikation, so gilt Absatz 1 entsprechend.

§ 6 Nachtragsverteilung. Überwachung der Erfüllung eines Insolvenzplans. (1) [1]Für eine Nachtragsverteilung erhält der Insolvenzverwalter eine gesonderte Vergütung, die unter Berücksichtigung des Werts der nachträglich verteilten Insolvenzmasse nach billigem Ermessen festzusetzen ist. [2]Satz 1 gilt nicht, wenn die Nachtragsverteilung voraussehbar war und schon bei der Festsetzung der Vergütung für das Insolvenzverfahren berücksichtigt worden ist.

(2) [1]Die Überwachung der Erfüllung eines Insolvenzplans nach den §§ 260 bis 269 der Insolvenzordnung[2)] wird gesondert vergütet. [2]Die Vergütung ist unter Berücksichtigung des Umfangs der Tätigkeit nach billigem Ermessen festzusetzen.

§ 7 Umsatzsteuer. Zusätzlich zur Vergütung und zur Erstattung der Auslagen wird ein Betrag in Höhe der vom Insolvenzverwalter zu zahlenden Umsatzsteuer festgesetzt.

[1)] § 4 Abs. 2 Satz 2 angef., Abs. 3 neu gef. mWv 1.1.2021 durch G v. 22.12.2020 (BGBl. I S. 3256).
[2)] **Schönfelder Nr. 110.**
[3)] ***Schönfelder Nr. 115.***
[4)] § 5 Abs. 1 geänd. mWv 1.7.2004 durch G v. 5.5.2004 (BGBl. I S. 718).
[5)] **Schönfelder Nr. 117.**

§ 8[1] Festsetzung von Vergütung und Auslagen. (1) [1]Die Vergütung und die Auslagen werden auf Antrag des Insolvenzverwalters vom Insolvenzgericht festgesetzt. [2]Die Festsetzung erfolgt für Vergütung und Auslagen gesondert. [3]Der Antrag soll gestellt werden, wenn die Schlußrechnung an das Gericht gesandt wird.

(2) In dem Antrag ist näher darzulegen, wie die nach § 1 Abs. 2 maßgebliche Insolvenzmasse berechnet worden ist und welche Dienst- oder Werkverträge für besondere Aufgaben im Rahmen der Insolvenzverwaltung abgeschlossen worden sind (§ 4 Abs. 1 Satz 3).

(3) [1]Der Verwalter kann nach seiner Wahl anstelle der tatsächlich entstandenen Auslagen einen Pauschsatz fordern, der im ersten Jahr 15 vom Hundert, danach 10 vom Hundert der Regelvergütung, höchstens jedoch 350 Euro je angefangenen Monat der Dauer der Tätigkeit des Verwalters beträgt. [2]Der Pauschsatz darf 30 vom Hundert der Regelvergütung nicht übersteigen.

§ 9[2] Vorschuß. [1]Der Insolvenzverwalter kann aus der Insolvenzmasse einen Vorschuß auf die Vergütung und die Auslagen entnehmen, wenn das Insolvenzgericht zustimmt. [2]Die Zustimmung soll erteilt werden, wenn das Insolvenzverfahren länger als sechs Monate dauert oder wenn besonders hohe Auslagen erforderlich werden. [3]Sind die Kosten des Verfahrens nach § 4a der Insolvenzordnung[3] gestundet, so bewilligt das Gericht einen Vorschuss, sofern die Voraussetzungen nach Satz 2 gegeben sind.

Zweiter Abschnitt.[4] Vergütung des vorläufigen Insolvenzverwalters, des Sachwalters und des Insolvenzverwalters im Verbraucherinsolvenzverfahren

§ 10[5] Grundsatz. Für die Vergütung des vorläufigen Insolvenzverwalters, des Sachwalters, des vorläufigen Sachwalters und des Insolvenzverwalters im Verbraucherinsolvenzverfahren gelten die Vorschriften des Ersten Abschnitts entsprechend, soweit in den §§ 11 bis 13 nichts anderes bestimmt ist.

§ 11[6] Vergütung des vorläufigen Insolvenzverwalters. (1) [1]Für die Berechnung der Vergütung des vorläufigen Insolvenzverwalters ist das Vermögen zugrunde zu legen, auf das sich seine Tätigkeit während des Eröffnungsverfahrens erstreckt. [2]Vermögensgegenstände, an denen bei Verfahrenseröffnung Aus- oder Absonderungsrechte bestehen, werden dem Vermögen nach Satz 1 hinzugerechnet, sofern sich der vorläufige Insolvenzverwalter in erheblichem Umfang mit ihnen befasst. [3]Sie bleiben unberücksichtigt, sofern der Schuldner

---

[1] § 8 Abs. 3 geänd. mWv 1.1.2002 durch G v. 13.12.2001 (BGBl. I S. 3574); Abs. 3 Satz 2 angef., bish. Wortlaut wird Satz 1 und geänd. mWv 7.10.2004 durch VO v. 4.10.2004 (BGBl. I S. 2569); Abs. 3 Satz 1 geänd. mWv 1.1.2021 durch G v. 22.12.2020 (BGBl. I S. 3256).

[2] § 9 Satz 3 angef. mWv 7.10.2004 durch VO v. 4.10.2004 (BGBl. I S. 2569).

[3] **Schönfelder Nr. 110.**

[4] Zweiter Abschnitt Überschrift geänd. mWv 1.7.2014 durch G v. 15.7.2013 (BGBl. I S. 2379).

[5] § 10 geänd. mWv 1.7.2014 durch G v. 15.7.2013 (BGBl. I S. 2379); geänd. mWv 1.1.2021 durch G v. 22.12.2020 (BGBl. I S. 3256).

[6] § 11 Abs. 2 geänd. mWv 1.7.2004 durch G v. 5.5.2004 (BGBl. I S. 718); Abs. 1 Satz 2 neu gef. mWv 7.10.2004 durch VO v. 4.10.2004 (BGBl. I S. 2569); Abs. 1 neu gef., Abs. 2 und 3 eingef., bish. Abs. 2 wird Abs. 4 mWv 29.12.2006 durch VO v. 21.12.2006 (BGBl. I S. 3389); Abs. 1 neu gef., Abs. 2 Satz 1 geänd., Satz 2 aufgeh. mWv 19.7.2013 durch G v. 15.7.2013 (BGBl. I S. 2379).

die Gegenstände lediglich auf Grund eines Besitzüberlassungsvertrages in Besitz hat.

(2) Wird die Festsetzung der Vergütung beantragt, bevor die von Absatz 1 Satz 1 erfassten Gegenstände veräußert wurden, ist das Insolvenzgericht spätestens mit Vorlage der Schlussrechnung auf eine Abweichung des tatsächlichen Werts von dem der Vergütung zugrunde liegenden Wert hinzuweisen, sofern die Wertdifferenz 20 vom Hundert bezogen auf die Gesamtheit dieser Gegenstände übersteigt.

(3) Art, Dauer und der Umfang der Tätigkeit des vorläufigen Insolvenzverwalters sind bei der Festsetzung der Vergütung zu berücksichtigen.

(4) Hat das Insolvenzgericht den vorläufigen Insolvenzverwalter als Sachverständigen beauftragt zu prüfen, ob ein Eröffnungsgrund vorliegt und welche Aussichten für eine Fortführung des Unternehmens des Schuldners bestehen, so erhält er gesondert eine Vergütung nach dem Justizvergütungs- und -entschädigungsgesetz[1].

§ 12[2] Vergütung des Sachwalters. (1) Der Sachwalter erhält in der Regel 60 vom Hundert der für den Insolvenzverwalter bestimmten Vergütung.

(2) Eine den Regelsatz übersteigende Vergütung ist insbesondere festzusetzen, wenn das Insolvenzgericht gemäß § 277 Abs. 1 der Insolvenzordnung[3] angeordnet hat, daß bestimmte Rechtsgeschäfte des Schuldners nur mit Zustimmung des Sachwalters wirksam sind.

(3) § 8 Abs. 3 gilt mit der Maßgabe, daß an die Stelle des Betrags von 350 Euro der Betrag von 175 Euro tritt.

§ 12a[4] Vergütung des vorläufigen Sachwalters. (1) [1] Die Tätigkeit des vorläufigen Sachwalters wird gesondert vergütet. [2] Er erhält in der Regel 25 Prozent der Vergütung des Sachwalters bezogen auf das Vermögen, auf das sich seine Tätigkeit während des Eröffnungsverfahrens erstreckt. [3] Maßgebend für die Wertermittlung ist der Zeitpunkt der Beendigung der vorläufigen Eigenverwaltung oder der Zeitpunkt, ab dem der Gegenstand nicht mehr der Verfügungsbefugnis des eigenverwaltenden Schuldners unterliegt. [4] Vermögensgegenstände, an denen bei Verfahrenseröffnung Aus- oder Absonderungsrechte bestehen, werden dem Vermögen nach Satz 2 hinzugerechnet, sofern sich der vorläufige Sachwalter in erheblichem Umfang mit ihnen befasst. [5] Sie bleiben unberücksichtigt, sofern der Schuldner die Gegenstände lediglich aufgrund eines Besitzüberlassungsvertrages in Besitz hat.

(2) Wird die Festsetzung der Vergütung beantragt, bevor die von Absatz 1 Satz 2 erfassten Gegenstände veräußert wurden, ist das Insolvenzgericht spätestens mit Vorlage der Schlussrechnung auf eine Abweichung des tatsächlichen Werts von dem der Vergütung zugrunde liegenden Wert hinzuweisen, sofern die Wertdifferenz 20 Prozent bezogen auf die Gesamtheit dieser Gegenstände übersteigt.

---

[1] **Schönfelder Nr. 116.**

[2] § 12 Abs. 3 geänd. mWv 1.1.2002 durch G v. 13.12.2001 (BGBl. I S. 3574); Abs. 3 geänd. mWv *1.1.2021* durch G v. 22.12.2020 (BGBl. I S. 3256).

[3] **Schönfelder Nr. 110.**

[4] § 12a eingef. mWv 1.1.2021 durch G v. 22.12.2020 (BGBl. I S. 3256).

(3) Art, Dauer und Umfang der Tätigkeit des vorläufigen Sachwalters sind bei der Festsetzung der Vergütung zu berücksichtigen.

(4) Hat das Insolvenzgericht den vorläufigen Sachwalter als Sachverständigen gesondert beauftragt zu prüfen, ob ein Eröffnungsgrund vorliegt und welche Aussichten für eine Fortführung des Unternehmens des Schuldners bestehen, so erhält er gesondert eine Vergütung nach dem Justizvergütungs- und -entschädigungsgesetz[1].

(5) § 12 Absatz 3 gilt entsprechend.

§ 13[2] Vergütung des Insolvenzverwalters im Verbraucherinsolvenzverfahren. Werden in einem Verfahren nach dem Neunten Teil der Insolvenzordnung[3] die Unterlagen nach § 305 Absatz 1 Nummer 3 der Insolvenzordnung von einer geeigneten Person oder Stelle erstellt, ermäßigt sich die Vergütung nach § 2 Absatz 2 Satz 1 auf 1 120 Euro.

Dritter Abschnitt. Vergütung des Treuhänders nach § 293 der Insolvenzordnung

§ 14[4] Grundsatz. (1) Die Vergütung des Treuhänders nach § 293 der Insolvenzordnung[3] wird nach der Summe der Beträge berechnet, die auf Grund der Abtretungserklärung des Schuldners (§ 287 Abs. 2 der Insolvenzordnung) oder auf andere Weise zur Befriedigung der Gläubiger des Schuldners beim Treuhänder eingehen.

(2) Der Treuhänder erhält

1. von den ersten 35 000 Euro 5 vom Hundert,
2. von dem Mehrbetrag bis 70 000 Euro 3 vom Hundert und
3. von dem darüber hinausgehenden Betrag 1 vom Hundert.

(3) [1] Die Vergütung beträgt mindestens 140 Euro für jedes Jahr der Tätigkeit des Treuhänders. [2] Hat er die durch Abtretung eingehenden Beträge an mehr als 5 Gläubiger verteilt, so erhöht sich diese Vergütung je 5 Gläubiger um 70 Euro.

§ 15[5] Überwachung der Obliegenheiten des Schuldners. (1) [1] Hat der Treuhänder die Aufgabe, die Erfüllung der Obliegenheiten des Schuldners zu überwachen (§ 292 Abs. 2 der Insolvenzordnung[3]), so erhält er eine zusätzliche Vergütung. [2] Diese beträgt regelmäßig 50 Euro je Stunde.

(2) [1] Der Gesamtbetrag der zusätzlichen Vergütung darf den Gesamtbetrag der Vergütung nach § 14 nicht überschreiten. [2] Die Gläubigerversammlung kann eine abweichende Regelung treffen.

---

[1] **Schönfelder Nr. 116.**

[2] § 13 neu gef. mWv 1.7.2014 durch G v. 15.7.2013 (BGBl. I S. 2379); geänd. mWv 1.1.2021 durch G v. 22.12.2020 (BGBl. I S. 3256).

[3] **Schönfelder Nr. 110.**

[4] § 14 Abs. 2 neu gef., Abs. 3 geänd. mWv 1.1.2002 durch G v. 13.12.2001 (BGBl. I S. 3574); Abs. 3 Satz 2 angef., bish. Wortlaut wird Satz 1 mWv 7.10.2004 durch VO v. 4.10.2004 (BGBl. I S. 2569); Abs. 2 Nr. 1 und 2, Abs. 3 Sätze 1 und 2 geänd. mWv 1.1.2021 durch G v. 22.12.2020 (BGBl. I S. 3256).

[5] § 15 Abs. 1 Satz 2 geänd. mWv 1.1.2002 durch G v. 13.12.2001 (BGBl. I S. 3574); Abs. 1 Satz 2 geänd. mWv 7.10.2004 durch VO v. 4.10.2004 (BGBl. I S. 2569); Abs. 1 Satz 2 geänd. mWv 1.1. 2021 durch G v. 22.12.2020 (BGBl. I S. 3256).

§ 16[1] Festsetzung der Vergütung. Vorschüsse. (1) [1] Die Höhe des Stundensatzes der Vergütung des Treuhänders, der die Erfüllung der Obliegenheiten des Schuldners überwacht, wird vom Insolvenzgericht bei der Ankündigung der Restschuldbefreiung festgesetzt. [2] Im übrigen werden die Vergütung und die zu erstattenden Auslagen auf Antrag des Treuhänders bei der Beendigung seines Amtes festgesetzt. [3] Auslagen sind einzeln anzuführen und zu belegen. [4] Soweit Umsatzsteuer anfällt, gilt § 7 entsprechend.

(2) [1] Der Treuhänder kann aus den eingehenden Beträgen Vorschüsse auf seine Vergütung entnehmen. [2] Diese dürfen den von ihm bereits verdienten Teil der Vergütung und die Mindestvergütung seiner Tätigkeit nicht überschreiten. [3] Sind die Kosten des Verfahrens nach § 4a der Insolvenzordnung[2] gestundet, so kann das Gericht Vorschüsse bewilligen, auf die Satz 2 entsprechend Anwendung findet.

Vierter Abschnitt. Vergütung der Mitglieder des Gläubigerausschusses

§ 17[3] Berechnung der Vergütung. (1) [1] Die Vergütung der Mitglieder des Gläubigerausschusses beträgt regelmäßig zwischen 50 und 300 Euro je Stunde. [2] Bei der Festsetzung des Stundensatzes sind insbesondere der Umfang der Tätigkeit und die berufliche Qualifikation des Ausschussmitglieds zu berücksichtigen.

(2) [1] Die Vergütung der Mitglieder des vorläufigen Gläubigerausschusses für die Erfüllung der ihm nach § 56a und § 270b Absatz 3 der Insolvenzordnung[2] zugewiesenen Aufgaben beträgt einmalig 500 Euro. [2] Nach der Bestellung eines vorläufigen Insolvenzverwalters oder eines vorläufigen Sachwalters richtet sich die weitere Vergütung nach Absatz 1.

§ 18 Auslagen. Umsatzsteuer. (1) Auslagen sind einzeln anzuführen und zu belegen.

(2) Soweit Umsatzsteuer anfällt, gilt § 7 entsprechend.

Fünfter Abschnitt. Übergangs- und Schlußvorschriften

§ 19[4] Übergangsregelung. (1) Auf Insolvenzverfahren, die vor dem 1. Januar 2004 eröffnet wurden, sind die Vorschriften dieser Verordnung in ihrer bis zum Inkrafttreten der Verordnung vom 4. Oktober 2004 (BGBl. I S. 2569) am 7. Oktober 2004 geltenden Fassung weiter anzuwenden.

---

[1] § 16 Abs. 2 Satz 3 angef. mWv 7.10.2004 durch VO v. 4.10.2004 (BGBl. I S. 2569).

[2] **Schönfelder Nr. 110.**

[3] § 17 Satz 1 geänd. mWv 1.1.2002 durch G v. 13.12.2001 (BGBl. I S. 3574); Satz 1 geänd. mWv 7.10.2004 durch VO v. 4.10.2004 (BGBl. I S. 2569); Abs. 2 angef., bish. Wortlaut wird Abs. 1 mWv 1.3.2012 durch G v. 7.12.2011 (BGBl. I S. 2582); Abs. 2 Satz 1 geänd. mWv 1.7.2014 durch G v. 15.7.2013 (BGBl. I S. 2379); Abs. 1 Sätze 1 und 2, Abs. 2 Satz 1 geänd. mWv 1.1.2021 durch G v. 22.12.2020 (BGBl. I S. 3256).

[4] § 19 neu gef. mWv 7.10.2004 durch VO v. 4.10.2004 (BGBl. I S. 2569); Abs. 2 angef., bish. Wortlaut wird Abs. 1 mWv 29.12.2006 durch VO v. 21.12.2006 (BGBl. I S. 3389); Abs. 3 angef. *mWv 1.3.2012* durch G v. 7.12.2011 (BGBl. I S. 2582); Abs. 4 angef. mWv 1.7.2014 durch G v. 15.7.2013 (BGBl. I S. 2379); Abs. 5 angef. mWv 1.10.2020 durch G v. 22.12.2020 (BGBl. I S. 3328); weiterer Abs. 5 angef. mWv 1.1.2021 durch G v. 22.12.2020 (BGBl. I S. 3256).

(2) Auf Vergütungen aus vorläufigen Insolvenzverwaltungen, die zum 29. Dezember 2006 bereits rechtskräftig abgerechnet sind, sind die bis zum Inkrafttreten der Zweiten Verordnung zur Änderung der Insolvenzrechtlichen Vergütungsverordnung vom 21. Dezember 2006 (BGBl. I S. 3389) geltenden Vorschriften anzuwenden.

(3) Auf Insolvenzverfahren, die vor dem 1. März 2012 beantragt worden sind, sind die Vorschriften dieser Verordnung in ihrer bis zum Inkrafttreten des Gesetzes vom 7. Dezember 2011 (BGBl. I S. 2582) am 1. März 2012 geltenden Fassung weiter anzuwenden.

(4) Auf Insolvenzverfahren, die vor dem 1. Juli 2014 beantragt worden sind, sind die Vorschriften dieser Verordnung in ihrer bis zum Inkrafttreten des Gesetzes vom 15. Juli 2013 (BGBl. I S. 2379) am 1. Juli 2014 geltenden Fassung weiter anzuwenden.

(5) Auf Insolvenzverfahren, die vor dem 1. Oktober 2020 beantragt worden sind, sind die Vorschriften dieser Verordnung in ihrer bis dahin geltenden Fassung weiter anzuwenden.

(5)[1] Auf Insolvenzverfahren, die vor dem 1. Januar 2021 beantragt worden sind, sind die bis zum 31. Dezember 2020 geltenden Vorschriften anzuwenden.

§ 20 Inkrafttreten. Diese Verordnung tritt am 1. Januar 1999 in Kraft.

[1] Nummerierung amtlich.

110e. Gesetz über den Stabilisierungs- und Restrukturierungsrahmen für Unternehmen (Unternehmensstabilisierungs- und -restrukturierungsgesetz – StaRUG)[1) 2)]

Vom 22. Dezember 2020

(BGBl. I S. 3256)

FNA 311-20

Lfd. Nr.	Änderndes Gesetz	Datum	Fundstelle	Betroffen	Hinweis
1.	Art. 38 PersonengesellschaftsrechtsmodernisierungsG (MoPeG)	10.8.2021	BGBl. I S. 3436, 2023 I Nr. 411	§§ 2, 11, 15, 32, 43, 57, 60, 67, 94, 96	geänd. mWv 1.1.2024
2.	Art. 12 G zur Einführung virtueller Hauptversammlungen von Aktiengesellschaften und Änderung genossenschafts- sowie insolvenz- und restrukturierungsrechtlicher Vorschriften	20.7.2022	BGBl. I S. 1166	§§ 45, 48, 63, 73, 76, 90	geänd. mWv 27.7.2022
3.	Art. 34 Abs. 14 KreditzweitmarktförderungsG[3)]	22.12.2023	BGBl. 2023 I Nr. 411	§§ 1, 15	geänd. mWv 1.1.2024
4.	Art. 38 G zur weiteren Digitalisierung der Justiz[4)]	12.7.2024	BGBl. 2024 I Nr. 234	§§ 20, 21, 45, 84, 86	geänd. mWv 17.7.2024
				§ 85	neu gef. mWv 17.7.2024
5.	Art. 7 PostrechtsmodernisierungsG	15.7.2024	BGBl. 2024 I Nr. 236	§ 41	geänd. mWv 1.1.2025

[1)] Verkündet als Art. 1 G v. 22.12.2020 (BGBl. I S. 3256); Inkrafttreten gem. Art. 25 Abs. 1 dieses G am 1.1.2021, mit Ausnahme der §§ 84–88, die gem. Art. 25 Abs. 3 Nr. 1 erst mWv 17.7.2022 in Kraft getreten sind.

[2)] **Amtl. Anm. an der Überschrift des MantelG**: „Dieses Gesetz dient der weiteren Umsetzung der Richtlinie (EU) 2019/1023 des Europäischen Parlaments und des Rates vom 20. Juni 2019 über präventive Restrukturierungsrahmen, über Entschuldung und über Tätigkeitsverbote sowie über Maßnahmen zur Steigerung der Effizienz von Restrukturierungs-, Insolvenz- und Entschuldungsverfahren und zur Änderung der Richtlinie (EU) 2017/1132 (Richtlinie über Restrukturierung und Insolvenz) (ABl. L 172 vom 26.6.2019, S. 18)."

[3)] **Amtl. Anm.:** Dieses Gesetz dient der Umsetzung der Richtlinie (EU) 2021/2167 des Europäischen Parlaments und des Rates vom 24. November 2021 über Kreditdienstleister und Kreditkäufer sowie zur Änderung der Richtlinien 2008/48/EG und 2014/17/EU (ABl. L 438 vom 8.12.2021, S. 1).

[4)] **Amtl. Anm.:** Die Artikel 36 bis 38 dieses Gesetzes dienen auch der weiteren Umsetzung der Richtlinie (EU) 2019/1023 des Europäischen Parlaments und des Rates vom 20. Juni 2019 über präventive Restrukturierungsrahmen, über Entschuldung und über Tätigkeitsverbote sowie über Maßnahmen zur Steigerung der Effizienz von Restrukturierungs-, Insolvenz- und Entschuldungsverfahren und zur Änderung der Richtlinie (EU) 2017/1132 (Richtlinie über Restrukturierung und Insolvenz) (ABl. L 172 vom 26.6.2019, S. 18).

Inhaltsübersicht

Teil 1. Krisenfrüherkennung und Krisenmanagement

§ 1[1] Krisenfrüherkennung und Krisenmanagement bei haftungsbeschränkten Unternehmensträgern. (1) [1]Die Mitglieder des zur Geschäftsführung berufenen Organs einer juristischen Person (Geschäftsleiter) wachen fortlaufend über Entwicklungen, welche den Fortbestand der juristischen Person gefährden können. [2]Erkennen sie solche Entwicklungen, ergreifen sie geeignete Gegenmaßnahmen und erstatten den zur Überwachung der Geschäftsleitung berufenen Organen (Überwachungsorganen) unverzüglich Bericht. [3]Berühren die zu ergreifenden Maßnahmen die Zuständigkeiten anderer Organe, wirken die Geschäftsleiter unverzüglich auf deren Befassung hin.

(2) Bei rechtsfähigen Personengesellschaften im Sinne von § 15a Absatz 1 Satz 3 und Absatz 2 der Insolvenzordnung[2] gilt Absatz 1 entsprechend für die Geschäftsleiter der zur Geschäftsführung berufenen Gesellschafter.

(3) Weitergehende Pflichten, die sich aus anderen Gesetzen ergeben, bleiben unberührt.

Teil 2. Stabilisierungs- und Restrukturierungsrahmen

Kapitel 1. Restrukturierungsplan

Abschnitt 1. Gestaltung von Rechtsverhältnissen

§ 2[3] Gestaltbare Rechtsverhältnisse. (1) Auf der Grundlage eines Restrukturierungsplans können gestaltet werden:

1. Forderungen, die gegen eine restrukturierungsfähige Person (Schuldner) begründet sind (Restrukturierungsforderungen), und
2. die an Gegenständen des schuldnerischen Vermögens bestehenden Rechte, die im Fall der Eröffnung eines Insolvenzverfahrens zur Absonderung berechtigen

---

[1] § 1 Abs. 2 geänd. mWv 1.1.2024 durch G v. 22.12.2023 (BGBl. 2023 I Nr. 411).
[2] **Habersack, Deutsche Gesetze Nr. 110.**
[3] § 2 Abs. 3 und 4 Satz 2 geänd. mWv 1.1.2024 durch G v. 10.8.2021 (BGBl. I S. 3436).

würden, es sei denn, es handelt sich bei ihnen um Finanzsicherheiten im Sinne des § 1 Absatz 17 des Kreditwesengesetzes oder um Sicherheiten, die dem Betreiber eines Systems nach § 1 Absatz 16 des Kreditwesengesetzes zur Absicherung seiner Ansprüche aus dem System oder der Zentralbank eines Mitgliedstaats der Europäischen Union oder der Europäischen Zentralbank gestellt wurden (Absonderungsanwartschaften).

(2) [1] Beruhen Restrukturierungsforderungen oder Absonderungsanwartschaften auf einem mehrseitigen Rechtsverhältnis zwischen dem Schuldner und mehreren Gläubigern, so sind auch Einzelbestimmungen in diesem Rechtsverhältnis durch den Restrukturierungsplan gestaltbar. [2] Satz 1 gilt auch für die Bedingungen von Schuldtiteln im Sinne des § 2 Absatz 1 Nummer 3 des Wertpapierhandelsgesetzes[1)] und von Verträgen, die zu gleichlautenden Bedingungen mit einer Vielzahl von Gläubigern geschlossen wurden. [3] Beruhen Restrukturierungsforderungen oder Absonderungsanwartschaften auf unterschiedlichen Rechtsverhältnissen und haben die Inhaber der Forderungen oder Anwartschaften untereinander und mit dem Schuldner Vereinbarungen über die Durchsetzung der gegenüber diesem bestehenden Forderungen oder Anwartschaften und das relative Rangverhältnis der aus der Durchsetzung resultierenden Erlöse getroffen, so sind auch die Bedingungen dieser Vereinbarung durch den Plan gestaltbar.

(3) Ist der Schuldner eine juristische Person oder eine rechtsfähige Personengesellschaft, können auch die Anteils- oder Mitgliedschaftsrechte der an dem Schuldner beteiligten Personen durch den Restrukturierungsplan gestaltet, sonstige gesellschaftsrechtlich zulässige Regelungen getroffen sowie Anteils- und Mitgliedschaftsrechte übertragen werden.

(4) [1] Der Restrukturierungsplan kann auch die Rechte der Inhaber von Restrukturierungsforderungen gestalten, die diesen aus einer von einem verbundenen Unternehmen im Sinne des § 15 des Aktiengesetzes[2)] als Bürge, Mitschuldner oder aufgrund einer anderweitig übernommenen Haftung oder an Gegenständen des Vermögens dieses Unternehmens zustehen (gruppeninterne Drittsicherheit); der Eingriff ist durch eine angemessene Entschädigung zu kompensieren. [2] Satz 1 Halbsatz 2 gilt entsprechend für eine Beschränkung der persönlichen Haftung eines persönlich haftenden Gesellschafters eines als rechtsfähige Personengesellschaft verfassten Schuldners.

(5) [1] Maßgeblich für die Absätze 1 bis 4 sind die Rechtsverhältnisse zum Zeitpunkt der Unterbreitung des Planangebots (§ 17), im Fall einer Abstimmung im gerichtlichen Planabstimmungsverfahren zum Zeitpunkt der Antragstellung (§ 45). [2] Erwirkt der Schuldner vorher eine Stabilisierungsanordnung (§ 49), tritt an die Stelle des Planangebots oder des Antrags der Zeitpunkt der Erstanordnung.

§ 3 Bedingte und nicht fällige Restrukturierungsforderungen; Forderungen aus gegenseitigen Verträgen. (1) Restrukturierungsforderungen sind auch dann gestaltbar, wenn sie bedingt oder noch nicht fällig sind.

(2) Restrukturierungsforderungen aus gegenseitigen Verträgen sind nur insoweit gestaltbar, als die dem anderen Teil obliegende Leistung bereits erbracht ist.

§ 4 Ausgenommene Rechtsverhältnisse. [1] Einer Gestaltung durch einen Restrukturierungsplan sind unzugänglich:

---

1) Nr. 58.
2) **Habersack, Deutsche Gesetze Nr. 51.**

1. Forderungen von Arbeitnehmern aus oder im Zusammenhang mit dem Arbeitsverhältnis, einschließlich der Rechte aus Zusagen auf betriebliche Altersversorgung,
2. Forderungen aus vorsätzlich begangenen unerlaubten Handlungen und
3. Forderungen nach § 39 Absatz 1 Nummer 3 der Insolvenzordnung[1)].

[2] Handelt es sich bei dem Schuldner um eine natürliche Person, gilt dies auch für Forderungen und Absonderungsanwartschaften, die mit dessen unternehmerischer Tätigkeit in keinem Zusammenhang stehen.

Abschnitt 2. Anforderungen an den Restrukturierungsplan

§ 5 Gliederung des Restrukturierungsplans. [1] Der Restrukturierungsplan besteht aus einem darstellenden und einem gestaltenden Teil. [2] Er enthält mindestens die nach der Anlage zu diesem Gesetz erforderlichen Angaben. [3] Dem Restrukturierungsplan sind die nach den §§ 14 und 15 erforderlichen Anlagen beizufügen.

§ 6 Darstellender Teil. (1) [1] Der darstellende Teil beschreibt die Grundlagen und die Auswirkungen des Restrukturierungsplans. [2] Der darstellende Teil enthält alle Angaben, die für die Entscheidung der von dem Plan Betroffenen über die Zustimmung zum Plan und für dessen gerichtliche Bestätigung erheblich sind, einschließlich der Krisenursachen und der zur Krisenbewältigung vorzunehmenden Maßnahmen. [3] Soweit Restrukturierungsmaßnahmen vorgesehen sind, die nicht über den gestaltenden Teil des Plans umgesetzt werden können oder sollen, sind sie im darstellenden Teil gesondert hervorzuheben.

(2) [1] Der darstellende Teil enthält insbesondere eine Vergleichsrechnung, in der die Auswirkungen des Restrukturierungsplans auf die Befriedigungsaussichten der Planbetroffenen dargestellt werden. [2] Sieht der Plan eine Fortführung des Unternehmens vor, ist für die Ermittlung der Befriedigungsaussichten ohne Plan zu unterstellen, dass das Unternehmen fortgeführt wird. [3] Dies gilt nicht, wenn ein Verkauf des Unternehmens oder eine anderweitige Fortführung aussichtslos ist.

(3) Sieht der Restrukturierungsplan Eingriffe in die Rechte von Gläubigern aus gruppeninternen Drittsicherheiten (§ 2 Absatz 4) vor, sind in die Darstellung auch die Verhältnisse des die Sicherheit gewährenden verbundenen Unternehmens und die Auswirkungen des Plans auf dieses Unternehmen einzubeziehen.

§ 7 Gestaltender Teil. (1) Der gestaltende Teil des Restrukturierungsplans legt fest, wie die Rechtsstellung der Inhaber der Restrukturierungsforderungen, der Absonderungsanwartschaften, der Rechte aus gruppeninternen Drittsicherheiten und der Anteils- oder Mitgliedschaftsrechte (Planbetroffenen) durch den Plan geändert werden soll.

(2) [1] Soweit Restrukturierungsforderungen oder Absonderungsanwartschaften gestaltet werden, ist zu bestimmen, um welchen Bruchteil diese gekürzt, für welchen Zeitraum sie gestundet, wie sie gesichert und welchen sonstigen Regelungen sie unterworfen werden sollen. [2] Satz 1 gilt entsprechend für die Gestaltung der Rechte aus gruppeninternen Drittsicherheiten (§ 2 Absatz 4).

(3) Soweit vertragliche Nebenbestimmungen oder Vereinbarungen nach § 2 *Absatz 2* gestaltet werden, legt der gestaltende Teil fest, wie diese abgeändert werden sollen.

[1)] **Habersack, Deutsche Gesetze Nr. 110.**

(4) [1] Restrukturierungsforderungen können auch in Anteils- oder Mitgliedschaftsrechte an dem Schuldner umgewandelt werden. [2] Eine Umwandlung gegen den Willen der betroffenen Gläubiger ist ausgeschlossen. [3] Insbesondere kann der Plan eine Kapitalherabsetzung oder -erhöhung, die Leistung von Sacheinlagen, den Ausschluss von Bezugsrechten oder die Zahlung von Abfindungen an ausscheidende an dem Schuldner beteiligte Personen vorsehen. [4] Der Plan kann vorsehen, dass Anteils- oder Mitgliedschaftsrechte übertragen werden. [5] Im Übrigen kann jede Regelung getroffen werden, die gesellschaftsrechtlich zulässig ist. [6] § 225a Absatz 4 und 5 der Insolvenzordnung[1)] ist entsprechend anzuwenden.

§ 8 Auswahl der Planbetroffenen. [1] Die Auswahl der Planbetroffenen hat nach sachgerechten Kriterien zu erfolgen, die im darstellenden Teil des Plans anzugeben und zu erläutern sind. [2] Die Auswahl ist sachgerecht, wenn

1. die nicht einbezogenen Forderungen auch in einem Insolvenzverfahren voraussichtlich vollständig erfüllt würden,
2. die in der Auswahl angelegte Differenzierung nach der Art der zu bewältigenden wirtschaftlichen Schwierigkeiten des Schuldners und den Umständen angemessen erscheint, insbesondere, wenn ausschließlich Finanzverbindlichkeiten und die zu deren Sicherung bestellten Sicherheiten gestaltet werden oder die Forderungen von Kleingläubigern, insbesondere Verbrauchern, Klein- und Kleinstunternehmen oder mittleren Unternehmen, unberührt bleiben oder
3. mit Ausnahme der in § 4 genannten Forderungen sämtliche Forderungen einbezogen werden.

§ 9 Einteilung der Planbetroffenen in Gruppen. (1) [1] Bei der Festlegung der Rechte der Planbetroffenen im Restrukturierungsplan sind Gruppen zu bilden, soweit Planbetroffene mit unterschiedlicher Rechtsstellung betroffen sind. [2] Es ist zu unterscheiden zwischen

1. den Inhabern von Absonderungsanwartschaften,
2. den Inhabern von Forderungen, die im Fall der Eröffnung eines Insolvenzverfahrens als nicht nachrangige Insolvenzforderungen geltend zu machen wären, nebst darauf entfallender Zinsen und Säumniszuschläge (einfache Restrukturierungsgläubiger),
3. den Inhabern von Forderungen, die im Fall der Eröffnung eines Insolvenzverfahrens nach § 39 Absatz 1 Nummer 4, 5 oder Absatz 2 der Insolvenzordnung[1)] als nachrangige Insolvenzforderungen anzumelden wären (nachrangige Restrukturierungsgläubiger), wobei für jede Rangklasse eine Gruppe zu bilden ist, und
4. den Inhabern von Anteils- oder Mitgliedschaftsrechten.

[3] Sieht der gestaltende Teil des Restrukturierungsplans Eingriffe in die Rechte von Gläubigern aus gruppeninternen Drittsicherheiten vor, bilden die davon betroffenen Gläubiger eigenständige Gruppen.

(2) [1] Die Gruppen können nach Maßgabe wirtschaftlicher Interessen in weitere Gruppen unterteilt werden. [2] Sie müssen sachgerecht voneinander abgegrenzt werden. [3] Die Kriterien für die Abgrenzung sind im Plan anzugeben. [4] Kleingläubiger sind im Rahmen der nach Absatz 1 zu bildenden Gruppen zu eigenständigen Gruppen zusammenzufassen.

[1)] **Habersack, Deutsche Gesetze Nr. 110.**

§ 10 Gleichbehandlung von Planbetroffenen. (1) Innerhalb jeder Gruppe sind allen Planbetroffenen gleiche Rechte anzubieten.

(2) [1] Eine unterschiedliche Behandlung der Planbetroffenen in einer Gruppe ist nur mit Zustimmung aller Planbetroffenen, zu deren Lasten die unterschiedliche Behandlung geht, zulässig. [2] In diesem Fall ist dem Restrukturierungsplan die zustimmende Erklärung eines jeden Planbetroffenen, zu dessen Lasten die unterschiedliche Behandlung geht, beizufügen.

(3) Jedes Abkommen des Schuldners oder Dritter mit einzelnen Planbetroffenen, durch das diesen für ihr Verhalten bei Abstimmungen oder sonst im Zusammenhang mit dem Restrukturierungsverfahren ein nicht im Plan vorgesehener Vorteil gewährt wird, ist nichtig.

§ 11[1)] Haftung des Schuldners. [1] Ist im Restrukturierungsplan nichts anderes bestimmt, wird der Schuldner mit der im gestaltenden Teil vorgesehenen Befriedigung der Gläubiger von seinen restlichen Verbindlichkeiten gegenüber diesen aus den in den Plan einbezogenen Restrukturierungsforderungen und Absonderungsanwartschaften befreit. [2] Handelt es sich bei dem Schuldner um eine rechtsfähige Personengesellschaft oder eine Kommanditgesellschaft auf Aktien, so gilt Satz 1 entsprechend für die persönliche Haftung der unbeschränkt haftenden Gesellschafter.

§ 12 Neue Finanzierung. [1] In den Restrukturierungsplan können Regelungen zur Zusage von Darlehen oder sonstigen Krediten aufgenommen werden, die zur Finanzierung der Restrukturierung auf der Grundlage des Plans erforderlich sind (neue Finanzierung). [2] Als neue Finanzierung gilt auch deren Besicherung.

§ 13 Änderung sachenrechtlicher Verhältnisse. [1] Sollen Rechte an Gegenständen begründet, geändert, übertragen oder aufgehoben werden, so können die erforderlichen Willenserklärungen der Beteiligten in den gestaltenden Teil des Restrukturierungsplans aufgenommen werden. [2] Sind im Grundbuch eingetragene Rechte an einem Grundstück oder an eingetragenen Rechten betroffen, so sind diese Rechte unter Beachtung des § 28 der Grundbuchordnung[2)] genau zu bezeichnen. [3] Für Rechte, die im Schiffsregister, im Schiffsbauregister oder im Register für Pfandrechte an Luftfahrzeugen eingetragen sind, gilt Satz 2 entsprechend.

§ 14 Erklärung zur Bestandsfähigkeit; Vermögensübersicht; Ergebnis- und Finanzplan. (1) Dem Restrukturierungsplan ist eine begründete Erklärung zu den Aussichten darauf beizufügen, dass die drohende Zahlungsunfähigkeit des Schuldners durch den Plan beseitigt wird und dass die Bestandsfähigkeit des Schuldners sicher- oder wiederhergestellt wird.

(2) [1] Dem Restrukturierungsplan ist eine Vermögensübersicht beizufügen, in der die Vermögensgegenstände und die Verbindlichkeiten, die sich bei Wirksamwerden des Plans gegenüberstünden, mit ihren Werten aufgeführt sind. [2] Zudem ist aufzuführen, welche Aufwendungen und Erträge für den Zeitraum, während dessen die Gläubiger befriedigt werden sollen, zu erwarten sind und durch welche Abfolge von Einnahmen und Ausgaben die Zahlungsfähigkeit des Unternehmens während dieses Zeitraums gewährleistet werden soll. [3] Dabei sind neben den *Restrukturierungsforderungen* auch die vom Plan unberührt bleibenden Forde-

---

[1)] § 11 Satz 2 geänd. mWv 1.1.2024 durch G v. 10.8.2021 (BGBl. I S. 3436).
[2)] **Habersack, Deutsche Gesetze Nr. 114.**

rungen sowie die künftig nach dem Plan zu begründenden Forderungen zu berücksichtigen.

§ 15[1)] Weitere beizufügende Erklärungen. (1) Handelt es sich bei dem Schuldner um eine rechtsfähige Personengesellschaft oder eine Kommanditgesellschaft auf Aktien, so ist dem Restrukturierungsplan eine Erklärung der Personen beizufügen, die nach dem Plan persönlich haftende Gesellschafter des Unternehmens sein sollen, dass sie zur Fortführung des Unternehmens auf der Grundlage des Plans bereit sind.

(2) Sollen Gläubiger Anteils- oder Mitgliedschaftsrechte oder Beteiligungen an einer juristischen Person, einem Verein ohne Rechtspersönlichkeit oder einer rechtsfähige Personengesellschaft übernehmen, so ist dem Restrukturierungsplan die Zustimmungserklärung eines jeden dieser Gläubiger beizufügen.

(3) Hat ein Dritter für den Fall der Bestätigung des Restrukturierungsplans Verpflichtungen gegenüber den Gläubigern übernommen, so ist dem Plan die Erklärung des Dritten beizufügen.

(4) Sieht der Restrukturierungsplan Eingriffe in die Rechte von Gläubigern aus gruppeninternen Drittsicherheiten vor, so ist dem Plan die Zustimmung des verbundenen Unternehmens beizufügen, das die Sicherheit gestellt hat.

§ 16 Checkliste für Restrukturierungspläne. [1]Das Bundesministerium der Justiz und für Verbraucherschutz macht eine Checkliste für Restrukturierungspläne bekannt, welche an die Bedürfnisse von kleinen und mittleren Unternehmen angepasst ist. [2]Die Checkliste wird auf der Internetseite www.bmjv.bund.de veröffentlicht.

Abschnitt 3. Planabstimmung

Unterabschnitt 1. Planangebot und Planannahme

§ 17 Planangebot. (1) [1]Das an die Planbetroffenen gerichtete Angebot des Schuldners, den Restrukturierungsplan anzunehmen (Planangebot), hat den deutlichen Hinweis darauf zu enthalten, dass der Plan im Fall seiner mehrheitlichen Annahme und gerichtlichen Bestätigung auch gegenüber Planbetroffenen wirksam wird, die das Angebot nicht annehmen. [2]Dem Planangebot ist der vollständige Restrukturierungsplan nebst Anlagen sowie eine Darstellung der bereits angefallenen und der noch zu erwartenden Kosten des Restrukturierungsverfahrens einschließlich der Vergütung des Restrukturierungsbeauftragten beizufügen.

(2) Aus dem Planangebot muss hervorgehen, mit welchen Forderungen oder Rechten der jeweilige Planbetroffene in den Restrukturierungsplan einbezogen ist, welchen Gruppen der Planbetroffene zugeordnet ist und welche Stimmrechte die ihm zustehenden Forderungen und Rechte gewähren.

(3) Hat der Schuldner vor Abgabe des Planangebots nicht allen Planbetroffenen Gelegenheit zur gemeinschaftlichen Erörterung des Plans oder des Restrukturierungskonzepts gegeben, das durch den Plan umgesetzt werden soll, hat das Planangebot den Hinweis darauf zu enthalten, dass auf Verlangen eines Planbetroffenen oder mehrerer Planbetroffener eine Versammlung der Planbetroffenen zwecks Erörterung des Plans abgehalten wird.

---

1) § 15 Abs. 1, 2 geänd. mWv 1.1.2024 durch G v. 10.8.2021 (BGBl. I S. 3436); Abs. 2 geänd. mWv 1.1.2024 durch G v. 22.12.2023 (BGBl. 2023 I Nr. 411).

(4) [1] Sofern im Verhältnis zu einzelnen Planbetroffenen nichts anderes vereinbart ist, unterliegt das Planangebot der Schriftform. [2] Bestimmt der Schuldner im Planangebot keine andere Form, unterliegt auch die Planannahme der Schriftform.

§ 18 Auslegung des Planangebots. Im Zweifel ist anzunehmen, dass das Planangebot unter der Bedingung steht, dass sämtliche Planbetroffene zustimmen oder dass der Plan gerichtlich bestätigt wird.

§ 19 Annahmefrist. [1] Für die Annahme des Restrukturierungsplans setzt der Schuldner eine Frist. [2] Die Frist beträgt mindestens 14 Tage. [3] Sie kann kürzer sein, wenn dem Plan ein Restrukturierungskonzept zugrunde liegt, das allen Planbetroffenen seit mindestens 14 Tagen in Textform zugänglich gemacht ist.

§ 20[1)] Abstimmung im Rahmen einer Versammlung der Planbetroffenen. (1) [1] Der Schuldner kann den Restrukturierungsplan im Rahmen einer Versammlung der Planbetroffenen zur Abstimmung stellen. [2] Die Einberufung erfolgt, sofern keine Formerleichterung vereinbart ist, schriftlich. [3] Die Einberufungsfrist beträgt 14 Tage. [4] Räumt der Schuldner die Möglichkeit einer elektronischen Teilnahme ein, beträgt die Frist sieben Tage. [5] Der Einberufung ist der vollständige Restrukturierungsplan nebst Anlagen beizufügen.

(2) Das Planangebot kann vorsehen, dass Planbetroffene auch ohne Anwesenheit an dem Versammlungsort teilnehmen und sämtliche oder einzelne ihrer Rechte ganz oder teilweise im Wege elektronischer Kommunikation ausüben können (elektronische Teilnahme).

(3) [1] Den Vorsitz der Versammlung führt der Schuldner. [2] Er hat jedem Planbetroffenen auf Verlangen Auskunft über den Restrukturierungsplan und die für die sachgemäße Beurteilung des Plans relevanten Verhältnisse sowie im Fall des § 2 Absatz 4 Satz 1 jeder betroffenen Tochtergesellschaft zu erteilen. [3] Planbetroffene haben das Recht, Vorschläge zur Abänderung des Plans zu unterbreiten. [4] Die Vorschläge sind dem Schuldner mindestens einen Tag vor dem Beginn der Versammlung in Textform zugänglich zu machen.

(4) In der Versammlung kann auch dann über den Plan abgestimmt werden, wenn dieser aufgrund der Erörterungen in der Versammlung inhaltlich in einzelnen Punkten abgeändert wird.

(5) [1] Jede Gruppe der Planbetroffenen stimmt gesondert ab. [2] Im Übrigen legt der Schuldner die Modalitäten der Abstimmung fest. [3] Üben Planbetroffene ihr Stimmrecht elektronisch aus, ist diesen der Zugang der elektronisch abgegebenen Stimme elektronisch zu bestätigen. [4] Die Stimmabgabe ist auch ohne Teilnahme an der Versammlung bis zum Ende der Abstimmung möglich.

§ 21[2)] Erörterung des Restrukturierungsplans. (1) Findet eine Abstimmung im Rahmen einer Versammlung der Planbetroffenen nicht statt, ist unter den Voraussetzungen des § 17 Absatz 3 auf Verlangen eines Planbetroffenen eine Versammlung der Planbetroffenen zur Erörterung des Plans abzuhalten.

(2) [1] § 20 Absatz 1 Satz 2 gilt entsprechend. [2] Die Frist zur Einberufung beträgt mindestens 14 Tage. [3] Räumt der Schuldner die Möglichkeit einer elektronischen Teilnahme ein, beträgt die Frist sieben Tage.

(3) § 20 Absatz 3 gilt entsprechend.

[1)] § 20 Abs. 1 Satz 2 geänd. mWv 17.7.2024 durch G v. 12.7.2024 (BGBl. 2024 I Nr. 234).
[2)] § 21 Abs. 2 Satz 1 neu gef. mWv 17.7.2024 durch G v. 12.7.2024 (BGBl. 2024 I Nr. 234).

(4) [1] Findet die Versammlung nach Ablauf einer zur Planannahme gesetzten Frist statt, verlängert sich diese bis zum Ablauf des Tags der Versammlung oder bis zu dem Termin, den der Schuldner bis zum Ende der Versammlung bestimmt. [2] Hatte sich ein Planbetroffener bereits zum Planangebot erklärt, entfällt die Bindung an diese Erklärung, wenn er sich binnen der verlängerten Frist erneut erklärt.

§ 22 Dokumentation der Abstimmung. (1) [1] Der Schuldner dokumentiert den Ablauf des Planannahmeverfahrens und hält das Ergebnis der Abstimmung nach Ablauf der Annahmefrist oder nach Durchführung der Abstimmung unverzüglich schriftlich fest. [2] Ist die Auswahl der Planbetroffenen, deren Einteilung in Gruppen oder die Zuweisung von Stimmrechten streitig geworden, ist dies in der Dokumentation zu vermerken.

(2) Die Dokumentation ist den Planbetroffenen unverzüglich zugänglich zu machen.

§ 23 Gerichtliches Planabstimmungsverfahren. Der Schuldner kann den Restrukturierungsplan in einem gerichtlichen Verfahren zur Abstimmung stellen, welches nach den §§ 45 und 46 durchzuführen ist; die §§ 17 bis 22 finden in diesem Fall keine Anwendung.

Unterabschnitt 2. Stimmrecht und erforderliche Mehrheiten

§ 24 Stimmrecht. (1) Das Stimmrecht richtet sich

1. bei Restrukturierungsforderungen nach deren Betrag, soweit sich aus Absatz 2 nichts anders ergibt,
2. bei Absonderungsanwartschaften und gruppeninternen Drittsicherheiten nach deren Wert und
3. bei Anteils- oder Mitgliedschaftsrechten nach dem Anteil am gezeichneten Kapital oder Vermögen des Schuldners; Stimmrechtsbeschränkungen, Sonder- oder Mehrstimmrechte bleiben außer Betracht.

(2) Für Zwecke der Bestimmung des Stimmrechts, das Restrukturierungsforderungen gewähren, werden angesetzt:

1. bedingte Forderungen mit dem ihnen unter Berücksichtigung der Wahrscheinlichkeit des Bedingungseintritts zukommenden Wert;
2. unverzinsliche Forderungen mit dem Betrag, der sich in Anwendung des § 41 Absatz 2 der Insolvenzordnung[1)] durch Abzinsung auf den Tag der Planvorlage ergibt;
3. Forderungen, die auf Geldbeträge unbestimmter Höhe gerichtet oder in ausländischer Währung oder einer Rechnungseinheit ausgedrückt sind, mit dem nach § 45 der Insolvenzordnung zu bestimmenden Wert;
4. auf wiederkehrende Leistungen gerichtete Forderungen mit dem nach Maßgabe des § 46 der Insolvenzordnung bestimmten Wert.

(3) [1] Durch Absonderungsanwartschaften oder gruppeninterne Drittsicherheiten gesicherte Forderungen vermitteln in einer Gruppe von Restrukturierungsgläubigern nur insoweit ein Stimmrecht, wie der Schuldner für die gesicherten Forderungen auch persönlich haftet und der Inhaber der Absonderungsanwartschaft auf diese verzichtet oder mit einer abgesonderten Befriedigung ausfallen würde. [2] So-

[1)] **Habersack, Deutsche Gesetze Nr. 110.**

lange der Ausfall nicht feststeht, ist die Forderung mit dem mutmaßlichen Ausfall zu berücksichtigen.

(4) [1] Ist das auf eine Forderung oder ein Recht entfallende Stimmrecht streitig, kann der Schuldner der Abstimmung das Stimmrecht zugrunde legen, das er den Planbetroffenen zugewiesen hat. [2] In der Dokumentation der Abstimmung vermerkt er, dass, inwieweit und aus welchem Grund das Stimmrecht streitig ist.

§ 25 Erforderliche Mehrheiten. (1) Zur Annahme des Restrukturierungsplans ist erforderlich, dass in jeder Gruppe auf die dem Plan zustimmenden Gruppenmitglieder mindestens drei Viertel der Stimmrechte in dieser Gruppe entfallen.

(2) [1] Planbetroffene, denen eine Forderung oder ein Recht gemeinschaftlich zusteht, werden bei der Abstimmung als ein Planbetroffener behandelt. [2] Entsprechendes gilt, wenn an einem Recht ein Pfandrecht oder ein Nießbrauch besteht.

§ 26 Gruppenübergreifende Mehrheitsentscheidung. (1) Wird in einer Gruppe die nach § 25 erforderliche Mehrheit nicht erreicht, gilt die Zustimmung dieser Gruppe als erteilt, wenn

1. die Mitglieder dieser Gruppe durch den Restrukturierungsplan voraussichtlich nicht schlechter gestellt werden als sie ohne einen Plan stünden,
2. die Mitglieder dieser Gruppe angemessen an dem wirtschaftlichen Wert beteiligt werden, der auf der Grundlage des Plans den Planbetroffenen zufließen soll (Planwert), und
3. die Mehrheit der abstimmenden Gruppen dem Plan mit den erforderlichen Mehrheiten zugestimmt hat; wurden lediglich zwei Gruppen gebildet, genügt die Zustimmung der anderen Gruppe; die zustimmenden Gruppen dürfen nicht ausschließlich durch Anteilsinhaber oder nachrangige Restrukturierungsgläubiger gebildet sein.

(2) Wird die nach § 25 erforderliche Mehrheit in einer Gruppe nicht erreicht, die nach § 9 Absatz 1 Satz 3 zu bilden ist, so gelten Absatz 1, § 27 Absatz 1 und § 28 für diese Gruppe nur, wenn die vorgesehene Entschädigung die Inhaber der Rechte aus der gruppeninternen Drittsicherheit für den zu erleidenden Rechtsverlust oder den Verlust der Haftung des persönlich haftenden Gesellschafters angemessen entschädigt.

§ 27 Absolute Priorität. (1) Eine Gruppe von Gläubigern ist angemessen am Planwert beteiligt, wenn

1. kein anderer planbetroffener Gläubiger wirtschaftliche Werte erhält, die den vollen Betrag seines Anspruchs übersteigen,
2. weder ein planbetroffener Gläubiger, der ohne einen Plan in einem Insolvenzverfahren mit Nachrang gegenüber den Gläubigern der Gruppe zu befriedigen wäre, noch der Schuldner oder eine an dem Schuldner beteiligte Person einen nicht durch Leistung in das Vermögen des Schuldners vollständig ausgeglichenen wirtschaftlichen Wert erhält und
3. kein planbetroffener Gläubiger, der in einem Insolvenzverfahren gleichrangig mit den Gläubigern der Gruppe zu befriedigen wäre, bessergestellt wird als diese Gläubiger.

(2) Für eine Gruppe der *an* dem Schuldner beteiligten Personen liegt eine angemessene Beteiligung am Planwert vor, wenn nach dem Plan

1. kein planbetroffener Gläubiger wirtschaftliche Werte erhält, die den vollen Betrag seines Anspruchs übersteigen, und

2. vorbehaltlich des § 28 Absatz 2 Nummer 1 keine an dem Schuldner beteiligte Person, die ohne Plan den Mitgliedern der Gruppe gleichgestellt wäre, einen wirtschaftlichen Wert behält.

§ 28 Durchbrechung der absoluten Priorität. (1) [1]Der angemessenen Beteiligung einer Gruppe von planbetroffenen Gläubigern am Planwert steht es nicht entgegen, wenn eine von § 27 Absatz 1 Nummer 3 abweichende Regelung nach der Art der zu bewältigenden wirtschaftlichen Schwierigkeiten und nach den Umständen sachgerecht ist. [2]Eine von § 27 Absatz 1 Nummer 3 abweichende Regelung ist nicht sachgerecht, wenn auf die überstimmte Gruppe mehr als die Hälfte der Stimmrechte der Gläubiger der betroffenen Rangklasse entfällt.

(2) Einer angemessenen Beteiligung einer Gruppe von planbetroffenen Gläubigern am Planwert steht es nicht entgegen, wenn der Schuldner oder eine an dem Schuldner beteiligte Person entgegen § 27 Absatz 1 Nummer 2 am Unternehmensvermögen beteiligt bleibt, sofern

1. die Mitwirkung des Schuldners oder der an dem Schuldner beteiligten Person an der Fortführung des Unternehmens infolge besonderer, in seiner Person liegender Umstände unerlässlich ist, um den Planwert zu verwirklichen, und sich der Schuldner oder die an dem Schuldner beteiligte Person im Plan zu der erforderlichen Mitwirkung sowie zur Übertragung der wirtschaftlichen Werte für den Fall verpflichtet, dass seine Mitwirkung aus von ihm zu vertretenden Gründen vor dem Ablauf von fünf Jahren oder einer kürzeren. für den Planvollzug vorgesehenen Frist endet oder
2. die Eingriffe in die Rechte der Gläubiger geringfügig sind, insbesondere, weil die Rechte nicht gekürzt werden und deren Fälligkeiten um nicht mehr als 18 Monate verschoben werden.

Kapitel 2. Stabilisierungs- und Restrukturierungsinstrumente

Abschnitt 1. Allgemeine Bestimmungen

Unterabschnitt 1. Instrumente des Stabilisierungs- und Restrukturierungsrahmens; Verfahren

§ 29 Instrumente des Stabilisierungs- und Restrukturierungsrahmens.

(1) Zur nachhaltigen Beseitigung einer drohenden Zahlungsunfähigkeit im Sinne des § 18 Absatz 2 der Insolvenzordnung[1] können die in Absatz 2 genannten Verfahrenshilfen des Stabilisierungs- und Restrukturierungsrahmens (Instrumente) in Anspruch genommen werden.

(2) Instrumente des Stabilisierungs- und Restrukturierungsrahmens im Sinne des Absatzes 1 sind:

1. die Durchführung eines gerichtlichen Planabstimmungsverfahrens (gerichtliche Planabstimmung),
2. die gerichtliche Vorprüfung von Fragen, die für die Bestätigung des Restrukturierungsplans erheblich sind (Vorprüfung),
3. die gerichtliche Anordnung von Regelungen zur Einschränkung von Maßnahmen der individuellen Rechtsdurchsetzung (Stabilisierung) und
4. die gerichtliche Bestätigung eines Restrukturierungsplans (Planbestätigung).

---

[1] **Habersack, Deutsche Gesetze Nr. 110.**

(3) Soweit sich aus den Bestimmungen dieses Gesetzes nichts Abweichendes ergibt, kann der Schuldner die Instrumente des Stabilisierungs- und Restrukturierungsrahmens unabhängig voneinander in Anspruch nehmen.

§ 30 Restrukturierungsfähigkeit. (1) [1]Die Instrumente des Stabilisierungs- und Restrukturierungsrahmens können vorbehaltlich des Absatzes 2 von jedem insolvenzfähigen Schuldner in Anspruch genommen werden. [2]Für natürliche Personen gilt dies nur, soweit sie unternehmerisch tätig sind.

(2) Die Bestimmungen dieses Kapitels sind auf Unternehmen der Finanzbranche im Sinne des § 1 Absatz 19 des Kreditwesengesetzes nicht anzuwenden.

§ 31 Anzeige des Restrukturierungsvorhabens. (1) Voraussetzung für die Inanspruchnahme der Instrumente des Stabilisierungs- und Restrukturierungsrahmens ist die Anzeige des Restrukturierungsvorhabens bei dem zuständigen Restrukturierungsgericht.

(2) [1]Der Anzeige sind beizufügen:

1. der Entwurf eines Restrukturierungsplans oder, sofern ein solcher nach dem Stand des angezeigten Vorhabens noch nicht ausgearbeitet und ausgehandelt werden konnte, ein Konzept für die Restrukturierung, welches auf Grundlage einer Darstellung von Art, Ausmaß und Ursachen der Krise das Ziel der Restrukturierung (Restrukturierungsziel) sowie die Maßnahmen beschreibt, welche zur Erreichung des Restrukturierungsziels in Aussicht genommen werden,
2. eine Darstellung des Stands von Verhandlungen mit Gläubigern, an dem Schuldner beteiligten Personen und Dritten zu den in Aussicht genommenen Maßnahmen und
3. eine Darstellung der Vorkehrungen, welche der Schuldner getroffen hat, um seine Fähigkeit sicherzustellen, seine Pflichten nach diesem Gesetz zu erfüllen.

[2]Der Schuldner hat bei der Anzeige zudem anzugeben, ob die Rechte von Verbrauchern oder von mittleren, kleinen oder Kleinstunternehmen berührt werden sollen, insbesondere, weil deren Forderungen oder Absonderungsanwartschaften durch einen Restrukturierungsplan gestaltet oder die Durchsetzung dieser Forderungen durch eine Stabilisierungsanordnung vorübergehend gesperrt werden sollen. [3]Anzugeben ist auch, ob damit zu rechnen ist, dass das Restrukturierungsziel nur gegen den Widerstand einer nach Maßgabe des § 9 zu bildenden Gruppe durchgesetzt werden kann. [4]Des Weiteren sind frühere Restrukturierungssachen unter Angabe des befassten Gerichts und Aktenzeichens anzugeben.

(3) Mit der Anzeige wird die Restrukturierungssache rechtshängig.

(4) Die Anzeige verliert ihre Wirkung, wenn

1. der Schuldner die Anzeige zurücknimmt,
2. die Entscheidung über die Planbestätigung rechtskräftig wird,
3. das Gericht die Restrukturierungssache nach § 33 aufhebt oder
4. seit der Anzeige sechs Monate oder, sofern der Schuldner die Anzeige zuvor erneuert hat, zwölf Monate vergangen sind.

§ 32[1)] **Pflichten des Schuldners.** (1) [1]Der Schuldner betreibt die Restrukturierungssache mit der Sorgfalt eines ordentlichen und gewissenhaften Sanierungsgeschäftsführers und wahrt dabei die Interessen der Gesamtheit der Gläubiger. [2]Insbesondere unterlässt er Maßnahmen, welche sich mit dem Restrukturierungsziel nicht vereinbaren lassen oder welche die Erfolgsaussichten der in Aussicht genommenen Restrukturierung gefährden. [3]Mit dem Restrukturierungsziel ist es in der Regel nicht vereinbar, Forderungen zu begleichen oder zu besichern, die durch den Restrukturierungsplan gestaltet werden sollen.

(2) [1]Der Schuldner teilt dem Gericht jede wesentliche Änderung mit, welche den Gegenstand des angezeigten Restrukturierungsvorhabens und die Darstellung des Verhandlungsstands betrifft. [2]Hat der Schuldner eine Stabilisierungsanordnung nach § 49 erwirkt, teilt er auch unverzüglich wesentliche Änderungen mit, welche die Restrukturierungsplanung betreffen. [3]Ist ein Restrukturierungsbeauftragter bestellt, bestehen die Pflichten nach den Sätzen 1 und 2 auch gegenüber dem Restrukturierungsbeauftragten.

(3) [1]Während der Rechtshängigkeit der Restrukturierungssache ist der Schuldner verpflichtet, dem Restrukturierungsgericht den Eintritt einer Zahlungsunfähigkeit im Sinne des § 17 Absatz 2 der Insolvenzordnung[2)] unverzüglich anzuzeigen. [2]Handelt es sich bei dem Schuldner um eine juristische Person oder um eine rechtsfähige Personengesellschaft, für deren Verbindlichkeiten keine natürliche Person als unmittelbarer oder mittelbarer Gesellschafter haftet, steht der Zahlungsunfähigkeit eine Überschuldung im Sinne des § 19 Absatz 2 der Insolvenzordnung gleich.

(4) Der Schuldner ist verpflichtet, dem Gericht unverzüglich anzuzeigen, wenn das Restrukturierungsvorhaben keine Aussicht auf Umsetzung hat, insbesondere, wenn infolge der erkennbar gewordenen ernsthaften und endgültigen Ablehnung des vorgelegten Restrukturierungsplans durch Planbetroffene nicht davon ausgegangen werden kann, dass die für eine Planannahme erforderlichen Mehrheiten erreicht werden können.

§ 33 Aufhebung der Restrukturierungssache. (1) Das Restrukturierungsgericht hebt die Restrukturierungssache von Amts wegen auf, wenn

1. der Schuldner einen Insolvenzantrag stellt oder über das Vermögen des Schuldners ein Insolvenzverfahren eröffnet ist,
2. das Restrukturierungsgericht für die Restrukturierungssache unzuständig ist und der Schuldner innerhalb einer vom Restrukturierungsgericht gesetzten Frist keinen Verweisungsantrag gestellt oder die Anzeige zurückgenommen hat oder
3. der Schuldner in schwerwiegender Weise gegen seine Pflichten zur Mitwirkung und Auskunftserteilung gegenüber dem Gericht oder einem Restrukturierungsbeauftragten verstößt.

(2) [1]Das Gericht hebt die Restrukturierungssache ferner auf, wenn

1. der Schuldner seine Zahlungsunfähigkeit oder Überschuldung nach § 32 Absatz 3 angezeigt hat oder andere Umstände bekannt sind, aus denen sich ergibt, dass der Schuldner insolvenzreif ist; von einer Aufhebung der Restrukturierungssache kann abgesehen werden, wenn die Eröffnung eines Insolvenzverfahrens mit Blick auf den erreichten Stand in der Restrukturierungssache offen-

---

[1)] § 32 Abs. 3 Satz 2 geänd. mWv 1.1.2024 durch G v. 10.8.2021 (BGBl. I S. 3436).
[2)] **Habersack, Deutsche Gesetze Nr. 110.**

sichtlich nicht im Interesse der Gesamtheit der Gläubiger liegen würde; von einer Aufhebung kann auch abgesehen werden, wenn die Zahlungsunfähigkeit oder Überschuldung aus der Kündigung oder sonstigen Fälligstellung einer Forderung resultiert, die nach dem angezeigten Restrukturierungskonzept einer Gestaltung durch den Plan unterworfen werden soll, sofern die Erreichung des Restrukturierungsziels überwiegend wahrscheinlich ist,

2. sich aufgrund einer Anzeige nach § 32 Absatz 4 oder aus sonstigen Umständen ergibt, dass das angezeigte Restrukturierungsvorhaben keine Aussicht auf Umsetzung hat,
3. ihm Umstände bekannt sind, aus denen sich ergibt, dass der Schuldner in schwerwiegender Weise gegen die ihm nach § 32 obliegenden Pflichten verstoßen hat, oder
4. in einer früheren Restrukturierungssache
   a) der Schuldner eine Stabilisierungsanordnung oder eine Planbestätigung erwirkt hat oder
   b) eine Aufhebung nach Nummer 3 oder nach Absatz 1 Nummer 3 erfolgt ist.

[2] Satz 1 Nummer 4 ist nicht anwendbar, wenn der Anlass für die frühere Restrukturierungssache infolge einer nachhaltigen Sanierung bewältigt wurde. [3] Sind seit dem Ende des Anordnungszeitraums oder der Entscheidung über den Antrag auf Planbestätigung in der früheren Restrukturierungssache weniger als drei Jahre vergangen, ist im Zweifel anzunehmen, dass eine nachhaltige Sanierung nicht erfolgt ist. [4] Der Inanspruchnahme von Instrumenten des Restrukturierungsrahmens steht ein in Eigenverwaltung geführtes Insolvenzverfahren gleich.

(3) Eine Aufhebung der Restrukturierungssache unterbleibt, solange das Gericht von einer Aufhebung einer Stabilisierungsanordnung gemäß § 59 Absatz 3 abgesehen hat.

(4) Gegen die Aufhebung der Restrukturierungssache nach den Absätzen 1 bis 3 steht dem Schuldner die sofortige Beschwerde zu.

§ 34 Restrukturierungsgericht; Verordnungsermächtigung. (1) [1] Für Entscheidungen in Restrukturierungssachen ist das Amtsgericht, in dessen Bezirk ein Oberlandesgericht seinen Sitz hat, als Restrukturierungsgericht für den Bezirk des Oberlandesgerichts ausschließlich zuständig. [2] Ist dieses Amtsgericht nicht für Regelinsolvenzsachen zuständig, so ist das Amtsgericht zuständig, das für Regelinsolvenzsachen am Sitz des Oberlandesgerichts zuständig ist.

(2) [1] Die Landesregierungen werden ermächtigt, zur sachdienlichen Förderung oder schnelleren Erledigung von Restrukturierungssachen durch Rechtsverordnung

1. innerhalb eines Bezirks die Zuständigkeit eines anderen, für Regelinsolvenzsachen zuständigen Amtsgerichts zu bestimmen oder
2. die Zuständigkeit eines Restrukturierungsgerichts innerhalb eines Landes zusätzlich auf den Bezirk eines oder mehrerer weiterer Oberlandesgerichte zu erstrecken.

[2] Die Landesregierungen können die Ermächtigung durch Rechtsverordnung auf *die Landesjustizverwaltungen* übertragen. [3] Mehrere Länder können die Errichtung gemeinsamer Abteilungen eines Amtsgerichts für Restrukturierungssachen oder die Ausdehnung von Gerichtsbezirken für Restrukturierungssachen über die Landesgrenzen hinaus vereinbaren.

§ 35 Örtliche Zuständigkeit. [1] Örtlich zuständig ist ausschließlich das Restrukturierungsgericht, in dessen Bezirk der Schuldner seinen allgemeinen Gerichtsstand hat. [2] Liegt der Mittelpunkt einer wirtschaftlichen Tätigkeit des Schuldners an einem anderen Ort, so ist ausschließlich das Restrukturierungsgericht zuständig, in dessen Bezirk dieser Ort liegt.

§ 36 Einheitliche Zuständigkeit. Für alle Entscheidungen und Maßnahmen in der Restrukturierungssache ist die Abteilung zuständig, die für die erste Entscheidung zuständig war.

§ 37 Gruppen-Gerichtsstand. (1) Auf Antrag eines Schuldners, der einer Unternehmensgruppe im Sinne des § 3e der Insolvenzordnung[1)] angehört (gruppenangehöriger Schuldner), erklärt sich das angerufene Restrukturierungsgericht für Restrukturierungssachen anderer gruppenangehöriger Schuldner (Gruppen-Folgeverfahren) für zuständig, wenn dieser Schuldner einen zulässigen Antrag in der Restrukturierungssache gestellt hat und er nicht offensichtlich von untergeordneter Bedeutung für die gesamte Unternehmensgruppe ist.

(2) § 3a Absatz 1 Satz 2 bis 4, Absatz 2, die §§ 3b, 3c Absatz 1, § 3d Absatz 1 Satz 1, Absatz 2 Satz 1 und § 13a der Insolvenzordnung gelten entsprechend.

(3) Auf Antrag des Schuldners erklärt sich unter den Voraussetzungen des Absatzes 1 das für Gruppen-Folgeverfahren in Restrukturierungssachen zuständige Gericht als Insolvenzgericht auch für Gruppen-Folgeverfahren in Insolvenzsachen nach § 3a Absatz 1 der Insolvenzordnung für zuständig.

§ 38 Anwendbarkeit der Zivilprozessordnung[2)]. [1] Für Verfahren in Restrukturierungssachen gelten, soweit dieses Gesetz nichts anderes bestimmt, die Vorschriften der Zivilprozessordnung entsprechend. [2] § 128a der Zivilprozessordnung gilt mit der Maßgabe, dass bei Versammlungen und Terminen die Beteiligten in der Ladung auf die Verpflichtung hinzuweisen sind, wissentliche Ton- und Bildaufzeichnungen zu unterlassen und durch geeignete Maßnahmen sicherzustellen, dass Dritte die Ton- und Bildübertragung nicht wahrnehmen können.

§ 39 Verfahrensgrundsätze. (1) [1] Das Restrukturierungsgericht hat von Amts wegen alle Umstände zu ermitteln, die für das Verfahren in der Restrukturierungssache von Bedeutung sind, soweit in diesem Gesetz nichts Abweichendes bestimmt ist. [2] Es kann zu diesem Zweck insbesondere Zeugen und Sachverständige vernehmen.

(2) Der Schuldner hat dem Restrukturierungsgericht die Auskünfte zu erteilen, die zur Entscheidung über seine Anträge erforderlich sind, und es auch sonst bei der Erfüllung seiner Aufgaben zu unterstützen.

(3) [1] Die Entscheidungen des Restrukturierungsgerichts können ohne mündliche Verhandlung ergehen. [2] Findet eine mündliche Verhandlung statt, so ist § 227 Absatz 3 Satz 1 der Zivilprozessordnung[2)] nicht anzuwenden.

§ 40 Rechtsmittel. (1) [1] Die Entscheidungen des Restrukturierungsgerichts unterliegen nur in den Fällen einem Rechtsmittel, in denen dieses Gesetz die sofortige Beschwerde vorsieht. [2] Die sofortige Beschwerde ist bei dem Restrukturierungsgericht einzulegen.

[1)] **Habersack, Deutsche Gesetze Nr. 110.**
[2)] **Habersack, Deutsche Gesetze Nr. 100.**

(2) Die Beschwerdefrist beginnt mit der Verkündung der Entscheidung oder, wenn diese nicht verkündet wird, mit deren Zustellung.

(3) [1] Die Entscheidung über die Beschwerde wird erst mit der Rechtskraft wirksam. [2] Das Beschwerdegericht kann jedoch die sofortige Wirksamkeit der Entscheidung anordnen.

§ 41[1)] Zustellungen. (1) [1] Zustellungen erfolgen von Amts wegen, ohne dass es einer Beglaubigung des zuzustellenden Schriftstücks bedarf. [2] Sie können dadurch bewirkt werden, dass das Schriftstück unter der Anschrift des Zustellungsadressaten zur Post gegeben wird; § 184 Absatz 2 Satz 1, 2 und 4 der Zivilprozessordnung[2)] gilt entsprechend. [3] Soll die Zustellung im Inland bewirkt werden, gilt das Schriftstück ***[bis 31.12.2024:*** drei Tage***][ab 1.1.2025:*** *am vierten Tag****]*** nach Aufgabe zur Post als zugestellt.

(2) [1] An Personen, deren Aufenthalt unbekannt ist, wird nicht zugestellt. [2] Haben sie einen zur Entgegennahme von Zustellungen berechtigten Vertreter, so wird dem Vertreter zugestellt.

(3) Beauftragt das Gericht den Schuldner mit der Zustellung, erfolgt diese nach Maßgabe der §§ 191 bis 195 der Zivilprozessordnung; § 173 der Zivilprozessordnung bleibt unberührt.

Unterabschnitt 2. Restrukturierungsrecht

§ 42 Anzeige von Zahlungsunfähigkeit und Überschuldung; Strafvorschrift. (1) [1] Während der Rechtshängigkeit der Restrukturierungssache ruht die Antragspflicht nach § 15a Absatz 1 bis 3 der Insolvenzordnung[3)] und § 42 Absatz 2 des Bürgerlichen Gesetzbuchs[4)]. [2] Die Antragspflichtigen sind jedoch verpflichtet, dem Restrukturierungsgericht den Eintritt einer Zahlungsunfähigkeit im Sinne des § 17 Absatz 2 der Insolvenzordnung oder einer Überschuldung im Sinne des § 19 Absatz 2 der Insolvenzordnung ohne schuldhaftes Zögern anzuzeigen.

(2) Die Stellung eines den Anforderungen des § 15a der Insolvenzordnung genügenden Insolvenzantrags gilt als rechtzeitige Erfüllung der Anzeigepflicht nach Absatz 1 Satz 2.

(3) [1] Mit Freiheitsstrafe bis zu drei Jahren oder mit Geldstrafe wird bestraft, wer entgegen Absatz 1 Satz 2 den Eintritt der Zahlungsunfähigkeit oder der Überschuldung nicht oder nicht rechtzeitig anzeigt. [2] Handelt der Täter fahrlässig, ist die Strafe Freiheitsstrafe bis zu einem Jahr oder Geldstrafe. [3] Die Sätze 1 und 2 sind nicht anzuwenden auf Vereine und Stiftungen, für die die Pflicht nach Absatz 1 Satz 1 gilt.

(4) Wenn die Anzeige der Restrukturierungssache nach § 31 Absatz 4 ihre Wirkung verliert, leben die nach Absatz 1 Satz 1 ruhenden Antragspflichten wieder auf.

§ 43[5)] Pflichten und Haftung der Organe. (1) [1] Handelt es sich bei dem Schuldner um eine juristische Person oder um eine rechtsfähige Personengesellschaft im Sinne des § 15a Absatz 1 Satz 3, Absatz 2 der Insolvenzordnung[3)], wirken

[1)] § 41 Abs. 3 geänd. mWv 17.7.2024 durch G v. 12.7.2024 (BGBl. 2024 I Nr. 234); Abs. 1 Satz 3 *geänd. mWv 1.1.2025 durch G v. 15.7.2024* (BGBl. 2024 I Nr. 236).

[2)] **Habersack, Deutsche Gesetze Nr. 100.**

[3)] **Habersack, Deutsche Gesetze Nr. 110.**

[4)] **Habersack, Deutsche Gesetze Nr. 20.**

[5)] § 43 Abs. 1 Satz 1 geänd. mWv 1.1.2024 durch G v. 10.8.2021 (BGBl. I S. 3436).

dessen Geschäftsleiter darauf hin, dass der Schuldner die Restrukturierungssache mit der Sorgfalt eines ordentlichen und gewissenhaften Geschäftsleiters betreibt und die Interessen der Gesamtheit der Gläubiger wahrt. [2] Für die Verletzung dieser Pflicht haften sie dem Schuldner in Höhe des den Gläubigern entstandenen Schadens, es sei denn sie haben die Pflichtverletzung nicht zu vertreten.

(2) [1] Ein Verzicht des Schuldners auf Ansprüche nach Absatz 1 Satz 2 oder ein Vergleich über diese Ansprüche ist unwirksam, soweit der Ersatz zur Befriedigung der Gläubiger erforderlich ist. [2] Dies gilt nicht, wenn sich der Ersatzpflichtige zur Abwendung eines Insolvenzverfahrens über sein Vermögen mit seinen Gläubigern vergleicht, wenn die Ersatzpflicht in einem Insolvenzplan geregelt wird oder wenn für den Ersatzberechtigten ein Insolvenzverwalter handelt.

(3) [1] Ansprüche nach Absatz 1 Satz 2 verjähren in fünf Jahren. [2] Ist der Schuldner zum Zeitpunkt der Pflichtverletzung eine börsennotierte Gesellschaft, verjähren die Ansprüche in zehn Jahren.

§ 44 Verbot von Lösungsklauseln. (1) [1] Die Rechtshängigkeit der Restrukturierungssache oder die Inanspruchnahme von Instrumenten des Stabilisierungs- und Restrukturierungsrahmens durch den Schuldner ist ohne Weiteres kein Grund

1. für die Beendigung von Vertragsverhältnissen, an denen der Schuldner beteiligt ist,
2. für die Fälligstellung von Leistungen oder
3. für ein Recht des anderen Teils, die diesem obliegende Leistung zu verweigern oder die Anpassung oder anderweitige Gestaltung des Vertrags zu verlangen.

[2] Sie berühren ohne Weiteres auch nicht die Wirksamkeit des Vertrags.

(2) Dem Absatz 1 entgegenstehende Vereinbarungen sind unwirksam.

(3) [1] Die Absätze 1 und 2 gelten nicht für Geschäfte nach § 104 Absatz 1 der Insolvenzordnung[1)] und Vereinbarungen über das Liquidationsnetting nach § 104 Absatz 3 und 4 der Insolvenzordnung und Finanzsicherheiten im Sinne von § 1 Absatz 17 des Kreditwesengesetzes. [2] Dies gilt auch für Geschäfte, die im Rahmen eines Systems nach § 1 Absatz 16 des Kreditwesengesetzes der Verrechnung von Ansprüchen und Leistungen unterliegen.

Abschnitt 2. Gerichtliche Planabstimmung

§ 45[2)] Erörterungs- und Abstimmungstermin. (1) [1] Auf Antrag des Schuldners bestimmt das Restrukturierungsgericht einen Termin, in dem der Restrukturierungsplan und das Stimmrecht der Planbetroffenen erörtert werden und anschließend über den Plan abgestimmt wird. [2] Die Ladungsfrist beträgt mindestens 14 Tage.

(2) [1] Dem Antrag ist der vollständige Restrukturierungsplan nebst Anlagen beizufügen. [2] Soll auf die Zustellung des vollständigen Restrukturierungsplans und der Anlagen verzichtet werden, hat der Antrag Angaben dazu zu enthalten, wie der elektronische Zugang zu diesen Dokumenten sichergestellt wird; insbesondere sind die den Betroffenen bereitzustellenden Zugangsdaten mitzuteilen.

[1)] **Habersack, Deutsche Gesetze Nr. 110.**

[2)] § 45 Abs. 3 Satz 2 eingef., bish. Sätze 2, 3 werden Sätze 3, 4 mWv 27.7.2022 durch G v. 20.7.2022 (BGBl. I S. 1166); Abs. 2 Satz 2 angef., Abs. 3a eingef. mWv 17.7.2024 durch G v. 12.7.2024 (BGBl. 2024 I Nr. 234).

(3) [1]Die Planbetroffenen sind zu dem Termin zu laden. [2]Der Ladung ist der vollständige Restrukturierungsplan nebst Anlagen beizufügen. [3]Die Ladung enthält den Hinweis darauf, dass der Termin und die Abstimmung auch dann durchgeführt werden können, wenn nicht alle Planbetroffenen teilnehmen. [4]Das Gericht kann den Schuldner mit der Zustellung der Ladungen beauftragen.

(3a) [1]Auf die Beifügung des vollständigen Restrukturierungsplans nebst Anlagen gemäß Absatz 3 Satz 2 kann verzichtet werden, wenn der Schuldner den elektronischen Zugriff auf diese Dokumente gewährleistet und der Geladene anhand der in der Ladung enthaltenen Zugangsdaten auf die Dokumente zugreifen kann. [2]Liegt ein wichtiger Grund vor, kann der Geladene die Übermittlung der schriftlichen Dokumente verlangen.

(4) [1]Auf das Verfahren finden die §§ 239 bis 242 der Insolvenzordnung[1)] sowie die §§ 24 bis 28 dieses Gesetzes entsprechende Anwendung. [2]Ist streitig, welches Stimmrecht die Forderung, die Absonderungsanwartschaft, die gruppeninterne Drittsicherheit oder das Anteils- oder Mitgliedschaftsrecht einem Planbetroffenen gewährt und lässt sich darüber keine Einigung zwischen den Beteiligten erzielen, legt das Gericht das Stimmrecht fest.

§ 46 Vorprüfungstermin. (1) [1]Auf Antrag des Schuldners bestimmt das Gericht einen gesonderten Termin zur Vorprüfung des Restrukturierungsplans vor dem Erörterungs- und Abstimmungstermin. [2]Gegenstand dieser Vorprüfung kann jede Frage sein, die für die Bestätigung des Restrukturierungsplans erheblich ist, insbesondere,

1. ob die Auswahl der Planbetroffenen und die Einteilung der Planbetroffenen in Gruppen den Anforderungen der §§ 8 und 9 entspricht,
2. welches Stimmrecht eine Restrukturierungsforderung, eine Absonderungsanwartschaft oder ein Anteils oder Mitgliedschaftsrecht gewährt oder
3. ob dem Schuldner die Zahlungsunfähigkeit droht.

[3]§ 45 Absatz 3 gilt entsprechend. [4]Die Ladungsfrist beträgt mindestens sieben Tage.

(2) Das Ergebnis der Vorprüfung fasst das Gericht in einem Hinweis zusammen.

(3) Das Gericht kann einen Vorprüfungstermin auch von Amts wegen bestimmen, wenn dies zweckmäßig ist.

Abschnitt 3. Vorprüfung

§ 47 Antrag. [1]Auf Antrag des Schuldners führt das Restrukturierungsgericht auch dann eine Vorprüfung durch, wenn der Restrukturierungsplan nicht im gerichtlichen Verfahren zur Abstimmung gebracht werden soll. [2]Gegenstand einer solchen Vorprüfung kann jede Frage sein, die für die Bestätigung des Restrukturierungsplans erheblich ist. [3]Neben den in § 46 Absatz 1 Satz 2 genannten Gegenständen können dies insbesondere auch die Anforderungen sein, die an das Planabstimmungsverfahren nach den §§ 17 bis 22 zu stellen sind.

[1)] **Habersack, Deutsche Gesetze Nr. 110.**

§ 48[1)] Verfahren. (1) Die von der Vorprüfungsfrage berührten Planbetroffenen sind anzuhören.

(2) [1]Das Ergebnis der Vorprüfung fasst das Gericht in einem Hinweis zusammen. [2]Der Hinweis soll innerhalb von zwei Wochen nach Antragstellung oder, sofern ein Anhörungstermin stattfindet, innerhalb von zwei Wochen nach diesem Termin ergehen. [3]Für die Ladung zu dem Anhörungstermin gelten § 45 Absatz 3 und § 46 Absatz 1 Satz 4 entsprechend.

Abschnitt 4. Stabilisierung

§ 49 Stabilisierungsanordnung. (1) Soweit dies zur Wahrung der Aussichten auf die Verwirklichung des Restrukturierungsziels erforderlich ist, ordnet das Restrukturierungsgericht auf Antrag des Schuldners an, dass

1. Maßnahmen der Zwangsvollstreckung gegen den Schuldner untersagt oder einstweilen eingestellt werden (Vollstreckungssperre) und
2. Rechte an Gegenständen des beweglichen Vermögens, die im Fall der Eröffnung eines Insolvenzverfahrens als Ab- oder Aussonderungsrecht geltend gemacht werden könnten, von dem Gläubiger nicht durchgesetzt werden dürfen und dass solche Gegenstände zur Fortführung des Unternehmens des Schuldners eingesetzt werden können, soweit sie hierfür von erheblicher Bedeutung sind (Verwertungssperre).

(2) [1]Forderungen, die nach § 4 einer Gestaltung durch einen Restrukturierungsplan unzugänglich sind, bleiben von einer Anordnung nach Absatz 1 und deren vertragsrechtlichen Wirkungen unberührt. [2]Die Anordnung kann sich im Übrigen gegen einzelne, mehrere oder alle Gläubiger richten.

(3) Die Anordnung nach Absatz 1 kann auch das Recht von Gläubigern zur Durchsetzung von Rechten aus gruppeninternen Drittsicherheiten (§ 2 Absatz 4) sperren.

§ 50 Antrag. (1) Der Schuldner hat die beantragte Stabilisierungsanordnung nach § 49 Absatz 1 ihrem Inhalt, dem Adressatenkreis und der Dauer nach zu bezeichnen.

(2) Der Schuldner fügt dem Antrag eine Restrukturierungsplanung bei, welche umfasst:

1. einen auf den Tag der Antragstellung aktualisierten Entwurf des Restrukturierungsplans oder ein auf diesen Tag aktualisiertes Konzept für die Restrukturierung nach § 31 Absatz 2 Satz 1 Nummer 1,
2. einen Finanzplan, der den Zeitraum von sechs Monaten umfasst und eine fundierte Darstellung der Finanzierungsquellen enthält, durch welche die Fortführung des Unternehmens in diesem Zeitraum sichergestellt werden soll; dabei bleiben Finanzierungsquellen außer Betracht, die sich mit dem Restrukturierungsziel nicht vereinbaren lassen.

(3) Des Weiteren hat der Schuldner zu erklären,

1. ob, in welchem Umfang und gegenüber welchen Gläubigern er sich mit der Erfüllung von Verbindlichkeiten aus Arbeitsverhältnissen, Pensionszusagen oder dem Steuerschuldverhältnis, gegenüber den Sozialversicherungsträgern oder Lieferanten in Verzug befindet,

---

[1)] § 48 Abs. 2 Satz 3 geänd. mWv 27.7.2022 durch G v. 20.7.2022 (BGBl. I S. 1166).

2. ob und in welchen Verfahren zu seinen Gunsten innerhalb der letzten drei Jahre vor dem Antrag Vollstreckungs- oder Verwertungssperren nach diesem Gesetz oder nach § 21 Absatz 2 Satz 1 Nummer 3 oder 5 der Insolvenzordnung[1)] angeordnet wurden und
3. ob er für die letzten drei abgeschlossenen Geschäftsjahre seinen Verpflichtungen aus den §§ 325 bis 328 oder aus § 339 des Handelsgesetzbuchs[2)] nachgekommen ist.

§ 51 Voraussetzungen der Stabilisierungsanordnung. (1) [1] Die Stabilisierungsanordnung ergeht, wenn die von dem Schuldner vorgelegte Restrukturierungsplanung vollständig und schlüssig ist und keine Umstände bekannt sind, aus denen sich ergibt, dass

1. die Restrukturierungsplanung oder die Erklärungen zu § 50 Absatz 3 in wesentlichen Punkten auf unzutreffenden Tatsachen beruht oder beruhen,
2. die Restrukturierung aussichtslos ist, weil keine Aussicht darauf besteht, dass ein das Restrukturierungskonzept umsetzender Plan von den Planbetroffenen angenommen oder vom Gericht bestätigt werden würde,
3. der Schuldner noch nicht drohend zahlungsunfähig ist oder
4. die beantragte Anordnung nicht erforderlich ist, um das Restrukturierungsziel zu verwirklichen.

[2] Schlüssig ist die Planung, wenn nicht offensichtlich ist, dass sich das Restrukturierungsziel nicht auf Grundlage der in Aussicht genommenen Maßnahmen erreichen lässt. [3] Weist die Restrukturierungsplanung behebbare Mängel auf, erlässt das Gericht die Anordnung für einen Zeitraum von höchstens 20 Tagen und gibt dem Schuldner auf, die Mängel innerhalb dieses Zeitraums zu beheben.

(2) [1] Sind Umstände bekannt, aus denen sich ergibt, dass

1. erhebliche Zahlungsrückstände gegenüber den in § 50 Absatz 3 Nummer 1 genannten Gläubigern bestehen oder
2. der Schuldner für mindestens eines der letzten drei abgeschlossenen Geschäftsjahre gegen die Offenlegungspflichten nach den §§ 325 bis 328 oder nach § 339 des Handelsgesetzbuchs[2)] verstoßen hat,

erfolgt die Stabilisierungsanordnung nur, wenn trotz dieser Umstände zu erwarten ist, dass der Schuldner bereit und in der Lage ist, seine Geschäftsführung an den Interessen der Gläubigergesamtheit auszurichten. [2] Dies gilt auch, wenn zugunsten des Schuldners in den letzten drei Jahren vor der Stellung des Antrags die in § 49 Absatz 1 genannten Vollstreckungs- oder Verwertungssperren oder vorläufige Sicherungsanordnungen nach *§ 21 Absatz 1 Satz 2 Nummer 3 oder 5 der Insolvenzordnung*[3)] angeordnet wurden, sofern nicht der Anlass dieser Anordnungen durch eine nachhaltige Sanierung des Schuldners bewältigt wurde.

(3) Liegt zum Zeitpunkt der Stabilisierungsanordnung kein Restrukturierungsplan vor, kann das Gericht dem Schuldner eine Frist setzen, binnen derer der Restrukturierungsplan vorzulegen ist.

(4) [1] Die Stabilisierungsanordnung ist allen Gläubigern, die von ihr betroffen sind, zuzustellen. [2] In öffentlichen Restrukturierungssachen (§ 84) kann auf eine

---

1) **Habersack, Deutsche Gesetze Nr. 110.**
2) **Habersack, Deutsche Gesetze Nr. 50.**
3) Richtig wohl: „§ 21 Absatz 2 Satz 1 Nummer 3 oder 5 der Insolvenzordnung".

Zustellung verzichtet werden, wenn sich die Anordnung mit Ausnahme der in § 4 genannten Gläubiger gegen alle Gläubiger richtet.

(5) [1]Das Restrukturierungsgericht entscheidet über den Antrag auf Erlass der Stabilisierungsanordnung durch Beschluss. [2]Soweit das Gericht den Antrag zurückweist, steht dem Schuldner gegen den Beschluss die sofortige Beschwerde zu.

§ 52 Folgeanordnung, Neuanordnung. Unter den Voraussetzungen des § 51 Absatz 1 und 2 kann eine Stabilisierungsanordnung auf weitere Gläubiger erstreckt, inhaltlich erweitert oder zeitlich verlängert werden (Folgeanordnung) oder, sofern die Anordnungsdauer bereits überschritten ist, erneuert werden (Neuanordnung).

§ 53 Anordnungsdauer. (1) Die Stabilisierungsanordnung kann für eine Dauer von bis zu drei Monaten ergehen.

(2) [1]Folge- oder Neuanordnungen können nur im Rahmen der Anordnungshöchstdauer nach Absatz 1 ergehen, es sei denn,

1. der Schuldner hat den Gläubigern ein Planangebot unterbreitet und
2. es sind keine Umstände bekannt, aus denen sich ergibt, dass mit einer Planannahme innerhalb eines Monats nicht zu rechnen ist.

[2]In diesem Fall verlängert sich die Anordnungshöchstdauer um einen Monat und die Anordnung richtet sich ausschließlich gegen Planbetroffene.

(3) [1]Hat der Schuldner die gerichtliche Bestätigung des von den Planbetroffenen angenommenen Restrukturierungsplans beantragt, können Folge- oder Neuanordnungen bis zur Rechtskraft der Planbestätigung, höchstens aber bis zum Ablauf von acht Monaten nach dem Erlass der Erstanordnung ergehen. [2]Dies gilt nicht, wenn der Restrukturierungsplan offensichtlich nicht bestätigungsfähig ist.

(4) Absatz 3 ist nicht anzuwenden, wenn der Mittelpunkt der hauptsächlichen Interessen des Schuldners innerhalb eines Zeitraums von drei Monaten vor der ersten Inanspruchnahme von Instrumenten des Stabilisierungs- und Restrukturierungsrahmens aus einem anderen Mitgliedstaat der Europäischen Union in das Inland verlegt wurde und keine öffentlichen Bekanntmachungen nach den §§ 84 bis 86 erfolgen.

§ 54 Folgen der Verwertungssperre. (1) [1]Ist eine Verwertungssperre ergangen, sind dem Gläubiger die geschuldeten Zinsen zu zahlen und der durch die Nutzung eintretende Wertverlust ist durch laufende Zahlungen an den Gläubiger auszugleichen. [2]Dies gilt nicht, soweit nach der Höhe der Forderung und der sonstigen Belastung des Gegenstands mit einer Befriedigung des Gläubigers aus dem Verwertungserlös nicht zu rechnen ist.

(2) Zieht der Schuldner nach Maßgabe der vertraglichen Vereinbarungen mit dem Berechtigten Forderungen ein, die zur Sicherung eines Anspruchs abgetreten *sind, oder veräußert* oder verarbeitet er bewegliche Sachen, an denen Rechte bestehen, die im Fall der Eröffnung eines Insolvenzverfahrens als Aus- oder Absonderungsrechte geltend gemacht werden könnten, sind die dabei erzielten Erlöse an den Berechtigten auszukehren oder unterscheidbar zu verwahren, es sei denn, der Schuldner trifft mit dem Berechtigten eine anderweitige Vereinbarung.

§ 55 Vertragsrechtliche Wirkungen. (1) [1]Ist der Schuldner zum Zeitpunkt der Stabilisierunganordnung einem Gläubiger etwas aus einem Vertrag schuldig, so kann der Gläubiger nicht allein wegen der rückständigen Leistung eine ihm im Anordnungszeitraum obliegende Leistung verweigern oder Vertragsbeendigungs-

oder -abänderungsrechte geltend machen; unberührt bleibt das Recht des Gläubigers, die Erbringung des Teils der ihm obliegenden Gegenleistung zu verweigern, der auf die rückständige Leistung des Schuldners entfällt. [2] Ergehen Folge- oder Neuanordnungen, ist der Zeitpunkt der Erstanordnung maßgeblich.

(2) Absatz 1 gilt nicht, wenn der Schuldner für die Fortführung des Unternehmens nicht auf die dem Gläubiger obliegende Leistung angewiesen ist.

(3) [1] Ist der Gläubiger vorleistungspflichtig, hat er das Recht, die ihm obliegende Leistung gegen Sicherheitsleistung oder Zug um Zug gegen die dem Schuldner obliegende Leistung zu erbringen. [2] Absatz 1 berührt nicht das Recht von Darlehensgebern, den Darlehensvertrag vor der Auszahlung des Darlehens wegen einer Verschlechterung der Vermögensverhältnisse des Schuldners oder der Werthaltigkeit der für das Darlehen gestellten Sicherheit zu kündigen (§ 490 Absatz 1 des Bürgerlichen Gesetzbuchs[1)]). [3] Satz 2 gilt auch für andere Kreditzusagen.

§ 56 Finanzsicherheiten, Zahlungs- und Abwicklungssysteme, Liquidationsnetting. (1) [1] Die Stabilisierungsanordnung berührt nicht die Wirksamkeit von Verfügungen über Finanzsicherheiten nach § 1 Absatz 17 des Kreditwesengesetzes und die Wirksamkeit der Verrechnung von Ansprüchen und Leistungen aus Zahlungsaufträgen, Aufträgen zwischen Zahlungsdienstleistern oder zwischengeschalteten Stellen oder Aufträgen zur Übertragung von Wertpapieren, die in Systeme nach § 1 Absatz 16 des Kreditwesengesetzes eingebracht wurden. [2] Dies gilt auch dann, wenn ein solches Rechtsgeschäft des Schuldners am Tag der Anordnung getätigt und verrechnet oder eine Finanzsicherheit bestellt wird und der andere Teil nachweist, dass er die Anordnung weder kannte noch hätte kennen müssen; ist der andere Teil ein Systembetreiber oder Teilnehmer in dem System, bestimmt sich der Tag der Anordnung nach dem Geschäftstag im Sinne des § 1 Absatz 16b des Kreditwesengesetzes.

(2) [1] Von der Stabilisierungsanordnung und ihren Wirkungen bleiben Geschäfte, die den Gegenstand einer Vereinbarung über das Liquidationsnetting im Sinne von § 104 Absatz 3 und 4 der Insolvenzordnung[2)] bilden können, sowie Vereinbarungen über das Liquidationsnetting unberührt. [2] Die aus dem Liquidationsnetting resultierende Forderung kann einer Vollstreckungssperre und, im Rahmen des nach Absatz 1 Zulässigen, auch einer Verwertungssperre unterworfen werden.

§ 57[3)] Haftung der Organe. [1] Handelt es sich bei dem Schuldner um eine juristische Person oder um eine ***[bis 31.12.2023:*** Gesellschaft ohne Rechtspersönlichkeit***][ab 1.1.2024:*** *rechtsfähige Personengesellschaft]* im Sinne des § 15a Absatz 1 Satz 3, Absatz 2 der Insolvenzordnung[2)] und erwirkt er aufgrund vorsätzlich oder fahrlässig unrichtiger Angaben eine Stabilisierungsanordnung, ist der Geschäftsleiter den davon betroffenen Gläubigern zum Ersatz des Schadens verpflichtet, den diese durch die Anordnung erleiden. [2] Dies gilt nicht, wenn ihn kein Verschulden trifft. [3] Die Sätze 1 und 2 gelten auch für den Ersatz des Schadens, der einem Gläubiger aus einer nicht ordnungsgemäßen Auskehrung oder Verwahrung der Erlöse nach § 54 Absatz 2 entsteht. [4] Für Ansprüche nach den Sätzen 1 und 3 gilt § 43 Absatz 3 entsprechend.

[1)] **Habersack, Deutsche Gesetze Nr. 20.**
[2)] **Habersack, Deutsche Gesetze Nr. 110.**
[3)] § 57 Satz 1 geänd. mWv 1.1.2024 durch G v. 10.8.2021 (BGBl. I S. 3436).

§ 58 Insolvenzantrag. Das Verfahren über den Antrag eines Gläubigers, das Insolvenzverfahren über das Vermögen des Schuldners zu eröffnen, wird für die Anordnungsdauer ausgesetzt.

§ 59 Aufhebung und Beendigung der Stabilisierungsanordnung.

(1) Das Restrukturierungsgericht hebt die Stabilisierungsanordnung auf, wenn

1. der Schuldner dies beantragt,
2. die Anzeige nach § 31 Absatz 4 ihre Wirkungen verloren hat oder wenn die Voraussetzungen einer Aufhebung der Restrukturierungssache nach § 31 Absatz 4 Nummer 3, § 33 vorliegen,
3. der Schuldner es versäumt, dem Gericht nach Ablauf einer zu diesem Zweck eingeräumten angemessenen Frist den Entwurf eines Restrukturierungsplans zu übermitteln oder
4. Umstände bekannt sind, aus denen sich ergibt, dass der Schuldner nicht bereit und in der Lage ist, seine Geschäftsführung an den Interessen der Gläubigergesamtheit auszurichten, insbesondere weil
   a) die Restrukturierungsplanung in wesentlichen Punkten auf unzutreffenden Tatsachen beruht oder
   b) die Rechnungslegung und Buchführung des Schuldners so unvollständig oder mangelhaft sind, dass sie eine Beurteilung der Restrukturierungsplanung, insbesondere des Finanzplans, nicht ermöglichen.

(2) Die Stabilisierungsanordnung wird wegen der in Absatz 1 Nummer 2 und 4 genannten Gründe auch auf Antrag eines von der Anordnung betroffenen Gläubigers aufgehoben, wenn dieser das Vorliegen des Beendigungsgrunds glaubhaft macht.

(3) [1] Das Restrukturierungsgericht kann von einer Aufhebung absehen, wenn die Fortdauer der Stabilisierungsanordnung geboten erscheint, um im Interesse der Gesamtheit der Gläubiger einen geordneten Übergang in ein Insolvenzverfahren zu gewährleisten. [2] Das Gericht setzt dem Schuldner eine Frist von höchstens drei Wochen, innerhalb derer er dem Gericht die Beantragung eines Insolvenzverfahrens nachzuweisen hat. [3] Nach Ablauf dieser Frist ist die Stabilisierungsanordnung aufzuheben.

(4) Die Stabilisierungsanordnung endet, wenn der Restrukturierungsplan bestätigt ist oder die Planbestätigung versagt wird.

Abschnitt 5. Planbestätigung

Unterabschnitt 1. Bestätigungsverfahren

§ 60[1)] Antrag. (1) [1] Auf Antrag des Schuldners bestätigt das Gericht den von den Planbetroffenen angenommenen Restrukturierungsplan durch Beschluss. [2] Der Antrag kann auch im Erörterungs- und Abstimmungstermin gestellt werden. [3] Ist die Planabstimmung nicht im gerichtlichen Verfahren (§ 45) erfolgt, hat der Schuldner dem Antrag auf Bestätigung des Restrukturierungsplans neben dem zur Abstimmung gestellten Plan und seinen Anlagen die Dokumentation über das Abstimmungsergebnis sowie sämtliche Urkunden und sonstigen Nachweise beizufügen, aus denen sich ergibt, wie die Abstimmung durchgeführt wurde und zu welchem Ergebnis sie geführt hat.

---

1) § 60 Abs. 2 Satz 1, Satz 2 Nr. 2 geänd. mWv 1.1.2024 durch G v. 10.8.2021 (BGBl. I S. 3436).

(2) [1] Handelt es sich bei dem Schuldner um eine ***[bis 31.12.2023:*** Gesellschaft ohne Rechtspersönlichkeit***][ab 1.1.2024:*** *rechtsfähige Personengesellschaft****]*** oder um eine Kommanditgesellschaft auf Aktien, bedarf der Antrag auf Bestätigung eines Restrukturierungsplans, der die persönlich haftenden Gesellschafter nicht von deren Haftung für die durch den Plan gestalteten Forderungen und Rechte befreit, der Zustimmung aller persönlich haftenden Gesellschafter. [2] Dies gilt nicht, soweit es sich bei den persönlich haftenden Gesellschaftern

1. um juristische Personen handelt oder
2. um ***[bis 31.12.2023:*** Gesellschaften ohne Rechtspersönlichkeit***][ab 1.1.2024:*** *rechtsfähige Personengesellschaften****]*** handelt, bei denen kein persönlich haftender Gesellschafter eine natürliche Person ist und kein persönlich haftender Gesellschafter selbst eine ***[bis 31.12.2023:*** Gesellschaft ohne Rechtspersönlichkeit***][ab 1.1.2024:*** *rechtsfähige Personengesellschaft****]*** ist, bei der ein persönlich haftender Gesellschafter eine natürliche Person ist oder sich die Verbindung von Gesellschaften in dieser Art fortsetzt.

§ 61 Anhörung. [1] Vor der Entscheidung über die Bestätigung des Restrukturierungsplans kann das Gericht die Planbetroffenen anhören. [2] Ist die Planabstimmung nicht im gerichtlichen Verfahren erfolgt, hat das Gericht einen Termin zur Anhörung der Planbetroffenen durchzuführen. [3] § 45 Absatz 3 und § 46 Absatz 1 Satz 4 gelten entsprechend.

§ 62 Bedingter Restrukturierungsplan. Ist im Restrukturierungsplan vorgesehen, dass vor dessen Bestätigung bestimmte Leistungen erbracht oder andere Maßnahmen verwirklicht werden sollen, wird der Plan nur bestätigt, wenn diese Voraussetzungen erfüllt sind und Versagungsgründe nicht vorliegen.

§ 63[1)] Versagung der Bestätigung. (1) Die Bestätigung des Restrukturierungsplans ist von Amts wegen zu versagen, wenn

1. der Schuldner nicht drohend zahlungsunfähig ist;
2. die Vorschriften über den Inhalt und die verfahrensmäßige Behandlung des Restrukturierungsplans sowie über die Annahme des Plans durch die Planbetroffenen in einem wesentlichen Punkt nicht beachtet worden sind und der Schuldner den Mangel nicht beheben kann oder innerhalb einer angemessenen, vom Restrukturierungsgericht gesetzten Frist nicht behebt oder
3. die Ansprüche, die den Planbetroffenen durch den gestaltenden Teil des Plans zugewiesen werden, und die durch den Plan nicht berührten Ansprüche der übrigen Gläubiger offensichtlich nicht erfüllt werden können.

(2) [1] Liegt ein Mangel nach Absatz 1 Nummer 2 darin begründet, dass infolge einer unzutreffenden Bewertung des Unternehmens die Voraussetzungen für eine gruppenübergreifende Mehrheitsentscheidung nach den §§ 26 bis 28 nicht gegeben sind, so kann die Versagung der Bestätigung auf diesen Mangel nur gestützt werden, wenn ein hierdurch benachteiligter Planbetroffener dies beantragt. [2] Der Antrag ist nur zulässig, wenn der Antragsteller dem Plan bereits im Abstimmungsverfahren widersprochen hat. [3] Ist die Abstimmung außerhalb eines gerichtlichen Abstimmungstermins erfolgt, so gilt dies nur dann, wenn in dem Planangebot oder, sofern eine Versammlung der Planbetroffenen stattgefunden hat, in dem Einberufungsschreiben zu der Versammlung auf die Erforderlichkeit des

[1)] § 63 Abs. 2 eingef., bish. Abs. 2–4 werden Abs. 3–5 mWv 27.7.2022 durch G v. 20.7.2022 (BGBl. I S. 1166).

Widerspruchs und die Folgen eines unterbliebenen Widerspruchs gesondert hingewiesen worden ist.

(3) Sieht der Restrukturierungsplan eine neue Finanzierung vor, ist die Bestätigung zu versagen, wenn das dem Plan zugrunde liegende Restrukturierungskonzept unschlüssig ist oder wenn Umstände bekannt sind, aus denen sich ergibt, dass das Konzept nicht von den tatsächlichen Gegebenheiten ausgeht oder keine begründete Aussicht auf Erfolg vermittelt.

(4) [1] Ist die Planabstimmung nicht im gerichtlichen Verfahren erfolgt, gehen Zweifel an der ordnungsgemäßen Annahme des Restrukturierungsplans durch die Planbetroffenen zulasten des Schuldners. [2] Besteht Streit über das einem Planbetroffenen zustehende Stimmrecht, legt das Gericht seiner Entscheidung das nach Maßgabe des § 24 zu bestimmende Stimmrecht zugrunde.

(5) Die Bestätigung ist auch zu versagen, wenn die Annahme des Restrukturierungsplans unlauter herbeigeführt worden ist, insbesondere durch Begünstigung eines Planbetroffenen.

§ 64 Minderheitenschutz. (1) [1] Auf Antrag eines Planbetroffenen, der gegen den Restrukturierungsplan gestimmt hat, ist die Bestätigung des Plans zu versagen, wenn der Antragsteller durch den Restrukturierungsplan voraussichtlich schlechter gestellt wird als er ohne den Plan stünde. [2] Hat der Schuldner gegen den Inhaber einer Absonderungsanwartschaft eine Vollstreckungs- oder Verwertungssperre erwirkt, die diesen an der Verwertung der Anwartschaft hinderte, bleiben Minderungen im Wert der Anwartschaft, die sich während der Dauer der Anordnung ergeben, für die Bestimmung der Stellung des Berechtigten ohne Plan außer Betracht, es sei denn, die Wertminderung hätte sich auch ohne die Anordnung ergeben.

(2) [1] Der Antrag nach Absatz 1 ist nur zulässig, wenn der Antragsteller bereits im Abstimmungsverfahren dem Plan widersprochen und geltend gemacht hat, dass er durch den Plan voraussichtlich schlechter gestellt wird als er ohne Plan stünde. [2] Ist die Planabstimmung in einem gerichtlichen Erörterungs- und Abstimmungstermin erfolgt, muss der Antragsteller spätestens in diesem Termin glaubhaft machen, durch den Plan voraussichtlich schlechter gestellt zu werden.

(3) [1] Der Antrag nach Absatz 1 ist abzuweisen, wenn im gestaltenden Teil des Restrukturierungsplans Mittel für den Fall bereitgestellt werden, dass ein Planbetroffener eine Schlechterstellung nachweist. [2] Ob der Antragsteller einen Ausgleich aus diesen Mitteln erhält, ist außerhalb der Restrukturierungssache zu klären.

(4) [1] Hat weder eine Versammlung der Planbetroffenen (§ 20) noch ein Erörterungs- und Abstimmungstermin (§ 45) stattgefunden, gilt Absatz 2 Satz 1 nur, wenn im Planangebot besonders auf das Erfordernis der Geltendmachung der voraussichtlichen Schlechterstellung durch den Plan im Abstimmungsverfahren hingewiesen wurde. [2] Hat eine Versammlung der Planbetroffenen stattgefunden, gilt Absatz 2 Satz 1 nur, wenn in dem Einberufungsschreiben besonders auf das Erfordernis der Geltendmachung der voraussichtlichen Schlechterstellung durch den Plan im Abstimmungsverfahren hingewiesen wurde. [3] Absatz 2 Satz 2 gilt nur, wenn in der Ladung besonders auf das Erfordernis der Glaubhaftmachung der voraussichtlichen Schlechterstellung durch den Plan spätestens im Erörterungs- und Abstimmungstermin hingewiesen wurde.

§ 65 Bekanntgabe der Entscheidung. (1) Wird die Entscheidung über den Antrag auf Bestätigung des Restrukturierungsplans nicht im Anhörungstermin oder im Erörterungs- und Abstimmungstermin verkündet, ist sie in einem alsbald zu bestimmenden besonderen Termin zu verkünden.

(2) [1] Wird der Restrukturierungsplan bestätigt, so ist den Planbetroffenen unter Hinweis auf die Bestätigung ein Abdruck des Plans oder eine Zusammenfassung seines wesentlichen Inhalts zuzusenden; für an dem Schuldner beteiligte Aktionäre oder Kommanditaktionäre gilt dies nicht. [2] Börsennotierte Gesellschaften haben eine Zusammenfassung des wesentlichen Inhalts des Plans über ihre Internetseite zugänglich zu machen. [3] Die Übersendung eines Abdrucks des Plans oder eine Zusammenfassung seines wesentlichen Inhalts nach Satz 1 kann unterbleiben, wenn der vor der Abstimmung übersendete Plan unverändert angenommen wurde.

§ 66 Sofortige Beschwerde. (1) [1] Gegen den Beschluss, durch den der Restrukturierungsplan bestätigt wird, steht jedem Planbetroffenen die sofortige Beschwerde zu. [2] Dem Schuldner steht die sofortige Beschwerde zu, wenn die Bestätigung des Restrukturierungsplans abgelehnt worden ist.

(2) Die sofortige Beschwerde gegen die Bestätigung des Restrukturierungsplans ist nur zulässig, wenn der Beschwerdeführer

1. dem Plan im Abstimmungsverfahren widersprochen hat (§ 64 Absatz 2),
2. gegen den Plan gestimmt hat und
3. glaubhaft macht, dass er durch den Plan wesentlich schlechter gestellt wird als er ohne den Plan stünde und dass dieser Nachteil nicht durch eine Zahlung aus den in § 64 Absatz 3 genannten Mitteln ausgeglichen werden kann.

(3) [1] Absatz 2 Nummer 1 und 2 gilt nur, wenn im Einberufungsschreiben oder in der Ladung zum Termin auf die Notwendigkeit des Widerspruchs und der Ablehnung des Plans besonders hingewiesen wurde. [2] Hat weder eine Versammlung der Planbetroffenen (§ 20) noch ein Erörterungs- und Abstimmungstermin (§ 45) stattgefunden, so gilt Absatz 2 Nummer 1 und 2 nur, wenn im Planangebot auf die Notwendigkeit des Widerspruchs und der Ablehnung des Plans besonders hingewiesen wurde.

(4) Auf Antrag des Beschwerdeführers ordnet das Gericht die aufschiebende Wirkung der Beschwerde an, wenn der Vollzug des Restrukturierungsplans mit schwerwiegenden, insbesondere nicht rückgängig zu machenden Nachteilen für den Beschwerdeführer einhergeht, die außer Verhältnis zu den Vorteilen des sofortigen Planvollzugs stehen.

(5) [1] Das Beschwerdegericht weist die Beschwerde gegen die Bestätigung des Restrukturierungsplans auf Antrag des Schuldners unverzüglich zurück, wenn die alsbaldige Rechtskraft der Planbestätigung vorrangig erscheint, weil die Nachteile eines verzögerten Planvollzugs die Nachteile für den Beschwerdeführer überwiegen; ein Abhilfeverfahren findet nicht statt. [2] Dies gilt nicht, wenn ein besonders schwerer Rechtsverstoß vorliegt. [3] Weist das Beschwerdegericht die Beschwerde nach Satz 1 zurück, ist der Schuldner dem Beschwerdeführer zum Ersatz des Schadens verpflichtet, der ihm durch den Planvollzug entsteht; die Rückgängigmachung der Wirkungen des Restrukturierungsplans kann nicht als Schadensersatz *verlangt werden.* [4] *Für Klagen, mit denen Schaden*sersatzansprüche nach Satz 3 geltend gemacht werden, ist das Landgericht ausschließlich zuständig, das die Beschwerde zurückgewiesen hat.

Unterabschnitt 2. Wirkungen des bestätigten Plans; Überwachung der Planerfüllung

§ 67[1] Wirkungen des Restrukturierungsplans. (1) [1] Mit der Bestätigung des Restrukturierungsplans treten die im gestaltenden Teil festgelegten Wirkungen ein. [2] Dies gilt auch im Verhältnis zu Planbetroffenen, die gegen den Plan gestimmt haben oder die an der Abstimmung nicht teilgenommen haben, obgleich sie ordnungsgemäß an dem Abstimmungsverfahren beteiligt worden sind.

(2) Handelt es sich bei dem Schuldner um eine ***[bis 31.12.2023:*** Gesellschaft ohne Rechtspersönlichkeit***][ab 1.1.2024:*** *rechtsfähige Personengesellschaft]* oder eine Kommanditgesellschaft auf Aktien, wirkt eine Befreiung des Schuldners von Verbindlichkeiten auch zugunsten seiner persönlich haftenden Gesellschafter, sofern im Restrukturierungsplan nichts anderes bestimmt ist.

(3) [1] Die Rechte der Restrukturierungsgläubiger gegen Mitschuldner und Bürgen des Schuldners sowie die Rechte der Gläubiger an Gegenständen, die nicht zum Vermögen des Schuldners gehören, oder aus einer Vormerkung, die sich auf solche Gegenstände bezieht, werden mit Ausnahme der nach § 2 Absatz 4 gestalteten Rechte aus gruppeninternen Drittsicherheiten von dem Restrukturierungsplan nicht berührt. [2] Der Schuldner wird jedoch durch den Plan gegenüber dem Mitschuldner, Bürgen oder sonstigen Rückgriffsberechtigten befreit wie gegenüber dem Gläubiger.

(4) Ist ein Gläubiger weitergehend befriedigt worden, als er es nach dem Restrukturierungsplan zu beanspruchen hat, so begründet dies keine Pflicht zur Rückgewähr des Erlangten.

(5) Werden Restrukturierungsforderungen in Anteils- oder Mitgliedschaftsrechte an dem Schuldner umgewandelt, kann der Schuldner nach der gerichtlichen Bestätigung des Restrukturierungsplans keine Ansprüche wegen einer Überbewertung der Forderungen im Plan gegen die bisherigen Gläubiger geltend machen.

(6) Mit der rechtskräftigen Bestätigung des Restrukturierungsplans gelten Mängel im Verfahren der Planabstimmung sowie Willensmängel von Planangebot und Planannahme als geheilt.

§ 68 Sonstige Wirkungen des Restrukturierungsplans. (1) Wenn Rechte an Gegenständen begründet, geändert, übertragen oder aufgehoben oder Geschäftsanteile an einer Gesellschaft mit beschränkter Haftung abgetreten werden sollen, gelten die in den Restrukturierungsplan aufgenommenen Willenserklärungen der Planbetroffenen und des Schuldners als in der vorgeschriebenen Form abgegeben.

(2) [1] Die in den Restrukturierungsplan aufgenommenen Beschlüsse und sonstigen Willenserklärungen der Planbetroffenen und des Schuldners gelten als in der vorgeschriebenen Form abgegeben. [2] Gesellschaftsrechtlich erforderliche Ladungen, Bekanntmachungen und sonstige Maßnahmen zur Vorbereitung von Beschlüssen der Planbetroffenen gelten als in der vorgeschriebenen Form bewirkt.

(3) Entsprechendes gilt für die in den Restrukturierungsplan aufgenommenen Verpflichtungserklärungen, die einer Maßnahme nach Absatz 1 oder Absatz 2 zugrunde liegen.

§ 69 Wiederaufleben gestundeter oder erlassener Forderungen.

(1) [1] Sind aufgrund des gestaltenden Teils des Restrukturierungsplans einbezogene Restrukturierungsforderungen gestundet oder teilweise erlassen worden, so

---

[1] § 67 Abs. 2 geänd. mWv 1.1.2024 durch G v. 10.8.2021 (BGBl. I S. 3436).

wird die Stundung oder der Erlass für den Gläubiger hinfällig, gegenüber dem der Schuldner mit der Erfüllung des Plans erheblich in Rückstand gerät. [2] Ein erheblicher Rückstand ist erst anzunehmen, wenn der Schuldner eine fällige Verbindlichkeit nicht bezahlt hat, obwohl der Gläubiger ihn schriftlich gemahnt und ihm dabei eine mindestens zweiwöchige Nachfrist gesetzt hat.

(2) Wird vor vollständiger Erfüllung des Restrukturierungsplans über das Vermögen des Schuldners ein Insolvenzverfahren eröffnet, so ist die Stundung oder der Erlass im Sinne des Absatzes 1 für alle Gläubiger hinfällig.

(3) [1] Im Restrukturierungsplan kann etwas von Absatz 1 oder 2 Abweichendes vorgesehen werden. [2] Jedoch kann von Absatz 1 nicht zum Nachteil des Schuldners abgewichen werden.

§ 70 Streitige Forderungen und Ausfallforderungen. (1) Streitige Restrukturierungsforderungen unterliegen der auf sie anwendbaren Regelung des Restrukturierungsplans in der Höhe, in der sie später festgestellt sind, nicht aber über den Betrag hinaus, der dem Plan zugrunde gelegt wurde.

(2) [1] Ist eine Restrukturierungsforderung im Abstimmungsverfahren bestritten worden oder steht die Höhe der Ausfallforderung des Inhabers einer Absonderungsanwartschaft noch nicht fest, so ist ein Rückstand mit der Erfüllung des Restrukturierungsplans im Sinne des § 69 Absatz 1 nicht anzunehmen, wenn der Schuldner die Forderung bis zur endgültigen Feststellung in der Höhe berücksichtigt, die der Entscheidung über das Stimmrecht bei der Abstimmung über den Plan entspricht. [2] Ist keine Entscheidung des Restrukturierungsgerichts über das Stimmrecht getroffen worden, so hat das Restrukturierungsgericht auf Antrag des Schuldners oder des Gläubigers nachträglich festzustellen, in welchem Ausmaß der Schuldner die Forderung vorläufig zu berücksichtigen hat.

(3) [1] Ergibt die endgültige Feststellung der Forderung, dass der Schuldner zu wenig gezahlt hat, so hat er das Fehlende nachzuzahlen. [2] Ein erheblicher Rückstand mit der Erfüllung des Restrukturierungsplans ist erst anzunehmen, wenn der Schuldner das Fehlende nicht nachzahlt, obwohl der Gläubiger ihn schriftlich gemahnt und ihm dabei eine mindestens zweiwöchige Nachfrist gesetzt hat.

(4) Ergibt die endgültige Feststellung der Forderung, dass der Schuldner zu viel gezahlt hat, so kann er den Mehrbetrag nur insoweit zurückfordern, als dieser auch den nicht fälligen Teil der Forderung übersteigt, die dem Gläubiger nach dem Restrukturierungsplan zusteht.

§ 71 Vollstreckung aus dem Restrukturierungsplan. (1) [1] Aus dem rechtskräftig bestätigten Restrukturierungsplan können die Restrukturierungsgläubiger, deren Forderungen im Bestätigungsbeschluss nicht als bestritten ausgewiesen sind, wie aus einem vollstreckbaren Urteil die Zwangsvollstreckung gegen den Schuldner betreiben. [2] § 202 der Insolvenzordnung[1)] gilt entsprechend.

(2) Absatz 1 gilt auch für die Zwangsvollstreckung gegen einen Dritten, der durch eine dem Restrukturierungsgericht eingereichte schriftliche Erklärung für die Erfüllung des Plans neben dem Schuldner ohne Vorbehalt der Einrede der Vorausklage Verpflichtungen übernommen hat.

(3) Macht ein Gläubiger die Rechte geltend, die ihm im Fall eines erheblichen Rückstands des Schuldners mit der Erfüllung des Plans zustehen, so hat er zur Erteilung der Vollstreckungsklausel für diese Rechte und zur Durchführung der

[1)] **Habersack, Deutsche Gesetze Nr. 110.**

Vollstreckung die Mahnung und den Ablauf der Nachfrist glaubhaft zu machen, jedoch keinen weiteren Beweis für den Rückstand des Schuldners zu führen.

(4) Bestand für die einer Planregelung unterliegende Forderung bereits ein vollstreckbarer Titel, tritt der rechtskräftig bestätigte Restrukturierungsplan an dessen Stelle; die weitere Vollstreckung aus dem früheren Titel ist insoweit unzulässig.

§ 72 Planüberwachung. (1) Im gestaltenden Teil des Restrukturierungsplans kann vorgesehen werden, dass die Erfüllung der den Gläubigern nach dem gestaltenden Teil zustehenden Ansprüche überwacht wird.

(2) Die Überwachung ist einem Restrukturierungsbeauftragten zu übertragen.

(3) Stellt der Restrukturierungsbeauftragte fest, dass Ansprüche, deren Erfüllung überwacht wird, nicht erfüllt werden oder nicht erfüllt werden können, so hat er dies unverzüglich dem Restrukturierungsgericht und den Gläubigern anzuzeigen, denen nach dem gestaltenden Teil des Plans Ansprüche gegen den Schuldner zustehen.

(4) Das Restrukturierungsgericht beschließt die Aufhebung der Überwachung, wenn

1. die Ansprüche, deren Erfüllung überwacht wird, erfüllt sind oder wenn gewährleistet ist, dass sie erfüllt werden,
2. seit dem Eintritt der Rechtskraft des Restrukturierungsplans drei Jahre verstrichen sind oder
3. das Insolvenzverfahren über das Vermögen des Schuldners eröffnet oder die Eröffnung mangels Masse abgewiesen wird.

Kapitel 3. Restrukturierungsbeauftragter

Abschnitt 1. Bestellung von Amts wegen

§ 73[1)] Bestellung von Amts wegen. (1) [1]Das Restrukturierungsgericht bestellt einen Restrukturierungsbeauftragten, wenn

1. im Rahmen der Restrukturierung die Rechte von Verbrauchern oder mittleren, kleinen oder Kleinstunternehmen berührt werden sollen, weil deren Forderungen oder Absonderungsanwartschaften durch den Restrukturierungsplan gestaltet werden sollen oder die Durchsetzung solcher Forderungen oder Absonderungsanwartschaften durch eine Stabilisierungsanordnung gesperrt werden soll,
2. der Schuldner eine Stabilisierungsanordnung beantragt, welche sich mit Ausnahme der nach § 4 ausgenommenen Forderungen gegen alle oder im Wesentlichen alle Gläubiger richten soll,
3. der Restrukturierungsplan eine Überwachung der Erfüllung der den Gläubigern zustehenden Ansprüche vorsieht (§ 72).

[2]Das Gericht kann im Einzelfall von einer Bestellung absehen, wenn die Bestellung zur Wahrung der Rechte der Beteiligten nicht erforderlich oder offensichtlich unverhältnismäßig ist.

(2) [1]Eine Bestellung erfolgt auch, wenn absehbar ist, dass das Restrukturierungsziel nur gegen den Willen von Inhabern von Restrukturierungsforderungen oder Absonderungsanwartschaften erreichbar ist, ohne deren Zustimmung zum Restrukturierungsplan eine Planbestätigung allein unter den Voraussetzungen des § 26 möglich ist. [2]Dies gilt nicht, wenn an der Restrukturierung allein Unterneh-

[1)] § 73 Abs. 3 Nr. 1 geänd. mWv 27.7.2022 durch G v. 20.7.2022 (BGBl. I S. 1166).

men des Finanzsektors als Planbetroffene beteiligt sind. [3]Den Unternehmen des Finanzsektors stehen Planbetroffene gleich, die als Rechtsnachfolger in die von Unternehmen des Finanzsektors begründeten Forderungen eingetreten sind oder die mit Forderungen aus geld- oder kapitalmarktgehandelten Instrumenten betroffen werden. [4]Den geld- und kapitalmarktgehandelten Instrumenten stehen nicht verbriefte Instrumente gleich, die zu gleichlautenden Bedingungen ausgegeben wurden.

(3) Das Gericht kann einen Restrukturierungsbeauftragten bestellen, um Prüfungen als Sachverständiger vorzunehmen, insbesondere

1. zu den Bestätigungsvoraussetzungen nach § 63 Absatz 1 Nummer 1, Absatz 3 und § 64 Absatz 1 oder
2. zur Angemessenheit der Entschädigung bei einem Eingriff in gruppeninterne Drittsicherheiten oder einer Beschränkung der Haftung von unbeschränkt haftenden Gesellschaftern.

§ 74 Bestellung. (1) Zum Restrukturierungsbeauftragten ist ein für den jeweiligen Einzelfall geeigneter, in Restrukturierungs- und Insolvenzsachen erfahrener Steuerberater, Wirtschaftsprüfer oder Rechtsanwalt oder eine sonstige natürliche Person mit vergleichbarer Qualifikation zu bestellen, die von den Gläubigern und dem Schuldner unabhängig ist und die aus dem Kreis aller zur Übernahme des Amtes bereiten Personen auszuwählen ist.

(2) [1]Das Restrukturierungsgericht berücksichtigt bei der Auswahl eines Restrukturierungsbeauftragten nach § 73 Absatz 1 und 2 Vorschläge des Schuldners, der Gläubiger und der an dem Schuldner beteiligten Personen. [2]Hat der Schuldner die Bescheinigung eines in Restrukturierungs- und Insolvenzsachen erfahrenen Steuerberaters, Wirtschaftsprüfers, Rechtsanwalts oder einer Person mit vergleichbarer Qualifikation vorgelegt, aus der sich ergibt, dass der Schuldner die Voraussetzungen des § 51 Absatz 1 und 2 erfüllt, kann das Gericht vom Vorschlag des Schuldners nur dann abweichen, wenn die vorgeschlagene Person offensichtlich ungeeignet ist; dies ist zu begründen. [3]Wenn Planbetroffene, auf welche in jeder der nach § 9 gebildeten oder zu bildenden Gruppen von Inhabern von Restrukturierungsforderungen und Absonderungsanwartschaften mehr als 25 Prozent des Stimmrechts entfallen oder voraussichtlich entfallen werden, einen gemeinschaftlichen Vorschlag unterbreiten und wenn keine Bindung des Gerichts nach Satz 2 besteht, kann das Gericht vom gemeinsamen Vorschlag der Planbetroffenen nur dann abweichen, wenn die vorgeschlagene Person offensichtlich ungeeignet ist; dies ist zu begründen.

(3) Folgt das Restrukturierungsgericht einem Vorschlag des Schuldners nach Absatz 2 Satz 2 oder der Planbetroffenen nach Absatz 2 Satz 3, kann es einen weiteren Restrukturierungsbeauftragten bestellen und diesem dessen Aufgaben übertragen; dies gilt nicht für die Aufgaben nach § 76 Absatz 2 Nummer 1 Halbsatz 1 und 2.

§ 75 Rechtsstellung. (1) [1]Der Restrukturierungsbeauftragte steht unter der Aufsicht des Restrukturierungsgerichts. [2]Das Gericht kann jederzeit einzelne Auskünfte oder einen Bericht über den Sachstand verlangen.

(2) [1]Das Restrukturierungsgericht kann den Restrukturierungsbeauftragten aus wichtigem Grund aus dem Amt entlassen. [2]Die Entlassung kann von Amts wegen oder auf Antrag des Restrukturierungsbeauftragten, des Schuldners oder eines Gläubigers erfolgen. [3]Auf Antrag des Schuldners oder eines Gläubigers erfolgt die Entlassung nur, wenn der Beauftragte nicht unabhängig ist; dies ist von dem

Antragsteller glaubhaft zu machen. [4] Vor der Entscheidung ist der Restrukturierungsbeauftragte zu hören.

(3) [1] Gegen die Entlassung steht dem Beauftragten die sofortige Beschwerde zu. [2] Gegen die Ablehnung des Antrags steht dem Antragsteller die sofortige Beschwerde zu.

(4) [1] Der Restrukturierungsbeauftragte erfüllt seine Aufgaben mit der gebotenen Sorgfalt und Gewissenhaftigkeit. [2] Er nimmt seine Aufgaben unparteiisch wahr. [3] Verletzt er die ihm obliegenden Pflichten in schuldhafter Weise, ist er den Betroffenen zum Schadensersatz verpflichtet. [4] Die Verjährung des Anspruchs auf Ersatz des Schadens, der aus einer Pflichtverletzung des Restrukturierungsbeauftragten entstanden ist, richtet sich nach den Regelungen über die regelmäßige Verjährung nach dem Bürgerlichen Gesetzbuch[1)]. [5] Der Anspruch verjährt spätestens in drei Jahren nach der Beendigung der Rechtshängigkeit der Restrukturierungssache. [6] Ist eine Planüberwachung angeordnet, tritt an die Stelle des Endes der Rechtshängigkeit der Restrukturierungssache der Abschluss der Planüberwachung.

§ 76[2)] Aufgaben. (1) Stellt der Restrukturierungsbeauftragte Umstände fest, die eine Aufhebung der Restrukturierungssache nach § 33 rechtfertigen, hat er diese dem Restrukturierungsgericht unverzüglich mitzuteilen.

(2) Liegen die Voraussetzungen von § 73 Absatz 1 Nummer 1 oder 2 oder Absatz 2 vor,

1. steht dem Restrukturierungsbeauftragten die Entscheidung darüber zu, wie der Restrukturierungsplan zur Abstimmung gebracht wird; erfolgt die Abstimmung nicht im gerichtlichen Verfahren, leitet der Beauftragte die Versammlung der Planbetroffenen und dokumentiert die Abstimmung; der Beauftragte prüft die Forderungen, Absonderungsanwartschaften, gruppeninternen Drittsicherheiten und Anteils- und Mitgliedschaftsrechte der Planbetroffenen; ist eine Restrukturierungsforderung, Absonderungsanwartschaft oder gruppeninterne Drittsicherheit oder ein Anteils- und Mitgliedschaftsrecht dem Grunde oder der Höhe nach streitig oder zweifelhaft, weist er die anderen Planbetroffenen darauf hin und wirkt auf eine Klärung des Stimmrechts im Wege einer Vorprüfung nach den §§ 47 und 48 hin,
2. kann das Gericht dem Beauftragten die Befugnis übertragen,
   a) die wirtschaftliche Lage des Schuldners zu prüfen und dessen Geschäftsführung zu überwachen,
   b) von dem Schuldner zu verlangen, dass eingehende Gelder nur von dem Beauftragten entgegengenommen und Zahlungen nur von dem Beauftragten geleistet werden können,
3. kann das Gericht dem Schuldner aufgeben, dem Beauftragten Zahlungen anzuzeigen und Zahlungen außerhalb des gewöhnlichen Geschäftsbetriebs nur zu tätigen, wenn der Beauftragte zustimmt,
4. hat der Beauftragte auch die Aufgabe, den Schuldner und die Gläubiger bei der Ausarbeitung und Aushandlung des Restrukturierungskonzepts und des auf ihm basierenden Plans zu unterstützen.

[1)] **Habersack, Deutsche Gesetze Nr. 20.**
[2)] § 76 Abs. 2 Nr. 3 geänd., Nr. 4 angef. mWv 27.7.2022 durch G v. 20.7.2022 (BGBl. I S. 1166).

(3) Wird zugunsten des Schuldners eine Stabilisierungsanordnung erlassen,

1. prüft der Beauftragte fortlaufend, ob die Anordnungsvoraussetzungen fortbestehen und ob ein Aufhebungsgrund vorliegt; zu diesem Zweck untersucht der Beauftragte die Verhältnisse des Schuldners;
2. steht dem Beauftragten das Recht zu, die Gründe für die Aufhebung der Anordnung geltend zu machen.

(4) [1] Legt der Schuldner einen Restrukturierungsplan zur Bestätigung vor, nimmt der Beauftragte Stellung zur Erklärung nach § 14 Absatz 1. [2] Erfolgt die Bestellung des Beauftragten vor der Planabstimmung, ist die Stellungnahme den Planbetroffenen als weitere Anlage beizufügen. [3] Der Bericht nach Satz 1 stellt auch die Zweifel am Bestehen oder an der Höhe einer Restrukturierungsforderung, einer Absonderungsanwartschaft, einer gruppeninternen Drittsicherheit oder eines Anteils- und Mitgliedschaftsrechts nach Absatz 2 Nummer 1 Halbsatz 4 oder einen diesbezüglichen Streit dar.

(5) Der Schuldner ist verpflichtet, dem Beauftragten die erforderlichen Auskünfte zu erteilen, ihm Einsicht in die Bücher und Geschäftspapiere zu gewähren und ihn bei der Erfüllung seiner Aufgaben zu unterstützen.

(6) [1] Das Restrukturierungsgericht kann den Restrukturierungsbeauftragten beauftragen, die dem Gericht obliegenden Zustellungen durchzuführen. [2] Zur Durchführung der Zustellung und zur Erfassung in den Akten kann der Beauftragte sich Dritter, insbesondere auch eigenen Personals, bedienen. [3] Er hat die von ihm nach § 184 Absatz 2 Satz 4 der Zivilprozessordnung[1)] angefertigten Vermerke unverzüglich zu den Gerichtsakten zu reichen.

Abschnitt 2. Bestellung auf Antrag

§ 77 Antrag. (1) [1] Auf Antrag des Schuldners bestellt das Restrukturierungsgericht einen Restrukturierungsbeauftragten zur Förderung der Verhandlungen zwischen den Beteiligten (fakultativer Restrukturierungsbeauftragter). [2] Gläubigern steht dieses Recht gemeinschaftlich zu, wenn auf sie mehr als 25 Prozent der Stimmrechte in einer Gruppe entfallen oder voraussichtlich entfallen werden und wenn sie sich zur gesamtschuldnerischen Übernahme der Kosten der Beauftragung verpflichten.

(2) Der Antrag kann darauf gerichtet sein, dem Beauftragten zusätzlich eine oder mehrere Aufgaben nach § 76 zuzuweisen.

§ 78 Bestellung und Rechtsstellung. (1) Auf die Bestellung des fakultativen Restrukturierungsbeauftragten findet § 74 Absatz 1 entsprechende Anwendung.

(2) Wird von Gläubigern, die zusammen alle voraussichtlich in den Restrukturierungsplan einbezogenen Gruppen repräsentieren, ein Vorschlag zur Person des fakultativen Restrukturierungsbeauftragten gemacht, kann das Gericht von diesem nur dann abweichen, wenn die Person offensichtlich ungeeignet ist oder, falls der Beauftragte lediglich zum Zwecke der Förderung der Verhandlungen zwischen den Beteiligten bestellt werden soll, der Schuldner dem Vorschlag widerspricht; eine Abweichung ist zu begründen.

(3) Auf die Rechtsstellung des fakultativen Restrukturierungsbeauftragten findet § 75 entsprechende Anwendung.

[1)] **Habersack, Deutsche Gesetze Nr. 100.**

§ 79 Aufgaben. Der fakultative Restrukturierungsbeauftragte unterstützt den Schuldner und die Gläubiger bei der Ausarbeitung und Aushandlung des Restrukturierungskonzepts und des auf ihm basierenden Plans.

Abschnitt 3. Vergütung

§ 80 Vergütungsanspruch. [1] Der Restrukturierungsbeauftragte hat nach Maßgabe der nachfolgenden Bestimmungen Anspruch auf Vergütung (Honorar und Auslagen). [2] Vereinbarungen über die Vergütung sind nur dann wirksam, wenn die nachfolgenden Bestimmungen zum zulässigen Inhalt und zum Verfahren beachtet sind.

§ 81 Regelvergütung. (1) Der Restrukturierungsbeauftragte erhält, soweit er persönlich tätig wird, ein Honorar auf der Grundlage angemessener Stundensätze.

(2) Soweit der unterstützende Einsatz qualifizierter Mitarbeiter erforderlich ist, erhält der Restrukturierungsbeauftragte auch für deren Tätigkeit ein Honorar auf der Grundlage angemessener Stundensätze.

(3) [1] Bei der Bemessung der Stundensätze berücksichtigt das Restrukturierungsgericht die Unternehmensgröße, Art und Umfang der wirtschaftlichen Schwierigkeiten des Schuldners und die Qualifikation des Restrukturierungsbeauftragten sowie der qualifizierten Mitarbeiter. [2] Im Regelfall beläuft sich der Stundensatz für die persönliche Tätigkeit des Restrukturierungsbeauftragten auf bis zu 350 Euro und für die Tätigkeit qualifizierter Mitarbeiter auf bis zu 200 Euro.

(4) [1] Mit der Bestellung des Restrukturierungsbeauftragten setzt das Restrukturierungsgericht die Stundensätze fest. [2] Zugleich bestimmt es auf der Grundlage von Stundenbudgets, die dem voraussichtlichen Aufwand und der Qualifikation des Beauftragten und der qualifizierten Mitarbeiter angemessen Rechnung tragen, einen Höchstbetrag für das Honorar. [3] Dazu hört das Restrukturierungsgericht die zu bestellende Person und diejenigen an, die die Auslagen nach Nummer 9017 des Kostenverzeichnisses zum Gerichtskostengesetz[1)] schulden (Auslagenschuldner).

(5) [1] Die Bestellung eines fakultativen Restrukturierungsbeauftragten soll erst nach Zahlung der Gerichtsgebühr für die Bestellung nach Nummer 2513 des Kostenverzeichnisses zum Gerichtskostengesetz und eines Vorschusses auf die Auslagen nach Nummer 9017 des Kostenverzeichnisses zum Gerichtskostengesetz erfolgen. [2] Erfolgt eine Bestellung von Amts wegen, soll das Restrukturierungsgericht auch über jeden Antrag des Schuldners auf Inanspruchnahme eines Instruments des Stabilisierungs- und Restrukturierungsrahmens erst nach Zahlung der Gerichtsgebühr für die Bestellung nach Nummer 2513 des Kostenverzeichnisses zum Gerichtskostengesetz und eines Vorschusses auf die Auslagen nach Nummer 9017 des Kostenverzeichnisses zum Gerichtskostengesetz entscheiden.

(6) [1] Reichen die der Ermittlung des Höchstbetrags zugrunde gelegten Stundenbudgets für eine sachgerechte Wahrnehmung der Aufgaben und Befugnisse nicht aus, legt der Beauftragte Grund und Ausmaß des Erhöhungsbedarfs unverzüglich dem Restrukturierungsgericht dar. [2] Das Restrukturierungsgericht hat in diesem Fall nach Anhörung der Auslagenschuldner unverzüglich über eine Anpassung der Budgets zu entscheiden. [3] Absatz 5 gilt entsprechend.

[1)] **Habersack, Deutsche Gesetze Nr. 115.**

(7) Für den Ersatz der Auslagen gelten § 5 Absatz 2 Satz 1 Nummer 2 und die §§ 6, 7 und 12 Absatz 1 Satz 2 Nummer 4 des Justizvergütungs- und -entschädigungsgesetzes[1] entsprechend.

§ 82 Festsetzung der Vergütung. (1) Auf Antrag des Restrukturierungsbeauftragten setzt das Restrukturierungsgericht nach Beendigung des Amtes des Restrukturierungsbeauftragten die Vergütung durch Beschluss fest.

(2) [1] Das Restrukturierungsgericht entscheidet bei der Festsetzung der Vergütung nach Absatz 1 auch darüber, wer in welchem Umfang die Auslagen nach Nummer 9017 des Kostenverzeichnisses zum Gerichtskostengesetz[2] zu tragen hat. [2] Die Auslagen sind dem Schuldner aufzuerlegen. [3] Abweichend von Satz 2 sind die Auslagen bei Bestellung eines fakultativen Restrukturierungsbeauftragten auf Antrag von Gläubigern den antragstellenden Gläubigern aufzuerlegen, soweit sie nicht für Tätigkeiten entstehen, die das Restrukturierungsgericht dem Restrukturierungsbeauftragten von Amts wegen oder auf Antrag des Schuldners übertragen hat.

(3) Gegen die Festsetzung des Stundensatzes nach § 81 Absatz 4, gegen die Bestimmung oder Anpassung des Höchstbetrags nach § 81 Absatz 4 und 6 und gegen die Festsetzung der Vergütung steht dem Restrukturierungsbeauftragten und jedem Auslagenschuldner die sofortige Beschwerde zu.

(4) Auf Antrag des Restrukturierungsbeauftragten ist ein angemessener Vorschuss auszuzahlen, wenn ihm erhebliche Auslagen entstanden sind oder voraussichtlich entstehen werden oder wenn die zu erwartende Vergütung für bereits erbrachte Arbeiten einen Betrag von 10 000 Euro übersteigt.

§ 83 Vergütung in besonderen Fällen. (1) [1] In besonderen Fällen können Stundensätze als Grundlage für das Honorar festgesetzt werden, welche die Höchstbeträge des § 81 Absatz 3 übersteigen, insbesondere, wenn

1. alle voraussichtlichen Auslagenschuldner zustimmen,
2. sich ansonsten keine geeignete Person zur Übernahme des Amtes bereit erklärt oder
3. die dem Restrukturierungsbeauftragten übertragenen Aufgaben unter den besonderen Umständen der Restrukturierungssache den Aufgaben nahekommen, die einem Sachwalter in einem in Eigenverwaltung geführten Insolvenzverfahren übertragen sind, insbesondere, weil eine allgemeine Stabilisierungsanordnung ergeht oder weil in den Restrukturierungsplan mit Ausnahme der nach § 4 auszunehmenden Gläubiger alle oder im Wesentlichen alle Gläubiger und an dem Schuldner beteiligten Personen einbezogen werden.

[2] Im Fall des Satzes 1 Nummer 3 kommt auch eine Vergütung nach anderen Grundsätzen, insbesondere eine Bemessung auf Grundlage des Wertes der in den Restrukturierungsplan einbezogenen Forderungen gegen den Schuldner oder des Unternehmensvermögens in Betracht.

(2) Wenn der Restrukturierungsbeauftragte auf Antrag und auf Vorschlag aller voraussichtlichen Auslagenschuldner bestellt wird und der Restrukturierungsbeauftragte und sämtliche Auslagenschuldner eine Vereinbarung über die Vergütung vorlegen, hat das Gericht diese Vereinbarung der Bemessung der Ver-

[1] **Habersack, Deutsche Gesetze Nr. 116.**
[2] **Habersack, Deutsche Gesetze Nr. 115.**

gütung zugrunde zu legen, wenn die Vereinbarung nicht zu einer unangemessenen Vergütung führt.

Kapitel 4. Öffentliche Restrukturierungssachen

§ 84[1) 2)] **Antrag und erste Entscheidung.** (1) [1]In Verfahren über Restrukturierungssachen erfolgen öffentliche Bekanntmachungen nur, wenn der Schuldner dies beantragt. [2]Der Antrag ist vor der ersten Entscheidung in der Restrukturierungssache zu stellen und kann nur bis zur ersten Entscheidung zurückgenommen werden. [3]Auf den Antrag findet Artikel 102c § 5 des Einführungsgesetzes zur Insolvenzordnung[3)] entsprechende Anwendung.

(2) [1]Hat der Schuldner beantragt, dass in den Verfahren in der Restrukturierungssache öffentliche Bekanntmachungen erfolgen sollen, sind in der ersten Entscheidung, die in der Restrukturierungssache ergeht, anzugeben:

1. die Gründe, auf denen die internationale Zuständigkeit des Gerichts beruht, sowie
2. ob die Zuständigkeit auf Artikel 3 Absatz 1 oder Absatz 2 der Verordnung (EU) 2015/848[4)] des Europäischen Parlaments und des Rates vom 20. Mai 2015 über Insolvenzverfahren (ABl. L 141 vom 5.6.2015, S. 19; L 349 vom 21.12.2016, S. 6) in der jeweils geltenden Fassung beruht.

[2]Auf Antrag des Schuldners stellt das Gericht in einem Beschluss seine internationale Zuständigkeit und die Art des Verfahrens fest. [3]Artikel 102c § 4 des Einführungsgesetzes zur Insolvenzordnung ist entsprechend anzuwenden.

§ 85[5)] **Besondere Bestimmungen.** (1) Öffentlich bekannt zu machen sind die in Artikel 24 Absatz 2 der Verordnung (EU) 2015/848[4)] genannten Angaben.

(2) Des Weiteren sind öffentlich bekannt zu machen:

1. Ort und Zeit gerichtlicher Termine,
2. die Bestellung eines Restrukturierungsbeauftragten,
3. die Entscheidungen des Restrukturierungsgerichts nach § 37 Absatz 1 und 2,
4. die Stabilisierungsanordnung nach § 49 Absatz 1, wenn sich diese gegen die Gesamtheit der Gläubiger richtet; wurde eine Stabilisierungsanordnung öffentlich bekannt gemacht, ist auch deren Aufhebung nach § 59 Absatz 1 oder Absatz 2 oder deren Beendigung nach § 59 Absatz 4 öffentlich bekannt zu machen,
5. die sonstigen Entscheidungen des Restrukturierungsgerichts nach § 72 Absatz 4 sowie nach § 81 Absatz 4 und 6, § 82 Absatz 1 und § 93 Absatz 4, jedoch ohne festgesetzte Stundensätze, ohne Honorar- und Vergütungsbeträge sowie ohne die Höhe der Auslagen,
6. der Verlust der Wirkungen der Anzeige gemäß § 31 Absatz 4.

(3) [1]Sobald eine Entscheidung, die eine von dem Restrukturierungsgericht öffentlich bekannt gemachte Entscheidung aufhebt oder abändert, Rechtskraft erlangt hat, hat das Restrukturierungsgericht auch die Aufhebung oder Abände-

---

[1)] § 84 ist gem. Art. 25 Abs. 3 Nr. 1 G v. 22.12.2020 (BGBl. I S. 3256) mWv 17.7.2022 in Kraft getreten.

[2)] § 84 Abs. 2 Satz 2 neu gef. mWv 17.7.2024 durch G v. 12.7.2024 (BGBl. 2024 I Nr. 234).

[3)] **Habersack, Deutsche Gesetze Nr. 110a.**

[4)] Nr. **110b**.

[5)] § 85 neu gef. mWv 17.7.2024 durch G v. 12.7.2024 (BGBl. 2024 I Nr. 234).

rung der Entscheidung öffentlich bekannt zu machen. [2] Satz 1 gilt entsprechend, wenn das Beschwerdegericht gemäß § 66 Absatz 4 die aufschiebende Wirkung der Beschwerde gegen die Bestätigung des Restrukturierungsplans anordnet.

(4) [1] Erfolgen öffentliche Bekanntmachungen nach den Absätzen 1 und 2, so ist eine Zustellung von Ladungen zu Terminen gegenüber Aktionären, Kommanditaktionären und Inhabern von Schuldverschreibungen nicht erforderlich. [2] Unterbleibt die Zustellung von Ladungen nach § 45 Absatz 3, sind jedem Planbetroffenen auf dessen Verlangen die Ladung sowie der vollständige Restrukturierungsplan nebst Anlagen elektronisch zuzuleiten oder elektronisch zugänglich zu machen. [3] Handelt es sich bei dem Schuldner um eine börsennotierte Aktiengesellschaft, so ist § 121 Absatz 4a des Aktiengesetzes[1)] entsprechend anzuwenden.

(5) [1] In den Fällen des Absatzes 2 Nummer 5 sind die vollständigen Beschlüsse und Entscheidungen nach § 81 Absatz 4 und 6, § 82 Absatz 1 und § 93 Absatz 4 in der Geschäftsstelle des Restrukturierungsgerichts zur Einsichtnahme auszulegen. [2] In der Bekanntmachung ist auf die Möglichkeit der Einsichtnahme hinzuweisen.

§ 86[2) 3)] Öffentliche Bekanntmachung; Verordnungsermächtigung.

(1) [1] Die öffentliche Bekanntmachung erfolgt durch eine zentrale und länderübergreifende Veröffentlichung im Internet[4)]; diese kann auszugsweise geschehen. [2] Die Bekanntmachung gilt als bewirkt, sobald nach dem Tag der Veröffentlichung zwei weitere Tage verstrichen sind.

(2) [1] Das Bundesministerium der Justiz und für Verbraucherschutz wird ermächtigt, durch Rechtsverordnung mit Zustimmung des Bundesrates die Einzelheiten der zentralen und länderübergreifenden Veröffentlichung im Internet zu regeln. [2] Dabei sind insbesondere Löschungsfristen vorzusehen sowie Vorschriften, die sicherstellen, dass die Veröffentlichungen

1. unversehrt, vollständig, sachlich richtig und aktuell bleiben,
2. jederzeit ihrem Ursprung nach zugeordnet werden können.

(3) Die öffentliche Bekanntmachung genügt zum Nachweis der Zustellung an alle Beteiligten, auch wenn dieses Gesetz neben ihr eine besondere Zustellung vorschreibt.

§ 87[2)] Restrukturierungsforum; Verordnungsermächtigung. (1) Planbetroffene können im Restrukturierungsforum des Bundesanzeigers andere Planbetroffene auffordern, das Stimmrecht im Rahmen einer Planabstimmung in bestimmter Weise auszuüben, eine Stimmrechtsvollmacht zu erteilen oder einen Vorschlag zur Änderung des vorgelegten Restrukturierungsplans zu unterstützen.

(2) Die Aufforderung hat die folgenden Angaben zu enthalten:

1. den Namen und eine Anschrift des Planbetroffenen,
2. den Schuldner,
3. das Restrukturierungsgericht und das Aktenzeichen der Restrukturierungssache,
4. den Vorschlag für die Stimmrechtsausübung, für die Stimmrechtsvollmacht oder zur Änderung des Plans und

---

[1)] ***Habersack, Deutsche Gesetze Nr. 51.***

[2)] §§ 86–88 sind gem. Art. 25 Abs. 3 Nr. 1 G v. 22.12.2020 (BGBl. I S. 3256) mWv 17.7.2022 in Kraft getreten.

[3)] § 86 Abs. 1 Satz 1 geänd. mWv 17.7.2024 durch G v. 12.7.2024 (BGBl. 2024 I Nr. 234).

[4)] **Amtl. Anm.:** www.restrukturierungsbekanntmachung.de

5. den Tag der Versammlung der Planbetroffenen oder des Fristablaufs zur Annahme des Planangebots.

(3) Die Aufforderung kann auf eine Begründung auf der Internetseite des Auffordernden und deren elektronische Adresse hinweisen.

(4) Der Schuldner kann im Restrukturierungsforum des Bundesanzeigers auf eine Stellungnahme zu der Aufforderung auf seiner Internetseite hinweisen.

(5) Das Bundesministerium der Justiz und für Verbraucherschutz wird ermächtigt, durch Rechtsverordnung, die nicht der Zustimmung des Bundesrates bedarf, die äußere Gestaltung des Restrukturierungsforums und weitere Einzelheiten insbesondere zu der Aufforderung, dem Hinweis, den Entgelten, zu Löschungsfristen, zum Löschungsanspruch, zu Missbrauchsfällen und zur Einsichtnahme zu regeln.

§ 88[1)] Anwendbarkeit des Artikels 102c des Einführungsgesetzes zur Insolvenzordnung[2)]. In öffentlichen Restrukturierungssachen ist Artikel 102c §§ 1, 2, 3 Absatz 1 und 3, die §§ 6, 15, 25 und 26 des Einführungsgesetzes zur Insolvenzordnung entsprechend anwendbar.

Kapitel 5. Anfechtungs- und Haftungsrecht

§ 89 Rechtshandlungen, die während der Rechtshängigkeit der Restrukturierungssache vorgenommen werden. (1) Die Annahme eines sittenwidrigen Beitrags zur Insolvenzverschleppung oder einer Rechtshandlung, die mit dem Vorsatz einer Benachteiligung der Gläubiger vorgenommen wurde, kann nicht allein darauf gestützt werden, dass ein an der Rechtshandlung Beteiligter Kenntnis davon hatte, dass die Restrukturierungssache rechtshängig war oder dass der Schuldner Instrumente des Stabilisierungs- und Restrukturierungsrahmens in Anspruch nahm.

(2) Hebt das Gericht nach einer Anzeige der Zahlungsunfähigkeit oder Überschuldung die Restrukturierungssache nicht nach § 33 Absatz 2 Satz 1 Nummer 1 auf, so gilt Absatz 1 auch für die Kenntnis der Zahlungsunfähigkeit oder Überschuldung.

(3) [1]Hat der Schuldner eine Zahlungsunfähigkeit oder Überschuldung nach § 32 Absatz 3 angezeigt, so gilt bis zur Aufhebung der Restrukturierungssache nach § 33 Absatz 2 Satz 1 Nummer 1 jede Zahlung im ordnungsgemäßen Geschäftsgang, insbesondere Zahlungen, die für die Fortführung der gewöhnlichen Geschäftstätigkeit und die Vorbereitung und Umsetzung des angezeigten Restrukturierungsvorhabens erforderlich sind, als mit der Sorgfalt eines ordentlichen Geschäftsleiters vereinbar. [2]Das gilt nicht für Zahlungen, die bis zu der absehbar zu erwartenden Entscheidung des Restrukturierungsgerichts zurückgehalten werden können, ohne dass damit Nachteile für eine Fortsetzung des Restrukturierungsvorhabens verbunden sind.

§ 90[3)] Planfolgen und Planvollzug. (1) Die Regelungen eines rechtskräftig bestätigten Restrukturierungsplans und Rechtshandlungen, die im Vollzug eines solchen Plans erfolgen, sind mit Ausnahme von Forderungen im Rang des § 39

[1)] §§ 86–88 sind gem. Art. 25 Abs. 3 Nr. 1 G v. 22.12.2020 (BGBl. I S. 3256) mWv 17.7.2022 in Kraft getreten.

[2)] **Habersack, Deutsche Gesetze Nr. 110a.**

[3)] § 90 Abs. 1 geänd. mWv 27.7.2022 durch G v. 20.7.2022 (BGBl. I S. 1166).

Absatz 1 Nummer 5 der Insolvenzordnung[1)] und Sicherheitsleistungen, die nach § 135 der Insolvenzordnung oder den §§ 6 und 6a des Anfechtungsgesetzes[2)] anfechtbar sind, bis zur nachhaltigen Restrukturierung einer Anfechtung nur zugänglich, wenn die Bestätigung auf der Grundlage unrichtiger oder unvollständiger Angaben des Schuldners erfolgte und dem anderen Teil dies bekannt war.

(2) Sieht der gestaltende Teil des Restrukturierungsplans die Übertragung des gesamten schuldnerischen Vermögens oder wesentlicher Teile davon vor, gilt Absatz 1 nur, soweit sichergestellt wird, dass die Gläubiger, die nicht planbetroffen sind, sich gegenüber den Planbetroffenen vorrangig aus der dem Wert des Gegenstands der Übertragung angemessenen Gegenleistung befriedigen können.

§ 91 Berechnung von Fristen. In die Fristen der §§ 3 bis 6a des Anfechtungsgesetzes[2)] sowie der §§ 88, 130 bis 136 der Insolvenzordnung[1)] wird die Zeit der Rechtshängigkeit der Restrukturierungssache nicht eingerechnet.

Kapitel 6. Arbeitnehmerbeteiligung; Gläubigerbeirat

§ 92 Beteiligungsrechte nach dem Betriebsverfassungsgesetz. Die Verpflichtungen des Schuldners gegenüber den Arbeitnehmervertretungsorganen und deren Beteiligungsrechte nach dem Betriebsverfassungsgesetz[3)] bleiben von diesem Gesetz unberührt.

§ 93 Gläubigerbeirat. (1) [1] Sollen in einer Restrukturierungssache mit Ausnahme der in § 4 genannten Forderungen die Forderungen aller Gläubiger durch einen Restrukturierungsplan gestaltet werden, und weist die Restrukturierungssache gesamtverfahrensartige Züge auf, kann das Gericht einen Gläubigerbeirat einsetzen. [2] § 21 Absatz 2 Satz 1 Nummer 1a der Insolvenzordnung[1)] gilt entsprechend. [3] In dem Beirat können auch nicht planbetroffene Gläubiger vertreten sein.

(2) Ist ein Gläubigerbeirat eingerichtet, tritt an die Stelle des gemeinschaftlichen Vorschlags der Planbetroffenen nach § 74 Absatz 2 Satz 3 der einstimmige Beschluss des Gläubigerbeirats.

(3) [1] Die Mitglieder des Beirats unterstützen und überwachen den Schuldner bei seiner Geschäftsführung. [2] Der Schuldner zeigt dem Beirat die Inanspruchnahme der Instrumente des Stabilisierungs- und Restrukturierungsrahmens an.

(4) [1] Die Mitglieder des Gläubigerbeirates haben Anspruch auf Vergütung für ihre Tätigkeit und auf Erstattung angemessener Auslagen. [2] Die Höhe der Vergütung richtet sich nach § 17 der Insolvenzrechtlichen Vergütungsverordnung[4)].

Teil 3. Sanierungsmoderation

§ 94[5)] Antrag. (1) [1] Auf Antrag eines restrukturierungsfähigen Schuldners bestellt das Gericht eine geeignete, insbesondere geschäftskundige und von den Gläubigern und dem Schuldner unabhängige natürliche Person zum Sanierungsmoderator. [2] Dies gilt nicht, wenn der Schuldner offensichtlich zahlungsunfähig ist. [3] Handelt es sich bei dem Schuldner um eine juristische Person oder eine rechts-

---

[1)] *Habersack, Deutsche Gesetze Nr. 110.*
[2)] **Habersack, Deutsche Gesetze Nr. 111.**
[3)] Nr. **82**.
[4)] Nr. **110c**.
[5)] § 94 Abs. 1 Satz 3, Abs. 2 Satz 3 geänd. mWv 1.1.2024 durch G v. 10.8.2021 (BGBl. I S. 3436).

fähige Personengesellschaft, für deren Verbindlichkeiten keine natürliche Person als unmittelbarer oder mittelbarer Gesellschafter haftet, gilt Satz 2 auch bei einer offensichtlichen Überschuldung.

(2) [1] Im Antrag sind anzugeben:

1. der Gegenstand des Unternehmens und
2. die Art der wirtschaftlichen oder finanziellen Schwierigkeiten.

[2] Dem Antrag sind ein Verzeichnis der Gläubiger und ein Verzeichnis des Vermögens sowie die Erklärung des Schuldners beizufügen, nicht zahlungsunfähig zu sein. [3] Handelt es sich bei dem Schuldner um eine juristische Person oder eine rechtsfähige Personengesellschaft, für deren Verbindlichkeiten keine natürliche Person als unmittelbarer oder mittelbarer Gesellschafter haftet, hat sich die Erklärung auch darauf zu erstrecken, dass keine Überschuldung vorliegt.

(3) Der Antrag ist an das für Restrukturierungssachen zuständige Gericht zu richten.

§ 95 Bestellung. (1) [1] Die Bestellung des Sanierungsmoderators erfolgt für einen Zeitraum von bis zu drei Monaten. [2] Auf Antrag des Moderators, welcher der Zustimmung des Schuldners und der in die Verhandlungen einbezogenen Gläubiger bedarf, kann der Bestellungszeitraum um bis zu drei weitere Monate verlängert werden. [3] Wird innerhalb dieses Zeitraums die Bestätigung eines Sanierungsvergleichs nach § 97 beantragt, verlängert sich die Bestellung bis zur Entscheidung über die Bestätigung des Vergleichs.

(2) Die Bestellung wird nicht öffentlich bekannt gemacht.

§ 96[1)] Sanierungsmoderation. (1) Der Sanierungsmoderator vermittelt zwischen dem Schuldner und seinen Gläubigern bei der Herbeiführung einer Lösung zur Überwindung der wirtschaftlichen oder finanziellen Schwierigkeiten.

(2) Der Schuldner gewährt dem Moderator Einblick in seine Bücher und Geschäftsunterlagen und erteilt ihm die angeforderten zweckmäßigen Auskünfte.

(3) [1] Der Sanierungsmoderator erstattet dem Gericht über den Fortgang der Sanierungsmoderation monatlich schriftlich Bericht. [2] Der Bericht enthält mindestens Angaben über

1. die Art und Ursachen der wirtschaftlichen oder finanziellen Schwierigkeiten;
2. den Kreis der in die Verhandlungen einbezogenen Gläubiger und sonstigen Beteiligten;
3. den Gegenstand der Verhandlungen und
4. das Ziel und den voraussichtlichen Fortgang der Verhandlungen.

(4) [1] Der Sanierungsmoderator zeigt dem Gericht eine ihm bekannt gewordene Zahlungsunfähigkeit des Schuldners an. [2] Handelt es sich bei dem Schuldner um eine juristische Person oder um eine rechtsfähige Personengesellschaft, bei der kein persönlich haftender Gesellschafter eine natürliche Person ist, gilt dies auch für die Überschuldung des Schuldners.

(5) [1] Der Sanierungsmoderator steht unter der Aufsicht des Restrukturierungsgerichts. [2] Das Restrukturierungsgericht kann den Sanierungsmoderator aus wichtigem Grund aus dem Amt entlassen. [3] Vor der Entscheidung ist der Sanierungsmoderator zu hören.

---

1) § 96 Abs. 4 Satz 2 geänd. mWv 1.1.2024 durch G v. 10.8.2021 (BGBl. I S. 3436).

§ 97 Bestätigung eines Sanierungsvergleichs. (1) [1] Ein Sanierungsvergleich, den der Schuldner mit seinen Gläubigern schließt und an dem sich auch Dritte beteiligen können, kann auf Antrag des Schuldners durch das Restrukturierungsgericht bestätigt werden. [2] Die Bestätigung wird versagt, wenn das dem Vergleich zugrunde liegende Sanierungskonzept

1. nicht schlüssig ist oder nicht von den tatsächlichen Gegebenheiten ausgeht oder
2. keine vernünftige Aussicht auf Erfolg hat.

(2) Der Sanierungsmoderator nimmt zu den Voraussetzungen des Absatzes 1 Satz 2 schriftlich Stellung.

(3) Ein nach Absatz 1 bestätigter Sanierungsvergleich ist nur unter den Voraussetzungen des § 90 anfechtbar.

§ 98 Vergütung. (1) [1] Der Sanierungsmoderator hat Anspruch auf eine angemessene Vergütung. [2] Diese bemisst sich nach dem Zeit- und Sachaufwand der mit der Sanierungsmoderation verbundenen Aufgaben.

(2) Die §§ 80 bis 83 finden entsprechende Anwendung.

§ 99 Abberufung. (1) Der Sanierungsmoderator wird abberufen:

1. auf eigenen Antrag oder auf Antrag des Schuldners,
2. von Amts wegen, wenn dem Restrukturierungsgericht durch den Moderator die Insolvenzreife des Schuldners angezeigt wurde.

(2) Wird der Moderator nach Absatz 1 Nummer 1 abberufen, bestellt das Gericht auf Antrag des Schuldners einen anderen Moderator.

§ 100 Übergang in den Stabilisierungs- und Restrukturierungsrahmen. (1) Nimmt der Schuldner Instrumente des Stabilisierungs- und Restrukturierungsrahmens in Anspruch, bleibt der Sanierungsmoderator im Amt, bis der Bestellungszeitraum abläuft, er nach § 99 abberufen wird oder ein Restrukturierungsbeauftragter bestellt wird.

(2) Das Restrukturierungsgericht kann den Sanierungsmoderator zum Restrukturierungsbeauftragten bestellen.

Teil 4. Frühwarnsysteme

§ 101 Informationen zu Frühwarnsystemen. Informationen über die Verfügbarkeit der von öffentlichen Stellen bereitgestellten Instrumentarien zur frühzeitigen Identifizierung von Krisen werden vom Bundesministerium der Justiz und für Verbraucherschutz unter seiner Internetadresse www.bmjv.bund.de bereitgestellt.

§ 102 Hinweis- und Warnpflichten. Bei der Erstellung eines Jahresabschlusses für einen Mandanten haben Steuerberater, Steuerbevollmächtigte, Wirtschaftsprüfer, vereidigte Buchprüfer und Rechtsanwälte den Mandanten auf das Vorliegen eines möglichen Insolvenzgrundes nach den §§ 17 bis 19 der Insolvenzordnung[1] und die sich daran anknüpfenden Pflichten der Geschäftsleiter und Mitglieder der Überwachungsorgane hinzuweisen, wenn entsprechende Anhaltspunkte offenkun*dig sind und sie annehmen müssen*, dass dem Mandanten die mögliche Insolvenzreife nicht bewusst ist.

---

[1] **Habersack, Deutsche Gesetze Nr. 110.**

Anlage
(zu § 5 Satz 2)

Notwendige Angaben im Restrukturierungsplan

Neben den sich aus den §§ 5 bis 15 ergebenden Angaben hat der Restrukturierungsplan mindestens die folgenden Angaben zu enthalten:

1. Firma oder Namen und Vornamen, Geburtsdatum, Registergericht und Registernummer, unter der der Schuldner in das Handelsregister eingetragen ist, Geschäftszweig oder Beschäftigung, gewerbliche Niederlassungen oder Wohnung des Schuldners und bei mehreren Niederlassungen die Hauptniederlassung;
2. die Vermögenswerte und Verbindlichkeiten des Schuldners zum Zeitpunkt der Vorlage des Restrukturierungsplans, einschließlich einer Bewertung der Vermögenswerte, eine Beschreibung der wirtschaftlichen Situation des Schuldners und der Position der Arbeitnehmer sowie eine Beschreibung der Ursachen und des Umfangs der wirtschaftlichen Schwierigkeiten des Schuldners;
3. die Planbetroffenen, die entweder namentlich zu benennen oder unter hinreichend konkreter Bezeichnung der Forderungen oder Rechte zu beschreiben sind;
4. die Gruppen, in welche die Planbetroffenen für die Zwecke der Annahme des Restrukturierungsplans unterteilt wurden, und die auf deren Forderungen und Rechte entfallenden Stimmrechte;
5. die Gläubiger, Inhaber von Absonderungsanwartschaften sowie Inhaber von Anteils- oder Mitgliedschaftsrechten, die nicht in den Restrukturierungsplan einbezogen wurden, zusammen mit einer Erläuterung der Gründe für die unterbliebene Einbeziehung; eine Beschreibung unter Bezugnahme auf Kategorien gleichartiger Gläubiger, Inhaber von Absonderungsanwartschaften sowie Inhaber von Anteils- oder Mitgliedschaftsrechten genügt, wenn dadurch die Überprüfung der sachgerechten Abgrenzung nach § 8 nicht erschwert wird;
6. Name und Anschrift des Restrukturierungsbeauftragten, sofern ein solcher bestellt ist;
7. die Auswirkungen des Restrukturierungsvorhabens auf die Beschäftigungsverhältnisse sowie Entlassungen und Kurzarbeiterregelungen und die Modalitäten der Unterrichtung und Anhörung der Arbeitnehmervertretung;
8. sofern der Restrukturierungsplan eine neue Finanzierung (§ 12) vorsieht, die Gründe für die Erforderlichkeit dieser Finanzierung.

113. Personenstandsgesetz (PStG)[1]

Vom 19. Februar 2007
(BGBl. I S. 122)

FNA 211-9

Lfd. Nr.	Änderndes Gesetz	Datum	Fundstelle	Betroffen	Hinweis
1.	Art. 2 Abs. 2 G zur Ergänzung des Rechts zur Anfechtung der Vaterschaft	13.3.2008	BGBl. I S. 313	§§ 44, 73	geänd. mWv 1.6.2008
2.	Art. 3 Viertes G zur Änd. verwaltungsverfahrensrechtlicher Vorschriften[2]	11.12. 2008	BGBl. I S. 2418	§§ 43, 47	geänd. mWv 1.1.2009
3.	Art. 12 FGG-ReformG	17.12. 2008	BGBl. I S. 2586	Inhaltsübersicht, §§ 51, 53	geänd. mWv 1.9.2009
4.	Art. 4 G zur Modernisierung des Benachrichtigungswesens in Nachlasssachen durch Schaffung des Zentralen Testamentsregisters bei der Bundesnotarkammer und zur Fristverlängerung nach der HofraumVO	22.12. 2010	BGBl. I S. 2255	§ 27	geänd. mWv 1.1.2012
5.	Art. 2 G zur Anpassung der Vorschriften des Internationalen Privatrechts an die Verordnung (EU) Nr. 1259/2010 und zur Änd. anderer Vorschriften des Internationalen Privatrechts	23.1.2013	BGBl. I S. 101	§ 43	geänd. mWv 29.1.2013
6.	Art. 1 Personenstandsrechts-ÄnderungsG	7.5.2013	BGBl. I S. 1122	§§ 63, 65, 66, 70, 73, 74, 75, 76, 77	geänd. mWv 15.5.2013
				Inhaltsübersicht, §§ 7, 15, 16, 21, 22, 27, 31, 34, 35, 36, 38, 41, 42, 43, 45, 47, 48, 52, 53, 55, 60, 73	geänd. mWv 1.11.2013
				§§ 57, 58	neu gef. mWv 1.11.2013
7.	Art. 2 Abs. 14 G zur Strukturreform des Gebührenrechts des Bundes	7.8.2013	BGBl. I S. 3154	Inhaltsübersicht	geänd. mWv 15.8.2013
				§ 72	aufgeh. mWv 15.8.2013
8.	Art. 3 G zum Ausbau der Hilfen für Schwangere und zur Regelung der vertraulichen Geburt	28.8.2013	BGBl. I S. 3458	§§ 10, 18, 21, 70	geänd. mWv 1.5.2014

[1] Verkündet als Art. 1 PersonenstandsrechtsreformG v. 19.2.2007 (BGBl. I S. 122); Inkrafttreten gem. Art. 5 Abs. 2 Satz 1 dieses G am 1.1.2009 mit Ausnahme von § 67 Abs. 4, §§ 73, 74 und § 77 Abs. 1, die gem. Art. 5 Abs. 1 bereits am 24.2.2007 in Kraft getreten sind.

[2] **Amtl. Anm.:** Dieses Gesetz dient der Umsetzung verwaltungsverfahrensrechtlicher Bestimmungen der Richtlinie 2006/123/EG des Europäischen Parlaments und des Rates vom 12. Dezember 2006 über Dienstleistungen im Binnenmarkt (ABl. EU Nr. L 376 S. 36).

Lfd. Nr.	Änderndes Gesetz	Datum	Fundstelle	Betroffen	Hinweis
9.	Art. 49 Zehnte ZuständigkeitsanpassungsVO	31.8.2015	BGBl. I S. 1474	§ 73	geänd. mWv 8.9.2015
10.	Art. 2 G zur Bereinigung des Rechts der Lebenspartner	20.11. 2015	BGBl. I S. 2010	Inhaltsübersicht, §§ 3, 35	geänd. mWv 26.11.2015
				§ 39a	eingef. mWv 26.11.2015
11.	Art. 3 G zur Bekämpfung von Kinderehen	17.7.2017	BGBl. I S. 2429	Inhaltsübersicht § 70	geänd. mWv 22.7.2017
				§ 11	neu gef. mWv 22.7.2017
12.	Art. 1 2. Personenstandsrechts-ÄnderungsG	17.7.2017	BGBl. I S. 2522	Inhaltsübersicht, §§ 5, 8, 16, 31, 34, 35, 36, 37, 41, 42, 43, 44, 45, 60, 73, 74,	geänd. mWv 1.11.2017
				§ 79	eingef. mWv 1.11.2017
				§ 7, Überschrift Kapitel 10, §§ 75, 76, 77	neu gef. mWv 1.11.2017
				§ 78	aufgeh. mit Ablauf des 31.10. 2017
				§§ 57, 58	geänd. mWv 1.11.2018
				§ 45a	eingef. mWv 1.11.2018
13.	Art. 2 Abs. 2 G zur Einführung des Rechts auf Eheschließung für Personen gleichen Geschlechts	20.7.2017	BGBl. I S. 2787	Inhaltsübersicht, Kapitel 4 Überschrift	geänd. mWv 1.10.2017
				§ 17a	eingef. mWv 1.10.2017
14.	Beschl. des BVerfG – 1 BvR 2019/16 –	10.10. 2017	BGBl. I S. 3783	§ 21 Abs. 1 Nr. 3 iVm § 22 Abs. 3	teilweise nichtig
15.	Art. 3 Abs. 1 G zum Erlass und zur Änd. bundesrechtlicher Vorschriften in Bezug auf die Übernahme der Angehörigenbenachrichtigungs-Aufgabenübertragung	4.12.2018	BGBl. I S. 2257 iVm Bek. v. 12.4. 2019, BGBl. I S. 496	§ 38	geänd. mWv 1.1.2019
16.	Art. 3 G zum Internationalen Güterrecht und zur Änd. von Vorschriften des Internationalen Privatrechts	17.12. 2018	BGBl. I S. 2573	§ 42	geänd. mWv 29.1.2019
17.	Art. 1 G zur Änd. der in das Geburtenregister einzutragenden Angaben	18.12. 2018	BGBl. I S. 2635	Inhaltsübersicht, § 22	geänd. mWv 22.12.2018
				§ 45b	eingef. mWv 22.12.2018
18.	Art. 4 G zur Umsetzung des G zur Einführung des Rechts auf Eheschließung für Personen gleichen Geschlechts	18.12. 2018	BGBl. I S. 2639	Inhaltsübersicht, §§ 1, 17a, 21, 31, 35, 39, 47, 55, 57, 58, 73	geänd. mWv 22.12.2018
				Kapitel 4 Überschrift, § 17	neu gef. mWv 22.12.2018
				§ 39a	aufgeh. mit Ablauf des 21.12. 2018

Lfd. Nr.	Änderndes Gesetz	Datum	Fundstelle	Betroffen	Hinweis
19.	Art. 17 Zweites Datenschutz-Anpassungs- und UmsetzungsG EU[1]	20.11. 2019	BGBl. I S. 1626	Inhaltsübersicht § 68a	geänd. mWv 26.11.2019 eingef. mWv 26.11.2019
20.	Art. 88 Elfte ZuständigkeitsanpassungsVO	19.6.2020	BGBl. I S. 1328	§§ 40, 73	geänd. mWv 27.6.2020
21.	Art. 5 RegistermodernisierungsG[2]	28.3.2021	BGBl. I S. 591	§ 47 § 3	geänd. mWv 7.4.2021 geänd. mit unbestimmtem Inkrafttreten
22.	Art. 3 Vormundschafts- und Betreuungsrechts-ReformG	4.5.2021	BGBl. I S. 882, aufgeh. 2022, S. 1744		
23.	Art. 1 3. Personenstandsrechts-ÄndG	19.10. 2022	BGBl. I S. 1744	Inhaltsübersicht, §§ 7, 10, 15, 16, 18, 19, 21, 27, 28, 29, 31, 39, 47, 56, 57, 58, 59, 60, 65, 68, 73, 75, 76 § 67 §§ 2, 54, 55, 56, 68, 73	geänd. mWv 1.11.2022 neu gef. mWv 1.11.2022 geänd. mWv 1.11.2024
24.	Art. 3 G zur Änd. des BevölkerungsstatistikG, des InfektionsschutzG, personenstands- und dienstrechtl. Regelungen sowie der Medizinprodukte-AbgabeVO	17.7.2023	BGBl. 2023 I Nr. 190	§ 7 § 55	geänd. mWv 21.7.2023 geänd. mWv 1.11.2024
25.	Art. 4 G zur Änd. des Ehenamens- und Geburtsnamensrechts und des Internationalen Namensrechts	11.6.2024	BGBl. 2024 I Nr. 185	Inhaltsübersicht, §§ 41, 45, 79 § 42	geänd. mWv 1.5.2025 aufgeh. mit Ablauf des 30.4. 2025
26.	Art. 4 G über die Selbstbestimmung in Bezug auf den Geschlechtseintrag und zur Änd. weiterer Vorschriften	19.6.2024	BGBl. 2024 I Nr. 206	Inhaltsübersicht, §§ 16, 27, 57, 58, 63, 73 §§ 45b, 78	geänd. mWv 1.11.2024 neu gef. mWv 1.11.2024
27.	Art. 4 G zum Schutz Minderjähriger bei Auslandsehen	24.6.2024	BGBl. 2024 I Nr. 212	Inhaltsübersicht § 12a	geänd. mWv 1.7.2024 eingef. mWv 1.7.2024

[1] **Amtl. Anm.:** Dieses Gesetz dient der Umsetzung der Richtlinie (EU) 2016/680 des Europäischen Parlaments und des Rates vom 27. April 2016 zum Schutz natürlicher Personen bei der Verarbeitung personenbezogener Daten durch die zuständigen Behörden zum Zweck der Verhütung, Ermittlung, Aufdeckung oder Verfolgung von Straftaten oder der Strafvollstreckung sowie zum freien Datenverkehr und zur Aufhebung des Rahmenbeschlusses 2008/977/JI des Rates (ABl. L 119 vom 4.5.2016, S. 89; L 127 vom 23.5.2018, S. 9).

[2] Die Änderung des § 3 PStG durch Art. 5 Nr. 1 RegistermodernisierungsG tritt gem. Art. 22 Satz 3 dieses Gesetzes „an dem Tag in Kraft, an dem das Bundesministerium des Innern, für Bau und Heimat im Bundesgesetzblatt [...] bekannt gibt, dass die technischen Voraussetzungen für die Verarbeitung der Identifikationsnummer nach § 139b der Abgabenordnung [...] vorliegen".

Zur Ausführung und Durchführung des PStG haben die Länder ua folgende Vorschriften erlassen:

- **Baden-Württemberg:** PersonenstandsG-AusführungsG v. 3.12.2008 (GBl. S. 434), zuletzt geänd. durch G v. 15.12.2015 (GBl. S. 1147); PersonenstandsG-DurchführungsVO v. 10.6.2013 (GBl. S. 209), zuletzt geänd. durch VO v. 22.5.2023 (GBl. S. 188)
- **Bayern:** PersonenstandsausführungsG v. 8.7.2008 (GVBl. S. 344), zuletzt geänd. durch V v. 26.3.2019 (GVBl. S. 98)
- **Berlin:** Personenstands-AusführungsVO v. 2.7.2019 (GVBl. S. 454)
- **Brandenburg:** PersonenstandsausführungsG v. 9.10.2003 (GVBl. I S. 270), zuletzt geänd. durch G v. 10.7.2014 (GVBl. I Nr. 32)
- **Bremen:** Bremisches AusführungsG zum PersonenstandsG v. 16.12.2008 (Brem.GBl. S. 418), zuletzt geänd. durch G v. 27.9.2016 (Brem.GBl. S. 590)
- **Hessen:** PersonenstandsG-AusführungsG v. 19.11.2008 (GVBl. I S. 964), zuletzt geänd. durch G v. 22.3.2018 (GVBl. S. 31)
- **Mecklenburg-Vorpommern:** LandespersonenstandsausführungsG v. 1.12.2008 (GVOBl. M-V S. 461), zuletzt geänd. durch G v. 30.6.2022 (GVOBl. M-V S. 400)
- **Niedersachsen:** PersonenstandsG-AusführungsG v. 11.12.2008 (Nds. GVBl. S. 413)
- **Nordrhein-Westfalen:** PersonenstandsVO NRW v. 16.12.2008 (GV. NRW. S. 859, ber. S. 879), zuletzt geänd. durch VO v. 13.11.2018 (GV. NRW. S. 587)
- **Rheinland-Pfalz:** PersonenstandsVO v. 10.12.2008 (GVBl. S. 321), zuletzt geänd. durch VO v. 29.4. 2014 (GVBl. S. 51)
- **Sachsen:** Personenstands-AusführungsG v. 11.12.2008 (SächsGVBl. S. 938), zuletzt geänd. durch G v. 5.4.2019 (SächsGVBl. S. 245)
- **Sachsen-Anhalt:** Personenstands-AusführungsG v. 5.12.2008 (GVBl. LSA S. 406), geänd. durch G v. 14.2.2019 (GVBl. LSA S. 32)
- **Schleswig-Holstein:** PersonenstandsG-DurchführungsVO v. 8.12.2008 (GVOBl. Schl.-H. S. 752), zuletzt geänd. durch VO v. 11.5.2015 (GVOBl. Schl.-H. S. 126)
- **Thüringen:** PersonenstandsG-AusführungsG v. 18.9.2008 (GVBl. S. 313), geänd. durch G v. 9.9.2010 (GVBl. S. 291)

Inhaltsübersicht[1]

[1] Inhaltsübersicht geänd. mWv 1.9.2009 durch G v. 17.12.2008 (BGBl. I S. 2586); mWv 1.11.2013 durch G v. 7.5.2013 (BGBl. I S. 1122); mWv 15.8.2013 durch G v. 7.8.2013 (BGBl. I S. 3154); geänd. mWv 26.11.2015 durch G v. 20.11.2015 (BGBl. I S. 2010); geänd. mWv 22.7.2017 durch G v. 17.7.2017 (BGBl. I S. 2429); geänd. mWv 1.11.2017 durch G v. 17.7.2017 (BGBl. I S. 2522); geänd. mWv 1.10. 2017 durch G v. 20.7.2017 (BGBl. I S. 2787); geänd. mWv 22.12.2018 durch G v. 18.12.2018 (BGBl. I S. 2635); geänd. mWv 22.12.2018 durch G v. 18.12.2018 (BGBl. I S. 2639); geänd. mWv 26.11.2019 durch G v. 20.11.2019 (BGBl. I S. 1626); geänd. mWv 1.11.2022 durch G v. 19.10.2022 (BGBl. I S. 1744); geänd. mWv 1.5.2025 durch G v. 11.6.2024 (BGBl. 2024 I Nr. 185); geänd. mWv 1.11.2024 durch G v. 19.6.2024 (BGBl. 2024 I Nr. 206); geänd. mWv 1.7.2024 durch G v. 24.6.2024 (BGBl. 2024 I Nr. 212).

Kapitel 1. Allgemeine Bestimmungen

§ 1[1)] Personenstand, Aufgaben des Standesamts (1) [1] Personenstand im Sinne dieses Gesetzes ist die sich aus den Merkmalen des Familienrechts ergebende Stellung einer Person innerhalb der Rechtsordnung einschließlich ihres Namens. [2] Der Personenstand umfasst Daten über Geburt, Eheschließung, Begründung einer Lebenspartnerschaft und Tod sowie damit in Verbindung stehende familien- und namensrechtliche Tatsachen.

(2) Die nach Landesrecht für das Personenstandswesen zuständigen Behörden (Standesämter) beurkunden den Personenstand nach Maßgabe dieses Gesetzes; sie wirken bei der Schließung von Ehen mit.

(3) Die Standesämter erfüllen weitere Aufgaben, die ihnen durch Bundesrecht oder Landesrecht zugewiesen werden.

§ 2[2)] Standesbeamte. (1) [1] Beurkundungen und Beglaubigungen für Zwecke des Personenstandswesens werden im Standesamt nur von hierzu bestellten Urkundspersonen (Standesbeamten) vorgenommen. [2] Gleiches gilt für die Ausstellung von Personenstandsurkunden, elektronischen Personenstandsbescheinigungen und sonstigen öffentlichen Urkunden. [3] Die Zuständigkeit der Notare, anderer Urkundspersonen oder sonstiger Stellen für öffentliche Beurkundungen und Beglaubigungen bleibt unberührt.

(2) Bei der Wahrnehmung ihrer Aufgaben als Urkundspersonen sind die Standesbeamten nicht an Weisungen gebunden.

(3) Zu Standesbeamten dürfen nur nach Ausbildung und Persönlichkeit geeignete Beamte und Angestellte bestellt werden.

(4) Die Funktionsbezeichnung Standesbeamter wird in weiblicher oder männlicher Form geführt.

Kapitel 2. Führung der Personenstandsregister

§ 3[3)] Personenstandsregister. (1) [1] Das Standesamt führt für seinen Zuständigkeitsbereich

1. ein Eheregister (§ 15),
2. ein Lebenspartnerschaftsregister (§ 17),

[1)] § 1 Abs. 2 geänd. mWv 22.12.2018 durch G v. 18.12.2018 (BGBl. I S. 2639).
[2)] § 2 Abs. 1 Satz 2 geänd. mWv 1.11.2024 durch G v. 19.10.2022 (BGBl. I S. 1744).
[3)] § 3 Abs. 1 Satz 1 Nr. 2 neu gef. mWv 26.11.2015 durch G v. 20.11.2015 (BGBl. I S. 2010); Abs. 3 angef. mit unbestimmtem Inkrafttreten durch G v. 28.3.2021 (BGBl. I S. 591).

3. ein Geburtenregister (§ 21),
4. ein Sterberegister (§ 31).

[2]Die Registereinträge bestehen aus einem urkundlichen Teil (Haupteintrag und Folgebeurkundungen) und einem Hinweisteil.

(2) [1]Die Personenstandsregister werden elektronisch geführt. [2]Die Beurkundungen in den Personenstandsregistern sind jährlich fortlaufend zu nummerieren und mit der Angabe des Familiennamens des zugriffsberechtigten Standesbeamten abzuschließen. [3]Die Identität der Person, die die Eintragung vornimmt, muss jederzeit erkennbar sein. [4]Das Programm muss eine automatisierte Suche anhand der in die Personenstandsregister aufzunehmenden Angaben zulassen; die Register müssen jederzeit nach Jahreseinträgen ausgewertet werden können.

[Abs. 3 ab unbestimmt:]

(3) Den Registereinträgen werden als funktionale Ordnungsmerkmale außerhalb des urkundlichen Teils und des Hinweisteils

1. die Daten einer Stilllegung nach § 47 Absatz 4,
2. die Sperrvermerke nach § 64 und
3. die Identifikationsnummern nach dem Identifikationsnummerngesetz für die beurkundeten Personen

zugeordnet.

§ 4 Sicherungsregister. (1) Die Beurkundungen in einem Personenstandsregister sind nach ihrem Abschluss (§ 3 Abs. 2) in einem weiteren elektronischen Register (Sicherungsregister) zu speichern.

(2) [1]Das Sicherungsregister ist wie das Personenstandsregister am Ende des Jahres abzuschließen. [2]Es ist nach Fortführung des Personenstandsregisters zu aktualisieren.

§ 5[1)] Fortführung der Personenstandsregister. (1) Die Registereinträge sind nach den Vorschriften dieses Gesetzes durch Folgebeurkundungen und Hinweise zu ergänzen und zu berichtigen (Fortführung).

(2) Folgebeurkundungen sind Einträge, die den Beurkundungsinhalt verändern.

(3) Hinweise stellen den Zusammenhang zwischen verschiedenen Beurkundungen her, die dieselbe Person, deren Ehegatten, Lebenspartner, Eltern oder Kinder betreffen.

(4) [1]Die Fortführung obliegt dem für die Führung des Personenstandsregisters (§ 3 Abs. 1) zuständigen Standesamt. [2]Öffentliche Stellen haben diesem Standesamt Anlässe, die zu einer Folgebeurkundung oder zu einem Hinweis führen, mitzuteilen.

(5) Für die Fortführung der Personenstandsregister und der Sicherungsregister gelten folgende Fristen:

1. für Eheregister und Lebenspartnerschaftsregister 80 Jahre;
2. für Geburtenregister 110 Jahre;
3. für *Sterberegister 30 Jahre;* für Sterberegister des Sonderstandesamts in Bad Arolsen 80 Jahre.

---

1) § 5 Abs. 5 neu gef. mWv 1.11.2017 durch G v. 17.7.2017 (BGBl. I S. 2522).

§ 6 Aktenführung. Dokumente, die einzelne Beurkundungen in den Personenstandsregistern betreffen, werden in besonderen Akten (Sammelakten) aufbewahrt.

§ 7[1] Aufbewahrung. (1) [1]Die Personenstandsregister und die Sicherungsregister sind räumlich getrennt voneinander und vor unberechtigtem Zugriff geschützt aufzubewahren. [2]Zum Schutz vor physischer Vernichtung beider Register durch Naturkatastrophen und Großschadenslagen soll die räumliche Trennung zwischen elektronischem Register und Sicherungsregister mindestens 20 Kilometer betragen.

(2) [1]Die Personenstandsregister sind dauernd aufzubewahren [2]Für die Sicherungsregister und die Sammelakten endet die Pflicht zur Aufbewahrung mit Ablauf der in § 5 Absatz 5 für das jeweilige Register genannten Frist.

(3) [1]Nach Ablauf der in § 5 Absatz 5 genannten Fristen sind die entsprechenden Teile der Personenstandsregister, Sicherungsregister und Sammelakten nach den jeweiligen archivrechtlichen Vorschriften den zuständigen öffentlichen Archiven zur Übernahme anzubieten. [2]Die entsprechenden Registereinträge und Sammelakten sind nach der Übernahme oder Ablehnung der Übernahme durch die Archive im Standesamt zu löschen; dies gilt nicht bei Ablehnung der Übernahme von Personenstandsregistern.

§ 8[2] Verlust eines Personenstandsregisters. (1) [1]Gerät ein Ehe-, Lebenspartnerschafts-, Geburten- oder Sterberegister ganz oder teilweise in Verlust, so ist es auf Grund des Sicherungsregisters wiederherzustellen. [2]Ein Verlust ist auch dann gegeben, wenn die Daten eines Registereintrags wegen eines nicht zu behebenden technischen Fehlers nicht mehr zu verwenden sind.

(2) [1]Gerät das Sicherungsregister ganz oder teilweise in Verlust, so ist es auf Grund des Personenstandsregisters wiederherzustellen. [2]Sind sowohl das Personenstandsregister als auch das Sicherungsregister in Verlust geraten, so sind beide Register durch Neubeurkundung wiederherzustellen. [3]Die Beurkundungen werden nach amtlicher Ermittlung des Sachverhalts vorgenommen.

(3) [1]Sind Eheschließung, Begründung der Lebenspartnerschaft, Geburt oder Tod einer Person mit hinreichender Sicherheit festgestellt, so ist die Neubeurkundung auch dann zulässig, wenn der Inhalt des früheren Eintrags nicht mehr zweifelsfrei festgestellt werden kann. [2]Der Zeitpunkt der Eheschließung, der Begründung der Lebenspartnerschaft, der Geburt oder des Todes ist hierbei so genau zu bestimmen, wie es nach dem Ergebnis der Ermittlungen möglich ist.

(4) War ein Eintrag berichtigt worden, so kann die Neubeurkundung in der Form einer einheitlichen Eintragung, in der die Berichtigungen berücksichtigt sind, vorgenommen werden.

§ 9 Beurkundungsgrundlagen. (1) Eintragungen in den Personenstandsregistern werden auf Grund von Anzeigen, Anordnungen, Erklärungen, Mitteilungen und eigenen Ermittlungen des Standesamts sowie von Einträgen in anderen Personenstandsregistern, Personenstandsurkunden oder sonstigen öffentlichen Urkunden vorgenommen.

---

[1] § 7 neu gef. mWv 1.11.2017 durch G v. 17.7.2017 (BGBl. I S. 2522); Abs. 1 Satz 2 angef., Abs. 3 neu gef. mWv 1.11.2022 durch G v. 19.10.2022 (BGBl. I S. 1744); Abs. 3 Satz 3 aufgeh. mWv 21.7.2023 durch G v. 17.7.2023 (BGBl. 2023 I Nr. 190).

[2] § 8 Überschrift und Abs. 1 und 2 neu gef., Abs. 4 geänd. mWv 1.11.2017 durch G v. 17.7.2017 (BGBl. I S. 2522).

(2) [1]Ist den zur Beibringung von Nachweisen Verpflichteten die Beschaffung öffentlicher Urkunden nicht oder nur mit erheblichen Schwierigkeiten oder unverhältnismäßig hohen Kosten möglich, so können auch andere Urkunden als Beurkundungsgrundlage dienen. [2]Sind auch diese nicht einfacher zu beschaffen als die erforderlichen öffentlichen Urkunden oder können die für die Beurkundung erheblichen tatsächlichen Behauptungen der Betroffenen weder durch öffentliche noch durch andere Urkunden nachgewiesen werden, so kann der Standesbeamte zum Nachweis dieser Tatsachen Versicherungen an Eides statt der Betroffenen oder anderer Personen verlangen und abnehmen.

§ 10[1)] Auskunfts- und Nachweispflicht. (1) [1]Die nach diesem Gesetz zur Anzeige Verpflichteten haben die für die Beurkundung des Personenstandsfalls erforderlichen Angaben zu machen und die erforderlichen Nachweise zu erbringen. [2]Das Standesamt soll auf die Vorlage von Nachweisen verzichten, soweit diese aus Personenstandsregistern oder aus Registern anderer Behörden elektronisch abgerufen werden können.

(2) Auskunftspflichtig unter den Voraussetzungen des Absatzes 1 sind weitere Personen, die Angaben zu Tatsachen machen können, die für Beurkundungen in den Personenstandsregistern benötigt werden.

(3) Werden dem Standesamt mit einer qualifizierten elektronischen Signatur oder einem qualifizierten elektronischen Siegel versehene elektronische Dokumente übermittelt, so ist die Gültigkeit der Signatur oder des Siegels unter Berücksichtigung des aktuellen Standes der Technik zu prüfen und zu dokumentieren sowie der Beweiswert im Bedarfsfall gemäß § 15 des Vertrauensdienstegesetzes vom 18. Juli 2017 (BGBl. I S. 2745) sicherzustellen.

(4) Eine Auskunfts- und Nachweispflicht besteht nicht bei einer vertraulichen Geburt nach § 25 Absatz 1 des Schwangerschaftskonfliktgesetzes[2)].

Kapitel 3. Eheschließung

Abschnitt 1. Zuständigkeit, Anmeldung und Eheschließung

§ 11[3)] Zuständigkeit und Standesamtsvorbehalt. (1) Zuständig für die Eheschließung ist jedes deutsche Standesamt.

(2) [1]Eine religiöse oder traditionelle Handlung, die darauf gerichtet ist, eine der Ehe vergleichbare dauerhafte Bindung zweier Personen zu begründen, von denen eine das 18. Lebensjahr noch nicht vollendet hat, ist verboten. [2]Das Gleiche gilt für den Abschluss eines Vertrags, der nach den traditionellen oder religiösen Vorstellungen der Partner an die Stelle der Eheschließung tritt. [3]Die Verbote richten sich gegen Personen, die

1. als Geistliche eine solche Handlung vornehmen oder hieran mitwirken,
2. als Sorgeberechtigte eines Minderjährigen eine solche Handlung veranlassen,
3. als Volljährige oder Beauftragte einem Vertrag zustimmen, der eine der Ehe vergleichbare dauerhafte Bindung begründet, oder

---

[1)] § 10 Abs. 4 angef. mWv 1.5.2014 durch G v. 28.8.2013 (BGBl. I S. 3458); Abs. 1 und 3 neu gef. mWv 1.11.2022 durch G v. 19.10.2022 (BGBl. I S. 1744).

[2)] Nr. **85e**.

[3)] § 11 neu gef. mWv 22.7.2017 durch G v. 17.7.2017 (BGBl. I S. 2429).

4. als anwesende Personen eine solche Handlung bezeugen, soweit ihre Mitwirkung für die Gültigkeit der Handlung nach religiösen Vorschriften, den traditionellen Vorstellungen oder dem Heimatrecht eines der Bindungswilligen als erforderlich angesehen wird.

§ 12 Anmeldung der Eheschließung. (1) [1]Die Eheschließenden haben die beabsichtigte Eheschließung mündlich oder schriftlich bei einem Standesamt, in dessen Zuständigkeitsbereich einer der Eheschließenden seinen Wohnsitz oder seinen gewöhnlichen Aufenthalt hat, anzumelden. [2]Hat keiner der Eheschließenden den Wohnsitz oder gewöhnlichen Aufenthalt im Inland, so ist das Standesamt, vor dem die Ehe geschlossen werden soll, für die Entgegennahme der Anmeldung zuständig.

(2) Die Eheschließenden haben bei der Anmeldung der Eheschließung durch öffentliche Urkunden nachzuweisen
1. ihren Personenstand,
2. ihren Wohnsitz oder gewöhnlichen Aufenthalt,
3. ihre Staatsangehörigkeit,
4. wenn sie schon verheiratet waren oder eine Lebenspartnerschaft begründet hatten, die letzte Eheschließung oder Begründung der Lebenspartnerschaft sowie die Auflösung dieser Ehe oder Lebenspartnerschaft. Ist die letzte Ehe oder Lebenspartnerschaft nicht bei einem deutschen Standesamt geschlossen worden, so ist auch die Auflösung etwaiger weiterer Vorehen oder Lebenspartnerschaften nachzuweisen, wenn eine entsprechende Prüfung nicht bereits von einem deutschen Standesamt bei einer früheren Eheschließung oder Begründung einer Lebenspartnerschaft durchgeführt worden ist.

(3) [1]Das Standesamt hat einen Antrag auf Befreiung von der Beibringung des Ehefähigkeitszeugnisses aufzunehmen und die Entscheidung vorzubereiten; hierfür haben die Eheschließenden auch die Nachweise zu erbringen, die für die Prüfung der Zulässigkeit der Ehe nach anzuwendendem ausländischen Recht erforderlich sind. [2]§ 9 gilt entsprechend.

§ 12a[1)] Anmeldung der erneuten Eheschließung nach § 1305 Absatz 2 des Bürgerlichen Gesetzbuchs[2)]. [1]§ 12 Absatz 1 und 2 gelten für die Anmeldung einer erneuten Eheschließung nach § 1305 Absatz 2 des Bürgerlichen Gesetzbuchs mit der Maßgabe, dass die im Ausland erfolgte Eheschließung mit einer Person, die zu diesem Zeitpunkt das 16. Lebensjahr nicht vollendet hatte, durch öffentliche Urkunden nachzuweisen ist. [2]§ 12 Absatz 3 ist nicht anzuwenden.

§ 13 Prüfung der Ehevoraussetzungen. (1) [1]Das Standesamt, bei dem die Eheschließung angemeldet ist, hat zu prüfen, ob der Eheschließung ein Hindernis *entgegensteht*. [2]Reichen die nach § 12 Abs. 2 vorgelegten Urkunden nicht aus, so haben die Eheschließenden weitere Urkunden oder sonstige Nachweise vorzulegen.

(2) [1]Bestehen konkrete Anhaltspunkte dafür, dass die zu schließende Ehe nach § 1314 Abs. 2 des Bürgerlichen Gesetzbuchs[2)] aufhebbar wäre, so können die Eheschließenden in dem hierzu erforderlichen Umfang einzeln oder gemeinsam befragt werden; zum Beleg der Angaben kann ihnen die Beibringung geeigneter

---

[1)] § 12a eingef. mWv 1.7.2024 durch G v. 24.6.2024 (BGBl. 2024 I Nr. 212).
[2)] **Habersack, Deutsche Gesetze Nr. 20.**

Nachweise aufgegeben werden. [2] Wenn diese Mittel nicht zur Aufklärung des Sachverhalts führen, so kann auch eine Versicherung an Eides statt über Tatsachen verlangt werden, die für das Vorliegen oder Nichtvorliegen von Aufhebungsgründen von Bedeutung sind.

(3) [1] Soll die Ehe wegen lebensgefährlicher Erkrankung eines Eheschließenden ohne abschließende Prüfung nach Absatz 1 geschlossen werden, so muss durch ärztliches Zeugnis oder auf andere Weise nachgewiesen werden, dass die Eheschließung nicht aufgeschoben werden kann. [2] In diesem Fall muss glaubhaft gemacht werden, dass kein Ehehindernis besteht.

(4) [1] Wird bei der Prüfung der Ehevoraussetzungen ein Ehehindernis nicht festgestellt, so teilt das Standesamt den Eheschließenden mit, dass die Eheschließung vorgenommen werden kann; die Mitteilung ist für das Standesamt, das die Eheschließung vornimmt, verbindlich. [2] Die Eheschließenden sind verpflichtet, Änderungen in ihren die Ehevoraussetzungen betreffenden tatsächlichen Verhältnissen unverzüglich anzuzeigen; die Mitteilung nach Satz 1 wird entsprechend geändert oder aufgehoben. [3] Sind seit der Mitteilung an die Eheschließenden mehr als sechs Monate vergangen, ohne dass die Ehe geschlossen wurde, so bedarf die Eheschließung erneut der Anmeldung und der Prüfung der Voraussetzungen für die Eheschließung.

§ 14 Eheschließung. (1) Vor der Eheschließung sind die Eheschließenden zu befragen, ob sich seit der Anmeldung ihrer Eheschließung Änderungen in ihren die Ehevoraussetzungen betreffenden tatsächlichen Verhältnissen ergeben haben und ob sie einen Ehenamen bestimmen wollen.

(2) Die Eheschließung soll in einer der Bedeutung der Ehe entsprechenden würdigen Form, die dem Standesbeamten eine ordnungsgemäße Vornahme seiner Amtshandlung ermöglicht, vorgenommen werden.

(3) [1] Die Erklärungen der Eheschließenden, die Ehe miteinander eingehen zu wollen, sind von dem Standesbeamten im Anschluss an die Eheschließung in einer Niederschrift zu beurkunden. [2] Die Niederschrift muss alle im Eheregister zu beurkundenden Angaben enthalten; sie ist von den Ehegatten, den Zeugen und dem Standesbeamten zu unterschreiben. [3] Die Niederschrift wird zu den Sammelakten des Eheeintrags genommen.

§ 15[1)] Eintragung in das Eheregister. (1) Im Eheregister werden im Anschluss an die Eheschließung beurkundet

1. Tag und Ort der Eheschließung,
2. die Vornamen und die Familiennamen der Ehegatten, Ort und Tag ihrer Geburt, ihr Geschlecht,
3. die nach der Eheschließung geführten Vornamen und Familiennamen der Ehegatten.

(2) Zum Eheeintrag wird hingewiesen

1. auf die Beurkundung der Geburt der Ehegatten,
2. auf die Staatsangehörigkeit der Ehegatten, wenn sie nicht Deutsche sind und ihre ausländische Staatsangehörigkeit nachgewiesen ist,

---

1) § 15 Abs. 1 Nr. 2 geänd., Nr. 3 neu gef., Abs. 2 Nr. 3 geänd., Nr. 4 angef. mWv 1.11.2013 durch G v. 7.5.2013 (BGBl. I S. 1122); Abs. 1 Nr. 2 geänd. mWv 1.11.2022 durch G v. 19.10.2022 (BGBl. I S. 1744).

3. auf die Bestimmung eines Ehenamens,
4. auf das Sachrecht, dem die Namensführung der Ehegatten unterliegt.

Abschnitt 2. Fortführung des Eheregisters

§ 16[1] **Fortführung.** (1) [1]Zum Eheeintrag werden Folgebeurkundungen aufgenommen über

1. den Tod des erstverstorbenen Ehegatten,
2. die Todeserklärung oder die gerichtliche Feststellung der Todeszeit eines Ehegatten und die Aufhebung solcher Beschlüsse sowie die Auflösung der Ehe durch Eheschließung des anderen Ehegatten,
3. die Aufhebung oder die Scheidung der Ehe,
4. die Feststellung des Nichtbestehens der Ehe,
5. jede Änderung des Namens der Ehegatten,
6. jede sonstige Änderung des Personenstandes, soweit sie Angaben im Eheeintrag betrifft,
7. Berichtigungen.

[2]Auf die Wiederverheiratung oder die Begründung einer Lebenspartnerschaft wird hingewiesen.

(2) [1]Der Eheeintrag wird nicht mehr fortgeführt, wenn nach Absatz 1 Nummer 4 eine Folgebeurkundung über das Nichtbestehen der Ehe eingetragen worden ist. [2]Wurde zum Eheeintrag eine Folgebeurkundung über die Auflösung der Ehe oder die Todeserklärung oder die gerichtliche Feststellung der Todeszeit eines Ehegatten nach Absatz 1 Nummer 1 bis 3 aufgenommen, ist eine weitere Folgebeurkundung nur über die Änderung des Namens, Berichtigungen sowie in den Fällen des Absatzes 1 Nummer 2 über die Aufhebung eines Beschlusses und die Auflösung der Ehe durch Eheschließung des anderen Ehegatten einzutragen. [3]Die Änderung der Vornamen oder des Geschlechts ist nicht einzutragen, wenn die Änderung nach § 2 Absatz 3 des Gesetzes über die Selbstbestimmung in Bezug auf den Geschlechtseintrag, durch Erklärung nach § 45b oder in einem Adoptionsverfahren erfolgt ist. [4]Für einen Ehegatten, der wieder geheiratet oder eine Lebenspartnerschaft begründet hat, ist nur eine Folgebeurkundung über Berichtigungen nach Absatz 1 Nummer 7 einzutragen.

Kapitel 4.[2] Lebenspartnerschaft

§ 17[3] **Fortführung des Lebenspartnerschaftsregisters.** [1]Für die Fortführung des Lebenspartnerschaftsregisters gilt § 16 entsprechend. [2]Zusätzlich ist im Fall der *Umwandlung der* Lebenspartnerschaft in eine Ehe eine Folgebeurkundung aufzunehmen. [3]Nach Eintragung dieser Folgebeurkundung wird das Lebenspartnerschaftsregister nicht fortgeführt.

---

[1] § 16 Abs. 1 neu gef. mWv 1.11.2013 durch G v. 7.5.2013 (BGBl. I S. 1122); Abs. 2 neu gef. mWv 1.11.2017 durch G v. 17.7.2017 (BGBl. I S. 2522); Abs. 1 Satz 1 Nr. 7 aufgeh., bish. Nr. 8 wird Nr. 7, Abs. 2 Satz 3 neu gef., Satz 4 geänd. mWv 1.11.2022 durch G v. 19.10.2022 (BGBl. I S. 1744); Abs. 2 Satz 3 geänd. mWv 1.11.2024 durch G v. 19.6.2024 (BGBl. 2024 I Nr. 206).

[2] Kapitel 4 Überschrift geänd. mWv 1.10.2017 durch G v. 20.7.2017 (BGBl. I S. 2787); Überschrift neu gef. mWv 22.12.2018 durch G v. 18.12.2018 (BGBl. I S. 2639).

[3] § 17 neu gef. mWv 22.12.2018 durch G v. 18.12.2018 (BGBl. I S. 2639).

§ 17a[1) 2)] Umwandlung einer Lebenspartnerschaft in eine Ehe und ihre Beurkundung. (1) Die Lebenspartner haben bei der Umwandlung ihrer Lebenspartnerschaft in eine Ehe das Bestehen der Lebenspartnerschaft durch öffentliche Urkunden nachzuweisen.

(2) Für die Umwandlung einer Lebenspartnerschaft in eine Ehe gelten die §§ 11 und 12 Absatz 1 und 2 Nummer 1 bis 3 sowie die §§ 14 bis 16 entsprechend.

(3) Im Eheregister ist zusätzlich der Tag der Begründung der Lebenspartnerschaft zu beurkunden und sind Hinweise darüber aufzunehmen.

Kapitel 5. Geburt

Abschnitt 1. Anzeige und Beurkundung

§ 18[3)] Anzeige. (1) [1]Die Geburt eines Kindes ist dem Standesamt, in dessen Zuständigkeitsbereich es geboren ist, binnen einer Woche anzuzeigen, und zwar

1. von den in § 19 Satz 1 genannten Personen mündlich oder schriftlich, oder
2. von den in § 20 Satz 1 und 2 genannten Einrichtungen schriftlich.

[2]Ist ein Kind tot geboren, so muss die Anzeige spätestens am dritten auf die Geburt folgenden Werktag erstattet werden. [3]In den Fällen des Satzes 1 Nummer 1 haben die anzeigenden Personen die Geburt des Kindes glaubhaft zu machen.

(2) Bei einer vertraulichen Geburt nach § 25 Absatz 1 des Schwangerschaftskonfliktgesetzes[4)] sind in der Anzeige auch das Pseudonym der Mutter und die für das Kind gewünschten Vornamen anzugeben.

§ 19[5)] Anzeige durch Personen. [1]Zur Anzeige sind verpflichtet

1. jeder Elternteil des Kindes, wenn er sorgeberechtigt ist,
2. jede andere Person, die bei der Geburt zugegen war oder von der Geburt aus eigenem Wissen unterrichtet ist.

[2]Eine Anzeigepflicht nach Nummer 2 besteht nur, wenn die sorgeberechtigten Eltern an der Anzeige gehindert oder unbekannten Aufenthalts sind.

§ 20 Anzeige durch Einrichtungen. [1]Bei Geburten in Krankenhäusern und sonstigen Einrichtungen, in denen Geburtshilfe geleistet wird, ist der Träger der Einrichtung zur Anzeige verpflichtet. [2]Das Gleiche gilt für Geburten in Einrichtungen, die der Unterbringung psychisch Kranker dienen, in Einrichtungen der Träger der Jugendhilfe sowie in Anstalten, in denen eine Freiheitsstrafe, ein Jugendarrest oder eine freiheitsentziehende Maßregel der Besserung und Sicherung vollzogen wird. [3]Die Anzeigeberechtigung der in § 19 genannten Personen und ihre Auskunftspflicht zu Angaben, die der nach Satz 1 oder 2 zur Anzeige Verpflichtete nicht machen kann, bleiben hiervon unberührt.

---

1) Beachte hierzu Art. 3 Abs. 2 und 3 G zur Einführung des Rechts auf Eheschließung für Personen gleichen Geschlechts v. 20.7.2017 (BGBl. I S. 2787).

2) § 17a eingef. mWv 1.10.2017 durch G v. 20.7.2017 (BGBl. I S. 2787); Abs. 3 angef. mWv 22.12. 2018 durch G v. 18.12.2018 (BGBl. I S. 2639).

3) § 18 Abs. 2 angef. mWv 1.5.2014 durch G v. 28.8.2013 (BGBl. I S. 3458); Abs. 1 neu gef. mWv 1.11.2022 durch G v. 19.10.2022 (BGBl. I S. 1744).

4) Nr. **85e**.

5) § 19 Satz 2 geänd. mWv 1.11.2022 durch G v. 19.10.2022 (BGBl. I S. 1744).

§ 21[1] Eintragung in das Geburtenregister. (1) Im Geburtenregister werden beurkundet

1. die Vornamen und der Geburtsname des Kindes,
2. Ort sowie Tag, Stunde und Minute der Geburt,
3. das Geschlecht des Kindes,
4. die Vornamen und die Familiennamen der Eltern, ihr Geschlecht.

(2) [1] Ist ein Kind tot geboren, so werden nur die in Absatz 1 Nr. 2 bis 4 vorgeschriebenen Angaben mit dem Zusatz aufgenommen, dass das Kind tot geboren ist. [2] Auf Wunsch einer Person, der bei Lebendgeburt des Kindes die Personensorge zugestanden hätte, sind auch Angaben nach Absatz 1 Nr. 1 einzutragen. [3] Hätte die Personensorge bei Lebendgeburt des Kindes beiden Elternteilen zugestanden und führen sie keinen gemeinsamen Familiennamen, so kann ein Familienname für das Kind nur eingetragen werden, wenn sich die Eltern auf den Namen eines Elternteils einigen.

(2a) [1] Bei einer vertraulichen Geburt nach § 25 Absatz 1 des Schwangerschaftskonfliktgesetzes[2] werden nur die in Absatz 1 Nummer 1 bis 3 vorgeschriebenen Angaben aufgenommen. [2] Die zuständige Verwaltungsbehörde bestimmt die Vornamen und den Familiennamen des Kindes.

(3) Zum Geburtseintrag wird hingewiesen

1. auf die Staatsangehörigkeit der Eltern, wenn sie nicht Deutsche sind und ihre ausländische Staatsangehörigkeit nachgewiesen ist,
2. bei einem Kind, dessen Eltern miteinander verheiratet sind, auf deren Eheschließung,
3. auf die Beurkundung der Geburt der Mutter und des Vaters,
4. auf den Erwerb der deutschen Staatsangehörigkeit des Kindes nach § 4 Absatz 3 des Staatsangehörigkeitsgesetzes[3],
5. auf das Sachrecht, dem die Namensführung des Kindes unterliegt.

Abschnitt 2. Besonderheiten

§ 22[4] Fehlende Angaben. (1) [1] Kann der Anzeigende die Vornamen des Kindes nicht angeben, so müssen sie binnen eines Monats mündlich oder schriftlich angezeigt werden. [2] Sie werden alsdann bei dem Geburtseintrag beurkundet.

(2) Die Vornamen des Kindes können nachträglich auch bei einem anderen Standesamt als dem, das die Geburt des Kindes beurkundet hat, angezeigt werden.

(3) Kann das Kind weder dem weiblichen noch dem männlichen Geschlecht zugeordnet werden, so kann der Personenstandsfall auch ohne eine solche Angabe oder mit der Angabe „divers“ in das Geburtenregister eingetragen werden.

---

[1] § 21 Abs. 1 Nr. 1 geänd., Abs. 3 neu gef. mWv 1.11.2013 durch G v. 7.5.2013 (BGBl. I S. 1122); Abs. 2a eingef. mWv 1.5.2014 durch G v. 28.8.2013 (BGBl. I S. 3458); Abs. 1 Nr. 4 neu gef. mWv 22.12. 2018 durch G v. 18.12.2018 (BGBl. I S. 2639); Abs. 1 Nr. 4 geänd. mWv 1.11.2022 durch G v. 19.10. 2022 (BGBl. I S. 1744).

[2] Nr. **85e**.

[3] **Sartorius Nr. 15.**

[4] § 22 Überschrift neu gef., Abs. 3 angef. mWv 1.11.2013 durch G v. 7.5.2013 (BGBl. I S. 1122); Abs. 3 neu gef. mWv 22.12.2018 durch G v. 18.12.2018 (BGBl. I S. 2635).

§ 23 Zwillings- oder Mehrgeburten. [1]Bei Zwillings- oder Mehrgeburten ist jede Geburt gesondert einzutragen. [2]Die Eintragungen müssen erkennen lassen, in welcher Zeitfolge die Kinder geboren sind.

§ 24 Findelkind. (1) [1]Wer ein neugeborenes Kind findet, muss dies spätestens am folgenden Tag der Gemeindebehörde anzeigen. [2]Diese stellt die erforderlichen Ermittlungen an und benachrichtigt von dem Ergebnis alsbald die zuständige Verwaltungsbehörde.

(2) [1]Die zuständige Verwaltungsbehörde setzt nach Anhörung des Gesundheitsamts den vermutlichen Ort und Tag der Geburt fest und bestimmt die Vornamen und den Familiennamen des Kindes. [2]Auf ihre schriftliche Anordnung wird die Geburt in dem Geburtenregister des für den festgesetzten Geburtsort zuständigen Standesamts beurkundet. [3]Liegt der Geburtsort im Ausland, so ist das Standesamt, in dessen Bezirk das Kind aufgefunden worden ist, für die Beurkundung zuständig.

§ 25 Person mit ungewissem Personenstand. [1]Wird im Inland eine Person angetroffen, deren Personenstand nicht festgestellt werden kann, so bestimmt die zuständige Verwaltungsbehörde, welcher Geburtsort und Geburtstag für sie einzutragen ist; sie bestimmt ferner die Vornamen und den Familiennamen. [2]Auf ihre schriftliche Anordnung wird die Geburt in dem Geburtenregister des für den bestimmten Geburtsort zuständigen Standesamts beurkundet. [3]Liegt der Geburtsort im Ausland, so ist das Standesamt, in dessen Bezirk die Person angetroffen worden ist, für die Beurkundung zuständig.

§ 26 Nachträgliche Ermittlung des Personenstandes. Wird in den Fällen der §§ 24 und 25 der Personenstand später ermittelt, so wird der Eintrag auf schriftliche Anordnung der Behörde berichtigt, die ihn veranlasst hat.

Abschnitt 3. Fortführung des Geburtenregisters

§ 27[1)] Feststellung und Änderung des Personenstandes, sonstige Fortführung. (1) [1]Wird die Vaterschaft nach der Beurkundung der Geburt des Kindes anerkannt oder gerichtlich festgestellt, so ist dies beim Geburtseintrag zu beurkunden. [2]Über den Vater werden die in § 21 Abs. 1 Nr. 4 genannten Angaben eingetragen; auf die Beurkundung seiner Geburt wird hingewiesen.

(2) Die Anerkennung der Mutterschaft zu einem Kinde wird auf mündlichen oder schriftlichen Antrag der Mutter oder des Kindes beim Geburtseintrag beurkundet, wenn geltend gemacht wird, dass die Mutter oder der Mann, dessen Vaterschaft anerkannt oder rechtskräftig festgestellt ist oder von dem das Kind nach Angabe der Mutter stammt, eine fremde Staatsangehörigkeit besitzt und das Heimatrecht dieses Elternteils eine Anerkennung der Mutterschaft vorsieht.

(3) Außerdem sind Folgebeurkundungen zum Geburtseintrag aufzunehmen über

1. jede sonstige Änderung des Personenstandes des Kindes; bei einer Annahme als Kind gilt § 21 Abs. 1 Nr. 4 entsprechend,

---

[1)] *§ 27 Abs.* 4 Satz 2 Nr. 3 geänd., Nr. 4 aufgeh. mWv 1.1.2012 durch G v. 22.12.2010 (BGBl. I S. 2255); Abs. 3 Nr. 4 und 5 neu gef., Abs. 4 Satz 2 Nr. *1 und 3 geänd.* mWv 1.11.2013 durch G v. 7.5. 2013 (BGBl. I S. 1122); Abs. 3 Nr. 5 aufgeh., bish. Nr. 6 wird Nr. 5 mWv 1.11.2022 durch G v. 19.10. 2022 (BGBl. I S. 1744); Abs. 3 Nr. 4 geänd., Nr. 5 eingef., bish. Nr. 5 wird Nr. 6 mWv 1.11.2024 durch G v. 19.6.2024 (BGBl. 2024 I Nr. 206).

2. die Änderung der Namensführung der Eltern oder eines Elternteils, wenn auch das Kind den geänderten Namen führt,
3. die Feststellung des Namens des Kindes mit allgemein verbindlicher Wirkung,
4. die nachträgliche Angabe des einzutragenden Geschlechts oder die Änderung des Geschlechtseintrags des Kindes,
5. die Änderung des Geschlechtseintrags und der Vornamen eines Elternteils nach der Geburt des Kindes,
6. die Berichtigung des Eintrags.

(4) [1] Für die aus Anlass der Beurkundungen nach den Absätzen 1 und 3 aufzunehmenden Hinweise gilt § 21 Abs. 3 entsprechend. [2] Im Übrigen wird hingewiesen

1. auf die Ehe oder die Lebenspartnerschaft des Kindes,
2. auf die Geburt eines Kindes,
3. auf den Tod des Kindes oder eine das Kind betreffende Todeserklärung oder gerichtliche Feststellung der Todeszeit.

Kapitel 6. Sterbefall

Abschnitt 1. Anzeige und Beurkundung

§ 28[1)] Anzeige. Der Tod eines Menschen muss dem Standesamt, in dessen Zuständigkeitsbereich er gestorben ist,

1. von den in § 29 genannten Personen mündlich oder schriftlich, oder
2. von den in § 30 Abs. 1 genannten Einrichtungen schriftlich

spätestens am dritten auf den Tod folgenden Werktag angezeigt werden.

§ 29[2)] Anzeige durch Personen. [1] Zur Anzeige sind verpflichtet

1. jede Person, die mit dem Verstorbenen in häuslicher Gemeinschaft gelebt hat,
2. die Person, in deren Wohnung sich der Sterbefall ereignet hat,
3. jede andere Person, die bei dem Tod zugegen war oder von dem Sterbefall aus eigenem Wissen unterrichtet ist.

[2] Eine Anzeigepflicht besteht nur, wenn eine in der Reihenfolge früher genannte Person nicht vorhanden oder an der Anzeige gehindert ist.

§ 30 Anzeige durch Einrichtungen und Behörden. (1) Bei Sterbefällen in Krankenhäusern, Alten- und Pflegeheimen sowie sonstigen Einrichtungen gilt § 20 entsprechend.

(2) Ist ein Anzeigepflichtiger nicht vorhanden oder ist sein Aufenthaltsort unbekannt und erlangt die für den Sterbeort zuständige Gemeindebehörde Kenntnis von dem Sterbefall, so hat sie die Anzeige zu erstatten.

(3) Findet über den Tod einer Person eine amtliche Ermittlung statt, so wird der Sterbefall auf schriftliche Anzeige der zuständigen Behörde eingetragen.

[1)] § 28 Nr. 1 geänd. mWv 1.11.2022 durch G v. 19.10.2022 (BGBl. I S. 1744).
[2)] § 29 Abs. 2 aufgeh. mWv 1.11.2022 durch G v. 19.10.2022 (BGBl. I S. 1744).

§ 31[1] Eintragung in das Sterberegister. (1) Im Sterberegister werden beurkundet

1. die Vornamen und der Familienname des Verstorbenen, Ort und Tag seiner Geburt, das Geschlecht,
2. der letzte Wohnsitz und der Familienstand des Verstorbenen,
3. die Vornamen und der Familienname sowie das Geschlecht des Ehegatten oder Lebenspartners, wenn der Verstorbene im Zeitpunkt seines Todes verheiratet war oder eine Lebenspartnerschaft führte; war die Ehe oder Lebenspartnerschaft durch Tod aufgelöst oder war der Ehegatte oder Lebenspartner für tot erklärt oder war seine Todeszeit gerichtlich festgestellt worden, sind die Angaben für den letzten Ehegatten oder Lebenspartner aufzunehmen,
4. Ort sowie Tag, Stunde und Minute des Todes.

(2) Zum Sterbeeintrag wird hingewiesen

1. auf die Beurkundung der Geburt des Verstorbenen,
2. bei verheiratet gewesenen Verstorbenen auf die Eheschließung,
3. bei Verstorbenen, die eine Lebenspartnerschaft führten, auf die Begründung der Lebenspartnerschaft.

Abschnitt 2. Fortführung des Sterberegisters; Todeserklärungen

§ 32 Fortführung. [1] Zum Sterbeeintrag werden Folgebeurkundungen über Berichtigungen aufgenommen. [2] Auf die Todeserklärung und die gerichtliche Feststellung der Todeszeit wird hingewiesen.

§ 33 Todeserklärungen. Ausfertigungen der Beschlüsse über Todeserklärungen und gerichtliche Feststellungen der Todeszeit werden von dem Standesamt I in Berlin in einer Sammlung dauernd aufbewahrt.

Kapitel 7. Besondere Beurkundungen

Abschnitt 1. Beurkundungen mit Auslandsbezug; besondere Beurkundungsfälle

§ 34[2] Eheschließungen im Ausland oder vor ermächtigten Personen im Inland. (1) [1] Hat ein Deutscher im Ausland die Ehe geschlossen, so kann die Eheschließung auf Antrag im Eheregister beurkundet werden; für den Besitz der deutschen Staatsangehörigkeit ist der Zeitpunkt der Antragstellung maßgebend. [2] Die §§ 3 bis 7, 9, 10, 15 und 16 gelten entsprechend. [3] Gleiches gilt für Staatenlose, heimatlose Ausländer und ausländische Flüchtlinge im Sinne des Abkommens über die Rechtsstellung der Flüchtlinge vom 28. Juli 1951 (BGBl. 1953 II S. 559) mit gewöhnlichem Aufenthalt im Inland. [4] Antragsberechtigt sind die Ehegatten, sind beide verstorben, deren Eltern und Kinder.

(2) Die Beurkundung der Eheschließung nach Absatz 1 erfolgt auch dann, wenn die Ehe im Inland zwischen Eheschließenden, von denen keiner Deutscher ist, vor

---

[1] § 31 Abs. 1 neu gef. mWv 1.11.2013 durch G v. 7.5.2013 (BGBl. I S. 1122); Abs. 1 Nr. 3 neu gef. mWv 1.11.2017 durch G v. 17.7.2017 (BGBl. I S. 2522); Abs. 1 Nr. 3 geänd. mWv 22.12.2018 durch G *v. 18.12.2018* (BGBl. I S. 2639); Abs. 1 Nr. 1 geänd. mWv 1.11.2022 durch G v. 19.10.2022 (BGBl. I S. 1744).

[2] § 34 Abs. 3 eingef., bish. Abs. 3 und 4 werden Abs. 4 und 5 mWv 1.11.2013 durch G v. 7.5.2013 (BGBl. I S. 1122); Abs. 1 Satz 4 neu gef., Abs. 4 Satz 1 geänd. mWv 1.11.2017 durch G v. 17.7.2017 (BGBl. I S. 2522).

einer von der Regierung des Staates, dem einer der Eheschließenden angehört, ordnungsgemäß ermächtigten Person in der nach dem Recht dieses Staates vorgeschriebenen Form geschlossen worden ist.

(3) Personen, die eine Erklärung nach § 94 des Bundesvertriebenengesetzes abgegeben haben, sind nur mit den nach dieser Erklärung geführten Vornamen und Familiennamen einzutragen; dies gilt entsprechend für Vertriebene und Spätaussiedler, deren Name nach den *Vorschiften*[1] des Gesetzes über die Änderung von Familiennamen und Vornamen[2] geändert worden ist.

(4) [1] Zuständig für die Beurkundung ist das Standesamt, in dessen Zuständigkeitsbereich die antragsberechtigte Person ihren Wohnsitz hat oder zuletzt hatte oder ihren gewöhnlichen Aufenthalt hat. [2] Ergibt sich danach keine Zuständigkeit, so beurkundet das Standesamt I in Berlin die Eheschließung.

(5) Das Standesamt I in Berlin führt ein Verzeichnis der nach den Absätzen 1 und 2 beurkundeten Eheschließungen.

§ 35[3] Begründung von Lebenspartnerschaften im Ausland. (1) [1] Hat ein Deutscher im Ausland eine Lebenspartnerschaft im Sinne des § 1 des Lebenspartnerschaftsgesetzes[4] in der bis einschließlich 21. Dezember 2018 geltenden Fassung begründet, so kann die Begründung der Lebenspartnerschaft auf Antrag im Lebenspartnerschaftsregister beurkundet werden; für den Besitz der deutschen Staatsangehörigkeit ist der Zeitpunkt der Antragstellung maßgebend. [2] Die §§ 3 bis 7, 9, 10 und 17 gelten entsprechend. [3] Deutschen gleichgestellt sind Staatenlose, heimatlose Ausländer und ausländische Flüchtlinge im Sinne des Abkommens über die Rechtsstellung der Flüchtlinge mit gewöhnlichem Aufenthalt im Inland. [4] Antragsberechtigt sind die Lebenspartner, sind beide verstorben, deren Eltern und Kinder.

(2) § 34 Absatz 3 gilt entsprechend.

(3) [1] Zuständig für die Beurkundung ist das Standesamt, in dessen Zuständigkeitsbereich die antragsberechtigte Person ihren Wohnsitz hat oder zuletzt hatte oder ihren gewöhnlichen Aufenthalt hat. [2] Ergibt sich danach keine Zuständigkeit, so beurkundet das Standesamt I in Berlin die Begründung der Lebenspartnerschaft.

(4) Das Standesamt I in Berlin führt ein Verzeichnis der nach Absatz 1 beurkundeten Begründungen von Lebenspartnerschaften.

§ 36[5] Geburten und Sterbefälle im Ausland. (1) [1] Ist ein Deutscher im Ausland geboren oder gestorben, so kann der Personenstandsfall auf Antrag im Geburtenregister oder im Sterberegister beurkundet werden; für den Besitz der deutschen Staatsangehörigkeit ist der Zeitpunkt der Antragstellung maßgebend. [2] Die §§ 3 bis 7, 9, 10, 21, 27, 31 und 32 gelten entsprechend. [3] Gleiches gilt für Staatenlose, heimatlose Ausländer und ausländische Flüchtlinge im Sinne des Abkommens über die Rechtsstellung der Flüchtlinge mit gewöhnlichem Aufenthalt im Inland. [4] Antragsberechtigt sind

---

[1] Wortlaut amtlich.

[2] **Sartorius Nr. 265.**

[3] § 35 Abs. 1 Satz 4 neu gef., Abs. 2 eingef., bish. Abs. 2–4 werden Abs. 3–5 mWv 1.11.2013 durch G v. 7.5.2013 (BGBl. I S. 1122); Abs. 5 aufgeh. mWv 26.11.2015 durch G v. 20.11.2015 (BGBl. I S. 2010); Abs. 1 Satz 4 neu gef., Abs. 3 Satz 1 geänd. mWv 1.11.2017 durch G v. 17.7.2017 (BGBl. I S. 2522); Abs. 1 Satz 1 geänd. mWv 22.12.2018 durch G v. 18.12.2018 (BGBl. I S. 2639).

[4] Nr. **43**.

[5] § 36 Abs. 1 Satz 4 Nr. 2 neu gef., Abs. 2 Satz 2 geänd. mWv 1.11.2013 durch G v. 7.5.2013 (BGBl. I S. 1122); Abs. 2 neu gef. mWv 1.11.2017 durch G v. 17.7.2017 (BGBl. I S. 2522).

1. bei einer Geburt die Eltern des Kindes sowie das Kind, dessen Ehegatte, Lebenspartner oder Kinder,
2. bei einem Sterbefall die Eltern, die Kinder und der Ehegatte oder Lebenspartner des Verstorbenen, jede andere Person, die ein rechtliches Interesse an der Beurkundung geltend machen kann, sowie die deutsche Auslandsvertretung, in deren Zuständigkeitsbereich der Sterbefall eingetreten ist.

(2) [1]Zuständig für die Beurkundung ist das Standesamt, in dessen Zuständigkeitsbereich die im Ausland geborene Person ihren Wohnsitz hat oder zuletzt hatte oder ihren gewöhnlichen Aufenthalt hat; hatte die verstorbene Person ihren letzten Wohnsitz oder gewöhnlichen Aufenthalt im Inland, so beurkundet das für diesen Ort zuständige Standesamt den Sterbefall. [2]Ergibt sich danach keine Zuständigkeit, so beurkundet das Standesamt den Personenstandsfall, in dessen Zuständigkeitsbereich die antragstellende Person ihren Wohnsitz hat oder zuletzt hatte oder ihren gewöhnlichen Aufenthalt hat. [3]Ergibt sich danach keine Zuständigkeit, so beurkundet das Standesamt I in Berlin den Personenstandsfall.

(3) Das Standesamt I in Berlin führt Verzeichnisse der nach Absatz 1 beurkundeten Personenstandsfälle.

§ 37[1)] Geburten und Sterbefälle auf Seeschiffen. (1) [1]Die Geburt oder der Tod eines Menschen während der Reise auf einem Seeschiff, das die Bundesflagge führt, wird von dem Standesamt I in Berlin beurkundet. [2]Dies gilt auch, wenn sich der Sterbefall während der Seereise außerhalb des Seeschiffes, jedoch nicht an Land oder in einem Hafen im Inland, ereignet hat und der Verstorbene von einem Seeschiff, das die Bundesflagge führt, aufgenommen wurde.

(2) Die Geburt oder der Tod muss von dem nach § 19 oder § 29 Verpflichteten dem Schiffsführer unverzüglich mündlich angezeigt werden.

(3) [1]Der Schiffsführer hat über die Anzeige der Geburt oder des Todes eine Niederschrift aufzunehmen, die von ihm und von dem Anzeigenden zu unterschreiben ist. [2]In die Niederschrift sind auch die Angaben aufzunehmen, die nach § 21 oder § 31 in dem Geburten- oder Sterberegister zu beurkunden sind. [3]Der Schiffsführer hat die Niederschrift dem Standesamt I in Berlin zu übersenden.

(4) [1]Für die Beurkundung der Geburt oder des Todes eines Deutschen auf einem Seeschiff, das keine Bundesflagge führt, gilt § 36. [2]Gleiches gilt, wenn der Verstorbene im Falle des Absatzes 1 Satz 2 von einem solchen Seeschiff aufgenommen wurde.

§ 38[2)] Sterbefälle in ehemaligen Konzentrationslagern. (1) Für die Beurkundung der Sterbefälle von Häftlingen der ehemaligen deutschen Konzentrationslager ist im Inland das Sonderstandesamt in Bad Arolsen ausschließlich zuständig.

(2) [1]Die Beurkundung der Sterbefälle erfolgt auf schriftliche Anzeige der Urkundenprüfstelle beim Sonderstandesamt in Bad Arolsen oder des Bundesarchivs. [2]Die Anzeige kann auch von jeder Person erstattet werden, die bei dem Tode zugegen war oder von dem Sterbefall aus eigenem Wissen unterrichtet ist. [3]§ 3 Abs. 2 Satz 1 und 4 und § 4 Abs. 1 gelten nicht.

[1)] § 37 Abs. 3 Satz 3 neu gef., Satz 4 aufgeh. mWv 1.11.2017 durch G v. 17.7.2017 (BGBl. I S. 2522).
[2)] § 38 Abs. 3 Satz 2 angef. mWv 1.11.2013 durch G v. 7.5.2013 (BGBl. I S. 1122); Abs. 2 Satz 1 geänd. mWv 1.1.2019 durch G v. 4.12.2018 (BGBl. I S. 2257) iVm Bek. v. 12.4.2019 (BGBl. I S. 496).

(3) [1]Die Beurkundung erfolgt nicht, wenn der Sterbefall bereits von einem anderen Standesamt beurkundet worden ist. [2]Sind von diesem Standesamt Urkunden nicht zu erhalten, so ist der Sterbefall erneut zu beurkunden.

§ 39[1)] Ehefähigkeitszeugnis. (1) [1]Zur Ausstellung eines Ehefähigkeitszeugnisses, dessen ein Deutscher zur Eheschließung im Ausland bedarf, ist das Standesamt zuständig, in dessen Zuständigkeitsbereich der Eheschließende seinen Wohnsitz oder seinen gewöhnlichen Aufenthalt hat. [2]Hat der Eheschließende im Inland weder Wohnsitz noch gewöhnlichen Aufenthalt, so ist der Ort des letzten gewöhnlichen Aufenthalts maßgebend; hat er sich niemals oder nur vorübergehend im Inland aufgehalten, so ist das Standesamt I in Berlin zuständig. [3]Der Antrag auf Erteilung eines Ehefähigkeitszeugnisses kann mündlich oder schriftlich gestellt werden.

(2) [1]Das Ehefähigkeitszeugnis darf nur ausgestellt werden, wenn der beabsichtigten Eheschließung ein Ehehindernis nach deutschem Recht nicht entgegensteht; § 13 Abs. 1 bis 3 gilt entsprechend. [2]Die Beibringung eines Ehefähigkeitszeugnisses für den anderen Eheschließenden ist nicht erforderlich. [3]Das Ehefähigkeitszeugnis gilt für die Dauer von sechs Monaten.

(3) Absatz 1 Satz 1 und Absatz 2 gelten entsprechend für die Ausstellung eines Ehefähigkeitszeugnisses, dessen ein Staatenloser, heimatloser Ausländer oder ausländischer Flüchtling im Sinne des Abkommens über die Rechtsstellung der Flüchtlinge mit gewöhnlichem Aufenthalt im Inland zur Eheschließung im Ausland bedarf.

(4) Ein Ehefähigkeitszeugnis kann auch erteilt werden, wenn das Zeugnis zur Begründung einer Lebenspartnerschaft im Ausland benötigt wird; die Absätze 1 bis 3 gelten entsprechend.

§ 39a[2)] *(aufgehoben)*

§ 40[3)] Zweifel über örtliche Zuständigkeit für Beurkundung. (1) Bei Zweifeln über die örtliche Zuständigkeit mehrerer Standesämter entscheidet die gemeinsame Aufsichtsbehörde oder, falls eine solche fehlt, das Bundesministerium des Innern, für Bau und Heimat.

(2) Bestehen Zweifel darüber, ob ein Personenstandsfall sich im Inland oder im Ausland ereignet hat, so entscheidet das Bundesministerium des Innern, für Bau und Heimat, ob und bei welchem Standesamt der Personenstandsfall zu beurkunden ist.

(3) [1]Entscheidet die gemeinsame Aufsichtsbehörde, so ordnet sie die Eintragung an. [2]Entscheidet das Bundesministerium des Innern, für Bau und Heimat, so teilt es seine Entscheidung der obersten Landesbehörde mit; diese ordnet die Eintragung an.

---

1) § 39 Abs. 4 angef. mWv 22.12.2018 durch G v. 18.12.2018 (BGBl. I S. 2639); Abs. 1 Satz 3 angef. mWv 1.11.2022 durch G v. 19.10.2022 (BGBl. I S. 1744).

2) § 39a aufgeh. mWv 22.12.2018 durch G v. 18.12.2018 (BGBl. I S. 2639).

3) § 40 Abs. 1, 2 und 3 Satz 2 geänd. mWv 27.6.2020 durch VO v. 19.6.2020 (BGBl. I S. 1328).

Abschnitt 2. Familienrechtliche Beurkundungen

§ 41[1] Erklärungen zur Namensführung von Ehegatten.

[Abs. 1 bis 30.4.2025:]

(1) [1]Die Erklärung, durch die

1. Ehegatten nach der Eheschließung einen Ehenamen bestimmen,
2. ein Ehegatte seinen Geburtsnamen oder den zur Zeit der Erklärung über die Bestimmung des Ehenamens geführten Namen dem Ehenamen voranstellt oder anfügt oder durch die er diese Erklärung widerruft,
3. ein Ehegatte seinen Geburtsnamen oder den bis zur Bestimmung des Ehenamens geführten Namen wieder annimmt,
4. Ehegatten nach der Eheschließung ihren künftig zu führenden Namen gemäß Artikel 10 Abs. 2 Satz 1 und 2 des Einführungsgesetzes zum Bürgerlichen Gesetzbuche[2] wählen,

kann auch von den Standesbeamten beglaubigt oder beurkundet werden. [2]Gleiches gilt für die Erklärung, durch die ein Kind und sein Ehegatte die Namensänderung des Kindes oder der Eltern des Kindes auf ihren Ehenamen erstrecken.

[Abs. 1 ab 1.5.2025:]

(1) Jede der folgenden Erklärungen kann auch von den Standesbeamten beglaubigt oder beurkundet werden:

1. *Erklärung, durch die Ehegatten nach der Eheschließung einen Ehenamen bestimmen,*
2. *Erklärung, durch die ein Ehegatte seinen Geburtsnamen oder den zur Zeit der Erklärung über die Bestimmung des Ehenamens geführten Familiennamen dem Ehenamen voranstellt oder anfügt oder durch die er diese Erklärung widerruft,*
3. *Erklärung, durch die ein verwitweter oder geschiedener Ehegatte*
   a) *seinen Geburtsnamen wieder annimmt,*
   b) *den bis zur Bestimmung des Ehenamens geführten Namen wieder annimmt oder*
   c) *dem Ehenamen seinen Geburtsnamen oder den bis zur Erklärung über die Bestimmung des Ehenamens geführten Namen voranstellt oder anfügt oder diese Erklärung widerruft,*
4. *Erklärung, durch die Ehegatten nach der Eheschließung ihren künftig zu führenden Namen gemäß Artikel 10 Absatz 2 des Einführungsgesetzes zum Bürgerlichen Gesetzbuche wählen,*
5. *Erklärung, durch die ein Ehegatte den Ehenamen seinem Geschlecht anpasst oder durch die er eine solche Erklärung widerruft,*
6. *Erklärung, durch die ein Ehegatte sich der Erstreckung der Änderung des Geburtsnamens des Kindes auf den Ehenamen anschließt.*

(2) [1]Zur Entgegennahme der Erklärungen ist das Standesamt zuständig, das die Eheschließung zu beurkunden hat oder das Eheregister führt, in dem die Eheschließung beurkundet ist. [2]Ist die Eheschließung nicht in einem deutschen Eheregister beurkundet, so ist das Standesamt zuständig, in dessen Zuständigkeitsbereich einer der Erklärenden seinen Wohnsitz hat oder zuletzt hatte oder seinen gewöhnlichen Aufenthalt hat. [3]Ergibt sich danach keine Zuständigkeit, so ist das

---

[1] § 41 Abs. 2 Satz 1 neu gef. mWv 1.11.2013 durch G v. 7.5.2013 (BGBl. I S. 1122); Abs. 1 Satz 1 Nr. 4, Satz 2 und Abs. 2 Satz 2 geänd. mWv 1.11.2017 durch G v. 17.7.2017 (BGBl. I S. 2522); Abs. 1 neu gef. mWv 1.5.2025 durch G v. 11.6.2024 (BGBl. 2024 I Nr. 185).

[2] **Habersack, Deutsche Gesetze Nr. 21.**

Standesamt I in Berlin zuständig. [4] Das Standesamt I in Berlin führt ein Verzeichnis der nach den Sätzen 2 und 3 entgegengenommenen Erklärungen.

[§ 42 bis 30.4.2025:]

§ 42[1)] Erklärungen zur Namensführung von Lebenspartnern. (1) Die Erklärung, durch die

1. Lebenspartner nach der Begründung der Lebenspartnerschaft einen Lebenspartnerschaftsnamen bestimmen,
2. ein Lebenspartner seinen Geburtsnamen oder den zur Zeit der Erklärung über die Bestimmung des Lebenspartnerschaftsnamens geführten Namen dem Lebenspartnerschaftsnamen voranstellt oder anfügt oder durch die er diese Erklärung widerruft,
3. ein Lebenspartner seinen Geburtsnamen oder den bis zur Bestimmung des Lebenspartnerschaftsnamens geführten Namen wieder annimmt,
4. Lebenspartner nach der Begründung der Lebenspartnerschaft ihren künftig zu führenden Namen gemäß Artikel 17b Abs. 2 des Einführungsgesetzes zum Bürgerlichen Gesetzbuche[2)] wählen,

kann auch von den Standesbeamten beglaubigt oder beurkundet werden.

(2) [1] Zur Entgegennahme der Erklärungen ist das Standesamt zuständig, das die Begründung der Lebenspartnerschaft zu beurkunden hat oder das Lebenspartnerschaftsregister führt, in dem die Lebenspartnerschaft beurkundet ist. [2] Ist die Lebenspartnerschaft nicht in einem deutschen Lebenspartnerschaftsregister beurkundet, so ist das Standesamt zuständig, in dessen Zuständigkeitsbereich einer der Erklärenden seinen Wohnsitz hat oder zuletzt hatte oder seinen gewöhnlichen Aufenthalt hat. [3] Ergibt sich danach keine Zuständigkeit, so ist das Standesamt I in Berlin zuständig. [4] Das Standesamt I in Berlin führt ein Verzeichnis der nach den Sätzen 2 und 3 entgegengenommenen Erklärungen.

(3) § 23 des Lebenspartnerschaftsgesetzes[3)] bleibt unberührt.

[§ 42 ab 1.5.2025:]

§ 42[4)] *(aufgehoben)*

§ 43[5)] Erklärungen zur Namensangleichung. (1) Die Erklärungen über die Namenswahl nach Artikel 48 des Einführungsgesetzes zum Bürgerlichen Gesetzbuche[2)] oder über die Angleichung von Familiennamen und Vornamen nach Artikel 47 des Einführungsgesetzes zum Bürgerlichen Gesetzbuche oder nach § 94 des Bundesvertriebenengesetzes können auch von den Standesbeamten beglaubigt oder beurkundet werden.

(2) [1] Zur Entgegennahme der Erklärungen ist das Standesamt zuständig, das das Geburtenregister für die Person, deren Name geändert oder bestimmt werden soll, führt. [2] Wird die Erklärung im Zusammenhang mit einer Erklärung zur Namens-

---

[1)] § 42 Abs. 2 Satz 1 neu gef. mWv 1.11.2013 durch G v. 7.5.2013 (BGBl. I S. 1122); Abs. 1 Nr. 4, Abs. 2 Satz 2 geänd. mWv 1.11.2017 durch G v. 17.7.2017 (BGBl. I S. 2522); Abs. 1 Nr. 4 geänd. mWv 29.1.2019 durch G v. 17.12.2018 (BGBl. I S. 2573).

[2)] **Habersack, Deutsche Gesetze Nr. 21.**

[3)] Nr. **43**.

[4)] § 42 aufgeh. mWv 1.5.2025 durch G v. 11.6.2024 (BGBl. 2024 I Nr. 185).

[5)] § 43 Abs. 2 neu gef. mWv 1.1.2009 durch G v. 11.12.2008 (BGBl. I S. 2418); Abs. 1 Satz 1 geänd. mWv 29.1.2013 durch G v. 23.1.2013 (BGBl. I S. 101); Abs. 1 Satz 2 aufgeh., Abs. 2 neu gef. mWv 1.11.2013 durch G v. 7.5.2013 (BGBl. I S. 1122); Abs. 2 Satz 3 geänd. mWv 1.11.2017 durch G v. 17.7.2017 (BGBl. I S. 2522).

führung von Ehegatten oder Lebenspartnern abgegeben, so ist das Standesamt zuständig, das die Eheschließung oder die Begründung der Lebenspartnerschaft zu beurkunden hat oder das Eheregister oder das Lebenspartnerschaftsregister führt; dieses Standesamt ist außerdem zuständig, wenn die Erklärung nicht im Zusammenhang mit einer Erklärung zur Namensführung von Ehegatten oder Lebenspartnern abgegeben und kein Geburtseintrag im Inland geführt wird. [3] Ergibt sich danach keine Zuständigkeit, so ist das Standesamt zuständig, in dessen Zuständigkeitsbereich der Erklärende seinen Wohnsitz hat oder zuletzt hatte oder seinen gewöhnlichen Aufenthalt hat. [4] Ergibt sich auch danach keine Zuständigkeit, so ist das Standesamt I in Berlin zuständig. [5] Das Standesamt I in Berlin führt ein Verzeichnis der nach den Sätzen 3 und 4 entgegengenommenen Erklärungen.

§ 44[1)] Erklärungen zur Anerkennung der Vaterschaft und der Mutterschaft. (1) [1] Die Erklärung, durch welche die Vaterschaft zu einem Kind anerkannt wird, sowie die Zustimmungserklärung der Mutter können auch von den Standesbeamten beurkundet werden. [2] Gleiches gilt für die etwa erforderliche Zustimmung des Kindes, des gesetzlichen Vertreters oder des Ehemannes der Mutter zu einer solchen Erklärung sowie für den Widerruf der Anerkennung.

(2) Die Erklärung, durch welche die Mutterschaft zu einem Kind anerkannt wird, und die etwa erforderliche Zustimmungserklärung des gesetzlichen Vertreters der Mutter können auch von den Standesbeamten beurkundet werden.

(3) [1] Dem Standesamt, das den Geburtseintrag des Kindes führt, ist eine beglaubigte Abschrift der Erklärungen zu übersenden. [2] Ist die Geburt des Kindes nicht im Inland beurkundet, so ist die beglaubigte Abschrift dem Standesamt I in Berlin zu übersenden.

§ 45[2)] Erklärungen zur Namensführung des Kindes.

[Abs. 1 bis 30.4.2025:]

(1) [1] Die Erklärung, durch die

1. Eltern nach der Beurkundung der Geburt den Geburtsnamen eines Kindes bestimmen,
2. ein Kind sich der Bestimmung seines Geburtsnamens durch die Eltern anschließt,
3. ein Kind beantragt, den von seiner Mutter zur Zeit seiner Geburt geführten Namen als Geburtsnamen zu erhalten, wenn es den Namen eines Mannes führt, von dem rechtskräftig festgestellt wurde, dass er nicht der Vater des Kindes ist,
4. ein Mann den Antrag nach Nummer 3 stellt, wenn das Kind das fünfte Lebensjahr noch nicht vollendet hat,
5. ein Kind sich der Änderung des Familiennamens der Eltern oder eines Elternteils anschließt,
6. der Elternteil, dem die elterliche Sorge allein oder gemeinsam mit dem anderen Elternteil zusteht, und sein Ehegatte, der nicht Elternteil des Kindes ist, oder sein Lebenspartner dem Kind ihren Ehenamen oder ihren Lebenspartnerschaftsnamen erteilen oder diesen Namen dem von dem Kind zur Zeit der Erklärung geführten Namen voranstellen oder anfügen,

---

1) § 44 Abs. 1 Satz 3 angef. mWv 1.6.2008 durch G v. 13.3.2008 (BGBl. I S. 313); Abs. 1 Satz 3 aufgeh. mWv 1.11.2017 durch G v. 17.7.2017 (BGBl. I S. 2522).

2) § 45 Abs. 2 Satz 2 geänd. mWv 1.11.2013 durch G v. 7.5.2013 (BGBl. I S. 1122); Abs. 1 Satz 1 Nr. 1 geänd., Abs. 2 Satz 2 neu gef. mWv 1.11.2017 durch G v. 17.7.2017 (BGBl. I S. 2522); Abs. 1 neu gef. mWv 1.5.2025 durch G v. 11.6.2024 (BGBl. 2024 I Nr. 185).

7. der Elternteil, dem die elterliche Sorge allein zusteht, dem Kind den Namen des anderen Elternteils erteilt,

sowie die zu den Nummern 6 und 7 erforderlichen Einwilligungen eines Elternteils oder des Kindes können auch von den Standesbeamten beglaubigt oder beurkundet werden. [2] Gleiches gilt für die etwa erforderliche Zustimmung des gesetzlichen Vertreters zu einer in Satz 1 genannten Erklärung.

[Abs. 1 ab 1.5.2025:]

(1) [1] Jede der folgenden Erklärungen kann auch von den Standesbeamten beglaubigt oder beurkundet werden:

1. *Erklärung, durch die Eltern nach der Beurkundung der Geburt den Geburtsnamen des Kindes bestimmen oder, wenn sie keinen Geburtsnamen bestimmen, die Erklärung eines Elternteils, der den gesetzlich vorgegebenen Namen ablehnt,*
2. *Erklärung, durch die der Elternteil, dem die elterliche Sorge allein zusteht, dem Kind nur einen oder einige der Namen, aus denen der Familienname dieses Elternteils besteht, den Familiennamen des anderen Elternteils, einen aus den Namen beider Elternteile gebildeten Doppelnamen oder einen Geburtsnamen nach friesischer oder dänischer Tradition erteilt,*
3. *Erklärung, durch die ein Kind sich der Bestimmung seines Geburtsnamens durch die Eltern anschließt,*
4. *Erklärung, durch die ein Kind beantragt, den von seiner Mutter zur Zeit seiner Geburt geführten Familiennamen als Geburtsnamen zu erhalten, wenn es den Namen eines Mannes führt, von dem rechtskräftig festgestellt wurde, dass er nicht der Vater des Kindes ist,*
5. *Erklärung, durch die ein Mann den Antrag nach Nummer 4 stellt, wenn das Kind das fünfte Lebensjahr noch nicht vollendet hat,*
6. *Erklärung, durch die ein Kind sich der Änderung des Namens der Eltern oder eines Elternteils anschließt,*
7. *Erklärung, durch die der Elternteil, dem die elterliche Sorge allein oder gemeinsam mit dem anderen Elternteil zusteht, dem Kind seinen nach Scheidung vom anderen Elternteil oder Tod des anderen Elternteils wieder angenommenen Namen oder einen aus seinem wieder angenommenen Namen und dem von dem Kind zur Zeit der Erklärung geführten Geburtsnamen gebildeten Doppelnamen erteilt,*
8. *Erklärung, durch die der Elternteil, dem die elterliche Sorge für das Kind allein oder gemeinsam mit dem anderen Elternteil zusteht, und sein Ehegatte, der nicht Elternteil des Kindes ist, das Kind einbenennen,*
9. *Erklärung, durch die ein Elternteil, dem die elterliche Sorge für das Kind allein oder gemeinsam mit dem anderen Elternteil zusteht, das Kind rückbenennt oder durch die das volljährige Kind sich rückbenennt,*
10. *Erklärung, durch die ein Elternteil nach der Beurkundung der Geburt den Geburtsnamen des Kindes dem Geschlecht des Kindes anpasst, durch die das volljährige Kind seinen Geburtsnamen seinem Geschlecht anpasst oder durch die eine solche Erklärung widerrufen wird,*
11. *Erklärung, durch die eine volljährige Person ihren Geburtsnamen neu bestimmt.*

[2] Satz 1 gilt auch für die etwa erforderliche Einwilligung eines Elternteils oder des Kindes oder Zustimmung des gesetzlichen Vertreters zu einer der in Satz 1 genannten Erklärungen.

(2) [1] Zur Entgegennahme der Erklärungen ist das Standesamt zuständig, das das Geburtenregister, in dem die Geburt des Kindes beurkundet ist, führt. [2] Ist die Geburt des Kindes nicht in einem deutschen Geburtenregister beurkundet, so ist das Standesamt zuständig, in dessen Zuständigkeitsbereich das Kind oder ein

Elternteil seinen Wohnsitz hat oder zuletzt hatte oder seinen gewöhnlichen Aufenthalt hat. [3] Ergibt sich danach keine Zuständigkeit, so ist das Standesamt I in Berlin zuständig. [4] Das Standesamt I in Berlin führt ein Verzeichnis der nach den Sätzen 2 und 3 entgegengenommenen Erklärungen.

(3) § 23 des Lebenspartnerschaftsgesetzes[1)] bleibt unberührt.

§ 45a[2)] Erklärung zur Reihenfolge der Vornamen. (1) [1] Unterliegt der Name einer Person deutschem Recht und hat sie mehrere Vornamen, so kann deren Reihenfolge durch Erklärung des Namenträgers gegenüber dem Standesamt neu bestimmt werden (Vornamensortierung). [2] Eine Änderung der Schreibweise der Vornamen sowie das Hinzufügen von neuen Vornamen oder das Weglassen von Vornamen ist dabei nicht zulässig; die Artikel 47 und 48 des Einführungsgesetzes zum Bürgerlichen Gesetzbuche[3)] und § 94 des Bundesvertriebenengesetzes bleiben unberührt. [3] Die Erklärung muss öffentlich beglaubigt werden; sie kann auch von den Standesbeamten beglaubigt oder beurkundet werden.

(2) Ein in der Geschäftsfähigkeit beschränktes Kind, das das 14. Lebensjahr vollendet hat, kann die Erklärung nach Absatz 1 nur selbst abgeben; das Kind bedarf hierzu der Zustimmung seines gesetzlichen Vertreters.

(3) [1] Zur Entgegennahme der Erklärung ist das Standesamt zuständig, das das Geburtenregister für die Person führt, deren Vornamen neu sortiert werden sollen. [2] Ist die Geburt nicht in einem deutschen Geburtenregister beurkundet, so ist das Standesamt zuständig, das das Eheregister oder Lebenspartnerschaftsregister der Person führt. [3] Ergibt sich danach keine Zuständigkeit, so ist das Standesamt zuständig, in dessen Zuständigkeitsbereich die Person ihren Wohnsitz hat oder zuletzt hatte oder ihren gewöhnlichen Aufenthalt hat. [4] Ergibt sich auch danach keine Zuständigkeit, so ist das Standesamt I in Berlin zuständig.

§ 45b[4)] Erklärungen nach dem Gesetz über die Selbstbestimmung in Bezug auf den Geschlechtseintrag. (1) [1] Die Erklärungen zur Änderung des Geschlechtseintrags und der Vornamen nach § 2 des Gesetzes über die Selbstbestimmung in Bezug auf den Geschlechtseintrag und die Erklärung zum maßgeblichen Geschlechtseintrag für das Rechtsverhältnis der Person zu ihren Kindern nach § 11 Absatz 1 Satz 2 des Gesetzes über die Selbstbestimmung in Bezug auf den Geschlechtseintrag sind persönlich vor dem Standesbeamten abzugeben und von diesem zu beurkunden. [2] Bei Deutschen mit gewöhnlichem Aufenthalt im Ausland kann eine deutsche Auslandsvertretung die Erklärung öffentlich beglaubigen und an das zuständige Standesamt übermitteln. [3] Ist die Zustimmung eines gesetzlichen Vertreters erforderlich, so gelten die Sätze 1 und 2 auch für dessen Erklärung. [4] Wird die Erklärung für eine minderjährige Person abgegeben, die geschäftsunfähig ist oder das 14. Lebensjahr noch nicht vollendet hat, muss auch die minderjährige Person anwesend sein.

(2) [1] Für die Entgegennahme von Erklärungen nach § 2 des Gesetzes über die Selbstbestimmung in Bezug auf den Geschlechtseintrag ist das Standesamt zuständig, das das Geburtenregister für die betroffene Person, deren Geschlechtseintrag und Vornamen geändert werden sollen, führt. [2] Für die Entgegennahme von Erklärungen nach § 11 Absatz 1 Satz 2 des Gesetzes über die Selbstbestimmung in Bezug auf den Geschlechtseintrag ist das Standesamt zuständig, welches die Geburt

---

[1)] Nr. 43.
[2)] § 45a eingef. mWv 1.11.2018 durch G v. 17.7.2017 (BGBl. I S. 2522).
[3)] **Habersack, Deutsche Gesetze Nr. 21.**
[4)] § 45b neu gef. mWv 1.11.2024 durch G v. 19.6.2024 (BGBl. 2024 I Nr. 206).

des jeweiligen Kindes der betroffenen Person zu beurkunden hat. [3]Ergibt sich nach Satz 1 keine Zuständigkeit, weil die Geburt nicht in einem deutschen Geburtenregister beurkundet ist, so ist das Standesamt zuständig, das das Eheregister oder Lebenspartnerschaftsregister der Person führt. [4]Ergibt sich danach keine Zuständigkeit, so ist das Standesamt zuständig, in dessen Zuständigkeitsbereich die Person ihren Wohnsitz hat oder zuletzt hatte oder ihren gewöhnlichen Aufenthalt hat. [5]Ergibt sich auch danach keine Zuständigkeit, so ist das Standesamt I in Berlin zuständig. [6]Das Standesamt I in Berlin führt ein Verzeichnis der nach den Sätzen 4 und 5 entgegengenommenen Erklärungen.

(3) [1]Die Erklärungen nach Artikel 7a Absatz 2 des Einführungsgesetzes zum Bürgerlichen Gesetzbuche[1)] sind gegenüber dem Standesamt abzugeben. [2]Absatz 2 gilt entsprechend.

Kapitel 8. Berichtigungen und gerichtliches Verfahren

Abschnitt 1. Berichtigungen ohne Mitwirkung des Gerichts

§ 46 Änderung einer Anzeige. Sind in der schriftlichen Anzeige einer Geburt oder eines Sterbefalls Angaben unrichtig oder unvollständig und ist der richtige oder vollständige Sachverhalt durch öffentliche Urkunden oder auf Grund eigener Ermittlungen des Standesamts festgestellt, so sind die entsprechenden Angaben unter Hinweis auf die Grundlagen zu ändern.

§ 47[2)] Berichtigung nach Abschluss der Beurkundung. (1) [1]In einem abgeschlossenen Registereintrag sind offenkundige Schreibfehler zu berichtigen. [2]Auf Grund öffentlicher Urkunden oder eigener Ermittlungen des Standesamts sind außerdem zu berichtigen

1. die in den Personenstandsregistern eingetragenen Hinweise,
2. fehlerhafte Übertragungen aus Urkunden, die der Eintragung zugrunde gelegen haben,
3. im Sterberegister die Angaben über den letzten Wohnsitz des Verstorbenen,
4. in allen Personenstandsregistern die Registrierungsdaten eines Personenstandseintrags,
5. in allen Personenstandsregistern die Elementbezeichnungen und Leittextangaben.

[3]Ferner können sonstige unrichtige oder unvollständige Eintragungen berichtigt werden, wenn der richtige oder vollständige Sachverhalt festgestellt wird durch

1. Personenstandsurkunden,
2. Dokumente des Heimatstaates, die zum Grenzübertritt berechtigen, soweit dadurch ein erläuternder Zusatz zur Identität oder zur Namensführung im Personenstandsregister gestrichen werden soll.

(2) Gehen dem Standesamt berichtigende Mitteilungen oder Anzeigen zu, so sind außerdem zu berichtigen

---

[1)] **Habersack, Deutsche Gesetze Nr. 21.**

[2)] § 47 Abs. 1 Nr. 3 angef. mWv 1.1.2009 durch G v. 11.12.2008 (BGBl. I S. 2418); Abs. 1 Satz 2 neu gef., Abs. 3 Satz 2 und Abs. 4 angef. mWv 1.11.2013 durch G v. 7.5.2013 (BGBl. I S. 1122); Abs. 1 Nr. 4 geänd., Nr. 5 angef., Abs. 3 Satz 2 geänd. mWv 22.12.2018 durch G v. 18.12.2018 (BGBl. I S. 2639); Abs. 1 Satz 3, Abs. 3 Satz 2 neu gef. mWv 7.4.2021 durch G v. 28.3.2021 (BGBl. I S. 591); Abs. 2 Nr. 3 geänd. mWv 1.11.2022 durch G v. 19.10.2022 (BGBl. I S. 1744).

1. im Geburtenregister die Angaben über Zeitpunkt und Ort der Geburt sowie das Geschlecht des Kindes, wenn die Geburt schriftlich angezeigt worden ist,
2. im Sterberegister die Angaben über Zeitpunkt und Ort des Todes, wenn der Sterbefall schriftlich angezeigt worden ist,
3. in allen Personenstandsregistern die Angaben über die Rechtskraft gerichtlicher Entscheidungen.

(3) [1] Bei Berichtigungen sind die Beteiligten vor der Änderung zu hören. [2] Eine Anhörung unterbleibt in den Fällen des Absatzes 1 Satz 2 Nummer 1, 4 und 5 sowie des Absatzes 1 Satz 3 Nummer 2.

(4) [1] Die Berichtigung fehlerhafter Registrierungsdaten eines Eintrags erfolgt durch Kennzeichnung des entsprechenden Registereintrags und erneute Beurkundung. [2] Die nach Satz 1 gekennzeichneten Registereinträge gelten als stillgelegt und dürfen nicht mehr verarbeitet werden. [3] Die Registrierungsdaten eines stillgelegten Eintrags können wieder verwendet werden.

Abschnitt 2. Gerichtliches Verfahren

§ 48[1)] Berichtigung auf Anordnung des Gerichts. (1) [1] Außer in den Fällen des § 47 darf ein abgeschlossener Registereintrag nur auf Anordnung des Gerichts berichtigt werden. [2] Die Anordnung kann auch Fälle des § 47 umfassen.

(2) [1] Den Antrag auf Anordnung der Berichtigung können alle Beteiligten, das Standesamt und die Aufsichtsbehörde stellen. [2] Sie sind vor der Entscheidung zu hören.

§ 49 Anweisung durch das Gericht. (1) Lehnt das Standesamt die Vornahme einer Amtshandlung ab, so kann es auf Antrag der Beteiligten oder der Aufsichtsbehörde durch das Gericht dazu angewiesen werden.

(2) [1] Das Standesamt kann in Zweifelsfällen auch von sich aus die Entscheidung des Gerichts darüber herbeiführen, ob eine Amtshandlung vorzunehmen ist. [2] Für das weitere Verfahren gilt dies als Ablehnung der Amtshandlung.

§ 50 Sachliche und örtliche Zuständigkeit der Gerichte. (1) [1] Für die in den §§ 48 und 49 vorgesehenen Entscheidungen sind ausschließlich die Amtsgerichte zuständig, die ihren Sitz am Ort eines Landgerichts haben. [2] Ihr Bezirk umfasst den Bezirk des Landgerichts.

(2) Die örtliche Zuständigkeit wird durch den Sitz des Standesamts bestimmt, das die Sache dem Gericht zur Entscheidung vorgelegt hat oder das die Amtshandlung vornehmen oder dessen Personenstandsregister berichtigt werden soll.

§ 51[2)] Gerichtliches Verfahren. (1) [1] Auf das gerichtliche Verfahren sind die Vorschriften des Gesetzes über das Verfahren in Familiensachen und in den Angelegenheiten der freiwilligen Gerichtsbarkeit[3)] anzuwenden. [2] Standesämter und Aufsichtsbehörden sind von Gerichtskosten befreit.

(2) Die Aufsichtsbehörde, das Standesamt und die Beteiligten können in jeder Lage des Verfahrens diesem beitreten; sie können ihren Beitritt auch durch Einlegung eines Rechtsmittels erklären.

[1)] § 48 Abs. 1 Satz 1 geänd. mWv 1.11.2013 durch G v. 7.5.2013 (BGBl. I S. 1122).
[2)] § 51 Abs. 1 Satz 1 geänd. mWv 1.9.2009 durch G v. 17.12.2008 (BGBl. I S. 2586).
[3)] **Habersack, Deutsche Gesetze Nr. 112.**

§ 52[1] **Öffentliche Bekanntmachung der Entscheidung.** (1) [1]Das Gericht kann die öffentliche Bekanntmachung einer Entscheidung anordnen, wenn es Zweifel hat, ob ihm alle Beteiligten bekannt geworden sind. [2]An Beteiligte, die ihm bekannt sind, soll außerdem eine besondere Bekanntmachung erfolgen. [3]Dem Antragsteller, dem Beschwerdeführer, dem Standesamt und der Aufsichtsbehörde muss die Entscheidung stets besonders bekannt gemacht werden.

(2) Die Entscheidung gilt allen Beteiligten mit Ausnahme der Beteiligten, denen die Entscheidung besonders bekannt gemacht worden ist oder bekannt gemacht werden muss, als zugestellt, wenn seit der öffentlichen Bekanntmachung zwei Wochen verstrichen sind.

(3) [1]Die Art der öffentlichen Bekanntmachung bestimmt das Gericht. [2]Es genügt die Anheftung einer Ausfertigung oder einer beglaubigten Abschrift der Entscheidung oder eines Auszugs davon an der Gerichtstafel. [3]Das Schriftstück soll zwei Wochen, und wenn durch die Bekanntmachung der Entscheidung eine Frist in Gang gesetzt wird, bis zum Ablauf der Frist an der Tafel angeheftet bleiben. [4]Auf die Gültigkeit der öffentlichen Bekanntmachung ist es ohne Einfluss, wenn das Schriftstück zu früh von der Tafel entfernt wird. [5]Der Zeitpunkt der Anheftung und der Zeitpunkt der Abnahme sind auf dem Schriftstück zu vermerken.

§ 53[2] **Wirksamwerden gerichtlicher Entscheidungen; Beschwerde.**

(1) Der Beschluss, durch den das Standesamt zur Vornahme einer Amtshandlung angehalten oder durch den die Berichtigung eines Personenstandsregisters angeordnet wird, wird mit Rechtskraft wirksam.

(2) Gegen den Beschluss steht dem Standesamt und der Aufsichtsbehörde die Beschwerde in jedem Fall zu.

Kapitel 9. Beweiskraft und Benutzung der Personenstandsregister

Abschnitt 1. Beweiskraft; Personenstandsurkunden

§ 54[3] **Beweiskraft der Personenstandsregister und -urkunden.** (1) [1]Die Beurkundungen in den Personenstandsregistern beweisen Eheschließung, Begründung der Lebenspartnerschaft, Geburt und Tod und die darüber gemachten näheren Angaben sowie die sonstigen Angaben über den Personenstand der Personen, auf die sich der Eintrag bezieht. [2]Hinweise haben diese Beweiskraft nicht.

(2) Die Personenstandsurkunden (§ 55 Absatz 1 Satz 1) und die elektronischen Personenstandsbescheinigungen (§ 55 Absatz 1 Satz 2) haben dieselbe Beweiskraft wie die Beurkundungen in den Personenstandsregistern.

(3) [1]Der Nachweis der Unrichtigkeit der beurkundeten Tatsachen ist zulässig. [2]Der Nachweis der Unrichtigkeit einer Personenstandsurkunde kann auch durch Vorlage einer beglaubigten Abschrift aus dem entsprechenden Personenstandsregister geführt werden.

---

[1] § 52 Abs. 1 Satz 3 geänd. mWv 1.11.2013 durch G v. 7.5.2013 (BGBl. I S. 1122).

[2] § 53 neu gef. mWv 1.9.2009 durch G v. 17.12.2008 (BGBl. I S. 2586); Abs. 2 neu gef. mWv 1.11.2013 durch G v. 7.5.2013 (BGBl. I S. 1122).

[3] § 54 Abs. 2 geänd. mWv 1.11.2024 durch G v. 19.10.2022 (BGBl. I S. 1744).

§ 55[1)] Personenstandsurkunden. (1) [1]Das Standesamt stellt folgende Personenstandsurkunden aus:

1. aus dem Eheregister Eheurkunden (§ 57); bis zu der Beurkundung der Eheschließung im Eheregister können Eheurkunden auch aus der Niederschrift über die Eheschließung ausgestellt werden,
2. aus dem Lebenspartnerschaftsregister Lebenspartnerschaftsurkunden (§ 58),
3. aus dem Geburtenregister Geburtsurkunden (§ 59),
4. aus dem Sterberegister Sterbeurkunden (§ 60),
5. aus allen Personenstandsregistern beglaubigte Registerausdrucke,
6. aus der Sammlung der Beschlüsse über Todeserklärungen beglaubigte Abschriften oder beglaubigte Ausdrucke der elektronisch gespeicherten gerichtlichen Entscheidungen.

[2]Darüber hinaus stellt das Standesamt aus allen elektronisch geführten Personenstandsregistern Personenstandsbescheinigungen als elektronische Dokumente mit den Daten einer entsprechenden Geburts-, Ehe-, Lebenspartnerschafts- oder Sterbeurkunde nach Satz 1 Nummer 1 bis 4 aus. [3]Die Vorschriften über Beweiskraft von Personenstandsurkunden sind für elektronische Personenstandsbescheinigungen entsprechend anzuwenden.

(2) [1]Für die Ausstellung der Personenstandsurkunde und elektronischen Personenstandsbescheinigung ist vorbehaltlich des § 67 Absatz 3 das Standesamt zuständig, bei dem der entsprechende Registereintrag geführt wird. [2]Die Personenstandsurkunde kann auch bei einem anderen Standesamt beantragt werden, wenn diesem die hierfür erforderlichen Daten elektronisch übermittelt werden können. [3]Voraussetzung für die elektronische Übermittlung ist, dass das empfangende Standesamt und das den betreffenden Registereintrag führende Standesamt über technische Einrichtungen zur Versendung und zum Empfang elektronischer Daten verfügen und hierfür einen Zugang eröffnet haben.

(3) Nach Ablauf der in § 5 Abs. 5 festgelegten Fristen für die Führung der Personenstandsregister werden keine Personenstandsurkunden und elektronischen Personenstandsbescheinigungen mehr ausgestellt; für die Erteilung von Nachweisen aus diesen Personenstandsregistern sind die archivrechtlichen Vorschriften maßgebend.

§ 56[2)] Allgemeine Vorschriften für die Ausstellung von Personenstandsurkunden. (1) [1]In der Ehe-, der Lebenspartnerschafts-, der Geburts- und der Sterbeurkunde werden das Standesamt, bei dem der Personenstandsfall beurkundet worden ist, und der Jahrgang sowie die Nummer des Registereintrags angegeben. [2]Bei der Ausstellung der Eheurkunde aus der Niederschrift über die Eheschließung ist an Stelle der Nummer des Registereintrags ein Hinweis auf die Niederschrift aufzunehmen.

(2) Ist ein Registereintrag durch Folgebeurkundungen fortgeführt worden, so werden nur die geänderten Tatsachen in die Personenstandsurkunden und elektronischen Personenstandsbescheinigungen aufgenommen.

[1)] § 55 Abs. 2 Satz 1 neu gef. mWv 1.11.2013 durch G v. 7.5.2013 (BGBl. I S. 1122); Abs. 1 Nr. 3 neu gef. mWv 22.12.2018 durch G v. 18.12.2018 (BGBl. I S. 2639); Abs. 1 neu gef., Abs. 2 Satz 1 geänd. mWv 1.11.2024 durch G v. 19.10.2022 (BGBl. I S. 1744); Abs. 3 geänd. mWv 1.11.2024 durch G v. 17.7.2023 (BGBl. 2023 I Nr. 190).

[2)] § 56 Abs. 1 Satz 2 geänd. mWv 1.11.2022, Abs. 2 geänd. und Abs. 4 neu gef. mWv 1.11.2024 durch G v. 19.10.2022 (BGBl. I S. 1744).

(3) [1] Am Schluss der Personenstandsurkunden werden der Tag und der Ort ihrer Ausstellung sowie der Familienname des ausstellenden Standesbeamten angegeben. [2] Die Personenstandsurkunden werden von dem Standesbeamten unterschrieben und mit dem Abdruck des Dienstsiegels versehen.

(4) [1] Die elektronische Personenstandsbescheinigung wird vom Standesamt mit einer qualifizierten elektronischen Signatur versehen und den nach § 62 berechtigten Personen sowie den nach § 65 berechtigten Behörden und Gerichten elektronisch übermittelt. [2] Dabei sind Datenschutz und Datensicherheit nach dem jeweiligen Stand der Technik sicherzustellen und bei Nutzung allgemein zugänglicher Netze Verschlüsselungs- und Authentifizierungsverfahren zu verwenden.

§ 57[1)] Eheurkunde. (1) [1] In die Eheurkunde werden aufgenommen

1. die Vornamen und Familiennamen der Ehegatten zum Zeitpunkt der Eheschließung sowie die sich aus dem Registereintrag zum Zeitpunkt der Ausstellung der Eheurkunde ergebenden Vornamen und Familiennamen,
2. Ort und Tag der Geburt der Ehegatten,
3. Ort und Tag der Eheschließung.

[2] In dem Feld „Weitere Angaben aus dem Register" sind anzugeben

1. die Auflösung der Ehe,
2. das Nichtbestehen der Ehe,
3. die Nichtigerklärung der Ehe,
4. die Todeserklärung oder gerichtliche Feststellung der Todeszeit eines Ehegatten,
5. die Umwandlung der Lebenspartnerschaft in eine Ehe.

(2) In die Eheurkunde wird außerhalb des Beurkundungstextes ein Hinweis auf die Beurkundung der Geburt der Ehegatten aufgenommen.

(3) Auf Verlangen der Ehegatten werden in die Eheurkunde die vor der Eheschließung geführten Vornamen nicht aufgenommen.

§ 58[2)] Lebenspartnerschaftsurkunde. (1) [1] In die Lebenspartnerschaftsurkunde werden aufgenommen

1. die Vornamen und Familiennamen der Lebenspartner zum Zeitpunkt der Begründung der Lebenspartnerschaft sowie die sich aus dem Registereintrag zum Zeitpunkt der Ausstellung der Lebenspartnerschaftsurkunde ergebenden Vornamen und Familiennamen,
2. Ort und Tag der Geburt der Lebenspartner,
3. Ort und Tag der Begründung der Lebenspartnerschaft.

[2] In dem Feld „Weitere Angaben aus dem Register" sind anzugeben

1. die Auflösung der Lebenspartnerschaft,
2. *das Nichtbestehen der Lebenspartnerschaft,*

[1)] § 57 neu gef. mWv 1.11.2013 durch G v. 7.5.2013 (BGBl. I S. 1122); Abs. 2 angef. mWv 1.11.2018 durch G v. 17.7.2017 (BGBl. I S. 2522); Abs. 1 Satz 2 neu gef. mWv 22.12.2018 durch G v. 18.12.2018 (BGBl. I S. 2639); Abs. 1 Satz 1 Nr. 3 geänd., Nr. 4 aufgeh. mWv 1.11.2022 durch G v. 19.10.2022 (BGBl. I S. 1744); Abs. 3 angef. mWv 1.11.2024 durch G v. 19.6.2024 (BGBl. 2024 I Nr. 206).

[2)] § 58 neu gef. mWv 1.11.2013 durch G v. 7.5.2013 (BGBl. I S. 1122); Abs. 1 Satz 2 geänd., Abs. 2 angef. mWv 1.11.2018 durch G v. 17.7.2017 (BGBl. I S. 2522); Abs. 1 Satz 2 neu gef. mWv 22.12.2018 durch G v. 18.12.2018 (BGBl. I S. 2639); Abs. 1 Satz 1 Nr. 3 geänd., Nr. 4 aufgeh. mWv 1.11.2022 durch G v. 19.10.2022 (BGBl. I S. 1744); Abs. 3 angef. mWv 1.11.2024 durch G v. 19.6.2024 (BGBl. 2024 I Nr. 206).

3. die Todeserklärung oder gerichtliche Feststellung der Todeszeit eines Lebenspartners,
4. die Umwandlung der Lebenspartnerschaft in eine Ehe.

(2) In die Lebenspartnerschaftsurkunde wird außerhalb des Beurkundungstextes ein Hinweis auf die Beurkundung der Geburt der Lebenspartner aufgenommen.

(3) Auf Verlangen der Lebenspartner werden in die Lebenspartnerschaftsurkunde die vor der Begründung der Lebenspartnerschaft geführten Vornamen nicht aufgenommen.

§ 59[1] **Geburtsurkunde.** (1) In die Geburtsurkunde werden aufgenommen
1. die Vornamen und der Geburtsname des Kindes,
2. das Geschlecht des Kindes,
3. Ort sowie Tag, Stunde und Minute der Geburt,
4. die Vornamen und die Familiennamen der Eltern des Kindes.

(2) Auf Verlangen werden in die Geburtsurkunde Angaben nach Absatz 1 Nummer 2 und 4 nicht aufgenommen.

§ 60[2] **Sterbeurkunde.** In die Sterbeurkunde werden aufgenommen
1. die Vornamen und der Familienname des Verstorbenen, Ort und Tag seiner Geburt,
2. der letzte Wohnsitz und der Familienstand des Verstorbenen,
3. die Vornamen und der Familienname des Ehegatten oder Lebenspartners, wenn der Verstorbene im Zeitpunkt seines Todes verheiratet war oder eine Lebenspartnerschaft führte; war die Ehe oder Lebenspartnerschaft durch Tod aufgelöst oder war der Ehegatte oder Lebenspartner für tot erklärt oder war seine Todeszeit gerichtlich festgestellt worden, sind die Vornamen und der Familienname des letzten Ehegatten oder Lebenspartners anzugeben,
4. Sterbeort und Zeitpunkt des Todes.

Abschnitt 2. Benutzung der Personenstandsregister

§ 61 Allgemeine Vorschriften für die Benutzung. (1) [1]Die §§ 62 bis 66 gelten für die Benutzung der bei den Standesämtern geführten Personenstandsregister und Sammelakten bis zum Ablauf der in § 5 Abs. 5 festgelegten Fristen. [2]Benutzung ist die Erteilung von Personenstandsurkunden aus einem Registereintrag, die Auskunft aus einem und die Einsicht in einen Registereintrag sowie die Durchsicht mehrerer Registereinträge; hierzu gehört auch eine entsprechende Verwendung der Sammelakten.

(2) Nach Ablauf der in § 5 Abs. 5 festgelegten Fristen für die Führung der Personenstandsregister und Sammelakten sind die archivrechtlichen Vorschriften für die Benutzung maßgebend.

§ 62 Urkundenerteilung, Auskunft, Einsicht. (1) [1]Personenstandsurkunden sind auf Antrag den Personen zu erteilen, auf die sich der Registereintrag bezieht,

[1] § 59 Abs. 1 Nr. 3 neu gef., Nr. 4 geänd., Nr. 5 aufgeh., Abs. 2 geänd. mWv 1.11.2022 durch G v. 19.10.2022 (BGBl. I S. 1744).

[2] § 60 Nr. 3 eingef., bish. Nr. 3 wird Nr. 4 mWv 1.11.2013 durch G v. 7.5.2013 (BGBl. I S. 1122); Nr. 3 neu gef. mWv 1.11.2017 durch G v. 17.7.2017 (BGBl. I S. 2522); Nr. 1 geänd. mWv 1.11.2022 durch G v. 19.10.2022 (BGBl. I S. 1744).

sowie deren Ehegatten, Lebenspartnern, Vorfahren und Abkömmlingen. [2] Andere Personen haben ein Recht auf Erteilung von Personenstandsurkunden, wenn sie ein rechtliches Interesse glaubhaft machen; beim Geburtenregister oder Sterberegister reicht die Glaubhaftmachung eines berechtigten Interesses aus, wenn der Antrag von einem Geschwister des Kindes oder des Verstorbenen gestellt wird. [3] Antragsbefugt sind über 16 Jahre alte Personen.

(2) Absatz 1 gilt entsprechend für Auskunft aus einem und Einsicht in einen Registereintrag sowie Auskunft aus den und Einsicht in die Sammelakten.

(3) Vor Ablauf der für die Führung der Personenstandsregister festgelegten Fristen ist die Benutzung nach den Absätzen 1 und 2 bereits bei Glaubhaftmachung eines berechtigten Interesses zuzulassen, wenn seit dem Tod des zuletzt verstorbenen Beteiligten 30 Jahre vergangen sind; Beteiligte sind beim Geburtenregister die Eltern und das Kind, beim Eheregister die Ehegatten und beim Lebenspartnerschaftsregister die Lebenspartner.

§ 63[1)] **Benutzung in besonderen Fällen.** (1) [1] Ist ein Kind angenommen, so darf abweichend von § 62 ein beglaubigter Registerausdruck aus dem Geburtseintrag nur den Annehmenden, deren Eltern, dem gesetzlichen Vertreter des Kindes und dem über 16 Jahre alten Kind selbst erteilt werden. [2] Diese Beschränkung entfällt mit dem Tod des Kindes; § 1758 des Bürgerlichen Gesetzbuchs[2)] bleibt unberührt.

(2) [1] Ist der Geschlechtseintrag einer Person nach § 2 Absatz 1 des Gesetzes über die Selbstbestimmung in Bezug auf den Geschlechtseintrag und sind die Vornamen einer Person nach § 2 Absatz 3 des Gesetzes über die Selbstbestimmung in Bezug auf den Geschlechtseintrag geändert worden, so gilt abweichend von § 62:

1. eine Personenstandsurkunde aus dem Geburtseintrag darf nur der betroffenen Person selbst erteilt werden,
2. eine Ehe- oder Lebenspartnerschaftsurkunde aus dem Ehe- oder Lebenspartnerschaftseintrag darf nur der betroffenen Person selbst sowie ihrem Ehegatten oder Lebenspartner erteilt werden,

[2] Diese Beschränkungen entfallen mit dem Tod der betroffenen Person; § 13 des Gesetzes über die Selbstbestimmung in Bezug auf den Geschlechtseintrag bleibt unberührt

(3) Die Absätze 1 und 2 gelten entsprechend für Auskunft aus einem und Einsicht in einen Registereintrag sowie Auskunft aus den und Einsicht in die Sammelakten.

§ 64 Sperrvermerke. (1) [1] Sind dem Standesamt Tatsachen bekannt, die die Annahme rechtfertigen, dass einer Person durch die Ausstellung einer Personenstandsurkunde oder durch Auskunft aus einem oder Einsicht in einen Personenstandseintrag eine Gefahr für Leben, Gesundheit, persönliche Freiheit oder ähnliche schutzwürdige Belange erwachsen kann, so wird auf ihren Antrag zu diesem Eintrag für die Dauer von drei Jahren ein Sperrvermerk eingetragen. [2] Der Sperrvermerk wird unter den Voraussetzungen des Satzes 1 erneuert; seine Wirkung erlischt mit dem Tod des Betroffenen. [3] Ist ein Sperrvermerk eingetragen, so dürfen ohne Einwilligung des Betroffenen auf Anordnung des Gerichts Personenstands-

---

[1)] § 63 Abs. 2 neu gef. mWv 15.5.2013 durch G v. 7.5.2013 (BGBl. I S. 1122); Abs. 2 neu gef. mWv 1.11.2024 durch G v. 19.6.2024 (BGBl. 2024 I Nr. 206).

[2)] **Habersack, Deutsche Gesetze Nr. 20.**

urkunden erteilt sowie Auskunft aus einem oder Einsicht in einen Personenstandseintrag gewährt werden, wenn es zur Behebung einer bestehenden Beweisnot oder aus sonstigen im überwiegenden Interesse eines Dritten liegenden Gründen unerlässlich ist; die §§ 50 bis 53 gelten entsprechend.

(2) [1] Geht dem Standesamt ein Ersuchen der Zeugenschutzdienststelle nach § 4 Abs. 2 des Zeugenschutz-Harmonisierungsgesetzes[1)] vom 11. Dezember 2001 (BGBl. I S. 3510) zu, personenbezogene Daten einer zu schützenden Person zu sperren, so wird zu dem betreffenden Personenstandseintrag ein Sperrvermerk eingetragen. [2] Die Erteilung von Personenstandsurkunden aus diesem Eintrag ist nur in begründeten Ausnahmefällen mit Zustimmung der Zeugenschutzdienststelle zulässig. [3] Jedes Ersuchen um Benutzung ist der Zeugenschutzdienststelle unverzüglich mitzuteilen. [4] Teilt die Zeugenschutzdienststelle dem Standesamt mit, dass die Sperrung des Personenstandseintrags nicht mehr erforderlich ist, so ist der Sperrvermerk zu streichen.

(3) Die Absätze 1 und 2 gelten entsprechend für Auskunft aus dem und Einsicht in den Eintrag sowie Auskunft aus den und Einsicht in die Sammelakten.

§ 65[2)] Benutzung durch Behörden und Gerichte. (1) [1] Behörden und Gerichten sind auf Ersuchen Personenstandsurkunden zu erteilen, Auskunft aus einem oder Einsicht in einen Registereintrag sowie die Durchsicht mehrerer Registereinträge zu gewähren, soweit dies zur Erfüllung der in ihrer Zuständigkeit liegenden Aufgaben erforderlich ist. [2] Gleiches gilt für Auskunft aus den und Einsicht in die Sammelakten. [3] Die Behörden und die Gerichte haben den Zweck anzugeben. [4] Sie tragen die Verantwortung für die Zulässigkeit der Übermittlung.

(2) *(aufgehoben)*

(3) [1] Ausländischen diplomatischen oder konsularischen Vertretungen im Inland können unter den Voraussetzungen des Absatzes 1 Personenstandsurkunden und Auskünfte aus einem Personenstandsregister erteilt werden, soweit das Ersuchen Angehörige des von ihnen vertretenen Staates betrifft. [2] Ist dem Standesbeamten bekannt, dass es sich bei der betreffenden Person um einen heimatlosen Ausländer oder ausländischen Flüchtling im Sinne des Abkommens über die Rechtsstellung der Flüchtlinge handelt, so ist die Benutzung der Register zu versagen.

§ 66[3)] Benutzung für wissenschaftliche Zwecke. (1) [1] Hochschulen, anderen Einrichtungen, die wissenschaftliche Forschung betreiben, und öffentlichen Stellen kann Auskunft aus einem oder Einsicht in ein Personenstandsregister sowie Durchsicht von Personenstandsregistern gewährt werden, wenn

1. dies für die Durchführung bestimmter wissenschaftlicher Forschungsvorhaben erforderlich ist,
2. eine Nutzung anonymisierter Daten zu diesem Zweck nicht möglich oder die Anonymisierung mit einem unverhältnismäßigen Aufwand verbunden ist und
3. das öffentliche Interesse an der Durchführung des Forschungsvorhabens die schutzwürdigen Belange des Betroffenen an dem Ausschluss der Benutzung erheblich überwiegt.

[2] Gleiches gilt für Auskunft aus den und Einsicht in die Sammelakten.

---

1) Nr. **90b**.

2) § 65 Abs. 1 Satz 1 neu gef. mWv 15.5.2013 durch G v. 7.5.2013 (BGBl. I S. 1122); Abs. 2 aufgeh. mWv 1.11.2022 durch G v. 19.10.2022 (BGBl. I S. 1744).

3) § 66 Abs. 2 Satz 2 neu gef. mWv 15.5.2013 durch G v. 7.5.2013 (BGBl. I S. 1122).

(2) [1]Die Benutzung der Personenstandsregister nach Absatz 1 setzt voraus, dass die empfangende Stelle technische und organisatorische Maßnahmen trifft, die nach den anzuwendenden datenschutzrechtlichen Vorschriften zum Schutz der Daten erforderlich und angemessen sind. [2]Die Benutzung bedarf der Zustimmung der für den Fachbereich des Forschungsvorhabens zuständigen obersten Bundes- oder Landesbehörde oder einer von dieser bestimmten Stelle; die Zuständigkeit der obersten Landesbehörde richtet sich nach dem Sitz der Forschungseinrichtung. [3]Die Zustimmung muss den Empfänger, die Art der Nutzung der Personenstandseinträge, den Kreis der Betroffenen und das Forschungsvorhaben bezeichnen; sie ist dem zuständigen Datenschutzbeauftragten mitzuteilen.

(3) Mit Zustimmung der zuständigen obersten Bundes- oder Landesbehörde oder der von dieser bestimmten Stelle dürfen die nach Absatz 1 genutzten Daten unter gleichen Voraussetzungen auch für andere Forschungsvorhaben verwendet oder weiter übermittelt werden.

(4) [1]Wenn und sobald der Forschungszweck es erlaubt, sind die nach den Absätzen 1 und 3 erlangten Daten zu anonymisieren. [2]Bis zu einer Anonymisierung sind die Merkmale gesondert zu speichern, mit denen Einzelangaben über persönliche und sachliche Verhältnisse einer bestimmten oder bestimmbaren Person zugeordnet werden können; sie dürfen mit den Einzelangaben nur zusammengeführt werden, soweit der Forschungszweck es erfordert. [3]Die Merkmale sind zu löschen, sobald der Forschungszweck erreicht ist.

(5) Eine Veröffentlichung der nach den Absätzen 1 und 3 erlangten Daten ist nur zulässig, wenn

1. die Betroffenen, im Falle ihres Todes deren Ehegatten und Abkömmlinge, eingewilligt haben oder
2. dies für die Darstellung von Forschungsergebnissen über Ereignisse der Zeitgeschichte unerlässlich ist; in diesem Fall bedarf die Veröffentlichung der Zustimmung der obersten Bundes- oder Landesbehörde, die der Benutzung nach Absatz 2 zugestimmt hat.

§ 67[1)] Zentrale Register. (1) Die Länder dürfen zentrale Register einrichten zu dem Zweck, die Registereinträge der angeschlossenen Standesämter zu erfassen, ihre Benutzung nach Absatz 3 sowie ihre Fortführung nach Absatz 4 zu ermöglichen.

(2) [1]Die Standesämter dürfen bei ihnen gespeicherte Registereinträge an das zentrale Register übermitteln. [2]Die Länder können zulassen, dass die elektronische Erfassung eines Altregisters nach § 76 Absatz 5 auch durch ein angeschlossenes Standesamt erfolgt, das den Haupteintrag nicht selbst errichtet hat. [3]Die Verantwortung für die Richtigkeit und Vollständigkeit der Daten trägt die übermittelnde Stelle. [4]Das zentrale Register darf die Daten speichern zum Zweck der Übermittlung nach Absatz 3.

(3) Die Standesämter dürfen zur Erfüllung der ihnen obliegenden Aufgaben bei dem zentralen Register Registereinträge nutzen, wenn die Angaben benötigt werden zur Erteilung von Personenstandsurkunden, elektronischen Personenstandsbescheinigungen und Auskünften sowie zur Gewährung von Einsicht in die Personenstandsregister und Durchsicht dieser Register nach den §§ 55, 61 bis 66; die Benutzung der Personenstandsregister kann allen an das zentrale Register angeschlossenen Standesämtern gewährt werden.

---

1) § 67 neu gef. mWv 1.11.2022 durch G v. 19.10.2022 (BGBl. I S. 1744).

(4) Die Länder können zulassen, dass an das zentrale Register übermittelte Registereinträge abweichend von § 5 Absatz 4 von jedem angeschlossenen Standesamt fortgeführt werden dürfen.

§ 68[1)] Datenaustausch zwischen Standesämtern, Behörden und Gerichten. (1) Das Standesamt, das in einem Personenstandsregister eine Beurkundung vornimmt (§§ 3, 5), übermittelt Angaben hierüber von Amts wegen einer anderen Behörde oder einem Gericht, wenn sich die Mitteilungspflicht aus einer Rechtsvorschrift ergibt.

(2) [1] Die Übermittlung von Daten zwischen Standesämtern durch automatisierte Abrufverfahren ist zulässig, soweit diese Daten zur Erfüllung der Aufgaben der abrufenden Stelle erforderlich sind. [2] Bei Datenabrufen in automatisierten Abrufverfahren ist durch technische Maßnahmen sicherzustellen, dass die Berechtigung der abrufenden Stelle beim angefragten Standesamt erkannt und protokolliert wird. [3] Ein Datenabruf im automatisierten Abrufverfahren darf nur die Einsicht in das Suchverzeichnis und in den der Abfrage zugehörigen Registereintrag ermöglichen. [4] Bei Verfahren nach § 67 sind ergänzend landesrechtliche Regelungen zu beachten. [5] Eine Datenübermittlung im automatisierten Abrufverfahren ist nicht zulässig, wenn

1. die Benutzung eines Eintrags nach Ablauf der Fortführungsfristen nach § 5 Absatz 5 archivrechtlichen Vorschriften unterliegt,
2. die Daten im Übermittlungsersuchen nicht mit den gespeicherten Daten korrespondieren,
3. zu einem Registereintrag ein Sperrvermerk nach § 64 eingetragen ist oder
4. ein Registereintrag nach § 47 Absatz 4 Satz 2 stillgelegt worden ist.

[6] Datenübermittlungen und Auskünfte zwischen den Standesämtern sind gebührenfrei.

(3) [1] Die Einrichtung eines automatisierten Abrufverfahrens, das die Übermittlung personenbezogener Daten an andere Stellen als Standesämter ermöglicht, ist nur zulässig, soweit dies durch Bundes- oder Landesrecht unter Festlegung der Datenempfänger, der Art der zu übermittelnden Daten und des Zwecks der Übermittlung bestimmt wird. [2] Absatz 2 gilt entsprechend.

(4) [1] Die Übermittlung von elektronischen Personenstandsbescheinigungen nach § 55 Absatz 1 Satz 2 an öffentliche Stellen anderer Mitgliedstaaten der Europäischen Union ist zulässig, soweit die abrufende Stelle zum Abruf berechtigt ist und dies zur Erfüllung ihrer Aufgaben für eines der Verfahren nach Artikel 14 Absatz 1 der Verordnung (EU) 2018/1724 des Europäischen Parlaments und des Rates vom 2. Oktober 2018 über die Einrichtung eines einheitlichen digitalen Zugangstors zu Informationen, Verfahren, Hilfs- und Problemlösungsdiensten und zur Änderung der Verordnung (EU) Nr. 1024/2012 (ABl. L 295 vom 21.11.2018, S. 1) in der jeweils geltenden Fassung erforderlich ist. [2] Für die Übermittlung sind die sich aus der Verordnung (EU) 2018/1724 ergebenden technischen Anforderungen einzuhalten.

(5) Die Standesämter können bei öffentlichen Stellen anderer Mitgliedstaaten der Europäischen Union personenbezogene Daten abrufen, soweit dies zur Erfüllung ihrer Aufgaben im Rahmen eines der Verfahren nach Artikel 14 Absatz 1 der *Verordnung (EU) 2018/1724* erforderlich ist.

[1)] § 68 Überschrift und Abs. 2 neu gef. mWv 1.11.2022; Abs. 3–5 angef. mWv 1.11.2024 durch G v. 19.10.2022 (BGBl. I S. 1744).

§ 68a[1] **Rechte der betroffenen Person.** (1) [1]Das Auskunftsrecht nach Artikel 15 Absatz 1 und das Recht auf Erhalt einer Kopie nach Artikel 15 Absatz 3 der Verordnung (EU) 2016/679 des Europäischen Parlaments und des Rates vom 27. April 2016 zum Schutz natürlicher Personen bei der Verarbeitung personenbezogener Daten, zum freien Datenverkehr und zur Aufhebung der Richtlinie 95/46/EG (Datenschutz-Grundverordnung)[2] (ABl. L 119 vom 4.5.2016, S. 1; L 314 vom 22.11.2016, S. 72; L 127 vom 23.5.2018, S. 2) in der jeweils geltenden Fassung werden dadurch gewährleistet, dass die betroffene Person nach § 62 Einsicht in das Personenstandsregister und in die zum Personenstandseintrag geführten Sammelakten nehmen sowie eine Auskunft aus dem Personenstandseintrag oder der Sammelakte erhalten kann. [2]Soweit die Auskunft zu den verarbeiteten personenbezogenen Daten nach Artikel 15 Absatz 3 der Verordnung (EU) 2016/679 durch eine gebührenfreie Kopie des amtlichen Formulars einer Personenstandsurkunde erfolgt, ist dieses nicht vom Standesbeamten zu unterschreiben, zu siegeln oder zu beglaubigen. [3]Das Recht auf Auskunft der betroffenen Person gemäß Artikel 15 Absatz 1 Buchstabe c der Verordnung (EU) 2016/679 ist beschränkt auf die Kategorien von Empfängern, gegenüber denen die im Personenstandsregister oder in den zum Registereintrag geführten Sammelakten enthaltenen personenbezogenen Daten offengelegt worden sind oder noch offengelegt werden.

(2) Hinsichtlich der in den Personenstandsregistern enthaltenen personenbezogenen Daten kann das Recht auf Berichtigung nach Artikel 16 der Verordnung (EU) 2016/679 nur unter den Voraussetzungen der §§ 47 bis 53 ausgeübt werden.

(3) Das Widerspruchsrecht gemäß Artikel 21 der Verordnung (EU) 2016/679 findet in Bezug auf die im Personenstandsregister beurkundeten Daten und die in den Sammelakten enthaltenen Dokumente keine Anwendung.

Kapitel 10.[3] Zwangsmittel, Bußgeldvorschriften, Besonderheiten

§ 69 Erzwingung von Anzeigen. [1]Wer auf Grund dieses Gesetzes zu Anzeigen oder zu sonstigen Handlungen verpflichtet ist, kann hierzu von dem Standesamt durch Festsetzung eines Zwangsgeldes angehalten werden. [2]Das Zwangsgeld darf für den Einzelfall den Betrag von eintausend Euro nicht überschreiten; es ist vor der Festsetzung schriftlich anzudrohen.

§ 70[4] **Bußgeldvorschriften.** (1) Ordnungswidrig handelt, wer entgegen § 11 Absatz 2, auch in Verbindung mit § 17 Satz 1, eine dort genannte Handlung begeht oder einen dort genannten Vertrag abschließt.

(2) Ordnungswidrig handelt, wer vorsätzlich oder fahrlässig

1. als Person nach § 19 Satz 1 Nummer 1 entgegen § 18 Absatz 1 Satz 1 Nummer 1 oder Satz 2,
2. als Träger einer Einrichtung nach § 20 Satz 1 entgegen § 18 Absatz 1 Satz 1 Nummer 2 oder Satz 2,
3. entgegen § 24 Abs. 1 Satz 1,

---

[1] § 68a eingef. mWv 26.11.2019 durch G v. 20.11.2019 (BGBl. I S. 1626).

[2] **Sartorius Nr. 246.**

[3] Kapitel 10 Überschrift neu gef. mWv 1.11.2017 durch G v. 17.7.2017 (BGBl. I S. 2522).

[4] § 70 Abs. 1 einl. Satzteil geänd. mWv 15.5.2013 durch G v. 7.5.2013 (BGBl. I S. 1122); Abs. 1 Nr. 1 und 2 neu gef. mWv 1.5.2014 durch G v. 28.8.2013 (BGBl. I S. 3458); Abs. 1 eingef., bish. Abs. 1 wird Abs. 2, bish. Abs. 2 wird Abs. 3 und neu gef. mWv 22.7.2017 durch G v. 17.7.2017 (BGBl. I S. 2429).

4. als Person nach § 29 Abs. 1 Satz 1 Nr. 1 oder 2 entgegen § 28 Nr. 1 oder
5. als Träger einer Einrichtung nach § 30 Abs. 1 in Verbindung mit § 20 Satz 1 entgegen § 28 Nr. 2

eine Anzeige nicht, nicht richtig, nicht vollständig, nicht in der vorgeschriebenen Weise oder nicht rechtzeitig erstattet.

(3) Die Ordnungswidrigkeit kann in den Fällen des Absatzes 1 mit einer Geldbuße bis zu fünftausend Euro und in den übrigen Fällen mit einer Geldbuße bis zu eintausend Euro geahndet werden.

§ 71 Personenstandsbücher aus Grenzgebieten. [1]Die aus Anlass des deutsch-belgischen Vertrags vom 24. September 1956 (BGBl. 1958 II S. 262, 353) und auf Grund des deutsch-niederländischen Ausgleichsvertrags vom 8. April 1960 (BGBl. 1963 II S. 458, 1078) übergebenen Personenstandsbücher stehen Personenstandsregistern im Sinne dieses Gesetzes gleich. [2]Soweit lediglich beglaubigte Abschriften übergeben worden sind, stehen diese einem Eintrag in einem Personenstandsregister gleich.

§ 72[1)] *(aufgehoben)*

Kapitel 11. Verordnungsermächtigungen

§ 73[2) 3)] **Ermächtigungen zum Erlass von Rechtsverordnungen.** Das Bundesministerium des Innern, für Bau und Heimat wird ermächtigt, im Benehmen mit dem Bundesministerium der Justiz und für Verbraucherschutz und mit Zustimmung des Bundesrates zur Durchführung dieses Gesetzes Rechtsverordnungen[4)] zu erlassen über

1. die Führung, Fortführung, Benutzung und Aufbewahrung der von deutschen Standesbeamten errichteten Personenstandsregister, Personenstandsbücher und Standesregister sowie die Führung und Fortführung der Sicherungsregister, Zweitbücher und standesamtlichen Nebenregister,
2. die Führung, Fortführung, Benutzung und Aufbewahrung der von deutschen Konsularbeamten errichteten Personenstandseinträge,
3. die Anforderungen an elektronische Verfahren
   a) zur Führung der Personenstandsregister und Sicherungsregister sowie die Aufbewahrung dieser Register einschließlich der Anforderungen an Anlagen und Programme sowie deren Sicherung (§§ 3, 4),
   b) mittels derer die Identität der Person, die die Eintragung vorgenommen hat, erkennbar ist (§ 3 Abs. 2 Satz 3),

---

1) § 72 aufgeh. mWv 15.8.2013 durch G v. 7.8.2013 (BGBl. I S. 3154).

2) § 73 Nr. 25 und 26 geänd. mWv 1.6.2008 durch G v. 13.3.2008 (BGBl. I S. 313); Nr. 24 neu gef. mWv 15.5.2013, Nr. 16 neu gef. mWv 1.11.2013 durch G v. 7.5.2013 (BGBl. I S. 1122); einl. Satzteil geänd. mWv 8.9.2015 durch VO v. 31.8.2015 (BGBl. I S. 1474); Nr. 23 aufgeh., bish. Nr. 24 wird Nr. 23 und neu gef., Nr. 25 aufgeh., bish. Nr. 26 wird Nr. 24 und neu gef. mWv 1.11.2017 durch G v. 17.7. 2017 (BGBl. I S. 2522); Nr. 10 neu gef. mWv 22.12.2018 durch G v. 18.12.2018 (BGBl. I S. 2639); einl. Satzteil geänd. mWv 27.6.2020 durch VO v. 19.6.2020 (BGBl. I S. 1328); Nr. 24 geänd., Nr. 25–27 angef. mWv 1.11.2022, Nr. 5 neu gef. mWv 1.11.2024 durch G v. 19.10.2022 (BGBl. I S. 1744); Nr. 12 neu gef. mWv 1.11.2024 durch G v. 19.6.2024 (BGBl. 2024 I Nr. 206).

3) § 73 ist gem. Art. 5 Abs. 1 G v. 19.2.2007 (BGBl. I S. 122) bereits am 24.2.2007 in Kraft getreten.

4) Siehe die PersonenstandsVO **(Sartorius Nr. 261)**.

4. den Aufbau und die Darstellung der elektronischen Register am Bildschirm und die Formulare für die Personenstandsurkunden (§§ 3 bis 5, 55),
5. die technische Ausgestaltung der Ausstellung, Übermittlung und Verifizierung von elektronischen Personenstandsbescheinigungen (§ 55 Absatz 1 Satz 2),
6. die technischen Verfahren zur Neubeurkundung nach Verlust eines Registers (§ 8),
7. die Führung der Sammelakten (§ 6),
8. die Mitteilungen an Behörden und sonstige öffentliche Stellen auf Grund von Rechtsvorschriften, insbesondere die Bezeichnung der empfangenden Stelle sowie die im Einzelnen zu übermittelnden Angaben und das Verfahren der Übermittlung,
9. die Übertragung von besonderen Aufgaben auf das Standesamt I in Berlin, die sich daraus ergeben, dass diesem im Rahmen der ihm durch dieses Gesetz übertragenen Zuständigkeiten Mitteilungen oder Erklärungen über Vorgänge zugehen, die in einem Personenstandsregister zu beurkunden wären, sowie die Organisation und Nutzung der nach diesem Gesetz beim Standesamt I in Berlin zu führenden Verzeichnisse, insbesondere im Rahmen der Zusammenarbeit mit den Standesämtern,
10. die Anmeldung der Eheschließung, die Eheschließung und die Umwandlung der Lebenspartnerschaft in eine Ehe sowie die Erteilung einer Bescheinigung hierüber,
11. die Anzeige einer Geburt oder eines Sterbefalls,
12. die Erteilung von Personenstandsurkunden, einer Bescheinigung über die Entgegennahme einer namensrechtlichen Erklärung sowie die Anmeldung einer Erklärung zur Änderung des Geschlechtseintrags und der Vornamen,
13. die Beurkundung von Personenstandsfällen, bei denen besondere Umstände zu berücksichtigen sind, weil sie sich in der Luft, auf Binnenschiffen, in Landfahrzeugen oder in Bergwerken ereignet haben oder einzelne Angaben für die Beurkundung fehlen oder urkundlich nicht belegt werden können,
14. die Beurkundung von Personenstandsfällen, falls eine Person beteiligt ist, die taub oder stumm oder sonst am Sprechen gehindert ist, die die deutsche Sprache nicht versteht oder nicht schreiben kann,
15. die Beurkundung der Sterbefälle von Angehörigen der ehemaligen deutschen Wehrmacht sowie das Verfahren zur Beurkundung von Sterbefällen in ehemaligen deutschen Konzentrationslagern (§ 38),
16. weitere Angaben zum Familienstand des Verstorbenen sowie zum Ort und Zeitpunkt des Todes im Sterbeeintrag (§ 31 Absatz 1 Nummer 2 und 4) und in der Sterbeurkunde (§ 60 Nummer 2 und 4),
17. die Eintragung der Staatsangehörigkeit in die Personenstandsregister,
18. die Begriffsbestimmungen für tot geborene Kinder und Fehlgeburten,
19. die Angabe von Namen, wenn Vor- und Familiennamen nicht geführt werden,
20. die Bezeichnung der Behörden und sonstigen öffentlichen Stellen, die nach gesetzlichen Vorschriften dem Standesamt eine Mitteilung zur Fortführung der Personenstandsregister zu machen haben, sowie die jeweils zu übermittelnden Angaben,
21. die Besonderheiten für die in § 71 genannten Personenstandsbücher und beglaubigten Abschriften, die darauf beruhen, dass Zweitbücher nicht vorhanden sind oder Einträge von den im inländischen Recht vorgesehenen Einträgen abweichen,

22. die Führung der Sammlung der Todeserklärungen, die damit zusammenhängenden Mitteilungspflichten und die Benutzung dieser Sammlung (§ 33),
23. die elektronische Erfassung und Fortführung der Übergangsbeurkundungen (§ 75) und Altregister (§ 76),
24. die Benutzung der als Heiratseinträge fortgeführten Familienbücher (§ 77),
25. die technischen Standards, die zu übermittelnden Daten, ihre Form sowie das Nähere über das Verfahren der Übermittlung bei Datenübermittlungen zwischen Standesämtern und einem Verwaltungsportal nach § 3 Absatz 2 des Onlinezugangsgesetzes vom 14. August 2017 (BGBl. I. S. 3122, 3138), das zuletzt durch Artikel 16 des Gesetzes vom 28. Juni 2021 (BGBl. I S. 2250) geändert worden ist (OZG),
26. die Festlegung des Vertrauensniveaus im Sinne des Artikel 8 der Verordnung (EU) Nr. 910/2014 des Europäischen Parlaments und des Rates vom 23. Juli 2014 über elektronische Identifizierung und Vertrauensdienste für elektronische Transaktionen im Binnenmarkt und zur Aufhebung der Richtlinie 1999/93/EG (ABl. L 257 vom 28.8.2014, S. 73; L 23 vom 29.1.2015, S. 19; L 155 vom 14.6.2016, S. 44), das bei einer elektronischen Erbringung von Verwaltungsleistungen nach diesem Gesetz jeweils erforderlich ist,
27. automatisierte Abrufverfahren und technische Benutzer nach § 68 sowie die im Einzelnen zu übermittelnden Angaben, die Protokollierung der Abrufe und die Verfahren der Übermittlung.

§ 74[1) 2)] Rechtsverordnungen der Landesregierungen. (1) Die Landesregierungen werden ermächtigt, durch Rechtsverordnung

1. die Bestellung der Standesbeamten und die fachlichen Anforderungen an diese Personen zu regeln,
2. die Aufbewahrung der Zweitbücher und Sicherungsregister zu regeln,
3. ein zentrales elektronisches Personenstandsregister einzurichten und nähere Bestimmungen zu dessen Führung zu treffen,
4. die Aufbewahrung der Sammelakten zu regeln,
5. die elektronische Erfassung und Fortführung der Übergangsbeurkundungen (§ 75) und Altregister (§ 76) zu regeln,
6. das zuständige Amtsgericht zu bestimmen, wenn im Falle des § 50 Abs. 1 am Ort des Landgerichts mehrere Amtsgerichte ihren Sitz haben,
7. zu bestimmen, dass auch anderen als den auf Grund des § 73 Nr. 8 bezeichneten öffentlichen Stellen Angaben mitzuteilen sind, die diese zur Erfüllung ihrer Aufgaben benötigen.

(2) Die Landesregierungen können durch Rechtsverordnung die Ermächtigungen nach Absatz 1 auf oberste Landesbehörden übertragen.

Kapitel 12. Übergangsvorschriften

§ 75[3)] Übergangsbeurkundung. Die zwischen dem 1. Januar 2009 und dem 31. Dezember 2013 in einem Papierregister beurkundeten Personenstandseinträge

---

1) *§ 74 Abs. 1 Nr. 5 neu gef.* mWv 15.5.2013 durch G v. 7.5.2013 (BGBl. I S. 1122); Abs. 1 Nr. 5 neu gef., Abs. 2 geänd. mWv 1.11.2017 durch G v. 17.7.2017 (BGBl. I S. 2522).

2) § 74 ist gem. Art. 5 Abs. 1 G v. 19.2.2007 (BGBl. I S. 122) bereits am 24.2.2007 in Kraft getreten.

3) § 75 neu gef. mWv 1.11.2017 durch G v. 17.7.2017 (BGBl. I S. 2522); geänd. mWv 1.11.2022 durch G v. 19.10.2022 (BGBl. I S. 1744).

(Übergangsbeurkundungen) sollen in elektronische Register übernommen werden; in diesem Fall gelten die §§ 3 bis 5 entsprechend.

§ 76[1)] Fortführung, Benutzung und Aufbewahrung der Altregister.

(1) [1] Altregister sind die bis zum 31. Dezember 2008 angelegten Personenstandsbücher sowie die seit dem 1. Januar 1876 geführten Standesregister und standesamtlichen Nebenregister und die davor geführten Zivilstandsregister (Standesbücher). [2] Für ihre Fortführung und Beweiskraft gelten die §§ 5, 16, 17, 27, 32 und 54 entsprechend, die Folgebeurkundungen sind von dem Standesbeamten zu unterschreiben.

(2) Für die Fortführung der Zweitbücher gilt § 4 Absatz 2 entsprechend mit der Maßgabe, dass Hinweise nicht einzutragen sind.

(3) Für die Benutzung der Altregister und der dazu geführten Sammelakten gelten die §§ 61 bis 66 entsprechend.

(4) Für die Aufbewahrung und das Anbieten der Altregister, der Zweitbücher und der Sammelakten gegenüber den Archiven gilt § 7 Absatz 1 Satz 1, Absatz 2 und 3 entsprechend.

(5) [1] Einträge aus Altregistern werden elektronisch erfasst und fortgeführt, wenn

1. ein Anlass zur Fortführung des Registereintrags im Geburten-, Ehe- und Lebenspartnerschaftsregister besteht,
2. die Ausstellung einer Personenstandsurkunde aus einem der in Nummer 1 genannten Register beantragt wird oder
3. durch eine automatisierte Datenabfrage Daten aus einem papiergebundenen Altregister nach Nummer 1 abgefragt werden.

[2] Im Übrigen sollen sie elektronisch erfasst werden. [3] Eine Nacherfassung im elektronischen Personenstandsregister nach den Sätzen 1 und 2 ist nicht erforderlich, wenn bereits die Hälfte der nach § 5 Absatz 5 für den entsprechenden Personenstandseintrag geltenden Fortführungsfrist abgelaufen ist oder die elektronische Nacherfassung aufgrund der in dem papiergebundenen Registereintrag beurkundeten Daten aus anderen Gründen nicht angezeigt ist.

§ 77[2)] Fortführung, Aufbewahrung und Benutzung der Familienbücher.

(1) [1] Die Familienbücher werden als Heiratseinträge fortgeführt; die bisherigen Heiratseinträge in den Heiratsbüchern werden nicht fortgeführt. [2] § 16 gilt entsprechend.

(2) [1] Zuständig für die Fortführung des Familienbuchs ist das Standesamt, das den Heiratseintrag für die Ehe führt. [2] Ist die Ehe nicht in einem deutschen Heiratsbuch beurkundet, so ist das Standesamt zuständig, das am 24. Februar 2007 das Familienbuch führte.

(3) Aus den Familienbüchern, die als Heiratseinträge fortgeführt werden, werden als Personenstandsurkunden nur Eheurkunden (§ 57) ausgestellt.

[1)] § 76 neu gef. mWv 1.11.2017 durch G v. 17.7.2017 (BGBl. I S. 2522); Abs. 4 geänd., Abs. 5 neu gef. mWv 1.11.2022 durch G v. 19.10.2022 (BGBl. I S. 1744).

[2)] § 77 neu gef. mWv 1.11.2017 durch G v. 17.7.2017 (BGBl. I S. 2522).

§ 78[1] Übergangsregelung. Die Vorschriften für Änderungen des Geschlechtseintrags und der Vornamen nach dem Gesetz über die Selbstbestimmung in Bezug auf den Geschlechtseintrag gelten auch für die Änderungen, die vorgenommen wurden auf Grund der jeweils bis einschließlich 31. Oktober 2024 geltenden Fassung

1. des Transsexuellengesetzes und
2. des § 45b.

§ 79[2] Altfallregelung. Für die Bearbeitung von Anträgen auf Beurkundung von Auslandspersonenstandsfällen und von namensrechtlichen Erklärungen, die vor dem 1. November 2017 beim Standesamt I in Berlin gestellt oder dort eingegangen sind, bleibt abweichend von der in § 34 Absatz 4 Satz 1, § 35 Absatz 3 Satz 1, § 36 Absatz 2, § 41 Absatz 2 Satz 2, ***[bis 30.4.2025:*** § 42 Absatz 2 Satz 2,***]*** § 43 Absatz 2 Satz 3 und § 45 Absatz 2 Satz 2 getroffenen *Zuständigkeitsreglung*[3] bei lediglich früherem Wohnsitz im Inland das Standesamt I in Berlin zuständig.

[1] § 78 neu gef. mWv 1.11.2024 durch G v. 19.6.2024 (BGBl. 2024 I Nr. 206).
[2] § 79 angef. mWv 1.11.2017 durch G v. 17.7.2017 (BGBl. I S. 2522); geänd. mWv 1.5.2025 durch G v. 11.6.2024 (BGBl. 2024 I Nr. 185).
[3] Richtig wohl: „Zuständigkeitsregelung".

120c. Gesetz über den Zahlungsverkehr mit Gerichten und Justizbehörden (ZahlVGJG)[1)]

Vom 22. Dezember 2006

(BGBl. I S. 3416)

FNA 363-4

Lfd. Nr.	Änderndes Gesetz	Datum	Fundstelle	Betroffen	Hinweis
1.	Art. 175 Zehnte ZuständigkeitsanpassungsVO	31.8.2015	BGBl. I S. 1474	§ 1	mWv 8.9.2015

§ 1[2)] **[Gewährung des unbaren Zahlungsverkehrs]** (1) [1] Die Landesregierungen werden ermächtigt, durch Rechtsverordnung zu bestimmen, in welchen Fällen Zahlungen an Gerichte und Justizbehörden der Länder unbar zu leisten sind. [2] Die Landesregierungen können durch Rechtsverordnung die Ermächtigung nach Satz 1 auf die Landesjustizverwaltungen übertragen.

(2) Das Bundesministerium der Justiz und für Verbraucherschutz wird ermächtigt, durch Rechtsverordnung ohne Zustimmung des Bundesrates zu bestimmen, in welchen Fällen Zahlungen durch die Gerichte und Justizbehörden des Bundes oder an Gerichte und Justizbehörden des Bundes unbar zu leisten sind.

(3) [1] In den Rechtsverordnungen ist zu bestimmen, in welcher Weise unbare Zahlungen an die Gerichte und Justizbehörden erfolgen können und nachzuweisen sind. [2] Die Barzahlung ist zu gewährleisten, wenn dem Zahlungspflichtigen eine unbare Zahlung nicht möglich oder wenn Eile geboten ist. [3] Für die nach Absatz 1 zu erlassende Rechtsverordnung gelten die Sätze 1 und 2 nur, wenn die Zahlungen aufgrund bundesrechtlicher Vorschriften erfolgen.

§ 2 [Gleichstellung von Barzahlung und anderen Zahlungsmitteln] Solange am Ort des Gerichts oder der Justizbehörde ein Kreditinstitut aufgrund besonderer Ermächtigung kostenlos Zahlungsmittel für das Gericht oder für die Justizbehörde gegen Quittung annimmt, steht diese Zahlungsmöglichkeit der Barzahlung gleich.

[1)] Verkündet als Art. 2 G v. 22.12.2006 (BGBl. I S. 3416); Inkrafttreten gem. Art. 28 dieses G am 31.12.2006.

[2)] § 1 Abs. 2 geänd. mWv 8.9.2015 durch VO v. 31.8.2015 (BGBl. I S. 1474).

Sachverzeichnis

Stand: September 2024

Die fetten Zahlen bezeichnen die Gesetze (siehe Inhaltsverzeichnis I S. 1 ff.), die mageren deren Artikel oder Paragraphen.
Die Buchstaben ä, ö und ü sind wie a, o und u in das Alphabet eingeordnet.

Für handschriftliche Notizen

Für handschriftliche Notizen

Für handschriftliche Notizen

Für handschriftliche Notizen

Für handschriftliche Notizen

Für handschriftliche Notizen

Für handschriftliche Notizen

Für handschriftliche Notizen

Für handschriftliche Notizen

Für handschriftliche Notizen

Für handschriftliche Notizen

Für handschriftliche Notizen

Für handschriftliche Notizen

Für handschriftliche Notizen

Für handschriftliche Notizen

Für handschriftliche Notizen

Für handschriftliche Notizen

Für handschriftliche Notizen

Für handschriftliche Notizen

Für handschriftliche Notizen

Für handschriftliche Notizen

Für handschriftliche Notizen

Für handschriftliche Notizen

Für handschriftliche Notizen

Für handschriftliche Notizen

Für handschriftliche Notizen

Für handschriftliche Notizen

Für handschriftliche Notizen

Für handschriftliche Notizen

Für handschriftliche Notizen

Für handschriftliche Notizen

Für handschriftliche Notizen